JURISPRUDENCE GÉNÉRALE.

RÉPERTOIRE

MÉTHODIQUE ET ALPHABÉTIQUE

DE LÉGISLATION,

DE DOCTRINE ET DE JURISPRUDENCE

EN MATIÈRE DE DROIT CIVIL, COMMERCIAL, CRIMINEL, ADMINISTRATIF,
DE DROIT DES GENS ET DE DROIT PUBLIC.

TOME XXXVI

Tout exemplaire de cet ouvrage dont les tomes 1er et 2me ne porteraient pas la signature du Directeur de la Jurisprudence générale, sera réputé contrefait.

PARIS. — TYPOGRAPHIE P. MOUILLOT, 13, QUAI VOLTAIRE. — 12686

JURISPRUDENCE GÉNÉRALE

PARAISSANT PÉRIODIQUEMENT

RÉPERTOIRE

MÉTHODIQUE ET ALPHABÉTIQUE

DE LÉGISLATION

DE DOCTRINE ET DE JURISPRUDENCE

EN MATIÈRE DE DROIT CIVIL, COMMERCIAL, CRIMINEL, ADMINISTRATIF,
DE DROIT DES GENS ET DE DROIT PUBLIC.

NOUVELLE ÉDITION,

CONSIDÉRABLEMENT AUGMENTÉE ET PRÉCÉDÉE D'UN ESSAI SUR L'HISTOIRE GÉNÉRALE DU DROIT FRANÇAIS

PAR M. D. DALLOZ AINÉ,

Ancien Député, Avocat à la Cour d'appel de Paris, ancien Président de l'Ordre des Avocats au Conseil d'État et à la Cour de Cassation
Officier de la Légion d'honneur, Membre de plusieurs Sociétés savantes

ET PAR

M. ARMAND DALLOZ, SON FRÈRE,

Avocat à la Cour d'appel de Paris, Auteur du Dictionnaire général et raisonné de Législation, de Doctrine et de Jurisprudence
Chevalier de la Légion d'honneur et Membre des académies de Besançon, de Toulouse

avec la collaboration de plusieurs jurisconsultes

TOME TRENTE-SIXIÈME

A PARIS

AU BUREAU DE LA JURISPRUDENCE GÉNÉRALE

RUE DE LILLE, N° 19

1856

JURISPRUDENCE GÉNÉRALE.

RÉPERTOIRE

MÉTHODIQUE ET ALPHABÉTIQUE

DE LÉGISLATION, DE DOCTRINE

ET DE JURISPRUDENCE.

POSSESSEUR APPARENT.—V. Chose jugée, n° 364; Enregistr., n°s 1078, 1119, 2565; Louage, n°s 55-1°, 308 et s.; Oblig. (payement); Prescription, Propriété, Succession, Vente.

POSSESSION.—V. Action possess. et Prescription.—V. aussi v^is Absent, n°s 311, 322, 446, 608; Acte de l'ét. civ., n° 7; Appel, n° 1174; Biens, n° 276; Chose jugée, n°s 13, 126, 352; Commissionnaire, n°s 183 et s.; Commune, n° 2159; Contrat de mar., n°s 722 et s., 762; Demande nouv., n°s 153, 187-5°, 200-2°; Dépôt, n°s 22, 125, 222-2°; Dom. pub., n° 47-3°; Domm.-destruct., n° 263; Droit civil, n° 73; Droit marit., n°s 94, 1357; Enreg., n°s 828, 2059 et s., 2076 et s., 2162, 2516 et s.; Faux, n° 373; Louage, n°s 611 et s.; Propriété, Servitude, Usage.

POSSESSION ANCIENNE.—V. Prescription; V. aussi Action poss., n°s 288 s.; Eau, n°s 79 s., 465 s.; Servitude, Usage.

POSSESSION ANNALE. — V. Action possessoire, n°s 103 et s., 124 et s., 279 et s.; V. aussi Droit politique, n°s 144, 479-5°, 850 et s.; Prescription.

POSSESSION CONTINUE.—V. Action possess., n°s 194 et s., 208; Force majeure, n° 38-4°, Prescription.

POSSESSION D'ÉTAT. — V. Acte de l'état civil, n° 400; Droit civil, n° 111; Mariage, n°s 401, 412 et s., 526 et s.; Paternité, n°s 236 et s., 645 et s.

POSSESSION ÉQUIVOQUE.—V. Action poss., n°s 190 et s.

POSSESSION FRANÇAISE. —V. Organisation de l'Algérie et des colonies.

POSSESSION IMMÉMORIALE.—V. Action poss., n°s 729, 740 et s.; Prescription; V. aussi Eau.

POSSESSION INTERROMPUE. — V. Action possessoire, n°s 194 et s.; Prescription.

POSSESSION PAISIBLE.—V. Action poss., n°s 176 s., 208.

POSSESSION PRÉCAIRE.—V. Action poss., n°s 187 et s., 208, 258, 743, 749; Chose jugée, n° 285; Dom. engagé, n° 7; Enreg., n° 5524; Prescription.

POSSESSION PROVISOIRE. — V. Absent, n°s 226, 230, 515, 431 et s., 472, 579; Hospice, n° 71.

POSSESSION PUBLIQUE.—V. Action poss., n°s 181 et s., 208; Bornage, n° 53.

POSSESSIONS ALGÉRIENNES.—V. Organis. de l'Algérie.

POSSESSIONS COLONIALES. — V. Organ. des colonies.

POSSESSOIRE. — V. Action possess., Appel civil, n° 190.

POSSIBILITÉ.—V. Forêts, n°s 1403 et s., 1943.

POSTES. — **1.** Les postes sont des relais de chevaux établis de distance en distance pour la prompte communication d'un lieu à un autre, d'abord par rapport aux missives, ensuite par rapport à tous les individus qui veulent en profiter, en payant toutefois un prix réglé par le gouvernement.—On entend en général par *poste aux lettres*, l'exploitation du droit exclusif que s'attribue le gouvernement de transporter les lettres, et par *poste aux chevaux*, les établissements tenus par des individus ou fonctionnaires commissionnés par le gouvernement, et ayant un service de chevaux et de voitures destinés au transport des citoyens d'un relai à un autre.

Division.

SECT. 1.—HISTORIQUE ET LÉGISLATION (n° 2).
SECT. 2.—DE LA POSTE AUX LETTRES (n° 15).
ART. 1.—Organisation du service des postes.—Taxes, lettres, valeurs cotées, imprimés. — Franchises (n° 15).
ART. 2.—Immixtion dans le transport des lettres (n° 49).
§ 1.—Caractères de l'infraction; cas dans lesquels elle a lieu (n° 49).
§ 2.—Exceptions au privilége de l'administration des postes (n° 82).
§ 3.—Perquisitions; procès-verbaux; poursuites; compétence; peines; responsabilité (n° 112).
ART. 3.—Violation du secret des lettres (n° 137).
SECT. 3.—POSTE AUX CHEVAUX.—MAITRES DE POSTES (n° 149).

SECT. 1. — HISTORIQUE ET LÉGISLATION.

2. Ce serait sans doute une étude intéressante que de suivre avec attention le service des postes depuis son origine jusqu'à nos jours, à travers les différentes phases qu'il a successivement parcourues avant d'atteindre les proportions que nous lui voyons aujourd'hui; mais c'est là un travail qui dépasserait notre cadre. Nous devons borner notre examen à une étude succincte de la législation sous laquelle ce service s'est agrandi et développé.

3. L'usage des postes est très-ancien. Cyrus établit sur les grands chemins des stations ou lieux de retraite assez vastes pour contenir un nombre d'hommes et de chevaux, qui pussent en peu de temps porter ses ordres jusqu'aux extrémités de son empire. On ne sait pas précisément à quelle époque les Romains connurent ce mode de communication; il est à présumer que cette époque ne remonte pas au delà du règne d'Auguste qui, après avoir mis un soin particulier à l'établissement des routes jusqu'à lui tant négligées, facilita les communications d'abord par le moyen des coureurs, ensuite par celui des chevaux et des chariots : ses successeurs continuèrent une œuvre aussi utile. Chaque particulier, excepté les officiers de la chambre de l'empereur, devait contribuer aux frais des réparations des grands chemins et de l'entretien des postes. — On distinguait à Rome les *mutationes* et les *mansiones*. — Les premières étaient des lieux que les empereurs faisaient bâtir dans les villages ou dans les campagnes de poste en poste et où les courriers changeaient de chevaux.—Dans les secondes, *mansiones*, on entretenait aussi des chevaux de postes, des mulets, des bœufs et d'autres bêtes de charge, des chariots et d'autres voitures; mais elles avaient cela de particulier qu'elles étaient disposées dans les distances où chaque jour de course pouvait finir, pour servir de gîte aux courriers qui s'y arrêtaient pour s'y reposer. — L'usage des postes à Rome était interdit aux particuliers : il n'y avait que ceux qui étaient chargés des ordres du prince, les premiers officiers de l'empire, les ambassadeurs, qui eussent le droit de prendre la poste, et seulement en vertu d'une permission de l'empereur. — V. Delamare, Tr. de la police, t. 2, p. 603.

4. En France, Charlemagne ayant réduit sous son empire l'Italie, l'Allemagne et partie de l'Espagne, établit vers l'an 807 trois postes publiques, qui s'entretenaient aux dépens du peuple, pour aller à ces trois provinces et revenir avec célérité; mais elles furent aussitôt négligées ou abandonnées, d'autant plus que l'Italie et l'Allemagne ne tardèrent pas à être séparées de la France.—Louis XI rétablit les postes et les rendit ordinaires et perpétuelles. Un arrêt du conseil du 19 juin 1464 fixa en divers endroits des stations, des gîtes où les chevaux étaient entretenus, et deux cent trente courriers aux gages du roi étaient chargés de ses dépêches. — Des messagers royaux, aux mêmes droits et priviléges que ceux de l'université, furent établis par un édit de 1576.—Plus tard, Henri IV créa, par édit de mars 1597, des relais de chevaux pour le transport des voyageurs et des malles, lesquels furent incorporés aux offices des maîtres de postes par l'édit d'août 1602 qui révoqua le précédent.

5. Jusqu'à Louis XIII, il n'y eut point de changements remarquables dans ce service. — La direction des postes avait été confiée à des personnes qui en remplirent d'abord les fonctions sur de simples commissions et sous la qualité de grands maîtres des coureurs (arrêt 1464), ensuite sous celles de contrôleurs généraux (lett. pat., janv. 1608); la suppression de ces charges fut ordonnée par arrêt du 31 déc. 1629 et, en leur place, il fut créé trois offices de surintendants généraux des postes et relais de France (édit de janv. 1630), puis un autre édit du mois de mai de la même année établit à Paris, Lyon, Toulouse, Bordeaux, Dijon, etc., des maîtres de courriers en titre d'offices héréditaires, chargés de recevoir et envoyer les dépêches du gouvernement, les lettres et paquets des particuliers, et auxquels étaient attribués tous les émoluments provenant du port de ces lettres. Un autre édit du mois de mai 1652 attribua les revenus des postes aux surintendants avec le pouvoir de commettre aux charges de maîtres des courriers.

6. Louis XIV apporta des modifications fréquentes au service des postes. D'abord, la taxe des lettres et paquets fut fixée par un règlement du 9 avril 1644 et par un arrêt du parlement de Paris du 24 mars 1651; puis, un édit de mai 1653 ordonna l'établissement d'une petite poste à Paris. — Les maîtres des postes, dont le privilége avait été confirmé par lettres patentes du 20 déc. 1652, furent supprimés en 1662 et le revenu des postes fut réuni au domaine du roi. — En 1663, Louvois fut investi de la surintendance générale des postes et y établit un grand ordre et une grande discipline.—Des arrêts du conseil des 18 juin et 29 nov. 1681, protégèrent le privilége du fermier des postes en frappant d'une peine ceux qui y porteraient atteinte (ces arrêts sont toujours en vigueur, V. n°s 9, 30).—A la mort de Louvois, la surintendance des postes fut réduite en simple commission (édit janv. 1692). — Peu de temps après, les maîtres de postes furent rétablis et leurs priviléges confirmés (déclar. 2 avr. 1692). — Enfin, le 8 déc. 1703, un règlement sur la poste aux lettres et sur le tarif des taxes fut publié.

7. Les règnes de Louis XV et de Louis XVI présentent de nombreux documents sur les postes, dont nous nous bornons à faire connaître les principaux. — 1° Un édit de sept. 1715, portant création de la charge de grand maître et surintendant général des postes; — 2° Un arrêt du conseil du 18 avr. 1721, sur les affranchissements des lettres; — 3° Une ord. du 28 mai 1725 et une déclaration du 29 oct. 1726 qui font défense aux courriers ordinaires de se charger dans leurs voyages d'aucunes espèces et matières d'or et d'argent; — 4° Une déclaration du 8 juill. 1759 portant augmentation du tarif des ports de lettres et établissements d'une poste de ville à Paris;—5° Plusieurs arrêts du conseil, des 15 janv. 1771, 30 déc. 1777, 12 août 1787, concernant le contre-seing et la franchise des lettres (V. aussi règl. du 1er juill. 1788;—6° Un arrêt du conseil du 18 août 1775, qui fait défense d'employer en justice des lettres interceptées; — 7° Un arrêt du conseil du 17 août 1777 qui met les revenus des postes en régie intéressée au profit du roi, mesure qui ne parait pas avoir reçu d'exécution, car peu de mois après, un arrêt du conseil du 23 nov. (même année) afferma le produit des postes; — 8° Un arrêt du conseil du 20 nov. 1785, portant règlement sur l'administration de la poste aux lettres et sur celle des postes aux chevaux, relais et messageries : cet arrêt sépare les deux administrations et règle les limites de leurs fonctions respectives; — 9° Un arrêt du conseil du 31 mai 1786, concernant le chargement des lettres et effets à la poste;—10° Un édit d'août 1787, qui réunit la poste aux chevaux à la poste aux lettres.

8. Tel était l'état de la législation en 1789 : les postes étaient affermées et le bail devait expirer au 31 déc. 1791 : ce bail fut maintenu par le décret du 26 août 1790 qui ordonna provisoirement l'exécution des règlements jusqu'au 1er janv. 1792, époque à laquelle il devait être procédé à la rectification des tarifs, à celle des règlements et usages des postes, etc., etc. — Cette révision n'eut pas lieu d'une manière générale; quelques décrets vinrent seulement modifier certaines parties du service. Par exemple, un décret du 17 août 1791 établit un nouveau tarif des droits de poste; un autre du 6 sept. 1791 ordonna l'établissement d'un certain nombre de courriers sur des routes désignées : ces deux décrets ne devaient avoir d'exécution qu'au 1er janv. 1792. — Depuis, un assez grand nombre d'actes réglementèrent, pendant la période révolutionnaire, le service des postes : ces actes, pour la plupart sans intérêt aujourd'hui, sont rapportés textuellement lorsqu'ils ont encore de l'utilité, ou sont analysés dans le tableau de la législation ci-après : il est donc superflu d'en parler ici avec plus de détails.—Mentionnons seulement le décret du 24 juill. 1793 qui organisa le service des postes en régie nationale, celui du 6 therm. an 3 qui établit une administration générale en remplacement des agences de la poste aux lettres, de la poste aux chevaux et des messageries; enfin la loi du 9 vend. an 6, qui ordonna de nouveau que la poste aux lettres serait affermée.

9. L'interdiction de transporter des lettres au préjudice de l'administration des postes, établie, sous une sanction pénale, par les arrêts de 1681 (V. n° 6) avait été maintenue au moins implicitement par la législation révolutionnaire. Mais les troubles politiques avaient mis obstacle à une exécution sévère des règlements; un grand désordre s'était introduit dans cette partie du service. Les arrêtés du directoire des 2 niv. et 7 fruct. an 6, 26 vent. an 7, pourvurent à cette situation et rappelèrent les citoyens à l'exécution des lois. Ce dernier arrêté notamment ordonna l'insertion au bulletin des lois des arrêts de 1681.

10. Sous le gouvernement consulaire, l'administration des postes entra dans une nouvelle période. — Le bail consenti en vertu de la loi du 9 vend. an 6 fut résilié sur la demande du fermier et il fut décidé que la poste aux lettres serait administrée par une régie intéressée (L. 25 frim. an 8) c'est-à-dire que sous ce régime, les régisseurs avaient, outre leurs appointements fixes, une remise sur le produit net. — L'arrêté du 27 prair. an 9 renouvelle la défense de transporter des lettres, imprimés, etc., au préjudice de l'administration des postes. — Un arrêté du 28 vent. an 12 établit un directeur général des postes. —Depuis cette époque jusqu'à 1840 nous ne voyons rien dans la législation des postes qui mérite une mention spéciale, si ce n'est 1° la loi du 3 juin 1829 qui crée un service de poste dans toutes les communes de France et qui établit le décime rural supprimé depuis par la loi du 3 juill. 1846; 2° l'ord. du 19 fév. 1843 qui autorise l'administration des postes à transiger dans toutes les affaires qui intéressent son service.

11. Jusqu'en 1847, la taxe était perçue à raison des distances. —Un député, M. de Saint-Priest, avait plusieurs fois renouvelé à la chambre des députés la proposition d'établir comme en Angleterre une taxe uniforme pour toutes les lettres circulant dans l'intérieur de la France. Cette réforme fut opérée par le décret du 24 août 1848. A partir du 1er janv. 1849 les lettres furent soumises à une taxe uniforme de 20 cent. qui fut élevée à 25 par la loi du 15 mai 1850, et enfin rétablie à 20 cent. pour les lettres affranchies et portée à 30 cent. pour les lettres non affranchies, par la loi du 20 mai 1854. — Une mesure semblable avait été prise à l'égard des lettres de Paris pour Paris dont la taxe a été fixée à 10 cent. et 15 cent. suivant que ces lettres sont ou ne sont pas affranchies. — Dans ce nouveau système, des timbres-postes ont été créés pour faciliter les affranchissements (V. n° 29). — Cette réforme a amené une augmentation considérable dans le nombre des lettres mises à la poste. En 1847, la poste recevait 126,500,000 lettres; en 1855 elle en a reçu 253,500,000. — Les affranchissements se sont augmentés également d'une manière remarquable. En 1847, les lettres affranchies étaient dans la proportion de 10 p. 100 des lettres reçues, aujourd'hui la proportion est de 85 p. 100. — La réduction du port a eu pour résultat immédiat de faire baisser les produits des postes, mais l'équilibre n'a pas tardé à se rétablir, et même l'année 1854 donne une augmentation d'environ 1,400,000 fr. sur le produit de l'année 1847 (V. l'Annuaire des postes de 1856).

12. L'augmentation des correspondances oblige l'administration à accroître et à améliorer successivement ses moyens de transport et distribution. Les rouages du service de la poste sont nombreux et compliqués, et cependant peu d'administrations sont aussi progressives. — De là, une grande mobilité dans les règlements. — En 1832, l'administration avait publié une instruction très-détaillée, ne contenant pas moins de 1,822 articles et imprimée en 3 volumes in-folio. — Ce règlement a été déclaré obligatoire par les tribunaux : c'est au moins ce qui résulte virtuellement de l'arrêt de la chambre des requêtes du 24 nov. 1846 (D. P. 47. 1. 69), et explicitement de celui de la cour de Nancy du 10 janv. 1846 (D. P. 46. 2. 119). — Depuis vingt-trois ans, cette instruction avait subi de telles modifications par les nombreuses circulaires qui l'avaient suivie qu'un nouveau travail devenait nécessaire; une décision du ministre des finances du 29 août 1854 a autorisé la publication d'une nouvelle instruction générale du service des postes : ce travail est, à ce qu'il paraît, terminé. La nouvelle instruction contient 2,530 articles, avec un appendice, une table des matières par ordre alphabétique et une table analytique. Mais elle n'est pas encore mise au jour au moment où nous écrivons. N'ayant ainsi à notre disposition que des renseignements anciens et presque dénués de valeur, nous avons dû borner notre travail au strict nécessaire et nous rattacher aux seuls renseignements le moins susceptibles de modification. — Si la publication de la nouvelle instruction générale nous paraît devoir présenter des documents qu'il soit utile de faire connaître, nous y reviendrons v° Organisation administrative. — Notons aussi que le conseil d'état est, à ce que l'on dit, saisi d'un projet de loi relatif au transport par la poste des écrits périodiques autres que ceux qui traitent de matières politiques ou d'économie sociale.

13. Les *franchises* et *contre-seings* qui, avant 1792, étaient devenus un abus général en l'absence de dispositions législatives suffisantes pour les régler, furent supprimés par le décret du 6 juin 1792, excepté à l'égard des membres de l'assemblée nationale, des administrations publiques et des fonctionnaires qui se trouvaient alors en activité et qui en avaient joui jusqu'à cette époque. Un autre décret du 5 sept. 1792 entreprit de régulariser l'usage des franchises et des contre-seings, en énumérant les fonctionnaires qui jouiraient à l'avenir de ce droit, les conditions et les limites qui y étaient apposées. — Cette réglementation ayant encore laissé subsister beaucoup d'abus, la loi du 19 vend. an 6, voulant détruire le mal dans sa racine, supprima complétement l'usage des franchises, à l'exception du Bulletin des lois, et accorda une indemnité aux fonctionnaires qui avaient joui de ce droit, afin de leur tenir compte de leurs frais de correspondance. — Mais cette mesure n'ayant pas produit le résultat que l'on en attendait, ce droit de franchise fut rétabli par la loi du 25 frim. an 8 qui attribua au pouvoir exécutif le droit de faire des règlements sur l'usage des franchises et contre-seings et de déterminer les fonctionnaires qui devaient en jouir. — C'est en vertu de cette loi que de nombreux décrets et ordonnances ont tour à tour réglementé cette matière. Tous ces actes ont été coordonnés et réunis dans l'ord. du 17 nov. 1844, suivie d'une circulaire du directeur général en date du 12 fév. 1845 : cette ordonnance, bien que modifiée par quelques ordonnances et décrets postérieurs, forme encore aujourd'hui le règlement de la matière. — Le nombre des lettres transportées par la poste pour le service de l'état avec exemption de taxe est considérable. Des enquêtes ont été faites en 1841, 1850 et 1854 par l'administration des postes pour connaître le montant des taxes que ces lettres auraient eu à supporter en raison de leur poids. Il résulte de la dernière enquête qu'en 1854, la poste a transporté en franchise plus de trente millions de lettres (en 1841, il n'y en avait que douze millions), et que si elles avaient été taxées elles auraient produit la somme de 39,600,000 fr. — En 1844, l'administration des postes avait publié un *Manuel des franchises*; mais le nombre toujours croissant des lettres exemptées de la taxe, et la nécessité de coordonner entre elles les diverses concessions autorisées depuis l'ord. du 17 nov. 1844, ont motivé la réimpression de ce recueil, qui a été ordonnée par une décision ministérielle du 30 mai 1855. — Des notes jointes au texte font connaître les diverses décisions ministérielles qui ont expliqué ou interprété le sens des dispositions des actes réglementaires.

14. Les rapports de la poste avec les puissances étrangères donnent lieu chaque année à une multitude de conventions postales et d'ordonnances, arrêtés, décrets rendus pour leur exécution. Nous n'avons pas pensé qu'il fût utile de grossir notre travail de tous ces documents qui se renouvellent et se modifient sans cesse. — D'ailleurs on trouve dans l'annuaire publié chaque année par l'administration des postes une table alphabétique de tous les pays du globe pour lesquels la poste peut recevoir les correspondances et dans laquelle sont indiquées et la taxe des lettres et les conditions du transport. Nous ne pouvons donc ici que renvoyer à cette publication plus complète et plus exacte que tout ce que nous pourrions dire dans une pareille matière. — Ajoutons que chaque année nous publions dans le recueil périodique les conventions qui interviennent à ce sujet avec les puissances étrangères. — V. au reste Traité internat.

TABLEAU DE LA LÉGISLATION RELATIVE AUX POSTES.

24 oct. 1789. — Décret par lequel l'assemblée constituante refuse la franchise des ports de lettres et paquets qui lui est offerte par les administrateurs des postes.

25 avr.-5 mai 1790. — Décret qui accorde une gratification aux maîtres de poste en indemnité des priviléges dont ils jouissaient, et qui contient quelques dispositions sur leur service.

12 juin 1790. — Décret concernant les dépenses de l'administration des postes.

9 juill.-8 août 1790. — Décret concernant la suppression des dépenses consacrées au secret des postes et de plusieurs titres et traitements de préposés au service des postes.

10-14 août 1790. — Décret qui blâme la municipalité de Saint-Aubin d'avoir décacheté des paquets adressés à différents ministres.

26-29 août 1790. — Décret sur la direction et administration générale des postes.

Direction et administration générales.

Art. 1. Les postes aux lettres, les postes aux chevaux et les messageries continueront à être séparées quant à l'exploitation; mais pour que ces établissements puissent s'entr'aider et ne pas se nuire, ils seront réunis dès à présent sous les soins du commissaire des postes nommé par le roi, en vertu du décret du 19 juillet dernier, pour remplir les fonctions des ci-devant intendants des postes et messageries. Dans les cas d'absence ou de maladie du commissaire des postes, il sera suppléé dans ses fonctions par le plus ancien des administrateurs présents.

2. Avant le 1er septembre prochain, les commissaires des postes et les administrateurs prêteront serment entre les mains du roi, de garder et observer fidèlement la foi due au secret des lettres, et de dénoncer aux tribunaux qui seront indiqués, toutes les contraventions qui pourraient avoir lieu, et qui parviendraient à leur connaissance. Les employés dans les postes prêteront sans frais le même serment devant les juges ordinaires des lieux, d'ici au 1er octobre prochain.

3. Le bail des postes passé à J. B. Poinsignon, par le résultat du conseil du 2 avril 1786, pour finir au 31 déc. 1791, ensemble les soumissions des fermiers postérieures au bail, notamment celle du 29 sept. 1789, portant abandon, à titre de don patriotique, de la totalité des trois quarts du bail des postes, auront leur pleine et entière exécution.

4. Le tarif de 1759, et tous les règlements d'après lesquels sont actuellement administrées les postes aux lettres et les postes aux chevaux, continueront à avoir leur pleine et entière exécution jusqu'au 1er janv. 1792. Avant cette époque, et d'après les instructions que le pouvoir exécutif fournira, il sera procédé par le corps législatif à la rectification du tarif, à celle des règlements et usages des postes, des traités avec les offices des postes étrangères, de l'organisation actuelle des postes aux lettres et des postes aux chevaux, aux nouveaux établissements relatifs à la division actuelle du royaume, et à ceux que sollicite le commerce; enfin, aux améliorations et aux économies dont ces différents services sont susceptibles.

5. Pour faciliter au pouvoir exécutif les moyens de fournir les instructions dont il est chargé par l'article précédent, pour assurer l'exactitude du service des postes, et réduire pour l'avenir cette administration à l'économie dont elle est susceptible, l'assemblée a cru devoir en établir les principales bases. En conséquence, à dater du 1er janv. 1792, l'administration générale des postes aux lettres, des postes aux chevaux et des messageries, sera régie par les soins d'un directoire des postes, composé d'un président et de quatre administrateurs non intéressés dans les produits.

6. Leurs traitements et frais de bureau réunis seront de 80,000 liv.; savoir, pour le président, 20,000 liv.; et pour chacun des quatre administrateurs, 15,000 liv. Le pouvoir exécutif fera dès à présent, dans l'administration actuelle, le choix de ses agents, qui seront logés à l'hôtel des postes.

Poste aux chevaux

Art. 1. A dater du 1er septembre prochain, la dépense annuelle des bureaux du commissaire du roi, remplaçant ceux des ci-devant intendance et sur-intendance des postes, qui s'élevait à la somme de 65,000 liv., sera réduite à 30,600 liv., qui continueront à être payées par la caisse des postes; savoir: — *Bureau pour le service des postes aux chevaux.* — Un chef de bureau, 3,600 liv.; — Un sous-chef de bureau, 2,400 liv.; — Deux commis à 1,800 liv., 3,600 liv.; — Deux commis à 1,200 liv., 2,400 liv. — *Bureau pour le service des postes aux lettres pour les affaires étrangères.* — Un chef de bureau, 3,600 liv.; — Deux commis à 1,800 liv., 3,600 liv.—*Bureau des messageries.* —Un chef de bureau, 3,000 liv.; — Un commis, 1,800 liv.; — Un garçon de bureau, 600 liv.; — Frais de bureau communs aux trois bureaux, 6,000 liv. — Total, 30,600 liv.

2. Les fonctions des ci-devant inspecteurs, visiteurs et officiers du conseil des postes, seront remplies par deux contrôleurs généraux des postes, dont le traitement sera de 6,000 liv. pour chacun.

3. Les maîtres des postes aux chevaux continueront d'être pourvus de brevets du roi, pour faire le service qui leur a été attribué jusqu'à ce jour, aux charges et conditions décrétées.

4. Les municipalités des lieux où sont établis des relais de poste, constateront, chaque quartier, le nombre des chevaux entretenus dans les relais, et en délivreront sans frais un certificat aux maîtres de postes.

5. Sur le vu des certificats des municipalités, visés par le président du directoire des postes, et d'après l'état arrêté par le corps législatif, il sera payé, chaque quartier, sur la caisse des postes, ce qui reviendra au maître de chaque relai.

6. Les maîtres de postes continueront de fournir gratuitement les chevaux nécessaires aux préposés des postes, pour faire les tournées et inspections relatives au service des postes aux lettres et des postes aux chevaux.

7. Les contrôleurs généraux et contrôleurs provinciaux, faisant ce service, seront seuls dans le cas de l'article ci-dessus, et le nombre des chevaux fournis par les maîtres de postes ne pourra s'élever au delà de trois.

Messageries.

Art. 1. Le droit connu sous le nom de *droit de permis*, et celui de transport exclusif des voyageurs, matières ou espèces d'or et d'argent, des balles et ballots, marchandises, paquets, de quelque poids qu'ils soient, sont abolis; ensemble les procès et actions qui auraient été intentés pour contravention auxdits droits, lesquels ne pourront être jugés que pour les frais de procédures faites antérieurement à la publication du présent décret.

2. A compter de la même époque, tout particulier pourra voyager, conduire ou faire conduire librement les voyageurs, ballots, paquets, marchandises, ainsi et de la manière dont les voyageurs, expéditionnaires et voituriers conviendront entre eux, à la charge par les voituriers de se conformer à la disposition contenue en l'article suivant, et sans qu'il soit permis à aucun particulier ou compagnie, autres que ceux exceptés ci-après, d'annoncer des départs à jour et heure fixes, ni d'établir des relais, non plus que de se charger de reprendre et conduire des voyageurs qui arriveraient en voitures suspendues, si ce n'est d'après un intervalle du jour au lendemain, entre l'époque de l'arrivée desdits voyageurs et celle de leur départ.

3. Chaque particulier qui aura l'intention de louer des chevaux, ou d'entreprendre le transport des voyageurs ou marchandises, sera tenu, à peine, en cas de contravention, d'une amende de 50 liv., applicable aux établissements de charité, de faire préalablement sa déclaration dans les huit premiers jours de chaque année, au greffe de la municipalité du lieu où il sera domicilié, et de la renouveler dans les huit premiers jours de chaque année, s'il est dans l'intention de continuer ce commerce.

4. Il sera établi une ferme générale des messageries, coches et voitures d'eau, aux conditions et charges suivantes : —1° Les fermiers auront seuls le droit des départs à jour et heure fixes, et de l'annonce desdits départs, ainsi que celui de l'établissement de relais à des points fixes et déterminés; — 2° Ils jouiront, comme par le passé, dans les villes où cet usage avait lieu, de la facilité que leurs voitures et guimbardes ne soient visitées qu'aux lieux de leurs bureaux; mais ils seront chargés d'acquitter la dépense des établissements que cette facilité nécessite; — 3° Les voitures, chevaux, harnais, servant à l'usage du service public des messageries, ne pourront être saisis dans aucun cas, et sous quelque prétexte que ce soit; —4° Les fermiers seront tenus de remplir exactement les conditions de leurs départs et relais, aux heures et points fixés et déterminés; ils seront également tenus de pourvoir à ce que non-seulement les principales routes du royaume, mais encore les communications particulières, suivant l'état qui sera joint au bail, soient exactement desservies; — 5° D'après les déclarations, évaluations et prix de transport convenus de gré à gré, mais qui, dans aucun cas, ne pourront excéder les taux fixés ou maintenus par l'arrêt du conseil et les tarifs y joints, de l'année 1776, les fermiers demeureront, jusqu'à décharge, responsables de tous les paquets, balles, ballots, marchandises et espèces qui leur seront confiés; mais ni lesdits fermiers ni tous autres entrepreneurs de voitures ou transports, ne pourront se charger d'aucune lettre ou papier, outre que ceux relatifs à leur service personnel et particulier, et ceux de procédures en sac.

5. D'après les instructions que le pouvoir exécutif fournira, il sera incessamment procédé à la confection d'un règlement particulier pour l'exploitation et le service des messageries, et surtout à la rédaction du tarif des coches et voitures d'eau.

6. Le pouvoir exécutif recevra, aux conditions ci-dessus énoncées, les offres qui pourraient lui être faites pour l'entreprise et exploitation de la ferme des messageries; et sur le compte qui sera rendu à l'Assemblée, elle décrétera ce qu'il appartiendra.

7. Le bail actuel des messageries, passé sous le nom de *Durdan*, ainsi que les sous-baux, ensemble le traité des fermiers avec les administrateurs des postes pour le transport des malles, ainsi que les sous-traités pour les mêmes services, demeureront résiliés à compter du 1er janv. prochain; et jusque-là, lesdits baux, sous-baux et traités continueront d'avoir leur exécution, en tout ce qui n'est pas expressément dérogé par le présent décret.

8. Il sera procédé, en la manière accoutumée, à l'examen et à la vérification des indemnités qui pourraient être dues aux fermiers ou sous-fermiers actuels des messageries, soit pour les non-jouissances forcées par les circonstances, soit pour la résiliation de tout ou partie de leurs baux, et au partage desdites indemnités entre les différentes compagnies ou particuliers qui y prétendront droit pour les décisions qui seront intervenues et les débats qui pourraient être présentés contre lesdits résultats, être portés au comité de liquidation, qui en rendra compte à l'assemblée, le tout en conformité du décret du 17 juill., relatif aux créances arriérées et aux fonctions de son comité de liquidation.

Attributions des vérifications, contestations et plaintes sur le service des postes aux lettres, des postes aux chevaux et des messageries.

Art. 1. Les assemblées et directoires de département et de district, les municipalités ni les tribunaux, ne pourront ordonner aucun changement dans le travail, la marche et l'organisation des services des postes aux lettres, des postes aux chevaux et des messageries. Les demandes et les plaintes relatives à ces services seront adressées au pouvoir exécutif.

2. Les vérifications renvoyées par les règlements des postes et des messageries aux ci-devant intendants des provinces seront faites à la réquisition des chefs d'administration des postes, par les soins des directoires de département.

3. Les contestations dont les jugements sont aussi renvoyés par les règlements des postes et des messageries aux ci-devant intendants des provinces et lieutenant de police de Paris, ainsi que celles qui s'éleveront à l'occasion de l'exécution des décrets, des tarifs de perception et des recouvrements desdites parties, seront portées devant les juges ordinaires des lieux.

6-9 sept. 1790. — Décret qui autorise le conseil à juger définitivement toutes les instances sur le fait des postes et messageries.

12-19 oct. 1790. (Procl.) — Décret concernant les franchises et contre-seings des lettres et paquets adressés à l'Assemblée nationale et aux corps administratifs.

19-24 nov. 1790. — Décret relatif à la brûlure et au décachètement préalable des lettres blanches inconnues.

L'assemblée nationale, après avoir entendu le rapport des commissaires de son comité des finances, d'impositions et de commerce, chargés de la suite du travail relatif aux postes et messageries, décrète ce qui suit : — Conformément à la disposition générale de l'art. 4 du décret du 22 août dernier et jours suivants sur les postes et messageries, le travail relatif à la brûlure et au décachètement préalable des lettres blanches inconnues, refusées ou non réclamées, continuera provisoirement de se faire, comme par le passé, suivant les règlements rendus à ce sujet, et notamment conformément aux arrêts du conseil des 12 janv. 1771, 14 mars 1784 et 25 sept. 1786. Cependant, en dérogeant aux dispositions de ces arrêts qui confiaient l'inspection et la surveillance de cette opération au seul intendant des postes, et qui prescrivaient que les lettres simples seraient brûlées sans vérification préalable d'incluse, l'assemblée décrète que ce travail ne pourra avoir lieu dorénavant qu'en présence du président du directoire et d'au moins deux des administrateurs des postes, et qu'il y sera procédé, pour les lettres simples, de la même manière et avec les mêmes vérifications que pour les lettres doubles ou à enveloppes.

10 avr. 1791. — Proclamation du roi qui place le service des messageries nationales et voitures d'eau sous l'inspection et la surveillance du directoire des postes. — V. Voitures publiques.

10-20 juill. 1791. — Décret concernant le secret et l'inviolabilité des lettres.

6-22 août 1791. — Décret dont l'art. 28, tit. 2, interdit aux courriers des malles de se charger d'aucune marchandise. — V. Douanes, p. 550.

17-22 août 1791. — Décret qui fixe le prix du transport des lettres, paquets, or et argent par la poste.

6-12 sept. 1791.—Décret portant qu'à compter du 1er janv. 1792, il sera établi, sur les routes désignées, le nombre de courriers de poste aux lettres, en voitures, fixé dans l'état qui le suit.

20 sept.-14 oct. 1791. — Décret qui accorde la franchise aux commissaires des guerres (tit. 9, art. 7 et 8).

25 sept.-6 oct. 1791. — Code pénal dont l'art. 25 (2e partie, tit. 1er, sect. 3) punit la violation du secret des lettres. — V. Lois codifiées, p. 256.

6-8 juin 1792. — Décret relatif aux contre-seings et aux franchises des lettres.

23-27 juin 1792. — Décret relatif à la taxe des lettres destinées pour l'armée.

3-20 sept 1792. — Décret relatif au contre-seing et à la franchise des lettres.

4-14 sept. 1792. — Décret qui supprime le privilége de poste double dont jouissaient les maîtres de postes de Paris, Versailles, Lyon et Brest, et qui ordonne l'établissement de postes aux chevaux dans plusieurs villes.

26-28 sept. 1792. — Décret portant que les directeurs et contrôleurs des postes seront nommés par le peuple.

8 oct. 1792. — Décret sur la nomination des directeurs de postes.

19-21 fév. 1793. — Décret qui accorde des indemnités aux maîtres de poste.

8-10 mars 1793.—Décret relatif au cautionnement à fournir par les directeurs des postes.

29-31 mars 1793. — Décret qui fixe le prix des chevaux de poste à compter du 1er avril 1793.

7-8 avril 1793. — Décret portant que nul employé dans les bureaux des postes, ne pourra recevoir en franchise des lettres ou paquets.

9-13 avril 1793. — Décret portant que la poste aux lettres, les messageries et la poste aux chevaux seront réunies sous une même administration (art. 5); que la poste aux lettres et les messageries seront exploitées en régie, et le service de la poste aux chevaux sera fait en vertu d'adjudication à l'enchère au rabais (art. 6); que les maîtres de poste et entrepreneurs seront tenus de continuer le service provisoirement jusqu'à l'organisation du nouveau service (art. 7).

1er-3 mai 1793. — Décret relatif au service des postes et messageries.

24 (23 et)-30 juillet 1793. Décret relatif à l'organisation des postes et messageries en régie nationale.

TIT. 1. — *Dispositions générales.*

Art. 1. Il sera établi, dans tous les lieux où la plus grande utilité l'exigera, des bureaux pour le dépôt et la distribution des dépêches, l'enregistrement des voyageurs, le chargement et la remise des sommes et valeurs des paquets, ballots et marchandises; mais les nouveaux établissements ni les changements ne pourront se faire définitivement qu'en vertu d'un décret du corps législatif, sur la demande de l'administration, à laquelle sera joint l'avis des départements et des districts.

2. Il sera incessamment procédé à la formation d'une nouvelle administration des postes et messageries : cette administration, attendu la réunion, sera composée de neuf administrateurs élus par la convention nationale, sur la présentation du conseil exécutif; ils ne pourront être révoqués que par le corps législatif, sur l'avis du conseil exécutif.

3. Les administrateurs seront spécialement chargés, sous leur responsabilité, de la surveillance et de l'administration de tous les objets concernant la régie.

Ils auront le choix de tous leurs agents et employés, à l'exception des directeurs des postes aux lettres, qui seront nommés par le peuple.

Les administrateurs et les directeurs des postes seront renouvelés tous les trois ans; ils pourront cependant être réélus.

4. L'administration établira provisoirement le nombre d'employés nécessaire, et présentera, dans un mois, le tableau de ceux qu'elle aura institués ou conservés, et des appointements attribués à chacun dans la proportion de son travail et de sa responsabilité.

5. Les directeurs des postes remettront, les 1er et 15 de chaque mois, le produit net de leur recette au receveur du district; ils en tireront un récépissé qui sera reçu par l'administration pour pièce comptable. Les administrateurs des postes dresseront, chaque quinzaine, un bordereau général des recettes et dépenses de leur administration; et ils le feront passer au conseil exécutif et aux commissaires de la trésorerie nationale.

TIT. 2. — *Service et régime intérieur de la poste aux lettres.*

6. Il sera établi un nombre suffisant de voitures pour le transport des lettres et dépêches, afin de les faire parvenir avec célérité dans tous les points de la république, et à toutes les communications avec l'étranger. Ce service ne pourra être fait par aucune voiture de messagerie.

7. Les voitures seront de différentes formes et dimensions : celles des principales routes seront à quatre roues, et construites de manière à transporter à la fois les dépêches, le courrier et quatre voyageurs; elles seront nommées *grandes malles-postes*.

8. Les autres voitures, qui seront appelées *petites malles-postes*, établies sur les communications moins importantes, seront à deux roues, et disposées de manière à contenir, indépendamment des dépêches et du courrier, un, deux ou trois voyageurs, suivant que l'expérience en fera connaître la nécessité. En attendant l'établissement du nouveau service, l'administration donnera, dans les brouettes actuellement existantes, des places aux voyageurs, au prix du tarif des *malles-postes*.

9. Ces voitures rouleront seulement sur les grandes routes pourvues de relais; partout ailleurs où il sera nécessaire de faire transporter des dépêches, le service sera rempli de la manière que l'administration jugera la plus expéditive, la plus sûre et la plus économique.

10. Les malles-postes, grandes et petites, feront au moins 2 lieues par heure; leur marche ne sera interrompue, ni jour ni nuit, que le temps nécessaire pour l'exécution du service.

11. Les voyageurs par les malles-postes ne pourront charger avec eux qu'un paquet de nuit, dont le poids est rigoureusement fixé à 10 livres.

12. Conformément aux dispositions du décret du 17 août 1791, le prix du transport des lettres et paquets sera payé suivant le tarif annexé au présent décret.

13. Pour établir les bases de ce tarif, il sera fixé, si fait n'a été, un point central dans chaque département. Les distances entre les départements seront calculées de point central en point central, à vol d'oiseau.

14. La taxe des lettres et paquets partant ou arrivant d'un département pour un autre sera la même pour tous les bureaux des deux départements.

15. La carte de France où sont désignés les points de centre de chaque département et les bureaux de poste établis dans leur enceinte sera rendue publique, et rectifiée, s'il y a lieu, par le conseil exécutif.

16. Il en sera de même du tableau divisé en six mille huit cent quatre-vingt-neuf cases, destiné à indiquer la distance du point central d'un département à l'autre, et la taxe de la lettre simple d'un département à un autre. — Cette carte et le tableau seront déposés aux archives de l'assemblée nationale : un double de l'un et de l'autre seront aussi déposés dans les archives de l'administration des postes et messageries, et des exemplaires affichés dans tous les bureaux de poste.

17. Il ne sera fait usage dans tous les bureaux de poste, pour la taxe des lettres et paquets, que du poids de marc.

18. Seront taxées comme lettres simples celles sans enveloppes, et dont le poids n'excédera pas un quart d'once.

19. La lettre avec enveloppe, ne pesant point au delà d'un quart d'once, sera taxée, pour tous les points de la République, 1 sou en sus du port de lettre simple. — Toute lettre, avec ou sans enveloppe, qui paraîtra du poids de plus d'un quart d'once, sera pesée.

20. La lettre ou paquet pesant plus d'un quart d'once, et au-dessous d'une demi-once, payera une fois et demie le port de la lettre simple. — La lettre ou paquet pesant demi-once, et moins de trois quarts d'once, payera le double de la lettre simple. — La lettre ou paquet pesant trois quarts d'once, et moins d'une once, payera trois fois le prix de la lettre simple. — La lettre ou paquet pesant une once, et au-dessous de cinq quarts d'once, payera quatre fois le port de la lettre simple, et ainsi à proportion de quart d'once en quart d'once.

21. Toutes les fois que le poids des lettres ou paquets donnera lieu à une fraction de sou, cette fraction sera retranchée de la taxe.

22. Lorsqu'une lettre ou paquet aura été taxé dans l'un des bureaux de poste, la taxe ne pourra être augmentée dans aucun autre bureau, à moins qu'il ne faille faire renvoi de la lettre ou paquet à une autre adresse.

23. Les ports de lettres ou paquets seront payés comptant; il sera libre à tous particuliers de refuser chaque lettre ou paquet au moment où il lui sera présenté, et avant de l'avoir décacheté.

24. Il y aura dans chaque département au moins un bureau de poste, désigné pour la réduction des taxes faites au-dessus du tarif; et la remise de la surtaxe sera faite au réclamant aussitôt que la lettre ou paquet détaxé, s'il y a lieu, aura été renvoyé au bureau où il était adressé.

25. Ne seront taxés qu'au tiers du port fixé par le tarif les échantillons des marchandises, pourvu que les paquets soient présentés sous bande, ou d'une manière indicative de ce qu'ils contiennent; le port ne sera cependant jamais au-dessous de la lettre simple.

26. La taxe des journaux et autres feuilles périodiques sera la même pour toute la République, savoir : pour ceux qui paraissent tous les jours, de 8 deniers par chaque feuille d'impression, et pour les autres de 12 deniers. La taxe sera de moitié pour les ouvrages qui ne seront que d'une demi-feuille, et les suppléments seront taxés en proportion.

27. Les livres brochés qui seront mis à la poste, sous bande, ne seront taxés dans toute la République qu'à 1 sou la feuille.

28. Ceux qui voudront faire charger des lettres ou paquets les remettront aux préposés des postes, qui percevront d'avance le double port, et chargeront leurs registres.

29. Les lettres ou paquets destinés pour les colonies françaises seront affranchis jusqu'au port de l'embarquement. Le port en sera payé conformément au tarif, et 2 sous en sus.

30. Les lettres et paquets venant des colonies françaises, et remis aux commandants des navires par les directeurs des postes du lieu de leur départ, seront taxés à 4 sous dans le lieu d'arrivée, lorsqu'ils seront destinés pour le port de débarquement; ceux dont la destination sera plus éloignée seront taxés conformément au tarif, à raison des distances du lieu du débarquement à celui de leur destination, et 2 sous en sus.

31. Les commandants de navires partant pour les colonies, ou des colonies pour la France, seront tenus de se charger des lettres et paquets qui leur seront remis par le directoire des postes du port de leur départ, et de les remettre, aussitôt après leur arrivée, au bureau des postes du lieu de leur débarquement. — Il leur sera payé en France 2 sous pour chaque lettre ou paquet qu'ils recevront du préposé de l'administration ou remettront au bureau de la poste.

32. Les lettres de France destinées pour les États-Unis de l'Amérique septentrionale seront affranchies depuis le bureau de leur départ jusqu'au port de l'embarquement. — Le port sera conforme au tarif; il sera, en outre, augmenté de 1 livre pour chaque lettre ou paquet pesant moins de 1 once; de 1 liv. 10 sous pour ceux pesant 1 once et moins de 2, et ainsi de suite en augmentant de 10 sous par once.

33. Les lettres et paquets envoyés des États-Unis en France payeront le même port de 1 liv. pour la lettre ou paquet pesant moins de 1 once, de 1 liv. 10 sous pour la lettre ou paquet pesant 1 once et moins de 2, et ainsi de suite en augmentant de 10 sous par once. — Ils payeront, en outre, le port fixé par le tarif, des ports de leur débarquement au lieu de leur destination.

34. La lettre simple envoyée de l'île de Corse en France, ou de France en Corse, payera 4 sous en sus de la taxe, suivant le tarif, à raison des distances d'Antibes au lieu de sa destination, ou du lieu du départ à Antibes.

35. Il ne sera rien changé, quant à présent, à la taxe des lettres et paquets arrivant des pays étrangers, ou qui leur sont destinés, telle qu'elle est fixée par des traités ou conventions existant avec les différents offices des postes étrangères, non plus qu'à l'obligation de l'affranchissement jusqu'aux frontières, pour certains pays, résultant des conditions desdits traités.

36. Le conseil exécutif est autorisé à entamer des négociations avec les officiers des postes étrangères, pour l'entretien ou le renouvellement des différents traités qui existent avec eux. Sur le compte qui en sera rendu au corps législatif, il sera par lui définitivement statué ce qu'il appartiendra.

37. Toutes sommes et valeurs en assignats, en or et argent monnayés ou non, seront désormais chargées à vue; la régie sera responsable de la totalité de la somme ou valeur chargée, et non de celles qui ne l'auront pas été.

38. A l'égard des paquets chargés, s'ils ne sont pas remis à leurs adresses dans le mois de la réclamation, la régie, sauf son recours, s'il y a lieu, contre les agents trouvés en faute, sera tenue de payer une somme de 50 liv. à la partie réclamante; cette indemnité sera réduite de moitié si le paquet se retrouve ensuite.

39. La régie fera le transport des fonds publics, et n'en pourra donner la commission qu'à ses agents.

40. Lorsque les sommes ou valeurs chargées seront d'un volume ou d'un poids trop considérable, et lorsque les chargements s'élèveront à des sommes capables de rendre la responsabilité de la régie nationale inquiétante, il est remis à la prudence des administrateurs de diviser ces sommes ou valeurs entre plusieurs malles-postes; ils en pourront même charger les diligences et les fourgons; mais ils en donneront avis sans frais, par le même courrier, aux personnes à qui les sommes ou valeurs sont adressées, avec indication du jour précis auquel elles arriveront.

41. Les transports des voyageurs qui entreront dans les malles-postes, et des sommes ou valeurs chargées à la poste, seront payés au prix du tarif annexé au présent décret.

42. Le renvoi des rebuts se fera suivant l'usage dans les rebuts : les lettres simples et non chargées seront ouvertes seize mois après celui où elles auront été mises dans les bureaux des postes, et brûlées un an après.

43. Les lettres doubles et paquets chargés ou non chargés, ainsi que ceux à poste restante, seront ouverts deux ans après leur mise à la poste, et brûlés six ans après leur ouverture. Les objets trouvés dans ces lettres seront brûlés comme les lettres mêmes et aux mêmes délais, à l'exception néanmoins des effets précieux, assignats et autres effets nationaux, lesquels seront déposés à la trésorerie nationale.

44. Il ne sera rien innové, quant à présent, à l'organisation des petites postes des villes où elles sont établies.

45. Il sera sursis jusqu'après la guerre à la construction des nouvelles voitures; l'administration pourra cependant faire des essais sur les routes qui lui paraîtront propres pour ces épreuves.

TIT. 3. — *Service et ordre extérieur des messageries* (V. Voitures publiques).

TIT. 4. — *Service de la poste aux chevaux.*

68. Il sera entretenu dans toute l'étendue de la République un service de relais nationaux, tant pour la conduite des malles et diligences que pour le service des citoyens qui voudront voyager en poste. Les entrepreneurs de ces relais seront établis dans leurs fonctions en vertu d'une commission du pouvoir exécutif; ils pourront être destitués de leurs fonctions pour cause de leur mauvais service, constaté par l'administration des postes et par les corps administratifs de leur arrondisse-

ment ; ils seront soumis aux lois émanées du corps législatif sur le fait des postes, sous l'inspection et l'administration immédiates de l'administration des postes et messageries.

69. Aucuns maîtres de postes ne pourront quitter le service sans avertir au moins six mois d'avance : autrement il y sera pourvu à leurs frais ; ils pourront néanmoins disposer de leur établissement en faveur d'un autre, en prévenant de leur intention l'administration, qui fera expédier, si elle le juge convenable, une nouvelle commission au citoyen désigné pour le remplacement. Ils entretiendront, sous peine de destitution, le nombre de chevaux et de postillons nécessaire au service, ainsi qu'il sera réglé par l'administration. Il ne sera formé aucun autre établissement en relais, sans un décret particulier qui l'autorise.

70. Si quelqu'un d'eux vient à décéder, et que les héritiers ne puissent ou ne veuillent pas continuer le service pour leur compte, la municipalité veillera à ce que le nombre de postillons et de chevaux ne diminue pas, jusqu'à ce qu'il ait été pourvu au remplacement par l'administration, qui y procédera le plus promptement possible.

71. Les maîtres de poste, les postillons en rang et ceux faisant la conduite des malles et diligences, ne pourront être tirés de leur service, même sous prétexte de prendre les armes pour la patrie, à moins de cas extraordinaires qui seront déterminés par le corps législatif ; cette disposition aura lieu également pour un des fils d'un maître de poste qui serait mort, et dont la veuve continuerait le service.

72. Si les besoins de la guerre exigent qu'on se serve de provisions en fourrages et avoine des maîtres de postes, il leur en sera laissé au moins pour l'entretien de leur service pendant deux mois, à la charge de constater la qualité et la quantité de ce qui leur en sera pris, et de rétablir la totalité en nature et de même qualité avant l'expiration d'un mois, à moins que les maîtres de poste à qui appartiendraient les fourrages ne préfèrent d'en recevoir le prix, qui, dans ce cas, sera fixé par experts respectivement choisis, et payé comptant.

73. Les maîtres de postes, dans des temps de presse, fourniront, de préférence à tous voyageurs, leurs chevaux aux agents de la République porteurs de commissions ou ordres signés des autorités qui les auront expédiés.

74. L'administration est autorisée à changer au besoin la route des courriers actuels, à en augmenter le nombre, et à diriger leur marche selon qu'elle le jugera plus convenable pour le bien du service, mais avec l'autorisation du pouvoir exécutif. Elle règlera la distribution et le mouvement des relais de poste, le nombre de chevaux et de postillons à employer sur chaque voiture, malle-poste ou diligence, sans que les maîtres de postes désignés pour le service puissent s'y refuser ; le tout au prix ordinaire fixé par le tarif des postes. Le payement leur en sera fait par l'administration sur leur quittance, sans aucune formalité. — L'administration payera aux maîtres de poste 40 sous par poste et par cheval pour le service des malles et diligences, à dater du 1er juill. 1793.

75. Il sera payé deux chevaux de surplus sur les voitures attelées de six ou huit chevaux dans les localités difficiles où l'administration aura reconnu la nécessité d'accorder un troisième cheval sur les voitures à deux roues ; et pour le temps qu'elle aura déterminé ; il en sera payé un de surplus également sur les voitures à trois et quatre chevaux.

76. Les payements, ainsi que les chevaux, provisions, ustensiles et équipages destinés au service de la poste, ne pourront être saisis sous aucun prétexte.

77. Pour faciliter aux voyageurs la comptabilité de leur dépense, le tarif des postes, pour la course des chevaux et des postillons, sera fixé par lieue et non par poste.

78. Les maîtres de postes seront tenus de conduire et d'aller prendre les voitures nationales dans les bureaux et dans les auberges fixés par l'administration.

79. L'administration présentera, sous trois mois, à la convention nationale, un projet de règlement particulier à chacune des parties de la poste aux chevaux, de la poste aux lettres et des messageries.

80. Les sous-fermiers des coches de la Haute-Seine qui n'ont pas participé à l'augmentation du tarif sont autorisés à percevoir 3 sous par lieue par voyageur, et 3 sous également par lieue par quintal de marchandises en sus de la fixation du prix du tarif. Les soldats, matelots, nourrices et moissonneurs continueront à ne payer que sur le pied de l'ancien tarif.

81. Les sous-baux de messageries partant de Paris seront et demeureront résiliés à compter du 1er août prochain : cependant, si l'administration le juge nécessaire, les sous-fermiers seront tenus de continuer leur service huit jours encore après la notification du présent décret : les mêmes dispositions qui ont eu lieu pour la résiliation du bail général, seront appliqués à la résiliation des sous-fermes, pour la reprise des équipages ; le payement en sera fait de la même manière.

82. L'administration est autorisée à tenir en ferme les coches et voitures d'eau, les routes intermédiaires, les extrémités des grandes routes, et les messageries connues sous le nom de petites messageries ou voitures des environs de Paris ; et cette facilité de résilier ou de conserver les baux n'excédera pas l'époque du 1er avril 1794. Après cette époque, les sous-baux non résiliés seront conservés.

13 sept. 1793. — Décret relatif aux fonctions des nouveaux directeurs des postes à Paris.

17 vend. an 2 (8 oct. 1793). — Décret contenant le tarif pour les voitures par terre des postes et les messageries nationales.

1er brum. an 2 (22 oct. 1793). — Décret concernant le tarif des postes et messageries.

24 vend. an 3 (15 oct. 1794). — Décret portant que les membres des tribunaux ne peuvent être employés dans le service des postes (art. 2). — V. Organ. admin.

29 brum. an 3 (19 nov. 1794). — Décret relatif à l'établissement de bureaux pour le dépôt et la distribution des dépêches, l'enregistrement des voyageurs, etc.

9 niv. an 3 (29 déc. 1794). — Décret qui fixe le mode des payements à faire aux maîtres de poste aux chevaux.

27 niv. an 3 (16 janv. 1795). — Décret qui augmente le prix des ports de lettres.

9 vent. an 3 (27 fév. 1795). — Décret relatif aux avances et indemnités à accorder aux maîtres de poste.

3 germ. an 3 (23 mars 1795). — Décret relatif aux indemnités des maîtres de poste et au rétablissement de la double poste de Paris, etc.

16 flor. an 3 (5 mai 1795). — Décret relatif à la caution exigée des maîtres de poste auxquels il a été accordé des secours pour le service de leurs relais.

11 prair. an 3 (30 mai 1795). — Décret qui supprime la commission des transports, postes et messageries, et en attribue les fonctions divisées aux commissions du mouvement des armées et des revenus nationaux.

21 prair. an 3 (9 juin 1795). — Décret qui fixe le port des lettres pour les bureaux de petites postes.

3 therm. an 3 (21 juill. 1795). — Décret qui fixe le prix du port des lettres et de la poste aux chevaux.

16 therm. an 3 (3 août 1795). — Décret portant établissement d'une administration générale en remplacement des agences de la poste aux lettres, de la poste aux chevaux et des messageries.

3 fruct. an 3 (20 août 1795). — Décret contenant un nouveau tarif pour les postes et messageries.

17 fruct. an 3 (3 sept. 1795). — Décret portant qu'il sera établi un caissier général pour les recettes des différents bureaux de la poste aux lettres et des messageries.

3 brum. an 4 (25 oct. 1795). — Code des délits et des peines dont l'art. 638 punit la violation du secret des lettres (V. Lois codifiées, p. 255).

6 niv. an 4 (27 déc. 1795). — Loi contenant un nouveau tarif pour la poste aux chevaux.

Art. 1. A compter du jour de la publication de la présente loi, il sera payé aux maîtres de poste, pour chaque cheval, par poste, 30 sous en numéraire ou 150 liv. en assignats ; et à chaque postillon, 10 sous en numéraire, ou 50 liv. en assignats ; le tout au choix du voyageur.

2. Il est défendu à tout maître de poste en activité de service, ou même démissionnaire, de disposer de ses chevaux, harnais et fourrages. — Les objets vendus ou détournés seront rétablis à ses frais. — Les démissions qui pourraient être données seront acceptées, et les remplacements faits par l'administration des postes, dans les six mois au plus tard de la présentation de la démission.

3. Il est défendu à tout maître de poste de percevoir des voyageurs aucune somme au-dessus du tarif et du nombre des chevaux fixé par les règlements, à peine de la perte de toute indemnité accordée par la nation, et d'une amende de vingt fois la somme trop perçue pour la première fois, et de quarante fois pour la récidive. — Il leur est également défendu de refuser des chevaux, à quelque heure que ce puisse être, à peine d'une amende de 1,000 liv., et d'une indemnité envers les voyageurs, proportionnée au temps qu'ils auront été obligés de séjourner, à la charge cependant par ceux-ci d'accorder une heure pour le rafraîchissement des chevaux qui arriveront de course.

4. Tout postillon qui refusera de marcher ou exigera du voyageur au delà du tarif sera puni d'un jour de détention, et de trois jours, s'il a menacé ou insulté le voyageur.

5. Les peines portées dans les art. 3 et 4 seront prononcées par les municipalités ; ou par l'agent municipal ou son adjoint, sur la plainte du voyageur. — Le procès-verbal en sera adressé au receveur du droit d'enregistrement, pour qu'il recouvre les amendes prononcées.

6. Les anciens règlements continueront à être exécutés dans toutes les dispositions auxquelles il n'est pas dérogé par la présente résolution.

6 niv. an 4 (27 déc. 1795). — Loi contenant un nouveau tarif pour la poste aux lettres.

5 prair. an 4 (24 mai 1796). — Arrêté du directoire exécutif, qui ordonne le remboursement du port des lettres et paquets adressés aux fonctionnaires publics de l'ordre judiciaire.

6 mess. an 4 (24 juin 1796). — Loi contenant un nouveau tarif pour la poste aux lettres et les messageries.

25 mess. an 4 (13 juill. 1796). — Arrêté du directoire qui prescrit un ordre de comptabilité pour une branche de la recette des ports de lettres et paquets.

30 mess. an 4 (18 juill. 1796). — Arrêté du directoire contenant des mesures provisoires pour le payement des ports de lettres par les militaires.

4 therm. an 4 (22 juill. 1796). — Loi qui fixe le prix du port des ouvrages périodiques et des livres brochés.

Art. 1. Les art. 6 et 9 de la loi du 6 messidor dernier, sur le tarif des postes, sont rapportés.

2. Il sera payé, à compter de ce jour, d'avance et en numéraire métallique, pour chaque feuille d'ouvrage périodique ou journal, 4 cent. ; pour chaque demi-feuille, 2 cent. ; et pour les livres brochés, catalogues ou prospectus remis sous bandes, 5 cent. par chaque feuille ; la moitié de cette somme pour chaque demi-feuille, et le quart pour chaque quart de feuille.

5 therm. an 4 (23 juill. 1796). — Loi relative à la taxe des ports de lettres pour les militaires.

4 fruct. an 4 (21 août 1796). — Arrêté du directoire exécutif, qui exempte de la taxe les lettres et paquets qui seront adressés à la haute-cour nationale et aux accusateurs nationaux.

4 niv. an 5 (24 déc. 1796). — Arrêté du directoire exécutif, qui établit un mode pour faciliter les correspondances entre les ministres, etc., et les autorités constituées et fonctionnaires publics qui ne sont pas servis directement par la poste.

5 niv. an 5 (25 déc. 1796). — Loi contenant un nouveau tarif pour la poste aux lettres.

Art. 1. A compter du jour de la publication de la présente loi, le prix du transport des lettres, paquets, or et argent, sera payé conformément au tarif ci-après : — Savoir : pour la lettre simple, — Dans l'intérieur du même département, 2 déc. ou 4 sous ; — D'un département à un département contigu, 2 déc. 5 c., ou 5 sous ; — D'un département à un autre département, et jusqu'à la distance de 15 myriamètres ou trente lieues inclusivement, 3 déc. ou 6 sous; — De 15 à 20 myriamètres, ou de trente à quarante lieues, 3 déc. 5 c., ou 7 sous; — De 20 à 25 myriamètres, ou de quarante à cinquante lieues, 4 déc. ou 8 sous; — De 25 à 30 myriamètres, ou de cinquante à soixante lieues, 4 déc. 5 c., ou 9 sous; — De 30 à 40 myriamètres, ou de soixante à quatre-vingts lieues, 5 déc. ou 10 sous; — De 40 à 50 myriamètres, ou de quatre-vingts à cent lieues, 5 déc. 5 c., ou 11 sous; — De 50 à 60 myriamètres, ou de cent à cent vingt lieues, 6 déc. ou 12 sous; — De 60 à 75 myriamètres, ou de cent vingt à cent cinquante lieues, 6 déc. 5 c., ou 13 sous; — De 75 à 90 myriamètres, ou de cent cinquante à cent quatre-vingts lieues, 7 déc. ou 14 sous; — De quatre-vingt-dix myriamètres, ou de cent quatre-vingts lieues et au delà, 7 déc. 5 c., ou 15 sous.

2. Les distances entre les départements continueront à être calculées en ligne droite, de point central en point central de chaque département, conformément aux lois des 17-22 août 1791 et 6 mess. an 4.

3. Seront taxées comme lettres simples celles qui n'atteindront pas le poids de demi-once.

4. Toutes lettres simples avec enveloppe payeront 5 c. ou 1 sou de plus que les taxes des lettres simples fixées par le présent tarif.

5. La lettre ou paquet pesant demi-once, et moins de trois quarts d'once, payera le double de la lettre simple. — La lettre ou paquet pesant trois quarts d'once, et moins de 1 once, payera trois fois le prix de la lettre simple. — La lettre ou paquet pesant 1 once, et au-dessous de cinq quarts d'once, payera quatre fois le port de la lettre simple; et ainsi progressivement de quart d'once en quart d'once, le prix de la lettre simple pour chaque quart d'once.

6. La taxe des lettres simples, et au-dessous du poids de demi-once, *de* et *pour* la même ville, sera de 1 déc. ou 2 sous. Les lettres du poids de demi-once, et au-dessous de l'once, payeront 1 déc. 5 c. ou 3 sous. — Celles de 1 once, 2 déc. ou 4 sous; et progressivement, 5 c. ou 1 sou de plus par demi-once au delà de la première once. — Les lettres d'une ville pour sa banlieue payeront 5 c. ou 1 sou de plus que celles ci-dessus désignées *de* et *pour* la même ville.

7. La taxe et les affranchissements des lettres *de* et *pour* l'étranger, fixés par le tarif de 1759, conformément aux conventions passées avec les offices des postes étrangères, et maintenues par la loi des 17-22 août 1791, seront provisoirement perçus suivant ledit tarif de 1759, jusqu'à de nouveaux arrangements avec lesdits offices. — Et attendu que le tarif de 1759 ne fixe point de taxe pour les lettres de l'étranger adressées dans les départements réunis à la France, et celles de ces départements pour l'étranger, elles payeront 2 déc. ou 4 sous en sus de la taxe perçue pour les départements frontières de l'ancien territoire de la République qui les avoisine.

8. Par suite de l'extension du territoire de la République, et de l'interruption d'une grande partie des traités avec les offices des postes étrangères, il sera fait de nouveaux arrangements : le directoire exécutif est autorisé à en passer de nouveaux sur des bases également et réciproquement avantageuses, et de manière que la taxe des lettres *de* et *pour* l'étranger soit celle des lettres de l'intérieur, en y ajoutant le prix du remboursement dont l'office des postes de France pourra être chargé envers l'office étranger. — A l'époque des nouveaux arrangements, la taxe des lettres *de* et *pour* les pays étrangers qui en seront l'objet cessera d'avoir lieu suivant le tarif de 1759, et sera perçue suivant les dispositions du présent article.

9. Les lettres et paquets destinés pour les colonies françaises et les Etats-Unis de l'Amérique seront affranchis jusqu'au port de l'embarquement : le port en sera payé conformément au tarif, et 1 déc. ou 2 sous en sus.

10. Les lettres et paquets venant des colonies françaises et des Etats-Unis de l'Amérique, et remis aux commandants des navires par les directeurs des postes du lieu de leur départ, seront taxés à 2 déc. ou 4 sous dans le lieu de l'arrivée, lorsqu'ils seront destinés pour le port de débarquement; ceux dont la destination sera plus éloignée, seront taxés conformément au tarif, à raison des distances du lieu du débarquement à celui de leur destination, et 1 déc. ou 2 sous en sus.

11. Les commandants de navires partant pour les colonies et les Etats-Unis de l'Amérique, ou des colonies et desdits Etats-Unis pour la France, seront tenus de se charger des lettres et paquets qui leur seront remis par le directeur des postes du port de leur départ, et de les remettre, aussitôt leur arrivée, au bureau des postes du lieu de leur débarquement. Il leur sera payé en France, pour chaque lettre ou paquet, 1 déc. ou 2 sous, qu'ils recevront des préposés de l'administration des postes.

12. La lettre simple envoyée de l'île de Corse en France, ou de France en Corse, payera 2 déc. ou 4 sous en sus de la taxe fixée par le présent tarif, pour les distances à parcourir dans l'intérieur de la France.

13. Toutes les lettres simples seulement, adressées aux militaires sous les drapeaux, seront affranchies, et ne payeront, quelque distance qu'elles parcourent, que 15 c. ou 3 sous; mais toutes celles qui n'auront pas été affranchies seront assujetties aux taxes portées dans les autres articles du présent tarif.

14. Le port sera double et payé d'avance pour les lettres et paquets chargés : en cas de perte, il ne sera accordé d'autre indemnité que celle de 50 liv. pour chaque lettre. — Cette indemnité sera due de préférence à celui auquel la lettre aura été adressée; et à défaut de réclamation de sa part dans le mois, elle sera payée à la personne qui justifiera en avoir fait le chargement. — Les lettres affranchies et non chargées pour lesquelles il n'est point délivré de bulletin ni payé double port, et leur délivrance ayant lieu sans en exiger de reçu, ne sont susceptibles d'aucune indemnité en cas de perte.

15. Le transport des espèces valeur métallique et papier-monnaie, continuera d'avoir lieu à découvert, par la voie de la poste, dans l'intérieur du territoire de la République et aux armées, à raison du port de 5 pour 100, payé d'avance en même nature que celle de l'envoi. — En cas de perte, la somme à payer sera remboursée en mêmes espèces que celle déposée.

16. Nul ne pourra insérer dans les lettres chargées ou autres, ni papier-monnaie, ni matière d'or ou d'argent, ni bijoux : en cas de perte, les contrevenants ne pourront réclamer d'autre indemnité que celle portée en l'art. 14.

17. Les voyageurs admis dans les voitures-malles payeront d'avance, au bureau du lieu du départ, pour le prix de leur place, 5 déc. ou 10 sous par poste, indépendamment du prix d'un cheval, qu'ils payeront à chaque poste. — Les voyageurs ne pourront placer dans les voitures qu'un paquet ou sac de nuit du poids de 10 liv., pour leur usage pendant la route.

18. Toutes taxes portées au présent tarif seront payées, sans aucune exception, en valeur métallique, et sans égard aux fractions de centime, qui seront toujours en faveur de la taxe.

19. L'art. 7 de la loi du 22 avr. 1791, qui prescrit à tout débiteur de faire l'appoint, aura son entière exécution dans les payements à faire à la poste. — Le port des lettres et paquets sera payé comptant; il sera libre à tous citoyens de refuser chaque lettre ou paquet au moment où ils leur seront présentés, et avant de les avoir décachetés.

20. Toutes les lois précédemment rendues, relatives aux postes, continueront d'avoir leur pleine et entière exécution en ce qui n'est point contraire à la présente.

9 vend. an 6 (30 sept. 1797). — Loi de finances dont l'art. 64 porte : « La poste aux lettres sera affermée ; l'usage du contre-seing et de la franchise est supprimé, à compter du 1er brum. prochain, excepté pour le bulletin des lois. Il sera accordé des indemnités aux différents fonctionnaires publics. »

27 vend. an 6 (18 oct. 1797). — Arrêté du directoire exécutif, concernant la suppression des contre-seings et franchises.

27 brum. an 6 (17 nov. 1797). — Arrêté du directoire, additionnel à celui du 27 vend. sur la suppression des franchises et des contre-seings.

5 frim. an 6 (25 nov. 1797). — Loi qui règle l'indemnité due aux membres du corps législatif pour la suppression de la franchise du contre-seing.

2 niv. an 6 (22 déc. 1797). — Arrêté du directoire qui défend aux entrepreneurs de voitures libres de se charger du port des lettres et ouvrages périodiques.

Le directoire exécutif, après avoir entendu le rapport du ministre de la police générale; — Considérant que la faculté illimitée que s'attribuent les entrepreneurs des voitures libres de transporter toute espèce de correspondances, favorise des communications clandestines et alarmantes pour la tranquillité publique; — Considérant que ce mode de transport est contraire aux droits attribués à l'administration des postes par les lois et les règlements concernant cette partie, et notamment par la loi du 24 août 1790, et par l'arrêt du conseil du 18 juin 1681, maintenu provisoirement par la loi du 20 sept. 1792, lequel autorise la visite des voitures de beurriers, rouliers et autres, et condamne les porteurs de lettres et autres papiers à 300 liv. d'amende; — Arrête :

Art. 1. En conformité de la loi du 24 août 1790, portant, art. 4, qu'aucun entrepreneur de voitures de transport libres ne pourra se charger d'aucune lettre ni papiers, autres que ceux relatifs à leur service personnel et particulier, ou les sacs de procès, il est défendu à tous les entrepreneurs de voitures libres de se charger du port des lettres, journaux, feuilles à la main et ouvrages périodiques.

2. Les commissaires du pouvoir exécutif près les administrations centrales et municipales et les bureaux centraux, sont autorisés à faire, ou faire faire, dans les établissements desdites voitures, et partout où il sera nécessaire, toutes visites indispensables pour assurer l'exécution de la loi.

3. En conformité des dispositions du règlement sur cette matière, en date du 18 juin 1681, confirmé par la loi du 24 déc. 1790, les contrevenants seront poursuivis, pour être condamnés à 300 liv. d'amende par chaque contravention.

13 pluv. an 6 (1er fév. 1798). — Arrêté du directoire concernant le port des lettres adressées aux autorités centrales et municipales.

29 pluv. an 6 (17 fév. 1798). — Loi relative à la taxe des paquets expédiés par les administrations centrales et municipales dans l'étendue de leur arrondissement.

9 prair. an 6 (28 mai 1798). — Arrêté du directoire qui détermine les fonctions de son commissaire près l'administration des postes.

7 fruct. an 6 (24 août 1798). — Arrêté du Directoire exécutif, concernant le transport des lettres et journaux par toute autre voie que celle de la poste.

Le directoire exécutif, considérant que l'intention qu'il avait eue, par son arrêté du 2 niv. an 6, concernant le transport des lettres et journaux par toute autre voie que par celle de la poste, d'assurer l'exécution des lois antérieurement rendues à ce sujet, notamment de celles des 26-29 août 1790 et 20 sept. 1792, n'a point été remplie; que les avis qu'il reçoit de toutes parts prouvent que ces lois sont ouvertement violées, et son arrêté du 2 nivôse absolument sans exécution; qu'un tel état de choses, indépendamment de ce qu'il accuserait la surveillance et l'activité du gouvernement s'il pouvait subsister plus longtemps, occasionne une perte considérable sur le produit à attendre des postes aux lettres, et qu'il entraîne l'inconvénient plus grave encore de favoriser les correspondances clandestines et criminelles, arrête :

Art. 1. Les dispositions de l'arrêté du 2 nivôse an 6 sont, en tant que de besoin, renouvelées; il est en conséquence expressément défendu à tous les entrepreneurs de voitures libres, et à toute autre personne étrangère au service des postes, de s'immiscer dans le transport de lettres, paquets et papiers du poids de 1 kilog. ou de 2 liv. et au-dessous, journaux, feuilles à la main et ouvrages périodiques, dont le port est exclusivement confié à l'administration des postes aux lettres.

2. Les sacs de procédure, les papiers uniquement relatifs au service personnel des entrepreneurs de voitures, et les paquets au-dessus du poids de 2 liv., sont seuls exceptés de la prohibition prononcée par l'article précédent.

3. Pour l'exécution du présent arrêté, les directeurs, contrôleurs et inspecteurs des postes, les employés des douanes aux frontières et la gendarmerie nationale, sont autorisés à faire ou faire faire toutes perquisitions et saisies sur les messagers, piétons, voitures, même sur les ordonnances portant régulièrement la correspondance relative au service militaire, et partout où besoin sera, afin de constater les contraventions; à l'effet de quoi ils pourront, s'ils le jugent nécessaire, se faire assister de la force armée.

4. Le commissaire central des postes à Paris, ses substituts dans les départements, les commissaires du directoire exécutif près les administrations centrales et municipales et les bureaux centraux, sont chargés de veiller, chacun en droit soi, à l'exécution du présent arrêté, et sont autorisés à donner à cet effet tous ordres nécessaires.

5. Les procès-verbaux qui devront être dressés à l'instant de la saisie, contiendront l'énumération des lettres et paquets saisis en fraude, ainsi que leurs adresses : copie en sera remise, avec lesdits lettres et paquets saisis en fraude, savoir,

Paris, au bureau général de la distribution; et dans les départements, au bureau du directeur des postes le plus voisin de la saisie; pour lesdites lettres et paquets être envoyés aussitôt à leur destination, avec la taxe ordinaire. Lesdits procès-verbaux seront de suite adressés aux commissaires du directoire près le tribunal correctionnel de l'arrondissement, par les préposés des postes, pour les contrevenants être poursuivis en condamnation d'une amende de 300 fr. par chaque contravention, en conformité du règlement du 18 juin 1681, maintenu par la loi du 20 sept. 1792.

6. Le payement de ladite amende, dont il ne pourra, dans aucun cas et sous quelque prétexte que ce soit, être accordé de remise ou de modération, sera poursuivi à la requête des commissaires près les tribunaux correctionnels, et à la diligence des directeurs des postes, contre les contrevenants, par saisie et exécution de leurs établissements, voitures et meubles, à défaut de payement dans la décade du jugement qui sera intervenu.

7. Le payement sera effectué, à Paris, à la caisse générale de l'administration de la ferme des postes; et dans les départements, entre les mains du directeur des postes qui aura reçu les objets saisis: il portera en recette le produit desdites amendes, sur lesquelles il jouira de sa remise ordinaire.

8. La moitié du produit des amendes appartiendra à celui ou à ceux qui auront découvert ou dénoncé la fraude, et à ceux qui auront coopéré à la saisie. Ladite moitié sera répartie entre eux par égale portion: ils en seront payés par le directeur des postes chargé du recouvrement de l'amende; et à Paris, par le caissier général de l'administration de la ferme des postes; d'après un exécutoire qui sera délivré à leur profit par le commissaire du directoire exécutif près le tribunal correctionnel: lesdits exécutoires seront envoyés par le directeur, à l'appui de son compte.

9. Les maîtres de postes, les entrepreneurs de voitures libres et messagers, sont personnellement responsables des contraventions de leurs postillons, conducteurs, porteurs et couriers, sauf leur recours.

5 vend. an 7 (26 sept. 1798). — Arrêté du Directoire exécutif concernant les lettres adressées aux fonctionnaires publics, et assujetties à l'affranchissement.

9 frim. an 7 (29 nov. 1798). — Arrêté du directoire exécutif, concernant le port des lettres adressées aux juges de paix, aux accusateurs publics, aux commissaires près les tribunaux et aux directeurs du jury d'accusation.

19 frim. an 7 (9 déc. 1798). — Loi sur la poste aux chevaux.

Art. 1. L'établissement général des postes aux chevaux est maintenu dans toute l'étendue de la République.

2. Nul autre que les maîtres de poste munis d'une commission spéciale ne pourra établir de relais particuliers, relayer ou conduire à titre de louage des voyageurs d'un relais à un autre, à peine d'être contraint de payer, par forme d'indemnité, le prix de la course, au profit des maîtres de poste et des postillons qui auront été frustrés.

3. La prohibition portée au précédent article ne s'étend point aux conducteurs de petites voitures non suspendues, connues sous le nom de pataches ou carioles, et allant à petites ou grandes journées dans l'intérieur de la République, non plus qu'à ceux de toute autre voiture de louage allant constamment à petites journées et sans relayer.

4. Il est défendu à tout maître de poste de relayer quiconque aurait contrevenu aux dispositions des articles précédents, sous peine de payer lui-même la course aux maîtres de poste et postillons à qui elle serait due à titre d'indemnité.

5. Sont exceptés les relais qui seraient établis pour le service des voitures publiques partant à jour et heures fixes, et annoncées par affiches, et le transport des dépêches partout où les maîtres de poste n'en seraient pas chargés, lorsque ces relais seront bornés au service qui leur est attribué. — Est également excepté le cas où un relais de poste se trouverait dégarni.

6. Les maîtres de poste ne sont point sujets au droit de patente pour l'exercice public dont ils sont chargés; ils sont seulement astreints à faire enregistrer leur commission au greffe de leurs municipalités respectives.

7. Le service des malles sera fait par les maîtres de poste sur les routes ci-après désignées, savoir: — De Paris à Caen, par Rouen; de Paris à Lille, par Amiens et Arras; de Paris à Bruxelles, par Saint-Quentin et Valenciennes; de Paris à Mézières; de Paris à Strasbourg, par Châlons et Metz; de Paris à Strasbourg, par Châlons et Nancy; de Paris à Besançon, par Troyes et Dijon; de Paris à Béfort, par Troyes et Langres; de Paris à Bayonne, par Orléans, Limoges et Toulouse; de Paris à Bayonne, par Orléans, Poitiers et Bordeaux; de Paris à Lyon, par Auxerre et Châlons-sur-Saône; de Paris à Lyon, par Moulins; de Paris à Nantes, par le Mans; de Paris à Brest, par Alençon et Rennes; de Lyon à Marseille, et de Marseille à Bordeaux.

8. Il sera payé comptant, pour le transport des malles, 3 fr. 25 c., guides compris, par poste, sur les routes et parties de route où il y a chaque jour malle montante et malle descendante, et 3 fr. 75 c., guides compris, par poste, sur les routes où il n'y a chaque jour qu'une seule malle, soit montante, soit descendante.

9. Il sera payé en outre aux maîtres de poste 75 cent. par poste, par chaque voyageur accompagnant le courrier de la malle.

10. Le directoire exécutif déterminera les routes autres que celles ci-dessus désignées, sur lesquelles il sera utile de confier le service des malles aux maîtres de poste, et réglera le prix des courses dans les proportions indiquées par les circonstances et les localités.

11. Le directoire exécutif est autorisé à régler la position, le nombre de relais et leurs distances respectives, en réduisant les relais les plus forts à deux postes et demie, et en portant les plus faibles à une poste et demie, lorsque les localités ne s'y opposeront pas impérieusement. Il est également autorisé à supprimer les relais dont l'inutilité sera reconnue.

12. Il est alloué des gages aux maîtres de poste. — La répartition en sera faite par le directoire exécutif, en raison du nombre de chevaux reconnu nécessaire dans chaque relais, sans qu'en aucun cas cette indemnité proportionnelle puisse s'étendre à un nombre excédant celui de quinze chevaux par relais. — Il sera accordé 40 fr. par chacun des cinq premiers chevaux, 30 fr. par chacun des cinq suivants, et 20 fr. par chacun des cinq derniers.

13. Les maîtres de poste auront droit à une indemnité pour les localités difficiles et pour les pertes majeures et imprévues qu'ils supporteront relativement à leur état.

14. Les postillons auront droit à une pension de retraite après vingt ans de service comme postillons en rang, ou dans le cas d'un accident ou d'une infirmité qui les mettrait dans l'impuissance de se procurer, par un travail quelconque, les moyens d'exister. — Cette retraite ne pourra être moindre de 150 fr., ni plus forte de 200 fr. — Jusqu'à l'an 10 exclusivement, il n'en sera pas accordé aux postillons valides. — Elle pourra être réversible, en tout ou en partie, aux veuves et aux enfants.

15. L'administration actuelle des relais est supprimée; elle sera remplacée par un conseil d'administration composé du commissaire du directoire exécutif, qui le sera également près la poste aux lettres, et de trois inspecteurs principaux, ayant tous voix délibérative. — Ces inspecteurs seront tenus de faire alternativement des tournées de surveillance sur les principales routes de la république, et se distribueront le travail de manière qu'ils soient toujours deux près le commissaire du directoire exécutif. — Le commissaire du directoire exécutif entretiendra seul la correspondance relative à l'exécution des délibérations prises.

16. Il y aura six inspecteurs chargés de faire entre eux, au moins une fois par an, des tournées sur toutes les routes de poste de la république.

17. Le traitement de chaque inspecteur principal est fixé à 8,000 fr., et celui de chacun des autres inspecteurs est fixé à 4,000 fr. Il est sursis à la fixation du traitement du commissaire du directoire exécutif, jusqu'à ce qu'il ait été statué sur le message du directoire relatif à la poste aux lettres.

18. Il est mis annuellement à la disposition du directoire exécutif une somme qui, pour l'an 7, est fixée à 750,000 fr. pour les frais d'administration et d'inspection des relais, les gages annuels à allouer aux maîtres de poste, les secours extraordinaires, et pour les pensions des postillons.

19. Cette somme sera prise sur le prix du bail de la poste aux lettres: il sera prélevé, pour les pensions des postillons, celle de 30,000 fr., qui ne pourra avoir une autre destination, et fera accroissement, en cas d'excédant, à la masse des fonds destinés à acquitter lesdites pensions.

20. Les gages et secours extraordinaires ne pourront être délivrés que sur un arrêté du directoire exécutif, et l'état en sera remis annuellement au corps législatif, ainsi que celui de l'organisation des bureaux.

21. Les pensions des postillons seront réglées par le corps législatif, sur les états qui seront présentés par le directoire exécutif.

22. A compter du 1er niv. prochain, le prix de la course de chaque cheval sera réduit à 1 fr. 2 déc. 5 c. par poste, et les guides de chaque postillon seront portées à 7 déc. 5 c. également par poste. — Les maîtres de poste fourniront gratuitement les chevaux aux inspecteurs des relais pour leurs tournées. Ces derniers ne seront tenus qu'à payer les guides des postillons.

23. Il est défendu à tout postillon d'exiger ou de recevoir une somme offerte au delà des guides fixées par la loi, d'insulter les voyageurs, ou de leur donner aucun sujet de plainte, sous peine, en cas de récidive, de destitution, sans préjudice des peines qui pourront leur être infligées par les tribunaux.

24. Pour constater la contravention aux dispositions de l'article précédent, il sera tenu, par chaque maître de poste, un registre coté et parafé par le commissaire du directoire exécutif près l'administration municipale du canton, et par l'agent municipal de la commune de la situation des relais. Les voyageurs pourront consigner leur plainte dans ce registre. — Les inspecteurs arrêteront et relèveront ce registre à chaque tournée, et en feront rapport à l'administration.

25. Le directoire exécutif est autorisé à fixer l'indemnité que les maîtres de poste des grandes communes seraient dans le cas de réclamer pour l'espace que leurs chevaux ont à parcourir dans l'intérieur desdites communes. — Cette indemnité ne pourra excéder une demi-poste.

26. Le directoire exécutif fera tous les règlements nécessaires d'ordre et de police sur les postes aux chevaux.

26 vent. an 7 (16 mars 1799). — Arrêté du directoire exécutif, contenant rectification de ceux des 2 niv. et 7 fruct. an 6, sur le transport des lettres.

Le directoire exécutif, vu ses arrêtés des 2 niv. an 6 et 7 fructidor même année, par lesquels, en rappelant les dispositions des anciens règlements qui défendaient à tous les entrepreneurs de voitures et voituriers de se charger du transport des lettres, et en citant les lois qui ordonnaient l'exécution de ces règlements, il a prescrit des mesures pour empêcher qu'il ne fût contrevenu à leurs dispositions; — Considérant que c'est par erreur que l'on a cité, dans l'arrêté du 2 niv. an 6, une loi du 24 déc. 1790, au lieu de celle des 19-20 avril même année, dont l'art. 9 porte: « La police administrative et contentieuse sera, par provision, jusqu'à l'organisation de l'ordre judiciaire, exercée par les corps municipaux, *à la charge de se conformer en tout aux règlements actuels, tant qu'ils ne seront ni changés ni abrogés;* » que c'est également par erreur que dans l'arrêté du 7 fructidor suivant, on a cité une loi du 20 sept. 1792, au lieu de celle du 21 du même mois, qui ordonne l'exécution de toutes les lois non abrogées, et qu'il est essentiel de rectifier ces erreurs; — Considérant que, pour arrêter les contraventions qui se commettent aux arrêts du conseil d'Etat, portant règlement, des 18 juin et 29 nov. 1681, il est nécessaire de rappeler des dispositions de ces règlements, afin de faire mieux connaître les peines portées contre ceux qui les enfreignent; — Arrête:

Art. 1. Les arrêtés du 2 niv. et du 7 fruct. an 6, qui défendent aux entrepreneurs de voitures libres et aux voituriers de se charger du transport des lettres et ouvrages périodiques, seront exécutés, et l'insertion au Bulletin des lois servira de rectification aux indications de lois faites dans ces arrêtés.

2. L'extrait des règlements des 18 juin et 29 nov. 1681 sera imprimé et inséré au Bulletin des lois à la suite du présent.

Arrêt du conseil d'Etat du 18 juin 1681.

Ouï le rapport, et tout considéré, il est ordonné que les édits, déclarations, arrêts et règlements sur le fait des postes et messageries, seront exécutés selon leurs forme et teneur: ce faisant, il est fait très-expresses inhibitions et défenses à tous messagers auxquels la finance de leurs offices a été remboursée, et à tous maîtres des coches, carrosses et litières, poulaillers, beurriers, muletiers, piétons, mariniers, bateliers, rouliers, voituriers, tant par terre que par eau, et à toutes autres personnes de quelques qualité et condition qu'elles soient, autres que ceux qui auront droit et pouvoir dudit Patin et de ses intéressés, de se charger ni souffrir que leurs valets ou postillons, et même les personnes qu'ils conduiront par leurs voitures, se chargent d'aucune lettre ni paquet de lettres, *mais seulement des lettres de voitures des marchandises qu'ils voitureront, qui seront ouvertes et non cachetées,* comme aussi à toutes personnes de se charger de la distribution desdites lettres et paquets de lettres, autres que ceux qui seront commis par ledit *Patin* et ses intéressés, *à peine de* 300 *livres d'amende pour chacune contravention*, qui ne pourra être remise ni modérée pour quelque cause que ce soit; applicable le tiers au dénonciateur, s'il y en a, le tiers à l'hôpital du lieu où les contraventions auront été découvertes, et l'autre tiers au profit dudit Patin et de ses intéressés, et de confiscation des équipages dans lesquels lesdites lettres auront été saisies. Il est permis, pour cet effet, audit Patin de faire visiter par ses procureurs, commis et préposés, les coches, carosses, litières, paniers, valises, bateaux et magasins d'iceux, pour reconnaître s'il n'y aura pas été mis, caché ou recelé des lettres ou paquets de lettres, pour passer en fraude. »

Arrêt du conseil d'Etat du 29 nov. 1681.

Il est ordonné que les édits, déclarations et règlements concernant le fait desdites postes et messageries, seront exécutés selon leurs forme et teneur; et interprétant, autant que besoin serait, ledit arrêt du 18 juin dernier, il est fait très-expresses inhibitions et défenses à tous messagers qui ont été remboursés de leurs finances, et à tous maîtres de coches, carrosses, poulaillers, bateliers, rouliers, piétons et voituriers, tant par eau que par terre, et à toutes autres personnes de quelques qualité et condition qu'elles soient, autres que ceux qui auront droit ou pouvoir dudit Patin et de ses associés, de se charger ni souffrir que leurs valets ou postillons, et même les personnes qu'ils conduiront par leurs voitures, se chargent d'aucune lettre ni paquet de lettres ouvertes ou cachetées, *à la réserve des lettres de voitures des marchandises qu'ils voitureront, lesquelles seront ouvertes et non cachetées.* Il est ordonné que ceux qui se trouveront chargés *d'autres sortes de lettres, ouvertes et non cachetées, ou ceux qui les distribueront, soient contraints au payement de l'amende* de 300 *livres portée par ledit arrêt, tout ainsi que ceux qui porteront des lettres cachetées.* »

1er prair. an 7 (20 mai 1799.) — Arrêté du Directoire contenant règlement sur le service de la poste aux chevaux.

§ 1. — *Des maîtres de poste et postillons.*

Art. 1. Les maîtres de poste doivent résider à leurs relais, où leur présence est constamment nécessaire pour maintenir l'ordre, l'activité et la subordination dont ils répondent personnellement. — Ils ne peuvent transférer leur relais d'un local dans un autre, quoique dans la même commune, qu'avec l'autorisation préalable du conseil d'administration.

2. Les maîtres de poste ne peuvent quitter le service sans avoir prévenu le conseil d'administration six mois d'avance; faute de quoi il y sera pourvu à leurs frais, conformément à l'art. 69 de la loi des 23-24 juill. 1793.

3. En cas d'absence momentanée d'un titulaire, il peut charger quelqu'un de le représenter pour trois mois au plus, et seulement après en avoir prévenu le conseil d'administration des postes aux chevaux; mais il ne peut ni faire gérer habituellement son relais, ni le céder, sans que le gérant ou cessionnaire ait été préalablement agréé.

4. Les maîtres de poste ont le choix de leurs postillons; mais ils ne peuvent en prendre un sortant d'un autre relais, s'il n'est muni d'un certificat de bonne conduite donné par le titulaire du relais qu'il quitte. — Ils peuvent également les renvoyer; mais ils ne peuvent leur refuser le certificat sans des motifs graves, et dont le conseil d'administration sera juge en cas de contestation.

5. La surveillance des maîtres de poste doit s'étendre non-seulement sur leurs propres postillons, mais même sur ceux des relais voisins: ils doivent veiller particulièrement à ce que ces derniers ne s'arrêtent aux relais où ils arrivent que le temps nécessaire pour faire souffler leurs chevaux, et à ce qu'ils ne repartent point à charge ou au galop.

6. Les maîtres de poste sont civilement responsables des accidents arrivés par le fait de leurs postillons ou par l'emploi de chevaux qu'ils auraient dû réformer.

7. Le conseil d'administration et les inspecteurs en tournée ont le droit de prononcer la mise à pied, pour un mois au plus, des postillons qui donneraient lieu à des plaintes dans leur service, et qui se rendraient coupables d'insolence ou d'insubordination. Les maîtres de poste sont tenus de déférer aux ordres qui leur seront donnés à cet égard, et ils sont autorisés à employer personnellement cette mesure de discipline.

8. Tout postillon qui, après avoir subi la peine de la mise à pied, se mettra dans le cas d'une nouvelle punition, sera destitué, conformément à l'art. 23 de la loi du 19 frim. an 7: il ne pourra plus être employé dans aucun relais, et sera privé de tout droit à la pension réglée par l'art. 14 de la même loi.

9. Dans le cas d'un relais vacant ou abandonné, les deux maîtres de poste voisins sont tenus de se communiquer sur-le-champ, et sans attendre l'ordre du conseil d'administration. — Lorsqu'il n'en résultera qu'une course de deux postes et demie, les maîtres de poste ne pourront prétendre à aucun dédommagement; mais si la course se trouve plus étendue, il leur sera payé, indépendamment du prix ordinaire pour les distances parcourues, une demi-poste d'augmentation, pour tenir lieu du rafraîchissement des chevaux jusqu'à concurrence de trois postes et demie, et le prix d'une poste entière, lorsque la course surpassera cette dernière distance, et jusqu'à concurrence de cinq postes, terme au delà duquel ils ne peuvent être tenus de se communiquer.

10. Les maîtres de poste sont tenus de présenter, à la première réquisition des voyageurs qui auraient des plaintes à faire, le registre que lesdits maîtres de poste doivent avoir à cet effet, conformément à l'art. 24 de la loi du 19 frim. an 7.

11. Les maîtres de poste pourront être requis, par le conseil d'administration, de fournir les postillons et chevaux nécessaires pour renforcer des relais lors d'un passage extraordinaire, ou pour activer provisoirement un relais vacant ou abandonné; mais alors, outre le prix des courses qui leur appartiendra de droit, il leur sera alloué, par chaque jour de route ou de séjour, le prix de 2 fr. par homme et par cheval requis et en activité. Ladite indemnité sera acquittée sur les fonds affectés par la loi du 19 frimaire aux dépenses de l'administration des postes aux chevaux.

12. Il est expressément défendu aux maîtres de poste de faire l'état de loueur de chevaux, même en prenant patente, à peine de destitution; ils peuvent néanmoins se charger de la conduite des voitures publiques annoncées par affiches et partant à jour et heures fixes.

13. Tout postillon doit être âgé de seize ans au moins; il doit se faire inscrire au greffe de l'administration municipale, à compter du jour qu'il prend son rang, et adresser au conseil de l'administration des postes aux chevaux certificat de son inscription. Le droit à la pension ne courra à l'avenir, pour les postillons qui entreront dans les relais, que du jour de cette inscription.

14. Les postillons doivent obéissance, non-seulement au maître de poste auquel ils sont attachés, mais encore, en ce qui concerne le service, à tous les maîtres de poste chez lesquels ils se trouvent.

15. Tout postillon quittant un relais pour s'attacher à un autre sera tenu de faire viser le certificat de bonne conduite qui lui aura été délivré par le maître de poste au relais duquel il était précédemment attaché, tant par la municipalité qu'il quittera que par celle de son nouveau domicile.

16. Les postillons ne peuvent quitter un relais sans avoir prévenu le titulaire au moins un mois d'avance; et, en cas de non-exécution de cette disposition, les maîtres de poste sont autorisés à leur refuser le certificat nécessaire pour entrer dans un autre relais.

17. Le conseil d'administration veillera scrupuleusement à ce qu'aucun postillon qui aurait été renvoyé d'un relais sans certificat ne puisse s'introduire dans un autre: il fera droit, au surplus, aux justes observations et réclamations des postillons.

18. Les postillons en course doivent être porteurs d'une plaque au bras, qui indique le nom du relais auquel ils sont attachés; et le numéro de leur rang. — L'infraction à cette disposition sera punie, pour la première fois, par la mise à pied pendant une décade; pour la deuxième fois, pendant un mois; et en cas de récidive par la destitution.

§ 2. — *Du nombre de postillons et de chevaux à employer pour les différents services.*

Service à franc étrier.

Art. 1. Tout courrier à franc étrier qui n'accompagne pas une voiture doit avoir un postillon monté pour lui servir de guide.

2. Un seul postillon ne peut conduire que trois courriers à franc étrier: s'il y a quatre courriers, il faut deux postillons.

§ 3. — *Service en voiture.*

Article unique. Il doit être payé, généralement, autant de chevaux qu'il y a de personnes (sans distinction d'âge) dans les voitures, derrière, sur le siége, et de postillons employés à les conduire, que le nombre de chevaux puisse être attelé ou non.

§ 4. — *Des voitures montées sur deux roues et ayant brancard.*

Art. 1. Les voitures montées sur deux roues et à brancard, ainsi que les cabriolets à quatre roues, chargées d'une personne, seront conduits par un postillon, et attelés de deux chevaux; — Chargés de deux personnes, seront conduits par un postillon, et attelés de trois chevaux; — Chargés de trois personnes, seront conduits par un postillon, et attelés de trois chevaux; il en sera payé quatre; — Chargés de quatre personnes, seront conduits par un postillon, et attelés de trois chevaux; il en sera payé cinq.

2. Les maîtres de poste seront tenus d'atteler le troisième cheval sur les voitures à deux roues chargées de deux personnes; mais dans le cas où ils seraient d'accord avec les voyageurs pour n'en atteler que deux, alors ils ne pourront exiger que moitié du prix de la course du cheval non attelé.

§ 5. — *Des voitures montées sur quatre roues, ayant un seul fond et à limonière.*

Article unique. Les voitures montées sur quatre roues, à un seul fond et à limonière, et chargées d'une personne, avec malle, vache et porte-manteau, ou sans ces objets, seront attelées de trois chevaux, et conduites par un postillon; — Chargées de deux personnes, avec une vache, ou une malle, ou un porte-manteau seulement, seront attelées de trois chevaux et conduites par un postillon; — Chargées de deux personnes avec malle et vache et un porte-manteau, ou avec deux de ces objets seulement, seront conduites par un postillon, et attelées de trois chevaux; il en sera payé quatre; — Chargées de trois personnes, avec une vache, ou une malle, ou un porte-manteau seulement, seront conduites par un postillon, et attelées de trois chevaux; il en sera payé quatre; — Chargées de trois personnes, avec une malle et vache et un porte-manteau, ou avec deux de ces objets seulement, seront conduites par deux postillons, et attelées de quatre chevaux; il en sera payé cinq; — Chargées de quatre personnes, avec malle, vache et porte-manteau, ou sans ces objets, seront attelées de six chevaux, et conduites par deux postillons.

§ 6. — *Des voitures montées sur quatre roues, ayant timon.*

Article unique. Les voitures montées sur quatre roues et ayant timon, chargées d'une ou deux personnes, seront attelées de quatre chevaux, et conduites par deux postillons; — Chargées de trois personnes, seront conduites par deux postillons, et attelées de quatre chevaux; il en sera payé cinq; — Chargées de quatre personnes, seront conduites par deux postillons, et attelées de six chevaux; — Chargées de cinq personnes, seront conduites par deux postillons, et attelées de six chevaux; il en sera payé sept; — Chargées de six personnes, seront conduites par trois postillons, et attelées de huit chevaux; il en sera payé neuf.

§ 7. — *Du chargement des chevaux et des voitures.*

Art. 1. Tout courrier à franc étrier ne peut faire porter au cheval qu'il monte, que ce que peuvent contenir en menus effets les poches de la selle. — S'il y a un porte-manteau, il doit être porté en croupe par le postillon, pourvu toutefois qu'il n'excède point le poids de 25 kilog. ou 50 liv.

2. Les voitures montées sur deux roues, ayant brancard, celles montées sur quatre roues, à un seul fond et ayant limonière, ne pourront être chargées sur le derrière de plus de 100 liv., et sur le devant de plus de 40 liv.

§ 8. — *Droit du troisième cheval.*

Art. 1. Le troisième cheval accordé aux maîtres de poste dans les localités difficiles ne pourra être exigé par eux qu'autant qu'il sera attelé, et seulement sur les chaises de poste chargées d'une seule personne; les cabriolets à soufflet n'en sont point susceptibles.

2. Le droit du troisième cheval a lieu pour l'année entière, ou pour six mois seulement, à compter du 1er brumaire de chaque année. — Les maîtres de poste ne peuvent exercer ce droit qu'autant qu'ils sont porteurs d'un ordre à cet effet, lequel doit être renouvelé tous les ans.

§ 9. — *Police et ordre dans le service.*

Art. 1. Il doit y avoir, dans l'écurie de chaque maître de poste, de la lumière pendant la nuit et un postillon de garde, afin de ne point faire attendre les courriers; le postillon de garde allant en course, un autre doit le remplacer.

2. Le prix de la course, conformément au tarif, doit être payé au maître de poste avant le départ du courrier.

3. Le service des malles, pour lequel au surplus les maîtres de poste doivent tenir des chevaux en réserve, et celui des courriers ou porteurs d'ordre du gouvernement, doivent être faits de préférence à tous autres. — Hors ces deux cas, les courriers doivent être servis par ordre d'arrivée.

4. Les postillons attachés à un relais doivent seuls en conduire les chevaux; les courriers ne peuvent les faire remplacer par qui que ce soit.

5. Les courriers à franc étrier ne peuvent se servir de brides à eux appartenant; ils ne doivent pas passer le postillon qui les conduit; et le maître de la poste à laquelle ils arriveraient sans leur postillon ne doit point leur donner de chevaux avant que ce dernier ne soit arrivé, et qu'il n'ait reconnu l'état des chevaux et déclaré la course et les guides payés.

6. Les avant-courriers ne peuvent devancer que d'une poste la voiture qu'ils précèdent; il leur est défendu de partir, et aux maîtres de poste de leur fournir des chevaux, avant l'arrivée de la voiture aux relais; et s'ils partent plus d'un quart-d'heure après, il leur sera donné un guide.

7. Les postillons ne peuvent se devancer sur la route, et doivent marcher dans l'ordre où ils sont partis du relais, à moins qu'un accident ne soit survenu à celui qui précède.

8. Il est défendu aux postillons, lorsqu'ils se rencontrent vers le milieu de leur course, d'échanger leurs chevaux, à moins qu'ils n'aient obtenu le consentement respectif des courriers. — La course d'une poste devant se faire, dans les localités ordinaires, dans une heure, les postillons ne pourront s'arrêter sans permission que pour laisser souffler leurs chevaux.

9. Lorsque tous les chevaux d'une poste suffisamment garnie sont en course, les courriers doivent attendre que les chevaux soient de retour et aient rafraîchi; mais si le manque de chevaux provient de ce qu'un relais n'est pas suffisamment monté, alors les postillons seront tenus de passer avec tout ou partie seulement de leurs chevaux, après toutefois les avoir fait rafraîchir. — Ils ne pourront en aucun cas être forcés à passer plus d'un relais.

10. Les maîtres de poste ne peuvent être forcés à fournir des chevaux pour les routes de traverse; cependant ils sont autorisés à conduire les courriers dans lesdites routes, à prix défendu, de manière toutefois que le service du relais ne puisse en souffrir.

11. Les maisons de campagne situées sur les grandes routes, ou à proximité, seront servies par la poste la plus voisine du point vers lequel les voyageurs se dirigeront.

12. Les maîtres de poste ne peuvent être contraints à fournir des chevaux pour être attelés à une voiture avec d'autres que ceux employés au service de la poste.

13. Les courriers ne doivent point forcer ni maltraiter les chevaux : dans le cas où ils se seraient portés à cet excès, et que, par suite, un ou plusieurs chevaux seraient mis hors de service ou viendraient à périr, ils seront tenus d'en payer le prix au maître de poste, suivant l'estimation qui en sera faite par experts, et sur le procès-verbal qui en sera dressé en présence de l'agent municipal des lieux où le délit aura été commis.

14. Les maîtres de poste qui conduiront à un relais sur les pays étrangers sont autorisés à se faire payer sur le pied de monnaie étrangère.

15. Les droits de bac, d'entretien des routes, de pont ou barrière, sont à la charge des courriers, et indépendants du prix de la course et des guides.

16. Tous ceux qui feront venir des chevaux de poste et les renverront sans s'en servir, payeront le prix d'une poste, et les guides dans la même proportion, à titre de dédommagement. — Ceux qui les auront fait venir, et ne partiront pas de suite, payeront une demi-poste de plus, et les guides dans la même proportion, par chaque heure de retard.

17. Les courriers payeront 75 cent. par chaque homme et par chaque cheval, toutes les fois que, par la fermeture des portes d'une commune ou autre empêchement de cette nature, ils seront forcés de coucher et ne pourraient revenir à leur relais.

4e jour complémentaire an 7 (20 sept. 1799). — Loi contenant des dispositions pénales contre les maîtres de poste qui auraient fait de fausses déclarations sur le nombre de leurs chevaux.

Art. 1. Tout maître de poste aux chevaux qui supposera un plus grand nombre de chevaux que celui qu'il tient constamment disposé au service des relais, et qui recevra, en conséquence, des gages excédant les proportions qui se trouveront établies par la loi, sera condamné à restituer l'excédant, et puni comme voleur de deniers publics, conformément à l'art. 6, sect. 6, du tit. 1, seconde partie, c. pén.

2. La peine de six ans de fers sera infligée à tout inspecteur des postes qui, dans ses procès-verbaux de tournée, aura sciemment certifié un nombre de chevaux excédant celui disposé au service des postes.

11 brum. an 8 (2 nov. 1799). — Arrêté du Directoire qui fixe des heures pour la remise des lettres au bureau général des postes.

23 frim. an 8 (14 déc. 1799). — Loi qui augmente le tarif de la poste aux chevaux.

Art. 1. A compter du 1er niv. an 8, le prix de la course de chaque cheval sera reporté à 1 fr. 50 c. par poste.

2. Il sera ajouté au tarif existant, pour les voyageurs par les malles, 25 cent. par poste.

3. Il sera pareillement accordé aux maîtres de poste, à dater du 1er niv. an 8, une augmentation provisoire de 50 cent. par poste, sur le prix actuel du transport des dépêches.

25 frim. an 8 (16 déc. 1799). — Loi qui annule le bail de la poste aux lettres, et ordonne qu'elle sera administrée par une régie intéressée.

Art. 1. La proposition faite par les fermiers actuels de la poste aux lettres, de résilier leur bail, est acceptée; en conséquence, ledit bail est annulé.

2. Les fermiers compteront de clerc à maître, depuis leur entrée en jouissance jusqu'au 1er niv. an 8.

3. Ce compte sera présenté dans l'espace de six mois.

4. La poste aux lettres, à compter du 1er niv. an 8, sera administrée par une régie intéressée.

5. Les dépenses d'exploitation de toute nature, pour le service qui lui est confié, ne pourront, en aucun cas, excéder 8 millions.

6. Cette régie sera composée de cinq membres.

7. Il y aura près de cette administration un commissaire du gouvernement, auquel il pourra être donné, suivant le besoin du service, des substituts; le gouvernement en réglera le nombre.

8. Les émoluments tant des régisseurs que du commissaire seront composés de traitements fixes et de remises graduées et proportionnelles.

9. Le traitement fixe de chacun d'eux sera de 12,000 fr.

10. Les remises seront attribuées sur l'augmentation du produit net.

11. La totalité des remises ne pourra s'élever à une somme plus forte que le traitement fixe.

12. Les émoluments des substituts se composeront : 1° d'un fixe de 6,000 fr.; 2° de remises proportionnelles et graduées, qui, réunies au traitement, ne pourront excéder 8,000 fr.

13. Les consuls détermineront, par un règlement, l'usage des franchises et contre-seings, et les fonctionnaires qui devront en jouir.

27 frim. an 8 (18 déc. 1799) — Loi qui fixe un nouveau tarif pour la poste aux lettres.

14 niv. an 8 (4 janv. 1800). — Arrêté relatif à l'organisation administrative de la poste aux lettres.

Art. 1. Toutes les délibérations relatives au service de la poste aux lettres sont prises par trois administrateurs au moins, en présence du commissaire du gouvernement, au *visa* duquel toutes ces délibérations sont soumises.

2. Les administrateurs nomment à tous les emplois, et prononcent les destitutions, sauf le recours au ministre des finances.

3. Les commissions expédiées aux directeurs et aux contrôleurs par les administrateurs sont visées par le commissaire.

4. Les inspecteurs ne peuvent être choisis que parmi les employés des postes aux lettres, sur la présentation du commissaire. Leurs commissions, expédiées par les administrateurs, sont visées par le ministre des finances.

5. Le ministre des finances arrête tous les états de dépense.

6. Il fixe également la proportion des remises indiquées par les art. 8 et 10 de la loi du 25 frim. an 8, conformément à l'art. 11 de cette loi, et soumet le projet de cette fixation à l'approbation des consuls.

7. Il règle aussi les bases des services d'entreprises, l'établissement des bureaux de poste et de distribution.

8. Les deux substituts du commissaire des postes, qui avaient été établis à Paris pour la surveillance des opérations du bureau de départ et de celui de l'arrivée, sont remplacés par un inspecteur général nommé par le premier consul de la République.

9. Cet inspecteur général jouira du traitement qui avait été attribué, par la loi du 25 frim., à l'un des deux substituts qu'il remplace.

27 prair. an 8 (16 juin 1800). — Arrêté portant règlement sur les franchises et contre-seings.

15 brum. an 9 (6 nov. 1800). — Arrêté additionnel à celui du 27 prair. an 8 sur les franchises et contre-seings.

27 prair. an 9 (16 juin 1801). — Arrêté qui renouvelle les défenses faites aux entrepreneurs de voitures libres de transporter les lettres, journaux, etc.

Art. 1. Les lois des 26-29 août 1790 (art. 4) et 21 sept. 1792, et l'arrêté du 26 vent. an 7, seront exécutés; en conséquence, il est défendu à tous les entrepreneurs de voitures libres et à toute autre personne étrangère au service des postes de s'immiscer dans le transport des lettres, journaux, feuilles à la main et ouvrages périodiques, paquets et papiers du poids de 1 kilog. (ou 2 liv.) et au-dessous, dont le port est exclusivement confié à l'administration des postes aux lettres.

2. Les sacs de procédure, les papiers uniquement relatifs au service personnel des entrepreneurs de voitures, et les paquets au-dessus du poids de 2 liv., sont seuls exceptés de la prohibition prononcée par l'article précédent.

3. Pour l'exécution du présent arrêté, les directeurs, contrôleurs et inspecteurs des postes, les employés des douanes aux frontières et la gendarmerie nationale, sont autorisés à faire ou faire faire toutes perquisitions et saisies sur les messagers, piétons chargés de porter les dépêches, voitures de messageries et autres de même espèce, afin de constater les contraventions; à l'effet de quoi ils pourront, s'ils le jugent nécessaire, se faire assister de la force armée.

4. Le commissaire du gouvernement près l'administration des postes, les préfets, sous-préfets et maires des communes, et les commissaires de police, sont chargés de veiller à l'exécution du présent arrêté.

5. Les procès-verbaux seront dressés à l'instant de la saisie; ils contiendront l'énumération des lettres et paquets saisis, ainsi que leurs adresses. Copies en seront remises, avec lesdites lettres et paquets saisis en fraude, savoir : à Paris, à l'administration des postes, et dans les départements, au bureau du directeur des postes le plus voisin de la saisie, pour lesdits lettres et paquets être envoyés à leur destination, avec la taxe ordinaire. Lesdits procès-verbaux seront de suite adressés au commissaire du gouvernement près le tribunal civil et correctionnel de l'arrondissement, par les préposés des postes, pour poursuivre contre les contrevenants la condamnation de l'amende de 150 fr. au moins, et de 300 fr. au plus, par chaque contravention.

6. Le payement de ladite amende, dont il ne pourra, dans aucun cas et sous quelque prétexte que ce soit, être accordé de remise ou de modération, sera poursuivi à la requête des commissaires près les tribunaux, et à la diligence des directeurs des postes, contre les contrevenants, par saisie et exécution de leurs établissements, voitures et meubles, à défaut de payement dans la décade du jugement qui sera intervenu.

7. Le payement sera effectué, à Paris, à la caisse générale de l'administration des postes; et dans les départements, entre les mains du directeur des postes qui aura reçu les objets saisis. Il portera en recette le produit desdites amendes, sur lesquelles il jouira de sa remise ordinaire.

8. Le produit des amendes appartiendra, un tiers à l'administration, un tiers aux hospices des lieux, et un tiers à celui ou à ceux qui auront découvert et dénoncé

la fraude, et à ceux qui auront coopéré à la saisie ; celui-ci sera réparti entre eux par egale portion ; ils en seront payés par le directeur des postes chargé du recouvrement de l'amende, et à Paris par le caissier général de l'administration des postes, d'après un exécutoire qui sera délivré à leur profit par le commissaire du gouvernement près le tribunal. Lesdits exécutoires seront envoyés par le directeur à l'appui de son compte.

9. Les maîtres de postes, les entrepreneurs de voitures libres et messageries sont personnellement responsables des contraventions de leurs postillons, conducteurs, porteurs et courriers, sauf leur recours.

19 germ. an 10 (9 avr. 1802). — Arrêté contenant un tarif pour les correspondances maritimes et coloniales.

Les consuls de la République, sur le rapport du ministre des finances ; — Vu les lois des 6-22 août 1791, 23 et 24 juillet 1793, 5 niv. an 5 et 27 frim. an 8, en ce qui concerne l'affranchissement, le transport, la réception et la distribution des correspondances de et pour les colonies et autres pays d'outre-mer ; — Vu les lois des 26-29 août 1790 et 21 sept. 1792, les arrêtés des 26 vend. an 7 et 27 prair. an 9, portant défenses à toutes personnes étrangères au service des postes de s'immiscer dans le transport des lettres, paquets, etc. ; — Le conseil d'Etat entendu ; — Arrêtent :

Art. 1. Les lois des 6-23 août 1791, 23 et 24 juillet 1793, 5 niv. an 5 et 27 frim. an 8, en ce qui concerne les correspondances maritimes et coloniales, seront exécutées. En conséquence il est expressément défendu à toutes personnes de tenir, même dans les villes et endroits maritimes, soit bureau, soit entrepôt, pour l'envoi, réception et distribution des lettres et paquets de et pour les colonies, soit françaises, soit étrangères, du poids de 1 kilog. (ou 2 liv.) et au-dessous, à peine de l'amende prononcée par l'art. 5 de l'arrêté du 27 prair. an 9.

2. Les directeurs ou préposés des bureaux des postes et des villes ou autres endroits maritimes, sont exclusivement chargés du service des lettres et paquets de et pour les colonies ou Etats d'outre-mer, du poids de 1 kilog. et au-dessous.

3. Tout capitaine de navire en chargement dans un des ports de la République fera connaître au préposé des postes du lieu, un mois d'avance au moins, le jour présumé du départ de son bâtiment, lorsque la destination sera autre que celle du royaume uni de la Grande-Bretagne, dont le service de correspondance est fait régulièrement de Calais à Douvres.

4. Il est expressément défendu à tout capitaine de navire d'appareiller d'aucun port de la République pour quelque colonie, soit française, soit étrangère ou autre Etat d'outre-mer que ce soit, avant d'être muni d'un certificat du directeur ou préposé des postes de l'endroit, qui constate la remise de la malle des dépêches adressées au lieu de la destination de son bâtiment, et la quantité des lettres et paquets y contenus, ou constatant qu'on n'en a pas à lui remettre.

5. A son arrivée dans le port de sa destination, tout capitaine de navire remettra son certificat et les dépêches au préposé du bureau des postes établi dans le lieu de son débarquement, ou, à défaut, au préfet maritime, ou au commandant du port, ou à tout autre agent, soit civil, soit maritime, soit militaire, de la colonie ; et il en tirera un reçu, qu'à son retour dans un des ports de la République il remettra au directeur des postes du lieu de son débarquement, qui lui en délivrera une reconnaissance.

6. Tout capitaine de navire en chargement dans quelque port des colonies ou autres Etats d'outre-mer notifiera pareillement, au moins un mois en avance, au directeur ou préposé des postes, et, à son défaut, aux principaux agents, soit maritimes, soit militaires, soit commerciaux du lieu, l'époque de son départ et le port de sa destination en France. Il ne pourra appareiller sans s'être chargé des dépêches pour la République, et s'être muni d'un certificat qui constate la quantité des lettres et paquets qui lui auront été remis par le préposé des postes ou par les agents précités de l'endroit, ou un certificat qu'on n'en a pas à lui remettre. Arrivé à sa destination, il fera viser le certificat par le principal agent maritime du port, et le remettra ensuite au directeur des postes du lieu, qui lui en délivrera un reçu.

7. Tout capitaine ou marin de l'équipage d'un navire arrivant dans un des ports de la République sera tenu, sous peine de l'amende prononcée par l'art. 1, de porter ou renvoyer sur-le-champ au bureau des postes du lieu toutes les lettres ou paquets qui lui auront été confiés, autres que ceux de la cargaison des bâtiments. Le directeur ou préposé du bureau sera tenu de lui payer 1 déc. par lettre ou paquet, conformément à l'art. 16 de la loi des 6-22 août 1791.

8. Les employés des douanes, lorsqu'ils feront la visite d'un navire, s'assureront si le capitaine et les gens de l'équipage ne seraient point porteurs de lettres ou paquets qu'ils prétendraient soustraire à la poste ; et, dans le cas de contravention à l'article précédent, ils en dresseront procès-verbal, et, après s'être assurés du lieu du départ des lettres, ils s'en saisiront pour les remettre de suite au bureau des postes du lieu, qui les fera passer au commissaire du gouvernement près les postes.

9. Dans le cas où, un navire étant obligé de faire quarantaine dans quelque rade d'un des ports de la République, le capitaine livrerait d'avance les lettres et paquets dont lui et les marins de son équipage auraient été chargés, à l'administration de la santé publique du port, cette administration, après avoir fait son opération sanitaire, remettra les lettres et paquets au préposé des postes, qui seul est chargé de les distribuer ou faire distribuer ; ou de leur donner cours par le plus prochain courrier ordinaire, pour leur destination ultérieure.

10. Toute contravention aux art. 1 et 7 du présent arrêté sera constatée de la manière prescrite par l'art. 3 de celui du 27 prair. an 9 ; toutes saisies, poursuites et exécutions de saisies et de jugements intervenus, se feront comme le prescrivent les art. 5 et 6. Les payements des amendes auront lieu selon le mode prescrit par l'art. 7, et le partage en sera fait selon les dispositions de l'art. 8 de ce même arrêté.

11. Les lettres et paquets affranchis de et pour les colonies, tant françaises qu'étrangères, ou Etats d'outre-mer, seront renfermés dans des boîtes ficelées, et scellées du cachet du bureau des postes qui les expédiera. Il en sera fait mention expresse, tant sur les certificats délivrés aux capitaines à leur départ, que sur les reçus qui leur seront donnés à leur retour.

12. Les lettres et paquets destinés pour les colonies et pays d'outre-mer seront affranchis du point du départ à Paris, et l'administration sera tenue de profiter, pour leur expédition, des premiers bâtiments qui devront partir de quelque port que ce soit.

Sont exceptées de l'affranchissement du tarif les lettres mises aux trente bureaux des villes maritimes, d'où quelques navires seraient sur le point de faire voile pour quelques colonies. Dans ce cas, les lettres et paquets pour la destination de ces bâtiments ne payeront que 2 déc., et seront réservés par les directeurs des postes des lieux, pour être joints à la masse des dépêches.

13. L'affranchissement sera fait d'après le tarif joint au présent.

(Suit le tarif pour la taxe des lettres et paquets de tous les bureaux de la République, avec les trente bureaux ports de mer ci-après détaillés, réduit au taux moyen, non compris le décime par voie de mer, ordonné par l'art. 9 de la loi du 5 niv. an 5, et rédigé, pour le surplus, conformément aux dispositions de la loi du 27 frim. an 8, concernant le tarif des postes.)

14 flor. an 10 (4 mai 1802). — Loi de finances dont les art. 2 à 5 apportent des modifications aux tarifs de la poste aux lettres.

4 mess. an 10 (23 juin 1802). — Arrêté relatif à la taxe des lettres et paquets expédiées de France en Angleterre, ou d'Angleterre en France.

14 fruct. an 10 (1er sept. 1802). — Arrêté contenant règlement pour la taxe ou l'affranchissement des lettres et paquets relatifs aux pays desservis par les postes d'Empire.

14 flor. an 11 (4 mai 1803). — Arrêté relatif aux affranchissements des lettres et paquets destinés pour les villes et lieux de la république italienne.

13 fruct. an 11 (31 août 1803). — Arrêté portant qu'à compter du 1er vend. an 12, les produits de l'administration des postes seront versés à la caisse d'amortissement.

25 vend. an 12 (18 oct. 1803). — Arrêté qui règle l'uniforme des préposés au service des postes aux chevaux.

28 vent. an 12 (19 mars 1804). — Arrêté qui établit un directeur général de l'administration des postes.

Art. 1. La place du commissaire du gouvernement près l'administration des postes est supprimée.

2. Il y aura un directeur général de l'administration des postes : il travaillera seul avec le ministre ; il lui proposera les rapports sur les objets à soumettre à la décision du gouvernement ou à la sienne, ainsi que la correspondance avec les autorités constituées.

3. Les directeur général présidera aux délibérations des administrateurs réunis en conseil d'administration : les délibérations et les ordres généraux de régie devront être approuvés par lui.

4. Il nommera, sur le rapport des administrateurs, aux divers emplois autres que les directions d'un produit au-dessus de 3,000 fr., et les inspections. — Pour ces places, il proposera les candidats au ministre des finances, qui n'en approuvera la nomination qu'après en avoir rendu compte au gouvernement.

2 mess. an 12 (21 juin 1804). — Décret concernant les lettres et paquets saisis en contravention aux règlements sur le service des postes.

Art. 1. Les lettres et paquets saisis en exécution de l'arrêté du 27 prair. an 9, portant défense à toute personne étrangère au service des postes de s'immiscer dans le transport des lettres, journaux, feuilles périodiques, etc., seront expédiés par le bureau le plus voisin du lieu de la saisie, en rebut, à Paris, d'où ils ne pourront être rendus que sur réclamation, et à la charge de payer le double de la taxe ordinaire.

2. Les dispositions de l'art. 5 de l'arrêté du 27 prairial qui seraient contraires au présent décret sont rapportées.

30 vent. an 13 (21 mars 1805). — Décret qui, à dater de l'an 14, charge les maîtres de poste du service des malles sur différentes routes.

25 germ. an 13 (15 avril 1805). — Décret qui accorde la franchise aux envois faits par la poste relativement aux revues, à la solde et aux masses des troupes. — V. Organ. milit.

20 flor. an 13 (10 mai 1805). — Décret contenant un nouveau tarif du prix des chevaux de poste.

24 avril-4 mai 1806. — Loi de finances dont les art. 20 et 21 établissent de nouvelles progressions pour la taxe des lettres.

21 avril 1810. — Loi de finances dont les art. 15 et 16 règlent la taxe des lettres dans les distances au delà de 1,200 kilom.

18 juin 1811. — Décret concernant les frais de justice criminelle, dont le chap. 9, art. 98 à 101, est relatif à la franchise des lettres et paquets pour le service des tribunaux.

14 avril 1814. — Arrêté du gouvernement provisoire qui accorde la franchise des ports de lettres et du contre-seing au commissaire nommé à la chancellerie de la Légion d'honneur.

20-27 mai 1814. — Ordonnance contenant un nouveau tarif provisoire pour le prix des chevaux de poste. — *Nota.* Aux termes de l'ord. du 5-11 août 1814, ce tarif a dû cesser d'avoir son exécution au 15 du même mois.

19 déc. 1814. — Approbation donnée par le roi à l'organisation définitive des postes-relais en France. — V. Mon. du 2 déc. 1814, n° 336.

17-22 mai 1817. — Ordonnance qui réunit l'administration de la poste aux chevaux à celle de la poste aux lettres (art. 2). — V. Forêts, n° 109.

6-20 août 1817. — Ordonnance concernant les franchises et contre-seings.

9-16 janv. 1822. — Ordonnance contenant de nouvelles dispositions réglementaires pour l'administration des postes.

Art. 1. Il y aura un directeur général des postes, trois administrateurs et un secrétaire général. — En conséquence, les places des trois inspecteurs généraux des postes sont et demeurent supprimées.

2. Le directeur général dirigera et surveillera, sous les ordres de notre ministre des finances, toutes les opérations relatives à ce service. — Il travaillera seul avec le ministre des finances. — Il correspondra seul avec les autorités militaires, admi-

nistratives et judiciaires. — Il aura seul le droit de recevoir et d'ouvrir la correspondance. — Il signera seul les ordres généraux de service.

3. Le ministre des finances fera la division du travail entre les administrateurs. — Chacun d'eux sera chargé de suivre les parties de service qui lui seront spécialement attribuées. — Il correspondra avec les préposés de l'administration sur les objets qui seront placés sous sa surveillance. Il travaillera particulièrement avec le directeur général, et prendra ses décisions sur tous les points qui seront dans ses attributions directes, lorsqu'il y aura lieu à discussion ou à décision nouvelle.

4. Le directeur général et les administrateurs se formeront en conseil d'administration. — Le secrétaire général aura droit d'assistance au conseil, mais sans voix délibérative. — Le directeur général en aura la présidence. — En cas d'empêchement, il la déléguera à l'un des administrateurs. — Le ministre des finances appellera près de lui, dans les occasions où il le jugera convenable, le conseil d'administration. — En cas d'absence du directeur général, le ministre des finances désignera celui des administrateurs qui en remplira les fonctions.

5. Le conseil d'administration délibérera, sur le rapport qui lui sera fait par l'un des administrateurs : — 1° Sur le budget général des dépenses de l'administration, sur lequel il donne son avis motivé; — 2° Sur toutes les affaires résultant de procès-verbaux, saisies et contraventions; — 3° Sur le contentieux de la comptabilité, débets de comptables, contraintes à exercer contre ces derniers; — 4° Sur la liquidation des pensions de retraite de tout grade; — 5° Sur les suppressions, divisions et créations d'emplois; — 6° Sur les projets, devis, marchés, adjudications à passer pour le service de l'administration, et sur toutes dispositions qui donneraient lieu à une augmentation de dépense; — 7° Sur les bases des services d'entreprise, sur les traités conclus ou à conclure avec les offices étrangers, sur l'établissement des bureaux de poste et des distributions, le nombre des directions, celui des employés dont elles doivent être composées, et les frais de régie; — 8° Sur l'établissement des services en poste, en grands courriers, et sur tout projet tendant à mettre en entreprise les routes desservies en poste, ainsi qu'à diminuer ou augmenter le nombre des ordinaires sur les routes directes et sur celles qui desservent un chef-lieu de département; — 9° Sur la position, le nombre des relais et leurs distances respectives, ainsi que les distances dites de faveur qui peuvent être accordées aux maîtres de poste, à raison de l'étendue des villes dans lesquelles leurs relais sont placés; — 10° Sur la fixation des gages des maîtres de poste, et des indemnités qui peuvent leur être dues à raison des localités difficiles et pour les pertes majeures et imprévues qu'ils auraient éprouvées; — 11° Sur les révocations, destitutions et mises à la retraite des employés; — 12° Sur les questions douteuses dans tous les cas d'application des lois, ordonnances et règlements, dans tous ceux qui ne sont pas prévus ou qui ne sont pas suffisamment définis par lesdites lois, ordonnances et règlements, et sur les instructions générales relatives à leur exécution; — 13° Sur les autres affaires sur lesquelles notre ministre des finances jugera convenable d'avoir son avis, et sur celles qui lui seront aussi à cet effet renvoyées par le directeur général.

6. Les délibérations du conseil d'administration seront prises à la majorité des voix des trois administrateurs. — Le directeur général pourra, lorsqu'il le jugera nécessaire, suspendre l'effet d'une délibération pour en référer au ministre des finances, qui statuera; mais, dans ce cas, il fera préalablement part de ses motifs au conseil, pour le mettre à même de modifier sa délibération, s'il y a lieu, ou de l'appuyer de nouvelles observations, qui seront jointes par le directeur général à son rapport au ministre.

7. Le directeur général présentera à l'approbation du ministre des finances l'état nominatif de composition des bureaux de l'administration centrale à Paris, avec l'indication des traitements attribués à chaque grade. — Il lui soumettra chaque année le budget général des dépenses de l'administration, tel qu'il aura été délibéré par le conseil. — Il lui remettra chaque mois les bordereaux et états de situation de toutes les recettes et dépenses, ainsi que l'état des nominations et des mouvements opérés par lui dans le personnel de l'administration. — Il soumettra à son approbation les délibérations du conseil d'administration sur les dispositions de service qui donneraient lieu à une dépense nouvelle, sur les objets dont la décision ne lui est pas attribuée, et sur les questions douteuses dans tous les cas d'application des lois, ordonnances et règlements, dans tous ceux qui ne seraient pas prévus, ou qui ne seraient pas suffisamment définis par lesdites lois, ordonnances et règlements, ainsi que sur les instructions générales relatives à leur exécution. — Il lui rendra compte périodiquement de tous les résultats de son administration.

8. Les administrateurs et le secrétaire général seront nommés par nous, sur le rapport de notre ministre des finances. — Le ministre nommera, sur la présentation du directeur général, aux places d'inspecteur, de contrôleur, de maître de poste. — Il nommera également aux emplois de directeur établis dans les chefs-lieux de préfecture. — Le directeur général nommera à tous les autres emplois, après avoir pris l'avis du conseil. — Il se conformera à l'ordre hiérarchique des grades et aux règles pour l'avancement et les nominations.

9. Le directeur général révoque, destitue et met à la retraite les employés dont la nomination lui est attribuée, après avoir pris l'avis du conseil d'administration, conformément aux art. 5 et 6 ci-dessus. — Il peut aussi suspendre les autres employés, sauf à rendre compte immédiatement au ministre des finances, qui statue.

10. Le conseil d'administration arrête, sur le rapport de l'administrateur chargé de la comptabilité, les comptes annuels de l'administration. — Le directeur général les vise, et les transmet au ministre des finances avec les pièces à l'appui.

11. Notre ordonnance du 31 juill. 1816 (1) continuera d'être exécutée dans toutes les dispositions auxquelles il n'est pas dérogé par la présente.

13-20 nov. 1822. — Ordonnance contenant un nouveau tarif du prix des chevaux de poste approprié à la nature des voitures et au nombre de chevaux dont elles doivent être attelées.

5-27 mars 1823. — Ordonnance du roi concernant l'application aux ouvrages périodiques et autres imprimés transportés par la poste, des dimensions déterminées pour la perception des droits de timbre (2).

Louis, etc.; — Sur le rapport de notre ministre secrétaire d'État des finances; vu l'art. 2 de la loi du 4 therm. an 4 (22 juill. 1796); vu la loi du 13 vend. an 6 (4 oct. 1797);

Voulant remédier, en ce qui concerne le transport opéré par l'administration des postes, aux abus que peut faire naître l'emploi du nouveau papier fabriqué au moyen d'un procédé qui permet de donner aux feuilles livrées à l'impression plus d'étendue qu'elles n'en avaient précédemment, nous avons ordonné et ordonnons ce qui suit :

Art. 1. La dimension de la feuille d'impression pour les ouvrages périodiques ou journaux, livres brochés, catalogues et prospectus, est fixée, conformément à la loi du 13 vend. an 6 (4 oct. 1797. V. Enregistr., n° 6061-13°), à 25 décimèt. carrés de superficie (ou 341 pouces carrés), et à 12 décimèt. et demi carrés pour chaque demi-feuille. En conséquence, l'administration des postes est autorisée à appliquer les proportions de cette dimension à toute feuille, demi-feuille, etc., d'ouvrages périodiques, journaux, livres brochés, catalogues ou prospectus, présenté sous bandes pour être admis à jouir de la modération de port accordée par l'art. 2 de la loi du 4 therm. an 4 (22 juill. 1796).

2. Les personnes qui voudront user pour l'impression des ouvrages périodiques, journaux, livres brochés, catalogues ou prospectus, de papier dont la dimension serait supérieure à 25 décimèt. carrés pour la feuille entière, et à 12 décimèt. et demi carrés pour la demi-feuille, pourront le faire en payant une augmentation de port de 1 cent. pour chaque 5 décimèt. carrés (ou 68 pouces carrés) d'excédant.

14 déc. 1825-1er janv. 1826. — Ordonnance du roi concernant les franchises et contre-seings.

15-17 mars 1827. — Loi relative au tarif de la poste aux lettres.

Art. 1. A compter du 1er janv. 1828, la taxe des lettres sera réglée d'après la distance en ligne droite existant entre le lieu où la lettre a été confiée à la poste et le lieu où elle doit être remise. — Cette taxe sera perçue conformément au tarif ci-après : — Pour les lettres simples, jusqu'à 40 kil. inclusivement, 2 déc.; — Au-dessus de 40 kil. jusqu'à 80, 3 dec.; — Au-dessus de 80 kil. jusqu'à 150, 4 déc.; — Au-dessus de 150 kil. jusqu'à 220, 5 déc.; — Au-dessus de 220 kil. jusqu'à 300, 6 déc.; — Au-dessus de 300 kil. jusqu'à 400, 7 déc.; — Au-dessus de 400 kil. jusqu'à 500, 8 déc.; — Au-dessus de 500 kil. jusqu'à 600, 9 déc.; — Au-dessus de 600 kil. jusqu'à 750, 10 déc.; — Au-dessus de 750 kil. jusqu'à 900, 11 déc.; — Au-dessus de 900 kil., 12 déc.

2. Les lettres au-dessous du poids de 7 gr. 1/2 seront considérées comme *lettres simples*.

3. Les lettres du poids de 7 gr. 1/2 jusqu'à 10 gr. exclusivement, payeront la moitié en sus du port de la lettre simple; — Les lettres de 10 à 15 gr. exclusivement payeront deux fois le port de la lettre simple; — Celles de 15 à 20 gr. exclusivement, deux fois et demie le port; et ainsi de suite, en ajoutant la moitié du port de la lettre simple de 5 en 5 gr. — Ces taxes continueront d'être perçues en décimes, et sans fraction de décime, ainsi que cela est réglé par le § 5 de l'art. 7 de la loi du 27 frim. an 8 (18 déc. 1799).

4. Il n'est rien changé aux taxes actuellement établies sur les lettres *de* et *pour* la même commune. — Les lettres remises à un bureau de poste pour être portées par les agents de l'administration à une distribution relevant de ce même bureau, seront taxées suivant les progressions de poids ci-après : Au-dessous de 7 gr. 1/2, 2 déc.; — De 7 gr. 1/2 à 15 gr. exclusivement, 3 déc.; — De 15 à 30 gr. exclusivement, 4 déc.; — Et de 30 gr. en 30 gr., 1 déc. en sus. — Quant aux lettres simplement déposées dans un bureau de poste ou dans une *distribution* et destinées pour une autre commune dépendante de l'arrondissement du bureau, elles ne payeront qu'un droit fixe de 1 déc. par lettre.

5. Les lettres de France ou passant par la France à destination de la Corse, et les lettres de ce département pour la France ou devant passer par la France, ne seront assujetties à aucune taxe pour le parcours dans le département de la Corse. En conséquence, la taxe ne sera perçue que pour le trajet du point de départ jusqu'au lieu d'embarquement pour la Corse, et réciproquement du point d'arrivée de la Corse jusqu'au lieu de destination. — Il sera perçu, en outre, 1 déc. pour la voie de mer.

6. Les lettres destinées pour les colonies et pays d'outre-mer (l'Angleterre exceptée) seront affranchies du point de départ au lieu d'embarquement indiqué sur l'adresse; la taxe sera perçue conformément aux art. 1, 2, 3 et 4. — Toutes les fois que le lieu d'embarquement ne sera pas désigné, la lettre sera expédiée à Paris, et la taxe sera, en conséquence, perçue du point de départ jusqu'à Paris, en ajoutant la taxe des lettres de Paris pour les colonies, laquelle est et demeure fixée uniformément à 5 déc. — Dans les cas ci-dessus, il sera perçu en sus du port 1 déc. pour la voie de mer. — Les lettres des colonies et pays d'outre-mer (l'Angleterre exceptée) seront taxées conformément aux art. 1, 2, 3 et 4, d'après la distance du point de débarquement jusqu'au lieu de destination, plus 1 déc. pour la voie de mer. — Les lettres déposées dans les bureaux de poste des lieux d'embarquement pour les colonies et pays d'outre-mer (l'Angleterre exceptée), et les lettres venant des mêmes lieux pour les ports où elles auront été débarquées, seront taxées comme lettres de la ville pour la ville, plus 1 déc. pour la voie de mer.

7. La lettre à laquelle sera attaché un échantillon de marchandises sera taxée conformément aux art. 1, 2, 3 et 4 ci-dessus. — Il sera perçu, en outre, sur l'échantillon une taxe réduite au tiers de la taxe d'une lettre du même poids, mais seulement lorsque l'échantillon sera présenté sous bandes ou de manière à ne laisser aucun doute sur sa nature, et qu'il ne contiendra d'autre écriture à la main que des numéros d'ordre. — Si l'échantillon est envoyé isolément, la taxe sera également réduite au tiers du port fixé par les articles ci-dessus, sans qu'elle puisse néanmoins être en aucun cas inférieure à la taxe de la lettre simple.

8. Le port des journaux, gazettes et ouvrages périodiques transportés hors des limites du département où ils sont publiés, et quelle que soit la distance parcourue dans le royaume, est fixé à 5 cent. pour chaque feuille de la dimension de 30 décim. carrés et au-dessous. — Ce port sera augmenté de 5 cent. pour chaque 30 décim. ou fraction de 30 décim. excédant. — Les mêmes feuilles ne payeront que la moitié des prix fixés ci-dessus, toutes les fois qu'elles seront destinées pour l'intérieur du département où elles auront été publiées. — Dans tous les cas, le port devra être payé d'avance. — Il n'est rien changé au prix du transport fixé par les lois précédentes pour les recueils, annales, mémoires, bulletins périodiques uniquement con-

(1) Elle n'est pas au Bulletin des Lois.

(2) Plusieurs inexactitudes s'étant glissées dans le texte de cette ordonnance, déjà imprimée au Bulletin des Lois, la présente rédaction remplace en tout la première, insérée au Bulletin 592, n° 14,269. (*Note du Bulletin.*)

sacrés aux arts, à l'industrie et aux sciences, et pour les livres brochés, catalogues, prospectus, musique, annonces et avis de toute nature.

9. Les imprimés ne pourront être expédiés que sous bandes, et ces bandes ne devront pas couvrir plus du tiers de la surface du paquet. — Ils ne devront contenir ni chiffres ni aucune espèce d'écriture à la main, si ce n'est la date et la signature. — Toutefois les avis imprimés de naissances, mariages ou décès, pourront être présentés à l'affranchissement sous forme de lettres, mais de manière qu'ils soient facilement vérifiés, et pourvu qu'ils ne contiennent point d'écriture à la main, — Il sera perçu sur chacun de ces avis 1 déc., quelle que soit la distance à parcourir dans l'étendue du royaume, et 5 cent. seulement lorsqu'ils seront destinés pour l'arrondissement du bureau où ils auront été présentés à l'affranchissement, — La dimension de la feuille d'impression de ces avis ne pourra excéder 11 décim. carrés; le port sera double pour les feuilles qui dépasseront cette dimension.

10. Les dispositions des lois et règlements qui sont contraires à la présente loi sont abrogées à dater du 1er janv. 1828.

30 nov. 1827-1er janv. 1828. — Ordonnance portant approbation des tarifs établis par l'administration des postes pour la taxe des lettres, à partir du 1er janv. 1828.

11-30 janv. 1829. — Ordonnance qui établit un mode nouveau de service pour les lettres arrivant à Paris.

Art. 1. A dater du 1er mars prochain, il sera reçu dans tous les bureaux de poste du royaume, mais à la destination de Paris seulement, des lettres qui seront enregistrées à présentation et qui ne seront délivrées aux destinataires que sur leurs récépissés.

2. Ces lettres prendront la dénomination de *lettres recommandées*.

3. Pour qu'une lettre soit admise à recommandation, elle devra être sous enveloppe et scellée de deux cachets en cire, avec empreinte; la suscription devra être lisible et porter le nom et la demeure du destinataire. — Elle ne pourra pas être affranchie. — Elle pourra être adressée *poste restante*.

4. Les lettres recommandées seront inscrites sur un registre à souche. — Le numéro d'enregistrement de chaque lettre sera porté sur un bulletin qui sera détaché de sa souche et remis à l'envoyeur.

5. Chaque lettre portera le numéro correspondant à son enregistrement; elle sera frappée, en outre, du timbre du bureau expéditeur, de celui du jour du départ, et, de plus, d'un timbre particulier.

6. Les lettres recommandées seront réunies et formeront un paquet à part. Elles seront accompagnées d'une liste nominative qui indiquera le numéro du registre et le nom du destinataire. — Ce paquet sera inséré dans la dépêche et inscrit sur la feuille d'avis.

7. A l'ouverture des dépêches à Paris, il sera procédé au récolement des lettres recommandées; elles seront taxées conformément au tarif et d'après les distances et le poids.

8. Le service de Paris recevra les lettres recommandées et les fera remettre à domicile et sur récépissé aux destinataires.

9. Il n'est rien changé aux règlements sur les chargements qui, seuls, en cas de perte, donnent lieu à un recours en indemnité, conformément à la loi du 5 niv. an 5.

1er-13 mars 1829. — Ordonnance qui modifie le tarif de la poste aux chevaux.

3-10 juin 1829. — Loi relative à l'établissement d'un service de poste dans toutes les communes du royaume.

Art. 1. A partir du 1er avril 1830, l'administration des postes fera transporter, distribuer à domicile, et recueillir de deux jours l'un au moins dans les communes où il n'existe pas d'établissement de poste, les correspondances administratives et particulières, ainsi que les journaux, ouvrages périodiques et autres imprimés dont le transport est attribué à l'administration des postes.

2. Toute lettre transportée, distribuée ou recueillie par les facteurs établis à cet effet, à l'exception des correspondances administratives, payera, en sus de la taxe progressive résultant du tarif des postes, un droit fixe de 1 déc.

3. Les dispositions pénales relatives au transport des lettres en contravention ne seront pas applicables à ceux qui feront prendre et porter leurs lettres dans les bureaux de poste circonvoisins de leur résidence.

4. La taxe progressive des lettres déposées dans un bureau de poste pour une distribution dépendante de ce bureau, et réciproquement établie par l'art. 4 de la loi du 15 mars 1827, est réduite et demeure fixée ainsi qu'il suit: — Au-dessous de 7 grammes et demi, 1 déc.; — De 7 grammes et demi à 15 grammes exclusivement, 2 déc.; — De 15 grammes à 30 grammes exclusivement, 3 déc.; — De 30 en 30 grammes, 1 déc. en sus.

5. Les sommes actuellement allouées aux budgets des communes pour le service des messagers-piétons seront versées au trésor royal pour subvenir aux dépenses du nouveau service. — Toutefois, cette subvention n'aura lieu que dans la proportion nécessaire pour élever les recettes au niveau des dépenses; dans tous les cas, elle cessera d'être exigée des communes à partir du 1er janv. 1833.

6. Les dispositions de la présente loi ne sont pas applicables au département de la Seine.

4-14 juill. 1829. — Loi relative au service des postes par voie de mer.

Art. 1. Les lettres transportées au moyen de paquebots réguliers, aux frais de l'Etat, pour le service de la correspondance entre la France et les deux continents d'Amérique, et les îles qui en dépendent, payeront, en sus du port fixé par l'art. 1 de la loi du 15 mars 1827, une taxe de voie de mer de 15 déc. par lettre simple. — Les lettres transportées par un semblable service, d'un port de France dans les parages de la Méditerranée, payeront une taxe de voie de mer de 10 déc. — La progression de cette taxe sera la même que celle qui est déterminée par l'art. 3 de ladite loi. — Lorsque les lettres seront transportées par les bâtiments du commerce, elles ne seront passibles que de la taxe fixée par l'art. 6 de la loi précitée. — Les gazettes, brochures, lettres d'avis ou de part, imprimés français ou étrangers, payeront, pour la voie de mer, soit à l'expédition, soit au retour, le quadruple de la taxe qui est fixée par la loi du 15 mars 1827 pour ces objets, à raison de leur transport sur le territoire français.

2. Les lettres de France pour l'Angleterre, l'Ecosse et l'Irlande, et réciproquement, qui seront transportées au moyen d'un service extraordinaire par estafette entre Paris et Calais, payeront, en sus du port fixé par les tarifs en vigueur, une taxe de 3 déc. par lettre simple. — La progression de cette taxe supplémentaire sera la même que celle qui est déterminée par l'art. 3 de la loi du 15 mars 1827.

10 janv.-1er fév. 1830. — Ordonnance du roi relative à la taxe des journaux, gazettes et imprimés, tant originaires qu'à destination des colonies françaises et des autres pays d'outre-mer, dont le transport est effectué par les bâtiments ordinaires du commerce, et de ceux qui sont transmis par les postes espagnoles, etc.

CHARLES, etc.; — Vu la loi du 14 flor. an 10 (4 mai 1805) en ce qui concerne la taxe des lettres de et pour l'étranger; — Vu les art. 8 et 9 de la loi du 15 mars 1827 en ce qui concerne les prix à percevoir sur les journaux, gazettes et imprimés circulant en France; — Considérant que les journaux et imprimés, tant originaires qu'à destination des colonies et des autres pays d'outre-mer, transportés par les bâtiments ordinaires du commerce, ainsi que ceux qui sont transmis par les postes espagnoles, n'ont pu jusqu'à ce jour être assimilés aux journaux et imprimés circulant en France, ni jouir de la modération de taxe accordée à ces derniers; — Voulant suppléer à ce qui manque à cet égard dans les règlements antérieurs; — Sur le rapport, etc.

Art. 1. Les journaux, gazettes et imprimés, tant originaires qu'à destination des colonies françaises et des autres pays d'outre-mer (excepté l'Angleterre, l'Ecosse et l'Irlande), dont le transport sera effectué par les bâtiments ordinaires du commerce, seront taxés à raison de: 1° 5 cent. pour parcours intérieur; 2° 5 cent. pour rétribution aux capitaines: — Total, 10 cent. par feuille de 30 décimètres et au-dessous, sans acception de fractions et quelle que soit la nature de l'imprimé.

2. Les journaux, gazettes et imprimés originaires d'Espagne, de Portugal et de Gibraltar, entrés en France par l'un des bureaux de Saint-Jean-de-Luz, Perpignan et Oléron, comme ceux des pays du continent avec lesquels ou pour lesquels il n'a point été conclu de conventions, ou dont les conventions portent que l'affranchissement des journaux et imprimés est restreint aux frontières respectives; seront considérés comme journaux et imprimés-nés à la frontière française, et taxés 5 cent. par feuille de 30 décimètres carrés, sans acception des fractions et quelle que soit la nature de l'imprimé. — Sont exceptés les journaux et imprimés originaires d'Autriche qui sont taxés 10 cent. par feuille.

3. Les journaux et imprimés ne jouiront de la modération de taxe accordée par les deux articles qui précèdent, qu'autant qu'ils seront sous bandes, non reliés, et enveloppés de manière qu'on en puisse aisément constater le nombre de feuilles. — Ils ne devront d'ailleurs contenir ni chiffres ni aucune espèce d'écriture à la main, si ce n'est la date et la signature. — Tous ceux qui ne réuniraient pas les conditions ci-dessus exprimées, seront considérés comme lettres et taxés en conséquence.

4. Il sera payé aux capitaines des navires ordinaires du commerce par les directeurs des postes des ports maritimes, soit au départ, soit à l'arrivée desdits navires, 5 cent. par chaque feuille d'impression des journaux et imprimés de toute nature dont ils seront chargés.

14-15 déc. 1830. — Loi qui réduit à 4 cent. le port des journaux transportés hors du département, et qui fixe à 2 cent. le port des feuilles destinées pour l'intérieur du département où elles sont publiées.

5-26 janv. 1831. — Ordonnance relative à l'organisation de l'administration des postes.

Art. 1. Les places de directeur général, d'administrateurs et de secrétaire général des postes, sont et demeurent supprimées.

2. L'administration des postes sera dirigée à l'avenir par un directeur assisté de deux sous-directeurs, formant avec lui le conseil d'administration, qu'il présidera.

3. Les attributions du directeur et du conseil d'administration des postes seront déterminées par notre ministre des finances.

4. Le traitement du directeur de l'administration des postes est fixé à 20,000 fr.; celui des sous-directeurs, à 12,000 fr.

5. Le directeur de l'administration des postes est nommé par nous. — Le ministre des finances nommera aux places de sous-directeurs.

21-28 avr. 1832. — Loi du budget des recettes de 1832 (Extrait).

TIT. 5. — *Postes.*

47. A partir du 1er juillet, l'administration des postes fera transporter, distribuer à domicile et recueillir tous les jours, dans les communes dépourvues d'établissements de poste, les correspondances administratives et particulières, ainsi que les journaux, ouvrages périodiques et autres imprimés dont le transport est attribué à l'administration des postes. — Néanmoins, l'établissement du service journalier dans ces communes n'aura lieu que successivement et en raison des besoins des localités, constatés par les délibérations des conseils municipaux et les avis des préfets et sous-préfets.

31 janv.-9 fév. 1833. — Loi relative aux sommes déposées dans les bureaux de poste.

Art. 1. Seront définitivement acquises à l'Etat les sommes versées aux caisses des agents des postes pour être remises à destination, et dont le remboursement n'aura pas été réclamé par les ayants droit dans un délai de huit années à partir du jour du versement des fonds. — Les délais pour les versements faits antérieurement à la promulgation de la présente loi courront à partir de cette promulgation.

2. Les dispositions ci-dessus seront insérées dans les récépissés délivrés au public par les bureaux de poste.

18 oct.-1er nov. 1833. — Ordonnance portant fixation de la taxe supplémentaire à percevoir sur la correspondance de Boulogne-sur-Mer avec l'Angleterre pour le transport par estafette entre ladite ville et Calais.

24 avr.-14 mai 1835. — Ordonnance concernant les lettres qui sont adressées de France aux militaires et marins employés aux colonies, et les lettres qu'ils adressent en France.

LOUIS-PHILIPPE, etc.; — Vu l'arrêté des consuls du 19 germ. an 10, concernant les correspondances maritimes et coloniales; vu la loi du 15 mars 1827; désirant faire jouir les militaires et marins français de tout grade, employés aux colonies, de la faculté de recevoir les lettres qui leur sont adressées de France non affranchies, et d'affranchir jusqu'à destination les lettres qu'ils adressent en France; sur le rapport de notre ministre des finances, etc.

Art. 1. Les lettres de France adressées aux militaires et marins de tout grade employés aux colonies françaises pourront être expédiées pour leur destination sans avoir été affranchies. — La taxe de ces lettres sera perçue, dans les colonies, pour le compte de l'administration des postes, à raison de 50 cent. par lettre au-dessous du poids de 7 et 1/2 grammes, et proportionnellement d'après l'art. 3 de la loi du 15 mars 1827. — Il sera perçu, en outre, un décime fixe par lettre pour la voie de mer.

2. Les lettres que les militaires et marins de tout grade, employés aux colonies, voudront affranchir jusqu'à destination en France, seront reçues à l'affranchissement, pour le compte de la même administration, à raison de 50 cent. par lettre au-dessous du poids de 7 et 1/2 grammes, et proportionnellement d'après le tarif du 15 mars 1827, plus un décime fixe de voie de mer.

26 juin-7 juill. 1835. — Ordonnance relative au service des postes dans les possessions françaises du nord de l'Afrique.

Art. 1. Les lettres de France ou passant par la France à destination des possessions françaises du nord de l'Afrique, et les lettres de ces possessions pour la France ou devant passer par la France, ne seront assujetties à aucune taxe pour le parcours dans l'étendue des possessions françaises.—En conséquence, la taxe ne sera perçue que pour le trajet du point de départ jusqu'au lieu d'embarquement pour ces mêmes possessions, et réciproquement du point d'arrivée en France jusqu'au lieu de destination, outre 1 décime pour la voie de mer, conformément aux dispositions de l'art. 6 de la loi du 15 mars 1827.

2. Les lettres venant d'une des villes de nos possessions françaises pour une autre ville desdites possessions seront taxées, savoir: Les lettres simples, c'est-à-dire du poids de 7 grammes et demi, seront taxées 2 décimes; les lettres du poids de 7 grammes et demi et au-dessus seront taxées conformément aux progressions établies par l'art. 4 de la loi du 15 mars 1827.

3. Les lettres d'une ville de nos possessions françaises pour la même ville seront taxées de 1 décime, quel que soit leur poids.—Celles d'une ville pour la campagne seront taxées de 2 décimes, mais seulement quand la distribution de ces lettres se fera à domicile; jusque-là il ne sera perçu que 1 décime pour ces lettres, comme pour celles de la ville pour la ville.

4. Les dispositions relatives aux franchises et contre-seings, et toutes autres dispositions prescrites par l'instruction générale des postes, en date du 29 mars 1832, seront applicables au service des postes dans les possessions françaises du nord de l'Afrique.

2-11 juill. 1835. — Loi relative à l'établissement de paquebots à vapeur destinés au transport des dépêches dans la Méditerranée, entre la France et le Levant.

30 mai-2 juin 1838. — Loi concernant le transport des correspondances par les paquebots français du Levant.

Article unique. Des ordonnances royales, insérées au Bulletin des lois, détermineront le prix du port des lettres, journaux, gazettes et imprimés de toute nature qui seront transportés par les paquebots français du Levant. Les dispositions des lois des 4 juill. 1829 et 2 juill. 1835 sont abrogées en ce qu'elles ont de contraire à la présente.

30 mai-2 juin 1838. — Ordonnance relative à la taxe des lettres, journaux et imprimés transportés par les paquebots français de la Méditerranée.

25-28 déc. 1839. — Ordonnance concernant la poste aux chevaux.

Louis-Philippe, etc.; — Vu la loi du 4 juill. 1837, relative aux poids et mesures; vu l'ord. du 23 avril 1786; vu la loi du 15 vent. an 13; vu l'ord. du 1er mars 1829; sur le rapport de notre ministre secrétaire d'État au département des finances, etc.

Art. 1. A dater du 1er janv. 1840, toutes les distances de postes seront comptées par myriamètres et kilomètres. Toute distance de 500 mètres et au-dessus, jusqu'à 1,000 mètres, sera comptée pour 1 kilom.; toute distance moindre de 500 mètres ne sera pas comptée.

2. Le prix des services exécutés par les maîtres de poste pour le compte des particuliers est fixé ainsi qu'il suit: pour chaque cheval fourni, 2 fr. par myriamètre, soit 20 cent. par kilomètre; pour chaque voiture fournie, 2 fr. par myriamètre, soit 20 cent. par kilomètre; pour les guides à payer à chaque postillon, 1 fr. par myriamètre, soit 10 cent. par kilomètre. Le nombre des chevaux à atteler, celui des postillons à fournir pour la conduite de chaque voiture, et les suppléments de prix à payer en raison du nombre des personnes excédant le chargement ordinaire, sont réglés par le tarif joint à la présente ordonnance. Les fractions de distance parcourues sur une communication de relais à relais seront payées comme il suit, savoir: sur les communications dont l'étendue est inférieure au myriamètre, il sera payé le prix de la distance entière, telle qu'elle se trouve indiquée au livre de poste. Sur les communications de 1 myriam. et au-dessus, s'il a été parcouru moins de 1 myriam., il sera payé 1 myriam.; s'il a été parcouru 1 myriam. ou plus, il sera payé le prix de la distance entière indiquée au livre de poste.

3. L'administration déterminera au livre de poste les localités où il sera indispensable d'atteler un cheval de supplément; ce cheval devra être nécessairement attelé.

4. Les distances dites *supplémentaires*, accordées à l'entrée et à la sortie de certaines villes, seront fixées par notre ministre secrétaire d'État des finances, selon la nature des localités. Le payement des distances supplémentaires ne sera pas dû par les voyageurs qui ne feraient que traverser une ville, sans s'y arrêter autrement que pour changer de chevaux aux relais.

5. Le prix de conduite des malles-postes est fixé par attelage ainsi qu'il suit: 1° pour les berlines à quatre places de voyageurs, attelées de quatre chevaux ou plus, 7 fr. par myriamètre, soit 70 cent. par kilomètre; 2° pour les coupés à deux et trois places de voyageurs, attelés de quatre chevaux ou plus, et pour les malles de deuxième section, à deux places de voyageurs, attelées de quatre chevaux, 5 fr. 25 cent. par myriamètre, soit 52 cent. 5 dixièmes par kilomètre; 3° pour les malles de deuxième section, à une seule place de voyageur, et pour les malles-estafettes, les unes et les autres attelées de deux chevaux, 3 fr. 50 cent. par myriamètre, soit 35 cent. par kilomètre.

6. Le prix de chaque cheval employé au service des estafettes à cheval est fixé à 2 fr. par myriamètre.

7. Le prix des guides à payer aux postillons est fixé, savoir: pour le service des malles, à 1 fr. 50 cent. par myriamètre; pour le service des estafettes à cheval, à 1 fr. 75 cent. également par myriamètre.

8. Le droit de 25 cent. par poste, attribué aux maîtres de relais par la loi du 15 vent. an 13 (6 mars 1805), sera perçu à raison de 29 cent. 15 centièmes par myriamètre.

9. Le prix des places des voyageurs dans les malles-postes est fixé à 1 fr. 75 cent. par myriamètre.

10. Chaque maître de poste sera tenu d'avoir à la disposition des voyageurs une voiture, suivant le modèle qui lui en sera donné par l'administration.

11. Un règlement administratif, arrêté par notre ministre secrétaire d'État des finances, déterminera les obligations des maîtres de poste, en ce qui concerne leurs rapports, tant avec les particuliers qu'avec l'administration.

12. Les dispositions des règlements antérieurs continueront d'être exécutées dans tous les points auxquels il n'est pas dérogé par la présente.

(Suit le tarif de la poste aux chevaux.) — Ce tarif a été l'objet d'une rectification au Bulletin des lois, n° 718.

19 fév.-10 mars 1843. — Ordonnance qui autorise l'administration des postes à transiger dans toutes les affaires contentieuses qui concernent son service.

Louis-Philippe, etc.; — Sur le rapport de notre ministre secrétaire d'État au département des finances; — Vu les arrêtés du gouvernement des 27 prair. an 9 et 19 germ. an 10; — Vu la loi du 15 vent. an 13; — Considérant que les contraventions aux dispositions des arrêtés et de la loi ci-dessus visés peuvent, dans de certains cas, présenter des circonstances atténuantes, par suite desquelles il y ait lieu de transiger avec les contrevenants, etc.

Art. 1. L'administration des postes est autorisée à transiger, avant comme après jugement, sauf l'approbation du ministre des finances, dans toutes les affaires contentieuses qui concernent son service.

19 mai-14 juin 1844. — Ordonnance relative à la franchise des correspondances en Algérie.

Louis-Philippe, etc.; — Vu l'ord. du 14 déc. 1825, concernant les franchises; — Vu notre ord. du 22 juill. 1834, qui a placé les affaires de l'Algérie dans les attributions de notre ministre de la guerre; — Sur le rapport de notre ministre des finances; — Nous avons, etc.

Art. 1. Le contre-seing de notre ministre secrétaire d'État au département de la guerre opérera la franchise, à l'égard des directeurs des départements de l'intérieur et des finances en Algérie, aux conditions et suivant les règles établies par l'ordonnance précitée du 14 déc. 1825.

2. Les commandants des provinces, en Algérie, sont autorisés à correspondre en franchise avec les préfets des départements de la métropole.

3. Sont autorisés à correspondre en franchise, en Algérie, les officiers et fonctionnaires ci-après désignés, savoir: — 1° Le chef de l'état-major général de l'armée d'Afrique, avec les officiers généraux, supérieurs et autres, commandant les provinces ou divisions, les subdivisions, les cercles, les places, les corps et les détachements; — 2° Le commandant supérieur de l'artillerie avec les commandants de l'artillerie des trois divisions, et les commandants des batteries et de détachements de cette arme; — 3° Le commandant supérieur du génie avec les commandants en chef du génie; — 4° L'officier chargé de l'arsenal du génie, à Alger, avec les chefs du génie; — 5° Les commandants de l'artillerie de chaque division, avec les commandants de batteries et de détachements de leur division; — 6° Les commandants du génie de chaque division avec les chefs du génie de leur division.

4. Les correspondances auxquelles sont applicables les dispositions des art. 2 et 3 devront être expédiées sous bandes. Toutefois, celles qui sont revêtues du contreseing du général, chef de l'état-major général, des généraux commandant les divisions et subdivisions, des commandants supérieurs de l'artillerie et du génie en Algérie, et des préfets des départements de la métropole, pourront être expédiées sous pli fermé, à la charge, par le contre-signataire, d'écrire d'une manière apparente, sur l'adresse de chaque dépêche, ces mots: *Nécessité de fermer.*

21 juill.-14 août 1844. — Ordonnance relative aux lettres recommandées.

17 nov.-1er déc. 1844. — Ordonnance concernant les franchises. — D. P. 45. 3. 10.

17-26 déc. 1844. — Ordonnance portant organisation de l'administration des postes (art. 67 et suiv.). — D. P. 45. 3. 58.

18 mars-9 avr. 1845. — Ordonnance concernant les franchises. — D. P. 45. 3. 89.

20 avr.-12 mai 1845. — Règlement sur la comptabilité des matières appartenant au service des paquebots de l'administration des postes. — D. P. 45. 3. 105.

20 juin-12 juill. 1845. — Ordonnance qui désigne certains fonctionnaires autorisés à expédier des dépêches en franchise. — D. P. 45. 3. 159.

29 août-1er nov. 1845. — Ordonnance contenant la nomenclature des marchandises qui seront admises à bord des paquebots de l'État régis par l'administration des postes, dans la Méditerranée. — D. P. 45. 3. 176.

27 nov.-26 déc. 1845. — Ordonnance relative à l'ouverture et à la vérification des dépêches non contre-signées, qui auront été refusées par des fonctionnaires à cause de la taxe. — D. P. 46. 3. 15.

3-10 juill. 1846. — Loi portant suppression de la taxe du décime rural sur les lettres, et réduction du droit sur les envois de fonds ou objets précieux. — D. P. 46. 3. 116.

15-24 juill. 1846. — Ordonnance du roi portant concession et suppression de franchises. — D. P. 46. 3. 118.

25-28 avr. 1847. — Loi relative à l'établissement d'un service de paquebots à vapeur entre le Havre et New-York, suivie de la convention entre le ministre des finances et la société en commandite gérée par MM. Hérout et de Handel pour l'établissement de ce service. — D. P. 47. 3. 85.

16 mai-1er juin 1847. — Ordonnance concernant les franchises. — D. P. 47. 5. 91.

19-24 mai 1847. — Ordonnance concernant le transport des correspondances entre le Havre et New-York au moyen des paquebots français établis en vertu de la loi du 25 avril 1847. — D. P. 47. 3. 90.

10 juin-11 août 1847. — Ordonnance concernant l'administration et la police des équipages des paquebots destinés au service des correspondances entre Calais et Douvres. —D. P. 47. 3. 165.

4 nov.-11 déc. 1847. — Ordonnance qui attribue la franchise illimitée au maréchal général de France. — D. P. 48. 4. 2.

2 déc. 1847-18 janv. 1848. — Ordonnance qui modifie celle du 17 déc. 1844, en ce qui concerne l'organisation de l'administration centrale des postes. — D. P. 48. 4. 20.

5 fév.-5 avr. 1848.—Ordonnance qui autorise le gouverneur des Invalides à correspondre en franchise avec le commandant de la succursale de cet établissement à Avignon. — D. P. 48. 4. 68.

24-30 août 1848. — Décret qui établit une taxe uniforme de 20 cent. pour toutes les lettres circulant en France, la Corse et l'Algérie comprises.—D. P. 48. 4. 157.

4-19 juill. 1849. — Arrêté qui fixe la taxe des lettres et des échantillons de marchandises échangés entre la France et divers pays étrangers. — D. P. 49. 4. 115.

4-19 juill. 1849. — Arrêté qui fixe les taxes à percevoir par les bureaux français, établis à Alexandrie, Beyrouth, Constantinople, les Dardanelles et Smyrne, sur les lettres ordinaires ou chargées, et les échantillons de marchandises qu'ils se transmettent réciproquement, ainsi que sur les objets de même nature originaires ou à destination de la France, de l'Algérie et de divers pays étrangers (Bull., n° 1455).

10-28 juill. 1849. — Arrêté relatif à l'administration centrale des postes. — D. P. 49. 4. 117.

16-21 oct. 1849. — Loi qui prononce des peines contre les individus qui feraient usage de timbres-poste ayant déjà servi à l'affranchissement de lettres. — D. P. 49. 4. 152.

26 avril-15 mai 1850. — Décret relatif à l'organisation de l'administration centrale des postes. — D. P. 50. 4. 84.

18-22 mai 1850. — Loi qui porte la taxe des lettres à 25 cent. et qui déclare que l'affranchissement des lettres recommandées cesse d'être obligatoire (art. 15 et suiv.). — D. P. 50. 4. 91.

28 juin-4 juill. 1850. — Décret relatif à la taxe des lettres de l'Algérie pour Tunis, et des lettres de Tunis pour l'Algérie. — D. P. 50. 4. 144.

10-20 juill. 1850. — Loi relative à la concession de l'entreprise du transport des dépêches entre Marseille et la Corse. — D. P. 50. 4. 154.

16-23 juill. 1850. — Loi portant que le timbre des journaux servira d'affranchissement au profit des éditeurs (art. 15 et 16). — D. P. 50. 4. 164.

31 juill.-9 août 1850. — Décret relatif à la taxe postale des journaux et autres imprimés échangés entre la France et les pays étrangers. — D. P. 50. 4. 180.

31 oct.-14 nov. 1850. — Décret qui fixe les cautionnements des agents comptables du service des postes. — D. P. 50. 4. 202.

11-23 nov. 1850. — Décret relatif aux dépêches non contre-signées, adressées à des fonctionnaires, qui auront été refusées à cause de la taxe, et dont les destinataires n'auront pas requis l'ouverture. — D. P. 50. 4. 205.

27 déc. 1850.-4 janv. 1851. — Décret qui fixe les taxes à percevoir en France, en Algérie et dans les parages de la Méditerranée où la France entretient des bureaux de poste, pour les lettres et les journaux originaires ou à destination de la Californie.—D. P. 51. 4. 19.

8-11 juill. 1851. — Loi relative à l'exploitation du service postal de la Méditerranée. — D. P. 51. 4. 124.

28 août-10 sept. 1851. — Décret qui modifie les art. 2 et 5 du décret du 27 déc. 1850, sur les correspondances originaires ou à destination de la Californie, transmises par la voie de l'Angleterre et de l'isthme de Panama.—D. P. 51. 4. 176.

19 sept.-1er oct. 1851.—Décret concernant les correspondances expédiées au moyen des paquebots français, soit des parages de la Méditerranée où la France possède des établissements de poste pour la Toscane, soit de la Toscane pour ces mêmes parages.—D. P. 51. 4. 179.

19 nov.-10 déc. 1851.—Décret qui fixe le prix du port des lettres originaires ou à destination des États-Unis d'Amérique septentrionale, transportées par les paquebots britanniques ou par les paquebots américains naviguant entre lesdits États et la Grande-Bretagne.—D. P. 52. 4. 7.

17-23 fév. 1852.—Décret qui remet en vigueur les tarifs existants avant la loi du 16 juill. 1850, pour le transport par la poste des journaux et autres écrits (art. 15).—D. P. 52. 4. 56.

11-23 avril 1853. — Décret impérial relatif à la transmission, par Suez, des correspondances originaires de la France, de l'Algérie et des parages de la Méditerranée où la France entretient des bureaux de poste, à destination de l'Australie.—D. P. 55. 4. 68.

3-7 mai 1853. — Loi relative à l'échange des correspondances entre la France et ses colonies.—D. P. 53. 4. 74.

7-10 mai 1853.—Loi portant : Article unique. A dater du 1er juill. 1853, la taxe des lettres de Paris pour Paris sera réduite de 5 centimes pour les lettres affranchies.

22 juin-18 juill. 1853. — Décret impérial relatif à l'échange des dépêches entre la France et la Martinique, la Guadeloupe, le Sénégal et les établissements français dans l'Inde par la voie des services étrangers.—D. P. 55. 4. 151.

22 juin-18 juill. 1853. — Décret impérial qui détermine les taxes à percevoir dans les colonies françaises sur les dépêches originaires ou à destination des pays étrangers, transportées par les bâtiments à voiles naviguant entre lesdites colonies et la métropole.—D. P. 53. 4. 151.

20 août-10 sept. 1853. — Décret impérial relatif à la taxe des lettres circulant en Algérie.—D. P. 53. 4. 215.

21 nov.-7 déc. 1853. — Décret impérial relatif à l'échange des correspondances entre la France et la Guyane française, et les îles Saint-Pierre et Miquelon, par la voie de l'Angleterre.—D. P. 54. 4. 12.

7-23 déc. 1853. — Décret impérial relatif aux correspondances transportées par les paquebots français de la Méditerranée.—D. P. 54. 4. 15.

7-23 déc. 1853. — Décret impérial relatif à la taxe des lettres circulant en Algérie.—D. P. 54. 4. 16.

24 fév.-11 mars 1854. — Décret impérial qui fixe les taxes à percevoir dans les bureaux dépendants de l'administration des postes de France, pour les lettres originaires ou à destination du territoire desservi par l'administration des postes danoises.—D. P. 54. 4. 36.

20-25 mai 1854. — Loi qui réduit la taxe des lettres à 20 cent. par lettre simple affranchie et qui porte à 30 cent. celle des lettres non affranchies.—D. P. 54. 4. 84.

22-26 juin 1854. — Loi de finances dont l'art. 20 augmente le nombre des agents de l'autorité qui peuvent opérer les perquisitions ordonnées par l'arrêté du 27 prair. an 9, et dont les art. 20 à 22 contiennent des dispositions qui aggravent la pénalité portée par cet arrêté. — D. P. 54. 4. 116.

29 nov.-9 déc. 1854. — Décret qui approuve la convention passée le 28 nov. 1854 entre les ministres de la guerre et des finances et la compagnie des services maritimes des messageries impériales. — D. P. 55. 4. 3.

2-14 fév. 1855. — Décret qui approuve un marché passé pour l'entreprise du transport des dépêches entre Calais et Douvres.—D. P. 55. 4. 15.

5-15 mai 1855.—Loi de finances dont l'art. 17 détermine le délai après lequel les valeurs déposées à la poste sont acquises à l'État et dont l'art. 18 fixe le tarif des ports de lettres compris par le § 11 de l'art. 2 du décret du 18 juin 1811 dans les frais de justice criminelle.—D. P. 55. 4. 70.

SECT. 2. — DE LA POSTE AUX LETTRES.

ART. 1.—*Organisation du service des postes; — Taxes, lettres, valeurs cotées, imprimés; — Franchises.*

15. *Organisation, discipline.* — Un *directeur général* est placé à la tête de l'administration des postes. Deux *administrateurs* forment avec le directeur général le conseil d'administration et dirigent en outre le travail des divisions administratives qui comprennent dans leurs attributions l'organisation, l'exécution et la surveillance. — Les agents chargés du service spécial de la poste aux lettres se composent des *inspecteurs, directeurs, sous-inspecteurs, commis, surnuméraires, distributeurs, entreposeurs, boîtiers, courriers, postulants, facteurs, garçons de bureaux.*

16. Les *facteurs* de la poste aux lettres sont chargés de la distribution à domicile des lettres, paquets et imprimés. On compte deux classes de facteurs : 1° les facteurs de ville et ruraux; 2° les facteurs de relais : ceux-ci font le service des facteurs ruraux dans les arrondissements qui ont trop d'étendue pour être desservis en entier par des facteurs ruraux partant du bureau même. — Les instructions déterminent les obligations spéciales imposées aux facteurs ruraux et aux facteurs de relai. — On donne encore le nom de *facteurs* à des préposés qui ne dépendent pas de l'administration des postes. Ils sont chargés de distribuer les lettres dans certains établissements publics, tels que des hospices, des prisons. — Les facteurs de Paris sont régis par un règlement particulier du 1er fév. 1837. Ils sont divisés en trois classes et en plusieurs brigades à la tête de chacune desquelles est un chef ou brigadier placé depuis 1851 sous les ordres de l'inspecteur. — Un décret du 31 oct. 1853 est relatif à leurs frais d'équipement.

17. On appelle *bureau composé* celui dans lequel le directeur est assisté par un ou plusieurs employés nommés par l'administration, et *bureau simple* celui dans lequel le directeur ne reçoit l'assistance d'aucun employé nommé par l'administration; les bureaux simples peuvent être dirigés par des femmes. — On donne le nom de *distribution* à des établissements de poste dont les titulaires ne sont pas soumis à l'obligation de fournir un cautionnement, qui ne peuvent délivrer des mandats d'articles d'argent et dont la comptabilité est rattachée à celle d'un bureau voisin.—Enfin, depuis la création des chemins de fer, on a établi des *bureaux ambulants* dont le service a été organisé complétement et définitivement par une décision ministérielle du 8 août 1854.

18. Pour le transport des dépêches, l'administration emploie des *courriers*, c'est-à-dire des agents qui accompagnent les dépêches et délivrent successivement celles qui sont mises en circulation sur la route qu'ils parcourent. — Il y a deux classes de courriers, les courriers de *malle* salariés par l'administration et les courriers d'*entreprise* choisis et salariés par les entrepreneurs de service. — A l'égard du service par *entreprises particulières*, il a été décidé 1° que, lorsque l'administration a fait un marché pour le loyer, l'entretien et le renouvellement des malles-postes, l'administration n'en conserve pas moins le droit de supprimer ou de restreindre le service sur une ou plusieurs routes, à la condition de reprendre des entrepreneurs, aux prix de l'estimation, les voitures devenues inutiles, attendu que la clause du marché se réfère uniquement au service des malles-postes, et non au service du transport des dépêches pris dans un sens absolu (Ord. c. d'Et. 30 juin 1835, M. Macarel, rap., aff. Grosjean); — 2° Qu'un marché passé avec l'intendant militaire d'un corps d'armée, pour le service des postes, celui par exemple qui a été passé en 1823 pendant la guerre d'Espagne, ne peut être valable qu'autant qu'il a été approuvé par le ministre; qu'en conséquence, s'il a été stipulé entre les parties une indemnité en cas de cessation de service, le ministre pourra la refuser; que néanmoins, il devra consentir à ce qu'il soit procédé à la liquidation du payement pour les services effectués (Ord. cons. d'Et. 26 oct. 1825, M. Cormenin, rap., aff. Fonvielle).

19. Les *employés* des postes sont *nommés* par le directeur général : ils ne peuvent être reçus avant l'*âge* de dix-huit ans et vingt et un ans pour les places d'*inspecteur, directeur, sous-inspecteur*. Ils doivent prêter *serment* de garder fidèlement le *secret* des lettres (décr. 29 août 1790, art. 2). — « Par une conséquence naturelle de cette obligation, dit M. Foucart, t. 2, n° 202, ils ne doivent pas répondre aux questions qui leur sont faites dans le but de savoir si telle ou telle personne reçoit des lettres, ni de quel pays elles viennent. Comme il n'est pas permis de chercher à savoir ce que contiennent les lettres, celles même qui seraient présumées contenir des valeurs ne peuvent être saisies entre les mains des préposés de la poste par les créanciers des personnes auxquelles elles sont adressées. » — Toutefois, il a été jugé que les employés des postes ne peuvent se refuser à déclarer, lorsqu'ils sont appelés comme *témoins* et qu'ils ont comme tels prêté serment, s'il existe dans leurs bureaux des lettres à l'adresse d'un prévenu (c. d'ass. d'Indre-et-Loire, 11 juin 1830, aff. Definance, V. Instruct. crim., n° 348).

20. Une ordonn. du 16 déc. 1844, art. 67 et suiv., règle tout ce qui est relatif à l'*avancement* dans l'administration. — On peut consulter aussi l'instruction générale pour les *incompatibilités* qui existent entre certaines fonctions et le service des postes, ainsi que pour les *pensions* de retraite.

21. Les *devoirs* des employés des postes sont déterminés avec rigueur par les règlements. Toute infraction est punie de *peines disciplinaires*; ces peines sont la réprimande, la suspension, la destitution, la privation de traitement. — Ces peines sont prononcées suivant la gravité des infractions et dans les divers cas prévus par l'instruction générale. — Les *inspecteurs* peuvent dans certaines circonstances prononcer provisoirement la *suspension* : la *destitution* ne peut être prononcée que par l'administration. — Si l'infraction est de celles prévues par le code pénal (art. 169, 174, 187), la *révocation* a lieu sans préjudice des peines portées par ces articles.

22. *Taxes.* — Les objets transportés par l'administration des postes sont soumis à des tarifs déterminés par les lois. Ces objets sont : les *lettres* et *échantillons* de marchandises; les *envois d'argent*, les *valeurs cotées*; les *journaux*, ouvrages périodiques ou imprimés de toute nature.

23. Avant la réforme de 1848, les taxes applicables aux lettres et échantillons étaient de plusieurs sortes : il y avait 1° les taxes progressives, à raison du poids et à raison des distances; 2° les taxes supplémentaires, l'une progressive à raison de la distance, l'autre fixe comme le décime rural (supprimé à partir du 1er janv. 1847, par la loi du 3 juill. 1846) et le décime de mer; 3° les taxes fixes applicables, par exemple, aux correspondances des militaires et marins, aux avis de naissance, mariage et décès; 4° enfin les taxes des échantillons de marchandises.—La plupart de ces taxes n'existent plus depuis le décret du 24 août 1848 qui a soumis à une taxe uniforme de 20 cent. les lettres circulant dans toute la France y compris la Corse et l'Algérie. — La taxe établie par ce décret a été modifié depuis, comme on l'a dit n° 11. Aujourd'hui, d'après la loi du 20 mai 1854, art. 1, toutes les lettres circulant dans l'intérieur de bureau à bureau sont taxées à 20 cent. pour les lettres pesant jusqu'à 7 gram. 1/2 inclusivement, lorsqu'elles sont affranchies, et à 30 c. pour les lettres non affranchies : la taxe s'élève progressivement suivant le poids de la lettre. — A défaut de poids on peut facilement reconnaître la pesanteur d'une lettre en se servant de pièces de monnaie : une pièce de 1 fr. et une pièce de 50 cent. ou trois pièces de 50 cent. donnent le poids de 7 gramm. 1/2; trois pièces de 1 fr. pèsent 15 gramm.; 20 fr. en monnaie d'argent pèsent 100 gramm. —Les lettres et paquets de et pour la Corse et l'Algérie, sont soumis aux mêmes taxes (même art.).

24. D'après la loi du 15 mars 1827, art. 7, les *échantillons* de marchandises payaient une taxe inférieure à celle de la lettre. — Mais il n'en est plus ainsi aujourd'hui : depuis la réforme postale, les échantillons sont taxés comme lettres.

25. Dans les départements, les lettres qui circulent dans la circonscription d'un bureau de poste, et les lettres de la ville pour la ville, dont le poids n'excède pas 15 grammes, payent une taxe fixe de 10 cent. — A Paris, la taxe est de 10 cent. pour les lettres affranchies et de 15 cent. pour lettres non affranchies (L. 7 mai 1853).—Le ministre des finances a décidé, le 3 juin 1854, que les faubourgs de Paris compris dans l'enceinte des fortifications et ceux de dix-neuf autres villes, seraient annexés à la circonscription postale de la ville près de laquelle ils se sont élevés, et qu'en conséquence les lettres réciproquement échangées entre les faubourgs et la ville payeraient la même taxe que pour les lettres circulant dans la ville même.

26. Les avis de *naissance, mariage* et *décès*, lorsqu'ils sont expédiés sous forme de lettres ouvertes par les deux bouts, payent 5 cent. chacun lorsqu'ils sont destinés pour l'arrondissement du bureau où ils sont présentés à l'affranchissement, et 10 cent. à destination de tout autre lieu situé en France, la Corse et l'Algérie comprises.—Lorsqu'ils sont placés sous bandes, ces avis sont taxés comme les imprimés de la troisième classe (V. n° 40).

27. Les *cartes de visite* peuvent être présentées à l'affranchissement. Si elles sont sous bande, elles ne payent que comme les imprimés de la troisième classe; si elles sont expédiées sous enveloppe, elles payent pour chaque envoi 5 cent. ou 10 cent., selon qu'elles sont à destination de l'arrondissement du bureau où elles sont présentées à l'affranchissement ou de tout autre lieu situé sur le territoire français, la Corse et l'Algérie comprises. Si l'enveloppe contient plus de deux cartes, la taxe est augmentée, mais sans que la taxe du paquet puisse excéder celle que payerait une lettre du même poids.

28. Enfin, la loi du 2 mai 1855, art. 2 (D. P. 55. 4. 52) a fixé à 10 cent. le prix des *avis en conciliation* émanant des juges de paix et adressés dans les limites de la circonscription cantonnale du juge de paix : l'affranchissement en est obligatoire.

29. L'*affranchissement* s'opère aujourd'hui au moyen de timbres-postes : il y en a cinq espèces, savoir : le timbre vert, à 5 cent.; le timbre bistre, à 10 cent.; le timbre bleu, à 20 cent.; le timbre orange, à 40 cent.; et le timbre rose, à 80 cent.—La loi du 16 oct. 1849 *punit* d'une *amende* de 50 fr. à 1,000 fr. quiconque aura fait usage d'un timbre-poste ayant déjà servi, et, en cas de récidive, le délinquant est passible d'une amende double et d'un *emprisonnement* de cinq jours à un mois.

30. Si une lettre ou paquet est trop taxée, le destinataire peut adresser sa réclamation au directeur du bureau qui en opère immédiatement la détaxe s'il y a lieu : les autres réclamations doivent être transmises à l'administration. — Aux termes de l'art. 1 du décret du 26 août 1790, les contestations qui s'élèvent à l'occasion de l'exécution des tarifs sont portés, soit devant le juge de paix, soit devant les tribunaux civils, en suivant les règles ordinaires de la *compétence*; et, dans ce dernier cas, la cause est dispensée du préliminaire de conciliation et communiquée au ministère public.

31. On appelle *chargement* la lettre ou le paquet dont l'expéditeur fait constater authentiquement le dépôt dans un bureau de poste, et dont il se fait donner un reçu ou bulletin de dépôt. — Cette lettre ou ce paquet ne peut plus passer des mains d'un agent dans les mains d'un autre agent, sans que chaque agent nouveau qui le reçoit n'en donne décharge à celui qui le lui a transmis, et il ne peut être livré qu'au destinataire lui-même, ou à son mandataire muni d'une procuration authentique ou sous seing privé dûment légalisée et enregistrée, et moyennant décharge, soit dudit destinataire, soit de son délégué. — Avant la loi du 20 mai 1854, on pouvait *recommander* une lettre; mais cette loi a fait cesser toute distinction entre les lettres chargées et les lettres recommandées : ces lettres ne forment plus qu'une seule catégorie sous le nom de *lettres chargées*. — Le port des lettres chargées est toujours perçu à l'avance; il se compose : 1° du prix de port d'une lettre ordinaire, eu égard au poids de la lettre; 2° d'une taxe supplémentaire fixe de 20 cent. (L. 20 mai 1854, art. 3).—Lorsque la lettre paraît contenir des valeurs d'or ou d'argent ou des objets dont la perte peut compromettre la responsabilité des postes, les directeurs peuvent faire le chargement d'office.

32. En cas de *perte* d'une lettre chargée, l'indemnité due par la poste est de 50 fr., payable de préférence pendant un mois au destinataire et, après un mois expiré sans réclamation, à l'envoyeur s'il justifie du chargement (L. 5 niv. an 5, art. 14). — Si la lettre chargée, destinée à l'étranger, est perdue, il y a lieu à indemnité, suivant que la lettre est perdue en France ou à l'étranger et suivant que le pays étranger reconnaît ou non le droit à l'indemnité et qu'il y a convention sur ce point.

33. Il est défendu de renfermer dans les lettres du papier-monnaie, des *matières d'or* et *d'argent* ou des *bijoux* (édit 9 avr. 1644, décl. 8 juill. 1759, arrêt du cons. 31 mai 1786, L. 5 niv. an 5, art. 16) : ces objets ne peuvent être envoyés par la poste qu'en se conformant aux règles tracées aux numéros suivants.— Mais il a été jugé que le cours des *billets de banque* n'étant point forcé, on ne peut les assimiler à du papier-monnaie et que, dès lors, l'art. 16 de la loi du 5 niv. an 5 ne leur est pas applicable (Req. 12 mai 1851, aff. Vandermarcq, D. P. 51. 1. 139).

34. On désigne sous le nom d'*articles d'argent* les sommes remises à découvert aux caisses des agents des postes, pour être payées dans tous les bureaux de l'empire. La poste reçoit les dépôts d'argent à quelque somme qu'ils puissent monter, mais il n'est pas reçu moins de 50 cent. — Les sommes versées aux bureaux de poste sont payées, soit dans tous les bureaux de France et à la caisse des trésoriers payeurs de l'Algérie, pour tous les citoyens indistinctement, soit à la caisse du trésorier payeur des armées, à la caisse des agents des postes établis à Alexandrie, Beyrouth, Constantinople, aux Dardanelles et à Smyrne, et à la caisse du trésorier de la marine, au profit de certaines personnes déterminées par les règlements. — Il ne peut être reçu d'articles d'argent destinés pour des particuliers qui habitent des pays étrangers, quand même ces pays seraient momentanément occupés par les armées françaises. — Il est perçu un droit de 2 p. 100 sur la somme versée (L. 3 juill. 1846, art. 2), et en outre un droit de timbre de 35 cent. pour les sommes au-dessus de 10 fr. Si l'argent versé au bureau se compose de francs et de centimes, la fraction de franc se paye comme un franc si elle dépasse 50 cent.; si elle est égale à 50 cent., le droit à percevoir pour cette fraction est de 1 cent.; si enfin cette fraction est au-dessous de 50 cent., elle ne paye aucun droit. — Le déposant reçoit un *mandat* sur la présentation duquel la somme est payée au destinataire; il reçoit en outre une *déclaration de versement*, qui a pour objet d'assurer ses droits, soit au renouvellement du titre, soit au remboursement de la somme versée en cas de perte ou de destruction du mandat. — Les mandats de 200 fr. et au-dessous sont payables à vue; quant à ceux au-dessus de 200 fr., ils ne peuvent être payés que quand le bureau qui doit acquitter le mandat a reçu du bureau expéditeur avis du versement.

35. Les mandats d'articles d'argent sont payables dans les *délais* ci-après à partir du versement des fonds, savoir : — pendant deux mois, les mandats délivrés au nom des particuliers et circulant en France; — pendant six mois, les mandats délivrés au nom des militaires et marins de tous grades, employés en Europe, et ceux délivrés en Algérie pour l'Algérie, au nom des militaires et marins également de tous grades, ainsi qu'au nom des particuliers et colons; — pendant un an, les mandats délivrés au nom des militaires et marins de tous grades employés hors d'Europe y compris l'Algérie, et ceux délivrés au nom des colons et des particuliers résidant en Algérie et des transportés à Cayenne. — A défaut de *réclamation* dans ces délais, les mandats sont annulés, sans préjudice des droits de l'envoyeur, des destinataires ou de leurs héritiers et sauf renouvellement de titre. — Si les mandats sont perdus, détruits ou égarés, les articles d'argent ne peuvent être payés que sur autorisation de l'administration. — On peut faire toucher le montant du mandat par un *mandataire* porteur d'une procuration, soit authentique, soit sous seing privé timbrée et légalisée.

36. La *propriété* d'un mandat ne peut se négocier ni se transmettre par voie d'endossement, mais elle peut être transportée par acte authentique dont expédition est remise au directeur chargé du payement.

37. Après un délai de huit années, à partir du jour du versement les articles d'argent sont acquis à l'administration s'ils n'ont pu être payés ou remboursés aux ayants droit (L. 31 janv. 1833).—Cette *prescription* n'est interrompue ni par l'échange ni par le remplacement d'articles d'argent contre des autorisations.

38. On appelle *valeurs cotées* des objets précieux de petite dimension, admis au chargement sur la déclaration de leur valeur. L'estimation d'une semblable valeur ne peut être inférieure à 30 fr. ni dépasser 1,000 fr. Le directeur fixe la base de l'estimation si elle n'est pas consentie de gré à gré. Le port est de 2 pour 100 du montant de l'estimation et est payé d'avance. — Il est dû en outre 35 centimes pour timbre de la *reconnaissance* remise au déposant. — La valeur cotée est délivrée au destinataire sur la remise de cette reconnaissance acquittée par celui-ci. — En cas de perte, l'administration rembourse le prix d'estimation, sauf son *recours* contre les agents responsables. — On ne peut envoyer comme valeurs cotées des espèces d'or et d'argent monnayé ayant cours.

39. Aucune loi n'ayant déclaré les articles d'argent et les valeurs cotées *insaisissables*, les directeurs de poste ne peuvent se refuser à recevoir une *saisie-arrêt*, faite entre leurs mains, lorsque le saisissant s'est conformé aux prescriptions du décret du 18 août 1807. — Le directeur entre les mains duquel une saisie est formée en délivre un *certificat* qui tient lieu, en ce qui le concerne, de tous actes et formalités prescrits à l'égard des tiers saisis. Ce certificat énonce la somme due et doit faire mention des saisies-arrêts ou oppositions déjà formées sur la même partie; il doit désigner en outre les causes des précédentes oppositions, les noms et élection de domicile des saisissants. — Les directeurs tiers saisis ne peuvent vider leurs mains des deniers arrêtés que du consentement de toutes les parties intéressées ou sur autorisation de la justice.

40. Les *imprimés* à transporter par la poste dans l'intérieur de l'empire, la Corse et l'Algérie comprises, sont, en ce qui concerne le port à percevoir pour ce transport, divisés en trois classes : — La *première classe*, qui comprend les journaux, gazettes et ouvrages périodiques traitant en tout ou partie de politique ou d'économie sociale, est reçue à l'affranchissement au prix de 4 cent. par chaque feuille ou fraction de feuille de la dimension de 72 décim. carrés et au-dessous; cette taxe est augmentée progressivement suivant la grandeur de la feuille (L. 4 therm. an 4; 15 mars 1827, art. 8; V. Presse). — La *deuxième classe* comprend les recueils, annales, mémoires et bulletins périodiques uniquement consacrés aux arts, aux sciences et à l'industrie; elle est reçue à l'affranchissement au prix de 4 cent. par feuille de 72 décim. carrés, et de 2 cent. par demi-feuille de 36 décim. Lorsque la dimension de la feuille dépasse 72 décim., la taxe est augmentée de 2 cent. par chaque 36 décim. ou fraction de 36 décim. excédant. Au-dessous d'une demi feuille d'impression, il est dû la même taxe que pour une demi-feuille (L. 4 therm. an 4; 15 mars 1827, art. 8). — La *troisième classe* se compose des livres brochés, brochures, catalogues, prospectus, papiers de musique, annonces, avis de toute nature, gravés, lithographiés ou autographiés; elle est reçue à l'affranchissement au prix de 5 cent. par feuille de 25 décim. carrés et proportionnellement pour les fractions de feuilles (L. 4 therm. an 4; ord. 5 mars 1823; L. 15 mars 1827, art. 8).

41. Les imprimés doivent être préalablement *affranchis* (L. 6 mess. an 4, art. 6; 4 therm. an 4, art. 2). — Lorsqu'ils ont été expédiés sans affranchissement préalable, ils sont taxés comme lettres; et, si le destinataire refuse la taxe, elle est répétée contre l'expéditeur, par voie de *contrainte* décernée par le directeur du bureau expéditeur, visée et déclarée exécutoire par le juge de paix du canton (L. 20 mai 1854, art. 2). — Aucun imprimé soumis au *timbre* ne peut être admis à circuler par la poste s'il n'est timbré visé pour timbre.

42. Les imprimés ne doivent contenir ni *chiffres*, ni aucune espèce d'*écriture* à la *main*, si ce n'est la date de l'imprimé et la signature de l'expéditeur (L. 4 therm. an 4; 15 mars 1827, art. 9; 14 déc. 1830). — En cas d'infraction à cette disposition, les imprimés sont taxés comme lettres. — Quoique cette règle soit absolue, l'administration des postes y apporte une certaine tolérance à l'égard des *manuscrits* et *épreuves corrigées* qui peuvent être mis aussi à la poste, sous bande et en payant l'affranchissement comme imprimés, moyennant une autorisation du directeur général.

43. On appelle *dépêches*, en termes de poste, le paquet fermé qui contient les correspondances d'un bureau de poste pour un autre bureau de poste, et *part* la feuille dont chaque courrier de service est porteur et sur laquelle sont constatés le nombre et l'espèce des dépêches dont il est porteur. — Le *transport* des dépêches s'opère par les malles-postes, ou par courrier d'entreprise, en voiture, à cheval, à pied ou par eau, par des estafettes par les entreprises du chemin de fer, et enfin par des services en paquebots. — L'augmentation progressive des correspondances, l'établissement des chemins de fer, la nécessité de satisfaire à des relations d'affaires toujours de plus en plus importantes et actives, forcent continuellement l'administration des postes à accroître ce service. — Les instructions de l'administration contiennent sur la formation, l'expédition, le transport, la réception et la distribution des dépêches, des détails minutieux et multipliés dont l'analyse peut difficilement donner l'idée. Cette réglementation n'intéressant pour ainsi dire que les agents de l'administration des postes, nous nous bornons ici à nous référer à l'instruction générale dont nous avons parlé n° 12. — Dans un cadre plus restreint, l'annuaire des postes de 1856, p. 10 et suiv., contient aussi des détails instructifs auxquels nous renvoyons le lecteur.

44. Les lettres arrivées à leur destination sont *délivrées* au *guichet* ou à *domicile* par les facteurs. — Les lettres ne doivent être remises qu'à ceux auxquels elles sont adressées, sauf le cas prévu par l'art. 471 c. com. — Celles adressées à des personnes décédées sont portées au domicile indiqué tant qu'elles y sont reçues, à moins que le directeur de la poste ne soit autorisé, par un acte légal, à les remettre à l'un des héritiers ou à l'exécuteur testamentaire. Quand elles ne sont plus reçues au domicile du défunt, elles sont gardées au bureau jusqu'à la notification faite au directeur de la personne qui devra les recevoir (M. Foucart, t. 2, n° 203). — Lorsque, dans la même ville, il existe deux personnes portant le même *nom* et *prénoms*, les lettres adressées au nom commun et sans porter aucun signe ou indication capables de servir à faire distinguer la personne du destinataire, doivent, aux termes de l'art. 521 du règlement de 1832, être ouvertes en présence des deux homonymes, pour être remises à celui qu'elles concernent (Req. 24 nov. 1846, aff. Stevenel, D. P. 47. 1. 69). — Il est défendu de se faire adresser des lettres sous un nom *supposé*; mais il est permis de s'en faire adresser sous de simples initiales.

45. Lorsqu'un particulier veut rectifier l'adresse d'une lettre qu'il a jetée à la boîte et qui n'est pas encore expédiée, ou s'il veut la retirer, il peut le faire en remplissant certaines formalités déterminées par les règlements.

46. Les lettres et journaux refusés, celles adressées à des personnes dont la résidence a cessé d'être connue, ou à des individus inconnus ou décédés, les lettres poste-restante non réclamées, celles dont l'adresse est illisible ou incomplète, etc., sont mises au *rebut*. — Ces lettres sont, dans un certain délai, envoyées à Paris, où on en fait l'*ouverture*. Si cette ouverture fait connaître le destinataire ou l'expéditeur, elles leur sont expédiées. Celles à l'égard desquelles on n'a obtenu aucun renseignement sont gardées six mois, et détruites si elles sont sans intérêt : les lettres de rebut reconnues intéressantes sont inscrites sur un procès-verbal d'ouverture lequel est gardé six ans. Les lettres contenant des papiers importants, ou celles qui ont été chargées sont gardées cinq ans. Si elles renferment des espèces, monnaies, métaux précieux, billets de banque, etc., ces valeurs, aux termes de la loi du 5 mai 1855, art. 17 (D. P. 55. 4. 71), ainsi que les objets trouvés dans les boîtes ou aux guichets des bureaux de postes, dont la remise n'aura pu être faite aux ayants droit, sont acquises à l'État après un délai de huit années à partir du jour du dépôt des lettres contenant les valeurs, ou du dépôt des objets trouvés isolément dans les boîtes ou au guichet des bureaux.

47. En ce qui concerne la responsabilité de l'administration des postes, en cas de perte des objets ou valeurs qui lui ont été confiés, V. Responsabilité.

48. A l'égard des *franchises* et *contre-seings*, comme cette matière n'offre pas un caractère général d'utilité, nous devons nous borner à renvoyer au Manuel publié par l'administration des postes, et dont il a été parlé n° 13. — Nous ferons seulement remarquer que l'art. 6 du décret du 24 août 1848, déclare passibles des peines portées par l'arrêté du 27 prair. an 9, l'insertion, par un fonctionnaire qui a droit à la franchise, de lettres étrangères au service qui lui est confié dans un paquet administratif, ou son contre-seing apposé sur ces lettres pour les affranchir.

ART. 2. — *Immixtion dans le transport des lettres.*

§ 1. — *Caractère de cette infraction ; cas dans lesquels elle a lieu.*

49. Le gouvernement a trouvé dans le transport des lettres un revenu considérable, et s'en est attribué, avec le secours des peines et amendes, le monopole exclusif, monopole, au reste, plus facile à justifier que beaucoup d'autres, car il n'a pas été démontré que le transport des lettres laissé à la concurrence de l'industrie privée offrît à la société la sécurité et les avantages qu'elle y trouve aujourd'hui.

50. Le premier acte qui consacre le privilége exclusif du transport des lettres paraît être l'arrêt du conseil du 18 juin 1681, interprété par un second arrêt du 29 nov. 1681, qui prononça une amende de 300 fr. contre ceux qui se chargeraient de porter des lettres sans en avoir reçu le droit ou le pouvoir du fermier des postes. Une déclaration du roi du 3 fév. 1728 renouvela ces dispositions et une ord. royale du 16 mai 1788 défendit aux courriers ou va-de-pieds de se charger de lettres à peine d'un an de prison. Plusieurs actes législatifs sont intervenus depuis, qui ont maintenu également le privilége établi par les arrêts de 1681 au profit de l'administration des postes. Tels sont les décrets des 26 août 1790, 3e partie, art. 4, n° 5; 9 avr. 1793, art. 7; 24 juill. 1793, art. 6; 25 vend. an 3, art. 3 (V. Voitures publiques); 27 niv. an 3, art. 4; les arrêtés du directoire exécutif des 2 niv. et 7 fruct. an 6; 26 vent. an 7 (ce dernier ordonne l'insertion au Bulletin des lois des arrêts du conseil des 18 juin et 29 nov. 1681) et enfin l'arrêté des consuls du 27 prair. an 9.

51. On a prétendu que les arrêts de 1681 avaient été abrogés implicitement par le décret du 26 août 1790, dont l'art. 4 prorogeait jusqu'au 1er janv. 1792 seulement l'exécution des anciens règlements sur les postes. — Mais il a été jugé que cet art. 4 n'était relatif qu'à l'organisation intérieure du service des postes et que la prohibition du transport des lettres a été maintenue au contraire par l'art. 4, n° 5 de la 3e partie de cette loi et par les lois et arrêtés postérieurs; qu'en conséquence les arrêts de 1681 sont toujours en vigueur (Crim. cass. 30 juill. 1818, aff. Baudot, V. n° 52; conf. Crim. cass. 23 août 1839, aff. Thomassin, V.

nº 96; ch. reun. cass. 20 mars 1840, aff. Clavel, V. *eod.*; crim. cass. 2 avr. 1840, aff. Poncin, V. nº 112).

52. La constitutionnalité de l'arrêté du 27 prair. an 9 a été également contestée, mais à tort; car on voit par l'exposé de la législation qui précède que cet arrêté n'a eu d'autre objet que l'exécution des lois existantes. — Il a été jugé en ce sens : 1º que les arrêts du conseil de 1681 n'ayant pas cessé d'être en vigueur, les divers arrêtés du directoire et des consuls qui renouvellent la prohibition de porter des lettres à toutes personnes autres que celles chargées du service des postes, à peine d'une amende de 150 à 300 fr., n'ayant eu pour objet que d'assurer l'exécution des lois et règlements en vigueur, ont aujourd'hui force de loi et sont obligatoires pour les tribunaux (Crim. cass. 30 juill. 1818) (1); — 2º Que l'arrêté du 27 prair. an 9 est constitutionnel et obligatoire pour les tribunaux, non-seulement parce qu'il a pour objet d'assurer l'exécution des lois et arrêtés antérieurs, mais encore parce que n'ayant pas été attaqué dans les formes et les délais prescrits par la constitution de l'an 8, il a acquis aujourd'hui force de loi (Orléans, 31 oct. 1840, M. Vilneau, pr., aff. Min. pub. *C.* Mellot; même jour, M. Vilneau, pr., aff. Baillyse). — L'arrêté de l'an 9 a été également reconnu par les mêmes motifs obligatoire en Belgique où, d'ailleurs, il existe un arrêté du roi Guillaume du 24 nov. 1829, contenant règlement sur les transports par terre, dont l'art. 123 ordonne l'application de cet arrêté (Liége, 19 juill. 1832, aff. Heuken, V. nº 136).

53. L'arrêté du 27 prair. an 9 contient, entre autres dispositions principales, l'injonction d'exécuter les lois du 26 août 1790 (art. 4), du 21 sept. 1792, l'arrêté du 26 vent. an 7; en conséquence, il défend à tous les entrepreneurs de voitures libres et à *toute autre personne étrangère au service des postes* de s'immiscer dans le transport des lettres, journaux, feuilles à la main et ouvrages périodiques, papiers et paquets du poids d'un kilogr. et au-dessous, dont le port est exclusivement confié à l'administration des postes aux lettres (art. 1er), sauf les exceptions dont il sera parlé ci-après, nºs 82 et s.

54. Il a été posé en principe que le transport des lettres entre des lieux où il existe des bureaux de poste est interdit à toute personne étrangère à leur service, sans distinguer s'il y a ou non préjudice financier pour l'administration (Lyon, 22 déc. 1833, aff. Gentillon, V. nº 57). Mais cette proposition nous paraît inacceptable dans sa généralité; autrement le monopole de la poste serait intolérable pour les citoyens. — V. nº 57.

55. Il faut déterminer d'abord quand il y a transport illicite des correspondances. On n'est pas en contravention par cela seul qu'on est rencontré porteur d'une lettre missive, car l'expéditeur est bien obligé de transporter lui-même ou de faire transporter ses lettres de son domicile au bureau de la poste. — La loi du 3 juin 1829, art. 3, a formellement consacré ce principe en décidant que l'individu (voiturier ou autre) qui porte une lettre d'un village ou d'une campagne à un bureau de poste voisin est à l'abri de toutes poursuites. — Et il a été jugé, soit avant, soit depuis cette loi : 1º qu'on ne peut appliquer aucune peine au messager trouvé porteur de lettres, s'il n'est pas prouvé qu'au moment où les lettres ont été saisies sur lui il avait dépassé le 1er bureau de poste qui se trouvait sur la route du lieu d'où les lettres étaient écrites à celui de leur destination (Crim. rej. 16 fév. 1827) (2); — 2º Que le conducteur d'une diligence, sur lequel une lettre cachetée est saisie n'encourt pas les peines édictées par l'arrêté de l'an 9 si, d'après sa déclaration, la lettre dont il était porteur était destinée à être affranchie, alors qu'il est constaté qu'au lieu où la lettre a été écrite ni à celui où elle a été remise au voiturier, ni entre ces localités et le bureau de poste vers lequel se dirigeait le voiturier, il n'existait de bureau qui reçût les lettres destinées à être affranchies (Douai, 29 mai 1835, ch. corr., M. Gosse, aff. Vugesleche; V. aussi dans le même sens, ch. réun. rej., 1er juill. 1836, aff. Vuylsteke,

---

(1) (Min. publ. *C.* Baudot.) — LA COUR (ap. dél. en ch. du cons.); — Vu 1º l'arrêt du conseil d'État, du 8 juin 1681; 2º l'arrêt du conseil, du 29 nov. même année; 3º la déclaration du roi, du 25 fév. 1728; 4º l'ordonnance du roi, du 12 mai 1765; 5º vu également la loi des 26 et 29 août 1790, art. 4, 5, part. 1; art. 4, part. 3; 21 sept. 1792, du 9 avr. 1793, art. 7, 23 et 24 juill. suiv.; art. 6, tit. 2; 25 vend. an 5; art. 2, 27 niv. même année, art. 3; — Attendu que, malgré les arrêts du conseil des 18 juin et 28 nov. 1681, ayant force de loi dans le temps et pour la matière sur laquelle ils ont été rendus, et par la déclaration du roi, du 5 fév. 1728, il était prohibé à tous autres qu'aux régisseurs des postes ou à leurs préposés de porter des lettres, à peine de 300 liv. d'amende; que la limitation de l'exécution provisoire des règlements sur les postes, jusqu'au 1er janv. 1792, portée par la loi des 26 et 29 août 1790, art. 4, part. 1, n'est relative qu'à l'organisation intérieure de ce service, et que la prohibition du transport des lettres est au contraire maintenue par l'art. 4, nº 5, de la troisième partie de cette loi; qu'elle l'est également par les art. 7 de la loi du 9 avr. 1893, 6 du tit. 2 de celle des 23 et 24 juill. suiv., 2 et 3 de celle du 25 vend. an 5, et 4 de celle du 27 niv. suiv.; que de la maintenue expresse de cette prohibition il résulte que la prohibition pénale des arrêts du conseil, des 18 juin et 29 nov. 1681, punissant de 300 liv. d'amende l'infraction de cette prohibition, loin d'avoir été abrogée, a, au contraire, été implicitement et nécessairement conservée; qu'elle le serait d'ailleurs par la disposition générale de la loi du 21 sept. 1792; — Vu ensuite 1º l'art. 3 de l'arrêté du directoire exécutif du 2 niv. an 6, portant que les contrevenants à la défense de porter des lettres, faite par le règlement du 18 juin 1681, confirmé par la loi du 24 déc. 1796, seront poursuivis pour être condamnés à 300 liv. d'amende pour chaque contravention; 2º l'arrêté du 7 fruct. suiv., art. 5, renouvelant la même disposition; 3º celui du 26 vent. an. 7, art. 1, ordonnant l'exécution des arrêts de règlement des 18 juin et 29 nov. 1681, dont il énonce le texte; 4º l'arrêté des consuls, du 27 prair. an 9, ordonnant (art. 1) l'exécution des lois des 26 août 1790 (art. 4), 21 sept. 1792, et de l'arrêté du 26 vend. an 7, et renouvelant (art. 5) les défenses relatives au transport des lettres, sous peine d'amende de 150 fr. au moins et 300 fr. au plus; — Attendu que ces arrêtés ont eu pour objet d'assurer l'exécution des lois et règlements en vigueur, pouvoir attribué au directoire par l'art. 144 de la constitution de l'an 3, et aux consuls par l'art *44* de la constitution de l'an 8; que de là il résulte que la prohibition à toutes personnes, autres que celles chargées du service des postes, de porter des lettres ou paquets cachetés, à peine de 150 liv. d'amende au moins, est établie par des règlements, maintenue par des dispositions législatives, et renouvelée par des arrêtés de l'autorité exécutive, ayant force de loi actuellement en vigueur; — Et attendu que, dans l'espèce, d'après le procès-verbal du 29 mars dernier, comme d'après le jugement du tribunal de première instance de Louhans, du 5 avr. suiv., le sieur Baudot s'est immiscé dans le service des postes, en portant de Dijon à Louhans des lettres, en quoi il était en contravention aux dispositions de l'arrêté du 27 prair. an 9, et punissable de 150 fr. d'amende au moins, d'après ce même arrêté; que néanmoins le tribunal de Châlons a décidé qu'il n'était punissable par aucune loi, et, en conséquence, a réformé le jugement du tribunal de Louhans condamnant Baudot à 150 fr. d'amende, et a mis ledit Baudot hors d'instance, en quoi il a méconnu et violé les dispositions de l'art. 4, part. 3 de la loi du 29 août 1790; de la loi du 21 sept. 1792, de l'art. 7 de celle du 9 avr. 1793, de l'art. 6, tit. 2, de celle des 23 et 24 juill. suiv., des art. 2 et 3 de celle du 25 vend. an 5, et de l'art. 4 de celle du 27 niv. suiv., qui renouvellent les prohibitions portées par les arrêts de règlement de 1681, et par la déclaration du roi, du 5 fév. 1728, et maintiennent implicitement et nécessairement les peines portées contre leur infraction; que, par suite, il a également violé la disposition des arrêts de règlement de 1681 et de la déclaration du 5 fév. 1728; — Casse.

Du 30 juill. 1818.-C. C., sect. crim.-M. Barris, pr.-Ollivier, rap.

(2) *Espèce* : — (Barbe Lambotin.) — La dame Barbe Lambotin fut traduite devant le tribunal correctionnel de Verdun, parce qu'on avait trouvé sur elle, dans la ville d'Étain, des lettres pour Paris, et qu'en sa qualité de messagère de Billy à Paris, elle transportait, contrairement aux lois sur les postes : Etain était le premier bureau de poste qui se trouvait sur la route de Billy à Paris. Elle fut renvoyée, « attendu que les lettres pour Paris, dont était porteuse Marie-Barbe Lambotin venant de Billy, ont été saisies dans la ville d'Etain, et que jusque-là il n'existait qu'une présomption, forte à la vérité, que, sans la saisie desdites lettres, elle les aurait transportées jusqu'à Paris; — Attendu que, pour que la contravention eût été constante et justifiée, il eût fallu que ladite Lambotin fut sortie d'Étain, sans avoir déposé lesdites lettres au bureau des postes, puisque, tant qu'elle se trouvait dans celle ville, rien ne justifie que son intention n'était pas de les y déposer; — Attendu enfin, que des présomptions quelque fortes qu'elles soient, ne peuvent servir de base à un jugement de condamnation. » — Sur l'appel, jugement confirmatif du tribunal correctionnel de Saint-Mihiel. — Pourvoi. — Arrêt.

LA COUR; — Attendu qu'il n'est pas constaté par le procès-verbal qui sert de fondement à l'action, si l'auberge de la Sirène est placée dans la ville d'Etain en deçà ou en delà du bureau de la poste aux lettres de ladite ville, sur la route conduisant de Billy à Paris, et que d'après les faits déclarés constants, le jugement attaqué ne présente la violation d'aucune loi, ni règlement relatifs au service de la poste aux lettres; — Rejette.

Du 16 fév. 1827.-C. C., ch. crim.-MM. Portalis, pr.-Brière, rap.

nº 65; V. encore nº 77). — De là il suit qu'il n'y a contravention qu'autant qu'entre le lieu d'où le porteur des lettres est parti et celui où elles ont été saisies, il existe un ou plusieurs bureaux de poste : dans ce cas, la fraude est présumée de droit.

56. Toutefois, il a été jugé qu'il suffit qu'un postillon soit trouvé nanti d'une lettre qu'il s'était chargé de faire parvenir à sa destination, pour qu'il doive être déclaré coupable d'immixtion dans le transport des lettres, bien qu'il ne fût pas encore monté sur son siége, que la diligence ne fût pas encore partie, et qu'il dût passer devant le bureau de poste de l'endroit, où il aurait pu déposer cette lettre (Douai, 16 janv. 1855) (1).

57. Y a-t-il contravention dans le transport par un voiturier d'une lettre qui a acquitté les droits de poste? — La négative nous paraît certaine. — Toutefois, il a été jugé qu'une lettre portant cette indication : *bureau restant*, est réputée arrivée à sa destination, quand elle est parvenue dans ce bureau ; qu'elle ne peut être transportée de ce bureau à un autre lieu que par le service des postes ou par la personne *elle-même* à qui elle est adressée; qu'ainsi, lorsque des messagers ou agents salariés par une personne effectuent le transport des lettres et journaux à elle adressées, de la poste restante à son domicile, il y a lieu de prononcer contre eux une amende, encore bien qu'ils aient eu le soin de *décacheter* les lettres et paquets (Lyon, 22 déc. 1855) (2). — Cette solution nous semble entachée d'une sévérité outrée. Du moment qu'une lettre a subi la taxe, et que l'administration est complétement désintéressée dans le transport, il nous semble que rien ne s'oppose à ce qu'elle soit transportée par quelque personne que ce soit du bureau de poste, où elle est adressée poste restante, au domicile du destinataire. Forcer celui-ci à aller *lui-même* chercher ses lettres, c'est véritablement porter atteinte aux droits et à la liberté des citoyens.

58. Lorsqu'un procès-verbal constate qu'un messager a transporté d'une commune à une autre commune une lettre dont il s'est fait payer le port, le jugement qui renvoie le prévenu sur le motif que la lettre dont il s'agit n'aurait pas été transportée par lui d'un lieu à un autre sans s'expliquer sur la réalité du transport indiqué dans le procès-verbal, ni sur le payement effectué, viole les art. 1 et 5 de l'arrêté du 27 prair. an 9 et doit être annulé (Crim. cass. 8 fév. 1845, M. Jacquinot-Godard, rap., aff. min. pub. *C.* Thivin).

59. Pour qu'il y ait contravention, il faut encore que les lettres ou papiers que l'on est accusé de transporter en fraude des droits de la poste, soient au nombre de ceux qui rentrent dans le privilége dont elle est investie. — Il serait difficile de donner une définition précise du mot *lettre*, car, outre les formes diverses que les correspondances peuvent affecter, il peut arriver, au point de vue du privilége de l'administration des postes, qu'un papier écrit soit ou ne soit pas considéré comme correspondance, suivant la qualité de la personne qui en est porteur. — Il a été décidé, par exemple, que la date, la signature de l'expéditeur, le lieu d'où la lettre est partie, l'indication précise de la demeure du destinataire ne sont pas de l'essence d'une lettre missive ; qu'en conséquence, la lettre non datée, ni signée et n'indiquant ni le lieu où elle a été écrite, ni celui où la remise doit en être faite, tombe sous le coup de la prohibition (Cass. 16 janv. 1841, aff. Redeuilt, V. nº 105). — Dans l'espèce, la lettre avait été saisie sur un voiturier; peut-être la solution eût-elle été différente si c'eût été sur un simple voyageur. — Il est évident, d'un autre côté, que des correspondances ouvertes, ayant plusieurs années de date, des lettres autographes de personnages célèbres

---

(1) *Espèce :* — (Min. publ. *C.* Vanhègre, etc.) — Un procès-verbal constate qu'une lettre a été saisie sur le sieur Vanhègre, postillon du sieur Delangre, maître de poste, faisant le service d'une messagerie. — Le cocher et le maître de poste sont traduits en police correctionnelle, le premier, comme prévenu du délit d'immixtion dans le transport des lettres, et le second, comme civilement responsable. Le cocher soutient que les faits établis contre lui ne constituent qu'un projet d'immixtion, une simple tentative, et que la loi ne punit point, en cette matière, la simple tentative. —Quant au maître de poste, il prétend que ce sont les entrepreneurs de la messagerie qui doivent être civilement responsables, puisque, pendant le service, le postillon est sous leur surveillance immédiate. — Jugement qui rejette les poursuites dirigées contre le cocher et le maître de poste. — Appel.— Arrêt.

LA COUR ; — Considérant que le transport des lettres du poids d'un kilogramme et au-dessous est confié exclusivement à l'administration des postes aux lettres, et que défenses sont faites à tout entrepreneur de messageries et autres personnes étrangères à l'administration de s'immiscer dans le transport desdites lettres ; — Attendu que, par le procès-verbal et les débats, il est établi que Vanhègre, cocher de la diligence qui dessert la route de Cassel à Bailleul, venait de se charger d'une lettre simple, cachetée, du poids de 5 grammes, à l'adresse de Vantiéghem, négociant à Bailleul, et qu'il a été trouvé nanti de ladite lettre au moment où la voiture qu'il conduisait, après avoir relayé sur la place à Cassel, se disposait à partir pour Bailleul ; — Qu'en vain, pour établir que la réunion de ces faits et circonstances ne constitue pas le délit d'immixtion dans le transport des lettres, Vanhègre excipe qu'il n'était pas encore monté sur son siége, que la diligence n'avait point encore quitté le relais de Cassel, et que, du reste, il était encore en mesure de jeter la lettre en question dans la boîte de la poste aux lettres de Cassel, devant laquelle la voiture devait nécessairement passer pour aller à Bailleul ; que ces circonstances sont d'autant moins de nature à faire disparaître le délit, que Vanhègre lui-même, tant au moment de la saisie que plus tard devant le juge, a constamment déclaré que la lettre lui avait été remise et avait par lui été acceptée pour être par lui transportée à Bailleul ; — Quant à la responsabilité invoquée contre le maître de poste à l'égard de son préposé ; — Attendu qu'elle est réellement encourue par les faits ci-dessus déclarés constants à la charge du cocher Vanhègre ; — Par ces motifs, infirme, etc.

Du 16 janv. 1855.-C. de Douai.-M. Gosse de Ghorre, pr.

(2) (Postes *C.* Gentillon.) — LA COUR ; — Vu l'arrêté des consuls du 27 prair. an 9 et l'arrêté du directoire exécutif du 26 vent. an 7, qui ordonne l'exécution des arrêts du conseil d'État des 18 juin et 29 nov. 1681 ; — Vu les dispositions desdits arrêts et la loi du 10 juin 1829 : — Considérant qu'il est impossible, sans commettre une erreur évidente, de ne voir dans ces actes législatifs et autres, rendus sur la matière, qu'un ensemble de dispositions fiscales n'ayant en vue que la protection d'un monopole ; que ces lois ont pour objet d'organiser un service d'une utilité incontestable aux intérêts de toutes les relations de la société, et de le soumettre à des conditions et à des règles d'ordre, de surveillance et de pénalité qui offrent à tous des garanties pour l'exactitude et la sûreté de ce service ; que ces lois, sous ce rapport, sont essentiellement d'ordre et d'intérêt publics ; — Considérant que le privilége du transport des lettres attribué à l'administration des postes est une condition reconnue nécessaire pour rendre possible un service aussi important que celui dont elle est chargée ; qu'ainsi il est exact de dire que ce monopole est le moyen et non le but du service ; qu'on ne peut admettre que la contravention aux défenses relatives aux transports des lettres cesse lorsqu'il n'y a pas de tort causé aux intérêts fiscaux de l'administration ; que les termes des diverses dispositions législatives qui interdisent le transport des lettres entre des lieux où existent des bureaux de poste à toute personne étrangère à leur service, sont formels et n'admettent point cette distinction entre les faits qui causent ou ceux qui ne causent pas un tort financier à l'administration des postes ; — Attendu, au surplus, qu'une lettre adressée dans un lieu avec indication de bureau restant, est arrivée à sa destination quand elle est parvenue dans ce bureau ; que, si on lui fait parcourir un nouveau trajet de ce bureau à un lieu où existe un autre bureau de poste, ce transport, s'il n'est pas fait par la personne même à qui la lettre est adressée, ne peut être légalement effectué que par le service établi entre ces deux localités ; que, s'il en était autrement, il y aurait préjudice causé à l'administration, puisqu'elle serait privée du droit à percevoir pour ce dernier transport ; que, s'il est juste d'admettre que le fait isolé, fortuit et accidentel du transport d'une lettre ne constitue pas le délit de contravention prévu par la loi qui défend de s'immiscer dans le service des postes, il ne peut en être ainsi quand ce fait est habituel et presque régulier ;

Attendu qu'en l'espèce il est avoué que Pitrat, dans un intérêt particulier, se faisait adresser ses lettres et journaux à l'Arbresle, poste restante, et que de ce bureau il les faisait apporter à Lyon par un service habituel d'agents ou messagers salariés par lui ; que ce fait constitue bien immixtion dans le service des postes, puisqu'il consistait à établir entre Lyon et l'Arbresle un transport particulier de dépêches plus rapide que le service général ; que Gentillon remplissait un message de cette nature, lorsque procès-verbal de contravention a été dressé contre lui le 15 juin dernier, et qu'il a été trouvé chargé de deux lettres cachetées et d'un journal à l'adresse du sieur Pitrat ; qu'il le remplissait également le 22 du même mois, lorsque le second procès-verbal a constaté qu'il était porteur d'un journal et de cinq pièces de correspondance de journaux qu'il avait décachetées, d'après l'ordre qu'il en avait reçu du sieur Pitrat, ainsi qu'il l'a déclaré ; que cette précaution n'était qu'un moyen d'éluder la loi, et qu'elle prouve que l'un et l'autre comprenaient bien qu'ils agissaient en contravention à ses défenses ; — Par ces motifs, déclare Pascal-René Gentillon coupable de s'être immiscé dans le service des postes, le condamne, etc.

Du 22 déc. 1855.-C. de Lyon, 4ᵉ ch.-M. Acher, pr.

peuvent être transportées sans contravention. — Il y a donc là une appréciation de fait dans laquelle les tribunaux ne sauraient trop se montrer réservés.

60. Si les lettres concernent les intérêts propres de celui qui en est porteur, il n'y a pas de contravention. — C'est ainsi qu'il a été décidé que lorsque les lettres saisies sur un individu qui n'est ni voiturier, ni commissionnaire, ni piéton, concernent ses propres affaires et l'intéressent personnellement, il n'y a pas lieu d'appliquer les peines portées par le décret du 27 prair. an 9 (Grenoble, 30 oct. 1833) (1). Cette décision ne peut être qu'approuvée.

61. Les lettres de recommandation sont également exceptées de la prohibition. L'administration l'a elle-même reconnu dans son instruction générale. — Il a donc été décidé avec raison que le simple particulier trouvé porteur, dans son intérêt personnel, d'une lettre de *recommandation* cachetée, est dans le cas d'exception prévu par l'art. 2 de l'arrêté du 27 prair. an 9, et ne commet pas, dès lors, le délit d'immixtion dans le transport des lettres (Crim. rej. 14 mai 1842) (2).

62. La circonstance que les lettres seraient *ouvertes* ou *décachetées* ne ferait pas disparaître la contravention. — Il a été décidé sur ce point : 1° que les lois ne faisant aucune distinction entre les lettres non cachetées et celles qui le sont, les mêmes peines s'appliquent aux transports des unes et des autres : « Attendu que dans les prohibitions qu'ils prononcent, les arrêtés précités (de l'an 6 et de l'an 9) ne font point de distinction entre les lettres non cachetées et celles qui le sont, et qu'au transport des unes comme des autres, ils appliquent les mêmes peines; casse » (Crim. cass. 18 fév. 1820, MM. Barris, pr., Ollivier, rap., aff. Guingamp; du même jour, arrêt identique, aff. Moreau; Conf. Crim. cass. 22 avril 1830, MM. Ollivier, pr., Brière, rap., aff. Pelisson); — 2° Que le conducteur d'une voiture (ou toute autre personne) trouvé porteur d'une lettre, est passible des peines prévues par l'arrêté du 27 prair. an 9, lors même que cette lettre *aurait été décachetée* : — « Attendu que rien, dans l'arrêté de l'an 9, ne peut donner à penser qu'une lettre non cachetée ait cessé d'être une lettre dans le sens que comporte ledit arrêté » (Crim. cass. 17 fév. 1832, MM. Bastard, pr., Crouseilhes, rap., aff. min. pub. *C.* Morin. — Conf. Crim. cass. 23 nov. 1837, MM. Choppin, ff. pr., Vincens, rap., aff. min. pub. *C.* Molinard); — 3° Que le port par un voiturier d'une lettre non cachetée et étrangère à son service, constitue la contravention punie par l'art. 5 de l'arrêté de l'an 9 ; que peu importe que cette lettre ait été placée en forme d'adresse sur un paquet à lui confié (Crim. cass. 13 juin 1839, aff. Roux, V. n° 75-2°).

63. Cependant il a été jugé que la prohibition ne s'applique pas aux simples billets non cachetés (Paris, 10 mars 1826, M. Desèze, pr., aff. min. pub. *C.* Tillette).

64. La prohibition s'étend également aux lettres venant de l'*étranger*. — En conséquence il a été jugé : 1° que l'entrepreneur de voitures publiques qui transporte de l'étranger en France des lettres missives, s'immisce dans un transport illicite des lettres (Douai, ch. corr. 6 sept. 1830, aff. Lemoine *C.* min. pub.); — 2° Que l'étranger, conducteur d'une diligence étrangère, qui est saisi, sur le territoire français, porteur d'un paquet contenant une lettre et pesant moins d'un kilogramme, est passible des peines portées par la loi française, encore bien qu'il ait été saisi avant d'être arrivé au premier bureau de la poste aux lettres, l'administration des postes ne devant pas être privée du prix du transport des lettres à partir de l'extrême frontière de France jusqu'à ce premier bureau (Crim. cass. 26 mars 1824; Ch. réun. cass. 6 déc. 1828) (3); — 3° Qu'un conducteur de diligence, sur lequel on a saisi, à son entrée en France, des lettres

---

(1) (Min. pub. *C.* Rajon.) — La cour ; — Vu les art. 1 et 5 de l'arrêté du gouvernement, du 27 prair. an 9 ; — Considérant qu'il résulte des faits et documents de la cause que les lettres saisies sur Etienne Rajon, qui d'ailleurs n'est ni voiturier, ni commissionnaire, ni piéton, concernaient ses propres affaires et l'intéressaient personnellement ; d'où il suit que la circonstance qu'il s'en est trouvé porteur ne rentre point dans l'application du décret du 27 prair. an 9 ; — Sans s'arrêter à l'appel du ministère public envers le jugement du 22 août 1833, — confirme.

Du 30 oct. 1833.–C. de Grenoble, ch. correc.–M. Garnier, pr.

(2) *Espèce :* — (Min. pub. *C.* Paquette.) — L'arrêt dénoncé de la cour de Bourges est ainsi conçu : « Considérant, en fait, qu'il résulte du procès-verbal dressé par la gendarmerie que le nommé Paquette, clerc d'avoué, venant de Cosne et allant à Bourges, était porteur d'une lettre cachetée à l'adresse de Me Montillot, avoué à la cour ; qu'il a déclaré que cette lettre lui avait été confiée pour la remettre à son adresse ; qu'il résulte des énonciations et déclarations que la lettre dont il était porteur était une lettre de recommandation écrite uniquement dans son intérêt au sieur Montillot chez qui il se rendait.... » — Pourvoi. — Arrêt.

La cour ; — Attendu que l'arrêt attaqué déclare, en fait, que la lettre dont Paquette était porteur, était uniquement relative à son intérêt personnel ; d'où il suit que ledit arrêt a fait une juste application des art. 1 et 2 de l'arrêté du 27 prair. an 9 ; — Rejette.

Du 14 mai 1842.–C. C., ch. crim.–MM. de Bastard, pr.–Mérilhou, rap.

(3) *Espèce :* — (Min. pub. *C.* Hamoir.) — Un arrêt de la cour de Douai, du 27 nov. 1823, avait acquitté le prévenu. — Sur le pourvoi du ministère public, arrêt de la chambre criminelle, du 26 mars 1824, MM. Bailly, pr., Ollivier, rap., qui casse. — Sur le renvoi, la cour d'Amiens s'est prononcée dans le même sens que la cour de Douai. — Nouveau pourvoi. — M. Mourre, pr. gén., a dit en résumé : — La poste de Valenciennes a été lésée par le fait du sieur Hamoir, conducteur de la diligence de Bruxelles à Valenciennes. — La lettre qui part de Bruxelles par la poste est timbrée à Bruxelles ; elle passe par Mons, qui est la dernière ville frontière ; elle arrive à Valenciennes où elle est taxée ; et sur la taxe générale, il revient un droit proportionnel à l'office français, 1° pour la distance de Mons à Valenciennes ; 2° pour tout l'espace que la poste doit parcourir sur le territoire français.

La même règle s'observe dans le sens inverse, c'est-à-dire que l'office étranger a droit à la taxe des lettres qui entre dans les Pays-Bas, à partir du bureau de Valenciennes. — Mais, dit le sieur Hamoir, je suis étranger et ne puis être soumis aux lois françaises que pour l'espace que je parcours sur le territoire français. Or, sur le territoire français, le premier bureau de poste est à Valenciennes. J'ai été arrêté, avant d'entrer dans cette ville, à la porte dite de Mons : donc je n'ai fait fraude à aucun bureau. — Le sieur Hamoir croit fortifier ce misérable raisonnement en observant qu'un Français, habitant l'extrême frontière sur le sol français, pourrait bien venir porter lui-même sa lettre à Valenciennes ou la confier à qui il voudrait, sans qu'il y eût aucune contravention dans un fait de nécessité. — Mais il n'y a pas nécessité à ce qu'un habitant de Bruxelles remette sa lettre ou son paquet de lettres à la diligence, au lieu de le mettre à la poste. — La loi que le conducteur a violée est l'ordon. du 29 juill. 1818 : ce sont les conventions conclues et signées à Paris, le 12 sept. 1817, entre l'office général des postes de France et l'office général des postes des Pays-Bas. — Hamoir a violé la loi de France et la loi de son pays ; il a été coupable sur l'un et sur l'autre territoire, et saisi sur le territoire français, il a pu, il a dû être traduit devant les tribunaux français.

Reste à savoir s'il y avait la preuve légale du délit. — Deux paquets ont été saisis. — L'un était sous une toile cirée. Cacheté, à l'adresse du sieur Bonet, il contenait une lettre dans laquelle était un effet de 1,000 fr. ; il a été ouvert en présence du sieur Bonet, et la fraude a été constatée. — Le second paquet, enveloppé d'une toile grise, était à l'adresse du sieur Carcatrison. — Qu'est-il devenu ? La cour d'appel n'en dit rien. Il était cependant utile de savoir s'il était susceptible d'être ouvert par l'administration des postes. — Toutefois, à l'égard de ce paquet, pesant 120 gr., une lettre de l'administration nous apprend qu'il n'était susceptible de donner lieu à aucune discussion.

M. le pr. gén. annonce qu'il a adressé au sujet de ce dernier paquet, à M. le directeur général des postes, diverses questions, que la réponse de cet administrateur retrace et résout en ces termes : — « 1° Est-il vrai que le paquet sous toile grise, adressé au sieur Carcatrison, n'ait point été ouvert, qu'il ait été taxé et envoyé à son adresse, que le sieur Carcatrison ait payé la taxe de ce paquet sans réclamation ? — 2° L'administration pense-t-elle, en point de droit, qu'elle n'est point autorisée à faire ouvrir les paquets saisis pour fraude, même en présence des parties intéressées ? Mais alors pourquoi a-t-on ouvert le paquet adressé au sieur Bonet ? — 3° Enfin, l'administration pense-t-elle que, lorsque le règlement du 27 prairial an 9 défend à tous entrepreneurs de voitures libres, et à toute autre personne étrangère au service des postes de s'immiscer dans le transport de lettres, paquets et papiers du poids d'un kilog. et au-dessous, ce mot *paquet* comprenne tous paquets indistinctement, ou seulement les paquets de papiers ?

» Je répondrai à la première question que le paquet adressé au sieur Carcatrison a été ouvert par suite de sa réclamation, et que les papiers renfermés dans ce paquet ont été remis à ce destinataire, qui en a donné reçu, comme étant sans valeur et jugés non susceptibles de taxes : il n'a payé aucun port. — Sur la seconde question j'ai l'honneur de faire observer que l'art. 2 de l'arrêté du 27 prairial an 9, apportant, pour certain cas, des modifications au droit exclusif confié au gouvernement par l'art. 1 du même arrêté, il a été trouvé juste de permettre l'ouverture

venant de l'étranger, adressées à des Français, ne peut être renvoyé des conclusions prises contre lui, sous le prétexte que la saisie a été faite dans un lieu en deçà de la frontière, et avant qu'il se fût trouvé sur sa route un bureau de poste, lors surtout qu'il existe entre ce pays et la France un traité par lequel ces deux États s'engagent à transporter les lettres (Crim. cass. 8 avril 1830, MM. Bastard, pr., Brière, rap., aff. min. pub. *C.* Vagner; cet arrêt casse un arrêt de la cour de Metz, du 5 mars 1830); et que l'exception établie par la loi du 5 juin 1829 en faveur de ceux qui portent des lettres d'un village ou d'une campagne au bureau de poste le plus voisin, ne peut s'appliquer au cas où des lettres viennent d'une ville étrangère, depuis laquelle il s'est trouvé sur la route parcourue en pays étranger des bureaux de poste (même arrêt, Crim. cass. 8 avril 1830, aff. Vagner). — Ces décisions, rendues à une époque où la taxe était proportionnelle aux distances, sont fondées sur ce motif que l'administration française avait droit, aux termes des conventions postales, au prix de la lettre depuis le dernier bureau étranger; qu'en conséquence, elle éprouvait un tort si cette lettre était mise à la poste au premier bureau français seulement. Mais aujourd'hui que la taxe est uniforme pour toute la France, ce motif disparaît, et peut-être serait-il difficile de justifier l'application à l'espèce des peines prononcées par l'arrêté de l'an 9, à moins que l'on admette ce principe posé par un arrêt (V. n° 34), que la contravention existe lors même que l'administration n'éprouve aucun préjudice, ce qui nous semble trop général et trop rigoureux.

35. Il a même été décidé qu'il suffit que le port illicite d'une lettre ait eu lieu sur un des points quelconques du territoire français, pour que l'amende prononcée par l'arrêté de l'an 9 soit applicable; qu'ainsi l'individu trouvé nanti d'une lettre venant de Belgique, à l'adresse d'un Français, est en contravention, soit à l'arrêté du 27 prair. an 9, soit à l'ordonnance du 29 juill. 1818, portant règlement pour le service des postes dans ses rapports avec le royaume des Pays-Bas, et ne peut être excusé, sous le prétexte qu'il devait *affranchir* la lettre dans un bureau; qu'il suffit en effet que le port illicite d'une lettre ait eu lieu sur un des points quelconques du territoire, par une personne à qui ce transport est interdit, pour que l'amende de 150 à 500 fr., portée par l'arrêté du 27 prair. an 9, lui soit applicable (Crim. cass.

---

des paquets en présence des parties intéressées, toutes les fois que cette ouverture était réclamée, ou lorsqu'il existait des motifs pour soupçonner que ces paquets renfermaient des objets dont le transport est exclusivement réservé au gouvernement. — C'est d'après cet usage, qui concilie tous les intérêts, que les deux paquets saisis sur le sieur Hamoir ont été ouverts en présence des destinataires; ouverture de laquelle il est résulté la conviction que le paquet adressé au sieur Bonet contenait, contrairement à la déclaration faite par ce conducteur, des papiers étrangers au service des messageries royales à Paris, tandis qu'au contraire celui adressé au sieur Carcatrison ne renfermait que des papiers dont le transport n'était pas exclusivement attribué au gouvernement. — Enfin, sur la troisième question, je répondrai que l'administration ne croit point que la prohibition prononcée par l'art. 1 de l'arrêté du 27 prairial doive s'étendre à tous les paquets indistinctement, et son opinion, à ce sujet, est que le droit du gouvernement doit se borner au transport des paquets de papiers seulement; le motif sur lequel l'administration s'appuie est que les paquets d'échantillons de marchandises, par exemple, peuvent se transporter par toute autre voie que par celle de la poste, ce qui lui fait penser que l'arrêté précité n'a point entendu transmettre au gouvernement le droit exclusif de transporter indistinctement tous les paquets d'un kilog. et au-dessous, mais seulement les paquets de ce poids renfermant des papiers et autres objets de correspondance. »

M. le procureur général termine en faisant remarquer que l'interprétation donnée par l'administration des postes au mot *paquet* est fondée sur le texte de la loi, ce qu'il démontre en rapprochant les expressions de l'arrêté de l'an 9 de celles de l'arrêt du conseil, du 29 nov. 1681. — Il conclut à la cassation, quant aux motifs de l'arrêt qui se rapportent au premier paquet, et au rejet sur tous les autres chefs. — Arrêt (ap. dél. en ch. du cons.).

LA COUR; — En ce qui concerne H. Maurice: — Attendu que la cour royale d'Amiens a déclaré, en fait, par l'arrêt attaqué, que L. Hamoir est attaché, en qualité de conducteur, à l'établissement des voitures publiques allant de Bruxelles à Valenciennes, dont le siége est à Bruxelles; que cet établissement est indépendant de celui des messageries royales existant à Paris, rue Notre-Dame-des-Victoires, dont H. Maurice est le directeur à Valenciennes; que, dès lors, ledit Hamoir n'est ni le préposé ni le subordonné de Maurice; que les paquets dont il s'agit n'ont pas été remis par Hamoir au bureau des messageries de Valenciennes, et qu'ils n'ont pas été reçus par Maurice, ni expédiés par lui à Paris; — Attendu que, dans cet état des faits, Maurice n'était passible d'aucune condamnation, soit comme civilement responsable de Hamoir, soit comme coupable de contravention personnelle aux lois et réglements relatifs au service des postes et messageries; — Rejette le pourvoi en ce qui concerne H. Maurice;

En ce qui concerne L. Hamoir: — A l'égard du paquet n° 2, adressé, à Paris, au sieur Carcatrison: — Attendu que, par la nature de son contenu, ce paquet n'était pas, pour le transport, dans les attributions exclusives de la poste aux lettres; que l'administration a fait parvenir ce paquet à sa destination, sans le soumettre à la taxe, et après vérification, ainsi que cela a été déclaré par le directeur-général des postes; — Rejette le pourvoi en tant que l'arrêt porte sur ledit paquet n° 2;

A l'égard du paquet n° 1, adressé au sieur Bonet et destiné au sieur Coste: — Vu l'art. 1 de l'arrêté du gouvernement du 16 juin 1801 (27 prairial an 9), et les art. 5 et 6 dudit arrêté, qui fixent le mode de constater les contraventions, la quotité des amendes à prononcer contre les délinquants, pour chaque contravention, et la défense d'accorder, dans aucun cas et sous quelque prétexte que ce soit, la remise ou la modération desdites amendes; — Vu l'ordonnance du roi, du 29 juillet 1818, portant règlement pour le service des postes aux lettres entre la France et le royaume des Pays-Bas; — Attendu que, d'après l'art. 1 de l'arrêté du 27 prairial an 9, il est défendu aux entrepreneurs de voitures libres, et à toutes personnes étrangères au service des postes, de s'immiscer dans le transport des lettres, paquets et papiers du poids d'un kilog. ou au-dessous; — Attendu qu'il a été constaté par un procès-verbal régulier, dressé le 1er août 1825, que le nommé Louis Hamoir, conducteur des voitures publiques de Bruxelles à Valenciennes, était porteur de deux paquets bien au-dessous du poids d'un kilog., dont un, sous le n° 1 au procès-verbal adressé au sieur Bonet, directeur des messageries établies à Paris, rue Notre-Dame-des-Victoires, n'était pas compris dans les cas exceptionnels prévus par les lois de la matière; — Qu'il a été établi, par l'instruction, que ce paquet renfermait une lettre et un effet de commerce à l'adresse du sieur Coste à Paris, et que ce paquet avait été saisi dans le portefeuille dudit Hamoir; que peu importait que ce paquet fût enveloppé d'une toile cirée, parce que, si ce moyen de fraude était admis, toutes les contraventions seraient couvertes à l'aide d'un tel subterfuge, dont l'excessive précaution même indique la fraude, et d'autant plus clairement dans l'espèce, qu'il résulte de l'extrait conforme et joint aux pièces du procès, d'un jugement correctionnel rendu le 5 avril 1825, par le tribunal de première instance de Valenciennes, que L. Hamoir avait été condamné à 150 fr. d'amende, à cause d'une contravention de quatre lettres trouvées dans la voiture dont Hamoir était le conducteur; enfin, parce que si ce paquet était de nature à être transporté par la voiture libre, il aurait dû être porté et inscrit sur la feuille de chargement, ce qui n'a pas même été articulé; — Attendu que la cour royale d'Amiens s'est fondée, pour confirmer le jugement du tribunal de première instance de Valenciennes, et pour renvoyer Hamoir de l'action du ministère public, sur le motif que ledit Hamoir étant sujet du roi des Pays-Bas, et n'étant point soumis aux lois françaises, tant qu'il parcourait le territoire étranger, il n'a été obligé de s'y soumettre qu'au moment où il a atteint le territoire français; que cette obligation consistait à remettre le paquet au premier bureau de la poste aux lettres qui est établi à Valenciennes, et que la saisie ayant eu lieu à l'entrée de la ville, avant le placement du bureau de la poste aux lettres, la saisie a précédé la contravention;

Attendu que ce motif est en contradiction manifeste avec les dispositions de l'ordonnance du roi, du 29 juillet 1818, ordonnance rendue pour l'exécution des conventions conclues et signées à Paris le 12 sept. 1817, entre l'office général des postes de France et l'office général des postes des Pays-Bas, dans l'intérêt des deux gouvernements, et qu'il suit d'un tel motif rapproché de ladite ordonnance et des conventions respectives qui y sont relatées, que l'administration des postes serait privée du prix du transport des lettres, à partir de la frontière des Pays-Bas jusqu'à Valenciennes, et que Hamoir aurait acquis, par la violation des lois de son pays, sur le territoire du royaume des Pays-Bas, le droit de violer impunément les lois qui régissent la matière en France, et que cette conséquence, régulièrement déduite d'un tel principe, démontre pleinement combien ce motif est erroné; — Attendu, dès lors, que la cour royale d'Amiens a violé, par l'arrêt attaqué, les art. 1, 5 et 6 de l'arrêté du gouvernement, du 27 prairial an 9, les lois de la matière qui y sont rappelées, qui servent de base audit arrêté, et l'ordonnance du 29 juill. 1818; — Casse l'arrêt rendu le 16 juin 1824 par la chambre des appels de police correctionnelle de la cour d'Amiens en faveur de L. Hamoir, en ce qui concerne seulement le paquet n° 1; — Renvoie en exécution de la loi du 30 juillet dernier, lesdites pièces du procès et les parties devant la cour royale de Rouen; — Ordonne qu'il en sera référé au roi pour être ultérieurement procédé, par les ordres de S. M., à l'interprétation de la loi.

Du 6 déc. 1828.-C. C., ch. réun.-MM. Henrion, 1er pr.-Brière, rap.

13 août 1835, MM. Choppin, pr., Crouseilhes, rap., aff. Vuylstèke). —Mais sur un nouveau pourvoi formé dans la même affaire, il a été jugé au contraire que lorsqu'un voiturier est trouvé porteur d'une lettre venant de Belgique, à l'adresse d'un Français, l'arrêt qui renvoie le prévenu de la plainte, en se fondant sur ce que ce prévenu était chargé d'affranchir la lettre au lieu où se rendait sa voiture, que ce lieu n'était pas celui de la destination de la lettre, mais bien celui où se trouvait le premier bureau qui pût recevoir l'affranchissement de cette lettre, et que, par suite, l'intervention du prévenu avait pour objet un affranchissement, et non un transport prohibé, un tel arrêt motive sa décision, en fait, et ne viole aucune loi (Ch. réun. rej. 1er juill. 1836) (1).—V. nº 55-2º.

66. Il a été décidé aussi que des lettres saisies dans les malles d'un voyageur, à son débarquement, et avant que ces malles eussent été mises à sa libre disposition, ne constituent pas le délit d'immixtion, le droit à la taxe de ces lettres n'étant pas encore acquis à l'administration (Rennes, 12 sept. 1840) (2).—Ces dernières décisions, moins sévères, nous paraissent se rapprocher davantage de la pratique et des nécessités sociales.

67. Les simples particuliers qui voyagent accidentellement sont-ils, aussi bien que les voituriers, entrepreneurs de diligence et qui font un service régulier de transport, soumis aux prohibitions de l'arrêté de l'an 9? — L'affirmative semble résulter de cette expression de l'arrêté, *toute autre personne étrangère au service des postes*, ainsi que des arrêts de 1681 qui disent également *toute personne de quelque qualité qu'elle soit.* — Aussi a-t-il été jugé : 1º que la défense de transporter des lettres étant générale et absolue, s'étend à tous individus quelconques, aussi bien qu'aux messagers et voituriers par terre ou par eau (Crim. cass. 7 août 1818, M. Ollivier, rap., aff. min. pub. *C.* Jacques.— Conf. Crim. cass. 1er oct. 1841, aff. Dardet, V. nº 69-6º); — 2º Que doit être annulé le jugement qui renvoie le prévenu des poursuites en se fondant sur ce qu'il n'est ni voiturier ni messager (Crim. cass. 17 avril 1828, aff. Robert, V. nº 69-2º);—3º Que les simples particuliers qui, sans perquisition spéciale, sont trouvés porteurs de lettres missives, sont passibles des peines portées par l'arrêté du 27 prairial an 9 (Crim. cass. 8 mai 1841) (3).

---

(1) (Min. pub. *C.* Vuylstèke.) — LA COUR; — Attendu qu'il est constaté, en fait, par l'arrêt attaqué : 1º que la voiture de Vuylstèke ne va pas de Menin (Belgique) jusqu'à Valenciennes, lieu de la destination de la lettre saisie, mais seulement jusqu'à Lille, premier bureau intermédiaire, où pouvait être reçu l'affranchissement d'une lettre écrite de Commines; 2º que la lettre saisie était, en effet, datée de Commines, écrite par Lahousse, demeurant audit Commines, et adressée à la dame Chevreul, à Valenciennes, et 3º que ladite lettre a été remise à Vuylstèke, à son passage à Varvick, par son associé Lahousse, pour être affranchie à Lille, et pour aller de là, par la poste, à Valenciennes, lieu de sa destination; — Attendu qu'en reconnaissant, dans l'espèce, que l'intervention de Vuylstèke n'avait eu pour objet qu'un affranchissement et non un transport public, la cour royale d'Amiens n'a fait qu'apprécier les circonstances particulières de la cause, et n'a pas violé les lois et règlements sur l'immixtion dans le transport des lettres, en ne rangeant pas sous l'application de ces lois et règlements le fait spécial ainsi déclaré; — Rejette.

Du 1er juill. 1836.-Ch. réun.-MM. Portalis, 1er pr.-De Broé, rap.

(2) (Laboulaye *C.* Min. pub.). — LA COUR; — Considérant qu'il est constant que la visite et saisie des lettres, opérées par le vérificateur des douanes, ont eu lieu au moment du débarquement, et avant que le prévenu eût eu la libre disposition de ses malles et paquets; — Que jusque-là la taxe des lettres n'était pas acquise à l'administration des postes françaises; — Que si la saisie n'eût pas été opérée, le prévenu pouvait mettre les lettres à la poste de Saint-Malo pour les envoyer à leur destination; — Que par conséquent la contravention n'existe pas.

Du 12 sept. 1840.-C. de Rennes.

(3) *Espèce* : — (Min. pub. *C.* Durepaire.) — 15 juin 1840, arrêt de la cour de Bourges ainsi conçu : « Considérant, sur la première question, que, d'un procès-verbal régulier dressé par le gendarme Barthélemy, il résulte que François Durepaire, commis voyageur, qui allait de Paris à Manot, département de la Charente, ayant été conduit devant le juge de paix de Vierzon comme porteur d'un passe-port suranné, a, en ouvrant son portefeuille, laissé apercevoir les lettres missives dont il était porteur, et qu'il les a de lui-même livrées au gendarme qui l'invitait à lui en faire la remise; — Qu'ainsi il y a eu, de la part de ce dernier, simple constatation d'un fait arrivé à sa connaissance autrement que par l'exercice d'une mesure de rigueur, et que, conséquemment, c'est à tort que les premiers juges se sont fondés, pour renvoyer le prévenu, sur ce motif erroné qu'il y aurait eu perquisition illégalement faite sur sa personne;

» Mais considérant, sur la seconde question, que, s'il est hors de doute que les arrêts du conseil des 18 juin et 29 nov. 1681, qui défendaient, sous peine de 500 liv. d'amende, et en cas d'insolvabilité des délinquants, sous peine du fouet et de la fleur de lis, à tous maîtres de coches et carrosses et autres voituriers, tant par terre que par eau, et à toutes autres personnes, de quelque qualité et condition qu'elles fussent, autres que ceux ayant pouvoir de Lazarie Patin, fermier des postes, ou de ses intéressés, de se charger d'aucunes lettres ou paquets de lettres, comprenaient dans leurs prohibitions aussi bien les simples voyageurs que les messagers et autres voituriers, il n'est pas moins certain que ces arrêts ont dès longtemps cessé d'avoir force de loi dans leurs dispositions prohibitives, remplacés qu'ils ont été dans cette partie par la loi des 26 et 29 août 1790; — Qu'en effet, s'il est de principe, en matière d'abrogation des lois les unes par les autres, que la loi postérieure n'abroge celles qui l'ont précédée que dans les points sur lesquels elle statue à nouveau, et dans celles de leurs dispositions qui se trouvent en opposition avec les nouvelles dispositions qu'elle établit, ce principe, pas plus qu'aucun autre, n'est absolu, et qu'il peut se présenter des cas où il ne saurait recevoir application; — Que lorsque, comme dans l'espèce, la loi postérieure, faite dans un moment de refonte générale de la législation, reproduit moins une toutes les dispositions contenues dans la loi antérieure dont on prétend qu'elle a dû opérer abrogation tacite, et que son silence à l'égard de cette disposition s'explique et se motive par la différence des temps, des idées et des principes, on doit nécessairement supposer que c'est sciemment et dans un but d'abrogation que l'auteur de la loi nouvelle a refusé à cette disposition l'espèce d'entérinement qu'il accordait à toutes les autres; — Considérant que, dans leur partie prohibitive, les arrêts de 1681 ne consistaient qu'en ces trois points : 1º prohibition à tous maîtres de coches et de carrosses, et à tous autres voituriers, de se charger de lettres ou de paquets de lettres; 2º pareille prohibition à toutes autres personnes de quelque qualité ou condition qu'elles fussent; 3º enfin, exception relative aux lettres de voiture de marchandises conduites par les voituriers et aux procédures en sacs; — Considérant que toutes ces dispositions, moins la prohibition faite aux particuliers, se retrouvent dans la loi des 26 et 29 août 1790 (5e part., art. 4, § 5, *in fine*), qui défend « aux fermiers des messageries et à tous entrepreneurs de voitures ou transports de se charger d'aucune lettre ou papier autres que ceux relatifs à leur service personnel et particulier et les procédures en sac; »

» Considérant que, promulgués à une époque et sous un régime politique où le pouvoir qui faisait la loi n'avait à suivre d'autres règles que celles de sa volonté, rédigés sur la demande d'un individu qui, fermier du monopole du transport des lettres, n'avait d'autre but que d'en tirer, dans son intérêt particulier et n'importe par quels moyens, le plus de lucre possible, les arrêts de 1681 avaient dû nécessairement s'empreindre de toute la rigueur que celui qui les obtenait était intéressé à faire donner à une arme qu'il destinait, non pas seulement à maintenir dans une juste et raisonnable proportion, mais à étendre et à grossir outre mesure le monopole qu'il avait à bail; — Qu'au contraire, rendue à une époque de reconnaissance des principes les plus favorables au libre exercice des droits légitimes de chaque citoyen, à une époque où il venait d'être écrit en tête de la constitution que la loi ne devait établir que des peines strictement et évidemment nécessaires, la loi des 26-29 août 1790 ne pouvait adopter et reproduire une prohibition aussi restrictive de la liberté des citoyens, sans nécessité, que pour le maintien du monopole que, dans l'intérêt public, elle entendait conserver sans doute, mais conserver dans des limites justes et raisonnables et de façon à restreindre le moins possible la liberté de chacun; — Qu'évidemment les auteurs de cette loi n'ont pu, dans leur haute sagesse, ne pas être frappés de la différence quant à leurs résultats possibles, entre le transport, pour ainsi dire sans conséquence, que peut faire accidentellement un simple particulier de quelques lettres qui, la plupart du temps, ne devront d'avoir été écrites qu'à l'occasion même que son voyage aura offerte à leurs auteurs, et le transport bien autrement grave que pourraient faire les messagers et autres entrepreneurs de voitures et transports, lesquels, allant et revenant continuellement d'un point à un autre par l'effet d'un service régulièrement organisé, auraient toute facilité pour faire à l'administration des postes une réelle et préjudiciable concurrence, et que là se trouvent l'explication, le motif et la justification suffisante du silence qu'ils ont gardé relativement au transport des lettres par les simples particuliers; — Qu'en vain on voudrait expliquer autrement ce silence en disant que, si la défense faite aux particuliers par les arrêts de 1681 n'a pas été reproduite par l'art. 4 de la 5e partie de la loi des 26-29 août 1790, c'est qu'elle n'avait pas besoin de l'être, cette défense, comme le surplus des arrêts qui la contenaient, ayant été comprise dans le maintien provisoire fait par l'art. 4 de la 1re partie de cette même loi « du tarif de 1759 et de tous les règlements d'après lesquels les postes aux lettres et les postes aux chevaux étaient alors administrées. » — Qu'évidemment les règlements dont il était question dans

Cette jurisprudence est certainement conforme au texte littéral de la loi. Cependant nous ne pouvons nous empêcher de la trouver bien sévère. Comment, en effet, reconnaître un fait punissable d'une amende pouvant s'élever jusqu'à 300 fr. dans ces

ce dernier article n'étaient, ainsi que l'a si justement proclamé la cour de cassation dans son arrêt du 30 juin 1818, que ceux relatifs à l'organisation intérieure du service des postes; — Que, s'il en eût été autrement, si les arrêts des 18 juin et 29 nov. 1681 avaient dû, dans l'idée des auteurs de la loi des 26-29 août 1790, être compris parmi ceux dont elle ordonnait l'exécution provisoire sous le nom de règlements d'après lesquels les postes aux lettres sont actuellement administrées, et si, par suite, il se fût trouvé, en vertu de l'art. 4 de la 1re partie de cette loi, maintenu dans sa rigueur exécutoire, c'aurait dû être pour toutes ses dispositions, et il y eût eu de la part du législateur inconséquence inexplicable à insérer surabondamment dans l'art. 4 de la 3e partie de la même loi non-seulement une prohibition contre les fermiers des messageries, ce qui eût pu, jusqu'à un certain point, s'expliquer par cette circonstance que cette 3e partie avait pour objet spécial de réglementer la matière des messageries, mais une aussi contre les autres entrepreneurs de voitures ou transports auxquels ladite loi, dans cette partie comme dans le reste de ses dispositions, était complétement étrangère;

» Considérant qu'au surplus, le maintien provisoire prononcé par l'art. 4 de la 1re partie de la loi des 26-29 août 1790 ne l'avait été que pour jusqu'au 1er janv. 1792, et que la loi qui, postérieurement, est venue ordonner de nouveau l'exécution provisoire des lois non abrogées à l'époque de sa promulgation n'est intervenue qu'au mois de septembre de la même année; — Qu'ainsi, à dater de la publication de la loi des 26-29 août 1790, ou, au plus tard, à dater du 1er janv. 1792, les arrêts du conseil des 18 juin et 29 nov. 1681, se sont trouvés abrogés dans leurs dispositions prohibitives et remplacés en ce point par l'art. 4 de la 3e partie de ladite loi, et qu'ils n'ont continué à subsister que dans celles de leurs dispositions d'exécution et de pénalité qui ont pu se concilier avec les principes de notre nouveau droit criminel, et par cette raison seulement que la loi nouvelle, ne statuant pas elle-même quant à ce, doit être censée, par une conséquence nécessaire et sous peine de manquer des moyens de se faire obéir, avoir implicitement maintenu sur ce point les dispositions de l'ancienne législation;

» Considérant que c'est en ce sens que les diverses autorités qui ont successivement exercé la puissance exécutive depuis cette époque ont entendu l'exécution à donner et à la loi des 26-29 août 1790 et aux arrêts des 18 juin et 29 nov. 1681; — Qu'il est vrai, cependant, qu'un arrêté du directoire exécutif en date du 7 fruct. an 6, et un autre des consuls, à la date du 27 prair. an 9, semblent, au premier aspect, avoir disposé dans un système contraire, lorsqu'ils ont dit l'un et l'autre: « il est, en conséquence, expressément défendu à tous entrepreneurs de voitures libres et à toutes autres personnes étrangères au service des postes de s'immiscer dans le transport des lettres, » mais que la portée de cette disposition doit se déterminer d'abord par son rapprochement de celles de deux autres arrêtés pris sur le même objet les 2 niv. an 6 et 26 vent. an 7, dont ils prescrivent l'exécution, ne statuant eux-mêmes que d'après eux et par voie d'induction et de conséquence; ensuite par le seul objet que leurs auteurs pouvaient constitutionnellement et qu'ils ont expressément déclaré se proposer en les prenant, et enfin par les inductions à tirer du surplus de leurs dispositions;

» Considérant que l'arrêté du 2 niv. an 6, à l'exécution duquel celui du 7 fruct. même année a, ainsi qu'il l'exprime lui-même, eu pour but de rappeler, n'est évidemment dirigé que contre les entrepreneurs de voitures; qu'en effet, pris, comme le dit son préambule, « pour faire cesser la faculté illimitée de transporter toute espèce de correspondance que s'attribuent les entrepreneurs de voitures libres, » lorsqu'il veut luimême faire, dans son art. 1, défense à tout entrepreneur de ce genre de se charger du port des lettres, journaux et ouvrages périodiques, il invoque comme base légale de cette défense, non les arrêts de 1681, ce qu'il n'eût pas manqué de faire s'il les eût considérés comme encore en vigueur dans leur partie prohibitive, mais bien l'art. 5 de la 3e partie de la loi des 26-29 août 1790, qu'il transcrit en entier, déclarant statuer en conformité de ses dispositions, et que ce n'est que dans son art. 3, et lorsqu'il dispose que les contrevenants seront poursuivis pour être condamnés en 300 liv. d'amende par chaque contravention, qu'il déclare le faire en conformité du règlement sur cette matière, en date du 18 juin 1681; — Considérant que, par son arrêté du 26 vent. an 7, le directoire exécutif, en ordonnant que ses arrêtés des 2 niv. et 7 fruct. an 6 seraient exécutés, les a présentés comme défendant aux entrepreneurs de voitures et autres voituriers de se charger du transport des lettres, et a ainsi expliqué lui-même ce qu'il avait entendu défendre par ces deux arrêtés, du dernier desquels celui des consuls, à la date du 27 prair. an 9, n'a fait que reproduire les termes; que, de plus, dans la réimpression et l'insertion au Bulletin des lois, qu'afin d'en faire mieux connaître la pénalité, il fit faire des arrêts des 18 juin et 29 nov. 1681, il se garda bien de faire comprendre la partie de ces arrêts où le législateur ancien, conséquent avec lui-même, avait formellement autorisé la visite des particuliers soupçonnés de transporter des lettres ou paquets de lettres, ce qu'il n'eût pas manqué de faire s'il eût considéré la prohibition de ces arrêts contre les particuliers comme étant encore en vigueur; — Considérant que l'objet que les auteurs des arrêtés des 7 fruct. an 6 et 27 prair. an 9 déclaraient se proposer en les prenant était le rappel, pour le premier, à l'exécution des dispositions de l'arrêté du 2 niv. an 6, et pour le second, à celles des lois des 26-29 août 1790 et 21 sept. 1792, et de l'arrêté du 26 vent. an 7, lois et arrêté qui n'avaient trait qu'aux entrepreneurs de voitures ou transports, et que cet objet était en même temps le seul qu'ils pouvaient constitutionnellement se proposer, puisque, ainsi qu'il a été établi plus haut, les arrêts de 1681 avaient cessé d'exister dans leur partie prohibitive, et qu'aux termes des art. 144 de la constitution de l'an 3 et 44 de celle de l'an 8, le pouvoir exécutif (directoire ou consuls) ne pouvait en rien modifier les lois non abrogées, ni rendre la vie à celles qui l'avaient été, et devait se renfermer dans la faculté qu'il avait de faire des règlements pour procurer l'exécution de celles existantes.

» Considérant que si, dans l'idée du directoire, et plus tard dans celle des consuls, la prohibition de l'art. 1 de leurs arrêtés des 7 fruct. an 6 et 27 prair. an 9 eût dû s'appliquer à celles des personnes étrangères au service des postes qui n'auraient pas entreprise de voitures ou transports publics, ils n'eussent pu, sans manquer aux prescriptions de l'équité la plus vulgaire, ne pas étendre à ces personnes le bénéfice de l'exception par eux établie au profit seulement des entrepreneurs de voitures, relativement aux lettres et papiers concernant leurs affaires personnelles et particulières; — Que, d'un autre côté, les dispositions de l'art. 5 de chacun de ces mêmes arrêtés, en autorisant les recherches et perquisitions des agents qu'il énumère sur les messagers et voituriers, piétons chargés de porter les dépêches, et même sur les ordonnances portant régulièrement la correspondance relative au service militaire, indiquent suffisamment que, par ces mots : « à toute personne étrangère au service des postes, » l'art. 1 a entendu parler de toute personne qui, n'étant pas entrepreneur de voitures, aurait cependant, par état, entreprise ou charge d'un transport public, comme les piétons et les ordonnances, sorte de gens auxquels la défense faite de s'immiscer dans le transport des lettres trouvait, comme celle faite aux voituriers, sa base dans la loi de 1790, puisque cette loi prohibe le port des lettres et papiers par les entrepreneurs de voitures et de transports; — Considérant que les art. 6 et 9 viennent encore à l'appui de ce système, le premier en disant que le payement des amendes sera poursuivi contre les contrevenants par la saisie de leurs établissements, voitures et meubles, et le second en rendant les maîtres de poste et les entrepreneurs de voitures libres responsables, sauf leur recours, des contraventions de leurs postillons, conducteurs, porteurs et commis, dispositions qui, l'une et l'autre, et la dernière surtout, indiquent que la prohibition de l'art. 1 ne doit s'entendre que des maîtres de poste et des autres entrepreneurs de voitures ou transports; car, dans le système contraire, l'arrêté n'eût pas manqué, conformément à ce qui a toujours lieu en matière fiscale, de proclamer la responsabilité des pères et des maris pour les contraventions de leurs enfants et de leurs femmes, et des maîtres pour celles de leurs domestiques;

» Considérant enfin que, voulût-on prendre les arrêtés dont s'agit, isolément et abstraction faite des dispositions légales dont ils devaient et dont ils ont déclaré n'être que le rappel, et les considérer comme ayant, non plus une autorité empruntée de ces dispositions, mais une force leur appartenant en propre comme celle des actes législatifs proprement dits, il y aurait alors nécessité de reconnaître que les termes dont ils se sont servis : *s'immiscer dans le transport des lettres*, sont exclusifs de l'idée qu'on les puisse appliquer au fait, par un voyageur, de s'être accidentellement, par obligeance ou autrement, chargé de quelques lettres auxquelles son départ aura peut-être seul donné lieu; que ce mot *s'immiscer* emporte l'idée d'un transport fait de la manière dont l'administration des postes opère le sien ou à peu près, ou dont les actes aient été assez fréquemment réitérés pour qu'on puisse y voir une espèce de service rival de celui de la poste; — Que le système contraire aurait ce résultat bizarre qu'un particulier ne pourrait, sans se mettre en contravention, emporter avec lui en voyage soit une lettre de crédit, soit des lettres de recommandation qui lui auraient été confiées à son départ, et qu'il ne serait pas permis non plus, même en cas d'absolue nécessité, de faire porter une lettre, soit par son domestique, soit par un exprès, ce qu'il n'est pas raisonnablement possible d'admettre;

» Considérant que de tout ce que dessus il résulte que le fait reproché à Durepaire ne constituant ni délit ni contravention, c'est avec raison que le jugement attaqué l'a renvoyé des fins de la plainte; — Par ces motifs, et sans adopter ceux des premiers juges, la cour dit qu'il a été bien jugé, mal appelé, etc. » — Pourvoi. — Arrêt.

LA COUR; — Vu l'art. 1 de l'arrêté des consuls du 27 prair. an 9; les lois des 26 août 1790 et 21 sept. 1792, l'arrêté du 26 vend. an 7; — Attendu qu'il est constaté par un procès-verbal régulier et reconnu par l'arrêt attaqué que ce n'est point par suite d'une perquisition proprement dite, qu'un gendarme a eu connaissance des lettres missives dont était porteur le sieur Durepaire; — Que dès lors, et sous ce point

actes si fréquents d'obligeance qui font qu'une personne profite de l'occasion d'un voyage pour porter d'un lieu à un autre la lettre d'un ami ou d'une personne de connaissance ? Il nous semble que l'arrêté de l'an 9 ne serait pas contraire à la distinction entre le transport salarié, fait par un commissionnaire, et le transport gratuit qui n'est, de la part de celui qui s'en charge, qu'un obligeant procédé, et qu'il ne peut y avoir contravention que dans le premier cas; la raison en est que les intérêts de l'administration ne sont guère lésés, surtout aujourd'hui, que dans cette hypothèse; car l'occasion du voyage d'une personne de connaissance détermine souvent à la charger d'une lettre qu'on n'écrirait pas sans cette circonstance. — D'ailleurs, il est à remarquer que les arrêts de 1681 autorisaient formellement la perquisition sur les simples particuliers, disposition qui a été supprimée dans le texte imprimé à la suite de l'arrêté du 26 vent. an 7 et qui n'a pas été reproduite dans l'arrêté de l'an 9. La jurisprudence décide, il est vrai, que la constatation du délit, nulle si elle a lieu à la suite d'une perquisition spéciale, est valable si l'infraction est découverte d'une manière accidentelle (V. nos 117 et s., 121); mais n'est-il pas peu conforme à la dignité d'un pouvoir public d'établir une distinction subtile entre des poursuites qui seraient dues au hasard, et des poursuites spéciales; en d'autres termes, de reconnaître qu'un délit a pu être valablement constaté par voie indirecte, tandis qu'il eût été illégalement procédé s'il avait été recherché d'une façon directe. — L'opinion que la prohibition du port des lettres ne s'applique pas aux simples voyageurs est soutenue avec force par M. Foucard, Droit administr., t. 2, n° 201.

68. L'individu commissionné par l'administration des postes pour transporter les dépêches d'une localité à une autre, est également en contravention s'il est trouvé porteur de lettres adressées à d'autres localités que celles qu'il est chargé de desservir. — Ainsi il a été jugé que le conducteur d'une voiture publique, qui est trouvé sur une route transportant des lettres cachetées destinées pour l'étranger, sans qu'il soit établi que ce transport se fasse pour le service des postes, ne peut être exempté de l'amende de 150 à 300 fr., dont la loi punit cette contravention, sous le prétexte que ce conducteur étant commissionné pour le transport des lettres de telle ville jusqu'à la frontière, c'est par erreur que celles qui ont été saisies s'étaient trouvées avec les autres (Crim. cass. 3 mars 1827) (1).

69. D'après la jurisprudence, un fait même accidentel suffit pour entraîner l'application de la loi non pas seulement à l'égard des voituriers, mais encore à l'égard des particuliers. — Ainsi il a été jugé : 1° que chaque fait particulier d'un transport prohibé, et non pas seulement l'exercice habituel du fait de porter des lettres, constitue la contravention (Crim. cass. 7 août 1818, M. Ollivier, rap., aff. Jacques); — 2° Qu'un tribunal ne peut, sans violer l'arrêté de l'an 9, renvoyer le prévenu, en se fondant sur ce qu'il n'aurait été qu'une seule fois en contravention (Crim. cass. 17 avril 1828 (2); — 3° Que l'immixtion prohibée par l'arrêté du 27 prair. an 9, résulte du port par un voiturier d'une seule lettre, bien qu'il n'y ait pas habitude de sa part : « Attendu que c'est mal à propos

de vue, la constatation de ce fait avait été régulière et légale; — Attendu que l'arrêté des consuls du 27 prair. an 9 qui renferme les dispositions les plus récentes sur les droits attribués à l'administration des postes, porte dans son art. 1 : ...; — Que l'art. 4 de la loi du 26 sept. 1790 porte : ...; — Que ces dispositions ont été maintenues en vigueur par la loi du 21 sept. 1792, et plus expressément par l'arrêté du 26 vent. an 7, à la suite duquel est publié de nouveau l'arrêt du conseil d'État du 29 nov. même année, où l'on trouve en termes formels « qu'il est fait très-expresses inhibitions et défenses à toutes personnes à quelque qualité et condition que ce soit autres que ceux qui auront droit et pouvoir du sieur Patin, fermier général, de se charger d'aucune lettre ni paquet de lettres; » — Attendu que l'arrêté de l'an 9 qui ordonne de plus fort l'exécution de tous ces règlements, renferme des dispositions nouvelles sur le mode de constatation, les poursuites et la pénalité, mais laisse subsister les prohibitions prononcées par ces règlements antérieurs, n'établit aucune distinction à cet égard (sauf l'exception contenue en l'art. 2), et assure ainsi d'une manière formelle à l'administration des postes le privilége exclusif accordé précédemment aux compagnies qui tenaient à ferme cette branche des revenus publics; — Attendu de plus que cet arrêté de l'an 9 ne se borne pas à ordonner par une disposition générale, l'exécution des règlements existants; qu'il renferme aussi des dispositions précises qui ne laissent aucun doute sur le but et la portée de la disposition générale; qu'il est dit, en effet, dans l'art. 1, qu'il est défendu à tous entrepreneurs de voitures libres, et *à toute autre personne étrangère au service des postes, de s'immiscer dans le transport des lettres*, etc.; — Attendu qu'on ne saurait distinguer là où ne distinguent pas la loi ou les règlements rendus pour son exécution; — Que la défense à toute personne de s'immiscer dans le transport des lettres, loin d'exclure les faits isolés de transport commis par de simples particuliers, les comprend par la généralité des expressions employées; qu'on ne saurait d'ailleurs assigner une limite légale à ces distinctions qui auraient pour objet de rechercher si certains faits, par leur importance, constituent ou ne constituent pas une concurrence à l'administration des postes; qu'au surplus les simples particuliers sont protégés par la disposition qui n'assujettit aux *perquisitions* faites dans l'intérêt seul de l'administration des postes, que les *messagers, piétons, voitures de messageries et autres de même espèce;* — Attendu qu'il est constant et convenu que le sieur Durepaire, commis voyageur, était porteur de six lettres missives dont la découverte a eu lieu ainsi qu'il est établi ci-dessus, d'après la déclaration en fait de l'arrêt attaqué; qu'il devait, dès lors, lui être fait application des dispositions pénales des art. 5 et 6 de l'arrêté du 27 prair. an 9; — Que cependant l'arrêt attaqué l'a renvoyé de la poursuite sur le motif que la législation sur les postes ne comprenait pas les simples particuliers, et les faits isolés dans ses dispositions prohibitives et pénales; en quoi il a été commis une violation de la loi du 26 août 1790, des art. 1, 5 et 6 de l'arrêté du 27 prair. an 9; — Casse.

Du 8 mai 1841.-C. C., ch. crim.-MM. Bastard, pr.-Crouseilhes, rap.

(1) (Min. pub. C. Nerrick, etc.) — LA COUR; — Vu l'arrêté du 27 prair. an 9, ainsi que les lois et règlements y rappelés; — Considérant qu'il a été constaté et reconnu au procès que Séraphin Nerrick, conducteur d'une voiture publique allant sur la route de Lille à Menin, et appartenant au sieur Jean-Baptiste Desmarescaux, a été trouvé sur ladite route, transportant cinq lettres cachetées destinées pour les villes de Menin et Courtray; — Qu'il n'a point été établi que ce transport se fit pour le service des postes, et que, dès lors, lesdits Nerrick et Desmarescaux avaient encouru ladite amende; — Que, néanmoins, la cour royale de Douai, en confirmant, sur l'appel, le jugement du tribunal correctionnel de Lille a refusé de les condamner à ladite amende, sur le motif que le sieur Desmarescaux étant légalement commissionné pour le transport des lettres de Lille à la frontière, c'était par erreur que les lettres saisies en contravention s'étaient trouvées confondues avec les autres; — Mais que ce motif n'étant admis par aucune loi, comme suffisant pour excuser la contravention dont il s'agit, il s'ensuit que ladite cour royale a violé l'art. 65 c. pén., ainsi que les lois et règlements de la matière; — Casse l'arrêt rendu le 12 janv. 1826, par la cour de Douai.

Du 3 mars 1827.-C. C., ch. crim.-MM. Portalis, pr.-Busschop, r.

(2) *Espèce :* — (Int. de la loi. — Robert.) — Le procureur général expose, etc. — Claude-Antoine-Frédéric Robert fut traduit devant le tribunal correctionnel de Marseille, le 25 janv. 1827, comme ayant contrevenu aux règlements sur la poste aux lettres, en s'immisçant, sans titre, dans le transport des lettres. La plainte le qualifie de voiturier; mais, dans son interrogatoire, il n'a pris que le titre de marchand drapier. — Le tribunal correctionnel l'a renvoyé des poursuites. — Sur l'appel interjeté par le procureur du roi, la cour royale d'Aix a rendu, le 7 mars 1827, un arrêt qui, « Considérant que, d'après les dispositions de l'arrêté du gouvernement du 27 prair. an 9, ne sont passibles des peines y portées que ceux qui ne seraient immiscés, au préjudice de l'administration des postes, dans le transport des lettres et paquets; — Que le prévenu C.-A.-F. Robert n'est point évidemment dans ce cas, puisque c'est la seule fois qu'il a été trouvé porteur de deux lettres missives; qu'il n'est ni voiturier ni messager, mais bien marchand drapier seulement; qu'il ne retirait d'ailleurs aucune rétribution de ce transport, dont il ne s'était chargé que par obligeance et pour rendre service; — Que, d'après cela, la saisie de ces lettres faite sur lui, surtout si elle l'a été, comme il le prétend, dans un portefeuille où il les avait serrées, est injuste, illégale et vexatoire. — Par ces motifs, ordonne que le jugement sortira son plein et entier effet; condamne l'administration des postes au remboursement des frais de la procédure envers l'État. » — Cet arrêt a violé la loi. — 1° En décidant qu'une seule contravention à la défense faite aux particuliers de porter des lettres, ne constitue pas le délit prévu par l'arrêté du gouvernement du 16 juin 1801. — 2° En décidant que cette contravention ne peut être commise que par ceux qui exercent la profession de voiturier ou de messager, tandis que l'arrêté précité, en exprimant la prohibition, se sert du terme générique, *toute personne étrangère au service des postes.* — 3° Enfin, en décidant qu'il faut, pour qu'il y ait contravention, que le transport de lettres soit rétribué, tandis qu'aucune disposition du même arrêté ni des autres règlements de la matière ne fait dépendre le délit de cette condition. — Ce considéré, etc. Signé Mourre. — Arrêt.

LA COUR; — Vu l'art. 441 c. inst. crim., et l'arrêté du gouvernement du 27 prair. an 9; — Adoptant les motifs du réquisitoire; — Casse, dans l'intérêt des lois.

Du 17 avr. 1828.-C. C., ch. crim.-MM. Bailly, pr.-Brière, rap.

que les premiers juges ont pensé que, par ces mots *s'immiscer dans le transport des lettres*, le législateur avait entendu punir l'habitude de se livrer à cette contravention, et non un fait isolé, comme dans l'espèce; que cette interprétation ne résulte pas des termes de la loi, et qu'il est évident au contraire que le législateur a voulu atteindre aussi bien l'exercice habituel du fait de port de lettres que chaque fait particulier d'un transport prohibé» (Limoges, 3ᵉch., 14 janv. 1836, M. Périgord, ff. pr., aff. min. pub. *C.* Multon; Conf. crim. cass. 29 juin 1843, M. Ricard, rap., aff. Boujon);—4° Qu'il y a contravention même dans le fait de se trouver accidentellement porteur de lettres cachetées (Douai, ch. corr., 27 mai 1840, aff. min. pub. *C.* Hubert-Potel);—5° Que l'arrêté du 27 prair. an 9, en défendant aux voituriers et autres de *s'immiscer* dans le transport des lettres, s'applique non-seulement à celui qui établit une concurrence habituellement préjudiciable aux postes, mais encore à celui qui ne commet la contravention qu'accidentellement et n'est pas assujetti aux perquisitions comme les voituriers (Crim. cass. 25 juill. 1840, MM. Bastard, pr., Crouseilhes, rap.; arrêt qui casse un arrêt de la cour de Bourges du 5 fév. 1840; Conf. sur renvoi, Orléans, 31 oct. 1840, M. Vilneau, pr. aff. min. pub. *C.* Mellot). Et qu'il suffit à son égard que les perquisitions ne soient pas illégales, c'est-à-dire que le hasard ou un fait personnel au contrevenant fasse connaître la contravention (même arrêt du 25 juillet; V. n° 121);—6° Que les individus autres que les voituriers, messagers ou piétons (seuls dénommés dans l'arrêté du 27 prair. an 9) qui, par une circonstance fortuite, sont trouvés porteurs de quelques lettres, encourent les peines prononcées par cet arrêté pour délit d'immixtion; que, peu importe qu'ils s'en chargent accidentellement (Crim. cass. 1ᵉʳ oct. 1841) (1); — 7° Qu'un individu (un courrier de commerce), sur lequel des lettres ont été saisies, ne peut être excusé sous le prétexte que l'immixtion ne résulte que de faits isolés, ou sous le prétexte d'un usage établi, ou des nécessités du commerce (Crim. cass. 12 nov. 1842) (2).

70. Enfin, et suivant la cour de cassation, la contravention existerait, alors même que le prévenu se serait chargé de ces lettres par pure obligeance et sans rétribution (Cr. cass. 17 avr. 1828, aff. Robert, V. n° 69-2°; 23 nov. 1837, MM. Choppin, pr., Vincens, rap., aff. Molinard; 1ᵉʳ oct. 1841, aff. Dardet, V. n° 69-6°; 29 juin 1843, M. Ricard, rap., aff. Boujon). — Les décisions retracées dans les deux numéros qui précèdent ne nous paraissent justifiables qu'en ce qui touche les voituriers.—V. ce que nous avons dit n° 67 à l'égard des particuliers.

71. Toutefois, nous pensons que, même dans le système rigoureux suivi par la jurisprudence, on doit s'arrêter devant les cas de *force majeure*, c'est-à-dire que l'on ne doit pas considérer comme punissable le fait de transporter une dépêche très-pressée et que le service de la poste ne pourrait faire parvenir en temps utile. Ainsi, une lettre ayant pour objet la demande de secours immédiat en cas de sinistre, l'appel d'un médecin pour une maladie grave et subite, pourrait, suivant nous, être transportée sans contravention par un individu étranger au service des postes, et même par un voiturier faisant son service habituel. — Nous pouvons invoquer en ce sens un arrêt qui a décidé qu'il n'y a pas contravention aux lois sur le privilége des postes de la part d'un individu qui reçoit un salaire (25 fr.) pour porter une dépêche très-pressée et que l'administration des postes n'aurait pu faire parvenir dans le temps nécessaire (Caen, 21 juin 1826) (3). — Il s'agissait, dans l'espèce, d'une lettre adressée à un capitaine de navire qui mettait le jour même à la voile.

(1) (Min. pub. *C.* Dardet.) — LA COUR; — Vu l'arrêté du 27 prair. an 9, et celui du 26 vent. an 7, lequel maintient en vigueur et transcrit les règlements des 18 juin et 29 nov. 1681; — Attendu que la saisie des lettres opérée sur Joachim Dardet n'a point été le résultat d'une perquisition faite dans le seul intérêt de l'administration des postes;—Attendu que l'arrêté du 27 prair. an 9, par son art. 1, ordonne l'exécution du précédent arrêté du 26 vent. an 7, lequel maintient en vigueur les arrêts du conseil portant règlement des 18 juin et 29 nov. 1681; que, si l'arrêté de l'an 9 restreint expressément le droit de perquisition aux personnes exerçant qui y sont dénommées, elle ne lève pas la prohibition faite à tous particuliers de s'immiscer dans le transport des lettres et dépêches, puisqu'il est dit que cette défense s'applique d'abord aux professions assujetties, puis à toute autre personne étrangère au service des postes; — Que, par l'expression *s'immiscer*, on ne doit point entendre seulement les faits fréquents et multipliés des entrepreneurs de voitures ou de transports, mais bien tous les faits même isolés de transport illégal de lettres, alors qu'ils sont connus et constatés par une voie légale; que les règlements ci-dessus rappelés ne renferment aucune distinction à cet égard; qu'il serait même impossible de déterminer les divers ordres de faits auxquels on voudrait reconnaître le caractère de port fortuit et accidentel, ou de transport fréquent et habituel de lettres et paquets;—Que ces mêmes règlements ne subordonnent nullement l'exécution des prohibitions qu'ils renferment à la circonstance que le port des lettres aurait été salarié; — Attendu qu'il est constant et reconnu que des gendarmes ont eu, par une circonstance fortuite, connaissance de deux lettres cachetées que transportait le sieur Dardet, marchand colporteur; que Dardet devait, dès lors, être puni des peines portées en l'arrêté de prair. an 9; que toutefois il a été renvoyé de la plainte, sur le motif que cet arrêté avait restreint aux professions assujetties la portée du règlement de 1681, et que, si l'on ne pouvait faire de perquisition sur les particuliers, aux termes de ce règlement, on ne pouvait pas plus considérer les particuliers comme compris dans les prohibitions de se charger gratuitement et accidentellement de quelques lettres; — En quoi il y a eu fausse application des art. 1 et 5 de l'arrêté du 27 prair. an 9, de celui du 26 vent. an 7; violation des art. 5 et 6 du même arrêté du 27 prair. an 9; — Casse.

Du 1ᵉʳ oct. 1841.-C. C., ch. crim.-MM. Bastard, pr.-Crouseilhes, rap.

(2) (Min. pub. *C.* Vivier.) — LA COUR; — Vu les art. 1, 3, 5 et 6 de l'arrêté des consuls, du 27 prair. an 9, des lois des 26 août 1790 et 21 sept. 1792, et les arrêtés des 7 fruct. an 6 et 26 vent. an 7; — Attendu que, par les lois et règlements ci-dessus visés, l'exploitation ou droit exclusif du transport des lettres est réservé à l'État; — Attendu que l'arrêté des consuls du 27 prair. an 9, qui renferme les dispositions les plus récentes sur les droits attribués à l'administration des postes, porte dans son art. 1 : « Les lois des 26 août 1790 (art. 4) et 1ᵉʳ sept. 1792 et l'arrêté du 26 vent. an 7, seront exécutés; en conséquence, il est défendu à tous les entrepreneurs de voitures libres et à toute autre personne au service des postes, de s'immiscer dans le transport des lettres, journaux, feuilles à la main et ouvrages périodiques, papiers et paquets du poids de 1 kilog. et au-dessous, dont le port est exclusivement confié à l'administration des postes aux lettres; — Que l'art. 4 de la loi du 21 sept. 1790 porte : « Le tarif de 1759 et tous les règlements d'après lesquels sont actuellement administrées les postes aux lettres et les postes aux chevaux continueront à avoir leur pleine et entière exécution jusqu'au 1ᵉʳ janv. 1792; — Que ces dispositions ont été maintenues en vigueur par la loi du 21 sept. 1792, et plus expressément par l'arrêté du 26 vent. an 7, à la suite duquel ont été publiés de nouveau et insérés au Bulletin des lois les arrêts du conseil des 18 juin et 29 nov. 1681, qui défendent à toutes personnes de quelque qualité et condition qu'elles soient, et nommément aux messagers et piétons de se charger d'aucunes lettres ni paquets de lettres; — Attendu que l'arrêté de l'an 9 a ordonné de plus fort l'exécution de ces règlements; que, s'expliquant sur le mode de constatation des contraventions en cette matière, il autorise toutes perquisitions, non-seulement sur les messagers, piétons chargés de porter les dépêches, mais encore sur tous autres de même espèce, en défendant de nouveau à toutes personnes étrangères au service des postes de s'immiscer dans le transport des lettres; — Que ces dispositions sont générales et absolues; qu'elles n'admettent aucune restriction par la généralité de leurs termes;

Attendu qu'il est constaté par un procès-verbal régulier, et d'ailleurs reconnu par le jugement attaqué, qu'un paquet de dépêches pesant 250 gr. destiné pour Douvres et expédié de Paris par l'entremise de Vivier, courrier du commerce, a été saisi à Boulogne le 27 février dernier; — Que cette saisie, qui aurait pu avoir lieu au cas de perquisitions sur le courrier Vivier lui-même, comme y étant assujetti à raison de sa profession, a été effectuée lorsque le paquet de dépêches fut présenté pour être expédié extraordinairement en Angleterre par Barris, maître d'hôtel à Boulogne, agissant pour le courrier Vivier, dont il avait charge;

Attendu que la constatation de ces faits constitutifs de la contravention restait régulière et légale, et qu'il devait, dès lors, être fait application audit Vivier, prévenu des dispositions pénales des art. 5 et 6 de l'arrêté du 27 prair. an 9; — Que cependant le jugement attaqué a renvoyé ledit Vivier de la poursuite, notamment sur le motif que la législation n'aurait eu pour objet que la concurrence qui serait dommageable à l'administration des postes, et non l'immixtion résultant de faits isolés de transport de lettres dans l'intérêt particulier d'un commerçant, et sous le prétexte encore d'un usage qui serait contraire à la loi et de prétendues nécessités du commerce, en quoi ledit jugement a commis une violation expresse des art. 1, 3, 5 et 6 de l'arrêté du 27 prair. an 9 et des lois et règlements ci-dessus visés qui lui servent de base; — Casse.

Du 12 nov. 1842.-C. C., ch. crim.-MM. Ricard, f. f. de pr.-Jacquinot-Godard, rap.-Delapalme, av. gén.

(3) (Rabot *C.* min. publ.) — LA COUR; — Considérant que pour encourir les peines prononcées par l'arrêté du 27 prair. an 9, et autres

72. Au surplus, l'administration elle-même excepte de la prohibition les lettres qu'un particulier fait transporter par ses *domestiques* ou par un exprès, et la jurisprudence se prononce formellement en ce sens. — Ainsi, il a été décidé qu'il n'y a pas immixtion illicite dans le transport des lettres de la part : 1° du domestique portant une lettre d'un lieu à un autre par mission spéciale de son maître : il ne peut être considéré ni puni comme s'étant immiscé dans le transport des lettres, attendu qu'il se trouve dans l'exception de l'art. 2 de l'arrêté du 27 prair. an 9 (Crim. rej. 17 juin 1830) (1); — 2° Du domestique exclusivement employé au service de son maître et conduisant la voiture de celui-ci, et qui porte des lettres écrites à diverses personnes par le maître qui l'en avait chargé (Crim. rej. 3 déc. 1843, MM. Crouseilhes, pr., Rives, rap., aff. Doyen); — 3° Du domestique portant des lettres cachetées écrites par son maître à diverses personnes domiciliées dans la même ville (Crim. rej. 24 sept. 1847, aff. Poisselanne, D. P. 47. 4. 378; 20 juill. 1848, aff. Dumont, D. P. 48. 5. 289).

73. Le transport des lettres par une voie étrangère au service des postes est interdit, alors même que ces lettres seraient renfermées dans des *sacs*, *boîtes*, *paquets* ou *colis*; peu importe qu'elles soient ouvertes ou cachetées (sol. impl.; Crim. cass. 5 mai 1855, aff. Fournier, D. P. 55. 1. 223); — En conséquence il a été jugé que les conducteurs de voitures qui transportent de petits paquets de marchandises, dans lesquels se trouvent des lettres d'envoi, sont passibles des peines portées par l'arrêté du 27 prair. an 9, ces lettres ne rentrant pas dans les exceptions admises par l'art. 2 de l'arrêté de l'an 9 (Crim. cass. 28 mai 1836 (2), et sur renvoi, Paris 8 sept. 1836, M. Jacquinot-Godard, pr.).

74. L'infraction ne peut être excusée à raison de la *bonne foi* du contrevenant. — Ainsi, il a été jugé que le voiturier

---

lois auxquelles il se réfère, il faut, suivant les termes de son art. 1er, s'être immiscé dans le transport des lettres dont le port est exclusivement confié à l'administration des postes aux lettres; qu'il résulte évidemment de ces dernières expressions du législateur, ainsi que du but qu'il s'est proposé, qu'une condition essentielle de la contravention punissable en cette matière est que le fait reproché soit au moins de nature à occasionner un préjudice à l'administration des postes, en la privant de la rétribution qu'elle aurait perçue s'il n'y avait eu emploi d'un messager particulier; qu'il y a donc absence de délit toutes les fois qu'il s'agit du transport d'une dépêche qu'il eût été impossible à l'administration des postes de faire parvenir en temps utile à sa destination, et dont par conséquent cette administration n'eût été chargée dans aucune hypothèse, puisqu'en supposant que l'on n'eût point usé d'un moyen extraordinaire de communication, la correspondance fût devenue sans objet pour les parties intéressées; — Considérant que, dans le fait particulier du procès, le sieur de Savignac, demeurant à Meuvaines, commune rurale de l'arrondissement de Bayeux, ayant eu besoin d'envoyer le 17 oct. 1825 à Honfleur (à 18 ou 20 lieues de son domicile) deux lettres qu'il était indispensable d'y faire tenir dans la journée, vu qu'elles devaient être remises au capitaine d'un bâtiment qui allait mettre à la voile pour l'Angleterre le soir même dudit jour, chargea de cette commission le nommé Rabot, cultivateur, demeurant en la commune d'Osuelles, moyennant une somme de 25 fr., qu'il lui paya pour salaire; que ledit Rabot, qui n'exerce point une de ces professions de nature à le rendre suspect de se livrer habituellement au transport des lettres, fut, dans la même journée, faute d'avoir pu exhiber de passe-port, arrêté à Pont-l'Évêque, où, pour fortifier la vraisemblance des explications dans lesquelles le fit entrer le désir de recouvrer sa liberté, il s'empressa spontanément de montrer les deux lettres dont il était saisi, en déclarant à l'instant même les causes pour lesquelles il s'en trouvait porteur; qu'il est clair que ces lettres n'avaient pu être confiées à la poste, puisque, soit qu'on les eût portées au bureau de Bayeux, soit qu'on les eût portées à celui de Caen, elles n'auraient été rendues que tardivement et sans utilité, ce que montre d'ailleurs assez le sacrifice de 25 fr. auquel s'était soumis le sieur de Savignac pour une chose qui, faite par les voies ordinaires, n'eût pas coûté 75 centimes; — Que, si l'on interdisait en pareilles circonstances la faculté de se servir d'un exprès, il faudrait dire que la poste aux lettres, regardée à juste titre comme un des établissements les plus précieux des temps modernes, deviendrait pour les citoyens une cause insupportable de gêne et d'incommodité dans les occasions les plus importantes; qu'ainsi, par exemple, le négociant obligé de donner des ordres ou d'acquérir rapidement des instructions pour la réussite d'une opération commerciale, le père alarmé par les accidents graves et subits d'une maladie qui le menaçait de la perte d'un enfant, l'homme placé sous le poids d'une accusation capitale, ayant à faire venir de loin, sous peine de la vie, peut-être, les renseignements justificatifs seuls capables de repousser des charges inopinément survenues pendant le cours d'un débat, seraient contraints de se résigner aux lenteurs du service public, sans pouvoir expédier par un courrier spécial la lettre tendant à obtenir les moyens de pourvoir à des intérêts majeurs ou de procurer du soulagement aux personnes les plus chères; — Qu'entendre la loi de cette manière, ce serait la rendre tyrannique et barbare, et la faire agir en sens contraire de son but principal, qui est la plus grande facilité des correspondances épistolaires; que si la nécessité d'assurer au trésor public le recouvrement des sommes qu'il peut et doit retirer du service que l'État rend aux particuliers dans cette branche d'administration, a exigé que les lois s'expliquent en termes assez généraux pour donner aux tribunaux le pouvoir de déjouer toutes les fraudes, sous quelques formes qu'elles se présentent et par quelques personnes qu'elles soient commises, qu'elles soient pratiquées pour la première fois, qu'elles le soient d'habitude, ce n'est point un motif pour étendre leur empire hors de toute mesure; qu'il est facile de voir que ce qu'elles ont eu principalement en vue a été d'empêcher les spéculations qui tendraient à frustrer le gouvernement du tribut imposé au transport des lettres; que l'art. 5 de l'arrêté du 27 prair. an 9 révèle le véritable esprit de la législation, lorsqu'autorisant les employés qu'il dénomme à faire les visites nécessaires pour la répression des contraventions, il n'assujettit à ces visites que les messagers piétons chargés de porter les dépêches, voitures de messageries et autres de même espèce, c'est-à-dire les personnes de la part desquelles l'abus est visiblement à craindre; que s'il n'y a pas lieu peut-être de conclure de ces termes qu'ils doivent avoir pour conséquence forcée l'impunité de tous autres individus qui, par quelque circonstance fortuite, seraient trouvés en contravention, au moins ils font connaître, par les limites dans lesquelles ils renferment le droit d'inquisition, que la pensée du législateur n'a point été d'exiger des magistrats qu'ils frappent d'amende, sans discernement ni circonspection, jusqu'à l'exprès dépêché pour une mission unique, surtout lorsque cette mission est telle qu'encore une fois elle ne pourrait, comme dans l'espèce, être remplie par l'administration des postes; d'où suit que le premier juge, en prononçant une peine contre Rabot, s'est écarté des vrais principes, et qu'il y a lieu de réformer son jugement....; — Réforme....

Du 21 juin 1826.-C. de Caen, 4e ch.-M. Dupont-Longrais, pr.

(1) *Espèce* : — (Min. pub. C. Legrand, etc.) — Legrand avait envoyé Verdière, son domestique, d'Armentières à Estaires, pour faire une commission spéciale. — Au retour de Verdière, il fut saisi portant une lettre à l'adresse de son maître; ils furent tous deux traduits en police correctionnelle, le premier pour s'être immiscé dans le transport des lettres, et le deuxième comme civilement responsable des faits de son domestique. Mais ils furent acquittés en première instance et en appel; « Attendu que la lettre saisie n'avait d'autre objet que le service personnel d'un maître, et l'accomplissement d'une mission, dont il avait spécialement chargé son domestique. » — Pourvoi pour violation de l'art. 1 de l'arrêté du 27 prair. an 9, qui n'admet pas la distinction que fait l'arrêt attaqué de la cour de Douai. — Arrêt.

LA COUR; — Attendu que, d'après les faits déclarés par l'arrêt attaqué, celui pour lequel Verdière était poursuivi, rentrait dans l'exception portée en l'art. 2 de l'arrêté de gouvernement, du 27 prair. an 9; que, dès lors, l'arrêt, d'ailleurs, régulier en la forme, ne présente la violation d'aucune loi ou règlement relatifs au transport des lettres; — Rejette.

Du 17 juin 1830.-C. C., ch. crim.-MM. de Bastard, pr.-Brière, rap.

(2) (Min. pub. C. Thureau) — LA COUR; — Vu les art. 1 et 2 de l'arrêté du 27 prair. an 9, sur le transport des lettres, journaux, etc.; — Attendu qu'il résulte d'un procès-verbal régulier, dressé contre Thureau, conducteur des messageries, que trois lettres simples étaient renfermées dans de petits paquets de broderie, portés sur la feuille du conducteur, et par lui transportés; — Attendu que le sieur Thureau se trouvait, dès lors, en contravention à l'art. 1 de l'arrêté de l'an 9, et avait encouru les peines portées par cet arrêté; — Attendu, néanmoins, qu'il a été renvoyé de la plainte, sur le motif qu'on avait saisi, non trois lettres, mais trois paquets, et que, dans ces paquets, n'étaient renfermées que de simples lettres d'envoi, qui ne seraient pas de nature à être transportées par le service des postes aux lettres; — Attendu que l'arrêté du 27 prair. an 9, dans son art. 1, ne renferme aucune distinction, ni exemption, quant aux lettres renfermées dans des paquets; et que les dispositions de cet arrêté deviendraient illusoires, s'il suffisait que des lettres fussent enfermées dans un paquet quelconque, pour échapper aux prohibitions contenues en ces dispositions; — Attendu que l'art. 2 de ce même arrêté admet une exception en faveur des sacs de procédure, des papiers uniquement relatifs au service personnel des entrepreneurs, et des paquets au-dessus du poids de 2 liv.; — Attendu que des lettres d'envoi de marchandises, écrites par les expéditeurs de Strasbourg et de Toul, à des personnes demeurant à Melun et à Paris, ne sont pas des papiers uniquement relatifs au service personnel des entrepreneurs; — Attendu, dès lors, qu'en étendant cette exception, le tribunal de Reims a faussement appliqué l'art. 1 et l'art. 2 de l'arrêté du 27 prair. an 9; — Casse le jugement du tribunal correctionnel de Reims, du 4 mars dernier.

Du 28 mai 1836.-C. C., ch. crim.-MM. Bastard pr.-Crouseilhes, r.

trouvé porteur de lettres cachetées, contenues dans des boîtes fermées, ne peut être renvoyé de la contravention sous prétexte que les lettres avaient été renfermées dans les boîtes à son insu: «attendu que le fait, déclaré dans l'arrêt en faveur de la prévenue, d'avoir ignoré que les boîtes fermées dont elle se chargeait contenaient des lettres cachetées, établit, à la vérité, sa bonne foi, mais que la bonne foi n'est pas admissible comme excuse à une contravention à l'arrêté du 27 prair. an 9; casse dans l'intérêt de la loi l'arrêt de la cour de Bordeaux du 2 mars 1836» (23 juill. 1836, ch. crim., MM. Bastard, pr., Fréteau, rap., aff. Bouchon; — Conf. Orléans, 7 juill. 1838, aff. Dutertre, V. nº 78-2º). — «Il ne suffit pas, disait M. Dupin, dans l'affaire Bouchon, qu'un voiturier prétende que des lettres ont été placées à son insu dans des boîtes fermées, pour se soustraire à toute responsabilité; c'est à lui de faire ouvrir les boîtes avant de s'en charger, ou de prendre toute autre précaution, pour s'assurer qu'elles ne contiennent aucune lettre; et, lorsque par sa connivence, ou même sa négligence, il est saisi de contravention, ce fait seul doit entraîner sa condamnation. Autrement, le service des postes serait privé de la protection que lui assure le décret précité, puisque les voituriers pourraient impunément se charger du transport des lettres, en se bornant à les renfermer dans des boîtes ou paquets auxquels il suffirait d'attacher une adresse soit fictive, soit réelle.» — C'est là sans doute une application rigoureuse de la loi; mais c'est au voiturier, entrepreneur de transports, de prendre vis-à-vis des expéditeurs toutes mesures propres à les mettre à couvert des poursuites. — V. nº 135.

75. Il a été jugé pareillement : 1º que bien que le décret du 24 juill. 1790 n'autorise pas les messageries à visiter les paquets ou caisses qui leur sont confiés, rien ne les obligeant à s'en charger, lorsque les expéditeurs n'offrent pas assez de garantie, à moins d'avoir la faculté de s'assurer de leur contenu, elles ne peuvent être excusées, sous prétexte que la lettre qui a été saisie sur elles était renfermée dans un paquet dont la forme extérieure n'indiquait pas qu'il dût en contenir, alors surtout que ce paquet n'était qu'un portefeuille (Crim. cass. 26 mars 1824) (1); — 2º Que l'erreur causée par la forme extérieure d'une lettre attachée sur un panier confié à un voiturier et qui a pu lui faire croire que c'était une simple adresse plutôt qu'une lettre, ne saurait servir d'excuse à la contravention résultant du port illégal de cette lettre (Crim. cass. 13 juin 1839) (2); — 3º Que l'entrepreneur de transports dans la voiture duquel il a été saisi une lettre cachetée contenue dans un panier fermé qui y était chargé, ne peut être relaxé de la poursuite, sous prétexte qu'il n'avait pu avoir connaissance de l'existence de cette lettre, et qu'en conséquence il n'avait point eu la volonté de s'immiscer dans le port de lettres au préjudice du trésor public (Crim. cass. 20 nov. 1851, aff. Letroublon, D. P. 51. 5. 400).

76. Toutefois, il a été décidé que, d'après les termes de l'arrêté de l'an 9, art. 1, il est laissé à la prudence des magistrats d'apprécier si d'après les circonstances et les faits, un directeur de voitures publiques s'est immiscé dans le transport des lettres. Et, en appliquant ce principe, l'arrêt a renvoyé des poursuites le voiturier et l'expéditeur, contre lequel un recours avait été formé, par ces motifs qu'il était démontré en fait que l'expéditeur, en insérant dans un ballot plusieurs lettres ayant pour objet d'indiquer à chacun des destinataires l'objet qui lui était personnellement adressé, n'a point eu d'intention coupable et qu'il a pu considérer comme licite l'insertion dans ce ballot de ces simples lettres ou indications qui n'auraient dans aucun cas nécessité l'envoi d'une véritable lettre par la poste, enfin que le voiturier en se chargeant du transport de ce ballot a ignoré l'insertion des lettres et qu'il n'y a eu de sa part ni intention coupable ni lucre (Metz, 26 fév. 1827, M. Colchen, pr., aff. Collignon). — Il serait sans doute désirable qu'un tel pouvoir d'appréciation fût attribué en cette matière aux tribunaux; néanmoins, outre qu'une telle solution est en contradiction formelle avec la jurisprudence constante de la cour de cassation, nous ne pouvons nous dissimuler que trop d'indulgence, à l'égard des voituriers et entrepreneurs, finirait par laisser sans protection efficace le service du transport des correspondances, si important au point de vue non-seulement de l'impôt, mais aussi de l'intérêt public.

77. Il a été décidé encore que le facteur qui chargé d'enlever, à la gare d'arrivée, un colis expédié par un chemin de fer, le présente, dans l'intérieur même de cette gare, à la vérification des employés de l'octroi, avant de le transporter au dehors, ne peut, si cette visite amène la découverte, dans le colis, d'une lettre cachetée qui y aurait été renfermée en contravention à l'arrêté du 27 prair. an 11, être poursuivi comme coupable d'immixtion dans le transport des dépêches (Douai, 28 nov. 1854, et sur pourvoi Crim. rej. 15 fév. 1855, aff. Ghesquière, D. P. 54. 2. 98; 55. 1. 190). — L'arrêt se fonde sur ce qu'ici il n'y a pas réellement transport, mais un simple déplacement dans un même lieu.

78. Aux termes de l'art. 1er de l'arrêté du 27 prair. an 9, le privilége exclusif de l'administration des postes s'étend aussi aux *journaux* et *feuilles périodiques*. — Il a été jugé : 1º que la disposition de la loi du 27 prair. an 9, qui attribue exclusivement à l'administration des postes le transport des lettres et journaux, est absolue, et s'étend à tous les modes que l'on voudrait employer pour transporter ces objets; qu'en conséquence, les entrepreneurs d'une voiture publique ne peuvent transporter des journaux en ballot et sous toile, sans se mettre en contravention (Crim. cass. 17 fév. 1837 (3); — 2º Qu'à partir du dépôt d'un écrit ou d'un journal périodique, le transport des exemplaires doit être fait par l'administration des postes, et que

(1) (Min. pub. C. Hamoir.) — La cour; — Attendu que l'art. 1 de l'arrêté du 27 prair. an 9 défend à toutes personnes étrangères au service des postes de s'immiscer dans le transport des lettres, paquets et papiers au-dessous du poids de 1 kilog.; — Attendu que le nommé Hamoir a été saisi porteur de papiers qui n'étaient pas compris dans les cas exceptionnels prévus par les lois de la matière; — Attendu que la cour de Douai (arrêt du 27 nov. 1823) s'est fondée, pour le renvoyer de la prévention : 1º sur ce que la forme extérieure du premier paquet n'indiquait nullement qu'il dût contenir une lettre, et 2º sur ce qu'il n'appartenait pas au conducteur d'ouvrir ce paquet pour s'assurer de son contenu; — Que, quant au premier motif, il tendrait à excuser toutes les contraventions de ce genre, puisque rien ne serait plus facile que de cacher des lettres dans des paquets dont la forme extérieure n'aurait aucune analogie avec la configuration des lettres et papiers; que d'ailleurs le motif de l'arrêt est d'autant moins péremptoire, que la lettre dont il s'agit était renfermée dans un portefeuille, et que, dès lors, il est impossible de prétendre que rien, dans un portefeuille, ne fait supposer un contenu de lettres; — Que, quant au second motif donné par l'arrêt attaqué, attendu que si le décret du 24 juillet 1793 n'autorise pas d'une manière générale les messageries à vérifier les paquets ou caisses dont le transport leur est confié, il ne leur impose pas non plus l'obligation de se charger de tous les paquets ou caisses qui leur sont présentés liés ou fermés, quel qu'en soit l'expéditeur vrai ou supposé; que, dès lors, si les expéditeurs n'offrent pas aux messageries des garanties suffisantes, elles peuvent refuser de se charger des paquets, à moins d'être autorisées à procéder à leur examen pour s'assurer de leur contenu; — Casse.

Du 26 mars 1824.-C. C., sect. crim.-MM. Bailly, pr.-Ollivier, rap.

(2) (Min. pub. C. Roux.) — La cour; — Vu les art. 1, 2, 3 et 5 de l'arrêté du 27 prair. an 9, lequel, en vertu des lois des 29 août 1790 et 11 sept. 1792;... — Attendu qu'il résulte d'un procès-verbal dressé par deux gendarmes, qui n'est pas dénié par l'arrêt attaqué, que François Roux, messager de Sisteron, avait été trouvé porteur d'une lettre attachée à un panier et adressée au sieur Bacula à Marseille; — Attendu que ce fait constituait une contravention formelle à l'arrêté du 27 prair. an 9, et devait être puni des peines portées en l'art. 5 de cet arrêté; — Attendu toutefois que l'arrêt de la cour royale d'Aix a renvoyé Roux de la plainte, sur le motif que le papier dont il s'agit avait plutôt l'apparence d'une adresse adaptée à un paquet que d'une lettre proprement dite; — Que le voiturier a pu être induit en erreur, et que le contenu de ce papier se rattachait au transport du panier dont était chargé le messager; — Attendu que l'arrêté précité n'admet pas de semblables excuses, et que les juges ne peuvent, dès lors, les suppléer, sans contrevenir à l'art. 65 c. pén.; — Attendu qu'on ne saurait admettre qu'il suffit d'attacher une lettre à un paquet pour que le transport par un voiturier en devînt licite; — Qu'il doit s'assurer de la nature des papiers dont il peut être porteur, et que la lettre ou papier dont il s'agit au procès, adressé comme missive à un tiers, quand même elle eût annoncé un objet envoyé, serait autre chose que les papiers uniquement relatifs au service personnel des entrepreneurs, exceptés de la prohibition par l'art. 2, et qui ne peuvent s'entendre que des lettres de voiture et autres de même sorte; — Attendu, dès lors, que l'arrêt attaqué a faussement appliqué les art. 1, 2 et 3 de l'arrêté de l'an 9 et violé l'art. 5 de ce même arrêté; — Casse.

Du 13 juin 1839.-C. C., ch. crim.-MM. Bastard, pr.-Crouseilhes, rap.

(3) (Min. pub. C. mess. Lafitte et Caillard.) — La cour; — Vu les

ce transport ne peut être fait par les messageries, quoique les exemplaires soient enfermés dans des ballots en feuilles, même non pliées, en masse, ou dans des boîtes au-dessus du poids d'un kilogramme : on objecterait en vain que jusqu'à la distribution, ces exemplaires ne doivent être considérés que comme du papier et des marchandises (Orléans, 7 juill. 1838) (1) ;—

---

art. 1, 2 et 5 de l'arrêté du 27 prair. an 9 ; — Sur le premier moyen : —Attendu qu'il importe peu que les journaux ou lettres dont le transport est interdit aux messageries, soient renfermés en ballot et sous toile ; que l'interdiction portée en l'arrêté de l'an 9 est générale et absolue, et ne renferme aucune distinction ; que cette disposition serait entièrement illusoire s'il suffisait, pour s'y soustraire, de former un ballot de lettres ou journaux transportés en fraude, et que les personnes assujetties à des perquisitions demeurent responsables du port des ballots qui peuvent constituer cette contravention ;—Sur le second moyen :—Attendu qu'on ne saurait considérer comme paquet rentrant dans l'exception prévue en l'art. 2 de l'arrêté de l'an 9, la réunion d'un nombre indéterminé de lettres ou journaux pesant ensemble plus de 1 kilog. ; que l'arrêté ne parle évidemment que des paquets individuels réellement destinés à des personnes distinctes auxquelles ils sont adressés ;—Attendu que le journal dont les numéros ont été transportés de Niort à Poitiers, était imprimé et publié à Niort ; que le dépôt s'effectuait au parquet du procureur du roi de cette dernière ville ; qu'ainsi ce journal, publié à Niort, ne pouvait être transporté, soit de Niort à Poitiers, soit de Niort en tout autre lieu, par des voies autres que la poste, et que le transport d'un certain nombre de numéros de ce journal de Niort à Poitiers, par la voie des messageries, constitue la contravention prévue et punie par l'art. 5 de l'arrêté du 27 prair. an 9 ;—Et attendu toutefois que l'arrêt attaqué a renvoyé le prévenu de la plainte, sur le double motif que les numéros du journal dont il s'agit étaient en ballot et sous toile, et que le paquet, renfermant le total de ces journaux, pesait 5 kilog. ;—Par ces motifs, casse l'arrêt de la cour de Poitiers, du 16 juillet 1856.

Du 17 fév. 1857.-C. C., ch. crim.-MM. Bastard, pr.-Crouseilhes, rap.

(1) (Min. pub. C. Dutertre et autres.)— LA COUR ; — Considérant, en droit, que tout écrit périodique, dès qu'il est publié, acquiert une existence légale et tombe sous l'empire des lois fiscales ou répressives qui régissent le mode et les effets de sa publication ; — Considérant qu'aux termes de l'art. 8 de la loi du 18 juill. 1828, cette publication commence au moment où un exemplaire de cet écrit, signé pour minute par le gérant, est déposé au parquet du procureur du roi du lieu de l'impression ; — Qu'à partir de ce dépôt, tout déplacement des exemplaires de cet écrit n'est autre chose qu'un moyen d'en propager la publication, laquelle ne devait avoir lieu que par les voies et dans les formes prescrites par la loi, dans le double intérêt du fisc et de la police administrative ou judiciaire ; — Qu'en effet, il résulte de l'économie des arrêtés des 2 niv., 7 fruct. an 6 et 27 prair. an 9, que le législateur a voulu tout à la fois créer un impôt productif à l'aide du privilége accordé à l'administration des postes, et empêcher la transmission par voies clandestines des correspondances et feuilles publiques qui pourraient troubler la tranquillité générale ; — Que c'est dans ce but que l'art. 1 de l'arrêté du 27 prair. an 7 défend à tous les entrepreneurs de voitures libres, et à toute autre personne étrangère au service des postes, de s'immiscer dans le transport des lettres, journaux, feuilles à la main et ouvrages périodiques, paquets et papiers du poids d'un kilogramme et au-dessous, dont le port est exclusivement confié à l'administration des postes aux lettres ; — Que l'art. 2 du même arrêté n'établit d'exception à cette prohibition qu'à l'égard des sacs de procédure, des papiers uniquement relatifs au service personnel des entrepreneurs de voitures, et des paquets au-dessus du poids d'un kilogramme ; — Qu'il suit de là que les journaux et écrits périodiques sont compris dans la prohibition portée par l'art. 1 de l'arrêté prédaté ;

Qu'il importe peu dès lors que les journaux soient renfermés en masse ou dans des boîtes ou des ballots pesant plus d'un kilog., pour être transportés du lieu où ils sont imprimés et publiés dans un autre lieu où ils seraient ensuite distribués aux abonnés ; — Que la contravention résulte du fait matériel de leur émission et de leur transport par une autre voie que celle de la poste ; — Qu'en effet, la disposition de l'arrêté de l'an 9, générale et absolue dans ses termes, n'admet aucune distinction, et que sa prohibition serait illusoire s'il suffisait pour s'y soustraire de renfermer des lettres et journaux dans une boîte, ou d'en former un paquet pesant plus d'un kilog. ; — Que, s'il en était ainsi, le double but de la loi serait manqué : car, en échappant à la taxe des lettres et journaux, on rendrait l'impôt nul, et d'un autre côté le magistrat entre les mains duquel doit se faire le dépôt d'un exemplaire au moment de la publication du journal, ne pourrait pas exercer son droit de surveillance et de saisie si le journal pouvait se répandre au dehors par des voies autres que celles légalement indiquées ; — Qu'alors même que les journaux seraient expédiés en feuilles non pliées, et sans être revêtues séparément de bandes et d'adresses, cette circonstance serait encore indifférente ; car le pliage, la mise sous bande et l'inscription des adresses ne sont que des moyens accessoires et facultatifs de la publication, mais ne la constituent pas essentiellement ;

Considérant en outre qu'il est de principe consacré par la jurisprudence qu'en matière fiscale l'ignorance et la bonne foi ne peuvent servir d'excuse ; — Que l'existence du fait matériel suffit pour constituer la contravention et pour obliger les juges d'y appliquer la peine prononcée par la loi ; — Que cette dérogation aux règles du droit commun résulte de divers textes formels en matière de douanes et d'impôts indirects, et surtout de la nature spéciale de ces contraventions à l'égard desquelles la preuve de l'intention offrirait trop de difficultés et de dangers ;

Considérant, en fait, qu'il résulte d'un procès-verbal, dressé le 14 janv. 1838 par l'inspecteur des postes à la résidence de Blois, que Dutertre, conducteur d'une voiture appartenant à l'administration des messageries Laffitte et Caillard, a transporté ledit jour, d'Orléans à Blois, une boîte du poids de 5,500 grammes à lui remise au bureau d'Orléans, sans déclaration de son contenu, et sans autre adresse que ces mots : *Blois—Orléans ;* — Que, par suite de la saisie et de l'ouverture régulièrement faite de cette boîte, on y a trouvé cent quatre-vingt-quatre exemplaires du journal le Courrier de Loir-et-Cher, imprimé à la date du même jour, 14 janv. 1838, chez Danicourt-Huet, à Orléans.

Que vainement on objecte que ces exemplaires ainsi envoyés en masse par l'imprimeur au gérant du journal ne pouvaient être considérés, jusqu'à la distribution faite par celui-ci, que comme des papiers-marchandises, ou comme de simples épreuves que le gérant était libre de supprimer s'il eût trouvé quelques passages de nature à compromettre sa responsabilité ; — Que cette objection tombe sans force devant ce fait constant que ces exemplaires étaient timbrés, qu'ils portaient le nom du gérant responsable ; qu'enfin la minute de ces exemplaires, revêtue de la signature manuscrite du gérant, avait été déposée le matin même au parquet du procureur du roi d'Orléans ; — Que, dès ce moment, la publication avait commencé par la volonté et par le fait du gérant ; — Que, dès ce moment aussi, l'action du ministère public était ouverte et eût pu être exercée par la saisie du journal, à Orléans, ou dans le trajet d'Orléans à Blois ; — Que, s'il a été établi aux débats que le dépôt d'un second exemplaire est également fait par le gérant au parquet du procureur du roi de Blois, ce dépôt facultatif est sans influence pour fixer le point de départ de la publication déjà effectuée à Orléans ; — Qu'il en est de même des circonstances révélées par les premiers juges, que le siége de l'administration du journal serait fixé à Blois ; que là aurait été déposé le cautionnement ; que là se ferait la rédaction, puis l'envoi du journal à chacun des abonnés ; — Qu'en effet ces circonstances sont tout à fait indépendantes de la publication légale qui peut s'opérer et qui s'opère réellement ailleurs qu'à Blois ; — Considérant, dès lors, que ce fait, régulièrement constaté, du transport d'Orléans à Blois des cent quatre-vingt-quatre exemplaires du journal le Courrier de Loir-et-Cher, constitue la contravention prévue par l'art. 1 de l'arrêté de l'an 9, et que Dutertre et Clin se sont rendus passibles des peines qu'il prononce, savoir : 1° Clin, directeur du bureau des messageries, en faisant charger ladite boîte sur la voiture, et en confiant à Dutertre le transport de cette boîte, et 2° Dutertre, conducteur de ladite voiture, en effectuant le transport et la remise de la boîte à sa destination ;

Que, pour échapper à l'application de la loi, Dutertre invoque vainement sa qualité de simple agent de l'administration des messageries Laffitte et Caillard ; — Qu'il suffit en effet que Dutertre soit étranger au service des postes et qu'il ait participé au transport des journaux dont il s'agit pour qu'il soit en contravention ; — Que l'inscription de la boîte sur la feuille de route remise à Dutertre prouve seulement qu'il a agi par ordre et pour compte de son administration ; mais que cette circonstance n'exclut pas le fait matériel de sa participation au transport prohibé ; — Que Clin lui-même n'est ni recevable ni fondé à exciper de son ignorance du contenu de la boîte ; — D'abord parce que la loi n'admet pas cette excuse, ensuite parce que Clin avait le droit d'exiger l'ouverture de la boîte avant de se charger de son transport, et qu'il n'eût pas manqué d'interpeller l'expéditeur sur le contenu de cette boîte, et d'en faire mention sur la feuille du départ, s'il n'avait connu l'objet de cet envoi qui se faisait deux fois par semaine ;—Qu'il ne résulte d'ailleurs d'aucune disposition de l'arrêté de l'an 9 que les conducteurs et autres agents ne sont passibles de poursuites que dans le cas où ils ont, à l'insu des entrepreneurs, transporté des objets prohibés ; — Que cette circonstance aggraverait seulement la position des agents vis-à-vis de leur administration, qui serait alors fondée à faire retomber sur eux toutes les conséquences de ces contraventions ;

En ce qui touche les entrepreneurs :—Considérant qu'aux termes de l'art. 9 de l'arrêté du 27 prair. an 9, les entrepreneurs de voitures et messageries sont personnellement responsables des contraventions commises par leurs agents ; — Qu'ils ne peuvent donc exciper de l'impossibilité où ils auraient été d'empêcher la contravention ; — Que, dans l'espèce, il suffit qu'elle soit prouvée contre Clin, préposé à la direction du bureau d'Orléans, et contre Dutertre, conducteur de leur voiture, pour que les entrepreneurs des messageries Laffitte, Caillard et com-

3° Que l'entrepreneur de messageries trouvé porteur d'un paquet de journaux ne peut être excusé sous le prétexte que le paquet étant lié, il ne s'est pas cru en droit d'en vérifier le contenu (même arrêt d'Orléans; Liége, 19 juill. 1832, aff. Heuken, V. n° 136).

79. Y a-t-il contravention de la part d'un individu qui transporte des journaux dans un lieu autre que celui où ils ont été publiés, pour les revendre sur la voie publique? — Une distinction a d'abord été faite suivant que cet individu agissait pour son propre compte ou pour le compte d'un tiers. — Ainsi, il a été décidé d'une part : 1° qu'il n'y a point immixtion illicite dans le service des postes dans ce fait qu'une personne qui a acheté en un lieu et *pour son propre compte* des journaux les transporte en un autre lieu où il va les revendre (Paris, 29 déc. 1848, aff. Chapuis, D. P. 49. 2. 60; Bordeaux, 15 juin 1849, aff. Rodes, D. P. 49. 5. 359.— Conf. motifs, Bordeaux, 15 juin 1849, aff. Vergnes, *eod.*); — 2° Que l'individu qui, pour son compte personnel et dans l'intérêt de son commerce, transporte des paquets sous bandes contenant des livraisons imprimées, ne commet pas d'immixtion dans le service des postes (trib. des confl., 30 mai 1850, aff. Dion-Lambert, D. P. 50. 3. 66); — 3° Et d'autre part qu'il y a contravention à l'art. 1 de l'arrêté du 27 prair. an 9, dans ce fait qu'une personne reçoit en un lieu des feuilles publiques qu'elle transporte en un autre lieu, pour le compte de tiers, et moyennant un droit de commission (Bordeaux, 15 juin 1849, aff. Vergnes, D. P. 50. 5. 359; même jour, aff. Geoffroy, *eod.*, p. 360).

80. Mais cette distinction n'a pas été admise et il a été décidé d'une manière générale 1° que le transport de journaux d'une ville à une autre, par celui qui les a achetés pour les revendre, constitue le délit d'immixtion dans le service des postes, bien que ces journaux soient en feuilles, et qu'ils ne portent aucune adresse (Crim. cass. 7 avr. 1849, aff. Ledant, D. P. 49. 1. 137; Ch. réun. cass. 21 juill. 1849, aff. Crouseix, D. P. 49. 1. 238); — 2° Qu'il y a contravention dans le fait de transporter des journaux d'un lieu dans un autre, que le poids de ces journaux soit ou non supérieur à un kilogramme, et qu'il en est ainsi, alors même que le paquet de journaux ferait partie du bagage d'un voyageur qui les aurait achetés pour son propre compte et pour les revendre dans une autre ville que celle où ils avaient été publiés (Rouen, 3 mai 1849, aff. Marinier, D. P. 50. 2. 60).

81. Le privilége de l'administration comprend encore les *prospectus, circulaires, avis* divers *imprimés, lithographiés* et *authographiés*. — Jugé que les circulaires imprimées à l'étranger, non cachetées, mais pliées dans la forme ordinaire et portant l'adresse des personnes à qui elles sont destinées en France, sont de véritables lettres missives dont le transport est exclusivement réservé à l'administration des postes (Douai, 6 sept. 1850) (1).

§ 2. — *Exceptions au privilége de l'administration des postes.*

82. Aux termes de l'art. 2 de l'arrêté du 27 prair. an 9, sont exceptés de la prohibition prononcée par l'art. 1, les sacs de procédure, les papiers uniquement relatifs au service personnel des entrepreneurs de voitures, et les paquets au-dessus du poids de 1 kilog. — Outre ces exceptions formelles, il résulte encore virtuellement de l'art. 1 de l'arrêté de l'an 9, que le privilége de l'administration des postes ne s'étend pas : 1° aux publications de librairie non périodiques, et en général à tout imprimé non périodique ne portant aucune écriture à la main, et n'ayant pas le caractère d'avis ou de circulaire; — 2° Aux registres, cartes et plans (instr. gén.).—Nous allons maintenant passer en revue les exceptions prévues par l'art. 2.

83. Par *sacs ou dossiers de procédure*, l'administration des postes entend les pièces relatives à une procédure *suivie devant un tribunal*. — Mais cette interprétation restrictive ne paraît pas suivie par la jurisprudence. Ainsi il a été décidé que l'envoi fait par un huissier à son client d'un billet à ordre protesté avec une note non cachetée indiquant au voiturier la remise qu'il doit faire de ces pièces à l'individu qu'elles concernent, a pu être considéré, sans que cette appréciation tombe sous la censure de la cour de cassation, comme rentrant dans la double exception faite par l'art. 2 de l'arrêté du 27 prair. an 9, en faveur des sacs de procédure et des papiers uniquement relatifs au service personnel des entrepreneurs de voitures : qu'en vain on objecterait : 1° qu'un protêt n'est pas un acte de procédure; 2° que l'écrit qui l'accompagne, bien qu'adressé au voiturier, n'est point une note à proprement parler, mais une véritable lettre décachetée, écrite par l'huissier à son client, datée et signée, indiquant l'adresse de celui-ci, et contenant des détails qui ne pouvaient s'adresser qu'à lui (Crim. rej. 16 fév. 1859) (2).—V. aussi n° 88.

84. Mais on n'a pas reconnu le caractère de pièces de procédure à des bulletins de garnison adressés à des contribuables,

---

pagnie en soient personnellement responsables; — Qu'ainsi l'action du ministère public procède valablement contre les intimés;

Par ces motifs, émendant, déclare Dutertre et Clin coupables..... et les entrepreneurs des messageries Laffitte, Caillard et compagnie personnellement responsables de ladite contravention; — En conséquence, condamne les susnommés solidairement à l'amende de 150 fr., etc.

Du 7 juill. 1858.-C. d'Orléans, ch. corr.

(1) (Lemoine.) — LA COUR; — Attendu que les circulaires saisies sont dans la réalité de véritables lettres missives, pliées dans la forme ordinaire, et portant l'adresse des personnes à qui elles sont destinées; qu'elles ne peuvent, en conséquence, être considérées sous aucun rapport comme des feuilles d'imprimerie ou de librairie; — Attendu que la loi du 27 frim. an 8 (art. 9 et 11) et celle du 14 flor. an 10 (art. 4) autorisent d'une manière formelle le gouvernement à régler par des conventions diplomatiques tout ce qui concerne le service des postes et la correspondance entre la France et les pays étrangers; — Attendu que l'ord. du 29 juill. 1818 a été portée en vertu de ces lois, et pour l'exécution de conventions conclues et signées à Paris, le 12 sept. 1817, entre l'office général des postes de France et l'office général des postes des Pays-Bas; — Que cette ordonnance, ainsi rendue dans la limite des attributions légales conférées au gouvernement, est obligatoire et doit recevoir son plein et entier effet; — Adoptant, au surplus, les motifs des premiers juges, confirme, etc.

Du 6 sept. 1850.-C. de Douai.

(2) *Espèce :* — (Min. pub. C. George.) — Saisie sur George, conducteur de voiture publique, d'une lettre non cachetée, renfermant un protêt, portant pour adresse : *Commission pour M. Maillet, à Avesnes...* — Cette lettre est ainsi conçue : « Solre-le-Château, le 26 oct. 1858. Je prie le cousin Sustendal de remettre le protêt ci-joint à M. Maillet, et lui dire que si je ne lui ai pas retourné plus tôt, c'est parce que l'épouse du sieur Honorez me faisait espérer que son mari allait rentrer, et ne le voyant pas revenir, je dois retourner les pièces, afin que M. Maillet puisse les remettre en temps opportun à M. Bevière, qui ne demeure pas loin d'Avesnes, lui faisant observer que, s'il veut être payé, qu'il faut serrer son homme de tout près, car il est long. — Je prie aussi Sustendal de présenter mes respects à M. Maillet. Son dévoué serviteur. P. S. Le coût du protêt est de 7 fr., signé Liénard. » — Sustendal est le conducteur habituel de la voiture. — George le remplaçait le 27 octobre. — Le tribunal ne vit dans la lettre qu'une simple commission donnée par écrit au messager pour faciliter sa mémoire, et non une lettre destinée à être transportée d'un lieu à l'autre; il ne s'occupa point du billet et du protêt renfermés dans la lettre. — Appel du ministère public. — 11 janv. 1859, arrêt confirmatif de la cour de Douai, ainsi conçu : « Attendu que le renvoi que fait un huissier à son client d'un billet à ordre qu'il a protesté, avec une note non cachetée indiquant au voiturier la remise qu'il doit faire de ces pièces de procédure à l'individu qu'elles concernent, rentre incontestablement dans la double exception faite par l'art. 2 de l'arrêté du 27 prair. an 9, en faveur des sacs de procédure et des papiers uniquement relatifs au service personnel des entrepreneurs de voitures; — Que les mots *sac de procédure* s'entendent nécessairement d'un paquet renfermant des actes de procédure, abstraction faite de la nature ou de la forme de l'enveloppe qui les contient, la faveur de la loi s'attachant à la procédure, non à l'enveloppe. »

Pourvoi du ministère public. D'abord, a-t-il dit, l'écrit dont il s'agit n'est point une simple note pour le conducteur, mais bien une lettre datée, signée, portant son adresse et destinée au sieur Maillet. Il serait trop facile d'éluder la loi s'il suffisait de mettre en tête le nom du conducteur porteur de la lettre. — Ensuite, un protêt n'est point *à priori* un acte de procédure; c'est un acte conservatoire de droits, et il ne devient acte de procédure que du jour où un recours est exercé par le porteur contre le tireur ou les endosseurs; jusque-là c'est un titre, un acte possible de procédure; mais il manque du caractère essentiel pour constituer l'exception de l'art. 2 de l'arrêté de l'an 7. Le protêt peut être fait par notaire, et ce n'est pas plus un acte de procédure que ne le serait tout autre acte conservatoire fait extrajudiciairement. — Arrêt.

LA COUR; — Attendu que, dans l'état des faits déclarés par l'arrêt attaqué, la cour royale de Douai, en renvoyant George de la poursuite intentée contre lui, n'a violé ni les art. 1 et 2 de l'arrêté du gouvernement, du 27 prair. an 9, ni aucune autre loi; — Rejette.

Du 16 fév. 1859.-C. C., ch. crim.-MM. Bastard, pr.-Vincens, rap.

et il a été décidé que le transport par un particulier de lettres cachetées renfermant ces bulletins constitue une immixtion dans le service des postes (Crim. cass. 3 mai 1850, aff. Buridant, D. P. 50. 5. 358).

85. De même, un acte notarié destiné à recevoir les formalités hypothécaires, ne peut être considéré comme un acte de procédure (sol. impl. Crim. cass. 6 nov. 1845, aff. Quentel, V. nº 87-2º).

86. Quel que soit le petit nombre de pièces transportées, quelle que soit aussi la forme de l'enveloppe qui les renferme, il nous semble qu'elles doivent jouir de l'exception (Conf. Douai, 11 janv. 1839, aff. George, rap. avec Crim. rej. 16 fév. 1839, nº 83).

87. Mais il est nécessaire que les enveloppes ne soient pas cachetées, afin que la vérification du contenu puisse se faire immédiatement par l'agent qui fait la perquisition (V. aussi nº 96). — Il a été jugé en effet : 1º qu'une lettre *cachetée* du poids de 7 grammes et demi, à l'adresse d'un avoué, et reconnue contenir (après ouverture à l'audience) une citation et un acte extrajudiciaire de sommation, ne constitue pas un sac de procédure, et que, par conséquent, c'est à tort que le messagiste qui en a été trouvé porteur a été excusé de la contravention (Crim. cass. 13 nov. 1845, aff. Bocquet. D. P. 45. 4. 402); — 2º Que le messagiste trouvé porteur d'une lettre *cachetée* du poids de 10 grammes, à l'adresse du conservateur des hypothèques, et qui, ouverte par ce messagiste, a été reconnue contenir un acte notarié destiné à recevoir les formalités hypothécaires, est coupable d'immixtion, cette lettre ne constituant ni un sac de procédure, ni encore moins une lettre relative au service personnel du voiturier; c'est à tort que le contrevenant serait excusé sous prétexte que la lettre trouvée n'était entre ses mains que par suite d'un mandat personnel. — Ainsi jugé par des motifs dont la substance est reproduite dans ce sommaire (Crim. cass. 6 nov. 1845, M. Jacquinot Godard, rap., aff. Quentel).

88. Toutefois, il a été jugé que l'amende prononcée par l'arrêté de l'an 9 n'est point applicable au particulier trouvé nanti de deux paquets ayant la forme extérieure d'une lettre et cachetés, mais ne renfermant autre chose que des exploits renvoyés par le receveur de l'enregistrement à l'huissier qui les lui avait adressés pour être revêtus de la formalité; que ces exploits sont de véritables pièces de procédure qui tombent sous l'exception portée en l'art. 2 dudit arrêté (Poitiers, 14 janv. 1837) (1), et que le porteur desdits paquets est admis à faire preuve par témoins devant le tribunal de leur contenu (même arrêt, mais V. nº 102).

89. La seconde exception prévue par l'art. 2 de l'arrêté de l'an 9 concerne les *papiers relatifs au service personnel des entrepreneurs de voiture*. — Cette disposition, plus large que l'arrêt de 1681, qui n'exceptait de la prohibition que les lettres de voiture accompagnant la marchandise, comprend plusieurs catégories. — Ainsi, sont exceptés : 1º les *lettres de voiture* ou les *factures* accompagnant les marchandises transportées, pourvu qu'elles ne contiennent que les énonciations indispensables à la livraison de l'objet même que la lettre de voiture ou la facture accompagne (inst. gén.); — 2º Les notes de commission dont les messagers sont porteurs et dont l'objet exclusif est de leur donner mandat ou autorisation de livrer la marchandise qu'ils conduisent ou de prendre celle qu'ils doivent rapporter (inst. gén.).

90. Toutefois, il a été jugé : 1º qu'une lettre dans laquelle l'envoyeur d'un paquet annonce son envoi au destinataire ne peut être réputée constituer un papier uniquement relatif au service personnel du voiturier, dans le sens de l'art. 2 de la loi de l'an 9 (Crim. cass. 13 juin 1839, aff. Roux, V. nº 75-2º); — 2º Que le fait par un voiturier d'avoir été trouvé porteur d'une simple lettre décachetée, déposée au fond d'un panier (contenant du poisson) adressée au destinataire et se référant à l'envoi contenu dans le panier, rend le voiturier coupable de contravention à l'arrêté du 27 prairial an 9; il opposerait en vain qu'une telle lettre avait pour objet le message du voiturier, l'exception admise par la loi ne devant s'entendre que des lettres de voiture (Crim. cass. 15 déc. 1843, MM. Crouseilhes, pr., Jacquinot, rap., aff. Beranger; 7 juin 1844, M. Jacquinot, rap., aff. Beranger).

91. Mais il a été décidé avec plus de raison et conformément à la règle posée par l'administration : 1º qu'on ne peut condamner, comme s'étant immiscé dans le port des lettres, le voiturier qui transporte d'une ville à une autre une lettre non cachetée, adressée à un négociant, et ayant pour but d'opérer sur sa voiture un chargement de marchandises; qu'un tel écrit rentre dans l'exception de l'art. 2 de l'arrêté du 27 prair. an 9,

---

(1) *Espèce :* — (Min. pub. C. femme Bazire.) — 20 août 1836, procès-verbal contre la femme Bazire, marchande cloutière, trouvée nantie de deux paquets cachetés, ayant la forme de lettres, qu'elle transportait de Lusignan à Vivonne, et dont l'un, pesant 43 gr., était adressé au sieur Caminade, huissier à Vivonne, et l'autre, du poids de 11 gr., était à l'adresse du sieur Thibault, huissier à Poitiers. — Citation à la femme Bazire devant le tribunal correctionnel de Poitiers, pour contravention à l'arrêté du 27 prair. an 9. — 2 sept., jugement qui la condamne à 150 fr. d'amende et aux frais, par application des art. 1 et 5 dudit arrêté.

Appel par la femme Bazire. — Elle soutient d'abord que le délit prévu par l'art. 1 de l'arrêté de l'an 9 ne peut résulter que de l'habitude et non d'un fait isolé de transport; que l'article, d'ailleurs, n'est pas applicable aux simples particuliers, mais seulement aux entrepreneurs de voitures, messagers, postillons, etc., faisant de ce transport un commerce, en tirant un lucre; qu'au surplus, pour trancher la question, elle offre de prouver par témoins, et notamment par M. le directeur de la poste aux lettres de Vivonne, devant lequel les paquets saisis en contravention ont été ouverts par les destinataires, que ces paquets ne contenaient que des pièces de procédure, ce qui la met en position d'invoquer le bénéfice de l'art. 2 de l'arrêté, qui excepte les sacs de procédure de la prohibition prononcée par l'art. 1. — Le ministère public répond que l'immixtion dans le transport des lettres, en fraude du privilége exclusif attribué à l'administration des postes, résulte d'un seul fait comme de plusieurs; que décider le contraire serait assurer l'impunité aux contrevenants, le délit ne pouvant être prouvé que par des procès-verbaux, qu'il faudrait s'abstenir de dresser, s'ils ne pouvaient isolément donner lieu à aucune action; — Que la prohibition s'étend aux simples particuliers comme aux entrepreneurs de voitures ou messagers, la loi s'étant servie de ces mots : *toute personne étrangère au service des postes.* — Il s'oppose enfin à l'admission de la preuve offerte, d'une part, dit-il, la loi n'autorisant pas l'ouverture des paquets, au moment de la saisie, on ne saurait plus aujourd'hui en reconnaître l'identité; en second lieu, supposé que ces paquets ne continssent, suivant le dire de la prévenue, que des exploits d'huissiers, renvoyés par ceux-ci à l'enregistrement, et que le receveur leur retournait après la formalité remplie, ce ne peut être le cas de l'exception posée par l'art. 2 de l'arrêté de l'an 9, exception qui, par cela même qu'elle est une dérogation au principe général, doit s'entendre dans un sens restreint, et en se plaçant au point de vue du législateur qui, dans l'intérêt unique des plaideurs, a voulu exempter de frais de poste considérables le transport de procédures souvent volumineuses.

Mais la cour, considérant « que la femme Bazire se plaçant dans le cas exceptionnel de l'art. 2 de l'arrêté de l'an 9, il y a lieu de l'admettre à prouver son exception, et qu'offrant à cet égard la seule preuve qu'elle soit en position de faire, dès qu'elle n'a pas eu le droit d'ouvrir les paquets, au moment de la saisie, pour faire voir leur contenu, il n'y a pas possibilité de refuser d'admettre cette preuve, sauf à la cour à ne s'arrêter ultérieurement qu'à une preuve complète et satisfaisante, renvoie, avant faire droit, et sans nuire ni préjudicier aux droits et moyens des parties, la cause à une prochaine audience, à laquelle toutes parties seront autorisées à faire entendre leurs témoins. »

La prévenue seule en a fait assigner, et il est en effet résulté de son enquête, ainsi qu'elle l'avait prétendu, que les deux paquets saisis en contravention ne contenaient aucune lettre, mais seulement un ou plusieurs exploits adressés sous enveloppe, avec quelques feuilles de papier timbré, par le receveur de l'enregistrement, aux deux huissiers qui lui avaient envoyé ces mêmes exploits pour être formalisés. — Arrêt.

La cour; — Attendu que de l'enquête faite, il résulte que les paquets saisis sur la femme Bazire, le 20 août dernier, ne contenaient que des exploits d'huissier dûment enregistrés; — Que les mots *sacs de procédure* dont parle l'art. 2 de l'arrêté du 27 prair. an 9, s'entendent nécessairement d'une liasse, d'un dossier de procédure, abstraction faite de la nature ou de la forme de l'enveloppe qui les renferme, la faveur de la loi s'attachant à la procédure, non à l'enveloppe qui la contient; — Attendu qu'une procédure peut se composer d'une seule pièce, de l'exploit qui lui sert de base et qui en fait le principal élément, comme d'un dossier plus volumineux, aucune disposition de la loi n'établissant de combien de pièces se composerait une procédure, ni à quel point de l'instruction une procédure devrait être parvenue pour que le porteur pût jouir de la faveur de l'art. 2 de l'arrêté de l'an 9; — Infirme et renvoie la femme Bazire sans dépens.

Du 14 janv. 1837.-C. de Poitiers, ch. corr.-MM. Liége d'Iray, pr.-Flandin, av. gén., c. conf.-Debray, av.

relative aux papiers tenant au service naturel des entrepreneurs de voitures (Crim. rej. 25 mars 1843) (1); 17 avr. 1823, MM. Bailly, pr., Brière rap., aff. Pierrisnard; 11 juin 1829, M. Brière, rap., aff. commiss. de Saint-Chamond); — 2° Que le voiturier messager trouvé porteur d'une lettre non cachetée, adressée par un marchand d'une ville à un marchand d'une autre ville, par laquelle il est fait commande de marchandises qu'il est chargé de rapporter, a pu être déclaré ne pas contrevenir à l'arrêté de l'an 9; qu'un tel papier a pu être considéré comme une lettre de voiture, destinée au service personnel du voiturier; et c'est à tort qu'on prétendrait qu'adressé à un autre, il lui est étranger (Crim. rej. 2 avr. 1840, MM. Bastard, pr.; Ricard, rap., aff. min. pub. *C.* Becquembois); — 3° Que pareillement, on doit considérer comme rentrant dans l'exception établie par l'art. 2 de l'arrêté de l'an 9, un papier en forme de lettre, mais non cacheté, adressé par un négociant à un autre négociant, et conçu en ces termes : «Je vous envoie par le commissionnaire la somme de 32 fr., pour solde de mon compte, sauf toutefois une réduction de 25 cent., à raison d'un défaut de dimension dans les hachoirs que vous m'avez expédiés. Veuillez m'en envoyer six autres aussitôt que vous le pourrez» (Nancy, 31 mars 1841) (2); — 4° Que le voiturier trouvé porteur d'une lettre non cachetée, laquelle avait pour unique objet, en transmettant à un marchand l'échantillon d'une marchandise, d'en demander d'autres qu'il était chargé de rapporter, ne peut être déclaré coupable d'immixtion dans le service des postes (Douai, 14 nov. 1854, aff. Prévost, D. P. 55. 2. 98).

92. Il en est autrement si les lettres, tout en contenant demande de marchandises, ne donnent pas en même temps mission au messager de les rapporter : «attendu qu'il s'agit là d'une véritable missive envoyée à des tiers» (Orléans, ch. corr., 7 fév. 1848, M. Lainé de Sainte-Marie, pr., aff. min. pub. *C.* Bouilly).

93. Les lettres de voitures ou autres papiers accompagnant l'envoi de marchandises ne doivent, avons-nous dit, contenir aucune énonciation étrangère au service du voiturier. — Ainsi il a été jugé : 1° que si, indépendamment de la commission relative au service du messager, une lettre non cachetée contient une mention étrangère à ce service, cette mention, ne fût-elle qu'occasionnelle et sans importance, l'exception de l'art. 2 de l'arrêté de l'an 9 n'est pas applicable (Crim. cass. 2 oct. 1840, et sur nouveau pourvoi, ch. réun. cass. 17 mars 1841) (3); Limoges, 3e ch. 4 juill. 1838, M. Talandier, pr., aff. Brunie; Crim. cass. 7 juin 1844, M. Jacquinot Godard, rap., aff. Touraine; 5 avr. 1845, aff. Chairiègue, D. P. 45. 4. 400), et qu'il en serait ainsi quand même le prévenu serait de bonne foi (même arrêt du 17 mars 1841); —

(1) (Min. pub. *C.* Guidoux.) — La cour; — Vu le jugement du tribunal correctionnel de Pontivy, du 4 fév. 1842, ainsi conçu : — « En ce qui concerne la lettre à l'adresse de la demoiselle Aline, marchande à Lorient, et les deux lettres à l'adresse de la dame Douzebise, marchande en la même ville : — Attendu que l'art. 2 de l'arrêté du 27 prair. an 9 excepte de la prohibition de l'art. 1 les papiers uniquement destinés au service personnel des entrepreneurs de voitures; — Attendu que le commissionnaire René-Jean Guidoux est un entrepreneur de voitures, et que de l'instruction et des débats est ressortie la preuve que ces trois lettres n'avaient pour objet que de l'autoriser à se faire remettre diverses marchandises qu'il devait rapporter à son retour, en faisant connaître aux personnes à qui les lettres étaient adressées le mandat qu'il avait reçu pour ce transport, qu'elles étaient par conséquent uniquement relatives à son service personnel d'entrepreneur de voitures; — Que l'on doit nécessairement assimiler de semblables lettres aux lettres de voiture de marchandises transportées, et que la seule condition qu'on puisse exiger pour affranchir le porteur de toute peine, c'est que, conformément aux prescriptions de l'arrêt du conseil, du 18 juin 1681, elles aient été ouvertes et non cachetées, condition qui est remplie dans l'espèce; — En ce qui touche la quatrième lettre à l'adresse du sieur Michelon, marchand à Lorient : — Attendu que cette lettre est représentée, qu'elle ne contient autre chose qu'un avis donné au sieur Michelon du port d'une somme de 35 fr. que le commissionnaire Guidoux était chargé d'effectuer à son compte, et la demande d'une demi-barrique de vin qu'il était chargé de rapporter; — Que cette lettre est par conséquent comme les trois autres uniquement relative au service personnel de René Guidoux; — Attendu, d'ailleurs, qu'il résulte des dépositions des témoins Lecorre et Macia que lorsque, le 17 nov. au soir, la lettre dont s'agit fut remise par Lecorre à la femme de René Guidoux qui devait partir pour Lorient dans la nuit, elle était cachetée; — Mais qu'en leur présence cette femme brisa le cachet en disant aux témoins que c'était la condition sous laquelle son mari se chargerait du transport, et la déposa ensuite ouverte et non cachetée dans le portefeuille de son mari; que ce fait de la femme Guidoux prouve que la volonté de son mari de ne se charger d'aucune lettre ou billet cacheté, même relatif à son service, était formelle et bien connue de toute sa famille; — Que, sans suspecter en rien la véracité du témoin Hébert, il est facile de comprendre qu'il a pu être induit en erreur par le geste fait par Guidoux pour lui démontrer que la lettre dont il faisait la saisie n'était pas cachetée, et croire qu'il en brisait le cachet en ce moment même; mais que ce fait du bris de cachet à cette époque et par lui est impossible, puisqu'il est démontré qu'il avait eu lieu bien antérieurement; — Par ces motifs, le tribunal renvoie Jean Guidoux hors de poursuite sans dépens. »

Attendu que, dans ces circonstances et dans l'état des faits tels qu'ils ont été établis et constatés dans le jugement attaqué, le tribunal correctionnel supérieur de Vannes, en confirmant par son jugement du 11 avr. 1842, le jugement du tribunal correctionnel de Pontivy, du 4 fév. précédent, a renvoyé des poursuites René-Jean Guidoux, n'a violé ni les dispositions de l'art. 1 de l'arrêté du 27 prair. an 9, ni aucun autre texte de loi, et a fait au contraire une juste application de l'art. 2 du susdit arrêté; — Rejette.

Du 25 mars 1843.-C. C., ch. crim.-MM. de Crouseilhes, f. f. pr.-Meyronnet de Saint-Marc, rap.-Quénault, av. gén.

(2) (Min. pub. *C.* Viriot.) — La cour; — Attendu, en droit que l'art. 2 de l'arrêté du 27 prair. an 9 admet trois exceptions, dont l'une est établie en faveur des papiers uniquement relatifs au service personnel des entrepreneurs de voitures; — Attendu qu'il résulte de l'ensemble de la jurisprudence de la cour de cassation sur la matière, que l'on peut, sans s'écarter de la lettre et de l'esprit de cet article, considérer comme rentrant dans cette dernière catégorie : 1° les lettres de voiture relatives à des marchandises qui ont été ou qui doivent être expédiées; les lettres et papiers non cachetés qui, à raison de leur relation avec les marchandises transportées ou à transporter par le voiturier qui en a été trouvé porteur, peuvent être assimilés aux lettres de voiture; 2° les factures ou papiers indiquant la nature, la quantité et la qualité des marchandises expédiées, ainsi que le prix ou décompte de chacune d'elles; 3° les lettres, notes ou papiers non fermés, ayant pour objet d'autoriser un voiturier à se faire remettre des marchandises qu'on l'a chargé de transporter à son retour, et enfin les lettres par lesquelles un marchand fait à un autre marchand une commande de marchandises qui doivent être rapportées par le voiturier auquel ces lettres ont été remises; — Attendu, en fait, que le papier en forme de lettre, mais non cacheté, qui a été saisi, le 29 janvier dernier, sur Nicolas-Pierre Viriot, commissionnaire de Nancy à Neufchâteau, soigneusement analysé dans tout son contenu, ne renferme, en réalité, aucune indication qui ne puisse se rapporter à l'une ou à l'autre des trois classes de papiers dont l'énumération précède; — Qu'en effet, on y voit que Fourny jeune, marchand boisselier à Nancy, annonce à Joseph Gérard, fabricant de boissellerie à Liffol-le-Grand : 1° qu'il lui envoie par le commissionnaire Viriot 32 fr., pour solde de son compte; 2° que cependant, sur cette somme, il lui retient 25 c., à raison d'un défaut de dimension dans des hachoirs qui lui ont été expédiés par ce fabricant; 3° qu'enfin il fait audit sieur Gérard une commande de six autres hachoirs, qu'il le prie de lui envoyer aussitôt qu'il le pourra; — Qu'il est évident que toutes ces énonciations, qui pouvaient faire l'objet de trois notes différentes, dont Viriot aurait pu se charger sans contrevenir aux dispositions de l'arrêté précité, se réfèrent uniquement soit à l'argent que Viriot devait remettre à Gérard, soit aux marchandises qu'il avait mission de rapporter; — Qu'à la vérité, le papier contenant la commande de ces marchandises n'indique pas d'une manière explicite qu'elles seront envoyées à Fourny par l'intermédiaire de Viriot; mais qu'il ne paraît pas possible de supposer que Fourny, qui emploie habituellement Viriot, seul commissionnaire entre Nancy et Neufchâteau, aurait chargé ostensiblement cet individu de faire une commande d'objets qu'il ne devait pas transporter, et qui ne pouvaient, d'ailleurs, en raison de leur poids et de leur faible valeur, être expédiés par la voie de la diligence; — Qu'ainsi, il y a lieu de maintenir le jugement qui renvoie le prévenu des poursuites dirigées contre lui, le fait sur lequel la cour est appelée à statuer ne constituant aucune contravention aux dispositions de l'arrêté du 27 prair. an 9; — Par ces motifs, rejette l'appel du ministère public.

Du 31 mars 1841.-C. de Nancy, ch. correct.-MM. Mourot, pr.-Garnier, av. gén., c. conf.-Louis, av.

(3) *Espèce* : — (Saunier.) — Arrêt du 20 oct. 1840, de la cour de cassation, chambre criminelle, qui casse un arrêt de la cour d'Amiens. — Saisie par renvoi, la cour de Rouen a jugé comme celle d'Amiens. — Nouveau pourvoi. — Arrêt.

La cour; — Vu les art. 1, 2 et 5 de l'arrêté du gouvernement du 27 prair. an 9; — Attendu qu'il résulte des art. 1 et 5 précités, que défense est faite à tous les entrepreneurs de voitures libres et à toutes personnes étrangères au service des postes de s'immiscer dans le trans-

2° Qu'un voiturier trouvé porteur d'une lettre non cachetée n'a pu être renvoyé des poursuites dirigées contre lui, alors qu'il était reconnu que ces lettres n'étaient pas exclusivement relatives à son service personnel... Ou sous prétexte que, moyennant un abonnement annuel, le voiturier s'était astreint à transporter tous les objets donnés ou tous les paquets concernant cette personne (Crim. cass. 7 juin 1844, M. Jacquinot Godard, rap., aff. Touraine); — 3° Et spécialement que la lettre dont un entrepreneur est trouvé porteur et par laquelle un négociant donne avis à un autre : 1° qu'un créancier de celui-ci n'a pas soldé son effet, sous le prétexte qu'il en a envoyé les fonds; 2° lui annonce le renvoi d'une barrique; 3° le prie de l'en créditer, de lui envoyer du papier et deux caisses de savon; 4° enfin le charge de choses honnêtes pour ses parents... une telle lettre ne peut être regardée comme une missive relative au service personnel de cet entrepreneur, sous le prétexte qu'elle n'a eu pour objet que de donner avis des chargements de la barrique, et de demander le papier et le savon qu'il devait rapporter (Crim. cass. 22 fév. 1839, MM. Bastard, pr., Rives, rap., aff. Barthelemy, et sur nouveau pourvoi, ch. réun. cass., 20 mars 1840, MM. Portalis, 1er pr., Thil, rap.); — 4° Qu'il en est ainsi de la lettre par laquelle un individu prévient un négociant, son correspondant, qu'il a été obligé de prendre ailleurs le sel qui ne s'était pas trouvé parmi les marchandises que celui-ci lui avait précédemment adressées; qu'il lui a manqué deux douzaines de veilleuses parmi celles qui lui avaient été portées en compte; et enfin le charge de lui choisir une brosse à billard, chez un quincaillier, de la remettre au porteur et de lui en dire le prix qui lui sera envoyé par la même occasion (Crim. cass. 30 déc. 1841, MM. Bastard, pr., Godard, rap., aff. Penelle).

94. Il a encore été jugé : 1° que l'exception de l'art. 2 de l'arrêté de l'an 9 ne peut être étendue à des lettres ayant pour objet des marchandises à livrer à un autre qu'au porteur de ces lettres, ou aux lettres ayant trait à des relations particulières entre les expéditeurs et destinataires de ces lettres en dehors du service spécial des messagers et voituriers, alors même qu'elles ne seraient pas cachetées (Orléans, 26 sept. 1843, M. Vilneau, pr., aff. min. pub. C. Perrin); — 2° Que la lettre non cachetée trouvée dans le chargement d'un voiturier, dans un paquet couvert en papier gris plié sous forme de lettre à l'adresse d'un commerçant, ne peut être considérée comme une lettre de voiture accompagnant le transport de marchandises confiées à ce voiturier, et, par suite, comme uniquement relative au service personnel de celui-ci, alors qu'elle contient la demande d'autres marchandises et s'explique sur des marchandises antérieurement livrées (Crim. cass. 15 juin 1844, M. Jacquinot-Godard, rap., aff. Courtin); — 3° Que le voiturier, trouvé porteur de lettres ouvertes ou cachetées, relatives à des objets étrangers à son transport, se rend coupable d'immixtion illicite dans le transport des lettres (Crim. cass. 28 janv. 1848, aff. Péan, D. P. 48. 5. 290); — 4° Que les entrepreneurs de voitures publiques ne peuvent se charger que des lettres relatives à leur service personnel, ou, en d'autres termes, que des lettres de voiture proprement dites ou de celles qui sont susceptibles d'être considérées comme telles; qu'en conséquence, le conducteur d'une voiture publique, trouvé porteur d'une lettre dans laquelle il est question d'objets autres que ceux transportés, se rend coupable d'immixtion dans le service des postes (Crim. cass. 16 sept. 1853, aff. Gautheron, D. P. 53. 5. 362).

95. Les lettres dont un voiturier a été trouvé porteur sont réputées étrangères à son service, et le constituent en contravention aux lois qui établissent le privilége de l'administration des postes, par cela seul qu'elles étaient adressées à des tiers, et qu'il ne les a point présentées au moment de la saisie comme des lettres de voiture des marchandises qu'il transportait (Crim. cass. 13 mai 1820, aff. Guingamp, V. n° 98).

96. Aux termes des arrêts du conseil de 1681, les lettres et papiers dont le transport n'est pas interdit aux voituriers et entrepreneurs de messageries doivent être ouvertes et non cachetées. — Ainsi, il a été jugé qu'en exceptant de la défense faite aux voituriers et autres de s'immiscer dans le transport des lettres, les papiers uniquement relatifs à leur service personnel, l'art. 2 de l'arrêté du 27 prair. an 9 a confirmé la disposition de l'arrêt du conseil du 18 juin 1681 encore en vigueur, qui exige que ces papiers soient ouverts et non cachetés (Crim. cass. 23 août 1839, MM. Crouseilhes, pr., Vincens, rap., aff. Thomassin; 23 avril 1842, M. Godard, rap., aff. Congé-Mesmin, et les arrêts qui suivent); ...et que cette exception ne peut être appliquée à une lettre *cachetée* adressée à un autre individu, encore bien qu'il serait déclaré par les juges qu'elle était uniquement relative au service personnel du voiturier (Crim. cass. 19 avril 1845, aff. Prévoteau, D. P. 45. 4. 401); ...par exemple : 1° qu'elle a pour objet d'autoriser celui-ci à retirer des marchandises de chez le destinataire pour les transporter sur sa voiture chez l'auteur de la lettre (Crim. cass. 27 sept. 1839, et sur nouveau pourvoi Cass., ch. réun., 20 mars 1840) (1); — 2° Que la lettre était un simple accusé de réception de marchandises précédemment transportées

---

port des lettres, paquets et papiers du poids d'un kilogramme et au-dessous, à peine d'une amende de 150 fr. à 500 fr.; — Attendu que, par l'art. 2 dudit arrêté, sont seuls exceptés de la prohibition portée dans l'article précédent les sacs de procédure, les papiers uniquement relatifs au service personnel des entrepreneurs de voitures, et les paquets au-dessus du poids d'un kilogramme; — Attendu, en fait, qu'il n est pas méconnu par l'arrêt attaqué, et qu'il résulte du texte de la lettre non cachetée saisie sur le messager Joseph Saunier, que ladite lettre était composée de deux parties distinctes; — Que, si la première peut être considérée comme relative au service personnel dudit messager, la seconde se rapportait à des objets complétement étrangers audit service; — Que cependant l'arrêt dénoncé a refusé d'appliquer au prévenu les art. 1 et 5 du susdit arrêté, sous prétexte, d'une part, que la seconde partie de la lettre était sans importance et sans objet réel; d'autre part, que dans la pensée du prévenu, il s'était chargé de ladite lettre sans croire contrevenir à la loi; d'où la cour royale de Rouen a induit que les dispositions exceptionnelles de l'art. 2 étaient applicables; — Mais attendu que l'art. 2 dont il s'agit ne distingue point le plus ou moins d'importance de l'objet auquel se rapporte la lettre ou le papier saisi; — Que ledit article ne renferme qu'une exception étroite et précise, portant sur les papiers uniquement relatifs au service personnel des entrepreneurs de voitures; — Attendu aussi que, quelle que fût la pensée du prévenu en se chargeant d'une lettre qui n'était pas uniquement relative à son service, il ne peut être présumé avoir ignoré la loi qui le lui défendait, ni se faire une excuse de cette ignorance; — Que dès lors l'arrêt attaqué, en refusant d'appliquer audit Joseph Saunier les art. 1 et 5 de l'arrêté du 27 prair. an 9, et en créant dans l'art. 2 des distinctions qui n'y existent pas, a formellement violé les deux premiers de ces articles et fait du troisième une fausse application; — Casse, etc.

Du 17 mars 1841.-C. C., ch. réun.-MM. Portalis, 1er pr.-Faure, rap.

(1) *Espèce* : — (Min. pub. C. Clavel.) — La cour de Montpellier avait acquitté Clavel par le motif que la lettre avait pour objet d'autoriser le prévenu à retirer de chez un marchand de Montpellier, à qui elle était adressée, des marchandises qu'il devait transporter sur sa voiture à Mèze chez l'auteur de la lettre, et qu'ainsi elle était uniquement relative à son service personnel. Sur le pourvoi, arrêt de la chambre criminelle, du 27 sept. 1839, MM. Bastard, pr., Vincens, rap., qui casse. — La cour de renvoi rendit un arrêt conforme à celui de la cour de Montpellier. — Nouveau pourvoi. — Arrêt.

LA COUR; — Vu les art. 1, 2 et 5 de l'arrêté du 27 prair. an 9; — Attendu que l'art. 1 de cet arrêté défend à tous entrepreneurs de voitures publiques de s'immiscer dans le transport des lettres; — Que l'art. 2 excepte de cette défense les papiers uniquement relatifs au service personnel des voituriers; — Que cette exception ne peut s'appliquer à une lettre cachetée dont le voiturier s'est trouvé porteur, puisqu'aussitôt après la saisie de la lettre elle doit être, conformément à l'art. 5 de l'arrêté du 27 prairial et à l'art. 1 du décret du 2 mess. an 12, déposée au bureau de poste le plus voisin et expédiée, en rebut, à Paris, d'où elle ne peut être rendue que sur réclamation et à la charge de payer le double de la taxe ordinaire; — Qu'il résulte de ces dispositions et du principe de l'inviolabilité du secret des lettres, qu'on n'a pu décacheter la lettre saisie pour prendre connaissance de son contenu et rechercher si elle devait être assimilée aux papiers dont parle l'art. 2 précité; — Que, s'il est vrai de dire que cet article peut s'appliquer aux lettres, c'est lorsqu'elles circulent ouvertes et non cachetées, qu'elles n'en ont ainsi que l'apparence ou la forme extérieure et qu'elles ne jouissent pas du privilége de l'inviolabilité attachée à cette espèce d'écrit; — Attendu, d'ailleurs, que l'art. 2 de l'arrêté du 27 prairial doit être combiné avec les dispositions des règlements ou arrêts du conseil des 18 juin et 29 nov. 1681, rappelés dans les lois et arrêtés des 29 août 1790 (art. 4), 2 niv. et 7 fruct. an 6, et dont l'exécution, la réimpression et l insertion au Bulletin des lois ont été ordonnées par l'art. 2 de l'arrêté du 26 vent. an 7; — Que ces règlements qui n'exceptent de la défense faite aux voituriers que les lettres de voiture, des marchandises qu'ils voitureront, exigent qu'elles

par le voiturier sur lequel elle a été saisie (Crim. cass. 23 août 1839, MM. Crouseilhes, pr., Vincens, rap., aff. min. pub. *C.* Thomassin); — 3° Que les lettres saisies ne contenaient que des pièces relatives au service des entrepreneurs de roulage dont le voiturier qui en était porteur conduisait les voitures (Crim. cass. 8 août 1840, MM. Bastard, pr., Crouseilhes, rap., aff. min. pub. *C.* Baillyse [cet arrêt casse un arrêt de la cour de Bourges du 6 fév. 1840]; et sur renvoi, Orléans, 31 oct. 1840, M. Vilneau, pr.); — 4° Que la lettre n'est qu'une lettre d'envoi accompagnant des marchandises et sur l'adresse de laquelle se trouve indiqué le poids de ces marchandises (Crim. cass. 11 juin 1842) (1).

97. Pareillement, il a été décidé que si l'on peut assimiler aux lettres de voiture des marchandises transportées, les lettres, notes ou papiers ayant pour objet d'autoriser les voituriers à se faire remettre des marchandises qu'ils doivent transporter à leur retour, ce n'est que sous la condition que lesdites lettres ou notes seront ouvertes et non cachetées (Crim. cass. 2 avril 1840, aff. Poncin, V. n° 112).

98. On ne peut, au moment de la saisie d'une lettre cachetée, en examiner le contenu et vérifier si elle rentre dans les exceptions prévues par l'arrêté du 27 prair. an 9 (Crim. cass. 11 juin 1842, aff. Evrard, V. n° 96-4°).—Par suite, il a été décidé que l'arrêté du 27 prair. an 9, loin de permettre aux agents de l'autorité d'ouvrir les lettres adressées à des tiers et saisies sur les entrepreneurs de voitures publiques, et qui ne leur sont pas déclarées comme des lettres de voiture des marchandises transportées, leur ordonnant de les transmettre à leur adresse, il s'ensuit que, sous son empire, la présomption légale dit qu'elles ne sont pas au cas de l'exception accordée pour papiers relatifs au service personnel desdits entrepreneurs; que, dès lors, les tribunaux ne peuvent les excuser sous ce prétexte (Crim. cass. 13 mai 1820) (2). — En conséquence, il y a contravention, bien qu'au moment de la remise de la lettre au gendarme, le voiturier en ait rompu le cachet (Crim. cass. 2 avril 1840, MM. Bastard, pr., Ricard, rap., aff. Martinot).

99. Du reste, il suffit qu'une lettre remise cachetée au voiturier ait été décachetée par lui, au moment où il a consenti à s'en charger, pour qu'elle ne puisse être réputée cachetée dans le sens de la loi pénale (Crim. rej. 25 mars 1843, aff. Guidoux, V. n° 91-1°).

100. Enfin, dans la deuxième exception de l'art. 2 de l'ar-

---

soient ouvertes ou non cachetées ;—Qu'en accordant aux papiers en général relatifs au service personnel des voituriers la faveur attribuée aux seules lettres de voiture par les règlements de 1681 l'arrêté du 27 prair. an 9 et ceux qui l'ont précédé ont entendu assujettir ces papiers aux mêmes conditions que les lettres de voiture ;—Attendu, en fait, qu'un procès-verbal, régulièrement dressé le 17 mai 1839, a constaté que Clavel, entrepreneur et propriétaire d'une voiture publique de Mèze à Montpellier et retour, a été trouvé saisi d'une lettre cachetée à l'adresse du sieur Audemer à Montpellier ;—Qu'ainsi la contravention à l'art. 1 de l'arrêté du 27 prair. an 9 était dûment établie, et qu'il y avait lieu, dès lors, d'appliquer la peine prononcée par l'art. 5 ; — Attendu cependant que l'arrêt attaqué a déchargé Clavel de l'action dirigée contre lui, en se fondant sur ce que la lettre n'était, quoique cachetée, qu'un papier uniquement relatif au service personnel de ce voiturier ;— Qu'en jugeant ainsi, cet arrêt a faussement interprété et appliqué l'art. 2 de l'arrêté du 27 prairial, et a expressément violé les art. 1 et 5 dudit arrêté ;—Casse.

Du 20 mars 1840.-C. C., ch. réun.-MM. Portalis, 1er pr.-Thil, rap.

(1) (Min. pub. *C.* veuve Evrard.)— La cour ; — Vu les arrêtés des 26 vent. an 7 et 27 prair. an 9 ; — Attendu que l'art. 1 de ce dernier arrêté défend à tout entrepreneur de voitures publiques, et à toute autre personne étrangère au service des postes, de s'immiscer dans le transport des lettres ;—Attendu que, pour l'exécution de cette disposition, l'art. 3 de ce même arrêté autorise à faire toutes perquisitions et saisies sur les messagers, piétons, etc. ;—Attendu que si l'art. 2 du même arrêté excepte des prohibitions prononcées les papiers uniquement relatifs au service personnel des entrepreneurs, cette exception ne peut s'appliquer à une lettre cachetée dont un messager est trouvé porteur ; qu'il résulte de la combinaison de l'art. 2 précité avec les dispositions des règlements et arrêts du conseil des 18 juin et 29 nov. 1681, maintenus en vigueur par l'arrêté du 26 vent. an 7, que l'exception dont il s'agit ne comprend que les lettres de voiture des marchandises que ces messagers voitureront, lesquelles doivent être ouvertes et non cachetées, et que, si l'arrêté de l'an 9 étend l'exception à tous les papiers relatifs au service personnel des entrepreneurs, ces papiers doivent être assujettis aux mêmes conditions que les lettres de voiture elles-mêmes ; qu'il résulte, d'ailleurs, du principe de l'inviolabilité du secret des lettres et des dispositions de l'arrêté de l'an 9, sur la destination à donner aux lettres cachetées trouvées entre les mains des messagers ou autres assujettis, qu'on ne peut, au moment de la saisie d'une lettre cachetée, en examiner le contenu et vérifier si elle rentre dans les exceptions prévues ;—Et attendu qu'il est constant et reconnu, en fait, que Véronique Riss, veuve Evrard, messagère, s'était chargée d'une lettre cachetée adressée au sieur Meyer ; que la veuve Evrard se trouvait, dès lors, en contravention à l'arrêté de l'an 9 ; qu'il devait lui être fait application des peines portées en l'art. 5 de cet arrêté ; que néanmoins le jugement attaqué l'a renvoyée de la plainte, sur le motif que cette lettre n'était qu'une lettre d'envoi, accompagnant deux bottes de fer non ouvré, et sur l'adresse de laquelle se trouvait indiqué le poids du fer transporté, et que, quoique cachetée, elle conservait toujours le véritable caractère d'une lettre de voiture ; en quoi il y a eu fausse application de l'art. 2 de l'arrêté de l'an 9, et violation des art. 1 et 5 de cet arrêté ;—Casse.

Du 11 juin 1842.-C. C., ch. crim.-MM. Bastard, pr.-Crouseilhes, rap.

(2) 1re *Espèce* : — (Min. pub. *C.* Guingamp.) — La cour ; — Vu l'arrêté du 26 vent. an 7 ; — Vu l'arrêté du 27 prair. an 9 ; — Vu également l'arrêté du 7 fruct. an 6, art. 1 et 2 ; — Attendu que des dispositions combinées de ces arrêtés il résulte : — D'une part, la prohibition, à toute personne étrangère au service des postes, de transporter des lettres ou paquets de lettres du poids de deux livres ou au-dessous, ouvertes ou cachetées, à l'exception seulement des lettres de voiture des marchandises que les voituriers transporteront, et qui seraient ouvertes et non cachetées ; — D'autre part, la prohibition, aux mêmes personnes, du transport de tous papiers du poids de deux livres et au-dessous autres que des lettres ou paquets de lettres, excepté seulement les sacs de procédure, les papiers relatifs au service personnel des entrepreneurs de voitures, et les paquets au-dessus du poids de deux livres ; — Que, dès lors, les lettres ou paquets de lettres transportés se trouveraient dans le cas de la prohibition, par cela seul qu'ils ne seraient point des lettres de voiture, ouvertes et non cachetées, des marchandises transportées par les voitures ; — Que, par conséquent, l'exception établie pour les paquets et papiers relatifs au service personnel des entrepreneurs de voitures ne pourrait s'appliquer aux lettres ou paquets de lettres portant une adresse à des tierces personnes ; — Que par leur seule forme de lettres ou paquets de lettres adressés à des tiers, ceux-ci sont présumés de droit étrangers au service personnel des voituriers ou entrepreneurs de voitures, et rentrer dans le cas de la prohibition prononcée par les arrêts de règlement et les arrêtés qui les confirment ; — Qu'en effet, l'art. 5 de l'arrêté du 27 prair. an 9 porte que les procès-verbaux seront dressés à l'instant de la saisie ; qu'ils contiendront l'énumération des lettres ou paquets saisis, ainsi que leur adresse ; que les copies en seront remises avec lesdites lettres et paquets saisis en fraude, savoir, à Paris, à l'administration des postes, et, dans les départements, au bureau du directeur des postes le plus voisin de la saisie, pour lesdites lettres et lesdits paquets être envoyés aussitôt à leur destination, avec la taxe ordinaire ; — Que cet article, ne permettant pas d'ouvrir les lettres ou paquets de lettres adressés à des tiers et qui ne sont point déclarés aux agents de l'autorité qui les saisissent comme des lettres de voiture des marchandises transportées, et ordonnant de les transmettre à leur adresse, établit la présomption de droit, qu'elles ne sont pas au cas de l'exception accordée pour les papiers relatifs au service personnel des entrepreneurs de voitures ; — Que, par conséquent, le port de ces lettres constitue par lui-même une contravention.

Et attendu que, dans l'espèce, il était constaté, par un procès-verbal régulier et non argué de faux, que le prévenu avait été trouvé porteur de sept lettres adressées à des tiers ; — Qu'il ne les a jamais présentées comme des lettres de voiture des marchandises qu'il transportait ; — Que, dès lors, elles étaient de droit réputées en contravention aux prohibitions du transport des lettres ; — Que néanmoins la cour royale de Rennes a refusé de lui appliquer la peine prononcée contre sa contravention, sous prétexte que les lettres ou paquets de lettres étaient relatifs à son service personnel ; — Qu'elle a déduit les preuves de ce fait de simples allégations ou éclaircissements donnés par le prévenu seulement à son audience, et dont jusqu'alors il n'avait, dans tout le cours de l'instance, jamais imaginé d'exciper ;—Mais que cette allégation tardive et présumée mensongère ne pouvait l'emporter sur la présomption légale plaçant les lettres et paquets de lettres saisis sur le prévenu dans le cas de la prohibition, par cela seul qu'ils portaient la suscription d'adresses à des tiers, et que le prévenu ne les avait point présentés comme des lettres de voiture des marchandises qu'il transportait ; — Qu'ainsi, en ne lui faisant point l'application des dispositions pénales prononcées contre ces contraventions, la cour royale de Rennes a violé les art. 1 et 2 de l'arrêté du 27 prair. an 9, ainsi que les dispositions de celui du 26 vent. an 7, et des arrêts de règlement des 18 juin et 29 nov. 1681, qu'il confirme ; — Casse l'arrêt de la cour de Rennes du 8 avr. dernier.

Du 13 mai 1820.-C. C., cass., sect. crim.-M. Ollivier, rap.

2e *Espèce* : — (Min. pub. *C.* Moreau.) — Le même jour, arrêt semblable qui casse sur les mêmes motifs un autre arrêt de la même cour, du 10 avr. 1820.

rêté de l'an 9, rentrent les papiers uniquement relatifs au *service personnel* d'un entrepreneur de transport et circulant pour son propre matériel sur la ligne qu'il exploite (instr. gén.). — Il a été jugé, en conséquence, que le fait par un conducteur de voitures publiques d'avoir transporté une lettre non cachetée adressée par un des entrepreneurs de voitures publiques à un de leurs relayeurs, et dont toutes les énonciations sont relatives à son service, ne constitue pas une infraction à l'arrêté du 27 prair. an 9 (Crim. rej. 8 fév. 1845, aff. Michon, D. P. 46. 4. 405).— L'art. 835 de l'instruction de 1832 détermine les conditions auxquelles est soumise l'expédition de ces *lettres* et *papiers*.

101. Mais il a été décidé 1° que l'exception introduite en faveur des « papiers uniquement relatifs au service personnel des entrepreneurs de voitures, » doit être restreinte à la correspondance que nécessite le service même des entreprises, et ne peut être étendue aux lettres qui concernent les affaires privées des entrepreneurs; qu'en conséquence, le préposé d'une entreprise de voitures publiques, trouvé porteur de pareilles lettres, est passible d'amende (Crim. cass. 15 avril 1837) (1);—2° Que les entreprises de voitures publiques ou de chemins de fer ne peuvent se prévaloir, vis-à-vis de l'administration des postes, du droit exceptionnel que leur accorde l'art. 2 de l'arrêté du 27 prair. an 9, de faire transporter par leurs conducteurs et agents « les papiers relatifs à leur service personnel, » qu'autant qu'il s'agit de papiers ouverts et se rapportant exclusivement à des marchandises qu'ils accompagnent, tels que lettres de voitures et factures; mais non au cas où il s'agit d'une correspondance relative à leurs affaires générales, laquelle ne peut être transportée que par le service des postes, alors surtout qu'elle est expédiée sous forme de lettres cachetées (Crim. cass. 24 nov. 1854, aff. Talabot, D. P. 55. 1. 188).

102. La preuve que les lettres saisies sur un messager concernaient son service personnel, ne peut résulter légalement que de l'appréciation des lettres elles-mêmes; en conséquence, lorsque sur la saisie qui en a été opérée, ces lettres ont été dirigées sur Paris pour être mises au rebut, le prévenu a droit d'obtenir le délai suffisant pour en obtenir le retour et les produire en justice (Crim. cass. 19 avril 1845, aff. Colombon et aff. Picot, D. P. 45. 4. 401). — Mais il ne peut, en même temps, être admis à prouver par témoins que l'objet de ces lettres le plaçait dans un des cas d'exception prévus par la loi, sans que l'arrêt qui le décide ainsi encoure la cassation (mêmes arrêts; V. toutefois n° 96).

103. La déclaration d'un prévenu, quand un procès-verbal constate à sa charge des faits présentant tout le caractère apparent d'un délit, ne peut jamais à elle seule faire disparaître tout caractère de criminalité. En conséquence, le coquetier trouvé porteur de lettres ne peut être renvoyé des poursuites, en ce qu'il a affirmé que l'une de ces lettres, bien qu'elle fût à l'adresse d'un tiers, lui était personnelle et était dès longtemps en sa possession (Crim. cass. 16 janv. 1841) (2).

104. La dernière exception prévue par l'art. 2 de l'arrêté de l'an 9 concerne les *paquets au-dessus du poids d'un kilogramme*. — Ce texte présente une certaine difficulté d'interprétation. — D'abord, il est bien entendu, malgré l'expression générale de l'arrêté qu'il ne s'agit ici que de paquets de papiers et non de paquets de marchandises : cela est reconnu formellement par l'administration elle-même (V. le réquisit. de M. Mourre dans l'aff. Hamoir, sous le n° 64, et l'instr. gén.).—Il a été jugé, en ce sens, qu'un paquet contenant des objets étrangers à la correspondance, et, par exemple, des échantillons de marchandises, peut, quoique pesant moins d'un kilogramme, être déclaré n'être pas, pour le transport, dans les attributions exclusives de la poste aux lettres (Douai, 4 mars 1851 (3); Cass., ch. réun., 6 déc. 1828, aff. Hamoir, V. n° 64).

105. Mais cela établi, quels sont les papiers dont le transport est licite lorsqu'ils sont réunis en paquets dont le poids est supérieur à un kilogramme? — D'une part, ce ne sont pas les papiers à l'égard desquels la poste exerce son privilége exclusif, comme les lettres missives, les écrits périodiques, les circulaires, etc. : ces papiers, quel que soit le poids des paquets ou ballots qui les contiennent ne peuvent jamais être transportés par des personnes étrangères au service des postes. Cela a été plusieurs fois jugé, soit à l'égard des journaux (V. n° 78), soit à l'égard des correspondances. — Ainsi il a été décidé, notamment : 1° que des boîtes renfermant des lettres et des papiers de correspondance, doivent, bien qu'elles soient d'un poids supérieur chacune à un kilogramme et qu'une voiture ait servi à les transporter, être considérées elles-mêmes comme moyen de transport; et que, dès lors, les lettres et papiers ne peuvent être placés dans l'exception portée en l'art. 2 du décret du 27 prair. an 9

(1) (Min. pub. *C.* Salkin.) — LA COUR; — Vu l'arrêté du 27 prair. an 9, en ses art. 1 et 2, qui défendent à toutes personnes étrangères au service des postes de s'immiscer dans le transport des lettres, journaux, etc...; et exceptent... « les papiers uniquement relatifs au service personnel des entrepreneurs de voitures; » — Attendu qu'il est constant et reconnu que l'une des deux lettres saisies sur le sieur Salkin concernait le service de l'entreprise dont il était le préposé; mais que l'autre ne concernait que des affaires privées de ces entrepreneurs, autres que celles relatives à l'entreprise; — Attendu, en droit, que l'arrêté du 27 prair. an 9 n'excepte des prohibitions qu'il renferme que les « papiers uniquement relatifs au service personnel des entrepreneurs de voitures; » — Attendu que, par ces expressions, l'exception dont il s'agit est nécessairement restreinte à la correspondance que nécessite le service même des entreprises, et ne saurait être étendue à toutes les affaires privées des entrepreneurs; — Que l'arrêté n'envisage ici que cette qualité d'entrepreneurs, puisque l'exception n'a que l'entreprise pour objet; — Attendu, néanmoins, que le jugement attaqué a renvoyé le sieur Salkin de la plainte, sur le motif que, d'après l'art. 2 de l'arrêté du 27 prair. an 9, l'exception introduite s'étendait à toutes les affaires personnelles des entrepreneurs; — En quoi ce jugement a commis une fausse interprétation, et, par suite, une violation de l'art. 2 de l'arrêté du 27 prair. an 9, et, par suite, des art. 5 et 6 du même arrêté; — Casse.

Du 15 avr. 1837.-C. C., ch. crim.-MM. Bastard, pr.-Crouseilhes, rap.

(2) (Min. pub. *C.* Redeuilh.) — LA COUR; — Vu les art. 1 et 5 de l'arrêté du 27 prair. an 9; — Attendu qu'il résulte d'un procès-verbal régulier, que Redeuilh, coquetier, a été trouvé transportant en fraude deux lettres non cachetées; — Qu'il se trouvait donc en contravention à l'art. 1 de l'arrêté du 27 prair. an 9, et devait être puni de l'amende déterminée par l'art. 5 du même arrêté; — Que cependant la cour royale de Bordeaux l'a renvoyé des poursuites dirigées contre lui, en se fondant, en ce qui concerne la lettre à l'adresse du sieur Murphy, sur ce qu'il avait affirmé qu'elle lui était personnelle et était depuis longtemps en sa possession lors de la saisie, et à l'égard de la lettre à l'adresse de la demoiselle Rose, sur ce que n'étant ni datée ni signée, et ne portant l'indication ni du lieu d'où elle était partie, ni de celui où la remise devait en être faite, elle ne pouvait recevoir la qualification de lettre missive; d'où ladite cour a tiré la conséquence que le prévenu ne se trouvait pas dans le cas prévu par l'art. 1 de l'arrêté susdaté;

Attendu qu'aucun de ces motifs ne peut justifier l'arrêt attaqué; — Que, d'une part, la déclaration de l'accusé, lorsqu'un procès-verbal régulier constate à sa charge des faits présentant tout le caractère apparent d'un délit, ne peut jamais à elle seule fournir une preuve suffisante des circonstances propres à faire disparaître tout caractère de criminalité; — Que, d'autre part, la date, la signature et l'indication précise étant détaillées sur l'adresse de la demeure du destinataire, ne sont pas de l'essence d'une lettre missive, et que d'ailleurs l'art. 1 de l'arrêté de l'an 9 confie exclusivement à l'administration des postes le transport de tous papiers dont le poids n'excède pas deux livres; — Attendu, en conséquence, qu'en refusant, par ces motifs, d'appliquer à Redeuilh les art. 1 et 5 du susdit arrêté, lorsque d'ailleurs il ne résultait pas des lettres saisies qu'elles fussent exclusivement relatives à son service, elle les a formellement violés; — Casse et annule l'arrêt rendu le 25 nov. dernier par la chambre correctionnelle de la cour royale de Bordeaux.

Du 16 janv. 1841.-C. C., ch. crim.-MM. Bastard, pr.-Vincens, rap.

(3) *Espèce :* — (Postes *C.* Leclercq.) — Paul Noël Leclercq, trouvé porteur de deux paquets d'échantillons de merceries d'un très-faible poids, et d'une note en facture jointe à l'un de ces paquets, fut poursuivi pour contravention à l'arrêté du 27 prair. an 9; mais le tribunal l'acquitta. — Appel. — Arrêt.

LA COUR; — Attendu que la prohibition de la loi sainement entendue ne porte que sur les paquets d'un kilogramme et au-dessous qui se composent de lettres, paquets de lettres ou papiers de correspondance, et nullement sur les paquets du même poids qui, comme dans l'espèce, ne contiendraient que des échantillons de merceries;

Attendu que la note jointe à l'un des deux paquets, et qui contenait l'indication de certaines sommes dues pour livraisons de marchandises (et notamment pour la fourniture de la marchandise que ladite note accompagnait) ne peut être considérée dans l'état des choses comme un des papiers de correspondance dont le transport soit exclusivement attribué à l'administration de la poste aux lettres; — Confirme.

Du 4 mars 1851.-C. de Douai, ch. corr.-M. Preux, av. gén.

(Crim. cass. 1er fév. 1834) (1), et cela encore bien que les lettres fussent décachetées (même arrêt); — 2° Que l'exception contenue en l'art. 2 de l'arrêté de l'an 9, relative aux paquets de plus d'un kilogramme, ne s'applique pas au cas où ces paquets contiennent une réunion de lettres ou de journaux pesant plus d'un kilogramme; elle ne peut s'appliquer qu'à des paquets dont tout le contenu concerne la même personne (Crim. rej. 17 fév. 1837, aff. mess. Laffitte, V. n° 78-1°). — D'autre part, ce ne sont pas non plus les papiers dont le transport même en paquets inférieurs à un kilogramme est toujours licite, comme les registres, cartes et plans, les dossiers de procédure, les publications de librairie non périodiques, etc. — Les papiers auxquels s'applique l'exception prévue par l'art. 2 sont donc uniquement, suivant nous, les papiers *écrits* et non imprimés qui ne forment pas une correspondance actuelle; par exemple, les manuscrits d'auteur, les titres, documents relatifs à des affaires dont les tribunaux ne sont pas saisis et qui ne peuvent, en aucun cas, être considérés comme des actes de procédure, comme des factures, d'anciennes correpondances, des comptes de gestion, de liquidation, des polices d'assurance, etc., etc.

106. Mais il est évident, et c'est ce qui est formellement décidé par l'instruction générale, que ces paquets de papiers ne sont exceptés de la prohibition qu'à la condition qu'ils ne contiendront aucune lettre ou note ayant le caractère d'une correspondance, aucun journal, écrit périodique ou circulaire imprimée.— Il a été jugé, en effet, que l'exception introduite par la loi du 27 prair. an 9 à la prohibition du transport des papiers, pour les paquets contenant des papiers d'un poids supérieur à un kilogramme, ne donne nullement le droit d'introduire des lettres missives dans des paquets de papiers excédant le poids d'un kilogramme..., ni, à plus forte raison, dans des paquets supérieurs au même poids, et qui contiendraient autre chose que des papiers : peu importe, d'ailleurs, que la forme extérieure de ces paquets n'ait aucune analogie avec la configuration des lettres ou papiers mis sous enveloppe (Crim. cass. 21 juin 1844) (2).

107. Toutefois, on ne considérerait pas comme prohibée une note ou facture jointe à un paquet d'échantillons transporté par un voiturier, et d'un poids au-dessous d'un kilogramme (Douai, 4 mars 1831, aff. Leclerc, V. n° 104).

108. Le fait, par un voiturier, d'être porteur d'un paquet de papiers du poids de 45 grammes, avec indication sur l'enveloppe qu'une somme de 87 fr. lui sera remise, constitue une contravention à l'arrêté de l'an 9, qui interdit le transport par les personnes étrangères au service des postes des paquets de papiers d'un kilogramme et au-dessous; en conséquence, l'arrêt qui, sans vérifier si ces papiers pouvaient être assimilés à des papiers uniquement personnels au service de ce messager, le renvoie de la prévention, sous le prétexte que le paquet et la somme indiquée sur l'adresse n'étaient qu'une même chose, en sorte qu'il ne s'agissait que d'un port de marchandises, viole la loi et doit être annulé (Crim. cass. 5 avril 1845, aff. Chirat, D. P. 45. 1. 400).

109. Pour qu'il y ait contravention il faut que le poids du paquet ou lettre n'excède pas un kilogramme; le procès-verbal de saisie doit donc indiquer le poids du paquet à peine de nullité du procès-verbal (Crim. rej. 17 germ. an 10) (3).

110. La *petite poste*, c'est-à-dire la distribution des lettres dans l'enceinte d'une grande ville est soumise à une réglementation spéciale. — Ainsi, il a été décidé 1° qu'à Paris, le privilége établi en faveur de la petite poste par l'art. 7 de la déclaration du 8 juill. 1759 s'étend seulement aux lettres et paquets de lettres, que les arrêtés des 2 niv. et 7 fruct. an 6, 26 vend. an 7, 27 prair. an 9 n'ayant pour objet que de maintenir le privilége de la grande poste pour le transport des lettres de ville en ville, ne s'appliquent pas à la distribution dans Paris des journaux ou autres imprimés; qu'en conséquence, le port des journaux et papiers imprimés dans Paris n'est pas une contravention et une atteinte au privilége de la petite poste (Crim. rej. 15 janv. 1836) (4); — 2° Que la déclaration du 8 juill. 1759, art. 7, en donnant à la petite poste le privilége du transport dans Paris des

---

(1) (Min. pub. *C.* Bimard et Gleizes.) — La cour; — Attendu que, si les deux boîtes dont il s'agit au procès étaient chacune d'un poids supérieur à 1 kilogramme, ces boîtes n'étaient pas, dans l'espèce, l'objet transporté, mais seulement le moyen de transport; que les objets transportés étaient véritablement des lettres et des papiers servant à correspondance; que, s'il est établi que les lettres avaient été précédemment ouvertes, elles n'en étaient pas moins un moyen de correspondance, et que, dès lors, elles rentraient dans les prévisions de l'art. 1 du décret du 27 prair. an 9; que, par conséquent, ni ces lettres ni les autres papiers trouvés dans les boîtes saisies, ne pouvaient être placés dans l'exception portée en l'art. 2 du même décret, et qu'en les y plaçant comme il l'a fait, l'arrêt attaqué a faussement appliqué et même violé cet article; — Casse.

Du 1er fév. 1834.-C. C., ch. crim.-MM. Bastard, pr.-Fréteau, rap.

(2) (Min. publ. *C.* Azéma.) — La cour; — Attendu que par les art. 1 et 2 de l'arrêté du 27 prair. an 9, il est défendu à toutes personnes, et spécialement aux voituriers, de s'immiscer dans le transport des lettres et papiers, en n'exceptant de cette prohibition générale et absolue, indépendamment des papiers uniquement relatifs au service personnel des entrepreneurs des voitures publiques, les paquets renfermant des *papiers d'un poids supérieur à 1 kilogramme*; — Attendu qu'une semblable exception, qui ne s'applique qu'aux paquets qui renferment des papiers, ne pourrait être étendue aux lettres missives, même lorsqu'elles seraient placées dans ces paquets excédant le poids de 1 kilogramme, et à plus forte raison aux lettres qui seraient introduites dans des paquets qui ne renfermeraient pas des papiers, quel que fût leur poids; qu'ainsi, il ne peut suffire, pour excuser la contravention prévue par les dispositions ci-dessus visées dudit arrêté du 27 prair. an 9, de cacher des lettres ou du papier dans des paquets dont la forme extérieure n'aurait aucune analogie avec la configuration des lettres ou des papiers ainsi transportés en fraude; — Attendu qu'il a été constaté par un rapport régulier du 15 déc. 1845, et qu'il est d'ailleurs reconnu par l'arrêt attaqué, que lors de la perquisition à laquelle François Azéma, voiturier, faisant le transport de la volaille, était assujetti, il a été trouvé dans un sac faisant partie de son chargement, et parmi d'autres effets, une lettre cachetée, à l'adresse de M. Séraphin Rouvier; — Que ce fait constituant une contravention aux dispositions des art. 1 et 2 de l'arrêté du 27 prair. an 9, il y avait lieu dès lors de la réprimer par l'application de l'art. 5 du même arrêté; — Atendu, néanmoins, que François Azéma a été renvoyé de la poursuite par le motif que la lettre saisie avait été trouvée dans un paquet dont elle était inséparable, et que l'objet du transport étant d'ailleurs le paquet dont le poids excédait 1 kilog., le prévenu n'avait pu contrevenir aux dispositions de l'arrêté précité; — Que l'arrêt attaqué, en créant ainsi une exception contraire aux dispositions des art. 1 et 2 de l'arrêté du 27 prair. an 9, contient une violation expresse desdits articles, comme de l'art. 5 du même arrêté, dont cet arrêt a refusé l'application; — Par ces motifs, casse l'arrêt rendu par la cour royale de Montpellier, le 18 mars 1844.

Du 21 juin 1844.-C. C., ch. crim.-MM. Laplagne, pr.-Jacquinot, r.

(3) (Min. publ. *C.* Peeters.) — Le tribunal; — Attendu que, pour établir la contravention aux lois rapportées dans l'arrêté des consuls, en date du 27 prair. an 9, il est absolument nécessaire de constater que le poids du paquet ou lettre n'excède pas le poids de 1 kilogramme; que cette circonstance ne se trouvant pas mentionnée dans le procès-verbal de saisie du paquet en question, et d'ailleurs n'étant pas légalement constatée au procès, le tribunal criminel des Deux-Nèthes, en renvoyant Jean Peeters des poursuites dirigées contre lui à défaut de la mention du poids du paquet, n'a contrevenu à aucune loi; — Rejette.

Du 17 germ. an 10.-C. C., sect. crim.-MM. Seignette, pr.-Vallée, r.

(4) *Espèce* : — (Postes *C.* Baron.)—Plusieurs porteurs de la maison Baron distribuaient dans l'intérieur de Paris des journaux, des avis imprimés, etc. L'administration des postes crut voir dans ces distributions une atteinte à son privilége et les traduisit en police correctionnelle, puis devant la cour royale de Paris qui rendit, le 18 juill. 1835, un arrêt par lequel elle relaxa de la plainte ceux des prévenus auxquels on ne reprochait d'avoir distribué que des paquets d'imprimés. — Pourvoi, 1° pour violation de l'art. 7 de la déclaration du 8 juill. 1759; 2° pour violation de l'art. 1 de l'arrêté des consuls du 27 prair. an 9. On soutient, en analysant les lois et déclarations rendues sur la matière, que la petite poste a un privilége pour la distribution dans Paris, non-seulement des lettres, mais encore des paquets et des papiers. — Arrêt.

La cour; — Vu, 1° les arrêts du conseil d'Etat du roi des 18 juin et 29 nov. 1681; 2° la déclaration du 8 juill. 1759 dûment enregistrée au parlement; 3° les arrêtés du directoire exécutif des 2 niv. et 7 fruct. an 6; 4° l'arrêté des consuls du 27 prair. an 9; — En ce qui touche le premier moyen de cassation, tiré de la violation prétendue de l'art. 7 de la déclaration du 8 juill. 1759 : — Attendu que cet article, portant création d'une petite poste pour l'intérieur de la ville de Paris, dispose que cet établissement a pour objet de porter d'un quartier à l'autre, dans l'enceinte des barrières, des lettres et paquets sur le pied de deux sous pour une lettre simple, billet ou carte au-dessous d'une once, soit qu'il y ait enveloppe ou qu'il n'y en ait pas, et de trois sous l'once pour

lettres et paquets, n'entend par ce mot *paquet* que les lettres multiples ou paquets de lettres, par opposition aux lettres simples (même arrêt); — 3° Que la petite poste, dans les villes où elle a été établie, n'a pas de privilége pour la distribution des imprimés (Bordeaux, 24 nov. 1847, aff. Amic, D. P. 48. 2. 70, et sur pourvoi Crim. rej. 3 juin 1848, D. P. 48. 1. 135).

111. Toutefois, la distribution dans l'intérieur de Paris de lettres, bien qu'imprimées, mais qui sont closes et fermées de manière à ce qu'il ne puisse être facilement vérifié, d'après le mode indiqué par les instructions de l'administration, si ces lettres sont manuscrites ou imprimées, constitue une infraction au privilége établi, en faveur de la petite poste, par la déclaration du 8 juill. 1759, punissable conformément à l'arrêté du 27 prair. an 9, qui modifie, quant à la peine, les arrêts de 1681 (Paris, 29 janv. 1856 (1), 10 avril 1844, M. Moreau, pr., aff. Bonnard).—V. M. de Grattier, Comment. sur les lois de la presse, t. 2, p. 260, notes.

§ 3. — *Perquisitions, procès-verbaux, poursuites, compétence, peines; responsabilité.*

112. L'art. 3 de l'arrêté du 27 prair. an 9 autorise, dans l'intérêt de l'administration, des *perquisitions* à l'effet de constater les infractions à cet arrêté sur les messagers, piétons chargés de porter les dépêches, voituriers de messageries et autres de même espèce. — Cet article doit être entendu en ce sens qu'il comprend sous ces expressions et *autres de même espèce* toutes personnes qui, à raison de leur profession ou de leur commerce, font habituellement des transports d'un lieu à un autre, et ont par là l'occasion de commettre des fraudes au préjudice de l'administration (Crim. cass. 2 avril 1840 (2), 12 nov. 1842, M. Jacquinot-Godard, rap., aff. Dumoulin).—Ainsi, on a assimilé à un messager ou piéton, et, par suite, on a déclaré soumis aux perquisitions 1° l'individu qui se charge parfois de commissions d'un lieu à un autre (Ch. réun. cass. 23 déc. 1842) (3); — 2° Le jardinier

---

les paquets; — Attendu que, dans ce texte, le mot *paquet* est employé par opposition *aux lettres simples*, d'où il suit que, dans le sens que le législateur a voulu y attacher, le mot *paquets* signifierait des lettres qui ne sont pas simples, c'est-à-dire des lettres multiples, ou *paquets de lettres*; — Attendu que le préambule de cette déclaration, en spécifiant le privilége qu'elle établit en faveur de la petite poste de Paris, indique qu'il a pour objet *les lettres que les habitants ont à s'écrire*; — Attendu que, dès lors, ce privilége est spécial et borné aux lettres et paquets de lettres, et qu'il ne peut s'étendre aux imprimés;

En ce qui touche le deuxième moyen de cassation, tiré de la violation prétendue de l'art. 1 de l'arrêté des consuls, du 27 prair. an 9 : — Attendu que cet arrêté ne fait autre chose que rappeler (en ordonnant leur exécution pure et simple) l'art. 4 de la loi du 26 août 1790, celle du 21 sept. 1792, et l'arrêté du 26 vend. an 7, mais sans rien ajouter aux prohibitions de ces diverses lois et arrêtés auxquels seulement il donne une sanction pénale par son art. 5; — Attendu que ce dernier arrêté du 26 vend. an 7 ordonne seulement l'exécution des deux arrêtés du directoire des 2 niv. et 7 fruct. an 6; que ce dernier se réfère à celui du 2 niv. qui l'a précédé, et qu'enfin celui-ci déclare formellement, dans son préambule, qu'il a pour objet de maintenir le privilége créé par les arrêts du conseil d'Etat des 18 juin et 29 nov. 1681, c'est-à-dire le privilége de la grande poste pour le transport des lettres de ville en ville; — Attendu que, dès lors, cet arrêté du 2 niv. an 6, ainsi que ceux du 7 fruct. même année, des 26 vend. an 7 et 27 prair. an 9 sont étrangers à la petite poste, laquelle n'a été maintenue que par la loi des 26-29 août 1790, qui se réfère purement et simplement à la déclaration du 8 juill. 1759; — Attendu qu'ainsi les prohibitions contenues dans l'art. 1 de l'arrêté des consuls du 27 prair. an 9 ne s'appliquent pas à la distribution dans Paris des journaux ou autres imprimés; — Attendu, par conséquent, que l'arrêt attaqué n'a violé ni la déclaration du 8 juill. 1759 ni ledit arrêté du 27 prair. an 9, ni aucune autre loi, et attendu que la procédure a été régulière; — Rejette.

Du 15 janv. 1856.-C. C., ch. crim.-MM. de Crouseilhes, f. f. de pr.-Mérilhou, rap.-Tarbé, av. gén., c. contr.-Piet et Crémieux, av.

(1) (Trinquet C. min. pub.) — La cour; — Considérant qu'il résulte de l'art. 7 de la déclaration du 8 juill. 1759, et des dispositions législatives postérieures qui l'ont maintenue, que la petite poste a le droit exclusif de faire transporter et distribuer les lettres et paquets de lettres dans l'intérieur de Paris; — Que l'exception à ce privilége, relativement au transport, par des entreprises particulières, des journaux, ouvrages périodiques, feuilles entièrement imprimées, gravées ou lithographiées, ne peut s'appliquer aux feuilles de cette nature qu'autant qu'elles sont non closes ou pliées et fermées de manière à être facilement vérifiées d'après le mode qu'indiquent les instructions de l'administration des postes; — En fait, considérant qu'il résulte du procès-verbal du 15 oct. 1855, et qu'il a été avoué par Trinquet, qu'il a été saisi ledit jour sur le nommé Remy, agent dudit Trinquet, quatre cent cinquante-deux lettres sous enveloppes, que ce dernier l'avait chargé de porter aux adresses indiquées; — Que, dès lors, en admettant, suivant l'allégation de Trinquet, que lesdites lettres fussent imprimées, elles étaient closes et fermées, de manière à ce que le fait allégué ne pût être vérifié en l'absence des destinataires, sans commettre une violation du secret des lettres punissable aux termes de la loi; — Qu'ainsi les faits reconnus constants constituent la contravention prévue par l'art. 7 de la déclaration du 8 juill. 1759, et punie aux termes des arrêts du conseil de 1681, modifiés par l'art. 5 de l'arrêté du 27 prair. an 9, applicable en cette partie; et que Trinquet doit être personnellement responsable des peines encourues par Remy, son agent; — Confirme.

Du 29 janv. 1856.-C. de Paris, ch. corr.-M. Jacquinot-Godard, pr.

(2) (Min. pub. C. veuve Poncin.) — La cour; — Vu les art. 1, 5 et 5 de l'arrêté du 27 prair. an 9; — Attendu : 1° que l'art. 3 dudit arrêté permet les perquisitions dans l'intérêt de l'administration des postes à l'égard des messagers, piétons, chargés de porter les dépêches, voitures de messageries et autres de même espèce; — Que ces dernières expressions doivent s'entendre de toutes personnes qui, à raison de leur profession ou de leur commerce, font habituellement des transports d'un lieu à un autre, et ont par là l'occasion et la facilité de commettre des fraudes au préjudice de ladite administration; — Que l'arrêt du conseil du 18 juin 1681, dont l'insertion au Bulletin des lois a été ordonnée par l'arrêté du 26 vent. an 7, confirmé lui-même par celui du 27 prair. an 9, et dont par conséquent les dispositions toujours en vigueur doivent servir à interpréter celles de ce dernier arrêté, assimile aux maîtres de coches, piétons et voituriers, entre autres personnes, les beurriers et poulaillers et permet à leur égard toutes perquisitions; — Que la veuve Poncin exerce la profession de coquetière, ainsi que le reconnaît l'arrêt attaqué, en venant du village de Bény à Lyon vendre des denrées comestibles; qu'elle était donc du nombre des personnes que concernent plus particulièrement les lois sur le service des postes, et que ledit arrêt a formellement violé les lois ci-dessus visées en déclarant nulle la saisie pratiquée contre elle et en se fondant sur cette prétendue nullité pour la renvoyer de l'action du ministère public;

Attendu 2° que l'arrêt du conseil du 18 juin 1681 n'excepte de la défense faite aux messagers, bateliers et voituriers que les lettres de voiture des marchandises qu'ils transporteront, lesquelles seront ouvertes et non cachetées; — Que cette disposition doit servir à fixer le sens de celle de l'art. 2 de l'arrêté du 27 prair. an 9 qui excepte de la prohibition de l'art. 1 les papiers uniquement relatifs au service personnel des entrepreneurs de voitures; — Que, si l'on peut assimiler aux lettres de voiture des marchandises transportées et considérer dès lors comme relatives au service des entrepreneurs de voitures, les lettres, notes ou papiers ayant pour objet de les autoriser à se faire remettre des marchandises qu'ils doivent transporter à leur retour, ce n'est que sous la condition que lesdites lettres ou notes seront ouvertes et non cachetées; — Que, parmi les trois lettres saisies sur la veuve Poncin, il y en avait une cachetée; — Que, dès lors, la déclaration de fait contenue dans l'arrêt attaqué, que ces lettres n'étaient que des mandats ou notes destinés à faire connaître à ceux à qui elles étaient adressées la personne à qui ils devaient remettre certaines marchandises, ne peut justifier le renvoi prononcé en faveur de la dame Poncin qu'à l'égard des deux lettres non cachetées; mais que, relativement à la lettre cachetée, ce renvoi est une violation formelle des art. 1 et 5 de l'arrêté ci-dessus visé du 27 prair. an 9; — Casse.

Du 2 avril 1840.-C. C., ch. crim.-MM. Bastard, pr.-Vincens, rap.

(3) (Min. pub. C. Redeuilh.) — La cour; — Vu l'arrêté du 29 prair. an 9, celui du 26 vent. an 7, et les anciens règlements des 18 juin et 29 nov. 1681; — Attendu qu'il est établi par le procès-verbal de perquisition du 7 août 1840, énoncé dans l'arrêt de la cour royale d'Agen, que Redeuilh, sur lequel ont été saisies les deux lettres missives, exerce la profession de coquetier, et qu'il se charge parfois de quelques commissions; — Attendu, en droit, que les arrêts du conseil d'Etat des 18 juin et 29 nov. 1681 ont été maintenus par les arrêtés des 26 ventôse an 7 et 27 prair. an 9; — Qu'aux termes de ces règlements, les poulaillers et beurriers sont compris parmi les personnes sur lesquelles peuvent être faites des visites à l'effet de reconnaître si elles n'ont pas contrevenu à la prohibition de se charger d'aucune lettre; — Que, dans cette catégorie rentrent évidemment les coquetiers et autres individus qui, par état, font habituellement des transports d'un lieu à un autre; — Que telle est l'interprétation qu'il faut donner à ces mots et autres de la même espèce, que l'art. 3 de l'arrêté du 27 prair. an 9 ajoute, après avoir désigné les messagers, piétons, chargés de porter les dépêches, et les voitures de messageries sur lesquels les perquisitions peuvent être pratiquées; — Attendu que, sous un autre rapport, Redeuilh, qui se charge parfois de quelques commissions, était soumis à l'application de cet article, en qualité de messager; — Qu'ainsi, l'arrêt attaqué

qui se rend une fois la semaine à un marché voisin pour y vendre ses produits (Crim. cass. 6 mai 1845) (1). — Toutefois, il a été décidé, sur le renvoi prononcé par ce dernier arrêt, que le jardinier qui transporte au marché le plus voisin, soit accidentellement, soit à époques fixes les produits de sa récolte, n'est pas soumis à la perquisition ; mais qu'il en est autrement s'il transporte en même temps des marchandises appartenant à des tiers (Paris, ch. corr. 20 juill. 1845, M. Grandet, f. f. pr., aff. min. pub. *C.* Léger). — V. aussi nº 117.

113. L'arrêt du conseil, du 18 juin 1681, dont les dispositions, toujours en vigueur, doivent servir à interpréter celles de ce dernier arrêté, assimilant aux messagers, piétons, etc., les *voituriers, rouliers, bateliers*, etc., permet à leur égard toutes perquisitions ; par suite, il y a lieu de casser un arrêt qui déclare illégale la perquisition faite sur un voiturier et le renvoie, pour prétendue nullité de la saisie opérée sur lui, de l'action du ministère public (Crim. cass. 12 nov. 1842, M. Jacquinot-Godard, rap., aff. Dunoulier). — Toutefois, il a été jugé, mais à tort, qu'un roulier qui transporte des marchandises d'un lieu dans un autre n'est pas soumis aux perquisitions prescrites par l'arrêté de l'an 9 (Grenoble, ch. corr., 29 juin 1836, M. Niolas, pr., aff. min. pub. *C.* Guillaume).

114. L'arrêt du 18 juin 1681 autorise les perquisitions à l'égard des *beurriers, poulaillers et autres*. En conséquence, les simples beurriers, bien qu'ils ne se chargent habituellement d'aucunes dépêches ou commissions, sont assujetis aux perquisitions (Crim. cass. 15 oct. 1841 (2) ; 23 avril 1842, M. Godard, rap., aff. Congé-Mesmin). — Il en est de même des *coquetiers* (Crim. cass. 2 avril 1840, aff. Poncin, V. nº 112 ; Ch. réun. cass. 23 déc. 1842, aff. Redeuilh, V. nº 112. — *Contrà*, Grenoble, ch. corr., 2 janv. 1834, M. Duboys, pr., aff. Gandon).

115. L'art. 5 de l'arrêté de l'an 9 est aussi applicable, suivant la cour de cassation, aux femmes des conducteurs de voitures, voyageant dans les voitures de leurs maris ; on ne doit pas les assimiler à de simples voyageurs, mais on doit les considérer comme participant au service et à la conduite des voitures de leurs maris (Crim. cass. 23 sept. 1836) (3).

116. Il suffit que l'entrepreneur d'une voiture publique ait fait la déclaration de son entreprise et que la voiture ait été estampillée, pour que, de ce moment, il soit soumis aux perquisitions des agents chargés de rechercher les immixtions illégales dans le transport des lettres. En conséquence, cet entrepreneur ne peut être excusé d'une contravention à l'arrêté du 27 prair. an 9, constatée à sa charge, sous le prétexte qu'il n'aurait pas encore fait acte de sa profession, la loi ne faisant aucune distinction (Crim. cass. 27 avril 1837) (4).

---

a violé les lois précitées en décidant que la contravention n'ayant été constatée qu'au moyen d'une perquisition à laquelle Redeuilh n'était pas assujetti, les poursuites n'avaient reposé sur aucune base légale ; — Casse.

Du 23 déc. 1842.-C. C., ch. réun.-MM. Portalis, 1er pr.-Hardoin, rap.

(1) (Min. pub. *C.* Léger.) — LA COUR ; — Vu les art. 1, 3 et 5 de l'arrêté du 27 prair. an 9 ; — Attendu que l'art. 5 dudit arrêté permet les perquisitions dans l'intérêt de l'administration des postes à l'égard des messagers, piétons chargés de porter les dépêches, voitures de messageries et autres de même espèce ; que ces dernières expressions doivent s'entendre de toutes personnes qui, à raison de leur profession ou de leur commerce, font habituellement des transport d'un lieu à un autre, et ont par là l'occasion et la facilité de commettre des fraudes au préjudice de ladite administration ; — Que c'est ainsi que les perquisitions sont expressément permises à l'égard des beurriers et poulaillers, par l'arrêt du conseil du 18 juin 1681, dont l'insertion au bulletin des lois a été ordonnée par l'arrêté du 26 vent. an 7, confirmé lui-même par celui du 27 prair. an 9, et dont les dispositions maintenues ainsi en vigueur en tout ce qui n'a pas été abrogé, doivent servir à interpréter celles du dernier arrêté ; — Attendu qu'il est reconnu, en fait, par le jugement attaqué, que Léger et sa femme, jardiniers, viennent une fois la semaine au marché de Chéroy pour y vendre les produits de leur jardin ; — Qu'ils font donc, par état, des transports habituels d'un lieu à un autre, ce qui suffit pour autoriser les perquisitions et visites à leur égard ; — Attendu cependant que le jugement attaqué a déclaré nulle la perquisition qui avait été faite sur la femme Léger en vertu de l'art. 5 de l'arrêté du 27 prair. an 9, et que c'est en se fondant uniquement sur cette nullité qu'il a refusé de prononcer contre elle l'amende déterminée par les art. 1 et 5 dudit arrêté, — En quoi il a formellement violé lesdits articles ; — Casse.

Du 6 mai 1845.-C. C., ch. cr.-MM. de Ricard, pr.-Vincens, rap.

(2) (Min. pub. *C.* Cartier.) — LA COUR ; — Vu l'arrêté du 27 prair. an 9, celui du 26 vent. an 7, et les anciens règlements des 18 juin et 29 nov. 1681, qui y sont transcrits ; — Attendu que le jugement (du tribunal corr. de Tours) du 15 nov. 1840 ordonne un interlocutoire qui préjuge nécessairement le fond de la question que présente le procès, puisqu'il a pour objet de rechercher si le sieur Cartier, marchand beurrier, qui a été trouvé chargé d'une lettre fermée avec du fil, serait messager proprement dit ; cette qualité seule, vu les professions analogues énumérées en l'arrêté de l'an 9, pouvant, d'après l'expression du tribunal, motiver une perquisition légale ; — Attendu que ce même jugement déclare également, en principe, que la perquisition faite sur Cartier aurait été nulle s'il n'avait été que simple beurrier, qu'elle n'aurait pu, dès lors, servir de base légale à une poursuite ; — Attendu, à cet égard, que l'arrêté de l'an 9 ordonne l'exécution de celui du 26 vent. an 7, qui lui-même maintenait en vigueur les anciens règlements des 18 juin et 29 nov. 1681 ; — Que le règlement du 18 juin comprend formellement les beurriers parmi les personnes assujetties d'une manière expresse à la perquisition ; — Que l'arrêté de l'an 9, lorsqu'après avoir énuméré les professions plus particulièrement assujetties, il ajoute, et autres de même espèce, doit nécessairement se référer à celles qui se trouvaient aussi formellement dénommées dans les anciens règlements maintenus en vigueur par ce même arrêté de l'an 9 ; — Attendu qu'après avoir entendu des témoins, en vertu de son jugement interlocutoire, le tribunal, par son second jugement du 4 décembre, a renvoyé Cartier de la plainte, sur le motif que, s'il avait fait le service de beurrier, il n'était point messager, et que, par suite, il n'était pas assujetti à la perquisition ; — En quoi il y a eu fausse application et violation des arrêtés du 26 vent. an 7 (et règlements anciens qui y sont rappelés) ; — Casse.

Du 15 oct. 1841.-C. C., ch. crim.-MM. Bastard, pr.-Crouseilhes, r.

(3) (Min. pub. *C.* femme Torset.) — LA COUR ; — Attendu que la femme, voyageant dans la voiture de son mari, conducteur de voitures publiques, ne peut être assimilée à un simple voyageur, mais qu'elle doit être considérée comme participant au service et à la conduite de la voiture de son mari ; d'où il suit qu'en cette qualité elle doit être assujettie aux perquisitions et saisies autorisées par l'art. 5 de l'arrêté des consuls, du 27 prair. de l'an 9, sur la personne et dans la voitures des messagers ou autres conducteurs de voitures publiques ; — Attendu qu'il résulte d'un procès-verbal régulier, dressé le 16 avr. 1836, par deux gendarmes à la résidence de Châteauroux, que, ledit jour, Madelaine Pinault, femme Torset, patachier, demeurant à Saint-Gaultier, allant de Châteauroux à Saint-Gaultier, a été requise de souffrir la perquisition de toutes les correspondances, lettres et journaux dont elle pourrait être chargée, en contravention aux lois et au préjudice des droits du trésor public ; que, par suite de cette perquisition, il s'est trouvé que ladite femme Torset transportait en fraude six lettres missives adressées à divers particuliers de Saint-Gaultier ; — Attendu que l'arrêt attaqué, sans méconnaître ces faits, a cependant renvoyé la femme Torset de la poursuite intentée contre elle à raison de cette contravention, et qu'il s'est fondé sur ce qu'il n'était pas établi que cette femme fût chargée de la conduite de la voiture de son mari, et sur ce que sa qualité de femme de ce voiturier n'autorisait pas les perquisitions qui ont été faites sur elle, et enfin sur ce que lesdites perquisitions, ayant été faites illégalement, ne pouvaient servir de base à une poursuite, ni à une condamnation ; — Attendu qu'en jugeant ainsi, l'arrêt attaqué a faussement interprété l'art. 3 de l'arrêté des consuls du 27 prair. de l'an 9, et formellement violé les art. 1 et 5 dudit arrêté ; — Vu lesdits articles ; — Par ces motifs, casse l'arrêt de la cour de Bourges, du 11 août 1836.

Du 23 sept. 1836.-C. C., ch. cr.-MM. Bastard, pr.-Dehaussy, rap.

(4) (Administration des postes *C.* Sénat.) — LA COUR ; — Vu l'arrêté du 27 prair. an 9, lequel défend à toutes personnes étrangères au service des postes de s'immiscer dans le transport des lettres, journaux, etc., et autorise toutes perquisitions et saisies sur les messagers, piétons chargés de porter les dépêches, voitures de messageries et autres de même espèce ; — Attendu qu'il est reconnu par l'arrêt attaqué : 1º que le sieur Sénat était, d'après une déclaration par lui faite devant l'administration des contributions indirectes, le 21 sept., entrepreneur d'une voiture publique à deux roues, non suspendue, et que cette voiture avait été estampillée ; — 2º Que, le 22 du même mois, Sénat avait été trouvé porteur de douze lettres adressées à diverses personnes ; — Attendu que Sénat, étant entrepreneur d'une voiture, était évidemment soumis aux perquisitions prescrites par l'art. 5 de l'arrêté du 27 prair. an 9, et, par suite, le cas échéant, passible des peines portées en l'art. 5 de cet arrêté ; — Attendu que, néanmoins, il a été renvoyé de la plainte, sur le motif que, le jour dont il s'agit, Sénat n'aurait pas encore réellement effectué son projet de faire un service de voiture publique ; — Qu'à partir de la déclaration et du moment où sa voiture était estampillée, il devenait immédiatement soumis aux obligations qui en étaient la conséquence légale ; et qu'à cet égard la loi de la matière n'autorise pas des

117. L'arrêt de 1681 autorisait les perquisitions sur les simples particuliers; mais cette disposition a été retranchée dans le texte réimprimé à la suite de l'arrêté du 26 vent. an 7 (V. motifs Bourges, 15 juin 1840, aff. Durepaire, sous le nº 66-5º); elle n'a pas été reproduite non plus dans l'arrêté de l'an 9. — En conséquence, il a été jugé qu'il n'est permis à aucun gendarme ou agent de la force publique, de fouiller les voyageurs, dans le seul objet de constater des contraventions aux lois sur le port des lettres (Crim. cass. 24 avril 1828, aff. Lafond, V. instr. crim., nº 917), ...et, par exemple, un notaire (Crim. rej. 13 avril 1833, MM. Bastard, pr., Crouseilhes, rap., aff. Boyer); ...un commis voyageur (Douai, 20 fév. 1836, M. Gosse de Gorre, pr., aff. Mautart); ...un marchand porteur d'une lettre cachetée accompagnant un chargement (Crim. rej. 2 avril 1840, MM. Bastard, pr., Vincens, rap., aff. Pelisson); ...le propriétaire qui effectue quelquefois des transports pour son propre compte, soit qu'il ait récolté les choses qu'il voiture, soit qu'il les ait achetées pour les revendre (Bourges, 18 juin 1840, M. Aupetit-Durand, pr., aff. Germinet); ...un individu qui voiturait pour son propre compte les marchandises de sa fabrication (des fromages), sans que ses voyages présentassent aucun caractère de périodicité (Crim. cass. 13 déc. 1843, MM. Crouseilhes, pr., Jacquinot, rap., aff. Humbert); ...l'individu, non messager ni entrepreneur de voiture, qui se borne à transporter les marchandises de son commerce, surtout si ses voyages n'ont aucun caractère de périodicité (Crim. rej. 6 nov. 1845, MM. Laplagne, pr., Godard, rap., aff. Gourg).

118. En conséquence, la saisie opérée sur de simples voyageurs à la suite d'une perquisition faite dans le seul intérêt de l'administration des postes est nulle (mêmes arrêts et Crim. rej. 17 mai 1832, MM. Ollivier, pr., Crouseilhes, rap., aff. Grostein, et aff. Privat; Grenoble, ch. corr. 2 janv. 1834, M. Duboys, pr., aff. Gandon; Crim. rej. 13 nov. 1834, MM. Brière, pr., Vincens, rap., aff. Barbette-Gaspard; Douai, 20 fév. 1836, M. Gosse de Gorre, pr., aff. Mautart; 21 mai 1836, aff. Lasnier, V. nº 122; Grenoble 29 juin 1836, M. Nicolas, pr., aff. Guillaume; Crim. rej. 2 avril 1840, MM. Bastard, pr., Vincens, rap., aff. Pelisson; Rouen, 5 août 1841, aff. min. pub. C. Philippe; Crim. rej. 12 août 1841, MM. Bastard, pr., Vincens, rap., aff. Severnier-Tallandier; 11 juin 1842, MM. Bastard, pr., Crouseilhes, rap., aff. Douart). — Dans cette dernière espèce, l'administration des postes présentait cette distinction : que la visite défendue sur la personne est permise dans les effets du voyageur. Le ministère public près la cour royale de Metz n'avait pas cru devoir soutenir cette distinction, et il avait requis le renvoi de la prévenue. C'est l'administration des postes qui a insisté également pour le pourvoi en cassation, contrairement à l'opinion de M. le procureur général près la cour de Metz. Elle n'a pas été admise.

119. Pareillement, il a été décidé que la perquisition ne peut être opérée sur le domestique d'un négociant, chargé accidentellement et à des époques non périodiques du transport par chariot des marchandises appartenant à son maître; par suite, s'il a été soumis à une perquisition illégale, le fait par ce domestique d'avoir été trouvé porteur d'une lettre déposée au fond de l'un des paquets de son chargement, ne le rend passible d'aucune peine (Crim. rej. 18 juin 1842, MM. Bastard, pr., Crouseilhes, rap., aff. Desboodts; 15 oct. 1844, M. Jacquinot-Godard, rap., aff. Donnadieu).

120. Lorsque le procès-verbal constate que la visite a eu pour unique but la correspondance dont les voyageurs pourraient être chargés, des faits étrangers au procès-verbal ne peuvent être invoqués par les employés qui l'ont rédigé pour démentir ceux qu'ils y ont mentionnés, et, par exemple, pour prétendre que les perquisitions ont eu pour cause première et pour but réel la contrebande (Douai, 20 fév. 1836, M. Gosse de Gorre, pr., aff. Mautart; mais cet arrêt a été cassé le 26 mai 1836, V. nº 121-1º).

121. Toutefois, si la contravention venait à être découverte accidentellement ou à la suite d'une perquisition opérée dans un autre objet que l'intérêt de l'administration des postes, la saisie, suivant la jurisprudence, serait valable. — Ainsi, il a été jugé : 1º que lorsqu'à la suite d'une perquisition opérée sur un voyageur et qui avait pour objet la recherche d'objets de contrebande, les employés des douanes dressent procès-verbal des lettres trouvées sur sa personne, la saisie de ces lettres est valable, et il importe peu que les deux délits qui étaient d'ordre différent aient été constatés par des procès-verbaux séparés (Crim. cass. 26 mai 1836) (1); — 2º Que lorsque la perquisition faite dans un but de police, sur un individu voyageant sans passe-port, a amené la découverte de lettres cachetées dont il était porteur, le délit d'immixtion a été valablement constaté, bien que cet individu, en qualité de négociant, n'ait pu être l'objet d'une perquisition spéciale (Douai, ch. corr., 27 mai 1840, aff. min. pub. C. Hubert-Potel); — 3º Qu'un simple voyageur trouvé porteur de lettres cachetées, découvertes dans son portefeuille au moment où il exhibait son passe-port sur la réquisition des gendarmes, est coupable de contravention à l'arrêté du 27 prair. an 9; qu'il ne peut être soustrait à l'application de cet arrêté, soit parce qu'il n'est pas assujetti à la perquisition, et que les lettres ont été découvertes en dehors d'une perquisition faite dans l'intérêt des postes, soit parce que tout portait à penser (ainsi s'exprimait l'arrêt attaqué de la cour de Toulouse, du 1er fév. 1844) que ces lettres étaient des lettres de recommandation relatives au voyage du porteur, si une telle circonstance n'a été ni alléguée ni justifiée au procès (Crim. cass. 30 mai 1844, aff. Avison); — 4º Qu'un vigneron surpris porteur de lettres cachetées, est passible de l'application de l'arrêté du 27 prair. an 9, bien qu'il ne soit pas assujetti aux perquisitions, si d'ailleurs il est établi que la découverte des lettres est due à la remise volontaire qu'il en a faite aux gendarmes, en les laissant jointes au passe-debout dont il leur justifiait (Crim. cass. 7 juin 1844, M. Jacquinot-Godard, rap., aff. Vignolles). — V. aussi dans le même sens Crim. cass. 1er oct. 1841, aff. Dardet, nº 69-6º.

122. Toutefois, il a été jugé que le procès-verbal de gendarmes, constatant qu'en demandant à un voyageur son passeport ils ont découvert que ce voyageur était porteur de plusieurs lettres, ne peut servir de base à une poursuite pour contravention aux lois sur le transport des lettres, alors qu'il est reconnu et déclaré en fait par le jugement que la perquisition faite par les gendarmes avait eu lieu dans l'objet de découvrir les lettres dont il s'agit et qu'elle était distincte de l'acte de leur ministère en vertu duquel ils réclamaient l'exhibition du passeport (Crim. rej. 21 mai 1836) (2).

---

distinctions et excuses prises de ce que, tel jour, ou à tel moment, un messager, un entrepreneur de voitures des messageries, ou autre, de même espèce, n'aurait pas fait acte de sa profession; — Qu'en le renvoyant de la plainte par les motifs ci-dessus rappelés, la cour royale de Toulouse a violé les art. 1, 5 et 5 de l'arrêté du 27 prair. an 9, et les lois qui lui servent de base; — Casse.

Du 27 avril 1837.-C. C., ch. crim.-MM. Bastard, pr.-Crouseilhes, r.

(1) (Min. pub. C. Mautard.) — LA COUR; — Vu les art. 1 et 5 de l'arrêté du 27 prair. an 9; — Attendu que, par la première de ces dispositions, il est défendu à toute personne étrangère au service des postes de s'immiscer dans le transport des lettres; — Attendu que, s'il résulte de l'art. 5 de cet arrêté que les perquisitions dans le seul intérêt de l'administration des postes, ne peuvent être faites que sur les personnes qui y sont désignées, il est constant et reconnu dans l'espèce que les perquisitions opérées sur le sieur Mautard avaient eu pour objet la recherche des objets de contrebande, puisqu'un procès-verbal constatant la saisie de ce qui avait été trouvé sur sa personne, avait été dressé le même jour, à la même heure, et par les mêmes employés des douanes qui avaient dressé procès-verbal séparé de la découverte des lettres; — Attendu qu'il importe peu que les deux délits, qui étaient d'ordre différent, aient été constatés par procès-verbaux séparés; — Attendu, dès lors, que la perquisition faite sur le sieur Mautard, commis voyageur, n'avait pas eu lieu dans le seul intérêt de l'administration des postes, et formait, dès lors, une base légale de la poursuite intentée au sieur Mautard; — Et, attendu, qu'en refusant de statuer sur la poursuite et le procès-verbal dressé contre Mautard et Beauchère, sur le motif que la perquisition avait été illégale, l'arrêt attaqué a fait une fausse application de l'art. 5 de l'arrêté de l'an 9 et violé l'art. 1 de ce même arrêté; — Casse l'arrêt de la cour de Douai, du 19 fév. 1836.

Du 26 mai 1836.-C. C., ch. crim.-MM. Bastard, pr.-Crouseilhes, rap.

(2) *Espèce* : — (Lasnier.) — Jugement du tribunal d'Auxerre, du 30 janv. 1836, ainsi conçu : — « Attendu que la contravention consistant

123. Aux termes de l'art. 3 de l'arrêté de l'an 9, les *directeurs, contrôleurs* et *inspecteurs* des postes, les employés des *douanes* aux frontières et la *gendarmerie* nationale avaient seuls le droit de faire ou *faire faire* les perquisitions et saisies dont il vient d'être parlé. — Sous l'empire de cette disposition, il s'était élevé une difficulté sur le point de savoir si un directeur de la poste avait le pouvoir de déléguer d'autres employés pour constater les contraventions. L'affirmative a été décidée, par interprétation de ces termes de l'arrêté : *faire faire*. En conséquence, il a été reconnu que tous les agents de l'autorité ayant qualité pour rédiger des procès-verbaux, et notamment les employés de l'octroi, peuvent être délégués par les employés supérieurs des postes pour rechercher et constater les contraventions commises dans le transport des lettres; qu'on dirait en vain que cette délégation ne peut être consentie qu'en faveur des agents dénommés dans l'art. 3 de l'arrêté du 27 prair. an 9; et qu'il n'est pas nécessaire que la délégation soit particulière et spéciale pour chaque procès-verbal (Crim. cass. 18 mars 1836, MM. Bastard, pr., Crouseilhes, rap., aff. Verdière, et sur nouveau pourvoi, Cass., ch. réun., 7 nov. 1836 (1); Crim. cass. 12 nov. 1841, MM. Bastard, pr., Jacquinot-Godard, rap., aff. Clavier). — Aujourd'hui, cette difficulté ne pourrait plus s'élever, car la loi du 22 juin 1854, art. 20, a étendu le droit de faire les perquisitions et saisies prescrites par l'arrêté de l'an 9, aux employés et agents des postes assermentés, et à *tous agents de l'autorité ayant qualité pour constater les délits et contraventions.*

124. Le directeur qui a dressé un procès-verbal ou entre les mains duquel il a été déposé, l'envoie au procureur impérial qui est seul chargé des poursuites (arr. 27 prair. an 9, art. 5). — Il a été jugé que le ministère public a la faculté de procéder dans la poursuite des contraventions aux lois sur les postes, soit par la voie de l'information préalable, soit par celle de la citation directe (Crim. cass. 24 avril 1828, MM. Bailly, pr., Brière, rap., int. de la loi, aff. Lacaze). — Les poursuites doivent être portées devant le tribunal correctionnel.

125. Les tribunaux ordinaires sont compétents pour connaître, soit de l'action principale en nullité d'une saisie que l'administration des postes a fait pratiquer sur des journaux qu'elle prétend avoir été transportés en contravention aux lois postales, soit, par suite, sur la demande accessoire en dommages-intérêts formée contre cette administration (cons. d'Ét., 20 avril 1847, aff. Dubochet, D. P. 48. 3. 76).

126. Toutes visites et perquisitions, quand même elles n'auraient été suivies d'aucune saisie, doivent être constatées par procès-verbal (inst. 30 mars 1832, art. 836). — En ce qui touche les formes des procès-verbaux, la foi due à ces actes, V. Procès-verbaux. — En cas de nullité ou d'absence de procès-verbal, la preuve testimoniale est-elle admissible? — V. *eod.*

127. L'art. 5 de l'arrêté de l'an 9 porte que copie des lettres et paquets saisis doit être remise à l'administration des postes, pour lesdits paquets et lettres être envoyés aussitôt à leur destination avec la taxe ordinaire. Mais cette disposition a été modifiée par l'art. 1er du décret du 2 mess. an 12, qui ordonne l'envoi des lettres saisies, par le bureau le plus voisin de la saisie, en rebut à Paris, pour n'être rendues que sur réclamation, et à charge de payer le double de la taxe ordinaire.

128. L'arrêté du 27 prair. an 9 prononce une amende de 150 fr. au moins et 300 fr. au plus contre ceux qui contreviennent à ses prescriptions. — Cette amende ne pouvait être modérée et on jugeait que l'art. 463 c. pén., relatif aux circonstances atténuantes, n'est pas applicable en matière de transport illégal de lettres : « La cour; — Attendu, quant aux circonstances atténuantes, que les magistrats ne sont autorisés à les prendre en considération que dans les cas prévus et punis par le code pénal, et non lorsqu'il s'agit de l'application d'une loi particulière et exceptionnelle, comme dans le cas présent, à moins que cette loi n'en contienne l'autorisation expresse. » (Limoges, 3e ch., 14 janv. 1836; M. Périgord, f. f. pr., aff. Multon; conf. Crim. cass. 12 juill. 1834, aff. Gauthier, V. Peine, n° 562). — Mais aujourd'hui et d'après l'art. 8 de la loi du 24 août 1848, ces peines peuvent être modérées et réduites à 16 fr. — L'administration a été autorisée à transiger avec les contrevenants soit avant soit après le jugement, sauf l'approbation du ministre des finances (ord. 19 fév. 1843).

129. Outre l'amende, le tribunal peut ordonner l'affiche du jugement à un nombre d'exemplaires qui ne peut excéder 50, le tout aux frais du contrevenant (L. 22 juin 1854, art. 21).

130. En cas de récidive, l'amende ne peut être moindre de 300 fr., ni excéder 3,000 fr. — Il y a récidive lorsque le contrevenant a subi, dans les trois années qui précèdent, une condamnation pour infraction aux lois concernant le transport des correspondances (L. 22 juin 1854, art. 22).

131. Les dispositions du code pénal relatives à la complicité en matière de crimes et délits ne sont pas applicables en matière de contravention aux règlements prohibitifs de l'immixtion dans le service des postes (Crim. cass. 11 sept. 1846, aff. Lapanouze, D. P. 46. 1. 361; sol. impl., Douai, 28 nov. 1854, aff. Degency, D. P. 55. 2. 98). — Par suite, dans le cas même où le conducteur d'un convoi de chemin de fer aurait eu connaissance d'un fait d'immixtion dans le service des postes, commis par un voyageur qu'il accompagne en vertu d'un ordre spécial de son administration, il ne peut être réputé ni complice, ni personnellement

---

en transport illégal des lettres n'a rien de blâmable dans l'ordre naturel, et n'est punissable que dans l'ordre fiscal; qu'un semblable fait ne peut donner lieu à une condamnation qu'autant qu'il a été constaté légalement; — Considérant que l'arrêté du 27 prair. an 9 n'autorise les perquisitions et saisies que sur les messagers, piétons chargés de porter les dépêches, voitures de messageries et autres de même espèce; que cette autorisation est limitative, et peut d'autant moins s'étendre aux voyageurs ordinaires, que le texte de l'arrêté ne contient pas les mots *partout où besoin sera*, contenus dans l'arrêté du 7 fruct. an 6; — Qu'ainsi, c'est illégalement que les gendarmes se sont permis de jeter un œil indiscret sur l'intérieur du portefeuille de Lasnier, et de s'emparer des six lettres qui y étaient contenues; — Considérant dès lors qu'il n'existe point de preuve légale de la contravention reprochée à Lasnier. » — Pourvoi. — Arrêt.

La cour; — Attendu qu'il a été reconnu et déclaré, en fait, par le jugement attaqué, que la perquisition faite par les gendarmes sur le sieur Lasnier, tonnelier, avait eu lieu seulement dans l'objet de découvrir les lettres dont il s'agit, et qu'elle était distincte de l'acte de leur ministère en vertu duquel ils réclamaient l'exhibition de son passe-port; — Attendu que ce fait n'est nullement contraire au contenu du procès-verbal; — Attendu, dès lors, que la perquisition faite sur Lasnier n'était pas de la nature de celles qui, d'après l'art. 5 de l'arrêté du 27 prair. an 9, peuvent être exercées sur les personnes qui y sont désignées, dans le seul intérêt de l'administration des postes; — Attendu dès lors que la poursuite intentée au sieur Lasnier ne reposait pas sur une base légale; — Attendu qu'en jugeant ainsi, le tribunal d'Auxerre n'a commis aucune violation de la loi; — Rejette, etc.

Du 21 mai 1836.-C. C., ch. crim.

(1) (Min. pub. *C.* Verdière.) — La cour; — En ce qui touche la validité du procès-verbal, du 17 sept. 1835, constatant la contravention imputée à Verdière; — Attendu que l'art. 5 de l'arrêté du 27 prair. an 9 autorise formellement les directeurs, contrôleurs et inspecteurs des postes, et les autres agents de l'autorité publique qui y sont désignés, à faire faire les perquisitions et saisies, afin de constater les contraventions commises par les messagers et conducteurs de voitures publiques, porteurs de lettres et dépêches; que cette autorisation, étant illimitée dans son texte, comprend tous les agents de l'autorité qui, par la loi de leur institution et par leurs fonctions, ont qualité pour rédiger des procès-verbaux; — Attendu que les employés de l'octroi, appelés, par l'art. 156 du décret du 17 mai 1809, à constater les contraventions en matière d'octroi et de police, peuvent être chargés par les directeurs des postes de rechercher et constater celles qui sont commises contre les prohibitions portées dans l'arrêté du 27 prair. an 9; qu'il est impossible d'admettre que la délégation de fonctions, autorisée par cet arrêté, ne peut être consentie qu'en faveur des agents dénommés en l'art. 5; que ce serait restreindre et même annuler la disposition de la loi; que ces agents ayant, de leur chef, qualité pour agir et constater ces contraventions, ne recevraient aucun pouvoir nouveau d'une délégation; que la disposition de la loi serait, à leur égard, illusoire et sans effet; qu'ainsi, elle ne peut être limitée à cette classe de fonctionnaires; — Attendu que l'arrêté de l'an 9 n'exige pas une délégation particulière et spéciale pour chaque procès-verbal; que ces réquisitions spéciales seraient souvent impossibles, parce que les contraventions sont essentiellement secrètes et ne pourraient être désignées; que la délégation peut être continue et permanente; — Que le procès-verbal rédigé le 12 sept. 1835, signé par Verdière et constatant qu'il était porteur de trois lettres adressées à des habitants de Lille, est régulier; — Casse l'arrêt de la cour d'Amiens.

Du 7 nov. 1836.-C. C., ch. réun.-MM. Boyer, pr.-Tripier, rap.

coupable de la contravention (même arrêt du 11 sept. 1846).

132. En pareille matière, l'excuse tirée de la bonne foi n'est pas admissible (Crim. cass. 23 nov. 1837, MM. Choppin, pr., Vincens, pr., aff. Molinard; Bordeaux, 15 juin 1849, aff. Vergnes, D. P. 50. 5. 359; Cass. 20 nov. 1851, aff. Letroublon, D. P. 51. 5. 400, V. aussi n° 74).

133. Le fait par une entreprise de chemin de fer de transporter une caisse qui renferme une lettre cachetée, constituant une seule et unique contravention postale de la part de cette entreprise, ne peut donner lieu à une double condamnation contre le conducteur du train qui a transporté ladite caisse et contre le facteur sur qui la caisse et la lettre ont été saisies; l'un ou l'autre seulement de ces préposés peut être poursuivi et puni (Douai, 28 nov. 1854, aff. Degency. D. P. 55. 2. 98).—V. notre observation *eod.*

134. L'art. 6 de l'arrêté de l'an 9 détermine le mode de poursuite du payement de l'amende : il prescrit la saisie-exécution des établissements, voitures, meubles, à défaut du payement, dans les dix jours du jugement.—L'art. 7 de l'arrêté détermine le lieu où doit se payer l'amende. — Un tiers du produit des amendes est attribué à l'administration, un tiers aux hospices des lieux, un tiers à ceux qui auront découvert et dénoncé la fraude, étant coopérateurs de la saisie (art. 8).

135. La responsabilité des maîtres de poste et entrepreneurs est établie par l'art. 9. — Il a été jugé par application de cette disposition : 1° que les entrepreneurs et conducteurs de messageries sont responsables de la contravention résultant de ce que les paquets des voyageurs contiendraient des lettres missives dont le transport appartient exclusivement à l'administration des postes, alors même que ces paquets auraient été remis fermés, si l'expéditeur indiqué n'est point domicilié et connu, ou s'il a son domicile à l'étranger; que, dans ces derniers cas, c'est aux messageries à s'imputer de s'être chargées des paquets, sans avoir vérifié le contenu, avec le consentement du chargeur (Crim. cass. 13 nov. 1823) (1); — 2° Que de ce qu'un individu, attaché en qualité de conducteur à un établissement de voitures à l'étranger, et à un autre établissement tout à fait distinct, en qualité de directeur, a reçu, dans sa première qualité, un paquet de lettres en contravention aux lois, le propriétaire du second établissement ne peut être déclaré civilement responsable (Ch. réun. Cass. 6 déc. 1828, aff. Hamoir, V. n° 64-2°); — 3° Que le conducteur de la diligence, le directeur et les entrepreneurs des messageries qui ont concouru au transport illégal des exemplaires d'un journal doivent être condamnés solidairement à l'amende (Orléans, 7 juill. 1838, aff. Dutertre, V. n° 78-2°).—V. du reste, v° Responsabilité.

136. La prescription en matière de transport illicite de lettres est réglée dans le silence de la loi spéciale par les dispositions du code d'instruction criminelle, et non par le décret du 1er germ. an 13 sur les douanes (Liége, 19 juill. 1852) (2).

ART. 3. — *Violation du secret des lettres.*

137. Les lettres confiées à la poste sont pour elle, pour ses agents et pour tous, un dépôt dont il n'est pas permis de violer le secret. Ce principe déjà consacré par un arrêt du conseil du 18 août 1775, qui fait défense d'employer en justice des lettres interceptées, a été proclamé depuis par deux décrets de l'assemblée constituante des 10 août 1790 et 10 juill. 1791. — L'art. 3, part. 2, tit. 1 c. pén. du 25 sept. 1791 régla la peine encourue par ceux qui le méconnaîtraient : c'était la dégradation civique, et si le crime était commis par un employé de l'administration, par ordre même de l'autorité supérieure, l'employé et le ministre qui avait contre-signé l'ordre devaient être punis de la peine de deux années de gêne. Les mêmes dispositions se trouvent dans l'art. 638 du code des délits et des peines du 3 brum. an 4; toutefois il se termine par cette exception : «Il n'est porté par le présent article aucune atteinte à la surveillance que le gouvernement peut exercer sur les lettres venant des pays étrangers ou destinées pour ces mêmes pays. » — Le code pénal de 1810 avait beaucoup adouci la rigueur des peines : l'art. 187 de ce code prononçait une amende de 16 fr. à 300 fr. et l'interdiction des fonctions publiques pendant un temps déterminé. —

(1) (Min. pub. *C.* Boulogne, etc.) — LA COUR; — Vu l'art. 1 de l'arrêté des consuls du 27 prair. an 9, rappelant les lois et arrêtés antérieurs, relatifs au transport des lettres par la voie de la poste; — Vu l'art. 9 du même arrêté; — Attendu que ledit art. 9 soumet les propriétaires, directeurs et conducteurs des messageries et autres voitures publiques, à une responsabilité qui n'est restreinte par aucune exception; — Que si cette responsabilité peut être modifiée, ainsi que dans la législation des douanes, à l'égard des lettres, papiers et paquets qui ne sont pas livrés et transportés à découvert, mais qui sont remis auxdites messageries en colis ou caisses, ou sous toute autre enveloppe ficelée ou fermée, ce n'est que dans le cas où le registre de chargement porte le nom d'un expéditeur contre lequel une action en provocation ou complicité de contravention peut être efficacement exercée; — Mais que cette modification cesse lorsque l'expéditeur porté sur le registre de chargement et indiqué par les messageries, n'est point un individu domicilié et connu, contre lequel une action puisse être utilement formée, ou lorsque cet expéditeur, ayant son domicile dans un pays étranger, ne peut être poursuivi devant les tribunaux français; — Que si le décret du 24 juill. 1793 n'autorise pas d'une manière générale les messageries à vérifier les paquets ou caisses dont le transport leur est confié, il ne leur impose pas non plus l'obligation de se charger de tous les paquets ou caisses qui leur sont présentés liés ou fermés, quel qu'en soit l'expéditeur vrai ou supposé; — Que, dès lors, lorsque l'expéditeur qui leur est déclaré n'a pas, par son domicile et sa profession, une garantie suffisante pour leur responsabilité, elles doivent, ou refuser d'accepter le chargement, ou ne l'accepter qu'après que, par une vérification faite du consentement du chargeur, elles ont acquis la certitude que leur responsabilité ne peut être engagée;

Et attendu, en fait, qu'il est reconnu constant, par l'arrêt attaqué, que les deux paquets saisis sur la voiture de la messagerie de Bruxelles à Lille contenaient des lettres et paquets de lettres dont le transport est exclusivement attribué à l'administration des postes; — Que les expéditeurs de ces paquets étaient des négociants de Bruxelles, et par conséquent des étrangers contre lesquels l'action de l'administration des postes ne pouvait être exercée en France; — Que, néanmoins, l'arrêt attaqué a déchargé le directeur et le conducteur de la diligence, de l'action exercée contre eux par le ministère public, sous prétexte qu'ils n'auraient pas été dans le cas d'encourir la responsabilité des effets transportés en contravention aux lois sur les douanes, et que, d'après les art. 53 et 54 de la loi du 24 juill. 1793, ils n'avaient pas le droit d'ouvrir les paquets qu'on leur apportait; — En quoi cet arrêt a fait une fausse application de la loi des douanes, de la loi du 24 juill. 1793, et violé la disposition de l'arrêté du 27 prair. an 9, et des lois et règlements qu'il rappelle; — Par ces motifs, casse.

Du 13 nov. 1823.-C. C., sect. crim.-MM. Barris, pr.-Ollivier, rap.

(2) *Espèce :* — (Heuken *C.* min. pub.) — Jugement du tribunal de Verviers qui condamne à 72 flor. d'amende Heuken, concessionnaire de la diligence d'Aix-la-Chapelle à Liége, convaincu d'avoir transporté une lettre en forme de paquet, pesant moins d'un kilogramme et contenant des journaux étrangers : « Attendu que le décret du 27 prair. an 9, inséré au Bulletin des lois, et non attaqué au vœu de la loi constitutionnelle, alors en vigueur, a été exécuté comme loi et même reconnu comme telle par l'art. 125, arrêté 24 nov. 1829; qu'ainsi il est obligatoire et doit être appliqué comme ayant force de loi; — Attendu que par l'art. 1 dudit décret, il est expressément défendu aux concessionnaires des entreprises de diligences de transporter des lettres et paquets d'un poids inférieur à un kilogramme, sous les peines y portées par l'art. 5; — Vu les art. 1, 3, 4, 5, 9, décr. 27 prair. an 9; 52 c. pén. et 194 c. inst. crim., etc. » — Appel. — Arrêt.

LA COUR; — Attendu que, par l'art. 5, arrêté 27 prair. an 9, il est ordonné que les procès-verbaux, dressés contre les contrevenants à ses dispositions, soient envoyés au bureau du directeur des postes le plus voisin de la saisie, et adressés ensuite au commissaire du gouvernement près le tribunal de l'arrondissement pour, par ce fonctionnaire, poursuivre à la charge desdits contrevenants, la condamnation à l'amende prononcée par ledit arrêté; qu'il n'est fixé aucun terme après l'expiration duquel l'action dudit commissaire est prescrite; qu'il faut conséquemment s'en rapporter à cet égard à l'art. 658 c. inst. crim., et non au décret du 1er germ. an 13, sur les douanes, invoqué mal à propos par les appelants; — Attendu qu'en se chargeant, comme ils l'ont fait, du transport à Liége d'un paquet contenant des journaux, les appelants ont évidemment agi en fraude dudit arrêté, qu'ils ne peuvent s'excuser sur ce que ce paquet était lié, et sur ce qu'ils ne se croient pas en droit d'en vérifier le contenu, car en supposant même qu'ils n'avaient pas ce droit, il est du moins incontestable que, si l'expédition dudit paquet ne leur présentait pas de garanties suffisantes, ils pouvaient et devaient refuser de s'en charger, à moins d'être autorisés à procéder, avant tout, à son examen; — Adoptant, pour le surplus, les motifs des premiers juges, sur la légalité de l'arrêté précité, et vu l'art. 194 c. inst. crim.; — Par ces motifs, met l'appellation au néant; ordonne que le jugement dont est appel sera exécuté suivant sa forme et teneur, etc. »

Du 19 juill. 1852.-C sup. de Liége, ch. corr. M. Muller, av.

Lors de la discussion de la loi de 1832, portant révision du code pénal, on trouva cette peine trop minime : « L'administration des postes s'améliore chaque jour, disait M. Caumartin à la chambre des députés; cependant on ne peut pas se dissimuler que trop souvent encore les chefs de l'administration sont dans l'impuissance de prévenir certains délits, certaines infidélités. Ces infidélités ont des conséquences extrêmement graves; elles peuvent compromettre non-seulement les intérêts des familles, mais encore leur honneur. Cette impuissance de l'administration me paraît provenir de l'insuffisance de la législation à cet égard. Vous penserez sans doute que pour des infidélités de ce genre, dont les conséquences peuvent être si graves pour les familles, ce n'est pas trop d'élever le taux de l'amende qui n'était que de 16 à 300 fr., si vous faites attention que ces délits sont souvent causés par un sentiment de cupidité, et de le porter de 100 à 500 fr., ainsi que je le propose. Vous croirez aussi qu'il est utile d'appliquer à ce délit un emprisonnement qui ne sera pas trop élevé en le portant d'un an à cinq ans. » —La proposition de M. Caumartin fut adoptée, si ce n'est que l'on conserva le minimum de 16 fr. pour l'amende, et que le minimum de l'emprisonnement fut réduit à trois mois (V. c. pén. progres., p. 246).—En conséquence, l'art. 187 fut rédigé ainsi qu'il suit : « Toute suppression, toute ouverture de lettres confiées à la poste, commise ou facilitée par un fonctionnaire ou un agent du gouvernement, ou de l'administration des postes sera puni d'une amende de 16 à 500 fr., et d'un emprisonnement de trois mois à cinq ans. Le coupable sera, de plus, interdit de toute fonction ou emploi public pendant cinq ans au moins et dix ans au plus. »

138. MM. Chauveau et Hélie, Théor. du c. pén., 3e éd., p. 30, pensent que le code pénal actuel, à la différence de la législation antérieure, ne punit, art. 187, que les violations de lettres commises par des fonctionnaires ou agents du gouvernement et de l'administration des postes, et non celles commises par de simples particuliers. Les termes de l'art. 187 nous paraissent en effet repousser toute autre interprétation. La loi présente à cet égard une lacune grave. — Il a été décidé en ce sens que l'art. 187 n'est pas applicable à un simple particulier étranger à l'administration des postes (trib. de Bourbon-Vendée, 31 janv. 1835) (1).

139. La suppression ou l'ouverture de lettres confiées à la poste, commise ou facilitée par un fonctionnaire tel qu'un maire, bien qu'en dehors de ses fonctions et dans son intérêt privé, constitue le délit prévu et puni par l'art. 187 c. pén. (Crim. rej. 6 août 1841) (2).

140. L'employé attaché comme aide à un bureau de poste, et qui a prêté serment en cette qualité, doit être considéré comme un agent de l'administration, et les délits qu'il commet dans l'exercice de ses fonctions tombent sous l'application des art. 169, 171 et 187 c. pén., bien que sa commission lui ait été délivrée avant l'âge fixé par l'instruction générale sur le service des postes (Crim. cass. 12 oct. 1849, aff. Lemonnier, D. P. 49. 5. 312).

141. Y a-t-il suppression dans le fait calculé, par un facteur, de la remise d'une lettre à toute autre personne qu'à celle à qui elle est adressée; dans celui, par un préposé des postes, d'avoir donné accès dans le bureau à l'auteur de la suppression pour lui en faciliter les moyens ? — Oui, suivant nous (Conf. Carnot, Comm., c. pén. t. 1, p. 489).

142. Le code de brum. an 4 exigeait, en termes formels, que la violation du secret d'une lettre ou sa suppression ait eu lieu volontairement et en connaissance de cause; aussi jugeait-on par application de cet article que la moralité de l'action devait être constatée pour pouvoir infliger la peine (Crim. cass. 4 juin 1807) (3).—Le code pénal de 1810 ne s'explique point à cet égard; faut-il en conclure qu'il a entendu punir l'ouverture d'une lettre qu'un employé aura faite par mégarde, croyant qu'elle lui était personnellement adressée, ou bien la perte de cette même lettre qui se serait fortuitement égarée? nous ne le pensons pas, seulement l'excuse puisée dans l'une ou l'autre de ces circonstances, et autres semblables, ne devrait être admise qu'avec une grande circonspection.

143. Appartient-il aux juges d'instruction, nonobstant l'art. 187, d'exiger de l'administration des postes la remise des lettres à elle confiées, à l'effet d'y chercher les indices des crimes dont ils poursuivent la répression ?—V. vis Inst. crim., no 348; Lettres missives, no 31, et MM. Chauveau et Hélie, t. 3, p. 31 et suiv.

144. Les peines que l'art. 187 c. pén. prononce contre la suppression et l'ouverture des lettres confiées à la poste ne sont pas les seules qui puissent atteindre le préposé infidèle. Si les lettres renfermaient des valeurs dont le préposé s'est emparé, l'art. 173 c. pén. reçoit son application. — C'est ainsi qu'il a été jugé : 1° qu'un facteur qui soustrait d'une lettre qu'il devait porter à son adresse, les effets qui y étaient renfermés, se rend

(1) *Espèce* : — (Fèvre.) — Un facteur rural avait confié à Fèvre, pour les remettre à leur adresse, plusieurs paquets qu'il était chargé de distribuer. Celui-ci en brisa les bandes et lacéra les papiers. — Le tribunal correctionnel de Fontenay le condamna à six jours d'emprisonnement, par application de l'art. 187 c. pén., attendu que les expressions générales qui commencent cet article, embrassent tous les cas, et s'appliquent à toutes les classes de simples citoyens ou fonctionnaires; que si le législateur eût voulu seulement atteindre les fonctionnaires ou les agents de l'administration, il s'en serait formellement expliqué comme il l'a fait dans l'art. 188; que l'indication de fonctionnaires faite dans l'art. 187, n'a pas pour but de limiter l'application de cet article à certaines classes de personnes, mais d'exprimer les différences que peut présenter le délit, qu'il ait été commis, soit par des fonctionnaires seuls, soit par de simples particuliers avec le concours des fonctionnaires; que dans tous les cas la bonne foi des fonctionnaires qui avaient par leur négligence facilité le délit ne saurait être une sauve-garde pour les tiers qui avaient agi avec une intention criminelle. — Appel. — Jugement.

LE TRIBUNAL; — Considérant qu'il résulte des débats que le 20 août dernier, plusieurs paquets de lettres cachetés furent remis au sieur Fèvre par un sieur Faucon auquel un facteur rural les avait imprudemment confiés; — Considérant qu'il a été démontré que le sieur Fèvre ouvrit ces différents paquets de lettres, et les a ensuite lacérés et jetés dans un chemin; — Considérant que tous ces faits ne peuvent donner lieu à aucune peine, puisqu'aucune loi ne les a prévus ni réprimés; qu'en effet les dispositions de l'art. 187 c. pén. ne peuvent être étendues à un simple particulier qui aura lacéré ou ouvert des lettres ou paquets qui lui auraient été confiés, les dispositions de cet article n'étant applicables spécialement qu'aux employés des postes qui, eux-mêmes, auraient commis le délit, ou auraient méchamment facilité un autre individu à le commettre; que les dernières dispositions de cet article ne laissent aucun doute à cet égard; — Considérant que les premiers juges, en déclarant Fèvre coupable d'ouverture et de suppression de lettres confiées à la poste et en lui faisant application de l'art. 187 c. pén., ont mal jugé, le fait n'étant prévu par aucune loi, le relâche de la plainte, etc.

Du 31 janv. 1835.-Trib. corr. de Bourbon-Vendée.

(2) (Saladin C. Min. pub.) — LA COUR; — Attendu que l'art. 187 c. pén. comprend dans sa disposition non-seulement le fonctionnaire qui, dans l'exercice de ses fonctions, aurait violé le secret des lettres confiées à la poste, cas auquel, ainsi que l'a reconnu l'arrêt attaqué, il ne saurait être mis en jugement sans l'autorisation du gouvernement, mais encore celui où, par abus de son autorité et de l'influence légitime qu'elle lui donne, à l'égard des dépositaires de ces lettres, il aurait commis ou facilité leur suppression ou leur ouverture; — Que, dans ce second cas, l'abus est d'autant plus grave, que le fonctionnaire agit dans un intérêt privé, et que c'est surtout dans sa répression que réside l'efficacité de la loi pénale; que le principe du secret des lettres a toujours été placé sous la garantie des tribunaux; que la loi spéciale du 14 août 1790 déclare « que le secret des lettres est inviolable, et que, sous aucun prétexte, il ne peut y être porté atteinte, ni par les individus ni par les corps »; — D'où il suit que l'arrêt attaqué, en déclarant, dans l'espèce, le maire Saladin coupable du délit prévu par l'art. 187 c. pén., quoiqu'il ait agi en dehors de ses fonctions, pour s'être fait remettre une lettre qui avait été confiée à la poste, et en lui appliquant la peine de cet article, en a fait une saine application et n'a violé aucune autre loi; — Par ces motifs; — Rejette.

Du 6 août 1841.-C. C., ch. crim.-MM. de Bastard, pr.-Isambert, rap.

(3) (Croce.) — LA COUR; — Vu l'art. 456 c. du 3 brum. an 4, et attendu que l'art. 638 c. des délits et des peines, dont l'application a été faite au réclamant par l'arrêt attaqué, ne punit la soustraction des lettres confiées à la poste que quand cette soustraction a été faite volontairement et en connaissance de cause; — Attendu que l'arrêt attaqué s'est borné à déclarer en fait qu'il y avait eu, de la part du réclamant, soustraction des mains du facteur de la poste d'une lettre adressée au chanoine Luquetti, sans décider s'il a agi volontairement et en connaissance de cause; — Attendu que la moralité de l'action n'étant pas ainsi déclarée, l'arrêt attaqué a fait une fausse application de la loi pénale; — Casse, etc.

Du 4 juin 1807.-C. C., sect. cr.-MM. Barris, pr.-Carnot, rap.

coupable du crime prévu par l'art. 173 c. pén. (Crim. rej. 23 avr. 1813, aff. Heymand, V. Forfaiture, nº 55); — 2° Que l'art. 187 c. pén., n'ayant pour but que de punir le simple délit de suppression ou d'interception, faite avec l'intention de nuire, d'une lettre confiée à la poste, ne s'applique pas au détournement ou à la tentative de détournement de cette lettre faite par un agent de l'administration des postes, avec l'intention de s'approprier les valeurs qu'elle était présumée contenir (Paris, 8 nov. 1853, aff. Perrot, D. P. 54. 2. 17); — 3° Qu'une lettre missive, écrite à une maison de commerce par un des intéressés ou par un commis de cette maison, pour lui annoncer des commandes qu'il a reçues, et inviter la maison à expédier les marchandises, forme titre au profit de cette maison contre celui de qui la lettre émane, pour se faire rendre compte, tant des marchés conclus avec des tiers que de leur payement; qu'en conséquence, le détournement ou la tentative de détournement de cette lettre faite par un agent de l'administration des postes, avec l'intention de s'approprier les valeurs qu'il supposait qu'elle devait contenir, constitue le crime prévu par l'art. 173 c. pén., et non le simple délit atteint par l'art. 187 du même code (même arrêt).

145. Il a même été jugé que les peines prononcées par l'art. 386, nº 3 c. pén., contre le vol des domestiques et serviteurs à gages, pouvaient être appliquées au préposé des postes qui a soustrait des lettres, encore qu'il ne soit pas constaté que ces lettres contenaient des valeurs (Crim. rej. 24 juill. 1829) (1). — Mais il a été décidé au contraire, et avec plus de raison selon nous, que le détournement commis par un facteur de la poste aux lettres, de valeurs renfermés dans une lettre missive confiée à cette administration, constitue le crime spécial prévu par l'art. 173 c. pén., et non un vol domestique (Crim. cass. 14 juin 1850, aff. Beau, D. P. 50. 5. 357).

146. Les tribunaux correctionnels, en appliquant contre un employé des postes convaincu de violation du secret des lettres les dispositions portées par l'art. 187 c. pén., peuvent, au cas de circonstances atténuantes, retrancher de la condamnation l'interdiction pendant cinq années de toute fonction publique (Colmar, 2 août 1837, aff. X..., V. Peine, nº 560). — Au nombre des circonstances atténuantes qui peuvent être admises se trouve, par exemple, le cas où la violation des lettres aurait été faite par un sentiment d'amour ou de jalousie, et non dans le but de surprendre le secret d'une famille ou de s'emparer d'effets renfermés dans les lettres (même arrêt).

147. Le fait, par un employé de l'administration des postes, chargé de timbrer les lettres à l'arrivée ou au départ, d'avoir soustrait une lettre de son service et de l'avoir placée dans son armoire, constitue, non un détournement consommé, mais une simple *tentative* de détournement, lorsqu'on s'est aperçu de la soustraction avant que l'employé eût quitté le bureau (Paris, 8 nov. 1853, aff. Perrot, D. P. 54. 2. 17).

148. L'administration est-elle responsable des soustractions? — V. Responsabilité.

SECT. 3. — *Poste aux chevaux. — Maîtres de postes.*

149. On donne le nom de *relais* aux établissements de la poste aux chevaux répartis sur les routes impériales. Les relais sont dirigés par les maîtres de poste. — Les maîtres de poste ont un privilége tant pour la conduite des malles que pour le service des personnes qui veulent voyager en poste (décr. 24 juill. 1793, art. 68; L. 19 frim. an 7, art. 1), sauf quelques exceptions indiquées par les art. 2 et 3 de la loi du 19 frim. an 7. — L'institution des maîtres de poste tombe et disparaît devant les progrès de la science et de l'industrie modernes. Dans quelques années peut-être la législation qui les régit ne sera plus qu'un souvenir. Notre travail va donc se borner sur ce point à un exposé rapide de quelques décisions de jurisprudence qui du reste perdent chaque jour de leur intérêt.

---

(1) *Espèce:* — (De Mallarme *C.* Min. publ.) — De Mallarme était accusé d'avoir, étant commis du gouvernement en qualité de chef du bureau à l'administration des postes, le 6 oct. 1828, soustrait frauduleusement huit lettres desquelles il était dépositaire en sa qualité de commis du gouvernement et qui lui avaient été remises à raison de ses fonctions. — Déclaré coupable de ce fait par le jury, de Mallarme a été condamné, par arrêt de la cour d'assises de la Seine, du 30 mai 1830, en ces termes: « Attendu qu'il résulte de la déclaration du jury que M. L. F. Ch. de Mallarme, employé salarié de l'administration des postes, s'est rendu coupable d'avoir soustrait frauduleusement, dans le bureau de l'administration, huit lettres appartenant à autrui, ce qui constitue le crime prévu par l'art. 386 c. pén., faisant application dudit article, ensemble des art. 21 et 22 du même code, condamne de Mallarme à sept ans de reclusion, au carcan, etc... »

Pourvoi de Mallarme. — On a dit pour lui:

La cour avait à choisir entre trois dispositions pénales différentes: 1° Les art. 169, 170, 171, 172 et 173; 2° l'art. 186; 3° enfin les dispositions communes sur le vol, et spécialement l'art. 386. — Entre ces trois dispositions, c'est à la dernière que la cour d'assises s'est attachée, et en cela elle a évidemment commis une erreur en droit et fait une fausse application de la loi pénale. — Et d'abord, pour que l'art. 386 fût applicable, il aurait fallu deux conditions: la première, qu'il y eût vol proprement dit, selon la définition de la loi pénale; la seconde, que ce vol eût été commis avec l'une des circonstances précisées par cet article. — Or, ni l'une ni l'autre de ces circonstances ne se rencontrait dans le fait dont Mallarme a été reconnu coupable. — Autre chose est la violation d'un dépôt, et autre chose le vol caractérisé. — La loi a fait une classe particulière des soustractions commises par les fonctionnaires publics ou agents du gouvernement; elle ne les a pas confondues avec les vols communs. L'arrêt attaqué tend, au contraire, à établir cette confusion.

La conséquence de cette confusion serait que le même fait pourrait être tantôt considéré comme soustraction commise par un dépositaire public, tantôt comme un vol commis par un employé dans la maison où il travaille habituellement, selon les convenances du juge. Il ne peut cependant pas être laissé à la discrétion des juges de changer ainsi la criminalité et la pénalité d'un même fait. — En outre, pour qu'il y ait vol, il faut qu'il y ait eu soustraction du bien d'autrui, c'est-à-dire d'une chose qui ait une valeur appréciable en argent. Jamais la soustraction d'une pièce ou d'une lettre, si elle ne constitue pas un titre ou ne renferme pas quelque obligation, si en un mot elle n'a pas une valeur appréciable, n'a été confondue avec le vol proprement dit dans l'acception légale de ce mot. — Les art. 250, 251, 252, 255 et 256 c. pén. peuvent être invoqués à l'appui de cette thèse. — Si Mallarme, lorsqu'il a soustrait les lettres qui lui avaient été confiées à raison de ses fonctions, supposait qu'elles renfermaient des valeurs commerciales, cette supposition ne change rien au fait matériel, et nos lois ne punissent pas l'intention seule, mais l'intention unie au fait. Il importe peu que l'intention de Mallarme ait été de voler des lettres de change, si, dans le fait, il n'a soustrait que des lettres d'amour ou des missives insignifiantes. — Enfin nous recherchons vainement dans la réponse du jury cette autre condition nécessaire pour l'applicabilité de l'art. 386 c. pén., savoir que Mallarme travaillait habituellement dans la maison où le vol a été commis.

L'art. 386 écarté, il ne reste qu'à déterminer laquelle des deux autres dispositions était applicable. Le fait devait-il être puni comme soustraction de pièces ou titres faite par un dépositaire public ou agent du gouvernement, ou tout simplement comme une suppression de lettres confiées à la poste par un employé de la poste? — A cet égard, la question peut être susceptible d'une très-sérieuse controverse. — Pour écarter l'application des art. 169 et suiv., on peut dire qu'il résulte de ces articles rapprochés et combinés que les pièces, titres et actes dont ils punissent la soustraction ne peuvent s'entendre que de choses pouvant avoir une valeur appréciable, soit pour ceux qui les enlèvent, soit pour ceux auxquels ils appartiennent; — Que ce qui semble l'établir invinciblement, c'est que la peine est graduée en raison de cette valeur, d'où résulterait que des choses qui ne peuvent avoir aucune valeur appréciable, comme de simples lettres missives qui peuvent être complétement insignifiantes, ne sauraient rentrer dans cette catégorie de pièces ou actes dont il est question dans cette partie du code pénal. — L'art. 173 punit la suppression des titres, pièces, comme leur soustraction. Si par pièces et titres on pouvait entendre des lettres missives, il en résulterait cette étrange conséquence que le même fait, la suppression de lettres, pourrait être punie selon l'arbitraire des juges, soit de la peine des travaux forcés, en vertu de l'art. 173, soit d'une simple amende avec interdiction temporaire des droits civils, en vertu de l'art. 187, c'est-à-dire qu'un tribunal pourrait, à son gré, selon son caprice, les inspirations du moment, pour deux faits identiques, franchir toute la distance qui sépare ces deux articles dans l'échelle des peines. Un tel arbitraire serait effrayant; il n'a pu entrer dans l'esprit du législateur; il faut donc en revenir à la disposition spéciale qui s'applique particulièrement au crime dont il s'agit dans l'espèce, c'est-à-dire à l'art. 187. — Arrêt (apr. dél. en ch. du cons.)

LA COUR; — Attendu qu'aux faits déclarés constants par le jury, il a été fait, par la cour d'assises dont l'arrêt est attaqué, une juste application du § 3 de l'art. 386 c. pén.; — Rejette.

Du 24 juill. 1829.-C. C., ch. crim.-MM. Ollivier, f. f. de pr.-De Chantereyne, rap.-Fréteau, av. gén., c. conf.-Barrot, av.

150. Les maîtres de poste sont établis dans leurs fonctions en vertu d'une commission du gouvernement (L. 24 juill. 1793, art. 68). — Cette commission est accordée par le directeur général, elle porte le nom de *brevet*. — Ils peuvent être destitués de leurs fonctions pour cause de mauvais services (même article). — Les maîtres de poste sont-ils commerçants? — V. Acte de comm., nº 179; Commerçant, nº 49.

151. Ils jouissent d'un droit analogue à celui des officiers ministériels; aux termes de l'art. 69 du décret du 24 juill. 1793 ils peuvent disposer de leur établissement en faveur d'un tiers auquel le gouvernement accorde une nouvelle commission s'il le juge convenable. — Ce droit a été consacré de nouveau par l'art. 3 de l'arrêté du 1er prair. an 7. — Il a été jugé 1º que la faculté accordée par l'art. 69 de la loi du 24 juill. 1793 aux maîtres de poste de disposer de leur établissement, comprend non pas le droit de céder le brevet, mais seulement de présenter un successeur à l'administration, qui est libre de l'agréer ou de le refuser, et qu'un brevet de maître de poste, ne pouvant entrer dans le commerce, ne peut être vendu par licitation aux enchères publiques (Orléans, 2e ch., 28 nov. 1837; M. Vilneau, pr., aff. Gaudriot *C.* Cotty); — 2º Que les brevets de maître de postes sont personnels, et ne peuvent être cédés qu'avec l'agrément de l'administration (Amiens, 10 janv. 1840, aff. Boudoux, V. Contrat de mar., nº 1288-3º); — 3º Que les maîtres de poste ont le droit de céder leur relai; mais que cette cession ne peut nuire au gouvernement, à l'égard duquel le cessionnaire ne peut acquérir les droits de maître de poste, sans avoir été préalablement agréé (Rennes, 26 août 1837, aff. Maheu, V. Société; trib. de Lons-le-Saulnier, 2 mai 1840, aff. Cattenot *C.* Goux); — 4º Que l'engagement pris par un maître de poste de donner sa démission en faveur d'un successeur désigné est licite; qu'en conséquence, l'engagement contracté par celui-ci en vertu de cet engagement est valable (Lyon, 4e ch., 12 fév. 1840, M. de Rieussec, pr., aff. Machard *C.* Maissiat); — 5º Que si le gouvernement refuse de ratifier la transmission du brevet, le cessionnaire est recevable à demander la résolution de son traité pour cause d'inexécution (Req. 19 juill. 1843, aff. Maissiat, V. Oblig.).

152. Des principes exposés au numéro précédent, il suit qu'un brevet de maître de poste peut faire l'objet d'une société, mais sans préjudice des droits de l'administration vis-à-vis du titulaire (arrêt précité de Rennes, 26 août 1837). — En conséquence, lorsque deux individus ont acheté, pour l'exploiter en commun, non-seulement le matériel d'un relai de poste, mais encore le brevet de maître de poste dont l'un d'eux a pu seul être investi par l'autorité, celui des copropriétaires qui veut faire cesser l'indivision ne peut demander, ni les tribunaux ordonner, la licitation de ce brevet, non plus que des choses qui en sont l'accessoire nécessaire; la seule obligation imposée dans ce cas par l'équité à celui qui a été investi du brevet et qui veut le conserver, est de tenir compte à l'autre de la moitié de la valeur actuelle de l'établissement, accessoire du brevet, et de tous ses produits appréciables, tels, par exemple, que le droit de présenter un successeur (Orléans, 2e ch. 28 nov. 1837, M. Vilneau, pr., aff. Gaudriot *C.* Cotty).

153. Un brevet de maître de poste peut aussi faire l'objet d'un bail à ferme; il n'y a point d'analogie entre une telle exploitation et une charge d'officier ministériel (Toulouse, 3 fév. 1844, aff. Cornu, D. P. 45. 2. 62). — ... Si l'inexécution du bail provient, non d'une cause qui soit propre à l'administration, mais d'un fait personnel du locataire, celui-ci est passible de dommages-intérêts envers le locateur (même arrêt).

154. Un brevet de maître de poste est-il transmissible aux héritiers du titulaire? — Il a été jugé d'une part qu'un brevet de maître de poste n'est pas, comme un office ministériel, une propriété qui, au décès de celui qui en est investi, puisse faire partie de la masse partageable de la succession (Riom, 30 mai 1838, V. sous l'arrêt de rejet qui suit); — Et qu'en admettant que, soit par l'interprétation de la loi du 24 juill. 1793 et de l'arrêté du 1er prair. an 7, soit d'après un usage introduit ou toléré par l'administration, les héritiers d'un maître de poste puissent être reçus à transiger sur le brevet du défunt et à présenter au gouvernement un candidat pour en être pourvu; si, par le fait, ces héritiers n'ont pas usé de cette faculté, ils n'ont aucune action à exercer contre celui d'entre eux qui a été breveté par le gouvernement sans aucune réclamation de leur part (même arrêt); — Que, du moins, une telle décision échappe à la censure de la cour de cassation (Rej. 14 déc. 1841) (1). — Mais il a été décidé en sens contraire qu'un brevet de maître de

---

(1) *Espèce :* — (Hébrard *C.* Arnaud.) — 27 fruct. an 9, le sieur Arnaud reçoit une commission de maître de poste à Chateldeneuve. — 8 juin 1809, il consent à Hébrard, son gendre, bail à ferme du service de la poste, et lui donne à cheptel les chevaux, harnais, et autre matériel de l'établissement, se réservant les gages et appointements attachés au service de la poste. — 20 août 1809, décès d'Arnaud, laissant sept enfants, tous en minorité. Hébrard continue de gérer la poste en vertu du bail; le 28 sept., il reçoit un brevet du gouvernement. — La succession d'Arnaud est partagée; le mobilier en est vendu. Il n'est pas question, dans ce partage, du brevet de maître de poste; les cohéritiers de la dame Hébrard ne font aucune réserve à cet égard. — 20 sept. 1816, nouveau brevet délivré à Hébrard par le gouvernement royal. — 9 juill. 1823, décès d'Hébrard. — 20 août 1823, brevet délivré à sa veuve. — 17 janv. 1833, les enfants Arnaud font notifier à la veuve Hébrard et à ses enfants le bail du 8 juin 1809 et les assignent devant le tribunal de Moulins pour se voir condamner à rendre compte des gages et appointements attachés au service de la poste, réservés par le bailleur, et dont il n'avait jamais joui; et, à défaut du compte, demandent 15,000 fr., non compris les intérêts. — 7 mars 1835, désistement de cette demande. — 7 janv. 1837, la veuve Hébrard cède son brevet de poste et son établissement à Cellier, moyennant 32,000 fr. — 28 fév. 1837, saisie-arrêt entre les mains de Cellier par les enfants Arnaud, jusqu'à concurrence de 25,000 fr. — 5-7-8 mars, ils actionnent les héritiers Hébrard en partage des gages, émoluments et bénéfices attachés à la gestion du brevet laissé par Arnaud, père commun, demandent, de plus, le partage de la valeur dudit brevet, à l'époque du décès.

1er juill. 1837. — Jugement du tribunal civil de Moulins qui ordonne le rapport à la masse de la valeur du brevet.

Appel. — Le 30 mai 1838, arrêt infirmatif de la cour de Riom en ces termes : — « Attendu qu'aux termes de l'art. 68 de la loi du 24 juill. 1793, les entrepreneurs de relais sont établis en vertu d'une commission du gouvernement, et qu'ils peuvent être destitués pour cause de mauvais service constaté par l'administration des postes; — Attendu que la loi, en s'expliquant ainsi, n'a entendu conférer aux maîtres de poste qu'un emploi que l'administration pût révoquer; et c'est ce dont on ne peut douter, puisque le titre en vertu duquel ils exercent n'est qu'une simple commission; — Attendu que, s'il en eût été autrement, le service des postes eût pu être compromis par la négligence ou par l'impéritie des maîtres de poste; — Attendu que si la loi avait entendu créer des offices dont les maîtres de poste pussent disposer à leur volonté, et qui fussent transmissibles à leurs héritiers, elle n'aurait pas dit que la commission qui leur serait conférée par le gouvernement serait révocable; — Attendu que la condition de la révocation attachée à la commission ne peut s'accorder avec l'idée que les maîtres de poste deviendraient les propriétaires des relais qui leur seraient confiés; — Attendu que la loi précitée, en laissant dans l'art. 69 la faculté aux maîtres de poste de disposer de leurs établissements en faveur d'autres personnes, laisse aussi à l'administration la faculté d'accorder ou de refuser une commission à ceux qui sont désignés pour le remplacement; — Attendu que l'administration ne se trouvant nullement liée par la désignation faite par les maîtres de poste, on ne peut dire que les brevets qui leur ont été délivrés soient une chose qu'ils puissent céder et transmettre à leur gré, comme étant dans le commerce, un droit qui puisse faire partie de leur succession comme étant compris dans leurs biens; — Attendu encore que, pour que le gouvernement fût censé s'être engagé envers les maîtres de poste, envers leurs héritiers ou ayants cause, il faudrait qu'il eût reçu une finance de ceux qui ont été par lui commissionnés, et que la commission n'eût pas été donnée à titre gratuit;

Attendu que la loi précitée ne fait, dans aucun de ses articles, non plus que l'arrêté du 1er prair. an 7, une obligation à l'administration de ne pourvoir au remplacement des maîtres de poste que sur l'indication des anciens titulaires ou commissionnés; — Attendu que l'arrêté du 1er prair. an 7 ne fait, dans ses art. 2 et 3, que se conformer au principe établi par la loi antérieure du 24 juill. 1793, et que, de ce qu'il aurait permis au maître de poste de faire gérer momentanément son relais ou de le céder, avec l'agrément de l'administration, on ne peut pas conclure que le brevet de maître de poste soit la propriété de la personne à laquelle il a été délivré; — Attendu que la loi du 28 avr. 1816, qui, d'ailleurs, ne s'applique pas aux maîtres de poste, n'a autorisé les officiers ministériels à faire des présentations que parce qu'elle les avait soumis à fournir des cautionnements; — Attendu qu'à supposer que le gouvernement ne pût nommer aucun maître de poste sans désignation par les titulaires des personnes qui doivent les remplacer, il faudrait encore que cette désignation eût été faite; qu'à défaut de désignation,

poste peut être transmis par le titulaire à ses héritiers; que, par suite, celui des héritiers qui s'est présenté seul pour obtenir le brevet de son auteur, doit, au cas où il lui a été concédé, tenir compte à ses cohéritiers de la valeur de ce brevet (Aix, 9 déc. 1843, 15 avril 1845) (1). — Cette dernière solution nous paraît préférable : elle est plus conforme à l'équité.

---

rien ne peut empêcher l'administration de pourvoir au service des postes;

Attendu, dans le fait, qu'après le décès du sieur Arnaud, maître de poste à Chateldeneuve, ses héritiers n'ont point fait usage de la faculté que, suivant eux, leur laissaient la loi du 24 juill. 1793 et l'arrêté du 1er prair. an 7; — Attendu que le sieur Hébrard a obtenu, le 28 sept. 1809, le brevet de maître de poste à Chateldeneuve; — Que c'est en son nom personnel que cette commission lui a été donnée, et non comme représentant le sieur Arnaud, son beau-père, à un titre quelconque; — Attendu que c'est encore en son nom qu'il a obtenu, le 20 sept. 1816, un nouveau brevet pour le service du même relais; — Que ce brevet ne peut se rattacher à celui de défunt Arnaud, et qu'enfin la veuve Hébrard aurait été nommée, après le décès de son mari, pour le remplacer; — Attendu que ces trois nominations successives ont eu lieu sans que les intimés, comme héritiers du sieur Arnaud, ancien maître de poste, aient fait aucune réclamation soit auprès du gouvernement, soit auprès de l'administration des postes; — Attendu que les intimés ont procédé, le 11 nov. 1821, à la liquidation de la succession Arnaud; — Qu'on a compris dans cette liquidation, soit le matériel de l'établissement, soit les arrérages de fermes dus pour le bail du 8 juin 1809, dont il fut donné quittance au sieur Hébrard, mais sans aucunes réserves pour le brevet qu'avait eu l'auteur commun; — Attendu que ce n'est qu'en 1837 qu'ils ont songé à former contre la dame Hébrard et ses enfants la demande en rapport du brevet de maître de poste dont il s'agit et des émoluments y attachés, et que, s'ils avaient cru que ce brevet eût pu faire partie de la succession paternelle, ils ne seraient pas restés aussi longtemps sans en faire la réclamation; — Qu'ainsi le droit et le fait se réunissent contre la prétention qu'ils ont élevée; — Par ces motifs, émendant, etc.

Pourvoi pour violation des art. 68, 69, 70 loi 24 juill. 1793; de l'art. 3 de l'arrêté du 1er prair. an 7 et des art. 745, 887, 1582, 1583 c. nap. — Arrêt.

La cour; — Attendu que l'arrêt attaqué n'a pas décidé en fait que la commission de maître de poste conférée à Hébrard après la mort d'Arnaud lui eût été transmise en sa qualité de gendre, et qu'elle lui ait procuré, à cause de sa femme, un avantage indirect au préjudice des autres héritiers Arnaud; — Attendu qu'il déclare, au contraire, que c'est en son nom personnel que Hébrard a été commissionné en 1809, et non comme représentant Arnaud à un titre quelconque; — Que c'est encore en son nom qu'il a obtenu en 1816 un brevet, et que ce brevet ne peut se rattacher à celui de son beau-père; — Qu'il est déclaré, en fait, que les héritiers Arnaud ou leurs représentants légaux n'ont pas usé de la faculté qui, suivant eux, leur aurait appartenu d'après la loi du 24 juill. 1793 et l'arrêté du 1er prair. an 7; — Attendu qu'en déclarant, d'après les faits et circonstances de la cause, que la demande formée contre la veuve et les enfants Hébrard, et qui avait pour objet de les obliger à rapporter la valeur du brevet, n'était pas fondée, et déboutant par suite de cette demande lesdits héritiers Arnaud, la cour royale de Riom n'a violé aucune loi; — Sans qu'il soit besoin de statuer sur la question de savoir si le brevet de maître de poste confère à celui qui l'a obtenu une propriété vénale et transmissible; — Rejette.

Du 14 déc. 1841.-C. C., ch. civ.-MM. Rupérou, pr.-Piet, rap.-Hello, av. gen., c. conf.-Godard et Morin, av.

(1) 1re *Espèce* : — (Ricard C. Paban.) — Le 1er avr. 1843, jugement du tribunal civil de Marseille, ainsi conçu : — « En ce qui concerne la valeur du brevet de maître de poste ; — Attendu qu'il s'agit de savoir si ce brevet constitue au profit du titulaire un droit qu'il puisse céder à un autre ou transmettre à ses héritiers; — Attendu que c'est dans la loi du 24 juill. 1793 et dans l'arrêté du 1er prair. an 7, règles spéciales à la matière, qu'il faut puiser la solution de cette question, et rechercher quelle est la position, quels sont les devoirs et les droits des maîtres de poste; — Attendu que les maîtres de poste sont à la fois des agents du gouvernement et des entrepreneurs de relais, ainsi que les qualifie l'art 68 de la loi précitée; — Que, comme agents du gouvernement, ils reçoivent de lui une commission en vertu de laquelle ils exploitent exclusivement leur relais, sont chargés d'un service public, et soumis à des obligations envers l'État; ils sont destituables pour cause de mauvais service : condition à laquelle la jurisprudence a donné plus d'extension, leur relais pouvant être supprimé sans indemnité; — Que, comme entrepreneurs de relais, ils exercent une industrie à raison de laquelle ils contractent des engagements commerciaux, et sont justiciables des tribunaux de commerce; ils doivent avoir un certain nombre de chevaux et de postillons, des approvisionnements considérables en matériel, denrées et attraits d'écurie; ils ont enfin des établissements qui exigent des avances si importantes, des frais si énormes, que, le produit de la poste ne pouvant suffire pour les indemniser des dépenses et des sacrifices que ce service leur impose, la plupart sont forcés de recourir à une autre industrie, et de se faire entrepreneurs de messageries ou relayeurs; — Attendu dès lors que c'est pour les indemniser de ces charges immenses que l'art. 69 de la loi du 24 juill. 1793 leur a confié le droit de disposer de leur établissement en faveur d'un autre, pourvu que leur remplaçant soit agréé par l'administration; — Attendu que ce droit se trouve consacré de nouveau dans l'art. 3 de l'arrêté du 1er prair. an 7; — Qu'à l'instar des offices publics, le gouvernement s'est seulement réservé le droit d'agréer le successeur; — Qu'en vain objecte-t-on que l'art. 91 de la loi du 28 avr. 1816, en rétablissant le droit de transmission des offices, ne parle pas des maîtrises de poste; que ce droit de transmission est une exception qui doit être restreinte dans les cas spécifiés par la loi; — Attendu que, le droit des maîtres de poste étant régi par une loi spéciale qui n'a pas été révoquée, il devenait inutile de le reproduire dans une disposition uniquement relative aux officiers publics; — Que leur position a même, de tous les temps, inspiré plus d'intérêt au gouvernement, puisque la législation de 1793, si peu favorable à la transmission vénale des offices, en supprimant cette vénalité, a cru devoir maintenir au profit des maîtres de poste le droit de cession à un autre comme une juste compensation des sacrifices qui leur ont été imposés dans l'intérêt de l'État; — Attendu que vainement encore, pour leur contester ce droit, excipe-t-on de ce qu'ils ne sont point soumis à un cautionnement, comme les officiers publics, car l'importance de leur établissement offre à l'administration une garantie équivalente et même supérieure à un cautionnement;

» Attendu enfin que c'est en ce sens que l'administration a constamment interprété et exécuté la loi; — Qu'il faut donc admettre en faveur du titulaire du brevet de maître de poste le droit de le céder à un autre avec l'agrément du gouvernement;

» Qu'il s'agit maintenant d'examiner si ce droit est transmissible à ses héritiers; — Attendu qu'il est de principe que tout droit cessible par sa nature est essentiellement transmissible; — Attendu qu'en matière de brevet de maître de poste, ce droit de transmissibilité aux héritiers s'induit naturellement des dispositions de l'art. 70 de la loi du 24 juill. 1793, puisque après le décès du titulaire ses héritiers peuvent, s'ils le veulent, continuer le service; — Attendu que pour repousser la prétention des époux Ricard la dame Paban excipe de ces termes de la loi, et soutient que, les enfants de Gaspard Avon étant de jeunes filles mineures, et ne pouvant, à raison de cette qualité, continuer le service, il avait fallu pourvoir au remplacement du titulaire, ce qui avait privé les héritiers de la transmission du brevet; — Attendu que ce raisonnement, qui pourrait avoir quelque force entre personnes étrangères, manque de justesse et de valeur, vu la position et la qualité des parties;

» Qu'on ne peut disconvenir que, si la dame Avon a obtenu sur sa tête le brevet de maître de poste, c'est à raison de sa qualité de veuve de Gaspard Avon et de mère et tutrice des enfants Avon; — Qu'à cette qualité elle réunissait, jusqu'à un certain point, celle d'héritière, par suite des avantages considérables que le testament de son mari lui conférait dans la succession, en sorte que l'on peut raisonnablement soutenir que les héritiers Avon ont pu et voulu exploiter le relais par l'intermédiaire de leur mère et tutrice; — Que le conseil de famille, et, par suite, l'administration, ont adhéré à un arrangement qui avait pour objet de conserver la valeur du brevet dans la famille Avon, et de secourir ainsi de malheureux orphelins privés de leur père par une mort fatale; — Que tel est le but légal et moral sanctionné par une administration paternelle, et que la dame Paban-Avon doit consciencieusement reconnaître; — Que c'est à tort que celle-ci voudrait se prévaloir de ce que le brevet aurait été successivement transmis entre les frères Avon sans indemnité; — Que si, en famille, on n'a pas cru devoir faire article du recomblement de cet objet, si c'était là, en quelque sorte, une libéralité réciproque que les frères Avon se faisaient entre eux, la position n'est pas la même à l'égard de la dame Avon, qui, engagée dans les liens d'un second mariage, créateur d'une nouvelle famille, ne peut regarder la concession par elle obtenue comme étant purement gratuite; — Qu'elle doit donc être soumise à tenir compte à la succession de son mari de la valeur de ce brevet, et ce, d'après les bases qui seront ci-après déterminées.... » — Appel. — Arrêt.

La cour; — Adoptant les motifs des premiers juges, confirme.

Du 9 déc. 1845.-C. d'Aix, 2e ch.-M. Vergor, pr.

2e *Espèce* : — (Long et Bonnafoux C. Paban, etc.) — La cour; — Attendu qu'aux termes des art. 69 et 70 de la loi du 24 juill. 1793, le titulaire d'un brevet de maître de poste peut disposer de son établissement en faveur d'un autre en prévenant de son intention l'administration, qui fait expédier une nouvelle commission au candidat désigné pour le remplacement, si elle le juge convenable; que, dans le cas de décès, si les héritiers ne peuvent ou ne veulent pas continuer le service pour leur compte, alors seulement le gouvernement pourvoit au remplacement; — Attendu que le droit de présentation ainsi établi par une loi spéciale constitue nécessairement en faveur du titulaire d'un brevet

155. Les maîtres de poste étant des agents commissionnés d'un service public, il en résulte que, indépendamment des cas de destitution prévus par la loi, l'administration peut, sans en déduire les motifs, leur retirer leur commission pour un temps indéterminé, et par cela même jusqu'à la révocation (ordon. cons. d'Etat 30 août 1832, M. Jouvencel, rap., aff. Digy *C.* Bizouard; même jour, aff. Mallivert *C.* Dubosq; 22 février 1833, M. Jouvencel, rap., aff. Juhan; 17 janv. 1834, M. Jouvencel, rap., aff. Maulier *C.* Girard). — Par suite, si le relai a été supprimé par l'administration comme inutile, le titulaire n'a droit à aucune indemnité (ord. cons. d'Et. 21 janv. 1842, M. François, rap., aff. Budin). — « Mais, aux termes des mêmes lois, les maîtres de poste, faisant le service des relais avec les chevaux et le matériel qui leur appartient, et avec les postillons de leur choix, moyennant les prix du tarif et des gages ou indemnités proportionnels au nombre de leurs chevaux, doivent être considérés comme des entrepreneurs d'un service public, et sont, à cet égard, qualifiés par la loi d'entrepreneurs de relais; que, sous ce rapport, hors les cas de destitution prévus par la loi, il peut résulter des circonstances de leur révocation des dommages de nature à servir de base à une demande en indemnité. » Ce sont les termes mêmes des ordonnances (ord. cons. d'Et. 30 août 1832, M. Jouvencel, rap., aff. Digy et aff. Mallivert; 17 janv. 1834, aff. Maulier *C.* Girard).—Du reste, il a été décidé que le maître de poste révoqué a droit à une indemnité, lorsque sa révocation a été prononcée pour une cause autre que celles énoncées aux art. 68 et 69 du décret des 23-24 juill. 1793 et 12 de l'arrêté du 1er prair. an 7; que l'indemnité, dans ce cas, ne comprend que la réparation du préjudice direct et matériel qu'il justifie éprouver par suite de la cessation du service dont il était chargé, en raison soit des dépenses par lui faites, soit des engagements par lui souscrits pour assurer la continuation de ce service; ...elle ne s'étend pas au préjudice par lui éprouvé dans les entreprises particulières qu'il aurait ajoutées à son établissement de poste (cons. d'Ét. 29 mars 1855, aff. Rat, D. P. 55. 3. 59).

156. Il suit encore des principes posés au numéro précédent que si le ministre, en ordonnant le remplacement d'un maître de poste, impose pour condition au successeur du prédécesseur, avec le prix matériel du relais, une indemnité à fixer par experts, cette condition est un acte purement administratif qui ne peut être attaqué devant le conseil d'État (ord. cons. d'Ét. 28 juin 1837, M. Bouchené-Lefer, rap., aff. Bertrand-Debeaux *C.* Pauillac). — Décidé, de même, que la mesure par laquelle, après les événements de décembre 1851, un commissaire du gouvernement agissant dans l'exercice des pouvoirs politiques à lui conférés, a retiré à un maître de poste son brevet, n'est pas susceptible d'un recours au conseil d'État par la voie contentieuse (cons. d'Ét. 28 juill. 1853, aff. Rat, D. P. 55. 3. 59).

157. Les maîtres de poste doivent résider au lieu déterminé par leur commission (arrêté du 1er prair. an 7, art. 1er); ils ne peuvent cesser leurs fonctions sans en prévenir l'administration six mois à l'avance (art. 2); ils sont responsables des accidents arrivés par le fait de leurs postillons ou l'emploi des chevaux qu'ils auraient dû réformer (art. 6). — Sur ce dernier point, V. Responsabilité.

158. Le caractère reconnu aux postes aux chevaux a déterminé la fixation d'un tarif uniforme obligatoire pour les voyageurs.— Les lois qui l'ont successivement réglé sont celles du 24 juill. 1793 (art. 74), du 19 frim. an 7, du 23 frim. an 8, des 3 vent., 20 flor. an 13, et les ordonn. des 13 nov. 1822, 1er mars 1829, 25 déc. 1839. — Il a été décidé qu'un ministre des finances a pu, par des décisions ministérielles, et sans qu'il fût besoin de l'intervention législative, modifier le tarif sur le transport des malles-postes, et spécialement réduire de 1 fr. 50 c. à 1 fr. 12 c. le prix de la course par cheval et par poste (ord. cons. d'Ét. 23 mars 1833) (1). — Et le conseil d'état est compétent pour statuer sur le recours formé contre les décisions ministérielles qu'on attaque comme ayant illégalement modifié un tarif (même ord.).

159. Les règlements de police qui défendent à tout individu de mener plus de trois chevaux à l'abreuvoir ne sont pas applicables aux maîtres de postes : ceux-ci peuvent, en vertu d'une déclaration du 28 avril 1782, en faire conduire quatre. — V. Abreuvoir, nos 11 et suiv).

160. Une indemnité de 25 c. est due par les entrepreneurs de voitures publiques aux maîtres de poste dont il n'emploient pas les chevaux (L. 15 vent. an 13). — V. à cet égard vo Voitures publiques.

161. Les malles-postes ne sont pas soumises aux règlements qui concernent les voitures publiques. — Il a été jugé : 1° que l'ordonn. du 16 juill. 1828, qui règle notamment la rapidité des voitures publiques, a excepté de ses dispositions les malles-postes; que, par suite, il ne peut y avoir lieu d'appliquer aux conducteurs de ces dernières voitures les dispositions de l'art. 475, no 4, c. pén. (Crim. cass. 15 nov. 1838, MM. Choppin, pr., Crouseilhes, rap., aff. Lamotte *C.* min. pub.); — 2° Que les malles-postes ne sont pas soumises aux dispositions de l'ordonn. du 16 juill. 1828, ni à celle des règlements municipaux pour tout ce qui peut les concerner, et notamment pour l'éclairage de nuit (Crim. rej. 4 nov. 1841, MM. Bastard, pr., Ricard, rap., aff. min. pub. *C.* Aubron); — 3° Que l'art. 37 de l'ordonn.

---

de maître de poste ou de ses héritiers un droit de propriété transmissible ayant une valeur vénale et appréciable; — Attendu en fait que Claude Avon, père commun des parties, était titulaire du brevet de maître de poste à Marseille; qu'à son décès cet avoir de la succession est obvenu à ses cinq enfants, et Joseph Avon, décédé le 19 sept. 1810, en a été titulaire; — Attendu qu'Elie Avon, un des enfants de Claude Avon, devenu tuteur des filles de Joseph, fut d'abord locataire du brevet de maître de poste, et obtint plus tard sa nomination, sans toutefois tenir compte de cette valeur à la succession de Joseph, ainsi que Gaspard Avon, autre enfant de Claude, l'a fait au préjudice des membres de sa famille; — Attendu que les appelants sont les enfants de Joseph Avon et héritiers d'Elie Avon, d'après les droits établis dans son testament de 1825; qu'en cette double qualité, ils ont évidemment droit à la part qui revenait à Joseph Avon, c'est-à-dire au cinquième et à la moitié du cinquième qui revenait à Elie Avon; — Attendu que, d'après les documents de la cause, la valeur du brevet de maître de poste en 1810 était de 10,000 fr., et de 15,000 fr. en 1824; — Attendu que le brevet de maître de poste constituait ainsi une valeur dans les successions de Joseph et Hélie, et, donnant lieu à un supplément de partage, doit être payé par les représentants de Gaspard, avec intérêts du jour de l'ouverture desdites successions, mais seulement à 3 p. 100, à cause des chances de cette valeur.

Du 15 avr. 1845.—C. d'Aix, 2e ch.-M. Lerouge, pr.

(1) (Dailly *C.* min. pub.)—LOUIS-PHILIPPE, etc.;—Sur la fin de non-recevoir; — Considérant que les conclusions du requérant tendent à l'annulation des décisions de notre ministre des finances, du 27 déc. 1830 et du 25 mars 1831, comme ayant excédé ses pouvoirs, en modifiant les prix des courses des malles-postes, qu'ils soutiennent ne pouvoir être fixés que par la loi, et qu'aux termes de celle du 11 oct. 1790, c'est à nous qu'il appartient de statuer en conseil d'Etat sur les réclamations d'incompétence et d'excès de pouvoir des autorités administratives.

Au fond : — Considérant que le transport des dépêches est un des services publics auxquels le ministre des finances doit pourvoir sous sa responsabilité; — Que lorsque ce service n'est pas donné à l'entreprise, et qu'il est remis aux maîtres de poste, ceux-ci en sont chargés comme agents commissionnés et salariés par l'État, dispensés de la patente, autorisés à exploiter exclusivement les relais, à percevoir le droit de 25 cent. par cheval et par poste sur le service des voitures publiques et messageries, et à réclamer en certains cas des indemnités; — Que si, en l'an 7 (le 19 frim.), le prix des malles pour le mode de service alors existant sur certaines routes a été fixé par une loi, c'est par un acte du gouvernement qu'en l'an 13 (décret du 15 ventôse), ce prix a été réglé sur toutes les routes, et qu'à cette même époque, la loi du 15 vent. an 13 n'a statué que sur les droits qu'elle a attribués aux maîtres de poste sur les services des messageries; que, d'après les limites des pouvoirs et le principe de la responsabilité des ministres, il n'appartient qu'au ministre des finances de fixer le prix du transport des malles;—Que la loi des finances de 1820 l'a implicitement reconnu; qu'en effet cette loi s'est bornée à étendre le crédit applicable à ce service, sans statuer sur son application; qu'en conséquence, c'était au ministre auquel le crédit était ouvert à introduire dans les prix les modifications qu'il jugerait nécessaires; que, par suite, les prix ont été fixés par une décision ministérielle;—D'où il suit qu'en appliquant par les décisions attaquées, un même prix pour le transport des dépêches à tous les maîtres de poste, qu'il a à cet égard placés dans des conditions égales, notre ministre des finances n'a point excédé les limites de ses pouvoirs; — Art. 1. Les requêtes... sont rejetées.

Du 25 mars 1833.-Ord. cons. d'Ét.-M. Girod de l'Ain, pr.

du 16 juill. 1828 qui a établi une exception formelle en faveur des malles-postes, aux dispositions prohibitives relatives à la célérité des voitures publiques, s'applique même aux places de guerre; qu'en conséquence, le fait par un courrier de malle-poste d'avoir fait courir ses chevaux, malgré l'opposition du factionnaire, sur le pont-levis d'une place de guerre, ne constitue pas l'infraction à la consigne militaire punissable des peines portées par l'art. 471, n° 15, c. pén. (Crim. rej. 9 juin 1843) (1); — 4° Que l'art. 37 de l'ordonn. du 16 juill. 1828, sur la vitesse accélérée des malles-postes, est applicable dans les lieux habités comme sur les routes; qu'en conséquence, le fait par un courrier de malle-poste d'avoir lancé ses chevaux au galop dans la traversée d'un hameau, ne constitue pas une infraction à cette ordonnance, passible de la peine portée par l'art. 475, n° 4, c. pén.; et que l'art. 475, n° 4, c. pén., qui défend de laisser courir des bêtes de trait dans l'intérieur d'un lieu habité, ne concerne pas les voitures publiques (Crim. cass. 4 mai 1848, aff. Magny, D. P. 48. 1. 173). — V. Contraventions, n° 307, et Voitures publiques.

162. L'administration des postes est elle responsable des accidents occasionnés par la vitesse des malles-postes? — V. l'examen de cette question v° Responsabilité.

(1) *Espèce* : — (Int. de la loi, C. Bufnoy.) — « Le procureur général expose :... Un jugement du tribunal de simple police de Mézières, du 19 août 1842, a été rendu dans les circonstances suivantes : — Le sieur Bufnoy, courrier de la malle-poste, était traduit devant ce tribunal pour avoir contrevenu à l'art. 91, tit. 2, de l'ord. du 1er mars 1768, en faisant courir ses chevaux, malgré l'opposition du factionnaire, sur le pont-levis de la Porte-Noire de Mézières; il a été renvoyé de la poursuite par les motifs que l'ordonnance du 1er mars 1768, relative au service des places de guerre, ne peut être invoquée pour régler le service et la marche des malles-postes; que la police de ces voitures n'est soumise qu'aux règlements spéciaux de l'administration des postes, et que l'art. 37 de l'ordonnance du 16 juill. 1828 les excepte formellement des règles qui sont en général applicables aux autres voitures publiques. — M. le ministre de la guerre a signalé ce jugement à mon attention, et m'a prié de le déférer à la cour de cassation. Il pense que l'ordonnance du 1er mars 1768 n'a jamais été abrogée; que l'ordonnance du 16 juill. 1828, traitant de matières différentes, n'a pu modifier la première qui, d'ailleurs, avait le caractère d'une loi; que l'exécution de toutes ses dispositions intéresse la défense des places fortes; qu'elle se lie essentiellement à la loi du 10 juill. 1791 et au décret du 24 déc. 1811, qui ont le même objet, et que l'exception qui serait autorisée à l'égard des malles-postes, présenterait les plus graves inconvénients pour la sûreté des places. — M. le ministre des finances, que j'ai dû consulter sur cette question, ne partage nullement l'opinion de M. le ministre de la guerre. Il émet l'avis que l'ordonnance du 1er mars 1768 est exclusivement relative au service militaire des places fortes, et que ses dispositions ne peuvent être étendues au service des malles-postes, dont la marche n'est soumise qu'aux règlements de l'administration spéciale qui les dirige; il appuie cet avis de l'art. 37 de l'ordonnance du 16 juill. 1828, qui excepte formellement les malles-postes des dispositions générales qui s'appliquent aux voitures publiques et fait valoir enfin les considérations d'intérêt public qui peuvent fortifier cette interprétation. — Cette dernière opinion me paraît plus conforme au texte et à l'esprit de la législation; mais comme il importe, au milieu du conflit qui s'est élevé, qu'une règle soit posée, et comme d'ailleurs MM. les ministres de la guerre et des finances demandent l'un et l'autre que la question soit déférée à la cour de cassation, j'ai cru devoir adopter cette mesure. — Dans ces circonstances, vu..., l'ordonnance du 1er mars 1768, requérons qu'il plaise à la cour annuler. — *Signé* Dupin. » — Arrêt.

LA COUR; — Attendu que si l'infraction aux consignes militaires données dans les places de guerre peut être punie des peines de l'art. 471, n° 15, c. pén., à l'égard des particuliers, il existe dans l'art. 38 de l'ordonnance royale du 16 juill. 1828, confirmée par la loi du 27 juin 1829, une exception formelle en faveur des malles-postes employées par l'État au transport des dépêches du gouvernement et des particuliers, aux dispositions prohibitives relatives à la célérité des voitures publiques;

Attendu que cette ordonnance spéciale a pu déroger et a dérogé, en effet, à toutes dispositions de lois et règlements antérieurs, et que les places fortes n'en sont pas exceptées; — Que les courriers de l'État, directeurs de la marche de ces malles, ne doivent recevoir d'ordre, relativement au service public, que de l'administration dont ils relèvent, et nullement de l'autorité militaire; — Que si cette autorité a le droit, pour la sûreté des places de guerre, d'ordonner la fermeture des portes; quand elle croit de son devoir de la prescrire; elle ne peut, quand la sûreté de la place leur a permis d'en tenir les portes ouvertes au public, gêner, par ses consignes, la marche des malles de l'État; — Qu'en le jugeant ainsi, le tribunal de police de Mézières, loin de violer l'ordonnance de 1768, n'a fait que se conformer aux dispositions ultérieures de l'art. 37 de l'ordonnance royale du 16 juill. 1828; — Rejette.

Du 9 juin 1843.-C. C., ch. crim.-MM. de Ricard, f. f. de pr.-Isambert, rap.-Dupin, pr. gén., c. conf.

Table sommaire des matières.

Table chronologique des lois, décrets, arrêts, etc.

1789. 24 oct. p. 3.
1790. 25 avr. p. 3.
—19 juin p. 3.
—9 juill. p. 3.
—10 août p. 3.
—26 août p. 3.
—6 sept. p. 4.
—12 oct. p. 4.
—19 nov. p. 4.
1791. 10 avr. p. 4.
—10 juill. p. 4.
—6 août p. 4.
—17 août p. 4.
—6 sept. p. 4.
—20 sept. p. 4.
—25 sept. p. 4.
1792. 6 juin p. 4.
—23 juin p. 4.
—3 sept. p. 4.
—4 sept. p. 4.
—26 sept. p. 4.
—8 oct. p. 4.
1793. 19 fév. p. 4.
—8 mars p. 4.
—29 mars p. 4.
—7 avr. p. 4.
—9 avr. p. 4.
—1er mai p. 4.
—24 juill. p. 4.
—13 sept. p. 6.
An 2. 17 vend. p. 6.
—1er brum. p. 6.
An 3. 24 vend. p. 6.
—29 brum. p. 6.
—9 niv. p. 6.
—27 niv. p. 6.
—9 vent. p. 6.
—3 germ. p. 6.
—16 flor. p. 6.
—11 prair. p. 6.
—21 prair. p. 6.
—3 therm. p. 6.
—16 therm. p. 6.
—3 fruct. p. 6.
—17 fruct. p. 6.
An 4. 3 brum. p. 6.
—6 niv. p. 6.
—5 prair. p. 6.
—6 mess. p. 6.
—25 mess. p. 6.
—30 mess. p. 6.
—4 therm. p. 6.
—5 therm. p. 6.
—4 fruct. p. 6.
An 5. 4 niv. p. 6.
—5 niv. p. 6.
An 6. 9 vend. p. 7.
—27 vend. p. 7.
—27 brum. p. 7.
—5 frim. p. 7.
—2 niv. p. 7.
—13 pluv. p. 7.
—29 pluv. p. 7.
—9 prair. p. 7.
—7 fruct. p. 7.
An 7. 5 vend. p. 8.
—9 frim. p. 8.
—19 frim. p. 8.
—26 vent. p. 8.
—1er prair. p. 9.
—4e jour compl. p. 10.
An 8. 11 brum. p. 10.
—23 frim. p. 10.
—25 frim. p. 10.
—27 frim. p. 10.
—14 niv. p. 10.
—27 prair. p. 10.
An 9. 15 brum. p. 10.
—27 prair. p. 10.
An 10. 17 germ. 109.
—19 germ. p. 11.
—14 flor. p. 11.
—4 mess. p. 11.
—14 fruct. p. 11.
An 11. 14 flor. p. 11.
—13 fruct. p. 11.
An 12. 25 vend. p. 11.
—28 vent. p. 11.
—2 mess. p. 11.
An 13. 30 vent. p. 11.
—25 germ. p. 11.
—20 flor. p. 11.
1806. 24 avr. p. 11.
1807. 4 juin 142.
1808. 8 sept. 159 c.
1810. 21 avr. p. 11.
1811. 18 juin p. 11.
1813. 23 avr. 144 c.
1814. 14 avr. p. 11.
—20 mai p. 11.
—19 déc. p. 11.
—17 mai p. 11.
1817. 6 août p. 11.
1818. 30 juill. 51 c., 52-1°.
—7 août 67-1°, 69-1°.
1820. 18 fév. 62-1°.
—13 mai 95 c., 98.
1822. 9 janv. p. 11.
—13 nov. p. 12.
1823. 5 mars p. 12.
—13 nov. 155-1°.
1824. 26 mars 64-2°, 75-1°.
1825. 26 oct. 18-2°.
—14 déc. p. 12.
1826. 10 mars 63.
—21 juin 71.
1827. 16 fév. 55-1°.
—26 fév. 76.
—5 mars 68.
—15 mars p. 12.
—30 nov. p. 13.
1828. 17 avr. 67-2° c., 69-2°, 70 c., 91-1°.
—24 avr. 117 c., 124.
—6 déc. 64-2°, 104 c., 135-2° c.
1829. 11 janv. p. 13.
—1er mars p. 13.
—3 juin p. 13.
—11 juin 91-1°.
—4 juill. p. 13.
—24 juill. 145.
1830. 10 janv. p. 13.
—8 avr. 64-5°.
—22 avr. 62-1°.
—11 juin 19 c.
—17 juin 72-1°.
—6 sept. 64-1°, 81.
—14 déc. p. 13.
1831. 5 janv. p. 13.
—4 mars 104, 107 c.
1832. 17 fév. 62-2°.
—30 mars 126.
—21 avr. p. 13.
—17 mai 118.
—19 juill. 52 c., 78-3° c., 136.
—30 août 155.
1833. 31 janv. p. 13.
—22 fév. 155.
—23 mars 158.
—13 avr. 117.
—18 oct. p. 13.
—30 oct. 60.
—22 déc. 54 c., 57.
1834. 2 janv. 114, 118.
—17 janv. 155.
—1er fév. 105-1°.
—12 juill. 128 c.
—13 nov. 118.
1835. 16 janv. 56.
—31 janv. 138.
—24 avr. p. 13.
—29 mai 55-2°.
—26 juin p. 14.
—30 juin 18-1°.
—2 juill. p. 14.
—13 août 65.
1836. 14 janv. 69-3°, 128.
—15 janv. 110-1°, 2°.
—29 janv. 111.
—20 fév. 117, 118, 120.
—18 mars 123.
—21 mai 118 c., 122.
—26 mai 120 c., 121-1°.
—28 mai 73.
—29 juin 113, 118.
—1er juill. 55-2° c., 65.
—23 juill. 74.
—8 sept. 73.
—23 sept. 115.
—7 nov. 123.
1837. 14 janv. 88.
—1er fév. 16.
—17 fév. 78-1°, 103-2° c.
—15 avr. 101-1°.
—27 avr. 116.
—28 juin 156.
—2 août 146 c.
—26 août 151-3° c., 152 c.
—23 nov. 62-2°, 70, 132.
—28 nov. 151-1°; 152.
1838. 30 mai 154, p. 14.
—4 juill. 93-1°.
—7 juill. 74 c., 78-2°, 3° c., 135-3° c.
—15 nov. 161-1°.
1839. 11 janv. 85, 86 c.
—16 fév. 85.
—22 fév. 93-3°.
—13 juin 62-3° c., 75-2°, 90-1° c.
—23 août 51 c., 96-1°, 2°.
—27 sept. 96-1°.
—28 déc. p. 14.
1840. 10 janv. 151-2° c.
—12 fév. 151-4°.
—20 mars 51 c., 93-3°, 96-1° c.
—2 avril 51 c., 91-2°, 97 c., 98, 112, 114 c., 117, 118.
—27 mai 69-4°, 121-2° c.
—15 juin 67-3°, 117 c.
—18 juin 117.
—25 juill. 69-5°.
—8 août 96-3°.
—12 sept. 66.
—2 oct. 93-1°.
—31 oct. 52-2°, 69-5°, 96-3°.
1841. 16 janv. 50 c., 103.
—17 mars 93-1°.
—31 mars 91-3°.
—8 mai 67-3°.
—3 août 118.
—6 août 139.
—12 août 118.
—1er oct. 67-1° c., 69-6°, 70 c., 121-4° c.
—15 oct. 114.
—4 nov. 161-2°.
—12 nov. 123.
—14 déc. 154.
—30 déc. 93-4°.
1842. 21 janv. 155.
—23 avr. 96-1°, 114.
—14 mai 61.
—11 juin 96-4°, 98 c., 118.
—18 juin 119.
—12 nov. 69-7°, 112, 113.
—23 déc. 112, 114 c.
1843. 19 fév. p. 14.
—25 mars 91-1°, 99 c.
—6 mai 112.
—9 juin 161-3°.
—29 juin 69-3°, 70.
—19 juill. 151-5° c.
—20 juill. 112.
—26 sept. 94-1°.
—3 déc. 72-2°.
—9 déc. 134.
—13 déc. 90-2°, 117.
1844. 3 fév. 153 c.
—10 avr. 111.
—19 mai p. 14.
—30 mai 121-3°.
—7 juin 90-2°, 93-1°, 2°, 121-4°.
—13 juin 94-2°.
—21 juin 106.
—21 juill. p. 14.
—18 oct. 119.
—17 nov. p. 14.
—17 déc. p. 14.
1845. 8 fév. 58, 100 c.
—18 mars p. 14.
—5 avr. 93-1° c., 108 c.
—15 avr. 134.
—19 avr. 96-1° c., 102 c.
—20 avr. p. 14.
—20 juin p. 14.
—19 août p. 14.
—6 nov. 85 c., 87-2°, 117 c.
—13 nov. 87-1° c.
—27 nov. p. 14.
1846. 3 juill. p. 14.
—15 juill. p. 14.
—11 sept. 131 c.
—24 nov. 44 c.
1847. 20 avr. 125 c.
—25 avr. p. 14.
—16 mai p. 15.
—19 mai p. 15.
—10 juin p. 15.
—24 sept. 72-3° c.
—4 nov. p. 15.
—24 nov. 110-3° c.
—2 déc. p. 15.
1848. 28 janv. 94-3° c.
—5 fév. p. 15.
—7 fév. 92.
—4 mai 161-4°.
—3 juin 110-3° c.
—20 juill. 72-3° c.
—24 août p. 15.
—29 déc. 79-1° c.
1849. 7 avr. 80-1° c.
—3 mai 80-2° c.
—15 juin 79-1° c., 3° c., 132 c.
—4 juill. p. 15.
—10 juill. p. 15.
—21 juill. 80-1° c.
—12 oct. 140 c.
—16 oct. p. 15.
1850. 26 avr. p. 15.
—3 mai 84 c.
—18 mai p. 15.
—30 mai 79-2° c.
—14 juin 145 c.
—28 juin p. 15.
—10 juill. p. 15.
—16 juill. p. 15.
—31 juill. p. 15.
—31 oct. p. 15.
—11 nov. p. 15.
—27 déc. p. 15.
1851. 12 mai 53 c.
—8 juill. p. 15.
—28 août p. 15.
—19 sept. p. 15.
—19 nov. p. 15.
—20 nov. 75-3° c., 132 c.
1852. 17 fév. p. 15.
1853. 11 avr. p. 15.
—5 mai p. 15.
—7 mai p. 15.
—22 juin p. 15.
—20 août p. 15.
—16 sept. 94-4° c.
—8 nov. 144-2° c., 3° c., 147 c.
—21 nov. p. 15.
—7 déc. p. 15.
1854. 24 fév. p. 15.
—20 mai p. 15.
—3 juin 25.
—22 juin p. 15.
—8 août 17.
—14 nov. 91-4° c.
—24 nov. 101-2° c.
—28 nov. 77 c., 131 c., 133 c.
—29 nov. p. 15.
1855. 2 fév. p. 15.
—13 fév. 77 c.
—3 mai p. 15.
—31 déc. 16.

POSTE MILITAIRE.—V. Place de guerre.

POSTHUME.—Enfant qui naît après la mort de son père.—V. Paternité, nos 84 s.; Disp. entre-vifs, no 1926; Success., no 85.

POSTILLON. — V. Abreuvoir, nos 11 et suiv.; Commune, no 1020; Garde nationale, no 88; Postes, Responsabilité.

POST-SCRIPTUM.—Se dit de l'écriture mise à la suite d'un acte ou d'un titre.—V. Disp. entre-vifs et testam., nos 2903 s., et Obligat.

POSTULANT.—Celui qui exerçait autrefois la profession de procureur, et aujourd'hui celle d'avoué et même d'agréé. — V. Agréé, Avoué.

POSTULATION. — Action de faire ce qui est nécessaire à l'instruction d'un procès, ou, en d'autres termes, d'exercer l'office d'avoué ou d'agréé.—V. Avoué, Huissier, no 18, Obligat., Office.

POT DE VIN. — Ce qui est remis de la main à la main au locateur ou au vendeur, en signe de la conclusion du marché, et en sus du prix arrêté. — V. Louage, nos 57, 111, 343, 583; Vente; V. aussi Contr. de mar., nos 1606; Enregistr., no 914; Expropr. pub., no 612.

POT DE VIN DU MAITRE.—C'est la gratification connue sous le nom de chapeau du capitaine, c'est-à-dire ce qui est remis à celui-ci en sus du fret.—V. Droit marit., no 828.

POUDRES ET SALPÊTRES. — 1. La poudre est, comme on le sait, un composé de salpêtre, de charbon et de soufre destiné principalement au tir des armes à feu. Un produit de cette importance ne pouvait échapper à la sollicitude du législateur, et, depuis plusieurs siècles, la fabrication et la vente des poudres ont été soumises à un régime exceptionnel. Le salpêtre, considéré comme un des éléments de la fabrication de la poudre, a dû être aussi l'objet de mesures particulières à raison des difficultés que présentent son extraction et son raffinage.

Division.

ART. 1. — *Historique et législation.*

2. Le service des poudres et salpêtres a été, dès l'origine, et pendant longtemps, dans les attributions exclusives de l'autorité militaire. L'exploitation était faite au compte du roi, par

des officiers; puis elle fut mise en ferme. Sous Louis XVI, la ferme fut supprimée et un édit du 5 sept. 1779 y substitua une régie qui fut chargée de compter avec le trésor.

3. Depuis 1789 et pendant toute la période révolutionnaire, on voit les divers gouvernements qui se sont succédé maintenir avec énergie le monopole de l'État en cette matière et proclamer ce principe que la fabrication et la vente des poudres et l'extraction des salpêtres sont une dépendance de la souveraineté nationale. Il était impossible, en effet, qu'au milieu des luttes opiniâtres que le pays soutenait à cette époque, on ne cherchât pas à centraliser entre les mains de l'État tous les moyens de défense du territoire. — Diverses mesures ont été prises spécialement quant aux poudres. Les lois des 23 sept.-19 oct. 1791 et 14-23 mai 1792 disposèrent que la fabrication et la vente de cette substance seraient exploitées et régies pour le compte de la nation. Toute importation de poudre de l'étranger fut sévèrement interdite. Toutefois, en 1793, les nécessités du moment firent modifier ce régime et le décret des 11-16 mars de la même année permit provisoirement aux particuliers d'introduire en France et en exemption de droits toutes espèces de poudre qu'ils achèteraient à l'étranger. Mais ce décret fut abrogé par la loi du 13 fruct. an 5 (V. le tableau chronologique), qui réglementa de nouveau la matière. Cette dernière loi, dont presque toutes les dispositions relatives aux poudres sont encore en vigueur rappelle toutes les prohibitions portées par la législation antérieure à 1793. Elle a permis, toutefois, aux citoyens de conserver, même sans autorisation, de la poudre chez eux dans certaines proportions. Mais cette tolérance a été abolie, en ce qui concerne la poudre de guerre, par le décret du 23 pluv. an 13 (V. p. 51) également en vigueur. Une ord. du 25 mars 1818 (V. p. 52) a confié à l'administration des contributions indirectes la vente des poudres de chasse aux particuliers. Enfin ces dispositions diverses ont été complétées par la loi du 24 mai 1834 (V. Armes, n° 27), qui est venue fortifier par une répression plus sévère l'application de la loi de l'an 5 et du décret de l'an 13. Nous entrerons dans plus de détails, n°s 6 et suiv., et n°s 18 et suiv. sur cette législation dont nous ne faisons qu'indiquer ici les principaux éléments.

4. Nous avons dit que l'exploitation des *salpêtres* avait été, comme celle des poudres, l'objet de plusieurs dispositions législatives. Les règlements anciens attribuaient exclusivement à la couronne la faculté de faire importer le salpêtre de l'étranger, et défendaient, sous les peines les plus sévères, d'en exporter aucune quantité.—Le décret du 23 sept.-19 oct. 1791, tout en confirmant ces règlements antérieurs, régla cette matière qui, en raison de la gravité des circonstances, fut l'objet de plusieurs décrets (V. p. 49 et suiv.). La loi du 13 fruct. an 5 déjà citée a consacré aux salpêtres plusieurs dispositions (V. notamment les art. 1 et suiv., 22). — Les décrets des 27 pluv. an 8 et 16 mars 1813 se sont occupés de l'introduction, de la vente et de l'administration des salpêtres, qui aujourd'hui sont régis plus particulièrement par la loi du 10 mars 1819 (V. p. 52 et n°s 31 et suiv.).

5. Enfin, à l'égard de l'administration des poudres et salpêtres, créée par le décret du 23 sept. 1791, art. 15 et suiv., elle fut réglementée ensuite par le décret du 27 fruct. an 5, qui plaça la régie des poudres et salpêtres sous la direction de trois administrateurs généraux chargés de la surveillance de tout le service. — Le régime établi par ces lois se maintint jusqu'en 1817, mais à cette dernière époque un changement notable lui fut apporté. Une ordonnance du 25 nov. 1817, supprimant les régisseurs généraux et les inspecteurs généraux des poudres et salpêtres, institua une *direction générale* des poudres qui fut confiée à un lieutenant général du corps de l'artillerie.—Cette direction fonctionna jusqu'à l'ordonnance du 20 sept. 1829, qui l'abolit et plaça tout le service sous l'autorité de l'inspecteur général de l'artillerie. Après avoir traversé ces phases diverses l'administration des poudres et salpêtres a été définitivement organisée par une ordonnance du 26 fév. 1839 (V. p. 54).—Les dépenses de l'administration des poudres et salpêtres sont classées au nombre des dépenses générales de l'État (arr. 11 frim. an 7, tit. 1, art. 2; ord. 26 fév. 1839, art. 24).—Les agents de l'administration des poudres et salpêtres sont tenus de verser un cautionnement au trésor public (décr. 7 juin 1793). — A l'égard du service des poudres en Algérie, V. une ord. du 4 sept. 1844, v° Organ. de l'Algérie.

TABLEAU DE LA LÉGISLATION RELATIVE AUX POUDRES ET SALPÊTRES.

4-18 juill. 1790. — Décret pour la libre circulation des poudres et autres munitions tirées soit des arsenaux soit des fabriques et autres magasins de la régie des poudres.

23 sept.-19 oct. 1791. — Décret relatif à la fabrication et vente des poudres et salpêtres.

14-23 mai 1792. — Décret relatif à la fabrication des poudres et salpêtres.

31 mai-8 juin 1792. — Décret relatif à la vente des poudres et salpêtres.

3-8 sept. 1792. — Décret relatif à la régie nationale des poudres.

1er-1er juill. 1793. — Décret concernant les salpêtriers et autres fabricants de salpêtre.

28 et 31-31 août 1793. — Décret qui met à la disposition du conseil exécutif toutes les terres et matières salpêtrées.

21 sept. 1793. — Décret relatif aux poudres et salpêtres.

13 brum. an 2 (3 nov. 1793). — Décret relatif aux nitrières artificielles pour l'usage des arts.

14 frim. an 2 (6 déc. 1793). — Décret qui prescrit des mesures pour multiplier les fabriques de salpêtre.

29 germ. an 2 (18 avr. 1794). — Décret qui ordonne le brûlement des herbes qui ne servent ni à la nourriture des animaux, ni aux usages domestiques ou ruraux, pour être converties en salpêtre.

9 fruct. an 2 (26 août 1794). — Décret portant qu'il ne sera fait aucun usage de la poudre dans les fêtes publiques pendant toute la durée de la guerre.

17 germ. an 3 (6 avr. 1795). — Deux décrets, l'un qui détermine un mode pour l'exploitation des salpêtres, l'autre qui fixe le prix des poudres et salpêtres.

13 fruct. an 5 (30 août 1797). — Loi relative à l'exploitation, à la fabrication et à la vente des poudres et salpêtres.

LE CONSEIL... — Considérant qu'il importe à la sûreté intérieure de l'État et à la tranquillité des citoyens de faire cesser les abus qu'entraînent les fabrications et les ventes clandestines de poudres à tirer; — Considérant que la préparation et la distribution de cette matière, ainsi que des salpêtres, ont été jusqu'à présent réservées au gouvernement, comme une partie essentielle de la puissance publique; qu'il ne pourrait en être autrement sans donner lieu à de grands désordres au dedans, et sans exposer l'État à l'impossibilité de se défendre contre les nations étrangères, en cas de guerre; que ce serait en même temps renoncer à une branche des revenus de la République, dont la perte obligerait à imposer de nouvelles charges aux citoyens; — Considérant, enfin, qu'il importe de rendre promptement à l'administration des poudres les moyens de soutenir son service... approuve l'acte d'urgence et la résolution suivante :

TIT. 1. — *De la récolte en salpêtre.*

Art. 1. L'exploitation des salpêtres continuera d'être faite pour le compte de la République, ou ne pourra l'être que sous l'inspection et avec l'autorisation du gouvernement.

2. Les salpêtriers commissionnés en vertu des lois précédentes, ou qui le seront à l'avenir, continueront d'enlever, dans les arrondissements qui leur sont ou seront déterminés, les matériaux de démolition salpêtrés. A cet effet, les propriétaires qui voudront faire démolir, ou ceux qui en seront chargés par eux, ne le pourront qu'après en avoir prévenu leur municipalité ou l'agent municipal de leur commune, afin que le salpêtrier puisse en prendre connaissance. — Cet avertissement devra précéder d'une décade au moins la démolition; et ceux qui, sans avoir satisfait à cette condition, commenceraient à démolir, ou qui le feront faire, seront condamnés solidairement à une amende égale à la contribution mobilière du propriétaire ou principal locataire du bâtiment. — Cette amende sera double pour ceux qui auraient détourné, employé ou détérioré, en tout ou en partie, les matériaux provenant de leur démolition, ou qui s'opposeraient à leur enlèvement.

3. Il ne sera rien payé par le salpêtrier pour raison des matériaux de démolition salpêtrés qu'il aura enlevés; mais dans le cas où le propriétaire l'exigerait, le salpêtrier sera tenu de lui rendre, au même lieu, une quantité de matériaux d'un même volume.

4. En attendant que les circonstances permettent de renoncer entièrement aux produits de la fouille, les salpêtriers commissionnés continueront également de prendre, comme par le passé, les terres et matériaux salpêtrés qui se trouvent dans les granges, écuries, bergeries, remises et autres lieux couverts, à l'exception de ceux servant d'habitation personnelle, et des caves et celliers contenant du vin, des boissons ou des marchandises, et des aires de grange en argile ou glaise.

5. Les salpêtriers, en faisant les fouilles, ne pourront creuser à plus de 11 centimètres (ou 4 pouces) de profondeur, contre les seuils, poteaux et autres ouvrages en bois, et à plus de 22 centimètres (ou 8 pouces) contre les murs. Dans le cas où il se trouverait des terres salpêtrées plus bas, ils seront obligés de se retirer de 67 centimètres (ou 2 pieds), tant desdits seuils et poteaux que des fondations des murs. — Les salpêtriers seront tenus, en outre, de remettre en place les terres qu'ils auront lessivées, et seront responsables des dégradations et accidents qu'ils auront occasionnés. — Ceux qui s'opposeraient à ce que le salpêtrier pût exercer la fouille conformément à la loi encourront une amende égale au double de l'imposition mobilière du propriétaire ou principal locataire.

6. Le salpêtrier qui serait convaincu d'avoir reçu de l'argent ou une rétribution quelconque pour affranchir de la recherche et enlèvement des matières salpêtrées sera condamné à une amende de 200 fr.

7. L'époque des fouilles et l'ordre à suivre entre les communes où elles doivent être faites seront déterminés par les préposés des poudres, avec l'attache de l'administration centrale du département; et à l'égard des maisons d'une même commune, avec l'attache de la municipalité. Ces autorités protégeront ce service, et veilleront en même temps à ce qu'il ne soit exercé aucune vexation contre les citoyens.

8. Le citoyen chez lequel se fera la fouille pourra, avant tout, faire examiner

et constater l'état des lieux, en présence du salpêtrier, par des hommes d'art. Le salpêtrier aura la même faculté.

9. Le salpêtrier qui ne serait pas domicilié dans la commune où il travaille ne pourra transporter ailleurs ses ustensiles, avant qu'il soit constaté qu'il n'y a aucune réclamation contre lui.

10. Si le citoyen chez lequel on aura fouillé a quelque plainte à porter contre le salpêtrier, pour cause de dégradation ou autres abus, il s'adressera au juge de paix, qui connaîtra des contestations, et ordonnera les réparations et indemnités convenables, sauf le recours de droit aux tribunaux supérieurs. — Dans ce cas, le salpêtrier fournira une caution suffisante, à défaut de laquelle ses meubles et ustensiles pourront être saisis pour répondre de sa solvabilité; et au besoin, il sera fait opposition au payement de ce qui lui serait dû par l'administration des poudres.

11. Le directoire exécutif arrêtera le modèle des commissions à délivrer aux salpêtriers. Il déterminera l'arrondissement dans lequel ils pourront, chacun respectivement, exploiter les matériaux salpêtrés, le minimum de la quantité qu'ils devront fournir, le mode de réception et d'épreuve des salpêtres, qui aura toujours lieu en présence des parties, et contradictoirement; enfin, toutes les autres conditions auxquelles il sera utile d'assujettir les salpêtriers dans leur service.

12. Les salpêtriers devront porter dans les magasins nationaux tout le salpêtre qu'ils exploitent de la manière et aux époques qui leur seront prescrites; ceux qui se permettraient d'en disposer autrement, de le vendre ou donner en échange à qui que ce soit, seront dénoncés au tribunal de police correctionnelle, et encourront, outre l'abolition de leur atelier, la confiscation des matières détournées et une amende de 300 fr.

13. Le salpêtre brut sera payé aux salpêtriers par l'administration des poudres en raison de la quantité de salpêtre pur que la masse livrée contiendra, et d'après les prix qui seront déterminés, chaque année, par le corps législatif. — Le minimum des prix du salpêtre sera, pour l'année actuelle et l'an 6, de 2 fr. 25 c. par kilogramme (ou 22 sous par livre). — Le salpêtrier recevra, de plus, 1 décime par kilogramme (ou 1 sou par livre) de salpêtre qu'il fournira en sus de son contingent obligé.

14. Les possesseurs de nitrières existantes, et qui voudront en former de nouvelles, sont autorisés à les exploiter, à la condition expresse d'en livrer tout le salpêtre dans les magasins de la République. Ce salpêtre sera payé au prix le plus haut accordé aux salpêtriers, et sera reçu, d'ailleurs, aux mêmes conditions. Il sera payé, en outre, 1 décime par kilogramme (ou 1 sou par livre) comme prime d'encouragement, si ce sel ne provient ni de terre de fouille ni de matériaux réservés aux salpêtriers commissionnés.

15. Tout citoyen qui exploitera, sans l'autorisation spéciale du gouvernement, des matériaux salpêtrés naturellement, ou par des nitrières artificielles, encourra la confiscation des matières et ustensiles qu'il y emploie; et, en cas de récidive, il sera condamné à une amende de 300 fr.

TIT. 2. — *De la fabrication des poudres et de leur distribution.*

16. Les poudres continueront d'être fabriquées pour le compte de la République, et ne pourront l'être que sous la direction et la surveillance de l'administration chargée de cette partie. Le directoire exécutif prescrira le dosage des matières et les procédés de fabrication.

17. Il déterminera, au commencement de chaque année, la quantité et l'espèce de poudre qu'il jugera nécessaires aux approvisionnements des arsenaux de terre et de mer. Il fixera aussi le mode d'épreuve qui doit en constater la qualité, et précéder la réception.

18. Les ministres de la guerre et de la marine feront prendre livraison des poudres destinées à leur service dans les poudreries où elles sont préalablement éprouvées; ils les payeront comptant sur les fonds mis à leur disposition, à raison de 2 fr. 56 cent. le kilogramme (ou 25 sous la livre) barillage compris.

19. Lorsque les poudres des arsenaux de terre et de mer seront détériorées et reconnues telles d'après un procès-verbal de vérification, elles seront renvoyées dans les poudreries les plus à proximité, et la quantité de salpêtre qu'elles contiendront sera remplacée en poudre neuve de bonne qualité.

20. Les armateurs et corsaires continueront d'être approvisionnés par l'administration des poudres en raison de la quantité de leurs armes à feu, et sur des états certifiés par le commissaire de la marine du lieu de l'armement.

21. La loi du 11 mars 1793 est rapportée. En conséquence, il est défendu à qui que ce soit d'introduire aucune poudre étrangère dans la République, sous peine de confiscation de la poudre, des chevaux et voitures qui en seraient chargés, et d'une amende de 20 fr. 44 cent. par kilogramme de poudre (ou 10 fr. par livre). — Si l'entrée en fraude est faite par la voie de la mer, l'amende sera double, en outre de la confiscation de la poudre.

22. L'importation et l'exportation des salpêtres sont également prohibées. La contravention sera punie des mêmes peines que lorsque les poudres sont la matière du délit. — Il sera cependant permis d'entreposer des salpêtres dans les ports de France, pour les réexporter ensuite, en se conformant à ce qui est prescrit par les lois sur l'entrepôt.

23. Les poudres ou salpêtres saisis par les employés des douanes seront par eux déposés au magasin national le plus prochain affecté à ces matières; la moitié de la valeur de tous les objets confisqués et des amendes prononcées appartiendra aux saisissants, et sera partagée entre eux.

24. La fabrication et la vente des poudres continueront d'être interdites à tous les citoyens autres que ceux qui y seront autorisés par une commission spéciale de l'administration nationale des poudres. — Il est également interdit aux citoyens qui n'y seraient pas autorisés de conserver chez eux de la poudre au delà de la quantité de 5 kilogrammes (environ 10 livres 1 quart). — La surveillance de ces dispositions est confiée aux administrations départementales et municipales, aux commissaires du directoire exécutif près d'elles, et aux officiers de police.

25. Lorsque l'une de ces autorités, ou les préposés de l'administration des poudres, auront connaissance d'une violation du précédent article, ils requerront la municipalité du lieu de prendre les moyens nécessaires pour constater les délits.

26. La municipalité sera tenue de déférer à cette réquisition. En conséquence, elle fera procéder à une visite dans la maison désignée, si les circonstances du fait l'exigent. Cette visite ne pourra s'exécuter que par deux officiers municipaux, accompagnés d'un commissaire de police, en plein jour, et seulement pour l'objet énoncé en la présente loi, conformément à l'art. 350 de la constitution. — Dans les communes où il n'y pas de municipalité, cette visite sera faite par l'agent municipal et son adjoint, lesquels se feront assister de deux citoyens du voisinage. — Dans le cas de conviction, l'affaire sera renvoyée aux tribunaux, qui feront la poursuite suivant les lois.

27. Ceux qui feront fabriquer illicitement de la poudre seront condamnés à 3,000 fr. d'amende. La poudre, les matières et ustensiles servant à sa confection, seront confisqués, et les ouvriers employés à sa fabrication seront détenus pendant trois mois pour la première fois, et pendant un an en cas de récidive. Le tiers des amendes appartiendra au dénonciateur; le surplus, ainsi que les objets confisqués, seront versés au trésor public et dans les magasins nationaux.

28. Tout citoyen qui vendrait de la poudre sans y être autorisé, conformément à l'art. 24, sera condamné à une amende de 500 fr.; et celui qui en conserverait chez lui plus de 5 kilogr. (ou environ 10 liv. 1 quart), à une amende de 100 fr. Dans l'un et l'autre cas, les poudres seront confisquées et déposées dans les magasins nationaux.

29. Il est aussi défendu aux gardes des arsenaux de terre et de mer, à tous militaires et ouvriers et employés dans les poudreries, de vendre, donner ou échanger aucune poudre, sous peine de destitution, et d'une détention qui sera de trois mois pour les garde-magasins et militaires, et d'un an pour les ouvriers et employés des poudreries. Les ouvriers des raffineries et ateliers nationaux de salpêtres, qui en détourneraient les produits encourront les mêmes peines que les ouvriers des poudreries, en pareil cas.

30. Tout voyageur ou conducteur de voitures qui transportera plus de 5 kilogr. (ou 10 liv. 1 quart) de poudre, sans pouvoir justifier leur destination par un passeport de l'autorité compétente, revêtu du *visa* de la municipalité du lieu du départ, sera arrêté et condamné à une amende de 20 fr. 44 cent. par kilogramme de poudre saisie (ou 10 fr. par livre), avec confiscation de la poudre et des chevaux et voitures; mais si le conducteur n'a pas eu connaissance de la nature du chargement, il aura son recours contre le chargeur qui l'aurait trompé, et qui sera tenu de l'indemniser. — Néanmoins, dans la distance de 2 lieues des frontières, les citoyens resteront soumis à tout ce qui est prescrit par les lois pour la circulation dans cette étendue.

31. Les capitaines de navires, de quelque lieu qu'ils viennent, à leur entrée dans les ports maritimes, seront obligés, dans les vingt-quatre heures, de faire, au bureau des douanes, ou, à défaut, au commissaire de la marine, la déclaration des poudres qu'ils auront à bord, et de les déposer, dans le jour suivant, dans les magasins nationaux; sous peine de 500 fr. d'amende: ces poudres leur seront rendues à leur sortie desdits ports.

32. Les poudres prises sur l'ennemi par les vaisseaux ou bâtiments de mer seront, à leur arrivée dans les ports de la République, déposées dans les magasins de la marine; si elles sont bonnes à être employées pour ce service; et dans ce cas, le ministre de ce département les fera payer au même prix que celles qu'il reçoit de l'administration nationale des poudres. Mais si les poudres de prises, après vérification contradictoirement faite, ne sont pas admissibles pour le service de la marine, elles seront versées dans les magasins de l'administration des poudres, qui les payera en raison de la quantité de salpêtre qu'elles contiennent, et au prix auquel est fixé celui des salpêtriers.

TIT. 3. — *Dispositions générales.*

33. La vente des salpêtres et poudres se fera pour le compte de la République, soit dans les magasins nationaux, soit par des débitants pourvus de commissions de l'administration des poudres. Le directoire exécutif prescrira les conditions de détail relatives à ces ventes, afin d'en écarter les abus.

34. Les salpêtres et poudres vendus en vertu de l'article précédent seront payés, pour la présente année, d'après les prix ci-après, savoir: Le salpêtre brut donnant quinze pour cent de déchet au raffinage, 2 fr. 56 cent. le kilog.; le salpêtre raffiné, 3 fr. 7 cent.; la poudre de mine, 3 fr. 7 cent.; la poudre de guerre pour les armateurs et les corsaires, 3 fr. 7 cent.; la poudre de chasse pour les débitants, 5 fr. 11 cent.; *idem*, pour les autres citoyens, 6 fr. 13 cent.; la poudre superfine, 8 fr. 18 cent.

35. Les débitants ne pourront vendre aux citoyens la poudre de chasse au delà du prix de 6 fr. 13 cent. le kilog. (ou 3 fr. la livre); sous peine de révocation de leur commission, et d'une amende de 100 fr.

36. Si un débitant était convaincu de tenir en dépôt ou vendre de la poudre de contrebande, il encourrait, outre la révocation de sa commission, la confiscation des matières prohibées, et une amende de 1,000 fr.

37. Dans le cas de contravention à la présente loi, toutes les demandes et poursuites pouvant donner lieu à condamnation seront faites par-devant le juge de paix, ou le tribunal de police correctionnelle, suivant l'étendue de leur compétence et sauf l'appel.

27 fruct. an 5 (13 sept. 1797). — Loi relative à l'administration des poudres et salpêtres.

1er jour complém. an 5 (17 sept. 1797). — Arrêté du Directoire exécutif concernant les poudres et salpêtres.

25 vent. an 6 (15 mars 1798). — Arrêté du pouvoir exécutif concernant l'uniforme des régisseurs, employés et ouvriers de la régie des poudres et salpêtres.

9 mess. an 6 (27 juin 1798). — Arrêté du directoire exécutif concernant le remplacement des matériaux salpêtrés provenant de démolitions.

25 mess. an 7 (13 juill. 1799). — Arrêté du directoire exécutif concernant la circulation des poudres dans l'intérieur.

1er fruct. an 7 (18 août 1799). — Arrêté du directoire exécutif concernant le transport des poudres dans l'intérieur de la République.

27 pluv. an 8 (16 fév. 1800). — Arrêté contenant règlement sur la régie des poudres et salpêtres.

Art. 1. La régie des poudres et salpêtres est mise dans les attributions du ministère de la guerre; en conséquence, les administrateurs de la régie rendront compte au ministre et au premier inspecteur général de l'artillerie.

2. La régie des poudres et salpêtres reste constituée et organisée comme elle l'est aujourd'hui. Les règles d'admission et d'avancement sont conservées.

3. La régie continuera à fournir à la guerre et à la marine les poudres qui leur seront nécessaires pour leur service.

4. Les fonds provenant des bénéfices sur la vente des poudres et des salpêtres seront versés dans la caisse de la régie.

5. La régie des poudres est chargée de présenter au premier inspecteur du corps

de l'artillerie l'état des ateliers de salpêtre qu'il est convenable d'établir, afin d'en augmenter la récolte.

6. Les chefs d'atelier seront commissionnés par le ministre de la guerre, et choisis sur un examen qui sera fait, sur l'ordre de l'administration, par un de ses agents.

7. Les chefs d'atelier et leur principal ouvrier sont exempts temporairement du service militaire; en conséquence, le ministre de la guerre fera délivrer les congés nécessaires, d'après l'état qui lui sera fourni par le premier inspecteur de l'artillerie.

8. Les chefs d'atelier seront tenus de fournir, chaque année, une quantité déterminée de salpêtre; cette quantité sera fixée par l'administration des poudres, sur la proposition du commissaire.

9. Le prix du salpêtre pur sera dorénavant composé de deux parties, l'une fixe, l'autre variable. — La première sera portée à 1 fr. 55 c. par kilog., pour Paris, Lyon, Marseille et Bordeaux; à 1 fr. 65 c. pour les départements de l'Indre, Indre-et-Loire, Loir-et-Cher, Maine-et-Loire, Vienne et Deux-Sèvres; et pour le reste de la République, à 1 fr. 45 c. Cette partie représentera les dépenses d'exploitation. —La seconde dépendra du prix et de la quantité de la potasse qui y aura été employée.

10. Le prix de la potasse sera fixé par l'administration centrale de chaque département sur le taux du commerce, toutes les fois que le commissaire des poudres ou les chefs d'atelier lui en feront la demande. Dans tous les temps, la régie pourra remplacer en nature la potasse pure consommée.

11. Tout fabricant qui emploie du salpêtre comme matière première dans ses opérations pourra en importer par les seuls ports de Marseille, Lorient, le Havre, Dunkerque et Anvers. Ce salpêtre ne pourra être introduit, des ports désignés ci-dessus, dans l'intérieur, qu'au moyen d'un acquit-à-caution délivré par les employés des douanes. Lors du déchargement, il en sera justifié à l'autorité du lieu où sont situés les ateliers pour lesquels le salpêtre sera destiné : cette autorité inscrira la décharge sur l'acquit-à-caution, qui sera renvoyé, dans le mois, à la régie des douanes.

12. Il est défendu à ces fabricants, ou à tous autres particuliers, de vendre du salpêtre, sous les peines portées par les lois.

13. Tous les traitements se composeront à l'avenir de deux parties, l'une fixe, l'autre de remises. Les remises porteront sur la récolte du salpêtre et sur la fabrication de la poudre de guerre.

14. Le traitement fixe de chacun des administrateurs généraux sera de 6,000 fr. Le traitement de tous les préposés sera réglé depuis le minimum de 1,500 fr. jusqu'au maximum de 4,500 fr., sur un état présenté par la régie au ministre de la guerre, et formé d'après l'importance de chaque place.

15. Les remises accordées aux administrateurs ne porteront, pour le salpêtre, que sur l'excédant de 800,000 kilog., et pour la poudre fabriquée, sur l'excédant d'un million. — Les remises seront ainsi calculées : — 1 c. par kilog. de salpêtre, sur les quatre cents premiers mille; — 2 c., sur les quatre cents mille suivants; — Et 3 c. par kilog., sur tout le surplus; — 1 c. par kilog. de poudre, sur les cinq cents premiers mille; — 2 c. sur tout le surplus.

16. Les remises accordées aux préposés de la régie seront calculées sur les mêmes bases que celles des administrateurs, mais de manière cependant que leur somme, réunie à celle des traitements fixes, ne forme pas un taux moyen supérieur à 3,000 fr.

17. Il sera accordé des primes aux salpêtriers, savoir : 10 c. par kilog. au-dessus de la quantité exigée par l'art. 9, et jusqu'à un total égal à sa moitié; 20 c. par kilog. de la deuxième moitié, et 30 c. par kilog. au-dessus.

18. Tous les entrepôts de salpêtre sont supprimés : en conséquence, les chefs d'atelier sont tenus de faire transporter directement leurs salpêtres dans les raffineries nationales; le transport leur sera payé, lorsque la distance excédera un myriamètre, sur le taux du commerce, réglé par l'administration centrale.

19. Sont exceptés provisoirement de la précédente disposition, pour l'an 8 seulement, les entrepôts qui reçoivent annuellement une quantité de 25,000 kilog. de salpêtre.

20 La poudre livrée par la régie pour le service de la guerre et de la marine sera payée à la régie à raison de 2 fr. 80 c. le kilog. — Les poudres livrées aux armateurs et corsaires, et autres particuliers, continueront à être payées conformément à la loi du 13 fruct. an 5.

21. Il sera mis à la disposition de la régie 600,000 fr. par mois, savoir : 400,000 fr. sur les fonds de la guerre, et 200,000 fr. sur ceux de la marine. Ces deux sommes seront données tant à compte de ce qui est dû par ces deux ministères, que pour servir au payement des fournitures courantes.

22. La régie des poudres est chargée de faire toutes les recherches nécessaires pour trouver le moyen de fonder une récolte nationale de potasse qui puisse suffire à la fabrication du salpêtre. Elle rendra compte de ses travaux au ministre de la guerre.

23. Le premier inspecteur de l'artillerie fera inspecter les poudreries par des officiers supérieurs d'artillerie : ces officiers lui rendront compte de l'état où elles se trouvent, de l'activité et de la nature des travaux.

25 germ. an 8 (15 avril 1800). — Arrêté relatif aux opérations des salpêtriers ambulants.

5 germ. an 10 (26 mars 1802). — Arrêté contenant fixation du prix des poudres et salpêtres.

27 prair. an 10 (16 juin 1802). — Arrêté relatif à la délivrance de la poudre de guerre, pour les bâtiments du commerce.

25 fruct. an 11 (2 sept. 1803). — Décret relatif à la réserve du bois de bourdaine pour la confection du charbon propre à la fabrication de la poudre.—V. Forêts, n° 95.

23 pluv. an 13 (12 fév. 1805). — Décret qui interdit la vente des poudres de guerre.

Art. 1. A dater de la publication du présent décret, toute vente de poudre de guerre est interdite : en conséquence, l'administration générale des poudres ne pourra en faire délivrer, même aux citoyens qui ont obtenu une commission spéciale de ladite administration pour la vente des poudres.

2. Dans les huit jours de la publication du présent décret, les citoyens commissionnés par l'administration des poudres rapporteront au magasin de ladite administration toute la poudre de guerre qu'ils auront : elle leur sera remboursée au même prix qu'ils l'auront payée.

3. Les citoyens non commissionnés qui auront à leur disposition de la poudre de guerre seront tenus, de quelque manière qu'ils l'aient obtenue, d'en faire, dans le mois, leur déclaration à leur municipalité, et le versement dans les magasins de l'administration générale, qui en payera la valeur.

4. Après l'expiration du délai accordé par l'article précédent, tout individu qui aura conservé ou qui sera trouvé nanti d'une quantité quelconque de poudre de guerre sera dénoncé aux tribunaux, pour être poursuivi, aux termes de l'art 27 de la loi du 13 fruct. an 5, comme ayant illicitement fabriqué de la poudre de guerre, et puni de 3,000 fr. d'amende, à moins qu'il ne prouve l'avoir achetée d'un marchand domicilié et patenté, ou qu'il n'en mette le vendeur sous la main des tribunaux.

5. L'administration des poudres pourra toutefois faire délivrer de ses magasins aux artificiers patentés la poudre de guerre qu'ils justifieront leur être nécessaire, en s'engageant à produire, toutes les fois qu'ils en seront requis, le certificat d'achat de ladite poudre.

6. Les art. 21, 22, 23, 24, 25, 26, 27, 28, 29, 30, 31 et 32 de la loi du 13 fruct. an 5, seront imprimés à la suite du présent décret.

23 prair. an 13 (12 juin 1805). — Décret concernant le prix des poudres et salpêtres.

28 fév. 1806. — Décret sur la mise en jugement des préposés de l'administration des poudres et salpêtres.

16 fév. 1807. — Décret qui ordonne la remise à la régie des droits réunis d'un état nominatif des salpêtriers travaillant pour le compte de l'administration des poudres et salpêtres.

22 janv. 1808. — Décret sur les traitements, remise et pensions des agents de l'administration générale des poudres.

10 sept. 1808. — Décret qui modifie l'art. 26 de la lo du 13 fruct. an 5, relative aux poudres et salpêtres.

Art. 1. L'art. 26 de la loi du 13 fruct. an 5, relative à l'exploitation, à la fabrication et à la vente des salpêtres et poudres, est modifié comme suit, en ce qu'au lieu de deux officiers municipaux dont il exige la présence pour la saisie des poudres prohibées, la présence d'un seul suffira.

« La municipalité sera tenue de déférer à cette réquisition : en conséquence, elle fera procéder à une visite dans la maison désignée. Cette visite ne pourra s'exécuter qu'en plein jour, par le maire ou son adjoint, assisté d'un commissaire de police ou de la gendarmerie. Dans le cas de conviction, l'affaire sera renvoyée aux tribunaux, qui feront la poursuite selon les lois. »

24 août 1812. — Décret qui charge la régie des droits réunis de la recherche des poudres fabriquées hors des poudrières du gouvernement.

16 mars 1813. — Décret qui charge la régie des droits réunis de surveiller la fabrication, la circulation et la vente des salpêtres.

NAPOLÉON, etc.; — Vu l'art. 3 de notre décret du 24 août dernier.

Art. 1. La surveillance attribuée par le décret impérial du 24 août dernier, à la régie des droits réunis, sur la fabrication, la circulation et la vente, dans toute l'étendue de l'empire, des poudres étrangères ou fabriquées hors des poudrières du gouvernement, s'exercera aussi, et de la même manière, sur la fabrication, la circulation et la vente des salpêtres.

2. Les employés des droits réunis sont autorisés, en conséquence, à entrer en tout temps dans les ateliers, fabriques et magasins des fabricants, marchands et débitants qui, aux termes des lois, sont tenus de justifier de l'emploi des poudres et salpêtres qu'ils ont en leur possession. Ils pourront aussi, conformément à l'art. 83 de la loi du 5 vent. an 12, faire des visites chez les particuliers soupçonnés de fraude, en se faisant assister par un officier de police. — Tout particulier autre que les salpêtriers, chez lequel il serait trouvé du salpêtre, sans pouvoir justifier qu'il l'a acheté dans les magasins de l'administration des poudres, ou qu'il l'a importé en vertu de l'art 11 de l'arrêté du 27 pluv. an 8, encourra la confiscation des matières, et, en cas de récidive, il sera condamné à une amende de 300 fr., peine portée par l'art. 15 de la loi du 13 fruct. an 5 contre celui qui exploiterait du salpêtre sans autorisation.

3. Toutes contraventions aux lois et arrêtés concernant les poudres et salpêtres seront constatées par des procès-verbaux rédigés concurremment au nom de l'administration des poudres et salpêtres, et au nom de l'administration des droits réunis. — Toutes les formalités relatives à la rédaction de ces procès-verbaux et aux suites à y donner seront conformes à celles qui sont établies par le décret du 1er germ. an 13, pour l'administration des droits réunis.

4. Les instances relatives aux fraudes et contraventions seront portées devant les tribunaux de police correctionnelle, où elles seront suivies, à la requête des deux administrations, par les défenseurs ou préposés supérieurs de l'administration des droits réunis, dans les formes propres à cette dernière.

5. Les tribunaux correctionnels prononceront, dans tous les cas, à raison des fraudes et contraventions, les peines établies envers les contrevenants par les lois et arrêtés relatifs aux poudres et salpêtres. — Lorsque des employés des droits réunis, des poudres et salpêtres, des douanes, des agents de police, des gendarmes ou autres agents publics ayant le droit de verbaliser, auront seuls découvert la contravention et opéré la saisie, le produit des amendes et confiscations appartiendra exclusivement aux saisissants. — Lorsque plusieurs préposés des administrations ou agents publics ci-dessus désignés auront concouru à une saisie, la répartition de l'amende et de la confiscation sera faite par portions égales entre les diverses administrations et les agents dépendants d'une même autorité, sans égard au nombre respectif des saisissants. — Les simples particuliers qui auront découvert des contraventions et fait opérer des saisies de la manière prescrite par le décret du 10 sept. 1808 auront droit, comme les préposés et agents sus-désignés, à la totalité du produit des amendes et confiscations. — Les agents de police et les gendarmes qui ne seront appelés que pour assister à la saisie n'auront droit à aucun partage des amendes.

6. Les transactions sur procès auront lieu dans la même forme et d'après les mêmes règles que celles qui sont établies pour la régie des droits réunis; mais elles ne pourront être consenties par les directeurs de cette régie que provisoirement et de concert avec les commissaires de l'administration des poudres et salpêtres. Ces derniers consentiront seuls les transactions dans tous les cas où les employés des droits réunis n'auront point contribué à la découverte des délits, mais les arrangements qu'ils auront faits ne seront définitifs qu'après avoir été approuvés par l'administration des poudres.

7. Les personnes qui, en vertu de commission de la régie, sont autorisées à avoir en leur possession des poudres et salpêtres, à la charge de justifier de l'emploi, fe-

ront cette justification dans les formes qui seront déterminées par des instructions administratives, à la première réquisition des agents de l'administration des poudres et salpêtres et des employés de la régie des droits réunis.

8. Les formalités relatives aux transports des poudres et salpêtres continueront, comme par le passé, à être remplies, dans les lieux de départ, de passage et d'arrivée, par les officiers municipaux ; mais les employés des droits réunis seront prévenus de ces transports par ceux qui les auront ordonnés.

19-25 nov. 1817. — Ord. portant suppression des régisseurs généraux et inspecteurs généraux des poudres et salpêtres.

25 mars-2 avril 1818. — Ordonnance qui charge l'administration des contributions indirectes de la vente des poudres de chasse aux particuliers.

Tit. 1. — *Dispositions générales.*

Art. 1. A dater du 1er juin prochain, la vente des poudres de chasse, de mine et de commerce, sera exclusivement exploitée par la direction générale des contributions indirectes. — Il en sera de même de la vente des poudres de guerre destinées aux armements du commerce maritime et à la consommation des artificiers patentés. — La direction générale des contributions indirectes comptera du produit de cette vente dans la même forme que du produit de la vente des tabacs.

2. Une ordonnance spéciale déterminera, chaque année, sur la proposition de nos ministres secrétaires d'Etat aux départements de la guerre, de la marine et des finances, le taux auquel chacun de ces deux derniers départements remboursera à la direction générale des poudres le prix de fabrication des poudres qui lui seront livrées par cette direction dans le cours de l'année. — Les poudres seront vendues au commerce et aux particuliers par la direction générale des contributions indirectes, aux prix déterminés par la loi.

3. La vente des poudres au public continuera d'être soumise, sous l'exploitation de la direction générale des contributions indirectes, aux lois, ordonnances et règlements actuellement en vigueur sur la matière.

4. La direction générale des contributions indirectes demeure spécialement chargée de l'exécution des décrets des 24 août 1812 et 16 mars 1813 relatifs à la recherche et saisie des poudres, soit étrangères, soit fabriquées hors des poudreries du gouvernement, qui pourraient circuler ou être vendues en fraude dans notre royaume.

Tit. 2. — *Mesures d'exécution.*

5. A dater du 1er octobre prochain, les poudres de chasse de toute espèce ne seront vendues qu'en rouleaux ou paquets d'un demi, d'un quart et d'un huitième de kilogramme.—Chaque rouleau sera formé d'une enveloppe de plomb, et revêtu d'une vignette indiquant l'espèce, le poids et le prix de la poudre, et sera fourni, ainsi confectionné par la direction générale des poudres. — Dans aucun cas, le poids de l'enveloppe ne sera compté dans le poids de la poudre.

6. Les poudres de mine, de commerce extérieur et de guerre, pour les armateurs et les artificiers patentés, ne seront point pliées, et continueront d'être vendues en barils, comme par le passé, dans les principaux établissements de vente : les barils qui les renfermeront porteront la marque et le plomb de la direction générale des poudres.

7. Au commencement de chaque trimestre, le directeur général des contributions indirectes fera connaître au directeur général des poudres les quantités de poudre de toute espèce qu'il sera nécessaire de faire verser dans les entrepôts et magasins pour les consommations présumées du trimestre courant. — Notre ministre de la guerre réglera en conséquence et sur la proposition du directeur général des poudres, les commandes et ordres de versements à adresser aux poudreries pour assurer constamment cette partie de leur service. — La même marche sera suivie pour satisfaire aux demandes spéciales que le directeur général des contributions indirectes se trouverait dans le cas de former, dans l'intervalle d'un trimestre à l'autre, par suite de consommations extraordinaires et non prévues.

8. Chaque mois, le directeur général des contributions indirectes fera verser dans la caisse de la direction générale des poudres le prix de la fabrication des poudres qui auront été vendues dans le courant du mois précédent.

Tit. 3. — *Dispositions transitoires.*

9. Les bâtiments, entrepôts et magasins exclusivement affectés à l'exploitation de la vente des poudres, seront remis à la direction générale des contributions indirectes, aux mêmes titres et pour le même objet, sauf à remettre au domaine les bâtiments ou portions de bâtiments et terrains appartenant à l'Etat et qui ne seraient pas nécessaires au service des ventes.

10. A dater du 1er juin prochain, les emplois d'entreposeurs, préposés aux ventes et gardes-magasins exclusivement commissionnés pour la vente des poudres de chasse, de mine et de commerce, sont et demeurent supprimés. Ceux desdits employés qui ont le temps fixé par les lois et règlements seront admis à la retraite.— Ceux qui n'ont pas droit à la retraite et qui n'auraient pas d'autre emploi recevront une indemnité de licenciement, conformément aux règles suivies dans la direction générale des contributions indirectes.

11. Les entreposeurs, préposés et garde-magasins actuellement chargés de la vente des poudres de chasse, de mine et de commerce, feront, le 31 mai prochain, la remise des entrepôts, magasins et poudres qui leur sont confiés, et des matières ou objets dont ils sont comptables, aux employés de la direction générale des contributions indirectes qui seront désignés pour les recevoir. Dans cette remise seront comprises les poudres que les capitaines de navires auraient pu déposer dans les magasins de l'Etat ou de la direction générale pour leur être rendues à leur sortie des ports, conformément à l'art. 31 de la loi du 13 fruct. an 5 (31 août 1797).

12. Il sera dressé, pour chaque entrepôt ou magasin, procès-verbal de cette opération, à laquelle devront concourir le maire de la commune et un agent supérieur de la direction générale des contributions indirectes, ainsi que l'officier de notre corps royal de l'artillerie qui pourrait se trouver sur les lieux en exercice des fonctions d'inspecteur des poudreries, ou chargé du commandement de l'artillerie. Ce procès-verbal devra constater non-seulement la quantité et la qualité des poudres remises, mais encore la situation des magasins, bâtiments et ustensiles actuellement affectés au service de la vente des poudres : il sera signé par les fonctionnaires ci-dessus dénommés, ainsi que par les agents intéressés, et servira de base, soit pour opérer la décharge de l'employé de l'administration des poudres, soit pour établir la comptabilité de celui de la direction générale des contributions indirectes.

13. A compter du 1er juin, toute autorisation ou commission précédemment accordée par l'administration générale des poudres pour la vente au public sera de droit annulée; et tout individu qui, en vertu de ces autorisations ou commissions, continuerait de vendre des poudres, sera passible des peines prononcées par les lois contre les particuliers coupables de ce genre de ce délit. — Toutefois, les simples débitants auront jusqu'au 1er août la faculté de vendre les poudres qu'ils auraient achetées et payées.

14. Les entreposeurs, préposés aux ventes et garde-magasins qui ont fourni, aux commissaires des poudres dont ils dépendaient, des cautionnements en immeubles pour garantie de leur gestion, obtiendront de droit la mainlevée de ces cautionnements, dès que leurs comptes se trouveront définitivement réglés avec la direction générale des poudres.

8-18 avril 1818. — Ord. qui fixe le prix du salpêtre livré par les salpêtriers dans les magasins de l'Etat.

20-28 mai 1818. — Ord. qui fixe, à dater du 1er juin 1818, le prix du salpêtre vendu par la direction générale des poudres.

10-27 juin 1818. — Ord. portant fixation du prix des poudres qui seront livrées pendant les sept derniers mois de 1818 par la direction générale aux départements de la guerre, de la marine et des finances.

15 juill.-7 août 1818. — Ord. concernant l'organisation du personnel et le mode général de service de l'administration des poudres et salpêtres.

10-14 mars 1819.—Loi relative au commerce et à l'exploitation du salpêtre.

Art. 1. Le salpêtre exotique payera, à son entrée dans le royaume, sur chaque quintal de matière brute, quel que soit son degré de pur, un droit de 72 fr. 50 c. par navire français, et 78 fr. 50 c. par navire étranger. Il ne sera perçu aucun droit particulier à raison du sel marin qui pourra s'y trouver contenu. Au moyen de ce droit, l'importation dudit salpêtre sera libre et permise par tous les ports ouverts aux marchandises qui payent 20 fr. et plus par quintal métrique.

2. La fouille provisoirement maintenue par l'art. 4 de la loi du 13 fruct. an 5 cessera d'avoir lieu, si ce n'est en traitant de gré à gré avec les propriétaires.

3. La fabrication du salpêtre indigène, par tous les procédés qui n'exigeront point l'emploi des matériaux de démolition réservés à l'Etat par la loi, sera libre, et les salpêtres provenant de ladite fabrication pourront être librement versés dans le commerce.

4. La fabrication du salpêtre, même avec les matériaux de démolition que la loi réserve à l'Etat, sera permise en traitant de gré à gré avec les propriétaires, dans tous les lieux situés hors de la circonscription des salpêtrières royales, telle qu'elle sera déterminée par une ordonnance du roi, insérée au Bulletin des lois. — Seulement les fabricants qui voudront user de ladite faculté seront tenus de se munir d'une licence, qui leur sera délivrée moyennant un droit fixe de 20 fr. qui dispensera de la patente.

5. La fabrication du salpêtre avec les matériaux de démolition continuera d'avoir lieu dans les circonscriptions de salpêtrières royales, soit au compte de l'Etat, soit par entreprise, en vertu d'une commission de salpêtrier donnée par le roi, et sous la condition de livrer à la direction générale des poudres le produit brut et intégral de ladite fabrication, jusqu'à ce que chaque salpêtrier commissionné ait entièrement rempli les demandes qui lui auront été faites par le gouvernement. — La commission royale déterminera en outre l'arrondissement dans lequel le salpêtrier qui en sera porteur, pourra exercer le privilége de l'Etat, le temps de ladite concession, les limites dans lesquelles il sera tenu de tenir la fabrication, le prix du salpêtre ou le mode suivant lequel ce prix sera établi.

6. Dans tout ce qui n'est pas contraire à la présente loi, l'exercice dudit privilége continuera d'avoir lieu, sous les restrictions et de la manière déterminées par les lois antérieures. — Néanmoins, et lorsque les propriétaires auront, conformément à l'art. 2 de la loi du 13 fruct. an 5, fait à leur municipalité la déclaration de leur intention de démolir, ils pourront disposer librement de leurs matériaux de démolition, si, dans les dix jours de la démolition commencée, les salpêtriers commissionnés ne se sont pas présentés pour en faire l'enlèvement et user du droit qui leur est réservé.

7. Les fabricants libres ou par licence, et les salpêtriers commissionnés, seront tenus, sous les peines de droit, d'acquitter l'impôt établi sur le sel marin, jusqu'à concurrence des quantités dudit sel contenues dans le salpêtre de leur fabrication, et de souffrir les exercices prescrits par les lois pour assurer la perception dudit impôt.— Lesdites quantités seront déterminées par expertise ou par abonnement avec la régie des contributions indirectes, sans néanmoins que ladite régie puisse exiger au delà de 2 1/2 p. 100 du salpêtre brut que les salpêtriers commissionnés livreront en cet état à la direction générale des poudres, ni de 15 p. 100 du salpêtre brut que fabriqueront les salpêtriers libres ou par licence; moyennant quoi lesdits fabricants pourront opérer le raffinage dudit salpêtre, sans être soumis à aucun nouveau droit.

8. Les fabriques au compte de l'Etat acquitteront l'impôt du sel dans les proportions ci-dessus déterminées, et pourront s'en libérer moyennant remise à la régie des contributions indirectes, du sel marin provenant de leur fabrication, ou submersion dudit sel en présence des agents de la régie.

9. Il sera accordé à la sortie des acides sulfuriques et nitriques une prime d'exportation équivalente à l'augmentation que produit, sur les prix de fabrication de ces acides, le droit dont l'importation du salpêtre étranger est frappée en vertu de la présente loi. — Les droits imposés à l'entrée sur les produits étrangers seront augmentés dans la proportion dans laquelle le salpêtre est employé dans ces produits, et dans celle de l'augmentation des droits sur les salpêtres exotiques résultant de la présente loi.

16-19 mars 1819. — Loi relative à la fixation du prix de vente des poudres.

21 avr.-6 mai 1819. — Ord. sur le prix des poudres à livrer par la direction générale aux dépôts, etc.

11-28 août 1819. — Ord. qui indique les départements compris dans les circonscriptions des salpêtrières royales et ceux où l'exploitation des salpêtres est entièrement abandonnée à l'industrie privée et contient des modifications aux règlements de l'administration des poudres et salpêtres.

23 juill. 1820. — Loi relative à la fixation du budget des recettes de 1820 (extrait). — Art. 10. Les entreposeurs des poudres en Corse et les garde-magasins des poudres à Paris et à Lyon fournissent un cautionnement en numéraire pour la sûreté de leur gestion. Ce cautionnement est réglé à 3,000 fr. pour chacun des entreposeurs et pour chacun des garde-magasins.

3 fév. 1821. — Ord. de police concernant la vente, le débit de la poudre et des pièces d'artifice.

Nous ministre d'Etat, préfet de police, — Considérant qu'en contravention aux lois, ordonnances et règlements d'administration publique, des pétards, fusées et autres pièces d'artifice ont été lancés et tirés récemment sur plusieurs points de la voie publique ; — Considérant que dans les circonstances actuelles, et quand l'attentat le plus criminel a été commis jusque dans le palais des Tuileries, il importe de prendre toutes les mesures qu'autorisent les lois pour prévenir des crimes de ce genre, réprimer les désordres et faciliter à l'autorité les moyens d'en découvrir les auteurs; — Vu, 1° la loi du 13 fruct. an 5 (22 août 1797), le décret du 16 mars 1815 et l'ord. royale du 25 mai 1818 ;—Vu pareillement l'ord. du 15 nov. 1781 ; — La loi des 16 et 24 août 1790, tit. 11, art. 3, §§ 1 et 4 et art. 5 ; — La loi du 22 juill. 1791, tit. 1, art. 45; — Enfin l'arrêté du gouvernement du 12 mess. an 8 ; — Ordonnons ce qui suit :

Art. 1. Il ne peut être fabriqué, débité et conservé de poudre de guerre ou de chasse, fabriqué ni vendu de pièces d'artifice qu'en se conformant à la loi du 13 fruct. an 5 et aux décrets et ordonnances des 15 oct. 1810, 16 mars 1815, 14 janv. 1815, et 25 mai 1818.

2. A compter du jour de la publication de la présente ordonnance, les débitants de poudre, établis dans le ressort de la préfecture de police, seront tenus d'inscrire, sur un registre à ce destiné, et qui sera coté et parafé par le commissaire de police de leur quartier, les noms, prénoms, qualités et demeures, dûment justifiés, de toute personne à laquelle ils vendront de la poudre et la quantité vendue à chacune, quelle que soit cette quantité.

3. Ce registre sera représenté à toute réquisition des commissaires, officiers et agents de police.

4. La vente et le débit de pièces quelconques d'artifice, même de la plus petite dimension, sont interdits aux épiciers, fruitiers, merciers, débitants de poudre, et à tous autres que les artificiers patentés et autorisés.

5. Les artificiers tiendront un registre semblable à celui dont la teneur est prescrite par l'art. 2, aux débitants de poudre.

6. Il est défendu à toutes personnes de tirer des armes à feu, pétards, fusées et pièces d'artifice quelconques, sur la voie publique, ou dans l'intérieur des habitations.

7. Toute personne qui voudra tirer ou faire tirer des pièces d'artifice dans des cours et jardins sera tenue de se pourvoir d'une autorisation du commissaire de police de son quartier, qui s'assurera préalablement qu'il ne peut en résulter aucun danger.

8. Les contraventions à la présente ordonnance, seront constatées par des procès-verbaux, pour être poursuivies devant les tribunaux conformément aux lois.

19-30 juill. 1829. — Ord. du roi qui porte que l'administration des contributions indirectes fournira exclusivement aux armateurs et négociants les poudres de chasse et autres qui pourront être demandées par eux, soit pour l'armement et le commerce maritime, soit pour l'exportation par la voie de terre, et qui fixe le prix de ces poudres.

Art. 1. L'administration des contributions indirectes fournira exclusivement aux armateurs et négociants les poudres de chasse et autres qui pourront être demandées par eux, soit pour l'armement et le commerce maritime, soit pour l'exportation par la voie de terre. — Sont exceptées momentanément de la disposition ci-dessus les poudres de guerre. Toutefois cette exception n'est pas applicable aux quantités de poudre de guerre délivrées aux armateurs, en raison des armes à feu qu'exige le service de leurs bâtiments, et sur des états certifiés par le commissaire de marine du port de l'embarquement. — L'exportation par la voie de terre ne pourra avoir lieu pour la poudre dite *de commerce extérieur*.

2. Les demandes de poudres que feront les armateurs et négociants seront appuyées de leur déclaration, laquelle énoncera, lorsqu'il s'agira de l'armement d'un navire, le nombre de bouches à feu et autres armes du bâtiment, et, lorsqu'il s'agira d'opérations commerciales, les contrées pour lesquelles les poudres seront destinées. Pour les exportations maritimes, la déclaration sera visée par le commissaire de la marine du lieu de l'armement ou de l'embarquement. En cas d'exportation par la voie de terre, elle le sera par le préfet du département où réside le négociant pour le compte duquel se fait l'exportation.

3. Les poudres destinées aux armateurs et négociants leur seront délivrées des entrepôts principaux les plus voisins des ports ou des bureaux des douanes par lesquels les exportations devront s'opérer.

4. Les délivrances de poudres seront certifiées par des acquits-à-caution, sur lesquels les préposés de l'administration des contributions indirectes constateront les quantités et les espèces de poudres fournies.

5. Lors de l'embarquement ou de la sortie desdites poudres, les préposés des douanes veilleront à ce que la totalité des poudres énoncées dans les acquits-à-caution soit exportée. Ils en délivreront certificat sur les mêmes acquits; ce dont les armateurs et négociants justifieront par la remise desdits acquits aux préposés des contributions indirectes, qui en donneront reçu.

6. Les poudres délivrées par l'administration des contributions indirectes pour le commerce d'exportation payeront, à leur sortie, un droit de balance de 25 c. par 100 kilog. (L. du 28 avril 1816, tit. des Douanes, art. 13 et 14). — Celles destinées à l'armement des navires seront affranchies de ce droit. — Conformément aux dispositions des art. 3, 4 et 20 de la loi du 10 juill. 1791, et à l'art. 19 de la loi du 21 avril 1818, les poudres expédiées à destination des colonies ou des établissements français restent affranchies de tout droit de sortie.

7. Pendant l'intervalle qui s'écoulera entre la délivrance des poudres et leur exportation par mer, les armateurs et négociants seront tenus, sous peine de 500 fr. d'amende, conformément à l'art. 31 de la loi du 30 août 1797 (13 fruct. an 5), de les déposer dans les magasins de l'Etat à ce destinés ; elles y resteront jusqu'au jour de la sortie des bâtiments sur lesquels elles devront être embarquées. — Il en sera de même pour les poudres qui rentreraient dans les ports de France après les expéditions maritimes.

8. Les poudres destinées à être exportées par la voie de terre ne pourront sortir que par les bureaux principaux de douane placés en première ligne. — Elles resteront dans les magasins des entrepôts jusqu'à leur expédition au bureau de la frontière. — Les délais et la route à suivre pour leur sortie du royaume seront fixés par les acquits-à-caution. — Elles ne pourront plus rentrer en France.

9. Les armateurs et négociants prendront, pour le chargement et le transport des poudres qui leur seront délivrées, toutes précautions nécessaires pour prévenir les accidents qui pourraient compromettre la sûreté des personnes et des habitations.— Les barils de poudre seront bien assujettis sur les voitures, de manière que le mouvement de celles-ci ne puisse jamais les faire frotter les uns contre les autres. Ils y seront liés avec des cordes et non avec des chaînes. — Les voitures chargées de poudre ne marcheront jamais plus vite que le pas, et sur une seule file. — On ne souffrira à leur suite ni feu, ni lumière, ni aucun fumeur. On en écartera les pierres et métaux qui peuvent produire des étincelles. — On fera passer les transports de poudre, autant que possible, en dehors des communes; et lorsqu'on sera forcé de faire entrer les voitures dans les villes, on requerra la municipalité de faire fermer les ateliers où il se fait du feu. Si la route est sèche on fera arroser les rues par où l'on devra passer. — Les voitures chargées de poudre ne stationneront jamais dans les villes, bourgs ni villages; on les fera parquer au dehors, dans un lieu isolé des habitations, convenable, sûr, et reconnu à l'avance (règl. du 24 sept. 1812).— Les personnes pour le compte desquelles les poudres seront transportées demeureront responsables des accidents provenant du défaut de précautions, sauf leur recours contre qui de droit.

10. Les poudres livrées pour le service des armements maritimes, ou pour l'exportation par la voie de terre, devront être consommées ou vendues hors du territoire français. Toute vente, consommation ou réintroduction à l'intérieur seront défendues. Conformément à l'art. 21 de la loi du 30 août 1797, la réintroduction sera punie de la confiscation de la poudre, des chevaux et des voitures, et, en outre, d'une amende de 20 fr. 44 c. par kilogramme de poudre. Si la réintroduction est faite par la voie de mer, l'amende sera double, en outre de la confiscation de la poudre.

11. Les négociants, armateurs et tous autres qui conserveront dans leurs magasins, à l'intérieur, plus de 5 kilog. des poudres qui leur auraient été délivrées pour l'exportation, seront condamnés à une amende de 500 fr. — Dans l'un et l'autre cas, les poudres seront confisquées et déposées dans les magasins de l'Etat ; le tout conformément à l'art. 28 de ladite loi du 30 août 1797.

12. Le prix des poudres de chasse fine et superfine, et de la poudre royale, que la régie des contributions indirectes vendra à charge d'exportation, est fixé ainsi qu'il suit : — Poudre de chasse fine ou ordinaire, le kilogramme, 3 fr. 50 c., au lieu de 6 fr. 50 c., prix du tarif des ventes à l'intérieur. — Poudre de chasse superfine, le kilogramme, 4 fr., au lieu de 8 fr.—Poudre royale, le kilogramme, 4 fr. 50 c., au lieu de 8 fr. 50 c. — Les modifications qu'il pourrait y avoir lieu d'apporter ultérieurement aux prix ci-dessus fixés seront déterminées par ordonnances sur le rapport du ministre secrétaire d'Etat au département des finances.

13. Les négociants qui obtiendront des poudres de chasse fine et superfine, et des poudres royales, à des prix inférieurs à ceux du tarif des ventes à l'intérieur, à la charge d'exportation, contracteront, dans l'acquit-à-caution qui leur sera délivré, l'obligation de payer, s'ils ne justifient pas de la sortie des poudres, le double de la différence entre le prix auquel la poudre leur aura été vendue et celui qui est réglé par le tarif pour la poudre de même espèce vendue aux consommateurs de l'intérieur ; et, quant à la poudre de commerce extérieur et à la poudre de mine, les négociants contracteront par l'acquit-à-caution l'obligation de payer pour les quantités de ces deux espèces de poudre dont la sortie ne serait pas justifiée une somme égale à celle qu'ils auraient eu à payer dans le même cas pour une pareille quantité de poudre de chasse ordinaire.

14. Toutes les dispositions réglementaires antérieures à celles ci-dessus énoncées, et relatives au même objet, sont et demeurent abrogées.

20 sept.-1er oct. 1829. — Ord. du roi qui réunit aux fonctions et attributions de l'inspection générale de l'artillerie la direction du service des poudres et salpêtres et contient des dispositions réglementaires.

13-24 déc. 1829. — Ord. portant fixation des droits d'importation sur les salpêtres étrangers.

18 sept. 1830. — Ord. du roi déterminant la composition et les attributions du conseil d'administration de la direction du service des poudres.

11-21 nov. 1835. — Ord. du roi portant qu'il sera formé dans le cours du dernier trimestre de chaque année une commission spéciale et mixte chargée d'examiner et d'arrêter le budget et le compte général du service des poudres.

LOUIS-PHILIPPE, etc.; — Vu l'ord. du 25 mars 1818 statuant sur le mode d'établir la fixation du prix des poudres livrées par l'administration des poudres aux différents ministères de la guerre, de la marine et des finances ; — Vu l'ord. du 18 sept. 1830 sur la composition et les attributions du conseil d'administration de la direction du service des poudres; — Voulant maintenir les garanties d'ordre, de régularité et d'économie nécessaires dans l'administration et la comptabilité du service des poudres et salpêtres; voulant pourvoir en même temps à ce que les ressources et les produits de cette administration soient toujours en rapport et coordonnés avec les besoins des trois ministères auxquels elle fournit; — Sur le rapport, etc.

Art. 1. Il sera formé dans le cours du dernier trimestre de chaque année, une commission spéciale et mixte, chargée d'examiner et d'arrêter, sauf l'approbation de notre ministre secrétaire de la guerre, le budget du service des poudres qui, en exécution de l'art. 4 de la loi du 2 août 1829, doit être présenté à la sanction des chambres et annexé au budget du département de la guerre. — Cette commission examinera, vérifiera et arrêtera également le compte général de cette même administration, qui est soumis chaque année à l'approbation de notre ministre secrétaire d'Etat de la guerre et distribué aux membres des chambres législatives.

2. Cette commission, présidée par le directeur du service des poudres, sera en outre composée : d'un membre du comité de l'artillerie, désigné par notre ministre de la guerre ; — D'un membre du conseil d'administration du matériel de la marine, désigné par notre ministre au département de la marine ; — D'un membre du conseil des contributions indirectes, désigné par notre ministre des finances; — Et d'un membre de l'intendance militaire, désigné par notre ministre de la guerre. — Le chef de la comptabilité générale du service des poudres remplira les fonctions de secrétaire sans voix délibérative.

3. Le travail de la commission sera soumis à l'approbation de notre ministre secrétaire d'Etat de la guerre, par le directeur du service des poudres.

4. L'art. 6 de l'ord. du 14 sept. 1830 est rapporté.

5. Nos ministres secrétaires d'Etat de la guerre, de la marine et des finances,

sont chargés, chacun en ce qui le concerne, de l'exécution de la présente ordonnance.

26 fév.-7 mars 1839. — Ord. du roi sur l'organisation du service des poudres et salpêtres.

LOUIS-PHILIPPE, etc.; — Vu les lois, arrêtés, décrets et ordonnances concernant le service des poudres et salpêtres, et notamment les ordon. des 20 nov. 1816, 19 nov. 1817, 25 mars et 15 juill. 1818, 20 sept. 1829, 18 sept. 1830 et 11 nov. 1835, relatives audit service; — Vu notre ordon. du 31 mai 1838, portant règlement général sur la comptabilité publique, et les dispositions spéciales arrêtées par nous le 1er déc. suivant, pour l'application de cette ordonnance aux différents services du département de la guerre; — Considérant qu'il importe de mettre le service des poudres et salpêtres en parfaite harmonie avec les principes qui régissent la comptabilité de l'Etat, et de donner en même temps, aux trois ministères consommateurs de la guerre, de la marine et des finances, de nouvelles garanties sous les divers rapports des progrès de l'art, de la fabrication et de l'économie; — Sur le rapport de notre ministre de la guerre; — Nous avons, etc.

TIT. 1. — *Dispositions générales.*

Art. 1. Le service des poudres et salpêtres est régi, pour le compte de l'Etat et sous les ordres immédiats de notre ministre de la guerre, par un directeur et par des agents responsables, dont la nomination, le nombre, les fonctions et le traitement sont réglés aux titres suivants.

2. La direction supérieure du service est confiée à un officier général de notre corps royal de l'artillerie, et les établissements de fabrication sont soumis à l'inspection des inspecteurs généraux de la même arme en tournée.

3. L'inspection permanente des établissements est attribuée à des officiers de notre corps royal de l'artillerie, qui continuent d'être compris dans les cadres de leur armée et de concourir à l'avancement.

4. Un comité spécial est institué près de la direction centrale : ses attributions sont déterminées par l'art. 22 de la présente ordonnance.

TIT. 2. — *Personnel.*

5. Le personnel chargé de la direction centrale et de la gestion du service des poudres se compose : — D'un directeur, officier général de notre corps royal de l'artillerie; — De commissaires comptables et responsables; — De commissaires adjoints; — D'élèves commissaires; — D'employés pour les bureaux de la direction centrale; — De maîtres ouvriers, — Et d'ouvriers employés à poste fixe.

6. Le cadre du commissariat se compose : — 1° D'un nombre de commissaires de première, deuxième et troisième classes, égal à celui des établissements de fabrication en activité de service, savoir : — Un tiers au plus de commissaires de deuxième classe; — Un tiers au plus de commissaires de première classe; — Et le surplus de commissaires de troisième classe; — 2° De deux commissaires adjoints; — 3° De deux élèves commissaires; — 4° D'entreposeurs pour la réception des salpêtres bruts, en nombre égal à celui des entrepôts.

7. Les employés des bureaux de la direction centrale sont : — Un chef de correspondance; — Un chef de comptabilité, — Et le nombre de commis principaux et expéditionnaires déterminé, sur la proposition du directeur, par notre ministre secrétaire d'Etat de la guerre, en raison des besoins du service.

8. Notre ministre de la guerre détermine également, sur la proposition du directeur, le nombre des maîtres ouvriers et des ouvriers à employer à poste fixe dans chaque établissement.

9. Le comité spécial placé près de la direction centrale se compose : — 1° Du directeur, président; — 2° D'un membre de l'académie des sciences; — 3° De trois délégués des ministères de la guerre, de la marine et des finances; — 4° D'un commissaire aux poudres et salpêtres; — 5° De l'inspecteur de la raffinerie de Paris. — Le chef de la correspondance de la direction centrale remplit les fonctions de secrétaire du comité.

TIT. 3. — *Admission et avancement.*

10. Le directeur du service des poudres et salpêtres est nommé par nous, sur la proposition de notre ministre secrétaire d'Etat de la guerre.

11. Notre ministre secrétaire d'Etat de la guerre soumet à notre approbation la nomination des membres qui doivent composer le comité spécial.

12. Notre ministre secrétaire d'Etat de la guerre, sur la proposition du directeur, soumet à notre approbation la nomination aux emplois de commissaires aux poudres et salpêtres des différentes classes, et de commissaires adjoints, sous les conditions ci-après déterminées; — Les commissaires de première classe, exclusivement au choix, entre les commissaires de la deuxième classe ayant au moins deux ans de service dans cette dernière classe; — Les commissaires de deuxième classe, un tiers à l'ancienneté et deux tiers au choix, entre les commissaires de la troisième classe ayant au moins deux années de service dans cette dernière classe; — Les commissaires de troisième classe, exclusivement au choix, entre les commissaires adjoints ayant au moins deux ans de service dans ce grade; — Les commissaires adjoints, moitié à l'ancienneté et moitié au choix, entre les élèves ayant au moins deux ans de service dans l'administration des poudres et salpêtres; — Les élèves des poudres et salpêtres sont pris parmi ceux de l'école polytechnique qui ont satisfait aux examens de sortie prescrits pour l'admission dans les services publics.

13. Sont nommés par notre ministre secrétaire d'Etat de la guerre, sur la proposition du directeur : — Les entreposeurs, — Les chefs et employés des bureaux de la direction centrale.

14. Les commissaires aux poudres, lorsqu'un ou plusieurs établissements cessent d'être en activité, sont susceptibles d'être appelés aux fonctions de chef de bureau. Dans cette position, ils conservent leur titre, leur rang et leurs droits à l'avancement.

15. Notre ministre secrétaire d'Etat de la guerre désigne les officiers de notre corps royal de l'artillerie chargés de l'inspection permanente des établissements de fabrication.

16. Le directeur, sur la proposition des commissaires, nomme les maîtres, ouvriers, employés à poste fixe dans les établissements.

TIT. 4. — *Fonctions et responsabilité des agents des poudres et salpêtres.*

17. Le directeur est chargé, sous les ordres immédiats de notre ministre secrétaire d'Etat de la guerre, de la direction supérieure du service des poudres et salpêtres et de tous les détails qui s'y rattachent. — Il a toute autorité sur les agents de ce service, ainsi que sur les officiers de notre corps royal de l'artillerie chargés de l'inspection permanente des établissements de fabrication. — Il règle, selon les convenances du service et sous l'approbation de notre ministre secrétaire d'Etat de la guerre, la destination spéciale des agents de toutes classes du service des poudres et salpêtres. — Il propose au ministre, conformément aux règles établies dans le titre précédent, tout avancement ou admission dans le personnel de ce service — Il soumet à l'examen du comité spécial les projets de budgets et les comptes généraux de chaque exercice, qui sont ensuite transmis à notre ministre de la guerre. — Il vérifie et arrête les comptes annuels de chaque commissariat, et les transmet à la cour des comptes, conformément à l'art 331 de l'ordon. du 31 mai 1838

18. Les commissaires dirigent et surveillent, sous l'autorité du directeur, le service des établissements confiés à leurs soins, tant pour la fabrication que pour la police et la comptabilité. Ils donnent tous les ordres relatifs à ces diverses parties de leur service. — Ils ne peuvent s'absenter du lieu de leur résidence sans un congé du directeur. — Leurs opérations sont soumises à l'inspection et au contrôle des officiers de notre corps royal de l'artillerie résidant, en qualité d'inspecteurs, dans les établissements de fabrication. — Aucun marché ne peut être conclu, aucune réception de matières ou livraison de produits, aucune recette ou dépense en deniers, aucune opération de comptabilité ne peuvent avoir lieu régulièrement san l'intervention et l'attache desdits inspecteurs; aucune pièce de comptabilité n'est admise sans leur vérification et leur visa. Les commissaires sont tenus, en conséquence, de leur fournir tous les renseignements nécessaires pour les mettre à même d'exercer le contrôle qui leur est confié. — Les commissaires, directement justiciables de notre cour des comptes, sont responsables de la régularité du service de leur établissement, de toutes les opérations de leur gestion, ainsi que de l'emploi des matières et des fonds qui leur sont confiés en vertu de l'art. 27 de la présente ordonnance. — Les cautionnements des commissaires sont fixés par notre ministre secrétaire d'Etat de la guerre en raison de l'importance des établissements, et versés au trésor public. — En cas d'incendie ou d'explosion dans un établissement de fabrication, le commissaire est immédiatement privé de la moitié de son traitement jusqu'à ce qu'il ait suffisamment justifié de sa conduite, et que notre ministre de la guerre ait reconnu, par une enquête, que l'événement ne provient ni de négligence, ni de désordre, ni de relâchement dans le service de l'établissement. — Si, au contraire, le désastre provient de négligence ou de toute autre cause que la surveillance du commissaire aurait pu prévenir, le ministre, selon la gravité du cas, prononce la suspension ou provoque la révocation de cet agent. — Si, nonobstant les soins et l'exactitude du commissaire dans son service, l'événement est occasionné dans un atelier par la faute d'un chef ou d'un employé, celui-ci encourt la destitution, qui est prononcée par notre ministre de la guerre.

19. Les commissaires adjoints et les élèves sont placés sous les ordres des commissaires, dans ceux des établissements où leur présence est jugée nécessaire. — Dans les établissements qui exploitent à la fois une poudrerie et une raffinerie, les commissaires peuvent, sous leur responsabilité, charger les commissaires adjoints de la gestion de la raffinerie.

20. Les entreposeurs, pour la réception des salpêtres bruts, exercent leur emploi sous l'autorité des commissaires; ils sont responsables de l'exécution des dispositions prescrites par les règlements touchant la réception des salpêtres bruts, ainsi que de celle des ordres qu'ils reçoivent desdits commissaires, tant pour leur service que pour leur comptabilité. — Ils rendent leurs comptes aux commissaires, qui les comprennent dans leur comptabilité respective.

21. En cas d'incendie dans les établissements qui leur sont confiés, les commissaires adjoints et entreposeurs sont soumis à toutes les dispositions de l'art. 18 ci-dessus.

22. Le comité spécial discute et arrête le budget général du service des poudres et salpêtres, et les comptes de chaque exercice. — Il donne son avis, tant sur les achats des principaux objets d'approvisionnement que sur les affaires contentieuses et sur toutes les questions d'administration dont l'importance exige une discussion approfondie. — Il s'occupe des recherches, expériences et objets relatifs au progrès de l'art et au perfectionnement de la fabrication. — Le résultat de ses travaux est porté, par le directeur, à la connaissance de notre ministre secrétaire d'Etat de la guerre.

23. Les officiers de notre corps royal de l'artillerie chargés de l'inspection spéciale et permanente des établissements des poudres et salpêtres résident dans l'intérieur ou le plus près possible de ces établissements. Ils surveillent le service, tant sous le rapport du dosage et de la fabrication que sous ceux de la police et de la comptabilité. — Ils tiennent la main à la stricte exécution des lois, décrets, ordonnances et règlements, ainsi qu'à celle des ordres donnés par le directeur, et requièrent, toutes les fois qu'il peut y avoir lieu, les commissaires de s'y conformer. — Ils indiquent aux commissaires les mesures qu'ils jugent les plus convenables pour réprimer les abus qu'ils remarquent, ou obtenir les améliorations ayant pour objet l'économie des dépenses ou le perfectionnement des produits. Dans le cas où il ne serait pas fait droit à leurs observations, ils en réfèrent au directeur, qui prononce. — Ils ne donnent directement aucun ordre aux ouvriers et employés subalternes des établissements. — Ils concourent à la discussion et à la conclusion des marchés, prennent une connaissance détaillée de la nature, de l'objet et du montant des recettes et dépenses, des quantités et qualités des matières de toute espèce, reçues ou consommées; entrent dans tous les détails de la comptabilité, vérifient et signent pour contrôle tous les comptes, dont aucune partie ne peut être admise dans la justification de la gestion du commissariat si elle n'est revêtue de leur visa. — Ils exigent tous les renseignements qu'ils jugent nécessaires, et les commissaires sont tenus de les leur fournir.

TIT. 5. — *Budget et ordonnancement des dépenses.*

24. Le service des poudres et salpêtres forme un chapitre spécial du budget du ministère de la guerre, et est compris, pour la totalité de ses dépenses, dans les crédits ouverts à ce département par la loi annuelle de finances. — Les budgets des ministères consommateurs comprennent, mais pour ordre seulement, la portion afférente à leurs services respectifs.

25. Notre ministre secrétaire d'Etat de la guerre dispose des fonds alloués pour le service des poudres et salpêtres par des ordonnances de payement ou de délégation sur les caisses du trésor public.

26. Le directeur du service des poudres et salpêtres remplit les fonctions d'ordonnateur secondaire du département de la guerre; il est seul titulaire des ordonnances de délégation. — Il sous-délègue aux inspecteurs officiers d'artillerie la portion du crédit nécessaire aux services des établissements dont ils ont la surveillance et le contrôle.

27. Les mandats du directeur et des inspecteurs sont délivrés sur les caisses du

trésor public, au nom des créanciers directs du service. Toutefois pour faciliter l'exploitation des parties du service qui doivent être régies par économie, il peut être délivré, dans les limites et selon les règles prescrites par l'art. 72 de notre ordonnance du 31 mai 1838, des mandats d'avance au nom des commissaires, agents spéciaux responsables.

28. Le directeur et les inspecteurs des établissements sont soumis, chacun en ce qui le concerne, aux dispositions de notre ordonnance du 31 mai et du règlement du 1er déc. 1838, pour les demandes, l'emploi et la justification, des crédits qui leur sont ouverts ou sous-délégués.

TIT. 6. — *Traitements.*

29. Les traitements des commissaires, des commissaires adjoints et des élèves commissaires, sont fixés ainsi qu'il suit : — Commissaire de 1re classe, 7,200 fr. ; — Commissaire de 2e classe, 6,000 fr. ; — Commissaire de 3e classe, 5,000 fr. — (Le commissaire attaché à la raffinerie de Paris reçoit, en raison de ses fonctions comme chef de l'entrepôt central, une allocation spéciale de 1,800 fr. par an, en augmentation de son traitement.) ; — Commissaire adjoint, 2,500 fr. ; — Élève commissaire, 1,200 fr. — Après la troisième année de service, le traitement des élèves commissaires est porté à 1,800 fr.

30. Le traitement des entreposeurs est fixé à 1,500 fr. ; — Celui des chefs de bureaux de la correspondance et de la comptabilité à 6,000 fr. — Le traitement des employés des bureaux et celui des maîtres ouvriers, ouvriers et agents subalternes, est réglé, par notre ministre secrétaire d'État au département de la guerre, sur la proposition du directeur.

TIT. 7. — *Dispositions transitoires.*

31. Les titulaires des emplois de commissaire de deuxième classe qui se trouveront en excédant du nombre fixé par l'art. 6 de la présente ordonnance continueront à jouir des avantages dont ils sont en possession, mais il ne sera fait aucune promotion à la deuxième classe avant qu'elle soit rentrée dans les limites déterminées par l'article précité.

32. Les caisses spéciales des établissements des poudres et salpêtres seront supprimées à dater du 1er janv. 1840. En conséquence, les valeurs dont les comptables seront dépositaires, à cette époque, seront versées dans les caisses du trésor ; les créances qui resteraient à recouvrer ou à payer, à la même époque, seront liquidées et rattachées à l'actif et au passif de l'administration des finances.

33. Toutes dispositions antérieures contraires à la présente ordonnance sont et demeurent rapportées.

7 nov. 1840. — Ord. qui autorise l'administration des poudres à établir des ateliers pour la fabrication de la *poudre fulminante*.

5-24 oct. 1842. — Ord. du roi qui, vu l'art. 15 de la loi du 25 juin 1842 et l'ord. du 17 nov. 1819, accorde une prime pour l'arrestation des individus qui se livreront à la fabrication illicite des poudres à feu, qui en vendront en fraude à leur domicile ou qui en colporteront.

Art. 1. Les préposés dénommés dans l'art. 223 de la loi du 28 avril 1816, ou toutes autres personnes qui arrêteront ou concourront à faire arrêter les individus qui se livreront à la fabrication illicite des poudres à feu, qui en vendront en fraude à leur domicile ou qui en colporteront, qu'il soient ou non surpris à vendre, recevront, comme dans les cas prévus par les art. 27 et 29 de la loi du 13 fruct. an 5, une prime de 15 fr. par chaque individu arrêté, quel que soit le nombre des saisissants.

4-24 sept. 1844. — Ord. sur le service des poudres en Algérie. — V. Organ. de l'Algérie.

14 déc. 1846. — Circulaire du ministre de la justice portant que les dispositions prohibitives relatives à la fabrication, à la vente et à la détention des poudres s'appliquent à la *poudre-coton* (D. P. 47. 3. 108).

30 mars-11 avr. 1851. — Décret qui déclare d'utilité publique le maintien de l'entrepôt des poudres à feu de la ville de Chaumont, département de la Haute-Marne, dans le bâtiment et sur le terrain où il se trouve placé aujourd'hui. (D. P. 51. 4. 65.)

ART. 2. — *Dispositions relatives aux poudres.*

§ 1. — *Fabrication, circulation et vente des poudres.*

6. Le salpêtre n'est pas le seul élément de la fabrication de la poudre dont la législation ait eu à s'occuper ; avant le code forestier, elle contenait aussi quelques prescriptions relatives au charbon. De tous les bois blancs, le bois de bourdaine étant celui qui fournit le charbon le plus propre à cette fabrication, l'État a longtemps disposé, moyennant payement, de la bourdaine qui croît à portée des poudreries, même dans les bois des particuliers. L'étendue et les conditions de cette faculté accordée au gouvernement étaient réglées par l'arrêté du 25 fruct. an 11 (V. Forêts, no 95) et par le décret du 16 flor. an 13. Aux termes de ces actes, l'administration pouvait faire les recherche, coupe et enlèvement de la bourdaine, même dans les bois des particuliers situés dans l'étendue de 15 myriamètres des fabriques de poudres, à l'exception de ceux qui étaient clos et attenant aux habitations. Cette affectation n'a pas survécu à la promulgation du code forestier. Lors de la discussion de ce code, M. de Martignac, commissaire du roi, a formellement déclaré dans la séance de la chambre des pairs du 19 mai 1827 qu'on entendait l'abroger. C'est, du reste, ce qu'enseignent MM. Dupin, Code forest., sur l'art. 122 ; Baudrillart, Code forest. annoté, sur le même article, Devaux et Félix, Code forest., t. 2, p. 493.

7. À l'égard du soufre qui entre dans la composition de la poudre, l'État se le procure par les voies ordinaires du commerce libre ; le droit commun ne reçoit, à cet égard, aucune exception.

8. La fabrication est monopolisée entre les mains de l'État : à qui, dès lors, il appartient d'apprécier sur quels points du territoire il convient de créer ou de conserver les établissements qui sont destinés à la fabrication de la poudre. Aussi a-t-il été décidé que la suppression d'une poudrerie nationale ne peut pas être demandée devant le conseil d'État par la voie contentieuse, et que l'arrêté du ministre qui ordonne l'établissement d'une poudrerie n'est pas susceptible d'opposition devant le conseil de préfecture (Ord. cons. d'Ét., 17 sept. 1844, ville de Metz, D. P. 45. 3. 76).

9. *Circulation.* — Le transport et la circulation des poudres sur les divers points du territoire peuvent offrir de graves dangers pour la sûreté publique. À diverses époques des mesures de police ont été prescrites pour prévenir ces dangers (V. L. 13 fruct an 5, art. 30 et suiv. ; Arr. du Direct. des 25 mess. et 1 fruct. an 7 ; Règl. min. du 24 sept. 1812 ; Décr. 16 mars 1813, Ord. 19 juill. 1819). Le règlement du ministre de la guerre du 24 sept. 1812 et l'ordon. du 19 juill. 1819 contiennent de nombreuses prescriptions sur le chargement et la conduite des voitures transportant des poudres, et sur la manière dont les convois doivent être escortés lors de leur passage sur les différentes communes. Il est prescrit notamment aux commandants des convois de faire stationner les voitures hors des villes, mais dans des lieux clos.

10. La circulation des poudres a lieu sous la surveillance des autorités locales. Les employés des contributions indirectes doivent être prévenus d'avance du passage des voitures qui les transportent (Décr. 16 mars 1813, art. 8). Lorsque le transport a lieu pour le compte de la direction générale des poudres et salpêtres, le conducteur doit être muni d'un passe-port de l'autorité compétente, visé à la mairie du lieu de départ et indiquant la destination (L. 13 fruct. an 5, art. 30). Quand la poudre est transportée, soit pour le compte de l'administration des contributions indirectes, soit à fin d'exportation, le conducteur doit justifier d'un acquit-à-caution, lequel tient, en outre, lieu de la lettre de voiture si le transport est opéré pour le compte de l'administration (V. sur les formalités de l'acquit-à-caution vo Impôts indirects, no 404). Enfin, si la poudre circule pour le compte des débitants, mineurs, ouvriers, artificiers et consommateurs ordinaires, il faut une facture régulière, soit de l'entreposeur soit du débitant, chaque fois que la quantité transportée est supérieure à 2 kilog.

11. *Détention.* — Avant la loi du 13 fruct. an 5 il était interdit aux particuliers d'avoir en leur possession une quantité quelconque de poudre de guerre. Cette loi les autorisa, par son art. 24, à conserver chez eux, même sans permission spéciale, des poudres de toute espèce jusqu'à concurrence de 5 kilog. Mais le régime créé par cette disposition a été modifié par le décret du 23 pluv. an 13 qui, en interdisant toute vente de poudre de guerre par l'administration, si ce n'est aux artificiers (art. 1 et 5), a prohibé par cela même toute détention de cette poudre par les particuliers. À partir de ce décret, la faculté donnée par la loi de l'an 5 de détenir jusqu'à 5 kilog. de poudre ne s'est plus appliquée qu'à la poudre de chasse. La loi du 24 mai 1834, art. 2, a même fait descendre de 5 à 2 kilog. le maximum d'approvisionnement permis pour cette dernière poudre.

12. *Vente.* — On a vu que le droit de vendre les poudres appartient exclusivement au gouvernement ou aux agents par lui commissionnés à cet effet ; aussi a-t-il été décidé avec raison que la circonstance qu'il ne se trouve dans une commune aucun agent légalement commissionné pour le débit des poudres, ne suffit pas pour autoriser tout citoyen à en vendre dans cette commune (Crim. cass. 25 frim. an 11, MM. Viellart, pr., Borel, rap., aff. Contrib. indir. C. Ulmann ; Crim. cass. 10 niv. an 11, MM. Seignette, pr., Schwendt, rap, aff. Contrib. indir. C. Beuder).

13. Jusqu'en 1818, la vente des poudres à feu était effectuée par l'administration des poudres et salpêtres et elle s'opérait par l'intermédiaire de garde-magasins, entreposeurs ou débitants spéciaux dont la gestion était surveillée par des employés des droits réunis. Un nouveau mode d'opérer a été introduit par l'ord. du

25 mars 1818, aux termes de laquelle c'est à la direction générale des contributions indirectes qu'est confiée, sous sa responsabilité, l'exploitation de la vente des poudres de chasse, de mine, et de commerce, des poudres de guerre destinées aux armements et aux artificiers (art. 1). Tous les ans, la direction générale des poudres livre aux ministères de la guerre et de la marine les poudres qui leur sont nécessaires; elle livre également au ministère des finances celles qui doivent être vendues aux particuliers par l'intermédiaire de l'administration des contributions indirectes. L'art. 2 de l'ord. porte qu'une ordonnance spéciale détermine chaque année, sur la proposition des ministres de la guerre, de la marine et des finances, le taux auquel chacun de ces divers départements doit rembourser à la direction générale des poudres le prix de fabrication des poudres qui lui seront livrées par cette direction dans le cours de l'année. Telles sont notamment les ordonnances des 21 avr. 1819, 3 mars 1820, 20 déc. 1834, 14 déc. 1835, 30 nov. 1836, 22 déc. 1837, 28 déc. 1838. Il y a aussi plusieurs lois de ce genre. — Enfin, les dispositions de l'ord. du 25 mars 1818 sur la vente des poudres par l'administration des contributions indirectes ont été complétées par l'ord. du 19 juill. 1829, portant que cette administration fournira exclusivement aux armateurs et négociants les poudres de chasse et autres qui pourraient être demandées par eux.

14. La loi du 16 mars 1819 avait ainsi fixé le prix de la poudre de chasse par kilogr.: poudre superfine, 8 fr.; poudre fine, 6 fr. 50 c. La loi du 24 mai 1834 (art. 26) a porté le prix de la poudre superfine à 10 fr. et celui de la poudre fine à 8 fr. Quant à la poudre de chasse dite royale, elle s'est vendue longtemps à raison de 12 fr. le kilogr., y compris la valeur de la boîte. Ces divers prix ont été augmentés encore et ils sont fixés actuellement de la manière suivante : poudre de chasse fine, 9 fr. 50 c.; poudre superfine, 12 fr.; poudre extrafine, 15 fr. 50 c. le kilogr. Les poudres de chasse ne peuvent être vendues qu'en rouleaux ou paquets d'un demi, d'un quart, d'un huitième ou d'un seizième de kilogr. Chaque rouleau fourni et confectionné par la direction générale des poudres et salpêtres est fermé d'une enveloppe de plomb revêtu d'une vignette indiquant l'espèce, le poids et le prix de la poudre. Le poids de l'enveloppe n'est pas compris dans le poids de la poudre (Ord. 25 mars 1818, art. 5). La poudre de chasse ne peut être vendue que dans les entrepôts ou les débits. Une remise de 25 cent. par kilogr. est accordée aux débitants. Le prix des poudres de chasse que la régie vend à charge d'exportation est fixé ainsi qu'il suit par kilogr. : poudre de chasse fine ou ordinaire, 4 fr.; poudre superfine, 4 fr. 50 c.; poudre extrafine, 5 fr. (Ord. 29 sept. 1850, D. P. 50. 4. 199.)

15. Les poudres de mine, de commerce extérieur et de guerre pour les armateurs et les artificiers patentés se vendent en baril, dans les principaux établissements de vente. Les barils qui les renferment portent la marque et le plomb de la direction générale des poudres (Ord. 25 mars 1818, art. 6). Dans l'intérêt des travaux publics et de l'exploitation des mines et carrières, l'administration a autorisé la vente de la poudre de mine en détail chez quelques débitants autorisés à cet effet. Cette poudre ne peut être délivrée aux carriers et aux autres consommateurs que sur un certificat du maire de leur commune, constatant à quel emploi la poudre est destinée. Les entrepreneurs des ponts et chaussées peuvent produire un certificat délivré par l'ingénieur. Quant à la *poudre de commerce extérieur*, elle est vendue par les entrepreneurs qui résident dans les ports de mer. Cette poudre ne peut être exportée par la voie de terre. Les armateurs et négociants qui veulent s'en approvisionner doivent remplir un certain nombre de formalités prescrites par l'ord. du 19 juill. 1829 et destinées à assurer le contrôle de l'administration des contributions indirectes (V. sur ces formalités vº Douanes, nº 401). Le prix de vente, par cette administration, des poudres de mine et de commerce extérieur sont actuellement fixés de la manière suivante : poudre de mine prise dans les entrepôts de la régie, 2 fr. 25 c. le kilogr.; la même poudre prise chez les débitants, 2 fr. 50 c. le kilogr. Poudre de commerce extérieur, 1 fr. 60 c. le kilogr. (Ord. 29 sept.-12 oct. 1850, D. P. 50. 4. 199). Le prix de vente de la poudre de guerre est fixé à 3 fr. 40 c. (L. 16 mars 1819).— Enfin, un décret en date du 21 févr. 1851 a déterminé le prix de vente des poudres à feu en Algérie.

16. Une décision ministérielle du 17 août 1832 a tracé quelques règles sur les obligations dont sont tenus les agents préposés à la vente de la poudre par l'administration des contributions indirectes et sur les rapports de ces agents avec les consommateurs. D'après cette décision, les *entreposeurs* sont chargés de vendre la poudre aux débitants qui, à leur tour, la vendent au public. Ils peuvent aussi céder directement la poudre aux consommateurs et certaines ventes leur sont même réservées. Dans tous les cas, ils doivent faire connaître leurs opérations à l'autorité locale. Le 1er et le 15 de chaque mois l'état en est remis au sous-préfet pour être transmis au préfet. Quant aux *débitants*, ils ne peuvent s'approvisionner par quantités inférieures à 5 kilogr. Ils sont tenus d'avoir un registre sur papier libre, mais coté par le maire, sur lequel ils inscrivent, jour par jour et au fur et à mesure des ventes, 1º la date des ventes; 2º la quantité et la qualité des poudres vendues; 3º les noms, prénoms, profession, domicile des acheteurs, ainsi que l'autorité qui a donné le certificat de domicile, dans le cas où l'acheteur n'est pas connu du débitant. L'autorité peut toujours se faire représenter ce registre. — Dans chaque bureau de débit est *affiché* un tableau fourni par l'administration et indiquant les *prix* auxquels le débitant est tenu de vendre. Les préfets peuvent, dans certains cas, et pour des motifs de sûreté publique, non-seulement ne permettre la vente des poudres qu'aux chefs-lieux d'arrondissement, mais même suspendre ou interdire cette vente dans certains arrondissements et faire retirer les poudres de chez les détaillants.

17. Quant aux *fabricants* et marchands de pièces d'artifice, fusées ou autres matières détonnantes dans la composition desquelles la poudre entre comme élément, il est certain que ces industriels doivent se conformer soit aux lois et décrets qui régissent les fabrications dangereuses, soit aux règlements de police, que l'autorité administrative aurait pris dans l'intérêt de la sûreté publique (V. Commune nº 1301, manufact. et ateliers, nº 58). Notons seulement que dans le ressort de la préfecture de police la vente de la poudre et des pièces d'artifices a été réglementée par deux ordonnances de police en date des 12 juin 1811 et 3 févr. 1821.

18. Enfin, pour assurer l'exécution des lois, on accorde des *primes* à ceux, agents ou autres, qui opèrent ou favorisent l'arrestation des contrevenants (V. ord. 17 nov. 1819, 5 oct. 1842), même d'un colporteur itératif (circul. 12 janv. 1843).

§ 2. — *Infractions et pénalités.*

19. Pendant longtemps les infractions résultant de la fabrication, détention ou vente non autorisée de poudres ont été régies exclusivement par la loi du 13 fructidor an 5 et par le décret du 23 pluv. an 13. Les peines prononcées par ces divers cas, par la loi du 13 fruct. an 5, sont purement pécuniaires. Cette loi punit de 3,000 fr. d'*amende* la *fabrication* illicite d'une quantité quelconque de poudre (art. 27), de 500 fr. d'amende la *vente* non autorisée du même produit (art. 28), et enfin d'une amende de 100 fr. la *détention* de plus de 5 kilog. de poudre (même art.). — Dans ces divers cas, la poudre saisie doit être *confisquée* (mêmes dispositions). — Le décret du 23 pluv. an 13, en interdisant toute vente de *poudre de guerre*, a disposé (art. 4) que les individus qui seraient trouvés *nantis* d'une quantité quelconque de cette poudre seraient poursuivis comme coupables de fabrication illicite, et condamnés, en conséquence, à 3,000 fr. d'amende, à moins qu'ils ne prouvassent avoir acheté d'un tiers la poudre saisie entre leurs mains. — Il a été décidé avec raison qu'en punissant la *détention* de poudres de guerre, le décret du 23 pluv. an 13 n'admet aucune distinction tirée de l'origine de ces poudres, et que ce décret s'applique aussi bien aux poudres de fabrication étrangère qu'à celles de fabrication française (Cr. rej. 1er sept. 1831, aff. Rayer, V. Instr. crim. nº 328). — Ces pénalités ont été confirmées d'une manière générale par des dispositions postérieures, notamment par l'art. 231 de la loi de finances du 28 avril 1816.

20. On a élevé, toutefois, avant la loi du 24 mai 1834, la question de savoir si le décret du 23 pluv. an 13 ne devait pas être considéré comme abrogé en ce qu'il aurait arbitrairement créé une peine applicable à un fait que la législation antérieure ne déclarait pas punissable. — Mais, il a été décidé que ce décret avait toujours force de loi (Crim. cass. 5 fév. 1820; Crim. rej. 24 août 1852 (1); Crim. rej. 1er sept. 1851, aff. Rayer, V. inst. crim., n° 328; Crim. cass. 7 juin 1853, M. Thil, rap., aff. Contr. ind. *C.* Leboulanger; V. Conf. Cr. cass., 8 mars 1839, aff. Lefustec, n° 26. — V. aussi v° Lois, n° 56 et suiv.

21. Cette législation qui n'admettait que des peines fiscales contre les individus coupables de fabrication ou détention illicite de poudre n'a pas paru offrir des garanties suffisantes pour la défense de l'ordre public, et l'on a cru devoir la compléter en insérant une disposition nouvelle dans la loi du 24 mai 1834 sur les détenteurs d'armes ou de munitions de guerre. L'art. 2 de la loi est ainsi conçu : « Tout individu qui, sans y être légalement autorisé, aura fabriqué, débité ou distribué de la poudre ou sera détenteur d'une quantité quelconque de poudre de guerre, ou de plus de deux kilog. de toute autre poudre, sera puni d'un emprisonnement d'un mois à deux ans, sans préjudice des autres peines portées par les lois. » — Ces derniers mots ont eu pour but de ne laisser aucun doute sur l'intention des auteurs de la loi nouvelle, d'ajouter aux peines corporelles qu'elle créait les pécuniaires prononcées par la législation antérieure, ainsi que l'a, du reste, formellement déclaré le rapporteur de la commission (V. Armes, n° 27). — Aussi a-t-il été décidé, à plusieurs reprises, que depuis la loi de 1834, la fabrication ou détention illicite de poudre de guerre, devait être punie tout à la fois de l'emprisonnement prononcé par l'art. 2 de cette loi et de l'amende de 3,000 fr. prévue par la loi du 13 fruct. an 5 et le décret du 23 pluv. an 13 (Crim. cass. 18 avr. 1835, M. de Crouseilhes, rapp., aff. Contrib. ind. *C.* Richer; du même jour, aff. Lalu; 8 mars 1839, MM. de Bastard, pr., Bresson, rap., aff. Lefustec; 10 mai 1839, MM. de Bastard, pr., Voysin de Gartempe, fils, rap., aff. Payan; Ch. réun. 10 janv. 1840, aff. Lefustec, n° 26; Crim. cass. 8 nov. 1849, aff. Chanal, D. P. 50. 5. 361). — Enfin, l'art. 3 de la loi de 1834 punit de l'emprisonnement d'un mois à deux ans et d'une amende de 16 à 1,000 fr., tout individu qui sans y être légalement autorisé, aura fabriqué ou confectionné, débité ou distribué des cartouches et autres munitions de guerre ou en sera détenteur. — V. sur cette disposition v° Armes, nos 74 et suiv.

22. Il résulte, comme on le voit, du rapprochement des art. 2 et 3 que la fabrication ou détention de munitions de guerre est punie d'une amende de 16 à 1,000 fr., tandis que la fabrication ou détention illicite de poudre est réprimée par l'amende de 3,000 fr. prononcée par la loi du 13 fruct. an 5 et le décret du 23 pluv. an 13 auxquels renvoie l'art. 2. Cette différence dans la gravité des peines tient à ce que le législateur a voulu frapper d'une répression plus sévère ceux qui, en se livrant à la fabrication ou au commerce de la poudre à tirer, portent atteinte à un monopole attribué à l'État.

23. Le maximum d'approvisionnement pour la poudre de chasse, porté à 5 kilog. par la loi du 13 fruct. an 5, est abaissé, comme on le voit, à 2 kilog. par la loi de 1834. On s'est demandé si, sous l'empire de cette dernière loi, le détenteur de plus de 2 kilog. devrait être puni de l'emprisonnement et en outre de l'amende de 100 fr. prononcée par la loi de l'an 5 contre les détenteurs de plus de 5 kilog. (V. sur ce point v° Armes, n° 71). — Il a été décidé que l'amende de 100 fr. devait être appliquée à celui qui détient plus de 2 kilog. de poudre de chasse (Cr. rej. 16 mars 1839, aff. Raban, V. Peines, n° 147-4°, Cr. cass. 9 mars 1854, aff. Mauro, D. P. 54. 5. 575). Le premier de ces arrêts juge par application de l'art. 365, cod. inst. cr., que dans le cas où le double délit de détention non autorisée de plus de 2 kilog. de poudre, et de fabrication de cartouches et autres munitions de guerre, est déclaré constant à la charge du même prévenu, si le tribunal correctionnel condamne ce dernier à une amende de plus de 100 fr. (outre la prison) pour le second délit, il n'y a pas lieu d'appliquer, en outre, l'amende de 100 fr. encourue pour le premier.

24. Suivant un arrêt, le *détenteur* de cartouches de poudre de guerre, *sans balles*, est passible de la peine portée par l'art. 3 de la loi du 24 mai 1834, contre les détenteurs, sans autorisation, de *munitions de guerre*, et non de la peine portée par l'art. 2 de la même loi, contre les fabricateurs ou débitants clandestins de poudre de guerre (Cr. rej. 15 juin 1839) (2). Il nous semble aussi que lorsque la poudre de guerre a été introduite dans des appa-

---

(1) 1re *Espèce :* — (Contrib. indir. *C.* Potelle.) — LA COUR; — Vu les art. 408 et 416 c. inst. crim., d'après lesquels la cour de cassation doit annuler les arrêts et jugements en dernier ressort qui ont violé les règles de compétence établies par la loi; — Vu aussi les différents articles du décret du 25 pluv. an 13, sur la vente des poudres de guerre, et l'art. 251 de la loi du 28 avril 1816, sur les contributions indirectes; — Considérant que les actes des gouvernements qui ont précédé la restauration du trône, et qui ont été exécutés comme des lois, sans opposition des pouvoirs qui avaient le droit de juger s'ils renfermaient une usurpation de l'autorité législative, doivent conserver le même caractère et la même force d'exécution, jusqu'à ce qu'ils aient été légalement révoqués ou modifiés, à moins qu'ils ne se trouvent anéantis par un texte précis de la charte constitutionnelle; que les tribunaux, qui ne participent point aux pouvoirs politiques, n'en peuvent exercer les attributions; que le décret du 23 pluv. an 13 a été exécuté comme loi; qu'il n'y a eu aucune opposition constitutionnelle à son exécution, et que son abrogation ne dérive point de la charte; qu'il a même été implicitement, mais évidemment maintenu dans toute ses dispositions par l'art. 251 de la loi du 28 avril 1816; que, néanmoins, la cour de Douai, par son arrêt du 30 oct. 1819, a refusé d'en faire l'application, et qu'ainsi elle a violé ledit art. 251 de ladite loi d'avril, et a, d'ailleurs, violé les règles de la compétence, en exerçant une attribution du pouvoir législatif; — Casse.

Du 5 fév. 1820.-C. C., sect. cr.-MM. Barris, pr.-Busschop, rap.

2e *Espèce :* —(De Maquillé *C.* min. pub.)—LA COUR;—Sur le deuxième moyen, pris de l'inconstitutionnalité du décret impérial du 23 pluv. an 13 (12 fév. 1805), dont l'application a été faite au demandeur : — Attendu que ce décret a été publié au Bulletin des lois et exécuté comme loi, antérieurement à la promulgation de la charte de 1814; qu'il a été implicitement confirmé par l'art. 251 de la loi du 28 avril 1816, relative aux contributions indirectes, et qu'il a été fait, dans l'espèce, une juste application de l'art. 4 de ce décret;—Rejette.

Du 24 août 1852.-C. C., ch. cr.-MM. de Bastard, pr.-Isambert, rap.

(2) *Espèce :* — (Contrib. ind. *C.* Georges.) — Le tribunal correctionnel de Lunéville avait jugé en ces termes : — « Attendu qu'il est constaté par un procès-verbal des employés des contributions indirectes que, le 8 août, dans l'après-midi, il a été trouvé au domicile de Pierre Georges, à Bellevue, cinquante et un paquets en papier gris, contenant chacun dix cartouches de poudre de guerre, sans balles; — Attendu que la loi du 24 mai 1834 contient dans ses art. 2 et 3 deux dispositions distinctes : la première, qui atteint tout individu qui, sans y être légalement autorisé, aura fabriqué, débité, ou distribué, ou sera détenteur d'une quantité quelconque de poudre de guerre; la seconde, qui frappe tout individu qui, sans y être légalement autorisé, se trouve détenteur de cartouches et de munitions de guerre; — Attendu que le prévenu se trouve dans le cas prévu par l'art. 3 de la loi précitée, qui ne renvoie plus, comme l'article précédent, aux autres lois qui punissent la fabrication ou la détention de poudre de guerre; — Attendu néanmoins qu'il existe dans la cause des circonstances atténuantes qui, aux termes de l'art. 11 précité, autorisent l'application de l'art. 463, dernier paragraphe du code pénal;—Attendu que l'art. 2 de la loi du 24 mai 1834, la loi du 13 fruct. an 5 et le décret du 23 pluv. an 13, étant jugés sans application dans la cause, l'administration des contributions indirectes se trouve sans intérêt et sans qualité pour intervenir;—Par ces motifs, reçoit pour la forme l'administration des contributions indirectes intervenante en la cause, et, y statuant, la déclare non recevable et mal fondée, l'en déboute et la condamne aux dépens; — Faisant droit au réquisitoire du ministère public, modifié toutefois par l'art. 463 c. pén., condamne Pierre Georges à une amende de 10 fr., et déclare confisqués les paquets renfermant la poudre saisie. » —Appel. — Le 14 nov. 1838, arrêt de la cour de Nancy qui, adoptant les motifs des premiers juges, confirme. — Pourvoi. — Arrêt.

LA COUR; — Vu les art. 2 et 3 de la loi du 24 mai 1834, et le décret du 23 pluviôse an 13; — Attendu que la loi du 24 mai 1834, dans les dispositions qui viennent d'être rappelées, établit une distinction formelle entre la fabrication ou détention non autorisée d'une quantité quelconque de poudre de guerre, et la fabrication ou détention de cartouches ou munitions de guerre; que, si elle punit l'un et l'autre de ces faits d'un emprisonnement d'un mois à deux ans, elle établit pour chacun d'eux des peines pécuniaires différentes; qu'en effet, pour le premier de ces deux délits, elle renvoie aux autres peines portées par les lois (lesquelles consistent en une amende de 3,000 fr.), tandis que le second de ces délits n'est puni par l'art. 3 que d'une amende de 16 fr. à 1,000 fr.; que la raison de cette différence se trouve dans la nécessité d'atteindre et de frapper d'une répression plus sévère ceux qui se livreraient à la fabrication ou au commerce de la poudre à tirer, dont le monopole est réservé à une administration publique; — Et attendu qu'il est constant et reconnu par l'arrêt attaqué que, le 8 août 1838, les cin-

reils, même incomplets, destinés à charger des armes à feu, elle devient partie intégrante des *munitions de guerre*.

25. S'il arrivait que la saisie pratiquée chez l'inculpé révélât l'existence dans son domicile d'un dépôt de poudre et d'un dépôt de munitions de guerre, tout à la fois, ce serait le cas d'appliquer simultanément les dispositions des art. 2 et 3 de la loi de 1834. — Aussi a-t-il été décidé que lorsqu'un procès-verbal des employés des contributions indirectes non attaqué par la voie de l'inscription de faux, constate qu'il a été trouvé chez un individu plusieurs kilogrammes de poudre, en cartouches, sans balles, et 5 kilog. en cartouches à balles, ainsi que 11 kilog. de poudre égrenée, il y a, dans ce cas, deux délits distincts punis par l'art. 3 de la loi du 24 mai 1834, et par l'art. 2 de la même loi et le décret du 23 pluv. an 13, de sorte que les tribunaux violent ces mêmes lois, s'ils n'ont infligé au prévenu de ces délits que le minimum de la peine portée par l'art. 3 de la loi du 24 mai 1834 (Crim. cass. 25 sept. 1835 (1). — V. aussi Crim. rej. 16 mars 1839, aff. Raban, V. Peine, nº 147-4º).

26. L'art. 11 de la loi du 24 mai 1834 porte que, dans tous les cas prévus par ladite loi, s'il existe des circonstances atténuantes, il sera fait application de l'art. 463 c. pén. La combinaison de cette disposition avec l'art. 2 de la loi a donné lieu à une grave difficulté dans la matière qui nous occupe. Nous avons vu que cet art. 2 prononce la peine de l'emprisonnement contre les délits qu'il prévoit, *sans préjudice des peines portées par les lois*, et que ces derniers mots ont eu pour effet de maintenir les amendes réservées aux mêmes délits par la loi de l'an 5 et le décret de l'an 13. — On s'est demandé si l'atténuation de peine prévue par l'art. 11 précité pouvait atteindre non-seulement l'emprisonnement dont l'art. 2 frappe ceux qui fabriquent ou détiennent illicitement de la poudre de guerre, mais encore l'amende de 3,000 fr. dont ils sont passibles aux termes de la législation antérieure. Cette question a été résolue négativement par la cour de cassation qui, malgré la résistance des cours impériales a décidé en principe, par plusieurs arrêts consécutifs, que dans le cas prévu, la déclaration de circonstances atténuantes en faveur du prévenu ne peut amener aucun abaissement du taux de l'amende (Crim. cass. 8 mars 1839; Ch. réun. 10 janv. 1840 (2).

---

ployés des contributions indirectes ont trouvé au domicile du sieur Pierre Georges cinquante et un paquets en papier gris, contenant chacun dix cartouches de poudre de guerre sans balle; — Que le tribunal de Lunéville, par son jugement du 31 août 1838 (confirmé purement et simplement par l'arrêt attaqué), a fait au sieur Georges l'application de l'art. 3 de la loi du 24 mai 1834, en admettant toutefois des circonstances attenuantes; — Attendu que, d'après les motifs ci-dessus exposés, le fait incriminé était effectivement prévu par cet art. 3, et n'emportait pas l'amende plus forte prononcée par l'art. 2; — Attendu qu'en jugeant ainsi, l'arrêt attaqué n'a commis aucune violation de la loi du 24 mai 1834, ni du décret du 23 pluv. an 13; — Par ces motifs, rejette.

Du 15 juin 1839.-C. C., ch. crim.-MM. Bastard, pr.-Crouseilhes, r.

(1) (Contrib. indirectes *C.* Richer.) — La cour; — Vu les art. 2 et 3 de la loi du 24 mai 1834, la loi du 13 fruct. an 5, le décret du 23 pluv. an 13, les art. 154, 161, 189, 211 et 413 c. inst. crim.; — Attendu que la loi du 24 mai 1834, dans les dispositions ci-dessus citées, distingue entre le détenteur non légalement autorisé d'une quantité quelconque de poudre de guerre, et le détenteur de cartouches ou munitions de guerre; que si elle punit l'un et l'autre d'un emprisonnement d'un mois à deux ans, il n'en est pas de même des peines pécuniaires; que, pour la première espèce de délit, elle renvoie aux autres peines portées par les lois, lesquelles prononcent une amende de 3,000 fr., tandis qu'elle ne punit la seconde que d'une amende de 16 fr. à 1,000 fr.; que la raison de cette différence se puise dans la nécessité d'atteindre et de frapper d'une répression plus sévère ceux qui se livreraient à la fabrication ou au commerce de la poudre à tirer, dont le monopole est réservé à une administration publique;

Et attendu qu'il est établi par un procès-verbal régulier des employés des contributions indirectes, assistés du commissaire de police de la ville de Compiègne, en date du 14 oct. 1834, que, procédant à une visite au domicile de J. Richer, coutelier à Compiègne, ils ont trouvé dans les différentes parties du logement qu'il occupe 29 kilog. de poudre, en cartouches sans balles, 5 kilog. en cartouches à balles, et 11 kilog. de poudre égrenée en sacs; que, si ce procès-verbal fournissait la preuve de la détention, non légalement autorisée, de cartouches et munitions de guerre, délit prévu par l'art. 3 de la loi du 24 mai 1834, la preuve de la détention illégale de 11 kilog. de poudre de guerre, délit prévu par l'art. 2 de la même loi, n'en résultait pas avec moins de certitude; que ces deux délits ne pouvaient se confondre, puisque la loi avait établi pour l'un et pour l'autre une pénalité différente, sauf l'application de l'art. 365 c. inst. crim.; — Que le procès-verbal du 14 oct. 1834, ayant pleine foi en justice, n'a point été attaqué par la voie de l'inscription de faux; — Que, néanmoins, la cour royale d'Amiens, chambre correctionnelle, statuant sur l'appel interjeté par le ministère public et par l'administration des contributions indirectes, du jugement du tribunal correctionnel de Compiègne, du 25 oct. 1834, et en réformant la décision des premiers juges, s'est bornée à déclarer qu'il résultait de ce procès-verbal que J. Richer a été trouvé détenteur, sans autorisation légale, d'une certaine quantité de cartouches et munitions de guerre, et qu'en conséquence, elle lui a infligé le *minimum* de la peine portée par l'art. 3 de la loi du 24 mai 1834; — Qu'en décidant ainsi, l'arrêt attaqué a méconnu, du moins pour partie, la foi due au procès-verbal non inscrit de faux, du 14 oct. 1834; qu'il a violé en même temps les règles de compétence, l'art. 2 de la loi du 24 mai, celle du 13 fruct. an 5, le décret du 23 pluv. an 13, et les art. 154, 161, 189 et 211 c. inst. crim.;

Mais attendu que le pourvoi contre cet arrêt n'a été formé que par l'administration des contributions indirectes, et dans le seul intérêt de cette administration, à raison du refus par la cour royale d'Amiens d'appliquer l'art. 2 de la loi du 24 mai 1834, et de prononcer la peine de 3,000 fr. d'amende portée par le décret du 23 pluv. an 13; que l'arrêt dont s'agit n'a point été attaqué dans ses autres dispositions, notamment en ce qui concerne la peine d'emprisonnement, soit de la part du ministère public, soit de la part du condamné lui-même; qu'ainsi, il a acquis à cet égard l'autorité de la chose jugée;

En maintenant les autres dispositions de l'arrêt rendu par la cour royale d'Amiens, chambre des appels de police correctionnelle, le 29 juin 1835, casse et annule ledit arrêt, en ce qu'il n'a point été fait application à J. Richer de l'art. 2 de la loi du 24 mai 1834, et que les peines portées par les lois auxquelles cet article se réfère, n'ont point été prononcées.

Du 25 sept. 1835.-C. C., ch. crim.-MM. Crouseilhes, pr.-Bresson, r.

Le même jour, arrêt identique, Contrib. indirectes *C.* Lalu.

(2) *Espèce :* — (Contrib. indirectes *C.* Lefustec.) — Sur le renvoi prononcé par l'arrêt de cassation du 8 mars 1839, la cour d'Angers, par arrêt du 27 mai 1839, s'est prononcée dans le même sens que l'arrêt cassé de la cour de Rennes. — De là nouveau pourvoi sur lequel a été rendu l'arrêt solennel qui a cassé pareillement celui de la cour d'Angers. — Voici les termes de l'arrêt émané des chambres réunies.

La cour; — Vu les art. 27 de la loi du 13 fruct. an 5; — 4 du décr. du 23 pluv. an 13; 39 du décr. du 1er germ. an 13; 2 de la loi du 24 mai 1834 : — Attendu que la loi du 13 fruct. an 5, et le décr. du 23 pluv. an 13, en prononçant la peine de 3,000 fr. d'amende contre ceux qui feraient fabriquer illicitement de la poudre, ou qui seraient trouvés nantis d'une quantité quelconque de poudre de guerre, ont eu le double objet de protéger le droit exclusif qui appartient à l'État de faire fabriquer et vendre de la poudre, et de réparer le préjudice que le Trésor public peut éprouver par la fabrication et la vente clandestine de cette marchandise;

Attendu que l'art. 39 du décr. du 1er germ. an 13, qui interdit expressément aux juges de modérer ces amendes, comprend celle de 3,000 fr., prononcée par la loi du 13 fruct. an 5 et par le décret du 23 pluv. an 13;

Attendu que la loi du 24 mai 1834, déterminée par des circonstances et des considérations politiques, a eu seulement en vue des mesures de police et de sûreté; qu'elle a signalé des délits qui n'étaient pas prévus par les lois antérieures, et qu'elle a introduit des peines contre ces délits, mais qu'elle n'a pas dérogé aux garanties pécuniaires que la législation avait établies en faveur du trésor public, contre la fabrication et la possession illégale de poudre de guerre; — Que la volonté de la loi a été de maintenir cette législation dans toute sa force; que cette intention est manifestée en termes exprès par l'art. 2 de cette loi, lequel, après avoir prononcé la peine d'emprisonnement contre le possesseur illégal et non autorisé d'une quantité de poudre, ajoute : *Sans préjudice des autres peines portées par les lois;* que cette dernière disposition maintient les lois précédentes dans toute leur puissance; que les peines prononcées par ces lois ont été conservées par la loi de 1834, telles qu'elles avaient été instituées avec le caractère et les conditions de leur institution; qu'elles doivent être appliquées conformément aux dispositions qui les ont créées; que la loi du 24 mai 1834, loin de déroger à ces dispositions, leur a imprimé une force nouvelle; qu'accorder aux tribunaux le pouvoir de modérer l'amende en vertu de la loi de 1834, ce serait annuler, en vertu de cette loi, le déc. du 1er germ. an 13, qu'elle a formellement maintenu; — Attendu que l'art. 11 de cette loi, et la faculté qu'il accorde d'appliquer l'art. 463 c. pén., doivent être entendus dans un sens qui concilie cet article tant avec les dispositions antérieures maintenues qu'avec les autres articles de la même loi; que cet art. 11, en disposant pour tous les cas prévus par cette loi, n'a pas disposé pour toutes les peines prononcées par des lois

Conf. Cass. 18 avril 1835, M. de Crouseilhes, rap., aff. Contr. ind. *C.* Richer, du même jour, aff. Lalu; 10 mai 1839, MM. de Bastard, pr., Voysin de Gartempe fils, rap., aff. Contr. ind. *C.* Payan; 8 nov. 1849, aff. Chanal, D. P. 50. 5. 361). Cette jurisprudence est fondée sur ces trois considérations: 1° que la disposition de l'art. 11 de la loi du 24 mai 1834 ne peut atteindre que les peines prononcées textuellement par cette loi; — 2° Que l'amende infligée à l'individu coupable de fabrication clandestine de poudre n'est que la réparation du préjudice causé à l'État par cette fabrication, et que dès lors, par sa nature même, elle n'est pas susceptible d'atténuation; —3° Que la loi nouvelle a entendu maintenir l'amende de 3,000 fr. avec le caractère d'irréductibilité que la législation précédente lui avait donné.

Ces considérations peuvent paraître contestables, car, d'une part, il semble que la loi de 1834 doit être considérée comme s'étant approprié les amendes dont elle maintenait l'applicabilité, et de l'autre, ces amendes, quoique constituant, jusqu'à un certain point, des réparations civiles, n'en ont pas moins un caractère pénal, ce que la cour de cassation elle-même reconnaît, lorsqu'elle décide que ces amendes sont confirmées par la disposition finale de l'art. 2 de la nouvelle loi. — Mais, ce qu'il importe de remarquer, c'est que l'interprétation donnée par la cour suprême aux art. 2 et 11 combinés fait produire à la loi de 1834 les conséquences les plus bizarres. Il en résulte, en effet, que le tribunal appelé à statuer, en la matière, sur un délit sans gravité, par exemple sur un cas de simple détention d'une quantité très-minime de poudre de guerre, peut bien réduire l'emprisonnement si les circonstances de fait sont favorables au prévenu, mais se trouve contraint de prononcer l'amende de 3,000 fr., bien que, dans l'espèce, cette amende soit excessive, exorbitante et même ruineuse pour le condamné, ce qui serait nuire à la loi en rendant son application impossible. — Un pareil résultat est manifestement contraire à l'esprit de la loi qui, en punissant les mêmes faits de deux peines différentes, a dû vouloir laisser aux tribunaux la faculté d'approprier la nature de la répression à la condition sociale et à la position de fortune de chaque prévenu, appliquant de préférence l'emprisonnement à celui qu'une condamnation pécuniaire accablerait, et infligeant plutôt l'amende à ceux qui pourraient supporter plus facilement les conséquences de cette dernière peine. La preuve que la distinction faite par la cour de cassation n'a pas été admise par les auteurs de la loi de 1834 se puiserait au besoin dans la généralité des expressions dont s'est servi M. Dumon dans le rapport présenté par lui au nom de la commission de la chambre des députés, « La déclaration des circonstances atténuantes, disait le rapporteur, et la diminution de peines qui en résulte fait aujourd'hui partie de notre système pénal. Elle est admise dans le projet de loi. » V. v° Armes, n° 27; Discours des orateurs, n° 17. Un semblable langage ne se concevrait pas si l'on n'avait voulu faire qu'une application partielle et restreinte du principe des circonstances atténuantes. Ajoutons que, si l'on adopte le système de la cour de cassation, une autre anomalie ressort du rapprochement des art. 2 et 3 de la nouvelle loi. La fabrication ou détention d'armes, cartouches ou munitions de guerre prévue par l'art. 3 est considérée avec raison par le législateur comme tout aussi grave, sinon plus grave que les délits qualifiés par l'art. 2: cependant l'amende réservée à ce fait peut être modérée par le juge, tandis que celle dont les détenteurs de poudre sont frappés est irréductible. Tout nous porte à croire qu'il n'a pas été dans l'intention du législateur de 1834 de créer, dans la répression, des dissemblances aussi contraires à l'équité et nous comprenons que la jurisprudence de la cour suprême sur ce point de droit ait rencontré une opposition unanime de la part des cours impériales, opposition qui a persisté même depuis l'arrêt des chambres réunies du 10 janv. 1840.

27. Quelle que soit la sévérité des lois sur la matière, il est certain que la bonne foi du prévenu doit être prise en grande considération par le juge et qu'elle peut avoir pour résultat de faire disparaître tout délit. Il a été décidé dans ce sens que le fait unique d'avoir conservé chez soi dans des boîtes pourries et oubliées dans une cabane à lapins plus de 2 kilog. de poudre avariée, ne peut constituer le délit prévu par l'art. 2 de la loi du 24 mai 1834 (Paris, 4 déc. 1835) (1). Il a aussi été jugé que la détention d'une forte quantité de poudre (184 kilog.) ne constitue pas à elle seule le même délit s'il est établi que ce n'était pas sciemment et volontairement que le prévenu avait cette poudre dans son habitation (Rej. 21 avril 1848, aff. min. pub. *C.* Saugnet, D. P. 48. 5. 11).

28. Dans les divers cas prévus par l'art. 2 de la loi de 1834, il y a évidemment lieu de confisquer la poudre indûment fabriquée, détenue ou vendue. — Il a même été décidé que la confiscation de poudre de fabrication illicite doit être prononcée quoique le détenteur soit affranchi de toute peine par le motif que la quantité de poudre détenue est au-dessous de 2 kilog. (Toulouse, 16 nov. 1849, aff. Mayssonnié, D. P. 51. 2. 46). Cet arrêt applique à ce cas un décret du 1er germ. an 13, sur les droits réunis, lequel prescrit la confiscation de toute marchandise saisie en fraude. Il faut remarquer que les dispositions de ce décret sur ce point ont été reproduites par l'art. 222 de la loi du 28 avril 1816, qui prescrit en outre la confiscation des ustensiles servant à la vente, et, en cas de colportage, celle des moyens de transport.

29. Depuis la loi du 24 mai 1834, plusieurs des délits prévus par l'art. 2 de cette loi ont été frappés d'une peine nouvelle. L'art. 25 de la loi de finances du 25 juin 1841 porte en effet que les dispositions des art. 222, 223, 224 et 225 de la loi du 28 avril 1816 sont applicables à la fabrication illicite, au colportage et à la vente des poudres à feu sans permission. Or, l'art. 222 de la loi du 28 avril 1816 punit d'une amende de 300 fr. à 1,000 fr., ceux qui vendent du tabac à leur domicile ou qui en colportent en fraude. Cette amende a, du reste, le même caractère que toutes celles dont sont punies les contraventions en matière de contributions indirectes ou de douanes, c'est-à-dire qu'elle constitue plutôt une réparation civile qu'une peine. Aussi a-t-il été jugé qu'un père est passible, comme civilement responsable, de l'amende à laquelle son fils mineur a été condamné, par application de l'art. 222 de la loi du 28 avril 1816, pour avoir fabriqué de la poudre sans autorisation (Crim. cass. 24 août 1850, Int. de la loi, aff. Bourret, D. P. 51. 5. 403).

30. Les ouvriers qui ont coopéré à une fabrication illicite de poudre sont punis d'un emprisonnement d'un mois, lequel, en cas de récidive, s'élève à un an (L. 13 fruct. an 5, art. 27).— Mais il a été jugé que l'individu qui fabrique illicitement de la poudre pour son propre compte, ne peut être dispensé de l'amende, sous prétexte que, la fabriquant lui-même, il doit être assimilé à un ouvrier, et passible seulement de l'emprisonnement, « puisque, comme le dit très-bien l'arrêt, on ne peut qualifier ouvrier que celui qui travaille pour salaire et pour le compte d'autrui » (Crim. cass. 29 juill. 1813, MM. Barris, pr., Busschop, rap., aff. min. pub. *C.* Fresia).

---

antérieures et qui n'étaient pas susceptibles d'être modérées; que pour lui attribuer cet effet il aurait été nécessaire qu'il en contînt une disposition expresse;

Attendu que la différence entre les pénalités prononcées par les art. 2 et 3 de la loi du 24 mai 1834, est motivée sur la différence des délits prévus par ces articles, et sur la nature des intérêts qui ont provoqué ces dispositions; que la peine pécuniaire a dû être plus sévère à l'égard du délit qui portait le plus de préjudice à l'intérêt du Trésor;—Qu'ainsi la cour royale d'Angers, en faisant l'application de l'art. 463 c. pén. à l'amende encourue par Lefustec, a violé et faussement appliqué les lois précitées; — Casse.

Du 10 janv. 1840.-C. C., ch. réun.-MM. Portalis, 1er pr.-Tripier, r.

(1) *Espèce:* — (Min. pub. *C.* Bourset.) — 21 nov. 1835, ordonnance de la chambre du conseil du tribunal de la Seine ainsi conçue: — « Attendu que le fait unique d'avoir conservé dans un coin de son habitation une certaine quantité de poudre avariée, hors de service, contenue dans des boîtes pourries et oubliées dans une cabane à lapins, ne peut constituer le délit prévu par les art. 2 et 3, loi du 24 mai 1834, sur la détention d'armes et de munitions de guerre; déclare n'y avoir pas lieu à suivre contre Bourset; ordonne cependant que la poudre sera, dans l'état où elle se trouve, remise à l'autorité militaire. — Opposition du ministère public.—Arrêt.

La cour; — Adoptant les motifs des premiers juges,— Confirme.

Du 4 déc. 1835.-Paris, ch. acc.

31. Disons en terminant 1° que la loi de l'an 5 établit des peines contre les débitants commissionnés (art. 36), contre les gardes des arsenaux, militaires, ouvriers des poudreries qui font des débits illicites (art. 20); — 2° Que les peines dont la même loi, tit. 2, art. 21, frappe l'importation des poudres étrangères, ont été augmentées par le décret du 1er mars 1852 (D. P. 52. 3. 76);—3° Qu'une amende de 500 fr. est prononcée en cas de défaut de déclaration, dans les vingt-quatre heures de l'arrivée au port d'un navire marchand contenant des poudres (art. 31).— V. Douanes, n° 401.

Art. 3. — *Dispositions particulières relatives au salpêtre.*

32. Sous la législation antérieure à la loi du 10 mars 1819 (V. *suprà*, n° 4), le droit d'extraire et d'exploiter le salpêtre était, de même que celui de fabriquer la poudre, considéré comme une dépendance du pouvoir public, et les salpêtriers, exerçant leur industrie par délégation des droits de l'Etat et sous son contrôle direct, avaient reçu plusieurs priviléges, notamment celui de pouvoir faire des fouilles dans les propriétés particulières. Ils tenaient ce dernier droit des lois des 11 mars 1793 et 13 fruct. an 5, qui en avaient régularisé l'exercice, en même temps qu'elles attribuaient aux salpêtriers les matériaux de démolition salpêtrés. La loi du 13 fruct. an 5 contenait plusieurs dispositions spéciales sur ces deux points. Celles de ces dispositions qui avaient trait aux matériaux de démolition ont été maintenues, avec quelques modifications, par la loi du 10 mars 1819. Au contraire, celles qui consacraient le droit de fouille pour les salpêtriers ont été abrogées par l'art. 2 de cette dernière loi. En effet, en autorisant ces industriels à entrer dans les propriétés des citoyens pour fouiller les terres, on leur avait conféré un privilége exorbitant qui ne pouvait se justifier que par les nécessités de la fabrication de la poudre à l'époque où la France soutenait de longues guerres, mais ce privilége dut disparaître lorsqu'à cette époque succédèrent des temps plus calmes.

33. Notons seulement qu'aux termes des art. 9 et 10 de la loi de l'an 5, si le citoyen chez lequel on avait fouillé portait plainte contre le salpêtrier pour dégradation ou autre abus, ce dernier devait donner une *caution* suffisante, à défaut de laquelle ses meubles et ustensiles pouvaient être saisis pour répondre de sa solvabilité. — Il a été jugé, par application de ces dispositions, que les ustensiles d'un salpêtrier n'étaient pas seulement affectés à la garantie des réclamations dont il était personnellement l'objet, mais qu'ils pouvaient encore être saisis pour raison des condamnations intervenues contre les ouvriers qu'il employait (Cass. 8 mars 1811, MM. Barris, pr., Favard, rap., aff. min. pub. C. Bourgeat).

34. L'art. 2 de la loi du 13 fruct. an 5 dispose qu'avant de faire démolir leurs maisons, les particuliers sont tenus de prévenir dix jours à l'avance la municipalité de leur commune, afin que le salpêtrier en ait connaissance, et il leur interdit, sous peine d'amende, de s'attribuer les matériaux de démolition. Ces dispositions ont été modifiées par la loi du 10 mars 1819 (art. 6), suivant laquelle, lorsque les propriétaires ont fait à la municipalité déclaration de leur intention de démolir, ils peuvent disposer librement de leurs matériaux de démolition, si, dans les dix jours de la démolition commencée, les salpêtriers ne se sont pas présentés pour en opérer l'enlèvement.

35. Il ne doit rien être payé par le salpêtrier pour raison des matériaux de démolition salpêtrés qu'il a enlevés; mais dans le cas où le propriétaire l'exigerait, le salpêtrier est tenu de lui rendre, au même lieu, une quantité de matériaux d'un même volume (L. 13 fruct. an 5, art. 3). Par application de cette disposition, il a été jugé que le salpêtrier n'est pas obligé de rendre au propriétaire des matériaux salpêtrés qu'il a fait enlever, une même quantité de matériaux *propres à la construction*; que toutes ses obligations sont remplies lorsqu'il en a fourni d'égal volume (Cass. 29 mess. an 7, int. de la loi, MM. Bayard, pr., Target, rap., aff. veuve Lemoine; 29 niv. an 8, M. Gamon, rap., int. de la loi, aff. Baudin; 13 vend. an 9, int. de la loi, MM. Liborel, pr., Rousseau, rap., aff. Baudin).

36. Les modifications essentielles apportées par la loi du 10 mars 1819 à l'ensemble de la législation antérieure, consistent: 1° en ce que cette loi a permis l'importation des salpêtres étrangers moyennant le payement d'un droit de douanes; 2° en ce qu'elle a autorisé la libre fabrication du salpêtre par tous procédés autres que l'emploi des matériaux de démolition réservés aux salpêtriers commissionnés. — Depuis cette loi, les salpêtriers sont divisés en deux grandes catégories, à savoir : les fabricants *commissionnés* du gouvernement et les fabricants *exerçant* librement leur *industrie*. — Ceux-là opèrent avec les matériaux de démolition chacun dans la circonscription qui lui a été assignée. Ils sont tenus de livrer à la direction générale des poudres le produit brut et intégral de leur fabrication, jusqu'à ce qu'ils aient entièrement rempli les demandes qui leur ont été faites par le gouvernement. La commission détermine l'arrondissement dans lequel le salpêtrier qui en est porteur peut exercer le privilége de l'Etat, le temps de la concession, les limites dans lesquelles il est tenu de tenir la fabrication, le prix du salpêtre ou le mode suivant lequel ce prix sera établi (L. 10 mars 1819, art. 3). — Une ordonnance du 11 août 1819 détermine les départements compris dans les circonscriptions des salpêtrières royales. Ces départements sont au nombre de cinquante-six. Ils sont partagés en dix commissariats dont voici les chefs-lieux : Paris, le Ripault (près Tours), Bordeaux, Toulouse, Marseille, Lyon, Besançon, Colmar, Nancy et Lille. — A l'égard des salpêtriers qui se livrent à leur industrie librement et sans *commission* du gouvernement, ils se divisent en deux classes. La première classe se compose de ceux qui, dans les départements situés hors de la circonscription des salpêtrières nationales, fabriquent le salpêtre avec les matériaux de démolition réservés à l'Etat en vertu de conventions faites de gré à gré avec les propriétaires. Ces industriels sont seulement tenus de prendre une licence de 22 fr., décime compris, laquelle les dispense de la patente (L. 10 mars 1819, art. 4). Cette loi n'établit, du reste, aucune peine contre ceux d'entre eux qui fabriqueraient sans licence, et cette contravention doit être rangée parmi celles que la loi du 28 avril 1816, art. 171, punit d'une amende de 500 fr. (M. d'Agard, Contrib. indir., t. 1, p. 247).— Les départements dans lesquels l'industrie des salpêtriers est entièrement libre sont les suivants : Seine-Inférieure, Manche, Orne, Sarthe, Mayenne, Ille-et-Vilaine, Côtes-du-Nord, Finistère, Morbihan, Loire-Inférieure, Vendée, Deux-Sèvres, Charente-Inférieure, Landes, Gers, Basses-Pyrénées, Hautes-Pyrénées, Ariége, Tarn, Aveyron, Lot, Corrèze, Haute-Vienne, Creuse, Cantal, Lozère, Ardèche, Drôme, Hautes-Alpes, Corse (V. le tabl. B annexé à l'ord. du 11 août 1819). — Enfin, la seconde classe des salpêtriers non commissionnés se compose de ceux qui fabriquent sans avoir recours à l'emploi de matériaux de démolition. Cette fabrication n'est soumise à aucune condition particulière, et les salpêtres qui en proviennent peuvent être librement versés dans le commerce (L. 10 mars 1819, art. 5). Ces fabricants, de même que ceux qui opèrent avec les matériaux de démolition dans les départements non compris dans la circonscription des salpêtrières nationales, sont tenus d'acquitter l'impôt établi sur le sel marin contenu dans le salpêtre provenant de leur fabrication, et de souffrir l'exercice prescrit par les lois pour arriver à la perception de cet impôt (art. 7).

37. Si des salpêtriers commissionnés refusaient de satisfaire aux demandes de salpêtres qui leur seraient faites par le gouvernement, celui-ci pourrait leur retirer leurs commissions. Il a été décidé dans ce sens que les salpêtriers commissionnés peuvent être révoqués, s'ils refusent de déclarer les quantités de salpêtre qu'ils se sont obligés de fournir à l'Etat (ord. cons. d'Et. 8 août 1838) (1).

38. La réduction des droits de douanes établis à l'entrée des salpêtres étrangers, et, par suite, la baisse opérée dans le prix payé par l'Etat aux salpêtriers commissionnés, pour des

(1) 1re *Espèce* : — (Delort et autres C. min. de la guerre.) — La loi des douanes du 5 juillet 1836 ayant abaissé les droits d'entrée sur les salpêtres exotiques, une ordonnance du 24 nov. 1836 a réduit le prix à payer par l'État aux salpêtriers. — Ceux-ci déclarent alors qu'ils ne peuvent continuer les fournitures. — Sur la sommation du ministère de la guerre de déclarer la quantité de salpêtres qu'ils veulent livrer au prix fixé par l'ordonnance royale, ils refusent de répondre. Leurs commissions sont retirées. — Recours. — Ils prétendent que le retrait de

fournitures de salpêtre indigène, ne peuvent donner lieu à une indemnité en leur faveur (même décision). — Il a été aussi jugé que celui qui se prétend possesseur de nitrières existantes et en activité à l'époque de la loi du 13 fruct. an 5, a pu être déclaré sans titre pour continuer de fabriquer du salpêtre, même en cette qualité, et qu'on a pu prononcer contre lui la confiscation des ustensiles servant à l'exploitation, alors qu'il n'était en réalité que commissionné du gouvernement, et qu'il a été révoqué par lui pour cause de malversation (Crim. rej. 28 mai 1812, MM. Barris, pr., Bailly, rap., aff. Davy).

39. Avant l'ordon. du 11 août 1819, l'administration des poudres et salpêtres pouvait vendre des salpêtres au public, mais cette faculté lui a été enlevée par cette ordonnance en vertu de laquelle elle a dû se borner à la fabrication des poudres et salpêtres nécessaires à l'Etat pour les départements de la guerre et de la marine, ainsi que pour le département des finances, chargé de la vente des poudres au commerce et aux particuliers.

40. Le salpêtre fabriqué en France a été longtemps payé par l'administration des poudres aux salpêtriers sur le pied de 1 fr. 90 c. le kilog.; mais la loi du 5 juill. 1836 ayant réduit le droit d'entrée du salpêtre exotique, une loi du 24 nov. suivant a décidé que le salpêtre indigène au degré de pur et sans mélange de salpêtre exotique ne serait plus payé qu'à raison de 1 fr. 10 c. le kilog. Une nouvelle ord. du 25 déc. 1840 a élevé ce prix à 1 fr. 30 c.

ART. 4. *Poursuite et jugement des infractions en matière de poudres et salpêtres.*

41. La loi du 13 fruct. an 5 (art. 24) avait chargé les autorités municipales et les préposés de l'administration des poudres de veiller à l'exécution des lois répressives en matière de poudres et salpêtres, et elle avait autorisé ces fonctionnaires ou agents à faire des visites domiciliaires, à l'effet de constater les fraudes qui seraient commises au détriment du fisc.—Les visites domiciliaires ne pouvaient être faites que par *deux officiers municipaux* accompagnés par un commissaire de police (art. 26). Aussi avait-il été décidé, sous l'empire de cette loi, qu'une semblable visite devait être considérée comme irrégulièrement opérée lorsqu'il n'y avait pas été procédé en présence de deux officiers municipaux. (Crim. rej. 22 therm. an 13, MM. Vermeil, pr. d'âge, Liborel, rap., aff. min. pub. *C*...). Un décret du 10 sept. 1808 disposa qu'à l'avenir la présence d'un *seul* officier municipal suffirait pour la validité de ces opérations. — L'administration des *contributions indirectes* fut bientôt appelée à partager avec celle des poudres le droit de police en cette matière. Elle fut investie, par le décret du 24 août 1812, du droit de surveiller la fabrication, la circulation et la vente des poudres, et elle reçut du décret du 16 mars 1813 les mêmes pouvoirs en ce qui touchait la récolte et le mouvement des salpêtres. Les contraventions durent être constatées par des *procès-verbaux* dressés concurremment au nom des deux administrations (décr. 16 mars 1813, art. 3), et les instances relatives aux contraventions durent être suivies, à leur requête commune, par les préposés de celle des contributions indirectes (art. 4). — Mais le droit de constatation attribué à la régie des poudres lui a été enlevé, en ce qui touche le service des poudres, par l'ord. du 25 mars 1818. Cette ordonnance, en transportant aux employés des contributions indirectes le service de la vente des poudres, les a spécialement chargés (art. 4) de la recherche et de la saisie des poudres fabriquées hors des poudreries du gouvernement et de celles qui pourraient circuler en fraude. L'ord. du 17 nov. 1819 contient des dispositions semblables. Ce droit exclusif des agents de l'administration des contributions indirectes de constater les contraventions relatives aux poudres s'est maintenu depuis l'ord. de 1818 jusqu'à la loi du 25 juin 1841 (V. n° 46) qui leur a associé d'autres agents ou fonctionnaires. Quant à leur droit de poursuivre seuls la répression des mêmes infractions, il a subsisté depuis le décret du 16 mars 1813 jusqu'à la loi du 24 mai 1834 qui, ainsi qu'on va le voir, a confié l'initiative de la poursuite au *ministère public*. — Il a été décidé, par application du décret du 16 mars 1813, modifié par l'ord. du 25 mars 1818, que la poursuite en répression des fraudes et contraventions aux lois sur la fabrication des poudres appartient exclusivement, quant aux amendes et confiscations, à la régie des contributions indirectes (Crim. cass. 24 fév. 1820) (1).

42. Bien que, dans la période antérieure à la loi du 24 mai

leurs commissions équivalant à une rupture de marché, il leur est dû pour ce fait une indemnité. Ils en réclament une autre pour la perte de leur industrie, attendu, disent-ils, que l'Etat en profite.

LOUIS-PHILIPPE, etc.; — Vu les lois des 13 fruct. an 5, 10 mars 1819 et 5 juill. 1836; — En ce qui touche la décision qui déclare révoquées les commissions des exposants : — Considérant que, aux termes de l'art. 5 de la loi du 10 mars 1819, les salpêtriers sont tenus de remplir les demandes de salpêtre qui leur sont faites par le gouvernement, au prix par lui fixé; — Que les commissions qui leur ont été délivrées portent qu'il y aura lieu à révocation, dans le cas où les livraisons n'atteindraient pas les demandes du gouvernement : — Que les réclamants, en n'obtempérant pas à l'ordre qui leur a été donné de déclarer les quantités de salpêtre qu'ils s'engageaient à fournir en 1837, ont refusé de faire aucune livraison; — Qu'ainsi c'est avec raison que la décision attaquée a prononcé la révocation de leurs commissions; — En ce qui touche la décision qui refuse aux réclamants l'indemnité par eux demandée : — Considérant que la loi du 5 juill. 1836, qui a réduit le droit établi à l'introduction du salpêtre étranger, n'a autorisé l'allocation d'aucune indemnité au profit des salpêtriers commissionnés; — Que l'Etat ne peut, en aucun cas, être responsable des conséquences résultant, pour l'industrie, des lois de douanes qui modifient les droits établis à l'entrée des produits étrangers; — Considérant que les réclamants ne sauraient se prévaloir des commissions qui leur ont été délivrées par le ministre de la guerre; — Que ces commissions ne déterminent ni le droit qui pourra grever le salpêtre étranger, ni le prix à payer par le gouvernement pour le salpêtre indigène; — Que, à diverses époques, l'un et l'autre ont été changés sans que les salpêtriers commissionnés aient exercé aucun recours contre l'État ni cessé leurs livraisons; — Que si des secours peuvent être accordés comme témoignage d'intérêt du gouvernement à ceux des salpêtriers qui se trouveraient dans le besoin par la perte de leur industrie, il ne saurait y avoir lieu, par la voie contentieuse, à leur allouer une indemnité; — Art. 1. La requête des sieurs Delort, Godefroy et autres est rejetée.

Du 8 août 1838.-Ord. cons. d'Ét.-M. Vivien, rap.

2e *Espèce* : — (Dumontel et autres *C.* min. de la guerre.) — 8 août 1838-C. d'Ét.-M. Vivien, rap.

3e *Espèce* : — (Deschamps, etc. *C.* min. de la guerre.) — 8 août 1838.-C. d'Ét.-M. Vivien, rap.

(1) (Contrib. ind. *C.* Soudaix.) — LA COUR; — Vu les art. 408 et 416 c. inst. crim., d'après lesquels la cour de cassation doit annuler les arrêts et jugements en dernier ressort qui contiennent violation des règles de compétence établies par la loi; — Vu l'art. 90 de la loi du 5 vent. an 12, qui charge la régie des droits réunis (aujourd'hui impôts indirects) de poursuivre, devant les tribunaux correctionnels, les contraventions auxdits droits qui entraînent la confiscation ou l'amende; l'art. 25 du décret du 5 germinal de la même année, qui donne à la régie le pouvoir de transiger sur toutes les contraventions qu'elle est chargée de poursuivre; les articles formant les chap. 7 et 8 du décret du 1er germ. an 13, sur la manière de procéder sur les contraventions auxdits droits, dont l'art. 26, conforme à l'art. 84 de la loi du 5 vent. an 12, donne aux procès-verbaux de contravention régulièrement dressés la force de preuve jusqu'à inscription de faux; — Vu aussi l'art. 4 de l'ordonnance du roi du 25 mars 1818, qui charge la direction générale des contributions indirectes de l'exécution du décret du 16 mars 1813, relatif à la recherche et saisie des poudres, soit étrangères, soit fabriquées hors des poudreries du gouvernement, qui pourraient circuler ou être vendues en fraude; — Vu les art. 3, 4, 5 et 6 dudit décret du 16 mars 1813;

Considérant qu'il résulte des dispositions de ce décret, combinées avec celles des loi, décrets et ordonnance précités, qu'à la régie seule appartient le droit de poursuivre, quant aux amendes et confiscations, les fraudes et contraventions aux lois et règlements sur les poudres et salpêtres; que l'action de la régie relative à cette matière, ainsi qu'à toutes celles qui sont placées dans ses attributions, ne peut donc, en aucune manière, être arrêtée, suspendue ou modifiée par une procédure instruite d'après les règles générales établies dans le code d'instruction criminelle;

Considérant, dans l'espèce, que, par un procès-verbal dressé par les préposés de l'administration des contributions indirectes, le 31 août 1818, non argué d'irrégularité, ni attaqué par la voie de l'inscription de faux, il a été constaté que le sieur Soudaix avait chez lui une fabrication de poudre, et que Prin, son ouvrier, travaillait actuellement à cette fabrication; qu'à la vérité une instruction a été faite contre lesdits Soudaix et Prin dans les formes généralement prescrites par le code d'instruction criminelle, à la suite de laquelle a été rendue, par la chambre des vacations du tribunal de première instance de Paris,

1834, la répression fût organisée principalement au point de vue des intérêts du fisc, le ministère public n'était cependant pas désarmé lorsque la fabrication ou détention illicite de poudre par un particulier paraissait avoir un caractère menaçant pour la sécurité publique. C'est ce qui a été reconnu en principe par un arrêt qui a jugé, avant la loi de 1834, que la détention illicite ou fabrication de poudres de guerre constitue un délit contre l'ordre et la sûreté publique, et non pas seulement une simple contravention aux lois fiscales; que, par suite, la constatation de ce délit n'appartient pas exclusivement aux employés de la régie des contributions indirectes, mais qu'elle peut être faite aussi, comme celle des délits ordinaires, sur la réquisition du ministère public; — Que, spécialement, un amas ou dépôt de poudres de guerre pouvant être considéré comme une préparation à la guerre civile, il suffit qu'un individu soit signalé par la clameur publique comme détenteur de cette poudre, pour que le procureur du roi soit autorisé à faire des recherches chez ce particulier, et à y constater valablement, à cette occasion, un simple fait de détention de poudre de guerre, lequel n'est qu'un simple délit correctionnel, et pour que, par suite, les poursuites dirigées en vertu de ce procès-verbal soient valables (Crim. rej. 1er sept. 1831, aff. veuve Rayer *C.* min. pub., V. Instr. crim. nº 328).

43. Il a également été jugé que lorsqu'un individu est prévenu de détention de poudre de guerre en quantité prohibée par la loi, la *transaction* faite entre lui et la régie n'est pas un obstacle à ce que le ministère public suive son action à raison de cette contravention..., à plus forte raison si le ministre, à la ratification duquel il était convenu que la transaction serait soumise, a refusé cette ratification (Angers, 3 juin 1833, aff. Beaumont, V. Instr. crim., nº 215).

44. En punissant des peines correctionnelles de l'emprisonnement et de l'amende les délits qu'elle prévoit, la loi du 24 mai 1834 a nécessairement confondu ces délits avec les infractions du droit commun, et elle a, dès lors, confié au ministère public le soin d'en poursuivre la répression. Depuis cette loi, le droit de poursuite qui appartenait à l'administration des contributions indirectes a subi une modification considérable, et cette administration a perdu le droit d'agir seule et indépendamment de toute initiative de la part du ministère public. — Aussi a-t-il été décidé que l'administration n'a, depuis la loi du 24 mai 1834, que le droit d'intervenir sur l'action du ministère public, pour conclure, dans son propre intérêt, à des peines pécuniaires. — Tellement que si, sur l'action directe du ministère public, il n'a été prononcé, par jugement passé en force de chose jugée, contre un détenteur de poudre, que des peines d'emprisonnement, sans qu'il y ait eu amende requise ou prononcée d'office, l'administration, qui n'est pas intervenue sur cette action, est non recevable à se pourvoir ensuite, par action nouvelle et séparée, contre le prévenu, pour obtenir l'adjudication des peines pécuniaires (Crim. rej. 17 mars 1837) (1).—L'administration ne serait même pas recevable à intervenir sur l'action du ministère public

---

une ordonnance, en date du 30 oct. 1818, portant qu'il n'y avait pas lieu à poursuite; mais que ladite instruction ayant été faite sans la participation et même à l'insu de la régie, ne pouvait, d'après les dispositions des loi et décrets ci-dessus cités, porter aucun préjudice à l'action de ladite régie; d'où il suit que ladite ordonnance n'a pu, à l'égard de la régie, acquérir l'autorité de la chose jugée; que néanmoins, sur l'action intentée par la régie contre lesdits Soudaix et Prin, devant le tribunal de police correctionnelle de Paris, à raison des faits rapportés au procès-verbal du 31 août 1818, ledit tribunal a, par jugement du 22 janv. 1819, déclaré la régie non recevable, par le seul motif qu'il avait déjà été statué sur lesdits faits, par ladite ordonnance de la chambre des vacations; que ce jugement a été, d'après le même motif, confirmé, sur l'appel de la régie, par arrêt de la cour de Paris, du 2 déc. 1819; que cette cour a ainsi fait une fausse application de la règle *non bis in idem*, et, par suite, violé les règles de compétence des tribunaux de police correctionnelle; — Casse.

Du 24 fév. 1820-C. C., sect. crim.-MM. Barris, pr.-Busschop, rap.

(1) *Espèce:* — (Contrib. indir. *C.* Daugé.) — En 1837, le sieur Daugé, sur la poursuite du ministère public pour détention illicite de 5 kilog. de poudre de guerre, a été condamné à quinze jours de prison seulement, par le tribunal de Dax, attendu qu'il n'était pas prouvé que le prévenu possédait cette poudre pour en faire un criminel usage. — Instruite de cette contravention, l'administration des contributions indirectes a fait citer Daugé devant le tribunal correctionnel de Dax, et y a conclu à l'application de l'art. 28 de la loi du 13 fruct. an 5. — Le tribunal rejette cette demande en se fondant sur la règle *non bis in idem*. — Appel. Le tribunal de Mont-de-Marsan confirme.

Pourvoi de l'administration des contributions pour fausse application de la règle *non bis in idem*. — En principe, a-t-elle dit, lorsqu'un même fait donne lieu à deux actions essentiellement distinctes, l'exercice de l'une ne saurait porter atteinte à l'exercice de l'autre. Or telle est la différence qui existe entre l'action ouverte par la loi du 13 fruct. an 5 et celle établie par la loi du 24 mai 1834. En effet, la première est toute fiscale; elle ne demande aux contrevenants que la réparation du préjudice causé au monopole du fisc; la seconde est toute politique, et s'adresse à la personne du détenteur clandestin des poudres, pour lui infliger une peine corporelle. D'ailleurs, cette maxime *non bis in idem* n'est autre chose que le principe de la chose jugée appliquée aux matières criminelles; or la quadruple identité qui constitue l'autorité de la chose jugée ne se rencontre pas ici. Il n'y a identité ni de parties, ni de qualités, ni d'objets, ni de cause. Quant à la faculté d'intervention, qui appartenait à la régie, il fallait pour qu'on pût lui faire le reproche de l'avoir négligée, qu'elle eût été mise en demeure ou seulement avisée de l'existence de litige. L'avocat, après quelques développements, invoque la jurisprudence constante de la cour et l'autorité de M. Mangin, Traité des act. crim. — M. l'avocat général Hébert combat le pourvoi par le motif que la loi de 1834 n'est qu'un retour vers la loi du 13 fruct. an 5, qui était à la fois fiscale et loi de police générale; que, dans un pareil concours, il fallait que l'une des actions fût subordonnée à l'autre, et qu'ici l'action publique absorbait l'action de la régie. — Arrêt.

La cour; — Sur le moyen de cassation invoqué par ladite administration, et tiré de la violation, tant de l'art. 2 de la loi du 24 mai 1834, que de l'art. 28 de la loi du 13 fruct. an 5: — Attendu, en fait, que R. Daugé, cabaretier à Saint-Jean-de-Marsacq, chez lequel, selon procès-verbal du 31 janv. 1836, dressé par un commissaire de police et deux gendarmes, il aurait été trouvé cachée une quantité de 5 kilog. de poudre de guerre ou de mine, en contravention aux art. 28 de la loi du 13 fruct. an 5 et 2 de celle du 24 mai 1834, ayant été traduit, sur la poursuite du ministère public, devant le tribunal correctionnel de Dax, y aurait été condamné par jugement du 18 fév. 1836, et par application des art. 2, 4 et 11 de la loi du 24 mai 1834, et, attendu les circonstances atténuantes, à quinze jours d'emprisonnement seulement et aux dépens; que, plus tard, l'administration des contributions indirectes, qui n'était pas en cause lors de ce premier jugement, aurait cité ledit R. Daugé devant le même tribunal correctionnel, pour se voir condamner aux peines pécuniaires portées par l'art. 28 de la loi du 13 fruct. an 5; mais que, par jugement de ce même tribunal, du 7 avril dernier, confirmé par autre jugement du tribunal correctionnel de Mont-de-Marsan, du 15 juin suivant, l'administration aurait été déboutée de sa demande et condamnée tant aux dépens qu'à 12 fr. de dommages-intérêts envers ledit R. Daugé;

Attendu, en droit, que si, sous l'empire de la loi du 13 fruct. an 5, qui était essentiellement une loi fiscale, et d'après les dispositions, tant de cette loi que des décrets des 24 août 1812, 16 mars 1813, et des ordonnances royales des 25 mars 1818, 17 nov. 1819, ainsi que des art. 90 de la loi du 5 vent. an 12, 25 du décret du 1er germ. an 13 et 10 de l'ord. du 3 janv. 1831, il appartenait à l'administration des droits réunis, aujourd'hui des contributions indirectes, de rechercher et de poursuivre les contraventions sur la fabrication, le débit ou la vente des poudres, punis de simples peines pécuniaires, la loi du 24 mai 1834, qui est essentiellement une loi de police et de sûreté, et qui punit le fait de fabrication, de détention ou de distribution de poudres, de cartouches, de munitions ou d'armes de guerre, d'une peine afflictive, a, dès lors, remis au ministère public le soin de poursuivre directement ces sortes de délits et de contraventions, sauf à l'administration des contributions indirectes à intervenir pour demander, dans son intérêt, l'application des peines pécuniaires prononcées par les lois; — Attendu que, dès lors, et depuis la promulgation de la loi du 24 mai 1834, le ministère public avait qualité pour poursuivre R. Daugé et pour requérir à la fois contre lui et la peine d'emprisonnement prononcée par l'art. 2 de ladite loi, et l'amende prononcée par l'art. 28 de la loi du 13 fruct. an 5, et expressément réservée par ledit art. 2; — Que, si le procureur du roi s'est borné à requérir l'emprisonnement, sans requérir en même temps l'amende; que, si le tribunal qui, à défaut de réquisition du ministère public, aurait dû prononcer d'office et simultanément ces diverses peines, n'a prononcé contre R. Daugé que quinze jours d'emprisonnement, ce jugement n'aurait pu être réformé que sur l'appel régulièrement formé, soit par le ministère public, soit par l'administration des contributions indirectes, si elle avait été partie dans la cause, et qu'à défaut d'appel, il a définitivement acquis l'autorité de la chose jugée; que, dès lors, l'administration des contributions indirectes, qui avait à s'imputer de n'être pas intervenue dans l'espèce, et de ne pas s'être jointe au ministère public pour demander, dans son intérêt, la condamnation de R. Daugé à

s'il s'agissait, non de fabrication ou détention illicite de poudre, mais de falsification ou détention de cartouches ou munitions de guerre, délit prévu par l'art. 3 de la loi du 24 mai 1834 (Nancy, 14 nov. 1838, aff. Georges, V. *suprà*, n° 23).

45. L'administration des contributions indirectes peut, en ce qui concerne l'amende, *transiger* avec les contrevenants. La transaction a lieu, dans ce cas, dans les mêmes formes et d'après les mêmes règles que pour les autres branches des contributions indirectes (décr. 16 mars 1813, art. 16). Cependant, lorsque les contraventions peuvent se rattacher à des faits politiques, la transaction n'est possible qu'autant que le préfet consulté a donné son assentiment (instr. contrib. ind. de 1835).

46. Il faut remarquer que les employés de l'administration des contributions indirectes ne sont pas les seuls agents qui, dans l'intérêt du recouvrement des amendes prononcées par les lois sur la matière, aient le droit de *constater* les contraventions et de remplir les premières formalités de la poursuite. L'art. 25 de la loi du 25 juin 1841 a déclaré les art. 222, 223, 224 et 225 de la loi du 28 avr. 1816 applicables à la *fabrication* illicite, au *colportage* et à la *vente* des poudres à feu sans *permission*. Suivant l'art. 223 de la loi de 1816, les agents ayant qualité pour verbaliser sont les employés des *contributions directes*, des *douanes* ou des *octrois*, les *gendarmes*, les préposés *forestiers*, les *gardes champêtres* et généralement tout *employé assermenté*. — Les agents peuvent *saisir* les *marchandises* vendues ou colportées en fraude, ainsi que les *chevaux*, *voitures*, *bateaux* et tous *objets* servant soit à la vente soit au colportage. Ils doivent arrêter les fraudeurs et les conduire devant un *officier de police* judiciaire ou les remettre à la force armée. *L'arrestation* est maintenue si le prévenu ne *consigne l'amende* ou ne donne une *caution* (art. 224). Le fraudeur condamné est *détenu* jusqu'à ce qu'il ait *acquitté* le montant des condamnations prononcées contre lui. Cependant le temps de la détention ne peut excéder *six mois*, sauf le cas de récidive, où le terme peut être d'un an (art. 225). Du reste, sur les saisies de poudres qui sont faites dans le rayon des douanes, V. Douanes, n° 402.

47. Lorsque des poudres vendues, détenues ou colportées en fraude ont été saisies, elles doivent être déposées, dans les vingt-quatre heures, à l'entrepôt de la régie (ord. 17 nov. 1819, art. 3).

48. Aux termes de l'article unique de la loi du 15 juin 1835, *l'assignation* contre les contrevenants en matière de contributions indirectes doit être donnée dans les *trois mois* du procès-verbal. Il a été décidé, par application de cette disposition, que l'action de l'administration des contributions indirectes pour introduction en France de poudres étrangères se prescrit par trois mois, encore bien que le ministère public ait intenté, à cet égard, une action dans le délai (Crim. rej. 9 juin 1837) (1).

49. Quant aux *contraventions* aux lois sur l'exploitation des salpêtres, la disposition de l'art. 3 du décret du 16 mars 1813, suivant laquelle ces contraventions doivent être constatées par des procès-verbaux rédigés concurremment au nom de l'administration des poudres et au nom de celle des contributions indirectes ne paraît avoir été rapportée ou modifiée par aucune loi postérieure. — Il faut en dire autant de la disposition de l'art. 4 du même décret, suivant laquelle les instances relatives aux contraventions doivent être suivies, à la requête commune des deux administrations, par les préposés de celle des contributions indirectes.

50. Il ne peut exister aucune difficulté quant à la *compétence* dans la matière qui nous occupe. Le décret du 16 mars 1813 défère aux tribunaux correctionnels la connaissance des contraventions aux lois sur les poudres et salpêtres. La loi du 24 mai 1834 (art. 4) attribue aux mêmes tribunaux compétence pour statuer sur les délits qu'elle régit.

Table sommaire des matières.

Table chronologique des lois, arrêts, etc.

POULAIN. — V. Forêts, n° 719.

POULE. — V. Chasse, n° 197; Commune, n° 1332 et s.; Contravention, n° 343; Droit rural, n° 151; Forêts, n° 720.

---

l'amende de 500 fr. prononcée par la loi du 13 fruct. an 5, n'avait plus le droit, alors que par sa faute le jugement du tribunal correctionnel de Dax, qui condamnait ledit Daugé à quinze jours d'emprisonnement, avait l'autorité de la chose jugée, d'intenter devant le même tribunal une nouvelle poursuite à l'effet de le faire, en outre, condamner à l'amende de 500 fr. qui n'avait pas été prononcée simultanément avec l'emprisonnement; que le tribunal correctionnel de Dax n'aurait pu accueillir cette nouvelle demande, sans violer la maxime *non bis in idem;* que c'est donc avec raison que, par son jugement du 7 avr. 1836, confirmé sur l'appel par autre jugement du tribunal correctionnel de Mont-de-Marsan, du 15 juin suivant, ce tribunal l'a déboutée de sa demande; — Rejette, sans adopter entièrement les motifs du jugement attaqué.

Du 17 mars 1837.–C. C., ch. crim.–MM. de Bastard, pr.–Meyronnet-Saint-Marc, rap.–Hébert, av. gén., c. conf.

(1) (Cont. ind. *C.* Chevalier.) — LA COUR; — Vu l'art. unique de la loi du 15 juin 1835; — Attendu que le procès-verbal dressé par deux préposés des douanes, et servant à constater la contravention imputée à Chevalier, est du 31 déc. 1835; que c'est seulement le 13 août 1836 que l'administration des contributions indirectes a fait citer led't Chevalier devant le tribunal correctionnel de Caen, pour faire prononcer contre lui les peines de confiscation et d'amende portées par l'art. 21 de la loi du 13 fruct. an 5, relativement à l'introduction des poudres étrangères sur le territoire français;

Que, sans qu'il soit besoin d'examiner si la demande de l'administration n'était pas une répétition de l'action intentée pour le même fait, contre Chevalier, par le ministère public, le 12 janv. 1836, et sur laquelle il avait été statué par jugement du tribunal correctionnel de Caen, du 21 janvier, et par arrêt de la cour royale du 26 mai de la même année, il suffit que cette demande ait été formée longtemps après l'expiration du délai légal, pour qu'elle ait dû être écartée; que l'ignorance dans laquelle l'administration demanderesse prétend avoir été laissée, de l'existence du procès-verbal du 31 déc. 1835, n'étant point le fait du prévenu, ne pouvait pas lui faire perdre le bénéfice de la déchéance prononcée par la loi du 15 juin 1835, et qu'en le jugeant ainsi, la cour royale de Caen a fait une juste application de cette loi; — Attendu, d'ailleurs, que l'arrêt attaqué n'a violé aucune loi en ne prononçant pas la confiscation de la poudre saisie, alors qu'il était reconnu que l'action avait été tardivement intentée, et qu'on ne se trouvait pas dans le cas prévu par l'art. 34 du décret du 1er germ. an 13; — Rejette.

Du 9 juin 1837.–C. C., ch. crim.–MM. de Bastard, pr.–Bresson, rap.

POURBOIRE. — V. Prescription, Voiture publique.

POUR-COMPTE. — V. Effets de commerce, Droit marit., nos 843, 1459, 1692 et s., 2104, 2171.

POURPARLER. — V. Péremption, nos 243 et s.; Vente.

POURSUITES. — Mot qui exprime, soit l'action qui est exercée (V. Action, V. aussi Acquiesc., nos 306, 358, 422 et s.; Appel civil, nos 247, 524, 643, 1008, 1225, 1284; Appel incident, no 85; Contr. de mar., nos 1836 et s.; Distr. par contr., nos 126 et s.; Enreg., no 5073; Faillite, nos 151 et s., 218 et s., 1148 et s.; Ordre, Saisie-exécution, Société, Succession, Surenchère, Usufruit), soit les actes en vertu desquels elles sont dirigées (V. Exploit), soit particulièrement, celles qui sont intentées en matière criminelle (V. Instruct. crimin., Affiche, no 22; Amnistie, nos 9, 22, 124, 128 et s.; Attentat aux mœurs, no 155; Chasse, nos 17, 27, 29, 37, 171, 401 et s., 509; Commune, no 2774; Douanes, nos 202 et s.; Droit rural, nos 168, 174; Forêts, nos 411, 984, 1317 et s., 1692 et s.; Forfaiture, nos 172 s.; Imp. dir., nos 403, 497 et s., 501 et s.; Matières d'or et d'argent, nos 147 et s.; Médecine, nos 65, 162; Ministère publ., nos 239 et s.; Mise en jug., nos 2 et s., 13 et s., 164, 198 et s.; Patente, nos 434 et s.; Prescript. crim., Presse, Propriété littér., Théâtre). — Sous ces divers rapports, des poursuites sont parfois qualifiées *illégales*. — V. *iisdem*, et vo Liberté individuelle, nos 75 et s.

POURSUITES D'OFFICE. — V. Action, Cassation, Chasse, no 408; Dénonciation calomnieuse, nos 116, 125; Enregistr., no 4851; Frais, nos 54, 59; Organisat. judic., Qualité.

POURSUIVANT. — V. Ordre, Vente pub. d'immeuble.

POURVOI. — Se dit du recours contre une décision quelconque, et notamment contre celle rendue par une cour souveraine. Ainsi on dit: pourvoi en cassation (V. ce mot), au conseil d'État (V. ce mot), quoique à l'égard de cette dernière juridiction on emploie plus communément le mot *recours*. — V. aussi Compét. admin., Délai, no 45; Désistement, no 78; Discipline, no 291; Domicile élu, nos 34 et s., 50, 68, 75, 122; Droit politique, no 567; Enregist., nos 4872, 4911, 5008; Exprop. publ., Instruct. crim., no 1342; Marais, nos 109 et s.; Presse, Reprise d'instance, Requête civile, Tierce opposition.

POUSSE. — Maladie chevaline. — V. Vice rédhibitoire.

POUVOIR. — V. Mandat; V. aussi Agent diplom., nos 177 et s.; Aliéné, no 275; Arbitrage, Contr. par corps, nos 788 et s.; Enregist., no 561; Ordre, Requête civile.

POUVOIR ADMINISTRATIF. — V. Compét., no 6; Cons. d'État, nos 5 et s.

POUVOIR DISCRÉTIONNAIRE. — En général les mots *ne peut*, dont se sert souvent le législateur imposent au juge la nécessité de s'abstenir et le privent de la puissance de fait aussi bien que de celle de droit. « licet verbum *potest* non sit necessitatis, tamen si illi jungatur dictio negativa, præcisam necessitatem inducit, negatque potentiam (Tiraqueau, *Consuetud. Pictav. Gloss, quarta in Text.* ne peut, p. 345). — *Potest* verbum ponitur negative aut affirmative. Si negative importat necessitatem, seu aptices loquendo vim præcisam quia omnino excludit potentiam juris et facti » (Dumoulin, des Fiefs, gl. 3, in verb. *Peut*, t. 1, p. 87, no 1).

Il est des cas où ces mots: « le juge pourra ordonner, accorder, etc., » ne doivent être entendus qu'en ce sens que la loi accorde seulement au juge pouvoir, compétence, juridiction, et non en ce sens qu'il ait sur le fond un pouvoir discrétionnaire (Rej. 15 juill. 1837, aff. Véron, V. Instr. crim., no 706; V. aussi *eod.*, nos 2154 et s.; V. aussi Absent, nos 186, 198, 259; Acte de l'ét. civ., nos 129, 145; Action possess., no 412; Affiche, no 88; Aliéné, no 85; Appel civil, nos 408 et s., 718, 1185; Avocat, nos 108, 120, 136; Commune, nos 631 et s.; Compte, nos 121, 127; Compulsoire, nos 31, 57; Conclusion, no 62; Contr. par corps, nos 96, 111 et s., 271; Contravention, nos 52, 61; Dénonciat. calomn., nos 5, 53; Dépôt, no 46; Désaveu, no 64; Descente de lieu, nos 6, 15, 58; Discipline, no 174 et s., 182 et s., 289; Douanes, Droit marit., no 516; Droit polit., nos 566 et s.; Expertise, nos 325, 350, 364 et s., 384 et s.; Faillite, nos 136 et s.; Faux incident nos 20 et s., 28, 35, 55, 80 et s., 269, 290; Frais, nos 6, 36 et s.; Garde nation., nos 157 et s.; Grâce, no 16; Interrog. sur faits et articles, nos 6, 28 et s., 58; Intervention, no 43; Matières d'or et d'argent, nos 171 et s.; Presse, Puiss. paternelle, Référé, Vérification d'écriture.

POUVOIR EXÉCUTIF. — V. Lois, no 15; V. aussi Compétence, no 2, et Conflit, p. 112, 57o; Droit constit., no 78; Mise en jugem., no 134; Organ. adm. et Organ. judic., Souveraineté.

POUVOIR JUDICIAIRE. — V. Organ. judic., Compétence, nos 7 et s., 17 et s.; Droit constit., nos 49, 80.

POUVOIR LÉGISLATIF. — V. Lois, Compét, nos 2 et s.; Droit constitutionnel, nos 78 et s.; Dom. engagé, no 6; Forfaiture, nos 21 et s.; Organis. admin., Organ. des colon., Souveraineté.

POUVOIR MUNICIPAL. — V. Commune, no 631 et s., 310; Contravention, no 10; Organ. adm., Règlem. adm., Voirie (petite).

POUVOIR PARLEMENTAIRE. — V. Organis. administ., Souveraineté.

POUVOIR RÉGLEMENTAIRE. — V. Règlem. admin., V. aussi Compét. admin., nos 4, 71 et s., 542; Compét. crimin., no 59; Conciliation, no 267; Discipline, nos 34, 52 et s., 293; Douanes, nos 69 et s.; Eau, nos 427 et s., 430 et s.; Forêts, no 191; Garde national, nos 112 s.; Honoraires, no 8; Jugem., no 5; Loi, nos 45 s., 474 et s., 482.

POUVOIR SPÉCIAL. — V. Mandat; V. aussi Agréé, nos 45, 48, 52 et s.; Avoué, nos 138 et s.; Contr. par corps, nos 795 et s.; Défense, no 255; Désaveu, no 11; Enreg., nos 606 et s.; Faillite, nos 447, 562-1o; Huissier, nos 55 et s.; Instruct. crim., nos 870 et s.; Jugem. par défaut, no 34; Vente publ. d'imm.

PRAIRIE. — V. Chasse, nos 251 et s.; Contravent., nos 210, 238, 494 et s.; Droit rural, nos 55 et s.; Impôt dir., nos 16, 18; Louage, no 747.

PRÉ. — V. Droit rural, nos 55 s.; Vente publ. d'imm., Voirie.

PRÉAMBULE. — Mot qui exprime, dans les actes notariés, la partie en quelque sorte de forme qui commence l'acte; il est, en ce cas, distinct du corps et de la clôture de l'acte. — Jugé que le caractère de l'acte ne dépend pas des qualifications du préambule (Req. 4 mai 1846, aff. Jean-Jean, D. P. 46. 1. 129, V. Oblig. (preuve litt.); V. aussi Compte, nos 9, 75, 78). — Le décret des 10-11 août 1792 ordonne qu'à l'avenir tous les décrets seraient imprimés et publiés sans préambule; néanmoins ceux qui contiennent les traités internationaux sont d'ordinaire précédés de préambules indispensables. — V. Droit constitut., no 68.

PRÉBENDE. — Biens d'une église ou cathédrale assignés à un ecclésiastique à la charge de remplir certaines fonctions. — V. Culte, no 451.

PRÉ-BOIS. — V. Forêt, nos 1399 et s., 1751 et s.

PRÉCARITÉ. — V. Prescription, nos 399 et s.

PRÉCEPTEUR. — V. Organ. de l'instr. publ.

PRÉCIPUT. — Avantage excédant la part héréditaire d'un successible. — V. Dispos. entre-vifs et test., Succession; V. aussi Majorat, no 17; Normandie, no 42.

PRÉCIPUT CONVENTIONNEL. — Ce que le contrat de mariage donne à un époux le droit de prélever avant partage sur la masse de la communauté: c'est l'opposé du préciput légal. — V. Contr. de mar., nos 2901 et s.

PRÉDICATEUR-PRÉDICATION. — V. Culte, nos 334, 597, 814.

PRÉEMPTION. — V. Douanes, nos 241 et s., 459, 544 et s.; Droit marit., nos 20, 95, 1037; Exprop. publ., nos 689, 741 et s.; Marché de fournit., no 49; Mines, no 52.

PRÉFECTURE. — Bâtiment qu'occupent les préfets et leurs bureaux. — V. Organ. admin.

PRÉFÉRENCE. — V. Absent, nos 216, 241; Bourse de commerce, nos 131 et s.; Compét. comm., no 128; Compét. crim., nos 74, 82, Contr. de mar., nos 2404 et s.; Dépôt, no 49; Distribution par contr., nos 60 et s.; Droit marit., no 20; Mines, nos 172 et s., 632 et s.; Ordre, Privil. et hypoth., Servitude, Société comm., Vente, Vente publ. d'imm., Voirie.

PRÉFET. — V. Organ. admin.; V. aussi Action possess., nos 571 et s.; Aliéné, nos 151, 162, 198; Appel civil, nos 517, et s.; Avocat, nº 164; Bornage, nºs 23 et s.; Cassation, nºs 285 308, 465; Chasse, nºs 14, 69 et s., 112 et s., 185 et s., 200; Chose jugée, nºs 76 et s.; Commerçant, nº 125; Commiss. de police, nº 40; Commune, nºs 230, 280, 328, 729, 792; Comp. admin., nºs 502 et s.; Concession, nº 8; Conflit, nºs 26, 35 et s., p. 109; Conseil d'État, nºs 124 et s., 160; Contrainte, nº 9; Degré de jurid., nº 646; Dénonc. calomn., nº 65; Discipline, nºs 219 et s.; Dom. de l'État, nºs 215, 326; Dom. publ., nºs 84 et s.; Droit polit., nºs 547, 552 et s.; Eau, nºs 345-2º, 346-2º et s., 418, 424 et s., 429, 447 et s., 457 et s., 475 et s.; Eaux minérales, nºs 21, 50 et s.; Exception, nº 117; Exploit, nºs 86, 92, 411; Exprop. publ., nºs 17-9º, 99, 173, 192, 208, 244, 449, 714, 723, 776, 834 et s.; Forêts, nºs 146, 1015, 1890; Forfait., nº 184; Frais et dépens, nºs 61 et s., 1171, 1199; Garde champêtre, nºs 7 et s.; Garde nat., nºs 27, 84, 137; Gendarme, nº 51; Hospice, nºs 58 et s. 105, 189, 213, 220, 362 et s., 464 et s.; Impôt dir., nºs 188, 616; Instr. admin., nº 11; Instr. crim., nºs 251 et s., 1515 et s.; Interrog. sur faits et articles, nº 20; Jugement, nºs 902, 907, 913 et s.; Liberté individ., nº 20; Louage admin., nºs 9, 25, 31 et s.; Manufact. et ateliers dangereux, nºs 17, 22, 24, 50, 55, 97, 197; Marais, nºs 15, 66, 77; Marché de fournit., nºs 135 et s.; Médecine, nº 14; Mines, nºs 358 et s.; Minist. publ., nº 76; Mise en jug., nº 47; Organ. adm., Organ. jud., Passe-port, nºs 10, 36 et s., 54; Patente, nºs 145 et s., 330, 362, 388, 400, 408; Paternité, nº 332; Poids et mesures, nºs 23, 45; Propriété, Saisie-arrêt, Traitement, Vente publ. d'imm., Voirie, Voiture publique.

PRÉFET APOSTOLIQUE. — V. Organis. coloniale.

PRÉFET COLONIAL. — V. Organis. coloniale.

PRÉFET MARITIME. — V. Organ. marit.; V. aussi Conflit, nºs 30, 100.

PRÉFET DE POLICE. — C'est le fonctionnaire chargé à Paris de tout ce qui regarde la police. — V. Organ. admin.; V. aussi Boucher, nºs 112 et s.; Bourse de comm., nº 150; Chasse, nºs 27, 68; Commune, nºs 105, 640; Conflit, nºs 28 et s.; Cons. d'État, nº 126; Eau, nº 482; Fonct. publ., nº 53; Industrie, nº 92; Manuf. et ateliers dangereux, nºs 120, 195; Passe-port, nºs 8, 36; Salubrité publique.

PRÉJUDICE.—Se dit du dommage qu'une personne éprouve. — V. Obligation, Responsabilité; V. aussi Abus de confiance, nºs 15, 45 et s., 80 et s.; Action, nºs 218 et s.; Appel civil, nºs 64, 1116; Action possess., nºs 71 et s., 125, 167, 583 et s., 702, 793; Compte, nº 42; Contr. par corps, nºs 176 et s.; Domm.-destruct., nºs 35, 92 et s., 160; Exprop. publ., nº 594; Faux, nºs 1, 130, 147 et s., 165 et s., 233, 241-2º, 281, 402 et s., 455; Intervention, nºs 80 et s.; Jug. d'av. dire droit, nº 16; Louage, nº 339; Mandat, nºs 193 et s.; Manufacture, nºs 136, 180; Peine, nº 542; Postes, Servitude, Succession, Tierce opposition, Usufruit.

PRÉJUDICE MORAL.—V. Action possess., nº 90; Domm.-destruct., nº 95; Instr. crim., nº 98; Mariage, nºs 87 et s.

PRÉJUDICE NUL. — V. Caut. de fonct., nº 7; Contravent., nºs 359 et s.; Discipline, nº 26; Exploit, nºs 524-5º, 740 et s.; Exprop. publ., nºs 24-5º, 224, 267, 458; Faillite, nº 316; Intervention, nº 117; Louage, nºs 266, 281.

PRÉJUGÉ. — V. Chose jugée, nºs 12-5º, 21-3º, 39, 89, 279, 548-7º; Jug. d'av. dire droit, nºs 2, 14 et s., 20 et s.

PRÉLEGS. — C'est un legs qui doit être perçu hors part.— V. Disposit. testam.

PRÉLÈVEMENT. — Prise d'une chose avant partage.— V. Contr. de mariage, nºs 2368 et s.; Office, Saisie-exécution, Société, Succession, Vente publ. d'immeuble; V. aussi Commune, nº 454.

PRÉMÉDITATION.— V. Peine, V. aussi Complicité, nºs 39, 91, 157, 174; Délit, nº 14; Domm.-destruct., nº 282; Instr. crim., nºs 2466 et s., 2764.

PRENEUR. — V. Effets de commerce, nºs 37, 105 et s.; Louage; V. aussi Droit marit., nº 1255; Usufruit.

PRÉNOM. — V. Nom; V. aussi Acte, nº 26; Acte de l'état civil, nºs 179, 245 et s., 258, 268, 418, 485; Appel civil, nº 685; Exploit, nºs 75-2º, 80 et s., 151, 174 et s., 640-4º, 655-12º, 744; Faux, nºs 238 et s.; Jugement, nº 285.

PRÉPARATION PHARMACEUTIQUE. — V. Médecine, nºs 138 et s.; V. aussi Eaux minérales, nº 28.

PRÉPOSÉ. — V. Fonct. pub., nºs 55, 145; V. aussi Aliéné, nºs 64 s.; Caut. de fonct., nºs 12, 22; Chasse, nºs 379, 384 et s.; Commerçant, nºs 22, 44 et s.; Dépôt, nº 182; Douanes, nºs 38 et s., 57 et s.; Enregistr., nº 4864; Évasion, nºs 27 et s., 45; Forêts, nºs 159, 178 s., 377, 392; Forfaiture, nºs 65, 68 et s., 108 et s.; Garde national, nºs 76 et s.; Impôt ind., nºs 13 et s., 485; Loterie, nº 14; Mandat, nº 177; Instruct. crim., nºs 261 et s.; Jeu-pari, nºs 76 et s., 93; Matières d'or et d'argent, nº 155; Mise en jugem., nºs 138 et s.; Notaire, nº 266; Patente, nºs 276 et s.

PRÉROGATIVE.—V. Presse, Souveraineté; V. aussi Cassation, nº 48; Commune, nºs 300, 349; Dom. apanager, nº 12; Fonct. pub., nºs 104 et s.

PRESBYTÈRE. — V. Culte, Commune, nº 88; Domaine, nº 4; Impôt dir., nºs 53 et s., 311.

PRESCRIPTION CIVILE. — **1.** Le code Napoléon définit la prescription : « un moyen d'acquérir ou de se libérer par un certain laps de temps et sous les conditions déterminées par la loi. » — Cette définition est empruntée à Domat. « La prescription, dit cet auteur, est une manière d'acquérir ou de perdre le droit de propriété d'une chose ou de tout autre droit par l'effet du temps. »

La définition du code est critiquée par M. Troplong, dans son beau Comment. de la prescript., nº 24; il soutient que « c'est dans la *possession* du détenteur, dans le *silence* et l'*acquiescement* du créancier ou du propriétaire que se trouve le principe de la prescription. » M. Duranton, t. 21, nº 104, défend la définition du code. — Néanmoins il faut reconnaître que le législateur ne donne pas les raisons principales sur lesquelles l'équité a fait reposer la prescription, et qui sont la détention du possesseur et l'adhésion tacite de celui qui laisse prescrire contre lui; il ne s'occupe que du temps, c'est-à-dire de ce qu'il y a d'arbitraire (c'est ainsi que s'exprime Domat lui-même) dans les éléments qui constituent la prescription. — Le tort des rédacteurs du code, à supposer que leur brève définition prise dans son ensemble soit critiquable, est peut-être d'avoir cherché à faire une seule définition qui embrassât les deux espèces de prescription, celle *pour acquérir* et celle *pour se libérer*, lesquelles reposent sur des principes différents. Peut-être en fallait-il deux : c'est ce qu'a fait l'auteur du Répertoire, vº Prescript.; et Pothier, qui est arrivé par là à être clair, précis et complet. — « On peut définir, dit-il, cette prescription (à l'effet d'acquérir) l'acquisition de la propriété par la possession paisible et non interrompue qu'on en a eue pendant le temps réglé par la loi. — La prescription à l'effet de se libérer est une fin de non-recevoir qu'un débiteur peut opposer contre l'action du créancier qui a négligé de l'exercer pendant le temps réglé par la loi » (cout. d'Orléans, introd. au tit. des Prescrip., nºs 1 et 30).

2. Nous traiterons ici de la *possession*, parce qu'elle se rattache étroitement à la prescription afin d'acquérir. Nous savons qu'on a blâmé les rédacteurs du code Napoléon d'avoir réuni sous un même titre la *prescription* et la *possession*. Mais nous croyons que la critique est mal fondée. La possession est la base du droit de prescrire. C'est là, quand on la considère comme séparée de la propriété, son principal effet juridique; il fallait donc l'en rapprocher. Cet ordre est logique, et c'est celui qu'avaient suivi les lois romaines (Savigny, Traité de la possession, p. 17, trad. de M. Faivre d'Audelange). D'ailleurs, dans un ouvrage comme celui-ci où l'on a voulu, autant que possible, ne pas scinder les matières que l'on traite, il a paru convenable, pour éviter de trop nombreux renvois, de ne pas diviser ce que le code a réuni.

Division.

CHAP. 1. — PROLÉGOMÈNES. — HISTORIQUE ET LÉGISLATION. — DROIT COMPARÉ.

3. Une pensée qui ne manque pas de justesse place la prescription immémoriale avant toutes les lois civiles et comme en dehors de la législation. En effet, quand on ignorait ce qu'on appelle les titres de propriété, il était tout simple qu'une prescription immémoriale en tint lieu, et que celui-là pût s'en prévaloir qui détenait un bien depuis un temps qu'on ne pouvait déterminer. Cette idée a même l'avantage d'être en rapport avec l'opinion philosophique qui ne voit dans la prescription afin d'acquérir que la présomption de la propriété. Ce qui lui donne, en outre, quelque force, c'est que les auteurs qui ont écrit sur les droits des nations entre elles, pensent que la prescription immémoriale doit être respectée par elles, et la trouvent pour ainsi dire comme en dehors de tous les codes particuliers aux différents peuples. — Si cela doit être admis, l'histoire de la prescription n'est que celle des modifications apportées, quant au temps et aux conditions, à la prescription par chaque législation civile.

4. Cette étude, si elle pouvait être faite avec une certaine étendue, se lierait intimement à l'histoire des peuples. — Ainsi, pour nous occuper spécialement de la législation romaine, il est remarquable que Rome, dans ses commencements, n'ait reconnu qu'une prescription de très-courte durée, tandis qu'elle finit avec la prescription trentenaire et même avec celle de cent ans. — C'est que Rome, à sa naissance, avait une population active, agricole, et que les biens très-divisés pouvaient être facilement défendus, tandis qu'elle a fini avec une population inactive et des possessions immenses.

5. Quoi qu'il en soit, c'est de la loi des Douze Tables que résulte la notion juridique de la prescription en droit romain. On a dit qu'elle existait en vertu de lois antérieures. Cela n'est guère douteux, car bien que la prescription fût reconnue par la législation grecque, et que cette institution ait pu, dès lors, être importée de la Grèce, elle est fortement romaine, et tout imprégnée de l'esprit qui a présidé aux premiers âges de la République. — Montesquieu, dans le premier chapitre de son livre sur la Grandeur et la décadence des Romains, nous donne une idée exacte de Rome à ses commencements. Les domaines étaient peu nombreux, et l'intérêt agricole devait veiller attentivement à la conservation de biens que le propriétaire ne quittait presque jamais, et que des mains consulaires ne dédaignaient pas de cultiver. — Aux termes donc de la loi des Douze Tables, de la sixième, celui qui avait possédé un fonds de terre pendant deux ans et un meuble pendant un an en devenait propriétaire par l'*usucapion*.

6. Un passage du second commentaire de Gaius, *Instit. comment.* 2, §§ 42, 43, jette sur l'usucapion une vive lumière. Il en résulte que l'usucapion était un moyen d'acquérir; elle transmettait le domaine quiritaire. — De là une conséquence pratique qui avait une grande importance, c'est que l'acquisition par usucapion transmettant le domaine, il en résultait que celui qui

avait usucapé avait autant, mais pas plus de droits que son auteur, et ne purgeait pas, dès lors, les charges qui grevaient l'immeuble. Il n'en était pas de même dans le cas de la prescription, ainsi que nous le verrons bientôt.

7. Dans le temps où fut portée la loi des Douze Tables, Rome, suivant la remarque fort juste de Vinnius, n'avait pas un pied hors de l'Italie, et son territoire tout italique était lui-même resserré dans des limites fort étroites. — Cet état de choses cessa: Rome s'agrandit et devint le monde. L'usucapion ne fut point applicable aux possessions provinciales. D'abord l'esprit jaloux du vieux droit romain ne voulait pas accorder aux provinciaux le droit quiritaire, et, en outre, la situation de biens éloignés du centre de l'empire ne comportait pas une prescription de si courte durée. — Cependant le possesseur d'un bien situé dans les provinces, et qui l'avait possédé pendant un certain temps, était à l'abri de toute recherche; il pouvait repousser par exception l'action en revendication dirigée contre lui.

8. C'est ici que doit se placer l'explication du mot *præscriptio*. L'étymologie de ce mot remonte aux anciennes formules de la procédure romaine. — La formule de condamnation à faire, donner ou à délaisser, émanée du préteur, était pure et simple; mais il pouvait arriver que le défendeur eût à opposer une exception de possession suffisante pour acquérir ou pour se libérer. Dans ce cas, il obtenait du préteur une addition à la formule primitive, qui était conçue en ces termes : *nisi de eâ re agatur cujus longa possessio sit*. — Cette addition conservatrice des droits du possesseur, quoique écrite après la première formule, était cependant placée en tête de celle-ci; d'où le mot *præ-scriptio*, puis prescription, qui s'est perpétué à travers les âges, longtemps après l'abolition des formules, comme cela est arrivé pour un grand nombre de locutions, qui, dans tous les idiomes, n'ont d'autre raison d'être que d'avoir été, et se maintiennent par la puissante sanction du temps, qui protége tant de choses. C'est ce qu'explique fort bien M. Marcadé, des Prescript., sur l'art. 2219.

9. Combien de temps fallait-il que la possession eût duré pour mettre à couvert le possesseur d'un fonds provincial? Dix ans entre présents, et vingt ans entre absents (L. 2, 3, 9, C., *De præscr. longi temporis*). Quelle avait été la raison de cette durée? Dans le droit ancien les actions réelles duraient dix ou vingt ans. Or, quand elles étaient éteintes, la prescription était acquise. La prescription de dix à vingt ans n'était donc qu'une exception qu'opposait le possesseur, lorsque l'action réelle venait à défaillir. De là un résultat important, et qui établit une différence notable entre les effets de l'usucapion et de la prescription. Comme les actions réelles étaient éteintes, l'immeuble était complétement libre, et la prescription le dégageait de toutes les charges dont il était grevé : on voit là l'origine de nos principes en ce qui concerne les effets de la possession de dix ans. Il y avait encore une autre conséquence pratique en droit romain, c'est que le possesseur d'un immeuble dépendant du domaine quiritaire demandait à *l'usucapion* de lui assurer la propriété de son immeuble, et *à la prescription* d'en enlever les charges.

10. Dans les principes du pur droit romain, les actions personnelles étaient imprescriptibles. Comme le fait remarquer avec beaucoup de justesse M. Troplong, de la Prescription, n° 17, « on avait probablement considéré que la négligence du créancier, lorsqu'il s'agissait d'actions personnelles, n'était pas un obstacle à la culture des terres et ne jetait pas d'incertitude sur la propriété. » Les actions réelles, comme nous venons de le dire, ne se prescrivaient que par dix et vingt ans.

11. Nous venons de remarquer que le possesseur ne procédait que par voie d'exception, lorsqu'il voulait profiter de la possession. Il en résultait que, dans la rigueur du droit, le possesseur qui avait perdu la chose n'avait pas le droit de la revendiquer; mais sous Ulpien l'action utile lui fut donnée à cet effet : *Si quis diuturno usu, et longâ quasi possessione, jus aquæ ducendæ nanctus sit, non est ei necesse docere de jure, quo aqua constituta est, veluti ex legato, vel alio modo, sed utilem habet actionem*..... (L. 10, D. *Servitus vindicetur*, V. Ducauroy, Institutes expliquées, t. 1, n° 463).

12. Les deux institutions : l'usucapion et la prescription, vécurent ensemble parallèlement pour reproduire l'antagonisme que nous trouvons partout entre le droit civil et le droit prétorien. — Justinien abolit les vaines subtilités qui, seules de son temps, séparaient l'usucapion de la prescription : la prescription des immeubles s'obtint donc par *dix* et *vingt* ans avec bonne foi; et celle des meubles, qui, d'après l'ancien droit de l'usucapion, était d'un an en Italie et ailleurs, fut prorogée à *trois* ans (L. ult., C., *De præscript. longi temporis*). Telle fut la double origine de la prescription de dix à vingt ans. On voit combien elle laissait de droits à découvert. Une grande innovation eut lieu sous les empereurs : ce fut l'établissement de la prescription de *trente* ans qui couvrit les possessions sans titre et vicieuses, et qui limita à ce délai les actions perpétuelles. La prescription de trente ans doit son origine au grand Théodose, car elle n'était pas connue avant lui dans le droit romain. Nous n'avons pas la constitution par laquelle cet empereur l'a établie; mais nous en avons une d'Honorius et de Théodose le Jeune, dans la loi *Sicut in rem.*, au code, *De præscr.* 30 *vel* 40 *ann.*, qui contient les mêmes dispositions. Elle fut confirmée par Justinien (L. 8, C. *De præscr.* 30 *vel* 40 *ann.*). — D'après cette loi, les immeubles et les actions réelles, personnelles et mixtes se prescrivent par trente ans, sans titre ni bonne foi. Cet espace de temps purge les vices personnels et même les vices réels qui pouvaient empêcher la prescription de s'établir. — Quoique la prescription de trente ans fût, comme on le voit, très-étendue, elle ne comprenait pas tout cependant; mais l'empereur Anastase a décidé par la loi *Omnes*, au code, *De præscr.* 30 *vel* 40 *ann.*, que ce qui ne serait pas prescrit par trente ans pourrait l'être par *quarante*. « Voilà quels sont les termes des prescriptions régulières introduites par le droit romain; car celle de *cent* ans est une prescription privilégiée qui n'a été portée à un si long terme qu'en faveur de certains lieux ou de certaines personnes, comme on peut voir dans la loi dernière, au code, *De sacr. sanct. eccles.* et dans la novelle 9 » (Dunod, Traité des prescriptions, part. 1, chap. 1). — Enfin, on trouve dans le droit romain la trace de la *possession immémoriale*. Une possession dont l'origine se perd dans la nuit des temps faisait acquérir un droit de prise d'eau sur une rivière publique (L. 2, 3, 23, D., *De aquâ cott. et æstivâ*).

13. Les barbares, en entrant dans les Gaules, trouvèrent la prescription en pleine vigueur. Il paraît que quand les rois francs acceptèrent à cet égard et reproduisirent la législation romaine, la prescription de trente ans fut admise la première, et que celle de dix ans ne fut adoptée que plus tard. C'est au moins ce qui semble résulter de deux constitutions de Clothaire I (560) et de Childebert (595) — V. M. Troplong, n° 21.

14. L'Eglise reconnut le droit de prescrire : *propter vitandam miserorum segnitiem et longi temporis errorem et confusionem*; mais la rigueur des principes chrétiens fit décider par le droit canon que, ni dans le for intérieur ni devant les tribunaux, la prescription ne pouvait être admise, si la bonne foi ne l'avait pas accompagnée pendant toute sa durée. Cette exigence du droit canonique fut, au reste, très-adoucie : « Celui qui sait que sa possession est injuste dans son origine est toujours obligé en conscience de restituer un bien mal acquis, quelque longue et quelque paisible qu'ait été sa possession; mais le possesseur pacifique doit présumer que sa possession est légitime, quand il n'a pas de preuve du contraire, et n'est point obligé, si sa conscience ne lui reproche rien, de faire des recherches sur l'origine de sa possession » (d'Héricourt, Analyse des décrétales, liv. 2, tit. 26). Il est vrai aussi de dire que l'état des mœurs dans le moyen âge demandait cette sévérité, et lorsque le quatrième concile de Latran proclama, en 1215, *quod nulla valeat præscriptio tam canonica quam civilis absque bonâ fide*, il édictait un principe nécessaire à une époque de rapine et d'usurpation constantes. « Quand on vient à la pratique, on trouve que les lois civiles l'ont emporté sur les canons, dans le for extérieur, pour la prescription de trente ans et au-dessus. C'est (dit l'auteur du Commentaire sur Henrys), une maxime reçue dans presque toutes les coutumes du royaume, que la prescription de trente ans court, quoique celui qui s'en sert soit de mauvaise foi. Ferrière sur Guypape, nous assure que c'est la jurisprudence du parlement de Toulouse : *Sanè in judicando, jus civile sequimur, non canonicum*. MM. Expilly et Chorier disent la même chose du parlement de Dauphiné; Cancérius en rend témoignage pour la Catalogne, et plusieurs autres auteurs ne laissent pas lieu de douter que ce ne fût un usage presque universel » (Dunod, part. 1, ch. 8).

15. Il est intéressant de suivre l'histoire de la prescription en matière féodale. — Il existe deux époques très-distinctes dans l'histoire des fiefs : celle où ils ont été régis par la loi politique, celle où ils l'ont été par la loi civile. — A la première époque, il ne put pas être question de prescriptibilité : les fiefs étaient amovibles; ils étaient conférés dans un intérêt politique. Arrivant le cas où le fief retournait au seigneur, il y revenait dégagé de toutes les charges, et de toutes les aliénations que le possesseur pouvait avoir consenties. — Non-seulement l'imprescriptibilité existait en principe, mais la tendance vers la prescriptibilité des fiefs existait si peu qu'on voyait souvent les propriétaires des *alleux* en transférer le domaine aux seigneurs, et ceux-ci, pour augmenter le nombre de leurs vassaux, abandonner une partie de leur domaine. — En outre, la procédure relative aux fiefs était toute testimoniale, son couronnement était le duel judiciaire, et, dès lors, elle excluait la prescription. Aussi l'on voit dans les assises de Jérusalem que, non-seulement entre le seigneur et le vassal, mais même entre celui-ci et des tiers, la preuve par témoins décidait toujours de la mouvance féodale, sans considérer la longueur de la possession. De là, la règle fameuse que le seigneur ne peut prescrire contre son vassal, ni le vassal contre son seigneur.

16. Au commencement du seizième siècle, les fiefs étaient réellement dans le commerce; mais les institutions se modifient lentement, et quand ce qui était vrai devient mensonge, le mensonge règne encore longtemps. — Aussi, à l'exception d'un très-petit nombre de coutumes qui déclarent les droits seigneuriaux prescriptibles, toutes celles que l'on rédigea dans les premières années du seizième siècle, ou sont muettes sur ce point, ou rejettent toute espèce de prescription entre le seigneur et le vassal. Telle était la coutume de Paris de la rédaction de 1510. Elle dit en termes absolus, art. 7 : *Le seigneur ne peut prescrire contre son vassal ni le vassal contre son seigneur.* — Mais on était au commencement du seizième siècle, c'est-à-dire d'un siècle de réforme et d'activité, où l'on cherchait à tout éclaircir, à tout réformer. Dumoulin écrivit son Traité des fiefs. Il sentit que les fiefs étaient devenus patrimoniaux, et que la loi civile devait les régir. Il n'osa pas, dans sa nouvelle théorie, proclamer la prescriptibilité des fiefs, mais il mit à l'imprescriptibilité tant d'exceptions que le principe en fut fort affaibli.

17. En 1580 on procéda à une nouvelle réforme de la coutume de Paris. Les commissaires, imbus de l'esprit du traité des fiefs, modifièrent l'ancienne règle de l'imprescriptibilité, et substituèrent à l'art. 7 de l'ancienne coutume le douzième de la nouvelle, qui porte : « Le seigneur féodal ne peut prescrire contre son vassal le fief sur lui saisi, ou mis en sa main par faute d'hommes, droits et devoirs non faits ou dénombrements non baillés, ni le vassal la foi qu'il doit à son seigneur, par quelque temps qu'il en ait joui; toutefois, les profits des fiefs échus se prescrivent par trente ans, s'il n'y a saisie ou instance pour raison d'iceux. » — On tombait évidemment dans le droit commun : dans le premier cas, c'était une application des principes de la précarité; dans le second cas, c'était l'application de deux principes du droit commun : le premier que les facultés qui sortent de la nature de la chose ne se perdent pas par quelque espace de temps qu'on ait été sans les exercer; le second, qu'on ne se change pas la nature de son titre. — On combattit ensuite sur le terrain du droit civil, quant à la question de savoir si le cens était imprescriptible, et enfin la maxime que les droits seigneuriaux étaient prescriptibles avait été adoptée à la fin du dernier siècle par tous les feudistes. — V. une savante dissertation de M. Henrion de Pansey au Rép. de Guyot, v° Prescription, sect. 3, § 1.

18. On peut lire au Rép. de Merlin, v° Prescription, sect. 2, un relevé de toutes les prescriptions qui existaient dans l'ancien droit. La diversité des coutumes avait introduit quelques différences entre les délais pour prescrire; mais en résumé notre droit français avait admis les prescriptions du droit romain : la prescription de *trente* ans qui s'opposait à toutes les actions soit personnelles, soit mixtes, soit réelles, et qui pouvait être invoquée toutes les fois qu'aucune autre prescription ne pouvait l'être, et la prescription de *dix* ans entre *présents* et vingt ans entre *absents*, à l'aide de laquelle les *tiers acquéreurs* de bonne foi prescrivaient l'immeuble et les charges qui le grevaient. — La prescription de *quarante* ans était opposable à *l'action personnelle hypothécaire.* Cette prescription était, comme les deux autres, empruntée au droit romain. « Selon les principes du droit romain, dit Pothier, introd. au tit. 14 de la coutume d'Orléans, art. 6, § 2, avant la constitution d'Anastase, lorsqu'un débiteur avait contracté une dette sous l'hypothèque de ses biens, quoique lui ou ses héritiers eussent acquis la prescription de trente ans contre l'action personnelle du créancier, néanmoins comme cette prescrition, établie par Théodose le Jeune, éteignait plutôt l'action que la dette, et comme une dette, quoique destituée d'action, ne laisse pas de pouvoir être susceptible d'hypothèque, les hypothèques sous lesquelles la dette avait été contractée, subsistaient nonobstant la prescription de trente ans; le débiteur et ses héritiers demeuraient toujours sujets à l'action hypothécaire (L. 3, cod., *De prescr. trig.*), parce que le débiteur possédant, à la charge de l'hypothèque, les biens hypothéqués, ni lui ni ses héritiers ne pouvaient jamais prescrire contre cette hypothèque, leur possession réclamant contre la prescription. Depuis, Anastase ayant établi la prescription de quarante ans contre les actions qui n'étaient pas sujettes à celle de trente (L. 4, cod., *De tit.*), déclara que l'action hypothécaire contre le débiteur et les héritiers y était sujette. De là, l'origine de cette prescription de quarante ans. »

19. Selon le droit canonique, l'*Église* acquérait les fonds par *prescription*, par une possession de trente années contre les laïques. Dans la plupart des coutumes, à l'exception de celles qui avaient établi les prescriptions uniformes, et qui les avaient fixées à trente années, l'Église pouvait prescrire contre les laïques, quand elle avait un titre accompagné de bonne foi, par dix et vingt ans, et par trente ans sans titre. A l'égard des laïques, ils ne pouvaient prescrire que par quarante ans contre l'Église, et ils ne pouvaient prescrire les dîmes, quelque longue que fût leur possession. Cependant, quand les laïques tenaient en France des dîmes comme inféodées, et que leur possession était immémoriale, on présumait toujours qu'ils avaient eu un titre légitime d'inféodation, avant le concile de Latran, qui avait défendu ces sortes d'aliénations. Il n'y avait que la prescription de *cent* ans qu'on pût opposer à l'Église romaine, même pour les droits temporels qui lui appartenaient. — V. d'Héricourt, Analyse des decrétales, liv. 2, tit. 26.

20. C'était une question controversée que celle de savoir si le *tiers détenteur* pouvait prescrire l'hypothèque qui grevait le fonds contre l'Eglise par dix années. L'affirmative avait été jugée au parlement d'Aix le 13 janv. 1680. Il résulte de cet arrêt que l'Eglise jouissait du privilége des quarante années par rapport à la prescription des fonds qui étaient de son véritable patrimoine, mais qu'elle était sujette aux prescriptions ordinaires quand elle voulait exercer une hypothèque sur un fonds dont elle n'avait point eu la propriété (V. d'Héricourt, Lois ecclésiastiq., 3ᵉ part., p. 310). Le parlement de Bordeaux avait partagé l'opinion de celui d'Aix, mais il était jugé dans tous les autres ressorts que le tiers acquéreur ne pouvait prescrire l'hypothèque contre l'Eglise que par quarante ans.

21. Il existait dans l'ancien droit des prescriptions de *courte durée.* — L'art. 72 de l'ord. de Louis XII, de 1510, soumettait à la prescription de *cinq* ans les *arrérages* des *rentes* constituées à prix d'argent. En voici les termes : « La plupart de nos sujets, au temps présent, usent d'achats et ventes de rente, que les uns appellent rentes à prix d'argent, les autres rentes volantes, pensions, hypothèques, ou rentes à rachat, selon la diversité des lieux et pays où se font iceux contrats; à cause desquels contrats, plusieurs sont mis en pauvreté et destruction par les grands arrérages que les acheteurs laissent courir sur eux, qui montent souvent plus que le capital, pour le payement desquels il faut vendre et distraire tous leurs biens, et tombent eux et leurs enfants en pauvreté et misère; nous considérons tels contrats être odieux et à restreindre, ordonnons que les acheteurs de telle rente et hypothèque ne pourront demander que les arrérages de cinq ans. » — Cette ordonnance fut rendue à une époque où l'on ne faisait que tolérer les rentes constituées, où on les assimilait aux prêts usuraires. Elle fût le résultat de la haine contre l'*usure*. —Quand cette prévention fut détruite, les dispositions de cette ordonnance se trouvèrent approuvées par le bon sens, la justice, et contribuèrent même à l'extension des contrats qu'elle voulait restreindre. En effet, en même temps que la prescription de cinq ans punit la négligence du créancier, elle excite sa surveillance, elle oblige le débiteur à l'exactitude; or le payement exact des *intérêts* des capitaux peut rendre seul le prêt profitable à l'emprunteur, tandis qu'au contraire la négligence du payement des *intérêts* amène sa ruine certaine. L'application de cette ordonnance fut restreinte aux rentes constituées à prix d'argent. La prescription qu'elle établissait n'était pas même admise relativement à une rente constituée pour raison de l'acquisition d'un héritage : c'est que les rentes de cette espèce, disaient les jurisconsultes, tiennent lieu d'immeubles qui produisent des *fruits*, ainsi ce ne sont pas tant les arrérages d'une rente constituée que l'on demande que les fruits d'un héritage. Cujas remarque à ce sujet que la jouissance d'un immeuble acheté produit un intérêt légal plus favorable que l'intérêt conventionnel, attendu que c'est par une espèce de compensation que les lois l'ont introduit.

On voit au reste que l'ordonnance de 1510 laissait sous l'empire du droit commun les arrérages des rentes *foncières* et des rentes *viagères*. L'art. 1, tit. 3, de la loi du 20 août 1792 applique la prescription de cinq ans aux cens, aux rentes, aux redevances foncières; il est ainsi conçu : « Les arrérages à échoir de cens, redevances, même de rentes foncières ci-devant perpétuelles, se prescriront à l'avenir par cinq ans, à compter du jour de la publication du présent décret, s'ils n'ont été conservés par la reconnaissance du redevable ou par des poursuites judiciaires. »

22. S'il était utile que la prescription de cinq ans vînt au secours de ceux qui payent annuellement des arrérages de rente constituée, il l'était encore davantage que les *fermiers*, les *locataires* pussent se libérer par un délai qui ne fût pas de longue durée. L'intérêt de l'agriculture devait parler en faveur des fermiers : il importe, en effet, que le payement d'arrérages échus et accumulés depuis longtemps ne viennent pas enlever au fermier les ressources à l'aide desquelles il aurait pu améliorer les terres; il ne faut pas non plus que son avenir et celui de ses enfants soient chargés de sommes capitalisées, impossibles à rendre, ce qui les mènerait à la misère.—Quant aux *loyers* des maisons, le mouvement rapide qui fait cesser promptement les relations entre le propriétaire et le locataire, rendait cette prescription nécessaire.—L'ord. de 1629, art. 142, fut ainsi conçue : «Les loyers des maisons et prix des baux à ferme ne pourront être demandés cinq ans après les baux expirés.» —On sait l'histoire de l'ord. de 1629 que Pothier qualifiait de belle ordonnance, parce qu'en effet elle était sur beaucoup de points en avant de son siècle. Elle avait été rendue par suite des états généraux de 1614, et faisait droit à quelques-uns de leurs griefs. Cette raison aurait dû la faire respecter; mais d'un côté les parlements n'avaient guère été favorables aux états, et de l'autre le chancelier de Marillac, auteur de l'ordonnance, tombait en disgrâce un an après sa publication. Le cardinal de Richelieu se soucia peu de soutenir l'œuvre d'un ministre chassé par lui et dont il avait fait décapiter le frère. Les résistances furent nombreuses; elles s'appuyaient sur ce que l'ordonnance, publiée dans un lit de justice, n'avait pas été vérifiée. Aussi cette règle si salutaire, qui appliquait la prescription de cinq ans aux baux à loyer, n'était pas adoptée dans tout le royaume. Reçue dans les ressorts des parlements de Paris, Rennes et Toulouse, elle était rejetée dans les ressorts de Rouen et Bordeaux. — Le code Napoléon a, dans un esprit de sagesse qu'on ne saurait trop approuver, étendu la prescription de cinq ans à tout ce qui est payable par année ou à des termes périodiques plus courts.

Les prescriptions dont nous venons de parler ne reposaient pas sur la présomption de payement. Ainsi, comme il a été remarqué plus haut, la prescription de cinq ans se motive avant tout sur l'inconvénient qu'il y aurait à ce que le débiteur *tombât en pauvreté* par suite de la réclamation tardive d'un grand nombre d'arrérages échus. Il faut donc bien se fixer sur ce point, c'est que dans l'ancien droit comme dans le nouveau, la prescription de cinq ans ne reposait pas sur une présomption de payement.

23. Il est des dettes qu'on a l'habitude de payer promptement et souvent sans tirer de quittances. On les paye *promptement*, parce qu'elles sont contractées envers des personnes auxquelles leur situation de fortune ne permet pas d'attendre longtemps leur payement. *On ne tire pas souvent de quittances*, parce que les sommes payées sont généralement peu importantes, et que la continuité des relations entre le créancier et le débiteur rend la plupart du temps les reçus inutiles. Tels sont les rapports qui existent entre les *instituteurs* et leurs élèves, les *ouvriers* et ceux qui les emploient, les *marchands en détail* et leurs pratiques, les *officiers publics* et leurs clients, etc. Ajoutons que souvent le payement pourrait être demandé deux fois sans qu'il y eût improbité de la part du créancier, ce genre de dettes se contractant rapidement, se soldant de même, sans que dans la plupart des cas il reste trace au moins durable de libération. — C'est pourquoi il avait paru juste de limiter à un terme assez court la durée des actions tendant au payement des créances de cette espèce. Cette durée était plus ou moins courte, selon la nature de la créance, et l'industrie ou la profession qu'exerçait le créancier.

24. La prescription de *six mois* a été introduite par l'art. 68 de l'ord. de 1510, lequel porte que « tous les *drapiers, apothicaires, boulangers, pâtissiers, serruriers, chaussetiers, taverniers, couturiers, cordonniers, selliers, bouchers*, ou distribuans leurs denrées et marchandises en détail, demanderont dorénavant, si bon leur semble, le payement de leurs *denrées, ouvrages* et *marchandises* par eux fournis dedans six mois, à *compter du jour* auquel ils auront baillé ou livré la première denrée ou ouvrage, ensemble qu'ils auront baillé ou livré depuis icelui jour, dedans six mois; et, lesdits six mois passés, ne seront plus reçus à faire question ni demande de ce qu'ils auront fait, fourni ou livré dedans iceux six mois; sinon qu'il y eût arrêté de compte, cédule, obligations ou interpellations ou sommation judiciaire depuis le temps ci-dessus dit.» Cette disposition a été renouvelée par la coutume de Paris, et par l'ordonnance du commerce du mois de mars 1673, qui néanmoins modifient en certains points l'ordonnance de 1512. L'art. 125 de la coutume de Paris accorde un an aux *médecins, chirurgiens* et *apothicaires* pour intenter leurs actions. L'art. 127 donne le même terme aux *drapiers, merciers, épiciers, orfèvres* et autres *marchands grossiers, maçons, charpentiers, couvreurs, barbiers, serviteurs, laboureurs* et *autres mercenaires*. L'art 126 étend jusqu'à une année l'action des *marchands, gens de métier*, et autres vendeurs de marchandises et denrées en détail, comme *boulangers, pâtissiers, couturiers, selliers, bouchers, bourreliers, passementiers, maréchaux, rôtisseurs, cuisiniers* et autres semblables. La disposition de ce dernier article et celle du précédent se retrouvent dans les art. 7 et 8 du tit. 1 de l'ord. de 1673. En voici les termes: «Les *marchands* en gros et en détail, et les *maçons, charpentiers, couvreurs, serruriers, vitriers, plombiers, paveurs*, et autres de pareille qualité, seront tenus de demander payement dans l'an après la délivrance. L'action sera intentée dans six mois pour marchandises et denrées vendues en détail, par boulangers, pâtissiers, bouchers, rôtisseurs, cuisiniers, couturiers, passementiers, selliers, bourreliers et autres semblables. »

25. La prescription de *deux ans* a été établie par l'art. 176 de l'ordonnance d'Abbeville. Suivant cette loi, les *procureurs* n'avaient que deux ans pour faire la demande de leurs salaires. —Il avait été jugé par arrêt du 9 fév. 1613 que les procureurs étaient non recevables à demander leurs frais et salaires, deux ans après qu'ils avaient été révoqués, ou qu'ils avaient cessé d'occuper pour les parties.—Le 16 mars 1692, est intervenu sur cette matière au parlement de Paris, un arrêt de règlement ainsi conçu : « Les procureurs ne pourront demander leurs frais, salaires et vacations, deux ans après qu'ils auront été révoqués, ou que les parties seront décédées, encore qu'ils aient continué d'occuper pour les mêmes parties ou pour leurs héritiers, en d'autres affaires. — Les procureurs ne pourront, dans les affaires non jugées, demander leurs frais, salaires ou vacations pour les procédures faites au delà des six années précédentes immédiatement, encore qu'ils aient toujours continué d'occuper, à moins qu'ils ne les aient fait arrêter ou reconnaître par leurs parties, et ce, avec calcul de la somme à laquelle ils montent, lorsqu'ils excéderont celle de 2,000 livres. »

Le parlement de Normandie avait étendu les dispositions de l'arrêt du parlement de Paris à son ressort, par un arrêt de règlement du 15 déc. 1703. Mais le délai après lequel les procureurs ne pouvaient plus réclamer leurs frais dans les affaires non jugées avait été fixé à cinq ans par le parlement de Normandie. C'est le délai du code Napoléon.

26. Les courtes prescriptions reposent sur la présomption de payement. Deux conséquences de ce principe étaient, dans l'ancien droit, comme dans le nouveau : 1° que le serment pouvait être déféré au débiteur ; 2° que ces prescriptions étaient *interrompues* lorsqu'il y avait eu *arrêté de compte*, *cédule*, *obligation* ou *interpellation* ou *sommation judiciaire*.

27. Il était juste aussi de fixer un délai après lequel les *officiers publics* et les *magistrats* ne pouvaient pas être inquiétés quant aux *pièces* qui étaient remises dans leurs mains, à l'occasion des procès. — Aux termes de la déclaration du 11 déc. 1597, les *procureurs* et leurs veuves ne pouvaient être poursuivis ni recherchés directement ni indirectement pour la restitution des sacs et pièces dont ils se trouvaient chargés cinq ans auparavant que l'action fût mue contre eux, lesquels cinq ans passés, ladite action demeurait nulle, éteinte et prescrite. — L'arrêt d'enregistrement du 15 mars 1603 porte qu'ils seront pareillement déchargés des procès indécis et non jugés, dix ans après qu'ils en seront chargés, et des jugés, cinq ans ; et jouissaient leurs veuves ou ayants droit d'eux, de ladite décharge pour le regard des procès, tant jugés qu'indécis, *cinq ans* après le *decès* desdits procureurs. » — En Normandie, il fallait cinq ans pour décharger un rapporteur des pièces d'un procès jugé ; et, à cet égard, la condition des magistrats était la même que celle des avocats et procureurs ; cela avait été ainsi réglé par l'arrêt du parlement de Rouen, du 28 fév. 1704.

28. Nous arrivons au code Napoléon. Le 7 pluviôse an 12 (28 janv. 1804), le projet du titre de la prescription fut présenté au conseil d'État par Portalis, rapporteur de la section de législation. Le 9 pluviôse, ce projet fut communiqué officiellement à la section de législation du tribunat. Après plusieurs conférences, Portalis présenta la rédaction définitive du projet qui fut adopté par le conseil d'État, le 12 ventôse, et que MM. Bigot-Préameneu, Miot et Najac furent chargés de soutenir devant le corps législatif. Bigot-Préameneu en exposa les motifs dans la séance du 17 vent. (1). Le lendemain fut ordonné la communication officielle au tribunat. Le 25 ventôse, le tribunat exprima son

---

(1) *Exposé des motifs de la loi relative à la prescription, par le conseiller d'État Bigot-Préameneu* (séance du 17 vent. an 12).

1. Législateurs, la prescription est un moyen d'acquérir ou de se libérer. — Par la prescription une chose est acquise lorsqu'on l'a possédée pendant le temps déterminé par la loi. — Les obligations s'éteignent par la prescription lorsque ceux envers qui elles ont été contractées ont négligé, pendant le temps que la loi a fixé, d'exercer leurs droits.

2. A la seule idée de prescription il semble que l'équité doive s'alarmer ; il semble qu'elle doive repousser celui qui par le seul fait de la possession, et sans le consentement du propriétaire, prétend se mettre à sa place, ou qu'elle doive condamner celui qui, appelé à remplir son engagement d'une date plus ou moins reculée, ne présente aucune preuve de sa libération. Peut-on opposer la prescription et ne point paraître dans le premier cas un spoliateur, et dans le second, un débiteur de mauvaise foi qui s'enrichit de la perte du créancier ? — Cependant, de toutes les institutions du droit civil, la prescription est la plus nécessaire à l'ordre social ; et loin qu'on doive la regarder comme un écueil où la justice soit forcée d'échouer, il faut, avec les philosophes et avec les jurisconsultes, la maintenir comme une sauvegarde nécessaire du droit de propriété. — Des considérations sans nombre se réunissent pour légitimer la prescription.

3. La propriété ne consista d'abord que dans la possession, et le plus ancien des axiomes de droit est celui qui veut que dans le doute la préférence soit accordée au possesseur, *melior est causa possidentis*. — Posséder est le but que se propose le propriétaire ; posséder est un fait positif, extérieur et continu, qui indique la propriété. La possession est donc à la fois l'attribut principal et une preuve de la propriété. — Le temps, qui sans cesse et de plus en plus établit et justifie le droit du possesseur, ne respecte aucun des autres moyens que les hommes ont pu imaginer pour constater ce droit. Il n'est point de dépôt, il n'est point de vigilance qui mette les actes publics ou privés à l'abri des événements dans lesquels ils peuvent être perdus, détruits, altérés, falsifiés. La faux du temps tranche de mille manières tout ce qui est l'ouvrage des hommes.

4. Lorsque la loi protectrice de la propriété voit, d'une part, le possesseur qui paisiblement et publiquement a joui pendant un long temps de toutes les prérogatives qui sont attachées à ce droit, et que d'une autre part on invoque un titre de propriété resté sans aucun effet pendant le même temps, un doute s'élève à la fois et contre le possesseur qui ne produit pas de titre, et contre celui qui représente un titre dont on ne saurait présumer qu'il n'eût fait aucun usage s'il n'y eût pas été dérogé ou s'il n'eût pas consenti que le possesseur actuel lui succédât. — Comment la justice pourra-t-elle lever ce doute ? le fait de la possession n'est pas moins positif que le titre ; le titre sans la possession ne présente plus le même degré de certitude ; la possession démentie par le titre perd une partie de sa force ; ces deux genres de preuves rentrent dans la classe des présomptions. Mais la présomption favorable au possesseur s'accroît par le temps en raison de ce que la présomption qui naît du titre diminue. Cette considération fournit le seul moyen de décider que la raison et l'équité puissent avouer : ce moyen consiste à n'admettre la présomption qui résulte de la possession que quand elle a reçu du temps une force suffisante pour que la présomption qui naît du titre ne puisse plus la balancer. — Alors la loi elle-même peut présumer que celui qui a le titre a voulu perdre, remettre ou aliéner, ce qu'il a laissé prescrire. — C'est donc dans la fixation du temps nécessaire pour opérer la prescription, qu'il faut avec tous les calculs, et sous tous les rapports de l'équité, trouver les règles qui puissent le moins compromettre le droit réel de propriété. Ces règles doivent par ce motif être différentes, suivant la nature et l'objet des biens. — Si ensuite l'équité se trouve blessée, ce ne peut être que dans des cas particuliers. La justice générale est rendue, et dès lors les intérêts privés qui peuvent être lésés doivent céder à la nécessité de maintenir l'ordre social. — Mais ce sacrifice exigé pour le bien public ne rend que plus coupable dans le for intérieur celui qui ayant usurpé, ou celui qui étant certain que son engagement n'a pas été rempli, abuse de la présomption légale. Le cri de sa conscience, qui lui rappellera sans cesse son obligation naturelle, est la seule ressource que la loi puisse laisser au propriétaire ou au créancier qui aura laissé courir contre lui la prescription. — S'il en était autrement, il n'y aurait aucun terme après lequel on pût se regarder comme propriétaire ou comme affranchi de ses obligations ; il ne resterait au législateur aucun moyen de prévenir ou de terminer les procès ; tout serait incertitude et confusion.

5. Ce qui prouve encore plus que les prescriptions sont un des fondements de l'ordre social, c'est qu'on les trouve établies dans la législation de tous les peuples policés. — Elles furent en usage chez les Romains dans les temps les plus reculés ; leurs lois n'en parlent que comme d'une garantie nécessaire à la paix publique : *Bono publico usucapio introducta est, ne scilicet quarundam rerum diù et ferè semper incerta dominia essent, cùm sufficeret dominis ad inquirendas res suas statuti temporis spatium* (Leg. 1 ff. *De usurp. et usuc.*) La prescription est mise dans ces lois, au nombre des aliénations de la part de celui qui laisse prescrire, *alienationis verbum etiam usucapionem continet. Vix est enim ut non videatur alienare qui patitur usucapi* (Leg. 28, ff. *De verb. signif.*). On y donne à la prescription la même force, la même irrévocabilité, qu'à l'autorité des jugements, qu'aux transactions. *Ut sunt judicio terminata, transactione composita, longioris temporis silentio finita* (Leg. 230, ff. *De verb. signif.*).

6. La nécessité des prescriptions, leur conformité avec les principes d'une sévère justice, seront encore plus sensibles par le développement des règles qui font la matière du présent titre du code civil. — On y a d'abord établi celles qui sont relatives à la prescription en général. — On considère ensuite plus spécialement la nature et les effets de la possession. — On y énonce les causes qui empêchent la prescription, celles qui l'interrompent ou la suspendent. — On finit par déterminer le temps nécessaire pour prescrire.

7. Après avoir, dans les dispositions générales, indiqué la nature et l'objet de la prescription, on a réglé dans quels cas on peut renoncer à s'en prévaloir.

8. Lorsque le temps nécessaire pour prescrire s'est écoulé, on peut renoncer au droit ainsi acquis, pourvu que l'on ait la capacité d'aliéner : il ne peut y avoir à cet égard aucun doute.

9. Mais cette faculté que chacun a de disposer de ses droits peut-elle être exercée relativement à la prescription, avant qu'elle ait eu son cours ? Celui qui contracte un engagement peut-il stipuler que ni lui ni ses représentants n'opposeront cette exception ? — Si cette convention était valable, la prescription ne serait plus pour maintenir la paix publique qu'un moyen illusoire : tous ceux au profit desquels seraient les engagements ne manqueraient pas d'exiger cette renonciation. — S'agit-il d'une obligation ? la prescription est fondée sur la présomption d'une libération effective : non-seulement la loi intervient pour celui qui ayant succédé au débiteur peut présumer que ce dernier s'est acquitté ; mais encore elle vient au secours du débiteur lui-même qui s'étant effectivement acquitté n'a plus le titre de sa libération. Comment croire que celui qui renoncerait à la prescription eût entendu s'exposer lui ou ses représentants à payer plusieurs fois ? Ce serait un engagement irréfléchi et désavoué par la raison. — S'agit-il de la prescription d'un fonds ? S'il a été convenu entre deux voisins que l'un posséderait le fonds de l'autre sans pouvoir le prescrire, ce n'est point de la part de celui au profit duquel est la stipulation une renonciation à la prescription ; c'est une reconnaissance qu'il ne possédera point à titre de propriétaire, et nul autre que celui qui possède à ce titre ne peut prescrire. — Observez encore que la prescription étant nécessaire pour maintenir l'ordre social, elle fait partie du droit public auquel il n'est pas libre à chacun de déroger. *Jus publicum pactis privatorum mutari non potest* (leg., ff., *De pactis*).

10. La prescription n'est, dans le langage du barreau, qu'une fin de non-recevoir, c'est-à-dire qu'elle n'a point d'effet si celui contre lequel on veut exercer le droit résultant d'une obligation ou contre lequel on revendique un fonds n'oppose pas cette exception. — Telle en effet doit être la marche de la justice : le temps seul n'opère pas la prescription ; il faut qu'avec le temps concourent ou la longue inaction du créancier, ou une possession telle que la loi l'exige. — Cette inaction ou cette possession sont des circonstances qui ne peuvent être connues et vérifiées par les juges que quand elles sont alléguées par celui qui veut s'en prévaloir.

11. Mais aussi la prescription peut être opposée en tout état de cause, même devant le tribunal d'appel ; le silence à cet égard pendant une partie du procès peut avoir été déterminé par l'opinion que les autres moyens étaient suffisants, et le droit acquis par la prescription n'en conserve pas moins toute sa force jusqu'à ce que l'autorité de la chose définitivement jugée par le tribunal d'appel ait irrévocablement fixé le sort des parties. — Cette règle doit néanmoins se concilier avec celle qui admet la renonciation même tacite à la prescription acquise, cette renonciation résultant de faits qui supposent l'abandon du droit. Ainsi, quoique le silence de celui qui avant le jugement définitif n'a pas fait valoir le moyen de prescription ne puisse seul lui être opposé, les juges auront à examiner si les circonstances ne sont point telles que l'on doive en induire la renonciation tacite au droit acquis.

12. Ce serait une erreur de croire que la prescription n'a d'effet qu'autant qu'elle est opposée par celui qui a prescrit, et que c'est au profit de ce dernier une

vœu d'adoption à la majorité de 51 voix contre 1. L'impression du discours de M. Savoye-Rollin qui fut chargé du rapport avait

faculté personnelle. La prescription établit ou la libération ou la propriété; or les créanciers peuvent, ainsi qu'on l'a déclaré, au titre des Obligations, exercer les droits et les actions de leurs débiteurs, à l'exception de ceux qui sont exclusivement attachés à la personne; la conséquence est que les créanciers, ou toute autre personne ayant intérêt à ce que la prescription soit acquise, peuvent l'opposer, quoique le débiteur ou le propriétaire y renonce.

13. La prescription est un moyen d'acquérir : on ne peut acquérir et conséquemment on ne peut prescrire que les choses qui sont dans le commerce, c'est-à-dire qui sont susceptibles d'être exclusivement possédées par des individus. — Mais a-t-on dû regarder comme n'étant point dans le commerce les biens et les droits appartenant à la nation, à des établissements publics, ou à des communes? — A l'égard des domaines nationaux, si dans l'ancien régime ils étaient imprescriptibles, c'était une conséquence de la règle suivant laquelle ils ne pouvaient en aucune manière être aliénés. On induisait de cette règle que le domaine ne pouvait être possédé en vertu d'un titre valable et sans mauvaise foi; que cette possession ne pouvait être imputée qu'à la négligence des officiers publics, et que cette négligence ne devait pas entraîner la perte des biens nécessaires à la défense et aux autres charges de l'État.

La règle de l'inaliénabilité a été abrogée pendant la session de l'assemblée constituante par des considérations de bien public qui ne sauraient être méconnues.— Les lois multipliées qui autorisent la vente des domaines anciens et nouveaux, les aliénations générales faites en exécution de ces lois, et l'irrévocabilité de ces aliénations prononcée dans les chartes constitutionnelles, ont dû faire consacrer dans le code civil, comme une règle immuable, celle qui, en mettant ces domaines dans le commerce, les assujettit aux règles du droit commun sur la prescription. — Ces règles étant applicables pour ou contre la nation, doivent à plus forte raison être observées à l'égard des établissements publics et des communautés.

14. Pour que la possession puisse établir la prescription, elle doit réunir tous les caractères qui indiquent la propriété; il faut qu'elle soit à titre de propriétaire; il faut qu'il ne puisse y avoir sur le fait même de cette possession aucune équivoque; il faut qu'elle soit publique, qu'elle soit paisible, qu'elle soit continue et non interrompue pendant le temps que la loi a fixé.

15. La possession en général est la détention d'une chose, ou la jouissance d'un droit que nous tenons ou que nous exerçons par nous-mêmes ou par un autre qui tient cette chose ou qui exerce ce droit en notre nom.

16. Cette possession par soi-même ou par autrui est un fait qui ne peut pas d'abord établir un droit, mais qui indique la qualité de propriétaire. Cette indication serait illusoire, si celui qui a la possession pouvait être évincé autrement que par la preuve qu'il possède au nom d'autrui, ou qu'un autre a la propriété.

17. Quand on a commencé à posséder pour autrui doit-on être toujours présumé posséder au même titre? — L'une des plus anciennes maximes de droit est que nul ne peut, ni par sa volonté ni par le seul laps de temps, se changer à soi-même la cause de sa possession : *Illud à veteribus præceptum est, neminem sibi ipsum causam possessionis mutare posse* (leg. 3, § 19, ff., *De acquit. possess.*). Ainsi le fermier, l'emprunteur, le dépositaire, seront toujours censés posséder au même titre. Le motif est que la détention ne peut être à la fois pour soi et pour autrui; celui qui tient pour autrui perpétue et renouvelle à chaque instant la possession de celui pour lequel il tient; et le temps pendant lequel on peut tenir pour autrui étant indéfini, on ne saurait fixer l'époque où celui pour lequel on tient serait dépossédé.— La règle suivant laquelle on est toujours présumé posséder au même titre doit être mise au nombre des principales garanties du droit de propriété.

18. Cette présomption ne doit céder qu'à des preuves positives. — Tel serait le cas où le titre de la possession de celui qui tient pour autrui se trouverait interverti. — Ce titre peut être interverti par une cause provenant d'une tierce personne. — Il peut l'être par le possesseur à titre de propriétaire, s'il transmet cette espèce de possession à la personne qui ne tenait que précairement.—Enfin la personne même qui tient au nom d'autrui peut intervertir le titre de sa possession, soit à son profit par la contradiction qu'elle aurait opposée au droit du possesseur à titre de propriétaire, soit au profit d'un tiers auquel ce détenteur aurait transmis la chose par un titre translatif de propriété.

19. Le successeur à titre universel de la personne qui tenait la chose pour autrui n'a point un nouveau titre de possession. Il succède aux droits tels qu'ils se trouvent; il continue donc de posséder pour autrui, et conséquemment il ne peut pas prescrire. — Mais le successeur à titre universel et le successeur à titre singulier diffèrent en ce que celui-ci ne tient point son droit du titre primitif de son prédécesseur, mais du titre qui lui a été personnellement consenti. Ce dernier titre peut donc établir un genre de possession que la personne qui l'a transmis n'avait pas.— Cette règle n'a rien de contraire à celle suivant laquelle nul ne peut transmettre plus de droit qu'il n'en a. Le titre translatif de propriété donné par celui qui n'est pas propriétaire ne transmet pas le droit de propriété; mais la possession prise en conséquence de ce titre est un fait absolument différent de la détention au nom d'autrui; et dès lors cette possession continuée pendant le temps réglé par la loi peut établir le droit résultant de la prescription.

Il faut encore, lorsqu'on dit que nul ne peut prescrire contre son titre, distinguer la prescription comme moyen d'acquisition de celle qui est un moyen de libération. Celui qui acquiert en prescrivant ne peut se changer à lui-même la cause et le principe de sa possession, et c'est de lui que l'on dit proprement qu'il ne peut pas prescrire contre son titre. — Mais s'il s'agit de la libération par prescription, cette prescription devient la cause de l'extinction du titre, et alors on prescrit contre son titre en ce sens qu'on se libère quoiqu'il y ait un titre.

20. Les actes de pure faculté, ceux de simple tolérance, ne peuvent pas être considérés comme des actes de possession, puisque ni celui qui les fait n'entend agir comme propriétaire ni celui qui les autorise n'entend se dessaisir.

21. Celui qui, pour acquérir la possession, en a dépouillé par violence l'ancien possesseur, a-t-il pu se faire ainsi un titre pour prescrire? — La loi romaine excluait toute prescription jusqu'à ce que la personne ainsi dépouillée eût été rétablie en sa possession, et celui même qui avant cette restitution aurait acheté de bonne foi du spoliateur ne pouvait pas prescrire. — Cette décision ne pourrait se concilier avec le système général des prescriptions. — Sans doute celui qui est dépouillé par violence n'entend pas se dessaisir, et si lorsqu'il cesse d'éprouver cette violence il laisse l'usurpateur posséder paisiblement, ce dernier n'a encore qu'une possession de mauvaise foi; mais cette possession peut alors réunir toutes les conditions exigées pour opérer l'espèce de prescription contre laquelle l'exception de mauvaise foi ne peut pas être opposée. — D'ailleurs la règle exclusive de toute prescription serait injuste à l'égard de ceux qui, ne connaissant point l'usurpation avec violence, auraient eu depuis une possession que l'on ne pourrait attribuer à cette violence. — Ces motifs ont empêché de donner aux actes de violence sur lesquels la possession serait fondée d'autre effet que celui d'être un obstacle à la prescription tant que cette violence dure.

22. La possession de celui qui veut prescrire doit être continue et non interrompue. — Plusieurs causes interrompent ou suspendent le cours de la prescription.— Lorsqu'il s'agit d'acquérir une chose par prescription, l'interruption est naturelle ou civile.

23. Il y a interruption naturelle lorsque le fait même de la possession est interrompu. — Si, quand il s'agit d'un fonds, cette interruption ne s'est pas prolongée un certain temps, on présume que c'est une simple erreur de la part de celui qui s'en est emparé.—On présume aussi que celui qui était en possession s'en est ressaisi, ou a réclamé aussitôt qu'il a eu connaissance de l'occupation, et qu'il n'a aucunement entendu la souffrir. — On a considéré que si l'occupation momentanée d'un fonds suffisait pour priver des effets de la possession, ce serait une cause de désordre; que chaque possesseur serait à tout moment exposé à la nécessité d'avoir un procès pour justifier son droit de propriété. — Dans tous les jugements rendus à Rome en matière possessoire, et qui furent d'abord distingués sous le nom d'*interdits*, il fallait, pour se prévaloir des avantages de la possession nouvelle de toutes choses mobilières ou immobilières contre un précédent possesseur, que cette possession fût d'une année.

La règle de la possession annale a toujours été suivie en France à l'égard des immeubles : elle est la plus propre à maintenir l'ordre public. C'est pendant la révolution d'une année que les produits d'un fonds ont été recueillis; c'est pendant une pareille révolution qu'une possession publique et continue a pris un caractère qui empêche de la confondre avec une simple occupation. — Ainsi nul ne peut être dépouillé du titre de possesseur que par la possession d'une autre personne pendant un an, et, par la même raison, la possession qui n'a point été d'un an n'a point l'effet d'interrompre la prescription.

24. L'interruption civile est celle que forment une citation en justice, un commandement ou une saisie, signifiés à celui que l'on veut empêcher de prescrire. — Il ne peut y avoir de doute que dans le cas où la citation en justice serait nulle.— On distingue à cet égard la nullité qui résulterait de l'incompétence du juge et celle qui a pour cause un vice de forme.

25. Dans le premier cas, l'ancien usage de la France, contraire à la loi romaine, était qu'une action libellée interrompait la prescription lors même qu'elle était intentée devant un juge incompétent : cet usage, plus conforme au maintien du droit de propriété, a été conservé.

26. Mais lorsque les formalités exigées pour que le possesseur soit valablement assigné n'ont pas été remplies, il n'y a pas réellement de citation, et il ne peut résulter de l'exploit de signification aucun effet.

27. Au surplus, la citation n'interrompt pas la prescription d'une manière absolue, mais conditionnellement au cas où la demande est adjugée. Ainsi l'interruption est regardée comme non avenue si le demandeur se désiste de son action, s'il laisse périmer l'instance, ou si la demande est rejetée.

28. Les effets de l'interruption de la prescription à l'égard des débiteurs solidaires ou de leurs héritiers, soit dans le cas où l'obligation est divisible, soit dans le cas où elle est indivisible, ne sont que la conséquence des principes déjà exposés au titre des Obligations en général.

29. Quant à la caution, son obligation accessoire dure autant que l'obligation principale, et dès lors la caution ne peut opposer la prescription qui aurait été interrompue contre le débiteur.

30. La possession qui a précédé l'interruption ne peut plus être à l'avenir d'aucune considération pour la prescription : c'est en cela que l'interruption de la prescription diffère de la suspension, qui empêche seulement la prescription de commencer à courir, ou qui en suspend le cours jusqu'à ce que la cause de cette suspension ait cessé. — La règle générale est que la prescription court contre toutes personnes, à moins qu'elles ne soient dans quelque exception établie par une loi.

31. Ces exceptions sont fondées sur la faveur due à certaines personnes, et en même temps sur la nature des prescriptions. — Ainsi, lorsque la prescription est considérée comme un moyen d'acquérir, celui qui laisse prescrire est réputé consentir à l'aliénation : *alienare videtur qui patitur usucapi*. Or les mineurs et les interdits sont déclarés par la loi incapables d'aliéner. La règle générale est d'ailleurs qu'ils sont restituables en ce qui leur porte préjudice; et par ce motif ils devraient l'être contre la négligence dont la prescription aurait été la suite. Le cours de la prescription doit donc être suspendu pendant le temps de la minorité et de l'interdiction.

32. La prescription est-elle considérée comme un moyen de libération, le mineur et l'interdit sont réputés ne pouvoir agir par eux-mêmes pour exercer les droits que l'on voudrait prescrire contre eux, et souvent ces droits peuvent être ignorés par leurs tuteurs. La prescription de libération doit donc aussi être à leur égard suspendue : *contrà non valentem agere non currit præscriptio*. — Ces règles générales à l'égard des mineurs et des interdits ne souffrent d'exception que dans les cas déterminés par la loi.

33. Quant aux époux, il ne peut y avoir de prescription entre eux; il serait contraire à la nature de la société du mariage que les droits de chacun ne fussent pas l'un à l'égard de l'autre respectés et conservés. L'union intime qui fait leur bonheur est en même temps si nécessaire à l'harmonie de la société, que toute occasion de la troubler est écartée par la loi. Il ne peut y avoir de prescription quand il ne peut même pas y avoir d'action pour l'interrompre.

34. A l'égard des tiers, la loi prononce au profit des femmes, avec certaines modifications, la suspension de la prescription dans le cas où un fonds constitué suivant le régime dotal a été aliéné. Elle ne court point au profit de l'acquéreur pendant le mariage. C'est une conséquence de la règle suivant laquelle dans ce régime le fonds dotal est inaliénable; cette incapacité d'aliéner deviendrait souvent illusoire si le fonds dotal pouvait être prescrit.

35. La prescription est encore suspendue contre les tiers pendant le mariage au profit de la femme, soit dans le cas où son action ne pourrait être exercée qu'après une option à faire sur l'acceptation ou la renonciation à la communauté, soit dans

été ordonnée, mais l'orateur n'ayant pas livré son manuscrit, cette impression n'a pu avoir lieu. M. Goupil-Préfeln, accompa-

---

le cas où le mari ayant vendu le bien propre de la femme sans son consentement, est garant de la vente, et dans tous les cas où l'action de la femme réfléchirait contre le mari.

36. Si la femme exerçait contre un tiers une action pour laquelle ce tiers serait fondé à mettre en cause le mari comme garant, il en résulterait une contestation judiciaire entre le mari et la femme. Ainsi la femme est alors considérée comme ne pouvant agir même contre cette tierce personne, qu'il serait injuste de traduire en justice, si elle ne pouvait exercer son recours contre le mari; et la prescription de l'action contre la tierce personne se trouve par ce motif suspendue.

37. La prescription est par la nature même des choses suspendue jusqu'à l'événement de la condition, s'il s'agit d'une créance conditionnelle; jusqu'à l'éviction, s'il s'agit d'une action en garantie; jusqu'à l'échéance, s'il s'agit d'une créance à jour fixe.

38. L'effet du bénéfice d'inventaire est de conserver à l'héritier ses droits contre la succession. La succession ne peut donc pas prescrire contre lui. — La prescription doit courir contre une succession vacante lors même qu'elle n'est pas pourvue de curateur. Cette circonstance ne peut pas nuire aux tiers, qui ne pourraient même pas, sans interrompre la prescription, faire nommer un curateur à raison de cet intérêt.

39. Lorsque la loi donne à l'ouverture d'une succession ou d'une communauté de biens un délai pour faire inventaire et pour délibérer, il est indispensable que la prescription de tous biens et droits soit suspendue pendant le temps que la loi elle-même présume nécessaire pour les connaître.

40. Après avoir exposé les causes qui empêchent la prescription, celles qui l'interrompent, celles qui la suspendent, il reste à vous rendre compte des règles relatives au temps requis pour prescrire. — Et d'abord il faut examiner comment ce temps doit se calculer, de quel moment, de quel jour il commence, à quel jour il expire.

41. Le temps de la prescription ne peut pas se compter par heures; c'est un espace de temps trop court et qui ne saurait même être uniformément déterminé. — Suivant la loi romaine, lorsque la prescription était un moyen d'acquérir, l'expiration du temps n'était pas réglée de la même manière que quand c'était un moyen de se libérer. — Dans le premier cas, lorsqu'il s'agissait d'une prescription de dix ans entre présents et de vingt ans entre absents, pour laquelle la bonne foi était exigée, on regardait la loi comme venant au secours du possesseur, et il suffisait que le dernier jour du temps requis fût commencé pour que la prescription fût acquise. — Il en était autrement lorsqu'il s'agissait de la prescription de libération. Cette prescription était considérée comme une peine de la négligence, et, jusqu'à ce que le dernier jour du temps requis fût expiré, cette peine n'était pas encourue. — C'était une distinction plus subtile que fondée en raison. L'ancien propriétaire contre lequel on prescrit un fonds n'est pas moins favorable que le créancier contre lequel on prescrit la dette. — Il était plus simple et plus juste de décider que la prescription n'est dans aucun cas acquise que quand le dernier jour du terme est accompli.

42. On a également prévenu toute difficulté en statuant que, dans les prescriptions qui s'accompliront par un certain nombre de jours, les jours complémentaires seront comptés, et que, dans celles qui s'accompliront par mois, celui de fructidor comprendra les jours complémentaires.

43. Le point le plus important était ensuite à régler, celui de la durée du temps pour prescrire. — La prescription connue chez les anciens Romains sous le nom d'*usucapio* s'acquérait d'abord par un an pour les meubles et par deux ans pour les immeubles. On exigeait un titre légal, la tradition et la possession. Ce moyen d'acquérir ne s'appliquait qu'aux biens dont le plein domaine pouvait appartenir aux particuliers, et qu'ils distinguaient sous le nom de *res mancipi*. On ne mettait point de ce nombre les biens situés hors de l'Italie, sur lesquels le peuple romain conservait des droits. — Les conquêtes hors de l'Italie s'étant étendues, et les propriétés des citoyens romains dans ces contrées s'étant multipliées, les jurisconsultes introduisirent par leurs réponses une jurisprudence suivant laquelle celui qui avait possédé pendant dix ans un bien situé hors de l'Italie, et en général un bien de la classe de ceux appelés *res nec mancipi*, pouvait opposer à la demande de revendication l'exception fondée sur le laps de temps, et nommée *præscriptio*, pour la distinguer du droit nommé *usucapio*. — Cette jurisprudence, confirmée par les empereurs, était encore très-imparfaite : l'intervalle d'une et de deux années n'était point suffisant pour veiller à la conservation de la majeure partie des propriétés. Les droits réservés au peuple romain sur les biens situés hors de l'Italie s'étaient abolis. Cette législation fut simplifiée par Justinien, qui supprima des distinctions et des formalités devenues inutiles. Un mode général de prescription fut établi; le terme en fut fixé pour les meubles à trois ans, et pour les immeubles, à dix ans entre présents, et vingt ans entre absents, avec titre et bonne foi. — On avait, dans les temps antérieurs à cette dernière loi, senti la nécessité d'admettre un terme après lequel on pût établir en faveur du possesseur une présomption contre laquelle nulle exception, pas même celle résultant de la mauvaise foi, pût être admise. Ce terme avait été fixé au nombre de trente années, et c'est de cette prescription que l'on peut dire : *humano generi profundâ quiete prospexit*.

Avant que cette prescription de trente ans fût introduite, les actions personnelles dérivant des obligations n'avaient point été considérées comme susceptibles de prescription, par le motif que celui qui s'est obligé ne peut point se prévaloir d'une possession, et que c'est démentir sa promesse ou celle de la personne qu'on représente. — Mais quand il fut reconnu que pour le maintien de la tranquillité publique il était indispensable d'écarter toute exception, les mêmes considérations s'élevèrent contre celui qui avait pendant trente ans négligé d'exercer ses droits. *Sicut in rem speciales, ità de universitate ac personales actiones ultra triginta annorum spatium non protendantur* (L. 3, Cod., *De præscr.* 30 *et* 40 *ann.*).

Cependant toute prescription, quelque importants que soient ses motifs, ne devant pas s'étendre au delà de ce qui est exprimé dans la loi, il se trouvait encore des droits et des actions qui n'y étaient pas compris, ou ne l'étaient pas assez clairement. Une autre loi ordonna, dans les termes les plus généraux, que ce qui n'aurait pas été sujet à la prescription de trente ans le fût à celle de quarante ans, sans distinction des droits ou actions de l'Eglise, du public et des particuliers. Cette règle ne souffrit d'exceptions que celles qui étaient spécifiées dans une loi. — On est surpris de trouver dans cette législation une règle suivant laquelle, lorsque celui qui s'était obligé personnellement possédait des immeubles hypothéqués à la dette, on regardait l'action hypothécaire dont la durée était de dix ans comme distincte de l'action personnelle qui durait trente ans; de manière qu'une dette hypothécaire n'était prescrite que par quarante ans. Il était contraire aux principes que l'obligation principale fût éteinte par trente ans, et que l'hypothèque conventionnelle, qui n'était qu'une obligation accessoire, ne le fût pas.

44. En France, le temps des longues prescriptions n'était uniforme ni en matière personnelle ni en matière réelle. — Dans plusieurs provinces du pays de droit écrit et du pays coutumier on n'avait admis que la prescription de trente ans, soit entre présents, soit entre absents, tant contre les propriétaires que contre les créanciers; et dans la plupart de ces pays la prescription de dix ans entre présents, et de vingt ans entre absents, n'a lieu qu'à l'égard des hypothèques des créanciers. — Dans d'autres, la prescription est acquise par vingt ans en matière personnelle comme en matière réelle, et ces vingt ans sont exigés même entre présents. — Dans d'autres, ces vingt années sont aussi le temps fixé même entre présents, mais en matière réelle seulement. — Suivant plusieurs coutumes l'action personnelle jointe à l'action hypothécaire ne se prescrivait que par quarante ans. Ailleurs il y avait eu à cet égard diversité de jurisprudence. — D'autres coutumes ne reconnaissaient pour les immeubles que la prescription de quarante ans. — Dans la majeure partie de la France on avait admis à la fois et la prescription générale de trente ans en matière personnelle et réelle, et la prescription de dix et vingt ans avec titre et bonne foi en matière réelle. — Il a fallu choisir entre ces divers modes de prescription.

45. La première distinction qui se présentait était celle entre les droits personnels et les droits réels. — Dans la prescription des actions personnelles on présume qu'elles sont acquittées, ou on considère la négligence du créancier, et on peut sans inconvénient lui accorder contre son débiteur le temps de la plus longue prescription, celui de trente ans. — Dans la prescription pour acquérir on n'a point seulement à considérer l'intérêt du propriétaire; il faut aussi avoir égard au possesseur, qui ne doit pas rester dans une éternelle incertitude. Son intérêt particulier se trouve lié avec l'intérêt général. Quel est celui qui bâtira, qui plantera, qui s'engagera dans les frais de défrichement ou de dessèchement, s'il doit s'écouler un trop long temps avant qu'il soit assuré de n'être pas évincé? — Mais cette considération d'ordre public est nécessairement liée à une seconde distinction entre les possesseurs avec titre et bonne foi, et ceux qui n'ont à opposer que le fait même de leur possession. — Le possesseur avec titre et bonne foi se livre avec confiance à tous les frais d'amélioration. Le temps après lequel il doit être dans une entière sécurité doit donc être beaucoup plus court.

46. Quant aux possesseurs qui n'ont pour eux que le fait même de leur possession, on n'a point la même raison pour traiter à leur égard les propriétaires avec plus de rigueur que ne le sont les créanciers à l'égard des débiteurs. L'importance attachée aux propriétés foncières pourrait même être un motif pour ne les laisser prescrire que par un temps plus long, comme on l'a fait dans quelques pays; mais d'autres motifs s'y opposent. Si le possesseur sans titre ne veut point s'exposer à des dépenses, il est déjà fort contraire à l'intérêt public que toute amélioration puisse être suspendue pendant trente ans; et après une aussi longue révolution, pendant laquelle le propriétaire doit se reprocher sa négligence, il convient de faire enfin cesser un état précaire qui nuit au bien public.

47. Pour que cette théorie, conforme à l'économie politique, le fût en même temps à la justice, il fallait encore admettre la distinction faite par les Romains entre les possesseurs avec titre et bonne foi, qui prescrivent contre un propriétaire présent, et les possesseurs, qui prescrivent contre un absent. — Dans le cas où le vrai propriétaire est présent, d'une part sa négligence est moins excusable, et d'une autre part sa présence donne au nouveau possesseur une plus grande sécurité. Le propriétaire qui n'est pas à portée de veiller mérite plus de faveur. C'est en balançant ces considérations que l'on a été conduit à fixer, dans le cas de la possession avec titre et bonne foi, le temps de la prescription à dix ans entre présents, et à vingt ans entre absents. — Ainsi la règle générale sera que toutes les actions, tant réelles que personnelles, se prescriront par trente ans, sans que celui qui se prévaudra de cette prescription soit obligé de rapporter un titre, ou qu'on puisse lui opposer l'exception déduite de la mauvaise foi, et que celui qui aura acquis de bonne foi et par juste titre un immeuble, en prescrira la propriété par dix ans, si le véritable propriétaire habite dans le ressort du tribunal d'appel où l'immeuble est situé, et par vingt ans, s'il est domicilié hors du ressort.

A Rome la prescription courait entre présents lorsque celui qui prescrivait et celui contre lequel on prescrivait avaient leur domicile dans la même province, sans que l'on eût égard à la situation de l'héritage. — Le plus généralement, en France, on réputait présents ceux qui demeuraient dans le même bailliage royal ou dans la même sénéchaussée royale, et il n'y avait qu'une coutume où on eût égard à la distance dans laquelle l'héritage se trouvait du domicile des parties. — Un changement important a été fait à cet égard dans l'ancienne législation.

Le but que l'on se propose est de donner à celui qui possède une plus grande faveur en raison de la négligence du propriétaire, et cette faute est regardée comme plus grande s'il est présent. Mais ceux qui ne se sont attachés qu'à la présence du propriétaire et du possesseur dans le même lieu ou dans un lieu voisin, n'ont pas songé que les actes possessoires se font sur l'héritage même. C'est donc par la distance à laquelle le propropriétaire se trouve de l'héritage qu'il est plus ou moins à portée de se maintenir en possession; il ne saurait le plus souvent retirer aucune instruction du voisinage du nouveau possesseur. Ces lois ont été faites dans des temps où l'usage le plus général était que chacun vécût auprès de ses propriétés. — Cette règle a dû changer avec nos mœurs, et le vœu de la loi sera rempli en ne regardant le véritable propriétaire comme présent que lorsqu'il habitera dans le ressort du tribunal d'appel où l'immeuble est situé. — C'est aussi à raison de la plus grande facilité des communications que l'on a cru qu'il suffisait pour être considéré comme présent que le domicile fût dans le ressort du tribunal d'appel. — La loi exige pour cette prescription de dix ou de vingt ans un juste titre et la bonne foi.

48. Nul ne peut croire de bonne foi qu'il possède comme propriétaire, s'il n'a pas un juste titre, c'est-à-dire s'il n'a un titre qui soit de sa nature translatif du droit de propriété, et qui soit d'ailleurs valable. — Il ne serait pas valable s'il était contraire aux lois; et lors même qu'il ne serait nul que par un vice de forme, il ne pourrait autoriser la prescription.

49. Il suffisait dans le droit romain que l'on eût acquis de bonne foi et par juste titre. — On n'était pas admis à opposer au possesseur qu'il eût depuis et pendant le cours de la prescription appris que la chose n'appartenait pas à celui dont il la tenait. Cette règle est consignée dans plusieurs textes du Digeste et du Code. — Elle

gné de MM. Savoye-Rollin et Van-Hulthem, présenta ce vœu au corps législatif dans la séance du 24 ventôse an 12 (15 mars

---

est fondée sur ce que la prescription de dix et de vingt ans est, comme celle de trente ans, mise au nombre des longues prescriptions que la prospérité et la paix publiques rendent également nécessaires. Si le temps de la prescription de dix et vingt ans est moins long que le temps de la prescription trentenaire, on n'a eu et on n'a pu avoir en vue que le juste titre et la bonne foi au temps de l'acquisition. Ces deux conditions étant remplies, la loi assimile le possesseur de dix et vingt ans à celui qui prescrirait par trente ans. C'est le laps de temps sans réclamation de la part du propriétaire et la possession à titre de propriété qui sont également le fondement de ces prescriptions. Tels sont les seuls rapports communs à celui qui prescrit et à celui contre lequel on prescrit. Quant à la mauvaise foi qui peut survenir pendant la prescription, c'est un fait personnel à celui qui prescrit : sa conscience le condamne; aucun motif ne peut dans le for intérieur couvrir son usurpation. Les lois religieuses ont dû employer toute leur force pour prévenir l'abus que l'on pourrait faire de la loi civile; et c'est alors surtout que le concours des unes dans le for intérieur et de l'autre dans le for extérieur est essentiel. Mais aussi on ne peut pas douter que la nécessité des prescriptions ne l'emporte sur la crainte de l'abus; et la loi civile deviendrait elle-même purement arbitraire et incohérente, si, après avoir posé des règles fondamentales, on les détruisait par des règles qui seraient en contradiction. Ce sont ces motifs qui ont empêché de conserver celle qu'on avait tirée des lois ecclésiastiques, et suivant laquelle la bonne foi était exigée pendant tout le cours des prescriptions de dix et vingt ans.—Il est un grand nombre de cas relatifs aux obligations et dans lesquels la lui a limité à dix années ou même à un moindre temps celoi des prescriptions. Tels sont ceux où il s'agit de faire annuler ou rescinder des actes. Les motifs en ont été exposés en présentant les titres qui contiennent ces dispositititions.

50. Il restait un cas qu'il convenait de ne pas omettre, c'est celui de la prescription en faveur des architectes ou des entrepreneurs, à raison de la garantie des gros ouvrages qu'ils ont faits ou dirigés. Le droit commun qui exige dix ans pour cette prescription a été maintenu.

51. Il est encore quelques prescriptions qui sont particulières au droit français, et dont l'usage a fait sentir la nécessité.—Il avait été statué par l'art. 68 de l'ordonnance de Louis XII, en 1512, « que les drapiers, apothicaires, boulangers, pâtissiers, serruriers, chaussetiers, taverniers, couturiers, cordonniers, selliers, bouchers, ou distribuant leurs marchandises en détail, seraient tenus de demander leur payement dans six mois pour ce qui aurait été livré dans les six mois précédents, lors même que les livraisons auraient continué. » —Ce genre de prescription fut établi sur les présomptions de payement qui résultent du besoin que les créanciers de cette classe ont d'être promptement payés, de l'habitude dans laquelle on est d'acquitter ces dettes sans un long retard, et même sans exiger de quittance, et enfin sur les exemples trop souvent répétés de débiteurs, et surtout de leurs héritiers contraints en pareil cas à payer plusieurs fois : *Sunt introductæ* (dit Dumoulin en parlant de ces prescriptions, Tract., *De usuris* quest. 22) *in favorem debitorum qui sine instrumento et testibus, ut fit, solverunt, et præcipuè hæredum eorum.*—Les rédacteurs de la coutume de Paris observèrent avec raison qu'en s'appuyant sur ces bases le délai de six mois n'était pas suffisant dans tous les cas, et ils firent la distinction suivante.—Ils ne donnèrent que six mois aux marchands, gens de métiers ou autres vendeurs de marchandises et denrées en détail, comme boulangers, pâtissiers, couturiers, selliers, bouchers, bourreliers, passementiers, maréchaux, rôtisseurs, cuisiniers et autres semblables. — Ils donnèrent un an aux médecins, chirurgiens et apothicaires, ainsi qu'aux drapiers, merciers, épiciers, orfèvres et autres marchands grossiers, maçons, charpentiers, couvreurs, barbiers, serviteurs, laboureurs et autres mercenaires. — Cette distinction a été confirmée sans presque aucune différence dans l'ordonnance rendue sur le commerce en 1673.

Mais il est à observer que cette ordonnance ayant particulièrement pour objet le commerce, ne porte point dans sa disposition finale une dérogation formelle aux coutumes contraires, de manière que dans la plupart de celles où il y avait pour ces divers objets des prescriptions plus ou moins longues, on a continué de s'y conformer.—Une autre observation sur ces dispositions de la coutume de Paris et de l'ordonnance de 1673 est qu'il serait difficile de trouver des motifs satisfaisants pour ne pas mettre dans la même classe tous les marchands, à raison des marchandises qu'ils vendent à des particuliers non marchands. S'il est quelques marchands en détail pour lesquels le délai d'un an soit long, il faut songer qu'il s'agit d'une dérogation au droit commun, et qu'il vaut encore mieux éviter le reproche de distinctions arbitraires, et s'en tenir, dans une matière aussi délicate, à une règle générale, sur la nécessité de laquelle il ne puisse y avoir aucun doute.—Ces motifs ont déterminé à soumettre également à la prescription d'une année tous les marchands pour les marchandises qu'ils vendent aux particuliers non marchands.

52. On a seulement excepté les hôteliers et traiteurs à raison du logement et de la nourriture qu'ils fournissent, parce qu'il est notoire que ce sont des objets dont le payement est rarement différé.—On a limité leur action à six mois, et par des considérations semblables on a fixé au même temps l'action des maîtres et instituteurs des sciences et arts pour les leçons qu'ils donnent au mois; celle des ouvriers et gens de travail pour le payement de leurs journées, fournitures et salaires.

53. On a maintenu le droit commun suivant lequel la prescription d'un an court contre les médecins, chirurgiens et apothicaires, pour leurs visites, opérations et médicaments. — Les mêmes raisons se sont présentées à l'égard des maîtres de pension pour le prix de la pension, et des autres maîtres pour le prix de l'apprentissage. —On a aussi conservé à l'égard des domestiques l'usage le plus général, suivant lequel l'action pour le payement de leur salaire est prescrite par un an, s'ils se sont loués à l'année. Les autres sont dans la classe des gens de travail dont l'action se prescrit par six mois.

54. Quant aux officiers ministériels, le temps pendant lequel l'action, soit à leur profit, soit contre eux, doit durer, dépend de la nature de leurs fonctions. — Il y avait sur la durée de l'action des procureurs contre leurs clients, pour le payement de leurs frais et salaires, une grande variété de jurisprudence. — Un arrêt du parlement de Paris, du 28 mars 1692, avait réglé que les procureurs ne pourraient demander le payement de leurs frais, salaires et vacations, deux ans après qu'ils auraient été révoqués, ou que les parties seraient décédées, quoiqu'ils eussent continué d'occuper pour les mêmes parties ou leurs héritiers en d'autres affaires.—Il portait encore que les procureurs ne pourraient, dans les affaires non jugées, demander leurs frais, salaires et vacations, pour les procédures faites au delà des six années précédentes immédiatement, quoiqu'ils eussent toujours continué d'y occuper, à moins qu'ils ne les eussent fait arrêter ou reconnaître par leurs clients.—Le parlement de Normandie avait adopté ces dispositions dans un règlement du 15 déc. 1705, en limitant dans le second cas le temps à cinq années au lieu de six.—Dans d'autres pays l'action des procureurs était d'une plus longue durée. — Il a paru que l'intérêt des parties et celui de leurs avoués seraient conciliés en maintenant la prescription de deux ans, à compter du temps soit du jugement, soit de la conciliation des parties, soit de la révocation des avoués, et la prescription de cinq ans à l'égard des affaires non terminées; l'événement de la mort du client n'a point paru un motif suffisant pour réduire à deux ans l'action de l'avoué à raison des affaires non finies.

55. Le temps de la prescription à l'égard des huissiers ne doit pas être aussi long.—Leur ministère n'est point employé pour des actes multipliés et qui se prolongent autant que ceux des avoués; il est d'usage de les payer plus promptement. Leur action sera prescrite par une année.—Les prescriptions de six mois, d'un, de deux et de cinq ans, dont on vient de parler, étant toutes principalement fondées sur la présomption de payement, il en résulte plusieurs conséquences déjà reconnues par l'ordonnance de 1673.

56. La première est que la continuation des fournitures, livraisons, services ou travaux pouvant également avoir lieu, soit que le payement ait été fait, soit qu'il ne l'ait pas été, n'altère point la présomption de payement; ainsi la prescription ne doit cesser de courir que lorsqu'il y a eu compte arrêté, cédule ou obligation, ou citation en justice non périmée.

57. La seconde, que le serment peut être déféré à ceux qui opposeront ces prescriptions, sur le fait de savoir si la chose a été payée, ou à leurs représentants, pour qu'ils déclarent s'ils ne savent pas que la chose soit due.

58. La prescription établie contre les avoués et les huissiers étant fondée sur la présomption de leur payment, cette présomption fait naître celle que les parties ont, après le jugement de leurs affaires, retiré leurs pièces. — Il fallait donc aussi fixer un délai après lequel ni les huissiers, ni les avoués, ni les juges eux-mêmes ne pourraient être à cet égard inquiétés. — Il y avait encore sur ce point une grande variété de jurisprudence. — Quelques parlements rejetaient l'action en remise de pièces après trois ans depuis que les affaires étaient terminées; mais dans le plus grand nombre les procureurs ne pouvaient plus être à cet égard recherchés après cinq ans pour les procès jugés, et après dix ans pour les procès indécis; et cette prescription était, en faveur de leurs héritiers, de cinq ans, soit que les procès fussent jugés, soit qu'ils ne le fussent pas. — Dans la loi proposée on conserve la prescription de cinq ans après le jugement des procès.

59. Il est une autre prescription établie dans le droit français concernant les arrérages de rentes. Elle n'est pas seulement fondée sur la présomption de payement, mais plus encore sur une considération d'ordre public énoncée dans l'ordonnance faite par Louis XII en 1510; on a voulu empêcher que les débiteurs ne fussent réduits à la pauvreté par des arrérages accumulés : l'action pour demander ces arrérages au delà de cinq années a été interdite. — Il ne fut question dans cette loi que des rentes constituées qui étaient alors d'un grand usage. — Une loi du 20 août 1792 étendit cette prescription aux arrérages des cens, redevances et rentes foncières. — La ruine du débiteur serait encore plus rapide, si la prescription ne s'étendait pas aux arrérages de rentes viagères; et les auteurs ni les tribunaux n'ont pas toujours été d'accord sur le point de savoir si ces arrérages étaient prescriptibles par un temps moindre de trente années. — La crainte de la ruine des débiteurs étant admise comme un motif d'abréger le temps ordinaire de la prescription, on ne doit excepter aucun des cas auxquels ce motif s'applique. — On a par ce motif étendu la prescription de cinq ans aux loyers des maisons, au prix de ferme des biens ruraux, et généralement à tout ce qui est payable par année ou à des termes périodiques plus courts.

60. La faveur due aux mineurs et aux interdits ne saurait les garantir de ces prescriptions. — Si un mineur remplit quelqu'un des états pour lesquels l'action est limitée soit à six mois, soit à un an, soit à cinq ans, il est juste qu'il soit assujetti aux règles générales de la profession qu'il exerce; il ne pourrait même pas l'exercer s'il n'obtenait le payement de ce qu'il lui est dû à mesure qu'il le gagne : lorsqu'il a l'industrie pour gagner, il n'est pas moins qu'un majeur présumé avoir l'intelligence et l'activité pour se faire payer.

61. Quant aux arrérages et à tout ce qui est payable par année, déjà, suivant le droit commun, cette prescription courait contre les mineurs et interdits, à l'égard des arrérages de rentes constituées. On avait pensé à cet égard qu'ils avaient une garantie suffisante dans la responsabilité des tuteurs dont la fonction spéciale est de recevoir les revenus, et qui seraient tenus de payer personnellement les arrérages qu'ils auraient laissé prescrire. Les mêmes considérations s'appliquent aux autres prestations annuelles.

62. Le droit romain accordait, sous le nom de *interdictum ut rubi*, une action possessoire à ceux qui étaient troublés dans la possession d'une chose mobilière; mais dans le droit français on n'a point admis à l'égard des meubles une action possessoire distincte de celle sur la propriété; on y a même regardé le seul fait de la possession comme un titre : on n'en a pas ordinairement d'autres pour les choses mobilières. Il est d'ailleurs le plus souvent impossible d'en constater l'identité, et de les suivre dans leur circulation de main en main. Il faut éviter des procédures qui seraient sans nombre, et qui le plus souvent excéderaient la valeur des objets de la contestation. Ces motifs ont dû faire maintenir la règle générale suivant laquelle, en fait de meubles, la possession vaut titre. — Cependant ce titre n'est pas tel qu'en cas de vol ou de perte d'une chose mobilière, celui auquel on l'aurait volée ou qui l'aurait perdue n'ait aucune action contre celui qui la possède. — La durée de cette action a été fixée à trois ans : c'est le même temps qui avait été réglé à Rome par Justinien; c'est celui qui était le plus généralement exigé en France.

63. Si le droit de l'ancien propriétaire est reconnu, la chose perdue ou volée doit lui être rendue; le possesseur a son recours contre celui duquel il la tient : mais si ce possesseur prouvait l'avoir achetée sur la foi publique, soit dans une foire ou dans un marché, soit dans une vente publique, soit d'un marchand vendant des choses pareilles, l'intérêt du commerce exige que celui qui possède à ce titre ne puisse être évincé sans indemnité : ainsi l'ancien propriétaire ne peut dans ces cas se faire rendre la chose volée ou perdue qu'en remboursant au possesseur le prix qu'elle lui a coûté. — S'il s'agissait d'une universalité de meubles, telle qu'elle échoit à un héritier, le titre universel se conserve par les actions qui lui sont propres.

64. Enfin il a été nécessaire de prévoir qu'au moment où ce titre du code aurait

1804 (1), et le même jour fut décrété ce titre qui est fort remarquable comme résumé de dispositions générales, et dont la

la force de loi, des prescriptions de tout genre seront commencées. — C'est surtout en matière de propriété que l'on doit éviter tout effet rétroactif : le droit éventuel résultant d'une prescription commencée ne peut pas dépendre à la fois de deux lois, de la loi ancienne et du nouveau code. Or il suffit qu'un droit éventuel soit attaché à la prescription commencée pour que ce droit doive dépendre de l'ancienne loi, et pour que le nouveau code ne puisse pas régler ce qui lui est antérieur. — Ce principe général étant admis, il ne se présentera aucun cas difficile à résoudre. — Si la prescription qui serait acquise par le droit nouveau ne l'est pas par l'ancienne loi, soit à raison du temps, soit à raison de la bonne foi, il faudra se conformer à l'ancienne, comme si la nouvelle n'existait pas.

65. Une seule exception a été jugée nécessaire pour qu'il y eût un terme après lequel il fût certain que la loi nouvelle recevra partout son exécution. Le temps le plus long qu'elle exige pour les prescriptions est celui de trente années. S'il ne s'agissait ici que des prescriptions qui dans certains pays exigent quarante ans ou un temps plus long, il n'y eût point eu lieu au reproche d'effet rétroactif, en statuant que les trente années prescrites par la loi nouvelle étant ajoutées au temps qui se serait déjà écoulé avant cette loi, suffiraient pour accomplir la prescription. Le droit des propriétaires du pays, contre lesquels la prescription qui ne devait s'accomplir que par quarante ans est déjà commencée, n'est pas plus favorable que le droit des propriétaires de ce même pays contre lesquels il n'y a pas de prescription commencée, mais contre lesquels la plus longue prescription va, en vertu de la loi nouvelle, s'accomplir par trente ans. — Ces motifs ont déterminé la disposition finale de ce titre, qui porte que les prescriptions commencées à l'époque de la publication du présent titre s'accompliront conformément aux anciennes lois, et que néanmoins les prescriptions commencées et pour lesquelles il faudrait encore, suivant les lois anciennes, plus de trente ans, à compter de la même époque, seront accomplies par ce laps de trente ans. — Quoique ce dernier article du titre des Prescriptions ne soit que pour le passage d'un régime à l'autre, il était néanmoins nécessaire de l'insérer dans le code, à cause de la longue durée de temps pendant lequel il recevra son exécution.

(1) *Discours prononcé au corps législatif par le tribun Goupil-Préfeln, l'un des orateurs chargés de présenter le vœu du tribunat sur la loi relative à la prescription* (séance du 24 vent. an 12).

66. Législateurs, nous vous apportons le vœu du tribunat sur le projet de loi relatif à la prescription, qui deviendra par votre sanction le vingtième et dernier titre du troisième livre du code civil.

67. Trop souvent on attache au moyen déduit de la prescription l'idée de la spoliation et de la mauvaise foi. — La prescription est la suite d'une possession continue, paisible, non interrompue, non équivoque, et à titre de propriétaire, pendant le temps et sous les conditions déterminées par la loi. — Ces caractères respectables d'une longue possession font de la prescription un moyen d'acquérir ou de se libérer. — On ne peut prescrire sans avoir possédé, et on peut avoir possédé sans que la prescription soit acquise et consommée. — La prescription est odieuse, sans doute, si elle est employée par la mauvaise foi pour faire de l'usurpation un titre légal de propriété, ou pour refuser d'acquitter un engagement qui n'est éteint que par elle. L'opinion publique fait justice du spoliateur; mais la loi reste sans moyens et sans force pour le ramener aux principes de la loyauté et de la morale, s'il les méconnaît. — La prescription est la conséquence de la présomption du titre de la propriété ou de la libération; elle ne peut exister sans être précédée d'une possession telle que la loi l'exige. Elle est ainsi le *palladium* de la propriété, comme la possession d'état est le plus beau titre des qualités d'époux, de père et de fils.

Si une possession accompagnée de tous les caractères que nous venons de vous présenter n'était plus un moyen d'acquérir et de se libérer, quand elle a eu lieu pendant le temps et sous les conditions déterminées par la loi, tout deviendrait désordre et confusion; la propriété serait sans sauvegarde, ou plutôt il n'y aurait plus de propriété. — La prescription est donc une de ces institutions bienfaisantes et salutaires sur lesquelles repose la tranquillité de tous et de chacun, celle des familles et de l'ordre social; elle doit être consacrée par la législation de tous les peuples policés et qui reconnaissent le droit de propriété.

Que si la mauvaise foi en abuse pour couvrir une usurpation ou un vol; je répéterai ce qu'à cette tribune disait, il y a peu de jours, un orateur éloquent : la morale est pour la vertu, la loi est pour la paix.

Le projet de loi sur la prescription contient soixante-trois articles et se divise en cinq chapitres, savoir : dispositions générales, possession, causes qui empêchent la prescription, celles qui en interrompent ou en suspendent le cours, et temps requis pour prescrire. — L'orateur du gouvernement, en vous exposant les motifs du projet de loi, n'a négligé aucun de ses détails ; il les a fait précéder de l'histoire de la législation des anciens peuples sur cette matière ; il vous a retracé les dispositions diverses des coutumes qui régissaient le territoire français ; et déjà vous avez reconnu que le projet concilie les statuts locaux et les divers usages avec ce que demandent l'intérêt public et privé, les principes et la raison. — Je suis donc dispensé de parcourir chacune des dispositions du projet de loi; et pour remplir ma mission il me suffira de fixer votre attention sur quelques points principaux.

68. Je ne reviendrai pas sur la définition de la prescription, que j'ai liée à celle de la possession, qui en est inséparable ; et j'observerai seulement, sur le chap. 1 (des dispositions générales), le changement qu'apporte l'art. 2227 à la législation établie par les anciennes ordonnances, et spécialement par l'édit du domaine, qui déclaraient imprescriptibles les biens appartenant à la nation, aux établissements publics et aux communes. — Cette législation était une conséquence de leur inaliénabilité : ces biens devenus aliénables ont dû être déclarés prescriptibles.

69. Je me bornerai à une seule remarque sur le chap. 2. — « Les actes de pure faculté (porte l'art. 2232), et ceux de simple tolérance, ne peuvent fonder ni possession ni titre. » — Disposition morale qui appelle les procédés obligeants. — Combien de bons offices de voisinage seraient refusés, si une simple tolérance pouvait, par le laps du temps, devenir un titre de servitude ! — Cette disposition remplacera celle de la sage coutume de Normandie, qui voulait que nulle servitude ne pût s'acquérir sans titre.

70. Il n'est pas de règle plus utile que celle portée à l'art. 2236 (chap. 3), qui veut que ceux qui possèdent pour autrui ne prescrivent *jamais, par quelque laps de temps que ce soit*, et le même article fait l'application de ce principe aux fermiers, dépositaires, usufruitiers, et à tous ceux qui détiennent précairement la chose du propriétaire. — L'intérêt de l'agriculture sollicite la longue durée des baux des biens ruraux, et que le cultivateur qui a acquis la connaissance de la qualité du sol jouisse, par le renouvellement de ses baux pendant une longue suite d'années, des terres qu'il exploite. Il serait aussi préjudiciable à l'intérêt public qu'à celui du propriétaire d'inspirer à celui-ci des inquiétudes sur la conservation de sa propriété, s'il perpétuait son fermier dans une jouissance assez prolongée pour qu'il pût s'en faire un titre contre le propriétaire, et le dépouiller.

71. Ce chap. 3 est terminé par une disposition qui fixe en quel sens on doit appliquer la maxime connue, qui veut qu'on ne puisse prescrire contre son titre, et le cas où elle ne peut recevoir d'application.

72. Le chap. 4 est divisé en deux sections : des Causes qui interrompent la prescription et de celles qui en suspendent le cours. — L'art. 2245 (sect. 1) porte que lorsque le possesseur est privé *pendant plus d'un an* de la jouissance de la chose, il y a interruption naturelle du cours de la prescription. — Il faut en conclure que celui qui a joui pendant plus d'un an sans trouble est *possesseur*, et remplace en cette qualité celui qui l'était avant lui; car l'ancien possesseur ne peut avoir perdu les droits inhérents à cette qualité que parce qu'un autre possesseur a pris sa place pendant plus d'un an, temps fixé par la loi pour qu'il le soit devenu. Cette disposition recevra un plus grand développement au titre des Complaintes et réintégrandes, dans le code judiciaire. — Je ne m'arrêterai pas aux autres dispositions relatives aux causes qui interrompent ou suspendent le cours de la prescription.

73. Je passe au chap. 5 (du temps requis pour prescrire). — Les actions réelles se prescrivaient ici par trente années, ailleurs par quarante, et dans quelques lieux par vingt, et même par dix ans. — Il y avait encore plus de variations relativement à la prescription des actions personnelles, et elles recevaient beaucoup de modifications et d'exceptions. — Si le laps de temps pour opérer la prescription n'eût pas été le même pour les actions réelles et personnelles, cette distinction aurait conduit à définir quelles actions sont réelles, et quelles actions sont personnelles; il eût été nécessaire de statuer sur la durée de la prescription dans les cas où les actions seraient mixtes. — L'uniformité devait être établie dans cette partie de la législation du peuple français comme dans toutes les autres. — La prescription trentenaire était la plus généralement adoptée; et le code civil l'établit pour toutes actions tant réelles que personnelles, sauf les exceptions portées dans le titre que nous discutons, et quelques-unes relatives à d'autres objets que ceux qui y sont mentionnés; ils sont réglés par les titres qui leur sont propres.

74. La prescription vaut titre : celui qui s'en prévaut ne peut donc être obligé d'en rapporter de *titre*; ce serait exiger de lui qu'il produisît le *titre* de son *titre*. — Si l'usurpateur a, depuis son usurpation, acquis du propriétaire le bien dont il s'est emparé, il aura couvert le vice de son usurpation, et il sera devenu propriétaire légitime en vertu du titre de son acquisition. La même règle s'applique à celui qui depuis son usurpation, a eu une jouissance continue, non interrompue, paisible, publique, non équivoque, et à titre de propriétaire, pendant le temps déterminé par la loi. La jouissance accompagnée de ces caractères respectables couvre aussi le vice originel et primitif de l'indue possession, et on ne pouvait admettre le moyen déduit de la mauvaise foi, sans anéantir le principe exprimé dans l'art. 2219 du projet de loi, qui porte que la prescription est un moyen d'acquérir et de se libérer.

75. Celui qui a acquis de bonne foi et par juste titre un immeuble ne devait pas être exposé à rester dans une longue incertitude sur la consolidation définitive de sa qualité de propriétaire. La translation de la propriété des immeubles est toujours accompagnée de tant de moyens de notoriété, que le véritable propriétaire sera averti qu'un acte de cette nature le dépouille. Si ce dernier réside dans le ressort du tribunal d'appel du lieu où l'immeuble est situé, il devra réclamer dans le cours de dix années; et ce délai sera de vingt ans, s'il est domicilié hors de ce ressort. S'il laisse expirer ces délais, il sera non recevable.

76. Je m'arrête un instant à cette expression, *juste titre*. — Le titre est *juste* à l'égard de l'acquéreur quoiqu'il puisse ne l'être pas de la part du vendeur, et la bonne ou mauvaise foi de celui-ci ne peut être d'aucune considération relativement à l'acquéreur de bonne foi. — Si donc un immeuble est vendu par celui qui n'en est pas propriétaire, il ne faut pas en conclure que l'acquéreur ne pourra opposer la prescription de dix ou de vingt ans à celui qui prouverait qu'il était, lors de la vente, le véritable propriétaire.

77. L'acquéreur qui aura possédé paisiblement et à titre de propriétaire pendant le temps requis pour ce genre de prescription, présentera son titre : le titre sera juste si cet acquéreur a été de bonne foi, et il sera présumé de bonne foi si celui qui revendique la propriété ne prouve pas la mauvaise foi.

78. Le juste titre, dont l'effet est de rendre propriétaire inexpugnable celui qui se prévaut de la prescription de dix ou de vingt ans, est donc le titre qui est de sa nature translatif de la propriété, et d'ailleurs valable dans ses formes, s'il n'est pas prouvé que l'acquéreur était de mauvaise foi au moment du contrat.

79. Quelques objets particuliers ne pouvaient être soumis aux règles ci-dessus établies. — Des fournitures, des livraisons, sont faites journellement, même sans notes ni mémoires; des services sont rendus, des travaux de bras sont exécutés. Le payement de ces fournitures, de ces livraisons, de ces services et de ces travaux se fait au comptant ou à courts termes, et on ne prend aucune précaution pour les constater.

80. Le terme de six mois appliqué à certains cas, celui d'un an pour d'autres objets, sont réglés conformément à des usages anciens et éprouvés. Il en est de même du temps accordé aux avoués pour réclamer leurs frais et salaires, et de celui à l'expiration duquel les juges et avoués sont déchargés des pièces qui leur ont été remises à raison de leurs fonctions, et les huissiers, depuis l'exécution de la commission ou la signification des actes dont ils étaient chargés.

81. Les arrérages de rentes et des pensions alimentaires, les loyers, les fermages, les intérêts des sommes prêtées, et généralement tout ce qui est payable par année ou à des termes périodiques plus courts, se prescriront par cinq ans. — Le créancier est averti de ce terme fatal, et il doit se reprocher de laisser accumuler un plus grand nombre d'années ; s'il a assez de bienveillance pour accorder à son débiteur de plus longs délais, sans cependant vouloir le gratifier, il pourra lui faire consentir à son profit une obligation qui sera soumise aux règles générales sur la prescription des actions personnelles.

82. Les meubles se transmettent par la seule tradition : ainsi en fait de meuble

romulgation eut lieu le 4 germinal suivant (25 mars 1804) (1).

29. *Droit comparé.* — A l'égard des nations étrangères, nous

possession vaut titre. Mais si le meuble a été perdu ou volé, le propriétaire ourra le revendiquer pendant trois ans, à compter du jour de la perte ou du vol; ontre celui qui en est saisi; sauf le recours de ce dernier sur celui duquel il le ent. Ce délai est le même que celui que la législation actuelle établit pour prescrire s actions criminelles, correctionnelles ou de police, si pendant ce temps il n'a été it aucune poursuite.

83. Si la chose volée ou perdue a été achetée dans une foire ou dans un marché ans une vente publique ou d'un marchand vendant des choses pareilles, la revendi-ation n'aura lieu qu'à la charge de rembourser à l'acheteur le prix que la chose lui ira coûté. Cette exception est fondée sur l'intérêt du commerce et de l'agriculture, sur un usage constant.

84. Le dernier article prévient toute rétroactivité ; et le passage de l'ancienne gislation à celle que votre décret va établir ne portera point de préjudice à ceux ui, dans les pays où la prescription était plus que trentenaire, auront des droits à onserver.

(1) Extrait du livre 3 du code Napoléon.

TIT. 20. — DE LA PRESCRIPTION.

CHAP. 1. — *Dispositions générales.*

2219. La prescription est un moyen d'acquérir ou de se libérer par un ertain laps de temps, et sous les conditions déterminées par la loi. — . exposé des motifs et rapports, nº 1.

2220. On ne peut, d'avance, renoncer à la prescription : on peut re-oncer à la prescription acquise. — V. nos 7 et s.

2221. La renonciation à la prescription est expresse ou tacite : la re-onciation tacite résulte d'un fait qui suppose l'abandon du droit acquis.

2222. Celui qui ne peut aliéner, ne peut renoncer à la prescription cquise.

2223. Les juges ne peuvent pas suppléer d'office le moyen résultant e la prescription. — V. nº 10.

2224. La prescription peut être opposée en tout état de cause, même evant la cour d'appel, à moins que la partie qui n'aurait pas opposé le oyen de la prescription ne doive, par les circonstances, être présumée avoir renoncé. — V. nº 11.

2225. Les créanciers, ou toute autre personne ayant intérêt à ce que a prescription soit acquise, peuvent l'opposer, encore que le débiteur ou e propriétaire y renonce. — V. nº 12.

2226. On ne peut prescrire le domaine des choses qui ne sont point ans le commerce. — V. nº 13.

2227. L'Etat, les établissements publics et les communes sont soumis ux mêmes prescriptions que les particuliers, et peuvent également les pposer. — V. nº 13.

CHAP. 2. — *De la possession.*

2228. La possession est la détention ou la jouissance d'une chose ou 'un droit que nous tenons ou que nous exerçons par nous-mêmes, ou ar un autre qui la tient ou l'exerce en notre nom. — V. nº 15.

2229. Pour pouvoir prescrire, il faut une possession continue et non nterrompue, paisible, publique, non équivoque, et à titre de propriétaire. — V. nos 14, 67.

2230. On est toujours présumé posséder pour soi et à titre de pro-riétaire, s'il n'est prouvé qu'on a commencé à posséder pour un autre. — V. nº 16.

2231. Quand on a commencé à posséder pour autrui, on est toujours résumé posséder au même titre, s'il n'y a preuve du contraire. — V. º 17.

2232. Les actes de pure faculté et ceux de simple tolérance ne peu-ent fonder ni possession ni prescription. — V. nos 20, 69.

2233. Les actes de violence ne peuvent fonder non plus une posses-ion capable d'opérer la prescription. — La possession utile ne commence ue lorsque la violence a cessé. — V. nº 21.

2234. Le possesseur actuel qui prouve avoir possédé anciennement, st présumé avoir possédé dans le temps intermédiaire; sauf la preuve ontraire.

2235. Pour compléter la prescription, on peut joindre à sa posses-ion celle de son auteur, de quelque manière qu'on lui ait succédé, soit titre universel ou particulier, soit à titre lucratif ou onéreux.

CHAP. 3. — *Des causes qui empêchent la prescription.*

2236. Ceux qui possèdent pour autrui, ne prescrivent jamais, par uelque laps de temps que ce soit.

Ainsi, le fermier, le dépositaire, l'usufruitier, et tous autres qui dé-iennent précairement la chose du propriétaire, ne peuvent prescrire. — V. nº 70.

2237. Les héritiers de ceux qui tenaient la chose à quelqu'un des ti-res désignés par l'article précédent, ne peuvent non plus prescrire. — V. nº 19.

2238. Néanmoins, les personnes énoncées dans les art. 2236 et 2237, peuvent prescrire, si le titre de leur possession se trouve inter-verti, soit par une cause venant d'un tiers, soit par la contradiction u'elles ont opposée au droit du propriétaire. — V. nº 18.

2239. Ceux à qui les fermiers, dépositaires et autres détenteurs pré-caires, ont transmis la chose par un titre translatif de propriété, peu-vent la prescrire. — V. nº 18.

2240. On ne peut pas prescrire contre son titre, en ce sens que l'on ne peut point se changer à soi-même la cause et le principe de sa posses-sion. — V. nº 19, 71.

2241. On peut prescrire contre son titre, en ce sens que l'on prescrit la libération de l'obligation que l'on a contractée. — V. nos 19, 71.

CHAP. 4. — *Des causes qui interrompent ou qui suspendent le cours de la prescription.*

SECT. 1. — *Des causes qui interrompent la prescription.*

2242. La prescription peut être interrompue, ou naturellement, ou ci-vilement. — V. nº 22.

2243. Il y a interruption naturelle, lorsque le possesseur est privé, pendant plus d'un an, de la jouissance de la chose, soit par l'ancien pro-priétaire, soit même par un tiers. — V. nº 23, 72.

2244. Une citation en justice, un commandement ou une saisie signi-fiés à celui qu'on veut empêcher de prescrire, forment l'interruption civile. — V. nº 24.

2245. La citation en conciliation devant le bureau de paix, inter-rompt la prescription, du jour de sa date, lorsqu'elle est suivie d'une assignation en justice, donnée dans les délais de droit.

2246. La citation en justice, donnée même devant un juge incom-pétent, interrompt la prescription. — V. nº 25.

2247. Si l'assignation est nulle par défaut de forme,

Si le demandeur se désiste de sa demande,

S'il laisse périmer l'instance,

Ou si sa demande est rejetée,

L'interruption est regardée comme non avenue. — V. nº 26.

2248. La prescription est interrompue par la reconnaissance que le débiteur ou le possesseur fait du droit de celui contre lequel il prescri-vait.

2249. L'interpellation faite, conformément aux articles ci-dessus, à l'un des débiteurs solidaires, ou sa reconnaissance, interrompt la pres-cription contre tous les autres, même contre leurs héritiers.

L'interpellation faite à l'un des héritiers d'un débiteur solidaire, ou la reconnaissance de cet héritier, n'interrompt pas la prescription à l'é-gard des autres cohéritiers, quand même la créance serait hypothé-caire, si l'obligation n'est indivisible.

Cette interpellation ou cette reconnaissance n'interrompt la prescrip-tion, à l'égard des autres codébiteurs, que pour la part dont cet héri-tier est tenu.

Pour interrompre la prescription pour le tout, à l'égard des autres codébiteurs, il faut l'interpellation faite faite à tous les héritiers du dé-biteur décédé, ou la reconnaissance de tous ces héritiers. — V. nº 28.

2250. L'interpellation faite au débiteur principal, ou sa reconnais-sance, interrompt la prescription contre la caution. — V. nº 29.

SECT. 2. — *Des causes qui suspendent le cours de la prescription.*

2251. La prescription court contre toutes personnes, à moins qu'elles ne soient dans quelque exception établie par une loi. — V. nº 30.

2252. La prescription ne court pas contre les mineurs et les inter-dits, sauf ce qui est dit à l'art. 2278, et à l'exception des autres cas dé-terminés par la loi. — V. nº 31 et s.

2253. Elle ne court point entre époux. — V. nº 33.

2254. La prescription court contre la femme mariée, encore qu'elle ne soit point séparée par le contrat de mariage ou en justice, à l'égard des biens dont le mari a l'administration, sauf son recours contre le mari.

2255. Néanmoins, elle ne court point, pendant le mariage, à l'égard de l'aliénation d'un fonds constitué selon le régime dotal, conformément à l'art. 1561 au titre du Contrat de mariage et des droits respectifs des époux. — V. nº 34.

2256. La prescription est pareillement suspendue pendant le mariage,

1º Dans le cas où l'action de la femme ne pourrait être exercée qu'après une option à faire sur l'acceptation ou la renonciation à la communauté;

2º Dans le cas où le mari, ayant vendu le bien propre de la femme sans son consentement, est garant de la vente, et dans tous les autres cas où l'action de la femme réfléchirait contre le mari. — V. nos 34 et s.

2257. La prescription ne court point,

A l'égard d'une créance qui dépend d'une condition, jusqu'à ce que la condition arrive;

A l'égard d'une action en garantie, jusqu'à ce que l'éviction ait lieu;

A l'égard d'une créance à jour fixe, jusqu'à ce que ce jour soit arrivé. — V. nº 37.

2258. La prescription ne court pas contre l'héritier bénéficiaire, à l'égard des créances qu'il a contre la succession.

allons retracer quelques dispositions générales que nous empruntons à divers auteurs et notamment à M. Anthoine de Saint-Joseph, p. 124 et suiv., en faisant remarquer que le droit romain a fait sentir son influence dans la plupart de ces législations. Dans le cours de ce traité, nous aurons l'occasion de rappeler plusieurs dispositions des lois étrangères touchant à des points qui sont d'une application journalière et qu'il sera souvent utile de connaître.

30. *Angleterre*. — La prescription doit toujours être opposée par le débiteur, et les juges ne peuvent pas suppléer d'office le moyen qui en résulte. — Les causes qui interrompent la prescription résultent, comme en France, d'une citation en justice, d'une saisie, de la reconnaissance que le possesseur fait du droit de celui contre lequel il prescrivait; l'incapacité des personnes qui se trouvent dans un état de minorité, de démence ou d'absence au delà des mers, suspend aussi le cours de la prescription. Mais dans ce cas elle recommence à courir à partir du moment où leur incapacité a cessé et elle est accomplie après dix ans. — V. M. Westoby, Résumé de la législ. anglaise, p. 240.

L'action pour la revendication d'un immeuble, ou d'un droit immobilier, ou d'une rente foncière, se prescrit par vingt ans (sect. 2 du statut 3 et 4 Guill. IV, c. 27). La section 3 du mêm[e] statut détermine le moment à partir duquel la prescription com[mence] à courir (V. M. Westoby, Résumé de la législ. angl., p. 239) —Les arrérages de loyers ou des intérêts dus pour une somm[e] hypothéquée sur les immeubles ou sur les legs, sont prescrits pa[r] six ans à partir du jour de leur échéance ou de la reconnaissanc[e] par écrit remise aux ayants droit (sect. 42 du même statut). — D[e] même, sont prescrites par six ans les actions relatives à l'exécu[-]tion des obligations nées de *simples contrats* ou promesse[s] (sect. 3 du statut 21 Jacques I. c. 16). — Plusieurs exception[s] sont apportées à cette règle (V. M. Westoby, *eod.*, p. 241). — Sont prescrites par vingt ans les actions relatives à l'exécutio[n] des obligations nées de *contrats spéciaux* ou d'autres espèce[s] d'actes scellés, à partir du jour où le demandeur a pu intente[r] son action (statuts 3 et 4 Guill. IV, t. 42, V. M. Westoby, *eod.* p. 243 et suiv.; V. aussi *eod.*, p. 93 et suiv., la distinction entr[e] les simples contrats et les contrats spéciaux).

31. *Autriche, Bavière, Prusse*. — En Autriche, les droit[s] purement personnels ne sont jamais exposés à la prescriptio[n] (code autrichien, part. 3, ch. 4, art. 1481). — La prescriptio[n] n'a pas lieu pendant l'absence qui a pour cause le service public

---

Elle court contre une succession vacante, quoique non pourvue de curateur.—V. nº 58.

2259. Elle court encore pendant les trois mois pour faire inventaire, et les quarante jours pour délibérer.—V. nº 39.

CHAP. 5. — *Du temps requis pour prescrire*

SECT. 1. — *Dispositions générales.*

2260. La prescription se compte par jours, et non par heures. — V. nº 40.

2261 (1). Elle est acquise lorsque le dernier jour du terme est accompli.—V. nº 40.

SECT. 2. — *De la prescription trentenaire.*

2262. Toutes les actions, tant réelles que personnelles, sont prescrites par trente ans, sans que celui qui allègue cette prescription soit obligé d'en rapporter un titre, ou qu'on puisse lui opposer l'exception déduite de la mauvaise foi.—V. nºs 45 et s., 73.

2263. Après vingt-huit ans de la date du dernier titre, le débiteur d'une rente peut être contraint à fournir à ses frais un titre nouvel à son créancier ou à ses ayants cause.

2264. Les règles de la prescription sur d'autres objets que ceux mentionnés dans le présent titre, sont expliquées dans les titres qui leur sont propres.

SECT. 3. — *De la prescription par dix et vingt ans.*

2265. Celui qui acquiert de bonne foi et par juste titre un immeuble en prescrit la propriété par dix ans, si le propriétaire habite dans le ressort de la cour d'appel dans l'étendue duquel l'immeuble est situé, et par vingt ans s'il est domicilié hors dudit ressort.—V. nºs 45 et s., 75.

2266. Si le véritable propriétaire a eu son domicile en différents temps, dans le ressort et hors du ressort, il faut, pour compléter la prescription, ajouter à ce qui manque aux dix ans de présence, un nombre d'années d'absence, double de celui qui manque pour compléter les dix ans de présence.

2267. Le titre nul par défaut de forme, ne peut servir de base à la prescription de dix et vingt ans.—V. nºs 48, 78.

2268. La bonne foi est toujours présumée, et c'est à celui qui allègue la mauvaise foi à la prouver.—V. nº 77.

2269. Il suffit que la bonne foi ait existé au moment de l'acquisition. —V. nº 49.

2270. Après dix ans, l'architecte et les entrepreneurs sont déchargés de la garantie des gros ouvrages qu'ils ont faits ou dirigés.—V. nº 50.

SECT. 4. — *De quelques prescriptions particulières.*

2271. L'action des maîtres et instituteurs des sciences et arts, pour les leçons qu'ils donnent au mois;

Celle des hôteliers et traiteurs, à raison du logement et de la nourriture qu'ils fournissent;

Celle des ouvriers et gens de travail, pour le payement de leurs journées, fournitures et salaires,

Se prescrivent par six mois.—V. nº 52, 79.

2272. L'action des médecins, chirurgiens et apothicaires pour leu[rs] visites, opérations et médicaments;

Celle des huissiers, pour le salaire des actes qu'ils signifient, et de[s] commissions qu'ils exécutent;

Celle des marchands, pour les marchandises qu'ils vendent aux parti[-]culiers non marchands;

Celle des maîtres de pension, pour le prix de la pension de leu[rs] élèves; et des autres maîtres, pour le prix de l'apprentissage;

Celle des domestiques qui se louent à l'année, pour le payement d[e] leur salaire,

Se prescrivent par un an.—V. nºs 51, 53 et s., 79.

2273. L'action des avoués, pour le payement de leurs frais et sa[-]laires, se prescrit par deux ans, à compter du jugement des procès, o[u] de la conciliation des parties, ou depuis la révocation desdits avoués. [À] l'égard des affaires non terminées, ils ne peuvent former de demande[s] pour leurs frais et salaires qui remonteraient à plus de cinq ans. — V. nºs 54, 80.

2274. La prescription, dans les cas ci-dessus, a lieu, quoiqu'il y a[it] eu continuation de fournitures, livraisons, services et travaux.

Elle ne cesse de courir que lorsqu'il y a eu compte arrêté, cédule o[u] obligation, ou citation en justice non périmée.—V. nº 56.

2275. Néanmoins ceux auxquels ces prescriptions seront opposées peuvent déférer le serment à ceux qui les opposent, sur la question d[e] savoir si la chose a été réellement payée.

Le serment pourra être déféré aux veuves et héritiers, ou aux tuteur[s] de ces derniers, s'ils sont mineurs, pour qu'ils aient à déclarer s'ils n[e] savent pas que la chose soit due.—V. nº 57.

2276. Les juges et avoués sont déchargés des pièces cinq ans après [le] jugement des procès.

Les huissiers, après deux ans, depuis l'exécution de la commissio[n] ou la signification des actes dont ils étaient chargés, en sont pareille[-]ment déchargés.—V. nºs 58, 80.

2277. Les arrérages de rentes perpétuelles et viagères;

Ceux des pensions alimentaires;

Les loyers des maisons, et le prix de ferme des biens ruraux;

Les intérêts des sommes prêtées, et généralement tout ce qui e[st] payable par année, ou à des termes périodiques plus courts,

Se prescrivent par cinq ans.—V. nºs 59, 81.

2278. Les prescriptions dont il s'agit dans les articles de la présen[te] section, courent contre les mineurs et les interdits, sauf leur recou[rs] contre leurs tuteurs.—V. nº 60.

2279. En fait de meubles, la possession vaut titre.

Néanmoins celui qui a perdu ou auquel il a été volé une chose, pe[ut] la revendiquer pendant trois ans, à compter du jour de la perte ou d[u] vol, contre celui entre les mains duquel il la trouve, sauf à celui-ci so[n] recours contre celui duquel il la tient.—V. nºs 62, 82.

2280. Si le possesseur actuel de la chose volée, ou perdue, l'a acheté dans une foire ou dans un marché, ou dans une vente publique, ou d'u[n] marchand vendant des choses pareilles, le propriétaire originaire ne pe[ut] se la faire rendre qu'en remboursant au possesseur le prix qu'elle lui coûte.—V. nºs 63, 83.

2281. Les prescriptions commencées à l'époque de la publication d[u] présent titre seront réglées conformément aux lois anciennes.

Néanmoins les prescriptions alors commencées, et pour lesquelles [il] faudrait encore, suivant les anciennes lois, plus de trente ans à compt[er] de la même époque, seront accomplies par ce laps de trente ans. — V. nºs 64 et s., 84.

---

(1) Au lieu de cette disposition, qui faisait partie de l'article précédent, il y avait :

« 2261. Dans les prescriptions qui s'accomplissent dans un certain nombre de jours, les jours complémentaires sont comptés.

» Dans celles qui s'accomplissent par mois, celui de fructidor comprend les jours complémentaires. »

civil ou militaire, ou lorsque le cours de la justice est interrompu comme pendant une peste ou une guerre (art. 1496).—Pour acquérir un droit qui ne s'exerce que rarement, il faut trente ans et la preuve qu'on l'a exercé trois fois (art. 1471, 1484, V. code prussien, art. 544 et 649). L'action contre la possession enregistrée d'un immeuble est prescrite par le laps de trois ans; mais si elle n'est pas enregistrée, il faut trente ans. Il en est de même des servitudes (art. 1467). La prescription de trente ou quarante ans dispense de la production du titre de légitime propriétaire; mais en cas de mauvaise foi, la prescription sans titre est insuffisante (art. 1477). La propriété des meubles se prescrit par une possession légitime de trois ans (art. 1466, V. *infrà*, n°s 264 et suiv.). — Les actions pour rentes, intérêts et créances se prescrivent par trois ans (art. 1480, V. *infrà*, n°s 1046 et suiv.).

Le code bavarois, liv. 2, ch. 4, ne consacre que douze articles à la prescription. Nous en indiquons les principales dispositions. La prescription de temps immémorial dispense de la production du titre. Elle s'exerce lorsqu'il n'existe aucune personne qui ait vu la chose dans un état différent; il faut que les témoins aient au moins cinquante-quatre ans et qu'ils attestent qu'ils n'ont jamais entendu dire que la propriété ait été contestée (art. 9). — La bonne foi est nécessaire pour tout le temps de la prescription (art. 7). — Une prescription dûment acquise ne donne ouverture à aucune action en restitution (art. 12, V. aussi code du canton de Berne, art. 1038).

En Prusse, on ne peut pas prescrire contre des droits inscrits sur les registres publics (code prussien, tit. 9, part. 1. art. 511). — On peut renoncer d'avance à la prescription pour une chose désignée ou une affaire déterminée, mais cette renonciation doit être publiée par le tribunal ou inscrite sur les registres publics, si elle concerne des immeubles : le tout sous peine de nullité (art. 565, V. n°s 47 et suiv.).— On ne peut pas commencer à prescrire contre une personne qui n'a pas eu connaissance de son droit ou qui est dans l'impossibilité de l'exercer ou qui se trouve à l'étranger pour le service de l'Etat (art. 512).— Quant aux droits qui ne s'exercent qu'occasionnellement, la prescription ne commence à courir que lorsqu'on a laissé passer deux occasions pendant lesquelles on aurait pu les faire valoir (art. 544). Les droits qu'on ne peut faire valoir qu'occasionnellement, et qu'on a exercés trois fois, s'acquièrent par une prescription de quarante ans à partir du premier exercice. — La prescription est suspendue si l'on prouve que lors d'une occasion favorable ce droit n'a pas été exercé (art. 649, V. code autrichien, art. 1471, 1484). — Le possesseur, même de bonne foi, de choses volées, ne peut pas en prescrire la possession ni la propriété. On est présumé les avoir achetées d'un voleur lorsqu'on ne peut pas indiquer son vendeur (art. 584, V. n°s 264 et suiv.).

32. *Sardaigne.*—Le code sarde, tit. 24, reproduit en grande partie le code Napoléon; cependant il contient quelques articles dont les dispositions ne se trouvent pas dans ce dernier; ainsi, après avoir dit que la prescription ne court ni contre les mineurs ni contre les interdits, il ajoute : ni contre ceux qui s'absentent des Etats pour cause du service civil ou militaire du roi, ni contre les militaires qui sont en activité de service en temps de guerre, lors même qu'ils ne seraient pas absents des Etats, sauf ce qui est établi en l'art. 2410 relativement à quelques prescription. particulières et à l'exception des autres cas déterminés par la loi (art. 2386). — L'art. 2396 ne diffère de notre art. 2261 que par cette disposition additionnelle : « Si cependant le dernier jour est férié, la prescription ne s'accomplit que le jour qui suit immédiatement celui qui est férié. » —Les causes qui suspendent le cours de la prescription ne peuvent être opposées au tiers détenteur qui a possédé sans interruption pendant soixante ans (art. 2394). — Quant à la prescription des meubles, l'art. 2411 n'est autre que l'art. 2279 c. nap., sauf une intercalation après les mots *ou qui l'a perdue*, « si, en ce dernier cas, on n'a fait ni la consignation, ni les publications prescrites par les art. 686, 687. »

33. *Suisse.* — D'après le code du canton de Berne, la prescription d'acquisition n'est acquise que par une possession continue de dix ans (art. 1033). Pendant l'absence du propriétaire antérieur, une année n'est comptée que pour six mois (art. 1034).— On ne prescrit contre les personnes morales et les mineurs que, par le double du temps ordinaire (1035). — Le débiteur qui paye une dette éteinte par prescription ne peut pas la répéter (1038, V. aussi code bavarois, art. 12). — Les créances avec gage mobilier ou immobilier ne se prescrivent pas (1039), mais les intérêts ne prescrivent par le laps de dix ans (1040).

Dans le canton de Vaud aucune prescription ne court contre les héritiers ni contre les créanciers de la succession, pendant que la succession n'est pas pourvue d'un curateur et pendant le temps qui est donné aux héritiers pour accepter ou refuser la succession (art. 1663). — Toutes les actions personnelles sont prescrites par dix ans (1667).— Les créances qui n'ont pas d'échéance fixe et qui portent intérêt, sont prescrites par défaut du payement des intérêts pendant dix ans consécutifs (1669). — Lorsque le débiteur oppose la prescription décennale, le créancier peut lui déférer le serment sur le fait du payement de la dette. Le débiteur sera déchu de son opposition s'il ne peut prêter serment qu'il a acquitté la dette. Ce serment ne peut être déféré qu'au débiteur même qui s'est obligé et non à une tierce personne (1671).

34. *Louisiane.* — Le titre 23 de code de la Louisiane, intitulé de l'Occupation, de la possession et de la prescription, contient un assez grand nombre de définitions et de règles générales qui en font un véritable traité. Ainsi, le chapitre 3 distingue nettement la prescription à l'effet d'acquérir et la prescription à l'effet de libérer, et parle dans deux sections différentes du temps requis pour chacune de ces prescriptions et des causes qui les empêchent, les interrompent ou les suspendent. — Voici les règles générales posées par les six premiers articles de la section 2 sur la prescription à l'effet d'acquérir : « Les immeubles se prescrivent par dix ans entre présents et vingt ans entre absents, lorsque le possesseur a été de bonne foi et a possédé en vertu d'un juste titre pendant ce temps (art. 3435-3437). Ces mêmes biens se prescrivent par trente ans sans qu'il soit besoin de titre ni de bonne foi de la part du possesseur (art. 3438). — La propriété des esclaves se prescrit par la moitié du temps nécessaire pour la prescription des immeubles (art. 3439). La propriété des meubles se prescrit par trois ans (art. 3440, V. n°s 264 et suiv.).—Quant à la prescription à l'effet de libérer, le seul fait du silence du créancier pendant le temps légal suffit pour décharger le débiteur de toutes actions réelles ou personnelles et affranchit l'héritage des droits réels auxquels il était assujetti, si on n'en a pas fait assez pendant le temps prescrit (art. 3494-3495). Il n'est pas nécessaire pour pouvoir invoquer cette prescription que le débiteur montre aucun titre ou qu'il ait été de bonne foi; la négligence seule du créancier opère la prescription en ce cas (art. 3496). Le temps après lequel cette prescription est acquise est plus ou moins long, suivant les diverses espèces de créances ou de droits réels dont elle opère la décharge ou l'extinction (art. 3497-3498). —V. dans M. Antoine de Saint-Joseph, p. 126 et suiv., les dispositions spéciales à la prescription de ces créances et droits réels.

CHAP. 2. — DISPOSITIONS GÉNÉRALES.

SECT. 1. — *Caractères généraux de la prescription.*

35. La prescription a eu, comme toutes les institutions humaines, ses détracteurs et ses apologistes. — Considérée dans l'injustice de quelques applications particulières, on l'a qualifiée *impium præsidium*. Mais, vue sous le rapport de l'utilité générale, elle est une des premières garanties d'ordre, de paix et de sécurité parmi les hommes. — Si l'on recherche quels sont ses fondements philosophiques, on est conduit à décider, avec M. Troplong, que les droits, considérés dans leur idéal, ne peuvent recevoir du temps aucune altération; que ce n'est donc pas sur le temps écoulé qu'est directement fondée la prescription; qu'elle a sa base dans la *possession* de celui qui acquiert, et dans une présomption de renonciation chez celui qui néglige sa propriété; et que le temps n'y intervient que comme mesure des éléments sur lesquels elle repose.—V. le discours de Bigot-Préameneu, *suprà*, p. 70, n°s 2 et suiv.

36. La prescription est-elle de droit naturel ou seulement de droit civil? Suivant Cujas (sur la loi première, D., *De usuc. et usurp.*), et Ferrières (sur le tit. 6 du liv. 2 des institutes), la prescription, quoique établie dans l'intérêt public, et pour que la propriété ne fût pas trop incertaine, est néanmoins une institution purement de droit civil, et contraire à la loi naturelle et au droit des gens qui ne permettent pas qu'on s'enrichisse au détriment d'autrui, et que nul puisse être, sans son propre fait, dépouillé de ses biens (V. aussi Grotius, *De jure belli et pacis, lib. 2, cap. 4*); mais Puffendorf (Droit de la nature et des gens, chap. 12, §§ 9 et 11) et Vattel (Droit des gens, liv. 2, chap. 11, n° 141) ont fait prévaloir l'opinion que la prescription est de droit naturel : « La nature, dit ce dernier auteur, n'a point elle-même établi la propriété des biens, et en particulier celle des terres; elle approuve seulement cette introduction pour l'avantage du genre humain. Dès lors, il serait absurde de dire que le domaine et la propriété une fois établis, la loi naturelle puisse assurer au propriétaire quelque droit capable de porter le trouble dans la société humaine. Tel serait le droit de négliger une chose qui lui appartient, de la laisser pendant un long espace de temps, sous toutes les apparences d'un bien abandonné ou qui n'est point à lui, et d'en venir enfin dépouiller un possesseur de bonne foi, qui l'aura peut-être acquise à titre onéreux, qui l'aura reçue en héritage de ses pères, ou comme la dot de son épouse, et qui aurait fait d'autres acquisitions, s'il eût pu connaître que celle-là n'était ni légitime ni solide. Loin de donner un pareil droit, la loi naturelle prescrit au propriétaire le soin de ce qui lui appartient, et lui impose l'obligation de faire connaître ses droits pour ne point induire les autres en erreur : elle n'approuve sa propriété, elle ne la lui assure qu'à ces conditions. S'il la néglige pendant un temps assez long pour qu'il ne puisse être admis à la réclamer, sans mettre en péril les droits d'autrui, la loi naturelle ne l'admet point à la revendiquer (Conf. Merlin, v° Prescr., sect. 1, § 1; MM. Vazeille, Tr. des prescr., ch. 1, n° 5; Troplong, sur l'art. 2219 c. nap.; Marcadé, même art., n° 4. — Il paraît à M. Troplong que la prescription, du moins en tant qu'elle vient consacrer une possession *qui, dès l'origine, était de bonne foi*, a son principe dans le droit naturel, et que le droit arbitraire n'a fait que déterminer la mesure du temps à l'expiration duquel se trouve la déchéance. — Quant à la prescription établie en faveur de celui dont la possession a été de *mauvaise foi* dans l'origine, c'est de la loi positive que M. Troplong la fait dériver. L'usurpation ne peut se légitimer par elle-même; il faut l'intervention d'un élément nouveau pour la dépouiller de son vice. Cet élément nouveau, c'est une raison d'utilité publique, qui veut qu'il y ait un terme au delà duquel on ne puisse demander compte aux citoyens de l'origine de leur fortune et de leur condition. Sans cela, rien de certain, rien de stable, plus de sécurité. L'intérêt public exige donc qu'une possession qui a duré longtemps ne puisse être l'objet d'investigations scrupuleuses. Le droit a aussi ses mystères, et il y a des secrets qu'il défend de pénétrer. D'ailleurs, celui qui néglige sa propriété mérite peu d'intérêt, tandis que celui qui a possédé pendant longtemps mérite d'être amnistié.

Mais cette distinction nous semble tendre à amoindrir le rôle du droit naturel, lequel, sans se préoccuper de la bonne ou de la mauvaise foi, a dû, après un certain temps, repousser le trouble que les réclamations d'un possesseur ancien et négligent tendraient à jeter au sein de la société, avec non moins d'énergie qu'il a dû faire respecter la situation du possesseur présent, ancien et paisible. — Nous persistons donc à penser, sans distinction aucune, que la prescription est de droit naturel; qu'on l'a justement appelée la patronne du genre humain, et qu'on peut dire d'elle, avec autant de raison que de la chose jugée (V. ce mot, n° 3), qu'elle est un port assuré contre la tempête des controverses judiciaires.

37. La prescription prend-elle place dans le droit international, et peut-elle être opposée de nation à nation? Cette question est résolue affirmativement par Vattel, liv. 2, n° 147, et par le Rép. de Merlin, v° Prescrip., sect. 1, § 1-3°. — V. Droit naturel et des gens, n° 84; Traité internat.

Il s'est présenté, relativement à la prescription qui résulte de la possession, une question de droit international très-intéressante. Quand deux États ont tracé les limites séparatives de leurs souverainetés dans une province limitrophe, le bornage qui a eu lieu en exécution de l'acte politique qui a fixé les limites, peut-il être invoqué pour repousser la prétention formée par une commune, afin de prescrire la propriété d'un terrain qui, par suite du bornage, a cessé de faire partie du territoire de l'État auquel appartient cette commune? — Il a été jugé qu'à moins de convention contraire établie en forme de loi, le bornage des propriétés privées situées sur la frontière est indépendant de la délimitation des souverainetés et des territoires, opérée en exécution d'un traité diplomatique; que, par suite, ces propriétés privées restent sous l'empire du droit civil, et peuvent s'étendre au delà de la limite politique par l'effet de la prescription ou autrement (Cass. 8 fév. 1842, aff. com. de Marckolsheim, V. Lois, n° 95).

38. La question de savoir si la prescription était du droit des gens, et si, en conséquence, elle pouvait être invoquée par l'étranger, était fort controversée sous l'ancien droit. On distinguait entre la prescription immémoriale et la prescription ordinaire. Quant à la possession immémoriale, il paraissait hors de doute qu'elle était du droit des gens (V. Dunod, part. 1, chap. 13). Relativement à la possession ordinaire, Pothier soutient la négative, Prescription, n° 20. Un arrêt du parlement de Paris, du 25 juin 1728, a admis une étrangère à prescrire une hérédité en France; mais la rédaction de l'arrêt ne permet pas de savoir s'il a jugé que la prescription ordinaire appartient au droit des gens, ou si elle est un des droits civils dont les étrangers jouissaient en France. En effet, M. Gilbert de Voisins, qui avait conclu à l'admission du moyen de prescription, avait soutenu que le droit d'opposer la prescription était un secours accordé par la loi pour maintenir les contrats du droit des gens, dont l'étranger pouvait exciper. Il n'avait pas voulu entrer, dit-il, dans l'examen de la grande question de savoir si la prescription est du droit des gens, *parce qu'elle est reçue par toutes les nations, comme essentielle à la sûreté des patrimoines, ce qui l'a fait appeler la patrone du genre humain*. — Merlin pense qu'en France, sous le code Napoléon, les étrangers jouissent de tous les droits civils qui sont accessoires aux contrats du droit des gens dont ils sont capables. « Or, qu'est-ce, dit-il (Rép., v° Prescript., sect. 1, § 8, n° 1), que la prescription, si ce n'est, pour me servir des expressions de M. l'avocat général Gilbert, un secours accordé par la loi pour maintenir les contrats du droit des gens? » — La question ne peut plus s'élever depuis la loi du 14 juill. 1819 qui ne laisse pas de doute sur la capacité qu'a l'étranger d'acquérir, et, par conséquent, de prescrire, à quelque titre que ce soit, de la même manière que les Français. — V. Dr. civ., n° 195.

39. Avant l'abolition de la mort civile, par la loi du 31 mai 1854, on avait pensé que la prescription ne pouvait servir au mort civilement qu'à l'égard des droits dont la loi ne l'avait point dépouillé (M. Vazeille, n° 23). Ainsi, capable d'acquérir à titre onéreux, de contracter des obligations, il pouvait aussi prescrire le domaine des choses et la libération des dettes, mais il ne pouvait acquérir par prescription la qualité et les droits d'héritier, de légataire ou donataire (Conf. MM. Troplong, n° 36; Marcadé, art. 2219, n° 4).

40. Il n'existe, suivant Merlin (Rép., v° Prescript., sect. 1, § 1, n° 3), aucune différence essentielle entre ce qu'on appelle la déchéance et la prescription considérée comme *un moyen de se libérer*. Ainsi, d'après cet auteur on peut dire, par exemple, que la faculté de former opposition à un jugement par défaut, que celle d'interjeter appel, etc., etc., sont *prescrites* après les délais fixés par les articles 57 et 443 c. proc. La conséquence évidente de cette doctrine est que les déchéances sont susceptibles de l'application de toutes les règles propres aux prescriptions libératoires, à moins que la loi n'en dispose autrement. — Tout en reconnaissant qu'il y a beaucoup de principes communs entre la prescription et la déchéance, M. Troplong, n° 27, fait voir qu'elles diffèrent en ce que, entre autres dissemblances, la déchéance peut, au lieu de n'engendrer qu'une exception, servir de base à une action (c. nap. 1188); en ce qu'elle opère de plein droit, à moins d'une disposition contraire expresse; en ce qu'on ne peut pas toujours renoncer à une déchéance acquise (V. les conclusions remarquables de M. Nicias-Gaillard, D. P. 50. 1. 240, 2e col.). — Il a été jugé, par application des principes en matière de prescription, que la *déchéance* qui atteint le porteur d'un billet à ordre à défaut d'assignation donnée au souscripteur dans la quinzaine de la notification du protêt, est interrompue par l'assignation donnée devant un tribunal incompétent aux termes de l'art. 2246 c. nap. (Caen, 1er fév. 1842, aff. Delomosne, V. Effets de comm., n° 721).

41. La prescription est-elle une manière d'acquérir la propriété? On le nie et l'on soutient qu'elle n'est que la preuve légale d'une acquisition ou d'une libération antérieure. Cela n'est pas exact. En effet, la prescription donne évidemment le droit d'acquérir les choses dont on n'est pas propriétaire et de se libérer des dettes qu'on n'a pas payées. Sans doute, ce qui légitime la prescription, la cause pour laquelle elle est entrée dans la loi, est la présomption qu'un domaine depuis longtemps possédé a été acquis par contrat et qu'une dette qui n'a pas été réclamée pendant un grand nombre d'années a été payée; mais la raison d'être d'une institution n'est pas l'institution elle-même. Il est certain que celui qui prescrit un domaine en devient propriétaire par suite du temps écoulé, et non pas en vertu d'un contrat qui peut n'avoir jamais existé, et celui qui se libère d'une dette par la prescription, ne le fait pas en vertu d'une quittance qui peut ne lui avoir jamais été donnée. C'est donc un des modes d'acquérir la propriété, et le code Napoléon déclare, avec raison, art. 712, que la propriété s'acquiert par la prescription. Au reste, tous les auteurs anciens sont d'accord sur ce point que la prescription confère le domaine plein et entier (Domat, liv. 3, sect. 2, n° 1; Dunod, part. 1, chap. 14; Pothier, Cout. d'Orléans, tit. 4, intr., n°s 50 et 51; V. aussi MM. Troplong, n° 28, et Marcadé, art. 2219, n° 2. — *Contrà*, M. Mourlon, Répétitions écrites, Prescrip., p. 5).

42. La prescription a un effet rétroactif qui fait supposer que l'acquéreur a été propriétaire pendant tout le temps de sa possession. Ainsi, 1° les fruits échus dans les cinq dernières années ne pourraient être répétés par le propriétaire contre lequel on a prescrit; — 2° Les hypothèques consenties par l'acquéreur pendant le délai de la prescription priment celles qu'il a consenties depuis l'expiration de ce délai; — 3° Les hypothèques conférées par le véritable propriétaire pendant la possession de l'acquéreur s'évanouissent comme le droit du propriétaire lui-même, du jour où la prescription s'accomplit.

43. La prescription éteint-elle l'obligation naturelle? La négative a été soutenue par Pothier et par Merlin. Le premier s'explique ainsi (Tr. des oblig., n° 196) : « Une obligation civile, lorsque le débiteur a acquis contre l'action quelque fin de non-recevoir, *puta*... par le laps de temps acquis par la prescription, peut aussi être regardée comme obligation purement naturelle tant que la fin de non-recevoir subsiste et qu'elle n'a pas été convertie. » — « La loi qui déclare une dette prescrite, dit Merlin, Rép., v° Mainmorte, § 7, n° 5, n'en ôte pas l'actif au créancier; elle ne fait qu'opposer une barrière aux poursuites qu'il voudrait faire contre le débiteur. Cela est si vrai que la prescription est généralement reconnue pour n'être qu'une exception, et que le juge ne peut la *suppléer d'office* quand le débiteur néglige de s'en prévaloir. » Cette opinion a été suivie par M. Delvincourt, t. 2, p. 455, notes. — Depuis, M. Troplong, n°s 29 et s., a soutenu, au contraire, avec une grande richesse scientifique, que l'obligation naturelle était éteinte par la prescription. — « Aux termes de l'art. 1234 c. nap., dit-il, la prescription est placée sur la même ligne que le payement, la remise volontaire, etc., comme cause d'extinction des obligations. De plus, l'art. 2219 définit la prescription un moyen de se libérer. De ces deux textes rapprochés et combinés, il résulte qu'il ne reste rien de l'obligation, quelle est anéantie dans sa cause et dans ses effets. » — M. Henrion avait dit aussi dans le Répertoire, v° Prescript., sect. 1, § 2 : *La prescription éteint toutes sortes d'obligations, parce que la loi l'a ainsi voulu et qu'elle l'a pu.* Mais cela est exprimé d'une manière générale et sans distinguer entre l'obligation civile et l'obligation naturelle; et c'est à l'égard de celle-ci seulement que la question s'agite. Nulle part le code Napoléon ne définit l'obligation naturelle, car cette définition était périlleuse et pouvait enchaîner la conscience du juge. — Mais on peut dire cependant, sans crainte de se tromper, que l'obligation naturelle est celle que proclame la conscience et à laquelle la loi positive refuse une action. Or, y a-t-il une obligation qui parle plus haut dans le for intérieur que celle de ne pas puiser dans un laps de temps écoulé le droit de spolier autrui? — M. Duranton fait remarquer, d'ailleurs, avec raison, t. 21, n° 107, qu'il ne faut pas tirer de l'art. 1234 une conséquence outrée quant à l'obligation civile elle-même, car il doit se coordonner avec les textes spéciaux sur la prescription, qui en déterminent la nature et les effets, et auxquels il renvoie positivement à ce sujet. Or, l'art. 2219 dit que la prescription, qu'il définit, est un moyen d'acquérir ou de se libérer par un certain laps de temps et sous les conditions déterminées par la loi; et l'une de ces conditions, c'est que la prescription soit opposée par la partie ou par ses créanciers : le juge ne peut pas la suppléer d'office. C'est donc simplement un moyen de faire une acquisition ou d'obtenir sa libération, mais à la charge de l'opposer, de la faire valoir. — L'art. 1234 dit bien aussi que les obligations s'éteignent par la nullité et la rescision, et néanmoins tant que l'action en nullité ou en rescision n'est pas exercée et qu'il n'y est pas statué, l'obligation infectée du vice de violence, d'erreur, de dol ou d'incapacité, subsiste toujours. — A l'objection tirée de ce que la prescription n'est qu'une exception et que si elle n'est pas opposée par la partie, le juge ne peut la suppléer, M. Troplong répond que, dans le cas où le débiteur renonce à la prescription, ce n'est pas en vertu d'une obligation naturelle que se fera le payement; que c'est l'obligation civile qui subsistera dans toute sa force; que l'*obligation civile se survit à elle-même, et qu'elle puise dans la volonté du renonçant une force nouvelle, une vigueur qui la rajeunit*, etc., etc.; ce qui veut dire, en d'autres termes, qu'elle n'a pas cessé d'exister. — Or on peut répondre avec avantage à M. Troplong, que si l'obligation civile a duré jusqu'à ce que la prescription ait été opposée, celui qui acquitte la dette faisant absolument la même chose que s'il n'opposait pas la prescription, satisfait non-seulement à une obligation naturelle, mais même à une obligation civile. — A l'objection tirée de ce que, dans le cas de mauvaise foi, la prescription semble contrarier la pureté du droit naturel; qu'en statuant dans des vues d'utilité publique, la loi qui la consacre n'a pas prétendu influer sur les règles de justice, qu'ainsi si l'obligation est éteinte civilement, elle subsiste naturellement, M. Troplong répond qu'il n'est pas nouveau en jurisprudence que la loi civile force le droit naturel à abdiquer. Ce est vrai, dans ce sens seulement qu'elle le laisse sans action, mais elle n'empêche pas qu'il ne profite des bons mouvements de la nature humaine, et c'est avec grande raison que M. Duranton oppose ici à M. Troplong ces textes du droit romain si souvent répétés : *Naturalia quidem jura semper firma atque immutabilia permanent*, § 11. *Inst. De jure naturali gent et civ.* — *Jus civile in totum à jure naturali recedere non debere* (L. 6. ff., *De just. et jure*; M. Duranton, *loc. cit.*; V. en outre M. Poujol, Tr. des oblig., § 2, n° 105, qui combat aussi l'opinion de M. Troplong, et Marcadé art. 2219, n° 4).

44. Peut-on répéter une dette prescrite que l'on a payée par erreur? Les auteurs les plus estimés soutiennent l'affirmative. M. Toullier fait observer à ce sujet (Droit civil expliqué, t. 6, n° 74, *ad notam*), « que l'erreur de celui qui paye une dette prescrite peut n'être pas, et n'est pas ordinairement une erreur de droit. Peu de personnes ignorent qu'une dette est prescrite par le laps de trente années; mais on peut ignorer l'époque précise de la dette et la payer, dans l'ignorance qu'elle remonte au delà de trente ans; c'est alors une erreur de fait. Si le créancier dont la créance est éteinte abuse sciemment de cette erreur, et à plus forte raison si c'est lui qui l'a fait naître, on ne peut douter que le débiteur ne puisse répéter la somme *condictione indebiti*. On convient, suivant Dunod (p. 110), que si le débiteur a été engagé à payer par surprise ou dol, s'il ne savait pas que la prescription était acquise, il peut répéter; au contraire, s'il le savait, s'il n'a point été engagé à payer par surprise, on présume qu'il a voulu décharger sa conscience, et qu'il avait des raisons qui l'obligeaient à payer, et comme il pouvait renoncer à une prescription acquise (2220), la bonne foi ne lui permet pas de répéter ce qu'il a payé volontairement » (Conf. M. Duranton, t. 21, n° 107); Merlin (v° Prescription, sect. 1, § 3) avait déjà enseigné que la répétition ne peut être admise, quand il n'y a eu ni dol ni surprise. — « Le débiteur a pu renoncer à la prescription, dit-il, dès qu'elle était complète; et la bonne foi, les principes mêmes, ne lui permettent pas de répéter ce qu'il a payé volontairement. » — V. aussi M. Marcadé, art. 2219, n° 4. — Il nous semble que la répétition, surtout quand on n'a aucun titre, et que le payement a été fait sans surprise, ne doit pas être accueillie. — V. n° 62 et v° Oblig.

45. Une dette prescrite ne se compense pas avec une autre dette contractée après la prescription acquise. *Quæcumque enim per exceptionem perimi possunt, in compensationem non veniunt.*

L. 14, D., *De comp.* (Dunod, p. 100; Pothier, des Obligat., nº 606; Merlin, Rép., vº Compensation, § 2, nº 9, Quest. de droit, vº Papier monnaie, § 4, et vº Dettes, § 6, nº 2; M. Troplong, nº 34).—Toutefois, il est évident que lorsque deux créances exigibles se sont compensées de plein droit, avant qu'elles fussent prescrites, une des parties ne peut, après la compensation opérée, opposer le moyen de prescription. C'est ce qui a été jugé en matière d'enregistrement (Rej. 31 janv. 1855, aff. hér. d'Aligre. D. P. 55. 1. 120).

46. La prescription éteignant l'obligation, il semble d'abord impossible de faire renaître le contrat par la novation (V. Dunod, part. 1, chap. 14). Mais de même que lorsque le débiteur renonce à opposer la prescription, le contrat subsiste, qui empêche les parties de s'entendre pour laisser vivre l'obligation primitive, et la remplacer ensuite par une nouvelle? (Conf. Merlin, vº Novation, § 5, et M. Troplong, nº 34.)

SECT. 2.— *De la renonciation à la prescription.— De la renonciation expresse.— De la renonciation tacite.— Quelles personnes peuvent renoncer.— Des effets de la renonciation.*

47. Lorsque le temps nécessaire pour prescrire s'est écoulé, on peut renoncer au *droit* ainsi *acquis*.— *Cum sit juris antiqui omnes licentiam habere his quæ pro se introducta sunt renuntiare* (L. 29, C, *De pactis*). — Mais cette faculté ne peut être exercée avant que la prescription soit *accomplie*. — C'était l'opinion commune sous l'ancien droit. Voici les raisons que l'on en donnait : «1º La prescription est utile à la société des hommes en général; 2º les lois qui l'autorisent forment un droit public auquel il n'est pas libre de déroger par convention, tant qu'il n'est pas appliqué à chaque fait particulier. On dit droit public parce que le droit commun est vraiment tel, et par conséquent hors la disposition des particuliers, tant qu'il n'en résulte pas pour eux des droits formés et acquis; il ne devient privé que par l'application qu'ils s'en font, et ce n'est qu'alors qu'il peut être changé par la volonté de l'homme (Merlin, Rép., vº Prescription, sect. 1, § 3, nº 1). — L'art. 2220, c. nap., consacre formellement cette doctrine : On ne peut *renoncer d'avance* à la prescription. — «Il y a en effet, dit M. Troplong, dans la renonciation anticipée à la prescription quelque chose qui trouble le bien public, qui encourage la faute ou l'incurie, et déroge à une loi d'utilité générale.» —En outre, la clause de renonciation à la prescription deviendrait de style dans tous les actes, et la prescription établie dans l'intérêt de l'ordre public n'offrirait plus qu'un secours illusoire à la société. C'est ainsi qu'un débiteur ne peut pas renoncer valablement dans un contrat, au bénéfice de cession (c. 1268; V. aussi le discours de M. Bigot-Préameneu, p. 70, nº 9; M. Marcadé, art. 2220, nº 1).—Ce sont là les véritables raisons de décider, et c'est à tort qu'on a voulu faire résulter l'interdiction de renoncer à la prescription non acquise, d'une prétendue défense de renoncer à un droit non ouvert. Le contraire est établi par l'art. 1130 c. nap., qui décide en principe que les choses futures peuvent être l'objet d'une obligation. Il n'en excepte que les stipulations relatives à une succession non ouverte. « Anciennement, dit M. Duranton, nº 115, dans plusieurs de nos coutumes, les filles renonçaient très-bien aux successions futures de leur père et mère, moyennant une dot, et cependant on ne pouvait pas alors plus qu'aujourd'hui renoncer à la prescription non acquise. »—V. à cet égard le code prussien, nº 31.

48. Non-seulement il n'est pas permis de renoncer par un titre exprès à la prescription qui n'est pas acquise, mais la convention qui, en accordant un droit en exclue un autre, n'empêcherait pas de prescrire ce dernier droit. Ainsi, il a été jugé que, bien que dans un titre primitif, le droit de pacage dans une forêt eût été concédé à une commune, avec cette clause qu'elle ne pourrait *prétendre aucun autre droit*, elle a pu prescrire le droit de glandée dans la même forêt (Req. 9 nov. 1826, aff. Saucy, V. *infra*, nº 457-1º). Cette clause équivalait à la clause prohibée d'une renonciation d'avance aux effets d'une prescription.

49. Il n'est pas défendu de stipuler, pendant le cours de la prescription, qu'on n'entend pas, pour prescrire, se prévaloir du temps qui a couru. C'est là une renonciation à un droit acquis qu'on peut toujours faire, mais on ne pourrait pas renoncer par ce même acte à profiter du temps qui resterait à courir pour que la prescription fût acquise; seulement le temps écoulé ne comptera plus pour la compléter, ou plutôt c'est une prescription nouvelle qui commencera (MM. Troplong, 45; Duranton, 117; Marcadé, art. 2220, nº 1).

50. Lorsque deux parties qui se disputent un droit sont convenues de rester dans le *statu quo* jusqu'à ce que le litige ait été décidé, on a pu voir là un acte qui suspendait régulièrement la prescription. En effet, le but direct de l'acte n'était pas de renoncer à la prescription qui pouvait courir, mais de créer un état de choses qui, tant qu'il existait, empêchait les parties d'agir, et dès lors suspendait la prescription.—Ainsi il a été jugé que la convention intervenue entre le concessionnaire d'un droit de péage dont le droit de cession est contesté et le redevable, dans le but de suspendre toutes poursuites jusqu'à ce qu'il eût été statué par le conseil d'État sur l'existence du titre de concession, a suspendu la prescription de ce droit (Req. 22 juin 1853, aff. Thial, D. P. 53. 1. 302).

51. On ne peut renoncer aux *déchéances* établies par la loi dans l'intérêt public pour accélérer la marche des affaires. C'est ainsi qu'on ne pourrait, par aucun acte de procédure, renoncer par avance à opposer la *péremption* (V. Péremption, nº 31). — Le droit de renoncer à la péremption *acquise* est incontestable (c. pr. 399, V. *eod.*, nºs 175 et s.). Mais en est-il de même de toute autre déchéance? Oui, suivant Merlin, Rép., vº Prescription; à moins, ajoute, avec raison, M. Troplong, nº 51, que la déchéance ne se lie à quelque principe d'intérêt public. Conf. M. Marcadé, art. 2220, nº 4. — De là est née la question si controversée de savoir si dans le cas où l'intimé n'oppose pas la fin de non-recevoir résultant de la tardiveté de l'appel le juge peut la suppléer d'office. Cette question a été traitée vº Appel civil, nº 1150.

52. Il faut remarquer que c'est seulement aux prescriptions *établies par la loi* qu'il est défendu de renoncer avant qu'elles soient acquises. Ainsi, au cas où, dans un contrat, on aurait fixé un délai dans lequel une des parties serait tenue d'exercer une faculté sous peine de déchéance, une nouvelle stipulation pourrait, avant le termeé chu, proroger ou supprimer le délai conventionnel. L'ordre public n'est en rien intéressé là-dedans. C'est ainsi que M. Troplong, nº 44, a décidé, avec raison, que, bien que, dans une vente à réméré, les parties soient convenues que le rachat s'exercera dans *deux ans*, l'acquéreur peut, avant l'expiration de ce délai, proroger la faculté de rachat, pourvu que le délai légal de cinq ans ne soit pas excédé (Conf. M. Marcadé, art. 2220, nº 1).

53. On ne peut pas abréger par un contrat le délai légal d'une prescription. Ce serait en réalité y renoncer d'avance, puisque la loi a fixé le temps qui la constitue, et que lorsque le délai légalement fixé n'est pas accompli, elle n'est pas acquise : on ne peut pas, par une convention, déroger à une disposition d'ordre public (Paris, 19 déc. 1849, aff. comp. de l'Union, D. P. 50. 2. 40).

54. Il semble qu'avant que la prescription soit acquise par un débiteur contre son créancier, un tiers puisse intervenir pour garantir le créancier contre toute prescription. En effet, cette stipulation n'empêche pas la prescription d'être acquise au débiteur. La garantie donnée par le tiers est une obligation autre que celle contractée entre le créancier et le débiteur, et pourra ellemême être prescrite.—V. Effet de commerce, nº 855.

55. Aux termes de l'art. 2221 c. nap., la renonciation à la prescription est *expresse* ou *tacite*.—MM. Troplong, nº 52, et Duranton, nº 119, enseignent que la renonciation expresse est celle qui résulte de la déclaration explicite renfermée dans un acte faisant preuve de son contenu. On a remarqué, il nous semble avec raison, que cela n'est point exact, et que la renonciation expresse peut résulter de toute déclaration, soit écrite, soit purement verbale. «La doctrine de ces auteurs ferait croire, dit M. Marcadé, art. 2220-2222, nº 5, que, pour la renonciation à la prescription, la preuve est soumise à des règles particulières et ne peut se faire que par écrit, tandis qu'il n'en est rien. Les moyens de preuve sont ici les mêmes que partout ailleurs; et toute déclaration faite de l'abandon du droit sera dès lors efficace, non-seulement 1º quand elle sera formellement consignée dans un acte; mais aussi 2º quand elle sera avouée par son auteur; 3º quand, déniée par lui, elle sera prouvée par témoins avec simple commencement de preuve par écrit; 4° enfin, quand elle sera constatée, même par simple témoignage, s'il ne s'agit pas de plus de 150 fr. » Il doit être, au reste, bien compris que la renonciation expresse à une prescription ne peut pas être assimilée à un acte de confirmation ou de ratification, et qu'elle n'a pas besoin pour être valable d'être conforme aux prescriptions de l'art. 1338 c. nap. Elle n'est subordonnée, dans sa forme, à aucune condition substantielle (Rej. 8 mars 1853, aff. Capdeville, D. P. 54. 1. 336).

56. Inutile de dire que la renonciation, soit expresse, soit tacite, doit émaner d'une volonté libre. Elle est présumée telle jusqu'à preuve contraire (Conf. M. Troplong, n° 54).—Ainsi, il a été jugé que la renonciation à une prescription acquise n'emporte avec elle aucune présomption de dol, fraude ou violence capable de faire annuler une transaction dans laquelle elle se trouve comprise (Cass. 12 vend. an 6) (1).

57. Le renonçant doit avoir agi avec connaissance de cause. La renonciation à une prescription qu'on ignorait serait nulle, pourvu toutefois que le renonçant prouvât son ignorance (Conf. M. Troplong, n° 55, V. n° 44), laquelle, au reste, ne se présume pas.

58. Quels sont les caractères de la renonciation *tacite?* D'après l'art. 2221, elle résulte d'*un fait* qui suppose l'abandon du *droit acquis*. « Pour que des faits emportent renonciation, dit Merlin, Rép., v° Renonciation, il faut qu'il en résulte une volonté manifeste de renoncer, c'est-à-dire que ces faits soient directement et à tous égards, contraires au droit et au privilége.» —Cela est juste, mais ce serait aller trop loin que d'exiger, avec un arrêt de la cour de cassation du 15 déc. 1829 (V. Effets de commerce, n° 810), que la renonciation tacite à la prescription fût prouvée par *des aveux, affirmations* ou *consentements*, et de se refuser à ce qu'elle fût établie par *induction*. Cette doctrine ne laisserait subsister aucune différence entre la renonciation expresse et la renonciation tacite. Celle-ci doit pouvoir s'établir par induction puisque la renonciation tacite résulte, aux termes de la loi, de faits qui *supposent* l'abandon du droit (Conf. MM. Troplong, n° 56; Marcadé, art. 2220-2222, n° 5).

59. Mais si l'on peut raisonner par induction, il faut cependant que les faits soient significatifs, et que les déductions qu'on en tire soient précises et exactes. On ne pourrait pas, par exemple, faire résulter une renonciation à la prescription d'intérêts de ce qu'un débiteur aurait demandé à son créancier une réduction de sa créance, telle que le chiffre de la créance serait resté supérieur à celui auquel elle aurait été réduite s'il avait invoqué la prescription des intérêts, où de ce qu'étant marchand, ce débiteur a soutenu qu'il s'était libéré des intérêts en fournitures faites au créancier (Bourges, 18 mars 1825) (2).

60. Lorsqu'une partie peut craindre que l'on conclue d'un acte, qu'elle consent à renoncer à la prescription, elle peut *protester* contre cette intention, et la protestation a pour résultat de lui conserver le bénéfice de la prescription. Celui, par exemple, qui, en payant partiellement une dette, déclare ne pas reconnaître la dette pour le surplus, peut prescrire le surplus de la dette. Mais il faut que les protestations, pour avoir cet effet, ne soient pas inconciliables avec le fait qu'elles accompagnent. Si, en payant l'intégralité de ce que je dois, je protestais que je ne renonce pas à la prescription, il y aurait là une contradiction entre le fait et la protestation qui rendrait la protestation nulle. Il faut, en outre, pour que la protestation soit efficace, qu'elle ne soit pas purement de style (Conf. M. Troplong, n°s 57 et suiv.).

61. Nous allons examiner quels sont les actes principaux qui, lorsqu'il n'y a pas de protestation efficace, impliquent la renonciation à la prescription (V. aussi n°s 571 et s.). — D'abord le payement d'une dette prescrite élèverait une forte présomption de renonciation (Merlin, Rép., v° Prescription). — Mais s'il était prouvé par la quittance, ou par tout autre écrit du même genre, que le débiteur n'a payé que parce qu'il croyait qu'il n'y avait pas de prescription acquise, cette erreur de fait donnerait naissance à l'action rescisoire.—V. n° 44.

62. Celui qui paye une partie de la dette prescrite renonce implicitement à la prescription pour le surplus (*minima agnitione debiti tollitur præscriptio*), à moins qu'il ne déclare en même temps ne reconnaître la dette que pour la somme qu'il paye. Nul doute, dès lors, que le payement d'une année d'arrérages d'une rente n'efface la prescription du fonds de cette rente; il effacerait même la prescription des quatre autres dernières années d'arrérages; mais son effet ne s'étendrait point au delà. La prescription des arrérages antérieurs est indépendante de celle du fonds de la rente. Renoncer à l'une, ce n'est point renoncer à l'autre.—Mais il faudrait établir que les arrérages ont été payés à celui qui avait *qualité* pour recevoir, et même il a été jugé que le payement pendant trois années consécutives des arrérages d'une rente depuis longtemps éteinte constitue un fait qui dans son isolement peut ne pas être considéré comme une renonciation tacite à la prescription (Req. 14 mai 1834, aff. Mollerat, V. n° 460).

63. Celui qui consent à une compensation de la dette prescrite, renonce virtuellement à la prescription. — Ainsi il a été jugé : que déclarer, en réponse à une sommation de payer une somme d'argent et de délivrer certains objets mobiliers, qu'on a des compensations à opposer, c'est renoncer à la prescription (Toulouse, 20 mars 1825) (3).

64. Celui qui a été déclaré propriétaire d'un immeuble, à la charge de payer une rente viagère à l'acquéreur évincé, ne peut pas opposer la prescription de cinq ans pour les arrérages

---

(1) *Espèce* : — (Daubans C. Soubiran.) — LE TRIBUNAL; — Vu l'ordonnance du mois d'avril 1560; — Attendu que, d'après cette ordonnance, les transactions consenties entre majeurs ne peuvent être rescindées que pour cause de dol, fraude ou violence; que la transaction du 8 mai 1774 était passée entre personnes majeures; qu'il n'était prouvé aucun fait de dol, fraude ou violence; que la qualité des parties, ou le plus ou moins d'avantage qui pouvait résulter, en faveur d'une d'elles, de cette transaction, ne sont présentés par aucune loi comme des circonstances qui puissent vicier un acte qui paraît avoir été librement consenti; que la renonciation à la prescription est une faculté légitime, qui peut être exercée, sans emporter avec elle la moindre présomption de crainte; que les motifs qui ont déterminé les juges du tribunal du district de Vic à annuler la transaction du 8 mai 1774 ne reposent donc que sur une volonté arbitraire, qui a conduit ces juges à un excès de pouvoir dont l'effet est l'anéantissement d'un acte que la loi ne réprouvait point, et en dernière analyse, la violation de l'ordonnance du mois d'avril 1560; — Casse, etc.

Du 12 vend. an 6.-C. C., sect. civ.-M. Barris, rap.

(2) (Pouthes C. Desglaudes.) — LA COUR; — Considérant, sur la première question, que, suivant le sieur Desglaudes, le sieur de Pouthes aurait renoncé à user du moyen de prescription contre les intérêts qui lui sont demandés; qu'il fait résulter cette renonciation, 1° de la convention même par laquelle lui, Desglaudes, a réduit sa créance à 4,500 fr., somme à laquelle elle ne se fût pas élevée, si les intérêts de son capital avaient été prescrits; d'où il conclut que le sieur de Pouthes, sollicitant cette réduction, renonçait à tout moyen de prescription; — 2° De ce que le sieur de Pouthes a dans un temps soutenu qu'il lui avait payé les intérêts en diverses fournitures, preuve qu'il n'entendait pas se libérer par la prescription; — 3° De ce que, lors des saisies-arrêts qu'il a fait faire entre les mains des débiteurs du sieur de Pouthes pour des sommes dans lesquelles il comprenait les intérêts de son capital, le sieur de Pouthes n'a pas prétendu qu'ils fussent prescrits; —4° Enfin, de ce qu'en première instance, le sieur de Pouthes n'a pas proposé le moyen de prescription; — Attendu que, pour prétendre qu'un individu a renoncé à un droit qui lui était acquis, il faut, si on n'a pas une renonciation formelle, qu'on puisse au moins lui opposer des faits tels qu'ils supposent l'abandon du droit acquis; que ceux allégués pour le sieur Desglaudes, fussent-ils légalement établis, auraient pu avoir lieu sans que le sieur de Pouthes eût entendu renoncer à se servir de la prescription; —Quant au silence qu'il a pu garder à cet égard devant les premiers juges, attendu que l'art. 2224 c. civ. dispose que la prescription peut être opposée en tout état de cause, même devant le tribunal d'appel.

Du 18 mars 1825.-C. de Bourges, 2e ch.-M. Delaméthérie, pr.

(3) (Daussonne C. Daussonne.) — LA COUR; — Attendu que, quoiqu'il se soit écoulé plus de trente ans depuis la demande formée par Thomas Daussonne, en délivrance des biens composant la succession de Marie Valette, il y a eu renonciation à cette prescription, par l'acte notifié le 19 fév. 1825, à la requête de Gabriel Daussonne, à la dame James, épouse de Thomas Daussonne, en réponse à la sommation du 5 du même mois, puisque Gabriel y déclare qu'il entend opposer la compensation aux demandes qui lui sont faites relativement à la succession de Marie Valette; il a donc reconnu ses droits sur cette succession, puisqu'il n'oppose que la liquidation à faire pour fixer la consistance de ces droits; —Vidant le renvoi au conseil, rejette la fin de non-recevoir prise de la prescription, en ce qui concerne la succession de Marie Valette.

Du 20 mars 1825.-C. de Toulouse, 1re ch.-M. Hocquart, 1er pr.

échus de ladite rente, si un jugement, passé en force de chose jugée, a décidé que les fruits et revenus dont l'acquéreur évincé devrait rendre compte, seraient compensés avec les arrérages de la rente à lui due, et si, de plus, cette compensation a été acceptée formellement par acte extrajudiciaire (Rej. 19 janv. 1825) (1).

65. Consentir à la novation d'une créance prescrite c'est également renoncer à la prescription. Il en serait de même 1° si un débiteur donnait caution pour le payement de sa dette, car donner sûreté pour l'exécution d'une obligation, c'est en effet reconnaître qu'elle existe ; — 2° Si l'on demandait à profiter, par le moyen de la *subrogation*, de la créance prescrite, car on ne peut être subrogé qu'à un droit existant. — V. Req. 18 janv. 1821, V. Effets de com., n° 845 ; M. Troplong, n° 71.

66. Celui qui paye intégralement la dette, qui oppose une compensation, et qui consent à une novation, renonce, comme nous l'avons vu, d'une manière tacite, à la prescription. La renonciation tacite résulte encore des déclarations qu'a pu faire le débiteur, des demandes qu'il a formées, des offres qu'il a formulées, etc. Mais lorsqu'il s'agit d'une déclaration faite en justice ou extrajudiciairement, il faut que les termes ne soient pas douteux. Ainsi il a été jugé que la déclaration faite par un débiteur qu'il ne doit rien, ne renferme pas une renonciation à la prescription (Cass. 19 avril 1815) (2) ; cette déclaration n'a pas paru incompatible avec celle de la prescription de la dette. « En effet, comme le dit M. Troplong, n° 56, puisque la prescription est un moyen de libération, n'est-elle pas l'une de ces causes sur lesquelles on peut se fonder pour dire : je ne dois rien ? »

67. Mais un arrêt paraît avoir été trop loin lorsqu'il a jugé que l'adjudicataire souscripteur d'une traite à l'ordre d'un receveur général, pour payement d'une coupe de bois royaux, pouvait opposer la prescription, lors même qu'il aurait formé des demandes en réduction et décharge de son prix, lesquelles auraient été constatées par des arrêtés préfectoraux, et des décisions minis-

---

(1) *Espèce :* — (Delamothe C. Pillaut.) — Par deux actes de 1811, le sieur Delamothe crée deux rentes viagères, l'une de 140, l'autre de 440 fr. au profit de la demoiselle de Champigny, pour prix notamment de son domaine de la Dixme. Il n'est pas dit que ces rentes seront payées sans retenue ; mais il est stipulé qu'elles le seront d'avance, et le premier de ces actes constate que la première année de la rente de 140 fr. a été payée sans retenue. — En déc. 1814, la demoiselle de Champigny vend le même domaine de la Dixme au sieur Pillaut, à qui elle cède en outre tous ses droits aux rentes viagères : elle décède un mois après. Pillaut se met en possession de la Dixme, et en jouit sans réclamation jusqu'en 1818, époque où Delamothe le regardant, ou feignant de le regarder comme fermier de ce domaine, lui signifie un congé, avec sommation de restituer les fruits perçus depuis sa mise en possession. — Pillaut se prétend propriétaire ; mais, le 18 déc. 1818, le tribunal de Chinon donne provisoirement cette qualité à Delamothe, sauf à Pillaut l'exercice de ses droits, à l'effet d'être payé des arrérages de rente viagère, en réduction des fruits dont il est débiteur. Ce jugement est confirmé par un arrêt de la cour d'Orléans, auquel Pillaut a acquiescé. — Le 26 juill. 1819, Delamothe fait à Pillaut des offres réelles de la somme de 220 fr., pour moitié d'une année de la rente viagère de 440 fr. ; il offre en outre toute compensation de droit des arrérages de rente avec les dépens auxquels Pillaut a été condamné. — Le 4 août 1819, Pillaut fait sommer Delamothe de lui payer les arrérages des deux rentes. — Delamothe prétend alors que les dépens adjugés ne peuvent pas entrer dans les comptes à faire entre eux des jouissances et arrérages des rentes, et que le payement de ces arrérages se trouve compensé avec les fruits et revenus du domaine de la Dixme. — Il paraît que, depuis, Delamothe s'est prévalu, à l'égard des arrérages remontant au delà de cinq ans, de la prescription portée en l'art. 2277, et qu'il a prétendu exercer la retenue du dixième sur les arrérages qu'il devait.

Quoi qu'il en soit, après une longue procédure et plusieurs jugements sur la reddition des comptes à régler entre les parties, le tribunal de Chinon a, par jugement du 8 fév. 1822, 1° reconnu Delamothe définitivement propriétaire du domaine de la Dixme, et Pillaut propriétaire des deux rentes viagères ; 2° déclaré Delamothe non recevable dans ses moyens de prescription des arrérages, ainsi que dans ceux relatifs à la retenue du dixième sur lesdites rentes qu'il sera tenu de servir et payer sans aucune diminution. — Appel par Delamothe, et, le 31 mai 1822, arrêt qui confirme ce jugement.

Pourvoi de la part de Delamothe, 1° pour violation de l'art. 2277 c. civ., qui veut que les arrérages de rentes viagères et perpétuelles se prescrivent par cinq ans ; 2° pour violation des lois du 3 déc. 1790 et 3 frim. an 7, aux termes desquelles la retenue a toujours lieu, à moins que le contrat ne porte la condition de non retenue. — Arrêt.

LA COUR ; — Sur le moyen fondé sur la violation de l'art. 2277 c. civ., aux termes duquel les arrérages de rentes viagères et perpétuelles se prescrivent par cinq ans ; — Attendu, 1° que la compensation des fruits et revenus dont Pillaut avait été condamné à rendre compte, avec les arrérages des rentes viagères dont il s'agit, a été ordonnée par le jugement du tribunal civil de Chinon, du 18 déc. 1818, qui a acquis l'autorité de la chose jugée ; — 2° Que Delamothe avait formellement accepté cette compensation par l'acte extrajudiciaire signifié à sa requête, le 5 août 1819 ; — Sur le moyen pris de la violation des lois de déc. 1790 et 3 frim. an 7, suivant lesquelles la retenue sur les rentes avait toujours lieu, lorsque le contrat constitutif ne portait pas la condition de non-retenue ; — Attendu que les rentes viagères dont il s'agit au procès n'ont pas été créées sous l'empire des lois citées par le demandeur, mais ont été constituées depuis la publication de la loi du 3 sept. 1807, aux termes de laquelle tous les intérêts sont affranchis de la nécessité d'une stipulation de non-retenue de la contribution foncière ; — Attendu, d'ailleurs, que la cour royale a pu, ainsi qu'elle l'a fait, considérer le payement intégral de la première année de la rente viagère de 140 fr. fait par le demandeur au moment de la signature du contrat de constitution de ladite rente, les offres réelles par lui faites dans son acte extrajudiciaire du 26 juill. 1819 de la somme de 220 fr. pour la moitié de la rente de 440 fr., et l'acceptation également par lui faite des fruits et revenus du domaine de la Dixme, en payement et compensation des arrérages des rentes viagères, dans son acte extrajudiciaire du 5 août 1819, comme une reconnaissance formelle, et un aveu de sa part que lesdites rentes viagères avaient été constituées en exemption de retenue ; — Rejette.

Du 19 janv. 1825.-C. C., sect. civ.-MM. Brisson, pr.-Poriquet, rap.-Cahier, av. gén., c. conf.-Raoul et de Gatines, av.

(2) *Espèce :* — (Janson C. Leclerc.) — Des lettres de change tirées par Monclar au profit de Leclerc, et acceptées par Janson, furent protestées à leur échéance ; et ce ne fut que plus de cinq ans après que Leclerc assigna Janson en payement de ces traites. — Jugement par défaut qui condamna Janson à en acquitter le montant. — Opposition de la part de ce dernier ; il allégua d'abord plusieurs fins de non-recevoir, et soutint, au fond, qu'il ne devait rien. — Leclerc répondit à ces moyens ; et ce fut alors seulement que Janson se prévalut de la prescription de cinq ans établie par l'art. 189 c. com. — Nouveau jugement qui déclare Janson non recevable dans son exception, « attendu qu'il devait la proposer *in limine litis* ; qu'avant de s'en prévaloir, il a prétendu ne rien devoir d'après les pièces qu'il a produites ; et qu'il a par là fait abandon du moyen qu'il pouvait tirer de la prescription. » — Appel ; et le 13 janv. 1813, arrêt confirmatif de la cour de Paris.

Pourvoi pour violation de la première disposition de l'art. 2224 c. civ., et fausse application de la deuxième disposition du même article. La renonciation à la prescription, a dit le demandeur, ne doit pas être facilement présumée, car elle emporte aliénation ; elle ne peut résulter que de circonstances graves, précises et concordantes qui ne se rencontrent nullement dans l'espèce. On n'est censé ne vouloir pas faire usage de la prescription que lorsqu'on emploie des moyens de défense qui y sont directement opposés ; ainsi, lorsque avouant une dette, on n'en a contesté que la quotité, la prescription n'est plus recevable ; car étant fondée sur une présomption de payement, cette présomption s'évanouit devant l'aveu contraire du débiteur. Mais comment celui qui, dès le principe, a soutenu ne rien devoir, peut-il être réputé avoir renoncé à la prescription ? N'est-il pas évident au contraire que cette prétention de ne rien voir se concilie très-bien avec celle d'avoir prescrit la dette ? Celui, disait M. Merlin, dans une espèce analogue à celle-ci, celui qui, après avoir essayé de prouver par des titres qu'il n'est plus débiteur, propose enfin la prescription, est censé tenir ce langage : « Je vous ai payé, et le payement que je soutiens vous avoir fait est présumé par le laps de temps que vous avez laissé écouler sans former votre demande. » Une pareille défense est aussi naturelle que légitime. — Le défendeur a répondu que l'art. 2224 c. civ. permettait d'établir sur des présomptions la renonciation à la prescription ; qu'une présomption qui supposerait cette renonciation ne pouvait être que le résultat des circonstances de la cause, de l'appréciation des faits et de l'interprétation des actes ; que, dès lors, les cours et les tribunaux étaient souverains pour prononcer sur une question de cette nature, et que dès lors leur décision à cet égard n'était pas susceptible de cassation. — Arrêt (apr. dél. en ch. du cons.).

LA COUR ; — Attendu que la prétention d'une partie, de ne rien devoir, n'ayant en soi rien d'incompatible avec celle de la prescription de la dette ne peut être considérée comme une véritable renonciation à cette dernière exception, ni faire obstacle à ce qu'elle soit proposée en tout état de cause, ainsi que le permet l'article précité du code ; que néanmoins, dans l'espèce, l'arrêt attaqué a écarté le moyen de prescription, quoique proposé par le demandeur devant les premiers juges, sur le seul motif qu'ayant soutenu ne rien devoir, il était censé avoir abandonné ce moyen, ce qui est une fausse application de la seconde partie de cet article, et une violation manifeste de la première ; — Casse, etc.

Du 19 avr. 1815.-C. C., ch. civ.-MM. Liborel, pr.-Boyer, rap.

térielles rendues en réponse à ces demandes (Req. 15 déc. 1829, aff. Lorents, V. Effets de comm., n° 810). Nous pensons avec M. Troplong, n° 68, que cet arrêt ne doit pas être suivi. Il y avait dans toutes les demandes formées par l'adjudicataire une reconnaissance de la dette, et une renonciation évidente à soutenir prescrite une obligation dont il demandait la réduction. Il est difficile de supposer un cas où la renonciation tacite paraisse mieux établie.

68. Les renonciations doivent être resserrées dans leurs termes précis, et l'on ne doit pas les étendre d'un cas à un autre. — Jugé, par exemple, que le débiteur qui est intervenu à l'acte de cession de la créance, pour dispenser le cessionnaire de la signification, a renoncé sans doute à prescrire contre le capital de la créance, mais non contre le payement des intérêts qui, à l'époque de ce transport, étaient dus depuis plus de cinq années (Rej. 2 juin 1835, aff. Sillac, n° 1078). — En effet, le seul résultat direct de l'intervention était la reconnaissance de la créance principale.

69. Il est certain aussi qu'on ne pourrait induire la renonciation à la prescription d'une simple inadvertance commise par le créancier. Ainsi une commune, d'une part, et d'autre part, certains habitants de cette commune *ut singuli*, avaient un droit d'usage dans une forêt. Le propriétaire de la forêt ne prétendait pas opposer la prescription, aux habitants auxquels le droit d'usage avait été concédé *ut singuli*, mais il entendait l'opposer à la commune. Dans cette situation, croyant que les art. 72 et 75 c. for. s'appliquaient aussi bien aux troupeaux des particuliers qu'à ceux des communes, il a écrit au maire de faire exécuter les prescriptions contenues auxdits articles. Son intention était qu'elles fussent appliquées aux troupeaux des habitants contre lesquels il n'entendait pas prescrire. La commune a prétendu que par là il avait renoncé à la prescription contre elle. Sa prétention a été rejetée (Req. 20 nov. 1838) (1) : et en effet l'erreur ne peut engendrer un droit.

70. La notification de son contrat d'acquisition faite par un tiers acquéreur aux créanciers inscrits, ne préjuge rien sur la validité des titres de ses créanciers, et n'emporte pas renonciation à la prescription qui pourrait leur être opposée (Bordeaux, 15 janv. 1835, aff. de Beauchamp, V. n° 1126. — *Contrà*, Grenier, t. 2, n° 116 ; M. Troplong, des Hypothèq., t. 3, n° 888) ; et cette jurisprudence nous semble devoir être suivie. En effet, le tiers acquéreur est tenu de notifier à tous les créanciers inscrits, et il ne sait pas, quand il notifie, si les créances sont oui ou non conservées. Il notifie aux créanciers dont les hypothèques sont relevées dans l'état d'inscription, mais cet état lui-même ne lui apprend rien quant à la question de savoir si ces créances sont oui ou non éteintes.—Le même argument s'applique au cas de notification pour arriver au purgement des hypothèques légales (Grenoble, 10 mars 1827, aff. Planel, V. Privil. et hyp.) : la notification reconnaît la qualité des personnes auxquelles elle est faite, voilà tout. Elle ne préjuge pas la question de savoir si leurs droits ont été conservés, et c'est aller trop loin, ce nous semble, que de voir, avec M. Troplong, *loc. cit.*, dans l'accomplissement des art. 2194 et 2195 c. civ. une reconnaissance de l'hypothèque de la femme.

71. En général, la renonciation à la prescription ne peut pas résulter d'un fait passif. Ainsi il a été jugé que la communication de son état de frais, faite par l'avoué à la partie contre laquelle il en poursuit le payement, ne constitue pas de la part de celle-ci une reconnaissance de la dette, et une renonciation à se prévaloir de la prescription (Riom, 9 juin 1840, V. Frais, n° 963). — Il va de soi que cette communication ne pourrait avoir l'effet d'une renonciation de la part du débiteur, que si elle avait été suivie, par exemple, d'une discussion entre l'avoué et son client sur le *quantùm* des frais demandés.

72. Mais l'offre faite par un client à un officier ministériel de terminer son compte avec lui, et sa déclaration qu'il lui a déjà remis des à-compte, constituent une reconnaissance de la dette qui le rend non recevable à opposer la prescription à ce dernier (Amiens, 11 mars 1826) (2).—En effet, il y avait là une manifestation de volonté contraire à la pensée que le client a eu l'intention d'opposer la prescription. Il a été jugé de même, et avec raison, que le client qui, poursuivi par son avoué en payement de frais, se présente devant la chambre des avoués, où les parties avaient été renvoyées préalablement, et s'y reconnaît débiteur d'une partie des sommes réclamées, peut être déclaré ensuite par les juges non recevable à opposer la prescription établie par l'art. 2273 c. civ., sans qu'une pareille décision, fondée sur la renon-

---

(1) *Espèce :* — (Commune de Cavalanti C. de Castelbajac.) — La commune de Cavalanti prétendait avoir certains droits d'usage sur des bois et landes appartenant au comte de Castelbajac, en vertu d'un titre de 1645. — Le comte de Castelbajac opposait la prescription par suite de non-usage de la servitude pendant plus de trente ans. Mais la commune opposait, comme emportant reconnaissance de ses droits, une lettre écrite au maire, le 30 mars 1829, par le sieur de Castelbajac, et d'après laquelle ce dernier demandait qu'on remplît les formalités prescrites par les art. 72 et 75 cod. for. — En cet état, un jugement du tribunal de Tarbes, et sur l'appel, un arrêt confirmatif de la cour de Pau, en date du 19 janv. 1836, ont successivement donné gain de cause au comte de Castelbajac, en déclarant éteints pour défaut d'exercice pendant plus de trente ans les droits d'usage réclamés par la commune de Cavalanti.

Voici, en ce qui touche la lettre du 30 mars 1829, comment a statué la cour d'appel :—« Attendu, sur le mérite du moyen pris des énonciations contenues dans la lettre du 30 mars 1829, écrite au maire de la commune de Cavalanti, qu'il est constant, en fait, et reconnu que la partie de Guittet (de Castelbajac) a, par acte du 5 oct. 1815, concédé à une vingtaine d'individus de la commune de Cavalanti des droits d'usage dans son bois ; qu'il a été avancé sans contradiction que ces vingt et un individus formaient la majeure partie et presque la totalité des habitants de la commune ; — Que cette lettre renferme, à la vérité, la demande formelle de remplir et de faire remplir les diverses formalités prescrites par certains articles du code forestier, et notamment par les art. 72 et 75 ; qu'il est vrai aussi que l'art. 72 ne regarde que le maire, et que cet article est compris dans le titre des communes usagères ; mais qu'il faut aussi considérer qu'on pourrait difficilement reconnaître dans l'énonciation fugitive d'un article du code l'intention de renoncer à un droit acquis (la prescription), lors, surtout, que déjà les parties avaient eu quelques contestations sur ce point, et qu'on ne peut pas supposer que la partie de Guittet, qui avait traité en 1815 avec la majeure partie des habitants de la commune, eût voulu renoncer à une prescription déjà acquise et à l'avantage du titre sus-énoncé de 1815..... » — L'arrêt décide que, d'ailleurs, on peut induire de l'art. 120 c. for. que les dispositions des art. 72 et 75 s'appliquent au cas où plusieurs habitants d'une commune, *ut singuli*, ont des droits d'usage dans les bois des particuliers.

Pourvoi en cassation de la part de la commune, pour excès de pouvoir, fausse application des art. 72, 75 et 120 c. for., et des règles et principes sur la prescription des servitudes de l'ancien ressort de la cour de Pau. — Arrêt.

LA COUR ; — Attendu qu'en déclarant que la lettre du 30 mars 1829, dans laquelle le défendeur éventuel citait les art. 72, 75 c. for., ne renfermait aucune renonciation à ses droits acquis, la cour royale de Pau a fait de cette lettre une appréciation qui lui appartenait souverainement, et n'a nullement violé ou faussement appliqué les art. 72, 75 et 120 dudit code forestier ; — Attendu qu'ayant reconnu, en fait, que la commune de Cavalanti avait cessé, depuis plus de trente ans, d'exercer les droits d'usage dont il s'agissait au procès, la cour royale de Pau a pu décider, en droit, que ces droits d'usage avaient été éteints par la prescription, et qu'en statuant sur les questions qui lui étaient soumises, ladite cour n'a point excédé ses pouvoirs ; — Par ces motifs ; —Rejette.

Du 20 nov. 1838.-C. C., ch. req.-MM. Zangiacomi, pr. Faure, rap.

(2) (Cottenest C. Corroze.) — LA COUR ; — En ce qui touche la prescription opposée pour troisième fin de non-recevoir :—Considérant que la prescription forme, en faveur du débiteur qui l'invoque, une présomption de payement ; mais que le débiteur ne peut exciper utilement de la prescription annale, quand il a reconnu sa dette et qu'il ne peut prouver sa libération ; — Considérant que, par la lettre du 25 sept. 1818, et dans l'interrogatoire susénoncé, Corroze a reconnu n'avoir payé à Cottenest que des à-compte sur ses dossiers qu'il avait reçus et qu'il y avait compte à terminer entre eux ; qu'ainsi il ne peut maintenant opposer utilement à Cottenest la prescription annale ; — Considérant que, dans l'état actuel de l'instance, il est impossible de savoir si Corroze doit à Cottenest les 2,959 fr. réclamés ; que la quotité de la dette, si elle existe, ne peut être fixée que par l'examen du compte que Cottenest demande à Corroze d'établir avec lui ; d'où il suit la nécessité, en infirmant le jugement dont est appel, d'ordonner ce compte ; mais qu'il est indispensable que Corroze communique à Cottenest les pièces dont la rétention a empêché ce dernier de mieux justifier sa demande originaire ;—Met l'appellation et le jugement rendu, le 31 août 1814, par le tribunal de Vervins, au néant ; — Emendant, etc.

Du 11 mars 1826.-C. d'Amiens.-M. Beauvillé, pr.

ciation présumée au moyen de prescription donne ouverture à cassation (Req. 11 fév. 1840) (1).

73. On a pu voir une renonciation à opposer la prescription d'une rente foncière, dans une lettre contenant l'offre, même non acceptée par le créancier, de convertir cette rente en une rente viagère, et dans le payement d'un terme d'arrérages fait même par un seul des débiteurs de la rente (Rej. 27 janv. 1829 (2), rendu sur notre plaidoirie). — De même, la lettre missive d'un tiers acquéreur de biens usurpés, à la partie qui l'actionne en revendication, par laquelle il promet de faire compte des biens réclamés, a pu être considérée comme emportant renonciation de ce tiers acquéreur à la prescription de dix ans, sans que l'arrêt qui le décide ainsi par interprétation de la lettre missive tombe sous la censure de la cour de cassation. « Attendu que la cour royale (d'Amiens) n'a fait qu'interpréter la lettre écrite par le demandeur le 29 avr. 1838, et qu'en concluant de cette interprétation, qui était dans ses attributions exclusives, que le demandeur avait renoncé à la prescription, la cour a fait une juste application des principes relatifs à la matière; rejette » (Req. 4 mai 1841, MM. Zangiacomi, pr., Mestadier, rap., aff. Lamessine).

74. Suivant un arrêt, celui qui, ayant acquis un immeuble par la prescription trentenaire, se laisse sciemment, et pendant sept années, déposséder de cet immeuble, même par d'autres que par l'ancien propriétaire, contre lequel il avait prescrit, est censé avoir renoncé à la prescription par lui acquise, et ne peut plus s'en prévaloir, au bout des sept années, contre les nouveaux possesseurs (Bordeaux, 12 janv. 1828) (3). — L'auteur des arrêts de la cour de Bordeaux ne pense pas que cet arrêt

---

(1) *Espèce :* — (Pavy C. Leblant.) — Me Leblant, avoué près le tribunal de la Seine, avait occupé pour le sieur Pavy dans diverses instances remontant à l'année 1815. — Par exploit du 17 avr. 1837, Me Leblant a assigné son client en payement de la somme de 4,915 fr. 70 c., montant des frais qu'il prétendait lui être dus. — Le tribunal a renvoyé les parties devant la chambre des avoués, « à l'effet, par elle, de les entendre et donner son avis, pour être ensuite statué par le tribunal. » — Devant cette chambre, Pavy impugna, article par article, le mémoire produit par Me Leblant à l'appui de sa demande. Ses dires furent constatés par un rapport de la chambre qui réduisit la demande de Me Leblant à 1,978 fr. 19 c. — Me Leblant a poursuivi l'homologation de ce rapport, qui a été en effet entériné par jugement du 26 déc. 1838.

Appel par Pavy qui, pour la première fois, invoque, devant la cour royale, la prescription de deux ans, établie par l'art. 2273 c. civ., et conclut à ce que Me Leblant soit tenu de lui remettre ses pièces. — 9 avril 1839, arrêt confirmatif de la cour de Paris, ainsi conçu : — « Considérant que, sur les différents articles du mémoire de Leblant, Pavy, devant la chambre des avoués, s'est reconnu débiteur, et qu'ainsi il s'est rendu non recevable à opposer la prescription; — Adoptant au surplus les motifs des premiers juges, etc. »

Pourvoi de Pavy. — 1° Violation de l'art. 2273 c. civ., en ce que l'arrêt attaqué a refusé d'admettre l'exception de prescription contre la demande d'un avoué en payement de frais relatifs à des affaires terminées depuis plus de deux ans, sous le prétexte que, d'après ce qui s'était passé devant la chambre des avoués, le demandeur devait être présumé avoir renoncé à la prescription (art. 2224). — A l'appui de ce moyen, on conteste que Pavy se soit reconnu débiteur devant la chambre des avoués. La cour suprême peut, dit-on, vérifier elle-même ce fait d'après les pièces produites. Reste donc uniquement la question de savoir si le demandeur peut être présumé avoir renoncé à la prescription, par cela seul qu'il s'est présenté devant la chambre des avoués, et y a débattu le mémoire de Me Leblant. Or cette question a déjà été jugée négativement par arrêt du 19 août 1816 (V. *infrà*, n° 1042); d'où il suit que l'arrêt attaqué, en induisant une renonciation de circonstances qui ne la faisaient pas présumer, n'a pas seulement fait une appréciation souveraine, mais a violé la loi. — Arrêt.

LA COUR; — Sur le premier moyen : — Attendu, en droit, qu'aux termes de l'art. 2224 c. civ., la prescription ne peut être opposée en tout état de cause, même devant les cours royales, qu'autant que la partie qui n'a pas opposé le moyen ne doit pas, par les circonstances, être présumée y avoir renoncé; — Attendu que l'appréciation des circonstances d'où peut résulter une renonciation à la prescription appartient aux cours royales et ne peut pas être soumise à la censure de la cour de cassation : ce sont des faits à vérifier, à reconnaître, à constater; — Attendu, dès lors, que la cour royale a pu, sans violer aucune loi, conclure des explications et déclarations des parties, devant la chambre des avoués, que le débiteur avait reconnu la dette et renoncé à la prescription; — Rejette.

Du 11 fév. 1840.-C. C., ch. req.-MM. Zangiacomi, pr.-Mestadier, rap.-Gillon, av. gén., c. conf.-Augier, av.

(2) *Espèce :* — (Delabrosse C. Guillemet). — Delabrosse et sa mère devaient à la veuve Duplessis, leur tante et belle-sœur, une rente foncière de 800 fr. par an. — Il paraît qu'ils étaient en position de se prévaloir de la prescription. — La veuve Duplessis avait fait un testament en faveur de son neveu; mais ce dernier préférant, à ce qu'il paraît, un acte irrévocable au testament que la tante pouvait révoquer, propose à celle-ci, tant en son nom qu'au nom de sa mère, de convertir la rente foncière en une rente viagère; il faisait observer que c'était là une faveur qu'ils accordaient, car la rente était prescrite.— La tante repoussa cette offre, et de suite actionna son neveu en payement des arrérages de la rente. — Immédiatement, Delabrosse répondit à sa tante que lui et sa mère étaient désolés de la méprise qui avait pu lui faire supposer qu'ils eussent eu la volonté de lui opposer la prescription; ils avaient cru entrer dans ses vues en lui proposant de remplacer la rente foncière qu'ils lui devaient par une rente viagère, puisqu'elle avait fait son testament en faveur de son neveu. Cette lettre se terminait par l'offre de renouveler l'acte de 1784, que le sieur Pierre Delabrosse priait sa tante de lui envoyer à cette fin.—Armée de cette lettre, la veuve Duplessis assigna les sieur et dame Delabrosse en payement du semestre échu des arrérages de la rente et en renouvellement de son titre. A peine eurent-ils reçu cet exploit que le sieur Pierre Delabrosse envoya à sa tante, toujours tant en son nom qu'au nom de sa mère, une somme de 400 fr. pour les arrérages réclamés, et 10 fr. pour les frais de l'assignation. Dans la lettre qui accompagnait cet envoi, il disait à sa tante qu'il aurait pu opposer la prescription avec plein succès, et qu'il espérait qu'elle lui rendrait justice à l'heure de son décès, etc. — La veuve Duplessis ne tarda pas, en effet, à décéder; mais la justice que le sieur Delabrosse avait espérée ne lui fut pas rendue, et ce fut un autre neveu, le sieur Guillemet-Perrin, que la testatrice appela à lui succéder. — Ainsi privé de l'hérédité, le sieur Delabrosse a cru pouvoir reproduire le moyen de prescription qu'il avait d'abord invoqué, et sa mère s'est jointe à lui. Mais ils ont succombé, tant en première instance que devant la cour de Bourges, qui, par arrêt du 7 mars 1826, a décidé qu'il y avait eu renonciation tacite à la prescription de la part des sieur et dame Delabrosse, et que cette renonciation résultait, soit du projet de rente viagère souscrit par le sieur Delabrosse et par sa mère, soit enfin du payement de six mois d'arrérages de la rente foncière. — Pourvoi du sieur Delabrosse pour violation des principes consacrés par les art. 2220, 2221, 1356 et 2262, en ce qu'on avait fait résulter une renonciation tacite à la prescription d'un projet de transaction, qui, n'ayant pas été accepté, devait être regardé comme non avenu, et d'un payement fait à sa tante, sans la participation de sa mère, et sous la condition implicite d'être institué son héritier, condition qui ne s'était pas accomplie. — On répondait d'abord pour le défendeur, que la loi n'ayant pas déterminé les faits d'où pouvait dériver la renonciation tacite à la prescription, les tribunaux étaient souverains, quant à l'appréciation de ces faits. On a démontré ensuite que la cour d'appel avait très-sainement apprécié les faits de la cause, en y voyant les éléments d'une renonciation tacite à la prescription, renonciation qui n'était évidemment pas susceptible de la condition implicite que le sieur Delabrosse prétendait y avoir apposée, car il ne pouvait ignorer, lui qui est avocat, que tout pacte sur une succession future est interdit par la loi autant que par la morale.— Arrêt.

LA COUR; — Attendu, sur le 1er moyen, qu'en décidant que le sieur Pierre Delabrosse et la dame Chamblant, sa mère, avaient renoncé à la prescription dont ils excipaient, et que cette renonciation résultait d'un projet d'acte de constitution d'une rente viagère par eux signé, de diverses lettres et du payement d'un terme de la rente dont il s'agit, lesdites lettres écrites et ledit payement fait par le sieur Delabrosse en son nom et en celui de sa mère, la cour royale n'a fait qu'une appréciation des actes, faits et circonstances du procès, ce en quoi elle n'a pas violé les lois invoquées; — Rejette.

Du 27 janv. 1829, ch. civ.-MM. Brisson, pr.-Rupérou, rap.-Joubert, av. gén., c. conf.-Odilon-Barrot et Dalloz, av.

(3) *Espèce :* — (Hérit. Paupin C. Foulieron et Helcastel.) — 25 octobre 1825, les héritiers Paupin, de Bordeaux, assignent Boulieron en délaissement d'un espace de terrain attenant à leur jardin, et dont on les avait dépossédés depuis sept ans. — Foulieron, qui avait acquis ce terrain de Helcastel le 22 août précédent, appelle ce dernier en garantie. — Les héritiers Paupin invoquent la donation, à titre onéreux, faite à leur père par un sieur Caduc, propriétaire, en vertu de la vente qui lui en a été consentie, le 15 déc. 1774, par le sieur Guiton de Monrepos.— Une copie informe qu'ils produisent doit justifier du contrat de vente, mais l'acte de transmission leur a tout à fait échappé. Seulement, et quant aux droits de leur père, cette transmission contestée, ils les font résulter d'une possession paisible et publique de 1775 à 1819. — Et cette possession de plus de trente ans, c'est par une enquête qu'ils veulent l'établir. — Helcastel soutient les héritiers Paupin non recevables dans leur preuve. — Quant au moyen résultant de la prescription, ce n'est qu'une exception : on ne peut l'employer qu'en défendant pour

doive faire jurisprudence, et il nous semble qu'il a raison. L'arrêt pourrait se défendre si la prescription n'était qu'une exception, mais elle est un moyen d'acquérir la propriété.— Celui qui a possédé pendant trente ans dans les conditions de la loi est propriétaire, et l'abandon de la jouissance pendant sept ans ne peut lui faire perdre sa propriété. Faut-il voir dans cet abandon une renonciation à la prescription? Cela ne peut se soutenir. Mille autres raisons que celle de renoncer à la prescription peuvent motiver l'abandon de la jouissance d'un immeuble, et d'ailleurs on ne comprend la renonciation à la prescription qu'en faveur de celui contre lequel la prescription est acquise, ou de ses représentants. A l'égard d'un tiers possesseur, il ne peut s'agir que d'acquisition par possession, et non d'acquisition par renonciation tacite d'un précédent possesseur. — Au reste, l'arrêt qu'on recueille ici, approuvé par Vazeille, 2e éd., t. 1, p. 406, et par Marcadé, a été combattu par MM. Duranton, n° 125, et Troplong, n° 56.

75. On peut également contester le bien jugé d'un arrêt, qui a décidé que même après la prescription acquise d'une servitude par le non-usage pendant trente ans, de la part de celui à qui elle était due, on a pu faire résulter la renonciation tacite de ce que deux fois dans un espace de plusieurs années, la servitude a été exercée (Orléans, 30 déc. 1835, aff. Jousselin, sous Req. 20 déc. 1836, V. Servitude). Nous concevons bien que ces deux faits aient pu établir une interruption de la prescription si elle n'avait pas été acquise, car ils émanaient de celui qui avait intérêt à interrompre la prescription. Mais comment voir une renonciation tacite dans la tolérance de ces deux faits isolés d'exercice de la servitude? Cela est d'autant moins soutenable que le titre du propriétaire qu'on prétendait avoir renoncé à la prescription ne contenait aucune mention de l'existence de la servitude sur son fonds. Comme il n'était pas averti par son titre, il a pu ignorer ce qui se passait, ou le tolérer à titre de familiarité. Pour que la renonciation tacite eût eu lieu, il aurait fallu que le propriétaire eût non-seulement connu les faits, mais qu'il eût su qu'ils étaient considérés comme l'exercice d'une servitude. Comment pouvait-il le savoir dans le silence de son contrat?

76. Il est sans difficulté que la délivrance faite par le propriétaire d'une forêt ou par ses agents à des usagers est une renonciation à la prescription acquise. — Mais en est-il de même lorsque les délivrances ont été faites aux usagers par des adjudicataires de coupes de bois? Il a été décidé avec raison qu'il y avait renonciation lorsque les adjudicataires ont été chargés par le propriétaire de faire les délivrances (Cass. 27 août 1834) (1).

---

résister à une demande en délaissement, non en demandant, par celui qui ne possède pas, pour expulser un possesseur. — 9 juin 1827, jugement qui consacre ces principes et déclare les héritiers Paupin non recevables.

Appel par les héritiers Paupin. S'il existait, ont-ils dit, une loi qui interdit au demandeur de se prévaloir de la prescription, comme moyen de justifier sa demande, cette disposition encouragerait à s'emparer, par ruse ou par violence, de ce qu'on voudrait revendiquer ensuite afin d'obliger le possesseur, qui n'aurait pour lui que la prescription, à se constituer demandeur au procès. A ce moyen de Helcastel, que, les héritiers Paupin l'ayant laissé jouir pendant sept ans, ils devaient être censés avoir renoncé à se prévaloir contre lui de leur droit de propriété fondé seulement sur la prescription, ceux-ci répondaient : que leur silence pendant sept ans ne supposait point, en droit, leur renonciation à la propriété, puisque la loi dit formellement qu'un tel abandon n'est présumé qu'après trente ans; — Que, conservant le droit de revendiquer le terrain, malgré un silence de sept années, ils avaient par là conservé celui de justifier de leur propriété par tous les moyens légaux. —Après trente ans de possession, disaient-ils, le propriétaire peut, sans danger, perdre ses titres de propriété; la possession trentenaire en tient lieu, voilà le principe. — Si le propriétaire, qui a négligé de réclamer pendant les premières années de la spoliation, ne pouvait le faire ensuite autrement que par la production de ses titres, la prescription de trente ans ne remplacerait pas le titre, il aurait besoin d'être éternellement conservé. — Arrêt.

La cour; —Attendu, en droit, qu'on peut renoncer à la prescription acquise, soit expressément, soit tacitement, et que la renonciation tacite résulte d'un fait qui suppose l'abandon d'un droit acquis; — Attendu, en fait, que les appelants n'ont pas contesté qu'ils avaient été dépossédés, depuis sept ans, du terrain dont s'agit, et que, pendant tout ce temps, les intimés en avaient joui à leur vu et su, sans qu'ils eussent élevé la moindre réclamation, quoique leurs propriétés fussent contiguës, et sans que Arnaud Paupin, leur auteur, en eût élevé aucune pendant sa vie; qu'il résulte évidemment de ces faits une renonciation tacite à la prescription trentenaire qu'ils prétendent avoir acquise sur ce terrain, antérieurement à leur dépossession.

Du 12 janv. 1828-C. de Bordeaux, 2e ch.-M. Duprat, pr.

(1) (Roy et Duval C. Buzelin.) — La forêt de Conches avait été comprise dans un échange fait, en 1651, entre Louis XIV et le duc de Bouillon, échange qui fut révoqué par un décret de la convention nationale du 8 flor. an 2. — Cette forêt, qui fut rendue au duc de Bouillon par une ordonnance royale du 22 juin 1816, appartient aujourd'hui au comte Roy et au sieur Duval. — Le 21 août 1827, les sieurs Buzelin, prétendant avoir, en vertu de titres remontant à 1655, des droits d'usage sur la forêt de Conches, notamment celui d'y prendre du bois de construction et du bois de chauffage, formèrent, contre le comte Roy et le sieur Duval, une action tendant à la délivrance de bois de construction et de chauffage. — Les défendeurs leur opposèrent la prescription établie par l'art. 607 de la coutume de Normandie, portant que toute servitude discontinue s'éteint par le non-usage pendant quarante ans. — Les demandeurs repoussaient cette exception, en disant qu'ils avaient joui des droits d'usage jusqu'à l'époque de la révolution, et que, par conséquent, la prescription n'était pas accomplie contre eux au moment où ils avaient intenté leur action. Ils produisaient, à l'appui de cette assertion, soit des procès-verbaux de délivrance, soit les registres de plusieurs adjudicataires de coupes de bois, constatant aussi les délivrances de bois aux usagers. — Ils soutenaient, quant au temps écoulé depuis la révolution, qu'il fallait en défalquer cinq ans, aux termes de l'art. 2, tit. 5 de la loi du 20 août 1792, qui a suspendu, pendant ce laps de temps, toute prescription des droits corporels et incorporels. — Ils prétendaient ensuite que la prescription avait été également suspendue pendant tout le temps que la forêt de Conches avait été détenue par le domaine, c'est-à-dire depuis l'an 2, date de la révocation de l'échange de 1651, jusqu'en 1816, époque où les héritiers de Bouillon avaient été remis en possession de la forêt.

Jugement, et sur l'appel, arrêt de la cour de Rouen, du 20 juill. 1832, qui condamne le comte Roy et le sieur Duval à faire délivrance des bois réclamés, dans les termes suivants : — « Attendu qu'aux quarante ans exigés par la coutume de Normandie pour pouvoir prescrire, il faut ajouter les cinq années pendant lesquelles tous les droits corporels et incorporels, dans lesquels se trouvent évidemment compris les droits réclamés par les sieurs Buzelin, ont été suspendus par l'art. 2, tit. 5 de la loi du 20 août 1792; — Qu'à ces quarante-cinq années on doit encore ajouter les vingt-deux années à partir du 27 avr. 1794 (8 flor. an 2) au 26 juin 1816, pendant lesquelles la forêt de Conches a été soumise au régime des forêts domaniales, ce qui reporte à soixante-sept ans, c'est-à-dire, à 1760 ou à 1765, si on retranche les cinq premières années, l'époque à laquelle les sieurs Buzelin peuvent faire remonter leurs faits de possession, leur action ayant été intentée le 21 août 1827. — Relativement aux bois de construction : — Attendu que les sieurs Buzelin produisent des procès-verbaux de visite et de délivrance à la date des 19, 20 et 21 avr. 1786; que, dès lors, et d'après les bases ci-dessus fixées, l'action du 21 août 1827 a interrompu la prescription sur ce chef; que peu importe que les droits réclamés par les sieurs Buzelin constituent une servitude, puisqu'ils ont un titre, et que les procès-verbaux de 1786 s'opposent à ce que ces droits puissent être déclarés prescrits, dès qu'ils ont joui dans les quarante années qui ont précédé leur action;....

» Relativement au bois de chauffage : — Attendu que la prescription est la renonciation présumée à un droit; que cette renonciation se présume difficilement lorsque ce droit est important, qu'il repose sur un titre, et qu'on a exercé d'autres droits de même nature, fondés sur le même titre, et ayant la même origine; qu'il ne s'agit pas de créer un titre en faveur des sieurs Buzelin; que ce titre existe, et que ce titre, joint aux procès-verbaux de 1786, leur donne le droit aux bois de construction; qu'il serait étrange qu'ils eussent à la même époque renoncé à la redevance annuelle de vingt cordes de bois pour leur chauffage; que les sieurs Buzelin ont seulement à établir qu'ils n'ont point laissé prescrire leur titre, que leurs droits sont restés entiers, et qu'à leur titre se joint l'exécution de ce titre avant que la période de quarante années soit accomplie; que cette exécution peut être prouvée par des documents émanés, soit des héritiers du duc de Bouillon, soit de ceux qui le représentaient; — Attendu que les ducs de Bouillon chargeaient les adjudicataires de leurs domaines de délivrer aux usagers les redevances énoncées dans leurs titres, et que c'est en justifiant l'acquit de ces redevances, que ces adjudicataires se libéraient d'autant, en exhibant les registres de leurs facteurs avec les quittances des usagers; mais que les quittances ne peuvent être dans les mains de ces derniers qu'ils ne peuvent donc produire que les registres de ceux qui faisaient les délivrances au nom des adjudicataires, représentant les héritiers du duc de Bouillon; — Attendu que les registres de Marcel Rivière, commis aux ventes dans la forêt de Conches, ne peuvent être suspectés;

77. Répondre au bureau de paix qu'on est prêt à payer si le demandeur produit un titre obligatoire, ce n'est pas renoncer à opposer la prescription contre le titre, lorsqu'il sera produit (Bordeaux, 7 fév. 1827 (1). — V. M. Duranton, n° 124.

78. Il a été jugé que, de la déclaration faite au bureau de conciliation par le défendeur à une action en délivrance des diverses parties d'une succession, qu'il consent à abandonner à son adversaire ce qui lui revient, mais que comme il a beaucoup de répétitions à faire, il propose de nommer un arbitre expert avec tout pouvoir de transiger, traiter et régler, il ne résulte pas une renonciation expresse ou tacite à opposer plus tard l'exception de prescription sur le fond de la demande en partage (Req.

---

qu'ils constatent des délivrances de bois de chauffage faites aux auteurs des sieurs Buzelin, de 1774 à 1779; que ces redevances n'ont pu être acquittées qu'en vertu du titre primitif de 1655; que ces registres, tenus régulièrement et avec le plus grand ordre, contenant les délivrances dans la partie dont il était chargé, et écrits par un individu dont le décès remonte à 1790, n'ont pu être créés pour la cause et qu'ils méritent pleine foi; qu'ils sont, d'ailleurs, corroborés par la décharge d'un sieur Bourdon, pour Mattard, relativement à une délivrance de dix cordes dues pour l'ordinaire de 1788, et par les procès-verbaux de 1786, quant aux bois de construction, tous actes qui se lient et se prêtent une force mutuelle; — Que la preuve testimoniale subsidiairement offerte par les sieurs Buzelin, et tendant à établir que depuis 1775 jusqu'en 1795 la prestation de vingt cordes de bois de chauffage a été, chaque année, effectuée par le duc de Bouillon au propriétaire du domaine des Fourneaux, serait surabondante et n'ajouterait rien aux documents déjà existants, et tendant non à créer ou à valider un titre, mais à établir la possession continue en vertu de ce titre; — Qu'en vain MM. Roy et Duval opposent 1° que les registres de Marcel Rivière ne sont ni cotés ni parafés, et qu'ils n'avaient point prêté serment; 2° qu'on ne représente aucun acte de délivrance; — Attendu 1° que le défaut de cote, de parafe et de serment, ne peut être opposé aux usagers, puisqu'il serait le fait des propriétaires de leurs forêts ou de leurs adjudicataires, lesquels ne pourraient s'en faire un titre pour ravir à un acte la foi qu'il mérite; 2° que les actes de délivrance, lorsqu'elle était effectuée, étaient remis entre les mains des facteurs, afin que ceux-ci, pour leur décharge, pussent les représenter aux adjudicataires, et ces derniers au duc de Bouillon; 3° qu'il est évident que les adjudicataires ne délivraient aux usagers le bois de chauffage que parce qu'ils y étaient tenus par leur acte d'adjudication; et que, dès lors, le fait des adjudicataires devenait celui du propriétaire, qui ne pouvait être étranger aux charges qu'il avait lui-même imposées aux adjudicataires, au profit des usagers; — Qu'ainsi, MM. Roy et Duval ne peuvent opposer que les délivrances dûment constatées, et faites par les adjudicataires de 1774 à 1779 et 1788, sont étrangères au duc de Bouillon, et par suite, aux propriétaires actuels de la Forêt de Conches; — Condamne MM. Roy et Duval, etc. »

Pourvoi. — 1° Violation de l'art. 607 de la coutume de Normandie, en ce que l'arrêt attaqué a donné effet à des titres qui remontaient à près de deux siècles, alors que rien n'établissait que ces titres eussent été suivis, dans les quarante ans, de délivrance de bois. — 2° Fausse application de l'art. 2248 c. civ., et violation de l'art. 607 de la coutume de Normandie, en ce que la cour de Rouen a admis comme reconnaissance des droits des usagers, et par suite, comme interruptifs de la prescription, des actes qui n'émanaient pas du propriétaire de la forêt, ou du moins de personnes par lesquelles il fût légalement représenté. — 3° Fausse application tant de l'art. 2, tit. 5 de la loi du 20 août 1792, que des principes sur la suspension de la prescription, et violation encore de l'art. 607 de la coutume de Normandie, 1° en ce que l'arrêt attaqué a décidé que la suspension de prescription établie par l'art. 2 de la loi de 1792, quant aux droits corporels et incorporels, s'appliquait aux droits d'usage; 2° en ce qu'il a jugé que la prescription avait été suspendue durant le temps pendant lequel la forêt soumise au prétendu droit d'usage avait été en la possession du domaine, alors que rien n'empêchait les usagers de réclamer l'exercice de leurs droits.

Les défendeurs répondent, sur le premier moyen, que l'usager qui possède actuellement, ou prouve avoir possédé dans un temps plus récent que celui nécessaire pour la prescription, est réputé avoir possédé dans le temps antérieur, tant que le contraire n'est pas établi; — Sur le deuxième moyen, que la décision de l'arrêt renferme, sur ce point, une simple appréciation de faits qui échappe à la censure de la cour de cassation; — Sur le troisième moyen, que l'art. 2 de la loi de 1792 se réfère, dans sa disposition finale, au décret du 1er juill. 1791, et ce décret étant général, la loi de 1792 devait, par suite, être regardée comme générale; que, d'un autre côté, s'agissant d'un droit de chauffage, l'ordonnance de 1669 (art. 1, tit. 20) s'opposait à ce que ce droit pût s'exercer pendant la détention de la forêt par le domaine. — Arrêt (ap. dél. en ch. du cons.).

LA COUR; — Attendu, sur les premier et deuxième moyens, qu'il a été reconnu, en fait, par la cour royale de Rouen, que les ducs de Bouillon chargeaient les adjudicataires de leurs bois de faire la délivrance aux usagers; — Qu'il a été reconnu, en deuxième lieu, que le garde Marcel Rivière, qui était aussi le commis des adjudicataires de bois, avait fait, pendant les années 1786 et 1787, des délivrances de bois aux propriétaires du domaine des Fourneaux; — Qu'il a été reconnu, en troisième lieu, par ladite cour, que si quelques irrégularités se rencontraient dans les registres de Marcel Rivière, elles étaient le fait non des usagers, mais bien des propriétaires de la forêt, et que ces irrégularités ne pouvaient pas détruire la preuve des faits qui résultaient de ces registres; — Que la cour royale de Rouen a pu décider, sans violer aucune loi, par suite de cette appréciation des actes de la cause et des registres de Marcel Rivière, que les ducs de Bouillon, en consentant à un nouvel exercice de la servitude, fondée sur un ancien titre, avaient renoncé à la prescription qui leur était acquise; — Rejette ces deux moyens;

Sur le troisième: — Vu l'art. 607 de la coutume de Normandie; — Vu l'art. 2 du tit. 5 de la loi du 20 août 1772; — Vu les art. 1 et 2 du décret du 8 flor. an 2; — Vu, enfin, l'art. 1 du tit. 20 de l'ord. de 1669, portant: « Révoquons et supprimons tous et chacun des droits de chauffage dont nos forêts sont à présent chargées; » — Attendu que, d'après l'art. 607 de la coutume de Normandie, la liberté du fonds servant pouvait s'acquérir par une possession de quarante ans continus, contre le titre de servitude; — Que la cour royale de Rouen a fait illégalement résulter la première suspension de prescription de cinq ans, de l'art. 2 du tit. 5 de la loi du 20 août 1792; — Que les dispositions de cette loi spéciale ne s'appliquent qu'aux rentes et autres redevances semblables; — Que c'est ce qui résulte formellement, tant de l'art. 1 du même titre, dont l'art. 2 est le complément, que de la rubrique même du titre et de toutes les dispositions de ce titre; — Que cette rubrique est, en effet, conçue dans les termes suivants: « Tit. 5. De la prescription des redevances fixes à l'avenir, et du payement de celles arriérées; » — Qu'ainsi, cette loi était, sous tous les rapports, inapplicable à une servitude consistant en des droits d'usage; — Que, quant à la prescription, cette servitude rentrait dans les termes du droit commun; — Que, par conséquent, en faisant dériver une suspension de prescription de cinq ans de ladite loi, postérieurement aux actes possessoires reconnus, la cour royale de Rouen a créé une suspension de prescription qui n'était nullement autorisée par la loi du 20 août 1792; — Que la seconde suspension de prescription que la cour royale a fait résulter du décret du 8 flor. an 2 n'est pas plus fondée; — Que la convention nationale ne donna pas au décret du 8 flor. an 2 un effet rétroactif; qu'elle n'ordonna aucune restitution de fruits, et qu'elle ordonna, au contraire, que la république ne rentrerait que dès cet instant dans les biens qui avaient fait partie de l'échange; — Qu'aussi déclara-t-elle, par son décret du 24 floréal de la même année, qu'il n'y avait lieu à délibérer sur la question de savoir s'il devait être fait état à la nation de l'excédant des revenus des domaines cédés aux auteurs de la Tour-d'Auvergne, en échange des ci-devant principautés de Sédan et de Raucourt; — Attendu que les dispositions de l'ord. de 1669, en tant qu'elles supprimaient tout droit de chauffage dans les forêts domaniales, n'étaient pas applicables à la cause; — Que ces dispositions n'ont été appliquées qu'aux forêts qui faisaient partie du domaine de l'Etat, à l'époque de cette ordonnance; — Que, par conséquent, les forêts qui ont été réunies depuis en ont été exceptées; — Que la loi du 28 vent. an 11 contient la preuve que l'ord. de 1669 n'a point aboli le droit de chauffage dans les forêts qui sont devenues domaniales par la suite; — Que cette loi a voulu, en effet, que les communes et les particuliers qui se prétendraient fondés, par titre ou possession, aux droits de pâturage, chauffage et autres usages de bois dans les forêts nationales, fussent tenus de produire leurs titres, dans les six mois, aux secrétariats de préfecture, sinon qu'il leur serait fait défense d'en continuer l'usage; — Attendu, enfin, qu'à l'égard des forêts devenues domaniales depuis 1669, et notamment depuis la réunion opérée par le décret du 8 flor. an 2, dès l'instant de ce décret, les usagers ont été en droit de continuer les droits d'usage auxquels ils pouvaient avoir droit; — Qu'il ne conste cependant pas que les frères Buzelin aient réclamé devant les tribunaux aucun droit d'usage pendant la prétendue suspension de prescription que la cour a accueillie; — Que, par conséquent, en prononçant une autre suspension de prescription, à compter des derniers actes possessoires des frères Buzelin, la cour royale est contrevenue aux lois précitées; — Faisant droit sur le troisième moyen, relatif aux deux suspensions de prescription ordonnées par l'arrêt de la cour royale de Rouen, casse ledit arrêt, en ce point, etc.

Du 27 août 1834.-C. C., ch. civ.-MM. Portalis, 1er pr.-Vergès, rap.-de Gartempe, av. gén., c. conf.-Scribe et Jacquemin, av.

(1) (Migués, etc., C. Henripeaux.) — LA COUR; — Attendu que Migués et la veuve Lacoste, en répondant au bureau de paix qu'ils étaient prêts à payer si les demandeurs exhibaient un titre qui les y obligeât, n'ont nullement renoncé à opposer la prescription, puisque, la prescription étant un moyen légal de libération, le titre qu'on leur oppose cesserait d'être obligatoire pour eux, si la prescription qu'ils invoquent leur était acquise.

Du 7 fév. 1827.-C. de Bordeaux, 1re ch.-M. de Saget, pr.

16 mars 1851 (1). — M. Troplong, n° 70, condamne cet arrêt parce qu'aucune expression limitative ou conditionnelle n'accompagnait, dans l'espèce, le consentement du défendeur à remettre au demandeur *ce qui lui revenait*, et parce que le défendeur reconnaissait implicitement sa qualité de débiteur, en invoquant des compensations. — La critique ne paraît pas fondée. On peut très-bien interpréter cette déclaration du défendeur qu'il consent à abandonner au demandeur ce qui lui revient, dans ce sens qu'il entend lui abandonner ce qui lui revient *légitimement*. — La preuve en est qu'il demandait qu'un arbitre fût nommé. Que deviendrait d'ailleurs la disposition de la loi qui veut que la prescription puisse être opposée en tout état de cause, si le défendeur était censé avoir renoncé au moyen de prescription dans le cas où il ne le présenterait pas *in limine litis*? — L'arrêt est plus difficile à défendre sur ce point que le défendeur avait annoncé avoir des répétitions à faire. Mais on peut dire qu'il raisonnait dans l'hypothèse que le titre qu'on lui opposerait ne serait pas prescrit, qu'il se réservait alors d'opposer la compensation. Il ne la demandait pas *hic et nunc*; il pensait que plus tard il pourrait l'invoquer, et simplement faisait ses réserves. — Au reste, il est des cas où l'offre de compter n'emporte pas renonciation à la prescription. Ainsi, celui qui, cité en conciliation, a déclaré devant le juge de paix *qu'il entendait faire compte de ce qu'il pourrait devoir légitimement*, et qui, en conséquence, a concouru à la nomination des arbitres chargés d'évaluer le montant de la dette, peut néanmoins, avant que le jugement arbitral ait été rendu, révoquer le compromis, et opposer à la demande formée contre lui le moyen de la prescription (Limoges, 26 mars 1819) (2).

79. Lorsque, dans une contestation relative à la distribution de deniers appartenant à un débiteur commun, l'un des créanciers conclut, en première instance, à ce que l'inscription hypothécaire d'une créance soit déclarée nulle, et à ce que toutes les parties ne viennent que par contribution au marc le franc, ces conclusions ne rendent pas le créancier qui les a prises non recevable à opposer en appel, contre la même créance, le moyen de la prescription (Bourges, 28 mai 1824) (3). — « Il paraît, en effet, certain, comme le dit M. Troplong (n° 55), que toute cause de préférence étant écartée, il se réservait le droit de discuter le mérite des créances devant le juge-commissaire chargé de les vérifier. » — *Contrà*, M. Vazeille, n° 346.

80. Demander un délai pour prouver qu'un compte de tutelle

---

(1) (Dulit C. Marcoux.) — LA COUR; — Attendu qu'en déclarant, devant le juge de paix, qu'il ne refusait pas d'abandonner à Marie Dulit ce qui lui revenait, et en proposant de nommer un arbitre, Marcoux n'a évidemment entendu reconnaître à Marie Dulit que ce qu'elle pouvait valablement réclamer, conformément aux règles du droit et aux principes de la justice; que n'ayant renoncé à aucune des fins de-non recevoir ou exceptions qu'il pouvait opposer à la demande, il ne peut être présumé avoir, par la seule force de cette déclaration, abandonné le moyen de prescription qui lui était déjà acquis; — Qu'en interprétant ainsi la déclaration dont il s'agit, l'arrêt attaqué (de la cour de Lyon) n'a violé ni les art. 2220 et 2221 c. civ., ni aucune loi; — Rejette, etc.

Du 16 mars 1851.-C. C., ch. req.-MM. Favard, pr.-Maleville rap.

(2) *Espèce:* — (Longour C. Champ.) — En 1785, transaction entre le sieur Longour et la dame Champ, par laquelle celle-ci renonce, moyennant 900 fr., à la légitime que la loi lui attribuait dans la succession de sa fille, décédée sans postérité. — Dix-huit ans après, la dame Champ fait citer Longour à l'effet de se concilier sur la demande qu'elle se propose de former contre lui en rescision pour cause de lésion du traité de 1785. A l'audience du juge de paix, Longour déclare qu'il entend faire compte à la dame Champ de tout ce qui peut lui être dû légitimement, ajoutant que, pour connaître ce qui lui est dû, il faut que le montant en soit déterminé par des arbitres. — En conséquence, des arbitres sont nommés; mais au moment où ils vont rendre leur décision, Longour révoque le compromis.—Assigné devant le tribunal de première instance, il prétend que plus de dix ans s'étant écoulés sans poursuites depuis la transaction, l'action de la dame Champ est prescrite.—Celle-ci répond qu'en offrant de tenir compte de ce qu'il pourrait devoir, Longour a reconnu par là même l'existence d'une dette quelconque, et la légitimité de la réclamation formée contre lui; que cette reconnaissance et son concours à la nomination des arbitres ont été de sa part une renonciation tacite au bénéfice de la prescription; que, dès lors, aux termes de l'art. 2224 c. civ., cette exception n'est plus recevable. — Jugement qui accueille ces moyens. — Appel par Longour. — Il soutient qu'on ne peut, sans violer la loi qui permet d'invoquer la prescription en tout état de cause, donner à sa déclaration devant le bureau de paix l'extension qui lui a été attribuée par les premiers juges; qu'il est déraisonnable d'induire de son silence sur l'exception de prescription qu'il ait renoncé à la proposer; que ce silence a été déterminé par la pensée où il a été que ses autres moyens suffiraient pour écarter la demande formée contre lui; qu'enfin l'offre qu'il a faite signifiait seulement qu'il payerait s'il devait, et qu'on ne peut y reconnaître l'abandon d'un droit acquis.

LA COUR, — Considérant que Longour, dans sa réponse faite au bureau du juge de paix, le 8 mess. an 12, n'a pas renoncé au moyen de prescription qui lui était acquis; que ce moyen peut être opposé en tout état de cause; que sa réponse est telle, qu'en fait, elle ne le rend pas non recevable à opposer la prescription contre l'action rescisoire intentée contre lui par la dame Champ, le 30 prair. an 12; — Infirme.

Du 26 mars 1819.-C. de Limoges.

(3) *Espèce:* — (D'Osmond C. Rahier et comp.). — Une contribution s'ouvrit devant le tribunal de Clamecy entre les créanciers du sieur Ouvré à l'occasion d'une somme qui lui était due par la veuve Brunier. — Rahier et cons., qui figuraient parmi ces créanciers, attaquèrent, pour défaut de renouvellement en temps utile, une inscription hypothécaire prise au profit de la comtesse d'Osmond, et ils demandèrent que tous les créanciers vinssent à la distribution des deniers au marc le franc. — Le 9 janv. 1825, jugement conforme à ces conclusions. — Appel par madame d'Osmond. — Rahier et consorts ont invoqué la prescription contre madame d'Osmond, dont le titre de créance était une rente constituée le 5 avril 1785. — Les époux d'Osmond répondent: La légitimité de la créance a été tellement reconnue par les intimés, qu'ils ont eux-mêmes demandé que les parties vinssent, au marc le franc, à la distribution des deniers; cette circonstance prouve la renonciation au moyen de prescription; les intimés ne sont donc pas recevables à l'invoquer. D'ailleurs, le moyen, supposé recevable, ne serait pas fondé; les précédents propriétaires de la rente avaient émigré; pendant ce temps, la rente, réunie au domaine de l'État, avait été imprescriptible: et, depuis qu'elle avait été rendue à un particulier, le temps de la prescription n'était pas encore écoulé. — Arrêt.

LA COUR; — Sur la première question: — Attendu que les appelants font résulter la fin de non-recevoir qu'ils opposent aux intimés, de ce que ces derniers ont conclu en première instance à ce que la somme due par la veuve Brunier fût distribuée par contribution entre les créanciers de Pierre-Marie-Joseph Ouvré; — Qu'il est vrai que les sieurs Rahier et consorts se sont bornés, en première instance, à combattre et à faire rejeter les inscriptions hypothécaires qui leur étaient opposées; qu'ils ont cru qu'il leur suffisait, à l'égard de celles de la comtesse d'Osmond, de soutenir qu'elle avait été tardivement renouvelée; qu'en concluant à ce que les parties fussent renvoyées à se pourvoir par contribution au marc le franc, on ne doit pas en conclure qu'ils aient reconnu la légitimité de la créance des parties de Mᵉ Mayet; qu'en effet, s'il n'y avait point eu d'appel du jugement de première instance, on n'aurait pas pu leur contester le droit d'établir devant le juge-commissaire chargé de la vérification des créances, que celle de la comtesse d'Osmond devait être écartée comme prescrite; que l'appel interjeté par les parties de Mayet remettant en question ce qui a été jugé par les premiers juges, il est hors de doute que les intimés peuvent faire valoir devant la cour, non-seulement les moyens qu'ils ont employés en première instance, mais encore celui résultant de la prescription, puisque la prescription peut être opposée en tout état de cause, même devant la cour royale, à moins que la partie qui n'aurait point opposé ce moyen ne doive, par les circonstances, être présumée y avoir renoncé (c. civ. 2224); ce qui ne se rencontre pas dans l'espèce;

Sur la deuxième question: — Considérant que la créance de la comtesse d'Osmond est établie par une reconnaissance notariée, consentie, le 5 avril 1785, par Pierre Ouvré, premier du nom, et Marguerite Billeton, son épouse, au profit des sieur et dame de Chary, d'une rente annuelle de 50 fr., au principal de 1,000 fr., avec hypothèque générale sur tous leurs biens; — Qu'après l'émigration de ces derniers, cette rente, tombée dans les mains du gouvernement, a été transférée, le 1ᵉʳ vent. an 9, au sieur Caroillon, père de la comtesse d'Osmond; —Qu'en l'an 4, il y a eu partage des biens de succession de Pierre Ouvré et Marguerite Billeton entre leurs enfants;

Que chacun d'eux, devenu débiteur de cette rente pour sa portion virile, et hypothécairement pour le tout, a pu se libérer par la prescription de la portion dont il était tenu (art. 2249 c. civ.), si le créancier a négligé de faire contre lui des poursuites pendant le délai de trente ans; — Que l'acte du 5 avril 1785 a été prescrit à l'égard de Pierre-Marie-Joseph Ouvré, petit-fils de Pierre Ouvré, premier du nom, et de Marguerite Billeton, ses aïeux, le 5 avril 1815, puisqu'on ne trouve contre lui dans la procédure aucun acte interruptif de prescription: qu'on ne peut considérer comme tels, ni la signification du 26 déc. 1811, ni le commandement du 27 janv. 1812, faits à la requête du sieur Caroillon à Nicolas Ouvré, fils de Pierre Ouvré, premier du nom, et de Marguerite Billeton, puisqu'à cette époque les biens de cette succession avaient cessé depuis longtemps d'être dans l'indivision;

Qu'il est même certain que le sieur Caroillon ne pouvait pas ignorer

demandé a été rendu, ce n'est pas, de la part du rendant, renoncer au droit de se prévaloir de la prescription contre l'action en reddition de ce compte (Bourges, 1er fév. 1827, aff. Bennas, V. Minorité, n° 679).

81. Il y a renonciation à la prescription de la part de celui qui, pouvant faire juger une question de propriété par la possession, consent à ce qu'elle soit décidée par les titres seulement (Nancy, 30 avr. 1834, arrêt cité par M. Troplong). — Ainsi la cour de Nancy a jugé qu'une partie qui avait donné pouvoir à un expert de procéder à un bornage amiable de divers héritages, seulement d'après les titres, ne pouvait pas plus tard invoquer devant l'expert des faits possessoires et une prescription qui ne pourraient s'établir qu'à l'aide de preuves faites devant les tribunaux : elle est censée avoir renoncé à ces moyens en consentant à ce que les titres seuls fixassent les limites entre les diverses propriétés (même arrêt). — Mais il a été jugé que le défendeur à une action en revendication d'immeubles, qui, sur le jugement interlocutoire ordonnant une expertise, a produit ses titres pour les faire servir à prouver son droit de propriété et a même assisté à l'application qui en a été faite aux lieux litigieux, peut encore invoquer postérieurement le moyen de la prescription (Req. 16 nov. 1842) (1).

Ces deux arrêts ne se contredisent pas. Dans le premier la cour de Nancy a jugé que les parties étaient convenues que le bornage serait fait seulement d'après les titres, ce dont l'arrêt concluait avec raison qu'elles avaient renoncé implicitement à la prescription ; tandis que dans l'espèce jugée par la cour de cassation, le défendeur en consentant à exécuter un jugement préparatoire n'avait pas renoncé à opposer plus tard la prescription qui peut l'être en tout état de cause.

82. La demande tendant à l'exécution d'une obligation, en vertu d'un contrat synallagmatique, emporte-t-elle renonciation à opposer la prescription de l'obligation corrélative? — V. n° 461.

83. Il faut au reste remarquer que l'appréciation de tous les faits, de toutes les circonstances qui peuvent constituer la renonciation tacite à la prescription est abandonnée à la conscience du juge, et les cours impériales apprécient souverainement les faits sans que leurs arrêts puissent encourir la censure de la cour de cassation. — V. arrêts des 11 fév. 1840, 4 mai 1841 cités plus haut, n°s 72, 73, et V° Cassation, n° 1692.

84. Enfin, des exploits par lesquels un propriétaire demande la nullité de baux emphytéotiques, faute du payement de la redevance, ne peuvent pas être considérés comme renfermant une renonciation à prescrire contre les emphytéotes un droit d'usage qui leur avait été concédé par les baux (Riom, 20 juin 1827) (2).

---

ce partage, puisqu'il était énoncé dans l'acte de vente consentie en 1803 par Pierre-Marie-Joseph Ouvré au profit du sieur Brunier, auquel il a fait sommation, le 15 mai de la même année 1812, d'accomplir les formalités prescrites par les art. 2182 et 2184 c. civ. ; — Qu'il pouvait donc alors interrompre la prescription à l'égard de Pierre-Marie-Joseph Ouvré, son débiteur, ce qu'il n'a pas fait ;

Qu'on a opposé que la prescription ne courant pas contre l'État, elle n'était point acquise au profit de Pierre-Marie-Joseph Ouvré, puisqu'il fallait nécessairement écarter tout le temps pendant lequel le gouvernement a été propriétaire de cette rente, c'est-à-dire le temps écoulé depuis l'émigration des sieur et dame de Chary jusqu'au 1er vent. an 9, époque du transfert au profit du sieur Caroillon ; — Que ce principe d'imprescriptibilité du domaine de la couronne n'était pas applicable aux biens connus sous le nom de biens nationaux, attribués au gouvernement par suite des décrets de la révolution ; qu'on en trouve la preuve dans les lois des 20 mars et 12 sept. 1791, qui enjoignent aux employés de la régie de prévenir et d'arrêter la prescription des biens nationaux, en s'emparant de ces biens, l'État n'a pu nuire aux débiteurs ; que cette maxime a été proclamée dans un décret du 17 janv. 1811, où il est dit « que les débiteurs des émigrés peuvent opposer au gouvernement les moyens de libération qui auraient été valables contre les émigrés que l'État représente ; »

Faisant droit sur l'appel du comte et de la comtesse d'Osmond, déclare prescrit et éteint, à l'égard de Pierre-Marie-Joseph Ouvré, l'acte du 5 avril 1783, sous la réserve des droits de la comtesse d'Osmond dontre les autres héritiers de Pierre Ouvré et de Marguerite Billeton ; ordonne que le jugement dont est appel sortira son plein et entier effet.

Du 28 mai 1824.-C. de Bourges, 1re ch.-M. Rapin, cons., f. f. de pr.

(1) *Espèce :* — (Labille *C.* Mignot.) — Une contestation s'est élevée entre les sieurs Labille et Mignot, propriétaires de terrains voisins : le sieur Labille, prétendant que des anticipations avaient été commises à son préjudice par le sieur Mignot, assigna celui-ci en bornage et en restitution de ces anticipations. Un premier jugement du tribunal de Bar-sur-Seine du 28 juin 1837, ordonna, avant faire droit, la visite des lieux, et l'application des titres des parties aux terrains litigieux. Lorsque les parties revinrent à l'audience, le sieur Mignot, craignant, sans doute, que le rapport ne lui fût défavorable, opposa la prescription à son adversaire, et demanda à faire preuve des faits sur lesquels il la fondait. — 14 mars 1838, jugement qui admet le sieur Mignot à la preuve offerte « et donne acte au sieur Mignot, porte le dispositif de ce jugement, de ce qu'il articule et s'est soumis de prouver par témoins, que de temps immémorial, et notamment depuis plus de trente ans avant la demande, lui et ses cohéritiers en la succession de son père, tant par eux que par leurs auteurs, ont possédé paisiblement et sans trouble, comme il la possédait aujourd'hui, toute la pièce de pré, etc. » — Sur l'appel, arrêt qui déclare l'appelant non recevable, quant à présent.

L'enquête et la contre-enquête eurent lieu. Le sieur Labille s'opposa à la lecture du procès-verbal par le motif que, suivant lui, en produisant ses titres pour qu'il en fût fait application sur les lieux, un contrat judiciaire s'était formée entre les parties, qui s'opposait à ce que le moyen de la prescription pût être postérieurement invoqué. — 29 janv. 1840, jugement qui repousse ces conclusions. — « Considérant, d'une part, porte ce jugement, que le jugement préparatoire du 28 juin 1837 n'a porte atteinte à aucun des droits des parties, ni lié le tribunal par ses décisions ultérieures ; — Considérant, d'autre part, que la question de savoir si, après l'expertise, il y avait lieu d'admettre la preuve offerte par Mignot, d'une possession de trente ans, ayant été décidée affirmativement par le jugement du 14 mars 1838, passé en force de chose jugée, le sieur Labille n'était pas recevable à la soumettre de nouveau à la décision du tribunal. » — Enfin, 10 fév. 1840, jugement qui maintient le sieur Labille. — Sur l'appel, arrêt confirmatif de la cour de Paris.

Pourvoi du sieur Labille. — 1° Violation des art. 2221 et 2224 c. civ., sur ce qu'au mépris du contrat judiciaire résultant de ce que le sieur Mignot avait consenti à établir son droit de propriété au moyen de ses titres, l'arrêt attaqué a admis la prescription postérieurement invoquée par celui-ci. — Par le jugement qui avait ordonné une visite de lieux et l'application des titres, et par l'exécution de ce jugement, il y a eu contrat judiciaire formé entre les parties, il y a eu renonciation tacite de la part du sieur Mignot à se prévaloir du moyen de la prescription ; et c'est à tort que le jugement du 14 mars 1838, qui a ordonné la preuve de la possession alléguée par Mignot, a été dit avoir acquis l'autorité de la chose jugée, puisque sur l'appel formé contre cet interlocutoire, la cour a seulement déclaré l'appelant non recevable quant à présent, renvoyant à statuer sur le sort de ce jugement, lors de l'appel du jugement définitif. — 2° Violation de l'art. 2229 c. civ., en ce que la seule preuve qu'ait offerte, et que soit réputé avoir faite le sieur Mignot, est que sa possession a été paisible et sans trouble ; c'est là ce qu'il a demandé à prouver, c'est dans les mêmes termes que le jugement l'a admis à faire preuve : or, une telle preuve, faite dans ces termes, ne pouvait servir à fonder la prescription. Il fallait que le sieur Mignot prouvât de plus qu'il jouissait d'une possession continue et non interrompue, publique, non équivoque, et à titre de propriétaire. — Arrêt.

La cour ; — Sur le premier moyen : — Considérant que Mignot n'avait fait qu'échelonner ses moyens, suivant les diverses phases de l'affaire, et qu'il n'a jamais renoncé à les faire valoir en temps et lieu ; — Sur le deuxième moyen : — Considérant que la possession de laquelle la cour royale a fait résulter la prescription a été déclarée par elle réunir toutes les conditions voulues par l'art. 2229 c. civ. ; — Rejette.

Du 16 nov. 1842.-C. C., ch. req.-MM. Zangiacomi, pr.-Troplong, rap.-Pascalis, av. gén., c. conf.-Chevalier, av.

(2) *Espèce :* — (Delbos *C.* de Saluces.) — Jugement du tribunal de Mauriac, du 30 août 1825, ainsi conçu : — « Attendu qu'en vertu de requête et ordonnance du 27 mai 1825, la demanderesse a fait assigner le défendeur en ce tribunal, pour faire ordonner un cantonnement dans les bois dépendant du domaine de Drugeac ; — Attendu que la demanderesse produit, à l'appui de sa demande, deux baux emphytéotiques, l'un du 27 oct. 1691, et l'autre du 13 juin 1765 ; que, par ces deux actes, le propriétaire du domaine de Drugeac a délaissé aux auteurs de la demanderesse, différents héritages y désignés, sous la condition du payement d'une redevance ; que, par le premier de ces actes, il a été convenu qu'il serait loisible au preneur et aux siens, de prendre du bois pour leur chauffage, dans le bois de Drugeac, sans, cependant, pouvoir couper aucun arbre à pied, à peine de 20 livres d'amende ; que, dans le second des actes ci-dessus énoncés, l'on trouve une clause conçue en ces termes : « Pourront lesdits possesseurs, prendre du même bois pour leur chauffage, tant des arbres des héritages ci-dessus énoncés, au moindre préjudice, et même dans les bois dudit seigneur, sans cependant couper aucun arbre à pied sans permission expresse dudit seigneur, aux peines de droit ; »

» Attendu que les droits d'usage dans une forêt n'ont jamais pu être exercés par l'usager, qu'en vertu d'une délivrance obtenue par ce dernier ; — Attendu que les lois et règlements forestiers qui l'ordonnent pour les bois de l'Etat, sont applicables aux usages dans les forêts des particuliers, d'après l'art. 5 du tit. 26, et l'art. 28 du tit.

—Dans l'espèce, des droits d'usage avaient été consentis en faveur des preneurs. Le bailleur prétendait que ces droits d'usage étaient prescrits. Il avait en outre demandé, après cette prescription acquise, la nullité des baux emphytéotiques faute du payement de la redevance. On a prétendu qu'il avait par là renoncé tacitement à prescrire le droit d'usage. Cette prétention a dû être rejetée. Il n'y avait pas, en effet, contradiction à demander la nullité des baux emphytéotiques faute de redevance, et à soutenir en même temps que le droit d'usage qu'accordaient ces baux était prescrit. Ce n'est pas faire revivre un acte dans toutes ses parties que d'en demander la nullité faute de l'exécution d'une de ses clauses.

85. Examinons maintenant quelles sont les *personnes* qui *peuvent* renoncer à la prescription.—D'abord, celui qui ne peut aliéner ne peut renoncer à la prescription acquise (c. nap. 2222): *Alienationis verbum etiam usucapionem continet* (L. 28, D., *De verb. signif.*).

86. Mais celui qui peut aliéner avec *autorisation* peut-il, sous la même condition, renoncer à la prescription acquise? M. Hua, Rép. de Favard, v° Prescription, sect. 1, n° 1, refuse cette faculté aux femmes mariées, aux mineurs et interdits, en ce qu'elle léserait l'intérêt de l'incapable sans nécessité et sans équivalent. Il n'admet la renonciation que dans le cas où la manière dont la prescription a été acquise présente les caractères d'une mauvaise foi, personnelle au possesseur; alors la renonciation n'est pas seulement un droit, mais un devoir que toute personne doit être habilitée à remplir. Toutefois, ajoute-t-il, le manque de bonne foi n'autorisera la renonciation qu'autant que la bonne foi aura été nécessaire pour acquérir la prescription. Ainsi, les incapables dont il s'agit ne pourront renoncer à la prescription trentenaire, puisque, dans celle-ci, le laps de temps seul a acquis le droit. — Nous répondons que la prescription, même trentenaire, pouvant être contraire à l'équité, la renonciation à se prévaloir de cette exception est toujours, et pour tous, un devoir. Dire que l'incapable ne peut jamais être autorisé à renoncer à la prescription dans les cas où elle a pu être acquise sans bonne foi, mais que l'autorisation pour renoncer est admissible, au contraire, dans les cas où la bonne foi, étant une condition de la prescription, n'a cependant point existé, c'est créer pour l'incapable un droit illusoire, puisque, dans cette hypothèse, il ne saurait y avoir de prescription acquise, et, par conséquent, de droit auquel on puisse renoncer. — Il faut dire avec M. Troplong, n°s 80 et suiv., que la renonciation à la prescription ne peut être autorisée par le tuteur ou représentant de l'incapable : comme acte de conscience, elle ne peut émaner que de celui-ci, lorsqu'il sera devenu capable; comme contrat civil, elle excède, étant une sorte d'aliénation gratuite, les pouvoirs d'un administrateur. Si donc l'autorisation pour renoncer était donnée et réalisée hors d'un procès, le mineur et l'interdit pourrraient se faire restituer, d'après l'art. 1305 c. nap. — Si la renonciation avait lieu dans le cours d'un procès et que le tuteur s'en fût fait donner acte, le mineur ou l'interdit auront contre le jugement la voie de la requête civile (c. pr. 481 et 484).—Cela ne peut s'appliquer au mineur qui fait le commerce, relativement aux actes de son commerce (c. nap. 1308). —L'opinion de M. Troplong est combattue par M. Marcadé, art. 2222, n° 8, qui se fonde sur ce que les tuteurs, pouvant aliéner les biens de leurs pupilles, lorsqu'ils y sont dûment autorisés, peuvent dès lors renoncer en leur nom à la prescription. De deux choses l'une, dit-il : ou le moyen de prescription est bien fondé, et dès lors l'autorisation ne serait pas accordée au tuteur ; ou il ne l'est pas, et consacre une criante injustice, et dès lors pourquoi l'autorisation de renoncer ne serait-elle pas accordée? Il appartient au tuteur d'être délicat pour son pupille, et d'ailleurs, en général, l'exercice d'un droit inique entraîne des pertes de fortune : bien mal acquis ne profite pas.—Quelle que soit cette argumentation dont la justesse est très-douteuse, elle n'atteint pas le principe qui ne permet pas au tuteur même autorisé d'aliéner gratuitement les biens du pupille. Il faut s'en tenir à la décision pleine de sens de Pothier (Oblig., 700) : « La reconnaissance qui se ferait de la dette après le temps de la prescription accompli, à l'effet de couvrir la dette, ne peut se faire que par le débiteur luimême, et il faut qu'il soit majeur, sans quoi il serait restituable contre cette reconnaissance ; elle ne peut se faire, par un tuteur, par un curateur... La raison est que cette reconnaissance qui se fait après le temps de la prescription accomplie, à l'effet de la couvrir, renferme une aliénation gratuite du droit de fin de nonrecevoir qui est acquis au débiteur par l'accomplissement du temps de la prescription. Or, une aliénation gratuite d'un droit acquis excède le pouvoir d'un tuteur, d'un curateur... » —Toutefois, serait valable la renonciation à la prescription faite par la femme mariée, duement autorisée, ou par un prodigue assisté de son conseil judiciaire (Conf. M. Troplong, n° 83). — Cependant la femme mariée sous le régime dotal ne pourrait évidemment pas, même avec l'autorisation de son mari, renoncer à la prescription du fonds dotal, car ce serait l'aliéner (Conf. M. Duranton, t. 21, n° 133).—V. Contrat de mar., n°s 3445 et s.

87. Dans le cours d'une instance, le préfet pour l'État, le maire pour sa commune, peuvent renoncer à la prescription, pourvu que cette renonciation soit appuyée sur une autorisation législative ou un décret de l'empereur.

88. Il résulte de ce qui précède que la femme mariée, le prodigue, ceux qui agissent au nom de l'État, des communes, ne peuvent renoncer à la prescription que d'une manière *expresse*,

---

32 de l'ordonnance de 1669, et d'après le décret du 17 niv. an 13; — Attendu que, d'après la jurisprudence établie par une suite d'arrêts uniformes, l'usager dans la forêt d'un particulier, ne peut, à peine d'être considéré comme délinquant, et d'être puni comme tel, s'introduire dans la forêt soumise à son usage, qu'après avoir obtenu la délivrance du propriétaire, lequel a droit de vérifier les besoins de l'usager, de marquer les bois à couper, et d'en surveiller la coupe et l'emploi ;—Attendu que les deux titres produits par la demanderesse, ne la dispensent point de l'obligation imposée à tous les usagers de demander la délivrance ni d'observer les lois et règlements en cette matière ; — Attendu que l'on ne peut induire du silence du propriétaire pendant plusieurs années une renonciation à son droit, puisque toute renonciation au droit commun doit être expresse; — Attendu qu'il résulte des motifs ci-dessus, que l'usager ne peut posséder légalement son droit que lorsqu'il l'exerce en vertu de délivrance préalablement faite par le propriétaire ; — Attendu qu'il est mis en fait par le défendeur, que jamais la demanderesse ni ses auteurs, n'ont obtenu la délivrance des propriétaires, que la demanderesse ne justifie d'aucune délivrance, et qu'elle n'articule pas qu'elle en ait jamais obtenue; — Attendu que toutes les coupes que pourraient avoir faites la demanderesse et ses auteurs, sans permission ni délivrance, ne peuvent constituer une possession légale, et capable de conserver le droit d'usage; que les coupes ne pourraient être considérées que comme une série de délits punissables des peines correctionnelles; — Attendu que le droit d'usage, comme toute autre servitude reelle, se prescrit par le non-usage pendant trente ans; — Attendu que, dans l'espèce particulière, n'ayant jamais possédé légalement le droit d'usage dont il s'agit, ce droit s'est éteint par la prescription; — En ce qui touche l'objection présentée par la demanderesse, consistant à dire que le marquis de Saluces avait renoncé à la prescription par les deux exploits signifiés le 30 avr. et le 12 mai 1812, à sa requête à Marguerite Laurent et à Jean Delbos, père et mère de la demanderesse; — Attendu que la demande formée par le marquis de Saluces dans ces deux exploits, tend à faire prononcer, faute de payement de sa redevance, la résolution des baux emphytéotiques, et à rentrer dans les héritages accensés; que, dans ces deux exploits, on ne rappelle ni directement, ni indirectement le droit d'usage dans le bois; que ce droit était déjà prescrit avant l'année 1812, faute de possession légale de la part des usagers; que ces deux exploits n'ont pu faire revivre un droit déjà éteint; que la prescription peut être opposée en tout état de cause, et que, pour induire une renonciation à la prescription, c'est-à-dire, dans l'espèce, à la prescription d'une servitude, il faudrait des circonstances et des actes qui prouvassent d'une manière non équivoque, la volonté du propriétaire, de renoncer à la prescription acquise;—Attendu que la demanderesse n'est pas en possession actuelle de son droit d'usage, puisque la dernière coupe qu'elle a faite a été punie correctionnellement, suivant jugement rendu en ce tribunal, le 22 mai 1823; — Attendu, enfin, que la demanderesse ne pourrait établir la possession et celle de ses auteurs, qu'en rapportant des délivrances écrites de la part du propriétaire; que toute preuve testimoniale qu'elle n'offre point serait inadmissible et inefficace ;—Le tribunal déclare éteint, par le nonusage pendant plus de trente ans, le droit d'usage et de chauffage, concédé par les baux emphytéotiques des 27 oct. 1691 et 13 juin 1765, etc. » —Appel.—Arrêt.

LA COUR ;—Déterminée par les motifs du jugement, et sans qu'il soit besoin de s'arrêter à la preuve subsidiairement offerte, dit bien jugé.

Du 20 juin 1827.—C. de Riom, 1re ch.-M. Duclozel, av. gén.

car la nécessité d'une autorisation spéciale rend impossible la renonciation *tacite*. Mais cependant dans le cours d'une instance, la femme autorisée à ester en justice, par exemple, pourrait-elle faire un acte, une déclaration, d'où le juge pût induire une renonciation à la prescription? Nous le pensons. Car une fois qu'elle est habilitée à agir en justice, elle est à l'égard de son adversaire absolument dans la même position qu'une personne qui pourrait agir *per se* et sans autorisation.

89. En principe, le tuteur ne peut renoncer à une prescription acquise à son mineur. Mais n'y a-t-il pas une exception? Dans certaines prescriptions particulières, la loi permet de déférer le *serment* à ceux qui veulent les opposer. La faveur qu'on accorde aux créanciers, dans le cas de ces prescriptions spéciales, les autorise même à déférer aux tuteurs le serment pour déclarer s'ils savaient que la chose était due (2275 c. nap.). N'en résulte-t-il pas que les tuteurs doivent acquitter les dettes de ce genre qu'ils savent être dues, lors même qu'elles sont prescrites? et n'en doit-on pas conclure que les tuteurs peuvent renoncer à ces prescriptions spéciales lors même qu'elles sont acquises? L'affirmative ne nous paraît pas douteuse. C'est l'avis de M. Duranton, t. 21, n° 130.

90. Un mineur émancipé pourrait-il renoncer à opposer la prescription qui lui serait acquise contre une demande en payement d'arrérages ou d'intérêts atteints par la prescription de cinq ans? M. Duranton se décide pour l'affirmative (t. 21, n° 128). Le mineur émancipé, dit-il, jouit de ses revenus, il peut les aliéner, donc il peut prendre sur ces mêmes revenus de quoi payer les arrérages ou intérêts qu'il doit à des tiers, attendu que les arrérages et intérêts qu'il doit sont une charge de la généralité de ses revenus. — Cette solution nous paraît douteuse. — Aux termes des art. 481 et 484 c. nap., le mineur émancipé ne peut faire que des actes de pure administration; or il est impossible de considérer comme étant de pure administration l'acte qui d'après la loi ne peut être fait que par une personne capable d'aliéner. M. Duranton objecte que les arrérages et intérêts sont une charge de la généralité des revenus. Mais, qui nous dit que les revenus du mineur émancipé suffiront pour payer les arrérages et intérêts dus, et que sa renonciation n'engagerait pas les immeubles? Sans doute il peut consommer ses revenus, mais il ne peut, sous le prétexte que les arrérages et intérêts qu'il doit sont une charge de sa jouissance, mettre en péril ses capitaux, et compromettre sa fortune immobilière.

91. *Effets de la renonciation.* — Quels sont maintenant les effets de la renonciation à la prescription? Il faut d'abord reconnaître que la renonciation n'a d'effet qu'à l'égard du *débiteur* dont elle émane et de ses *héritiers* ou représentants; elle n'en a point à l'égard des codébiteurs *solidaires*, des *cautions* des *tiers détenteurs*, etc. — Ainsi, jugé que la reconnaissance par une veuve, dans un inventaire, d'une dette en faveur d'un huissier, pour actes de son ministère, n'empêche pas les héritiers du débiteur d'opposer à cet huissier la prescription de l'art. 2272, alors surtout qu'ils ont fait des protestations (Cass. 10 mai 1856) (1). — Il aurait dû être jugé de même lorsque la renonciation à la prescription aurait été faite par un des héritiers. Il n'aurait pu engager les autres. *Quid*, s'il y avait solidarité entre les héritiers ou indivisibilité dans l'objet prescrit? — V. Obligat.

92. Si la renonciation était *conditionnelle*, on ne devrait pas lui donner un effet pur et simple. Si elle était limitée à une seule personne, il ne faudrait pas l'étendre à d'autres (Conf. M. Troplong, n° 74).

93. Il est en cette matière un principe qu'il ne faut pas perdre de vue, c'est que celui au profit de qui a lieu la renonciation à la prescription n'est point censé acquérir à titre gratuit : cette renonciation fait revivre le titre en vertu duquel il jouissait quand la prescription a commencé. Elle ne saurait par conséquent être considérée comme constituant un avantage sujet à la réduction.

(1) *Espèce* : — (Hérit. Narjot C. Frossard.) — Frossard, huissier, créancier, à raison d'actes de son ministère, d'un sieur Narjot, décédé en 1827, assigna, le 7 déc. 1851, les héritiers de son débiteur, en payement de 590 fr., montant de ce qui lui était dû. — Les héritiers Narjot opposèrent la prescription de l'art. 2272 c. civ. — Le 15 nov. 1852, jugement du tribunal civil de Cosne qui rejette cette exception, et condamne les héritiers Narjot à payer les 590 fr. : « — Attendu, en substance, que cette dette a été reconnue par des déclarations insérées dans l'inventaire fait en 1827, après le décès du sieur Narjot, et que le demandeur est encore possesseur des actes qu'il a faits. »

Pourvoi par les héritiers Narjot. — 1° Violation de l'art. 2272 c. civ., et fausse application des art. 1271, 2248 et 2274 du même code. — L'art. 2272, a-t-on dit pour les demandeurs, déclare prescrite par le délai d'un an, à partir de la signification de leurs actes, l'action qui appartient aux huissiers pour s'en faire payer; cette prescription était invoquée dans la cause, et le jugement attaqué l'a repoussée, sous le prétexte qu'il y avait eu reconnaissance de la dette, et que le fait, par Frossard, de posséder encore les actes qu'il avait faits, rendait sa créance certaine; ces motifs n'empêchent pas que ce jugement ait commis les contraventions qui viennent d'être indiquées; d'une part, il est tout à fait inexact de dire qu'il y a reconnaissance de la dette dans l'inventaire fait après le décès de Narjot par ses héritiers; ils ont fait, au contraire, des protestations; si la veuve Narjot a fait quelques déclarations, elles ne peuvent préjudicier aux demandeurs. — Au surplus, une telle reconnaissance n'aurait fait qu'interrompre la prescription; or, depuis cette interruption, il s'est écoulé plus d'une année sans réclamation, ce qui suffirait pour rendre la prescription acquise de nouveau. — D'autre part, rien de plus erroné que le motif tiré de ce que Frossard était en possession des actes qu'il avait signifiés pour Narjot, car la loi ne fait aucune distinction entre le cas où l'huissier a ou n'a pas les actes en sa possession; la possession ne suppose rien; l'huissier peut avoir été payé avant de faire les actes ou avoir été payé après, sans les avoir rendus. — 2° Violation des art. 150 et 454 c. pr., en ce que le jugement attaqué a alloué la somme entière demandée par Frossard, sans vérifier si les articles de son état étaient conformes au tarif.

Sur le premier moyen du fond : — On a dit pour le défendeur : tous les commentateurs qui ont cherché le sens de l'art. 2248 c. civ. sont d'accord qu'on ne peut assigner aucun signe certain à la reconnaissance dont il parle. C'est donc aux tribunaux qu'il appartient de déclarer qu'elle existe ou n'existe pas; ils ont, à cet égard, un pouvoir nécessairement discrétionnaire. — Ainsi dès que le tribunal de Cosne a cru trouver, dans la déclaration faite par la veuve Narjot, en présence des héritiers de son mari, une reconnaissance de la dette de celui-ci envers Frossard, son jugement ne saurait être cassé. — Cet inventaire renferme, à la vérité, des protestations de la part des héritiers; mais la force, le mérite, l'interprétation, en un mot, étaient dans le domaine du tribunal; du moment donc que ce tribunal ne les a pas jugées de nature à détruire l'effet de la reconnaissance, sa décision est à l'abri de la censure de la cour de cassation. — On a dit que, quand même cette reconnaissance serait obligatoire, il y aurait eu depuis une nouvelle prescription acquise; mais c'est là une question qui n'a pas été examinée par les premiers juges, et qu'il est inutile d'examiner devant la cour. — Sur le deuxième moyen : — On a répondu que la reconnaissance, ayant porté non-seulement sur l'existence de la dette, mais encore sur sa quotité, le tribunal n'avait plus rien à examiner. — Arrêt.

LA COUR; — Vu les art. 2272 et 2274 de la sect. 4, tit. 20, liv. 3 c. civ.; — Attendu que, d'après ces articles, l'action des huissiers en payement du salaire des actes qu'ils signifient et des commissions qu'ils exécutent, se prescrit par un an; que cette prescription particulière a lieu, quoiqu'il y ait continuation de services et de travaux, et qu'elle ne cesse de courir que lorsqu'il y a eu compte arrêté, cédule ou obligation, ou citation en justice non périmée; — Que l'art. 2275 de la même section ne laisse, à ceux auxquels ces prescription sont opposées, que le droit de déférer le serment à ceux qui les opposent dans les termes indiqués dans ledit art. 2275; — Qu'il n'est pas contesté, dans l'espèce, que les actes et commissions, dont le salaire est réclamé par l'huissier, par sa citation du 7 déc. 1851, remontent à des époques bien antérieures, et datent de 1809 à 1822; — Que le jugement attaqué s'appuie sur deux faits, la reconnaissance de la veuve à l'inventaire de 1827, et la possession des actes par l'huissier; — Que ces deux faits ne rentrent dans aucune des causes légales d'interruption établies par l'art. 2274; — Attendu, d'ailleurs, que les demandeurs, par des conclusions expresses, avaient contesté que la veuve, affranchie de toute participation au payement des dettes de la communauté, eût droit et qualité pour en reconnaître à leur charge; — Que le jugement attaqué reconnaît le fait de cet affranchissement, en condamnant les demandeurs à indemniser les héritiers de la veuve de toutes les condamnations prononcées contre eux, avec intérêts et frais, mais qu'il ne donne aucun motif pour établir la légalité de la reconnaissance de la dette par la veuve, quoiqu'il l'admette bien implicitement malgré ces circonstances; — Que le fait de la possession des actes par l'huissier ne prouve qu'une chose, c'est qu'ils ont été faits par l'huissier, mais que la loi ne s'est pas arrêtée à cette circonstance, quand elle a décidé aussi formellement quelles sont les seules causes légales d'interruption, sauf à recourir aux dispositions de l'art. 2275; — Qu'en admettant, dans ces circonstances, l'action de l'huissier Frossard, le jugement attaqué a créé une cause d'interruption qui n'est pas dans la loi, et formellement violé les articles ci-dessus cités; sans qu'il soit besoin de s'occuper du second moyen; — Casse.

Du 10 mai 1856-C. C., ch. civ.-MM. Portalis, 1er pr.-Legonidec, rap.-Tarbé, av. gén., c. conf.-Garnier et Baguin, av.

— V. M. Troplong, n° 75, et Disp. entre-vifs et test., n° 1314.

94. Si la renonciation à prescrire une obligation ne fait pas naître une obligation nouvelle, elle a quelquefois pour résultat de changer le mode par lequel elle peut être prescrite. — L'art. 189 c. com. nous en fournit l'exemple ; il établit une prescription spéciale de cinq ans contre les actions relatives à des lettres de change, dans le cas où la dette n'a pas été reconnue par acte séparé. En effet, dans ce cas, l'obligation s'était traduite en une forme spéciale, en un contrat *sui generis*, soumis par la loi à une prescription exceptionnelle et de courte durée. Si le débiteur renonce à cette prescription particulière, lorsqu'elle est échue, s'il reconnaît la dette, il s'opère alors un changement entre les parties. Cette dette dégagée de la forme qui l'avait fait placer dans une classe à part, rentre dans le droit commun. Elle ne constitue plus qu'une obligation ordinaire, prescriptible à l'avenir par le délai de trente ans. —V. M. Troplong, n° 76; Conf. Req. 14 fév. 1826, aff. Gabu, V. Effets de comm., n° 842.

95. Il faut remarquer cependant quant à l'application de l'art. 189 c. de com. que l'acte séparé par lequel une prolongation de terme a été accordée aux débiteurs d'une lettre de change, peut être regardé suivant les circonstances, non comme une reconnaissance de la dette, dans le sens de l'art. 2248 c. nap., mais comme un simple acte additionnel à la lettre de change, ne donnant lieu qu'à la prescription de cinq ans. — V. Effets de commerce, n°s 843, 847 et suiv

SECT. 3. — *Par qui la prescription est opposable. — L'est-elle d'office et en tout état de cause? A qui profite-t-elle?*

96. Aux termes de l'art. 2223 c. nap. les juges ne peuvent pas *suppléer d'office* le moyen résultant de la prescription. Les codes étrangers ont reproduit, presque tous, les art. 2223 à 2225, sauf quelques modifications. Ainsi, le code hollandais a retranché les derniers mots de l'art. 2224, « à moins que la partie... » qui sont peut-être moins surabondants qu'ils ne paraissent. En effet, on lit dans le code de la Louisiane (art. 3428) que la prescription ne peut être opposée devant la cour suprême, qu'autant que sa preuve résulte des documents qui ont été produits ou des témoignages qui ont été reçus en première instance (V. M. Anthoine de Saint-Joseph, p. 124).

97. La prescription est une *exception* : elle doit donc être proposée par la *partie elle-même qui l'invoque* (Merlin, Rép., v° Prescript., sect. 1, § 3, n° 3). « La prescription, dit M. Bigot de Préameneu, exposé des motifs, p. 70, n° 3, n'est dans le langage du barreau qu'une *fin de non-recevoir*, c'est-à-dire qu'elle n'a pas d'effet si celui contre lequel on veut exercer le droit résultant d'une obligation, ou contre lequel on revendique un fonds, n'oppose pas cette exception.—Telle est, en effet, telle doit être la marche de la justice; le temps seul n'opère pas la prescription; il faut qu'avec le temps concourent ou la longue inaction du créancier, ou une possession telle que la loi l'exige. — Cette inaction ou cette possession sont des circonstances qui ne peuvent être connues et vérifiées par les juges que quand elles sont alléguées par celui qui veut s'en prévaloir. » — Il faut ajouter cette considération que la conscience peut défendre au plaideur d'user du moyen de prescription, et que le juge ne doit pas mettre obstacle au bon mouvement qui le porte à ne pas se servir d'une exception souvent odieuse (Dunod, part. 1, chap. 14; Maleville, Analyse et discussion du code Napoléon, t. 4, p. 309). —C'est en vain qu'on opposerait à ce principe que les *créanciers* peuvent empêcher leur débiteur de renoncer à la prescription, et de suivre ainsi l'impulsion de sa conscience. Car c'est la punition de celui qui a contracté des dettes de n'être plus complétement maître de lui-même, et entre deux devoirs qui se combattent l'un qui consiste à ne pas se refuser injustement à l'exécution d'une obligation, l'autre à ne pas nuire à ses créanciers, c'est le dernier devoir que le législateur a cru le plus nécessaire de faire respecter. Mais quand l'obligé est libre dans ses biens, il l'est aussi dans sa conscience, et le juge ne doit pas lui imposer un acte qui répugne à sa délicatesse (V. Exposé des mot., p. 70, n°s 12, 130). — Dunod (*loc. cit.*), sur la foi de Charondas et de Ferrière, pense que lorsqu'il y a un terme fixé par la loi pour la durée d'une action, comme dans le cas d'une action rescisoire, le *juge* peut et doit *suppléer* le moyen tiré de l'expiration du délai. Delvincourt, t. 2, p. 632, adopte cette distinction et la motive sur ce que, dans les actions rescisoires, l'action est éteinte *ipso jure*, par l'expiration du délai, d'où il suit qu'il ne peut y avoir de condamnation par suite d'une action qui n'existe plus. —Delvincourt abuse des termes de la loi. Cette expression, que l'action *dure dix ans*, n'enlève certainement pas au demandeur le droit de l'exercer, si on ne lui oppose pas qu'elle est prescrite. Or, si le défendeur peut, ce qui n'est pas douteux, renoncer dans ce cas au bénéfice de la prescription, elle ne peut être suppléée par le juge. — Jugé : 1° que la règle qui défend au juge de suppléer d'office le moyen de la prescription est absolue et s'applique même en matière d'enregistrement, et, par exemple, quoique le droit fiscal fût subordonné à l'appréciation des effets d'un acte de renonciation, s'il n'y a pas eu de conclusions prises par les parties (Cass. 31 mai 1847, aff. Allotte, D. P. 47. 4. 379); — 2° Que la prescription est une exception résultant *de la nature de l'obligation*, et qu'à ce titre elle peut être opposée par tous les débiteurs *solidaires* (Cass. 8 déc. 1852, aff. Brulatour, D. P. 53. 1. 80).

98. On a prétendu que la prescription de cinq ans peut être suppléée par le juge. Cela pouvait se soutenir sous l'ordonnance de 1510, qui se servait de termes impératifs, et semblait prohiber toute répétition d'arrérages au delà de cinq ans. On pouvait soutenir en outre qu'il y avait un intérêt public à ce que la fortune des particuliers ne fût pas mise en péril par la réclamation des arrérages, dont l'accumulation pouvait causer la ruine du débiteur (V. n° 21). Cependant Dunod, part. 1, ch. 14, enseignait que la prescription de cinq ans devait être opposée, par la partie (*Contrà*, Paris, 8 pluv. an 10, aff. Lainé *C.* Durand). Sous le code Napoléon, la combinaison de l'art. 2227, dont les termes ne sont pas limitatifs comme ceux des anciennes ordonnances et de l'art. 2223, ne permet pas la controverse. — Décidé que le juge ne peut pas plus dans ce cas que dans les autres opposer d'office la prescription (Rej. 8 mars 1827, MM. Brisson, pr., Jourde, rap., aff. le préfet du Bas-Rhin *C.* Kœlcker; Conf. MM. Troplong, 13, Marcadé, sur l'art. 2223, n° 2). — Il a été jugé de même que la prescription de cinq ans en matière de lettres de change (c. com., art. 189) ne pouvait pas être opposée d'office (Cass. 2 janv. 1855, aff. Herisson, D. P. 55. 1. 13).

99. Une conséquence de notre principe est que le ministère public n'a pas qualité pour suppléer le moyen de prescription, dans les conclusions qu'il donne sur les causes des mineurs, communes, hospices, etc., attendu que, procédant par forme d'avis, il doit prendre la cause dans l'état où les parties l'ont mise (M. Troplong, n° 90.—*Contrà*, M. Vazeille, n° 335).—Il en est autrement lorsque le ministère public plaide pour le domaine; il est alors partie principale (M. Troplong, *loc. cit.*). V. Min. pub., n° 91.

100. Il n'est pas nécessaire pour que le moyen de prescription puisse être admis, que les *conclusions* portent en termes *exprès* que la prescription est opposée : il n'y a rien de sacramentel à cet égard. Il en était ainsi dans l'ancien droit (V. Merlin, Rép., v° Prescription, § 14, n° 3). Il suffit donc que le moyen résulte implicitement des conclusions. — Ainsi on a décidé avec raison que la partie qui, dans ses conclusions, avait demandé à faire preuve d'une possession paisible et sans trouble, avait virtuellement opposé le moyen de prescription (Req. 16 nov. 1842, aff. Labille, n° 81.—Conf., au sujet d'une déchéance, Req. 2 avr. 1850, aff. Dufou, D. P. 50. 1. 148), et qu'il en était de même lorsqu'une partie demandait la validité d'offres réelles où elle n'avait fait figurer que le montant de cinq années d'intérêts, sur le motif exprimé dans l'acte d'offres qu'un créancier ne peut exiger que cinq années d'intérêts de son débiteur (Req. 10 mars 1841) (1). Dans ce cas, le juge ne doit pas être réputé avoir suppléé d'office le moyen.

101. Invoquer la prescription d'un capital, c'est invoquer implicitement celle des *arrérages*. Ainsi il a été jugé par la cour

(1) *Espèce* : — (Demoiselle Bêche *C.* Delchambre.) — 13 juin 1817, obligation hypothécaire des époux Delchambre envers la demoiselle Bêche, pour un capital de 580 fr., avec intérêts. — Le 9 août 1839, la demoiselle Bêche fait commandement à ses débiteurs de lui payer le

de cassation que lorsque les parties ont excipé de la prescription trentenaire contre le capital, les juges doivent suppléer la prescription quinquennale contre les arrérages (Cass. 26 fév. 1822, 15 mai 1823) (1). — « En effet, dit Merlin, Rép., v° Prescription, sect. 1, § 3, n° 3, la prescription du capital ne pouvant résulter que de la cessation du payement des intérêts pendant trente ans, il est clair que soutenir qu'on n'a pas payé les intérêts pendant trente ans, c'est à plus forte raison soutenir qu'on ne les a pas payés pendant les cinq dernières années, et par conséquent soutenir que la prescription a éteint la dette capitale, c'est nécessairement soutenir que la dette des intérêts est éteinte par la même voie. » — Si un arrêt de cour impériale admet la prescription d'intérêts, sans dire qu'elle ait été opposée, mais énonce en même temps *que la prescription n'a pas été invoquée contre le capital*, il en résulte nécessairement, quoique la cour ne l'ait pas dit explicitement, que la prescription a été opposée contre les intérêts. On ne peut pas se servir de ce vice de rédaction pour soutenir que le moyen de prescription a été suppléé d'office par la cour (Rej. 21 mars 1843, aff. Borie, V. *infrà*, n° 137).

102. Cependant il ne faut point pousser trop loin la doctrine que nous venons d'exposer. Si le mot *prescription* peut n'être pas prononcé dans les conclusions, il faut au moins que *l'intention* de l'opposer en résulte d'une manière positive. — Ainsi jugé que l'arrêt qui déclare une action prescrite, alors que le défendeur s'est borné à dire qu'en présence du long silence de son adversaire « on peut s'étonner avec raison qu'il ait formé une action aussi tardive, et que, peut-être, à la rigueur, serait-il possible d'invoquer la prescription, » doit être annulé (Cass. 18 avr. 1838) (2).

103. Ce n'est pas non plus opposer la prescription que de conclure au rejet d'une demande « *par fins de non-recevoir et par voies et moyens de droit,* » et les juges n'ont pu considérer ces conclusions comme renfermant implicitement le moyen de prescription (Req. 14 nov. 1822) (3).

104. Mais il est suffisamment établi qu'un moyen de prescription ou déchéance a été proposé en appel, encore bien que les conclusions relatées dans l'arrêt ne tendent qu'au rejet de l'appel par fin de non-recevoir, si, dans une requête signifiée en appel et visée par l'arrêt, le moyen de prescription se trouve

principal de l'obligation et dix-sept années d'intérêts montant à 523 fr. — A ce commandement, les époux Delchambre répondent par un acte d'offres réelles, suivi de consignation et comprenant : 1° la somme principale de 380 fr. ; 2° 95 fr. pour cinq années d'intérêts, « attendu, était-il dit, que tout créancier ne peut exiger que cinq années d'intérêts de son débiteur, aux termes des dispositions du code civil et de la jurisprudence; » 3° enfin une somme de 54 fr. pour les frais.

Les époux Delchambre assignent leur créancière en validité de ces offres réelles, et dans leurs conclusions, ils spécifient comme dans l'acte d'offres, qu'ils affectent 95 fr. au payement de cinq années d'intérêts à 5 pour 100, mais sans invoquer formellement la prescription quinquennale du surplus des intérêts échus. — Jugement par défaut qui valide les offres. — Opposition. — 7 fév. 1840, jugement du tribunal de Douai, qui rejette l'opposition en considérant notamment que sur les dix-sept années d'intérêts réclamées par le commandement du 9 août 1839, douze se trouvent prescrites, aux termes de l'art. 2277 c. civ.— Pourvoi de la demoiselle Bêche, pour fausse application de l'art. 2277 et violation de l'art. 2223 c. civ., en ce que le jugement attaqué a illégalement suppléé d'office l'exception de prescription qui n'était pas invoquée dans les conclusions des mariés Delchambre. — Arrêt.

LA COUR ; — Attendu, en droit, 1° que l'on peut considérer comme expressément demandé ce qui virtuellement, mais nécessairement, dérive de la demande formée en termes exprès (L. 59, ff., *De re judicatâ*, et L. 75, ff., *De verbor. obligat.*); 2° que les faits sont plus puissants que les paroles; — Et attendu qu'il est constant, en fait : 1° que la demanderesse en cassation a reconnu elle-même que le dépôt effectué par les mariés Delchambre, ses débiteurs, porte en termes exprès qu'il contient 95 fr. pour cinq années d'intérêts, attendu qu'un créancier ne peut exiger que cinq années d'intérêts de son débiteur, aux termes des dispositions du code civil et de la jurisprudence; 2° que le jugement par défaut du 2 janv. 1840 considère aussi en termes exprès que les offres faites à la demoiselle Bêche par les mariés Delchambre sont régulières et suffisantes, qu'elles désintéressent entièrement la demoiselle Bêche de tout ce qu'elle a droit d'exiger légalement des mariés Delchambre en principal, intérêts et frais, et qu'il en prononce la validité; 3° enfin, que, sur son opposition, la demanderesse en cassation, en réponse au moyen de prescription, a soutenu qu'on ne prescrit pas par subterfuge et pour obéir à quelques suggestions, et que, sur la même opposition, les mariés Delchambre ont demandé et obtenu la confirmation du jugement par défaut ;—D'où il suit que c'est d'après la demande réitérée des débiteurs et d'après l'exécution réelle de la même demande à l'aide du dépôt seulement de la somme non prescrite, et nullement d'office, que les juges ont admis la prescription ; qu'ainsi le moyen manque en fait ;—Rejette.

Du 10 mars 1841.-C. C., ch. req.-MM. Zangiacomi, pr.-Lasagni, rap.

(1) 1re *Espèce* : — (Levasseur C. la fabrique de Bures.) — La fabrique de Bures réclamait contre le sieur Levasseur plusieurs années d'arrérages d'une rente de sept livres. — Celui-ci soutenait que le capital de la rente était prescrit; jugement qui rejeta ce moyen, et condamna Levasseur à payer à la fabrique douze années d'arrérages.—Pourvoi.— Arrêt.

LA COUR (ap. dél. en ch. du cons.); — Attendu qu'il est constaté, par le jugement attaqué, que le demandeur a opposé devant les premiers juges que le titre de la rente dont on lui réclamait les arrérages était prescrit; que la prescription des arrérages est nécessairement comprise dans l'exception de prescription du titre en lui-même, puisque les arrérages se trouveraient prescrits, si le titre l'était; que, dès lors, la fin de non-recevoir que l'on voudrait tirer de ce que le moyen de la prescription des arrérages n'aurait pas été proposé, ne saurait être adoptée par la cour; — Rejette la fin de non-recevoir; — Et statuant au fond, vu l'art. 2277 c. civ....., casse

Du 26 fév. 1822.-C. C., sect. civ.-MM. Brisson, pr.-Legonidec, rap.- Jourde, av. gén., c. conf.-Loiseau et Gueny, av.

2e *Espèce* : — (Bréband C. la fabrique de l'église de Reyrieux.) — Le 22 juin 1819, jugement du tribunal de Trévoux, qui décide que les héritiers étant détenteurs du fonds sur lequel la rente foncière est assise, sont personnellement tenus de la payer; que cette rente n'est pas prescrite; en conséquence il les condamne à payer vingt et une années d'arrérages. — Pourvoi par les héritiers Bréband pour violation, 1° . . . ; 2° de l'art. 2262 c. civ. qui déclare prescrites par trente ans toutes les actions réelles et personnelles; 3° de l'art. 2277 du même code, ainsi que de la loi du 20 août 1792, touchant la prescription quinquennale. — Sur ce dernier point, ils faisaient remarquer qu'on n'avait pu les condamner à payer plus de cinq années d'arrérages, et que l'exception de prescription du surplus était implicitement comprise dans l'exception de prescription du capital. — Arrêt.

LA COUR ;—...Sur le second moyen :—Attendu que les prescriptions commencées à l'époque de la publication du code civil doivent être réglées conformément aux lois anciennes, et que, d'après ces lois, la rente litigieuse n'était prescriptible que par quarante ans, soit à cause de l'union de l'action personnelle à l'action hypothécaire contre le débiteur; — Rejette ce deuxième moyen ; — Sur le troisième, vu la loi du 20 août 1792 et l'art. 2277 c. civ.; — Attendu que, d'après les dispositions de ces lois, les arrérages de rente, de toute nature, se prescrivent par cinq ans; qu'en opposant l'exception de prescription pour la rente elle-même, les demandeurs étaient censés l'opposer, à plus forte raison, pour les arrérages; — Que si tous ceux qui avaient couru avant la loi du 20 août 1792 pouvaient être adjugés, ils ne s'élevaient pas, néanmoins, en les joignant aux cinq ans courus depuis cette loi, à vingt et un ans; que cependant le commandement avait été fait pour vingt et une annuités, et que le jugement ordonne que les poursuites seront continuées et parachevées jusqu'à l'entier payement des sommes pour lesquelles elles avaient eu lieu ; — Casse.

Du 15 mai 1823.-C. C., sect. civ.-MM. de Sèze, 1er pr.-Trinquelague, rap.-Jourde, av. gén., c. conf.- Collin et Guichard, av.

(2) (Préfet de la Seine-Inférieure C. Chesnel.) — LA COUR (ap. déb. en la ch. du cons.); — Vu l'art. 2225 c. civ. ; — Attendu que si, dans ses griefs d'appel, Chesnel a dit que les faits qu'on lui reprochait remontant à une époque fort éloignée, on pouvait avec quelque raison s'étonner de la tardive action du préfet, et que, peut-être, à la rigueur, serait-il possible d'invoquer la prescription, il est constant, en fait, qu'il ne l'a opposée ni par des conclusions ni par une énonciation quelconque, précise et positive, et qu'il a même déclaré qu'elle n'importait pas dans l'espèce; — Attendu que cependant la cour royale (de Rouen) n'en a pas moins déclaré prescrits plusieurs des chefs de l'action du préfet, et qu'en cela elle a violé l'art. 2225 ci-dessus référé ; — Casse.

Du 18 avr. 1838.-C. C., ch. civ.-MM. Portalis, 1er pr.-Ruperou, rap.-Tarbé, av. gén., c. conf.-Scribe, av.

(3) (X... C. N...) — LA COUR; — Attendu que la loi défend aux juges de suppléer d'office à l'exception de prescription non proposée par la partie; — Attendu que ni la partie historique, ni les motifs, ni les dispositions de l'arrêt dénoncé, et du jugement qui l'a précédé, ne font aucune mention de la fin de non-recevoir dont il s'agit, toute la discussion n'ayant eu trait qu'au fond; — Attendu que les mots vagues *par fin de non-recevoir et autres moyens de droit* ne suffisent pas pour tenir lieu de l'exception expresse de prescription ; car les équipollents doivent être de nature à mettre la partie et le juge à portée d'apprécier les caractères de la possession, et de rechercher si elle n'a pas été interrompue ou suspendue par des circonstances qui tiennent entièrement à des faits; — Rejette.

Du 14 nov. 1822.-C. C., sect. req.-MM. Henrion, pr.-Botton, rap

éveloppé (Rej. 27 avr. 1840, aff. de la Blottais, V. Vente).

105. Il faut remarquer aussi que le moyen de prescription oit être considéré comme n'ayant pas été proposé lorsque, ayant é articulé dans une phase de la procédure, il résulterait d'un acte it dans la même procédure qu'il a été abandonné.—Ainsi il a été ugé que bien que le défendeur ait, lors du préliminaire de conciliaon, invoqué la prescription de cinq ans, s'il fait défaut devant tribunal de première instance, le tribunal ne doit point applier le moyen de prescription (Aix, 22 mess. an 13) (1). Le déendeur, en ne comparaissant pas devant le tribunal, a semblé econnaître qu'il avait à tort opposé cette prescription.—Si, en remière instance, on a opposé le moyen de prescription à ceruins chefs d'une demande, et qu'on se soit tu sur les autres, il y eu là renonciation expresse à opposer en appel la fin de non-reevoir tirée de la prescription contre les chefs de demande à l'éard desquels elle n'a pas été opposée devant les premiers juges Riom, 2 déc. 1816, 1re ch., M. Vernin, pr., aff. Galvaing *C.* Diernat).

106. Il faut en outre que les conclusions prises afin d'opposer la prescription n'aient rien de contradictoire. Ainsi lorsqu'un éfendeur, en même temps qu'il oppose la prescription, offre de rouver par titres sa libération, la fin de non-recevoir tirée de a prescription peut être rejetée (Req. 10 déc. 1828) (2).

107. La cour de Bastia a trouvé que l'exception de prescripon avait été implicitement proposée, dans des circonstances rès-singulières; on avait actionné un héritier en rapport des ruits d'une succession indûment perçus. Le tribunal de preière instance avait jugé que les fruits ne devaient être rapporés que du jour de la demande, et non du jour de l'ouverture de a succession. Sur l'appel, l'héritier intimé demande la confirmaion pure et simple du jugement attaqué. La cour a réformé le ugement en ce qu'il n'a accordé les fruits que du jour de la emande, tandis qu'ils auraient dû être rapportés du jour où la uccession avait été ouverte; elle a ordonné que le rapport serait ainsi fait, mais deduction faite de cinq années qui avaient récédé la demande, attendu que les fruits avaient été presrits par cinq ans. La cour a déclaré que l'exception de rescription se trouvait virtuellement comprise dans les conclusions de l'intimé, par lesquelles il avait demandé la confirmation du jugement attaqué, qui n'avait ordonné le rapport des fruits qu'à partir du jour de la demande, parce qu'il est de principe qu'en demandant le plus on est censé demander le moins (Bastia, 5 nov. 1844, aff. Martinetti, D. P. 45. 2. 6). Cet arrêt ne nous paraît pas devoir être suivi. Jamais l'intimé n'avait eu l'intention d'opposer la prescription. Il y avait intérêt sans doute, mais si les juges avaient le droit de déclarer d'office la prescription toutes les fois qu'elle est dans l'intérêt des parties, l'art. 2223 c. nap. ne recevrait pas son application. L'adage *qui veut le plus veut le moins*, ne peut être ici invoqué, car on comprend que, dans l'espèce, l'intimé pût vouloir ne pas restituer des fruits qu'il avait perçus, ou soutenir qu'ils n'étaient dus que de telle époque, sans vouloir pour cela se servir, au cas où le tribunal n'adopterait pas ce moyen, de l'exception souvent odieuse, tirée de la prescription.

108. Lorsque la prescription a été opposée devant le tribunal de première instance, la partie qui l'a invoquée peut se contenter de conclure en appel à la confirmation de la sentence des premiers juges. Il y a là une manifestation évidente de son intention d'élever l'exception devant la cour (Req. 3 janv. 1833) (3).

109. De même, lorsqu'en cour d'appel, un interlocutoire a été demandé par l'appelant, afin d'établir la possession à l'aide de laquelle il entend prescrire, les conclusions que prend cet appelant après l'enquête, et qui demandent purement et simplement l'infirmation du jugement de première instance, suffisent pour établir qu'il persiste à opposer la prescription (Req. 30 déc. 1851, aff. Merlin, D. P. 52. 5. 430).

110. Lorsque des héritiers opposant à un avoué la prescription des frais qu'il a faits pour leur auteur, un codébiteur des mêmes frais déclare *s'en rapporter à justice*, cette déclaration doit être considérée, non comme un aquiescement à l'action du demandeur, mais comme la manifestation de vouloir profiter du moyen de prescription admis par la loi pour repousser cette action : les juges doivent, dès lors, le supposer invoqué par celui-ci (Bordeaux, 5 août 1839) (4).

111. La prescription peut être opposée *en tout état de cause*,

---

(1) *Espèce :* — (Leth *C.* Brun.) — Les héritiers Leth, cités en conciliation sur une demande en payement de treize années d'intérêts, oposent la prescription quinquennale. — Assignés en première instance, s font défaut. Les treize annuités sont adjugées aux créanciers. — ppel. — Les héritiers Leth prétendent que la demande aurait dû être éduite d'office à cinq annuités. — La réduction est consentie par les inmés ; mais reste à examiner, par rapport aux dépens, la question de avoir si la prescription avait dû être appliquée. — Arrêt.

LA COUR; — Attendu que les dépens sont la peine du débiteur qui 'a pas fait à son créancier des offres satisfactoires ; — Que les juges ne euvent pas suppléer d'office le moyen résultant de la prescription (code iv. 2225); que les hoirs Leth n'ayant point comparu par-devant le ribunal de Brignole, sur la citation qui leur avait été donnée par les oirs Brun, le tribunal n'a pas dû suppléer à la prescription de cinq ans ont les défendeurs ne réclamaient pas l'application ; — Que ceux-ci bservent vainement qu'ils avaient excipé de cette prescription par-devant le bureau de paix, et qu'alors les premiers juges devaient l'adopter, même en prononçant par défaut. La prescription de cinq ans n'est u'une présomption du payement des arrérages des années antérieures. Proposer cette prescription en conciliation et refuser de comparaître en remière instance, c'est annoncer, par sa conduite, qu'on renonce à cette xception et qu'on reconnait devoir et vouloir payer les arrérages antéieurs qui sont demandés ; — Réduit la condamnation à cinq annuités.

Du 22 mess. an 13.-Cour d'Aix.

(2) Texier *C.* Texier. — LA COUR ; — Attendu que la prescription est n moyen de droit qui, suivant les dispositions littérales des art. 2223 t 2224 c. civ., doit être explicitement proposé; qu'il n'est même pas ermis au juge de le suppléer d'office ; — Attendu, en fait, que le demandeur, au lieu de se retrancher dans cette fin de non-recevoir, s'est oumis à produire des actes et pièces pour prouver sa libération ; — Attendu que le tribunal de Saint-Jean-d'Angély ayant reconnu et décidé que e demandeur avait échoué dans cette épreuve, n'a violé aucune loi en le ondamnant au payement de la somme objective de la demande ;—Rejette.

Du 10 (ou 9) déc. 1828.-C. C., ch. req.-MM. Favard, pr.-Liger, rap.

(3) *Espèce :* — (Changey, etc. *C.* Gueniveau, etc.) — En 1826, la lame de Changey et le sieur Montgaillard demandent aux héritiers du ieur Crussol le payement de la dot de sa femme, stipulée en son contrat de mariage de 1747. — On oppose la prescription. — Le tribunal de première instance l'admet.—Appel.—Arrêt confirmatif rendu sur le défaut des ppelants.—Opposition.— Les intimés demandent la confirmation pure et simple du jugement de première instance. — Le 30 déc. 1831, arrêt de la cour de Paris, qui confirme, par les motifs des premiers juges, sans que le défenseur des appelants se soit encore présenté. — Pourvoi. — Les demandeurs disent : 1° que la cour a suppléé d'office l'exception de prescription ; 2° que la prescription n'a pu courir d'abord entre les époux, puis ensuite contre les héritiers mineurs de la femme. — Arrêt.

LA COUR ;—Sur le premier moyen : Attendu que les demandeurs en cassation eux-mêmes ont soutenu que, par le jugement de première instance, la créance en question avait été prescrite comme remontant à l'année 1747; — Attendu que, sur l'appel, Gueniveau et consorts ont expressément et formellement conclu à ce qu'il plût à la cour confirmer le jugement, en en adoptant les motifs ; — Qu'ainsi ce n'est pas d'office, mais d'après les conclusions expresses et formelles des prétendus débiteurs, que l'arrêt attaqué a déclaré prescrite la même créance; d'où il suit que l'art. 2223 c. civ., invoqué par les demandeurs, n'a point été violé;—Rejette.

Du 3 janv. 1833.-C. C., ch. req.-MM. Zangiacomi, pr.-Lasagni, rap.

(4) (Piat-Larisonne *C.* Berland et Gerbeaud.) — LA COUR ; — Attendu que les héritiers Berland sont fondés à invoquer la prescription de l'art. 2273 c. civ., parce que plus de deux ans se sont écoulés depuis l'arrêt qui termina le procès dans lequel M. Piat-Larisonne avait été constitué avoué par Berland père ; que, toutefois, en reconnaissant que l'action de cet avoué pour le payement de ses frais et salaires est prescrite, il y a lieu, puisque Larisonne le demande et que l'art 2275 c. civ. le permet, de déférer le serment aux héritiers Berland, pour qu'ils aient à déclarer s'ils ne savent pas que tout ou partie de la somme réclamée soit encore due ; — Attendu, à l'égard de Gerbeaud, qu'il s'en est remis à justice et s'est placé par conséquent sous la garantie des principes qui pouvaient le protéger contre la réclamation de Larisonne ; — Attendu que Gerbeaux, agissant dans l'intérêt de Berland, par suite des engagements qu'il crut devoir prendre avec Larisonne, était devenu le débiteur de celui-ci; que, poursuivi en payement des frais et des salaires que cet avoué prétend lui être dus, il a le droit, aux termes de l'art. 1208 c. civ., d'opposer toutes les exceptions qui résultent de la nature de l'obligation, ainsi que celles qui sont communes à tous les débiteurs; qu'évidemment l'exception prise dans l'art. 2273 résulte de la nature de l'obligation portant sur des frais et des salaires de procédure ; que cette exception est commune à tous les codébiteurs; d'où suit que Gerbeaud est fondé à l'opposer ; — Relaxe les héritiers Berland et le sieur Gerbeaud des demandes contre eux formées par Piat-Larisonne, à la charge toutefois par les héritiers Berland d'affirmer,

même devant la cour royale (c. nap. 2224). La première édition du code portait *tribunal d'appel.* C'est à tort que, par suite des changements intervenus dans l'organisation judiciaire, le texte a été changé. En effet, comme le remarque fort bien M. Duranton, t. 21, nº 134, *ad notam*, « la prescription peut être opposée devant le tribunal de première instance jugeant sur l'appel d'un jugement rendu par un juge de paix, comme elle peut l'être devant la cour royale statuant sur l'appel d'un jugement du tribunal de première instance ou du tribunal de commerce. »

112. Dès avant le code Napoléon, la prescription pouvait être opposée en tout état de cause, jusqu'au jugement définitif (Cass. 6 therm. an 12) (1). Le journal du parlement de Toulouse de 1735 et de 1753 rapporte trois arrêts rendus dans le même sens. — Cette disposition de la loi est très-sage, le silence gardé à l'égard de la prescription pendant une partie du procès peut avoir été déterminé par l'opinion que les autres moyens étaient suffisants, et le droit acquis par la prescription conserve toute sa force, jusqu'à ce que l'autorité de la chose jugée par le tribunal d'appel ait irrévocablement fixé le sort des parties. Cette règle doit néanmoins se concilier avec celle établie par l'art. 2221, qui admet la renonciation, même tacite, à la prescription acquise, et fait résulter cette renonciation de faits qui supposent l'abandon du droit. Ainsi, quoique le silence de celui qui, avant le jugement définitif, n'a pas fait valoir le moyen de prescription, ne puisse seul lui être opposé, les juges ont à examiner si les circonstances de la cause ne sont point telles que l'on doive en induire la renonciation tacite au droit acquis.

113. Au reste, il a été décidé que les juges d'appel peuvent ne pas s'arrêter à l'offre faite par une des parties pour la première fois devant eux de prouver la prescription non antérieurement invoquée, lorsqu'il résulte d'une mesure provoquée par cette même partie en première instance qu'elle a renoncé à se servir de ce moyen. La cour d'appel a pu ne pas statuer explicitement sur la question de renonciation (Req. 19 mai 1829) (2).

114. En thèse générale, l'offre pure et simple de payer contenue dans des conclusions s'oppose à ce que plus tard le moyen de prescription puisse être invoqué dans la cause (V. en ce sens M. Duranton, t. 21, nº 139), et il ne faudrait pas regarder comme contraire à cette proposition l'arrêt du 5 juin 1810 rapporté au nº 116. Cet arrêt s'est décidé par le moyen tiré de l'art. 2224, sans examiner le mérite des offres qui avaient été faites dans l'espèce. —M. Daniels, qui portait la parole, prétendait qu'en déclarant tardivement invoquée l'exception de prescription, le tribunal était présumé s'être déterminé d'après les circonstances de la cause, selon le pouvoir qu'il en avait, suivant lui, d'après l'art. 2224, et concluait au rejet du pourvoi; mais c'était là une double erreur échappée à la sagacité habituelle du célèbre avocat général et qu'on croit inutile de discuter ici.

Il a même été jugé que le défendeur qui, tout en soutenant en première instance la nullité d'un acte en vertu duquel on l'actionne, offre, si la nullité qu'il propose n'est pas admise par le juge, de payer la dette dans une certaine proportion, par exemple jusqu'à concurrence de ce dont il aurait profité dans une succession, ne peut, si l'acte est validé par le tribunal, opposer en appel, par exemple, la prescription de cinq années d'intérêts (Bruxelles, 18 déc. 1825) (3); solution que nous croyons trop rigoureuse.

115. Toutefois il a été très-bien jugé que l'offre par un défendeur d'une portion de la somme judiciairement réclamée contre lui et qu'il prétend ne pas devoir, ne le prive pas du droit d'opposer la prescription de la demande, alors que cette offre a été faite, non pas comme reconnaissance de l'existence de la dette, mais pour éviter un procès (Req. 12 mars 1844) (4).

116. Le moyen tiré de la prescription peut être opposé

---

par serment, qu'ils ne savent pas que les sommes réclamées par Piat-Larisonne, en sa qualité d'avoué, lui soient dues en tout ou en partie.

Du 5 août 1859.-C. de Bordeaux, 1re ch.-M. Dégranges, pr.

(1) (François C. Lecomte.) — LA COUR; — Vu l'art. 7, tit. 1, de l'ordon. de 1675; — Considérant, d'après les fais reconnus constants au procès, que les deux premières livraisons de moutons faites par les frères Lecomte, au demandeur François, remontent respectivement aux époques des 2 mess. de l'an 2, et 11 frim. de l'an 5; — Que lesdits frères Lecomte n'ont intenté leur demande en payement que vers la fin de l'an 7, et qu'ainsi leur action a été éteinte par la prescription, conformément aux dispositions dudit art. 7, tit 1, de l'ordon. de 1675; — Que néanmoins, par jugement du 22 flor. an 10, rendu en dernier ressort, le tribunal d'arrondissement de Pontoise a rejeté cette prescription, sous prétexte que François ne l'avait pas proposée *in limine litis*; — Qu'une pareille fin de non-recevoir contre la prescription n'est, non-seulement établie par aucune loi, mais qu'elle est contraire aux règles du droit commun et à la jurisprudence française, d'après lesquelles la prescription peut être valablement opposée en tout état de cause, jusqu'au jugement définitif; d'où il suit que le tribunal de Pontoise est formellement contrevenu aux dispositions dudit art. 7, tit. 1, de l'ordon. de 1675; — Casse, etc.

Du 6 therm. an 12.-C. C., sect. civ.-MM. Maleville, pr.-Busschop, r.

(2) *Espèce* : — (Basset C. de Kergolay.) — Sur un procès relativement à la propriété d'un terrain, entre le sieur Basset et le comte de Kergolay, un rapport d'experts avait eu lieu, des plans avaient été levés: les parties en contestèrent l'application sur les lieux. Sur ce, jugement du 5 avr. 1825, qui accorda à de Kergolay le terrain litigieux. — Appel par Basset, qui a, alors, offert de prouver une prescription paisible et publique de plus de trente ans. — 25 nov. 1826, arrêt de la cour d'Amiens, qui rejette la preuve offerte, et au fond confirme en ces termes: « Attendu que la preuve de la propriété de l'intimé sur le terrain dont il s'agit, résulte suffisamment du plan levé par les experts, en présence des parties, et des faits qu'ils ont constatés et vérifiés sur les lieux...; que ces faits ayant été constatés par suite des observations contradictoires des parties, et du mode de preuve qu'elles avaient provoqué devant les premiers juges, l'appelant n'est plus admissible à demander l'emploi d'une autre mesure pour obtenir un résultat opposé. » — Pourvoi de Basset, pour violation de l'art. 2224 c. civ. en ce que la prescription, qui peut être opposée en tout état de cause, a été rejetée, sans même que l'arrêt attaqué ait déclaré qu'il y ait été renoncé, ou que la renonciation résultât des circonstances. — Arrêt.

LA COUR; — Sur le moyen pris de la violation de l'art. 2224 c. civ.: — Attendu que, s'il est vrai que le moyen pris de la prescription puisse être opposé, même en cause d'appel, quoiqu'il ne l'ait pas été devant le tribunal de première instance, il n'en résulte pas que, si le tribunal supérieur trouve, dans les actes et autres documents du procès, des preuves suffisantes de la propriété en faveur de l'une des parties, il ne puisse écarter ce moyen; — Attendu que, dans l'espèce actuelle, l'arrêt attaqué constate qu'il résulte, tant du plan que du rapport des experts, qui ont été produits au procès, que le fossé qui fait l'objet du litige a été creusé sur le terrain appartenant au défendeur éventuel; que ce fait ayant été constaté, par suite des observations contradictoires des parties et du mode des preuves qu'elles avaient provoquées devant les premiers juges, le demandeur n'était plus admissible à demander l'emploi d'une autre mesure pour obtenir un résultat opposé; — Qu'en le décidant ainsi, l'arrêt attaqué n'a point violé l'art. 2224 c. civ., invoqué par le demandeur, mais qu'au contraire il en a fait une juste application; — Rejette.

Du 19 mai 1829.-C. C., ch. req.-MM. Favard, pr.-Chilhaud, rap.

(3) *Espèce* : — (C... C. X...) — Une action est dirigée contre le sieur C..., représentant sa femme, héritière de son oncle, en payement d'une somme capitale de 560 florins, et de 252 florins pour dix années d'intérêts. Il oppose la nullité de l'acte, d'où l'on fait résulter cette obligation, et pour le cas de rejet de ces moyens, il demande acte de l'offre qu'il fait de payer les sommes réclamées, jusqu'à concurrence de ce dont sa femme a profité dans la succession de son oncle. — 24 mars 1821, le tribunal de Furnes rejette le moyen de nullité proposé, et condamne le défendeur au payement des sommes demandées. — Appel par C... qui oppose, pour la première fois, à la demande des dix années d'intérêts, la prescription de l'art. 2277 c. civ., et soutient ne plus être tenu, suivant cet article, qu'au payement des cinq dernières années. — Arrêt.

LA COUR; — Sur le moyen de prescription opposé pour la première fois par l'appelant devant la cour, — Attendu que l'appelant, après avoir conclu au principal à la nullité de l'acte sur lequel était fondée la demande de la partie adverse, a demandé en première instance acte de l'offre qu'il déclarait faire de payer à l'intimé, dans la proportion de ce que sa femme avait profité dans la succession de son oncle, les dettes réclamées à sa charge, et consistant, quant au deuxième chef repris aux conclusions du demandeur, dans dix années d'intérêts du capital dû; — Que l'appelant, ayant ainsi reconnu cette dette de dix années d'intérêts, n'est plus recevable à y opposer la prescription établie par l'art. 2277 c. civ., pour ce qui est antérieur aux cinq dernières années; — Confirme.

Du 18 déc. 1825.-C. sup. de Bruxelles.

(4) (Meugniot C. Pichenot-Moreau.) — Le sieur Meugniot, huissier avait actionné le sieur Pichenot-Moreau en payement d'une somme de 256 fr., montant de différents exploits qu'il disait avoir signifiés pour le compte de ce dernier. Avant de constituer avoué, le sieur Pichenot déclara au sieur Meugniot, par acte extrajudiciaire, qu'il déniait formellement lui avoir donné mandat de dresser aucun des exploits dont il réclamait le coût, et que s'il se trouvait entre ses mains des notes et pièces pour poursuivre ses débiteurs, il les tenait, non de lui, Pichenot, mais d'un sieur Cottet à qui elles avaient été confiées; mais qu'au surplus, afin d'éviter l'ennui d'un procès, il voulait faire un sacrifice, et lui

même après qu'on a défendu au fond (Cass. 5 juin 1810 (1); Rouen, 28 déc. 1831, aff. Meslier, V. nº 954; Colmar, 8 août 1850, aff. Wagner, D. P. 53. 1. 142; Cass. 27 juin 1855, aff. Davous, D. P. 55. 1. 290). — Il a aussi été décidé que, bien qu'on se soit borné, en première instance, à demander la nullité d'une inscription hypothécaire, pour vices de forme, on est néanmoins recevable à proposer, sur l'appel, la prescription de l'hypothèque (Toulouse, 22 mars 1821, aff. Rainier, V. nº 502).

117. Toutefois, la règle que la prescription n'est pas couverte par des défenses au fond, cesse d'être applicable si, avant que le défendeur ait excipé de la prescription, un jugement en dernier ressort, statuant sur le fond de la contestation, décide que l'obligation du défendeur existe, et ne laisse indécise que la fixation du montant de cette obligation (Rej. 25 janvier 1808) (2).

118. Des arrêts qu'analyse M. Colas Delanoue, dans son Recueil, sont présentés par lui comme jugeant : 1º que celui qui exécute volontairement un jugement interlocutoire d'après une

offrait une somme de 160 fr. pour frais de trois actes concernant divers débiteurs désignés. — Le sieur Meugniot n'ayant point accepté ces offres, le sieur Pichenot les réitéra à l'audience, puis, sous le bénéfice des offres ainsi réitérées et toujours en protestant ne rien devoir au demandeur, il opposa que, dans tous les cas, l'action formée contre lui était éteinte par la prescription annale (c. civ. 2272). — Le sieur Meugniot répondit que le sieur Pichenot, en se soumettant à payer 160 fr. sur les sommes qui lui étaient demandées, avait implicitement reconnu par là l'existence de la dette dont le quantum se trouvait seulement contesté, et que, par suite, il s'était rendu non recevable à se prévaloir de la prescription.

Mais ce système a été écarté par jugement du tribunal de Semur du 31 août 1842, ainsi conçu : — « Considérant que l'action du sieur Meugniot a pour objet d'être payé d'une somme de 256 fr. pour le coût de différents exploits qu'il aurait faits lorsqu'il était huissier, à la requête et dans l'intérêt du sieur Pichenot; — Que ces exploits auraient été faits à l'époque de l'année 1838 et années antérieures; que d'après les explications fournies par le sieur Pichenot dans son interrogatoire sur faits et articles et la manière dont les choses se passent habituellement en matière des recouvrements que les huissiers font pour les parties, il y a présomption de penser que le montant de ces exploits a été payé par le sieur Pichenot, soit à Meugniot lui-même, soit au sieur Cottet chez qui se réglaient les comptes de ce dernier; — Que les offres de 160 fr. faites par le défendeur dans son exploit du 14 mars dernier n'ont pas eu lieu comme une reconnaissance positive de l'existence de la dette, mais seulement comme un sacrifice fait par le sieur Pichenot pour se soustraire aux ennuis et aux dépenses frustratoires d'un procès; — Que le sieur Pichenot se prévalant de la prescription mentionnée dans l'art. 2272 c. civ., c'est le cas de l'accueillir; — Par ces motifs, en admettant le moyen de prescription invoqué par le sieur Pichenot et fondé sur l'art. 2272 c. civ. et sous le bénéfice des offres consignées tant dans l'exploit du 14 mars dernier que dans les conclusions prises aujourd'hui à la barre, et à la charge de les effectuer à la signification du présent jugement, le renvoie des poursuites, etc. »

Pourvoi du sieur Meugniot pour fausse application de l'art. 2272 c. civ., 1º en ce que le tribunal a déclaré prescrite la créance du sieur Meugniot, quoique en même temps qu'il invoquait la prescription, le sieur Pichenot eût offert de payer une portion de cette créance, et fait cesser, par cette reconnaissance implicite de la dette, la présomption légale de payement sur laquelle est fondée la disposition de l'art. 2272; — Et 2º en ce que le même tribunal a appliqué la prescription annale établie par l'art. 2272 pour les salaires des actes que signifient les huissiers, à la totalité de la somme que réclamait le sieur Meugniot, bien que, dans cette somme dont les divers éléments étaient énoncés en tête de l'exploit d'assignation, figurassent des avances et déboursés pour coût et levée de jugement payés aux greffiers, ou pour coût d'inscriptions payées aux conservateurs des hypothèques, lesquels avaient été faits par le sieur Meugniot, non comme huissier, mais comme mandataire du sieur Pichenot. — Arrêt.

LA COUR; — Sur le premier moyen : — Attendu que le jugement attaqué n'a fait qu'interpréter l'offre faite par le défendeur d'une somme de 160 fr. à titre de sacrifice, pour éviter un procès, et qu'il était dans le droit du tribunal de déclarer, comme il l'a fait, qu'une offre ainsi motivée ne contenait pas une reconnaissance de la dette; — Attendu que, par suite de cette déclaration souveraine, le tribunal a dû accorder au défendeur éventuel le bénéfice de la prescription par lui réclamée;

Sur le second moyen : — Attendu que le jugement attaqué déclare que la réclamation du demandeur avait pour objet le payement du coût de différents exploits par lui faits comme huissier; que pour repousser, au moins en partie, la prescription qui lui était opposée, il n'a pas demandé au tribunal de faire la défalcation des sommes qui lui auraient été dues, non à titre de salaire, mais à titre de remboursement d'avances; qu'enfin la somme qu'il prétend aujourd'hui avoir eu le caractère d'avances est inférieure à celle qui lui a été accordée en conformité des offres du défendeur éventuel; qu'ainsi, le bénéfice de la prescription accordée à ce dernier n'a porté que sur des salaires et que l'art. 2272 c. civ. a été justement appliqué à la cause; — Rejette.

Du 12 mars 1844.-C. C., ch. req.-MM. Zangiacomi, pr.-Pataille, rap.-Delangle, av. gén., c. conf.-Coisnon, av.

(1) *Espèce* : — (Parizet C. Poulain.) - En fév. 1808, Poulain, boucher à Paris, assigna Parizet en payement de 970 fr. pour fourniture de viande qu'il lui avait faite dans le cours de 1806. — Parizet soutient d'abord que Poulain avait été payé d'avance de ses fournitures. — Poulain ayant représenté des bons signés de Parizet, celui-ci répondit qu'il avait négligé de retirer ces bons des mains de Poulain, mais qu'ils avaient été acquittés; et toutefois il offrit à Poulain 60 fr. pour raison de ces mêmes bons. — Ultérieurement et à l'audience, Parizet fit valoir la prescription annale établie par l'art. 2272 c. civ. — Le 29 juin 1808, jugement qui condamna Parizet au payement de la somme demandée : « Attendu que la prescription ne pouvait être opposée qu'autant que les choses seraient encore entières; qu'au bureau de paix, Parizet n'a pas parlé de prescription; qu'il s'est borné à dire que si Poulain avait fait des fournitures, il en avait été payé d'avance; que depuis il est convenu que Poulain avait fait des fournitures par son ordre à un de ses amis, et qu'il a fait des offres sur la représentation des bons; qu'indépendamment de ces fournitures, d'autres lui avaient été faites; que Parizet a défendu au fond, et qu'il ne justifie pas du payement réclamé. »

Pourvoi pour violation des art. 2225 et 2272 c. civ. — Le demandeur soutenait que la prescription, pouvant être proposée en tout état de cause, avait pu l'être après des défenses au fond, et que l'offre des 60 fr. n'était point un obstacle à la prescription du surplus. — Arrêt.

LA COUR; — Vu l'art. 2224 c. civ.; — Et attendu qu'il résulte du jugement attaqué que l'exception de prescription a été opposée, et que le moyen n'a été rejeté que par le double motif qu'il ne pouvait être valablement opposé que lorsque les choses étaient entières, et que Parizet avait défendu au fond; qu'il est évident par l'énoncé de ce double motif que le tribunal civil de Paris a considéré le moyen de prescription comme devant être proposé, *rebus integris*, et préalablement à toutes autres exceptions et défenses, ce qui est une erreur et une contravention à l'art. 2224 c. civ.; — Casse.

Du 5 juin 1810.-C. C., sect. civ.-MM. Muraire, pr.-Sieyes, rap.-Daniels, av. gén., c. contr.

(2) *Espèce* : — (Elie et Laschenays-Eudes C. Fontaine et Schedet.) — 1786, police entre Elie et Laschenays-Eudes, d'une part, et Fontaine et Schedet de l'autre, par laquelle les premiers assurent sur le compte de qui il appartiendra une somme déterminée sur un navire et sa cargaison. — Le vaisseau ayant essuyé divers dommages, les assurés demandèrent aux assureurs, le 27 déc. 1786, le remboursement de la somme formant la différence qui se trouverait entre le prix de la vente du navire et celui de la police, si mieux ils n'aimaient accepter l'abandon du navire même. — Les assureurs prétendent que le mauvais état du navire procédant de son ancienneté, il n'en sont point tenus. — Les assurés ayant supposé que le navire, avant d'entrer au Havre, avait essuyé de gros temps en mer, des arbitres furent nommés pour décider la question : devant eux, les assureurs réclamèrent une expertise pour faire constater l'état du vaisseau, quoique précédemment ce vaisseau eût été visité par des experts, dont l'opération avait été faite à l'insu des assureurs. Les arbitres ayant permis la nouvelle expertise, leur ordonnance fut infirmée sur l'appel par un arrêt du parlement de Rouen, du 11 déc. 1787, qui déclara les assureurs non recevables dans leur demande aux fins de nouveau procès-verbal. — Les parties ayant ensuite procédé pour l'exécution de cet arrêt successivement au siége de l'amirauté de Rouen, et devant des arbitres, des pilotes experts visitèrent le vaisseau afin de constater divers faits tendant à soustraire les assureurs à la responsabilité qu'on réclamait contre eux. — Les assurés ne furent ni appelés ni présents au procès-verbal des experts. En l'an 13, la cause ayant été reportée devant les arbitres, les assureurs opposèrent, pour la première fois, l'exception résultant des art. 42, 48, tit. 6, liv. 3, ordonnance de la marine de 1681, qui obligent les assurés à former leurs demandes dans les six semaines des pertes arrivées aux côtes de la même province où l'assurance a été faite. — Le 15 fév. 1806, jugement arbitral qui déclare les assurés mal fondés dans leur demande en délaissement du navire, par des motifs étrangers à la question de prescription. — Appel; et 14 avr. 1807, arrêt de la cour de Rouen qui rejette l'exception de la prescription comme tardivement opposée, annule la dernière enquête, et ordonne que l'arrêt du 8 fév. 1788 transigera en définitif. — Pourvoi pour violation des art. 42, 48, tit. 6, liv. 3, ord. de 1681.

M. le proc. gén. Merlin a dit que quoiqu'il paraisse résulter de l'art. 5, tit. 5, ordon. de 1667, que toute exception péremptoire est couverte par les défenses au fond, néanmoins cette disposition doit être restreinte aux exceptions qui tendent à détruire l'action, en établissant ou qu'elle n'est pas fondée, ou qu'elle n'est plus recevable, et que par suite la prescription peut être opposée en tout état de cause. — Mais en jugeant le contraire, la cour de Rouen a-t-elle violé quelque loi? A la vérité, l'art. 2224 c. civ. est formel contre la doctrine qu'elle a em-

action en revendication et subordonnée au résultat de l'application des titres des parties au terrain litigieux, n'est plus recevable à invoquer la prescription sur l'appel de cette sentence : les circonstances qui viennent d'être énoncées font présumer que la partie a renoncé à opposer le moyen de la prescription (Orléans, 18 fév. 1818, aff. Loup Moreau *C.* Vaslier); — 2° Qu'en matière de revendication, celui qui a acquiescé à un jugement interlocutoire qui ordonne une enquête, et qui a même déjà fait entendre plusieurs témoins, est censé avoir renoncé à ses conclusions subsidiaires tendantes à être admis à la preuve d'une possession trentenaire, pour suppléer au défaut de titres par lui présentés (Orléans, 24 fév. 1820, aff. Delon *C.* Grosbois).—Mais cette décision, comme le remarque M. Troplong, n° 97, admet trop facilement une renonciation à la prescription.

119. Il a été jugé, avec plus de raison, que lorsque, sur une demande en revendication d'immeubles, le défendeur a nié qu'il fût en possession des lieux réclamés, il n'en est pas moins recevable à opposer la prescription, alors même que des enquêtes ont été judiciairement ordonnées (Req. 19 fév. 1812) (1).

120. La prescription de la demande en rescision pour lésion, d'un traité portant règlement de légitime, peut être invoquée même après un jugement qui ordonne l'estimation de la succession à l'effet de vérifier la lésion, et après l'opération des experts (Lyon, 8 déc. 1812) (2).

121. Mais celui qui, dans une instance, a offert à un cohéritier un supplément de légitime, ne peut soutenir plus tard que l'action en partage est prescrite (Riom, 18 août 1810) (3).

122. Il a été jugé que la renonciation à se prévaloir dans une instance du moyen de prescription ne résulte ni de la circonstance qu'un compte a été ordonné entre les parties (alors surtout que le jugement qui a ordonné ce compte n'a été ni levé ni signifié), ni de la demande en communication, faite par l'appelant, des titres et pièces de l'intimé (Orléans, 30 juin 1842) (4).

123. Une renonciation au droit de se prévaloir de la prescrip-

---

brassée, ainsi que la loi 8, code *De except. seu prescrip.*; mais le code civil n'est pas applicable dans l'espèce, et les lois romaines n'ont jamais eu d'autorité législative dans la Normandie. — D'un autre côté, l'arrêt de la cour de cassassion, du 6 therm. an 12, a cassé, dans l'affaire de François et des frères Lecompte, un jugement qui avait rejeté l'exception de prescription comme n'ayant pas été opposée *in limine litis*. Mais dans l'espèce de l'arrêt de l'an 12, le défendeur n'avait rien fait par sa défense au fond qui contrariât la prescription dont il a excipé depuis. Au lieu que dans l'espèce actuelle, un jugement en dernier ressort (l'arrêt du parlement de Rouen, du 11 déc. 1787), statuant sur la défense au fond, a décidé que les défendeurs n'avaient pas payé, et n'a laissé indécise que la question de savoir à quelle somme la condamnation doit être portée. Ce jugement a, vis-à-vis des défendeurs, le même effet qu'une obligation, une cédule, et a fait cesser la présomption de payement que la loi attache au laps de temps..., etc. — Ainsi les juges de Rouen n'ont pu accueillir l'exception de prescription opposée devant eux. Cette prescription n'est dans l'intention de la loi qu'une présomption juridique, ou qu'il n'y a pas eu de dommage, ou que le dommage qui a eu lieu n'est pas à la charge des assureurs; elle doit donc cesser lorsqu'il est jugé qu'un dommage a eu lieu, et qu'il provient d'une cause dont les assureurs sont responsables. — Arrêt.

LA COUR; — Attendu, sur le premier moyen, que l'arrêt du 11 déc. 1787 non attaqué avait décidé sur le fond que les assureurs n'étaient plus en droit de faire constater que les dommages du navire provenaient d'un vice qui lui était propre, ou de sa vétusté; que quoique l'art. 5, tit. 5, ordon. de 1667, cité par la cour d'appel sur le temps dans lequel les exceptions péremptoires doivent être proposées, ne soit pas applicable à celles qui forment un moyen du fond et périment pour toujours l'action, néanmoins, d'après ses autres motifs, et notamment d'après celui pris de l'arrêt du 11 déc. ci-dessus daté, elle a pu légitimement juger que la prescription opposée était couverte, c'est-à-dire qu'elle était abandonnée; qu'il suit évidemment de cet arrêt que le fond avait été discuté et jugé; que dans cette circonstance, elle n'a contrevenu à aucune loi, en déclarant l'exception prise des art. 42, 48 ordon. de la marine, titre des Assurances, tardivement invoquée; — Attendu, sur le second moyen, que la cour d'appel n'a fait qu'interpréter le contrat entre les parties, en décidant que le dommage arrivé dans les vingt-quatre heures de l'arrivée du navire était aux charges des assureurs; — Rejette.

Du 25 janv. 1808.-C. C., sect. civ.-M. Merlin, pr. gén., c. conf.

(1) (Gottfurneau et Barella *C.* de Mesemaker.) — LA COUR; — Attendu, sur le cinquième moyen, que l'état de la cause n'était pas irrévocablement fixé par le jugement de 1807, et qu'en admettant Gottfurneau et Barella à prouver les faits par eux allégués, la cour de Bruxelles ne pouvait pas mettre obstacle à ce que Mesemaker leur opposât une exception telle que la prescription qui peut être proposée en tout état de cause; — Attendu, relativement au moyens aux fond, sur le premier, qu'ainsi qu'on vient de le dire, et que cela est établi par l'art. 2224 c. nap., la prescription peut être opposée en tout état de cause, même devant la cour d'appel; qu'il importe donc peu qu'avant d'alléguer la prescription, Mesemaker eût nié qu'il possédât les objets réclamés par ses adversaires; que sa renonciation à faire usage de cette exception pouvait seule d'après l'article cité, le rendre non recevable à le proposer; mais qu'en première instance et sur l'appel Gottfurneau et Barella ont combattu le moyen de prescription comme mal fondé, sans songer à l'écarter par une fin de non-recevoir tirée de la renonciation de Mesemaker à en faire usage; que le tribunal et la cour de Bruxelles ayant jugé la demande prescrite, il s'ensuit qu'ils n'ont pas vu dans la cause des circonstances qui dussent faire présumer que Mesemaker avait renoncé à la prescription, et que l'arrêt ne présente sous ce rapport la violation d'aucune loi;

Attendu, sur le troisième moyen, que les demandeurs ne peuvent l'appuyer sur le statut des prescriptions de Bruxelles de 1452, puisque de leur aveu, consigné à la page 7 de leur mémoire ampliatif, les biens dont il s'agit au procès n'étaient pas régis par ce statut, mais par la coutume de Louvain où le droit romain était suivi; que la cour dit dans son arrêt que la prescription trentenaire n'a pas été suspendue ni par la pupillarité ni par la minorité des appelants (Gottfurneau et Barella), puisqu'elle courait en Brabant contre tout mineur tant impubère qu'adulte sans distinction; que les demandeurs ne citant aucune loi qui contredise cette assertion, elle doit nécessairement prévaloir sur l'assertion contraire des parties intéressées à la combattre; — Rejette le pourvoi dirigé contre l'arrêt de la cour de Bruxelles, du 11 août 1810.

Du 19 fév. 1812.- C. C. sect. req.-MM. Henrion, pr.-Aumont, rap.

(2) (Bied-Charreton.) — LA COUR; — Vu les art. 1 et 2 de la loi du 2 prair. an 7 et l'art. 2224 c. civ.; — Attendu qu'un traité sur la fixation de légitime est évidemment un acte équipollent à partage; — Que cette fixation a été faite en papier-monnaie, et que ces actes sont nominativement compris dans les dispositions de la loi du 2 prair. an 7; que, par conséquent, elle est applicable à la cause dont il s'agit; — Attendu qu'il y a déchéance, d'après les termes de cette loi, de l'action rescisoire contre les actes de partage passés pendant le cours du papier-monnaie, faute d'être exercée dans le délai d'un an; — Qu'il est reconnu, d'une part, que l'acte a été passé pendant le cours du papier-monnaie; d'autre part, que l'action en rescision n'a été formée qu'après l'expiration du délai d'un an; — Enfin, que la prescription résultant des termes de rigueur portés par la loi du 2 prair. an 7, a été opposée, tant en première instance qu'en cause d'appel; — Attendu que les premiers juges, dont la cour d'appel de Lyon a adopté les motifs à cet égard, pour écarter le moyen, n'en ont employé que deux : l'un, que la loi n'était pas applicable, ce qui est une erreur, ainsi qu'il est ci-dessus démontré; l'autre, que le moyen de prescription était tardif, pour n'avoir pas été proposé lors du jugement interlocutoire, sans néanmoins que les juges aient déduit aucuns motifs d'une présomptive renonciation à ce moyen; qu'il en est résulté que l'arrêt de la cour d'appel est en opposition à l'art. 2224 c. civ., qui autorise à proposer le moyen de prescription en tout état de cause, même devant les juges d'appel, et qu'il y a contravention à l'art. 2 de la loi du 2 prair. an 7; — Casse, etc.

Du 8 déc. 1812.-C. C., sect. civ.-MM. Muraire, 1er pr.-Rousseau, rap.

(3) (Bonhours *C.* Delfraissy.) — LA COUR; — En ce qui touche le moyen de prescription opposé pour la première fois en la cour par l'appelant; — Attendu que l'appelant a renoncé à ce moyen en offrant, devant les premiers juges, à l'intimé un supplément de légitime; — Attendu que l'appelant est convenu avoir reçu des quittances, tant pour le titre clérical que sur la légitime, jusqu'en 1784, et que cet aveu écarte encore la prescription; — En ce qui touche le fond : — Par les motifs exprimés au jugement, sans s'arrêter à la prescription opposée...; — Dit bien jugé, etc.

Du 18 août 1810.-C. d'appel de Riom.

(4) (Hainguerlot, etc. *C.* Vincent.) — LA COUR; — Attendu que d'après l'art. 2224 c. civ. le moyen de la prescription peut être invoqué, même devant la cour, pour la première fois; que la loi n'exige pas de réserves; — Que, dès lors, ce moyen, quoique non présenté en première instance, peut être utilement invoqué en appel; — Attendu que la renonciation à ce moyen ne se présume pas; qu'elle doit être ou explicite, ce qui ne se rencontre pas dans l'espèce, ou implicite et résultant de faits qui impliquent nécessairement cette renonciation; que le jugement qui ordonne un compte n'a pas été exécuté par Hainguerlot; qu'il n'a été ni levé ni signifié, et ne peut, dès lors, être opposé aux appelants; — Attendu, quant aux conclusions prises devant la cour, que la demande en communication des pièces et titres de l'intimé ne peut non plus être considérée comme impliquant une renonciation, puisqu'on demande uniquement à connaître les titres pour les discuter et les combattre par les moyens de droit, ni par conséquent aussi par celui de la prescription.

Du 30 juin 1842.-C. d'Orleans.-M. Abbatucci, pr.

tion contre une action en rescision d'une vente d'immeubles pour cause de lésion, ne peut résulter du fait d'avoir pris part à une expertise ordonnée afin de constater la valeur de ces immeubles : « Attendu que la circonstance d'avoir assisté ou coopéré à l'expertise n'est pas suffisante pour faire présumer que les appelants aient voulu renoncer au moyen de prescription; mais qu'ils pouvaient laisser faire une investigation qui pouvait leur être favorable et leur fournir un deuxième moyen de gagner leur procès sans faire un procès à part sur les moyens de prescription » (Bruxelles, 3e ch., 20 oct. 1829, aff. Petit C. N...).

124. Du principe que l'on peut opposer le moyen de prescription en tout état de cause, il résulte que lorsqu'on a élevé cette exception, on peut *modifier* le moyen présenté, et faire remonter, par exemple, la prescription à une date plus ancienne que celle qu'on avait d'abord indiquée (Bruxelles, 22 fév. 1819) (1).

125. Il résulte de tout ce qui précède, que lorsqu'on se réserve, tout en prenant des conclusions au fond ou sur des incidents, de proposer plus tard la prescription, il est prudent de faire des protestations à cet égard.

126. Comme la prescription peut être opposée en tout état de cause, elle peut l'être la veille même d'un arrêt définitif, et bien que l'instance ait duré déjà plus de vingt-sept ans, si rien n'a été dit ni fait qui puisse en faire présumer la renonciation (Req. 4 juill. 1821, MM. Henrion, pr., Botton, rap., aff. Aboon).

127. Il a été posé en thèse générale qu'on ne peut plus présenter de conclusions à l'effet d'opposer la prescription lorsque, après audition des parties et du ministère public, les magistrats sont à délibérer à la chambre du conseil (Orléans, 23 déc 1822, aff. Audiot, V. v° Instr. par écrit, n° 33-2°). — M. Troplong, p. 127, note 2, pense au contraire qu'on pourrait opposer la prescription, quand même le ministère public aurait conclu, et que l'affaire serait en délibéré. Il cite un arrêt de Nancy, rendu en ce sens, le 11 fév. 1833. — Néanmoins le principe posé par la cour d'Orléans paraît fondé en droit, parce qu'il est de règle qu'après qu'une cause a été déclarée entendue, il ne peut plus être signifié de conclusions. — Or, bien que la prescription puisse être invoquée en tout état de cause, il faut cependant que cette fin de non-recevoir résulte de conclusions expresses prises en temps opportun. C'est, au reste, ce qui a été jugé par un arrêt assez récent (Pau, 19 août 1850, aff. Leberat, D. P. 51. 2. 5, V. en ce sens M. Duranton, t. 21, n° 135; V. aussi Min. pub., n° 107). — Et quand la cour de cassation a cassé l'arrêt d'Orléans (Cass. 7 nov. 1827, V. Instr. par écrit, n° 33-2°), il n'a point infirmé le principe que cette cour avait posé; il s'est fondé sur un moyen tout autre, à savoir sur ce que les conclusions prises en dernier lieu n'étaient que le développement de celles qui avaient été prises en première instance et qui énonçaient déjà le moyen de prescription.

128. La prescription ne peut être opposée pour la première fois en cassation. En effet, lorsqu'un pourvoi est porté devant la cour de cassation, le litige est terminé, et les conclusions des parties ont définitivement réglé leurs droits. — V. Cassation, n°s 1901 s.

129. Rien ne s'oppose à ce qu'on élève le moyen de prescription devant la cour de renvoi, dans le cas de cassation : alors le litige recommence.

130. La prescription ne crée point un droit exclusivement attaché à la *personne* de celui au profit duquel elle a couru : les *créanciers* ou toute autre personne *ayant intérêt* à ce qu'elle soit acquise, peuvent l'opposer, quoique le débiteur ou le propriétaire y renonce (n° 97), ce sont les dispositions de l'art. 2225 c. nap. — Le mot *créancier* est clair et n'a pas besoin d'être expliqué, mais quelles sont les personnes qui peuvent être considérées comme *ayant intérêt* à ce qu'une prescription soit acquise?

131. Il est sans difficulté que les héritiers présomptifs et les héritiers après décès ne peuvent profiter des dispositions de l'art. 2225. Les premiers n'ont aucun droit à faire valoir sur une succession qui n'est pas ouverte, les seconds représentent la personne du défunt, et n'ont pas d'autres droits que les siens : ils sont tenus d'exécuter les obligations qu'il a contractées, à moins qu'ils ne prouvent que la renonciation déguise une fraude à la réserve légale — V. Disp. entre-vifs, n°s 1029, 1175 s., 1674 s., Oblig.

132. L'héritier contractuel (c. nap. 1082) par acte entre-vifs peut-il faire révoquer la renonciation à la prescription faite par l'instituant? — La question est délicate. M. Troplong, n° 103, répond par une distinction; il croit que l'instituant pourrait renoncer au préjudice de l'institué à la prescription trentenaire, car on ne doit pas enlever au donateur « la faculté d'obéir au cri d'une conscience timorée qui lui commande de reconnaître la dette. » Mais s'il s'agissait d'une prescription de dix à vingt ans, avec titre et bonne foi, l'institué pourrait user du droit accordé par l'art. 2225; car le donateur, devenu propriétaire légitime par le contrat, ne trouve dans le for intérieur rien qui condamne ce titre sacré. » — Cette distinction ne nous paraît pas satisfaisante. Sans doute tant que l'acquéreur d'un immeuble en vertu d'un juste titre se croit propriétaire, sa conscience ne lui reproche rien; mais quand il est convaincu qu'il n'a pas acquis du véritable propriétaire, peut-on dire qu'il fasse un acte de libéralité en restituant ce qu'il sait appartenir à autrui? Il fait un acte de délicatesse peut-être excessive, mais il entend réparer un dommage qu'il cause; il veut rendre et non pas donner. Comme nous l'avons vu plus haut, n° 93, on ne peut considérer comme une disposition à titre gratuit la renonciation à la prescription. Cette renonciation ne fait que maintenir un titre existant; c'est acquitter une dette, c'est satisfaire à une obligation, et il est hors de doute que l'institué ne peut quereller des payements faits par le donateur pour se libérer. Cela nous paraît être la véritable raison de décider; et elle milite pour le maintien de la renonciation à la prescription décennale (au sujet de laquelle le cri de la conscience joue le plus grand rôle), avec plus d'énergie peut-être que pour le maintien de la renonciation à la prescription trentenaire. Nous pensons donc que l'institué ne pourrait se faire restituer contre la renonciation, à moins, bien entendu, qu'il n'y eût fraude et qu'elle ne déguisât une libéralité. — V. M. Vazeille, n° 355.

133. Le *substitué*, quand son titre a été transcrit, n'est pas lié par les renonciations à la prescription par lesquelles le grevé aurait diminué le fidéicommis; celui-ci n'a pu aliéner. Le substitué n'a dès lors pas besoin d'opposer la prescription : l'art. 2225 ne lui est pas applicable.

134. Quant au *donataire* pur et simple, il faut distinguer trois cas. Si le donateur a renoncé à la prescription après la transcription, il a par sa renonciation disposé d'une chose qui ne lui appartenait plus; sa renonciation est nulle. Si le donateur a renoncé entre la donation et la transcription, le donataire qui n'a pas transcrit n'a aucun titre à faire valoir à l'égard des tiers. Si le donateur a renoncé avant la donation, il a rendu cette donation impossible, et le donataire est sans droit.

135. La renonciation faite par le débiteur au droit d'opposer la prescription ne peut pas nuire à sa caution. « Dès que le débiteur, dit M. Duranton, t. 21, n° 156, a acquis un moyen de libération qui ne consiste pas dans une exception qui lui soit purement personnelle, mais bien au contraire qui porte sur sa cause elle-même, *in rem*, il ne peut y renoncer au préjudice de la chose tion » ; (V. Caution. n°s 231, 313.) Il en est de même quant au garant (Merlin, Quest. de droit, v° Garantie, § 7.). Mais le droit de la caution et du garant paraît ne pas se puiser dans l'art. 2225, mais dans cette considération qu'étant tenus au payement de la dette comme le débiteur principal et le garanti, ils ont le droit d'opposer *proprio jure* le moyen de prescription qui ne peut leur être enlevé par celui qui a été cautionné ou garanti. — V. M. Marcadé, sur l'art. 2225, n° 3.

136. Le cessionnaire du prix d'une vente faite *a non domino* a qualité pour opposer au véritable propriétaire ou à ses créanciers, la prescription décennale acquise à l'acheteur : ce cessionnaire est un intéressé dans le sens de l'art. 2225 c. nap. (Req. 5 mai 1851, aff. Couvreux, D. P. 51. 1. 261.)

137. Lorsque la renonciation à la prescription émanée d'un

(1) (Gilis-Pilarès.) — LA COUR; — Attendu qu'aux termes de l'art. 2224 c. civ., il est permis de proposer la prescription en tout état de cause; qu'à plus forte raison il doit l'être de la modifier ou de la faire remonter à une époque plus ou moins ancienne, à moins que la partie qui avait omis d'opposer le moyen de la prescription ne doive, par les circonstances, être présumée y avoir renoncé.

Du 22 fév. 1819.-C. sup. de Bruxelles.-MM. Wautelée, 1er pr.-Baumhauer, av. gén., c. conf.-Tarte, av.

débiteur, a été suivie du payement de l'obligation prescrite, ses créanciers peuvent, nonobstant ce payement, opposer la prescription, et faire rentrer le montant de l'obligation exécutée dans l'actif de leur débiteur, pour l'exercice de leurs droits (Rej. 21 mars 1845) (1).—Cet arrêt tranche une question qui a été vivement controversée. En permettant aux créanciers d'opposer la prescription, quoique le débiteur y renonce, l'art. 2225 entend-il leur attribuer la faculté d'attaquer une renonciation consommée? «Elle leur donne seulement le droit, dit M. Vazeille, n° 355, de concourir et de suppléer à la défense de la réclamation dirigée contre leur débiteur. » Ce n'est, ajoute le même auteur, que lorsque le sort de la prescription n'est pas définitivement réglé que les tiers intéressés peuvent exercer, en demandant et en défendant, les droits de leur débiteur, intervenir dans les instances où il est partie, attaquer de son chef par les diverses voies légales selon le droit qu'il a lui même, et dans les délais ordinaires, les jugements qui le condamnent; mais ils ne peuvent pas de leur chef faire annuler les traités contraires à la prescription qu'il a consentis sans leur participation, ni les jugements passés en force de chose jugée, auxquels ils ne sont pas intervenus, à moins que ces traités ou jugements n'aient été collusoirement convenus en fraude de leurs droits, auquel cas ils peuvent exercer contre eux l'action en nullité.—Ainsi, d'après cet auteur l'exercice des droits des créanciers se réduit au cas où ils interviennent dans une instance, lorsqu'ils produisent à un ordre, et lorsqu'ils peuvent enfin parler au nom de leur débiteur qui ne s'est pas encore

(1) *Espèce :* — (Borie C. Dejoux.)—Le sieur Jean Borie avait légué à sa fille Dorothée une somme de 4,000 fr., et avait institué son fils Joseph son héritier universel. Le 18 août 1787, la demoiselle Dorothée entra en religion, et reçut, à cette occasion, un trousseau de 1,200 fr. En l'an 10, ses droits dans la succession de sa mère se trouvèrent fixés à la somme de 5,540 fr.—Joseph Borie resta débiteur de sa sœur, sans pouvoir s'acquitter envers elle, jusqu'en 1852 : à cette époque, sous prétexte de se libérer tant du capital que des intérêts accumulés depuis tant d'années, Joseph Borie se reconnut, par acte notarié du 21 fév. 1852, débiteur envers sa sœur, *de la légitime à elle revenant* dans la succession de son père, des 5,540 fr., montant des droits de celle-ci dans la succession de sa mère, et, pour se libérer, lui abandonna des immeubles d'une valeur déterminée. — Tous les immeubles du sieur Borie, y compris ceux qu'il avait abandonnés à sa sœur, ayant été saisis, par procès-verbal des 17 et 18 déc. 1852, dressé à la requête d'un sieur Cavaillon, la demoiselle Dorothée forma une demande en distraction des biens qu'elle disait avoir reçus en payement. Sur cette demande, les créanciers Borie se pourvurent en nullité de l'acte du 21 fév. 1852.

Jugement du tribunal d'Uzès, du 21 fév. 1854, qui maintient la validité de cet acte, et ordonne que les biens désignés par la demoiselle Borie soient distraits de la saisie pratiquée contre son frère.—Sur l'appel du sieur Dejoux, l'un des créanciers poursuivants, arrêt de la cour de Nîmes, du 27 fév. 1859, qui valide l'acte du 21 fév. 1832, jusqu'à concurrence de 16,021 fr. (les biens abandonnés s'élevaient à 26,552 fr.), et en conséquence ordonne la distraction jusqu'à concurrence de cette valeur.—Cet arrêt est motivé ainsi qu'il suit: — «Attendu qu'il résulte des actes et circonstances de la cause que Dorothée Borie avait des droits à réclamer sur les successions tant paternelle que maternelle, à l'époque où elle fit les actes des 21 fév. et 22 mars 1852; qu'il ne peut y avoir fraude au préjudice des créanciers dans ces actes, qu'autant qu'il aurait été abandonné à Dorothée Borie plus de biens que ce qui lui revenait; que c'est précisément ce qui se rencontre dans la cause, puisqu'il aurait été expédié à Dorothée Borie un excédant de valeur en immeubles, pour la remplir de ses droits;—Attendu que les lois de brumaire et 17 niv. an 2 se bornent à anéantir les vœux religieux, mais ne parlent pas des actes passés entre les ci-devant religieux et des tiers; —Attendu, dans l'espèce, que le testament de Jean Borie a réduit sa fille Dorothée Borie à une somme de 4,000 fr., sur lesquels il est convenu par les parties qu'une somme de 1,200 fr. a été reçue et a tourné au profit de ladite demoiselle Borie, ce qui réduit celle-ci à la somme de 2,800 fr., qu'elle aurait pu réclamer à l'époque de l'ouverture de la succession paternelle, et que rien ne prouve avoir été payée; mais que les biens ayant doublé de valeur, d'après l'opération des experts, depuis 1787, Dorothée Borie doit profiter de l'augmentation de valeur survenue par le laps de temps; qu'il y a donc lieu de porter la somme de 2,800 fr. à celle de 5,600 fr., valeur de 1852;—Attendu que les intérêts fixés aux 2 et demi pour 100, valeur actuelle, pendant vingt-cinq ans, s'élèvent à la somme de 5,500 fr.;—Attendu que Dorothée Borie, connaissant le testament de son père, la prescription de supplément de légitime a couru contre elle, conformément aux anciens principes;—Attendu, sur la succession maternelle, que les droits de Dorothée Borie sur ladite succession s'élèvent à 5,545 fr.; que rien ne prouvant qu'ils ont été payés, et aucune prescription n'étant opposée, ces droits sont dus et peuvent être réclamés; que les intérêts de cette somme sont pareillement dus, mais depuis cinq ans seulement, et qu'ils s'élèvent à la somme de 1,576 fr.; — Attendu que le total des sommes auxquelles avait droit Dorothée Borie ne s'élève, en les additionnant qu'à 16,021 fr., tandis que la valeur des biens expédiés s'élève à la somme de 26,552 fr., ce qui prouve, ainsi qu'il a été dit précédemment, qu'il y a un excédant de valeur dont Dorothée Borie ne peut profiter au préjudice des créanciers.»

Pourvoi de la demoiselle Borie.—1° Fausse application de l'art. 1167 c. civ., en ce que l'arrêt attaqué a admis le sieur Dejoux à attaquer en son nom personnel une vente faite par son débiteur à la demoiselle Borie, bien qu'à l'époque de cette vente, ce créancier ne fût porteur d'aucun titre légal, et que, par conséquent, la vente, en la supposant frauduleuse, n'eût pu nuire à des droits qui n'existaient point.—2° Fausse application de l'art. 1166 et violation de l'art. 1255, en ce que le même arrêt, a admis le sieur Dejoux à attaquer un payement fait par son débiteur, après renonciation de celui-ci à la prescription qui lui était acquise, bien qu'en pareil cas, ce payement constituât l'exécution d'une obligation naturelle contre laquelle le débiteur ne pouvait pas revenir, ni par suite ses créanciers, en son nom.—3° Violation des principes en matière de prescription, en ce que la cour de Nîmes a déclaré prescrite l'action en supplément de légitime paternelle de la demoiselle Borie contre son frère, alors que, depuis, la demoiselle Borie a constamment habité avec ce dernier, détenteur de la succession, jusqu'en 1807, et que depuis leur séparation jusqu'à l'époque de la dation en payement, il ne s'était écoulé que vingt-cinq ans.—4° Violation de l'art. 2 de la loi du 3 sept. 1807, en ce que l'arrêt attaqué, qui alloue vingt-cinq ans d'intérêts à la demoiselle Borie, pour ce qui lui était dû du chef de la succession paternelle, ne fixe ces intérêts qu'au taux de 2 et demi pour 100, comme s'il s'agissait d'intérêts de fonds mobiliers, tandis qu'il s'agissait de deniers, productifs, par suite, d'intérêts au taux légal.—5° Violation de l'art. 2225 c. civ., en ce que, bien qu'aucune prescription n'ait été invoquée par le sieur Dejoux contre la demoiselle Borie, ni relativement au supplément de légitime, ni quant aux intérêts échus de la créance provenant de ses droits maternels, la cour de Nîmes a cependant déclaré prescrite l'action en supplément de légitime, et n'a accordé, à l'égard des droits maternels, que les intérêts des cinq dernières années, déclarant d'office les intérêts des années précédentes atteints par la prescription.—Arrêt (après délib. en ch. du cons.).

LA COUR; — Attendu que les premier, deuxième et troisième moyens se rattachent au même principe, celui de l'action révocatoire attribuée au créancier contre les actes faits par son débiteur, en fraude de ses droits, et que l'affinité de ces moyens entre eux permet de les réunir pour y statuer par une seule et même disposition; —Attendu qu'il résulte de l'arrêt attaqué et des faits de la cause que Dorothée Borie, née du mariage de Jean Borie avec Blanche Lyon, avait été réduite par le testament de son père à un legs de 4,000 fr., sur lequel elle ne reçut, pendant qu'elle était encore mineure, qu'une somme de 1,200 fr., et que, pendant plus de trente ans, depuis son âge de majorité, et lorsqu'elle avait connaissance du testament de son père, elle ne forma aucune demande en supplément de légitime; que Joseph Borie, frère de Dorothée, héritier et légataire universel de Jean Borie, prétendant régler, avec sa sœur, les droits de celle-ci dans les successions paternelle et maternelle, et se libérer envers elle, lui abandonna, par deux actes authentiques des 21 fév. et 22 mars 1852, certains immeubles qu'il avait déjà hypothéqués à ses créanciers personnels; que, dans ces deux actes, on prit pour base des droits de Dorothée et pour mesure des biens qui lui étaient cédés, non le legs de 4,000 fr., mais un supplément de légitime, dont l'action se trouvait éteinte par la prescription de trente ans; —Attendu qu'en décidant que Dejoux, créancier de Joseph Borie, avait pu opposer la prescription du supplément de légitime, à laquelle celui-ci avait renoncé, aussi bien qu'attaquer, en son nom personnel, les deux actes de février et mars 1852, et en réduisant ces actes jusqu'à concurrence du legs fait à Dorothée par le testament de son père, et de la part à elle obtenue dans la succession maternelle, l'arrêt attaqué s'est conformé aux véritables principes, et n'a, en aucune manière, ni violé ni faussement appliqué les art. 1255, 1166, 1167 et 2225 c. civ.;

Sur le quatrième moyen, tiré de la violation de l'art. 2 de la loi du 3 sept. 1807, sur le taux de l'intérêt;—Attendu que la cour de Nîmes, procédant à la liquidation des droits de Dorothée Borie, dans la succession maternelle, n'a pu doubler le capital primitif qu'en l'évaluant en immeubles, valeur de 1852; que, dès lors, elle a pu réduire les intérêts à 2 et demi, comme représentatifs des fruits;

Sur le cinquième moyen, tiré de la violation de l'art. 2225 c. civ.: —Attendu que de l'ensemble des dispositions de l'arrêt attaqué, et notamment de l'énonciation que la prescription n'avait pas été opposée quant au capital, rapprochée de l'admission de la prescription de cinq ans, relative aux intérêts, il résulte que cette dernière prescription n'a pas été suppléée d'office; qu'ainsi l'arrêt dénoncé n'a point violé l'art. 2225 c. civ.;—Par ces motifs, rejette, etc.

Du 21 mars 1845.-C. C., ch. civ.-MM. Legonidec, pr.-Fabvier, rap.-Hello, av. gén., c. contr. sur le 4° moyen.-Augier, Huet et Béchard, av.

expliqué. Son opinion a été admise par la cour de Nancy (Nancy, 25 août 1829) (1). Mais cette opinion est combattue par M. Troplong, n°s 101 et suiv. Il semble, en effet, résulter de ces mots de l'art. 2225 «encore que le débiteur ou le propriétaire *y renonce* », que cet article donne aux intéressés le droit d'attaquer une renonciation consommée, et qu'il ne se borne pas à leur accorder l'exercice d'un droit encore existant dans le patrimoine de leur débiteur. Par cela seul que la renonciation est gratuite, et qu'elle est faite par un individu insolvable, ou qui le devient par cette renonciation même (car, sans cette dernière circonstance, l'action révocatoire serait incontestablement inadmissible), la loi présume de plein droit qu'il y a fraude, et confère aux intéressés les moyens d'empêcher que leur débiteur ne se libère d'une dette prescrite, au préjudice d'autres dettes qui, ayant comme celle-ci la sanction de la conscience, ont, de plus, celle de la loi.— Interprété autrement, l'art. 2225 n'aurait aucune efficacité, les créanciers ne pouvant ni connaître le moment où se fera la renonciation qui leur préjudicie, ni, par suite, intervenir à temps pour l'empêcher.—M. Duranton est aussi de cette opinion, t. 21 n° 147. On voit que la cour de cassation l'a partagée (Conf. Orléans, 27 fév. 1855, D. P. 55. 2. 234).

138. Les tiers ne pouvant invoquer la prescription que dans leur intérêt, la renonciation doit avoir son effet si celui au profit de qui elle a été faite paye leur créance. — M. Duranton (t. 21, n° 147) pense même que s'il payait immédiatement ceux dont les créances sont échues et offrait des sûretés aux autres, il pourrait écarter la prescription qu'ils lui opposent.

139. Dans le cas où la renonciation du débiteur à la prescription, ou son omission d'opposer ce moyen, aurait été suivie d'un jugement rendu contre lui, la voie de *tierce opposition* serait ouverte aux créanciers. On ne peut objecter qu'ils sont représentés par leur débiteur, lorsque, au lieu de veiller aux intérêts communs, celui-ci les sacrifie. — Il est difficile de ne pas voir une collusion, donnant lieu à tierce opposition, dans le fait du débiteur qui se dépouille au profit d'un créancier déchu et au préjudice des créanciers vigilants (Conf. MM. Troplong, n° 102; Duranton, *loc. cit.*). — Cependant il a été jugé que les créanciers ne peuvent opposer la prescription du chef de leur débiteur, après qu'un jugement a condamné celui-ci à payer une dette prescrite : « Le jugement est un nouveau titre qui a détruit les effets de la prescription » (Bordeaux, 21 mars 1846, aff. hérit. Laurent, D. P. 49. 2. 108).

140. M. Duranton pense « que s'il s'agissait de l'une de ces dettes à l'égard desquelles le *serment* peut être déféré au débiteur nonobstant la prescription acquise contre lui, la renonciation qu'il aurait faite à ce moyen soit extrajudiciairement, soit en justice, ferait obstacle à ce que les créanciers pussent ensuite l'opposer avec succès, car la prescription dans ce cas étant uniquement fondée sur la présomption de payement, et le débiteur ayant détruit cette présomption par sa renonciation, le moyen de prescription n'aurait réellement plus de base » (t. 21, n° 151). Nous avons rapporté au mot *Effets de commerce*, n° 856, un arrêt de la cour de Montpellier, du 5 mai 1841, qui a jugé dans le sens de l'opinion de M. Duranton. Mais il nous semble impossible de distinguer là où la loi ne distingue pas. Ainsi, même lorsqu'il s'agit d'une prescription spéciale qui permet au créancier de déférer le serment au débiteur sur la question de payement, les autres créanciers pourront opposer la prescription au nom de leur débiteur, en vertu de l'art. 2225, dans le cas où celui-ci ne l'aurait pas fait. Mais si le serment est déféré? Il est par trop clair qu'il dépendra du débiteur de renoncer à prescrire la dette en refusant de prêter serment. Il exerce là un *droit personnel* que ses créanciers ne peuvent exercer en son nom.—Ils ne pourront pas non plus attaquer le jugement qui, par suite du refus de serment, déclarera la dette non prescrite. L'art. 2225 c. nap. ne reçoit pas d'application quand le serment est déféré.

141. Il peut, dans certains cas, y avoir difficulté sur le point de savoir à qui doit profiter la prescription. Le parlement de Toulouse a été appelé à statuer sur une difficulté de ce genre dans l'espèce suivante : — Salelles, débiteur envers Henri, en vertu d'un contrat de 1628, vendit en 1632 un immeuble à Dordet, à la charge par celui-ci de payer la somme due à Henri. — En 1660, Salelles demanda que Dordet fût condamné à lui compter cette somme ou à lui en rapporter une quittance. Dordet prétendit qu'aux termes du contrat de vente il ne devait rien à son vendeur; qu'il ne connaissait d'autre créancier que Henri, et que la créance de ce dernier était éteinte par la prescription depuis 1628. — Salelles répondait que la prescription avait été interrompue par la délégation portée au contrat de vente de 1632; que, d'ailleurs, la prescription eût-elle lieu, ce ne serait point l'acquéreur, mais le vendeur, qui devrait en profiter.— Le parlement, par arrêt du mois de janvier 1666, reconnut que la prescription avait été interrompue, et fut dispensé par là d'entrer dans l'examen de la question du fond. L'opinion de Catellan sur cette question est que l'acquéreur eût dû profiter seul de la prescription. Mais Vedel a victorieusement établi l'opinion contraire. Si la délégation faite dans le contrat de vente eût été acceptée par Henri, nul doute que cette acceptation opérant novation, la prescription n'eût couru au profit de Dordet, resté alors seul débiteur des sommes déléguées. Mais la délégation n'ayant été acceptée ni tacitement, ni expressément par Henri, il n'y a point eu de novation; l'obligation de 1628 a toujours été le seul titre de Henri. Ce titre n'indiquant à celui-ci que Salelles pour débiteur, Salelles est le seul en faveur duquel Henri peut l'avoir laissé prescrire. Comment après cela ne serait-il pas le seul qui pût tirer avantage de la prescription? Faute d'avoir fait signifier à Henri la délégation, Dordet n'était tenu qu'envers Salelles. Il ne pouvait donc prescrire contre Henri : on ne prescrit que contre celui envers lequel on est obligé.—V. Merlin, v° Prescr., sect. 1, § 4-1°.

142. La prescription acquise au débiteur principal profite au *tiers détenteur* de l'immeuble hypothéqué à la sûreté de la dette, encore que, dans l'intervalle pendant lequel cette prescription s'est accomplie, une instance relative à la créance hypothéquée sur l'immeuble possédé par ce tiers détenteur ait existé entre ce dernier et le créancier hypothécaire (Rej. 25 avr. 1826) (2).

SECT. 4. — *Quelles choses sont ou non prescriptibles?*

143. On ne peut prescrire, dit l'art. 2226, le domaine des choses qui ne sont point dans le commerce (Conf. Codes des Deux-Siciles, art. 2132; de Sardaigne, art. 2361; du canton de Vaud, art. 1635; de Hollande, art. 1990). — En Autriche, la prescription ne peut pas avoir lieu sur les droits régaliens, ni quand il s'agit des droits personnels (art. 1456, 1458). En Prusse, on ne peut prescrire contre les droits inscrits sur les registres publics (art. 511). En Louisiane : « Il faut que la chose qui est l'objet de la possession soit du nombre de celles qui sont susceptibles, par leur nature, d'être aliénées, ou dont l'aliénation n'est pas

(1) (Debailleul C. Herbinot.) — LA COUR; — En ce qui touche la prescription de cinq ans, opposée par la partie de Laflise : — Considérant que les choses ne sont plus entières; qu'en effet, antérieurement à la contestation, le débiteur Gérard avait, de bonne foi, reconnu dans son intégralité la dette aujourd'hui réclamée par Herbinot, capital et intérêts connus, telle qu'elle a été portée au procès-verbal d'ordre; qu'ainsi la partie de Laflise (Debailleul) est aujourd'hui non recevable à se prévaloir des dispositions de l'art. 2225 c. civ.; — Confirme.

Du 25 août 1829.-C. de Nancy.-M. Troplong, av. gén., c. contr.

(2) (Wattin C. Genin Doyen-Petit.) — LA COUR (ap. délib. en ch. du cons.); —Attendu que les tiers acquéreurs, défendus par Me Lassis, n'ont été parties ni dans la sentence du bailliage de Rethel-Masarin, du 9 sept. 1777, ni dans l'arrêt du parlement de Paris, du 16 mars 1785, ni dans celui de la cour royale de la même ville, du 24 août 1818; — Qu'ils ont possédé, sans aucune interruption, pendant plus de quarante-six ans, les immeubles par eux acquis, puisqu'il n'a été fait contre eux aucune poursuite depuis le 31 juill. 1772 jusqu'au 4 nov. 1818; —Attendu, quant aux tiers acquéreurs défendus par Me Guibout, que, depuis l'année 1769, il n'a été dirigé aucune poursuite contre Wattin père, débiteur principal;—Que, par conséquent, les droits des enfants Wattin, contre leur père, ont été éteints par la prescription;

Attendu que l'action hypothécaire qui n'est que l'accessoire de l'obligation principale est nécessairement éteinte, lorsque l'obligation principale n'existe plus; — Qu'en le décidant ainsi, la cour royale de Metz n'est contrevenue à aucune loi, et qu'elle a fait, au contraire, une juste application des principes et des lois qui règlent les hypothèques et les prescriptions, notamment de l'art. 2180 c. civ.; — Donne défaut contre Isidore Cauchon et consorts défaillants, et rejette.

Du 25 avril 1826.-C. C., ch. civ.-MM. Brisson, pr.-Vergès, rap.-Cahier, av. gén., c. conf.-Scribe, Lassis et Guibout, av.

prohibée par la loi, en raison du privilége de ceux qui en sont les propriétaires » (art. 3463).

Les choses qui sont hors du commerce sont celles qui, par leur nature, ne sont pas susceptibles d'une propriété privée, c'est-à-dire qui ne peuvent changer de maître par vente, échange, donation, *prescription* ou autre titre (Favard de Langlade, Rép., v° Inaliénabilité).—Mais toutes les choses qui sont dans le commerce ne sont cependant pas pour cela prescriptibles : telles sont, par exemple, certaines servitudes. La règle *alienabile ergò præscriptibile* est trop générale.—La disposition vague de l'art. 2226 ne jette pas beaucoup de lumières sur la question de savoir quelles choses sont ou non prescriptibles. Les commentateurs et la jurisprudence suppléent à son insuffisance. — Les choses imprescriptibles sont telles, ou par elles-mêmes, ou par leur destination, ou à raison des personnes qui les possèdent. Dans ce dernier cas, il y a moins imprescriptibilité que suspension momentanée de la prescription. On va parcourir successivement ici les deux premières catégories. Pour la troisième, V. chap. 3, sect. 3, des Causes qui suspendent la prescription.

ART. 1. — *Des choses imprescriptibles par leur nature.—Mer. Etat civil.—Ordre public.—Droits facultatifs.*

144. *Mer.* — *Droit de pêche.* — La mer est nécessairement *res nullius*, attendu, suivant Grotius, que *occupatio non procedit, nisi in re terminatâ*. La véritable raison de cette décision, suivant M. Troplong, n° 142, c'est que l'homme ne peut y imprimer sa trace (V. Droit natur., n° 74). Elle n'est pas susceptible d'occupation. — Le droit de pêche dans la mer est imprescriptible. Mais les nations se sont attribué le droit de régler la pêche au profit de leurs sujets par des traités, en l'absence desquels la liberté des mers est le droit commun (M. Troplong, n° 143, V. Droit natur., n° 83).

145. *Etat civil.* — L'état des hommes n'étant pas dans le commerce, la prescription ne peut altérer les rapports de famille et l'existence civile des personnes. L'enfant privé de son état peut toujours le réclamer. L'étranger ne peut acquérir par prescription la qualité de Français ; et quand la mort civile existait, le mort civilement ne pouvait prescrire l'exercice des droits qu'il avait perdus (Conf. M. Troplong, n° 152). — Par la même raison, deux individus qui auraient vécu publiquement comme *mari* et *femme* pendant trente ans et plus ne pourraient prétendre avoir acquis par là la qualité d'époux (Conf. M. Duranton, t. 21, n° 161). — La prescription, toutefois, n'est pas sans influence sur l'état des individus. Ainsi, l'enfant non désavoué dans le délai de l'art. 316 est légitime. Les art. 181, 183, 185, 197, 329 et 330 c. nap. fournissent d'autres exemples de cette influence de la prescription.

146. *Ordre public.* — Il est peut-être superflu de remarquer qu'on ne peut acquérir par prescription des droits contraires aux lois qui intéressent la société et l'ordre public. Ainsi le droit de faire réduire au taux légal une rente usuraire, la faculté de rachat d'une rente foncière ou constituée, l'action en partage de biens longtemps indivis entre des particuliers, la liberté naturelle que les lois laissent aux individus quant à leur personne et à leurs actions, etc., etc., tous ces objets ou ces droits-là sont insusceptibles de prescription. — On ne peut également prescrire contre les règlements rendus pour la police et le maintien de la sûreté publique.

147. Dans un intérêt politique et social les banalités féodales ont été abolies par les lois des 15-28 mars 1790. — Elles ne peuvent revivre au moyen d'une possession continuée depuis sans interruption pendant plus de trente ans. — Jugé que les banalités même non féodales ne peuvent s'acquérir par la simple possession ; que tel était aussi le droit ancien (Rej., 16 juin 1841) (1).

148. On ne peut acquérir par prescription le droit d'inonder l'héritage de son voisin (arg. de la loi du 6 oct. 1791, tit. 2, art. 15 et 16, et de l'art. 457 c. pén. ; MM. Troplong, n° 136 ; Garnier, des Rivières, n°s 109 et 210).—Cependant si l'autorité avait donné au propriétaire des eaux un niveau fautif, les inondations qui en résulteraient, ne constituant plus un délit, seraient le principe d'une servitude, dont l'acquisition par la prescription serait subordonnée au point de savoir si des travaux accomplis l'avaient rendue apparente et continue (Conf. M. Troplong, n° 137). — Il a été jugé en outre qu'on pouvait prescrire l'existence d'un batardeau sur une rivière, bien qu'un propriétaire voisin prétendit être inondé par l'eau qui s'échappait au-dessus du batardeau (Req. 1er brum. an 14 (2) ; V. v° Dommage, n° 335).

149. Il faut faire aussi exception pour le cas, où il s'agit d'un étang, qui ne peut être pêché qu'en déchargeant ses eaux dans une rivière, qui déborde et inonde les riverains. On a pu décider que la possession immémoriale effaçait à cet égard tout délit, et avait pu faire prescrire au propriétaire de l'étang le droit d'inonder ses voisins au temps prescrit par la pêche. Ainsi jugé implicitement (Nancy, 29 janv. 1834) (3).—Conf. MM. Troplong, n°s 138 et suiv. ; Toullier, t. 3, n° 138.

(1) (Fruchier C. com. de Mezel.) — LA COUR (ap. délib. en ch. du cons.) ; — ...Attendu, sur le troisième moyen, que les banalités ne pouvaient, avant 1790, s'acquérir par la simple possession, et que, soit qu'elles fussent féodales ou conventionnelles, elles ne pouvaient résulter que de titres exprès et en bonne forme ; — Que, depuis l'abolition des banalités féodales, on ne saurait les faire revivre en alléguant une prescription non interrompue, puisqu'on ne saurait faire, par une sorte de convention tacite, ce qu'il serait illicite de faire par une convention expresse ; — Que, si cette abolition a laissé subsister les banalités conventionnelles, qui sont seulement rachetables, il n'en résulte pas que ces banalités soient différentes, dans leur exercice, des banalités abolies, et qu'elles puissent s'acquérir ou se conserver par d'autres voies ; — Que, d'ailleurs, il a été déclaré, dans l'espèce, que la banalité dont les frères Fruchier réclament le maintien, était d'origine féodale, et comme telle, supprimée par les lois abolitives de la féodalité, et qu'elle ne rentrait dans aucune des exceptions établies par les lois ; — D'où il suit que l'arrêt attaqué, en admettant la demande de la commune de Mezel et en lui adjugeant les fins et conclusions de son exploit du 30 mai 1835, n'a violé aucune loi ; — Par ces motifs, rejette.

Du 16 juin 1841.-C. C., ch. civ.-MM. Portalis, 1er pr.-Rupérou, rap.-Laplagne, av. gén., c. contr.-Félix, Fruchier, Godard et Roger, av.

(2) *Espèce :* — (Guerstinguy C. Digautray.) — Le sieur Guerstinguy est propriétaire d'une prairie sur la rive gauche de la rivière de Girat. — Le sieur Digautray possède un terrain sur la rive opposée. Il existe un batardeau qui coupe la rivière et se prolonge obliquement sur le terrain de Digautray dont il favorise l'irrigation. — Guerstinguy, se prétendant inondé par l'eau qui s'échappe au-dessus du batardeau, assigna son voisin en destruction de cet ouvrage. — Digautray oppose à cette demande sa possession paisible et plus que quadragénaire. — Guerstinguy répond qu'aux termes de la loi du 6 oct. 1791, il est impossible de prescrire contre un fait d'inondation nuisible à son voisin. — 18 vent. an 12, jugement qui rejette la demande en destruction du batardeau. — Appel. — 19 niv. an 13, arrêt de la cour de Rennes, qui confirme. — Pourvoi par Guerstinguy pour violation de l'art. 15, tit. 2 de la loi du 6 oct. 1791, en ce que s'agissant d'un fait dommageable à autrui, et prévu par la loi, il n'y a pas de prescription possible.—Arrêt.

LA COUR ; — Attendu que la loi du 6 oct. 1791, et notamment les art. 15 et 16 de son second titre, sont sans application à la demande sur laquelle l'arrêt attaqué a prononcé et aux questions décidées ; — Rejette.

Du 1er brum. an 14.-C. C., sect. req.-MM. Muraire, pr.-Delacoste, r.

(3) *Espèce :* — (Min. pub. C. Masson.) — Le sieur Masson est propriétaire de l'étang de Lindre ; lorsque la pêche de cet étang s'effectue, les eaux chassées de leur réservoir se répandent dans la Seille, rivière dont le lit n'a qu'une pente presque insensible et une largeur peu considérable, et occasionnent une crue qui inonde les propriétés riveraines dans un très-grand rayon. En 1833, plusieurs propriétaires de prés et de champs portèrent plainte au procureur du roi, qui poursuivit Masson en conformité de la loi du 6 oct. 1791 ; — Le tribunal de police correctionnelle de Vic le condamna comme coupable du délit d'inondation. — Appel.—Masson représenta que l'étang de Lindre n'est pas une création factice de l'homme, mais un produit de la nature, qui a réuni dans cet endroit les eaux qui surgissent d'un grand nombre de sources situées dans son fonds, et celles qui descendent des torrents et ruisseaux voisins ; — Que, de tout temps, ce lac considérable a subsisté dans l'état où il est aujourd'hui, comme un réservoir naturellement creusé au milieu de ces terres marécageuses ; que, s'il n'existait pas, le lit de la Seille serait perpétuellement surchargé d'une surabondance d'eaux qui la feraient couler hors de ses bords, et serait une cause incessante de submersion pour les riverains ; tandis qu'en l'état actuel des choses, les inondations sont restreintes au temps de pêche seulement et sont modérées par les précautions prises pour que l'étang ne soit vidé que graduellement et peu à peu ; que d'ailleurs le gouvernement, en vendant cette propriété au sieur Masson, lui a imposé l'obligation de la maintenir en eau pour la défense de la place de Metz ; qu'enfin le droit du sieur Masson a été exercé dans les temps les plus reculés, soit par lui, soit par ses prédécesseurs, tel qu'il l'exerce aujourd'hui, sans que jamais des plaintes se soient élevées, et qu'il a pris toutes les précautions accoutumées pour que l'étang fût mis à sec avec prudence. — Arrêt.

150. On ne peut acquérir par prescription : 1° le droit de pratiquer des saignées dans des rivières navigables et flottables ; 2° d'extraire des terres et autres matériaux à six toises près des mêmes cours d'eau ; 3° de faire rouir les chanvres en contravention aux règlements ; 4° d'établir, sans autorisation, un bac pour le service du public dans une rivière navigable ou flottable ; 5° de pêcher dans les rivières navigables ou flottables, ou dans les rivières non navigables, à moins, dans ce dernier cas, qu'on ait acquis, par une possession trentenaire, la propriété des bords du cours d'eau ; 6° de creuser un puits ou une fosse d'aisance contre le mur du voisin, et de faire les établissements nuisibles dont parle l'art. 674 c. nap. (Conf. M. Troplong, n° 159).

151. L'enlèvement des herbes dans les bois et forêts, constituant un délit, ne peut fonder un droit prescriptible (Req. 10 avr. 1859, aff. com. de Cuges, V. Forêts, n° 1574).

152. Le riverain d'un cours d'eau ne peut prescrire contre un règlement de police qui, dans l'intérêt des usines, limite à certains jours de la semaine la faculté de se servir des eaux pour l'arrosement des propriétés (Req. 24 juin 1841) (1).

153. De même on ne peut, par un usage des eaux contraire aux règlements établis, prescrire contre les propriétaires inférieurs, et surtout contre une usine déjà ancienne, le droit d'accroître la prise d'eau qui vous a été concédée par l'administration ; on ne peut pas non plus s'affranchir, par la prescription, de l'obligation de rendre à son cours naturel, après s'en être servi, le cours d'eau qui traverse un héritage. — V. Servitude.

154. Suivant un arrêt la détermination de la hauteur des eaux pour le service des usines n'étant pas dans le commerce, n'est pas, par conséquent, prescriptible et reste dans le domaine de l'administration (Req. 19 déc. 1826, v° Action possessoire, n° 105 ; cons. d'Ét. 17 janv. 1851, aff. Petel, V. Eaux, n° 467).

155. *Droits facultatifs.* — Le principe qu'un droit de pure *faculté*, n'est pas prescriptible est généralement reconnu. — Dumoulin, sur l'art. 1 de la coutume de Paris, glos. 44, n° 15, s'exprime ainsi : *In actibus qui dependent à liberâ facultate unius qui potest facere, vel non, et certum modum servare, vel non, abstinentia vel observantia certi et determinati modi, quantùmque diuturna, non censetur implicare contrarium usum, nec inducit desuetudinem, nec præscriptionem ad alium modum utendi.* — De même, M. Troplong enseigne que les droits facultatifs ne se prescrivent pas, n°s 110 et suiv. Telle est encore la doctrine de M. Pardessus (Traité des serv., n° 82. — V. aussi les Consultat. de Cochin, t. 6, p. 505). — Ainsi, on tient que celui qui, pendant plus de trente ans, a laissé couler l'eau de sa source sans l'utiliser, peut néanmoins retenir les eaux au préjudice du voisin qui s'en est servi.—V. cependant n° 156.

LA COUR ; — Considérant que le ministère public ne justifie pas les allégations contenues aux procès-verbaux des 12, 15, 16, 17 et 18 oct. 1855, savoir : que Georges-Timothée Masson n'aurait transmis les eaux de son étang de Lindre sur les propriétés inférieures que par un épanchement trop précipité et sans ménagement ; que ces procès-verbaux, dressés à Burthecourt, Salonne et Château-Salins, loin de l'étang lui-même et sans vérification des procédés artificiels mis en usage par Georges-Timothée Masson pour parvenir à la pêche dudit étang, ne reposent que sur des conjectures, et sont impuissantes pour établir que le prévenu a usé avec imprudence de sa propriété ; qu'il justifie au contraire, par la production du Journal de la Meurthe, du 22 sept. 1855, qu'il a fait annoncer d'avance la pêche ; qu'ainsi les propriétaires riverains en aval étaient en demeure de surveiller l'opération, et que Georges-Timothée Masson les avait mis à même de prendre toutes les précautions nécessaires dans leur intérêt, tant pour préserver leurs héritages que pour s'opposer à une ouverture immodérée des bondes de l'étang de Lindre ; que, de plus, le prévenu articule sans être démenti, qu'il n'a effectué la pêche qu'à l'époque accoutumée de tout temps et avec les précautions et les ménagements usités, tant par lui que par ses prédécesseurs, pour que l'immense quantité des cubes d'eau dont se compose l'étang de Lindre s'échappe lentement et sans violence ; — Infirme.

Du 29 janv. 1834.-C. de Nancy.-M. Fabvier, pr. gén., c. conf.

(1) *Espèce :* —(Estienne C. Eméric.) — Le terroir de Salon est traversé par un canal artificiel alimenté par les eaux dérivées de la rivière la Touloubre. Ce canal, connu sous le nom de *canal des moulins* ou *de la petite Touloubre*, fait jouer l'usine du sieur Eméric et borde en amont la propriété du sieur Estienne. — En 1852, ce riverain, se disant troublé par Eméric dans la possession illimitée qu'il prétendait avoir du droit d'arroser ses biens avec les eaux de la petite Touloubre, intenta à Eméric une action possessoire dans laquelle il succomba. — Alors, il se pourvut au pétitoire et soutint qu'il avait acquis par la prescription trentenaire et même par une possession immémoriale, le droit de se servir desdites eaux d'une manière absolue. — Eméric opposa à cette demande un règlement municipal de la ville de Salon, du 8 mai 1293, portant que nul ne pourrait arroser ses propriétés avec les eaux du canal que du samedi soir au lundi matin de chaque semaine. — Estienne répliqua que ce règlement était tombé en désuétude ; qu'il ne s'appliquait pas à ses propriétés qui faisaient anciennement partie du prieuré de Saint-Jean de Brenac, parce que ce prieuré ne relevait pas, en 1293, des archevêques d'Arles, auteurs dudit règlement de concert avec les consuls de Salon ; qu'en tout cas, rien n'empêchait qu'on pût prescrire contre cet acte un droit d'arrosage illimité.

2 fév. 1856, jugement du tribunal d'Aix, qui rejette les prétentions d'Estienne, en considérant en substance : « Que, loin d'être tombé en désuétude, le règlement de 1293 n'a pas cessé d'être en vigueur jusqu'en 1789 ; que ce point a d'ailleurs été définitivement résolu par un jugement du 14 juin 1855, intervenu sur l'action possessoire d'Estienne ; — Que ce dernier, à l'appui de sa demande au pétitoire, ne produit aucun titre particulier qui lui concède un droit plus étendu que celui qui résulte du règlement précité ; qu'en vain, il invoque le droit commun aux termes de l'art. 644 c. civ., cet article ne s'appliquant qu'aux eaux courantes naturelles et non aux eaux qui coulent dans un canal fait de main d'homme ; que le seul titre du demandeur est donc le règlement même de 1293 ; mais que ce règlement limite son droit d'arrosage à trente-six heures de chaque semaine, ce qui concilie l'intérêt de l'agriculture avec le respect dû à la propriété des moulins et du canal qui en est une dépendance ; — Qu'en vain, aussi, le sieur Estienne demande à prouver sa possession trentenaire ; qu'en effet, la servitude qu'il réclame n'est pas continue, puisque l'arrosage a eu lieu nécessairement d'une manière interrompue, équivoque, non paisible, non publique et sans cette continuité qui pourrait seule fonder la prescription ; qu'elle n'est pas non plus apparente, ni exercée au moyen d'ouvrages apparents, parce que ces ouvrages sont des martellières dont la construction ancienne sur le canal de la petite Touloubre a eu pour seul objet d'y prendre l'eau accordée pendant trente-six heures et dont l'usage au delà de ce temps, n'a été qu'abusif et précaire ; qu'ainsi, la prescription n'a pu être acquise. »

Appel.—25 mai 1858, arrêt de la cour d'Aix, qui confirme, en adoptant les motifs des premiers juges, auxquels elle ajoute le suivant : — « Attendu que la preuve en possession immémoriale, outre qu'elle est aujourd'hui d'une difficulté presque insurmontable à remplir, ne pourrait, même dans l'ancienne jurisprudence, être ici invoquée ; qu'il s'agit au litige actuel d'une eau détournée de son cours ordinaire, principalement pour l'utilité des moulins, et sur laquelle l'exercice du droit des usagers de ces eaux pour l'irrigation, seul droit dont l'appelant ait à exciper aujourd'hui, a été limité par un titre, le règlement ; d'où il suit, que n'y ayant point interversion, l'arrosage qui n'est point un fait continu, ne serait, hors des jours du règlement, qu'une infraction accidentelle et plus ou moins répétée du titre, alors surtout que les ouvrages apparents dont Estienne excipe ont leur affectation dans l'usage limité des eaux que le règlement lui accorde. »

Pourvoi du sieur Estienne, pour fausse application du statut de 1293 et violation des art. 690, 2229 et 2258 c. civ., en ce que l'arrêt attaqué a déclaré le statut de 1293 applicable à la propriété du demandeur, quoique cette propriété ne fût pas soumise à la seigneurie des archevêques d'Arles, et en ce qu'il a refusé d'admettre le demandeur à prouver sa possession trentenaire d'une servitude qui était prescriptible comme étant à la fois continue et apparente. — Arrêt.

LA COUR ; — Attendu que, dans l'absence d'un titre qui lui soit personnel, le demandeur ne peut justifier du droit de prendre de l'eau du canal artificiel pour arroser ses prés, qu'en invoquant le règlement de 1293 ; — Attendu que ce règlement limite ce droit et indique les jours dans lesquels il pourra être exercé ; — Attendu que le demandeur offre de prouver qu'il est en possession du droit de puiser de l'eau tous les jours, qu'il en jouit depuis plus de trente ans et qu'il a prescrit la servitude ; — Mais attendu que le titre de 1293 est un règlement de police ; que les faits qu'on articule ne constitueraient que des contraventions qui ne peuvent servir d'appui à une possession légale ; que l'on ne prescrit pas contre un règlement de police ; — Attendu qu'en vain, le demandeur soutient que ce règlement est tombé en désuétude ou qu'il n'est pas applicable à ses propriétés, puisqu'il résulte d'un jugement passé en force de chose jugée et rendu contre le demandeur, que le règlement de 1293 reçoit tous les jours son exécution et est applicable au prieuré de Saint-Jean, faisant partie du territoire de Salon pour lequel le règlement est fait ; — Attendu que, sous un autre rapport, c'est avec raison que l'arrêt attaqué a refusé au demandeur la permission de faire la preuve d'une possession immémoriale, puisque par un précédent jugement passé en force de chose jugée, il avait été décidé qu'il n'avait même pas la possession annale ; — D'où suit que l'arrêt n'a violé ni les art. 690, 2229, ni l'art. 2258 c. civ. ; — Rejette.

Du 24 juin 1841.-C. C., ch. req.-MM. Zangiacomi, pr.-Bayeux, r.

156. Sont encore imprescriptibles : la faculté de dessécher son héritage, de le préserver des inondations, d'ouvrir des jours sous les conditions prescrites (c. nap. 676), de laisser chômer un moulin et de le faire travailler ensuite, de se clore, de sortir de l'indivision, de borner sa propriété, de laisser couler naturellement son eau sur le fonds inférieur, et cela, quand même retenant, depuis plus de trente ans, cette eau pour l'utiliser, on ne lui aurait pas laissé d'issue sur ce fonds (M. Troplong, n° 117).

157. Le propriétaire peut même couper les veines d'eau qui alimentent le puits du voisin (L. 24, § 12, D. *De damno infecto*; l. 21, D. *De aquâ pluv. arcend.*), alors que celui-ci ne justifie ni de titres ni de possession extérieure contraire à un tel droit (Req. 15 janv. 1835) (1).

158. Il a été jugé : 1° que celui sur le terrain duquel se trouve un cours d'eau naturel peut empêcher cette eau de se rendre dans un canal, en la redonnant par exemple, à sa pente naturelle, bien qu'un tiers ait acquis par prescription une prise d'eau sur le canal (Paris, 19 juill. 1850, D. P. 1851. 5. 404), et pourvu qu'on n'empêche pas l'exercice d'un tel droit (V. n° 156); —2° Que les droits de pure faculté étant imprescriptibles, le droit purement facultatif accordé par la loi des 15-28 mars 1790 aux communes et aux propriétaires des halles de se contraindre mutuellement à les vendre, louer ou acheter, ne saurait être prescrit par le non-exercice pendant les trente ans qui ont suivi la promulgation de la loi de 1790 (Bordeaux, 30 avr. 1830, aff. Meynard, V. Commune, n° 488, Halles, n° 34). — Cette décision a été combattue par M. Troplong, n° 121. L'un des caractères des droits facultatifs, dit cet auteur, c'est qu'ils se traduisent en un pur fait et jamais en une action contre des tiers. La faculté n'opère que sur le moi; elle s'exerce par l'homme sur lui-même ou sur sa propre chose. Contre les tiers, nous n'avons que des droits formés et précisés, qui ont pour sanction des actions civiles, lesquelles sont prescriptibles, à moins qu'un intérêt public n'exige qu'il en soit autrement. —Il y a peut être quelque subtilité dans cette critique. En réalité, qu'est-ce qu'un droit facultatif? c'est un droit qu'on peut exercer ou ne pas exercer selon que l'intérêt l'exige. On ne pouvait pas prescrire contre le droit de la commune, parce que son abstension ne reposait pas sur la présomption qu'elle avait voulu abandonner la faculté qui lui avait été accordée par la loi. En effet, l'exercice de cette faculté a pu être déterminé par des circonstances qui n'avaient pas surgi pendant les trente années de la promulgation de la loi, comme l'augmentation de la population de la commune, la création d'un nouveau marché, etc. Tant que ces circonstances nouvelles ne se sont pas manifestées, la commune a pu ne pas exercer son droit, elle n'y avait pas intérêt; mais dès que cet intérêt est né, elle a pu agir, et on n'a pu prescrire contre elle, un droit introduit d'ailleurs dans un but d'utilité générale et communale. Aussi la cour de cassation a-t-elle jugé dans le même sens que la cour de Bordeaux (Cass. 25 mars 1844, V. Halle, n° 51).

159. La faculté accordée, par la loi du 29 avril 1845, à tout propriétaire qui voudra se servir, pour l'irrigation de ses propriétés, des eaux naturelles et artificielles dont il a le droit de disposer, d'obtenir le passage de ces eaux sur les fonds intermédiaires, à la charge d'une juste et préalable indemnité est évidemment imprescriptible.

160. Mais les droits de pure faculté cessent d'être imprescriptibles lorsqu'ils ont été *contredits*; c'est l'avis de tous les auteurs. Ainsi il a été jugé que la faculté réservée par la loi au riverain d'un cours d'eau naturel, de se servir des eaux à leur passage pour l'irrigation de ses propriétés, est susceptible d'être prescrite contre lui, lorsqu'il a été fait sur son fonds des travaux destinés à conduire les eaux sur un autre héritage, et que, par suite, le propriétaire de cet héritage peut, en cas de trouble, exercer l'action possessoire contre ce riverain (Req 4 avril 1842) (2).

161. Mais suffit-il pour rendre prescriptible une faculté, comme celle, par exemple, de bâtir sur son terrain, de signifier, par un acte extrajudiciaire, au propriétaire du terrain qu'on entend qu'il n'use pas de cette faculté? Est-il exact de dire que, faute de protestation de la part du propriétaire, et après trente ans écoulés depuis cette signification, la prescription du droit de bâtir est acquise? C'est l'avis de M. Troplong, n° 115, que nous ne pouvons partager. Comment comprendre, en effet, que la prescription ait pour point de départ un titre complétement nul, et qu'on s'est créé à soi-même? L'existence d'une œuvre apparente fait présumer le consentement à l'abandon d'une faculté dont on empêche l'exercice, et fait supposer une convention. Mais la signification alléguée établit complétement par elle-même qu'il n'y a pas de convention, puisqu'elle n'est que la prétention isolée de faire prévaloir une volonté arbitraire. Quel besoin d'y répondre? Peut-on dire que, pour empêcher un contrat de se faire, il soit besoin de signifier qu'on n'y donne pas son consentement? Il suffit qu'on ne contracte pas. Or, il y a là une preuve permanente qu'il n'y a pas eu de convention, et le titre même dont on excipe dément la présomption dont on a besoin pour prescrire. En un mot, l'assignant doit faire reconnaître sa prétention. — V. Merlin, Rép., v° Interrupt. de prescript., n° 5; M. Marcadé, sur l'art. 2227, n° 2.

162. Il faut, en matière de prescription, distinguer les droits facultatifs qui dérivent du *droit naturel* de ceux qui dérivent d'un *contrat*. Les premiers, comme nous venons de le voir, sont imprescriptibles; il n'en est pas de même à l'égard des droits facultatifs qui, dérivant des conventions, n'ont pour objet qu'un intérêt privé, relatif à ceux qui les ont stipulés. Ces droits, mal-

---

(1) (La commune de Fayence *C.* Dubourguet.) — La cour; — Attendu qu'en jugeant que le propriétaire du fonds supérieur avait le droit de faire des fouilles sur son propre terrain, sans que les possesseurs d'une source inférieure eussent droit de s'y opposer sous prétexte de privation ou de diminution des eaux de leur source jaillissante, s'ils n'ont ni titres ni possession suivie de contradiction qui interdisent la faculté naturelle qu'a tout propriétaire de faire ce que bon lui semble sur son terrain et d'en user à son gré, lorsque l'arrêt (d'Aix) déclare en fait que la commune de Fayence n'avait acquis, ni par titres, ni par une possession résultant d'ouvrages extérieurs, qui aurait acquis à la commune le droit de s'opposer aux fouilles faites par le sieur Dubourguet sur son terrain, il n'a violé en aucun sens l'art. 641 c. civ.; — Rejette.

Du 15 janv. 1835.-C. C., ch. req.-MM. Zangiacomi, pr.-Gartempe, r.

(2) *Espèce :* — (Agnel *C.* Brunet.) — Le ruisseau de Drouille sépare les héritages des sieurs Agnel et Brunet. — En 1858, Agnel ayant pratiqué une saignée à ce ruisseau pour arroser sa propriété un peu au-dessus de celle de Brunet, celui-ci, qui jouissait depuis assez longtemps de la totalité des eaux au moyen d'un barrage appuyé sur le fonds d'Agnel et destiné à détourner ces eaux à son profit exclusif, a intenté contre Agnel une action possessoire. — Sentence du juge de paix qui déclare cette action non recevable, en considérant que l'art. 644 c. civ. confère au propriétaire riverain d'un cours d'eau une faculté imprescriptible et contre laquelle aucune possession ne peut prévaloir, à moins que celui auquel elle appartient n'y ait renoncé; qu'à la vérité, le barrage du sieur Brunet se trouve appuyé sur le fonds du sieur Agnel, mais que c'est en vertu d'une convention, en date du 15 mars 1827, qui n'a pas eu pour objet l'aliénation du droit d'Agnel sur les eaux; qu'ainsi la possession de Brunet n'ayant pas les caractères voulus pour prescrire, ne peut servir de base à une action en complainte possessoire. — Appel. — Jugement infirmatif du tribunal de Forcalquier, qui, se fondant sur les ouvrages apparents établis sur le fonds d'Agnel, maintient Brunet dans sa possession annale de la totalité des eaux.

Pourvoi d'Agnel, pour violation des art. 644 et 2252 c. civ., fausse application de l'art. 5 c. pr., en ce que le jugement attaqué a déclaré susceptible d'être éteinte par non-usage la faculté qu'a tout riverain d'une eau courante de s'en servir pour arroser sa propriété. — On établit, en invoquant la doctrine sur ce point, que le droit facultatif résultant de l'art. 644 ne peut se prescrire. On convient, toutefois, qu'il en serait autrement si ce droit avait été contredit par des ouvrages apparents et extérieurs indiquant clairement l'intention de celui qui les a établis de s'approprier la totalité des eaux; mais on soutient que, dans l'espèce, cette contradiction ne pouvait résulter du titre du 15 mars 1827 qui, dit-on, ne conférait qu'un simple droit d'appuyage. — Arrêt.

La cour; — Attendu, en droit, que les facultés, bien qu'imprescriptibles par leur nature, peuvent cependant se perdre par la prescription, lorsqu'il y a eu contradiction; — Considérant qu'il est établi, en fait, par le tribunal de première instance, que des travaux ont été établis sur le terrain du demandeur en cassation par le défendeur éventuel; que ces travaux, destinés au détournement et à la conduite des eaux, étaient une déclaration manifeste que le défendeur entendait s'attribuer la jouissance des eaux au préjudice d'Agnel; que, dès lors, la faculté qu'avait eue antérieurement Agnel de profiter des eaux, se trouvait légalement paralysée par la possession annale contraire du défendeur éventuel, lequel a pu et dû être maintenu dans cette possession qui réunissait tous les caractères voulus par la loi; — Rejette.

Du 4 avr. 1842.-C. C., ch. req.-M. Troplong, rap.

gré la clause qui les déclare perpétuels, s'éteignent, comme toute convention non suivie d'exécution, par le laps de trente années. Un arrêt du parlement de Besançon, du 26 janv. 1727, a consacré cette opinion, en déclarant prescrite la liberté que les parties s'étaient réservés réciproquement de résilier à perpétuité un traité fait entre elles (V. Dunod, p. 91 ; Pothier, Vente, nº 392). —Ainsi, celui qui vend la faculté de bâtir sur son terrain est libéré de son obligation, si l'acquéreur a laissé passer trente ans sans user de son droit. Il n'importe qu'il ait été stipulé que, jusqu'au moment où les constructions auront lieu, le vendeur ne possédera qu'à titre précaire l'emplacement qu'il a aliéné (Limoges, 22 mars 1811) (1).

163. Est pareillement prescriptible le droit que se réserverait le vendeur, pour le cas où l'acquéreur revendrait plus tard l'immeuble, de pouvoir l'acquérir de préférence à tous autres, moyennant telle somme fixée d'avance (Conf. M. Troplong, nº 124).

164. La faculté de retrait stipulée dans le bail d'un immeuble à rente perpétuelle, se prescrit par le non-usage pendant trente ans (Toulouse, 4 fév. 1841) (2) : cela ne saurait être contesté.

165. Enfin, celui qui a promis de payer *à la volonté du créancier, toujours et toutes et quantes fois*, ne se prive pas par là du bénéfice de la prescription ordinaire (Conf. M. Troplong, nº 128).

166. La prescriptibilité des facultés conventionnelles souffre quelques exceptions : par exemple, quand il s'agit d'une faculté procédant de la nature et de l'essence du contrat qui, tant qu'il subsiste, maintient cette faculté par sa propre énergie (Conf. M. Troplong, nº 129).—Ainsi sont imprescriptibles le droit qu'a le débiteur d'une rente perpétuelle d'en offrir le remboursement, et celui qu'a le propriétaire de l'immeuble donné en nantissement, de le dégager.—Jugé aussi que lorsque, dans un contrat de constitution de rente perpétuelle, le créancier a stipulé qu'il pourrait, en tout temps, exiger ou une hypothèque ou le remboursement du capital de la rente, le non-exercice de cette faculté, pendant trente ans, n'en opère point la prescription au profit du débiteur, tant que le contrat de rente lui-même n'est pas prescrit (Bruxelles, 10 déc. 1812) (3).

167. Mais lorsqu'un contrat contient une clause *accidentelle* (Pothier, de la Vente, nº 392), lorsqu'il porte, par exemple, qu'un droit sera exigible ou pourra être exigé après un certain temps, on peut prescrire contre ce droit, quoique les clauses principales de l'acte n'aient pas cessé d'être exécutées, pourvu que l'exécution ne se soit faite que sur le pied primitif.—Cependant, il a été jugé que lorsqu'une rente a été constituée au denier vingt-cinq, sous condition qu'après un certain temps le rentier *pourra* l'exiger sur le pied du denier vingt, le non-exercice, pendant plus de trente ans, du droit que le rentier s'est réservé, n'en opère pas l'extinction, si, d'ailleurs, le contrat a été constamment exécuté par le payement de l'intérêt au denier vingt-cinq (Bruxelles, 30 nov. 1809) (4).—La clause dont il s'agissait dans l'espèce était *accidentelle* : ce n'était point une condition ou faculté *accessoire*, ainsi que M. Troplong, nº 126, la qualifie. Aussi croyons-nous que l'arrêt l'a fait prévaloir à tort sur la présomption légale de son extinction qui résultait de ce que le denier vingt n'avait point été exigé pendant trente années. — « Le contrat, remarque très-bien M. Troplong qui critique aussi l'arrêt, subsistait sans doute, mais c'était dans la partie exécutée.

---

(1) (Laroche C. Ventenat.)—LA COUR ; — Considérant que le contrat du 20 avril 1756 contient vente de deux objets certains, savoir : d'une grange et d'un toit à cochons, dont l'acquéreur et son héritier ont toujours joui, et en outre vente d'un emplacement non déterminé, propre à construire des fours qui n'ont pas été construits ; qu'on ne voit autre chose dans cette clause que la faculté vendue à l'acquéreur de faire deux fours dans le jardin du vendeur, quand bon lui semblerait ;—Qu'on distingue les facultés qui dérivent du droit naturel d'avec les facultés qui dérivent d'une convention ; les premières sont imprescriptibles, mais les secondes sont soumises à la prescription de trente ans, même quand elles seraient stipulées perpétuelles, ainsi que cela est attesté par Lapeyrère, lettre C et lettre P ; par Henrys, liv. 4, quest. 91; par d'Argentré, dans la consultation 2, nº 5 ; par Coquille, sur le livre des Maisons et servitudes, art. 9 ; et par Dunod, p. 95 ; — Considérant que la clause de constitut et de précaire ne doit point faire déroger à ces principes, soit parce qu'il ne s'agit point ici d'une prescription à l'effet de se libérer, soit parce que cette clause était inutile, la jouissance de celui qui a vendu une faculté étant toujours précaire, jusqu'à l'exercice de cette faculté, sans que, par ce motif, la prescription cesse d'avoir son cours, soit enfin parce qu'il résulte des termes de la clause qu'elle est purement de style, le vendeur n'ayant été assujetti à aucune restitution de fruits pendant la prorogation de sa jouissance, et l'intimé, héritier de l'acquéreur, n'ayant même conclu à aucune restitution de jouissance ; —Considérant, d'ailleurs, qu'en reconstruisant sa maison postérieurement à 1756, sans faire les fours, ni même conserver son droit par aucun signe apparent, l'acquéreur est censé avoir abandonné son droit ; qu'on peut même supposer qu'il y a eu entre les parties une nouvelle convention, et, sous ce rapport encore, la prescription serait acquise ; —Déclare Ventenat non recevable dans sa demande, etc.

Du 22 mars 1811.-C. de Limoges.

(2) (Com. de Lissac C. de Fajac.)—LA COUR ; — Attendu que par la transaction du 26 déc. 1578, la demoiselle Despagne concéda aux habitants de la commune de Lissac, tant pour leur chauffage que pour la nourriture de leur bétail de labour et de leurs bêtes à laine, des droits d'usage dans les taillis, brugues et paissieux désignés au procès sous le nom de *Bernès*, *Perroli* et *Laspeyrouses*, moyennant une rente annuelle d'un quartier de blé par feu ; que dans cet acte la demoiselle Despagne stipula le droit de reprendre lesdits immeubles quand il plairait à elle ou à ses successeurs, en renonçant dans ce cas à la perception de la rente sus-énoncée ;—Attendu qu'en première instance comme sur l'appel, la commune de Lissac a demandé son relaxe, soit en sa qualité de propriétaire des terrains en litige, soit parce que l'action en retrait que la dame de Fajac demande à exercer serait du moins éteinte par la prescription ; — Attendu, sur la question de propriété, que les dispositions des lois de 1792 et du 10 juin 1793, ont irrévocablement attribué aux communes les biens connus sous le nom de *terres vaines et vagues*, *pacages*, *patis*, *bois*, *communes*, etc. ; que ladite commune soutient que les terrains concédés par la transaction de 1578 étaient tous de cette nature, puisqu'ils se composaient de brugues, taillis et paissieux ; — Attendu que les mots *brugues* et *paissieux* amènent à penser que les terrains délivrés aux usagers par l'acte de 1578 peuvent être, au moins en grande partie, rangés dans le nombre de ceux dont la loi de juin 1793 a conféré la propriété aux communes ; que, néanmoins, pour bien apprécier la nature desdits terrains et en attribuer, en totalité ou en partie, la propriété aux représentants de la demoiselle Despagne ou aux habitants de Lissac, il faudrait recourir à une opération dispendieuse d'experts ; ce qui devient inutile, si la commune obtient, par un autre moyen, le relaxe des demandes contre elle formées par la dame de Fajac ; — Sur la fin de non-recevoir prise de la prescription opposée par la commune de Lissac à l'action en retrait exercée par la dame de Fajac ; —Attendu que la faculté de retraire les immeubles soumis à l'usage est, comme toutes les facultés conventionnelles, essentiellement prescriptible ; que ce principe, consacré par la doctrine des auteurs et par la jurisprudence, trouve son application toutes les fois qu'une clause insérée dans un acte, loin de tenir à la nature du contrat, ne lui est qu'accidentelle ; — Attendu que les usages concédés à une commune, de leur nature, sont perpétuels ; que la clause qui en autorise le retrait, loin d'être de la nature de ce genre de contrats, ne peut jamais être considérée comme y étant sous-entendue en l'absence d'une convention explicite ; qu'admettre, dans l'espèce, la faculté de retraire, ce serait méconnaître la règle de la prescriptibilité des facultés conventionnelles ; que, dès lors, il faut reconnaître que la clause insolite en vertu de laquelle la demoiselle Despagne stipula tant pour elle que pour ses successeurs le droit de reprendre les immeubles, ne constitue pas une faculté tenant à l'essence et à la nature de la transaction de 1578 ; qu'elle n'y figure que comme clause accidentelle, et que, par suite, elle ne peut porter obstacle à la prescription que la commune oppose à l'action en retrait de la dame de Fajac ; — Attendu que deux cent soixante années se sont écoulées sans réclamation de la part de la demoiselle Despagne ou de ses représentants ; qu'en conséquence, la prescription a éteint le droit que les époux de Fajac voudraient exercer aujourd'hui en son nom, et que leur demande en retrait doit être écartée par une fin de non-recevoir insurmontable ; — Par ces motifs, réforme.

Du 4 fév. 1841.-C. de Toulouse, 2e ch.-M. de Bastoulh, pr.

(3) (Devos C. Merck.) — LA COUR ; — Attendu que, par le service successif des deux rentes dont s'agit, les appelants ou leurs auteurs sont censés avoir constamment reconnu l'existence de ces rentes, avec les obligations accessoires, telles qu'elles avaient été constituées par le contrat ; — Qu'il est en aveu entre les parties que les rentes avaient été constituées avec promesse d'hypothèque ; que cette obligation est accessoire à l'obligation principale, et qu'ainsi elle n'a pu être atteinte dans l'espèce par la prescription ; — Met l'appellation au néant.

Du 10 déc. 1812.-C. de Bruxelles.

(4) (Delafaille C. Léemans.) — LA COUR ; — Attendu que l'appelant, quoique recevant l'intérêt de 4 p. 100, a constamment exécuté son contrat ; partant, n'a commis aucune négligence dans l'exercice de ses droits ; d'où il résulte qu'il n'a pu perdre la faculté qu'il s'était stipulée dans le contrat de constitution de rente ; — Emendant, condamne l'intimé, etc.

Du 30 nov. 1809.-C. de Bruxelles.

Quant à la faculté réservée au créancier, et dont il n'avait pas usé pendant trente ans, faculté accessoire, et qui pouvait tout à fait se détacher de la convention principale sans ébranler celle-ci, il est bien clair que le silence gardé pendant trente ans par ce créancier équivalait à une remise de la clause aggravante »

168. Lorsque la faculté gît dans le choix de moyens alternatifs de payer une dette annuelle, elle ne peut être prescrite. Le payement, pendant trente ans, d'une des choses dues alternativement, n'empêche pas d'opter plus tard pour l'autre (arrêté du parlement de Toulouse, des 26 fév. 1586 et 15 avr. 1589, et arrêt du parlement de Besançon, du 28 janv. 1726).— Et en effet, dit M. Troplong, nº 130, les membres d'une alternative sont liés l'un à l'autre, et le débiteur peut choisir entre eux. Tous les ans, en payant sa dette, il fait ce choix, il use de la faculté que lui réserve le contrat. On ne peut donc lui faire perdre, par prescription, un droit dont il n'a pas cesser d'user. Nous acceptons cette doctrine, mais en ce sens qu'une contradiction de la part du débiteur n'est pas venue donner un caractère permanent au droit du créancier qui depuis n'a jamais usé de l'alternative.

169. Lorsque la faculté a été créée à perpétuité pour une communauté d'habitants, elle ne se prescrit pas entre eux, et il appartient à quiconque a la qualité d'habitant d'en jouir. — Jugé que des habitants d'une commune qui ont joui seuls d'un droit d'arrosage concédé à perpétuité à la commune, ne peuvent se prévaloir de la prescription contre ceux qui ont négligé d'user de ce droit (Req. 16 mai 1826) (1). — La même décision s'appliquerait aux droits d'usage et autres dont les habitants d'une commune sont investis (M. Troplong, nº 131).

ART. 2. — *Des choses imprescriptibles à raison de leur destination, domaine public et ses dépendances, eaux, chemins, édifices, places, etc.*

170. Sont imprescriptibles, en raison de leur *destination*, 1º le domaine public (V. ce mot, nºs 26, 47; Eaux, nº 34; Propriété); — 2º Les dépendances du domaine public (c. nap. 538; V. *iisd.*). — Et l'on considère comme telles, au point de vue de l'imprescriptibilité, 1º les fleuves et rivières navigables et flottables (même article; V. Dom. pub., nº 4; Eaux, nºs 35 et s., 402 et s.); 2º Les *digues* artificielles d'une rivière navigable (V. Eau, nº 104); — 3º Les ports, les havres, les rades (c. nap. 538); et, dès lors, ils sont imprescriptibles, mais seulement tant qu'ils conservent leur destination publique. S'ils viennent à être comblés, ils peuvent être prescrits (Conf. M. Troplong, nº 149. — *Contrà*, Maleville, t. 4, p. 311).

171. Jugé, en conséquence, qu'un particulier ne peut exciper d'aucun fait de possession sur le lit d'une rivière navigable et flottable, quelque ancien qu'il puisse être, s'il n'a obtenu un acte de *concession* de l'autorité compétente, et que cette concession ne pourrait pas même avoir un caractère *irrévocable* (Rouen, 16 déc. 1842, aff. Vauchel, nº 191).

172. Les canaux navigables appartenant à l'Etat sont imprescriptibles dans ce sens que le public doit toujours pouvoir s'en servir pour le passage et le transport, sans qu'on puisse prescrire contre ce droit. Mais il est possible de prescrire le droit d'en exploiter la jouissance, par exemple par la mise à exécution de tarifs pendant plus de trente années. — Il est des canaux qui ont été concédés à perpétuité par l'Etat à des particuliers. Sont-ils hors du domaine public? — L'affirmative n'est pas douteuse. —Le caractère public qui appartient toujours aux canaux, malgré la concession qui en a été faite à des particuliers, les fait considérer comme des voies publiques, hors du commerce, et qu'on ne peut prescrire (Rej. 22 août 1837, aff. D'Harcourt, V. Dom. public, nº 47).

173. Les canaux qui servent à l'usage des particuliers sont prescriptibles. — Jugé qu'ils le sont quoiqu'ils passent sous un chemin public (non vicinal), sous une rue d'un village (Rennes, 22 mars 1848, aff. Vallin, D. P. 49. 2. 103). Mais peut-on en prescrire séparément les francs bords? En d'autres termes, les rives et les francs bords forment-ils, avec le canal, un tout indivisible, de telle façon qu'ils ne puissent être prescrits que par celui qui prescrirait en même temps la propriété du canal? La négative a été jugée, puisqu'il n'est pas douteux qu'on ne puisse aliéner séparément un canal et ses francs bords (Req. 6 mars 1844 (2); 16 juill. 1844, MM. Zangiacomi, pr., Hervé, rap., aff. Villette *C.* com. de Scarron; Cass. 28 avr. 1846, aff. Avignon de Morlac, D. P. 46. 1. 206).—V. Propriété.

174. Aux termes de l'art. 650 c. nap. la servitude de halage est établie par la loi dans l'intérêt public : elle est donc imprescriptible.—V. Eaux, nºs 117 et suiv.

175. On ne peut prescrire le droit d'établir des moulins dans les fleuves ou rivières navigables ou flottables, puisque la loi défend, dans un intérêt public, de les établir; il n'y a d'exception que pour les moulins déjà existants et fondés en titre ou possession centenaire remontant au delà de 1566. — V. Eaux, nºs 291 et suiv.

176. Sont imprescriptibles les sources et fontaines d'eaux thermales. — V. Eaux minérales, nºs 10 et suiv.

177. Les rivières *non navigables ni flottables*, en tant que *res nullius* (V. Eau, nº 208, Propriété), leurs lits (*iisd.*), ne sont pas prescriptibles (V. Eau, nº 213). — Les eaux *pluviales* ou *vici-*

---

(1) (Roig et autres *C.* Garau et autres.)—LA COUR ;—Sur le premier moyen;—Attendu, en droit, que nul ne peut prescrire contre son titre; — Que, lorsqu'on possède en vertu d'un titre qu'on fait valoir comme commun à plusieurs, l'on reconnait par cela même le droit de tous ses consorts; — Qu'enfin, les actes de pure faculté et ceux notamment établis à perpétuité et dans des vues d'utilité publique, ne sont point soumis à la prescription; — Et attendu qu'il est constant et reconnu, en fait, 1º que, d'après les chartes de 1337, 1400 et 1427, constitutives du canal de Thuir, le droit d'arrosage en question, établi uniquement dans l'intérêt général de l'agriculture, n'a été limité ni à l'égard des biens, ni à l'égard des personnes, ni à l'égard du temps, mais qu'il a été concédé indistinctement sur tous les biens sis dans le territoire de Thuir, en faveur de tous les biens tenants dans le même territoire, et pour tous les temps présents et à venir; de manière que chaque possesseur a le droit d'arroser toutes les fois que le genre de culture approprié à ses biens l'exige;—2º Que c'est en vertu de ce titre unique, renfermé dans lesdites chartes et commun à tous les biens tenants dans le territoire de Thuir, que les demandeurs en cassation ont exercé et qu'ils exercent le droit d'arrosage dont il s'agit; — 3º Enfin, que, parmi les biens tenants, nul n'a été empêché d'exercer ce droit lorsqu'il était nécessaire pour l'exploitation de ces biens; — Que, dans ces circonstances, en décidant que, sous un double rapport, c'est-à-dire et en raison du titre qui accorde le droit d'arrosage et en raison de la nature de ce même droit, les demandeurs en cassation étaient non recevables à exciper de la prescription, et soutenir, par là, que le droit d'arrosage appartenant à Garau et consorts était périmé, l'arrêt attaqué (de la cour de Montpellier) a fait une juste application des lois de la matière;— Sur le deuxième moyen; — Attendu que l'arrêt a décidé, en fait, que le droit d'arrosage en question, d'après les chartes de 1337, 1400 et 1427, constitutives du canal de Thuir, était concédé indistinctement sur tous les biens sis dans le territoire de Thuir, en faveur de tous les biens tenants dans le même territoire, et pour tous les temps présents et à venir; et que la charte de 1425, constitutive du canal de Perpignan, tout à fait étrangère aux biens tenants de Thuir, n'avait ni pu ni voulu préjudicier à leur droit sur le canal de Thuir; qu'au contraire, elle le leur avait formellement réservé; qu'en cela, loin de violer les mêmes chartes, l'arrêt en a fait une application parfaitement conforme et à leur texte exprès et à leur esprit; — Rejette.

Du 16 mai 1826.-C. C., ch. req.-MM. Botton, p.-Lasagni, rap.

(2) (Hubert *C.* Beldent.) — LA COUR; — Attendu que la propriété d'un canal et celle de ses francs bords ne sont pas tellement unies et incorporées qu'elles forment un tout indivisible; que l'on conçoit, au contraire, très-bien, leur séparation, sous la seule conditition que le terrain des francs bords reste assujetti à la servitude nécessaire pour assurer la continuation d'existence du canal, conformément à sa destination; qu'il est donc libre au propriétaire d'un canal purement privé et ne devant rien au public, d'affecter la séparation des deux propriétés ci-dessus spécifiées, et qu'ayant ainsi pu vendre la propriété isolée du terrain servant aux francs bords, il a pu la perdre aussi par la prescription; — Attendu que, s'il est nécessaire, en ce dernier cas, de n'admettre en preuve que des faits parfaitement caractéristiques d'une jouissance exclusive et non équivoque de la part des riverains, cette appréciation de la pertinence des faits est abandonnée à la prudence des cours royales; qu'ainsi, l'arrêt attaqué (de la cour d'Angers du 22 fév. 1845), en admettant les défendeurs éventuels à la preuve de certains faits qu'il a jugés propres à caractériser une possession à titre de propriétaire des francs bords du canal dont il s'agit, n'a violé aucune loi; — Rejette.

Du 6 mars 1844.-C. C., ch. req.-MM. Zangiacomi, pr.-Pataille, rap.-Chegaray, av. gén., c. conf.-Gatine, av.

ales qui séjournent ou passent dans les lieux publics sont aussi *es nullius;* elles appartiennent au premier occupant, et on ne eut y acquérir, par la prescription, de droit exclusif, quand ıême on aurait créé des travaux d'art apparents et permanents our en faciliter l'écoulement chez soi (Arrêt du parlement du 5 vr. 1710, cité par Dunod, p. 88; Conf. Req. 21 juill. 1825, ff. Boissière; Colmar, 26 mai 1831, aff. Gigandez, V. Servitude). —Ces deux derniers arrêts semblent à M. Troplong avoir fondé une écision juridique sur un motif qui ne l'est point, en ce qu'appliuant à tort, dans notre droit, la règle du droit romain qui consière comme caractère essentiel aux servitudes la perpétuité de ıur cause, ils font dériver l'imprescriptibilité des eaux pluviales e ce que leur *cours n'est qu'accidentel;* ce motif est insignifiant. 'imprescriptibilité de ces eaux, dans le cas posé, est fondée, it très-bien M. Troplong, nº 147, sur ce qu'elles sont *res nul-ius*, et qu'on ne s'en sert que comme faisant partie du domaine ublic pour l'utilité duquel la nature les fait couler.—Aussi cet uteur pense-t-il, nº 148, que l'imprescriptibilité cesserait si s eaux pluviales coulaient, non d'un chemin public, mais d'une ropriété privée sur une autre, et si le propriétaire de celle-ci vait fait des ouvrages pour les recevoir. En effet, il nous paait évident que, dans ce cas, les eaux pluviales ne sont pas plus *res nullius* que la source dont le propriétaire du fonds dans lequel elle naît, peut user à sa volonté, à moins que le propriétaire inférieur n'ait prescrit le droit de la faire couler sur son fonds (c. nap. 640, 641).

178. Les terrains couverts par les eaux des *étangs* durant les crues *ordinaires* ne peuvent être prescrites par les riverains (Rej. 9 nov. 1841, aff. Destieux, V. Eau, nº 259; V. aussi *eod.*, nº 253).

179. Si les riverains ne peuvent pas prescrire le terrain que couvrent les eaux de l'étang, ils peuvent prescrire le sol de l'étang quand l'étang a disparu (Cass. 28 avr. 1846, aff. Avignon de Morlac, D. P. 46. 1. 206). — Et le point de départ de la prescription doit être fixé à dater de l'époque où l'étang a changé de nature (Cass. 29 déc. 1845, aff. com. de Hagenwiller, D. P. 46. 1. 40).

180. Sont imprescriptibles les rivages de la mer jusqu'au grand flot en mars (V. Biens, nº 258; Dom. publ., nº 26; Eau, nº 5). — Mais on peut acquérir par prescription les eaux salées qui s'introduisent naturellement dans l'intérieur des terres par des fissures et crevasses non artificielles (Dunod, part. 1, chap. 12; M. Troplong, nº 151).

181. Les lais et relais de la mer étant déclarés aliénables par l'art. 41 de la loi du 16 sept. 1807, sont prescriptibles (Cass. 3 nov. 1824 (1); Rej. 2 janv. 1844, aff. Gendron-

(1) *Espèce :* — (Arrighi C. Conti.) — Par ordonnance du roi, en date u 2 avril 1817, le sieur Conti devint cessionnaire de deux plages conues sous le nom de *Campo del l'oro* et des *Salinas*, dans l'île de Corse. - Il envoya son berger faire paître ses troupeaux sur un lieu appelé le *icanto*, qu'il considérait comme compris dans la concession à lui faite ar l'Etat.—La dame Arrighi qui, en 1810, avait acheté de la commune 'Ajaccio un terrain nommé *Timizzolo*, prétendit que le Ricanto faisait pare de son acquisition et qu'elle en avait constamment joui ; en conséquence le fit citer le sieur Conti devant le juge de paix, pour faire cesser le rouble apporté à la jouissance du Ricanto, et être maintenue dans sa posession.—Le juge de paix se transporta sur les lieux, fit procéder à des nquêtes respectives ; et par jugement du 7 juillet 1818, vu qu'aucune des arties ne justifiait d'une possession d'an et jour, les renvoya à se pouroir au pétitoire. — Appel de ce jugement par la dame Arrighi ; alors, our la première fois, le sieur Conti déclina la juridiction du juge de aix, et demanda à être renvoyé devant l'autorité administrative. Ce ystème fut accueilli par jugement du tribunal d'Ajaccio, du 14 janv. 820, dont voici les motifs : « Attendu que d'après l'art. 538 c. civ., s lais et relais de la mer ne sont pas susceptibles d'une propriété priée, et que de ces principes il doit résulter, d'une part, qu'ils ne sont as même prescriptibles, et, de l'autre, que la voie de la complainte oit être fermée; — Attendu que cette même imprescriptibilité paraît e plus en plus être proclamée par les dispositions de l'art. 557, portant ue l'alluvion profite aux propriétaires riverains des rivières, et nulleıent aux propriétaires riverains des relais de la mer ; — Attendu que sieur Conti, comme concessionnaire des deux plages connues sous la énomination de *Campo del l'oro* et des *Salinas*, a fait pacager le morau de terrain dénommé le *Ricanto*, et que, sur sa complainte intentée ar la dame Antoinette, veuve Arrighi, qui, devant le juge du possesoire, s'annonçait être en jouissance depuis un temps remarquable, ledit eur Conti a allégué que le terrain contentieux faisait partie de la conession sus-énoncée ;—Attendu, dès lors, que, s'agissant d'un objet, d'une art imprescriptible, et, de l'autre, du ressort du pouvoir administratif, juge du possessoire ne pouvait pas connaître de la demande en comlainte;.....—Renvoie les parties à se pourvoir devant l'autorité adminiistrative. »

Pourvoi en cassation de la part de la dame Arrighi.

1º Pour violation de l'art. 10, tit. 3, de la loi du 24 août 1790, qui ttribue aux juges de paix la connaissance des actions possessoires, en que le tribunal d'Ajaccio s'est déclaré incompétent pour connaître de action possessoire intentée par la demanderesse, sous le prétexte que sieur Conti alléguait que le Ricanto était compris dans la concession ui lui avait été faite par l'autorité administrative ; circonstance qui ne ouvait avoir aucune influence sur la compétence du juge de paix, puisu'il s'agissait d'une simple action possessoire. Suivant la demanderesse cassation, l'autorité administrative n'aurait été compétente qu'autant ue la dame Arrighi aurait soutenu au pétitoire que le Ricanto n'était as compris dans la concession de 1807, et qu'il y aurait eu, dès lors, interpréter l'acte de concession.

2º Violation des mêmes art. et fausse application des art. 538 et 557 civ. ; en ce que le tribunal d'Ajaccio avait regardé comme imprescriptibles et conséquemment comme non susceptibles d'actions possessoies les lais et relais de la mer. Il est bien vrai, disait la demanderesse, ue les lais et relais de la mer font partie du domaine public, et que, nt qu'ils restent consacrés à un usage public, ils ne sont point susceptibles d'une propriété privée. Mais le gouvernement peut changer leur destination, et alors ils peuvent être l'objet de la propriété et de la possion des particuliers. Ainsi, le gouvernement peut détruire les fortifications des places fortes, et les terrains qu'elles occupaient deviennent, d'après l'art. 541 c. civ., aliénables et prescriptibles ; ainsi encore, l'art. 41 du décret du 16 sept. 1807 autorise le gouvernement à concéder les lais et relais de la mer, et le concessionnaire peut en jouir et en disposer comme de toute autre propriété privée. Il suit manifestement de là que les lais et relais de la mer sont dans le commerce, qu'ils peuvent être prescrits et donner lieu à l'action possessoire.

Le défendeur répondait que : 1º l'affaire était de la compétence de l'autorité administrative. — Les dépendances du domaine public rentrent, il est vrai, dans la classe des propriétés privées, lorsque le gouvernement, changeant leur destination, leur enlève le caractère qui les rendait imprescriptibles. Mais ce principe ne saurait être appliqué à l'espèce actuelle ; car, si le sieur Conti présentait une concession, la dame Arrighi en avait constamment contesté l'étendue ; pour savoir si le Ricanto avait cessé de faire partie du domaine public il fallait donc, avant tout, que l'autorité administrative interprétât le titre de concession ; le tribunal était dès lors obligé de lui envoyer l'affaire. — Ce n'est qu'après la décision de l'administration, et dans le cas où il serait reconnu que le Ricanto se trouvait compris dans la concession et ainsi formait une propriété privée, que le tribunal aurait pu examiner si la possession alléguée par la dame Arrighi présentait les caractères exigés par la loi.—La discussion du plus ou moins d'étendue de la concession n'était pas une question de pétitoire, comme le prétend la dame Arrighi : c'était une question préjudicielle qui empêchait le tribunal de statuer au possessoire ;

2º Pour exercer la complainte, il faut une possession à titre de propriétaire ; or il est des biens qui, placés hors du commerce, ne sont susceptibles d'aucune propriété privée ; et la possession, quelque longue qu'en fût la durée, ne pourrait jamais les faire prescrire (art. 2226 c. civ.). L'art. 558 place les lais et relais de la mer au nombre de ces biens qui sont hors du commerce ; la jouissance ne peut donc, quelque longue qu'elle soit, en entraîner jamais la prescription, ni, dès lors, donner lieu à une action possessoire. L'art. 41 de la loi du 16 sept. 1807, en autorisant la concession des lais et relais, ne les a pas pour cela rendus prescriptibles. — Arrêt.

LA COUR ; — (après dél. en ch. du cons.) ; — Vu l'art. 10 du tit. 3 de la loi du 24 août 1790, l'art. 41 de la loi du 16 sept. 1807 et l'art. 2227 du c. civ. ; — Attendu 1º que l'art. 10 du tit. 3 de la loi du 24 août 1790 attribue au juge de paix la connaissance exclusive des actions possessoires ; que la demande dont le juge de paix avait été saisi par la dame Arrighi était une action de cette nature ; qu'il suit de là que si, avant faire droit sur cette action, il était nécessaire de faire juger quelque question préjudicielle par l'autorité administrative, cela n'autorisait point le juge de paix à se déclarer incompétent, mais seulement à surseoir au jugement de l'action possessoire jusqu'au rapport de la décision administrative ; que, néanmoins, le jugement attaqué s'est déclaré sans réserve incompétent pour connaître de cette action ;

Attendu, 2º, que, par l'art. 41 de la loi du 16 sept. 1807, les lais et relais de la mer sont déclarés aliénables ; que, conséquemment, ils sont prescriptibles d'après l'art. 2227 c. civ. ; que par une suite, en admettant que le Ricanto fût un lais et relais de la mer, il n'en n'était pas moins soumis à l'action en complainte ; que, cependant, le jugement attaqué décide le contraire ; — Attendu, enfin, qu'il résulte de ce qui précède, qu'en se déclarant incompétent pour connaître de l'action possessoire dont il s'agit, et en renvoyant les parties devant l'autorité ad-

neau, V. Domaine de l'Etat, nº 107; 18 avr. 1855, aff. Laurens, D. P. 55. 1. 205). — Il en était ainsi même avant la révolution; les lais et relais de la mer faisaient partie du petit domaine, c'est-à-dire de la portion aliénable du domaine de la couronne (Req. 18 mai 1830, aff. préfet de la Vendée C. Haranchipy, V. Dom. de l'État, nº 169-1º).—Mais il a été jugé que les rivages de la mer, périodiquement couverts par les eaux, ne prennent le caractère de lais et relais, et ne sont, dès lors, prescriptibles qu'à partir de la délimitation établie par l'Etat entre la portion de ces rivages qui reste dans le domaine public et celle qui, cessant de faire partie du rivage de la mer, rentre dans la classe des lais et relais susceptibles de concession; qu'en conséquence, la possession de ces derniers terrains, antérieure à la délimitation qui en a été faite, ne peut servir de base à la prescription (Req. 17 nov 1852, aff. Favier, D. P. 53. 1. 106), à moins que les droits ré sultant d'une possession antérieure n'aient été réservés par l gouvernement (c. nap. 2226; Rej. 21 juill. 1828) (1).

182. Aux termes de l'ordonnance de la marine, de 1681 et des déclarations des 10 mai 1751, et 30 oct. 1772, la plant marine, appelée varech, et qui se récolte sur les côtes de la Nor mandie, appartient aux communes limitrophes de la mer, et ce communes ne peuvent acquérir ni par convention ni par pres cription le droit de récolter le varech, hors leur territoire res pectif (Req. 2 fév. 1842) (2). Mais bien que le droit de recueilli le varech sur les côtes de la mer appartienne exclusivement chaque commune riveraine en face de son territoire, il ne s'ensui

---

ministrative, le jugement attaqué viole formellement les lois ci-dessus citées; — Casse.

Du 3 nov. 1824.-C. C., sect. civ.-MM. Desèze, 1er pr.-Cassaigne, rap.-Jourde, f. f. d'av. gén., c. conf.-Nicod et Barrot, av.

(1) *Espèce*: — (Préfet de la Somme C. comm. de Boismont.) — Il existe dans la baie de la Somme plusieurs terrains provenant des lais et relais de la mer, connus sous le nom de *molières*. — La commune de Pinchefalise, maintenant réunie à celle de Boismont, prétendait être propriétaire des terrains appelés *molières de Molenelles*. — L'administration des domaines prétendait au contraire que ces terrains faisaient partie du domaine public. — 3 janv. 1809, décret portant : — « Art. 1. Il sera nommé incessamment, par le préfet de la Somme, un ingénieur qui, conjointement avec un expert, nommé par la commune de Pinchefalise et autres particuliers prétendant droit aux terrains appelés molières de Molenelles, fixeront d'une manière certaine le point où s'arrête actuellement le grand flot de mer.—Art. 2. Tous les terrains qui seront constatés provenir des lais et relais seront déclarés domaniaux et régis et administrés comme tels. — Art. 3. Sont néanmoins exceptés de cette disposition les terrains bâtis, défrichés ou enclos, et même ceux qui sont possédés privativement par des particuliers, selon la définition de la possession et de la prescription donnée par le code civil. »

18 mars 1809, un ingénieur et un expert dressèrent un procès-verbal en conséquence de ce décret, et par suite de ce procès-verbal, et d'un arrêté du préfet, des affiches annoncèrent la vente d'environ 255 hect. des molières situées sur les territoires de Boismont, Pinchefalise et Soigneville. — La commune forma opposition et signifia ses titres, qui étaient quatre aveux. — Il fut sursis à la vente. — La commune fut alors assignée en mainlevée de son opposition; mais le tribunal d'Abbeville, par jugement du 30 mars 1824, maintint la commune de Boismont dans la propriété, possession et jouissance des molières dont il s'agit.

Sur l'appel, arrêt confirmatif de la cour d'appel d'Amiens, du 17 mars 1825, en ces termes. — « Considérant que le décret du 3 janv. 1809 et l'ordon. du 18 nov. 1814, qui ont ordonné la réunion au domaine public des lais et relais de la mer, ont fait exception des portions de ce domaine qui ont été bâties, défrichées, encloses ou possédées privativement par des particuliers, selon la définition de la possession et de la prescription donnée par le code civil; que cette exception a été déjà prononcée par un édit de fév. 1710; que la preuve de cette possession, en faveur de la commune de Boismont et Pinchefalise, résulte d'abord de trois aveux passés à la seigneurie de Boismont, le premier, en date du 29 nov. 1692, pour les molières dites de Boismont, le deuxième, en date du 17 juin 1731, et le troisième, en date du 20 nov. 1779 par la commune de Boismont; — Qu'il en a été légalement fait un autre par les habitants de Pinchefalise, le 5 mai 1751, aux officiers de la justice temporelle de l'abbaye de Saint-Valery pour les molières et communes situées à Pinchefalise; — Que déjà ces quatre aveux établissent la possession ancienne et plus que centenaire que ladite commune de Boismont et Pinchefalise a opposée dans l'instance au préfet de la Somme agissant au nom de l'État; — Considérant qu'en principe une possession de ce genre est suffisante pour assurer à ladite commune la propriété des objets dont est ici question, et écarter les prétentions du préfet tendantes à la revendication de ces molières; — Considérant que l'envoi que la commune a fait de ses bestiaux, de temps immémorial, sur les molières dont est question et la pâture que ces bestiaux y ont prise constituent une possession privative; que ce mode de jouissance est même le plus usité et le plus ordinaire pour des terrains de cette nature; —Considérant que l'objection opposée à cette possession, qui d'ailleurs n'est pas contestée en fait par le préfet, tirée de son défaut de continuité et des interruptions qu'elle a dû éprouver par les flots de la mer qui viennent de temps à autre couvrir ces molières, s'écarte et se repousse par la réflexion que ces interruptions momentanées sont un effet périodique de la nature, et non l'ouvrage de l'homme; que du moment où le possesseur reprend son terrain aussitôt ou peu de temps après la cessation de l'interruption, la possession ne cesse pas d'être continue; — Considérant que c'est aussi en vain qu'on lui oppose qu'elle ne s'est point conformée aux dispositions d'un arrêt du conseil du 13 nov. 1714, qui oblige les possesseurs des îles, îlots, créments et ceux qui jouisser des droits et avantages des bords de la mer et qui ne rapportent pas d titres, au payement du dixième de la valeur, parce que les disposition de cet arrêt du conseil ne vont pas, en tout événement, jusqu'à priver le possesseurs des terrains de leur jouissance; qu'il pouvait seulement ré sulter de là le droit, pour le domaine, de les contraindre au payement — Considérant qu'à ces faits la commune de Boismont et de Pinchefalis ajoute : 1º le payement qu'elle a fait chaque année à l'Etat des contri butions foncières auxquelles les parties des molières dont il est questio ici sont assujetties; 2º la décision qu'elle a obtenue en sa faveur l 5 vent. an 11, contre le ci-devant seigneur de Boismont, pour raiso de ces molières dont il était en jouissance et qui lui étaient contestées —Considérant que le domaine, en vertu de la loi du 20 mars 1813, qu a autorisé la vente d'une partie des biens communaux, a vendu une cer taine quantité de ces molières que la commune de Boismont, section d la Pinchefalise, avait mise en culture, et pour laquelle il lui avait ét accordé une rente en échange; — Considérant encore que la prétentio du préfet de la Somme relativement aux molières dont il s'agit paraî d'autant plus surprenante, qu'en l'an 4 le domaine a vendu 60 jour naux de molières du genre de celles contestées, et qui en sont voisine par suite de la confiscation établie sur M. de Saint-Blimont depuis so émigration, confiscation à laquelle il n'aurait pas eu recours, s'il eût ét convaincu que ces molières n'avaient jamais cessé de faire partie du do maine public, comme il le prétend aujourd'hui. »

Pourvoi par le préfet: — 1º Contravention à l'art. 1, tit. 7, ordon de la marine du mois d'août 1681, et à l'art. 2 de la loi du 1er déc 1790; en ce que, tout en décidant que les flots de la mer, qui couvraien de temps à autre les terrains litigieux, en avaient fait une partie du domaine de l'Etat, la cour royale a reconnu qu'ils pouvaient être acquis pa prescription, quoique le domaine public soit imprescriptible; — 2º Contravention à l'art. 1165 c. civ., en ce que l'on a admis la commune à se prévaloir de titres non vérifiés par le juge compétent; — 3º Contravention au décret du 3 janv. 1809, aux art. 1 et 3 de la loi du 10 juin 1793, et aux art. 1 et 2 de celle du 20 mars 1813, en ce que la cour a admis la commune au bénéfice de l'exception du décret du 3 janv. 1809 exception qui n'avait été établie qu'en faveur des particuliers; —4º Violation de l'édit de fév. 1710, et de l'arrêt du conseil du 13 nov. 1714 en ce que, contrairement à ces dispositions législatives, qui ordonnen que les possesseurs des lais et relais de la mer ne resteront en possession qu'en payant une rente et un supplément de finances, la commune a été maintenue, sans avoir satisfait à ces lois. — Arrêt.

LA COUR; — Considérant que la décision de la cause était tout entière dans les dispositions du décret du 3 janv. 1809; — Que les partie l'ont elles-mêmes reconnu ainsi; qu'en effet le demandeur a fondé so action, sur le principe général établi par l'art. 2 de ce décret, relativement à la réunion au domaine de l'Etat des terrains dépendants des lai et relais de la mer; —Qu'au contraire, la commune de Boismont a fondé sa défense sur l'exception contenue dans l'art. 3 en faveur des particuliers qui ont possédé privativement, conformément aux règles tracées pa le code civil pour la possession et la prescription; —Attendu que la cou royale d'Amiens, en appréciant les actes et les faits de la cause, a décidé que cette exception était applicable à la commune de Boismont; — Que cette cour s'est fondée, non-seulement sur les quatre aveux produit par cette commune, mais encore sur la possession immémoriale de cett commune; — Que, par cette décision, il a été fait une juste applicatior de l'art. 3 dudit décret, et il n'a été contrevenu à aucune des lois invoquées; — Rejette.

Du 21 juill. 1828.-C. C., ch. civ.-MM. Brisson, pr.-Vergès, rap.-Cahier av. gén., c. conf.-Teste Lebeau et Bohain, av.

(2) Commune de Glatigny C. celle de Surville.) — LA COUR; — Attendu que la cour royale, en décidant, d'après les dispositions prohibitives des ord. de 1681, 1751 et 1772, que la récolte du varech ne pouvait être l'objet ni d'une convention, ni d'une prescription, a fait une juste application des lois de la matière; — Rejette le pourvoi contre l'arrêt de la cour royale de Caen, du 11 déc. 1840.

Du 2 fév. 1842.-C. C., ch. req.-MM. Zangiacomi, pr.-Duplan, rap.-Delangle, av.-gén., c. conf.-Lemarquière, av.

pas que, lorsque ce droit est l'objet d'un différend au possessoire entre deux communes, qui sont contraires en fait sur la question de situation du rocher qui produit le varech litigieux, le juge du possessoire doive nécessairement se déterminer d'après les limites de chaque commune; en cas pareil il peut se borner à apprécier les faits de possession et prononcer la maintenue provisoire au profit de celles des communes qui justifie de sa jouissance (Rej. 5 juin 1839) (1).

183. Les rivages des rivières navigables appartiennent aux riverains jusqu'au flot. Ils sont donc prescriptibles.

184. Sont imprescriptibles comme faisant partie du domaine public : 1° les voies publiques ouvertes par terre aux frais du trésor et appartenant à l'Etat (c. nap. 585; V. Propriété); — 2° Les chemins vicinaux et en général tous les chemins publics (V. n° 190 et Voirie). — Jugé, toutefois, que le chemin ou sentier qui sert à des habitants d'une commune pour aller à un moulin, ne peut être considéré comme un chemin public imprescriptible : ce n'est qu'un chemin d'aisance, contre l'usage duquel le propriétaire du fonds qu'il traverse peut prescrire (Bourges, 30 janv. 1821) (2).

185. La largeur d'une route impériale est imprescriptible

---

(1) *Espèce* : — (Commune de Flamanville C. celle de Siouville.) — Le territoire de la commune de Flamanville et celui de la commune de Siouville sont limitrophes et touchent tous deux au rivage de la mer. En face de ces deux territoires, vers la pleine mer, sont situés deux rochers séparés par un banc de sable et qui produisent en assez grande abondance l'herbe connue sous le nom de varech.

L'un de ces rochers, appelé la *Pouque-Morue*, est l'objet du différend qui s'est élevé entre les deux communes sus-dénommées. Chacune d'elles prétendait avoir un droit exclusif à la récolte du varech excroissant sur ce rocher. Il paraît toutefois que la commune de Siouville avait en sa faveur une possession de plusieurs années, et que notamment elle avait fait la récolte de 1829 ; mais, au moment où ses habitants se disposaient à faire celle de 1830, ils furent expulsés du rocher par les habitants de Flamanville qui s'emparèrent de cette récolte. L'année suivante, les Siouvillais ayant recueilli le varech avant l'époque ordinaire, procès-verbal fut dressé contre eux; puis, action possessoire de la commune de Flamanville. — Observons ici que, lors des opérations cadastrales, une partie du territoire de cette dernière commune, voisine des deux rochers à varech, avait été réunie à la commune de Siouville, et que, sur la réclamation du maire de Flamanville, un arrêté du conseil de préfecture, du 30 janv. 1829, décida que cette réunion n'enlevait pas aux Flamanvillais leur droit exclusif de recueillir le varech sur les rochers bordant leur ancien territoire. — A l'appui de son action possessoire, la commune de Flamanville invoquait la possession annale résultant de la récolte par elle faite exclusivement en 1830. Elle fondait aussi sa prétention sur l'existence de deux bornes en granit, placées l'une à terre et l'autre sur le rivage; ces bornes, suivant elle, avaient pour but de limiter la jouissance du varech : or, en suivant la ligne droite qu'elles déterminaient en partant du rocher litigieux, ce rocher se trouvait compris presque en totalité dans son territoire.

Le juge de paix a accueilli la demande de la commune de Flamanville, et l'a maintenue dans sa possession. — Appel.

16 avril 1834, jugement du tribunal de Cherbourg qui infirme la sentence du juge de paix et maintient la commune de Siouville dans la possession du rocher la *Pouque-Morue* : — « Attendu, porte ce jugement, qu'il est clairement démontré par les enquêtes entreprises par le premier juge, 1° que de temps immémorial et jusqu'en 1828 inclusivement, la commune de Siouville a joui paisiblement, seule et à titre de propriétaire, du rocher de la *Pouque-Morue*; 2° qu'en 1829, les autorités de Flamanville protestèrent verbalement contre la jouissance des Siouvillais sans opposition réelle, soit par des faits, soit par des exploits ou procès-verbaux; 3° qu'en 1830, le 9 mars, les habitants de Flamanville expulsèrent de vive force les Siouvillais de dessus le rocher, au moment où ceux-ci y récoltaient le varech; qu'en 1831, dès le 28 fév., les habitants de Siouville récoltaient seuls le varech du rocher la *Pouque-Morue*, malgré la protestation des autorités de Flamanville; — Attendu qu'une simple protestation verbale, non suivie d'une prise de possession, ni accompagnée de procès-verbal ou d'exploit, ne peut être regardée comme un trouble à l'égard du possesseur qui a conservé sa paisible possession, et qu'aux termes de l'art. 2233 c. civ., les actes de violence ne peuvent fonder une prescription, et, ce qui est la même chose, interrompre la possession d'une partie au bénéfice de l'autre; — Attendu que toute prise de possession de vive force devrait être suivie d'une année de jouissance paisible, pour que la partie qui a usé de ce moyen, pût demander à être maintenue en possession; — Attendu que Siouville n'ayant jamais perdu en 1829 et 1830 la possession légale qu'elle avait en 1828 et dans les années antérieures, et Flamanville n'ayant jamais eu une année de jouissance paisible, l'action de cette dernière commune en 1832, pour être maintenue dans une prétendue possession, était en tout point mal fondée; — Attendu que l'existence de bornes entre les communes ne peut être invoquée par Flamanville, 1° parce que la possession étant contraire aux limites par elle invoquées, elle n'en pourrait tirer d'inductions qu'au pétitoire; 2° parce que ces limites n'allant pas jusqu'au rocher litigieux, on ne peut pas, même au pétitoire, argumenter de ces bornes pour accorder partie de ce rocher à Flamanville. »

Pourvoi de la commune de Flamanville. — Violation de l'art. 717 c. civ., des art. 1, 3 et 4, tit. 10, de l'ordonnance de la marine d'août 1681, de la déclaration du 30 mai 1731 et de l'arrêté du gouvernement du 18 therm. an 10 : en ce que ces lois combinées attribuent la récolte du varech et autres plantes croissant sur le rivage de la mer aux habitants des paroisses limitrophes, à l'endroit de leur territoire; que, dès lors, toute contestation à cet égard entre deux communes se réduit au point de savoir vis-à-vis de quel territoire croissent les plantes en litige; que la possession, en cette matière, n'est d'aucune considération, puisque, en dehors du droit, elle constitue un délit; qu'ainsi, le jugement attaqué, au lieu de s'attacher uniquement à constater cette possession, aurait dû se fonder sur la délimitation des deux communes, ou, s'il ne se croyait pas le pouvoir d'examiner ce point au possessoire, se borner à renvoyer les parties au pétitoire sans rien statuer sur la possession.

Violation de l'art. 25 c. pr. combiné avec les art. 2226 et 538 c. civ., en ce que le rocher de la *Pouque-Morue*, propriété de l'Etat et imprescriptible, ne pouvait être l'objet d'une maintenue possessoire.

Violation du même art. 25 c. pr. combiné avec les art. 2229 et 691 c. civ., en ce que le droit de recueillir le varech constituant une servitude discontinue, ce droit ne pouvait être la matière ni d'une prescription ni d'une possession utile; qu'en matière de servitude discontinue, la maintenue possessoire ne peut être prononcée qu'au profit de celui qui est nanti d'un titre, condition que ne remplissait pas la commune de Flamanville; — Qu'au surplus, la possession, pour être acquisitive d'un droit, doit être continue et non interrompue, caractère qu'on ne saurait reconnaître au fait de recueillir le varech, lequel ne s'exerce qu'une fois l'an. — Arrêt (apr. dél. en ch. du cons.).

LA COUR; — Sur le moyen tiré de la violation des art. 717 c. civ., 1 et 3 de l'ordonnance sur la marine, du mois d'août 1681, de la déclaration du 30 mai 1731, et de l'arrêté du 18 therm. an 10; — Attendu que les parties étaient contraires, en fait, sur le point de savoir qu'elle était celle des deux communes vis-à-vis le territoire de laquelle était situé le rocher litigieux; que le jugement attaqué n'a pas résolu et n'avait pas nécessairement à résoudre cette question, puisque le tribunal n'était saisi que d'une action possessoire; qu'en appréciant les faits de possession, en rejetant comme non justifiée l'action possessoire de la commune de Flamanville, et même en maintenant celle de Siouville en possession, le jugement attaqué n'a pas méconnu le droit exclusif des habitants de chaque commune riveraine de la mer, de recueillir le varech sur les rochers bordant son territoire, et n'a point, par conséquent, violé les dispositions législatives précitées;

Sur le moyen tiré de l'art. 25 c. pr. civ., combiné avec les art. 538 et 2226 c. civ.; — Attendu que le débat ne portait pas sur la possession du rocher litigieux, en tant que cette possession se serait rattachée à un droit de propriété sur le rocher lui-même; qu'il ne s'appliquait donc pas au rivage de la mer, déclaré par l'art. 538 précité, dépendance du domaine public, et non susceptible de propriété privée, conséquemment hors du commerce et imprescriptible; que, borné à la jouissance de la récolte du varech, ce débat était étranger au domaine public, dont les droits n'ont pas été méconnus, et dont, au surplus, il n'appartenait pas à la commune de Flamanville de stipuler les intérêts et d'exercer les actions; qu'ainsi, en statuant sur une action possessoire relative à la récolte du varech, et en accordant, d'après l'appréciation qu'il a faite des actes de possession, le bénéfice de la maintenue possessoire à la commune de Siouville, le jugement attaqué n'a pas commis d'excès de pouvoir et n'a pas violé les articles de loi précités;

Sur le dernier moyen tiré de la violation du même art 23 c. pr. civ., combiné avec les art. 691 et 2229 c. civ.; — Attendu que le droit de recueillir le varech sur le rivage de la mer, ne constitue point une servitude, puisqu'il n'y a ni fonds servant ni fonds dominant; que, dès lors, l'art. 691 c. civ. est inapplicable; — Attendu que la possession s'exerce suivant la nature de l'objet auquel elle s'applique; que la possession, qui ne peut se manifester qu'à de certains intervalles, par des faits distincts et plus ou moins séparés, n'en est pas moins continue, par cela seul qu'elle a été exercée dans toutes les occasions et à tous les moments où elle devait l'être, et qu'elle n'a pas été interrompue soit par la cessation absolue des actes, soit par des actes contraires ou émanés de tiers; — Attendu que la récolte annuelle du varech constitue une possession continue, lorsqu'elle n'a été ni troublée ni interrompue aux époques où elle a dû se faire; qu'en fait, le jugement attaqué reconnaît en faveur de la commune de Siouville la possession plus qu'annale, avec les caractères déterminés par la loi; qu'en la maintenant dans sa possession, il n'a pas violé les articles de loi précités; — Rejette.

Du 5 juin 1839.-C. C., ch. civ.-MM. Portalis, 1er pr.-Miller, rap.-Tarbé, av. gén., c. conf.-Ripault et Nicod, av.

(2) (Com. de Saint-Outrille C. Perober.) — LA COUR; — Considé-

(MM. Garnier, des Chemins, p. 29 ; Troplong, n° 157) ; il en est de même de la largeur des chemins vicinaux (L. du 21 mai 1836, art. 10 et 15). Ce principe était reconnu avant cette loi. — Jugé que dès que la largeur du chemin est telle qu'on ne peut le regarder comme chemin d'exploitation, il doit être réputé chemin public ou communal et prescrit par la commune (Bordeaux, 11 nov. 1848, aff. Bourgoin, D. P. 49. 2. 230).

186. Il faut distinguer dans les villes, bourgs et villages, le domaine communal qui comprend les différents biens de la commune, qui sont aliénables et prescriptibles (Req. 7 août 1834 (1); 18 nov. 1834, aff. Remond, V. Action possessoire, n° 348) du domaine municipal public (qui comprend spécialement certains biens) : les rues, les quais, les places publiques, qui sont inaliénables et imprescriptibles, parce qu'ils sont hors du commerce et abandonnés à titre de faculté sociale, à tous les habitants (Nancy, 17 janv. 1840 (2) ; conf. M. Feraud-Giraud, Servitudes de voirie, t. 2, n° 442, V. Voirie).

187. On peut ouvrir sur ces lieux publics des jours, des portes, etc. ; y faire couler des eaux pluviales (c. nap. 681) et ménagères ; c'est là l'usage naturel de ces sortes de propriétés. Mais on ne pourrait, par prescription, ni en acquérir aucune portion, ni les grever de servitudes qui s'écarteraient de leur destination naturelle. *Præscriptio juri publico non debet obsistere* (D'Argentré, conf. M. Troplong, n° 156). — Jugé en conséquence que la longue possession de terrains dépendant soit du quai, soit d'une place publique d'une ville, ne peut en engendrer la prescription, de telles propriétés n'étant point dans le commerce (Bordeaux, 13 janv. 1842) (3) ; on ne peut pas pres-

---

rant qu'il n'y a sur l'existence du chemin litigieux que des notions confuses ; que tous les témoins n'en parlent que pour l'avoir ouï dire aux anciens ; que d'un autre côté la commune elle-même convient que, depuis longtemps, il a été abandonné comme impraticable ; qu'ainsi s'il y a eu un chemin autrefois, il n'y en a plus aujourd'hui ; — Considérant qu'on appelle chemins public ceux qui vont de bourgs à villages ou à villes ; que celui dont il s'agit n'avait pas d'autre objet que d'arriver au moulin de Launay ; qu'ainsi ce n'est qu'un chemin d'aisance, et qu'il n'intéressait que ceux qui avaient besoin d'aller à ce moulin ; — Que de tels chemins sont des servitudes établies sur les héritages voisins, et qui s'éteignent à leur profit, lorsqu'il n'y a en faveur d'un autre ni titre ni possession contraire ; qu'ainsi l'emplacement de ce chemin n'appartient pas de droit à la commune, mais seulement à raison des actes de possession qu'elle aurait pu y faire ;—Que la longue possession de Porcher est complétement établie par toutes les circonstances de la cause ; — Met l'appellation et ce dont est appel au néant ; — Emendant, etc. ; — Et faisant droit au principal, déboute la commune de sa demande, etc.

Du 30 janv. 1821.-C. de Bourges.-M. Sallé, 1er pr.

(1) *Espèce :* — (Com. de Châtillon *C.* Bizot.) — Le maire de la commune de Châtillon-sur-Loire cita le sieur Bizot devant le juge de paix. Il demanda à être maintenu, en cette qualité, dans la possession plus qu'annale qu'avait, selon lui, la commune, d'un terrain contigu à l'enclos du sieur Bizot, auquel il reprochait d'avoir entrepris sur cette possession. — Une enquête et une contre-enquête eurent lieu. Le juge de paix attribua la possession à la commune ; mais, sur l'appel, jugement du tribunal de Gien, du 14 mars 1833, qui, « attendu que le maire de Châtillon n'a pas prouvé que la commune avait, lors des plantations faites, la possession annale du terrain ; qu'ainsi elle a été mal à propos maintenue dans cette possession, décharge Bizot des condamnations, etc. »

Pourvoi pour violation des principes sur l'imprescriptibilité des choses qui sont dans le domaine public et hors du commerce, et notamment de l'art. 2226 c. civ., qui n'aurait fait que reproduire la disposition prohibitive de la loi 6 au Cod. *De operibus publicis.* On soutenait, d'ailleurs, que, s'agissant d'une contestation relative à une place publique, l'autorité judiciaire était incompétente, et que le litige était du ressort exclusif de l'administration. — Arrêt.

LA COUR ; — Attendu qu'il s'agissait dans la cause d'une action purement possessoire, formée par le maire au nom de la commune, contre un particulier possesseur d'un terrain, qui n'était ni une place publique, ni une dépendance de rue, ni un objet servant à un usage public ; dès lors, le litige, sur ce point, se trouvait incontestablement de la compétence de la juridiction des tribunaux, et ne pouvait être dévolu à l'autorité administrative ; — Attendu que, si on ne peut prescrire les choses qui sont du domaine public, non plus que celles qui ne sont pas dans le commerce, il n'en est pas moins vrai que les propriétés purement communales sont sujettes à la prescription et peuvent être aliénées, acquises contre les communes par la possession, comme celles appartenant à des particuliers (art. 2226 c. civ.) ; — Attendu que le jugement attaqué n'a statué que sur la demande en complainte possessoire, formée par la commune, et ne l'a rejetée qu'à défaut de la preuve qu'aurait dû faire la commune de sa possession annale qu'elle avait articulée, et qu'elle aurait dû faire pour justifier son action ; d'où il suit qu'il n'y a pas eu cumul du possessoire avec le pétitoire, sur lequel la commune reste en droit de se pourvoir, si elle s'y croit fondée ; — Rejette.

Du 7 août 1834.-C. C., ch. req.-MM. Zangiacomi, pr.-Voisin-de-Gartempe, rap.-Tarbé, av. gén., c. conf.-Jousselin, av.

(2) (Hattier *C.* commune de Bulgneville.) — LA COUR ; — Attendu que la demande a pour objet de faire reconnaître que la dame Hattier est propriétaire du terrain sis au devant de sa maison, sur la place publique de Bulgneville, et servant d'emplacement à un dépôt de fumier ; — Attendu qu'il faut, dans les villes, bourgs et villages, distinguer le domaine communal qui comprend les différents biens de la commune, du domaine municipal public qui comprend spécialement certains biens qui sont affectés à un usage général et public ; qu'ainsi, le sol des rues proprement dit, et celui des places publiques dont l'usage et la fréquentation ne forment pas un droit exclusivement personnel, mais sont abandonnés, à titre de faculté sociale, à la généralité des habitants, font nécessairement et par la nature même des choses partie du domaine municipal public, tant qu'ils conservent leur destination ; qu'ils sont hors du commerce ; qu'ils ne peuvent être atteints par la prescription, tandis que les biens compris dans le domaine communal sont, dans les cas prévus par la loi, prescriptibles ; que c'est à ceux qui prétendent avoir un droit exclusif à la propriété de partie du sol des rues ou places à prouver qu'ils en sont devenus concessionnaires, à titre légal, ou qu'ils ont prescrit ce terrain, après qu'il a cessé de faire partie de la rue ou de la place publique ; — Attendu que, dans l'espèce, la dame Hattier excipe d'un titre, en date du 17 fév. 1798, qui énonce que sa maison est située sur la place publique de Bulgneville ; que, si ce titre comprend au nombre des choses vendues une place à fumier au devant avec ses aisances et dépendances, cette énonciation est vague ; qu'elle n'indique ni la dimension ni la position précise de cette place à fumier, et que de toute évidence elle a pour objet plutôt le règlement de la jouissance que les vendeurs pouvaient avoir de cette place que sa transmission à titre de propriété ; que, d'ailleurs cet acte est étranger à la commune, qui n'y a pas figuré ; que, d'un autre côté, la dame Hattier n'a pas prouvé, ainsi qu'elle avait offert de le faire, 1° que ses devanciers, pour se ménager une place à fumier au devant de leur maison, avaient, en la bâtissant, fait retraite sur leur propriété ; 2° que ce terrain avait été séparé par des bornes de la voie publique ; 3° qu'il est en dehors des limites de la voie ou de la place publique ; — Que la commune de Bulgneville, au contraire, prouve que le devancier du père de l'appelant a fait établir l'emplacement à fumier dont il s'agit, postérieurement à l'établissement de la place publique, et que, d'après le plan des lieux, cet emplacement rétrécirait les abords de la place et l'espace abandonné au passage et à la fréquentation du public ; — Infirme.

Du 17 janv. 1840.-C. de Nancy, ch. civ.-M. de Metz, 1er pr.

(3) *Espèce :* — (Ville de Bordeaux *C.* Jouïs.) — Le 17 janv. 1763, le sieur Jouïs avait stipulé avec le maire et les jurats de la ville de Bordeaux, qu'indépendamment des sommes fixées comme prix d'une machine hydraulique qu'il avait inventée pour le service des fontaines du port, il jouirait de l'usage de l'eau de la fontaine de l'Or, « sans toutefois, porte le traité, que cet usage soit en rien exclusif pour le public, ni même pour les équipages des vaisseaux, qui auront la liberté d'y puiser l'eau qu'ils voudront. » — En vertu de ce droit d'usage, le sieur Jouïs fit établir des conduites et des regards ; il s'appropria même, et entoura de clôtures, sans réclamation de la part de la ville, une partie du terrain avoisinant la fontaine, pour le placement et la préparation de ses futailles et pièces à eau. — La ville garda le silence jusqu'en 1840, époque à laquelle le maire de Bordeaux actionna le sieur Jouïs, petit-fils du concessionnaire originaire, en délaissement du terrain ainsi occupé par ce dernier ou ses descendants. — Sur cette action est intervenu, le 6 mai 1840, un jugement qui, se fondant sur l'acte de 1763 et l'exécution donnée à cet acte, décida que la concession faite au sieur Jouïs de la prise d'eau de la Fontaine de l'Or emportait le droit d'employer tous les moyens nécessaires à son exercice, et notamment la faculté de se servir d'une portion du terrain adjacent pour la préparation et le placement des pièces à eau ; que, cependant, il y avait lieu de réserver à l'autorité administrative : 1° le droit de vérifier si l'étendue du terrain compris dans la clôture du sieur Jouïs excédait l'étendue qu'avait le quai primitivement construit, afin, dans ce cas, d'en exiger la réduction ; 2° d'exiger du sieur Jouïs, si elle le jugeait convenable, la destruction des constructions qu'il avait établies dans l'intérieur de la clôture, et des arbres qu'il y avait plantés, attendu que, simple usager, par suite de la concession à lui faite, il n'avait pu prescrire la propriété du terrain compris dans ladite clôture, lequel avait toujours appartenu à la ville de Bordeaux. — Appel principal par le maire de Bordeaux. — Appel incident par Jouïs.—Arrêt.

LA COUR ; — Attendu que le terrain dont M. le maire demande le délaissement est une partie du port de Bordeaux connue sous le nom de Cale de la Grasse, et que, par sa situation et sa destination, il est une dépendance des propriétés publiques ; — Attendu que, pour faire rejeter l'action en délaissement, le sieur Jouïs invoque le titre et la posses-

crire non plus la propriété des trottoirs établis sur les bords des routes et des rues, et livrés depuis longtemps à l'usage du public (Arg. ord. cons. d'Et. 25 avr. 1828, aff. Beruchet, V. Voirie).

188. Sont donc imprescriptibles : 1° les places publiques, et il a été jugé que la plantation et la jouissance d'arbres sur une ruelle ou sur un terrain dépendant de la voie publique, même pendant un temps suffisant pour la prescription, ne peut faire acquérir la propriété du terrain (Douai, 15 juin 1839, aff. Objois, V. Dom. publ., n° 47-1°); — 2° Les rues : une rue est une propriété publique, hors du commerce, qui n'appartient à personne, sur laquelle, par conséquent, personne ne peut acquérir aucun droit de propriété (Req. 13 fév. 1828) (1). — V. en outre Cass. 25 juill.

sion; — Attendu, quant au titre, qu'il se fonde spécialement sur le traité passé le 17 janv. 1765 entre le maire et les jurats de Bordeaux et son aïeul; qu'il puise surtout son droit dans l'art. 5, qui est ainsi conçu : « A été convenu 5° qu'en outre des 2,400 liv. qui seront donnés annuellement, il sera de plus donné au sieur Jouïs l'usage de l'eau de la Fontaine de l'Or, sans qu'il soit en rien exclusif pour le public, ni même pour les équipages des vaisseaux, qui auront la liberté d'y puiser celle qu'ils voudront; »

Attendu que cet article n'est ni obscur ni équivoque; qu'il énonce clairement que le sieur Jouïs aura l'usage de l'eau, et qu'il ne lui est fait aucune concession de terrain pour en avoir la jouissance ou la possession; que cela suffit pour démontrer l'erreur de sa prétention; que la possession exclusive qu'il réclame est mal fondée, et par cela seul qu'elle n'est pas énoncée dans l'acte; mais qu'elle est même contraire à son esprit : car, en ce qui concerne l'usage de l'eau qui lui est attribué, il est formellement expliqué qu'il n'aura rien d'exclusif; — Attendu que, la lettre du traité de 1765 étant fort claire, il n'y a pas lieu de recourir à l'interprétation pour en pénétrer le sens; que ce n'est que dans le cas où le titre est obscur qu'il y a lieu de recourir à l'interprétation; que même, si cela devient nécessaire, l'interprétation doit expliquer le titre, mais ne peut en changer la nature, et que spécialement ce serait violer la disposition formelle de l'art. 5 du traité du 17 janv. 1765 que d'en faire résulter la jouissance et la possession d'une partie du quai de la ville, lorsque c'est seulement l'usage de l'eau qui a été accordé à l'auteur du sieur Jouïs; — Attendu que l'art. 696 c. civ., en matière de servitude, ne peut recevoir aucune application à la cause puisque aucune servitune n'a été constituée en faveur du sieur Jouïs pour le terrain dont il est en possession; — Attendu que le sieur Jouïs n'a pu acquérir aucune prescription contre la ville, parce que le terrain en litige, faisant partie du quai et de la place publique, n'est point dans le commerce et n'est pas susceptible de prescription; — Attendu au surplus que, si l'on considère, soit la durée, soit la nature de la possession invoquée par le sieur Jouïs, elle ne peut venir à l'appui de sa réclamation; qu'il n'est nullement démontré que pendant trente années consécutives le terrain ait été mis dans l'état où il se trouve actuellement; que tout à la fois il eût été clos par le sieur Jouïs, complanté d'arbres et couvert de certaines constructions, de telle sorte qu'il en ait eu la jouissance exclusive pendant trente années, et telle qu'il prétend l'exercer aujourd'hui; —Attendu qu'il résulte des divers actes émanés soit du sieur Jouïs, soit de l'administration municipale, que sa possession n'a été qu'une simple tolérance, qui n'a pu lui constituer aucun droit au préjudice de la propriété de la ville; que cela résulte notamment de la délibération municipale du 23 fruct. an 10 et de la pétition adressée par François Jouïs aux maire et jurats de Bordeaux; — Attendu qu'il est démontré par les motifs ci-dessus que Jouïs n'a ni titre ni possession qui lui donnent le droit de s'opposer à l'action en délaissement intentée par la ville; que la propriété de la ville n'a été ni aliénée ni modifiée; — Attendu qu'il résulte des mêmes motifs qu'il est mal fondé dans son appel incident, qu'il a été bien jugé par le chef du jugement qui rejette la prescription trentenaire; — Sans s'arrêter à l'appel incident interjeté par le sieur Jouïs dans lequel il est déclaré mal fondé; faisant droit de l'appel principal; émendant; condamne Jouïs à délaisser à la ville l'emplacement litigieux, tel qu'il se trouve désigné dans l'exploit introductif d'instance, et ce, dans le délai d'un mois de la signification du présent arrêt; faute de quoi, etc.;—Donne acte à M. le maire de l'offre qu'il fait de laisser à Jouïs la jouissance de la prise d'eau établie en dehors de l'emplacement litigieux, entre la rivière et la nouvelle chaussée ou chemin de halage.

Du 15 janv. 1842.-C. de Bordeaux, 1re ch.-MM. Roullet, 1er pr.

(1) *Espèce* :—(Hecht C. ville de Strasbourg.)—Il existait dans la ville de Strasbourg un fossé, dit des Orphelins, qui, après avoir fait partie des fortifications, se trouvait dans l'intérieur de la ville, par suite des agrandissements qu'elle avait éprouvés.—Il paraît que ce fossé recevait dans son cours les eaux ménagères et pluviales de plusieurs maisons qui le bordaient. — Les époux Hecht avaient fait construire des aqueducs, pour conduire dans cet égoût les eaux d'une manufacture qu'ils exploitaient. — En 1824, ce fossé répandant des exhalaisons méphitiques et insalubres, un arrêté du conseil municipal en ordonna le comblement. — Le sieur Hecht, privé par cette mesure de la faculté de donner aux eaux de son usine l'écoulement qu'elles avaient auparavant, demanda le rétablissement des lieux dans leur premier état, ou une indemnité pour le tort que ce comblement causait à sa propriété. — Le 17 fév. 1824, jugement du tribunal de Strasbourg, qui rejeta la demande du sieur Hecht.

Appel par celui-ci. — Le 28 mars 1826, arrêt confirmatif de la cour de Colmar, ainsi conçu : — « Considérant, en fait, que les terrains et bâtiments de l'appelant Hecht, sont séparés du fossé des Orphelins, d'abord par une rue étroite qui appartient à la voie publique, et ensuite par le terrain indiqué au plan, comme appartenant au sieur Barth, lequel a été récemment converti par la ville en promenade publique, ainsi que l'espace occupé par le fossé des Orphelins, lequel a été comblé; que si anciennement ce fossé faisait partie des fortifications, cet état de choses a cessé par la grande extension que l'enceinte de la ville, ainsi que les fortifications ont reçue de ce côté, et par le fait, qui est justifié que c'est la ville, et non le génie militaire, qui a fait successivement et depuis un grand nombre d'années, différentes concessions de ce terrain; que si le génie militaire a été consulté, lors des opérations qui ont amené l'arrêté du conseil municipal, en date du 26 juin 1820, ce n'a été qu'à cause de la salubrité des établissements militaires étant dans le voisinage de ce fossé des Orphelins, et du degré d'utilité ou de convenance qu'il y avait, pour ces établissements, que ce fossé fût comblé; — Considérant, en droit, que c'est une grave erreur que de prétendre que l'on puisse acquérir une servitude sur un chemin public, ou sur un fossé dépendant du domaine public, de manière à empêcher la ville, propriétaire de la rue ou du fossé, d'en changer la direction et la destination; qu'il est de l'essence et de la destination de ces choses ainsi publiques de servir à l'usage de tous, sans pour cela cesser d'être chose publique, et d'appartenir, comme telles, à la ville; qu'il impliquerait contradiction de supposer et d'admettre que la permission tacite, que la ville est censée donner à chacun, d'user, suivant sa destination, de la chose publique, dût avoir pour effet de la dépouiller de la propriété, tandis qu'il est évident que l'usage que fait le particulier est une simple tolérance de la ville, et non l'exercice présent ou futur d'un prétendu droit de propriété, ou un moyen d'en acquérir, puisqu'alors les bases et les conditions essentielles de la prescription manquent, et que le fait de possession, plus ou moins prolongé, est suffisamment expliqué par la nature de domaine public, sur lequel l'usage a eu lieu d'une manière conforme à la destination et l'intention de la ville, propriétaire; — Considérant que cette ville, propriétaire de la rue ou de l'aqueduc peut, à son gré, en changer la direction et la destination; qu'elle peut aliéner ses immeubles, en remplissant d'ailleurs les formes de la loi, et les faire rentrer dans le commerce, dont ils n'étaient sortis que par le fait unique de leur destination comme voie publique ou comme égout; que les particuliers, qui ont profité et joui de ces rues ou de ces égouts, tant qu'ils avaient cette destination, et qu'à ce titre ils étaient chose publique, n'ont pas dû ignorer que ce droit, que cet usage n'étaient que précaires, qu'ils étaient subordonnés au fait, qu'il continuerait de convenir à la ville, seule propriétaire, de maintenir cette destination; qu'ils ont dû s'attendre à ce que la ville, ainsi propriétaire, usant de la latitude de son droit de propriété, changeât cette destination; que l'art. 2226 c. civ., qui dispose qu'on ne peut pas prescrire le domaine des choses qui ne sont pas dans le commerce, reçoit l'application la plus directe à la cause, puisque les rues et les égouts publics ne sont pas dans le commerce tant que la ville leur conserve cette destination; qu'à la vérité, ils peuvent y rentrer et être aliénés comme toutes les autres propriétés non publiques de la ville, mais qu'il faut qu'avant ces aliénations, ces rues ou égouts soient supprimés comme chose publique par l'autorité compétente; — Considérant que, par application de ces principes à l'espèce, l'appelant Hecht, dont la propriété est bordée par une petite rue dépendante du domaine public, n'a pu, à aucune époque, soit par lui, soit par ses auteurs, acquérir un droit de servitude ni d'écoulement de ses eaux ménagères dans le fossé des Orphelins, puisque, d'une part, ce fossé était un aqueduc public, destiné temporairement à l'écoulement des eaux des riverains, et qu'à ce titre de chose publique, ces mêmes riverains ont bien pu en user d'une manière conforme à sa destination, mais que cette chose publique n'a pas pu être l'objet d'une prescription; et que, d'autre part, l'appelant Hecht ne pouvait écouler ses eaux dans ce fossé des Orphelins qu'au moyen d'un égout que lui ou ses auteurs ont pratiqué, d'abord sous la partie non publique qui longe son terrain, et ensuite par la propriété qui a appartenu au sieur Barth; que l'on conçoit que, par une longue possession, le droit de maintenir la voûte pratiquée sous le terrain du sieur Barth, a pu s'acquérir, vu que c'était alors, et jusqu'à une époque très-récente, une propriété privée; mais qu'il n'en était pas de même quant à la partie de l'égout pratiqué sous partie de la rue, laquelle n'étant pas dans le commerce, ne pouvait pas être l'objet d'une prescription d'après l'art. 2226; qu'ainsi l'appelant Hecht n'a pas pu acquérir par prescription le droit de servitude qu'il réclame, soit quant à la partie de l'aqueduc pratiqué, dans l'intérêt de sa propriété, sous la petite rue publique qui la longe, soit quant au fossé des Orphelins en lui-même, parce que, comme la petite rue qui le longeait alors, ce fossé faisait partie du domaine public; que, comme tel, il était imprescriptible et que la ville, propriétaire, a eu et a toujours conservé le droit d'en

1837, aff. ville de Grasse, V° Action possessoire, n° 318. — Mais si une grande route a été établie dans un village et que sa largeur ait été moindre que celle de la rue qu'elle a remplacé, il a pu être jugé que la grande route formait la rue nouvelle, et que dès lors les terrains dépendant de l'ancienne rue n'avaient conservé que le caractère communal et pouvaient être prescrits (Req. 18 mars 1845, aff. comm. de Valdahon, D. P. 45. 1. 243). — V. n° 185.

189. La largeur des places publiques et des rues de villes ou de villages est imprescriptible. — L'ord. du 24 déc. 1823 a-t-elle dérogé au principe que la voie publique est imprescriptible? Non évidemment. — V. Voirie.

190. Au reste, les chemins publics, les rues, les places, etc., ne sont imprescriptibles que tant qu'ils conservent leur destination (Conf. Proudhon, Dom. publ., t. 1, n° 218; MM. Vazeille, n° 91; Troplong, n° 163; Duranton, n° 176); et cette destination se perd à partir soit du déclassement prononcé par l'autorité, soit de la cessation du passage des habitants (Req. 24 avril 1855, aff. Gorsse, D. P. 55. 1. 208). Des auteurs soutiennent même, à l'égard des chemins *classés* (MM. Isambert, Cormenin, Robiou, Hennequin, Marcadé), que la destination ne peut changer qu'en vertu d'un arrêté de déclassement. Mais c'est une erreur (V. nos observations D. P. 55. 1. 206, notes 1-2. — Conf. Agen, 23 juill. 1845, aff. Pezet, D. P. 45. 2. 174). — Du reste, l'abandon du chemin par les habitants ne peut résulter que de faits nombreux, persévérants (même arrêt du 24 avril 1855). — Décidé qu'un terrain vague qui a fait longtemps partie d'un chemin public par suite d'anticipation, mais sans cesser d'être considéré comme terrain vague et servant au pâturage, peut être acquis par prescription (Douai, 25 fév. 1828) (1). Toutefois, le passage communal des habitants et même le classement d'un chemin par l'autorité ont été considérés comme insuffisants pour permettre à la commune de prescrire la propriété du chemin au préjudice d'une

---

changer la destination, et, par cela même, de le combler dans certaine partie, et de le convertir en promenade publique, et quant à d'autres parties, de le concéder, ainsi qu'elle l'a fait, aux propriétaires riverains, aux clauses et conditions qu'il lui a plu d'imposer, en remplissant les formes de la loi. »

Pourvoi des époux Hecht pour violation des art. 659 et 681 c. civ., et fausse application de l'art. 2226 du même code. — Peut-on prescrire, sur une chose du domaine public, l'exercice d'un droit conforme à l'usage auquel cette chose est destinée? L'arrêt attaqué, disait-on pour les demandeurs, décide la négative, par le motif que la qualité de chose publique est incompatible avec l'idée même de servitude; que la destination de chose publique explique assez la longue possession du droit, et que l'art. 2226 est formel à cet égard. — Mais est-il vrai que l'exercice d'un droit de servitude soit incompatible avec la nature de chose publique, comme le droit de propriété lui-même?

Et, tant que les choses ont une destination publique, on ne peut en acquérir la propriété, en est-il de même de droits isolés, de servitudes par exemple? Soutenir l'affirmative, ne serait-ce pas dire que, parce que le droit de propriété, plein et entier, est indivisible, les éléments constitutifs de la propriété ne peuvent appartenir à des individus différents? ce qui serait contraire au texte de la loi. L'art. 558 dit que le domaine des rivages, lais et relais de la mer, des rivières navigables ou flottables, n'est ni prescriptible ni aliénable, parce que ces choses ne sont pas susceptibles de propriété privée, et cependant nous voyons que le gouvernement peut accorder à des particuliers le droit d'avoir des pêcheries sur les rivages de la mer. La qualité de chose du domaine public, incapable, par sa nature, de devenir jamais propriété, n'est donc pas incompatible avec l'idée de certains droits, reposant sur la tête de particuliers; ainsi, un individu aura sur une rue le droit d'égout, le droit de vue, le droit de passage, quoiqu'il ne soit pas et ne puisse pas être propriétaire de cette rue.

Ici l'on objecte que ce droit du propriétaire est un droit de pure tolérance et non une servitude, et que ce droit pourra être anéanti quand la destination de la chose sera changée. — Mais c'est là une contradiction. En effet, ou le propriétaire a un droit, ou il n'en a pas : s'il n'en a pas, il n'en aura pas plus tant que la chose reste chose publique, que lorsqu'on veut en changer la destination; car un droit proprement dit existe par lui-même et ne peut dépendre arbitrairement d'une volonté étrangère; de là il résulte que, même pendant que la rue est rue, on pourra faire boucher les fenêtres qu'un individu aura ouvertes sur cette rue, on pourra murer sa porte et lui refuser le passage. — Si, au contraire, le propriétaire a un droit, il est incontestable qu'il ne peut en être dépouillé arbitrairement et sans indemnité. — Ajoutons à cette raison le texte formel de la loi : Une servitude est une charge imposée sur un héritage au profit d'un héritage appartenant à un autre propriétaire (637 c. civ.). Ce mot *héritage* s'entend de tous les biens immeubles, quel qu'en soit le propriétaire; car si l'on voulait restreindre ce mot au sens de *patrimoine*, de biens qui appartiennent à des particuliers, il en résulterait que l'Etat ne pourrait jamais prétendre de servitude sur les propriétés des particuliers; dire que les choses publiques ne sont pas susceptibles de servitudes, c'est donc dire qu'une servitude ne peut pas exister pour l'usage et l'utilité d'une chose publique, ce qui est évidemment contraire aux principes. Il faut donc reconnaître que le droit qui, s'il était exercé sur une propriété privée serait appelé servitude, ne peut recevoir un autre nom parce qu'il s'exerce sur une chose publique; et, dès lors, que les droits de vue, d'égout, de passage sont des servitudes. — L'art. 639 c. civ. le dit d'ailleurs formellement : il porte que les servitudes dérivent ou de la situation naturelle des lieux, ou des obligations imposées par la loi, ou des conventions des propriétaires. Dans l'espèce, la servitude existe et par l'effet de la loi et comme suite des conventions des propriétaires. En effet, le code, sous la rubrique des servitudes établies par la loi, dit (art. 681) que tout propriétaire doit établir ses toits de manière que les eaux pluviales s'écoulent sur son terrain ou sur la voie publique; il ne peut les faire verser sur le fonds de son voisin. Or ce droit de diriger les eaux pluviales sur la voie publique est évidemment une servitude et non un droit de simple tolérance.

Le système qui ferait considérer les choses publiques comme n'étant pas susceptibles de servitude, mènerait à cette conséquence que l'Etat qui ferait l'acquisition d'une propriété privée, grevée de servitudes, pourrait prétendre que, la propriété étant devenue publique, et dès lors insusceptible d'être grevée d'un droit quelconque, les servitudes sont par cela même anéanties.

La servitude existe encore par l'effet des conventions. — Lorsque, par suite de conventions, un propriétaire a le droit de vue, de passage, d'égout sur la propriété de son voisin, le nom donné à ce droit par la loi elle-même est celui de servitude; et, de même qu'en définissant la servitude, elle ne distingue pas la qualité des immeubles, de même elle ne fait pas de distinction entre les différents propriétaires. Or l'Etat est propriétaire; donc il est compris dans les termes généraux de la loi. — Les rues peuvent s'établir de deux manières. — Lorsque l'Etat, propriétaire d'un terrain, en vend des portions à des particuliers pour élever des maisons et former une rue, il est évident que les particuliers, en achetant ces terrains, acquièrent en même temps le droit d'avoir des jours, de passer, de faire couler les eaux sur cette rue. L'exercice de ces droits est une conséquence tacite, mais obligatoire de la convention intervenue entre le particulier et l'Etat. — Lorsque la rue s'est formée par la cession que chaque propriétaire a faite d'une partie de sa propriété, cette cession n'a pas lieu en faveur d'un être moral pouvant agir individuellement, mais en faveur de la masse des habitants et dans l'intérêt commun. La condition expresse de cette cession est l'utilité publique. Comment donc penser qu'en cédant ainsi une partie de leur propriété, les particuliers ont consenti à conférer à la commune le droit de les priver de l'avantage même qui a été la cause de leur cession? — Il demeure donc établi que la qualité de chose publique n'était pas incompatible avec l'exercice d'un droit de servitude; examinons maintenant si cet exercice peut se prescrire. Une servitude, qui est un démembrement du droit de propriété, peut, comme la propriété elle-même, s'acquérir par prescription (art. 712), lorsque, comme ici, cette servitude est continue et apparente (art. 690). — Vainement l'arrêt objecte-t-il que l'art. 2226 dit que l'on ne peut prescrire le domaine des choses qui sont hors du commerce. Il suffit de répéter ici qu'une chose publique, pour ne pas être susceptible de propriété privée, n'est pas incapable d'être grevée d'un droit, et que ce droit peut être prescrit quand il n'est pas contraire à la nature de l'objet sur lequel il est exercé (Conf. M. Favard, v° Inaliénabilité, sect. 1; cons. d'Et. 19 déc. 1821). — Arrêt.

LA COUR; — Attendu qu'il est constaté en fait, 1° que des manufactures du demandeur découlent des eaux malsaines et qui incommodent le voisinage; 2° que les eaux, avant d'arriver au fossé dit des Orphelins, traversent au moyen d'un aqueduc souterrain l'une des rues de la ville;

Attendu que, si on peut dire que le fossé appartenant à la ville peut, comme toutes les propriétés communales, être grevé de servitude, il n'en est pas de même de la rue traversée par les eaux du demandeur; qu'une rue est une propriété publique, hors du commerce, qui n'appartient à personne, sur laquelle, par conséquent, personne ne peut acquérir aucun droit de propriété; — Attendu que la police en appartient au corps municipal, et que, chargé par la loi de faire jouir les habitants de la propreté, de la salubrité, de la sûreté et de la tranquillité dans les rues et places publiques, le maire de la commune peut faire tous les règlements et prendre toutes les mesures nécessaires pour atteindre ce but; qu'ainsi en supprimant, comme l'a fait la municipalité de Strasbourg, un égout qui répandait des exhalaisons malsaines, il n'a pas privé le demandeur d'un droit de servitude, puisque personne n'en peut acquérir sur les rues et places publiques; — Par ces motifs, rejette, etc.

Du 15 fév. 1828. — C. C., ch. req. — MM. Henrion, pr. — Deménerville, rap. — Lebeau, av. gén., c. conf. — Blanc, av.

(1) (Laussivet C. comm. de Sempy.) — LA COUR; — Vu les art. 558, 2226, 2227 et 2265 c. civ.; — Attendu que la commune de Sempy, demanderesse en revendication, ne prouve pas que le terrain litigieux ait

autre commune, si elle n'a pas possédé *animo domini* (même arrêt d'Agen).—*Au préjudice d'une autre commune* : c'est cette particularité qui peut seule, ce semble, expliquer cette solution.

191. De même, quoiqu'un chemin public soit imprescriptible, cependant il a été jugé 1° que l'usage d'un tel chemin est susceptible d'être acquis par la prescription trentenaire : en sorte que la commune à laquelle ce chemin appartient ne peut le détruire ou l'intercepter au préjudice de la possession plus que trentenaire d'une autre commune (Req. 14 fév. 1842) (1); — 2° Qu'une commune a pu être déclarée propriétaire d'un chemin sur lequel elle n'avait originairement qu'une servitude de halage, si pendant plus de trente ans, elle s'est approprié ce chemin qui n'a plus conservé qu'accessoirement sa destination primitive, par le passage libre et fréquent de ses habitants et des étrangers, par l'ouverture de rues qui y aboutissent, par l'établissement de marchands qui payent à la commune le droit d'y stationner, par l'éclairage de la voie et le numérotage des maisons (Rouen, 16 déc. 1842) (2).

192. Les *promenades* publiques sont imprescriptibles tant

---

fait primitivement partie du chemin de vidange dit rue Saint-Firmin; —Qu'il résulte, au contraire, des pièces et circonstances du procès, que ce terrain n'a été qu'une extension de ladite rue, obtenue en cet endroit, soit par entreprise, soit de toute autre manière;

Qu'il est à remarquer, en effet, que la propriété de l'appelant se trouve encore aujourd'hui réduite en deçà des limites que lui donne son titre, et que, de son côté, la rue Saint-Firmin conserve encore une largeur beaucoup supérieure à celle déterminée par l'usage et les règlements; — Qu'il suit de là que le terrain réclamé, que la commune elle-même a qualifié de *flagard* (terrain vague), n'ayant jamais été un véritable chemin public, mais plutôt un terrain vague servant au pacage des bestiaux, a pu, dès lors, être acquis par prescription; — Attendu que l'appelant a acheté le jardin dit *à Trois-Cornets*, et le terrain litigieux qui s'y trouve compris, le 14 avr. 1804, et par conséquent sous le code civil, qu'il a constamment possédé depuis dans les limites actuelles, en vertu d'un juste titre, et même entre présents; — Émendant, etc.

Du 25 fév. 1828.-C. d'appel de Douai.

(1) *Espèce :* — (Comm. de St-Jean-des-Vignes *C.* comm. de Virey.) — 30 juill. 1840, arrêt de la cour de Dijon, ainsi conçu : — Considérant que l'action intentée par la commune de Virey a pour objet principal de revendiquer un chemin intercepté par la commune de St-Jean-des-Vignes et qui servait de communication entre ladite commune de Virey et la ville de Châlons, en traversant les territoires de Crissey-St-Martin-des-Champs et St-Jean-des-Vignes; — Que, bien que le chemin en litige réunisse les caractères d'un chemin public, la commune de St-Jean-des-Vignes prétendant qu'une partie des fonds sur lesquels il est établi lui appartiennent, il en résulte une question de propriété qui rend l'autorité judiciaire compétente pour connaître de la contestation; — Que le maire d'une commune à la communication de laquelle sert un chemin public et qui a contribué à son entretien, a qualité pour revendiquer ce chemin contre les particuliers ou les communes qui se prétendent propriétaires des fonds sur lesquels il est établi; qu'en ce cas, en effet, l'action du maire est motivée par l'un des intérêts collectifs dont la conservation est confiée à l'administration municipale; — Qu'un chemin peut être légalement considéré comme chemin public, sans avoir été classé par l'autorité compétente parmi les grandes routes et les chemins vicinaux; — Que les chemins publics peuvent s'établir par la prescription trentenaire; qu'il est, en effet, impossible de soumettre ces sortes de chemins aux règles des simples servitudes de passage, lesquelles ne peuvent, aux termes de l'art. 691 c. civ., s'acquérir que par titre; qu'une servitude n'est qu'une charge imposée sur un héritage pour l'usage et l'utilité d'un autre héritage, tandis qu'un chemin public est établi pour la communication de plusieurs lieux habités et dans l'intérêt des personnes; qu'un tel chemin place dans le domaine public le sol même sur lequel il est pratiqué, et qu'en conséquence la possession exercée par le public pour l'acquérir s'applique, non pas à un simple droit sur le fonds, mais au fonds lui-même; — Qu'il résulte des enquêtes auxquelles il a été procédé, de plusieurs actes administratifs relatifs à diverses communes traversées par le chemin litigieux, notamment du cadastre de la commune de St-Martin-des-Champs, et des autres documents du procès, que, de temps immémorial, le chemin existe et sert de communication entre la commune de Virey et la ville de Châlons; que le fait du passage public a été longtemps attesté par l'existence d'une croix plantée à l'endroit où un habitant de Virey avait été frappé de la foudre; que ce chemin est connu sous le nom de chemin de Virey, et qu'il a été autrefois réparé, précisément à l'endroit litigieux, aux frais de la commune de Virey, en vertu d'une délibération du conseil municipal de cette commune, et sans opposition de la part de la commune de St-Jean-des-Vignes; qu'il suit de là que le chemin dont il s'agit a réellement les caractères d'un chemin public et que la propriété de la commune de Virey est justifiée par une possession suffisante à prescription...: — Par ces motifs, met l'appellation et ce dont est appel au néant, et, par nouveau jugement, ayant égard aux preuves résultant des enquêtes auxquelles il a été procédé et des autres documents de la cause, condamne la commune de St-Jean-des-Vignes à rétablir, dans la quinzaine, le chemin rendant de Virey à Châlons par le bois de Moneuse, dans toutes les parties où il a été dégradé ou supprimé par ladite commune.... »

Pourvoi de la commune de St-Jean-des-Vignes, pour violation des art. 691 et 688 c. civ., en ce que l'arrêt attaqué a décidé qu'une commune pouvait acquérir un chemin par la possession.—D'après l'art. 691, dit-on, les servitudes discontinues ne s'acquièrent que par titre, et parmi les servitudes discontinues, l'art. 688 désigne spécialement les droits de passage. La cour de Dijon a pensé qu'un droit de passage (car c'est tout ce que pouvait réclamer la commune de Virey), lorsqu'il est revendiqué par une commune pour l'usage de tous les habitants, ne peut être assimilé au droit pareil que réclamerait un particulier pour son compte personnel. Mais cette distinction, qui ne s'appuie sur aucun texte, est également repoussée par les principes, les auteurs et la jurisprudence. — En premier lieu, les principes veulent qu'une possession à l'effet de prescrire soit continue et non interrompue, non équivoque (art. 2229): or, la possession d'une servitude de passage, qui ne peut se manifester que par le fait actuel de l'homme, manque essentiellement de ces caractères (V. Duranton, t. 5, n. 7; Toullier, t. 3, n. 621); et peu importe que le passage soit exercé par un seul ou par une généralité d'habitants. — En second lieu, les auteurs n'admettent pas qu'un passage puisse être déclaré un chemin public et acquis à une commune, par cela seul que les habitants en ont joui pendant un temps même immémorial (Cœpolla, Pardessus, Garnier). — Enfin on invoque divers arrêts (Cass., 3 mess. an 5, 30 nov. 1830 et 27 mai 1834). — Arrêt.

LA COUR; — Attendu que l'arrêt a reconnu, en fait, que le chemin contesté était un chemin public, ayant existé avec cette destination, depuis un temps immémorial; — Attendu, en droit, qu'un chemin public, établi dans un intérêt général, ne saurait être assimilé à un simple passage, constituant une servitude établie sur un héritage en faveur d'un autre héritage; — Attendu que l'usage des chemins publics est susceptible d'être acquis par la prescription trentenaire, et, dans tous les cas, ne peut être interdit que par décision de l'autorité supérieure; que, dès lors, il n'a pu y avoir violation de l'art. 691 c. civ.; — Rejette.

Du 14 fév. 1842.-C. C., ch. req.-MM. Zangiacomi, pr.-Bayeux, rap. Delangle, av. gén., c. conf.-Ledru-Rollin, av.

(2) *Espèce :* — (Vauchel *C.* préfet de la Seine-Inférieure, et ville de Rouen.) — Le sieur Vauchel est propriétaire de maisons séparées de la Seine par un chemin originairement affecté au service du halage, et un terre-plein garanti par un talus contre l'invasion du fleuve. — La ville de Rouen, ayant disputé au sieur Vauchel la propriété de ce chemin, et l'Etat, celle du terre-plein, une double instance s'engagea à ce sujet devant le tribunal de Rouen. — Après un jugement d'incompétence, frappé d'appel et suivi, sur conflit élevé par le préfet, d'une ordonnance du conseil d'Etat du 14 fév. 1842, qui reconnut la compétence des tribunaux ordinaires, la cour royale de Rouen se trouva saisie de l'affaire au fond par voie d'évocation. — Le sieur Vauchel se prétendait propriétaire de tout le terrain compris entre ses maisons et la Seine, et, à l'appui, il produisait des titres nombreux qui constataient que, depuis plus de deux siècles, ses auteurs avaient eu constamment la possession de ce terrain, sous la seule restriction de la servitude de halage; c'était en cette qualité de propriétaire que ces derniers avaient fait élever au bord de la Seine un talus destiné à protéger leur terrain contre l'envahissement des eaux; ce talus avait été construit sur l'alignement donné par la vicomté de l'eau qui, à diverses fois, en avait ordonné la réparation, sans se plaindre qu'il constituât, comme le soutient l'Etat aujourd'hui, une usurpation sur le lit du fleuve. — Quant au chemin de halage, ajoutait le sieur Vauchel, il a été, depuis longtemps il est vrai, livré au passage du public, éclairé, et les maisons qui le bordent numérotées; mais tous ces faits sont de pure tolérance, ou résultent des règlements de police qui ne peuvent compromettre les droits de propriété existant sur ce chemin au profit des particuliers; la ville de Rouen ne saurait donc être admise à dire que, par suite de tels faits, l'ancien chemin de halage, sur lequel elle n'avait qu'une simple servitude, a été converti en voie publique et est ainsi devenu une propriété communale.

L'Etat a d'abord écarté les titres de propriété invoqués par le sieur Vauchel, comme lui étant complétement étrangers; puis il a cherché à établir que l'élévation du talus du sieur Vauchel était une véritable usurpation sur le lit du fleuve, à l'aide de l'aspect des lieux et des renseignements historiques, qui prouvaient que le lit de la Seine avait été resserré à cet endroit par les propriétaires riverains; et, à cet égard, il s'est particulièrement appuyé sur un arrêt du parlement du 22 déc. 1635, qui, réprimant quelques contraventions commises par les riverains, ne leur reconnaissait qu'une propriété de quatre mètres entre la rive et la ligne de leurs maisons. — De son côté, la ville de Rouen a soutenu que l'emplacement de l'ancien chemin de halage avait presque totalement abandonné sa destination primitive, qui n'en formait plus qu'un accessoire; qu'actuellement, en effet, des rues venaient aboutir à ce chemin; que ses diverses parties portaient un nom; que les maisons étaient numérotées; que des réverbères l'éclairaient; que l'autorité municipale per-

qu'elles conservent leur destination. On ne pourrait acquérir sur elles par prescription d'autres servitudes que celles qui ne nuiraient en rien à cette destination. Quant aux *servitudes* acquises sur des *terres vaines* et vagues, devenues depuis promenades publiques, on ne pourrait en affranchir celles-ci qu'au moyen d'une préalable indemnité (Conf. M. Troplong, nos 164 et suiv.). — Jugé, toutefois, qu'une possession très-*ancienne*, appuyée de titres également anciens dans lesquels une servitude sur une promenade publique (par exemple, un droit de passage avec voiture) est mentionnée comme appartenant à un particulier, peut faire maintenir celui-ci dans l'exercice de cette servitude, quoique la coutume sous l'empire de laquelle elle s'est établie ne reconnût pas de servitude sans titre, et que les titres invoqués ne soient point contradictoires avec la commune à qui on les oppose (Nancy, 21 mai 1829, M. Troplong, av. gén., c. conf., aff. Lavocat *C.* ville de Bar-le-Duc), et cela en vertu de la maxime *in antiquis enunciativa probant* (V. Pothier, Obligations, n° 705; M. Troplong, n° 167). — La possession jointe à un très-ancien titre fait supposer qu'il existait un titre constitutif et contradictoire.—Y aurait-il également lieu à l'application de la maxime *in antiquis enunciativa probant*, s'il s'agissait de régler par le code Napoléon une servitude imprescriptible? Non (arg. des art. 691 et 695).—V. Servitude.

193. Une fontaine communale est-elle imprescriptible? Non, si cette fontaine surgit dans des héritages communaux et ne sert qu'à leur exploitation (c. nap., 2227). Oui, si elle sert à l'usage personnel des habitants, pour puiser de l'eau, s'abreuver, arroser, etc. (arg. de l'art. 643 c. nap.)

194. M. Troplong, n° 168, pense que, dans le cas où des particuliers auraient amené sur leur terrain ou dans leur maison les eaux d'une ville sans qu'il y eût eu de concession, ils ne peuvent prescrire contre la ville le droit de les leur retirer. En effet ils n'ont jamais possédé qu'à titre précaire; ils ont dû savoir qu'ils n'avaient usé de ces eaux qu'en vertu d'une simple tolérance, que tant que la ville n'avait pas besoin de toutes ses eaux, elle a pu consentir à ce qu'ils en prissent une partie, mais qu'elle a toujours eu le droit et l'intention de réclamer contre l'appropriation d'une chose *communi usu*. Ce que dit ici M. Troplong ne peut être contesté. Mais il ajoute qu'il n'en est pas ainsi quand un règlement général fait par l'autorité municipale a réglé la quantité d'eau qui *pouvait* être concédé à chaque particulier. Dans ce cas, selon lui, celui auquel il a été concédé une *certaine* quantité d'eau, peut en obtenir par la prescription une plus grande quantité, pourvu qu'il n'en ait pas plus que ne permet d'en donner le règlement. Selon lui, ce règlement a eu pour résultat de marquer hautement la ligne qui sépare le domaine privé du domaine public. Mais on peut dire que les raisons si bien relevées par l'auteur, et qui s'opposent à ce qu'on puisse prescrire le droit de retirer l'eau, dans le cas où il n'y a eu ni concession, ni règlement général, s'appliquent au cas où il y a eu concession, et où le règlement existe. Ce règlement n'a été fait que dans la pensée que la ville avait plus d'eau qu'il n'en fallait pour satisfaire à ses besoins, et que dès lors elle pouvait en concéder une portion à des particuliers. Mais si cet état de choses vient à changer, si les eaux diminuent, et si les nécessités publiques à cet égard augmentent, le règlement général ne peut mettre obstacle à ce que la ville reprenne tous les eaux dont elle a besoin. Il faudrait aller, dans le système de M. Troplong, jusqu'à dire que, dans le cas où par suite d'un règlement général et de la diminution ou de la plus grande consommation des eaux, les fontaines ne seraient plus suffisantes pour l'usage public, les concessions privées devraient être maintenues, ce qu'un esprit aussi judicieux que le sien ne pourrait admettre. Il ne faut donc pas abandonner le principe que les eaux sortant des fontaines publiques sont inaliénables et imprescriptibles, que les concessions de jouissance qui sont faites, le sont sous cette condition tacite que la ville n'aura pas besoin du superflu qu'elle donne maintenant, mais qui plus tard peut cesser d'être superflu.

195. M. Troplong pose une autre hypothèse. Il n'y a pas de règlement, mais des *concessions* ont été faites. Ces concessions lui semblent devoir être irrévocables; seulement, ceux qui les ont obtenues ne doivent pas dépasser le volume d'eau que leur titre leur concède. Mais qui ne voit que, dans ce cas comme dans les autres, les concessions faites ne peuvent nuire à l'usage public? La question est toujours de savoir si ce qu'on a aliéné était oui ou non, aliénable. Or l'eau des fontaines publiques est hors du commerce. — Une espèce analogue a été agitée. La ville de Brignoles alimente ses fontaines à une source très-abondante qui parvient dans son enceinte au moyen de trois canaux, l'un couvert, c'est le principal, les deux autres découverts. Ces derniers traversent la campagne, et des travaux apparents avaient été faits sur leurs bords par des riverains pour faciliter l'arrosement de leurs terrains. Plus de trente ans s'étaient écoulés depuis l'édification de ces travaux, quand la ville, voulant augmenter le volume de ses eaux, en fit passer une quantité plus considérable par le canal couvert. Réclamation de la part des riverains des canaux. Ils se fondaient sur ce que les martelières qu'ils avaient

---

cevait un droit sur les marchands ambulants qui y stationnaient; que rien assurément n'était plus caractéristique d'une propriété communale; et que, par conséquent, l'action en revendication de ce chemin, formée par la ville de Rouen, devait être déclarée bien fondée. — Arrêt.

LA COUR; — Sur le fond de la contestation entre Vauchel et la ville de Rouen : — Attendu que la question consiste à savoir si la ville de Rouen a acquis un droit de propriété communale sur l'ancien chemin de halage, passant devant les héritages de Vauchel; — Attendu que le terrain dont la propriété est litigieuse a été, fort anciennement, un chemin de halage, dont le sol appartenait alors aux auteurs de Vauchel; — Mais, qu'il est constant que, depuis un temps beaucoup plus long que celui qui est nécessaire pour établir la prescription, la ville de Rouen a converti en rue ce chemin de halage, et a ainsi acquis, à titre de véritable propriétaire, ce terrain qui ne se trouve plus soumis qu'à l'usage du public; — Que cette appropriation résulte non-seulement du passage libre et fréquent des habitants et des étrangers, de l'établissement des marchands sur ce terrain, mais encore des rues qui y aboutissent, du numérotage des maisons et de l'éclairage de cette voie publique, actes de prise de possession qui, par leur ancienneté, leur publicité et leur continuité, manifestent au plus haut degré la destination de ce chemin et le droit qu'y prétendait la ville; — Attendu que, dans ces circonstances, la commune de Rouen n'a besoin d'aucun titre pour justifier sa propriété; qu'elle ne peut non plus être repoussée dans sa prétention par les principes qui régissent les servitudes, puisqu'il s'agit uniquement, dans la cause, de l'acquisition, par prescription, d'un droit réel de propriété sur le sol litigieux, droit qui résulte pour la ville de tous les faits ci-dessus rappelés;

Sur le fond de la contestation entre Vauchel et le domaine : — Attendu qu'il s'agit de savoir à qui appartient le terre-plein situé entre le chemin de halage et la Seine; — Attendu qu'il est de principe que le lit d'un fleuve navigable et flottable est, comme le fleuve lui-même, inaliénable et imprescriptible; — Qu'il suit de là que, lors même que les titres invoqués par Vauchel s'appliqueraient évidemment au terrain litigieux, ils seraient impuissants pour lui attribuer des droits de propriété sur ce terrain, s'il est prouvé qu'il constitue une anticipation sur le lit du fleuve; que, d'ailleurs, ces titres sont entièrement étrangers à l'État; — Que les faits de possession dont se prévaut Vauchel, quelque ancienneté et quelque gravité qu'on leur donne, ne peuvent pas davantage fonder sur ce terrain un droit de propriété résultant de la prescription; — Qu'aucun droit ne pourrait appartenir à Vauchel sur ce terre-plein que s'il en jouissait en vertu d'une concession à lui faite par l'autorité compétente; qu'aucune concession de cette nature n'est représentée, et que, d'ailleurs, de telles concessions ne pourraient pas avoir un caractère irrévocable; — Qu'en présence de ces principes et de ces faits, la seule question du procès est de savoir s'il est prouvé par l'Etat que le terre-plein litigieux n'a été formé que par une anticipation sur le lit de la Seine; — Attendu qu'il résulte des règles de la matière et des documents du procès que la limite du lit de ce fleuve doit être déterminée par la hauteur qu'atteignent ses eaux moyennes; — Mais attendu que la preuve d'une anticipation sur ces limites de la Seine ainsi fixées, ne ressort pas suffisamment des documents de la cause, et que les faits dont le préfet demande subsidiairement la preuve par experts, paraissent être de nature à entraîner la solution de la seule difficulté qui reste au procès;—Réformant, se déclare compétente pour juger les questions du procès; sur le fond, déclare mal fondée l'action de Vauchel contre la ville de Rouen, et en ce qui concerne la contestation existant entre l'Etat et Vauchel, juge que l'ancienne limite du fleuve doit être déterminée par la ligne qu'atteignent ses eaux moyennes; mais avant de faire droit définitivement sur la question de savoir s'il y a eu anticipation sur cette limite ainsi fixée, ordonne que, par experts, le terrain litigieux sera visité et exploré, à l'effet de reconnaître si le sol dudit terre-plein est un remblai artificiel; s'il existe à l'intérieur de ce remblai des vestiges, etc.

Du 16 déc. 1842.-C. de Rouen, 2e ch.-MM. Gesbert, pr.-Chassan, av. gén., c. conf.-Desseaux, Daviel et Senard, av.

faites aux canaux, et à l'aide desquelles ils en dérivaient, depuis plus de trente ans, les eaux pour l'irrigation de leur propriété, leur attribuaient, par droit de prescription, la jouissance exclusive de ces eaux. Ils demandaient subsidiairement qu'il fût procédé par expert à la fixation du volume d'eau qui serait nécessaire à la ville. Leur réclamation a été repoussée (Rej. 11 avr. 1843 (1). V. dans le sens de l'opinion de M. Troplong, trib. de Marseille, 26 mai 1829, sous Req. 21 mars 1831, aff. ville de Marseille, v° Action possessoire, n° 355). —Au reste, dans la plupart des concessions, le droit de retrait est stipulé comme dans une espèce qui a été jugée (Rouen, 26 avr. 1837, V. Domaine publ., n° 56).

196. Les monuments publics servant à l'embellissement des villes ou conservés comme objets d'art ne sauraient être grevés par prescription de servitudes qui les dégraderaient. Toutefois, les propriétaires des maisons adossées depuis longtemps à quelques-uns d'entre eux ne pourraient être dépossédés que pour cause d'utilité publique (Conf. M. Troplong, n° 169).

197. Les lieux affectés à l'exercice des cultes, comme les églises, les cimetières, etc., sont imprescriptibles (Orléans, 25 juill. 1846, aff. prince d'Essling, D. P. 46. 2. 150), du moins tant qu'ils conservent leur destination (Cass. 1er déc. 1823, aff. Laurière, V. Action possessoire, n° 329; Rej. 4 juin 1835, *eod.*, n° 330; Cass. 5 déc. 1838, aff. Rougier, v° Servitude; Cass. 10 janv. 1844, v° Action possessoire, n° 332).

198. Les chapelles qui forment une dépendance absolue et inhérente à une église sont, comme l'église elle-même, hors du commerce, et, dès lors, imprescriptibles (Req. 18 juillet 1838, aff. Tissandier, V. Culte, n° 568-2°; Req. 6 juin 1848, aff. d'Essling, D. P. 48. 1. 198).

199. Les cloîtres qui sont adhérents aux églises et en forment une dépendance, une partie intégrante, sont comme ces églises tant qu'elles sont livrées au culte, non susceptibles de propriété privée, et par suite imprescriptibles (Nancy, 5 janv. 1855, aff. ville de Toul, D. P. 55. 2. 137).

200. Les bancs des églises ou édifices consacrés au culte sont imprescriptibles comme ces édifices eux-mêmes (Limoges, 22 août 1838, aff. de Maulmont, V. Culte, n° 568).

201. Une place dans une chapelle faisant partie d'une église, ne peut être l'objet d'une possession exclusive, *animo domini*, ni par conséquent être acquise par prescription (Req. 19 avr. 1825, aff. de Courcy, V. Action possess., n° 331). Est imprescriptible le laisser-placer entre les contre-forts d'une église (*Contrà*, Paris, 18 fév. 1851, aff. Strapart *C.* comm. de Cheloux, D. P 51. 2. 74);—Ou entre ses piliers : jugé, au contraire, que le principe de l'imprescriptibilité des églises ne s'appliquant qu'aux églises elles-mêmes, ne s'étend pas aux terrains qui ont pu en être un accessoire, et dont le retranchement n'empêche pas l'édifice de rester entier; en conséquence, est prescriptible le sol compris entre les piliers extérieurs d'une église (Caen, 11 déc. 1848, aff. hospices d'Orbec, D. P. 50. 2. 16).

202. Toutefois, une *chapelle privée*, un lieu d'inhumation appartenant à un particulier, seraient prescriptibles (Conf. M. Troplong, n° 170). — Jugé, en ce sens, que si la propriété *privée* d'une chapelle dépendant d'un édifice religieux résultait de titres ou même d'une possession appuyée par des signes extérieurs capables de suppléer au titre, la revendication pourrait en être autorisée (Orléans, 25 juill. 1846, aff. prince d'Essling, D.P. 46. 2. 150).—Il en est de même des *vases sacrés*, des ornements et autres *accessoires* du culte. Ces objets ne sont pas publics; ils sont la propriété de la fabrique (M. Troplong, n° 172). Enfin, si une église n'avait rien de monumental, par exemple si, dans la partie qui ne fait pas façade, elle était contiguë à des habitations privées, on pourrait acquérir sur elle par prescription des servitudes qui ne nuiraient point à sa destination (M. Troplong, n° 173). — Cela pourrait se réaliser dans le cas où la construction de l'église aurait été faite avec l'intention qu'elle fût possédée à titre de propriété privée, comme si, par exemple, les constructeurs l'avaient adossée à des maisons particulières en payant la mitoyenneté, ou si un édifice, possédé d'abord comme propriété privée, n'avait été consacré au culte qu'ultérieurement. Mais dans ce cas encore, la doctrine de M. Troplong ne devrait être admise qu'avec la plus grande réserve; car c'est la destination à un usage public qui met un édifice à la disposition de tous, et par suite sous la sauvegarde de tous. — Aussi a-t-on jugé que, lorsque le demandeur en revendication d'une chapelle produit un titre primordial duquel il résulte que ses auteurs ont fondé dans ladite chapelle, lors paroissiale, le bénéfice dit *chapelle* ou *chapellenie*, le droit de patronage qui est la conséquence de cette fondation est exclusif du droit de propriété; — Alors même que les fondateurs de la *chapellenie* auraient déclaré transmettre la pleine propriété de la chapelle considérée comme édifice, cette transmission ne saurait prévaloir contre le titre primordial (même arrêt).

203. Sont imprescriptibles les portes, murs, fossés, remparts des places de guerre et forteresses (c. nap. 540), ainsi que les souterrains creusés sous les remparts (Req. 23 avril 1845, aff. Roussel, D. P. 45. 1. 270). — En conséquence, on ne peut prescrire l'ouverture de jours dans le mur d'enceinte d'une ville de guerre (Nancy, 31 janv. 1838, aff. Mengaud, V. Servitude), mais les terrains, fortifications, remparts des places qui cessent d'être places de guerre, tombent dans le domaine de la prescription (art. 541 c. nap.).—Lors même qu'une place ne cesse pas d'être place de guerre, les terrains qui ont fait partie de ses fortifications peuvent être acquis par prescription lorsqu'ils ont régulièrement changé de nature et de destination (Req. 30 juill. 1839, aff. préfet de la Drôme, V. Domaine public, n° 62). — Mais, d'un autre côté, il suffit qu'un terrain ait été annexé aux fortifications d'une place de guerre par le gouverneur d'une province, et que pendant plus de trente ans l'Etat en ait joui à ce titre, pour qu'il

(1) (Ville de Brignolles *C.* Mouttet et autres.) — LA COUR (ap. dél. en ch. du cons.). — Vu l'art. 2232 c. civ.; — Attendu que l'arrêt attaqué déclare, dans son dispositif, que la ville de Brignolles est propriétaire de la source de Saint-Simian; qu'il la maintient, par suite, dans le droit de prendre à ladite source toute la quantité d'eau nécessaire pour alimenter ses fontaines, ainsi que les fontaines particulières ayant titre valable; — Attendu que, dans les motifs qui sont la base de ce dispositif, la cour royale d'Aix reconnaît explicitement que les travaux qui divisent les eaux de la source à sa naissance même, ne peuvent être considérés comme constitutifs d'un véritable droit de servitude au profit des arrosants, parce que ces travaux ont été exécutés par la ville elle-même, sur son propre terrain, et sans aucun concours de la part desdits arrosants, d'où elle a tiré la conséquence que la ville était maîtresse de changer cette division, qui était son œuvre, et qu'elle a pu, notamment, lorsque les besoins publics de la cité ont augmenté, y conduire une quantité d'eau plus considérable, quoiqu'il en résultât une diminution des eaux excédantes dérivées dans les deux canaux de l'Est et de l'Ouest; — Attendu que l'arrêt déclare encore expressément que les arrosants ne sont pas fondés à prétendre que la quantité d'eau nécessaire aux besoins publics de la ville de Brignolles doive rester invariablement fixée, telle qu'elle l'a été dans le principe; qu'il faut dire, au contraire, que la ville peut faire aux ouvrages exécutés par elle les changements réclamés par l'accroissement de ses besoins publics, alors même qu'il en résulte une diminution du superflu versé dans les deux canaux latéraux où la prise d'eau des arrosants est établie; — Attendu, néanmoins, qu'après avoir ainsi reconnu le droit de la ville de Brignolles à la pleine et entière propriété des eaux de la source de Saint-Simian qui surgit dans son territoire, et dont elle pourrait même, d'après l'arrêt, changer la division actuelle, comme étant exclusivement son œuvre, la cour royale a déclaré que, faute par la ville d'avoir empêché les arrosants, comme elle en avait le droit, de pratiquer des ouvertures et d'appliquer des martelières aux canaux de dérivation qui sont l'œuvre de la ville et entretenus par elle, les arrosants ont acquis par prescription, résultant d'une possession trentenaire, le droit de dériver et de conduire dans leurs propriétés l'eau desdits canaux, c'est-à-dire les eaux superflues et excédant les besoins publics de la ville, auxquelles ces canaux sont destinés à donner un écoulement; — Mais attendu qu'il résulte de ces termes mêmes de l'arrêt qu'il ne s'agissait ici que d'eaux momentanément inutiles à la ville, dont elles sont la propriété, et qu'elle laissait dériver temporairement, jusqu'à ce qu'elle fût appelée à les approprier aux besoins publics de la ville, et que, dès lors, en n'empêchant pas, dans l'état des faits reconnus constants, les arrosants de faciliter l'écoulement temporaire des eaux dans leurs propriétés, la ville n'a fait qu'un acte de simple tolérance, qui n'a pu, aux termes de la loi, fonder ni possession ni prescription; qu'en jugeant le contraire, la cour royale (d'Aix) a formellement violé l'art. 2232 c. civ.; — Par ces motifs, casse, etc.

Du 11 avr. 1843.-C. C., ch. civ.-MM. Portalis, 1er pr.-Legonidec, rap.-Laplagne-Barris, 1er av. gén., c. conf.-Mandaroux, av.

soit devenu imprescriptible en tant que dépendance du domaine public (Req. 25 janv. 1842) (1).

204. Le changement de *destination* d'une place de guerre, résulte suffisamment, suivant Garnier (des Chem., p. 28), de l'abandon par l'Etat pendant trente ans, et de l'occupation, durant ce délai, par la possession privée. — M. Troplong pense, au contraire, qu'une place de guerre (et on ne doit réputer telles que les villes et postes compris dans le tableau dressé en vertu de la loi des 8-10 juill. 1791 et annexé à cette loi, V. Place de guerre, n°s 12 et suiv.) ne peut perdre sa destination par le non-usage, et demeure imprescriptible tant qu'il n'est pas intervenu une ordonnance royale ou une décision du ministre de la guerre qui la déclasse (V. les art. 2, 5 et 4 de la loi précitée). — Jugé dans ce sens (Grenoble, 2 juill. 1840 (2); Cass. 3 mars 1828, aff. préf. du

---

(1) *Espèce :* — (Ville de Verdun *C.* préfet de la Meuse.) — Il existe dans la ville de Verdun un chemin public établi au mois d'août 1737 par l'ingénieur en chef de la place, d'après les ordres du gouverneur de la province, pour le service des fortifications ; ce chemin ayant été inondé à plusieurs reprises par les eaux de la Meuse, a été exhaussé et converti en une digue qui, grâce à une plantation d'arbres, était devenue un lieu de promenade pour les habitants de la ville. — A une époque récente, le maire de Verdun, pour éviter des dégâts dont la réparation entraînait des dépenses élevées, crut devoir interdire la circulation des voitures sur cette digue, et il fit planter deux poteaux à l'entrée de la promenade, de manière à laisser un passage seulement pour les piétons ; mais M. le préfet de la Meuse, d'après les ordres de l'administration de la guerre, soutint que la ville de Verdun n'avait aucun droit sur cette digue, qui était une dépendance des fortifications.

Repoussée par le tribunal de Verdun, cette prétention fut accueillie par un arrêt de la cour de Nancy, du 11 mars 1841, en ces termes : — « Attendu qu'il résulte des actes et documents produits au procès la preuve qu'en 1737 le génie militaire de la place de Verdun s'est emparé, comme étant nécessaire au service des fortifications, d'une portion du jardin de l'hôpital Sainte-Catherine pour y établir un chemin qui, plus tard, a été exhaussé en forme de digue, tout en conservant sa destination de voie de communication entre le pont neuf et la portion des fortifications désignée sous les n°s 19, 21 et 22 ; que cette prise de possession a eu pour cause un objet d'utilité publique ; qu'elle a été autorisée par le gouverneur de la province ; qu'il n'en a pas fallu davantage pour qu'elle transférât dès ce moment au domaine la propriété du terrain en litige, puisque la législation de cette époque ne prescrivait aucune autre formalité en matière d'expropriation pour cause d'utilité publique ; — Attendu d'ailleurs que cette possession entre les mains du domaine s'est prolongée depuis l'année 1737 jusqu'en 1785 ; que durant cet intervalle de près de cinquante ans, l'Etat prouve avoir fait différents travaux de réparation et d'entretien à la digue dont s'agit ; que vainement la ville de Verdun allègue avoir fait elle-même à diverses époques plusieurs actes de possession sur cette digue ; que ces actes s'appliquant à un terrain devenu imprescriptible par son incorporation au domaine public, ne peuvent en aucune manière influer sur la question de propriété qui est seule soumise à la décision de la cour... »

Pourvoi du maire de la ville de Verdun pour violation des anciens principes en matière d'expropriation pour cause d'utilité publique et fausse application de l'art. 2229 c. civ. — Il est vrai, dit-on, que dans l'ancien droit les formes de l'expropriation pour cause d'utilité publique n'étaient pas aussi explicites que sous la loi nouvelle ; néanmoins à toutes les époques cette expropriation a exigé une juste et préalable indemnité ; c'est ce que reconnaît M. Delalleau dans son Traité sur l'expropriation, et il en cite un grand nombre d'exemples (Introd., L. 1, ch. 2, p. 21 ; L. 2, Appendice, p. 463 et 464 ; L. 4, p. 596). A toutes les époques de notre histoire, le roi, les églises et les villes n'ont eu le droit d'exiger la cession pour cause d'utilité publique des propriétés privées que *justo pretio*. C'est ce que la cour de cassation a reconnu elle-même, en proclamant dans un arrêt du 19 juill. 1827 (V. Dict. gén., v° Expropriation pour utilité publique, n° 3), que les rois de France furent toujours dans l'heureuse impuissance de porter atteinte aux propriétés de leurs sujets. Or, dans l'espèce, il n'était pas contesté que le génie militaire n'avait jamais remboursé à l'hospice Sainte-Catherine le prix du terrain dont il s'était emparé ; il s'agissait d'ailleurs d'un bien appartenant à un hospice, et dès lors inaliénable ; en conséquence, ni l'autorisation du gouverneur de la province ni l'appréhension par le génie militaire, n'avaient pu créer de droit en faveur de l'Etat. — Vainement l'arrêt attaqué objectait-il que depuis 1737 jusqu'en 1785, l'Etat avait fait divers travaux de réparation et d'entretien ; mais cette possession n'était pas celle qu'exige l'art. 2229 c. civ., puisqu'il était constant que de son côté la ville de Verdun avait fait divers actes de possession et joui de la digue, qui était devenue une promenade publique. — Arrêt.

LA COUR ; — Attendu, sur le premier moyen, que la cour royale de Nancy a déclaré en fait et qu'il n'a pas été contesté au procès, qu'en 1737 il y avait eu prise de possession au nom du roi, par le gouverneur de la province de Lorraine, du terrain litigieux comme étant nécessaire aux fortifications de la ville de Verdun ; que, depuis lors, l'Etat en a joui à ce titre jusqu'en 1785 ; et qu'en décidant, en droit, que ledit terrain étant une dépendance des fortifications de la ville de Verdun, conservée parmi les places de guerre par la loi de juill. 1791, faisait partie du domaine public et, comme tel, était imprescriptible, ladite cour royale n'a contrevenu à aucune loi, et a fait au contraire une juste application de la loi du 8 juill. 1791, art. 13, et des principes sur la matière ; — Sur le deuxième moyen : — Attendu qu'il n'est que le corollaire du premier et doit être repoussé par les mêmes motifs ; — Rejette, etc.

Du 25 janv. 1842.-C. C., ch. req.-MM. Zangiacomi, pr.-Félix Faure, rap.-Pascalis, av. gén., c. conf.-Scribe, av.

(2) (Domaine *C.* Crozat, etc.) — LA COUR ; — Attendu qu'il résulte des divers documents de la cause, et notamment du plan de 1728, que la ville de Valence était déjà anciennement une place de guerre fortifiée, dont les chefs militaires étaient nommés par le roi, et dont les fortifications ont été réparées et augmentées par François Ier, qui y avait ajouté un second mur d'enceinte ; — Attendu, dès lors, que les remparts de cette ville, soit comme dépendance du grand domaine de l'Etat, soit comme faisant partie des fortifications, étaient inaliénables et imprescriptibles jusqu'à ce qu'une déclaration du gouvernement ou de l'autorité compétente les eût rendus au commerce, ou jusqu'à ce qu'ils eussent été tellement dégradés et détruits qu'on pût regarder la place comme démantelée, ou ses remparts comme tout à fait dénaturés et ayant perdu évidemment tout caractère apparent de fortifications ; — Attendu que si le rempart dont il s'agit a subi quelques dégradations ou altérations entre la porte Basse et la porte Saulnières, néanmoins il en existe encore une portion notable et apparente qui se raccorde avec la suite de ce même rempart, et se continue avec elle sans interruption depuis la porte Saulnières jusqu'à la citadelle, dans un état de conservation tel qu'on ne peut se méprendre sur la nature de rempart ou de mur de fortification ; — Attendu que la construction de l'enceinte extérieure de François Ier n'a eu pour but que d'augmenter la force de la place au moyen d'une double enceinte, et non point de faire considérer comme abandonnée l'ancienne enceinte qui ne fut point alors démolie et qui ne l'a pas été depuis ; — Attendu que lors même que la démolition du mur d'enceinte de François Ier aurait pu faire présumer pendant quelque temps que le gouvernement avait l'intention de cesser de considérer Valence comme une place de guerre, cette présomption aurait été détruite par la conservation de la citadelle et de l'enceinte intérieure, et surtout par la loi du 8 juill. 1791, qui a compris nominalement Valence au nombre des places de guerre de troisième classe ; et d'ailleurs, il ne se serait pas écoulé un temps suffisant pour prescrire entre 1785, époque de la démolition de l'enceinte de François Ier, et la loi de 1791, depuis laquelle la ville de Valence n'a pas cessé de continuer à être comprise parmi les places de guerre, nonobstant les réclamations de ses habitants, et depuis laquelle, par conséquent, aucune prescription n'a pu courir contre l'Etat ;

Attendu en outre que Reymond Crozat ne peut se prévaloir du défaut d'entretien ni de l'état de dégradation dans lequel le gouvernement a laissé le mur, parce que d'après l'art. 1 de la loi du 8 juill. 1791 et le décret du 26 brum. an 13, les fortifications de Valence, comme place de troisième classe, ont dû être conservées en masse, pour valoir, au besoin, sans démolition, mais sans entretien ; — Attendu que malgré ce défaut d'entretien, qui était ordonné par la loi, l'existence de ce mur comme rempart était de notoriété publique, puisqu'il a été appelé nominativement *rempart* dans plusieurs actes tant anciens que récents, notamment dans l'acte d'adjudication passé à Reymond Crozat le 18 août 1827 ; que plusieurs propriétaires voisins de ce mur lui ont reconnu également la qualité de rempart, et ont fait des soumissions de démolition à raison des constructions qu'ils y avaient adossées ; qu'enfin Reymond Crozat lui-même l'a reconnu dans divers actes ou pétitions, entre autres dans deux soumissions qu'il a souscrites en faveur de l'Etat, les 27 mars 1828 et 29 déc. 1830, relativement à des constructions qu'il a faites contre ce mur, immédiatement à côté de sa maison ; — Attendu, dès lors, qu'il n'a pu acquérir par prescription, soit de son chef, soit de celui de ses auteurs, aucun droit de servitude ou de mitoyenneté sur la rempart dont il s'agit ;

Sur la garantie : — Attendu que lorsque Reymond Crozat a acquis des héritiers Faure la maison dont il s'agit, il ne pouvait ignorer que la ville de Valence avait été classée comme place de guerre par la loi de juill. 1791 ; il savait d'ailleurs que cette maison était confinée par le rempart, ainsi que cela est énoncé dans son acte d'acquisition, et qu'il s'exposait, par conséquent, à tous les inconvénients ou préjudices résultant du voisinage des fortifications ; — Attendu, dès lors, qu'il est évident que la garantie n'a été stipulée que pour le cas d'éviction de la chose vendue, procédant du fait des vendeurs eux-mêmes, et non pour le fait du gouvernement, à raison d'une simple servitude militaire apparente qui était indiquée dans l'acte d'acquisition, où la maison est dite tantôt adossée au rempart, tantôt confinée au nord par le rempart ; — Attendu,

Pas-de-Calais, V. Dom. publ., n° 44-1°).—V. Act. poss., n° 316.

205. Le droit de récolter les *herbes* qui croissent sur les terrains dépendants du *domaine militaire* peut être acquis par prescription (Douai, 6 déc. 1833, aff. Lebrun, D. P. 45 4. 404.—*Contrà*, Douai, 26 mars 1844, aff. Sieyes, *eod.*).

206. Les *mines* sont dans le commerce comme tous les autres biens, et, dès lors, elles peuvent être acquises par prescription (V. Mines, n° 108). La loi de 1810 en a fait des propriétés perpétuelles, mais il est évident que les concessionnaires de mines ne peuvent prescrire le droit que, dans un intérêt de sûreté publique et de liberté de l'industrie, l'Etat s'est réservé de leur retirer leurs concessions, aux termes notamment de la loi du 27 avr. 1838 (*eod. v°*, p. 637), et du décret du 23 oct. 1852 (D. P. 52. 4. 214).—Il en est de même des *carrières* (V. Mines, n° 769).—Lors même que l'on penserait que, tant que dure la concession d'une mine, elle doit être considérée comme placée dans le domaine public, l'imprescriptibilité cesserait après l'abandon (Req. 15 mai 1843, aff. Collard, V. Mines, n° 108).

207. La propriété d'une carrière, c'est-à-dire du dessous d'un fonds, peut-elle être l'objet d'une prescription particulière distincte de la surface?—La négative résulte implicitement d'un arrêt (Cass. 1er fév. 1832, aff. Honnet, v° Acquiesc., n° 755).—V. Mines, nos 752, 762.

208. On a toujours admis, en Bretagne, le principe fondé sur l'art. 393 du droit municipal de cette ci-devant province, qu'on ne pouvait prescrire un terrain *vague* et *déclos* (Rennes, 6 déc. 1815) (1).—Mais un terrain vague, joignant immédiatement des maisons habitées, a pu ne pas être considéré comme un terrain *déclos*, et par suite il a pu être susceptible de prescription (Rennes, 15 déc. 1825) (2).

209. On ne peut acquérir par prescription les servitudes discontinues et les servitudes continues non apparentes (V. Servitude). — Mais celui qui, pendant trente ans, a usé de *fosses d'aisances* établies sous la maison du voisin, et ce au moyen de tuyaux inédifiés dans la maison voisine, a acquis par prescription le droit de continuer d'en jouir : c'est là un droit de propriété prescriptible et non un droit de servitude imprescriptible (Req. 22 oct. 1811, aff. Chenal, V. Servitudes). — En effet, l'art. 712 c. nap. place l'incorporation au nombre des moyens d'acquérir (V. Pardessus, des Servitudes, n° 7).—*Quid* à l'égard d'un droit d'*usage* (V. Usage), ou à l'égard des choses tenues entre *associés* (V. nos 333 et s.) ou des *confins* d'héritages (V. Action possess., n° 364)?

210. Une rente foncière ne peut s'établir par la prescription (M. Troplong, n° 179), elle ne saurait être constituée que par un titre. — La prestation pendant trente années d'une somme uniforme n'établirait que la présomption de l'existence d'une rente constituée ou d'une dette purement personnelle. —V. Rente fonc.

211. Une rente viagère est-elle prescriptible? Pothier, du Contrat de constitut. de rente, n° 259, et Merlin, Rép., v° Rente viagère, n° 17, enseignent l'affirmative. Elle s'éteint par la cessation, continuée pendant trente ans, du payement des arrérages qu'elle produit. — Cependant il a été jugé que la rente viagère n'ayant pas de capital, et chaque terme de la rente donnant lieu à une nouvelle action, la prescription que l'on peut opposer pour les termes échus ne peut s'étendre au droit d'exiger pour l'avenir les termes à échoir (Metz, 28 avr. 1819 (3); Lyon, 5 avr. 1824,

---

d'ailleurs, que c'est ainsi que l'acte d'acquisition du 18 août 1827 a été interprété par Reymond Crozat lui-même antérieurement à l'instance actuelle et à une époque voisine du contrat, puisque dès le 1er avril 1828, voulant faire quelques constructions sur son terrain, il s'est adressé au ministre de la guerre pour y être autorisé, avec soumission de démolir, et sans imaginer à cette époque d'actionner ses vendeurs en garantie à raison des servitudes militaires auxquelles était soumis l'immeuble qu'ils lui avaient vendu ; ce qu'il n'eût pas omis de faire s'il eût cru acquérir un immeuble libre et exempt de toute servitude militaire; — Par ces motifs, réformant, déclare l'État propriétaire de la partie du mur d'enceinte contre laquelle est adossée la maison de Reymond Crozat; déclare également cette partie du mur franche de tout droit de mitoyenneté; — Condamne en conséquence Reymond Crozat à dégarnir et rendre libre, sur la première réquisition du commandant du génie, cette partie du mur d'enceinte, sauf à Crozat à clore et consolider la maison de ce côté par un contre-mur construit entièrement sur son sol et sans appui sur le mur de l'État ; — Met les héritiers Faure hors de cour sur la demande en garantie.

Du 2 juill. 1840.-C. de Grenoble, 1re ch.-M. Barennes, 1er pr.

(1) (N... C. N...)—LA COUR;—Considérant qu'il a toujours été de principe en Bretagne, fondé sur l'art. 393 du droit municipal de cette ci-devant province, qu'on ne pouvait prescrire par la possession un terrain vague déclos; que faire pacager ou couper, par intervalle, de la lande sur un pareil terrain, était de ces actes précaires et non caractéristiques de propriété; qu'ainsi, dès qu'il est reconnu que le terrain en litige était vague, la preuve de possession que l'appelant demande à faire sous l'appel, repoussée par la maxime *frustrà probatur quod probatum non relevat*, n'est pas admissible;—Considérant que, ni dans l'aveu de 1678, ni dans les actes notariés de 1733, 1754 et de l'an 5, titres domestiques et non contradictoires, il n'est pas possible de reconnaître le terrain réclamé par les intimés; qu'au contraire, le contrat d'acquêt du 8 juin 1751, suivi de prise de possession, de bannies et d'appropriement des 8 oct. 1751 et 31 janv. 1752, est, au moyen de ces formalités, translatif d'une formalité incommutable; que ce contrat donne au terrain en litige exactement les mêmes débornements que ceux reconnus par le juge-commissaire et par les témoins; que, depuis ce contrat, les intimés, dans leurs actes domestiques et privés, ont toujours compris et désigné ce terrain sous les mêmes débornements;—Déclare l'appelant sans griefs.

Du 6 déc. 1815.-C. imp. de Rennes, 1re ch.

(2) (André C. Cocaut.)—LA COUR;—Considérant que les faits de possession dont l'appelant a demandé à faire preuve ne pourraient être regardés, s'ils étaient constatés, comme de simples actes de tolérance ou de pure faculté, que l'art. 2232 c. civ. déclare incapables de fonder possession et prescription, puisqu'il maintenait devant les premiers juges avoir possédé par lui et ses auteurs publiquement, paisiblement et à titre de propriété; qu'il articulait des circonstances propres à caractériser cette espèce de possession, et dont quelques-unes même étaient reconnus par l'intimée;—Considérant, d'un autre côté, que le terrain en contestation joignant immédiatement des maisons habitées, ne peut être considéré comme un terrain déclos, sur lequel la possession d'aller, venir ou faire pâturer ne pourrait constituer une véritable possession capable d'opérer la prescription; que conséquemment, et sous un double rapport, la preuve offerte par l'appelant aurait dû être admise, et que la disposition du jugement qui en a prononcé le déboutement, doit être réformée;—Par ces motifs, etc.

Du 15 déc. 1825.-C. de Rennes.

(3) (Tardif de Moidray C. la ci-devant communauté des juifs.) — LA COUR; — Attendu que, par l'art. 1964 c. civ., les rentes viagères sont placées dans la classe des contrats aléatoires;—Attendu, en effet, qu'elles dépendent d'un événement incertain de la vie toujours incertaine de l'homme sur la tête de qui elles sont constituées, et dont le terme doit régler le nombre des annuités ou des termes de la rente, ou, ce qui revient au même, la mesure de la créance;—Attendu que les annuités ou les arrérages de la rente ne sont point ou n'ont jamais été considérés comme le produit ou l'accessoire d'un autre capital, mais, comme le dit Pothier, ils font eux-mêmes tout le principal, tout le fond et l'être entier de la créance qui s'acquitte et s'éteint par partie à mesure que le créancier les reçoit;—Attendu qu'il est également certain que toutes les annuités, la dernière comme la première, échoient à jour fixe; or, d'après la loi 7, § 4, C., *De præscrip. 30 vel 40 ann.*, comme d'après l'art. 2257 c. civ., les prescriptions ne commencent à courir à l'égard des créances qui dépendent d'une condition, ou ne sont dues qu'à jour fixe, qu'à partir de l'arrivée de la condition ou de la déchéance du jour déterminé pour le payement;—Attendu que ces principes conformes à la règle que l'on ne peut pas prescrire contre celui qui n'a pas encore d'action, il résulte clairement que la prescription ne peut jamais, et dans aucun cas, atteindre tout le fond de la créance viagère, mais seulement celle des annuités ou arrérages qui sont échus depuis un temps suffisant à prescrire, comme l'enseigne Voet, liv. 55, § 1, premier numéro, *De annuis legatis : annum legatum dicitur quod in annos singulos seu annuatim relinquitur et anno quovis vertente debetur ; sic ut annuo relicto non unum sed plura legata sint, tot scilicet quot redeunt à morte testatoris anni vertentes, et primi quidem anni legatum purum sit, ac dies ejus statim à morte testatoris cedat... sequentium vero annorum conditionalia si vivat legatarius, utpotè, quo exstincto, nihil ultrà debetur... atque etiam annui legati præscriptio non in totum fit, sed tantùm respectu anni cujusque separatim, adeò ut annorum triginta petitio supersit et tantùm præscripti censeantur anni, trigesimum annum excedentes, eò quò annua prestatio hæc non accessio alterius legati principalis, sed ipsum principale legatum constituit...;*

Attendu qu'encore bien qu'il soit établi en principe, par la jurisprudence des arrêts, que les capitaux des rentes constituées en perpétuel se prescrivent par la cessation du payement de ces rentes pendant le terme exigé pour la prescription, il ne peut cependant pas en être de même à l'égard du fonds des rentes viagères, les deux espèces n'ayant point d'analogie entre elles, et les principes et les règles applicables à l'une ne l'étant nullement à l'autre; que cela résulte clairement des dispositions de l'art. 1914 c. civ., qui se trouve dans un chapitre qui traite des rentes constituées en perpétuel, et qui porte que les règles concernant les rentes viagères sont établies au titre des contrats aléatoires; qu'en

M. Nugue, pr., aff. de Scarron C. Trémollet).—Cette opinion ne nous paraît pas devoir être adoptée.—V. n° 847 et v° Rente viag.

212. Peut-on prescrire les intérêts et dividendes des actions de société de commerce? L'affirmative paraît évidente. On objecte : 1° que la prescription ne peut être invoquée que par les administrateurs, et que ceux-ci ne peuvent opposer la prescription à ceux dans l'intérêt desquels ils administrent; — 2° Que les actionnaires absents sont représentés par l'assemblée générale, qui arrête et consacre chaque année leurs droits. Mais on a répondu avec raison : 1° que ce n'est pas personnellement par les administrateurs que la prescription est proposée, mais par la société, être moral, qu'ils représentent; — 2° Que l'assemblée générale ne représente pas les actionnaires pour les droits et actions qu'ils ont individuellement à exercer dans la société (Paris, 17 juill. 1849, aff. Ludre, D. P. 52. 2. 50; Douai, 4 janv. 1854, aff. Dronsart, D. P. 54. 2. 136).

213. Aux termes de l'art. 2227, l'*Etat*, les *établissements publics* et les *communes* sont soumis aux mêmes prescriptions que les particuliers, et peuvent également les opposer.—V. n° 225 et v^is^ Dom. de l'Etat, n°s 115 et s.; Etabl. publ., n° 7.

214. Sous l'ancienne monarchie, le domaine de la couronne était inaliénable et imprescriptible (édit du 30 juin 1539; ord. de 1566). — Décidé ainsi qu'il est de maxime ancienne et fondamentale, en France, que les biens qui composent la dotation de la couronne sont inaliénables et imprescriptibles de leur nature (Cass. 10 août 1841, aff. Cousin, V. Dom. de la cour., n° 31).—Ce domaine comprenait avec les biens tenus par les prédécesseurs du roi régnant, ceux que le prince possédait lors de son avénement, les biens conquis, ceux acquis par le prince avec déclaration expresse de leur réunion au domaine. Quant à ceux acquis sans déclaration expresse d'union, ils ne devenaient inaliénables et imprescriptibles que dix ans après avoir été tenus et administrés par les officiers royaux. — Du reste, ne faisaient pas partie du domaine imprescriptible de la couronne : 1° les revenus provenant de biens domaniaux, parce qu'ils appartenaient au souverain, comme les fruits à l'usufruitier; — 2° Les biens composant le petit domaine, biens dont les charges, entre les mains du roi, consommaient les revenus.—V., en outre, v° Domaine de l'Etat, n° 164, l'énumération des choses qui, quoiqu'elles fissent partie du domaine de l'Etat, étaient cependant aliénables et, par conséquent, prescriptibles.—Ainsi, par exemple, les biens acquis par le roi à titre de deshérence pouvaient se prescrire; seulement on n'était pas d'accord sur la durée de la prescription à opposer au fisc. Etait-ce quarante ou trente ans? Richer affirme que, d'après l'usage, la prescription de trente ans suffisait.

215. Les biens du petit domaine tels que *marais*, *terres vaines et vagues*, etc., qui en faisaient partie pouvaient, à ce titre, être prescrits par une possession de quarante ans (Rej. 21 mars 1838, aff. préf. du Pas-de-Calais, V. Communes, n° 2125), même au profit des détenteurs avec titres et bonne foi; et la prescription n'a été interrompue ni par la loi de 1790, ni par celle de l'an 7 (Caen, 17 mai 1848, aff. Beaurepaire, D. P. 49. 2. 149).—Mais, de ce qu'un terrain dépendant d'une forêt de l'Etat avait cessé d'être en nature de forêt, il ne s'ensuivait pas qu'il dût être considéré comme une terre vaine et qu'il fût prescriptible (Req. 16 juill. 1825) (1).

216. Lorsque, par suite d'un concordat homologué par arrêt du conseil, la créance de l'Etat sur un particulier se trouvait incorporée au domaine de l'Etat, cette incorporation empêchait la prescription (Req. 29 brum. an 14) (2).

217. Dans beaucoup de provinces, le Dauphiné, la Franche-Comté, la Provence, le comté de Bourgogne, les pays soumis à la souveraineté des évêques de Metz, on ne suivait point, avant leur réunion définitive à la France, le principe de l'inaliénabilité. —En Artois, le domaine public se prescrivait par cent ans. En Alsace, on suivait le droit germanique, favorable à la prescription. Il en était autrement dans le duché de Lorraine et même dans le Barrois mouvant (V. Dom. de l'Etat n°s 111, 112).—Toutefois on pouvait acquérir en Lorraine, par prescription, sur les fonds domaniaux, de simples servitudes, par exemple une servitude de passage (Nancy, 2e ch., 19 déc. 1833, M. Troplong, pr., aff. dom. C. Ulp...). — Et il aurait fallu décider de même, suivant M. Troplong, n° 186, si la question s'était présentée pour la France proprement dite.— Par le traité de réunion de la Lorraine à la France, les biens qui faisaient partie du domaine privé des ducs de Lorraine et qui, comme tels, étaient soumis à la prescription, ayant été réunis au domaine de l'Etat, ont été imprescriptibles jusqu'à la promulgation de la loi du 1er déc. 1790 (Cass. 11 avr. 1836, MM. Portalis, pr., Moreau, rap., aff. Salis-Saglio C. com. de Monneren).

218. Il fut inutile de maintenir le principe de l'inaliénabilité et de l'imprescriptibilité, quand la révolution eut enlevé au roi le droit de disposer à son gré des biens de l'Etat. Aussi la loi du 22 nov. 1790 les déclara-t-elle aliénables pour l'avenir au moyen d'une loi, et prescriptibles par quarante ans. — Les lois domaniales postérieures ne furent relatives qu'à la recherche des domaines engagés sous la monarchie absolue. On peut voir l'analyse des principales dispositions de ces lois v° Domaines engagés, § 2.

219. Depuis le code, les domaines engagés, comme les autres parties du domaine public, susceptibles d'une propriété privée, sont prescriptibles (Amiens, 16 fév. 1830) (3), et il faut remarquer l'innovation qu'introduisit l'article 2227 c. nap. Les détenteurs de biens domaniaux qui ne pouvaient prescrire que par quarante ans ont pu se servir de la prescription de dix

---

effet la loi 7, C., *De præscr. 30 vel 40 ann.*, et l'art. 2257 c. civ., sont applicables aux rentes viagères, parce qu'elles tracent les règles de la prescription à l'égard des créances éventuelles et à jour fixe, règles qui ne peuvent être appliquées aux capitaux des rentes constituées en perpétuel, parce que ceux-ci sont certains et que le remboursement ne doit point s'en faire à jour fixe, mais à volonté du débiteur; que le créancier viager ne peut point agir contre son débiteur, qu'il n'a aucune action contre lui, avant l'arrivée de la condition dont dépend sa créance et avant le jour de l'échéance, tandis que le créancier de la rente constituée en perpétuel a le droit de faire renouveler son titre aux époques déterminées par la loi; que la maxime *contra non valentem agere non currit præscriptio*, garantit toujours l'une de la prescription et ne peut jamais être invoquée par l'autre; qu'aussi les jurisconsultes, même ceux qui admettent la prescription du capital de la rente constituée en perpétuel par la cessation du payement de la rente pendant le temps suffisant à prescrire, enseignent que cette prescription ne peut avoir lieu à l'égard du fonds de la rente viagère : *Aliud est*, dit Stockmans, *deci. 811*, *in obligationibus annuis quæ per se consistent nec fluunt à jure aliquo principali, ut si quis per annos singulos centum sibi dari stipulatur*;—Attendu que, quand bien même les principes sur la matière ne seraient pas aussi certains qu'on vient de le démontrer, il faudrait toujours dire, au cas particulier, que l'absence de la bonne foi de la part des appelants repousse leur exception ; car, n'ayant pas fait la déclaration prescrite par la loi du 25 juillet 1795, ils ont, par leur fait et leur réticence, mis le gouvernement qui a succédé aux droits de l'intimé à l'instant même de son émigration dans l'impossibilité d'agir contre eux;—Confirme.

Du 28 avril 1819.-C. d'appel de Metz.

(1) (Com. de Latour C. Baillette.) — LA COUR; — Attendu... qu'après avoir reconnu, en droit, qu'on ne peut prescrire contre le grand domaine de la couronne, l'arrêt considère, en fait, et d'après le titre de la commune de Latour, titre que les demandeurs invoquaient et prétendaient être le même que celui de leur commun, que le titre appelle la Coume del Rey dont il s'agit, bois de Balfride, et un peu plus bas la forêt royale de Balfride; — Que ces expressions sont exclusives de l'idée d'un terrain originairement vain et vague; que, d'ailleurs, quand quelques parties auraient cessé, par l'effet de circonstances, d'être en nature de forêt, elles n'en ont pas moins conservé le caractère de grand domaine; qu'ainsi, en écartant la prescription, l'arrêt (de la cour de Rennes) s'est conformé aux dispositions des lois de la matière; — Rejette.

Du 16 juill. 1825.-C. C., sect. req.-MM. Henrion, pr.-Vallée, rap.

(2) (Cassera C. enreg.) — LA COUR; — Attendu... que la créance ayant été incorporée au domaine national, et le temps utile pour la prescription n'étant pas expiré à l'époque de cette réunion homologuée par arrêt du conseil, la cour d'appel d'Agen, en décidant que la prescription n'avait pu courir depuis cette incorporation au domaine national au préjudice de l'Etat, n'a violé aucune loi; — Rejette.

Du 29 brum. an 14.-C. C., sect. req.-MM. Henrion, pr.-Liger, rap.

(3) *Espèce* : — (Domaines C. Gossard.) — En 1773, l'hôtel des monnaies d'Amiens, dont la suppression avait été prononcée, est adjugé aux enchères à la veuve Godard pour 15,500 fr. — Après le décès de celle-ci, et le 1er vent. an 13, cet hôtel ou maison est adjugé, sur licitation, au sieur Deleau pour 19,000 fr. — L'origine de l'immeuble n'est pas déclarée dans l'acte. — En 1821, Deleau donne cette maison en dot à sa fille, la dame Gossard. — 13 fév. 1827, sommation est faite par l'Etat aux époux Gossard de se conformer à l'art. 14 de la loi du 14 vent. an 7, relative aux domaines engagés, c'est-à-dire de payer le quart du

à vingt ans avec titre et bonne foi, de trente ans sans titre.

220. Au reste, il faut bien remarquer qu'il n'existe aucune contradiction entre les art. 2226 et 2227 c. nap. L'art. 2227 ne peut s'appliquer aux biens qui ne sont pas dans le commerce, aux termes de l'art. 2226, parce qu'ils font partie du domaine public, comme étant *communi usu*, il n'a trait qu'aux héritages patrimoniaux produisant des revenus (M. Troplong, n° 190).

221. L'art. 12 de la loi du 22 nov. 1790, qui a permis l'aliénation des domaines nationaux, est ainsi conçu : « Les grandes masses de forêts nationales demeurent exceptées de la vente et aliénation des biens nationaux permise ou ordonnée par le présent décret... » L'art. 143 de la loi du 25 mars 1817 a affecté tous les bois de l'Etat à la caisse d'amortissement, et l'art. 145 de la même loi dispose que cette caisse ne pourra aliéner les bois affectés à sa dotation qu'en vertu d'une loi. — Nous avons pensé que les grandes masses des forêts ont été inaliénables et dès lors imprescriptibles jusqu'en 1817, mais qu'à partir de cette époque, elles sont devenues aliénables et prescriptibles (V. Forêts, nos 971 et suiv.). Depuis, deux arrêts de la cour de cassation sont venus fortifier notre opinion. Le premier a décidé que l'art. 12 du décret des 22 nov.-1er déc. 1790, qui excepte de la vente et aliénation des biens nationaux permise ou ordonnée par ce décret, les grandes masses de bois et de forêts, n'a pas eu seulement pour effet de mettre obstacle à ce que la vente alors ordonnée comprît ces bois et forêts, mais les a frappés d'inaliénabilité et d'imprescriptibilité (Cass. 17 juill. 1850, aff. préfet de l'Isère *C.* com. d'Entre-deux-Guiers, D. P. 50. 1. 260). — Le second arrêt décide que les grandes masses de bois et forêts nationales (c'est-à-dire, d'après la loi du 2 niv. an 4, les corps de forêts d'une contenance de 150 hectares au moins), déclarées inaliénables par l'art. 12 du décr. du 22 nov. 1790, par exception à la règle nouvelle qui permettait d'aliéner, en vertu d'un décret du corps législatif, les domaines nationaux et les droits en dépendant, sont devenus aliénables et conséquemment prescriptibles depuis la loi du 25 mars 1817, qui a affecté les bois et forêts de l'Etat à la dotation de la caisse d'amortissement et lui en a transféré la propriété (Cass. 27 juin 1854, aff. commune de Montigny-lès-Vaucouleurs, D. P. 55. 1. 261).—V. Domaine de l'État et Dom. nat.

222. Les biens donnés en apanage aux princes de la maison royale étaient imprescriptibles, c'était la conséquence de leur inaliénabilité. Les apanages furent supprimés par la loi du 6 avr. 1791. L'empereur les rétablit par un sénatus-consulte du 30 janv. 1810, et l'art. 74 déclara leur imprescriptibilité. Sous la restauration aucun apanage ne fut créé au profit des membres de la branche aînée des Bourbons, mais les biens provenant de l'apanage constitué à Monsieur, frère de Louis XIV, furent rendus à la famille d'Orléans, pour *être possédés aux mêmes titre* et conditions (L. 17 janv. 1825, art. 4), d'où il résulte implicitement que ces biens étaient imprescriptibles. — V. Domaine-apanager, n° 57.

223. La déclaration du 7 janv. 1670, qui réputait imprescriptible l'action du gouvernement contre ses comptables, n'était point applicable à l'action de ceux-ci contre leurs préposés (Rej. 24 août 1813) (1).—V. Organ. fin. et Trésor pub.

224. Les biens que les lois de la révolution ont attribués au

---

la maison acquise par Deleau. — Ceux-ci soutiennent qu'étant possesseurs, par eux ou leur auteur, avec juste titre et bonne foi, depuis plus de dix ans, ils sont propriétaires incommutables.

11 mai 1829, jugement qui rejette la prétention de la régie, en ces termes : — « Considérant que si, avant le code civil, les biens de l'Etat étaient imprescriptibles, l'art. 2227 de ce code a fait cesser cette imprescriptibilité; — Que cet article est général, et s'applique aux domaines engagés comme aux autres immeubles domaniaux; — Qu'il suit de là que ceux de ces biens qui ont été acquis et possédés depuis le code civil, avec les conditions exigées pour la prescription, sont devenus, par le laps de dix ou vingt années, propriétés incommutables entre les mains des acquéreurs; — Qu'à la vérité, l'art. 36 de la loi du 1er déc. 1790 établit, pour les détenteurs de domaines nationaux, une prescription de quarante ans, qu'elle fait courir du jour de sa publication, et que, suivant l'art. 2281 c. civ., les prescriptions, commencées sous l'empire des lois anciennes, doivent être réglées par elle; — Mais qu'il résulte des termes mêmes de cet article que le code régit les prescriptions commencées depuis sa promulgation; — Qu'il est vrai encore que l'art. 9 de la loi du 12 mars 1820 n'affranchit des poursuites prescrites par la loi du 14 vent. an 7, et ne déclare propriétaires incommutables que les détenteurs des domaines engagés, qui en ont joui pendant trente années, à compter de la publication de cette loi; — Mais que cette disposition ne peut s'appliquer qu'à ceux de ces détenteurs qui ont commencé à posséder avant le code civil, ou dont la possession postérieure à ce code ne réunissait pas les conditions nécessaires à la prescription; que l'étendre à ceux qui ont prescrit depuis le code civil, ce serait lui donner un effet rétroactif; — Attendu que la maison, relativement à laquelle l'Etat demande que les époux Gossard se conforment au vœu de la loi de ventôse an 7, a été achetée par le sieur Deleau, leur auteur, à la barre de ce tribunal, le 1er vent. an 13; — Que le jugement qui la lui adjuge est donc postérieur au code, et ne peut être considéré que comme un juste titre; — Que les époux Gossard, auxquels il l'a transmise, allèguent qu'il ignorait alors qu'elle provenait du domaine de l'Etat, et que les vendeurs ne la détenaient qu'à titre précaire; — Que l'Etat ne prouve pas le contraire; — Que cette preuve ne saurait résulter ni des dénominations, la *Monnaie* ou *Résidence*, données à cette maison dans le jugement d'adjudication, puisque ces dénominations pouvaient être celles d'un bien étranger au domaine de l'Etat, ni de la clause insérée en l'art. 4 du cahier des charges, par laquelle l'adjudicataire s'interdit tout recours contre les vendeurs pour les charges et prestations foncières, clause banale, que renfermaient la plupart des jugements d'adjudication de cette époque, et que les vendeurs auraient conçue tout autrement, si, par elle, ils avaient entendu se soustraire aux conséquences d'une éviction que l'Etat pouvait provoquer en vertu de la loi de ventôse; — Que, d'un autre côté, il est contre toute vraisemblance que, si l'adjudicataire avait connu l'origine de cet immeuble, il eût, malgré le danger de cette éviction, consenti à en payer les 19,000 fr., prix de son acquisition; — Que l'autorité devant laquelle il l'a faite, le silence du fisc, malgré la publicité qui lui a été donnée, malgré son enregistrement et celui des actes qui l'ont précédée et suivie, la longue possession des vendeurs et de leur auteur, devaient éloigner jusqu'au soupçon que la maison qui en était l'objet appartenait au domaine de l'Etat; — Attendu que, s'il est constant que Deleau l'a acquise par juste titre et de bonne foi, il l'est aussi qu'il l'a possédée pendant plus de dix ans, sans interruption, paisiblement, publiquement, d'une manière non équivoque et à titre de propriétaire; — Que c'est à tort que l'on prétend que cette maison n'est pas dans le commerce, puisque les seules choses qui en soient exclues sont celles qui, par leur nature, ne sont pas susceptibles d'une propriété privée, et non les biens dont l'inaliénabilité ne résulte que de la loi; que c'est à cette dernière classe qu'appartient celui en litige; — Que, dès lors, les époux Gossard en ont prescrit la propriété; — Que, vainement, l'Etat soutient que cette prescription ne peut s'acquérir que par trente années, à partir de la loi de ventôse an 7, sur le fondement que l'action qui lui compète pour le recouvrement des domaines engagés, en vertu de cette loi et de celle du 12 mars 1820, participe aussi de l'action en résolution de vente pour défaut de payement du prix ou de ce qui en reste dû; — Qu'en effet, ces transmissions, faites à des tiers, des domaines de l'Etat, n'ont jamais été considérées comme de véritables ventes, puisque les lois les interdisaient, mais comme de simples contrats de nantissement, et les prétendus acquéreurs comme des détenteurs précaires; que, d'ailleurs, il est hors de doute qu'en 1773, la veuve Godard a payé le prix de son acquisition; que le quart de valeur exigé, par la loi de ventôse an 7, des engagistes qui voulaient convertir leur détention précaire en une propriété incommutable, n'est pas un supplément de prix; que la loi ne l'a pas ainsi qualifié, et que, si elle l'eût considéré comme tel, elle n'aurait pas refusé à l'Etat une action pour s'en faire payer. »

Appel par la régie. — Elle soutient qu'en matière de domaines engagés, nul n'a pu prescrire contre l'Etat avant l'expiration du délai fixé par la loi du 12 mars 1820, ni depuis, si la sommation de cette loi a été faite, comme dans l'espèce, en temps utile; que, d'après la loi du 14 vent. an 7, tous les détenteurs des biens dont les aliénations ont été révoquées, furent grevés de l'obligation de se conformer aux art. 13 et 14, et, à défaut, soumis à l'action résolutoire ou révocatoire, accordée par l'art. 22; que cette action est de même nature que celle qu'a tout vendeur qui n'a pas été payé du prix de la vente; que, dès lors, les art. 2227 et 2265 c. civ. ne sont nullement applicables; que les héritiers Godard, qui n'étaient véritablement propriétaires que sous une condition résolutoire, n'ont pu transmettre leurs droits que grevés de la condition qui y était attachée. — Arrêt.

LA COUR; — Adoptant les motifs, etc., met l'appel au néant.

Du 16 fév. 1830.-C. d'app. d'Amiens.

(1) (Palisot *C.* Liger.) — LA COUR; — Considérant que la prescription est un moyen légal offert par la loi pour repousser une action, moyen auquel on ne peut échapper, lorsqu'il est opposé, qu'en se plaçant dans un cas d'exception fondé sur une loi précise et positive; — Que, dans l'espèce, il a été déclaré en fait, par l'arrêt attaqué (de la cour de Douai), qu'il n'avait pas été contesté par le demandeur qu'il se fût écoulé trente-deux ans depuis la fin de la gestion du sieur Liger, sans qu'il eût agi contre ledit Liger ou contre ses héritiers, et que de ce fait, déclaré constant, la cour royale a tiré la conséquence en droit que d'un pareil laps de temps il résultait, aux termes de l'art. 72 de la coutume d'Artois, une présomption que le compte dont le demandeur sollicitait la reddi-

gouvernement sous le nom de *nationaux*, n'ont pas été imprescriptibles pendant la mainmise du gouvernement. Ainsi, lorsque le propriétaire d'une rente a émigré, que l'État a joui de cette rente, et qu'elle a été depuis cédée à un particulier, le débiteur doit être déchargé, si le créancier a, pendant trente ans, négligé de le poursuivre, sans qu'on puisse retrancher de ce temps celui où le gouvernement était propriétaire de cette rente (Bourges, 28 mai 1824, aff. d'Osmond, V. nº 79). —V. Dom. nat.

225. Il existe dans la législation concernant les communes des dispositions spéciales relatives à la prescription; mais nous n'avons rien à ajouter sur cette matière à ce qui a été dit vº Commune, nºs 1983 et s.

226. Il est à remarquer que les juges ne peuvent rejeter le moyen de prescription en déclarant qu'une chose est imprescriptible par destination de la loi, quand cette destination ne peut résulter que d'examen de faits qui n'ont point été articulés par les parties. Ainsi, un tribunal n'a pas pu déclarer imprescriptible une forêt, comme composant l'*une des grandes masses de bois et forêts* (L. 1er déc. 1790), lorsque ni dans les conclusions des parties ni dans les actes de la cause il n'existait, aucun document qui fixât ce point de fait (Cass. 30 nov. 1841, aff. préfet de Vaucluse, V. *infrà*, nº 445).

SECT. 5.—*Statut ou loi qui règle la prescription, lorsque les parties, ou l'une d'elles, sont domiciliées en pays étranger.*

227. Pour la prescription acquisitive des choses, comme aussi pour la prescription, soit acquisitive, soit extinctive de droits réels sur ces choses, il n'y a pas de doute possible, et l'on doit évidemment suivre la loi du pays où la chose se trouve.— « En effet, dit Pothier, Tr. de la prescript., nº 247, les lois qui concernent les prescriptions par lesquelles nous acquérons le domaine des choses, ces lois sont des statuts réels, lesquels, suivant la nature des statuts réels, exercent leur empire sur toutes les choses qui y sont sujettes, à l'égard de toutes sortes de personnes » (Conf. MM. Troplong, nº 39; Duranton, t. 21, nº 115; Marcadé, art. 2219, nº 6). — Il a été jugé en conséquence que la prescription d'une rente foncière se règle d'après la loi du lieu de la situation des hypothèques, et non d'après la loi du domicile du créancier (Liége, 1er mars 1817; Req. 12 juill. 1821) (1). — V. aussi vº Lois, nº 421.

228. De même, le statut qui interdit au prince l'aliénation des biens domaniaux, et qui les déclare imprescriptibles, est réel, et ne peut dès lors s'étendre aux immeubles qu'il possède dans un pays où la même loi n'existe pas (Conf. M. Troplong, nº 40).

229. Il n'y a pas de distinction à faire entre les meubles et les immeubles. Dumoulin s'exprime ainsi sur la loi *Cunctos* : « *Aut statutum disponit de præscriptione vel usucapione rerum corporalium, sive mobilium, sive immobilium, et tunc inspicitur indistinctè locus ubi res est.* » — Conf. M. Marcadé, art. 2219, nº 6; V. néanmoins Pothier, nº 251.

230. M. Marcadé, *loc. cit.*, nº 7, fait remarquer avec raison que quand on dit que la prescription se règle par la loi de la situation du bien en matière réelle, et par celle du domicile du débiteur en matière personnelle, cela s'entend des éléments constitutifs de la prescription, de ses conditions intrinsèques, et non des questions de capacité des personnes, questions qui se décident toujours par la loi du pays auquel la personne appartient, qu'elle y soit ou non domiciliée, et sans distinction entre les matières personnelles et les matières réelles.

231. Quelle est la loi par laquelle se règle la prescription afin de se libérer d'une action personnelle? — Pothier décide, Traité de la prescription, nº 251, que c'est par la loi du domicile du créancier. « La propriétaire, dit-il, ne peut être dépouillé des choses qui lui appartiennent, que par une loi à l'empire de laquelle il soit soumis. » Mais cette opinion n'a pas été suivie.—V. vº Lois, nº 444.

232. Sous l'empire des chartes du Hainault et dans l'absence d'élection de domicile pour l'exécution d'un bail à rente foncière, la prescription pour les arrérages devait se régler d'après la loi du domicile du débiteur (Cass. 25 janv. 1822) (2). — M. Troplong pense, nº 38, que c'est la loi du lieu où le payement doit être fait qui doit régler la prescription d'une action personnelle. Sa raison est que le créancier a à se reprocher de ne pas s'être présenté au lieu où le payement doit être fait; mais cette opinion est douteuse. La prescription est un moyen personnel et de défense, c'est à la loi du domicile du débiteur de la régir. Que fait aux deux parties le lieu indiqué pour le payement? Comment peuvent-ils emprunter à un lieu où un fait doit seulement s'accomplir, une législation relative à des moyens personnels qu'il s'agit de repousser ou de faire valoir?

233. *Quid*, si le débiteur a, depuis le contrat, changé du domicile? Boullenois, Tr. des stat., t. 1, p. 350, et Merlin pensent que, dans ce cas, c'est par la loi du nouveau domicile de débiteur, que doit être réglée la prescription, sauf qu'il faudra

---

tion avait été rendu; — Que, pour parvenir à faire rejeter cette fin de non-recevoir, il aurait fallu que le demandeur produisît une loi qui eût subrogé les comptables envers le gouvernement dans tous les droits et priviléges établis par les lois en faveur du trésor public, et notamment dans le privilége d'imprescriptibilité qui a été spécialement et privativement réservé au gouvernement par sa déclaration du 7 janv. 1670; — Que le demandeur a fait de vains efforts pour prouver que cette subrogation avait été établie en sa faveur par la déclaration de 1758, puisqu'il résulte positivement de la lecture de cette loi que les comptables envers le gouvernement n'ont été subrogés aux droits du prince contre leurs commis que pour la préférence d'hypothèque qu'avait le trésor public sur les biens de ses comptables, en vertu de la loi de 1669, qui ne renferme aucune disposition qui soit relative à l'imprescriptibilité; — Rejette.

Du 24 août 1815.-C. C., sect. civ.-MM. Muraire, pr.-Minier, rap.

(1) 1re *Espèce* : — (D'Hemricourt C. la veuve Morhaye.) — Le 9 fév. 1816, le sieur d'Hemricourt assigne la veuve Morhaye en payement d'une rente qu'il prétend lui être due. — Jugement par défaut qui le déclare non recevable dans sa demande. — Appel. — La veuve Morhaye, intimée, soutient que sa rente est prescrite d'après la loi du comté de Looz, lieu de son domicile; que le dernier payement ayant été fait en 1781, la prescription de vingt et un ans admise au comté de Looz, avait été accomplie en 1802; que la prescription établie par la loi du domicile du débiteur est la seule applicable, parce qu'elle est une exception établie en sa faveur. — D'Hemricourt soutient, au contraire, que la prescription devait se régler par la loi du domicile du créancier, et qu'étant domicilié dans le pays de Liége, la prescription n'aurait pu avoir lieu que par le laps de 40 ans non écoulés depuis le dernier payement. — Arrêt.

LA COUR; — Attendu que la rente réclamée par l'appelant est présumée foncière de sa nature, parce qu'elle consiste en grains; — Que les hypothèques sont situées et l'intimée domiciliée dans le comté de Looz; qu'ainsi la prescription de vingt et un ans, établie par la coutume du comté de Looz, est seule applicable; — Qu'il est constant, en fait, que le dernier payement de la rente dont il s'agit a été fait en 1781; qu'ainsi la prescription était acquise en 1802; — Met l'appel au néant.

Du 1er mars 1817.-C. de Liége, 2e ch.

2e *Espèce* : — (Mouroult de Villeneuve C. Barbey et comp.) — LA COUR; — Attendu que, sur la demande en payement des arrérages faite par l'hospice, le sieur Mouroult ayant excipé de la prescription de trente ans, la cour de Paris a eu à juger si, en vertu de cette prescription, il avait acquis la propriété incommutable des immeubles en question et leur libération de la rente dont il s'agit; — Qu'il résultait de là une action réelle dont la prescription devait être régie par la loi du lieu où étaient situés les biens; — Attendu que les biens en litige sont situés dans la ci-devant Normandie; que l'art. 521 de la coutume de cette province n'éteint les actions réelles que par la prescription de quarante ans; principe qui, suivant la jurisprudence normande, recevait son application aux rentes foncières ou constituées, parce qu'elles étaient réputées immeubles; — Attendu que la mobilisation des rentes et leur assujettissement au rachat ordonné par les lois nouvelles n'ont pu ni voulu, sous le rapport de la prescription, porter atteinte aux droits acquis sous l'empire des anciennes lois; — Attendu, enfin, qu'il est constaté, dans l'espèce, que depuis le 24 déc. 1785, jour de la prise de possession de Boncerf, jusqu'à la demande de l'hospice, faite le 29 sept. 1817, il ne s'était écoulé qu'environ trente-deux ans; — Rejette.

Du 12 juill. 1821.-C. C., sect. req.-MM. Henrion, pr.-Bolton, rap.

(2) (Fabrique de Cambrai C. Douai.) — LA COUR; — Attendu que la contestation portait sur des arrérages de fermage échus antérieurement à la publication du code civil; que la question qu'elle présente était de sa nature et, d'après le silence de lois précises, soumise à l'empire de la jurisprudence adoptée avant la publication du code civil; que la cour de Douai, en jugeant que, pour l'application de la prescription, on devait suivre la loi du domicile du débiteur, s'est conformée à la jurisprudence du parlement de Flandre, et a dû, en conséquence, appliquer à la cause les chartes générales du Hainaut qui régissaient le débiteur; — Rejette le pourvoi contre l'arrêt de la cour de Douai, du 28 juin 1821.

Du 25 janv. 1822.-C. C., sect. req.-MM. Henrion, pr.-Vallée, rap.

que tout le temps requis par cette loi pour opérer la prescription, se soit écoulé depuis le changement de domicile.—V. Loi, n° 445.

224. Jugé, conformément à l'opinion de Boullenois et de Merlin, que le statut local de Besançon, qui portait à trente ans la prescription des arrérages de rente, ne peut être invoqué contre un débiteur qui avait quitté cette ville pour aller habiter un pays où le *quinquennium* était admis. — En effet, la prescription n'anéantit point la dette, elle produit seulement, en faveur du débiteur, une exception qu'il est le maître de proposer ou de passer sous silence; il n'y a donc rien, dans le moyen de prescription, qui se rattache au contrat même, ni, par conséquent, au domicile qu'avait le débiteur à l'époque où il s'est obligé; c'est donc la loi de son domicile actuel qu'il faut consulter : en cela, on n'empire point la condition du créancier, puisque celui-ci n'avait point de droit acquis aux arrérages postérieurs au changement de domicile de son débiteur avant que celui-ci eût pris son nouveau domicile; ainsi, dans ce cas, le créancier ne peut avoir droit qu'aux cinq dernières années d'arrérage qui ont couru avant sa demande (Besançon, 27 mars 1810, M. Louvot, pr., aff. N... C. N...).—M. Marcadé (art. 2219, n° 7) établit que les deux législations doivent être appliquées simultanément.

CHAP. 3. — DE LA POSSESSION.

225. La possession est définie par le code Napoléon : « La détention ou la jouissance d'une chose ou d'un droit que nous tenons ou que nous exerçons par nous-mêmes ou par un autre qui la tient ou qui l'exerce en notre nom » (art. 2228). — Ses deux principaux effets sont de donner naissance aux actions possessoires et à la possession. Il a été traité des actions possessoires, V. ce mot. — On s'occupe ici de la possession en tant que la prescription en résulte.—La législation des Deux Siciles, de Sardaigne, du canton de Vaud, de Hollande, n'ont rien changé à ce chapitre de notre code. Le code bavarois n'y consacre qu'un article : « quant à la possession, on doit observer la maxime : *tantum præscriptum, quantum possessum.* La possession doit être continuée, mais lorsque le commencement et la fin sont prouvés, il y a présomption de possession intermédiaire. » (L. 2, ch. 4, art. 5.) En Autriche, la possession afin de prescrire doit s'exercer, 1° en vertu d'un titre valable et légitime pour en opérer la saisine comme legs, donation, etc.; 2° de bonne foi; 3° légalement, avec sincérité et à titre non précaire; 4° et pendant tout le temps nécessaire pour acquérir par prescription (art. 1460). Le code de la Louisiane consacre trente articles à la possession (V. M. Anthoine de Saint-Joseph, p. 124 et suiv.). — Relativement aux caractères de la possession que la jurisprudence dit être appréciés souverainement par les juges du fond, V. n°s 376 et suiv.

SECT. 1. — *Histoire, théorie et espèces diverses de possessions.*

226. Il n'y a pas de prescription sans possession : *sine possessione usucapio contingere non potest* (L. 25, D., *De usurp. et usuc.*). La *durée* de la possession peut être plus ou moins longue ; c'est là l'élément variable qui appartient à l'arbitraire des législations. Mais la notion de prescription (*usucapio*) est indissolublement attachée à celle de la possession. — Il faut donc se bien rendre compte de ce que c'est que la possession; et, pour arriver là, il est curieux de voir les phases qu'elle a suivies dans le droit romain, auquel nous avons emprunté, en les modifiant avec plus ou moins de précision, nos principes sur cette matière. Toutefois, cette théorie, dont l'analyse nous a été envoyée par un jurisconsulte de nos amis, et qu'il nous permet d'imprimer dans cet ouvrage (1), ne répond pas à des questions fort graves, et qu'il

---

(1) Cette analyse est empruntée à un ouvrage fort accrédité en Allemagne, le Traité de la possession en droit romain, par M. Savigny, et dont M. Faivre d'Audelange a publié une traduction très-bien faite. V. deux articles de M. Warnkœnig, Thémis, t. 5, p. 224 et 228. M. Lherminier a en outre écrit en latin une analyse développée de l'ouvrage de M. Savigny, sous ce titre : *De possessione analyticâ, Savignaneæ doctrinæ expositio.*

1. On entend par possession d'une chose un état qui permet non-seulement d'exercer physiquement sur la chose une action personnelle, mais encore d'en éloigner toute action étrangère. — C'est là un fait. Mais comme la propriété est un droit qui s'exerce par la possession, l'idée de possession a dû entrer dans la législation. — Le droit romain ne s'occupe pas seulement de la possession comme exercice de la propriété : il la considère aussi isolément; il traite du *jus possessionis* comme du *jus possidendi*.

2. Quand la possession est considérée isolément de la propriété, elle a deux effets : l'*usucapion* et les *interdits*.— L'usucapion se fonde sur cette règle de la loi des Douze Tables, qui veut que celui qui possède une chose pendant un ou deux ans en devienne propriétaire. La prescription *longi temporis* a, de même que l'usucapion, sa base dans la possession. — La possession n'est point un droit, et elle ne peut pas être protégée comme telle : cependant si le possesseur est troublé par la violence, qui est toujours inique, il peut y résister, et à cet égard, la législation lui a donné le bénéfice des *interdits*.

3. L'usucapion, les interdits, sont les deux seuls effets de la possession.—L'examen des cas où l'on croit voir un effet légal de la possession établira cette vérité.

1° Il y a deux cas où la propriété s'acquiert avec la possession : celui de l'occupation d'une chose qui n'a pas de maître, et celui de la tradition par le maître d'une chose; mais qui ne voit que dans ces deux cas la possession par elle-même, par sa durée, n'est nullement la cause de l'acquisition du droit?

2° L'action publicienne n'est pas le résultat de la possession, car elle protége véritablement la propriété.

3° Celui qui possède la chose d'autrui de bonne foi fait les fruits siens, et on a vu là une suite de la possession. Mais c'est par voie d'accession que les fruits appartiennent à celui qui a la propriété publicienne, c'est-à-dire à celui qui a une possession de bonne foi que, perdue, il peut reconquérir par l'action publicienne, laquelle garantit sa propriété.

4° Quand un débat s'élève sur la propriété, le possesseur a l'avantage de n'être pas obligé à la preuve qui incombe à celui qui attaque; mais ce n'est pas là un bénéfice de la possession, c'est la suite de la règle qui met la preuve à la charge du demandeur.

5° Celui qui possède peut se maintenir dans sa possession par la force : c'est le droit de défense naturelle, et cela veut dire seulement que celui qui fait usage de sa force pour défendre sa possession, n'encourt pas la peine qui frappe tout acte de violence. Le même droit est applicable au simple détenteur.

6° Le droit de rétention n'appartient pas aux effets caractéristiques de la possession, puisque ceux-là même en jouissent, à qui l'on refuse absolument toute possession juridique.

4. Maintenant que la possession est définie, que ses effets sont connus, il est facile de répondre à la question si controversée de savoir si la possession doit être considérée comme un *fait* ou comme un *droit*.— Elle est tout à la fois de fait et de droit : fait par son essence, droit par ses effets.—Puisque la possession est un *fait*, son existence est indépendante de toutes les règles du droit civil et du *jus gentium* relatives à l'acquisition et à la perte des droits. Ainsi, 1° elle peut s'acquérir et se perdre par la *violence*; 2° l'omission d'une formalité, comme l'insinuation, par exemple, quand il s'agit de donation, n'empêche pas la transmission de la possession, qui passe, malgré cette inexécution de la loi, du donateur au donataire; 3° la possession n'est pas susceptible de transmission. —La possession est un *droit* par ses effets. Ainsi le nu-propriétaire peut traiter de la possession qui appartient à un autre.—Si ce contrat est valable, c'est parce que l'on considère la possession précédente du vendeur comme quelque chose de juridique reconnu dans le droit positif.

5. Maintenant à quelle classe de droits appartient la possession? — La question ne peut pas se poser quand il s'agit de la possession considérée comme condition de l'usucapion : il ne vient pas, en effet, à l'esprit de demander à quelle classe de droits appartient la *justa causa*, sans laquelle la tradition serait impuissante à transmettre la propriété. Il en est ainsi de la possession par rapport à l'usucapion.

6. La possession est définie, nous connaissons ses effets, nous savons qu'elle est de fait et de droit. — Maintenant il faut bien comprendre la terminologie qui caractérise les divers états de la possession.

7. On entend par *possessio* la simple *détention* alors même qu'elle n'établit aucun rapport juridique, c'est-à-dire qui ne se lie ni à l'*usucapion* ni aux *interdits*. — La possession nécessaire pour arriver à l'usucapion s'appelle *possessio civilis* : celle qui ne peut conduire à l'usucapion s'appelle, par antithèse, *possessio naturalis*. Quoique cette dernière ne réunisse pas les caractères nécessaires pour l'usucapion; elle n'est pas pour cela nécessairement la simple détention.

Quand la possession est en rapport avec les interdits, on appelle simplement *possessio*, celle que les interdits protégent. Par antithèse, on appelle *possessio naturalis* celle qui ne peut engendrer les interdits.—Mais ici remarquons bien que l'expression *possessio naturalis* a un double sens. Quand il s'agit du rapport de la possession avec les interdits, l'expression *possessio naturalis* signifie une possession qui ne peut faire naître les interdits, et qui à plus forte raison ne peut servir de base à la prescription :

est impossible de ne point se poser quand on s'occupe de la possession.—Par exemple, la possession est-elle antérieure à la propriété? Et pourquoi a-t-elle ces deux principaux effets qui sont signalés dans le droit romain (V. p. 119, note, n° 2), la prescription

---

quand il s'agit du rapport entre la possession et l'usucapion, la *possessio naturalis* est une possession qui ne peut fonder l'usucapion, mais qui pour cela n'est pas impuissante à baser les interdits.

8. Il est utile de remarquer que le mot *possessio* a dans la langue du droit romain, deux acceptions tout à fait étrangères à la terminologie de la possession. — Avoir une propriété se rend quelquefois par *possidere*, et la chose dont on a la possession par *possessio*.

9. Qu'est-ce que la *justa possessio?* — Le terme *justum* a chez les jurisconsultes romains, deux acceptions. Quelquefois ce mot se rapporte au *jus* (*civile*) et s'emploie dans le même sens que *civile* ou *legitimum*; par exemple, dans *matrimonium justum*. Dans d'autres passages, il a un sens plus vague et exprime d'une manière générale ce qui est de droit, ce qui est légal, comme dans *absentia justa*, *causa justa*. Appliqué à la possession, ce mot est pris dans cette seconde acception, et *justa possessio* est une possession basée sur un titre, que ce soit une possession fondée ou non en droit. — Mais une seconde signification du mot *justa* appliquée à la possession, se rencontre lorsqu'il s'agit des vices de la possession, dont la *justa causa* est exempte. On désigne par là cette détention qui commence sans violence, sans vol, sans *precarium*, qu'elle puisse ou non valoir comme possession juridique.

10. La *bona fides* régit toute cause possible de détention. Celui qui croit avoir une juste cause de détention est *bonæ fidei* : tel est celui qui, en vertu d'une juste cause (*justa possessionis causa*), reçoit une chose de celui qu'il croit propriétaire : il réunit les conditions requises pour l'usucapion. — Est aussi *bonæ fidei possessor* celui qui, relativement à la prescription de l'hypothèque, n'a aucune connaissance du droit hypothécaire du créancier. — Dans les cas les plus importants, la bonne foi (*bona fides*) n'a d'efficacité que quand elle peut être justifiée par l'existence d'un titre légal; de sorte que, dans ces cas, on entend toujours par *bonæ fidei possessio*, une possession s'appuyant sur un titre, quoiqu'il ne soit pas d'usage de l'exprimer formellement.

11. Maintenant quels doivent être les *caractères* de l'idée que représente la possession? en d'autres termes quels sont les caractères qui doivent se réunir pour qu'elle ait des suites juridiques? — Toute *détention*, pour valoir comme possession, doit exister avec *volonté*, c'est-à-dire, qu'il ne suffit pas d'avoir la détention de fait, qu'il faut encore avoir la volonté de posséder (*animus possidendi*). — Celui-là peut se dire possesseur qui traite en propriétaire la chose dont il a la détention, c'est-à-dire qui veut en disposer de la même manière qu'un propriétaire en dispose en vertu de son droit, et, par conséquent, n'admet la supériorité d'aucun droit étranger. — C'est là ce qui constitue l'*animus domini* : il n'est pas nécessaire pour l'avoir qu'on se croie effectivement propriétaire : il suffit qu'on veuille agir comme tel.

12. Comme il faut faire acte de propriétaire pour acquérir la possession, il en résulte qu'on ne peut posséder que les choses *susceptibles de propriété*. — Il est cependant divers droits dont le rapport avec la propriété peut être douteux, et il faut examiner si celui qui a l'intention de retenir la chose qu'un de ces droits lui permet de conserver peut en être considéré comme possesseur. Les droits dont nous voulons parler se traduisent par les expressions suivantes : 1° *In bonis habere*; 2° *possessio prædiorum provincialium*, *bona tributoria et stipendiaria*; 3° *servitutes*, *usus fructus*; 4° *emphyteusis*, *ager vectigalis*; 5° *jus pignoris*; 6° *superficies*. — Reprenons ces mots.

13. 1° La *propriété bonitaire*.—Dans tous les cas qui ne se rapportent pas à l'ancien et rigoureux droit civil, elle est traitée absolument comme la propriété civile, de sorte qu'il n'y a pas de difficulté à lui appliquer l'idée de la possession.

14. 2° Les *fonds provinciaux*.—Les fonds provinciaux, d'après un ancien principe du droit romain, n'étaient pas susceptibles d'une propriété quiritaire. Par suite, on ne pouvait acquérir ces immeubles selon les anciennes formes romaines; mais voilà tout : il est hors de doute que, relativement à ces fonds, l'*animus domini* pouvait exister.—Au reste, ce qui vient d'être dit est légitimé par l'abrogation que Justinien prononça de toute distinction entre les propriétés quiritaire et bonitaire, et par la décision aux termes de laquelle cet empereur constitua pour les fonds provinciaux une propriété complète et absolue.

15. 3° Les *servitudes*. — Ces droits, établis par le *jus civile*, sont mis, comme parties détachées de la propriété (*jura*, *jura in re*), en opposition avec la propriété, expression par laquelle on désigne l'ensemble de tous les droits réels. Cette antithèse, sans laquelle on ne pourrait donner une idée des servitudes, montre déjà clairement que celui qui veut exercer une servitude ne peut avoir en même temps l'*animus domini*. Aussi n'existe-t-il qu'un seul de ces droits, l'usufruit, qu'on serait tenté d'assimiler à la propriété; mais le droit romain ne reconnaît pas l'usufruitier lui-même comme propriétaire, et par *proprietas*, quand il s'agit d'usufruit, il entend désigner le droit qui reste, après que l'usufruit a été détaché de la propriété. Conséquemment l'*animus domini* est impossible dans toutes les servitudes.

16. 4° Le droit de *superficies* est entièrement semblable, et s'il n'est point compté parmi les servitudes, cela vient seulement de ce qu'il a été créé par le préteur, et non par le *jus civile*. Il appartient dès lors, comme les servitudes, aux *jura in re*; et de là il suit, comme le dit expressément Gaïus, que le superficiaire n'a pas la chose *in bonis*. C'est pourquoi l'*animus domini* est impossible ici, et, par là même, la possession civile.

17. 5° *Ager vectigalis et emphyteusis*. — On appelle *ager vectigalis* les terres qui étaient prises à ferme du peuple romain, des villes, des collèges, des vestales : on accordait toujours une action réelle au fermier d'un pareil fond. Le droit de l'emphytéote est assimilé à celui du fermier de l'*ager vectigalis*.—Maintenant doit-on considérer l'*ager vectigalis* et l'*emphyteusis* comme constituant une espèce de propriété (assimilable peut-être à celle des fonds provinciaux), ou bien comme des *jura in re* créés à l'imitation du droit de superficie? Cette seconde opinion doit être tenue pour la véritable, car les jurisconsultes romains attribuent nommément à l'emphytéose, un *jus in fundo* ou *jus prædii*, et, dans les constitutions, on le distingue du *dominus* (le bailleur) auquel on l'oppose.

Il semblerait résulter de là que la possession civile dans ces deux cas est impossible, faute de l'*animus domini*. Il n'en est pas ainsi, cependant, et pourquoi?

Il y avait dans la République romaine deux espèces de terre : l'*ager publicus* et l'*ager romanus*; celui-ci était seul l'objet du domaine privé. Cependant l'*ager publicus* se donnait aussi en grande partie, d'après l'ancienne constitution, en possession et en jouissance, à des particuliers citoyens romains, la République conservant toujours, néanmoins, le droit illimité de le reprendre quand bon lui semblait. Aux détenteurs de l'*ager publicus* avaient été donnés les *interdits* pour se défendre contre les entreprises des tiers; dans l'origine, les interdits, qui ne pouvaient naître que de la possession, constituaient une institution juridique destinée à protéger les détenteurs de l'*ager publicus*. C'est au moins ce qui résulte de conjectures hardies de Niebuhr, fortifiées par des textes. Or, l'*ager vectigalis* a été créé à l'imitation de l'ancien *ager publicus*, et quelque nombreuses et profondes que puissent être les différences qui les séparent, rien cependant n'est plus naturel, que de croire que cette seule imitation ait suffi pour appliquer à l'*ager vectigalis* plusieurs règles pratiques de l'*ager publicus*. Cette explication cadre très-bien avec ce goût pour les institutions antiques que l'on ne peut méconnaître avoir existé chez les jurisconsultes.

18. 6° Il résulte du droit de gage une action réelle, mais l'*animus domini* est impossible, puisque le créancier sait, mieux que personne, que la chose qu'il détient n'est pas à lui.

19. Il est des cas où la possession peut être transmise séparément de la propriété, c'est-à-dire où celui qui a le *jus possessionis* peut le transmettre; alors celui qui a cette possession ne peut avoir l'*animus domini*, et ne peut se considérer comme maître de la chose; cette possession doit être appelée dérivée. Il est intéressant de connaître les cas de possession dérivée, car cet examen sert à préciser d'une manière utile, quant à l'usucapion ou à la prescription, la nature de certains contrats.

20. Le bailleur transmet la possession à l'emphytéote; c'est par une raison historique, comme nous l'avons vu.

21. La possession est transmise au créancier-gagiste; elle lui sert quant aux interdits, non quant à l'usucapion; en effet le créancier gagiste ne peut acquérir la chose.

22. En général, le *dépôt* ne transmet pas la possession, excepté dans un cas très-rare. Lorsque la propriété d'une chose est revendiquée, et que cette chose est déposée chez un tiers (séquestre), les parties peuvent convenir expressément que ce tiers aura la possession, afin d'interrompre par là toute usucapion; c'est là le seul cas dans lequel le dépôt entraîne un changement de possession.

23. Il est de règle que la possession elle-même se transmet par le *precarium*. Mais on peut stipuler, par convention expresse, que la détention seule sera transmise.

24. Il est d'autres actes d'où la possession dérivée ne résulte pas plus que la possession originaire.

25. Le *mandat*. Dans ce cas nous remettons notre chose à autrui, précisément pour qu'il administre notre possession.

26. Le *commodat*. Celui qui remet de cette manière sa chose n'en perd pas plus la possession que le commodataire ne l'acquiert.

27. Il en est de même dans le contrat de *louage*; la possession dérivée n'aurait là aucune utilité; le fermier ne peut prescrire, et le propriétaire le protége par des interdits. Le fermier ne fait qu'administrer la possession que le bailleur a réellement.

28. L'*envoi en possession*. C'est une permission du préteur de prendre possession d'une chose d'autrui. Elle était accordée dans deux buts différents : 1° dans le but de transmettre la propriété (savoir la propriété bonitaire, avec la *conditio usucapiendi*). Par là on pouvait acquérir la possession, mais ce n'était pas une possession dérivée; c'était une possession originaire, parce que le possesseur possédait *pro suo*, c'est-à-dire avec la volonté de faire la chose sienne; 2° dans le but de tenir lieu d'une

et les actions possesoires? à quoi emprunte-t-elle cette vertu qui, de simple fait, la rend *condition* ou plutôt *source* de ces deux droits importants? — M. Troplong a donné de ces deux questions des solutions demandées à une philosophie à la fois saine et élevée.

---

aliénation, de laisser jouir des fruits, de donner une garantie à un créancier, etc. Dans ce second cas l'envoyé en possession ne peut prescrire, toutefois, il a pour se protéger un interdit différent des interdits possessoires.

29. *Jus in re.* Celui qui fait à un autre la tradition d'une chose parce que celui-ci est créancier du droit d'usufruit ou d'usage, ne perd nullement par là sa possession, et l'usufruitier exerce cette possession de la propriété de la même manière qu'un simple fermier.—La possession est inutile au détenteur, quant à l'usucapion, car l'intention des parties n'est pas d'opérer de changement dans la propriété. Quant aux interdits, le *jus in re* est protégé contre les tiers par des interdits particuliers.

30. Tout ce qui n'est pas et tout ce que nous savons n'être pas dans le commerce ne peut être l'objet de la possession : 1° l'homme libre ne peut être possédé par celui qui connait son état ; 2° et l'on ne peut posséder ni les choses publiques et communes à tous, ni les choses sacrées.

31. D'un autre côté, il est des personnes qui ne peuvent posséder ; ce sont celles qui ne peuvent avoir aucune propriété. — Celui qui est en puissance paternelle (*filius familias*) ne peut posséder. Le *fils* ne peut, en général, devenir propriétaire. Mais cette règle n'était point applicable au *peculium castrense*, non plus qu'au *peculium quasi castrense*. Comme par suite de l'introduction de nouveaux pécules, ce qui était l'exception est devenu la règle, il en résulte que tout fils de famille est capable de possession ; et même lorsque le père, comme cela se pratique ordinairement, a l'usufruit de ce qu'on appelle *peculium adventitium*, le fils est, dans ce cas, véritablement possesseur et le père, comme tout *fructuarius*, possède au nom de son fils.

Les *esclaves* sont incapables de possession juridique. — Ce qui est singulier, c'est que l'homme libre possédé comme esclave, ne peut acquérir la possession, quoiqu'il puisse être propriétaire. En effet, on peut être propriétaire sans liberté d'action ; il suffit de réunir en soi, sans qu'on le sache même, les qualités juridiques qui constituent le propriétaire, mais on ne peut posséder sans liberté d'action. — Il en est de même du *prisonnier de guerre* et de celui qui perd la liberté par suite d'une peine publique (telle que la *damnatio in metallum*).

52. Maintenant que les caractères de la possession juridique sont bien connus, que nous savons ce qu'on peut posséder, qui peut posséder, il est utile d'examiner si plusieurs peuvent posséder la même chose. — La négative est sortie, en droit romain, d'une vive et subtile controverse.

La possession est exclusive.— *Plures eamdem rem in solidum possidere non possunt.*—De là découlent deux règles fort importantes.—1° Comme plusieurs personnes ne peuvent pas posséder la même chose, il est évident que lorsqu'il résulte d'une disposition de loi que notre possession continue, aucune nouvelle possession n'a pu commencer. Exemple : Il est dit en termes formels que la possession d'un fonds dont on s'est emparé clandestinement continue jusqu'à ce que le possesseur précédent ait connaissance de l'occupation. Or, si celui qui s'est emparé clandestinement du fonds en est violemment expulsé par un tiers, celui-ci devrait, d'après les principes généraux de l'acquisition de la possession, être devenu immédiatement possesseur ; mais d'après notre règle, il n'a point encore acquis la possession. —2° Puisque plusieurs personnes ne peuvent posséder en même temps la même chose, lorsque le droit romain reconnaît l'existence d'une nouvelle possession, il faut par cela même que la possession précédente ait cessé. Exemple : Nous savons que dans l'*ager vectigalis* et dans l'emphytéose la possession appartient au preneur. Or le droit romain ne s'explique pas dans cette circonstance à l'égard du bailleur ; mais il résulte de notre règle que sa possession a cessé à l'instant où celle du preneur a commencé.

55. Comment s'acquiert la possession? — Elle s'acquiert par un acte corporel (*corpus aut factum*), accompagné d'une certaine volonté (*animus*).— Cet acte *corporel* est ce qu'on appelle appréhension.—Qu'est-ce que l'*appréhension?* C'est la possibilité d'agir immédiatement sur la chose et d'en écarter toute action étrangère. — La largeur de cette définition fait qu'on peut se passer de tous ces signes symboliques, indices d'appréhension fictive, qu'on était obligé d'admettre quand le *contact* seul paraissait constituer l'appréhension. — Mais il peut arriver qu'on ait déjà appréhendé une chose avant qu'il fût question d'acquérir la possession, et dans ce cas il suffit de l'*animus*.

54. Cette volonté d'acquérir, qui doit être jointe à l'appréhension, consiste en ce que le possesseur doit traiter la chose comme sienne (*animus domini*). Cela est clair. — Mais il faut bien se rappeler ici ce que nous avons dit plus haut : il ne faut pas confondre cet *animus domini* avec la conviction que l'on est propriétaire (*opinio domini*).

55. Pour avoir l'*animus domini*, il faut être *capable de volonté*. C'est le cas d'examiner quelles sont les personnes qui, incapables de volonté, sont dès lors incapables de posséder. — A cette classe appartiennent, d'abord, les *personnes juridiques*, comme, par exemple, une hérédité, une corporation... ; elles n'ont point, en effet, de volonté personnelle. — Il faut aussi y ranger les *insensés*. Ainsi, ceux qui sont atteints d'aliénation mentale ne peuvent, à cause de l'impossibilité de rencontrer en eux l'*animus possidendi*, acquérir la possession ; aussi ne peut-il être question ici, comme lorsqu'on considère les fous d'une manière générale, de l'intervention du tuteur, dont l'autorité habiliterait l'insensé.—Il est pareillement évident que le *jeune âge* ne permet pas d'acquérir la possession ; mais il faut bien indiquer le moment où cette incapacité vient à cesser. Or, il est certain que la puberté fait cesser cette incapacité. Il ne reste donc plus que deux cas à examiner : l'*impuberté* dans le sens strict du mot, et l'*enfance*. — Quant à la capacité des *pupilles* qui ne sont plus *enfants*, voici la règle : L'acquisition de la possession est toujours possible avec l'intervention du *tuteur*. Cette intervention n'est pas nécessaire au pupille dont l'intelligence est assez développée pour concevoir ce qu'il veut faire, et pour vouloir sérieusement. — L'enfant peut aussi acquérir la possession avec l'intervention de son tuteur. Cela peut faire difficulté, car il faut diviser entre deux personnes l'appréhension et l'*animus*, l'appréhension appartenant à l'enfant, l'*animus* au tuteur. Cela n'est là qu'une subtilité. Il n'est pas douteux d'ailleurs que le tuteur ne puisse, *au nom* de l'enfant, acquérir la possession.

56. En suivant le cours des idées relativement à l'*animus possidendi*, après avoir vu ce qu'on peut posséder, et qui peut ainsi posséder, il faut bien se fixer sur ce point que l'*animus* doit s'appliquer à une chose indépendante, c'est-à-dire saisissable.

Maintenant sous quelles conditions pourra-t-on dès lors acquérir la possession de la partie d'un tout? — A cet égard il faut distinguer : — Ou l'on veut posséder la partie isolément du tout, ou l'on ne veut la posséder que dans le tout.

57. Occupons-nous du premier cas. — Il n'y a pas de difficulté qu'on puisse acquérir une *partie* d'un fonds de terre. Le nouveau possesseur n'acquiert de la chose que ce qu'il se propose de faire l'objet particulier de sa possession. — Lorsque le tout n'est susceptible que d'une division idéale, l'acquisition de la possession n'en est pas moins possible sous la condition, toutefois, que l'étendue de cette partie sera déterminée. Celui qui, par exemple, hérite du tiers d'une succession, entre pour un tiers dans la propriété de toutes les choses qui composent le patrimoine du défunt ; s'il vend et transmet un champ qui faisait partie de l'hérédité, l'acheteur acquiert la possession du tiers de ce champ. — Hormis ces cas, il est toujours impossible d'acquérir isolément la possession d'une partie séparée. — Cette impossibilité est physique ou juridique. Il y a impossibilité physique d'acquérir la possession d'une poutre fixée dans un mur, tant qu'elle y est attachée, ou la roue d'un chariot, tant qu'elle n'en est pas détachée. Il y a, au contraire, impossibilité juridique, par exemple, de posséder le sol sans la maison, et la maison sans le sol, parce que le sol et le bâtiment forment un tout juridique, etc.

58. Occupons-nous du second cas : celui où il s'agit d'obtenir une *partie* dans un tout. — La règle est que celui qui acquiert la possession d'un tout, ne possède que le tout, et non point chaque partie considérée comme telle. — Ainsi, celui qui prend possession d'une voiture, n'acquiert pas la possession des roues comme choses séparées : il en est de même des autres choses composées. Lorsque, par exemple, la voiture est volée, elle ne peut être usucapée : si une de ses roues n'a point été volée, elle ne peut pas cependant être usucapée, car ce n'est point la roue comme telle, mais la voiture qui est possédée. Réciproquement, l'on acquiert, par usucapion, avec la voiture, une roue volée, pourvu que la voiture elle-même n'ait point été l'objet d'un vol. — Lorsque l'usucapion est accomplie, elle l'est à l'égard du tout, et la décomposition de l'objet n'empêche pas que toutes ses parties ne soient prescrites : mais si la décomposition avait lieu avant la prescription accomplie, il faut qu'une nouvelle prescription commence pour ses parties séparées. Toutefois, la juste cause qui a présidé à l'origine de l'usucapion du tout réfléchit sur la partie : il en est de même quant à l'appréhension, de sorte que la possession de la partie qui vient à être détachée par la simple séparation est acquise sans nouvel acte de possession.

Celui qui achète un terrain le possède en entier, et non point chacune de ses parties en tant que parties séparées. — Celui qui possède une maison ne possède pas les poutres, les briques, les matériaux qui la composent : en tout cas, il ne les posséderait que comme choses mobilières. De là il résulte que si la maison était démolie avant que l'usucapion fût accomplie, les poutres et les briques, en tant que choses mobilières, devraient être de nouveau usucapées. — Ce qui est tout à fait particulier, c'est qu'il est un cas où l'usucapion accomplie pour le bâtiment ne s'étend pas aux matériaux considérés comme partie d'un tout, et qu'alors ceux-ci, après avoir été détachés, doivent s'acquérir par une nouvelle usucapion. C'est le cas où la maison et les matériaux appartiennent à des propriétaires différents : comme le propriétaire des matériaux ne pouvait en demander la séparation, l'usucapion, qu'il ne pouvait interrompre, ne courait pas contre lui.

59. Nous venons de voir quelles sont les choses dont la possession peut être acquise. Maintenant, comme il n'est pas douteux que l'on puisse acquérir la possession par un *intermédiaire, par autrui*, il faut examiner dans quelles conditions cela peut se faire. — Il faut que le *représentant*

227. Selon ce savant auteur, nos 219, 220, le droit de propriété se manifeste par des faits extérieurs. Ces faits constituent la possession. — Il n'est pas vrai qu'il y ait un droit de possession antérieur au droit de propriété. Partout où il y a des hommes, il y a des propriétés reconnues. Loin que la possession ait précédé la propriété, ce n'est que chez les peuples très-avancés dans les notions du droit qu'on a séparé l'une de l'autre (V. Propriété). — Dès qu'il s'empare d'une chose qui n'appartient à personne, l'homme a en lui la conscience qu'elle devient sienne, non pas actuellement, mais à perpétuité. L'idée de propriété, c'est-à-dire d'un droit survivant au fait de détention, est innée dans son intelligence : c'est donc une erreur que de faire dériver la propriété de la possession. Celle-ci n'est que le fait par lequel le droit de propriété se déclare. — Il suit de là que lorsque le droit est d'accord avec le fait, la possession et la propriété sont unies. — Mais lorsque le droit est incertain, contesté, on est forcé de considérer la possession, abstraction faite du droit de propriété, afin qu'elle ne reste pas vacante, au préjudice de l'intérêt public, ou qu'elle ne soit pas le sujet de collisions sanglantes; il faut que la loi civile intervienne pour faire un sort à la possession, en attendant que le sort de la propriété soit arrêté. Or, comme la possession est le signe de la propriété, la loi présume provisoirement, et jusqu'à preuve contraire, que le possesseur est propriétaire. — Mais un seul jour de possession ne suffit pas pour fonder cette présomption. Ce n'est là, aux yeux de la loi, qu'un fait insignifiant; et si cette possession sans titre et sans durée vient à se perdre, la loi n'offre aucun secours au possesseur expulsé. — Mais la possession s'est prolongée pendant un an, paisible, publique, et à titre de propriétaire, alors la loi y attache la présomption de propriété, et la protége par les actions possessoires qu'elle accorde au possesseur annal. — Il y a plus; après que la possession paisible et à titre de propriétaire s'est continuée pendant trente ans ou même pendant dix ans seulement, pourvu que, dans ce dernier cas, le possesseur joigne à sa possession deux autres conditions, un juste titre et la bonne foi, cette possession se convertit, en vertu d'une présomption légale qu'aucune preuve contraire ne peut détruire, en un véritable droit de propriété.

Mais là ne s'arrêtent pas les effets que la loi attribue à la possession. Ainsi, celui qui possède de bonne foi, et en vertu d'un titre translatif, fait les fruits siens : la présomption de propriété attachée à sa possession ne peut être détruite par les réclamations du véritable propriétaire, que pour l'avenir seulement; le possesseur de bonne foi, qui vient à perdre la possession de la chose, a une action pour se faire rétablir dans la jouissance de cette chose, détenue par un tiers dont le titre est moins coloré que le sien. — Ajoutez que celui qui possède, même sans titre, et sans que sa possession ait une durée annale, doit obtenir gain de cause contre le demandeur en désistement qui ne justifie pas sa prétention ; mais ce résultat est moins l'effet de la possession, que celui de la règle de droit commun *auctore non probante reus absolvitur*. — Tels sont les principaux effets de la possession : elle les emprunte tous à une présomption de propriété destinée à remplacer la vérité sur le fond du droit qui est ignoré. — De ce qui précède, il résulte que la possession, même plus qu'annale, n'est qu'un pur fait et non un droit, car elle n'a de valeur, aux yeux de la loi, que lorsque cette dernière y découvre une présomption de propriété ; c'est donc celle-ci qui est le droit. Tous les effets juridiques que l'on attribue par mégarde à la possession dérivent directement de la propriété présumée qu'elle signale. C'est ainsi que les actions possessoires n'appartiennent qu'au possesseur annal, c'est-à-dire au propriétaire présumé, et que la prescription trentenaire ou décennale n'est que la propriété substituée au fait de possession, etc. — Dès qu'elles prennent leur base dans un droit de propriété présumé, les actions possessoires doivent être réputées réelles, et c'est avec raison que le code de procédure exige, art. 3, qu'elles soient portées devant le juge de la situation de l'objet litigieux.

228. Quelque justes que soient ces idées de M. Troplong, vivement critiquées par M. Marcadé, sur l'art. 2228, n° 4, il nous semble que la possession plus ou moins longue, plus ou moins certaine des choses immobilières, a dû être le point de départ ou le signe le plus constant du droit de propriété qui a pu être ultérieurement reconnu sur elles ; qu'en d'autres termes, la propriété immobilière, lorsqu'elle a été consacrée par des peuplades qui jusque-là avaient vécu sans fixité et sans lois, a dû être attribuée particulièrement aux individus à qui elle se rattachait de

---

remplisse les mêmes conditions que s'il voulait posséder pour lui-même : il lui faut donc l'apprébension et l'*animus possidendi*. Mais l'*animus possidendi* présente ici cela de particulier que le représentant ne doit point vouloir acquérir la possession pour lui-même, mais pour celui qu'il représente, afin que celui-ci devienne possesseur. Le représentant veut-il devenir lui-même possesseur, ou rendre un tiers possesseur? Son acte produira alors le résultat voulu. Le cas de la tradition fait exception, car c'est alors à l'intention de celui qui fait la tradition qu'il faut s'attacher : l'acquisition de la possession s'opère d'après cette intention, alors même que le représentant, infidèle à son *mandat*, voudrait acquérir pour lui-même ou pour un tiers.

40. S'il faut que le représentant veuille acquérir la possession pour celui qu'il représente, il faut que celui-ci veuille aussi acquérir la possession pour lui-même. Il en résulte que cette acquisition n'a pas lieu lorsque celui pour lequel la possession doit être acquise n'en a aucune connaissance (*ignoranti possessio non adquiritur*). — Cependant il est évident que l'acquisition peut être faite par les tuteurs et par ceux qui représentent les corporations, sans que le mineur ou les membres de la corporation le sachent. Il est un autre cas qui ne rentre pas dans la règle que nous venons de poser, c'est celui où, ayant donné un mandat pour acquérir la possession, j'ignore l'accomplissement du mandat : dans ce cas la possession m'est acquise dès que le mandat est exécuté; mais je ne pourrai prescrire que du moment où j'aurai eu connaissance de l'accomplissement du mandat.

41. Il faut, en troisième lieu, pour que la possession puisse être acquise au représenté par un représentant qu'il existe entre eux un rapport de droit. — Ce rapport existe ou dans le cas où celui qui acquiert la possession par autrui a autorité sur le représentant, comme le maître à l'égard de l'esclave, le père à l'égard du fils, ou dans les cas où le représentant libre, c'est-à-dire le mandataire, s'est, sous cet aspect, confondu avec le représenté.

42. Plusieurs choses sont à remarquer en ce qui concerne le *mandat* afin d'acquérir la possession. — Ce mandat n'a pas besoin de revêtir les caractères qui font la condition de la validité d'un acte en droit civil. Ainsi l'esclave, le pupille peuvent recevoir ce mandat.

43. Par cela qu'une personne a la possession d'une chose, il n'en résulte pas qu'elle ne puisse recevoir le mandat de l'acquérir pour un autre. Dans ce cas, par le seul effet de sa volonté, sa possession se change en simple détention : c'est le *constitutum possessorium*. — En thèse générale, le *constitutum* doit être nettement exprimé ; cependant il peut être la conséquence d'un autre acte. Ainsi, par exemple, celui qui donne un immeuble et qui, en même temps, en devient le fermier : son intention étant évidemment d'être le fermier de son donataire, il a implicitement acquis la possession pour lui.

44. Il est deux résultats importants des règles qui viennent d'être ci-dessus établies relativement à l'acquisition de la possession. 1° Les actes purement juridiques qui ne renferment pas en même temps l'appréhension, ne donnent pas la possession. Telle est l'acquisition d'une hérédité : tous les droits, en général, qui constituent le patrimoine et qui ne sont pas purement personnels, passent immédiatement à l'héritier par l'effet de l'adition d'hérédité; mais il en est autrement de la possession, parce que cette adition ne renferme aucune appréhension des choses individuelles qui composent l'hérédité. La maxime : le mort saisit le vif, est le principe d'une législation moderne et serait une inconséquence en droit romain. 2° Lorsque les conditions nécessaires pour acquérir la possession sont réunies, la possession n'est point empêchée par ce qui peut vicier les conventions. Ainsi la violence peut faire acquérir la possession.

45. Nous venons de voir comment on acquiert la possession; voyons comment on la perd. — Pour que la possession se continue, il faut, comme pour son acquisition, l'*apprehensio* et l'*animus*. Si l'un ou l'autre viennent à manquer, la possession se perd. — La première condition de la continuation de la possession consiste donc dans un rapport physique avec la chose possédée, rapport qui nous permet d'exercer sur elle notre action, mais il n'est pas nécessaire, comme pour l'acquisition de la possession, que cette faculté soit immédiate et actuelle. La possession n'est perdue que lorsque l'action de notre volonté est devenue tout à fait impossible. — Quant à l'*animus*, il suffit, pour conserver la possession, que la *volonté* originaire subsiste ; il n'est pas nécessaire (parce que cela n'est pas possible), que la conscience de la possession elle-même soit réellement actuelle dans chaque instant qui suit l'acquisition.

46. Peut-on *perdre* la possession d'une chose mise entre les mains d'un *représentant?* — Oui. Cette perte peut s'opérer de deux manières, soit parce que le représentant veut acquérir lui-même la possession de la chose que jusqu'alors il détenait pour un autre (perte en faveur du représentant), soit parce qu'il cesse de détenir la chose, peu importe dans ce cas qu'un tiers acquière ensuite ou non cette possession (perte par le représentant).

préférence par la possession. — V. ce qui est dit *suprà*, n° 3.

239. On pourra voir dans l'analyse rapportée (p. 119, note) combien de distinctions étaient faites dans le droit romain entre les diverses possessions. Cette terminologie, qui était fort compliquée, est passée dans le droit français, souvent après avoir été mal comprise, et même lorsqu'elle n'y était point applicable.—Aussi est-ce avec raison qu'on a remarqué que ces dénominations, en passant dans le droit français, n'y ont aucun sens, qu'elles n'y apportent que confusion, et que les auteurs ne s'accordent même point sur leur signification véritable. Par exemple, et c'est l'observation de M. Troplong, n° 239, est-il exact de réserver, avec Pothier, la qualification de *naturelle* à la possession de celui qui détient sans titre ou pour autrui, et de la refuser à celui qui possède la chose d'autrui avec titre, et *animo domini*? Celle-ci est-elle moins naturelle que celle-là? Est-ce que la possession que Pothier appelle naturelle ne mérite pas aussi la qualification de *civile*, quand la loi civile lui reconnaît, comme à l'autre, sinon les mêmes effets, du moins des effets utiles, en accordant, par exemple, au possesseur précaire, l'action personnelle dans divers cas (C. civ. 1382, 1725, 1727)? La distinction entre la possession naturelle et civile n'est pas exacte dans tous les cas. Mais, appliquée à la faculté d'acquérir, elle est utile dans la pratique. — La distinction entre la possession *juste* et la possession *injuste* dérive aussi du droit romain. Elle est peu importante, soit en matière d'actions possessoires, soit en matière de prescription. — Quant à la distinction des possessions en *réelles* et *feintes*, elle est d'autant plus illusoire, que nous avons vu plus haut qu'elle n'était pas même exacte en droit romain. — Il est des distinctions plus utiles, celles, notamment, entre la possession de *bonne foi* et celle de *mauvaise foi*, et entre la possession à *titre précaire* et celle à titre de *propriétaire*. — V. à cet égard nos 302 et s., 400 et s.

240. On qualifie quelquefois la possession par sa durée. Il est facile de la reconnaître quand cette durée est fixée par les lois. Mais on a besoin de règle quand il s'agit de qualifier la possession *immémoriale*. — Celle-ci est, comme un arrêt l'a très-bien reconnu, la possession dont aucun homme vivant n'a vu et n'a pu voir le commencement, et qui n'est contredite par aucun fait (Bordeaux, 8 fév. 1832, aff. Bailliet, v° Servitude).

241. Aussi a-t-il été jugé qu'une possession, dont l'origine est connue, et qui avait cinquante-quatre ans d'existence au moment de la promulgation du code Napoléon, ne peut être considérée comme immémoriale (Req. 13 nov. 1822, aff. Thomasson, v° Servitude).

SECT. 2. — *Quelles choses sont susceptibles de possession.*

242. L'art. 2228 reconnaît que l'on peut posséder, non-seulement une chose matérielle, mais même un *droit*; par exemple un droit de servitude, de superficie, etc. — C'est là une conquête véritable sur les subtilités du droit romain. — Toutefois, on ne peut posséder les choses, corporelles ou non, qui ne sont pas dans le domaine public. Serait, par exemple, inutile, la possession d'un nom autre que celui qu'on a reçu dans son acte de naissance (V. nos 259 et les renvois). — A l'égard des choses qui sont susceptibles d'une possession légale acquisitive du droit de propriété, V. ce qui est dit sur les choses qui sont ou ne sont pas prescriptibles, nos 143 et suiv.

243. Il ne peut résulter aucun indice de propriété de la possession, même *annale*, des choses qui ne peuvent s'acquérir que par *titre*. — On ne peut posséder la partie *incertaine* d'une chose : *Incerta autem pars nec tradi, nec usucapi potest, veluti si ità tibi tradam quidquid mei juris in fundo est; nam qui ignorat, nec tradere, nec occupare id quod incertum est, potest* (Pompon., L. 26, D., *De acq. possess.*).

244. Deux personnes peuvent-elles avoir chacune (*in solidum*), la possession d'une même chose? Une possession exclut nécessairement une autre possession ayant la même nature et les mêmes prétentions. Mais rien n'empêche d'admettre à concourir et à s'échelonner les unes sur les autres des possessions inégales, telles, par exemple que celle à titre précaire et celle *animo domini* (M. Troplong, n° 243).—Cela est vrai, mais il en résulte qu'on ne peut avoir qu'une seule possession juridique d'une chose.—Des *communistes* peuvent posséder en commun la chose indivise qui leur appartient; car ils ne la possèdent pas séparément, leur communauté formant une société collective (Conf. M. Troplong, *eod.*).

SECT. 3. — *Comment la possession s'acquiert, se conserve et se perd.*

245. Comment s'acquiert la possession? Deux conditions sont nécessaires : l'appréhension de la chose, et la volonté de la conserver.—Pour qu'il y ait appréhension, il suffit que, par un fait quelconque, celui qui veut acquérir une chose soit mis à même de s'en servir réellement, quand il le voudra, soit par lui, soit par autrui. L'acquéreur à qui le vendeur a remis les titres de propriété de l'immeuble vendu, possède cet immeuble, quoiqu'il ne s'y soit pas encore transporté. Il le possède pareillement, lorsque, par une clause du contrat, le vendeur reconnaît détenir l'immeuble à titre de fermier de l'acquéreur (Conf. M. Troplong, n° 251, V. Action poss., nos 217, 218, 219).

246. Il n'y a point de possession, dans le sens légal de ce mot, sans la *volonté* de posséder et de recueillir les avantages de la chose, à titre, soit précaire, soit de propriétaire. — Celui qui, ayant acheté une chose, en reçoit, par *erreur*, une autre du vendeur, n'acquiert, selon M. Troplong, n° 254, la possession d'aucune des deux. « Je n'ai pas, dit le savant auteur, la possession de l'objet acheté, puisque la tradition ne m'en a pas été faite; je n'ai pas la possession de celle qui m'a été livrée, puisque je n'ai pas eu l'*intention* de la posséder. » — Cette décision est-elle bien sûre ou, en tout cas, n'est-elle pas trop générale? La chose que j'ai par erreur croyant l'avoir achetée m'a, en réalité, été transmise; car ici quand il s'agit de transmission il s'agit de fait, et la chose qui m'a été remise à la place d'une autre ne m'a pas moins été remise : je l'appréhende donc. Si, de plus, j'ai la conviction d'en être le maître, les deux conditions paraissent remplies. — Mais, dit-on, je suis dans l'erreur. — Ici il faut bien s'entendre. En quoi consiste mon erreur? à croire que la chose que je possède est celle que j'ai achetée. Mais cette erreur ne m'empêche pas de posséder *animo domini* cette chose que je détiens; et n'est-ce pas une subtilité de dire que je ne possède pas comme maître la chose dont je dispose, parce que ce n'est pas celle-là que j'ai voulu acquérir? — V. le débat qui s'est élevé sur cette question entre MM. Seligman et Marcadé, Revue critique de législ., t. 4, p. 80 et 466; V. en outre M. Marcadé, sur l'art. 2228, n° 6.

247. Les personnes *incapables* de contracter sont-elles incapables d'acquérir la possession *ex proprià personà*? Oui, M. Troplong, n° 25; non, M. Belime, de la Possession, n° 90. Au reste, cette controverse a peu d'importance, car les *mineurs* et les interdits peuvent acquérir la possession par leurs *tuteurs* et par leurs *curateurs*; et la possession n'étant qu'un fait, dit très-bien Pothier (de la Possession, n° 48), la *femme* peut l'acquérir sans l'autorisation de son mari (Conf. M. Troplong, n° 258). — Les *communes* acquièrent la possession par ceux qui les représentent, et même nonobstant l'opinion contraire de Pothier, n° 46, par les habitants qui les composent (Conf. MM. Belime, n° 93; Marcadé, sur l'art. 2228; Troplong, n° 257). — Jugé ainsi que la possession des habitants d'une commune *ut singuli* telle que l'usage où ils sont de passer sur un certain fonds pour aller puiser de l'eau à une fontaine enclavée, est utile à la prescription au profit des habitants *ut universi* (Pau, 14 mars 1831) (1).

(1) (Com. de la Hille C. Tapie.) — LA COUR ; — Sur le moyen pris de ce que la possession ayant eu lieu, non par le corps moral de la commune, mais par les habitants dans leur intérêt particulier, elle ne peut quant à lui, servir de fondement à la prescription; — Attendu que le seul usage que la commune pût faire de la fontaine dont il s'agit était de laisser les habitants en employer les eaux à leurs besoins; qu'elle peut donc se prévaloir des actes de possession de ceux-ci; — Sur le moyen pris de ce que le sentier sur lequel le passage a eu lieu ayant été fermé de barrières et de fossés à ses deux extrémités, la possession qu'invoque la commune doit être considérée comme ayant eu lieu à titre précaire, et comme n'ayant pu, dès lors, servir à prescrire : —Attendu qu'il résulte des enquêtes que ces clôtures n'avaient été établies par les

248. On peut acquérir la possession par *procureur*, pourvu que celui-ci appréhende la chose avec la volonté de posséder pour le *mandant*; car, s'il l'occupait pour lui-même, et en manifestant à cet égard son intention, la possession ne serait évidemment pas acquise au mandant.—Pothier décide, d'après les lois romaines, qu'on ne peut acquérir la possession par l'entremise d'un mandataire privé de sa raison. Mais nous préférons l'opinion de M. Troplong, n° 260, qui considère les actes possessoires, machinalement accomplis par le mandataire, comme recevant de la volonté du mandant le caractère moral qui leur manque. — Quant au *negotiorum gestor*, Pothier s'explique ainsi : Un de mes amis, sans avoir charge de moi, fait pour moi l'emplette d'une chose qu'il sait devoir me faire plaisir et la reçoit pour moi et en mon nom. Je n'en acquiers par lui la possession que depuis que j'ai eu avis de cette emplette qu'il a faite pour moi, et que je l'ai approuvée : car je n'ai pas pu avoir plus tôt la volonté d'acquérir la possession : *Procurator, si quidem mandante domino rem emerit, protinus illi acquirit possessionem; quod si suâ sponte emerit, non nisi ratam habuerit dominus emptionem* (L. 42. § 1, ff. *De acq. poss.*). — M. Belime pense avec raison, n° 92, que cette opinion de Pothier ne peut être suivie, car la ratification a un effet rétroactif; et d'ailleurs, en ratifiant, je deviens comme une espèce de successeur du *negotiorum gestor*, en sorte que je puis invoquer une sorte d'accession. — Dans le cas où je refuserais de ratifier, il faut examiner si le *negotiorum gestor* avait pris possession tant pour moi que pour lui, à mon défaut, comme cela a lieu dans les acquisitions avec réserve d'élection de command; alors, il n'y aurait pas de doute que sa possession lui compterait à lui-même. Mais s'il n'avait pris possession qu'à ma seule intention, n'ayant aucun dessein de faire une affaire pour lui-même, il ne posséderait pas, n'ayant pas l'*animus possidendi*...

249. A quel moment doit-on fixer le commencement de la possession? C'est la plupart du temps une question de fait. Mais on a demandé, dans le cas d'envoi en possession d'un immeuble par un jugement, si la possession commençait à la date de l'assignation sur laquelle le jugement était intervenu ou seulement à dater du jugement? — Il a été décidé, avec raison, que c'était à dater du jour de l'assignation (Bruxelles, 8 therm. an 13) (1).

250. Comment se conserve la possession? On retient la possession non-seulement par soi-même, mais encore par ses *représentants*, tels que fermiers, etc. — Ainsi, l'on possède par son *fermier*. — Il faut bien remarquer qu'on ne conserve la possession par son fermier, que lorsque la qualité de fermier n'est pas douteuse, et que celui auquel il a été fait bail, ne peut être considéré comme propriétaire par ceux auxquels on veut opposer la prescription. Ainsi, Pierre achète de Paul, qu'il considère comme ayant la propriété et l'usufruit, un bien dont celui-ci n'avait que l'usufruit, il passe un bail à Paul, il ne conserve pas sa possession par l'intermédiaire de Paul, celui-ci ayant toujours été considéré comme usufruitier. C'est aussi ce qui a été jugé (Pau, 14 mai 1830) (2). — Enfin, le fermier conserve la possession du propriétaire lors même qu'il voudrait posséder en son propre nom. L'héritier du fermier possède également pour le maître, et lui conserve la possession, quand même il ne succéderait pas au bail, ou quand même il ignorerait que la chose n'appartenait pas à son auteur. — V. en ce sens M. Troplong, n°s 267 et s.

251. L'*intention* suffit pour conserver la possession : *Licet possessio nudo animo acquiri non possit, tamen solo animo retineri potest* (L. 4, C. *De acq. possess.*). Toutefois, la possession intentionnelle n'a pas toujours les mêmes avantages qu'une possession effective. — La volonté de conserver la possession se maintient jusqu'à ce qu'une volonté contraire soit manifestée. La cessation de la culture d'un héritage ne prouve pas l'abandon de la possession (L. 4, C. *De acq. possess.*).— Il y a d'ailleurs des propriétés sur lesquelles on ne peut exercer que par intervalle des actes de jouissance (L. 3, § 11, D. *De acq. possess.*). — Il est évident qu'une possession qui resterait purement intentionnelle pendant trente ans, en présence d'une possession rivale s'exerçant *corpore et animo*, serait vaincue par celle-ci.

252. Il n'est pas nécessaire que les actes extérieurs destinés à conserver un droit acquis, soient aussi fréquents que ceux nécessaires pour faire acquérir un droit qu'on n'a pas. — Jugé, par exemple, que celui auquel un titre confère le droit de faire maintenir une partie de la propriété du voisin en état de non-culture pour l'utilité de son propre héritage, est censé posséder ce droit, sans le secours d'actes extérieurs, tant que le terrain asservi n'est pas cultivé (Cass. 15 fév. 1841, aff. Dumont, v° Action poss., n° 366).—Cela doit être ainsi; car si l'intention suffit pour continuer la possession, cet effet ne peut être détruit que par la manifestation d'une intention contraire, qui résulterait, en matière de servitude, du non-usage pendant trente ans, ou par le trouble apporté à l'exercice du droit; car on n'est plus censé retenir par l'intention une possession qui a été usurpée par un tiers ou dont on a été dépossédé.

253. La possession se continue sans interruption de l'auteur à l'héritier, par suite du principe, *le mort saisit le vif*. L'état même de vacance de la succession, ne ferait pas cesser la continuation de la possession.

254. De quels objets se *perd* la possession? Nous perdons la possession : 1° des objets mobiliers qu'on nous enlève par ruse ou violence; 2° de ceux que nous perdons, mais non de ceux qui ne sont qu'égarés dans notre maison; 3° des animaux sauvages ou domestiques qui se sont échappés ou égarés; 4° de ceux apprivoisés qui ont perdu l'habitude du retour; 5° des immeubles

---

mariés Tapie que pour mettre leurs propriétés à l'abri de la dévastation des bestiaux; qu'elles n'apportaient aucun obstacle à ce que les habitants passassent par le sentier; qu'ils continuèrent de le pratiquer pour se rendre à la fontaine, au vu de Tapie, qui ne s'avisa jamais de le leur défendre jusqu'en 1823; que cette circonstance écarte l'idée que le passage fût l'effet d'une pure tolérance; — Disant droit à l'appel des mariés Tapie; sans s'arrêter à leurs conclusions subsidiaires, dont ils sont déboutés, dit avoir été bien jugé; ordonne que le jugement dont est appel sortira son plein et entier effet; condamne lesdits mariés Tapie à l'amende et aux dépens.

Du 14 mars 1831.-C. de Pau.-M. de Charritte, pr.

(1) (Delahaye *C.* Col.) — LA COUR; — Attendu que par l'arrêt du 28 août 1775, les parties de Girardin ont été reconnues héritiers, avec restitution des fruits depuis 1749, époque de la cessation de l'usufruit d'Antoinette Roghe; — Qu'en principe et suivant la loi 15, § 9, ff. *De acquirendâ vel amittendâ possessionne*, le temps du détenteur évincé accède au propriétaire reconnu par le juge; — Que depuis 1749 jusqu'au jour de la demande actuelle, il s'est écoulé environ cinquante-quatre ans, terme plus que suffisant pour mettre l'appelant à couvert de toute recherche; — Attendu que l'arrêt de 1775 n'est que déclaratif du droit des parties de Girardin, et que son effet remonte au 28 août 1775, jour de leur demande, celui qui obtient étant avoir censé droit au moment de son action; — Que dès lors, et en retranchant même le temps antérieur à la demande formée le 28 août 1775, il y aurait encore, jusqu'à celle intentée par les intimés, le 24 oct. 1775, un espace de plus de trente ans; — Attendu que la faculté d'accepter une succession, ou d'en revendiquer les biens, est prescriptible, et que les intimés ont gardé un silence absolu pendant près de cinquante-quatre ans, à ne compter que de l'époque où la Clozière a été déchargée de l'usufruit d'Antoinette Roghe; — Met l'appellation et ce dont est appel au néant; émendant, déclare les intimés non recevables dans leur demande originaire, etc.

Du 8 therm. an 13.-C. de Bruxelles.

(2) *Espèce*; — (Laxtagne *C.* enfants de Villenave.) — L'aîné des quatre enfants Villenave vend à Camposet (aux droits duquel se trouve maintenant Laxtagne) une terre appelée Barthe des Hureaux et Camposet lui en passe bail pour quatre années. — Les cohéritiers de Villenave aîné établissant qu'ils ont toujours été propriétaires de ce bien dont leur frère aîné n'avait que l'usufruit, ont assigné en délaissement les tiers détenteurs. Ceux-ci ont opposé la prescription de dix ans. Leur prétention a été admise par jugement du tribunal de Dax, en 1825. — Appel. — Arrêt.

LA COUR; — Attendu que les tiers détenteurs invoquent la prescription de dix ans; que reconnaissant eux-mêmes qu'ils n'ont joui personnellement de cet immeuble que depuis 1812, il ne s'était écoulé qu'environ neuf ans depuis cette époque jusqu'à l'introduction de l'instance en 1821; que bien que Villenave l'aîné l'eût tenu d'eux, pendant quatre ans à titre de bail, et qu'en général le propriétaire soit censé jouir par ses fermiers, comme ce bail était ignoré des parties de Casaubon (les cohéritiers Villenave), et qu'elles ont été fondées à croire que la possession de leur frère n'était que l'exercice du droit d'usufruit qu'elles lui avaient concédé, on ne peut s'en prévaloir contre elles, puisqu'elles n'ont pu l'interrompre; qu'ainsi en refusant d'ordonner en faveur des parties de Casaubon, le délaissement de la pièce de terre dont s'agit, le tribunal de Dax a mal jugé...; — Disant droit à l'appel interjeté, condamne Laxtagne à délaisser l'immeuble.

Du 14 mai 1830 -C. de Pau, ch. cor.-M. de Charitte, pr.

dont un tiers s'empare, avec ou sans violence sur nous ou sur celui qui détient pour nous, quand même, dans ce dernier cas, nous ignorerions la dépossession de celui-ci. Toutefois, la dépossession en fait de celui qui avait une possession annale n'est considérable, en droit, qu'autant qu'elle a duré l'an et jour (Conf. M. Troplong, nº 270). — On perd encore la possession des choses qui viennent à être détruites; mais non d'un terrain passagèrement inondé. En cas de transformation d'une espèce en une autre, on perd bien la possession de la première, mais on possède la seconde. Enfin, on se dépouille volontairement de la possession, soit par un abandon pur et simple, soit par une renonciation translative. — V. même auteur, *eod.*

SECT. 4. — *De l'étendue et des effets de la possession.*

255. *Étendue.* — Il suffit d'avoir la possession de partie d'une chose *indivisible* pour avoir celle du tout. Mais lorsqu'il s'agit d'une chose divisible, si l'on n'en a possédé qu'une partie, on ne peut se prévaloir d'une présomption de propriété que pour cette partie. Par suite, si la possession avait été restreinte à une servitude ou autre démembrement de la propriété, on ne pourrait l'étendre au delà : *tantum præscriptum quantum possessum.* — V. nºs 333 et suiv.

256. Il est souvent difficile d'apprécier la portée des actes possessoires lorsqu'ils s'exercent sur des terres vaines et vagues, non susceptibles de culture. La distinction suivante, établie par M. Troplong, nº 273, peut faciliter dans beaucoup de cas la solution de la question : le propriétaire, sur le fonds duquel ont eu lieu les faits possessoires est-il connu? Il faut, dans le doute, résoudre en sa faveur le point de savoir si ces actes l'ont privé d'un démembrement de sa propriété, ou bien de sa propriété même. Mais si les faits possessoires sont invoqués comme un moyen de trouver le maître inconnu du fonds, on doit alors se montrer plus enclin à voir dans les actes de possession des indices d'une pleine propriété. — Ainsi il a été jugé que le passage des habitants d'une commune sur un chemin dont deux parties se disputaient la propriété, sans produire de titres, la réparation des ponts, l'entretien de la chaussée aux frais de cette commune, indiquent plutôt une possession *animo domini* de ce chemin, qu'un droit de servitude (Nancy, 27 fév. 1826, aff. d'Apremont (arrêt cité par M. Troplong, *loc. cit.*). — Dans une autre espèce, le propriétaire d'une *répare* (c'est un espace de deux pieds qu'on laisse en Normandie pour le curage d'un fossé) était connu, mais pendant quarante ans, un voisin avait élagué les arbres plantés sur cette répare. Il voulut en conclure qu'il avait prescrit la propriété de la répare. La cour de Caen a jugé que les arbres seuls avaient été possédés, et qu'il n'y avait lieu qu'à un démembrement de la propriété (Caen, 14 juill. 1825) (1).

257. La possession d'une chose fait présumer la possession des *accessoires*. Il n'y a pas lieu, du reste, de s'arrêter aux singulières distinctions établies à cet égard par les lois romaines. —V. nºs 101, 456, et vis Accessoires, nºs 40, 48 et s.; Obligat., Prêt, Preuve, Propriété, Servitude, Usage (droits), Vente, et M. Troplong, nº 274.

258. La possession qu'on a d'une chose composée de corps distincts et séparés, mais unis sous un même nom, comme un troupeau, un haras, s'applique moins à cette chose elle-même qu'à chacun des corps qui la constituent (L. 30, § 2, D. *De Usurp.*). — Ainsi, l'acheteur d'un troupeau où se trouvent deux brebis volées, pourra bien, en ce qui concerne les animaux qui n'ont pas été volés, repousser un tiers revendiquant, par la règle qu'en fait de meubles la possession vaut titre; mais, en ce qui concerne les brebis volées, il ne pourra écarter la revendication qu'à l'aide d'une possession triennale avec bonne foi (Conf. M. Troplong, nº 275). — Lorsque, à la possession d'un héritage, on réunit successivement celle de champs *adjacents*, il y a autant de possessions diverses que de parcelles distinctes ajoutées à l'héritage (L. 7, § 1, D. *Pro empt.*).

259. La possession fondée sur un titre se règle par ce titre contre lequel, au reste, on ne prescrit pas. Toutefois, comme le possesseur peut avoir entendu posséder au delà de son titre, on ne doit pas toujours s'astreindre à cette règle. — V. nºs 451 et s.

260. *Effets de la possession.* — Les deux seuls effets directs de la possession sont de donner naissance aux *actions possessoires* (V. ce mot), et à la prescription dont nous traitons ici. — Il est d'autres effets indirects de la possession : par exemple, aux termes de l'art. 549 c. nap., le simple possesseur, pourvu qu'il soit de bonne foi, fait les fruits siens. Cette règle est développée, vº Propriété.

261. Il suffit qu'un individu ait la possession civile d'un terrain, pour qu'il ait droit et qualité à l'effet de réclamer des dommages-intérêts contre l'auteur de faits dommageables, commis sur ce terrain, sans que ce dernier soit admissible à se prévaloir de l'exception de non-propriété contre le possesseur (Bordeaux, 16 fév. 1829) (2). — Il n'appartenait pas, en effet, à l'auteur du

(1) (Gouley C. Panier.) — LA COUR; — Attendu qu'en Normandie, avant le règlement de 1751, il était d'un usage presque général qu'en établissant un fossé, le propriétaire de ce fossé devait laisser et laissait deux pieds au delà du creux pour la repare ou porte-rouelle, ainsi que l'atteste Godefroy, sur l'art. 85, cout. de Normandie; qu'ainsi le règlement de 1751 n'a point proprement introduit un droit nouveau, mais a converti en loi un usage de cette province; d'où il suit que la décision doit être la même pour les repares de fossés construits avant le règlement, que pour ceux construits depuis; — Que s'il n'y a pas titre ou preuve du contraire, la présomption de droit est que le propriétaire du fossé a laissé au delà du creux une repare, et qu'il est propriétaire de cette repare comme du fossé; — Que la repare d'un fossé n'est point imprescriptible, comme l'a décidé le premier juge; mais qu'elle est sujette à prescription comme tout autre immeuble, par la possession de quarante ans en Normandie; mais que, pour que la possession puisse faire acquérir la propriété de la repare par prescription, il faut que cette possession soit exclusive, non interrompue et à titre de propriétaire; — Que la possession de la repare de la part du voisin, qui ne résulterait que de ce que l'herbe de la repare a toujours été dépouillée par les bestiaux qu'il met dans son champ, ou de ce qu'il aurait coupé tous les ans les ronces, broussailles, et les petits jets qui poussent sur les repares, et qui proviennent des racines des arbres du fossé, n'est pas de nature à acquérir à ce voisin la propriété de la repare, 1º parce que la repare n'étant pas destinée à la culture, il est impossible que le propriétaire du fossé, et même le voisin, empêchent qu'elle ne soit dépouillée par les bestiaux qui se trouvent dans le champ contigu; 2º parce que la repare a été établie non-seulement dans l'intérêt du propriétaire, pour lui donner la facilité de réparer son fossé, mais encore dans l'intérêt du voisin, pour empêcher l'éboulement de ses terres; — Que, lorsque le voisin néglige de couper chaque année les jets provenant des racines des arbres du fossé, et que ces jets deviennent des arbres, c'est l'ouvrage de la nature, et il n'y a là aucun fait de possession de la part du voisin qui puisse lui attribuer ni la propriété de la repare, ni la propriété des arbres; mais que ce voisin a le droit de forcer le propriétaire à les abattre, puisqu'ils ne se trouvent pas à la distance de son champ prescrite par le règlement; — Que si le voisin, au lieu d'exiger du propriétaire l'abatis de ces arbres, les émonde lui-même, là commence en sa faveur un fait de possession des arbres; et s'il les a élagués pendant quarante ans, cette possession lui confère la propriété des arbres par prescription; mais cet élagage ne lui confère pas la propriété de la repare, parce que le propriétaire du fossé fait acte de possession de la repare chaque fois qu'il cure son fossé et y fait des réparations, réparations auxquelles est spécialement destinée la repare; qu'ainsi l'élagage des arbres, exercé çà et là sur la repare, ne constitue pas une possession non interrompue de la repare, puisque cette possession est interrompue chaque fois que le propriétaire du fossé le cure et y fait des réparations; — Que, dès lors, il faut décider que l'élagage, pendant trente ou quarante ans, des arbres sur une repare, attribue la propriété de ces arbres au voisin, mais ne lui attribue pas la propriété de la repare, et que l'on doit induire de cet élagage l'abandon, de la part du propriétaire au voisin, des arbres qu'il a élagués pendant un si long espace de temps, mais non pas l'abandon de la repare, dont le propriétaire n'a pas cessé d'user pour la réparation de son fossé, suivant sa destination; — Que, dans le fait particulier de la cause, Gouley soutient seulement les avoir élagués pendant plus de quarante ans; que Panier les estime en totalité à une somme de 60 fr., et que le tribunal n'en a porté la valeur qu'à 30 fr.; qu'encore bien que Panier ne reconnaisse pas que l'élagage des arbres remonte à un temps aussi reculé que quarante ans, la valeur de ces arbres est un objet trop modique pour qu'on doive ordonner une preuve testimoniale dont les frais excéderaient de beaucoup la valeur des arbres... Sans avoir égard aux preuves...; — Réforme le jugement au chef qui condamne Gouley au payement de la somme de 30 fr. pour la valeur des arbres par lui abattus; déclare que ces arbres, dont il a la possession quadragénaire, lui appartiennent sans indemnité; — Confirme le jugement au chef où il maintient Panier dans la propriété et possession de la repare de son fossé...

Du 14 juill. 1825.-C. de Caen, aud. solen.-M. Regnée, pr.

(2) (Duchet C. Tournier.) — LA COUR; — Attendu qu'il résulte des aveux faits à l'audience par les parties, ainsi que des divers documents

dommage, qui ne prétendait pas à la propriété, de critiquer la possession du demandeur.

262. La provision n'est pas moins due à la possession qu'au titre, surtout lorsqu'il s'agit de l'administration des biens en litige. — Ainsi, décidé qu'au sujet d'une demande en nullité de partage, un arrêt peut valablement ordonner que, jusqu'à la décision à intervenir sur le fond du droit, la partie actuellement en possession conservera, pendant l'instance, l'administration des biens litigieux, à titre de provision, au lieu d'accorder cette provision à la partie adverse, à laquelle cependant l'acte authentique constatant le partage attaqué attribuait l'usufruit des mêmes biens (Req. 23 juin 1840) (1). — Mais la règle que la *provision* est due à la possession jusqu'à preuve contraire, ne s'applique pas à une possession précaire (Req. 17 janv. 1826, aff. Blin, V. Degré de jur., n° 558-1°).

263. On signale, comme un des effets les plus importants de la possession, que celui qui est actuellement en possession d'un immeuble est par cela même dispensé de justifier de son droit de propriété (Metz, 25 août 1813 (2); Cass. 6 fév. 1833, aff. Sirey, n° 315; 3 avril 1833, préfet de l'Aude, *eod.*; Req. 15 fév. 1842, aff. Duvivier, v° Propriété; Rej. 15 nov. 1842, com. de Bize, *eod.*), et qu'il doit être relaxé de l'action en revendication dirigée *contre lui*, si le revendiquant ne justifie pas de son droit (Req. 21 mars 1842, aff. mont-de-piété, v° Majorat, n° 37-3°), bien que ce revendiquant allègue une possession antérieure de vingt-huit ans (Req. 8 fév. 1843, com. de Revenas, *eod.*). — Mais cette règle, qui est des plus certaines, vient surtout de ce que le possesseur, étant toujours défendeur au pétitoire, c'est au demandeur qu'incombe la preuve. Ce n'est pas là un effet *direct* du droit de possession. — V. Action possess., n°s 812, 825 et suiv., et Obligation (preuve).

SECT. 5. — *De la règle qu'en fait de meubles la possession vaut titre. — Présomption, preuve, vol, abus de confiance.*

264. L'art. 2279, porte : « qu'en fait de *meubles*, la *possession vaut titre*. Néanmoins, ajoute cet article, celui qui a *perdu* ou auquel il a été *volé* une chose, peut la *revendiquer* pendant *trois ans*, à compter du jour de la perte ou du vol, contre celui dans les mains duquel il la trouve, sauf à celui-ci son recours contre celui duquel il la tient » (V. sur ce texte les motifs des orateurs du code, p. 73, n° 62, p. 74, 82). — L'ancien droit français était loin d'avoir des règles fixes et invariables relativement à la prescription acquisitive des meubles. Cette prescription était, selon les règles des pays de droit écrit ou des différentes coutumes, de trois, de cinq, et même de trente années. Mais il paraît certain que, d'après la jurisprudence du Châtelet, la propriété d'un meuble s'acquérait par le simple fait de la possession. C'est cette règle de la jurisprudence du Châtelet que le code Napoléon a adoptée, avec cette formule : « en fait de meuble la possession vaut titre. » Or cette disposition est loin d'être exacte, et l'interprétation de

---

du procès, que, malgré les voies de fait commises par les appelants sur la pièce de terre appelée *la Vigne de la Plume*, ledit Pierre Tournier n'en est pas moins resté en possession de ladite pièce de terre; qu'il a continué à la cultiver, à en percevoir les fruits, et à en payer les contributions; qu'il en a ainsi joui paisiblement et publiquement, au vu et au su des appelants, sans avoir éprouvé d'autres troubles que les voies de faits qui ont donné lieu à l'instance actuelle; — Attendu qu'une telle possession fait présumer naturellement que Tournier est propriétaire de la pièce de terre dont il s'agit; que c'est avec raison que les premiers juges, en le considérant comme propriétaire présumé de ladite pièce de terre, jusqu'à preuve contraire, ont condamné les appelants à lui payer des dommages-intérêts à raison des enlèvements qu'ils se sont permis à son préjudice (*a*); — Attendu que, si les voies de fait qui ont donné lieu à l'instance actuelle avaient été poursuivies par la voie correctionnelle, elles auraient pu entraîner la solidarité; mais que Tournier ayant préféré prendre la voie civile, sa demande en dommages-intérêts est rentrée, dès lors, dans les termes du droit civil, suivant lequel la solidarité ne se présume pas, et chacun ne répond que du dommage qu'il peut avoir causé personnellement...; — Faisant droit de l'appel interjeté par Duchet et autres, dans le chef qui les condamne conjointement et solidairement à payer audit Tournier la somme de 300 fr., à titre de dommages-intérêts, si mieux ils n'aimaient que l'appréciation en fût faite par experts; — Émendant, quant à ce, condamne lesdits Duchet et consorts à payer à Tournier, chacun en droit soi, la somme de 50 fr. pour lui tenir lieu de tous dommages-intérêts, etc.

Du 16 fév. 1829.-C. de Bordeaux.-M. Duprat, pr.

(1) *Espèce* : — (Dudon C. Rességuier.) — M. le baron Dudon s'est pourvu contre un arrêt de la cour de Paris, du 2 oct. 1839, pour excès de pouvoir et fausse application des règles en matière de provision, en ce que l'arrêt attaqué, après avoir constaté que la dame de Rességuier était en possession de la terre de Bouligneux, objet du litige entre les parties a accordé provisoirement à cette dame jusqu'à la décision du fond, l'administration et la jouissance de cette terre, sur le motif que la provision était due à la possession. — On rappelle, en fait, que l'acte authentique de partage, du 4 juill. 1829, attribuait au sieur Dudon l'usufruit de la terre de Bouligneux, dont la nue propriété restait à la dame Rességuier; que si, plus tard, il a abandonné à la dame Rességuier les revenus de cet immeuble, c'est en vertu d'une convention sous seing privé qui ne pouvait avoir l'effet d'une donation; qu'ainsi, sur la question de savoir à qui devait appartenir la jouissance provisoire de l'immeuble pendant l'instance en rescision de partage introduite par la dame de Rességuier, celle-ci ne pouvait invoquer qu'une possession de pur fait et à titre précaire, tandis que le demandeur produisait un titre authentique qui lui attribuait l'usufruit de l'immeuble. — On soutient que, dans cet état de choses, la provision était due au titre plutôt qu'à la possession; qu'à défaut de règles précises posées par le législateur, en matière de provision, il y a lieu d'appliquer l'art. 135 c. pr., relatif à l'exécution provisoire des jugements avec ou sans caution, sauf le cas où il s'agirait d'une provision alimentaire ou d'un séquestre devenu urgent à cause des dégradations commises par le défendeur à une action en revendication sur l'immeuble revendiqué. — Or, dit-on, l'art. 135 ne permet d'ordonner l'exécution provisoire sans caution, si ce n'est dans quelques cas exceptionnels, que lorsqu'il y a titre authentique, promesse reconnue, ou condamnation passée en force de chose jugée. La provision ne peut donc être accordée à la simple possession de fait; du moins le simple possesseur ne peut être préféré à la partie qui est pourvue d'un titre authentique. — Arrêt.

LA COUR; — Attendu que, si la provision est due au titre, elle n'appartient pas moins à la possession, lorsqu'il s'agit surtout de l'administration des biens contestés; — Attendu que l'arrêt ayant reconnu que la dame de Rességuier était restée en possession de la terre de Bouligneux, réclamée par le demandeur, a pu, sans violer aucune loi, laisser l'administration de cette terre à la défenderesse éventuelle, jusqu'à la décision à intervenir sur le fond du droit; — Rejette.

Du 23 juin 1840.-C. C., ch. req.-MM. Zangiacomi, pr.-Bayeux, r.

(2) (Préfet des Forêts C. Lacave.) — LA COUR; — Attendu qu'il est de principe constant et invariable, consacré par toutes les lois, et dicté par la saine raison, que tout demandeur doit justifier de sa demande; — Attendu que ce principe essentiellement conservateur du droit sacré de propriété doit être religieusement maintenu; — Attendu qu'au moment de la demande formée contre Jean Lacave il était en possession des bois réclamés, tant par lui que par ceux auxquels il avait vendu une partie de ces bois; — Que le fait de cette possession résulte de la nature de l'action qui tend au déguerpissement, puisque, si Lacave n'eût pas possédé, il n'eût pas été dans le cas de déguerpir; — Que ce fait n'a pas même été dénié devant les premiers juges, par le demandeur, qui s'est borné à prétendre que Lacave n'avait joui qu'à titre précaire, en qualité de fermier de l'abbaye d'Echternack; — Que la même assertion reproduite devant la cour se trouve détruite et anéantie par la production que Lacave a faite du bail de ses auteurs, en exécution de l'arrêt du 4 présent mois, qui l'avait ordonnée, puisqu'il résulte de ce bail qu'aucuns bois n'y ont été compris; — Attendu que le demandeur originaire n'a aucune raison plausible de se plaindre d'une décision par laquelle les premiers juges, se conformant aux vrais principes, l'ont admis à prouver, tant par titres que par témoins, que les bois dont il réclame le désistement sont sa propriété, et par laquelle aussi ils ont réservé au défendeur la preuve contraire; — Que cette réserve était nécessaire et de droit, puisque, quand le demandeur parviendrait à justifier que les bois qu'il réclame ont appartenu à l'abbaye d'Echternack, qu'il représente, l'on ne pourrait refuser à Lacave la faculté de prouver également qu'il les a possédés, *animo domini*, pendant un temps suffisant à prescrire et qu'il en est ainsi devenu propriétaire; — Attendu qu'il ne peut être astreint à cette preuve contraire d'une possession suffisante que quand le demandeur aura justifié, par une preuve directe, les droits de l'abbaye; — Attendu que ce serait opérer un renversement de principes, si l'on imposait à celui qui a en sa faveur la possession actuelle l'obligation directe et première de justifier son droit de propriété que sa possession fait de droit présumer; — Attendu que la circonstance que le domaine a de grandes masses de bois voisins de ceux possédés par Lacave n'établit pas la présomption que ceux-ci dépendent de ces masses; — Qu'un pareil système qui tend à l'anéantissement des propriétés particulières qui avoisinent les forêts domaniales, ne peut être adopté, et qu'ainsi le jugement dont est appel, qui l'a sagement rejeté, doit être confirmé; — Confirme.

Du 25 août 1813.-C. de Metz.-M. de Chevers, av. gén.-Dewils, av.

(*a*) Les appelants opposent que Tournier n'était pas propriétaire du bien sur lequel ils avaient commis des voies de fait.

l'art. 2279 a donné lieu à divers systèmes.—La règle qu'en fait de meubles possession vaut titre n'a été adoptée sans modification que par les codes sarde et des Deux-Siciles. Le code hollandais a soin de dire : « en fait de meubles autres que les rentes et créances non payables au porteur (art. 2014). » Dans les autres pays, la prescription de meubles ne s'accomplit que par trois ans.—V. n°s 31 et suiv. et M. Saint-Joseph, p. 124 et suiv.

265. La règle qu'en fait de meubles la possession vaut titre signifie seulement, suivant Toullier (t. 14, n°s 104 et suiv.), que le possesseur d'un meuble, quoique le détenant sans *titre*, peut le prescrire par trois ans, délai de la prescription pour les meubles. L'art. 2279 ne fait, d'après cette opinion, qu'écarter, en matière de prescription de meubles, la nécessité d'un titre écrit, requis pour la prescription des immeubles. Il suit de là que, dans le cas, par exemple, où le mari aurait vendu les diamants que sa femme s'est constitués en dot, celle-ci aurait, à la dissolution du mariage, trois ans pour les revendiquer. Or ce système est inadmissible, et la simple lecture de l'art. 2279 renverse le système de Toullier. Il n'y est nullement dit que les meubles se prescrivent par trois ans. En effet, notre article pose en principe qu'en fait de meubles la possession vaut titre, expression inexacte sans doute, si elle est prise dans un sens absolu, mais dont la signification évidente est que, en général, celui qui possède un meuble en doit être considéré comme propriétaire. Puis l'adverbe *néanmoins* introduit dans le texte une exception à la règle générale, et cette exception veut qu'en cas de perte ou de vol d'un meuble, la revendication puisse avoir lieu pendant trois années. C'est, au reste, le sens admis par tous les auteurs et par la jurisprudence (Conf. MM. Troplong, n°s 1052 et suiv. ; Marcadé, sur l'art. 2279). M. Delvincourt, de son côté, va trop loin (t. 2, p. 644, aux notes) en soutenant que la *revendication* des meubles est *impossible*, excepté en cas de perte de la chose ou de vol. — Quel est donc le véritable sens de l'art. 2279? — A cet égard, MM. Troplong et Marcadé ont présenté deux systèmes différents. — D'après M. Troplong, n° 1043, l'art. 2279 s'appuie uniquement sur l'ancien principe que les meubles n'ont pas de suite. Il n'est applicable que lorsque le meuble est réclamé dans les mains d'un tiers acquéreur, et que le propriétaire est obligé d'invoquer le droit de suite. Mais toutes les fois que le propriétaire soutient que le possesseur tient le meuble de lui, soit à titre précaire, soit en vertu d'un contrat résoluble, la revendication peut avoir lieu, et la preuve peut être admise contre le possesseur. En un mot, lorsque la demande est fondée sur une obligation passée entre le demandeur et le possesseur, l'art. 2279 est inapplicable et ne change rien au droit commun. — Quant au système de M. Marcadé, le voici :

Pour bien comprendre la règle, il faut ne pas perdre de vue que nous sommes au titre de la prescription, et qu'il s'agit de cette matière. Or la prescription des meubles s'acquiert instantanément par le fait seul de la possession. Le code Napoléon ne dit pas quels doivent être les *caractères* de cette possession; mais il est évident, puisqu'il ne s'agit pas de la prescription trentenaire, qu'elle doit être de *bonne foi* et s'appuyer sur un *juste titre*. — Le premier point ne fait pas difficulté, mais le second paraît en faire. En effet, comment exiger un *juste titre* de celui qui invoque la maxime que la *possession vaut titre?*

A cela il faut répondre par une distinction : ce dont la loi veut dispenser le possesseur de bonne foi d'un meuble, c'est de la représentation du titre translatif, de l'*instrumentum*, mais il n'en faut pas moins que le possesseur se soit mis en possession en vertu d'une cause *légale* d'acquisition de propriété, c'est-à-dire d'achat, d'échange, de donation, de succession, de legs, de dation en payement. En un mot, l'art. 2279 n'est fait que pour le seul et unique cas de prescription et ne peut s'appliquer à aucune autre hypothèse que celle de la possession d'un meuble acquis d'un individu non propriétaire, mais avec juste titre et bonne foi (M. Marcadé, *loc. cit.*). Il est vrai qu'en fait de meubles comme en fait d'immeubles, la possession peut constituer une présomption de propriété ; mais il y a cette différence entre ce cas et celui où l'on invoque l'art. 2279, que, dans le premier cas, la preuve contraire peut être admise, ce qui n'est pas possible dans le second. — La distinction qui doit être faite entre ces deux possessions dont l'une n'est qu'une présomption de propriété, tandis que l'autre est attributive de propriété, sert à la critique de la jurisprudence qui s'est égarée souvent sur ce point.

Et, de cela que l'art. 2279 établit une règle qui dans ses termes absolus n'est applicable qu'en matière de prescription, il suit qu'on ne doit pas l'invoquer en faveur d'une possession qui ne se prévaut ni du juste titre ni de la bonne foi. — Le possesseur, en cas pareil, a bien, dans sa possession, une présomption que le réclamant devra détruire ; mais il n'y trouve pas le titre légal, le titre juste ou *juris et de jure* dont il est parlé dans les art. 1352 et 2279 c. nap. — En telle circonstance, et le réclamant prouvant sa possession dans un temps antérieur ou concomitant à la possession du défendeur qui ne produit aucun titre, le juge a mission pour apprécier les faits, et il n'est point arrêté par une possession qui n'a plus alors que le caractère d'un fait quelconque passé entre les parties et dont il est chargé d'apprécier la valeur. — Tel est le résumé de l'opinion de M. Marcadé, mais aucun arrêt n'a admis que l'art. 2279 repose sur cette idée que le possesseur d'un meuble puise le droit de s'opposer à la revendication dans une prescription instantanée. Il est, en effet, difficile de comprendre une prescription qui n'a pas le temps pour élément. De plus, la disposition du code est empruntée à l'ancien droit; et Pothier, lorsqu'il traite de la fin de non-recevoir résultant de la possession d'un meuble, ne lui donne nullement pour base la prescription. Il dit, en effet, sur la coutume d'Orléans, intr. au tit. 14, n° 4 : « Notre coutume ne s'est pas expliquée sur la prescription, à l'effet d'acquérir les choses mobilières ; il n'est pas bien décidé, si la prescription de trois ans avec titre et bonne foi, qui avait lieu par le droit civil, a lieu dans notre droit français. Imbert et Bugnon, anciens praticiens, pensent qu'elle n'y est pas admise ; d'autres prétendent qu'elle y est admise. Il est rare qu'il y ait lieu à la question, le possesseur d'un meuble en étant parmi nous présumé le propriétaire, sans avoir besoin d'avoir recours à la prescription.... » Il nous semble que le système de M. Marcadé ne peut être admis. — V. cependant, dans le sens de cette opinion, un arrêt qui a jugé que la femme qui a reçu de son mari, en payement de ses reprises dotales, des effets mobiliers, ne peut être troublée dans sa propriété, bien que ces effets aient été délaissés à son mari par un tiers à titre de location, et que le revendiquant produise un titre antérieur à celui de la femme, mais qu'elle a toujours ignoré (Grenoble, 4 août 1858) (1).

M. Troplong a été frappé de l'impossibilité d'appliquer dans tous les cas, comme le voulait faire Delvincourt, le principe que la disposition de l'art. 2279 renferme une présomption légale qui repousse toute preuve. Le savant auteur a voulu, en conséquence, poser une exception, et il la fait résulter de ce que l'art. 2279 reposerait sur la règle que les meubles n'ont pas de suite, et il pense que l'article n'est applicable que dans le cas où il s'agit d'un tiers acquéreur auquel on réclame un objet mobilier dont il est en possession de bonne foi. Mais outre qu'il est douteux que la règle que les meubles n'ont pas de suite, soit aussi générale que le pense notre auteur, où a-t-il puisé cette distinction, qui limiterait la portée de l'art. 2279 ? Le texte y répugne, et la jurisprudence n'a jamais admis de distinction. — Quant à nous, nous reconnaissons, en nous éloignant avec plusieurs arrêts

---

(1) (Pallud C. Buissonnet.) — LA COUR ; — Attendu qu'aux termes de l'art. 2279, la simple possession, en fait de meubles, vaut titre ; — Que, par ce texte si précis, les droits des propriétaires antérieurs se trouvent entièrement purgés, parce que le titre de la loi doit prévaloir sur tous ceux qui seraient représentés par des tiers ; — Que, d'ailleurs, l'art. 2279 opère par voie de prescription, dont l'effet est de purger les droits antérieurs sur la chose possédée ; — Que l'art. 1141 lèverait les doutes sur la force et l'effet de la détention, si des doutes pouvaient exister, puisque, dans la concurrence des deux titres, le simple possesseur, quand il est de bonne foi, doit être préféré, lors même que son titre est postérieur en date ; — Qu'il résulte de toutes les circonstances de la cause que Pallud avait laissé ignorer à sa femme le titre qui constituait les droits de propriété de Buissonnet sur les objets mobiliers délaissés à celle-ci, en payement de ses reprises dotales ; — Que la femme Pallud était de bonne foi, et qu'elle était créancière de son mari pour une somme au moins égale au prix des objets cédés ; — Infirme.

Du 4 août 1858.-C. de Grenoble, 4° ch.-M. Duboys, pr.

des deux systèmes de MM. Troplong et Marcadé, que l'art. 2279 n'a fait qu'une seule chose, c'est de reconnaître que, pour légitimer la possession d'un meuble, un titre n'est pas nécessaire. Le texte est favorable à cette opinion. Que dit-il? En fait de meuble, la possession vaut titre, et voilà tout. On comprend que la libre et rapide circulation des meubles ait rendu cette règle nécessaire, mais pourquoi aller plus loin? Pourquoi rejeter la preuve contraire. Pourquoi repousser cette doctrine, qui veut que la possession ne soit qu'une présomption de la propriété ?

On a souvent cité un arrêt qui semble reconnaître qu'aucune revendication ne peut être admise contre le possesseur du meuble (Req. 4 juill. 1816) (1). Mais cet arrêt ne paraît pas trancher la question bien nettement, car il reconnaît dans sa dernière partie que les juges avaient eu le droit d'apprécier les explications des parties, ce qui suppose que la preuve avait pu être débattue.

266. En conformité de l'opinion qui ne reconnaît qu'une simple présomption dans l'art. 2279, il a été jugé : 1° que la rétention de meubles par celui qui les a vendus verbalement n'empêche pas que l'acheteur prouve par témoins même à l'égard des tiers qu'il en est propriétaire (Req. 19 niv. an 12, aff. Olinger, V. Oblig.) ;—2° Que malgré les dispositions de l'art. 2279, les héritiers d'une personne dont les meubles se seraient confondus, selon eux, avec les meubles d'une autre hérédité, pouvaient revendiquer, bien que l'ensemble des meubles de cette hérédité eût été appréhendée par un tiers (Montpellier, 5 janv. 1827) (2); c'est ce que l'arrêt a jugé en droit : en fait la preuve a été rejetée comme devant être inefficace; — 3° Que la réclamation fondée sur ce qu'un objet n'a été que prêté au possesseur qui prétend au contraire l'avoir acquis du réclamant, doit être admise contre le possesseur si elle paraît fondée (Nîmes, 8 janv. 1833) (3); — 4° Que la présomption de propriété établie par l'art. 2279 en faveur du possesseur de meubles peut être contestée par la preuve testimoniale ou par des présomptions contraires, et que celui qui prétend avoir reçu des sommes d'argent à titre de don manuel du réclamant, a pu être déclaré mal fondé à invoquer sa possession pour repousser la preuve contraire (Rouen, 24 juill. 1845, aff. Milon, D. P. 46. 2. 86).

267. Il a été de même décidé : 1° que la présomption qu'en fait de meubles la possession vaut titre, n'a lieu qu'en l'absence de titres contraires opposés par un tiers...; que, par suite, si, depuis une saisie pratiquée par un créancier sur les meubles trouvés au domicile de son débiteur, un tiers prouve, par un acte ayant date certaine, antérieure à la saisie, que ces meubles lui ont été vendus, la distraction doit en être prononcée à son profit (Bordeaux, 3 avr. 1829) (4); — 2° Que même un déposant peut, bien qu'il ne produise pas d'acte authentique prouvant sa propriété des objets mobiliers, qu'il a déposés et qui ont été saisis sur le dépositaire, être admis à prouver par témoin qu'il est propriétaire de ces objets (Nîmes, 22 août 1842) (5);—3° Que pareillement un arrêt a pu valablement décider qu'un détenteur de vins n'en avait que la possession apparente et valider, par suite, la saisie de ces vins faite par un créancier de celui qui en

---

(1) (Decreps C. Decreps.) — LA COUR; — Attendu que, s'il n'est pas vrai qu'en général la possession vaut titre en fait de meubles, il est constant que l'art. 2279 n'y apporte que deux restrictions expresses, l'allégation de la perte ou du vol de la chose réclamée lorsqu'elle est dans la possession d'un tiers; que le demandeur n'alléguait ni perte ni vol de la voiture dont il se prétendait copropriétaire; qu'il y avait eu une société partagée entre lui et son frère; qu'aucune difficulté n'avait eu lieu après ce partage; que ce dernier était en possession publique de la voiture qu'il a confiée à un serrurier pour y faire des réparations; que le demandeur en cassation a fait faire à ce serrurier défense d'en faire remise à son frère, soutenant qu'il en était copropriétaire; que, sur cette opposition, il y a eu procès entre les deux frères; qu'après des plaidoiries contradictoires, en première instance et en cause d'appel, le premier tribunal et l'arrêt attaqué ont reconnu, en appréciant les explications respectives des parties, que le principe général était applicable, ce qui suffit pour justifier l'arrêt. — Rejette le pourvoi formé contre l'arrêt de la cour de Paris du 8 mai 1814.

Du 4 juill. 1816.-C. C., sect. req.-MM. Henrion, pr.-Lefessier, rap.

(2) *Espèce :* — (Jalabert C. les hérit. Papinaud.) — Papinaud vint, en 1816, s'établir dans le domicile de sa sœur; il y mourut en 1819.— La demoiselle Papinaud est elle-même décédée en 1825; — elle avait légué à Marie Jalabert, sa servante, tous les meubles garnissant la maison qu'elle habitait. — Les héritiers du sieur Papinaud en réclament une partie : ils offrent de prouver qu'ils appartenaient à leur auteur, comme les ayant fait transporter dans la maison de sa sœur, lorsqu'il vint habiter avec elle. — 11 juill. 1826, jugement qui admet cette preuve. — Appel de Marie Jalabert. — Elle a dit : Suivant l'art. 2279 c. civ., en fait de meubles, la possession vaut titre. C'est là une présomption légale, contre laquelle nulle preuve n'est admise, d'après l'art. 1352. — Objectera-t-on que l'art. 1352 n'a prévu que deux cas, dans lesquels nulle preuve n'est admise contre la présomption légale, savoir celui où, sur le fondement de cette présomption, elle annule certains actes, et celui où, sur le même motif, elle dénie l'action en justice, et que la présomption de l'art. 2279 ne rentre dans aucun de ces cas. L'objection n'est pas fondée; car, par suite de la présomption légale, qu'en fait de meubles, la possession vaut titre, la loi dénie l'action en justice contre le possesseur des meubles, à moins que le réclamant n'allègue la perte ou le vol : dès lors, il est vrai de dire que la présomption de l'art. 2279 est de la nature de celles contre lesquelles nulle preuve n'est admise. — Au surplus, l'art. 2279 a pu faire une exception à l'art. 1352, et créer un troisième cas. Ce qui prouve que la loi l'a fait, c'est qu'elle a soigneusement déterminé les cas et le délai dans lesquels la revendication pourra être admise; hors ces cas et ces délais, la présomption a toute sa force. — Arrêt.

LA COUR; — Attendu que, lorsqu'il s'agit de l'admission de la preuve contre une présomption légale, l'art. 1352 n'établit que deux exceptions, et que la cause ne présente aucun des deux cas prévus par cet article; que rien n'indique que l'intention du législateur ait été d'établir un troisième cas d'exception, dans l'art. 2279, à la règle générale, résultant de l'art. 1352; d'où il suit que la fin de non-recevoir, opposée par l'appelante à la preuve ordonnée par le jugement dont est appel, n'est pas fondée; — Mais attendu, d'autre part, que le long intervalle de temps qui s'est écoulé entre le décès d'Arnaud Papinaud et celui de la demoiselle Claudette Papinaud, le silence gardé pendant tout ce temps par les héritiers dudit Arnaud, l'acte solennel par lequel Claudette Papinaud a disposé du mobilier en question, le faisant servir à acquitter la dette de la reconnaissance envers une domestique, qui, depuis seize ans, prenait soin de sa vieillesse, prouvent qu'elle a possédé le mobilier *animo domini*, et que les faits dont le jugement de première instance a ordonné la preuve, non plus que celui qui a été additionné par les intimés sur l'audience, lors même qu'ils fussent établis, ne saurait détruire l'effet de cette possession; — Emendant, déclare la preuve ordonnée inadmissible et non pertinente.

Du 5 janv. 1827.-C. de Montpellier.-M. Sicard, f. f. de pr.

(3) *Espèce :* — (Ravel C. Mante.) — Mante réclame des objets qu'il prétend n'avoir que prêtés à Ravel; et, pour établir le simple prêt, il argumente de diverses circonstances. — Ravel soutient que les objets revendiqués lui ont été livrés en payement; il invoque d'ailleurs l'art. 2279 c. civ., portant qu'en fait de meubles, la possession vaut titre, et il soutient que la présomption qui résulte de cet article est légale, exclusive dès lors de toute preuve contraire. — Néanmoins un jugement du tribunal de Nîmes, du 12 janv. 1826, ordonne la restitution, « attendu qu'il n'est pas probable que la tradition des objets mobiliers en ait conféré la propriété à Ravel, si l'on considère qu'elle a été suivie d'une prompte réclamation, et que le prétendu vendeur n'en aurait pas été le véritable propriétaire. » — Appel de la part de Ravel. — Arrêt.

LA COUR; — Adoptant les motifs, etc., démet Ravel de son appel.

Du 8 janv. 1833.-C. de Nîmes, 1re ch.-M. Cassaignoles, pr.

(4) (Fayolle C. Faux). — LA COUR; —Attendu que la vente souscrite en faveur de Faux a acquis, par l'enregistrement, une date certaine, antérieure à la saisie, pratiquée à la requête de Fayolle, et que ce dernier n'en a pas contesté la sincérité devant les premiers juges ni demandé la nullité; — Attendu que la vente est parfaite par le consentement des parties; —Que si, aux termes de l'art. 2279, en fait de meubles la possession vaut titre, ce n'est évidemment qu'en l'absence de titre contraire; — Que l'obligation de livrer la chose est parfaite par le seul consentement des parties, suivant l'art. 1138, et qu'elle rend l'acquéreur propriétaire de la chose qui fait l'objet de la vente; — Que vainement opposerait-on à ces principes généraux les dispositions de l'art. 1141, qui, entre deux acquéreurs d'une chose mobilière, accorde la préférence à celui qui a la possession réelle; —Que cette mesure, introduite par l'impossibilité évidente où serait tout acheteur d'une chose mobilière de s'assurer s'il n'y a pas un acquéreur antérieur, est tout exceptionnelle, et doit être restreinte au cas pour lequel elle a été faite; — Qu'il n'y a point, dans l'espèce, concours entre deux acquéreurs des meubles dont il s'agit; — Que la contestation s'agite entre un acquéreur propriétaire, en vertu d'un titre sincère et ayant date certaine, et un créancier du vendeur; — Que la règle, en matière de saisie, étant qu'elle ne peut valoir qu'autant qu'elle porte *super dominum*, il y avait lieu à ordonner, comme l'a fait le tribunal, la distraction des meubles que Faux prouvait lui appartenir; — Confirme.

Du 3 avr. 1829.-C. de Bordeaux, 1re ch.-M. de Saget, pr.

(5) *Espèce :* — (Tranchesec C. Pailhès.) — Le sieur Pailhès avait fait pratiquer une saisie sur les meubles du sieur Grévil, son débiteur.

est resté le véritable propriétaire, sans qu'une telle décision contrevienne à la loi (Req. 6 juillet 1841) (1).

268. Diverses conditions sont nécessaires pour que le tiers acheteur puisse invoquer l'art. 2279 : il faut d'abord, qu'il possède de bonne foi, car le véritable propriétaire serait admis à prouver que l'achat a été fait de mauvaise foi; la loi n'a point entendu protéger les complices d'une spoliation (MM. Delvincourt, t. 2, p. 645; Duranton, t. 4, p. 373; Troplong, n° 1061). — Cela résulte des principes en matière de prescription et des dispositions de l'art. 1141 c. nap. (V. Oblig.).—Jugé en ce sens que des objets, et par exemple des livres vendus en l'absence du propriétaire par un individu qui avait la direction de sa maison et par suite de sa bibliothèque, ont pu être réclamés par ce propriétaire contre le tiers acheteur qui avait connaissance de cette gestion; et cela encore bien que celui-ci les eût possédés depuis plus de trois ans. Le tribunal de Caen avait admis la saisie-revendication du propriétaire sur le fondement qu'il y a présomption de mauvaise foi de la part du possesseur qui ne rapporte aucun titre et qui déclare avoir acheté d'une personne incapable de vendre. » —Le pourvoi contre ce jugement a été rejeté en ces termes : « Attendu que l'art 2279 c. nap. n'est applicable qu'à la possession de bonne foi ou à juste titre; rejette le pourvoi formé contre le jugement du tribunal de Caen. » (Req. 9 janv. 1811, MM. Henrion, pr., Pajon, rap., aff. Gauthier).

269. Un arrêt a jugé que l'art. 2279 n'était applicable que dans le cas d'une possession *effective*, et que la possession symbolique ne suffisait pas (Lyon, 9 avril 1851, aff. Blanc-Praslon, D. P. 55. 2. 6). La cour s'est appuyée sur l'art. 1141 qu'elle a considéré comme interprétatif de l'art. 2279, et elle en conclut que la possession d'une chose mobilière ne peut être protégée que si elle est réelle. La cour pense donc que le mot *possession* réelle a été mis dans l'art. 1141 par opposition à *possession symbolique*. C'est là une erreur évidente : par le mot *réel* dans l'art. 1141, le législateur a voulu parler d'une possession certaine à l'égard des tiers, en regard d'une possession qui ne le serait pas. Or, la possession qu'on a coutume d'appeler symbolique est certaine à l'égard des tiers autant que la possession matérielle, si elle est reconnue par la loi, et l'art. 1606 c. nap. assimile la remise des clefs du bâtiment où sont renfermés des objets mobiliers à la tradition effective de ces objets. Il n'est donc pas douteux que celui qui a la clef du local où sont renfermés les objets mobiliers n'en ait la possession certaine, et que, dès lors, il puisse se servir des dispositions de l'art. 2279. Au reste, la cour de Lyon a bien jugé en fait, car la possession invoquée, dans l'espèce, n'était pas exclusive; elle était équivoque.

270. La simple détention du titre d'une chose n'en confère pas la possession, mais elle appartient à celui qui a la jouissance *réelle* de la chose elle-même.—Jugé : 1° que le véritable possesseur d'une action des canaux n'est pas le détenteur du titre de l'action, mais celui qui touche les dividendes; que le détenteur du titre ne peut donc transmettre la propriété de l'action par la cession du titre (Req. 12 mai 1824) (2); — 2° Que la simple détention d'un billet souscrit au profit d'un individu qui déclare n'en avoir pas fourni les fonds et n'y avoir aucun droit, ne suffit pas pour en faire attribuer la propriété au détenteur.— Ainsi jugé au profit d'un billet de 9,000 fr. trouvé dans les papiers d'une fille et dont ses héritiers, après la déclaration du bénéficiaire qui reconnaissait n'en avoir pas fourni les fonds et n'y avoir aucun droit, réclamaient le payement contre les héritiers du souscripteur aussi décédé (Besançon, 20 flor. an 11) (3). On se fondait en vain sur la loi 1 au Cod., *De donat.*—V. n° 280.

271. En règle générale, les meubles sont censés appartenir à celui qui occupe les lieux dans lesquels ils sont placés, mais la présomption cesse si c'est à titre de familiarité et sans payer le loyer que cette personne se trouve dans la maison. Ainsi, il a été décidé : 1° que celui qui occupe par simple tolérance du propriétaire et sans payer de loyer, un logement dans la maison de celui-ci, doit prouver que les meubles qui garnissent ce logement lui appartiennent et qu'il les y a apportés. En un tel cas, la maxime qu'en fait de meubles la possession vaut titre, n'est pas applicable (Bordeaux, 1re ch., 5 fév. 1827, M. de Saget, pr., aff. Hugue *C.* Benoît). — En effet, comme le dit fort bien l'arrêt, « celui qui occupe, par simple tolérance du propriétaire, un logement dans une maison appartenant à autrui, ne possède pas réellement et *pour lui* les meubles qui le garnissent ; » — 2° Que lorsqu'une saisie est pratiquée sur des meubles placés dans une maison dont la jouissance partielle a été accordée au saisi, *à titre d'amitié*, par le propriétaire de cette maison, et que celui-ci demande à faire distraire de la saisie une partie des meubles comme lui appartenant, c'est au créancier à prouver que les meubles revendiqués sont la propriété de son débiteur (Bordeaux, 26 août 1831) (4).

272. On ne peut pas dire, en principe, qu'un domes-

— Parmi les objets saisis se trouvaient deux bœufs que le sieur Tranchesec avait déposés entre les mains de Grévil, pour être vendus à la prochaine foire. Le sieur Tranchesec revendiqua ses bœufs, et offrit de prouver par témoins qu'il en était propriétaire. — Le sieur Grévil reconnaissait du reste qu'il n'était que simple dépositaire des animaux en question. — Le créancier dénia tout effet à cet aveu ; et, pour repousser également l'offre de preuve faite par Tranchesec, il se retrancha dans la maxime *en fait de meubles possession vaut titre*, qu'il soutint ne pouvoir être combattue par la preuve testimoniale. — 1er mai 1842, jugement du tribunal de Mende qui, accueille ce système. —Appel.—Arrêt.

LA COUR ; — Au fond : — Attendu que si l'art. 2279 c. civ. dispose *qu'en fait de meubles la possession vaut titre*, ce n'est là néanmoins qu'une présomption simple qui peut être combattue par des présomptions contraires ou par la preuve testimoniale ;—Attendu que la preuve offerte par Tranchesec est parfaitement concluante ; qu'il est, dès lors, juste et conforme aux principes de l'accueillir ;—Par ces motifs, admet, avant dire droit, le sieur Tranchesec à la preuve (testimoniale) par lui offerte, etc.

Du 22 août 1842.-C. de Nîmes, 1re ch.-M. Daunant, 1er pr.

(1) (Guichot *C.* de Venoge.) — LA COUR ; — Attendu qu'en décidant que la vente dont excipaient les demandeurs pour réclamer les vins dont il s'agit n'était pas sérieuse, et qu'elle n'avait été imaginée que pour soustraire ces vins aux poursuites des autres créanciers, l'arrêt attaqué (de la cour de Paris, du 6 août 1839) a répondu à tous les moyens que faisaient valoir les demandeurs pour faire annuler la saisie qui avait été faite de ces vins ; — Attendu, en outre, que la présomption tirée de la prétendue possession de ces vins en faveur des demandeurs disparaît nécessairement devant la preuve reconnue par l'arrêt attaqué que cette possession n'était qu'apparente et que, dans le fait, les demandeurs n'étaient que dépositaires et non propriétaires des vins; — Rejette, etc.

Du 6 juill. 1841.-C. C., ch. req.-MM. Zangiacomi, pr.-Joubert, rap.-Delanglé, av. gén., c. conf.-Mandaroux, av.

(2) (De Bassano *C.* d'Orléans.) — LA COUR ; — Sur le premier moyen tiré de la violation de l'art. 2279 c. civ., portant « qu'en fait de meubles la possession vaut titre, » — Attendu, en fait, que la possession est la détention ou jouissance d'une chose ou d'un droit qu'un individu tient ou exerce par lui-même, ou qu'un autre tient ou exerce pour lui (art. 2228 c. civ.); qu'ainsi ce n'est pas la simple détention du titre qui confère la chose, mais bien la jouissance réelle de la chose elle-même qui en constitue la possession ; — Et attendu qu'il est constant et reconnu, en fait, que ce sont le duc et la demoiselle d'Orléans qui, depuis 1815, ont toujours possédé les actions dont il s'agit, puisque ce sont eux qui, seuls et en leur qualité de propriétaires légitimes, ont, dès cette époque, toujours touché les fruits et dividendes des mêmes actions; — Attendu, en outre, que le demandeur en cassation a dû connaître, comme l'a déclaré l'arrêt attaqué, que les actions dont il s'agit étaient redevenues la propriété d'un tiers ; — Qu'ainsi, le vice de la possession de son auteur ne lui demeurant pas étranger, sa propre possession n'aurait pu, même en fait de meubles, lui valoir titre ; — Que, par conséquent, sous ce double rapport, l'art. 2279 c. civ., invoqué par le demandeur, n'était point applicable à l'espèce; — Rejette le pourvoi contre l'arrêt de la cour de Paris, du 5 juill. 1823.

Du 12 mai 1824.-C. C., sect. req.-MM. Lasaudade, pr.-Lasagni, rap.

(3) (Hér. Clerc *C.* Combladoz.) — LE TRIBUNAL ; — Considérant que le billet du 12 avr. 1786, énonçant que la somme de 9,000 fr. qui en forme le montant a été reçue par Combladoz de Besancenot, et celui-ci ayant déclaré qu'il n'a ni prêté ni fourni cette somme, ce billet reste sans cause, est conséquemment nul et n'a pu devenir la propriété de personne ; — Que si une somme prêtée sous le nom d'un absent doit être rendue à celui qui l'a fournie lorsque cet absent n'avoue ni ne reconnaît pas le prêt, il faut au moins que cet acte de prêt, désavoué par celui au nom duquel il était fait, contienne la preuve que celui qui en réclame le montant en a fourni la valeur, et que, dans le billet souscrit par Combladoz, rien n'indique que la valeur en ait été fournie par la demoiselle Clerc ; — Que si les circonstances de fait peuvent faire penser que le fait du billet de 9,000 fr. a été d'en faire passer la valeur à ladite Clerc, on ne peut s'empêcher de reconnaître un fidéicommis tacite et une libéralité dont la cause est réprouvée par les lois et les bonnes mœurs. — Confirme.

Du 20 flor. an 11.-Trib. d'appel de Besançon.-M. Louvot, pr.

(4) (Murphy *C.* Dévignes et Dubroca.) — LA COUR (après partage);—

tique est logé à titre simple de *familiarité* chez son maître, et il peut résulter des faits qu'il a, même dans la maison où il sert, la possession exclusive et à titre de propriétaire d'un objet mobilier, et dès lors le droit d'invoquer l'application de l'art. 2279 c. nap. — Il a été jugé qu'il suffit que des sommes d'argent trouvées dans des armoires ou commodes affectées exclusivement à l'usage personnel d'une domestique, et dont elle avait seule les clefs, soient reconnues être en sa possession, pour que l'arrêt qui n'a point admis la prétention des héritiers de son maître décédé, tendante à ce qu'elle fût tenue de prouver sa propriété à l'égard de ces sommes, n'ait point violé l'art. 2279 (Req. 18 fév. 1839) (1).

273. Il est une autre exception à la règle générale que les meubles garnissant une maison sont présumés appartenir au propriétaire, c'est quand il est établi qu'ils ont été déposés dans la maison par un autre que le propriétaire actuel et antérieurement à son acquisition, la présomption cesse alors et le propriétaire actuel doit prouver que les meubles lui appartiennent. — Jugé spécialement que la présomption que les meubles appartiennent au mari, comme propriétaire d'une maison qui les renferme, ne cesse pas, par cela seul que cette maison est devenue la propriété de la femme, après avoir passé sur la tête d'un tiers; qu'ainsi, elle est tenue de prouver que les meubles saisis dans cette maison par les créanciers de son mari lui appartiennent (Agen, 14 mars 1833, aff. Floirac, V. Contr. de mar., n° 4262).

274. Il faut, pour l'application de la règle en fait de meubles, etc., que la possession du tiers détenteur soit à titre de propriétaire (V. par exemple Bruxelles, 4 juin 1833, aff. assur. marit. d'Anvers, v° Commissionnaire, n° 208).

275. On a voulu résoudre par l'application de l'art. 2279 la question controversée de savoir si, dans le cas où la chose *d'autrui* a été donnée en gage, le propriétaire de cette chose peut évincer le créancier gagiste? — Pothier, Traité du nantissement, n°s 7 et 27, Grenier, des Hypothèques, tome 2, n° 314, enseignent l'affirmative. C'était l'ancienne jurisprudence (*Contrà*, MM. Delvincourt, tome 3, p. 438, aux notes; Duranton, tome 18, n° 533; Zachariæ, t. 3, p. 169, § 435; Troplong, Comm. sur le nantissement, n° 72 et suiv.; Bugnet, sur Pothier, note sur le n° 27, tome 5, p. 400). La question semble à ces derniers auteurs être résolue par l'art. 2279 aux termes duquel possession vaut titre. Nous ne pouvons pas partager cet avis. L'art. 2279 établit une présomption de propriété : il peut être invoqué comme nous l'avons vu par le tiers qui a acheté régulièrement de celui qu'il croit être propriétaire; mais le créancier-gagiste n'est pas dans cette situation : il ne détient pas le gage comme propriétaire, il n'a qu'une possession précaire. Il ne peut jamais répondre à celui qui revendique : « Je suis propriétaire de la chose mobilière que vous réclamez, » il ne peut que lui dire : « Cette chose que vous revendiquez m'a été remise en gage par une personne que j'en croyais propriétaire, » voilà tout. Il ne peut donc pas se servir des dispositions de l'art. 2279. Cependant on ne peut nier qu'en matière commerciale le gagiste ne soit préféré au véritable propriétaire. « Ainsi le veut, dit Casarégis, n° 87, l'usage du commerce. » En matière civile, le gagiste évincé pourrait actionner le débiteur en payement de la dette sans que celui-ci pût profiter des facilités de payement que le créancier ayant une sûreté réelle lui avait accordées.

276. A quels meubles s'applique la présomption de l'art. 2279? M. Troplong pense que l'on ne doit pas interpréter cet article par la disposition restrictive de l'art. 535; car il serait contraire à la sûreté du commerce que l'acheteur de pierreries, de livres, de linge de corps, etc., fût exposé à des recours sans fin.—Jugé que l'art. 2279 c. nap. ne s'applique pas au cas où il s'agit d'un meuble déclaré inaliénable par la loi, comme faisant partie de

---

Attendu que si, en matière de meubles, la possession vaut titre, ainsi qu'il est statué par l'art. 2279 c. civ., il ne faut pas néanmoins confondre la possession, telle qu'elle est exigée par la loi, avec la détention ou le simple usage d'un objet mobilier; — Qu'il n'y a de véritable possession que celle qui est exercée à titre de propriétaire; qu'il faut que le baron Curto ait possédé à ce titre les meubles dont la distraction est demandée, pour valider la saisie-exécution faite à la requête de Murphy; — Attendu qu'il est constant au procès que le domaine et la maison de Moleyre sont la propriété du curé Dévignes; que, pour ce motif, la cour a déjà confirmé le chef du jugement qui avait fait distraction des fruits saisis; — Qu'à la vérité, la question reste entière pour le mobilier qui garnit la maison habitée par le baron Curto, mais que c'est toujours au saisissant à justifier du caractère de la possession dont il fait résulter son droit et celui de son débiteur; — Attendu que si, dans le procès soutenu contre Baillon, il a été prétendu, dans l'intérêt du curé Dévignes, qu'une partie de sa maison avait été donnée en jouissance au général Curto, il est à remarquer qu'il ne fut point expliqué pour quel temps ni à quelle condition cette jouissance partielle ait été donnée à titre onéreux; que l'assertion émise devant le tribunal de Bazas a été expliquée dans la comparution personnelle devant le tribunal de première instance de Bordeaux, devant lequel le curé Dévignes a déclaré que, s'il avait laissé occuper au baron Curto une partie de sa maison d'habitation, il n'avait jamais voulu ni entendu se dessaisir soit de la propriété, soit de la jouissance de son domaine et des meubles qui s'y trouvaient placés; que cette explication n'est nullement contredite par la déclaration dont il a été donné acte par le tribunal de Bazas; qu'il en résulte que l'habitation de la maison de Moleyre n'a été accordée au baron Curto que *familièrement* et *à titre d'amitié*; que, n'étant ni usufruitier ni locataire de la maison, et n'ayant que l'usage gratuit de ce mobilier, il n'aurait pu en prescrire la propriété par la possession, et que son créancier, qui n'a pas plus de droit que lui, ne peut faire résulter de cette jouissance un droit de propriété; — Attendu, en fait, que la maison était meublée lorsque le général Curto vint l'habiter; qu'il ne paraît pas que le mobilier qui s'y trouvait à cette époque ait été enlevé depuis, ni que le baron Curto y ait transporté d'autres meubles que ceux qui sont désignés pour lui appartenir dans le procès-verbal de saisie; — Que, dans cette situation, rien ne justifie que les meubles dont le curé Dévignes demande la distraction soient la propriété du baron Curto, et affectés au payement de ses dettes; — Qu'il n'est pas davantage démontré qu'il soit propriétaire des bois et autres objets revendiqués par Dubroca; — Vidant le partage prononcé par son arrêt du 19 du présent mois, et statuant sur les chefs du jugement, objet du partage, met au néant, quant à ce, l'appel interjeté par Jean-Jacques Murphy du jugement rendu par le tribunal de première instance de Bordeaux, le 26 janvier dernier.

Du 26 août 1851.-C. de Bordeaux, 4e ch.-M. Roullet, 1er pr.

(1) *Espèce :* — (Hér. Boucher C. veuve Gourdet.) — A la mort du sieur Boucher, ancien notaire, la veuve Gourdet, sa cuisinière depuis dix-sept ans, avait dans le tiroir d'une commode 2,720 fr. dont elle a déclaré être en possession lors de son entrée au service, une boîte en argent contenant 446 fr., et plusieurs sacs de toile contenant 1,050 fr. qu'elle a déclarés être le fruit de ses économies. Les héritiers du notaire, qui avait d'ailleurs légué à sa cuisinière une rente de 500 fr., ont déclaré qu'ils étaient prêts à faire la remise des sommes ci-dessus placées sous les scellés, lorsqu'elle justifierait qu'elle en est réellement propriétaire, parce que tout ce qui se trouve dans une maison est censé appartenir au propriétaire de cette maison. — 30 mai 1837, jugement du tribunal de Pontoise qui ordonne que la somme de 4,060 fr. sera remise à la femme Gourdet et que dans la huitaine elle sera mise en possession de la rente de 500 fr. — Appel. — 27 avr. 1838, la cour de Paris confirme.

Pourvoi pour contravention à l'art. 2279, en ce que dès que la qualité de domestique de la veuve Gourdet était constante, on ne pouvait prétendre que sa possession eût la vertu exigée par la loi pour que la présomption de l'art. 2279 lui fût applicable. On soutient que la possession est aussi bien de droit que de fait (L. 49, D., *De acq.*, 5, Cod., *De bon. poss.*); que, de même que l'usufruitier, le colon, le fermier, le dépositaire ne peuvent avoir la possession civile, de même le domestique, le serviteur qui habite chez son maître en est privé; que le maître d'une maison est aussi le maître de tous les objets, de tous les meubles qui la garnissent (Schneideven, *De interd.*, § 5; Godefroi, L. 9, § 2, D., *De jur. dot.*; Merlin, Quest., v° Revendic.); que c'est, dès lors, aux tiers qui les revendiquent à prouver leur droit; qu'en un mot, et comme la cour de cassation l'a jugé, la maxime *melior est causa possidentis* ne s'applique point à la possession précaire. — Arrêt.

La cour ; — Attendu qu'il a été constaté que la somme de 4,060 fr. a été trouvée déposée soit dans une armoire, soit dans une commode affectées exclusivement à l'usage personnel de la domestique, parmi les effets servant à sa personne, dans des meubles dont elle possédait seule les clefs, et qu'aucun enlèvement ni soustraction n'ont été articulés contre elle; qu'il suit de là qu'en décidant que ladite domestique avait la possession de cet argent, l'arrêt attaqué (de la cour de Paris, du 27 avr. 1838), loin de violer les dispositions de l'art. 2279 c. civ., en a fait une juste application; — Sur le troisième moyen : — Attendu que l'arrêt attaqué a clairement exprimé le motif de la condamnation aux dépens, en disant qu'ils étaient accordés par forme de dommages-intérêts; que les dommages-intérêts ainsi réduits aux dépens trouvaient une base de liquidation, ce qui était satisfaire au vœu de la loi, et qu'enfin l'art. 1041 c. pr. civ. est inapplicable à la cause; — Rejette, etc.

Du 18 fév. 1839.-C. C., ch. req. MM. Zangiacomi, pr.-Duplan, rap.-Bayeux, av. gén., c. conf.-Godart-Saponay, av.

la dotation de la couronne (Cass. 10 août 1841, aff. Cousin, V. Dom. de la couronne, n° 31).

277. Il y a des meubles *réels* et des meubles *fictifs* : les premiers, purement corporels, se transmettent par la tradition manuelle; il n'en est pas de même des meubles fictifs, qu'on appelle aussi *incorporels*, ils ne se transmettent ordinairement qu'au moyen de certaines formalités. Or, en statuant par l'art. 2279 qu'en fait de meubles la possession vaut titre, le législateur n'a évidemment entendu parler que des meubles susceptibles de tradition, c'est-à-dire des meubles purement meubles, des meubles corporels (Rej. 4 mai 1836, aff. Dreux, V. Droit maritime, n° 2196. — Conf. MM. Troplong, n° 1065; Marcadé, sur l'art. 2279, n° 4; Grün, D. P. 36. 1. 257. — *Contrà*, M. Rodière, Revue de législ., t. 6, p. 467).

278. En conséquence il a été jugé : 1° que le principe de l'art. 2279 ne s'applique qu'aux meubles corporels, et non aux titres constatant des obligations (Bruxelles, 4 juin 1835, aff. assur. marit., V. Commissionnaire, n° 208; Douai, 28 juin 1843, aff. Fremaux, V. Minorité, n° 484); — 2° Qu'elle ne s'applique pas à une créance d'indemnité, reçue du propriétaire apparent : la transmission ne peut en être faite valablement que par un acte de cession dans les formes tracées par les art. 1689, 1690 c. nap., et la simple possession, même de bonne foi, ne fait pas obstacle à ce que le propriétaire véritable se fasse restituer la créance ou valeurs touchée par le tiers possesseur (Rej. 4 mai 1836, aff. Dreux, V. Droit marit., n° 2196); — 3° Que la cession de droits incorporels, tels que des droits à une indemnité pour confiscation d'immeubles vendus nationalement, faite par le propriétaire apparent à des tiers, tombe sous la nullité qui frappe la vente de la chose d'autrui, alors même que les cessionnaires auraient été saisis des droits par un transport régulier et qu'ils se seraient fait inscrire, en leurs noms personnels, sur le grand-livre de la dette publique, pour une partie des cinquièmes de l'indemnité liquidée. Ils invoqueraient en vain la règle qu'en fait de meubles la possession vaut titre, pour mettre la cession à l'abri de la nullité et échapper à l'action en restitution du véritable propriétaire (Cass. 11 mars 1839) (1); — 4° Que la règle en fait de meubles, etc., ne s'applique pas à des rentes, et que la transmission des droits incorporels est régie par l'art. 1690 (Cass. 14 août 1840, aff. Laqueille, n° 700); — 5° Que le cédant d'une créance qui a obtenu la résolution de la cession à défaut de payement de prix, peut revendiquer cette créance entre les mains d'un tiers (Grenoble, 15 avr. 1845, aff. Clément, D. P. 46. 2. 208);

6° Que la règle qu'en fait de meubles, etc. ne peut être appliquée à ceux des droits incorporels dont la transmission est soumise à des règles spéciales, et qu'ainsi l'art. 2279 est inapplicable au droit d'exploiter des numéros de voiture de place dans Paris, ce droit résultant d'une faculté dont l'exercice et la transmission sont assujetties à des règlements de police (Cass. 7 fév. 1849, aff. Bodin. D. P. 49. 1. 41). V. le code hollandais, art. 2014, n° 264.

279. Il a été également jugé, par application de notre principe, que l'art. 1141 c. nap., qui en cas de concours de plusieurs acquéreurs d'une chose mobilière, donne la préférence à celui qui s'est mis en possession le premier, ne s'applique pas aux cessionnaires de choses incorporelles; la préférence entre ces cessionnaires est déterminée par la date de la signification de la cession (Rej. 29 août 1849, au Mourreton, D. P. 49. 1. 275). — V. Oblig.

280. — Il faut assimiler aux meubles réels les meubles *incorporels* qui se transmettent sans formalité, par la tradition, un billet de banque par exemple (V. n° 277). — On a aussi décidé avec raison que l'art. 2279 s'applique à des effets au porteur, à des effets à ordre transmis par endossement régulier (Paris, 7 mars 1851, aff. Visieu, D. P. 52. 5. 427), à moins que, même à l'égard de titres au porteur, on n'offre de prouver la fraude du détenteur (trib. de Marseille, 28 fév. 1845, D. P. 45. 2. 191).

281. La personne qui se trouve avoir entre les mains le manuscrit d'un auteur peut-elle invoquer pour le retenir les dispositions de l'art. 2279 c. nap.? Nous ne le pensons pas. La propriété d'un manuscrit ne se transmet pas ordinairement par la tradition manuelle, il intervient un traité entre l'auteur et l'éditeur. On peut présumer aussi que la personne qui détient le manuscrit ne l'a reçu de l'auteur en communication que pour le lire, et juger l'ouvrage. Il en serait autrement si, à la possession, se joignaient des faits d'où pourrait résulter l'existence d'un don manuel. Mais dans ce cas l'art. 2279 ne serait pas applicable (V. Disp. entre-vifs, n° 1615 et s., et v° Propr. litt.), à plus forte raison la détention seule ne met-elle pas à l'abri de la revendication s'il s'agit d'un manuscrit de la bibliothèque nationale, objet inaliénable (Paris, 3 janv. 1846, aff. Charron, D. P. 46. 2. 212).

282. Les objets attachés à la culture d'un immeuble ne sont, aux termes de l'art. 524 c. nap., immeubles par destination que lorsqu'ils ont été placés sur les lieux par le propriétaire; il suit de là que s'ils ont été placés par le fermier et que celui-ci les ait laissé vendre sans réclamation avec l'immeuble, l'acquéreur pourra sur sa réclamation tardive lui opposer l'art. 2279 (Agen, 12 juin 1812, aff. Thomasson, V. Biens, n° 65).

283. L'art. 2279 ne s'applique pas à l'acquisition d'une universalité de meubles, telle qu'elle échoit à un héritier; le titre universel se conserve par les actions qui lui sont propres (Bigot Préameneu); car il s'agit moins dans ce cas, dit Delvincourt, de la prescription des choses qui composent la succession que de la prescription du droit même de succession (Conf. M. Troplong, n° 1066). — Jugé ainsi que la vente d'une universalité de meubles, faite par l'héritier apparent à un tiers, n'est pas garantie par l'art. 2279 (Cass. 26 août 1833, aff. Legros, V. Succession, n° 555).

284. De même la règle en fait de meubles, etc., n'est applicable ni quand la possession n'a été exercée que sur une chose indivise, ni lorsqu'il existe un titre qui contredit la possession de celui qui s'est emparé de la chose, même de bonne foi (V. *suprà*, n° 265). Et spécialement, le légataire universel qui s'est emparé des valeurs mobilières de la succession, en vertu du testament, ne peut opposer la règle ci-dessus aux héritiers naturels qui réclament ces valeurs après avoir fait annuler le testament, la qualité d'héritiers des demandeurs constituant un titre qui contredit la possession exercée par le défendeur. Il importe peu que ce défendeur soit lui-même héritier naturel (Cass. 10 fév. 1840, aff. Vallet, V. Succession, n° 1567).

285. On a vu que l'art. 2279 apporte lui-même deux exceptions à la règle générale qu'il établit; la première pour le cas où le propriétaire a perdu la chose; la deuxième pour le cas où elle lui a été volée : c'est à lui à prouver le vol. — Il est évident que la bonne foi du détenteur ne met point obstacle à la revendication (Paris, 18 août 1851, aff. Bibliothèque nationale, D. P. 52. 2. 96).

286. Lorsqu'un effet de commerce portant endossement en blanc a été volé, celui à l'ordre duquel il a été passé par l'auteur du vol peut être condamné à remettre cet effet au véritable propriétaire, s'il ne prouve ni l'existence, ni l'individualité de celui qui le lui a remis; et alors surtout qu'il y a eu imprudence de sa part dans la négociation qui lui en a été faite (Rouen, 14 janv. 1820) (2).

287. L'art. 2279 qui accorde le droit de revendiquer l'objet

---

(1) (Veuve Reculor C. Rebattu.) — La cour; — Vu les art. 1599 et 2279 c. civ.; — Attendu, en droit, qu'aux termes du premier de ces articles, la vente de la chose d'autrui est nulle; — Que cette nullité est prononcée d'une manière absolue et sans exception; — Que, pour soustraire à cette nullité la vente faite par la dame Laborey-de-Virey, le 16 nov. 1826, aux sieurs Rebattu et Morelet, du bordereau provisoire d'une indemnité à laquelle elle n'avait aucun droit, l'arrêt attaqué s'est fondé sur l'art. 2279 pour en conclure que les défendeurs avaient une possession acquise, soit par le transport à eux fait, soit par les inscriptions, à leur nom, sur le grand livre, des deuxième, troisième et quatrième cinquièmes de ladite indemnité; — Que cette possession d'une chose mobilière valant titre à la propriété de cette chose, aux termes dudit art. 2279, ce titre les mettait à l'abri de la nullité prononcée par l'art. 1599 contre la vente de la chose d'autrui; — Attendu que, dans l'espèce, la chose vendue consistait dans le droit incorporel à une indemnité pour confiscation d'immeubles vendus nationalement; — Que les droits incorporels n'étant pas susceptibles de la tradition manuelle et de la possession corporelle qui en suppose ou démontre la propriété, la vente de pareils droits par un autre que le propriétaire demeure soumise à la règle salutaire et absolue de l'art. 1599; — Qu'en jugeant le contraire et en infirmant, quant aux quatre premiers cinquièmes, le jugement dont elle a confirmé la disposition à l'égard du dernier cinquième, la cour royale de Dijon a manifestement violé ledit art. 1599 et fait une fausse application de l'art. 2279 c. civ. précités; — Casse.

Du 11 mars 1839.-C. C., ch. civ.-MM. Portalis, 1er pr.-Piet, rap.-Tarbé, av. gén., c. conf.-Morin et Nicod, av.

(2) (Peltzer C. Delarue.) — La cour; — Vu les art. 2279 et 2280 c. civ.; — Attendu qu'il est constant et reconnu au procès que Peltzer

mobilier en cas de vol entre les mains du possesseur de bonne foi, s'applique-t-il au cas où le détournement a eu lieu par suite d'*escroquerie*? — La négative est admise par une jurisprudence constante. En effet le vol et l'escroquerie sont deux délits différents. Un propriétaire peut avoir été volé, sans qu'il existe aucune espèce de rapport entre lui et l'auteur de la soustraction, sans que dès lors il ait aucun moyen de suivre l'objet volé. Il n'en est pas de même lorsqu'il est dépouillé par suite d'une escroquerie : il a eu des rapports avec l'auteur de l'escroquerie, et il lui a été possible de suivre l'objet mobilier qui lui a été escroqué. Sa position est donc moins favorable que dans le cas de vol (Cass. 20 mai 1855; Rouen, 10 mars 1856; Paris, 21 nov. 1855) (1). — V., dans ce sens, M. Marcadé, art. 2279, n° 5, qui fait remarquer avec raison que la seconde disposition de l'art.

---

et compagnie, de Louviers, est le véritable propriétaire de la lettre de change de 2,000 fr., tirée, le 13 juill. 1819, par Menard et Mercé, de Toulouse, sur Pilet-Will, de Paris, accepteur de ladite lettre, payable le 25 octobre suivant; — Attendu que Pettzer n'a pas cessé d'être propriétaire de ladite lettre par le fait de la soustraction frauduleuse qui a été faite le 10 octobre dernier, à la poste, du paquet dans lequel elle était renfermée; que cette circonstance donne au contraire à Pettzer, aux termes de l'art. 2279 c. civ., le droit de la revendiquer sans bourse délier, en quelque main qu'elle se trouve, pendant l'espace de trois ans; — Attendu qu'il n'y a d'exception à la règle tracée au susdit article que dans l'article suivant, en faveur du possesseur actuel de la chose volée, qui justifie l'avoir achetée en foire, marché ou vente publique, ou d'un marchand vendant des choses pareilles; — Attendu que les art. 2279 et 2280 c. civ., forment le droit commun en cette matière; que le code de commerce ne renferme rien qui leur soit contraire; que, loin de là, il est sensible que c'est dans leur esprit qu'ont été rédigés les art. 144 et 145 dudit code, ainsi que les art. 148 et 407 c. pén.; — Attendu que, dans cet état de législation, il est vrai de dire que si Delarue, qui a escompté la lettre de change dont il s'agit aux mains d'un individu qu'il dit se nommer Houry, marchand de laine à Troyes, en Champagne, justifiait de l'existence et de l'individualité de ce particulier en ladite ville, sous les noms et qualités indiqués, il serait dans le cas de l'exception portée en l'art. 2280 c. civ.; mais aussi qu'à défaut de cette justification, il ne peut invoquer le bénéfice de cette exception, et qu'alors il s'est mis dans le cas de l'application pure et simple de la règle générale établie par l'art. 2279; — Attendu que Delarue ne justifie point de l'existence de son cédant aux noms, qualités et domicile sous lesquels il a traité avec lui, et que, sous ce premier point de vue, il doit être contraint de remettre la lettre de change volée au véritable propriétaire, sauf son recours contre celui qui la lui a indûment transmise; — Attendu que, sous le rapport des circonstances particulières du fait de la négociation, et abstraction faite des articles de loi précités, Delarue doit encore succomber, à raison des fautes graves et de l'extrême imprudence qu'il a commise en se confiant à un homme qu'il ne connaissait pas et qui ne lui présentait aucune garantie; que cette faute est d'autant moins excusable que l'individu porteur de la lettre n'en était saisi qu'en vertu d'un endos irrégulier qui ne valait au plus que de procuration, tandis qu'il a traité avec le porteur comme s'il eût été propriétaire; qu'elle s'aggrave encore de ce qu'il a négligé de se procurer dans la ville de Rouen même des renseignements qu'il pouvait prendre, soit auprès de Bayard, l'un des endosseurs, soit auprès de Pettzer, chef d'un établissement considérable et correspondant de Pettzer, de Louviers, et en outre de ce qu'il a reçu la lettre de change valeur en compte, ce qui suppose des opérations antérieures avec le même individu, et dont cependant il ne fait pas apparaître; — Attendu qu'on ne peut faire à Pettzer, de Louviers, un reproche fondé sur ce qu'il adressait la lettre de change à son correspondant à Paris avec sa signature en blanc, parce que c'était un simple acte de confiance entre les deux maisons, et qu'il devait regarder l'effet aussi en sûreté dans les bureaux ou les dépêches de la poste que s'il eût été dans son portefeuille; qu'on ne peut d'ailleurs lui imputer aucune faute, ayant fait, aussitôt que le vol lui a été connu, mettre des oppositions aux mains de l'accepteur et des endosseurs; — Attendu que si, en pareilles circonstances, on admettait le système de Delarue, ce serait impunément ouvrir la porte à toutes les fraudes, à toutes les soustractions, et porter l'atteinte la plus sensible à l'ordre public, au droit de propriété et aux vrais intérêts du commerce : — Par ces motifs, — Réforme le jugement du tribunal de commerce du 26 nov. 1819, et condamne sous une contrainte le sieur Delarue à remettre la lettre de change à la maison Pettzer, pour par elle s'en faire payer par qui de droit sauf le recours du sieur Delarue contre l'inconnu, etc.

Du 14 janv. 1820.-C. de Rouen.-M. Eudes, pr.

(1) 1re *Espèce* : — Bailleul C. Vespiereu. — En 1852, vente par le sieur Bailleul, négociant au Havre, d'une quantité considérable de bois de marine, à un nommé Malher, se disant chef d'une maison de commission pour la France et l'étranger. Malher revend ce bois à un sieur Vespiereu, négociant à Paris, qui se fait représenter les lettres d'avis et le connaissement. — 11 nov. 1852, condamnation de Malher pour délit d'escroquerie sur la plainte du sieur Bailleul. — Celui-ci avait en outre intenté une action en revendication contre Vespiereu. Mais Vespiereu se défendait en disant que l'art. 2279 ne lui était pas applicable; qu'il n'était relatif qu'aux choses volées; que d'ailleurs, il était, lui, de bonne foi, et qu'il avait acheté conformément aux usages du commerce. — Le tribunal civil de la Seine admit ce système, et déclara Bailleul irrecevable, par le motif qu'il n'était articulé contre Vespiereu aucun fait de dol.

Appel par Bailleul. — Le 15 janv. 1854, arrêt de la cour de Paris : — « Considérant, en droit, qu'aux termes de l'art. 2279 c. civ., celui auquel il a été volé une chose peut la revendiquer pendant trois ans à compter du jour du vol, contre celui dans les mains duquel elle se trouve; que le principe général posé dans l'article ci-dessus relaté est fondé sur le principe, que le vol présuppose que, de la part du propriétaire, il n'y a point eu de consentement au dessaisissement de la chose, et que, dès lors, la condition fondamentale, en fait de transmission de propriété, manque; — Considérant que le mot *vol*, énoncé en l'art. 2279, a été employé par le législateur dans un sens générique; que les espèces, entièrement analogues, y sont dès lors nécessairement comprises; que, d'après la généralité du sens de cet article, il y a lieu d'en faire l'application aux actes à l'aide desquels on pourrait être dépouillé furtivement d'un objet mobilier; qu'il est de principe qu'il doit y avoir homogénéité dans les droits quand il y a évidente homogénéité dans les raisons de décider; — Que les résultats de l'escroquerie sont les mêmes que ceux du vol; qu'en effet, dans le cas de l'escroqueries, il est vrai de dire qu'il n'y a point eu, à proprement parler, de consentement, la volonté du propriétaire ayant été viciée par des manœuvres d'une nature particulière, auxquelles il n'a pu se soustraire, et qui ont été qualifiées délit par la loi pénale, et assimilées par elle à la soustraction frauduleuse. » — Pourvoi. — Arrêt.

LA COUR; — Vu l'art. 2279 c. civ.; — Attendu que cet article, après avoir établi comme règle générale que possession vaut titre, ajoute seulement que, dans le cas où la chose aura été perdue ou volée, il y aura lieu à revendication; — Attendu que les exceptions sont de droit étroit, et que leur application doit être renfermée dans le sens rigoureux des termes employés par le législateur; — Attendu que le vol ne peut être confondu avec l'escroquerie, vu qu'en fait d'escroquerie, l'individu escroqué a suivi la foi de celui qui l'a trompé, et par la vente qu'il lui a faite lui a donné un titre indépendamment de la possession; — Qu'il n'en est pas de même de la chose volée, à l'égard de laquelle il n'y a ni vente, ni remise volontaire, et qui, au contraire, a été prise par une voie de fait quelconque; d'où il suit que l'arrêt attaqué a tout à la fois fait une fausse application de l'art. 2279 ci-dessus visé, et violé ledit article; — Par ce motif, et sans qu'il soit besoin de s'occuper de tout autre moyen, casse.

Du 20 mai 1855.-C. C., ch. civ.-MM. Dunoyer, f. f. de pr.-Faure, rap.-de Gartempe fils, av. gén., c. conf.-Gueny et Renault, av.

Sur le renvoi prononcé par l'arrêt de la cour de cassation du 20 mai 1855, qui précède, la cour de Rouen a statué en ces termes :

LA COUR; — Attendu, sur la question de droit résultant de l'art. 2279 c. civ., que le vol et l'escroquerie sont deux délits distincts; qu'ils diffèrent en ce que le vol se commet à l'insu du propriétaire de la chose volée, tandis que l'escroquerie se fait avec son concours ou sa participation quelconque; que celui-ci connaît ou a pu se procurer les moyens de connaître l'individu des manœuvres duquel il s'est rendu la victime, au lieu que l'autre, dans le cas du vol ou de la perte de la chose, ignore celui qui en est le détenteur; que, dans le cas du vol, le propriétaire de la chose volée et même de la chose perdue ne peut, le plus souvent, la retrouver et la revendiquer qu'après un assez long espace de temps; que dans le cas, au contraire, de l'escroquerie, celui contre lequel elle a été exercée peut poursuivre immédiatement son auteur, et doit imputer à sa négligence les retards qu'il peut y apporter; de là vient que le législateur n'a pas eu même raison d'accorder au fait de l'escroquerie le délai de trois ans qu'il a établie pour la réclamation en fait de vol; que d'ailleurs si, contre le texte de l'art. 2279, on rangeait l'escroquerie dans l'exception établi pour le cas de vol, il n'y aurait plus de raison pour ne pas l'étendre à toutes les autres soustractions frauduleuses, telles que l'abus de confiance, la banqueroute, etc.; — Met l'appel au néant, etc.

Du 10 mars 1856.-C. de Rouen, aud. sol.-M. Eude, 1er pr.

2e *Espèce* : — (Ricketts C. Letestu.) — LA COUR; — Considérant qu'en fait de meubles, la possession vaut titre; que ce n'est que par exception à ce principe que la loi autorise celui qui a perdu ou auquel il a été *volé* une chose, à la revendiquer contre celui dans les mains duquel il la trouve; et que les exceptions ne doivent pas s'étendre au delà des cas expressément énoncés; — Considérant que l'*escroquerie* ne peut pas être confondue avec le vol; que la loi pénale les distingue; que celui qui se dessaisit de sa chose, par suite d'une escroquerie, a suivi la foi de celui qui l'a trompé, et lui a donné *un titre* qui est une *garantie suffisante pour l'acquéreur subséquent*; — Considérant que Letestu avait délivré à Bucher une facture acquittée par lui, sur le vu de laquelle Ricketts a acheté et payé les objets en question; — Infirme; au principal, déclare bonne et valable l'opposition de Ricketts, etc. »

Du 21 nov. 1855.-C. de Paris, 3e ch.-M. Lepoitevin, pr.

2279 n'est qu'une exception au principe général posé dans la première disposition, et qu'en bonne règle les exceptions doivent être entendues restrictivement.

288. Néanmoins M. Troplong, n° 1069, soutient un avis contraire. Deux arrêts de la cour de Paris ont été rendus dans le sens de son opinion (Paris, 11 nov. 1837 (1); 13 janv. 1834, aff. Bailleul, arrêt cassé par celui du 20 mai 1835, V. le numéro précédent).

289. La question de savoir si l'art. 2279 s'applique à l'abus de confiance est moins difficile à résoudre que la précédente. En effet, dans ce cas le propriétaire a suivi la foi du dépositaire, et comme le dit très-bien M. Troplong, n° 1070 : « Tant pis pour lui s'il a mal choisi celui à qui il a remis la possession, et dans les mains duquel il a déposé les moyens de tromper les tiers en le trompant lui-même (V. Dépôt, n° 125. — Conf. Cass. 7 février 1849, aff. Balin, D. P. 49. 1. 41; Paris, 7 mars 1851, aff. Visieu, D. P. 52. 5. 427). — Ainsi il a été décidé : 1° que l'art. 2279 ne s'applique pas à celui qui a déposé un meuble dans les mains d'une personne qui le vend par abus du dépôt (Paris, 5 avr. 1813, aff. Gay, V. Agent diplomatique, n° 116; — 2° Qu'en cas de vente par un ouvrier de marchandises qui lui ont été livrées pour leur faire subir un apprêt (des cuirs), le propriétaire de ces marchandises n'est pas fondé à les revendiquer entre les mains de celui qui les a acquises de bonne foi (Caen, 9 mars 1846, aff. Chapsal. D. P. 48. 2. 16; V. aussi Bordeaux, 14 juill. 1832, aff. Veillon, v° Nantissement, n° 176).

290. Cependant il a été jugé, en sens contraire, que le locateur d'un piano, qui a été indûment donné en nantissement par le locataire à un tiers, a droit d'exercer contre ce dernier la revendication autorisée par l'art. 2279 c. nap.... surtout si, avant la remise en nantissement, un jugement par défaut avait condamné le locataire à faire la restitution du piano au locateur..... En un tel cas, il y a abus de confiance, lequel doit, quant à la revendication en matière civile, être assimilé à la soustraction frauduleuse ou vol dont il est parlé dans l'art. 2279; et c'est en vain qu'on se prévaudrait de la règle qu'en fait de meuble possession vaut titre (Lyon, 15 déc. 1830 (2). — Conf. Toullier, t. 14, p. 125).—Néanmoins, « les motifs sur lesquels cette décision se fonde, a dit M. A. Dalloz (D. P. 52. 2. 25), nous paraissent avoir méconnu l'énergie du principe qu'en fait de meubles la possession vaut titre. — Quel est, en effet, le sens de cette disposition? C'est qu'au regard des tiers, la possession des meubles, c'est-à-dire des objets dont la transmission est ordinairement rapide, dispense de toute preuve de propriété. Privilége du vendeur non payé, privilége du gagiste, privilége même du locateur au préjudice duquel des meubles ont été soustraits de la maison louée, à moins qu'il n'ait formé la revendication dans le délai de quinze ou de quarante jours (art. 2102 c. nap.); tous ces droits s'effacent et disparaissent dès que les objets mobiliers sont sortis des mains du possesseur légitime pour passer dans celles d'un tiers acheteur de bonne foi.—Cependant il a été fait à cette règle deux exceptions, l'une pour le cas de vol, l'autre pour le cas où le possesseur a trouvé l'objet mobilier. — C'est qu'alors, en effet, plusieurs circonstances sont remarquables : 1° la dépossession du propriétaire a été violente ou faite à son insu;—2° La possession du voleur ou de l'inventeur est ordinairement clandestine, de courte durée, et s'applique presque toujours à des gens sans aveu, sans consistance sociale;—3° Le tiers qui, sans s'enquérir de la moralité du vendeur, non marchand de meubles par profession, qui, sans rechercher si, à défaut de titres, la possession a été environnée de cette sorte de publicité ou de notoriété qui dissipe bien vite les erreurs, consent néanmoins à traiter avec le possesseur, ne saurait être mis à l'abri de tout reproche de légèreté. — Et l'on comprend aisément qu'obligé de se prononcer dans une hypothèse pareille, et d'opter entre les inconvénients qui naissaient de la généralité de la règle et ceux auxquels l'exception donnait lieu, le législateur a dû penser qu'ici l'exception était impérieusement réclamée par l'équité, par l'intérêt de la propriété, par les nécessités sociales, et que celle-ci était moins dangereuse que celle-là.—Mais, par cela même qu'il créait une exception, il a dû en restreindre sévèrement les termes, et lorsque la possession n'aura pas échappé au propriétaire à son insu et malgré lui, le principe général devra reprendre tout son empire. — Si donc le propriétaire a prêté un objet, s'il l'a déposé entre les mains d'un individu, il semble qu'il devra perdre le droit de revendication dans le cas où ce dernier, infidèle à la convention, en aura disposé frauduleusement au profit d'un tiers qui l'aura acquis de bonne foi.

---

(1) *Espèce* : — (Metman *C.* Curcq, etc.) — Le 4 fév. 1835, M. Metman, caissier de l'imprimerie royale, remet à Borlet, garçon de recette, six ordonnances de payement s'élevant ensemble à 65,211 fr., avec mission d'aller les recevoir au trésor et de lui en rapporter le montant. Borlet les présente à M. Serres, vérificateur au trésor, qui les garde, et l'ajourne au lendemain pour lui en faire le payement après vérification. Un sieur Joubert, commis aux écritures à la caisse de l'imprimerie royale, ayant eu connaissance de cet ajournement, se présente lui-même au trésor, le lendemain 5 fév., à l'ouverture du bureau, où il était connu comme employé de l'imprimerie royale, et, à la faveur de la confiance que ce titre inspire, il se fait remettre les 65,211 fr. dont il s'empresse de disposer abusivement dans son intérêt personnel. Il remet : 1° 5,500 fr. le même jour, à la maison Perrier, pour le compte de la dame Pagès, dont il était le débiteur et l'homme d'affaires; 2° et 3,500 fr. au sieur Curcq, le lendemain 8 fév., et retire des mains de celui-ci diverses obligations qu'il lui avait livrées à titre de gages. — Dès le 6, M. Metman porte plainte. — Joubert fait connaître l'emploi qu'il a fait des fonds. — Le procès-verbal énonce une saisie-arrêt entre les mains de M. Perrier, encore dépositaire des fonds, et la promesse du sieur Curcq de déposer la somme par lui reçue entre les mains du commissaire de police. — Depuis, Joubert est condamné en cour d'assises pour détournement frauduleux.

En cet état, M. Metman forme une demande en répétition des sommes versées par Joubert, tant entre les mains de MM. Perrier, pour le compte de la dame Pagès, qu'en celles du sieur Curcq; mais le tribunal, sans méconnaître l'origine des deniers, rejette cette demande en se fondant 1° sur ce que le crime commis par Joubert constituait non un vol proprement dit, mais un abus du mandat tacite qu'il aurait eu de toucher les 65,211 fr. par suite de sa qualité; d'où il résultait qu'il n'y avait pas lieu à revendication dans les termes de l'art. 2279; 2° sur ce que le principe posé dans l'art. 1258 c. civ., loin d'être une extension du droit de revendication, n'était, au contraire, qu'une restriction apportée à l'art. 2279, et avait pour effet de faire cesser le droit de revendication lorsque la chose fongible, reçue en payement par le créancier, avait été consommée par lui de bonne foi — Appel. — Arrêt (ap. dél. en ch. du cons.)

LA COUR : — Considérant qu'il est constant, dans la cause, que les deniers versés par Joubert entre les mains des sieurs Curcq et Perrier proviennent des fonds détournés par Joubert au préjudice de Metman; — Que cette identité des deniers est prouvée, d'un côté, par la reconnaissance faite le 7 février 1835 par MM. Perrier, qu'ils avaient entre les mains 5,500 fr. à eux versés par Joubert pour le compte de la dame Pagès, et, de l'autre, par l'engagement pris par Curcq, en présence du commissaire de police, de remettre au bureau dudit commissaire, le 9 fév. suivant, les 3,500 qui lui avaient été déposés, le 6, par Joubert; —Qu'aux termes de la loi (1238), il faut, pour payer valablement, être propriétaire de la chose donnée en payement et capable de l'aliéner; qu'ainsi le payement fait à Curcq et à la dame Pagès, par l'entremise des frères Perrier, ayant eu lieu avec des fonds qui n'appartenaient point à Joubert, n'est pas valable; — Que Curcq n'établit point, pour échapper à l'application du principe posé par l'art. 1238 c. civ., qu'antérieurement à la revendication de Metman, il ait consommé de bonne foi la somme versée entre ses mains par Joubert; — Ordonne que les sommes dont il s'agit seront restituées à Metman.

Du 11 nov. 1837.–C. de Paris, 2e ch.–MM. Hardouin, pr.

(2) *Espèce* : — (Mory *C.* demoiselle Boudet.) — Dans cette espèce, un jugement du tribunal civil de Lyon, du 5 fév. 1829, a admis la revendication en ces termes : « Considérant que le nantissement ne peut conférer de droit que sur un objet mobilier dont le débiteur est véritablement propriétaire; — Que la possession de la demoiselle Boudet n'est point légitime dans ses mains et ne peut servir de fondement à la présomption légale établie dans les cas ordinaires; — Que la livraison faite par ladite Boudet du piano à Mory, constitue une soustraction frauduleuse, un véritable vol, ce qui rend inapplicable l'art. 2279; que cette soustraction, punissable comme délit, d'après l'art. 408 c. pén., doit, dans l'esprit de la loi civile, être comparée au vol proprement dit; — Que l'expression *vol*, employée dans l'art. 2279, doit s'entendre dans un sens général qui comprend nécessairement toute espèce d'enlèvement ou de détention illégitime d'un objet mobilier; — Que la qualité de bailleur, dans les mariés Giraud, est justifiée par titres ayant date certaine, comme relatés dans un jugement rendu antérieurement au nantissement; — Que le jugement, passé en force de chose jugée, en résiliant le bail du piano, a ainsi changé la nature de la détention de la fille Boudet, qui, dès lors, s'est rendue coupable d'un véritable vol, dans le sens de la loi pénale, en disposant de ce meuble en faveur d'un tiers. » — Appel de Mory. — Arrêt.

LA COUR; — Adoptant les motifs, etc., confirme, etc.

Du 15 déc. 1830.–C. de Lyon, 4e ch.–M. Reyre, pr.

» Et pourquoi cette différence? C'est que le propriétaire, par son fait ou son imprudence, a lui-même investi le possesseur de la détention de la chose; qu'il a contribué par là à cette publicité de possession qui est le fondement de la présomption de propriété des meubles à l'égard des tiers. C'est qu'enfin l'erreur de ceux-ci a été la conséquence du fait primitif du propriétaire, et qu'entre des individus qui n'ont rien à se reprocher, puisqu'on n'exige pas de titre de propriété pour les objets mobiliers, et un propriétaire qui doit au moins s'imputer d'avoir confié sa chose à un possesseur d'une moralité peu sûre, on doit se prononcer en faveur des premiers; car, outre que leur position est plus favorable, on a l'avantage de rentrer par là dans la règle générale qui périrait et serait, comme le remarquent très-bien les auteurs du Recueil des arrêts de la cour de Lyon, *confisquée au profit de l'exception*, si le droit de revendication du prêteur ou du déposant était admis contre les acheteurs de bonne foi. — Sans doute, il a une grande force apparente le système qui consiste à dire que sous l'expression *vol* le législateur a entendu comprendre tout *détournement* frauduleux au préjudice du propriétaire. Et c'est surtout lorsque la disposition a eu lieu à une époque très-rapprochée du prêt ou du dépôt, que l'objection devient plus sensible; mais cette considération ne doit pas faire fléchir le principe général; car introduisez une exception nouvelle pour l'abus de confiance ou la violation de dépôt, et vous serez obligé d'en faire l'application à des espèces où les emprunteurs et dépositaires seraient en possession depuis une année, cinq années, vingt années, sans que rien ait jamais pu faire soupçonner que la chose appartînt à autrui! » — C'est en ce sens que M. Favard s'est prononcé.

291. Lorsqu'un billet de la banque d'Angleterre, soustrait à la poste, a été escompté sur un endossement supposé, par un changeur de monnaies, celui-ci est tenu de restituer le billet ou sa valeur, avec intérêts, au propriétaire qui le revendique, alors surtout que, par le défaut de tenue de registres, il se trouve hors d'état de justifier de l'existence de son cédant (Paris, 6 déc. 1821, aff. Joseph, V. Effets de comm., n° 871).

292. « Si le possesseur actuel de la chose volée ou perdue l'a achetée dans une foire, ou dans un marché, ou dans une vente publique, ou d'un marchand vendant des choses pareilles, le propriétaire originaire ne peut se la faire rendre qu'en remboursant au possesseur le prix qu'elle lui a coûté » (c. nap. 2280).—Ainsi le voulait l'intérêt du commerce; mais, hors ces cas, le possesseur n'a de recours que contre celui dont il tient la chose.—Jugé qu'avant le code Napoléon celui qui possédait de bonne foi une chose volée et qui l'avait achetée d'un marchand vendant des choses pareilles, ne pouvait en conserver la propriété; il pouvait seulement demander le remboursement du prix qu'elle lui avait coûté (Cass. 1er août 1815) (1).

293. En cas d'achats d'objets perdus ou volés, on a déclaré l'acheteur déchu du droit de se faire rembourser le prix de la chose lorsqu'il ne s'était point conformé aux usages de la foire ou du lieu public où ces objets lui avaient été cédés, quoiqu'il alléguât sa bonne foi. — Et il a été jugé que, bien que des titres au porteur, et par exemple, des obligations de la ville de Paris, se transmettent de la main à la main, néanmoins si, dans l'usage, ces titres se vendent à la Bourse par le ministère des agents de change, celui qui a acheté d'un inconnu une obligation de cette nature qui avait été perdue, peut être tenu de la restituer au perdant (Paris, 9 déc. 1859) (2).

294. Lorsqu'un voiturier auquel des marchandises ont été confiées en sa seule qualité de voiturier les détourne frauduleusement de leur destination, à son profit, il y a, de sa part, un vol qui donne au propriétaire le droit de les revendiquer entre les mains des acheteurs : il importe peu que, dans l'usage du pays, les voituriers vendent parfois ces sortes de marchandises, de pareilles ventes ne pouvant faire considérer les voituriers comme marchands, dans le sens de l'art. 2280 (Nîmes, 7 mai 1827) (3).

295. Il en est autrement d'un commissionnaire ou d'un courtier. Ce sont des agents reconnus par la loi, et par l'entremise desquels se font les ventes.

296. Il n'est pas nécessaire que l'offre de rembourser le prix, de la part du propriétaire, soit expresse, pour que sa de-

(1) (Leroux de la Ville *C.* Thirion.) — LA COUR; — Vu l'art. 2280 c. civ.; — Attendu, en premier lieu, que, les dispositions de cet article n'étant que la répétition des anciens principes constamment suivis en matière de revendication de la chose volée ou perdue, la circonstance que la négociation dont il s'agit était antérieure à la promulgation du code civil, ne saurait être, dans l'espèce, un obstacle à l'application dudit article; — En second lieu, que Leroux de la Ville n'ayant pu revendiquer sa chose que conformément à la loi qui l'y autorisait, le défaut d'offre expresse de sa part de rembourser au possesseur la somme qu'il avait payée, n'a pas été un motif pour dispenser la cour d'appel de Paris, quoiqu'elle jugeât qu'il n'était pas prouvé que Lebourgeois eût été de mauvaise fois, et en supposant que ce dernier eût été réellement de bonne foi, d'ordonner, aux termes de la disposition précitée, la revendication, à la charge au demandeur de rembourser au défendeur le prix que lui avait coûté la chose revendiquée; — Casse, etc.

Du 1er août 1815.-C. C., sect. civ.-MM. Desèze, pr.-Rupérou, rap.

(2) *Espèce :* — (Sicard *C.* Chauvet.) — Chauvet, propriétaire d'une obligation de la ville de Paris, vient à la perdre. Plus tard, il apprend que cette obligation est possédée par Letort, qui l'a reçue d'un sieur Sicard, dont il l'a achetée à la Bourse, par le ministère d'un agent de change. Mais Sicard ne l'avait pas acquise de cette façon, et se contentait de répondre qu'il la tenait d'un inconnu. — Chauvet forme contre Letort une demande en revendication de cette obligation, avec offre d'en payer le prix moyennant lequel il l'a acquise, et contre Sicard une action en répétition du prix à rembourser à Letort (c. civ. 2279, 2280).— Letort acquiesce à la demande dirigée contre lui, mais Sicard soutient que les obligations de la ville de Paris étant de simples effets au porteur, il n'avait pas eu besoin du ministère de l'agent de change pour acquérir celle qu'on lui réclame, et qu'il avait pu la recevoir de la main à la main.

Jugement du tribunal civil de la Seine qui adopte les conclusions de Chauvet par les motifs suivants : — « En ce qui touche la demande de Chauvet contre Letort; — Attendu qu'aux termes de l'art. 2280 c. civ., le propriétaire d'une chose volée ou perdue ne peut la revendiquer lorsqu'elle a été achetée dans une foire ou marché comme vente publique, qu'en remboursant à celui qui l'a achetée le prix de son achat; — Attendu que Letort avait acheté une obligation de la ville de Paris, réclamée par Chauvet, à la Bourse et par l'entremise d'un agent de change; qu'ainsi il se trouve dans les termes de l'art. 2280 c. civ.; — Attendu que Chauvet offre à Letort le remboursement du prix de l'obligation dont s'agit, et que Letort déclare être prêt à opérer contre le remboursement offert par Chauvet la restitution de l'obligation; — En ce qui touche la demande de Chauvet contre Sicard; — Attendu que la disposition de l'art. 2279 c. civ., qui autorise le propriétaire d'une chose volée ou perdue à la revendiquer pendant trois ans, hors le cas prévu par l'art. 2280 c. civ. ci-dessus cité, est fondée sur la présomption que, hors les cas énoncés dans ledit article, celui au pouvoir duquel la chose perdue ou volée est passée n'en est pas légitime possesseur; — Attendu que, d'après ce motif, qui sert évidemment de base à la revendication autorisée par la loi, l'action en répétition du prix, à défaut de la chose perdue ou volée, peut être exercée contre celui qui en a été le premier en possession, puisque autrement il lui serait toujours loisible de se maintenir, hors des cas prévus par l'art. 2280, en possession de la chose ou du prix par une vente réelle ou fictive, ce qui serait éluder la loi, qui ne peut pas être plus éludée que violée impunément; — Attendu que, si les obligations de la ville de Paris, étant au porteur, peuvent être transmises de main en main, il n'en est pas moins vrai que la vente publique de ces obligations se fait à la Bourse, par le ministère et l'intermédiaire d'un agent de change; — Attendu qu'il est constant, en fait, que Sicard a acheté l'obligation dont il s'agit d'un inconnu, hors de la Bourse, et sans l'intermédiaire d'un agent de change; — Attendu que le fait que Sicard trafiquerait lui-même d'obligations de cette nature, loin de militer en sa faveur, s'élève contre lui; qu'en effet, la loi n'excepte pas de la revendication les choses achetées, mais les choses vendues par les marchands qui en font commerce, et qu'en cela elle a pour objet d'atteindre l'indue possession entre les mains des détenteurs de la chose d'autrui; — Attendu que, d'après ces motifs, l'action de Chauvet contre Sicard, en répétition du prix de l'obligation de la ville de Paris, qu'il sera obligé de rembourser à Letort, est fondée; — Donne acte à Chauvet et à Letort de leurs offre et consentement respectifs; condamne en conséquence Letort, conformément auxdites offres, à remettre à Chauvet l'obligation de la ville de Paris sous le n° 28835, contre le remboursement qui lui sera fait par Chauvet, en principal et intérêts, du prix auquel il a acheté la susdite obligation; condamne Sicard à rembourser à Chauvet, également en principal et intérêts, le prix de ladite obligation. » — Appel. — Arrêt.

LA COUR; — Adoptant les motifs, confirme.

Du 9 déc. 1859.-C. de Paris, 1re ch.-M. Séguier, 1er pr.

(3) *Espèce :* — (Pellet et Vidal *C.* Roubenod, etc.) — Des huiles, envoyées de Marseille à Lyon par les sieurs Roubenod et comp., furent détournées par le voiturier, qui les vendit à Nîmes, pour son propre compte, aux sieurs Pellet et Vidal; les expéditeurs formèrent contre ces derniers une action en revendication; le tribunal de commerce de Nîmes accueillit cette action. — Appel. — L'action en revendication, disent Pellet et

mande en revendication puisse être admise (Cass. 1er août 1815, V. *suprà*, no 292. — *Contrà*, Crim. rej. 19 mai 1808, MM. Barris, pr., Guieu, rap.).

297. Du reste, les dépenses faites par le possesseur, pour la conservation de la chose, doivent, ainsi que ses frais et loyaux coûts, lui être remboursés par le revendiquant (M. Troplong, no 1074.

298. L'art. 2280 c. nap., d'après lequel, lorsque les marchandises ont été achetées dans un marché public, le propriétaire auquel elles ont été volées ne peut se les faire rendre qu'en en payant la valeur, est inapplicable au cas où l'acheteur est de mauvaise foi : « Attendu que l'art. 2280 n'est applicable qu'au détenteur de bonne foi, et que, dès lors, il ne pouvait l'être à B... déclaré complice par recèlement, et, dès lors, constitué en mauvaise foi » (Crim. rej. 26 nov. 1825, MM. Portalis, pr., Brière, rap., aff. B... *C.* min. pub.).

299. Il est certain et il a été décidé que le perdant qui a été obligé de restituer à l'acheteur le prix que celui-ci a payé, peut exercer une action en répétition contre le vendeur (Paris, 9 déc. 1859, aff. Sicard, no 293).

300. Il est évident que la prescription triennale de l'art. 2279 c. nap. ne s'applique qu'au tiers qui a acheté l'objet volé. Quand il s'agit du voleur lui-même, l'action en revendication dure trente ans.

301. Enfin, retenons que la règle qu'en fait de meubles possession vaut titre, n'a été faite que pour protéger les intérêts privés; l'intérêt public n'y est nullement engagé. — Aussi a-t-il été décidé qu'un arrêt a pu admettre le possesseur de meubles à prouver qu'il en était propriétaire, sans violer aucune loi (Req. 10 août 1829) (1).

SECT. 6. — *Des qualités que doit avoir la possession à l'effet de prescrire. — Continuité, publicité, titre de propriétaire, tolérance, violence*, etc., etc.

302. La prescription des *obligations* s'opère par le seul laps du temps, sans le secours d'aucun fait émanant de celui qu'elle doit *libérer*. Mais la prescription à l'effet d'*acquérir la propriété* exige, en outre, une possession qui réunisse tous les caractères de la propriété: *sine possessione usucapio contingere non potest*. — Ce n'est point que la prescription tendante à *acquérir* et celle tendante à la *libération*, ne découlent du même principe. Toutes les prescriptions ont leur source commune dans cette règle constante et uniforme, qui veut que, lorsqu'une personne a un droit à exercer contre une autre, et qu'elle laisse écouler un temps déterminé sans l'exercer, le droit soit éteint pour elle, et que la personne passible du droit en demeure affranchie. Sous ce point de vue, la distinction entre la prescription à fin d'acquérir, et celle à fin de se libérer, s'évanouit. Il ne naîtra entre elles de différence que celle résultant de la nature de la chose qui fait l'objet de la prescription. S'il s'agit de la prescription d'une chose *corporelle*, il faudra que le prescrivant l'ait possédée, parce que le propriétaire qui a cessé d'avoir sa chose en son pouvoir ne peut avoir d'action pour la revendiquer que contre le possesseur de cette chose. S'il s'agit de la prescription tendante à la libération d'une dette, nulle possession ne peut être exigée de la part du débiteur, parce qu'une *créance*, et l'obligation qu'elle impose au débiteur, sont une chose intellectuelle, insusceptible de possession. Ainsi, sans cesser de reporter toutes les prescriptions à une cause commune, on voit comment la possession est nécessaire dans les unes et ne l'est pas dans les autres.

303. Envisagée sous un point de vue général, « la possession est, d'après l'art. 2228, la détention ou la jouissance d'une chose ou d'un droit que nous tenons ou que nous exerçons par nous-même, ou par un autre qui la tient ou qui l'exerce en notre nom, » car il n'importe point à la prescription qu'on possède par soi-même ou par un *fondé de pouvoir*, un *fermier*, un *usufruitier*, ou tout autre possesseur *précaire*. — Mais la loi ne pouvait regarder toute *détention* quelconque comme capable de fonder la prescription; c'eût été légitimer le vol et la spoliation; aussi a-t-elle indiqué, dans les art. 2229, 2232 et 2233, de quels attributs la possession devait être revêtue pour devenir un moyen d'acquérir. Pour pouvoir prescrire, il faut une possession *continue* et non *interrompue, paisible, publique*, non *équivoque* et à *titre de propriétaire* (2229).

304. Remarquons ici cependant, avec les motifs d'un arrêt, que la possession qui a pour objet de mettre à l'abri de la prescription un droit acquis ne doit pas nécessairement réunir toutes les conditions énoncées dans l'art. 2229; mais qu'il en est autrement à l'égard de la possession tendant à faire acquérir un droit, et que les tribunaux doivent se montrer plus rigoureux dans l'appréciation des caractères de cette dernière possession (Riom, 23 déc. 1854, aff. com. de Fayet, D. P. 55. 2. 134. — Conf. M. Troplong, no 336).

305. Reprenons un à un tous les caractères que doit avoir la possession pour prescrire. Elle doit être *continue*. — Il ne suffit point que le propriétaire ait laissé écouler le temps prescrit sans exercer la revendication; il faut que, durant le même temps, le possesseur n'ait pas cessé d'être passible de cette action. — Mais la possession requise pour prescrire ne comporte pas une détention continuelle. « Quoique la possession, dit Domat, renferme la détention de ce qu'on possède, cette détention ne doit pas s'entendre de sorte qu'il soit nécessaire qu'on ait toujours, ou sous sa main, ou sous sa vue, les choses dont on a la possession » (Conf. M. Marcadé, art. 2229-2234, no 1). — On possède, par exemple, un immeuble qu'on cultive et dont on recueille les produits, bien que les labours et la perception des fruits n'aient lieu qu'à de longs intervalles (V. en ce sens vo Action possess., no 257). — C'est ce même principe qui, dans l'ancien droit, faisait qu'en matière féodale l'hommage était imprescriptible. En effet, l'obligation de le rendre ne s'ouvrait pour l'ordinaire, qu'à des intervalles très-éloignés; et il ne se pouvait faire que le seigneur perdît à jamais le droit de l'exiger par cela seul qu'il ne l'aurait pas fait depuis trente ans (Encyclopédie, Jurisprudence, vo Prescription). — Cependant M. Demante (Programme d'un cours de droit civil, t. 3, p. 339) considère comme possession continue celle *qui ne s'exerce pas par intervalles*.

Vidal, n'a lieu qu'en cas de vol ou perte d'objets (c. civ. 2279); D'ailleurs la restitution ne devait être ordonnée qu'à la charge de rembourser le prix, parce que l'usage des voituriers de la Provence, de vendre des denrées pour leur compte, plaçait les appelants dans l'exception de l'art. 2280. — Arrêt.

LA COUR; — Attendu que les huiles achetées par les sieurs Pellet et Vidal, d'un nommé Aussel, n'avaient été confiées à ce dernier qu'en sa seule qualité de voiturier; d'où suit qu'en les détournant frauduleusement de leur destination à son profit, ledit Aussel s'est rendu coupable de vol, aux termes du § 4 de l'art. 386 c. pén.; — Attendu que, fût-il établi que des voituriers vendent parfois des huiles sur la place de Nîmes, on ne pourrait en induire cette conséquence qu'ils dussent être considérés comme des marchands de choses pareilles, puisque, par le mot *marchand*, on entend celui qui fait profession d'acheter et de vendre des marchandises, et que le voiturier est, par état, celui qui les transporte; — Attendu, dès lors, que la preuve offerte par la partie de Gibert est inutile et frustratoire; — A mis et met l'appellation au néant; ordonne, etc.

Du 7 mai 1827.-C. de Nîmes.-M. Fajon, pr.

(1) *Espèce* : — (Héraud *C.* Possac.) — La dame Héraud avait renoncé à la succession de son père, lorsque le sieur Possac, auquel les contributions n'avaient pas été payées, fit saisir, en 1819, les meubles, parce qu'ils provenaient de cette succession. — Cette saisie avait été annulée, puis, sur appel, validée, après différents arrêtés pris en conseil de préfecture, lorsque le sieur Possac, qui avait perdu l'original de la saisie de 1819, en fit faire en 1822 une nouvelle au domicile du mari de la dame Héraud avec lequel elle demeurait en ce moment. — Celui-ci a opposé que les meubles lui appartenaient et a demandé à en faire la preuve par témoins. — Après enquête et jugement, sur l'appel, arrêt définitif, du 15 déc. 1825, de la cour de Nîmes, qui déclare la saisie valable, à l'exception de deux meubles dont la revendication est autorisée.

Pourvoi. — Violation de l'art. 1352, en ce que la possession excluait toute autre preuve et que la cour ne pouvait l'admettre, bien qu'elle fût offerte par le possesseur, parce que cette présomption *juris et de jure* défendait d'admettre aucune autre preuve. — Arrêt.

LA COUR; — Attendu que l'arrêt interlocutoire du 2 mars 1825, lequel, pour fixer la propriété des meubles en question, ordonne une enquête, a été provoqué par les conclusions formelles du demandeur en cassation lui-même; qu'il a été volontairement et pleinement exécuté par lui; qu'enfin il n'a pas été attaqué par la voie de cassation; — Attendu, au surplus, en droit, que c'est la possession qui, à l'égard des meubles, vaut titre (art. 2279); — Et attendu, en fait, que la possession des meubles en question n'a jamais été reconnue en faveur du demandeur; qu'ainsi ce moyen est mal fondé; — Rejette.

Du 10 août 1829.-C. C., ch. req.-MM. Favard, pr.-Lasagni, rap.

Mais ce savant professeur a été trop préoccupé des dispositions des art. 688 et 691. D'abord il ne nous paraît pas que ce soit par application de notre règle que les servitudes discontinues ne peuvent s'établir que par titre : c'est parce que les actes qui constituent une servitude discontinue sont de nature telle qu'en l'absence d'un titre, on peut presque toujours les considérer comme résultant de la familiarité et de la tolérance (V. M. Marcadé, *loc. cit.*, et v° Servitude). — « Qu'on remarque, en effet, dit M. Belime, p. 49, que l'art. 2279, en exigeant une possession continue, statue généralement et non pas seulement en matière de servitudes. Mais en ce dernier sens même, l'interprétation de M. Demante serait fausse, car il en résulterait que celui qui possède une servitude discontinue en vertu d'un titre ne pourrait former la complainte en cas de trouble, puisque ses actes de possession présentent nécessairement des intervalles que le titre ne fait pas disparaître. Or cette doctrine est généralement condamnée par les auteurs et par la jurisprudence. »

306. On s'est demandé si l'existence d'une *foire* sur un terrain pourrait donner à la commune la possession du terrain sur laquelle se tient cette foire, et on a soutenu justement la négative, mais par une raison qui ne nous paraît pas solide. On a pensé que des actes de possession se faisant ainsi à de longs intervalles, ne pouvaient constituer une possession. Cela n'est pas exact puisque la commune ne pouvait exercer son droit qu'aux jours fixés pour la tenue des foires. Ce qui est décisif, c'est que la commune, en tenant la foire, faisait un acte qui a un caractère autre que celui d'acte de possession du terrain, c'était véritablement l'exercice d'une servitude réelle qui ne pouvait s'acquérir que par titre (Rennes, 13 déc. 1848, aff. Puech, D. P. 51. 5. 405). — Un *marché* quotidien constitue-t-il un acte de possession qui puisse faire prescrire le terrain sur lequel il se tient? Tout dépend des circonstances. Si le terrain sert uniquement à la tenue du marché, la possession sera valable pour prescrire, car elle sera exclusive de toute autre possession; mais si, comme à Paris, par exemple, des marchés quotidiens se tiennent dès le point du jour et cessent après quelques heures, laissant ainsi la place libre, il est certain qu'il n'y aura pas là un fait de possession des terrains momentanément occupés. — Ajoutons que souvent les foires et les marchés se tiennent sur le terrain d'un propriétaire par suite d'une tolérance souvent même intéressée à cause, par exemple de la réunion des bestiaux, qui laissent des engrais. Ce sont là, au reste, des questions de fait livrées à l'appréciation des tribunaux (Conf. Riom, 3 déc. 1844, aff. com. de Saint-Loup, D. P. 46. 2. 88; Grenoble, 26 août 1846. D. P. 52. 2. 220).

307. Quoique pour commencer à prescrire il faille une possession caractérisée par des actes extérieurs, néanmoins, quand il ne s'agit que de *continuer* une prescription *commencée*, il suffit d'une possession purement *intentionnelle*, sans aucun fait de détention, pourvu, toutefois, que pendant la suspension de la jouissance et de tous autres actes de propriété, il ne soit intervenu, de la part des tiers, aucun acte interruptif de la possession. — *Licet possessio nudo animo acquiri non possit, tamen solo animo retineri potest. Si ergò prœdiorum desertam possessionem, non derelinquendi affectione, transacto tempore non coluisti, sed metûs necessitate culturam distulisti, prœjudicium tibi ex transmissi temporis injuriâ, generari non potest* (L. 4, C. *De acq. et ret. possess.*) — Mais cette règle, remarque M. Troplong, n° 337, doit être appliquée avec plus de réserve lorsque, n'étant basée sur aucun titre, la possession est invoquée comme moyen de dépouiller l'ancien propriétaire : il faut alors qu'elle ait été assez soutenue pour que celui-ci n'ait pas pu ne voir en elle qu'un acte éphémère, dégagé de tout esprit de rivalité.

308. Combien peut-il s'écouler de temps entre chaque acte sans qu'on doive réputer interrompue la possession de celui qui est en voie de prescrire? — D'anciens auteurs ont fixé dix ans, *quoniam*, dit le président Favre, *ex decursû ejus temporis prœsumitur oblivio, et per oblivionem amittitur possessio quœ solo animo retinebatur.* (V. Dunod, p. 17.) — M. Troplong, n° 338, rejette avec raison cette règle, en tant qu'absolue. Tout dépend, dit-il, des circonstances; il faut avoir surtout égard au genre de possession dont la chose est susceptible (Conf. Nancy, 23 avril 1834, aff. Duhoux, n° 310).

309. La règle qui exige la continuité de la possession est d'une application assez difficile en matière de droits qui ne sont pas de nature à s'exercer tous les ans. On ne saurait, par exemple, prétendre qu'un droit de marronnage, lequel est subordonné aux besoins qu'éprouvent les propriétaires de bâtiments, doive s'exercer avec continuité. Mais il ne suffirait pas non plus, pour le maintien de ce droit, qu'il eût été exercé une seule fois en trente ans. Au surplus, il faut exiger une continuité de possession plus rigoureuse de celui qui invoque sa possession pour acquérir un droit que de celui qui s'en prévaut pour conserver un droit acquis (Conf. M. Troplong, n°s 339 et 340). — Dans tous les cas, on doit examiner avec soin si les actes possessoires invoqués doivent s'attribuer à la familiarité ou au droit. Des actes très-importants, comme l'exercice de la grasse pâture dans un bois, la coupe de futaies, etc., excluent l'idée de simple familiarité. Des actes moins graves, comme la récolte de quelques fruits de peu de valeur, peuvent aussi, mais à la condition d'un exercice plus fréquent, amener le même résultat. — Il y a cependant des actes qui, par leur nature ou la volonté de la loi, ne sortent jamais, quelle que soit leur fréquence, de la classe de ceux qui ne s'accordent qu'à la familiarité; tel est le fait de prendre son repas à la table d'autrui, ou de passer sur son champ (V. Usage [droit d']). — V. code autrichien, art. 1471, 1484; code prussien, art. 544, 649, *suprà*, n° 31.

310. Jugé qu'un droit de passage pour l'exploitation et la vidange d'une forêt peut être déclaré acquis par une prescription de trente ans antérieure au code, bien que, dans ce laps de temps, on n'ait usé de ce passage qu'à deux époques, si ces deux époques sont les seules où des coupes aient eu lieu; et qu'on doit le décider ainsi, alors surtout que le chemin servant de passage est toujours resté frayé et ouvert, quoique inutile à celui sur la propriété duquel il était établi (Nancy, 23 avr. 1834) (1). — Autre espèce : Il existe des terrains appelés *brandes*, qui sont de peu de valeur et couverts d'une sorte de bruyère. Comme les pacages et le coupement d'ajoncs sont les seuls actes de jouissance qui peuvent s'y exercer, ces actes constituent une possession continue utile pour prescrire (Limoges, 26 mars 1838) (2).

311. La continuité d'une possession peut se prouver par des

---

(1) (Le sieur Duhoux C. le sieur Viallet.) — LA COUR; — ...Considérant que, pour affaiblir les preuves des enquêtes, on a vainement cherché à établir que, pendant les 30 ans antérieurs à la publication du code civil, les bois de J.-P. Viallet n'ayant été coupés que deux fois, cet usage momentané du chemin en litige ne devait être envisagé que comme une simple tolérance; — Qu'il n'est pas exact, d'abord, d'appliquer à l'exercice d'un droit de passage pour l'extraction des produits d'une forêt les mêmes règles que celles qui sont relatives aux propriétés dont les fruits se récoltent annuellement; — Que, pour fonder un droit de prescription en faveur d'un propriétaire de bois, *on ne peut raisonnablement exiger que les actes possessoires dont ce genre de propriété est susceptible;* qu'il est vrai de dire que cette position exceptionnelle doit rendre plus vigilant que de coutume le propriétaire voisin, qui, d'ailleurs, pendant tout le temps que dure l'extraction d'une coupe, est suffisamment averti qu'il a un vif intérêt à s'opposer au passage que l'on exerce chez lui; — Que, dans l'espèce, on peut d'autant moins qualifier de tolérance l'usage du chemin dont il s'agit, qu'il est attesté par plusieurs témoins que le chemin, quoique servant plus spécialement à l'extraction des bois, n'est pas moins resté frayé et ouvert, en tout temps et en toute saison, avec une publicité tellement paisible que, dans leur opinion, plusieurs des témoins l'ont toujours regardé comme un chemin public; — Que cette circonstance est ici d'autant plus décisive qu'il est prouvé et avoué que ce même chemin a toujours été entièrement inutile aux propriétaires du bois le Duc (Duhoux ou ses auteurs); qu'il a donc été créé et maintenu en état permanent de chemin pour l'usage exclusif du propriétaire voisin; et qu'ainsi la raison se refuse à ne voir dans ce fait qu'une simple tolérance; — Condamne Duhoux à supprimer les fossés, etc.

Du 23 avr. 1834.-C. d'appel de Nancy, 2e ch.

(2) (Commune de Thenay C. Chamblant.) — LA COUR; — Attendu, en ce qui concerne l'enquête de la commune, qu'il résulte de l'ensemble des dépositions des témoins que les habitants du bourg de Thenay et des villages de la commune les plus rapprochés de la brande en ont constamment joui, soit par pacage, soit par coupement d'ajoncs et de bruyères, durant l'espace de trente ans, à partir de 1795 jusqu'en 1833; — Attendu que ces actes de jouissance sont les seuls qui puissent s'exercer sur le terrain litigieux, à raison de sa nature; que conséquemment ils peuvent être considérés comme constituant une possession utile à prescrire; Attendu que les trente ans de jouissance écoulés depuis 1795 jusqu'en

vestiges (V. Vazeille, n° 42); ce qu'il faut entendre en ce sens, que lorsque des travaux sont établis pour dominer le fonds d'autrui, l'existence de ces travaux, même à l'état de vestige, témoigne du non-abandon du droit de la servitude dont ils ont servi à favoriser l'exercice (Conf. M. Troplong, n°s343 et 344).—Ainsi, il a été jugé que les vestiges d'un ancien pont emporté en partie par les eaux, avait pu conserver à la ville d'Arles le droit exclusif de construire un pont et d'y établir un péage (Req. 28 nov. 1838, aff. préfet du Rhône, V. n° 815). — Au surplus, c'est aux juges du fait à prononcer si les vestiges ont été ou n'ont point été suffisants pour servir à continuer une possession (Rej. 14 mars 1854, aff. Auquet, D. P. 54. 1. 116).

312. Dans le même sens, il a été jugé que le chômage d'une usine pendant vingt-sept ans a pu être déclaré, par appréciation des titres, n'avoir pas fait perdre le droit conféré par des titres au propriétaire de cette usine de se servir des eaux, alors surtout qu'une martellière, fermée seulement par des ouvrages peu solides, n'a point cessé d'exister (Req. 26 janv. 1836) (1).

313. La possession ne cesse pas d'être continue, quoiqu'un obstacle physique et de force majeure la paralyse momentanément (Amiens, 17 mars 1825, aff. préfet de la Somme, sous Rej. 21 juill. 1828, n° 181-2°).

314. Les arbres plantés à une distance du voisin, moindre que la distance prescrite par l'art. 671 c. nap., ne sont pas atteints par la prohibition du code, si, à l'époque de la réclamation ces arbres se trouvent avoir trente ans d'existence (Req. 9 juin 1825, aff. Leblond, V. Servitude). — Vainement dirait-on qu'il n'y avait pas là une possession continue, que ce n'est que par leur accroissement successif, acquis durant les trente ans, que les arbres sont devenus une cause de dommage. Le voisin a dû prévoir cet accroissement et réclamer; son silence équivaut à un acquiescement. Du reste, si les arbres avaient été d'abord masqués par un mur, une haie, ce n'est pas du jour de leur plantation, mais du jour où cette plantation a été publique, que court la prescription. — C'est d'après un raisonnement semblable que M. Troplong décide, n° 147, contre l'opinion de MM. Pardessus, p. 296, n° 196, et Vazeille, p. 132, et Marcadé, sur l'art. 672, n° 4, que celui qui a souffert, pendant trente ans, l'extension sur son terrain des branches de l'arbre d'un voisin, ne peut plus contraindre celui-ci à les couper : la prescription a couru contre lui du jour où la croissance des branches est parvenue à un degré suffisant pour motiver l'application de l'art. 672 c. nap., bien que le dommage occasionné par leur développement n'ait pas cessé de s'accroître depuis. Mais il y aurait eu interruption de la prescription si, dans le cours des trente ans, les branches avaient été émondées.

315. Quoique le possesseur actuel qui prouve avoir *anciennement* possédé, soit présumé avoir possédé dans les *temps intermédiaires*, sauf la preuve contraire (c. nap. 2234), *probatis extremis præsumuntur media*, la possession ancienne fait-elle supposer la possession présente? L'affirmative était autrefois généralement admise : *Olim possessor hodiè possessor præsumitur*, disait-on, *et ex possessione de præterito arguitur possessio de præsenti et medii temporis, nisi contrarium probetur* (Dunod, p. 17). Le maintien de cette règle paraissait être la conséquence nécessaire du principe que la possession acquise *corpore et animo* peut se continuer *animo solo*. — Cependant une modification fut apportée à cette règle; on décida que la possession et ses effets n'étaient censés continuer que pendant dix années; après ce laps de temps, l'intention de posséder n'était plus présumée subsister. Mais ce nouveau principe fut loin d'être considéré comme absolu : « Il me paraît dans l'usage, dit Dunod, p. 17, que le juge arbitre si cette intention a duré après dix ans, surtout quand il s'agit de droits incorporels, que l'on n'a pas la coutume ou l'occasion d'exercer souvent : il peut en juger par les circonstances. »—En l'absence d'un texte précis du code Napoléon qui ait fixé le délai pendant lequel l'*intention* de posséder est présumée durer, ne faut-il pas, laissant de côté toute règle absolue, permettre aux tribunaux de se décider d'après les circonstances?—Non, évidemment, si c'est pour lui attribuer des résultats qu'elle ne doit point avoir. En effet, d'une part, dans la lutte qui s'engageait entre des possesseurs anciens et nouveaux, la possession purement intentionnelle ne saurait être d'aucune considération, et il n'en est point de ce cas comme de celui, par exemple, où l'on alléguerait l'intention pour établir l'abandon définitif ou la conservation du droit de propriété, la non-interruption ou l'interruption de la prescription. — D'autre part, la loi n'a point dû s'occuper de la possession purement intentionnelle autrement qu'elle ne l'a fait dans l'art. 2234, où elle l'a confondue avec la possession intermédiaire en la supposant virtuellement exister au profit de celui qui réunit la possession actuelle à la possession ancienne. Et il convient d'ajouter que, d'après la manière dont la loi a disposé, on ne doit accorder aucune valeur à l'allégation d'une possession purement intentionnelle, qu'on prétend rattacher à des titres inexécutés ou à des faits possessoires non renouvelés depuis plus de trente ans. Sans doute il peut paraître injuste au premier abord qu'une longue possession effective, suivie d'une possession purement intentionnelle de peu plus d'un an, ne soit pas un titre suffisant pour faire maintenir en jouissance celui qui lutte au possessoire, contre le nouveau détenteur, dont la possession ne remonte peut-être qu'à quelques jours.—Mais il ne faut pas perdre de vue que la possession intentionnelle dont on parle ici est l'allégation d'un état de choses purement imaginaire et sans réalité aucune; qu'aussi les auteurs enseignent-ils avec raison qu'on ne doit y avoir aucun égard en présence d'une possession actuelle et certaine (Conf. MM. Vazeille, n° 36; Maleville, sur l'art. 2234, Troplong, n° 425, et Marcadé, *loc. cit.*, n° 3. — La possession d'intention, dit Vazeille, très-présumable entre deux possessions réelles, annoncée par l'une et confirmée par l'autre, n'est plus rien si elle est privée de l'un de ces points d'appui. Ne pouvant être que dans l'intérieur, elle est cachée au public, et, par cela même, très-équivoque. Rien, d'ailleurs, ajoute-t-il, ne prête plus à l'arbitraire que l'appréciation d'une volonté occulte et la détermination de ses effets. — Il a été jugé dans ce sens que la présomption de possession durant le temps intermédiaire, quoiqu'elle existe au profit du possesseur actuel qui prouve avoir possédé anciennement, n'existe pas également en faveur de celui qui, bien qu'il invoque un titre ancien ou une posession ancienne, n'a cependant pas la possession actuelle (Cass. 6 fév. et 3 avril 1833) (2).

316. La possession nouvelle fait-elle supposer la possession

1825 composent une période de temps suffisante à prescrire;—Que c'est sans fondement que les intimés prétendent qu'il y a lieu à déduire, sur ce laps de temps, les cinq années à partir du 2 nov. 1789 jusqu'au 2 nov. 1791, pendant lesquelles a été suspendue la prescription des droits corporels ou incorporels, aux termes des lois des 1er juill. 1791 et 20 août 1792, parce que les dispositions de ces lois, applicables seulement aux rentes et autres redevances de même nature, n'ont jamais été considérées comme pouvant s'étendre aux droits de propriété; — Par ces motifs, met ce dont est appel au néant; — Emendant, déclare la commune de Thenay, propriétaire du terrain litigieux, etc.

Du 26 mars 1838.-C. de Limoges, aud. sol.-M. Tixier-Lachassagne, 1er pr.

(1) (Lesdiguières C. Cornud.) — LA COUR; — Attendu qu'en interprétant et en appliquant les titres produits, et en jugeant que le chômage, depuis vingt-sept ans, n'a pas fait perdre le droit résultant des titres, la martellière du foulon existant même encore, la cour royale (de Grenoble) n'a fait autre chose qu'une appréciation de titres justement déclarés non prescrits; — Rejette.

Du 26 janv. 1836.-C. C., ch. req.-MM. Zangiacomi, pr.-Mestadier, r.

(2) 1re *Espèce* : — (Sirey C. la com. de Combres.) — La forêt d'Aigueperse appartenait à M. Sirey. — Le maire de la commune de Saint-Bonnet, agissant pour la section de cette commune, composée des habitants de Combres, a réclamé les droits de chauffage, pacage et bâtissage dans cette forêt. — Il invoquait, comme constitutif du droit d'usage, un titre prétendu authentique remontant à 1247.—M. Sirey niait l'authenticité de l'acte; mais, au surplus, il offrait de prouver, soit par le témoignage des registres, soit par les dépositions des officiers municipaux, 1° que, non-seulement pendant plus de trente ans, mais encore pendant plus de quarante années avant l'instance, ni la commune de Combres ni aucun individu de cette commune n'avaient fait, à titre d'usagers, aucun acte possessoire sur la forêt dont il s'agit, en faisant précéder cet acte possessoire, soit d'un consentement formel à coupe arbitraire, soit d'un acte de délivrance obtenu du propriétaire ou de la justice, aux termes de l'ord. de 1669; — 2° Que, s'il y a eu des actes possessoires, soit de la communauté, soit des individus, ils ont eu essentiellement le caractère de voies de fait et de délits, d'autant plus que leurs droits d'usage avaient été déniés par le propriétaire, soit en 1784, soit en 1787, soit en l'an 5, soit en l'an 6 et en l'an 10, soit en 1820, époque où il fit condamner au possessoire les prétendus usagers de Combres. — De son

ancienne? Maleville, t. 4, p. 314, et M. Troplong, nº 424, résolvent cette question par une distinction qu'ils empruntent à un article du projet du code Napoléon, article ainsi conçu : « La possession actuelle ne fait point présumer l'ancienne, à moins que le possesseur n'ait un titre; auquel cas il est présumé avoir possédé depuis la date de son titre, si le contraire n'est prouvé. » — Décidé en ce sens, que le propriétaire d'un droit de servitude en vertu d'un titre ancien, qui prouve avoir usé de ce droit depuis moins de trente ans, est présumé avoir possédé dans le temps intermédiaire entre la date du titre et le fait d'usage reconnu (Req. 3 avril 1838) (1). — Conf. M. Marcadé, sur l'art. 2234, nº 3.

327. Quoique la possession actuelle ne soit pas fondée sur un titre, s'il existe des vestiges attestant l'existence d'une possession ancienne, il faut se prononcer pour la continuité de la possession.

328. La possession doit être non *interrompue*. — Ainsi elle doit n'avoir pas été interrompue par le fait d'autrui ou par la reconnaissance du possesseur (V. sur les actes qui interrompent la prescription, plus bas, nºs 465 et s.). — « L'interruption de la possession, dit avec raison M. Belime, vient du fait d'un tiers, au lieu que la discontinuation vient du fait du possesseur lui-même; mais dans ces deux cas l'effet est le même, et le bénéfice de l'ancienne possession est entièrement perdu. »

---

côté, la commune demanda son maintien dans les droits d'usage établis par le titre de 1247, et subsidiairement l'admission à prouver qu'elle les avait de tout temps exercés.

Le 27 mai 1829, arrêt de la cour de Limoges, qui fait droit à la réclamation de la commune par les motifs suivants : — « Attendu que le droit d'usage étant une servitude de sa nature indivisible, quant au droit en soi, il aurait pu s'éteindre par le non-usage de la part des habitants communs; mais que, porteurs d'un titre, les habitants du corps commun de Combres sont censés être en possession de leur droit et en avoir joui conformément au titre; que, dans ce cas, c'est à celui qui allègue la prescription à la justifier; — Que les douze jugements rendus au possessoire en 1820 contre douze habitants de Combres, *ut singuli*, ne peuvent servir à M. Sirey pour établir l'interruption civile de la jouissance du corps commun, puisque la commune n'a point été constituée en état de délit; — Que M. Sirey n'a fait aucune offre de justifier le non-usage pendant un temps suffisant pour éteindre la prescription; — Que cette extinction ne résulte pas des actes de la procédure, où l'on voit au contraire divers habitants de Combres querellés et poursuivis pour abus dans l'usage, ce qui prouve toujours le fait matériel de l'usage, ou ne l'exclut pas, et que, s'agissant d'une matière indivisible, la jouissance de l'un ou plusieurs des communs a suffi pour sauver le droit à tous. »

Pourvoi pour contravention aux art. 706 et 2234 c. civ. : 1º en ce que la cour a décidé qu'il était à la charge du demandeur en cassation de faire une preuve négative, c'est-à-dire de prouver que la commune n'avait pas fait des actes possessoires interruptifs, dans les trente ou quarante ans, pendant lesquels il avait possédé sa forêt en toute franchise d'usage. — Le demandeur cite un arrêt du 27 janv. 1829 qui lui est favorable, et dit qu'au surplus les qualités de l'arrêt attaqué constatent qu'il avait pris des conclusions expresses relativement au non-usage. — 2º En ce que la cour a tiré de faits individuels des conséquences utiles pour la commune, comme si elle avait elle-même joui et possédé *ut universi*; et que, de plus, elle a tiré ces conséquences de faits constitutifs de délits, et inutiles par conséquent à l'acquisition de la prescription. — Sur cette seconde partie du moyen, le demandeur invoque les art. 179, 81 et 120 c. for., et l'art. 5 du tit. 26 de l'ord. de 1669, et un arrêt de la cour suprême, du 9 mai 1822, rendu contre les individus mêmes de Combres. — Arrêt (ap. délib. en ch. du cons.).

LA COUR; — Vu les art. 706 et 2234 c. civ.; — Attendu que la servitude, lors même qu'elle est établie par des titres, se perd par le non-usage pendant trente ans; que la loi n'admet la présomption d'une possession intermédiaire qu'en faveur du possesseur actuel, qui prouve avoir possédé anciennement; que celui qui n'est pas possesseur actuel ne peut pas se prévaloir d'une ancienne possession pour en induire la présomption que sa possession s'est continuée pendant une partie quelconque des trente dernières années; — Que c'est, par conséquent, à lui, lors même qu'il représente un titre constatant qu'il a autrefois possédé, à prouver qu'il est possesseur actuel, et qu'à ce titre il a conservé la servitude; — Attendu que la cour royale de Limoges n'a reconnu ni la continuation de possession de la commune ni sa possession, à l'époque où l'instance a commencé sur les poursuites de la commune; — Que cette cour a fait uniquement résulter cette possession d'une prétendue présomption, résultant de titres et de quelques faits isolés de simples particuliers de la commune; — Attendu que ces faits, qui avaient été considérés comme des délits et punis comme tels par les tribunaux, étaient évidemment insuffisants pour interrompre la prescription opposée par le demandeur; — Que, par conséquent, en faisant résulter de pareils faits la possession de la commune de Combres, et en n'admettant pas cette commune à faire la preuve qui était à sa charge et qu'elle avait offerte elle-même pour établir sa possession du droit d'usage par elle réclamé, et contesté par Mᵉ Sirey, la cour royale de Limoges est contrevenue aux art. 706 et 2234 c. civ.; faisant droit sur le premier moyen, et sans qu'il soit besoin de s'occuper des autres; — Casse, etc.

Du 6 fév. 1833.-C. C., ch. civ.-MM. Portalis, 1ᵉʳ pr.-Vergès, rap.-Gartempe, av. gén., c. conf.-Sirey et Jouhaud, av.

2ᵉ *Espèce* : — (Le préfet de l'Aude *C.* com. d'Escouloubre.) — En 1828, les communes d'Escouloubre et du Bousquet assignèrent, devant le tribunal de Limoux, l'Etat, pour s'ouïr maintenir dans des droits d'usage pour le chauffage des habitants et le pâturage de leurs bestiaux dans les forêts de l'État situées sur leur territoire. — Le préfet de l'Aude soutint que les droits d'usage réclamés étaient prescrits par le non-usage pendant plus de trente ans avant la demande, puisque ces communes ne produisaient aucun procès-verbal de délivrance, ni aucun acte constatant qu'elles avaient mis en demeure l'Etat de leur faire des délivrances. — Les communes demandèrent à prouver que les habitants s'étaient constamment pourvus, dans les forêts de l'Etat, de leur bois de chauffage, et n'avaient cessé d'y conduire leurs bestiaux. — Le 6 avr. 1829, jugement du tribunal de Limoux qui admet les communes à la preuve des faits articulés. — Sur l'appel du préfet de l'Aude, et l'appel incident des communes, arrêt de la cour de Montpellier, du 16 mars 1831, qui maintient les communes dans les droits d'usage par elles réclamés : — « Considérant que les droits desdites communes sont suffisamment et complétement justifiés par les susdits titres, sans qu'il soit nécessaire de les astreindre à aucune espèce de preuve; — Et, considérant que l'Etat ne justifie nullement que les droits desdites communes soient éteints par le non-usage pendant trente ans, et qu'il n'articule aucune preuve pour l'établir. » — Pourvoi de la part du préfet. — Les communes défenderesses disaient que celui qui prétendait que la prescription était acquise devait le prouver, si ce n'est par titre, du moins par la voie ordinaire; que les usagers porteurs de titres ont pour eux la présomption qu'ils ont joui, qu'ils jouissent même à l'instant où ils sont troublés, et que cette présomption ne peut être détruite que par la preuve contraire; que c'est, par suite, au propriétaire à rapporter cette preuve. — Arrêt.

LA COUR; — Vu les art. 706, 2234 et 2262 c. civ.; — Attendu que, suivant l'art. 706, la servitude s'éteint par le non-usage pendant trente ans; que, d'après l'art. 2262, les actions réelles et personnelles se prescrivent par le même temps, sans que celui qui allègue la prescription soit tenu de produire aucun titre; — Qu'aux termes de l'art. 2234, le possesseur actuel qui prouve avoir possédé anciennement, est présumé avoir possédé dans le temps intermédiaire, sauf la preuve contraire; qu'il suit de ces dispositions qu'après trente ans le titre est prescrit, s'il n'est soutenu par l'exécution; qu'étant éteint, il ne fait pas preuve de cette exécution; que conséquemment la prescription est acquise, si l'exécution n'est légalement établie par d'autres preuves; qu'il en résulte, par conséquent, qu'après ce temps le porteur du titre à qui la prescription est opposée est tenu de prouver qu'il possédait, lors de la demande, le droit réclamé en vertu de titre, ou du moins qu'il en a joui pendant un temps suffisant pour interrompre la prescription; faute de quoi son action est prescrite, sans que celui qui allègue la prescription soit obligé de faire aucune preuve; qu'il est constant, d'après l'arrêt attaqué, que les titres en vertu desquels les communes d'Escouloubre et du Bousquet ont demandé les droits de chauffage et de pacage, dont il s'agit dans les forêts royales, situées dans leur territoire, sont antérieurs de plus de trente ans à leur demande, et que la prescription leur a été constamment opposée au nom de l'Etat; — Que, dès lors, les communes étaient tenues de prouver qu'elles étaient en possession de ces droits lors de la demande, ou du moins qu'elles en ont joui pendant un temps suffisant pour interrompre la prescription, faute de quoi leur action est prescrite sans que l'Etat puisse être obligé de faire aucune preuve; — Que cependant l'arrêt a maintenu ces communes dans les droits par elles réclamés, sous l'unique prétexte, 1º que ces droits sont suffisamment justifiés par lesdits titres, sans qu'il soit nécessaire de les assujettir à aucune espèce de preuve; 2º que l'Etat n'a pas justifié que ces droits soient éteints par le non-usage pendant trente ans, et n'a articulé aucune preuve pour l'établir; — Attendu enfin qu'en ce faisant, l'arrêt viole formellement les articles ci-dessus cités; — Casse.

Du 3 avr. 1833.-C. C., ch. civ.-MM. Portalis, 1ᵉʳ pr.-Cassaigne, rap.-de Gartempe, av. gén., c. conf.-Teste-Lebeau et Crémieux, av.

(1) (Jousselin *C.* demoiselle Alix Dumurget.) — LA COUR; — Attendu qu'en jugeant que la demoiselle Alix, qui avait prouvé avoir fait usage de la servitude qui lui appartenait, moins de trente ans avant l'action du demandeur pour faire déclarer cette servitude prescrite par le non-usage était censée avoir possédé dans le temps intermédiaire qui s'était écoulé entre la date du titre constitutif de la servitude et les faits de possession reconnus, l'arrêt attaqué (de la cour d'Orléans), bien loin d'avoir violé l'art. 2234 c. civ., en a fait une juste application dans une matière où il s'agissait de conserver et non d'acquérir; — Rejette.

Du 3 avr. 1838.-C. C., ch. req.-MM. Zangiacomi, pr.-Joubert, rap.-Hébert, av. gén., c. conf.-Piet, av.

319. La possession doit être *paisible*.—On appelle possession paisible, dit M. Belime, nº 31, celle qui n'a pas été acquise et gardée par la violence. Cette définition est-elle suffisante et exacte? Nous en doutons. D'abord, s'il est certain qu'on ne doit pas considérer comme paisible une possession fondée sur des actes de violence, aux termes de l'art. 2233 c. nap., il n'en est pas moins vrai qu'il est impossible de dire qu'une possession soit paisible lorsqu'elle a été contestée par la violence. On ne peut être regardé comme paisible possesseur quand des inquiétations violentes ont perpétuellement contesté votre possession. Ainsi la possession n'est pas *paisible* quand elle a été troublée par des actes de violence (Conf. MM. Troplong, nº 350, et Marcadé, *loc. cit.*). — Ensuite, est-il bien exact de dire que la possession gardée par la violence ne soit pas paisible?—Ainsi le possesseur a eu une origine paisible, puis il a été attaqué par des voies de fait qu'il a repoussées: il était dans son droit, et il a pu garder dans ce cas-là sa possession par la violence. La possession paisible nous paraît donc être la possession acquise sans violence, et qui n'a pas été violemment contestée. — Delvincourt a considéré comme paisible la possession qui est acquise sans violence. Il ne donne donc inexactement à la possession paisible qu'un seul caractère. Quant à Pothier, de la Poss., nº 88, il considère comme paisible la prescription non interrompue; mais cette définition constituerait un véritable pléonasme dans l'art. 2229 c. nap.—Au reste, ainsi que le dit fort bien M. Troplong, *loc. cit.*, la possession qui n'est troublée que par quelques réclamations isolées et réduites au silence, par quelques voies de fait repoussées par des voies de fait contraires, ne laisse pas pour cela d'être paisible; elle ne perd ce caractère que quand les contestations sont éclatantes et géminées, et qu'elle n'est qu'une longue dispute accompagnée de risques, d'empiétements ou d'entreprises. — V. en ce sens vº Action possess., nº 178, et M. Vazeille, nº 45.

320. Il y a certains actes qui, accomplis soit par le possesseur, soit par l'autorité publique, prouvent qu'il possède *animo domini*, et en même temps témoignent d'une possession paisible. — Telle est la circonstance qu'un possesseur aurait été porté au rôle des contributions comme propriétaire. Mais il a été jugé, au sujet d'une inscription au rôle faite dans un temps où l'inquiétation existait déjà, qu'une telle inscription a pu ne pas servir d'élément à une possession paisible : — « Considérant que l'arrêt attaqué (de la cour de Lyon) déclare que la possession attaquée par les demandeurs n'a *jamais été paisible*, et que quand elle serait prouvée elle n'aurait aucun des caractères nécessaires pour acquérir la propriété du bois dont il s'agit par la voie de la prescription; rejette » (Req. 25 juill. 1815, MM. Henrion, pr., Favard, rap., aff. Charret *C.* fabrique de Salles).

321. Il est assez difficile de bien déterminer quels sont les actes de violence qui vicient la possession et l'empêchent d'être paisible, soit qu'ils la fondent, soit qu'ils la troublent. — Nous pensons d'abord avec M. Belime, nº 32, que la simple contrainte morale, des menaces par exemple, pourraient faire réputer la possession violente.—Nous irions plus loin, et il nous semble que des contestations très-vives, des protestations éclatantes, des entreprises, des empiétements peuvent empêcher la possession d'être regardée comme paisible. Considérons, en effet, qu'il ne s'agit pas ici de définir un acte de violence, car il n'est pas question d'acte de violence dans notre article, mais d'établir quels sont les actes d'agression qui empêchent une possession d'être paisible. Or tout ce qui met incessamment en doute la légalité de la possession, ce qui trouble d'une manière répétée la tranquillité du possesseur, nous paraît empêcher la possession d'être paisible. Le mot de l'ancien droit *inquiétation* nous paraît bien rendre notre pensée. Au reste, ce sont là des appréciations de fait qui sont confiées à la prudence du juge.—V. nºs 239, 311.

322. La possession doit être *publique* (2229), ou, selon l'expression de la coutume d'Orléans (art. 170), *au vu et su de tous ceux qui l'ont voulu voir et savoir*. Quand elle a ce caractère, encore qu'elle ait été ignorée des personnes intéressées à la contester, soit par défaut de vigilance de leur part, soit par tout autre événement qu'on ne puisse imputer aux artifices du possesseur, elle n'opère pas moins la prescription : *nulla scientia vel ignorantia expectanda, ne, altera dubitationis inextricabilis oriatur occasio*. (L. dern. au C. *De præscr. long. temp.*) — Du principe qui proscrit la clandestinité de la possession il suit évidemment que si un individu ayant, par exemple, agrandi ses caves en creusant sous le terrain de son voisin, à l'insu de ce dernier, a ensuite vendu sa maison, l'acquéreur ne peut, malgré sa bonne foi, prescrire la propriété de la cave usurpée (Conf. Paris, 17 mai 1825, M. Séguier, pr., aff. Rousseau *C.* Leboulenger; Pothier, Tr. de la prescrip., nº 37).—Mais si quelque signe extérieur, des larmiers ou soupiraux, par exemple, avaient pu faire connaître au propriétaire voisin l'existence de la cave, la possession aurait été valable (Conf. M. Belime, nº 39; M. Marcadé, art. 2229-2234, nº 6).

323. Il a été jugé que la possession qui a lieu par suite d'usurpation de terre, commise graduellement en labourant, est censée clandestine, et ne peut servir de base à la prescription, et que l'offre de prouver, par témoins, une semblable possession, doit être rejetée, alors même qu'on prétendrait qu'elle remonte à plus de trente ans (Paris, 28 fév. 1821 (1).—V. Action possess., nº 184). Il est douteux que cet arrêt soit bien rendu. Le laboureur connaît très-bien les limites de son champ et le nombre de ses sillons. Il y a à cet égard dans les campagnes une connaissance exacte des lieux, et une jalouse surveillance de la propriété qui ne permet pas de considérer comme clandestine l'acquisition d'une pareille possession. Cet arrêt nous paraît avoir été critiqué avec raison par MM. Troplong, nº 352, et Belime, nº 39.

324. Il ne faut pas s'arrêter à l'opinion de quelques auteurs qui, distinguant arbitrairement les usurpations d'une certaine importance et celles portant sur des quantités minimes, réputent celles-ci nécessairement clandestines : que le terrain litigieux soit considérable ou minime, la possession doit être déterminée d'après des principes identiques, quoique, en fait, la preuve de l'occupation de terrains peu étendus soit plus difficile. —Au reste, tout doit dépendre des faits prouvés par les enquêtes.

325. Est évidemment clandestine la possession de celui dont les arbres poussent des racines souterraines dans le fonds voisin. Le propriétaire de ce fonds peut couper ces excroissances, sans qu'aucune prescription lui soit opposable.

326. On a douté que le *nu-propriétaire* eût la possession suffisante pour prescrire, parce qu'on pensait que sa possession

(1) *Espèce :* — (Martin et Legris *C.* Devesvres.) — En 1818, Devesvres ayant fait mesurer une pièce de terre qui, d'après plusieurs titres authentiques, était anciennement composée de 36 perches, reconnut qu'elle n'en contenait plus qu'environ 28. — Il fit alors mesurer deux pièces de terre contiguës, appartenant l'une à la dame Gachet, l'autre aux sieurs Martin et Legris, et acquit la preuve que la première avait été, à son préjudice, agrandie de 2 perches, et la seconde de près de 6.—Sur la réclamation de Devesvres, la dame Gachet s'empresse de rendre le terrain par elle usurpé; mais Martin et Legris répondent qu'ils n'ont pas de titres, qu'ils ne sont pas tenus d'en produire, et que leur possession constitue leur droit.—Néanmoins le titre de la propriété de ces derniers est découvert par Devesvres, et il en résulte qu'au lieu de 25 perches qui leur sont attribuées par ce titre, ils en possèdent 31. Muni de cette preuve, Devesvres assigne Martin et Legris à fin d'arpentage et bornage de leurs propriétés d'après les titres; mais ceux-ci opposent qu'ils possèdent depuis plus de trente ans; qu'ainsi la prescription élève une fin de non-recevoir contre la demande qui leur est intentée. Ils offrent, au surplus, la preuve testimoniale de cette possession. — Le 10 fév. 1820, jugement qui rejette la preuve offerte et accueille la réclamation de Devesvres; ce jugement est ainsi conçu :—« Considérant qu'en matière d'immeubles, la longue possession ne peut servir de base à la prescription qu'autant qu'elle a été publique, et par conséquent connue ou censée connue du véritable propriétaire; que les usurpations de terre qui se font graduellement, en labourant, sont presque toujours imperceptibles et ne donnent lieu qu'à une possession clandestine; qu'une pareille possession quelque longue qu'elle soit, ne peut jamais faire supposer, de la part du propriétaire, l'abandon de ses droits et servir de base à la prescription; que la preuve testimoniale d'une pareille possession ne pourrait jamais être concluante, parce qu'en raison de la clandestinité de cette possession, les témoins ne pourraient en avoir eu connaissance et attester sa continuité; — Considérant, en fait, que la preuve offerte par Legris et Martin qu'ils possèdent depuis plus de trente ans la portion de terre par eux prétendue usurpée, n'est point admissible, parce que cette possession ne peut servir de base à la prescription; — Déclare le fait par eux articulé non pertinent, et, statuant au fond, ordonne, etc. — Appel. — Arrêt.

LA COUR; — Adoptant les motifs des premiers juges, confirme.

Du 28 fév. 1821.-C. d'app. de Paris.

n'était pas publique. Mais il a été décidé avec raison que la possession précaire de l'*usufruitier* ne s'opposait aucunement à ce que le nu-propriétaire eût la possession nécessaire pour prescrire (Cass. 25 août 1835) (1). — Il semblerait résulter d'un arrêt de la cour de Paris, qui admet la même doctrine, qu'il faut cependant que le nu-propriétaire ait fait acte de propriété (Paris, 12 juin 1826) (2). Cela nous paraît inutile. L'on ne peut jamais considérer comme clandestine une possession qui s'accomplit dans les conditions du contrat et de la loi. — Ce qui vient d'être dit sert à résoudre une question qu'un arrêt nous semble avoir mal jugée. — Le tiers acquéreur d'un bien dont l'usufruit appartient à un interdit contre lequel ne court pas la prescription, peut-il prescrire contre le nu-propriétaire? Il a été jugé que, dans cet état de choses, le tiers détenteur n'ayant pas de possession n'avait pu prescrire. Mais nous venons de voir que le propriétaire a une possession qui lui est propre, et doit lui servir à prescrire. Il y avait plus dans l'espèce, car le tiers détenteur avait fait acte de jouissance, qui pouvait bien n'être pas opposé à l'usufruitier interdit, mais qui pouvait l'être comme acte de propriétaire à l'égard du nu-propriétaire contre lequel il s'agissait de prescrire (Montpellier, 7 fév. 1855, aff. Lignière, D. P. 55. 2. 219).

227. En cessant d'être clandestine, la possession devient utile pour la prescription (arg. de l'art. 2233. — Conf. MM. Vazeille, nos 49 et 50; Troplong, nos 356 et 357; Belime, no 42). — Que faudrait-il décider si la possession, publique à l'instant de son acquisition, était ensuite devenue clandestine? — Pothier, no 28, et Dunod, p. 32, pensent, sur la foi des lois romaines, que l'origine de la possession lui imprime son caractère incommutable, et que telle elle est à son commencement, telle elle se continue, quelques moyens qu'on emploie pour la retenir. — M. Troplong pense, au contraire, qu'il ne suffit pas qu'une possession ait été momentanément publique. Le but de la loi n'est pas rempli si la

(1) *Espèce :* — (Creuzé-Delessert C. Dorsay.) — En 1767, les époux Dangé font au sieur Dangé-Dorsay, leur neveu, un don contractuel de 1,500,000 livres. — Par deux testaments de 1771 et du 29 janv. 1772, la dame Dangé lègue à un autre neveu, le sieur Dangé de Bagneux, la moitié de la terre de Groslay, acquêt de communauté indivis entre elle et son mari et hypothéquée au sieur Dorsay. Elle décède le 22 mars suivant. — Le 7 juin suivant, Dangé de Bagneux obtient la délivrance de son legs, dont, au reste, il ne prend pas possession parce que le mari de la testatrice en a l'usufruit. — En 1777, celui-ci décède à son tour instituant Dangé-Dorsay son légataire universel et léguant à Dangé de Bagneux la seconde moitié de la terre de Groslay.

En 1786 et par suite de difficultés assez graves qui se sont élevées entre le sieur Dorsay qui s'était porté héritier bénéficiaire, le sieur de Bagneux et d'autres légataires et créanciers, il intervient une transaction dans laquelle est mentionnée la créance du sieur Dorsay, lequel n'avait exercé aucune poursuite pour son droit hypothécaire depuis le décès de la dame Dangé, c'est-à-dire depuis plus de dix ans. — En 1793, le sieur de Bagneux périt : la terre de Groslay est confisquée révolutionnairement, ce qui en vertu de la loi de 1825, donne lieu à une indemnité au profit de sa succession. — Le sieur Dorsay prétend que cette indemnité doit lui être attribuée en payement de la créance hypothécaire qu'il a sur la terre. — Mais cette prétention est contestée, soit par les époux Creuzé-Delessert, héritiers de Bagneux, soit par divers créanciers de la succession, qui soutiennent que l'hypothèque du sieur Dorsay s'est trouvée frappée de prescription au profit de Bagneux, légataire particulier, et par suite tiers détenteur de la terre de Groslay. — Dorsay répond que la prescription contre lui n'a pu courir que du jour où le sieur de Bagneux a de fait pris possession de la terre de Groslay, ce qui n'a eu lieu qu'en 1777, c'est-à-dire à la date du décès de l'usufruitier, et que, de cette époque à 1786 où il y a eu transaction entre les parties, moins de dix ans se sont écoulés, ce qui n'a pas permis l'accomplissement de la prescription.

Jugement et, le 13 avril 1832, arrêt de la cour de Paris, qui accueille cette prétention et colloque le sieur Dorsay sur l'indemnité.

Pourvoi par les héritiers Creuzé-Delessert. — Violation, 1° de l'art. 14 de la coutume de Paris, dont le principe est rappelé dans l'art. 2236 c. civ., en ce que l'arrêt a décidé que la prescription ne peut s'accomplir au profit du nu-propriétaire d'un immeuble, parce qu'il n'a pas la possession effective. — 2° Défaut de motifs. — Arrêt.

LA COUR; — Vu l'art. 114 de la coutume de Paris et l'art. 7 de la loi du 20 avril 1810; — Et attendu, en premier lieu, que les époux Balthazard Dangé avaient solidairement affecté au payement de la dot par eux constituée au sieur Dorsay, par son contrat de mariage du 14 août 1767, la terre de Groslay qui était un conquêt de leur communauté; — Que, par ses testaments des 10 juill. 1771 et 29 janv. 1772, la dame Dangé a donné sa moitié dans ladite terre au sieur Dangé de Bagneux, à titre de legs particulier; qu'après le décès de la dame Dangé, arrivé le 22 mars 1772, délivrance de ce legs a été faite à Bagneux le 7 juin suivant; que, si le sieur Dangé a possédé jusqu'à sa mort, comme usufruitier, cette moitié de la terre de Groslay, ce n'a été qu'à titre précaire, ainsi que cela résulte des art. 2228 et 2236 c. civ.; — Que de 1772 jusqu'à 1786, s'étant écoulé plus de dix ans sans que le sieur Dorsay ait fait aucun acte conservatoire de son hypothèque sur ladite terre de Groslay, le sieur de Bagneux avait acquis prescription contre ladite hypothèque, en tant qu'elle frappait sur la moitié que lui avait léguée la dame Dangé; — Que le sieur Dorsay n'a pu, vis-à-vis du sieur de Bagneux, *tiers détenteur*, se prévaloir *de la solidarité* de l'obligation des époux Balthazard Dangé, pour en induire l'indivisibilité de son hypothèque sur toute l'indemnité représentant cette terre de Groslay; — Qu'en jugeant, non en fait, mais en droit, que le sieur de Bagneux n'avait point acquis cette prescription, la cour royale a violé l'art. 114 de la coutume de Paris;

Attendu, en deuxième lieu, que le tribunal de première instance avait expressément ordonné que le sieur Dorsay serait colloqué, par le règlement définitif, pour la somme de 507,779 fr., à la date du 22 mars 1772, en donnant pour unique motif qu'il était subrogé à l'hypothèque des rentiers viagers auxquels il avait fait des payements à la décharge du sieur de Bagneux; — Que l'arrêt attaqué a ordonné que ce jugement dont était appel *sortirait son plein et entier effet*, en donnant pour unique motif que le sieur Dorsay avait une créance hypothécaire de 195,736 fr., à la date de son contrat de mariage de 1767, et sans en donner aucun qui pût justifier la disposition relative au surplus de la créance, pour laquelle le sieur Dorsay avait été colloqué à la date de 1772, ce qui est une violation de l'art. 7 de la loi du 20 avril 1810, donnant défaut contre les défaillants; — Casse.

Du 25 août 1835.-C. C., ch. civ.-MM. Dunoyer, pr.-Rupérou, rap.-Laplagne-Barris, 1er av. gén., c. conf.

(2) *Espèce :* — (Hérit. Langlet C. hérit. Dupressoir.) — La dame Langlet stipula par son contrat de mariage un douaire de 8,000 fr. propre aux enfants à naître. — En 1792, les époux Langlet vendirent à la dame Dupressoir une maison pour 12,000 fr., avec réserve d'usufruit au profit des vendeurs leur vie durant. Il est à remarquer que la femme Dupressoir a fait publiquement acte de propriété, en faisant juger un procès relatif à l'immeuble acquis. — En 1796, le décès de Langlet donna ouverture au douaire au profit de sa veuve, qui continua à rester en jouissance de la maison. — Le 16 sept. 1808, inscription des enfants Langlet sur cette maison; ils la renouvelèrent depuis; — 17 déc. 1825, vente de la maison par les héritiers Dupressoir. Les héritiers Langlet demandent distribution du prix, et le payement du fonds du douaire; les héritiers Dupressoir s'y opposent, par le motif que ce douaire est devenu prescriptible depuis le 22 déc. 1796, époque de son ouverture, et que la dame Dupressoir a prescrit la propriété et les hypothèques qui la grevaient par une possession de dix ans déjà acquise en 1806, deux ans avant l'inscription des héritiers Langlet. — Le 2 août 1825, jugement qui déclare l'hypothèque prescrite, attendu que la prescription du douaire commence à courir du jour du décès du mari (cout. de Paris, 117), et que les détenteurs d'immeubles qui ont joui avec titre et bonne foi, prescrivent contre les droits d'hypothèque, etc.

Appel par les héritiers Langlet. — Suivant eux, la prescription ne s'acquérait, sous la coutume de Paris, que par une possession de fait et de droit, ainsi qu'il résulte des termes *jouir et posséder* employés par les art. 113 et 114 de la même coutume, et qu'il est attesté par Domat, chap. 4 de la Prescription, p. 15, §§ 3 et 5, par Prevot de Janès, vol. 2, p. 450, et par Dunod, Traité des prescriptions. — Que la nue propriété ne conférant pas une possession de fait, publique, patente, ne pouvant servir de base à la prescription, suivant l'art. 115 de la même coutume qui dispose que la prescription n'a cours, si le créancier a eu juste cause d'ignorer l'aliénation, parce que le débiteur serait toujours demeuré en possession de l'héritage par le moyen de location, rétention d'usufruit ou autres semblables. — Or, les époux Langlet se trouvaient dans un tel cas. On ne peut prétendre que le nu-propriétaire possède par l'usufruitier, lequel ne détient pas comme le fermier, mais jouit en son nom personnel, et peut seul intenter l'action possessoire, ainsi que le juge l'arrêt du 6 mars 1822 (Civ. cass., V. Action possess., no 249). — Les intimés répondaient que la possession est aussi bien la détention que la jouissance effective (c. cass. 2228); que le nu-propriétaire possède par la détention de son droit; que l'usufruitier, s'il détient l'immeuble pour lui-même quant aux fruits le détient, quant à la nue propriété, pour le propriétaire; que l'arrêt cité est sans application à la cause, puisque l'action est fondée, non sur la détention du droit, mais sur la jouissance de la chose. — Arrêt.

LA COUR; — Considérant, en ce qui touche la publicité de la possession de la dame Dupressoir, que l'art. 115 de la coutume de Paris étant relatif aux rentes, n'est point applicable à l'espèce; — Qu'aucune disposition des lois anciennes ou nouvelles n'a privé le nu-propriétaire de la faculté de prescrire, lorsque sa possession a reçu le genre de publicité dont elle est susceptible; qu'aucune clandestinité n'a vicié la possession que la dame Dupressoir a eue, de la nue propriété par elle acquise; — Confirme.

Du 12 juin 1826.-C. de Paris, 2e ch.-M. Cassini, pr.

clandestinité vient l'envelopper de ténèbres. Il ne faut pas, selon le savant auteur, argumenter de l'art. 2269, attendu qu'il importe peu au propriétaire que la bonne foi s'affaiblisse ou même disparaisse tout à fait, mais qu'il lui importe beaucoup, au contraire, que la possession reste publique, puisque c'est ce qui doit stimuler sa surveillance. — M. Belime, nos 43, 44, ne partage d'une manière absolue aucune des deux opinions. — Après avoir remarqué qu'il est très-difficile que la possession des immeubles soit clandestine, il pose cette question : Supposons qu'un propriétaire qui d'abord possédait, sous la maison de son voisin, un souterrain manifesté par des larmiers, vienne à boucher plus tard ces ouvertures, sa possession devenue ainsi clandestine cessera-t-elle de courir utilement pour lui? — M. Belime fait une distinction. — Si, profitant de l'absence du voisin, on avait fait des travaux pour établir le souterrain, et qu'avant son retour on eût supprimé toutes les traces de son existence, la clandestinité postérieure de la possession la rendrait inefficace. — Si, au contraire, c'était en la présence du propriétaire que les travaux auraient été faits, et que plus tard les signes extérieurs eussent disparu, la clandestinité ne paraît pas alors à notre auteur devoir enlever au possesseur le bénéfice d'une possession d'abord publique. — Mais qui ne voit pas que, dans la première hypothèse posée par M. Belime, la possession a toujours été clandestine? Car s'il est vrai qu'il n'est pas nécessaire, pour que la possession soit réputée publique, qu'elle ait été nécessairement connue de celui qui a intérêt à ce qu'elle ne s'établisse pas, il ne faut pas, d'un autre côté, qu'on ait usé d'artifice pour lui cacher les faits. Or, dans l'hypothèse posée par M. Belime, le soin pris par le possesseur : 1° de faire les travaux pendant l'absence du propriétaire voisin; 2° de supprimer à son retour toutes les traces de l'existence de la cave, ne permettent pas de considérer cette possession comme ayant jamais été publique. Au contraire, dans la seconde hypothèse, il n'y a jamais eu de clandestinité. Quand j'ai établi publiquement et au su du propriétaire voisin, une cave sous sa maison, et qu'ensuite les jours soient bouchés, il y a de plus un acte de maître accompli, qui repousse la clandestinité. — Il nous paraît difficile de ne pas penser, avec M. Troplong, que, quand la clandestinité vient remplacer la publicité, elle enlève à la possession ce caractère de publicité nécessaire pour prescrire. La loi ne parle pas d'une possession *dont l'origine aurait été publique*, mais d'une possession *publique*, c'est-à-dire, qui a toujours été telle (Conf. M. Marcadé, art. 2229-2257, n° 7).

328. La possession doit être *non équivoque*. — On donne pour exemples de possession équivoque, celle qui n'a pas été suffisamment continue, celle qui n'est pas exclusive et se balance avec la possession simultanée d'un tiers; celle qui laisse ignorer si elle est exercée à titre de familiarité ou à titre de propriétaire, etc. — «Enfin ce caractère n'est pas une qualité nouvelle, et n'est que la confirmation et le perfectionnement des autres» (Conf. Marcadé, *loc. cit.*). — « C'est-à-dire, remarque avec raison M. Belime, n° 54, qu'il ne suffit pas d'avoir l'*animus domini*, mais qu'il faut encore que les actes par lesquels cette intention se manifeste soient tellement éclatants et caractérisés que personne ne puisse se méprendre sur la prétention que le possesseur élève à la chose.» — Les faits extérieurs de la possession doivent être tels qu'ils ne laissent aucun doute sur la qualité de maître que s'attribue le possesseur; il faut, par exemple, qu'ils ne soient pas trop rares ou qu'ils ne puissent pas être considérés comme des actes de tolérance. — Ainsi, il a été jugé que le fait de quelques habitants d'une commune d'avoir mené paître leurs troupeaux et coupé des broussailles sur des terres vaines et vagues dont le produit était de peu de valeur, au vu et au su du propriétaire, a pu être considéré, par appréciation des faits, comme ne constituant pas une jouissance en corps de commune, *ut universi*, qui puisse fonder une prescription au profit de la commune, mais seulement comme des actes de tolérance de la part du propriétaire, sans que l'arrêt qui le décide ainsi puisse être critiqué (Req. 26 fév. 1838, aff. sect. de Corréo, v° Commune, n° 1579-3°). — V. n° 239.

329. Il a été jugé également qu'on ne peut pas, par de simples faits de jouissance, acquérir la possession d'arbres plantés sur un terrain limitrophe qu'on reconnaît appartenir à autrui. (Req. 9 mai 1836, aff. Logette, v° Propriété).

330. Cependant il a été jugé que l'émondage des arbres qui se trouvent sur un terrain (un pâtureau) et la récolte des fruits qu'ils produisent ne peuvent être réputés des actes de *pure tolérance*, et que, par conséquent, à défaut de production de titres par son adversaire, celui qui a eu la jouissance de ces droits pendant trente ans a prescrit la propriété du terrain (Req. 12 nov. 1822) (1).

331. Le défrichement et la clôture par des fossés d'un terrain acquis à juste titre sont des actes de possession qui ont été jugés suffisants pour prescrire (Bourges, 20 mai 1836, sous Req. 30 mai 1837, aff. com. de Saint-Denis-de-Salm, n° 512). — En effet, ces actes ne laissaient pas de doute sur l'intention de la part du possesseur d'agir *animo domini*.

332. La possession de certains droits incorporels, tels que les servitudes non apparentes et discontinues, est de plein droit présumée latente. Quant aux droits d'usage, on doit être exigeant sur les preuves de leur publicité (Conf. M. Troplong, n° 358).— V. Servitude, Usage.

333. En règle générale, la possession *promiscue* est équivoque et ne peut donner naissance à la prescription. Qui ne voit en effet que deux possessions s'excluent en se contrariant mutuellement? On peut dire qu'elles protestent l'une contre l'autre.— Ainsi il a été jugé : 1° que la jouissance d'un terrain qui ne s'exerce que concurremment avec celle du propriétaire (une commune), n'a pas le caractère de possession exclusive, et ne peut servir de base à la prescription : — « Attendu que le possesseur rival n'a pas en sa faveur une détention de nature à exclure et à remplacer celle du propriétaire, puisque celui-ci a protégé et maintenu son propre droit par des actes de possession exercés sur la chose soumise à une double possession » (Douai, 18 mars 1842, aff. Natelet *C.* Laroche); — 2° Que pour prescrire contre un de ses habitants des terres vaines et vagues, une commune a besoin d'une possession *ut universi et exclusive*, la possession simultanée du propriétaire fait obstacle à cette prescription (Grenoble, 14 juill. 1836, sous Req. 26 fév. 1838, aff. sect. de Corréo, v° Commune, n° 1579-3°);—3° Que la possession d'un terrain litigieux, lorsqu'elle a été commune entre la partie qui s'en prévaut et celle qui revendique la propriété, n'a pas le caractère exigé pour acquérir par prescription : « Attendu que l'arrêt (de Rennes, 29 avril 1837) n'a pas jugé que des terrains vains et vagues ne peuvent pas être acquis par prescription, mais bien que la possession dont excipait la commune de Saint-Perreux avait été commune, et non pas exclusive, que, par conséquent, elle ne pouvait servir de base à la prescription; rejette » (Req. 12 déc. 1838, MM. Zangiacomi, pr., Bayeux, rap., aff. com. de Saint-Perreux); — 4° Que la jouissance plus que trentenaire d'un sentier, par les habitants d'une commune *ut universi*, est insuffisante pour attribuer à cette commune des droits de propriété sur ce sentier lorsqu'il est constaté qu'il n'a pas le caractère d'un chemin public (Req. 15 fév. 1847, aff. com. de Courtry, D. P. 47. 1. 108); — 5° Que cependant une commune peut être admise à faire preuve d'actes de possession utiles à prescrire la propriété, alors qu'elle articule les avoir exercés *ut universi*, c'est-à-dire comme corps d'habitants, sans qu'on puisse opposer au droit de propriété qu'elle invoque des faits distincts, sans connexion avec ceux qu'elle allègue, qui auraient été exercés par les habitants *ut singuli*, non à titre de propriétaires, mais seu-

(1) (De Biencourt *C.* Tardif.) — LA COUR; — Attendu que l'arrêt attaqué (d'Orléans) a reconnu, d'après l'appréciation des titres : 1° qu'à l'exception de celui du 15 déc. 1510, aucun de ceux produits par le demandeur en cassation n'était contradictoire entre les auteurs des parties et ne pouvait en conséquence déterminer leur propriété; 2° que quant à ce dernier titre de 1510, il ne contenait aucune énonciation qui pût se référer à l'objet litigieux; — Attendu que les raisons de décider ne pouvaient, dans cet état de choses, être puisées que dans les faits de possession; que l'arrêt attaqué ayant reconnu, en faveur des héritiers Tardif et consorts, des actes d'une possession plus que trentenaire, conforme aux caractères déterminés par l'art. 2229 c. civ., et non restreinte à de simples actes de pure faculté et de simple tolérance, et ayant ainsi décidé en fait et dans la limite de ses pouvoirs, la contravention et fausse application invoquées par le demandeur sont dénuées de base et ne peuvent donner ouverture à la cassation; — Rejette.

Du 12 nov. 1822.-C. C., sect. req.-MM. Henrion, pr.-Borel, rap.

lement en qualité d'usagers (Req. 4 déc. 1844, aff. de Beauchêne, D. P. 45. 1. 44).

334. Suivant un arrêt, aucune disposition de la loi ne s'oppose à ce qu'on puisse prescrire la *copropriété* d'un fonds par une possession promiscue (Limoges, 10 juin 1840 (1); 25 fév. 1840, aff. com. de Saint-Ouen, sous Req. 25 janv. 1842, V. n° 376); mais il faut pour cela des actes d'une possession énergique qui ne puissent s'expliquer par les raisons de la familiarité et du bon voisinage (Limoges, 10 juin 1840, précité), par exemple, s'il s'agit de la prescription d'une lande, avoir mis le feu aux brandes pour nettoyer le pacage, avoir fait des labours pour en extraire les racines destinées à la nourriture des bestiaux, avoir fait brûler le gazon sur place et avoir enlevé la cendre, ce sont là des actes qui peuvent être considérés comme des actes de propriétaire (même arrêt). Mais on ne tirerait pas la même conséquence du pacage des bestiaux sur la lande, et du fait d'avoir coupé et enlevé les ajoncs, bruyères et litières nécessaires aux usages domestiques (Limoges, 25 fév. 1840, précité), ou d'avoir possédé promiscûment avec le propriétaire une chose dont celui-ci avait la propriété exclusive (Req. 8 avril 1850, aff. com. de Lanuejols, D. P. 50. 1. 156).

335. C'est sur le principe que la possession exclusive seule peut donner naissance à la prescription que sont fondées les dispositions de l'art. 816 c. nap. — « Le partage, dit Chabot, sur l'art. 816, doit être fait par écrit. S'il n'en existe pas d'acte, il peut être toujours demandé, soit que tous les héritiers aient joui en commun des biens de la succession, soit que l'un ou plusieurs d'entre eux aient joui séparément de partie de ces biens. *Ils sont tous présumés posséder les uns pour les autres, en attendant le partage, et à la charge de se rendre compte respectivement.* » — Ainsi il a été jugé qu'un cohéritier ne peut prescrire contre ses cohéritiers les arrérages d'une pension viagère qu'il devait à l'auteur commun, et qu'il était tenu de supporter (Bordeaux, 15 mars 1843) (2). — V. en ce sens v° Succession, n° 1777 et n° 1629.

336. La possession devient exclusive après le partage, qui fait cesser la jouissance commune. — Telle est la règle générale, dit très-bien Chabot. Mais si l'un ou plusieurs d'entre eux, ajoute le même auteur, avaient joui séparément d'une partie des biens pendant un temps suffisant pour acquérir la prescription, ils pourraient se maintenir dans les biens dont ils auraient joui et s'opposer à l'action en partage. — Une possession séparée, lorsqu'elle est continuée sans interruption pendant un laps de temps considérable, fait présumer qu'il y a eu un partage qui l'a autorisée, au lieu que l'indivision entre tous les cohéritiers doit faire présumer au contraire qu'il n'a pas existé de partage, si l'on n'en rapporte pas l'acte. — De là il résulte que l'action en partage est imprescriptible entre cohéritiers qui ont joui en commun, et qu'elle ne peut être prescrite qu'en faveur de ceux qui ont joui séparément de certaines portions de biens pendant un laps de temps suffisant pour acquérir la prescription. — V. Succession, n° 1537.

337. On a vu que si, après le partage, la prescription peut courir entre cohéritiers, c'est parce qu'il fait cesser la jouissance en commun. — Il en résulte que lorsqu'un règlement intervenu entre cohéritiers n'a pour objet que le mode de jouissance et non la propriété, la demande en partage ou licitation est encore proposable, même après trente ans de durée d'une telle jouissance. — V. Succession, n° 1557.

338. La possession de l'héritier qui a joui divisément a pour point de départ l'instant où la jouissance séparée a commencé, et non l'ouverture de la succession. — V. Succession, n° 678.

339. Nous avons vu que l'héritier qui possède divisément peut prescrire, mais il peut prescrire seulement les biens qu'il s'est appropriés, et non pas les droits qui compéteraient plus tard à la succession par suite de la propriété de ces biens. — Jugé en ce sens que la prescription de l'indemnité due en vertu de la loi de 1825 pour des biens dépendant d'une succession, n'a pu être acquise, avant la promulgation de cette loi, par un héritier contre ses cohéritiers, bien que cet héritier eût commencé à prescrire les biens eux-mêmes avant leur confiscation (Cass. 11 fév. 1835, aff. Goyon, v° Émigré, n° 315).

340. L'art. 529 de la coutume de Normandie prohibait la prescription entre héritiers avant le partage : quant à la portée et le sens de cette disposition, V. Normandie, n° 81, p. 566 et Succession, n° 1554. — La coutume de Cambrai voulait qu'après l'indivision cessée il ne pût y avoir de prescription entre frère et sœur. Mais il est à remarquer : 1° que les seules actions qui ne pouvaient pas se prescrire entre frère et sœur étaient les actions réelles ; — 2° Que la coutume s'appliquait aux frères et sœurs exclusivement et non à leurs représentants; ainsi l'on pouvait prescrire une action réelle entre oncle et neveu (Rej. 11 vent. an 11, MM. Lombard, rap., Merlin, pr. gén., c. conf., aff. Bourdon, V. Quest. de droit, v° Prescription, § 2).

341. Il est évident que les règles puisées dans l'art. 816, sont applicables à tous ceux qui jouissent en commun à quelque titre que ce soit. En effet, l'art. 816 n'a fait comme nous l'avons remarqué, qu'appliquer les principes qui régissent la possession. — Aussi a-t-il été jugé : 1° que tant que des copropriétaires ont joui *promiscûment* du bien indivis, la prescription de l'action en partage n'a pu courir contre l'un des communistes au profit de l'autre (Req. 9 mai 1827, aff. Barde, V. Succession, n° 1505-1°); — 2° Que la prescription d'un droit ne peut être invoquée de communiste à communiste dont les droits n'ont pas cessé d'être confondus (Req. 24 juill. 1839, aff. com. de Mandeure, V. Forêts, n° 1910); — 3° Que la jouissance commune d'un bois s'oppose à la prescription de l'entière propriété, indépendamment de toute action; qu'ainsi, quoique l'une des parties ait offert la preuve de sa jouissance exclusive pendant trente ans, les juges ne peuvent déclarer la prescription acquise à son profit, sans vérifier les faits de possession et les déclarer constants, par le seul motif que l'autre partie a passé plus de trente ans sans poursuivre ses droits, lorsque celle-ci avait formellement articulé sa jouissance commune du bois litigieux (Cass. 30 déc. 1829) (3); — 4° Que,

(1) (Veyrier-Montagnère C. Vidard-Dupin.) — La cour; — Sur le moyen résultant de la prescription trentenaire : — Attendu qu'aucune disposition de la loi ne s'oppose à ce qu'on puisse prescrire la copropriété d'un fonds par une possession promiscue; — Que, seulement lorsqu'il s'agit d'une semblable prescription, le respect dû à la propriété commande aux tribunaux d'apporter la sévérité la plus scrupuleuse dans l'appréciation du caractère des actes de possession; — Mais, attendu que les faits articulés par les intimés, et entre autres ceux d'avoir mis le feu aux brandes pour nettoyer le pacage, d'y avoir fait des labours pour en extraire des racines destinés à la nourriture des bestiaux, d'avoir fait brûler le gazon sur place et enlevé les cendres, portent les caractères d'une possession énergique qui ne saurait s'expliquer par les raisons de la familiarité et du bon voisinage; — Adoptant, au surplus, les motifs des premiers juges; met l'appel au néant.

Du 10 juin 1840.-C. de Limoges, 1re ch.-M. Tixier-Lachassagne, pr.

(2) (Barreyre et Sorin C. Morin.) — La cour; — Attendu, sur le chef relatif au rapport d'arrérages de pension demandé à la veuve Morin et aux conjoints Morin, que, par l'acte public du 18 déc. 1824, Pétronille Barreyre, aujourd'hui veuve Morin et autre Pétronille Barreyre, épouse Morin, s'obligèrent à payer à Pétronille Rozier, leur mère, chacune une pension annuelle et viagère de 150 fr. d'argent, et d'un hectolitre de blé froment ; — Attendu qu'il faut distinguer entre les arrérages de pension échus antérieurement au 29 nov. 1825 et ceux qui sont échus postérieurement à cette époque; — Attendu que les arrérages de pension échus antérieurement au 29 nov. 1825 étaient éteints par la prescription de cinq ans, à l'époque du décès de Pétronille Rozier, arrivé le 29 nov. 1830; mais que les arrérages de pension échus postérieurement au 29 nov. 1825, qui n'étaient pas prescrits à l'époque du décès de Pétronille Rozier, ne se sont pas prescrits depuis cette époque; — Attendu, en effet, que, d'après la disposition de l'art. 829 c. civ., les arrérages de pension échus postérieurement au 29 nov. 1825, doivent être rapportés à la masse de la succession mobilière de Pétronille Rozier; que l'obligation du rapport a commencé d'exister à compter du jour de son décès ; que sa succession est encore indivise ; que la position respective des héritiers n'étant pas fixée par un partage, on ne peut imputer aux mariés Sorin et à Jean Barreyre de n'avoir exercé aucune poursuite relativement auxdits arrérages de pension; que l'art. 2277 c. civ. reste sans application dans la cause; — Déclare non prescrits les arrérages de pension échus postérieurement au 29 nov. 1825.

Du 15 mars 1843.-C. de Bordeaux, 2e ch.-M. Prévôt-Leygonie, pr.

(3) (Com. de Molain C. com. de Montrond.) — La cour (ap. dél. en ch. du cons.); — Vu l'art. 2229 c. civ. et l'art. 7 de la loi du 20 avr. 1810; — Attendu que, pour pouvoir prescrire la totalité du bois de Néquidé et la plus grande partie de celui des Chevannes contre la commune de Molain, qui s'en prétendait copropriétaire par moitié, et qui en alléguait la jouissance commune, notamment depuis 1796, il fallait à la commune de Montrond une possession de trente ans au moins, qui réunit tous les caractères exigés par l'art. 2229 précité c. civ.; — Qu'à

de cela qu'un actionnaire n'a pas pris part, pendant plus de trente ans, aux assemblées de la société, ses droits sociaux ne sont pas prescrits, si les gérants n'ont pas fait contre lui des actes de possession exclusifs de ses droits;... surtout si depuis trente ans ils n'ont pas fait d'appel de fonds (Douai, 22 mars 1852, aff. Dronsart, D. P. 55. 2. 264); — 3° Qu'au surplus la convocation de cet actionnaire aux réunions de l'assemblée, par lettre missive, serait interruptive de la prescription à son égard (même arrêt).

342. Mais il a été décidé, toujours conformément aux principes : 1° que si l'un des propriétaires de la chose commune jouit exclusivement, et pendant trente ans, d'une partie de cette chose, il en devient propriétaire par la prescription; et l'escalier qu'il a construit pour arriver à la partie de la maison qu'il veut prescrire, constitue, non une servitude, mais un acte de possession à titre de propriétaire (Bourges, 22 juill. 1831) (1);—2° Que le copropriétaire par indivis peut devenir par prescription propriétaire exclusif d'une partie de la chose commune, s'il est établi qu'il l'a possédée à ce titre pendant plus de trente ans (Req. 25 mars 1851, aff. com. de Hauteville, D. P. 54. 5. 578).

343. Il faut que le communiste qui invoque la prescription ait joui isolément et fait cesser par un trouble tout acte de jouissance commune (Req. 26 avr. 1827) (2). — Ainsi la possession exclusive par l'un des communistes d'une portion déterminée de l'immeuble indivis ne peut lui faire acquérir la propriété absolue de cette portion, alors qu'il ne possède ainsi qu'en vertu d'une convention révocable et relative seulement à la jouissance. — Et il a été jugé que l'aménagement ancien d'une forêt appartenant par indivis à plusieurs communes et par lequel, après distraction d'une réserve, le surplus de la forêt a été divisé en deux parts égales affectées, la première à la jouissance de telles communes, et la seconde à celle des autres, n'a pu avoir pour effet de faire acquérir par la prescription à ces communes la propriété exclusive de la portion dont elles ont ainsi joui seules, quelque longue qu'ait été cette possession, alors qu'il est jugé que cet aménagement était d'une nature révocable et qu'il n'avait pour but que de régler le mode de jouissance de la forêt indivise. Par suite, dans un tel cas, les communes doivent être réputées n'avoir jamais cessé d'être dans l'indivision (Req. 24 mai 1841) (3).

344. C'est aux juges à décider si en fait la possession est devenue exclusive au profit d'un des communistes (Cass. 16 août 1821, MM. Botton, pr., Brillat, rap., aff. d'Arthel C. Saligny); leur appréciation à cet égard est souveraine. — V. Cassation, nos 1645 et s.

345. Il faut, au reste, ne pas aller trop loin, et ne pas confondre la prescription de la chose même qui se trouve en commun avec une stipulation relative à cette chose. Ainsi une cour est possédée en commun; tant que cette jouissance dure, la prescription de la cour est impossible. Mais s'il a été stipulé, par exemple, que la cour serait pavée à frais communs, on peut prescrire contre cette obligation. — Jugé en ce sens que lorsque des coacquéreurs, en stipulant, dans un acte de partage, qu'une cour restera commune entre eux, ajoutent, dans le même acte, qu'elle sera pavée à frais communs, la prescription de cette dernière stipulation n'est pas suspendue pendant que la communauté de la cour continue à subsister (Bourges, 24 fév. 1830) (4).

346. Une possession soumise à une condition suspensive ou résolutoire n'est pas pour cela équivoque. Telle est la possession de l'associé qui jouit pour lui et ses consorts, en attendant que le partage vienne décider auquel des associés profitera définitivement sa possession. Cette possession n'est point, disons-nous, équivoque; en effet elle ne l'est point à l'égard des tiers étrangers à la société, puisqu'ayant été ouvertement sociale, elle est exclusive du droit de ces tiers; elle ne l'est point à l'égard des associés entre eux, puisque l'associé qui a possédé, connaissant les chances que ferait naître le partage, a nécessairement subordonné sa possession à l'idée de posséder pour celui seul des associés que le partage déclarerait avoir toujours été propriétaire

---

la vérité, en cause d'appel, elle a articulé, avec offre de les prouver, des faits de possession qu'elle a fait remonter à 1791; mais que, sans admettre la preuve de ces faits, sans même les vérifier ni les déclarer constants, et sans rien dire en réponse à l'objection tirée de la jouissance commune, dont se prévalait la commune de Molain, l'arrêt attaqué (de la cour de Besançon) a déclaré éteinte par prescription l'action de cette dernière commune, par le seul motif qu'elle avait laissé passer plus de trente ans sans poursuivre ses droits contre la commune de Montrond; — Qu'en jugeant ainsi, cet arrêt a violé en même temps l'art. 2229 c. civ. et l'art. 7 de la loi du 20 avr. 1810; — Par ces motifs, casse.

Du 30 déc. 1829.-C. C., ch. civ.-MM. Portalis, 1er pr.-Ruperou, rap.-Joubert, av. gén., c. contr.-Lassis et Nicod, av.

(1) (Voisin-Chevrier C. Jugaud-Marat.) — LA COUR; — Considérant que, lors même qu'on admettrait comme constant que le terrain occupé par l'escalier qui sert à Voisin-Chevrier pour descendre d'une cour qui lui appartient en propre dans une cour commune entre les parties, aurait originairement fait partie de cette cour, cette circonstance ne s'opposerait pas à la prescription en faveur de Voisin-Chevrier; qu'il n'est pas dénié que de temps immémorial, ce terrain est occupé par le pavillon portant sur des poteaux immobiles et couvert d'un toit; qu'aucune loi ne s'oppose à ce que le propriétaire par indivis qui jouit exclusivement d'une partie de la chose commune, par une possession publique et trentenaire acquière la propriété exclusive de cette portion distincte; que c'est en vain que les premiers juges, se fondant sur les anciens principes relatifs aux servitudes, ont rejeté la preuve de la propriété résultant de la longue possession; qu'il ne s'agit point ici de servitude qui est un droit imposé sur la propriété d'autrui, mais d'un terrain possédé exclusivement par Voisin-Chevrier, à titre de propriétaire, comme formant une dépendance de sa maison; — Dit qu'il a été mal jugé par le jugement dont est appel au chef qui ordonne la suppression de l'escalier actuel et son remplacement par un escalier mobile; faisant ce que les premiers juges auraient dû faire, déclare Jugaud-Marat mal fondé dans sa demande tendante à cette suppression, etc.

Du 22 juill. 1831.-C. de Bourges.-M. Trottier, pr.

(2) *Espèce* : — (Commune de Chichilianne C. de Chichilianne.) — Fondant son pourvoi contre un arrêt de la cour de Grenoble, du 27 déc. 1825, sur les anciens auteurs et sur la loi romaine, au code, *De annali except.*, loi 1, § 1, et sur l'art. 816 c. nap., le demandeur prétendait que la prescription pouvait s'acquérir par conformité de raison contre des propriétaires indivis, puisqu'elle peut avoir lieu entre cohéritiers. — Arrêt.

LA COUR; — ...Sur le moyen fondé sur la violation des règles relatives à la prescription entre des communistes : — Attendu que s'il est de principe que les propriétaires indivis peuvent acquérir par la prescription la portion de leur associé ou communiste, c'est seulement lorsqu'ils ont joui isolément et fait cesser par un trouble tout acte de jouissance commune de leurs copropriétaires, associé ou communiste; que c'est de cette époque seulement que peut dater la possession publique non équivoque et à titre de propriétaire, laquelle, prolongée le temps nécessaire, confère la propriété; — Rejette.

Du 26 avr. 1827.-C. C., ch. req.-MM. Henrion, pr.-Borel, rap.

(3) *Espèce* : — (Commune de Sainte-Colombe, etc. C. celle de Civry et autres.) — Le pourvoi des communes de Sainte-Colombe et autres était formé contre un arrêt de la cour de Paris, du 24 nov. 1838, pour violation de l'art. 2262 c. c.; fausse interprétation de l'art. 2236 du même code, et de la loi du 10 juin 1793, en ce que l'arrêt attaqué avait décidé que la jouissance divise, constatée dans l'espèce, ne pouvait fonder une prescription. — On soutient que cette prescription n'était pas *précaire*, car elle était exercée par des communes *copropriétaires*; qu'elle n'était pas non plus *révocable*, et que le seul point dont la cour d'appel aurait dû s'occuper était de savoir si elle était *équivoque*; mais qu'à cet égard l'arrêt attaqué garde le silence le plus complet. On repousse la loi du 10 juin 1793.—Arrêt.

LA COUR; — Attendu que la cour royale, en décidant qu'il résultait des actes produits devant elle que les opérations ordonnées et sanctionnées par le grand maître des eaux et forêts, relativement à la forêt en litige entre les parties, n'avaient eu pour objet que l'aménagement révocable et le mode de jouissance de cette forêt, et non une division et une attribution de propriété, n'a fait qu'interpréter ces actes dont l'appréciation souveraine rentrait dans ses attributions, et que, dès lors, en prononçant ainsi, elle n'a violé aucune loi; — Rejette.

Du 24 mai 1841.-C. C., ch. req.-MM. Lasagni, pr.-de Gaujal, rap.

(4) (Ibry et Chauveau C. Ambert.) — LA COUR; — Considérant que l'acte de partage du 23 frim. an 2, qui déclare la cour commune, contient la clause que le pavage sera fait à frais communs; — Que la première idée qui se présente est que ces deux conditions, étant exprimées par le même acte, semblent n'en faire qu'une seule, et qu'ainsi, surtout entre associés, le droit de demander le pavage doit subsister aussi longtemps que la communauté de la cour qui en est l'objet; mais que, le pavage n'étant pas une condition expresse de la communauté de la cour, on ne peut y voir que la faculté concédée à chacun des copropriétaires de demander le pavage, droit personnel à chacun, dont il pouvait user ou non à sa volonté, et prescriptible, comme toute autre faculté, par le non-usage, pendant le temps marqué par la loi; — Adoptant, au surplus, les motifs des premiers juges, dit qu'il a été bien jugé.

Du 24 fév. 1830.-C. de Bourges, 1re ch.-MM. Sallé, pr.-Torchon, av. gén., c. conf.-Mayet-Génétry et Michel, av.

unique de la chose. — V. en ce sens M. Troplong, nº 362.

347. Enfin la possession doit être *à titre de propriétaire*, ce qui a lieu, non-seulement lorsque l'on prétend avoir la pleine propriété de la chose, mais encore lorsque, reconnaissant qu'elle appartient à un autre, on jouit, *animo domini*, d'un droit qui n'est qu'un démembrement du droit intégral de propriété. Ainsi, un simple usufruit, une servitude, un droit d'emphytéose, d'usage, peuvent être le sujet d'une possession à titre de maître.— Toutefois, l'usufruitier, le superficiaire, l'emphytéote, l'usager, le maître d'une servitude, sont, sous un rapport, des possesseurs précaires (car on nomme ainsi, dans le droit moderne, tous ceux qui jouissent d'une concession même irrévocable, qui ne dépouille pas absolument le propriétaire); mais ils ne sont tels qu'eu égard au droit supérieur que le propriétaire s'est réservé. Et c'est en cela qu'ils diffèrent du fermier, du dépositaire, de l'emprunteur, du séquestre, de l'antichrésiste, etc., qui, dans la portion même de la chose dont ils jouissent, n'ont qu'une possession d'emprunt et ne sont propriétaires d'aucun démembrement de la chose.—Et c'est en ce sens que MM. Troplong, nºs 365, 366, et Marcadé se prononcent.

348. On est toujours présumé posséder pour soi et à titre de propriétaire, s'il n'est prouvé qu'on a commencé à posséder pour un autre (2230).

349. La possession prise par le domaine des biens qui composent une succession en déshérence, n'a, jusqu'à l'envoi en possession régulièrement prononcé, que le caractère d'une possession précaire équivoque, et non à titre de propriétaire. En conséquence, ce n'est qu'à compter de l'envoi en possession prononcé à son profit que commence pour le domaine la possession utile pour prescrire, et le domaine serait mal fondé à prétendre faire remonter, à l'effet d'invoquer la prescription trentenaire, l'envoi en possession prononcé à son profit, soit à l'époque de l'ouverture de la succession, soit même à l'époque de sa prise de possession antérieure à cet envoi en possession (Paris, 2 fév. 1844, aff. domaine, V. Succession, nº 419).—Cette décision, très-bien rendue, fait ressortir avec sagacité, sous un double point de vue, la différence qui existe entre la saisine de l'héritier régulier et l'envoi en possession que doivent demander les successeurs irréguliers. Ces derniers ne peuvent être considérés comme ayant légalement appréhendé la succession, que lorsque l'envoi en possession a été prononcé. Il en est autrement de l'héritier régulier qui est propriétaire dès l'instant où la succession s'est ouverte. Il résulte de là que le successeur irrégulier n'étant saisi que par l'envoi en possession, ne peut en faire remonter l'effet à l'époque de l'ouverture de la succession, tandis que l'héritier régulier qui vient à la succession après un long temps peut faire remonter la prescription jusqu'à l'ouverture de la succession, puisqu'il avait été saisi des biens dès cette époque.—V. Succession, nºs 63 et s.

350. Quand on a commencé à posséder pour autrui, on est toujours présumé posséder au même titre, s'il n'y a preuve du contraire (c. nap. 2231). Cette règle découle de l'ancienne maxime que nul ne peut par le seul laps de temps, se changer à soi-même la cause de sa possession (L. 3, § 19, tit. *De acquir. possess.*).

351. La détention ne peut avoir lieu à la fois pour soi et pour autrui. Celui qui tient pour autrui perpétue et renouvelle à chaque instant la possession de celui pour lequel il possède, et le temps pendant lequel on peut détenir pour autrui étant indéfini, on ne saurait fixer l'époque où celui pour lequel on tient serait dépossédé.—V. Bigot-Préameneu, *suprà*, p. 71 nº 17.

352. Celui qui a plusieurs titres est censé posséder plutôt en vertu de ceux dont la validité n'est pas susceptible de contradiction, que de ceux dans lesquels on peut trouver des nullités. Il peut même, surtout quand il est défendeur, rapporter sa possession à celui de ces titres qu'il juge à propos, pourvu qu'en le faisant, il ne choque pas les règles de la vraisemblance.

353. A défaut de titres, c'est par la qualité qu'on a prise dans les actes d'administration qu'il faut juger si la détention a eu lieu ou non à titre de propriétaire.—Si la chose possédée regarde naturellement une autre personne, on sera présumé avoir possédé pour elle. Ainsi, un mari qui a donné un immeuble à sa femme par contrat de mariage, possède pour elle pendant que le mariage subsiste.

354. Le mandataire qui acquiert pour le *mandant* possède pour celui-ci dès l'instant de l'acquisition, quoiqu'il ne lui en ait pas donné avis. Si quelqu'un a acheté sans pouvoirs, dans la vue de m'obliger, sa possession ne me profite qu'autant que j'approuve l'acquisition (L. 1, C., *De acq. poss.*; L. 1, § 1, *tit. eod.*). — Si le mandataire, au lieu de remplir son mandat, a acquis en son nom, c'est pour lui-même qu'il est présumé posséder (L. 1, § 20, *tit. eod.*).

355. Nous avons vu, *suprà*, nºs 155 et s., que les droits facultatifs ne peuvent pas se prescrire, ainsi aucune possession valable ne peut avoir lieu au préjudice d'un droit facultatif.—V. Action possessoire, nº 199.

356. Ainsi le propriétaire d'une usine a la faculté d'employer tous les procédés qu'il juge convenable pour la faire marcher. Un tiers ne pourrait prescrire contre la faculté de changer, par exemple, la direction des eaux. En effet, comme le propriétaire du fonds supérieur a la faculté d'user ou de ne pas user de la totalité de l'eau qui traverse son fonds, la possession résultant de l'usage de cette totalité des eaux par le propriétaire inférieur ne peut fonder aucun droit à l'encontre du propriétaire supérieur (Bourges, 8 janv. 1836, aff. Gestat, V. Servitude), à moins que le premier n'ait acquis lui-même un droit à cette eau par des ouvrages apparents conformément à l'art. 642 c. nap.

357. L'usage plus ou moins restreint fait par un particulier, dans son seul intérêt et à sa convenance, d'un droit qu'il a la faculté d'exercer d'une manière absolue, ne peut faire acquérir aux tiers une possession qui engendre la prescription (Req. 4 déc. 1837, aff. Framezelle, V. Action possessoire, nº 200).

358. Les actes de *familiarité* ou de simple *tolérance*, supposent une permission tacite d'un propriétaire ayant un droit supérieur. Ils ne peuvent donc pas fonder une possession légitime. Ils diffèrent, du précaire, en ce qu'ils ont lieu en vertu d'une permission tacite, au lieu de résulter d'une concession expresse et contractuelle.

359. Les actes de *simple tolérance* ne sont pas considérés comme des actes de possession, parce que ni celui qui les fait n'entend agir comme propriétaire, ni celui qui les autorise n'entend se dessaisir. Combien de bons offices de voisinage seraient refusés, disait le tribun Goupil de Préfeln, si une simple tolérance pouvait, par le laps de temps, devenir un titre de servitude! — V. *suprà*, p. 74, nº 69.

360. C'est aux juges du fait à décider si les actes dont on veut faire ressortir une possession utile pour prescrire ont eu lieu ou n'ont pas eu lieu à titre de familiarité ou de bon voisinage (Rej. 15 déc. 1824 (1), V. en ce sens nº 272). — Il en était ainsi sous l'ancien droit. Aussi a-t-il été jugé, sous la coutume du Berri, que le fait d'avoir transformé en jardin un terrain situé entre deux maisons, et d'en avoir joui pendant plus de trente ans, a pu être déclaré, d'après le mérite des titres produits par les parties, ne pas constituer une possession capable de prescrire, mais seulement un acte de tolérance qui laissait à la cour royale le droit d'attribuer la propriété du terrain contentieux à l'autre partie en se déterminant d'après le rapport des experts et le plan des lieux (Req. 13 fév. 1810) (2).

361. La propriété des francs-bords peut-elle être acquise par

(1) (Le sieur Rodière *C.* le sieur Combes.) — LA COUR; — Considérant que la cour royale de Toulouse avait à prononcer sur l'appel d'un jugement rendu par le tribunal d'Alby, qui avait refusé d'admettre Rodière à prouver par témoins la possession trentenaire, par lui alléguée, du tertre qu'il avait abattu; refus motivé par ce tribunal, non pas sur ce que Combes avait un titre de propriété, mais bien sur ce que si Rodière avait eu quelque jouissance de ce tertre, ce n'avait pu être qu'à titre de familiarité ou de bon voisinage; et attendu que quand Rodière, en continuant de demander, sur l'appel, à être admis à la preuve de sa possession, n'articulait aucun fait qui pût rendre douteuse la présomption de précaire, admise par le tribunal d'Alby, dans le cas où Rodière aurait eu quelque jouissance dudit tertre, la cour de Toulouse a pu, et surtout d'après les faits et les circonstances du procès, confirmer le jugement du tribunal d'Alby, sans contrevenir d'aucune manière aux art. 2219 et 2262 c. civ., et sans violer aucune loi; — Rejette.

Du 15 déc. 1824.-C. C., sect. civ. MM. Brisson, pr.-Gandon, rap.-Jourde, av. gén., c. conf.-Berton et Coste, av.

(2) (Lefèvre *C.* Grivault.) — LA COUR; — Attendu que l'espèce de possession dont parle l'art. 1, tit. 12 de la coutume du Berri est une possession légale réunissant tous les caractères propres à faire acquérir

prescription contre le propriétaire du canal, tant qu'il conserve la jouissance du canal, jouissance qui suppose nécessairement celle des francs-bords? En un tel cas, les actes de possession des tiers doivent-ils être réputés de simple tolérance?—V. Servitude.

362. Le fait même d'avoir, pendant un temps immémorial, déposé sur les francs-bords du canal les boues et les herbes provenant du curage, a pu être déclaré insuffisant pour en faire prescrire la propriété (Req. 13 janv. 1835, aff. Mazières, V. *eod.*).

363. L'usage où sont les cultivateurs de passer sur le champ les uns des autres, pour faire tourner la charrue lorsqu'ils labourent, est un fait de tolérance et de familiarité, à moins qu'on n'ait cultivé le terrain litigieux servant au tour de l'échelle, auquel cas la possession serait utile pour prescrire (M. Troplong, n° 391).

364. La possession des *servitudes discontinues* ou non apparentes est aussi de pure tolérance. Mais si elle se continuait après contradiction, elle deviendrait, à partir de ce moment, propre à opérer la prescription (MM. Troplong, n°s 392 et 393; Proudhon, t. 8, p. 331). — V. Servitude.

365. Une commune qui réclame la propriété *d'un chemin* (non vicinal), sans avoir aucun titre, mais en invoquant une possession suffisante pour prescrire, peut valablement être repoussée par les juges, sur le seul motif « que le passage par elle exercé sur le chemin a pu être le résultat de la tolérance, comme cela arrive souvent autour des héritages ruraux, » et qu'ainsi l'usage qu'elle a fait du chemin ne peut fonder ni possession ni prescription en sa faveur (Req. 13 avr. 1837; 25 nov. 1840 (1); V. dans le même sens Req. 5 juin 1855, D. P. 56. 1. 395).

366. A l'égard des servitudes apparentes, ou qui s'annoncent par des ouvrages extérieurs, la loi, par exception, présume non une simple tolérance, mais des arrangements particuliers dont la trace s'est perdue. De là, la prescriptibilité des servitudes apparentes discontinues.—V. Servitude.

367. Le passage par un sentier pour aller à une fontaine enclavée, quoique le sentier ait été fermé à ses extrémités par des barrières ou fossés, mais dans le but seulement de mettre la propriété à l'abri de la dévastation des animaux, et non pour mettre un obstacle au droit des habitants, ne peut être considéré comme de pure tolérance, et, par suite, doit être réputé utile à la prescription, alors qu'il a eu lieu au vu et au su des propriétaires, et sans nulle opposition de leur part (Pau, 14 mars 1831, aff. com. de Lahitte, V. n° 247).

368. Le *pacage*, la *vaine pâture* peuvent-ils donner naissance à la prescription nécessaire pour prescrire? Oui, si les terrains ne sont pas susceptibles d'autres actes (V. n° 310); mais n'y doit-on voir que des actes de tolérance? (V. Usage [droits d'].) — La possession d'un *droit d'usage* dans une forêt, non fondée en titre, est-elle de tolérance, ou bien a-t-elle les caractères requis pour prescrire? (V. Usage [droits d'] et Servitude.) — Jugé que le parcours de paroisse à paroisse n'était, en Lorraine, qu'une servitude insuffisante pour en constituer un acte de possession d'où pût résulter un droit de propriété (Rej. 4 avril 1837, aff. com. de Bruyères, v° Acquiesc., n° 730).

369. Les actes de *violence* ne peuvent fonder une possession capable d'opérer la prescription. — La possession utile ne commence que lorsque la violence a cessé (art. 2233).

370. Il n'est pas nécessaire, pour qu'il y ait violence, que l'on ait employé des armes, qu'on ait formé un attroupement, ou qu'il y ait eu des blessures; il suffit que des coups aient été portés, ou même que des menaces, capables d'intimider une personne raisonnable, aient été proférées, et qu'à l'aide de ces moyens le possesseur ait été dépouillé (V. en ce sens M. Troplong, n° 416). — Les simples voies de fait à l'aide desquelles on s'est emparé de la chose, n'impliquent aucune idée de violence physique ou morale si elles n'ont point été exercées contre les personnes; l'art. 2233 ne les concerne pas.—Une possession, quoique délictueuse, n'est pas violente, dès qu'il n'y a pas attentat contre les personnes; telle est la possession de l'usager qui se sert par ses propres mains, sans délivrance préalable. La possession délictueuse, mais pour d'autres raisons, n'est pas moins incapable que la possession violente de fonder la prescription (Conf. M. Troplong, n° 416). — Les actes délictueux impuissants pour fonder une possession légale, peuvent-ils interrompre la prescription? —V. Usage (droits d').

371. La possession prise en vertu d'un titre extorqué par violence, n'est pas pour cela violente (L. 5, D., *De vi et vi armat.*); elle est fondée en titre, mais le titre est rescindable (Pothier, de la Possession, n° 25; M. Troplong, n° 417).

372. Il ne suffirait pas, pour rendre sans effet une longue possession, de quelques faits isolés de violence; il faudrait des actes géminés. On les apprécie par leur nombre, leur liaison et leur gravité, par la qualité, la position, l'unité ou la diversité des personnes qui les provoquent, l'accord ou l'opposition de leurs intérêts (Conf. M. Vazeille, n° 69). — M. Troplong, n° 418, va plus loin: il décide que la possession acquise paisiblement ne peut pas être considérée comme violente, quoique l'on ait recours à la violence pour s'y maintenir : *Qui per vim possessionem suam retinuerit, Labeo ait vi non possidere* (L. 1, § 28, D., *De vi et vi arm.*).— Mais la prise de possession opérée avec attentat ou menaces violentes contre les personnes donne lieu à l'application de l'art. 2233, sans qu'il y ait lieu de distinguer si la violence a été exercée sur le propriétaire ou sur un simple possesseur; si elle l'a été sur le possesseur lui-même ou sur ceux qui détiennent pour lui (L. 1, § 22, et l. 8, D., *De vi et vi arm.*); si on l'a exercée soi-même, ou fait exercer par d'autres, ou si l'on s'est borné à ratifier les actes de violence (L. 152, D., *De reg. jur.*; Conf. M. Troplong, n°s 412 et suiv.). — V. plus haut n°s 319 et suiv.

373. On a vu qu'une possession utile commence lorsque la violence a cessé (2233). La loi romaine, plus rigoureuse, excluait toute prescription, jusqu'à ce que la personne dépouillée par violence eût été rétablie en sa possession; et celui même qui, avant cette restitution, avait acheté de bonne foi du spoliateur, ne pouvait pas prescrire. Cette décision est contraire au système d'après lequel l'exception de mauvaise foi n'est pas opposable contre la prescription de trente ans. — *Lorsque la violence a cessé*... Delvincourt n'applique le sens de ces mots qu'au cas où celui qui a acquis la possession par violence acquiert une autre possession à un autre titre. La première possession est censée, dit-il, conserver toujours les caractères de son origine, devînt-elle paisible par la suite; car des actes de violence ne peuvent fonder jamais une possession utile; et comment déterminer autrement l'époque à laquelle la possession cesse d'être fondée sur la violence? — Cette interprétation restrictive nous paraît contraire au texte même de l'art. 2233. Ce ne sont pas les actes de violence qui fonderont la possession utile, puisque cette possession n'aura

---

à celui qui s'en prévaut par la voie légitime de la prescription, tous les objets et les droits mentionnés audit article; — Que, dans le fait, en n'attribuant qu'à la simple tolérance la possession réclamée par le demandeur, la cour d'appel de Bourges ne s'est déterminée à la qualifier telle que d'après le mérite des titres respectivement produits pardevant elle, et après avoir apprécié à leur juste valeur le rapport des experts et le plan de l'état des lieux contentieux qui avaient été mis sous ses yeux, de tout quoi il résulte qu'en fixant ainsi son opinion, elle n'a pu contrevenir audit art. 1 ni violer aucune autre loi; — Rejette le pourvoi formé contre l'arrêt de la cour de Bourges, du 7 juill. 1808.

Du 13 fév. 1810.-C. C., sect. req. -MM. Henrion, pr.-Cochard, r.

(1) 1re *Espèce :* — (Comm. de Chaumont-Porcien C. Viellard.) — LA COUR; — Attendu que, pour adjuger au défendeur éventuel la propriété du chemin dont il s'agit, l'arrêt attaqué s'est fondé sur ce que ce chemin avait été établi par l'ancien propriétaire sur un terrain à lui appartenant; que l'usage qu'il en avait laissé aux habitants de la commune de Chaumont n'avait été que de simple tolérance et, qu'en tirant de ces faits la conséquence que la commune n'a pu prescrire contre le défendeur éventuel ni le propriétaire du chemin, ni la servitude du passage, la cour royale de Metz n'a fait que se conformer aux véritables principes de la matière; — Rejette.

Du 13 avr. 1837.-C. C., ch. req.-MM. Zangiacomi, pr.-Joubert, rap.-Viger, f. f. d'av. gén., c. conf.-Morin, av.

2e *Espèce :*—(Comm. de Sinceny C. veuve Caron.) — LA COUR; — Sur le moyen pris de la violation des principes reçus en matière de possession de la violation de l'art. 2232 c. civ.; — Attendu que la déclaration faite par la cour d'Amiens, que la commune de Sinceny ne pouvait établir son droit au chemin qu'elle réclamait, résultait la conséquence que, si elle en avait fait usage, ce ne pouvait être qu'à titre de tolérance, et qu'en décidant que dès lors l'usage qu'elle avait pu faire de ce chemin ne pouvait fonder ni possession, ni prescription, l'arrêt attaqué n'a fait qu'une saine application de l'art. 2232 c. civ.

Du 25 nov. 1840.-C. C., ch. req.-MM. Zangiacomi, pr.-de Gaujal, rap.-Delangle, av. gén., c. conf.-Galisset, av.

commencé que depuis la cessation de la violence. Les juges en détermineront l'époque d'après les circonstances (Conf. M. Troplong, nº 420).

374. Terminons par quelques idées générales sur les *caractères* et les *qualités* de la possession exigée pour prescrire.—Ces qualités doivent-elles exister d'une manière absolue, ou suffit-il qu'elles existent par rapport à celui à qui la prescription est opposée? Plusieurs distinctions sont nécessaires : la condition de la *continuité* et de la *non-interruption* est exigée d'une manière absolue (2243). Il en est de même de la condition que la possession ait été *à titre de propriétaire* ; une possession précaire et une possession *animo domini*, sont nécessairement exclusives l'une de l'autre. On ne conçoit pas que le titre, ce signalement invariable de la possession, puisse être changé à l'égard des uns, et rester le même à l'égard des autres. — Mais, quant aux conditions de *publicité* et de possession *paisible*, on est naturellement porté à les considérer sous un point de vue relatif. Il répugne à la raison, par exemple, d'admettre que celui qui, depuis trente ans, a eu pleine connaissance de l'usurpation, puisse, s'il vient à élever des prétentions à la propriété, se prévaloir de ce que la possession a été clandestine à l'égard d'un tiers que le possesseur considérait comme le propriétaire véritable. Il semble donc que, du moins en ce qui concerne les conditions de non-violence et de non-clandestinité, il y ait lieu d'appliquer à la possession nécessaire pour prescrire la règle établie pour la possession nécessaire pour intenter les actions possessoires, règle suivant laquelle les qualités de la possession sont seulement relatives (V. en ce sens MM. Troplong, nºs 369 et s.; Marcadé, art. 2229-2234, nºs 4 et 5). — On verra plus bas que la possession, pour qu'elle puisse servir à la prescription par dix ou vingt ans, doit réunir aux caractères qui précèdent celui d'une possession de bonne foi.

375. De ce qu'une partie qui a offert de prouver qu'elle a possédé exclusivement un terrain pendant le temps nécessaire pour prescrire, aurait ajouté que les faits de possession exercés sur ce terrain par des habitants, l'ont été par *simple permission et tolérance de sa part*, il n'est pas exact de conclure qu'elle a elle-même reconnu qu'elle n'avait pas une possession exclusive; et on ne peut rejeter, sous ce seul prétexte, la preuve par elle offerte (Cass. 25 juin 1834) (1).—Une telle preuve ne pourrait non plus être refusée sous le prétexte qu'elle serait contraire à l'art. 1341 c. nap., prohibitif de la preuve testimoniale (même arrêt).

376. Les caractères de la possession sont souverainement appréciés par les juges du fait (Req. 25 janv. 1842 (2); 16 déc.

---

(1) (Chamblant *C.* com. de Thenay.) — La cour ; — Vu l'art. 2252, c. civ. ; — Attendu qu'il est constaté par l'arrêt attaqué, que les frères Chamblant, en même temps qu'ils ont offert de prouver qu'ils avaient, avant l'action intentée contre eux par la commune de Thenay, possédé le terrain contentieux pendant un nombre d'années suffisant pour prescrire, ont de plus demandé à faire preuve que si, durant cet intervalle, certains habitants de la commune ont exercé des actes possessoires sur ce même terrain, ils ne l'avaient fait que par pure tolérance de la part desdits sieurs Chamblant et que la plupart n'avaient joui que sur la permission qu'ils avaient demandée ; —Attendu que la cour royale a refusé d'admettre les sieurs Chamblant à la preuve des faits articulés, par le motif qu'une semblable articulation démontrait que lesdits sieurs Chamblant n'avaient pas joui exclusivement ; — Attendu que l'art. 2232 c. civ. porte que les actes de pure tolérance ne peuvent fonder ni possession ni prescription ; — Attendu qu'il résulte de cet article que, si les faits articulés par les sieurs Chamblant eussent été prouvés, ils n'auraient pu établir une possession en faveur de la commune, ni conséquemment interrompre la prescription dont ils arguaient contre elle ; — D'où il suit qu'en jugeant le contraire, la cour royale de Bourges a expressément violé l'art. 2252 c. civ. ; — Attendu, en outre, qu'il ne s'agit nullement dans la cause d'un fait susceptible, comme le suppose l'arrêt, d'établir un contrat entre les sieurs Chamblant et les habitants de la commune ; —Sans qu'il soit besoin de statuer sur les autres moyens, casse.

Du 25 juin 1834.-C. C., ch. civ.-MM. Portalis, 1er pr.-Faure, rap.-Laplagne-Barris, 1er av. gén., c. conf.-Gatines et Vertamy, av.

(2) *Espèce :* — (Com. de Saint-Ouen *C.* veuve Delavaud et consorts.) — La commune de Saint-Ouen était en possession depuis longues années d'une lande dépendante de l'ancienne seigneurie de Beaumont, lorsqu'elle fut troublée dans cette jouissance par les propriétaires de ce domaine. — Une instance fut engagée au possessoire, et se termina en faveur de la commune de Saint-Ouen, qu'un jugement, rendu par le tribunal de Bellac, le 10 sept. 1834, maintint en possession de la lande de Beaumont. Un pourvoi dirigé contre ce jugement fut rejeté par arrêt de la chambre des requêtes du 8 janv. 1835, rapporté. — Repoussés au possessoire, les propriétaires du domaine de Beaumont, se fondant sur différents titres qui leur attribuaient, disaient-ils, la propriété exclusive de la lande litigieuse, assignèrent au pétitoire la commune de Saint-Ouen qui demanda à être admise à prouver par témoins que pendant plus de trente ans elle avait possédé utilement le terrain en question.—Le tribunal de Bellac ordonna une enquête ; mais sa décision fut infirmée par la cour de Limoges, en ces termes : — « Au principal ; sur le moyen que la commune fait résulter des dispositions des lois des 28 août 1792 et 10 juin 1793 qui attribuent aux communes la propriété des terres vaines et vagues situées sur leur territoire ; — Attendu que le bénéfice de ces dispositions ne peut être invoqué par la commune que contre le seigneur qui s'est emparé des terres vaines et vagues, ou qui les détient par un abus de la puissance féodale, et qu'elles ne peuvent recevoir aucune application contre les intimés, que rien ne prouve avoir été seigneurs du lieu des Mounismes, et qui d'ailleurs possèdent la lande litigieuse en vertu de titres légitimes ; — En ce qui touche le moyen de prescription : — Attendu qu'il est constant, en fait, que les appelants détiennent la lande qui est l'objet du litige en vertu de titres, et qu'ils n'ont jamais cessé d'en avoir la jouissance ; — Attendu qu'à la vérité aucune disposition dans la loi ne s'oppose à ce que l'on puisse prescrire la copropriété d'un fonds par une jouissance *promiscue* avec le propriétaire ; mais que le respect dû au droit de propriété commande aux tribunaux de se montrer plus sévères dans l'appréciation des caractères des actes de possession, lorsqu'il s'agit de prescrire contre un titre accompagné d'une possession promiscue, que s'il s'agissait de prescrire contre une possession sans titre ou contre un titre sans possession ; — Attendu que les faits de jouissance, dont les intimés offrent la preuve, peuvent s'expliquer par la tolérance et le bon voisinage ; qu'ainsi la possession de la commune de Saint-Ouen a un caractère équivoque qui la rend insuffisante pour opérer la prescription, et que conséquemment il est inutile d'autoriser la preuve, suivant la maxime : *Frustra probatur quod probatum non relevat...* »

Pourvoi. — 1º Violation de l'art. 2219 et fausse application de l'art. 2232 c. civ. — L'arrêt attaqué a refusé à la commune de Saint-Ouen le bénéfice de la prescription trentenaire, sous prétexte que la possession par elle invoquée pouvait s'expliquer par la tolérance et le bon voisinage ; mais en premier lieu, dans l'instance au possessoire il avait été jugé souverainement qu'il s'agissait, dans l'espèce, d'une possession *animo domini*. En outre, des actes qui, dans le principe, peuvent s'expliquer par la tolérance changent de caractère lorsqu'ils se multiplient pendant une longue suite d'années ; ils deviennent alors l'indice d'un droit que prétend exercer celui qui possède. Dans l'espèce, pendant plus de trente années, les habitants étaient venus couper l'herbe de ce terrain regardé comme vain et vague, et y conduire leurs bestiaux pour les y faire pacager ; ils l'avaient utilisé exclusivement à leur profit ; ces faits témoignaient assez de la part du propriétaire non pas une simple tolérance, mais une véritable abdication de son droit.—Objecterait-on que la vaine pâture, qui par le seul laps de temps ne peut devenir une servitude, ne saurait à plus forte raison constituer un droit de propriété? Réclamer une servitude, c'est reconnaître la tolérance du propriétaire, mais il n'en est pas ainsi du possesseur qui a joui d'un héritage propre à la vaine pâture, avec le sentiment d'un droit personnel à la propriété de cet héritage ; comment lui refuser le bénéfice d'une possession paisible, exclusive, continue, à titre de propriété, alors surtout que des actes accessoires de jouissance s'ajoutent au fait de vaine pâture, tels que l'usage de couper les joncs, les bruyères, de récolter les herbes, etc. ? On invoque en ce sens l'opinion de M. Troplong (Prescription, t. 1, p. 591 à 596), et la doctrine des deux arrêts rendus par la cour de cassation, le 8 janv. 1835. — 2º Violation des art. 8 de la loi du 28 août 1792 et 1 et 9 de la loi du 10 juin 1793. — Les titres des propriétaires étaient empreints de féodalité ; tous, à l'exception d'un acte de vente de 1777 et d'un partage de 1810, émanaient des anciens seigneurs de Beaumont qui avaient compris au nombre de leurs domaines la lande litigieuse, sans doute en vertu de la règle consacrée par la coutume de Poitou, nulle terre sans seigneur, sous l'empire de laquelle on était alors ; mais c'était de leur part une usurpation au préjudice de la commune de Saint-Ouen, et cette usurpation expliquait comment cette lande figurait dans les actes de 1777 et de 1810, qui avaient été faits sur le vu des actes d'acquisition ; mais dans l'intervalle écoulé de 1777 à 1810, les lois de 1792 et 1793 avaient réintégré les communes dans la jouissance de leurs communaux, et ainsi la commune de Saint-Ouen était rentrée en possession de la lande de Beaumont, tant en vertu de la loi de 1792 qui réputait de droit les communes propriétaires des terres vaines et vagues, bruyères, landes, palus, marais, marécages et autres biens de cette sorte, qu'en vertu de la loi de 1793 qui n'admettait contre cette présomption que des actes authentiques constatant que les seigneurs avaient légitimement acheté lesdits biens. Or, dans l'espèce, les propriétaires ne pouvaient invoquer aucun acte légal.—Arrêt.

La cour ; — Sur le premier moyen : —Considérant que pour écarter les faits de possession allégués par la commune, la cour s'est fondée sur

1839, aff. ville de Cherbourg, V. Commune, n° 1841; 23 nov. 1840, aff. Gon, V. Action possess., n° 708; Rej. 18 avr. 1855, aff. Laurent, D. P. 55. 1. 205).—Ainsi, il a été jugé 1° que les jours impériales apprécient souverainement la question de savoir si l'acquéreur a eu l'intention de posséder pour lui ou pour autrui (Req. 15 mars 1842 (1), 12 janv. 1852, aff. Magnoncourt, n° 435); —2° Qu'il appartient aux juges d'appel de déterminer, en matière de prescription, la nature de la possession, et de décider, par exemple, sans encourir la censure, que les faits de vaine pâture et d'enlèvement d'herbages ou de joncs sur un terrain laissé inculte ne constituent pas la possession à titre de propriétaire (Req. 8 brumaire an 14) (2); — 3° Que lorsqu'une partie, prétendant avoir prescrit un immeuble litigieux, offre de prouver qu'elle a fait sur cet immeuble tel et tel acte de possession, et, en général, tous les actes de maître, les juges peuvent, si les faits de possession articulés leur paraissent inconcluants, et sans avoir égard à ceux vaguement compris sous ces mots, *tous les actes de maître*, rejeter la preuve offerte, sans que leur décision à cet égard encoure la cassation. On dirait en vain que, dès qu'on allègue des faits propres, s'ils étaient prouvés, à justifier le droit, les tribunaux sont obligés d'en ordonner la preuve (Req. 5 janv. 1852) (3); — 4° Que les tribunaux peuvent refuser d'admettre la preuve d'actes articulés comme devant constituer la possession nécessaire pour prescrire, lorsqu'ils pensent que ces actes, fussent-ils prouvés, ne pourraient engendrer une possession valable (Req. 7 juin 1826) (4). — V. n°s 239, 311, 328, 344.

377. Le tribunal qui admet la preuve de la possession alléguée par celui qui prétend avoir prescrit, doit en même temps énoncer la durée que cette possession a dû avoir pour opérer la prescription; et l'on devrait regarder comme vicieux le jugement qui se bornerait à admettre une partie à la preuve de sa possession pendant un temps suffisant pour prescrire, mais sans en établir la durée : « Attendu que le jugement du 4 juill. 1808 a été mal rendu pour avoir admis la preuve d'une possession pendant un temps suffisant à prescrire, ce qui a laissé indéterminée la nature de la prescription qu'il s'agissait d'établir; émendant, etc. » (Colmar, 17 juill. 1811, aff. Springensfeld).

378. Il suffit qu'un individu soit déclaré avoir la possession immémoriale du droit qu'il réclame, pour qu'il doive être réputé avoir prescrit ce droit, quoique l'arrêt se taise sur le caractère public, paisible, continu, etc., de la possession, encore bien que celle-ci eût été reconnue par le premier juge, dénuée des qualités voulues pour opérer la prescription (Req. 1er mars 1831, aff. Delaby, V. Servitude).

379. Il n'y a évidemment rien de sacramentel dans la manière dont les tribunaux doivent prononcer qu'une possession a pu engendrer la prescription. Il suffit qu'il résulte clairement du jugement qu'ils ont reconnu à cette possession les caractères voulus par la loi, et ces caractères sont suffisamment énoncés, par exemple, par un arrêt qui décide qu'un individu a une possession quarantenaire, non par simple tolérance, mais avec culture du jardin et d'arbres fruitiers dont il a constamment recueilli les fruits (Req. 17 fév. 1825, MM. Henrion, pr., de Ménerville, rap., aff. com. de Boult C. Goudort).

380. Nous finirons cette section par une remarque importante. La possession n'a besoin de réunir les caractères ci-dessus signalés que pour donner naissance à la prescription, mais lors même qu'elle n'aurait pas ces caractères, elle pourrait être admise comme présomption à l'appui d'un commencement de preuve par écrit (Req. 13 nov. 1833, aff. préfet de la Meurthe, V. Forêts, n° 1659).

SECT. 7.—*De la jonction des possessions.—Que doit-on entendre par le mot auteur.*

381. L'art. 2235 porte que, « pour compléter la prescription, on peut joindre à sa possession celle de son auteur, de quelque manière qu'on lui ait succédé, soit à titre universel ou particulier, soit à titre lucratif ou onéreux. »

382. On appelle auteur, en matière de prescription, celui dont on tient la chose à quelque titre que ce soit. On appelle successeur ou ayant cause celui à qui la chose est transmise (V. en ce sens M. Troplong, n° 428, et v° Oblig.).

383. Le successeur à titre universel continue la personne du défunt, et dès lors aussi sa possession, sans pouvoir la séparer de la sienne propre. Si donc le titre de l'auteur était précaire, l'héritier ne pourra acquérir la prescription. Il ne pourra, de même, fût-il de bonne foi, prescrire que par trente ans, si, à raison de sa mauvaise foi, l'auteur n'avait la faculté de prescrire que par ce laps de temps. En un mot, les deux possessions se confondant *ipso jure*, c'est toujours le principe de la possession du défunt qu'il faut considérer, sans égard à la bonne ou mauvaise foi de l'héritier. — Au contraire, le successeur à titre particulier, ne continuant pas la personne du défunt, a une cause de possession qui lui est propre : il peut toujours *à semetipso incipere usucapionem*; de même qu'il peut aussi, s'il y a intérêt, joindre à sa possession celle de son auteur; mais alors il la prend avec ses défauts comme avec ses qualités.

384. Selon Delvincourt, la jonction des deux possessions du successeur à titre singulier et de son auteur n'empêche point que ces possessions ne demeurent distinctes. Il n'en faut pas moins, dit-il, considérer le principe de la possession du successeur, pour déterminer la nature de la prescription qu'il pourra opposer. De là, il suit que, nonobstant la bonne foi de l'auteur, le successeur de mauvaise foi aura toujours besoin de la prescription trentenaire (L. 2, § 17, tit. *pro empt.*). — M. Troplong, n° 432, combat l'opinion de M. Delvincourt, qui était aussi celle des anciens auteurs. « Quand la loi, dit-il, autorise la jonction des possessions, elle entend que, liées ensemble, elles ne feront qu'un tout indivisible, tout aussi bien que si la même personne eût possédé sans interruption. Eh bien! c'est ce tout qu'il faut juger dans son ensemble, et non en le fractionnant; or, si l'on trouve la bonne foi à son origine, n'est-il pas indifférent qu'une des possessions ultérieures soit empreinte de mauvaise foi; n'est-ce pas par le commencement qu'on juge de la légitimité de la prescription pour prescrire? Je pense donc que sous le code civil il n'y a

ce que ces faits étaient équivoques et de pure tolérance; que c'est là une appréciation qui ne saurait donner ouverture à cassation; — Sur le deuxième moyen : — Considérant que le jugement au possessoire invoqué par la commune ne pouvait avoir aucune influence sur l'action pétitoire, et que la cour s'est conformée à la loi en n'y ayant aucun égard; —Sur le troisième moyen :—Considérant que les présomptions établies par les lois invoquées cessent dans le cas où il s'agit de simples particuliers étrangers aux privilèges du régime féodal, possédant en vertu de titres d'acquisition purs de féodalité et soutenus d'une possession de nature à faire acquérir la plus longue prescription; que ces circonstances se rencontrent dans l'espèce, ainsi que l'a déclaré la cour royale et que son arrêt contient une saine appréciation de la loi; — Rejette, etc.

Du 25 janv. 1842.-C. C., ch. req.-MM. Zangiacomi, pr.-Troplong, rap.-Pascalis, av. gén., c. conf.-Dupont-White, av.

(1) (Bach C. comm. de Pomeyrol, etc.) — LA COUR; — Considérant que la cour, en qualifiant de précaire la possession dont Bach demandait à faire preuve, n'a fait qu'apprécier les actes et circonstances de la cause, et que sa décision à cet égard est souveraine; — Rejette le pourvoi contre l'arrêt de la cour de Montpellier, du 5 mai 1840.

Du 15 mars 1842.-C. C., ch. req.-MM. Zangiacomi, pr.-Troplong, r.

(2) (Hab. de Connac C. Boissières.)—LA COUR; — .....Attendu qu'il appartient à la cour d'appel de déterminer la nature de la possession réclamée par les demandeurs, et qu'elle a décidé que ceux qui avaient fait pacager leurs bestiaux sur le terrain contentieux, et en avaient enlevé des joncs et des herbages, n'avaient pas joui *animo domini*; — Rejette le pourvoi formé contre l'arrêt de la cour de Riom, du 5 vent. an 12.

Du 8 brum. an 14.-C. C., sect. req.-MM. Muraire, 1er pr.-D'Outrepont, r.

(3) (Brougues C. Aveillé.) — LA COUR; — Attendu que l'art. 252 c. pr. a déterminé les conditions de toute offre de preuve vocale, en disposant que les faits à prouver devaient être articulés devant le juge; que l'article suivant a abandonné à ce juge l'appréciation indéfinie de la pertinence de ces faits, et le droit absolu d'en admettre ou d'en refuser la preuve; — Attendu, en fait, que l'arrêt attaqué (de Pau) ayant déclaré inconcluants les faits présentés par les demandeurs, et que ceux-ci n'ayant précisé aucun fait particulier, en ce qui touche leur possession, la cour de Pau a pu rejeter leur demande de preuve, sans porter atteinte aux dispositions des art. 2229 c. civ. et 255 c. pr. — Rejette.

Du 5 janv. 1852.-C. C., ch. req.-MM. Zangiacomi, pr.-Bernard (de Rennes), rap.-Lebeau, av. gén., c. conf.-Renard, av.

(4) (Comm. de Bertholène C. comte de Vesins.) — LA COUR; — Attendu que les faits articulés par les demandeurs ne devaient pas faire l'objet d'une preuve testimoniale, si, par leur nature, ils ne pouvaient opérer la prescription; et que l'arrêt, en le jugeant ainsi, n'a violé aucune loi; — Rejette le pourvoi formé contre l'arrêt de la cour de Montpellier, le 31 juill. 1824.

Du 7 juin 1826.-C. C., ch. req.-MM. Botton, pr.-Hua, rap.

aucune différence à faire à cet égard entre les successeurs universels et particuliers, et que la survenance de mauvaise foi ne nuit pas plus aux uns qu'aux autres. » M. Marcadé, art. 2235, nº 2, a soutenu l'opinion de M. Delvincourt, et M. Seligman (Revue crit. de la législ., t. 4, p. 81) l'a également défendue. Les art. 2235 et 2269 combinés, dit ce dernier auteur, se prêtent à l'interprétation de M. Marcadé. M. Troplong reconnaît lui-même avec l'ancienne doctrine, que le successeur à titre particulier a une possession distincte. La loi en lui permettant de la joindre à celle de son prédécesseur en forme bien ainsi une seule possession; mais elle ne peut pas faire que le successeur à titre particulier n'ait d'abord acquis sa possession pour la réunir à celle de son auteur. Or, l'art. 2269 exige la bonne foi au moment de l'acquisition pour arriver à la prescription décennale; donc, le successeur à titre particulier doit avoir cette bonne foi au moment de l'acquisition de objet qu'il veut ainsi usucaper. — Mais on peut répondre que l'art. 2235 fait exception à l'art. 2269. S'il en était autrement, le successeur à titre universel ne pourrait pas joindre sa possession à celle de son auteur, dans le cas où la bonne foi lui manquerait, et le contraire est certain. Nous savons bien qu'on objectera que le successeur universel a ce droit parce qu'il continue la personne du défunt. Mais ne peut-on pas dire que le successeur à titre particulier puise son droit dans l'art. 2235 qui ne fait aucune distinction? En effet, quel est le résultat de l'art. 2235? c'est qu'il n'y ait plus qu'une seule possession. Un tiers acquéreur commence à prescrire avec titre et bonne foi. Il cède à un tiers et celui-ci connaît le vice du titre, pourquoi la possession cesserait-elle d'être valable, puisque dans le cas où le premier acquéreur aurait cessé d'être de bonne foi, sa possession n'en aurait pas moins été légitime? La loi a voulu que le fait d'une seconde transmission ne changeât rien à la possession et la laissât valable, si la bonne foi avait présidé à son commencement. Cela répond à l'argument tiré de ce qu'il répugne de penser que le tiers acquéreur de mauvaise foi puisse prescrire, car si la nouvelle transmission n'avait pas eu lieu, la possession aurait continué d'être valable, quoique la bonne foi eût cessé d'exister. Qu'importe que la cessation de la bonne foi ait lieu dans la personne du premier ou du second acquéreur?

385. Il n'est pas douteux: 1º que l'acquéreur d'une propriété, qui invoque contre un tiers la prescription, peut, pour compléter la possession de dix et vingt ans autorisée par l'art. 2265 c. nap., joindre à la sienne celle de son vendeur (Bordeaux, 28 juin 1834, aff. Delaroche, V. nº 924);—2º Que l'époux donataire contractuel, en cas de survie, de l'usufruit d'un immeuble appartenant à l'autre époux, continue de plein droit la possession de ce dernier à partir de son décès, et peut joindre cette possession à la sienne propre, à l'effet de former la possession annale exigée pour l'exercice de l'action possessoire (Cass. 14 déc. 1840, aff. Gardel, V. Action possessoire, nº 522).

386. Pour pouvoir joindre à sa possession celle de son auteur, il faut qu'elles se soient suivies *sans interruption* civile ou naturelle (L. 20, D., *De usurp. et usuc.*; L. 15, § 1, D., *De div. temp. præsc.*); mais la détention de l'héritier qui précède celle du légataire ne constitue pas une interruption de possession (L. 13, § 10, D., *De acq. vel amitt. possess.*); de même, le temps pendant lequel une succession reste vacante compte à l'héritier pour la prescription (L. 31, § 5, D., *De usurp. et usuc.*). — Il faut aussi que ces possessions soient *uniformes* quant à l'objet possédé; le successeur ne saurait, par exemple, pour prescrire la propriété d'un immeuble, invoquer la possession qu'a eue son auteur d'un droit réel sur cet immeuble. — Ici se place la question de savoir si, quand l'usufruit fait retour à la propriété, le propriétaire peut se servir de la possession de l'usufruitier. Elle nous a paru devoir être résolue affirmativement. — V. Action possess., nº 249, et Merlin, quest. de droit, vº Usufruit, § 8.

387. Peut-on, pour compléter la possession nécessaire pour prescrire, joindre à sa possession celle qui l'a suivie? Ainsi, par exemple, celui qui prétend avoir acquis par prescription un bien qui a été exproprié par l'État, peut-il, pour compléter sa prescription, se servir de celle que l'État a eue après l'expropriation? Cela est évidemment impossible (Req. 19 juin 1854, aff. Pillaut Débit, D. P. 54. 1. 242). En effet, on comprend que l'on puisse joindre à sa possession celle de son auteur, car, par la transmission, on a acquis tous les droits qui appartenaient à celui aux lieu et place duquel on se trouve. Mais l'on ne peut pas comprendre que l'auteur de la transmission qui a cédé tous ses droits, se serve pour établir sa possession de faits qui lui sont complétement étrangers, de droits qui n'ont pas été acquis par lui : le droit descend, il ne remonte pas. Il est des cas cependant où une possession postérieure peut profiter au premier possesseur, c'est lorsqu'il rentre dans sa chose par l'événement d'un réméré ou la résolution du contrat; mais c'est que, par suite d'une fiction rétroactive, la possession n'a jamais cessé de lui appartenir.

388. Une condition non moins certaine de la jonction des possessions, c'est qu'il y ait une *relation* juridique entre les possesseurs. On ne peut joindre à sa possession celle du précédent possesseur qu'on a violemment expulsé.

389. Le *vendeur* qui, par une clause résolutoire, d'un pacte de rachat, d'une action rédhibitoire, rentre dans le bien dont il s'était dessaisi, peut s'aider, pour en prescrire la propriété, de la possession intermédiaire de l'*acquéreur* (L. 13, § 2, D., *De acquir. et amitt. possess.*; L. 19, D., *De usucap.*; L. 6, § 1, D., *De div. temp. præsc.*). Et, en effet, dit M. Troplong, nº 445, l'acheteur étant obligé de rendre au vendeur la chose *cum omni suâ causâ*, doit nécessairement aussi déposer entre ses mains la possession qu'il a eue *medio tempore*, et qui est un accessoire de la chose, puisqu'elle est un progrès, un acheminement pour prescrire; ainsi, sous ce rapport, il est son auteur dans le sens large où ce mot est pris ici. — L'*adjudicataire* d'un immeuble vendu sur saisie réelle peut joindre à sa possession celle du débiteur exproprié. Car ce n'est pas de la justice, mais du débiteur exproprié lui-même qu'émane le titre de l'adjudicataire; c'est en vertu du pouvoir que le débiteur est censé avoir donné au créancier poursuivant, pour le cas où il ne le *payerait* pas, que celui-ci a poursuivi l'adjudication (Conf. MM. Merlin, Rép., vº Prescript., sect. 1, § 5, art. 3; Troplong, nº 447).

390. Le possesseur expulsé, qui se fait réintégrer dans l'an et jour, profite de la possession de l'usurpateur, ou plutôt il est censé n'avoir jamais cessé de posséder.—*Quid*, lorsque le possesseur qui a été expulsé obtient la réintégration après l'an et jour, et par le pétitoire? Cette question divise les esprits.— D'une part, il a été jugé 1º que le temps pendant lequel un individu a possédé un immeuble dont il est ensuite évincé, compte, en faveur de celui qui l'évince, à l'effet d'acquérir la prescription : « Attendu qu'il n'est pas douteux que la possession de l'évinçant ne profite à l'évincé » (Montpellier, 30 mess. an 10, aff. Olivier C. Chauvet; le pourvoi contre cet arrêt a été rejeté; Req. 6 therm. an 11, mais la question n'a pas été jugée); — 2º Que le demandeur en revendication d'un immeuble, envoyé en possession par un jugement en dernier ressort, peut, pour compléter la prescription, joindre à sa possession celle de l'usurpateur évincé (Bruxelles, 8 therm. an 13, aff. Delahaye, V. nº 269). — D'autre part, on a décidé, au contraire, que le possesseur à titre de propriétaire, qui s'est laissé dépouiller de la propriété pendant une année, par un tiers qui a possédé *animo domini*, ne peut ensuite, et après avoir fait évincer ce tiers, joindre à sa propre possession celle de ce tiers, pour compléter le temps de la prescription contre le véritable propriétaire (Req. 12 janv. 1832, aff. Magnoncourt, V. nº 435.—Conf. Merlin, Rép., vº Prescription, sect. 1, § 5, art. 3). — On a invoqué sur la question la loi 13, § 9, D., *De acq. vel amitt. poss.*, *si jussu judicis res mihi restituta sit, accessionem esse mihi dandam placuerit*. — Ce texte est-il applicable au cas de réintégration judiciaire pure et simple, doit-il être entendu seulement dans ce sens que lorsque pendant le débat judiciaire il y a eu séquestre, le revendiquant peut joindre sa possession à celle de l'usurpateur? Enfin faut-il, tout en écartant cette dernière interprétation, limiter l'application de la règle, au cas de mauvaise foi de l'usurpateur, en joignant au texte du § 7 de la loi 13 les derniers mots du § 8, *prædone possidente*, ainsi que le veut Cujas? — Ces questions difficiles ont été traitées par Merlin, *loc. cit.*, et par M. Troplong, nºˢ 452 et suiv. Mais nous pensons avec Merlin que cette loi romaine ne pourrait dans tous les cas être admise que si elle n'était pas contraire au code Napoléon qui doit, en définitive, résoudre la question. Or la raison principale qui a décidé l'arrêt de 1832 résulte de ce qu'aux termes de l'art. 2243 la prescription est interrompue naturellement lorsque le possesseur est privé pendant plus d'un an de la jouissance de la chose soit par l'ancien propriétaire, soit par un tiers. M. Troplong répond par une distinction : si celui qui a revendiqué a obtenu la restitution des fruits, l'art. 2235 ne lui est pas applicable, car il résulte de cette restitution qu'il doit être considéré comme ayant toujours joui du bien revendiqué. Si, au contraire, la restitution des fruits n'a pas été ordonnée, la jouissance du revendiquant a été interrompue et il ne peut joindre sa possession à la possession de celui qu'il évince. — Cette distinction ne paraît pas pouvoir facilement se soutenir, car, ainsi que l'a fort bien fait remarquer M. Belime, n° 205, c'est justement parce que j'ai été privé de la jouissance du bien qu'on m'a accordé la restitution des fruits. Il faut donc examiner si l'art. 2243 est applicable. Or, on comprend que cet article ait pour résultat de faire perdre la possession ancienne au revendiquant : il ne pourra donc pas faire valoir à l'égard des tiers la possession qui existait avant l'usurpation, mais l'art. 2243 n'empêche pas qu'il joigne sa possession *nouvelle* à celle de l'usurpateur. L'art. 2243 écarté, reste à savoir si l'on peut, aux termes de l'art. 2235, considérer comme auteur l'adversaire qu'on a évincé. Il nous semble qu'on doit, entendant largement le texte, considérer comme *mon* auteur celui qui a dû *me* transmettre la chose, soit en vertu du contrat, soit en vertu de la loi. Que dit, en effet, Dunod, auquel l'art. 2235 a été emprunté par les rédacteurs du code ? « Il faut excepter de cette règle quelques cas dans lesquels l'on peut se servir pour prescrire de la possession de certaines personnes que l'on ne reconnaît pas cependant pour ses auteurs. *Ainsi l'on peut employer la possession de celui que l'on fait condamner à la désistance* » (Dunod, p. 19). — V. Action possessoire, n°s 250 et 251, et le rapport remarquable de M. le conseiller de Broë, D. P. 32. 1. 81.

391. Le propriétaire qui, en vertu d'une transaction passée avec l'usurpateur, obtient la restitution de la chose, peut pareillement cumuler sa possession avec celle de ce dernier. La convention produit ici le même effet que la chose jugée dans l'hypothèse précédente.

392. L'héritier réel profite de la possession de *l'héritier putatif* qu'il évince, car c'est comme héritier et non comme usant d'un droit propre que ce dernier avait appréhendé la succession (Conf. M. Troplong, n° 467. — *Contrà*, d'Argentré).

SECT. 8. — *Comment se prouve la possession.*

393. Peut-on prouver la possession par témoins ? — Oui, évidemment, puisque la possession résulte de faits qui ne sont pas d'ordinaire constatés par des titres. — « Il faut distinguer, dit Merlin : — ou il s'agit, soit d'un bien, soit d'un droit à l'égard duquel la possession consiste purement en fait ; et alors point de doute que la preuve par témoins ne soit admissible ; — ou il est question d'un de ces droits qui se conservent par des déclarations et des titres nouveaux ; et, dans ce cas, la preuve par témoins ne peut pas être admise sans un commencement de preuve par écrit » (Répert., v° Prescription, sect. 1re, § 3, art. 3-9°). — Quant à l'application de la distinction fort sage que Merlin rappelle, voyez ce qui est dit soit v° Oblig. [preuve test.], soit v[is] Propriété, Servitude, Usage, Vente, etc.

394. Si deux personnes prétendent à la possession d'une même chose, il est difficile que chacune d'elles puisse alléguer des faits également caractéristiques du droit de propriété. Il est évident que la possession physique et patente l'emporterait sur la possession intentionnelle. M. Troplong critique, sous le rapport de l'application de cette règle, un arrêt de la cour de Lyon (17 juin 1830) qui a décidé que, quoique le canal qui conduisait les eaux à un moulin abandonné depuis longues années, fût en partie intercepté et n'offrît plus qu'un faible volume d'eau, le propriétaire du moulin avait conservé la possession du canal et des francs bords, même vis-à-vis des tiers acquéreurs des prairies latérales, qui avaient cultivé les francs bords et partie du sol du canal pendant le temps nécessaire pour prescrire. Mais il nous paraît évident que la cour n'avait pas considéré comme purement intentionnelle la possession du propriétaire du moulin, puisqu'elle la faisait résulter de vestiges et du fait que l'eau coulait toujours dans le canal. Aussi c'était là une appréciation de fait qui a motivé le rejet du pourvoi (Req. 6 déc. 1832) (1).

395. Au reste, il est évident que la possession intentionnelle peut être fortifiée par des actes indirects de jouissance. Ainsi, bien qu'on n'occupe pas un terrain, on peut en conserver la jouissance par des actes comme ceux-ci : écoulement d'eaux pluviales et ménagères, jet d'immondices, ouvertures de croisées : on objecterait vainement que ce sont là de simples servitudes discontinues et non apparentes (Req. 23 mai 1855, aff. Murat, D. P. 56. 1. 57). — Sur la possession intentionnelle, V. n° 315.

396. Si la possession du défendeur, conforme à son titre, n'est pas contestée, l'arrêt qui déclare que le demandeur n'est pas admissible à faire par témoins la preuve d'une possession suffisante pour prescrire, puisque cette possession devrait être exclusive, ne viole aucune loi (Rej. 9 fév. 1841) (2).

397. Il semble cependant qu'un individu demandeur qui aura possédé pendant un temps suffisant pour prescrire, c'est-à-dire pendant dix ou vingt ans avec titre et bonne foi, ou pendant trente ans, antérieurement à la possession du défendeur, laquelle n'aurait pas duré un temps suffisant pour prescrire, doit, lorsqu'il fait l'offre de prouver une telle possession, remplir toutes les condi-

(1) *Espèce* : — (Journoud, etc. *C.* l'Hospital.)—Le 17 juin 1830, arrêt infirmatif de la cour de Lyon qui, déclarant les appelants propriétaires du canal et de ses francs bords, en ordonne le délaissement à leur profit : —« Attendu que les auteurs des consorts l'Hospital ont été, et qu'eux-mêmes sont encore propriétaires d'un moulin appelé le moulin Grandet, situé en la commune de Roche-la-Molière ; — Que, d'après les anciens principes et une jurisprudence constante, la propriété du moulin leur assurait en même temps celle de la prise d'eau de l'écluse qui sert à dériver les eaux du canal qui les conduit au moulin, du sol et des francs bords de ce canal ; que les consorts l'Hospital n'ont pas besoin au surplus de se couvrir de la protection de la présomption légale, puisqu'ils rapportent un titre formel de propriété qui consiste en une sentence d'adjudication rendue le 14 juin 1665, au profit de Nicolas Foray ; — Que le droit originaire de propriété des consorts l'Hospital étant établi, il ne s'agit plus que de reconnaître si ce droit a été conservé, s'il n'a pas été éteint par la prescription ; — Que, quoique ce moulin ait cessé d'être en activité depuis longues années, quoique l'écluse sur le ruisseau de la Guerzy ait été en partie détruite, quoique le canal ait été en partie intercepté, il n'a cependant pas cessé de couler un certain volume d'eau dans ce canal ; — Que le continuel écoulement des eaux de la Guerzy dans le canal dont il s'agit est attesté par un jugement rendu en justice de paix du canton de Chambon, le 13 fév. 1809, entre les sieurs Siméon et Borie, auteurs des intimés ; — Que, sous ce premier rapport, la prescription n'est pas opposable ; — Attendu, d'ailleurs, que, si le droit des consorts l'Hospital n'avait pas été conservé par une possession continuelle, il l'aurait été par les poursuites judiciaires qu'eux ou leurs auteurs ont faites contre ceux qui ont voulu les troubler et les entraver dans l'exercice de ce droit, etc. »

Pourvoi des sieurs Journoud et Coste : — 1° Violation de l'art. 2228 c. civ., en ce que l'écoulement continuel des eaux n'a pu constituer ni détention ni jouissance du sol du canal, de ses francs-bords et de l'eau qu'il contient ; ils soutiennent que la jouissance du sol ne peut consister que dans son entretien, qui a été abandonné depuis soixante ans ; celle des francs-bords dans le passage ou le jet des terres, ce qui n'a pas eu lieu depuis le même temps ; enfin, quant à l'eau elle-même, que son écoulement n'est pas un fait de jouissance, si les conditions de l'art. 642 c. civ. ne se rencontrent pas ; — ...3°, 4° Violation des art. 2265, 2262 c. civ., en ce que les défendeurs ont possédé par eux ou par leurs auteurs le terrain en litige, comme le reconnaissent les demandeurs eux-mêmes, puisqu'ils ont conclu à des dommages-intérêts pour privation de jouissance.—Arrêt.

LA COUR ; — Sur le premier moyen : — Considérant que, pour établir la possession constante des défendeurs sur le canal dérivé de la Guerzy, la cour s'est fondée sur des faits appréciés par elle, et notamment sur le continuel écoulement des eaux dans ce canal ; que cette déclaration, en fait, était du domaine de la cour. — Sur les deuxième et quatrième moyens : — Considérant que l'arrêt ayant jugé que les défendeurs n'avaient pas cessé d'être en possession du canal, cela exclut la possession invoquée par les demandeurs à titre de prescription ; — Rejette.

Du 6 déc. 1832.-C. C., ch. req.-MM. Zangiacomi, pr.-Lebeau, rap.

(2) (Comm. de Colombier *C.* Porcheron.)—LA COUR ; — Attendu que l'arrêt du 15 juillet a déclaré, en fait, que la jouissance des défendeurs, qui se rattachait à leurs titres, n'était pas contestée ; — Qu'en tirant de ce fait la conséquence que la commune de Colombier était dans l'impuissance de faire la preuve d'une possession exclusive, et en jugeant qu'il n'y avait pas lieu d'admettre la preuve testimoniale primitivement offerte par cette commune, la cour royale de Bourges n'a violé aucune loi ; — Par ces motifs, rejette.

Du 9 fév. 1841.-C. C., ch. civ.-MM. Boyer, pr.-Thil, rap.-Delangle, av. gén., c. conf.-Garnier et Galisset, av.

tions de la loi. Ce ne serait qu'autant que la possession qu'il allègue n'aurait pas les caractères que la loi exige, et, par exemple, aurait été promiscue pendant un certain temps avec celle du défendeur que celui-ci aurait continuée seul depuis, qu'il pourrait être légalement repoussé.

398. L'art. 691 c. nap., tout en décidant que les servitudes continues non apparentes et les servitudes discontinues apparentes ou non apparentes, ne peuvent s'établir que par *titres*, et que la possession même immémoriale ne suffit pas pour les établir, a voulu cependant qu'on ne pût pas attaquer aujourd'hui les servitudes de cette nature déjà acquises, par la possession immémoriale, dans les pays où elles pouvaient s'acquérir.—V. Servitude.

CHAP. 4. — DES CAUSES QUI EMPÊCHENT LA PRESCRIPTION.

399. Il y a deux obstacles principaux à la prescription : une *possession précaire*, une possession *contraire au titre*.

SECT. 1. — *De la précarité, fermage, usage, mandat, etc.*

400. Ceux qui possèdent *pour autrui* ne prescrivent jamais, par quelque laps de temps que ce soit (c. nap. 2236). Il faut posséder à titre de propriétaire (2229). — « Ainsi, continue l'art. 2236, le *fermier*, le *dépositaire*, l'*usufruitier* et *tous autres* qui détiennent précairement la chose du propriétaire, ne peuvent la prescrire. » La loi signale encore le capitaine de navire qui, aux termes de l'art. 430 c. com., ne peut acquérir la propriété du *navire* par voie de prescription. — V. Droit marit., nº 2258.

401. *Le fermier.* — L'expiration du bail ne change pas le caractère de sa possession, le bail étant censé tacitement prorogé si le preneur est laissé en possession (c. nap. 1758).

402. *L'usufruitier.* — Le vendeur d'un immeuble qui s'en réserve l'usufruit ne peut, pendant la durée de son usufruit, transmettre à un deuxième acquéreur une possession capable d'engendrer la possession : il ne peut transmettre plus de droits qu'il n'en a lui-même (Caen, 1er fév. 1827, M. Régnée, pr., aff. Lemarquant).

403. *Et tous autres...* — Tels sont : l'*emphytéote*, qui n'est qu'un fermier à très-longues années. Aussi, par arrêt du 21 août 1734, le grand conseil a-t-il jugé qu'un héritage donné à emphytéose devait retourner au bailleur, quoique, depuis l'expiration du bail, il se fût écoulé plus de quatre-vingts ans.—Le *séquestre* qui n'est qu'un dépositaire (21 avr. 1551, parlement de Paris).

404. L'*usager*. — Peut-il acquérir la propriété des biens dans lesquels il exerce son droit d'usage?—V. nºs 363 s., 456 s.

405. L'*engagiste* et l'*antichrésiste*. — Le débiteur peut en tout temps retirer le gage en payant (Dunod, p. 92; M. Troplong, nºs 479 et 481; Req. 24 juill. 1811 (1); Req. 6 germ. an 12, aff. de Bruno).—L'action en retrait est donc imprescriptible.—V. Nantissement, nº 287.

406. En est-il de même de l'action en indemnité qui appartient au débiteur dans le cas où le gage ne peut pas être représenté en nature? — Il a été jugé que cette action est une conséquence du droit de retrait en ce sens qu'il n'y a pas lieu de l'exercer avant que le droit de retrait n'ait été exercé lui-même (Cass. 24 août 1842, aff. Escalle, V. nº 441).

407. Mais si le gagiste s'est dessaisi d'un meuble à lui remis en gage et qu'il se soit écoulé plus de trente ans depuis le contrat, quels sont les droits du propriétaire? Ils seront nuls vis-à-vis le tiers détenteur du meuble pour lequel possession vaut titre. Aura-t-il une action contre le gagiste? mais cette action personnelle est prescrite par le laps de trente années. Dans ce cas, la revendication ne pourra avoir lieu (M. Duranton, t. 21, nº 244).

408. Par réciprocité, on ne peut pas prescrire la libération de la dette tant que le gagiste ou l'antichrésiste détiennent le gage ou l'immeuble qui en répondent. D'après la nature même de l'antichrèse ou du gage, l'existence et la durée du contrat supposent toujours la durée de la dette qui y a donné lieu (Cass. 27 mai 1812 (2); Riom, 31 mai 1828, aff. Blancheton, V. nº 788). C'est l'opinion de tous les auteurs.

409. Il est hors de doute que si le débiteur paye la dette

---

(1) (Lavary C. veuve Delannaye.) — LA COUR ; — Attendu que conformément à l'acte du 5 avr. 1727, l'hôpital de Nivelles ne possédait les biens qui y sont mentionnés qu'en engagement; — Qu'il a été ordonné par les décrets du conseil souverain et du conseil privé de Brabant, des 25 fév. 1742 et 18 sept. 1745, à l'hôpital de Nivelles, de mettre hors de ses mains ces mêmes biens qu'il avait acquis en engagère en 1727; — Qu'en conséquence de ces décrets, le sieur Brion et son épouse s'en rendirent adjudicataires par l'acte du 5 mars 1744; que cet acte du 5 mars 1744, , ni l'acte de partage du 15 janv. 1762, où les biens dont il s'agit ont été compris, n'ont pas opéré une interversion de titre propre à faire courir la prescription. La cour d'appel de Bruxelles, qui a décidé que la prescription n'a pu courir en faveur de simples engagistes, n'est point contrevenue aux lettres patentes de la joyeuse entrée de l'empereur Charles-Quint, ni à l'édit de Marie-Thérèse, du 15 sept. 1755, ni à la chose jugée, ni à aucune autre loi de la Belgique ; — Rejette le pourvoi formé dirigé contre l'arrêt de la cour de Bruxelles, du 5 mars 1810.

Du 24 juill. 1811.-C. C., ch. req.-MM. Henrion, pr.-Lombard, rap.

(2) *Espèce* : — (Villette C. Challant.) — Le 9 mars 1615, Emmanuel de Challant consentit une obligation de 3,100 écus d'or d'Italie au profit de Claire-Marguerite, sa sœur, payable dans deux ans. Pour sûreté du payement à l'échéance, il affecta, à titre d'antichrèse, les cens, rentes, tributs et autres droits féodaux à lui dus dans les juridictions d'Ussel et de Pontig.—A l'échéance, l'obligation n'étant point acquittée, Claire-Marguerite de Challant, et le sieur de Villette, son mari, furent mis en possession des rentes données à titre d'antichrèse. Eux et leurs successeurs ont joui de ces rentes pendant près de deux siècles jusqu'à leur suppression. Alors privé de son nantissement, le sieur de Villette, représentant des premiers engagistes, réclame le payement de sa créance : la prescription lui est opposée.

Jugement qui rejette cette fin de non-recevoir. — Appel ; et le 9 juin 1810, arrêt infirmatif de la cour de Turin, portant en substance que, quoiqu'il fût né du contrat de 1615 une action pour obliger le propriétaire à reprendre les biens donnés à titre d'antichrèse, et à payer le capital de la créance, cette action, ainsi que toute action civile, n'en était pas moins demeurée prescriptible, puisqu'aucune convention n'empêchait les créanciers d'exiger le remboursement de ce qui leur était dû ; que le laps de deux siècles écoulé depuis l'époque du contrat avait opéré la prescription la plus étendue; qu'en vain l'on s'étayait des maximes puisées dans les définitions 19 et 20 du code Fabrien, *De luctione pignoris*, et 60 et 74 *De jure emphyteutico* ; que si les créanciers ne pouvaient acquérir par la prescription les rentes qui leur étaient données à titre d'antichrèse, il ne s'ensuivrait nullement que leur créance fût imprescriptible; que ce système n'était pas contraire à la seconde partie de l'art. 2087 c. civ., portant que le créancier qui veut se dégager des obligations exprimées en l'art. 2086 peut toujours, à moins qu'il n'ait renoncé à ce droit, contraindre le débiteur à reprendre la jouissance de son immeuble ; qu'il est clair que l'expression « peut toujours, » soit en la combinant avec la disposition de cet article, à laquelle elle se rattache essentiellement, soit par le corrélatif même qui y est opposé, à moins qu'il n'ait renoncé à ce droit, tend uniquement à faire entendre que le créancier n'est pas irrémissiblement obligé de se contenter, pour l'acquittement de sa créance, de la jouissance de l'immeuble qu'il a en antichrèse, et qu'il peut en conséquence toujours, c'est-à-dire sans attendre aucun terme, contraindre le débiteur à la reprendre; mais que cette expression n'a nullement pour objet de rendre perpétuelle et non sujette à la prescription l'action du créancier; que cela ne pourrait avoir lieu que dans le cas où le créancier aurait expressément renoncé au droit d'exiger le payement de sa créance, conformément à l'art. 2087 du code, et à la sixième définition du code de Fabrien, *De pactis pignorum* ; que si le débiteur avait demandé la restitution des rentes données à titre d'antichrèse, le créancier aurait pu alors, par voie d'exception, exiger le remboursement de sa créance, mais qu'il ne pouvait en demander le payement par action directe après le laps de temps déterminé par la loi pour l'extinction absolue de toute action civile.

Pourvoi pour violation de la loi 7, § 5, c. *De præscript. 30 vel 40 annor.*, et de la loi 8, § 4, du même titre.—La première de ces lois porte que si, avant l'expiration de trente ans, le créancier devient détenteur d'un gage sans aucune violence, la prescription est interrompue par cette détention. *Immo et illud procul dubio est, quod si quis eorum quibus aliquid debetur res sibi suppositas sine violentiâ tenuerit : per hanc detentionem interruptio fit præteriti temporis, si minus effluxit* 30 *vel* 40 *annis, et multo magis quam si esset interruptio per conventionem introducta.* Or, comme dans l'espèce actuelle la détention a duré depuis le jour du contrat jusqu'à la demande de la créance, la prescription n'a jamais couru contre le créancier.—Et vainement dirait-on que cette loi ne prévoit que le cas où, après que la prescription est commencée, le créancier est mis en possession du gage, et que la prescription commence à courir de nouveau du jour de la mise en possession ; car le législateur ne dit pas qu'elle est interrompue par la mise en possession, mais par la détention, *per hanc detentionem* ; et puisque la détention est un fait continu, il s'ensuit que tant qu'elle dure, nulle prescription ne peut avoir lieu. — Le § 4 de la loi 8, *cod.*, *De præscr.* 30 *vel* 40 *annor.* n'est pas moins décisif que le précédent; il déclare que dans les contrats qui produisent des intérêts, la prescription ne commence à courir que du jour où les intérêts ont cessé d'être payés. *Exceptionem etiam* 30 *vel* 40 *annorum in illis contractibus in quibus usuræ promissæ sunt, ex illo tempore initium capere sanci-*

sans retirer le gage, le créancier pourra commencer à prescrire : son titre sera interverti. — Que faut-il décider si une clause du contrat d'antichrèse porte qu'après un certain temps écoulé, l'antichrésiste, faute de payement, deviendra propriétaire du gage? Peut-il prescrire à partir de l'époque à laquelle, d'après le contrat, il devait devenir propriétaire? L'affirmative a été jugée (Bruxelles, 25 juin 1806) (1). — Mais cet arrêt ne doit pas faire autorité. En effet, la clause étant radicalement nulle, l'antichrésiste a toujours possédé à titre précaire. Il a pu d'autant moins intervertir son titre, qu'aux termes de la loi, il ne pouvait, dans le cas de non payement, devenir propriétaire de l'immeuble que par l'expropriation (V. cependant M. Troplong, nº 480, V. en outre Rej. 19 déc. 1855, aff. Blanc, D. P. 56. 1. 16). — Mais sous l'ancienne jurisprudence du parlement de Grenoble, les juges, en cas de non-payement, pouvaient convertir la détention précaire du créancier gagiste en un droit de propriété incommutable. — V. Nantissement, nºs 262 et suiv.

410. Quand le vendeur d'un immeuble a déclaré dans le contrat qu'il ne jouira plus qu'à titre précaire, jusqu'à ce qu'il se soit dessaisi réellement, il ne peut prescrire l'immeuble contre l'acquéreur (Riom, 28 mai 1810, aff. Beaufils, V. nº 461).

411. Celui qui a joui à titre *pignoratif* ne peut prescrire (Cass. 14 juill. 1825) (2).

412. Les maris peuvent-ils être considérés comme détenteurs précaires des biens de leurs femmes? Oui, suivant Vazeille, nº 142. Non, suivant M. Troplong (V. Contrat de mar., nº 3295). — L'opinion de M. Troplong est nouvelle et contraire à celle de Merlin qui range sans hésiter le mari au nombre de ceux qui possèdent à titre précaire, vº Prescription, sect. 1. Doit-elle être admise? Si nous rapprochons la définition de la dot de celle du précaire, ce rapprochement nous conduira à en douter. « La dot, dit M. Troplong, Contr. mar. nº 3006, est une chose quelconque, mobilière ou immobilière, corporelle ou incorporelle, inaliénable de sa nature à certains égards, que la femme apporte

---

mus, ex quo debitor usuras minime persolvit. On voit que la loi ne distingue point si les intérêts sont payés directement par le débiteur, ou indirectement, c'est-à-dire par la perception des fruits de ses biens faite de son consentement par le créancier ; elle porte d'une manière générale que la prescription commencera à courir lorsque le débiteur cessera de payer les intérêts; or, dans l'espèce, les intérêts n'ont cessé d'être payés que par la perte des biens donnés à titre d'antichrèse. — Le défendeur répondait que la première loi invoquée par son adversaire se borne à dire que la mise en possession par le créancier de la chose affectée à sa créance interrompt la prescription trentenaire, commencée ou non, de même que le ferait une demande judiciaire en payement; et il ne résulte point de là qu'après cette mise en possession du créancier, sa créance soit imprescriptible. — Non-seulement la loi ne porte pas cette conséquence, mais l'exemple même qu'elle donne conduit naturellement à une conséquence contraire. La prise de possession de la part du créancier interrompt, dit-elle, la prescription comme le ferait, ou même plus formellement que ne le ferait une demande judiciaire. Or, la demande judiciaire qui interrompt incontestablement la prescription ne fait pas obstacle au cours de la prescription pour l'avenir; et, au contraire, la prescription court de nouveau du jour même de la demande, si la demande reste sans poursuite ou sans effet. — Godefroi, sur cette loi, observe que la prescription ne peut pas être opposée *ei qui sine vi res sibi pignoratas tenet.* Mais le sens de cette note se réfère à celui de la loi, c'est-à-dire que la prescription commencée est interrompue par la prise de possession de la part du créancier, sans que cette interruption puisse rendre imprescriptible son action en payement. Ainsi la loi précitée n'établit point l'imprescriptibilité de la créance. — On invoque ensuite la loi 8, § 4, c. *De præscr. 30 vel 40 annor.*, suivant laquelle la prescription de trente ou quarante ans ne commence à l'égard des obligations produisant intérêts que du moment où ces intérêts ne sont plus payés par le débiteur. Mais qu'a de commun cette loi avec notre question? Dans l'espèce à juger, le débiteur reconnut sans doute la dette par la remise du gage ; mais le créancier dut veiller à ce qu'il ne s'écoulât pas un temps suffisant pour prescrire sans payement ou sans nouvelle reconnaissance; et il ne tenait qu'à lui d'agir pour obtenir, soit son payement, soit une reconnaissance nouvelle. S'il percevait les fruits du gage, c'était sans l'intervention du débiteur. Cette perception était bien une suite du consentement originaire du débiteur, ou de la remise du gage faite au créancier; mais on ne peut pas dire qu'elle emportât chaque année une nouvelle reconnaissance de la part du débiteur.

Quant à l'art. 2087 c. civ., qu'on pourrait invoquer, il est inapplicable à une espèce où il s'agit d'une prescription antérieure à sa promulgation ; la cour de Turin a réfuté d'avance les arguments qu'on aurait pu en tirer.

LA COUR ; — Vu la loi 7, § 5, c. *De præscript. trig. vel quadrag. annor.*, et la loi 8, § 4, *eod. tit.* ; — Attendu que le moyen de la prescription par lequel l'arrêt attaqué a écarté l'action du demandeur, doit être apprécié d'après les lois anciennes qui régissaient les parties à l'époque où cet arrêt suppose que la prescription dont il s'agit aurait été acquise; — Attendu que de ces lois il résulte, 1º que la prescription d'une dette est légalement interrompue pendant tout le temps que le débiteur laisse jouir son créancier à titre d'antichrèse de l'immeuble affecté à sa créance ; 2º Que la même interruption a lieu toutes les fois que le débiteur paye au créancier les intérêts de sa créance ; — Qu'en appliquant ces principes à l'espèce de la cause, on voit que toute prescription de la créance résultant du contrat du 9 mars 1613 a été impraticable pendant toute la durée de l'antichrèse, qui a eu lieu en exécution dudit contrat, et qui a été, de la part de Paul-Emmanuel de Challant, une reconnaissance formelle de sa dette, reconnaissance constamment renouvelée par ses représentants, soit par le consentement que ceux-ci n'ont cessé de donner à la possession qu'avaient les représentants de Claire-Marguerite de Challant des rentes antichrésées, soit par le payement annuel que les héritiers de Paul-Emmanuel étaient censés faire aux héritiers de Claire-Marguerite, les intérêts de ladite dette, représentés, aux termes du contrat de 1613, par la jouissance même desdites rentes ; — Attendu, au surplus, que d'après la nature même de l'antichrèse, son existence et sa durée supposent toujours l'existence et la durée de la dette qui y a donné lieu; qu'il est aussi de l'essence de ce contrat synallagmatique que les obligations et les droits qui en naissent soient réciproques entre le créancier et le débiteur, en telle sorte que si le créancier, possesseur précaire du gage, ne peut jamais en prescrire la propriété contre son débiteur, celui-ci ne puisse à son tour obtenir, par la même voie de prescription, l'extinction de sa dette; qu'il suit de là que l'arrêt attaqué, en déclarant prescrite la créance des représentants de Claire-Marguerite de Challant, nonobstant l'antichrèse consentie par ledit Paul-Emmanuel, et librement et sciemment maintenue par ses successeurs jusqu'au jour de la demande, a évidemment violé les lois précitées ; — Casse, etc.

Du 27 mai 1812.-C. C., sect. civ.-MM. Mourre, pr.-Boyer, rap.

(1) *Espèce* : — (Descheerdere C. Noterman.) — Le 9 juin 1740, contrat par lequel Noterman, débiteur de 20 flor. envers Vandenberghe, met ce dernier en possession d'une pièce de terre « pour en jouir comme de son propre bien jusqu'à ce qu'il ait reçu lesdits 20 flor., et ce d'ici au mois de mai 1741 ; et, à défaut de remboursement, le créancier pourra dès lors entrer en libre propriété et jouissance. » — La dette n'est point payée. Vandenberghe reste en possession de la pièce de terre. Le 12 juin 1740, il décède. Ses biens sont vendus en justice, par ses enfants, la plupart mineurs ; et l'un d'eux se rend adjudicataire du terrain dont il est question. En 1774, ce dernier le revend à Betens, qui, plus tard, le cède à Descheerdere. — En l'an 11, Noterman fils offre de payer les 20 flor., et revendique la pièce de terre. — Le détenteur oppose la prescription, fondée sur ce que plus de trente ans se sont écoulés depuis 1741, époque où Vandenberghe a commencé de jouir à titre de propriétaire. — Jugement qui rejette cette exception, attendu que le titre était trop vicieux dans son origine ; que, dès lors, la possession qui a été la suite n'a pu être utile pour prescrire ; que le vice du titre passé à Noterman fils, héritier de son père, et qu'il n'y a pas trente ans que la pièce de terre est sortie de la famille Vandenberghe. — Appel. — Descheerdere soutient que dès le mois de mai 1741, Vandenberghe a possédé *animo domini*, par l'effet du pacte commissoire, que ce pacte, prohibé par les lois, ne lui avait pas, il est vrai, transféré la propriété de la pièce de terre, mais lui en avait transféré la possession utile, laquelle s'était prolongée pendant le temps requis pour la prescription. — D'ailleurs la vente faite en justice par les fils Vandenberghe du terrain dont il s'agit, a été une autre cause de possession, capable, sans doute, de donner lieu à la prescription. Or, plus de trente ans se sont écoulés depuis cette vente ; la prescription est donc acquise au possesseur. — Arrêt.

LA COUR ; — Considérant que, quoique l'acte de 1740, mentionné au jugement dont est appel, présente une antichèse dans son contexte, pendant la durée de laquelle Christophe Vandenberghe, l'un des auteurs de l'appelant, n'a pu prescrire ; cette antichrèse a expiré à l'époque du mois de mai 1741, par le défaut du remboursement de la somme due, d'après et en conformité de la clause du même acte portant qu'à défaut de remboursement dans ce mois, le bien appartiendrait audit Christophe Vandenberghe, en sorte que, depuis lors, celui-ci a possédé ce bien à titre de propriété ainsi acquise, possession qu'il a ensuite continuée, soit par lui soit par ses successeurs, pendant plus de trente ans, ce qui a suffi pour prescrire l'action en nullité de ladite antichrèse, et celle en revendication motivée par l'intimé ; — Déclare l'intimé non recevable dans sa demande.

Du 25 juin 1806.-C. de Bruxelles.

(2) (Gueyffur C. N.....) — LA COUR ; — Attendu que l'arrêt (de Riom) reconnaît que le père du demandeur en cassation n'a jamais joui qu'à titre pignoratif qui sur sa demande lui avait été accordé par une sentence du 9 nov. 1760, des successions dont il s'agit ; qu'une possession à ce titre n'établit qu'une possession précaire et qui ne peut être invoquée pour faire courir la prescription trentenaire ; — Rejette.

Du 14 juill. 1825.-C. C., sect. req.-MM. Botton, pr.-Demenerville, r.

au mari pour en jouir comme maître, sous la condition de supporter les charges du ménage et de la restituer à la fin de l'union conjugale. » Merlin définit le précaire : « Tout acte par suite duquel l'un possède pour l'autre et reconnaît son domaine. » Or, la constitution de dot fait-elle autre chose que de donner au mari la possession de la dot, dont la femme retient le domaine? Que signifie le mot *maître?* Il ne peut pas se traduire par celui de propriétaire. Il signifie seulement un administrateur et un mandataire chargé de pouvoirs plus amples que ceux de tout autre administrateur, tout autre mandataire. Le droit romain n'est pas applicable ici, la définition de M. Troplong le prouve puisqu'elle ne reconnaît pas, et avec raison, que la dot entre dans le domaine du mari. Au fond, la raison qui a fait décider que la précarité était un empêchement à la prescription s'applique aussi bien au mari qu'à tout autre possesseur précaire, car son titre lui apprend comme au fermier, comme à l'antichrésiste, qu'il ne possède qu'à charge de rendre, et, dès lors, il ne peut se considérer comme propriétaire. D'ailleurs, on ne prescrit pas sans posséder sous son nom propre (Conf. v° Contr. de mar., n° 3295, et MM. Vazeille, n° 142; Duranton, t. 21, n° 243; Taulier, t. 7, p. 437; Bélime, n° 117; Marcadé, art. 2236, n° 1).

413. Quant aux biens paraphernaux, aux termes de l'art. 1576 c. nap., la femme en a non-seulement la propriété, mais l'administration et la jouissance. Donc si son mari s'en saisit après la dissolution du mariage, ce ne peut être à titre précaire. Mais si le mari a administré les biens de la femme, soit par suite d'une procuration de la femme, soit par son consentement tacite, il doit être considéré comme un mandataire, c'est-à-dire comme possesseur à titre précaire.

414. Sous le régime en communauté, le mari est le maître des biens qui en font partie; il n'est donc pas possesseur précaire de ces biens, soit avant, soit après le mariage (Conf. M. Troplong, n° 485). — Il est évident que sous le régime de la communauté le mari ne peut être considéré comme détenteur précaire puisqu'il peut aliéner. Mais ne doit-il pas être considéré comme un communiste, un associé qui est toujours censé posséder pour la société? Nous disons *toujours*, car comment durant la communauté le mari pourrait-il faire un acte d'où il résultât qu'il a entendu agir dans son intérêt seul? Propriétaire à l'égard des tiers, il est toujours un administrateur à l'égard de la communauté. — V. Contr. de mar., n°s 1111 et suiv.

415. *Quid*, à l'égard des propres de la femme? M. Troplong regarde le droit du mari sur ces biens comme quelque chose de plus que celui d'un administrateur ou d'un usufruitier, et décide, en conséquence, que la possession qu'il en a, après la dissolution du mariage, est utile pour la prescription. — Mais la question ne nous semble pas être là. Le mari est-il oui ou non propriétaire des biens propres à sa femme? L'affirmative ne peut se soutenir. Pothier, que M. Troplong cite lui-même, décide que le mari n'a pas le domaine de propriété des propres de sa femme. Or, s'il n'est pas propriétaire, qu'est-il, sinon un détenteur à titre précaire? Il peut être plus qu'un administrateur ou un usufruitier; mais enfin il n'est pas propriétaire, et dès lors il possède au détient pour un autre.

416. Le mari, le tuteur sont des détenteurs précaires : mais peuvent-ils après la dissolution du mariage, après l'expiration de la tutelle, commencer a prescrire? Nous ne le pensons pas, leur titre a bien changé, ils ne sont plus *mari*, *tuteur*, mais la possession des biens qu'ils détiennent a toujours une origine précaire. Il faudrait pour prescrire qu'ils produisissent un acte par lequel un tiers se disant propriétaire des biens de la femme, du pupille, les leur eût transmis, ou qu'ils prouvassent qu'il y a eu contradiction de leur part (Conf. Marcadé, art. 2241, n° 2; *Contrà*, M. Troplong, n° 587).

417. Malgré ce que nous venons de dire, l'action personnelle contre le mari, le tuteur, de même que contre tous les possesseurs à titre précaire, ne dure que trente ans. Le droit, pour les faire condamner comme personnellement obligés à la restitution, sera limité à trente années; mais quant à l'action réelle en revendication fondée sur ce que le demandeur est toujours propriétaire de la chose qui est possédée à titre précaire, elle existerait toujours aussi bien après des siècles qu'après quelques années (Marcadé, *loc. cit.*).

418. Que signifie alors l'art. 475 c. nap., qui dispose que toute action du mineur contre son tuteur, relativement aux faits de la tutelle, se prescrit par dix ans, à compter de la majorité? Cet article évidemment n'a entendu restreindre à dix années que l'action tendante à exiger un compte de tutelle ou à critiquer la gestion du tuteur. Il ne fait point obstacle à une action en revendication contre le tuteur qui aurait usurpé les biens de son pupille. Le législateur a voulu qu'après un certain temps le tuteur ne pût être recherché pour les fautes de son administration; mais il n'a pas pu être dans son intention de protéger la spoliation du mineur (Conf. MM. Vazeille, n° 143; Troplong, n° 488; Marcadé, sur l'art. 2241). — V. aussi v° Minorité, n°s 676 et s.

419. Le *mandataire* n'a évidemment qu'une possession précaire, puisqu'il doit rendre compte de son mandat. — V. ce mot.

420. Les *envoyés en possession provisoire* des biens d'un absent ne sont, par rapport à celui-ci, que des détenteurs précaires. — Mais il en est autrement des envoyés en possession définitive; ils sont propriétaires, mais sous diverses conditions résolutoires (c. nap. 130 et suiv.), ce qui explique pourquoi ils ne prescrivent pas contre l'absent, ni, dans certains cas, contre ses héritiers (c. nap. 2257; M. Troplong, n° 491 et 492). — M. Vazeille répute, au contraire, n° 134, l'envoyé en possession définitive possesseur précaire.

421. *L'associé* n'est pas possesseur précaire; c'est pour lui, et en vertu de son droit indivis, qu'il possède la chose commune. Il peut donc prescrire contre ses coassociés; mais il faut pour cela des actes de jouissance hautement exclusifs, sinon il serait réputé avoir possédé tant pour ses coassociés que pour lui-même (V. *suprà*, n° 342). — Néanmoins, le gérant a qualité pour opposer la prescription des intérêts à un actionnaire ou associé, sans que ce dernier soit fondé à prétendre qu'il n'a à son égard qu'un titre précaire (Paris, 19 juill. 1849, aff. Ludre, D. P. 52. 2. 30).

422. *L'acquéreur*, avec faculté de *rachat*, est possesseur à titre de propriétaire.

423. Il en est de même du *preneur à rente perpétuelle*; car il est propriétaire, sauf les droits d'hypothèque et de résolution du bailleur (M. Vazeille, n° 133).

424. Le bail à *locatairie perpétuelle* était translatif de la propriété (V. Merlin, Quest. de droit, v° Locatairie perpétuelle). Mais si un pareil bail n'a été que fictivement consenti pour conserver la propriété au bailleur, le preneur n'ayant pas possédé *animo domini* n'a pu prescrire (Rej. 7 therm. an 10) (1).

425. La possession provisoire accordée en justice à l'une des parties, pendant la durée du *litige*, ne peut servir de base à la prescription, bien que le jugement ait attribué à cette partie la propriété de l'objet litigieux, si ce jugement a été infirmé sur appel. — « Attendu que la possession exercée à ce titre est nécessairement précaire, et ne peut, tant que dure le litige ou que le titre n'est pas interverti, être acquisitive du droit de propriété; — Attendu que l'instance d'appel, sur la sentence définitive rendue par ladite chambre le 8 mars 1772, eut évidemment pour effet de continuer le litige et de maintenir à la possession du domaine du roi le caractère précaire qui lui avait été attribué par l'ordon. de 1761 » (Nîmes, 23 juill. 1842, aff. com. de Caudiès C. préfet des Pyrénées-Orientales).

426. La *réserve* du domaine par le *vendeur*, avec clause de précaire, dans une vente passée dans un ancien pays de droit écrit, ne donne pas à l'acquéreur la qualité de possesseur précaire, cette stipulation n'étant qu'une réserve du privilége de vendeur (arrêt du parlement de Toulouse, du 6 nov. 1664. — Conf. M. Troplong, des Hypoth., t. 1, p. 269; V. Riom, 28 mai 1810, aff. Beaufils, n° 461). — Mais la *clause de constitut* dans les actes de vente et de donation affecte du vice de précarité la possession du vendeur ou donateur auquel l'usufruit de la chose est réservé (M. Troplong, n° 494).

(1) (Thony C. Mauzy.) — LE TRIBUNAL; — Attendu que le tribunal de l'Aveyron a décidé en fait que le bail à locatairie perpétuelle était un acte feint et simulé pour conserver à Mauzy la propriété des fonds dont il s'agit, et qu'il est constant en droit que celui qui ne possède pas *animo domini* et pour lui-même, ne peut jamais prescrire; que ce premier point une fois reconnu, toutes les autres lois citées par le demandeur se trouvent sans application; — Rejette, etc.

Du 7 therm. an 10.-C. C., sect. civ.-MM. Maleville, pr.-Oudot, rap.

427. Les *héritiers* de ceux qui tenaient la *chose pour autrui* ne peuvent non plus la prescrire (L. 11, ff., *De div. presc.*; c. nap. 2237). En vain prouveraient-ils qu'ils ignoraient le vice de leur possession. — Les *légataires* universels et même tous les légataires à titre universel doivent être assimilés aux héritiers et ne peuvent prescrire, quand même ils auraient ignoré le vice de leur possession. — V. Bigot de Préameneu, Exposé des motifs, p. 71, nº 19, et M. Troplong, nº 502.

428. Il est certain que la succession de temps ne peut changer la précarité du titre qui appartient à une *commune*, à une *collection d'habitants*. Les habitants d'une commune sont censés succéder aux droits les uns des autres, et la commune, être moral, se renouvelle sans cesser d'exister. S'écoula-t-il plus d'un siècle, la commune usagère ne peut prescrire la propriété.—Mais, d'un autre côté, il a été jugé que la circonstance que des particuliers avaient exercé des droits d'usage sur des landes et bruyères ne faisait point obstacle à ce que les communes, auxquelles appartenaient ces particuliers, pussent prescrire la propriété desdits lieux, la commune ayant une existence séparée de celle de ses habitants; et spécialement, que les communes peuvent prescrire, par une possession trentenaire, la propriété de landes et bruyères, situées dans leur territoire, nonobstant l'existence sur ces terrains de droits d'usage concédés *ut singuli* à de nombreux individus, et exercés par eux dans la même qualité; que, dès lors, ces communes peuvent, pour établir la prescription des landes et bruyères à leur profit, être admises à la preuve de faits de possession qu'elles prétendent avoir exercés distinctement des individus usagers, et par la généralité de leurs habitants *ut universi*, lorsque ces faits sont caractéristiques de propriété, comme, par exemple, d'avoir élevé des clôtures et creusé des fossés sur les landes et bruyères, ou de les avoir défrichées, ensemencées, cultivées, etc. (Angers, 27 mai 1845) (1).

429. La question s'était présentée de savoir si l'héritier de celui qui jouissait à titre d'usufruit, peut prescrire. La raison de douter est que l'usufruit finit par la mort de l'usufruitier; que, par conséquent, l'héritier ne succède pas à cet usufruit qui ne subsiste plus; que le titre de la possession est changé par la nature de la chose, et que, s'il continue de posséder, ce n'est plus au même titre que son auteur, mais d'une manière qui lui est propre et particulière. — Il faut cependant décider que le vice qui se trouve dans la possession du défunt nuit à l'héritier, quand même il ignorerait ce vice, parce qu'il faut remonter au principe : l'héritier tient son droit du défunt; il est tenu de toutes les obligations du défunt, et il ne peut pas prescrire, parce que son auteur n'aurait pu le faire (Merlin, Rép., vº Précaire; M. Duranton, t. 21, nº 243). La question est, au reste, tranchée par l'art. 2237.

430. Par suite de la révocation de l'édit de Nantes, nos rois ont concédé à titre gratuit des biens des religionnaires fugitifs, soit à des parents de ceux-ci soit à des personnes qui leur étaient étrangères. L'assemblée constituante a pensé que lorsque ces concessions avaient été faites à des personnes étrangères, l'origine de cette espèce de propriété était si injuste qu'on n'avait pu la prescrire, et la loi du 15 déc. 1791 a ordonné que les concessions seraient révoquées. Mais elle décida que les héritiers et les successeurs à titre universel desdits cessionnaires pussent prescrire par trente ans. Les tiers acquéreurs et les successeurs à titre particulier ne pouvaient en aucun cas être inquiétés. Quant aux concessionnaires parents des propriétaires, ils devaient demeurer en possession desdits biens, sauf le débat sur l'hérédité, s'il était ouvert dans un délai prescrit par la loi. Mais les héritiers et successeurs à titre universel des parents des religionnaires fugitifs concessionnaires de leurs biens, pouvaient-ils prescrire par trente années? Cette question ayant été posée, est intervenue la loi du 4 niv. an 5, qui, interprétant l'art. 17 de la loi du 9 déc. 1790, a déclaré : « que la prescription pourra être opposée par les héritiers et successeurs à titre universel des parents des religionnaires fugitifs, donataires ou concessionnaires de leurs biens, s'ils ont possédé lesdits biens pendant l'espace de trente ans » (cons. d'Et. 15 juin 1811) (2).

431. Les héritiers des détenteurs précaires ne peuvent prescrire, mais ceux à qui les *fermiers*, dépositaires et autres *détenteurs précaires* ont transmis la chose par un titre translatif de propriété, peuvent la prescrire (L. 33, § 1, ff., *De usurp.*, c. nap. 2239). Le motif de cette différence entre eux et l'héritier est que celui-ci qui représente son auteur perpétue, dans sa personne, l'obstacle à la possession, et qu'au contraire, le successeur à titre singulier ne tient point son droit du titre primitif de son prédécesseur, mais du titre qui lui a été personnellement consenti. — Si le fermier vendait comme fermier, et non comme maître, il est évident que la précarité survivrait à cette prétendue vente. — Il en serait de même si le titre translatif n'était pas un acte sérieux et sincère, par exemple, s'il était concerté pour tromper le propriétaire, comme dans le cas où le fermier et son complice feraient paraître un acte portant vente, par le premier au second, de l'immeuble donné à bail, tandis qu'il ne serait intervenu entre eux qu'un contrat de sous-location (V. aussi M. Troplong, nºs 516 et 517). — Toutefois, la connaissance simple de l'absence de droit dans la personne du vendeur, ne suffirait pas pour faire réputer l'acquéreur possesseur précaire; il faudrait, en outre, des faits de dol et de fraude. Il ne faut pas confondre la précarité et la mauvaise foi : celle-là est un obstacle perpétuel à la prescription; celle-ci n'est un obstacle qu'à la prescription de dix et vingt ans, et non à celle de trente (Conf. M. Troplong, nº 518; V. aussi, en ce sens, un rapport de M. le conseiller de Broë, D. P. 32. 1. 83).

432. Celui qui a acheté de *bonne foi* du fermier, prescrit par dix ou vingt ans, la propriété de l'immeuble, encore que le vendeur ait, pendant ce délai, payé annuellement les fermages au véritable propriétaire : aussi bien que la loi, l'équité le veut ainsi; car si l'acquéreur a agi légèrement en ne se faisant pas montrer le titre de la propriété du vendeur, il y a une faute bien plus grave de la part du propriétaire qui, se confiant aveuglément à un fermier infidèle, laisse passer dix ans sans s'informer par qui sa ferme est cultivée (Conf. M. Troplong, nº 520).

433. Il faut bien remarquer que si les possesseurs à titre précaire et leurs héritiers ne peuvent opposer la prescription pour se dispenser de rendre les choses qu'ils détiennent au nom d'autrui, ils sont fondés à invoquer cette exception, lorsque ces choses, n'étant plus en nature dans leurs mains, ils n'ont à dé-

---

(1) (De Beauchêne C. comm. de Hardanges et autres.)—LA COUR;—Attendu que l'action en cantonnement, qui naturellement paraissait devoir être dirigée contre les usagers personnellement, a été intentée contre les communes intimées; que cette action est le fait des appelants; que le jugement dont est appel, par une disposition passée en force de chose jugée, ordonne qu'il sera vérifié, par enquête, quels sont les terrains sur lesquels doit porter le cantonnement; que, dans cet état, et en leur qualité de défenderesse, les communes ont droit d'établir toutes les circonstances qui peuvent les y soustraire; que le jugement dont est appel ne fait préjudice à personne en ordonnant deux enquêtes; adoptant, au surplus, les motifs des premiers juges, met l'appel au néant.

Du 27 mai 1845.-C. d'Angers.-MM. Desmazières, 1er pr.-Duboys, av. gén., c. conf.-Ségris, Bellanger et Gain, av.

(2) (Jacquet C. hér. Dufay.) — NAPOLÉON, etc.; — Vu la requête de la demoiselle Jacquet, tendante à ce qu'il nous plaise annuler un arrêt du conseil d'Etat, du 28 juin 1758, par lequel le roi a concédé au sieur Antoine Dufay-Datier les biens délaissés en 1709, par Jean-Charles de Requeval, religionnaire fugitif; — Vu ledit arrêt du conseil, les édits de Louis XIV des mois de déc. 1688 et 1689, les déclarations du roi, du 21 mars 1718, et les lois des 15 déc. 1790 et 4 niv. an 5;—Considérant, 1º que la déclaration du roi, du 21 mars 1718, modifiant en ce point les édits de déc. 1688 et 1689, porte que c'est par grâce spéciale, et non à titre de succession, que le roi a bien voulu accorder aux parents des religionnaires les biens délaissés par ces derniers, et que ces biens ne seraient plus accordés à l'avenir que par brevets ou arrêts du conseil; — Qu'il résulte de l'arrêt du 28 juin 1758 que le sieur Dufay a réclamé les biens du sieur Requeval, comme plus proche parent et bon catholique, mais qu'ils lui ont été accordés par grâce spéciale et sans tirer à conséquence;—Que la loi du 15 déc. 1790, art. 16, permet aux héritiers et successeurs à titre universel des donataires et concessionnaires, à titre gratuit, des biens venant des religionnaires fugitifs, d'opposer la prescription de trente ans, et défend d'inquiéter dans aucun cas leurs acquéreurs et successeurs à titre particulier; — Que la loi du 4 niv. an 5, expliquant l'art. 17 de la loi du 15 déc. 1790, permet aux héritiers et successeurs à titre universel des parents des religionnaires fugitifs, donataires ou concessionnaires de leurs biens, d'opposer aussi la prescription de trente ans; — Que les héritiers et successeurs actuels du sieur Dufay-Datier peuvent, à ces différents titres, opposer la prescription;—Art. 1. La requête de la demoiselle Jacquet est rejetée.

Du 15 juin 1811.-Décr. cons. d'Etat.

fendre qu'à une demande en payement de leur valeur ou en dommages-intérêts; alors ce n'est plus la chose même qu'il s'agit de prescrire. L'art. 2236 n'est applicable qu'à la prescription à fin d'acquérir (Conf. Delvincourt, t. 2, p. 646).—Ainsi, le dépositaire, le commodataire, qui ne sauraient être libérés de l'action réelle ou en revendication, le sont, après trente ans, de toutes les prestations personnelles qui ne pouvaient être exigées d'eux que par l'action du dépôt ou du commodat. Ils le sont même du prix de la chose, si elle a péri par leur faute. — En conséquence, il a été jugé que lorsque, par le fait du fermier, le bien qu'il tient à bail est passé dans les mains d'un tiers, l'obligation qui pesait sur lui de rendre au bailleur le bien qui lui était affermé, se convertit en celle de lui en payer la valeur, et le fermier peut prescrire, par trente ans, la libération de cette obligation (Amiens, 18 nov. 1814) (1).

434. La prescription, dans ce cas, commence à courir, non du jour où la prescription est acquise au tiers acquéreur, mais du jour où le contrat qui viciait de précarité la possession a pris fin.—V. aussi M. Troplong, n° 474, et l'arrêt ci-dessus).

SECT. 2. — *De l'interversion du titre.—Par une cause venant d'un tiers.—Par la contradiction.*

435. Les personnes énoncées dans les art. 2236 et 2237 peuvent prescrire, dit l'art. 2238, si le titre de leur possession se trouve *interverti*, soit par une cause venant d'un tiers, soit par la contradiction qu'elles ont opposée au droit du propriétaire. Du reste, il ne faut pas confondre l'interversion du titre avec la réunion sur la même tête de plusieurs titres ou possessions, les uns insuffisants pour opérer la prescription, les autres propres à la produire, pourvu, bien entendu, que ces possessions diverses n'aient rien à emprunter les unes aux autres. C'est dans ce sens qu'il a été jugé qu'après avoir succombé, en ce qu'il n'avait qu'une possession précaire et de mauvaise foi, le même individu peut réclamer les mêmes objets comme étant aux droits d'un autre individu qui avait une possession trentenaire *animo domini* (Req. 12 janv. 1832) (2).

436. Il y a, pour l'interversion du titre, le fait d'un *tiers* ou le fait extrinsèque voulu par la loi, lorsque, par exemple,

---

(1) (Devaux C. Chartier.)—LA COUR;—En ce qui concerne la pièce de 125 verges : — Considérant, en droit, que d'après les anciens principes, comme d'après les dispositions des art. 2241 et 2262 c. civ., la libération de l'obligation qu'on a contractée et toutes les actions, tant réelles que personnelles, se prescrivent par trente ans, sans que celui qui allègue cette prescription soit obligé d'en rapporter un titre ou qu'on puisse lui opposer, soit son titre, soit l'exception déduite de la mauvaise foi ; — Considérant, en fait, qu'il est établi et reconnu dans la cause qu'avant 1799, la pièce dont s'agit avait cessé d'être exploitée par Chartier, et avait passé par son fait, à un titre quelconque, en la possession du marquis d'Estourmel;—Que, dès lors, l'obligation que Chartier avait contractée par l'acte notarié du 15 fév. 1762, de rendre cette pièce de terre à la veuve Hangard qui lui avait louée ou à ses héritiers, s'est trouvée convertie en celle de leur en payer la valeur et de les indemniser; — Mais que la demande à laquelle pouvait donner lieu cette obligation n'a été formée qu'en 1814, et par conséquent plus de trente ans après l'époque où ladite obligation avait pris naissance; d'où il suit qu'elle était alors prescrite, et que les premiers juges ont mal à propos écarté la fin de non-recevoir invoquée par les héritiers Chartier.

Du 18 nov. 1814.-C. d'Amiens.-M. Maleville, pr.

(2) (Magnoncour C. Buyer.)— LA COUR; — Sur la partie du moyen de cassation relative à la violation de l'art. 1351 c. civ., concernant l'autorité de la chose jugée: — Attendu, en droit, qu'aux termes de cet article, l'autorité de la chose jugée n'a lieu que quand la demande est entre les mêmes parties, qu'elle est formée par elles et contre elles en la même qualité, et quand la demande est fondée sur la même cause; — Attendu, en fait, 1° que dans l'instance terminée par l'arrêt du 16 fév. 1827, le duc de Lorges n'était pas partie, tandis que, dans l'instance sur laquelle a été rendu l'arrêt attaqué du 31 mai 1830, l'action n'a été introduite et n'a procédé que du chef du duc de Lorges, partie lui-même dans cette instance; 2° que dans l'instance de 1827 c'était François-Gabriel Henrion Staal de Magnoncour qui agissait contre Goux, son sous-fermier; tandis que dans l'instance de 1830 c'est contre ledit François-Gabriel Henrion Staal de Magnoncour que l'action a été formée du chef du duc de Lorges; 3° que dans l'instance de 1827 l'action de François-Gabriel Henrion Staal de Magnoncour était une action en déguerpissement fondée sur un bail; tandis que dans l'instance de 1830, l'action formée du chef du duc de Lorges est une action en revendication fondée sur un titre de propriété; 4° que dans l'instance de 1827 c'était contre François-Gabriel Henrion Staal de Magnoncour que l'exception de prescription était invoquée par Goux et par la veuve de Buyer; tandis que dans l'instance de 1830 c'est, au contraire, François-Gabriel Henrion Staal de Magnoncour et en outre César-Emmanuel-Flavien Henrion Staal de Magnoncour qui ont invoqué cette exception contre le duc de Lorges, représenté par Stanislas et Rodolphe de Buyer, ses ayants cause; 5° que dans l'instance de 1827, outre l'exception de prescription, la veuve de Buyer agissait encore en vertu de titres à elle propres, desquels elle prétendait faire résulter un droit de propriété; tandis que, dans l'instance de 1830, l'action de Stanislas et Rodolphe de Buyer n'a été fondée que sur le titre de propriété du duc de Lorges; 6° enfin, que, dans l'instance de 1827, Stanislas et Rodolphe de Buyer n'agissaient que comme héritiers de la veuve de Buyer; tandis que, dans l'instance de 1830, ils agissaient de leur propre chef; — Qu'ainsi, d'une part, les arrêts des 16 fév. 1827 et 31 mai 1830 n'ont pas été rendus entre les mêmes parties, ni sur demandes formées par elles et contre elles dans les mêmes qualités; et, d'autre part, les demandes et exceptions, loin d'être fondées sur les mêmes causes, étaient toutes différentes et même inverses;—Qu'il suit de là que l'arrêt attaqué a été fondé à considérer la question du caractère et des effets de la possession de la veuve de Buyer comme étant restée entière à l'égard du duc de Lorges;

Sur la partie du moyen de cassation relative à la violation des principes de l'ancien droit, reproduits par les art. 2228, 2236 et 2240 c. civ.; —Attendu qu'il est déclaré, en fait, par l'arrêt attaqué, que les demandeurs en cassation n'ont aucun titre de propriété relativement à la portion de terrain dont il s'agit, tandis qu'au contraire le duc de Lorges a un titre de propriété;—Qu'ainsi, la question soumise à la cour royale se réduisait à savoir si les demandeurs en cassation avaient prescrit contre un propriétaire fondé en titre; en d'autres termes, s'ils avaient eu, pendant 30 ans, une possession continue, non interrompue, paisible, publique, non équivoque et à titre de propriétaires;—Attendu que, pour l'espace de temps qui a précédé le sous-bail fait à Goux en 1779, l'arrêt attaqué se fonde sur ce qu'aucun fait de possession n'est justifié par les demandeurs en cassation; — Que, pour l'espace de temps qui s'est écoulé depuis ce sous-bail jusqu'en 1802, l'arrêt attaqué déclare, en fait, que ledit sous-bail fait à Goux, au nom des demandeurs en cassation, comprenait la portion de terrain appartenant au duc de Lorges, et que Goux en a joui; d'où l'arrêt tire la conséquence que les demandeurs en cassation ont eu la possession civile de cette portion de terrain pendant tout le temps de la détention de Goux en vertu de ce sous-bail; — Que, pour l'espace de temps qui a suivi, il résulte de l'arrêt attaqué que la détention de Goux a été remplacée par une possession nouvelle qui a été exercée par la veuve de Buyer *animo domini*, à partir de 1802, et n'a cessé qu'en 1827, par l'effet de l'arrêt du 16 fév. de ladite année 1827;—Qu'à cet égard, l'arrêt attaqué s'est fondé sur ce que cette veuve est entrée en possession en vertu d'un acte translatif de propriété, et sur ce que, dans cet acte de vente, à elle fait par Goux, qui se prétendait propriétaire, elle a énoncé la prétention à la propriété, en vertu de titres à elle propres;

Attendu, en droit, que ceux à qui les fermiers, dépositaires et autres détenteurs précaires ont transmis la chose par un titre, translatif de propriété, peuvent prescrire; —Qu'ils ne sont donc pas détenteurs précaires, par cela seul que ceux dont ils tiennent leur droit, l'étaient; — Qu'ils peuvent donc exercer la possession utile pour la prescription, soit de dix et vingt ans, soit de trente ans, suivant leur bonne ou mauvaise foi;— Que ce principe consacré par l'art. 2239 c. civ. était aussi celui du droit romain et de l'ancienne législation française;

Attendu que la cour royale a donc pu, sans violer aucune loi, reconnaître et déclarer que la possession de la veuve de Buyer avait été exercée *animo domini*, et non à titre précaire, en d'autres termes, contre les demandeurs en cassation et non pour eux ; et que de ce fait, ainsi reconnu et déclaré, c'est avec raison qu'elle en a tiré la conséquence, que les demandeurs en cassation ne devaient pas être admis à se prévaloir de cette possession et à la joindre à leur possession civile par Goux, à l'effet de compléter leur prescription contre un tiers fondé en titre de propriété;— Que, des mêmes principes, il résulte que c'est également avec raison que la cour royale a pensé que, dans le procès qui lui était soumis et qui s'agitait entre le propriétaire revendiquant sa chose et les demandeurs en cassation, opposant l'exception de prescription résultant de leur possession, elle n'avait plus à examiner si la possession de la dame de Buyer avait été de bonne ou mauvaise foi envers les demandeurs en cassation, mais seulement si cette possession pouvait leur profiter contre un tiers, c'est-à-dire si elle avait été exercée à titre précaire, ou, au contraire, *animo domini*;

Attendu, relativement à la circonstance que la veuve de Buyer avait énoncé dans l'acte translatif de propriété la prétention à la propriété, en vertu de titres à elle propres, que la cour royale a pu y puiser, à l'appui du caractère de la possession de cette veuve, une preuve d'intention qui tient à l'appréciation des actes et des faits, et qui est, par conséquent, à l'abri de la censure de la cour de cassation.

Sur la partie du moyen de cassation relative à la violation de la loi 13, § 9, ff. *De acquir. vel amitt. poss.*;—Attendu, en fait, qu'il résulte de l'arrêt attaqué (de Besançon), que la possession nouvelle et *animo domini*, exercée par la veuve de Buyer, à partir de 1802, s'est continuée sans avoir été,

le *fermier* devient l'*héritier* du propriétaire ou lorsqu'il achète de celui-ci ou d'une autre personne le bien qu'il possède comme bailliste. — Il a été jugé que *prouver* qu'on a été *bailleur* du fonds possédé par le fermier, ce n'est pas prouver suffisamment la précarité de la possession de ce dernier, alors qu'il a pu y avoir interversion de son titre par une acquisition dans laquelle il a pu croire que le fonds était compris (Req. 23 fév. 1831) (1). — Il y a aussi l'interversion qui vient de la *contradiction*.

437. Il est sans difficulté que le détenteur précaire qui, recevant d'un tiers un titre de propriété, le fait notifier à celui qui lui avait précédemment fourni le titre précaire, efface le vice de sa possession. — Mais *quid* s'il ne fait point cette notification? M. Vazeille distingue: s'agit-il d'un détenteur qui ait des rapports fréquents avec celui pour lequel il possède, comme un fermier, un mandataire? La notification du nouveau titre n'est point indispensable pour l'interversion de possession : le défaut de payement des fermages avertit assez le propriétaire de veiller à ses droits. — S'agit-il, au contraire, d'un détenteur précaire qui ne soit pas en relation suivie avec le propriétaire? Alors le défaut de notification fait toujours considérer le nouveau titre comme frauduleux et sans effet; sinon, il serait trop facile d'abuser de l'interversion du titre par l'entremise d'un tiers. — Mais il nous semble que la loi n'ayant établi aucune distinction entre les divers détenteurs précaires, et ayant, par conséquent, créé pour tous, deux modes distincts d'interversion de leur titre, la *cause venant d'un tiers* et la *contradiction* opposée aux droits du propriétaire, il n'est pas permis de réduire ces deux modes à un seul, à l'égard d'une classe particulière de détenteurs précaires, en exigeant d'eux, d'une manière absolue, outre la production d'un titre de propriété, la notification de ce titre à celui au nom duquel ils ont d'abord possédé. M. Troplong pense aussi qu'un acte de contradiction n'est pas nécessaire pour que l'art. 2238 soit applicable, lorsqu'il y a un titre translatif; mais ce qui est indispensable, c'est que le possesseur qui prétend intervertir son titre, et, dès lors, commencer une nouvelle possession, donne à cette possession les caractères exigés par l'art. 2229 c. nap. Or, pour qu'elle soit publique et non équivoque, il faut qu'il manifeste hautement, d'une manière éclatante, n'importe, du reste, par quels moyens, ses nouvelles prétentions. — V. dans le sens de cette opinion, Cass. 24 août 1842, *infrà*, n° 441.

438. Si la vente, qu'un fermier se serait fait passer par un tiers était *simulée*, il n'aurait pas interverti son titre, alors même qu'il aurait cessé de payer les fermages. Cela est certain (Conf. M. Troplong, n° 509).—V. aussi plus haut et v° Oblig.

439. Le fermier peut prescrire contre le propriétaire un terrain qui ne lui a pas été loué, bien qu'il soit proche de ceux qui lui ont été donnés à bail. L'art. 1768 ne s'oppose pas à cette prescription, car l'obligation qu'il impose de faire connaître au propriétaire les usurpations ne s'entendent évidemment que des usurpations qui ont eu lieu sur le bien qui a été loué (Douai, 5 déc. 1854, aff. Desmares, D. P. 55. 2. 139). Mais si le terrain que voudrait prescrire le fermier avait été compris dans le bail, bien que n'appartenant pas au bailleur, le fermier n'aurait pu le prescrire, et sa possession aurait servi au propriétaire.—Il a cependant été jugé que celui dont la possession a pris origine dans un bail à ferme, et qui, par continuité de cette possession précaire, s'est emparé d'une portion de grange qui n'était pas comprise dans le bail originaire, n'a cependant pas pu prescrire la propriété (Riom, 17 déc. 1814, 2e ch., M. Verny, pr., aff. Colas).

440. Si le débiteur, après avoir payé tout ce qu'il doit, ne retire pas le gage, le détenteur commence à posséder *animo domini*.—V. n° 499.

441. Bien qu'en principe, comme nous l'avons vu, le gage ne soit pas prescriptible de la part du créancier engagiste ni de ses héritiers, cependant ceux-ci peuvent prescrire si le titre de leur possession se trouve interverti par une cause venant d'un tiers et ce titre de possession peut être considéré comme interverti par une cause provenant d'un tiers lorsque la chose engagée, sortie des mains de l'engagiste pour entrer dans celles d'un tiers qui en a eu la possession extérieure et publique, a été retrouvée par les héritiers de l'engagiste dans la succession de celui qui, de bonne foi et à titre onéreux, l'avait acquise de ce tiers (Cass. 24 août 1842) (2).

442. La loi du 10 juin 1793, en attribuant aux communes

---

de la part des demandeurs en cassation, l'objet d'une action possessoire dans l'année; — Attendu, en droit, qu'il y a interruption naturelle de la prescription, lorsque le possesseur est privé, pendant plus d'un an, de la chose, soit par l'ancien propriétaire, soit même par un tiers; — Que ce principe, consacré par l'art. 2243 c. civ., était si bien applicable aux pays de droit écrit, que la loi 5, ff. *De usurp. et usucap.*, porte : — *Naturaliter interrumpitur possessio, cùm quis de possessione vi dejicitur, vel alicui res eripitur : quo casu, non adversus eum tantùm, qui eripit, interrumpitur possessio, sed adversus omnes. Nec, eo casu, quidquam interest, is, qui usurpaverit, dominus sit, necne; ac ne illud quidem interest, pro suo quisque possideat, an ex lucrativâ causâ;* — Attendu que le possesseur ainsi dépossédé ne pouvait éviter l'effet de l'interruption naturelle de la prescription, qu'en se faisant réintégrer dans l'année; — Rejette.

Du 12 janv. 1832.-C. C., ch. req.-MM. Zangiacomi, pr.-De Broé, rap.-Laplagne-Barris, av. gén.-Parrot, av.

(1) (Préf. de la Vienne C. Vadier.) — Sur le pourvoi formé contre un arrêt de la cour de Poitiers du 31 mars 1811, la cour de cassation s'est prononcée en ces termes, sans donner de motif en droit.—Arrêt.

LA COUR; — Sur le moyen tiré d'une prétendue contravention aux règles établies par les art. 2251 et 2236 c. civ. applicables, suivant le demandeur, à l'espèce, d'après l'art. 2281 du même code. — Attendu que le demandeur auquel incombait, d'après sa qualité, la charge de prouver, a été reconnu par les tribunaux, seuls appréciateurs des faits et circonstances du procès, n'avoir aucunement prouvé la précarité de possession; d'où il résulte que les articles invoqués n'avaient dû recevoir aucune application à la cause; — Rejette.

Du 23 fév. 1831.-C. C., ch. req.-MM. Favard, pr.-Borel, rap.-Laplagne-Barris, av. gén., c. conf.-Teste-Lebeau, av.

(2) (Escalle C. Achard.) — LA COUR; — Attendu que des faits déclarés constants par l'arrêt attaqué il résulte que, par sentence de 1756, Dominique Bresson 1er et Dominique Bresson 2e ont été envoyés en possession, à titre de gage, d'un domaine situé au Noyer, appartenant à Jean Bresson, leur neveu et frère, représenté par le demandeur; — Qu'Etienne Achard, auteur des défendeurs, a hérité des créanciers engagistes; — Que Dominique Achard, frère d'Etienne, lequel Dominique doit être considéré comme un tiers, s'étant trouvé de fait en possession du domaine du Noyer, a, par transaction passée en l'an 13, délaissé à la veuve d'Etienne Achard, comme tutrice de ses enfants mineurs, et à l'un des enfants majeurs, une partie de ce domaine; mais que cette transaction a été annulée par arrêt de la cour royale de Grenoble, du 21 mars 1833, et que l'arrêt du 29 mai 1839, non attaqué en ce chef, a jugé que, quant à cette portion de biens, les défendeurs en cassation doivent être réputés engagistes et tenus de toutes les obligations attachées à cette qualité; — Que d'autres parties du domaine du Noyer ont été, après deux années de possession extérieure et publique par le même Dominique Achard, vendues par lui, en 1807, à Marie Borel, veuve d'Etienne, et à Catherine Borel, puis transmises aux défendeurs par lesdites dames leur mère et leur tante, et que ces acquisitions faites à titre onéreux et de bonne foi ont été suivies de possession publique; — Que le procès a pour objet la demande formée par l'ayant cause de Jean Bresson contre les ayants cause des créanciers engagistes en remise des domaines engagés, ou de leur valeur;

Sur le premier moyen : — Attendu qu'il résulte de l'art. 2238 c. civ. que les héritiers d'un créancier engagiste peuvent prescrire si le titre de leur possession des biens engagés se trouve interverti par une cause venant d'un tiers, et que l'interversion, quand elle est causée par un tiers, n'a pas besoin, pour produire effet, qu'il y ait eu contradiction au droit du propriétaire; — Attendu que l'arrêt attaqué n'a violé aucune loi en considérant comme une cause venant d'un tiers la possession extérieure et publique par Dominique Achard, et les ventes faites en 1807 par ce tiers à d'autres tiers, Marie et Catherine Borel, lesquels ne représentaient pas les engagistes; — Attendu qu'aucune exception aux règles ordinaires sur la prescription n'a pu résulter, dans l'espèce, ni de l'annulation de la transaction de l'an 13, annulation dont l'arrêt attaqué a restreint avec raison les effets aux biens cédés par cette transaction, ni de la réunion en la personne des défendeurs de leur ancienne qualité de représentants des engagistes avec leur qualité nouvelle de représentants des acquéreurs; — Rejette ce moyen;

Mais sur le deuxième moyen : — Vu les art. 2087 et 2240 c. civ.; — Attendu que, par exploit du 21 mars 1826, l'auteur du demandeur en cassation Gauthier, lors représentant de Jean Bresson, a assigné les représentants des créanciers engagistes, en offrant d'acquitter leur créance non-seulement en vidange et délaissement des biens engagés, mais encore en payement de la valeur desdits biens pour le cas où ils ne pourraient pas être restitués en nature; — Attendu que le droit de retrait du gage n'est pas prescriptible; que l'action en indemnité pour non-représentation du gage est une conséquence du droit de retrait; d'où il suit qu'il n'y a pas lieu à l'exercer avant l'exercice du droit de retrait; — Attendu que l'arrêt attaqué, en faisant remonter, dans l'espèce, le point de départ de la prescription de l'action en indemnité jusqu'à l'époque où, sans que

la propriété des terres vaines et vagues, à la charge de les revendiquer dans les cinq ans, a constitué, pour les communes qui avaient déjà des droits d'usage sur ces biens, un titre nouveau en vertu duquel elles ont pu convertir leur possession, jusqu'alors précaire, en une possession *animo domini*, alors même qu'elles n'avaient pas réclamé la propriété dans les cinq ans (Cass. 31 déc. 1839, aff. comm. de Moussoulens, V. Commune, nº 2151).

443. La commune simple usagère, qui a obtenu un arrêt de parlement l'autorisant à procéder, pour ses besoins personnels, à une vente importante d'arbres dans la forêt grevée de ses droits d'usage, après avoir demandé le consentement du propriétaire de la forêt, seulement en sa qualité de *seigneur*, et après que ce dernier a donné son consentement comme *seigneur* et sous la seule réserve des droits de lods lui appartenant en cette qualité, doit être réputée avoir interverti le titre de sa possession en contredisant le droit du propriétaire et avoir, en conséquence, pu prescrire la forêt à partir de ladite interversion (Rej. 30 nov. 1841) (1).

444. La circonstance que l'un des habitants d'une commune à laquelle il est dû un droit d'usage dans une forêt, a possédé, privativement et pendant plus de trente ans, quelques parties de la forêt, ne peut être regardée comme une interversion du titre suffisante pour lui faire acquérir, par prescription, la propriété des parties possédées (Toulouse, 25 mars 1833) (2). Il n'a pas pu acquérir plus de droits que la commune à laquelle il appartient.

Il doit en être autrement si l'habitant d'une commune usagère s'est livré à des actes, à des faits qui, loin de prendre leur source dans sa qualité d'habitant, ont, au contraire, causé préjudice à la communauté : il pourra prescrire dans son intérêt

---

les propriétaires des biens engagés eussent exercé leur droit de retrait, les engagistes s'étaient placés en fait dans l'impossibilité de restituer le gage en nature, a expressément violé les lois précitées; — Casse en ce chef seulement l'arrêt de la cour de Grenoble.

Du 24 août 1842.- C. C., ch. civ.-MM. Portalis, 1er pr.-Renouard, r.

(1) *Espèce* :—(Préfet de Vaucluse *C.* com. de Mérindol.)—Par actes des 5 août 1504 et 6 juin 1527, l'évêque de Marseille, propriétaire de la terre de Mérindol, y appela les habitants auxquels il concéda des terrains à défricher et la faculté de prendre dans sa forêt le bois nécessaire à leur chauffage et aux constructions, en leur interdisant toutefois de vendre ce bois sous aucun prétexte.

En 1789, l'Etat a succédé à l'évêque de Marseille dans la propriété de la forêt ou montagne de Mérindol, peuplée de pins en grande partie; mais il a laissé les habitants de Mérindol en pleine jouissance de l'immeuble, dans l'ignorance où il était du caractère de leur possession.

Ce n'est que par exploit du 15 oct. 1831 que l'Etat, ayant découvert les titres de 1504 et 1527, a assigné la commune de Mérindol pour se voir condamner à délaisser la possession de la forêt et à restituer les fruits par elle perçus depuis son indue jouissance.

A cette demande, la commune a opposé la prescription, et, comme on excipait contre elle de ce qu'elle n'avait possédé qu'à titre d'usagère, elle a prétendu que plusieurs actes par elle produits établissaient une interversion de son titre par la contradiction qu'elle avait opposée au droit du propriétaire.—Ces actes étaient, entre autres : 1º une délibération du conseil de la commune, en date du 5 fév. 1783, portant qu'il était nécessaire de faire une vente de quelques mille pins, pour le prix en provenant être employé au payement des dettes de la commune, après toutefois avoir prélevé les droits dus à l'évêque de Marseille, en qualité de seigneur du lieu ; 2º une requête présentée au prélat, en sa qualité de seigneur, afin d'obtenir son consentement, pour la vente projetée, et la réponse de l'évêque par laquelle il donnait son consentement, sous la réserve de ses droits seigneuriaux sur la vente ; 3º un arrêt de la chambre des eaux et forêts du parlement d'Aix, en date du 3 avril 1783, autorisant les habitants à faire couper les bois de pins mentionnés en leur requête, sous la condition portée par le consentement de l'évêque de Marseille ; 4º un procès-verbal de la vente de 10,000 pins faite par la communauté en vertu des actes précités et où l'on voit l'évêque de Marseille représenté comme seigneur; 5º une délibération qui a affecté le produit net de la vente au payement des dettes communales.—La commune a ajouté qu'en 1791 la forêt de Mérindol fut portée sur les états de section comme propriété communale; que, depuis cette époque, elle n'avait cessé d'en payer les contributions; que plusieurs fois elle avait déclaré au préfet sa qualité de propriétaire; qu'elle avait entretenu et nommé des gardes à sa charge; qu'enfin elle avait exercé tous les droits du propriétaire.

Jugement du tribunal d'Apt, qui déclare que la contradiction n'a pas été suffisante pour produire une interversion de titre, et qu'ainsi, la commune n'a pu prescrire.—Appel.

17 août 1838, arrêt infirmatif de la cour d'appel de Nîmes, qui décide, au contraire, qu'il y a eu interversion à partir de l'année 1783; qu'en effet, les habitants de Mérindol ont contredit, autant qu'il était en eux, le droit de l'évêque comme propriétaire et l'ont mis en demeure de contester les droits de propriété qu'ils lui déclaraient vouloir s'attribuer : par suite, cet arrêt déclare que les habitants ont exercé une possession utile pour prescrire à compter de 1783, et que, comme cette possession n'a pas cessé jusqu'à l'introduction de l'instance, ils ont acquis par prescription la forêt ou montagne de Mérindol.

Pourvoi du préfet de Vaucluse, au nom de l'Etat.—1º Fausse application de l'art. 2238 c. civ., en ce que l'arrêt attaqué a vu une interversion du titre d'usager dans des actes qui ne fournissaient pas la preuve d'une contradiction à l'exercice des droits du propriétaire, mais qui avaient simplement été approuvés par celui-ci, par générosité, inadvertance ou erreur.—On prétend que la contradiction ne peut résulter que d'un acte émané du propriétaire avec connaissance de cause, et l'on cite sur ce point les auteurs.—2º Fausse application de l'art. 2227 et violation des art. 2226, 2229, 2231, 2236, 2237 et 2262 c. civ., en ce que l'arrêt attaqué aurait dû déclarer, dans tous les cas, que dans la forêt dont il s'agit rentrant dans la classe des grandes masses de bois et forêts nationales réputées inaliénables par l'art. 12 de la loi du 1er déc. 1790, la prescription de la commune avait été interrompue tant qu'a duré cette loi, c'est-à-dire jusqu'à la loi du 25 sept. 1814, ou tout au moins jusqu'à la promulgation de l'art. 2227 c. civ. — Arrêt (après partage et délib. en ch. du cons.).

La cour ;—Sur le premier moyen :—Attendu qu'en décidant qu'il y avait eu dans la cause contradiction propre à opérer interversion, l'arrêt attaqué a fait une juste application des dispositions de l'art. 2238 c. civ. à des faits par lui reconnus constants, et qu'en les appréciant comme il l'a fait, cet arrêt n'a violé aucune loi;

Sur le deuxième moyen :—Attendu, quant à la fin de non-recevoir proposée, que l'interruption de prescription qui résulterait, suivant le demandeur, de l'exception d'imprescriptibilité introduite par l'art. 12 du décret du 1er déc. 1790, constituerait un moyen de fait;—Qu'il s'agirait de reconnaître, en effet, si, par sa nature et son étendue, la montagne de Mérindol, qui fait l'objet du litige, peut être considérée comme constituant l'une des grandes masses de bois et forêts dont l'aliénation a été interdite par l'article précité;

Attendu qu'il n'existe ni dans les conclusions de parties ni dans les actes de la cause, aucun document qui fixe ce point de fait d'une manière certaine et incontestable;—Qu'il suit de là que le moyen proposé, sur lequel la cour de Nîmes n'a pas statué, et qui, par sa nature, ne devait pas être suppléé par elle, ne peut, pour la première fois, être invoqué devant la cour de cassation et soumis à sa décision ;—Rejette.

Du 30 nov. 1841.-C. C., ch. civ.-MM. Portalis, 1er pr.-Jacquinot, rap.

(2) *Espèce* : —(Biscayen *C.* hér. Pannetier.) — Les héritiers Pannetier assignent Biscayen en délaissement de plusieurs parties de la forêt d'Arbas, qu'il s'était appropriées. Celui-ci oppose une prescription de plus de trente ans, publique et continue.

Jugement du tribunal de Saint-Gaudens, qui ordonne le délaissement: « Considérant qu'il est constant, en fait, que les terrains dont le délaissement est demandé contre le sieur Lajoux, dit Biscayen, dépendent de la forêt d'Arbas et des quatre petites montagnes dont les demandeurs sont propriétaires; qu'il est également constant que les habitants d'Arbas et autres lieux sont usagers desdites forêt et montagnes, puisqu'un jugement du tribunal leur a imprimé cette qualité et déterminé les droits d'usage leur appartenant sur la demande des maires et au vu des titres, et qu'en cette qualité les habitants n'ont pas pu prescrire la propriété desdites forêt et montagnes en tout ni en partie, quelque constante que puisse être leur possession, et quelle qu'en ait été la durée; qu'il est de principe, en effet, que les possesseurs précaires, du nombre desquels est l'usager, ne peuvent jamais prescrire ni se changer eux-mêmes la cause de leur possession, en sorte qu'à moins d'une interversion de titre, cette possession doit toujours être référée au titre; qu'ainsi la possession de l'usager, quel qu'en soit le caractère, ne prouve autre chose qu'une jouissance précaire, c'est-à-dire l'usage même; et, s'il a fait des actes indicatifs de la propriété, ces actes ne peuvent être regardés que comme des extensions abusives du droit d'usage; que c'est en vain que, pour affaiblir la force de ces principes, on essaye d'en écarter l'application par une distinction entre la commune elle-même et ses habitants individuellement; que ce n'est là qu'une pure subtilité, puisque les usages stipulés pour la commune ou les habitants collectivement n'en tournent pas moins au profit de chaque habitant en particulier, et dans la proportion relative, ce qui exclut de leur part la faculté de prescrire la propriété du fonds soumis à leur usage, puisque la qualité d'usagers fixée sur la tête de la commune ou de la collection d'habitants se communique à chacun d'eux, en se décomposant, par une fiction de droit, en autant de parties qu'il y a de membres; que le système contraire tendrait à rendre illusoire le droit du propriétaire, puisque l'usager pourrait indirectement, par des jouissances particulières et concertées, acquérir des droits à l'insu du propriétaire; — Considérant qu'il est conséquemment inutile d'examiner le résultat des enquêtes, et que la demande en délaissement est fondée sous tous les rapports. » — Appel. — Arrêt.

La cour ; — Adoptant les motifs des premiers juges, confirme.

Du 25 mars 1833.-C. de Toulouse, 1re ch.-MM. Hocquart, 1er pr.

propre, s'il prouve l'interversion (Montpellier, 26 avril 1838, aff. Abbes, V. *infrà*, n° 448). — Mais on comprend, et il a été décidé qu'il faut dans ce cas que les faits de possession allégués par l'habitant soient complétement dégagés de toute connexion avec l'exercice du droit d'usage (Cass. 16 janv. 1838) (1).

445. Relativement à l'interversion du titre par *la contradiction opposée aux droits du propriétaire*, elle n'aurait point lieu si la contradiction n'était pas telle, lorsqu'elle résulte de faits, que le propriétaire n'a pu se méprendre sur l'intention du possesseur : il faut, en effet, des manifestations exemptes de toute équivoque. — Il n'y aurait donc pas contradiction dans la seule cessation du payement des redevances auxquelles on est assujetti. *Nec enim*, dit d'Argentrée, *à simplici abnutivo inchoari potest præscriptio;* il faut une dénégation formelle du droit contre lequel on prescrit.—Ainsi, il a été jugé : 1° que le payement de l'impôt foncier, et s'il s'agit d'usagers voulant prescrire la propriété d'une forêt, un procès-verbal d'aménagement, un arrêté préfectoral autorisant une coupe, ne constituent pas une contradiction suffisante : au reste, l'appréciation des faits de contradiction appartient souverainement aux tribunaux d'appel : « Attendu que l'arrêt a décidé, en fait, que les faits articulés par la commune d'Ossun ne constituaient pas la contradiction exigée par la loi, et ne pouvaient servir de base à l'interversion ;—Attendu que cette appréciation des faits rentrait dans le domaine exclusif de la cour royale ; rejette le pourvoi contre l'arrêt de la cour de Pau. » (Req. 7 mai 1839, MM. Zangiacomi, pr., Bayeux, rap., aff. com. d'Ossun); — 2° Que l'extension même considérable, donnée par des usagers à un droit qui ne leur a été concédé que dans des limites restreintes, ne constitue pas une contradiction au droit du propriétaire, de nature à intervertir le titre de leur possession et à servir de fondement à la prescription ; spécialement, que des usagers forestiers qui, n'ayant que le droit de prendre du bois mort pour se chauffer et du bois vert pour faire leurs charrues et pour boucher leurs héritages, font des coupes périodiques portant sur tout ou partie des bois soumis à leur droit droit d'usage, et même arrachent des souches, ne font qu'abuser de leur jouissance sans cesser pour cela d'agir comme possesseurs précaires (Paris, 28 mars 1851, aff. com. de Chastelleux, D. P. 52. 2. 195).

446. Pareillement, lorsque la contradiction résulte d'actes écrits, elle doit être précise; et il a été jugé que la prescription n'a pu courir, au profit d'une commune, lorsqu'il est constaté par l'arrêt qu'il n'apparaît pas des actes produits que la commune ait déclaré d'une manière précise et formelle au possesseur de la forêt, qu'il était sans titre et qu'il n'avait aucun droit à la propriété de cette forêt (Rej. 6 déc. 1853, aff. com. de Martignat, D. P. 54. 5. 583).

De même, le gérant officieux ne cesse pas d'être détenteur précaire, par le seul fait de la signification d'un acte de renonciation à sa gestion : il n'y a pas là de contradiction opposée au droit du propriétaire (*Contrà*, M. Vazeille, n° 149). — Toutefois, si la renonciation était motivée, on pourrait décider autrement, selon les circonstances.

447. La loi n'exige pas que la contradiction soit faite en justice; elle peut donc avoir lieu par actes extrajudiciaires. Par exemple, le fermier qui, sommé de payer ses fermages, répond à ce commandement par un acte d'opposition quoique sans assignation en justice, intervertit sa possession précaire, s'il a manifesté l'intention de posséder désormais à titre de propriétaire (Conf. M. Vazeille, n° 161).

448. La contradiction aux droits du propriétaire ne peut, suivant M. Vazeille, n° 156, se prouver que par écrit, même dans le cas de détentions précaires qui peuvent se former sans contrat. Comment ne faudrait-il pas, dans le cas d'un bail verbal, que la contradiction, qui peut conduire à la prescription, fût établie par un acte signifié, quand, pour opérer la simple cessation du bail, la loi exige la signification d'un congé? — Comment un gérant officieux, qui ne pourrait pas prouver par témoins la reddition de son compte et sa libération, pourrait-il établir, de cette manière, l'interversion de son titre? — Quant à M. Troplong, il restreint la nécessité d'une preuve par écrit au cas où la contradiction consiste en simples paroles; mais lorsqu'elle résulte de faits dont on n'a pu se procurer la preuve écrite, rien n'empêche qu'elle ne se prouve par témoins. — Tel serait, par exemple, le cas où un fermier, se proclamant maître du domaine affermé, en aurait expulsé le propriétaire, ou bien encore le cas où, malgré la signification du retrait de la permission que vous m'aviez donnée de mener mes bestiaux vain-pâturer dans votre propriété, j'ai fait disparaître les clôtures par lesquelles vous vous gardiez, et enfreint vos défenses. Dans de tels cas, la preuve testimoniale est évidemment la seule possible.—C'est ainsi qu'il a été jugé que le fait, par un usager, d'avoir défriché, entouré de haies et de murailles un terrain soumis à son droit d'usage, constitue une contradiction suffisante pour intervertir le titre de cet usager (Montpellier, 26 avr. 1838) (2).

449. Une citation en justice par laquelle celui qui détient à titre

(1) *Espèce* :—(Préfet de l'Ardèche *C.* comm. de Lanarce.) — L'Etat est propriétaire de la forêt de Montalafiat, comme représentant l'abbaye de Mazan, à laquelle elle avait été cédée par le seigneur de Montlor, en vertu d'une transaction du mois de déc. 1285. Cette transaction réservait aux habitants de Trespis et de Lanarce certains droits d'usage sur la forêt.

Mais en 1825, ces habitants, agissant *ut singuli*, assignèrent l'Etat en la personne du préfet de l'Ardèche, pour voir déclarer qu'ils avaient prescrit la propriété de cette forêt. Sur cette instance, le maire de Lanarce intervint et prit les mêmes conclusions au nom de la commune dont la communauté de Trespis forme une section.

16 janv. 1827, jugement du tribunal de l'Argentière qui condamne le préfet par défaut aux fins de la demande.—Opposition.—21 août 1829, jugement contradictoire qui, tout en reconnaissant que l'Etat était propriétaire de la forêt litigieuse en vertu du titre de 1285, admit toutefois les habitants à prouver, tant par acte que par témoins, qu'ils avaient exercé un mode de jouissance propre à intervertir leur qualité d'usagers, et à leur faire acquérir la propriété de l'immeuble au moyen de la prescription.

Sur l'appel, la cour d'appel de Nîmes, par arrêt du 18 fév. 1835, examinant la question de preuve, soit relativement au maire agissant au nom des habitants *ut universi*, soit par rapport aux habitants eux-mêmes, *ut singuli*, la cour d'appel déclara la preuve admissible, et confirma le jugement sous ces deux points de vue, en considérant, quant au premier, que, bien que l'acte de 1283 ne conférât aux intimés, *ut universi*, que la qualité d'usagers, néanmoins ils pouvaient avoir interverti leur titre en se livrant à des faits de possession étrangers à leurs droits d'usage. Quant au second, que les habitants, *ut singuli*, ne devaient pas être considérés comme usagers en vertu du titre de 1283, lequel n'était applicable qu'à la généralité des individus considérés comme corps moral;—Que, dès lors, ces habitants pouvaient invoquer leur possession personnelle pour faire consacrer la prescription de la propriété à leur profit.

Pourvoi du préfet. — Arrêt (ap. délib. en ch. du cons.).

LA COUR ;—Vu les art. 2251, 2256, 2238 et 2240 c. civ. ;—Attendu qu'une communauté d'habitants, déclarée usagère, ne peut alléguer utilement des faits de possession sur le fonds asservi pour en acquérir la propriété par la prescription, si elle ne soutient et n'établit préalablement qu'il y a eu interversion ou contradiction de son titre primitif ;

Attendu qu'en thèse générale il implique contradiction d'admettre les habitants d'une commune à exciper, *ut singuli*, qu'ils ont acquis, par la prescription, la propriété d'un fonds, après qu'il a été reconnu et déclaré qu'ils n'ont sur ce même fonds qu'un droit d'usage, *ut universi;* — Que néanmoins ces habitants peuvent être fondés à invoquer des faits de possession personnels à chacun d'eux, si ces faits sont totalement étrangers à l'exercice du droit d'usage qui aurait été attribué au corps d'habitants sur le fonds litigieux ;

Mais que, dans ce dernier cas, ces habitants ne peuvent être admis à faire la preuve, tant par titres que par témoins, de ces faits de possession, que dans le cas où la possession qu'ils allégueraient serait complétement dégagée de toute connexion avec l'exercice du droit d'usage exclusif de leur possession à tout autre titre que celui d'usage ;

Attendu que, dans l'espèce, la cour royale de Nîmes a admis le maire de Lanarce, au nom des deux sections reconnues usagères, à prouver, tant par titres que par témoins, la possession alléguée, quoiqu'il n'eût précisé aucun fait ou acte établissant que le titre originaire de leur possession s'est trouvé interverti, soit par une cause venant d'un tiers, soit par la contradiction opposée au droit du propriétaire ;

Qu'après avoir écarté, à l'égard des habitants considérés individuellement, le titre de 1283, ladite cour royale les a cependant admis à la même preuve de possession, quoiqu'ils ne précisassent aucun fait qui, de sa nature, pût être considéré comme tout à fait indépendant de l'exercice du droit d'usage qu'ils avaient d'abord réclamé;

Et qu'en ce faisant, ladite cour a méconnu les principes de la matière et formellement violé les lois susréférées ; — Casse.

Du 16 janv. 1838.-C. C., ch. civ.-MM. Portalis, 1er pr.-Rupérou, rap.-Laplagne-Barris, 1er av. gén., c. conf.-Odent et Simil, av.

(2) (Abbes *C.* Debru.) — LA COUR ; — Attendu que, si l'art. 2236 c. civ. dit que ceux qui possèdent pour autrui ne peuvent jamais pres-

précaire veut se faire reconnaître propriétaire, est certainement un acte de contradiction formel, mais il ne peut être invoqué, si la prétention a été repoussée, et s'il y a eu chose jugée à cet égard (arg. Req. 1er (ou 18) avr. 1835, aff. com. d'Esserval, V. Usage).

450. Quand un possesseur à titre précaire n'a pas articulé le moyen de contradiction devant la cour impériale, cette cour a bien jugé en rejetant le moyen de prescription sans ordonner d'enquête (Req. 11 avr. 1827) (1). En effet, la cour ne pouvait suppléer ce moyen.

SECT. 3.—*De la maxime qu'on ne peut prescrire contre son titre.*

451. On ne peut pas prescrire contre son titre, en ce sens que l'on ne peut pas se changer à soi-même la cause et le principe de sa possession (c. nap. 2240). — Cette règle s'applique principalement aux possesseurs précaires (fermiers, usagers, engagistes, etc.) qui, ainsi qu'on l'a vu, ne peuvent, tant que leur titre n'a point été interverti, prétendre à la propriété, par le seul fait de leur possession, quelle qu'elle ait été. *Cùm apparet titulus*, dit d'Argentrée, *ab eo possessiones legem accipiunt.* C'est aussi ce qu'exprime le brocard : *ad primordium tituli posterior semper formatur eventus.* — V. Pothier, nos 31 et 32; Pasquier, Inst. de Justinien, p. 302.

452. Le principe que le titre est interprétatif de la possession a reçu dans l'ancien droit de nombreuses applications (V. notamment les arrêts du parlement de Besançon, des 31 janv. 1698, 1er juill. 1700 et 23 juill. 1717 (Dunod, p. 50), et celui du parlement de Paris, de 1672 (Merlin, Rép., vo Prescription).— Il a été jugé également que ce principe devait être respecté alors même que le propriétaire avait fait, par ignorance de ses droits, quelques actes qui semblaient reconnaître la propriété des détenteurs précaires (des usagers) (Nancy, 31 mai 1833) (2).—V. les arrêts du conseil, des 20 mars 1727 et 23 juin 1733; Merlin, Rép., vo Prescription.

453. Que faut-il entendre par les mots *son titre*? Est-ce le titre qu'on a donné contre soi ou celui en vertu duquel on détient une chose, on exerce des droits sur une chose? C'est évidemment de ce dernier titre que la loi entend parler. — On a jugé, toutefois, qu'on pouvait prescrire contre son titre, en ce sens qu'on pouvait repousser par la prescription l'action en nullité d'une transaction (Nancy, 9 janv. 1834) (3).

454. De même la règle ne s'applique pas au propriétaire qui, après avoir aliéné son fonds, s'en remet en possession. C'est alors une possession nouvelle et dégagée d'antécédents, qui commence une possession utile pour prescrire : « Attendu, porte le jugement dont les motifs ont été adoptés, que le principe d'après lequel on ne prescrit pas contre son titre, ne reçoit pas ici son application; que les religieux, en se remettant en possession d'un fonds qu'ils auraient cédé, loin de se changer à eux-mêmes la cause et l'origine de leur possession, comme le fermier et l'usager, qui, possesseurs précaires dans le principe, voudraient ensuite posséder à titre de maîtres, se seraient au contraire créé une possession nouvelle et dégagée d'antécédents qui, continuée pendant le temps suffisant à prescrire, avait inévitablement pour effet de leur conférer de nouveau la propriété » (Lyon, 2e ch., 8 déc. 1836, M. Acher, pr., aff. Tardy, etc. *C.* l'État).

455. Par application de la règle qu'on ne peut changer son titre, on a jugé : 1° que s'il résulte d'un titre primordial qu'une chapelle a été fondée dans une église, ce qui l'a mise dans le

crire, l'art. 2238 porte une modification à cette incapacité, lorsque le précariste a interverti son titre, soit par le fait d'un tiers, soit par la contradiction; — Que, dans l'espèce, les appelants ne prétendent pas avoir interverti leur titre d'usagers par le fait d'un tiers; — Qu'ils se bornent à soutenir qu'ils ont opposé une contradiction suffisante au propriétaire; — Attendu que la contradiction peut résulter de faits, toutes les fois que les faits nouveaux sont exclusifs de ceux auxquels le précariste avait le droit de se livrer; — Que si ces principes, en général, sont applicables à ceux qui possèdent pour autrui, ils s'appliquent bien plus particulièrement à celui qui puise son droit d'usage dans sa qualité d'habitant d'une commune, et qui prétend s'être livré à des actes, à des faits qui, loin de prendre leur source dans sa qualité d'habitant, ont, au contraire, porté un véritable préjudice à la communauté; — Que, dans l'espèce, les mariés Abbes, habitant la commune *ut universi*, offrent de prouver, tant par actes que par témoins, avoir défriché *ut singuli* une partie des terrains soumis au droit d'usage qui avoisinaient leur propriété, et avoir joui, depuis plus de trente ans avant l'instance, à titre de propriété exclusive, soit par eux, soit par leurs auteurs, soit en nature de champ, soit en nature de vigne, d'olivette et de jardin, et les avoir entourés de murs, de haies ou de fossés, savoir : 1° une pièce de terre vigne, au tènement de la Rouirède; 2° un ferratjal, à Founairol; 3° un champ, à Saumes-Longue; 4° une genetière, à la Rouquette; 5° un champ et jardin, à la Gamasse; — Que ces faits et actes sont entièrement exclusifs des droits de dépaissance et de lignerage que les appelants avaient le droit d'exercer comme communiers, et tels que, s'ils étaient prouvés, ils seraient de nature à justifier la contradiction opposée par les mariés Abbes; d'où il suit que c'est le cas d'admettre la preuve testimoniale;... — Par ces motifs, etc.

Du 26 avr. 1858.-C. de Montpellier.-M. Viger, 1er pr.

(1) (Delaporte *C.* les habitants de la Villate.) — LA COUR; — Attendu que le demandeur fait résulter du refus fait par la cour de Limoges d'admettre la preuve qu'il était en possession depuis trente ans du pâturage sur le terrain litigieux; — Attendu que l'art. 89 de la coutume de la Marche, qui régissait les lieux, n'autorise la prescription trentenaire que des droits qui, de leur nature, sont prescriptibles; — Que l'art. 360 de la même coutume dispose que « pâturage seul, sans titre, n'attribue droit de possession par quelque laps de temps que ce soit, sinon qu'il y eût jouissance, après le temps de contradiction, par l'espace de trente ans; » — Attendu que le fait de contradiction exigé pour faire courir utilement le délai pour prescrire n'a point été articulé par le demandeur; — Par ces motifs, rejette le pourvoi contre l'arrêt de la cour de Limoges, du 14 juill. 1825.

Du 11 avr. 1827.-C. C., ch. req.-MM. Henrion, pr.-Liger, rap.

(2) (D'Aumale *C.* com. de Stenay, etc.) — LA COUR; — Considérant que ce n'est que vers la fin du dix-septième siècle qu'on voit une interversion s'opérer dans la possession des communes; qu'en 1685 les agents forestiers, dominés par la fausse idée que les communes étaient propriétaires de la forêt de Dieulet, voulant faire application du tit. 25 ord. de 1665, ordonnaient l'apposition d'un quart en réserve de la contenance de 1458 arpents; que cette mesure, fondée sur l'erreur la plus évidente, n'a pu procurer aux parties de Moreau (ces communes) des droits de propriété; que la qualité d'usagers leur ayant été imprimée dès l'origine, aucun acte de jouissance, quelque prolongé, quelque étendu qu'il soit, n'a pu les faire passer à l'état de propriétaires d'après la maxime : *Ad primordium tituli semper refertur eventus*; — Qu'à la vérité il est possible de concevoir qu'un usager puisse, par le laps de temps, étendre son droit comme usager; mais que ce n'est pas à titre d'extension d'usage que le quart en réserve a été apposé dans la forêt de Dieulet, qu'il résulte des pièces..., que c'est à titre de droit de propriété et par application des dispositions législatives, qui ne statuaient que pour l'aménagement des bois appartenant en propre aux communautés; que l'opposition de ce quart en réserve est, dans un acte d'interversion, un accident sans valeur qui doit disparaître devant la production des titres constitutifs de simples droits d'usage; — Qu'une des conséquences de ce nouvel aménagement et de cette transformation irréfléchie, a été d'attribuer aux communes les deux tiers du prix des ventes de futaies, faites dans le quart en réserve; qu'en effet on voit que pendant un espace de trente années années environ elles les ont perçues à leur profit; mais que cette jouissance contraire aux titres et aux précédentes possessions, fondée sur l'erreur la plus visible et entachée du vice indélébile d'interversion, ne sert qu'à démontrer que loin que les communes aient été dépouillées par l'abus de la puissance féodale, ce sont elles au contraire qui, par leurs innovations, se sont agrandies aux dépens du prince de Condé, successeur des ducs de Lorraine et de Bar, dans la forêt de Dieulet; qu'il suit de là que les arrêts du parlement de Paris, qui ont fait cesser ces empiétements temporaires, ont sainement apprécié la position des communes, etc.

Du 31 mai 1833.-C. d'appel de Nancy.

(3) *Espèce* : — (Com. de Merles *C.* domaine.) — En 1775, la commune de Merles avait passé, avec le chapitre de Verdun, une transaction par laquelle elle lui cédait le tiers de la futaie-chêne dans des bois dont elle était propriétaire. Cette transaction, qui n'avait été précédée ni de formalités ni de litige, a été présentée comme un titre simulé pour dépouiller les habitants de Merles. — En 1818, la commune réclama; le domaine, représentant le chapitre de Verdun, opposa la transaction de 1775, et repoussa par la prescription de quarante ans les moyens de nullité élevés par la commune. Alors la commune essaya de faire valoir la doctrine de l'imprescriptibilité fondée sur la maxime : « *Melius est non habere titulum quàm vitiosum ostendere.* » — Arrêt.

LA COUR (après délibéré); — Considérant que la commune de Merles, placée sous l'empire de la coutume de Verdun, avait quarante ans pour se faire réintégrer par la voie de l'action en nullité; que le silence gardé par la commune depuis 1775 aurait dû se continuer jusqu'en 1795, pour que la prescription fût obtenue; — Mais qu'en 1795, c'est-à-dire avant l'expiration de quarante ans, la commune de Merles a interrompu naturellement la prescription par une prise de possession réelle qui se trouve prouvée par une série de procès-verbaux; — Dit, etc.

Du 9 janv. 1834.-C. de Nancy.

domaine public et dès lors hors du commerce, celui auquel elle a été néanmoins vendue par décret volontaire, ne peut en prescrire la propriété. Ce serait là prescrire contre son titre (Req. 6 juin 1848, aff. d'Essling, D. P. 48. 1. 198);—2° Qu'un grevé de substitution qui, dans un contrat de mariage, a fait acte de propriétaire en substituant une partie des biens grevés, n'a pu prescrire le fidéicommis, car il n'a pu se changer à lui-même le titre de sa possession (Req. 1er fév. 1832, MM. Zangiacomi, pr., Maleville, rap., aff. Valernod).

456. Mais si l'on ne peut changer le titre de sa possession, on peut du moins en changer la qualité *accessoire* et relative qui ne résulte pas du titre. Ainsi, la possession peut être purgée des vices de clandestinité et de violence (Conf. M. Troplong, n° 527).

457. Ce n'est pas prescrire contre son titre que de prescrire *au delà* de son titre. Tout ce que décide l'art. 2240, c'est qu'on ne peut, par sa seule volonté et en l'absence de toute interversion légale, changer une possession précaire en possession à titre de propriétaire.—Jugé en ce sens : 1° qu'on peut prescrire au delà de son titre, même malgré la stipulation de ne prétendre à aucun droit autre que celui établi dans le titre; qu'ainsi, une commune qui avait un droit de pacage dans une forêt, a pu acquérir par prescription le droit de glandée, nonobstant la clause insérée dans le titre constitutif de l'usage de ne pouvoir prétendre aucun autre droit, une telle stipulation étant nulle comme contenant une renonciation anticipée à la prescription (Req. 9 nov. 1826) (1);—2° qu'on peut prescrire au delà de son titre, en ce sens que l'acquéreur qui a possédé pendant plus de trente ans une quantité de terrain plus considérable que celle attribuée par son titre, peut se prévaloir de la prescription (Bordeaux, 11 janv. 1828) (2). — En effet, l'acquéreur n'intervertit point la cause de sa possession, puisque, par son titre, il a une possession *animo domini*. Il ne fait donc que changer, non le principe, mais les limites de sa possession, en prescrivant au delà de son titre (L. 2, § 6, D., *Pro empt.*; arrêt conforme du parlement de Grenoble, du 6 fév. 1665, rapporté par Salvaing, de l'Usage des fiefs, ch. 94; M. Troplong, nos 528 s.).

458. Néanmoins, la cour d'Aix avait posé un principe contraire dans une espèce où, sur le pourvoi, il a été décidé que celui auquel son titre ne confère qu'un droit d'usage sur un cours d'eau, limité à certaines heures, et uniquement affecté à l'irrigation de sa propriété, *a pu être déclaré* ne pouvoir, en raison des circonstances, prescrire le droit de se servir des eaux pour un usage plus étendu, et, par exemple, pour faire mouvoir une usine, à l'aide des seuls ouvrages par lui établis pour l'exercice du droit d'irrigation, et sans que ces ouvrages reposent sur le fonds du propriétaire contre lequel il veut prescrire (Rej. 8 déc. 1841) (3). — On voit que la cour de cassation n'a pas voulu se prononcer, en principe, sur la question; elle s'est retranchée derrière l'appréciation de la cour d'appel qu'elle a déclarée souve-

---

(1) *Espèce :* — (Veuve de Sancy C. com. de Larreule.)—Par transaction du 5 avril 1625, le seigneur de Parrabère concéda à la commune de Larreule le droit de pâturage dans le bois du Mont, dont la propriété fut attribuée au seigneur. Il fut stipulé que la commune ne pourrait prendre aucun autre droit que celui porté dans ce titre. Sans égard à cette stipulation, la commune s'attribua le droit de glandée. La dame veuve de Sancy assigna la commune devant le tribunal de Tarbes, et réclama la pleine propriété du bois du Mont, sauf les droits d'usage dont la commune justifierait par titres. Résistance de la part de la commune; elle prétendit d'abord à la propriété du bois, puis elle se retrancha dans le droit de pacage et de glandée, avec offre d'en faire preuve tant par titres que par témoins. — Le 23 avril 1822, jugement qui maintient la commune dans son droit de pacage, et lui refuse son droit de glandée.— Le 12 juill. 1825, arrêt de la cour de Pau qui, attendu que prescrire au delà de son titre n'est pas prescrire contre son titre; que la commune ne s'appuie pas sur le titre de 1625, mais seulement sur sa possession immémoriale; qu'on peut croire que le droit de glandée lui a été concédé depuis cette transaction par un acte qui s'est égaré; que la servitude dont il s'agit est discontinue; que, dans le ressort du parlement de Toulouse, dans lequel les parties étaient domiciliées et le bois situé, de telles servitudes pouvaient s'acquérir par possession immémoriale; admet la commune à faire preuve, tant par titres que par témoins, qu'antérieurement à la publication du code civil, elle jouissait, depuis un temps immémorial, du droit de glandée qu'elle réclame.

Pourvoi. —1° Violation des art. 2236 et 2240 c. civ., en ce qu'un usager qui ne possède qu'à titre précaire ne peut pas prescrire contre les droits du propriétaire.—2° Violation de l'art. 2240, qui porte qu'on ne peut prescrire contre son titre, en ce qu'il est formellement exprimé, dans l'acte de 1625, que la commune ne pourra prétendre à aucun autre droit que celui de pacage. —3° Fausse application de l'art. 691, en ce que la preuve de la possession immémoriale, antérieure au code, autorisée par cet article, est aujourd'hui impossible.—Arrêt.

LA COUR ; — Sur la prétendue violation de l'art. 2236 c. civ.; — Attendu que cet article n'est applicable qu'à ceux qui possèdent pour autrui; qu'il est constaté que le litige devant la cour royale de Pau portait principalement sur l'usage d'un droit de glandée dont la commune de Larreule se prétendait propriétaire, et qu'elle prétendait avoir possédé pour elle-même non précairement, ni pour autrui, d'où résulte que l'art. 2236 invoqué est sans aucune application à la disposition de l'arrêt contre laquelle est dirigée la première ouverture de cassation proposée;

Sur la prétendue violation de l'art. 2240 c. civ. : — Attendu que cet article prohibe, il est vrai, la prescription contre le titre, mais que la cour royale de Pau a rendu hommage à ce principe; qu'elle a seulement reconnu, et qu'elle devait reconnaître que la prescription au delà du titre n'est pas légalement prohibée; que le titre de 1625, produit par la commune de Larreule, est tout à fait étranger au droit litigieux; que, s'il contient une stipulation relative au droit de pâturage, il est entièrement muet sur le droit de glandée, lequel ne consiste pas seulement dans la dépaissance des glands par les porcs, mais qui comprend aussi le droit de recueillir les produits de la glandée qui excède cette dépaissance;— Attendu encore que cette stipulation de ne pouvoir prendre aucun autre droit que le pâturage, stipulation contenue en l'acte de 1625, ne pouvait, suivant les anciennes règles de droit qu'on retrouve dans l'art. 1220 c. civ., empêcher les effets de la prescription qui pouvait résulter d'une possession ultérieure, puisqu'elle équivalait à la clause prohibée d'une renonciation d'avance aux effets d'une prescription;—Attendu que l'arrêt attaqué s'est conformé à ces principes, et n'a porté aucune atteinte à l'art. 2240 c. civ., en décidant que la commune de Larreule avait pu posséder au delà de son titre, et que la preuve par elle offerte de sa possession immémoriale était admissible;

Enfin, sur la prétendue fausse application de l'art. 691 c. civ. : — Attendu que cet article conserve, par sa disposition finale, tous les effets de la possession immémoriale à l'égard des servitudes discontinues acquises à l'époque de la publication du code civil dans les pays où elles pouvaient s'acquiescer de cette manière; qu'il n'est pas contesté que la commune de Larreule est située dans un pays où les servitudes discontinues pouvaient s'acquérir par la possession immémoriale; — Attendu qu'il appartient aux cours et tribunaux d'apprécier les obstacles que peut présenter une preuve de faits qui remontent à des époques aussi éloignées, et que les difficultés ne peuvent rétroagir sur la légalité de l'admission de cette preuve; qu'ainsi l'art. 691 a reçu une juste application; —Rejette.

Du 9 nov. 1826.-C. C., ch. req.-MM. Henrion, pr.-Borel, rap.-Vatimesnil, av. gén., c. conf.-Guichard fils, av.

(2) (Vincent C. Lorges.) — LA COUR ; — Attendu qu'il est constant, en fait, que les appelants étaient en possession des portions de l'île de Civrac dont s'agit au procès depuis plus de trente ans antérieurement à l'action en désistat intentée contre eux; — Que les actes administratifs qu'on leur oppose comme ayant interrompu la prescription, n'ont point le caractère voulu par la loi, et ne se trouvent dans aucun des cas prévus par les art. 2242 et suiv. c. civ.; que, lors même que l'on pourrait considérer ces actes administratifs comme des actes judiciaires, ils ne seraient pas pour cela interruptifs de la prescription; qu'en effet, ils n'ont eu pour objet que de réclamer de l'autorité administrative le mesurage de l'île de Civrac, et de déterminer l'échelle sur laquelle elle avait entendu que ce mesurage devait s'opérer, et que ce n'est que par l'exploit introductif d'instance, du 7 mars 1825, que les intimés ont formé leur demande en revendication; mais qu'à cette époque la prescription trentenaire était acquise; — Attendu que la prescription trentenaire étant acquise aux appelants, il n'y a pas lieu d'examiner les autres demandes et conclusions soumises à la cour; — Emendant, déclare l'action éteinte.

Du 11 janv. 1828.-C. de Bordeaux, 2e ch.-M. Duprat, pr.

(3) *Espèce :* — (Jean C. hérit. Caillol.) — La cour d'Aix, par un arrêt du 25 avril 1838, avait ainsi disposé : — « Adoptant les motifs des premiers juges, et attendu en outre que, s'il fallait admettre qu'il n'y a pas chose jugée touchant la prétention, de la part de l'appelant, d'un droit de pleine et entière propriété des cinquante-sept heures d'eau affectées à l'irrigation de ses fonds, ce prétendu droit, contredit par les titres d'acquisition, ne pourrait, en aucun cas, résulter d'une possession plus étendue, contraire et contrevenant à ces titres, d'autant plus que Jean ne propose en preuve de sa possession que des ouvrages faits sur son propre fonds, mais non sur celui des intimés, et qu'il résulte du rapport d'experts qu'il invoque que la martelière établie pour la dérivation des eaux sur la berge du canal n'est autre que celle qui servit et dut servir, dès l'origine, à l'usage des eaux pour l'irrigation : d'où il suit qu'elle ne peut être considérée que comme preuve de possession de ladite faculté d'usage et non d'un droit de propriété pure et simple. »

Pourvoi du sieur Jean pour fausse application des art. 2224 et 2240 c. civ., en ce que l'arrêt attaqué a refusé d'admettre le demandeur à la preuve de sa possession trentenaire du droit d'user des eaux pour le

raine.—Toutefois, n'était-ce pas là prescrire *contre* son titre et non *au delà* de son titre. — Il a été décidé que l'*usager* ne peut prétendre avoir acquis par prescription, des droits plus étendus que ceux que lui confère son titre, et, par exemple, exercer sur la *futaie* le droit d'*usage* qui n'a été accordé que sur le *taillis*, lorsque les faits de possession qu'il invoque, loin de pouvoir se rattacher à son titre, s'en écartent et le combattent ; et spécialement, que l'usager d'un taillis doit être réputé posséder contre son titre et non pas seulement au delà de son titre, lorsque le taillis naissant sur la même terre que la futaie, cet usager n'a pu couper la futaie sans méconnaître en même temps sa qualité d'usager (Req. 15 déc. 1847, aff. com. de Saulx-en-Barrois, D. P. 48. 1. 55).

459. Au reste, le communiste qui possède pour devenir propriétaire exclusif ne prescrit pas contre son titre, et il en est de même du fidéicommissaire qui, depuis l'ouverture du fidéicommis, possède *pro suo* (Conf. M. Troplong, nº 528). — Jugé qu'une partie a pu être admise, *tous les droits respectifs des parties réservés*, à la preuve testimoniale de son droit de copropriété, par suite d'une possession immémoriale, sur un terrain, bien qu'un titre par elle produit ne semblât lui assurer que des *droits d'usage* : on dirait en vain que c'est là violer le principe qui défend de prescrire contre son titre (Req. 2 juill. 1828) (1).

460. On peut aussi prescrire contre son titre, en ce sens que l'on prescrit la libération de l'obligation qu'on a contractée. D'ailleurs, comme on l'a très-bien fait observer, prescrire la libération de l'obligation que l'on a contractée, ce n'est pas, à proprement parler, prescrire contre son titre. Ainsi, le fermier qui, à l'aide de la jouissance qu'il a exercée comme tel, voudrait prétendre à la prescription de la propriété, peut être dit prescrire contre son titre : car le titre en vertu duquel il a possédé le constitue possesseur précaire au nom d'autrui ; et comme il implique contradiction que la même personne puisse posséder le même immeuble au nom d'autrui et comme propriétaire, on en conclura très-bien qu'il n'a pu prescrire contre son titre. Mais il n'en est pas de même du débiteur : le contrat d'obligation n'est pas son titre à lui : ce contrat est le titre constitutif des droits que le créancier peut exercer contre lui. Le vrai titre du débiteur est la libération qu'il est présumé avoir acquise par le laps du temps déterminé. Il n'a ni possédé ni prescrit contre son titre : car d'abord la libération, qui n'est qu'un droit négatif, n'est pas susceptible de possession ; en second lieu, le titre qui comprenait son obligation ne contenait pas qu'il ne pourrait se libérer. Ainsi, ce n'est point prescrire contre son titre que de prescrire la libération d'une dette, l'affranchissement d'une servitude, l'affranchissement d'une faculté de rachat, ou celui de l'obligation de payer à certain jour ou à certain lieu. — M. Vazeille a émis une opinion semblable (Conf. M. Troplong, nº 533). — Il a été jugé que le concessionnaire d'un droit d'usage dans un bois peut prescrire contre son titre la redevance de la rente qui en est le prix (Req. 14 mai 1834) (2).

461. Il semble résulter virtuellement d'un arrêt que lorsqu'il y a dans un contrat des conventions réciproques et synallagmatiques, tant que ce contrat est exécuté par l'un des contractants, l'autre ne peut se défendre de l'exécuter de son côté, sous prétexte de la prescription, quand même ces conventions ne seraient qu'accidentelles.—Et spécialement, jugé que tout demandeur qui fonde son action sur un contrat synallagmatique, donne droit à son adversaire de réclamer aussi de son côté l'exécution de ce contrat, bien qu'il fût prescrit à l'égard de ce dernier, et, par exemple, il ne pourra plus se prévaloir de la prescription, lors même qu'en produisant le titre, il aurait protesté ne vouloir l'employer qu'au chef qui servait son intérêt ou que, pour la suite, il

---

service de son usine, sous le prétexte que cette possession était contraire à son titre et qu'il ne pouvait prescrire contre ce dernier. — Arrêt (ap. dél. en ch. du cons.).

LA COUR ; — Attendu qu'il résulte de l'arrêt attaqué que la cour royale ne s'est pas bornée à rejeter la demande du sieur Jean, par le seul motif qu'il y aurait eu chose jugée ; qu'elle s'est aussi appuyée sur les moyens du fond, qu'elle a appréciés ; — Que l'arrêt attaqué déclare, en effet, d'une part, que le droit de pleine et entière propriété des cinquante-sept heures d'eau affectées à l'irrigation de ses fonds, réclamé par le sieur Jean, est contredit par les titres d'acquisition de ses auteurs ; et, de l'autre, que Jean ne propose, en preuve d'une possession, d'ailleurs contraire à ses titres, que des ouvrages faits sur son propre fonds et non sur celui des défendeurs en cassation ; — Que le même arrêt ajoute, en fait, que la martelière établie pour la dérivation des eaux sur la berge du canal, n'est autre que celle qui servit et dut servir, dès l'origine, à l'usage des eaux pour l'irrigation ; qu'elle ne peut donc être considérée que comme preuve de possession de ladite faculté d'usage, et non d'un droit de propriété pure et simple ; — Attendu qu'en ce qui concerne la question de propriété, la cour d'appel (d'Aix) a usé du droit qu'elle avait d'apprécier les titres, et que, sur la question de prescription, elle a usé du droit qu'elle avait d'apprécier les faits de la cause et la nature de la possession articulée ; qu'en statuant d'après cette double appréciation, l'arrêt attaqué n'a violé aucune loi ; — Rejette.

Du 8 déc. 1841.-C. C., ch. civ.-MM. Rupcrou, pr.-Legonidec, rap.-Hello, av. gén., c. conf.-Mandaroux-Vertamy et Augier, av.

(1) (Broyes C. Danct.) — LA COUR ;—Vu les art. 2256, 2257, 2240 c. civ. ; — Attendu que les défendeurs éventuels, en produisant l'acte de 1614, ne l'ont pas seulement employé pour prouver leurs droits d'usage dans le pâtis qui faisait l'objet du litige, mais pour établir encore un droit de copropriété sur ces mêmes objets ; — Attendu que l'arrêt attaqué (de Rouen) n'a point apprécié cet acte ; qu'il n'en a déterminé ni la nature ni les effets ; qu'il s'est borné à confirmer la preuve des faits, ordonnée par les premiers juges, en réservant tous les droits respectifs des parties ; d'où il suit qu'une pareille décision n'a pu violer les articles invoqués par les demandeurs ; — Rejette.

Du 2 juill. 1828.-C. C., sect. req.-MM. Henrion, pr-La Rigaudie, r.

(2) *Espèce* ; — (Mollerat C. Saclier.) — A l'appui du pourvoi contre un jugement du tribunal d'Autun, on disait que : « Anciennement comme aujourd'hui, la possession était insuffisante pour acquérir la servitude d'usage dans les bois ; que le titre ou le payement de la redevance étaient seuls exigés pour pouvoir l'exercer ou en continuer la jouissance ; que l'usager ne pouvait prescrire ou se faire maintenir dans son droit d'usage que tout autant qu'il remplirait les engagements qu'il avait contractés de servir la rente ; que le contrat intervenu entre lui et le propriétaire des bois renfermait des conventions corrélatives réciproques, de telle sorte que l'exécution de l'une des parties ne pouvait nuire au droit de l'autre ; que du moment que l'usager prétendait s'affranchir de la redevance par la prescription, il voulait, contrairement à l'art. 2240 c. civ., etc., se changer la nature et le principe de sa possession, puisque, d'onéreuse qu'elle était, il la rendait gratuite ; que vainement on excipait de l'art. 2241 c. civ., cet article n'avait trait qu'aux obligations relatives à la possession d'un objet quelconque.—On ajoutait qu'en accordant que l'usager peut prescrire la rente par la jouissance, il avait interrompu la prescription (art. 2248 c. civ.), du moment qu'il avait, pendant trois années consécutives, servi la redevance ; car alors ce payement est la reconnaissance formelle du droit de celui contre lequel il prescrivait ; qu'en supposant encore que la prescription fût accomplie, le service volontaire de cette même rente pendant trois années emportait une renonciation tacite aux droits acquis, et dépouillait l'adversaire du bénéfice qu'il eût pu invoquer contre le demandeur (art. 2220 et 2221 c. civ.). — Arrêt.

LA COUR ; — Sur le premier moyen, tiré de la violation de l'art. 2240 c. civ. : — Attendu que, s'il est vrai, d'après la maxime de droit, *nemo mutare potest sibi possessionem*, qu'on ne peut prescrire contre son titre, en ce sens qu'on ne peut intervertir la nature du titre d'où dérive la cause de sa possession ; ainsi le fermier, le dépositaire, le séquestre, ne peuvent se prévaloir de leur possession pour prétendre avoir acquis par prescription, la propriété de l'objet qu'ils n'ont possédé qu'à titre précaire, néanmoins, comme l'explique l'art. 2241 c. civ., qui n'est que l'expression des principes consacrés par la jurisprudence, on prescrit contre son titre en ce sens qu'on prescrit la libération de l'obligation qu'on a souscrite, sans pour cela délaisser son titre, dont les conditions alternatives n'empêchent que l'une des parties ne puisse se libérer envers l'autre de celles qui lui sont imposées, tandis qu'elle profite de celles stipulées en sa faveur, si elle a continué d'en avoir l'exercice et le profit ; d'où il faut conclure que le jugement dénoncé a fait à la cause une juste application de l'art. 2241 c. civ., et n'a aucunement violé l'art. 2240 du même code ;

Sur le second moyen, tiré de la violation de l'art. 2248 c. civ. : — Attendu, d'une part, que rien ne prouve que, devant les premiers juges de la cause, on ait justifié soit de la qualité de Fraguère, dont on invoquait un adminicule écrit pour en faire résulter l'existence des payements successifs de la redevance réclamée en 1784, 1785, 1786, soit même de la minorité du sieur Mollerat, l'un des demandeurs, pour appuyer et faire valoir l'interruption de la prescription articulée par les défendeurs éventuels ;—Attendu, au surplus, que, sans s'arrêter à discuter très-sérieusement au fond la valeur de l'adminicule produit par les demandeurs, qui ne pouvait d'ailleurs en soi, et dans son isolement, former un titre suffisant en leur faveur, le jugement déclare que la prescription invoquée par les défendeurs éventuels était déjà acquise dès 1784 ; qu'ainsi il faudrait qu'il y eût renonciation expresse des défendeurs éventuels à la prescription alors acquise pour accueillir l'action des demandeurs ;—Rejette.

Du 14 mai 1834.-C. C., ch. req.-MM. Zangiacomi, pr.-Voysin-de-Gartempe, rap.-Tarbé, av. gén.-Gayet, av.

déclarerait n'en vouloir plus faire usage (Riom, 28 mai 1810)(1).

462. Cette règle est peu sûre si le sens n'en est pas restreint. « En général, dit Merlin, la prescription exerce son empire sur tout ce qui n'y est pas expressément soustrait par la loi; et la loi ne dit nulle part qu'une obligation cesse d'être prescriptible par cela seul qu'elle est corrélative à une autre, ou ce qui est la même chose, par cela seul qu'elle a pour cause un contrat synallagmatique, duquel dérive une autre obligation, qui continue d'être exécuté. — Qu'y a-t-il de plus corrélatif à l'obligation du vendeur de faire jouir l'acheteur de l'objet vendu, que l'obligation de celui-ci d'en payer le prix à celui-là? Cependant les lois romaines décidaient formellement que le prix de la vente était prescriptible de la part de celui à qui l'objet vendu avait été livré, et qui en jouissait paisiblement; et personne n'oserait aujourd'hui, en présence de l'art. 2262 c. civ., où il est dit, dans les termes les plus généraux, que toutes les actions, tant réelles que personnelles, sont prescrites, soutenir sérieusement que cette décision est abrogée» (Quest. de droit, v° Prescription, § 10, art. 4).— Ainsi, il a été jugé que le droit à une servitude, concédé moyennant une rente annuelle, peut subsister s'il n'a pas été prescrit par l'usage, et cependant la prescription de la rente s'opérer par le non-payement pendant trente années (Bourges, 4 déc. 1850) (2).

463. Il a été jugé, et avec raison, que la prescription ne court pas contre le créancier nanti à titre d'antichrèse ou de gage, tant qu'il a l'objet en sa possession; mais ce n'est pas parce que le contrat contenait une obligation réciproque, c'est que d'après la nature de l'antichrèse, son existence et sa durée supposent toujours l'existence et la durée de la dette qui y a donné lieu (Cass. 27 mai 1812, aff. Villette, V. n° 408). — Ajoutons avec M. Troplong, n° 534, que le créancier, en permettant que le débiteur reste nanti du gage, a reconnu par là l'existence de la dette dont ce nantissement est l'accessoire.—Vous ne pouvez prescrire contre un contrat synallagmatique lorsque l'autre contractant, en exécutant son obligation, a protesté par là nécessairement contre la péremption de la vôtre. Ainsi, le propriétaire d'une forêt ne peut prescrire contre l'usager lorsque celui-ci a payé la redevance, parce qu'il y a dans ce fait une continuelle interruption de la prescription (Req. 22 juill. 1835, aff. Champigny, V. n° 595). Pourquoi, en effet, l'usager payerait-il, s'il ne voulait pas conserver son droit? Mais la preuve que ce n'est pas parce que le contrat est synallagmatique, c'est que l'usager pourrait très-bien prescrire le droit d'usage en cessant de payer la redevance, si le propriétaire n'avait fait aucune poursuite contre lui, car il serait censé alors avoir abandonné ce droit, n'étant pas de l'essence du contrat d'usage qu'une redevance soit payée.

---

(1) *Espèce* :—(Beaufils C. Boyer.)—En 1718, Claude, Gabriel et Gabrielle Dussolnier cédèrent solidairement à Boyer le domaine du Chambon en échange de celui de Bussac. Il fut stipulé que les parties ne jouiraient qu'à titre de constitut et de précaire jusqu'à leur entrée en possession des domaines donnés en échange.—Boyer prit possession du domaine du Chambon, et retint néanmoins celui de Bussac.—Dix-huit ans après, Boyer, troublé dans la jouissance du premier de ces immeubles par le sieur Rodde, créancier hypothécaire des frère et sœur Dussolnier, obtint contre ceux-ci, en 1757, un jugement par défaut qui les condamna à le garantir. Mais ce jugement resta sans exécution, et pour se libérer de la créance de Rodde, Boyer lui vendit le domaine du Chambon.—Ce domaine était, lors de l'échéance de 1718, grevé d'hypothèque au profit de la dame Chalvet, épouse de Claude Dussolnier, l'un des échangistes. — Le 11 juin 1748, les représentants de cette dame assignèrent Rodde en déclaration d'hypothèque. Celui-ci dénonça cette demande à Boyer, qui lui-même appela en garantie Gabriel et Gabrielle Dussolnier, en exécution de l'acte de 1718. — Gabriel demanda alors qu'en vertu du même acte, Boyer lui abandonnât le domaine de Bussac, et lui rendît compte des fruits depuis 1718.—Boyer opposa à cette action en délaissement la prescription trentenaire.—Pendant l'instance, la dame Beaufils succéda à Boyer, et les droits de Gabriel Dussolnier et de sa sœur passèrent dans les mains du sieur Demolen, qui paya la créance des héritiers de la veuve Chalvet, et fut subrogé à leurs droits. — L'action en délaissement de la terre de Bussac, interrompue pendant quelque temps, fut reprise le 5 août 1806.

Jugement qui déclare cette action prescrite, attendu qu'elle n'a pas été intentée dans les trente ans, à partir du jour du contrat de 1718 ; qu'une demande en garantie formée contre Gabrielle Dussolnier et sa sœur n'a pu faire revivre une action éteinte par la prescription; que la clause insérée dans le contrat de 1718, portant que Boyer ne posséderait la terre de Bussac qu'à titre de constitut et de précaire, était purement de style; qu'elle ne pouvait produire aucun effet, puisque Boyer n'avait rendu compte à personne de sa jouissance du domaine de Bussac, et qu'ainsi cette clause était restée sans exécution.

Appel.—Demolen prétend qu'aux termes de l'acte de 1718, la possession de Boyer, étant devenue précaire, n'a pu changer de nature par le seul laps de temps; qu'en conséquence, les droits des frère et sœur Dussolnier, à la propriété de la terre de Bussac, avaient conservé toute leur force, et qu'alors même qu'ils eussent été frappés de prescription, la demande en garantie formée par Boyer les aurait fait revivre, car celui qui réclame l'exécution d'un contrat doit lui-même l'exécuter.—Arrêt.

LA COUR; —En ce qui touche la demande en désistement de la moitié du domaine de Bussac : — Attendu que les intimés, à la suite de leurs auteurs, ont fondé leurs demandes contre Dussolnier, prêtre, et aujourd'hui contre Demolen qui le représente, sur la garantie promise par l'acte d'échange consenti en 1718, entre Jean Boyer d'une part, Claude et Gabriel Dussolnier d'autre part, et que cet acte est produit en la cause de la part des intimés qui en ont ainsi réclamé et en réclament encore l'exécution; — Mais, attendu que cet acte, constamment exécuté de la part de Dussolnier, par la tradition réelle des domaines et montagne du Chambon, ne l'a jamais été de la part de Boyer, qui devait donner le domaine de Bussac, et qui, après s'en être désisté par tradition feinte seulement, n'a pas cessé de l'occuper comme font encore les intimés, ses héritiers;—Attendu cependant le principe de droit, que tout demandeur qui fonde son action sur un contrat réciproquement obligatoire donne droit à son adversaire d'en réclamer l'exécution en sa faveur, quelque temps qu'en ait duré l'inexécution à son égard, et sans qu'il soit permis de se prévaloir de la prescription contre lui, parce que ce titre une fois produit reprend sa qualité et son effet de titre commun, qu'il ne peut servir à l'un sans servir également à l'autre, quand même celui qui l'a produit aurait protesté de ne vouloir l'employer qu'au chef qui sert son intérêt, et sans pouvoir le retirer lorsque les choses ne sont plus entières; —Attendu que, sous un autre rapport, néanmoins applicable à l'espèce, puisqu'il résulte du même titre, Boyer se départit véritablement, par le contrat d'échange, de la possession de son domaine de Bussac, par voie feinte, il est vrai, mais qu'il n'en promit pas moins de ne jouir désormais de ce domaine qu'à titre de constitut et de précaire; qu'il est de doctrine universelle que, par la tradition feinte, on perd sa possession, comme par la tradition réelle, quoique au premier cas on la perde *animo solo absque corporali discessione*, parce qu'il n'est pas possible de continuer de jouir utilement et pour soi, quand on ne jouit plus *animo domini*, et qu'on a expressément reconnu qu'on jouissait pour un autre;—Que pour user des termes d'un grand docteur, qui parle de cette tradition dans son Traité des donations, c'est improprement et faute de bien entendre cette matière qu'on qualifie cette tradition de feinte; qu'à la vérité la voie par laquelle se fait cette tradition est feinte, en tant qu'elle est opposée à la tradition par voie réelle; mais que l'effet en est réel en tant que le donataire devient le véritable possesseur, et le donateur ne possède plus que comme un étranger, et ainsi que ferait un simple fermier ou usufruitier; — Que cette doctrine est vraie pour les ventes comme pour les donations, et qu'au surplus l'échange est, selon la définition de nos lois, un acte *do ut des*, un contrat par lequel les parties se donnent réciproquement une chose pour une autre; — Que rien ne saurait justifier les présomptions d'exécution qui ont induit les premiers juges en erreur, puisque, d'une part, il y a preuve complète, par le titre et par le fait, que le contrat n'a jamais été exécuté de la part des intimés ou de Boyer leur auteur, et que de l'autre, s'il avait existé un autre titre dans le temps intermédiaire, qui eût changé la cause de leur possession, il faudrait le rapporter, et qu'on n'en produit aucun ; — Que s'il était permis en pareil cas de se déterminer par des suppositions de titres contraires aux titres produits, jamais il n'y aurait lieu à l'application des principes qu'on vient de rappeler, puisqu'on ne manquerait jamais d'alléguer un autre titre qui a changé la cause de la possession et autorisé à prescrire...; —Sans s'arrêter aux fins de non-recevoir opposées par la partie de Dulopchier, dont elle est déboutée, dit qu'il a été mal jugé, bien appelé;— Emendant, condamne la veuve Beaufils à se désister, en faveur de Demolen, des deux tiers du domaine de Bussac, avec restitution des deux tiers des jouissances dudit domaine, à compter du 10 déc. 1718, etc.

Du 28 mai 1810.-C. de Riom.

(2) (Duveyret, etc. C. Coulon, etc.) — LA COUR; — Considérant que, quelle que soit la cause de la cessation du payement de la redevance, il n'est point contesté qu'elle n'a pas été acquittée depuis un temps plus que suffisant pour prescrire la libération; qu'il n'y a point de contradiction à présenter un titre comme établissant un droit en sa faveur et à se refuser aux charges qu'il impose et dont on se prétend libéré par la prescription; que la prescription est fondée dans ce cas sur la présomption légale, soit du rachat du droit, soit de la remise ou de l'abandon qu'en a fait celui à qui le droit était dû; que ce principe, qui est la règle ancienne de la matière, est consacré par l'art. 2241 c. civ.; — Infirme, etc., et renvoie les appelants de la demande en payement de la redevance portée aux actes de concession.

Du 4 déc. 1850.-C. de Bourges.-M. Trottier, pr.

464. Un vendeur n'a pas livré la chose, et trente ans se sont écoulés. L'acheteur n'a pas payé, le vendeur a fait des actes d'interruption; pourra-t-il obtenir le prix et prescrire l'obligation de livrer? Non, sans doute; mais ce ne sera pas parce qu'il y a une obligation réciproque dans le contrat de vente, ce sera et ce sera uniquement parce que l'action de l'acheteur n'était pas encore ouverte au moment où le vendeur a intenté la sienne; parce qu'il ne pouvait exiger du vendeur la délivrance de la maison qu'en lui payant ou en offrant de lui payer le prix; parce que la prescription ne court pas contre une action qui n'est pas ouverte (Merlin, *loc. cit.*; MM. Troplong, nº 534; Duranton, t. 11, nº 251).

CHAP. 5. — DES CAUSES QUI INTERROMPENT LA PRESCRIPTION.

465. Entre l'interruption de la prescription dont nous allons nous occuper ici et sa suspension dont nous parlerons dans le chapitre suivant, il y a cette différence essentielle que la première anéantit entièrement les effets de la possession qui l'a précédée, de telle sorte que cette possession ne peut plus être à l'avenir d'aucune considération pour la prescription, tandis que, sans toucher à la possession préexistante, la suspension ne fait qu'arrêter son cours jusqu'à ce que la cause de cette suspension ait cessé.— C'est en s'appuyant sur cette distinction qu'il a été jugé que la réunion de la Lorraine à la France ayant frappé définitivement d'inaliénabilité, comme domaine de l'Etat, le domaine immobilier des ducs de Lorraine n'a pas été seulement un fait suspensif, mais bien un fait interruptif des prescriptions alors commencées, tellement que le temps écoulé au moment de la réunion n'a pu compter au profit du possesseur (Req. 6 juill. 1857, aff. Mues-Doublac, V. Domaines engagés, nº 40). — La prescription peut être interrompue ou naturellement ou civilement (c. nap. 2242).

SECT. 1. — *De l'interruption naturelle.*

466. «L'interruption naturelle est une interruption de fait qui arrive aussitôt qu'il survient quelque acte qui nous fait véritablement cesser de posséder une chose que nous possédions auparavant» (Merlin, vº Interruption de prescription, nº 2). — Elle a lieu : 1º lorsqu'un possesseur est privé pendant plus d'un an par un tiers de la détention de la chose; 2º quand le possesseur abdique sa possession; 3º quand le maître d'une servitude, laquelle, est en voie de se prescrire, fait des actes d'où il résulte qu'il exerce cette servitude; 4º quand la chose possédée et qu'on prescrit devient imprescriptible.—Le code Napoléon ne s'occupe que de l'interruption naturelle la plus fréquente.

467. Aux termes de l'art. 2243, il y a interruption *naturelle*, lorsque le possesseur est privé pendant plus d'un an de la jouissance de la chose, soit par l'ancien propriétaire, soit même par un tiers (c. nap.). — En droit romain et autrefois en France, l'efficacité de la possession d'un immeuble contre l'ancien détenteur était également subordonnée à sa durée d'un an. C'est pendant la révolution d'une année, disait Bigot de Préameneu (exposé des motifs, V. p. 71, nº 23), que les produits d'un fonds ont été recueillis. Une possession ainsi continuée publiquement ne peut être confondue avec une simple occupation. Ainsi, nul ne peut être dépouillé du titre de possesseur que par la possession d'une autre personne pendant un an.

Que faut-il entendre par ces mots pendant *plus d'une année?* Selon M. Duranton, t. 21, nº 262, il faut entendre une dépossession d'un an révolu et pas davantage, mais pas moins. Du reste, on n'exige pas, pour qu'il y ait interruption, une privation de jouissance pendant un an et un jour complet; il suffirait donc d'une année et quelques heures, même une seule.—Il a été jugé que l'interruption naturelle dont parle l'art. 2243 c. nap. ne peut être que celle qui consiste dans la privation absolue de toute la chose, et ne peut résulter de simples entreprises sur cette même chose (Req. 11 juill. 1838) (1).—Tous les auteurs sont d'accord sur ce point (V. nº 375) que la possession d'un an qui interrompt la prescription peut être le résultat d'une *voie de fait*, d'un *acte de violence* : « *Naturaliter interrumpitur possessio, cum quis de possessione vi dejicitur, vel alicui res eripitur* » (L. 5, D., *De usurp.*).

468. Au reste, d'après un arrêt, l'interruption de la prescription résultant de la puissance féodale, puissance déclarée illégitime par les lois postérieures, ne peut pas être considérée, à cause de son caractère de force majeure, comme l'interruption *naturelle* dont parle l'art. 2243 c. nap. En conséquence, une commune a pu, malgré cette prétendue interruption, être déclarée recevable à faire la preuve qu'elle avait eu la possession du terrain, litigieux depuis un temps immémorial (Req. 28 fév. 1811) (2).

469. Il faut bien remarquer qu'aux termes de l'art. 2243 la privation de jouissance qui a pour effet d'interrompre la prescription, est celle qui provient du fait de l'ancien propriétaire, ou tout au moins d'un tiers étranger à celui qui prescrit. Et spécialement, on ne peut dire qu'il y ait interruption de prescription au préjudice du propriétaire d'une maison, de cette circonstance que ce propriétaire ayant ouvert, depuis plus de quarante ans, une porte sur le fonds de son voisin, a autorisé dans cet espace de temps ses locataires à fermer cette porte pour n'être pas entendu du dehors, à la charge par eux de la rouvrir à leurs frais, au bout des trois ans que devait durer leur bail (Nîmes, 9 nov. 1830) (3).—Dans cette espèce, d'ailleurs (et ce moyen était invoqué), les signes extérieurs de la porte annonçaient l'intention du propriétaire de continuer sa jouissance à volonté. Aussi l'arrêt ci-dessus est-il invoqué par M. Troplong, à l'appui de l'opinion qu'il n'y a pas d'interruption par le non-usage, si la possession se conserve par des vestiges, et si l'adversaire n'a fait aucun acte de contradiction (Conf. d'Argentré. — *Contrà*, arrêt du parlement de Besançon du 8 fév. 1715).

470. Y aurait-il interruption de possession, au préjudice de l'usurpateur, si la chose qu'il détient avait été par lui concédée

---

(1) (Pons-d'Arnave *C.* préfet de l'Ariége.)—LA COUR;—Attendu que l'usager dont le titre a plus de trente ans doit prouver sa possession, et que cette possession doit avoir les caractères déterminés par la loi; —Attendu qu'en matière d'usages dans les forêts, et quand l'usage est d'y prendre du bois, il n'existe qu'un seul genre de preuve de la possession de l'usage, la preuve écrite résultant des procès-verbaux de délivrance dressés par les agents forestiers, et que la preuve testimoniale de toute autre possession serait frustratoire, parce que cette autre possession serait illégale, abusive et inefficace pour constituer le droit; — Attendu que l'interruption naturelle dont parle l'art. 2243 c. civ. ne peut être que celle qui consisterait dans la privation absolue de toute la chose et non pas celle qui consisterait dans de simples entreprises sur cette même chose;—Attendu, en fait, que le titre du demandeur remonte à 1780; qu'il reconnait n'avoir pas demandé la délivrance et qu'il se borne à alléguer qu'il a usé de son droit en offrant de prouver que, par lui ou ses auteurs, il a fait charbonner dans la forêt de 1780 à 1804; de tout quoi il suit que le titre ayant plus de trente ans et qu'aucun acte légal d'exercice des droits d'usage n'étant justifié et pas même allégué, la prescription opposée par l'Etat n'a pas été interrompue;—Rejette.

Du 11 juill. 1838.-C. C., ch. req.-MM. Zangiacomi, pr.-Duplan, rap.-Hervé, av. gén., c. conf.-Mandaroux-Vertamy, av.

(2) (Dufayot *C.* com. de Pimprez.) — LA COUR; — Attendu, sur le premier et le deuxième moyen dirigés contre l'arrêt préparatoire du 18 fév. 1808 : 1º que la commune de Pimprez avait soutenu et offert de prouver qu'elle jouissait de temps immémorial, à titre de propriétaire, des terrains contentieux, et que c'est à ce titre que l'arrêt préparatoire avait ordonné que la commune ferait preuve de sa possession;—2º Que l'espèce d'interruption qui avait eu lieu de 1771 à 1789, provenant d'une force majeure (la puissance féodale), à laquelle les possesseurs n'avaient eu aucun moyen de résister, et que les lois subséquentes avaient déclaré illégitime, ne devait pas être considérée comme l'interruption naturelle qui, aux termes de l'art. 2243 c. civ., a le même effet, soit qu'elle provienne de l'ancien propriétaire, soit qu'elle ait lieu par le fait d'un tiers; — Rejette.

Du 28 fév. 1811.-C. C., sect. req.-MM. Henrion, pr.-Lamarque, r.

(3) (Bret *C.* Lavoudez.) — LA COUR; — Attendu que la privation de jouissance qui interrompt la prescription est celle qui provient du fait de l'ancien propriétaire, ou, tout au moins, d'un tiers étranger à celui qui prescrit; mais que la cessation de jouissance, qui n'est que la suite de la volonté de ce dernier, ou de celui qui le représente, n'indique que l'usage d'une faculté dont l'exercice ne peut lui faire perdre aucun droit; —Attendu que, dans la cause, rien n'établit que Bret se soit jamais plaint de l'ouverture de la porte pratiquée sur son fonds par l'auteur des mariés Lavoudez, ni qu'aucune sommation, à l'effet de la faire fermer, ait été par lui donnée; que les enquêtes prouvent, au contraire, que la fermeture momentanée de cette porte est un fait entièrement étranger au sieur Bret, et n'a eu lieu que pour l'avantage passager d'un locataire des mariés Lavoudez; ce qui n'a pu préjudicier à la prescription qui s'acquerrait;—Par ces motifs, met l'appellation au néant.

Du 9 nov. 1830-C. de Nîmes, 1re ch.-M. Triuquelague fils, pr.

à titre précaire à celui qui en est, sans le savoir, le véritable propriétaire? Pour l'affirmative, on dit, en invoquant les lois 45, ff., *De reg. jur.*, 21 et 33, § 6, *eod. De usurp.*, qu'on ne saurait comprendre que le propriétaire d'une chose la possède à titre précaire. Cependant, nonobstant l'autorité de ces lois et celle de Pothier, qui adopte leur décision (Tr. de la prescr., part. 1, ch. 2, art. 3, § 1), nous pensons que le titre précaire, tant qu'il n'a été ni annulé ni contredit, doit conserver toute sa force. Comment, en effet, ne pas considérer comme possédant pour autrui celui, par exemple, qui paye à un tiers le loyer d'un immeuble qu'il ignore être sa propriété? Et s'il possède pour autrui, sous quel prétexte peut-on enlever à ce dernier le fruit d'une possession continue, paisible, publique, à titre de propriétaire, et pendant le temps déterminé par la loi, possession d'autant plus respectable qu'elle a en sa faveur le concours du propriétaire? — Nous ne saurions même admettre avec M. Vazeille, n° 184, qui d'ailleurs partage notre opinion, que si l'ancien propriétaire n'acquiert la connaissance de son droit qu'à la veille de la prescription, et qu'il ne lui reste pas assez de temps pour opérer l'interversion de son titre précaire, les tribunaux puissent, dans aucun cas, déclarer que cette interversion s'est opérée au moment où il est prouvé que la connaissance du droit a eu lieu.

471. Il y a interruption naturelle de la prescription, suivant la plupart des auteurs, si le fonds que l'on prescrit est inondé pendant une année. « Je crois, dit M. de Maleville, que cette opinion est vraie, quand il s'agit du commencement de la prescription, et de se mettre en état d'exercer l'action possessoire; mais non lorsqu'il s'agit seulement de continuer la possession pour pouvoir prescrire la propriété : si, dans ce second cas, le possesseur n'a pas, pendant l'inondation, la possession naturelle, il peut du moins, avoir la possession civile. » La distinction proposée par M. Maleville est adoptée par M. Vazeille, n° 185. — Un arrêt a décidé qu'une possession ne cesse pas d'être continue et acquisitive de la propriété, si les interruptions qu'elle éprouve ne proviennent que de force majeure, telle que l'invasion périodique des flots de la mer sur un terrain situé sur ses bords, et non du fait de l'homme (Amiens, 17 mars 1825, aff. préf. de la Somme, sous Rej. 31 juill. 1828, n° 181-2°).

472. La prescription interrompue par la possession annale d'un tiers, recommence à compter du jour où la possession a été ressaisie. Et cette nouvelle prescription est, en général, soumise aux mêmes règles et aux mêmes conditions que l'ancienne; de sorte que si celle-ci était fondée en titre, basée sur la bonne foi, et de nature à s'accomplir par dix ou vingt ans, la prescription nouvelle le sera également, car l'interruption, en effaçant la possession et la prescription, n'a en rien altéré le titre qui leur servait de base. « *Afficit enim interruptio possessionem et præscriptionem*, dit d'Argentré, *sed in titulum nihil agit.* » — Il n'y aurait exception à la règle suivant laquelle la prescription qui recommence doit avoir la même durée que l'ancienne, que, dans le cas où celle-ci peuvent s'accomplir par dix ou vingt ans avec titre et bonne foi; il serait survenu, durant l'interruption, une circonstance éversive de la bonne foi, comme alors cette condition ne se rencontrerait pas à l'origine de la nouvelle prescription, celle-ci ne s'accomplirait que par trente ans (Conf. M. Troplong, n° 353).

473. L'abdication de la jouissance constitue l'interruption naturelle, mais le simple non-usage d'une chose pendant un certain temps n'est pas une cause d'interruption, surtout si ce droit se conserve par des vestiges : « *Superstantia fundamenta possessionis*, dit d'Argentré, *præscriptionem impediunt*, » et si l'adversaire était resté dans un état d'inertie (V. Nîmes, 9 nov. 1830, aff. Bret, n° 469, et M. Troplong, n° 336).—M. Duranton pense cependant, t. 21, n° 261, que si un possesseur avait volontairement abandonné la chose même pendant moins d'une année, et qu'il l'a reprise ensuite, il y aurait eu interruption à son préjudice. Cela ne paraît pas contestable, mais il sera toujours bien difficile d'établir en fait que l'abandon a eu lieu, surtout lorsque la chose a été reprise par le possesseur lui-même qui avait délaissé. L'abandon se confondra toujours dans ce cas avec le non-usage momentané qui n'interrompt pas la prescription. — V. au reste, vis Servit. et Usage.

474. Il y a évidemment interruption de prescription, si la chose cesse d'être prescriptible; mais quand elle ne devient imprescriptible que temporairement, et en considération de la personne du propriétaire l'interruption n'a pas lieu. — V. art. 1561 c. nap. — Conf. M. Marcadé, art. 2242, n° 1.

SECT. 2. — *De l'interruption civile.*

475. On va traiter successivement : 1° des actes d'où résulte cette interruption : citation en justice, commandement, saisie; 2° de la citation en conciliation; 3° de la citation donnée devant un juge incompétent; 4° des cas où l'interruption est considérée comme non avenue; 5° de la reconnaissance que le débiteur ou le possesseur fait du droit de celui contre lequel il prescrivait; 6° de l'extension des effets de l'interruption d'une personne à une autre et d'une action à une autre; 7° de l'influence de l'interruption de la prescription sur le temps requis pour prescrire.

ART. 1. — *Des actes interruptifs de la prescription, citation, commandement, saisie.*

476. Aux termes de l'art. 2244, « une citation en justice, un commandement ou une saisie signifiés à celui qu'on veut empêcher de prescrire, forment l'interruption civile. » — V. les motifs et rapports, p. 71, nos 24 et suiv.

477. *Citation en justice.* — Il suffit que l'ajournement intervienne avant le temps de la prescription, quand même le délai pour comparaître se trouverait en dehors de ce temps. — Une instance engagée devant des arbitres contient une véritable demande en justice (Conf. M. Troplong, n° 561). — Il en était de même sous la loi des 14-24 août 1790, de la citation devant le tribunal de famille constitué conformément à l'art. 12, tit. 10 de cette loi : elle interrompait la prescription, et c'est ce qui a été jugé (Riom, 14 juin 1810, aff. Coudert C. Coudert).

478. Par ces mots *citation en justice*, il faut entendre toute demande en justice. En conséquence on a regardé comme interrompant la prescription : 1° une demande formée reconventionnellement dans une instance, par conclusions signifiées à avoué (Req. 12 déc. 1826) (1). — Conf. Req. 25 janv. 1837, aff. Lacassagne, n° 557-1°); — 2° Toute demande incidente : « attendu qu'il importe peu que la demande nécessaire, pour interrompre la prescription, soit une demande principale, ou qu'elle ne soit qu'accessoire à une autre demande relative au même objet; que l'une et l'autre ont le même effet » (Metz, 12 mars 1819, M. Colchen, pr., aff. Macklas C. Latournelle); — 3° La défense à une demande en nullité de la saisie-arrêt (Bordeaux, 3 juill. 1833) (2).

479. De même : 1° la dénonciation d'une saisie immobilière aux créanciers inscrits par la notification de placards rendant la saisie commune à *tous* les créanciers, vaut interruption

(1) (La-Tour-d'Auvergne C. Rohan.) — LA COUR ; — Attendu, 1° que le demandeur, comme héritier de son père, était, suivant la transaction du 12 mars 1776 entre le sieur son père et le dernier duc de Bouillon, débiteur envers celui-ci de la somme de 50,000 fr. exigible dans les six mois, à partir de l'époque du décès de la dame de la Trimouille, arrivé le 18 fév. 1789 ; — 2° Que, par des conclusions signifiées le 9 avril 1818, le prince de Rohan a formellement conclu au payement des 50,000 fr. ; qu'une demande, ainsi signifiée en jugement, a incontestablement l'efficacité d'interrompre la prescription ; qu'étant reconventionnelle, elle est, par sa nature, affranchie de la formalité de la conciliation, et qu'ainsi la prescription a été interrompue en temps utile ; — Rejette.

Du 12 déc. 1826.-C. C., ch. req.-MM. Henrion, pr.-Vallée rap.

(2) (Feletz C. les hérit. Jayle.) — LA COUR ; — Attendu que le 25 août 1825, les intimés formèrent opposition dans les mains de M. le ministre des finances, sur l'indemnité accordée à François-Dominique de Feletz, ou quoi que ce soit, à son héritier, en vertu de l'acte du 1er juill. 1791; que le 11 mai 1828, Jean-Marie de Feletz, héritier de François-Dominique et aujourd'hui représenté par l'appelant, assigna les héritiers Jayle pour voir annuler leur opposition en tout ou en partie; — Qu'ayant comparu sur cette demande, les héritiers Jayle firent signifier, le 25 juill. 1829, une requête dans laquelle ils concluaient à être remboursés du montant de la vente du 1er juill. 1791, en capital et intérêts, et, par suite, voir déclarer leur opposition bonne et valable ; — Que ces conclusions constituent une demande judiciaire intervenue avant que trente ans ne se fussent écoulés depuis la demande administrative existante à la date de l'arrêté du 16 juin 1801, et que, par conséquent, l'appelant est mal fondé à se prévaloir de la prescription trentenaire ; — Confirme.

Du 3 juill. 1833.-C. de Bordeaux, 1re ch.-M. Roullet, 1er pr.

même en faveur des créanciers à hypothèque légale qui se sont inscrits depuis (Grenoble, 2 juin 1831) (1); — 2° La production dans un ordre faite par un créancier interrompt la prescription de sa créance (même arrêt); — 3° L'acte par lequel un créancier somme l'adjudicataire des biens de son débiteur, de procéder à l'ouverture de l'ordre, a aussi l'effet d'interrompre, en faveur de ce créancier, la prescription de son titre (même arrêt); — 4° La demande d'intervention dans une instance en partage d'une succession, formée par le créancier d'un des héritiers en vue de surveiller ses droits, a pour effet d'interrompre la prescription quinquennale des intérêts de la créance, alors qu'elle a été admise par un jugement signifié au débiteur et exécuté par la présence du créancier intervenant dans les opérations de l'instance (c. nap. 2244, 2277; Cass. 19 juill. 1841) (2); — 5° La réquisition du créancier d'une succession tendant à l'ouverture d'un ordre sur le prix des immeubles de

(1) *Espèce* : — (Pellat C. Sibert.) — 6 pluv. an 12, décès de la dame Pellat; ses enfants Joseph et Jean restèrent sous la tutelle de leur père jusqu'à leur majorité, qui arriva, pour le premier, le 11 fév. 1819, et pour le second, le 7 fév. 1821. — En 1828, Pellat père fut poursuivi en expropriation forcée. — Le 27 mars de la même année, ses fils, pendant la procédure, mais après la notification des placards, prirent inscription sur ses biens pour la conservation des droits à eux échus par le décès de leur mère; mais ils ne firent nulle mention des reprises qu'ils avaient à exercer à raison de leur minorité. — 28 avril suivant, la demoiselle Villard, seconde femme du sieur Pellat, se rend adjudicataire des biens mis en vente. — 15 novembre, sommation lui est faite par les frères Pellat, agissant comme héritiers de leur mère, de signifier son jugement d'adjudication dans la huitaine, à peine d'être poursuivie par folle enchère. — 5 fév. 1829, l'ordre s'ouvre. La collocation des frères Pellat donne lieu à des contestations. — Jugement qui décide que la dame Pellat leur mère, décédée sous l'empire de la loi du 11 brum. an 7, avait perdu son hypothèque faute par elle de l'avoir fait inscrire; que Jean Pellat pouvait bien réclamer une hypothèque légale à cause de sa minorité; mais que le même droit n'appartenait point à Pellat aîné, auquel était valablement opposée la prescription décennale établie par l'art. 475 c. civ. — Appel par Joseph Pellat. — Arrêt.

LA COUR; — Attendu que Joseph Pellat avait à répéter contre son père sa portion des droits et avantages de mariage qui compétaient à sa mère et qui dérivaient du contrat de mariage de celle-ci; — Que la mère Pellat étant décédée avant la publication du code civil, l'hypothèque légale qu'elle avait sur les biens de son mari devait être inscrite pour fixer le rang qu'elle devait avoir parmi les créanciers de ce dernier; — Que l'inscription de cette hypothèque, étant postérieure à celle des intimés, serait inefficace pour faire colloquer Joseph Pellat dans l'ordre au premier rang; — Attendu qu'indépendamment de cette hypothèque légale, Joseph Pellat en avait une deuxième dérivant de la gestion de son père comme tuteur; que cette hypothèque légale, dispensée d'inscription, embrassait les créances que le fils avait à réclamer contre son père, du chef de sa mère; — Que la prescription de dix ans, dont parle l'art. 475 c. civ., ne peut être opposée à Joseph Pellat, faute par lui d'avoir exercé son action dans les dix ans de sa majorité, d'autant que ces dix ans n'étaient pas expirés lorsqu'ont eu lieu les poursuites en expropriation forcée dirigées contre le père, l'adjudication définitive de ses biens et l'acte interpellatif signifié à la requête de Joseph Pellat à l'adjudicataire pour qu'il eût à notifier le jugement aux créanciers inscrits et procéder à l'ouverture de l'ordre; — Que, dès l'instant où une saisie a été dénoncée aux créanciers inscrits par la notification des placards, elle devient commune à tous ces créanciers; qu'il faut aussi appliquer cette communauté à tous les créanciers à hypothèque légale dispensés d'inscription, qui sont admis à se présenter dans un ordre tant que la distribution des deniers n'a pas été définitivement arrêtée; que la loi qui veille ici à la conservation de leur hypothèque, qu'ils peuvent inscrire quand bon leur semble sur le registre du conservateur, en conserve le droit, qui ne peut plus périr dès l'instant où les poursuites à fin de saisie immobilière sont devenues communes à tous les créanciers; que, dès ce moment, il y a à leur égard interruption de prescription;

Attendu qu'il faut encore voir cette interruption dans l'acte interpellatif signifié à l'adjudicataire le 15 nov. 1828, par la raison que cet adjudicataire, détenteur des immeubles qui sont le gage de la créance, se trouve substitué au débiteur primitif, et que l'esprit de l'art. 2244 c. civ., combiné avec son texte, autorise cette interprétation; qu'il faut d'autant mieux le décider ainsi, que la production dans un ordre faite par un créancier suffirait pour interrompre la prescription vis-à-vis de lui, et que l'acte qui annonce cette volonté de produire, en interpellant en conséquence l'adjudicataire de faire procéder à l'ordre, doit amener le même résultat; — Attendu, dès lors, qu'il y a lieu de colloquer Joseph Pellat au premier rang des créanciers, dans l'ordre qui s'est ouvert sur la distribution du prix des biens expropriés contre le père Pellat; — A mis l'appellation et ce dont est appel au néant, et, par nouveau jugement, ordonne que Joseph Pellat sera alloué dans l'ordre des créanciers de son père, conformément à l'état de collocation provisoire, 1° pour la moitié lui revenant de la somme de 5,400 fr. en capital, montant des constitutions dotales de Marie-Jeanne Rochat sa mère; 2° pour cinq ans d'intérêts antérieurs à la demande en collocation et pour tous ceux échus depuis; 3° pour ses frais d'inscription et d'actes de produit.

Du 2 juin 1831.-C. de Grenoble.-M. de Noaille, pr.

(2) *Espèce* : — (Anne Vézian C. Huc et Vézian.) — Anne Vézian décéda en 1795, laissant trois fils, Jacques, Alexandre et Esprit Vézian qu'il institua ses héritiers et une fille, Anne Vézian, à laquelle il légua une somme de 15,000 fr. à titre de légitime.

Le défunt avait pour créanciers les sieurs Poppe et comp. de Hambourg, qui, par des jugements qu'ils obtinrent contre les héritiers en l'an 8 et en l'an 10, firent liquider leur créance à 51,648 fr. — Sur cette somme, ils furent payés des deux tiers à la charge d'Alexandre et Esprit Vézian, mais ils restèrent créanciers de Jacques Vézian pour le tiers dont il était tenu. — Par arrêts des 2 juin 1817 et 16 avr. 1818, le sieur Jean Huc fut déclaré dépositaire d'une somme appartenant à la succession et s'élevant avec les intérêts à 67,975 fr. Ces arrêts reconnurent en même temps que Jean Huc avait versé le montant de son dépôt entre les mains d'Esprit Vézian, et, par suite, ils lui accordèrent sa pleine et entière garantie contre ce dernier. — Deux nouveaux arrêts, des 20 déc. 1819 et 19 avr. 1820, rendus avec Anne Vézian, attribuèrent à celle-ci, sur la condamnation précédente, le montant de sa légitime de 15,000 fr. en principal et les intérêts de cette somme s'élevant à 18,687 fr. — Ces deux sommes une fois déduites, il restait 54,286 fr., dont les deux tiers appartenaient à Alexandre et Jacques Vézian; quant à Esprit, loin d'être créancier de Jean Huc, il devait le garantir. Alexandre fut désintéressé, et ainsi Jean Huc n'eut pour créanciers qu'Anne Vézian et son frère Jacques; mais ce dernier devait lui-même aux sieurs Poppe le tiers des condamnations par eux obtenues en l'an 10 contre la succession. — Une instance en licitation de plusieurs immeubles indivis de cette succession s'étant engagée devant le tribunal de Montpellier, les sieurs Poppe y furent reçus parties intervenantes, à l'effet de surveiller leurs droits comme créanciers, par un jugement du 22 nov. 1822, dûment signifié, dont la disposition sur ce point fut de plus fort reproduite dans un second jugement du 30 janv. 1824. — Toutefois, dès le 11 avr. 1820, mais par simples conventions verbales qui ne furent réalisées par acte public que longtemps après, les sieurs Poppe avaient cédé à Anne Vézian leur créance sur Jacques, son frère. — Le même jour, 11 avr. 1820, Anne Vézian fit avec Jean Huc un traité par lequel elle lui fit remise de sa créance de 15,000 fr. et ne se réserva que celle de 18,687 fr. due pour intérêts, en s'obligeant à le garantir de toute action de la part de Jacques Vézian, tendant à exécuter les arrêts de 1817 et 1818, et, moyennant ce, Jean Huc renonça à exercer la garantie qu'il avait obtenue contre Esprit Vézian. — Peu de temps après, Jean Huc ayant été déclaré en état de faillite, la demoiselle Vézian, qui avait touché un à-compte sur les 18,687 fr., dont elle était créancière et qui pouvait faire compenser le surplus avec la dette de Jacques Vézian dont elle était garante, se présenta à la faillite, se fit admettre au nombre des créanciers, fit vérifier et affirma sa créance; après quoi il intervint un concordat faisant une remise au failli de 60 pour 100. — Cependant, l'instance en licitation se poursuivait. Après l'adjudication tranchée au profit d'Alexandre Vézian, Anne Vézian se fit connaître comme cessionnaire des sieurs Poppe et requit, le 6 juin 1830, l'ouverture d'un ordre dans lequel elle fut colloquée, du chef de Jacques Vézian, pour la somme de 5,817 fr. — C'est dans ces circonstances que, par exploit du 29 mai 1835, Anne Vézian, agissant encore comme cessionnaire des sieurs Poppe, a fait à la veuve de Jacques Vézian décédé, en qualité de tutrice de ses enfants mineurs, un commandement tendant au payement du capital de la créance Poppe (sous la déduction des 5,817 fr. reçus dans l'ordre) avec les intérêts courus depuis le jugement de l'an 10. — La veuve Vézian a formé opposition à ce commandement et a assigné Anne Vézian, pour voir dire qu'elle n'avait droit qu'aux intérêts des cinq dernières années. — En même temps, la veuve Vézian a fait commandement aux héritiers de Jean Huc pour ramener à exécution contre eux les arrêts de 1817 et 1818. Les héritiers Huc ont formé opposition, de leur côté, à ce commandement et ont assigné Anne Vézian en garantie, d'après le traité du 11 avr. 1820. — Les deux instances ont été jointes comme connexes. — Anne Vézian a demandé à compenser sa créance sur Jacques Vézian avec la créance de ce dernier sur Jean Huc dont elle était tenue comme garante jusqu'à concurrence de la somme intégrale qu'elle avait à répéter contre la faillite de Jean Huc. — A quoi les héritiers Huc ont répondu qu'Anne Vézian, en se présentant à la faillite et en consentant à la vérification et à l'affirmation de sa créance, comme créancière ordinaire, avait opéré une novation et ne pouvait plus prétendre qu'à ce qui lui revenait conformément au concordat.

Anne Vézian a soutenu de plus que la prescription quinquennale des intérêts de la créance des sieurs Poppe avait été interrompue par l'intervention de ces derniers dans l'instance en licitation, en 1822. — A quoi la veuve Vézian a répondu que cette prescription n'avait été réellement interrompue que par le commandement du 29 mai 1835. — En cet état,

cette succession, qui ont été licités, est interruptive de la prescription quinquennale des intérêts de la créance (même arrêt).

480. Cependant, il a été jugé qu'une demande d'intérêts formée par requête de production à un ordre, et la dénonciation au débiteur du règlement provisoire, ne peuvent interrompre la prescription quinquennale de ces intérêts (Amiens, 31 mars 1821) (1).

Cet arrêt nous semble bien rendu en ce qu'il décide que, dans l'espèce, la signification du règlement provisoire n'interrompait pas la prescription. En effet, cette signification du règlement provisoire n'aurait pu interrompre que la prescription des créances qui s'y trouvaient colloquées. Mais l'arrêt nous paraît reprochable en ce qu'il nie à la production à l'ordre la faculté d'interrompre la prescription. Les juges ne devaient pas s'arrêter à l'expression de la loi qui veut que la citation soit signifiée à celui qu'on veut empêcher de prescrire. Il est évident que le débiteur est partie dans la procédure d'ordre. — Merlin, Quest. de droit, v° Interrupt. de prescript., § 11, reconnaît que la lettre de l'art.

---

jugement, en date du 28 mai 1836, qui accueille le système des héritiers Huc relativement à la novation, et celui de la veuve Vézian, quant à la prescription des intérêts.

Appel d'Anne Vézian. — 16 mars 1837, arrêt de la cour royale de Montpellier qui statue en ces termes : — « Attendu qu'il y a lieu à adjuger à l'appelante les intérêts à raison de la créance Poppe dont elle est cessionnaire pour les cinq années antérieures à la réquisition par elle faite de la nomination d'un commissaire pour l'ouverture de l'ordre à ouvrir sur la distribution du prix des immeubles dépendant de la succession d'Antoine Vézian père, et de réformer le jugement de première instance qui n'alloue ces intérêts que pour cinq années antérieures à la date du commandement; — Attendu que Jean Huc, considéré comme dépositaire à l'égard de Jacques Vézian, ne pouvait porter la créance de celui-ci dans son bilan et le soumettre à la loi du concordat, tandis qu'Anne Vézian, ayant fait novation de dette, a dû en subir les conséquences;—Confirme en ce dernier chef, etc. » — Pourvoi. — Arrêt.

LA COUR;—Vu l'art. 2244 c. civ.;—Attendu en fait, que, dans une requête signifiée à avoué, devant la cour royale et mentionnée dans les qualités de l'arrêt attaqué, qui constatent que les conclusions qui sont prises dans cette requête ont été reproduites à l'audience où la cause a été plaidée et jugée, la demanderesse en cassation a soutenu que la prescription qui lui était opposée avait été interrompue, non-seulement par sa réquisition afin d'ouverture d'ordre du 6 juin 1830, mais encore par deux jugements d'intervention rendus en faveur des sieurs Poppe, ses cédants, des 22 nov. 1822 et 30 janv. 1824;—Attendu qu'il résulte des pièces produites à l'appui de cette requête et qui ont été mises sous les yeux de la cour royale, qu'en effet, le 22 nov. 1822, le tribunal civil de Montpellier a reçu parties intervenantes dans une instance en partage de la succession d'Antoine Vézian père, engagée entre les sieurs Jacques, Alexandre et Esprit Vézian, ses trois fils, les sieurs Poppe, sur la demande qu'ils en avaient faite en leur qualité de créanciers, soit de la succession, soit de Jacques Vézian, l'un des cohéritiers, afin d'y faire valoir leurs droits; que ce jugement a été signifié à ce dernier, demeurant à Barcelone, dans la personne du procureur du roi et aux deux autres parties de l'instance; — Que, sur l'opposition à ce jugement rendu par défaut, formée par Alexandre Vézian, un second jugement du 30 janv. 1824 admit de plus fort l'intervention des sieurs Poppe, en considérant qu'ils étaient créanciers de la succession d'Antoine Vézian père; que l'instance en partage à laquelle cette succession avait donné lieu n'était pas évacuée et que n'étant pas entièrement payés de leur créance, ils avaient le droit d'en surveiller les opérations, afin qu'elles ne fussent pas faites en fraude de leur titre; — Qu'enfin, les biens immeubles de la succession ayant été vendus par licitation et adjugés au sieur Alexandre Vézian, l'un des cohéritiers, la demanderesse en cassation fit procéder à une ouverture d'ordre sur le prix de ces immeubles et fut colloquée, comme cessionnaire des sieurs Poppe, pour la somme de 3,817 fr.;

Attendu, en droit, qu'une demande en intervention, dans une instance en partage, formée ainsi par un créancier de la succession qu'il s'agissait de partager, et de l'un des héritiers, à l'effet d'y faire valoir ses droits contre eux, admise par jugement signifié au débiteur et exécuté par la présence de l'intervenant dans les opérations de l'instance qui ont suivi le jugement d'intervention, avait tous les caractères exigés dans un acte interruptif de prescription et devait être assimilée à une demande judiciaire ou à une citation en justice...;

Attendu cependant que la cour royale, en admettant uniquement la réquisition du 6 juin 1830, comme ayant interrompu la prescription qui était opposée à la demanderesse, a refusé, par là, d'attribuer le même effet à la demande en intervention suivie des jugements des 22 nov. 1822 et 30 janv. 1824, formée par les sieurs Poppe ses cessionnaires;—Qu'en statuant ainsi, elle a méconnu les véritables caractères de cette demande et des deux jugements qui l'ont reçue, et violé l'art. 2244 c. civ.; — Casse ce qui concerne seulement le chef relatif à l'interruption de la prescription des intérêts réclamés par la demanderesse.

Du 19 juill. 1841.-C. C., ch. civ.-MM. Portalis, 1er pr.-Bryon, rap.-Hébert, av. gén., c. conf.-Dupont-White et Goudard, av.

(1) Deville de Lépinoy *C.* Thouret.) — Dans un ordre ouvert à fin de distribution du prix de deux maisons ayant appartenu au sieur Thouret et réglé définitivement le 10 juin 1815 le sieur Deville de Lépinoy fut colloqué utilement pour le capital de sa créance, et pour deux années et l'année courante des intérêts qui lui étaient dus. — Il avait en outre réclamé, par sa requête de production, des intérêts pour raison desquels il ne fut colloqué ni au règlement provisoire, ni au réglement définitif.

Postérieurement il assigna les héritiers du sieur Thouret en payement des intérêts pour lesquels il n'avait point été colloqué, et en outre d'un supplément de 5 p. cent d'intérêts, depuis le jour du règlement définitif jusqu'à celui du remboursement, qui lui avait été fait par l'adjudicataire, du capital de sa créance, pour parfaire ainsi, pour ce laps de temps, les 10 p. cent d'intérêts, que le sieur Thouret, par obligation consentie en 1806, s'était engagé à lui payer à ce taux jusqu'au remboursement de sa créance.

Les héritiers du sieur Thouret ayant opposé la prescription quinquennale contre la première partie de cette demande et la novation dans le titre de la créance par la collocation à l'ordre contre la seconde, le tribunal d'Amiens accueillit leur défense.

Appel par le sieur Deville de Lépinoy.—Pour écarter la prescription qu'on lui opposait, il disait qu'il avait produit à l'ordre dont il s'agit, avant l'expiration des cinq ans; que, dans sa requête de production, il avait réclamé les intérêts qu'on lui contestait aujourd'hui; de là il prétendait faire résulter l'interruption de la prescription. — En effet, disait-on pour lui, aux termes des art. 2244, 2245 et 2246 c. civ., toute demande formée en justice, quoique d'ailleurs soumise à un juge incompétent, interrompt la prescription. Le sieur Deville de Lépinoy a demandé par sa requête de production à l'ordre dont il a été parlé, la collocation à son profit des intérêts qu'il réclame aujourd'hui; cette demande en collocation est une véritable demande judiciaire, dirigée tout à la fois et contre le feu sieur Thouret et contre ses créanciers inscrits, qui figuraient dans l'instance d'ordre. Vainement on prétendrait que l'art. 2244 exige que la demande soit signifiée à celui qu'on veut empêcher de prescrire. Ce serait interpréter judaïquement la loi que de supposer que le mot de citation en justice employé dans cet article ne soit pas l'équivalent de demande en justice. En outre, cette dispute de mots serait sans intérêt. Le sieur Thouret présent ou dûment appelé à l'instance d'ordre, sommé ensuite de prendre communication du règlement provisoire, n'a-t-il pas connu légalement la demande du sieur Deville de Lépinoy et n'a-t-il pas été à même de la contester? La signification à son domicile aurait-elle produit plus d'effet?

Les héritiers Thouret répondaient : la prescription est une disposition de droit commun. Les moyens de l'interrompre sont au contraire une véritable exception qu'il faut renfermer dans les termes qui lui servent de limites. — Ainsi, pour interrompre la prescription, il faut d'une part employer nécessairement les actes désignés par l'art. 2244, sans qu'on puisse retirer le même effet d'actes équivalents, et d'autre part, que ces actes doivent être nécessairement signifiés à la personne qu'on veut empêcher de prescrire.—En conséquence 1° l'on ne pourrait remplacer un commandement proprement dit par une sommation qui semble avoir la même fin; 2° bien qu'une demande en collocation pût, sous certains rapports, être considérée comme une demande judiciaire, elle ne pouvait néanmoins interrompre la prescription, parce que d'abord elle n'est point signifiée au débiteur, et que d'ailleurs étant remise dans les mains du juge-commissaire, elle ne parvient à la connaissance de la partie saisie que lorsqu'elle est consacrée par le règlement provisoire, ce qui n'a point eu lieu dans l'espèce. — Arrêt.

LA COUR; — En ce qui touche la demande de Deville de Lépinoy, de 6,070 fr. 41 cent. pour cinq ans et un mois d'intérêts courus du 10 déc. 1810 au 30 déc. 1815, et sa prétention d'avoir interrompu la prescription quinquennale qui lui est opposée par les héritiers Thouret, soit par sa demande en collocation à l'ordre du prix des maisons ayant appartenu audit Thouret, soit par la signification faite à ce dernier du règlement provisoire dudit ordre; — Considérant en droit que, suivant l'art. 2244 c. civ., les actes capables d'interrompre la prescription ne produisent cet effet que lorsqu'ils ont été signifiés à la personne en faveur de laquelle court la prescription; — Considérant, en fait, que la demande en collocation à l'ordre de Deville de Lépinoy n'a pas été signifiée à Thouret; qu'elle n'a pas non plus été introduite en sa présence devant le juge, puisqu'il a fait défaut en l'instance d'ordre : — Considérant, à l'égard de la signification du règlement provisoire, qu'elle n'a pu faire connaître à Thouret que la somme pour laquelle Deville de Lépinoy était colloqué et non celle par lui demandée; — D'où il suit que les actes susdits n'ont pas interrompu la prescription quinquennale et qu'elle a rendu inexigible, sinon la totalité, au moins la majeure partie de ladite somme de 6,070 fr. 41 cent.

Du 31 mars 1821.-C. d'Amiens-M. de Maleville, 1er pr.

2246 n'est pas applicable à un acte de produit dans un ordre; mais, dit-il, c'est à son esprit que l'on doit s'attacher. Or, l'esprit de cet article est évidemment que la prescription est interrompue par une demande judiciaire, et la production des titres dans un ordre ouvert, est une véritable demande judiciaire formée par le créancier à fin de collocation de sa créance.—L'arrêt est aussi critiqué par M. Troplong, nº 565.

481. L'interruption opérée par l'acte de produit ne laisse pas de subsister, lors même que le créancier est rejeté de l'ordre, à cause de la nullité de son inscription, ou de l'insuffisance des fonds, ou pour tout autre motif qui, ne portant pas atteinte au titre, permet de le faire valoir sur les autres biens du débiteur (Merlin, Quest. de droit, vº Interrup. de prescript.; M. Troplong, nº 568).

482. L'interruption de la prescription du droit qu'avait une commune de se faire réintégrer dans les droits dont elle avait été privée par la puissance féodale, résulte d'une demande formée par cette commune pour obtenir de faire des coupes dans une forêt. Il importait peu que, dans l'espèce, elle eût été mise en possession par une sentence arbitrale déclarée nulle : ou plutôt elle avait interrompu la prescription de deux manières : naturellement, par la possession de plus d'un an, en vertu de cette sentence, et civilement, par la demande qu'elle avait faite à l'administration forestière (Cass. 29 nov. 1825, Com. de Véronnes, V. Commune, nº 1965).

483. On peut considérer comme ayant le même effet qu'une citation en justice les actes conservatoires faits pendant le séquestre révolutionnaire des biens sur lesquels on voulait exercer un droit (Req. 28 mars 1822) (1).

484. Pour qu'une citation judiciaire interrompe la prescription, il n'est pas nécessaire que les termes dont on se sert dans cette citation soient *formels, directs, explicites*; il suffit qu'ils renferment virtuellement une demande qui, si elle était admise, rendrait le demandeur propriétaire du bien qu'on veut prescrire, ou obtiendrait pour lui l'exécution de l'obligation dont on veut se libérer par la prescription. Il n'y a rien de *sacramentel* dans la rédaction de la citation, et il est donné aux tribunaux d'en déterminer le sens et la portée (V. Exploit, nº 520). — 1º Ainsi il a été jugé, que pour que la prescription d'une action en nullité soit interrompue, il n'est pas absolument exigé que l'acte qu'on veut faire annuler soit énoncé ou précisé dans la demande; et, par exemple, la citation en conciliation sur la demande d'une *certaine somme* que le vendeur d'un immeuble se propose de former contre l'acquéreur, a pu, si elle a été suivie dans le mois d'une assignation, être considérée comme interruptive de la prescription de l'action en nullité comme simulée de la quittance de *pareille somme* contenue dans l'acte de vente (Req. 14 juill. 1829) (2); — 2º Dans une autre espèce, un cohéritier forme une demande en partage, et cependant il avait renoncé à ses droits successifs en faveur de ses cohéritiers. Comme il y avait incompatibilité évidente entre cette demande et l'exécution de l'acte de renonciation, on a pu en conclure que l'assignation tendait à la nullité de cet acte, et, par conséquent, interrompait la prescription décennale qui le protégeait. L'arrêt qui a ainsi jugé ne pouvait tomber sous la censure de la cour régulatrice (Req. 2 mars 1837) (3); — 3º Ainsi encore, le mineur devenu majeur qui, avant l'expiration des dix ans après lesquels les actes ne sont plus attaquables pour cause de lésion, demande le partage de biens vendus sans les formalités exigées pour la vente des biens des mineurs, proteste suffisamment contre la vente, et interrompt par là la prescription décennale (Bourges, 25 mars 1830) (4).

485. Cependant il faut que l'interprétation n'aille pas trop loin, et que l'acte judiciaire ne puisse pas avoir évidemment un autre but que d'obtenir la reconnaissance du droit qu'on veut empêcher de prescrire. — Ainsi, il a été jugé avec raison : 1º que l'action en pétition d'hérédité n'interrompt pas la prescription des droits que peut avoir à exercer un héritier contre son cohéritier, alors que ces droits ne constituent qu'une créance pure et simple et ne font point l'objet d'un rapport à la succession à partager (Limoges, 3º ch., 1er juin 1837, M. Lavaud-Condat, pr., aff. Laramade *C.* hosp. de Turenne); — 2º Que la demande formée afin d'obtenir l'annulation d'un traité fait entre le tuteur et le mineur devenu majeur, sans que cet acte eût été précédé d'un compte détaillé, ne renfermait pas nécessairement une demande en reddition de compte interruptive de la prescription de dix années résultant de l'art. 475 c. nap. (Req. 1er mai 1850, aff. Valette, D. P. 50. 1. 151).

486. *Un commandement.*—C'était une question autrefois controversée que celle de savoir si un simple commandement interrompait la prescription. L'affirmative est aujourd'hui consacrée par l'art. 2244 qui n'exige point que pour produire cet effet, le commandement soit suivi de saisie. Néanmoins un commandement qui est nul comme manquant des conditions voulues pour autoriser des poursuites contre le débiteur n'est pas interruptif

(1) (Tricot *C.* Rochu.) — LA COUR; — Attendu que l'arrêt attaqué a fait résulter l'interruption de la prescription de différents actes conservatoires, faits vis-à-vis de l'administration pendant le séquestre des biens de l'abbaye de Corbigny, et qu'il a pu et dû admettre cette interruption comme légale, puisque pendant le séquestre Rochu ne pouvait avoir d'autre contradicteur que l'administration elle-même; — Rejette le pourvoi formé contre l'arrêt de la cour de Bourges, du 7 mars 1820.

Du 28 mars 1822.-C. C., sect. req.-MM. Henrion, pr.-Dunoyer, rap.

(2) (Verse *C.* Kolm.) — Le 17 août 1827, jugement du tribunal de Toulon, ainsi conçu : — « Considérant que, bien que la citation du 5 mai 1827 ne fait pas mention de l'acte du 12 mai 1817, servant de base à la demande de la dame Kolm, néanmoins, la somme dont il est question dans la citation étant identiquement la même que celle relatée dans le susdit acte, il n'était pas possible de se former des doutes sur la nature des prétentions de la dame Kolm; que cela est si vrai, que le sieur Verse a procédé en instance sur cette citation, et que, dès lors, son action en nullité, résultant de l'art. 1304 c. civ. n'est pas prescrite, ladite citation ayant été suivie d'ajournement dans le délai prescrit par l'art. 57 c. pr. » — Appel. — Arrêt confirmatif de la cour d'Aix, du 7 août 1828. — Pourvoi pour violation de l'art. 1304 c. civ. — Arrêt.

LA COUR; — Attendu, en droit, qu'en général l'action en nullité ou en rescision d'une convention dure dix ans (art. 1304 c. civ.); que la citation en conciliation interrompt la prescription du jour de sa date, lorsqu'elle est suivie d'une assignation en justice, donnée dans le mois à dater du jour de la non-comparution ou de la non-conciliation (art. 2245 c. civ.; art. 57 c. pr.); — Et attendu qu'il est constant, en fait, que l'acte renfermant la quittance dont la nullité était réclamée par l'épouse Kolm, a été passé le 12 mai 1817; que la citation en conciliation, par laquelle l'épouse Kolm demandait à Verse et Degasches la somme portée dans ladite quittance, a eu lieu le 5 mai 1827, et que c'est le 2 juin suivant (1827) que l'épouse Kolm a donné l'assignation en justice, tendant à réclamer la nullité de la même quittance; — Attendu qu'il est pareillement constant, en fait, que si la citation en conciliation ne mentionne pas en termes exprès l'acte du 12 mai 1817, néanmoins la somme réclamée dans cette citation, c'est-à-dire la somme de 18,275 fr., ainsi que les personnes, c'est-à-dire l'épouse Kolm en qualité de créancière, et Verse et Degasches en qualité de débiteurs, étant identiquement les mêmes que celles qui figuraient dans la quittance contenue dans l'acte du 12 mai 1817, il n'était pas possible de se former des doutes sur la nature et l'objet de la demande de l'épouse Kolm, c'est-à-dire sur la demande en nullité de ladite quittance; qu'en effet, ce fut pour réclamer cette nullité que l'épouse Kolm donna assignation en justice dans le délai de la loi, et ce fut à cette nullité que tous les moyens employés tant par l'épouse Kolm que par Verse, se rapportèrent nécessairement; — Que, dans ces circonstances, en décidant que l'action en nullité de la quittance dont il s'agit avait été exercée par l'épouse Kolm dans le délai de dix ans, et par conséquent en écartant la prescription alléguée par le demandeur en cassation, l'arrêt attaqué a fait une juste application de la loi; — Attendu que ce motif suffit pour le justifier, et dispense la cour de s'occuper des deux autres donnés par le même arrêt; — Rejette, etc.

Du 14 juill. 1829. C. C., ch. req.-MM. Favard, pr.-Lasagni, rap.

(3) (Billonneau *C.* Billonneau.) — LA COUR; — Attendu que la prescription avait été interrompue en temps utile, parce que la demande en partage aurait été incompatible avec l'exécution de l'acte de 1816; et que cette demande contenait virtuellement demande en nullité et rescision dudit acte; — Attendu, qu'en le décidant ainsi, la cour royale (de Bordeaux, par arrêt du 27 mars 1835), a fait une appréciation des actes et des faits qui était en son pouvoir, et par laquelle elle ne pouvait violer les articles invoqués; — Rejette.

Du 2 mars 1837.-C. C., ch. req.-MM. Zangiacomi, pr.-Madier, rap.

(4) (Achet *C.* Aupetit.) — LA COUR; — Considérant que l'action du sieur Achet a été formée le jour même de l'expiration des dix années qui ont suivi sa majorité; qu'en vain on oppose qu'il ne demandait pas la nullité de l'acte, mais seulement le partage des biens vendus, puisque le partage demandé était un trouble à la possession de l'acquéreur, et ainsi ne faisait qu'un avec la demande qui a suivi en nullité de la vente.

Du 25 mars 1830.-C. de Bourges, 1re ch.-M. Sallé, 1er pr.

de la prescription de la créance (Req. 8 juin 1841) (1). — On soutenait, dans l'espèce, que par cela seul qu'un commandement est régulier dans sa forme extérieure, fût-il d'ailleurs nul comme commandement, il conserve la force probante des actes authentiques et que cela seul suffit pour qu'il interrompe la prescription, puisqu'il fait cesser la renonciation présumée sur laquelle celle-ci est fondée. On cherchait à appuyer ce système sur les termes généraux de l'art. 2244 combiné avec les art. 2246 et 2247 qui semblent attribuer un effet interruptif à la citation en justice, même donnée devant un juge incompétent, toutes les fois qu'elle n'est pas nulle pour défaut de forme. — Or, disait-on, il y a une assimilation parfaite entre le commandement et la citation. — Mais M. l'avocat général Delangle a justement répondu qu'un commandement nul comme commandement ne pouvait valoir pour interrompre la prescription, puisque, si l'on ne s'attachait qu'à la preuve de l'intention du créancier, une simple sommation extrajudiciaire devrait avoir le même effet, ce que la loi n'admet pas. Cette raison semble péremptoire. — Jugé dans le même sens que pour être interruptif de prescription, le commandement doit contenir l'énonciation du titre exécutoire, et spécialement que le commandement fait par le cessionnaire d'une rente au débiteur n'interrompt pas la prescription, si ce commandement ne contient pas l'énonciation de l'acte de transport, alors du moins qu'il s'agit de transfert opéré par l'État au profit d'un hospice, transfert qui constitue le titre exécutoire de la créance; que peu importe que ce transfert eût été signifié séparément au débiteur avant le commandement (Req. 4 janv. 1842) (2).

487. Il suit du principe que, pour être interruptif, le commandement doit être régulier et valoir comme commandement; 1° que bien que l'existence d'un commandement soit prouvée, s'il n'est pas représenté il n'a pu interrompre la prescription (Paris, 31 mai 1836) (3); — 2° Que si ce commandement est émané de l'autorité administrative, la pétition présentée par celui contre lequel il a été fait afin d'obtenir de l'administration que les poursuites n'aient pas lieu, ne couvre pas la nullité résultant de ce que le commandement n'est pas représenté, puisque c'est devant l'autorité judiciaire seule que sa validité aurait pu être discutée (même arrêt). — La pétition, en effet, prouvait l'existence du commandement et non sa régularité.

488. Le commandement fait à l'ancien tuteur d'un débiteur, à une époque où il n'avait plus qualité pour représenter celui-ci, n'est pas interruptif de la prescription. « Considérant, porte l'arrêt, que le commandement du 18 juill. 1811 n'a point interrompu la prescription, puisqu'il a été fait à une personne qui n'était plus à cette époque tutrice des enfants Barbey et n'avait plus qualité pour les représenter » (Caen, 2e ch., 9 déc. 1845, M. de Saint-Pair, pr., aff. Barbey, C. Maugon). — Il a été jugé également que le commandement de payer fait au curateur à la succession vacante du mari, est étranger au tiers détenteur et ne peut interrompre à son égard la prescription de l'hypothèque légale de la femme. « Attendu que le commandement du 22 août 1821 a été fait au curateur à la succession vacante de Roussel père, et qu'il est étranger aux époux Benoît auxquels on ne peut l'opposer » (Rouen, 2e ch., 16 nov. 1822, M. Aroun, pr., aff. hérit. Roussel C. Benoît).

489. Si une contrainte décernée par le domaine contre un débiteur, n'a pas été légalement notifiée; si, par exemple, l'exploit de notification est vicié d'une nullité radicale, la contrainte, quelque régulière qu'elle puisse être, ne peut pas avoir pour effet d'interrompre la prescription (Cass. 14 août 1811) (4).

490. Le commandement conserve sa vertu interruptive, lors même que, faute d'avoir été suivi d'une saisie immobilière dans les trois mois, il doit être réitéré (Conf. M. Troplong, n° 575).

491. N'étant qu'un acte extrajudiciaire, il ne tombe point en péremption, comme une citation en justice ou une instance; il n'est sujet qu'à la prescription (Conf. M. Troplong, n° 575, V. Péremption, nos 107 et s.). — Jugé qu'un commandement fait

(1) (Préfet du Pas-de-Calais C. Lobez.) — LA COUR; — Attendu que les commandements que l'administration de l'enregistrement est autorisée à faire signifier aux débiteurs de l'État, ne sont valables qu'autant qu'ils sont basés sur un titre exécutoire; — Attendu que, pour que le titre ait ce caractère, il faut qu'il soit environné des formalités voulues par la loi, et notamment, lorsqu'il s'agit d'une contrainte, qu'elle soit revêtue du visa du président du tribunal dans le ressort duquel sont situés les biens assujettis à la dette; — Attendu, en fait, que la contrainte en vertu de laquelle a été fait le commandement que l'administration prétend avoir interrompu la prescription, avait été visée par un président qui n'était pas celui du tribunal de la situation des biens ni du domicile des débiteurs; que, par conséquent, ce magistrat n'a pu lui donner le caractère exécutoire; — Qu'en jugeant, dans ces circonstances, que le commandement dont il s'agit n'a pu avoir l'effet d'interrompre la prescription, l'arrêt attaqué (d'Amiens) n'a violé ni l'art. 4 de la loi des 19 août 1791 ni les art. 2244, 2245, 2246 et 2247 c. civ.; — Rejette.

Du 8 juin 1841.-C. C., ch. req.-MM. Zangiacomi, pr.-Bayeux, rap.-Delangle, av. gén., c. conf.-Fichet, av.

(2) (Hospice de la Châtre C. hér. Piat.) — LA COUR; — Attendu que l'art. 1 du tit. 12 de la coutume de Berry porte, expressément, qu'il n'y a en ce pays d'autre prescription que celle de trente ans même contre les églises, les colléges, les communautés et les mineurs;

Attendu que le dernier payement de la rente réclamée par l'hospice de la Châtre, qui ait été fait au gouvernement, est du 10 mars 1802, et que la demande de l'hospice n'est que du 22 mars 1834; qu'il s'était, par conséquent, écoulé alors plus de trente ans;

Attendu que les offres faites dans l'intervalle par les héritiers Piat et desquelles on voudrait faire résulter l'interruption de la prescription, n'ont pu produire cet effet puisque, loin d'être acceptées, elles furent retirées;

Attendu que le commandement, signifié le 7 oct. 1820, au nom de l'hospice aux héritiers Piat, et duquel on prétend aussi faire résulter cette interruption, n'a pu l'opérer davantage, puisqu'il ne contenait point l'acte de transfert fait par le gouvernement en faveur de l'hospice, le 22 déc. 1805; que peu importe que cet acte eût été signifié aux héritiers Piat, le 22 du mois de septembre précédent; que l'art. 675 c. civ. exige l'énonciation du titre exécutoire et que l'omission de cette formalité entraîne la peine de nullité aux termes de l'art. 717 même code; — Qu'en décidant que cet acte était nul et que la prescription était acquise contre l'hospice, la cour royale de Bourges (par arrêt du 26 août 1839), au lieu de violer soit la coutume de Berry, soit aucun article de loi postérieure, s'est, au contraire, conformée aux principes de la matière et en a fait une exacte et juste application; — Rejette.

Du 4 janv. 1842.-C. C., ch. req.-MM. Zangiacomi, pr.-De Gaujal, rap.-Delangle, av. gén., c. conf.-Coffinières, av.

(3) (Préfet de Seine-et-Oise C. Blandin.) — LA COUR; — Attendu qu'il s'agit, dans la cause, d'un ancien domaine de l'État soumis aux dispositions de la loi du 14 vent. an 7; — Attendu que l'État ne justifie pas qu'il ait satisfait aux dispositions de l'art. 22 de ladite loi, en représentant une signification contenant copie de titres, exigée par cet article, pour établir les droits de la nation; — Attendu que vainement le préfet, au nom de l'État, excipe d'extraits de pièces et notamment du visa d'un exploit, signifié au sieur Blandin, père des défendeurs, le 24 pluv. an 10, à la requête des administrateurs de l'enregistrement et du domaine national, à l'effet, porte le visa, de parvenir à la dépossession de ce détenteur et à l'estimation de sa propriété; — Attendu que cet exploit n'étant pas produit, rien ne prouve sa validité, et que c'est à celui qui l'oppose à le représenter; — Attendu que la validité de cet acte n'a jamais été reconnue; — Attendu que le mémoire présenté à l'administration ne constituait pas une instance judiciaire, et qu'en pareil cas il ne peut y avoir lieu d'appliquer la loi, suivant laquelle les nullités sont couvertes, si elles n'ont pas été proposées avant la défense au fond; — Attendu qu'aux termes de l'art. 9 de la loi du 12 mars 1820, lorsque trente années se sont écoulées à partir de la publication de la loi du 14 vent. an 7, sans que l'État ait rempli le vœu de ladite loi, le détenteur du domaine engagé est devenu propriétaire incommutable dudit domaine; — D'où il résulte qu'en décidant que la prescription n'avait pas été interrompue, et en déclarant le préfet mal fondé dans sa demande, l'arrêt attaqué n'a violé aucune loi; — Rejette le pourvoi contre l'arrêt de la cour de Paris du 27 déc. 1835.

Du 31 mai 1836.-C. C., ch. civ.-MM. Dunoyer, pr.-Faure, rap.-Laplagne, 1er av. gén., c. conf.-Teste-Lebeau, Béguin, Valton, av.

(4) (Domaine C. Thorel.) — LA COUR; — Attendu que la contrainte du 11 vend. an 6, quelque régulière qu'on puisse la supposer, ne pouvait produire l'effet d'interrompre la prescription, du moment qu'elle n'avait pas été légalement notifiée au défendeur, auquel elle devenait dès lors absolument étrangère; — Attendu que l'exploit de signification de cette contrainte était vicié d'une nullité radicale, puisque l'huissier qui l'avait fait n'avait pas indiqué le tribunal auquel il était immatriculé; — Que l'itératif commandement fait à la requête de l'administration et l'exploit de carence étaient également nuls pour avoir été faits par un individu qui n'avait pas le caractère d'huissier dans l'arrondissement où il l'avait été; — Que, dès lors, l'administration ne pouvait opposer aucun desdits actes comme interruptifs de la prescription; et que ces actes rejetés du procès, il en résultait que l'administration n'avait pas formé sa demande dans le délai; — Rejette.

Du 14 août 1811.-C. C., sect. civ.-MM. Mourre, pr.-Carnot,

avant le code Napoléon, dans le ressort du parlement de Bordeaux, et non suivi d'exécution dans les trente ans, n'a pas arrêté la prescription et est censé non avenu (Bordeaux, 27 avril 1827) (1).

492. La notification préalable d'un titre exécutoire faite à l'héritier, conformément à l'art. 877 c. nap., annonçant l'intention de poursuivre, a pour effet d'interrompre la prescription (Riom, 14 janv. 1843 (2); Toulouse, 27 mars 1835, aff. Rozés, V. nº 748).

493. *Une saisie signifiée.* — Il résulte de ces mots que toute saisie, sans distinction, interrompt la prescription (Conf. MM. Vazeille, nº 205; Troplong, nº 570). — Cependant il a été jugé qu'une saisie-arrêt, même suivie d'un jugement qui la déclare valable, n'est qu'une mesure conservatoire qui n'interrompt pas la prescription, et, par exemple, la prescription de cinq ans pour les intérêts d'un billet à ordre (Bordeaux, 21 mars 1828, aff. Gauteyron, V. Effets de comm., nº 802). — Mais cet arrêt ne paraît pas devoir faire autorité. Sans doute une saisie-arrêt est un acte conservatoire; mais la demande en validité de la saisie-arrêt est bien une demande à fin d'exécution du titre, et il y a là une citation en justice, interruptive de la prescription. — V. les observations de M. Troplong sur cet arrêt, nº 570; V. *suprà* un autre arrêt de la cour de Bordeaux, du 27 avr. 1827, au nº 491. — Et il a été jugé que la saisie-arrêt a pour effet non-seulement de suspendre la prescription au profit du débiteur saisi, mais encore de l'interrompre (Toulouse, 24 déc. 1842, aff. Saint-Léonard, V. nº 669).

494. La signification d'un transport au débiteur vaut-elle saisie-arrêt, en ce sens qu'elle interrompe la prescription? Il y a sur ce point divergence d'opinions. M. Vazeille, nº 206, prétend que, par cette signification, « le cessionnaire se met, vis-à-vis du tiers débiteur, dans la même position qu'un créancier qui aurait fait saisir dans ses mains. On ne doit pas plus exiger de lui que du saisissant un commandement explicite de payer, à la suite de sa signification. La notification de la cession emporte virtuellement, comme la saisie, sommation de payer (Conf. arrêt du parlement de Dijon, 22 mars 1678, et Riom, 24 mai 1822) (3).

495. Au contraire, il a été jugé que la signification au débiteur du transport d'une créance, et, par exemple, d'une rente foncière, même avec défense de payer à d'autres qu'au cessionnaire, n'interrompt pas la prescription, lorsqu'elle n'est suivie d'aucune poursuite judiciaire, attendu que cette signification n'est qu'une simple connaissance de la cession donnée au débiteur cédé, et qu'elle n'annonce pas l'intention de le poursuivre (Paris, 19 avr. 1831) (4).

496. Enfin, M. Troplong, nº 572, résout la question par la distinction suivante : si la créance cédée était, au moment du transport, frappée de saisies-arrêts, la signification de ce transport a plus d'effet qu'une simple notification. Elle vaut saisie. Elle donne au cessionnaire le droit de se faire acquitter sur la créance saisie du prix de la cession qu'il a imprudemment payé; et en se greffant ainsi sur les saisies antérieures, elle prend un caractère d'exécution. — Mais si la créance cédée était libre dans les mains du débiteur cédé, la signification n'a plus alors aucun caractère d'exécution, et ne peut, dès lors, opérer interruption, à moins qu'elle ne soit accompagnée d'un commandement de payer. Par elle-même, elle vaut opposition à ce que le débiteur se libère entre les mains d'autrui; mais cela ne suffit pas, dès qu'elle n'est point une déclaration impérative que le cessionnaire entend actuellement être payé. — Cette opinion devrait être suivie si la saisie-arrêt était par elle-même interruptive de la prescription. Mais, en réalité, elle n'est qu'un acte conservatoire; ce qui vaut comme citation en justice, c'est, comme on l'a dit plus haut, la demande en validité. La signification du transport *vaut saisie*, selon l'expression consacrée : cela n'est pas douteux. Mais cette signification n'est pas plus un acte d'exécution que l'opposition elle-même, et si elle n'est pas accompagnée d'une demande, il nous semble qu'elle n'interrompt pas la prescription. Nous pensons qu'il faut s'en tenir sans distinction au système de l'arrêt de la cour de Paris, qui est conforme, au reste, à l'opinion de Merlin, Rép., vº Interrupt. de prescription, nº 11.

---

(1) *Espèce* : — (Martin C. Michelet.) — Un ordre ayant été ouvert en 1825 au tribunal de première instance de Bordeaux, sur le prix des biens de la succession du sieur Casère, décédé, le sieur Michelet, cessionnaire d'une créance de 667 fr. 55 c. de capital et de 1,065 fr. d'intérêts, que ledit sieur Casère avait été condamné à payer à un sieur Colineau, par une sentence du 17 juin 1771, confirmée par une autre du 9 fév. 1775, demanda collocation. On lui opposa que cette créance était prescrite. Il produisit des commandements adressés à Casère en l'an 10 et en l'an 13, mais qui n'avaient eu aucune suite et une saisie-arrêt faite le 2 déc. 1772 dans les mains dudit sieur Casère, sur les sommes qu'il pouvait devoir audit Colineau, à la requête d'un sieur René Suri, et il soutint que ces actes avaient empêché la prescription. — Le tribunal le jugea ainsi le 17 août 1826. — Appel. — Arrêt.

LA COUR; — Attendu que la créance dont s'agit est éteinte par la prescription trentenaire; qu'en effet, à compter du 19 fév. 1775, date légale de cette créance, jusqu'à la procédure actuelle en distribution, il s'est écoulé plus d'un demi-siècle sans qu'il soit intervenu aucun acte propre à interrompre la prescription; que les deux commandements qu'on oppose comme ayant produit cet effet, l'un du 27 prair. an 10, l'autre du 27 fruct. an 15, n'ont été suivis d'aucune exécution, et n'ont pu dès lors arrêter le cours de la prescription, suivant la jurisprudence constante de ce ressort; qu'il en est de même de la saisie-arrêt de René Suri, qui remonte au 2 déc. 1772, et qui serait elle-même prescrite, quand même, ce qui n'est pas, elle eût pu empêcher Collineau d'agir contre Casère, son débiteur....... ; — Emendant, ordonne que la collocation d'Arnaud Michelet, pour la créance Collineau, sera eximée de l'état d'ordre.

Du 27 avr. 1827.-C. de Bordeaux, 4e ch.-M. Duprat, pr.

(2) (Daude C. Majaussac.) — LA COUR; — Attendu que, par jugement du 20 janv. 1807, confirmé par arrêt du 7 juill. 1808, le sieur Calmette a été condamné à se désister du terrain par lui usurpé, à une restitution de jouissance, et qu'il a été ordonné une délimitation de propriété entre ledit sieur Calmette et les auteurs des intimés; que l'action résultant desdits jugements et arrêts est entière; qu'elle a été conservée par la notification faite à la dame Calmette, veuve Daude, héritière dudit sieur Calmette, le 24 oct. 1856, en exécution de l'art. 877 c. civ., puisqu'il ne se serait pas écoulé trente ans entre ledit arrêt et ladite notification; — Par ces motifs, sans s'arrêter au moyen de prescription, dit bien jugé, etc.

Du 14 janv. 1843.-C. de Riom, 2e ch.-M. Archon-Despérouses, pr.

(3) *Espèce* : — (Alzac C. Claux.) — Le 18 mai 1820, jugement du tribunal de Mauriac, qui statue en ces termes : — « Attendu que les sentences établissant la créance de Griffot contre Guinot-Alzac ont été rendues et signifiées en 1745 et 1746; que depuis cette époque jusqu'au 29 août 1769, époque de la signification du transport, il ne s'est écoulé que vingt-trois-ans; — Attendu que cette signification faite avec défense de payer à autres qu'aux sieur et demoiselle Claux, équivaut au moins à une saisie notifiée, et constitue le débiteur de mauvaise foi, de manière à ne pouvoir ignorer que les créanciers n'ont point entendu lui faire remise de leur créance; — Attendu qu'il est reconnu qu'une saisie notifiée au débiteur interrompt la prescription, et que ce principe est attesté par les auteurs accrédités, tels que Dunod, Chabrol, Dargentré, Soefve; — Attendu que cette question est encore plus clairement développée par Merlin (Rép. de jur., vº Interruption de prescription, où il décide textuellement qu'elle est interrompue par la notification d'un transport); qu'enfin s'il pouvait naître quelques doutes sur cette question, ils seraient anéantis par les art. 2225 et 2244 c. civ.; — Le tribunal rejette le moyen de nullité, et ordonne la continuation des poursuites. » — Appel. — Arrêt.

LA COUR; — Déterminée par les motifs, etc., dit bien jugé, etc.

Du 24 mai 1822.-C. de Riom, 1re ch.-M. Grenier, 1er pr.

(4) *Espèce* : — (Maucuit C. Levaillant.) — Par sentence de 1791, Maucuit est condamné envers la demoiselle Desbordes, ou ses auteurs, au service d'une rente foncière. — En 1828, demande d'un titre nouvel de la rente par la dame Levaillant, cessionnaire de la demoiselle Desbordes. — Maucuit oppose que trente-quatre ans se sont écoulés depuis la sentence de 1791, et qu'aucun payement d'arrérages ni acte de poursuites n'ayant eu lieu dans l'intervalle, la rente est prescrite, et que, dès lors, la demande d'un titre nouvel est sans objet. — La dame Levaillant soutient qu'elle a interrompu la prescription en l'an 5 par la signification au sieur Maucuit du transport qui lui avait été consenti, contenant défense de payer la rente à d'autres qu'à elle. — 15 mars 1830, le tribunal de la Seine accueille l'action. — Appel de Maucuit. — Il soutient que la simple signification d'un transport n'a pas l'effet d'une citation en justice, d'un commandement ou d'une saisie, que la loi déclare être interruptifs de la prescription (c. civ. 2244), parce que cette signification n'annonce nullement, de la part du cessionnaire, l'intention positive de poursuivre le débiteur cédé. — Arrêt.

LA COUR; — Considérant que la femme Levaillant ne justifie pas que les arrérages de la rente aient été payés par Maucuit; qu'elle n'apporte aucun acte interruptif de la prescription pendant les trente années qui ont précédé sa demande, la signification du transport du 29 vend. an 5 n'ayant pu produire cet effet; — Emendant, décharge Maucuit des condamnations contre lui prononcées, etc.

Du 19 avr. 1831.-C. de Paris, 1re ch.-M. Séguier, 1er pr.

497. Dans l'ancien droit, et dans le ressort du parlement de Toulouse, une saisie immobilière ordonnée par une sentence de justice était un acte interruptif de la prescription (Req. 23 fév. 1826) (1).

498. Parmi les modes d'interruption civile, la loi ne comprend pas l'interpellation *extrajudiciaire* : « On peut croire, dit Dunod, que la demande n'est pas sérieuse, lorsqu'elle n'est pas faite dans la forme requise pour donner lieu à l'adversaire de se défendre, ou que celui qui a fait l'interpellation ne s'est pas cru fondé, puisqu'il n'y a pas donné suite » (Merlin, Rép., v° Interrupt. de prescript., n° 5). — Jugé ainsi que, lorsqu'une *sommation de payer* le montant d'une reconnaissance, faite par le créancier au débiteur, n'est suivie d'aucune autre poursuite, cet acte n'est point du nombre de ceux qui peuvent interrompre la prescription. Cette interpellation extrajudiciaire, sans intimation devant le juge, n'est point une citation en justice (Rej. 10 déc. 1827) (2); Orléans, 15 mars 1821, aff. Dorange *C.* Reinck, extrait de M. Colas de la Noue).

499. L'acte par lequel le légataire d'une créance établie par contrat, notifie au débiteur le testament qui renferme ce legs, avec sommation de s'y conformer, n'est pas interruptif de prescription dans le sens de l'art. 2244 c. nap., alors surtout qu'il ne contient pas le titre obligatoire (Agen, 12 janv. 1832) (3).

500. La sommation de délaisser ou de payer adressée au tiers détenteur conformément à l'art. 2169 c. nap. est-elle interruptive de la prescription? La négative a d'abord été jugée (Req. 7 nov. 1838) (4), attendu qu'aucune disposition de loi ne permettait de considérer la sommation faite au tiers détenteur comme un acte interruptif de la prescription. Les auteurs les plus accrédités donnent, au contraire, à la sommation de payer ou de délaisser la force interruptive (Grenier, Traité des hypothèques, t. 2, n° 517, et M. Troplong, n° 579, qui pense que cette sommation

---

(1) (Lasseignoure *C.* Desparbès de Lussan.) — LA COUR ; — Attendu que, sous le rapport de la prescription trentenaire, il est reconnu en fait, d'après divers actes soumis à la cour d'appel, que des interruptions légales, au nombre desquelles est une sentence de 1784, étaient venues s'interposer à l'accomplissement de la prescription de trente ans, et qu'elle se serait éloignée au point qu'elle n'était pas acquise au moment où l'arrêt attaqué se rendait; — Attendu que dans les diverses circonstances de fait reconnues par l'arrêt (d'Agen), ses dispositions ne se trouvent en opposition à aucune loi ; — Rejette.

Du 23 fév.-1826.-C. C., ch. req.-MM. Henrion, pr.-Rousseau, rap

(2) *Espèce :* — (Guérin d'Agon *C.* commune d'Agon.) — Après de longues contestations entre la commune d'Agon et son ancien seigneur, la propriété de deux pièces de terre avait été dévolue à celui-ci par un arrêt du parlement, du 26 mars 1784.—En 1793, le conseil municipal fit revivre ses prétentions contre l'État représentant le seigneur, alors émigré. Conformément à la loi du 10 juin même année, le procès fut soumis à des arbitres qui, par jugement du 5 septembre, réintégrèrent la commune dans la propriété du terrain litigieux. Elle en a toujours depuis conservé la possession.—Rentré en France, le sieur Guérin d'Agon fit, le 5 flor. an 12, sommation à la commune de déguerpir. Cet acte extrajudiciaire n'eut point de suite jusqu'en 1820; à cette époque, le sieur Guérin attaqua, devant le tribunal de Coutances, la sentence arbitrale du 5 sept. 1793. Son opposition fut rejetée le 31 août 1823. — Ce jugement a acquis force de chose jugée. —Pourvoi en cassation de la part de Guérin, le 29 déc. 1824, contre la décision arbitrale du 5 sept. 1793. — On opposait, dans l'intérêt de la commune, la prescription trentenaire. — Le demandeur répondait à cette fin de non-recevoir en disant que la loi du 21 prair. an 4 ayant sursis à toutes les poursuites résultant de l'exécution de la loi du 10 juin 1793, et ce sursis n'ayant été levé que par la loi du 9 vent. an 12, la prescription n'avait pu courir dans l'intervalle écoulé entre la promulgation de ces deux lois; qu'ainsi, par cette interruption, son pourvoi se trouvait formé avant l'expiration des trente ans. Il soutenait, en outre, que la prescription avait été interrompue par les sommations de l'an 12 et de 1806 et par l'instance engagée devant le tribunal de Coutances, et qui avait été suivie d'un jugement. — Arrêt (ap. dél. en ch. du cons.)

LA COUR; — Attendu qu'il est constant en fait, et non contesté, que la commune d'Agon était en possession, depuis plus de trente ans, du terrain contentieux, lorsque le demandeur dirigea son pourvoi contre le jugement du 5 sept. 1793; — Que, pour repousser la fin de non-recevoir tirée de la prescription opposée par la commune défenderesse à ce pourvoi, le demandeur devrait établir qu'il y en aurait eu interruption légale, et qu'il ne peut la faire résulter ni des actes extrajudiciaires de l'an 12 et de 1806, ni de l'instance qu'il avait introduite devant le tribunal de Coutances, ni des dispositions des lois des 21 prair. an 4 et 9 vent. an 12; qu'en effet des actes extrajudiciaires qui n'ont pas été suivis de l'exercice d'une action en justice, ni même une instance introduite devant les tribunaux, ne sont interruptifs de prescription, lorsque le défendeur à cette action en a été renvoyé par un jugement ayant acquis la force de chose jugée, aux termes de l'art. 2247 c. civ., et que quant aux lois de prairial et de ventôse, elles sont étrangères à l'espèce, n'ayant disposé que pour le cas de partage de communaux; — Déclare le demandeur non recevable dans son pourvoi contre le jugement arbitral du 5 sept. 1793.

Du 10 déc. 1827.-C. C., ch. civ.-MM. Desèze, 1er pr.-Carnot, rap.-Cahier, av. gén., c. conf.-Guichard père et Isambert, av.

(3) *Espèce :* — (Bernis *C.* Ferragut.) — Dans l'acte par lequel le sieur Bernis consentait, en 1776, à payer à la dame de Giscaro une rente de 100 liv. au capital de 2,000 liv., il était convenu qu'il pourrait, quand bon lui semblerait, racheter la rente en remboursant le capital. — Décès de la créancière. — Par son testament, en date du 27 oct. 1782, elle lègue à sa petite-nièce, la demoiselle Labatut de Lengros, tant la somme de 2,000 liv. due en constitution de rente, que la rente elle-même, pour n'en jouir et disposer qu'après le décès de son héritière, la dame de Navaille, sa sœur. — Une quittance publique, en date du 28 germ. an 3, constate que Jean-Baptiste Bernis fils, en qualité d'héritier de son père, a payé tant le capital que les arrérages de la rente entre les mains de la demoiselle de Navailles, comme héritière de la dame de Giscaro. — Il paraît qu'il aurait ignoré le contenu du testament. — 7 oct. 1825, décès de la demoiselle de Navailles elle-même.—Alors réclamation de la part de la demoiselle Lengros, alors veuve de Ferragut, des arrérages et du capital ; et, à cet effet, signification le 25 janv. 1826 au sieur Bernis du testament, sur les clauses duquel elle se fonde, avec sommation de s'y conformer, et plus tard, signification de l'acte constitutif de rente, du testament, de l'acte de délivrance et de l'acte déjà signifié le 25 janv. 1826, avec commandement de payer les arrérages échus et capital. — Opposition de la part de Bernis, fondée sur la prescription et même sur le payement opéré.—La dame de Ferragut excipe, contre la prescription, de sa minorité lors de la quittance, et contre le payement allégué, de son droit de propriété. — Jugement qui accueille ses conclusions. — Appel. — Arrêt.

LA COUR; — Attendu qu'aucun acte ni pièces du procès ne justifient que le sieur Bernis ait renoncé, en aucun temps, au moyen pris de la prescription trentenaire; qu'il n'y a, dans le procès, ni preuve ni indice qu'il ait cherché, par des moyens directs ou détournés, à éloigner l'action de la dame de Ferragut, pour acquérir le temps nécessaire à la prescription; — Attendu qu'à partir de la quittance du 17 avr. 1795, jusqu'au 7 fév. 1829, plus de trente ans utiles s'étaient écoulés, sans demande capable d'interrompre la prescription; que si, à l'époque de la quittance, la dame de Ferragut n'était âgée que de vingt ans, et conséquemment mineure, en supposant même que la prescription eût été suspendue sur sa tête, à raison de sa minorité, plus de trente ans utiles se seraient écoulés depuis sa majorité, jusqu'au commandement par elle adressé au sieur Bernis, le 7 fév. 1829; que l'acte du 25 janv. 1826 ne peut avoir eu l'effet d'interrompre la prescription, puisqu'il n'est ni citation en justice, ni commandement, ni saisie, ce qui, aux termes de l'art. 2244 c. civ., lui donnerait seulement cette efficacité; qu'en effet, cet acte ne contient pas même le titre obligatoire; d'où suit qu'il est sans influence; — Attendu, d'ailleurs, qu'aux termes de la jurisprudence du ci-devant parlement de Toulouse, domicile des parties, sous l'empire de laquelle l'acte a été consenti, et les effets de la minorité régis, la prescription courait contre les mineurs comme contre les majeurs; que la disposition de l'art. 2252 c. civ. n'a pu porter aucune atteinte à ce droit, puisque longtemps avant sa promulgation, la dame de Ferragut avait acquis sa majorité, et qu'ainsi cette disposition n'a pu lui être appliquée; qu'aux termes mêmes de la jurisprudence du parlement de Toulouse, plus de dix ans s'étaient écoulés depuis sa majorité jusqu'à sa demande; qu'ainsi, sous tous les rapports, l'action se trouvant prescrite, il y avait lieu d'annuler le commandement; — Déclare prescrite l'action en payement, etc.

Du 12 janv. 1832.-C. d'Agen, 1re ch.-MM. Chaudordy et Baze, av.

(4) (Bienassis *C.* Chassé et autres.) — LA COUR; — Sur le troisième moyen : — Attendu que la loi n'a pas compris dans la classe des actes interruptifs de la prescription la sommation faite au tiers détenteur, en conformité de l'art. 2169 c. civ.; — Que vainement on voudrait lui attribuer cet effet en invoquant l'art. 2176 du même code, qui dispose que le tiers détenteur doit les fruits de l'immeuble hypothéqué, à compter du jour de la sommation de payer ou de délaisser, parce qu'il n'est pas moins vrai que le tiers détenteur, qui ne doit rien personnellement, et qui ne peut être atteint que par l'action réelle, ne saurait être tenu de payer, avec les fruits de l'immeuble, des intérêts dont le débiteur principal serait affranchi lui-même par la prescription de cinq ans; — D'où il suit que la cour royale (de Rennes) a pu, sans violer la loi, décider que la nullité du commandement fait au débiteur principal entraînait l'annulation de la sommation en ce qui touchait la prescription des intérêts; — Rejette.

Du 7 nov. 1838.-C. C., ch. req.-M. Zangiacomi, pr.-Duplan, rap.-Hébert, av. gén., c. conf.-Ledru-Rollin, av.

tient plus par son but et par ses effets du commandement que de la simple sommation). La cour de cassation est revenue sur sa jurisprudence, et a décidé que la sommation de payer ou de délaisser, quoique non assujettie à la forme particulière du commandement, n'en a pas moins, à l'égard du tiers détenteur, auquel elle est signifiée, le but et les effets du commandement, puisque c'est à partir de cette sommation que court le délai accordé au nouveau propriétaire par l'art. 2183 pour purger les hypothèques, pour demander la discussion du débiteur principal; qu'à partir de cet acte il doit tenir compte des fruits de l'immeuble hypothéqué; Que, par conséquent, la sommation de payer ou de délaisser trouble évidemment la possession du tiers détenteur et interrompt la prescription du droit hypothécaire » (Req. 27 déc. 1854, aff. Marty, D. P. 55. 1. 52).

501. Si la sommation de payer ou de délaisser est faite dix ans après la transcription, elle ne peut interrompre la prescription des hypothèques contre le tiers détenteur qui a acquis de bonne foi et avec juste titre (Riom, 19 avril 1837) (1).

502. Elle n'interrompt pas non plus la prescription de l'hypothèque, lorsqu'elle se trouve périmée pour discontinuation de poursuites pendant plus de trois ans (Toulouse, 22 mars 1821) (2). —Cela résulte des termes mêmes de l'art. 2176 c. nap. qui dis-

---

(1) *Espèce :* — (Jouandon C. Brun.) — Le sieur Jouandon vend l'intégralité des droits immobiliers échus à son épouse par suite d'un partage; la faculté de vendre lui était donnée par son contrat de mariage, mais à charge de remploi, ce qu'il n'avait pas fait. — 7 nov. 1821, jugement qui prononce la séparation de biens d'entre les époux, condamne Jouandon à la restitution des biens aliénés, en constatant que le mauvais état de ses affaires était notoire et qu'il avait été pris sur ses immeubles des inscriptions hypothécaires pour des sommes considérables. —Dans la quinzaine du jugement, le mari vend à sa femme un de ses immeubles, avec faculté d'en retenir le prix à valoir sur le montant des condamnations.—Le 8 janv. 1822 seulement, transcription de l'acte de vente. Les notifications prescrites par l'art. 2185 n'ont pas lieu. — Les frères Brun, créanciers du sieur Jouandon, qui ont pris inscription le 4 mai 1821, renouvelée le 1er avril 1831, font sommation, en 1836, à la femme Jouandon de payer leurs créances ou de délaisser l'immeuble acquis. Cette sommation est bientôt suivie d'un commandement de saisie immobilière.

Sur l'opposition formée par la femme Jouandon, fondée sur ce que le silence des frères Brun, pendant dix ans, a purgé leurs hypothèques à son égard, jugement du tribunal de Gannat, du 9 août 1836, en ces termes : « Attendu que la prescription invoquée par la dame Jouandon contre les hypothèques des frères Brun, résultant des jugements par eux obtenus, ne peut être admise qu'autant qu'il y aurait juste titre et bonne foi de la part de ladite dame Dayras; — Que, dans la cause et d'après les faits, la femme Jouandon ne peut argumenter de sa bonne foi, puisqu'avant de faire prononcer la séparation de biens, elle a eu pleine et entière connaissance des droits des frères Brun et de leur créance contre son mari; — Qu'elle a surtout étayé sa demande sur les inscriptions prises sur les biens de ce dernier, et dont elle justifiait à cette fin;—Que les hypothèques des frères Brun ont donc conservé toute leur force sur les immeubles de leur débiteur, et qu'ils ont pu en poursuivre l'effet par les voies légales;—Ordonne que les poursuites commencées seront continuées. » — Appel. — Arrêt.

La cour; — Attendu qu'aux termes de l'art. 2180 c. civ., les priviléges et hypothèques s'éteignent par la prescription, et que la prescription est acquise au tiers détenteur par le temps réglé pour la prescription de la propriété à son profit, à compter du jour où le titre a été transcrit, lorsque la prescription suppose un titre; — Que, d'après le même article, les inscriptions prises par le créancier n'interrompent pas le cours de la prescription contre le tiers détenteur;— Que, suivant l'art. 2265, il suffit, pour prescrire la propriété d'un immeuble par dix ans, d'avoir acquis de bonne foi et par juste titre;—Que la mauvaise foi ne se présume pas, et que c'est à celui qui l'allègue à la prouver; — Qu'il ne suffit pas au créancier de prendre des inscriptions pour conserver son hypothèque contre le tiers détenteur; — Que, pour empêcher ce dernier de prescrire contre l'hypothèque, le créancier doit prendre la voie de la sommation hypothécaire, ou tout autre moyen direct qui puisse interrompre la prescription; — Que l'existence des inscriptions du créancier ne peut constituer en mauvaise foi le tiers détenteur, parce que, s'il en était autrement, le tiers détenteur ne pourrait jamais profiter du bénéfice de l'art. 2180, qui veut que les priviléges et hypothèques puissent s'éteindre par la prescription de dix ans; — Qu'un tiers détenteur est présumé avoir acquis de bonne foi, tant que sa mauvaise foi n'est pas prouvée, et que des inscriptions peuvent exister, quoique les créances pour lesquelles elles ont été prises aient été payées;—Que la jurisprudence et la doctrine des auteurs ont consacré ce principe, que l'existence des inscriptions n'empêchait pas l'hypothèque de s'éteindre par la prescription; — Que la femme Jouandon a fait transcrire, le 8 janv. 1822, la vente du domaine que lui avait consentie son mari, avec la faculté d'en retenir le prix en payement des créances qui lui étaient dues, et qui avaient été réglées par jugement de séparation de biens;—Que la sommation, en exécution de l'art. 2169, de payer ou de délaisser l'immeuble acquis, a été faite plus de dix ans après la transcription, délai suffisant pour prescrire contre l'hypothèque; — Que la femme Jouandon a acquis de bonne foi et avec juste titre; — Que la liquidation de ses créances vis-à-vis de son mari n'a pas même été contestée, et que, d'après les circonstances comme par le droit, elle est fondée à invoquer les dispositions de l'art. 2180 c. civ.;— Qu'elle le peut faire avec avantage, quoique parmi les motifs du jugement qui a ordonné la séparation de biens, il ait été dit qu'il existait plusieurs inscriptions contre Jouandon; — Infirme.

Du 19 avril 1837.-C. de Riom, 1re ch.-M. Archon-Despérouse, pr.

(2) *Espèce :* — (Ruinier C. Bourdarios.) — Par acte notarié du 15 frim. an 11, Verdier a vendu à Loubet un immeuble hypothéqué au sieur Bourdarios. Cet immeuble a été revendu, le 30 niv. suivant, au sieur Ruinier, qui a fait transcrire son contrat le même jour. — Le 5 avril 1811, Bourdarios, après avoir donné à son débiteur un commandement en saisie réelle, a fait sommer Ruinier, tiers détenteur, de payer le montant de la créance ou de délaisser l'immeuble hypothéqué. — Cette sommation n'avait eu aucune suite, lorsqu'en 1819 Bourdarios a été assigné par Ruinier, pour voir prononcer la nullité de l'hypothèque dont il s'agit, faute de mention de l'époque de l'exigibilité.

Le 5 déc. 1818, jugement qui rejette cette demande. — Appel par Ruinier, qui change de système et demande la prescription de l'hypothèque. — Arrêt.

La cour;—Attendu que l'instance engagée par Ruinier a eu pour objet de faire ordonner la radiation des inscriptions prises par Bourdarios sur les biens de Jean Verdier, dont ledit Ruinier est acquéreur; que c'est cette radiation qu'il a demandée devant les premiers juges; qu'il importe peu qu'à l'appui de cette demande il n'ait pas d'abord fait valoir la prescription de l'hypothèque qui servait de base auxdites inscriptions : ce moyen, négligé en première instance, a pu être par lui employé devant la cour, parce qu'il ne constitue point une demande nouvelle, et que son unique objet est de faire accueillir celle portée devant les premiers juges, savoir, la radiation des inscriptions;

Attendu qu'aux termes de l'art. 2180 du c. civ., les priviléges et hypothèques s'éteignent par la prescription; que, suivant le même article, cette prescription s'acquiert à l'égard du tiers détenteur, quant aux biens qui sont en son pouvoir, par le temps réglé pour la prescription de la propriété à son profit, sauf que, dans le cas où elle suppose un titre, elle ne commence son cours qu'à compter du jour où ce titre a été transcrit au bureau des hypothèques; qu'enfin, et toujours dans le même texte, les inscriptions prises par les créanciers n'interrompent pas la prescription établie par la loi au profit du débiteur ou des tiers détenteurs; — Attendu, en fait, que l'acte de vente par lequel Jean Verdier aliéna les biens qu'il avait grevés d'hypothèque en faveur de Bourdarios, fut transcrit au bureau des hypothèques de l'arrondissement de Gaillac, lieu de la situation desdits biens, le 30 niv. an 11, correspondant au 20 janv. 1803; qu'ainsi il s'était écoulé plus de quinze ans depuis ladite transcription jusqu'au 29 avril 1818, jour de l'introduction de l'instance actuelle, tandis que dix ans suffisaient pour opérer, au profit de Ruinier, la prescription de l'hypothèque de Bourdarios, ce dernier étant domicilié dans ledit arrondissement de Gaillac; c'est ce qui résulte de la combinaison des art. 2180 et 2265 c. civ.;

Attendu que, pour établir l'interruption de cette prescription, Bourdarios argumente d'un commandement fait à sa requête dans le mois de janvier 1811, à Jean Verdier, son débiteur, par lequel il déclarait à celui-ci que, faute de payement de sa créance dans le délai de trente jours, il ferait saisir immobilièrement les biens à lui hypothéqués; qu'il argumente encore d'un acte du 5 avril suivant, contenant communication de ce commandement audit Ruinier, et, en outre, commandement à ce dernier, comme tiers détenteur desdits biens, de satisfaire dans trente jours au payement de sa créance, et toujours avec déclaration qu'à défaut il ferait procéder à la susdite saisie; il conclut de ces actes qu'il a interrompu le cours de la prescription de son hypothèque; — Attendu que cette prétention est sans fondement; et effectivement, en premier lieu, l'acte notifié à Ruinier dans le mois d'avril 1811 ne peut être considéré que sous le rapport de la sommation autorisée par l'art. 2169 c. civ. à l'égard des tiers détenteurs des biens hypothéqués; c'est ce qui résulte des termes de cet article qui différencie soigneusement cette sommation du commandement qui doit être faite au débiteur et vis-à-vis duquel seul il peut avoir lieu, puisque ce n'est que contre lui que le créancier a un titre exécutoire, titre dont il est dépourvu à l'égard du tiers détenteur qui ne doit rien personnellement; qu'ainsi, et sous ce rapport, ledit Bourdarios invoque inutilement l'art. 2244 c. civ., suivant lequel un commandement forme l'interruption civile de la prescription; un pareil acte n'existant pas aux yeux de la loi vis-à-vis de Ruinier, cet article lui est inapplicable;

pose que « les fruits de l'immeuble hypothéqué ne sont dus par le tiers détenteur qu'à compter du jour de payer ou délaisser, et si les poursuites commencées *ont été abandonnées pendant trois ans*, à compter de la nouvelle sommation qui sera faite. »

503. L'art. 2169 c. nap. veut que la sommation de délaisser faite au tiers détenteur soit précédée d'un commandement au débiteur. Si ce commandement est nul, la sommation aura-t-elle pour effet d'interrompre la prescription des intérêts à l'égard du tiers détenteur? Il faut décider négativement la question. La nullité du commandement fait au débiteur principal entraîne l'annulation de la sommation. (V. l'arrêt du 7 nov. 1838, n° 500). Et dès lors la prescription est acquise au tiers détenteur. — Il a été jugé que la notification à un acquéreur du commandement antérieurement fait à son vendeur interrompait la prescription de l'action hypothécaire (Rej. 28 nov. 1831) (1).

504. La sommation faite à un tiers détenteur de notifier son contrat ne peut être assimilée à la sommation de payer ou de délaisser, prescrite par l'art. 2169 c. nap. et n'a d'ailleurs aucun caractère interruptif (Rouen, 2e ch., 16 nov. 1822, M. Aroux, pr., aff. hérit. Roussel *C.* Benoît). Le pourvoi formé contre cet arrêt a été rejeté par la cour de cassation le 21 avril 1824. « Attendu qu'un pareil acte n'était pas de la nature de ceux énoncés dans l'art. 2244 c. nap. »

505. Aux termes de l'art. 2180 c. nap. une inscription prise par le créancier n'interrompt pas la prescription.

506. La demande en déclaration d'hypothèque, inutile sous le code, pour obtenir l'expropriation, est utile, au contraire, à l'effet d'interrompre la prescription à l'égard des tiers détenteurs contre lesquels elle est dirigée — C'est l'action en interruption de l'ancien droit ainsi définie par Pothier: « L'action d'interruption est celle que le créancier intente contre le détenteur d'un héritage affecté à sa créance pour faire déclarer par le jugement qu'il y est hypothéqué. — Elle est appelée action d'interruption parce qu'elle interrompt le temps par lequel le détenteur aurait pu prescrire la libération de l'hypothèque dont son héritage est chargé, et le possédant comme franc» (cout. d'Orléans, Hypothèque, n° 53). La jurisprudence est fixée dans ce sens que cette action est conservée sous le régime hypothécaire actuel.—V. Privil. et hypoth.

507. Une demande administrative n'interrompt pas la prescription. — Ainsi une demande administrative adressée à la régie de l'enregistrement ne peut interrompre la prescription, lors même qu'une décision ministérielle intervenue sur cette demande aurait suspendu le cours de la prescription (trib. de la Seine, 30 juin 1841) (2).

508. La prescription est-elle interrompue en faveur d'usa-

En second lieu, et en considérant tel qu'il doit l'être l'acte à lui notifié, dans le mois d'avril 1811, à la requête de Bourdarios, c'est-à-dire comme une sommation adressée à un tiers détenteur, cette sommation n'ayant été suivie d'aucune sorte de poursuites de la part dudit Bourdarios pendant les sept années qui s'étaient écoulées, à partir de sa date jusqu'à l'introduction du procès actuel, elle ne peut servir pour l'interruption civile de la prescription de l'action hypothécaire : en effet, suivant la disposition de l'art. 2176 c. civ., les fruits de l'immeuble hypothéqué ne sont dus par le tiers détenteur qu'à compter du jour de la sommation à lui faite de payer ou de délaisser, et si les poursuites commencées ont été abandonnées pendant trois ans, à compter de la nouvelle sommation qui lui sera signifiée. Il résulte évidemment de ce texte que les sommations de ce genre périment par trois ans de cessation de poursuites de la part du créancier, péremption qui doit priver celui-ci d'en tirer aucun avantage, sans qu'on puisse observer à ce sujet que, quoique le commandement en saisie immobilière fait au débiteur ne puisse autoriser une exécution de cette nature après le laps de trois mois, suivant l'art. 674 c. pr. civ., il n'en est pas moins interruptif de la prescription, ainsi que l'enseignent Pothier et Merlin. La doctrine de ces auteurs est fondée sur ce que ce commandement, se rattachant au titre exécutoire qui existe en faveur du créancier, il suffit pour raviver ce titre et le sauver ainsi de la prescription; mais le créancier n'a pas un pareil titre vis-à-vis du tiers détenteur, qui n'a contracté envers lui aucune obligation; tous ses droits, à l'égard de ce dernier, se réduisent à exercer des poursuites sur les biens qui sont passés en son pouvoir, poursuites qui ne doivent pas être abandonnées au delà du temps déterminé par la loi, et qui, dans le cas de cet abandon, sont regardées comme non avenues, ainsi que le témoigne l'art. 2176 déjà cité. Pour se convaincre encore mieux que tel a été le vœu du législateur, il suffit de remarquer que, suivant la doctrine reconnue par la cour de cassation, lors des deux arrêts par elle rendus les 6 mai 1811 et 27 avr. 1812, le premier, dans la cause de la veuve du maréchal de Richelieu contre la dame de Bouville, le second, dans celle de la dame Julien contre les frères Dutrios, l'action en déclaration d'hypothèque n'a pas été abrogée par le code civil, en tant qu'elle a pour objet d'empêcher la prescription de l'inscription hypothécaire. Cette action peut donc être exercée par une citation donnée en justice; et, dans ce cas, si l'instance engagée tombe en péremption, le créancier ne peut s'en prévaloir pour l'interruption civile de la prescription de son hypothèque (art. 2247); à la vérité, au lieu d'intenter une pareille instance, le créancier peut opérer cette interruption vis-à-vis du tiers détenteur, au moyen de la sommation prescrite par l'art. 2169; mais, lorsqu'on rapproche de ce dernier article la teneur de l'art. 2176, on ne peut qu'établir une analogie parfaite, quant à la péremption, entre la sommation dont parle le premier de ces articles, et l'instance en déclaration d'hypothèque, qu'il est libre au créancier de former pour éviter la prescription. On trouve, de part et d'autre, la nécessité de ne pas laisser passer un délai de trois ans sans faire de poursuites; tout comme une pareille négligence entraîne la péremption de l'instance, de même elle opère celle de la sommation; et, certes, il serait contradictoire qu'un simple acte extrajudiciaire, tel que cette sommation, eût plus de force et de vertu que l'exercice régulier de l'action, de manière à interrompre la prescription pour bien plus de temps que ne l'aurait fait une instance : on ne peut supposer une contradiction aussi forte dans la loi; la négligence du créancier qui reste pendant trois ans dans une inaction absolue est ce qu'elle a voulu punir, et cette inaction étant égale dans les deux hypothèses, la peine, c'est-à-dire la prescription, doit être encourue dans l'une et dans l'autre. Puisque donc Bourdarios a laissé passer plus de sept ans, à la suite de la sommation, sans faire aucune sorte de poursuites, l'hypothèque qu'il avait sur les biens vendus audit Ruinier a été anéantie par la prescription, dont le cours avait commencé le 30 niv. an 11 (20 janv. 1803), jour de la transcription de l'acte de vente; ce qui doit opérer le démis de son opposition envers l'arrêt qui l'a ainsi décidé, etc. — D'après ces motifs, sans avoir égard à la demande en rejet formée par Bourdarios, non plus qu'à son opposition envers l'arrêt contre lui rendu, faute de défendre, le 11 janvier dernier, et du tout le déboutant, ordonne que ledit arrêt sortira son plein et entier effet, etc.

Du 22 mars 1821.-C. de Toulouse.-MM. Flottes et Carles, av.

(1) *Espèce* : — (Frébault *C.* Coquebert.) — Pourvoi contre un arrêt de la cour de Bourges, du 6 avr. 1830, pour violation des dispositions de la coutume du Nivernais sur la prescription de trente ans, et fausse application de l'art. 2244 c. civ., sur les actes interruptifs de la prescription. Les actes interruptifs de la prescription, a-t-on dit, sont spécifiés par la loi. Les commandements s'y trouvent formellement compris. Cela est vrai, mais en est-il ainsi de la notification des commandements? Non, sans doute, il n'en est fait aucune mention dans l'art. 2244, et attacher à cet acte un caractère et des effets que la loi ne lui reconnaissait pas, c'est porter l'atteinte la plus grave aux principes si rigoureux du droit en matière de prescription. Peut-on soutenir, dans l'espèce, que les commandements faits au curateur de la succession vacante du sieur Chevalier aient pu interrompre la prescription à l'égard du sieur Frébault? La cour d'appel ne va pas jusque-là; elle ne les prend pas isolément; elle les rattache à la notification, et elle décide, en se fondant sur l'ensemble de ces trois actes, qu'ils s'identifient complétement et forment un tout inséparable; de telle sorte que la notification participe au caractère des deux actes notifiés. C'est là une erreur capitale que la cour de cassation doit nécessairement redresser. — Arrêt.

LA COUR ; — Sur le moyen tiré de la violation de la coutume du Nivernais et de l'art. 2262 c. civ., et la fausse application de l'art. 2244 du même code : — Attendu, en droit, que l'acquéreur, dont les lettres de ratification n'avaient été scellées qu'à la charge d'oppositions, restait, jusqu'à la confection d'un ordre régulier, débiteur de son prix envers les créanciers opposants; — Qu'ainsi, le créancier, dont l'hypothèque a été valablement conservée, a le droit de faire à cet acquéreur, à l'effet d'interrompre contre lui la prescription de l'action hypothécaire. un commandement de lui payer le montant de son prix jusqu'à concurrence de sa créance; — Attendu, en fait, que l'arrêt attaqué a considéré l'exploit signifié, le 5 déc. 1821, par les héritiers Tanqueray à l'acquéreur Frébault, comme un commandement, tant par son contexte que par sa connexité avec les deux commandements faits précédemment au curateur à la succession vacante du débiteur direct, desquels il porte copie et auxquels il se lie par ses termes mêmes; — Que cet arrêt n'a fait qu'une juste appréciation de cet acte, et a été fondé à le considérer comme un acte interruptif de la prescription de l'action hypothécaire; — Attendu que la péremption du commandement du 5 déc. 1821 n'a pas été opposée devant la cour royale de Bourges, et surabondamment que le jugement du 10 mai 1828, dont les demandeurs en cassation excipent, est étranger au commandement dont il s'agit, puisqu'il n'a déclaré périmée que l'instance d'ordre introduite postérieurement à cet acte; — Rejette.

Du 28 nov. 1831.-C. C., ch. req.-MM. Borel, pr.-De Broé, rap.

(2) (Enregist. *C.* N...) — LE TRIBUNAL; — Attendu que les décisions

gers d'une forêt par le dépôt fait par eux de leurs titres au secrétariat de la préfecture du département, en exécution de la loi du 28 vent. an 11? Evidemment non. C'est là une simple formalité, ce n'est le premier acte ni d'une instance administrative ni d'une instance judiciaire. La loi de l'an 11 a seulement voulu que le prétendant à un droit d'usage ne pût saisir les tribunaux avant d'avoir soumis ses titres à l'administration. Il ne peut résulter de cette production elle-même aucune interruption de prescription. « Attendu que le dépôt des titres de la commune, conformément à la loi du 28 vent. an 11, n'était que l'exécution d'une formalité ordonnée à ceux qui se prétendraient fondés en droits d'usage dans les forêts nationales, et qui n'avait pour objet que de faire connaître à l'administration, pour qu'elle en appréciât la valeur, les titres ou les actes possessoires sur lesquels ils appuieraient leurs prétentions; casse l'arrêt de la cour de Rouen du 9 juill. 1828 » (21 mars 1832., ch. civ., MM. Portalis, 1er pr., Rupérou, rap., Joubert, 1er av. gén., c. contr., aff. Roy et Duval *C.* com. du Fidélaire). — Jugé dans le même sens (Req. 11 juin 1834, MM. Zangiacomi, pr., Mestadier, rap., aff. com. de Sainte-Marguerite *C.* Roy et Duval; Cass. 2 mars 1836, aff. Roy, V. nº 798-4º; Rouen, 16 juin 1836, aff. com. de Chéronvilliers; Cass. 6 fév. 1839, aff. Declercq, vº Dom. engagé, nº 36-1º).

509. Mais il faut remarquer ce qui a pu arriver après la production des titres. Si l'administration a été contraire à celui qui prétendait le droit d'usage, son avis n'a pas été interruptif de la prescription : c'était au produisant à se pourvoir devant les tribunaux (Cass. 2 mars 1836, V. aff. Roy, nº 797-4º). Si un arrêté a reconnu les droits de l'usager, il y aura eu interruption de la prescription, non pas en vertu de la production, mais en vertu de l'arrêté qui aura reconnu le droit (Rej. 18 fév. 1835 (1); Req. 11 mai 1836, aff. Doucetaire, V. Usage).

510. La prescription n'est pas interrompue par des actes émanés de l'administration, et signifiés au possesseur (Conf. M. Troplong, nº 582). — Ainsi, il a été jugé que, dans le cas où l'acquéreur de partie d'un bien d'émigré, vendu nationalement, a possédé pendant trente ans une plus grande étendue de terrain que ne lui en attribue son titre, il n'y a pas eu interruption de cette possession trentenaire par un arrêté de l'administration qui, sur la demande de l'émigré et avant l'accomplissement de la prescription, a ordonné l'arpentage des biens vendus, ni par la notification de cet acte à l'acquéreur.—Au reste, ces actes fussent-ils émané de l'autorité judiciaire n'auraient pu être considérés comme interruptifs de la prescription dans le sens de l'art. 2244 c. nap. (Bordeaux, 11 janv. 1828) (2).

511. Mais si un acte administratif n'a pas, en général, la force d'interrompre une prescription, il en est autrement lorsque cet acte a pour effet naturel et immédiat d'exécuter une décision judiciaire dont la prescription est demandée (Amiens, 29 déc. 1836, aff. com. de Bichancourt *C.* com. de Chauny, etc.).

512. Il est évident que l'arrêté administratif qui autorise une commune à revendiquer un terrain n'est pas interruptif de la prescription (Req. 30 mai 1837) (3).

513. A plus forte raison, les demandes à fin d'être autorisés à plaider, formées par les habitants d'une commune, agissant, en leur propre et privé nom, à l'occasion d'un terrain revendiqué par la commune, ne constituent pas un trouble dans le sens légal de ce mot, suffisant pour interrompre la prescription, lorsque d'ailleurs ces pétitions n'ont été suivies d'aucune poursuite judiciaire, ni d'aucune manifestation de l'autorité adminis-

---

du ministre des finances n'ont pu modifier les dispositions de la loi, en attribuant à une demande administrative en restitution un effet rétroactif ou suspensif de la prescription, qui ne peut résulter que d'une demande judiciaire; que ces décisions considérées comme une renonciation à la prescription seraient encore sans caractère et sans effet légal, soit comme étant une renonciation à une prescription future, soit comme excédant les pouvoirs d'une administration publique.

Du 30 juin 1841.-Trib. de la Seine.

(1) (Mignot *C.* de Fonteilles et autres.) — LA COUR; — Attendu que, dans l'espèce, les productions et dépôts des titres de prétendants effectués en exécution de la loi du 28 vent. an 11, ont été suivis d'actes émanés des autorités administratives, par lesquels leurs droits de jouissance ont été reconnus comme actuellement existants, et, par conséquent, non éteints, puisqu'ils étaient maintenus dans leur possession; — Que ces actes ont l'effet incontestable d'interrompre toute prescription, et que le temps nécessaire pour l'acquérir postérieurement n'existant pas, le moyen de prescription était mal fondé; — Rejette le pourvoi formé contre l'arrêt de la cour de Riom du 10 juin 1831.

Du 18 fév. 1835-C. C., ch. civ.-MM. Portalis, 1er pr.-Bonnet, rap.-Laplagne, av. gén., c. conf.-Crémieux, Dalloz, et Mandaroux, av.

(2) (Vincent *C.* Lorges.) — LA COUR; — Attendu qu'il est constant, en fait, que les appelants étaient en possession des portions de l'île de Civrac dont s'agit au procès depuis plus de trente ans antérieurement à l'action en désistat intentée contre eux; — Que les actes administratifs qu'on leur oppose comme ayant interrompu la prescription, n'ont point le caractère voulu par la loi, et ne se trouvent dans aucun des cas prévus par l'art. 2242 et suiv. c. civ.; que, lors même que l'on pourrait considérer ces actes administratifs comme des actes judiciaires, ils ne seraient pas pour cela interruptifs de la prescription; qu'en effet, ils n'ont eu pour objet que de réclamer de l'autorité administrative le mesurage de l'île de Civrac, et de déterminer l'échelle sur laquelle elle avait entendu que ce mesurage devait s'opérer, et que ce n'est que par l'exploit introductif d'instance du 7 mars 1825, que les intimés ont formé leur demande en revendication; mais qu'à cette époque la prescription trentenaire était acquise; — Attendu que la prescription trentenaire étant acquise aux appelants, il n'y a pas lieu d'examiner les autres demandes et conclusions soumises à la cour; — Emendant, déclare l'action éteinte, etc.

Du 11 janv. 1828.-C. de Bordeaux, 2e ch.-M. Duprat, pr.

(3) *Espèce :* — (Comm. de Saint-Denis-de-Palin *C.* La Rochère.) — 7 mess. an 13 (6 juin 1805), adjudication au profit de François Riffault du domaine de Poilvillain, dans lequel était compris un terrain dit le Crot-Laret. Cette adjudication est prononcée sur licitation. L'adjudicataire était au nombre des cohéritiers. — Le 22 août 1805, Riffault vend le domaine à lui adjugé à de La Rochère père. — En 1821, M. de La Rochère fils fit entourer complétement de fossés le Crot-Laret et le fit défricher presque complétement. — Alors la commune de Saint-Denis-de-Palin, qui prétendait être propriétaire de ces terrains, fit dresser procès-verbal de l'usurpation de ces biens communaux, et demanda l'autorisation de se pourvoir devant tous tribunaux compétents. — 5 juill. 1824. Arrêté administratif du préfet du Cher qui lui donne cette autorisation. En 1832 seulement, l'administration municipale donna suite à son action. M. de La Rochère fils invoqua la prescription décennale.

Jugement du tribunal de Saint-Amand qui accueille cette prescription. Appel. — Le 20 août 1836, arrêt de la cour de Bourges qui confirme : — « Attendu que, bien que la commune établisse son droit de propriété sur le Crot-Laret d'après les lois de 1792 et de 1793, la Rochère avait été constitué possesseur de bonne foi par son titre de vente du 22 août 1805, et par l'adjudication du 6 juin de la même année, faite au profit de Riffault, son vendeur; — Que, jusqu'en 1821, les actes de possession faits par La Rochère n'ont pu détruire les droits de la commune qui jouissait par le pacage et par le fagotage des parties non encore défrichées; mais qu'à partir de 1821, époque à laquelle La Rochère avait entouré de fossés le terrain acquis par son auteur et achevé le défrichement, on ne peut refuser aux actes de possession par lui exercés toute leur influence; — Qu'à la vérité des procès-verbaux ont été dressés par le garde champêtre et des démarches faites par la commune, près du conseil de préfecture, pour être autorisée à revendiquer le terrain dont il s'agit; que même une délibération à la date de 1824 avait accordé, nonobstant les titres de La Rochère, l'autorisation demandée, mais que cette délibération est restée sans effet jusqu'en 1832; — Qu'ainsi il s'était écoulé plus de dix ans pendant lesquels l'acquéreur de bonne foi a pu prescrire en vertu de son titre.

Pourvoi de la commune de Saint-Denis. — 1º Violation de l'art. 2265 c. civ.; — En ce que l'arrêt attaqué a admis la prescription décennale fondée sur un titre *pro hærede*, lequel ne pouvait servir de base qu'à la prescription trentenaire. — 2º Violation de l'art. 2246 c. civ.; — En ce que la cour a décidé qu'un arrêté administratif rendu pour autoriser une commune à revendiquer des terrains usurpés n'était pas interruptif de la prescription; — Arrêt.

LA COUR; — Sur le premier moyen tiré de la violation de l'art. 2265 c. civ.; — Attendu que le sieur La Rochère a acquis judiciairement du sieur Riffault, par acte du 6 juin 1805, les terrains en litige; — Que cette acquisition l'a constitué possesseur de bonne foi et l'a autorisé à se prévaloir de la prescription décennale; — D'où il suit que l'art. 2265 a été justement appliqué à l'espèce. — Sur le deuxième moyen, tiré de la violation de l'art. 2246; — Attendu que le conseil de préfecture a seulement autorisé la commune de Saint-Denis-de-Palin à revendiquer les terrains dont il s'agit, mais n'a pas rendu un jugement; — D'où il suit que cette autorisation n'a pu empêcher de courir la prescription décennale, et qu'ainsi l'art. 2246 c. civ. n'est pas applicable à l'espèce; — Rejette.

Du 30 mai 1837.-C. C., ch. req.-MM. Zangiacomi, pr.-Démenerville, rap.-Nicod, av. gén., c. conf.-Bénard, av.

trative contraire à la possession invoquée (Limoges, 15 mai 1840) (1).

514. Nous n'avons raisonné jusqu'à ce moment que dans l'hypothèse où l'administration ne serait pas juge du fond. Si elle l'est, les demandes formées devant elle ont pour résultat d'interrompre la prescription (Rej. 19 août 1834) (2).

515. On a même jugé que lorsqu'un pourvoi avait été formé devant l'administration qu'une fausse jurisprudence considérait comme compétente, quoiqu'elle ne le fût pas et l'ait reconnu elle-même, l'erreur commune a pu donner à ce pourvoi la force interruptive (Req. 21 mars 1838) (3).

516. Lorsque, sur une action en nullité d'une vente nationale, les parties se sont retirées devant l'autorité administrative pour faire interpréter le contrat, cette instance en interprétation interrompt la prescription qui courrait au profit de l'acquéreur (Besançon, 10 juill. 1844, aff. Dubois, D. P. 45. 4. 405).

517. Il faut remarquer ici qu'une instance administrative peut suspendre la prescription. Ainsi, quand des parties se querellent sur l'existence d'un droit, et que la décision appartient à l'autorité administrative, pendant le temps qu'on est en instance devant l'administration, le droit ne pouvant être exercé, la prescription est suspendue (Req. 22 juin 1853, aff. Thial, D. P. 53. 1. 302).

518. Aux termes de l'art. 51 de la loi du 18 juill. 1837, quiconque veut intenter une action contre une commune ou section de commune est tenu d'adresser préalablement au préfet un mémoire exposant les motifs de sa réclamation : il lui en sera donné récépissé. *La présentation du mémoire interrompt la prescription et toute déchéance.* — La présentation du mémoire devra-t-elle, pour interrompre la prescription, être suivie dans un certain délai d'une citation en justice? (V. Commune, nº 1658, où nous avons soutenu l'affirmative). Il eût été cependant à désirer que la loi eût inséré dans son art. 51 une disposition semblable à celle du code de procédure civile qui veut qu'en matière ordinaire la demande soit intentée dans le mois qui a suivi la non-conciliation.

519. Une inadvertance à peu près du même genre a été commise lors de la rédaction de la loi du 10 mai 1838. L'art. 37 de cette loi est ainsi conçu : « Aucune action judiciaire, autre que les actions possessoires, ne peut, à peine de nullité, être intentée contre un département qu'autant que le demandeur a préalablement adressé au préfet un mémoire exposant l'objet et les motifs de sa réclamation : il lui en est donné récépissé. — L'action ne peut être portée devant les tribunaux que deux mois après la date du récépissé, sans préjudice des actes conservatoires. — *Durant cet intervalle le cours de toute prescription demeurera suspendu.* — Il est évident que c'est sans réflexion suffisante que la chambre a adopté le dernier paragraphe : « Durant cet intervalle le cours de toute prescription est suspendu. » Il fallait disposer que la présentation du mémoire interromprait la prescription si, après les deux mois, il était suivi d'une action en justice. « En effet, n'est-il pas évident, disait un orateur, lors de la discussion de la loi, que la présentation du mémoire doit produire ici le même effet qu'une tentative de conciliation ou une demande en justice, c'est-à-dire interrompre sous la condition que l'action sera poursuivie? N'est-il pas évident que si le demandeur ne donne pas de suite à sa réclamation, les deux mois qui se sont écoulés depuis la présentation d'un mémoire, dont il a reconnu l'injustice par l'inaction qui a suivi, ne doivent pas être perdus pour la prescription? Que celle-ci ne doit point être considérée comme suspendue pendant ce délai, mais comme n'ayant jamais, au contraire, cessé de courir. »

520. On ne peut réputer actes interruptifs la réquisition des scellés sur les effets du débiteur, la présence à l'inventaire, les démarches à fin de nomination d'un tuteur au mineur, d'un curateur à la succession vacante, les actes d'opposition à la levée des scellés (Conf. M. Troplong, nº 586). — Le contraire a été jugé, par un arrêt de la cour de Paris (7 août 1829), que nous ne pensons pas devoir être suivi. Il est vrai que la cour de cassation a rejeté le pourvoi formé contre cet arrêt, mais la cour régulatrice a évité de s'associer au système de la cour de Paris, et a tranché la question du procès de manière à ne pas aborder la question de droit. En principe, il nous semble impossible de voir dans une opposition aux scellés autre chose qu'un acte conservatoire. Peu importe qu'il ait été suivi d'une assignation. C'est à dater seulement de ce dernier acte que la prescription a été interrompue (Rej.

---

(1) *Espèce :* — (Hab. de Pourcheyroux *C.* hab. de La Valette.) — Jugement conforme du tribunal d'Aubusson, ainsi motivé : — « Attendu, en droit, que la possession à fin de prescrire, et particulièrement à fin d'acquérir, doit être continue et non interrompue, paisible, publique, non équivoque et à titre de propriétaire; que ces caractères doivent constamment s'attacher à la possession pour la rendre utile, indépendamment des faits, actes et circonstances auxquels la loi donne spécialement l'effet de suspendre la prescription, ou de l'interrompre en annulant l'effet de toute possession antérieure; qu'ainsi une possession ne peut être regardée comme paisible et non interrompue si elle a été contrariée par une résistance bien manifeste et consistant, soit en faits multipliés, soit en réclamations faites devant une autorité compétente, au vu et au su de la partie qui possède; — Attendu cependant que ces faits et actes de contradiction ne nuisent pas à une longue possession s'ils sont séparés par de grands intervalles, et surtout s'ils ont été abandonnés et n'ont eu aucune suite judiciaire tendant à faire cesser l'indue possession; — Attendu, en fait, que la partie litigieuse du tènement des Aguestioux a été contestée à la communauté de La Valette par celle de Pourcheyroux dans une espèce d'instance administrative commencée en 1814; — Mais que cette instance, dont le dernier errement officiel est un arrêté interlocutoire du 5 mai 1815, a été abandonnée par les deux sections de commune sans avoir produit aucun résultat, sans qu'il lui ait été donné la moindre suite, même lorsque, douze ans après, la section de Pourcheyroux se pourvut de nouveau devant l'administration pour obtenir l'autorisation aux fins de l'instance actuelle; que dès lors cette espèce d'instance délaissée par ceux qui l'avaient introduite, et annulée par le fait même de leur demande nouvelle qui était incompatible avec l'arrêté interlocutoire du 5 mai 1815, doit être considérée comme non avenue, comme moins efficace à troubler la possession de la section de La Valette, qu'à donner à celle-ci la force qui résulte d'une contradiction désertée. » — Appel. — Arrêt.

LA COUR; — Relativement à l'interruption de prescription que l'on veut faire résulter des pétitions présentées, en 1814 et 1815, au sous-préfet d'Aubusson et au préfet de la Creuse; — Attendu que ces pétitions ont été présentées par les habitants du village de Pourcheyroux, agissant *ut singuli*, et que, dans le cours des deux années 1814 et 1815, aucun acte administratif n'a été fait par leur représentant légal, le maire de leur commune; qu'il n'y a donc pas eu interruption de prescription; — Adoptant au surplus les motifs énoncés au jugement dont est appel; — Met l'appel au néant.

Du 15 mai 1840.-C. de Limoges, 3e ch.-M. Lavaud-Condat, pr.

(2) (Comm. de Goisard *C.* de Lantage.) — LA COUR; — (ap. dél. en ch. du cons.) — Sur le premier moyen, en ce qui concerne la prescription décennale; — Attendu que n'ayant été opposée en première instance, ni en appel, l'arrêt attaqué n'a violé, ni pu violer les dispositions législatives qui la régissent et qui ne rentrent pas dans les dispositions des lois relatives à la prescription trentenaire; — En ce qui concerne la prescription trentenaire; — Attendu que l'art. 2244 c. civ., d'après lequel une citation en justice, signifiée à celui qu'on veut empêcher de prescrire, forme l'interruption civile, a statué pour le cas le plus ordinaire où il s'agit d'un acte de la compétence de l'autorité judiciaire; — Que, par identité de raison et d'après la nature même des choses, une demande en annulation d'un acte de l'autorité administrative, portée de quelque manière que ce soit devant l'autorité administrative supérieure, seule compétente pour en connaître, produit le même effet, lorsqu'elle a été régulièrement communiquée à la partie intéressée pour la mettre en état d'y répondre, parce que cette communication, faite conformément aux règles prescrites en matière administrative, équivaut à la signification qui doit être faite de la citation en justice; — Qu'ainsi, en décidant que le pourvoi fait en 1805 par le sieur de Lantage père, et celui fait en 1817 par le domaine, étaient interruptifs de la prescription dont la cour royale a eu à s'occuper, l'arrêt attaqué (de Paris), loin de violer la loi, s'y est conformé. — Rejette.

Du 19 août 1834.-C. C., ch. civ.-MM. Portalis, 1er pr.-Ruperou, rap.-Gartempe fils, av. gén., c. conf.-Gatine, Beguin et Teste-Lebeau, av.

(3) (Com. de Village-Neuf *C.* com. de Saint-Louis.) — LA COUR; — Sur le premier moyen; — Attendu que la cour royale (de Colmar), énonçant en point de fait et dans les motifs de son arrêt que la commune de Saint-Louis a fait devant l'administration de nombreuses réclamations relatives aux terrains dont il s'agit, et qu'à différentes reprises des discussions se sont élevées entre les communes sur la propriété de ces mêmes terrains, a pu conclure de ces faits que la commune du Village-Neuf n'avait jamais eu une possession continue et paisible, nécessaire pour prescrire. — Rejette.

Du 21 mars 1838.-C. C., ch. req.-MM. Zangiacomi, pr.-Jaubert, rap.-Hervé, av. gén., c. conf.-Lucas, av.

11 déc. 1833) (1). — V., sur cet arrêt, M. Troplong, n° 586.

521. L'opposition formée par un créancier pour qu'il ne soit pas procédé à un *partage* hors de sa présence, est un acte extrajudiciaire, et, dès lors, non interruptif (Cass. 15 avr. 1828, aff. Sarret, V. Emigré, n° 131-1°). — Mais il en est autrement de l'*intervention* dans le partage, ordonnée par jugement et signifiée au débiteur (MM. Vazeille, n° 208; Troplong, n° 586).

522. Si la possession par une commune, relative à des droits d'usage fondés sur d'anciens titres, n'a été troublée, de la part du propriétaire, que par des procès-verbaux, dressés pour constater de prétendus abus dans l'*exercice* des droits d'usage, ces procès-verbaux ont pu être regardés comme ne constituant pas des actes interruptifs de la possession constante de la commune, et comme ne pouvant, dès lors, servir de point de départ à une prescription contre elle (Req. 27 juill. 1830) (2). — Cela ne nous semble pas faire de difficulté. Constater des abus dans l'exercice d'un droit n'est pas contester cet exercice lui-même (V. Usage). — Mais le procès-verbal dressé par un expert commissionné par l'administration forestière et constatant une usurpation du sol forestier par un particulier, peut être opposé à celui-ci comme interruptif de la prescription (Riom, 6 avr. 1838, aff. Thibaut, V. Forêts, n° 975).

523. La prescription des rentes sur l'Etat n'est interrompue par des réclamations qu'autant qu'elles sont appuyées de pièces justificatives, ou que, dans l'an et jour de sa réclamation, le créancier a pris soin de la justifier (avis cons. d'Et. 8-13 avr. 1809) (3).

524. Il n'est pas douteux que la cour de cassation ne puisse apprécier si un acte a pu être considéré par les juges du fait comme interruptif de la prescription (V. Cassation, n° 1592); mais l'arrêt qui décide qu'un acte interruptif n'est pas applicable à l'objet litigieux échappe à sa censure (Rej. 6 déc. 1841, M. Rupérou, pr., Miller, rap., aff. Calvimont *C.* com. de Cenon; V. 22 juill. 1844, M. Renouard, rap., aff. com. de Bust *C.* Kœcklin).

525. La prescription a couru contre les créanciers des émigrés: quels sont les actes qui, d'après les lois spéciales, ont pu être considérés comme interruptifs de la prescription? — V. Emigrés, n°s 136 et suiv.

526. Si, lorsqu'il s'agit d'effets de commerce, et que le protêt n'a point été dressé le lendemain de l'échéance, un acte fait postérieurement, qualifié protêt, est intervenu dans les cinq ans, interrompt-il la prescription? La négative ne nous paraît pas douteuse. — V. Effets de commerce, n° 831, les arrêts cités, et, de plus, Cass. 16 nov. 1853, aff. Couderc (D. P. 54. 1. 326).

Art. 2. — *De la citation en conciliation.*

527. La citation en conciliation devant le bureau de paix interrompt la prescription du jour de sa date, lorsqu'elle est suivie d'une assignation en justice donnée dans les délais de droit (c. nap. 2245), c'est-à-dire dans le mois, à dater du jour de la non-comparution ou de la non conciliation (c. pr. 48 et 57). — « Ce n'est pas, dit M. Boncenne, t. 2, p. 58, que la citation soit un acte d'instance et qu'elle constitue un litige, puisqu'elle est destinée à prévenir et l'instance et le litige; mais l'effet de l'action qui la suit rétroagit au jour où la conciliation a été essayée. Il est juste que le temps employé par le demandeur à ce préliminaire ne soit pas entièrement perdu pour lui. » — Il faut remarquer, en outre, que la prescription ne pouvant être interrompue que par une citation en justice, il serait injuste, au cas où la prescription n'a plus que quelques jours à courir, que celui qui a intérêt à l'interrompre fût privé par la nécessité du préliminaire de conciliation de donner utilement un ajournement à celui qui prescrit contre lui.

528. On vient de voir que c'est dans le mois, qu'aux termes de l'art. 48 c. pr., l'assignation doit être donnée. — Jugé que c'est là un délai de rigueur auquel n'est pas applicable l'art. 1033 du même code (Paris, 4 juill. 1809) (4).

529. La loi de 1790, qui donnait à la citation en conciliation suivie d'ajournement l'effet de suspendre la prescription, n'exigeait pas que l'ajournement suivît de près la cédule; en conséquence, l'intervalle de près d'onze mois écoulés entre l'ajournement et la citation n'empêchait pas celle-ci d'interrompre la prescription: « Attendu que la prescription de dix ans a été suffisamment interrompue par la cédule de citation délivrée à la veille de l'expiration du délai; qu'aucune loi n'exige que l'ajournement suive de près cette cédule; rejette » (Req. 6 vend. an 11, M. Vermeil, pr., aff. Bourgeois, V. Merlin, Quest. de dr., v° Bureau de paix, n° 6). — M. Maleville (Analyse du code civil) avait émis, quoique avec hésitation, l'opinion que, sous la loi de 1790, la citation devait demeurer sans effet si elle n'était suivie d'ajournement dans l'année. Mais cette opinion ne se légitimait par aucun texte de loi. Aussi a-t-il été jugé avec raison qu'avant le code Napoléon la citation en conciliation était interruptive de la prescription, quoique l'assignation en justice n'eût pas lieu dans l'année de la non-conciliation (Pau, 12 janv. 1826) (5). — La cour de Pau n'a fait que suivre la jurisprudence de la cour de cassation. (V. l'arrêt précité du 6 vend. an 11, et les conclusions conformes de

---

(1) (Tournard et Théodon *C.* Boullengez.) — La cour (après délib. en ch. du cons.); — Attendu que, dans les circonstances de la cause et en appréciant les termes particuliers employés dans la rédaction de l'opposition, la cour royale de Paris a pu juger, sans violer aucune loi, qu'une opposition aux scellés à fin de payement de la dette dont il s'agissait, suivie d'une assignation de la part de l'exécuteur testamentaire, pour assister à la vente des effets de la succession et de l'assistance à cette vente, constituait un acte judiciaire emportant interruption civile de la prescription; — Rejette.

Du 11 déc. 1833.-C. C., ch. civ.-MM. Portalis, 1er pr.-Bérenger, rap.-Gartempe, av. gén., c. cont.-Jousselin et Godard, av.

(2) (La Rochefoucault *C.* com. de Gincla.) — La cour; — Attendu que les art. 617 et suiv. c. civ., relatifs aux droits d'usufruit, d'usage et d'habitation, ne pourraient régler l'instance relative à des droits d'usage réels, qu'autant qu'il n'y aurait pas été dérogé par les lois spéciales dont l'empire est conservé relativement à l'usage des bois et forêts, par l'art. 635 du même code; — Attendu, quant à ces lois spéciales, que l'arrêt attaqué a prononcé, en fait, sur la possession invoquée par la commune défenderesse, qu'il résultait de tous les actes de la cause que ladite commune a constamment joui des droits par elle réclamés et justifiés par un titre qu'elle a reconnu être constitutif; et à l'égard des faits dont le demandeur en cassation offrait la preuve, qu'ils ne seraient pas destructifs de la jouissance de ladite commune, d'ores et déjà constante; qu'un arrêt ainsi motivé, échappe à la censure de la cour de cassation; — Rejette.

Du 27 juill. 1830.-C. C., ch. req.-MM. Dunoyer, pr.-Borel, rap.

(3) 8-13 avr. 1809. — Avis du conseil d'Etat sur les formalités à remplir par les réclamants d'arrérages de rentes sur l'Etat, pour interrompre la prescription de cinq ans.

Le conseil d'Etat, qui, d'après le renvoi ordonné par Sa Majesté, a entendu le rapport de la section des finances sur celui du ministre du trésor public, relativement aux formalités à remplir par les réclamants d'arrérages de rentes sur l'Etat, pour interrompre la prescription de cinq ans; — Vu l'art. 56 de la loi du 24 août 1793, portant que, dans tous les cas, aucun créancier ne pourra réclamer que les cinq dernières années des rentes sur l'Etat avant le semestre courant; — Vu l'art. 2277 c. civ. qui porte que les arrérages de rentes perpétuelles et viagères se prescrivent par cinq ans; — Considérant que des réclamations non justifiées ne peuvent mettre le trésor public en demeure d'acquitter ce qu'il est toujours prêt à payer; — Est d'avis que les réclamations non appuyées de toutes les pièces justificatives présentées par des créanciers d'arrérages de rentes sur l'Etat, ne peuvent interrompre la prescription qu'autant que, dans le délai d'un an, du jour de la réclamation, le créancier se mettra en règle, et présentera toutes les pièces justificatives de la légitimité de sa demande.

(4) *Espèce*: — (Boucher *C.* Laugier.) — Le 11 août 1806, le sieur Boucher avait consenti une vente immobilière au sieur Laugier. Le vendeur, prétendant avoir éprouvé une lésion de plus des sept douzièmes, fit citer en conciliation son acquéreur, le 25 juill. 1808. Un procès-verbal de non-conciliation fut dressé. Mais ce fut seulement le 31 août suivant que l'exploit d'ajournement fut signifié. Le défendeur opposa la prescription de deux ans portée dans l'art. 1676 c. civ. et qui n'avait pas pu être interrompue par la citation en conciliation, puisque plus d'un mois s'était écoulé entre le procès-verbal et l'assignation. — Boucher prétendait que le délai devait être augmenté en raison des distances; mais ce système a été repoussé par jugement du tribunal d'Avallon, du 4 janv. 1809, ainsi motivé: « Attendu que ce délai, fixé par l'art. 57 c. pr., est de rigueur, et que l'art. 1033 même code n'est pas applicable à l'espèce. » — Appel. — Arrêt.

La cour; — Adoptant les motifs, etc., confirme.

Du 4 juill. 1809.-C. d'appel de Paris.

(5) (Paucis *C.* Pelleport.) — La cour; — Attendu, sur la fin de non-recevoir fondée sur ce que l'action des parties de Petit serait prescrite, que ladite transaction est du 15 avr. 1789, et la citation en conciliation, du mois de ventôse an 7; qu'inutilement la partie de Cambailh a soutenu que cette citation n'avait pas interrompu la prescription de l'action, parce que le procès-verbal de non-conciliation n'avait pas été suivi,

Merlin, dans ses Questions de droit, v° Bureau de paix, § 5).

530. La citation en conciliation devait-elle, sous la loi de 1790, pour interrompre la prescription, être suivie d'ajournement dans l'espace de temps qui restait à courir avant l'accomplissement de la prescription? Il faut se décider pour la négative. En effet, si cela était admis, la loi de 1790 n'aurait pas donné la vertu interruptive à la citation en conciliation, puisqu'il aurait fallu qu'elle fût suivie d'un ajournement qui, par lui-même, est interruptif (Req. 15 vend. an 11 (1); Merlin, Quest. de droit, v° Bureau de paix, § 6). — La question a été aussi tranchée dans ce sens, par un arrêt de la cour de cassation du 22 niv. an 4, dans l'espèce suivante. On appelait *rabattement* de décret une espèce de rachat introduit en faveur du débiteur dont les biens avaient été adjugés par décret. C'était une sorte de retrait que la partie saisie pouvait exercer, en indemnisant l'adjudicataire. L'action en rabattement durait dix ans. Une loi du 17 germ. an 2 avait fixé le 1er vendémiaire de la même année comme délai fatal au delà duquel l'action en rabattement du décret ne pourrait plus être exercée. Dans l'espèce soumise à la cour de cassation, l'ajournement avait été donné postérieurement au 1er vendémiaire, mais la citation au bureau de paix était antérieure. On soutenait la nullité de l'ajournement, et cette nullité avait été admise par le tribunal du district de Montauban; mais la cour de cassation: « considérant que si la demande n'a pas été formée avant le 1er vendémiaire, il est cependant constant en point de fait que la citation au bureau de paix, pour se concilier, et la comparution devant ce bureau, ont eu lieu avant cette époque, et que cette citation, qui avait été suivie d'ajournement, suffisait pour interrompre la prescription établie par la loi du 27 germinal contre les demandes en rabattement de décret, casse. » (Cass. 22 niv. an 4, MM. Bailly, pr., Levasseur, rap., aff. Treffens *C.* Cavaillé et autres). — Toutefois, il a été décidé qu'une citation en conciliation, sous la loi de 1790, n'a pas pour effet d'interrompre la prescription si du jour de l'échéance de la dette jusqu'au moment où l'assignation a été donnée, il s'est écoulé plus de trente ans (Req. 29 juin 1829) (2).

531. La loi du 9 flor. an 6 avait décidé que l'action en rescision pour cause de lésion, contre les ventes d'immeubles faites pendant la dépréciation du papier-monnaie, ne pouvait être recevable après l'expiration de l'année qui devait suivre la publication de la loi. Il a été décidé que cette prescription d'une année avait été interrompue bien que l'ajournement fût postérieur à l'an écoulé, dans le cas où la citation en conciliation avait été donnée antérieurement à l'expiration du délai. — « Attendu que la citation en conciliation interrompt la prescription, et proroge le délai quand elle a été suivie d'ajournement donné sans intervalle, ou dans un temps très-rapproché; — Dit bien jugé. » (Trib. d'appel de Paris, 20 vent. an 11, M. Agier, pr., aff. Alazar). — On voit que c'est la même doctrine que celle de la cour de cassation. — Il est à remarquer que le tribunal d'appel de Paris semble s'être décidé par la considération que l'ajournement avait suivi de très-près la citation en conciliation. Rien dans la loi n'exigeait cette circonstance. Un délai assez long pouvait séparer l'assignation de la citation, sans que celle-ci cessât d'être interruptive de la prescription: cela résulte implicitement d'un arrêt rendu également dans un cas où il s'agissait d'appliquer la loi de floréal an 6 (Rej. 2 fév. 1813) (3). — De plus, comme la loi d'alors ne fixait pas de délai pendant lequel la citation devait être suivie d'ajournement pour être interruptive de la prescription, les juges pouvaient apprécier les circonstances qui avaient pu retarder l'ajournement, pour en faire sortir la force interruptive de la citation devant le bureau de paix (même arrêt). — Mais la citation en conciliation ne pouvait avoir pour effet de prolonger le délai donné à l'action, elle ne pouvait créer une nouvelle prescription. Ainsi, pour l'application de la loi de floréal an 6, la citation était bien interruptive de la prescription, lors même que l'assignation était postérieure à l'année écoulée depuis la loi; mais il fallait que cette assignation fût donnée dans l'année qui suivait la citation, pour que celle-ci conservât sa force interruptive (Req. 22 mess. an 11, MM. Cassaigne, rap., Merlin, c. conf., aff. Corneau *C.* Dupuy; Paris, 2e sect., 8 fruct. an 10, M. Lefèvre-Corbinière, pr. aff. Perrinet *C.* Hocquart).

532. La question décidée par ces deux arrêts peut-elle se présenter aujourd'hui que l'art. 57 c. pr. civ. veut que la citation en conciliation ne puisse interrompre la prescription qu'autant si elle est suivie d'une assignation dans le mois? Il semble, au premier examen, que la question puisse encore se présenter, lorsqu'il s'agit d'actions qui se prescrivent par moins d'un mois, notamment pour celles qui sont connues sous la dénomination d'actions rédhibitoires, à la prescription desquelles suffisent neuf jours dans la plupart des cas, aux termes de l'art. 3 L. 20 mai 1838. Ne peut-on pas soutenir que la citation en conciliation cesse d'être interruptive, si l'ajournement n'est pas donné dans le délai nécessaire pour prescrire à partir de la citation, par exemple dans les neuf jours, s'il s'agit d'un vice rédhibitoire. Mais il faut remarquer que la loi de 1790 ne fixait pas de délai dans lequel l'ajournement dût suivre la citation, et que dès lors il était indispensable de la mettre d'accord avec ce principe, que l'ajournement seul peut changer la nature de l'action et de décider en conséquence qu'une citation en conciliation ne peut suffire pour rendre trentenaire, une prescription annale, par exemple. Mais l'art. 57 c. pr. civ. fixe un délai pour toutes les actions, et ne permet pas de distinction (Merlin, Quest. de droit, v° Bureau de paix, § 7).

533. Ici se présente une question transitoire: pour qu'une citation en conciliation, donnée sous l'empire de la loi du 24 août 1790, ait pu, depuis la promulgation du code de procédure, interrompre la prescription, faut-il qu'elle ait été suivie d'ajournement dans le délai d'un mois après cette promulgation? — La jurisprudence s'est fixée dans le sens de l'affirmative, et il a été jugé que la citation antérieure au code de procédure civile, n'interrompait pas la prescription si elle n'avait pas été suivie d'un ajournement dans le mois qui a suivi sa

---

dans l'année, de l'exploit d'ajournement; que ces actes eurent lieu sous l'empire de la loi du 24 août 1790, dont l'art. 6, tit. 10, n'exprimait aucun délai, ainsi que l'a fait depuis l'art. 57 c. pr. durant lequel l'ajournement devait être notifié; que les déchéances doivent être expresses et ne peuvent être suppléées; que, dans l'absence d'une telle exception dans la loi du 24 août 1790, il est de principe et de jurisprudence que la citation en conciliation était alors interruptive de la prescription, quoique l'assignation en justice n'eût pas eu lieu dans l'année de non-conciliation; — Met l'appel au néant.

Du 12 janv. 1826.-C. de Pau, 2e ch.-Bascle de Lagrèze, pr.

(1) (Schultz *C.* Brou et Ory.) — LA COUR; — Attendu que l'art. 6 du tit. 10 de la loi du 24 août 1790, en statuant que la citation au bureau de paix, à l'effet d'interrompre la prescription, dispose, en général, et pour tous les cas; que cette disposition ne peut recevoir d'exception que par une dérogation expresse et spéciale; que l'art. 7 de la loi du 19 flor. an 6 ne contient point de dérogation à cette disposition générale; qu'en réglant que l'action dont elle fixe la durée ne sera pas recevable si elle n'est exercée dans l'an qu'elle prescrit, cette loi ne fait qu'exprimer l'effet ordinaire de toute prescription; qu'enfin il n'y est pas dit que la citation au bureau de paix n'aura pas l'effet de proroger l'action; qu'on ne peut donc, sous aucun rapport, trouver, dans le jugement attaqué, une contravention expresse à cette loi, ni une fausse application de celle du 24 août 1790; — Rejette.

Du 15 vend. an 11.-C. C., sect. req.-Cassaigne, rap.

(2) (Com. de Rougemont *C.* Millerin.) — LA COUR; — Attendu que la prescription de trente ans était acquise; qu'elle n'avait pas été interrompue par une citation en conciliation au bureau de paix, non suivie d'assignation; qu'elle n'a pu l'être par une prétendue reconnaissance de la dette, puisqu'à l'époque où l'assignation a été donnée, plus de trente ans s'étaient écoulés depuis la date du titre; — Rejette.

Du 29 juin 1829.-C. C., ch. req.-MM. Favard, pr.-Hua, rap.

(3) (Voirin et cons. *C.* Perret, etc.) — LA COUR; — Attendu que la fin de non-recevoir qui était opposée pour les enfants Voirin contre l'action intentée par les mineurs Perret n'était fondée que sur l'intervalle qui s'était écoulé entre la citation en conciliation et l'ajournement; qu'aucune loi n'avait fixé un délai, passé lequel la citation n'aurait plus l'effet d'interrompre la prescription; — Que, d'ailleurs, dans l'espèce, en jugeant, d'après les circonstances de l'affaire, qu'il était certain qu'il y avait eu des offres de payement faites par Voirin à la veuve Perret, depuis la citation en conciliation, et que c'étaient ces propositions qui avaient retardé l'ajournement, l'arrêt a pu déclarer qu'il n'y avait pas lieu, dans ce cas, d'admettre la fin de non-recevoir, et qu'en jugeant ainsi, d'après les faits qu'il a déclarés constants, l'arrêt (de Lyon) n'a violé ni l'art. 6, tit. 10, de la loi du 24 août 1790, ni l'art. 7 de la loi du 19 flor. an 6; — Rejette.

Du 2 fév. 1813.-C. C., sect. req.-MM. Henrion, pr.-Lefessier, rap.

promulgation (Req. 27 avr. 1814 (1); Bourges, 2 juin 1824, aff. Accary C. Léger; 24 avr. 1828, aff. Brel; Montpellier, 30 déc. 1812, aff. Jean). — Une autre cour avait d'abord adopté la négative (Toulouse, 15 mai 1808, aff. Brum). « S'il est vrai, dit cette cour, que respectivement à l'instruction des affaires non encore terminées, on puisse se régler d'après les formes nouvelles, il est certain aussi que les lois nouvelles ne peuvent jamais être appliquées au fond du droit. » — Il était facile de répondre à la cour de Toulouse qu'il ne s'agit pas ici du fond du droit, mais des formalités à remplir pour conserver un droit, ce qui est tout autre chose. Il a été constamment reconnu : « Que les lois nouvelles qui prescrivent des formalités protectrices d'un droit ont effet sur le passé en ce sens qu'elles obligent à remplir ces formalités encore bien que le droit à conserver ait été créé antérieurement à ces mêmes lois » (Carré, lois de la procédure civile, nº 251). — Au reste la même cour est revenue sur sa jurisprudence (Toulouse, 30 mai 1835, 3e ch., M. Archon, pr., aff. Dubourg).

534. Il a été jugé, sous la loi de 1790, que la comparution des parties au bureau de conciliation n'interrompait point la prescription lorsqu'elle n'avait point été précédée d'une citation (Colmar, 5 juill. 1809, aff. Hirn). — Mais cette décision est généralement rejetée par les auteurs. La comparution volontaire n'annonce pas moins énergiquement que la citation, la volonté de faire valoir ses droits. Elle doit donc produire les mêmes effets que celle-ci, d'autant plus que c'est l'ajournement dans le mois qui donne à l'une et à l'autre la force interruptive (Conf. Favard, vº Concilliat., § 6; MM. Vazeille, nº 186; Troplong, nº 590; Boncenne, t. 11, p. 59; Thomine-Desmazures, t. 1, p. 76; Zachariæ, t. 1, § 215, nº 6; Rodière, t. 1, p. 258; Taulier, t. 7, p. 463; Marcadé, sur l'art. 2248, nº 7). — M. Carré, qui avait d'abord enseigné le contraire est revenu à cette opinion (Carré, L. de la pr., quest. 249; Chauveau, *ibid.*). — M. Duranton seul approuve l'arrêt de Colmar, mais sans le défendre, ni même le discuter (nº 226).

535. La citation en conciliation, suivie d'un ajournement dans le délai de droit, interrompra-t-elle la prescription du jour de sa date, si cette citation a été donnée dans une cause où la loi n'exige pas le préliminaire de conciliation? — Trois opinions différentes se sont formées sur cette question.— D'après Pigeau (comm. p. 154), la citation en conciliation n'interrompt pas la prescription dans le cas où le préliminaire de conciliation ne serait pas nécessaire ; c'est un acte frustratoire et inutile qui n'a aucune vertu. — D'autres auteurs admettent l'interruption dans tous les cas. L'art. 2245, disent-ils, s'exprime d'une manière générale, sans distinction. Il peut toujours être utile de passer au bureau de paix ; car, lors même qu'il n'y a pas de possibilité d'arrangement, il peut y avoir des explications propres à diminuer ou à éclaircir les sujets de contestation (Conf. Favard, Rép., vº Prescription, sect. 2, § 3, art. 3; MM. Vazeille, nº 191; Zachariæ, t. 1, § 215, 5; Caron, t. 2, nº 225; Fréminville, de la Minorité, t. 1, p. 50; Marcadé, sur l'art. 2248, nº 8).—C'est ce qui a été jugé en matière de désaveu d'enfant (Req. 9 nov. 1809, aff. Brudieu, V. Paternité, nº 180).— Décidé dans le même sens que « la citation en conciliation vaut *dans tous les cas* comme un acte interpellatif et interruptif de la prescription, par cela seul qu'elle a été suivie d'une instance régulièrement introduite dans le délai » (Montpellier, 1re ch., 9 mai 1838, M. Viger, 1er pr., aff. Rolland C. Rastignac, etc.) : dans l'espèce, il s'agissait d'une demande dirigée contre cinq parties et qui avait pour objet la nullité de ventes faites en vertu d'un testament irrégulier.—Enfin la troisième opinion admet une distinction: si l'affaire est susceptible d'une transaction, et peut, dès lors, se terminer devant le bureau de paix, l'interruption a lieu ; dans le cas contraire, elle n'existe pas (Conf. Delvincourt, t. 2, p. 640; M. Troplong, nº 597; Curasson, Com., p. 170; Chauveau, Quest. 248 *bis*; Taulier, t. 7, p. 464). — Il a été jugé, conformément à ce dernier système, que la citation en conciliation n'interrompt la prescription qu'autant que le débat peut amener une transaction entre les parties; qu'en conséquence, une telle citation ne peut produire cet effet si elle est donnée dans un procès qui intéresse deux communes (Rouen, 15 déc. 1842) (2).

M. Troplong ne croit pas que l'on puisse opposer à cette opinion qu'il embrasse l'arrêt précité du 9 nov. 1809 : les héritiers qui avaient formé l'action en désaveu, dit-il, agissaient dans un intérêt susceptible de transaction ; car ils n'agitaient la question de filiation que pour conserver en entier la succession de leur auteur. — Cela est fort contestable. L'arrêt nous semble, au contraire, proscrire de la manière la plus directe la distinction de M. Troplong, puisque l'objet du litige, une réclamation d'état suivie d'un désaveu, était essentiellement d'ordre public et que l'intérêt pécuniaire était essentiellement subordonné à la question d'état, laquelle n'était pas susceptible de transaction.

Des trois systèmes que l'on vient de faire connaître, le premier nous semble préférable (V. Paternité, nº 180). Quant au troisième, d'abord, il nous paraît contraire au texte de la loi qui ne permet pas la distinction qu'on veut introduire. Ensuite, est-il bien certain que c'est parce qu'elle peut amener une conciliation, que la citation devant le juge de paix a été déclarée interruptive de la prescription? — S'il en était ainsi, tout acte qui provoquerait une transaction, c'est-à-dire toute manifestation de l'intention où l'on serait de faire valoir un droit, devrait interrompre la prescription, ce qui n'est pas. On voudra établir une différence entre ces actes et la citation en conciliation, en faisant remarquer qu'elle traduit pour ainsi dire celui qui prescrit devant un juge conciliateur. Mais alors, pourquoi, pour être interruptive, doit-elle être suivie dans un délai donné d'une assignation? C'est que la loi veut que la prescription ne soit inter-

(1) *Espèce* : — (Longueville C. Louvat de Champollon.) — LA COUR; — Considérant qu'en comptant les années qui avaient couru depuis 1790, époque de la vente dont il s'agit, jusqu'à la loi du 14 fruct. an 3, suspensive de toute action en rescision pour cause de lésion, et en réunissant à ces premières années celles qui ont couru depuis 1806, date du décès de la demoiselle de Chenavel, jusqu'au 8 août 1811, que la demanderesse a conclu à la nullité de cette vente, de sa ratification et de tous les actes qui avaient suivi, il s'était écoulé plus de dix ans, temps suffisant pour prescrire l'action en nullité de ces actes ; — Considérant que le cours de cette prescription n'aurait dû être interrompu par la citation en conciliation du 12 niv. an 4 qu'autant qu'elle aurait été suivie d'un ajournement, ainsi que le décide l'art. 6 du tit. 10 de la loi du 24 août 1790 ; — Qu'il a bien été donné depuis ledit jour 8 août 1811, un ajournement sur cette citation en conciliation ; mais qu'encore bien que cette loi de 1790 ne fixe aucun délai pour cet ajournement et ait laissé, par conséquent, la faculté de le donner à volonté, cet ajournement n'a pu cependant attribuer à cette citation l'effet d'interrompre la prescription, parce qu'ayant été donné le 8 août 1811, et dès lors sous l'empire du code de procédure, dont l'art. 57 veut que la citation en conciliation n'ait l'effet d'interrompre la prescription qu'autant qu'elle a été suivie d'un ajournement donné dans le mois ; cet ajournement aurait dû être signifié dans le mois de la publication de ce code, et qu'il ne l'a été que bien longtemps après ; — D'où il suit que la citation en conciliation dont il s'agit n'a pas pu interrompre le cours de la prescription, et qu'en le déclarant ainsi sur ce motif, la cour qui a rendu l'arrêt attaqué a fait une juste application de cet art. 57 ; — Rejette, etc.

Du 27 avr. 1814.-C. C., sect. req.-MM. Lasaudade, pr.-Babille, r.

(2) *Espèce* : — (Com. de Trye-Château C. ville de Gisors.) — 1er déc. 1840, jugement du tribunal des Andelys en ces termes : — « Considérant que la citation en conciliation ne peut interrompre la prescription qu'autant que le débat peut amener une transaction entre les parties ; qu'autrement ce n'est qu'un acte frustratoire, un acte sans force et vertu ; un acte qui n'a aucun caractère judiciaire, et qui par conséquent ne peut produire aucun effet ; — Considérant que la commune de Trye-Château, ayant appelé la ville de Gisors en conciliation le 25 mars 1834, a donc fait un acte dont elle ne peut faire sortir aucune argumentation en sa faveur ; — Considérant que ce n'est que le 29 avril suivant que l'exploit introductif de l'instance dont le tribunal est saisi a été délivré à cette ville ;—Considérant qu'à cette date la promulgation du titre de la prescription du code civil remontait à plus de trente ans, puisque cette promulgation est du 25 mars 1804 ;—Considérant que, s'il n'est pas établi au procès que la possession de la ville de Gisors ait été paisible et non interrompue par la commune de Trye-Château jusqu'en l'an 2 de la république, toujours est-il constant et bien établi que, depuis cette dernière époque, cette ville a joui du marais litigieux jusqu'au 29 avril 1834, sans interruption valable, et que sa possession a été paisible, continue, publique, non équivoque, et à titre de propriétaire ;—Considérant qu'il ne résulte pas de là que la ville de Gisors ait en sa faveur une prescription quadragénaire, ainsi qu'elle le prétend, mais qu'elle est bien fondée à invoquer la prescription trentenaire ;—Déclare la commune de Trye non recevable et mal fondée dans son action. » — Appel. — Arrêt.

LA COUR ;—Adoptant les motifs des premiers juges, confirme.

Du 15 déc. 1842.-C. de Rouen, 1re ch.-MM. Franck-Carré, 1er pr.-Roulland, av. gén., c. conf.-Deschamps et Senard, av.

rompue que par un litige : manifester une prétention, ce n'est que trahir une velléité d'attaque judiciaire, provoquer un arrangement, c'est manifester une incertitude sur son droit. Ainsi par elle-même la citation en conciliation n'est pas interruptive. Pourquoi l'est-elle lorsqu'elle est suivie d'un ajournement? Nous en avons dit plus haut la raison. Il n'était pas juste, la citation judiciaire étant la seule manière d'interrompre la prescription, que la nécessité du préliminaire de conciliation empêchât celui contre lequel on prescrit d'assigner dans le délai utile pour empêcher de s'achever la prescription. Si c'est là le véritable esprit de l'art. 2245, l'opinion de Pigeau nous semble devoir être admise. En effet, quand la citation en conciliation est inutile, lorsque celui qui réclame un droit qui se prescrit pouvait agir directement contre celui qui prescrit, pourquoi donnerait-on quelque vertu à un acte frustratoire?

536. Il arrive souvent que la citation en conciliation est suivie d'un compromis. Dans ce cas, interrompt-elle la prescription? Il faut distinguer : si le compromis n'est pas suivi d'actes qui tendent à son exécution, la citation n'a pas pu interrompre la prescription. — C'est en ce sens qu'il a été jugé qu'un compromis, pour qu'il soit interruptif de prescription, doit, même alors qu'il est intervenu à la suite d'une citation en conciliation, être suivi, sinon de citation à comparaître devant l'arbitre, au moins de constitution de l'arbitrage, soit par l'acceptation du pouvoir conféré à l'arbitre, soit par litiscontestation devant ce dernier; qu'en tous cas, le délai de l'arbitrage une fois expiré, sans que rien ait été fait, l'interruption doit être réputée non avenue (Limoges, 29 avril 1836) (1). — C'est aussi l'avis de M. Troplong, n° 594. — Mais la citation en conciliation est interruptive s'il y a eu depuis le compromis citation devant les arbitres ou au moins constitution de l'arbitrage, soit par l'acceptation du pouvoir conféré à l'arbitre, soit par la litiscontestation devant ce dernier. — Du reste, un compromis légalement constitué est, de fait, suspensif de prescription pendant le délai légal de l'arbitrage (même arrêt de Limoges).

537. Cependant il a été jugé que le compromis valait ajournement, et que la citation en conciliation suivie d'un compromis interrompait la prescription, lors même que le compromis ne serait suivi d'aucun acte d'exécution (Paris, 9 juin 1826) (2) « mais, comme le remarque fort bien M. Marcadé, art. 2248, n° 7, cette idée est manifestement inexacte; ce n'est évidemment qu'à la condition qu'il sera donné suite au compromis et que l'instance arbitrale se liera et suivra son cours que l'interruption s'accomplit; si donc il n'y a ni assignation, ni comparution volontaire engageant l'instance, l'interruption sera non avenue. »

538. Les affaires de la compétence des juges de paix ne sont pas soumises au préliminaire de conciliation; mais s'il n'y a pas péril en la demeure, le juge de paix peut interdire aux huissiers de citer devant son tribunal avant qu'il ait appelé les parties sans frais et par simple lettre. (L. 25 mai 1838, art. 17), cette lettre interrompt-elle la prescription? La négative n'est pas douteuse. Ce n'est pas là d'abord un acte judiciaire, puisqu'il n'est pas dressé par un officier public; ensuite cette lettre ne précise pas l'objet de la demande et ne peut dès lors avoir la force interruptive (M. Marcadé, *loc. cit.*).

539. La prescription est interrompue par une demande en compensation, formée reconventionnellement au bureau de paix par le défendeur en conciliation (Req. 30 frim. an 11) (3).

ART. 3. — *De la citation donnée devant un juge incompétent.*

540. La citation en justice, donnée même devant un juge incompétent, interrompt la prescription (2246). — La question était très-controversée sous l'ancien droit; mais l'opinion la plus accréditée faisait une distinction : si l'incompétence n'était que relative, l'interruption avait lieu; il en était autrement si l'incompétence était absolue. — Il a été jugé, par application de cette

---

(1) (Fossiat C. les habitants de Boutard et de Sagon.)—LA COUR; — Attendu que ce qui fait l'objet d'une convention est en général susceptible de prescription; — Que notamment la redevance promise d'une certaine quantité d'avoine a pu être prescrite par les débiteurs, soit d'après la coutume du Poitou, le ténement dont le délaissement du pacage a donné naissance à la rente réclamée étant situé en Poitou, soit d'après le code civil; —Attendu que depuis 1785, époque à laquelle toutes poursuites ont été interrompues envers tous et un chacun des débiteurs de la redevance jusqu'au 11 août 1831, que ces débiteurs ont été assignés devant le tribunal de Bellac, il s'est écoulé plus de trente ans; — Qu'à la vérité les appelants opposent, comme interruptive de la prescription, une citation en conciliation qui a été donnée aux habitants des villages de Boutard et de Jagon, le 18 janv. 1809; mais que cette citation n'a pas été, suivant le vœu des art. 2245 c. civ. et 57 c. pr. civ., suivie, dans le mois, à dater du jour de la non-conciliation, d'une assignation en justice; — Que si les créanciers et les débiteurs de la rente ont, cinq jours après la citation, et le 23 janv. 1809, passé un compromis devant Me Puiférat, notaire, par lequel ils ont choisi pour leur arbitre le sieur de Brimot, il n'appert d'aucun acte ni d'aucun fait que ce jurisconsulte ait accepté expressément ou tacitement la qualité de juge dont on avait voulu l'investir; que s'il n'était pas nécessaire d'une assignation donnée devant lui pour lui conférer le pouvoir de rendre une sentence arbitrale régulière, au moins fallait-il, pour que le compromis produisît l'effet d'une demande formée devant une juridiction ordinaire, que la juridiction arbitrale, qui est exceptionnelle, fût constituée, et elle n'existait pas, pendant qu'il n'y avait pas eu d'acceptation de la part du juge volontaire, ni de litige engagé devant lui par les parties;

Attendu d'ailleurs que le compromis n'ayant conféré de pouvoirs à l'arbitre que pendant trois mois, qu'il a laissés expirer sans rien faire, le compromis a péri; — Que l'existence de fait de ce compromis a bien suspendu la prescription, parce que, pendant sa durée, aucune des parties qui l'avaient consenti n'avait pu agir par la voie ordinaire en dehors de la convention; mais que le compromis étant expiré et ayant cessé d'exister, il ne peut produire d'effet légal, ni rétroagir sur des actes ou une possession antérieure à son existence, interrompre et effacer une prescription commencée; ce serait donner à une convention anéantie le même pouvoir qu'à celle qui aurait conservé toute sa force et toute son influence; — Qu'enfin le compromis, pour donner à la citation en conciliation la puissance d'interrompre la prescription, ne peut être plus efficace que l'assignation en justice dont parle l'art. 2245 c. civ.; or lorsque l'instance commencée par cette assignation est déclarée périmée, l'assignation, d'après l'art. 2247 du même code, n'a pas interrompu la prescription; donc le compromis, quand il a fini par l'expiration du délai légal, à défaut de stipulation d'un délai plus long, ne peut pas davantage l'avoir interrompue; — Qu'ainsi la prescription est acquise en faveur des intimés; — Met l'appel au néant, etc.

Du 29 avr. 1836.-C. de Limoges.-M. Lavaud-Condat, pr.

(2) (Bachelier C. Bœuf.) — LA COUR; — Considérant que, sur la citation en conciliation devant le juge de paix, en date du 7 mess. an 9, il y a eu compromis pour un arbitrage, et simultanément nomination d'arbitres; que ce compromis a eu, en droit, l'effet d'un ajournement devant le juge ordinaire, interruptif de la prescription trentenaire; — Considérant que le fonds n'est pas en état; — A mis et met l'appellation et ce dont est appel au néant; — Émendant, etc., au principal, déboute les intimés de leur exception de prescription trentenaire.

Du 9 juin 1826.-C. de Paris, 1re ch.-MM. Séguier, 1er pr.-de Broé, av. gén., concl. conf.-Hennequin et Marc-Lefebvre, av.

(3) *Espèce :* — (Descamps C. B....) — Le sieur B..., cité en conciliation sur une demande que le sieur Descamps se proposait de former contre lui en payement d'une créance, se prétendit lui-même créancier, et opposa la compensation. — Cette non-conciliation fut suivie d'ajournement. Descamps soutint, devant les premiers juges, que le sieur B... ne pouvait plus faire valoir la compensation, attendu que, d'après le placard de Charles-Quint, du 4 oct. 1540, qui réglait alors la prescription dans l'Artois, la créance du sieur B... était éteinte par la prescription échue entre la citation au bureau de paix et l'ajournement. — Le sieur B... répondit que la demande en compensation par lui formée au bureau de paix était une véritable action en payement, qui, quoique formée reconventionnellement, n'en devait pas moins être assimilée à une action principale, à l'effet d'interrompre la prescription, suivant l'art. 6 de la loi du 24 août 1790. — Jugement qui admet la compensation. — Pourvoi par Decamps pour contravention au placard de 1540. — Arrêt.

LA COUR; — Considérant que le tribunal de Saint-Paul n'a point méconnu la prescription établie par le placard de 1540, mais a jugé que cette prescription n'avait pu s'accomplir pendant la durée d'une instance dans laquelle la créance en question avait été opposée en compensation; que si l'art. 6 de la loi du 24 août 1790 porte que la citation au bureau de paix aura l'effet d'interrompre la prescription, lorsqu'elle aura été suivie d'ajournement, on ne peut en conclure que le défendeur cité au bureau de paix et au tribunal, et qui a opposé une compensation, n'ait pu interrompre la prescription, parce qu'étant cité en justice, il n'a pas été dans le cas d'y assigner lui-même; que le procès-verbal du bureau de paix devient acte de l'instance, appartient aux deux parties; qu'une compensation proposée dans ce procès-verbal laisse à juger dans l'instance si la partie qui l'a proposée ne s'en est point désistée, et que conséquemment la créance opposée ne peut se prescrire pendant la même instance; — Rejette.

Du 30 frim. an 11.-C. C. sect. req.-M. Gandon, rap.

jurisprudence, que lorsque, sous la loi de 1790, un tribunal saisi d'un appel malgré l'opposition d'une partie s'était déclaré incompétent, il n'y avait là qu'une incompétence personnelle ou relative, qui n'avait point empêché l'acte d'appel d'interrompre la prescription (Pau, 21 avr. 1831) (1).—La distinction faite par l'ancienne jurisprudence a été abolie par l'art. 2246.

541. Au reste, la prescription, interrompue par une citation faite devant un juge incompétent, reprend son cours *à dater* du jugement d'incompétence et non pas seulement à partir de la *signification* de ce jugement (Req. 17 déc. 1849, aff. Chauvin, D. P. 50. 1. 80). — En effet, il paraît évident que le jugement d'incompétence, laissant toute liberté au demandeur d'agir devant la juridiction appelée à connaître de la prétention, devenait dès lors le point initial d'une nouvelle prescription, et que la maxime *paria sunt non esse et non significari*, applicable à l'exécution des jugements, est tout à fait étrangère à la prescription.

542. L'art. 2246 doit être limité dans son objet qui est la prescription et ne s'étend pas aux déchéances (V. Req. 21 mai 1834, aff. Villecroze, v° Organ. admin.). — Jugé cependant que la déchéance est interrompue par l'assignation devant un juge incompétent (Caen, 1er fév. 1842, aff. Delamosne, n° 40).

ART. 4. — *Des cas où l'interruption est considérée comme non avenue.— Nullité. — Désistement. — Péremption. — Rejet de la demande.*

543. Si l'assignation est nulle par défaut de forme, si le demandeur se désiste de sa demande, s'il laisse périmer l'instance ou si sa demande est rejetée, l'interruption est regardée comme non avenue (c. nap. 2247). — On a reproché à ces dispositions, d'ailleurs très-claires et peu susceptibles de faire naître des difficultés, d'établir une différence mal fondée entre une citation nulle et une citation donnée devant un juge incompétent, et M. Vazeille, n° 197, trouve quelque subtilité dans la manière dont M. Maleville prétend la justifier en disant qu'on ne peut croire sur rien la citation non revêtue des formes légales, au lieu que celle qui est donnée devant un juge incompétent n'est pas pour cela nulle et peut instruire celui auquel on l'adresse. Selon le premier de ces auteurs, il eût été conforme à la raison d'assimiler la citation libellée qui pèche par la forme à celle donnée devant un juge incompétent. — La véritable raison de cette différence a été indiquée par l'orateur du gouvernement : « Lorsque les formalités exigées pour que le possesseur soit valablement assigné n'ont pas été remplies, il n'y a pas réellement citation, et il ne peut résulter de l'exploit de citation aucun effet » (V. aussi MM. Troplong, 598 et Marcadé). — Jugé, en ce sens, qu'un compromis tombé en péremption n'est pas interruptif de la prescription (Limoges, 6 avril 1848, aff. Géraudie, D. P. 48. 2. 120).

544. Sous les anciens principes, comme aujourd'hui, l'interruption de la prescription par une action en justice ne cessait de produire son effet que lorsque l'assignation était nulle par défaut de forme, que la demande était rejetée ou que l'instance était prescrite ou déclarée périmée (Rej. 21 nov. 1837) (2).

---

(1) *Espèce* : — (Hérit. Dat *C.* hérit. Dagé.) — 14 niv. an 6, les héritiers Dat assignent devant le tribunal du Gers la dame Dagé, pour faire statuer sur l'appel, émis par celle-ci, d'un jugement du 2 mai 1789, qui avait statué sur une demande en partage de succession. La dame Dagé décline la compétence du tribunal. — 12 frim. an 8, jugement qui annule, pour incompétence, la citation de l'an 6. — En 1824, les héritiers Dat demandent la péremption de l'appel ; elle est prononcée par arrêt du 12 nov. 1825. — Les héritiers Dat, voulant ramener à exécution la sentence dont était appel, du 2 mai 1789, assignèrent, dans cet objet, les héritiers d'Antoinette Dagé devant le tribunal de Tarbes. Ceux-ci prétendirent que les droits des héritiers étaient prescrits, parce qu'il s'était écoulé plus de trente ans depuis la sentence jusqu'à l'assignation du 24 août 1824, et que les actes intermédiaires ne pouvaient pas avoir l'effet d'interrompre, d'un côté, parce que l'assignation du 14 niv. an 6 avait été annulée ; d'autre part, parce que les autres actes avaient été déclarés périmés : ils reconnurent toutefois que la prescription ne pouvait pas être opposée à ceux des héritiers qui étaient mineurs. — Jugement qui annule cette défense.—Appel par les héritiers Dat.

Les intimés répondaient qu'avant le code une assignation n'interrompait point, si elle était donnée devant un juge dont l'incompétence était absolue, et l'on prétendait qu'il s'agissait, lors de cette assignation, d'une incompétence à raison de la matière ; qu'au surplus, les actes nuls ne pouvaient point produire d'effet ; qu'en second lieu, il s'était écoulé plus de trente ans depuis la sentence jusqu'à l'assignation de 1824 ; que la prescription n'avait pas été suspendue par l'instance d'appel, puisque l'art. 401 c. pr. déclare que la péremption éteint l'instance, sans qu'on puisse, dans aucun cas, opposer aucun des actes de l'instance, ni s'en prévaloir ; qu'ainsi, on devait considérer l'appel comme s'il n'eût jamais existé, et reconnaître, par là, qu'il n'y avait pas eu de suspension quelconque. — Arrêt.

LA COUR ; — Attendu que l'assignation donnée à Antoinette Dagé devant le tribunal d'Auch, le 14 niv. an 6, ne fut pas annulée comme irrégulière, mais uniquement parce que ce tribunal, d'ailleurs compétent à raison de la matière, avait été exclu de la connaissance de la cause par ladite Antoinette Dagé, conformément aux lois d'alors : — Attendu qu'avant le code civil les avis étaient partagés sur la question de savoir si, indistinctement, l'assignation donnée devant un juge incompétent interrompait la prescription ; que, malgré l'opinion de quelques auteurs graves pour l'affirmative, on établissait une différence entre l'incompétence purement relative et l'incompétence absolue ; qu'au premier cas, on tenait généralement pour certain que l'assignation interrompait la prescription, mais qu'au second cas, seulement, elle ne produisait pas cet effet ; — Attendu que le tribunal d'Auch aurait pu et dû connaître, comme juge d'appel, du mérite de la sentence du 2 mai 1789, s'il n'avait pas été exclu de la connaissance de cette cause par l'une des parties ; que, dès lors, et en admettant même la distinction faite par les auteurs, et consacrée par la jurisprudence, l'assignation du 14 niv. an 6 ayant été portée devant un juge dont l'incompétence n'était que relative, fut un acte interruptif de la prescription opposée ; — Réformant, etc.

Du 21 avril 1830.-C. de Pau, ch. cor.-M. de Charritte, pr.

(2) (Ponsat *C.* Sarciron Labesse.) — LA COUR ; — Sur le moyen fondé sur la violation de l'art. 4, tit. 4, de la loi du 24 août 1790 ; et d'abord, relativement à l'appel du jugement du 27 janv. 1825, qui, après avoir statué sur la nullité d'un acte de procédure, a indiqué le jour pour plaider sur le fond :—Attendu que cette dernière disposition, la seule qui fût attaquée, ne préjugeait rien sur le fond ; — Qu'elle ne pouvait faire grief à aucune des parties, et qu'ainsi, l'appel dudit jugement n'étant fondé sur aucun motif d'intérêt réel était, par cela même, non recevable (*a*) ;—Relativement à l'appel du jugement du 8 juill. 1825 : —Attendu que ce jugement n'a eu pour objet que de lever les obstacles qui s'opposaient à la remise des pièces justificatives du compte ordonné par le jugement du 7 avril, et qu'il ne renferme, d'ailleurs, aucune disposition qui porte atteinte à ce jugement, et qui soit préjudiciable à la dame Guillonie, ou à ceux qu'elle représente ; — Qu'ainsi, en rejetant, par ces différents motifs, l'appel des jugements des 27 janv., 7 avril et 8 juill. 1825, l'arrêt attaqué n'a violé ni le principe du double degré de juridiction, consacré par la loi du 24 août 1790, ni aucune autre loi (*b*) ; —Attendu que, suivant les principes anciens, consacrés par les art. 2246 et 2247 c. civ., la prescription était interrompue par l'action en justice, et que cette interruption ne cessait de produire son effet que lorsque l'assignation était nulle pour défaut de forme, lorsque la demande avait été rejetée, ou lorsque l'instance était prescrite ou déclarée périmée ;— Attendu, d'un autre côté, que si l'art. 15 de l'ord. de Roussillon a pu faire naître des doutes sur le point de savoir si la péremption devait avoir lieu de plein droit, ou si, pour être acquise, il fallait qu'elle fût demandée, ces doutes ont été résolus, au moins virtuellement, par l'art. 5, tit. 27 de l'ord. de 1667, qui, parlant de la péremption des appels, exige que la péremption soit déclarée, et par conséquent demandée ;—Attendu qu'il s'agit au procès d'une action en reddition de compte d'une tutelle déférée dans le ressort du parlement de Paris ; —Attendu que cette cour souveraine, développant les conséquences résultant de l'ord. de 1667, a jugé constamment que la péremption n'avait lieu que lorsqu'elle avait été demandée, et se trouvait couverte par des actes de procédure quelconques, d'où l'on a toujours conclu qu'elle ne pouvait s'acquérir de plein droit, et qu'elle ne pouvait pas être opposée par voie d'exception ; doctrine qui a été consacrée par les art. 399 et 400 c. pr. ;

Attendu que, dans les nombreux monuments de jurisprudence du parlement de Paris, on n'en trouve aucun qui ait distingué les cas où la péremption concourt avec la prescription, et ceux où ce concours n'existe pas ;—Qu'au contraire, il en résulte que, pour tous les cas, la règle que la péremption ne s'acquiert pas de plein droit se trouve consacrée par la jurisprudence de la manière la plus générale et la plus absolue ; — Attendu, d'ailleurs, que, suivant un arrêt de règlement du parlement de Paris, du 2 août 1692, la péremption, en cause d'appel, emportait, de plein droit, la confirmation du jugement de première instance, et que de cette règle, consacrée par l'art. 469 c. pr., on a toujours induit que l'intimé seul avait intérêt et droit de demander la péremption sur l'appel ;

Attendu qu'en se conformant à ces règles de jurisprudence, et en rejetant les moyens de péremption et de prescription opposés par les mariés Ponsat sur l'appel interjeté par la dame Guillonie, leur auteur, des jugements rendus par le tribunal civil de Guéret, l'arrêt attaqué (de la

(*a*, *b*) Ces deux dispositions de l'arrêt sont relatives à deux moyens d'avant faire droit rappelés v° Jugement d'avant dire droit nos 42-3°, 55-2°.

545. Lorsque la nullité d'une assignation se trouve couverte faute d'avoir été proposée en temps utile, il n'y a point de motif pour que l'assignation ne soit pas interruptive de la prescription du jour où elle a été signifiée.

546. On ne saurait assimiler aux vices de forme qui annulent l'assignation, le défaut de capacité dans le demandeur. Le défaut d'autorisation de la femme par son mari, du mineur par son tuteur, du tuteur par le conseil de famille, n'opère que des nullités relatives. Il peut, d'ailleurs, ainsi que le défaut d'autorisation des communes et des établissements publics, être réparé par une autorisation donnée postérieurement à la demande, et l'assignation conserve alors son effet interruptif.

547. Il a été jugé qu'une citation en conciliation n'est interruptive de prescription qu'autant qu'elle a été suivie d'un procès-verbal de non-conciliation régulièrement signifié dans le mois avec ajournement (Cass. 16 janv. 1843) (1). Dans l'espèce, comme il y avait plus de deux défendeurs, l'essai de conciliation n'était pas nécessaire, mais il avait eu lieu, et le demandeur, auquel on opposait la prescription, avait besoin, pour repousser cette exception, de faire remonter l'action jusqu'à la date de la citation en conciliation. La question a été de nouveau posée par suite de renvoi devant une cour qui a jugé contrairement à la solution qui précède (Aix, 22 déc. 1843) (2). Cet arrêt repose sur un raisonnement qui ne nous paraît pas supporter l'examen. D'après la

---

cour de Limoges) n'a violé ni l'art. 475 c. civ. ni aucune autre loi, et n'a fait qu'une juste application des principes de la matière ; — Rejette.

Du 21 nov. 1837.-C. C., ch. civ.-MM. Portalis, 1er pr.-Moreau, rap.-Laplagne, av. gén., c. conf.-Dalloz et Morin, av.

(1) (Rastignac *C.* Rolland.) — LA COUR ; — Vu les art. 57, 65, 1029 c. pr. civ., 2245, 2247 et 2262 c. civ. ; — Attendu que, suivant l'art. 57 c. pr. civ., et l'art. 2245 c. civ. la citation en conciliation n'interrompt la prescription que lorsqu'elle est suivie d'un exploit d'ajournement dans le mois de la non-conciliation ou de la non-comparution ; — Attendu qu'aux termes de l'art. 65 du premier de ces codes, il doit être donné, avec l'exploit, copie du procès-verbal de non-conciliation ou de la mention de non-comparution, à peine de nullité, et que l'art. 1029 du même code dispose qu'aucune des nullités, amendes et déchéances qu'il prononce, n'est comminatoire ; — Attendu que l'interruption civile de la prescription résultant de la citation en conciliation suivie d'ajournement, est réputée non-avenue par l'art. 2247 c. civ., si elle est nulle ; — Attendu enfin que l'art. 2262 déclare prescrites par trente ans toutes les actions tant réelles que personnelles ; — Attendu, en fait, que Rolland a fait citer séparément Rastignac et les autres demandeurs au bureau de paix et qu'il a été rédigé avec chacun d'eux des procès-verbaux distincts ; — Attendu que le procès-verbal de non-conciliation dont copie a été signifiée en tête des ajournements délivrés à Rastignac, Ranvier et Olivier, n'est pas celui dressé contradictoirement avec les parties assignées ; ainsi, le procès-verbal de non-conciliation avec Ranvier a été signifié à Rastignac, celui avec Rastignac à Ranvier et celui avec Magne à Olivier ; — Attendu que l'irrégularité qui a été commise à cet égard ne peut être assimilée à une simple erreur de copiste, dont il soit possible de trouver une rectification suffisante dans les énonciations de l'exploit d'ajournement ; — Que cet exploit, en effet, déclare bien que Rastignac et ses divers acquéreurs ont été appelés au bureau de paix et que la conciliation ne s'est point opérée ; mais que cette déclaration ne peut réagir sur le procès-verbal dont copie a été délivrée, pour en changer entièrement la nature et l'appliquer à une partie et à une chose autres que celles qu'il concernait ; — Attendu, dès lors, qu'on ne saurait accorder aucune valeur aux copies mises en tête des exploits d'ajournement et que ces exploits doivent, en conséquence, être séparés de ces copies et considérés comme n'ayant pas rempli la condition exigée, à peine de nullité, par l'art. 65 c. pr. civ. ; — Attendu que, si l'on admettait que, conformément à l'art. 49, nº 6, du même code, il n'y avait pas nécessité de tenter la conciliation, parce que la demande était dirigée contre plus de deux parties, alors l'exploit même d'ajournement ne serait pas nul, mais il faudrait apprécier sa valeur et sa portée en faisant complètement abstraction de la tentative de conciliation qui ne pourrait, dans ce cas, être opposée comme interruptive de la prescription ; — Attendu que, d'après la combinaison du code de procédure et du code civil, l'économie et l'esprit de leurs divers articles touchant la prescription, ce n'est pas la citation seule ou bien le procès-verbal de non-comparution ou de non-conciliation qui forme l'interruption civile de la prescription, mais la citation suivie d'un procès-verbal signifié dans le mois avec ajournement ; — Attendu que, dans l'espèce, l'assignation ne se rattache pas à un procès-verbal régulièrement signifié dans le mois de sa date ; qu'ainsi le seul acte que le défendeur puisse invoquer pour établir l'interruption de la prescription, est l'assignation même qui a été donnée aux demandeurs ; mais, attendu que M. de Pradines *de cujus* est mort le 15 août 1804 ; qu'à partir de ce jour jusqu'à l'assignation qui est du 19 août 1834, il s'est écoulé plus de trente années ; qu'ainsi Rastignac, Ranvier et Olivier avaient le droit d'opposer la prescription trentenaire admise contre toutes actions réelles et personnelles ; — Attendu qu'en validant l'assignation du 19 août 1834 et en n'accueillant pas la prescription de trente ans, la cour royale de Montpellier a faussement interprété et appliqué les art. 57 c. pr. civ. et 2245 c. civ., et a formellement violé les art. 65 et 1029 du premier, et les art. 2247 et 2262 du second ; — Casse l'arrêt de la cour de Montpellier du 9 mai 1838.

Du 16 janv. 1843.-C. C., ch. civ.-MM. Portalis, 1er pr.-Thil, rap.-Laplagne-Barris, av. gén., c. conf.-Coffinière et Piet, av.

(2) (Rolland *C.* de Rastignac et autres.) — LA COUR ; — Sur la fin de non-recevoir opposée par trois des défendeurs contre la demande introductive d'instance : — Attendu que cette demande de l'appelant est une véritable pétition d'hérédité à former dans les trente ans qui en suivent l'ouverture ; — Attendu que la possession de l'héritier testamentaire est censée aussi remonter, en quelque temps qu'elle commence, au jour où il a été saisi par la mort du testateur, la succession ne pouvant être considérée avoir resté un seul instant vacante ; qu'il a la même origine de possession enfin que l'héritier du sang lui-même, conformément aux art. 724 et 777 c. civ. ; — Attendu que l'abbé Destours, en sa qualité de légataire universel de de Pradines, avait de droit la saisine des biens qu'il tenait de celui-ci ; qu'en eût-il, d'ailleurs, demandé la mise en possession, il n'aurait nui ni à sa qualité ni à ses droits ; — Qu'il est donc apte à opposer, sans distinction aucune, la prescription à tous les ayants droit qui auraient respecté sa position au delà de trente années ; — Qu'il ne s'agit donc que de déterminer le jour où remonte l'action de Rolland en trouble de cette position ; — Attendu que la première démonstration à cet égard est sa citation en conciliation du 22 juill. 1834, antérieure au 15 août de la même année, jour du complément des trente ans écoulés depuis la mort du testateur qui a investi l'abbé Destours ; — Attendu que de la combinaison des art. 2244, 2245, 2246 et 2247 c. civ., il résulte que la citation en conciliation interrompt la prescription, pourvu qu'elle soit suivie d'une citation en justice valable, et donnée dans les délais de droit ; — Attendu que malgré les différences que le code de procédure a, plus tard, établies dans les formes des citations, c'est dans le code civil, fondateur en France des droits fonciers de tous, et dès son émission, qu'il faut rechercher l'intention que le législateur a eue, en traçant à l'égard de tous les demandeurs, cet appel au bureau de paix, comme un acte interruptif de prescription ; — Qu'il a voulu d'abord donner l'avis au défendeur du choix qui lui était donné, de subir ou un arrangement ou une action en justice, en suite de la réalisation immédiate de la menace, si ce dernier ne se conciliait pas, sous peine de ne plus laisser à la citation première que le caractère d'une jactance inutile ; — Attendu que ce caractère ne saurait appartenir à celle du demandeur actuel ; il a réalisé sa menace par l'ajournement dans le mois ; — Attendu toutefois que cet ajournement est attaqué dans sa validité : il ne porterait pas, aux termes de l'art. 65 c. pr., le procès-verbal pour trois des défendeurs, de Rastignac, Ranvier et Olivier, ou le porterait d'une manière fautive ; il serait nul par là, incapable d'aucun effet vis-à-vis d'eux ; il ne resterait qu'à les relaxer de l'instance ; — A cet égard, attendu que s'il est vrai que ce vice existe réellement dans cet acte de procédure, il l'est aussi que le demandeur n'avait contre tous les défendeurs qu'une seule et même cause, dérivant de la même origine et tendant au même but, la dépossession de Rastignac de l'immeuble acquis de l'abbé Destours au mois de mai 1816 ; — Que s'il a cru devoir comprendre dans sa poursuite contre de Rastignac tous ses acquéreurs, chercher enfin chez tous les possesseurs les diverses parts séparément vendues de l'immeuble revendiqué, ceux-ci doivent être considérés comme autant de défendeurs à l'action de Rolland, qui rentre dès lors dans l'exception de l'art. 49 c. pr., et reste dispensée des préliminaires de la conciliation ; — Attendu que la dernière objection de ces défendeurs, tirée de ce que, en mettant de côté la conciliation, l'isolant de l'ajournement, la prescription serait arrivée dans l'intervalle de temps écoulé entre la citation de paix et celle en justice du 19 août seulement, ne saurait non plus prévaloir ; — Que, sans rechercher si la corrélation entre ces deux citations est indispensable, si l'art. 2244 exige au delà d'une citation en justice quelconque, si l'art. 57 c. pr., venu après, a entendu, a pu en entendre une plus spéciale, lorsqu'il emploie le mot *demande*, s'il ne ressort pas évidemment enfin de l'art. 2246 c. civ., qui se contente d'une citation en justice, même devant le juge incompétent, la preuve que le législateur n'a voulu qu'une chose, l'intention, la volonté de poursuites manifestée et aussitôt suivie par le demandeur, il est toujours certain qu'ici l'ajournement est valide et demeure l'acte introductif de l'instance actuelle ; — Qu'ainsi le vœu et les termes de la loi sont satisfaits ; — Que si, en résultat, la citation au bureau de paix, inutile qu'elle est à l'introduction de l'instance, produit un effet qui lui serait refusé ; nécessaire qu'elle eût été à cette introduction, la force, la différence des choses l'amènent : si la citation de paix eût été forcée, l'ajournement anéanti par les dispositions de la loi, entraînait la citation en conciliation dans sa chute, tandis que, inutile à ouvrir l'instance, elle a laissé exister cet ajournement qui devait la suivre pour lui conserver une vie ; — Qu'il suit

cour, l'assignation serait valide malgré les termes de l'art. 65 c. pr. civ., puisque la citation n'était pas nécessaire, et d'un autre côté, la citation, quoiqu'elle ne fût pas nécessaire, a toujours eu, d'après les termes généraux de l'art. 2244, l'effet d'interrompre la prescription. Qui ne voit, en effet, que si la citation en conciliation interrompt la prescription, quoiqu'elle soit inutile, il faut en tout cas qu'elle soit suivie dans le mois d'une demande valable, et par conséquent rédigée conformément à l'art. 65 c. pr. civ. On comprend bien, il est vrai, que si l'on fait abstraction de la citation en conciliation, comme inutile, la demande sera valable; mais alors la prescription ne courra que de la date de cette demande.

548. Une assignation donnée à un individu dont le décès était arrivé à l'époque de l'assignation, n'a pu interrompre la prescription, surtout lorsque le demandeur connaissait le décès à l'époque où l'assignation a été donnée (Rennes, 5 déc. 1831, aff. Bruneau, V. Actes de l'état civil, n° 160).

549. De même on a jugé, sous l'empire de l'ordonnance de 1667, que la procédure faite dans une cause qui n'était pas *en état* lors de la mort du *défendeur*, n'avait point interrompu la prescription (Req. 3 mess. an 11) (1).—La décision devrait être la même sous le code de procédure.

550. Toutefois, il a été décidé qu'une assignation formulée *au nom* d'une *personne décédée* interrompt la prescription si son mandataire était de bonne foi et ignorait sa mort (Req. 6 nov. 1832, aff. Dupuy, V. Exploit, n° 78). C'est l'application aux actes judiciaires de l'art. 2008 c. nap.

551. L'irrégularité d'une citation donnée à une commune, tirée : 1° de ce que la commune n'a pas été préalablement autorisée à plaider; 2° de ce que l'assignation avait été donnée *à l'homme vivant et mourant* de la commune, et non au maire, empêche cette citation d'interrompre la prescription (Req. 29 brum. an 14) (2).

552. Des poursuites de surenchère déclarées nulles n'ont pas pour effet d'interrompre au préjudice de l'acquéreur, débiteur de son prix et des intérêts, la prescription quinquennale établie par les art. 2277 et s. c. nap. (Montpellier, 15 mai 1841) (3).

553. L'interruption est, en second lieu, réputée comme non avenue en cas de *désistement*. — La loi ne s'occupe et ne peut s'occuper que du désistement de l'action, quant au désistement du droit lui-même, non-seulement il empêche d'interrompre la prescription, mais il la rend inutile car on ne prescrit pas contre un droit qui n'existe plus (M. Marcadé, art. 2248, n° 2).— Le désistement de l'action doit-il fa re considérer l'interruption comme non avenue, lorsqu'il a eu pour cause l'incompétence du tribunal devant lequel cette action était portée?— La négative a été jugée (Caen, aud. sol., 8 fév. 1843, aff. Declercq, V. Usage), parce qu'il n'y a pas eu là abandon de la demande en elle-même.

554. Il a été décidé que le commandement fait à l'acquéreur, comme aussi la saisie immobilière pratiquée contre lui, n'ont pas pour effet d'interrompre la prescription de l'hypothèque légale, si le créancier hypothécaire s'est désisté : « Attendu qu'on ne peut leur opposer (aux tiers détenteurs) les sommations, notification et saisie des 27 août, 9, 10 et 11 oct. 1821, puisque les héritiers Roussel s'en sont désistés, et que ces actes ne peuvent produire d'effet et constituer le tiers détenteur en mauvaise foi, pas plus qu'une citation en conciliation, non suivie d'une assignation en justice donnée dans les délais de la loi » (Rouen, 2e ch., 16 nov. 1822, M. Aroux, pr., aff. Roussel *C.* Benoit; V. en outre Req. 27 nov. 1833, aff. Guibal-Bourgade, v° Enregistrement n° 4792).

555. De même, les poursuites exercées par le cessionnaire d'une créance de l'Etat (une rente domaniale) sont réputées avoir été abandonnées, quand, sur la demande du débiteur, un arrêté du préfet a ordonné la cessation de ces poursuites, en annulant le transfert, et en désintéressant le cessionnaire. — Par suite, l'Etat redevenu propriétaire de la créance, ou son nouveau représentant, ne peut se prévaloir de l'instance dont il a ainsi prescrit l'abandon, comme d'un acte interruptif de prescription (Req. 4 déc. 1849, aff. comp. du Cotentin, D. P. 50. 1. 29).

556. Aux termes de la loi du 18 juill. 1837, art. 55, les maires peuvent, sans autorisation préalable, faire tous les actes nécessaires pour conserver les droits de la commune qu'ils administrent. Ainsi il n'est pas douteux que si un maire reconnaît qu'une prescription est près de s'accomplir contre la commune, il ne puisse, afin de l'interrompre, donner une citation en justice; mais si l'autorisation de plaider n'était pas postérieurement accordée, la citation, comme en cas de désistement, n'interromprait pas la prescription.

557. On a vu, n° 478, que la demande reconventionnelle, régulièrement formée, est, comme la citation elle-même, interruptive de la prescription. — Mais il a été jugé, d'après le principe applicable à toute demande : 1° que si la partie qui a fait une demande reconventionnelle vient à s'en désister, ou si elle laisse *périmer* l'instance, ou si sa demande est rejetée, l'interruption doit être réputée non avenue (Req. 25 janv. 1837) (4);

---

de là que la citation en conciliation demeure le premier acte de l'attaque : elle a interrompu, le 22 juill. 1854, la prescription qui se serait accomplie le 15 août suivant; elle a pour effet de retenir dans la cause toutes les parties que Rolland y avait appelées, à y défendre le fond du procès, leurs titres de propriété, etc.

Du 22 déc. 1845.-C. d'Aix.-M. Verger, pr.

(1) (Langlade *C.* Olivain.) — LE TRIBUNAL; — Attendu que les juges dont le jugement est attaqué, en déclarant le demandeur non recevable et faisant mainlevée de l'inscription par lui faite en l'an 7, se sont appuyés sur ces circonstances et époques: 1° que la cause n'était pas en état d'être jugée lorsque le demandeur a présenté en 1782, contre Antoine Olivain, décédé en 1774, sa requête afin d'être subrogé à l'instance, au lieu de Louis-Joseph Tallemandier, d'où ils ont conclu que la procédure était nulle, aux termes de l'art. 2, tit. 26 de l'ord. de 1667; 2° que cette nullité de la procédure avait laissé un libre cours à la prescription dans l'intervalle du dernier acte régulier, en date du 15 août 1765, à la demande en reprise d'instance formée seulement en l'an 7 contre Jean Olivain, fils d'Antoine; que lesdits juges n'ont commis ni une fausse application dudit art. 2 du tit. 26 de l'ord. de 1667, ni une contravention aux art. 1 et 5 du même titre, et que la conséquence qu'ils ont tirée de l'intervalle de plus de trente années ne présente que l'application de la jurisprudence aux faits de la cause;—Rejette.

Du 5 mess. an 11.-C. C., sect. req.-MM. Target, pr. d'âge.-Vasse, r.

(2) (Briet de Saint-Elier *C.* com. de Pinchefolize.) — LA COUR; — Attendu que la cour d'appel n'est contrevenue à aucune loi, en ne s'arrêtant point à l'assignation de 1791, qu'elle a jugée irrégulière; qu'il suivait de cette irrégularité reconnue et prononcée, que cette assignation ne pouvait pas empêcher le cours de la prescription; et qu'en reconnaissant et jugeant que la commune avait acquis une possession trentenaire, elle n'a jugé qu'un fait qui n'entre pas dans les attributions de la cour de cassation; — Rejette le pourvoi contre l'arrêt de la cour d'Amiens du 23 therm. an 12.

Du 29 brum. an 14.-C. C., sect. req.-MM. Henrion, pr.-Chasle, r.

(3) (Hérail *C.* André.)—LA COUR;—Attendu que l'art. 2277 c. civ. dispose, sans exception, que la prescription de cinq ans s'applique à tout ce qui est payable par année;—Qu'une pareille prescription n'est pas une simple présomption de payement, mais une véritable libération; — Que la loi l'a ainsi établi pour empêcher que le débiteur ne laisse accumuler des arrérages ruineux et encore pour priver le créancier négligent;—Que les créanciers ont à s'imputer de n'avoir pas provoqué la procédure d'ordre et de n'avoir fait aucun acte interruptif;—Attendu que l'existence de la surenchère faite par Mailhebiau ne peut pas être un obstacle à l'admission de cette prescription, alors que les poursuites de ce dernier ont été déclarées péries, et que, par suite, elles sont censées n'avoir jamais existé; — Par ces motifs, ordonne que les intérêts du prix de la vente dont s'agit ne seront payés par l'acquéreur que pour les cinq années qui ont précédé la réquisition de la nomination du juge-commissaire pour procéder à l'ordre; ordonne, pour tout le surplus, l'exécution du jugement, etc.

Du 15 mai 1841.-C. de Montpellier, 1re ch.-M. Viger, 1er pr.

(4) (De Lacassagne, veuve de Fumel, *C.* de Fumel.) — LA COUR; — Attendu que la demande reconventionnelle, régulièrement formée, saisit le juge de l'action, comme l'eût fait une demande principale; qu'ainsi, elle doit avoir pour effet d'interrompre la prescription, de même qu'eût pu le faire une citation directe, aux termes de l'art. 2244 c. civ.;—Mais attendu que, cette assimilation admise, il faut aussi reconnaître, aux termes de l'art. 2247, que, si la partie qui a fait une demande reconventionnelle vient à s'en *désister*, ou si elle laisse périmer l'instance, ou si sa demande est *rejetée*, l'interruption doit être considérée comme non avenue;—Attendu, dans l'espèce, que les demandes formées reconventionnellement par la dame veuve de Fumel, dans l'instance portée devant le tribunal civil de la Seine, sur la liquidation de l'indemnité, ont été liées à cette instance, évacuées et définitivement rejetées par le jugement qui a prononcé sur ladite instance sans en rien réserver; que ce jugement, confirmé sur appel, en évacuant ces demandes, n'a plus permis de les invoquer comme interruptives de la preseription de l'action nouvelle,

— 2° Qu'on doit considérer comme définitivement rejetée, et, par suite, comme n'ayant pu interrompre la prescription, une demande reconventionnelle sur laquelle il a été omis de statuer, alors qu'on a épuisé les recours légaux auxquels cette omission pouvait donner lieu, et que le pourvoi fondé sur ce motif a été rejeté (même arrêt).

558. Nous avons vu que la citation en conciliation interrompt la prescription lorsqu'elle est suivie d'un ajournement dans le mois, mais que doit-on décider dans le cas où le demandeur lui-même n'a pas comparu devant le juge de paix? La solution de la question dépend de celle de savoir si le demandeur qui n'a pas comparu sur sa propre citation est rejeté du litige et forcé de recommencer la procédure préparatoire de l'essai de conciliation. Si cette opinion était adoptée, il est évident que la citation donnée par le demandeur qui ne comparait pas devant le juge conciliateur n'interrompt pas la prescription, puisque cette citation devrait être considérée comme non avenue. Mais l'art. 58 c. pr. civ. a tranché la question. La seule peine de la non-comparution, sans distinction des parties, est l'amende, et l'audience n'est refusée que jusqu'à ce qu'il ait été justifié de la quittance (V. Conciliation, n° 318). Ainsi le demandeur, muni de la quittance du payement de l'amende qu'il a encourue pour n'avoir pas comparu en conciliation peut saisir l'audience. Il en résulte donc que, dans ce cas, la citation en conciliation interrompt la prescription lorsqu'elle a été suivie de l'ajournement dans le mois, puisque cet ajournement a été valable. Au reste la citation en conciliation a toujours eu, lors même que le demandeur ne comparait pas, l'effet qui lui a donné la force interruptive, c'est-à-dire d'avertir celui qui prescrit d'une poursuite engagée contre lui, d'une contestation de son droit.

559. L'interruption est en troisième lieu considérée comme non-avenue en cas de *péremption* (V. ce mot, n° 304). — Mais la péremption n'ayant pas lieu de plein droit, ce n'est que par le jugement qui la prononce que l'interruption s'efface (M. Troplong, n° 606, V. Péremption, n°s 175 et s.). — Il en était ainsi dans l'ancien droit (Rej. 21 nov. 1837, aff. Ponsat, V. n° 544, et 3 janv. 1842, aff. Felip, V. n° 769). — La péremption de l'instance ne produit que l'extinction des actes de la procédure, et l'on ne peut considérer comme tels les jugements ou sentences de provision qui sont distincts du fonds de la contestation (V. Péremption, n° 133). En conséquence, un commandement fait pour mettre à exécution une sentence de provision interrompt la prescription, quoique l'instance principale ait été périmée (Toulouse, 11 mai 1821, aff. Labaysses, V. Péremption, n° 310).

560. Il faut distinguer la péremption de l'instance de la péremption ou prescription du jugement. A la différence de celle-là, qui efface toute la procédure, même l'assignation, celle-ci n'abolit que le jugement et non les actes d'instruction qui, dès lors, servent de point de départ à la nouvelle prescription à courir (Riom, 14 mars 1829) (1). — Cette solution, qui ne résulte qu'implicitement de l'arrêt, est conforme à l'opinion de M. Troplong, n° 606. — Et il a été jugé expressément qu'un jugement par défaut, ni signifié ni exécuté dans les six mois, n'interrompt pas la prescription, d'après la nouvelle comme d'après l'ancienne législation (même arrêt).

561. Une assignation non représentée ne peut interrompre la prescription, bien qu'elle soit relatée dans un jugement par défaut, lorsque ce jugement, non exécuté dans les six mois, est, dès lors, périmé (Grenoble, 6 juill. 1835) (2). — Mais si l'assignation est représentée, la péremption du jugement par défaut qui l'a suivie empêche-t-elle que cette assignation interrompe la prescription? — L'affirmative a été jugée implicitement (Riom, 23 juill. 1840) (3). — Mais l'arrêt ne nous paraît pas devoir être suivi. Tous les auteurs sont d'accord sur ce point que la péremption d'un jugement par défaut n'emporte pas celle de l'assignation sur laquelle il a été rendu (V. notamment Merlin, Répert., v° Péremption, § 1, n° 19). Comment, dès lors, cette assignation n'interromperait-elle pas la prescription? — Carré, quest. 1414, qui dit qu'il faut, pour obtenir un second jugement, une assignation à domicile, ne regarde pas moins la première assignation comme interruptive de la prescription.

562. La prescription n'est pas interrompue par une citation en conciliation suivie de compromis, lorsque ce compromis est tombé en péremption (Grenoble, 1er août 1833 (4), V. *suprà*, n° 537).

---

sans qu'on puisse prétendre que l'arrêt de la cour de Paris a omis d'y statuer, puisqu'on a épuisé les recours légaux auxquels cette omission pouvait donner lieu et que le pourvoi fondé sur ce motif a été rejeté; — Rejette.

Du 25 janv. 1837.-C. C., ch. req.-MM. Zangiacomi, pr.-Liger, rap.-Nicod, av. gén., c. conf.-Lacoste, av.

(1) *Espèce* : — (Vergne C. hérit. Soubrier.) — Une demande en désistement d'immeubles fut formée, le 11 juill. 1791, par Vergne contre Soubrier. — 12 janv. 1792, le tribunal de Figeac rendit, contre Soubrier, un jugement par défaut, faute de comparaître. — Ce jugement, non exécuté, n'a été signifié que le 17 déc. 1821, avec sommation d'exécuter. — Les héritiers Soubrier opposent que, trente ans s'étant écoulés depuis l'action intentée contre leur auteur, la prescription est acquise. — 25 fév. 1825, jugement du tribunal de Murat, qui accueille ce système : — « Attendu que toute action se prescrit par trente ans, et que ce n'est que l'interpellation judiciaire, faite au débiteur ou possesseur, qui forme l'interruption civile; — Attendu que, depuis le 11 juill. 1791, jusqu'au 17 déc. 1821, il s'est écoulé plus de trente ans; — Attendu que le jugement par défaut du tribunal civil de Figeac, en le supposant régulier, ne saurait être considéré comme interpellation judiciaire, et interruptif de prescription, puisque, n'ayant pas été suivi de signification, il est toujours demeuré inconnu du débiteur ou possesseur; — Attendu que ce principe, reconnu sous l'ancienne jurisprudence, a été proclamé par une disposition formelle de la nouvelle, puisque, d'après le code de procédure civile, un jugement par défaut est réputé non avenu, s'il n'est exécuté dans les six mois de son obtention; — Attendu qu'il devient dès lors inutile d'examiner le mérite de la demande; — Déclare l'action éteinte par la prescription de trente ans. » — Appel. — Arrêt.

La cour; — Déterminée par les motifs exprimés, confirme.

Du 14 mars 1829.-C. de Riom, 2e ch.-M. Thévenin, pr.

(2) *Espèce* : — (Gardent C. Faure.) — Jugement du tribunal de Grenoble qui adopte ce système, dans les termes suivants : — « Considérant que l'assignation du 28 août 1810, invoquée par les demandeurs comme ayant eu pour effet d'interrompre la prescription de leur action, n'est pas représentée; que la production de cette pièce devient d'une nécessité indispensable, en ce que ceux auxquels on oppose la prescription auraient le droit, aux termes de la loi, de contester l'efficacité de cette assignation, si elle présentait des vices de forme; que le jugement de défaut du 15 déc. 1810 doit être réputé non avenu pour défaut d'exécution dans les six mois de son obtention; qu'il s'est écoulé plus de trente ans depuis le décès de Claude Faure et Benoîte Nicollet jusqu'au 5 avr. 1826, époque de la nouvelle assignation des consorts Gardent; que dès lors leur demande en supplément de légitime est non recevable, et que l'exception de prescription invoquée par les défendeurs doit être accueillie. » — Appel. — Arrêt.

La cour; — Adoptant les motifs, etc., confirme.

Du 6 juill. 1835.-C. de Grenoble, 1re ch.-M. de Noaille, pr.

(3) *Espèce* : — (Chapet C. Chambon.) — Le 17 avr. 1817, une lettre de change souscrite par le sieur Chambon, et dont était porteur le sieur Chapet est protestée faute de payement. — Un jugement du 17 oct. 1818, condamne par défaut le souscripteur à en payer le montant. Ce jugement n'ayant pas reçu d'exécution dans les six mois de sa date, a dû être depuis considéré comme non avenu, aux termes de l'art. 156 c. pr. — Ce n'est qu'en 1837 que les héritiers Chapet ont renouvelé des poursuites contre les héritiers de Chambon pour obtenir le payement du montant de l'obligation contenue dans la lettre de change. — Ceux-ci ont soutenu que l'action était prescrite à défaut de poursuites dans les cinq ans à partir du protêt (c. com. 189). — Les héritiers Chapet ont répondu que la prescription avait été interrompue à leur profit, soit par le jugement par défaut de 1818, bien qu'il fût resté sans exécution pendant les six mois de sa date, soit au moins par l'assignation sur laquelle ce jugement avait été rendu, laquelle devait, dans tous les cas, produire son effet interruptif de la prescription malgré la péremption du jugement.

3 oct. 1839, jugement du tribunal de Thiers qui rejette ces moyens et accueille l'exception de prescription : — « Considérant, quant au chef de réclamation résultant du jugement rendu par le tribunal de commerce, le 17 octobre 1818, que ce jugement est par défaut faute de comparaître; qu'ainsi, aux termes des art. 156 c. pr. civ., et 643 c. com., il doit être considéré comme non avenu faute d'avoir été exécuté dans les six mois de son obtention; — Que le protêt de la lettre de change sur laquelle était fondée cette condamnation remonte au 17 avr. 1817, tandis que les poursuites des héritiers Chapet n'ont commencé qu'en 1837; d'où il suit que la prescription de cinq ans résultant de l'art. 189 c. com., invoquée par les défendeurs, est acquise; — Qu'il n'est justifié d'aucune imputation de cette créance sur les payements faits par les défendeurs; qu'ainsi, elle doit être rejetée du compte comme prescrite. » — Appel. — Arrêt.

La cour; — Déterminée par les motifs, etc., confirme.

Du 23 juill. 1840.-C. de Riom, 3e ch.-M. Decombes, pr.

(4) (Chorier C. Chorier.) — La cour; — Attendu que la citation en conciliation, suivie de compromis, ne pourrait avoir interrompu la pres-

563. Il est évident qu'un jugement ou sentence arbitrale définitive n'a pu tomber en prescription lorsque son exécution, dépendant du pouvoir administratif et plusieurs fois provoquée, n'a été paralysée que par celle des parties qui oppose la prescription (Req. 10 avr. 1839) (1).

564. Le jugement qui termine l'instance produit une interruption qui dure trente ans, quand même il serait nul. On n'admet pas en France les nullités de droit. C'est tant pis pour la partie qui a laissé le jugement passer en force de chose jugée (Req. 6 avr. 1826, aff. Viterbi, v° Souveraineté.—Conf. M. Troplong, n° 608).

565. En quatrième lieu, la prescription n'est point interrompue si la demande est *rejetée*. — Ainsi, il a été décidé que la prescription n'est point interrompue par une instance introduite devant les tribunaux si la demande a été rejetée par un jugement ayant acquis l'autorité de la *chose jugée* (Rej. 10 déc. 1827, aff. Guérin, V. n° 498; Cass. 5 mai 1834, aff. Fournier, V. Perempt., n° 324; V. dans le même sens Req. 14 janv. 1836, aff. Charrier, v° Enregistr., n° 3454).—Nous disons *chose jugée*, car il est évident que si un premier jugement est intervenu qui ait rejeté la demande, sa réformation sur appel, lors même que le jugement sur l'appel aurait été rendu après que le délai pour prescrire eût été écoulé, rendrait à l'assignation sa force interruptive.

566. M. Troplong, n° 610, pense que, pour que le rejet de l'action rende l'interruption non avenue, il faut qu'il soit simple, définitif et non pas seulement provisoire et mitigé par des réserves. — Mais il a été jugé : 1° que le rejet même en l'état et quant à présent d'une demande enlève à cette demande le pouvoir d'interrompre la prescription (Cass. 14 juin 1837) (2);—2° Que la demande déclarée non recevable quant à présent, faute de justifications suffisantes, est une demande rejetée, incapable, par suite, d'interrompre la prescription (Bordeaux, 6 janv. 1841) (3).

---

cription, qu'autant que le compromis ne serait pas tombé en péremption; — Attendu que le compromis, une fois périmé, ne peut produire plus d'effet que l'assignation tombée en péremption, dès qu'il ne renferme pas de reconnaissance de la dette; car il n'est alors qu'un acte de procédure pour nommer des juges; — Confirme.

Du 1er août 1835.-C. de Grenoble, 4e ch.-M. Duboys, pr.

(1) (Comm. de Bichancourt *C.* comm. de Chauny et autres.) — LA COUR; — Attendu que, pour décider que les communes de Chauny, Sinceny et Bichancourt jouiraient en commun des prairies dites du Camp-Ménard, l'arrêt s'est appuyé principalement sur la sentence arbitrale du 15 fruct. an 2, qui le décidait ainsi, et sur l'acquiescement donné à cette sentence d'une manière non moins formelle par la commune de Bichancourt, acquiescement reconnu par la sentence du 6 germ. an 3, ce qui dispense d'examiner le mérite des autres actes invoqués par les parties et l'influence qu'ils devaient avoir dans la cause; — Attendu que ces sentences étaient définitives à l'égard des communes de Bichancourt, Chauny et Sinceny, et que, si elles contenaient un avant faire droit, ce n'était qu'à l'égard de la commune de Manicamp; que dès lors l'arrêt de (la cour d'Amiens) a eu raison de leur attribuer l'autorité de la chose jugée; —Attendu que ces sentences n'ont pu tomber en prescription, puisqu'elles étaient définitives; que leur exécution dépendait de l'autorité administrative; que l'arrêt a reconnu que les défenderesses éventuelles ont continuellement provoqué cette exécution, qui n'a été entravée que par les obstacles sans cesse apportés par la demanderesse en cassation. —Rejette.

Du 10 av. 1839.-C. C., ch. req.-MM. Zangiacomi, pr.-Bayeux, rap.

(2) *Espèce* : —(Monestier *C.* Molinet.) — En 1814, A. Molinet assigne la dame Monestier, sa sœur, pour s'entendre condamner à lui payer diverses sommes qu'elle devait à la succession de leur père mort en 1761, en sa qualité de légataire de la succession maternelle. — Le demandeur, outre les intérêts de ces sommes à compter du jour de la demande, concluait aux intérêts des intérêts, à mesure des *échéances, et année par année*. — La dame Monestier ayant opposé la prescription, Molinet répondit qu'elle avait été interrompue, du moins en ce qui touche une somme de 500 fr. par une demande reconventionnelle qu'il avait formée en l'an 7, dans une instance alors existante entre lui et sa mère, relativement au payement d'une pension qui lui était réclamée; que cette demande n'ayant été rejetée le 29 mess. an 7, que *quant à présent et, faute de justification suffisante*, elle avait eu le pouvoir d'interrompre la prescription commencée. — 28 mars 1829, jugement du tribunal de Marvejols qui rejette la demande de Molinet.

Appel. — 29 mai 1835, arrêt de la cour de Nîmes, qui réforme par les motifs suivants : — « En ce qui touche la prescription, considérant que le rejet en l'état de la demande par le jugement du 29 mess. an 7, ne fait pas que l'interruption de la prescription doive être regardée comme non avenue; car, d'après la jurisprudence et la doctrine des auteurs, les décisions qui rejettent les demandes de cette nature, en les jugeant *définitivement*, peuvent seules produire cet effet; — En ce qui touche les intérêts, considérant que depuis la promulgation du code civil, les intérêts échus des capitaux pour une année entière deviennent productifs d'intérêts par une demande judiciaire; — Que l'intérêt légal, d'après la loi du 3 sept. 1807, est de 5 p. 100 sans retenue, et que, par conséquent, il y a lieu d'accorder à Molinet les intérêts au taux légal, sans retenue, du jour de la demande, tant de toutes les sommes qui lui étaient dues à cette époque, en capitaux et intérêts *échus*, que les intérêts des intérêts, au fur et à mesure des échéances, année par année. »

Pourvoi par la dame Monestier. — 1° Violation de la loi 5, au code, *De præscript.* 30 et 40 *annorum*, en ce qu'autrefois, comme aujourd'hui (2247 c. civ.), la demande en justice n'interrompait la prescription qu'autant qu'elle n'avait pas été rejetée; — Que les lois anciennes, pas plus que le code civil, ne faisaient la distinction contenue dans l'arrêt en faveur des demandes qui n'auraient été rejetées qu'*en l'état*, ou que *quant à présent*; —...5° Violation de l'art. 1154 c. civ., en ce que l'arrêt a condamné la dame Monestier à payer les intérêts des intérêts depuis le jour de la demande, tandis qu'ils ne pouvaient être dus qu'en vertu de la condamnation, et que, dès lors, ils ne pouvaient être réputés *échus* à la fin de chaque année qui a précédé cette condamnation.

On a répondu, pour le défendeur, que la distinction faite par l'arrêt entre le rejet définitif et le rejet quant à présent d'une demande, était fondé sur la raison et la nature des choses. En effet, pour qu'il n'y ait plus d'interruption possible, il faut que la demande soit anéantie. Or, quand elle est rejetée, quant à présent seulement, ce n'est qu'un simple ajournement qui ne détruit pas la demande, ni par conséquent ses effets, et qui a, par suite, le pouvoir d'interrompre la prescription. — Quant aux intérêts, l'art. 1154 c. civ. déclarant que les intérêts *échus* pouvaient en produire eux-mêmes par une demande judiciaire, cette disposition s'applique aux intérêts courus depuis la demande, puisqu'ils étaient évidemment échus au jour de la condamnation, à la fin de chaque année. — Arrêt.

LA COUR; — Vu les art. 1234, § 1 et dernier, 2219, 2262, 2247, 1153 et 1154 c. civ.; — Considérant, quant à la prescription, que, dans les conclusions prises en première instance et reproduites en appel, ce moyen avait été invoqué contre tous les chefs de demande, indépendamment de ceux que la veuve Monestier et fils faisaient valoir pour justifier leur libération; — Que l'interruption civile admise par l'arrêt attaqué sur le chef des 500 fr., n'existe pas à l'égard des 70 fr. de droits d'enregistrement payés en 1779, et dont la répétition serait éteinte par un aussi long laps de temps; — Que cette interruption civile à l'égard des 500 fr. payés pour la femme de Molinet 1er, par son mari, ne pouvait être admise, aux termes des articles ci-dessus (2244, 2245 et 2247), lorsqu'il n'avait été formé aucune demande précédée de citation et suivie en justice; — Que si, devant le tribunal de Rodez, sur la demande formée en l'an 7 par le cessionnaire de la pension de la veuve Molinet, il a été pris, à l'audience, des conclusions reconventionnelles, énonciatives de ces 500 fr., ces conclusions ont été rejetées par le jugement du 29 mess. an 7; — Que, ni avant ni depuis ce jugement, aucune citation, aucune demande judiciaire, n'ont interrompu le cours de cette prescription, que le rejet de ces conclusions reconventionnelles a laissé libre, l'instance dans laquelle ces conclusions avaient été prises ayant cessé d'exister par ledit jugement du 29 mess. an 7; — Qu'ainsi, la condamnation au payement desdites sommes de 500 fr. et de 70 fr., n'a pu être prononcée contre les demandeurs en cassation sans violer les articles ci-dessus relatifs à la prescription par eux invoquée, et sans faire une fausse application de ceux relatifs à l'interruption civile, admise par l'arrêt, quant à la répétition des 500 fr.; — Quant aux intérêts d'intérêts dont la condamnation a été prononcée; — Considérant qu'aux termes de l'art. 1155, les intérêts n'étant qu'une indemnité du retard dans l'exécution d'une obligation, et cette peine ne pouvant être prononcée que sur une demande, il n'était pas au pouvoir de la cour royale d'étendre cette peine en accordant, par avance, des intérêts d'intérêts non encore échus; de capitaliser ainsi par avance, et de rendre productifs des intérêts à échoir, lorsque l'art. 1154 défend de les demander et de les accorder avant qu'il y ait une année entière d'échue; — Que cette double condition est imposée par la loi : 1° qu'il y ait une année échue; 2° qu'il soit formé une demande expresse des intérêts de ces intérêts échus; la justice ne pouvant infliger par avance une peine qui n'est pas encourue, et qui ne peut être demandée contre un débiteur que pour les intérêts échus et capitalisés lors de l'assignation introductive; — Casse.

Du 14 juin 1837.-C. C., ch. civ.-MM. Portalis, 1er pr.-Piet, rap.-Tarbé, av. gén., c. conf.-Galisset et Mandaroux-Vertamy, av.

(3) (Laquille *C.* Prunis.) — LA COUR; — Attendu que, en admettant que le jugement du 18 juin 1839, déclarant les demandeurs non recevables quant à présent, sur le chef relatif aux droits maternels, par le motif qu'aucune justification n'était administrée par eux à cet égard, n'ôtât pas le droit de reproduire la même action en se fondant sur la production de documents justificatifs, du moins aurait-il fallu se pourvoir de nouveau, avant l'époque où les droits réclamés ont été atteints par la

567. Il faut que le jugement, pour laisser à la citation la force interruptive, statue d'une manière tout à fait *provisoire* et laisse pour ainsi dire l'instance pendante, comme dans des espèces où il a été jugé : 1° que la prescription (par dix ans) de l'action en nullité d'une transaction intervenue entre un particulier et le maire d'une commune, transaction approuvée par le conseil municipal et homologuée par ordonnance royale, a pu, sans violation de la loi, être déclarée interrompue par l'arrêt qui, sur une pareille action formée en temps utile par la commune, a rejeté néanmoins ses prétentions, mais seulement comme non recevables quant à présent, et par disposition provisoire, en se fondant sur ce que l'existence de l'ordonnance homologative faisait obstacle à ce que l'autorité judiciaire pût compétemment statuer sur la nullité de l'acte sanctionné par cette ordonnance (Req. 28 juin 1837) (1); — 2° Que l'action en justice accueillie par décision qui, sur l'appel, est annulée pour cause d'incompétence, avec réserve au profit du demandeur de se pourvoir autrement pour l'exercice de ses droits, doit être réputée interruptive de la prescription de ces droits. Et spécialement, que dans le cas où une commune a obtenu une sentence arbitrale qui la réintégrait dans la jouissance de droits d'usage dont elle prétendait avoir été dépossédée par les anciens seigneurs représentés par l'Etat, si plus tard la sentence est annulée comme incompétemment rendue, mais avec réserve au profit de la commune de se pourvoir autrement pour l'exercice de ses droits on doit considérer la demande originaire comme interruptive de la prescription desdits droits (Req. 9 mai 1838, aff. Pref. des Vosges, V. Commune, n° 2016).

568. Lorsqu'une demande a été *rejetée* par un jugement, l'acte qui a commencé l'instance ne peut profiter à la partie condamnée, pour interrompre la prescription d'un autre droit, que celui sur lequel il a été statué par ce jugement. Ainsi, la sommation de payer ou de délaisser faite à un sous-acquéreur, lorsqu'elle a été suivie d'un jugement qui déclare l'action hypothécaire prescrite, ne peut interrompre la prescription de l'action en résolution de la vente faute du payement du prix dirigée contre le même sous-acquéreur (Paris, 25 janv. 1851) (2).

569. On ne peut considérer les procès-verbaux de bornement et de partage dressés en vertu d'un arrêt du parlement, comme interruptifs de la prescription qui a couru en faveur d'une commune à l'égard de marais situés sur son territoire, avant 1789, si ces procès-verbaux sont restés sans homologation (Cass. 21 mars 1838, aff. préf. du Pas-de-Calais, V. Commune, n° 2125).

570. Lorsque la demande est rejetée, non-seulement la prescription n'est pas interrompue, mais il n'est même plus nécessaire de prescrire, parce que le jugement fait titre au possesseur. Cela n'est vrai toutefois qu'entre les parties qui ont plaidé, car le jugement est étranger aux autres personnes (Favard de Langlade, Rép. v° Prescription, sect. 11, § 3).

ART. 5. — *De la reconnaissance. — Lettres, créancier, acte nul, preuve, consentement tacite.*

571. La prescription est interrompue par la reconnaissance que le débiteur ou le possesseur fait du droit de celui contre lequel il prescrivait (c. nap. 2248). — Nous nous sommes occupés, *suprà*, n°s 47 et s., de la renonciation à la prescription et des règles qui la régissent. Ces règles sont évidemment applicables à la reconnaissance de la dette qui interrompt la prescription. Il n'y a de différence entre la renonciation et la reconnaissance qu'en ce que la renonciation intervient après la prescription acquise, tandis que la reconnaissance intervient avant que la prescription soit accomplie. — Inutile de dire, dès lors, que les actes *formels* ou *exprès* désignés par les art. 1337 et 1338 sont au premier rang des actes interruptifs de la prescription. Nul doute encore que la reconnaissance des droits de celui contre lequel on prescrivait ne puisse également résulter d'une *lettre missive* (D'Argentré, Bretag., art. 266, ch. 5, n° 3; Vazeille, n° 211). — Remarquons, toutefois, 1° que les faits illicites et constituant des délits sont insuffisants pour constituer une interruption (Cass. 6 fév. 1833, aff. Sirey, n° 315; 3 avril 1833, aff. préf. de l'Aude, *eod.*); — 2° Que des faits interruptifs, invoqués par une commune, doivent, pour être opérants, être des faits de communauté, et non des faits rares de quelques individus isolés (Cass. 6 fév. 1833, aff. Sirey, n° 315); — 3° Que la convocation d'un électeur à l'assemblée des actionnaires par les gérants de la société est interruptive de la prescription opposée par ceux-ci contre les droits de celui-ci (Douai, 29 mai 1852, aff. Dronsart, n° 341-5°).

572. La reconnaissance par le propriétaire des droits d'usage dont ses bois particuliers sont grevés interrompt la prescription de ces droits et dispense les usagers de prouver la légitimité de leur possession par des actes de délivrance ou de défensabilité (Req. 24 mai 1841 (3).

---

prescription; — Attendu que de 1806, date de l'ouverture de la succession dont il s'agit, à 1839, il s'est écoulé les trente ans qui opèrent la prescription; qu'on ne peut invoquer, comme interruptive de cette prescription, la citation en justice donnée le 15 mars 1836, la demande qui y est contenue ayant été rejetée; — Met l'appel au néant.

Du 6 janv. 1841.-C. de Bordeaux, 2e ch.-M. Poumeyrol, pr.

(1) (Chagot et veuve Lejeas *C.* com. de Navilly.) — LA COUR; — Sur le premier moyen : — Considérant que l'arrêt constate, en fait, ce qui n'a pas été contesté, que la commune de Navilly avait formé sa demande en nullité de la transaction, avant la révolution de dix ans, depuis sa date; que l'arrêt a décidé qu'il y avait eu interruption de la prescription, et a tiré cette interruption de l'arrêt de la cour royale de Dijon qui, se fondant sur l'incompétence de l'autorité judiciaire en l'etat, incompétence résultant de la nécessité de faire annuler, s'il y avait lieu, par l'autorité administrative, le décret du 9 mess. an 13, avait déclaré la commune de Navilly non recevable quant à présent; — Qu'en prononçant ainsi et sous l'influence, de la part des demandeurs ou de leurs auteurs, d'une possession et d'une jouissance provisoires, l'arrêt n'a pas violé les articles du code invoqués, et s'est conformé à l'art. 2244 du code;

Sur le second moyen : — Considérant que la commune de Navilly avait formé sa demande en revendication contre les demandeurs, en leur qualité de tiers détenteurs; que cette action était réelle de sa nature et régulièrement dirigée; que les demandeurs avaient qualité et intérêt pour y défendre; que si, ce qui est incontestable, les demandeurs avaient le droit d'appeler en cause leur vendeur, c'était à eux et non à la commune à le faire; qu'ainsi l'arrêt n'a pas violé les articles invoqués;... — Rejette le pourvoi contre l'arrêt de la cour de Lyon, du 1er juin 1836.

Du 28 juin 1837.-C. C., ch. req.-MM. Zangiacomi, pr.-Lebeau, rap.

(2) *Espèce :* — (Mailfer *C.* Martin.) — An 5, la dame Mailfer vend un immeuble à Bernardin pour 20,000 fr. — Moitié du prix est payé comptant. — Bernardin échange, le 19 therm. de la même année, cet immeuble contre des terres, au sieur Martin. — 28 juill. 1819, la dame Mailfer fait à Bernardin commandement de payer ce qui restait dû du prix, et, le 5 août suivant, elle le dénonce aux héritiers Martin, tiers détenteurs, en les sommant de payer ou de délaisser (art. 2169). — 10 déc. 1821, arrêt qui déclare prescrite l'action hypothécaire : Attendu que les héritiers Martin possèdent depuis plus de vingt ans avec titre et bonne foi (c. civ. 2180, 2265). — En 1828, la dame Mailfer demande, contre les héritiers Martin, la résolution de la vente de l'an 5, à défaut de payement du prix.

9 déc. 1828, jugement qui la déclare non recevable : « Attendu que les héritiers Martin ont acquis, le 19 therm. an 5 (4 août 1795); que la demande en résolution n'a été formée que le 19 août 1828; qu'il s'est écoulé plus de trente ans depuis l'aliénation faite à leur profit; que, si la prescription trentenaire est admissible, il devient inutile d'examiner le mérite de la prescription de dix et vingt ans invoquée par les héritiers Martin; — En ce qui touche l'interruption de la prescription trentenaire que la dame Mailfer fait résulter de la sommation du 5 août 1819 : — Attendu que, dans l'hypothèse où la dame Mailfer aurait eu contre les héritiers Martin une action résolutoire, cette action était essentiellement distincte dans son objet et dans son but de l'action hypothécaire qu'elle a d'abord exercée, et dans laquelle elle a succombé; que ces deux droits sont tout à fait étrangers l'un à l'autre, et que l'interruption civile ne s'opère pas régulièrement d'une action à l'autre; que, par le jugement et l'arrêt confirmatif du 10 déc. 1821, la sommation du 5 août 1819 et l'action qui s'en est suivie ont été annulées, et que ce qui est nul ne peut produire aucun effet. »

Appel de la dame Mailfer; elle soutient que les intimés ne peuvent opposer à l'action en résolution que la prescription trentenaire; que cette prescription avait été interrompue par la sommation de 1819, laquelle n'a point été déclarée nulle comme entachée d'un vice radical; que cette sommation a valu dénonciation aux tiers que partie du prix était encore dû; qu'elle a constitué un trouble civil à leur jouissance, et interrompu la prescription de l'action résolutoire, ainsi que l'a décidé l'arrêt du 23 nov. 1820 c. cass. — L'intimé répondait que la sommation avait eu un tout autre but que d'interrompre l'action résolutoire, et qu'on ne pouvait l'appliquer à une action en vue de laquelle elle n'avait pas été faite; — Qu'au reste, la prescription était acquise. — Arrêt.

LA COUR; — Adoptant, etc.; — Confirme.

Du 25 janv. 1851.-C. de Paris, 2e ch.-M. Dehérain, pr.

(3) (Duchesse d'Uzès *C.* com. de Pagny.) — LA COUR; — Attendu, en droit, que la prescription est interrompue par la reconnaissance

573. Des lettres missives suffisent pour interrompre la prescription quand elles contiennent une reconnaissance des droits du créancier (d'Argentré, Bretag., art. 266, chap. 5, n° 3; M. Vazeille, n° 211). Ainsi la lettre missive adressée par le gérant d'une société à un actionnaire pour l'inviter à prendre part à une délibération des associés, interrompt la prescription que la société voudrait opposer à l'exercice des droits de cet actionnaire (Douai, 29 mai 1852, aff. Dronsart-Meflez, D. P. 55. 2. 264). Mais il faut que ces lettres soient formelles. — Il a été jugé que des lettres missives dans lesquelles le possesseur d'un immeuble revendiqué par un tiers paraît reconnaître qu'il le détient plutôt à titre de créancier pour sommes supérieures à la valeur de cet immeuble, qu'à titre de propriétaire acquéreur direct, ont pu être regardées comme ne constituant pas, au préjudice de ce dernier, des actes interruptifs de la prescription trentenaire par lui opposée à l'action judiciaire en revendication, sans que l'arrêt qui refuse de voir là le caractère d'acte interruptif tombe sous la censure de la cour de cassation : « Attendu que l'exception d'interruption de prescription était fondée sur des lettres missives; qu'il était dans les attributions exclusives de la cour royale (de Bordeaux), d'apprécier le mérite de ces lettres et leur application à la cause, et que, dès lors, le rejet de ces lettres ne peut pas être soumis à la censure de la cour de cassation; — Rejette » (Req. 21 déc. 1830, MM. Favard, pr., Mestadier, rap., Lebeau, av. gén., c. conf., aff. Revé *C.* Tanays).

La lettre par laquelle une partie accuse la réception d'un compte à elle envoyé promettant de s'en occuper plus tard, a pu être déclarée par une cour d'appel constituer une reconnaissance, sinon de la dette exprimée dans le compte, au moins d'un compte à régler, susceptible d'interrompre la prescription, surtout lorsque le chiffre du reliquat du compte se trouve mentionné dans des inventaires dressés après la mort de celui qui devait le compte, sous la rubrique : *sommes réclamées par divers*, sans que cette appréciation tombe sous la censure de la cour de cassation (Req. 11 mai 1842) (1), et l'on a objecté en vain que, dans ces dernières expressions, il y avait plutôt *contradiction* que reconnaissance de la dette.

574. Une lettre *sans date* peut être considérée comme interruptive de la prescription, lorsqu'en la combinant avec les lettres et autres pièces du procès, il est visible qu'elle est antérieure à l'époque où la prescription a été acquise (Agen, 15 mars 1810) (2).

575. Il n'est pas nécessaire que la reconnaissance soit *acceptée* par le créancier (Pothier, Traité des obligations, n° 692; Dunod, partie 1re, chap. 9). — « Une convention, dit Merlin, ne peut être formée sans contredit que par le concours des deux parties qui l'ont formée par leur consentement réciproque; mais une fois que cet effet obligatoire est acquis à l'une des parties par le concours de son consentement avec celui de l'autre, quel obstacle y a-t-il à ce qu'il soit conservé et confirmé sans ce concours et par le seul consentement de celle des parties sur laquelle pèse l'obligation? Aucun, puisque l'objet de ce consentement isolé n'est pas de former un nouveau contrat, puisqu'au moment où il intervient existe déjà le concours des deux consentements qui ont formé le contrat primitif, puisqu'il se reporte à ce concours, et qu'il ne fait qu'en consolider le résultat» (Quest. de droit, § 12. — Conf. M. Troplong, n° 615). La jurisprudence est constante sur ce point. — Il a été jugé en ce sens, 1° que lorsque dans les ventes successives d'un immeuble hypothéqué à une rente, il a été stipulé que la rente fait partie du prix d'acquisition, cette clause, quoique ignorée du rentier, interrompt la prescription de sa créance, comme étant une reconnaissance de ses droits faite par les divers acquéreurs (Bruxelles, 17 juin 1806, aff. Masse *C.* Vamools); — 2° Que l'acquéreur, assujetti par son acte de vente à supporter les droits d'usage appartenant à un tiers, ne peut opposer ensuite à celui-ci la prescription dont ces droits étaient déjà atteints à l'époque de la vente (Bourges, 17 nov. 1841, aff. Luc-Thué *C.* Dubail); — 3° Que le crédi-rentier peut invoquer comme titre interruptif de la prescription la vente faite par son débiteur d'immeubles hypothéqués au service d'une rente, avec indication que l'acheteur fera le service de la rente, bien que le crédi-rentier ne soit pas intervenu dans cet acte (Liége, 30 avril 1821) (3); — 4° Que la condition imposée à l'acquéreur d'un immeuble grevé d'une rente foncière, de servir cette rente, interrompt la prescription, encore bien que le créancier n'ait point accepté la délégation, ni fait aucune poursuite suspensive de la prescription (Toulouse, 13 août 1833 (4). — Conf. Caen, 19 mars 1850, aff. Painel, D. P. 52. 2. 283); — 5° Qu'enfin on peut considérer, comme constituant une reconnais-

---

que le possesseur fait du droit de celui contre lequel il prescrivait; — Attendu, en fait, que la cour royale (de Dijon), sur le vu d'un bail du 9 avr. 1804, d'un nouveau bail du 21 avr. 1810 et d'un écrit signifié le 6 juill. 1830, pendant procès, aux habitants de Pagny-la-Ville et de Pagny-le-Château, actes tous émanés de la duchesse d'Uzès, a prononcé qu'il résultait tout à la fois de ces actes et la preuve des droits de pâturage appartenant aux communes et la preuve du fait de leur exercice aux époques où lesdits actes avaient eu lieu, et que l'appréciation du résultat de ces actes rentrait entièrement dans les attributions souveraines de la cour; — Attendu qu'en tirant de ces faits la conséquence que la duchesse d'Uzès ne pouvait plus se prévaloir de l'extinction desdits droits par prescription, la cour royale, loin de violer la loi, s'y est au contraire exactement conformée; — Rejette.

Du 24 mai 1841.-C. C., ch. req.-MM. Lasagni, pr.-De Gaujal, rap.

(1) (Dame Ladureau *C.* Caillard.) — LA COUR; — Attendu que la cour (d'Orléans) a interprété les actes de la cause soumis à sa décision, et qu'en décidant qu'ils contenaient une reconnaissance de la dette, elle s'est livrée à une appréciation de faits qui ne saurait donner ouverture à cassation; — Rejette, etc.

Du 11 mai 1842.-C. C., ch. req.-MM. Zangiacomi, pr.-Troplong, rap.-Delangle, av. gén., c. conf.-Coffinières, av.

(2) (Luynes de Chevreuse *C.* veuve Rougié.) — LA COUR; — Considérant que, sans examiner si la prescription de cinq ans opposée par la veuve Rougié était en usage dans le ressort du parlement de Toulouse, ou si l'art. 143, ordon. 1629, n'était pas tombé en désuétude, d'après la jurisprudence de ladite cour; sans examiner aussi si l'acte de résiliation par lequel le bailleur se réserve tous ses droits, ne doit pas être considéré comme un arrêté de compte, qui a interrompu la prescription et qui l'a empêchée de courir, on ne peut disconvenir que, d'après la lettre sans date produite au procès, la prescription n'ait été interrompue, et que cette lettre ne doive être considérée comme une reconnaissance de la dette, sans qu'on puisse opposer que cette lettre est postérieure à la prescription acquise, parce que, en la combinant avec les lettres et autres pièces du procès, il est visible qu'elle est antérieure à cette prescription; d'ailleurs, si la prescription eût été déjà acquise, la veuve Rougié n'eût pas manqué d'en parler dans cette lettre, ce qu'elle n'a pas fait. Ainsi, c'est en vain que la veuve Rougié oppose la prescription; elle doit être condamnée au payement de ce qu'on lui demande, mais elle ne doit pas y être personnellement condamnée, parce que c'est son mari qui a consenti le bail. Elle n'a pris à cet égard aucun engagement ni dans le bail ni postérieurement; elle ne doit donc être condamnée qu'en nom qualifié; — Par ces motifs, faisant droit de l'appel, sans s'arrêter à la prescription opposée, etc.

Du 15 mars 1810.-C. d'Agen.-M. Lacuée, 1er pr.

(3) (Vandevelde *C.* le bureau de bienfaisance de Huy.) — LA COUR; — Attendu que les rentes réclamées sont les mêmes que celles qui étaient dues par la famille de Berler à la recette du domaine de Namur; — Que le vendeur, en chargeant son fermier de payer ces rentes à qui elles étaient dues et en chargeant l'acheteur de les acquitter, a fait des reconnaissances de leur débition qui ont eu l'effet d'interrompre la prescription; — Met l'appellation au néant.

Du 30 avril 1821.-C. de Liége.

(4) (Roucaud *C.* Foulquier.) — Jugement, qui « Attendu que la prescription invoquée par Roucaud ne saurait être admise, puisqu'elle a été interrompue dans l'acte de vente qui lui fut consenti; qu'il est effectivement établi que, dans ledit acte, il lui fut imposé, comme condition expresse, d'acquitter et payer la rente due au sieur Foulquier; — Attendu, au fond, que ledit Roucaud a laissé s'écouler cinq années sans payer la rente, et que l'acte constitutif porte, comme clause expresse, que, dans le cas de cessation de payement des arrérages pendant deux années, le bail serait résolu de plein droit; — Attendu, en droit, que, bien qu'il s'agisse d'un contrat antérieur au code civil, les faits d'inexécution doivent être réglés par les principes dudit code; qu'il est consacré par les art. 1654, 1655 et 1656, que, dans le cas où l'acheteur ne paye point le prix, le vendeur peut demander la résolution de la vente; qu'ici, y ayant eu sommation d'avoir à payer les arrérages, et le débiteur n'ayant pas purgé la demeure, c'est le cas d'appliquer l'art. 1656, et de prononcer en conséquence la résolution de la vente; — Attendu que, Roucaud étant débiteur de cinq années d'arrérages antérieures à la demande, et de ceux courus depuis qu'elle a été formée, il doit être condamné à les payer; — Déclare la vente résolue d'ores et déjà, condamne le sieur Roucaud à délaisser les biens locatés. » — Appel. — Arrêt.

LA COUR; — Adoptant les motifs des premiers juges, confirme.

Du 13 août 1833.-C. de Toulouse, 5e ch.-M. Miégeville, pr.

sance interruptive de la prescription, la charge imposée par un ascendant à l'un de ses enfants dans un acte de partage anticipé, de servir à l'avenir les arrérages d'une rente dont il est débiteur, encore que le crédi-rentier ait été étranger à cet acte (Grenoble, 26 janv. 1855, aff. Auvergne, D. P. 55. 2. 206).

576. La prescription de la dette est interrompue au profit du créancier par la reconnaissance qu'en fait le débiteur, même dans le cours d'une opération étrangère au créancier, par exemple dans un partage de présuccession avec l'Etat (Bordeaux, 7 mars 1831) (1).—Sous la coutume de Normandie, le règlement de la liquidation d'une succession échue à des mineurs, fait par les parents de ces derniers, était obligatoire pour eux, bien qu'ils ne l'eussent pas signé, et la reconnaissance d'une dette à la charge des mineurs, contenue dans un pareil règlement, a pu être considérée comme interruptive de la prescription de cette dette (coutume de Normandie, art. 353; Req. 5 avr. 1837, aff. Menicher, V. nº 1150).

577. La reconnaissance de la dette au profit de quelques-uns des cohéritiers profite *aux autres*, alors même qu'ils ne sont pas dénommés dans l'acte, et empêche par conséquent la prescription de courir contre eux (Req. 26 déc. 1821) (2).

578. La lettre écrite par un fermier à un tiers dans laquelle il parle d'un compte à faire entre lui et son bailleur a pu, même vis-à-vis du bailleur, être considérée comme une reconnaissance de la dette des fermages. L'arrêt qui le décide ainsi par interprétation des faits et des circonstances de la cause échappe à la critique de la cour régulatrice (Req. 16 avril 1823) (3).

579. La prescription trentenaire contre la prestation d'un douaire est interrompue par l'obligation imposée, dans un contrat de vente, à l'acquéreur de l'immeuble, de l'acquitter (Paris, 1re sect., 4 avril 1808, M. Séguier, 1er pr., aff. Merault-Villeron C. Lamossain).

580. Les aveux faits par le débiteur au bureau de paix interrompent la prescription, quand même il n'y aurait pas ensuite action devant les tribunaux (Conf. M. Troplong, nº 616, V. en ce sens, Req. 29 juin 1829, aff. Comm. de Rougemont, nº 530).

581. Celui qui, cité en conciliation devant le juge de paix, oppose la compensation, lors même qu'il ne répond pas catégoriquement à la question de savoir s'il avoue ou conteste des billets qui lui sont représentés, ne peut plus opposer la prescription, sa prétention de compenser est une véritable reconnaissance de la dette (Rennes, 15 mai 1819) (4).

582. Toutefois on a jugé 1º que la copie d'un projet d'atermoiement proposé par le débiteur de billets à ordre à son créancier, qui ne porte ni date ni signature, ne peut être considérée comme un acte interruptif de la prescription, ni comme une reconnaissance de la dette (Req. 14 janv. 1823) (5); — 2º Que la déclaration du souscripteur d'un billet à ordre, faite au protêt, *qu'il n'y peut faire honneur*, ne vaut pas reconnaissance de la dette, et, par suite, n'interrompt pas la prescription (Rennes, 23 déc. 1840, aff. Hoffmann, V. Effets de comm., nº 837). — Il n'y avait là en effet qu'un refus de payer, qui permettait au débiteur de faire valoir tous les moyens à l'aide desquels il pouvait repousser l'action.

583. Les *offres* réelles renferment évidemment une reconnaissance de la dette. — L'offre de payer les frais d'après la taxe insérée dans l'acte par lequel la partie a révoqué l'avoué qu'elle avait choisi, suffit pour interrompre la prescription qui courait contre l'avoué : « Attendu que, par acte notarié du 27 fév. 1790, Massiac père s'est reconnu débiteur desdits frais et a promis de les payer d'après la taxe » (Paris, 1re ch., 18 août 1820, M. Séguier, 1er pr., aff. Bouel C. Massiac).—Et l'on a pu même considérer que des offres faites, avec la réserve d'opposer la prescription, avait renfermé une reconnaissance ayant le caractère interruptif. Ce n'est pas là le cas de l'application du principe qu'on ne peut diviser un aveu. C'est une appréciation des termes d'un acte produit qui est dans les pouvoirs des tribunaux (Req. 3 juin 1835, aff. Maucuit, V. nº 595-4º).—Il est à remarquer que comme les courtes prescriptions reposent sur la présomption de payement, les offres réelles faites de payer une créance, soumise à la prescription *brevis temporis*, en changent la nature, et ne permettent plus de la prescrire que par le laps de trente ans (Paris, 29 juill. 1808) (6).

(1) (De Vaucocourt C. Bourdineau.)—LA COUR;—Attendu, quant à la prescription, que, par le partage de présuccession du 16 vent. an 7 (6 mars 1799), Gaillard de Vaucocourt, conformément à sa déclaration précédente, a été reconnu débiteur envers les pauvres de Saint-Germain de la somme de 8,000 liv. et 1,990 liv. d'intérêts, ensemble 9,990 liv.; que cette somme lui a été allouée dans les dettes passives de la présuccession et déduites sur l'actif; qu'il a retenu, pour effectuer le payement de cette dette, une partie des biens de la succession, jusqu'à concurrence de la même somme; qu'en agissant ainsi il a formellement reconnu la dette;—Qu'il importe peu que cette reconnaissance ait été faite hors de la présence des Bourdineau et des administrateurs des pauvres; qu'elle n'en est pas moins un aveu de la dette, et qu'il impliquerait que cet aveu ne pût profiter au créancier, qui seul a intérêt à s'en prévaloir;—Met l'appel au néant, etc.

Du 7 mars 1831.-C. de Bordeaux, 1re ch.-M. Roullet, 1er pr.

(2) (Béruchet C. Tranchant.)—LA COUR;—Attendu, quant au moyen tiré des art. 118 de la coutume de Paris et 2262 c. civ. sur la prescription, que la créance avait été reconnue en entier par un acte du 14 juill. 1807 et par des quittances postérieures, et que cette reconnaissance, faite au profit de trois héritiers seulement, a dû profiter au quatrième, quoiqu'il ne fût pas momentanément compris dans lesdits actes, et arrêter le cours de la prescription;—Attendu, sur le moyen tiré de l'art. 2277 c. civ., relatif à la prescription des arrérages, que cet article s'applique au cas où les arrérages des intérêts n'ont pas été payés; que, dans l'espèce, le demandeur en avait indûment fait le payement quant à la partie revenante à Tranchant-Destulays, et que l'action en répétition contre lui n'était pas soumise à la prescription de cinq ans mentionnée dans ledit art. 2277 c. civ.;—Rejette le pourvoi formé contre l'arrêt de la cour de Rennes du 1er mai 1820.

Du 26 déc. 1821.-C. C., ch. req.-MM. Henrion, pr.-Lecoutour, rap.

(3) (Lambert-Seigneur C. époux de Marolles.)—LA COUR;—Attendu qu'aux termes de l'art. 2248 c. civ., la reconnaissance du droit interrompt la prescription;—Qu'il appartenait au pouvoir discrétionnaire de la cour de Paris d'apprécier la lettre dont il s'agit, et que, sans violer aucune loi, elle a pu y voir la reconnaissance du demandeur, qu'il avait un compte à rendre à la défenderesse à raison des fermages contentieux, et le condamner à rendre ce compte, sans s'arrêter à une prescription qui avait été interrompue;—Rejette.

Du 16 avril 1823.-C. C., sect. req.-MM. Henrion, pr.-Botton rap.

(4) (Riou Khallet C. hérit. Philippe.)—LA COUR;—Considérant qu'il a toujours été de principe que la reconnaissance même tacite d'une dette, lorsqu'elle résulte de faits évidents, suffit pour interrompre la prescription;—Que Riou de Khallet, cité en conciliation par la veuve Philippe, sur la demande qu'elle entendait lui former en payement des billets par lui consentis au feu sieur Philippe, les 1er avril et 28 déc. 1779, comparut au bureau de paix le 9 juin 1792; qu'il fut interpellé d'avouer ou contester ses billets, ou de justifier de sa libération; que s'il ne répondit pas catégoriquement à cette interpellation, s'il n'avoua ni ne contesta pas ses billets, il éleva du moins la prétention d'user de compensation; qu'à cet effet il remit sur le bureau un compte en vertu duquel il se prétendait non-seulement libéré, mais créancier de la succession Philippe; qu'en opposant ainsi à la réclamation de la veuve Philippe une compensation qui, subordonnée à un règlement de compte, n'était pas admissible, parce qu'elle ne peut jamais avoir lieu que de liquide à liquide, Riou de Khallet reconnaissait plus que tacitement la vérité de ses obligations; que cette reconnaissance a eu l'effet d'interrompre la prescription, qui n'a commencé à courir que du 9 juin 1792; que de cette époque à celle du 5 mai 1814, date de la demande introductive de l'instance, il s'est écoulé un délai d'à peu près vingt-deux ans, insuffisant pour acquérir la prescription, etc., etc.;—Rejette.

Du 15 mai 1819.-C. d'appel de Rennes.

(5) (Francon C. Bellier.)—LA COUR;—Attendu qu'il a été jugé par l'arrêt (de la cour de Grenoble) que la copie du projet d'acte, produit par la veuve Francon, quoique écrite de la main de Bellier, mais sans date ni sans signature, n'était pas un acte d'atermoiement propre à interrompre la prescription opposée par Bellier; et que quant aux autres faits auxquels la veuve Francon avait été appointée, l'arrêt juge également qu'aucun de ces faits n'établit que la prescription eût été interrompue, et que dans cet état il n'a point été fait une fausse application de l'art. 189 c. com.;—Rejette.

Du 14 janv. 1823.-C. C., sect. req.-MM. Henrion, pr.-Lecoutour, rap.

(6) *Espèce*:—(Fournier C. Foulon.) — En 1793, Fournier avait fait des ouvrages de serrurerie pour le sieur Foulon.—Le 6 frim. an 4, celui-ci fit des offres réelles en assignats de la somme dont il était débiteur. Ces offres ne furent point suivies de consignation. — Le 18 juin 1807, Foulon, cité à la requête de Fournier, invoqua la prescription particulière établie par l'art. 2271 c. civ.—Fournier répondit que la prescription qu'on lui opposait, étant fondée sur une présomption de payement, détruite, dans l'espèce, par une preuve contraire résultant des offres réelles faites en l'an 4, n'était point admissible.—Le 7 janv. 1808, ju-

584. Néanmoins, des offres conditionnelles d'une partie de la dette faites par le débiteur ne sont pas interruptives de la prescription de la créance, lorsqu'elles ont été retirées avant leur acceptation (Req. 4 janv. 1842, aff. hospice de la Châtre, nº 486).

585. La reconnaissance interruptive de la prescription ne résulte pas seulement d'actes formels ou exprès, de lettres missives ou d'offres réelles, elle résulte de tout acte où elle est contenue, lorsque l'intention de reconnaître n'est pas douteuse.— Ainsi il a été jugé que lorsque dans un procès-verbal d'expertise dressé pour vérifier des titres de propriété afin d'arriver à une indemnité aux termes de la loi du 25 avril 1825, il n'a été fait qu'attribution provisoire d'une hérédité, et que celui auquel cette attribution provisoire a été faite a, en suite du procès-verbal, recueilli l'indemnité, il ne peut pas plus tard opposer le moyen de prescription à ceux qui lui disputent l'héritage : il est résulté du procès-verbal une reconnaissance qui a interrompu la prescription (Req. 22 août 1837) (1).

586. Une *quittance* constatant le payement d'une rente moyennant laquelle des droits d'usage dans une forêt avaient été concédés, a pu être considérée comme une reconnaissance interruptive de la prescription contre ces droits, bien qu'elle ne rappelât pas nommément ladite rente, si la date de l'échéance qu'elle relate est précisément la même que celle de la rente en question (Req. 7 mai 1818) (2). A plus forte raison les délivrances de bois faites à des usagers sont une reconnaissance des droits d'usage, interruptive de la prescription (Cass. 27 août 1834, aff. Roy et Duval, V. nº 76).

587. Ne peut être réputée reconnaissance d'une rente au profit du créancier, dans le sens de l'art. 2248 c. nap., la stipulation entre copartageants, insérée dans un acte de partage, que les rentes établies sur les biens partagés, *si aucunes existent*, seront payées en commun par les copartageants ; par suite, une telle clause, évidemment conditionnelle et subordonnée à l'existence des rentes, n'a pas interrompu la prescription au profit du crédirentier (Riom, 3 fév. 1829) (3).

588. La reconnaissance que des arrérages n'ont pas été payés, a pu être déclarée ne pas présenter une renonciation assez expresse à la prescription pour que celui qui a fait la reconnaissance soit non recevable à prétendre que ces arrérages sont frappés de prescription (Cass. 10 mars 1834, aff. Brachet, V. nº 1052).

589. Lorsque l'accepteur de lettres de change a suspendu ses payements, si le porteur a laissé écouler plus de cinq ans depuis le protêt, faute de payement, sans faire aucune poursuite contre le débiteur, il ne pourra prétendre que la prescription de cinq ans a été interrompue, soit par la suspension momentanée des payements du failli, soit par l'énonciation faite par ce dernier dans son bilan qu'il est débiteur du montant des traites (Paris, 5 août 1815) (4). — Cependant il a été jugé que la prescription de cinq ans établie pour les lettres de change est interrompue par la mention de la dette sur le bilan et le concordat ; c'est là une reconnaissance par acte séparé, aux termes du § 1 de l'art 189 c. com. (Bordeaux, 19 mars 1841, aff. Chantecaille. V. nº 766).

590. Il est de principe que la reconnaissance même contenue dans un *acte nul* interrompt la prescription : « *Manent confessiones, et restituuntur actiones, ut agnitæ contractu quam-*

---

gement en ces termes : « Attendu que les ouvrages de serrurerie dont Fournier réclame le payement par sa demande du 8 juillet dernier, ont été faits pendant le cours de 1793 ; que dès lors il y a, aux termes des lois, prescription acquise contre la demande dont il s'agit ; — Qu'aux termes de l'art. 2248 c. civ., la prescription n'est qu'interrompue par la reconnaissance du débiteur, et que, d'un autre côté, il est de principe que les causes qui interrompent la prescription ne changent point la nature de l'action ; que les offres réelles faites à Fournier par son débiteur, sont, de la part de ce dernier, une reconnaissance qu'il devait les ouvrages dont il s'agit ; qu'il s'est écoulé depuis lesd. tes offres un espace de dix années, sans aucune poursuite ni réclamation de la part de Fournier contre son débiteur, et qu'ainsi la prescription nouvellement acquise peut être invoquée ;—Qu'aux termes de l'art. 9 du tit. 1 de l'ord. de 1673 et de l'art. 2247 c. civ., la prescription ne peut cesser de courir que lorsqu'il y a eu compte arrêté, cédule ou obligation, ou citation en justice non périmée, et qu'aucun de ces actes n'existe dans la cause, etc. » —Appel.— Fournier soutient que la créance d'un ouvrier pour fournitures n'est plus prescriptible par six mois dès qu'elle a été reconnue.—Arrêt.

LA COUR ;— Considérant, en droit, que la prescription admise contre les ouvriers par rapport à la répétition du montant de leurs ouvrages, n'est fondée que sur une présomption légale de payement ; que cette présomption cesse évidemment, s'il existe une reconnaissance de devoir, écrite dans un acte quelconque ; et que, dans l'espèce, les offres réelles faites par feu Foulon sont une véritable reconnaissance de sa dette envers Fournier son ouvrier serrurier ;...—Condamne la partie de Moreau à payer à celle de Popelin la somme de 3,776 fr. pour les ouvrages et fournitures de serrurerie dont il s'agit, si mieux n'aiment lesdites parties de Moreau payer lesdits ouvrages et fournitures suivant le règlement qui en sera fait par experts, conformément à la loi... etc.

Du 29 juill. 1808.-C. d'appel de Paris.

(1) *Espèce :* — (D'Esterno C. de Mornay.) — Dans l'espèce, les frères d'Esterno proposaient contre cette solution un moyen fondé sur une contravention aux art. 2242 et suiv. c. civ., en ce que la cour de Paris avait décidé que les réserves contenues dans le procès-verbal des experts, et qui n'avaient été suivies d'aucune action en justice dans les délais utiles, avaient interrompu la prescription. De ce que, par suite des réserves contradictoires, faites par les parties, disait-on, les experts ont cru ne devoir attribuer les biens de Joseph d'Esterno à Ferdinand que provisoirement, il ne s'ensuit pas que ce dernier, qui n'était pas partie au procès-verbal, ait reconnu cette attribution provisoire, ni que les experts, dépassant leur mandat, aient entendu juger les difficultés qui pouvaient diviser les parties, et faire autre chose que respecter leurs réserves. Mais, en supposant qu'il y eût eu acceptation de l'attribution provisoire, en donnant à cette acceptation l'effet d'une reconnaissance du droit contre lequel le sieur Ferdinand d'Esterno prescrivait, l'arrêt a fait une fausse application de l'art. 2248 c. civ. — Arrêt.

LA COUR ; — Attendu que l'arrêt n'a ni commis un excès de pouvoir, ni violé, ni faussement appliqué les lois en matière de prescription, en déclarant qu'avant l'expiration des trente ans, nécessaires pour la prescription, l'appelant ou son auteur avait formellement reconnu qu'il ne lui était fait qu'attribution provisoire des biens de la succession, et qu'au contraire l'arrêt n'a fait qu'une juste application du droit au fait qui était tenu pour constant ; — Rejette.

Du 22 août 1837.-C. C., ch. req.-MM. Zangiacomi, pr.-Duplan, rap.-Nicod, av. gén., c. contr.-Piet, av.

(2) (Lepelletier-d'Aulnay C. Jaubert.) — LA COUR ; — Attendu que la quittance produite de 61 liv. est du 5 janv. 1784 pour rente due par les Jaubert et échue à la Noël dernier, qui est précisément l'échéance prescrite par les actes de concession des droits d'usage dont il s'agit ; qu'il n'a pas été justifié au procès, par Lepelletier-d'Aulnay, qu'il eût été dû par ces agriculteurs d'autres prestations envers leur ci-devant seigneur ; d'où il suit que d'après cette même quittance du 5 janv. 1784, telle que le rapporte le réclamant lui-même, en sa requête ci-dessus, les juges en l'appliquant audit droit d'usage, ne se sont point écartés des attributions que la loi leur a confiées ; que la prescription opposée par le réclamant n'a pu exister par le laps de temps qui s'est écoulé de 1784 aux années 1808 et 1809, date des offres, réclamation des Jaubert et de l'instance introduite ; — Attendu que, par suite, les Jaubert étant fondés en titre, possession avec payement de redevance, depuis moins de trente ans, il ne saurait y avoir de contravention à l'art. 9 du tit. des bois et forêts de la coutume du Nivernais ; — Rejette le pourvoi contre l'arrêt de la cour de Bourges du 20 août 1811.

Du 7 mai 1818.-C. C., sect. req.-MM. Henrion, pr.-Sieyès, rap.

(3) (Dalbine C. Ojardias.)— LA COUR ; — Attendu qu'il est incontestable que la prescription trentenaire de la rente dont il s'agit, est acquise, même en ne faisant courir la prescription qu'à compter du 2 nov. 1794 ; — Attendu que cette prescription n'a pu être valablement relevée par la sommission faite par les parties de Marie, héritières de la veuve Ojardias, et débitrices de la rente en question, et respectivement entre elles, de payer les rentes dues par la succession de cette dernière, si aucunes y a ; que ce n'est pas là une reconnaissance précise, telle que l'exige l'art. 2248 c. civ., pour relever de la prescription ; — Déclare la partie de de Vissac non recevable, etc.

Du 3 fév. 1829.-C. de Riom, 1re ch.-M. Grenier, 1er pr.

(4) (Lachez-Delbec C. hér. Dallarde.) — LA COUR ; — Vu l'art. 21, tit. 5, de l'ord. de 1673 ; — Attendu qu'il s'est écoulé plus de cinq années, sans aucune poursuite ni diligence de la part de Lachez-Delbec, depuis le protêt fait en l'an 11 jusqu'à la demande par lui formée le 12 déc. 1811 ; — Attendu que la suspension momentanée de payement de Dallarde ne faisait point obstacle à ce que des poursuites fussent dirigées contre lui ; — Attendu que les énonciations portées au bilan de Dallarde ne constituent pas une reconnaissance de la dette qui puisse empêcher l'application de la prescription invoquée par les frères Dallarde, héritiers de leur père, met l'appellation et ce dont est appel au néant ; décharge les frères Dallarde des condamnations contre eux prononcées ; déclare Lachez-Delbec non recevable dans sa demande, à la charge néanmoins par les héritiers Dallarde d'affirmer, s'ils en sont requis, qu'ils estiment de bonne foi qu'il n'est rien dû, etc.

Du 5 août 1815.-C. de Paris.-MM. Tripier et Thevenin, av.

libet rescibili » (D'Argentré sur la loi *cùm notissimi*. — Conf. MM. Vazeille, t. 1, nº 217, et Troplong, nº 618).

591. Le mari n'ayant pas qualité pour disposer des biens paraphernaux de sa femme, ne peut compromettre sur les droits de celle-ci dans une succession. S'il l'a fait, l'acte est nul (V. Contrat de mariage, nº 3269); mais toutefois on peut le considérer comme contenant une reconnaissance de la part des débiteurs de la femme, et comme ayant interrompu la prescription (Grenoble, 20 juin 1827) (1). — Il a été jugé aussi que, bien que la vente de l'immeuble dotal soit nulle, l'acte de vente vaut néanmoins comme reconnaissance de la dette de l'acquéreur et interrompt la prescription qui courait contre la femme (Grenoble, 26 juin 1810) (2). — Toutefois, la prescription d'une dette contractée par la femme n'est pas interrompue, vis-à-vis du mari, par une reconnaissance émanée de cette femme seule (Douai, 13 mai 1846, aff. Vellesley, D. P. 47. 2. 60).

592. Le titre *nouveau* d'une rente constituée, nul pour défaut d'autorisation de la femme qui l'avait souscrit, a néanmoins l'effet de constater le service de la rente, et, par là, d'interrompre la prescription (Paris, 29 août 1814) (3). — Mais la simple *promesse* d'un titre nouveau ne peut interrompre la prescription (Rej. 8 juill. 1835, aff. Fitz-James, V. Compét. admin., nº 255).

593. Un concordat, quoiqu'il n'ait point été homologué, peut cependant être invoqué, en tant qu'il constitue la reconnaissance explicite d'une dette qui figurait déjà sur le bilan qui l'avait précédé (Bordeaux, 19 mars 1841, aff. Chantecaille, V. nº 766).

594. Le droit d'exiger, sur les arrérages d'une rente ou redevance annuelle, une retenue pour contributions, est de sa nature susceptible d'être acquis au profit du débiteur par la prescription résultant du fait de cette rétention continue pendant plus de trente ans.—Il a été jugé qu'un titre nouvel ne peut interrompre cette prescription, lors même qu'il contient une clause finale de non dérogation à la concession originaire, lorsque d'ailleurs le droit d'exercer la retenue y est formellement exprimé, la clause ne devant être considérée que comme étant de style; que c'est au reste là une appréciation de fait qui appartient exclusivement aux cours d'appel (Req. 2 août 1837) (4).

595. La reconnaissance peut être tacite. Elle s'induit, par exemple, dit Dunod, des faits suivants : « Si le débiteur paye une partie du capital ou les arrérages, sans protestation (L. 8, § 4, c. *de Præscr. 30 vel 40 ann.*); s'il prête caution; s'il demande du délai pour payer (L. 5, c. *de re judicatâ*); s'il donne au créancier la jouissance du fonds hypothéqué; s'il donne charge de le payer, quoique en son absence; s'il consent à ce que la chose prétendue soit mise en séquestre » (D'Argentré, sur l'art. 166 de l'ancienne cout. de Bretagne). — Jugé en ce sens : 1º que le payement d'une partie seulement des arrérages d'une rente suffit pour interrompre la prescription : « Attendu que la rente ayant été constamment servie, en tout ou en partie, la prescription ne pouvait être opposée; — Rejette, etc. » (Req. 15 mai 1822, MM. Henrion, pr., Rousseau, rap., aff. Xuc...); — 2º Qu'un payement fait à titre d'*à-compte* est interruptif de la prescription de la créance (Cass. 29 janv. 1838, aff. Beaumier, V. Oblig. [Preuve litt.]); — 3º Que les quittances des redevances d'un droit d'usage sur une forêt, délivrées aux usagers par le propriétaire de la forêt, constituent de la part de celui-ci une reconnaissance de ce droit d'usage, interruptive de la prescription (Req. 22 juill. 1835, aff. Champigny, V. Usage); — 4º Qu'il suffit que sur la demande en payement des arrérages d'une rente le défendeur ait offert les termes échus à partir d'une certaine époque antérieure à la demande, pour qu'il doive être réputé les avoir payés jusqu'à cette époque et que cette prestation soit interruptive de la prescription (Req. 3 juin 1835) (5).

---

(1) (Rigodin C. Gachet.) — LA COUR; — ... Attendu que l'exception de prescription élevée par les représentants de Pierre Gachet, fondée sur ce qu'à l'époque de la demande introductive d'instance, il s'était écoulé plus de trente années depuis le décès de Pierre Gachet, premier du nom, n'est nullement fondée, dès que, d'une part, il est incontestable que le compromis et l'acte de règlement ci-devant rappelés furent interruptifs de la prescription des droits de Marie Chalvin, femme d'Hélie Rigodin père, sur les biens de ses aïeul et aïeule, et cela par l'effet de la reconnaissance de ces mêmes droits, de la part de Pierre Gachet, qui en était le débiteur; et que, d'autre part, à l'époque de la demande introductive d'instance, il ne s'était pas écoulé trente années depuis l'acte de règlement du 5 therm. de l'an 2; — Attendu qu'il est indifférent, par rapport à l'exception de prescription, qu'Hélie Rigodin n'eût pas qualité pour traiter, avec Pierre Gachet, des droits de Marie Chalvin, sa femme, parce que, malgré le défaut de qualité dans la personne de Rigodin, la reconnaissance des droits de Chalvin n'en résultait pas moins du compromis et de l'acte de règlement de l'an 2; qu'ainsi il n'y avait nullité qu'en ce qui concernait l'abandon fait par Rigodin, au nom de sa femme, et le payement fait audit Rigodin; — Attendu, d'ailleurs, qu'il est de principe que la reconnaissance de la dette, même dans un acte nul, est interruptive de la prescription; aussi l'art. 2248 c. civ. ne fait-il aucune distinction, et dispose-t-il que la prescription est interrompue par la reconnaissance que le débiteur fait du droit de celui contre lequel il prescrivait; — A mis l'appellation et ce dont est appel au néant, etc.

Du 20 juin 1827.-C. de Grenoble, 2ᵉ ch.-M. Paganon, pr.

(2) (Buissonnet C. Bonardon.) — LA COUR; — Considérant que la femme s'est constitué en dot tous ses biens présents et à venir; qu'ainsi les immeubles étaient dotaux et que la vente est nulle, nullité qui n'a pu être couverte par la réception du prix de la vente; que, par suite de la nullité de la vente, les parties doivent être remises au même état où elles étaient avant cet acte; que, par conséquent, la prescription n'a pu courir qu'à dater dudit acte qui est interruptif de la prescription puisque, quoique nul, cet acte contient, de la part de l'acquéreur, une reconnaissance de la dette, et qu'il est de principe que la reconnaissance de la dette, même dans un acte nul, est interruptive de la prescription, ainsi que le décident plusieurs auteurs et arrêts; que d'ailleurs s'agissant de l'aliénation d'immeubles dotaux, faite par le mari pendant le mariage, la femme ne pouvait pas l'attaquer pendant le mariage; qu'ainsi la prescription ne pouvait courir contre Marie Bonardon qui ne pouvait pas agir (L. 9, C., *De rei vind.*, et 30, C.; *De jure dot.*);—Annule la vente.

Du 26 juin 1810.-C. de Grenoble, 1ʳᵉ sect.

(3) *Espèce* :—(Souchet C. Leportier.)—C'est ce qui a été décidé par un jugement du tribunal de la Seine, ainsi conçu :— « Attendu que si l'acte du 26 août 1784 ne peut être considéré comme un titre nouvel, il suffit néanmoins, pour constater que, jusqu'à cette époque, les arrérages de la rente dont il s'agit ont été payés; — Attendu que, depuis 1784, le temps requis pour prescrire ne s'est pas accompli...—Déclare bonnes et valables les oppositions. » — Appel. — Arrêt.

LA COUR; — Adoptant les motifs des premiers juges; — Confirme.

Du 29 août 1814.-C. de Paris, 2ᵉ ch.-MM. Agier, pr.-Girard, av. gén., c. conf.-Louis et Desèze, av.

(4) *Espèce* : —(Préfet de Seine-et-Oise et Roger C. Coron.) — 24 janv. 1832, jugement qui admet la prescription par le motif notamment :—« Que le droit d'exiger, sur les arrérages d'une rente ou redevance annuelle, une retenue pour contributions, est de sa nature susceptible d'être acquis au profit du débiteur par la prescription résultant du fait de cette rétention continue pendant plus de trente ans; — Qu'il est constant et reconnu, dans la cause, que, depuis le 11 nov. 1794, époque du premier payement de la redevance annuelle de 53 liv., jusques et y compris l'année échue le 11 nov. 1829, cette redevance a été constamment payée, soit par Coron, soit par ses auteurs, avec la déduction d'un cinquième; que le titre nouvel du 2 janvier ne peut être considéré comme interruptif de la prescription, à l'égard de la retenue du cinquième, puisque le droit d'exercer cette retenue y est formellement stipulé; qu'enfin, dans les circonstances de la cause, la clause finale de non-dérogation à la concession originaire ne peut être considérée que comme banale et de style. » — Appel par Roger qui soutient qu'on n'a pu prescrire contre les termes du titre (art. 1337). — 29 janv. 1834, arrêt de la cour de Paris qui confirme en adoptant ces motifs.—Pourvoi.—Arrêt.

LA COUR;—Sur le moyen tiré de l'art. 1337 c. civ. :—Attendu qu'en appréciant et interprétant les actes invoqués comme interruptifs de la prescription, la cour royale a pu, dans l'espèce, leur refuser ce caractère, sans violer l'art. 1337 relatif aux actes nouvels ou récognitifs, ni aucune autre disposition de loi;—Rejette.

Du 2 août 1837.-C. C., ch. civ.-MM. Portalis, 1ᵉʳ pr.-Thil, rap.-Tarbé, av. gén., c. conf.-Odent et Piet, av.

(5) *Espèce* : —(Maucuit C. Levaillant.) — 23 avril 1834, arrêt de la cour de Rouen qui, appréciant les divers actes invoqués dans la cause et notamment les offres, successivement faites à deux reprises, par Maucuit, de payer les arrérages, *à partir d'une certaine époque*, en tire la conséquence que Maucuit reconnait avoir payé les termes antérieurs à ceux qu'il offre de rembourser; et, repoussant, par ce motif, l'exception de prescription, ordonne que ce dont est appel sortira son plein et entier effet.—Pourvoi.—1º Violation de l'art. 2262 et fausse application de l'art. 2248 c. civ.;—On a cherché à établir que l'arrêt n'avait repoussé la prescription qu'en se fondant sur ce que celui qui l'invoquait avait toujours connu l'existence de la dette; et on a soutenu que le rejet de l'exception, ainsi motivé, renfermait une violation de la loi, puisque la mauvaise foi est impuissante à arrêter le cours de la prescription trentenaire.—2º Violation de l'art. 1350 c. civ.;—On a dit sur ce moyen:

596. Il est évident que la dation d'un *gage* emporte aussi reconnaissance de la dette.

597. On doit en dire autant de la *novation* de cette dette; et cela, quand même l'acte de novation serait ensuite annulé pour lésion ou autre vice étranger à la forme (D'Argentré, *loc. cit.*; MM. Vazeille, n° 228; Troplong, n° 618).

598. La demande formée par un débiteur en réduction de l'hypothèque constituée pour garantie de la dette, est interruptive de prescription (Bourges, 28 juin 1843) (1).

599. Quand une action afin de partage ou de complément de légitime a été suivie d'un *bail* passé par des cohéritiers à un cohéritier détenteur, celui-ci par cet acte reconnaît leurs droits et ne peut pas prescrire contre eux (Rej. 21 janv. 1834, aff. Gauthier, n° 630).

600. On s'est demandé si des réserves contenues dans un contrat, et se rapportant à une obligation antérieure, empêchait de prescrire cette obligation? Il faut distinguer. Si les réserves ont été faites par le créancier, elles n'interrompent pas la prescription, puisque le créancier ne peut interrompre la prescription que par une citation en justice, par un commandement, par une saisie ou par la reconnaissance du débiteur (Conf. Merlin, Rép., v° Interruption de prescription, § 12; Vazeille, n° 220). Cette opinion partagée par M. Troplong, n° 620, est aussi consacrée par un arrêt (Rej. 23 janv. 1809, aff. Caira, v° Enreg., n° 2929). — Décidé, dans le même sens, que les réserves faites dans la demande en nullité de partage de se pourvoir par voie de rescision contre ce partage n'interrompent pas la prescription de dix ans applicable à cette dernière action (Bordeaux, 3 déc. 1840, aff. Juillard, V. Contrat de mariage, n° 3481). — Il en serait autrement si le débiteur avait réservé lui-même les droits du créancier; mais il faudrait faire à cet égard une autre distinction. Si le débiteur déclarait d'une manière générale que la nouvelle obligation ne porte pas atteinte aux obligations antérieures, il y aurait là une clause de style sans portée utile; il faudrait décider d'une autre manière si l'obligation à laquelle il déclarait ne pas déroger était spécifiée : dans ce cas il y aurait reconnaissance et interruption.

601. On a soutenu que celui qui a opposé la prescription de trente ans a reconnu l'existence de la dette, et qu'il ne peut plus, lorsque cette exception est retirée ou rejetée, opposer la prescription de cinq années. Mais il a été jugé que l'exception tirée de la prescription de trente ans, qui détruit le titre et éteint l'action, n'emporte pas l'idée de la reconnaissance de la dette, puisqu'elle repose sur toute espèce de présomption de libération, qu'elle n'est donc pas exclusive de la prescription de cinq ans, qui n'attaque pas le titre, mais qui repose sur une présomption de payement des arrérages, et qu'aucun aveu ne peut en conséquence résulter de la cumulation de ces exceptions, l'une principalement, l'autre subsidiairement invoquées (Req. 1er avr. 1829, aff. Labarthe, V. n° 1110).

602. Il est évident qu'il faut que la reconnaissance émane de celui-là même qui oppose la prescription. Ainsi jugé : 1° que la prescription n'est pas interrompue en faveur des usagers d'une forêt par des actes contenant reconnaissance implicite de leurs droits, lorsque ces actes ne sont pas émanés du propriétaire de la forêt, ou de ses mandataires spéciaux, encore bien qu'ils fussent émanés d'une juridiction qui rendait la justice en son nom en qualité de seigneur du lieu (Cass., 21 mars 1832, aff. Roy, V. Usage; Rej. 21 mars 1832, aff. Rohan, *eod.*); — 2° Que la prescription n'est pas interrompue à l'égard d'usagers d'une forêt par une sentence émanée de la maîtrise des eaux et forêts, et non du propriétaire de la forêt, surtout lorsqu'ils n'y sont pas dénommés; qu'une pareille sentence ne peut être considérée comme un acte récognitif du droit d'usage, ni comme un commencement de preuve par écrit (Rouen, 16 juin 1837) (2).

603. Mais les actes interruptifs de la prescription de droits d'usage, tels que des reconnaissances formelles ou des déclarations en justice, émanés de celui qui était *propriétaire apparent* de la forêt assujettie à ces droits ou obtenus contre lui, sont opposables au propriétaire réel qui ne s'est fait connaître qu'ultérieurement (Req. 10 mai 1841, aff. Maudelot, V. Succession).

604. La prescription est interrompue aussi non-seulement par la reconnaissance qui est faite de la dette par le débiteur, mais encore par des lettres émanées du tuteur de l'héritier du débiteur qui demande délai pour payer (Req. 26 juin 1821) (3).

605. Le payement des arrérages d'une rente est interruptif de la prescription. Mais comment ce payement pourra-t-il être prouvé par le créancier qui aurait omis, avant l'expiration de trente ans, à compter de la date du dernier titre, d'exiger un titre nouvel? Merlin (Rép., v° Interruption de prescript., § 9) décide, d'après Dunod et quelques arrêts, que le livre de raison du créancier fait

---

L'arrêt a considéré les offres successives comme constituant des aveux judiciaires; or, ces offres renfermaient des réserves formelles de tous droits et exceptions. — L'arrêt a accepté les offres en ce qu'elles contenaient de favorable à la dame Desbordes, mais il n'a tenu aucun compte des réserves stipulées par Maucuit; un acte pareil ne pouvait cependant être divisé contre son auteur; et la cour de Rouen a évidemment agi au mépris de cette règle de droit.—Arrêt.

LA COUR; — Sur le premier moyen, fondé sur la violation de l'art. 2262 c. civ. : — Attendu que, s'il est vrai qu'on ne puisse opposer à l'exception de prescription trentenaire la mauvaise foi, il est aussi vrai que la prestation volontaire continuée jusqu'à la demande est interruptive de la prescription, et que cette continuation est la base de l'arrêt attaqué qui repousse l'application de l'art. 2262; — Sur le deuxième moyen, fondé sur la violation de l'art. 1356 c. civ. : — Attendu que la cour royale n'a pas divisé les aveux, mais qu'elle a apprécié de prétendues réserves, et qu'elle a pu juger, sans violer la loi, que ces réserves étaient impuissantes pour anéantir les effets des aveux contenus aux actes qui lui étaient soumis; — Rejette, etc.

Du 5 juin 1835.-C. C., ch. req.-MM. Borel, pr.-Ménerville, rap.

(1) (Hosp. de Bourges *C.* Trumeau.) — LA COUR; — Attendu que le 26 juill. 1811, demande a été présentée au préfet du Cher (il s'agissait d'une rente due par un particulier aux hospices de Bourges) par l'auteur de l'intimé, à l'effet d'obtenir que l'hypothèque générale existant pour sûreté de ladite rente fût réduite et qu'elle ne frappât que sur un seul domaine, ce qui a été octroyé par arrêt du 10 août suivant; — Qu'ainsi, avant que la reconnaissance de 1785 fût prescrite, l'auteur de l'intimé a de nouveau reconnu, en 1811, que la rente était due en consentant que l'hypothèque résultant du titre continuât de subsister, et que depuis 1811 jusqu'en 1840, époque de la demande, il ne s'est pas écoulé trente ans, temps nécessaire pour acquérir la prescription.

Du 28 juin 1843.-C. de Bourges.

(2) (Com. de Chéronvilliers *C.* de Castellane et Delamotte.) — LA COUR; — Attendu que c'est uniquement sur l'arrêt réglementaire de 1687, depuis longtemps prescrit, quant aux communes usagères qui n'ont pas conservé une possession conforme à ce titre, que celle de Chéronvilliers se fonde pour réclamer l'exercice du droit de ramage dont elle a perdu la possession à une époque indéterminée dont il ne reste aucune trace; — Que, pour faire revivre ce titre éteint par non-usage, ladite commune argumente de la sentence de 1787 pour en induire la reconnaissance de son droit, une interruption civile de la prescription qu'on lui oppose; — Que cette argumentation est d'autant plus vaine, que la commune de Chéronvilliers n'est pas dénommée dans ladite sentence, émanée non du ci-devant duc de Bouillon ou de ses représentants, mais du maître particulier de la maîtrise; — Confirme.

Du 16 juin 1837.-C. de Rouen, 5e ch.-M. Simonin, pr.

(3) *Espèce* : — (Favry *C.* hér. Montauban.) — Le 8 juin 1779, décès de Favry, associé de Montauban. — Il laisse un testament par lequel il lègue 20,000 fr. à son associé; mais cette somme fut réduite à 10,000 fr. — Le compte de la société fut arrêté par le mandataire de Montauban et la veuve de Favry, tutrice de sa fille, Jeanne. — Après s'être remariée, l'époux de la veuve Favry a demandé par plusieurs lettres des délais pour payer les sommes dues à Montauban par suite de la liquidation de la société. — Plus tard, les héritiers Montauban ont réclamé de Jeanne Favry, devenue majeure, le montant de la liquidation de la société qui était en leur faveur. — Opposition fondée sur la prescription, en ce qu'ils n'avaient pas intenté leur action avant que la prescription leur fût acquise. — Au fond, elle demande la révision du compte, parce qu'il n'était pas justifié. — Jugement qui déclare la prescription interrompue par les lettres du tuteur et les aveux des parties, et condamne Jeanne Favry au payement du montant du compte arrêté. — Appel. — Arrêt confirmatif du conseil supérieur de l'île Bourbon, du 21 sept. 1815.

Pourvoi. — Violation : 1° de l'art. 2262, 2248 et 1356 c. civ., en ce que la cour a déclaré la prescription interrompue par une reconnaissance qui n'était pas celle du débiteur. — Arrêt.

LA COUR; — Sur le moyen tiré de la prescription : — Attendu que l'arrêt est déterminé par les aveux et les reconnaissances des parties, aveux et reconnaissances desquels sortirait l'interruption de la prescription; — Rejette.

Du 26 juin 1821.-C. C., sect. req.-MM. Henrion, pr.-Vallée, rap.

preuve des payements qu'il a reçus, lorsqu'il est homme de probité, qu'il s'agit seulement d'empêcher la prescription et qu'il conste de la dette. Cette doctrine paraît contraire à l'art. 1331 c. nap., portant que les registres et papiers domestiques ne sont point un titre pour celui qui les a écrits (Conf. MM. Vazeille, n° 214; Troplong, n° 621).— En conformité de cet art. 1331, il a décidé que les registres des receveurs des hospices ne font foi contre les débiteurs d'une rente ni de l'identité de la personne qui paye, ni des payements d'arrérages qu'ils constatent; qu'en conséquence, ces payements d'arrérages, établis par la seule mention faite sur les registres du receveur, sans qu'un acte émané du débiteur les constate, ne peuvent être opposés comme faits interruptifs de la prescription de la rente, ... soit que ces payements aient été faits antérieurement à la promulgation du code, soit qu'ils aient eu lieu depuis (Bourges, 26 août 1839 (1); 20 janv. 1835, M. Mater, 1er pr., aff. hospices de la Châtre C. Gaudefroy; 26 mai 1835, M. Mater, 1er pr., aff. hosp. de Châteauroux C. Pénigaux).—V. aussi v° Frais, n° 965-1°.

606. Mais il a été jugé: 1° que lorsque l'acte de transport d'une rente, fait par l'état au profit d'un hospice, contient des notes et émargements indiquant des versements faits à l'hospice, à valoir ou en acquit de la rente, et qu'un de ces versements est postérieur au transfert consenti par l'état à l'hospice, ces payements peuvent être considérés comme la reconnaissance de la dette, et, par conséquent, comme empêchant que la prescription, établie par les anciennes coutumes, ne soit acquise au temps où l'action de l'hospice a été formée (Req. 24 mai 1832) (2); — 2° Que les annotations du payement des arrérages d'une rente faite par le crédi-rentier sur son livre de raison, peuvent faire foi en sa faveur pour repousser la prescription (Bruxelles, 18 oct. 1821) (3).—M. Troplong fait remarquer avec raison, n° 621, que l'arrêt de la cour de cassation statue sur une espèce antérieure au code Napoléon, et quant à l'arrêt de Bruxelles, on ignore si les mentions faites sur le livre de raison l'avaient été avant la promulgation du même code.

607. En Dauphiné, et d'après la jurisprudence du parlement de cette province, la prescription d'une rente pouvait être interrompue par la mention du payement des arrérages trouvée après la mort du créancier sur ses registres particuliers, lorsqu'il était notoirement connu pour un homme de probité (Req. 4 déc. 1822, MM. Henrion, pr., Lecoutour, rap., aff. Jullien C. Sieyès).—Cet arrêt ne peut pas avoir plus de portée que celui du 24 mai 1832. Il s'agit en effet d'un procès qui ne devait pas se décider d'après les dispositions du code Napoléon.

608. Enfin, il a été décidé, en thèse générale, 1° que la mention sur les registres d'un chapitre et ensuite sur les registres du domaine de payements faits par un débirentier sont étrangers à ce dernier, et ne peut constituer une reconnaissance de la dette (Cass. 25 flor. an 13, aff. N... C. N...); — 2° Que les registres et papiers domestiques ne peuvent être invoqués par celui qui les a écrits ou par ses héritiers, même quand ils constatent un payement fait par le débiteur, et à l'effet de prouver par ce payementq ue la créance n'est pas prescrite (Req. 11 mai 1842) (4).

609. Faute par le crédi-rentier de se faire souscrire un titre nouvel avant l'expiration de trente années, la prescription n'est pas nécessairement acquise contre lui; il peut invoquer comme cause d'interruption la reconnaissance de la dette par le débiteur, résultant du service par lui fait des arrérages (Req. 20 nov. 1839) (5). — Et la preuve par témoins du service d'une rente, une fois admise à la faveur d'un commencement de preuve par écrit, les juges peuvent décider que les arrérages de la rente ont été payés, et déclarer, par suite, que la prescription invoquée contre le titre par le débiteur a été interrompue, non-seulement en se fondant sur le résultat des enquêtes, mais encore en consultant les registres particuliers du créancier (même arrêt). — V. Interrog. sur faits, n° 32.

610. Les quittances sous seing privé qui se trouvent entre les mains de celui qui les a faites peuvent-elles servir de titre pour interrompre la prescription? — Merlin, Rép., v° Interruption de prescription, § 7, fait à cet égard une distinction. Si le créancier n'est pas mort, les quittances qui se trouvent entre ses mains n'ont aucune force interruptive, car il a pu les faire pour le besoin de la cause. S'il est décédé, il en est autrement, car il est à présumer que ces quittances lui ont été remises par le débiteur. — C'est ainsi qu'a jugé le parlement de Dijon le 25 janv. 1665. — Cette distinction est repoussée par MM. Vazeille et Troplong, qui pensent que dans aucun cas ces quittances ne peuvent être interruptives de la prescription : on ne doit les considérer que comme des modèles de quittance qui ne peuvent rien établir. Mais il faut avouer que cette présomption n'est pas très-heureuse, car habituellement on ne signe pas des modèles de quittance, et il est tout aussi raisonnable de penser que les quittances dont s'agit ont été remises par le débiteur que de n'y voir que de simples modèles. Ne faudrait-il pas conclure

(1) (Piat C. hospices de La Châtre.) — LA COUR (après partage); — Considérant que le dernier acte par lequel Piat, chargé de la rente, se soit reconnu débiteur d'icelle, remonte au 5 fév. 1788; — Que la demande des hospices, afin de passation de titre nouvel, est des 22 et 25 mars 1834; — Que le laps de temps écoulé entre 1788 et 1834 est évidemment plus que suffisant pour opérer la prescription; — Que les hospices prétendent, à la vérité, que la prescription a été interrompue, soit par le payement des arrérages en l'an 4, en 1802 et 1804; mais que la loi exige, de la part du débiteur, une reconnaissance personnelle, et, de la part du créancier, une interpellation judiciaire ou par voie d'exécution pour interrompre la prescription; — Que les hospices ne rapportent aucun acte émané de Piat ou de ses héritiers constatant le payement des arrérages; — Que la constatation du payement d'arrérages par le receveur des domaines ne peut être opposée valablement, le receveur n'ayant pas caractère pour établir l'identité de la personne qui opère le payement;—Qu'en adoptant comme preuve le registre d'un receveur, il dépendrait de lui d'interrompre à son gré la prescription qu'il aurait laissée s'accomplir par sa négligence, et, dès lors, de se faire un titre à lui-même pour échapper à toute responsabilité; — Emendant, déclare la rente prescrite, etc.

Du 26 août 1839.-C. de Bourges, ch. civ.-M. Mater, 1er pr.

(2) (Postel C. hospice de Conches.) — LA COUR; — Sur le moyen tiré de la violation des art. 521 et 522 de la coutume de Normandie : — Attendu qu'il est constaté par l'arrêt que, dans l'acte de transport fait au profit de l'hospice de Conches, les émargements et les notes que cet acte contient indiquent des versements faits à l'hospice entre les mains de son receveur, à valoir ou en acquit de la rente dont il s'agit, et qu'un versement de 126 fr. est postérieur à l'an 10; — Attendu qu'en attribuant à ces payements la force de la reconnaissance de la dette, et en décidant, par voie de conséquence, que la prescription n'était pas acquise au temps où l'action de l'hospice a été formée, la cour royale de Rouen n'a point violé les art. 521 et 522 de la coutume de Normandie; — Rejette.

Du 24 mai 1832.-C. C., ch. req.-MM. Zangiacomi, pr.-Jaubert, rap.

(3) (Depape C.....) — LA COUR; — Attendu qu'il résulte du jugement dont appel et des circonstances reconnues au procès, que les appelants n'ont pas contesté, en première instance, que le livre de raison d'Ignace-François Depape (visé pour timbre et enregistré à Audenarde, le 24 mars 1815), produit par les intimés, ne fût celui dudit Depape, et que les annotations relatives à la rente ne fussent écrites de sa main, etc.

Du 18 oct. 1821.-C. de Bruxelles.

(4) (Hérit. de Rougemont C. d'Hautefort.) — LA COUR; — Sur la première partie du premier moyen : — Attendu que la cour royale, en refusant d'admettre, comme moyen de preuve en faveur de la veuve et des héritiers Macaire de Rougemont, agissant comme représentant le sieur Macaire de Rougemont, une note écrite par ledit Macaire de Rougemont, loin de violer l'art. 1331 c. civ., en a fait, au contraire, une juste et régulière application, puisque cet article porte que les registres et papiers domestiques ne sont point un titre pour celui qui les a écrits;—...Rejette le pourvoi contre l'arrêt de la cour de Rennes, du 18 déc. 1840.

Du 11 mai 1842.-C. C., ch. req.-MM. Zangiacomi, pr.-Brière, rap.-Delangle, av. gén., c. conf.-Lemarquière, av.

(5) (Choussy C. Lemayne.) — LA COUR; — Attendu que, si le service des arrérages d'une rente suffit pour interrompre la prescription du capital, il faut que la preuve de ce service résulte d'actes ou d'aveux du débiteur; — Attendu que, dans l'espèce, le juge a déclaré avoir trouvé dans les réponses aux interrogatoires subis par les demandeurs en cassation, dans les tergiversations et les contradictions qu'elle présentait, un commencement de preuve par écrit, établissant la réalité du service des rentes réclamées; — Qu'à ce commencement de preuve, le juge a pu joindre et le résultat des enquêtes et celui de l'examen des registres du créancier, pour se convaincre que les arrérages de la rente ont été payés, jusqu'au moment où le commandement a été fait pour obtenir le payement de la dernière annuité; — Attendu qu'en puisant dans ce commencement de preuve et dans les divers éléments de la cause la preuve complète du service de la rente, et une fin de non-recevoir contre l'exception de prescription, le jugement n'a violé ni les art. 1331, 1341, ni les art. 2221, 2224, 2262 et 2265 c. civ.; — Rejette.

Du 20 nov. 1839.-C. C., ch. req.-MM. Zangiacomi, pr.-Bayeux, r.

de là que l'on ne peut décider la question dans un sens absolu? Si l'état matériel des quittances fait présumer que ce ne sont que des modèles, elles n'auront aucune force interruptive, mais s'il résulte de leur texte même, d'une mention, d'un enregistrement que ces quittances ont été remises par le débiteur au créancier, pourquoi ne seraient-elles pas considérées comme une reconnaissance du payement des arrérages?

611. Le payement d'intérêts ou d'une rente, fait par un héritier à un légitimaire, réduit à une certaine somme par testament, pour lui tenir lieu de ses droits, doit être réputé une reconnaissance de la légitime fixée par le testament, plutôt que de celle fixée par la loi, et en conséquence, si le légitimaire a laissé passer trente ans depuis l'ouverture de ses droits sans réclamer sa part héréditaire fixée par la loi, ou le supplément nécessaire pour la parfaire, son droit à ce supplément se trouve prescrit et il ne peut répéter que la quotité fixée par le testament (Cass. 12 mai 1834, aff. Papinaud, V. n° 694).

612. Il y a interruption de la prescription lorsque l'héritier assigne un légataire pour paraître à l'inventaire et former demande de *tous ses droits et prétentions*. C'est là, en effet, un acte de reconnaissance qui a le caractère interruptif (Grenoble, 14 juin 1816) (1).

613. La vie et la jouissance commune dans les biens héréditaires opère-t-elle interruption virtuelle au profit des légataires ou légitimaires contre l'héritier institué? — Jugé que l'héritier institué ne prescrit point contre le légitimaire qui habite avec lui dans les biens de l'hérédité et qui vit à la même table que lui, lorsqu'il est établi que le légitimaire n'était pas reçu par charité chez l'institué, mais qu'ils travaillaient ensemble les biens communs et que le légitimaire percevait une partie des fruits (Limoges, 30 mai 1821, aff. Mazataud *C.* Mazataud). — Il y a d'ailleurs de la part de l'héritier institué une reconnaissance tacite et continuelle du droit du légitimaire. — Mais les enfants réduits à de simples legs par le testament de leur père ne peuvent, après trente ans, demander la nullité de ce testament, sous prétexte qu'ils ont vécu sur les biens de la succession avec l'héritier institué, et que, par là, la prescription a été interrompue, si cette cohabitation n'a eu lieu qu'en exécution d'une clause du testament par laquelle le testateur avait chargé son héritier institué de recevoir ses enfants et de les traiter à son égal dans la maison paternelle jusqu'à leur mariage, ou de leur faire une pension (Cass. 3 avril 1821, MM. Brisson, pr., Larivière, rap., aff. Barthélemy).

614. La liquidation faite par l'Etat d'une créance sur un émigré, doit, bien qu'elle n'ait pas été suivie de payement, être considérée comme une reconnaissance ayant eu l'effet d'interrompre la prescription à l'égard de l'ancien débiteur (Paris, 17 août 1825, aff. d'Autichamp, V. Emigré, n° 132-7°).

615. L'art. 189 c. com. dispose que toutes actions relatives à des effets de commerce se prescrivent par cinq ans, s'il n'y a eu condamnation *ou si la dette n'a été reconnue par un acte séparé*. La jurisprudence est fixée sur ce point, qu'il faut entendre par acte séparé, toute reconnaissance faite de la dette par le débiteur, comme par exemple une lettre missive par laquelle il demande un délai. — V. Effets de com., n° 839.

616. La demande d'autorisation de passer, adressée par le propriétaire enclavé au maître de l'héritage servant, constitue à l'égard de celui-ci une reconnaissance de son droit à l'indemnité de passage (Montpellier, 1er avr. 1848, aff. Mialhes, D. P. 48. 2. 73). — En effet, le droit de passage est une conséquence de l'enclave, et il n'est pas besoin de demander l'autorisation du propriétaire qui s'y trouve soumis, dès lors la demande en autorisation doit être entendue dans ce sens, que celui qui la forme entend payer l'indemnité de passage, déclaration qui en empêche la prescription. — V. Servitude.

617. La preuve de la reconnaissance incombe à celui contre lequel on prescrit. La preuve doit se faire, d'après les règles générales du ch. 6 du titre des obligations. Mais y aurait-il lieu pour le propriétaire ou le créancier, de déférer le serment à son adversaire sur l'aveu dénié par celui-ci. M. Marcadé, art. 2248, n° 10, soutient l'affirmative. — V. au reste v° Oblig. (serment décis.).

ART. 6. — *De l'extension des effets de l'interruption d'une personne à une autre ou d'une action à une autre.*

618. *L'interruption civile n'opère point en général d'une personne à une autre. A persona ad personam non fit interruptio activè nec passivè.* Mais il en est autrement de l'interruption naturelle (L. 5, C., *De usurp. et usucap.*). D'où vient cette différence. « C'est, répond Dunod, p. 63, que, dans le cas de l'interruption naturelle, le défaut vient de la personne même qui prescrit et ne possède plus : c'est une interruption de fait, qui est réelle et dans la nature, au lieu que l'interruption civile ne se faisant que par une espèce de fiction n'empêche pas la continuation de la possession sur laquelle la prescription est fondée; ce n'est qu'un acte civil : or, les actes de cette espèce ne profitent qu'à ceux qui les font, et ne nuisent, ajoute avec raison M. Vazeille, n° 230, qu'à ceux auxquels ils sont adressés. » — Jugé que sous la coutume de Paris, comme sous le code Napoléon, on ne pouvait se prévaloir contre le possesseur de l'interruption civile qui avait été le fait d'un tiers (Req. 5 janv. 1814) (2).

619. Puisque l'interruption civile de la prescription ne profite qu'à celui qui la forme, elle ne peut être invoquée par celui contre lequel elle a été dirigée pour repousser la prescription de la demande qu'il voudrait exercer contre l'auteur de l'interruption. — Jugé par exemple que l'acte par lequel la régie de l'en-

(1) (Dusserre *C.* veuves Dumas et Magen.) — LA COUR; — Considérant que d'après la loi, C., *De prescript. triginta vel quadraginta annorum*, tout aveu ou reconnaissance de la dette est interruptive de la prescription; — Qu'ainsi, les assignations données par F. Micoud à ses sœurs pour paraître à l'inventaire et former demande de tous leurs droits et prétentions dans l'hoirie de leur mère ont interrompu la prescription à l'égard de la légitime paternelle; — Rejette l'exception, etc.

Du 14 juin 1816.-C. de Grenoble, 2e ch.-M. Dye-Dalyssun, pr.

(2) *Espèce* : — (Pollin *C.* Rioult.) — En 1740, le sieur Lafont mourut, laissant des biens situés à Paris, dans le Poitou et en Normandie. — Les parents appelés à recueillir sa succession formaient quatre classes. Par acte public du 6 juin 1741, chacune d'elles prit les biens qui lui étaient échus. — La quatrième classe se divisait en deux branches, celle des Rioult et celle des Pollin. Ces derniers ne parurent point à l'acte de 1741, en sorte que les Rioult obtinrent tous les biens dévolus à la quatrième classe. — Cependant ils n'en jouirent pas paisiblement; des procès leur furent intentés par divers prétendants droit, autres que les Pollin; mais par arrêts des 26 janv. et 7 avril 1767, 4 janv. 1777 et 25 avril 1785, les Rioult furent maintenus dans leur possession. — Enfin, en 1811, soixante-dix ans après l'acte de 1741, le sieur Paul-Crépin Pollin les assigna en partage des biens dévolus à la quatrième classe des héritiers Lafont. — Les Rioult opposèrent la prescription de trente et quarante ans.

En 1812, jugement qui accueillit cette exception. — Appel; et le 14 mai 1815, arrêt confirmatif de la cour de Paris, ainsi conçu : « Attendu que Rioult et consorts ayant, dès l'origine de la cause, opposé le moyen de prescription, ne sauraient être présumés y avoir renoncé; — Que, d'après l'ancien et le nouveau droit, toutes les actions, tant réelles que personnelles, sont prescrites par trente ans; qu'en fait, la succession dont il s'agit ici s'est ouverte à Paris en 1740; qu'elle a été partagée par acte authentique du 6 juin 1741, et que la pétition d'hérédité introduite sous la forme d'une demande en partage n'a été faite qu'au mois de juin 1811, soixante-dix ans après le partage; que la possession des Rioult et consorts et de leurs auteurs a les qualités nécessaires pour fonder la prescription; qu'elle n'a pas été interrompue; qu'elle a été publique et non précaire; que les contestations élevées à l'occasion de l'hérédité dont est question, loin d'interrompre la prescription, n'ont servi qu'à la confirmer, puisqu'elles ont été terminées en faveur des Rioult et de leurs auteurs; que la disposition de la coutume de Normandie suivant laquelle la prescription n'avait pas lieu entre cohéritiers avant le partage, ne saurait s'appliquer à la cause, pas même pour les biens soumis à cette coutume, par la raison d'abord qu'il s'agit d'une pétition d'hérédité et non d'une action en partage entre cohéritiers reconnus; ensuite la demande de Pollin, au lieu d'être faite avant le partage, est postérieure de soixante-dix ans. »

Pourvoi par Pollin pour contravention aux coutumes de Normandie et de Paris. La première de ces coutumes porte, art. 529 : « Entre cohéritiers, la prescription quadragénaire (la seule admise par cette coutume à l'égard des immeubles) n'a point de lieu avant le partage; et ne peuvent les aînés, aussi peu que les puînés, se prévaloir de ladite prescription pour empêcher l'action de partage. » — Pour justifier la violation d'une disposition aussi formelle, dit le demandeur, la cour de Paris a prétendu que l'acte de 1741 était un partage, et que par conséquent les Rioult avaient pu prescrire contre leur cohéritier. Mais qu'est-ce qu'un partage? Un acte

registrement a interrompu la prescription de son action en supplément de droits, n'a pas pu interrompre aussi la prescription de l'action en restitution de droits ouverte au contraignable (Cass. 30 mars 1808, V. Enregistr., nº 5618). Ce n'est pas là, en effet, le cas d'appliquer la maxime : *Quæ sunt temporalia ad agendum, perpetua sunt ad excipiendum.* C'était une action qu'intentait le contraignable, ce n'était pas une exception qu'il opposait. —V. Merlin, Rép., vº Prescription, sect. 2, § 25.

Il faut décider par application de notre principe que lorsqu'un créancier a interrompu la prescription de l'hypothèque à lui concédée sur un immeuble, la prescription n'en court pas moins au profit du tiers détenteur au préjudice du propriétaire. Le droit de propriété est distinct du droit d'hypothèque du créancier, et le sort de l'un n'est pas lié à l'autre (M. Troplong, nº 647).

620. L'action en rescision pour lésion, et en délaissement de l'immeuble, formée par le vendeur contre son acquéreur et après la revente faite par ce dernier à des tiers, peut bien avoir interrompu la prescription de l'action en nullité du contrat, mais non point la prescription, au préjudice des sous-acquéreurs, qui n'ont pas été poursuivis, de l'action en délaissement, que le vendeur pouvait exercer contre eux ; d'où suit, qu'après les trente ans, depuis la première vente, nonobstant l'action formée contre le premier acquéreur, les derniers sont à l'abri de toutes poursuites (Bordeaux, 13 août 1829 (1). Conf. M. Troplong, nº 648).

621. Il y a, d'après les art. 2249 et 2254, trois exceptions à la maxime : *A personâ ad personam non fit interruptio activè nec passivè.* Ces trois exceptions résultent de la *solidarité*, de *l'indivisibilité*, du *cautionnement.*

622. *Solidarité.* Aux termes de l'art. 2249 l'interpellation faite à l'un des débiteurs solidaires ou sa reconnaissance, interrompt la prescription contre tous les autres, même contre leurs héritiers. *Sunt enim duo correi una obligatione constricti* (Conf. d'Argentré et M. Troplong, nº 628, V. Rennes, 19 mai 1820, aff. de Kerouartz; 26 mai 1820, aff. Bahuno).—Jugé par application de ce principe : 1º que la prescription interrompue à l'égard du mari l'est également à l'égard de la femme coobligée solidaire (Paris, 13 juin 1836, aff. Buisson, V. Contrat de mariage, nº 1961) ; — 2º Que la prescription est interrompue, à l'égard de tous les codébiteurs solidaires d'une rente foncière, par les reconnaissances et le service des arrérages qu'en a faits l'un d'entre eux (Limoges, 5 juin 1838, aff. Geoffre, V. Rente); — 3º Que les poursuites contre un débiteur solidaire interrompent la prescription à l'égard des codébiteurs qui ne sont pas dans l'instance (Paris, 6 janv. 1849, aff. Fould, D. P. 49. 2. 204).

623. En matière commerciale, la reconnaissance faite par l'un des co-débiteurs d'une traite, interrompt la prescription à l'égard du co-débiteur même qui a fait faillite, dont le concordat a été homologué, qui a payé les dividendes mais qui était encore tenu hypothécairement de la dette (Rouen, 5 mars 1842 (2), V. Effets de com., chap. 2, sect. 13).

---

qui fait cesser l'indivision entre plusieurs copropriétaires, qui fixe la part jusqu'alors indéterminée que chacun d'eux doit avoir dans la masse à partager ; or, l'acte de 1741, qui s'est borné à distribuer à chaque classe de parents du défunt les biens de la succession, n'a pas fait cesser l'indivision entre les différentes branches d'héritiers dans chaque classe. Il n'y a donc pas eu de partage à l'égard de la branche Pollin, et l'acte de 1741 auquel elle n'est pas intervenue ne saurait lui nuire.—D'un autre côté, l'arrêt attaqué est contrevenu à l'art. 118 de la coutume de Paris qui n'accorde la prescription qu'à celui qui a joui durant trente ans continuellement et sans aucune inquiétation ; or, les Rioult sont loin d'avoir joui paisiblement ; de nombreux adversaires leur ont successivement disputé la propriété des biens que l'acte de 1741 leur avait attribués ; et quoique le demandeur n'ait pris aucune part à ces troubles, il n'en est pas moins fondé à s'en prévaloir contre ses adversaires, puisque la coutume de Paris dénie, en termes absolus, la prescription au possesseur qui n'a pas joui paisiblement, sans rechercher quel a pu être l'auteur de l'interruption.—Arrêt.

LA COUR ; — Attendu que, d'après le vu des pièces, la cour de Paris a reconnu que la succession dont il s'agit a été réellement partagée par acte authentique du 6 juin 1741, acte qui n'est pas en cassation ; — Que le réclamant, pour arrêter le cours de la prescription qui en résulte, ne peut se prévaloir de divers procès que les Rioult, ses parties adverses, ont eu à soutenir pour raison de cette même hérédité ; que ces troubles ne venant ni du réclamant ni de ses auteurs, lui sont restés étrangers, et n'ont point empêché l'effet de la prescription à son égard, et les jugements intervenus n'ont fait même que rendre plus authentique la possession des parties adverses à titre de propriétaires ; — Qu'il n'est pas contesté que l'auteur du réclamant fût majeur à l'époque du susdit partage, et que le laps de soixante-dix ans, lors même qu'il faudrait en déduire le temps de la minorité alléguée du réclamant, serait encore plus que suffisant pour opérer la prescription requise, ainsi que l'a établi l'arrêt attaqué ; d'où il suit que les violations alléguées des articles des coutumes de Normandie et de Paris ne sont point justifiées. — Que d'ailleurs les juges, en examinant le véritable caractère de la demande du réclamant, n'y ont trouvé, au fond, qu'une action en pétition d'hérédité, déguisée sous la forme d'une demande en partage ; — Rejette.

Du 5 janv. 1814.-C. C., sec. req.-MM. Lasaudade, pr. d'âge, Sieyes, r.

(1) (Hér. Barthez *C.* Rodrigues, Delpla, etc.) — LA COUR ; — Attendu que la maison vendue par L. Barthez, le 25 mars 1795, a été acquise et possédée successivement et sans interruption par Guilleau, les frères Mitchel, Beyermann, Delpla et Rodrigues qui en est aujourd'hui possesseur, et que Barthez ne conteste pas que Rodrigues, pour compléter en sa faveur la prescription de trente ans, ne puisse joindre à sa possession celle des trois acquéreurs qui l'ont immédiatement précédé ; — Attendu qu'il n'est pas moins fondé à se prévaloir de celle de Guilleau, à qui Barthez avait transmis, par le contrat de 1795, la libre disposition et la possession pleine et entière de la maison en litige ; que, dès lors, cet acquéreur commença de prescrire contre l'action de son vendeur en rescision pour cause de lésion ; qu'il prescrivait le rescindant comme le rescisoire, c'est-à-dire le maintien du contrat et la propriété de l'immeuble ; que ces deux prescriptions, lors même qu'elles concouraient dans la même personne, étaient tellement indépendantes l'une de l'autre, que, suivant l'ancienne jurisprudence, la prescription du rescisoire n'était pas interrompue par la contestation qui n'était engagée que sur le rescindant ; que Barthez ne s'était pas pourvu en rescision lorsque Guilleau revendit la maison aux frères Mitchel ; qu'il leur transmit donc également et la possession qui n'avait pas cessé d'être paisible et les droits acquis à la prescription du rescisoire ;

Attendu que l'action en rescision et en délaissement exercée par L. Barthez contre Guilleau, postérieurement à cette vente, n'interrompit que la prescription du rescindant, parce que Guilleau ne possédait plus la maison ; que pour interrompre la prescription de la propriété il aurait fallu nécessairement appeler dans l'instance les possesseurs actuels, qui ne furent pas mis en cause ; qu'ainsi l'action de Barthez contre Guilleau ne put ni vicier une possession que celui-ci n'avait plus, ni interrompre, au préjudice des possesseurs actuels et à leur insu, la prescription du délaissement de l'immeuble ; que par conséquent rien n'empêche Rodrigues de joindre, avec la possession des autres acquéreurs, celle de Guilleau à la sienne, et que, d'ailleurs, aux termes de la loi 13, ff., *De acq. vel amitt. possess.*, ladite possession ne pourrait jamais revenir par accession à Barthez, même après la rescision du contrat, parce qu'elle ne se trouve pas dans les mains de son acquéreur ; — Attendu que les fils et héritiers de L. Barthez n'ont cité Rodrigues, pour faire prononcer avec lui le désistement, que le 8 fév. 1827 ; qu'il s'était écoulé depuis le 25 mars 1795, jour où commença la possession de Guilleau, trente-un ans dix mois et deux jours ; que si on déduisait le temps qui a couru depuis la loi du 14 fruct. an 5, qui suspendit l'action en rescision des ventes pour cause de lésion, jusqu'à la loi du 5 germ. qui leva cette suspension, il resterait encore trente ans trois mois et dix jours d'une possession légale et plus que suffisante pour faire déclarer prescrite l'action réelle des frères Barthez contre Rodrigues, et que l'admission de ce moyen principal rend inutile l'examen de toutes les conclusions subsidiaires ; — Met l'appel au néant.

Du 13 août 1829.-C. de Bordeaux, 1re ch.-M. Ravez, 1er pr.

(2) *Espèce :* — (Lasnon et joints *C.* Lestiboudois et joints.) — Ces solutions résultent du jugement suivant du tribunal civil du Havre : — « Attendu que les représentants Mériot, indépendamment des cinq années d'intérêts, plus l'année courante, à partir en remontant du commandement du 25 mai 1840, réclament en outre cinq autres années à partir en remontant du jugement du 25 mai 1835 ; — Que Lestiboudois s'oppose à cette allocation ; qu'il prétend qu'à son égard la procédure sur laquelle a été rendu ce jugement ne pourrait tout au plus être considérée que comme une interruption de la prescription, laquelle n'empêche pas cette prescription de reprendre son cours ultérieur et de frapper les intérêts à l'égard desquels il y a eu momentanément interruption, si la prescription a été d'ailleurs acquise depuis ; — Attendu que, pour apprécier cette objection, il faut fixer bien nettement la position des parties ; que Lestiboudois, Mériot et Denis étaient, par rapport aux traites, des codébiteurs solidaires ; que même Mériot n'était en réalité que la caution solidaire de Lestiboudois ; que les jugements obtenus pour les trois traites auxquelles seules le tribunal fait attention dans la cause, et les inscriptions prises en vertu de ces jugements ajoutent à leur qualité de débiteurs solidaires personnellement obligés la qualité de débiteurs solidaires hypothécaires ; que la faillite, le concordat de Lestiboudois et le payement du dividende stipulé par le concordat affranchirent le sieur Lestiboudois de son obligation personnelle, sans aucunement toucher à son obligation

624. La reconnaissance que fait un débiteur solidaire après la prescription *acquise* de la dette, ne préjudicie pas à ses coobligés (Paris, 8 pluv. an 10 (1) et 9 fév. 1833, V. Avoué, n° 116). — C'est l'opinion de Pothier, des oblig., n° 663. « La reconnaissance d'une dette passée après le temps de la prescription accomplie ne couvre, dit-il, la prescription que contre le débiteur qui a reconnu et contre ses héritiers; mais elle ne la couvre point contre les codébiteurs solidaires de celui qui a reconnu... Car le droit qui résulte de la prescription contre la dette ayant été une fois acquis par l'accomplissement du temps, le débiteur qui a depuis reconnu la dette a bien pu, par cette reconnaissance, renoncer à la prescription pour lui et ses héritiers, mais il n'a pu y renoncer au préjudice du droit acquis aux tiers. »

625. Si celui qui a obtenu un jugement par défaut portant des condamnations solidaires contre deux individus n'ayant pas d'avoué, ne l'a exécuté que contre l'un d'eux seulement dans le délai de l'art. 156 c. proc., ce jugement est-il sauvé par là de la déchéance à l'égard de l'autre? — V. Jugement par défaut, nos 424 et suiv., où la question a été traitée avec étendue.

626. Par la raison des corrélatifs, dit Dunod, p. 58, l'interpellation faite par l'un des *créanciers solidaires* profite à tous les autres (L. ult. C. *de duobus reis*; MM. Maleville, sur l'art. 2249; Vazeille, n° 236; Troplong, n° 632), à moins cependant que ce créancier n'ait reçu que la partie de la dette qui lui revient personnellement, ou n'ait obtenu de condamnation que pour cette partie, auquel cas il n'aurait point opéré d'interruption en faveur de ses cocréanciers. — De même, quand le créancier reçoit divisément la part de l'un des débiteurs solidaires, sans réserver la solidarité ou ses droits en général, ou quand il ne le fait condamner que pour la portion dont ce codébiteur est tenu, la prescription n'a point été interrompue au préjudice des codébiteurs (Conf. Vazeille, n° 237).

627. De ce qu'il ne suffit point pour affranchir de la solidarité l'un des codébiteurs, que le créancier ait formé une demande contre lui pour sa part, et qu'il faut de plus que le codébiteur ait acquiescé à la demande ou qu'il soit intervenu un jugement de condamnation, M. Vazeille (n° 238), conclut que, tant qu'on est dans les termes d'une simple demande, l'interruption existe pour toute la dette et contre tous les débiteurs, quoiqu'on ne se soit adressé qu'à un seul, et pour sa part seulement; mais, ajoute cet auteur, les choses changent par l'acquiescement du débiteur ou par le jugement qui accueille la demande. Le créancier est alors dans la même position que s'il avait reçu ou fait reconnaître une part déterminée, sans réserve de la solidarité.

---

hypothécaire; que pour l'avenir son mobilier et sa personne furent libres, mais que ses biens immeubles, présents et à venir, restèrent soumis à l'effet de l'hypothèque; que, dans cette modification du titre originaire, rien ne se rencontre qui ait pu détruire la solidarité et les avantages qui peuvent encore être attachés à ce genre de créance, en ce qui concerne un débiteur tenu seulement hypothécairement; — Qu'on ne voit pas, par exemple, pourquoi l'interruption de la prescription par rapport à un débiteur personnellement obligé, ne vaudrait pas interruption en ce qui concerne celui qui n'a plus à craindre que l'action hypothécaire; qu'il faut donc, pour bien connaître l'effet du jugement de 1833, par rapport à Lestiboudois, ne pas perdre de vue le caractère de solidarité attaché à sa dette hypothécaire;

Attendu que les art. 2246 et 2248 c. civ. placent sur la même ligne, comme interruptives de la prescription, les citations en justice et la reconnaissance du débiteur; que ces articles ne s'expliquent pas sur les conséquences de ce double cas d'interruption, mais qu'il est facile de suppléer à ce silence de la loi; qu'il est bien évident que, si la prescription interrompue est une prescription trentenaire, une nouvelle prescription trentenaire commencera à partir du jour de l'interruption; mais si la prescription interrompue est une courte prescription, par exemple, la prescription quinquennale pour les intérêts, il n'y a certainement aucun doute qu'une nouvelle prescription quinquennale commencera à courir à partir de la citation en justice; mais que, par rapport à la reconnaissance, une interversion étant survenue dans le titre, la prescription quinquennale ne servira plus pour anéantir la dette des intérêts reconnus; que cette dette ne pourra plus disparaître que par l'effet de la prescription trentenaire; que, d'ailleurs, par reconnaissance, on entend non-seulement un écrit émané volontairement du débiteur, mais la reconnaissance forcée par jugement; — Attendu que ces principes étant établis, la question des conséquences de l'interruption de la prescription, doit être examinée par rapport aux codébiteurs solidaires; que l'art. 1206 c. civ. se contente de dire que les poursuites exercées contre un des codébiteurs interrompent la prescription à l'égard de tous; mais que l'art. 1249 est beaucoup plus explicite; que l'interpellation judiciaire faite à un codébiteur solidaire ou sa reconnaissance interrompent, d'après cet article, la prescription contre tous les autres; que cette décision est conforme aux principes sur la solidarité, puisque tous les codébiteurs sont tenus de la même dette, quoiqu'ils en soient tenus quelquefois d'une manière différente; qu'ils sont tous mandataires les uns des autres; que, tant qu'il ne s'agit que de conserver la dette, ils sont tous obligés par le fait, la faute, la demeure de l'un d'eux, *ad conservandam et perpetuandam obligationem*, comme dit Pothier;

» Attendu qu'on doit conclure de ces principes que l'effet de l'interpellation judiciaire ou de la reconnaissance d'un codébiteur solidaire, est le même par rapport aux autres codébiteurs que si cette reconnaissance émanait d'eux et que si l'interpellation judiciaire leur eût été directement adressée; qu'ainsi, lorsqu'il s'agit d'intérêts, après l'interpellation d'un codébiteur solidaire, le cours de la prescription quinquennale recommencera à l'égard de tous; que, s'il s'agit d'une reconnaissance d'intérêts d'un codébiteur solidaire, les intérêts reconnus ne pourront plus, à l'égard de tous, être prescrits que par trente ans; — Attendu qu'on ne voit pas pourquoi il en serait différemment dans le cas où la reconnaissance, au lieu d'être volontaire, aurait lieu forcément en jugement; que, sans aucun doute, le jugement obtenu contre un débiteur n'a pas la force exécutoire à l'égard des autres, mais que cela est insignifiant; qu'outre la force exécutoire, il y a le contrat judiciaire qui équivaut sans doute au contrat volontaire; qu'il importe peu d'ailleurs que, lorsque les débiteurs solidaires sont obligés différemment, le mode d'action à exercer contre l'un ne soit pas le même que celui qu'il faudra suivre par rapport à un autre; que le contrat judiciaire aura toujours son effet, quelle que soit la voie qui ait été prise pour l'exécuter; que, d'après toutes ces considérations, le jugement de 1833 a conservé cinq années d'intérêts, même en ce qui concerne Lestiboudois; que d'ailleurs le surplus des condamnations de ce jugement, comme les intérêts d'intérêts, lui est étranger, puisqu'il n'en est pas hypothécairement tenu; qu'ainsi, l'effet du commandement du 25 mai 1840, quant à la dette hypothécaire de Lestiboudois, devra se trouver réduit au capital des trois traites payables les 30 sept., 30 oct. et 25 nov. 1819, c'est-à-dire à la somme de 12,000 fr., aux frais légitimement faits et dûment conservés, et à dix années et l'année courante d'intérêts de ce capital...; — ...Juge que Lestiboudois est hypothécairement tenu, sur ses biens présents et à venir, du capital des créances inscrites et de dix années d'intérêt, plus l'année courante au 25 juin 1840... » — Appel. — Arrêt.

LA COUR; — Sur l'appel principal :—Adoptant, en droit, les motifs qui ont déterminé les premiers juges à faire retomber sur tous les codébiteurs solidaires les interpellations et les reconnaissances faites par un de leurs codébiteurs; — En fait : — Attendu que la reconnaissance, etc....; — ...Quant aux intérêts, faisant droit sur l'appel principal, dit que non-seulement les héritiers Mériot ont droit à dix années d'intérêts, plus l'année courante, au 25 juin 1840, mais encore que tous les intérêts à partir en remontant du 21 janv. 1840, courus depuis les jugements rendus en 1819, ont été mis à l'abri de la prescription, moins toutefois le temps qui s'est écoulé entre le 24 mai 1833 et le 21 janv. 1835.

Du 5 mars 1842.-C. de Rouen, 2e ch.-MM. Gesbert, pr.-Roulland, 1er av. gén., c. conf.-Daviel et Deschamps, av.

(1) *Espèce* : — (Martin C. Despré.) — En 1744, une rente de 1,200 fr. au capital de 24,000 fr., est constituée par Despré au profit de Martin. En 1753, acte recognitif, par lequel Despré et sa femme s'obligent solidairement au payement de la rente. — Même année, décès de la dame Despré; son mari est nommé tuteur des enfants. — Il paraît que Despré n'a rien payé jusqu'en 1792, époque à laquelle un de ses gendres, son fondé de pouvoirs, a payé 480 fr. pour arrérages. — En l'an 3, Despré décède; ses enfants renoncent à sa succession. — En l'an 5, Martin demande à ceux-ci la continuation de la rente; mais ils se prévalent de la prescription; ils prétendent qu'il faut distinguer entre la reconnaissance que fait un débiteur solidaire d'une dette non encore prescrite, et la reconnaissance de celle qui l'est entièrement; que la première interrompt sans contredit la prescription, tandis que la seconde ne peut avoir le même effet; qu'elle constitue bien une nouvelle obligation de la part de celui de qui elle émane, mais qu'elle ne peut faire revivre une dette anéantie sans le consentement de ses coobligés; que telle est, au reste, la distinction admise par Pothier, des Oblig., n° 665.

Jugement qui accueille cette défense, « attendu que le titre est prescrit en faveur des enfants Despré et que la reconnaissance de leur père ne peut leur préjudicier, ayant renoncé à sa succession. » — Appel. — Arrêt.

LA COUR; — Attendu 1° que la créance dont il s'agit est prescrite; 2° que le payement fait par Despré n'a pu nuire aux héritiers de sa femme, parce qu'ils avaient cessé d'être ses codébiteurs solidaires; — Confirme, etc.

Du 8 pluv. an 10.-C. de Paris.

628. L'interpellation faite à l'un des héritiers d'un débiteur solidaire, ou la reconnaissance de cet héritier, n'interrompt pas la prescription à l'égard des autres cohéritiers, quand même la créance serait hypothécaire, si l'obligation n'est indivisible. — Cette interpellation ou cette reconnaisance n'interrompt la prescription, à l'égard des autres codébiteurs, que pour la part dont cet héritier est tenu. — Pour interrompre la prescription pour le tout à l'égard des autres codébiteurs, il faut l'interpellation faite à tous les héritiers du débiteur décédé, ou la reconnaissance de tous ces héritiers (art. 2249).

629. C'est une question grave que de savoir si l'on doit assimiler aux créanciers et aux débiteurs solidaires les cohéritiers d'une succession *indivise*, les associés, les coacquéreurs qui possèdent en commun. Plusieurs coutumes avaient consacré l'affirmative. Domat (liv. 3, tit. 7, sect. 5, art. 16 et 17. Lebrun, tr. des success., liv. 4, ch. 1, n° 51), proclament la même doctrine. Chabot enseigne aussi que « des cohéritiers qui sont dans l'indivision sont réputés associés pour tout ce qui est relatif aux biens de la succession. Ils sont censés mandataires les uns des autres à cet égard. Ainsi, l'interruption qui se fait contre l'un d'eux est réputée faite vis-à-vis de la succession même... De même, si un droit appartenant à plusieurs en commun, un seul agissait pour le tout, sa demande interromprait la prescription aussi pour la totalité. Chacun de ceux qui possèdent un droit indivis est réputé procureur constitué des autres, et il peut agir pour la totalité. »

630. Néanmoins nous pensons avec Despeisses, (t. 2, p. 250); Pothier de la Prescription, n° 55; Troplong (n° 649), que des héritiers qui ne sont pas tenus personnellement des dettes de la succession que pour leur part et portion ne peuvent être assimilés à des débiteurs solidaires. M. Vazeille (n° 245) regarde la question comme résolue affirmativement par les art. 873, 1863 et 2249 c. nap. (Conf. Paris 8 juin 1825 (1); Aix, 3 déc. 1831, aff. Autric, V. Succession, n° 1428-1°; Limoges, 8 janv. 1839, aff. Monteillet, V. *infrà*, 4°), et il a été jugé : 1° que le payement partiel fait par l'un des codébiteurs d'une rente foncière n'interrompt pas, à l'égard des autres, la prescription des arrérages (Liége, 7 nov. 1820) (2), encore bien qu'ils soient propriétaires par indivis de l'immeuble affecté à la rente (Bruxelles, 2 mars 1850, aff. Jambert. D. P. 52. 2. 253); — 2° Qu'on ne peut considérer comme suffisante pour interrompre la prescription, une signification faite seulement aux cohéritiers du débiteur, et non point à lui-même, afin d'intervenir au partage, quand même cette signification aurait été suivie, d'un jugement autorisant l'intervention (Rej. 15 avr. 1828, aff. Sarret, V. Émigré, n° 131-1°); — 3° Sur notre plaidoirie, que l'aveu de l'un des héritiers, et spécialement de la femme du défunt, que le médecin a traité son mari pendant plusieurs années, sans avoir reçu aucun à-compte sur ces visites, ne peut faire obstacle à ce que les autres héritiers opposent à ce médecin la prescription annale établie par l'art. 2272 c. nap. (Cass. 22 juin 1830) (3); — 4° Que la demande en partage formée par un héritier, contre le cohéritier possesseur des biens à partager, n'interrompt pas la prescription à l'égard d'un autre cohéritier non appelé dans l'instance en partage, et qui n'y est pas intervenu (Limoges, 8 janv. 1839) (4).

631. En présence du principe reconnu que des héritiers ne peuvent être assimilés à des obligés solidaires, se présentent encore des questions qu'il faut résoudre. Ce sont celles-ci : 1° l'interruption qui a eu lieu à l'égard de l'héritier apparent interrompt-elle la prescription vis-à-vis l'héritier réel? 2° L'interruption dirigée contre le cohéritier qui est détenteur de toute la succession interrompt-elle la prescription à l'égard de ses cohéritiers? — Quant à la première question, elle se résout par le principe que l'héritier apparent est possesseur, puisque

(1) *Espèce :* — (Hér. Gasville C. Grouche de Grébauval.) — 29 août 1822, jugement du tribunal de la Seine, qui annule la cession faite à Villemenand, sans que néanmoins cette nullité puisse être opposée à Grouche de Grébauval. — « Attendu... que les droits des cohéritiers Babaud de la Chaussade étant divisibles et indivisés, la prescription a pu être interrompue à l'égard de la dame Berthier de Bizy, et par elle, sans l'être à l'égard de ses cohéritiers; que Grébauval tenant son droit de la loi, en vertu de la bonne foi continuée pendant vingt ans, les vices du titre de propriété de son vendeur, quels qu'ils soient, et à quelque époque qu'ils aient été découverts, lui sont entièrement étrangers. » — Appel. — Arrêt.

LA COUR; — Adoptant, etc., met l'appel au néant.

Du 8 juin 1825.-C. de Paris, 2e ch.-MM. Cassini, pr.-Broë, av. gén., c. conf.-Legouix et Couture, av.

(2) (Detrixbe C. Halloy.) — LA COUR; — Attendu que l'intimé oppose aujourd'hui la prescription des arrérages postérieurs à la publication du code civil et antérieurs de plus de cinq ans à la demande en justice; — Que la prescription établie par l'art. 2277 c. civ., publié le 25 mars 1804, l'a été pour punir la négligence du créancier; — Que l'intimé offre de reconnaître et servir au futur la rente dont il s'agit; — Qu'il offre de payer les annuités de 1803, et celles de l'an 1810 et des années suivantes, déduction faite du cinquième, avec les intérêts à dater de la demande en justice, et tous les dépens faits jusqu'à la date de ses offres; — Que les arrérages des ans 1804 jusqu'inclus 1809 sont prescrits aux termes de l'art. 2277 ci-dessus cité; — Que l'appelant allègue lui-même qu'il a reçu des à-compte des codébiteurs sur les arrérages offerts par l'intimé; reçoit l'intimé opposant...; déclare suffisantes les offres de l'intimé; lui ordonne de les effectuer; déclare prescrits les arrérages de 1804 et suivants, inclus 1809; ordonne à l'appelant de déterminer avec précision la somme qui lui reste due sur les arrérages offerts; compense les dépens postérieurs aux offres.

Du 7 nov. 1820.-C. sup. de Liége.

(3) (Court, etc. C. Isnard.) — LA COUR; — Vu les art. 2272 et 2275 c. civ.; — Attendu que, d'après les articles précités, l'action des médecins et chirurgiens est formellement prescrite au bout d'un an; que le défendeur réclamait de la succession du sieur Maubert ses honoraires pour les cinq années qui avaient précédé son décès; — Attendu que la reconnaissance de la dette faite par la veuve Maubert et l'offre de payer sa part de cette dette, ne pouvaient avoir d'effet que pour ce qui la concernait, et n'avaient aucune influence sur les droits des héritiers légitimes; — Attendu que, dans l'espèce, et aux termes de l'art. 2275, le serment ne pouvait être déféré au défendeur, mais seulement aux demanderesses (défenderesses en cause principale) qui opposaient la prescription; — Qu'en jugeant contrairement à ces principes, le tribunal de Grasse a violé les art. 2272 et 2275 c. civ.; — Par ces motifs, casse, etc.

Du 22 juin 1830.-C. C., ch. civ.-MM. Portalis, 1er pr.-Bonnet, rap.-Quéquet, f. f. d'av. gén., c. conf.-Dalloz et Guillemin, av.

(4) (Mouteillet C. Montazaud et autres.) — LA COUR; — En ce qui touche l'exception de prescription opposée par Marguerite Mouteillet, épouse Renaudie, aux héritiers Montazaud; — Attendu que les successions dont le partage est réclamé se sont ouvertes, savoir : celle de Jeanne-Saturnine Mouteillet, le 20 nov. 1802, et celle de Jeanne Mouteillet, le 29 décembre même année, et qu'il s'est écoulé plus de trente ans depuis l'ouverture de ces successions jusqu'au 25 nov. 1835, jour où les héritiers Montazaud se sont présentés, par le ministère de Me Maleyx, dans l'instance en partage; — Qu'ainsi la prescription est acquise contre eux, à moins que, durant cet intervalle, elle n'ait été suspendue ou interrompue en leur faveur; — Attendu que les héritiers Montazaud ont prétendu, dans le cours des plaidoiries, que la prescription avait été suspendue par des minorités, mais qu'ils n'en ont point rapporté la preuve, quoique l'ajournement de la délibération leur ait laissé tout le temps nécessaire pour se procurer les actes de famille; — Attendu que la demande en partage formée par les épouses Boutot et Bordas, suivant actes des 9 déc. 1831 et 5 janv. 1832, n'a point interrompu la prescription au profit des héritiers Montazaud; — Qu'en effet, c'est un principe constant en droit que les actes interruptifs de prescription ne profitent qu'à celui qui les fait, sauf les cas d'indivisibilité et de solidarité, et que ces exceptions ne sont nullement applicables en matière de succession, où les droits de chaque héritier sont distincts et personnels; — Qu'il importe peu que les héritiers Montazaud aient été assignés en partage par les parties de Me Bouteilloux (Boutot et Bordas) en même temps que Marguerite Mouteillet, dès que cette assignation n'a été suivie, avant l'expiration de trente ans, d'aucune demande directe de la part des héritiers Montazaud en délivrance de leurs droits contre Marguerite Mouteillet, détentrice des biens de la succession, demande qui seule aurait pu avoir pour effet d'opérer l'interruption de la prescription; — Que conséquemment la prescription n'a été ni suspendue, ni interrompue au profit des héritiers Montazaud, et se trouve accomplie contre eux; — Sur la question de savoir à qui doit profiter l'émolument de cette prescription : — Attendu que la prescription est un mode d'acquérir par la possession; d'où il suit que l'acquisition par la prescription doit profiter exclusivement au possesseur; — Qu'à la vérité, les cohéritiers sont réputés mandataires les uns des autres pour ce qui intéresse la gestion de la succession; mais que ce mandat, purement relatif aux actes d'administration, ne saurait être étendu aux actes d'acquisition, ni conséquemment conférer au cohéritier qui n'a point possédé le droit de participer, concurremment avec le cohéritier seul possesseur, au bénéfice de la prescription; — Qu'ainsi Marguerite Mouteillet, qui a possédé les biens de la succession à partager, doit seule aussi recueillir l'émolument des droits prescrits contre les Montazaud...; — Met l'appel au néant; — Emendant..., déclare prescrits les droits des héritiers Montazaud; — Dit que ces droits doivent profiter exclusivement à Marguerite Mouteillet, etc.

Du 8 janv. 1839.-C. de Limoges, 1re ch.-M. Tixier-Lachassagne, pr.

l'héritier réel peut joindre sa possession à la sienne : il en résulte que l'interruption qui est adressée à l'héritier apparent interrompt la prescription à l'égard de l'héritier réel. —Il y a plus de difficulté à résoudre la seconde question. En effet, quand l'un des cohéritiers est seul détenteur de l'immeuble, il semble que celui qui peut ignorer l'existence d'autres héritiers a pu valablement interrompre la prescription à l'égard de tous. Ainsi jugé : 1° que lorsqu'avant le partage d'une succession, un des cohéritiers, détenteur de tous les biens, est assigné en payement des dettes de cette succession, personnellement pour sa part et hypothécairement pour le tout, cette assignation interrompt la prescription même à l'égard des autres cohéritiers (Riom, 20 déc. 1808) (1); — 2° Que l'interruption de prescription faite à un ou plusieurs héritiers d'un immeuble indivis peut être opposée à leurs cohéritiers, surtout si les héritiers interpellés étaient possesseurs de la totalité de l'immeuble (Bourges, 28 juin 1825 (2). — Conf. Riom, 2 déc. 1816, M. Vernin, pr., aff. Galvaing C. Diernat); — 3° Que la demande en partage formée par un des cohéritiers contre l'héritier détenteur des biens de la succession, interrompt la prescription même en faveur des autres cohéritiers, s'ils ont été appelés en même temps dans l'instance (Montpellier, 16 nov. 1842, aff. Rouquette; V. aussi v° Success., n°s 1563 et s.

632. Ces deux arrêts ne peuvent faire autorité : le cas où l'héritier interpellé était seul détenteur de l'hérédité, ne peut s'assimiler à celui où c'est l'héritier apparent qui est interpellé : dans le premier cas, l'erreur était nécessaire; dans le second, les héritiers pouvaient être recherchés par le créancier, et l'ignorance où il s'est trouvé volontairement ou par négligence, ne peut légitimer une exception au principe. — Cependant, il a été jugé avec raison que la reconnaissance ou le payement d'une dette d'une succession indivise, par un héritier qui la possède, mais du consentement de son cohéritier, est interruptive de la prescription à l'égard de celui-ci, et que, par suite, la dette serait à tort prescrite à son profit et laissée entièrement à la charge de celui-ci, lequel est réputé avoir agi comme mandataire tacite ou gérant de son cohéritier (Pau, 27 juin 1853, aff. Cazavant, D. P. 54. 5. 579). Il est, en effet, certain que l'interpellation faite au mandataire interrompt la prescription à l'égard du mandant. Cette règle est aussi applicable au cas où l'interpellation a été faite par un créancier qui a agi en son propre nom et en même temps comme chargé des pouvoirs de créanciers comme lui : il interrompt la prescription à leur profit. Mais il faut que le mandat soit exprès. Ainsi, il a été jugé que dans le cas où un cohéritier aurait cité un de ses cohéritiers, afin de partage, et que les autres héritiers, présents dans l'instance, auraient déclaré adhérer à ses conclusions, il n'en résulterait pas qu'il pût être considéré comme ayant agi en leur nom et comme ayant interrompu la prescription à leur profit (Rej. 21 janv. 1834) (3). —V. n° 577.

---

(1) *Espèce* : — (Époux Vadon C. Grangier.) — En 1783, Brunet, héritier de son père pour partie, fut, en cette qualité, assigné en payement de diverses créances, par le sieur Grangier qui conclut à ce qu'il fût condamné personnellement pour sa part héréditaire, et hypothécairement pour le tout. — Brunet était alors détenteur de la totalité des biens de la succession dont néanmoins la plus grande partie appartenait à la dame Vadon, sa sœur et sa cohéritière. Le partage n'eut lieu entre eux qu'en 1791. — Le 14 vend. an 13, Grangier actionna les époux Vadon en payement de ses créances. — Ceux-ci opposèrent la prescription. — Grangier répondit que ce moyen n'était pas fondé, parce que la prescription avait été interrompue par l'assignation donnée en 1783 au sieur Brunet, cohéritier de la dame Vadon, et détenteur alors de tous les biens de la succession. — Jugement en ces termes : — « Attendu que l'action du demandeur a été conservée par la demande formée en 1783, contre Brunet, et qu'il est établi par le traité passé entre le frère et la sœur, en 1791, que ledit Brunet, à ladite époque de 1783, était en possession et jouissait de l'universalité des biens qui leur étaient communs, et que, sous ce rapport, les diligences faites contre lui ont frappé également la défenderesse, sa sœur; — Que la totalité de la créance a été demandée audit Brunet, par l'exploit de 1783, en ce qu'il a été conclu contre lui à ce qu'il fût condamné à payer personnellement pour sa part et portion, et hypothécairement pour le tout, et que la distinction qu'on a voulu faire des conclusions personnelles d'avec les conclusions hypothécaires n'est pas fondée, parce que les unes et les autres se rapportent toujours à la demande pour la totalité de la créance. » — Appel par les époux Vadon. — Arrêt.

LA COUR; — Adoptant les motifs, etc.; dit qu'il a été bien jugé.

Du 20 déc. 1808.-C. d'app. de Riom.

(2) (D'Arthel C. Tenaille.) — LA COUR; — Attendu que la prescription, pour éteindre le titre, doit être de trente ans antérieure à l'interruption, et qu'on ne trouve pas ces trente années depuis 1784 jusqu'à l'action de 1815; qu'en vain les héritiers d'Arthel prétendent que l'interruption contre leurs trois frères et sœurs ne peut leur être opposée, et que l'action dirigée contre eux étant du 12 juill. 1825, il s'était écoulé plus de trente ans depuis la vente des récoltes; — Qu'entre codébiteurs, l'interruption faite à l'un n'empêche pas les autres de prescrire; mais qu'il en est autrement à l'égard de propriétaires d'héritages indivis; qu'ils sont au même rang que des associés solidaires, tant qu'ils n'ont pas fait de partage; que cette indivision les répute communs, et que cette vérité ne peut être douteuse, surtout dans le cas où, comme dans l'espèce, l'héritier interpellé est, au moment de la demande en possession de l'universalité des biens; — Que la mère commune a vendu seule la coupe en 1815, comme tutrice de ses enfants mineurs, ce qui prouve qu'elle possédait l'universalité des biens de la succession; qu'on ne pouvait savoir si les autres enfants y avaient droit; qu'ainsi, l'action dirigée contre elle à cette époque a interrompu la prescription contre tous; — Sans avoir égard, etc.

Du 28 juin 1825.-C. de Bourges, 1re ch.-M. Sallé, pr.

(3) *Espèce* : — (Gauthier C. Chauchat.) — En 1789, J.-B. Chauchat institua son fils aîné, Antoine, son héritier universel, à la charge de payer des légitimes fixées à ses frères et sœurs. — Les légitimes ne furent payées qu'en partie, et, en recevant ces payements, les légitimaires se réservèrent tous leurs droits et actions; on sait qu'aux termes des lois transitoires, le payement même intégral des légitimes n'aurait pas suffi à les désintéresser de tous leurs droits successifs. — En 1796, décès du père commun, et, en 1797, décès de l'aïeule commune, Anne Peghaire. — Antoine, établi dans la maison paternelle, continua d'administrer les biens de toutes ces successions. Mais en l'an 7 (1799), une action en partage dirigée contre lui par ses frères et ses sœurs, eut pour suite un acte authentique en vertu duquel il conserva les biens, à titre de ferme, jusqu'au partage effectif. — An 11, Antoine remit à l'un de ses frères un testament dans lequel il reconnaissait tous leurs droits, et instituait des legs en faveur de ses sœurs, à condition qu'elles renonceraient au partage...

En 1825, décès de la mère commune. — Inquiet des relations qu'il voyait s'établir entre Antoine et la famille Gauthier, Jean-Hugues, l'un des frères, l'assigna, le 5 juin 1826, en partage des trois successions alors ouvertes; il assigna en même temps tous les autres cohéritiers qui constituèrent avoué, et déclarèrent *adhérer, dans leur intérêt individuel, aux conclusions de leur frère Jean-Hugues.* — Antoine ne comparut pas, et un jugement du 28 déc. 1829 ordonna le partage des trois successions dont il s'agit. — Dans l'intervalle, et durant l'instance, Antoine avait légué toute sa fortune à la famille Gauthier : il mourut peu de temps après le jugement, et celle-ci en interjeta appel, en soutenant que l'action était prescrite, sinon à l'égard de Jean-Hugues, du moins à l'égard de ses colégitimaires. — La cour de Riom, par arrêt du 22 juill. 1830, rejeta cette exception de prescription : « Attendu que la demande, une fois formée par l'un des cohéritiers (Jean-Hugues), tant contre le détenteur que contre ses autres cohéritiers, était devenue, par suite de leur adhésion, commune à tous les intéressés... ; — Attendu, en outre, que la prescription avait été interrompue par le bail d'août 1799, et la reconnaissance résultant des faits de la cause, faite en l'an 7 par Antoine, des droits réclamés.... »

Pourvoi de la famille Gauthier. — 1° Violation de l'art. 2281 c. civ. — Les successions du père commun et de l'aïeule se sont, a-t-on dit, ouvertes avant le code civil; elles doivent donc se régler conformément aux lois anciennes : c'est le cas d'appliquer l'art. 2281 c. civ. — La prescription, il est vrai, a été interrompue, à l'égard de Jean-Hugues, par sa demande en partage de 1826; mais vis-à-vis des autres prétendus cohéritiers, il en est autrement; ils ne se sont en rien ni pour rien adressés au détenteur; l'acquiescement à la demande de Jean-Hugues était, vis-à-vis d'Antoine, *res inter alios acta.* — Le bail de l'an 7 n'a point eu pour effet d'interrompre la prescription; car il n'était que pour une année; il expirait le 5 août 1800; et, depuis cette époque, il s'est écoulé plus de trente ans. — 2° Violation de l'art. 7 de la loi d'avril 1810. — Arrêt (apr. délib. en ch. du cons.).

LA COUR; — Attendu que l'action qui compète aux légitimaires contre l'héritier universel institué, à fin de partage ou de complément de légitime, se prescrit, comme toute autre action personnelle, réelle ou mixte, par le laps de trente ans; — Que cette prescription ne peut être interrompue, au profit de tous les colégitimaires par la demande en partage que forme l'un d'eux, lors même que les autres y donnent les mains, parce que cette adhésion de leur part, donnée en défendant, ne les constitue point demandeurs contre l'héritier institué défaillant, et ne saurait, dès lors, être considérée comme un acte interruptif de la prescription qui courait entre eux et lui; — Qu'ainsi la cour royale de Riom a professé une erreur de droit en décidant que la demande en partage, formée par un seul des légitimaires, avait produit, en faveur des autres lé-

Par la même raison, l'interruption opérée contre l'héritier par l'un des légataires institués conjointement n'empêche pas la prescription à l'égard des autres (Conf. Proudhon, t. 2, n° 584; M. Troplong, n° 655). On ne peut supposer le mandat.

632. L'héritier dont la reconnaissance a interrompu la prescription de la dette de son auteur peut néanmoins opposer la prescription du chef de son cohéritier qui lui a cédé ses droits. En effet, si le cessionnaire n'a pas plus de droits que son cédant, il a tous les droits que celui-ci lui a cédés. Comme les héritiers ne sont pas obligés solidairement, on ne voit pas pourquoi le cohéritier cessionnaire serait dans une situation moins favorable qu'un autre cessionnaire qui aurait pu certainement opposer la prescription. En vain, dans l'espèce, on opposait que la cession avait été faite à la charge de payer les dettes de la succession : on a répondu avec raison que lors même qu'on aurait vu là une stipulation au profit d'un tiers, il aurait fallu, pour qu'elle produisît effet, qu'elle eût été acceptée par ce tiers. — Jugé en conséquence qu'alors même que la clause générale par laquelle un cohéritier, qui vend ses droits à son cohéritier, charge celui-ci de sa part des dettes héréditaires, serait considérée comme une stipulation faite par l'acheteur, dans l'intérêt des tiers ou créanciers de la succession, néanmoins si la déclaration de ces derniers qu'ils veulent profiter de la stipulation, n'intervient qu'après que la portion des dettes du cohéritier vendeur se trouve prescrite, ces créanciers n'acquièrent aucun droit sur la part de ce vendeur (Req. 12 fév. 1829) (1).

---

timaires, interruption civile de la prescription; — Mais attendu que l'arrêt attaqué ne fonde pas, sur cet unique motif, l'interruption de prescription qui lui sert de base; qu'après avoir constaté, dans son point de fait, des promesses écrites de l'auteur des demandeurs, il se fonde, de plus, sur la reconnaissance qu'Antoine-Henri Chauchat avait faite des droits réclamés par les défendeurs au pourvoi, et qu'en jugeant ainsi, par appréciation des faits et des actes qui lui étaient soumis, la cour royale de Riom n'a violé aucune loi; — Rejette.

Du 21 janv. 1834.-C. C., ch. civ.-MM. Portalis, 1er pr.-Quéquet, rap.-Laplagne, av. gén., c. conf.-Mandaroux, Crémieux et Garnier, av.

(1) *Espèce* : — (Beaumann C. Bragelongue, etc.) — 18 juin 1785, acte notarié par lequel le sieur de Richemont, propriétaire à la Guadeloupe, se reconnut débiteur envers la maison Feger et comp., de Bordeaux, d'une somme de 92,855 fr., pour sûreté de laquelle il consentit hypothèque.

Le sieur de Richemont décéda en 1814, laissant pour héritier le sieur Louis de Richemont, son fils, et la dame Bragelongue, sa fille. — Le 21 déc. de la même année, le sieur de Richemont fils vendit sa part de la succession paternelle au sieur de Bragelongue, son beau-frère, qui prit à sa charge toutes les dettes dont elle était grevée. — Le 22 juin 1822, le sieur de Beaumann, liquidateur de la maison Feger et comp., assigna les héritiers de Richemont en payement de l'obligation de 1785. Cette action fut dirigée contre le sieur de Richemont et sa sœur; personnellement pour leur part et portion, et contre celle-ci et son mari, hypothécairement pour le tout.

Les époux Bragelongue opposèrent la prescription trentenaire. Mais, par jugement du 1er mars 1825, cette exception fut rejetée, attendu que la prescription, qui avait commencé à courir depuis le 20 mai 1792, avait été interrompue le 16 avr. 1819, par une reconnaissance de la dette, reconnaissance émanée du fondé de pouvoir des époux Bragelongue.

Sur l'appel de ce jugement, le sieur de Richemont, qui s'était borné, en première instance, à prendre des conclusions en garantie contre les époux Bragelongue, demanda, pour la première fois, devant la cour de la Guadeloupe, que l'action du sieur Beaumann fût déclarée prescrite à son égard. — 14 mai 1825, arrêt ainsi conçu : « En ce qui touche l'appel incident du sieur de Richemont : — Considérant qu'il faut faire une différence entre les coobligés personnellement et solidairement, et ceux qui ne sont obligés qu'à cause de l'hypothèque qui existe sur un fonds commun; que ces derniers ne peuvent être mis au rang des premiers que tant qu'ils restent dans l'indivision; — Considérant que la vente faite par le sieur de Richemont de ses droits héréditaires au sieur de Bragelongue, doit être assimilée à un acte de partage entre eux, et a irrévocablement fixé et divisé leurs obligations; — Considérant que, dans cet état de choses, la reconnaissance, émanée du fondé de pouvoir des sieurs et dame de Bragelongue, ne peut être opposée au sieur Lemercier de Richemont, et n'a pu interrompre la prescription à son préjudice; déclare la demande dirigée par le sieur Beaumann contre le sieur de Richemont valablement prescrite. En ce qui touche l'appel des époux Bragelongue, fondé sur la prescription de trente ans, la cour adopte les motifs des premiers juges. Et quant à l'évocation, considérant que la matière n'est pas suffisamment instruite pour recevoir décision sur le fond, renvoie les parties devant le tribunal de la Pointe-à-Pitre.... »

Le sieur Beaumann s'est éventuellement pourvu en cassation contre cet arrêt, pour le cas où il serait interprété en ce sens, qu'au moyen de la prescription admise en faveur du sieur de Richemont, les époux de Bragelongue ont été affranchis de la moitié de la dette.

Le tribunal de la Pointe-à-Pitre déclara, en effet, que la prescription acquise au sieur de Richemont, pouvait profiter aux époux de Bragelongue, ses cessionnaires : — « Attendu qu'il est de principe que tout cessionnaire ne peut exercer d'autres droits acquis que ceux de son cédant; que, conséquemment aussi, il ne peut être privé des moyens de faire valoir ses droits acquis; que le sieur de Richemont n'avait en 1814, avant de faire aux époux Bragelongue la vente de ses droits dans la succession de son père, reconnu, de façon aucune, la dette que réclame le sieur Beaumann; — Que les sieur et dame de Bragelongue, en se rendant acquéreurs des droits de leur frère, dans la succession de leur auteur commun, ne peuvent être, vis-à-vis du sieur Beaumann, dans une situation pire que celle dans laquelle se trouverait un étranger qui serait devenu cessionnaire des mêmes droits, et à qui on ne pourrait évidemment opposer la lettre du 16 avr. 1819; — Considérant qu'aux termes de l'arrêt rendu par la cour de la Guadeloupe, le 14 mai 1825, il faut faire une différence entre les coobligés personnellement et solidairement, et ceux qui ne sont obligés qu'à cause de l'hypothèque qui existe sur un fonds commun; que ces derniers ne peuvent être mis au rang des premiers, qu'autant qu'ils restent dans l'indivision; que, conséquemment, la dette contractée par le sieur de Richemont père doit être divisée en deux parts, l'une à la charge des défendeurs, et l'autre à la charge du sieur Lemercier; laquelle est éteinte par la prescription trentenaire; — Considérant que les défendeurs ne peuvent être recherchés par le sieur Beaumann, au sujet de la dette contractée par leur auteur, que pour la portion dont ils amendent dans la succession en leur qualité d'héritiers seulement, mais non pas en leur qualité d'acquéreurs des droits du sieur de Richemont dans cette succession, puisqu'eux seuls ont reconnu cette dette, et que, conformément aux principes résultant de l'art. 2249 c. civ., cette reconnaissance ne peut être opposée à leur cohéritier... » — Appel par le sieur Beaumann, et le 4 déc. 1826, arrêt de la cour de la Guadeloupe qui adopte les motifs, et confirme le dispositif du jugement.

Pourvoi par le sieur Beaumann. — Premier moyen : Violation des art. 1350, 1351, 1352 c. civ., en ce que l'arrêt du 4 déc. 1826 avait condamné les époux Bragelongue à payer seulement la moitié de la dette de la succession, tandis que le jugement de première instance, confirmé par l'arrêt du 14 mai 1825, leur avait implicitement et virtuellement dénié le droit de profiter de la prescription acquise au sieur de Richemont fils, par cela seul qu'il avait déclaré que les époux Bragelongue, poursuivis hypothécairement *pour la totalité de la dette*, n'étaient pas fondés à opposer la prescription.

Deuxième moyen : Violation des art. 2114, 875, 1121 et 2248 c. civ., et fausse application de l'art. 2249. Les époux Bragelongue, détenteurs de l'immeuble hypothéqué par le contrat de 1785, étaient tenus hypothécairement à toute la dette. — D'autre part, la dame Bragelongue était personnellement tenue d'en payer la moitié, comme héritière de son père; son mari était de même personnellement tenu de payer l'autre moitié, parce qu'il s'y était obligé par l'acte du 21 déc. 1814, et que cet acte, quoique seulement passé entre lui et son beau-frère, le liait néanmoins envers les créanciers de la succession (art. 1121). — Ainsi, les époux Bragelongue se trouvaient tout à la fois tenus hypothécairement à la totalité de la dette, et obligés personnellement, chacun, à la moitié de cette dette, lorsque, par la lettre du 16 avr. 1819, ils se reconnurent débiteurs, et par là interrompirent la prescription (art. 2248). Donc les époux Bragelongue devaient être condamnés au payement de la dette, chacun personnellement pour la moitié, et hypothécairement pour le tout, nonobstant la prescription de l'action personnelle que la maison Feger avait contre le sieur de Richemont. — Sans doute, comme le dit le jugement, le cessionnaire ne doit pas être privé de la faculté de faire valoir les droits acquis au cédant; mais il n'en résulte pas que le cessionnaire de droits héréditaires, à la charge de payer les dettes de la succession, puisse, après avoir reconnu ces dettes, se prévaloir de la prescription, qui n'a été acquise au cédant que depuis la cession. — On dit encore qu'avant cette cession, le sieur de Richemont n'avait aucunement reconnu la dette réclamée par le sieur de Beaumann. Mais qu'importe cela, dès qu'elle a été reconnue par les cessionnaires? Enfin, la disposition de l'art. 2249, qui veut que la reconnaissance de la dette par l'un des cohéritiers n'interrompe pas la prescription à l'égard des autres, a été mal à propos invoquée dans l'espèce, car évidemment cet article ne dit pas que la reconnaissance faite par l'héritier, qui avait antérieurement acquis tout l'actif, et s'était chargé de tout le passif de la succession, n'interrompra la prescription à son égard que pour une partie de la dette. — Arrêt.

LA COUR; — Sur le premier moyen dirigé contre l'arrêt du 4 déc. 1826, en ce qu'on prétend qu'il aurait violé l'autorité de la chose jugée par l'arrêt du 14 mai 1825; — Attendu que la seule question décidée par l'arrêt de 1825, a été que des lettres et actes émanés des défendeurs éventuels avaient interrompu la prescription opposée par eux aux demandeurs; mais qu'il n'a point été statué sur le point de savoir s'ils

634. Ce que l'on a dit ci-dessus du cas où une succession est indivise s'applique à tous les autres cas d'indivision. Ainsi, la demande dirigée contre l'un de ceux qui possèdent en commun un héritage, n'interrompt la prescription que pour sa part.—Et réciproquement, le propriétaire pour partie d'un héritage qui le revendique pour sa part contre un tiers, détenteur de la totalité, n'interrompt point la prescription pour le tout (Pothier, nº 55; M. Troplong, nºs 651 et 652). — Pothier ajoute : « Si le possesseur pour partie, qui a été assigné seul, s'est porté seul possesseur pour le total, et a caché par dol au demandeur qu'il avait des copossesseurs, pour leur donner le temps de parachever pour leurs parts la prescription, il sera tenu des dommages et intérêts du demandeur; et si les copossesseurs avaient été participants de cette fraude, le propriétaire qui donnerait par la suite la demande contre eux, pourrait opposer à la prescription qu'ils lui opposeraient la réplication du dol » (Conf. M. Troplong, nº 653).

635. L'interruption opérée contre l'usufruitier qu'on croyait propriétaire n'interrompt pas la prescription contre le propriétaire véritable (M. Troplong, nº 654; *Contrà*, arrêt du parlement de Toulouse, du 17 juin 1732).

636. Les actes interruptifs faits contre le *tiers détenteur* par le nu-propriétaire profitent à l'*usufruitier*, et ceux faits par l'usufruitier au nu-propriétaire. Car, s'ils émanent du propriétaire, il est évident qu'il a entendu retirer intégralement l'immeuble des mains du tiers; s'ils émanent de l'usufruitier, la solution sera la même, celui-ci ayant la faculté et même le devoir de veiller à la conservation des droits du propriétaire (Conf. M. Troplong, nº 657).

637. *Indivisibilité.*—Une autre exception à la règle, que l'interruption n'agit point d'une personne à une autre, a lieu dans les matières *indivisibles*. Ainsi, la demande formée par l'un des ayants droit à une servitude contre l'un des débiteurs de la servitude, interrompt la prescription contre tous ceux-ci au profit de tous ceux-là (Proudhon, t. 7, nº 3127; M. Troplong, nº 657).—Il a été jugé conformément à ce principe : 1º que la reconnaissance de ses droits d'usage, obtenue de la part d'un propriétaire par un usager, non pas comme ayant un droit personnel et particulier, mais en sa qualité d'habitant d'une commune, profite aux autres habitants, et conserve leurs droits (Rej. 18 fév. 1835) (1); — 2º Que l'indivisibilité entre deux actes de même nature intervenus entre les mêmes parties à des époques différentes a pour effet de ne faire courir la prescription de l'action en nullité ou en rescision contre le premier de ces actes qu'à partir de la date du second, pourvu que la prescription ne soit pas déjà acquise à cette dernière époque. — Et spécialement, qu'une cession de droits successifs entre cohéritiers, ayant le caractère d'un partage, est rescindable pour lésion de plus du quart, après dix ans, si, avant l'expiration de ce délai, il est intervenu, entre les mêmes cohéritiers, une seconde cession de droits relative à la succession d'un frère décédé dans l'intervalle, cession jugée indivisible avec la première, et si dix ans d'une prescription non suspendue ne se sont pas écoulés depuis le dernier acte (Rej. 8 fév. 1841) (2); — 3º Que l'interruption de prescription résultant de l'assignation introductive d'instance profite à la partie qui est plus tard reçue intervenante, alors que l'intervention a le même objet que la demande principale et que cet objet est indivisible, comme dans le cas où il consiste dans la suppression d'une servitude. Cette identité et cette indivisibilité d'objet a pour effet de rendre l'instance principale et, par suite, l'assignation qui l'a introduite communes à l'intervenant. Et peu importe que le demandeur principal finisse par transiger, si le procès continue avec l'intervenant sur les errements anciens (Cass. 17 mai 1841) (3).—Cet arrêt nous semble bien rendu. Si l'instance poursuivie avec le sieur

---

étaient ou non débiteurs de la part de Lemercier de Richemont, ni, par conséquent, s'ils pouvaient ou non exciper de la prescription du chef de ce dernier : point qui n'a été jugé qu'en 1826; d'où il suit qu'il n'a pu y avoir, dans ce dernier arrêt, contravention à la chose jugée par l'arrêt de 1823;

Sur le deuxième moyen dirigé contre les deux arrêts : — Attendu qu'il n'était et ne pouvait être question d'indivisibilité d'hypothèque, et qu'il n'a point été jugé qu'une partie quelconque des biens hypothéqués à la dette, était affranchie de l'hypothèque, mais seulement qu'il a été statué sur la quotité de la dette hypothécaire; — Attendu que, s'il est vrai qu'une personne peut, dans un acte intéressé de sa part, stipuler pour autrui, en supposant même qu'on pût voir une telle stipulation dans la clause générale, par laquelle un cohéritier qui vend ses droits à son cohéritier, le charge de sa part des dettes, la condition essentielle pour l'effet d'une telle stipulation, au profit du tiers, est qu'il déclare en profiter; que s'il déclare en profiter pour une dette prescrite, au moment où il fait cette déclaration, il n'acquiert rien, et n'a pas plus de droits contre le tiers qu'il n'en avait contre son débiteur; qu'il a été jugé, en fait, que Lemercier de Richemont était libéré par une prescription accomplie avant l'époque à laquelle Beaumann a invoqué, contre les défendeurs éventuels, l'acte de 1814, qui n'est pas même produit; — Rejette, etc.

Du 12 fév. 1829.-C. C., ch. req.-MM. Borel de Bretizel, pr.-Lebeau, av. gén., c. conf.-Pardessus, rap.-Nicod, av.

(1) (Mignot *C.* de Fonteilles.)—LA COUR;—Attendu que c'est comme habitant de Clavières, et non pas comme ayant un droit personnel et particulier, que le sieur Armand, auteur du chevalier Dufaut, a obtenu l'arrêté administratif qui lui reconnaît le droit et le maintient en possession du droit d'usage, par le motif que ce droit appartient à tous les habitants de Clavières; — Attendu qu'en cet état de choses, et d'après l'art. 2248 c. civ., la cour royale (de Riom), en déclarant que ces faits constituaient, en faveur de tous les habitants, la possession actuelle de ce droit, n'a point violé la loi; — Rejette.

Du 18 fév. 1835.-C. C., ch. civ.-MM. Portalis, pr.-Bonnet, rap.-Laplagne, av. gén., c. conf.-Crémieux, Dalloz et Mandaroux, av.

(2) (Florand *C.* Nadaud et autres.)— LA COUR (apr. délib. en ch. du cons.);—Sur l'acte du 27 oct. 1806:— Attendu qu'aux termes de l'art. 888 c. civ., l'action en rescision est admise contre tout acte qui a pour objet de faire cesser l'indivision entre cohéritiers, encore qu'il soit qualifié de vente, d'échange et de transaction, ou de toute autre manière;— Attendu que la cour royale (de Limoges), appréciant souverainement l'acte du 27 oct. 1806, l'a considéré comme un acte de partage destiné à faire cesser l'indivision entre les parties;—Que, dès lors, en admettant l'action en rescision pour cause de lésion de plus du quart, la cour royale n'a violé aucune loi; — Sur l'acte du 29 flor. an 9 : — Attendu que, si l'exécution de cet acte couvrait le vice de minorité, elle ne pouvait être un obstacle à l'action en rescision pour cause de lésion de plus du quart dirigée contre lui, laquelle action compète aux majeurs comme aux mineurs; qu'ainsi l'art. 1558 c. civ. n'a pas été violé;—Attendu d'ailleurs que, lors de l'acte de 1806, les dix ans accordés pour la prescription de l'action en rescision n'étaient pas expirés; — Attendu enfin que la cour royale a déclaré, en fait, que cet acte de 1806 était lié d'une manière indivisible à celui de l'an 9, de telle sorte qu'ils sont censés ne faire qu'un seul et même acte : d'où il suit qu'en les annulant tous deux, la cour royale n'a encore violé aucune loi;—Par ces motifs, rejette.

Du 8 fév. 1841.-C. C., ch. civ.-MM. Boyer, pr.-Bérenger, rap.-Delangle, av. gén., c. contr. sur le deuxième moyen proposé.-Garnier, av.

(3) (De Galiffet *C.* Vallet.)— LA COUR (après dél. en ch. du cons.); — Vu les art. 2229, 2242, 2244 et 2262 c. civ.;— Attendu que l'action de Chaptal contre de Charleval, auteur du défendeur, ayant pour but d'empêcher l'écoulement des eaux de l'étang du Pourra dans l'étang d'Engrenier, a été introduite devant le tribunal civil d'Aix, par assignation du 15 juin 1820; — Que, par requête du 29 mars 1822, le marquis de Galiffet est intervenu dans l'instance, et que son intervention a été admise par jugement contradictoire du 5 juin suiv., rendu entre toutes les parties; — Attendu que cette intervention avait identiquement le même objet que l'action de Chaptal et tendait également à dégrever l'étang d'Engrenier de la servitude dont il était chargé par le propriétaire de l'étang du Pourra; — Qu'ainsi l'intervention et l'action se trouvaient, par l'identité et l'indivisibilité de leur objet liées de telle sorte que nul jugement rendu ou nulle transaction intervenue entre Chaptal et de Charleval ne pouvaient nuire au marquis de Galiffet et préjudicier aux droits qui dérivaient, pour lui, de l'existence de l'instance dans laquelle son intervention avait été admise; — Attendu que, nonobstant la transaction faite, en 1826, avec Chaptal, qui a renoncé à donner suite à son action du 15 juin 1820, Vallet n'en a pas moins continué de procéder contre le marquis de Galiffet, d'après les errements anciens de la procédure, et pour compléter l'instruction commencée et poursuivie dans un même intérêt par Chaptal et le marquis de Galiffet; — Attendu qu'il résulte de tout ce qui précède que, pour repousser la prescription opposée par Vallet au marquis de Galiffet, celui-ci a eu le droit de s'appuyer sur l'instance principale qui lui était devenue commune, et d'exciper de l'interruption résultant de l'assignation introductive de cette instance;

Attendu que, suivant les art. 2229 et 2262 c. civ., la prescription de trente ans ne peut résulter que d'une possession continue et non interrompue, paisible, publique, non équivoque et à titre de propriétaire; — Attendu que le point de départ de la possession trentenaire accueillie par la cour royale d'Aix, est le 15 fév. 1791; qu'à partir de cette époque jusqu'au 15 juin 1820, date de l'action formée par Chaptal, et dès lors

Chaptal seul, qui l'avait introduite, se fût terminée par un jugement ou arrêt ordonnant la suppression de l'aqueduc, il est évident que cette suppression aurait dégrevé l'étang d'Engrenier dans l'intérêt du sieur de Galiffet, soit parce que le sieur Chaptal exerçait, en matière indivisible, un droit qui lui était commun avec ce dernier, soit parce qu'il aurait, dans tous les cas, utilement géré son affaire. Lors donc que le sieur de Galiffet est volontairement intervenu dans l'instance pour y prendre les mêmes conclusions que le sieur Chaptal, cette intervention une fois admise n'a pas eu seulement pour effet d'introduire une nouvelle partie dans la cause, mais d'associer expressément l'intervenant aux actes de procédure qui avaient déjà été faits dans son intérêt comme dans celui du demandeur principal. De plus, cette intervention a lié la contestation avec le sieur de Galiffet personnellement, en telle sorte que le désistement ultérieur du sieur Chaptal ne pouvait plus lui préjudicier, ni lui enlever le bénéfice des actes conservatoires émanés de ce dernier avant l'intervention.

638. Il est à remarquer qu'un être collectif, comme une commune, par exemple, ne forme pas un tout tellement indivisible, que la reconnaissance faite d'une obligation, d'une dette, d'un droit d'usage, par une fraction de cette commune, interrompe la prescription à son préjudice. Cette opinion tire sa force d'un arrêt de la cour de cassation (Req. 19 mars 1845, aff. de la Rochejaquelein, D. P. 45. 1. 139; V. *eod. loc.* le rapport remarquable de M. le conseiller-rapporteur Troplong).

639. *Caution.* — L'interpellation faite au débiteur principal interrompt la prescription contre la caution (c. 2250); et réciproquement, l'interpellation faite à la caution, ou sa reconnaissance, opère interruption à l'égard du débiteur principal. — C'était autrefois une question controversée. On soutenait que la caution ne pouvait être assimilée au codébiteur solidaire, qu'il y avait là deux obligations différentes résultant de deux contrats, et par conséquent deux créances différentes, l'une *ex vendito*, l'autre *ex stipulatu*. Or, si une seule de ces actions a été intentée, pourquoi l'autre ne serait-elle pas prescrite? Mais Pothier (Obligat., n° 699), répondait avec raison que le cautionnement est un contrat purement accessoire; les fidéjusseurs ne font autre chose que d'accéder, par ce contrat, à la dette du débiteur principal. Ce contrat ne forme pas proprement une nouvelle créance, il ne fait que donner au créancier de nouveaux débiteurs. — Ainsi jugé : 1° que la prescription d'une rente est interrompue à l'égard de la caution, à chaque payement que le débiteur principal en fait (Grenoble, 11 mars 1818) (1); — 2° Que la reconnaissance de la créance faite par le débiteur interrompt la prescription à l'égard de la caution (Nancy, 16 mai 1834 (2); Conf. Rennes, 28 mars 1814, aff. Lambert, V. Cautionnement, n° 340). — Au reste, la règle établie par l'art. 2250, n'était pas suivie dans le ressort du parlement de Provence. Il fallait pour interrompre la prescription vis-à-vis des cautions, des poursuites dirigées directement contre elles (Req. 26 juin 1827, aff. Savornin, V. Lois, n° 380-1°).

640. L'interruption résultant de la reconnaissance de la dette par le souscripteur est opposable même à la caution par simple aval (Riom, 23 janv. 1829, V. Effets de comm., n° 508). — Toutefois on ne peut opposer à la caution la reconnaissance faite par le débiteur principal après l'accomplissement du temps nécessaire à la prescription (Bruxelles, 26 juin 1818, aff. Swemere, V. Cautionnement, n° 231-2°). — V. *suprà*, n° 624.

Au reste, le commandement de payer signifié à la caution solidaire ne peut être opposé au débiteur principal comme interruptif de la prescription qui courait au profit de ce dernier, alors que le créancier a révoqué ce commandement ou y a renoncé (Riom, 3 déc. 1844, aff. Chabrier, D. P. 51. 5. 405).

641. Outre les trois exceptions que nous venons de relever à la maxime, que l'interruption civile ne réfléchit pas *d'une personne à une autre*, il en est une quatrième, qui résulte des dispositions de la loi relativement à la *saisie immobilière*. — En effet, la saisie faite par l'un des créanciers profite à tous. — Mais à quel moment de la saisie devient-elle ainsi commune à tous les créanciers? Suivant Merlin (Quest. de dr., v° Interruption de prescription), ce n'est qu'après la signification du placard imprimé aux créanciers inscrits (maintenant à dater de la mention prescrite par le nouvel art. 693), parce que, jusque-là, le saisissant a pu se désister sans le concours de ses cocréanciers. — M. Troplong pense, au contraire (n° 640), que la coalition de tous les créanciers s'opère dès l'instant où la saisie est interposée et dénoncée au débiteur, puisque, dès ce moment, les fruits sont immobilisés pour être distribués, par ordre d'hypothèque, à tous les créanciers avec le prix de l'immeuble. A l'appui de son opinion, ce jurisconsulte invoque surtout l'ancienne jurisprudence. Comment d'ailleurs, fait-il observer, dans le système de Merlin, la notification aux créanciers inscrits pourrait-elle rendre parties dans la poursuite les créanciers à hypothèque légale ou à privilége dont souvent les créances ne sont pas inscrites, et auxquels, dès lors, les notifications de placard ne peuvent être faites? — Nous croyons, quant à nous, qu'il faut s'en tenir à l'opinion de Merlin, car il nous semble impossible de considérer les créanciers comme associés à la poursuite de celui qui peut donner mainlevée de la saisie, et de voir leur *negotiorum gestor* dans celui qui, en abandonnant son droit, abandonne aussi le leur. Est-il aussi bien juridique de soutenir que la mention faite aux termes de l'art. 693 ne profite pas aux créanciers à hypothèque légale et aux créanciers privilégiés? C'est une question qui nous paraît douteuse. — V. *suprà*, n° 479, l'arrêt de la cour de Grenoble, du 2 juin 1831, qui juge que, dès l'instant de la notification des placards, la saisie devient commune à tous les créanciers, même à ceux à hypothèque légale et à privilége non inscrits; V. au reste v° Vente publ. d'immeubles.

642. Il faut bien se fixer sur ce point qu'en cas de mainlevée, donnée par le saisissant, avant la notification des placards, et, dès lors, sans que les créanciers pussent requérir la subrogation, ceux-ci ne peuvent pas invoquer la saisie comme moyen d'interruption. C'est ce qui a été décidé avec raison par arrêt du 14 août 1609, rapporté par Brillon, v° Interruption (Conf. M. Troplong, n° 641).

643. Toutes les fois qu'on peut supposer, dit Troplong, (n° 643) que l'interruption a eu lieu, non-seulement dans l'intérêt de celui qui l'a opérée, mais aussi dans l'intérêt d'un *tiers* qui lui a donné pouvoir tacite, le tiers profite de l'interruption. Ce n'est pas là précisément une exception à notre maxime, car, en réalité, celui auquel profite l'interruption a agi *par procureur*. — Passons aux exemples : 1° le créancier détenteur, à titre de gage, d'une créance supérieure à ce que lui doit le débiteur,

---

de l'interruption civile, conformément aux art. 2242 et 2244 c. civ., de la possession de Vallet, il ne s'était pas écoulé trente années; que c'est en franchissant cette date et en prenant uniquement en considération l'acte d'intervention du marquis de Galiffet du 29 mars 1822, que la cour royale d'Aix a déclaré la prescription trentenaire acquise au profit de Vallet; — Qu'en jugeant ainsi, cette cour a faussement appliqué l'art. 2262 c. civ. et expressément violé les art. 2229, 2242 et 2244 du même code; — Par ces motifs, casse.

Du 17 mai 1841.-C. C., ch. civ.-MM. Boyer, pr.-Laplagne, 1er av. gén., c. conf.-MM. Mandaroux et Augier, av.

(1) (Lavauden C. Lavauden.) — LA COUR; — Considérant qu'il résulte des quittances produites, que la rente dont il s'agit a été payée par Lavauden fils; que ce payement était interruptif de la prescription, tant à l'égard de ce dernier qu'à l'égard de sa caution (son père), codébiteur solidaire; — Condamne les héritiers de Jean Lavauden père à payer les arrérages de la rente et à la servir à l'avenir.

Du 11 mars 1818.-C. de Grenoble.-M. Paganon, pr.

(2) (Seiler C. Imhoff.) — LA COUR; — Attendu que,... de ces faits, il résulte que le créancier muni d'un titre exécutoire, a non-seulement fait acte de diligence, mais qu'il a épuisé tous les moyens que lui fournissait la loi pour obtenir son payement et arrêter toute prescription; que, d'un autre côté, le débiteur, en ne formant pas opposition à la saisie et à la vente, en laissant verser les deniers en provenant dans les mains du créancier, a, par là, reconnu la légitimité de la dette réclamée ainsi que la régularité des poursuites auxquelles elle a donné lieu; — Que la caution et le débiteur principal se confondant comme dans une seule et même personne au regard du créancier, l'interpellation faite au débiteur ou la reconnaissance de l'existence de la créance interrompt la prescription à l'égard de la caution; qu'ainsi, lorsque le 16 avr. 1835, un commandement a été signifié à l'appelant pour le payement des canons échus en 1825 et 1826, il n'a pu invoquer la prescription de cinq ans, qui aurait couru depuis le commandement signifié à Mathias Imhoff, le 18 nov. 1826, puisque cet acte, ainsi que la reconnaissance faite par le débiteur principal, aurait créé en faveur des intimés une action que le laps de trente années pouvait seul éteindre; — Met l'appel au néant.

Du 16 mai 1834.-C. de Nancy, 1re ch.

opère, en agissant pour la conservation de la créance donnée en nantissement, l'interruption de la prescription pour la *totalité* de cette créance.—Mais, si le créancier était cessionnaire d'une partie distincte de la créance, ses actes de diligence ne profiteraient qu'à lui seul, du jour où le transport partiel aurait été notifié (Proudhon, nos 2233 et 2279; M. Troplong, no 643); — 2° Le titre nouveau, fourni par un donateur au créancier d'une rente, interrompt la prescription même à l'égard du *donataire* universel chargé, par l'acte de donation, du service de la rente (Agen, 22 août 1809) (1); — 3° Les payements faits par le *détenteur* d'un fonds affecté à une *rente* interrompent la prescription à l'égard de l'ancien propriétaire, débiteur personnel de cette rente (Bruxelles, 13 avr. 1815) (2); — 4° Il suffit que, dans les six mois, l'action ait été dirigée par l'expéditeur contre son *commissionnaire*, auquel il avait confié des objets à l'effet d'en effectuer le transport, pour qu'il y ait interruption de la prescription, même à l'égard d'un sous-commissionnaire ou voiturier, auquel les objets avaient été remis par le premier commissionnaire, encore bien que l'action récursoire de celui-ci n'eût été formée qu'après les six mois (Req. 5 mai 1829, aff. Vatteville, V. Commissionnaire, no 485).

644. Le *débiteur* qui agit pour le maintien de ses droits interrompt, par contre-coup, la prescription au profit de ses créanciers (c. nap. 1166; Proudhon, no 2295; M. Troplong, no 644). — Les actes d'interruption faits par le créancier, agissant aux droits de son débiteur, interrompent-ils la prescription dans l'intérêt de celui-ci? M. Troplong estime que si Pierre, créancier de Paul, de 500 fr., actionne, aux lieu et place de celui-ci, en payement de ces 500 fr., Jacques, débiteur de 1,000 fr. envers Paul, cette demande profitera à ce dernier pour les autres 500 fr. à lui dus. Le motif de cette décision est que la somme réclamée l'a été par un individu agissant comme mandataire du créancier, qu'elle l'a été comme faisant partie d'une somme plus forte, et que si elle est payée c'est comme à-compte (*contrà*, Proudhon, no 2297). — Autre hypothèse : créancier de Paul, de 3,000 fr., j'actionne en désistement le tiers détenteur d'un immeuble de mon débiteur. Ayant obtenu gain de cause, je fais saisir l'immeuble, dont le prix s'élève, par les enchères, à 6,000 fr. Paul ne rompt le silence et ne réclame les 3,000 fr. dont le prix de vente excède ma créance, qu'après l'expiration du temps qui, si je n'avais pas agi, eût opéré la prescription au profit du tiers détenteur. Celui-ci peut-il repousser la demande de Paul, sur le motif que l'interruption opérée par moi ne peut profiter qu'à moi? Non, dessaisi de fait et de droit de la totalité de l'immeuble par la sentence de désistement, le tiers ne peut faire valoir aucun titre sur lui. La maxime *nec paciscendo, nec legem dicendo, nec stipulando quisquam alteri cavere potest*, invoquée par Proudhon, à l'appui de l'opinion contraire, est inapplicable lorsqu'il s'agit d'un créancier qui procède au nom de son débiteur et dans un intérêt qui ne lui est pas propre (Conf. M. Troplong, no 645).

645. L'indemnité représentative d'un *navire* confisqué étant la *propriété commune* de l'armateur, des chargeurs, prêteurs à la grosse ou assureurs, les diligences de l'armateur faites en temps utile profitent nécessairement à ses cointéressés (Req. 29 déc. 1831, aff. Mallet, V. Droit maritime, no 1240).

646. C'est en vertu du principe que l'interruption faite dans l'intérêt commun d'un tiers et de celui qui interrompt profite à ce tiers, qu'il faut décider affirmativement la question de savoir si la demande en *garantie* formée par le défendeur principal interrompt la prescription qui courrait au profit du garant contre le demandeur. En effet l'action intentée par le défendeur n'est pour ainsi dire qu'une conséquence et une suite de l'action principale, et il est évidemment de l'intérêt commun du demandeur et du défendeur de conserver le recours contre le garant (Req. 16 fév. 1820 (3); Rej. 27 mars 1832, MM. Portalis, pr., Cassaigne, rap., aff. Delamothe *C.* Delaroche).

647. Néanmoins le fait, de la part d'un sous-garant, qui, à son égard, pourrait être considéré comme interruptif de la prescription de l'action en garantie, ne peut pas être opposé comme tel au garant direct étranger à ce fait (Cass. 12 déc. 1837, aff. Marquisan, V. no 768). En effet, le sous-garant, en faisant un acte qui interrompait la prescription, ne représentait pas le garant contre l'intérêt duquel il agissait.

648. Lorsque le *créancier* interrompt la prescription contre son *débiteur*, en lui dénonçant une saisie-arrêt, il suspend par là même la prescription qui courait entre le débiteur et le tiers saisi; celui-ci ne serait pas fondé à opposer que la prescription

(1) *Espèce :* — (Lurde *C.* Larsenne.) — Le 19 déc. 1801, jugement qui, sans avoir égard aux exceptions de Larsenne fils, le condamne, solidairement avec son père, à payer à Lurde les arrérages qui lui sont dus : « Attendu que, par l'effet de la donation universelle portée par son contrat de mariage, du 9 janv. 1785, Larsenne fils fut soumis au payement de toutes les dettes de son père; — Attendu que cette charge du fils, donataire, ne fit pas cesser, à l'égard des créanciers, leur action contre Larsenne père; — Attendu que le 5 nov. 1786, jour de l'acte de renouvellement du contrat de constitution de rente, du 4 nov. 1756, ce contrat n'était pas prescrit; — Attendu que Larsenne père pouvait être actionné par Lurde, pour être condamné à renouveler, et que, s'il pouvait être contraint, il avait le droit nécessaire de consentir volontairement; que, dès lors, nul prétexte n'a pu exister pour douter si Larsenne fils a été lié par l'acte de renouvellement, et si l'interruption qui en est résultée pour la prescription à l'égard du père a eu le même effet à l'égard du fils; qu'on a fait, dans l'espèce, une application fausse de la maxime qui veut que les actes privés n'aient d'effet, à l'égard des tiers, que du jour où leur date est devenue certaine par l'enregistrement, l'avération ou le décès : en effet, Larsenne fils, donataire de son père, ne peut être regardé comme étranger au fait de son auteur, dans un acte de pure administration de la dette commune, dont ils étaient tenus l'un et l'autre *in solidum*, et qui avait son fondement dans un acte authentique préexistant. » — Appel. — Arrêt.

LA COUR; — Adoptant les motifs, met l'appel au néant.

Du 22 août 1809.-C. d'Agen.-M. Rivière, subst., c. conf.

(2) (Demette *C.* Vandenbrouck.) — LA COUR; — Attendu que la première rente a disparu par la convention faite entre le crédirentier et l'acheteur de l'hypothèque, qui s'était chargé de la rembourser, et qu'il a été au même moment créé une nouvelle rente pour le service de laquelle il prend l'obligation personnelle. — D'où suit que l'appelant est resté obligé personnellement pour le service de cette seconde rente. — Que les payements faits postérieurement par le possesseur de l'hypothèque l'ont été à décharge de l'obligation primitive de l'appelant; par conséquent que la prescription n'a point couru durant tout le temps que les canons de la rente ont été payés.

Du 13 avr. 1815.-C. de Bruxelles.

(3) *Espèce :* — (Bastiat et Monclar *C.* Zellweguer.) — On a dit, dans l'espèce, à l'appui du pourvoi dirigé contre l'arrêt de la cour de Pau, du 16 août 1818, que cette cour est tombée dans une erreur manifeste, quand elle a décidé que l'action en garantie d'Arrias contre Bastiat et Monclar avait formé une interruption civile au profit des sieurs Zellweguer. En effet, le recours en garantie était parfaitement distinct de l'action principale et directe en revendication que les sieurs Zellweguer avaient le droit de former contre Bastiat et Monclar; ce recours était absolument facultatif de la part d'Arrias; et en l'exerçant, il n'a pas plus interrompu la prescription en faveur des sieurs Zellweguer, que ceux-ci, en actionnant Bastiat et Monclar, n'auraient pu l'interrompre en faveur d'Arrias. Il est contradictoire que ce dernier puisse être regardé comme le mandataire des sieurs Zellweguer, contre lesquels il plaidait lui-même; aucune loi d'ailleurs ne reconnaît l'espèce de mandat tacite que l'arrêt attaqué voudrait introduire. — En résultat, la prescription n'a été interrompue qu'en faveur d'Arrias, puisque lui seul a agi; elle ne l'a point été en faveur des sieurs Zellweguer, parce qu'il est de principe que l'interruption *civile* ne profite qu'à celui qui l'a provoquée, à la différence de l'interruption naturelle qui peut être invoquée par tous ceux qui ont intérêt, encore bien qu'ils n'aient pris aucune part au fait de l'interruption. *Interruptio civilis*, dit d'Argentré, *ut judicialia omnia ei tantùm qui eam intendit prodest... ei tantùm prodesse potest qui eam exercet.* — Arrêt.

LA COUR; — Attendu que la demande en restitution des cinquante-deux balles de coton a été formée par les sieurs Zellweguer, le 15 juin 1809, contre le sieur Arrias, commissionnaire; — Que cette demande a été dénoncée aux demandeurs, le 19 juin suivant, à la requête d'Arrias, avec assignation au tribunal de commerce de Bayonne, à l'effet qu'ils fussent condamnés, même par corps, à restituer les cinquante-deux balles qu'Arrias articulait avoir été conduites par erreur dans les magasins des demandeurs, et qu'en tout événement ils fussent condamnés à le garantir et à le rendre quitte et indemne de toutes les suites de l'action dirigée contre lui par les sieurs Zellweguer; que ces deux demandes ont été jointes par jugement rendu entre les parties, le 6 juill. 1809; — Attendu que, soit la demande principale, soit celle en garantie, ont été formées dans le délai utile, c'est-à-dire avant la prescription triennale invoquée par les demandeurs; — Attendu qu'il est de principe consacré par les art. 2244, 2245 et 2246 que la citation en justice même devant un juge incompétent interrompt la prescription; — Rejette.

Du 16 fév. 1820.-C. C., sect. req.-MM. Henrion, pr.-Liger, rap.

s'est accomplie à son profit dans l'intervalle écoulé entre l'assignation du saisi en validité et la dénonciation de cette demande à lui tiers saisi. Et en effet, le saisi n'ayant pu se faire payer dès le moment que l'opposition lui a été notifiée (c. nap. 1242, c. pr. 565), c'est le cas d'appliquer la maxime *contrà non valentem agere non currit præscriptio*, et de repousser par là la prétention du tiers saisi (M. Troplong, n° 646).

649. L'interruption de la prescription ne s'étend pas d'*une action à une autre*. De ce principe il a été conclu qu'une fabrique au préjudice de laquelle un fonds à elle abandonné par l'Etat, qui en était devenu propriétaire en vertu de la loi du 5 nov. 1790, a été vendu par l'ancien propriétaire resté détenteur, et qui en a touché le prix, a deux actions, l'une réelle en revendication contre l'acquéreur, l'autre personnelle en restitution du prix contre le vendeur; et la circonstance que l'action réelle serait prescrite ne saurait faire obstacle à l'exercice de la seconde action (Cass. 4 avril 1838, aff. fabr. de Romanèche, V. Action, n° 246).

650. Le tiers détenteur de l'immeuble hypothéqué à une créance peut prescrire l'action hypothécaire, lors même que l'action personnelle qui appartient au créancier contre le débiteur n'est pas prescrite, et réciproquement, il a été jugé que la prescription de l'action principale n'est point interrompue par les poursuites dirigées contre le tiers détenteur des biens hypothéqués à la créance (Riom, 11 mess. an 11, 6 juill. 1830 (1); Grenoble, 21 fév. 1816, 1re ch., M. Anglès, pr., aff. Brisson C. Guichard; Metz, 5 juill. 1822, M. Gérard d'Hannoncelles, pr., aff. Coche C. Vatin. Le pourvoi contre cet arrêt a été rejeté; V. Rej. 25 avril 1826, n° 652). Cela résulte du principe que nous venons de poser que l'interruption ne s'étend pas d'une action à une autre. Mais il faut bien remarquer que si l'action qui appartient au créancier contre le débiteur est prescrite, cette prescription peut être invoquée par le tiers détenteur, car lorsque la créance n'existe plus, il ne peut y avoir de gage attaché à cette créance. L'accessoire suit le sort du principal. Il aurait d'ailleurs le droit de demander au créancier la subrogation de ses droits, ce qui devient impossible après la prescription acquise au débiteur.

651. Le commandement de payer fait à deux parties dont l'une est personnellement tenue de la dette, mais l'autre hypothécairement seulement, n'a pas pour effet à l'égard de cette dernière, s'il ne lui a pas été fait en même temps sommation de délaisser, d'interrompre la prescription de l'action hypothécaire..., alors même que ces deux parties seraient deux coacquéreurs d'un même immeuble dont l'un, après avoir payé sa part du prix, se trouverait hypothécairement tenu de la dette de l'autre, non pas seulement en sa qualité de détenteur de portion de l'immeuble affecté au privilége du vendeur, mais encore en vertu d'une convention insérée à l'acte de vente auquel il a figuré (Bordeaux, 11 mars 1852, aff. Romat, D. P. 53. 2. 52).

652. La prescription acquise au débiteur principal profite au tiers détenteur, encore que, dans l'intervalle pendant lequel cette prescription s'est accomplie, une instance relative à la créance hypothéquée sur l'immeuble possédé par ce tiers détenteur ait existé entre ce dernier et le créancier hypothécaire (Rej. 25 avril 1826) (2).

653. D'après notre règle, le cohéritier détenteur des biens hypothéqués à la dette cesse, en cas de prescription de l'action personnelle contre ses cohéritiers, d'être tenu hypothécairement de ce qui excède sa portion virile, nonobstant les poursuites faites contre lui en temps utile par le créancier, à l'effet de conserver l'action hypothécaire (Req. 12 fév. 1829, aff. Baumann, V. n° 633. — Conf. M. Troplong, n° 659. — *Contrà*, M. Vazeille, n° 244).

654. Quand l'immeuble hypothéqué est dans les mains du débiteur, de sorte que les actions personnelle et hypothécaire sont unies, les actes conservatoires de l'une empêchent aussi la prescription de l'autre (L. 3, C. *De annali except.* — Conf. M. Troplong, n° 660). — Mais lorsque l'exercice de l'action personnelle et l'exercice de l'action hypothécaire, qui appartiennent à un créancier, ne peuvent simultanément frapper la même personne, il faut qu'il ait le soin de dénoncer au débiteur les poursuites qu'il a intentées contre les tiers détenteurs (Grenier, des Hypoth., t. 2, n° 462).

655. L'action hypothécaire exercée par le vendeur contre un sous-acquéreur d'un immeuble, en payement du prix ou en délaissement, action qui a été déclarée prescrite par suite de la possession du sous-acquéreur pendant vingt ans avec titre et bonne foi, n'a pu interrompre, au préjudice de ce dernier, la prescription de l'action en résolution de la vente, à défaut de payement du prix (Paris, 25 janv. 1831, aff. Mailfer, V. n° 564). — M. Troplong pense aussi, conformément à cet arrêt, que l'action hypothécaire exercée contre un tiers détenteur n'interrompt pas la prescription de l'action en résolution pour non-payement du prix dirigée plus tard contre la même personne; mais il fait remarquer (n° 663), qu'il faudrait décider autrement dans le cas où ces deux actions seraient formées, non plus contre un tiers détenteur, mais contre l'acquéreur direct.

656. De même, on a jugé que des commandements faits par le vendeur originaire au premier acquéreur, à fin de payement du prix de vente, n'ont point pour effet d'interrompre, vis-à-vis des sous-acquéreurs, la prescription de l'action en résolution de la vente primitive (Req. 28 nov. 1831) (3). — « En effet, dit M. Troplong (n° 662), l'action contre le débiteur est personnelle, et l'action contre les tiers est réelle. Ce sont deux droits différents qui ont chacun une existence séparée et indépendante. »

---

(1) 1re *Espèce* : — (Chantard C. Gay.) — LA COUR; — Considérant qu'il est de principe que toute action se prescrit par trente ans utiles; — Qu'il n'a été fait aucune diligence conservatoire depuis la transaction du 15 nov. 1755, l'assignation donnée en 1785 ne l'ayant pas été contre le principal débiteur, ni contre ses héritiers; — Attendu que l'action principale étant éteinte, l'action hypothécaire ne peut pas subsister; — Dit qu'il a été bien jugé; déboute Chantard de la demande en déclaration d'hypothèque.

Du 11 mess. an 11.-Trib. d'appel de Riom.

2e *Espèce* : — (Planeix C. Lambert et autres.) — LA COUR; — Attendu que l'action principale que pouvait avoir Jacques Tardif, pour les dots de Marguerite Amblard et de Françoise Marmesse, est éteinte, faute par lui ou par ses héritiers d'avoir, jusqu'à ce jour, exercé aucune poursuite directe contre Marie Marmesse ou contre ses héritiers, et parce que la prescription n'a pu être suspendue pour cause des minorités articulées et des mariages desdites Marguerite Amblard et Jacquette Tardif; d'où il suit que la demande hypothécaire, qui n'est qu'un accessoire de l'action principale, ne peut subsister; — Attendu que, pour que l'action hypothécaire contre les tiers détenteurs des biens de Marie Marmesse, débitrice desdites dots, pût être en vigueur, il faudrait que Jacques Tardif ou ses héritiers eussent conservé leurs droits contre Marie Marmesse ou ceux qui la représentent, et qu'ils pussent subroger les tiers détenteurs aux droits et actions qu'ils avaient à exercer pour lesdites dots, et ce, d'après le principe bien constant qu'un créancier les saurait conserver d'action hypothécaire lorsqu'il laisse prescrire l'action principale; — Déclare la demande hypothécaire non recevable, etc.

Du 6 juill. 1830.-C. de Riom, 1re ch.-M. des Perouse, pr.

(2) (Watin C. Génin et Doyen-Petit, etc.) — LA COUR (ap. dél. en ch. du cons.); — Attendu que les tiers acquéreurs, défendus par Me Lassis n'ont été parties ni dans la sentence du bailliage de Rethel-Mazarin, du 9 sept. 1777, ni dans l'arrêt du parlement de Paris, du 16 mars 1785, ni dans celui de la cour royale de la même ville, du 24 août 1818; — Qu'ils ont possédé, sans aucune interruption, pendant plus de quarante-six ans, les immeubles par eux acquis, puisqu'il n'a été fait contre eux aucune poursuite depuis le 31 juill. 1772 jusqu'au 4 nov. 1818; — Attendu, quant aux tiers acquéreurs défendus par Me Guibout, que, depuis l'année 1769, il n'a été dirigé aucune poursuite contre Watin père, débiteur principal; — Que, par conséquent, les droits des enfants Watin, contre leur père, ont été éteints par la prescription; — Attendu que l'action hypothécaire, qui n'est que l'accessoire de l'obligation principale, est nécessairement éteinte lorsque l'obligation principale n'existe plus; — Qu'en le décidant ainsi, la cour royale de Metz n'est contrevenue à aucune loi, et qu'elle a fait, au contraire, une juste application des principes et des lois qui règlent les hypothèques et les prescriptions, notamment de l'art. 2080 c. civ.; — Donne défaut contre Isidore Cauchon et consorts défaillants, et rejette.

Du 25 avr. 1826.-C. C., ch. civ.-MM. Brisson, pr.-Vergès, rap.-Cahier, av. gén., c. conf.-Scribe, Lassis et Guibout, av.

(3) *Espèce* : — (Coquenard de Beaurepaire C. du Barret.) — 17 prair. an 3, le sieur Coquenard vendit au sieur Parrain une maison sise à Paris, moyennant 25,000 fr., dont 10,000 seulement furent payés comptant. — Le même immeuble fut revendu par Parrain à Marescailles, le 23 prair. an 6, et par ce dernier à Lesperut, le 7 prair. an 9. — En 1806, Coquenard, vendeur originaire, resté créancier d'une partie

657. La demande en délaissement d'immeubles, dont les uns sont possédés à titre précaire et les autres en vertu d'un contrat d'acquisition, interrompt la prescription de l'action en nullité de ce contrat (Req. 25 nov. 1820) (1).

658. La prescription peut atteindre l'action rescisoire de l'un des deux vendeurs *solidaires*, quoique celle de l'autre soit encore recevable (Cass. 30 mai 1814, aff. Pargès, V. Vente); V. néanmoins M. Duvergier, de la Vente, t. 2, nº 34).

659. Les poursuites qui n'ont d'autre objet que de faire déclarer exécutoires, contre l'héritier, les titres contre le défunt, ne sont pas des actes interruptifs de la prescription de l'action en séparation de patrimoines (Grenoble, 21 avr. 1823, V. Success., nº 1487).

660. L'interruption de prescription de l'action *ex testamento* ne s'étend pas à l'action conférée par la loi sur la succession *ab intestat*, alors que l'objet des deux actions diffère dans sa portée (Nîmes, 6 mars 1832, aff. Villevieille, nº 665).

661. Il est des cas où les poursuites, faites en qualité d'héritier *ab intestat*, arrêtent la prescription de l'action *ex testamento*. C'est ce qui a lieu quand, attaquant comme nul le testament par lequel on est institué légataire, on réclame la succession comme héritier *ab intestat*. En soutenant la validité du testament, le défendeur a, par là même, reconnu les obligations qui en dérivent, et, dès lors, il ne peut, après avoir obtenu gain de cause, invoquer la prescription de ces obligations, quelque longtemps qu'ait duré le procès (M. Troplong, nº 665). —Mais, hors le cas où il résulte de la position des parties une reconnaissance interruptive, les poursuites faites comme héritier *ab intestat*, ne réagiraient point sur l'action *ex testamento*. Tel serait le cas où, trente ans après avoir réclamé sa part dans une succession comme l'un des héritiers légitimes, on voudrait se prévaloir de la découverte d'un testament par lequel on serait institué légataire universel, l'action testamentaire est éteinte (Conf. M. Troplong, nº 666; V. Dispos. testam., nº 2482).

662. L'héritier naturel qui, au lieu de demander la nullité du testament qui le dépouille, réclame le legs à lui fait par ce testament, n'interrompt point la prescription de l'action en nullité de cet acte. On peut même, selon les circonstances, induire de là une approbation qui le rend non recevable à l'attaquer.

663. L'interruption n'opère pas non plus d'une action à une autre, quand même, dit Dunod, les deux actions seraient incompatibles, par la raison qu'elles peuvent être exercées ensemble par fins subsidiaires. Lorsqu'on a pour le même objet, dit également Cujas (L. 1, C., *De furt. et serv. corrup.*), deux actions, même contraires et incompatibles, on ne doit pas laisser de les cumuler et de les proposer subordonnément : sans cela, on court risque d'en perdre une; car la prescription n'est pas suspendue par l'exercice de l'autre (V. l'arrêt des 12 janv. 1634 et celui de 1636, rapportés par Merlin, vº Prescription, et M. Troplong, nº 667). — Ainsi, la prescription de l'action en réduction d'une libéralité faite par testament court contre l'héritier à réserve, même pendant qu'il exerce contre le testament l'action en nullité pour faux ou vice de forme (Conf. M. Troplong, nºs 671 et 672. — *Contrà*, M. Vazeille, nº 228). — M. Troplong (nº 674) décide même que l'action de faux, bien qu'elle fût portée devant les tribunaux criminels, n'interromprait point, en cas que le demandeur échouât, la prescription de l'action civile en réduction. S'il ne pouvait conclure subsidiairement à la réduction devant le tribunal criminel, il pouvait du moins, durant l'instance, faire un commandement qui mît ses droits à couvert. L'auteur cite un arrêt, Cass. 20 janv. 1824 (Vº Act. poss., nº 87). Mais cette solution n'est-elle pas douteuse? — Nous concevons bien que toutes les fois qu'une action même incompatible avec une autre action sur laquelle on suit au criminel, peut être l'objet de conclusions subsidiaires, il sera nécessaire de l'intenter pour qu'elle ne se prescrive pas. Mais quand il est impossible de l'exercer en même temps que l'autre, n'est-ce pas le cas d'appliquer la maxime *Contrà non valentem agere*, etc. Or, comme il est impossible que la partie civile conclue subsidiairement à ce que les libéralités contenues au testament argué de faux soient réduites, et que d'un autre côté si elle agissait prin-

---

du prix de vente, assigna Lesperut en déclaration d'hypothèque. Mais son action fut repoussée, sur le motif que Lesperut s'était libéré après transcription de son contrat, sans inscription de la part de Coquenard. — En 1811, commandement fut fait par celui-ci à Parrain, acquéreur primitif, de payer le restant du prix de la vente à lui consentie. Ce commandement ne fut suivi d'aucune autre poursuite. — Enfin, en 1828, Coquenard assigne le sieur du Barret, alors détenteur de l'immeuble dont il s'agit, en résolution de la vente du 17 prair. an 5. — Mais sur les conclusions de du Barret, jugement, et, sur l'appel, arrêt de la cour de Paris, du 10 mai 1830, qui rejettent la demande de Coquenard, « attendu que, depuis, 1798, époque de l'acquisition de l'immeuble dont il s'agit par les auteurs de du Barret, il s'est écoulé plus de trente années avant la demande de nov. 1828, et que cette prescription n'a été interrompue ni par la demande (en déclaration d'hypothèque), formée en 1806, et rejetée par jugement de la même année, ni par les commandements faits en 1811 à autre que le détenteur. »

Pourvoi par Coquenard pour violation des art. 1184, 1654, 2182 et 2244 c. civ. Il soutient qu'il lui a suffi, pour conserver ses droits, d'agir contre son débiteur, l'acquéreur primitif; et que, par l'effet des commandements de 1811, la prescription a été interrompue à l'égard du tiers détenteur, représentant l'acquéreur primitif, aussi bien qu'à l'égard de ce dernier lui-même. — Arrêt.

LA COUR; — Attendu qu'il est constaté, par l'arrêt attaqué, que, sur une demande en déclaration d'hypothèque formée, en 1806, par Coquenard de Beaurepaire contre Lesperut, vendeur de du Barret, il est intervenu un jugement qui a rejeté cette demande, sur le motif que Lesperut s'était valablement libéré du prix de son acquisition, et que, sur l'appel interjeté par Coquenard de Beaurepaire de ce jugement, il a été confirmé par arrêt de la cour royale de Paris; — Attendu qu'il est pareillement constaté par l'arrêt attaqué, que, par actes des 28 août et 7 sept. 1811, Coquenard de Beaurepaire a fait aux héritiers du sieur Parrain, obligé personnellement au payement du prix stipulé par le contrat de vente fait par Coquenard de Beaurepaire, le 17 prair. an 5, commandement de lui payer la somme de 15,000 fr. qu'il a prétendu lui rester due sur ce prix; — Attendu qu'il est encore constaté, par l'arrêt attaqué, qu'à l'époque du 22 nov. 1828, date de la demande en résolution formée par Coquenard de Beaurepaire contre du Barret, comme détenteur de l'immeuble dont il s'agit, ledit du Barret, tant par lui que par Lesperut et Marescaille, ses auteurs, était en possession dudit immeuble depuis plus de trente ans; — Et qu'en jugeant que la prescription n'avait été interrompue vis-à-vis de du Barret et ses auteurs, ni par la demande en déclaration d'hypothèque formée par Coquenard de Beaurepaire, en 1806, ni par les commandements faits le 28 août et 7 sept. 1811, aux héritiers Parrain, l'arrêt attaqué, loin de violer les art. 1184, 1654, 2182 et 2244 c. civ., n'a fait qu'une juste application de ces lois; — Rejette, etc.

Du 28 nov. 1831.-C. C., ch. req.-MM. Borel, pr.-Moreau, rap.

(1) *Espèce* : — (Vedelly C. Gairand.) — En 1766, Gairand vendit divers immeubles au sieur de Trémouille, et lui en donna plusieurs autres à titre précaire. En 1784, les héritiers Gairand assignèrent le sieur de Trémouille en délaissement tant des biens à lui vendus que de ceux qu'il possédait précairement.—De Trémouille délaissa ces derniers immeubles, mais il retint les autres en vertu du contrat de vente de 1766. — Les héritiers Gairand nièrent d'abord la signature de leur auteur apposée à cet acte; mais elle fut tenue pour reconnue par jugement rendu en 1810. — Deux ans après, ils demandèrent la nullité de la vente, *comme étant feinte et ayant été faite sans prix*.—Le sieur Vedelly, aux droits du sieur de Trémouille, leur opposa la prescription, attendu qu'il s'était écoulé plus de trente ans depuis le jour de la vente. — Le 8 mai 1818, arrêt de la cour de Montpellier qui rejette cette exception, sur le motif « que la demande en délaissement des immeubles compris dans l'acte de 1766, formée par les héritiers Gairand en 1784, a été nécessairement fondée sur tous les moyens propres à faire cesser l'indue possession du sieur de Trémouille, et renferme virtuellement la demande en nullité de cet acte, laquelle doit être considérée comme formée dès ce jour, quoique d'ailleurs elle ne l'ait été qu'en 1812. »

Pourvoi par Vedelly pour violation de l'art. 2262 c. nap. — La cour d'appel, a-t-il dit, est tombée dans une erreur évidente, en prétendant que l'action en nullité de la vente s'est trouvée virtuellement comprise dans la demande en délaissement intenté par les héritiers Gairand en 1784; ces deux actions sont essentiellement distinctes. L'action en nullité d'une vente comprend bien implicitement la demande en délaissement; mais on ne peut pas dire que réciproquement l'action en délaissement comprenne celle en nullité de la vente, puisque la première peut n'être dirigée que contre ceux seulement qui ont une possession précaire, et c'est précisément ce qui a eu lieu dans l'espèce.

LA COUR; — Attendu que, sous quelque point de vue que l'on envisage l'assignation en délaissement des objets litigieux, laquelle a été suivie de contestation en cause, il est impossible de ne pas y voir un trouble à la possession du demandeur en cassation, et qu'il est constant que le trouble de droit, comme le trouble de fait, interrompt la prescription; qu'ainsi la cour d'appel de Montpellier n'a pu violer l'art. 2262 c. civ. en refusant de l'appliquer au demandeur; — Rejette.

Du 25 nov. 1820.-C. C., sect. req.-MM. Henrion, pr.-Jaubert, rap.

cipalement au civil en réduction des libéralités, il en résulterait la coexistence de deux actions contradictoires; nous pensons que la reconnaissance de la validité seule du testament levant l'obstacle qui s'opposait à l'action en réduction des libéralités, la prescription de l'action en réduction ne peut courir que de ce moment. En vain dit-on que si l'action au civil est impossible, au moins la partie civile peut faire un commandement. Mais on ne peut faire un commandement qu'en vertu d'un titre, et, dans les circonstances déterminées, la partie civile n'en aurait aucun. Dès lors elle est complétement dans l'impossibilité d'agir. — L'opinion de M. Troplong ne paraît pas très-fortifiée par l'arrêt qu'il cite. —Caroillon de Vandeuil, en même temps qu'il traduisait en police correctionnelle celui qu'il accusait d'avoir fait des coupes dans un bois qui lui appartenait, pouvait très-bien sans contradiction agir pour se faire maintenir en possession du bois. En quoi l'admission de cette demande aurait-elle nui au succès de son action correctionnelle? Bien au contraire, il prenait deux actions différentes pour atteindre le même but.

Au reste, il a été décidé que la prescription des actions en extinction de droits d'usage dans une forêt, n'est pas interrompue par la demande en revendication de la propriété de cette forêt de la part de l'usager; ni même par les conclusions subsidiaires prises en appel par cet usager pour faire reconnaître son droit d'usage, si ces conclusions ont été rejetées comme demande nouvelle (Dijon, 11 déc. 1847, aff. Damas, D. P. 48. 5. 292).

664. Demander la rescision pour cause de lésion d'un acte de partage suspend, au profit du demandeur, l'action en payement des sommes stipulées dans cet acte (Riom, 10 fév. 1814) (1).

665. Lorsqu'il a été légué à un tiers une somme de... pour lui tenir lieu de sa légitime, les poursuites qui sont faites pour obtenir l'exécution du testament ne conservent pas l'action qu'il aurait pu intenter en partage de la succession (Nimes, 6 mars 1832) (2).

666. Demander un partage de biens qui figureraient parmi ceux d'un partage précédemment opérés, ce n'est point interrompre l'action en rescision de ce premier partage.—V. en ce sens Req. 5 déc. 1842, aff. Fornel, v° Obligation.

667. Les poursuites au possessoire n'interrompent pas la prescription de l'action pétitoire (Dunod, p. 61; M. Troplong, n° 668).

668. L'interruption a-t-elle lieu d'*une quantité à une quantité?* — Si celui auquel le même débiteur doit deux sommes pareilles, à des titres divers (par exemple 1,000 fr., en vertu d'un prêt, et 1,000 fr. en vertu d'un testament), se borne à demander l'une de ces sommes, sans préciser en vertu de quel titre il la réclame, il ne peut prétendre avoir interrompu la prescription à l'égard de toutes les deux. — Il en serait autrement si, dans son exploit, le créancier avait réclamé, en termes généraux, *tout ce qui lui était dû* (V. M. Troplong, n° 675). — Jugé que, quoiqu'il se soit écoulé plus de trente ans depuis que le créancier a fait vendre les meubles de son débiteur, et reçu par suite de cette vente une partie de ce qui lui était dû, le débiteur ne peut lui opposer la prescription pour le payement du restant de sa créance; la prescription de ce restant a été interrompue par un payement partiel (Bruxelles, 22 nov. 1815) (3).

669. L'*accessoire* étant compris dans la demande du principal, l'interruption de la prescription d'une créance s'étend aux intérêts qu'elle a produits pendant les cinq dernières années, et réciproquement l'interruption de la prescription des intérêts emporte interruption de celle du capital. — Jugé que l'interruption provenant d'une saisie-arrêt empêche la prescription quinquennale des intérêts, alors même que ces intérêts n'ont pas fait expressément l'objet de cette saisie (Toulouse, 24 déc. 1842) (4); V. aussi Riom, 4 mars 1847, aff. Fayet, D. P. 47. 2. 112).

670. Lorsque des avances de sommes ont été faites à diverses reprises, et que quelques-unes d'entre elles remontent à une

---

(1) *Espèce :* — (Maleigne C. Romieu.) — Aux termes d'un traité passé en 1747, les auteurs de Marianne Maleigne se sont constitués débiteurs envers les auteurs d'Antoine Romieu, d'une somme de 2,200 fr. payable à différents termes, dont le dernier devait échoir en 1775. — En 1757, celui-ci, considérant ce traité comme un simple acte de partage, en demande la rescision pour cause de lésion. — Cette demande n'est jugée qu'en 1809, elle est accueillie en première instance et rejetée en appel, par le motif que le traité de 1747 n'est qu'un contrat aléatoire. — En 1811, commandement par Romieu à Marianne Maleigue de payer la créance portée au traité de 1747. — Opposition par celle-ci, qui invoque la prescription. — 5 mai 1813, jugement qui la déboute : — « Attendu que la prescription n'avait pu courir pendant la durée du procès qui avait pour objet de faire anéantir l'acte dans lequel se trouvait l'obligation; — Qu'on ne peut présumer que celui qui demandait la nullité du traité en ait reçu le prix; que c'eût été nuire à sa demande principale, et qu'on ne lui aurait pas accordé le payement provisoire quand il l'aurait demandé. » Appel. — Arrêt.

LA COUR; — Déterminée par les motifs, etc.,—Déboute, etc.

Du 10 fév. 1814.-C. de Riom, 2e ch.-M. Verny, pr.

(2) (Villevieille C. Vidal.) — LA COUR; — Attendu qu'il ne s'agit, dans la cause, que d'une demande en partage de la succession de la dame de la Farre, pour en obtenir une quote-part, eu égard au nombre d'enfants qui lui ont survécu; — Que, lorsque cette demande a été introduite, il s'était écoulé plus de trente ans depuis la mort de la dame de la Farre; qu'il est de principe que celui à qui son auteur a légué une somme d'argent en représentation de sa légitime, et qui laisse écouler trente ans sans former une demande en partage ou en supplément de légitime, se rend irrecevable à la former, parce qu'alors il est présumé, par son silence, avoir acquiescé au jugement de son auteur;—Qu'ainsi les intimés sont irrecevables à demander soit le partage, soit le supplément de légitime, à moins qu'il ne soit intervenu des actes interruptifs de la prescription; — Attendu, sur ce point, qu'ils n'opposent, comme moyens interruptifs, que la signification au sieur de Villevieille de la cession de 1815, et les actes relatifs à la saisie-arrêt de 1819 et au jugement de distribution dans lequel ils furent colloqués pour une somme de..., au marc le franc de la cession ci-dessus; — Que le premier de ces actes n'étant qu'une simple connaissance de la cession donnée aux débiteurs des objets cédés, et n'ayant été accompagné ni de citation en justice, ni de commandement de payer, ne peut être considéré comme un acte interruptif de la prescription; — Qu'à l'égard des autres, il faut considérer que les intimés avaient deux actions alternatives essentiellement distinctes, l'une réelle, dérivant de la nature et de la loi, pour obtenir un corps héréditaire du chef d'Etienne-Joseph Villevieille, évêque de Bayonne, dont les droits, pour un cinquième, leur avaient été transportés par la cession; l'autre pure, personnelle, dérivant du testament de la dame de la Farre, pour obtenir le cinquième de 50,000 fr. légués à l'évêque de Bayonne par ce testament, pour lui tenir lieu de légitime; que les deux actions ne pouvant simultanément concourir, et l'une ne pouvant être exercée qu'à l'exclusion de l'autre, il s'ensuit nécessairement que les actes interruptifs de la prescription ne peuvent s'appliquer qu'à celle qui a été exercée, et qu'ils laissent à la prescription son cours naturel à l'égard de l'autre; — Que les réserves faites par les intimés, lors des poursuites de 1819 ont bien manifesté qu'ils n'entendaient pas renoncer à leurs droits, quant à l'action en partage, mais que ces réserves n'ayant été suivies d'aucune interpellation en justice pendant trente ans, à compter de la mort de la dame de la Farre, se réduisent à une simple manifestation de l'intention de s'en prévaloir, qui n'a pas pu avoir plus d'effet que la citation en conciliation qui n'a pas été suivie de la citation devant les tribunaux; d'où suit que l'action portée devant la cour se trouvant éteinte, il ne reste aux intimés que l'action dérivant du testament, si, d'ailleurs, elle a été conservée; — Emendant, déclare les intimés irrecevables dans leur action en partage.

Du 6 mars 1832.-C. de Nimes, 1re ch.-M. de Cassaignoles, 1er pr.

(3) (Romberg C. hérit. Reymenants.)—LA COUR; — Attendu que la prescription de trente ans en action personnelle, alléguée par les intimés et admise par le premier juge, est principalement introduite pour punir la négligence des créanciers;—Que pareille négligence n'est pas imputable au créancier pendant tout le temps que dure l'exécution dressée en vertu de son titre de créance;—Que, dans l'espèce, l'apport en justice des deniers provenus de l'exécution par le crieur public, et la distribution, ainsi que la levée des deniers, sont des actes qui font essentiellement partie intégrante de l'exécution dressée par l'appelant, en vertu de son titre de créance, qui fait le fondement de la saisie-arrêt dont s'agit;— Met le jugement dont est appel au néant;— Emendant, déclare bonne et valable la saisie-arrêt du 10 janv. 1814, etc.

Du 22 nov. 1815.-C. de Bruxelles.

(4) (Saint-Léonard C. hérit. Bal.) — LA COUR; — Attendu que les héritiers Bal invoquent la prescription de cinq ans qui atteint les termes échus des rentes constituées, mais que les appelants leur opposent comme en ayant interrompu le cours, les saisies-arrêts faites le 28 déc. 1821 par les héritiers Cornus; — Attendu, en droit, que les premiers juges ont commis une erreur, quand ils ont déclaré que la saisie-arrêt ne doit exercer aucune influence sur la prescription qui s'acquiert au profit du tiers saisi contre le débiteur saisi; que, dans le cas où il s'agirait de rechercher si elle a opéré la suspension, nul doute ne saurait exister lorsqu'il est certain qu'aux termes de l'art. 1242 c. civ., le payement fait par le débiteur à son créancier, au préjudice d'une saisie ou d'une opposition, n'est pas valable; et qu'ainsi le saisi contre qui une

époque antérieure à trente ans, la prescription de ces avances ne peut être repoussée par le motif que dans le compte sur lequel elles figurent, d'autres avances faites pour la même cause sont d'une époque plus récente que trente ans : chacune des sommes fournies à des époques différentes forme autant de créances particulières à l'égard desquelles la prescription est isolément applicable (Bordeaux, 11 mai 1839) (1).

671. Lorsqu'on demande une somme comme fraction d'une dette plus considérable, il y a interruption pour le tout. — Mais si une somme est répétée comme formant, non une fraction, mais un tout, il n'y a pas d'interruption de la part au total (M. Troplong, nº 676).

672. La demande afin d'arriver à la liquidation des successions des père et mère communs, renferme nécessairement la demande de procéder à tous les comptes qui y sont relatifs, et le cohéritier ne peut opposer la prescription pour éviter la reddition d'un de ces comptes, en s'appuyant sur ce que trente ans se seraient écoulés depuis qu'une opération commerciale, dont il s'agit de rendre compte, aurait été terminée, alors que la demande en liquidation des successions a été formée avant que ces trente années aient été accomplies (Bordeaux, 18 juill. 1840) (2).

673. La demande formée contre un héritier pour rendre exécutoire contre lui un titre émané de son auteur, et par laquelle on conclut seulement au payement d'une partie de ce qui est dû aux termes de ce titre, n'interrompt pas la prescription en ce qui touche les autres créances non réclamées par la demande formée pour rendre le titre exécutoire, bien qu'elles résultent de ce titre (Riom, 1re ch., 2 déc. 1816, M. Vernin, pr., aff. Galvaing *C.* Diernat). — Telle est la solution qui résulte de cet arrêt qui est longuement motivé en fait.

ART. 7. — *De l'influence de l'interruption de la prescription sur le temps requis pour prescrire.*

674. Lorsque l'interruption est *naturelle*, la prescription ne recommence que lorsque le nouveau possesseur a perdu sa possession, et la nouvelle prescription doit avoir la même durée que celle à laquelle l'ancienne était soumise. — Quant à l'interruption *civile*, pour bien saisir l'influence qu'elle a sur la durée du temps nécessaire pour prescrire, il faut s'occuper séparément des divers actes d'où elle résulte.

675. Parlons d'abord de la citation en justice. L'action étant une fois intentée, l'instance a pour effet de la faire durer autant qu'elle. *Actio semel inclusa judicio perpetuatur* (Conf. Cass, 6 déc. 1852, aff. Hervé, D. P. 53. 1. 50). — Mais, dans le cas où

---

somme est saisie-arrêtée dans les mains de celui qui la lui doit, est placé dans un état d'impuissance qui, en l'empêchant d'agir pour le payement de sa créance, crée par ce fait même un obstacle au cours de la prescription ; — Mais que ce n'est pas seulement une suspension qui résulte d'une saisie-arrêt; qu'elle a également pour effet d'interrompre la prescription commencée, — Que ce caractère interruptif lui est expressément attribué par les termes de l'art. 2244 c. civ., qui comprend la saisie parmi les actes qui ont cette vertu ; que l'on ne saurait faire entre les diverses manières indiquées par la loi au créancier pour saisir les biens de son débiteur une distinction qu'elle n'a point faite elle-même, et qu'il suffit de rappeler que le code de procédure civile a rangé la saisie-arrêt parmi les moyens d'assurer l'exécution forcée des jugements pour conclure avec certitude qu'elle doit interrompre la prescription, par application de l'art. 2244 c. civ. ;

Attendu que cette application a également lieu sous un autre point de vue, puisqu'il dispose que la prescription est interrompue par une citation en justice, et que la saisie-arrêt suivie d'effet amène une véritable interpellation judiciaire à l'égard du tiers-saisi qui est assigné devant le tribunal en déclaration, et qui est tenu du payement en exécution du jugement qui prononce la validité ; — Qu'ainsi, pour échapper aux conséquences de l'art. 2244 c. civ., on est amené à soutenir que l'interruption ne pouvant résulter que des actes de celui qui veut exercer son droit, le saisi ne peut se prévaloir d'actes faits contre le tiers saisi par le créancier qui, d'ailleurs, n'a pas agi dans l'objet d'empêcher la prescription de courir; — Mais qu'un semblable raisonnement repose sur une fausse appréciation de la qualité en laquelle le créancier a fait des poursuites; que, si elles ont eu lieu dans son intérêt, il n'a pu agir qu'au nom de son débiteur aux droits duquel l'art. 1166 c. civ., l'a subrogé; qu'il a donc exercé les actions de celui-ci dont il était l'image; que, dès lors, ce débiteur peut se prévaloir de tout ce qui a été fait, comme on le peut toujours des actes qui émanent de son ayant cause; — Que vouloir que l'interruption ne résulte que des actes qui ont pour objet spécial d'arrêter le cours de la prescription, ce serait méconnaître les principes généraux, et en particulier les motifs qui ont inspiré l'art. 2277 c. civ.; que l'on ne saurait penser, en effet, que celui qui a agi pour arriver au payement de son capital, n'a pas voulu s'assurer également les accessoires; et que la justice ne peut pas permettre que les poursuites relatives au principal n'atteignent pas les intérêts; que lorsque la prescription de cinq ans a été admise surtout pour punir le créancier de sa négligence, on ne saurait lui infliger cette peine dans une occasion où ses diligences pour rentrer dans son dû ont tenu le débiteur en éveil; — Qu'ainsi les saisies-arrêts ayant pour conséquences légales d'interrompre la prescription, il faut rechercher quel a dû être, en réalité, l'effet de celles qui ont été faites sur Bal au préjudice de Saint-Léonard;... — Que le premier acte, qui ait pu interrompre la prescription, est la saisie-arrêt faite à la requête des héritiers Cornus, mais qu'elle doit incontestablement produire cet effet, sans qu'il faille s'arrêter à l'objection prise de ce que les titres constitutifs de la rente n'ont point été notifiés; que cette signification exigée pour le commandement n'est point nécessaire pour la saisie-arrêt, et que, dès que le créancier qui use de cette dernière voie se conforme, dans la procédure qui s'y rapporte, à la loi qui règle ces sortes d'exécutions, il conserve les droits de son débiteur direct par les motifs qui ont déjà été déduits; — Attendu que cette saisie-arrêt a été régulièrement faite le 28 déc. 1821, et valablement entretenue jusqu'au jugement qui l'a vidée le 8 mai 1824 ; que, dès lors, l'effet de l'interruption, qui n'a cessé qu'à cette dernière époque, doit remonter à cinq ans avant sa date, c'est-à-dire au 28 déc. 1816 ; — Attendu que Saint-Léonard a assigné les héritiers Bal en payement des arrérages le 15 janv. 1828, c'est-à-dire moins de cinq ans après le jugement prémentionné; que l'instance introduite par cet exploit n'est pas tombée en péremption; qu'ainsi les héritiers Bal doivent faire compte de tous les arrérages de la rente, échue depuis le 28 déc. 1816, jusqu'à ce jour, qu'ils ne justifieront point avoir payés ; — Par ces motifs, etc.

Du 24 déc. 1842.-C. de Toulouse, 2e ch.-M. Martin, pr.

(1) *Espèce:* — (Gontaut *C.* Vigneron.)—Vigneron avait fait au sieur Gontaut, prêtre déporté, diverses avances de fonds, à des époques différentes, montant ensemble à 1,581 fr. Plusieurs de ces avances remontaient à une époque plus ancienne que trente ans; d'autres au contraire étaient d'une date plus récente. —Vigneron dresse un compte de toutes ces sommes et en demande le payement aux héritiers Gontaut. Ceux-ci opposent la prescription des créances antérieures à trente ans. Vigneron soutient que toutes les avances ayant une même origine, il suffit que quelques-unes d'entre elles soient à l'abri de la prescription, pour que ce moyen de libération ne puisse être invoqué à l'égard d'aucunes d'elles. —31 août 1856, jugement du tribunal de Blaye, conforme à ces conclusions.—Appel.—Arrêt.

LA COUR ;—En ce qui touche les envois d'argent faits à Gontaut, prêtre déporté ;—Attendu qu'ils proviennent des deniers propres et personnels à Vigneron ;—Qu'il n'est pas établi que de la part de ce dernier ils aient eu lieu à titre de libéralité ; — Attendu que la prescription opposée ne peut être écartée sur le fondement que le compte desdits envois de fonds offre un tout indivisible dont tous les éléments sont soustraits à la prescription, alors qu'il en existe d'une date moins ancienne que trente ans ;—Que la prescription est applicable, puisqu'il s'agit de sommes distinctes, fournies à des époques différentes, d'avances dont chacune constitue une créance particulière; — Qu'on ne reproduit pas de reconnaissance émanant du débiteur, et qu'il ne se présente aucune autre cause légale d'interruption;—Faisant droit de l'appel que Charles, Pierre et Jean Gontaut ont interjeté du jugement du tribunal civil de Blaye, en date du 31 août 1856, et le réformant dans les chefs ci-après, réduit la somme de 1,581 fr. 7 c., réclamée pour les divers envois d'argent faits à Gontaut, prêtre, à celle de 318 fr. ; dit en conséquence que les appelants ne sont et ne restent condamnés qu'à ladite somme de 318 fr., avec intérêts du jour de la demande;—Adoptant les motifs des premiers juges quant au surplus du jugement, ordonne que ce surplus sortira son effet.

Du 11 mai 1859.-C. de Bordeaux, 2e ch.-M. Poumeyrol, pr.

(2) (Gauteyron *C.* Gauteyron.) —LA COUR ;—En ce qui concerne les vins dont les sœurs Gauteyron demandent qu'il soit fait raison, par la succession paternelle, à la succession maternelle : — Attendu, quant à l'exception de prescription qui est invoquée contre cette demande, que c'est à tort qu'elle a été admise par les premiers juges; — Que, s'il est vrai que la prétention des demoiselles Gauteyron à cet égard n'a été soulevée, au moins d'une manière spéciale, qu'après plus de trente ans à compter de la dernière vente de vins qui a eu lieu en 1795, il est également vrai que la prescription a été interrompue par leur demande en liquidation des successions des père et mère communs, formée longtemps avant l'expiration dudit délai de trente ans;—Que la liquidation originairement réclamée, et dans laquelle il devait, d'après la loi, être procédé aux comptes que les héritiers Gauteyron pouvaient respectivement se devoir, a emporté nécessairement, et de plein droit, la réclamation relative aux vins dont il s'agit;—D'où il résulte qu'il n'y a pas lieu d'accueillir l'exception qui lui est opposée;—Emendant, etc.

Du 18 juill. 1840.-C. de Bordeaux, 2e ch.-M. Poumeyrol, pr.

la *péremption* de l'instance est prononcée, l'interruption étant considéré comme non avenue, la durée de l'action, par un effet rétroactif, est celle que lui donne la loi.—Ainsi, par exemple, une instance se forme par suite d'une demande en rescision pour lésion de plus du quart; s'il arrive que cette instance soit périmée, le délai pour former l'action n'est plus que de dix années, à partir des dernier actes, et même si ce délai était expiré lorsque la péremption a été prononcée, l'action serait prescrite. Mais quand il n'y a pas eu de péremption, quelle est la durée de l'instance elle-même? On a jugé qu'une instance interrompue pendant trente ans était prescrite et l'action avec elle (Req. 12 mai 1829 (1); Cass. 19 avr. 1831, aff. Redon, V. Louage, n° 539; 12 déc. 1837, aff. Marquisan, n° 768; Req. 2 août 1841, aff. Villegonan, V. Succession, n° 1537).—V. n° 849-2°.

676. Lorsque l'interruption de prescription est opérée par un *commandement*, si le créancier, omettant de pousser plus loin ses poursuites, laisse ainsi commencer une prescription nouvelle, celle-ci n'aura pas une durée plus longue que la première. Cependant Dunod, des Prescript., part. 2, ch. 7, p. 171; Bourjon, t. 2, p. 571; Pothier, des Obligations, n° 697; Duranton, t. 21, p. 444, prétendent que le commandement a l'effet de prolonger jusqu'à trente ans l'action qui était auparavant prescriptible par un moindre délai. Mais comment cet acte aurait-il plus d'effet que la convention pour l'exécution de laquelle il est fait, qui fixe le caractère de la créance, et que la loi qui la soumet à une prescription abrégée? L'art. 189 c. com. confirme cette opinion, puisqu'il en résulte qu'un protêt ou autre acte de poursuite, qui ont bien une valeur interruptive égale à celle d'un commandement, ne prorogent point à trente ans la prescription quinquennale de la lettre de change (Conf. M. Troplong, n° 687; *Contrà*, M. Coulon, Dial., t. 3, p. 103). — Aussi a-t-il été jugé que le commandement en saisie immobilière pour payement d'arrérages de rente, a bien pour effet d'interrompre la prescription de ces arrérages pour les cinq années antérieures à cet acte, mais il n'a point pour effet de ne les soumettre plus qu'à une prescription trentenaire. Par suite, si après un grand nombre d'années passées depuis ce commandement, il en est fait un nouveau pour avoir payement de trente années d'arrérages, il ne doit être attribué au crédi-rentier que cinq années antérieures au dernier commandement et ce qui a couru depuis cette instance (Besançon, 31 janv. 1810; Caen 3 juill. 1827) (2).

677. Une décision semblable a été rendue au sujet d'intérêts, objet d'un commandement de payer donné en 1826 et suivi de poursuites en 1835. — Il a été jugé que la prescription quinquennale avait couru à dater de 1826, et que la prescription trentenaire n'était pas applicable (Nancy, 18 déc. 1837 (3). — Conf. Caen, 26 juin 1820, M. Régnée, pr., aff. Brulay *C.* Lefranc; Bourges, 15 juin 1840, aff. Marquet, V. n° 1086; Riom, 18 juin 1852, aff. hérit. Boudias, D. P. 52. 2. 285).

678. Mais suivant M. Troplong (n° 688), « il faut faire une exception pour la prescription qui exige la bonne foi. Voici quelle en est la raison: le commandement fait connaître au pos-

---

(1) (De Laverdinière *C.* Jeanne Michau.)—LA COUR;—...Attendu, en droit, que l'action portée en justice par une instance régulière dure autant que toutes les autres actions tant réelles que personnelles, d'après la maxime *actio semel inclusa judicio perpetuatur*; — Attendu que la péremption d'une instance n'a pas lieu de plein droit, et qu'elle est couverte par les actes valables faits par l'une ou l'autre des parties avant la demande en péremption (c. pr. 399); — Et attendu qu'il est constant et reconnu en fait: 1° que c'est le 28 mai 1810 que Michau a intenté l'action en nullité des actes dont s'agit; 2° que c'est le 13 juin de la même année que l'avoué du demandeur en cassation a poursuivi l'instance; 3° que c'est le 31 juill. 1822 que Jeanne Michau, antérieurement à toute demande en péremption, a repris l'instance en nullité introduite par Michau son père, le 28 mai 1810; que, dans ces circonstances, en décidant que la péremption de cette instance et la prescription de l'action en nullité n'avaient pas eu lieu, l'arrêt attaqué a fait une juste application de la loi;—Rejette le pourvoi contre l'arrêt de la cour de Poitiers, du 6 juin 1828.

Du 12 mai 1829.-C. C., ch. req.-MM. Favard, pr.-Lasagni, rap.

(2) 1re *Espèce*: — (Michel *C.* hospice de Nozeroy.) — Le 23 mars 1792, l'hospice de Nozeroy fait faire un commandement en saisie mobilière sur le sieur Michel, pour avoir payement de dix termes échus d'une rente au capital de 900 fr. — En 1806, nouveau commandement, et en 1807, troisième commandement en payement de 1,350 fr. pour trente années d'arrérages.—Michel prétend qu'il ne doit payer que les cinq années échues avant les dernières poursuites. — En 1808, le tribunal d'Arbois rejette cette prétention et accorde trente ans.—Appel.—Arrêt.

LA COUR; — Considérant que le commandement signifié le 21 mars 1792 n'a pu avoir d'autre effet que celui d'interrompre la prescription pour les cinq années échues avant ledit acte; mais que ce commandement n'a point apporté d'obstacle à la prescription pour l'avenir;—Que de là il résulte que l'hospice de Nozeroy n'avait droit d'exiger que dix années d'arrérages, savoir: cinq années échues avant le commandement de 1806, sans préjudice toutefois des arrérages échus depuis le dernier commandement jusqu'à ce jour; qu'ainsi c'est à tort que les premiers juges ont adjugé vingt-deux années d'arrérages échus avant les dernières poursuites; — Emendant, etc.

Du 31 janv. 1810.-C. de Besançon.-M. Vuilleret, subst., c. conf.

2e *Espèce*: — (Leclerc *C.* de Saint-Fargeau.) — Le sieur Leclerc est débiteur d'une rente envers la dame de Saint-Fargeau. Le 9 janv. 1809, à une époque où il devait plus de cinq années d'arrérages, il reçut un commandement de payer, qui n'a été suivi d'aucun autre acte de procédure, encore bien que Leclerc n'y eût pas satisfait.—Le 21 août 1825, deuxième commandement, suivi d'une action par-devant le tribunal civil d'Avranches, qui condamna Leclerc à payer à la dame de Saint-Fargeau: 1° cinq années d'arrérages échues au 6 janv. 1809, date du premier commandement; 2° cinq années échues au 21 août 1825, date du deuxième commandement, et les arrérages encourus depuis. — Appel. — Arrêt.

LA COUR; — Considérant que, aux termes de l'art. 2244 c. civ., le commandement, signifié à celui qu'on veut empêcher de prescrire, ne forme qu'une interruption à la prescription, et qu'il n'en résulte aucun changement ou novation dans la nature de la créance, qui puisse avoir l'effet de modifier les règles d'après lesquelles doit se calculer le temps de cette même prescription; d'où il suit que si la prescription s'arrête quand il y a commandement, elle recommence à courir du jour de la date de cet acte pour s'accomplir selon les mêmes principes qu'auparavant; qu'il arrive à cet égard la même chose que dans le cas de l'interruption naturelle prévu par l'art. 2244; que le commandement signifié les 5 et 6 janv. 1809 à Leclerc, par la marquise de Saint-Fargeau ou ceux qu'elle représente, a bien empêché la prescription de cinq ans d'être acquise pour les arrérages échus lorsqu'il a été fait, mais qu'il n'a pu mettre obstacle à ce que la libération du débiteur s'obtienne par cinq nouvelles années écoulées sans poursuites; que ces cinq années étaient plus qu'expirées lors du commandement du 21 août 1825; qu'aucun autre n'avait précédé dans le temps intermédiaire; que, dès lors, la marquise de Saint-Fargeau n'est fondée à demander que les cinq années d'arrérages encourues jusqu'audit jour, et celles échues postérieurement, ainsi que le soutient Leclerc; que l'on doit par conséquent prononcer l'infirmation du jugement dont est appel sur ce point...; — Infirme le jugement du tribunal civil d'Avranches.

Du 3 juill. 1827.-C. de Caen.-MM. Dupont-Longrais, pr.

(3) *Espèce*: — (Lidonne *C.* Laboissière.) — En 1808, les époux Laboissière achètent la terre de Losse du sieur de Valence pour 100,000 fr. Une partie du prix est payée comptant, d'autres à-compte sont versés en 1809 et 1810. — Le 31 mai 1826, les héritiers du sieur Valence, alors décédé, font faire commandement au sieur et à la dame Laboissière de payer le reliquat du prix d'acquisition, avec les intérêts échus, qu'ils élevaient à 56,000 fr. — Ce commandement n'a pas de suite. — En 1830, les héritiers de Valence cèdent leurs droits à un sieur de Lidonne. —En 1835, le sieur de Lidonne poursuit les représentants des époux Laboissière, alors décédés, en payement des intérêts échus depuis l'année 1821.

Les ayants droit de Laboissière opposent la prescription quinquennale. — Le sieur de Lidonne soutient que le commandement a eu pour résultat de substituer la prescription trentenaire à celle de cinq ans; — Qu'en effet, il a ôté aux intérêts échus leur caractère de périodicité, qui seul les rendait prescriptibles par cinq années;—Qu'il les a, sinon capitalisés, au moins *totalisés*, et qu'ils cessent, dès lors, d'être sous l'empire de la prescription propre aux prestations annuelles;—Que le commandement a le même effet que la demande en justice; — Qu'il a même plus de puissance, puisqu'il ne tombe pas en péremption; — Qu'il est le premier acte d'une expropriation; — Qu'il fonde une action nouvelle, laquelle rentre dans les termes de l'art. 2262 c. civ., sur la prescription trentenaire.

Le tribunal civil de Nancy a repoussé ces moyens par les motifs qui suivent: « ...Attendu que le commandement du 31 mai 1826 a sans doute, aux termes de l'art. 2244 c. civ., interrompu la prescription des intérêts pour les cinq années précédentes, mais qu'à cet acte isolé, dont le seul but était de mettre les débiteurs en demeure de payer une dette dont les termes mêmes dans lesquels il est conçu énoncent la nature et l'origine, n'a point opéré novation, et que les intérêts ont été depuis, en vertu des dispositions de l'art. 2277 même code, atteints par la prescription qui leur est propre, après le laps de cinq années révolues sans poursuites, à compter du 31 mai 1826... » — Appel. — Arrêt.

LA COUR; — Adoptant les motifs des premiers juges, confirme.

Du 18 déc. 1837.-C. de Nancy.-M. de Metz, 1er pr.

sesseur les titres qui condamnent sa possession ; il le constitue donc en mauvaise foi. Il ne peut donc plus être question que de la prescription trentenaire. » Mais on ne voit pas quelle est la prescription de courte durée qui exige la bonne foi.

679. La cour de Toulouse a soutenu, en thèse générale, que tous les actes interruptifs de la prescription font succéder aux courtes prescriptions la prescription trentenaire (Toulouse, 20 mars 1835) (1). — Mais nous avons vu ci-dessus que des distinctions étaient nécessaires. Dans l'espèce il s'agissait d'une saisie-brandon. — V. *infrà*, n° 681.

680. Lorsque l'interruption est opérée par une saisie, la question de savoir s'il y a prorogation de la prescription se résout d'après les distinctions suivantes : 1° Tant que la saisie se poursuit, l'interruption subsiste. 2° Si la saisie est périmée, sa péremption n'entraîne point celle du commandement qui l'a précédée. 3° Si l'on arrive à la distribution ou à l'ordre, et que le poursuivant ne soit pas payé, ou ne soit payé qu'en partie des causes de la saisie, dans ce cas, une prescription nouvelle, semblable pour la durée à celle qui a été interrompue par la saisie, commencera à partir des derniers actes de poursuite, à moins que la demande du créancier n'ait été contestée par le saisi, auquel cas cette créance, à supposer qu'elle fût d'abord prescriptible par un bref délai, par cinq ans par exemple, ne deviendra, en vertu du jugement obtenu par le créancier, prescriptible que par trente ans, ce jugement se trouvant substitué au titre originaire. — V. en ce sens M. Troplong, n°s 689 et suiv.

681. Lorsque l'interruption résulte d'une reconnaissance de la dette par le débiteur, est-il exact de prétendre, avec Dunod, que cette reconnaissance étend à trente ans la prescription de la créance soumise auparavant à une prescription de courte durée, de cinq ans par exemple? Oui, s'il s'agit d'une reconnaissance faite par acte spécial et constituant un nouveau titre, comme si, par un acte exprès, je reconnais vous devoir, soit telle somme provenant d'intérêts échus, soit telle autre somme que je devais vous payer en vertu d'une lettre de change (c. com. 189. — Conf. Paris, 14 janv. 1825, aff. Delbeck, V. Effets de commerce, n° 847), ou comme si un failli a obtenu de ses créanciers, porteurs de lettres de change, un concordat qui réduit le montant de son passif. — Et il a été jugé avec raison que la reconnaissance de la dette relative à des fermages échus, contenue dans une *déclaration affirmative*, avait pour effet de soumettre désormais ces fermages à la prescription de trente ans (Paris, 10 juill. 1852, aff. Saussier, D. P. 52. 2. 286). — Mais il en est autrement si la reconnaissance, au lieu d'être faite par un acte exprès, séparé, est simplement tacite et indirecte. Une telle reconnaissance peut bien interrompre la prescription, mais non substituer une prescription à une autre, parce qu'elle n'opère novation ni dans le titre ni dans la qualité de la créance. On ne pourrait prétendre, par exemple, que le payement pur et simple d'une portion des intérêts proroge à trente ans la prescription de l'action en payement du surplus. C'est la remarque que M. Troplong (n°s 697 et 698) fait avec beaucoup de justesse. — Ainsi, nous ne pouvons pas considérer avec la cour de Paris (Paris, 12 fév. 1853, aff. Vignaud, D. P. 53. 2. 88) que la déclaration d'effets de commerce faite par le souscripteur dans un inventaire, constitue une reconnaissance à la suite de laquelle court la prescription trentenaire. Il n'y avait pas là un acte exprès, séparé, mais une simple déclaration.

682. Nous venons de voir que la reconnaissance de la dette, quand il s'agit de fermages échus, contenue dans une déclaration affirmative, avait pour résultat de soumettre les intérêts échus à la prescription de trente ans ; mais quant aux fermages

---

(1) (Boutet *C.* Bourguet et Bousinac.) — LA COUR ; — Attendu que n'étant point contesté que feu Boutet, oncle, ne fût le créancier de Bousinac, il faut également tenir pour constant que le premier, quoique non présent au bail intervenu entre Bousinac et Bourguet, et dont le prix lui a été délégué, a eu le droit d'en poursuivre, par toutes les voies judiciaires, le payement contre ledit Bourguet (leg. 12, g. 3, et 106, ff., *De sol. et lib.*) ; — Attendu que ce droit a pu également être exercé par tout créancier dudit Boutet oncle (art. 1166 c. civ.), et que cette qualité n'est pas contestée à l'appelant ; d'où suit qu'il y aurait lieu à valider les actes d'exécution par lui faits pour obtenir le payement de sa créance, à moins qu'il ne soit justifié, ainsi que le soutiennent les intimés : 1°.... 2°.... 3°, ou que le titre, en vertu duquel la saisie-arrêt a été faite était inefficace, la prescription ayant déjà libéré la partie saisie ; qu'il convient donc de discuter et d'apprécier le mérite de cette objection ;

Attendu que s'il est constant en fait : 1° que Bourguet n'étant le débiteur de Bousinac qu'à cause d'un bail à ferme qui avait pris fin au mois d'octobre 1822, après avoir commencé en 1817 ; 2° qu'à cette dernière époque, Boutet oncle, créancier indiqué par le bailleur pour recevoir les fermages, n'étant pas payé par le preneur, avait fait jeter une saisie-brandon sur les fruits et procéder à leur vente, il ne saurait non plus être méconnu que la prescription établie par l'art. 2277 c. civ., et qu'invoquent les intimés, doit faire prescrire l'action de l'appelant qui n'a été intentée qu'en 1830, si les poursuites faites en 1822 n'ont pas eu pour effet de l'en affranchir, pour ne la soumettre qu'à celle déterminée par l'art. 2262 du même code ; que l'importance de cette question, et le peu de développement qu'ont reçu dans le code les principes d'après lesquels elle doit être décidée, rendent nécessaire l'examen sur ce point de la législation qui l'a précédé ;

Attendu qu'il résulte de la doctrine des auteurs qui ont traité cette question que les prescriptions annales ou quinquennales cessent de produire leur effet, et perdent leur caractère, lorsque, avant leur accomplissement, il y a eu de la part du créancier, soit citation en justice, interpellation ou commandement, soit de la part du débiteur, cédule ou promesse ; en effet, le président Faber, lib. 7, tit. 13, def. 15, après avoir dit : *Præscriptio quinquennalis fit perpetua per sententiam, adeòque per litiscontestationem*, ajoute : *Ad impediendum edicti potestatem semel extrajudicium dùm in scriptis interpellatum esse sufficeret.* Le commandement, dit Pothier, des Obligations, n° 696, quoique non suivi d'aucune procédure, conserve l'effet d'interrompre le temps de la prescription, et perpétue l'action du créancier pendant trente ans du jour de sa date. S'il y a eu poursuite contre le locataire, dit Bourjon, t. 2, p. 571, pour le payement du loyer, l'action dure trente ans. Fromental, en parlant des prescriptions annales établies par l'ordonnance de 1512, dit que l'action dure trente ans, s'il y a eu interpellation en justice ou cédule. Despeysses, t. 1, part. 4, tit. 4, n° 15, partage cette opinion dans les termes suivants : Cette prescription n'a pas lieu lorsqu'il y a eu dans le délai interpellation judiciaire ; et dans la première partie, tit. 2, sect. 4, n° 15, appliquant ces principes aux baux à fermes, il s'exprime ainsi : Le prix des baux à fermes ne peut être demandé cinq ans après les baux expirés, à moins qu'il n'y ait convenance, obligation ou interpellation. Dunod, enfin, part. 2, ch. 7, p. 171, entre dans des détails si précis sur cette question, qu'il semble prononcer sur l'espèce dans ce moment soumise à l'examen de la cour ; voici, en effet, comment il s'exprime : « Non-seulement la reconnaissance de la dette par cédule, obligation ou autre contrat, mais encore le simple commandement ou réquisition extrajudiciaire interrompent la prescription de cinq ans ; l'action est perpétuée et étendue jusqu'à trente ans, par tous ces moyens, pour tout ce qui n'était pas prescrit, quand ils ont été employés, parce qu'ils font cesser les prescriptions de cinq ans. » — Attendu qu'on ne saurait méconnaître que c'est sous l'influence de ces principes, et d'un corps de doctrine si imposant, qu'ait été rédigé l'art. 2244 c. civ., qui ne l'a modifié qu'en ce qu'il attribue le même effet à l'interruption judiciaire, au commandement et à la saisie, tandis que plusieurs des auteurs précités étaient muets sur les effets des commandemements et de la saisie, et ne s'attachaient qu'à ceux de l'interpellation judiciaire ;

Attendu qu'on objecterait vainement que l'article précité n'attribuant, aux actes qu'il indique que l'effet d'*interrompre*, et non de faire *cesser* la prescription, d'après la définition de l'interruption telle qu'elle est donnée par le Répertoire, v° Prescription, sect. 1, § 7, art. 11, et surtout par d'Argentré sur l'art. 266 de la coutume de Bretagne, son cours doit recommencer immédiatement après l'acte interruptif, pour s'accomplir dans l'espace de cinq ans, soit parce que la plupart des auteurs précités appellent actes interruptifs ceux à qui cependant ils attribuent l'effet d'étendre l'action à trente ans, soit parce que le code lui-même, ainsi que le prononce le § 2 de l'art. 2274, n'entend point dans dans un sens différent l'une et l'autre de ces expressions, soit enfin parce que, dès qu'un des actes énoncés dans l'art. 2244 a eu lieu, il constitue un droit qui ne peut cesser que par le laps de temps qui éteint tous les droits en général ; qu'au reste, l'interprétation, dans ce sens, de cet article, a déjà été sanctionnée par la cour de cassation le 19 avril 1831 (V. *suprà*, n° 495), dans une espèce qui présentait des rapports très-importants avec celle actuellement soumise à l'examen de la cour ; d'où suit que c'est sans nul fondement que les premiers juges ont proscrit l'action de l'appelant ; — Attendu que ces développements justifient, et la demande en validité formée par l'appelant, et son droit à être déclaré créancier de toutes les sommes dont, en exécution du bail à ferme, Bourguet était devenu le débiteur de feu Boutet oncle ; — Par ces motifs, réformant, déclare Bourguet débiteur de Boutet, comme représentant feu Boutet oncle, de toutes les sommes dues à ce dernier, en exécution du bail du 30 sept. 1817 ; déclare, en conséquence, valable la saisie-arrêt.

Du 20 mars 1835.-C. de Toulouse, 3e ch.-M. Garrisson, pr.

à échoir, ils restent soumis à la prescription de cinq ans, alors même que le débiteur aurait, dans la reconnaissance dont il s'agit, promis à un créancier du propriétaire de les payer exactement, par la raison que ne pouvant renoncer à une prescription non acquise, il ne peut davantage changer le délai de cette prescription quelle qu'elle soit (Paris, 19 déc. 1849, V. n° 53).

683. Il a été jugé que le débiteur qui se laisse saisir et ne s'oppose point à ce que le créancier se paye sur le prix de la chose saisie d'une partie des intérêts, fait une reconnaissance de la dette, qui rend le surplus de ces intérêts prescriptible seulement par trente ans (Nancy, 16 mars 1834, V. n° 639-2°).— Cet arrêt est critiqué avec raison par M. Troplong, n° 698, car pour changer les conditions de la prescription, il ne suffit pas qu'il y ait reconnaissance, il faut encore que cette reconnaissance soit telle qu'elle crée un nouveau titre et anéantisse le précédent ou le rende inutile.

CHAP. 6. — DES CAUSES QUI SUSPENDENT LE COURS DE LA PRESCRIPTION.

684. « Il ne faut pas confondre, dit Merlin, v° Prescription, sect. 1, § 7, les causes qui *interrompent* la prescription avec celles qui la *suspendent*. Les premières reportent le possesseur au même point que s'il n'avait pas encore commencé à prescrire; par les secondes, la prescription dort, mais ne s'éteint pas : elles n'empêchent pas qu'on ne rejoigne le temps qui a précédé à celui qui a suivi, et leur seul effet est de détruire le temps intermédiaire pendant lequel la prescription ne court point. — La prescription est suspendue quand le créancier ne peut agir, soit pour des causes qui lui sont personnelles, soit pour des causes extrinsèques : *Contrà non valentem agere non currit præscriptio.* »

685. Nous disons que la prescription est suspendue soit par des causes qui sont personnelles au créancier, soit par des causes extrinsèques. Nous sommes en cela de l'avis de Merlin (Rép. v° Prescription) et de M. Troplong, n° 701. Cette opinion a été controversée. On a soutenu que le code Napoléon n'avait voulu s'occuper que des causes de suspension personnelles; quant aux causes extrinsèques, telles que la force majeure, la guerre, la peste, etc., on a pensé que le code les avait rejetées et qu'il avait fixé la durée des prescriptions de manière à ce que les créanciers eussent le temps suffisant pour prescrire lors même que des causes accidentelles viendraient s'opposer momentanément à ce qu'ils pussent agir (MM. Duranton, t. 21, nos 285, 286; Coin-Delisle, Rev. de dr. franç. et étrang. et Marcadé sur l'art. 2251, n° 1). Nous ne pouvons partager cette nouvelle théorie. La maxime *Contrà non valentem agere non currit præscriptio*, puisée dans un sentiment d'équité, domine évidemment la matière. Elle est sans cesse invoquée par les auteurs, elle a été consacrée par la jurisprudence. Si le code s'est occupé de trancher les questions relatives aux causes personnelles de suspension, c'est qu'il voulait fixer à cet égard une jurisprudence et une doctrine incertaines. S'il avait voulu renverser le principe qui était appliqué par l'ancien droit et par tous les auteurs aux cas de force majeure, il l'aurait dit explicitement, car il n'a pas augmenté la durée des prescriptions, elles sont à peu près les mêmes que celles de l'ancien droit. Il faut ensuite voir quelle est la vraie raison sur laquelle repose la prescription, c'est la punition de la négligence du créancier; et comment l'accuser de négligence quand la faculté d'agir lui a été enlevée? Nous ne pouvons donc pas admettre une théorie qui bouleverse la jurisprudence et contrarie la doctrine des auteurs les plus accrédités. — V. d'ailleurs l'avis du conseil d'État, du 27 janv. 1814, rapporté v° Effets de com., n° 359.

Allons plus loin. On comprend que pour faciliter les conventions et ne pas laisser trop longtemps la propriété incertaine, on pût modifier les articles du code qui s'occupent des causes personnelles de suspension, car enfin les incapables sont défendus par des protecteurs naturels ou légaux qui peuvent agir en leur nom. Cette modification pourrait peut-être se faire sans injustice et satisfaire cette tendance à la mobilisation de la propriété qui a besoin qu'elle soit le plus promptement libre et sûre. Mais il ne viendra jamais à la pensée de personne de taxer de négligence celui qui ne peut pas agir et de faire supporter au créancier les suites d'événements qu'il n'a pu ni prévoir ni empêcher. Or, on voudrait que le code Napoléon, si progressif, eût consacré un système qui peut être aboli sans iniquité et repoussé un principe que l'équité avoue et défendrait toujours.

SECT. 1.—*De la suspension, de la prescription dérivant de l'état ou de la qualité des personnes, mineurs, femmes mariées, absents, communauté, failli.*

686. *Mineurs, interdits, prodigues.* — Aux termes de l'art. 2252 c. nap., la prescription ne court pas contre les mineurs et les interdits, sauf ce qui est dit à l'art. 2278, et à l'exception des autres cas déterminés par la loi. La loi n'a pas voulu faire supporter aux mineurs les suites de la négligence de leurs tuteurs. — Mais les intérêts des mineurs et interdits doivent quelquefois céder à des considérations d'ordre public; aussi la règle qui suspend la prescription pendant le temps de la minorité est loin d'être absolue. De nombreuses exceptions y sont faites par des dispositions formelles (V. notamment les art. 1663, 1676, 2252, 2258 c. nap.; 398, 444 c. pr.).—Sous la législation nouvelle, les tribunaux ont eu à s'occuper de ce qu'avait décidé la législation antérieure et la jurisprudence des parlements sur la question tranchée par l'art. 2252. Il a été reconnu : 1° que, sous la législation romaine, la prescription trentenaire courait contre le *mineur* du moment qu'il sortait de la pupillarité (Rej. 8 fruct. an 4; Req. 6 mai 1819) (1); Cass. 17 vend. an 6,

---

(1) 1re *Espèce* : — (Rastel et cons. *C.* Arnoux.) — LE TRIBUNAL; — Considérant que suivant les lois la prescription ne court pas à la vérité pendant le temps de la pupillarité, mais que c'est une erreur de dire qu'elle ne court point contre les mineurs, et qu'à compter de la minorité de Jeanne et Marie Deidier il s'est écoulé plus de quarante ans pendant lesquels Elisabeth Deidier, femme Arnoux, et Sébastien Arnoux, son fils, ont joui de la succession de Jean Deidier, leur père et aïeul; que les juges du tribunal de Nyons n'ont conséquemment point commis de contravention aux lois; — Rejette, etc.

Du 8 fruct. an 4.-C. C., sect. civ.-MM. Cochard, pr.-Chupiet, rap.

2e *Espèce* : — (Époux Techoisin *C.* Lassalle.) — LA COUR; — Considérant en général, sur toutes les questions du procès, qu'elles doivent être jugées d'après la législation qui régissait les pays de droit écrit avant la publication du code civil; — En ce qui touche le supplément de légitime que la demanderesse réclame dans les successions de ses aïeul et aïeule, du chef de son père : — Attendu que la prescription trentenaire avait commencé à courir contre le père de la demanderesse; qu'aux termes des lois dernières (Cod., *In quibus causis*, et 3, Cod., *De prescrip. 30 vel. 40 annorum*), elle a dû continuer à courir contre la fille, déjà pubère, lorsque son père décéda, malgré la minorité de cette fille; qu'il est vrai qu'elle était restée pendant environ deux ans sous la tutelle de son oncle, qui se trouvait en même temps être le débiteur d'un supplément de légitime, s'il en était dû; mais que cette circonstance avait bien pu suspendre le cours de la prescription, mais non pas interrompre la prescription; — Attendu que l'arrêt dénoncé constate qu'en déduisant même le temps de la durée de la tutelle, les trente ans se trouvaient néanmoins révolus à l'époque de la demande.

Attendu que les lois 7, § 5, Cod., *De prescrip. 30 vel. 40 annorum*, et 18, *De adquir. vel amittendâ possessione*, ne peuvent recevoir d'application à l'espèce, car la cohabitation (d'ailleurs momentanée) de la demanderesse chez le tuteur, n'a eu pour cause (ainsi que l'arrêt le constate) que sa qualité de mineure, et qu'il résulte d'ailleurs soit de l'inventaire, soit du compte tutélaire, que l'oncle tuteur avait possédé *pro suo* dans sa qualité d'héritier testamentaire, et non pas au nom de la demanderesse; de tout quoi il suit que la cour d'Agen s'est conformée aux vrais principes, en accueillant la fin de non-recevoir puisée dans la prescription de trente ans;

Attendu que suivant les lois 101, *De verbor. obligat.*, et dern. Cod., *De tempor. in integr. restitut.*, le mineur pubère pouvait s'obliger valablement, sauf à lui demander la rescision des actes passés en minorité dans les quatre ans à compter de sa majorité; que les ordonnances de 1510, 1535 et 1539 avaient prorogé ce délai à dix ans; que non-seulement il existait une grande variété dans les opinions des jurisconsultes, mais encore dans les arrêts des parlements sur la question de savoir si les dispositions de ces ordonnances étaient ou n'étaient pas applicables aux demandeurs en rescision de comptes tutélaires, ou en reddition de nouveaux comptes, et que, dans un pareil état de choses, l'arrêt dénoncé a pu, sans donner prise à la cassation, adopter l'opinion favorable à la prescription décennale; opinion, d'ailleurs, qui doit être réputée la plus saine, puisque le code civil l'a consacrée; — Rejette.

Du 6 mai 1819.-C. C., sect. req.-MM. Henrion, pr.-Botton, rap.

M. Chupiet, pr., aff. Fuyard *C.* Duquerroir); — 2° Que sous la coutume du Bourbonnais, la prescription ne courait pas contre les mineurs jusqu'à l'âge de vingt ans pour les hommes, de dix-huit ans pour les femmes (même arrêt du 17 vend. an 6); — 3° Que sous l'empire de la coutume de Normandie la prescription de quarante ans courait contre les mineurs, alors même qu'ils n'étaient pas pourvus de tuteurs (Cass. 12 juin 1816 (1); Req. 16 août 1791, MM. Garran, pr., Boucher, rap., aff. Vedie *C.* Loches; Caen, 20 fév. 1838, aff. Renet, V. Normandie, n° 81); — 4° Qu'il en était de même en Brabant et dans la ville et le marquisat d'Anvers (Req. 9 fév. 1812, aff. Gottfurneau, V. n° 117; Bruxelles, 2e chamb., 27 nov. 1823, aff. N....); — 5° Que, d'après la jurisprudence du parlement de Toulouse, la prescription courait contre les mineurs, sauf à eux à former leur demande en restitution dans les dix ans de leur majorité (Agen, 12 janv. 1832, V. *suprà*, n° 499); — 6° Que, sous la coutume d'Artois, la prescription de vingt ans entre présents admise par cette coutume ne courait pas contre les mineurs (Cass. 27 mess. an 3, MM. Guyot, pr., Lalande, rap., aff. Rounel); — 7° Qu'enfin sous la coutume de Loudun, la prescription qui avait commencé contre le majeur courait contre son héritier mineur, s'il était pourvu d'un tuteur (Cass. 27 mars 1832, MM. Portalis, pr., Cassaigne, rap., aff. Laroche *C.* Vernay). — Suivant le pur droit romain, il n'y avait que les pupilles contre lesquels la prescription ne courait pas; les mineurs pouvaient seulement être restitués contre la prescription de dix et vingt ans qui aurait couru contre eux pendant leur minorité. — Divers parlements avaient adopté ce système, et étendu même la restitution à la prescription de trente ans. D'autres avaient jugé qu'il était inutile de faire courir une prescription contre laquelle on pourrait toujours être relevé. Cette opinion a prévalu; l'art. 2252 l'a consacré. Le mineur et l'interdit sont incapables d'aliéner; or, *alienare videtur qui patitur usucapi*. Ils sont réputés ne pouvoir par eux-mêmes exercer les droits que l'on voudrait prescrire contre eux, et souvent ces droits peuvent être ignorés de leurs tuteurs; c'était donc le cas d'appliquer la maxime *contra non valentem agere non currit præscriptio*.

687. La prescription est-elle suspendue au profit du mineur émancipé? Oui; l'art. 2252 ne distingue pas (Conf. M. Troplong, n° 740).

688. Quand toutes les formalités prescrites pour arriver à un partage judiciaire ont été accomplies, la prescription de l'action en rescision court-elle contre le mineur copartageant? — La négative n'est pas douteuse. En effet, puisque les formalités prescrites dans ce cas par la loi ne sont pas considérées comme tellement conservatrices des droits des parties, qu'il ne soit pas permis aux majeurs d'attaquer le partage malgré leur accomplissement, il est évident que les mineurs peuvent aussi l'attaquer : dès lors notre article leur est applicable. — Il en est de même pour les *interdits*.

689. La prescription de dix ans qui, à l'égard d'une action en nullité ou rescision, a commencé par courir contre un majeur, est-elle suspendue pendant la minorité de son héritier? — D'abord l'affirmative était constante en droit romain et sous notre ancien droit, quoiqu'il ait été jugé que sous les ord. de 1510, de 1535 et de 1539, les tribunaux ont pu, sans que leur jugement encourût la cassation, décider que la prescription de l'action en rescision d'un partage pour cause de lésion, commencée sur la tête d'un majeur, n'a point été suspendue par la minorité de l'héritier de ce dernier (Req. 6 vend. an 11) (2). — V. la critique que Merlin a faite de cet arrêt, Rép., v° Rescision, n° 5 *bis*.

690. Le code Napoléon a-t-il innové? C'est une question à laquelle Toullier, t. 7, n° 615, répond par l'affirmative. Ce n'est, dit-il, qu'à l'égard des actes faits par les mineurs et les interdits, et non à l'égard des actes faits par ceux auxquels ils succèdent, que l'art. 1304 ordonne que le temps ne courra que du jour de la majorité ou de la levée de l'interdiction. Il faut donc en conclure que lorsqu'il s'agit d'actes émanés d'un majeur, la dernière disposition de l'article n'est pas applicable, et la prescription n'est pas suspendue pendant la minorité. Ce qui le prouve encore davantage, c'est que le délai de deux ans pendant lequel, aux termes de l'art. 1676, le vendeur peut demander la rescision de la vente pour lésion des sept douzièmes, court, d'après la dernière disposition de cet article, contre les mineurs venant du chef du majeur qui a vendu. Il y a indentité de raison, et même il y a une raison de plus pour appliquer cette disposition aux autres actions en rescision ou nullité dont la durée est de dix ans (Conf. M. Duranton). — Mais Merlin (Quest. de dr., v° Rescision, § 5), ne partage pas cette opinion. L'art. 1304 ne s'occupe, dit-il, que de fixer l'époque à laquelle commence à courir la prescription de dix années. Il ne s'occupe nullement de la question de savoir si la prescription sera suspendue pendant la minorité de l'héritier du majeur à qui appartenait l'action en rescision, par cette raison très-simple que la question est tranchée par l'art. 2252 c. nap. qui décide que la prescription ne court pas contre les mineurs et les interdits, à l'exception des cas déterminés par la loi; or comme le législateur, dans l'art. 1304, n'a pas entendu faire exception aux dispositions de l'art. 2252, pourquoi parlerait-il de la suspension de la prescription? Il en parle au contraire dans l'art. 1676, parce qu'il y fait une exception formelle à la règle générale de l'art. 2252. Ainsi le rapprochement de ces deux articles, loin de prouver que l'art. 1304 contient une exception à l'art. 2252, établit le contraire. — D'ailleurs c'est une maxime universellement reçue, que les exceptions ne peuvent jamais être étendues d'un cas à un autre, soit sous prétexte d'identité de raison, soit sous prétexte de raison plus forte (Conf. Delvincourt, t. 2, p. 596, *ad notam*; Solon, t. 2, n° 493; Zachariæ, t. 2, p. 445). — Il a été jugé en ce sens que l'art. 1304 c. civ. qui fixe à dix ans la durée de l'action en rescision d'un contrat, et décide qu'à l'égard du mineur, ce temps ne court que du jour de sa majorité, s'applique, en vertu de l'art. 2252, aussi bien aux actes faits par le majeur auquel le mineur succède, qu'aux actes faits par le mineur lui-même (Pau, 11 déc. 1835) (3); — Et, spécialement, la prescription de l'action en nullité

(1) (Godefroy de Saulles *C.* Lelorier.) — LA COUR; — Vu l'art. 521 de la coutume de Normandie; — Considérant que la disposition de cet article est générale et absolue; qu'elle n'excepte pas les mineurs, et que la jurisprudence n'a établi aucune exception en leur faveur; d'où il résulte que l'arrêt qui a admis cette exception a violé ledit article. — Casse l'arrêt de la cour Caen.

Du 12 juin 1816.-C. C., sect. civ.-MM. Brisson, pr.-Gandon, rap.

(2) *Espèce :* — (Desprès.) — En 1775, partage entre le sieur Desprès et sa sœur, tous deux majeurs, des successions de leur père et mère. — Desprès mourut peu de temps après, n'ayant pour héritier qu'un fils mineur, qui décéda bientôt lui-même, laissant un enfant en bas âge. — En l'an 7, la mère de cet enfant, qui était aussi sa tutrice, demanda la rescision du partage de 1775, pour cause de lésion. — Jugement qui décide que la prescription, commencée sur la tête du majeur Desprès, a été suspendue pendant la minorité de son fils et de son petit-fils. — Appel. — Arrêt infirmatif de la cour de Caen, qui déclare la prescription acquise à la demoiselle Desprès, attendu que l'ordon. de 1510, en établissant la prescription décennale, n'a fait aucune exception en faveur des mineurs. — Pourvoi par la veuve Desprès, fondé sur ce que l'exception en faveur des mineurs résulte implicitement de la disposition générale de l'art. 46 de l'ord. de 1510, qui suspend la prescription « tant que dure une cause légitime, empêchant, de droit ou de fait, la poursuite de la rescision. » — Arrêt.

LA COUR; — Attendu que les expressions de l'art. 46 de l'ord. de 1510, de celle de 1555 et de l'art. 154 de celle de 1539, ne sont pas tellement formelles, qu'elles aient pu obliger les juges qui avaient à les appliquer à la question qui leur était soumise, à la décider plutôt pour l'affirmative que pour la négative; — Que si les demandeurs invoquaient un nombre imposant d'autorités à l'appui de l'opinion qui proroge les dix années fixées par les deux premières ordonnances, comme dernier terme pour se pourvoir en rescision, tant qu'il existe une cause légitime d'empêchement, et qui applique à la minorité cette faculté dans le cas même où l'acte a été passé par un majeur, les motifs qui sont énoncés au jugement attaqué ne sont pas dénués de l'appui d'autres autorités en faveur de l'opinion qui restreint à dix années le délai accordé par les ordonnances, lorsque le contrat a été souscrit par un majeur; — Qu'il résulte de là que les juges du tribunal d'appel ont pu, sans donner lieu à l'annulation de leur jugement, s'écarter de l'interprétation donnée par la majeure partie des auteurs au sens des articles cités desdites ordonnances; que les moyens employés contre leur décision ne prouveraient au plus qu'un mal jugé et non une violation formelle d'un texte clair et précis de la loi; — Rejette, etc.

Du 6 vend. an 11.-C. C., sect. req.-M. Delacoste, rap.

(3) (Cazentre *C.* Mur.) — LA COUR; — Attendu que l'art. 2252 c. civ. veut que, hors des cas déterminés par la loi, la prescription ne coure pas contre le mineur; — Que, dans ces limites, sa disposition

d'une vente ne court point pendant la minorité de l'héritier du vendeur (Req. 8 nov. 1843)(1). — Conf. Agen, 10 janv. 185., aff. Seminet, D. P. 51. 2. 55. — M. Troplong, rapporteur lors de l'arrêt des requêtes, a dit en substance : « Qu'a voulu faire le législateur dans l'art. 1304? Fixer le point de départ de la prescription. Voilà son seul ordre d'idées. Quant aux événements qui arriveront pendant le cours de la prescription commencée, l'art. 1304 ne s'en occupe pas ; il n'avait pas à s'en occuper, puisque ce point rentre dans les principes ordinaires de la prescription. On confond donc deux choses entièrement distinctes, quand on voit dans l'art. 1304 une dérogation au droit commun ; on confond deux ordres d'idées fort différents, lorsqu'on veut que la disposition de la loi qui règle le *commencement* de la prescription soit une preuve que la loi n'a pas voulu prendre en considération les événements de même nature qui se présentent quand elle a son cours. — Il y a plus, c'est qu'au lieu d'argumenter *à contrario* de l'art. 1304, il serait tout aussi facile d'argumenter *à pari*, et de rétorquer le raisonnement de MM. Toullier et Duranton. Ne pourrait-on pas dire que, puisque le législateur a considéré la minorité comme devant empêcher le commencement de la prescription, il a dû entendre aussi qu'elle la suspendrait après son commencement, car les raisons sont les mêmes : *contrà non valentem agere*, etc., etc. On a même dit, non sans apparence de raison, que les motifs pour suspendre la prescription sont plus graves encore que pour l'empêcher de commencer. Car le mineur qui a passé l'acte sait qu'il est engagé. Le mineur qui est héritier de l'auteur de l'acte ignore que l'acte existe. — MM. Toullier et Duranton excipent des art. 1663 et 1676 relatifs au réméré et à la rescision pour lésion. Mais ne peut-on pas répondre que ces articles disent ce que l'art. 1304 ne dit pas et que c'est pour cela qu'on ne doit pas le lui faire dire malgré lui? — On argumente des art. 1854, 1622, 1648 et 517 c. nap., lesquels fixent, pour agir dans certains cas, des délais que l'on ne pourrait étendre pour cause de minorité, bien que la loi ne s'en soit pas expliquée. Mais ce sont là des cas particuliers où la minorité n'est comptée pour rien, soit pour le commencement, soit pour ce qui concerne le cours de la prescription. Ce sont de ces délais préfixes, de ces prescriptions abrégées dont le terme a été restreint dans les limites les plus étroites, pour des raisons qui ne permettent pas de prendre la minorité en considération (arg. de l'art. 2271 c. nap.). Peut-on en dire autant de l'art. 1304? Peut-on mettre dans la classe des délais préfixes une prescription que la minorité tient en échec et empêche de commencer? » — *Contrà*, Angers, 22 mai 1834) (2).

M. Duranton émet, relativement à la suspension de la prescription pendant la minorité, un système qui doit être succinctement exposé. Aux termes de l'art. 2252 la prescription ne court pas contre les mineurs et les interdits, sauf ce qui est dit à l'art. 2278 et à l'exception des cas déterminés par la loi. Point de difficulté quant à l'application de l'art. 2278. Mais il s'élève, suivant M. Duranton, des difficultés sérieuses quand il s'agit d'appliquer cette seconde disposition de l'art. 2252, *à l'exception des cas déterminés par la loi*. — Il paraîtrait au premier aperçu qu'il ne faut faire exception que lorsque le législateur aurait formellement décidé que la prescription court contre le mineur. Mais il paraît évident au savant auteur que dans un grand nombre de cas, par exemple dans ceux prévus aux art. 559, 809, 880, 886, 957, 1047, 1622, 1648 et 1854, il n'y a aucun doute que la prescription ne coure ni contre les mineurs ni contre les interdits, bien qu'aucun de ces articles ne s'en occupe nominativement. De là M. Duranton conclut qu'il n'est pas nécessaire, pour décider que certaines prescriptions courent contre les mineurs, que le législateur l'ait dit expressément, qu'il suffit que cela résulte de l'esprit qui a dicté la disposition. C'est ainsi que M. Duranton pense que dans les cas prévus par les art. 475 et 1304 c. nap., la prescription court contre les mineurs.

Ce système est-il bien exact? S'agit-il bien de prescription dans les art. 559, 809 et suivants? — Ne peut-on pas dire que l'art.

---

doit s'appliquer à toutes les diverses espèces de prescriptions, même à celles qui sont établies par des titres autres que celui où le code s'occupe de la prescription en général, l'art. 2264 ne renvoyant aux titres relatifs à ces prescriptions spéciales que par rapport aux règles qui leur sont exclusivement propres ; — Que le délai dans lequel l'art. 1304 circonscrit l'exercice des actions en nullité ou en rescision, doit être considéré comme une véritable prescription ; — Qu'il en produit l'effet, bien que la loi ne lui en ait pas donné le nom, puisqu'il libère le porteur d'un contrat de l'action à laquelle il était exposé, et lui fait irrévocablement acquérir les droits que son titre lui confère, et dont il eût pu être dépouillé par le résultat de cette action, si elle avait été exercée à temps ; — Que l'art. 1304 n'apporte aucune exception expresse à l'art. 2252 ; — Que, de ce qu'il suspend le délai pour le mineur, quant aux actes faits par lui, on n'est pas fondé à conclure *à contrario*, qu'il le fait courir contre lui à l'égard des actes consentis par un majeur auquel il vient à succéder ; — Que ce genre d'argument conduit souvent à l'erreur, et qu'une doctrine constante ne l'admet jamais dans l'interprétation des lois lorsqu'il y a parité de raison entre les cas prévus et celui dont le texte ne parle pas ; — Qu'il est, au contraire de principe qu'alors la décision doit être la même dans ces deux cas, *ubi eadem ratio, ibi idem jus* ; que, d'un autre côté, il est de règle que, dans le droit, il faut étendre les lois faites dans l'intérêt de certaines personnes, par des motifs d'humanité, et restreindre les dispositions de rigueur telles que celles qui prononcent des déchéances ; — Que si l'on recherche le motif qui fait suspendre, jusqu'à la majorité, le délai de l'action en rescision contre les actes faits par le mineur, on les trouve dans la faiblesse et l'inexpérience de l'âge, qui font présumer que, jusqu'à cette époque, le mineur est incapable de veiller à ses intérêts et d'exercer ses droits ; — Que ce motif milite en faveur du mineur, quant aux actes faits par celui à qui il succède, comme à l'égard des actes qu'il a pu faire lui-même ; — Qu'on peut même dire qu'il acquiert plus de force, le mineur devant être présumé avoir connu d'abord le vice des actes faits par lui, tandis qu'il n'est pas rare qu'il ne découvre que tard les vices des actes de son auteur ;

Qu'en vain veut-on, à l'aide de l'analogie, suppléer dans l'art. 1304 les exceptions qu'on trouve dans les art. 1663 et 1676 ; — Que, 1° les exceptions sont de droit étroit, et qu'il n'est pas permis de les étendre *à pari*, ni même *à fortiori*, d'un cas à un autre ; que, 2° l'analogie sur laquelle on se fonde n'existe même pas ; qu'on voit, en effet, dans les deux articles précités, comme dans l'art. 2278, que le code ne fait courir contre le mineur venant du chef d'un majeur, que les prescriptions de cinq ans et au-dessous, tandis qu'il ne présente aucune disposition semblable à l'égard des prescriptions plus longues ; — Qu'enfin, on doit d'autant plus interpréter ainsi l'art. 1304, en s'aidant de son esprit, que, suivant Domat (liv. 4, sect. 2, n° 15), et Pothier (de la Vente, n° 612), que le code a constamment pris pour guides, c'est dans ce sens qu'on entendait, en général, les ordonnances de 1510 et de 1559, conçues à peu près dans les mêmes termes que cet article, parce qu'on doit croire que si, sur ce point, le code avait voulu déroger à la doctrine la plus communément reçue, il n'aurait pas manqué de s'en expliquer ; — Qu'il suit de là que la prescription opposée à la femme Mur venant du chef de son frère n'est point acquise, puisqu'il a déjà été décidé qu'elle a réclamé, du moins implicitement en temps utile, les droits que celui-ci lui a transmis sur la succession de la veuve Pérès ;

Attendu que les circonstances relevées par Cazentre sont bien de nature à rendre invraisemblables les faits articulés par la femme ; mais que, comme ils pourraient cependant être vrais, les premiers juges n'en ont pas moins dû admettre la preuve qui était offerte ; qu'il suffit de réserver à Cazentre tous ses moyens d'exception pour les faire valoir quand, l'enquête étant rapportée, il s'agira d'en apprécier le résultat ; qu'ainsi les intérêts des deux parties seront mis à couvert ; — Vidant le partage déclaré par son arrêt du 5 déc. 1855, sans s'arrêter à la fin de non-recevoir opposée par la partie de Touzet, dit avoir été bien jugé dans la disposition du jugement attaqué, qui a admis la preuve offerte par la partie de Baille ; ordonne qu'en ce chef ledit jugement sortira à effet ; réserve à la partie de Touzet tous ses moyens pour les faire valoir au rapport de l'interlocutoire ; compense les dépens, etc...

Du 11 déc. 1855.-C. de Pau.-M. de Charitte, pr.

(1) (Trépied C. Voisin et Duquesne.) — LA COUR ; — Considérant, en droit, que l'art. 2252 c. civ. ne peut recevoir d'exception qu'autant que la loi l'a formellement déclaré ; que l'art. 1304 du même code ne contenant aucune dérogation au principe général dudit art. 2252, d'après lequel la minorité suspend la prescription, il faut nécessairement maintenir dans toute sa force et son intégrité ce principe protecteur des intérêts pupillaires ; que, si le législateur eût voulu que la minorité ne fût pas, dans le cas de l'art. 1304, une cause de suspension de la prescription commencée contre un majeur, il s'en serait positivement expliqué, comme il l'a fait dans les art. 1663 et 1676 c. civ. ; que, dans son silence à cet égard, il y a lieu de s'en tenir à la règle générale, enseignée par le droit romain et par l'ancien droit français, et reproduite par l'art. 2252 ; — Rejette le pourvoi formé contre l'arrêt de la cour d'Orléans.

Du 8 nov. 1843.-C. C., ch. req.-MM. Zangiacomi, pr.-Troplong, rap.-Delangle, av. gén., c. conf.-Garnier, av.

(2) (Hérit. Richaud C. hérit. Dugué.) — LA COUR ; — Attendu que l'art. 1304 c. civ., qui n'est point placé au titre des prescriptions, n'admet, en faveur des mineurs, qu'une seule exception, celle qui concerne

2252 ne concerne que la prescription qui a pour effet d'acquérir ou de se libérer, et qu'en conséquence il ne s'applique pas aux délais fixés pour intenter certaines demandes ou remplir certaines formalités? En effet, ces délais, qui sont en général très-courts, ont été fixés par le législateur, à peine de déchéance, pour ne pas laisser durer trop longtemps certaines actions, pour ne pas permettre que l'accomplissement de certaines formalités soit indéfiniment ajourné, et cela afin de donner la sûreté aux transactions, la paix aux familles et la promptitude aux décisions judiciaires. L'art. 2252 c. nap. ne leur est pas applicable. Le bon sens le déclare. Mais en est-il de même des prescriptions véritables, de celles qui ne s'accomplissent qu'après un certain nombre d'années? Nous ne le pensons pas, nous croyons qu'elles sont régies par les règles générales portées au titre de la prescription, et qu'il faut pour que le principe que la prescription ne court pas contre les mineurs ne soit pas appliqué, que le législateur s'en explique comme il l'a fait aux art. 1663 et 1676 du code. Au reste, il a été jugé par la cour de Douai, contre l'opinion de M. Duranton, que la prescription de l'action en reddition du compte de tutelle, de même que toutes les autres prescriptions pour lesquelles il n'a pas été expressément dérogé à la règle générale ne court pas contre les mineurs; et qu'en conséquence cette prescription est suspendue pendant la minorité de l'héritier du pupille décédé, même depuis sa majorité, mais avant l'expiration de dix ans (Douai, 24 mai 1854, aff. Evrard, D. P. 55. 2. 51).

691. Aux termes de l'art. 457c. nap. toute action du mineur contre son tuteur, relativement aux faits de la tutelle, se prescrit par dix ans, à compter de la majorité. On a décidé avec raison que, dans le cas où le mineur décéderait et en laissant un héritier majeur, la prescription courrait contre ce dernier, non pas de l'époque où le mineur aurait atteint sa majorité s'il avait vécu, mais de l'époque du décès dudit mineur. —V. Minorité-Tutelle-Emancipation, n° 679.

692. Que faudrait-il décider dans le cas où le mineur décéderait en laissant un héritier mineur? La suspension de la prescription ne courrait-elle contre ce mineur que jusqu'à l'époque où son auteur aurait atteint la majorité s'il avait vécu? Evidemment non : la prescription serait suspendue jusqu'à la majorité de l'héritier du mineur. Il est vrai qu'il semble résulter de là que, contre le vœu du législateur, se trouve prolongé le délai pendant lequel le tuteur peut être inquiété par suite des opérations de sa tutelle. Mais toutes les suspensions de prescription ont pour résultat de prolonger des délais de prescription que le législateur n'avait pas certainement fixés arbitrairement. C'est qu'un intérêt plus grand que celui auquel il avait voulu subvenir s'est manifesté, celui de protéger les mineurs dont les droits peuvent être si facilement compromis. Rien, excepté une disposition expresse de la loi, ne peut enlever à un mineur le bénéfice de la suspension de la prescription.

693. Aux termes de l'art. 18 de la loi du 21 mai 1836 sur les chemins vicinaux, « l'action en indemnité des propriétaires pour les terrains qui auront servi à la confection des chemins vicinaux, et pour extraction de matériaux, est prescrite par le laps de deux ans. » Cette prescription court-elle contre les mineurs? Cette question a été posée dans la discussion de la loi devant la chambre des députés. La négative a été soutenue par MM. Gillon et O. Barrot, par la raison que les courtes prescriptions ne courraient pas contre les mineurs. C'était là une erreur évidente, puisqu'au contraire aux termes de l'art. 3278 du c. nap., les courtes prescriptions courent contre les mineurs. M. Duvergier qui relève cette erreur, dans ses annotations sur la loi de 1836, dit avec raison qu'il faut arriver au même résultat, mais par une autre voie. En effet, aux termes de l'art. 2252 c. nap. la prescription ne court pas contre les mineurs, sauf les cas d'exception déterminés par la loi. Or, l'art. 18 de la loi du 21 mai 1836 ne contient pas une exception à la règle générale. — M. Cotelle a cependant soutenu que cette prescription courait contre les mineurs, dans son Cours de droit admin., 2e éd., t. 3, p. 417, n° 18. Il prétend qu'il s'agit ici de l'une de ces prescriptions statutaires qui courent contre les incapables; qu'aux termes de l'art. 17 de la loi du 7 juill. 1833 (et il en est de même d'après la loi du 3 mai 1841), les formalités de l'expropriation *purgent* l'immeuble acquis par cette voie, même vis-à-vis des mineurs; que l'action en indemnité dont parle l'art. 18 de la loi du 21 mai 1836 a son principe dans les art. 15 et 16, qui laissent en vigueur l'esprit et la lettre de la loi de 1833, pour tous les points sur lesquels ils n'y dérogent pas; que cette action en indemnité se substituant ainsi au droit de propriété par la seule force de la loi et indépendamment de la qualité des personnes, il serait bizarre qu'il fallût en revenir, pour la prescription de l'action, à examiner si la propriété se trouvait dans les mains d'une personne incapable pendant le délai de la prescription. » Mais on a très-bien répondu (Proudhon et Dumay, Traité du domaine public, n° 559) que si la loi a voulu, dans un intérêt général, que l'expropriation purgeât la propriété par la crainte que la revendication ou la revente aux enchères n'empêchât la commune de faire des chemins, on ne voit plus, une fois que le fonds lui est irrévocablement acquis moyennant une somme dont elle est débitrice, les motifs qui porteraient à la déclarer libérée de cette dette plus tôt ou d'une manière différente de toute autre. Il n'y a évidemment pas de bizarrerie à ne point accorder deux priviléges consécutifs et différents dans deux hypothèses qui n'ont aucun rapport, et dans l'une desquelles l'intérêt public ne se trouve nullement engagé. »

694. Si, d'après le code Napoléon, la prescription ne court pas contre les *interdits*, il n'en était pas ainsi dans les pays régis par le droit romain : la prescription dite *longissimi temporis* courait contre eux (Turin, 27 avr. 1808) (1). — Mais il

---

les actes faits par eux; d'où il suit qu'ils n'ont d'autre délai que celui de dix ans, pour attaquer les actes passés par des majeurs, et qui viennent à leur être opposés; qu'ici, la faveur accordée à la minorité a dû céder à l'intérêt public, qui ne veut pas que le sort des actes reste indéfiniment dans l'incertitude, quand ils ont été faits de bonne foi entre parties ayant pleine capacité; — Déclare les appelants non recevables dans leur action en nullité de l'acte de don mutuel de ventôse an 10; ordonne que cet acte produira son plein et entier effet, etc.

Du 22 mai 1834.–C. d'Angers.–M. Desmazières, pr.

(1) (Partiti *C.* Rodoli.) — LA COUR; — Attendu qu'il n'est point contesté entre les parties que plus de quarante ans se sont écoulés depuis le jour de l'échéance de la créance dont il s'agit, jusqu'à celui où le payement en fut réclamé par Nicolas Partiti; qu'ainsi, quand bien même il n'existerait en l'état aucune présomption que la dette dont est cas ait été acquittée, il n'y aurait aucun doute que la demande de ce payement aurait rencontré l'obstacle insurmontable de la prescription, si on n'avait cru que l'interdiction pour cause de prodigalité à laquelle ledit Partiti a été soumis dans l'intervalle du temps susdit, et qui dura pendant l'espace de douze années et sept mois environ, avait pu suspendre le cours de ladite prescription; d'où il résulte que toute la question est aujourd'hui réduite à savoir si la même prescription a ou non pu courir contre Partiti malgré son interdiction, de manière à rendre la dame Malacorne, intimée, en sa qualité de légataire dudit Partiti, non recevable aujourd'hui dans son instance; — Sur quoi, considérant que, d'après les principes du droit romain, les décisions et l'opinion conforme des commentateurs les plus renommés, l'interdit pour prodigalité est comparé en matière de prescription au mineur; que, lors même qu'il ne s'agirait pas, comme en l'espèce, de la prescription de quarante ans, qui dans le langage des lois, *plenissimam tribuit securitatem*, il est cependant essentiel de retenir que les faveurs et privilèges que les lois accordent en la matière au pupille, sont bien plus restreints et limités relativement au mineur; et ce qu'on dit en la matière du mineur, doit être sans distinction appliqué à l'interdit; or, il est certain que, selon la pureté du droit romain et en règle générale, non-seulement la prescription de quarante ans, mais même celle de trente, court, indistinctement contre le mineur, suivant la loi *sicut* 3, C., *de Præscript. triginta vel quadraginta ann.*, qui, après avoir décidé que toutes les actions sont prescriptibles par le laps de trente années, ajoute qu'il n'y a que la seule pupillarité exceptée de cette règle, et que nulle autre considération ou faveur ne peut servir pour la violer; et bien loin que les mineurs soient exceptés de cette décision, l'on voit, au contraire, dans le contexte de cette même loi qu'ils y sont expressément et nécessairement soumis : « *Nam cum ad eos annos pervenerint, qui ad sollicitudinem pertinent curatoris, necessariò eis similiter ut aliis annorum triginta intervalla servanda sunt.* » Et c'est d'après le précepte de cette loi que, soit le président Favre, *cod. si adversùs usucap.*, soit l'immortel Cujas dans ses *Paratit.* sur les titres du code, *si advers. usucap. et in quib. caus. in integ. restit. necess. non est*, établissent en principe incontestable que ladite prescription court valablement et avec fruit contre le mineur; et telle était, sous l'empire de l'ancien droit, la maxime du palais : d'ailleurs, lors même qu'on voudrait s'ar-

faut bien remarquer que le code se sert de l'expression d'*interdit* et non pas de *dément*; d'où il faut conclure que la prescription court contre le dément, dont l'interdiction n'a été ni provoquée ni prononcée de son vivant (Cass. 12 mai 1834 (1), et Douai, 17 janv. 1845, D. P. 45. 2. 50; Angers, 6 fév. 1847, aff. Guehery, D. P. 47. 2. 105.—Conf. M. Troplong, n° 738). Ces décisions font une juste application des dispositions du code. Mais il est difficile de ne pas penser avec Pothier (des Oblig., n° 648) que c'est surtout contre les insensés non pourvus de curateur que la prescription ne devrait pas courir.

695. Le parent qui n'a pas provoqué l'interdiction d'une personne notoirement insensée est-il fondé à se prévaloir contre elle du moyen de prescription? La négative nous paraît ne devoir être admise que dans le cas où il se serait trouvé à l'époque de la démence le plus proche parent de cette personne.—V. Aix 17 fév. 1832, aff. Audibert, v° Oblig.

696. La prescription est-elle suspendue au profit du *prodigue* ou de l'individu pourvu d'un *conseil judiciaire?* Il semble qu'en décidant la négative on mettrait la loi en contradiction avec elle-même, puisqu'elle a placé à peu près dans la même situation les prodigues, les faibles d'esprit et les mineurs émancipés (482, 483, 484, 513). Le prodigue pourra-t-il, contre le vœu de la loi,

---

référer à la maxime d'après laquelle le mineur peut en certain cas, *ob justam causam*, invoquer le bénéfice de la restitution contre les effets de la prescription, il est constant qu'il répugnerait à l'esprit des lois de regarder la prodigalité comme une des justes causes contemplées dans ce système;

Qu'en appliquant la théorie à l'espèce, il est évident que, ni l'interdiction de Nicolas Partiti n'a pu suspendre le cours de la prescription contre lui et ses ayants cause, ni les premiers juges n'ont pu accorder une restitution de temps contre les effets de la prescription même, eu égard à l'époque tardive où cette restitution fut requise, savoir *ultrà quadriennium* après la cessation de l'interdiction, ce qui peut même dispenser d'examiner si les juges eussent eu le pouvoir de l'accorder;—Met au néant ce dont est appel; — Emendant, sans s'arrêter aux plus amples moyens des parties, — Déclare la dame Malacorne, veuve Partiti, non recevable dans ses demandes, etc.

Du 27 avr. 1808.-C. de Turin, 2e sect.

(1) *Espèce :* — (Papinaud et Cugne C. Cathala.) — Par testament du 18 janv. 1778, Papinaud, qui avait six enfants, avait institué l'aîné d'entre eux, Arnaud Papinaud, pour son héritier universel.—Les autres se trouvaient ainsi réduits à leur légitime.—Cependant le testament contenait, à l'égard de Guillaume, l'un d'eux, la clause suivante : «Attendu que Guillaume Papinaud, mon autre fils, est depuis quelque temps dans un état d'infirmité d'esprit qui l'empêche de tester et de régir ses biens, je lui lègue une pension viagère de 600 liv., payable de six mois en six mois et par avance, par mon héritier institué, et je lui substitue exemplairement mondit héritier, pour recueillir tous les biens et droits dudit Guillaume Papinaud, après le décès de celui-ci, dans le cas que ledit Guillaume décéderait dans ledit état d'infirmité d'esprit.—Si néanmoins ledit Guillaume Papinaud reprend dans la suite la liberté de ses sens et de son jugement..., je lui lègue pour droit de légitime la somme de 10,000 liv., payable lorsqu'il aura repris l'intégrité de ses jugements, auquel cas la pension viagère de 600 liv. cessera dès l'instant que ledit capital de 10,000 liv. sera payé audit Guillaume Papinaud; et moyennant ce, j'institue ledit Guillaume Papinaud mon héritier particulier, pour qu'il ne puisse prétendre autre chose sur mes biens et hérédité. »

Guillaume Papinaud est décédé le 1er fév. 1805. — Arnaud Papinaud, qui avait toujours détenu, en servant exactement la pension, les droits légitimaires que son frère avait recueillis dans la succession du père commun, ouverte en 1782, est décédé plus tard, laissant pour héritiers Paul Papinaud et la dame Cugne.

En 1826, ceux-ci ont été assignés par Cathala, représentant l'un des six enfants du père commun, en restitution du cinquième de la part héréditaire revenant à Guillaume dans la succession paternelle. — Cette demande était fondée sur ce que la loi des 14-25 nov. 1792 ayant aboli les substitutions en général, celle qui était renfermée dans le testament de 1778 s'était trouvée caduque à partir de 1792, et par conséquent lors de son ouverture en 1805. — Les défendeurs ont opposé la prescription de trente ans.

Mais le 16 déc. 1829, jugement du tribunal de Carcassonne, qui a rejeté ce moyen par les motifs suivants : — « Attendu que les défendeurs sont également mal fondés dans leur exception prise de la prescription trentenaire qui aurait couru contre Guillaume Papinaud, puisque celui-ci ayant constamment reçu, depuis la mort de son père jusqu'à son propre décès, la pension annuelle de 600 liv. qui lui fut léguée, et cette pension, servie par l'héritier de l'auteur commun, ne pouvant être considérée que comme la représentation des intérêts de la légitime qu'il tenait essentiellement de la volonté de la loi et non de celle de son père, il est vrai de dire qu'aucune prescription ne pouvait courir contre lui; — Qu'il suit de tout ce qui précède... que l'exception prise de la prescription est mal fondée; — Attendu, dès lors, que ledit Guillaume n'ayant jamais été rempli de ses droits légitimaires, ses héritiers, au nombre de cinq, ont été subrogés aux mêmes droits; — Que, par suite, le demandeur, seul représentant de sa mère, l'un des cinq héritiers, est fondé à répéter un cinquième de la légitime de Guillaume Papinaud avec les intérêts légitimement courus depuis le décès de ce dernier; — Qu'il est encore incontestable que cette légitime doit être réglée à l'égard de Guillaume comme elle l'a été à l'égard des autres légitimaires, et notamment à l'égard de la dame Cathala qui a reçu à ce titre une somme de 15,000 fr., ainsi que cela résulte des actes produits au procès. » — Appel. — 12 juill. 1830, arrêt de la cour de Montpellier, qui confirme, en adoptant les motifs des premiers juges.

Pourvoi du sieur Papinaud et de la dame Cugne pour violation de la loi 5 au code *De præscript. trig. vel quadrag. annorum*, et de l'art. 2262 c. civ. — On disait pour les demandeurs que la légitime de Guillaume avait été réduite à 10,000 liv. *pour le cas seulement où il recouvrerait son bon sens*; mais que le legs de la pension de 600 liv. fait dans la supposition où il *demeurerait dans son état d'infirmité*, était indépendant de la légitime, dont le chiffre, dans la même supposition, avait été laissé indéterminé, comme étant sans doute exemplairement réservé à l'héritier institué; que, dès lors, la pension avait été servie en exécution d'une clause particulière du testament, et non à titre d'intérêts de la légitime détenue; que, par conséquent, le service de la pension n'impliquait pas la reconnaissance du droit de Guillaume sur sa légitime, et ne pouvait pas être considéré comme une cause d'interruption; — Subsidiairement, que la légitime ayant été portée à 15,000 liv. par l'arrêt attaqué, et à 10,000 liv. par le testament, le service de la pension ne peut jamais être regardé comme interruptif qu'au regard de ce dernier chiffre; d'où il suit que, du moins, vis-à-vis des 5,000 liv. de supplément, la prescription se trouvait acquise, et que, sous ce rapport, l'arrêt attaqué ne pouvait échapper à la cassation.

Nous répondions pour le défendeur : 1° que l'arrêt attaqué ayant jugé, en fait, que le service des arrérages de la pension avait eu lieu à titre de représentation des intérêts de la légitime, plutôt qu'en exécution d'une clause du testament sans rapport avec la légitime, contenait une appréciation de faits et circonstances qui échappait à la censure de la cour suprême; que d'ailleurs, en droit, et surtout dans l'espèce particulière, c'est dans le sens le plus favorable à l'enfant contre lequel on voudrait prescrire, que le service de la rente ou des intérêts doit être réputé avoir eu lieu; — 2° Qu'en tous cas, ce serait à titre d'intérêts de la légitime, fixée par le testament, plutôt qu'à titre pur de rente ou de pension réglée définitivement par le testament, que le payement serait aussi directement déclaré avoir eu lieu; — 3° Qu'enfin, et ce qui ôtait toute chance au pourvoi des demandeurs, l'état de démence de Guillaume, qui n'avait jamais été pourvu d'un curateur, avait été un obstacle permanent à la prescription, d'après la maxime : *contra non valentem agere non currit præscriptio*; ce qui démontrait, au surplus, que la prescription n'avait pu être acquise, même en ce qui concerne le supplément à ajouter à la légitime fixée dans le testament.—Sur ce dernier point, nous nous efforçions d'établir que le fait de la démence était établi par l'arrêt; que ce point ne pouvait plus être mis en contestation, surtout dans une espèce régie comme celle-ci, par l'ancien droit;—Qu'enfin la prescription serait encore écartée par cette considération qu'il s'était agi ici d'une sorte de pacte de famille, d'une déviation des règles du droit commun, à laquelle les demandeurs eux-mêmes avaient concouru. — Arrêt.

LA COUR;—Vu la L. 5, cod. *De præscript. trig. vel quadrag. annor.*, et l'art. 2262 c. civ.; — Attendu que G. Papinaud ne peut pas être considéré comme insensé, parce qu'il n'y eut ni interdiction prononcée ni poursuite commencée pour faire constater, pendant qu'il vivait, l'assiette de son esprit; d'où il résulte que la prescription de l'action qu'il avait pour réclamer sa légitime de droit, en répudiant celle qui lui avait été léguée, commença à courir du jour de l'ouverture de la succession de son père; qu'il est reconnu, dans l'arrêt attaqué (de Montpellier), qu'il s'était écoulé plus de trente ans depuis l'ouverture de cette succession, lorsque la demande en délivrance de la légitime a été formée; — Attendu qu'en admettant que la pension viagère de 600 fr., qui paraissait destinée à tenir lieu de légitime audit G. Papinaud, doive être considérée comme l'intérêt de sa légitime, cette pension n'aurait été que l'intérêt de la légitime telle qu'elle avait été fixée par le testament du père, et que ce testament ayant reçu son exécution, ce n'est que par la voie d'une action en supplément que cette légitime, réglée à 10,000 liv. par ledit testament, aurait pu être portée à 15,000 liv.; que l'action en supplément de légitime ne pouvait être intentée que dans les trente années qui suivirent l'ouverture de la succession; d'où il résulte que, sous ce rapport du moins, l'exception qui était prise de la prescription trentenaire, a été rejetée en contravention à la loi ci-dessus citée; — Par ces motifs, casse.

Du 12 mai 1834.-C. C., ch. civ.-MM. Portalis, 1er pr.-Delpit, rap.-Laplagne-Barris, 1er av. gén., c. conf.-Lacoste et Dalloz, av.

donner en quelque sorte, par la voie de la prescription, décharge d'un capital mobilier? pourra-t-il laisser prescrire des immeubles qu'il n'a pas la faculté d'aliéner? Ne doit-on pas considérer celui qui ne peut plaider, transiger, emprunter (513), sans l'assistance d'un conseil, comme *interdit* quant aux facultés qui lui sont ôtées, et comme devant par conséquent jouir, aux termes de l'art. 2252, du bénéfice de la suspension de prescription relativement aux objets compris dans la prohibition? — Ces considérations ont de la force; mais elles nous semblent repoussées par les termes précis de l'art. 2252. C'est aussi l'avis de M. Troplong.

697. On a vu plus haut que les déchéances que les codes de procédure civile et criminelle placent à la suite des délais fixés pour les actes d'instruction et autres, frappent toutes les parties sans distinction, sauf leur recours contre qui de droit (Dunod, p. 235; Maleville, sur l'art. 2251). — Il a été décidé que le délai de six mois, à partir de la remise en recouvrement du premier rôle cadastral, dans lequel doivent être présentées, à peine de déchéance, les réclamations contre le classement des propriétés non bâties, court à l'égard des propriétaires mineurs (Cons. d'Ét. 21 fév. 1855, aff. Nodin et autres, D. P. 55. 3. 50).

698. Les prescriptions établies par le code de commerce courent également contre les mineurs et interdits. L'intérêt du *commerce* l'exige, et les articles qui prononcent ces prescriptions sont conçus dans des termes absolument négatifs de l'action, lorsqu'elle n'a point été intentée dans le délai déterminé (Pardessus, Droit comm., 5e édit., t. 2, p. 188, et t. 4, p. 225; V. Effets de com., nos 726 et 823, et Paris, 23 avr. 1836, *eod.*; Riom, 26 juill. 1822, *eod.*, no 507).

699. Il en est de même des prescriptions relatives aux droits mobiliers des particuliers contre *l'Etat*. L'Etat fait la loi à ses débiteurs; c'est lui qui règle la dette, fixe le temps et le mode du payement. Ses comptes sont réglés chaque année à la chambre des députés. Un tel état de choses ne permet pas de suspension de prescription à raison de minorité (Favard, vo Prescription).

700. Le mineur relève-t-il le majeur en matière de prescription? Dans les choses *indivisibles*, l'affirmative est sans difficulté (L. 10, ff., *Quemad. serv. amitt.*). — Mais il en est autrement à l'égard des choses divisées ou divisibles. — Un arrêt du parlement de Paris, du 3 août 1711, rapporté par Augeard, a jugé qu'un acquéreur d'héritages affectés à une rente due à des enfants qui jouissaient par indivis de la succession de leur mère, avait pu prescrire contre ceux de ces enfants qui étaient majeurs, tandis que la prescription avait été suspendue en faveur des autres enfants mineurs. Plusieurs décisions dans le même sens sont citées par Merlin, Rép., vo Prescript., sect. 1, § 7, art. 2 (V. aussi Rej. 5 déc. 1826, aff. Douceur, V. Obligation). — Ainsi le tiers détenteur d'immeubles d'une succession, indivis entre des majeurs et des mineurs, peut opposer la prescription aux premiers, relativement à la portion qui leur revient, à quelque fraction qu'on arrive par le calcul des parts afférentes à chaque cohéritier, l'état d'indivision d'immeubles ne pouvant jamais constituer l'indivisibilité (Cass. 14 août 1840 (1), et dans le même sens Caen, 1er fév. 1827, M. Régnée, pr., aff. Lemarquant).

701. La règle qu'en chose indivisible, le majeur est relevé par le mineur, s'applique-t-elle à une servitude qui serait tombée dans le lot de l'héritier majeur? Celui-ci pourra-t-il se prévaloir, quant à cette servitude, de la cause de suspension résultant de la minorité de son cohéritier? Non, parce qu'aux termes de l'art. 883 c. nap., il est censé avoir été toujours propriétaire des biens tombés dans son lot (Cass. 2 déc. 1845, aff. Anquet, D. P. 46. 1. 21; 29 août 1853, aff. Lefevre, D. P. 53. 1. 230. — V. Servitude).

702. Il ne faut pas conclure du principe que la prescription ne court pas contre les mineurs, qu'elle ne puisse pas commencer contre un mineur, seulement aucune partie du temps qui s'écoulera pendant la minorité ne pourra entrer dans le délai. Mais la prescription aura un point de départ. Cela est très-important. En effet, il a été jugé qu'une mineure contre laquelle avait commencé la prescription d'un droit immobilier, ne rendait pas ce droit imprescriptible en se mariant sous le régime dotal. La prescription avait un point de départ dans sa minorité qui empêchait ce droit immobilier de devenir imprescriptible (Grenoble, 6 déc. 1842) (2).

---

(1) (Hérit. Laqueuille *C.* Goyon, etc.)—LA COUR...;—Sur le second moyen : — Attendu que le majeur n'est relevé par le mineur que dans les choses ou objets indivisibles et qui ne sont pas, de leur nature, susceptibles de division; que l'état d'indivision d'immeubles dépendant d'une succession ne constitue nullement l'indivisibilité; — D'où il suit qu'en admettant contre la vicomtesse d'Aurelle, et à l'égard des immeubles seulement, la prescription décennale aux termes de l'art. 2265 c. civ., et en refusant de la relever de cette prescription à raison de la minorité des enfants du vicomte de Laqueuille, l'arrêt attaqué n'a fait qu'une saine application de la loi; — Rejette ce moyen; — Mais, sur le troisième moyen : — Vu l'art. 1599 c. civ.; — Attendu que l'arrêt attaqué a formellement écarté les conclusions de Creuzet, tendantes à faire déclarer l'adjudication valable comme faite par l'héritier apparent; qu'à cet égard il a jugé avec raison que l'héritière du marquis de Laqueuille détenant certains biens en vertu d'une substitution déclarée nulle depuis, n'était pas l'héritier apparent dans la succession du comte de Laqueuille, dont les six autres enfants étaient tous connus, sans que leurs qualités et leurs droits eussent été ni pu être contestés; — Attendu qu'en déclarant, par suite, l'adjudication nulle à l'égard desdits six enfants puînés ou de leurs représentants, comme étant la vente de la chose d'autrui, l'arrêt attaqué n'a écarté les effets de cette nullité qu'à l'égard des rentes comprises dans cette adjudication; — Attendu que les rentes foncières et percières dont il s'agit sont des droits incorporels; que la règle tout exceptionnelle établie par l'art. 2279 c. civ., à l'égard des meubles corporels, ne s'applique pas aux droits incorporels; — Qu'en effet ces droits ne sont pas susceptibles de la tradition manuelle et de la possession corporelle à laquelle l'article précité limite les effets qu'il détermine; que la forme de leur transmission est expressément réglée par la loi, et spécialement par les art. 1689 et 1690 c. civ., et que cette transmission n'est valable qu'autant qu'elle émane du véritable propriétaire; — Attendu que, si la prescription de dix et de vingt ans établie par l'art. 2265 du même code, relativement aux immeubles, n'est pas applicable aux droits incorporels, en tant que meubles, par la détermination de la loi, il en résulte seulement que la prescription trentenaire, applicable à toutes les actions, est la seule qui existe en cette matière, mais qu'il n'en résulte nullement que la règle salutaire et absolue de l'art. 1599 c. civ. devienne inapplicable; et qu'en jugeant le contraire, l'arrêt attaqué a faussement appliqué l'art. 2279 c. civ., et expressément violé l'art. 1599 du même code; — Casse en ce chef seulement l'arrêt de la cour de Paris.

Du 14 août 1840.-C. C., ch. civ.-MM. Portalis, 1er pr.-Miller, rap.-Laplagne-Barris, 1er av. gén., c. conf.-Fabre, Mandaroux et Rigaud, av.

(2) (Achard *C.* Meunier et Falconnet.) — LA COUR; — Attendu qu'aux termes de l'art. 1504, dans tous les cas où l'action en nullité d'une convention n'est pas limitée à un moindre temps par une loi particulière, cette action dure dix ans; — Attendu que, si l'on consulte l'esprit de cet article, l'on est conduit à admettre que ses dispositions ne doivent pas être restreintes aux seuls cas où il s'agit de conventions synallagmatiques, mais qu'elles s'étendent en général aux contrats même unilatéraux; que toutes les fois que le consentement du contractant se trouve vicié, ou n'a pas été manifesté dans la forme voulue par la loi, et qu'il en résulte non une nullité absolue, mais un droit de rescision, il est conforme à l'équité et dans le juste intérêt des tiers qui ont à profiter du contrat et qui sont en possession, de limiter la durée de cette action en nullité, au laps de temps fixé par l'art. 1504; que les termes mêmes de cet article viennent à l'appui de cette interprétation, puisque, si dans le premier paragraphe le législateur parle de conventions, il se sert du mot *acte* dans les paragraphes suivants; qu'il résulte de ces considérations que la nullité dont il s'agit au procès devait être proposée dans les dix ans; que seulement ces dix années ne devaient courir utilement que du jour de la majorité de Dorothée Meunier; — Attendu que cette prescription ou ce délai de déchéance n'a pas été interrompu par le mariage de Dorothée Meunier; que, s'il est hors de doute que l'action en vertu de laquelle elle avait droit de faire tomber ses renonciations et de rentrer en possession de la succession, était immobilière, puisqu'elle avait pour objet des immeubles, et si les droits immobiliers appartenant à la femme dotale sont imprescriptibles pendant le mariage, quand, comme dans l'espèce, ils ne sont aliénables que sous certaines conditions, l'art. 1561 c. civ. établit une exception pour le cas où la prescription a commencé avant le mariage; — Attendu que, si l'on s'en tenait au sens rigoureux du mot *commencé*, il serait naturel de décider que la prescription ne court, pendant le mariage, que quand elle a eu auparavant une existence utile et efficace, quand une portion quelconque de sa durée est déjà acquise au prescrivant; mais que, si l'on remonte à la pensée qui a dicté cet article, on arrive à une conséquence opposée; — Attendu que, s'il n'y a, à proprement parler, aucun droit acquis en faveur du prescrivant, tant que la prescription n'est pas complète, et si le législateur reste le maître d'enlever à un possesseur une expectative qu'il avait au moment de son contrat, l'on ne peut méconnaître cependant qu'il y aurait, dans une mesure qui rendrait impres-

703. La minorité alléguée devant la cour de cassation comme cause suspensive de la prescription, n'est pas admissible lorsque les preuves de cette minorité n'ont été produites ni en première instance ni en appel (Req. 2 nov. 1808, aff. Dupont, V. Bornage, nº 18, Cass. 6 fév. 1839, aff. Declerq, V. Domaines engagés, nº 56-1º).

704. Le tuteur pendant la tutelle ne prescrit pas contre le mineur, lors même qu'il s'agit de prescriptions qui courent pendant la minorité : il doit en effet défendre le mineur contre lui tuteur comme contre tout autre (M. Duranton, nº 293). En outre, si l'on admettait, dans le silence de la loi, qu'il peut prescrire pendant la minorité, il serait évidemment responsable pour la faute de gestion qu'il aurait commise en n'exigeant pas de lui-même le payement de sa dette, et la prescription n'aurait pu nuire au mineur. Mais il faut remarquer que l'acceptation de la tutelle par le débiteur suspend la prescription, mais ne l'interrompt pas (Cass. 6 mai 1819, aff. Techoisin, V. nº 686).

705. La prescription court-elle au profit du mineur contre le tuteur pendant qu'il exerce ses fonctions? M. Duranton est d'avis de la négative, et s'appuie surtout sur ce que dans le cas où le mineur n'aurait pas dans sa fortune de quoi satisfaire à l'obligation, le tuteur serait obligé de faire des poursuites qui préjudicieraient au mineur (nº 294). Cette opinion ne peut se soutenir en présence des dispositions si précises du code. Le tuteur n'est pas d'une part, dans la catégorie de ceux en faveur desquels le code a voulu que la prescription fût suspendue, et, d'autre part, il ne peut se servir de la maxime *Contrà non valentem agere*, etc., puisqu'il peut agir contre le mineur, en dirigeant son action contre le subrogé tuteur. — Ainsi jugé (Limoges, 28 mars 1840, aff. Bompeix, V. Minorité, nº 665-2º).

Suivant un arrêt, la prescription n'a pas couru contre une mère tutrice légale pendant la durée de la tutelle; mais, dans l'espèce, et cela a été le motif déterminant pour la cour, la tutrice s'était payée des intérêts de ses créances sur les revenus du mineur (Montpellier, 13 avril 1847, aff. Bourilhon, D. P. 47. 2. 66).

706. En pays de droit écrit, la prescription ne courait pas contre le fils *de famille* pendant tout le temps que durait la jouissance paternelle (Grenoble, 1re ch., 10 juin 1811, M. Baral, 1er pr., aff. Meigin, etc.). —Mais comment devait-on entendre la novelle 117, ch. 1er? Cette novelle autorise les legs qui seraient faits au fils de famille, sous la condition imposée par le testateur que le père n'aura pas l'usufruit du bien légué. Par suite de cette disposition, ce bien était hors l'administration du père de famille. Celui qui disposait avait le droit de faire administrer le bien si le légataire était mineur, et ce dernier quand il était en âge de disposer, pouvait disposer du bien ainsi qu'il l'entendait, quoiqu'il fût sous la puissance paternelle. Dès lors la prescription courait contre lui. Fallait-il restreindre l'application de cette novelle au cas où il y avait eu legs d'un bien avec condition que le père n'en aurait pas l'usufruit, ou bien fallait-il l'étendre à tous les cas où le père n'avait pas la jouissance? Spécialement la prescription courait-elle contre le fils de famille non émancipé, quant au bien qu'on lui avait légué en réservant l'usufruit à sa mère? — La question a été résolue affirmativement par la cour d'Agen, et le pourvoi formé contre son arrêt a été rejeté. « Attendu que si le droit romain était la loi des pays de droit écrit, elle n'y avait pourtant autorité que suivant la manière dont elle était entendue et appliquée par la jurisprudence des parlements; que la cour royale d'Agen, en attestant que, dans son ressort, la novelle 117 ne faisait point obstacle à ce que la prescription courue contre le fils de famille en la puissance du père, du jour de sa majorité, lorsque le père n'avait point l'usufruit du bien dont le fils avait la propriété, a déclaré un point de jurisprudence qui a pu être la règle de son arrêt (Req. 23 août 1826, M. Botton, pr., Hua, rap., aff. Dispan *C.* Lacoume, etc.). — Un arrêt du parlement de Toulouse, rapporté par Catelan, liv. 7, chap. 15, a décidé que la prescription courait contre le fils de famille pour les biens dont son père avait l'usufruit, lorsque ces biens provenaient de sa mère, et que la prescription avait commencé à courir du vivant de la mère avant le mariage, car il ne méritait pas plus de faveur qu'elle; mais cette doctrine a été rejetée avec raison par un arrêt (Toulouse, 16 pluv. an 12) (1).

707. La prescription court-elle contre les condamnés aux travaux forcés ou à la reclusion, ou à la détention pendant la durée de leur peine? M. Duranton, t. 21, nº 297, résout la question par la négative. — Pendant la durée de leur peine, ils sont en état d'interdiction légale, et il leur est nommé un tuteur et un subrogé tuteur comme aux interdits pour démence. Comme ils ne peuvent en cet état veiller à leurs affaires et intenter par eux-mêmes aucune action en justice, il paraît raisonnable que les prescriptions qui ne courent pas contre les mineurs et les interdits ne courent point contre eux. — La prescription court contre le banni, car il n'est point en état d'interdiction légale, et il peut être représenté par un mandataire (même auteur, nº 298).

708. La prescription ne court point entre époux (2253) : il serait contraire à la nature de la société du mariage, dit M. Bigot-Préameneu, que les droits de chacun ne fussent pas l'un à l'égard de l'autre respectés et conservés. L'union intime qui fait leur bonheur est en même temps si nécessaire à l'harmonie de la société que toute occasion de la troubler est écartée par la loi. Il ne peut y avoir de prescription, quand il ne peut même pas y avoir d'action pour l'interrompre. — Il faut considérer en outre l'état de dépendance où se trouve la femme, et la facilité qu'auraient les époux de s'avantager au préjudice des dispositions de

---

criptible à l'avenir le bien qu'un tiers détient avec la faculté de le prescrire, une sorte de rétroactivité qui, sans sortir du pouvoir du législateur, froisserait les règles de l'équité et qu'il est préférable d'éviter; — Attendu que c'est cet inconvénient que les rédacteurs du code civil ont entendu prévenir par la disposition de l'art. 2281; — Attendu qu'il est aujourd'hui reconnu avec raison, par le dernier état de jurisprudence, que ce n'est pas seulement la prescription, qui a déjà efficacement couru, que protége cet article, mais même la prescription suspendue par une minorité, et dont pas un jour de durée ne peut compter dans le temps requis pour prescrire, parce que la prescription naît du jour du contrat et commence à exister, au moins en principe, dès ce moment, malgré la minorité qui n'est que suspensive; — Attendu que cette interprétation du mot *commencé*, de l'art. 2281, doit naturellement réfléchir sur la même expression employée dans un cas analogue, par l'art. 1561; que, dans le système de l'appelante elle-même, les immeubles seraient restés prescriptibles pendant le mariage, si elle ne se fût mariée que le lendemain de sa majorité, mais qu'il serait peu équitable de faire dépendre le sort du tiers détenteur et la prescriptibilité des biens qu'il possède du fait même de son adversaire, qu'il n'a ni prévu ni pu empêcher, de l'époque du mariage qu'il a dépendu d'elle d'avancer ou de retarder; qu'aussi faut-il admettre que le législateur a voulu prévenir ce danger; et convient-il d'interpréter en conséquence l'art. 1561; — Attendu que les art. 2281, 1561, et la prescription commencée dont ils parlent, doivent être entendus en ce sens que, quand la convention ou le fait de possession qui sert de base à la prescription existait, ou quand l'action contre laquelle on veut prescrire était née avant le code ou avant le mariage, la loi nouvelle ni la stipulation de dotalité ne peuvent changer le sort du prescrivant; qu'avec cette interprétation, il est évident que la suspension du cours de la prescription, par la minorité antérieure de l'appelante, ne peut être d'aucune influence sur la décision; — Attendu qu'il y a d'autant plus lieu d'appliquer ces principes à la cause actuelle, que les renonciations de Dorothée Meunier ont été faites dans son véritable intérêt; que la succession de son père avait réellement un actif inférieur à son passif, et qu'elle ne revient aujourd'hui sur les actes antérieurs qu'à raison de la plus-value que les immeubles ont acquise depuis sa répudiation; — Attendu que plus de dix ans s'étaient écoulés entre la majorité de Dorothée Meunier et la date de la demande; — Par ces motifs, met l'appel au néant, etc.

Du 6 déc. 1842.-C. de Grenoble, 1re ch.-M. Legagneur, pr.

(1) (Anne Roquan *C.* Brugnières.)—LE TRIBUNAL; —...Considérant que l'objection prise de ce que la prescription ayant commencé avant le mariage de ladite Anne Roquan, elle s'était continuée tant sur la tête de cette dernière que sur celle de ses enfants, quoiqu'en puissance de leur père, est mal fondée, quoiqu'on s'étaye de la doctrine de Serres, et d'un arrêt conforme rapporté par Catellan, liv. 7, chap. 15; que ledit arrêt d'ailleurs, contraire à la jurisprudence constante, est en opposition avec les véritables principes du droit d'après lesquels la prescription ne court pas contre les fils de famille pendant que leur père a l'administration et la jouissance de leurs biens, ce qui résulte de plusieurs textes, et notamment de la loi 1, C., *De bon. mat.*; de la loi 1, § 2, *De ann. except.*, C.; de la loi 4, *De bon. quæ lib. in fine*, C., et de la nov. 22, cap. 24; que, s'il en était autrement, le sort des fils de famille, relativement aux biens délaissés par leur mère, serait pire lorsque lesdits biens auraient été constitués, que lorsqu'ils seraient demeurés paraphernaux, ce qui serait absurde et contraire à l'esprit de toutes les lois; — Par ces motifs, etc.

Du 16 pluv. an 12.-Trib. d'app. de Toulouse.-M. Desazars, pr.

la loi, qui ne permettent ces avantages que dans certaines limites et qui les rendent révocables (V. en ce sens M. Duranton, nº 299). —Ainsi le mari ne peut se prévaloir de la possession qu'il a eue, *animo domini*, pendant le mariage, d'un immeuble qu'il ignorait appartenir à sa femme. Et, suivant M. Troplong, nº 742, malgré même la séparation de biens, la prescription ne courrait pas, durant le mariage, contre la femme qui s'abstiendrait d'exiger de son mari les sommes à elle dues. — Le plus souvent, au surplus, les droits de la femme étant décrits dans le contrat de mariage, ou du moins connus des époux, le mari est réputé, par cela seul, les avoir reconnus ; de sorte qu'à supposer qu'il eût commencé à prescrire avant le mariage, cette reconnaissance opérerait interruption (Conf. M. Troplong, nº 743). — Jugé qu'après la séparation de corps la prescription court entre époux, mais qu'elle ne court pas pendant l'instance en séparation (Bruxelles, 13 oct. 1822. M. Spruyt, av. gén., c. conf., aff. Haes).

709. L'art. 2253, qui interdit le cours de la prescription entre époux, s'applique à l'action en révocation des avantages nuptiaux pour cause d'ingratitude : cette action ne saurait être prescrite par le laps d'une année à partir de l'accomplissement des faits d'ingratitude (Rej. 17 mars 1835 (1); et dans un sens contraire, Orléans, 19 nov. 1842, aff. Joly *C.* Nouvellon, V. Disp. entre-vifs, nº 2383).— Mais la prescription de l'action en rescision de vente pour cause de lésion court entre époux : l'art. 1676 c. nap. n'est pas modifié par l'art. 2253 (Toulouse, 24 juill. 1839) (2).—Et si la prescription de cette action était suspendue

---

(1) *Espèce :*—(Ozenne *C.* Ozenne.)—Le sieur Ozenne se maria, en 1791, sous l'empire du statut matrimonial normand.—Pendant la durée de ce mariage, l'épouse du sieur Ozenne perdit sa mère. La masse de la succession qu'elle recueillit comprenait, entre autres valeurs, une somme de 30,000 fr., en bons de liquidation sur l'État, provenant de la vente forcée de plusieurs immeubles expropriés pour cause d'utilité publique. — En 1828, la dame Ozenne demanda, contre son mari, la séparation de corps, pour cause de mauvais traitements. Cette séparation fut définitivement prononcée, le 3 août 1828, par un arrêt de la cour de Rouen, qui confirma un jugement du tribunal d'Avranches, du 19 juin précédent. — En vertu de ces décisions, la dame Ozenne poursuivit, contre son mari, la liquidation de ses droits et reprises. Parmi les objets de ses réclamations, elle a spécialement compris la somme entière des 30,000 fr. en bons de liquidation, trouvée dans la succession de sa mère. — Le sieur Ozenne, de son côté, alléguait que cette somme de 30,000 fr. ne constituait qu'une valeur mobilière, et, à ce titre, il prétendait avoir le droit d'en retenir, en toute propriété, la moitié, aux termes de l'art. 390 de la cout. de Normandie, qui accorde au mari la propriété de moitié du mobilier échu à la femme. — La dame Ozenne se bornait, à l'appui de sa réclamation, à prouver que les 30,000 fr. en bons de liquidation étaient, en réalité, valeur immobilière. Elle argumentait de l'origine constante de ces bons ; mais il ne fut aucunement question ni de la nature de l'avantage consacré au profit du mari par l'art. 390 de la coutume, ni de la révocabilité de cet avantage. — 7 avr. 1831, jugement du tribunal d'Avranches, qui repousse la réclamation de la dame Ozenne, et autorise le sieur Ozenne à retenir la moitié des 30,000 fr. en bons de liquidation. Ce jugement statuait en même temps sur plusieurs autres chefs de conclusions.

Appel par toutes les parties. — La dame Ozenne prétendit, pour la première fois, que la séparation de corps par elle obtenue ne permettait pas au sieur Ozenne de faire valoir les dispositions de l'art. 390, parce que cet article constituait, en faveur du mari, un véritable avantage dont à raison d'ingratitude, le sieur Ozenne devait être privé. — Le sieur Ozenne, de son côté, soutint la réclamation de sa femme tout à la fois mal fondée et non recevable : mal fondée, en ce que l'art. 390 ne constituait pas un avantage au profit du mari, et parce que cet avantage, s'il existait, n'était pas révocable ; non recevable à deux titres : 1º parce que le moyen tiré de la révocation résultant de la séparation de corps était une demande nouvelle ; 2º parce que cette demande aurait dû être formée dans l'année des mauvais traitements qui avaient motivé la séparation. — 22 fév. 1832, arrêt de la cour de Caen ; elle décide que l'art. 390 de la coutume constituait un véritable avantage statutaire, révocable pour cause des mauvais traitements du mari ; que, dans l'espèce, cette révocation n'était qu'un moyen nouveau à l'appui de la demande en reprise soumise aux premiers juges, et non point une demande nouvelle ; que cette révocation, réglée par les dispositions de la coutume et non par celles du code civil, avait été opposée en temps utile.

Pourvoi du sieur Ozenne : —1º Violation des art. 957 et 2281 c. civ. en ce que la cour royale a rejeté la fin de non-recevoir tirée de la prescription.

2º Fausse interprétation de la loi : 1º en ce que l'arrêt attaqué considère comme un avantage réel, une donation statutaire, la portion attribuée au mari dans les meubles échus à sa femme ; 2º en ce qu'il déclare cet avantage susceptible de révocation pour cause d'ingratitude.—Arrêt (apr. dél. en ch. du cons.).

La cour ;—...Sur le deuxième moyen :—Attendu que la prescription annale invoquée ne pouvait s'appliquer à l'espèce, 1º parce que le contrat de mariage remontait à 1791, époque où le statut normand admettait la révocation de donation pour cause d'ingratitude, pendant toute la vie du donateur et du donataire ; 2º qu'en admettant même que l'art. 957 c. pr. pût être invoqué, il ne serait pas applicable aux époux, ainsi que dispose l'art. 2253 du même code, qui statue d'une manière générale que la prescription ne court pas entre époux ; — Sur le troisième moyen : — Attendu que la disposition de l'art. 390 de la cout. de Normandie contient un véritable avantage statutaire, équivalent dans ses effets à une donation conventionnelle par l'adoption qu'en font les époux en se mariant sous l'empire du statut, et que sous cet aspect, l'avantage statutaire était révocable ; que, par tous ces motifs, l'arrêt n'a violé aucun texte de loi ; — Rejette.

Du 17 mars 1835.-C. C., ch. civ.-MM. Portalis, 1er pr.-Bonnet, rap.-Gartempe fils, av. gén., c. conf.-Mandaroux-Vertamy et Nachet, av.

(2) *Espèce :* — (Femme Bal *C.* Bal.) — 1er juin 1817, vente par la femme Lannes à Bal, de trois pièces de terre, moyennant 500 fr. — Le 18 mai 1818, mariage entre la femme Lannes et Bal, c'est-à-dire onze mois et dix-huit jours après la vente consentie. — Le mauvais état des affaires de Bal oblige sa femme à demander la séparation de biens : le 13 fév. 1836, elle est prononcée. Un an et dix-huit jours après la séparation de biens, le 2 mars 1837, la dame Bal demande la rescision de la vente de 1817, pour cause de lésion de plus des sept douzièmes. Les terrains, objet de cette vente avaient été expropriés sur Bal, et les adjudicataires les avaient eux-mêmes vendus à des tiers. La demande de la femme Bal est dirigée à la fois contre son mari et contre les tiers détenteurs : ceux-ci appellent en garantie les adjudicataires, leurs vendeurs. — Les défendeurs soutiennent que l'action de la dame Bal est non recevable, pour n'avoir pas été formée dans le délai de l'art. 1676 c. civ., que ce délai est de rigueur et court contre la femme mariée, comme contre un vendeur ordinaire ; qu'en tous les cas, en admettant que le délai soit suspendu pendant le mariage, il s'est écoulé deux ans pendant lesquels la femme a eu le libre exercice de ses droits, c'est-à-dire onze mois et dix-huit jours depuis la vente jusqu'à l'époque de son mariage, et un an et dix-neuf jours depuis la séparation de biens prononcée jusqu'à la demande en rescision (c. civ. 1581.)

9 déc. 1837, jugement du tribunal de Castel-Sarrasin, qui déclare la femme Bal non recevable en sa demande : — « Attendu, en droit, qu'aux termes de l'art. 1676 c. civ., l'action en rescision pour cause de lésion n'est plus recevable après le délai de deux ans, et que ce délai court contre la femme mariée ;—Que cet article l'énonce en termes clairs et précis, et ne laisse aucun doute sur le sens des termes absolus dans lesquels il est conçu ; qu'il comprend sur la même ligne le vendeur ordinaire, les mineurs, les interdits venant du chef d'un majeur, et la femme mariée, sans distinction aucune quant à celle-ci, le délai dont il s'agit audit article étant d'ordre public ; — Qu'il suit dès lors que, puisque la femme Bal a laissé écouler un intervalle de plus de deux ans sans intenter son action, ainsi que cela résulte du rapprochement de l'époque de la vente avec celle de la licitation, il y a lieu de prononcer contre elle la déchéance prévue par l'art. 1676 ; — Attendu, au surplus, que si l'on pouvait soutenir que la prescription a été suspendue au profit de la femme Bal jusqu'au jugement de la séparation de biens, il est vrai cependant de dire qu'à partir du jour de cette séparation, elle a repris son libre cours, puisque, aux termes de l'art. 1561, la prescription continue après la séparation de biens, quelle que soit l'époque à laquelle elle a commencé ;— Que c'est ainsi, en effet, que s'explique l'art. 1561 : d'où il suit encore qu'en réunissant le temps antérieur au mariage au temps écoulé depuis la séparation de biens jusqu'au jour de la demande, le délai de deux ans se trouve plus qu'accompli ; — Attendu, d'un autre côté, que, d'après l'art. 2254, la prescription court contre la femme mariée ; que si, d'après l'art. 2256, il y a exception lorsque l'action de la femme réfléchit contre le mari, cette règle se trouve toujours modifiée par l'art. 1676, qui est exceptionnel de sa nature, et qui, au surplus, pour le cas dont il s'occupe, fait courir la prescription sans exception aucune pour la femme mariée ; — Attendu que, dans l'espèce actuelle, le mari étant à la fois acquéreur et vendeur, l'action en lésion de la femme Bal, loin de rendre sa condition pire, paraît, au contraire, d'après toutes les circonstances de la cause, avoir été concertée dans un but d'utilité pour elle et pour lui au préjudice des créanciers, et que, d'ailleurs, il n'y a pas dans la cause réflexion proprement dite contre le mari, puisque l'action en rescision est directement intentée par la femme Bal contre son mari ; ce qui démontre de plus fort l'inapplicabilité à l'espèce de l'art. 2256, portant qu'il y a lieu de rejeter par ce nouveau motif l'action en lésion. » — Appel.— Arrêt.

La cour ; — Adoptant les motifs, etc., a démis de l'appel.

Du 24 juill. 1839.-C. de Toulouse, 1re ch.-M. Pinel de Truilhas, f. f. pr.

pendant le mariage, elle reprendrait son cours à dater du jugement prononçant la séparation de biens entre époux (c. nap. 1561; même arrêt).

Une question délicate s'est présentée. Une femme avait la possession d'un immeuble avant le mariage. Celui qu'elle épouse achète du propriétaire cet immeuble même dont sa femme avait la possession. L'art. 2253 était-il applicable dans ce cas, en ce sens, que la prescription qui courait au profit de la femme avait été suspendue pendant le mariage. La cour de Bastia a très-bien décidé la négative par la raison que le mari ne peut acquérir pendant le mariage des droits inconciliables avec ceux de la femme dont il est le protecteur naturel et le défenseur légal. En effet, s'il n'en était pas ainsi, les dispositions de l'art. 2253, bien loin d'avoir pour résultat de maintenir la bonne harmonie dans la famille, y porteraient au contraire le trouble et le désordre (Bastia, 6 juin 1854, aff. Costa, D. P. 56. 2. 8).

710. *Femmes mariées.*—Il faut d'abord se bien fixer sur ce point que le mariage ne garantit pas la femme de la prescription que les tiers peuvent acquérir contre elle, car la dépendance où elle est de son mari ne l'empêche pas de se faire autoriser en justice à faire valoir elle-même ses droits, lorsque son mari les néglige. — Cela résulte des dispositions de l'art. 2254 ainsi conçu : la prescription (soit qu'elle ait ou non commencé avant le mariage) court contre la femme mariée, encore qu'elle ne soit point séparée par contrat de mariage ou en justice, à l'égard des biens dont le mari a l'administration, sauf son recours contre le mari (Conf. M. Troplong, n° 748). — D'où il résulte évidemment qu'elle court contre la femme *séparée de biens*, puisque celle-ci a l'entière administration de ses biens et qu'aucune garantie ne lui est accordée contre son mari à raison de ceux qu'elle laisserait prescrire. — Ces principes étaient ceux de l'ancien droit, et l'on peut lire à cet égard très-utilement, Merlin, Quest. de dr., v° Prescription, § 6.

711. On vient de voir que la femme a recours contre son mari dans le cas où, par l'effet de la négligence de celui-ci, des prescriptions ont été acquises contre elle.—On a demandé si l'insolvabilité du mari, dans le cas où il est responsable de la prescription des biens de sa femme, autorise celle-ci à se faire restituer contre la prescription? La négative nous paraît hors de doute. De même que le mari pouvait vendre ces biens et en dissiper le prix, sauf à la femme son seul recours contre lui, de même il a pu les laisser prescrire, sans risque pour les détenteurs (V. en ce sens un arrêt du parlement de Toulouse du 2 août 1702, cité par Dejuin; deux arrêts des 4 juin 1704 et 4 avr. 1707, rappelés par Serres, p. 193; et deux arrêts du parlement de Grenoble, rapportés par Chorier, Jurisp. de Guy-Pape, p. 321). Toutefois, le parlement d'Aix avait adopté une jurisprudence contraire.

712. La règle que la prescription court contre la femme pendant le mariage, qu'elle soit ou non séparée de biens, souffre trois exceptions : 1° la prescription ne court point pendant le mariage à l'égard de l'aliénation d'un fonds constitué sous le régime dotal conformément à l'art. 1561 au titre du contrat de mariage et des droits respectifs des époux (art. 2255); 2° la prescription est pareillement suspendue pendant le temps du mariage dans le cas où l'action de la femme ne pourrait être exercée qu'après une option à faire sur l'acceptation ou la renonciation à la communauté (art. 2256, § 1); 3° elle est pareillement suspendue dans le cas où le mari ayant vendu le bien propre de la femme sans son consentement, est garant de la vente, et dans tous les autres cas où l'action de la femme réfléchirait contre son mari (art. 2256, § 2).

713. *Première exception.*—«La prescription ne court point pendant le mariage à l'égard de l'aliénation d'un fonds constitué selon le régime dotal, conformément à l'art. 1561 au titre du contrat de mariage et des droits respectifs des époux.»— L'inaliénabilité du fonds dotal deviendrait souvent illusoire s'il n'était point imprescriptible durant le mariage. — Toutefois cette imprescriptibilité des immeubles dotaux non déclarés aliénables par le contrat de mariage n'aurait pas lieu si la prescription avait commencé avant le mariage (1561), et elle cesserait après la séparation de biens, quelle que fût l'époque à laquelle la prescription eût commencé (même art.).—Quant à la question très-grave de savoir si la seconde disposition de l'art. 1561, auquel se réfère l'art. 2255, n'a en vue que la prescription résultant de la possession, ou d'un titre non émané de la femme elle-même, V. Contr. de mar., n° 3927. — Jugé que le fonds dotal était aussi, sous le droit romain, susceptible d'être prescrit pendant le mariage, si la prescription avait commencé auparavant (Req. 13 déc. 1830, aff. Charmasson, v° Contr. de mar., n° 3910).

714. Si, pendant l'indivision d'une succession, à laquelle est appelée une femme mariée sous le régime dotal, l'un des héritiers vend un des immeubles de cette succession et qu'ensuite, par l'effet du partage, cet immeuble soit attribué à la femme mariée, celle-ci peut forcer le tiers acquéreur au délaissement, sans que ce dernier puisse exciper contre elle de ce qu'ayant joui, avec titre et bonne foi, pendant plus de dix ans avant le partage, il a prescrit la propriété. En effet, aux termes de l'art. 883 c. nap., elle est censée avoir succédé seule à l'objet compris dans son lot (Bordeaux, 23 janv. 1830) (1). — Il est à remarquer que dans cette affaire, une portion d'immeuble avait été attribuée à la

---

(1) (Grand C. Coiral et autres.) — LA COUR; — Attendu que Coiral, ayant joui pendant dix ans, avec titre et bonne foi, des deux pièces de terre dont s'agit entre les parties, aurait pu se prévaloir de la prescription décennale, pour repousser la demande en désistat formée contre lui, si ces deux pièces de terre eussent été, de leur nature, prescriptibles; — Mais attendu qu'il est établi au procès que ces deux pièces de terre, désignées, dans les contrats de vente, l'une par le nom de Grandchamp, l'autre sous celui de pré du Pont d'Abjat, font partie de la constitution dotale de Marguerite Lalue, épouse Grand, et que, dans nos principes, le fond dotal étant imprescriptible, il en résulte que ces deux pièces de terre n'ont pu être atteintes par la prescription décennale; — Attendu que, pour échapper à cette conséquence, Coiral soutient vainement qu'il avait acquis lesdites pièces de terre, et qu'il en jouissait depuis plus de dix ans, lorsqu'elles ont été attribuées à la femme Grand, par le partage qui a eu lieu entre elle et ses frères et sœurs, ou leurs représentants, le 1er avr. 1826; qu'à cette époque, la prescription était commencée en sa faveur, et que ce partage n'a pu lui faire perdre un droit qui lui était irrévocablement acquis; — Que, pour repousser cette objection, il suffit de rappeler quelques principes, et d'en faire l'application à la cause;

Attendu, en effet, qu'il est de principe en France : 1° que le mort saisit le vif, et que, dès l'instant de l'ouverture d'une succession, tous les héritiers légitimes sont saisis de plein droit de tous les biens, droits et actions du défunt; 2° que, jusqu'au partage, et tant que dure l'indivision, ils ont tous un droit égal à la succession, et que l'un ne peut pas en disposer au préjudice de l'autre en tout ou en partie; 3° que les créanciers d'un copartageant peuvent intervenir dans le partage pour éviter qu'il ne soit fait en fraude de leurs droits; mais que, le partage une fois consommé, ils ne peuvent l'attaquer, à moins qu'il n'y ait été procédé sans eux, et au préjudice d'une opposition qu'ils auraient formée; 4° que, par l'effet du partage, chaque cohéritier est censé avoir succédé seul à tous les objets compris dans son lot; — Qu'il résulte de ces règles, puisées dans l'ancien droit, et consacrées par le code civil, qu'au décès des père et mère des enfants Lalue, Marguerite Lalue, épouse Grand, a eu un droit égal à celui de ses frères et sœurs sur tous les biens dépendant de cette succession, et que Jean Lalue, son frère aîné, n'a pas eu le droit de disposer, à son préjudice, et sans son consentement, des deux pièces de terre dont s'agit au procès, et qui en dépendaient; — Que si, par l'effet du partage qui a eu lieu postérieurement entre ledit Jean Lalue et ses frères et sœurs, ces deux pièces de terre ont été mises dans le lot de Marguerite Lalue, la loi suppose qu'elles n'ont jamais cessé de lui appartenir, qu'elle y a succédé seule et immédiatement; elle l'autorise à les reprendre dans quelques mains qu'elles se trouvent; qu'à la vérité Coiral, en sa qualité de créancier de Lalue aîné, aurait eu la faculté d'intervenir dans ce partage, et de veiller à ce qu'il ne fût pas fait en fraude de ses droits; mais que, n'ayant pas jugé à propos d'user de cette faculté, et le partage étant consommé, il ne peut plus se plaindre de ce partage, contre lequel, d'ailleurs, il n'a argué aucun moyen de dol et de fraude; qu'il suit de là que ladite Marguerite Lalue ayant recueilli seule et immédiatement, en vertu de la fiction de la loi, qui fait remonter ses droits à l'instant de l'ouverture de la succession de ses père et mère, les deux pièces de terre de Grandchamp et de Pont d'Abjat, c'est comme si ces deux pièces de terre n'étaient jamais sorties de ses mains; qu'ainsi Coiral n'a pas pu les prescrire avant qu'elle en fût devenue propriétaire, et qu'il faut toujours en revenir à la question de savoir si ces deux pièces de terre pouvaient être sujettes à la prescription;

Attendu, en fait, qu'il n'est pas contesté qu'elles ne forment une dépendance des successions des père et mère communs; qu'il est également constant que, par son contrat de mariage du 7 pluv. an 7, Marguerite Lalue s'est constitué tous ses biens et droits; — Attendu qu'il est de jurisprudence dans notre ressort que le terme de dot n'est pas sacramentel,

femme pour l'indemniser des intérêts de sa dot qui lui étaient dûs, et, comme aux termes de l'art. 1549 c. nap., le mari a seul le droit de percevoir les intérêts de la dot, on soutenait que cette portion d'immeuble appartenait au mari et était dès lors prescriptible. L'arrêt a repoussé avec raison cette prétention, en s'appuyant d'une part sur ce que le mari n'avait pas réclamé lesdits intérêts, et que d'une autre part, aux termes de l'art. 1468, la femme était devenue propriétaire de tous les immeubles à elle échus, sauf à indemniser la commmunauté de la somme qu'elle avait fournie pour cette acquisition.

715. Quant aux immeubles dotaux stipulés aliénables, ils sont sans contredit prescriptibles, ainsi que le mobilier dotal sauf la garantie accordée à la femme à raison des prescriptions survenues par la négligence du mari (c. nap. 1562). — Les biens paraphernaux, meubles ou immeubles, sont également susceptibles de prescription, et cette prescription ne ferait naître même aucune garantie au profit de la femme contre son mari.

716. *Deuxième exception.* — La prescription est pareillement suspendue pendant le temps du mariage, dans le cas où l'action de la femme ne pourrait être exercée qu'après une option à faire sur l'acceptation ou la renonciation à la communauté (c. 2256). — Ainsi, il y aurait lieu à la suspension de la prescription, si l'action de la femme se trouvait subordonnée au choix que lui attribue l'art. 1408 de retirer, à la dissolution de la communauté, ou d'abandonner l'immeuble dont elle était copropriétaire par indivis au moment où son mari l'a acquis seul et en son nom personnel. — Autre exemple : Si une femme mariée a dans son contrat de mariage ameubli un immeuble (art. 1505), mais sous la condition que l'ameublissement sera non avenu si elle renonce à la communauté, elle a sur cet immeuble, pendant que la communauté dure, un droit de propriété conditionnel, un droit dépendant de cette condition : *s'il y a renonciation à la communauté.* Cela étant, si le mari aliénait cet immeuble, la prescription ne courrait pas en faveur de l'acquéreur pendant la durée de la communauté, puisqu'il s'agit d'une action que la femme ne peut exercer qu'après son option sur l'acceptation ou la répudiation et dans ce cas de répudiation. — V. Marcadé, art. 2256, n° 4).

La disposition de l'art. 2256-1° n'est-elle qu'une application de la règle plus générale de l'art. 2257, et n'est-ce pas dès lors la conditionnalité des droits dont il s'agit audit article qui en fait suspendre la prescription? L'affirmative est soutenue par M. Troplong. — M. Marcadé, *loc. cit.* pense au contraire que cette disposition a son motif distinct et particulier, comme elle a sa portée particulière.

717. *Troisième exception.* — La prescription est pareillement suspendue dans le cas où le mari, ayant vendu le bien propre de sa femme sans son consentement, est garant de la vente, et dans tous les autres cas où l'action de la femme réfléchirait contre le mari : par exemple, lorsque le mari s'est constitué caution ou débiteur solidaire de sa femme. Il est bien entendu que dans les cas prévus, la prescription est suspendue pendant le mariage, quand même elle aurait commencé auparavant. On saisit, du reste, aisément le motif de la disposition dont il s'agit : il fallait éviter, dans l'intérêt de l'union des époux, les contestations que susciteraient au mari les recours en garantie auxquels donneraient lieu contre lui, de la part des tiers, les poursuites exercées par sa femme. — Il faut bien comprendre les dernières expressions du § 2 de l'art. 2256 : *dans tous les autres cas où l'action réfléchirait contre le mari.* Cela veut dire dans le cas où les tiers auraient, par suite de l'action de la femme, à exercer un recours contre son mari.

718. La règle d'après laquelle la prescription est suspendue pendant le mariage au profit de la femme, lorsque son action réfléchirait contre son mari, a toujours régi l'association conjugale (Rej. 28 fév. 1825, aff. Poux, v° Contr. de mar., n° 3930), et spécialement, la loi du 11 brum. an 7, en assujettissant les femmes mariées à l'inscription de leurs droits hypothécaires et en les assimilant à cet égard aux autres créanciers, n'a pas entendu par là les soumettre à la prescription quant à l'exercice de ses droits, sans distinction entre le cas où leur action réfléchirait et celui où elle ne réfléchirait pas contre le mari (Rej. 27 déc. 1854, D. P. 55. 1. 32). — Jugé également que si l'aliénation du douaire, lequel était inaliénable suivant la coutume de Normandie, a été consentie conjointement avec le mari et avec son autorisation, la prescription de dix ans ne peut courir en faveur de l'acquéreur de bonne foi, qu'à partir de la dissolution du mariage (Rouen, 21 nov. 1828 (1); V. Normandie, n° 81).

719. Si une femme mineure vend, solidairement avec son mari,

---

et que tout ce que la femme se constitue, ou qui lui est donné ou constitué en faveur et contemplation de son mariage, est regardé comme dotal; — Attendu que la loi déclare le fonds dotal imprescriptible (art. 1561 c. civ.); qu'il suit de là que les deux pièces de terre de Grandchamp et du Pont d'Abjat n'ont pu être prescrites, et que Coiral ne peut être dispensé d'en faire le délaissement;

Attendu cependant que, pour échapper à ce résultat, on fait, dans l'intérêt de Coiral, une seconde objection qu'il est important d'apprécier; on a prétendu que l'acte de partage du 1er avr. 1826 établissait qu'il était entré dans le lot de Marguerite Lalue, en sus des capitaux auxquels elle avait droit, une portion d'immeubles, jusqu'à concurrence de 904 fr., pour lui tenir lieu de la restitution des fruits pendant dix-sept années, dont son frère lui était redevable; que cette somme de 904 fr. n'appartenait point à Marguerite Lalue, mais à Grand, son mari, qui, aux termes de l'art. 1549 c. civ., avait seul le droit de percevoir les fruits et les intérêts de sa dot; d'où l'on a tiré cette conséquence que si Coiral devait être condamné au désistat des deux pièces de terre de Grandchamp et du Pont d'Abjat, il faudrait en distraire jusqu'à la concurrence de la somme de 904 fr. injustement allouée à Marguerite Lalue, pour lui tenir lieu d'une restitution de fruits qu'elle ne pouvait réclamer;

Attendu que, quelque spécieuse que soit cette objection, elle doit cependant céder en présence des principes qui la repoussent; — Qu'il est, en effet, de règle qu'en matière de partage d'une hérédité, les fruits augmentent la succession, suivant la maxime *fructus augent hæreditatem;* qu'ils sont sujets au rapport, et que chacun des héritiers a le droit d'en demander sa part réelle ou fictive; qu'ainsi, sous ce premier point de vue, il est évident que Jean Lalue ne pouvait se dispenser de restituer à Marguerite, sa sœur, les fruits de sa portion héréditaire, dont il avait indûment joui à son préjudice; — Qu'à la vérité, Grand, en sa qualité de mari de Marguerite Lalue, aurait eu le droit de réclamer ces fruits pour l'aider à soutenir les charges du mariage, et que sa femme n'aurait eu aucun moyen pour s'y opposer; mais que Grand n'ayant pas jugé à propos d'user de ce droit, étant constant, en fait, que ces fruits étaient encore dus lors du partage, ce partage, d'ailleurs, n'ayant été, ni ne pouvant être attaqué, il s'ensuit que Marguerite Lalue a pu s'en faire payer comme formant une dépendance de sa constitution dotale, et que Grand, seul qui aurait eu le droit de s'en plaindre, n'ayant élevé à cet égard, aucune réclamation, Coiral, pas plus qu'aucun autre créancier, ne peut lui contester ses droits à cette restitution de fruits, et attaquer ainsi indirectement, un partage que la loi oblige tous les créanciers à respecter;

Attendu, sous un autre rapport, que l'acte de partage du 1er avr. 1826, ayant attribué à Marguerite Lalue des immeubles pour la somme de 904 fr., pour lui tenir lieu de la restitution de fruits dont son frère était redevable, soit envers elle, soit envers son mari, elle est devenue propriétaire incommutable de ces immeubles, aux termes de l'art. 1408 c. civ., sauf à indemniser la communauté de la somme qu'elle a fournie pour cette acquisition; d'où il suit que, sous aucun rapport, il n'est pas possible d'autoriser Coiral à retenir les 904 fr. dont s'agit, et que le désistat qui doit être prononcé contre lui doit être plein et entier, et porter sur les deux pièces de Grandchamp et du Pont d'Abjat; — Émendant, condamne Coiral à se désister en faveur des appelants : 1° de la pièce de terre appelée Grandchamp; 2° de la pièce de pré dite du Pont d'Abjat, limitées et confrontées dans l'acte de partage du 1er avr. 1826, et ce, avec restitution des fruits depuis le jour de la demande, lesquels fruits seront liquidés d'après le mode indiqué aux art. 129 et 526 c. pr.

Du 23 janv. 1850.-C. de Bordeaux, 2e ch.-M. Duprat, pr.

(1) *Espèce :* — (Veuve Duboc C. Duquesne.) — La dame Duboc, mariée sous la coutume de Normandie, puis séparée de biens, obtint, le 10 nov. 1814, en vertu d'un tirage des lots, fait conformément au prescrit de cette coutume, la mise en possession de son douaire. Le lendemain, 11 novembre, elle vendit, conjointement avec son mari, et de lui autorisée, moyennant 9,500 fr. au sieur Duquesne, le droit d'usufruit, qui formait son douaire. Depuis, le sieur Duboc décède.

En 1827, dix ans après la vente, mais moins de dix ans après le décès de Duboc, sa veuve réclame la restitution de son douaire. — Duquesne résiste à cette demande, sur le motif que la séparation étant l'époque de l'ouverture du douaire, l'usufruit qui le constitue, doit être considéré comme ayant le même caractère qu'un immeuble acquis depuis cette séparation, et que, s'il en est ainsi, la validité de la vente, faite le 11 nov. 1814, est incontestable; que, d'ailleurs, le droit d'attaquer la vente est anéanti par la prescription, soit aux termes de l'art. 1561 c. civ., si on considère le douaire comme immeuble dotal, soit d'après la disposition de l'art. 1304 même code, s'il est reconnu comme immeuble

et sans formalités, l'immeuble à elle propre, l'action rescisoire est suspendue, non pas seulement jusqu'à la majorité de la femme, mais tant que dure le mariage. — Il en serait de même dans le cas où la femme mineure vendrait l'immeuble qui lui est propre, conjointement avec son mari, quoique sans solidarité (Paris, 27 janv. 1840, v° Vente. — Conf. Merlin, Quest., v° Prescript., § 6, art. 4; M. Troplong, n° 771).

720. Si le mari se bornait à autoriser sa femme mineure à vendre l'immeuble qui lui est propre, rien ne suspendrait l'action en nullité pendant le mariage, car l'autorisation donnée par le mari ne l'engage pas, et il n'y aurait aucune raison pour que la demande de la femme réfléchit sur lui. C'est l'opinion de M. Troplong, n° 772.—Une induction contraire résulte d'un arrêt rendu en matière dotale; mais la vente du fonds dotal cache presque toujours une fraude de la part du mari dans les mains duquel le prix passe d'ordinaire.—V. v° Contr. de mar., n° 1586.

721. Nous venons de nous occuper du cas où il s'agit pour la femme d'évincer l'acquéreur des biens propres aliénés : voyons ceux où elle aurait action pour se dégager d'obligations personnelles qu'elle aurait contractées. — Nous parlerons d'abord des obligations que la femme a contractées pour son propre intérêt, et ensuite de celles qu'elle a contractées dans l'intérêt de la communauté.

722. Lorsque la femme mineure a contracté, dans son intérêt propre, une obligation qui dépasse sa capacité, et à laquelle son mari a accédé comme caution ou coobligé solidaire, il y a suspension, durant le mariage, de l'action en rescision qui compète à la femme; car quoique, dans ce cas, le mari se trouve toujours obligé envers le créancier commun, soit que la femme se fasse restituer, ou non, néanmoins, la restitution exposant le mari à des poursuites plus rigoureuses de la part du créancier qui perd un de ses débiteurs solidaires, il a paru juste de ne pas faire courir, pendant le mariage, le délai de cette restitution (Merlin, Quest. de dr., v° Prescript., § 6, art. 4; M. Troplong, n° 774).

723. Lorsque le mari s'est obligé, conjointement avec sa femme mineure, pour les affaires de celle-ci, sans expression de solidarité, le délai de la restitution doit, suivant Maleville et Vazeille, courir durant le mariage. Dunod, au contraire, p. 256, et M. Troplong, n° 775, se prononcent, avec raison, pour la suspension, parce que l'action en restitution de la femme réfléchirait contre son mari. Vainement dit-on que, s'agissant des affaires de la femme, le concours du mari à l'obligation ne doit valoir que comme autorisation. Il y a tout à la fois, répond très-bien M. Troplong, autorisation et obligation. On ne peut effacer le sens du mot *obliger*, que le mari laisse écrire dans l'acte, avec une relation qui l'atteint personnellement. Le défaut de stipulation de solidarité empêche seulement qu'il soit obligé pour le total. Mais dès qu'il est obligé, même pour partie, l'action en restitution de sa femme réagirait sur lui.

724. Si le mari s'était borné à autoriser sa femme à contracter, il n'y aurait pas lieu à la suspension de la prescription (Conf. Maleville).

725. Que décider lorsque la femme mineure, après avoir accédé aux obligations du mari ou de la communauté, prétend se faire restituer? Il a été jugé que, dans ce cas, la prescription n'est point suspendue (Paris, 18 fév. 1809) (1).—La même doctrine est enseignée par M. Vazeille. « En se faisant restituer, dit-il, la femme n'attire pas sur son époux une action en garantie; elle détermine, il est vrai, sur lui seul, une action que le créancier aurait pu diviser; elle le laisse exposé à payer ce qu'il doit sans emprunt sur elle, et par là, sans doute, elle aggrave la position de son mari, parce qu'il lui serait plus commode de ne devoir qu'à sa femme. — Mais est-ce là une considération assez puissante pour avoir frappé le législateur? Non, etc. » Par cela que, de l'aveu de M. Vazeille, l'action de la femme *aggrave* la position du mari, M. Troplong conclut, n° 777, qu'il faut appliquer l'art. 2256, lequel suspend la prescription *dans tous les cas* où le fait de la femme retombe sur le mari. Cette opinion est aussi professée par Merlin, Quest. de dr., v° Prescription, et consacrée d'ailleurs par deux arrêts du parlement de Paris, des 27 mai 1672 et 1er juill. 1672, que cite cet auteur en remarquant que Brillon, v° Prescript., n° 56, fait mention d'un jugement semblable, rendu le 26 janv. 1711 par les commissaires du conseil.

726. L'action en nullité du contrat de mariage ne court pas pendant le mariage, alors que, par suite de ce contrat, le mari a agi de telle sorte que des tiers auraient recours contre lui, et que dès lors l'action de la femme aurait réfléchi contre le mari. — V. Contrat de mariage, n° 507.

---

d'une classe particulière. — Jugement qui accueille ces moyens. — Appel. — Arrêt.

La cour; — Considérant que le douaire, accordé aux femmes par l'ancienne coutume de Normandie, était un droit réel et foncier; — Que ce n'était point à droit successif que les femmes le réclamaient, puisqu'il leur était assuré le jour de la célébration du mariage, et que ce droit était inaliénable; — Qu'aux termes de l'art. 126 des Placités, la femme séparée de biens ne pouvait disposer que de ses meubles, et des immeubles par elle acquis depuis sa séparation, et que, quoique, par l'effet de cette séparation, elle avait droit de réclamer son douaire, l'usufruit des immeubles qui y étaient assujettis, ne pouvait être regardé comme acquêt dans sa main;

Considérant que la veuve Duboc avait usé du droit que le statut normand lui avait conféré, en acceptant, le 10 nov. 1814, le troisième lot qui lui était échu par non-choix, pour en jouir à titre de douaire; — Que le lendemain, 11 novembre, elle a usé d'une faculté que la loi lui refusait, en vendant au sieur Duquesne la jouissance de son droit de douaire; — Que l'assistance et la présence de son mari au contrat ne pouvait le rendre valide, et que l'acquéreur s'était rendu passible de l'action qui lui a été intentée;

Considérant que les dispositions de l'art. 2256 c. civ. sont générales, et que la prescription est suspendue, pendant le mariage, dans tous les cas où l'action de la femme réfléchirait contre le mari, afin de ne pas être forcée d'exercer des actions qui, devant réfléchir contre son mari, pourraient troubler la paix domestique; — Que, de l'expression générale de cet art. 2256, il résulte qu'il contient une exception, une modification aux art. 1504 et 1561 du même code, et qu'ainsi ces deux articles ne doivent pas recevoir leur application dans la cause actuelle, puisque Duboc, en autorisant et en consentant l'aliénation du douaire de sa femme, se rendait implicitement garant envers l'acquéreur, et que, dans le cas où la femme Duboc aurait attaqué, du vivant de son mari, le contrat du 11 nov. 1814, cette action aurait réfléchi contre ledit Duboc; — Que c'est donc contre la disposition formelle de l'art. 2256, que la veuve Duboc a été déclarée non recevable dans son action;

Considérant, néanmoins, que, par le contrat de vente, la veuve Duboc a reconnu avoir reçu de son acquéreur le prix du contrat; — Qu'elle n'apporte aucune justification, que ce prix aurait verti au profit de son mari, à son préjudice; — Que, lors de cette aliénation, elle ne s'est pas conformée à l'art. 127 des Placités.... — Réformant, sans avoir égard à la fin de non-recevoir, admise par les premiers juges, qui est déclarée mal fondée, et dont Duquesne est débouté; — Déclare inaliénable le douaire de la veuve Duboc, et, sans s'arrêter à l'acte du 11 nov. 1814, qui est déclaré nul, et ne pouvoir produire aucun effet sur ledit douaire, — Renvoie la veuve Duboc en propriété, possession et jouissance de son droit d'usufruit sur les biens y sujets, à partir du 5 fév. 1827; l'autorise à en jouir, conformément à la loi et à l'acte de confection et de choisie de lots du 10 nov. 1814; et, néanmoins, — Condamne la veuve Duboc à rembourser à Duquesne la somme de 9,500 fr., avec les intérêts du jour de l'envoi en possession du douaire, lequel remboursement ne pourra s'effectuer que sur les meubles et revenus des immeubles amobilisés, autres toutefois que ceux du lot à douaire.

Du 21 nov. 1828.-C. de Rouen, 2e ch.-M. Carel, pr.

(1) *Espèce :* — (Delavalette C. Courault.) — En 1794, le sieur Delavalette et la dame Daunoy, son épouse, s'obligent solidairement, par acte passé devant notaire, à payer au sieur Courault, qui la leur avait prêtée, la somme de 6,000 fr. Plus de dix ans après sa majorité, la dame Delavalette, devenue veuve, demanda contre le sieur Courault la nullité de son obligation, sur ce qu'au moment où elle l'avait souscrite, elle était mineure et sous la puissance maritale. — Le 27 mai 1808, jugement du tribunal de la Seine, qui déclara la dame Delavalette non recevable, « attendu que, depuis sa majorité, il s'était écoulé plus de dix ans avant sa demande en rescision de l'acte dont il s'agit. » — Appel par la dame Delavalette.—On dit, pour l'appelante, qu'il fallait déduire du temps qui était nécessaire pour prescrire contre elle le temps qu'avait duré le mariage; car, à cette époque, la dame Delavalette n'avait pu agir et l'on invoquait la maxime *contrà non valentem*, etc. — Arrêt.

La cour; — Attendu que la rescision, pour cause de minorité, ne peut être demandée que dans les dix ans du jour de la majorité légale, et que, dans l'espèce, le mariage subsistant ne faisait point obstacle à la demande, puisque le mari étant engagé, l'action était sans conséquence pour lui, et ne rendait pas sa condition pire; — Dit qu'il a été bien jugé.

Du 18 fév. 1809.-C. d'appel de Paris, 5e sect.

727. C'est une grave question de savoir si la prescription, dans le cas où l'action de la femme réfléchirait contre le mari, demeure suspendue, même après la *séparation de biens*. — M. Vazeille, n° 294, soutient avec force la négative. Il s'attache à prouver d'abord que cette opinion est seule conforme à la doctrine la plus généralement consacrée avant le code, soit par les coutumes, soit par l'autorité des auteurs et des arrêts. Il développe en second lieu les raisons qui ont dû porter nos nouveaux législateurs à prendre, conformément à l'ancien droit, la séparation de biens pour point de départ de la prescription contre les actions de la femme dont le mari est garant. Ces raisons sont principalement que la prescription étant de droit commun, sa suspension doit être restreinte aux cas où elle est commandée par une impérieuse équité; que si l'intérêt de la femme doit prévaloir, tant qu'elle est sous la dépendance maritale, contre celui des tiers qui ont traité de ses biens avec son mari, l'intérêt des tiers semble devoir à son tour l'emporter quand la femme a recouvré l'exercice de ses actions; qu'après les hostilités directes que la femme est obligée d'exercer envers son mari en vertu du jugement de séparation, ce que des poursuites contre les tiers peuvent ajouter au ressentiment de ce dernier ne semble pas fort à considérer; qu'il importe enfin de ne pas laisser trop longtemps les propriétés incertaines, et de prévenir des procès d'autant plus difficiles à débrouiller que leur cause est plus ancienne. —Pour prouver que le texte de la loi est conforme à son opinion, M. Vazeille fait remarquer que l'art. 1561 c. nap. dispose que les immeubles dotaux imprescriptibles deviennent prescriptibles après la séparation de biens. Or l'art. 2255 ne fait que confirmer les dispositions de l'art. 1561. Quant à l'art. 2256, il se rattache à l'art. 2255 par le mot *pareillement*. La prescription est *pareillement* suspendue, etc., ce qui veut dire qu'elle est suspendue dans les mêmes conditions et pendant le même temps que la prescription des biens dotaux. En vain voudrait-on repousser cette interprétation par les mots *pendant le mariage*; car cette expression est évidemment inexacte. En effet, on ne peut soutenir que l'action de la femme qui ne peut être exercée qu'après une option à faire sur l'acceptation ou la renonciation de la communauté reste imprescriptible après la dissolution de cette communauté. En interprétant sainement le mot *pareillement*, et écartant les deux mots *pendant le mariage*, on arrive à cette conclusion que l'art. 2256 s'en réfère à l'art. 1561, et admet que les actions de la femme, dans les cas prévus dans ces deux numéros, cessent d'être imprescriptibles quand la séparation de biens est prononcée.

728. Ces raisons, toutes spécieuses qu'elles soient, ne sauraient nous faire adopter le système de M. Vazeille. L'interprétation donnée au mot *pareillement* inséré au commencement de l'art. 2256 est subtile et forcée. La *prescription est pareillement suspendue* signifie seulement, « il y a *encore*, il y a *également* lieu à la suspension de la prescription dans tel ou tel cas. » Ce sera d'après les dispositions ultérieures de la loi et son esprit qu'il faudra décider si la nouvelle suspension qu'elle prononce est ou non semblable pour la durée à celle qu'elle a précédemment établie. Il suivrait de l'interprétation de M. Vazeille que si la loi portait : « la prescription est *pareillement* suspendue pendant le mariage, *même après la séparation*, » ces expressions, placées à la suite de l'art. 2255, renfermeraient une contradiction, ce qu'en vérité il nous est impossible d'admettre. — D'un autre côté, quoique les n°s 1 et 2 de l'art. 2256 n'aient, comme le fait observer M. Vazeille, qu'une même mesure de suspension déterminée par ces mots *pendant le mariage*, néanmoins nous ne pensons point que l'on doive s'attacher si rigoureusement à la lettre de la loi, fautive ou non, que la simple séparation de biens ne puisse dans aucun cas faire courir la prescription contre la femme. Elle le pourra, au contraire, toutes les fois qu'il s'agira d'une action dont la loi n'avait suspendu la prescription, pendant le mariage, que par le seul motif que pour être exercée cette action exigeait de la part de la femme une option préalable à faire sur l'acceptation ou la renonciation à la communauté. L'impossibilité de cette option avant la séparation est dans ce cas la seule cause de la suspension de la prescription. L'impossibilité venant à cesser, la femme rentre dans le droit commun, suivant lequel la prescription court contre toutes personnes. — Il en est autrement quand l'action de la femme, même séparée, doit réfléchir contre le mari. — La séparation de biens ne fait point alors disparaître la cause sur laquelle est fondée la suspension de la prescription; elle ne dissout point le mariage comme elle a dissous la communauté. Il est dérogé à la dernière disposition de l'art. 1561; car c'est le mariage, c'est le maintien de l'harmonie qui doit régner entre les époux, qui est le principe du privilége créé en faveur de la femme par la dernière disposition de l'art. 2256. — La jurisprudence est fixée dans ce sens. Ainsi jugé que la séparation judiciaire de biens entre le mari et la femme n'empêche point que la prescription ne soit suspendue en faveur de celle-ci, dans le cas où l'action qu'elle intenterait réfléchirait contre son mari (Cass. 24 juin 1817, aff. Monjousieu, n° 729, et 18 mai 1830, aff. Imbert, v° Contr. de mar., n° 3925; Nîmes, 7 mai 1829, aff. Gas, V. *eod.*, n° 3924; Grenoble, 2e ch., 28 août 1829, M. Duboys, pr., aff. Blanc *C.* Avertin; Bordeaux, 26 fév. 1835, aff. P..., V. Contr. de mar., n° 3500; Req. 17 nov. 1835, aff. Prébendé, V. n° 729-4°).

729. Et par application spéciale de ce principe, il a été jugé : 1° que l'action hypothécaire que la loi accorde à la femme pour la restitution de sa dot, contre les tiers détenteurs de biens vendus par son mari, est imprescriptible pendant le mariage, nonobstant la séparation de biens (1561, 2255; Cass. 24 juin 1817) (1);—2° Que lorsqu'un arrêt déclare, en fait, que l'action en

(1) *Espèce* :—(Monjousieu *C.* Sacaley.)—En 1770, contrat de mariage entre le sieur Monjousieu et la demoiselle Gallias, par lequel celle-ci se constitue une dot de 3,000 liv. — En 1779, Monjousieu reconnaît à sa femme, en augmentation de sa dot, la somme de 4,879 liv.—Le 27 pluv. an 2, il vendit une maison au sieur Sacaley.—Celui-ci n'obtint pas de lettres de ratification, conformément à l'édit du mois de juin 1771, et depuis la loi du 11 brum. an 7, l'acte de vente n'a pas été transcrit au bureau des hypothèques.—Le 9 prair. an 7, la demoiselle Montjousieu prit une inscription hypothécaire pour sûreté de sa dot et autres droits matrimoniaux.—Le 9 pluv. an 10, jugement qui sépare de biens les époux Montjousieu. — Les 26 juin et 5 juill. 1815, la demoiselle Montjousieu fit commandement aux demoiselles Sacaley, héritières de leur père, de payer la somme à elle due pour ses reprises matrimoniales, ou de délaisser la maison vendue à leur auteur. — Les demoiselles Sacaley formèrent opposition à ce commandement, et soutinrent que l'action hypothécaire de la dame Montjousieu était prescrite par le laps de dix ans écoulé depuis sa séparation de biens d'avec son mari. — La dame Monjousieu invoqua l'art. 2256 c. civ., suivant lequel la prescription est suspendue pendant le mariage dans tous les cas où l'action de la femme réfléchirait contre le mari. Or, dit-elle, ma demande réfléchit contre mon mari, puisqu'il est garant de la vente de la maison sur laquelle j'exerce mon action hypothécaire; on ne peut donc m'opposer la prescription. — Les demoiselles Sacaley répondent que le bénéfice de l'art. 2256 cesse lorsque les époux sont séparés de biens judiciairement. Dans ce cas, en effet, le motif qui a dicté la disposition de l'article invoqué n'existe plus : la loi ne peut plus craindre que la bonne intelligence qu'elle a eu en vue de maintenir entre les époux soit troublée par une action qui, intentée par la femme contre un tiers, atteindrait indirectement son mari, puisqu'après la séparation la femme est elle-même obligée de poursuivre directement son époux en payement de sa dot et de ses reprises matrimoniales. — Et lors même, ajoutent-elles, qu'en thèse générale, la prescription contre la femme ne reprendrait pas son cours au moment de la séparation, du moins serait-on forcé d'admettre une exception à cette règle, lorsqu'il s'agit, comme dans l'espèce, d'une action relative à la dot de la femme. « Les immeubles dotaux non déclarés aliénables par le contrat de mariage, dit l'art. 1561, sont imprescriptibles pendant le mariage, à moins que la prescription n'ait commencé auparavant. *Ils deviennent néanmoins prescriptibles après la séparation de biens*, quelle que soit l'époque à laquelle la prescription a commencé. » On voit que la loi ne fait aucune distinction entre les actions qui réfléchissent contre le mari et celles qui ne l'exposent à aucun recours, et que dès qu'il s'agit d'un fonds dotal, ou, ce qui revient au même, d'une action relative à la dot, la séparation de biens lève tous les obstacles qui s'opposaient au cours de la prescription. — Jugement qui accueille les moyens des demoiselles Sacaley. — Appel; et le 28 fév. 1815, arrêt confirmatif de la cour de Toulouse. — Pourvoi. — Arrêt (ap. délib. en ch. du cons.).

LA COUR; — Attendu, 1° que la disposition de l'art. 2256 c. civ. est générale; que, sans distinguer aucunement si la femme est ou non séparée de biens, elle établit que la prescription est suspendue pendant le mariage, dans tous les cas où l'action de la femme réfléchirait contre le mari, et qu'en effet, lors même que la femme est séparée de biens, il est dans ses intérêts les plus précieux que, pour conserver ses droits contre des tiers, elle ne soit pas forcée d'exercer des actions qui, devant réfléchir contre son mari, troubleraient toujours l'union conjugale et la paix

nullité de la vente du bien dotal, exercée par la femme contre l'acquéreur, réfléchirait sur le mari, cet acquéreur ne peut se prévaloir de la prescription de dix ans (Req. 7 juill. 1830) (1); — 3° Qu'il suffit que le mari ait garanti la vente du fonds dotal, comme partie contractante, pour que la prescription n'ait pu courir contre la femme, à partir de la séparation de biens (Bordeaux, 26 fév. 1835, aff. P..., V. Contr. de mar., n° 3500); — 4° Que, sous le droit romain et sous les parlements de Guyenne et de Normandie, et dans le Béarn, la prescription des actions de la femme, même séparée de biens, ne court pas contre celle-ci, alors qu'elle pouvait réfléchir contre son mari (Req. 17 nov. 1835) (2).

730. Le principe qu'on vient de retracer est-il applicable même en cas de *séparation de corps?...* — La raison de douter est que la vie commune n'existant plus, il n'y a pas lieu de craindre que la femme, en intentant une action qui par suite d'un recours viendrait troubler les affaires de son mari, n'irritât celui-ci... Mais outre que le texte de la loi est formel et ne peut permettre cette distinction, il faut considérer que le vœu du législateur tend à la réunion toujours possible des époux, et qu'il ne faut pas laisser naître après la séparation de corps prononcée de nouveaux motifs d'irritation, qui créeraient de nouveaux obstacles à la réunion des époux.—V. en ce sens Marcadé, art. 2252, n° 5.

731. Les dispositions de la loi qui ont dans certains cas suspendu la prescription à l'égard des femmes mariées ont été faites uniquement dans leur intérêt, et ne les empêchent pas d'intenter pendant le mariage les actions qu'on ne peut prescrire contre elles (Rennes, 14 juin 1841) (3).

---

domestique; 2° qu'il résulte nécessairement des expressions générales de l'art. 2256, que cet article contient une exception, une modification aux dispositions des art. 1561, 2254 et 2255, et qu'ainsi ces derniers articles ne doivent recevoir leur application que dans les cas assez fréquents où l'action de la femme, pour conserver ses droits contre des tiers, ne réfléchirait pas contre son mari; 3° que la disposition de l'art. 1444 n'est aucunement relative à la prescription; qu'elle n'a pour objet que d'empêcher les séparations frauduleuses et d'assurer les droits de la femme contre son mari; d'où il suit qu'en jugeant, dans l'espèce, que la prescription avait couru contre la demanderesse, pendant son mariage, depuis sa séparation de biens, quoique l'action que la demanderesse aurait dû exercer pour interrompre la prescription eût nécessairement réfléchi contre son mari, l'arrêt dénoncé a violé la disposition de l'art. 2256 c. civ.;— Casse, etc.

Du 24 juin 1817.-C. C., sect. civ.-MM. Desèze, 1er pr.-Chabot, rap.

(1) (Delrieu et Lieurade C. Cantuel.) — LA COUR; — Sur le quatrième moyen tiré de la violation de l'art. 1304 et la fausse application de l'art. 2256 c. civ. :—Attendu que la cour royale de Riom a reconnu, en fait, que l'action en nullité de la vente faite à Delrieu réfléchissait sur Michel Cantuel, mari de Catherine Mabit, et qu'en décidant que la prescription avait été suspendue pendant le mariage des époux Cantuel, elle n'a fait qu'une juste application de l'art. 2256 c. civ.; — Rejette.

Du 7 juill. 1830.-C. C., ch. req.-MM. Dunoyer, pr.-Moreau, rap.-Lebeau, av. gén., c. conf.-Mandaroux, av.

(2) *Espèce :* — (Prébendé C. Lagarde.) — An 8, jugement prononçant la séparation de biens entre les époux Lagarde; il condamne Lagarde à payer à sa femme, indépendamment des 9,200 fr. de sa dot, la somme de 4,000 fr. pour augment matrimonial. — En 1810, Lagarde vend un de ses immeubles au sieur Prébendé.—Décès du sieur Lagarde en 1814. — En 1831, le sieur Victor Lagarde, héritier de la dame Lagarde, sa mère, somme le sieur Prébendé, comme tiers détenteur de l'immeuble vendu par le sieur Lagarde père, de lui payer la somme de 9,200 fr., montant de la dot de sa mère. — Le sieur Prébendé oppose à cette demande la prescription trentenaire. — Jugement qui accueille les prétentions du sieur Victor Lagarde. — Appel.—8 juill. 1833, arrêt confirmatif de la cour de Pau, ainsi conçu : « Attendu que la disposition de l'art. 2256 c. civ., d'après lequel la prescription est suspendue pendant le mariage, dans tous les cas où l'action de la femme réfléchirait contre le mari, a son fondement dans le principe du droit romain, que la prescription ne court point contre la personne qui ne peut agir; que, toutefois, et malgré ce principe, plusieurs parlements se fondant sur la L. 30, au code, *Jure dotium*, jugeaient que la prescription devait courir contre la femme pendant le mariage, même pour sa dot, lorsqu'elle était séparée de biens; que d'autres parlements, interprétant différemment cette loi, décidaient que la prescription devait être suspendue, dans le cas même où il y avait séparation de biens, chaque fois que l'action de la femme réfléchirait contre le mari; qu'on ne trouve point d'arrêt du parlement de Navarre qui ait admis cette règle; mais qu'il existe des documents d'où il résulte qu'elle était suivie en Béarn; que M. Mourot, professeur à l'université de Pau, enseigne, n° 13 de son Traité de la dot, que l'action qu'a la femme pour réclamer sa dot ne peut courir pendant la vie du mari, « ce qui est conforme, dit ce professeur, avec toutes les actions de la femme qui doivent rejaillir contre le mari, et qu'elle est empêchée d'intenter; » qu'il enseigne, n° 29 du même Traité, « que la prescription ne cesse de courir vis-à-vis les femmes pour les biens paraphernaux, que pour les actions qui doivent réfléchir sur leurs maris, n'étant point juste dans ce cas qu'elles soient excitées, par la nécessité de prévenir une prescription, à exercer des actions qui, par leur effet, doivent troubler la tranquillité et l'union du ménage; » qu'on ne peut douter que ces principes professés pour le Béarn ne dussent y servir de règle; que la cour doit d'autant plus les adopter qu'ils sont enseignés par Pothier, Dunod et d'autres anciens auteurs, et qu'ils paraissent conformes au véritable esprit des lois romaines qui prohibaient l'aliénation de la dot; que la prescription est, en effet, une sorte d'aliénation à laquelle doit s'appliquer aussi la prohibition...; — Confirme. » — Pourvoi de Prébendé. — Arrêt.

LA COUR; — Attendu que l'art. 2256 dispose d'une manière expresse, absolue, § 2, que la prescription des actions de la femme est suspendue pendant le mariage, dans tous les cas où l'action de la femme réfléchirait contre le mari; — Attendu que la séparation de biens laisse subsister le lien du mariage, ne porte aucune atteinte à l'union des époux et à leur cohabitation; d'où suit que, malgré cette séparation, il n'est pas permis de penser que l'art. 2256 reçoive une exception quelconque en ce cas de séparation, si l'action de la femme peut réfléchir contre son mari et donner lieu à des recherches contre celui-ci pendant son vivant; d'où pourrait résulter trouble et désunion entre les époux, ce que la loi a voulu précisément prévenir, en laissant à la femme la faculté de surseoir à l'exercice de ses actions pendant l'existence du mariage, sans encourir le danger de leur prescription, si elles devaient alors réfléchir contre son mari; d'où suit qu'il faut écarter les arguments tirés des art. 1561, 2254 et 2255 c. civ., tous applicables à d'autres hypothèses, et quand les actions des femmes sont de nature à ne pas réfléchir contre leurs maris; — Attendu qu'il est constaté par l'arrêt qu'en Béarn, quoique pays de droit écrit et régi par la loi romaine avant le code civil, cependant de même que dans les ressorts des parlements de Guyenne et de Normandie, la prescription ne courait pas contre la femme mariée, quoique séparée de biens, toutes les fois que son action, pendant le mariage, pouvait réfléchir contre son mari; — Rejette.

Du 17 nov. 1835.-C. C., ch. req.-MM. Borel, pr.-Gartempe, rap.

(3) (Broussais C. Quersanté.) — LA COUR; — Considérant qu'il est justifié, par l'acte authentique du 5 oct. 1786, que les biens revendiqués par Michelle Nogues lui sont propres, pour les avoir recueillis de la succession de son père François Nogues; qu'il en résulte que son mari, Pierre Quersanté, n'a pu valablement les vendre sans son consentement; — Considérant que, pour repousser cette demande en revendication, les appelants invoquent inutilement la prescription de dix ans avec titre et bonne foi; qu'en effet, l'action de la femme, réfléchissant dans ce cas contre le mari vendeur, il est de principe consacré par l'art. 2256 c. civ. que la prescription a été suspendue pendant le mariage, et n'a pu courir contre la femme; — Considérant que cette suspension de prescription, admise dans l'intérêt de sa femme par des motifs graves, ne saurait, sans en faire retourner contre elle le bénéfice, la rendre non recevable à intenter son action pendant le mariage, en l'exposant ainsi à perdre tout ou partie de sa chose par le fait d'un acquéreur insolvable; — Considérant, au surplus, que la suspension de prescription ne pût-elle être invoquée par Michelle Nogues pour repousser l'exception de prescription opposée à sa demande en revendication, cette exception n'en devrait pas moins être rejetée comme ne réunissant pas les deux conditions essentielles exigées par la loi, juste titre et bonne foi; — Considérant, en effet, que l'acte de vente sous seing privé, du 16 avr. 1822, et le contrat d'échange, du 16 fév. 1826, ne sauraient présenter le caractère de *justes titres*, c'est-à-dire de titres aptes à transférer la propriété et établissant pour l'acquéreur la croyance légitime d'être propriétaire; que Broussais croyait si peu que le premier de ces actes pût lui transférer la propriété des immeubles qui y étaient énoncés, qu'on le voit accepter, à titre d'échange, ces mêmes immeubles par l'acte de 1826; que, quant à ce dernier acte, l'énonciation formelle qui s'y trouve que les immeubles reçus en échange par Broussais sont des propres de Michelle Nogues, repousse péremptoirement le caractère de juste titre qu'on veut lui attribuer; — Considérant que la seconde condition exigée, celle de la bonne foi, se trouve également repoussée par toutes les circonstances de fait apprises dans la cause qui démontrent que Broussais, acquéreur, connaissait parfaitement l'origine des biens, et savait qu'ils n'appartenaient point au vendeur, mais bien à sa femme Michelle Nogues; — Considérant, quant à la demande en garantie formée subsidiairement par les appelants contre Pierre Quersanté, mari de Michelle Nogues, que l'obligation de garantie, qui est de la nature du contrat de vente, a été formellement stipulée au profit de l'acquéreur dans les actes de 1822 et de 1826; — Considérant que, pour se soustraire à cette obligation,

732. Tenons, au reste, que, par l'effet de la séparation de biens, la prescriptions cesse d'être suspendue au profit de la femme dotale, lorsque le mari n'est pas obligé et qu'il n'y aurait pas lieu à recours contre lui.—V. Contr. de mariage, nos 3921 et suiv., et *suprà*, n° 728.

733. *Absence.*—L'absence n'est point une cause de suspension de la prescription, quoique l'absent n'ait pas laissé de procureur; elle n'est pas non plus une cause de restitution contre la prescription. — On a présenté dans la première édition, et des recueils indiquent cette solution comme résultant d'un arrêt (Rej. 25 oct. 1815, MM. Muraire, pr., Cassaigne, rep., aff. enreg. *C.* Houdras). — Mais, d'une part, la question n'avait point été résolue par la cour, ce qui en faisait un moyen nouveau devant la cour de cassation, et d'autre part, l'arrêt garde un silence complet sur les moyens; d'où il résulte que la cour ne l'a pas jugé, même implicitement. Aussi ne rapportons-nous pas cet arrêt, qui ne décide que des questions de bail régies par une ancienne coutume et tout à fait sans nul intérêt sous le code.

734. *Militaires.* — La prescription est suspendue au profit des *militaires* ou défenseurs de la patrie. — Quel est le sens de la disposition de l'art. 2 de la loi du 6 brum. an 5, que M. Duranton, t. 21, n° 88, regarde comme personnelle aux militaires et qu'il dit avoir cessé au profit de leurs héritiers dès le jour où ils ont acquis la certitude de leur décès?—V. v° Absence, nos 687 et suiv., 632; Cassation, n° 510, et Organ. milit.

735. Les *gendarmes* peuvent-ils réclamer le bénéfice de la suspension de la prescription qu'on vient de rappeler? — Jugé que les gendarmes, ne faisant pas partie de l'armée dans le sens de l'art. 2 de la loi de l'an 5, sont, relativement à leurs fonctions et leur service intérieur, des officiers de police judiciaire; qu'en conséquence, la prescription n'a pas été suspendue à leur égard pendant la durée des hostilités (Lyon, 14 mai 1825) (1). — Mais il est évident, et cela résulte même des termes de l'arrêt, que les gendarmes détachés à l'extérieur et faisant leur service de police à l'armée, ont pu profiter des dispositions de la loi du 6 brum. an 5.

736. *Agent diplomatique.* — La prescription court-elle contre les ambassadeurs pendant leur séjour à l'étranger? L'affirmative n'est pas douteuse. Quelque favorables que soient les causes de l'absence d'un ministre public, elles ne peuvent suffire pour lui donner un privilége qui n'existe pas dans la loi. D'ailleurs la rapidité actuelle des communications, la sûreté des rapports qui existent entre les puissances, donnent aux agents diplomatiques toutes les facilités nécessaires pour s'occuper de la gestion des biens qu'ils ont laissés dans leur pays, et la loi en accordant ce privilége aurait, sans un intérêt réel et appréciable, nui à la sécurité des transactions.

737. *Infirmités, ignorance, pauvreté.* — La prescription n'est pareillement pas suspendue par la faiblesse du sexe, ou le peu de développement des facultés intellectuelles chez les majeurs non interdits (Conf. M. Troplong, n° 712).

738. La prescription court-elle contre celui qui *ignore* que l'on prescrit contre lui? L'affirmative n'est pas douteuse. « Généralement, dit Catelan, liv. 7, ch. 15, la prescription court contre toutes sortes de personnes : il n'y a d'exceptés que ceux qui n'ont pas d'action ou ceux qui l'ayant, ne sont pas capables de l'exercer; mais cette incapacité s'entend de l'incapacité d'état et de personnes, non d'une incapacité étrangère et accidentelle. Hors la faveur personnelle attachée à l'état, tout le reste cède à la faveur que donne à la prescription, tout odieuse qu'elle peut être, l'effet qu'elle produit, d'ôter aux possesseurs l'inquiétude et la peine d'une incertitude perpétuelle. Ces raisons, décisives sous l'ancien droit, le sont encore plus sous le nouveau, en présence des dispositions si précises de l'art. 2251 (V. Merlin, Quest. de dr. v° Prescript., sect. 1, § 7, art. 2).—Il a été jugé : 1° que sous l'ancien droit un héritier qui, dans l'ignorance que le défunt a fait un testament par lequel il l'a institué légataire universel, se présente comme héritier légitime pour partie de la succession, ne peut plus, après trente ans, recueillir les avantages que lui fait le testament. Son ignorance n'a pas suspendu la prescription (arrêts du parlement de Toulouse, 19 mai 1663; 18 juin 1704, et du parlement d'Aix, 30 juin 1679); — 2° Que sous le code Napoléon, un notaire dont les actes ont été écrits sur papier non timbré peut invoquer la prescription de l'amende, encore bien que la régie de l'enregistrement ait ignoré l'existence de la contravention (Bruxelles, 7 oct. 1822) (2).—V. toutefois v° Enreg., nos 5343 et s., 5622, 5630, 6200.

739. La pauvreté du créancier n'est pas suspensive de la prescription, surtout depuis la loi du 22 janv. 1851, qui a créé l'assistance judiciaire. — Il en serait de même quoique le débiteur fût dans la mendicité : rien n'empêcherait le créancier de faire des actes conservatoires de ses droits, ainsi au surplus que M. Troplong, n° 712, en fait pareillement la remarque. — Toutefois, il a été jugé (mais à tort) qu'une femme séparée doit être relevée de la prescription quinquennale des intérêts, lorsque la détresse de son mari rendait toute poursuite inutile, et que cette femme a agi aussitôt qu'il est advenu quelques biens à son mari (Poitiers, 6 juill. 1824) (3).

740. *Emigrés et colons de Saint-Domingue.* — La prescrip-

Pierre Quersanté, vendeur, ne saurait invoquer les exceptions au principe de garantie consacré par l'art. 1629 c. civ.; qu'en effet, ces exceptions qui, suivant la nature de toute exception, doivent se renfermer strictement dans leurs termes, ne s'appliquent qu'au cas de stipulation de non-garantie; que, conséquemment, elles ne sauraient être étendues au cas où, comme dans l'espèce, la garantie a été formellement stipulée; qu'il en résulte que la connaissance que l'acquéreur aurait eue, en achetant, du danger de l'éviction, ne dispense point le vendeur Pierre Quersanté de l'obligation de garantie, et qu'à tort les premiers juges l'en ont déchargé; — Par ces motifs, etc.

Du 14 juin 1841.-C. de Rennes, 1re ch.-M. Potier, pr.

(1) (Jamet *C.* Dubiez.) — La cour; — Attendu que la question à décider est de savoir si Marie-Anne Dubiez peut se prévaloir du service d'André Jamet dans le corps de gendarmerie, et dans l'intérieur du royaume, comme interruptif du cours de la prescription ;—Attendu que la loi du 6 brum. an 5, art. 2, dispose, etc.;—Attendu que de cette disposition il suit que le privilége introduit par la loi du 6 brum. an 5 ne l'a été qu'en faveur des personnes au service des armées de terre et de mer, soit en qualité de militaires, soit à d'autres titres, et y faisant un service effectif, ce qui se vérifie non-seulement par le préambule et les autres articles de la loi qui ne parlent que des citoyens absents pour le service effectif, mais plus évidemment encore par le terme assigné à la durée de l'effet de ce privilége, qui n'a lieu que pour le temps qui s'écoule depuis le départ des citoyens de leur domicile jusqu'à l'expiration d'un mois après la publication de la paix générale, ou la signature d'un congé absolu; — Attendu que la loi du 28 germ. an 6, relative à l'organisation du corps de la gendarmerie, dispose : « Le corps de la gendarmerie est une force instituée pour assurer, dans l'intérieur du royaume, le maintien de l'ordre et l'exécution des lois. Une surveillance continue et répressive constitue l'essence de son service; » — Attendu que, par suite de cette institution, les fonctions spécialement attribuées par les art. 115 et suivants au corps de la gendarmerie, se concentrent dans un service intérieur et destiné à assurer la tranquillité publique, l'exécution des lois et celle des décisions ou des ordres émanés des tribunaux; — Que, si le corps de la gendarmerie, relativement à son administration, son régime et sa discipline, est régi par les lois militaires, les gendarmes, relativement à leurs fonctions et à leur service intérieur, sont qualifiés d'officiers de police judiciaire; — D'où il suit qu'à l'exception des cas prévus par les art. 215, 216 et 217 de la loi du 28 germ. an 6, les gendarmes ne peuvent être considérés comme attachés au service des armées de terre et de mer, y faisant un service effectif, et jouir conséquemment du privilége accordé par la loi du 6 brum. an 5; — Par ces motifs, admet l'exception de prescription.

Du 14 mai 1825.-C. de Lyon, 2e ch.-M. Nugue, pr.

(2) (Domaine *C.* Pollenus.) — La cour; — Considérant que la règle, *contra non valentem agere non currit præscriptio*, n'a pas été violée par le jugement attaqué, parce que cette règle ne reçoit son application que lorsqu'il y a un empêchement de droit, et non un empêchement de fait, et que, dans l'espèce, l'empêchement allégué par l'administration, ne provient que d'une simple ignorance de fait; — Qu'il s'ensuit que le tribunal de Hasselt, en accueillant la fin de non-recevoir proposée par le défendeur, a fait une juste application de la prescription ordinaire, suivie ci-devant dans le comté de Looz, et qu'il n'y a pas lieu de casser le jugement attaqué; — Rejette.

Du 7 oct. 1822.-C. sup. de Bruxelles.

(3) (Veuve Doré *C.* Ranger et Imbert.) — La cour; — Considérant, sur les fins de non-recevoir : 1° que l'art. 1165 c. civ. donne aux créanciers l'exercice de tous les droits et actions de leurs débiteurs, à l'exception de ceux exclusivement attachés à la personne; que la faculté d'appeler d'un jugement en premier ressort n'est point un droit exclusivement attaché à la personne contre laquelle le jugement a été rendu; qu'ainsi, ce droit peut être exercé par les créanciers; — 2° Que

tion n'a pas été suspendue en faveur des émigrés qui étaient représentés par l'État. La loi du 25 avr. 1825 ne les a relevés de toute prescription et déchéance (art. 17) que quant à l'indemnité donnée par l'État. — V. v° Émigrés, n°s 150 et suiv.

741. La prescription a pareillement couru contre les créanciers des colons de Saint-Domingue. — Toutefois, des sursis ont été accordés aux colons, par l'arrêté du 19 fruct. an 10, relativement aux dettes causées pour ventes d'habitations et de nègres à Saint-Domingue, pour avances faites à la culture dans la colonie (V. Req. 23 fév. 1832, *infrà*, n° 743). — Ces sursis ont été successivement prorogés par le décret du 20 juin 1807, et les lois des 2 déc. 1814, 21 fév. 1816, 15 août 1818. Ils expirèrent définitivement à la fin de juillet 1820. — Du reste, ils n'ont jamais concerné que les dettes contractées pour des biens situés dans la colonie (Rej. 23 fév. 1832, aff. Tourton, n° 743). — L'art. 6 de l'arrêté du 19 fruct. an 10 donnait aux créanciers des colons le droit de former des oppositions pendant le sursis accordé; mais ce n'était pas une obligation qui leur était imposée, et on ne peut priver du bénéfice de la suspension de la prescription ceux qui n'ont pas fait d'actes conservatoires (Cass. 6 mai 1835) (1).

742. *Faillite.* — Le concordat passé entre le failli et ses créanciers ne suspend pas non plus la prescription au profit de ces derniers; il substitue seulement à leurs titres, qui pouvaient être soumis à des prescriptions diverses, un titre nouveau, qui n'est plus prescriptible que par trente ans, à compter du jour où il a été passé (M. Troplong, n° 720). — Et tel est l'effet suspensif de prescription que produit l'état de faillite légalement organisé, qu'on juge que cet état ne se prescrit pas. — V. Faillite, n°s 192 et suiv.

743. Aucune disposition de loi n'attribue à la faillite l'effet de suspendre en faveur des créanciers des faillis, le cours de la prescription (Bruxelles, 10 nov. 1824 (2). V. Faillite, n° 217, et Effets de com., n° 829). — Jugé en ce sens : que la production et l'affirmation des créances dans une faillite a bien pour effet d'interrompre la prescription; mais l'état de faillite n'est pas par lui-même suspensif de la prescription, tellement que si, à partir des productions et affirmations, il s'écoule trente ans sans qu'aucun nouvel acte interruptif ait eu lieu, la prescription doit être réputée acquise au profit du failli (Req. 23 fév. 1832) (3). — Le même arrêt décide avec raison que, quoique l'interruption contre un débiteur solidaire puisse être opposée à ses codébiteurs, il n'est pas également exact de dire que la suspension de prescrip-

---

pour fixer la compétence, c'est le fond de la demande qu'on doit considérer, et non la nature des exceptions, ni leur effet; — 5° Que les tiers acquéreurs, menacés d'une éviction, sont à ce titre fondés à faire valoir tous les droits qu'ils croient appartenir à leur vendeur, pour éteindre en tout ou en partie les causes de l'éviction dont ils sont menacés; parce que, s'ils étaient obligés d'attendre cette éviction, ils pourraient se trouver dans l'impossibilité de s'en défendre, les condamnations prononcées contre leur vendeur ayant acquis l'autorité de la chose jugée; — Considérant, au fond, que relativement aux intérêts, la prescription de cinq ans, établie par l'art. 2277 c. civ. ne s'applique qu'à ceux qui sont exigibles par années ou à des termes périodiques plus courts; que ceux adjugés à la veuve Doré par le jugement dont est appel ne pouvaient pas plus être exigés que le principal avant que ses droits de reprises résultant de plusieurs titres eussent été liquidés; que cette liquidation n'a été faite que par le jugement dont est appel, qui adjuge aussi les intérêts dus conformément à la disposition de l'art. 1473 du code; — Considérant qu'on n'aperçoit point ici le dessein de ruiner le débiteur par une accumulation d'intérêts, puisque Doré était entièrement ruiné avant même la séparation de corps obtenue par son épouse, et qu'il ne lui restait que l'expectative de la succession peu importante de sa mère; que c'est cette position et l'état de gêne où était elle-même l'intimée qui paraissait lui avoir fait suspendre la poursuite de la liquidation de ses droits; qu'elle aurait été obligée de faire les frais de diverses expéditions et d'une procédure que son mari aurait rendue très-coûteuse en épuisant les deux degrés de juridiction comme il l'avait fait sur la séparation, sans qu'elle pût espérer de se faire payer avant la mort de la mère; qu'aussitôt qu'elle a su que son mari allait recueillir cette succession, elle s'est occupée de la recherche de ses droits; qu'elle commença par requérir une inscription hypothécaire, le 8 mai 1818, où elle évalua ses droits à 6,000 fr.; — Considérant que les appelants n'ont acquis les biens de Doré qu'en 1821; qu'ils n'ont pas pu être induits en erreur, et méconnaître les droits de l'intimée; que, s'ils se sont exposés à payer plus que le prix fixé en leur acquisition, ils l'ont fait en pleine connaissance de cause, et parce que vraisemblablement leurs acquisitions étaient avantageuses; — Considérant enfin qu'il résulte des faits et des actes la preuve que l'intimée a poursuivi la liquidation de ses droits, dès qu'elle a pu le faire utilement; que le retard qu'a éprouvé cette liquidation n'a point empiré la position de son mari mort dans la plus profonde misère, quoiqu'il n'avait rien payé; que ce retard n'a pas non plus grevé les appelants d'une dette plus considérable, puisqu'en principaux et accessoires elle se trouve fort inférieure à l'évaluation qui lui avait été donnée dans l'inscription hypothécaire; on peut ajouter que l'état de détresse où a toujours été Doré depuis la séparation écarte toutes présomptions de payements ou de prestation d'aliments de sa part à l'intimée; — Sans avoir égard aux fins de non-recevoir proposées par l'intimée, confirme, etc.

Du 6 juill. 1824.-C. de Poitiers, 1re ch.-M. Debonnegens, pr.

(1) (Prier *C.* dame de Ségur.) — LA COUR; — Attendu, en droit, que l'arrêt attaqué a déclaré la prescription trentenaire acquise contre le titre des frères Prier, par le seul motif que l'arrêté du 19 fruct. an 10, en interdisant aux créanciers des colons de Saint-Domingue tous actes de poursuite et d'exécution contre leurs débiteurs, a laissé subsister, à l'égard de ces créanciers, les règles du droit commun, quant à l'obligation de faire des actes conservatoires de leurs titres, à l'effet d'interrompre la prescription; qu'en cela cet arrêt, convertissant en obligation ce qui, suivant l'art. 6 de l'arrêté, n'était qu'une simple faculté donnée à ces créanciers, a faussement interprété cet article, et, par suite, violé les art. 1 et 4 du même arrêté; — Donnant défaut contre les époux de Lastic-Saint-Jal, casse l'arrêt de la cour de Paris, du 14 février 1831.

Du 6 mai 1835.-C. C., ch. civ.-MM. Dunoyer, f. f. de pr.-Quéquet, rap.-De Gartempe fils, av. gén., c. conf.-Crémieux et Gatine, av.

(2) (N... *C.* Chantreuil.) — LA COUR; — Attendu qu'aucune loi ni de la législation actuelle ni de la législation antérieure n'a rangé la faillite parmi les causes qui interrompent la prescription; qu'il est vrai que la faillite d'un débiteur empêche bien que l'un de ses créanciers n'acquière depuis lors un privilége au préjudice d'un autre créancier, et par conséquent rend inutile toute démarche de sa part qui aurait pour but d'obtenir une telle préférence, mais qu'il en est bien autrement lorsqu'il s'agit, non d'un privilége, mais de l'existence ou de la conservation d'un droit que l'on prétend avoir contre un failli; que, dans ce cas, la loi ne dispense nullement le créancier d'agir pour faire reconnaître sa créance ou pour la conserver par un acte de diligence quelconque, qu'il peut exercer, sinon envers le failli lui-même, au moins envers celui qui le représente depuis la faillite; qu'il résulte de ce qui précède que c'est à tort que le premier juge a cru pouvoir se dispenser d'examiner quelle est la loi applicable à la prescription dont il s'agit, sur le motif erroné que, dans tous les cas, cette prescription aurait été interrompue par la faillite du nommé Chantreuil; — Met le jugement dont est appel au néant, etc.

-Du 10 nov. 1824.-C. sup. de Bruxelles.

(3) *Espèce :* — (Tourton et Ravel *C.* Régnier.) — En 1786, la forteresse du Château-Trompette, à Bordeaux, fut vendue, pour être démolie, à Mengin de Montmirail. Un acte notarié de 1806 prouve que Gaudran était son associé. — Le prix, s'élevant à 7,500,000 fr., fut réglé au moyen de billets remis au trésor par le sieur Régnier, colon de Saint-Domingue, qu'un acte notarié du 6 oct. 1786, attestant le payement, subroge aux droits des acquéreurs. — Sur la foi de ces actes, la maison Tourton-Ravel avait ouvert aux acquéreurs un crédit, par suite duquel elle se prétendait créancière de 600,000 fr. — Pour la couvrir de partie de cette somme, Gaudran lui remit pour 355,000 fr. de billets au porteur, souscrits des avals de Mengin et Régnier. — Ces billets n'ayant pas été acquittés, Régnier souscrivit, le 17 août 1787, un nouvel aval, par lequel il affecta les propriétés qu'il avait à Saint-Domingue, et donna même à la maison Tourton-Ravel un pouvoir irrévocable, à l'effet de les vendre et d'en toucher le prix pour se payer. — Peu après, Mengin et Gaudran firent faillite. — Régnier tomba en déconfiture. — Alors survinrent les désastres de Saint-Domingue et les lois de sursis en faveur des colons. — Cependant, dès 1787, Régnier avait vendu au sieur Bouteiller ses habitations de Saint-Domingue. — 171,000 fr. restaient dus sur le prix, lorsque la maison Tourton-Ravel, après la loi de 1826, forma opposition sur l'indemnité revenant aux héritiers Boutellier, débiteurs de Régnier. — Régnier a prétendu qu'il ne devait rien à la maison Tourton-Ravel; qu'en tout cas, la créance de cette maison serait prescrite. — Celle-ci opposait la suspension résultant, soit de l'état de faillite des associés Mengin et Gaudran, soit de la déconfiture de Régnier, et, en tout cas, du sursis prononcé en faveur des colons.

9 mars 1831, arrêt de la cour de Paris qui accueille le moyen de prescription en ces termes : « — En ce qui touche l'exception de prescription opposée par Régnier et les moyens d'interruption invoqués par Tourton : — Considérant que la créance résulte d'une obligation, et qu'en se reportant même au titre originaire, ce titre résultant de billets au porteur, la seule prescription applicable, dans l'espèce, est la prescription trentenaire; — Sur le premier moyen, tiré des lois et arrêtés du gouvernement relatifs au sursis : — Considérant que le sursis n'était accordé d'une manière générale et suspensive de la prescription que relativement aux dettes causées pour ventes d'habitations et de nègres à

tion résultant de l'impossibilité où l'on aurait été d'agir contre l'un des codébiteurs solidaires, par suite de la faillite, par exemple, puisse être également opposée aux autres codébiteurs (même arrêt.

744. Cependant il a été jugé que l'état de faillite et l'impuissance d'agir où il met le créancier est un obstacle à la prescription de la part du failli (Req. 2 juin 1818, MM. Henrion, pr., Liger, rap., aff. Moller *C.* Tourton-Ravel).

745. *Indivision.* — Elle n'est pas une cause de suspension de la prescription : nul texte de la loi ne viendrait au secours de l'opinion contraire (Conf. M. Troplong, nº 72). — Aussi a-t-il été jugé que l'indivision entre cohéritiers n'empêche pas l'exer-

---

Saint-Domingue, ou pour avances faites à la culture dans la colonie, et que la dette de Régnier envers Tourton ne résulte d'aucune de ces causes; — Considérant que, pour les autres dettes, le sursis n'avait lieu que relativement aux biens situés dans la colonie, et qu'il ne s'agit pas de poursuites dirigées sur des biens de cette nature; — Sur le troisième moyen, résultant des diligences faites à diverses époques par Tourton pour arriver au recouvrement de sa créance contre Régnier : — Considérant... ; — Sur le quatrième moyen, résultant des faillites de Gaudran, souscripteur des billets au porteur, et de Mengin de Montmirail, donneur d'aval, de la déconfiture de Régnier, ainsi que des productions, affirmations de créance et réserves faites dans lesdites faillites de Gaudran et Mengin : — Considérant qu'aucune disposition de loi n'attribue à la faillite ou à la déconfiture du débiteur l'effet de suspendre le cours de la prescription; que si, durant l'état de faillite, le créancier ne peut agir individuellement contre le failli, il n'en conserve pas moins le droit de surveiller et faire mettre à fin les opérations de la faillite et de faire tous actes nécessaires pour la conservation de sa créance; que, dans tous les cas, l'impossibilité de poursuivre, à l'égard de l'un des débiteurs tombés en faillite, ne pourrait dispenser indéfiniment le créancier de faire valoir ses droits à l'égard des autres obligés au même titre, ni équivaloir, vis-à-vis d'eux, à un acte interruptif de la prescription; — Considérant qu'en admettant même que les productions et affirmations de créances et réserves, faites dans les faillites Gaudran et Mengin de Montmirail, aient produit contre Régnier, considéré comme débiteur solidaire ou comme caution, tout l'effet que la loi attribue pour l'interruption de la prescription, à la demande judiciaire ou à la reconnaissance de la dette, cet effet ne peut se perpétuer au delà des trente années requises pour l'accomplissement de la prescription, et qu'en fait, les derniers actes produits par Tourton, comme moyen d'interruption, sont aux dates des 5 fév. 1792 et 8 fév. 1795; qu'ils remontent, par conséquent, à plus de trente années avant la demande; d'où il suit que la prescription est acquise et la créance éteinte. »

Pourvoi de Tourton et Ravel. — 1º Violation des art. 2 et 4 de l'arrêté du 19 fruct. an 10 et des lois subséquentes qui en ont prorogé les effets. — 2º Contravention aux art. 442, 528 c. com., 2244, 2248, 2249 c. civ., en ce que la prescription a été interrompue et suspendue par l'état de faillite de Mengin et Gaudran. — On soutient : 1º que la production et l'affirmation des créances des demandeurs, lors de cette faillite, ont équivalu à une interpellation judiciaire, puisqu'ils n'avaient plus le droit de diriger des poursuites isolées contre les faillis, et qu'ainsi ils ont fait tout ce que les circonstances permettaient; que, d'ailleurs, l'inscription de la créance au bilan, son admission après vérification au passif, ont constitué une reconnaissance formelle qui, aux termes de l'art. 2248, a interrompu toute prescription; — 2º Que, par le dessaisissement des faillis, par l'interdiction faite à tout créancier de le poursuivre directement, par la nomination des syndics, il y a eu présomption légale que le failli ne s'est point libéré, et suspension virtuelle de la prescription, soit par l'impossibilité où les créanciers ont été de faire les actes interruptifs énumérés dans l'art. 2244 c. civ., soit par l'inutilité des actes conservatoires qu'ils auraient faits.

Qu'a dit la cour d'appel pour justifier une pareille infraction? Elle a posé en principe qu'aucune loi n'attribuait à la faillite l'effet de suspendre la prescription. Cette assertion était vraie en partie, mais il en a été fait une application trop absolue. Ainsi, par exemple, si quelqu'un, se prétendant créancier d'un failli, n'a pas été porté au bilan, s'il néglige de produire, et reste pendant plus de trente ans dans l'inaction, la prescription pourrait peut-être lui être opposée, car la première obligation de celui qui se dit créancier est de demander ce qui lui est dû, et il y aurait en quelque sorte une rigueur extrême à exiger du failli qu'il représentât indéfiniment ses preuves de libération pour toutes les affaires antérieures à sa faillite. Mais on a vu que telle n'était pas du tout la difficulté du procès. — La cour insiste sur la possibilité de faire des actes conservatoires. Mais on a vu que, par la force des choses, le créancier ne pouvait réellement faire aucun acte conservatoire proprement dit; et quant à ce droit vague de surveiller et mettre à fin les opérations de la faillite, droit que la loi ne définit pas, qui consisterait à présenter des réclamations, à provoquer, si l'on veut, une réunion de créanciers, à fin de remplacement du syndic négligent, on ne voit pas comment, si la faillite ne suspend pas la prescription, l'exercice de ce droit de surveillance pourrait constituer un acte interruptif. Le caractère essentiel de tout acte interruptif de prescription est d'être contradictoire avec la personne au profit de laquelle la prescription courait, et le remplacement du syndic, ce qui serait l'acte de surveillance le plus rigoureux, ne serait pas même contradictoire avec le failli. — Au surplus, il ne pourrait pas être ici question de négligence imputable aux syndics des faillites Mengin et Gaudran; si les opérations de ces faillites n'ont pas été mises à fin, c'est que les faillis ne possédaient aucuns biens, ne présentaient aucun actif réalisable; dans cette position, la seule chose que pussent faire les syndics était d'attendre que les faillis revinssent à une meilleure fortune, et c'est le parti qu'ils ont pris. La question du procès se trouve donc ramenée à ces termes : le failli, qui a déclaré et prouvé n'avoir aucun actif à offrir à ses créanciers, contre lequel, par ce motif, la masse n'a fait aucune poursuite, peut-il se prétendre libéré par la prescription? Les demandeurs croient avoir repoussé suffisamment une aussi odieuse prétention.

Peut-être objectera-t-on qu'on ne pourrait, sans les inconvénients les plus graves, obliger celui qui a eu le malheur de faillir à conserver indéfiniment les preuves de sa libération effectuée postérieurement à sa faillite; mais cet inconvénient, s'il existe, est la conséquence forcée de l'état de faillite. Le failli s'est trouvé placé hors de la règle commune qui admet, au bout d'un certain temps, la présomption de payement; il ne peut donc pas invoquer une prescription dont cette présomption légale est la base. — Et si l'on voulait faire valoir ici des moyens de considération, quel scandale n'y aurait-il pas à voir un homme, dont la faillite n'aurait rien offert à ses créanciers, qui, pendant de longues années, serait resté dans un état de faillite et d'insolvabilité, qui, grâce à ce dénûment réel ou fictif, aurait obtenu de n'être l'objet d'aucunes poursuites, en les présentant comme des rigueurs inutiles, reparaître tout à coup avec une immense fortune, et opposer audacieusement à ses créanciers, comme présomption de sa libération envers eux, un défaut de poursuites qui avait sa source unique dans la détresse où il était légalement plongé. — Il est d'ailleurs une vérité incontestable, c'est que l'on ne prescrit pas contre son propre état. La faillite est un état dont on ne peut se relever que par la réhabilitation. On ne prétendra pas, sans doute, que les sieurs Gaudran et Mengin pourraient présenter l'exception de prescription opposée à leurs créanciers, comme l'équivalent d'une preuve positive de libération. Si donc ils ne peuvent se faire réhabiliter, c'est qu'il est certain qu'ils doivent encore : ils ne peuvent donc pas, à la faveur de la prescription, dire qu'ils sont libérés, car alors il y aurait dans la loi inconséquence sans égale à voir un homme qui ne devrait plus rien, condamné à rester perpétuellement dans la condition humiliante de débiteur failli. — 3º On soutient enfin que la prescription, interrompue ou suspendue à l'égard de Mengin et Gaudran, l'a été aussi vis-à-vis de Régnier, leur coobligé solidaire, ainsi que le porte expressément l'art. 2249 c. civ. — Arrêt.

LA COUR; — Sur le premier moyen, consistant dans la violation des art. 2 et 4 de l'arrêté du gouvernement, du 19 fruct. an 10, et des lois subséquentes qui en ont prorogé les effets : — Attendu que le sursis prescrit par l'art. 2 de cet arrêté n'est relatif qu'aux actions réelles que les créanciers des colons de Saint-Domingue auraient pu exercer sur les biens de leurs débiteurs situés dans cette colonie; — Que la créance du demandeur contre Régnier, étant personnelle, n'a point été sujette au sursis; que le demandeur, aux termes de l'art. 3 du même arrêté, a été libre d'en poursuivre le recouvrement sur tous les biens de son débiteur situés ailleurs qu'à Saint-Domingue; que, par suite, il n'a pu invoquer le bénéfice de l'art. 4, qui n'a suspendu la prescription qu'à l'égard des actions soumises au sursis; — Que la créance du demandeur étant déjà prescrite en 1827, il n'a pu dépendre de lui de la faire revivre et de la placer dans la catégorie des art. 2 et 4, en exerçant les droits de son débiteur sur des sommes provenant de l'indemnité de Saint-Domingue et appartenant à un tiers; — Qu'en le décidant ainsi, l'arrêt attaqué a fait une juste interprétation des dispositions législatives dont il s'agit;

Sur le deuxième moyen puisé dans l'interruption et la suspension de prescription tirées de l'état de faillite de Gaudran et Mengin de Montmirail; — Attendu que la prescription qui avait déjà couru contre la créance du demandeur a été effectivement interrompue, tant envers Régnier qu'envers Gaudran et Mengin de Montmirail, ses codébiteurs, par la production et l'affirmation que le demandeur en a faites lors des faillites de Gaudran et de Mengin de Montmirail en 1792 et 1795; — Mais que, depuis cette époque jusqu'à l'opposition formée par le demandeur, plus de trente ans se sont écoulés, ainsi que le constate l'arrêt attaqué; en sorte que la créance s'est trouvée prescrite; — Qu'aucune disposition de loi n'attribue à la faillite l'effet de suspendre, en faveur des créanciers des faillis, le cours de la prescription; — Qu'en supposant même que le demandeur n'eût pu poursuivre le recouvrement de sa créance contre Gaudran et Mengin de Montmirail à cause de leur faillite, la suspension de la prescription, qu'on ne doit pas confondre avec l'interruption, ne pourrait être opposée à Régnier, codébiteur solidaire de ces deux faillis; — Rejette, etc.

Du 23 fév. 1832.-C. C., ch. req.-MM. Zangiacomi, pr.-De Maleville, rap.-Laplagne-Barris, av. gén., c. conf.-Fichet, av.

cice des actions personnelles que chacun d'eux pourrait avoir contre le défunt, et ne suspend pas la prescription de ces actions (Limoges, 15 juill. 1840) (1).—Il est bien vrai qu'avant le partage un cohéritier ne peut pas prescrire contre un de ses cohéritiers, mais ce n'est pas à cause de l'indivision, c'est par l'application d'un autre principe que nous avons expliqué plus haut, n° 335.—V. aussi v° Success., n° 1777, et *suprà*, n° 615.

746. *Usufruitiers.*—La prescription court-elle contre l'usufruitier universel ou à titre universel, pendant le cours de son usufruit?—Cette question a été vivement controversée. L'affirmative a été soutenue par M. Troplong, t. 2, addition au n° 722. La négative est enseignée par Proudhon, de l'Usufruit, et par M. Vazeille, n° 377. La jurisprudence, quelque temps hésitante, s'est fixée en ce sens que la prescription n'est pas suspendue pendant la durée de l'usufruit. — En effet, il est deux catégories de personnes en faveur desquelles le cours de la prescription est suspendu : ce sont d'abord celles qui sont nominativement indiquées par le code, aux art. 2252 et suiv. Dans la seconde catégorie se placent les *créanciers* qui n'ont pu agir pour interrompre la prescription et qui peuvent se prévaloir de la maxime *contrà non valentem agere*, etc. Or l'usufruitier n'est pas dans la première catégorie. — Est-il dans la seconde? Il devrait y être si, pendant l'usufruit, il lui était impossible d'arriver au recouvrement de sa créance. Mais, aux termes de l'art. 612, il

(1) *Espèce* : — (Moussard C. Valette et Bonnefond.) — Le 2 avril 1819, le sieur Bonnefond père décéda, laissant de la dame Bonnet, sa première femme, deux enfants, Marie et Antoine, et de la dame Valette, sa seconde femme, quatre enfants. — A la mort de la dame Bonnet, le sieur Bonnefond avait eu la tutelle de Marie et d'Antoine; après son second mariage avec la dame Valette, il était devenu également tuteur de plusieurs enfants que celle-ci avait eus d'un premier mari. —La succession du défunt resta indivise entre les cohéritiers Bonnefond, jusqu'au 26 janv. 1829, où Marie Bonnefond, mariée au sieur Moussard, en provoqua le partage, tant en son nom que comme légataire universelle d'Antoine, son frère, décédé.— Elle offrit de rendre préalablement le compte de tutelle que la succession indivise de son père devait aux enfants du premier mariage de la dame Valette, mais elle omit de réclamer alors le compte de tutelle qui pouvait aussi être dû tant à elle-même, majeure depuis le 4 juill. 1817, qu'à Antoine, son frère, devenu aussi majeur le 25 mars 1819. — Elle ne demanda ce compte que le 8 juill. 1857. — Les autres enfants Bonnefond, ses cohéritiers, ainsi que la dame Valette, lui opposent la prescription décennale (475 c. civ.).— La demanderesse répond que cette prescription n'a pu courir pendant tout le temps que la succession débitrice du compte est restée indivise entre elle et ses cohéritiers; qu'en effet, la communauté d'intérêts qui résultait d'une telle position, devait rendre toute prescription impossible entre les communistes, dont les actions respectives se trouvaient en quelque sorte paralysées et confondues jusqu'à la liquidation définitive; que c'est pour cela que l'art. 2258 c. civ. a décidé que la prescription ne courait pas contre l'héritier bénéficiaire à l'égard des créances qu'il aurait sur la succession, sans qu'il ait d'ailleurs distingué si cet héritier était seul ou en concours avec d'autres héritiers. — La dame Moussard ajoute, dans tous les cas, que l'action en partage qu'elle a introduite le 26 janv. 1829, a interrompu, au moins quant au compte à rendre à Antoine, son frère, devenu majeur moins de dix ans auparavant et dont elle avait tous les droits, la prescription décennale invoquée, car demander un partage, c'est requérir implicitement toutes les opérations nécessaires pour y arriver, et par conséquent la reddition des comptes de tutelle.

6 déc. 1857, jugement du tribunal d'Ussel qui accueille le moyen de prescription dans les termes suivants : — « Attendu que les demandeurs réclament, contre les représentants d'Antoine Bonnefond, une reddition de compte de tutelle comme héritiers de Marie Bonnet, leurs mère et belle-mère, décédée le 22 avril 1800; qu'ils disent que ce compte doit comprendre les jouissances du domaine d'Arsac à partir du jour qu'Antoine et Marie Bonnefond ont eu atteint leur dix-huitième année; qu'à cette action les défendeurs opposent une exception tirée de la prescription; — Attendu, en droit, que, d'après l'art. 475 c. civ., toute action du mineur contre son tuteur relativement aux faits de la tutelle se prescrit par dix ans à compter de sa majorité; qu'il suit de là que le point de départ de la prescription court à partir de cette même majorité; — Attendu, en fait, que Marie Bonnefond est née le 4 juill. 1796; qu'elle est devenue majeure le 4 juill. 1817; qu'Antoine Bonnefond, son frère, est né le 25 mars 1798, et a atteint sa majorité le 25 mars 1819; qu'en calculant le temps utile à la prescription à partir de ces deux époques jusqu'au moment de l'action, il s'est écoulé un temps plus que suffisant pour éteindre l'action; à dire vrai, les parties de Me Redon soutiennent que cette action se trouve virtuellement comprise dans la demande par elles formée le 26 janv. 1829; mais cette prétention ne peut être admise, par le motif que cette demande, étant principale, devait être énoncée d'une manière formelle dans celle intentée le 26 janv. 1829; on ne peut non plus considérer la jouissance d'Antoine Bonnefond comme une gestion d'affaires, parce que cette action en restitution de jouissances formait une partie intégrante de celle en reddition de compte de tutelle, et que, si on l'admettait, on ferait revivre implicitement l'action en reddition de compte frappée par la prescription. » — Appel des époux Moussard. — Arrêt.

LA COUR; — Attendu qu'aux termes de l'art. 475 c. civ., toute action du mineur contre son tuteur, relativement aux faits de la tutelle, se prescrit par dix ans à compter de la majorité; — Attendu que Marie Bonnefond, appelante, a atteint sa majorité le 4 juill. 1817; qu'Antoine Bonnefond, son frère germain, qu'elle représente, est devenu majeur le 25 mars 1819, et que, depuis cette époque jusqu'au jour où a été formée, par les mariés Moussard, la demande en reddition de compte de tutelle qui était dû à Marie et à Antoine Bonnefond, par autre Antoine Bonnefond, leur père, décédé le 2 avril 1819, il s'est écoulé plus de dix ans;

Attendu, quant à la suspension de la prescription que les appelants veulent faire résulter de l'indivision qui a existé entre eux et les intimés de leurs droits dans la succession d'Antoine Bonnefond, auteur commun, que, d'après l'art. 2251 c. civ., la prescription court contre toutes personnes, à moins qu'elles ne soient dans quelque exception établie par une loi, et que l'exception invoquée pour cause d'indivision entre héritiers n'est consacrée par aucun texte de loi; — Attendu que chaque héritier est, dès l'ouverture de la succession à laquelle il est appelé, saisi pour la part qu'il recueille; que rien ne s'oppose à ce qu'un héritier agisse contre ses cohéritiers pour ce qui lui est dû par le défunt; qu'il doit demander, lorsqu'il lui est dû par la succession, son compte de tutelle, le faire apurer, afin, plus tard, lors des compte et liquidation entre les héritiers, de se porter, suivant les résultats du compte qui lui aura été rendu, créancier ou débiteur; que, pour décider que l'indivision d'une succession suspend la prescription de l'action en reddition de compte de tutelle, il faudrait admettre que cette action a la même durée que celle en pétition d'hérédité, ce qui n'est pas possible;

Attendu que les époux Moussard ont aussi prétendu qu'à l'égard d'Antoine Bonnefond, majeur seulement le 25 mars 1819, la prescription de dix ans qu'on leur oppose a été interrompue par l'action en partage qu'ils ont intentée le 26 janv. 1829, mais que leur prétention n'est pas fondée; qu'en effet, l'action en partage d'une succession prend sa source dans un droit héréditaire, tandis que l'action en reddition de compte de tutelle résulte de l'administration qui a été faite, par un tuteur, de la personne et des biens d'un mineur; que ces deux actions sont différentes; que l'une et l'autre sont principales; que l'une ne peut être renfermée dans l'autre; qu'elle n'en est ni la suite ni la conséquence; qu'ainsi il n'y a pas eu d'interruption de la prescription; — Attendu, relativement aux jouissances du domaine d'Arsac, provenant de Marie Bonnet, mère et belle-mère des appelants, qui ont été perçues par Antoine Bonnefond après la majorité de Marie et Antoine Bonnefond, ses deux enfants issus de son premier mariage, qu'elles n'ont été recueillies par Antoine Bonnefond, auteur commun, ni comme tuteur ni comme une suite de l'administration de la tutelle de laquelle il avait été chargé, mais bien comme *negotiorum gestor*, et que la demande qui en a été formée n'est pas prescrite;

Attendu que les intimés ont eux-mêmes reconnu, par un acte authentique du 25 mai 1858, que ces jouissances étaient dues aux appelants, et qu'en admettant comme vrais les faits articulés et offerts en preuve par les intimés que les mariés Moussard connaissaient la cession qui a été, par Marie Bonnefond, femme Gaillot consentie, en son contrat de mariage du 13 fév. 1858, à Antoine Bonnefond, son frère germain, qui a donné à celui-ci le droit de fournir, au nom de sa sœur, la reconnaissance du 25 mai, le jugement dont est appel n'en doit pas moins être réformé, parce que l'acte du 28 mai 1858 n'était pas pur et simple, mais qu'ayant été fait avec des réserves, il n'a pu satisfaire entièrement les appelants; qu'il y a lieu aussi à condamner les intimés à une petite partie des dépens, d'autant que ce n'est qu'après l'appel qu'ils ont consenti l'acte du 25 mai;

Par ces motifs; — Met l'appellation et ce dont est appel au néant; émendant et réformant quant au chef relatif aux jouissances du domaine d'Arsac qui ont été perçues par feu Antoine Bonnefond, auteur commun des parties, mais seulement après la majorité de chacun de ses enfants, Marie et Antoine Bonnefond, issus de son premier mariage, déclare la succession débitrice envers les appelants de ces jouissances, conformément à la reconnaissance qui en a été faite le 25 mai 1858; — Dit que tous les dépens, tant de première instance que d'appel, y compris le coût de l'arrêt, seront réunis en masse, et qu'ils seront supportés, les cinq sixièmes par les appelants, et l'autre sixième par les intimés;—Ordonne, pour tout le surplus, que le jugement dont est appel sortira son plein et entier effet.

Du 15 juill. 1840.-C. de Limoges, 5e ch.-MM. Lavaud-Condat, pr.-Decous, av. gén., c. conf.-Tixier et Vouzeillaud, av.

est évident que l'usufruitier peut arriver au payement de sa dette, soit que le nu-propriétaire lui en rembourse le capital dont il lui payera les intérêts, soit que l'on vende pour arriver à ce remboursement une portion des biens soumis à l'usufruit. Il n'y a donc pas impossibilité d'agir; l'usufruitier ne peut opposer la maxime *contrà non valentem agere*, etc., il n'est dans aucun des cas où l'on peut s'en prévaloir. — On a soutenu aussi que l'usufruit interrompait la prescription. Il faut encore ici interroger le texte de la loi pour savoir si cette situation crée une interruption. D'abord, on ne peut pas trouver dans le fait de l'usufruit l'interpellation judiciaire nécessaire pour interrompre la prescription aux termes de l'art. 2244. — Cela n'est pas douteux. Y a-t-il reconnaissance? A cet égard on dit que l'usufruitier se payant à soi-même les intérêts de sa créance, par la perception des fruits, il y a interruption de la prescription du capital par le payement des intérêts qui constitue une reconnaissance. Mais cela paraît être une pure subtilité; car on ne peut se reconnaître à soi-même l'existence de sa créance, et la reconnaissance doit émaner du débiteur. Ainsi l'usufruitier ne peut invoquer aucune des causes de suspension ou d'interruption relevées par le code.

747. Il a été jugé, par application du principe que l'usufruit n'est pas une cause de suspension de la prescription : 1° que la prescription court au profit du légataire de la nue propriété contre l'action formée par le légataire de l'usufruit du même objet en payement de son legs (Paris, 21 avr. 1815, aff. Varanchon, V. n° 841-3°); — 2° Que la prescription des actions en reprises de la femme n'est pas suspendue pendant la durée de l'usufruit qu'elle a des biens de son mari (Req. 17 août 1819 (1); Aix, 21 avr. 1836, aff. Ranchier, V. Contr. de mar., n° 4135; Paris, 4 avr. 1845, aff. Bruzaud, D. P. 45. 4. 406); — 3° Que le légitimaire qui agit en délivrance de sa légitime, après trente ans écoulés depuis l'ouverture de son droit, ne peut repousser la prescription que lui oppose l'héritier universel, en se fondant sur ce que la totalité des biens héréditaires étant grevée d'usufruit, la prescription a été suspendue pendant toute la durée de cet usufruit (Req. 18 janv. 1843) (2); — 4° Que lorsque le propriétaire d'une maison qui avait une servitude, une droit de vue sur un jardin, devient usufruitier de ce jardin, la prescription de la servitude n'en court pas moins au profit de l'acquéreur de la maison pendant la durée de l'usufruit (Pau, 31 déc. 1836) (3).

---

(1) *Espèce :* — (Dubosc C. Ravenet et Lainé.) — En 1775, contrat de mariage entre le sieur Saintard et la demoiselle Cordier, par lequel les époux donnent mutuellement au survivant d'eux l'usufruit de tous leurs biens.—Le 28 mai 1779, décès du mari; il a pour héritier son fils unique. Celui-ci meurt en 1782, laissant sa mère pour héritière de ses meubles et acquêts, et les sieurs Ravenet et Lainé pour héritiers de ses biens propres à la ligne Saintard. — En 1815, décès de la veuve Saintard; le sieur Dubosc, son légataire universel, assigne Ravenet et Lainé en payement des reprises matrimoniales de cette veuve.—Ceux-ci prétendent qu'aux termes de l'art. 118 de la coutume de Paris, à laquelle les époux Saintard s'étaient soumis, l'action de la veuve était prescrite, faute d'avoir été exercée dans les trente ans du décès du mari. — Jugement qui rejette cette exception, par le motif que la dame Saintard ayant été usufruitière universelle des biens de son mari, la prescription n'a pu courir contre elle pendant la durée de cet usufruit.—Appel, et le 14 avril 1818, arrêt infirmatif de la cour de Rouen qui déclare prescrite l'action en reprises de la veuve Saintard, par application de l'art. 118 de la coutume de Paris.

Pourvoi en cassation de la part de Dubosc pour fausse application de cet article et violation de la règle *contrà non valentem*, etc. — La prescription, dit-il, a été suspendue au profit de la dame Saintard tant qu'a duré son usufruit. S'il en était autrement, cette dame eût été obligée de s'actionner elle-même, de demander comme créancière de ses reprises une somme dont elle était débitrice comme étant en possession des biens affectés à ces reprises; elle eût été à la fois demanderesse et défenderesse, ce qui était impraticable.—Vainement la cour royale prétend-elle que la dame de Saintard devait agir contre les héritiers de son fils. Elle ne pouvait point leur demander la totalité de la dette, puisqu'il est de principe que l'usufruitier à titre universel doit contribuer aux dettes et charges de la succession, suivant l'art. 612 c. civ. Or, aux termes de ce même article, l'usufruitier peut contribuer au payement des dettes, en faisant l'avance des sommes dues, sauf à en être remboursé sans intérêts à l'extinction de l'usufruit; et c'est précisément ce qu'a fait la dame Saintard; elle a payé la dette de la succession à l'entrée de sa jouissance, en ne réclamant pas ses reprises : son héritier est donc fondé à en demander le remboursement, et son action n'a été ouverte que du jour de l'extinction de l'usufruit.—Arrêt.

LA COUR; — Attendu que l'unique question agitée devant la cour de Rouen était celle de savoir si l'usufruit avait pu suspendre ou interrompre le cours de la prescription; qu'il est vrai que le code civil n'énumère point l'usufruit parmi les causes de la suspension ou de l'interruption de la prescription; d'où il suit que l'on ne peut pas faire un reproche à la cour de Rouen d'avoir donné la préférence au système que le nouveau code paraît avoir consacré; — Rejette.

Du 17 août 1819.-C. C., sect. req.-MM. Lasaudade, pr.-Botton, rap.

(2) *Espèce :* — (Gisclar C. Lacombe.) — Le sieur Lacombe légua, en 1787, à sa fille Cécile, ainsi qu'à ses deux autres filles, telle légitime qui pourra compéter appartenir sur ses biens. Il institua le sieur Lacombe, son fils, héritier universel et général, et laissa l'usufruit de tous ses biens à sa femme. Après sa mort, et par contrat du 12 mars 1791, la dame Lacombe mère constitua à Cécile, sa fille, à l'occasion de son mariage avec le sieur Gisclar, une dot de 15,000 fr., dont 8,500 fr. du chef de son père. Cette dernière somme fut payée le 20 janv. 1812 par Lacombe fils, comme héritier de son père. — Au décès de la veuve Lacombe, arrivé le 31 oct. 1835, les époux Gisclar formèrent contre le sieur Lacombe fils une action en partage des successions paternelle et maternelle. Ils soutenaient, quant à la succession paternelle, que la somme de 8,500 fr., touchée de cette succession par la dame Gisclar, était de beaucoup inférieure à la légitime à laquelle celle-ci avait droit.—A cette action, le sieur Lacombe fils opposa la prescription, et ce moyen fut accueilli par jugement du tribunal d'Alby, du 13 juin 1838. — Appel. — 26 mars 1841, arrêt confirmatif de la cour de Toulouse.—Pourvoi.

M. le rapporteur Troplong, après avoir fait remarquer que les moyens tirés, soit de la reconnaissance de Lacombe fils, soit de la jouissance indivise de la succession, n'ont pas été présentés devant la cour d'appel, a ajouté : « Tout ce qu'on a dit, c'est que l'usufruit de la mère avait fait obstacle à la prescription de l'action. Mais la cour a répondu avec la jurisprudence de la cour de cassation, manifestée par un arrêt du 17 août 1819, que cette prétention n'était pas soutenable. La demanderesse répond que ce n'est pas ce qu'elle a voulu dire; qu'on a mal saisi sa pensée; qu'elle n'a voulu parler que de l'impossibilité de regarder la prescription comme ayant couru pendant le temps de la jouissance commune. Mais c'était à elle à se faire mieux comprendre; au surplus, nous ne pensons pas qu'on ait dénaturé son argument. Nous croyons qu'il a été discuté et apprécié tel qu'il a été présenté, et, dans tous les cas, l'explication aujourd'hui donnée ne paraît pas de nature à relever le pourvoi. » —Arrêt.

LA COUR; — Considérant que la cour royale n'a pas été saisie du moyen tiré de ce que la prescription aurait été interrompue par la prétendue reconnaissance de Lacombe fils, ou bien de ce que la prescription aurait été empêchée par la jouissance indivise des parties; que le débat a uniquement roulé sur le point de savoir si l'usufruit légué à la mère par le testateur n'avait pas eu pour effet de donner à la demanderesse, nu-propriétaire pour sa part, un représentant légal par les mains duquel elle serait censée avoir joui, ce qui aurait été une cause de suspension de la prescription; — Considérant que c'est avec raison que la cour royale a décidé que cette situation ne renfermait aucune cause de suspension de la prescription, et que ce n'était pas le cas d'appliquer la maxime *contrà non valentem agere*, etc.; que la demanderesse, en effet, avait pleine liberté d'agir pour la conservation de ses droits; — Rejette.

Du 18 janv. 1843.-C. C., ch. req.-MM. Zangiacomi, pr.-Troplong, r.

(3) *Espèce :* — (Dumoret C. Pailhé.) — Le 10 niv. an 11, la dame Dumoret a acquis une grange ou écurie contiguë au jardin de son mari. Des ouvertures de fenêtres existaient dans le mur de séparation. — Le sieur Dumoret est décédé laissant à sa femme l'usufruit du jardin. Quant à la grange, elle a été vendue bientôt après aux héritiers Pailhé. — Au décès de l'usufruitière, les héritiers Dumoret ont formé, contre les acquéreurs, la demande en suppression des fenêtres dont s'agit. — Un jugement du tribunal de Bagnères-de-Bigorre rejette cette demande : — « Attendu que la prescription a couru utilement jusqu'à l'époque de l'acquisition de l'écurie de la part de la dame Dumoret, et a seulement cessé de courir depuis cette époque, pendant la vie de Dumoret (art. 2253); — Que cette cause n'ayant fait que suspendre la prescription, n'empêche pas qu'on doive joindre le temps antérieur et postérieur pour la rendre complète. » — Appel. — Arrêt.

LA COUR; — Attendu que, d'après les anciens principes consacrés par le code civil, l'usufruit n'est pas compris au nombre des causes qui interrompent le cours de la prescription; — Qu'il ne rentre pas non plus dans l'application de la règle, *contrà non valentem agere non currit præscriptio*, du moins dans le cas actuel; — Que le propriétaire de l'héritage soumis à l'usufruit pouvait exercer une action née antérieurement, tendant à faire déclarer sa propriété exempte de la servitude, ou faire tous actes conservatoires; — Qu'on ne peut pas exciper de l'obligation imposée à l'usufruitier, par l'art. 614 c. civ., de dénoncer au propriétaire les entreprises qui peuvent porter atteinte à ses droits, parce qu'il ne dispose que pour le cas où des entreprises ont eu lieu; — Que nul avertissement n'est nécessaire quand il s'agit d'un fait antérieur, surtout lorsque, comme dans l'espèce, le propriétaire en a eu connais-

748. Dans un sens contraire, il a été jugé : 1° que la prescription des actions en reprise de la femme est suspendue pendant le temps qu'elle est usufruitière des biens de son mari (Bourges, 15 janv. 1851, aff. Arvey, D. P. 51. 2. 106), et dans une espèce où la jouissance des biens du mari était commune entre la femme et les héritiers du mari qui se prévalaient de la prescription (Grenoble, 14 août 1845, aff. Laroche, D. P. 46. 2. 135);—2° Que la prescription est suspendue au profit du légataire universel de l'usufruit de l'hérédité, quant aux créances qu'il a contre cette succession, tant que dure son usufruit (Toulouse, 27 mars 1835) (1).

749. Il faut considérer que lors même qu'on déciderait que la prescription ne court pas contre l'usufruitier pendant la durée de son usufruit, il y aurait exception à cette règle en ce qui touche l'action qu'il peut intenter contre le nu-propriétaire pour le remboursement des droits de mutation qu'il a payés à la décharge de ce dernier : car les droits de mutation par décès ne sont ni une dette de la succession ni une charge imposée sur la propriété. Cette action doit être dans tous les cas intentée pendant les trente ans à dater du payement. — V. ce qui est dit v° Enregistrement, n° 5174, et Toulouse, 27 mars 1835, au numéro précédent.

---

sance; — Qu'ainsi, la question se réduit à savoir si l'ancienne règle, reproduite par l'art. 2256, qui met l'usufruit au nombre des causes qui empêchent la prescription, s'applique au cas actuel; — Que cet article porte que ceux qui possèdent pour autrui ne prescrivent jamais, et met dans cette catégorie l'usufruitier; — Que la cause d'empêchement provient, non d'une incapacité attachée à la qualité d'usufruitier, mais de la nature de la possession précaire; — Que dès lors l'usufruitier peut prescrire, quand il possède à titre de maître et uniquement; — Qu'on doit examiner, dans l'espèce, à quel titre a joui la dame Dumoret de la servitude dont il s'agit; — Que, pour déterminer la nature de sa possession, il faut remonter à l'origine, la règle *ad primordium tituli posterior semper formatur eventus* ayant été consacrée par l'art. 2250; — Qu'on est toujours présumé posséder pour soi et à titre de propriétaire, s'il n'est pas prouvé qu'on a commencé à posséder pour autrui; — Que comme la servitude en litige fut primitivement possédée à titre de maître, l'on doit décider que la possession s'est continuée au même titre, si l'on ne rapporte pas la preuve d'une interruption qui ait changé sa nature; — Que cette preuve ne résulte pas de l'acceptation de l'usufruit, parce que l'usufruitier prend, aux termes de l'art. 600, les choses dans l'état où elles sont; — Que les fenêtres dont la suppression est demandée, existant déjà lorsque l'usufruit a commencé, l'usufruitier n'a reçu le jardin que grevé de la servitude; — Que, n'ayant joui des fenêtres qu'en sa qualité de propriétaire de l'édifice pour l'usage de l'utilité duquel elles avaient été établies, il est censé en avoir joui à titre de maître; — Adoptant au surplus les motifs des premiers juges, confirme.

Du 31 déc. 1836.-C. de Pau, 1re ch.-M. Bascle de Lagrèse, pr.

(1) *Espèce :* — (Les héritiers Rozès C. les époux de Berthier.) — Le 11 mai 1795, mariage entre le sieur Rozès et la demoiselle Ayral. — Le 19 nov. 1802, décès du sieur Rozès sans enfants. — Par son testament, il lègue à son épouse l'usufruit de tous ses biens. — Celle-ci paye les droits de mutation à la charge des nu-propriétaires, et ne forme contre eux aucune réclamation, soit pour le remboursement de ces droits de mutation, soit pour le payement de sa dot. — Le 20 mars 1833, les époux de Berthier, ses héritiers, font signifier aux héritiers du sieur Rozès, conformément à l'art. 877 c. civ., les titres qui établissent les reprises de la dame Rozès sur la succession de son mari et le remboursement de la somme payée par la dame Rozès pour le droit de mutation des nu-propriétaires. — Jugement qui accorde aux époux de Berthier leurs demandes. — Appel par les héritiers Rozès. — Ils présentent devant la cour un nouveau moyen tiré de la prescription trentenaire. — Arrêt.

LA COUR; — Attendu que ne résultant d'aucun des actes du procès que les appelants puissent être présumés avoir renoncé, devant les premiers juges, à repousser, par le moyen de la prescription, les demandes des intimés, ils sont recevables en vertu de ce principe : *Præscriptionem peremptoriam quam antè contestari sufficit, omissam priusquàm sententiam feratur, objicere quandoque licet*, consigné dans la loi 8, C., *De except.*, etc., et adopté par l'art. 2224 c. civ., à s'en prévaloir devant la cour; qu'il y a donc lieu à examiner si cette exception est utilement invoquée; — Attendu qu'étant constant en point de fait : 1° que le sieur Rozès est décédé le 19 nov. 1802; 2° que les droits de mutation de sa succession devaient être acquittés, au plus tard, le 20 mai suivant; 3° que les intimés qui ont justifié que la veuve Rozès, qu'ils représentent, les avait payés avant cette époque, n'ont formé leur demande en restitution, contre les appelants, que le 28 mai 1833, c'est-à-dire plus de trente ans après le payement, la prescription sera utilement invoquée, s'il n'est pas prouvé que la veuve Rozès était tenue de ce payement, ou que, l'ayant fait dans l'intérêt des appelants, sa qualité d'usufruitière des biens qui y avaient donné lieu a suspendu, pendant toute la durée de cet usufruit, le cours de la prescription;

Attendu que le droit de mutation ne résultant que du décès du propriétaire des biens à raison desquels ce droit est dû, n'est pas une dette de la succession, puisqu'il ne provient pas du défunt; qu'il n'est pas non plus une charge imposée sur la propriété, même dans le sens de l'art. 609 c. civ.; qu'il est une sorte de contribution qui, aux termes de l'art. 32 de la loi 22 frim. an 7, doit être payée par les héritiers; que l'usufruitier ne saurait en être passible, puisqu'il est lui-même, en sa qualité, grevé d'un droit spécial; que le privilége que le paragraphe dernier de l'article précité accorde à l'état, uniquement créé pour faciliter la perception du droit, n'en rend point l'usufruitier débiteur (arrêt de la cour de cassation, du 9 juin 1813, v° Enregistrement, n° 5174); qu'ainsi, en l'acquittant sans en être tenu, et sans qu'il ait été justifié d'aucune demande ou poursuite infructueuse faite contre les intimés redevables de ce droit, la veuve Rozès est devenue leur *negotiorum gestor;* mais que si cette qualité l'autorisait à répéter la somme payée pour eux, ce droit était passible de l'exception consacrée par l'art. 2262 c. civ.; que sa qualité d'usufructuairesse n'était point un obstacle à son application, puisque, pouvant répéter la somme avancée immédiatement après le payement, ainsi que l'a décidé l'arrêt de la cour de cassation précité, l'existence de cette circonstance n'est d'aucune influence sur le cours de la prescription;

Attendu qu'étant constant, en point de fait, que les intimés ont, conformément aux dispositions de l'art. 877 c. civ., signifié les titres constitutifs des reprises dotales de la veuve du sieur Rozès, moins de trente ans avant le décès de son épouse, la prescription ne saurait être invoquée contre la demande en payement de ses reprises, puisque cet acte l'a interrompue. Vainement, en effet, les appelants objectent que cet acte n'étant ni une citation en justice, ni un commandement, ni une saisie, la prescription a suivi son cours, puisque les termes dans lesquels est conçu l'art. l'art. 2244 c. civ. ne permettent pas de considérer les actes qu'il indique comme les seuls capables d'interrompre la prescription, et que la signification prescrite par l'art. 877 étant un préalable à toute poursuite, et ne pouvant même concourir avec le commandement, quelque laps de temps qui s'écoule avant son exécution, son effet doit être d'interrompre la prescription; car tant que cette signification n'a pas eu lieu, le créancier ne peut faire des poursuites utiles; que ne pas lui attribuer un pareil résultat, serait reconnaître que dans le cas où, au décès du débiteur, huit jours seraient encore nécessaires pour atteindre le terme fixé pour la prescription, le créancier, quelles que fussent ses poursuites, ne pourrait l'interrompre, conséquence si évidemment erronée, que ceux qui veulent n'accorder nul effet à la signification des titres, créent, dans ce cas, une exception arbitraire pour l'écarter; que, d'ailleurs, ce serait méconnaître le caractère de cette signification et les motifs qui l'ont fait ordonner par l'article précité, que de lui refuser un pareil résultat. Cet article, en effet, a eu pour objet de rendre inutile, d'un coté, la poursuite d'un jugement, même dans le cas d'un titre authentique que la jurisprudence des pays coutumiers exigeait du créancier, et de l'autre, d'affranchir les héritiers du débiteur des voies immédiates d'exécution dont ils pouvaient être frappés d'après les règles suivies dans le pays de droit écrit; cette signification suppléant donc à la fois et l'interpellation judiciaire, et un jugement proprement dit, doit avoir pour effet immédiat d'interrompre la prescription;

Attendu, d'un autre côté, que si, en règle générale, l'héritier est personnellement tenu du payement des dettes de son auteur, il n'en est pas de même lorsque les biens héréditaires sont grevés d'usufruit; que le paragraphe dernier de l'art. 612 c. civ. affecte spécialement à leur acquit les biens de la succession; que la veuve Rozès ayant été instituée, par le testament de son mari, légataire universelle de l'usufruit de ses biens, le payement de ses reprises ne pouvait être poursuivi que sur eux; que la prescription n'a pu donc courir contre elle tant qu'elle a possédé les biens sur lesquels elle devait d'abord poursuivre le payement de ces mêmes reprises : *Imò et illud procul dubio est,* dit la loi 7, § 5, C., *De præscript.*, etc., *quod si quis eorum quibus aliquid debetur, res sibi suppositas sine violentiâ tenuerit; per hanc detentionem interruptio fit... et multò magis quàm si esset interruptio per conventionem introducta;* que, d'un autre côté, aux termes de la loi 8, § 4 du même titre, dans les contrats productifs d'intérêts, la prescription ne commence à courir que du jour où ils ont cessé d'être payés : *Exceptio triginta annorum..... in illis contractibus in quibus usuræ promissæ sunt, ex illo tempore initium capere sancimus, ex quo debitor usuras minimè persolvit*, et d'après l'article précité du code, le légataire universel étant tenu seul de leur acquit, le payement de ces intérêts étant censé fait pendant toute la durée de l'usufruit, au moyen de la compensation qui les a successivement éteints, *nam compensatio est solutio*, la prescription n'aurait pu commencer à courir qu'à partir de l'extinction de l'usufruit; d'où suit que, sous ce nouveau rapport, elle est sans application à la cause; — Infirme, etc.

Du 27 mars 1835.-C. de Toulouse, 3e ch.-M. Garrisson, pr.

Sect. 2.—*De la suspension de la prescription dérivant des causes intrinsèques. — Condition, garantie, terme, succession bénéficiaire ou vacante, force majeure, etc.*

750. Tant que l'action n'est pas née, on ne peut ni reprocher de la négligence au créancier qui n'a pas agi, ni présumer qu'il ait renoncé à agir. De là l'art. 2257, aux termes duquel la prescription ne court point : 1° à l'égard d'une créance qui dépend d'une condition, jusqu'à ce que la condition arrive; 2° à l'égard d'une action en *garantie*, jusqu'à ce que l'*éviction* ait lieu; 3° à l'égard d'une créance à jour fixe, jusqu'à ce que ce *jour* soit arrivé. — Les règles tracées dans cet article sont conformes aux principes anciens (Cass. 12 déc. 1837, aff. Marquisan, V. *infrà*, n° 768, et 3 janv. 1842, aff. Félip, V. *infrà*, n° 769).

751. *A l'égard d'une créance qui dépend d'une condition.*— Ainsi, la prescription des gains nuptiaux subordonnés à la condition de survie, des donations avec condition de retour en cas de prédécès du donataire, des actions résolutoires dépendant de la condition implicite que l'obligé exécutera ses engagements, etc., ne commence à courir que du jour de l'événement qui rend la créance pure et simple (Conf. M. Troplong, n° 788).

752. Le droit de marronnage (ou de prendre du bois dans les forêts pour la construction et réparation des bâtiments) ne s'exerçant qu'à mesure des besoins de l'usager, et étant dès lors soumis à la condition s'il *y a besoin*, serait-il prescrit par le défaut de délivrance pendant trente ans, si aucun besoin ne s'était manifesté pendant ce laps de temps? — V. Usage (droit d').

753. L'engagement pris envers le domaine par l'acquéreur d'un bien national de souffrir sans indemnité l'alignement qui lui serait assigné, n'est prescriptible que du jour de la réquisition d'alignement, le droit à l'indemnité s'ouvrant seulement par l'accomplissement de cette formalité, et la prescription de cette obligation demeurant suspendue jusque-là (Cass. 24 fév. 1847, aff. Wagner et cons., D. P. 47. 1. 99, Req. 17 janv. 1853, D. P. 53. 1. 121).

754. Dans le cas de stipulation, dans une vente, qu'en cas de revente par l'acheteur, le vendeur primitif aurait la préférence sur tous autres pour racheter l'immeuble moyennant une somme de tant, la prescription de ce droit de préférence commence à courir, non du jour du contrat où elle a été stipulée, mais du jour de la revente par l'acquéreur (Conf. M. Troplong, n° 790).

755. A la loi 7, § 4, C. *De presc. 30 vel 40 ann.*, on faisait avant le code une exception notable, c'est que le tiers acquéreur n'en prescrivait pas moins l'action hypothécaire du jour de son acquisition, contre le créancier conditionnel et à jour, et contre le garanti avant le trouble (Rousseau, v° Prescription, sect. 2, n° 6; Serres, p. 158), en sorte que l'événement de la condition, du jour, ou de l'éviction, ne suspendait la prescription que vis-à-vis de l'obligé principal. — Cette jurisprudence doit-elle être encore suivie? — Maleville incline vers la négative, attendu que l'art. 2257 ne fait pas d'exceptions. D'après le même motif, M. Vazeille, n° 301, pense que la disposition de cet article *est générale quant aux choses et quant aux personnes*; que, dès lors, le créancier n'est point tenu, pour conserver ses droits éventuels, de former contre le tiers détenteur une action en déclaration d'hypothèque; que son inscription suffit, parce qu'elle énonce nécessairement qu'elle n'a pour cause que des droits en suspens; et c'est assez pour apprendre au détenteur qu'on ne peut pas agir plus efficacement. — Mais nous pensons et les auteurs les plus accrédités estiment que l'art. 2257 n'a d'application qu'entre le créancier et le débiteur conditionnel, que la convention intervenue entre eux est, à l'égard de l'acquéreur, *res inter alios acta*, et ne saurait le priver du droit qu'*il tient de la loi* de prescrire toutes les charges réelles qui grèvent l'immeuble, si le créancier conditionnel ou *in diem* n'y met point obstacle en formant contre lui une demande en déclaration d'hypothèque, qu'il prescrit par dix et vingt ans; qu'autrement il se verrait exposé à des recours après trente ans pour des causes qu'il a pu ignorer et qu'il ignorera presque toujours; que le créancier conditionnel a dû, en un mot, faire des actes conservatoires (Delvincourt, t. 2, p. 638 aux notes; Grenier, des Hypothèques, t. 2, n° 518; Toullier, t. 6, n° 528; Troplong, des Hypothèques, n° 886 et Prescription, n° 794; Duranton, t. 21, n° 328; Proudhon, de l'Usufruit, n° 2130; Persil, art. 2180-36; Fœlix et Henrion, Rente fonc., n° 205; Fréminville, de la minorité, t. 1, p. 440; Taulier, t. 7, p. 72; Marcadé, art. 2257, n° 2. — Conf. Grenoble, 10 mars 1827, aff. Planel, V. Privilège et hypothèque).

756. Néanmoins il a été jugé: 1° que la prescription d'un droit conditionnel est suspendue jusqu'à l'événement de la condition, tout aussi bien à l'encontre des tiers qui détiennent les biens affectés de ce droit que vis-à-vis le débiteur; ces tiers objecteraient vainement que le créancier aurait dû interrompre la prescription à leur égard par des actes conservatoires, cette interruption ne pouvant résulter que d'une citation en justice, d'un commandement ou d'une saisie, lesquels ne peuvent être faits en vertu d'un droit conditionnel (Cass. 4 mai 1846, aff. Binos-Gurain, D. P. 46. 1. 254); — Et spécialement que le tiers détenteur d'immeubles compris dans une donation de biens présents et à venir, ne peut pas prescrire contre le donataire, tant que le droit de ce dernier n'est pas devenu pur et simple par le prédécès du donateur, alors surtout que le même droit est, en outre, subordonné à l'option à faire par le donataire, entre les biens présents et à venir qui lui ont été donnés et ceux existant à l'époque de la donation (même arrêt); — 2° Que l'engagement de se conformer à l'alignement *sans indemnité*, souscrite envers le domaine par l'acquéreur d'une maison, n'est prescriptible soit en faveur de cet acquéreur, soit en faveur des tiers acquéreurs, que par le laps de trente ans (c. nap. 2262, 2265); — ... Et que la prescription de cette obligation demeure suspendue aussi bien à l'égard des tiers acquéreurs qu'à l'égard des acquéreurs primitifs, jusqu'à la réquisition d'alignement (Rej. 24 fév. 1847, aff. Wagner, D. P. 47. 1. 99. — Conf. Req. 17 janv. 1853, aff. Vavin, D. P. 53. 1. 121). — Mais on doute que cette jurisprudence, qui tend à jeter un grand trouble dans la propriété, se maintienne toujours; si elle dure, elle amènera une modification législative.

757. Au reste, il nous a paru que le tiers qui a acheté du grevé de substitution l'immeuble sur lequel la substitution est assise, en prescrit la propriété au préjudice du fidéicommissaire, à partir du jour de son acquisition, et non pas seulement à partir du jour de l'ouverture du fidéicommis, *quia*, dit Dumoulin, *potuit substitutus agere ad declarationem fideicommissi* (Conf. M. Troplong, n° 755, V. Substitution, n°s 404 et suiv.).

758. De même, celui qui acquiert de l'héritier du testateur l'immeuble légué à un tiers sous une condition suspensive, prescrit contre le légataire *pendente conditione* (Conf. M. Troplong, n° 796).

759. Le même motif est applicable dans l'espèce suivante que nous empruntons à M. Delvincourt. Pierre a vendu sa maison à Paul sous une condition suspensive, dont l'événement peut être longtemps attendu, *putà* si Paul lui survit. Pierre vend ensuite la maison à Jacques, comme en étant propriétaire pur et simple, et sans parler de la première vente faite à Paul. Jacques, mis en possession de la maison, pourra prescrire pendant la vie de Pierre, soit par dix ou vingt ans, s'il a titre et bonne foi, soit par trente ans, dans le cas contraire. Pour empêcher la prescription, Paul devra assigner Jacques en reconnaissance de son droit éventuel. — Autre espèce : le prix de vente d'un immeuble n'est stipulé payable que dans quinze ans, ou bien il est convenu que la vente sera résolue en cas de décès de l'acquéreur sans enfants. Dès après le contrat, l'acquéreur revend l'immeuble. Dix années s'écoulent: à l'expiration de ce délai, le vendeur originaire pourra-t-il reprendre l'immeuble, dans le cas de non-payement de son prix, ou dans le cas de mort du premier acquéreur sans enfants? Nous ne le pensons point, soit parce que l'art. 2257 est, comme nous l'avons dit, inapplicable aux conditions *résolutoires*, qui n'ont jamais empêché de prescrire (arg. de la L. 2, § 4, ff., *Pro empt.*; Pothier, de la Prescript., n°s 91 et 93; Toullier, t. 6, n° 548), soit, nous le répétons, parce que cet article ne doit avoir d'effet qu'entre le créancier et le débiteur conditionnels et nullement à l'égard d'un tiers acquéreur auquel la convention par eux faite est entièrement étrangère. Au surplus, la doctrine qui tend à établir que la disposition de l'art. 2257 est générale quant aux choses et quant aux personnes, est encore proscrite par un arrêt de la cour de Toulouse, du 13 août 1827, aff. Fraineau, V. n° 767.

760. La clause de retour au donateur, en cas de prédécès du donataire, ne fait point obstacle à ce que le tiers auquel celui-ci vend l'immeuble en prescrive la propriété du jour, non du décès du donataire, mais du jour de la vente. — L'acquéreur prescrit pareillement du jour de son contrat, nonobstant la révocation, pour cause d'ingratitude, de l'immeuble à lui vendu par le donataire (Conf. M. Troplong, n° 798. — *Contrà*, M. Vazeille, n° 521). — On ne suit pas la même règle dans le cas de l'art. 966 c. nap., mais la loi crée ici une exception formelle.

761. Ce n'est, au surplus, il ne faut pas l'oublier, que lorsqu'on a pu, comme dans les cas ci-dessus, agir contre les tiers détenteurs pour faire reconnaître son droit, que la prescription a couru au profit de ces derniers. S'il y avait, au contraire, impossibilité réelle d'agir, il faudrait appliquer la règle *contrà non valentem*, etc. Il est évident, par exemple, que la prescription de l'action en réduction de donations excessives ne court contre les héritiers et au profit des tiers auxquels les donataires ont vendu les biens donnés, qu'à partir de l'ouverture de la succession (Conf. M. Troplong, n° 800).

762. L'acquéreur de biens qui, par l'édit de secondes noces, devaient appartenir aux enfants au décès du convolant, n'a pu prescrire qu'à partir du décès de ce dernier (Rej. 11 janv. 1825) (1).

763. L'enfant ne peut se prévaloir, dans un but de prescription, de ce que plus de trente ans se sont écoulés depuis que son père a déboursé pour lui, à l'occasion par exemple de son remplacement au service militaire, une somme d'argent dont le rapport est réclamé..., la nature d'un avantage indirect, dont la validité ne peut être appréciée qu'à la mort du donateur, excluant tout moyen de prescription pendant la vie de celui-ci (Amiens, 17 mars 1853, aff. Gandon, D. P. 53. 2. 240).

764. La clause d'un cahier de charges aux termes de laquelle l'adjudicataire est tenu de payer son prix dans la quinzaine de la notification du jugement d'ordre, ne soumet pas la créance à une condition suspensive. La prescription ne court pas à partir de la notification, mais de la date du jugement d'ordre (Rennes, 9 juill. 1846, aff. Taslé, V. n° 770).

765. La clause d'un testament par laquelle un père laisse à sa veuve le droit d'instituer pour son héritier universel celui de leurs enfants qu'elle jugerait convenable, instituant lui-même son fils aîné à défaut d'élection par sa mère, constitue une condition suspensive, empêchant l'action en payement d'un supplément de légitime, à cause de l'incertitude sur la personne, jusqu'au décès de la mère morte où jusqu'à ce qu'une loi, comme dans l'espèce (L. du 7 mars 1793), ait déterminé quel devait être l'héritier (Req. 5 janv. 1822) (2).

766. Quand un concordat a été passé, qu'il a été dit que le

(1) *Espèce :* — (Héritiers Jammarin *C.* Paret.) — Marie Soyer, veuve du sieur Grange, épousa en secondes noces Claude Paret. Avant la célébration du mariage, celui-ci fit un testament par lequel il institua sa future épouse son héritière universelle, et laissa à chacun des enfants à naître sa légitime de droit. Le 15 janv. 1769, Antoinette Paret naquit de ce mariage. Le 10 janv. 1772, les deux époux acquirent conjointement un domaine avec ses dépendances, pour 3,400 fr. Le 27 mars 1786 décès de Claude Paret. Sa veuve se mit en possession de tous les biens de la succession.

Le 10 juin 1786, elle vendit, par un premier contrat, à Pierre Jammarin, une vigne, moyennant 1,000 fr.; et, le 12 mai 1787, seconde vente au même individu, d'un domaine situé à Saint-Michel, pour 4,000 fr. Elle procéda à ces ventes, tant en son nom qu'en qualité d'héritière de son mari. Antoinette Paret épousa Jean Marthoud. Par leur contrat de mariage du 16 août 1788, sa mère lui constitua en dot 1,200 fr., savoir : 600 fr. pour les droits paternels, et 600 fr. pour les droits maternels. Cette somme fut payée par Pierre Jammarin, en déduction du prix de la vente qui lui avait été consentie en 1787.

Le 1er therm. an 5, la veuve Paret convola en troisièmes noces avec Jean Poncin. Le 15 du même mois, Antoinette Paret, épouse Marthoud, fit signifier, tant aux époux Poncin qu'à Pierre Jammarin, un acte par lequel elle demanda la nullité des ventes consenties en 1786 et 1787, attendu le convol de sa mère. — Ce ne fut que le 9 mars 1818, qu'elle porta cette demande en nullité contre les héritiers Jammarin devant le tribunal de Saint-Etienne.

Le 21 mai 1818, décès de Marie Soyer. 20 janv. 1819, renonciation à sa succession. 7 juillet, jugement contre les héritiers Jammarin, ainsi conçu : « Considérant que, d'après les dispositions de l'édit des secondes noces, les avantages qu'un mari fait en propriété à sa femme sont entachés d'une substitution légale ou fidéicommissaire en faveur des enfants provenus du mariage, pour le cas où la femme avantagée passerait à de secondes noces; que, dans tous les cas, elle doit réserver aux enfants du premier mariage les biens qui ont été l'objet de l'avantage dont elle n'acquiert la propriété que par son décès en viduité; — Qu'Antoinette Paret, lors de son mariage, était mineure, et sa mère en viduité; que si la substitution était ouverte, son effet était suspendu; qu'Antoinette Paret n'a pu, tacitement ni positivement, renoncer à un droit qui n'était pas encore ouvert; qu'elle en a usé avant le décès de sa mère, et que jusque-là aucun délai utile pour la prescription n'a couru en faveur de l'acquéreur, qui connaissait la qualité de la venderesse; qu'au surplus, la prescription décennale n'avait pas lieu, dès lors que le titre, en vertu duquel l'acquéreur aurait joui, était infecté de mauvaise foi; qu'en ce cas, il aurait fallu une possession trentenaire; — Considérant, néanmoins, que la substitution légale n'a frappé que les deux tiers de la succession, l'autre tiers étant affecté à la légitime de droit d'Antoinette Paret; qu'Antoinette Paret doit rembourser aux héritiers Jammarin les 600 fr. que Pierre Jammarin, leur père, lui a payés pour la constitution du chef paternel; — Par ces motifs, le tribunal, sans s'arrêter aux fins de non-recevoir proposées par les héritiers Jammarin, dit que les ventes du 10 juin 1786 et du 12 mai 1787 sont déclarées nulles, seulement à l'égard des deux tiers des biens qu'elles embrassent. »

Appel par les héritiers Jammarin. Le 5 juill. 1821, arrêt confirmatif de la cour royale de Lyon, ainsi conçu : « Par les motifs donnés en la sentence dont est appel, et attendu que Marie Soyer n'a, ni à l'époque de la mort de son mari, ni lors de son convol, fait aucune déclaration ni option pour se porter et se faire reconnaître propriétaire de la moitié du domaine qui fût acheté le 10 janv. 1772, lequel est, dès lors, resté dans les propriétés de Claude Paret; mais attendu que la femme Soyer ayant vendu, tant en qualité d'héritière de son mari qu'en son nom personnel, peut être tenu de garantir la vente qu'elle a passée; — Attendu qu'Antoinette Paret, en recevant de Jammarin une somme de 1,200 fr., que Marie Soyer, sa mère, lui avait constituée en dot dans un temps où celle-ci avait droit et pouvoir de vendre, n'est point censée avoir approuvé la vente et ne peut être envisagée avoir renoncé aux avantages qui pouvaient lui résulter d'événements ultérieurs.

Pourvoi des héritiers Jammarin. — 1° Violation des lois sur la prescription. — Les actes de vente, ont-ils dit, avaient été passés en 1786 et 1787; la demande en nullité n'a été formée qu'en 1818; les demandeurs jouissaient donc depuis trente et un an; ils avaient acquis par la prescription la plus longue. Vainement objecterait-on que le droit d'Antoinette Paret n'était pas ouvert, et que la prescription n'a pu courir contre elle; cette assertion serait une erreur. Du moment du convol, Antoinette Paret a la nue propriété; elle aurait pu l'aliéner; elle a donc pu la conserver.

2° Contravention à l'art. 1338 c. civ. Dans son contrat de mariage, Antoinette Paret a reconnu avoir reçu sa dot des mains et des deniers de Pierre Jammarin, en déduction du prix des ventes faites en 1786 et 1787. C'est là une véritable reconnaissance, une ratification ou une exécution volontaire, qui, aux termes de l'art. 1338, emporte la renonciation aux moyens et exceptions que l'on pourrait opposer par la suite. On dirait en vain que le convol n'avait pas encore eu lieu, car Antoinette Paret devait prévoir l'événement et faire des réserves.

3° Contravention à la loi du 14 nov. 1792, abolitive des substitutions. L'édit de 1560, connu sous le nom d'édit des secondes noces, grève la femme donataire, convolant à de secondes noces, d'une substitution au profit des enfants nés du précédent mariage. Or, d'après l'art. 1 de la loi du 14 nov. 1792, toutes les substitutions sont interdites et prohibées. La substitution dont était grevée la dame Soyer ne s'est ouverte qu'en 1818, à l'époque de son décès; elle était donc abolie depuis vingt-six ans. — Arrêt.

LA COUR; — Attendu, sur le premier moyen, que la prescription ne court pas contre celui qui ne peut pas agir; — Que, par conséquent, dans l'espèce, la prescription n'a pas couru contre Antoinette Paret, du vivant de Marie Soyer, puisque le droit d'Antoinette Paret n'a été ouvert que lors du décès de ladite Marie Soyer, sa mère;

Attendu, sur le deuxième moyen, que le convol de Marie Soyer est postérieur tant au contrat de mariage d'Antoinette Paret qu'aux ventes faites à Pierre Jammarin; — Qu'on ne peut par conséquent faire résulter de ce contrat aucune confirmation des ventes faites à Pierre Jammarin, ni aucune renonciation aux droits éventuels d'Antoinette Paret;

Attendu, sur le troisième moyen, que la réserve faite par l'édit des secondes noces, au profit des enfants, est fondée sur la présomption naturelle de l'affection du père pour tous ses enfants indistinctement; — Que cette réserve n'a rien de commun avec la loi du 14 nov. 1792, qui a aboli les substitutions; — Rejette.

Du 11 janv. 1825.-C. C., sect. civ.-MM. Brisson, pr.-Vergès, rap.-Marchangy, av. gén., c. conf.-Champion et Odilon Barrot, av.

(2) *Espèce :* — (Charreyre *C.* Odoul.)—En 1780, testament de Char-

payement des dividendes aurait lieu à dater de l'homologation, et que cette homologation n'a pas eu lieu, la prescription court néanmoins au profit du débiteur; il n'a pu appartenir aux créanciers, en ne faisant pas remplir les formalités indiquées, de priver leur débiteur d'un mode de libération que la loi autorise (Bordeaux, 19 mars 1841) (1). — L'arrêt aurait pu, il nous semble, être mieux motivé. Quel est, en effet, le principe contenu dans l'art. 2257? C'est que la prescription est suspendue au profit d'un créancier quand il n'a pu agir, et il ne peut pas agir quand la condition n'est pas accomplie. Mais la nécessité d'obtenir l'homologation pour faire courir les termes de payement empêchait si peu les créanciers d'agir, que c'était à eux de poursuivre cette homologation. Ils ont été négligents, et dès lors la prescription a dû suivre son cours.

767. *A l'égard d'une action en garantie, etc.* — L'art. 2257 est applicable, que l'action en garantie dérive d'un partage ou d'une vente; mais il ne l'est que lorsque l'action en garantie dérive d'une obligation personnelle. Ainsi, la suspension de prescription n'a pas lieu au profit de l'échangiste qui, évincé de l'immeuble par lui reçu en échange, revendique celui qu'il a donné en contre-échange, contre le tiers auquel son copermutant l'a vendu : cette demande en revendication est une action purement réelle qui ne peut être en rien assimilée à une action en garantie et à l'égard de laquelle, dès lors, la prescription court au profit du tiers acquéreur du jour de son acquisition, et non du jour où le demandeur en revendication a été évincé de l'immeuble par lui reçu en échange de celui qu'il revendique contre le tiers (Toulouse, 13 août 1827) (2).

---

reyre par lequel il donne à chacun de ses enfants, à titre d'institution, une somme de 1,500 fr. Après avoir nommé sa femme tutrice et administratrice de tous ses biens, il l'autorise à *choisir celui de leurs enfants qui serait son héritier* universel. Et, dans le cas où elle ne ferait pas d'élection, il institue lui-même son fils aîné héritier universel. — La veuve Charreyre décéda en 1795, après la loi du 7 mars même année, sans avoir usé du droit d'élire un héritier parmi ses enfants. — En conséquence, le fils aîné fut l'héritier universel de droit d'après la clause du testament paternel.

Dans cet état de choses et le 21 déc. 1814, la veuve Odoul, sœur de Charreyre aîné, intenta contre ce dernier une action en supplément de légitime. — Charreyre oppose qu'à supposer que la dot par elle reçue de sa mère au moment de son mariage, indépendamment des 1,500 fr. venant de la succession paternelle, ne fût pas suffisante pour la remplir de tous ses droits légitimaires, son action en supplément de légitime était éteinte par la prescription trentenaire depuis la mort du père commun. —24 janv. 1816, jugement qui rejette cette fin de non-recevoir.—Appel.

12 mai 1818, arrêt de la cour de Nîmes qui confirme, par le motif que la condition d'institution d'héritier en faveur de Charreyre avait suspendu l'exercice du droit de sa sœur en supplément de légitime, lequel droit ne s'était ouvert qu'en 1793, au décès de la mère, sans avoir usé de la faculté à elle donnée de choisir un héritier; que, d'une autre part, la dame Charreyre pouvait elle-même être élue héritière universelle comme tout autre enfant : cette incertitude sur la personne de l'héritier avait empêché son action, laquelle aurait pu se rétorquer contre elle-même et devenir par là inutile.

Pourvoi par Charreyre pour contravention à l'art. 2262 et fausse application de l'art. 2257 c. civ., en ce que la condition ne suspend le cours de la prescription d'un droit ou d'une créance, qu'autant que ce droit ou cette créance sont eux-mêmes suspendus par la condition. Or le droit de la dame Odoul à un supplément de légitime n'était ni incertain ni suspendu ; sa légitime entière était due dès l'instant de la mort de son père; elle aurait pu l'exiger aussitôt sa majorité. C'est donc de cette époque que la prescription a couru contre elle. Or elle était majeure en 1780, lors du décès du père commun. — D'un autre côté, la demande en supplément de légitime, avant l'élection de l'héritier, n'aurait point fait perdre à la dame Odoul sa qualité possible d'éligible. Enfin la suspension de la qualité d'héritier, l'incertitude de la personne qui succédera au défunt dans tous ses droits, n'ayant pas été mise par la loi au nombre des causes qui suspendent l'action judiciaire, l'arrêt attaqué, en le décidant ainsi, a commis un excès de pouvoir. — Arrêt.

LA COUR; — Attendu que Jeanne Charreyre n'a pu agir pour demander le supplément de légitime à elle dû qu'en 1793, temps auquel l'héritier a été définitivement connu; qu'alors seulement il a été décidé qu'elle n'était que simple légitimaire, et que ce n'est qu'à cette époque que son intérêt a commencé; qu'ainsi il ne s'était pas écoulé contre elle un temps suffisant à prescrire; — Rejette.

Du 5 janv. 1822.-C. C., sect. req.-MM. Henrion, pr.-Brillat, rap.

(1) (Chantecaille C. veuve Lazare.)—LA COUR;—Attendu que Pierre Otard fut porté sur le bilan de Chantecaille père (de sept. 1805), créancier pour compte, pour solde des traites souscrites par Coussicot, et dont ledit Chantecaille avait garanti le payement;—Attendu que ce concordat, quoique non obligatoire à ce titre, à défaut d'homologation, peut cependant être invoqué en tant qu'il constitue la reconnaissance explicite d'une dette qui figurait déjà sur le bilan qui l'avait précédé;—Attendu que la prescription de cinq ans, établie pour les lettres de change par l'art. 21, tit. 5, de l'ord. de 1673 et par l'art. 189 c. com., fut interrompue par la mention de la dette sur le bilan et dans le concordat; que cette reconnaissance par acte séparé doit produire l'effet légal que lui attribue le § 1 de l'art. 189 précité; mais que ce point, qui n'est que secondaire dans la cause, n'est pas de nature à en modifier la solution, si la prescription trentenaire se trouve réellement acquise; — Attendu qu'à partir de la dernière reconnaissance de la dette (le concordat de 1805) jusqu'au jour de la demande, plus de trente ans se sont écoulés sans qu'il conste d'aucun acte interruptif; — Que vainement a-t-on fait remarquer que d'après ce concordat, le dividende dont la veuve Lazare s'est rendue par partie cessionnaire devait être payé en quatre payements égaux, de six mois en six mois, *à dater du jour de l'homologation*, et que cette formalité n'ayant pas été remplie, la prescription n'a pu courir, en s'en tenant aux termes de la convention et à la règle posée par l'art. 2257 c. civ.; — Que ce moyen, sur lequel le tribunal de première instance de Bordeaux s'est fondé pour écarter l'exception de l'appelant, n'aurait pas dû prévaloir; qu'il n'a pu, en effet, dépendre des créanciers, en ne poursuivant pas l'homologation, de suspendre ainsi indéfiniment la prescription qui n'aurait pas même aujourd'hui commencé son cours; que leur inaction, leur défaut de diligence, ne peut préjudicier au débiteur, et le priver d'un mode de libération que la loi autorise;—Emendant, déclare que la créance cédée (à la veuve Lazare) était éteinte par une prescription plus que trentenaire; — Déclare, etc.

Du 19 mars 1841.-C. de Bordeaux, 4e ch.-M. Gerbeaud, pr.

(2) *Espèce :* — (Fraineau C. Moncuquet.) — En l'an 4 les héritiers Clary, dont un seul était alors majeur, firent le partage provisoire de la succession de leur père. — En l'an 8, Clary aîné échangea avec Moncuquet les immeubles tombés dans son lot.—En 1807, il vendit à la dame Fraineau les biens qu'il avait reçus en contre-échange. — Par suite du partage définitif qui eut lieu en 1816 entre les héritiers Clary, Moncuquet, évincé des immeubles qu'il avait acquis de Clary aîné, revendiqua, en 1824, ceux qu'il avait donnés à ce dernier en contre-échange, et qui avaient passé dans les mains de la dame Fraineau. — Celle-ci oppose la prescription décennale, Moncuquet répond que la prescription ne court point à l'égard d'une action en garantie, jusqu'à ce que l'éviction ait lieu (2257); que l'éviction n'a eu lieu qu'en 1816, et que depuis cette époque il ne s'est pas écoulé dix ans.— Jugement qui accueille ce moyen. — Appel. — Arrêt.

LA COUR; — Attendu qu'aux termes de l'art. 2265 c. civ., celui qui a acquis un immeuble par juste titre et de bonne foi, en prescrit la propriété par dix ans de possession; — Attendu qu'il est constant, en fait, que la dame Fraineau a possédé pendant dix ans avec juste titre et de bonne foi; — Attendu que l'art. 2257, qu'on lui oppose, n'a trait qu'à l'action en garantie, qui est une action personnelle ou mixte, qui ne regarde que les parties qui ont contracté et se sont obligées personnellement; —Attendu que l'action dirigée contre la dame Fraineau ne peut pas être assimilée à une demande en garantie, puisqu'elle n'a jamais contracté d'obligation personnelle; ce n'est qu'une action purement réelle, régie par des principes différents. De tous les temps, tandis que les actions personnelles ou mixtes ont duré trente ans, les actions réelles ont prescrit par dix ans;—Attendu que, s'il pouvait y avoir du doute dans l'interprétation de l'art. 2257, il serait résolu par les lois romaines, qui, en disposant, comme le fait ce dernier article, avaient restreint la disposition à la garantie proprement dite, et ne l'avaient point étendue aux actions réelles, prescriptibles par dix ans; — Attendu que l'art. 1705 ne dispose qu'entre les copermutants, puisqu'il donne au copermutant évincé le choix de répéter sa chose ou de conclure à des dommages-intérêts; ce qui ne peut s'appliquer aux tiers qui, dans aucun cas, ne peuvent devoir des dommages-intérêts;—D'où il suit que les mots *répéter la chose* ne doivent s'entendre que du cas où elle est encore dans les mains du copermutant, qui doit la garantie; — Attendu qu'il en est de même de l'art. 1184, qui, textuellement, ne s'occupe que des parties contractantes, et de l'effet immédiat que la résolution d'un acte doit avoir entre elles. Le même principe s'applique aux art. 1654 et 1655, qui ont été invoqués;

Attendu que la maxime *contra non valentem*, etc., n'est applicable, aux termes de l'art. 2251, que pour les exceptions établies par une loi; que Moncuquet ne se trouve dans aucune de ces exceptions;—Attendu, d'ailleurs, qu'il avait capacité pour agir, et qu'il pouvait agir vis-à-vis de son copermutant pour prévenir l'éviction; — Attendu que, dans l'hypothèse, il peut d'autant moins se plaindre, que le trouble a eu lieu avant les dix années expirées, et qu'il lui était libre d'interrompre la prescription sur la tête de la dame Fraineau; — Attendu que la maxime « que le vendeur ne peut pas transmettre à l'acquéreur plus de droits qu'il n'a, »

768. La prescription d'une action en garantie pour éviction commence à courir soit du moment de l'éviction de fait suivie d'une demande judiciaire en dommages-intérêts pour non-jouissance, soit du moment où l'auteur de l'éviction a introduit contre l'acquéreur évincé une instance pour faire consacrer son droit (Cass. 12 déc. 1837) (1).— « Quand il s'agit, dit M. Duranton, n° 331, simplement de la garantie de l'existence d'une créance ou d'un droit cédé, la prescription contre l'action en garantie, court à compter de l'acte de cession. Si la garantie est de la solvabilité du débiteur, ce qui s'entend de la solvabilité actuelle, la prescription court du jour du transport, si la créance était alors exigible; sinon du jour où elle l'est devenue, parce que la garantie de la solvabilité du débiteur d'une dette non échue s'entend de la solvabilité au temps où la dette sera exigible, le cessionnaire n'en ayant besoin qu'à cette époque. »

769. En matière personnelle, l'action en garantie n'est ouverte et ne peut se prescrire que du jour où le débiteur principal a été constitué en demeure d'exécuter son engagement (Cass. 3 janv. 1842) (2). — ... Et si, d'après la nature de l'obligation, la mise en demeure ne peut résulter que de la condamnation du débiteur principal, comme si, par exemple, ce dernier n'est lui-même qu'un garant, la prescription de l'action en sous-garantie ne court que du jour de cette condamnation.

770. *A l'égard d'une créance à jour fixe, etc.*—Si la créance est à jour incertain, on se trouve dans l'hypothèse d'une créance conditionnelle : *Dies incertus pro conditione habetur* (Merlin, Rép., v° Prescript., sect. 1, § 7, art. 2., quest. 12).—Décidé ainsi que la créance dont le terme est incertain doit, quant à la prohibition de prescrire, être assimilée à la créance conditionnelle; Et spécialement que l'adjudicataire assujetti à payer son prix d'adjudication après la notification du règlement d'ordre, ne peut prescrire sa créance après trente ans à partir de l'adjudication prononcée à son profit, mais seulement après trente ans à dater de la notification du règlement, notification dont la justification est à sa charge (Rennes, 9 juill. 1840) (3).

771. Lorsqu'il s'agit d'une dette payable par termes successifs, la prescription se divise comme la dette et court contre chacune de ses parties à compter de son échéance (L. 7, § 5, C., *De præscript. 30 vel 30 ann.*; M. Troplong, n° 802).—Jugé que lorsqu'en payement d'une somme due, il a été souscrit, par le débiteur, des billets à diverses échéances, la prescription court contre chacun de ces billets à partir de leur échéance respective, et non

---

ne peut s'appliquer en matière de prescription, qui a été établie par la loi pour suppléer à un acte défectueux, et qui forme seul un titre en faveur de l'acquéreur, indépendamment du droit qu'a transmis le vendeur; — Attendu que, sans entrer dans l'examen de la question de savoir si la prescription peut ou ne peut pas être opposée au cas de privilége pour prix de vente, il y a une différence notable en matière d'échange, puisque, en ce cas, il n'y a point de précaire, et que le tiers n'a pas pu voir, par l'inspection de l'acte d'échange, le vice résolutoire dont il était infecté;—Attendu que les lois romaines, les auteurs, l'ancienne jurisprudence, viennent, en matière d'échange, confirmer les dispositions de l'art. 2265; — Par ces motifs, infirme, etc.

Du 15 août 1827.-C. de Toulouse, 2e ch.-M. Faydel pr.

(1) *Espèce :* — (Marquisan *C.* Michel, etc.) — En 1749, la commune de la Seyne vendit une banalité au sieur Marquisan ou à ses auteurs, qui la revendirent en 1752 à un sieur Abram, dont le sieur Michel devint l'ayant cause. — En 1789, les banalistes refusèrent de se soumettre à la banalité. Aussitôt Michel forma une action en garantie contre Marquisan; mais cette instance resta impoursuivie, et Michel préféra sans doute attaquer la commune de la Seyne en responsabilité.—Il échoua dans cette action, et ce ne fut qu'en 1825 qu'il songea à renouveler sa demande en garantie contre Marquisan. — Il est bon d'observer qu'en 1789 les banalistes, après avoir refusé de continuer la servitude, s'adressèrent au parlement de Provence pour faire déclarer la banalité supprimée, et que Michel défendit seul à cette action, sans exercer de recours contre son vendeur.—Marquisan, après avoir assigné la commune en sous-garantie, opposa la prescription. — Jugement qui, sans avoir égard à cette exception, statua au fond, et condamna : 1° Marquisan à garantir Michel; 2° la commune à contre-garantir Marquisan. — Appel. — 31 mai 1834, arrêt confirmatif de la cour royale d'Aix. — Pourvoi de Marquisan pour (entre autres moyens) violation des art. 2257 et 2262 c. civ., en ce que l'action en garantie était prescrite. -- A ce moyen, qui n'est résolu qu'implicitement par la cour royale, les héritiers Michel ont répondu que le point de départ de la prescription n'était établi par aucun acte; mais la cour de cassation a reconnu, comme on va le voir, qu'il y avait suffisante constatation à cet égard dans l'arrêt attaqué. — Arrêt (ap. délib. en ch. du cons.).

LA COUR; — Vu les art. 2257 et 2262 c. civ.; — Attendu qu'il est reconnu et constaté, par l'arrêt attaqué, que le sieur Michel a été évincé de la banalité dont il s'agit dès le mois de mars 1789, et que, depuis cette époque, il n'en a pas repris la jouissance; — Que, dans les demandes successives qu'il a formées, il a réclamé des dommages-intérêts, à raison de la privation de jouissance qu'il avait éprouvée depuis cette éviction; — Attendu qu'à la même époque de 1789, les banalistes ont formé une opposition judiciaire à l'exercice du droit de banalité acquis par Michel, et ont traduit ce dernier devant le parlement de Provence, pour faire prononcer la validité de leur opposition; — Que ces actes et ces faits ont fait courir la prescription de l'action en garantie qui pouvait appartenir à Michel contre Marquisan; — Attendu que, si Michel a exercé cette action en 1789, elle a été entièrement abandonnée, et que cette instance est éteinte par la prescription; — Attendu qu'aucun acte interruptif de la prescription n'a été produit; — Que l'autorisation, accordée en 1789 à la commune de la Seyne, de rembourser au sieur Michel le prix de la banalité, autorisation dont elle n'a fait aucun usage, n'a pu interrompre la prescription à l'égard de Marquisan; — Attendu qu'à l'époque de la nouvelle demande en garantie, formée en 1825 par les héritiers Michel contre le sieur Marquisan, la prescription trentenaire était acquise à ce dernier; qu'elle a été proposée tant en première instance que devant la cour royale; — Qu'en le rejetant, l'arrêt dénoncé a violé les art. 2257 et 2262 c. civ., qui ont maintenu les principes anciens; — Attendu que l'annulation de l'arrêt, sur cette exception péremptoire, embrasse toutes ses dispositions, même celle relative à la demande en garantie de Marquisan contre la commune de la Seyne, qui ne peut plus avoir d'effet après l'annulation de la condamnation principale, tous les droits des parties leur demeurant réservés; — Sans qu'il soit besoin de prononcer sur les autres moyens de cassation; — Casse.

Du 12 déc. 1837.-C. C., ch. civ.-MM. Portalis, 1er pr.-Tripier, rap.-Laplagne-Barris, 1er av. gén., c. conf.-Lucas, Lanvin et Cotelle, av.

(2) (Félip *C.* hérit. Bonet.)—LA COUR (ap. dél. en ch. du cons.); — Sur le premier moyen....;—Sur le deuxième moyen fondé, sur la fausse application de l'art. 2257 c. civ. : — Attendu que, suivant les principes anciens, le délai pour la prescription d'une créance conditionnelle ne commençait à courir qu'à partir de l'époque à laquelle la condition était accomplie et que le § 1 de l'art. 2257 n'a pas introduit un droit nouveau; — Attendu que l'action en garantie n'est ouverte que lorsque le débiteur principal a été constitué en demeure de satisfaire à son engagement; — Qu'ainsi, en rejetant le moyen de prescription opposé par Félip, l'arrêt attaqué n'a violé ni l'art. 2257 c. civ., ni aucune autre loi;

Sur la première branche du troisième moyen, fondé sur la péremption : — Attendu que, suivant la jurisprudence du pays de Roussillon, la péremption des instances n'était pas acquise de plein droit; — Attendu, en fait, qu'aucune demande en péremption n'a été formée par Félip; qu'ainsi il n'aurait pas été fondé à l'opposer, soit à l'hospice, soit à Clara, soit aux héritiers Bonet;

Sur la deuxième branche du même moyen, fondée sur la violation du règlement du 13 avr. 1770 : — Attendu que ce règlement n'est relatif qu'aux arrérages de rentes constituées;

Attendu que la cour royale de Montpellier, usant du droit qui lui appartenait d'apprécier les actes des 5 nov. 1770 et 25 oct. 1775, a déclaré, en fait, qu'il s'agissait au procès, non d'une rente constituée, mais des intérêts d'une somme léguée à l'hospice de Prades; qu'ainsi l'arrêt attaqué a pu, sans violer le règlement de 1770, décider que la prescription quinquennale était sans application dans la cause; — Rejette le pourvoi formé contre l'arrêt de la cour de Montpellier, du 16 juin 1837.

Du 3 janv. 1842.-C. C., ch. civ.-MM. Portalis, 1er pr.-Moreau, rap.-Laplagne-Barris, 1er av. gén., c. conf.-Rigaud et Ledru-Rollin, av.

(3) (Sieur Taslé *C.* hérit. Villeblanche.) — LA COUR; — Considérant qu'aux termes du cahier des charges dressé pour parvenir à l'adjudication d'un immeuble adjugé judiciairement le 27 mai 1806, l'adjudicataire était tenu de payer le montant du prix de son adjudication dans la quinzaine de la notification du jugement d'ordre qui lui serait faite, et en conformité d'icelui, au curateur ou aux créanciers de la succession vacante; — Considérant, en droit, que cette stipulation mettait un terme incertain à la libération des acquéreurs, et que, d'après l'art. 2257 c. civ., la prescription ne court point à l'égard d'une créance qui dépend d'une condition jusqu'à ce que la condition arrive; — Considérant que l'incertitude du terme doit à cet égard le faire assimiler à une condition, puisque cette incertitude, formant une des bases constitutives de la créance, en suspend le recouvrement, et forme par là un obstacle à la prescription de cette créance; d'où il suit que les intimés, n'apportant pas la preuve de la notification du jugement d'ordre, ne peuvent invoquer la prescription du capital du prix de l'immeuble acquis par leur auteur; — Considérant, au surplus, que l'acquéreur avait toujours été à même de s'acquitter par la voie de la consignation; — Infirme.

Du 9 juill. 1840.-C. de Rennes, 3e ch.-M. Lemeine, pr.

pas seulement à partir de l'échéance du dernier : en un tel cas, il y a divisibilité dans la dette, quoique les effets aient été souscrits pour l'exécution d'une obligation unique (Req. 17 août 1831, aff. Bouvel, V. Emigré, n° 586). — Cependant il a été jugé que la prescription de l'action en payement d'un prix de vente stipulé payable en plusieurs termes, ne court au profit de l'acquéreur que du jour de l'expiration du dernier terme (Colmar, 8 juill. 1841, aff. com. de Herbitzheim *C.* Mathis).

772. A l'égard du tiers détenteur, c'est du jour de son contrat, et non de celui de l'expiration du terme, que commence la prescription.— Jugé ainsi que la prescription du tiers détenteur contre le créancier hypothécaire commence à courir du jour de la vente, bien que la créance hypothécaire ne fût pas encore exigible (Bordeaux, 15 janv. 1835, aff. Beauchamp, V. n° 1126).— V. *suprà*, n° 755.

773. La prescription de l'action résultant d'une créance exigible dans les trois ans après le mariage ou l'établissement du créancier, ne court que du jour du décès de celui-ci, s'il ne s'est point marié, et n'a pas formé d'établissement (Liége, 6 nov. 1823) (1).

774. C'est du jour de l'échéance fixée pour le payement par l'obligation, que commence à courir la prescription. Peu importe, lorsqu'il s'agit d'une vente de bois que l'usage donne le délai d'un an pour le payement à dater du jour de l'échéance tel qu'il est déterminé par le contrat (Bourges, 23 août 1819) (2).

775. La prescription d'un titre de rente commence à courir du jour de la date du titre, et non du jour de l'échéance de la première annuité ou du premier terme de la rente. — V. n° 869.

776. L'art. 2258 dispose que la prescription ne court pas contre l'héritier bénéficiaire à l'égard des créances qu'il a contre la succession. La raison en est que l'héritier bénéficiaire, ayant la possession des biens de l'hérédité dans l'intérêt de toutes les personnes qui ont des droits sur la succession, jouit aussi pour lui-même, et qu'ainsi sa possession empêche que la prescription ne courre contre lui.— Néanmoins, si, n'étant pas seul héritier, il n'avait point la possession de toute la succession, la prescription courrait contre lui à l'égard des portions de la créance qui seraient à la charge de ses cohéritiers (Conf. Chabot, sur l'art. 802).

777. Suivant un arrêt, la prescription à l'effet d'éteindre le droit résultant, au profit de l'un des héritiers, d'une donation préciputaire à lui faite, ne court pas contre cet héritier tant qu'il reste en possession paisible de la totalité des biens qui composent la succession : elle ne commence à courir, faute par l'héritier préciputaire d'exciper de son préciput, que du jour de la demande en partage formée par les autres héritiers (Bordeaux, 6 août 1853, aff. Fompérine, D. P. 54. 2. 232).—Cet arrêt a fait une juste application des dispositions de l'art. 2258. En effet, si l'héritier bénéficiaire ne peut point agir contre lui-même, il en est de même de l'héritier qui jouit paisiblement de la totalité de la succession. D'ailleurs, on ne peut ni supposer que l'héritier, qui est en possession paisible de toute la succession, entende abandonner son droit au préciput, ni admettre que les héritiers négligents, contre lesquels court la prescription de leurs parts héréditaires, prescrivent les droits qui compètent à l'héritier possesseur de toute l'hérédité.

778. Tant que l'héritier n'a pas accepté sous bénéfice d'inventaire, la prescription à l'égard des créances qu'il peut avoir contre la succession court à son préjudice. — Et son acceptation bénéficiaire ne réagit pas de manière à faire considérer comme non avenue la prescription acquise contre lui dans l'intervalle de l'ouverture de la succession à son acceptation (Limoges, 16 mars 1838) (3).

779. Aux termes de l'art. 2258 la prescription court contre

---

(1) *Espèce :* — (Hommel.) — Le 3 janv. 1774, contrat de mariage entre Jacque Hommel et la demoiselle Henertz, par lequel les époux s'obligent envers Nicolas Hommel, frère du mari, et demeurant avec lui, au payement d'une somme de..., dans les trois années après le mariage ou l'établissement de Nicolas Hommel. — Celui-ci continua d'habiter avec son frère. — Le 16 déc. 1792, il mourut sans s'être jamais marié, et sans avoir formé aucun établissement particulier. — En 1821, Marguerite Hommel, sa sœur et son héritière pour moitié, a réclamé de la veuve de Jacques Hommel la moitié de la somme qu'elle et son mari devaient, aux termes de leur contrat de mariage, payer à Nicolas Hommel. — La défenderesse oppose la prescription. Marguerite Hommel répond que la prescription n'a pu courir que depuis le décès de son frère, puisque jusque-là il était incertain s'il se marierait ou s'établirait, et à quelle époque. — Jugement qui, attendu que la demanderesse n'a pu agir qu'après le décès de son auteur, déclare que la prescription n'est pas acquise à la veuve Hommel. — Appel. — Arrêt.

LA COUR ; — Adoptant les motifs, etc., met l'appel au néant.

Du 6 nov. 1823.-C. d'appel de Liége.

(2) (Alix *C.* Régnard.) — LA COUR ; — Considérant que le bois dont la créance de Régnard est le prix, a été vendu le 12 août 1779, que l'action en payement est du 28 oct. 1814, et qu'entre ces deux époques il s'est écoulé plus de trente ans sans poursuites ; — Qu'en vain on oppose la loi du 20 août 1792, aux termes de laquelle la prescription a été suspendue depuis le 2 nov. 1789 jusqu'à pareil jour 1794 ; que cette loi ne s'applique pas aux obligations personnelles, mais seulement aux prestations féodales et foncières, et autres droits dont elle a ordonné la liquidation par suite du rachat qui en avait été prescrit ; — Mais qu'aux termes de l'acte constitutif de la créance elle était payable lors de la coupe du bois qui était vendu ; que la prescription ne peut courir que du jour de l'échéance du terme ; qu'ainsi il est nécessaire de fixer l'époque précise à laquelle le bois a été coupé ; — Que, suivant l'appelant, cette coupe aurait eu lieu dans l'hiver de 1783 à 1784, et qu'ainsi il se serait encore écoulé plus de trente ans jusqu'à l'action ; — Qu'en vain on a excipé contre ce fait de l'usage reçu dans le pays de n'exiger qu'après un an le payement des bois vendus sur pied et en détail ; que l'acte de 1779 indique la coupe pour terme de la créance ; qu'ainsi c'est de ce point qu'il faut partir, sans s'occuper des facilités qu'Alix a pu donner en vendant ; — Que le fait si important de l'époque de la coupe du bois a été formellement articulé, et que l'intimé doit l'avouer ou le dénier ; — Avant faire droit, fait acte à l'appelant de..., etc.

Du 23 août 1819.-C. de Bourges, 1re ch.-M. Sallé, 1er pr.

(3) *Espèce :* — (Poisle-Brulon *C.* Fallet.) — Le 18 mai 1797, décès de la dame de Lestrange laissant deux enfants. — Son mari est décédé le 17 janv. 1827, sans qu'aucune action, du chef de son épouse, eût été dirigée contre lui. — En 1835, la succession du sieur de Lestrange a été acceptée sous bénéfice d'inventaire par la dame Poisle-Brulon, sa fille. — Un ordre étant ouvert pour la distribution du prix des biens du sieur Lestrange, la dame Poisle-Brulon a demandé à y être colloquée pour le prix des biens de sa mère. — Un des créanciers prétend que la créance du chef de la dame de Lestrange est prescrite, plus de trente ans s'étant écoulés depuis son décès jusqu'à celui de son mari, sans qu'aucune action en répétition eût été formée. — Cette exception est accueillie en première instance. — Appel par les époux Poisle-Brulon ; ils disaient : Il ne s'est pas écoulé trente ans entre le décès de la dame de Lestrange et celui de son mari ; or, aux termes de l'art. 777 c. civ., l'effet de l'acceptation d'une succession remonte au jour de l'ouverture de cette succession : dès lors l'effet de l'acceptation de l'hérédité du sieur de Lestrange père, faite en 1835, doit remonter au jour du décès de ce dernier, c'est-à-dire au 17 janv. 1827. A cette époque aucune prescription n'était acquise : l'art. 2258 dispose que la prescription ne court pas contre l'héritier bénéficiaire à l'égard des créances qu'il a contre la succession : donc la prescription a été suspendue depuis le 17 janv. 1827, puisque c'était la succession bénéficiaire, représentée par les enfants Lestrange, qui était débitrice de la dot de leur mère. — Arrêt.

LA COUR ; — Attendu que la dame de Montagnac étant décédée le 17 mai 1798, et la dame Anne-Gabrielle de Lestrange, sa fille et son héritière, n'ayant demandé la restitution de la dot de la dame de Montagnac que le 10 avr. 1835, il s'est écoulé plus de trente ans ; qu'ainsi la créance de la somme de 120,000 fr., montant de la dot de la dame de Montagnac se trouve prescrite ; — Attendu que la dame Anne-Gabrielle de Lestrange excipe en vain de l'acceptation qu'elle a faite, le 11 mai 1835, sous bénéfice d'inventaire, de la succession de Charles-Alexandre de Lestrange, son père, des dispositions de l'art. 777 c. civ., qui décide que l'effet de l'acceptation d'une succession remonte au jour de l'ouverture de la succession, et de celles de l'art. 2258 du même code, d'après lequel la prescription ne court pas contre l'héritier bénéficiaire à l'égard des créances qu'il a contre la succession ; qu'en effet, si l'acceptation fait que l'héritier est censé avoir été héritier dès le moment de l'ouverture de la succession, tant à l'égard de l'héritier pur et simple qu'à l'égard de l'héritier sous bénéfice d'inventaire, la confusion des qualités de créancier et d'héritier ne commence qu'au moment où l'héritier créancier de la succession accepte la succession sous bénéfice d'inventaire ; — Qu'ainsi la prescription des créances de l'héritier de la succession court contre cet héritier tant qu'il n'a pas accepté la succession sous bénéfice d'inventaire ; — Que cela résulte évidemment des termes du dernier paragraphe dudit art. 2258, et de l'art. 2259, qui disposent, le premier, que la prescription court contre une succession vacante, quoique non pourvue de curateur ; le second, qu'elle court encore pendant les trois mois pour faire inventaire et les quarante jours pour délibérer ; — Par ces motifs, met l'appel au néant.

Du 16 mars 1838.-C. de Limoges, 3e ch.-MM. Périgord, f. f. de pr.-Mallevergne, av. gén., c. conf.-Jouhanneau et Gérardin, av.

une *succession vacante*, lors même qu'elle n'est pas pourvue de curateur. Cette circonstance ne peut nuire aux tiers qui ne pourraient pas, sans interrompre la prescription, faire nommer un curateur à raison de cet intérêt (V. M. Bigot-Préameneu, Exp. des motifs, p. 72, n° 38).—La prescription court également en faveur d'une succession vacante non pourvue de curateur. Ceux qui avaient des actions contre elle pouvaient faire nommer un curateur contre lequel ils auraient agi : ils doivent supporter la peine de leur négligence (Merlin, Rép., v° Prescription, sect. 1re, § 7, art. 2, quest. 17). — Ils n'ont pas de prétexte, dit Pothier, pour alléguer qu'ils manquent de contradicteurs qu'ils puissent actionner; car il ne tient qu'à eux de faire créer un curateur à cette succession.— Jugé cependant, avant le code Napoléon, que la prescription des dettes passives d'une succession est suspendue pendant le temps où, faute par l'héritier d'avoir pris qualité, le créancier n'a pu faire valoir ses droit (Paris, 12 pluv. an 12) (1).—En principal général, cette solution ne saurait être admise, car les créanciers peuvent forcer les héritiers de leur débiteur à prendre qualité.

780. Il résulte du principe que la prescription court contre une succession vacante, que l'héritier qui l'accepte, la doit prendre avec toutes les prescriptions dont elle peut être grevée. — V. Succession, n° 426.

781. La prescription court encore pendant les trois mois pour faire inventaire, et les quarante jours pour délibérer (2259). « L'héritier, pendant ce temps, a le pouvoir, sans être tenu pour cela de prendre qualité, d'exercer tous les actes conservatoires et d'interrompre les prescriptions; il n'est donc pas dans le cas de la règle: *contrà non valentem* » (Pothier, des Oblig., n° 650). — Il en était ainsi sous l'ordonnance de 1667. —V. dans ce sens Req. 24 flor. an 13, aff. Cuenin, v° Effets de com., n° 692.

782. La disposition de l'art. 877 c. nap., portant que l'exécution des titres exécutoires contre le défunt, ne peut être poursuivie contre l'héritier que huitaine après qu'ils ont été signifiés à ce dernier, ne fait point obstacle à ce que le commandement de payer puisse être valablement notifié avant l'expiration de la huitaine, à l'effet d'opérer l'interruption de la prescription, seulement il ne pourra être suivi d'exécution que dans le délai voulu par la loi : vainement dirait-on que cet acte ne peut avoir d'autre caractère que celui d'un acte d'exécution, et qu'étant nul à ce titre, aux termes de l'art. 877, il ne saurait produire aucun effet (Req. 22 mars 1832) (2).—V. Succession, n° 1329.

783. La confusion est une cause de suspension. Ainsi, la prescription n'a pas couru d'émigré à émigré, tant que les droits respectifs du créancier et du débiteur se sont trouvés réunis et confondus dans les mains de l'État (V. v° Emigré, n° 138;—Conf. M. Troplong, n° 726).—De même, la confusion des droits de l'usager et de ceux du propriétaire dans la même main, suspend, tant qu'elle dure, la prescription des droits d'usage, ainsi qu'il a été jugé sur notre plaidoirie. Tel est le cas où, par suite de la double émigration d'un usager et d'un propriétaire des biens affectés à l'usage, l'État s'est trouvé substitué aux droits de l'un et de l'autre (Cass. 18 fév. 1835) (3). —V. Usage.

784. La cession faite par un cohéritier à son cohéritier de ses droits successifs, a suspendu la prescription d'une action que ce dernier avait à intenter contre la succession. Mais si la cession a été annulée, la prescription a repris son cours (Limoges, 28 mars 1840, aff. Bompeix, V. Minorité, n° 665-2°)

785. La prescription de l'action en indemnité dont parle l'art. 682 c. nap. pour le cas d'enclave, est suspendue à l'égard du propriétaire du fonds asservi, pendant le temps qu'il est resté propriétaire du fonds enclavé (Paris, 14 mars 1839, aff. Vacher, V. Servitude).

786. Lorsqu'un mandataire a géré différentes affaires pour le même mandant, à partir de quel jour commence à courir la prescription des actions directe et contraire qui naissent du mandat? — V. Mandat, n° 263-3°.

787. La prescription court, contre le cessionnaire, du jour de la cession, encore bien qu'il n'ait pas signifié le transport au débiteur (Bourges, 6 mars 1828) (4). En effet, la signification du transport n'est pas nécessaire pour que le cessionnaire soit saisi à l'égard du cédant (c. 1690). Le droit est donc ouvert à la date de la cession, époque à laquelle il a été au lieu et place du cédant. —V. Vente.

788. Lorsque le créancier, détenteur d'un immeuble à titre d'antichrèse, a été, sous l'ancienne législation, momentanément privé de la possession en vertu de jugement, au profit d'un autre créancier qui, étant préférable au premier en hypothèque, a été mis en possession de l'immeuble, également à titre d'antichrèse, la détention de ce second créancier, bien qu'elle ait duré pendant trente ans, n'a que suspendu, et non pas éteint le droit du premier, qui peut rentrer dans la jouissance de l'immeuble, sans que les débiteurs soient fondés à lui opposer aucune prescription (Riom, 31 mai 1828) (5).

789. Quoique l'interruption contre un débiteur solidaire puisse être opposée à ses codébiteurs, il n'est pas également exact de dire que la suspension de prescription résultant de l'im-

(1) (Rossel C. Débonnaire.) — LA COUR; — Adoptant les motifs du jugement dont est appel, et encore attendu, en point de droit, que le moindre acte suffit pour interrompre la prescription, laquelle ne peut d'ailleurs courir contre celui qui ne peut agir; — Attendu, en fait, que la créance des intimés a été reconnue administrativement, par les arrêtés des 7 mars 1795 et 22 frim. et 5 niv. an 3; — Que la restitution des biens des condamnés a fait cesser le séquestre; — Que l'envoi en possession de l'appelant n'était pas encore effectué en l'an 9, ce qui a motivé le sursis de trois mois qui lui a été accordé; — Que ce n'a été qu'en frimaire an 10 qu'il a pris qualité; de tous lesquels faits il résulte que la prescription a été interrompue par la demande des intimés; — Déboute Rossel, etc.

Du 12 pluv. an 12.-C. d'appel de Paris.

(2) (Conduche C. Besombes.) — LA COUR; — Attendu que la signification des titres de créance, faite à la veuve du débiteur, en qualité de tutrice de ses enfants mineurs, héritiers de leur père, a rempli le vœu de l'art. 877 c. civ.; que rien n'interdisait de faire, à la suite du même acte, le commandement préalable à l'exécution; que, seulement, cette exécution ne pouvait être poursuivie que huit jours après; mais que le commandement, régulier dans sa forme, avait eu l'effet d'interrompre la prescription de la créance, aux termes de l'art. 2244 dudit code;—Rejette le pourvoi contre l'arrêt de la cour de Montpellier.

Du 22 mars 1832.-C. C., ch. req.-MM. Zangiacomi, pr.-Hua, rap.

(3) (Mignot C. Fonteneilles.) — LA COUR; — Attendu qu'il (le comte de La Salle) était en émigration depuis 1791, ainsi que le sieur de Saint-Etienne, son auteur, et que, pendant tout ce temps, l'État a confondu dans sa main les droits du propriétaire et de l'usager; — Que cet état de choses a duré jusqu'au 5 décembre 1814, qu'intervint la loi qui ordonna la restitution des bois aux émigrés; — Qu'ainsi, le sieur de La Salle, ni son auteur, n'ont pu être obligés au dépôt de pièces ordonné par la loi de ventôse an 11; — Qu'ainsi encore, sous ce rapport, la prescription aurait été suspendue en leur faveur; — Qu'il n'a point été articulé qu'aucune prescription antérieure soit venue se joindre au temps postérieur à la restitution; — Qu'ainsi, la prescription ne peut exister contre le sieur de La Salle;... — Rejette le pourvoi contre l'arrêt de la cour de Riom, du 10 juin 1831.

Du 18 fév. 1835.-C. C., ch. civ.-MM. Portalis, 1er pr.-Bonnet, rap.-Laplagne, av. gén., c. conf.-Crémieux, Dalloz et Mandaroux, av.

(4) (Bourdot C. Lagarde.) — LA COUR; — Considérant que de l'ouverture des successions jusqu'à la demande, il s'est écoulé plus de trente ans; — Qu'en vain on oppose : 1°.....; 2° que Bourdot (cessionnaire) n'a jamais été saisi; — Que la signification du transport a bien pour effet de le faire connaître au débiteur, et de l'empêcher de rembourser à tout autre qu'au cessionnaire; mais que ce dernier est toujours saisi, au respect de son cédant; qu'ainsi, dès le moment de la cession, tous les droits du cédant étaient passés au cessionnaire, et que la prescription a couru contre lui comme contre son cédant; — Confirme le jugement rendu au profit du cohéritier du cédant.

Du 6 mars 1828 -C. de Bourges.-M. Sallé, 1er pr.

(5) (Blancheton C. Chevalier et Alsac.) — LA COUR; — Attendu.... que, d'après la nature de l'antichrèse, son existence et sa durée supposent toujours l'existence et la durée de la dette qui y a donné lieu; — Qu'il est aussi de l'essence de ce contrat que les obligations qui en naissent sont réciproques entre le créancier et le débiteur; de telle sorte que si le créancier, possesseur précaire du gage, ne peut jamais en prescrire la propriété contre son débiteur, celui-ci ne peut, de son côté, obtenir, par la même voie de la prescription, l'extinction de sa dette; — Qu'il suit de ces principes, appliqués à la cause, qu'Antoine Martinon, ayant reçu de la sentence du 8 juin 1679, et de l'acte qu'il avait passé avec les époux Rixain, le 16 mai 1690, le droit de jouir du domaine de Joussac jusqu'à l'entier payement de ses créances, a dû conserver jusque-là l'exercice du droit, et que la suspension momentanée qu'il a éprouvée dans sa jouissance, d'après la sentence de 1752, n'a pu le priver du droit de la réclamer, après que Louis Chevalier aura été rempli de ce qui lui était dû; — Que si ce dernier a obtenu d'être préféré à Martinon dans la perception des fruits du domaine de Joussac,

possibilité où l'on aurait été d'agir contre l'un des codébiteurs solidaires, puisse être également opposée aux autres codébiteurs (Req. 23 fév. 1832, aff. Tourton, V. nº 743).

790. On ne peut opposer aucune déchéance au créancier qui réclame le payement des intérêts de sa créance, lorsque l'interruption de ce payement n'a été qu'une suite de la dénégation du capital même de la créance (Req. 14 mess. an 13, MM. Mourre, 1er pr., Sieyes, rap., Merlin, pr. gén., c. conf. aff. Vanderlinden C. Vauzuydtwick).

791. La guerre, la peste et autres désastres ne suspendent pas nécessairement la prescription ; mais elles produisent cet effet toutes les fois qu'elles créent une impossibilité absolue d'agir (avis du cons. d'Ét., 27 janv. 1814, V. Effets de com., nº 339; lettre du ministre du commerce inséré au Moniteur du 24 avr. 1834; Merlin, Rép., vº Prescription). — Jugé : 1º que la clause d'un contrat de vente portant qu'en cas de guerre les termes de payement *pourront être prorogés ou suspendus*, tant pour les intérêts que pour le capital, peut valablement être considérée comme ayant suspendu la prescription de l'obligation pendant la durée de la guerre survenue depuis, bien que cette interprétation soit défavorable à l'acquéreur qui oppose la prescription (Req. 25 nov. 1839) (1); — 2º Que la guerre maritime entre la France et l'Angleterre a constitué, de 1793 jusqu'en 1814, un empêchement propre à suspendre le cours de la prescription pour un Français résidant à l'île de France, à l'égard des droits qu'il peut avoir à faire valoir en France (Pau, 23 mai 1840) (2).

792. L'état de guerre ne suspend pas la prescription, lorsque le créancier a eu la faculté d'exiger son payement dans un autre lieu que celui déclaré en état de blocus (Req. 1er avr. 1829, aff. Labarthe, nº 1110). — On ne devrait pas non plus avoir égard à l'empêchement momentané résultant d'une force majeure, si, depuis que cet empêchement a cessé, le créancier a eu le temps nécessaire pour agir (Conf. M. Troplong, nº 728), et l'on sait que l'application de l'exception de force majeure est, suivant les circonstances, abandonnée à la prudence du juge, V. Effets de com., nºs 628 et suiv., et arrêts cités.

793. Lorsque l'administration a accordé au propriétaire d'un étang des sursis à l'exécution d'arrêtés qui lui avaient ordonné d'abaisser la hauteur des eaux, celui-ci n'a pu prescrire le droit de les maintenir à une hauteur qui nuit aux riverains, puisque ceux-ci n'ont pu agir en présence des sursis accordés par l'autorité administrative (Req. 10 déc. 1838, aff. Jobard, V. Eaux, nº 259-3º).

794. Le cours de la prescription ne peut être suspendu, au préjudice de la régie de l'enregistrement, par une décision ministérielle (trib. de la Seine, 30 juin 1841, aff. N..., V. Enregist., nº 3617).

795. Dans les pays où la coutume locale déclarait la fille, dotée par mariage, forclose de la succession de ses père et mère, la prescription commencée au profit des autres cohéritiers des acquêts de communauté entre le père décédé et la mère survivante, a été interrompue par les lois des 15 avril 1791 et 18 pluviôse an 5, jusqu'au décès de la mère et nonobstant une possession continuée pendant trente-quatre ans, la fille forclose a pu demander le rapport à la succession de la portion d'acquêts appartenant à sa mère (Rej. 23 déc. 1829) (3).

---

pour tout le temps pendant lequel elle serait nécessaire pour qu'il fût entièrement payé de sa dette, il ne s'ensuit pas que Martinon ait été dépouillé du droit qui lui avait été conféré sur le même domaine par la sentence du 8 juin 1679, et par l'acte du 16 mai 1699; que, seulement, l'effet de sa jouissance a été interrompu pendant la préférence accordée à Louis Chevalier par la sentence du 20 mai 1752; mais que la perception faite par ce dernier des fruits dudit domaine, en vertu de la priorité donnée à son hypothèque, n'a pu porter atteinte au droit antérieurement acquis à Martinon, et que, quoique l'exercice de son droit ait été momentanément en suspens, le droit en lui-même n'a pas moins continué de subsister vis-à-vis et au préjudice de ses débiteurs, tant qu'il n'aura pas été intégralement soldé de ses créances; qu'ainsi, et jusqu'à leur entier acquittement, aucune prescription n'a pu courir contre Martinon ni contre ses héritiers, en faveur des propriétaires dudit domaine, non plus que d'aucun de ceux qui prétendraient les représenter; — Attendu, au surplus, que ni Louis Chevalier, ni les Alsac, ses cessionnaires, n'ont pu prescrire pendant la durée de leur jouissance, qui n'a été qu'à titre précaire, et que, d'ailleurs, toute prescription à leur égard se trouverait avoir été interrompue par la demande que les appelantes ont formée le 5 août 1782, et par leurs poursuites ultérieures; — Rejette le moyen de prescription, etc.

Du 31 mai 1828.-C. de Riom, 2e ch.-M. Thévenin, pr.

(1) (Hérit. de Miniac C. Marinier.) — LA COUR; — Attendu que l'arrêt attaqué (de la cour de Rennes, du 9 juill. 1838) ne dit point que le contrat de vente de 1772 soit obscur ou qu'il y ait lieu de l'interpréter contre l'acquéreur; mais qu'il dit au contraire que, même dans le cas où le contrat aurait présenté de l'obscurité lors de son exécution, il aurait dû être interprété en faveur de l'acquéreur; — Que, considérant ensuite comme la loi des parties la disposition de ce contrat qui autorise, en cas de guerre, la suspension du payement du prix de vente, capital et intérêts, il décide, en fait, que, sur les quarante-six ans écoulés depuis 1789 jusqu'au jour de l'assignation, la guerre avait duré trente et un ans, et qu'en induisant de là que la prescription devait être rejetée, la cour royale de Rennes n'a aucunement violé les art. 1602, 2262 c. civ.; — Rejette.

Du 25 nov. 1839.-C. C., ch. req.-MM. Zangiacomi, pr.-Faure, rap.

(2) (Villas C. Ducuron.) — LA COUR; — Attendu, sur la prescription, qu'elle doit être réglée conformément aux lois anciennes, puisqu'elle aurait commencé à courir avant la promulgation du code civil; — Attendu que, dans l'ancien droit, il était admis en principe par la généralité des auteurs, à l'exception de Dunod, dont l'opinion est victorieusement réfutée par M. Merlin dans le Répertoire de jurisprudence, que l'état de guerre avait pour effet de suspendre la prescription lorsqu'il était tel que les communications étaient empêchées entre le lieu où se trouvait la personne contre laquelle on prescrivait et celui où elle devait agir pour conserver ses droits; — Que notamment Maillard, sur la coutume d'Artois, dit en propres termes que « les personnes dont le pays sert de théâtre à la guerre, et où il n'y a pas liberté d'aller et de venir à cause des incursions des ennemis, sont privilégiées, et la prescription dort, parce qu'elles sont également détournées de la poursuite de leurs droits par l'attention continuelle qu'elles apportent à leur conservation, et par l'appréhension de perdre leurs titres, si elles allaient les chercher, ou si elles les portaient d'un endroit à l'autre; » — Que ces principes ont été consacrés par le parlement de Toulouse, qui a décidé qu'il fallait déduire d'une prescription de trente ans le temps de peste et de guerre arrivé à Montpellier en 1627; — Qu'il ne paraît pas que le parlement de Bordeaux ait adopté une jurisprudence contraire; que cette doctrine n'est d'ailleurs qu'une juste application de la règle *contra non valentem agere non currit præscriptio*; — Attendu qu'il est notoire, comme fait historique certain, que les communications entre l'île de France et la métropole ont été, sinon interrompues d'une manière absolue, du moins rendues extrêmement difficiles et périlleuses par la guerre maritime qui a régné entre la France et l'Angleterre depuis 1793 jusques à l'année 1814, et qui n'a été suspendue que pendant le court intervalle de paix qui suivit le traité d'Amiens; — Que les lettres invoquées par les époux Cassoulet à l'appui de la prescription, donnent un nouveau degré d'évidence à cette vérité; que le père de la dame de Berot, profitant en 1802 de la suspension des hostilités pour écrire à son frère, retrace dans une de ses lettres les malheurs qu'il avait éprouvés et la triste situation de la colonie dont les ports avaient été bloqués par la marine anglaise; — Attendu qu'il suit de là qu'Ignace de Siest, qui partit pour l'île de France en 1787, et qui y résida constamment jusqu'à son décès survenu en 1808, s'est trouvé pendant plusieurs années, soit antérieurement, soit postérieurement au traité d'Amiens, privé de la faculté de communiquer librement avec la France; que s'il est vrai qu'il aurait eu rigoureusement la possibilité de se rendre sur le continent européen ou d'y faire parvenir ses titres et le mandat nécessaire à la revendication de ses droits, les voies indirectes auxquelles il aurait dû recourir étaient trop difficiles et trop dangereuses pour qu'on puisse lui faire un reproche de ne les avoir pas employées; que la cause actuelle fournit une preuve du danger de ces communications dans la personne du jeune de Siest qui, se rendant en France en 1811, fut fait prisonnier par les Anglais et relâché sur la côte après une captivité de trois mois; — Attendu que lors même que l'état des choses qui vient d'être exposé n'aurait existé que pendant six mois et vingt-quatre jours, il suffisait pour empêcher l'accomplissement de la prescription, puisque si l'on distrait cet espace de temps et celui de la minorité de la dame de Berot, du temps qui s'est écoulé depuis le décès de Gratien de Siest jusqu'à l'exploit introductif d'instance, il ne restera pas une période de trente années; que, dans ces circonstances, il y a lieu de rejeter le moyen pris de la prescription; — Attendu, quant à l'offre de preuve proposée par les époux Cassoulet, que le cas de force majeure qui a opéré l'effet de suspendre la prescription est d'une notoriété trop bien établie pour que son existence puisse être mise en question et subordonnée au résultat d'une enquête; que, dès lors, les conclusions subsidiaires de ces parties tendant à une preuve testimoniale, ne sauraient être admises; — Par ces motifs, etc.

Du 23 mai 1840.-C. de Pau, ch. civ.-M. de Charritte, pr.

(3) (Jabin C. Boyer et Guillot.) — LA COUR; — Attendu que, quand la loi du 8-15 avr. 1791 et celle du 18 pluv. an 5 ont appelé la dame Boyer à la succession maternelle, dont la coutume locale l'avait exclue,

796. Une loi du 1er juillet 1791 (v° Domaines nationaux, p. 500), porte « que la prescription pour raison des droits corporels et incorporels dépendant des biens nationaux, est et demeure suspendue depuis le 1er nov. 1789 jusqu'au 2 nov. 1794, sans qu'elle puisse être alléguée pour aucune partie du temps qui se sera écoulé pendant le temps desdites cinq années. » — Aux termes d'une autre loi du 20 août 1792, « la prescription pour les droits corporels et incorporels appartenant à des particuliers, demeure suspendue depuis le 2 nov. 1789 jusqu'au 2 nov. 1794, sans qu'elle puisse être alléguée pour aucune partie du temps qui se sera écoulé pendant le cours desdites cinq années...; il en sera de même des redevances, à l'égard desquelles la prescription est et demeure suspendue pendant le même temps. » — Cette loi a étendu au profit des particuliers la loi de 1791. Portée dans l'intérêt de l'Etat, elle s'applique aussi aux communes (Aix, 24 nov. 1841, aff. Castellane, V. n° 804). — Sous le nom de *droits incorporels*, il faut entendre les prestations annuelles, et sous le nom de *droits corporels*, les champarts, terrages, agriers et autres droits semblables. C'est dans ce sens que ces expressions sont prises, dans les lois des 1er-6 juill. 1791, art. 10 et 19, et des 19 août-11 sept. 1791.

797. Il doit être bien entendu que les lois susdatées n'ont suspendu la prescription qu'à l'égard des droits réels dépendant des biens et tenant à la propriété. En conséquence, il a été jugé que ces lois ne s'appliquent pas : 1° aux droits de propriété eux-mêmes et par exemple, au terrain en nature de brandes ou bruyères (Limoges, 26 mars 1838) (1); — 2° Aux obligations, même hypothécaires (Bourges, 1re ch., 23 août 1819, M. Sallé, 1er pr., aff. Alix *C.* Regnard; 27 avril 1827, aff. Cervenon, V. Lois, n° 35); — 3° Aux actions tendant à obtenir une indemnité pour la suppression d'un office (Caen, 29 déc. 1825) (2); — 4° Aux droits de servitude (Rej. 2 mars 1836) (3); — 5° Aux redevances et droits d'usages sur les forêts, lesquels constituent des servitudes (Cass. 27 août 1834; 9 mai 1837) (4); 2 mars 1836, aff. Roy, précité;

---

la prescription, en ce qui concerne la moitié des conquêts dont il s'agit, n'était point acquise au profit des demandeurs en cassation; qu'ayant été interrompue par ces lois d'avril 1791 et pluv. an 5, elle n'a commencé à courir utilement qu'à dater du 9 sept. 1806, jour de l'ouverture de ladite succession; mais que, depuis ce jour jusqu'au 8 nov. 1819, date de la demande en partage intentée par Marguerite Boyer, il ne s'est pas écoulé un temps suffisant pour prescrire; — Qu'il suit de là qu'en jugeant que lesdits conquêts seraient compris dans ce partage, la cour royale de Limoges n'a fait qu'une juste application des art. 816 et 2262 c. civ., de la loi des 8-15 avr. 1791 et de celle du 18 pluv. an 5; — Par ces motifs, rejette.

Du 25 déc. 1829.-C. C., ch. civ.-MM. Portalis, 1er pr.-Ruperou, rap.-Joubert, av. gén., c. conf.-Lassis et Nicod, av.

(1) (Comm. de Thenay *C.* Chamblant.) — La cour; — Attendu, en ce qui concerne l'enquête de la commune, qu'il résulte de l'ensemble des dispositions des témoins que les habitants du bourg de Thenay et des villages de la commune les plus rapprochés de la brande en ont constamment joui, soit par pacage, soit par coupement d'ajoncs et de bruyères, durant l'espace de trente ans, à partir de 1795 jusqu'en 1825; — Attendu que ces actes de jouissance sont les seuls qui puissent s'exercer sur le terrain litigieux, à raison de sa nature; que conséquemment ils peuvent être considérés comme constituant une possession utile à prescrire; — Attendu que les trente ans de jouissance écoulés depuis 1795 jusqu'en 1825 composent une période de temps suffisante à prescrire; — Que c'est sans fondement que les intimés prétendent qu'il y a lieu à déduire, sur ce laps de temps, les cinq années à partir du 2 nov. 1789 jusqu'au 2 nov. 1794, pendant lesquelles a été suspendue la prescription des droits corporels ou incorporels, aux termes des lois des 1er juill. 1791 et 20 août 1792, parce que les dispositions de ces lois, applicables seulement aux rentes et autres redevances de même nature, n'ont jamais été considérées comme pouvant s'étendre aux droits de propriété; — Par ces motifs, met ce dont est appel au néant; — Emendant, déclare la commune de Thenay propriétaire du terrain litigieux, etc.

Du 26 mars 1838.-C. de Limoges, aud. solen.-M. Lachassagne, 1er pr.

(2) (Delamare *C.* Rampon.) — La cour; — ...Attendu, à cet égard, qu'à la vérité l'art. 2 du tit. 3 de la loi du 20 août 1792 porte que la prescription pour les droits corporels et incorporels appartenant à des particuliers sera et demeurera suspendue pendant les cinq années que cet article détermine; mais que, si l'on examine les dispositions de l'art. 1 du même titre, auxquelles celles de l'art. 2 se rapportent, on voit clairement que le législateur n'avait en vue que les cens et redevances même foncières, précédemment perpétuelles, produisant des arrérages et non des créances exigibles qui ne pouvaient produire des intérêts que dans les cas particuliers de mise en demeure de payement ou autres cas prévus par la loi; — Attendu que le titre de la loi du 20 août 1792 et des trois chapitres particuliers qui la composent ne permet pas de penser que le législateur ait entendu suspendre la prescription pendant cinq années, pour tous autres droits que ceux qui faisaient l'objet de ladite loi; que les mots *corporels et incorporels* dont il s'est servi ne peuvent s'appliquer qu'à des droits fixes ou casuels de toute nature, ou à des redevances dues à des époques successives et déterminées; que cette application ne laisse aucun doute, lorsque la disposition suspensive de prescription introduite dans la loi du 20 août 1792, en faveur des particuliers, l'a été par suite et conformément au décret du 1er juill. 1791, qui avait également déclaré suspendue pendant cinq années la prescription contre la nation, pour raison des droits corporels et incorporels dépendant des biens nationaux; qu'ainsi l'exception proposée par Jean Delamare contre la prescription opposée par Léonard de Rampon à l'action dudit Delamare ne peut être admise...; — Confirme...

Du 29 déc. 1825.-C. de Caen, 1re ch.-M. Régnée, pr.

(3) (Roy et Duval *C.* Postel-Dorvaux.) — La cour; — Relativement aux diverses causes de suspension admises par l'arrêt attaqué, et d'abord sur celle tirée de la loi du 20 août 1792 : — Attendu que la disposition de l'art. 2 du tit. 3 de cette loi ne s'applique qu'aux rentes et autres redevances semblables qui se payent à des époques déterminées; que c'est ce qui résulte clairement, tant de l'art. 1 du même titre que de la rubrique et de toutes les dispositions de ce titre; — Que cette rubrique est, en effet, ainsi conçue : : « De la perception des redevances fixes à l'avenir, et du payement de celles arriérées; » — Que cette loi était, sous tous les rapports, inapplicable à une servitude qui consistait dans un droit d'usage dont la prescription était régie par les principes du droit commun; — Qu'ainsi, en faisant dériver une suspension de prescription de cinq ans de la loi du 20 août 1792, la cour royale de Rouen a fait une fausse application de cette loi, et a créé une cause de suspension qui n'était autorisée par aucune disposition de cette loi;

Relativement à la suspension que l'arrêt attaqué a fait résulter de la disposition de l'art. 1, tit. 20, de l'ord. de 1669, combiné avec les art. 1 et 2 du décret du 8 flor. an 2, portant révocation de l'échange du duché de Bouillon : — Attendu que, par le décret du 8 flor. an 2, la convention nationale n'a pas donné un effet rétroactif à la révocation qu'elle a prononcée de l'échange du duché de Bouillon; qu'elle n'a ordonné aucune restitution de fruits, et a au contraire ordonné que la république ne rentrerait qu'à partir dudit décret dans les biens qui avaient fait partie de l'échange; que même, par son décret du 24 floréal de la même année, elle a déclaré qu'il n'y avait lieu à délibérer sur la question de savoir s'il devait être fait état à la nation des revenus des domaines cédés aux auteurs du prince de la Tour d'Auvergne, en échange des principautés de Sedan et de Raucourt; — Attendu, d'un autre côté, que les dispositions de l'ordonnance de 1669, en tant qu'elles supprimaient les droits d'usage dans les forêts qui faisaient partie du domaine de l'Etat, n'ont été appliquées qu'aux forêts qui, à l'époque à laquelle cette ordonnance a été rendue, faisaient partie du domaine de l'Etat, et que celles qui ont été réunies depuis ont été exceptées; que cela résulte de la loi du 28 vent. an 11, qui a voulu que les communes et les particuliers, qui se prétendraient fondés en titre ou possession à des droits d'usage dans les forêts nationales, fussent tenus de produire leurs titres dans les six mois aux secrétariats des préfectures, sinon, qu'il leur fût fait défense d'en continuer la jouissance; — Qu'il suit de ce décret qu'à l'égard des forêts devenues domaniales depuis 1669, et notamment depuis la réunion opérée par le décret du 8 flor. an 2, les usagers ont été en droit, en se conformant à la loi, de continuer l'exercice des droits d'usage qui pouvaient leur appartenir; qu'ainsi, en faisant résulter dudit décret et de l'ordonnance de 1669 une cause de suspension de la servitude qui formait l'objet du procès, la cour royale de Rouen a fait une fausse application de ces lois; — Sur la suspension que la cour royale a fait résulter de la pétition présentée par le sieur Postel, au conseil de préfecture, et de l'arrêté intervenu sur cette pétition : — Attendu que l'arrêté du conseil de préfecture n'était qu'un simple avis par suite duquel le sieur Postel pouvait se pourvoir en justice, ce qu'il n'a pas fait, et qu'alors même qu'il aurait été approuvé par une décision ministérielle, cette décision n'aurait pu, aux termes du § 4 de l'art. 2247 c. civ., constituer une interruption de prescription, puisque sa demande avait été rejetée; — Qu'il suit de tous les motifs ci-dessus, qu'en rejetant le moyen de prescription opposé par les demandeurs, l'arrêt attaqué a fait une fausse application des lois sur lesquelles il est fondé, et qu'il a formellement violé l'art. 607 de la coutume de Normandie; — Attendu que l'adoption du premier moyen rend inutile l'examen des moyens subsidiaires proposés par les demandeurs; — Casse.

Du 2 mars 1836.-C. C., ch. civ.-MM. Portalis, 1er pr.-Moreau, rap.-Tarbé, av. gén., c. conf.-Scribe et Jacquemin, av.

Nota. Même jour, arrêt identique entre les mêmes demandeurs et les dames Fongy et Bénard.

(4) 1re *Espèce* :—(Roy et Duval *C.* Buzelin.)—La cour (apr. dél. en ch. du cons.); — Sur le 5° moyen : — Vu l'art. 607 de la cout. de Normandie,

6 fév. 1839, aff. Declercq, V. Dom.-enreg., nº 56-1º; — 6º Aux arrérages des prix de ferme (Grenoble, 15 mai 1832, aff. Murat, V. Compte, nº 169).

798. Il a été décidé, à plus forte raison, que ces lois n'ont point eu pour effet de proroger le délai fixé pour l'appel des jugements (Req. 28 avril 1806) (1).

799. Cependant il a été jugé que la loi de 1792 s'applique à une créance pour légitime (Paris, 14 mars 1829) (2). Mais cet arrêt, contraire comme on l'a vu, à la jurisprudence, nous paraît, et c'est aussi l'avis de M. Troplong, nº 732, être mal rendu. Il est évident, en effet, que la loi de 1792 dans son titre 3, ne s'est occupée que de la prescription des rentes, des autres redevances et de leurs arrérages. Le rapprochement des art. 1 et 2 de ce titre ne laisse aucun doute à cet égard.

800. Au reste, la loi de 1792 s'applique aux rentes constituées. (Rej. 17 avr. 1827 (3), Cass. 27 mars 1832, MM. Portalis, pr., Cassaigne, rap., aff. Laroche; Aix, 24 nov. 1841, aff. Castellane, nº 804), et, en général, à tous autres droits incorporels susceptibles d'arrérages, aussi bien qu'aux rentes foncières (même arrêt d'Aix), mais elle ne s'applique pas aux rentes viagères (C. de Bourges, 17 juill. 1814, 1re ch., M. Sallé, 1er pr.).

801. La loi de 1792 a suspendu aussi bien les prescriptions qui pouvaient s'accomplir dans l'intervalle du 2 nov. 1789, jusqu'au 2 nov. 1794, que les prescriptions qui ne devaient s'accomplir que plus tard (Rej. 17 avr. 1827, aff. Lavollec, V. nº 800). —Mais la suspension de prescriptions prononcée par la loi de 1792 n'empêche pas que les arrérages échus pendant la durée des cinq ans ne soient prescriptibles à partir du 2 nov. 1794 (Cass. 16 avr. 1828, MM. Brisson, pr., Piet, rap., Dorel *C.* Vercasson).

802. Dans un procès existant entre une commune et un particulier, sur la propriété de terrains possédés depuis plus de trente ans par cette commune, en vertu d'une sentence d'arbitres forcés, le sursis ordonné par les lois du 21 prairial an 4 et 9 ventôse an 12, ne peut être invoqué comme suspensif de

---

l'art. 2, tit. 3, de la loi du 20 août 1792, le décret du 8 flor. an 2, art. 1 et 2 et l'art. 1, tit. 20, ord. 1669; — Attendu que d'après l'art. 607 de la cout. de Normandie la liberté du fonds servant pouvait s'acquérir par une possession de quarante ans continus contre le titre de servitude; que la cour royale de Rouen a fait illégalement résulter la première suspension de prescription de cinq ans de l'art. 2, tit. 3, de la loi du 20 août 1792; — Que les dispositions de cette loi spéciale ne s'appliquent qu'aux rentes et autres redevances semblables; que c'est ce qui résulte formellement tant de l'art. 1, du même titre, dont l'art. 2 est le complément, que de la rubrique même du titre et de toutes les dispositions de ce titre; que cette rubrique est en effet conçue dans les termes suivants: «Tit. 3 De la prescription des redevances fixes à l'avenir, et du payement de celles arriérées;» qu'ainsi cette loi était, sous tous les rapports, inapplicable à une servitude consistant en des droits d'usage; que quant à la prescription, cette servitude rentrait dans les termes du droit commun; — Que, par conséquent, en faisant dériver une suspension de prescription de cinq ans de ladite loi, postérieurement aux actes possessoires, comme la cour royale de Rouen a créé une suspension de prescription qui n'était nullement autorisée par la loi du 20 août 1792; — Que la deuxième suspension de prescription que la cour royale fait résulter du décret du 8 flor. an 2 n'est pas plus fondée; — Que la convention nationale ne donna pas au décret du 8 flor. an 2 un effet rétroactif; qu'elle n'ordonna aucune restitution de fruits, et qu'elle ordonna, au contraire, que la République ne rentrerait que dès cet instant dans les biens qui avaient fait partie de l'échange; —Qu'aussi déclara-t-elle, par son décret du 24 floréal de la même année, qu'il n'y avait lieu à délibérer sur la question de savoir s'il devait être fait état à la nation de l'excédant des revenus des domaines cédés aux auteurs de la Tour d'Auvergne en échange des ci-devant principautés de Sedan et de Raucourt;

Attendu que les dispositions de l'ord. de 1669, en tant qu'elles supprimaient tous droits de chauffage dans les forêts domaniales, n'étaient pas applicables à la cause; — Que ces dispositions n'ont été appliquées qu'aux forêts qui faisaient partie du domaine de l'Etat à l'époque de cette ordonnance; que, par conséquent, les forêts qui y ont été réunies depuis en ont été exceptées; — Que la loi du 28 vent. an 11 contient la preuve que l'ord. de 1669 n'a point aboli le droit de chauffage dans les forêts qui sont devenues domaniales par la suite; que cette loi a voulu, en effet, que les communes et les particuliers, qui se prétendraient fondés par titre et possession aux droits de pâturage, chauffage et autres usages de bois, dans les forêts nationales, fussent tenus de produire leurs titres dans six mois aux secrétariats de préfecture, sinon qu'il leur serait fait défense d'en continuer; — Attendu enfin qu'à l'égard des forêts devenues domaniales depuis 1669, et notamment depuis la réunion opérée par le décret du 8 flor. an 2, dès l'instant de ce décret, les usagers ont été en droit de continuer les droits d'usage auxquels ils pouvaient avoir droit; — Qu'il ne conste cependant pas que les frères Buzelin aient réclamé devant les tribunaux aucun droit d'usage pendant la prétendue suspension de prescription que la cour royale de Rouen a accueillies; — Que, par conséquent, en prononçant une autre suspension de prescription, à compter des derniers actes possessoires des frères Buzelin, la cour royale est contrevenu aux lois précitées; — Faisant droit sur le troisième moyen, casse l'arrêt de la cour de Rouen, du 20 juill. 1832.

Du 27 août 1834.-C. C., ch. crim.-MM. Portalis, 1er pr.-Vergès, rap.-Gartempe fils, av. gén., c. conf.-Scribe et Jacquemin, av.

2º *Espèce*: — (Roy et Duval *C.* veuve Marguerit.) — Dans l'espèce, le comte Roy et le sieur Duval se sont pourvus en cassation contre un arrêt de la cour de Rouen, du 6 déc. 1833, pour violation de l'art. 607 de la coutume de Normandie et fausse application de l'art. 2, tit. 3, de la loi du 20 août 1792, en ce que l'arrêt attaqué a décidé que la suspension de prescription pendant cinq ans, accordée par la loi de 1792, s'appliquait généralement à tous les droits corporels et incorporels, et conséquemment à un droit d'usage sur des forêts, tandis que cette suspension ne s'appliquait qu'aux redevances et rentes foncières perpétuelles, et, par suite, a prorogé à quarante-cinq années le délai de prescription d'une servitude, qui pouvait s'éteindre, aux termes de la coutume, et ainsi que la cour de Rouen le reconnaît elle-même, par le non-exercice pendant quarante ans seulement. — Arrêt.

LA COUR; — Vu l'art. 607 de la coutume de Normandie et l'art. 2, tit. 3, de la loi du 20 août 1792; —Attendu qu'aux termes de l'art. 607 de la coutume de Normandie, la liberté du fonds servant pouvait s'acquérir par la possession de quarante ans continue contre le titre de servitude; — Que l'art. 2 du tit. 3 de la loi du 20 août 1792 n'étant, ainsi que cela résulte de sa combinaison avec la rubrique, l'art. 1 et toutes les dispositions du même titre, applicable qu'aux rentes et autres redevances semblables qui se payent à des époques déterminées, était, sous tous les rapports, inapplicable à la servitude dont il s'agit, consistant dans un droit d'usage; —Qu'il suit de là qu'en décidant que la prescription quadragénaire, invoquée par les demandeurs, n'était point acquise par l'effet de la suspension résultant de l'art. 2 du tit. 3 de la loi du 20 août 1792, l'arrêt attaqué a faussement appliqué la disposition de cet article et violé l'art. 607 de la coutume de Normandie; — Casse.

Du 9 mai 1837.-C. C., ch. civ.-MM. Portalis, 1er pr.-Ruperou, rap.-Tarbé, av. gén., c. conf.-Scribe et Fichet, av.

(1) (N... *C.* N...) — LA COUR; — Attendu qu'il est visible que l'art. 2 du tit. 3 de la loi du 20 août 1792 ne comprend, sous le nom de droits corporels et incorporels, que les rentes et autres redevances, et non les délais sur les appels, puisque cet article parle non-seulement des droits corporels et incorporels, mais encore de leurs arrérages; — Rejette.

Du 28 avr. 1806.-C. C., sect. req.-MM. Muraire, pr.-Doutrepont, r.

(2) *Espèce*: — (Murat *C.* son frère.) — 29 août 1828, jugement du tribunal de la Seine, qui: — « Attendu que si, depuis le mois de mars 1785, époque du décès de la dame de Valernod, mère de la dame de Murat, jusqu'au 17 juill. 1806, date de l'opposition formée ès mains du ministre des finances par le marquis de Murat de l'Estang, il s'est écoulé plus de trente années, la prescription a été suspendue; qu'en effet, le marquis de l'Estang, mineur lors du décès de sa mère, arrivé en 1784, n'a atteint sa majorité qu'au mois de décembre 1787; qu'en ajoutant à ce laps de temps les cinq années pendant lesquelles la prescription a été suspendue, aux termes de la loi du 20 août 1792, et l'intervalle qui s'est écoulé depuis ce moment jusqu'au 12 oct. 1802, date de l'amnistie du comte de Montferrand, qui seule a fait cesser les effets de son émigration, et pendant laquelle l'Etat, créancier et débiteur, ne pouvait agir contre lui-même, il ne reste qu'un délai insuffisant pour accomplir la prescription; —Ordonne que les parties contesteront plus amplement sur la demande du marquis de Murat pour raison de la légitime par lui réclamée; » — Appel. — Arrêt.

LA COUR; — Adoptant les motifs des premiers juges, confirme.

Du 14 mars 1829.-C. de Paris, 1re ch.-MM. Séguier, 1er pr.-Vaufreland, av. gén., c. conf.-Parquin et Berryer fils, av.

(3) (Hérit. Lavollec *C.* hérit. Chantepie.) — LA COUR; — Attendu, sur le premier moyen, que l'art. 2, tit. 3, de la loi du 20 août 1792, qui suspend, pendant cinq ans, la prescription des droits corporels et incorporels appartenant à des particuliers, est conçu en termes généraux et ne fait aucune exception au regard des rentes constituées, et qu'en le jugeant ainsi dans l'espèce, la cour royale, dont l'arrêt est attaqué, n'a violé aucune loi; — Attendu, sur le second moyen, que ledit art. 2 n'ayant pas fait de distinction entre le cas où la prescription aurait été acquise dans les cinq années de la suspension et depuis, cette distinction ne peut y être suppléée; — Rejette le pourvoi contre l'arrêt de la cour de Paris, du 26 avr. 1825.

Du 17 avr. 1827.-C. C., ch. civ.-MM. Brisson, pr.-Carnot, rap.-Joubert, av. gén., c. conf.-Gueny-Godard, av.

la prescription, ces lois ne s'appliquant qu'au partage des biens communaux (Rej. 10 déc. 1827, aff. Guérin, V. n° 498).

803. Le décret du 8 floréal an 2, qui a prononcé la révocation de l'échange du duché de Bouillon, n'a pas eu pour effet de faire considérer les forêts dépendant de ce duché comme ayant toujours fait partie du domaine de l'état, et se trouvant, par suite, régies par l'ord. de 1669, qui avait supprimé les droits de bois dans les forêts. En conséquence, c'est à tort qu'il a été déclaré qu'une cause de suspension de prescription résultait de ce décret et de l'ordonnance de 1669, en faveur des usagers qui n'avaient pas usé de leurs droits depuis l'époque de ce décret jusqu'à celle à laquelle les forêts avaient été restituées aux héritiers du duc de Bouillon : la prescription a couru, dès lors, pendant tout ce temps, contre eux (Rej. 2 mars 1836, aff. Roy, V. n° 797-4°; 6 fév. 1839, aff. Declercq, V. Domaines engagés, n° 56).

804. Suivant un arrêt la prescription d'un droit dû à une commune est suspendue pendant tout le temps que le débiteur de ce droit a rempli les fonctions de maire de cette commune (Aix, 24 nov. 1841) (1). — Cet arrêt fondé en équité nous paraît douteux en droit. Le code s'est expliqué nettement à l'égard des communes, qui, quant à la prescription, ne sont point assimilées à des mineurs. Il est vrai qu'on a pensé que dans les cas même où la prescription pouvait courir contre les mineurs (V. *suprà*, n° 704), le tuteur ne pourrait pas prescrire contre son pupille. Mais il est très-difficile d'assimiler un maire à un tuteur. Le pupille est dans la dépendance entière du tuteur : la faiblesse de l'âge, le respect, et souvent l'affection, le mettent dans une situation qui lui ôte toute initiative à l'égard de son tuteur. Il n'en est pas de même d'un maire, surveillé par un conseil municipal, et objet le plus souvent d'une jalouse surveillance. Enfin la maxime *contra non valentem*, etc., n'est point applicable puisque la commune n'était pas dépourvue d'action contre son maire. — V. cependant dans l'opinion contraire à la nôtre une consultation très-bien délibérée par MM. Malpel, Delpech et Benech, professeurs à la faculté de droit de Toulouse, D. P. 42. 2. 119.

805. Les droits d'une partie ne se prescrivent pas pendant le cours d'une saisie réelle et du bail judiciaire de ses biens (Riom, 7 août 1821) (2).

806. L'édit de Léopold du 19 sept. 1791, qui suspendait la

---

(1) *Espèce* : — (De Castellane *C.* com. de Gréarque.) — 22 mai 1840, jugement du tribunal de Marseille, conçu en ces termes : — « Attendu, en fait, que par son testament en date du 12 nov. 1788, enregistré à Aix, le 9 juin 1791, la dame de Valbelle, veuve de Castellane, marquise de Majastre, constitua une dotation annuelle de 60 liv., destinée à l'établissement d'une pauvre fille de la commune de Gréarque, avec cumul de deux annuités, s'il ne se trouvait pas dans l'année une fille en état de recevoir cette dotation, voulant que le cumul cesse après les deux années et que les autres annuités soient employées à l'habillement des pauvres, en préférant les vieilles femmes; — Attendu que, dans le cas où la terre de Gréarque viendrait à être vendue, la testatrice entend que sa donation soit appliquée aux habitants de Montfuron et que la pension soit supportée par celui de ses enfants qui jouira de cette terre; — Attendu que la commune de Gréarque, dont l'ancienne terre seigneuriale est encore aujourd'hui entre les mains du comte de Castellane, héritier et petit-fils de la dame de Valbelle, veuve de Castellane-Majastre, réclame contre celui-ci la délivrance du legs fait au profit des pauvres habitants de la commune, ainsi que les arrérages courus depuis le décès de la testatrice; — Attendu que cette demande est repoussée par le comte de Castellane, sur le motif que plus de quarante-huit ans s'étant écoulés depuis l'ouverture de la succession de la dame de Valbelle, veuve de Castellane, jusqu'au jour où l'action a été introduite, la prescription est acquise et ce droit anéanti; — Attendu que, pour apprécier la légalité d'une pareille exception, il faut examiner quelle est la nature du droit invoqué, le caractère de la créance résultant du legs, et quelles sont les circonstances dans lesquelles les parties se sont respectivement trouvées; — Attendu que ce legs n'est pas, comme le soutient la commune de Gréarque, un legs annuel, divisé par sommes dont chaque annuité forme une créance distincte et séparée, sans assiette de capital; — Attendu que la testatrice qualifie ce legs de dotation et de pension, voulant que cette pension soit servie par celui de ses enfants qui sera possesseur de la terre de Gréarque, et, à défaut, de la terre de Montfuron, en sorte qu'elle affecte spécialement ces terres au service de la dotation; — Attendu que ce service est établi à perpétuité; — Attendu que ce sont là les conditions essentielles de la rente constituée, car la perpétuité est le caractère distinct de cette rente; — Qu'une rente de cette nature est nécessairement assise sur un capital, sans quoi le débiteur n'aurait aucun moyen de se libérer et de s'affranchir d'un pareil service, ce qui serait évidemment contraire aux principes de notre législation; — Attendu que, soit que l'on consulte nos anciens statuts, soit que l'on s'en réfère aux dispositions de notre code civil, art. 2262 et 2265, les rentes constituées se prescrivent par trente ans;

» Attendu que, d'après l'art. 2227 même code, cette prescription court à l'égard des communes comme des particuliers, à moins qu'elles ne puissent exciper de quelques actes d'interruption ou de suspension; — Attendu que la commune invoque comme cause interruptive de prescription, en premier lieu, les lois des 1er juillet 1791 et 20 août 1792, art. 2, tit. 5, qui ont suspendu la prescription depuis le 2 nov. 1789 jusqu'au 1er nov. 1794, au profit des particuliers comme au profit de l'État, pour tous les droits corporels et incorporels; — Attendu que les communes, soit qu'on les considère à l'instar des particuliers, soit qu'on les considère comme faisant partie de l'État, ne sont point exclues de ce bénéfice de la loi; qu'il n'est pas à supposer que le législateur de cette époque, si préoccupé des intérêts populaires, ait voulu refuser aux masses la faveur qu'il accordait aux simples particuliers; — Attendu que la disposition de cette loi comprend dans sa généralité non-seulement le fonds des rentes constituées, mais tous autres droits incorporels susceptibles d'arrérages; — Que cette doctrine a été consacrée par nombre d'arrêts de la cour de cassation, notamment par les arrêts des 27 mars 1832 et 17 avr. 1827; — D'où il suit que la prescription contre les communes n'a pu courir qu'à compter du 2 nov. 1794; — Attendu que la commune excipe en outre de ce que le comte de Castellane a exercé les fonctions de maire de Gréarque depuis 1812 jusqu'après la révolution de 1830; — Qu'il n'a cessé ces fonctions en 1831 que par l'effet de sa non-réélection, comme membre du conseil municipal; — Que, pendant sa longue administration, il a caché à la commune de Gréarque le titre qui existait contre lui au profit de cette commune et a paralysé son action;

» Attendu que si, après de longues controverses, la doctrine et la jurisprudence sont tombées d'accord sur ce point que l'ignorance du droit n'est pas une cause de restitution contre la prescription, jamais cette controverse ne s'est engagée dans une hypothèse semblable à celle de la cause; — Attendu que les auteurs, et notamment Dunod, p. 74, en repoussant la restitution pour cause d'ignorance et autre purement accidentelle, en excepte le cas où cette ignorance pourrait être attribuée au fait de la partie; — Attendu qu'en occupant les fonctions de maire, le comte de Castellane a contracté des obligations envers la commune confiée à son administration; — Que sa conscience lui faisait un devoir de faire connaître à ses administrés le titre qui le constituait débiteur envers eux, ou, à défaut, il devait résigner les fonctions dont il était revêtu; — Attendu que sa qualité de maire, l'autorité dont elle l'investissait, l'influence qu'elle lui donnait sur la composition et les délibérations du conseil municipal, frappaient la commune d'une sorte d'incapacité pour agir contre lui; — Qu'en cet état d'incapacité elle est fondée à invoquer contre celui qui était à la fois son tuteur et son débiteur la maxime : *Contra non valentem agere non currit præscriptio*; — Attendu que cette exception doit être accueillie d'autant plus favorablement qu'il s'agit dans la cause d'une aumône léguée par une dame bienfaisante à de pauvres jeunes filles et à des vieillards indigents, d'une charge pieuse confiée à l'honneur, à la charité d'un héritier opulent; — Que si cet héritier a des motifs de mécontentement personnel contre certains habitants de la commune de Gréarque, qui se seraient enrichis à ses dépens, cette considération ne peut s'appliquer aux malheureux désignés dans le testament de la dame de Castellane; — Attendu qu'en retranchant du laps de temps écoulé depuis la mort de la testatrice survenue en 1791, le temps de suspension prononcée par les lois de 1791 et 1792 jusqu'au 2 nov. 1794, en retranchant les dix-neuf années de l'administration du comte de Castellane comme maire de Gréarque, on n'atteint pas le nombre de trente années nécessaire pour la prescription; — Attendu néanmoins que si l'action n'est pas prescrite, les arrérages de la pension le sont par cinq années, d'après les dispositions de l'art. 2277 c. civ.; — Que la demande de la commune sur ce point doit être réduite à cinq années d'arrérages; — Par ces motifs, ordonne que le comte de Castellane sera tenu de faire délivrance à la commune de Gréarque du legs à elle fait par le testament de la dame de Valbelle, veuve de Castellane-Majastre. » — Appel. — Arrêt.

LA COUR; — Adoptant les motifs des premiers juges, confirme.

Du 24 nov. 1841.-C. d'Aix.-M. Poulle, 1er pr.

(2) (Tournadre *C.* Sirmond.) — LA COUR; — Attendu que la justice conserve, pour les parties intéressées, leurs droits sur les biens qui sont sous sa main; qu'ils ne prescrivent pas pendant le cours d'une saisie réelle et d'un bail judiciaire; qu'ainsi la prescription n'a pu prendre cours qu'à compter de la radiation de cette saisie qui a eu lieu en 1787; — Attendu que, depuis cette époque, les droits des parties de Bayle ont été garantis de la prescription par des diligences successives; — Attendu, en outre, qu'il est établi par le carnet du fermier judiciaire, que non-seulement la sentence par défaut de 1705 a été pleinement exécutée par

prescription pendant les troubles des Pays-Bas autrichiens, était applicable aux étrangers (Bruxelles, 22 fév. 1819, M. Wautelée, pr., aff. Gillis Pilarès).

807. Le temps pendant lequel la prescription a été suspendue dans les départements de l'Ouest à cause des troubles a été de deux ans onze mois (Rennes, 3e ch., aff. N... *C.* N..., 21 fév. 1818).

808. Quoique le décret du 22 août 1793 relatif aux délais des procédures dans les départements en état de révolte ne se soit servi que du mot *citations*, il faut évidemment entendre par là l'exercice de toute action civile (Rennes, 1re ch., 22 déc. 1817, aff. X...).

809. Il a été jugé : 1° que lorsque l'acte d'une partie, dans une instance, a empêché l'autre partie d'agir, la péremption dans laquelle il tombe, n'enlève pas à celle-ci le bénéfice de la suspension, et spécialement, que si, dans un cas où, aux termes de l'ancienne jurisprudence, la péremption ne s'acquérait que par trente ans, l'appel, interjeté par le possesseur de l'immeuble litigieux, était resté impoursuivi pendant ce long terme, l'appelant n'était pas fondé à invoquer contre l'intimé la prescription du jugement de première instance faute d'exécution dans les trente ans, attendu que l'effet suspensif de l'appel s'opposait à cette exécution, et que, dès lors, l'intimé se trouvait placé sous la protection de la règle, *Contrà non valentem agere*, etc. (Nancy, 26 juin 1833 (1). — Conf. Bordeaux, 31 juill. 1826, aff. Gramacho, V. Péremption, n° 327). — Telle est aussi l'opinion qui nous a semblé devoir être adoptée, alors qu'il s'agit d'une instance poursuivie sous l'ancien droit et dans le ressort d'un parlement suivant les usages duquel la péremption ne pouvait s'acquérir que par le laps de trente ans (V. Péremption, n° 327); — 2° Qu'un arrêt de sursis ou de surséance suspend la prescription du droit qu'il empêche d'exercer, sans qu'il soit besoin d'acte conservatoire, dans le cas surtout où l'arrêt ordonne que toutes choses demeureront en état, et que lorsque le droit dont l'exercice est ainsi paralysé est complexe, par exemple, lorsqu'il consiste en un droit d'affouage, comprenant ceux de marronnage et de pâturage, etc., et que le litige porte sur le droit d'affouage seulement, l'arrêt de surséance a pour effet de conserver l'intégralité du droit, y compris ses annexes (Nancy, 25 avr. 1844, M. Mourot, pr., aff. Duc de Poix *C.* com. de Laudauges); — 3° Que la prescription de l'arrêt souverain de surséance emporte la déchéance du bénéfice de cet arrêt pour la partie qui l'avait obtenu, mais non la prescription à son profit du droit litigieux tenu en suspens : la prescription de l'arrêt remet au contraire en vigueur les droits momentanément suspendus. — Et pour que la prescription puisse atteindre ces mêmes droits, il faut qu'il se soit écoulé trente années depuis l'expiration de la période trentenaire de suspension produite par

---

les débiteurs de la rente foncière dont il s'agit, et que le fermier judiciaire des biens saisis dans lesquels était comprise cette rente, en a perçu le montant jusques et compris 1787; — Considérant enfin que cette prescription supplée à la signification du jugement de 1705, qui n'est pas rapportée; — Met l'appellation au néant, etc.

Du 7 août 1821.-C. de Riom, 2e ch.-M. Verny, pr.

(1) *Espèce* : — (Princesse de Poix *C.* com. Saint-George et Hattigny.) — En 1789 et 1790, les communes de Saint-Georges et de Hattigny obtinrent deux arrêts de la table de marbre de Metz, qui leur reconnurent des droits d'usage dans des forêts appartenant au prince de Beauveau. Celui-ci se pourvut en cassation, devant le conseil des parties, et pour que son pourvoi produisît effet suspensif, il obtint du conseil d'État du roi un arrêt ordonnant que toutes choses demeureraient en état jusqu'après la décision du conseil des parties. — Cet arrêt, signifié aux communes, les mit dans l'impossibilité de jouir de leurs droits d'usage. Cependant, aucune suite n'ayant été donnée au pourvoi du prince de Beauveau pendant trente ans, il tomba en péremption et fut anéanti avec l'arrêt de défense. Les communes pensèrent alors qu'elles pouvaient exécuter leurs titres; mais la princesse de Poix, représentant le prince de Beauveau, leur opposa la prescription. Les moyens qu'elle présenta à l'appui de son système sont suffisamment reproduits par l'arrêt. — Arrêt.

LA COUR; — Considérant que la princesse de Poix oppose, 1° que l'arrêt de défense, ayant été englobé dans la péremption, ne peut plus être considéré comme moyen suspensif de la prescription qui a couru au profit du prince de Beauveau contre les communes; car, d'après l'art. 401 c. pr. civ., la péremption emporte extinction de la procédure, sans qu'on puisse en aucun cas opposer aucun des actes de la procédure éteinte ni s'en prévaloir; — Mais considérant que cette disposition de l'art. 401 c. pr. civ. ne peut être entendue dans le sens qui lui est donné; qu'il serait injuste et contraire à toutes les règles que l'anéantissement de la procédure produisît un effet rétroactif, effaçât le passé tout entier, et créât une fiction au moyen de laquelle une suspension réelle, forcée, obligatoire, ne serait plus comptée pour rien; que la loi n'a parlé que pour l'avenir; mais que, pour le passé, elle n'a pas voulu interdire au défendeur de se prévaloir de la position qui lui a été faite par les actes du demandeur lui-même; qu'il est d'ailleurs de principe que l'effet rétroactif, soit pour confirmer, soit pour détruire, ne peut pas porter préjudice aux droits des tiers;....

Considérant qu'une autre objection, présentée par la partie de Bresson, consiste à dire qu'une inaction de plus de trente années ne saurait trouver dans la longueur d'une procédure une excuse légitime; que la péremption de trente ans, la seule admissible devant le conseil des parties et devant la cour de cassation, entraîne la prescription de l'action, tant au regard du défendeur qu'au regard du demandeur, tant au regard de l'intimé qu'au regard de l'appelant; qu'ainsi l'a décidé la loi 9, au code, *De præscript. 30 vel 40 annor.*; qu'en effet, le demandeur et l'intimé sont maîtres d'activer la procédure, de presser la décision qui doit lever l'obstacle qui entrave leurs droits; qu'ainsi la maxime *contra non valentem, etc.*, cesse d'être applicable; — Mais considérant que ce système s'évanouit bientôt lorsqu'on le soumet à un examen scrupuleux; — Qu'il faut d'abord écarter la loi romaine, 1° parce qu'elle n'était pas reçue en France, ainsi que l'atteste Dunod; 2° parce que, suivant une opinion sinon unanime, du moins très-recommandable, dont Voët a été l'organe, elle aurait été abrogée par la loi *Properendum*, au code, *De judiciis*; 3° parce que, dans tous les cas, on ne trouve dans sa longue disposition rien qui indique qu'elle ait voulu régler l'influence de la litiscontestation sur le défendeur; qu'elle s'occupe exclusivement du demandeur : *In judicium vocantes, ipse actor defecerit*; que si, dans sa phrase finale, on trouve ces mots, *postquam utraque pars cessavit*, ce n'est pas qu'elle ait voulu étendre ses dispositions jusqu'au défendeur; c'est uniquement pour indiquer le point de départ du délai de la prescription de l'action, lequel devait courir du dernier acte fait par l'une ou l'autre des parties; — Qu'ensuite tous les raisonnements viennent se briser contre cette vérité, savoir : que les communes ne pouvaient jouir de leur affouage, puisqu'un arrêt de défense leur interdisait d'en poursuivre la délivrance; qu'elles étaient, par conséquent, condamnées à laisser dormir leur droit par suite d'une prohibition qui suspendait l'exécution des arrêts de la table de marbre, et leur liait les mains; qu'ainsi, n'ayant pas d'action pour se mettre en possession, aucune prescription ne pouvait courir contre elles;

Qu'à la vérité on oppose qu'elles auraient pu agir devant les tribunaux pour faire lever l'interdiction qui pesait sur elles; mais que cet argument repose tout entier sur une confusion d'idées qu'il est facile de faire disparaître si on veut faire attention qu'il s'agit ici, non d'interruption, mais de suspension de la prescription; qu'en effet, un acte de procédure ne peut jamais avoir d'autre vertu que d'interrompre la prescription, et qu'il n'est pas rationnel d'exiger un fait interruptif de la part de celui au profit de qui la prescription est suspendue; qu'il n'est pas moins contraire à la raison de faire dépendre de diligences réitérées devant les tribunaux la suspension de la prescription, lorsque les principes les plus élémentaires proclament hautement que cette suspension n'est accordée qu'à ceux qui ne peuvent agir; que, d'un autre côté, on tombe dans une équivoque palpable lorsqu'on suppose que les communes auraient pu utilement remplacer les faits possessoires qui leur étaient interdits par des actes de procédure, car les premiers étant prématurés ou marqués du caractère de voie de fait, les seconds ne pouvaient être opportuns; qu'ils n'auraient pu valoir même comme mesures conservatoires, le droit au principal des défendeurs en cassation demeurant sain et sauf; — Qu'enfin pour faire tomber l'arrêt de défenses, les communes pouvaient choisir entre une lutte devant les tribunaux et la prescription de l'instance; qu'elles ont opté, comme elles en avaient le droit, pour la prescription; que ce moyen, en les débarrassant de l'entrave qui paralysait leur possession, ne doit pas produire des résultats différents de ceux qu'elles auraient retirés d'un arrêt en dernier ressort, qui aurait fait crouler toute la procédure en cassation de Charles Just de Beauveau; que, dans cette dernière hypothèse, la partie de Bresson ne soutiendrait certainement pas que la prescription a couru pendant toute l'instance contre les communes; qu'il doit, par conséquent, en être de même lorsque cette instance, au lieu de tomber par une décision judiciaire, s'évanouit par la négligence de Pierre de Beauveau à la continuer; que toute cette doctrine s'appuie non-seulement sur les arguments victorieux qui viennent d'être déduits, mais encore sur de graves et puissantes autorités, telles que Lamoignon (p. 177), Brillon (v° Péremption, n° 15), Basnage (sur l'art. 499 de la coutume de Normandie), et un arrêt du parlement de Rouen du 6 mai 1664; — Qu'il résulte donc de tout ceci que les droits des communes mis en surséance par l'arrêt de défenses du 21 avr. 1790, ont été conservés pendant les trente années qui ont dû s'écouler pour arriver à la péremption de l'instance en cassation, et que le moyen de prescription ne saurait les atteindre; — Rejette l'exception proposée par la princesse de Poix.

Du 26 juin 1833.-C. de Nancy.-MM. Troplong, pr.-Bresson, av.

l'arrêt de surséance, ou tout au moins que la durée de la plus longue prescription admise par la coutume locale (fixée à quarante ans pareille de l'évêché de Metz), se trouve accomplie, à partir de la date de ce même arrêt (même arrêt). — *Nota*. Cet arrêt a été rendu dans une espèce presque identique à la précédente.

810. Il en est autrement, suivant nous, lorsque le délai de la péremption n'étant que de trois ans, l'instance d'appel reste impoursuivie pendant trente ans; après un tel délai, il nous a paru que le jugement de première instance se trouve éteint par la prescription, sans qu'on puisse opposer l'effet suspensif de l'appel, ce bénéfice ne pouvant plus profiter à la partie qui, pendant un si long espace de temps a négligé d'exercer le droit que la loi lui reconnaissait, celui d'obtenir la péremption de l'appel (V. Péremption, nº 324). — La jurisprudence de la cour de cassation présente quelques arrêts favorables à ce système (V. *eod*). — Et il a été jugé, dans le même sens, que lorsque sous l'empire des lois romaines, une instance d'appel est restée impoursuivie pendant plus de quarante ans, non-seulement l'instance d'appel, mais aussi les droits acquis par le jugement de première instance sont anéantis (Rej. 13 oct. 1813) (1).

811. Toutefois, nous devons reconnaître qu'une jurisprudence plus récente paraît se prononcer en faveur de l'opinion contraire (V. Péremption, nº 325). — Un autre arrêt a encore décidé que la demande en nullité formée par celui qui est en possession d'un fonds, contre la sentence arbitrale qui a attribué à un autre la propriété de ce fonds, mettant ce dernier dans l'impossibilité d'agir, suspend le cours de la prescription, encore que l'instance en nullité ait été déclarée périmée. — « Attendu, porte l'arrêt, qu'il faut bien se garder de confondre l'interruption de la prescription avec la suspension; que l'interruption ne s'opère jamais que par un acte valable; que la suspension est au contraire produite par l'état des personnes ou par l'impossibilité d'agir; que cette impossibilité peut naître d'un acte déclaré plus tard irrégulier ou périmé; mais qu'il n'appartenait pas à celui contre lequel il a été dirigé de le considérer comme tel avant toute décision judiciaire » (Nîmes, 25 juill. 1842, aff. com. de Caudiès, *C.* préfet des Pyrénées-Orientales, V. aussi, dans le même sens, MM. Carré, lois de la proc., nº 1689; Troplong, nº 686).

812. Mais l'instance d'appel, quelle que soit sa durée, conserve son effet suspensif, tant qu'elle est régulièrement entretenue par des actes de procédure. En conséquence, si le jugement de première instance vient à être confirmé, on opposerait en vain à la partie qui l'a obtenu la non-exécution de ce jugement pendant trente ans. — Et il en serait encore ainsi, alors même que la procédure sur l'appel serait restée interrompue pendant le temps nécessaire pour faire acquérir la prescription, si la partie qui pouvait l'opposer a laissé l'instance se terminer par un arrêt définitif. Cet arrêt couvre la prescription et maintient l'effet suspensif de l'appel. Tout au moins y a-t-il dans ce cas renonciation virtuelle à une prescription acquise? C'est dans l'une ou l'autre de ces hypothèses qu'a été rendu, ce semble, un arrêt qui décide que la prescription d'un jugement, à défaut d'exécution dans les trente ans, est suspendue pendant le cours de l'instance engagée sur l'appel de ce jugement et ne reprend son cours qu'au jour où cette instance est vidée (Bordeaux, 1er déc. 1841) (2).

813. On ne peut prescrire contre celui qu'une loi empêchait d'agir contre le possesseur; ainsi le statut autrefois en vigueur à Monaco, donnant aux propriétaires des arbres dont les branches faisaient saillie sur le fonds du voisin le droit d'entrer sur ce fonds pour y recueillir les fruits, on n'a pu prescrire le droit qu'ont les voisins, aux termes de l'art. 672 c. nap., de faire couper ces branches (Req. 31 déc. 1810, aff. Bessy, vº Servitude).

814. En tout cas, la prescription n'aurait pu courir qu'à partir de la loi du 30 vent. an 12, qui a aboli tous usages et statuts contraires aux dispositions du code Napoléon.

815. La loi du 14 flor. an 10, en déclarant que, pour avoir été concédés à des particuliers avec un droit de péage temporaire, les ponts communaux ne cesseraient pas, à l'expiration de la concession, d'être une propriété communale, a eu pour effet de suspendre la prescription et de conserver le droit des communes pendant toute la durée du bail (Req. 28 nov. 1838) (3).

CHAP. 7. — DU TEMPS REQUIS POUR PRESCRIRE.

SECT. 1. — *Dispositions générales. — Manière de compter le temps requis pour la prescription.*

816. La prescription se compte par jours et non par heures (c. nap. 2260), sauf dans quelques cas exceptionnels (c. com. 436; c. pr. 711; L. 9 flor. an 7, art. 6 et 10). Elle est acquise lorsque le dernier jour du terme est accompli (art. 2261), sans qu'il y ait lieu, à cet égard, de distinguer, comme on le faisait en droit romain, entre la prescription à l'effet d'acquérir et celle à l'effet de se libérer.

817. On voit, par l'art. 2261, que le dernier jour du délai, *dies ad quem*, est compris tout entier dans le terme. — Jugé ainsi

---

(1) (Bury C. Liber de Beaufrepont.) — LA COUR; — Attendu qu'il est de la nature de la prescription quadragénaire d'éteindre toutes sortes de droits et de donner une pleine sécurité à ceux qui ont acquis cette prescription; que, d'après ce principe, consacré par la L. 4 au code *De præscript. 30 vel 40 annorum*, la L. 9, au même titre, déclare tout droit éteint et prescrit, nonobstant la litispendance, si, par la négligence de la partie, le procès est resté impoursuivi et n'a pas été définitivement terminé pendant le laps de quarante ans, que cette loi ne fait aucune distinction entre les causes de première instance et celles d'appel, ni entre les demandeurs ou appelants et les défendeurs ou intimés dans l'instance; qu'enfin on n'a pu citer aucune loi qui ait dérogé à ces principes pour le conseil aulique, ni qui ait déclaré imprescriptibles les instances pendantes à ce conseil; — Et attendu que, dans le fait, l'instance dont il s'agit est restée impoursuivie et n'a pas été définitivement terminée durant le cours de soixante-neuf ans, par la négligence des demandeurs en cassation, ainsi que l'arrêt attaqué le reconnait et le constate; que par suite en déclarant la prescription acquise et les demandeurs non recevables à reprendre ladite instance, l'arrêt, loin d'avoir violé quelque loi, n'a fait que se conformer à celles qui régissaient les parties; — Rejette, etc.

Du 13 oct. 1813.-C. C., sect. civ.-MM. Muraire, pr.-Cassaigne, rap.

(2) (De Meslon C. Froidefond de Bellile.) — LA COUR; — Attendu que s'il est certain, en droit, qu'un jugement peut être prescrit par le laps de trente ans, lorsque, dans cet intervalle, il n'a été fait aucun acte pour le ramener à exécution, il est certain également que la prescription ne peut courir contre celui qui ne peut pas agir, et qu'en règle générale l'appel est suspensif; — Attendu que Froidefond-Duchatenet fit appel du jugement par défaut rendu par le tribunal de Ribérac le 30 mess. an 10; que cette instance d'appel, après avoir subsisté pendant longtemps devant la cour royale de Bordeaux, n'a pris fin que par un arrêt rendu en 1836 par la cour de Poitiers, statuant sur le renvoi qui lui avait été fait par la cour de cassation; — Attendu que, pendant que l'instance d'appel a subsisté, l'appelant n'a pu ramener à exécution le jugement du 30 messidor an 11 (19 juillet 1803); — Attendu qu'ayant formé sa demande en délivrance d'une grosse le 2 janvier 1837, nulle prescription ne peut lui être opposée; d'où il suit que, quant à ce premier moyen, il a été mal jugé par le jugement du 21 août 1838...

Du 1er déc. 1841.-C. de Bordeaux, 1re ch.-M. Roullet, 1er pr.

(3) (Préfet du Rhône C. la ville d'Arles.) — LA COUR; — Attendu que, de 1792, époque où le pont (de la ville d'Arles sur le Rhône) fut emporté par la violence des eaux, à l'an 12, époque de la construction du pont actuel, il ne fut construit aucun pont, ni à la place de l'ancien, ni avec les vestiges de l'ancien; un bac fut seulement établi au-dessous, et d'ailleurs les vestiges de l'ancien pont non occupés avant l'an 12, auraient conservé les droits de la commune; c'était une protestation permanente en faveur de la commune; aucune prescription n'a donc couru contre la ville d'Arles, de 1792 à l'an 12; — Attendu que, depuis l'an 12, le droit de la commune était suspendu et conservé par l'art. 11 de la loi du 14 flor. an 10; en effet, sans relever d'aucune déchéance, d'aucune prescription accomplie, sans changer non plus ni le caractère, ni la nature des droits acquis, ni le caractère, ni la nature des propriétés domaniales, cette loi statue relativement à la matière; que, pour avoir été concédés par le gouvernement à des particuliers, avec un droit de péage temporaire, les ponts communaux ne cesseraient pas d'être une propriété communale; — Attendu que la ville d'Arles n'ayant rien à réclamer pendant la jouissance du concessionnaire, nulle prescription n'a pu courir contre elle jusqu'au 21 avril 1834, jour où devait cesser la perception du péage par l'entrepreneur; — Attendu enfin que l'action ayant été formée en 1834, il ne s'était pas écoulé trente ans depuis la construction du pont, et que l'exception de prescription ne pourrait être admise sous aucun rapport; — Rejette, etc.

Du 28 nov. 1838.-C. C., ch. req.-MM. Zangiacomi, pr.-Mestadier, rap.-Hervé, av. gén., c. conf.-Odent, av.

qu'en matière de prescription, le jour *ad quem* se trouve compris dans le terme. Et spécialement, si un compte est arrêté le 16 juin 1805, la prescription pourra être opposée à la demande en justice intentée le 17 juin 1835 (Rennes, 6 mai 1835) (1).

818. Le jour *à quo*, qui sert de point de départ à la prescription, ne doit pas être compris dans le temps requis pour prescrire (Rej. 3 mai 1854, aff. enregistr., D. P. 54. 1. 324; Cass. 27 juin 1854, aff. com. de Montigny, D. P. 55. 1. 261. — Conf., vº Délai, nº 25; M. Marcadé, sur l'art. 2261-2º). — M. Duranton, t. 21, nº 338, pense que, quant au jour *à quo*, il faut établir une distinction entre la prescription pour acquérir et celle pour se libérer. Quand il s'agit de la prescription pour acquérir, il est évident qu'il faut compter le jour où la possession a commencé, et comme la prescription ne se calcule pas *de momento ad momentum*, le possesseur n'eût-il commencé à posséder que dans les dernières heures du jour, le jour entier doit lui compter. Il n'en est pas de même du dernier jour de l'échéance d'une créance, car ce jour-là il n'est pas donné au créancier d'agir, et, dès lors, la prescription ne peut courir contre lui. — M. Marcadé, *loc. cit.*, à la note, repousse avec raison cette distinction comme arbitraire et inacceptable : « La loi, dit-il, n'a pas ici deux règles, elle n'en a qu'une ; et il est clair que le *dies à quo*, s'il doit être écarté, doit l'être dans toutes les prescriptions, de même qu'il faudrait l'admettre dans toutes, si la loi voulait qu'il fût admis. M. Duranton nous dit en vain que quand un individu est entré en possession aux dernières heures du 1er janvier, il est vrai de dire qu'il a possédé le 1er janvier, et que, par conséquent, ce jour doit lui compter; car, dans le cas d'une dette pure et simple *ab initio*, ou soumise d'abord à une condition qui est accomplie, on pourrait dire de même, quelle que soit l'heure à laquelle a commencé l'inaction répréhensible du créancier, qu'il y a eu ce jour-là inaction de ce créancier, et que, par conséquent, ce jour devrait compter pour la prescription. La vérité est que le premier jour ne compte ni dans un cas ni dans un autre. »

819. Le jour du terme, *ad quem*, doit être compté, alors même qu'il arrive un *jour férié* légal. La loi, dit Toullier, t. 13, nº 55, en fixant un délai, n'a permis de ne point compter le dernier jour que dans un seul cas d'exception, qui est celui des délais fixés pour l'enregistrement des actes; mais cette exception, *qui ne nuit à personne*, ne peut être étendue à un autre cas; et lorsqu'il s'agit de l'intérêt d'un tiers, la loi, loin d'allonger le terme d'un jour quand le dernier se trouve férié, l'abrége plutôt, et en retranche ce jour, comme pour indiquer au débiteur qu'il ne doit pas attendre le dernier, qu'il sait être férié (Arg. de l'art. 134 c. com.—Conf. MM. Vazeille, nº 334; Troplong, nº 816.—*Contrà*, Grenier, Tr. des hypoth.; code sarde, art. 2396, V. nº 32).

820. Dans les prescriptions qui s'accomplissent par mois, les délais doivent se compter selon le calendrier grégorien, non par le nombre des jours, mais par celui des mois, sans égard à leur inégalité (Cass. 27 déc. 1811, aff. Conté, V. Prescrip. crim., nº 24).

821. Le jour, en jurisprudence civile, est de vingt-quatre heures (M. Troplong, nº 813).

822. De quelle époque court la prescription quinquennale relative aux lettres de change ou billets à ordre souscrits par des commerçants lorsqu'il n'y a pas eu de protêt? — V. Effets de com., nº 821, et les arrêts cités.

Sect. 2. — *De la prescription de trente ans.*

Art. 1. — *Des longues prescriptions en droit romain et sous l'ancien droit français.*

823. La prescription, connue chez les anciens Romains sous le nom d'*usucapio*, s'acquérait d'abord par un an pour les meubles, et par deux ans pour les immeubles. On exigeait un titre légal, la tradition et la possession. Ce moyen d'acquérir ne s'appliquait qu'aux biens dont le plein domaine pouvait appartenir aux particuliers, et qui étaient connus sous le nom de *res mancipi*. On ne mettait point de ce nombre les biens situés hors de l'Italie, sur lesquels le peuple romain conservait des droits. — Les propriétés des citoyens romains hors de l'Italie s'étant multipliées, une jurisprudence s'établit, suivant laquelle celui qui avait possédé pendant dix ans un bien situé hors de l'Italie, et, en général, un bien de la classe de ceux appelés *res nec mancipi*, pouvait opposer à la demande de revendication l'exception fondée sur le laps de temps, et nommée *præscriptio*, pour la distinguer du droit nommé *usucapio*. — Justinien créa un mode général de prescription fixé pour les meubles à trois ans, et pour les immeubles à dix ans entre présents, et vingt ans entre absents, avec titre et bonne foi. — Les lois romaines reconnaissaient en outre une prescription de *trente ans*, et une autre de *quarante*. On a pu dire de la première : *Humano generi profundâ quiete prospexit*. Elle prévalait contre toute exception, même de mauvaise foi. Pour le maintien de la tranquillité publique on l'étendit aux actions personnelles dérivant des obligations (L. 3, C., *De præscr.*, 30 *vel.*, 40 *ann.*) : actions qu'on ne réputait pas, dans l'origine, susceptibles de prescription. La prescription de quarante ans s'appliquait aux *droits de l'Église*, du *domaine public*, et à *toutes les actions des particuliers*, qui n'avaient pas été déclarées sujettes à la prescription de trente ans. — Une autre prescription *privilégiée* avait été portée à *cent ans* en faveur de certains lieux ou de certaines personnes (L. 23, C., *De sacr. eccles.*, et la nov. 9). — Quant à la prescription par un *temps immémorial*, son application n'a jamais été bien déterminée. Des jurisconsultes ont prétendu que, dans les cas où la loi rejetait toute prescription, elle n'excluait pas l'effet de la possession immémoriale.

824. On a jugé : 1º que, suivant les lois romaines, les actions en revendication, soit spéciales, soit universelles, ne pouvaient être utilement exercées trente ans après leur origine (Cass. 13 frim. an 5, MM. Chabroud, pr., Barris, rap., aff. Goudard *C.* Despetit) ; — 2º Que les causes portées devant les juges d'appel étaient soumises à la prescription de quarante ans. Il n'y avait point d'exception à cette règle en faveur des causes portées devant le conseil aulique de Vienne. Cette prescription pouvait également être opposée à l'intimé et à l'appelant (Cass. 13 oct. 1813, MM. Muraire, pr., Cassaigne, rap., aff. Bury *C.* Libert); — 3º Que la prescription trentenaire, aux termes des lois romaines, rendait le *second acquéreur* propriétaire incommutable des biens par lui acquis, quoique son vendeur ne les eût possédés lui-même qu'en vertu d'un contrat pignoratif (Cass. 26 vent. an 5, M. Schwendt, rap., aff. Dalban *C.* Siry).

825. En France, le temps des longues prescriptions n'était point uniforme ; les actions réelles se prescrivaient ici par trente ans, ailleurs par quarante, et dans quelques lieux par vingt et même par dix ans. Il y avait encore plus de variations relativement à la prescription des actions personnelles, et néanmoins, dans la majeure partie de la France, on avait admis à la fois et la prescription générale de trente ans en matière personnelle et réelle, et la prescription immobilière de dix et vingt ans avec titre et bonne foi. — On peut consulter Merlin, vº Prescription, sect. 2, pour connaître les différentes prescriptions qui existaient avant le code Napoléon. Nous allons relever ici les décisions de la jurisprudence moderne qui, s'occupant de questions nées avant le code, ont fait l'application du droit antérieur en ce qui touche les longues prescriptions.

826. On a jugé : 1º qu'avant le code, l'*action en partage* d'une succession durait *trente ans* (Cass. 6 frim. an 3, MM. Boucher, pr., Lalonde, rap., aff. Breuilh *C.* Pons) ; — 2º L'action en *pétition d'hérédité* se prescrivait par le même laps de temps (Paris, 22 brum. an 12, M. Séguier, pr., aff. Antin *C.* Porquier); — 3º Que les arrérages du *douaire* de la femme ne se prescrivaient que par trente ans; qu'ici ne s'appliquaient pas les dispositions de la loi du 20 août 1792 (Req. 3 fév. 1835, MM. Zangiacomi, pr., Brière, rap., aff. duc d'Havré *C.* Deurbrouq); — 4º Qu'en pays de droit écrit, l'action en nullité de la *renonciation* faite à une succession future, en l'absence de celui

(1) (Brizou *C.* Lemême et Gaultier.)—La cour ;—Considérant qu'en matière de prescription, si le jour *à quo* ne doit pas être compris dans le terme, il est de principe certain que le jour *ad quem* doit y être compris; que c'est, d'ailleurs, ce qui résulte de ces expressions de l'art. 2261 c. civ., *elle est acquise* (la prescription) *lorsque le dernier jour du terme est accompli*; qu'en faisant application de ces principes à l'espèce, il en résulte que, du 27 prair. an 11 ou 16 juin 1805, date du règlement de compte, au 17 juin 1835, date de la demande en justice, la prescription de trente ans est accomplie;

Du 6 mai 1835.—C. de Rennes.—M. Boulaire, pr.

de l'hérédité duquel il s'agissait, durait trente ans (Req. 12 juin 1806, MM. Henrion, pr., Poriquet, rap., aff. Chaverot C. Desmigreux); — 5° Que l'action en *nullité de partage*, résultant de ce qu'il a été fait avec un tuteur sans aucune formalité de justice, et que, par exemple, il a été purement verbal, pouvait, dans l'ancien droit, être exercée pendant trente ans, à compter de l'âge de majorité (Limoges, 10 fév. 1813, aff. Péricaut C. Lafond); — 6° Que, dans le ressort du parlement de Toulouse, la vente du bien d'un mineur, lorsqu'elle avait été faite, non par le mineur lui-même ou par son tuteur, mais par un tiers, pouvait être attaquée pendant trente ans (Rej. 8 déc. 1813, MM. Muraire, pr., Reuvens, rap., aff. Daydé C. Mas); — 7° Que, dans le même ressort, l'action en délivrance de légitime se prescrivait contre l'héritier universel, par trente ans, comme sous le code Napoléon (Cass. 16 avril 1834, aff. Espinay, V. Emigré, n° 285); — 8° Qu'il en était de même sous la jurisprudence du Roussillon (Req. 4 juill. 1821, MM. Henrion, pr., Botton, rap., aff. Anyach C. Tewass).

827. Dans la province de *Normandie*, l'action en garantie du tuteur contre les nominateurs de la tutelle (V. Normandie, n° 22), durait *trente ans*, qui commençaient à courir, non du jour de la majorité, mais seulement du jour de la discussion des biens du tuteur, et cela alors même que cette discussion se serait prolongée au delà des dix ans fixés pour l'action du mineur contre son tuteur (cout. de Normandie, art. 522, règlement des tutelles pour la prov. de Normandie, 7 mars 1673, art. 71, 72, 79).

828. En *Alsace*, la prescription était de *quarante ans* contre le créancier poursuivant une action réelle, lorsque le débiteur possédait encore le gage hypothécaire : elle se réduisait à trente ans, lorsque ce gage était sorti de ses mains (Colmar, 26 déc. 1826, M. Millet de Chevers, pr., aff. N... C. N...).

829. En *Lorraine*, la *bonne foi* était nécessaire pour prescrire, et la prescription trentenaire ne suffisait pas quand elle était entachée de mauvaise foi (Req. 29 prair. an 12, MM. Maleville, pr., Bailly, rap., aff. Vuillemin).

830. Dans le ressort du parlement de *Paris*, *l'action personnelle* jointe à *l'action réelle*, ne rendait pas applicable la prescription de quarante ans (Paris, 8 mai 1830, aff. Mariette, V. n° 837; 19 avril 1831, M. Séguier, pr., aff. Levaillant).

831. Quoique, sous la coutume d'*Orléans*, où la prescription ordinaire des actions, même immobilières, était celle de *trente ans*, le délai de l'action hypothécaire fut, par exception, de *quarante ans*; cependant cette exception n'existait que pour le cas où l'*action hypothécaire* concourait avec l'action personnelle, et non pour celui où elles étaient devenues distinctes l'une de l'autre; c'est-à-dire, pour le cas où l'action hypothécaire ayant, avant l'action judiciaire, cessé par la vente des immeubles affectés, il ne restait plus que l'action personnelle. — Et, en un tel cas, on prétendrait en vain que l'indivisibilité de ces deux actions n'a point cessé d'exister par la perte de possession des immeubles (Cass. 17 juin 1833, MM. Portalis, pr., Delpit, rap., aff. Rochechouart C. d'Esparbès, et, sur renvoi, Bourges, 4 juin 1834, M. Mater, pr.).

832. Dans le ressort du parlement de *Bordeaux*, l'action personnelle jointe à l'action hypothécaire se prescrivait par trente ans (Bordeaux, 13 janv. 18335, aff. Beauchamp, V. n° 1126); — En *Dauphiné*, par quarante ans (Rej. 27 mars 1833, MM. Boyer, pr., Cassaigne, rap., aff. Bisson). — Il en était de même dans le Forez (Riom, 6 avr. 1821, M. Grenier, pr., aff. Lemorre C. Bergeron).

833. Les rentes foncières, autres que celles de l'église et des corporations, étaient des droits réels qui se prescrivaient en *Alsace*, comme dans les autres parties de la France, par la possession de trente ans (L. 18 mars 1790, tit. 1, art. 8). — Et la circonstance que ces rentes ont été mobilisées par l'art. 7 de la loi de l'an 7, ne peut, sous prétexte de la jonction de l'action personnelle à l'action hypothécaire, être déclarée avoir eu l'effet de ne les soumettre qu'à la prescription de quarante ans (Cass. 5 fév. 1834, MM. Portalis, pr., Jourde, rap., Laplagne-Barris, 1er av. gén., c. conf., aff. Kempf C. Gysendorffer). — En *Normandie*, il fallait quarante ans (Req. 12 juill. 1821, MM. Henrion, pr., Botton, rap., aff. Monroult C. Barbey). — En général, sous la coutume de Normandie, la possession de quarante ans, et non interrompue, était suffisante pour la prescription, quel que fût, d'ailleurs, le vice du *titre*, s'il en existait un, pourvu qu'il ne fût pas précaire (Req. 22 mars 1830, MM. Favard, pr., Dunoyer, rap., aff. Guillin C. Desgenettes). — V. Normandie, n° 9.

834. Sous l'empire des chartes du *Hainaut*, la prescription extinctive ou libératoire des actions personnelles était acquise par le terme de vingt et un ans, dans le cas où il y avait obligation ou cédule, sans que la bonne foi fût requise (Bruxelles, 3e ch., 16 juin 1830, aff. Leclerc C. syndicat d'amortiss.) — Il en était de même sous la coutume d'*Epinal*. — V. Merlin, Rép., v° Prescription, sect. 11, § 17.

835. Le bail à domaine congéable non suivi d'exécution de la part du preneur est, comme toute convention personnelle, soumis à la prescription de trente ans (Rennes, 2e ch. 28 janv. 1824, M. Denis Duporzou, pr., aff. Bosquet C. Bahuno de Liscoet).

836. Les actions mobilières ou immobilières, réelles ou personnelles, soit des *églises* et établissements religieux, soit de l'*Etat*, du *fisc* ou du *domaine*, ne se prescrivaient en *Brabant* que par un laps de quarante ans (Cass. 16 mars 1824, MM. Brisson, pr., Poriquet, rap., aff. N... C. N...; Bruxelles, 2e ch. 27 avr. 1830, M. Deguchteneere, av. gén., c. conf., aff. N... C. N...). — Il en était de même sous la coutume de Lierre (même arrêt de Bruxelles). — Toutefois, il a été jugé que la prescription des droits mobiliers s'acquéraient en Brabant par le laps de trente ans sans distinction s'ils étaient dus à une corporation religieuse ou à l'Etat (Bruxelles, 24 sept. 1814, aff. enreg. C. Mallart). — A l'égard des biens de l'Église ou de la cause *pie*, il a été jugé : 1° que la prescription de vingt-deux ans, établie par l'art. 35 coutume de Namur, pour les rentes constituées sur héritages, pouvait être opposée à l'Église (Bruxelles, 7 mars 1826, aff. N... C. N...); — 2° Que les biens de l'Église ne pouvaient se prescrire que par quarante ans, mais que l'action en indemnité pour un droit de passage exercé par un propriétaire enclavé sur un terrain appartenant à l'Église, étant personnelle et mobilière, se prescrivait par trente ans, aussi bien contre l'Église que contre les particuliers (Req. 8 janv. 1829, MM. Borel, pr., Mousnier, rap., aff. Boiron C. Terrasse); — 3° Que pour que les biens de l'Église soient réputés d'ancienne fondation, et ne soient, dès lors, soumis qu'à la prescription de quarante ans, il suffit que l'Église en ait joui pendant quarante ans paisiblement, sans exercice de l'action du seigneur pour l'en déposséder; et il n'est pas nécessaire, à l'égard des biens situés dans le ressort des coutumes d'Anjou et du Maine, que cette possession soit antérieure à l'époque de la rédaction de ces coutumes (en 1508); qu'en conséquence, le débiteur d'une rente due à une fabrique, sous l'empire de ces coutumes, ne peut prétendre qu'elle est prescrite pour n'en avoir pas payé les arrérages pendant plus de trente ans et moins de quarante (Req. 17 nov. 1829, MM. Favard, pr., Borel, rap., aff. de Laguerinière C. fab. de Saint-Florent); — 4° Que quoique les redevances, telles que les rentes dues à une église, ne se prescrivissent que par quarante ans, les arrérages de ces rentes, comme dus à la personne, étaient prescriptibles par trente ans (Angers, 27 janv. 1830, sous Req. 23 nov. 1831, aff. Guillaume, v° Oblig.); — 5° Que le principe généralement répandu dans l'ancienne législation, que la prescription contre l'Église ne pouvait s'accomplir que par le laps de quarante ans, était admis sous la coutume de Bretagne; et que si, avant le code, l'Etat avait succédé à l'Église, ce n'était aussi que la prescription quadragénaire qui, suivant l'art. 36 de la loi du 22 nov. 1790, pouvait être invoquée contre l'Etat (Req. 13 fév. 1832, MM. Zangiacomi, pr., Lasagni, rap., aff. Sollier C. fabr. de Nantes); — 6° Que les actions relatives aux presbytères se prescrivaient, avant les lois nouvelles, par trente et non par quarante ans, comme les biens d'Église dont ils ne formaient pas une dépendance, ces presbytères étant, en vertu de l'édit de 1695, une propriété communale (Bordeaux, 19 fév. 1834, aff. comm. de Sainte-Radegonde, V. Culte, n° 495); — 7° Que la coutume de Berri fixait à trente ans le temps utile pour prescrire contre l'Église, mais qu'en même temps elle accordait dix ans pour demander la restitution, et qu'ainsi le délai pour se pourvoir en revendication contre une usurpation était de quarante ans en faveur de l'Église (Rej. 25 août 1834, MM. Portalis, pr., Rupérou, rap., aff. comm. de Monnetou C. préfet du Cher; Cass. 4 janv. 1842, V. n° 486); — 8° Que les biens de la cause pie ne se prescrivaient, sous l'ancienne législation, que par quarante ans (Toulouse, 21 nov. 1837, M. Martin, pr., aff. Bégué *C.* hosp. de Montastruc); — 9° Que la prescription non accompagnée de bonne foi n'a pu être invoquée dans le ci-devant comtat Venaissin régi par le droit canonique, non-seulement jusqu'à sa réunion à la France, en 1791, mais encore jusqu'au code Napoléon (Nîmes, 3e ch., 16 janv. 1838, M. de Trinquelague, pr., aff. Lattier *C.* Mandrin); — 10° Que sous la coutume de Vermandois, on ne prescrivait les biens ecclésiastiques ou les servitudes sur ces biens que par une possession de quarante ans (Req. 23 nov. 1840, MM. Zangiacomi, pr., de Gaujal, rap., aff. comm. de Sinceny).

837. Au reste, un particulier succédant à l'Eglise par voie de cession, ne peut se prévaloir de la prescription de quarante ans, établie en faveur du corps religieux qu'il représente (Paris, 8 mai 1830) (1), encore bien que l'acte de cession n'ait point été signifié à celui qui oppose la prescription. Cette dernière disposition résulte implicitement des termes du même arrêt rapprochés des conclusions prises par l'appelant.—V. ci-dessous note *a*.

838. Quant aux biens du *domaine public* ou de *l'Etat*, des *communes*, etc., etc., etc., il a été décidé : 1° qu'en Artois, le domaine public, et, à plus forte raison, le domaine particulier du prince, se prescrivait par cent ans (Req. 29 janv. 1833, MM. Zangiacomi, pr., Bernard, rap., aff. Bethune Sully *C.* Dubays);—2° Que sous l'ancien droit, la prescription de quarante ans courait contre les communes régies par des coutumes muettes sur ce point, alors surtout que ces coutumes n'avaient aucune disposition contraire (Req. 15 décembre 1830, MM. Favard, pr., Hua, rap., aff. com. de la Daguenière *C.* Monteau); — 3° Que l'art. 282 de la coutume de Bretagne, portant que la prescription des immeubles n'était acquise que par quarante ans, ne s'appliquait pas au domaine de l'Etat, lequel pouvait, conformément à l'ordonnance de 1566, valablement prescrire par le laps de dix ans (Req. 26 nov. 1835, MM. Zangiacomi, pr., Bernard, rap., aff. com. de Mézières *C.* préfet d'Ille-et-Vilaine); — 4° Que l'engagiste, pour se prévaloir da la prescription établie en faveur de l'Etat, se fonderait en vain sur ce qu'il était émigré et avait été représenté par l'Etat (Req. 2 mai 1828, aff. duc d'Aumale, V. Domaines engagés et échangés, n° 109-2°); — 5° Que le moyen pris de ce qu'un immeuble, en tant qu'appartenant à l'Etat, n'a pu être prescrit que par une possession de quarante ans avant le code Napoléon, ou de trente ans depuis ce code, est un moyen personnel à l'Etat, lequel, par suite, ne peut être invoqué entre particuliers qui ne tiennent pas leurs droits de l'Etat (Req. 17 juin 1839, MM. Zangiacomi, pr., Brière, rap., aff. Chambiant *C.* com. de Thénay).

ART. 2. — *De la prescription de trente ans selon le code Napoléon. — Solutions diverses.*

839. Toutes les actions, tant réelles que personnelles, dit l'art. 2262, sont prescriptibles par trente ans, sans que celui qui allègue cette prescription soit obligé d'en rapporter un titre, ou qu'on puisse lui opposer l'exception déduite de la mauvaise foi. —Jugé que celui qui, pour repousser une action en délaissement d'immeubles, se prévaut d'une possession trentenaire, n'est pas tenu de produire des titres de possession (Bruxelles, 1re ch., 24 nov. 1815, aff. N... *C.* N...; V. aussi n° 263).—D'où il suit, d'abord, que l'espace de trente ans est, dans notre droit, le terme le plus long de la prescription, et, en second lieu, que la prescription trentenaire est, pour ainsi dire, le droit commun, et doit dès lors être appliquée à toutes les actions non soumises par des lois spéciales à des prescriptions particulières. — Elle doit l'être notamment aux *actions mixtes* telles que la pétition d'hérédité, la demande en partage ou en bornage (L. 32, C., *De prescr.* 30 *vel* 40 *ann.*; Dunod, p. 195).

840. Quant à la mauvaise foi dont parle cet article, il a été

---

(1) *Espèce* : — (Mariette *C.* Robert.) — En 1785, bail par lequel le chapitre de Notre-Dame de Paris a cédé à Robert une portion de terrain, moyennant une rente de cinq setiers de froment. Cette rente est devenue la propriété des hospices. — 5 nov. 1828, Mariette, leur ayant cause, en a demandé le payement. — Robert a opposé la prescription. — Mariette a répondu que, représentant l'Eglise, il devait jouir, comme elle, du bénéfice de la prescription de quarante ans. — 19 janv. 1829, jugement du tribunal de Meaux qui n'admet que la prescription de trente ans : « Attendu que la prescription de quarante ans, qui, suivant la jurisprudence, n'appartenait qu'à l'Eglise, n'a pu profiter ni à l'Etat, premier propriétaire, ni depuis à Mariette, puisqu'à la personne privilégiée, il y a substitution d'un tiers, ne pouvant réclamer les mêmes droits et priviléges qui ne sont pas attachés à la créance, mais à la personne, et contre lequel a couru la prescription de trente ans ; — Que depuis 1785, époque de l'acquisition de Mariette, jusqu'en 1811, il s'est écoulé un laps de vingt-six ans, réduit à vingt et un ans, par suite de la loi exceptionnelle du 20 août 1792, qui a suspendu la prescription pendant cinq ans, et que, depuis 1811 jusqu'au 3 nov. 1828, jour de la demande, il s'est écoulé un autre laps de temps de dix-sept ans, qui, réuni aux vingt et un ans déjà acquis, forme une durée de trente-huit ans ; qu'ainsi, la prescription est acquise à Robert. »

Appel par Mariette ; il a prétendu : 1° pour écarter l'opinion de Pothier sur la prescription des biens d'Eglise possédés par des tiers, Tr. des prescrip., n° 197, que sa possession devait être comptée non du jour de l'arrêté rendu en sa faveur (1811), mais du jour où cet arrêté, par suite des excessives difficultés de l'administration, avait pu être exécuté (en 1826) ; 2° qu'en tous cas, il avait succédé aux priviléges de l'Eglise ; 3° qu'enfin, la rente réclamée étant, comme foncière, susceptible de la double action personnelle et réelle, ne pouvait, d'après l'ancien droit, se prescrire que par quarante ans (*a*). — Arrêt.

LA COUR ; — Adoptant les motifs des premiers juges ; — Considérant que, pour parer à la prescription qu'ils ont admise, Mariette prétend que ce n'est pas depuis 1811 qu'il pouvait agir, que c'est seulement depuis 1826, époque à laquelle il aurait été définitivement investi du droit qu'il exerce ; — Que Mariette a été saisi de son droit par la cession que lui a faite l'administration des hospices, le 19 janv. 1811 ; qu'à partir de ce jour il est devenu titulaire de la rente, l'ayant droit des précédents propriétaires ; — Que, s'il s'est élevé des débats entre Mariette et l'administration des hospices, s'il a fait des difficultés à l'administration, ou si l'administration lui en a suscité, ces circonstances ne peuvent être d'aucune considération pour les tiers ; — Que, dans son assignation, Mariette ne mentionne nullement les actes administratifs de 1819 et de 1826, dont il parle aujourd'hui, et qui sont inconnus ; — Qu'il s'y présente ainsi qu'il s'est qualifié, a stipulé et a été reconnu dans tous ses procès, comme étant aux droits de l'administration des hospices, et propriétaire des rentes comprises au décr. du 22 nov. 1810, et à lui transférées le 19 janv. 1811 ; — Qu'ainsi, la prescription telle qu'elle est établie par les premiers juges demeure entière ; — Considérant que Mariette, se prévalant encore de la prescription de quarante ans quand l'action hypothécaire est jointe à la personnelle, invoque la coutume de Meaux dans le ressort de laquelle était situé l'immeuble baillé à rente, la coutume de Paris et la jurisprudence du parlement ; — Qu'il faut d'abord écarter la coutume de Meaux, absolument muette sur la prescription quarantenaire ; — Qu'en second lieu, la coutume de Paris disposait, art. 118, que la prescription de toute chose prescriptible était acquise entre âgés et non privilégiés par l'espace de trente ans, et exceptant l'Eglise de cette règle, elle déclarait, art. 123, que l'on ne pouvait prescrire contre elle que par quarante ans ; — Que la règle et l'exception paraissent claires et positives ; — Que, cependant, il y aurait eu diversité d'opinions et d'arrêts, lorsque l'action hypothécaire se trouvait jointe à l'action personnelle ; que les plus graves jurisconsultes s'étaient élevés avec force contre cette étrange doctrine qui, en prorogeant la prescription à quarante ans, faisait survivre à l'extinction de l'obligation personnelle, l'action hypothécaire qui n'en était que l'accessoire ; — Qu'enfin, le parlement de Paris, s'attachant aux principes et fixant sa jurisprudence d'après la lettre et l'esprit de la coutume, proscrivit le système de la prorogation à quarante ans, et jugea que trente ans suffisaient pour la prescription de l'action hypothécaire jointe à la personnelle ; — Que, parmi les monuments qui déposent de cette jurisprudence, on distingue trois arrêts qui datent des 4 sept. 1761, 11 avr. 1769 et 18 août 1785, ce dernier arrêt rendu au rapport de M. Ferrand, toutes les chambres consultées ; — Qu'ainsi doit disparaître l'erreur de Mariette sur les coutumes de Meaux et de Paris et sur la jurisprudence du parlement, à laquelle se lie une législation éclairée qui, simplifiant les règles, n'admet pour la prescription des actions personnelles, réelles ou mixtes, que le même terme de trente ans, et qui assujettit l'Etat, les établissements publics et les communes aux mêmes prescriptions que les particuliers ; — Met l'appel au néant.

Du 8 mai 1850.-C. de Paris, 5e ch.-M. Lepoitevin, p.

(*a*) Le sieur Mariette a réclamé contre la rédaction de cet arrêt. Il a prétendu avoir soutenu uniquement (devant la cour), qu'aux termes de l'art. 1690 c. civ., entièrement conforme à l'ancien droit, le cessionnaire n'est saisi, à l'égard des tiers, que du jour de la signification du transfert faite par le débiteur, ou par l'acceptation du transport faite par le débiteur dans un acte authentique ; que le transport de la rente de cinq setiers de froment fait le 19 janv. 1811, n'a été signifié au Robert que par l'exploit introductif d'instance du 5 nov. 1828 ; que l'acceptation n'en ayant pas été faite auparavant par le sieur Robert, la prescription de quarante ans, qui n'était pas acquise le 5 nov. 1828, a couru seule.

jugé : 1° qu'elle comprend le dol positif et actif aussi bien que le dol négatif et passif, et spécialement que celui qui, pendant plus de trente années, a possédé sans titre, a prescrit, encore bien que, avant l'expiration des trente années et depuis moins de trente ans, il eût retenu de mauvaise foi un titre adressé au propriétaire, et, par exemple, à ses cohéritiers, et par lequel un tiers les avertissait de leurs droits (Agen, 27 avr. 1859) (1); — 2° Que l'art. 2262 s'applique à l'action qui peut être exercée

(1) *Espèce :* — (Les mariés Vassié C. les héritiers Navarre.) — Anne Pons, veuve Revel, mourut en 1787; elle laissait une fille unique, Jeanne Revel, veuve Lamouroux, appelée par la loi à recueillir sa succession. On ignorait alors qu'Anne Pons avait disposé de ses biens. Cependant, le 12 juill. 1779, elle s'était rendue secrètement chez Me Guibert, notaire, dans une commune voisine, où elle avait fait un testament par lequel elle constituait Jeanne Lamouroux, femme Navarre, sa petite-fille, son héritière universelle. On conçoit bien qu'Anne Pons ait caché ce testament à la veuve Lamouroux qu'elle déshéritait, mais on ne comprend pas comment elle n'en instruisit pas la légataire universelle. On serait tenté de supposer qu'un second testament, également inconnu, a révoqué celui de 1779; quoi qu'il en soit, la veuve Lamouroux prit possession de la succession de sa mère; elle en a joui paisiblement jusqu'en 1857, c'est-à-dire pendant cinquante ans. Dans l'intervalle, la femme Navarre décéda à la survivance de plusieurs enfants. Ceux-ci ayant connu le testament de leur bisaïeule, assignent la veuve Lamouroux devant le tribunal de Figeac en délaissement de la succession. La veuve Lamouroux oppose la prescription. Les Navarre répondent que la possession de la veuve Lamouroux est entachée de dol; ils demandent à prouver que le testament d'Anne Pons fut ignoré, en effet, de toute sa famille, pendant vingt-deux ans; qu'en 1809, le successeur du notaire Guibert écrivit pour réclamer le payement des honoraires dus à son prédécesseur; qu'il annonçait en même temps que le testament n'était pas enregistré; que la suscription de la lettre portait : Aux héritiers d'Anne Pons, veuve Revel : qu'elle fut remise à la veuve Lamouroux qui était la seule héritière connue; que celle-ci, ne sachant pas lire, eut recours au sieur Rabinel, son voisin; qu'accompagnée de ce dernier, elle se rendit chez le notaire; que sa surprise fut grande en voyant que sa mère l'avait exhérédée; qu'elle s'empressa de payer le notaire, afin de prévenir la conséquence d'une nouvelle réclamation; qu'elle lui remit aussi la somme nécessaire pour faire enregistrer le testament; que cette formalité fut remplie en 1809; que rassurée par rapport au notaire, et voulant se prémunir contre l'indiscrétion de Rabinel, elle le supplia de garder le silence, lui promettant de dédommager les Navarre, dans l'acte de ses dernières volontés; que Rabinel confia le mystère à sa femme; que celle-ci garda le secret jusqu'en 1856; mais qu'à cette époque, la veuve Lamouroux ayant fait un testament où, malgré ses promesses, elle léguait la portion disponible à l'épouse Vaissié, sa fille cadette, la femme Rabinel la menaça de tout révéler; que la veuve Lamouroux lui offrit d'acheter son silence par la donation d'un bois; que la femme Rabinel repoussa cette proposition et s'empressa d'avertir les Navarre.

Durant l'instance, la veuve Lamouroux décède, les poursuites sont reprises contre la femme Vaissié, et soutenues par Me Fourgous, dont le système n'a triomphé qu'en appel.

Le 31 déc. 1858, jugement qui admet la preuve offerte par les Navarre, attendu que la prescription trentenaire, en dispensant le possesseur de jouir avec bonne foi, ne l'autorise pas néanmoins à employer de mauvaises voies pour retenir le bien d'autrui; car, autrement, la loi autoriserait le dol et la fraude dans l'acquisition par prescription, alors qu'elle les condamnerait dans les autres moyens d'acquérir la propriété; que pour connaître l'esprit du code sur cette matière, et pour voir la différence immense qu'il y a entre posséder de mauvaise foi et employer le dol et la fraude pour se continuer dans la possession, il suffit de comparer l'art. 2262 avec les art. 2265, 2268 et 2269 c. civ.; — Que le premier, dans un intérêt social, et pour punir la négligence du créancier, proclame le droit de celui qui jouit d'une chose pendant trente ans, abstraction faite de toute autre circonstance qui pourrait rendre utile la jouissance, quoique avec mauvaise foi; — Que les autres articles, à cause du court délai qui suffit à la prescription, exigent la bonne foi au moment de l'acquisition; qu'évidemment ces différents textes veulent parler de cette bonne foi qui fait croire qu'on est propriétaire, de cette bonne foi qui engage le possesseur à se considérer exclusivement comme propriétaire de la chose dont il jouit; que la mauvaise foi, d'après les inductions tirées de ces articles, ne serait que la connaissance acquise par le possesseur, que la chose dont il jouit ne lui appartient pas et serait très-différente de cette mauvaise foi qui consisterait à tendre des embûches à autrui pour le forcer à rester dans l'ignorance de ses droits, lorsqu'il aurait un intérêt si pressant à les connaître; que le mot de *mauvaise foi* donne toute suite l'idée de pensée *mali scientia,* mais qu'il n'exprime pas le sens de mauvaise action, de mauvais conseil, de démarches et de promesses frauduleuses; qu'enfin la mauvaise foi veut dire dol négatif et passif, tandis que les Navarre imputent à leur aïeule un dol passif et actif; — Qu'admettre le système des mariés Vaissié sur ce point, il en résulterait qu'on ne pourrait plus condamner le débiteur qui aurait prescrit par trente ans de jouissance obtenus par des démarches frauduleuses et des inductions erronées, tandis que l'on pourrait obtenir contre lui, en vertu de l'art. 1382, des dommages-intérêts pour le punir du dol qu'il aurait commis; qu'ainsi il faut reconnaître que le législateur, quelque favorable qu'il ait été en faveur de la longue possession, n'a pas voulu autoriser le dol et la fraude, lorsqu'ils deviennent actifs et qu'ils se manifestent au dehors de la conscience de celui qui veut arriver à la prescription; mais qu'il a seulement voulu que la jouissance trentenaine ne fût pas viciée par cette mauvaise foi qui consiste à savoir qu'un tiers est propriétaire; que cela admis, la jouissance de la veuve Lamouroux, si les faits qu'on lui impute sont admissibles et prouvés plus tard, n'aura pas été utile pour lui acquérir la prescription à compter du jour où elle aura eu recours à de pareils moyens; — Que l'offre en preuve semble devoir établir que les Navarre n'ont connu que depuis deux ou trois ans les droits qu'ils réclament aujourd'hui; que, parmi les faits articulés, il en est plusieurs qui sont très-concluants; que si la veuve Lamouroux a pu et dû recevoir la lettre adressée aux héritiers d'Anne Pons, et aller chez le notaire pour savoir ce qu'il demandait, elle s'est aperçue, par la lecture du testament, que la lettre n'avait pas été envoyée à elle, puisqu'elle n'était pas héritière, mai pour sa fille épouse Navarre; qu'alors la délicatesse et la loi lui faisaient un devoir de rendre au véritable propriétaire ce qui ne lui avait été donné que par erreur; qu'en payant les sommes réclamées par le notaire, elle faisait l'affaire d'autrui dans un but mauvais et dans l'espoir de prévenir l'envoi de nouvelles missives rendues sans objet; qu'en demandant le silence à ses confidents, elle aurait joint à ses supplications la promesse de rendre justice à ses petits-fils; que par là, les confidents pouvaient se croire autorisés à ne rien dire sans blesser la morale et la loi, parce que rien ne leur démontrait que la veuve Lamouroux n'eût pas intention de faire ce qu'elle promettait; que cependant ses promesses sont devenues illusoires par le testament qu'elle a fait en faveur de femme Vaissié; — Qu'enfin, en promettant à une personne qui connut plus tard le secret de lui donner un bois si elle se taisait, la veuve Lamouroux aurait complété son système de spoliation frauduleuse; — Qu'il se trouve dans la cause des éléments certains qui appuient l'offre en preuve; qu'en effet, le testament de 1779 a été enregistré en 1809; que, depuis cette époque, la veuve Lamouroux a vécu sur les biens, sans aucun trouble de la part des Navarre, qui n'auraient pas manqué de revendiquer leurs droits s'ils les eussent connus. »

Appel par les mariés Vaissié. La preuve ordonnée, disent-ils, est complétement inutile; la veuve Lamouroux, si l'on veut, après avoir possédé de bonne foi pendant vingt-deux ans, aura continué sa jouissance avec mauvaise foi, or que peut la mauvaise foi en matière de prescription trentenaire? La réponse est dans l'art. 2262 c. civ. La maxime *contra non valentem agere non currit præscriptio* n'est utile qu'à celui qui a été dans l'impossibilité d'agir par le fait de son adversaire. La veuve Lamouroux n'a ni supprimé ni détourné le testament de sa mère. La condition des Navarre est demeurée ce qu'elle était dans l'origine; en le faisant enregistrer, elle a contribué à le rendre plus authentique; sa publicité s'est accrue : si elle a payé les honoraires du notaire et les droits d'enregistrement, c'est qu'elle en était tenue du moins pour partie; on ne l'accuse pas d'avoir intercepté la lettre écrite par le notaire; elle lui a été remise spontanément, l'adresse ne convenait qu'à elle, dans l'ignorance du testament, était-elle obligée d'aller chercher les Navarre pour qu'ils la chassassent de la maison de sa mère? Rabinel n'avait pas besoin qu'on lui demandât le secret; il était obligatoire pour lui; car il n'était intervenu qu'en qualité de conseil de la veuve Lamouroux : on insiste sur la promesse qu'elle lui aurait faite d'indemniser un jour les Navarre; avait-il qualité pour exiger ou accepter une telle promesse? Quant à l'offre d'un bois faite à la femme Rabinel, pour l'engager à se taire, elle est d'autant plus insignifiante qu'à cette époque la prescription était accomplie depuis longues années : en définitive, il n'y a eu qu'ignorance de la part des Navarre, l'ignorance n'est pas un obstacle à la prescription (V. Merlin, Rép., v° Prescription, sect. 1, § 7, art. 2, quest. 8; Troplong, n° 714). — Arrêt.

LA COUR; — Attendu que Jeanne Revel, veuve Lamouroux, en sa qualité de fille unique et seule héritière d'Anne Pons, sa mère, s'était emparée de son entière hérédité, dont elle avait joui sans interruption, depuis le décès de sadite mère, arrivé le 5 avr. 1787, jusqu'en l'année 1857, époque de son décès, sans égard au testament du 12 juill. 1779, par lequel ladite Pons avait institué pour son héritière universelle Anne Lamouroux, sa petite-fille, devenue majeure vers l'année 1792, jouissance qui avait duré, à partir de cette époque, l'espace de plus de quarante-cinq années; — Attendu que cette longue possession était plus que suffisante pour acquérir et consolider sur la tête de Jeanne Revel la propriété de l'hérédité de ladite Anne Pons, sa mère, sans qu'il fût besoin de titre ni de bonne foi, ainsi que cela résulte de la disposition textuelle de l'art. 2262 c. civ.; que, dès lors, les enfants Navarre étaient sans droit et, par conséquent, sans action pour revendiquer contre Jeanne Lamou-

contre une commune possesseur de mauvaise foi, en réparation des dégradations commises pendant son indue jouissance dans la forêt qu'elle détenait; que l'action dirigée contre elle ayant pour objet la réparation des dommages soufferts par le propriétaire, et non la réparation d'un délit rural ou forestier, ce n'est pas le cas d'appliquer la prescription d'un mois, établie par l'art. 8, sect. 7, tit. 1, de la loi du 28 sept. 1791, ni celle de trois mois, établie par l'art. 8, tit. 9, de la loi du 29 sept. 1791 (Cass. 6 fév. 1816, aff. com. d'Agnos, V. Commune, nº 2492);—3º Que le tiers acquéreur d'un immeuble dont la vente avait été faite sous une clause précaire, à l'acquéreur primitif, acquiert définitivement la propriété de cet immeuble par la prescription de trente ans, sans qu'on puisse se prévaloir contre lui de l'exception de mauvaise foi (Cass. 8 fév. 1836, MM. Dunoyer, pr., Jourde, rap., aff. Barthelemy).

841. La prescription trentenaire a été jugée applicable : 1º à l'action en supplément de légitime. Elle ne se prescrit que par trente ans, qui commencent à courir, tant à l'égard de la succession paternelle qu'à l'égard de la succession maternelle, de l'époque du décès de l'auteur survivant qui est resté en possession de tous les biens (Cass. 9 oct. 1811) (1); — 2º A l'action en payement de legs. Cette prescription peut être invoquée par le légataire de la nue propriété contre le légataire de l'usufruit du même objet (Paris, 21 avr. 1815) (2); — 3º A l'action en partage d'une succession ouverte depuis la loi du 5 brum. an 2, et à laquelle l'un des héritiers avait renoncé avant son ouverture; cette action ne peut être repoussée par la prescription de dix ans, établie contre les actions en nullité ou rescision des conventions (Cass. 2 juill. 1828, aff. Pigeonné, V. Succession, nº 621-4º, et sur renvoi Toulouse, audience solen., 25 mai 1829, M. de Faydel, pr., aff. Pigeonné C. Dulac); — 4º A l'action dont celui qui détient les biens de la succession, en vertu d'institution universelle, à charge de payer des légitimes déterminées dans l'acte peut être passible de la part des colégitimaires, soit à fin de complément de légitime, soit à fin de partage, s'il y a lieu (Cass. 21 janv. 1834, aff. Gauthier, V. nº 630-4º); — 5º Au droit qui appartient aux cohéritiers de provoquer le partage d'un immeuble qui a été possédé séparément par un des cohéritiers (art. 816 c. nap.). Sous la coutume de Bretagne cette prescription était de quarante ans (Cass. 24 nov. 1825) (3); sous la coutume de Valenciennes la prescription trentenaire suffisait (Bruxelles, 30 nov. 1814) (4). — En effet, « l'héritier qui aurait joui séparément, dit

---

roux, femme Vaissié, héritière instituée par Jeanne Revel, femme Lamoureux, sa mère, l'hérédité d'Anne Pons, leur bisaïeule; d'où résulte que la preuve proposée par les enfants Navarre, ordonnée par le jugement dont est appel, était inadmissible; — Emendant et ayant égard à l'exception de prescription proposée par les mariés Vaissié, les relaxe des fins et conclusions contre eux prises.

Du 27 avr. 1839.-C. d'Agen, 2ᵉ ch.-M. Lafontan, pr.

(1) (Lafaye C. Lafaye.)—LA COUR;—Attendu... que le père de François Lafaye ayant joui jusqu'à sa mort, arrivée en 1779, des biens qui lui étaient propres, et par continuation de communauté, des biens de sa femme prédécédée, ce n'est que depuis cette année 1779 que François Lafaye a pu agir pour obtenir sur les successions paternelle et maternelle le supplément de légitime qu'il prétendait lui être dû, et enfin, qu'à dater de cette époque jusqu'en 1807, année dans laquelle la demande a été formée, il ne s'est écoulé que vingt-huit ans, et, par conséquent, cette demande n'était pas prescrite; — Rejette le pourvoi contre l'arrêt de la cour d'appel de Riom, du 10 juill. 1810.

Du 9 oct. 1811.-C. C., sect. req.-MM. Lasaudade, pr.-Zangiacomi, r.

(2) *Espèce :* — (Varanchon.) — En 1779, testament par lequel le sieur Louis Varanchon légua à Paul Varanchon, son neveu, l'usufruit d'une somme de 120,000 fr., et à Léonce Varanchon, son petit-neveu, la nue propriété de la même somme. — Paul Varanchon, absent lors de l'ouverture de la succession, ne réclama que plus de trente ans après cette époque l'usufruit qui lui avait été légué, et dont son fils, qui avait obtenu la délivrance des 120,000 fr., sous la réserve des sûretés éventuelles, avait joui jusqu'alors. — Sur la demande formée par Varanchon père contre son fils, à fin de justification de l'emploi des 120,000 fr. et d'envoi en possession de l'usufruit de cette somme, Varanchon fils répondit que l'action en délivrance de legs était, ainsi que toute action réelle, prescriptible par trente ans; que, d'ailleurs, aux termes de l'art. 617 c. civ., comme d'après les anciens principes, l'usufruit s'éteint par le non-usage du droit pendant trente années; que, dans l'espèce, ce délai étant expiré longtemps avant la demande, elle n'était plus recevable. — Pour repousser ces moyens, Varanchon père disait qu'à la vérité l'héritier ou le créancier du défunt peuvent invoquer la prescription trentenaire contre une demande en délivrance de legs parce qu'ils ne tiennent leurs droits que de la loi qui crée en leur faveur cette fin de non-recevoir; mais qu'il n'en est pas de même d'un légataire; que celui-ci tient uniquement ses droits de la volonté du testateur, et que cette volonté étant la loi suprême à son égard, il ne peut rien réclamer au delà de ce qu'elle lui a accordé. — Jugement qui accueille ce dernier système. — Appel. — Arrêt.

LA COUR; — Attendu que Varanchon père s'est absenté, et que son absence a duré plus de trente ans; que pendant ce temps il n'a exercé aucune poursuite, et qu'ainsi son action en payement du legs est prescrite; — Met l'appellation et ce dont est appel au néant; émendant, décharge Varanchon fils des condamnations contre lui prononcées; au principal, déclare Varanchon père non recevable dans ses demandes.

Du 21 avr. 1815.-C. d'appel de Paris.

(3) *Espèce :* —(De Langle C. de Virel.)—Le 1ᵉʳ juill. 1758, le sieur de Virel vend au sieur Bassemaison les lieux de Kerral, Kervrance et Kerrouant, dépendant de la succession d'une dame de Kersauson, décédée en 1714.—Le sieur de Langle s'opposa a l'appropriement (formalité remplaçant la transcription) poursuivi par l'acquéreur, et demanda contre de Virel et consorts le partage de tous les biens dépendant de la succession de la dame de Kersauson. Il prétendait que les sieurs Lohan et Coran, représentés par Virel, avaient commencé à jouir des biens indivis entre eux et ses auteurs, en vertu de leur titre seul de cohéritiers, et qu'ils n'avaient pu, d'après l'art. 105 de la coutume de Bretagne, en prescrire la propriété; 2º qu'à supposer qu'il fût intervenu quelque partage qui aurait fixé les droits respectifs des héritiers de la dame de Kersauson, le sieur Virel n'avait pu prescrire la part échue à ses auteurs, à lui, de Langle, parce qu'ils s'en étaient emparés en qualité de créanciers, sans les formalités qui auraient pu leur donner la jouissance *animo domini*.

Le sieur Virel invoquait les art. 105 et 282 de la coutume de Bretagne, d'après lesquels celui qui avait notoirement et paisiblement joui sans titre, par lui, ses prédécesseurs ou ayants cause, par l'espace et le laps de quarante ans, acquérait par prescription la propriété contre *mineurs* ou même contre frères et sœurs pour leur partage. En fait, le sieur Virel prouvait avoir possédé pendant plus de quarante ans les immeubles par lui vendus.

Le 20 avr. 1765, une sentence du siége royal de Lenuven, nonobstant ces conclusions, admet l'opposition à l'appropriement, et ordonne le partage de la succession de la dame de Kersauson. — A la suite d'une longue involution de procédures, la cour de Rennes a rendu un arrêt définitif, le 15 mai 1825, par lequel elle a infirmé la sentence de 1765, qui ordonnait le partage, et attribue au sieur Virel les domaines par lui vendus, en ce qu'il en avait prescrit la propriété par lui et ses auteurs.

Pourvoi pour violation de l'art. 105 de la coutume de Bretagne et fausse application de l'art. 282, en ce que l'arrêt attaqué a décidé que, entre prétendants droit à une chose commune et par indivis, la prescription avait pu être acquise par la longue possession, ce qui était contraire au texte dudit art. 105, par ce motif que l'art. 282 faisait acquérir la propriété par une possession de quarante ans, même entre frères et sœurs pour leur partage, ce qui n'était vrai qu'autant que les frères et sœurs avaient mis fin entre eux à l'indivision par un partage, ce qui donnait à l'un d'eux de prescrire les lots des autres, dont il aurait joui pendant quarante ans. — Arrêt.

LA COUR; — Attendu que les art. 105 et 282 de la coutume de Bretagne se concilient parfaitement; que l'art. 105 consacre le principe du droit commun que tant qu'un objet ou une masse de biens est indivis, la longue possession, *possessio longi temporis*, ne court pas au profit de l'un contre les autres; mais que l'art. 282, conforme aussi au droit commun qui a été converti en loi par l'art. 816 c. civ., déclare qu'un partage est présumé avoir eu lieu, lorsqu'il y a possession suffisante pour acquérir la prescription, et qu'alors cet article exige la possession quarantenaire, *possessio longissimi temporis*, comme supposant qu'un partage a eu lieu entre toutes sortes de cohéritiers, *même entre frères et sœurs;* que dans ce cas le droit de propriété est acquis à celui qui a possédé pendant quarante ans, *non tam jure possessionis quàm vi presompti tituli;*

Attendu qu'en décidant ainsi, la cour royale de Rennes, loin d'avoir violé les art. 105 et 282 de la coutume de Bretagne, en a fait une juste application; qu'elle ne s'est point fondée sur des présomptions simples laissées par l'art. 1353 c. civ. à la conscience des magistrats, ou sur l'aveu prévu par l'art. 1356, lesquels sont sans application à la cause, pour supposer l'existence d'un partage, mais sur une présomption légale attachée par l'art. 1350 de ce même code à certains actes ou certains faits, tels que les cas dans lesquels la loi déclare la propriété résulter de certaines circonstances...; — Rejette.

Du 24 nov. 1825.-C. C., sect. req.-MM. Henrion, pr.-Pardessus, rap.

(4) (Hérit, Dujardin.) — LA COUR; — Considérant que par requête du 21 nov. 1765 de Labit a agi au titre de Marie-Joseph Dujardin, sa femme, et en la qualité de seule héritière de Jacqueline-Thérèse Périlieux, sa mère, en revendication des biens délaissés par Jeanne-Joseph Dujardin, épouse Pariseau, et succédés sur le chef de ladite Périlieux; — Considérant que par suite des offres décrétées et des jugements et

Chabot sur l'art. 816, ne pourrait invoquer la possession de dix ou vingt ans, établie par l'art. 2265; car on suppose qu'il n'a pas joui séparément en vertu d'un titre; ce titre ne pourrait être qu'un acte de partage; mais s'il avait vendu à un tiers la portion de biens dont il jouissait séparément, ce tiers pourrait opposer aux autres héritiers la possession utile de dix ou de vingt ans; ce serait la propriété même des biens qu'il aurait prescrite par ce laps de temps, et non l'action en partage. — Il n'en serait plus de même si l'héritier ne lui avait vendu que ses droits successifs, parce qu'en ce cas l'acquéreur, étant mis à la place de l'héritier, et le représentant en cette qualité, ne pourrait, ainsi que l'héritier lui-même, prescrire l'action en partage que par une possession continuée pendant trente ans. »

842. La prescription de trente ans s'applique : 1° à l'action en nullité intentée par des créanciers contre une donation faite par leur débiteur en fraude de leurs droits. La prescription de dix ans établie par l'art. 1304 c. nap., n'est applicable qu'à l'action en nullité ou rescision des conventions, et est restreinte à l'action exercée par les parties contractantes ou ceux qui les représentent (Paris, 11 juill. 1829, aff. Lemaistre, sous Req. 24 mars 1830, V. Disp. entre-vifs, n° 2275);—2° A l'action en réduction d'une donation : ici ne s'applique pas l'art. 1304 c. nap., qui n'a trait qu'aux obligations (Rouen, 3 juill. 1835) (1). — V. v[is] Disposit. entre-vifs, n° 1286, et Obligation.

843. La prescription de trente ans s'applique encore: 1° à l'action du mandataire salarié, pour réclamer l'indemnité de ses peines et soins (Bordeaux, 15 fév. 1827, aff. Benoît, V. Mandat, n° 67); —2° A l'action qui, réciproquement, compète au mandant contre son mandataire pour réclamer de lui l'exécution du mandat et la reddition du compte de sa gestion (Req. 29 juill. 1828, aff. Second, V. Mandat, n° 262); — 3° A l'action en redressement de compte, formée contre un mandataire, pour omission de valeurs, encore bien qu'à raison d'une poursuite correctionnelle motivée sur cette omission, on voulût assimiler la demande à une action civile, prenant sa source dans un délit, et prescriptible par trois ans comme le délit lui-même (Req. 16 avril 1845, aff. Despréaux, D. P. 45. 1. 266, V. Prescript. crim., n° 100);—4° A l'action dirigée contre un notaire qui a procédé, en vertu d'une procuration, à une vente de meubles, mentionnée au procès-verbal de vente faite au comptant : il est présumé en avoir touché le prix, et il doit, pendant trente ans, ou ses héritiers pour lui, pouvoir justifier de sa libération (Douai, 19 déc. 1835, aff. Dénier, V. Mandat, n° 263-2°); —5° A l'action du saisissant contre le gardien préposé à une saisie mobilière ou contre ses héritiers, à l'effet d'obtenir la représentation des meubles saisis, et c'est à tort qu'on prétend que le code de procédure étant muet sur le délai pendant lequel le gardien est tenu de représenter les objets saisis, on doit à cet égard se référer à l'ordon. de 1667, dont l'art. 22, tit. 19, fixait à un an le plus long délai des obligations du gardien, délai étendu à trois ans par la jurisprudence du parlement de Toulouse (Nîmes, 20 déc. 1820) (2); — 6° A l'action en supplément appartenant au créancier qui a reçu en assignats le montant de sa créance non échue, sans déclarer dans la quittance qu'il avait connaissance de la loi du 25 messidor an 3 qui l'autorisait à le refuser : on objecte en vain que, suivant l'art. 1304 c. nap., toute demande en nullité doit être intentée dans le délai de dix ans (V. Papier-monnaie, n° 29); — 7° A l'action de l'administration de la marine contre des armateurs, en remboursement de ses avances pour frais de traitements dans les hôpitaux, et rapatriement ou retour en France des marins et gens de l'équipage d'un navire arrêté et confisqué comme ayant servi à la traite : ce n'est pas ici le cas d'appliquer la prescription d'un an, relative aux gages ou loyers (Angers, 29 janv. 1830, aff. le Vigilant, V. Droit marit., n° 2264); — 8° A l'action qui appartient aux héritiers d'un époux décédé, pour faire déclarer le conjoint survivant déchu de ses droits dans la communauté. La prescription de trois ans n'est pas applicable, attendu que cette action dérive, non d'un délit, mais d'un quasi-délit, dont la réparation peut être demandée tant que dure l'action civile, c'est-à-dire pendant trente années (Paris, 24 juin 1843, N. *C.* Bontron); — 9° A l'action du propriétaire en partage du trésor par le locataire. Ce n'est pas dans le fait de la dénégation de la part du locataire qui pourrait constituer un délit que le propriétaire puise son droit, mais dans la disposition de la loi civile qui lui accorde la moitié du trésor (Angers, 16 juill. 1851, D. P. 51. 2. 154);—10° A l'action en nullité d'un acte pour cause de dol. Il a été jugé que cette action est soumise non-seulement à la prescription de dix ans établie par l'art. 1304 c. nap., mais aussi à la prescription trentenaire (Paris, 22 juill. 1853, aff. Potier, D. P. 55. 2. 156). — D'après la doctrine de l'arrêt, la prescription de dix ans de l'art. 1304 peut être opposée à la demande en nullité pour cause de dol dans le cas où il est établi que le demandeur a laissé écouler plus de dix années sans agir à partir du moment où il a connu le dol. Mais cette prescription particulière n'empêche pas d'opposer à la demande en nullité pour cause de dol comme à toute autre action la prescription trentenaire qui court alors du jour du contrat. — La question est grave et l'on peut répondre au système de l'arrêt que la loi a voulu que l'action en nullité ne prît naissance qu'à dater de la découverte du dol, parce que jusque-là le demandeur n'avait pu intenter une action dont il ignorait la base. En outre, les termes de l'art. 1304 paraissent aussi restrictifs que possible, et il semble d'autant mieux permis d'y voir une dérogation à la règle posée par l'art. 2262, qu'on lit dans l'art. 2264, que les règles de la prescription sur d'autres objets que ceux mentionnés dans le titre auxquels appartiennent ces deux derniers articles, sont expliquées dans les titres qui leur sont pro-

---

arrêts intervenus sur cette action, ladite Dujardin, épouse de Labit, et et Jacques-Joseph Belin, son fils de premières noces, auteurs des intimés, ont possédé seuls et en leurs propres noms lesdits biens; qu'ainsi ils ont pu prescrire contre leurs cohéritiers : — Considérant que si, aux termes de la coutume de Valenciennes, il fallait que la possession fût accompagnée de la bonne foi, comme on le présume toujours après une possession trentenaire, il faudrait, pour détruire cette présomption qui milite en faveur des auteurs des intimés, que les appelants prouvassent que ces auteurs ont été de mauvaise foi, ce qu'ils n'ont pas fait;—Qu'il importe peu que Marie-Joseph Dujardin ait su qu'elle avait des frères et sœurs, puisque, dans le fait, elle était héritière de sa mère, qualité qui lui donnait la capacité de réclamer la totalité des biens et de les posséder jusqu'à ce que les cohéritiers se présentassent, vu que n'est héritier qui ne veut; que d'ailleurs la possession étant trentenaire, on doit présumer qu'elle a eu une raison suffisante pour appréhender seule les biens et même se qualifier seule héritière; — Considérant que s'il fallait encore que la possession fût paisible, cet avantage existe également dans l'espèce, puis qu'alors même qu'on admettrait que l'action de le Bretton fût un trouble, cette action n'ayant été motivée que le 11 therm. an 6 (29 juill. 1798), les auteurs des intimés avaient à cette époque une possession paisible de plus de trente ans; — Met l'appelation au néant; — Condamne les appelants en l'amende et aux dépens, etc.

Du 30 nov. 1814.-C. sup. de Bruxelles, 5e ch.-MM. Vanderfosse, 1er av. gén., c. conf.-De Reine et Raoux, av.

(1) (Prodhomme *C.* com. du Pont-de-l'Arche.) — LA COUR; — Sur la prescription résultant de l'art. 1304 c. civ.: — Attendu que cet article se trouve sous le titre des Obligations conventionnelles, et qu'il pose seulement en principe que lorsque l'action en nullité ou en rescision d'une convention n'est pas limitée à un moindre temps par une loi postérieure, cette action dure dix ans; — Que c'est dans l'intérêt même des parties contractantes, et pour que leur sort ne fût pas trop longtemps incertain, que cette prescription a été établie; — Mais qu'elle doit être restreinte, dans les limites fixées par la loi, aux actions en nullité ou en rescision des obligations; — Que la demande formée par la dame Prodhomme contre la ville de Pont-de-l'Arche n'est point une demande en nullité ou en rescision d'une convention, mais une action en réduction d'une donation, qui doit être assimilée à une action en pétition d'hérédité, et qui peut être intentée dans les trente ans à partir du jour du décès du donateur;... — Confirme, etc.

Du 3 juill. 1835.-C. de Rouen.-M. Aroux, pr.

(2) (Ladet *C.* hérit. Charier.) — LA COUR; — Attendu que le gardien judiciaire établi pour la conservation des objets saisis est soumis à l'obligation de les représenter toutes les fois qu'il en est requis, d'après l'art. 1962 c. civ.; que cette obligation, de sa part, n'est éteinte que par le laps de temps fixé par l'art. 2262 du même code pour l'extinction de toutes les actions personnelles; que, néanmoins, l'art. 605 c. pr. détermine un délai après lequel le gardien peut demander sa décharge, en se conformant toutefois au mode qui est indiqué par l'art. 606 (V. aussi l'art. 1041), ce que n'a pas fait le sieur Charier, commis à la garde desdits objets; d'où il résulte qu'il n'en a jamais été déchargé, que ses hoirs sont tenus de les représenter au créancier saisissant qui les réclame, et que les premiers juges sont contrevenus aux dispositions des lois citées en décidant le contraire; — Infirme.

Du 20 déc. 1820.-C. d'appel de Nîmes.

pres. Mais, d'un autre côté, on peut dire pour la défense de l'arrêt que la règle de l'art. 2262 est absolue, que ce long espace de trente ans couvre tout, et que puisque la mauvaise foi n'empêche pas la prescription trentenaire, cette prescription peut aussi protéger l'existence d'un contrat que le dol a vicié. Sans doute la prescription de dix ans ne courra qu'à partir de la découverte du dol, mais il ne faut pas que cette découverte ait été trop tardive, et n'ait eu lieu qu'après la prescription de trente ans accomplie.—V. au reste, Obligation.

844. La prescription trentenaire s'applique aussi : 1° à l'obligation dont est tenu l'acquéreur ou l'adjudicataire, de payer le prix de la vente, la prescription de dix ans, établie en sa faveur par l'art. 2265, n'étant relative qu'à la *propriété* de l'immeuble acquis (Grenoble, 19 mars 1829) (1);—2° A l'action que forme un créancier en nullité d'une vente consentie par son débiteur en fraude de ses droits : l'art. 1304 c. nap. n'est applicable qu'aux parties contractantes (Toulouse, 15 janv. 1834) (2);—3° A l'action en revendication, par suite de la vente de la chose d'autrui, mais une vente par licitation de biens indivis entre majeurs et mineurs, faite hors la présence des tuteurs des mineurs, opérées néanmoins au nom de tous les copropriétaires, avec les formalités de publicité prescrites, et approuvées ultérieurement par les tuteurs, ne doit pas être considérée comme une vente de la chose d'autrui : une telle vente présente les caractères d'une vente faite au nom et dans l'intérêt des mineurs, par d'autres que par leurs représentants légaux, et l'action en nullité de cette vente se prescrit, dès lors, par dix ans, conformément à l'art. 1304 c. nap. (Req. 9 juill. 1851, aff. Boilay, D. P. 54. 5. 380).

845. On sait que les droits d'enregistrement et d'autres droits fiscaux sont soumis à des prescriptions de courte durée (V. à cet égard v[is] Enreg., n°s 5436 et s.; Impôt dir., n°s 559 et s.; Impôt ind., n°s 453 et s.; Octroi).—Il a été jugé, toutefois, que l'art. 2262

---

(1) *Espèce* : — (Salamand C. Gharmeil.) — 8 mai 1815, des biens saisis sur Sibut sont adjugés à Me Salamand pour 5,600 fr. — Aucune poursuite n'est dirigée contre l'adjudicataire.—En 1825 seulement, ouverture d'un ordre. — Alors, Me Salamand oppose la prescription de dix ans établie en faveur du tiers détenteur par l'art. 2265, et, subsidiairement, la prescription de cinq ans, quant aux intérêts. — 11 mars 1828, le tribunal de Saint-Marcellin rejette ces deux exceptions. — Appel. — Arrêt.

LA COUR; — Attendu que si l'acquéreur ayant titre et bonne foi, et qui n'est pas personnellement tenu à la dette, prescrit par dix ans de possession la propriété de l'immeuble par lui acquis, cette prescription décennale ne peut s'appliquer à l'obligation contractée par l'acquéreur de payer son prix de vente, laquelle obligation est toujours comprise dans les conditions d'une adjudication, et n'est soumise qu'à la prescription de trente ans; — Attendu que l'adjudicataire, qui est tenu de payer son prix d'adjudication entre les mains des créanciers, et ce avec intérêts, du jour fixé par le cahier des charges, ne peut, dans aucun cas, exciper d'un retard plus ou moins long, à l'effet de parvenir à la distribution du prix, pour retenir les intérêts qu'a produits le prix d'adjudication, en se fondant sur la prescription de cinq ans prononcée par l'art. 2277; car, d'un côté, ces intérêts ne sont nullement payables par année, ou à des termes périodiques, condition nécessaire exigée pour la prescription de cinq ans; et, d'un autre côté, non-seulement il n'existe aucune présomption de payement, qui est le fondement de toute prescription; mais encore il y a preuve et aveu que l'adjudicataire n'a payé ni pu payer des intérêts aux créanciers avant la fin de l'ordre, qui n'est pas encore terminé; — Confirme, etc.

Du 19 mars 1829.-C. de Grenoble, 1re ch.-M. Maurel, pr.

(2) *Espèce* : — (Dubruel C. Marobal.)—Le médecin Dubruel et la demoiselle de la Chataigneraie vivaient dans l'intimité. Celle-ci souscrivit diverses obligations à Dubruel et lui vendit diverses métairies. Après la mort de cette demoiselle, il réclama l'exécution de ces actes; elle fut contestée par les héritiers de la demoiselle de la Chataigneraie. Pendant les longs débats qui eurent lieu entre les parties, les héritiers de la demoiselle de la Chataigneraie vendirent un des biens de la succession à un sieur Marobal. Dubruel attaqua cette vente comme faite en fraude de ses droits. On soutint que l'acte de vente dont il s'agissait, contenant délégation sur le prix d'une somme qui fut en effet payée à Dubruel, il devait être considéré comme ayant exécuté la convention, et qu'il devait être déclaré, dès lors, non recevable. Ce moyen rejeté par la cour d'Agen, du 10 août 1826, fut admis par la cour de cassation du 28 juill. 1829 (V. Obligation), qui cassa l'arrêt d'Agen. Renvoi devant la cour de Toulouse. Devant cette cour, la cause prit un nouvel aspect. On soutient, dans l'intérêt des héritiers de Marobal, acquéreur, que plus de dix ans s'étant écoulés depuis l'acte de vente jusqu'à la demande en nullité formée par Dubruel, il y avait lieu de la repousser par l'application de l'art. 1304 c. nap., et que si l'on voulait arguer contre ce moyen de ce que l'art. 1304 n'était applicable qu'aux parties contractantes, on devait considérer que dans les circonstances de la cause, Dubruel avait été représenté au contrat par ses débiteurs. — Arrêt.

LA COUR; — Sur la fin de non-recevoir qui a servi de base au jugement attaqué : — Attendu que la décision des premiers juges ne saurait être confirmées sous ce rapport par la cour qu'autant qu'il serait reconnu que la disposition de l'art. 1304 c. civ. doit produire ses effets, 1° non-seulement entre les parties qui ont stipulé dans les contrats qu'on veut garantir par le bénéfice du laps de temps déterminé par cet article, mais encore à l'égard des tiers qui sont demeurés étrangers à ces contrats; 2° ou que si l'auteur des appelants n'a pas concouru en son nom personnel à l'acte du 15 mars 1811, il a été du moins légalement représenté; 3° qu'au moment où il a intenté son action en nullité de cet acte, le laps de temps qui l'avait suivi ne permettait plus de se prévaloir, pour le renverser, des vices qui pouvaient l'infecter; — Attendu, sous le premier rapport, que les termes mêmes dans lesquels est conçu l'art. 1304 c. civ., les causes qu'il énumère comme pouvant donner lieu à l'action en rescision ou en nullité, ne permettent pas de douter que les dispositions qu'il renferme, loin d'être une dérogation au principe général en vertu duquel les conventions ne sont utiles ou ne nuisent qu'aux parties qui les ont stipulées (art. 1165), ne font, au contraire, que les confirmer; si cet article, en effet, énumère deux sortes de causes de nullité, les premières prises de la qualité des personnes, les secondes des vices inhérents à la substance de l'acte même, et s'il résulte des dispositions expresses des divers articles de la sect. 7 du tit. 3, chap. 4 du liv. 3 c. civ., que le mineur, l'interdit, la femme mariée ne peuvent se prévaloir de leur qualité que parce qu'ils étaient parties dans l'acte qu'ils attaquent, il n'en est pas moins certain, d'après les art. 1109, 1116, etc. du même code, que le défaut de consentement, la violence ou le dol, ne sont une cause de nullité ou de restitution que dans l'intérêt de celui qui, partie au contrat, n'y a pas donné un consentement libre et éclairé, mais, au contraire, a été subjugué par la violence, ou déçu par les manœuvres frauduleuses dont il a été l'objet; d'où il suit que les dispositions de cet article ne peuvent s'appliquer qu'aux contractants; — Attendu, sous le second rapport, qu'il est sans difficulté que les héritiers Lachataigneraie, vendeurs dans l'acte du 15 mars 1811, n'étaient pas les représentants légaux de feu le sieur Dubruel, soit parce que l'opposition de leurs intérêts, en supposant qu'à cette époque celui-ci pût revendiquer l'exercice de quelques droits positifs, donnait à chacun d'eux une action distincte et séparée, soit parce que, voulût-on le considérer comme créancier, la disposition littérale de l'art. 1167 c. civ. lui accordait une action personnelle, alors qu'il s'agissait d'attaquer un acte fait en fraude de ses droits, action qui, émanant de la puissance directe de la loi, n'avait besoin, pour son exécution, d'aucun fait ou concession du débiteur; d'où suit encore que, dans l'acte du 15 mars 1811, les héritiers Lachataigneraie n'ont pu nullement représenter ledit sieur Dubruel;

Attendu, d'un autre côté, que ce droit consacré par l'ancienne législation, sous le nom d'action *Paulienne*, et conservé dans celle qui nous régit par l'article déjà cité, diffère sur plusieurs points importants de celui dont il s'agit dans l'art. 1304; 1° le droit du créancier, lorsqu'il est justifié, a bien pour résultat, par rapport à lui, de rendre sans effet l'acte dans lequel ses intérêts avaient été lésés; mais il ne porte aucune atteinte aux stipulations qui n'intéressent directement que les contractants, et qui peuvent toujours être invoqués par eux; en un mot, le contrat subsiste, sauf seulement qu'il ne peut être opposé aux créanciers qu'il lésait; l'acte, au contraire, rescindé ou annulé pour cause de violence ou de dol, n'existe plus; il est mis au néant; 2° l'exercice de l'action du créancier n'étant point circonscrit dans un délai spécial, celui-ci n'en est forclos que par l'expiration du temps assigné à la durée des actions par les principes généraux de la législation, tandis que l'action en nullité ou en rescision doit, à peine de déchéance, être exercée dans les délais fixés par l'art. 1304; — Attendu enfin, et sous le troisième rapport, que, fût-il certain que les dispositions de cet article puissent être invoquées contre ceux qui n'ont pas été parties aux contrats qui lèsent leurs droits, la prescription résultant de cet article ne pourrait être invoquée contre les appelants qu'autant qu'il résulterait des actes et des faits de la cause qu'il s'est écoulé plus de dix ans, sans poursuites utiles de leur part, depuis l'ouverture de leurs droits; — Attendu qu'il résulte, soit de l'arrêt du 20 mars 1806, soit de celui du 22 août 1822, que ce n'est qu'à cette dernière époque que le sieur Dubruel a acquis la qualité précise de créancier de la succession de la demoiselle Lachataigneraie, et que, d'un autre côté il est constant, en fait, que c'est dans l'année suivante qu'il a commencé les poursuites contre les intimés ou leurs auteurs; d'où suit qu'en fait et en droit, le tribunal de première instance a fait une fausse application de l'art. 1304 c. civ., et que sa décision, si d'autres moyens venaient à son appui, serait dans le cas d'être réformée, etc.

Du 15 janv. 1834.-C. de Toulouse, aud. sol.-M. Hocquart, 1er pr.

s'applique : 1° à l'action en payement des amendes adjugées pour non-comparution au bureau de paix. Ici ne s'applique pas l'art. 61 de la loi du 22 frim. an 7 (Cass. 11 nov. 1806, aff. Cunand, v° Enreg., n° 5532); — 2° A l'obligation imposée à l'acquéreur, par le procès-verbal d'adjudication, d'acquitter la contribution foncière de l'année (Cass. 5 août 1808) (1).

846. L'art. 2262 s'applique 1° aux dettes d'*aliments*, car la généralité des termes de l'art. 2262 ne permet pas de prétendre, comme le fait Delvincourt, qu'attendu la faveur attachée à cette sorte de créance, elle doit être regardée comme imprescriptible; — 2° Au droit qui appartient aux clients de faire taxer les *mémoires de frais* (V. Frais, n° 962); — 3° A l'action en *restitution d'intérêts* usuraires, exercée par un débiteur contre son créancier; ici ne s'appliquent ni l'art. 638 c. inst. crim. ni l'art. 1304 (Angers, 27 mars 1829, aff. Fortin, V. Usure; Montpellier, 1er mars 1835, aff. Serignol, sous Cass. 16 janv. 1837, V. Usure).

847. On a autrefois agité la question de savoir si les obligations de redevances annuelles qui ne dépendent pas d'un capital déterminé, se prescrivent par le non-payement pendant trente ans. L'affirmative résulte aujourd'hui, soit de la disposition générale de l'art. 2262, soit implicitement de celle de l'art. 2263. On ne doit donc point s'arrêter, ainsi que le font observer Delvincourt, t. 2; Merlin, Rép., v° Prescript., sect. 3, § 2, et Vazeille, n° 366, à la doctrine émise par un arrêt de la cour de Metz du 28 avril 1819 (V. n° 211) qui se fonde, à tort, sur l'art. 2237; car l'obligation de payer la rente viagère aussi longtemps que le créancier existera, n'est évidemment subordonnée à aucune condition suspensive. De ce que les annuités de la rente sont payables à jour fixe, il s'ensuit bien qu'elles ne deviennent prescriptibles que lorsque ce jour est arrivé; mais il n'en résulte nullement que l'être moral appelé rente viagère, et dont les arrérages ne sont que les fruits, échappe à toute prescription. On sent aisément, au surplus, que l'art. 617 c. nap. élève une puissante objection contre l'arrêt dont il s'agit, en décidant que l'usufruit s'éteint par le non-usage pendant trente ans. — Il a été jugé, conformément à cette doctrine : 1° que le capital d'une rente viagère est prescrit, lorsque la rente ayant été constituée par testament, il s'est écoulé trente ans depuis le décès du testateur, sans que le légataire ait demandé ni la délivrance du legs ni le payement de la rente (Toulouse, 23 janv. 1828 (2). — *Contrà*, Metz, 28 avril 1819, aff. Tardif, V. n° 211); — 2° Que les redevances annuelles, établies pour la concession des droits d'usage, par cela même qu'elles ne sont pas féodales, sont prescriptibles par trente ans... Qu'il en est de même des arrérages (Req. 7 août 1833, aff. Béthune-Sully, V. Usage).

848. La prescription trentenaire s'applique également : 1° à une action en payement des arrérages d'un retour de lot : ainsi jugé par application de l'art. 285 de la coutume de Bretagne (Rennes, 2e ch., 19 janv. 1814, aff. N... *C.* Lemoal, etc.); — 2° Au droit de se faire payer des arrérages d'une rente constituée au taux porté dans l'acte constitutif, quand le débiteur les a payés pendant trente ans à un taux moindre (Bruxelles, 23 avril 1818) (3).

---

(1) *Espèce* : — (Les domaines *C.* Allard.) — An 6, Allard se rendit adjudicataire d'un domaine national, et s'obligea de payer la contribution foncière de l'année; mais n'ayant point satisfait à cette obligation, l'administration paya l'impôt, et, le 2 janv. 1807, décerna une contrainte contre Allard pour obtenir la restitution. — Ce dernier forma opposition à la contrainte, et prétendit que le silence de l'administration pendant plus de cinq ans la rendait non recevable. Le tribunal de Bressuire admit la fin de non-recevoir, sur le fondement 1° que toute action en payement de contribution se prescrit par le laps de trois ans; 2° que le gouvernement a fait remise des contributions non soldées pour les exercices antérieurs à l'an 9; 3° qu'en admettant même que la somme demandée dût être considérée comme représentant des fermages, l'action était également prescrite, s'étant écoulé plus de cinq ans depuis qu'elle avait payé. — Pourvoi. — Arrêt.

La cour; — Vu l'art. 2262 c. civ.; et attendu que, par le procès-verbal d'adjudication du 28 niv. an 6, Allard, acquéreur, avait été chargé expressément d'acquitter la contribution foncière de l'année; que cette obligation étant une charge réelle et faisant partie du prix de la vente, n'était prescriptible que par le laps de trente ans; — Attendu que le tribunal de Bressuire, en écartant par une fin de non-recevoir la demande de la régie, a violé l'art. 2262 c. civ., et fait une fausse application de l'arrêté des consuls du 16 therm. an 8, et de l'ord. de 1629 puisqu'il ne s'agissait pas du recouvrement d'impôt demandé par un percepteur, ou d'une demande en payement de fermages, mais de la restitution d'une somme payée en l'acquit d'Allard qui avait contracté l'obligation de l'acquitter; — Casse, etc.

Du 5 (et non 30) août 1808.-C. C., sect. civ.-M. Liger, rap.

(2) (Manaud *C.* Gilède-Pressac.) — La cour; — ... Attendu que la prescription a couru, non-seulement contre les obligations résultant des titres privés souscrits par le sieur Louis-Dominique de Gilède, mais encore contre le legs de la pension viagère renfermé dans son testament : en effet, toutes les actions, tant réelles que personnelles, se prescrivent par trente ans, et la loi n'a fait aucune exception en faveur des rentes viagères : à la vérité, l'on objecte que chaque terme de la rente donnant lieu à une nouvelle action, la prescription que l'on peut opposer pour les termes échus ne peut s'étendre au droit d'exiger pour l'avenir les termes à échoir; mais cette action pour demander les arrérages se lie intimement à une obligation primitive et principale, dont elle n'est que la conséquence; et cette obligation étant évidemment prescriptible, il s'ensuit que son extinction doit entraîner celle de toutes les actions dont elle est la source : vainement l'on invoque la jurisprudence du parlement de Toulouse; il ne paraît pas, en effet, qu'il existe d'arrêt qui ait précisément jugé la question; il est d'ailleurs constant que la plupart des parlements du royaume et les auteurs les plus estimables qui ont traité la matière, avaient vidé, en faveur de la prescriptibilité des rentes viagères, le partage d'opinions existant entre les interprètes du droit romain, divisés à cause de l'opposition apparente de deux textes de lois.

Du 25 janv. 1828.-C. de Toulouse, 1re ch. civ.-M. Hocquart, 1er pr.

(3) *Espèce* : — (Govers *C.* Meyers.) — Le 5 déc. 1770, Meyers a constitué, au profit de la dame Govers, une rente au principal de 1,500 florins de change, à l'intérêt de six un quart pour cent, ou 95 flor. 15 s., et en cas de prompt payement dans les six semaines, à raison de trois et demi, ou 52 flor. 10 s., pendant les douze premières années et jusqu'à dénonciation de la part de la créancière. — A l'expiration des douze premières années, la rente a été payée à raison de 60 flor. argent courant. — En mars 1815, les héritiers de la dame Govers ont assigné les héritiers du débiteur en payement de deux années d'arrérages, au taux de 95 flor. 15 s. de change par an. — Les débiteurs ont répondu que pendant plus de trente ans la rente en question avait été payée à raison de 60 flor. courant par an; en conséquence, ils ont offert de payer sur ce pied les arrérages échus, et pour surplus ils ont opposé la prescription trentenaire. — 26 juin 1815, jugement qui admet les défendeurs à prouver que pendant plus de trente ans ils avaient payé la rente à raison de 60 flor. courants par an. — Appel des créanciers. Ils ont prétendu que les intimés n'avaient pu, par la prescription, acquérir le droit de payer la rente en litige à un taux moindre que celui qui était porté dans l'acte de constitution. — Arrêt.

La cour; — Attendu qu'il résulte du principe énoncé dans la loi 16, § 1, au Digeste, *De verborum obligationibus*, qu'il naît du contrat de constitution de rente, dès le moment de son existence, au profit du crédirentier, un droit unique et perpétuel, et qui n'est subordonné à aucune condition, d'exiger l'intérêt stipulé à chaque échéance convenue, de sorte que le droit qui naît à chaque échéance n'est autre chose qu'une émanation du droit primitif acquis au crédirentier, dès l'instant où le contrat a reçu l'être; d'où il suit que ce droit est assujetti à la prescription de trente ans, d'après les lois 3 et 4 du code, *prescript.* 30 *vel* 40 *annorum*, qui statuent que tous droits et actions sont prescrits par un laps de trente ans, et que, par suite ultérieure, si le crédirentier a reçu pendant trente ans consécutifs l'intérêt de la rente à un taux inférieur à celui stipulé par le titre constitutif de la même rente, qui est le seul *in obligations* (le plus bas intérêt au moyen duquel il a été convenu que le débirentier pourrait se libérer, en effectuant le payement dans un délai fixe, n'étant qu'*in facultate solutionis*), et qu'il l'ait reçu sans intermédiaire pendant ledit espace de trente ans, comme étant la totalité de l'intérêt stipulé et sans aucune réserve ni protestation, le droit d'exiger le surplus est prescrit, non-seulement pour les canons à échoir, mais aussi pour ceux échus depuis moins de trente ans, puisqu'il est de principe que *idem jus in parte quoad partem, quod in toto quoad totum*; et que selon la loi 16, au Digeste, *De fundo dotali*, la prescription a un effet rétroactif au moment où elle a commencé de courir; d'où il est nécessaire de conclure que le droit prescrit étant censé éteint dès le moment où la prescription a pris son cours, il n'a pu depuis lors produire aucun intérêt; que, quant aux canons à échoir, la cause productrice de ces canons étant éteinte par la prescription, le crédirentier n'a plus aucun droit pour les canons futurs;

Attendu qu'il est notoire, en droit, que la maxime qui dicte que les choses de pure faculté ne sont pas prescriptibles, n'est pas applicable à la faculté qui procède d'un contrat, et qu'au surplus, dans l'espèce actuelle, les douze premières années, à dater du 5 déc. 1770, époque où le contrat qui a donné l'être à la rente dont il s'agit a pris naissance, dans lesquelles douze années la faculté de faire la dénonciation stipulée

849. A l'égard d'actions en nullité de jugements ou de procédures, il a été jugé que la prescription de trente ans s'applique : 1° à l'action en nullité d'un jugement qui prononce une séparation de biens : cette action n'est point assujettie à la prescription de dix ans portée par l'art. 1304 c. nap. (Bordeaux, 11 avril 1825, aff. Dublan, sous Cass. 9 juill. 1828, v° Contrat de mar., n° 1828);— 2° A un acte de procédure (et, par exemple, de reprise d'instance (V. n° 850) suivi de trente ans de silence; car les actes de procédure sont sujets, non-seulement à la péremption, mais encore à la prescription de trente ans (Cass. 23 nov. 1831 (1), V. *suprà*, n° 675, et Péremption, n° 146);—3° Au droit d'*appeler* d'un jugement même signifié irrégulièrement, mais exécuté (V. Appel, n°s 1161 et suiv.);—4° Au droit qui résulte pour les parties des jugements ou arrêts contradictoires obtenus par elles, bien qu'ils n'aient pas été signifiés (Besançon, 15 mars 1828, aff. Lafoy, V. Péremption, n° 102-1°); — 5° Au droit de former tierce opposition (Poitiers, 2 mars 1832) (2).

850. De même, ainsi que cela a été jugé sur notre plaidoirie, la demande en reprise d'instance devant la cour de cassation est irrecevable, en tant que prescrite, s'il y a eu discontinuation de poursuites pendant trente ans (Cass. 16 janv. 1837) (3).

851. Il faut bien remarquer que la prescription trentenaire n'est pas fondée sur une présomption de payement qu'on puisse détruire par la preuve contraire, et, par suite, de la défense du prétendu débiteur fondée sur ce que «l'obligation, qui d'ailleurs n'était pas sérieuse, est éteinte par une prescription de trente ans, on ne saurait induire un aveu de n'avoir point payé la dette, lequel serait exclusif de la prescription (Paris, 30 déc. 1830) (4).

852. Il ne suffit pas que le demandeur prouve qu'il a eu la possession à titre de propriétaire d'un immeuble, dont un autre est en possession au même titre, depuis plusieurs années; il doit prouver aussi, pour être fondé dans sa revendication de l'immeuble, qu'il a possédé à ce titre, par lui ou les siens, pendant plus de trente ans (Poitiers, 31 mars 1831) (5).

---

par contrat ne pouvait pas être exercée par le crédirentier, étant expirées avant le temps auquel on prétend faire remonter l'origine de la prescription, il n'y a pas lieu d'invoquer le principe *non valenti agere non currit præscriptio*, lequel n'exerce son empire que lorsque c'est par un empêchement de droit qu'on n'a pas pu agir; — Attendu que le principe *melius est non habere titulum quàm habere vitiosum*, ne peut être appliqué qu'à la prescription positive ou l'usucapion, et nullement à la prescription négative, dont le fondement est la négligence du créancier qui n'a pas porté son action en justice pendant l'espace de temps dans lequel la loi a circonscrit l'existence de cette action par les grandes considérations de l'utilité publique, du repos des familles et du bien-être de la société; — Attendu que la dénonciation faite par les appelants aux intimés est postérieure à l'époque où lesdits intimés allèguent que la prescription leur a été acquise; — Attendu qu'il est manifeste que la question de savoir si la prescription que les intimés appellent à leur secours doit ou non leur être adjugée, est préjudicielle à celle qui se réduit à examiner si les appelants ont ou non le droit de les contraindre au remboursement du capital de la rente dont il s'agit, d'autant qu'il est constant en fait qu'ils ont toujours été prêts, depuis l'époque où ils soutiennent que la prescription a été accomplie, à acquitter l'intérêt annuel de ladite rente, au taux auquel ils prétendent qu'il a été réduit par la prescription, et qu'ils ont même fait des offres réelles à cet égard; de sorte que ce n'est que lorsqu'il y sera statué qu'il apparaîtra, *ex post facto*, si les intimés doivent ou non être considérés comme ayant cessé de remplir leurs obligations pendant deux années; — Met l'appel au néant, condamne les appelants aux dépens de l'instance d'appel et à l'amende.

Du 25 avril 1818.-C. sup. de Bruxelles.

(1) (Marconnay *C.* de la Villedieu.) — LA COUR (ap. délib. en ch. du cons.); — Sur le premier moyen : — Attendu qu'il est établi, dans l'arrêt attaqué, qu'en remontant à l'origine de la possession des auteurs des défendeurs, on trouve qu'ils se présentèrent seuls pour recueillir (comme héritiers ou comme créanciers) les biens de la demoiselle de Miseré, en sorte que l'action en partage, qui fut dans la suite dirigée contre eux, était aussi, et principalement, une demande en délaissement d'une portion de la succession; d'où il résulte : 1° que les défendeurs ne jouissaient pas de cette succession anticipée comme cohéritiers ou communistes avec les demandeurs, en vertu d'un titre qui leur était commun; 2° qu'ils ont pu prescrire, par trente ans de possession individuelle, non-seulement l'action en délaissement, mais encore l'action en partage, suivant le principe consacré par l'art. 816 c. civ.; — Attendu qu'en jugeant que les droits résultant des arrêts qui avaient interrompu la prescription étaient aussi prescrits, la cour de Poitiers n'a porté aucune atteinte à la chose jugée par ces arrêts. — Sur les deuxième, troisième et quatrième moyens : — Attendu qu'indépendamment de la péremption, qui est une espèce de prescription particulière aux instances, les actes de procédure restent soumis à la loi générale de la prescription trentenaire, qui fait cesser tous les droits, toutes les actions et tout l'effet des actes d'interruption qui remontent à plus de trente ans; d'où il résulte qu'alors même que la péremption n'a pas été déclarée, cette prescription peut être opposée à une assignation en reprise d'instance, s'il s'est écoulé plus de trente ans depuis le dernier acte de la procédure; que, dans l'espèce, les défendeurs avaient excipé de la prescription trentenaire; qu'en appréciant cette exception, la cour royale (qui n'était pas liée par les motifs de son arrêt interlocutoire du 28 mars 1828) n'a pas eu à s'occuper des effets de l'indivisibilité de l'instance relativement à la péremption, et qu'en déclarant que l'instance, pour l'exécution de l'arrêt de 1785, ne pouvait être reprise que par ceux des demandeurs à l'égard desquels la prescription n'avait pas été accomplie, cette cour a fait une juste application de l'art. 2249 c. civ.; — Sur le cinquième moyen : — Attendu qu'en supposant que la loi du 28 août 1792, relative aux cens, rentes et aux autres redevances annuelles, eût pu être applicable, il résulte des qualités non contestées de l'arrêt, que ce moyen, qui avait été proposé avant l'arrêt interlocutoire du 28 mars, ne fut plus reproduit dans la discussion, en sorte que la cour royale n'a eu ni à l'examiner, ni à motiver une décision sur une exception non reproduite devant elle; — Rejette.

Du 23 nov. 1831.-C. C., ch. civ.-MM. Portalis, 1er pr.-Delpit, rap.-Nicod, av. gén., c. conf.-Rochelle et Béguin, av.

(2) (Chereau *C.* Leclerc.) — LA COUR; — Attendu qu'en n'indiquant pas le délai de rigueur dans lequel doit être invoquée la tierce opposition, la loi s'en est naturellement référée à la règle générale qui veut que toute action qui n'est pas limitée à un moindre temps dure trente ans; que, d'après ces divers motifs, la tierce opposition formée par la veuve Chereau est recevable; — Reçoit la veuve Chereau tierce opposante.

Du 2 mars 1832.-C. de Poitiers, 2e ch.

(3) (Section de Lenglet *C.* commune de Lambres.) — LA COUR (apr. dél. en ch. du cons.); — Attendu qu'aux termes de l'art. 2262 c. civ., toutes actions, tant réelles que personnelles, sont prescrites par trente ans; que cette disposition, conçue en termes absolus, n'admet aucune exception; que, si la péremption d'instance ne court qu'autant qu'une loi particulière l'a prononcée, c'est que la péremption est une prescription spéciale qu'on doit renfermer dans un cercle étroit, tandis que la prescription trentenaire est de droit commun et s'applique, par conséquent, à toutes les actions, à moins d'une disposition formelle contraire; —Attendu que, si aucune loi n'admet la péremption d'instance pour les procédures en cassation, aucune loi aussi ne les exempte de la prescription trentenaire; qu'ainsi, en thèse générale, cette prescription court en cassation et éteint l'action par son accomplissement; — Attendu que le sursis prononcé par l'art. 1 de la loi du 21 prair. an 4, relativement aux actions en partage des biens communaux, avait été levé par la loi abrogative du 9 vent. an 12; qu'ainsi, dans l'espèce, à compter de cette date, l'arrêt de sursis du 14 niv. an 6, n'avait plus été un obstacle à sa poursuite, et que, cependant, la demande en reprise d'instance n'a été formée que le 16 déc. 1834, plus de trente ans après; qu'on ne peut opposer utilement la maxime *contrà non valentem agere præscriptio non currit*, puisque rien n'empêchait d'interrompre la prescription par des actes quelconques, comme l'aurait fait la requête en reprise d'instance signifiée à la partie, si elle avait eu lieu avant les trente ans accomplis; — Déclare la demande en reprise d'instance non recevable, et par suite la demande en cassation.

Du 16 janv. 1837.-C. C., ch. civ.-MM. Dunoyer, pr.-Chardel, rap.-Laplagne, av. gén., c. conf.-Garnier et Dalloz, av.

(4) *Espèce :* — (Noël *C.* Bonfils.) — Assigné, en 1829, en payement d'une obligation souscrite en 1787, Noël soutient que cette obligation, qui n'a jamais été sérieuse, est, au surplus, éteinte par la prescription de trente ans. Le sieur Bonfils, créancier, induit de ce système de défense que Noël, reconnaissant lui-même n'avoir jamais payé la dette, ne peut invoquer la prescription, laquelle est toujours fondée sur la présomption de payement. —Jugement qui accueille ce moyen.—Appel.— Noël soutient que la prescription de trente ans n'est pas, comme les prescriptions *brevis temporis*, exclusivement fondée sur la présomption du payement, mais aussi sur la nécessité de mettre un terme aux procès, et de punir la négligence du créancier qui laisse écouler trente ans sans exercer ses droits. La prescription trentenaire établit donc, au profit de celui qui l'a acquise, une présomption exclusive de toute preuve contraire.—Arrêt.

LA COUR; — Considérant que la prescription trentenaire est acquise, et qu'il n'y a pas eu de reconnaissance de la créance; — Infirme, au principal, déclare Bonfils non recevable en sa demande.

Du 30 déc. 1830.-C. de Paris, 3e ch.-M. Lepoitevin, pr.

(5) (Préfet de la Vienne *C.* Vadier.) — Le 30 mars 1829 jugement du tribunal de Poitiers en ces termes : — « Considérant que si, à défaut de titre écrit, la prescription est un moyen légal d'acquérir la propriété, l'administration ne pourrait justifier sa demande par un semblable moyen,

853. Lorsque des possesseurs de terres depuis plus de trente ans, prétendent qu'ils les détiennent à titre de propriétaires, il ne suffirait pas de déclarer que ces terres appartenaient anciennement à un seigneur qui était dans l'usage de les céder à *titre précaire*, et d'en consentir une espèce d'emphytéose moyennant payement de redevance; il ne suffirait pas même de déclarer que celui-ci a dû en disposer au même titre, et que le titre des possesseurs actuels *a dû être précaire*, ou qu'enfin ils ne prouvent pas d'interversion de ce titre, pour que ces possesseurs aient pu être condamnés à délaisser ces terres au seigneur ou à ses héritiers... Et, par suite, l'arrêt qui, sur ces simples présomptions, et sans constater qu'à une époque quelconque, ils aient possédé à titre précaire ou payé les redevances, ou sans leur reconnaître la qualité d'emphytéotes déniée par eux, les condamne au délaissement, doit être annulé pour violation de l'art. 2219 (Cass. 26 juin 1833) (1).

854. L'héritier bénéficiaire qui a abandonné aux créanciers les biens de la succession, avec pouvoir de *s'en approprier*, n'est pas recevable, après plus de trente ans, à prétendre que ces créanciers n'ont possédé qu'à titre précaire les biens dont il s'agit, et ne peut demander à compter avec eux (Cass. 14 mars 1809) (2).

855. L'action en nullité ou en réduction d'une obligation pour cause d'usure n'est pas soumise à la prescription trentenaire, mais à la prescription de dix ans (Toulouse, 18 nov. 1836) (3). — Que décider à l'égard de l'action en nullité ou rescision des actes consentis par le tuteur hors des termes de ses

---

qu'en la basant sur les faits d'une possession continue et non interrompue, paisible, publique, non équivoque, et à titre de propriétaire, qui remonterait à trente ans au delà de l'époque à laquelle elle reconnaît qu'a commencé la possession de Vadier; — Considérant que l'administration se borne à soutenir, en fait, et à offrir de prouver que les terrains dont il s'agit au procès faisaient partie des dépendances du moulin de Latouche, qui lui-même dépendait du prieuré de Lusignan, et qu'ils ont été constamment exploités jusqu'en 1792 ou plutôt jusqu'à l'époque de la vente nationale dudit moulin par les fermiers de ce même moulin et ceux du temporel dudit prieuré; — Considérant que, lors même qu'un fait articulé de cette manière serait prouvé, il n'en résulterait pas que les anciens propriétaires du prieuré de Lusignan auraient eu la possession plus que trentenaire des terrains en litige avant la possession de Vadier; d'où il suit que ce fait, même prouvé, serait insuffisant pour assurer la prescription trentenaire à la partie qui l'invoque, et qu'il n'y a pas lieu à admettre cette partie à en faire la preuve; etc.—Appel. — Arrêt.

LA COUR; — Adoptant les motifs des premiers juges; — Confirme.

Du 31 mars 1851.-C. de Poitiers.

(1) (Girault C. dame Navailles.)—LA COUR (apr. dél. en ch. du cons.); —Vu l'art. 2219 c. civ.;—Attendu que l'arrêt attaqué décide, à la vérité, 1° par appréciation du titre de 1496, et de plusieurs autres actes et circonstances du procès, que les auteurs de la dame de Navailles étaient, dès cette époque de 1496, propriétaires des terrains litigieux; 2° que, d'après l'usage de cette partie de la Provence (territoire de Grasse), les propriétaires étaient dans l'habitude de consentir, au profit des habitants du terroir, sous la prestation d'une redevance désignée par le nom de *tasque*, des espèces d'emphytéoses verbales et temporaires, qui constituaient les tenanciers, colons partiaires, sous la dénomination de *tasquiers* ou *brassiers*; — Mais que, d'un côté, cet arrêt n'établit pas que Giraud, Jouan et Court aient individuellement, par eux ou par leurs auteurs, à une époque quelconque, possédé à titre de *tasquiers* ou *brassiers*, les terrains en valeur qu'ils détiennent aujourd'hui, ni qu'ils aient payé la tasque, à l'exception du terrain situé au quartier du *Mal Ribas*, que Court a déclaré ne posséder que comme brassier; que, d'un autre côté, il résulte de cet arrêt même que la défense desdits Giraud, Court et Jouan a consisté à nier cette qualité de *tasquiers* ou *brassiers*, et à soutenir qu'ils jouissaient et avaient constamment joui à titre de propriétaires; qu'ainsi ils n'ont eu nul besoin de prouver une interversion dans le caractère de leur possession, puisqu'on ne prouvait pas contre eux que cette possession fût précaire dans son origine, mais qu'il avait été seulement jugé qu'elle avait dû l'être; que, dans ces circonstances, Giraud, Jouan et Court argumentant d'une possession continuée pendant le temps nécessaire pour acquérir la propriété par la prescription, et la dame de Navailles ne justifiant d'aucun titre ou fait contraire, l'arrêt attaqué, en refusant de les admettre à la preuve de la possession par eux alléguée, a violé l'art. 2219 précité c. civ.;—Par ces motifs, casse, etc.

Du 26 juin 1833.-C. C., ch. civ.-MM. Portalis, 1er pr.-Ruperou, rap.-Gartempe fils, av. gén., c. conf.-Roger et Cotelle, av.

(2) *Espèce* : —(Trobriant C. Bernard.) — 1682, Françoise Coroller, créancière des époux Coroller Koaltès, fit, avec Charles Coroller, héritier bénéficiaire de ses débiteurs, un traité par lequel les biens de leurs successions lui furent abandonnés, avec faculté de s'en approprier. — Mais d'autres créanciers, notamment Marie Bernard, contestèrent la créance de Françoise Coroller, demandèrent qu'elle fût tenue de rendre compte, et que les biens fussent administrés dans l'intérêt de tous les créanciers. — 1689, arrêt qui ordonna en effet que Françoise Coroller rendrait compte, et que tous débiteurs et fermiers videraient leurs mains en celles de Marie Bernard.—1691, transaction par laquelle Marie Bernard et Françoise Coroller, se qualifiant l'une et l'autre premières créancières, partagèrent entre elles les biens des deux successions, dont elles jouirent sans trouble jusqu'en 1774.

A cette époque, le sieur Trobriant, représentant l'héritier bénéficiaire, assigna les héritiers Bernard en reddition de compte des revenus des successions depuis 1686, prétendant que la jouissance des détenteurs avait été précaire; qu'elle était d'ailleurs infectée de fraude. Les défendeurs ont excipé du traité de 1682, et, en tant que de besoin, invoqué la prescription. — 15 juill. 1807, arrêt de la cour de Rennes qui, sans s'arrêter à ces moyens, condamne les héritiers Bernard à rendre le compte demandé.

Pourvoi pour violation des art. 275 et 282 de la coutume de Bretagne sur la prescription; des ordonnances de 1510 et 1535, qui fixent à dix ans la durée de l'action en rescision des contrats pour cause de fraude et de l'ordonnance de 1560 sur la force des transactions.

Trobriant persistait à soutenir que Marie Bernard n'avait eu qu'un titre précaire, et, dès lors, n'avait pu prescrire. — Arrêt.

LA COUR; — Vu les dispositions des ordonnances de 1510, 1535 et 1560, concernant les transactions et le délai qu'elles ont déterminé pour l'action en rescision des contrats; — Vu aussi les art. 275 et 282 de la coutume de Bretagne; — Et attendu que l'arrêt rendu par la cour d'appel de Rennes, en admettant l'action en rescision contre les transactions de 1682 et 1691 dont il s'agit, après un intervalle de près d'un siècle, et, par conséquent, hors de tous les délais prescrits par les lois précitées, a ouvertement contrevenu à ces mêmes lois; — Attendu que les exceptions proposées par le défendeur contre les moyens de cassation des demandeurs, ne reçoivent aucune application à la cause, parce que le défendeur représente l'héritier bénéficiaire, parce que c'est en cette qualité uniquement qu'il a intenté son action, et que si bien Marie Bernard ou ses représentants n'ont pu avoir, vis-à-vis les créanciers des successions bénéficiaires dont il s'agit, qu'un titre précaire, il n'en est pas de même à l'égard de l'héritier bénéficiaire qui avait cédé et abandonné tous ses droits dans ces mêmes successions; qu'à l'égard de cet héritier bénéficiaire et de celui qui le représente, Marie Bernard et ses représentants ont été revêtus de la propriété des droits abandonnés par les transactions de 1682 et 1691, et qu'ils ont possédé *pro suo*; que, par conséquent, leur possession a eu l'effet d'opérer la prescription prononcée par les lois invoquées à l'appui du pourvoi; — Casse.

Du 14 mars 1809.-C. C., sect. civ.-MM. Genevois, rap.-Giraud, subst., c. conf.

(3) (Julian C. Lacombe.) — LA COUR; — Attendu que la demande du sieur Lacombe envers le sieur Julian, en payement de la somme de 11,450 fr., est fondée sur un acte authentique en date du 10 juin 1819, où celui-ci s'est reconnu débiteur pour prêt de cette entière somme; — Attendu que le sieur Julian oppose que cet acte n'est un titre obligatoire que pour la somme capitale de 4,000 fr., avec les intérêts à concurrence qu'il reconnaît légitimes, le surplus n'étant, selon lui, que des intérêts usuraires, et, par conséquent, une créance dont il doit être affranchi; — Attendu que cette défense étant contraire à la teneur de l'acte du 10 juin 1819, il en résulte que le sieur Julian ne peut faire admettre son opposition au commandement de payer l'entière somme, qu'en faisant annuler, pour la plus grande partie de sa dette, un acte authentique; — Attendu qu'une exception de ce genre aurait dû être proposée avant l'expiration des dix ans à dater de cet acte, suivant les dispositions de l'art. 1304 c. civ.; et, comme cet article ne fait point de distinction entre les divers moyens de nullité ou de rescision, on doit en conclure qu'il comprend également le moyen pris de la fraude et du dol; — Attendu qu'inutilement le sieur Julian soutient qu'en n'attaquant l'acte du 10 juin que par voie de réduction et non de nullité ou de rescision, on ne peut invoquer contre lui l'article précité; mais, sous quelque dénomination qu'il veuille présenter son exception, celui-ci n'a évidemment pour objet que de se dégager d'une convention solennellement arrêtée par cet acte; qu'il doit alors le faire annuler ou rescinder préalablement, parce que, tant qu'il subsistera, il doit faire rejeter la demande du sieur Julian, contraire à la teneur du traité; — Attendu que, si la loi du 3 sept. 1807 autorise la réduction des intérêts reconnus usuraires, elle ne change pas pour cela la nature de l'action exercée contre ces intérêts, et, par conséquent, lorsqu'elle est dirigée contre le texte d'un acte public qu'on veut faire proscrire, elle est sujette à la prescription introduite par l'art. 1304 c. civ.;

Attendu que le sieur Julian oppose encore contre cette prescription la maxime : *Quæ temporalia sunt ad agendum, sunt perpetua ad excipiendum*; d'où il infère qu'en n'attaquant l'acte du 10 juin que par voie d'exception, aucun délai n'a pu courir utilement contre lui. — Cette

pouvoirs ou de l'action en nullité d'un pacte sur succession future? se prescrivent-elles par trente ou par dix ans?—V. Obligat.

ART. 3.—*De la maxime* quæ temporalia sunt ad agendum, sunt ad excipiendum perpetua.

856. On a vu que l'art. 2262 prononce l'extinction de toutes les actions non exercées pendant trente ans, mais il ne parle pas des exceptions. En effet, celui qui possède un bien, une créance, n'a pas besoin d'exercer une action pour posséder ce bien, cette créance. Il ne lui serait même pas possible de l'intenter, car on ne peut pas lui imposer la nécessité d'aller chercher un adversaire pour débattre contradictoirement son droit avec lui. De là, la maxime si connue *quæ temporalia sunt ad agendum, sunt perpetua ad excipiendum.* Furgole et Dunod donnaient sous l'ancien droit un exemple qui fait parfaitement saisir le sens et la portée de la règle. Un testament est nul, l'héritier, s'il n'est point en possession des biens, n'a que trente ans pour demander la nullité du testament; mais, si malgré le testament, il possède tous les biens de l'hérédité, il pourra à toute époque repousser le légataire, en lui opposant la nullité du testament. En effet, il ne pouvait pas agir avant que l'attaque fût dirigée contre lui : ou son action aurait été frapper dans le vide ou il aurait été imprudemment et contre ses intérêts chercher un adversaire (Furgole, des Testaments, ch. 8, sect. 3, nº 116, et Dunod, p. 79). Les auteurs les plus accrédités pensent que cette maxime est toujours en vigueur (Conf. Toullier, t. 7, nº 602; Merlin, Répert., vº Prescription, sect. 2, § 5; Troplong, nº 827; *Contra*, Duranton, t. 12, p. 549, et Marcadé, art. 1304, nº 3, 2262, nº 2, V. Obligation). Mais on sent avec qu'elle circonspection cette règle doit être appliquée. Elle ne s'applique qu'à celui qui possède et qui n'a pas besoin tant qu'il possède de trouver un titre pour appuyer sa possession. Ainsi, celui qui forme une demande afin de se faire restituer une hérédité, ne peut, lorsque trente ans se sont passés, critiquer un titre qui lui est opposé par le possesseur. Il ne peut exciper de notre maxime (Req. 5 avril 1837 (1); Pau, 4 fév. 1830, aff. Dominge-Garonne, V. Success., nº 622-3º).

857. Mais il a été jugé : 1º que le cohéritier, défendeur au partage d'une succession, est fondé à opposer à son cohéritier les exceptions résultant à son profit des droits de l'auteur commun, et, par exemple, à repousser la prescription invoquée par le cohéritier à l'égard des biens échus à ce dernier conjointement avec l'auteur commun qui n'en avait pas provoqué le partage. Ici s'applique notre maxime (Req. 16 nov. 1814) (2); — 2º Que le possesseur de biens, poursuivi en partage, peut s'appuyer sur le titre qui légitime sa possession, et repousser la prescription opposée contre ce titre, en vertu de la maxime *quæ temporalia*, etc. (Req. 12 août 1839 (3); conf. Bastia, 22 mai 1854, aff. Orlandi, D. P. 55. 2. 10).

858. La partie qui, sur le commandement d'exécuter une obligation par elle consentie, demande la nullité de cette obligation comme simulée, doit être considérée comme défenderesse. Si on lui opposait qu'elle n'est plus dans les délais de l'art. 1304 c. nap. pour faire prononcer la nullité, ce serait le cas d'appliquer la règle *quæ sunt temporalia* (Req. 24 janv. 1853, aff. Solirène, V. Obligation [preuve]).

859. La nullité d'un titre peut être demandée dix ans même après la convention, alors qu'elle ne l'est que par exception et incidemment à un règlement de compte, lequel n'est soumis qu'à la prescription trentenaire : « Attendu que, dans l'espèce, la nullité a été opposée par voie d'exception et incidemment à un règlement de compte qui n'était soumis qu'à la prescription trentenaire, et qui d'ailleurs avait été réservé dans l'arrangement du 15 mars 1824, d'où il résulte que l'arrêt attaqué a pu sans violer l'art. 1304 ordonner la réduction des intérêts en proportion du capital prêté, quoique cette réduction n'eût pas été réclamée dans les dix ans à partir de la convention primitive; rejette » (Rej. 31 déc. 1833, MM. Portalis, pr., Delpit, rap.). — Jugé aussi que la maxime *Quæ temporalia sunt ad agendum sunt perpetua ad excipiendum*, peut être invoquée par celui qui, pour repousser une action formée contre lui, demande la nullité d'un titre qu'on lui oppose et qui est relatif à des biens dont il a la possession; et, spécialement, que l'acquéreur d'un immeuble dotal est recevable à demander la nullité pour défaut de publicité ou d'exécution, du jugement de séparation de biens qui lui est opposé par la femme ou ses héritiers à l'appui d'une action en payement du prix de la vente dudit immeuble dont il est en possession, ou en révocation de cette vente, bien que le jugement dont il s'agit ait été rendu depuis plus de trente ans (Caen, 16 janv. 1846, aff. Henri, D. P. 54. 5. 582).

860. Remarquez que, suivant un arrêt, la maxime *quæ temporalia*, etc., ne peut être opposée par ceux qui sont assujettis par la loi à agir dans un délai déterminé, tant en demandant qu'en défendant (Agen, 7 juill. 1836) (4).

---

maxime avait son principe dans la loi 5, § 6, ff., *De doli mali et metûs Except.*; le motif de cette décision est que le demandeur peut user à volonté de son droit, tandis que pour le défendeur, au contraire, il n'est pas en son pouvoir de déterminer le temps où il sera attaqué; toutefois, c'était dans le cas où il s'agissait du possesseur d'un immeuble qui, en ayant joui paisiblement et sans trouble, n'ayant alors aucun intérêt à faire contester son droit, pouvant même ignorer qu'on pût le contester, pouvait proposer en tout temps ses moyens de défense, par voie d'exception, suivant Furgole, des Testaments, chap. 8, sect. 5, nº 116, et Dunod, des Prescriptions, p. 79;—Mais il n'en était pas de même pour l'exception *non numeratæ pecuniæ* (Catellan, liv. 5, chap. 57). Celle-ci devait toujours être proposée avant l'expiration des dix années; que le sieur Julian ne pouvait ignorer qu'il s'était obligé personnellement envers le sieur Lacombe; qu'il avait le droit d'attaquer, quand il le jugerait dans ses intérêts, cette obligation; qu'alors son silence n'a pu arrêter la prescription de dix ans;—Attendu que le sieur Julian, étant ainsi mal fondé dans toutes ses prétentions, doit être démis de son appel;—Par ces motifs, etc.

Du 18 nov. 1836.-C. de Toulouse, 2ᵉ ch.-M. Bernard, pr.

(1) (Dausonne C. Rue.) — LA COUR; — Attendu que plus de trente ans s'étaient écoulés, au moment de la demande, depuis celui où le demandeur aurait eu le droit de réclamer la succession des enfants Eustache; qu'il résulte de l'arrêt attaqué (de la cour de Toulouse) que jamais aucune action, relative à cette succession, n'avait été formée avant 1831, et que celles qui avaient été intentées antérieurement n'avaient rapport qu'à la succession de Marie Valette;—Attendu que la reconnaissance de ce point de fait appartenait exclusivement à la cour royale; — Attendu que la maxime : *Quæ temporalia sunt ad agendum, sunt perpetua ad excipiendum*, n'était pas applicable dans la cause, puisqu'elle ne peut être invoquée que par celui qui, étant en possession, n'a pas besoin de recourir à d'autres titres, tant qu'il n'est pas attaqué, mais non par celui qui, ayant laissé posséder, demande l'annulation du titre qu'on lui oppose et qu'il a laissé confirmer par la possession; — Rejette.

Du 5 avr. 1837.-C. C., ch. req.-MM. Borel, pr.-Bayeux, rap.-Nicod, av. gén., c. conf.-Augier, av.

(2) (Lavareille C. hér. de Guillaume.) — LA COUR; — Attendu que le demandeur en cassation ou ses auteurs ont été aussi demandeurs originaires en partage de la succession de Jean Guillaume, leur ascendant, que dans cette position, Louis de Guillaume, contre lequel cette demande était dirigée, a pu opposer toutes les exceptions qui pouvaient résulter à son profit des droits de Jean de Guillaume, son père, dans l'hérédité *ab intestat* de Jean-Joseph Teissier, son petit-fils, décédé en 1744 sans postérité, que ces droits étant ouverts avant le décès dudit Jean de Guillaume, auteur commun, l'exception qui leur était relative naissait de ladite demande originaire en partage de la succession dudit auteur commun, et qu'ainsi la cour royale de Limoges a pu et dû juger que cette exception ne pouvait être repoussée par la prescription suivant la maxime du droit : *Quæ temporalia sunt ad agendum, sunt perpetua ad excipiendum*; qu'en admettant, dans l'espèce, les effets de cette maxime, loin d'avoir violé la L. 5, c. *De præscriptione 30 vel 40 annorum*, l'arrêt attaqué a sainement appliqué les principes du droit commun; — Rejette.

Du 16 nov. 1814.-C. C., sect. req.-MM. Lasaudade, pr.-Borel, rap.

(3) (Cenac C. Cenac-Meujotte.) — LA COUR; — Attendu que la production du testament de l'auteur commun avait pour but, non de faire reconnaître un droit nouveau, mais de justifier une possession préexistante; — Que, dans cette position, la cour royale de Pau a justement appliqué la maxime : *Quæ temporalia ad agendum, perpetua sunt ad excipiendum*; — Rejette.

Du 12 août 1839.-C. C., ch. req.-MM. Zangiacomi, pr.-Valigny, rap.

(4) (Perron C. d'Arcamon.) — LA COUR; — ...Attendu que la dame d'Arcamon, n'ayant proposé l'exception du sénatus-consulte Velléien, contre son cautionnement du 9 fruct. an 10, que dans le cours de l'année 1833, n'y était plus recevable, sans qu'elle puisse s'aider de la maxime : *Quæ sunt temporalia ad agendum, sunt perpetua ad excipiendum*, qui ne peut jamais être efficacement invoquée par ceux qui, comme la dame

861. La maxime ne s'applique pas à l'exception *non numeratæ pecuniæ* et elle doit, par suite, être proposée par le débiteur avant l'expiration du délai décennal établi par l'art. 1304 c. nap. (Toulouse, 18 nov. 1836, aff. Jullian, V. n° 855).

862. La prescription de l'action en rescision pour cause de lésion ne court point contre le vendeur, tant qu'il reste lui-même en possession de l'immeuble (Merlin, Rép., v° Prescription, sect. 2, § 25). — Ainsi, quoique l'héritier *ab intestat* n'ait que trente ans pour attaquer le testament qui le dépouille, si les héritiers institués, après avoir possédé pendant vingt-huit ans l'hérédité, lui en ont laissé prendre la possession, et l'en ont laissé jouir pendant plusieurs années, il sera fondé, quand ceux-ci voudront l'évincer, à exciper de la nullité du testament sans qu'on puisse lui opposer l'exception de prescription (Conf. Merlin, *loc. cit.*). — Ainsi, la commune qui possédait pendant les cinq ans accordés aux communes pour se faire réintégrer dans les droits dont les avait privés la puissance féodale, peut opposer l'exception (Conf. M. Troplong, n° 827).

863. Lorsqu'il s'agit de repousser, à l'aide de cette maxime, la prescription libératoire d'une dette, d'une charge ou d'un droit, le défendeur n'a besoin que d'une possession négative; c'est-à-dire du défaut d'exercice du droit du créancier. Ainsi, lorsque celui au profit duquel une femme mariée s'est obligée sans autorisation, ne réclame l'exécution de l'obligation que plus de dix ans après la dissolution du mariage de la débitrice, celle-ci peut encore exciper contre lui de la nullité de son titre, parce qu'il n'est point censé avoir possédé contre elle, pendant tout ce temps, une créance dont il n'a fait aucun usage (Conf. MM. Merlin, *loc. cit.*; Troplong, n° 827; *Contrà*, M. Duranton, t. 12, p. 667). — Jugé, en ce sens, que la prescription ne peut être opposée à celui qui demande la nullité d'un acte par voie d'exception (Grenoble, 5 mars 1825, aff. Albrand, V. n° 916).

864. La règle *quæ temporalia*, etc., n'est pas applicable lorsque l'acte a été exécuté et lorsqu'on déguise sous la forme d'exceptions des demandes proprement dites; par exemple, celui qui, ayant donné quittance d'une obligation, réclame ensuite l'exécution de celle-ci, sous prétexte que la quittance lui a été extorquée par dol, ne peut, à l'exception de prescription que le prétendu débiteur lui oppose, répondre par la règle *quæ temporalia*, etc. L'allégation de dol n'est ici qu'une demande déguisée. Celui qui l'invoque prétend, non pas faire maintenir les choses dans l'état où elles se trouvent, mais au contraire conquérir la qualité de créancier qu'il n'a pas et dont il n'a pas eu jouissance (Conf. M. Troplong, n° 832). — Jugé, d'après cette règle : 1° que celui à qui, sur une demande en payement par lui formée plus de dix ans après sa majorité, il est opposé une quittance qu'il prétend nulle comme souscrite en minorité, doit être considéré comme demandeur principal quant à cette nullité et non recevable à se prévaloir de la maxime *quæ sunt temporalia*, etc. (Req. 27 juin 1837) (1); — 2° Que le demandeur en partage, à l'action duquel on oppose un titre qui a été exécuté n'est pas recevable à l'attaquer en nullité s'il a laissé passer sans réclamer le délai de l'action en nullité ou en rescision; ici ne s'applique pas la règle *quæ sunt temporalia*, etc. (Bordeaux, 1er juill. 1830) (2).

865. Lorsqu'on a voulu exercer hors les délais une action en résolution d'une obligation, qu'on a été déclaré non recevable, et qu'on est attaqué plus tard pour l'exécution d'une clause accessoire de cette obligation, on ne peut se servir de la règle *quæ sunt temporalia*, etc., pour en soutenir la nullité (Req. 5 déc. 1826, aff. Douceur, V. Obligation).

866. La règle *quæ temporalia* est aussi inapplicable : 1° lorsque l'exception à l'appui de laquelle on l'invoque, n'est pas nécessairement attachée à l'action formée par l'adversaire, comme lorsque cette exception consiste dans une demande reconventionnelle. Ainsi, par exemple, le journalier, actionné en payement d'une obligation, ne peut exciper de quelques salaires qu'il prétend lui être dus si l'action en payement de ces salaires est prescrite (Conf. M. Troplong, n° 833).

867. Celui qui a perdu la possession de la chose ne peut invoquer la règle dont il s'agit : seulement sa possession passée lui profite comme moyen d'interruption (Conf. M. Troplong, n° 834).

868. Quant à la qualité que doit avoir la possession pour autoriser le possesseur à invoquer la règle *quæ temporalia*, etc., il faut qu'elle soit *animo domini* (Conf. Merlin, *loc. cit.*; M. Troplong, n° 835).

ART. 4. — *Du titre nouvel.*

869. Le propriétaire a, pour interrompre la prescription qui court contre lui, des moyens actifs. Le créancier est dans une position différente. Il ne peut ordinairement justifier que les arrérages de sa rente ou les intérêts de son capital lui ont été payés en tel temps, puisque les quittances qu'il en a données sont entre les mains de son débiteur. Mais, pour que la mauvaise foi ne puisse tirer parti de l'impuissance où serait le créancier de prouver la non-discontinuation du service de la rente, la loi déclare « qu'après vingt-huit ans de la date du dernier titre, le débiteur d'une rente peut être contraint à fournir à ses frais un titre nouvel à son créancier ou à ses ayants cause (art. 2263). — Pour connaître l'époque à laquelle le créancier a le droit d'exiger un titre nouvel, il faut bien se fixer sur le point de savoir de quel moment court la prescription d'une rente. — Jugé : 1° que la prescription d'une rente dont les arrérages n'ont jamais été payés, court du jour de la date du titre qui la constitue, et non du jour de l'exigibilité du premier terme; ainsi, une rente dont les arrérages n'ont pas été payés pendant trente ans, depuis le jour où elle a été consentie jusqu'à celui où le créancier a formé sa demande en renouvellement du titre, se trouve éteinte, quoique trente ans ne se soient pas écoulés depuis l'époque où le premier terme était exigible, jusqu'à l'introduction de l'instance... Et telle était la jurisprudence suivie sous le parlement de Bordeaux, conforme en ce point au code Napoléon (Pau, 26 juin 1827) (3); — 2° Que la prescription du contrat de rente constituée, a lieu dans les trente ans, à partir

---

d'Arcamon, étaient assujettis par la loi et la jurisprudence qui régissait la matière à agir dans le délai déterminé de dix années, tant en demandant qu'en défendant...; — Par ces motifs, etc.

Du 7 juill. 1836.-C. d'Agen.-MM. Marquer et Chaudordy, av.

(1) (Dubourg C. Callarec.) — LA COUR; — Attendu que, majeur depuis plus de dix ans, à l'époque où il a formé sa demande postérieure aussi depuis plus de dix ans, à l'époque de la quittance qu'il voudrait faire déclarer nulle, il est non recevable dans cette exception de nullité pour laquelle il s'est constitué vraiment partie principale et demandeur en nullité de l'acte qui lui était opposé; — Rejette le pourvoi formé contre le jugement du tribunal de Morlaix.

Du 27 juin 1837.-C. C., ch. req.-MM. Zangiacomi, pr.-Gartempe, r.

(2) (Chartroulle C. Chartroulle.) — LA COUR, — Attendu que la demande en partage de la succession de Chartroulle-Desmeulières n'a pas interrompu la prescription de la demande en nullité de la vente du 25 juin 1797, parce que ces deux actions étaient indépendantes l'une de l'autre; que Chartroulle-Desmeulières est décédé le 18 fév. 1799; qu'il n'a été pris dans l'instance en partage des conclusions en nullité de ladite vente que le 20 mai 1829; qu'il s'était alors écoulé plus de trente ans depuis le décès du vendeur; qu'il n'est pas justifié que, durant cet invalle, la prescription ait été suspendue par des minorités; que, par conséquent, l'action était prescrite lorsque cette demande a été formée; — Attendu que la maxime *Quæ sunt temporalia ad agendum, sunt perpetua ad excipiendum* ne fut jamais applicable qu'au défendeur attaqué en vertu d'un titre dont l'exécution n'avait pas été demandée contre lui pendant la durée de l'action en rescision; que la loi 5, § 6, Dig., *De doli mali et metûs exceptione*, en donnait pour motif que le porteur du titre a la faculté de former sa demande quand il lui plaît, tandis que le défendeur n'a pas le pouvoir de le contraindre à l'exercer, et qu'il n'eût pas été juste que le demandeur le privât de ses moyens de défense, en différant son action; que la veuve Chartroulle est en possession des biens vendus à son mari le 25 juin 1797; qu'elle n'a formé aucune demande en vertu de cet acte public, et qu'elle ne s'en sert que pour se défendre; qu'ainsi les héritiers Chartroulle, demandeurs, ne sont pas recevables à se prévaloir contre elle d'une règle qui n'a pas été faite pour favoriser l'action, mais uniquement pour protéger l'exception; — Met l'appel au néant.

Du 1er juill. 1830.-C. de Bordeaux, 1re ch.-M. Ravez, 1er pr.

(3) *Espèce* : — (Daguerre C. Etchevers.) Le 20 août 1792, Cabalcegaray constitue, au profit de Daguerre, une rente perpétuelle de 800 fr. Aucun payement d'arrérages n'en a été fait. Le 17 mai 1822, Daguerre dirige contre Etchevers, héritier de Cabalcegaray, une action en renouvellement de son contrat constitutif. Le défendeur oppose la prescription trentenaire, et conclut à l'extinction du titre. Le demandeur re-

du jour du titre ou de l'acte recognitif, et non du jour de l'expiration de la première annuité ou prestation de la rente; et, par exemple, la prescription d'un contrat de rente, que le créancier a déposé au district du domicile de son débiteur émigré, dont les biens avaient été séquestrés, commence à courir du jour où les titres y ont été visés, et non d'une année après ce visa, époque à laquelle la première annuité était exigible (Cass. 5 août 1829 (1); Conf. M. Troplong, nº 840; *Contrà*, M. Vazeille; Bordeaux, 16 juill. 1851, aff. Fabre, D. P. 55. 2. 259). — L'arrêt de la cour de Bordeaux ne nous paraît pas devoir faire autorité, malgré le soin remarquable avec lequel il est rédigé. Il se fonde principalement sur cette considération que la prescription ne court contre une action que quand elle peut s'exercer, et que tant que le premier terme d'arrérages n'est point échu, le crédi-rentier ne peut agir. Il n'est pas possible de faire partir la prescription du moment où a été constituée la rente dont le capital n'est pas exigible. La cour de cassation avait répondu d'avance qu'il existe en matière de rentes deux prescriptions, l'une (de trente ans) à l'aide de laquelle on prescrit le capital, et l'autre (de cinq ans) par laquelle on prescrit les arrérages. En effet, comme l'a très-bien fait remarquer Marcadé, art. 2263, nº 1, la doctrine de la cour de Bordeaux n'irait à rien

---

pousse ce moyen, en soutenant que la prescription ne devait pas courir du jour où l'acte a été consenti, mais de celui où la rente était payable; qu'ainsi le premier pacte de cette rente n'ayant dû échoir que le 20 août 1793 et le trentième pacte n'étant pas encore échu avant l'introduction de l'instance, puisqu'elle avait été faite le 17 mai 1823, la prescription n'avait pas été encourue, et que, par suite, il avait pu profiter de la faculté accordée par l'art. 2263 c. civ. — 21 juin 1825, jugement du tribunal de Bayonne qui accueille les conclusions de Daguerre et rejette l'exception proposée. — Appel. — Etchevars soutient ainsi qu'en première instance que le contrat produisant tout son effet du jour de sa date, c'était de cette époque que la prescription avait dû courir. — Arrêt.

LA COUR; — Attendu que l'acte de constitution de rente est du 20 août 1792, et l'exploit introductif d'instance du 17 mai 1823; qu'ainsi il existe un intervalle de plus de trente ans entre les deux époques; qu'il n'est pas établi que la rente ait jamais été payée; que le parlement de Bordeaux, duquel ressortait le pays de Labour, domicile des parties, n'avait pas adopté la loi *cum notissimi*, qui ne rendait les prestations annuelles passibles de prescription que pour les arrérages échus; qu'il bornait, au contraire, la durée de toutes actions, tant réelles et hypothécaires, que personnelles et hypothécaires, conventionnelles jointes aux personnelles, à l'espace de trente ans, comme l'attestent l'annotateur de Lapeyrère et Salviat; que, si l'on consulte le code civil, raison écrite, quant aux questions à décider, d'après les anciens principes controversés, l'art. 2262 est conforme à la jurisprudence du parlement de Bordeaux, d'ailleurs la plus généralement suivie dans le royaume; et nulle exception n'est introduite dans l'intérêt des créanciers de rentes, la loi ayant pourvu suffisamment à leur sûreté, en leur accordant la faculté d'exiger titre nouvel dès l'expiration de la vingt-huitième année; d'où la conséquence que les premiers juges ont commis une erreur de droit en ne faisant courir le délai de la prescription des rentes que du jour de leur exigibilité; — Dit avoir été mal jugé, bien appelé;... déclare l'acte public de constitution de rente, du 20 août 1792, éteint par prescription, etc.

Du 26 juin 1827.-C. de Pau, ch. temp.-M. Bascle de Lagrèze, pr.

(1) *Espèce* : — (Dame Gerouille C. Tournyol.) — Par actes des 20 avr. 1774 et 16 mars 1780, Louis Tournyol était débiteur envers son frère, Joseph Tournyol : 1º d'une rente perpétuelle de 500 fr. au capital de 10,000 fr.; 2º d'une somme de 4,000 fr. remboursable à volonté, avec intérêts jusqu'au remboursement. Louis Tournyol émigra; ses biens ayant été séquestrés, son frère déposa, le 5 nov. 1792, au district de Guéret, ces deux titres, qui furent visés le 8 mess. an 3, et retirés dans la suite, sans qu'on ait pu préciser l'époque. — Le 28 germ. an 12, Joseph Tournyol forma contre son frère une demande qui n'eut pas de suite. — Louis rentre en France, recouvre ses biens non vendus, et décède le 22 déc. 1822, après avoir institué pour héritier son frère Tournyol de Boislamy. — Le 10 janv. 1826, la dame Gerouille, héritière de Joseph Tournyol, assigna Tournyol de Boislamy en payement des 10,000 fr. et 4,000 fr., capitaux des rentes, et des arrérages depuis 1792, demandant que cette instance fût jointe à celle de l'an 12. — Tournyol de Boislamy opposa la prescription de trente ans. Le 16 mars 1826, jugement du tribunal de Guéret, qui joint les intances, et condamne Tournyol de Boislamy à payer : 1º les deux sommes capitales demandées; 2º cinq années d'arrérages, courus depuis le 5 nov. 1792; 3º toutes les années échues depuis le 28 germ. an 12.

Appel. — 29 août 1826, arrêt de la cour de Limoges, ainsi conçu : « Attendu, sur la question de savoir si les titres de créance des époux Gerouille sont prescrits, que l'exploit introductif d'instance, du 28 germ. an 12, n'a pu interrompre la prescription, parce que cet acte a été adressé à des personnes qui n'avaient pas qualité pour y répondre; mais attendu que les titres de créance des époux Gerouille, après avoir été déposés, ont été, le 8 mess. an 3, visés par les administrateurs du district de Guéret; que le visa doit être considéré comme une reconnaissance des créances, parce que le gouvernement représentait alors Louis Tournyol, et était le véritable débiteur des époux Gerouille, ou, quoi qu'il en soit, de Joseph Tournyol, leur père et beau-père; — Attendu que le titre du 20 avr. 1774 est un contrat de rente constituée; que la prescription de semblable créance ne commence à courir, contre le créancier, qu'après l'expiration de la première annuité de la rente; que cette première annuité n'est devenue exigible qu'une année après le visa c'est-à-dire le 26 juin 1796, et que, de cette époque au 10 janv. 1826, date de l'assignation que les époux Gerouille ont adressée à Tournyol de Boislamy, pour le faire condamner au remboursement du capital de la rente, il ne s'est point écoulé trente ans; — Attendu d'ailleurs que tout fait présumer que les titres de créance n'ont été retirés qu'un temps assez long après le visa du 8 mess. an 3, pour que les trente ans nécessaires pour la prescription ne soient pas accomplis; — Attendu que, sur la deuxième créance, reconnue en l'acte du 16 mars 1781, sans être qualifiée de rente constituée, en renferme néanmoins tous les caractères, parce que le débiteur s'était obligé de servir les intérêts, mais de ne payer le capital qu'à sa volonté seulement, et que le créancier n'a jamais fait fixer d'époque de payement; que d'ailleurs les premiers juges l'ont jugé ainsi; que Tournyol de Boislamy, en cause d'appel, n'a pas prétendu le contraire, et que dès lors, et par les motifs qui viennent d'être exprimés relativement à la première rente, le capital de cette seconde créance n'est pas prescrit; — Attendu,..... réduit à 7,000 fr. le capital de la rente du 20 avr. 1774; déclare non prescrit et exigible ce capital, ainsi que celui de la rente du 16 mars 1780; — Déclare prescrits les arrérages des deux rentes, à l'exception de ceux des cinq années qui ont précédé le 10 janv. 1826. »

Pourvoi par le sieur Tournyol de Boislamy : 1º pour violation des art. 2262 et 2263 c., en ce que l'arrêt a dit que la prescription d'une rente contituée ne commençait son cours qu'à partir de l'échéance de la première annuité.

Les défendeurs ont répondu que la loi même attribue au dépôt des pièces l'effet d'interrompre la prescription; que le visa de l'administration ajoutait encore à la demande, et pouvait bien être considéré comme recognitif, au moins, de la diligence faite pour empêcher la prescription. Après cela, la cour d'appel, ayant décidé que la prescription ne pouvait courir que du jour de la première échéance, parce que c'était de ce jour seulement qu'il était dû quelque chose, a fait une sage application de la loi, qui ne fait courir la prescription des créances que du jour de leur échéance. — Au surplus cette question devient sans intérêt, ont-ils ajouté, parce que la prescription trentenaire n'était évidemment pas acquise, le créancier n'ayant pu retirer ses pièces que longtemps après le 8 mess. an 3, et pour former sa demande du 28 germ. an 12; d'où l'arrêt a justement conclu, en fait, que les trente ans n'étaient pas accomplis. — Arrêt (apr. délib. en ch. du cons.).

LA COUR; — Vu les art. 2262, 2263 et 2257 c. civ.; — Attendu qu'aux termes du premier de ces articles, la prescription trentenaire éteint les droits et actions; — Que ce principe ne reçoit point d'exception à l'égard des rentes constituées; — Que le temps nécessaire pour prescrire court du jour du titre ou de l'acte recognitif, et non de celui des annuités ou prestations, à l'égard desquelles une prescription particulière est établie; — Qu'aux termes de l'art. 2263, les vingt-huit ans, après lesquels on peut demander un titre-nouvel, aux frais du débiteur, se comptent à partir de la date du dernier titre, ce qui démontre que les deux années suivantes achèvent le temps de la prescription; — Qu'en posant, au contraire, en principe, que les trente années courent seulement du jour de l'échéance de la première annuité, la cour royale a créé une exception, qui ne peut être justifiée par l'art. 2257, non applicable à la rente constituée, laquelle n'est point la créance à jour fixe, dont parle cet article du code civil; — Qu'ainsi la cour royale, en ne comptant la prescription que du 26 juin 1796 (un an après le visa du 8 mess. an 3), a d'abord substitué, aux véritables échéances fixées par les titres aux 16 mars et 20 avril, une échéance commune, fixée faussement au 26 juin, et que, de plus, elle a prolongé, au delà de trente années, le temps fixé par la loi pour l'accomplissement de la prescription;

Que l'arrêt ne peut être surabondammment justifié par la simple présomption que les titres produits au district en auraient été retirés, assez longtemps après le 8 mess. an 3, pour que les trente ans ne fussent pas accomplis; la cour royale ayant elle-même fixé pour point de départ l'époque du 8 mess. an 3, on ne peut en indiquer aucune autre, ni rendre, sur une présomption vague, le terme de la prescription tout à fait incertain : sans qu'il soit besoin de s'occuper du moyen tiré de la fausse application de l'art. 1912 c. civ., relativement au remboursement des capitaux; — Casse.

Du 5 août 1829.-C. C., ch. civ.-MM. Boyer, pr.-Piet, rap.-Joubert, av. gén., c. contr.-Rochelle et Bénard, av.

moins qu'à déclarer la rente, elle-même, imprescriptible, car en établissant avec cette cour qu'une rente ne consiste que dans l'ensemble des prestations et arrérages, il en résulte qu'on ne pourra jamais arriver à sa prescription, car les arrérages créant à chaque échéance une action, après cinq ans sans doute ils seront prescrits; mais comme cette prescription de cinq ans ne peut pas atteindre le principe générateur des arrérages, il en résulte que les arrérages qui viendront à échoir perpétueraient toujours le droit du crédi-rentier. Il faut donc arriver à considérer la rente, comme une créance séparée des arrérages, prescriptible, sans aucun doute (V. *suprà*), et qui ne peut l'être que par trente ans. D'ailleurs il résulte évidemment des discussions au conseil d'état que les rédacteurs du code entendaient faire courir la prescription de la date du titre.

870. Il a été jugé : 1° que faute par le crédi-rentier de se faire souscrire un titre nouvel avant l'expiration de trente années, la prescription n'est pas pour cela nécessairement acquise contre lui; il peut invoquer comme cause d'interruption la reconnaissance de la dette par le débiteur, résultant du service par lui fait des arrérages (Req. 20 nov. 1839, aff. Choussy, V. *suprà*, n° 609); — 2° Que lorsque le titre constitutif d'une rente a été éteint par la prescription trentenaire, mais qu'il est allégué que le service de cette rente a été continué jusqu'à une époque moins éloignée que trente ans, il suffit d'un commencement de preuve par écrit pour justifier de l'existence de la rente, sans que le créancier soit tenu de rapporter un autre titre (Rennes, 28 mai 1845, aff. Le Demmat de Kerven, D. P. 45. 5. 407).

871. Un titre nouvel ne peut être exigé que quand il est nécessaire. Ainsi, un jugement d'ordre par lequel le créancier d'une rente foncière est colloqué pour le payement de sa rente, constitue un titre nouveau, de telle sorte que le créancier de la rente ne peut demander un titre nouvel, s'il ne s'est pas écoulé vingt-huit ans depuis ce jugement, encore bien que vingt-huit ans se fussent écoulés depuis la date du titre constitutif de la rente (Req. 23 fév. 1831) (1).

872. Lorsque, par suite de convention étrangère au créancier d'une rente foncière, le débiteur primitif a vendu à un tiers les immeubles, affectés à la rente, sans qu'il ait été stipulé que le tiers serait obligé de supporter les frais du titre nouvel à fournir au créancier, ce tiers n'est pas tenu de garantir le débiteur primitif de la demande formée contre lui à cet égard; du moins le tribunal qui le décide ainsi ne viole aucune loi (même arrêt).

873. Le titre nouvel peut-il être exigé du *tiers-détenteur?* — L'affirmative a été admise par un arrêt de Nancy du 14 juin 1837, que M. Troplong, n° 842, cite et qu'il critique. L'art. 2263, dit-il, n'assujettit que le *débiteur* à la délivrance du titre nouvel. Le mot titre nouvel lui-même, indique que l'action n'a pour but que de restaurer le titre ancien et de lui donner une vie nouvelle. — Or, il n'existe aucun lien de droit entre le créancier et le tiers détenteur. Mais, dit-on, celui-ci peut prescrire les charges qui grèvent l'immeuble. — A cela on répond que le créancier peut l'actionner en déclaration d'hypothèque. — V. en ce sens l'arrêt qui précède (Rej. 23 fév. 1831, aff. Lefebvre, n° 871).

874. L'art. 2263 est-il applicable aux servitudes? Peut-on, après vingt-huit ans, obliger le propriétaire du fonds servant à donner un titre nouvel? — Sur cette question controversée entre MM. Toullier, Pardessus et Troplong, V. Servitude.

875. L'art. 2263 est applicable aux débiteurs de rentes constituées antérieurement à la publication du code (Bruxelles, 10 fév. 1825, 2e ch., aff. L... C. L...).

876. L'action afin d'obtenir un titre nouvel est personnelle et mobilière, elle doit en conséquence être portée devant le tribunal du domicile du défendeur (Paris, 18 janv. 1825, aff. de Polan, V. Action, nos 81, 92, et Rente).

---

(1) *Espèce :* — (Lefebvre *C.* Nancey, etc.) — Le 28 nov. an 4, les époux Sourdon vendirent un demi-arpent de terre au sieur Perrenod, pour 50 fr. de rente foncière, garantie par une hypothèque générale. — En l'an 12, tous les biens de Perrenod furent expropriés; l'ordre du prix de ces biens fut réglé par jugement du 18 prair. an 12 : les époux Sourdon furent colloqués pour leur rente; Lefebvre, adjudicataire, fut chargé de la servir. — En l'an 13, Lefebvre vendit à Nancey quelques-uns des biens qui lui avaient été adjugés, sous la condition de servir la rente due aux époux Sourdon; il l'a aussi payée régulièrement.

En 1825, les héritiers Sourdon assignèrent Lefebvre pour qu'il fût tenu de leur souscrire un nouveau titre de leur rente. — Lefebvre soutint qu'il ne le devait pas encore, parce que, depuis le jugement d'ordre du 18 prair. an 12, jusqu'au jour de la demande, il ne s'était pas encore écoulé vingt-huit ans, ainsi que l'exige l'art. 2263 c. civ.; il assigna ensuite Nancey en garantie, qui répondit ne devoir aucune garantie à raison de ce nouveau titre.

Le 13 déc. 1826, jugement du tribunal de Fontainebleau, en ces termes : — « Considérant, en droit, qu'aux termes de l'art. 2263 c. civ. le créancier a droit, après vingt-huit années, de demander un titre nouvel d'un bail à rente, constitué originairement à son profit; — Considérant que depuis le 28 nivôse an 4, date du bail à rente consenti devant Sevennet, notaire à Melun, au sieur Perrenod, représenté par le sieur Lefebvre, son acquéreur, il s'est écoulé plus de vingt-huit ans; d'où il suit qu'il y a lieu d'accorder le titre demandé; — Considérant que le jugement d'ordre du 18 prair. an 12, rendu au tribunal de Melun par suite de la vente des biens Perrenod, est bien une confirmation pour les héritiers Sourdon du bail à rente du 28 niv. an 4; mais qu'il ne peut avoir, en général, l'effet du titre nouvel dont la demande est autorisée par l'article ci-dessus cité. — En ce qui touche la demande en garantie : — Attendu que les héritiers Sourdon, n'ayant jamais reconnu Nancey pour débiteur de la rente, l'action en titre nouvel doit lui être étrangère; qu'ainsi la demande en garantie à son égard est sans fondement; — Par ces motifs, le tribunal condamne Lefebvre à passer titre nouvel, et le déclare non recevable dans sa demande en garantie contre Nancey. »

Pourvoi de Lefebvre. — Premier moyen : — Violation des art. 2166 et 2263 c. civ., en ce que le jugement attaqué le condamnait à fournir un nouveau titre de la rente, lorsqu'il ne le devait pas : 1° parce qu'il n'était pas débiteur direct de cette rente, mais seulement obligé à la servir comme tiers détenteur des immeubles hypothéqués; 2° parce que, depuis le jugement d'ordre du 18 prair. an 12 jusqu'au jour de la demande, il ne s'était pas écoulé vingt-huit ans. — Le deuxième moyen, dirigé contre Nancey, est tiré de la violation de l'art. 1134 c. civ., en ce que le jugement attaqué avait refusé de condamner Nancey à le garantir de l'action formée contre lui par les héritiers Sourdon, lorsque, cependant, il y était formellement obligé par la convention souscrite par lui; le tribunal l'a ainsi dispensé de remplir ses obligations sans le consentement de sa partie adverse et sans motifs, ce qu'il n'a pu faire sans violer l'art. 1134. Les motifs pris de ce que Nancey n'était pas reconnu pour débiteur par les époux Sourdon, n'ont en effet aucune apparence de solidité; comment supposer que Nancey, qui payait régulièrement les arrérages aux époux Sourdon, dont il recevait quittance, lui qui était obligé de remplir, d'après l'acte de vente, les obligations de son vendeur, de manière à ce qu'il ne fût jamais inquiété ni recherché, n'avait pas été reconnu comme débiteur par les créanciers? L'art. 1134 a donc été violé de la manière la plus patente. — Nancey, le défendeur, a répondu à ce dernier moyen qu'il n'est chargé, par la vente, que de payer les arrérages de la rente; qu'il les a payés; qu'il n'y a, dès lors, aucun recours à exercer contre lui; que les frais du nouveau titre ne peuvent nullement être mis à sa charge, puisque, comme l'a dit Lefebvre dans son premier moyen, il n'était pas débiteur direct et personnel de la rente, mais seulement tiers détenteur. — Arrêt.

LA COUR; — Vu l'art. 2263 c. civ.; — Attendu que, d'après cet article, après vingt-huit ans de la date du dernier titre, le débiteur d'une rente est tenu de fournir au créancier un titre nouvel; — Que le sieur Lefebvre, demandeur en cassation, n'est devenu personnellement débiteur de la rente dont il s'agit, qu'en vertu du jugement d'ordre du 18 prair. an 12, soit parce qu'il avait fait transcrire son contrat d'adjudication, soit parce qu'il avait été chargé, en conséquence, par ce jugement, de payer ladite rente; — Que, sans cette transcription et ce jugement, il n'aurait été tenu, envers les héritiers Sourdon, que sous le rapport de l'action hypothécaire; — Attendu, néanmoins, que, depuis le jugement du 18 prair. an 12, jusqu'au 8 janv. 1825, date de la demande des héritiers Sourdon, il ne s'était pas écoulé un délai de vingt-huit ans; — Que, par conséquent, en accueillant cette demande prématurée, le tribunal civil de Fontainebleau est contrevenu à l'art. 2263 c. civ.

Sur le deuxième moyen relatif à l'action en garantie : — Attendu que le tribunal n'a fait qu'interpréter les conventions des parties, en décidant que le sieur Nancey avait constamment exécuté l'engagement qu'il avait pris de payer ladite rente, et qu'on ne pouvait étendre cet engagement au titre nouveau dont il n'était pas tenu; — Accorde défaut contre les héritiers Sourdon, et faisant droit sur le pourvoi du sieur Lefebvre; — Casse, etc., et faisant droit sur ledit pourvoi en ce qui concerne le sieur Nancey, rejette la demande en cassation du sieur Lefebvre.

Du 23 fév. 1831.-C. C., ch. civ.-MM. Boyer, pr.-Vergès, rap.-Nicod, av. gén., c. conf.-Rochelle et Gueny, av.

SECT. 3. — *De la prescription par dix et vingt ans.*

877. Celui qui acquiert de bonne foi et par juste titre un immeuble, en prescrit la propriété par dix ans, si le véritable propriétaire habite dans le ressort de la cour impériale dans l'étendue de laquelle l'immeuble est situé; et par vingt ans, s'il est domicilié hors du ressort (c. nap. 2265).—Dans la prescription des *actions personnelles*, disait M. Bigot de Préameneu, la loi a pu sans inconvénient accorder au créancier contre son débiteur le temps de la plus longue prescription. Dans la prescription pour acquérir on a à considérer, outre l'intérêt du propriétaire, celui du possesseur qui ne doit pas rester dans une éternelle incertitude. Son intérêt particulier se trouve lié avec l'intérêt général. Quel est celui qui bâtira, plantera, s'engagera dans les frais de défrichement, s'il doit s'écouler un long temps avant qu'il soit assuré de n'être pas évincé? — Mais cette considération est liée à une seconde distinction entre les possesseurs avec titre et bonne foi, et ceux qui n'ont à opposer que le fait même de leur possession. Les premiers se livrent avec confiance à tous les frais d'amélioration. Le temps après lequel ils doivent être dans une entière sécurité doit donc être beaucoup plus court. Quant aux seconds, on n'a point la même raison pour traiter à leur égard les propriétaires avec plus de rigueur que ne le sont les créanciers à l'égard des débiteurs (Exp. des mot., p. 72, nos 45, 46). — Le but unique de la prescription de dix et vingt ans est de consolider les acquisitions d'immeubles dans les mains des *tiers détenteurs*. — Il faut donc pour invoquer le bénéfice de cette prescription être tiers détenteur.

878. Ainsi il a été jugé : 1° qu'une commune qui prétend avoir prescrit par suite d'une interversion de titre des biens réclamés par un tiers, ne peut invoquer cette prescription; elle ne peut évidemment pas être considérée comme un tiers détenteur (Cass. 20 fév. 1826) (1); — 2° Que l'art. 2265 n'est applicable qu'à ceux qui ont acquis des immeubles déterminés, mais que celui qui a été institué légataire universel, ne peut prescrire l'hérédité, même comprenant des immeubles par dix et vingt ans; que si, par exemple, il a été reconnu que le testateur était sans droit pour transmettre, l'action en pétition d'hérédité ne se prescrit alors que par trente ans (Req. 9 avr. 1834) (2).

879. Mais les acquéreurs de biens communaux aliénés par l'État au profit de la caisse d'amortissement, en vertu de la loi du 20 mars 1813, doivent être réputés tiers acquéreurs à l'égard des communes depuis réintegrées dans la propriété de leurs biens non vendus, et peuvent leur opposer la prescription de dix ans (Colmar, 15 fév. 1833, rapporté avec Rej. 15 fév. 1836, aff. com. de Rohr, v° Vente).

ART. 1. — *Du juste titre, contrat, vente, donation, legs, jugement, etc.*

880. En exigeant un *juste titre* pour servir de base à la prescription par dix ou vingt ans, l'art. 2265 entend parler d'un titre *habile à transférer la propriété*, et tel qu'il l'eût transférée réellement, s'il fût émané du vrai propriétaire. Tous les contrats par lesquels on s'oblige à donner la chose même qui en est l'objet, et non pas seulement la jouissance, l'usage ou la possession de cette chose, sont, dit Pothier, de justes titres (Prescript., n° 57).

881. Le titre est juste à l'égard de l'acquéreur, quoiqu'il puisse ne l'être pas de la part du vendeur; la bonne ou mauvaise foi de celui-ci ne peut être d'aucune considération relativement à l'acquéreur. — Ainsi jugé : 1° que l'acquéreur peut prescrire de son chef par dix ou vingt ans, sans qu'on ait droit de lui opposer ni la mauvaise foi de son vendeur (Paris, 15 mars 1817) (3), ni même le dol de ce dernier (Paris, 8 juin 1825, aff. Gasville, V. n° 632); — 2° Que, sous le droit romain et l'ancien droit français, comme sous le code civil, celui qui avait acquis d'un possesseur *précaire*, en vertu d'un titre translatif, commençait, en vertu de ce titre, à posséder *animo domini*, et dès lors pouvait acquérir la propriété par une possession de dix à vingt ans, s'il était de bonne foi, ou de trente ans, s'il était de mauvaise foi (Cass. 12 janv. 1832, aff. Magnoncour, n° 435).

882. Au reste, ne perdons pas de vue que c'est de son propre titre que le tiers acquéreur ou donataire de bonne foi tient ses droits à la prescription de dix ans. — Et il a été jugé : 1° sur notre plaidoirie, que de cela que les différentes pièces de terre qui composent un domaine ou un corps de ferme, n'ont pas été nominativement désignées dans un acte de vente ou de donation, il ne s'ensuit pas que le tiers qui veut exercer une revendication, puisse opposer ce défaut de désignation spéciale, pour en induire que l'acquéreur ou le donataire n'ont pas pu les acquérir contre lui, par la prescription de dix et vingt ans; il suffit, dans ce cas, qu'il soit prouvé que le terrain litigieux faisait partie, à l'époque de l'acte, du domaine qui y est énoncé en *termes généraux*, et qu'il a toujours été compris dans l'exploitation du fermier, pour que la prescription précitée soit acquise à l'acquéreur ou au donataire; qu'en conséquence, l'arrêt qui déclare cette preuve inadmissible, comme ne pouvant pas suppléer la désignation spéciale dont il s'agit, doit être annulé (Cass. 25 janv. 1837) (4); — 2° Qu'il

---

(1) (Préfet du Bas-Rhin *C.* com. d'Hattmatt.) — LA COUR; — Attendu, sur la fin de non-recevoir, que la prescription de trente ans a été légalement interrompue par les procédures antérieures et postérieures au jugement du 2 déc. 1789; — Attendu, en outre, que, depuis la sentence arbitrale du 28 vend. an 5 jusqu'au 10 nov. 1825, date du pourvoi, il ne s'est pas écoulé trente ans; qu'il faudrait, d'ailleurs, déduire le temps pendant lequel le droit de poursuivre a été suspendu par la loi du 21 prair. an 4, et ne faire continuer le cours de la prescription qu'à partir de la loi du 9 vent. an 12 qui a levé cette suspension; — Attendu, enfin, que la prescription de dix et vingt ans n'avait lieu en Alsace qu'au profit des tiers détenteurs avec titre et bonne foi; — Que la commune d'Hattmatt ne peut pas invoquer cette prescription, puisque c'est sur le droit de propriété comme communal, et non sur la prescription dérivant de sa possession comme tiers détentrice, qu'elle a elle-même fondé sa réclamation; — Rejette.

Du 20 fév. 1826.-C. C., ch. civ.-MM. Brisson, pr.-Vergès, rap.-Vatimesnil, av. gén., c. conf.-Teste-Lebeau et Barrot, av.

(2) (Borier *C.* Lucadou.) — LA COUR; — Sur le moyen tiré de l'art. 2265 c. civ. et de la prescription décennale qu'il établit : — Attendu qu'il est constant au procès que la demande de Cornus et cons. tendait à faire déclarer nul le testament de Pierre Borier, et à obtenir en leur qualité d'héritiers naturels le partage de ses biens, et qu'en décidant que cette action était soumise à la prescription de trente ans et non à celle de dix ans, l'arrêt a fait une juste application de l'art. 2262 c. civ. et n'a pas contrevenu à l'art. 2265 inapplicable à l'espèce; — Rejette le pourvoi contre l'arrêt de la cour de Montpellier, du 16 août 1832.

Du 9 avr. 1834.-C. C., ch. req.-MM. Zangiacomi, pr.-De Ménerville, rap.

(3) *Espèce :* — (Drain *C.* Jarlet.) — 15 mai 1815, jugement ainsi conçu : — « Attendu, en principe, que tout acquéreur à titre particulier peut prescrire de son chef, sans qu'on ait droit de lui opposer la mauvaise foi de son auteur, pourvu que sa possession n'ait pas été interrompue pendant le temps requis pour la prescription; — Que c'est la coutume du domicile du détenteur de l'héritage, et non de celui qui y prétend droit, qui règle la possession nécessaire pour prescrire; que l'absence ou la présence pour la prescription de dix ans entre présents et de vingt ans entre absents, se détermine suivant qu'ils sont l'un et l'autre dans l'étendue de la même coutume, ou que leur domicile est dans des coutumes différentes; — Qu'enfin les titres de propriété des héritages dont il s'agit n'énoncent pas la charge du douaire; que, dès lors, la bonne foi, aux termes de l'art. 113 de la coutume de Paris qui régit les parties, réunie à la possession paisible pendant dix ans entre présents, suffit pour acquérir la prescription contre les ayants droit au douaire; déclare Drain non recevable. » — Appel. — Arrêt.

LA COUR; — Adoptant les motifs, etc., met l'appel au néant.

Du 15 mars 1817.-C. de Paris.

(4) *Espèce :* — (Palierne de Chassenay *C.* Bijon.) — Par contrat de mariage, en date du 20 juin 1805, le sieur Palierne reçut, à titre de donation, de ses père et mère, la terre de Chassenay, telle, était-il dit dans l'acte, qu'elle *s'étend, poursuit et comporte*, sans autre désignation d'immeubles. — De son côté, le sieur Bijon prétendait avoir acquis une pièce de terre située dans les Champs-Vieux, par vente nationale du 4 therm. an 11. Cette pièce était considérée comme une dépendance du domaine de Chassenay, et, à ce titre, les fermiers de ce domaine en avaient, il paraît, constamment joui au nom de leur commettant. Quoi qu'il en soit, en 1832, Bijon voulut revendiquer l'immeuble dont il se disait propriétaire, et, à cet effet, il assigna Palierne devant le tribunal civil de Château-Chinon. — Palierne opposa la donation contenue en son contrat de mariage; il soutint qu'en vertu de cette donation il avait joui du terrain litigieux avec titre et bonne foi; que, par suite, la prescription par dix et vingt ans lui était acquise. Au reste, et dans le cas où on lui opposerait le défaut de désignation spéciale de l'immeuble, dans l'acte dont

suffit que le tiers acquéreur d'un domaine avec ses dépendances, prouve avoir possédé, de bonne foi, par dix ou vingt ans, un terrain que son vendeur possédait au moment de la vente, comme accessoire ou dépendance du domaine vendu, pour qu'il soit fondé à se prévaloir de la prescription de l'art. 2265 c. nap., bien que ce terrain ne soit pas expressément compris dans l'acte de vente (Cass. 31 janv. 1837, aff. Lautour, V. Vente); — 3° Que bien qu'il puisse y avoir lieu à interprétation d'un contrat administratif pour savoir si le vendeur était propriétaire d'un des immeubles qu'il a vendus à un tiers, néanmoins une cour d'appel peut accueillir la prescription décennale invoquée par ce dernier en se fondant sur ce que son titre comprend cet immeuble, sans être tenu de renvoyer préalablement à l'autorité administrative l'interprétation du titre du vendeur (Cass. 7 mars 1838) (1).

Il se prévalait, il offrit de prouver que la pièce de terre des Champs-Vieux formait une dépendance du domaine de Chassenay.

28 mars 1832, jugement qui admit cette preuve. — Sur l'appel, la cour de Bourges déclara, au contraire, qu'elle n'était pas de nature à établir un droit de propriété en faveur de Palierne, et la rejeta, par arrêt du 17 juin 1833, rendu dans les termes suivants : — « Considérant que les époux Bijon sont porteurs d'un titre qui leur transmet la propriété du terrain contentieux; que, pour détruire l'effet de ce titre, Palierne offre de prouver, non-seulement qu'il a joui du terrain depuis le 20 juin 1805, mais encore qu'avant la donation dudit jour, cet héritage dépendait de la terre de Chassenay et était possédé par le donateur; qu'une pareille articulation n'est pas admissible; qu'en effet, l'art. 2265 c. civ. établit bien la prescription de dix ans entre présents et vingt ans entre absents en faveur de celui qui acquiert de bonne foi, et par juste titre, un immeuble; mais que la donation du 20 juin 1805 ne contient pas l'énonciation de l'objet en litige; qu'ainsi l'art. 2265 n'est pas applicable; que Palierne, étant obligé de suppléer au silence de son titre, devrait prouver que le donateur était propriétaire dudit terrain; que ce droit à la propriété ne peut pas résulter de la possession dans laquelle il aurait été de ce terrain au moment de sa donation, mais d'un titre ou d'une possession suffisante pour équivaloir au titre; que Palierne pourrait sans doute réunir la possession de son auteur à celle qu'il prétend avoir, mais que, pour être efficace, la réunion des deux possessions devrait s'étendre à trente années non troublées; que, sous ce double rapport, les faits articulés doivent être rejetés. »

Pourvoi de Palierne, pour violation de l'art. 2265 c. civ., en ce que la cour royale a refusé d'admettre la prescription de dix et vingt ans, par l'unique motif que la pièce de terre en litige n'était pas spécialement désignée dans la donation du domaine de Chassenay, qui avait été faite au demandeur dans son contrat de mariage, bien que cette pièce de terre lui eût été livrée à l'époque de la donation comme faisant partie du domaine, et qu'il l'eût constamment possédée depuis au même titre que tous les autres biens dépendants de ce domaine. — Il est constant, en fait, disions-nous dans le système du pourvoi, que M. Palierne demandait à prouver, non-seulement le fait de sa possession, mais encore la possession de ses auteurs au moment de la donation qu'ils lui ont faite de la terre de Chassenay, et de la tradition par lui reçue de cette terre. C'est là précisément la différence qui existe entre l'acquéreur, dont le titre désigne la pièce de terre litigieuse, et qui, dès lors, n'a que sa possession à prouver, tandis qu'au contraire celui dont le titre ne contient pas cette désignation spéciale, doit, indépendamment de sa propre possession, prouver encore celle de celui dont il tient les droits à l'instant de la transmission. — Cela posé, il est indubitable que celui qui acquiert par donation peut se prévaloir de la prescription de dix et vingt ans, aussi bien que l'acquéreur à titre onéreux. *Pro donato usucapit, cui donationis causâ res tradita est*, dit la loi 1, ff., *Pro donato*. Ce principe a été adopté par Pothier, Traité de la prescript., chap. 3, § 3, et chap. 4, § 2, n° 119. Et comment en serait-il autrement, alors qu'on ne peut nier que l'acte de donation ne soit un juste titre de propriété pour le donataire, comme l'acte de vente pour l'acquéreur? Or voici à quelles conséquences amènerait le système de la cour de Bourges : c'est qu'une propriété dont chaque parcelle de terre n'aurait pas été spécialement désignée dans un acte de vente pourrait se trouver réduite, après dix et vingt ans, dans les mains de l'acquéreur, aux seuls bâtiments, faute de cette désignation. Sous un autre rapport, il pourrait arriver encore, dans le même système, qu'après le même laps de temps, et comme l'acquéreur devrait être garanti dans la propriété de tous les objets dont il aurait été mis en possession par le vendeur, la revendication de ces objets, à défaut de désignation, mettrait l'acheteur dans la nécessité de déguerpir comme n'ayant pas acquis, et cependant l'auteur de l'aliénation devrait être condamné à la garantie comme ayant aliéné, résultat contradictoire et absurde, qui prouve toute la fausseté du principe. — Disons donc que l'absence d'indication partielle dans l'acte des objets transmis, soit par donation, soit par vente, ne peut pas avoir pour résultat de faire perdre au possesseur de bonne foi le bénéfice de la prescription par dix et vingt ans que lui accorde l'art. 2265 c. civ., d'autant mieux qu'il serait parfois impossible d'énumérer, dans un acte, toutes les parties d'un domaine considérable, et que la désignation de ce domaine, par son nom et sa situation, ne doit pas moins suffire dans une donation que dans un exploit d'ajournement, aux termes de l'art. 64 c. pr. civ.

C'est en vain que l'arrêt attaqué oppose que le demandeur devrait prouver que son auteur avait un titre et non la possession de l'objet seulement. Avec un pareil système, il faudrait deux titres pour pouvoir prescrire par dix et vingt ans, tandis que l'art. 2265 n'en exige qu'un seul, celui sur lequel est fondée la possession qui forme la base de la prescription décennale. — On objecte encore que le système du demandeur amènerait à la prescription de toute espèce d'immeuble par dix ans de possession et sans titre. Mais c'est là une grave erreur, car si le titre ne désigne pas l'immeuble, il faut qu'il soit prouvé que ce dernier faisait partie du domaine acquis et était possédé par le vendeur ou par le donateur au moment même de la vente ou de la donation dans laquelle il a été compris.

On répondait qu'avant tout il faut, pour prescrire, un juste titre; que, dans l'espèce, le demandeur ne pouvait pas prétendre qu'il eût ce juste titre, puisqu'il était obligé de recourir à la preuve testimoniale pour y suppléer; que le titre consiste dans une preuve écrite résultant d'un acte authentique, ainsi que l'indiquent les termes de l'art. 2267, qui porte que le titre nul par défaut de forme ne peut servir de base à la prescription de dix et de vingt ans. Puis on cherchait à démontrer que la désignation générale d'un domaine, par son nom et sa situation, ne pouvait pas remplir le vœu de la loi et produire d'effet contre les tiers qui se prétendaient propriétaires d'un immeuble non spécialement désigné. On appuyait cette doctrine sur les règles de la saisie réelle, et on disait que de même que l'immeuble non indiqué d'une manière précise dans le procès-verbal de saisie n'est pas compris dans l'expropriation, de même le défaut de mention spéciale d'un immeuble, dans des actes de vente ou de donation, rend ces actes inefficaces relativement à cet immeuble à l'égard des tiers. — Arrêt.

LA COUR; — Vu l'art. 2265 c. civ.; — Attendu que la donation, comme la vente, confère un juste titre à la propriété des immeubles qui en font l'objet; que, s'il s'agit d'un domaine ou d'un corps de ferme, il n'est pas nécessaire, pour transférer la propriété des différentes pièces comprises dans la vente ou dans la donation, que l'acte les désigne toutes nominativement et d'une manière spéciale; qu'il suffit de la désignation de la ferme ou du domaine, et qu'il soit prouvé que toutes les pièces de terre dont il se compose sont comprises dans les jouissances et font partie de l'exploitation du fermier; — Attendu que, dans l'espèce, le demandeur offrait de prouver que la pièce de terre en litige était comprise dans la terre de Chassenay, donnée en dot au sieur Palierne, par ses père et mère, telle qu'elle se poursuit et comporte, sans en rien retenir ni réserver, et que cependant l'arrêt attaqué l'a déclaré non recevable dans la preuve par lui offerte d'une possession de dix et de vingt ans, avant la demande en revendication, et qu'en ce faisant, la cour royale de Bourges a expressément violé la loi citée; — Casse.

Du 23 janv. 1837.-G. C., ch. civ.-MM. Dunoyer, pr.-Chardel, rap.-Laplagne, 1er av. gén., c. conf.-Dalloz et Morin, av.

(1) *Espèce :* — (Préfet du Finistère C. Bigot.) — Le sieur Kerleau Ulliac, acquéreur, en vertu d'un contrat de vente administrative à la date du 15 vent. an 12, d'un enclos situé dans le voisinage de la caserne militaire, dite des Ursulines, à Quimper, avait revendu l'immeuble à Bigot, par acte authentique à la date de 1806. — En 1834, le préfet du Finistère, au nom de l'État, prétendant qu'une parcelle de terrain possédée par Bigot, comme une dépendance de son enclos, formait au contraire une dépendance de la caserne, et n'avait pas, dans tous les cas, été comprise dans la vente administrative du 15 vent. an 12, a intenté une action en revendication. — Bigot soutenant, de son côté, que le terrain litigieux était compris dans son contrat d'acquisition, a opposé la prescription décennale. — Le préfet a répliqué que Bigot n'avait pas pu recevoir de son vendeur plus de droits que celui-ci n'en avait lui-même; — Que, dès lors, le procès se réduisait à une question d'interprétation du contrat administratif de l'an 12; mais que, comme une pareille interprétation ne pouvait émaner que de l'autorité administrative, c'était le cas d'ordonner un renvoi devant elle à cet effet; en conséquence, il concluait à ce que le tribunal prononçât le déclinatoire.

Jugement qui rejette ce système et maintient Bigot dans sa jouissance. — Sur l'appel, la cour de Rennes a confirmé ce jugement par arrêt du 7 mai 1836, sur le motif que la parcelle de terre dont il s'agit se trouvait comprise dans le contrat de vente authentique du sieur Bigot, et que, par suite, la prescription décennale lui était acquise. — Pourvoi du préfet. — Arrêt (apr. délib.).

LA COUR; — ...Attendu que la prescription décennale était invoquée par Bigot, qui s'appuyait sur son titre authentique d'acquisition dont la date remontait à 1806; — Que son titre n'émanait pas de l'autorité administrative, et que c'est celui-là seul que l'arrêt a interprété et appliqué; — Que, dès lors, il n'y avait lieu à renvoi devant le conseil de préfecture; — Qu'en le décidant ainsi, l'arrêt a fait une juste applicatio

883. Néanmoins, il a été jugé que s'il apparait qu'un fonds qu'un acquéreur soutient avoir fait partie d'immeubles qui lui ont été vendus depuis plus de dix ans, faisait, au contraire, partie de la vente d'autres immeubles consentie à un autre individu par le même vendeur, le premier n'est pas fondé à se prévaloir de la prescription décennale (Limoges, 21 août 1811) (1).

884. Lorsque le tiers détenteur a acquis de l'héritier reconnu lors de la vente, il n'a aucun besoin d'attaquer le jugement intervenu plus tard entre son vendeur et les véritables héritiers qui l'ont évincé (Cass. 25 pluv. an 5) (2).

885. La vente, la dation en payement et tous les actes équipollents à vente sont sans contredit de justes titres dans le sens de l'art. 2265. Il en est de même du legs et de la donation : *Pro donato usucapit, cui donationis causâ res tradita est* (L. 1, ff., *Pro donat.*). Si quelqu'un a fait abandon d'une chose qu'il possédait *animo domini*, sans cependant en être propriétaire, cet abandon donne à celui qui s'empare de cette chose, sachant qu'elle est abandonnée, le droit d'en prescrire la propriété : *Id quod pro derelicto habitum est et haberi putamus, usucapere possumus, etiamsi ignoramus à quo derelictum sit* (L. 4, ff., *Pro derel.*). — De même, je puis prescrire, *pro soluto*, la chose qu'on m'a payée à la place de celle qui m'était due : *Pro soluto usucapit, qui rem debiti causâ recipit : et non tantùm quod debetur, sed et quod libet pro debito solutum hoc titulo usucapi potest* (L. 46, ff., *De usuc.*). — Observez, à l'égard du titre *Pro soluto*, que quoiqu'un payement suppose une dette, néanmoins celui à qui on a payé une chose qu'il croyait par erreur lui être due, peut la prescrire (L. 3, ff., *Pro suo*). — Mais il faut observer que le titre *Pro derelicto* est en désuétude en France : les abandons de terre, remarque M. Troplong, n° 887, y sont absolument inconnus, grâce à la supériorité de la civilisation.

886. Le donataire de bonne foi, qui a reçu un immeuble d'un donateur non propriétaire peut-il prescrire par dix et vingt ans, bien qu'il n'ait pas fait transcrire son contrat? L'affirmative a été décidée par un arrêt de la cour d'Agen du 24 nov. 1842 (3). — La question n'est pas sans difficulté, car aux termes de l'art.

---

de l'art. 2265 c. civ., et n'a en rien violé les règles qui établissent la distinction des pouvoirs judiciaire et administratif ; — Rejette.

Du 7 mars 1838.-C. C., ch. req.-MM. Zangiacomi, pr.-Bayeux, r.

(1) *Espèce :* — (Jouhannaux *C.* Bonnille.) — En 1786, Garat vendit à Bonnille le domaine de Villeguste, ainsi qu'il se comportait, et qu'en avaient joui ou dû jouir ses fermiers. — En l'an 10, il vend à Louis et Léonard Jouhannaux frères trois autres domaines situés à Saint-Priest-Palus, ainsi qu'ils se comportaient. — En 1808, Léonard Jouhannaux cite Bonnille pour être déclaré propriétaire exclusif du bois de Las-Rochas, et du terrain appelé le pré de Monsieur. — Bonnille invoque la prescription décennale, suivant la coutume du Poitou (art. 572).

Jugement du tribunal de Bourganeuf qui admet Bonnille à prouver la jouissance alléguée par lui. — Appel. — Arrêt.

LA COUR ; — Considérant que le tribunal dont est appel a commis une erreur de droit qu'il n'est pas permis de laisser subsister, en décidant en principe que le bénéfice de la prescription décennale du tiers acquéreur de bonne foi était applicable au défendeur, puisqu'il ne pouvait incidemment être permis de le regarder comme un tiers acquéreur, relativement à des objets que son vendeur, ou celui qui le représentait, contestait précisément avoir été compris dans la vente qui lui avait été consentie ; que, dans cette espèce, qui est celle de la cause, il ne pouvait évidemment y avoir lieu à appliquer les principes relatifs au tiers acquéreur ; qu'il a été dès lors mal jugé par ce tribunal, en admettant le défendeur à la preuve par lui offerte, d'une preuve de possession de dix ans seulement, et en déclarant cette preuve comme devant être décisive dans la cause ; — Emendant, admet l'appelant à prouver, etc.

Du 21 août 1811.-C. de Limoges.-M. Larivière, 1er pr.

(2) (Marchand *C.* Buglet, etc.) — LE TRIBUNAL ; — Vu l'art. 118 de la coutume de Paris ainsi conçu : « Si aucun a joui, usé ou possédé d'un héritage ou rente ou autre chose prescriptible par l'espace de trente ans tant par lui que par ses prédécesseurs franchement, publiquement et sans aucune inquiétation, supposé qu'il en fasse apparoir de titre, il a acquis prescription entre âgés et privilégiés. » — Attendu que suivant François et Marie-Anne Marchand eux-mêmes leur réclamation de la succession de Bernard Berruer n'a eu lieu qu'en 1787, et que le jugement qu'ils ont obtenu en conséquence n'est que du 1er oct. 1793 ; qu'en 1787, lors de l'opposition à l'arrêt du ci-devant parlement de Paris, du 24 mai 1756, Edme-François Buglet et René Millot, acquéreurs de bonne foi de ceux que l'arrêt de 1756 déclarait héritiers de Bernard Berruer s'ils avaient été mis en cause, auraient avec succès objecté la prescription de trente ans qui leur était acquise par la possession paisible d'eux et leurs auteurs depuis l'époque de l'arrêt ; que le jugement de 1793, lorsqu'ils ont été troublés, n'a pu leur être objecté comme ayant l'autorité de la chose jugée parce qu'il n'était pas rendu contre eux ; qu'ayant en leur faveur une fin de non-recevoir résultant de la prescription ils ont pu l'objecter péremptoirement, sans être obligés d'attaquer le jugement de 1793 par la voie de l'opposition ; — Rejette.

Du 25 pluv. an 5.-C. C., sect. req.-MM. Lalonde, pr.-Méguin, rap.

(3) (Lavieille *C.* veuve Dubouch.) — LA COUR ; — Attendu que la dame Dubouch repousse l'action de la dame Lavieille, en invoquant la prescription de dix ans, introduite en sa faveur par l'art. 2265 c. civ. ; mais la dame Lavieille repousse l'exception de prescription, en s'appuyant sur l'art. 941 du même code, qui déclare que le défaut de transcription pourra être opposé par toute personne ayant intérêt ; il s'agit donc d'examiner si le défaut de transcription empêche la prescription décennale de la propriété de l'immeuble ; — Attendu que, sous l'empire de la loi du 11 brum. an 7, ni la vente ni la donation n'opérant la transmission définitive de la propriété immobilière que par la transcription, il est évident que ni l'acheteur ni le donateur ne pouvaient prescrire la propriété par dix ans sans transcription, puisqu'ils n'étaient pas investis définitivement de cette propriété ; mais il est incontestable que ce système de législation a entièrement changé par la disposition du code civil ; en effet, d'après l'art. 938 c. civ., la donation dûment acceptée est parfaite par le seul consentement des parties, et la propriété des objets donnés est transférée au donataire, sans qu'il soit besoin d'aucune tradition ; il en est de même de la vente, puisque l'art. 1583 dispose qu'elle est parfaite entre les parties et la propriété acquise de droit à l'acheteur à l'égard du vendeur, dès qu'on est convenu de la chose et du prix, quoique la chose n'ait pas encore été livrée, ni le prix payé ; si la propriété immobilière est acquise définitivement, tant au donataire qu'à l'acheteur, par le seul effet du contrat et de la convention, il devient évident que l'un comme l'autre peuvent prescrire contre des tiers qui se prétendent propriétaires des mêmes objets. L'art. 2265 c. civ. dispose, en effet, que celui qui acquiert de bonne foi et par juste titre un immeuble, en prescrit la propriété par dix ans ; on ne peut raisonnablement disconvenir que cette disposition s'étende au donataire comme à l'acheteur, puisqu'il y a, tant de la part de l'un que de la part de l'autre, une véritable acquisition, et que la loi a employé à dessein le terme générique d'acquérir. Il ne s'agit donc plus que d'examiner s'il y a bonne foi, juste titre et possession. La bonne foi est toujours présumée jusqu'à preuve contraire ; elle est d'autant plus incontestable ici, que la veuve Dubouch, connaissant le partage fait entre ses père et mère, le 20 août 1816, a dû croire que la dame Lavieille n'avait rien à prétendre sur les immeubles de son père ; le juste titre est un titre régulier dans sa forme et dans son objet, et n'est pas attaqué comme nul, aux termes de l'art. 2267 ; enfin la possession n'est pas contestée ; elle est patente, publique et de toute évidence ;

Attendu, néanmoins, que la dame Lavieille invoque l'art. 941 c. civ., qui dispose que le défaut de transcription pourra être invoqué par toute personne ayant intérêt ; que la loi, art. 939, ayant dit que, lorsqu'il y aura donation de biens susceptibles d'hypothèque, la transcription contenant la donation devra être faite au bureau de l'arrondissement où les biens sont situés, la dame Lavieille en tire cette conséquence, qu'ayan intérêt, le défaut de transcription a empêché la prescription ; — Attend que c'est par une véritable confusion des principes et de droits que dame Lavieille prétend repousser la prescription décennale. Si, comme cela est évident, aux termes des dispositions de la loi déjà citée, la propriété passe incommutablement et définitivement sur la tête de l'acquéreur, en vertu du seul acte de vente ou de donation, il est incontestable que la prescription court en sa faveur du jour de l'acte ou de la possession, puisque, propriétaire et possesseur, seul il a droit de prescrire. La transcription ne donne ni ne peut donner aucun droit à la propriété ; le défaut de transcription peut exposer sans doute le propriétaire à des recours fâcheux contre lui, mais il n'altère nullement son droit de propriétaire ; l'immeuble peut être vendu sur sa tête, il peut être tenu de le délaisser aux créanciers ; mais dans tous les cas, c'est toujours comme propriétaire qu'il est poursuivi ; en un mot, tout autre individu se présentant comme propriétaire des mêmes immeubles, pourra être repoussé par la prescription, alors même que l'immeuble n'aurait pas appartenu au vendeur ou au donateur. Pour tous autres que pour ceux qui se prétendent propriétaires, la loi a sagement prévu que les biens susceptibles d'hypothèques doivent être transcrits pour pouvoir être opposés à des tiers, parce que ceux-ci n'ayant que des droits à exercer contre la propriété, ils devaient pouvoir poursuivre ces mêmes droits en quelques mains que ces biens passassent, jusqu'à la transcription, parce que jusque-là ils étaient censés ignorer les mutations, tandis que celui qui se prétend propriétaire et qui laisse posséder et jouir, pendant dix ans ou plus, un autre avec un juste titre, ne peut être censé dans l'ignorance de son droit et d'une possession publique contraire à ses intérêts. D'où suit que la loi, en déclarant que la donation de biens susceptibles d'hypothèques ne pourrait être opposée aux personnes ayant intérêt, si elle n'était transcrite aux bureaux indiqués, n'a eu et n'a pu avoir pour objet que

941 c. nap., le défaut de transcription pourra être opposé par toute personne ayant intérêt.

887. Cela établi, se présente la question de savoir si l'ancien propriétaire des biens donnés, et qui les revendique sur le donataire de bonne foi, peut être considéré comme ayant intérêt, aux termes de l'art. 941 c. nap., et opposer à celui-ci, qui veut prescrire, la non-transcription du contrat? — La question semble devoir se résoudre par celle de savoir quels sont les intérêts que la transcription a pour but de protéger. Aux termes de l'art. 938, la donation dûment acceptée est parfaite par le seul consentement des parties, et la propriété des biens donnés est transférée au donataire... Il en résulte que le donataire est propriétaire et que la transcription ne peut pas avoir pour but de consolider cette propriété, puisqu'elle lui est acquise par l'acceptation de la donation. Quel est donc le but de cette formalité? C'est d'empêcher qu'un débiteur de mauvaise foi, après avoir transmis la propriété d'un immeuble, l'offre comme libre à des créanciers qu'il abuse. Voilà le but de la transcription; son résultat, quant au donataire, est d'affranchir de toutes charges les biens donnés, et non de consolider la propriété. Comme l'a fort bien dit la cour d'Agen, c'est comme propriétaire que le donataire qui n'a pas transcrit sera poursuivi, contraint de délaisser, etc. — Cette qualité ne lui a pas été enlevée par la non-transcription, et il en résulte qu'il peut opposer à quiconque revendique sa propriété la prescription de dix ans.

Au reste, la question n'est pas changée par la publication de la loi du 23 mars 1855 sur la transcription. Nous disons n'est pas changée, bien que l'art. 3 soit évidemment favorable à la doctrine de la cour d'Agen. En effet, il est ainsi conçu : « Jusqu'à la transcription, les droits résultant des actes énoncés aux articles précédents ne peuvent être opposés aux tiers qui ont des droits sur l'immeuble et qui les ont conservés en se conformant aux lois. » Il est bien évident par là que la loi du 23 mars 1855 n'entend protéger que les créanciers. Mais nous disons cependant que cette loi ne doit en rien influencer la solution de notre question, parce qu'ayant uniquement pour but de protéger le crédit foncier, elle a laissé subsister, avec toute la portée qu'on peut lui donner, l'art. 941 c. nap. C'est ce qui a été formellement reconnu lors de la discussion.

888. Un contrat de mariage contenant constitution de dot peut-il valoir comme juste titre? On dit pour la négative que la constitution de dot faite à un successible ne transfère pas la propriété, puisqu'il est toujours tenu au rapport. Mais il a été jugé avec raison qu'il résulte des art. 845 et 860 c. nap., que cette donation est translative de propriété, et est dès lors un juste titre (Nancy, 14 mars 1842) (1).

889. Le titre *Pro hærede* est inconnu dans notre droit. L'héritier qui, trouvant dans la maison du défunt une chose appartenant à autrui, et dont le défunt ignorait l'existence, la possède comme faisant partie des biens de la succession, a évidemment une possession qui ne s'appuie sur aucun titre translatif. Ce n'est donc que par trente ans qu'il pourra la prescrire. — Dans l'ancien droit, Dunod, chap. 2, du Titre, et Pothier, de la Prescription, ont admis le titre *Pro hærede*, et Merlin, Rép., v° Prescription, sect. 1, § 5, art. 1, n° 2, reconnaît aussi sans aucune discussion le titre *Pro hærede*. L'opinion de ces jurisconsultes a été déterminée par une adhésion peut-être trop facile aux principes du droit romain qui, comme on le sait, se préoccupait plus de la bonne foi que du titre. — « Le titre, dit avec raison Marcadé, art. 2269, n° 2, n'existe pas, puisque le bien ne vous a pas été transmis par le défunt : il est très-vrai que vous avez cru qu'il vous était transmis par lui, vous avez cru le recueillir comme héritier, vous avez cru l'acquérir à ce titre; mais en cela vous vous trompiez, et l'acquisition à laquelle vous avez cru n'a pas plus existé en fait qu'en droit. C'est donc sans titre et par une erreur dont la loi ne tient pas compte, parce qu'elle n'est pas causée par l'existence réelle d'un titre, que vous vous êtes mis alors en possession. C'est là, en d'autres termes, un cas de titre simplement putatif, et le titre putatif ne suffit pas » (Conf. M. Troplong, n° 888). Jugé en ce sens que l'héritier n'acquiert pas par une possession de dix ans les immeubles qu'il trouve dans la succession; et que la qualité d'héritier n'est point un juste titre pour prescrire (Bruxelles, 24 janv. 1824) (2).

890. Il a été jugé au contraire que l'héritier qui trouve la chose d'autrui dans la succession, et qui croit qu'elle appartenait au défunt, peut la prescrire : il n'y a d'exception à cette règle que celle déduite de la mauvaise foi du possesseur auquel il succède (Liége, 5 mars 1812) (3).

891. Lorsqu'il y a déclaration que l'estimation donnée en dot en transporte la propriété au mari, conformément à l'art. 1552, cette déclaration constitue au profit du mari un juste titre à l'effet de prescrire la propriété de l'immeuble. Cela ne nous

---

les actions dirigées contre ces mêmes biens, c'est-à-dire des actions hypothécaires, puisqu'elles seules peuvent être purgées au moyen de la transcription, tandis que la transcription ne saurait porter atteinte à la propriété, ni lui servir de secours. Il y aurait donc lieu même sous ce rapport, de rejeter l'action de la dame Lavieille et de faire droit de la prescription invoquée; — Par ces motifs, démet de l'appel, etc.

Du 24 nov. 1842.—C. d'appel d'Agen.

(1) (Veuve Borthon *C.* com. d'Ainvelle.) — LA COUR; — En ce qui touche la possession de la veuve Borthon : — Attendu qu'elle n'est pas contestée sous le rapport de la bonne foi, mais à raison seulement de ce que son contrat de mariage, ne saurait lui servir de juste titre, par le motif que la constitution de dot faite au profit d'un successible ne transfère pas la propriété, qui reste toujours soumise au rapport, à moins qu'elle n'ait été donnée par préciput et hors part; — Que cette objection doit disparaître devant la disposition formelle de la loi, qui autorise l'héritier donataire à retenir l'immeuble en renonçant à la succession (art. 845), et qui lui permet d'en disposer avant partage, par vente ou autrement (art. 860); qu'une telle donation est donc translative de propriété, et, par conséquent, vaut juste titre pour l'appelante; — Attendu que de tout ce qui précède il résulte que la possession de la veuve Borthon, soit de son chef, soit du chef de son auteur, réunit toutes les conditions voulues par la loi pour lui faire acquérir la prescription définie par l'art. 2265; — Par ces motifs, met l'appellation et ce dont est appel au néant; — Emendant, déclare la commune d'Ainvelle mal fondée dans sa demande primitive et l'en déboute, etc.

Du 14 mars 1842.—C. de Nancy, 2ᵉ ch.—MM. Costé, pr.—Garnier, av. gén., c. conf.—Laflize et Volland, av.

(2) *Espèce :* — (L... *C.* le bureau de bienfaisance d'Osterzeele.) — Les époux L... avaient trouvé dans la succession de leur auteur des biens-fonds que le bureau de bienfaisance d'Osterzeele réclamait en qualité de propriétaire. — Pour écarter la demande en revendication, les époux L... ont soutenu qu'ils étaient en possession depuis plus de dix ans; qu'ils avaient joui de bonne foi, et que leur qualité d'héritiers était un juste titre pour acquérir.

LA COUR; — Attendu que, quoique l'on donne, en droit, le nom de *titre* à la qualité d'héritier, ce mot *titre*, dans l'art. 2265 c. civ., ne s'applique cependant pas à la simple qualité d'héritier, et que cette qualité seule ne suffit pas pour faire acquérir la propriété d'un immeuble, après le laps de dix ans, conformément audit article, puisque la possession de celui qui n'a pas de titre valable, continuant dans la personne de son héritier, toujours dans l'absence d'un titre valable, la seule qualité d'héritier ne peut corriger ce vice, ni tenir lieu d'un pareil titre et le remplacer complètement; — Met l'appellation au néant.

Du 24 janv. 1824.—C. de Bruxelles.

(3) (Paquai *C.* Renkin.) — LA COUR; — Attendu que Théodore Wathar est mort en 1772; que Barbe Muno, sa seconde épouse et son héritière, a trouvé dans sa succession l'immeuble dont il s'agit; qu'elle l'a possédé tranquillement et sans réclamation, tant par elle que par l'intimé son acquéreur, pendant plus de trente-six ans; que tout concourt à prouver qu'elle a été dans l'ignorance du prétendu droit des appelants; qu'ainsi l'on doit présumer qu'elle a été de bonne foi pendant tout le temps de sa possession, puisque la mauvaise foi ne se présume pas; — Attendu qu'il est de principe que l'héritier qui trouve la chose d'autrui dans la succession et qui croit qu'elle appartenait au défunt, peut la prescrire, parce que le *pro hærede* est un titre valable de prescription, comme l'enseigne Voët, *ad* ff., lib. 41, tit. 5, n° 1; que la seule exception à cette règle est lorsque celui auquel on succède a été possesseur de mauvaise foi; — Attendu que, dans l'espèce, l'on ne peut pas dire que Théodore Wathar aurait été possesseur de mauvaise foi, puisque les appelants doivent convenir qu'il a eu droit de jouir jusqu'à sa mort de la totalité de l'immeuble dont il s'agit, et c'est seulement à cette époque qu'ils prétendent avoir eu droit d'en réclamer la moitié; — Attendu, en outre, que, suivant la jurisprudence reçue en Brabant, la prescription de trente ans avait lieu au profit de l'héritier, qui après la mort du défunt avait possédé avec bonne foi, pendant un si long espace de temps, la chose d'autrui trouvée dans la succession (Winants, Décis. Brabant. 196); — Par ces motifs, et en adoptant ceux des premiers juges, met l'appel au néant.

Du 5 mars 1812.—C. d'appel de Liége.

semble pas faire question. En est-il de même dans le cas où l'héritage a été apporté sans estimation, ou avec estimation, mais sans déclaration qu'il y a translation de la propriété? Pothier enseignait que sous le droit romain (Traité de la prescr., nº 20), il n'importe que l'héritage ait été donné en dot sous une estimation ou sans estimation *æstimatus an inæstimatus*; car dans les deux cas la propriété est transférée, avec cette seule différence que s'il y a estimation, le mari ne doit, lors de la dissolution du mariage, que le prix de l'estimation, et que s'il n'y a pas eu d'estimation, il doit rendre en nature. En est-il de même sous notre droit actuel? — M. Troplong professe l'affirmative. Tout dépend de la question de savoir si, sous le code Napoléon, le mari peut être considéré comme propriétaire de la dot. — V. *suprà*, nº 412, où nous avons soutenu la négative.

892. La transaction est-elle un juste titre pour prescrire? Il faut examiner les faits et la cause de la transaction, et voir si celle-ci a réellement opéré translation de la chose, ou si, soit qu'elle ait ou non déplacé la possession, elle n'a fait que confirmer le droit ancien sans en créer un nouveau. Ainsi si un individu, dépossédé, abandonne par transaction la chose au possesseur, celui-ci a dès lors un juste titre. Mais ce titre est plutôt une vente qu'une transaction. — Si, ce qui arrive le plus souvent, il est difficile d'apprécier quelle est celle des parties qui a le droit de son côté, on doit considérer celle qui acquiert ou conserve la possession comme en étant investie désormais au titre dont elle s'est prévalue avant la transaction (Conf. M. Troplong, nº 882; V. aussi Pothier, de la Communauté, nº 164).

893. Un jugement passé en force de chose jugée constitue-t-il le juste titre exigé par l'art. 2265? L'affirmative a été jugée par deux arrêts (Rej. 21 fév. 1827; Cass. 14 juill. 1835) (1), et elle est soutenue avec raison par MM. Coulon, Quest., t. 3, dial. 101; Rauter, Proc. civ., § 59, note. Mais on objecte qu'il faut établir une distinction entre les jugements d'adjudication qui sont translatifs de propriété et les autres jugements qui sont purement déclaratifs de droits antérieurs. Le juste titre n'est pas dans le jugement, « il faut remonter jusqu'au titre primitif auquel le jugement prête main-forte » (V. dans ce sens MM. Troplong, nº 883; Duranton, nº 374, et Zachariæ, § 217, nº 7; Marcadé, art. 2269, nº 2). Cette dernière opinion nous paraît devoir être suivie.

894. Le contrat de société est translatif de propriété; et néanmoins, remarque M. Troplong, nº 884, on ne conçoit guère qu'il puisse servir de base à la prescription décennale, car la bonne foi est une condition essentielle de cette prescription. Or la mauvaise foi de celui des associés qui apporte dans la société un immeuble dont il sait n'être pas propriétaire, se communique nécessairement à la société et vicie la possession sociale. Cependant nous croyons que cette doctrine ne doit être admise qu'entre des associés solidaires, et que si, par exemple, un commanditaire possesseur de mauvaise foi d'un fonds le versait, pour sa part, entre les mains des gérants, ceux-ci ou la société seraient fondés à se prévaloir de l'art. 2265. — De même, en matière de société conjugale, si la femme apporte en communauté un héritage par elle acquis de mauvaise foi, la prescription décennale court au profit du mari de bonne foi du jour de son entrée en possession, le mari étant, durant le mariage, seul maître des biens de la communauté (Conf. Pothier, Traité de la prescription, nº 80; M. Troplong, nº 885).

895. Le partage n'est, dans notre droit, que déclaratif de propriété, et par suite, il ne peut servir de base à la prescription décennale. Voici, du reste, quels sont ses effets relativement à cette prescription. — 1º L'associé qui prend, par l'effet du partage, l'immeuble par lui mis en société, est censé n'avoir jamais cessé d'en être possesseur, et dès lors la question de prescription se résout comme s'il n'y avait point eu de société; de sorte que, s'il était possesseur de mauvaise foi, il ne peut prescrire que par trente ans (Conf. M. Troplong, nº 886). — 2º Si l'immeuble apporté en société par un associé de mauvaise

---

(1) 1re *Espèce*: — (Veuve Mailly *C.* comm. d'Auneuil.) — L'État avait fait séquestrer, en 1792, les biens du sieur Frémont-Dumazy, émigré, parmi lesquels la terre d'Auneuil, qui appartenait au sieur Dumazy et aux dames Detrye, aujourd'hui représentés par la dame de Mailly. — Le 17 brum. an 5, sur la revendication d'une partie des biens dépendants de la terre d'Auneuil, faite par la commune de ce nom, sentence arbitrale qui l'envoie et en vertu de laquelle elle se met en possession de ces biens. — Cependant un arrêté administratif, qui régla plus tard un partage de la terre d'Auneuil entre l'État, représentant Frémont, et les dames Detrye, attribua à ces dernières la portion adjugée précédemment à la commune: — « Attendu, y est-il dit, que la sentence arbitrale est susceptible d'être attaquée, d'autant que les copropriétaires n'ont pas été entendus, et qu'ils pourront faire valoir tous leurs droits. » — Néanmoins, en 1819 seulement, la dame de Mailly, aux droits des dames Detrye, forme tierce opposition à la sentence arbitrale de brumaire an 5, et demande à être réintégrée dans les biens attribués à la commune. — 1822, jugement qui reçoit la tierce opposition, et au fond accueille la demande. — Appel. — Et le 18 juin 1825, arrêt de la cour d'Amiens, qui infirme et déclare la dame de Mailly non recevable dans sa tierce opposition, et dans sa demande en revendication, par les motifs que « l'art. 188 de la coutume de Senlis, admettait la prescription de dix et vingt ans; qu'un jugement est un titre suffisant pour fonder la prescription, et que même il suffit d'un juste titre *pro suo*; que la commune a joui sans trouble, en vertu d'un jugement arbitral, pendant plus de vingt années; que sa possession a été de bonne foi; qu'elle a pu se croire propriétaire en vertu du jugement; qu'ainsi il n'y a plus lieu à la tierce opposition. »

Pourvoi par la dame de Mailly: — 1º Violation des art. 474 c. pr. et 2262 c. civ., et fausse application de l'art. 188 de la coutume de Senlis, en ce que l'arrêt a admis contre la tierce opposition à un jugement la prescription de dix et de vingt ans, résultant de la possession exercée en vertu du jugement même attaqué par cette tierce opposition. — La voie de la tierce opposition ne cessait d'être ouverte, dans l'ancien comme dans le nouveau droit, qu'après l'expiration du temps fixé pour la prescription la plus longue; les auteurs (Dunod, des Prescript., part. 2, chap. 1, p. 120; M. Berriat Saint-Prix, Cours de pr. civ., p. 445, 5e éd.) n'admettent contre cette voie que la prescription trentenaire à compter de la signification du jugement. — Mais la prescription de dix et vingt ans serait-elle admissible qu'il faudrait, pour la fonder, un juste titre, un titre d'acquisition, un titre translatif de propriété. Or, tel n'est pas un jugement: ce n'est qu'un titre déclaratif; il ne donne aucun droit nouveau à celui qui l'obtient; il déclare seulement le droit qui lui appartient. La tierce opposition est donc recevable, nonobstant toute possession pendant ce laps de temps. Telle est aussi l'opinion de M. Pigeau (Proc. civ., t. 1, p. 700). — Enfin, serait-il vrai qu'un jugement fût titre suffisant pour la prescription de dix et vingt ans, cette prescription ne pourrait cependant être opposée à la tierce opposition contre le jugement même qui la fonde. — En effet, la tierce opposition est un des recours ouverts contre les jugements; la faculté de l'exercer n'est fermée que par l'expiration des délais fixés par la loi ou par l'effet de la prescription générale contre toutes les actions, la prescription trentenaire; elle peut donc remettre le titre en question; or, la loi veut un titre irrévocable. Le jugement, quoique translatif de propriété, ne pourrait donc être opposé. — Arrêt (apr. dél. en ch. du cons.).

LA COUR; — Attendu que le séquestre national, apposé par suite de l'émigration du sieur Frémont-Dumazy, ayant frappé les biens dont il s'agit, la sentence arbitrale portée le 17 brum. an 5, par suite des arrêtés du département de l'Oise, des 1er janv. 1795 et 7 germ. an 2, se trouve rendue avec un légitime contradicteur; que les habitants du hameau de la Neuville-sur-Auneuil, jouissant en vertu de cette sentence, qui pour eux était un titre attributif de propriété, titre dont il n'est pas prouvé qu'ils eussent connu les vices que l'on fait résulter de ce qu'il y avait des copropriétaires regnicoles des biens en question, les habitants ont eu juste sujet de croire qu'ils possédaient comme propriétaires; — Attendu que la cour royale a jugé, en fait, que les habitants avaient ainsi possédé pendant plus de vingt années, sans interruption légale et de bonne foi; — Rejette, etc.

Du 21 fév. 1827.-C. C., ch. civ.-MM. Brisson, pr.-Piet, rap.-Cahier, av. gén., c. conf.-Petit de Gatines et Nicod, av.

2e *Espèce*: — (Commune d'Arbigny *C.* d'Arbigny.) — LA COUR (après délib. en chamb. du cons.); — ...Attendu que l'art. 2265 c. civ. admet la prescription de dix ans en faveur de celui qui possède depuis dix ans un immeuble qu'il a acquis de bonne foi et par juste titre; qu'un jugement passé en force de chose jugée et contradictoire est, aux yeux de la loi, un juste titre; que celui qui l'obtient est jugé de bonne foi, si le contraire n'est pas prouvé, et que, dans l'espèce, la commune d'Arbigny pouvait d'autant moins connaître la donation faite par Guillaume d'Arbigny à son fils aîné, que le père lui-même, le donateur, était défendeur au procès, et représenté par son fils donataire, et que ce dernier, ni au nom de son père, ni au sien, n'a parlé de cette donation du cinquième des biens du père commun, par lui faite à ce même fils par son contrat de mariage alors ignoré; — Par ces motifs, vu les art. 474 c. pr., et 2265 c. civ., casse les deux arrêts attaqués de la cour de Dijon.

Du 14 juill. 1835.-C. C., ch. civ.-MM. Dunoyer, pr.-Bonnet, rap.-Gartempe, av. gén., c. conf.-Gayet et Lucas, av.

foi, tombe, lors du partage, dans le lot d'un autre, celui-ci est censé en être devenu propriétaire dès la réunion en société, et pourra prescrire, *à partir de cette époque*, soit par trente ans, s'il était de mauvaise foi, soit par dix ou vingt ans, dans le cas contraire. — Pothier, nº 79, et Delvincourt, t. 2, p. 654, estiment cependant que la prescription décennale ne doit commencer pour lui que du jour du partage, attendu qu'il n'a pu savoir avant le partage s'il deviendrait propriétaire de l'immeuble, et que c'est pourtant dans l'opinion qu'on est propriétaire que consiste la bonne foi exigée pour la prescription décennale. — Mais on peut répondre que l'associé est, quoique sous une condition résolutoire, copropriétaire, durant la société, des biens dont se compose la masse sociale. Ce qu'il n'a pu savoir avant le partage, ce n'est donc pas s'il *deviendrait*, mais s'il *demeurerait* propriétaire. Il y a donc lieu de faire remonter à l'époque du contrat de société, lequel est un juste titre, le point de départ de la prescription décennale au profit de l'associé de bonne foi. — Vainement, ajoute M. Troplong, qui admet cette dernière opinion, vainement alléguerait-on qu'il ne faut pas tenir compte de la possession qui a eu cours durant la société, attendu le vice dont elle était infectée par suite de la mauvaise foi de l'associé qui a fait l'apport de l'immeuble. Une possession qui était vicieuse pendant la société, parce qu'on comptait tel associé parmi les propriétaires, peut devenir bonne par l'événement du partage, si en le retranchant du nombre des propriétaires, on retranche avec lui le vice inhérent à la personne. — M. Troplong semble décider que lorsque l'apport de l'immeuble à la société a été fait par un associé de bonne foi, la prescription par dix ans ne commence au profit d'un autre associé, également de bonne foi, dans le lot duquel tombe l'immeuble, qu'à partir de la formation de la société. C'est, ce semble, une erreur. Supposer que l'associé qui a fait l'apport était de bonne foi, c'est supposer que la possession était fondée sur un titre. Dès lors, l'autre associé pourra joindre cette possession antérieure au contrat de société, à celle que, par l'effet rétroactif du partage, il est réputé avoir eue lui-même durant l'association (c. nap. 2235).

896. En matière de partage de communauté conjugale, si l'immeuble de communauté échoit au mari de mauvaise foi qui en avait fait l'apport, comme il n'a pas cessé d'en être propriétaire, le fait de la mise en communauté n'influe en rien sur la question de prescription (Conf. M. Troplong, *loc. cit.*). — Si l'immeuble, ameubli par le mari, échoit à la femme qui est de bonne foi, elle est censée en être devenue propriétaire dès l'époque du mariage. Le mari sera censé n'avoir eu pendant le mariage qu'une possession à titre de procureur pour le compte de la femme (Conf. M. Troplong, *eod.*). — Si l'immeuble, apporté par la femme de mauvaise foi, tombe dans son lot, la prescription n'a pas lieu, le mari eût-il prescrit par dix ou vingt ans durant le mariage ; car, dans ce cas, l'héritage est censé n'avoir jamais cessé d'être possédé par la femme (Pothier, *loc. cit.*, et M. Troplong, *eod.*). — Enfin, si la femme, de bonne foi, se trouvait réinvestie, par le partage, de l'immeuble par elle apporté dans la communauté, elle prescrirait par dix et vingt ans, en joignant à sa possession antérieure au mariage celle que son mari a eue pour elle durant la communauté. Delvincourt prétend, au contraire, que cette dernière possession a interrompu celle antérieure de la femme. Mais non ; le mari a possédé, conformément à son titre, et, par conséquent, il a possédé pour le compte de la femme, dans le cas possible et prévu où l'immeuble retournerait à celle-ci (Conf. M. Troplong, *eod.*).

897. Il ne suffit pas qu'un titre soit habile à transférer la propriété pour qu'il puisse servir de base à la prescription par dix ou vingt ans ; il faut encore que ce titre soit réel, valable, définitif, et qu'il protége la possession pendant tout son cours.

898. *Premièrement*, le *titre* doit être *réel* et non *putatif*. Un titre tacite (c'est-à-dire celui dont la loi induit l'existence de certaines circonstances données, comme, par exemple, dans le cas de l'art. 1393 c. nap.) a une existence réelle et peut servir pour la prescription décennale. — Mais les *titres présumés*, c'est-à-dire dont la loi présume l'existence dans le doute, et les titres putatifs, c'est-à-dire ceux que, par erreur, une personne croit avoir, sont au contraire inefficaces pour la prescription dont il s'agit ; sans qu'il y ait lieu de faire exception à cette règle pour le cas où c'est par une erreur de fait, et non de droit, que le titre putatif a été considéré comme valable pour la partie qui veut s'en prévaloir. La loi exige un titre, *et* non point seulement l'opinion énoncée d'un titre, quelque fondement qu'elle ait pour acquérir à un tiers le bien d'autrui (d'Argentré et M. Troplong, nº 895. — *Contrà*, Pothier, nº 97). — Ainsi, l'héritier putatif ne prescrit pas par dix ou vingt ans contre le véritable héritier. — Ainsi, celui auquel, par suite d'une erreur provenant de l'identité de nom, un legs a été payé, quoiqu'il ne fût pas légataire, ne prescrit pas par dix ou vingt ans contre le véritable légataire de l'immeuble. Celui à qui on a payé une chose qu'il croyait, de bonne foi, lui être due, ne peut la prescrire que par trente ans. — Ainsi, le légataire putatif d'un immeuble peut en être évincé après une possession de dix ou vingt ans, si l'on vient à produire le testament qui a révoqué le legs à lui fait précédemment. — Ainsi enfin, celui qui possède pendant dix ou vingt ans un immeuble, croyant par erreur que son mandataire, qu'il avait chargé de l'acheter, a en effet rempli ce mandat, n'est point fondé à opposer la prescription à l'action revendicatoire du vrai propriétaire (Conf. M. Troplong, nº 894).

899. *Deuxièmement*, aux termes de l'art. 2267, « le titre nul par défaut de forme ne peut servir de base à la prescription de dix et vingt ans » ; à moins, comme le fait observer Pothier (de la Prescript., nº 88), que, sans s'arrêter au vice de forme, celui en faveur de qui la forme est établie n'efface la nullité en exécutant le titre. C'est aussi ce que décide la loi 9, ff., *Pro legato*. *Pro legato usucapit cui rectè legatum relictum est ; sed etsi non jure legatum relinquatur pro legato usucapi post magnas varietates obtinuit.* — En général, ajoute Pothier, lorsqu'un héritier m'a délivré une chose comme m'ayant été léguée, soit qu'elle l'ait été ou non, j'ai un titre pour l'acquérir par prescription : s'il n'y a pas eu de legs, ce ne sera pas le titre *Pro legato*, mais ce sera le titre *Pro suo* : *quod legatum non sit, ab hærede tamen perperam traditum sit, placet à legatorio usucapi, quia pro suo possidet* (L. 4, § 2, ff., *Pro suo*).

900. Il faut, comme on vient de le voir, que le titre soit *valable*. Un titre manquant des formalités exigées pour prouver son existence ne saurait être un juste titre dans le sens de la loi. On ne présume même pas que le porteur d'un titre vicié par une nullité de forme soit de bonne foi. — Ainsi, la prescription décennale ou vicennale ne peut être invoquée par le légataire institué en vertu d'un testament irrégulier, bien qu'en fait il en ignorât les vices de forme (Conf. M. Troplong, nºs 899 et 900). — Jugé en ce sens : 1º que la vente de biens de mineurs faite sans que les formalités prescrites par la loi aient été remplies, ne peut constituer un juste titre (Cass. 1er floréal an 5) (1) ; — 2º Qu'on ne peut regarder comme un juste titre, lequel, avec bonne foi, opère la prescription décennale au profit de l'acquéreur ou tiers détenteur, une expédition délivrée à cet acquéreur, d'un contrat nul pour défaut de formes, en ce que la minute ne serait signée ni par le vendeur ni par les témoins, alors même que cette expédition contiendrait la mention des signatures (Angers, 9 mars 1825) (2) ; — 3º Que la vente des propriétés d'un individu admis à la cession de biens, si elle est faite sans les formalités exigées

(1) (Petit et cons. *C.* Ract.) — LE TRIBUNAL ; — Considérant, sur le quatrième moyen, que, pour l'aliénation des biens des mineurs, les lois exigent le concours de plusieurs circonstances : la nécessité de vendre, l'avis des parents, le décret du juge, l'estimation préalable, les affiches et l'enchère ; — Que la plupart de ces formalités n'ont point été observées lors de la vente du 25 juill. 1759 ; — Que le jugement du 15 frimaire a donc fait une juste application de ces lois en annulant une vente qui n'était pas revêtue des formalites qu'elles prescrivent ; — Considérant, sur le cinquième moyen, qu'on ne peut pas prescrire contre les mineurs pendant leur minorité ; — Qu'au surplus, le titre dont Toussaint Petit et cons. excipent, était vicieux ; qu'il n'avait donc pas pu leur transmettre une possession légale et légitime ; — Rejette.

Du 1er flor. an. 5.-C. C., ch. civ.-MM. Chabroud, pr.-Lions, rap.

(2) *Espèce* : — (Leroy *C.* Chiron.) — Le 10 août 1824, jugement du tribunal d'Angers qui porte : — « Attendu que, d'après les anciennes ordonnances, un notaire était incompétent pour donner seul l'authenticité à un acte ; qu'il fallait que ce fonctionnaire fût assisté d'un second notaire, ou de deux témoins, dont un au moins devait apposer sa signa-

par la loi, ne constitue pas, au profit de l'adjudicataire, un juste titre pouvant servir de base à la prescription de dix ans (Metz, 30 mars 1833, aff. Dureteste, V. Faillite, nº 76); — 4º Que l'acte de vente passé sous la loi du 11 brum. an 7, et non transcrit, ne peut, à l'égard des tiers et nonobstant la survenance du code Napoléon, être considéré comme un titre légitime propre à servir, au profit du tiers acquéreur de bonne foi, de base à la prescription par dix et vingt ans (Lyon, 17 fév. 1834 (1); Colmar, 30 nov. 1826, aff. des hospices de Strasbourg, V. Propriété féodale). Il en serait de même maintenant depuis la publication de la loi du 23 mars 1855; — 5º Que lorsqu'une adjudication a été annulée pour avoir été faite au préjudice de la partie saisie qui n'avait pas été légalement représentée, le temps pendant lequel l'immeuble est resté dans les mains de l'adjudicataire ne peut compter utilement pour la prescription de dix et vingt ans (Nîmes, 12 mars 1834) (2); — 6º Qu'enfin le vendeur ne peut transmettre à l'acquéreur plus de droits qu'il n'en avait lui-même, en ce sens que, si le titre du vendeur était une donation (ou tout autre acte) viciée d'une nullité radicale pour défaut de forme, l'acquéreur doit s'imputer, soit de n'avoir pas vérifié ce titre, soit de s'être soumis aux chances d'une acquisition hasardeuse, et que, dès lors, il ne peut se prévaloir de la prescription décennale contre ceux qui demandent la nullité du titre du vendeur et revendiquent l'immeuble (Cass. 8 janv. 1838) (3). — Cet arrêt, très-bien rendu, n'est pas en contradic-

---

ture; que la loi du 29 sept. 1791 a ajouté à ces dispositions que l'acte fût reçu par un notaire assisté de deux témoins sachant écrire; que l'acte du 26 janv. 1793, passé sous l'empire de cette dernière loi, n'est revêtu de la signature d'aucun des deux témoins, qu'il n'est point non plus signé du vendeur; qu'ainsi il ne saurait valoir ni comme acte authentique, ni comme acte privé; — Que, nul par défaut de forme, il n'a pu fonder la prescription de dix ou vingt ans; mais que cette nullité n'était nullement le fait de Chiron, qu'elle tenait à une formalité extrinsèque de l'acte dont le notaire seul avait à s'occuper; — Que l'acquéreur est naturellement présumé l'avoir ignorée, surtout quand le notaire lui avait délivré une expédition qui énonçait l'accomplissement de toutes les formalités; — Que la bonne foi doit être supposée avoir existé tant que le contraire n'est pas prouvé; — Qu'à la vérité, on fait valoir contre Chiron qu'il aurait produit une seconde copie, délivrée par le successeur immédiat de Poitevin, et contenant les mêmes infidélités que celle émanée de ce notaire, mais que l'on n'a point articulé qu'il eût employé des moyens frauduleux pour se procurer cette seconde copie; qu'ainsi les faits posés sont non probatifs et inadmissibles; que d'ailleurs, il ne paraît pas que ce fût la régularité de l'acte dans ses formes extérieures que l'on cherchât alors à vérifier, puisque les parties intéressées demeuraient dans le voisinage de Rochefort, et qu'elles n'eussent pas manqué, si elles eussent eu des doutes à cet égard, de recourir à la minute; — Qu'ainsi Chiron, ayant possédé de bonne foi jusqu'à l'époque où l'action a été intentée, a dû faire les fruits siens...; — En ce qui touche les conclusions prises contre les héritiers Poitevin, attendu que la responsabilité dont sont passibles les notaires a toujours dépendu, dans son application, des circonstances de la cause, c'est-à-dire particulièrement de la gravité de la faute commise, et du préjudice qu'elle a causé aux parties; que, dans l'espèce, quelque considérable qu'ait été le tort du notaire Poitevin, en ne faisant pas remplir les formalités auxquelles la loi assujettissait l'acte qu'il avait reçu, et surtout en délivrant une expédition où leur accomplissement était faussement attesté, cependant il n'est pas démontré qu'il y ait eu dol de sa part; et cette faute grave paraît avoir été le résultat, 1º de l'usage abusif où étaient quelques notaires de ne faire signer qu'après coup leurs actes par un confrère ou par des témoins instrumentaires; 2º des troubles civils qui survinrent dans un temps très-rapproché, et qui dispersèrent les personnes dont le concours était nécessaire à la perfection de ses actes; — Qu'au surplus, Chiron, qui est seul à souffrir de cette négligence, ne perd rien de ce qu'il possédait, et se trouve seulement privé des avantages que lui assurait son acquisition : que, quant à ce qu'il a payé dans le temps, il en est amplement dédommagé par les jouissances; — Attendu que, dans tous les cas, la garantie ne peut être appliquée qu'avec une grande modération contre les héritiers qui viennent, après plus de trente ans, répondre des fautes de leur auteur, et qui sont dénués des moyens de justification que celui-ci eût pu faire valoir. — Le tribunal déclare nul l'acte du 26 janv. 1793, autorise les demandeurs à rentrer dans la possession et jouissance des immeubles dont cet acte contenait la cession de la part de François Leroy, leur oncle; condamne Chiron à les leur délaisser avec rapport des fruits du jour de la demande seulement, sans répétition de la part des demandeurs pour les meubles; autorise Chiron à répéter et compenser *in quantum* le montant des rentes qu'il justifiera avoir amorties, et qui grevaient les biens qu'il est condamné à abandonner; — Condamne les héritiers Poitevin, pour tous dommages-intérêts, aux dépens de toutes les parties jusqu'à ce jour, y compris le coût du présent jugement. » — Appel par les héritiers Leroy. — Arrêt.

LA COUR; — Adoptant les motifs, etc, met l'appel au néant.

Du 9 mars 1825.-C. d'Angers.-M. de Beauregard, pr.

(1) *Espèce :* — (Deschelus C. Daviot.) — En l'an 8, Marie Perret vend des immeubles à Jugnet; celui-ci les revend, en l'an 9, à Deschelus qui a négligé de faire transcrire. En 1822, Marie Perret est interdite pour démence reconnue avoir existé à l'époque de la vente de l'an 8, laquelle est annulée. En 1828, le sieur Deviot, héritier de l'interdite, demande contre Deschelus le délaissement des biens par lui acquis en l'an 9; il repousse la prescription de dix et vingt ans par le motif que la vente ayant eu lieu sous la loi de l'an 7 et n'ayant pas été transcrite, ne peut être opposée aux tiers d'après les art. 26 et 28 de cette loi, ni constituer par suite un titre de propriété capable de servir de fondement à la prescription. L'acquéreur répond que c'est là un juste titre dans le sens de l'art. 2265 c. civ., et que la publication de ce code a, d'ailleurs, valu transcription. Jugement qui accueille la demande de Daviot. — Appel. — Arrêt.

LA COUR; — Considérant que le titre des héritiers Deschelus a été passé sous la loi du 11 brum. an 7, qui exigeait la transcription pour opérer la transmission de la propriété à l'égard des tiers; — Que ce titre n'a jamais été transcrit; qu'ainsi, un tel titre ne peut servir de base à la prescription de dix et vingt ans; que le code civil n'a rien changé à cet égard, et ne vaut pas transcription pour les actes passés antérieurement à sa promulgation; — Par ces motifs, confirme, etc.

Du 17 fév. 1834.-C. de Lyon.-M. de Belbœuf, 1er pr.

(2) (Arnaud C. Sage.) — LA COUR; — Attendu que, s'il résulte du texte des art. 2265 et 2266 c. civ. quelques difficultés sur la question de savoir si la prescription de dix ans doit courir ou non contre celui qui, ayant transféré sa résidence réelle hors du ressort de la cour royale où l'immeuble est situé, y a cependant conservé son domicile de droit, ces difficultés se résolvent par l'intention du législateur et par la législation antérieure au code civil; qu'il est, en effet, évident que le législateur ayant pensé, avec raison, que, puisque l'absent ne pouvait veiller comme le présent à la conservation de ses droits, il était juste et raisonnable de reculer, en sa faveur, le terme de la prescription; que ce but ne serait pas atteint, si, dans le cas d'une absence réelle et prolongée, il était considéré comme n'ayant pas cessé d'habiter le ressort, sous prétexte qu'il n'a fait aucune déclaration de changement de domicile; que tous les anciens auteurs ont également pensé que c'était par le fait de l'habitation réelle, et non par celui du domicile légal, qu'il fallait calculer le temps nécessaire pour prescrire; qu'en appliquant ces principes à l'espèce actuelle, il résulte de l'examen auquel la cour s'est livrée, que, du 19 mai 1815, jour de la vente faite par l'adjudicataire à Paillot, jusqu'au 28 avril 1828, jour de la demande introductive, Catherine Chapat justifie, par des certificats réguliers, qu'elle a habité avec son mari diverses communes situées hors du ressort de la cour royale de Nîmes, en s'y livrant l'un et l'autre à l'exercice de leur profession habituelle, pendant au moins l'espace de sept ans et trois mois, ce qui réduit à six ans le terme qu'elle a passé dans ce ressort; d'où il suit que le temps requis pour prescrire contre elle n'est pas acquis au possesseur de bonne foi, puisqu'à six ans de résidence dans le ressort, il faudrait joindre huit ans hors du ressort, pour satisfaire au vœu de l'art. 2266; — Attendu que, pour échapper à cette conséquence, Sage veut se prévaloir du temps pendant lequel l'immeuble est resté entre les mains du premier adjudicataire; mais qu'il est évident que ce temps ne peut compter utilement pour la prescription de dix et vingt ans; car, d'une part, l'adjudicataire ne peut être réputé avoir possédé à juste titre, puisque ce titre a été reconnu vicieux et annulé comme tel; il ne peut être réputé de bonne foi, puisque la bonne foi n'est jamais présumée en cas d'inobservation de la loi; enfin, d'après l'art. 2267, qui n'est que la conséquence des principes posés par l'art. 2265, le titre nul par défaut de forme ne peut servir de base à la prescription de dix et vingt ans, ce qui est précisément le cas dans lequel se trouvait l'adjudicataire; qu'il suit de ce qui précède que la prescription n'étant pas acquise en faveur de Sage, la demande de Catherine Chapat n'a pas dû être repoussée...; — Met ce dont est appel au néant, et, par nouveau jugé, condamne Sage à se désister des immeubles désignés dans la demande, etc.

Du 12 mars 1834.-C. de Nîmes, 1re ch.-M. de Daunant, 1er pr.

(3) (Barbotte C. Fauvel.) — LA COUR; — Attendu qu'il résulte de l'arrêt attaqué lui-même que la vente faite par Charles Barbotte à Fauvel, le 19 déc. 1805 (28 frim. an 14), n'a pas été faite par l'héritier apparent, mais seulement par un donataire, dont le titre était nul par défaut des solennités prescrites pour les donations, et, par conséquent, vicié d'une nullité radicale tenant à la forme même de l'acte; — Qu'en effet, il est constaté, en fait, pour ledit arrêt, que Barbotte père avait laissé sept enfants appelés également par la loi à sa succession et demeurant tous dans le pays, et que néanmoins Fauvel a acheté, d'un seul desdits enfants, un des domaines les plus importants de la succession; — Attendu que le vendeur ne peut transmettre à l'acquéreur plus de

tion avec le principe que nous avons posé plus haut, à savoir, que le tiers détenteur puise son droit dans son titre et non dans celui de son auteur; car, dans notre espèce, c'était le titre lui-même du tiers détenteur qui était vicié, puisqu'il en résultait que le vendeur était sans qualité et sans droit pour vendre.

901. Néanmoins, d'après un arrêt, des actes de vente d'une propriété autrefois vendue administrativement ont pu, par appréciation souveraine de leurs termes, de la contenance exprimée dans la vente administrative et des faits de la cause, être considérés comme formant un juste titre susceptible de servir de base à la prescription décennale d'un terrain contigu que les acquéreurs ont occupé dans l'opinion qu'il faisait partie de cette contenance, sans que l'arrêt qui le décide ainsi tombe sous la censure de la cour de cassation (Cass. 4 juill. 1845) (1).

902. On a dû aussi considérer comme juste le titre qui a transmis une propriété antérieurement louée à bail emphytéotique, lorsqu'il a été constaté que, dans le titre du vendeur, il avait été déclaré que la charge emphytéotique avait été rachetée (Req. 20 juin 1827) (2).

903. Quoique, en général, toute partie intéressée puisse exciper des nullités de forme, cependant il en est qui ne sont que *relatives*: telles sont celles intéressant les mineurs et les interdits. Un titre affecté d'une nullité de cette nature tombe-t-il nécessairement sous la disposition de l'art. 2267? — Il a été jugé, avec raison, que celui à qui un immeuble a été vendu par un tuteur, en cette qualité, sans l'observation des formalités prescrites, ne peut se prévaloir de son acte d'acquisition comme d'un juste titre à l'effet de prescrire par dix ou vingt ans, encore bien que par la renonciation du mineur à la succession d'où provenait l'immeuble, le vendeur en ait hérité depuis la vente (Bruxelles, 14 déc. 1821) (3). Mais cette décision ne résout pas la question ci-dessus; car, dans l'espèce, l'acquéreur, en achetant, sans formalités, d'un mineur, *qu'il connaissait pour tel*, était de *mauvaise foi*; de là l'incapacité où il était de prescrire par dix ou vingt ans. Mais il pourrait se rencontrer tel cas où sa bonne foi serait au contraire certaine, et c'est alors la valeur du titre qu'il faudrait examiner. Nonobstant l'art. 2267, M. Troplong décide, n° 902, que le titre vicié par une nullité relative n'est pas moins un juste titre; car le contrat est valable tant que le mineur ne l'attaque point, tellement que l'obligation qui en dérive peut être cautionnée (c. nap. 2012). — V. aussi M. Vazeille, n° 473. — V. n° 919.

904. Cependant il a été jugé, au moins implicitement, que celui qui avait acheté de l'héritier bénéficiaire sous la coutume de Bretagne, sans que les formalités eussent été remplies, ne pouvait se servir de cette vente comme d'un juste titre, bien qu'elle n'eût point été attaquée (Cass. 3 juin 1823) (4). Il est

---

droits qu'il n'en avait lui-même, et que l'acquéreur doit s'imputer, soit de n'avoir pas vérifié les titres de son vendeur, soit de s'être soumis aux chances d'une acquisition hasardeuse; ... — Casse l'arrêt de la cour d'Angers, du 5 mai 1834.

Du 8 janv. 1838.-C. C., ch. civ.-MM. Portalis, 1er pr.-De Broé, rap.-Laplagne-Barris, 1er av. gén., c. conf.-Garnier et Bruzard, av.

(1) *Espèce*: — (Préfet de la Seine C. Lhuillier.) — Le pourvoi était formé contre un arrêt de la cour de Paris, du 18 nov. 1842, et basé sur la violation de l'art. 2265 c. civ. et de l'art. 7 de la loi du 20 avr. 1810, en ce que l'arrêt attaqué a réputé *juste titre*, de nature à fonder la prescription décennale, les ventes faites aux époux Recappé, puis aux époux Lhuillier, en 1826 et en 1830, quoiqu'elles ne s'appliquassent pas au terrain prétendu prescrit que la première vente de l'an 5, à laquelle se référaient les ventes postérieures, assignait, au contraire, comme limite à la propriété vendue, et en ce que, dans tous les cas, le même arrêt n'a point motivé sa décision, en ne s'expliquant pas sur la question de savoir si les ventes successives comprenaient ou non le terrain litigieux, quoiqu'elle eût été soulevée par le préfet dans tout le cours de l'instance. — Le demandeur ajoutait qu'il était d'ailleurs indifférent que soit les époux Recappé, soit les époux Lhuillier eussent cru de bonne foi avoir acheté la portion de terrain revendiquée aujourd'hui par l'État, un titre putatif ne pouvant servir de base à la prescription décennale. — Arrêt.

LA COUR; — Attendu que la cour royale de Paris a décidé, d'après une interprétation d'actes et de faits qui lui appartenait souverainement, que, par les actes de vente des 16 fév. 1826 et 16 sept. 1830, les époux Recappé, et successivement, les époux Lhuillier, ont acquis de bonne foi la totalité du terrain contenu dans l'enceinte du mur de clôture, y compris celui qui était l'objet du litige; que cette décision de fait est suffisamment motivée par l'exposé des circonstances desdites ventes; — Que l'arrêt attaqué a pu en induire que lesdites ventes avaient constitué au profit des défendeurs éventuels un juste titre; — Et qu'en décidant, en droit, que lesdits défendeurs éventuels, ayant possédé de bonne foi et en vertu d'un juste titre le terrain litigieux, ils avaient pu le prescrire, aux termes de l'art. 2265 c. civ., l'arrêt attaqué a fait de cet article une juste application, et n'a point violé l'art. 7 de la loi du 20 avr. 1810; — Rejette.

Du 4 juill. 1845.-C. C., ch. req.-MM. Zangiacomi, pr.-F. Faure, rap.-Delangle, av. gén., c. conf.-Fichet, av.

(2) (Mariette C. Ravel.) — LA COUR; — Attendu, sur le premier moyen, que, par l'effet des lois de la révolution, la nation aux droits d'un émigré, héritier du sieur Gontaut de Biron, devint, avec la dame de Grammont, comme légataire de son mari, aussi héritier dudit sieur de Biron, copropriétaire de la maison et du terrain chargés de la rente emphytéotique dont il s'agit; — Que l'arrêt relate que, par l'effet d'un partage opéré le 20 fruct. an 13, entre la nation et les héritiers Biron, la dame de Grammont reçut dans son lot ce terrain et cette maison, avec mention *que la charge emphytéotique avait été rachetée*; qu'en jugeant donc que la dame de Grammont, devenue ainsi propriétaire et de la maison et du terrain, en a, par l'effet de la vente qu'elle en fit le 5 oct. 1811 à la dame Ravel, transmis la propriété pleine et entière, l'arrêt (de la cour de Paris), loin de violer les lois invoquées, n'a fait qu'appliquer celles qui garantissent la propriété; — Sur le deuxième moyen, qui, par les motifs ci-dessus, se trouverait suffisamment écarté: — Attendu que c'est le 5 oct. 1811 que la dame de Grammont a vendu à la dame Ravel les mêmes terrain et maison, dont la dame Ravel a joui, sans réclamation de la part du demandeur, jusqu'en 1823; que possédant ainsi avec juste titre et bonne foi pendant plus de dix années, entre présents, puisque toutes les parties demeuraient à Paris, l'arrêt a dû déclarer, comme il l'a fait, que la prescription était acquise à la dame Ravel; — Rejette.

Du 20 juin 1827.-C. C., ch. req.-MM. Henrion, pr.-Vallée, rap.

(3) (Van Overveldt C. van der Meyden.) — LA COUR; — Attendu que le jugement du 14 avril est définitif, en ce qu'après avoir, dans ses motifs, écarté la prescription de trente ans, établie par l'art. 617 c. civ., il réduit la contestation à la prescription de dix ans avec juste titre (selon l'art. 2265), dont ce jugement ordonne la preuve ainsi que la communication; que par conclusions signifiées au nom de la demanderesse, le 3 juin suivant, tendantes à ce que le défendeur eût à satisfaire à ce jugement, elle y a acquiescé, et par conséquent ne peut plus être reçue appelante de ce jugement; — Attendu que, fût-il vrai que dans la vente de la maison en toute propriété, du 27 mess. an 12, le droit d'usufruit de l'appelante, qu'elle s'était réservé dans la donation du 14 juin 1786, réalisée sous cette charge par œuvres de loi du 17 juin suivant, eût été compris, il est constant que cette vente a été faite par van den Kerkove et van den Henden, en se qualifiant de tuteur et subrogé tuteur des enfants mineurs du premier, sans autorisation du conseil de famille ni décret du juge; qu'ainsi l'intimé ne peut être censé acquéreur de bonne foi, à cause de la nullité du titre et de la connaissance qu'il avait de l'incapacité des vendeurs; — Que ce défaut ayant existé au moment de l'acquisition, la renonciation postérieure des enfants à la succession de leur mère n'a pu effacer la mauvaise foi qui a vicié le contrat dans sa naissance; — Déclare l'appel du jugement du 14 juill. 1819 non recevable; met au néant le jugement du 14 avril 1819; émendant, sans avoir égard à l'exception de prescription dans laquelle l'intimé est déclaré mal fondé, déclare en conséquence que l'usufruit de la maison dont s'agit a continué à appartenir à l'appelante; condamne l'intimé à lui payer à ce titre, ou à son représentant, pour toute indemnité, dommages-intérêts, pendant son indue occupation, depuis le 27 mess. an 12 jusqu'au décès de l'appelante, une somme annuelle de 500 fl. des Pays-Bas; si mieux n'aime l'intimé laisser fixer la valeur de ces objets par experts, conformément au code de procédure civile sur la matière, auquel cas l'intimé fera signifier son opposition dans la huitaine de la signification du présent arrêt; — Et néanmoins, condamne l'intimé à payer promptement à compte de sa redevance, à l'appelante ou à son représentant, une somme de 1,500 fl. des Pays-Bas, ainsi qu'à trois quarts des dépens.

Du 14 déc. 1821.-C. de Bruxelles.-M. Destoop, av. gén., c. conf.

(4) *Espèce*: — (Lechangeu C. hérit. Menard et autres.) — Le 14 juin 1822, arrêt de la cour de Rennes, ainsi conçu: ... « En ce qui concerne soit la prescription de dix et vingt ans établie par la loi générale, soit celle du tènement de cinq ans, inférée de l'art. 422 cout. Anjou: — Considérant que, pour se prévaloir de l'une ou de l'autre prescription, le concours de trois choses est absolument nécessaire: juste titre, bonne foi et possession paisible; qu'en s'attachant au contrat de vente de la terre de Chevigné du 15 déc. 1791, on ne peut pas dire que ce soit un juste titre, dans le sens de la loi, les formes légales n'ayant point été observées; il n'y a pas juste titre, en ce sens que le contrat n'est pas dans les formes nécessaires pour rendre le possesseur propriétaire; la terre de Chevigné dépendait d'un bénéfice d'inventaire, et il était de principe constant en Bretagne que l'héritier bénéficiaire, *vere hæres*, respectivement à tous autres, n'était qu'économe à l'égard des

vrai que l'arrêt de la cour de Rennes constatait que sous la coutume, la vente volontaire faite par l'héritier bénéficiaire était tellement nulle à l'égard des créanciers, qu'ils n'étaient pas obligés, pour conserver leur hypothèque, de s'opposer à l'appropriement.

905. Un tiers acquéreur qui a acquis le bien d'un mineur du tuteur qui n'a pas rempli les formalités prescrites par la loi, peut néanmoins prescrire, lorsque le tuteur s'était personnellement rendu garant, et que le mineur ayant résidé, chez son père, n'a pas attaqué la vente dans les dix ans qui ont couru depuis sa majorité (Rej. 14 nov. 1826) (1).

906. La loi se tait sur les nullités du titre autres que les nullités de forme. Celles-ci ne sont cependant pas les seules qui puissent rendre le titre inapte à fonder la prescription décennale. Les nullités fondées sur des raisons d'intérêt public ou de bonnes mœurs opèrent, sans contredit, le même résultat. Ainsi, l'achat d'un immeuble litigieux par un avoué (c. nap. 1597), la donation faite par un malade au médecin qui le soigne dans la maladie à laquelle il vient ensuite à succomber, ne pourraient servir de base à la prescription décennale (Conf. M. Troplong, nº 905). — Quant aux nullités prononcées par la loi dans un intérêt privé, elles n'empêchent point que le titre, tant qu'il n'est point attaqué par les personnes au profit desquelles ces nullités sont établies, ne conserve toute sa force à l'égard des tiers; sauf le droit de ceux-ci, soit de chercher dans les circonstances qui ont accompagné le titre, des preuves de mauvaise foi contre le prescrivant; soit de requérir, s'il y a lieu, conformément à l'art. 1166 c. nap., la nullité du titre en qualité de créancier de la personne à laquelle compète directement le droit de faire valoir cette nullité (Conf. M. Troplong, nºs 906 et 907). — Jugé que le titre translatif de propriété d'une chose placée hors du commerce ne peut constituer un juste titre à l'égard du possesseur de bonne foi et servir de base à la prescription de dix ans, bien que cette chose soit devenue plus tard aliénable et prescriptible (Riom, 6 avril 1838, aff. Thibault, V. Forêts, nº 973).

907. Disons en terminant sur ce point : 1º que l'art. 372 de la coutume de Poitou n'ayant admis la prescription décennale avec titre et bonne foi qu'au regard de tous autres que les privilégiés, et les communes, d'après la législation antérieure, ayant toujours été comprises sous la dénomination de privilégiées, on ne pourrait, sous la coutume de Poitou, faire sortir une commune du droit commun qu'autant que la coutume contiendrait une disposition expresse à cet égard, et cette disposition n'existant pas, il y a lieu de déclarer que, sous la coutume de Poitou, les communes étaient dans la classe des privilégiés dont parle son art. 372 (Cass. 10 mars 1828) (2); — 2º Que la prescription de dix

---

créanciers; il ne pouvait vendre qu'avec les formes judiciaires rigoureusement prescrites par l'art. 579 de la coutume, la vente volontaire étant tellement nulle, respectivement aux créanciers, qu'ils n'étaient pas obligés, pour conserver leur hypothèque, de s'opposer à l'appropriement, etc.... »

Pourvoi.—Invoquant cette maxime, qu'en France on ne connaît pas de nullité de plein droit, le demandeur en cassation signale comme un excès de pouvoir la décision de l'arrêt que l'acquéreur de bonne foi, possesseur paisible pendant plus de vingt-huit ans, n'avait pu prescrire, parce que le titre de son acquisition, jamais attaqué, n'était pas revêtu des formalités imposées à l'héritier bénéficiaire qui veut vendre les immeubles de la succession. En effet, c'est un principe incontestable qu'un acte frappé de quelques vices de forme est valable tant que la nullité n'en a pas été prononcée. Or, dans l'espèce, l'acte de vente a plus de vingt-huit ans d'existence : donc le temps nécessaire pour la prescription de vingt ans entre absent était accompli.—Arrêt.

LA COUR; — Attendu que le demandeur ne peut se prévaloir de la prescription résultant du tènement de trois ans en Anjou, d'après l'art. 422 de la coutume, dès qu'il résulte des faits, comme des actes, dans la cause, que la possession, de même que son titre, qui précéda celle-ci, furent à la fois dénués du caractère et des conditions qu'exige simultanément la coutume pour affranchir le nouveau détenteur d'un immeuble, des charges, créances dont il était grevé avant l'acquisition; — Rejette.

Du 5 juin 1825.-C. C., sect. req.-MM. Henrion, pr.-De Gartempe, r.

(1) *Espèce* : — (Bourbel *C.* Payen.)—Tuteur de son fils et administrateur des biens maternels qui lui étaient échus, le sieur de Bourbel vend, en 1783, sous sa garantie personnelle, une moitié de ferme qui dépendait de ses biens. — Il meurt en 1814.—Aucun compte de sa gestion n'avait été ni demandé ni présenté, lorsque le sieur de Bourbel fils, rentré en France en 1802, et ayant vécu avec son père jusqu'au décès de ce dernier, a revendiqué, en 1818, contre le détenteur, le bien vendu en 1783.—24 mai 1822, jugement du tribunal de Neufchâtel, qui fait droit à la demande.—Appel et arrêt infirmatif de la cour de Rouen, du 31 mars 1824, portant : — « Attendu que, si le contrat de vente de 1783 pouvait être regardé comme irrégulier, parce que le sieur de Bourbel père vendait un immeuble appartenant à son fils mineur, il faut considérer que le sieur de Bourbel, vendeur, garantissait à l'acquéreur la propriété qu'il aliénait; que M. le marquis de Bourbel fils, après sa rentrée en France, en 1802, n'ayant pu ignorer l'aliénation faite par son père et la clause de garantie donnée par celui-ci dans le contrat de 1783, ayant vécu dans la maison de son père, qui n'est décédé qu'en 1814, il en résulte que, par ce long silence par lui observé sur ce contrat, et n'ayant point exigé de son père, ainsi qu'il l'allègue, un compte de tutelle, il a, par son fait personnel et volonté, privé le sieur Payen de l'action récursoire, et s'est rendu ainsi non recevable à attaquer ledit contrat, comme n'ayant pas agi dans les dix ans de sa majorité, ainsi qu'il est prescrit par l'art. 475. »

Pourvoi de la part de Bourbel.—Violation, 1º des art. 51, 52 et suiv. de l'arrêt du règlement du parlement de Rouen sur les tutelles, et des art. 60 et 521 de la coutume de Normandie sur la prescription. — 2º Fausse application de l'art. 475, et contravention aux art. 2 et 2281 c. civ.—Les art. 51 et suiv. de l'arrêt de règlement précité, a-t-il dit, indiquent les formalités à remplir pour la vente des biens des mineurs; dans la vente faite en 1783, elles n'ont pas été observées; le maintien de cet acte est une violation des articles du règlement précités; — Vainement objectera-t-on que l'action du mineur, tant par les dispositions de l'art. 134 de l'ord. de 1539 que par l'ord. de 475 c. civ., est restreinte au terme de dix ans, qu'il ne peut plus l'exercer après l'expiration de ce délai; l'ord. de 1539 n'a trait qu'aux ventes faites par les mineurs sans formalités, et non par leurs tuteurs. Ceux-ci, quand ils vendent sans l'accomplissement de formalités prescrites, cessent d'être tuteurs, de représenter le mineur; ils vendent la chose d'autrui; ce n'est plus par l'action en rescision qu'on revient contre ces actes, mais par la revendication. — Le délai pour l'introduire d'après l'art. 60 de la coutume de Normandie, conservé par les principes des art. 2 et 2281, est de quarante ans : le demandeur était donc recevable à l'intenter. — Sur l'objection tirée de l'art. 475 c. civ., le demandeur a soutenu que cet article, qui ne règle que les rapports respectifs du mineur et de son tuteur, doit rester étranger aux tiers, et que c'est en faire une fausse application que de le leur appliquer. — Arrêt (ap. délib. en ch. du cons.).

LA COUR; — Sur les moyens pris de la prétendue violation de l'art. 60 de la coutume de Normandie, et par suite de l'art. 2281 c. civ. : — Attendu que de l'art. 60 de la coutume de Normandie n'est pas applicable au cas où le tiers détenteur jouit, en vertu d'un titre régulier, ou qui ne peut plus être attaqué; — Sur le moyen tiré de la contravention à l'arrêt de règlement de 1673, sur les tutelles et les formalités à observer dans l'aliénation des biens des mineurs : — Attendu que la cour royale n'a pas déclaré valable la vente du 11 juin, et a reconnu formellement, au contraire, qu'elle avait été irrégulière dans l'origine, mais qu'elle a jugé que le sieur de Bourbel était non recevable à en demander la nullité;

Sur le moyen tiré de la fausse application de l'ord. de 1539, en ce qu'elle n'est relative qu'aux contrats faits par les mineurs : — Attendu, 1º que le sieur de Bourbel père, n'ayant pas vendu en son nom personnel l'immeuble appartenant à son fils mineur, le contrat de vente du 11 juin 1783 ne peut pas être assimilé aux contrats contenant vente du bien d'autrui; — Attendu, 2º que, dans aucun cas, la justice n'autorise les mineurs à aliéner eux-mêmes leurs immeubles, et qu'ainsi, lorsque l'ordonnance de 1539 parle de la nullité des contrats faits par les mineurs, sans décret ni autorité de justice, cela ne peut s'entendre que des contrats qui, comme dans l'espèce actuelle, ont été faits par le tuteur, en sa qualité de tuteur, dans laquelle, ainsi que le dit l'art. 450 c. civ., il est le représentant légal du mineur;

Sur le dernier moyen, tiré de la fausse application de l'art. 475 c. civ. : — Attendu que la fausse application ne peut donner ouverture à cassation que lorsqu'il en résulte une violation formelle de quelque loi, ce qui ne se rencontre pas dans l'espèce actuelle, où cet art. 475 c. civ., ainsi que l'art. 1304 du même code ne font que reproduire et consacrer les dispositions de l'art. 134 de l'ord. de 1539 sur la durée des actions en rescision ou en nullité, que les mineurs peuvent exercer pour cause et en faveur de minorité; — Attendu enfin que de tout ce qui précède, il suit que l'arrêt dénoncé n'a violé aucune des lois invoquées par le demandeur, et qu'il est conforme aux lois et principes de la matière; — Rejette.

Du 14 nov. 1826.-C. C., ch. civ.-MM. Brisson, pr.-Poriquet, rap.-Cahier, av. gén., c. contr.-Nicod et Piet, av.

(2) (Com. de Champagne-Mouton *C.* Bechmilh.)—LA COUR (ap. délib. en ch. du cons.); — Vu l'art. 2281 c. civ. et l'art. 372 de la coutume de Poitou; — Attendu que le titre d'acquisition de Bechmilh-Chatenet, du 3 oct. 1803, étant antérieur à la mise en activité du code civil, dont le titre 20 (de la prescription) n'a été promulgué que le 25 mars 1804, la prescription décennale, invoquée par Bechmilh-Chatenet, a dû, suivant l'art. 2281 du même code, être réglée conformément aux lois an-

ans ne peut être fondée sur un titre antérieur au code Napoléon, lorsque la législation qui le régissait à son origine ne reconnaissait point cette prescription; il importerait peu que le tiers détenteur de bonne foi n'eût commencé à posséder que postérieurement à ce code (Riom, 6 avril 1838, aff. Thibault, V. Forêts, n° 973).

908. *Troisièmement*, le titre doit être *définitif*, et non suspendu par une *condition*. Ainsi, dans le cas où une personne, se portant fort pour une autre, a vendu et livré l'immeuble de celle-ci à un tiers, la prescription, en cas que la vente soit ratifiée, ne courra au profit de l'acheteur que du jour de la ratification. « En effet, l'acheteur, dit Pothier, de la Possession, n° 90, n'a pas pu avoir avant la ratification *opinionem quæsiti dominii*, qui est absolument nécessaire pour faire courir le temps de la prescription » (Conf. M. Troplong, n° 910). — Un titre soumis à une *condition résolutoire* ne laisse pas pour cela de pouvoir servir de base à la prescription. — Et spécialement il a été jugé que la condition de retrait mise par une ville à la concession d'un étal de boucher, par exemple (faite moyennant un prix fixé et à la charge de contribuer à l'entretien du bâtiment public où cet étal est placé), est soumise à la prescription décennale au profit des tiers acquéreurs à l'égard desquels la ville n'a pas conservé ses droits (Amiens, 3 août 1839) (1).

909. Si la donation faite par un possesseur de mauvaise foi vient à être révoquée (pour inexécution des conditions sous lesquelles elle a été faite), après que le donataire a acquis la prescription décennale contre le vrai propriétaire, le donateur, actionné par celui-ci en désistement, n'est pas fondé à lui opposer la prescription acquise par le donataire avant la révocation de la donation; il peut seulement joindre la possession du donataire à la sienne pour compléter, s'il y a lieu, les trente ans qui lui sont nécessaires pour prescrire. En effet, le donateur a repris l'immeuble en question au même titre qu'il l'avait avant la donation. — Il en serait autrement si le donateur, au lieu de reprendre l'immeuble en vertu d'une clause résolutoire, dont l'effet est de le faire considérer comme n'ayant jamais cessé de posséder l'immeuble, l'acquérait du donataire à un titre absolument nouveau (Conf. M. Troplong, n° 911). — Jugé, d'après ce principe, que le donataire, à titre d'avancement d'hoirie, d'un immeuble possédé de mauvaise foi par le donateur, ne peut, quelle que soit sa bonne foi personnelle, invoquer la prescription de dix ans contre le véritable propriétaire, alors que, avant l'accomplissement de ces dix ans, le donateur étant mort, le donataire a rapporté l'immeuble à la succession, et n'en est devenu propriétaire définitif que par l'effet du partage... Le titre du donataire, en cas pareil, étant *pro hærede* et non *pro donato*, il s'ensuit qu'il n'a pas pu compléter la prescription commencée, à l'aide de la possession vicieuse de son auteur, à laquelle il a succédé (Cass. 27 août 1835) (2).

910. *Quatrièmement*, le titre doit se continuer pendant

---

ciennes; — Que, cependant, c'est en appliquant l'art. 2265 c. civ. que la cour royale de Bordeaux a, dans l'arrêt attaqué, motivé sa décision; — Qu'à la vérité, le défendeur soutient que la coutume de Poitou (art. 372) a disposé, sur la question, ainsi que l'a fait le code civil (art. 2265); mais que l'art. 372 de la coutume de Poitou n'avait admis la prescription décennale qu'au regard de tous autres que les privilégiés; — Attendu que, dans l'espèce, la prescription invoquée par Bechmilh-Chatenet, était par lui opposée à la commune de Champagne-Mouton; — Que, sous l'empire de la législation antérieure au code civil, les communes ont toujours été comprises sous la dénomination de privilégiées; que, pour les faire sortir de cette catégorie, dans laquelle les plaçait le droit commun du royaume, il faudrait y être autorisé par une disposition formelle de la loi, et que la coutume de Poitou ne contient pas de disposition semblable; — D'où il suit que l'arrêt attaqué renferme, tout à la fois, fausse interprétation du code civil dans son art. 2265, et violation de l'art. 372 de la coutume de Poitou; — Casse l'arrêt de la cour de Bordeaux, du 12 avril 1824.

Du 10 mars 1828.-C. C., ch. civ.-MM. Brisson, pr.-Quéquet, rap.-Cahier, av. gén., c. conf.-Odilon-Barrot et Isambert, av.

(1) (Ville d'Amiens C. Matifas et autres.) — Voici en quels termes il a été statué sur l'espèce qu'on vient d'indiquer: — LA COUR; — Attendu qu'entre autres moyens de défense à l'action de la ville d'Amiens, les intimés opposent la prescription décennale; et que ce moyen, s'il était fondé, serait péremptoire; — Attendu que les intimés justifient que par actes notariés et en bonne forme des 7 juin 1810, 2 juill. 1812, 12 mars 1816, 29 avril 1818 et 22 août 1822, ils ont acquis de bonne foi et par justes titres, les étaux de bouchers existants dans la petite boucherie d'Amiens, sous les nos 1, 8, 9, 19 et 22, et que depuis ces diverses époques, ils les ont possédés et en ont joui tant par eux-mêmes que par leurs locataires ou leurs auteurs, conformément à l'art. 2229 c. civ., ce qui donne un laps de plus de dix ans avant la demande contre eux formée par la ville d'Amiens, le 8 juin 1838, et par laquelle la demanderesse a formellement reconnu qu'ils étaient encore en actuelle possession de ces étaux; — Attendu que les publications, impression et affiches de diverses ordonnances municipales concernant les boucheries, et qui ont eu lieu pendant cet intervalle, étant seulement relatives à leur police administrative, n'a pu apporter aucun empêchement ni interruption au cours de cette prescription; — Attendu que, d'après ces faits constants, les intimés ont réellement prescrit la propriété des cinq étaux ci-dessus désignés aux termes de l'art. 2265 du code précité, et qu'il en serait de même encore, bien que leurs vendeurs pussent être dans le cas de l'art. 2280 de ce code, sans néanmoins que les droits des intimés puissent s'étendre au delà de cinq étaux, selon la teneur de leurs titres d'acquisition; — Attendu que ces solutions rendent inutile et superflu l'examen de la décision des autres questions de la cause; — Confirme.

Du 3 août 1839.-C. d'Amiens, ch. civ.-M. Poirriez, pr.

(2) *Espèce*: — (Niel C. d'Oppède.) — Devenu adjudicataire d'un moulin à huile vendu nationalement, au préjudice de la famille d'Oppède, émigrée, le sieur Tassy s'empara *de mauvaise foi* (ainsi qu'on l'a constaté plus tard) d'un terrain dit le Pateq, voisin du moulin acquis, et y construisit un moulin à farine. — En 1806, il fit à son fils donation en avancement d'hoirie de ce dernier moulin. — En 1812, décès de Tassy père. Tassy fils rapporte à la succession l'immeuble qu'il a reçu en avancement d'hoirie; mais, par l'effet du partage, cet immeuble lui est définitivement attribué. — Cependant, en 1825, les sieurs d'Oppède, réintégrés dans leurs droits, forment contre Tassy, représenté par le sieur Niel, son ayant cause, une demande en revendication du terrain le Pateq, comme étant resté leur propriété, vu qu'il n'avait pas été compris dans l'adjudication faite au profit de Tassy père. — Niel oppose la prescription fondée sur une possession de plus de dix ans, par lui ou son tuteur, avec bonne foi et juste titre (la donation de 1806). — Les demandeurs répondent que Tassy fils n'ayant détenu définitivement l'immeuble qu'en vertu du partage de 1812, et en qualité d'héritier de son père, reconnu possesseur de mauvaise foi, le vice de cette possession s'est continué en lui.

30 mars 1830, jugement du tribunal de Brignoles, qui accueille ce système en ces termes: — « Attendu que, de la date du contrat de mariage de J.-J. Tassy, à l'époque de la mort de son père, il ne s'est écoulé que sept ans environ; — Qu'à cette époque, le moulin à farine, donné au fils en avancement d'hoirie, fut rapporté à la masse héréditaire; — Que si celui-ci en est devenu propriétaire définitivement, c'est par l'événement du partage; — Que c'est aussi le partage qui l'a rendu propriétaire du moulin à huile que son père ne lui avait pas donné lors de son mariage; — Que si, depuis le décès du père, le fils a possédé les deux usines, et le terrain revendiqué comme une dépendance du moulin à farine, ce n'est plus comme donataire, mais en qualité d'héritier; — Attendu que la loi 3, ff., *Pro hærede*, était sans application parmi nous; qu'on n'acquérait généralement les immeubles que par une possession de trente ans; — Que si le code civil a admis la prescription de dix ans, avec titre et bonne foi, on ne peut pas en conclure que la qualité d'héritier équivaut à un titre, parce que la possession du défunt se continue dans son héritier; — Que ce n'est qu'une seule et même possession qui passe de l'un à l'autre (Dunod, p. 46); de sorte que, quoique l'héritier ignore le vice de la possession de son auteur, qui avait possédé de mauvaise foi, il ne pourra prescrire ce que le défunt avait ainsi possédé » (Domat, p. 250, nos 18 et 19). — Sur l'appel, la cour d'Aix, par arrêt du 4 juin 1834, a confirmé ce jugement par les mêmes motifs.

Pourvoi de Niel pour violation des art. 2265, 2268 et 2269 c. civ., en ce que le partage de 1812 n'avait fait que consacrer la donation de 1806, mais qu'il n'avait ni changé ni dénaturé le titre de la possession du sieur Tassy fils. L'obligation du rapport à succession, disait-on, ne détruit pas les effets des donations antérieures, et on ne saurait prétendre que l'héritier donataire, auquel l'immeuble donné en avancement d'hoirie est attribué par le partage, ne possède plus désormais que comme héritier et non plus comme donataire. Ce qui prouve, au contraire, que la donation, dans ce cas, a transféré la propriété au donataire, c'est qu'il pouvait aliéner l'immeuble avant l'ouverture de la succession, et alors (art. 859, 860) le rapport n'aurait eu lieu qu'en moins prenant. Il suit de là que la possession ultérieure au partage prend sa source dans le même titre, celui de la donation, et nullement dans la qualité d'héritier: d'où la conséquence encore que cette possession ne peut pas être viciée par la mauvaise foi du donateur, qui reste, quant à ce, étranger au donataire. — Arrêt.

LA COUR; — Sur le premier moyen: — Attendu, en droit, que, pour acquérir un immeuble à l'aide de la prescription de dix ans, il faut une possession par juste titre et de bonne foi au moins au moment de l'acquisition (art. 2265 et 2269 c. civ.); — Attendu qu'à la différence du successeur particulier, l'héritier succède aux vices de la possession de son auteur (art. 2236 c. civ.); — Attendu, enfin, qu'en général, *idem judicatur de eo quod est acquisitum per donationem in anticipationem succes-*

tout le cours de la possession, tel qu'il était à son origine. La prescription est interrompue si, avant qu'elle soit acquise, il survient au possesseur un nouveau titre qui change les caractères de sa possession : *Qui quum pro emptore usucaperet, precario rogavit, usucapere non potest* (Conf. M. Troplong, n° 912). — C'est au possesseur à justifier de son juste titre, lequel ne pourra être opposé au tiers qu'autant qu'il aura date certaine (Conf. MM. Vazeille, n° 494, et Troplong, n° 913). — Décidé que lorsqu'un jugement, tout en reconnaissant que l'action en revendication du demandeur est prescriptible par dix ans, ordonne, avant faire droit, que le défendeur prouvera qu'il a possédé en vertu d'un juste titre, ce jugement, quant au chef qui déclare la prescription décennale admissible, deviendra définitif à l'égard du demandeur, si ce dernier en a provoqué l'exécution (Bruxelles, 14 déc. 1821, V. n° 903).

911. On peut opposer la prescription décennale pour conserver la propriété d'un bien d'origine nationale, bien qu'aux termes de la loi de 1790, on ne pût prescrire que par quarante ans les biens de l'État (Cass. 27 mai 1828, V. *infrà*, n° 1121).

912. L'art. 2264 porte : « Les règles de la prescription sur d'autres objets que ceux mentionnés dans le présent titre, sont expliquées dans les titres qui leur sont propres. » — V., entre autres, les art. 183, 185, 559, 690, 691, 809, 886, 975, 1622, 1648, 1662, 1676, 1854 et 2180 c. nap.; les art. 64, 108, 189, 243 et 244 c. com., etc.

ART. 2. — *De la bonne foi. — Caractères. — Erreur.*

913. Après avoir retracé les caractères de la bonne foi, nous allons établir : 1° qu'elle peut dériver d'une erreur de fait, non d'une erreur de droit ;—2° Que le doute ne constitue pas la bonne foi ; — 3° Qu'il n'est pas nécessaire qu'elle ait duré pendant tout le cours de la possession décennale ;—4° Que la bonne foi est toujours présumée ;—5° Que cependant des circonstances de fait peuvent détruire cette présomption ; — 6° Que les tribunaux apprécient les caractères de la bonne foi.

914. La bonne foi exigée par l'art. 2265 peut être définie la juste opinion qu'a le possesseur qu'il a acquis la propriété de l'immeuble qu'il possède : *justa opinio quæsiti dominii.* — M. Troplong, n° 918, résume ainsi les conditions constitutives de la bonne foi : 1° ignorer qu'un autre que celui qui vous transmet la chose en est propriétaire : *Bonæ fidei emptor esse videtur qui ignoravit eam rem alienam esse* (L. 109, D., *De verb. signific.*) ;—2° Être convaincu que celui qui vous la transmet avait le droit et la capacité de l'aliéner : *Si ab eo emas quem prætor vetuit alienare, id quod tu scias, usucapere non potest* (L. 12, *De usucap.*) ; — 3° La recevoir par un contrat pur de fraude et de tout autre vice : *Si fraude et dolo* (*licet inter majores* 25 *annorum*) *facta venditio est, hanc confirmare non potuit consequens tempus, cùm longi temporis præscriptio in malæ fidei contractibus locum non habeat* (L. 6, C., *De præscript. long. temp.*). Ainsi, il n'y a pas bonne foi de la part de celui qui achète contre la prohibition de la loi, quand même il serait de bonne foi par rapport au véritable propriétaire de la chose, en ce qu'il ignorerait le droit de celui-ci (L. 7, C., *De agricol.*). — Nous établirons *infrà* que la prescription décennale a pour objet non-seulement de consolider l'acquisition faite par un tiers, mais de le libérer des charges qui grèvent l'immeuble. Il est évident qu'il faut, pour arriver à ce résultat, que le tiers acquéreur ne connaisse pas l'existence du droit qui grève l'immeuble.— Ainsi jugé que l'adjudicataire d'une forêt soumise à un droit d'usage ne peut opposer la prescription décennale à l'usager, lorsqu'il a été fait mention du droit de celui-ci dans le cahier des charges ; ici ne se rencontre pas la condition de bonne foi exigée par l'art. 2265 (Lyon, 29 juill. 1854, aff. Marcel, D. P. 55. 2. 173).

915. Du principe que la bonne foi suppose l'opinion qu'on est légitime propriétaire, il suit que celui au nom duquel un *mandataire* acquiert un immeuble n'en prescrira la propriété par dix ou vingt ans qu'à compter du jour où il sera informé de l'acquisition (L. 47, ff., *De usucap.*; Pothier, de la Prescription, n° 50). — Celui qui, par erreur, croit avoir fait une acquisition illégale ne peut prescrire que par trente ans (L. 32, § 1, D., *De usucap.*; Pothier, *loc. cit.*).— Jugé : 1° que le tiers acquéreur ne peut invoquer sa bonne foi dans le cas où une assignation lui avait fait connaître, avant la vente, la réclamation formée par le véritable propriétaire contre l'héritier apparent (c. nap. 549, 2279; Bordeaux, 24 déc. 1834, aff. Bagouet, V. Vente) ;—2° Qu'il faut décider de même dans le cas où l'acquéreur avait su que la vente du bien par lui acheté avait été poursuivie judiciairement avant son acquisition (Req. 10 juin 1812) (1) ; — Ou lorsque l'acquéreur ne pouvait ignorer, lors de la passation du contrat que la propriété de l'immeuble par lui acquis était judiciairement contestée à son vendeur (Rennes, 18 juin 1821) (2). — On a même décidé que la prescription par vingt ans et vingt jours, dont parle l'art. 8, tit. 14, de la coutume de Metz, n'a pas lieu au profit de celui qui l'oppose de mauvaise foi, bien que cet article ne distingue pas (Req. 24 août 1820, aff. Macklot, V. Émigré, n° 126).

916. Une nullité purement relative, celle, par exemple, provenant du dol et de la fraude, exclut la bonne foi. C'est à tort que Dunod signale les actes sujets à rescision comme pouvant transmettre une possession de bonne foi. M. Troplong, n° 219, remarque que Cujas dit avec plus de raison que *emptor est malæ fidei qui dolo induxit venditorem ut venderet.* — Jugé que la prescription décennale ne peut être invoquée par le mineur donataire pour faire rayer les hypothèques qui grèvent les im-

---

sionis, ac si esset acquisitum ex causâ ejusdem successionis; — Et attendu qu'il a été reconnu, en fait, par l'arrêt attaqué : 1° que Tassy père, acquéreur du terrain litigieux, a toujours été de mauvaise foi; 2° que Tassy fils a reçu de son père ce terrain en 1806, par contrat de mariage et en avancement d'hoirie; 3° enfin, qu'en 1813, le même Tassy fils s'est porté héritier de son père ; — Qu'en cette qualité, il a partagé la succession paternelle, et qu'il a fait entrer, encore en cette qualité, dans son lot, le même terrain litigieux ; — Que, d'après ces faits, en décidant que le titre de Tassy fils était *pro hærede* et non pas *pro donato*, et que, par conséquent, il avait succédé aux vices de la possession de son père, laquelle s'était continuée dans sa personne, et que, par là, il n'avait pas pu prescrire, l'arrêt attaqué a fait une juste application des lois de la matière ;... — Rejette, etc.

Du 27 août 1855.-C. C., ch. req.-MM. Borel, pr.-Lasagni, rap.

(1) (Cortelli C. Mamini.) — LA COUR ; — Attendu qu'il a été jugé en fait et en droit que les demandeurs avaient sciemment acquis un fonds exécuté, et qu'au surplus l'action rescisoire de leur contrat avait été intentée contre eux ; — Attendu que les actes d'exécution dont les demandeurs avaient connaissance rendaient sans effet l'exception de la prescription ; que les demandeurs qui prétendaient retenir l'immeuble *in vid laid*, n'en avaient été acquéreurs que depuis l'exécution ; — Attendu que dans ces circonstances, en jugeant que les frères Cortelli ne pouvaient pas exercer le droit de rétention au préjudice de l'exécution antérieure à leur acquisition, et en infirmant les jugements rendus à leur profit, la cour d'appel de Rome n'a violé aucune loi ; — Rejette.

Du 10 juin 1812.-C. C., sect. req.-MM. Henrion, pr.-Oudart, rap.

(2) (N... C. N...) — LA COUR ; — Considérant que lorsque la femme Hamon acheta, par acte du 6 sept. 1809, de la veuve Chauvigné, sa mère, la maison de Paimbœuf, qu'elle a depuis vendue au sieur Damaury, elle ne pouvait ignorer que partie de la propriété de cette maison était contestée à la dame Chauvigné ; que la femme Hamon pouvait d'autant moins en prendre cause d'ignorance, qu'elle figurait elle-même dans l'instance pendante alors entre les appelants et la veuve Chauvigné, laquelle instance avait pour objet tant une demande de compte que la revendication de la partie de la propriété de cette maison ; — Considérant que si le jugement qui intervint le 27 juin 1809, dans cette instance, tarda de faire droit sur la réclamation relative à partie de cette propriété, cette disposition du jugement devait suffisamment avertir ladite femme Hamon que la propriété entière de ladite maison en litige n'était pas assurée à la veuve Chauvigné, sa mère, qu'elle lui était contestée, et qu'en définitive elle pouvait en être évincée en partie, ainsi que cela a eu lieu ; qu'il résulte de ces faits appris au procès que ladite femme Hamon ne pouvait avoir la juste opinion d'avoir acquis le domaine de propriété de toute la maison, qu'elle a depuis revendue à Damaury, après même le jugement qui déclarait que les appelants en étaient propriétaires pour une partie ; qu'elle ne peut donc se prévaloir de sa bonne foi, lorsqu'elle acquit avec sa mère ; qu'elle ne peut conséquemment, ainsi que son acquéreur Damaury, auquel elle a transmis ses droits, invoquer la disposition de l'art. 2265 c. civ., qui exige que l'acquéreur d'un immeuble dont on peut prescrire par dix ans la propriété, l'ait acquis de bonne foi, et que cette bonne foi ait existé au moment de l'acquisition ; — Par ces motifs, dit qu'il a été mal jugé ; — Corrigeant et réformant, déclare que les appelants ont la propriété du quart de la maison Paimbœuf en contestation ; — Déclare, en conséquence, nulle et de nul effet la vente qui a été faite par la femme Hamon à Damaury, en ce qui concerne ladite portion ;—Ordonne qu'au décès de la veuve Chauvigné les appelants seront réintégrés dans la jouissance de ladite portion de maison.

Du 18 juin 1821.-C. d'appel de Rennes.

meubles donnés sous prétexte qu'il était incapable de mauvaise foi au moment où la donation a eu lieu, s'il est constant que cette donation, faite par l'aïeul et acceptée par le père du mineur, a eu pour but de frustrer les créanciers de l'aïeul (Grenoble, 5 mars 1825) (1).

917. Les nullités de forme écartent aussi la bonne foi; le possesseur, qui n'est pas censé les ignorer, n'a pu se croire propriétaire en vertu d'un acte sans existence légale (Conf. M. Troplong, n° 920).

918. La mauvaise foi continuerait de subsister, même après que la prescription décennale de l'art. 1304 aurait effacé, à l'égard des parties, la nullité ou la cause de rescision de l'acte: cette circonstance n'empêcherait nullement le vrai propriétaire, tant que la prescription trentenaire ne serait pas acquise contre lui, de faire valoir, pour évincer l'acquéreur, le défaut de bonne foi de la part de celui-ci au moment de l'acquisition (Conf. M. Troplong, n° 921). — Mais si la nullité était couverte, lors de la tradition, par la renonciation de la partie intéressée à s'en prévaloir, la possession de l'acquéreur serait dès lors de bonne foi. Ainsi lorsque l'héritier renonçant à faire valoir quelque défaut de forme du testament, fait délivrance de la chose léguée, le légataire devient capable d'en prescrire la propriété par dix ou vingt ans, contre le vrai propriétaire (Conf. Pothier, Prescription, n° 88; M. Troplong, n° 922).—V. n° 899.

919. L'acquéreur ou le donataire peut se prévaloir de la bonne foi lorsqu'elle dérive d'une erreur de fait. *Qui à quolibet rem emit, quam putat ipsius esse, bonâ fide emit* (L. 27, D., *De contract. empt.*). — Ainsi, peut être de bonne foi et utile à la prescription décennale, l'acquisition faite d'un mineur qui se déclarerait majeur (L. 2, §§ 15 et 16, D. *Pro empt.*; M. Troplong, n° 925). — Il a été jugé que l'acheteur d'un immeuble vendu *à non domino* peut être déclaré de bonne foi, dans le sens de l'art. 2265 c. nap., quoique son vendeur se trouvât en état de minorité, une telle circonstance n'étant pas exclusive de la bonne foi de cet acheteur; c'est là, d'ailleurs, un moyen personnel à ce mineur, et qui ne peut être invoqué par le demandeur en revendication (Req. 27 fév. 1856, aff. Dumont, D. P. 56. 1. 189).

920. Mais la bonne foi provenant d'une *erreur de droit* est sans effet relativement à la prescription : *nunquàm in usucapionibus juris error possessori prodest* (L. 31, D., *De usucap.*). — Jugé ainsi que l'ignorance des vices d'un acte translatif de propriété, nécessaire pour constituer la bonne foi de celui qui possède comme propriétaire, ne doit pas s'entendre d'une nullité de droit qui vicierait cet acte. Du principe, que nul ne peut ignorer la loi, il suit que l'erreur de droit exclut toujours la possession de bonne foi (Orléans, 15 juin 1820, aff. Cherouvrier; Extrait du recueil de M. Colas Delanoue). — Jugé que la possession qu'on ne conserve qu'à l'aide d'une opposition ou action contraire à une loi formelle, qu'on est toujours censé connaître, ne saurait être réputée de bonne foi et faire gagner les fruits (Cass. 4 fév. 1845, aff. Audicq, D. P. 45. 1. 151). Ainsi, celui qui, dans l'ignorance de l'art. 1988 c. nap., aurait cru pouvoir acquérir valablement d'un mandataire muni d'une procuration conçue en termes généraux, ne prescrirait, nonobstant sa bonne foi réelle, que par le laps de trente ans. — Ainsi, suivant un arrêt, les *donataires* ne peuvent opposer la prescription décennale aux héritiers du donateur qui réclament la délivrance de la légitime qui leur est due (Nancy, 6 mars 1840) (2).

921. Suivant Voët, *De usucap.*, on ne doit pas considérer comme en état de bonne foi celui qui *doute* si son auteur était ou non maître de la chose, ou avait ou non le droit de l'aliéner; car autre chose est croire, autre chose est douter; et le doute n'est qu'un milieu entre la bonne et la mauvaise foi, entre la science et l'ignorance. A l'appui de cette opinion, Voët invoque la loi 6, § 1, D., *Pro empt.* — M. Troplong décide aussi, n° 927, que la *bonne foi* est une croyance positive, une confiance entière dans le droit qu'on exerce. — Ce principe semble avoir été méconnu par un arrêt. — Dans l'espèce, un acheteur savait que l'immeuble acquis par lui avait été l'objet d'une donation de la part de son vendeur, mais il soutenait que des faits antérieurs à son contrat de vente lui avaient fait croire que le donataire n'avait point accepté la donation : ce donataire ne s'était pas mis en pos-

---

(1) *Espèce* : — (Le sieur Albrand *C.* le sieur Perrin.) — Nicolas Perrin était débiteur d'Albrand sous la caution de Jean Perrin, son père. Pendant que des poursuites étaient dirigées par Albrand contre Jean Perrin, caution, celui-ci, par acte public du 4 janv. 1815, fit donation de plusieurs immeubles à Marie Perrin, son petit-fils, mineur, avec prohibition d'usufruit à son père et tuteur. La donation fut acceptée et transcrite au bureau des hypothèques le 6. — Le 7 même mois, Albrand s'inscrit en vertu d'un jugement prononcé le même jour. Outre cette inscription, Albrand en avait déjà pris deux autres les 19 juin et 24 nov. 1812, et il a renouvelé cette dernière inscription le 24 nov. 1820. — Le 5 mai 1825, plus de dix ans après la date de la donation, Marie Perrin, donataire, assigne Albrand en radiation de l'inscription qui frappait les immeubles compris dans sa donation, sur le motif qu'elle est postérieure à cette donation. — Le 10 fév. 1824, jugement par défaut qui ordonne la radiation.—Appel par Albrand.—Arrêt.

LA COUR ; — Attendu qu'une demande nouvelle pouvant être formée en instance d'appel, lorsqu'elle est une défense à l'action principale (c. pr. 464), Albrand, défendeur à une demande en radiation d'inscription, peut proposer, par-devant la cour, toutes les exceptions tendantes à la faire rejeter; — Attendu, en conséquence, qu'avant de prononcer sur la radiation des inscriptions hypothécaires des 24 nov. 1812 et 24 fév. 1820, Albrand est recevable à demander qu'il soit vérifié si Perrin, comme donataire de son grand-père, a qualité suffisante pour contester la validité des inscriptions dont il s'agit; — Attendu que, bien que la propriété des biens se transmette par donation entre-vifs, néanmoins cet acte de libéralité, obligatoire entre le donateur et le donataire, ne peut préjudicier aux droits acquis à des tiers qui n'y ont pas été parties; —Attendu que l'art. 2265 c. civ. n'introduit le bénéfice de la prescription de dix ans d'un immeuble en faveur du proprétaire, que lorsqu'il a été acquis de bonne foi et par juste titre; mais que l'acte de donation dont il s'agit étant intervenu le 4 janv. 1815, et ayant été transcrit le 6 du même mois, au moment où Perrin, donateur et coobligé solidaire envers Albrand, comme caution, était poursuivi en payement d'une somme importante, à raison de laquelle ce dernier a ensuite obtenu contre lui un jugement de condamnation le lendemain 7, toutes ces circonstances donnent lieu de suspecter la bonne foi du grand-père, donateur, et de son fils, acceptant pour le petit-fils mineur; d'où l'on peut tirer la conséquence que cet acte de donation, à cette époque, paraît avoir eu pour but, de la part du grand-père Perrin et de son fils, de se soustraire au payement de leur dette, et que, par suite, la prescription de dix ans n'a pu profiter à Perrin, petit-fils, au préjudice d'un légitime créancier; — Attendu, d'ailleurs, qu'Albrand ne demande la nullité de la donation que par voie d'exception; au moyen de quoi, aucune prescription ne peut lui être opposée, suivant la maxime *quæ sunt temporalia ad agendum, sunt perpetua ad excipiendum*; — Par ces motifs, sans s'arrêter à la donation du 4 janv. 1815, qu'elle a déclarée nulle et de nul effet, à l'égard dudit Albrand, comme faite en fraude de ses droits de créancier du donateur, déclare Marie Perrin non recevable dans sa demande en radiation d'inscriptions par défaut de qualité.

Du 5 mars 1825.-C. de Grenoble, 2e ch.-M. Dubois, pr.

(2) (Dessaint *C.* Dessaint.)—LA COUR ;—Attendu que toutes les actions, soit personnelles, soit réelles, soit mixtes, sont soumises à la prescription de trente ans, à moins que, par des dispositions spéciales de la loi, elles ne soient assujetties à des prescriptions plus courtes; que l'action qui appartient aux héritiers réservataires pour réclamer des héritiers institués ou des donataires la délivrance ou la restitution de la légitime qui leur est due, n'est pas nommément soumise à la prescription de dix ans; que cette action, par sa nature, résiste à cette prescription; qu'elle n'a pas pour objet la réclamation de tel ou tel immeuble possédé par l'héritier institué ou le donataire, mais le partage de l'hérédité, la revendication de cette partie de la fortune du donateur que la loi a déclarée indisponible, qui, dans l'espèce, est détenue indivisément par les héritiers, et pour laquelle conséquemment ces derniers n'ont point le titre exigé par l'art. 2265 c. civ., l'acte qui par la force de ses propres stipulations est translatif de la propriété et qui même à lui seul est insuffisant pour la faire acquérir, si le possesseur des biens n'a pas en outre la pleine conviction que cet acte lui a réellement transféré la propriété, s'il n'a pas *justam opinionem quæsiti dominii*; qu'il ne peut y avoir bonne foi de la part de celui qui a reçu contre la prohibition de la loi, et qui dans le principe a dû savoir que celui qui a donné n'avait pas le pouvoir d'aliéner; qu'en cette matière, l'erreur de droit ne profite pas; que *nunquàm in usucapionibus juris error possessori prodest*; que les donataires, qui ont accepté la donation du 27 juill. 1780, n'ont pu ignorer que J.-B. Dessaint a disposé en leur faveur de la totalité de ses propres de naissant, tandis que, d'après l'art. 237 de la coutume de Reims, il ne pouvait leur donner que la moitié, l'autre moitié restant réservée à ses héritiers; que toute erreur de leur part peut d'autant moins être supposée, que l'acte de donation lui-même fait connaître l'origine des biens donnés, renferme la prévision d'une demande en réduction ou en retranchement de la part des héritiers du donateur, et stipule les volontés de celui-ci, ce cas arrivant;—Infirme.

Du 6 mars 1840.-C. de Nancy, aud. sol.-M. de Metz, 1er pr.

session, il avait repoussé une demande en aliments fondée sur l'existence de cette donation. Il y avait là peut-être raison de douter de l'acceptation; mais y avait-il celle *justa opinio quæsiti dominii*, exigée par les auteurs, cette certitude de bonne foi requise pour prescrire? Nous ne le pensons pas. — Néanmoins le contraire a été jugé (Lyon, 28 déc. 1841, et sur le pourvoi, Req. 30 juin 1845, aff. Thimonnier, D. P. 45. 1. 338).

922. Lorsque l'acquéreur d'un immeuble sait qu'il n'appartient au vendeur que pour une partie déterminée, ce n'est qu'à l'égard de cette partie qu'il est acquéreur de bonne foi (L. 4, § 1, ff., *Pro empt*. Mais celui qui, avant le partage d'une succession composée de plusieurs immeubles, aurait acheté l'un d'eux d'un seul des cohéritiers, bien qu'il n'ignorât point que par l'événement du partage cet immeuble pouvait être exclu en tout ou en partie du lot de son vendeur, devrait être considéré comme n'ayant rien acquis de bonne foi, et n'aurait pas de titre pour la prescription (V. la loi précitée). — Que si le vendeur devait nécessairement avoir une part dans l'immeuble aliéné, il est indifférent, dit M. Vazeille, nº 500, que l'acquéreur ait ignoré en quoi consistait cette portion; il l'a valablement acquise, quelle qu'elle soit. Cette dernière décision est contraire à l'opinion de Pothier (de la Prescr., nº 33), mais nous la croyons préférable. — Jugé que l'acquéreur de la moitié d'un immeuble indivis, avec déclaration, de la part du vendeur, que l'autre moitié appartient à ses enfants, ne peut être considéré comme possesseur de bonne foi à l'égard de cette seconde moitié qu'il a acquise postérieurement du même vendeur (Bourges, 11 janv. 1839) (1).

923. Mais l'adjudicataire d'un domaine qui a pris possession de parcelles de terre en dépendant, quoiqu'elles ne fussent pas expressément désignées dans l'adjudication, ne doit pas pour cela être nécessairement réputé, quant à ces parcelles, possesseur de mauvaise foi (Req. 8 fév. 1837) (2).

924. Le propriétaire d'un immeuble actionné en délaissement ne peut opposer qu'il a acquis de bonne foi du propriétaire apparent, si celui-ci ne possédait qu'en vertu d'une décision d'une autorité incompétente, et spécialement, en vertu d'un arrêté d'une administration centrale de département, déclaré par le conseil d'Etat sans force contre les droits des tiers (Bordeaux, 28 juin 1834) (3).

925. De même l'acquéreur qui a acheté un immeuble dépen-

---

(1) *Espèce* : — (Maratrat *C.* Douheret et hérit. Fourré.) — 14 juill. 1822, vente par Maratrat à Douheret de la moitié de l'immeuble dit la Chaintre et le Buisson-Chuvy. Il déclare dans l'acte que cet immeuble est un acquêt de la communauté qui a existé entre lui et sa femme, et que ses enfants en sont propriétaires pour l'autre moitié. Malgré cette déclaration, Maratrat vend, au même Douheret, par acte du 20 nov. de la même année, la seconde moitié de l'immeuble, sans justifier qu'il en ait acquis la propriété. — Deux ans plus tard, le 18 mars 1824, Maratrat procède avec ses enfants au partage de l'immeuble qu'il a vendu, et la moitié du domaine de la Chaintre et du Buisson-Chuvy est attribuée à ceux-ci. — Malgré cet acte de partage, Douheret se maintient dans la jouissance de l'immeuble qui lui a été vendu; il fait plus, le 31 mars 1827, il en fait donation à la femme Fourré, avec réserve d'en jouir en commun avec la donataire. — Le 17 déc. 1829, Douheret afferme, en son nom personnel, le Buisson-Chuvy, et ne fait aucune mention, dans le bail, des héritiers de la donataire. — 21 avr. 1837, Mathieu Maratrat, exerçant les droits de ses frères et sœurs, assigne Douheret en relâchement de la moitié du Buisson-Chuvy. — Douheret répond qu'il est acquéreur avec juste titre, et que, d'ailleurs, possédant l'immeuble depuis plus de dix ans, il en a prescrit la propriété. — Les héritiers Fourré interviennent dans l'instance et soutiennent qu'en supposant que Douheret n'ait point réuni les conditions exigées pour prescrire, il n'en est pas de même à leur égard, eux qui sont possesseurs de l'immeuble, en vertu d'un juste titre, depuis le 31 mars 1827, époque de la donation, jusqu'au 21 avr. 1837, jour de la demande de Mathieu Maratrat. — Jugement du tribunal de Château-Chinon qui déboute Maratrat de sa demande. — Appel, tant à l'égard de Douheret que des parties intervenantes. — Maratrat soutient que la déclaration que son père a faite dans l'acte de vente du 14 juill. 1822 a suffisamment informé Douheret de l'étendue des droits de son vendeur; qu'il ne peut, en présence de cette déclaration, opposer sa bonne foi, et qu'il doit s'imputer de n'avoir pas exigé de Maratrat une justification de sa propriété à l'égard de la seconde moitié de l'immeuble vendu. — A l'égard des héritiers Fourré, Maratrat soutient que la donation n'était pas sérieuse, et qu'en tous cas la réserve faite par le donateur de la jouissance de l'immeuble a laissé subsister, à l'égard des donataires, le vice de la possession de leur auteur. — Arrêt.

La cour; — Considérant que, par acte du 14 juill. 1822, Claude Maratrat n'a cédé à Douheret que moitié de l'héritage en litige, exprimant formellement que l'autre moitié appartenait à ses enfants; — Qu'ainsi lorsque, le 20 nov. suivant, Douheret a acquis l'autre moitié du même vendeur, il n'a pu se prévaloir de son ignorance ni d'avoir été induit en erreur; qu'il avait été suffisamment averti qu'un tiers en était le véritable propriétaire, et doit s'imputer de n'avoir pas exigé la représentation du titre en vertu duquel son vendeur l'aurait acquise; d'où il suit qu'il ne peut invoquer la prescription qui ne pourrait résulter que d'une possession de bonne foi; — Considérant que c'est en vain que les intervenants opposent à la demande qu'en qualité de donataires et de possesseurs à ce titre, depuis plus de dix ans, on ne peut se prévaloir contre eux de l'énonciation exprimée dans l'acte de vente du 14 juill. 1822; — Qu'il suffit de reconnaître que, par l'acte du 31 mars 1827, le donateur s'était réservé la jouissance en commun, des héritages, objet de la donation; — Que, de plus, à la vue du bail par lui consenti le 17 déc. 1829, on acquiert la preuve qu'il n'a jamais cessé d'en rester en possession; — Qu'ainsi le vice primitif d'une possession de mauvaise foi n'a pu être effacé par la donation invoquée; — Dit mal jugé; émendant, condamne les intimés à relâcher à l'appelant la propriété de la moitié de la Chaintre et Buisson-Chuvy.

Du 11 janv. 1839.-C. de Bourges, ch. corr.-M. de Montigny, pr.

(2) *Espèce* : — (De Frajac *C.* hérit. Saint-Salvy.) — 1818, le sieur de Saint-Salvy se rendit adjudicataire, sur saisie immobilière, du domaine de Valcournouse, appartenant au sieur de Frajac, et en resta paisible possesseur jusqu'en 1832. — A cette époque, le sieur de Frajac intenta contre les héritiers Saint-Salvy une action en délaissement de différentes pièces de terre faisant partie du domaine de Valcournouse, situées dans la commune de Pratviel, sur le motif qu'aucune de ces parcelles n'avait été saisie, et comprise dans l'adjudication; il demandait en outre la restitution des fruits depuis l'indue occupation. — Les héritiers Saint-Salvy demandèrent une expertise sur la question d'indue possession, et repoussèrent la restitution de fruits par l'exception de bonne foi jointe à un titre dont ils ignoraient le vice. — 8 avr. 1834, jugement du tribunal de Lavaur, qui nomme des experts et dès à présent rejette la demande en restitution de fruits.

Appel par de Frajac. — 3 mars 1836, arrêt de la cour de Toulouse qui confirme en ces termes : — « Attendu que la restitution des fruits ne peut être due par les héritiers Saint-Salvy qu'autant que la possession de leur auteur ou la leur n'aurait pas été de bonne foi; que le législateur a marqué le caractère auquel le magistrat doit reconnaître le possesseur de bonne foi, en disposant dans l'art. 550 que c'est celui qui possède comme propriétaire en vertu d'un titre translatif de propriété; — Attendu que le sieur Saint-Salvy est devenu adjudicataire du domaine de Valcournouse, que le cahier des charges énonçait que les métairies dont il donnait le détail seraient vendues telles qu'elles étaient exploitées par les colons partiaires ou les métayers; que le procès-verbal de saisie portait que les biens y mentionnés étaient ceux qui avaient été donnés à ferme à Vincent, par acte public qui les comprenait tous; que l'adjudication forme le titre de l'acquéreur; qu'en apparence elle lui a transféré la propriété; qu'il a eu lieu de croire qu'elle résidait en totalité sur sa tête, puisqu'aucune partie n'en avait été réservée; qu'il est hors de doute qu'une vente ordinaire, faite dans de tels termes, aurait rendu ledit sieur Saint-Salvy propriétaire de tout le bien de Valcournouse; que l'adjudication sur expropriation forcée n'est qu'une aliénation, le mode seul est changé; que tout ce qui tient à ce mode constitue des formalités dont l'inobservation ne peut pas avoir l'effet d'empêcher la bonne foi de l'acquéreur, puisqu'elle existe d'après l'art. 550, même lorsque le titre en vertu duquel il possède est vicieux; — Attendu que rien ne prouve qu'avant la demande de Frajac, Saint-Salvy ait connu le vice; que, s'il en eût eu connaissance, il aurait fait saisir les immeubles prétendus omis, aussi bien que ceux situés dans la commune de Jul; qu'il a donc persévéré dans la bonne foi qui a été partagée par ses héritiers. »

Pourvoi, pour violation de l'art. 549 c. civ., et fausse application de l'art. 550, relatifs au cas où le possesseur fait les fruits siens, et aux conditions qui constituent la bonne foi. — Arrêt.

La cour; — Attendu qu'il a été déclaré en fait, par l'arrêt attaqué, que les défendeurs éventuels avaient un titre apparent, translatif de propriété, dont ils avaient ignoré le vice; qu'ils avaient joui avec bonne foi des biens compris dans le cahier des charges et dans le jugement d'adjudication, et que les questions de bonne foi sont des questions dont l'appréciation tombe dans le domaine souverain des cours royales; — Rejette.

Du 8 fév. 1837.-C. C., ch. req.-MM. Zangiacomi, pr.-Bernard (de Rennes), rap.-Nicod, av. gén., c. conf.-Augier, av.

(3) (De Laroche-Aymond *C.* Chapeyron.) — La cour; — Attendu, en ce qui concerne la pièce de terre vendue à Chapeyron par contrat public du 20 juill. 1810; — Que c'est vainement qu'on a fait remarquer, dans l'intérêt du comte de Laroche-Aymond, qu'à partir de la date de

dant d'une succession ne peut pas invoquer son juste titre et sa bonne foi, sous le prétexte que son vendeur était héritier *apparent*, et opposer, par suite, la prescription décennale à l'action en revendication des cohéritiers, alors que ceux-ci, tous enfants du défunt, et habitant le pays, sont au nombre de sept, et que l'immeuble qui lui a été vendu par un seul est un des plus importants de la succession (Cass. 8 janvier 1838, aff. Barbotte, V. *suprà*, n° 900).

926. Au reste, l'acquéreur d'un immeuble sujet à purgement ne peut opposer la prescription bien qu'il n'ait pas été troublé dans sa possession et que l'action en purgement ne lui ait pas été notifiée, si elle a été poursuivie sans interruption pendant sa possession et surtout si son titre lui imposait les formalités qu'il aurait à suivre à l'égard de son vendeur dans le cas d'un éventuel purgement (Req. 24 mars 1815) (1).

927. Aux termes de l'art. 2269 c. nap. il n'est pas nécessaire que la bonne foi de l'acquéreur ait duré pendant tout le cours de la prescription décennale. Il suffit qu'elle ait existé au moment de l'acquisition. — Si donc le possesseur de mauvaise foi, pour compléter la prescription joint, à sa possession, en vertu de l'art. 2235, celle d'un précédent acquéreur de bonne foi, il peut prescrire par dix ou vingt ans (V. *suprà*, n° 385; Nîmes, 19 fév. 1839, aff. Combe. V. *infrà*, n° 934).

928. L'application du principe qu'il suffit que la bonne foi ait existé lors de l'acquisition du tiers-détenteur, pour qu'il puisse se prévaloir de la prescription de dix à vingt ans, a donné lieu à une question intéressante. On sait que lors que la prescription a été interrompue, à dater de l'interruption elle reprend son cours et dans les mêmes conditions que celles qui existaient antérieurement. Mais si la prescription de dix à vingt ans a été interrompue par un acte qui revendique le droit de propriétaire, la prescription qui recommence peut-elle être celle de dix à vingt ans? M. Troplong soutient la négative, n° 688. La prescription qui recommence, dit-il, ne peut être qu'une prescription trentenaire; car là où manque la bonne foi, la prescription décennale est impossible. Mais on a jugé le contraire en se fondant sur ce qu'il est de principe que l'interruption rend seulement inefficace la possession antérieure sans affecter le titre duquel elle procède (Req. 2 avr. 1845, aff. du préfet de l'Ariège, D. P. 45. 1. 131).

929. L'existence d'une inscription sur les biens vendus au moment de la transcription ne constitue pas le tiers acquéreur qui la connaîtrait en état de mauvaise foi, tellement qu'il ne puisse prescrire cette hypothèque par dix et vingt ans (Bourges, 31 déc. 1830 (2); V. dans le même sens Bordeaux, 15 janv. 1855, aff. de Beauchamp, n° 1126).

930. Mais l'acquéreur est réputé de mauvaise foi, et dès lors ne peut opposer la prescription de dix ou vingt ans à l'égard des hypothèques inscrites sur l'immeuble acquis, lorsqu'il est constant qu'il a connu les inscriptions et a exigé des sûretés pour se garantir de leur effet (Bourges, 17 avr. 1839 (3), et arrêt déjà cité du 31 déc. 1830).

931. « La bonne foi est toujours présumée; et c'est à celui qui allègue la mauvaise foi à la prouver » (art. 2268), soit par

---

ce contrat jusqu'à celle de la demande en délaissement (25 mai 1829), il ne s'était pas écoulé vingt années, laps de temps nécessaire pour acquérir la prescription d'après l'art. 2265 c. civ.; — Qu'il est constant, en fait, que cette pièce de terre fut vendue en 1805 par de Lignac à Rebeyrolles, lequel la transmit, au même titre de vente, à Chapeyron en 1816; or, Chapeyron, en réunissant sa possession personnelle à celle de son vendeur direct, justifie d'une possession de plus de vingt années; d'où il suit que l'exception de la prescription vient encore le protéger contre l'action en désistat; — Attendu que Chapeyron, pour s'affranchir du délaissement de cet immeuble, ne peut soutenir qu'il aurait acquis de bonne foi de l'héritier apparent; — Que cette qualité n'appartenait pas à Delignac, son vendeur, qui n'avait été envoyé en possession des immeubles dépendants de la succession de Françoise de Laroche-Aymond, qu'en vertu d'un arrêté de l'administration centrale du département de la Dordogne, à la date du 2 therm. an 5; — Qu'une ordonnance royale rendue sur l'avis du conseil d'Etat, le 20 nov. 1815, a décidé que l'arrêté administratif de l'an 5 n'avait pu porter aucune atteinte aux droits réclamés par le comte de Laroche-Aymond, et qui présentaient à juger une question de propriété, laquelle rentrait exclusivement dans les attributions de l'autorité judiciaire; — Attendu, d'ailleurs, que Delignac, dans le contrat du 12 mess. an 9, ne fit aucunement connaître par quelle voie et à quel titre la pièce de terre qu'il aliénait lui avait été transmise; — Qu'il n'a stipulé, dans aucun des contrats produits en la qualité que Chapeyron veut lui attribuer, que c'était à ce dernier à s'enquérir des droits de son vendeur, à se faire représenter le titre en vertu duquel il possédait; — Que l'éviction qu'il souffre ne peut, dès lors, être imputée qu'à sa seule négligence; — La cour, faisant droit de l'appel que le comte de Laroche-Aymond a interjeté du jugement rendu par le tribunal de première instance de Nontron, le 25 nov. 1830, dans le chef seulement qui a écarté sa demande en désistat, en ce qui concerne la pièce de terre acquise par Chapeyron, dit Maron, le 12 mess. an 9, a mis et met ledit chef et ledit appel au néant; — Emendant, condamne Chapeyron à délaisser à l'appelant ladite pièce de fonds telle qu'elle est limitée et confrontée dans l'exploit introductif d'instance, avec restitution des fruits du jour de la demande en payement des dégradations si aucunes ont été commises.

Du 28 juin 1834.-C. de Bordeaux, 2e ch.-M. Gerbeaud, pr.

(1) *Espèce* : — (Poitier C. Honnay.) — Cette solution résulte de l'arrêt qui suit, rendu sur le pourvoi formé contre l'arrêt de la cour de Liége, du 31 janv. 1812. — Arrêt.

LA COUR; — Attendu que la cour impériale de Liége, en décidant que l'action en purgement, intentée le 16 juin 1767, poursuivie sans interruption et terminée par l'acte de vesture du 15 nov. 1810, a été un empêchement au cours de la prescription, n'est pas contrevenue aux art. 2262 et 2265 c. nap.; — Rejette.

Du 24 mars 1815.-C. C., sect. req.-MM. Henrion, pr.-Lombard, rap.

(2) *Espèce* : — (Préville C. Davidière.) — En 1812, la dame de la Frenaye constitua, au profit de la veuve de Préville, une rente viagère de 1,200 fr., avec hypothèque sur la terre de Beauregard. — 5 oct. 1817, la dame de la Frenaye vend au sieur Davidière les domaines de la Pinotière et de Labarre, faisant partie de la terre de Beauregard, à la charge par l'acquéreur de souffrir, sur les biens vendus, l'hypothèque de la veuve de Préville, avec promesse de le garantir de toutes recherches quant au service de la rente, hypothéquant à cet effet le surplus de la terre de Beauregard. — Le 17 décembre suivant, transcription du contrat. — En 1821, la dame de la Frenaye vend le surplus de la terre de Beauregard aux époux Julienne, à qui elle laisse 12,000 fr. pour acquitter les causes de l'hypothèque de la veuve de Préville. — 6 oct. 1828, la veuve de Préville fait sommer Davidière de notifier son contrat; le 9 janv. 1829, elle signifie son titre de créance à l'héritier de la dame de la Frenaye, le sieur Brunel de Tully; et le 20, elle lui fait commandement pour sept termes de sa rente échus. — Le 5 février suivant, elle fait aussi commandement à Davidière, à fin de payement de 1,600 fr. restant des sept termes échus, avec déclaration qu'à défaut de payement elle poursuivrait la vente des biens hypothéqués. — Davidière répond que la veuve de Préville ne lui ayant rien demandé depuis la transcription de son contrat le 17 déc. 1817, il se trouvait affranchi de l'hypothèque par la prescription de dix ans; — Jugement qui déclare l'hypothèque prescrite. — Appel. — Arrêt.

LA COUR; — Considérant, sur la première question, que la loi, en admettant la prescription contre les hypothèques en faveur des tiers acquéreurs, renvoie aux dispositions générales sur la prescription de la propriété pour déterminer le temps par lequel cette prescription s'opère; que, pour se prévaloir de la prescription de dix ans, il faut avoir titre et possession de bonne foi; qu'on oppose en vain que l'art. 2180 c. civ., relatif à la prescription de l'hypothèque, ne parle pas de la bonne foi comme condition nécessaire pour prescrire par dix ans; que cette mention était inutile, puisque cet article reconnaissait, quant au temps nécessaire pour prescrire, des différences qui ne pourraient être établies que sur les dispositions relatives à la prescription de la propriété; qu'un titre sans bonne foi, loin de rendre la prescription plus favorable, la présente sous un point de vue plus odieux;

Que c'est sans fondement que l'on prétend que la bonne foi ne peut pas être exigée du tiers acquéreur pour qu'il puisse prescrire l'hypothèque, parce que, le temps de la prescription ne pouvant compter que du jour de la transcription, il a toujours eu ce moment connaissance des inscriptions; d'où il faudrait conclure, contrairement à la loi, qu'il ne pourrait jamais prescrire contre l'hypothèque par le temps de dix ans à défaut de bonne foi; — Que cette objection n'est pas fondée; que ce n'est pas au moment de la transcription, mais à celui de la vente, que la loi exige de l'acquéreur qu'il soit de bonne foi pour le rendre capable de prescrire par dix ans; que la connaissance même des inscriptions par l'acquéreur ne prouve pas nécessairement celle de l'hypothèque suffisante pour s'opposer à la prescription; qu'en effet, une inscription peut être prise sans droit, les causes de l'hypothèque pouvant avoir cessé, sans que l'inscription ait été radiée; — A mis le jugement dont est appel au néant.

Du 31 déc. 1830.-C. de Bourges, 2e ch.-M. Trottier, pr.

(3) (Mourat-Vauzelle C. Girardot, etc.) — LA COUR; — Considérant qu'aux termes de l'art. 2265 c. civ., la prescription de dix ou vingt ans ne peut être invoquée par le tiers détenteur qu'autant qu'il était de bonne foi au moment de son acquisition; que, dans l'espèce actuelle, il résulte

des écrits, soit même par témoins, ce dernier genre de preuve étant admissible contre le dol et la fraude (Conf. MM. Vazeille, n° 495; Troplong, n° 929).

232. Il y a cependant des circonstances de fait qui, si elles ne sont point contestées, dispensent celui qui les allègue de toute autre preuve de mauvaise foi (Conf. M. Troplong, *eod.*). — Ainsi, suivant quelques arrêts, 1° la circonstance que dans la vente d'un acquêt de communauté consentie par le mari seul après le décès de sa femme, on a relaté l'acte d'acquisition des époux, a fait assez connaître à l'acquéreur la nature du fonds vendu, pour qu'il ne soit pas fondé à se prévaloir de sa bonne foi vis-à-vis des héritiers de la femme, ni, par suite, à leur opposer la prescription de dix ans; il importe peu que le prix ait été payé comptant (Bourges, 10 janv. 1826) (1); — 2° La prescription de dix et vingt ans, contre l'action en résolution, de la part du vendeur originaire non payé, ne peut être opposée par le tiers acquéreur qui a eu connaissance du contrat primitif, contrat dans lequel il est énoncé que le prix n'a point été payé : en ce cas, il n'y a pas bonne foi dans la possession du tiers acquéreur (Paris, 20 janv. 1826) (2); — 3° Si, avant la détention, le tiers détenteur avait été partie dans un acte qui pouvait lui donner connaissance des droits d'un tiers (comme dans un inventaire où le titre de ce dernier se trouvait rappelé), cette circonstance vicierait plus tard la possession qu'il acquerrait d'un autre que de ce tiers (Paris, 1er mars 1808) (3). — ..Ou du moins, suivant M. Troplong, n° 931, l'obligerait de justifier

---

des actes mentionnés devant la cour qu'au moment des acquisitions qu'il a successivement faites de diverses portions du domaine de L'Huy-Labour, le sieur Girardot a connu formellement que cette propriété était grevée d'hypothèques; qu'il n'a pas ignoré, notamment par les transcriptions qu'il a fait faire de ses ventes les 26 janv. et 15 fév. 1819, l'inscription de la créance Godin, cédée depuis et transmise à l'appelante; que, bien plus, et pour se garantir de ces inscriptions et s'assurer de la restitution du prix qu'il payait nonobstant au mineur, il en a exigé et reçu des hypothèques sur le surplus des dépendances du susdit domaine; que, dans de telles circonstances et avec des faits si exclusifs de la bonne foi, Girardot est évidemment mal fondé à invoquer en sa faveur la prescription de dix ans; — Sans avoir égard aux fins de non-recevoir et exceptions proposées, dit mal jugé.

Du 17 avr. 1859.-C. de Bourges, ch. civ.-M. Baudoin, pr.

(1) *Espèce* : — (Hérit. Bargeot *C.* veuve Petit.) — Le 27 niv. an 12, les époux Bargeot achètent en communauté la terre de Cloiseau. — Le 27 vent. an 13, la dame Bargeot décède, laissant deux enfants mineurs. — Le 1er juin 1807, Bargeot vend seul, et sans prendre la qualité de tuteur de ses enfants, au sieur Petit, la terre de Cloiseau : le prix est payé comptant. On relate dans l'acte celui du 27 niv. an 12. — En 1816, décès de Bargeot père. — En 1825, les enfants Bargeot comme héritiers de leur mère, revendiquent, contre Petit ou sa veuve, moitié de la terre de Cloiseau. — La veuve Petit oppose la prescription de dix ans fondée sur la vente de 1807. — Le 12 juin 1825, le tribunal de Clamecy accueille cette exception. — Appel par les enfants Bargeot; ils soutiennent, 1° que Petit n'a pas été de bonne foi; 2° que personne n'est censé ignorer la condition de celui avec lequel il traite, et que l'art. 1402 établit une présomption que tout acquêt est à la communauté. — L'intimé répond, 1° que le payement du prix comptant démontre que Petit n'a pas connu les droits des enfants Bargeot; 2° que la présomption de l'art. 1402 se réfère plutôt aux époux entre eux qu'aux droits des tiers. — Arrêt.

LA COUR; — Considérant que la femme Gillote, née le 5 avr. 1795, n'a atteint sa majorité qu'en 1816; — Qu'à la vérité, Louis-Remi Bargeot, son frère, était majeur depuis longtemps, et que le privilége du mineur ne se communique pas au majeur, dans les choses divisibles, comme la terre dont il s'agit, mais que la prescription de dix ans n'a lieu que dans le cas où l'acquéreur est de bonne foi; que le contrat du 1er juin 1807, contenant vente par Bargeot père, à l'intimé, de la terre du Cloiseau, faisait assez connaître qu'elle était un acquêt de communauté avec sa femme, alors décédée; qu'ainsi l'intimé savait bien que la moitié en appartenait à ses enfants, et que, dès lors, il est impossible de trouver ici la bonne foi requise pour ce genre de prescription; — Sans avoir égard aux moyens de prescription, met le jugement dont est appel au néant, etc.

Du 10 janv. 1826.-C. de Bourges, 1re ch.-M. Sallé, 1er pr.

(2) (Hér. Peronne *C.* Huet et autres.) — LA COUR; — Considérant que Chelloneix, acquéreur, suivant procès-verbal du 19 niv. an 4 (9 janv. 1796), de deux maisons appartenantes aux héritiers Péronne, a été constitué débiteur envers lesdits héritiers du prix de son acquisition, déterminé conformément à la loi du 16 niv. an 6; — Considérant que l'action en résolution de la vente, à défaut du payement du prix, appartient au vendeur, etc.; que la revente, faite par l'acquéreur, débiteur du droit primitif, les lettres de ratification ou la transcription, n'ont pu purger le privilége du vendeur, ni éteindre son action en résolution, les créanciers et les sous-acquéreurs ne pouvant avoir plus de droits que leur auteur; — Considérant qu'Endré et Huet, détenteurs actuels des deux maisons dont il s'agit, le premier comme étant aux droits de Schwemler et sa femme, qui ont acquis celle rue d'Orléans, n° 49, de Cheilloneix, par acte authentique du 28 vent. an 4 (18 mars 1796); le second, comme étant aux droits de Cousin, qui a acquis celle au coin des rues Fontaine et d'Orléans, n° 50, du même Chelloneix, également par acte authentique du 15 mess. an 13 (4 juill. 1805), n'ont acquis ces propriétés que grevées de l'action résolutoire des héritiers Péronne; que l'exception de prescription opposée par Endré et Huet, et fondée sur la possession de bonne foi, ne peut être admise, parce qu'ils ont connu, par les contrats d'acquisition, que Chelloneix, leur auteur, n'avait pas payé le prix de la vente, et que, dès lors, n'ayant possédé que sous la condition de ce payement, ils sont restés soumis pendant trente ans aux effets de l'action résolutoire...; — A mis et met l'appellation et ce dont est appel au néant; — Emendant, etc.

Du 20 janv. 1826.-C. de Paris, 1re ch.-M. Séguier, 1er pr.

(3) *Espèce* : — (Maillet *C.* Henriot.) — Louis XV avait donné au sieur Maillet l'usufruit d'un immeuble, et en 1765, il donna le même immeuble au sieur Paul Henriot, en survivance du sieur Maillet, pour en jouir sa vie durant, et après lui, la dame Petrement sa femme, aussi sa vie durant. — Les sieur et dame Henriot, dont les droits étaient subordonnés au décès de Maillet, alors très-jeune, obtinrent de ce dernier qu'il leur cédât sa jouissance, sous la réserve néanmoins de tous ses droits dans le cas où il leur survivrait. La cession eut lieu par acte notarié du 15 juill. 1765. — Dominique Henriot, l'un des fils de Paul Henriot, étant devenu salpêtrier du roi, vit tous ses ateliers dévastés dans une des premières émeutes de la révolution. — Le 7 fév. 1790, un arrêt du conseil lui accorda, par forme d'indemnité, la propriété de l'immeuble dont il s'agit, pour en jouir lui et les siens en survivance de son père. — Ce dernier mourut en 1791; sa femme l'avait prédécédé. Henriot fils se mit en possession de l'immeuble à lui concédé par l'arrêt de 1790, et en jouit paisiblement jusqu'au mois d'avril 1807, époque où Maillet prétendant exercer la réserve portée dans l'acte du 15 juill. 1765, actionna Henriot en délaissement de l'immeuble et en restitution des fruits perçus depuis l'année 1791. — Henriot opposa la prescription fondée sur les art. 115 de la coutume de Paris et 2281 c. civ. Il prouva que pendant plus de seize ans, il avait possédé avec titre et bonne foi. Toutes les circonstances se réunissaient en effet pour démontrer qu'il avait toujours ignoré les droits de Maillet. En supposant même qu'il en eût eu connaissance, il avait eu, disait-il, juste sujet de croire que ces droits étaient éteints par le décès du demandeur qui, pendant quarante-quatre ans écoulés depuis l'acte de 1765, ne s'était jamais montré et n'avait élevé aucune réclamation. — Maillet répondait en représentant un inventaire fait après le décès de la dame Henriot, en 1785, dans lequel Henriot fils avait été partie, et où se trouvait inventorié l'acte de 1765; d'où il fallait conclure qu'Henriot fils ne pouvait alléguer son ignorance du titre qui servait de fondement aux droits de son adversaire.

Le 25 août 1807, jugement du tribunal de la Seine, en ces termes : Attendu que le titre rappelé et les énonciations comprises dans l'inventaire des père et mère du sieur Henriot, établissent qu'il n'a pas la bonne foi, entendue dans le sens de la loi, déclare ledit Henriot non recevable dans son exception de prescription; et, subsidiairement, attendu que, pendant sa jouissance et un long intervalle de temps, Henriot n'a jamais entendu parler de Maillet; qu'il a pu le croire décédé; que Maillet n'a jamais rien réclamé, et que ce n'est que du jour qu'Henriot a été mis en demeure, qu'il peut être passible de la restitution des fruits; que, par suite de cette erreur, prolongée par le fait de Maillet, Henriot, se croyant propriétaire, prétend avoir fait des constructions et améliorations qui auraient sensiblement augmenté la valeur du produit; que cet objet ne peut être réglé que par une estimation; ordonne qu'Henriot sera tenu de restituer les fruits, mais à compter du jour de la mise en demeure seulement, et qu'il sera tenu compte par Maillet des impenses et améliorations utiles par lui faites.

Appel par Maillet des deux dernières parties du jugement, et par Henriot de la disposition principale. — Aux termes de l'art. 549, disait Maillet, le possesseur ne fait les fruits siens que dans le cas où il possède de bonne foi; dans le cas contraire il est tenu de rendre les produits avec la chose au propriétaire qui les revendique. Or, la prescription invoquée par Henriot n'a été rejetée que parce qu'il n'était point possesseur de bonne foi; donc il n'a pu faire les fruits siens, et il devait les restituer à compter du jour de son indue jouissance, d'après la disposition expresse et absolue de l'art. 549 précité. Maillet, critiquant ensuite la dernière partie du jugement, soutenait que le seul fait de la mauvaise foi ôtait au possesseur la faculté de redemander les impenses quelles qu'elles fussent, même celles faites pour la conservation de la chose.

On disait pour Henriot : Il s'agit, dans l'espèce, d'une prescription commencée sous l'empire de la coutume de Paris, et qui, par conséquent, doit être réglée conformément à ses dispositions (c. civ. 2281). L'art. 115 de cette coutume, en cela conforme au droit romain (L. 2 et

(chose difficile), qu'au moment de son acquisition il avait perdu de vue le droit du tiers; — 4° Celui qui achète du mari seul des biens qu'il sait être des propres de la femme, ne peut être considéré comme de bonne foi (Rennes, 14 juin 1841, aff. Broussais, V. n° 751); — 5° On ne peut considérer comme étant de bonne foi le détenteur qui savait que l'immeuble par lui acquis était grevé de substitution (Cass. 9 janv. 1827, aff. Flach, V. Subst., n° 409); — 6° Enfin, une possession pour être indue et avoir été qualifiée telle par un arrêt, n'est pour cela réputée et déclarée possession de mauvaise foi (Cass. 25 mars 1835, aff. Chapuis, v° Propriété).

933. Toutefois, la simple énonciation, dans un contrat de vente, du titre de propriété du second vendeur, portant que partie du prix n'a pas été payée, ne suffit pas pour constituer le sous-acquéreur en mauvaise foi (Orléans, 14 déc. 1832, aff. Brontin, V. n° 954-1°).

934. La mauvaise foi dont il est parlé dans l'art. 2180 c. nap. ne résulte pas de cette circonstance, que l'acquéreur aurait pu voir, en se faisant représenter le titre d'acquisition de son vendeur, que celui-ci n'avait pas payé son prix, et qu'ainsi il était soumis à l'action résolutoire (Bordeaux, 24 déc. 1832) (1). —Il a même été jugé que le tiers détenteur peut opposer au vendeur primitif ou échangiste la prescription de dix ou vingt ans, pour se garantir de l'action résolutoire, bien qu'il ait eu connaissance que son propre vendeur ne s'était pas encore libéré de son prix, s'il a eu un juste sujet de croire qu'il le serait plus tard (Nîmes, 19 fév. 1839) (2).

935. La bonne foi du possesseur est suffisamment établie

---

12 c. *De prescr. temp.* L. 7 c. *quib. non objicit. longi temp. præscr.*), consacre la prescription de tous droits réels par vingt ans entre absents, et dix ans entre présents, et il détermine les conditions nécessaires pour prescrire : ce sont la jouissance et la possession à juste titre et de bonne foi, franches et sans inquiétation. Les premiers juges reconnaissent dans la possession d'Henriot tous les caractères propres à opérer la prescription, un seul excepté, la bonne foi. Encore déclarent-ils seulement qu'il n'a pas la bonne foi entendue dans le sens de la loi; du reste ils reconnaissent évidemment qu'il a la bonne foi de fait. Mais est-il donc en matière de prescription, une mauvaise foi légale qui puisse détruire les effets de la bonne foi réelle? La mauvaise foi ne se présume pas; c'est à celui qui l'allègue à la prouver. Or, il n'y a en droit que deux sortes de preuves, 1° la preuve physique qui consiste dans la démonstration matérielle d'un fait, et qui s'acquiert par le concours de témoignages dignes de foi; 2° la preuve légale qui ne consiste que dans des présomptions auxquelles la loi donne la force de preuves. Dans l'espèce, la preuve physique est toute en faveur d'Henriot; et quant à la preuve légale, elle ne saurait être admise contre lui, puisqu'elle ne pourrait résulter que de présomptions, et que la mauvaise foi ne se présume plus. — Qu'est-ce d'ailleurs que la mauvaise foi? C'est, dit la loi romaine, *conscientia læsæ rei alienæ.* Ainsi c'est dans la conscience seule qu'elle réside; c'est la conscience que les juges doivent scruter pour former leur opinion. Lorsque, comme dans l'espèce, la conscience leur paraît pure, aucun fait extérieur ne doit leur faire prononcer qu'il y a mauvaise foi. — Quant à la restitution des fruits, Henriot, invoquant l'autorité de Maleville, Analyse de la discussion du code civil, t. 2, p. 34 et suiv., soutenait que le possesseur ne cesse d'être de bonne foi que du jour de l'interpellation en justice; ce principe est tellement vrai, disait-il, que si le propriétaire laisse périmer l'instance qu'il a d'abord intentée, le possesseur est censé remis en bonne foi, et ne doit les fruits que du jour de la nouvelle demande; c'est là d'ailleurs ce qui se pratique constamment pour les intérêts qui ne sont que des fruits civils. — Enfin, à l'égard de la restitution des impenses, il est de principe, ajoutait-il, que nul ne peut profiter des impenses utiles et nécessaires qu'un tiers a faites sur son fonds, ce tiers fût-il de mauvaise foi. En cette matière on ne distingue entre le tiers de bonne foi et celui de mauvaise foi, que pour les impenses voluptuaires; encore permet-on à ce dernier de les emporter s'il le peut, sans dégrader le fonds de la chose (V. Loysel, Traité du déguerpis., l. 6, ch. 8; Rousseau de Lacombe et Ferrière, v^is Imp.; et les lois 38 et 39, ff. *De hæred. pet.*) — Arrêt.

LA COUR; — Faisant droit sur les appels respectifs, en ce qui touche l'appel interjeté par Henriot, adoptant les motifs des premiers juges, a mis et met l'appellation au néant; ordonne que ce dont est appel sortira son plein et entier effet;—En ce qui touche l'appel interjeté par Maillet, considérant qu'il résulte des pièces de la cause, que Dominique Henriot a eu connaissance du titre et du droit du sieur Maillet à la jouissance des objets en question; mais que s'il doit la restitution des fruits à compter du décès de Paul Henriot père, l'équité de la loi ne permettant pas que l'on s'enrichisse aux dépens d'autrui, commande en faveur d'Henriot une indemnité, pour raison des constructions et améliorations qui auraient augmenté la valeur du produit de l'immeuble en question : — A mis et met l'appellation et ce dont est appel au néant, en ce que ledit Henriot n'a été condamné à la restitution des fruits et jouissances, qu'à compter du jour de sa mise en demeure; émendant quant à ce, le condamne à restituer et rendre au sieur Maillet les fruits et loyers des lieux dont il s'agit, depuis le 15 fév. 1791, jour du décès de Henriot, et ce d'après les baux authentiques, si aucuns existent, sinon, suivant la fixation qui en sera faite par les mêmes experts, qui constateront l'existence des constructions et améliorations, et la plus-value en résultant; le jugement, quant à la disposition relative auxdites constructions, améliorations et plus-value, sortissant effet.

Du 1er mars 1808.-C. d'appel de Paris.

(1) (Deveaux C. Mathieu.) — LA COUR; — Attendu que Jean Deveaux est devenu propriétaire de la pièce de terre en litige par un contrat de vente du 14 août 1817; qu'il en a joui sans trouble jusqu'à la citation qui lui a été donnée le 7 août 1829, à la requête de Catherine Méhout; que, par conséquent, il a possédé pendant les dix années qui sont nécessaires pour faire acquérir la propriété aux tiers détenteurs, suivant l'art. 2265 c. civ.; — Attendu que le défaut de transcription du contrat de vente ne peut faire obstacle à la prescription, parce que l'art. 2180 c. civ. s'applique à la prescription des priviléges et hypothèques, et nullement à celle de la propriété qui est régie par l'art. 2265, qui n'exige pas la transcription du titre;—Attendu que la bonne foi est toujours présumée; que c'est à Catherine Méhout, qui allègue la mauvaise foi de Deveaux, à la prouver; qu'elle prétend la faire résulter de ce que celui-ci a dû être instruit qu'elle n'était pas payée du prix de la vente faite à Marie Tallet, et qu'il a pu prévoir l'action résolutoire et la demande en délaissement qui ont été la conséquence du défaut de payement; mais que, pour qu'il en fût ainsi, il faudrait que la connaissance attribuée à Deveaux fût pleinement justifiée, fait essentiel qui n'est point prouvé; que l'on voit, par l'acte d'acquisition, du 14 août 1817, que Deveaux a été délégué à payer à Catherine Méhout la somme de 400 fr., à la décharge des époux Barrailler qui, est-il dit, sont ses débiteurs d'après l'acte du 18 juill. 1815; mais qu'il n'est point énoncé que l'acte ait été représenté, et que Deveaux ait été mis à même de connaître soit le montant de la créance de Catherine Méhout, soit les termes et les conditions de payement;—Qu'aucune explication à ce sujet n'a été suffisamment donnée ni dans la quittance du 18 juin 1818, ni dans l'acte de ratification du 13 août 1819; que, dans ce dernier acte consenti par Catherine Méhout, elle ne fait aucune réserve pour les autres sommes qui lui auraient été encore dues; que sans doute ce silence n'a pu préjudicier à ses droits à l'égard de Marie Tallet, mais qu'il rend vraisemblable l'ignorance aujourd'hui alléguée par Deveaux; d'où il suit que la mauvaise foi qu'on lui oppose n'est pas démontrée, et qu'il est fondé dans son exception de prescription; — Émendant, relaxe Deveaux.

Du 24 déc. 1832.-C. de Bordeaux, 1re ch.-M. Roullet, 1er pr.

(2) (Combe, etc. C. Peythier.) — LA COUR; — Attendu que l'échangiste évincé a le droit d'exercer l'action en résolution, puisque l'art. 1707 rend les principes de la vente applicables au contrat d'échange; — Attendu, en droit, que le tiers acquéreur ne peut opposer à son propre vendeur les dispositions de l'art. 2265 c. civ. pour opérer la libération de tout ou de partie de son prix; mais qu'il n'en est pas de même à l'égard d'un sous-acquéreur qui a possédé l'immeuble pendant dix ans avec titre et bonne foi; — Que, dans ce cas, le vendeur primitif se trouve dans la même position que le véritable propriétaire dont le bien a été vendu par un usurpateur; — Attendu que la maxime : *Nemo plus juris in alienum transferre potest quàm ipse habet* est sans application dans le cas prévu par l'art. 2265 c. civ.; — Que, dans l'hypothèse de cet article, il ne faut se préoccuper que de l'acquéreur, de sa possession, de son titre, de sa bonne foi; — Qu'il n'est pas douteux, dans l'espèce, qu'il y ait eu possession réelle; — Que cette possession a pris naissance dès l'instant de la vente consentie, le 23 juill. 1820, par Mathon à Cuer, premier acquéreur; — Qu'il est certain également qu'il y a juste titre, puisque les acquéreurs successifs ont procédé soit en vertu d'actes notariés, réguliers en la forme, soit en vertu de jugements d'adjudication; — Attendu que, pour apprécier s'il y a bonne foi, il faut remonter au premier acquéreur Cuer; — Qu'à son égard la bonne foi est certaine; — Que, fallût-il examiner la bonne foi de Dupré, dernier tiers acquéreur, elle existerait encore de sa part, puisque, si cet acquéreur a pu savoir que le prix n'était pas payé, il a eu un juste sujet de croire qu'il le serait plus tard; ce qui suffit pour constituer la bonne foi; — Attendu que la maxime : *Contrà non valentem agere non currit præscriptio* est sans application dans l'espèce, puisque Peythier, pouvant faire sommation à Mathon de payer le prix de son acquisition, dont il restait débiteur, il n'est pas exact de dire qu'elle ne pouvait courir contre lui; — Attendu que l'art. 2257 c. civ., invoqué par l'intimé, est inapplicable aux conditions résolutoires, qui n'ont jamais empêché de prescrire;—Que cet article ne peut avoir eu en vue le tiers détenteur, mais seulement celui contre lequel l'action en garantie peut être admise;—Attendu, d'ailleurs, que l'art. 2265 c. civ. est absolu, général dans ses dispositions, et n'admet

par la mention au contrat d'acquisition de la libération des vendeurs et l'indication de la date des payements, encore bien qu'un des précédents vendeurs fût intervenu à ce contrat pour s'obliger envers l'acquéreur à justifier de l'entier acquittement de son prix (Orléans, 21 déc. 1852, aff. Jamet, D. P. 54. 2. 163). — Ici l'intervention au contrat d'un premier vendeur, s'obligeant à justifier de l'acquittement de son prix, avait quelque gravité; mais si elle établissait que l'acquéreur n'avait pas été complètement édifié sur le payement du prix, il n'en résultait pas cependant qu'il eût eu de véritables motifs pour concevoir des doutes sur la réalité de ce payement. — Cette circonstance opposée à l'acquéreur ne suffisait donc pas pour détruire la présomption de bonne foi qui résultait de la loi, surtout alors que le contrat portait la déclaration positive du payement du prix, avec toutes les indications de nature à rendre ce payement vraisemblable.

936. Un donataire d'immeubles ne peut opposer la prescription décennale, lorsque le donateur de mauvaise foi s'est réservé la jouissance de l'immeuble, l'a affermé pour son compte personnel, et a continué d'en jouir publiquement : le vice de la possession du donateur n'a point été effacé par cette donation occulte (Bourges, 11 janv. 1839, aff. Maratrat, V. n° 922).

937. Le propriétaire établit suffisamment la mauvaise foi du possesseur en prouvant que celui-ci détient la chose comme héritier (fût-ce même comme héritier bénéficiaire) d'un possesseur de mauvaise foi (Conf. M. Troplong, n°s 932 et 933).

938. Lorsque c'est une société qui acquiert, la mauvaise foi de celui des associés qui était chargé de faire les achats pour le compte de la société empêche la prescription, nonobstant la bonne foi des autres associés : son fait réfléchit, dit très-bien M. Troplong, n° 934, sur tous les actes sociaux dans lesquels il est censé être partie active et nécessaire. — Si l'associé acheteur et mandataire de ses coassociés était de bonne foi, et que ceux-ci ne le fussent pas, cette circonstance n'empêcherait pas que la société ne fût de mauvaise foi, en raison de la solidarité qui existe entre eux.

939. Pour apprécier la bonne ou mauvaise foi quand l'achat est fait par une commune, il faut voir, dit Voët, *an membra ejus aut præpositi, traditionis factæ tempore, habeant scientiam rei alienæ*. — Une communauté qui a commencé à posséder de mauvaise foi est censée posséder toujours au même titre, quoique tous les membres qui ont pris part à la mauvaise foi soient morts ou réputés tels. C'est toujours le même corps qui possède, sans aucun changement par titre ni possession (arrêt du parlement de Toulouse, du 7 fév. 1702; Merlin, Rép., v° Prescript., sect. 1, § 5, art. 4 et 5, n° 4; M. Vazeille, n° 472; Voët sur le Dig., tit. *De usurp. et usuc.*, n° 8; M. Troplong, n° 935. — *Contrà*, Dunod, p. 46).

940. Pour la prescription de *l'hypothèque*, comme pour celle de la propriété par dix et vingt ans, la bonne foi est exigée de la part du tiers acquéreur (Bourges, 31 déc. 1830, aff. Préville, V. n° 929).

941. Les juges apprécient souverainement la question de savoir si celui qui se prévaut de la prescription était de bonne ou de mauvaise foi (Rej. 18 mai 1813 (1) et v° Cassat., n° 1715; V. aussi plus haut, n°s 376 et les renvois).

942. Lorsqu'un tiers détenteur prétend avoir prescrit par une possession de dix ou vingt ans, avec titre et bonne foi, la décision qui déclare la prescription acquise par une possession de dix ans, avec titre, ne peut être annulée, en ce qu'elle aurait omis de constater la bonne foi, alors que la mauvaise foi n'est pas alléguée (Req. 12 janv. 1831, aff. Maillefer, V. n° 950).

ART. 3. — *De la résidence dans ou hors du ressort de la cour impériale où l'immeuble est situé.*

943. On a vu que l'art. 2265 a restreint à dix ans ou prorogé à vingt le délai de la prescription, selon que le véritable propriétaire habite ou non dans le ressort de la cour impériale dans lequel l'immeuble est situé. — L'art. 2266 ajoute : « Si le véritable propriétaire a eu son *domicile* en différents temps dans le ressort et hors du ressort, il faut, pour compléter la prescription, ajouter à ce qui manque aux dix ans de présence un nombre d'années d'absence double de celui qui manque pour compléter les dix ans de présence. » — Pothier (de la Prescription, n° 110) nous donne avec clarté l'application de cette disposition, qui a été empruntée à l'ancien droit par le code Napoléon. — D'après le droit romain, l'absence ou la présence pour la prescription de dix ou de vingt ans, se déterminait suivant que les parties avaient leur domicile dans l'étendue de la même province ou dans une province différente (C., *De præscript. longi temp.*). — Sous l'ancien droit français, dans l'étendue du même diocèse ou d'un diocèse différent, plus tard les coutumes prirent pour point de départ les bailliages et les sénéchaussées. — Mais, aux termes de la coutume de Paris, l'absence ou la présence pour la prescription de dix ou vingt ans, se déterminait suivant que les parties avaient leur domicile dans l'étendue de la même coutume ou des coutumes différentes, et non pas dans le même bailliage ou dans des baillages différents (Paris, 13 mars 1817, aff. Drain, V. n° 881-1°). La prescription des tiers acquéreurs de bonne foi commencée depuis la suppression des anciens bailliages et sénéchaussées, et avant la promulgation du code, peut être réglée, quant à la présence ou l'absence, par la division départementale, et l'arrêt qui le décide ainsi par analogie et à défaut du silence du législateur, ne viole aucune loi : — « Attendu, porte l'arrêt, que, dans le silence de la loi à l'époque de la vente dont il s'agit, la cour d'appel (de Lyon) en se décidant par analogie, dans l'espèce, n'a violé aucune loi; rejette » (Req. 17 août 1814, MM. Lasaudade, pr., Sieyes, rap., aff. Lenocrie); — Dans le ressort du parlement de Bordeaux, la prescription de vingt ans, et non celle de dix ans, pouvait seule être invoquée par le tiers détenteur contre le créancier hypothécaire domicilié dans une autre juridiction que celle de l'immeuble hypothéqué. L'art. 14, tit. 7, de l'ord. de 1667, qui veut que les délais soient observés tant entre présents lors et excepté contre ceux qui sont absents hors du royaume pour le service du roi et par ses ordres, n'était pas dans ce cas applicable : — « Attendu qu'il résulte de l'arrêt attaqué (de la cour d'Agen) que, dans le ressort du ci-devant parlement de Bordeaux..., la prescription de vingt ans était la seule applicable à l'espèce; d'où il suit que la cour d'appel d'Agen a pu, sans violer les lois attaquées, se conformer à cette jurisprudence; rejette » (Req. 6 déc. 1809, MM. Lasaudade, pr., Basire, rap., aff. Ransan).

944. Suivant M. Vazeille, n°s 504 et suiv., la loi, pour déterminer le temps nécessaire à la prescription, ne considère point la présence ou l'absence réelle du véritable propriétaire dans le ressort ou hors du ressort de la cour d'appel, mais uniquement l'existence de son domicile civil dans ce ressort ou hors de ce ressort; de sorte que le temps de la prescription ne peut être ni prolongé par la résidence la plus longue du propriétaire loin de de son domicile, quand ce domicile est situé au même lieu que l'immeuble qui est l'objet de la prescription, ni, au contraire, abrégé par la résidence constante du propriétaire dans le lieu de la situation de l'immeuble, si ce lieu n'est pas en même temps celui du domicile civil de ce propriétaire (Conf. M. Troplong, n° 866). — Delvincourt pense, au contraire, que ce n'est que la résidence, et non le domicile, que la loi considère. Et effectivement, dit ce jurisconsulte, cela est plus conséquent. On veut que le propriétaire ait été à portée de voir que son immeuble était possédé par un autre. Or cela lui est bien plus facile quand l'immeuble est situé dans le lieu de sa résidence ou dans un lieu voisin (Conf. M. Marcadé, art. 2269, n° 3). — Jugé, dans ce dernier sens,

aucune exception; — Attendu, en fait, que le temps requis par cet article s'est accompli dans la cause; — Par ces motifs, disant droit à l'appel, annule le jugement du 16 janv. 1837, et relaxe les appelants de la demande contre eux formée par Peythier, etc.

Du 10 fév. 1839. — C. de Nîmes, 3e ch. — M. Vitalis, pr.

(1) (Demoiselle Montagu C. veuve Deberain.) — LA COUR; — Sur le moyen fondé sur une prétendue violation des lois sur la prescription et particulièrement des art. 115 et 118 de la coutume de Paris et 2261 c. civ. : — Attendu qu'il appartenait exclusivement à la cour d'apprécier les circonstances qui déterminent l'existence de la *bonne foi* dans les actes de jouissances, et que l'arrêt a déclaré que dans l'espèce il y avait eu jouissance soit de la dame Deberain, soit de ses cédants pendant plus de dix ans avec titre et bonne foi; ce qui justifie la juste application qu'elle a faite des lois invoquées sur la prescription; — Rejette le pourvoi.

Du 18 mai 1813. — C. C., sect. req. — MM. Lasaudade, pr. — Borel, rap.

que le temps nécessaire pour opérer la prescription de dix et vingt ans établie par l'art. 2265 c. nap. en faveur de l'acquéreur de bonne foi, et à juste titre d'un immeuble, doit se calculer d'après le fait de l'habitation réelle et non d'après celui du domicile légal (Nîmes, 12 mars 1834, aff. Arnaud, nº 900); et dans le premier sens, que le tiers détenteur qui a acquis de bonne foi et à juste titre peut invoquer la prescription décennale contre le militaire qui se trouve sous les drapeaux, hors du ressort de la cour d'appel où est situé l'immeuble, mais dans lequel il a conservé son domicile (Grenoble, 12 juill. 1834) (1). Il semblerait au premier abord que cette dernière solution, par la rigueur ou l'injustice du principe qu'elle proclame à l'égard des militaires, dût rendre nécessaire l'adoption de l'interprétation proposée par Delvincourt et Marcadé? Nous ne le croyons cependant pas : le mot *habite*, qui se trouve dans l'art. 2265, se trouve expliqué par ces termes de l'art. 2266, *si le véritable propriétaire a eu son domicile.* — Cette disposition si précise de la loi a, comme l'a fort bien fait remarquer M. Troplong, nº 870, l'avantage de lever toutes les difficultés qu'auraient autrement pu faire naître les dispositions de l'art. 2266. Rien, en effet, n'est difficile comme d'établir des faits d'habitation et de résidence, tandis que la loi a défini le domicile légal. Enfin il ne faut pas s'exagérer les inconvénients de fixer la présence par le domicile. Quand on est propriétaire dans le lieu où l'on est domicilié, il est rare qu'on n'y ait pas laissé des moyens de surveillance et un fondé de pouvoir. Le militaire a ordinairement un procureur fondé au lieu de son domicile. — Au reste, les moyens de se transporter et de correspondre sont devenus si faciles, qu'il est peut-être à regretter que le législateur n'ait pas suivi les observations faites par la cour de cassation et par plusieurs cours d'appel (lorsqu'elles ont été consultées sur le projet du code Napoléon), qui tendaient à ce que la loi fixât un délai unique pour prescrire, sans avoir égard aux faits de présence et d'absence.

945. A supposer qu'une simple habitation ait le même résultat, dans le sens de l'art. 2265 c. nap., que le domicile de droit, cependant une résistance accidentelle, pour soutenir des procès, quoique prolongée, faite dans le ressort d'une cour impériale par celui qui réclame la propriété d'un immeuble situé dans ce ressort, ne suffit pas pour faire courir contre lui la prescription de dix ans, lorsqu'il est constant qu'il avait son domicile réel dans un autre département; on ne peut, comme au cas d'absence, lui opposer que la prescription de vingt ans (Montpellier, 11 mai 1829) (2).

946. Lorsque le véritable propriétaire n'a de domicile nulle part, on doit le réputer présent s'il réside dans le ressort de la cour où l'immeuble est situé, et absent dans le cas contraire (Conf. M. Troplong, nº 867).

947. Si l'on prescrit contre deux propriétaires par *indivis*, dont l'un seulement demeure dans le ressort où est situé l'immeuble, on n'acquerra par la prescription décennale que la part de ce propriétaire. Et si la chose est *indivisible*, la prescription ne s'accomplira que par vingt ans (Conf. Pothier, nº 111; M. Troplong, nº 868). — La circonstance que la prescription de dix ans n'aurait pu courir au profit d'un acquéreur de partie d'un immeuble indivis entre plusieurs héritiers, contre l'un des cohéritiers, à cause de l'absence de ce dernier, ne fait pas obstacle à ce que la prescription ait couru contre les autres cohéritiers qui étaient présents. — Décider autrement ce serait, comme cela a été très-bien jugé, confondre les principes de l'indivision et de l'indivisibilité (Cass. 12 nov. 1835) (3).

---

(1) (Pujet C. Primard.) — LA COUR; — Attendu que l'art. 2265 c. civ. établit positivement que celui qui acquiert de bonne foi et à juste titre un immeuble, en prescrit la propriété par dix ans, si le véritable propriétaire habite dans le ressort de la cour où l'immeuble est situé, et par vingt ans, s'il est domicilié hors du ressort; — Attendu qu'il est évident dans ce cas que l'habitation n'est autre chose que le domicile; ce qui s'explique suffisamment par la fin de l'article, qui exige vingt ans pour la prescription, lorsque le propriétaire est domicilié hors du ressort; — Attendu, d'ailleurs, que l'art. 2266 expliquerait au besoin la disposition de l'article précédent, puisque, en déterminant le nombre des années nécessaires pour compléter les dix ans de présence, lorsque le propriétaire a eu son domicile en différents temps dans le ressort et hors du ressort, le législateur n'emploie que le mot *domicile*; — Attendu que quoique Joseph Primard ait été au service militaire pendant cinq ans, il a néanmoins toujours conservé son domicile à Saint-Géoire; qu'on ne peut admettre en sa faveur une exception qui n'est pas portée par la loi, et qu'en conséquence la prescription de dix ans a utilement couru contre lui; — Infirme, etc.

Du 12 juill. 1834.-C. de Grenoble, 4e ch.-M. Duboys, pr.

(2) Massip C. Darzac.) — LA COUR; — Attendu qu'il est prouvé que le sieur Charles Darzac établit son domicile à Estresses, département de la Corrèze, après sa rentrée de l'émigration; que, pendant le séjour qu'il a fait dans le ressort de la cour royale de Montpellier, à l'occasion de ses procès contre ses frères et sœurs, il a conservé ce domicile, de fait et d'intention, en se l'attribuant dans les actes, jugements et arrêts le concernant; que, si l'on remarque une indication contraire dans un jugement de jonction de défaut du tribunal d'Espalion, et dans l'exploit de notification d'icelui, toutes les circonstances de la cause démontrent que c'est là le fait de l'avoué qui a poursuivi ce jugement, et il est impossible d'y voir celui dudit sieur Darzac, qui, dans des actes qui sont presque de la même époque, et où il a figuré en personne, se disait domicilié à Estresses; — Attendu que la résidence accidentelle que ledit Darzac a faite, soit à Villefranche, soit à Montpellier, soit à Rodez, n'ayant eu pour objet que la poursuite de ses procès, ne saurait présenter les caractères d'une habitation susceptible de le faire considérer comme présent, relativement à la prescription mentionnée dans les art. 2265 et 2266 c. civ., alors même qu'une simple habitation de fait serait susceptible de produire, à cet égard, les mêmes effets que le domicile de droit; qu'ainsi, c'est avec raison que le tribunal de première instance a écarté l'exception de prescription; — A mis l'appel au néant.

Du 11 mai 1829.-C. de Montpellier.-M. de Trinquelague, 1er pr.

(3) *Espèce* : — (Cetty C. les héritiers Rathsamhausen.) — En 1722, la famille Rathsamhausen baille, à emphytéose, aux époux Weichel, le moulin d'Enwhyr et ses dépendances. A la révolution, deux des membres de cette famille ayant émigré, les emphytéotes soumissionnèrent leurs droits sur le moulin. — En 1807, les héritiers Weichel vendirent à Mathis père le moulin grevé des charges non éteintes. — En 1815, celui-ci revend à Cetty deux arpents de pré dépendant du moulin, en les déclarant libres et quittes. — Mathis ayant cessé de remplir ses obligations emphytéotiques, les héritiers Rathsamhausen demandèrent et obtinrent par jugements et arrêts de 1824 et 1825, la résolution de l'emphytéose et le déguerpissement du moulin, mais jusqu'à concurrence seulement de ce qui restait dû aux demandeurs par suite de l'aliénation nationale des parts de deux d'entre eux. — En cet état, un jugement ordonne le partage entre les emphytéotes et les héritiers Rathsamhausen. L'immeuble est reconnu impartageable; la licitation en est ordonnée.

Le 15 nov. 1827, assignation à Cetty pour voir comprendre dans la licitation de l'immeuble emphytéotique les deux arpents de pré qui lui ont été vendus et qui en faisaient partie. — Celui-ci se prévaut de la prescription. — Jugement qui rejette sa demande, par le motif qu'elle n'est fondée que sur des jugements et arrêts dans lesquels Cetty n'avait point été partie.

Appel. — Le 28 avr. 1831, arrêt de la cour de Colmar qui infirme et ordonne que, sans s'arrêter au contrat passé à Cetty, les deux arpents de pré seront compris dans la licitation. — Cet arrêt qui fait connaître la situation des parties, est ainsi conçu : — « Considérant qu'il est constant, dans la cause, que le demi-hectare de pré acquis par Cetty père fait partie de l'emphytéose instituée par le contrat du 28 fév. 1722; qu'il est pareillement constant que toute la propriété est restée indivise entre les ayants droit, puisqu'au moment actuel et par suite des décisions judiciaires, il s'agit du partage et de la licitation entre eux; que, par conséquent, la première question est celle de savoir si Cetty, devenu acquéreur par un titre authentique, a prescrit son acquisition; — Qu'aux termes de l'art. 2265 c. civ., la prescription s'acquiert par dix ans, si le véritable propriétaire habite dans le ressort de la cour d'appel dans l'étendue de laquelle l'immeuble est situé, et par vingt ans s'il est domicilié hors du ressort; qu'au cas particulier, le baron de Gerando agissant comme tuteur de son enfant mineur, procréé avec la dame Marie-Anne Rathsamhausen, l'une des cohéritières, n'a jamais eu son domicile dans le ressort de cette cour; que, par conséquent, la prescription ne saurait s'acquérir à son égard qu'à l'expiration du plus long terme; — Que cette exception profite aux autres ayants droits, par la raison que, jusqu'au moment du partage, chaque cohéritier a un droit égal sur chaque portion de l'héritage indivis, et que, d'après l'art. 883 c. civ., chacun d'eux est censé avoir succédé seul et immédiatement à tous les objets compris dans son lot ou à lui échus sur licitation; — Qu'il suit de ce que dessus, d'une part, que Cetty père n'ayant acquis qu'en 1815, n'avait pu acquérir la prescription au 15 nov. 1827, jour de son ajournement dans la présente contestation; d'autre part, qu'il ne s'agit pas d'examiner, devant les premiers juges, si le jugement du 22 juill. 1824 et l'arrêt du 25 juin 1825 pouvaient ou non être opposés à Cetty, puisque le but de l'action des héritiers Rathsamhausen était uniquement de faire comprendre dans la licitation la portion d'immeuble illégalement distraite de l'emphytéose, etc. »

948. Le tiers acquéreur d'un immeuble grevé d'usufruit prescrit-il par dix ans contre le nu-propriétaire, bien que l'usufruitier soit domicilié hors du ressort de la cour dans l'étendue duquel est situé l'immeuble, et que, dès lors, la prescription de vingt ans soit seule opposable à cet usufruitier? — L'affirmative est avec raison enseignée par Proudhon (de l'Usufruit, t. 4, nº 2158) « parce que les droits de celui-ci ne sont pas absorbés par ceux de l'autre et qu'on peut acquérir une propriété sans l'avoir franche des charges réelles qui peuvent l'affecter. »

949. L'État, quant à la prescription des actions qui lui appartiennent, est censé *présent* partout, en telle sorte que, sur tous les points du royaume, on peut lui opposer la prescription décennale (Bruxelles, 8 mai 1824) (1). — V. dans ce sens Delvincourt, t. 2, p. 212, aux notes.

ART. 4. — *Des effets de la prescription par dix et vingt ans. — Charge. — Action résolutoire. — Usufruit.*

950. L'effet de la prescription par dix et vingt ans est de consolider les acquisitions d'immeubles faites par les tiers. Cette prescription « s'étend généralement, dit Pothier, de la Prescription nº 136, à toutes les différentes espèces de *droits réels* que des tiers peuvent avoir sur l'héritage, que l'acquéreur à qui ces droits n'ont pas été déclarés par son contrat d'acquisition croit avoir acquis franc et libre desdits droits. L'effet de cette prescription est, comme nous l'avons déjà dit, de faire acquérir à l'acquéreur un domaine de l'héritage aussi parfait qu'il a eu un juste sujet de le croire en affranchissant l'héritage de tous les droits réels » (Conf. Delvincourt, t. 1, p. 585; MM. Duranton, t. 4, p. 547; Proudhon, Usuf., nº 2123; Troplong, nºs 797 et 851; Vazeille, nº 417; Bousquet, vº Résol.; Marcadé, Explic. du code civ., sur l'art. 1655, nº 5; Zachariæ, Dr. civ., § 536; Rolland de Villargues, vº Résol., nº 96). — Ainsi, il a été jugé que, par la possession de dix ou vingt ans avec titre et bonne foi, le tiers acquéreur, qu'il ait ou non *transcrit* son contrat, prescrit non-seulement la propriété, mais encore l'*hypothèque* ou privilége non inscrit du vendeur originaire (Req. 12 janv. 1831) (2). — Dans cette affaire, le conseiller rapporteur disait avec raison : « La prescription de la propriété serait inutile si elle n'emportait pas la prescription de l'hypothèque : celle-ci ferait donc revivre la propriété qui ne

---

Pourvoi du sieur Cetty. — On soutient pour lui qu'il est de principe que les jugements n'ont de force qu'entre ceux qui y sont parties; — Que le jugement qui ordonnait la licitation ne pouvait donc être exécuté contre Cetty, puisqu'il n'y avait point été appelé pour défendre ses droits; que comprendre dans la licitation l'immeuble par lui acquis, c'était, quoi qu'en ait dit la cour, exécuter le jugement contre les tiers étrangers avec plus de rigueur que contre les parties elles-mêmes et violer ouvertement les principes du droit; que, d'un côté, possesseur de bonne foi depuis plus de dix ans, Cetty avait prescrit son acquisition contre les copropriétaires domiciliés dans le ressort où l'immeuble est situé, encore que l'un d'eux habitât hors de ce ressort; que la cour, en décidant qu'il n'avait pu prescrire partiellement, avait appliqué à l'indivision les principes applicables à l'indivisibilité seule : car si, dans ce dernier cas, on est forcé de prescrire contre tous les copropriétaires, c'est parce qu'il serait impossible de retenir la part de ceux contre qui la prescription serait acquise; alors ne pouvant tout avoir, on est obligé de tout laisser; mais il en est autrement dans l'indivision où l'objet est susceptible de parties qui peuvent être acquises et possédées séparément. Il suffira donc, dans ce cas, d'attribuer au possesseur, lors du partage, la part de ceux au préjudice desquels il a acquis la prescription. — On ajoute que la cour a faussement interprété l'art. 883, d'après lequel chaque cohéritier, après le partage, est censé n'avoir jamais possédé que les objets qui lui ont été attribués; car, loin de repousser le système de la prescription partielle, elle l'appuie en ce que si chaque héritier est censé, par le partage, n'avoir eu rien de commun avec ses cohéritiers, il n'a pu sauver leur part de la prescription.

On a répondu que, dans l'indivision, la communauté est seule propriétaire; que cette communauté propriétaire n'existait pas dans le ressort où était situé l'immeuble litigieux, du moment qu'un de ses membres habitait en dehors; qu'alors on n'avait pu prescrire par dix ans contre le propriétaire ainsi que l'exigeait l'art. 2265; que, dans la communauté, un seul veille pour tous; que, pour prescrire contre quelqu'un, il faut nécessairement posséder l'immeuble qui lui appartient; que, dans l'espèce, l'immeuble possédé n'appartient pas à ceux contre lesquels le possesseur prescrivait; enfin que, d'après le sens même donné à l'art. 883, l'immeuble étant déclaré impartageable, le possesseur ne pouvait prescrire contre les copropriétaires un droit immobilier, que, par la licitation et le partage, ils étaient censés n'avoir jamais eu. — Arrêt.

LA COUR; — Vu l'art. 2265 c. civ.; — Attendu que la cour royale de Colmar ne s'est pas bornée à juger que le demi-hectare ou les deux arpents de prairie en question seraient compris dans la licitation ordonnée, ce qui eût été l'effet nécessaire et légal du droit de propriété indivise appartenant aux mineurs de Gerando; mais qu'elle a, en même temps, déclaré que le demandeur n'avait pas pu prescrire contre les héritiers Rathsamhausen, par la raison que le baron de Gerando, l'un d'eux, n'habitant pas dans le ressort de la cour royale, aurait relevé ses cohéritiers domiciliés dans ce ressort; en quoi la cour de Colmar a confondu les principes de l'indivision et de l'indivisibilité, fait une fausse application de l'art. 883 et expressément violé l'art. 2265 c. civ.; — Sans qu'il soit besoin de s'arrêter au premier moyen; — Par ces motifs, casse, etc.

Du 12 nov. 1833.-C. C., ch. civ.-MM. Portalis, 1er pr.-Legonidec, rap.-Laplagne-Barris, 1er av. gén., c. conf.-Scribe et Crémieux, av.

(1) (Detierre.) — LA COUR; — Attendu que le gouvernement a domicile à Bruxelles comme à la Haye; que, d'ailleurs, le gouvernement est, sous ce rapport, partout, et est à même de surveiller ses intérêts par ses agents établis dans les diverses parties du royaume, et que les droits de tous les sujets du roi, vis-à-vis le gouvernement, sont également partout les mêmes, de sorte que la veuve Detierre a pu valablement faire usage de son titre, de sa bonne foi et de sa possession de dix ans pour invoquer en sa faveur la prescription établie par l'art. 2265 c. civ.; — Met l'appel au néant, etc.

Du 8 mai 1824.-C. sup. de Bruxelles, 1re ch.

(2) *Espèce :* — (Maillefer C. Martin.) — An 5, Bernardin achète, sous la coutume de Vitry, une ferme, de la dame Maillefer, pour 20,000 fr. : l'acte porte que l'immeuble restera affecté à l'hypothèque de la venderesse. — Le 17 therm. an 5, Bernardin échange cette ferme à Martin contre d'autres fonds; celui-ci ne paye ni sous la loi de brumaire ni sous le code.

Plus de vingt ans après, et le 14 janv. 1819, la dame Maillefer, non encore payée, s'inscrit sur la ferme; elle assigne Martin en payement ou délaissement. — Martin oppose la prescription de dix et vingt ans. — La dame Maillefer réplique que n'ayant fait transcrire son contrat, ni avant, ni depuis le code, il n'a pu prescrire. — Le 12 fév. 1821, le tribunal de Vitry déclare la propriété libre de l'hypothèque de cette dame : — « Considérant, porte le jugement, que, par acte passé devant Augier et son collègue, notaires à Saint-Dizier, le 17 brum. an 5, Jean-Henri Maillefer et Anne Martel, sa femme, ont vendu à défunt Paul-Antoine Bernardin une ferme, située à Arzillers, propre à ladite Martel; que, par un autre acte du 17 therm., même année, reçu par Me Adenet et son confrère, notaires à Vitry-le-Français, Paul-Antoine Bernardin a échangé ladite ferme avec défunt Louis Martin et sa femme; que, par suite de ces actes authentiques, la propriété de ladite ferme était acquise du jour de l'acte, et conséquemment avant la promulgation de la loi du 11 brum. an 7, sur le nouveau régime hypothécaire; que la veuve Martin et sa fille, représentant Louis Martin, ont joui paisiblement et sans aucune demande, de l'effet dudit échange, pendant plus de vingt années, puisque les premières poursuites contre eux dirigées datent du 5 août 1819; d'où il suit qu'ils ont acquis la prescription avec titre, en conformité de la coutume qui régissait les parties à l'époque desdits actes. » — Appel. — La dame Maillefer insiste sur le délaissement de l'immeuble par voie de résolution du contrat de vente à défaut de payement (c. civ. 1654). — 21 nov. 1821, arrêt de la cour de Paris, qui, sans s'expliquer sur le moyen de résolution, confirme.

Pourvoi de la dame Maillefer : 1º violation des art. 2180 c. civ., 44, 46 et 47 de la loi de brum. an 11; 154, 155 et 157 de la coutume de Vitry. Elle soutient que la prescription de l'art. 2180 exigeant un titre, elle ne peut courir qu'à partir de la transcription du titre, laquelle n'a pas eu lieu; que l'art. 2180, ne fût-il pas applicable, on devrait appliquer la loi de brumaire, dont les art. 44, 46 et 47 exigent cette transcription dans les trois mois; que, dès qu'il n'y avait pas de transcription, la dame Maillefer a pu inscrire son hypothèque en 1819; que, décidât-on que ni le code, ni la loi de brum. n'ont fait obstacle à la prescription, on se trouverait sous la coutume de Vitry, qui, disposant pour le cas spécial d'hypothèque, déclare, art. 157, qu'elle ne se prescrira que par trente ans. — 2º Contravention aux art. 1654, 2262, 2265 c. civ., en ce que le vendeur avait trente ans pour exercer son privilége, soit contre l'acquéreur, soit contre son ayant cause, ou tiers détenteur. — Arrêt.

LA COUR; — Sur le premier moyen, au fond, tiré soit de la fausse application des art. 154, 155 et 157 de la coutume de Vitry, soit de la violation de la loi du 11 brum. an 7, et de l'art. 2180 c. civ. : — Attendu que la mutation de propriété dont il s'agit, faite par acte authentique, est antérieure à la promulgation de la loi de brumaire et du code civil; que, si les tiers détenteurs actuels ne l'ont pas purgée, soit par les formes de l'édit de 1771, soit par celles établies depuis la publicité des hypothèques, le privilége du vendeur, inscrit pour la première fois

subsiste plus. Or le droit hypothécaire n'a jamais été jusque-là ; il s'attache bien à la propriété, il s'y incorpore, mais il ne la dépasse pas. Aussi le texte de l'art. 2180, qui n'est que déclaratif du principe, paraît-il formel sur ce point » (V. en ce sens Bordeaux, 15 janv. 1855, aff. de Beauchamp, *infrà*, nº 1126; Orléans, 21 déc. 1852, aff. Jamet, D. P. 54. 2. 165).

951. Mais il faut bien remarquer, comme le dit Pothier, que pour que le détenteur puisse prescrire les charges qui grèvent son immeuble, il faut qu'elles n'aient point été *déclarées* dans le contrat. — En conséquence, il a été jugé que lorsqu'un acquéreur s'est obligé de payer les rentes dont l'immeuble peut être grevé, cette clause du contrat est exclusive, à l'égard de ces rentes, de la possession à juste titre et de bonne foi de la part de l'acquéreur; en conséquence, il ne peut s'affranchir de l'obligation de les servir que par la prescription trentenaire (Colmar, 24 août 1822 (1); Limoges, 29 août 1839, aff. Maumy, V. Rente).

952. Mais il a été décidé : 1º que la clause du cahier des charges par laquelle le vendeur charge l'acquéreur de toutes *les servitudes actives et passives qui pourraient* grever l'immeuble, *n'est pas suffisante* pour *faire connaître* à l'acquéreur les droits d'un tiers et pour le constituer en mauvaise foi (Nancy, 14 mars 1842, aff. Borthon, V. Servitude); — 2º Que l'existence d'une clause additionnelle d'un cahier des charges qui avertissait les acheteurs du non-payement du vendeur primitif, a pu, à raison de ce qu'elle n'était pas signée par les acheteurs, être considérée comme insuffisante pour les constituer en mauvaise foi et les priver, par suite, du bénéfice de la prescription décennale (Req. 31 janv. 1844, aff. Calmelet, V. nº 954-2º).

953. L'action en résolution de la vente à défaut de payement du prix, qui dure trente ans au profit du vendeur contre son acquéreur direct, peut-elle être exercée vis-à-vis d'un tiers acquéreur lorsque celui-ci a prescrit la propriété par une possession de dix ans, avec titre et bonne foi? — Jugé : 1º que l'action en résolution ou en payement du prix peut être exercée contre le sous-acquéreur qui a possédé pendant dix ans de bonne foi (Paris, 4 déc. 1826, 4 mars 1835; Agen, 28 août 1841) (2). —

---

seulement en janvier 1819, sous l'empire du code civil, n'aurait pu revivre et rétroagir sur le temps antérieur, pendant lequel, faute d'inscription, il n'avait pas été conservé, si, dans ce temps-là même, la prescription de dix ou vingt ans avait été acquise aux seconds acquéreurs ; que cette prescription a été reconnue s'être accomplie, et qu'elle a eu le double effet, et de faire acquérir la propriété, et de la libérer de tout privilége ou hypothèque, s'il en existait encore, puisque, aux termes de l'art. 2180 c. civ., déclaratif du droit ancien, à cet égard, la prescription des priviléges et hypothèques est acquise au tiers détenteur par le temps réglé pour la prescription de la propriété à son profit; que la coutume de Vitry, aux art. 134 et 135, établit aussi la prescription de dix et vingt ans pour les tiers acquéreurs qui ont titre et bonne foi; que cette prescription ne libérait pas seulement la propriété des servitudes dont il est parlé en l'art. 135, mais aussi des hypothèques dans la main du tiers détenteur qui n'était pas obligé personnellement à la dette; que, dans l'espèce, il y avait titre; que la bonne foi ne paraît pas avoir été mise en question, et qu'au surplus elle est suffisamment reconnue par ce motif du jugement adopté par l'arrêt que les défendeurs éventuels ont joui paisiblement, en conformité de la coutume ;

Sur le deuxième moyen relatif à la résolution de la vente, faute de payement du prix, tiré de la violation de l'art. 1654 c. civ. : — Attendu, 1º que l'arrêt attaqué, pas plus que le jugement qu'il confirme, n'ont rien statué sur ce chef de la demande, mais seulement sur la nullité des poursuites faites, et de l'inscription prise par la demanderesse, depuis la prescription acquise contre elle; que, de cette omission de prononcer, il ne peut sortir un moyen de cassation ; 2º que cette action en résolution de la vente, contre l'acquéreur direct qui n'en a pas payé le prix, ne peut plus être utilement exercée contre le tiers détenteur, après qu'il a prescrit la propriété; — Rejette, etc.

Du 12 janv. 1831.-C. C., ch. req.-MM. Favard, pr.-Hua, rap.

(1) (Dom. *C.* Steiner.) — LA COUR; — Quant à la prescription invoquée par le motif que l'intimé aurait purgé son bien par la transcription; que le domaine n'ayant point fait inscrire dans la quinzaine après cette transcription, n'ayant réclamé qu'après dix ans, la prescription serait acquise contre elle: — Attendu que l'intimé ne peut pas être placé dans le cas de celui qui acquiert de bonne foi et par juste titre, et qu'aux termes de l'art. 2262, toutes les actions, tant réelles que personnelles, sont prescrites par dix ans, sans qu'il soit besoin de rapporter un titre ; que le titre de l'intimé stipule qu'il doit payer les rentes dont le bien sera grevé; que, s'étant obligé de payer cette rente, il a pu purger son bien de toute autre créance hypothécaire, mais non de la rente, contrairement à son titre; qu'il n'a donc pas le juste titre et la bonne foi à l'aide desquels on peut prescrire au bout de dix ans; — Par ces motifs, rejette les fins de non-recevoir; — Condamne Steiner à servir la rente à partir de 1816 et pour l'avenir, etc.

Du 24 août 1822.-C. de Colmar.-M. Marquair, pr.

(2) 1re *Espèce* : — (Mariette, etc. *C.* de Courcelles.) — En 1809, une maison sise à Paris est saisie sur les époux Nyon et adjugée à de Courcelles. — Le cahier des charges énonçait : 1º que Nyon avait acquis cette maison de M. de Maupeou, par acte notarié du 16 déc. 1776, pour 75,000 fr. dont l'acte portait quittance; 2º que lorsque le payement intégral du prix serait effectué par l'adjudicataire, le contrat d'acquisition de 1776, ensemble les autres titres de propriété, lui seraient remis de bonne foi et qu'il devrait s'en contenter. — Du reste, le cahier des charges ne mentionne ni la rente ni le titre constitutif dont il va être parlé. — En 1811, de Courcelles reçoit du préfet de la Seine, comme représentant les hospices, la signification d'un contrat du 24 mars 1785, par lequel les époux Nyon se reconnaissent débiteurs envers l'archevêque de Reims d'une rente foncière de 120 liv. faisant moitié de 240 liv. non rachetable, à la charge de laquelle avait été délaissé, le 25 nov. 1582, le terrain dont il s'agit. — Depuis, le préfet garde le silence. — En 1822, Mariette, cessionnaire des hospices, a demandé le payement de 1,152 fr. d'arrérages de la rente de 120 liv. et subsidiairement la résolution du bail à rente de 1582. — En 1826, le préfet est mis en cause. — Courcelles se prévaut de la prescription par dix ans, soutenant qu'elle était admise en faveur du tiers détenteur pour repousser soit une action hypothécaire, soit une action en résolution, et qu'il n'y avait pas à distinguer à l'égard du vendeur originaire, entre l'acquéreur d'un bien volé ou usurpé et celui qui a acquis comme ici du véritable propriétaire ; que, du reste, rien n'avait pu lui faire soupçonner l'existence de l'action en résolution. — 26 janv. 1826, jugement du tribunal de la Seine qui déclare Mariette et le préfet non recevables. — Appel. — Arrêt.

LA COUR; — Considérant que l'action intentée par l'administration des hospices contre de Courcelles doit être entièrement assimilée à une action résolutoire de la vente d'un immeuble à défaut de payement du prix; — Considérant qu'une action résolutoire de cette nature peut toujours, à moins d'exception pour l'option pour l'action en privilége, être exercée par le vendeur ou par ses ayants droit, et qu'elle suit l'immeuble en quelque main qu'il passe, indépendamment de tout privilége et toute hypothèque; — Considérant que le code civil, sous l'empire duquel de Courcelles a acquis l'immeuble dont il s'agit, établit, dans ses art. 2262 et 2265, deux espèces différentes de prescriptions; — Considérant que l'art. 2265, relatif à la prescription par dix ou vingt ans, avec juste titre et bonne foi, ne s'applique évidemment qu'au possesseur qui acquiert, par laps de temps, la propriété vis-à-vis du véritable propriétaire, et non point à celui qui, ayant acheté du véritable propriétaire, voudrait se libérer, par laps de temps, du payement de tout ou partie du prix, ou de toute autre charge ou redevance grevant son acquisition; — Considérant que, dans ce dernier cas, on ne peut appliquer que l'art. 2262 qui établit contre les actions, tant réelles que personnelles, une prescription de trente ans; — Considérant, en fait, que, dans l'espèce, le laps de trente ans n'est point écoulé; — En ce qui touche les arrérages, statuant sur les conclusions prises aujourd'hui à la barre : — Considérant que, suivant l'art. 2277, tout ce qui est payable par année se prescrit par cinq ans, et que l'action résolutoire ne forme point exception à ce principe; — Met l'appellation et le jugement dont est appel au néant; émendant, décharge l'administration des hospices des condamnations contre elle prononcées.

Du 4 déc. 1826.-C. de Paris, 2e ch.-M. Cassini, pr.

2e *Espèce* : — (Mercier *C.* Durand.) — LA COUR; — Considérant, en fait, que François Durand n'a point payé le prix de son acquisition, et que, par acte du 10 fév. 1809, il a revendu le même immeuble à Mercier, sans que les précédents vendeurs aient exercé leur privilége dans l'ordre du prix ouvert sur Mercier; — Considérant, en droit, que le vendeur peut demander la résolution de la vente si le prix n'est pas payé par l'acheteur; qu'il est de principe que l'action résolutoire qui suit l'immeuble en quelque main qu'il passe, ne se prescrit que par trente ans; que la prescription de dix et vingt ans, qui n'est qu'un moyen d'acquérir, a été introduite en faveur du possesseur de bonne foi qui a acquis l'immeuble de celui qui n'avait pas le droit de l'aliéner; mais qu'elle ne peut être invoquée comme un moyen de libération par le tiers acquéreur qui a acheté du propriétaire véritable; — Qu'en effet, le légitime propriétaire de l'immeuble usurpé doit s'imputer l'inaction dans laquelle il est resté pendant dix ou vingt ans, tandis que l'action résolutoire du vendeur pouvant être suspendue par une condition qui ne lui permettait pas de l'exercer, l'exception de la prescription décennale ne peut lui être opposée; — Considérant, d'ailleurs, que le contrat d'acquisition énonçant que l'immeuble avait été acquis des héritiers Cottin, et ne faisant aucune mention du payement du prix, Mercier a dû s'imputer de n'avoir pas vérifié si le prix avait été effectivement payé par son vendeur; — Met l'appel au néant.

Du 4 mars 1835.-C. de Paris, 2e ch.-M. Hardoin, pr.

Conf. Montpellier, 29 mai 1827, aff. Delouis, V. Vente); Grenoble, 19 mars 1829, aff. Salamand, V. nº 844). — Et cela quoique le second contrat de vente eût été transcrit, et qu'il n'existât pas d'inscription de la part du vendeur primitif (Limoges, 19 janv. 1824, aff. Ribière, V. nº 956); — 2º Que le tiers acquéreur, pour être considéré comme de bonne foi et être apte à se prévaloir de la prescription de dix ou vingt ans, doit *établir l'ignorance* où il était que le prix dû au vendeur originaire n'avait pas été entièrement acquitté (Paris, 12 fév. 1844, aff. Mollard, V. Vente).

954. Mais cette jurisprudence ne nous paraît pas devoir être suivie : la prescription décennale s'applique à toutes les espèces de droits réels qui grèvent l'immeuble, comme à la propriété même; et nulle disposition exceptionnelle, et dès lors nécessairement explicite, n'a spécialement soustrait à cette prescription l'action en résolution des ventes immobilières. Que si la cour de Paris, dans son arrêt du 4 mars 1835, a voulu restreindre l'application de l'art. 2265 au cas où le prescrivant a acquis d'un usurpateur, et a considéré cet article comme étranger au cas où le titre du possesseur est émané du véritable propriétaire, mais sous une condition résolutoire, sa décision ne semble pas mieux fondée : 1º parce qu'il est de principe qu'en matière de prescription décennale, on doit considérer exclusivement la possession de l'acquéreur, son titre et sa bonne foi, sans s'attacher à la qualité de celui qui a disposé de la propriété; 2º parce que le créancier ne peut invoquer la suspension de la prescription, à raison de la condition à laquelle son droit est subordonné (art. 2257), que lorsque cette condition est *suspensive*, et non lorsqu'elle est résolutoire, et que, d'ailleurs, cet art. 2257 ne suspend, suivant tous les auteurs, le cours de la prescription au profit du créancier conditionnel ou *in diem*, qu'à l'égard de son débiteur, sans rien disposer par rapport aux tiers acquéreurs qui, dès lors, peuvent prescrire contre ce créancier conformément au droit commun (Conf. MM. Vazeille, t. 2, nº 517; Duranton, t. 16, nº 364; Troplong, de la Vente, nº 57, et de la Prescription, nºs 797 et 831). — Et il a été jugé, dans ce sens, 1º que le tiers acquéreur de bonne foi prescrit par dix et vingt ans l'action résolutoire du précédent vendeur, soit sous l'ancien parlement de Bordeaux (Req. 31 mai 1825) (1), soit sous le code Napoléon (Grenoble, 4 août 1831; Orléans, 14 déc. 1832; Agen, 9 fév. 1844 (2); Req. 12 janv. 1831, aff. Maillefer, V. nº 950; Colmar, 6 mars 1830, aff. Sutter C. Mietch;

5e *Espèce* : — (Époux Judicis C. Vergnes et autres.) — Jugement qui, « attendu que l'action en résolution ouverte au vendeur primitif contre son acquéreur immédiat, compète également à ce même vendeur contre tous sous-acquéreurs ou tiers détenteurs à qui son propre acquéreur, non encore libéré du prix de son acquisition, n'a pu transmettre plus de droits qu'il n'en avait lui-même, et ce avec d'autant plus de raison que l'action en résolution, dans ce cas, n'est que subsidiaire et subordonnée à l'action principale en payement du prix porté par le contrat primitif; — Attendu, dès lors, qu'il y a lieu de condamner les défendeurs à délaisser à la demanderesse les divers immeubles dont l'abandon leur a été demandé et faisant partie de ceux compris dans la vente faite à Vacher père par acte public du 24 oct. 1810, vente dont la résolution a été prononcée par jugement du tribunal en date du 24 fév. 1836, lequel a acquis l'autorité de la chose jugée... » — Appel. — Arrêt.

LA COUR; — Adoptant les motifs des premiers juges, confirme.

Du 28 août 1841.-C. d'Agen.-M. Bergognié, pr.

(1) (Teycheney C. l'Etang.) — LA COUR; — Attendu que l'arrêt dénoncé (de la cour de Bordeaux) déclare que les principes du droit romain, sur la prescription de dix et vingt ans du tiers acquéreur contre toute action en revendication, étaient en vigueur dans le ressort du parlement de Bordeaux, et que ce point une fois constant il est inutile d'examiner les autres moyens; — Rejette.

Du 31 mai 1825.-C. C., sect. req.-MM. Henrion, pr.-Pardessus, rap.

(2) 1re *Espèce* : — (Rivoire C. Bouvard.) — LA COUR; — Adoptant les motifs des premiers juges; — Et considérant, au surplus, que si le tier détenteurs qui a juste titre et bonne foi, prescrit par dix ou vingt ans la propriété de l'immeuble par lui possédé, contre l'action en révocation du véritable propriétaire, il doit à plus forte raison prescrire contre l'action en résolution du vendeur; — Confirme.

Du 4 août 1831.-C. de Grenoble, 2e ch.-M. Garnier, pr.

2e *Espèce* : — (Brontin C. Gallois.) — Le sieur Touchard échangea aux époux Gallois, par acte du 26 nov. 1817, des terres qu'il avait acquises du sieur Pilté-Grenet en 1814. Dans l'acte de la vente qui avait été faite par Grenet à Touchard, il était stipulé que 908 fr. seraient payés l'année suivante. Le payement n'en eut pas lieu à l'échéance, et ce n'est qu'en 1830 que Brontin, aux droits de Grenet, demande la résolution de la vente pour défaut de payement et intente une action en délaissement contre les époux Gallois. Ces derniers, se fondant sur l'exception de bonne foi, opposent la prescription de dix ans. — Elle est admise par un jugement du tribunal de Loches. — Appel. — Arrêt.

LA COUR; — Considérant qu'aux termes de l'art. 2265 c. civ., celui qui acquiert un immeuble avec juste titre et bonne foi en prescrit la propriété par dix ans entre présents; — Que cet article est général et absolu, et qu'il en résulte que l'acquéreur prescrit non-seulement la propriété elle-même, mais encore tous les droits réels qui pouvaient la grever, sauf les cas où la loi en aurait disposé autrement; — Que le droit réel exercé par Brontin n'est soumis à aucune prescription particulière; — Que la seule énonciation, dans l'acte de revente, du titre du second vendeur, constatant que celui-ci n'a pas payé son prix, ne suffit pas pour constituer le sous-acquéreur en mauvaise foi; — Qu'il faudrait encore qu'il fût prouvé que ce sous-acquéreur a réellement connu que le premier vendeur n'était pas payé, ce qui n'est pas justifié dans la cause; — A mis l'appel au néant.

Du 14 déc. 1832.-C. d'Orléans.-M. de Beauvert, 1er pr.

5e *Espèce* : — (D'Héliot C. Bru et autres.) — LA COUR; — Attendu qu'aux termes de l'art. 2265 c. civ., celui qui, avec juste titre et bonne foi, acquiert un immeuble, en prescrit la propriété par dix ou vingt ans; — Qu'aucune distinction, aucune modification, n'est apportée à cette règle positive et générale; qu'elle a été commandée par l'intérêt public, afin que la propriété ne restât pas longtemps indécise et incertaine; — Que le possesseur pût se livrer enfin avec sécurité à toutes les améliorations, édifications, et à tous les actes que comporte le besoin ou l'utilité de la propriété, sans crainte d'en être un jour évincé par des tiers, avec lesquels il n'aurait contracté aucune espèce d'obligation; — Que la propriété, ainsi transmise par la loi au possesseur, doit être considérée dans son sens le plus large et le plus absolu, sans quoi la loi n'atteindrait pas le but qu'elle s'est proposé; si, en effet, l'acquéreur pouvait être évincé par une action résolutoire, ou par toute autre charge provenant de tout autre que de son vendeur, la propriété absolue et incommutable, telle que la loi l'a assurée, cesserait d'avoir ce caractère et ces effets; elle resterait incertaine et flottante pendant trente ans entre les mains de l'acquéreur, et celui-ci resterait, quant aux charges qui pèsent sur l'immeuble, dans la même position que celui qui, sans titre, ne pourrait invoquer que la prescription trentenaire; ce qui, incontestablement, est contraire au vœu de la loi, qui, avec le titre et la bonne foi, consolide la propriété, dans l'intérêt public, sur la tête de l'acquéreur;

Attendu que l'article 2265 c. civ. n'est que la reproduction de la coutume de Paris, qui admettait la même prescription, ou, si l'on veut, l'application de cette coutume à tout le royaume; — Qu'on ne peut méconnaître que le résultat inévitable de l'admission de cette prescription dans la coutume de Paris était le dégagement de toutes les charges qui pouvaient se trouver inhérentes à la propriété, en modifier la valeur ou l'exposer à l'éviction, sans quoi l'intérêt public n'y trouvait pas l'avantage que la loi s'était proposé, et la propriété, au lieu d'être incommutable, restait incertaine et flottante dans les mains de l'acquéreur; — Que si la coutume de Paris avait des dispositions expresses quant aux charges qui pesaient sur la propriété, il est impossible de ne pas reconnaître que ces dispositions étaient la conséquence nécessaire, immédiate et absolue, du principe déjà admis, le principe ne pouvant être admis qu'escorté de toutes ses conséquences; que personne n'osera révoquer en doute que les rédacteurs du code civil n'eussent une pleine et entière connaissance de toutes les dispositions de la coutume de Paris; qu'ils savaient également que cette prescription n'était pas admise dans tout le royaume; — Qu'il est est évident qu'ils ont voulu la rendre générale et uniforme; — Que si le code civil s'est contenté d'admettre le principe de la coutume, sans en déduire les conséquences que la coutume avait expressément signalées, il serait peu logique d'en conclure que le code a voulu rendre, pour ainsi dire, le principe inerte, en en rejetant les conséquences si immédiates; — Que, si le législateur eût voulu à ce point modifier la coutume de Paris, il s'en serait expliqué par une disposition expresse; — Qu'il le devait d'autant plus, qu'en admettant cette prescription sans ses conséquences, il aurait dérogé à toutes les coutumes qui admettaient cette prescription; — Que le législateur du code civil a d'autant moins cru nécessaire de consigner dans la loi toutes les conséquences du principe, qu'il a été provoqué par la cour de cassation elle-même à les signaler; on voit, en effet, que sur le projet de loi transmis à tous les corps judiciaires, la cour de cassation demandait, pour éviter sans doute toute difficulté, que la loi énonçât formellement les dispositions écrites dans la coutume; — Qu'on doit conclure rationnellement du silence gardé à ce sujet sur les observations de la cour suprême que, le principe de la cour étant admis, il entrait dans le code civil tel qu'il avait été admis jusque-là dans la législation coutumière; d'où suit qu'il y a lieu, en admettant la prescription de la propriété, d'admettre en même temps la prescription des charges; — Par ces motifs, etc.

Du 9 fév. 1844.-C. d'Agen.-M. Tropamer, 1er pr.

Riom, 23 déc. 1845, D. P. 46. 2. 105); — 2° Que le possesseur d'un immeuble avec titre et bonne foi en prescrit la pleine propriété à l'égard de toute personne, par dix ou vingt ans : l'effet de cette prescription est de libérer l'immeuble de toutes les charges qui le grevaient, et notamment de l'action en délaissement du vendeur primitif non payé, qui a obtenu la résolution de la vente, ainsi que l'action hypothécaire résultant de son privilége de vendeur (Req. 31 janv. 1844) (1); — ...Alors même que le privi-

(1) *Espèce:* — (Calmelet *C.* Bougrel et autres.) — Le 10 sept. 1810, la dame Calmelet et le sieur Calmelet son frère, vendirent aux sieurs Pauffert et Lecuyer, un domaine, pour le prix de 16,000 fr. — Le 11 nov. suivant, les acquéreurs revendirent ce domaine en détail et aux enchères devant un notaire. Le cahier des charges ne fit point connaître que les vendeurs primitifs n'avaient point été payés, de leur prix; il y était exprimé, au contraire, que les diverses pièces de terre étaient vendues exemptes de toutes dettes, charges, servitudes, hypothèques et obligations quelconques, etc. Seulement, après l'énoncé des adjudications individuelles, suivies de la signature de chaque adjudicataire, se trouvait une clause additionnelle dans laquelle les sieurs Pauffert et Lécuyer, déclaraient hypothéquer diverses propriétés à la garantie des acquéreurs, au moyen de quoi ceux-ci devraient payer sans avoir égard à l'inscription que prendraient les héritiers Calmelet. Mais cette clause additionnelle ne fut point signée des adjudicataires.

Le 20 avr. 1811, la dame Calmelet et le sieur Calmelet firent transcrire leur acte de vente du 10 sept. 1810, et le même jour une inscription fut prise à leur profit. — Les choses demeurèrent en cet état jusqu'en avril 1839. A cette époque, la dame Calmelet, qui avait succédé à son frère, fit sommation aux sieurs Pauffert et Lécuyer de lui payer la somme de 6,500 fr., formant le reliquat du prix de la vente de 1810, puis, le 5 juillet, elle les actionna en résolution de cette vente devant le tribunal civil de Gray, en en même temps, poursuivit contre les tiers acquéreurs le délaissement des immeubles par eux achetés. — Ces derniers seuls comparurent; ils opposèrent à la demande en délaissement la prescription décennale qui fut accueillie par jugement du 20 fév. 1840. Ce jugement ne statuait que sur l'action engagée contre les tiers acquéreurs : il est à remarquer qu'il les déclarait à l'abri, non-seulement des poursuites en délaissement, mais encore de toute action hypothécaire de la dame Calmelet. — La dame Calmelet en interjeta appel tant contre Pauffert et Lécuyer, qui continuèrent à faire défaut, que contre les tiers acquéreurs. L'appelante s'efforçait d'écarter la prescription décennale admise au profit des tiers acquéreurs, en invoquant les termes de la clause additionnelle du cahier des charges, d'où elle concluait que ceux-ci avaient nécessairement connu que leur vendeur n'avait point payé son prix, ce qui les constituait en état de mauvaise foi, et excluait l'application de l'art. 2265 c. civ. — La dame Calmelet reprochait en outre au jugement d'avoir, d'office, frappé de prescription son action hypothécaire, quoiqu'elle ne l'eût point exercée.

Le 23 juill. 1840, intervint un arrêt de la cour de Besançon qui, après avoir prononcé la résolution de la vente vis-à-vis des sieurs Pauffert et Lécuyer, à défaut de payement du prix, confirma le jugement en ce qu'il avait déclaré prescrite en faveur des tiers acquéreurs, l'action en résolution; mais le réforma en ce qu'il avait étendu cette prescription aux droits hypothécaires de la dame Calmelet, à laquelle il en réserva l'exercice, sauf toute exception contraire. — Cet arrêt est ainsi motivé : — « Attendu que tout acquéreur de bonne foi prescrit par dix et vingt ans la propriété qu'il a acquise; qu'il suffit qu'il ait été de bonne foi à l'époque de son acquisition; que la connaissance qu'il aurait acquise des vices de son contrat, notamment que le vendeur n'était pas propriétaire incommutable, ne peut le constituer en mauvaise foi ni l'empêcher de prescrire; qu'en fait, les intimés acquirent en 1810, partie des fonds qu'avaient vendus à Pauffert et Lécuyer les héritiers Calmelet; qu'à la suite de chaque adjudication, chaque acquéreur apposa sa signature; qu'ils ont ainsi possédé avec titre et bonne foi; que le procès-verbal de l'acte de vente énonce que les fonds sont vendus exempts de toutes charges et hypothèques; que rien n'établit qu'ils aient eu connaissance de la clause finale énoncée à la suite de cet acte, qui seule aurait pu les constituer en mauvaise foi; qu'ils ne l'ont point signée ni approuvée lors de la passation de cet acte; que plus de vingt ans s'étant écoulés depuis leur acquisition, les premiers juges ont dû, comme ils l'ont fait, débouter les héritiers Calmelet de leur action en résolution à leur égard; — Qu'il convient de confirmer leur décision quant à ce; — Attendu que les héritiers Calmelet n'avaient soumis au tribunal de Gray qu'une action en résolution; qu'ils ne s'étaient point prévalus des droits hypothécaires qu'ils pouvaient avoir contre les intimés comme tiers détenteurs; qu'il convient, dès lors, en tant que de besoin serait, de déclarer que le jugement, non plus que l'arrêt actuel, ne peuvent préjudicier à l'exercice de cette action; de leur réserver tous droits à cet égard, et aux intimés, toutes exceptions contraires. »

En vertu de cette réserve, la dame Calmelet signifia aux tiers acquéreurs les actes des 10 sept. et 11 nov. 1810, et trois bordereaux d'inscription de sa créance privilégiée; ensuite elle les assigna devant le tribunal civil de Gray, ainsi que les sieurs Pauffert et Lécuyer, pour lui voir adjuger les conclusions de son exploit dont il importe de citer les termes. Cet exploit était ainsi formulé : « Condamne les sieurs Pauffert et Lécuyer au payement du prix principal (restant dû) et des intérêts, etc., faute par eux de mettre la demanderesse en possession et jouissance de tous les immeubles à eux vendus par l'acte susrappelé du 10 sept., dans les vingt-quatre heures du jugement à intervenir; — Dire que, dans ce cas, ceux desdits immeubles qui sont en possession des autres défendeurs, et que ceux-ci ont achetés des sieurs Pauffert et Lécuyer, le 11 nov. 1810, tels au surplus que lesdits immeubles sont détaillés et confinés audit acte, sont spécialement affectés par privilége au payement de la créance de 6,000 fr. (due à la demanderesse); — Autoriser, en conséquence, la demanderesse à se pourvoir dans les formes voulues par la loi contre les tiers détenteurs à l'effet de se faire payer sur les immeubles qu'ils détiennent, et qu'elle a originairement vendus aux sieurs Pauffert et Lécuyer, soit de les contraindre à délaisser ces mêmes immeubles. » — Les tiers acquéreurs ont opposé que l'exploit était nul comme ne renfermant pas les énonciations exigées, en matières d'action réelle, par l'art. 64 c. pr. — Les sieurs Pauffert et Lécuyer (ou sa succession vacante) ont fait défaut.

Un jugement du 11 mai 1841, confirmé par arrêt de la cour de Besançon, du 25 août 1842, a accueilli la fin de non-recevoir soulevée par les tiers acquéreurs, et, en ce qui concerne l'action en payement formée contre le sieur Pauffert et la succession du sieur Lécuyer, l'a rejetée d'office dans les termes suivants : — « Considérant, sur la nullité d'exploit demandée par les tiers détenteurs, que l'action dirigée contre eux est une véritable action réelle; qu'en effet, personnellement aucune des parties ne doit rien à la demanderesse; que ce n'est que comme détenteur des fonds qui auraient appartenu à la dame Calmelet et à son frère qu'ils sont poursuivis par la première, ce qui caractérise l'action de manière à n'y laisser rien voir de personnel; que, dans ce cas, aux termes de l'art. 64 c. pr., la demanderesse devait, à peine de nullité, énoncer dans son assignation la nature, la situation, et au moins deux des confins des héritages qu'elle prétendait possédés par chacun de ceux contre lesquels elle dirigeait ses poursuites; que, si la jurisprudence a admis quelquefois que les énonciations exigées par l'art. 64 c. pr. pouvaient être suppléées soit par des copies d'actes ou de pièces, soit par d'autres énonciations, cela a toujours été lorsque les copies données ou les autres énonciations étaient telles que les défendeurs ont pu de suite, facilement, connaître la chose litigieuse; que, dans l'hypothèse actuelle, alors qu'il s'agit non d'un corps de ferme ou d'un domaine, mais de pièces de terre divisées entre beaucoup d'acquéreurs, pièces de terre qui, depuis plus de trente ans que la vente en détail avait eu lieu lors de l'ouverture de l'instance, ont dû nécessairement, pour la plupart, éprouver plusieurs mutations, il fallait d'autres énonciations que celles qui se trouvent dans l'exploit introductif d'instance; d'où il résulte que la nullité indiquée doit être prononcée; — Sur les conclusions prises contre le sieur Pauffert et contre le curateur à la succession vacante du sieur Lécuyer : — Considérant qu'il a été plaidé de la part de la demanderesse et reconnu par son avoué que, sur l'appel du jugement rendu par le tribunal de Gray dans l'instance ouverte par elle, en résolution de la vente qu'elle et son frère ont faite le 10 sept. 1810, la cour de Besançon a prononcé cette résolution; que, cependant, aujourd'hui, la dame Calmelet, veuve Dubois, demande contre le sieur Pauffert, et le curateur à la succession vacante Lécuyer, le payement de ce qui lui restait dû sur le prix de cette vente, c'est-à-dire l'exécution de l'acte dont elle a demandé et obtenu la résolution; qu'elle est mal fondée dans cette demande, puisque la vente qu'elle a faite ne subsistant plus, elle ne peut en réclamer l'effet. »

Pourvoi de la dame Calmelet contre les deux arrêts des 23 juill. 1840 et 25 août 1842.

A l'égard du premier arrêt : 1° § 1. Fausse application de l'art. 2265 c. civ. — § 2. Violation de ce même article combiné avec l'art. 2248 et avec les art. 14 et 15 de la loi du 25 vent. an 11. — § 3. Contravention tant aux art. 2181 et 2183 c. civ., qu'aux art. 1654 et 1149 du même code. — § 1. La prescription établie par l'art. 2265, dit-on, ouvre à l'acquéreur de bonne foi, avec juste titre, un moyen d'acquérir la propriété d'une chose qui lui a été vendue par un autre que le propriétaire. Aussi l'article recherche-t-il à quelle distance de l'immeuble demeure le *véritable propriétaire*, pour déterminer la durée de cette prescription. Mais l'action en résolution intentée par le vendeur primitif non payé, et qui réagit hypothécairement contre un sous-détenteur, prend sa source dans une obligation, celle du payement du prix qui pèse sur l'acquéreur originaire. Le délaissement, s'il est ordonné, est *in facultate solutionis*. La demande en payement du prix contre l'acquéreur originaire, l'action en délaissement contre le sous-acquéreur, rentrent dans la classe des actions qui, par leur nature, ne sont soumises qu'à la prescription trentenaire (Paris, 4 déc. 1826, V. n° 955); l'arrêt attaqué, en déclarant prescrite, vis-à-vis des tiers acquéreurs, l'action en résolution formée, dans l'espèce, par la dame Calmelet, a donc faussement appliqué l'art. 2265. — § 2. Au surplus, ces tiers acquéreurs n'étaient

lége eût été conservé par des inscriptions utilement renouvelées, ces inscriptions n'ayant à l'égard du tiers détenteur aucun effet interruptif (même arrêt);—...Et que le vendeur originaire aurait réservé dans l'acte son action en résolution en cas de non-payement (Rouen, 28 déc. 1831) (1).

955. On peut aussi, sous le code, prescrire par dix et vingt ans un immeuble que le vendeur n'avait acheté qu'avec la faculté de rachat, et opposer avec avantage cette prescription au premier vendeur à réméré, encore bien que les trente ans qui étaient accordés à ce dernier pour l'exercice de l'action en réméré, d'après la législation en vigueur au moment de la première vente, ne fussent pas encore accomplis (Montpellier, 5 mars 1835) (2). — Cet arrêt nous paraît très-juridique. La raison de décider est que le tiers détenteur puise son droit dans l'acte qui lui a transmis la propriété, où la faculté de rachat n'était point énoncée. Il ne reste plus au vendeur primitif qu'une action en indemnité.

956. Mais le tiers acquéreur, chargé par son contrat de payer au vendeur originaire le prix de la première vente à lui dû, est non recevable à se prévaloir contre l'action en résolution intentée par ce dernier, de la prescription de dix à vingt ans, car il ne peut être considéré dans ce cas comme étant de bonne foi (Limoges, 19 janv. 1824) (3). — Conf. Toulouse, 6 mars 1844, 1re ch., M. Lagagneur, pr., aff. Marty C. Pauly).

957. La prescription de dix ou vingt ans s'étend-elle aux servitudes? — V. Servitude.

958. Le tiers détenteur prescrit-il l'usufruit par dix ou vingt

---

point de bonne foi. La clause additionnelle insérée dans leur titre même d'acquisition démontre avec évidence qu'ils savaient, au moment des adjudications, que leurs vendeurs n'avaient point payé leur prix. La cour d'appel objecte vainement que cette clause a été ajoutée après coup, car elle n'a point dénié que la signature du notaire, qui seule peut clore et compléter l'acte, ait été apposée seulement après ladite clause. Sous ce rapport, l'arrêt attaqué a contrevenu aux art. 14 et 15 de la loi du 25 vent. an 11 qui ne donnent d'existence légale aux actes notariés que lorsqu'ils ont été signés par les notaires. Etablir une présomption contraire, séparer les clauses premières d'un acte de la clause finale, scinder cet acte en deux parties au lieu de le voir dans son ensemble, c'est porter atteinte à son authenticité et violer la loi qui la consacre. — § 5. Enfin, le privilége de vendeur de la dame Calmelet avait été régulièrement conservé par la transcription et des inscriptions successives renouvelées en temps utile. Ce privilége se trouvait donc à l'abri de toute prescription; par conséquent, dût-on admettre que la demande en délaissement était prescrite au profit des tiers acquéreurs, cette circonstance deviendrait indifférente : la résolution n'était provoquée que subsidiairement; avant tout, le vendeur réclamait son prix, par action personnelle contre son acquéreur, et par action hypothécaire contre les sous-acquéreurs. La cour royale devait y faire droit immédiatement. — A l'égard du second arrêt : Violation de l'art. 64 c. pr. — Arrêt.

LA COUR; — Statuant sur le pourvoi dirigé contre l'arrêt du 25 juill. 1840, sur la première branche du moyen : — Attendu que par la possession de dix ou vingt ans, le possesseur d'un immeuble en prescrit la pleine propriété à l'égard de toute personne, et que l'effet de cette prescription est de libérer l'immeuble de toutes les charges qui le grevaient; — Sur la deuxième branche du même moyen : — Attendu que la cour royale, en appréciant les actes qui lui étaient soumis et les diverses circonstances du litige, a pu, comme elle l'a fait, en induire que les défendeurs éventuels avaient eu juste raison d'ignorer l'existence de la clause additionnelle de leur contrat, laquelle n'avait pas été signée par eux, et pouvait seule les constituer en état de mauvaise foi; que, par suite, la cour royale a été autorisée à reconnaître et à déclarer que la possession des défendeurs éventuels avait été de bonne foi; — Sur la troisième branche du moyen; — Attendu que la demande avait pour objet la résolution du contrat et non l'exercice du privilége du vendeur, et qu'il importait peu alors que ce privilége eût été conservé par l'inscription, quand les tiers acquéreurs opposaient à l'action dirigée contre eux la prescription de dix ou vingt ans; qu'en accueillant les conséquences de cette prescription, l'arrêt attaqué ne saurait avoir violé aucun des articles de loi invoqués au pourvoi; — Rejette; — Statuant sur le pourvoi dirigé contre l'arrêt du 25 août 1842; — Sur le premier moyen : — Attendu que l'arrêt attaqué n'a fait qu'une juste appréciation des termes de l'exploit dont il a prononcé la nullité, en décidant, comme il l'a fait, que cet acte ne contenait pas les indications nécessaires pour faire connaître suffisamment l'objet de la demande; .... — Rejette.

Du 31 janv. 1844.-C. C., ch. req.-MM. Lasagni, f. f. pr.-Mesnard, rap.-Delangle, av. gén., c. conf.-Morin, av.

(1) (Meslion, etc. *C.* Mouchet.)—LA COUR;—Vu les art. 2219 et 2265 c. civ.;—Attendu que le moyen de prescription peut être proposé en tout état de cause, et même en appel, lorsqu'il ne l'a pas été en première instance, à moins que la partie ne doive être présumée y avoir renoncé; qu'il suit de là que la défense au fond ne rend pas non recevable à proposer ce moyen; que la veuve Meslion et les époux Vervaux ayant toujours soutenu que la demande de Mouchet ne devait pas les atteindre, ils ne peuvent être supposés avoir voulu renoncer au moyen de défense que leur offrait l'art. 2265 c. civ.;—Sur la question même de prescription :—Attendu qu'aux termes de l'art. 2219 du même code, la prescription est un moyen d'acquérir; que la prescription de dix et vingt ans est donc un moyen de devenir propriétaire quand la possession a pour point de départ un titre translatif de propriété; que l'acquisition de la propriété à ces conditions suppose nécessairement l'anéantissement de tous droits antérieurs à la même propriété;—Attendu que la prescription par dix ou vingt ans, avec juste titre, ayant pour effet de mettre le possesseur à couvert de l'action en revendication du véritable propriétaire actuel, on ne peut admettre que le possesseur reste soumis, pendant dix ou vingt ans au delà, à la même action de la part d'un ancien vendeur qui aurait conservé un droit éventuel à la propriété par la stipulation d'une clause résolutoire; que ce système rendrait illusoire le bénéfice de la prescription, et perpétuerait, contre le vœu évident de la loi, l'incertitude de la propriété;—Attendu qu'il résulte de ces principes que l'auteur de la veuve Meslion et des époux Vervaux ayant acquis depuis la promulgation du code civil, et son acquisition ayant été suivie d'une possession de plus de dix années, les appelants ne pouvaient plus être troublés par l'action en résolution intentée de la part du créancier d'une rente foncière, que Meslion n'avait jamais été mis à même de connaître; —Réforme.

Du 28 déc. 1831.-C. de Rouen, 1re ch.-M. Carel, pr.

(2) (Amans *C.* Marty.) — LA COUR; — Attendu que le titre en vertu duquel Jacques Amans possède l'immeuble dont le délaissement lui est demandé, lui a été consenti le 26 juin 1815, et que ses effets doivent être régis par le code civil; — Attendu que, d'après l'art. 2265 de ce code, celui qui acquiert de bonne foi et par juste titre un immeuble, en prescrit la propriété par dix ans, lorsque le véritable propriétaire habite dans le ressort de la cour royale dans l'étendue duquel l'immeuble est situé; — Attendu que le titre d'acquisition dudit Jacques Amans est une vente pure et simple; que toutes les circonstances de la cause prouvent qu'il a acquis de bonne foi de Noël Amans l'immeuble dont il s'agit; qu'il l'a possédé sans trouble jusqu'en 1831, époque de la demande en délaissement, et que cet immeuble est situé dans le ressort de la cour où habitent les demandeurs en délaissement; qu'ainsi, il a incontestablement prescrit la propriété; — Qu'il importe peu que son vendeur n'eût acquis lui-même ledit immeuble, par l'acte du 18 flor. an 9, qu'avec la faculté de réméré; que ce n'est point sur cet acte que Jacques Amans fonde son droit, mais sur celui du 26 juin 1815, dans lequel cette faculté n'est point énoncée, et qui, passé sous l'empire du code civil, et suivi d'une possession telle que ce code l'exige, lui en a acquis la propriété; — Qu'il est vrai que, d'après la jurisprudence du parlement de Toulouse, la faculté de rachat stipulée dans un acte de vente durait trente ans, nonobstant toute clause contraire; qu'ainsi, les appelants auraient le droit de retraire l'immeuble dont il s'agit, si cet immeuble était encore dans les mains de Noël Amans ou de ses héritiers; mais que cette propriété étant irrévocablement acquise à Jacques Amans, il ne leur reste plus aujourd'hui qu'une action en indemnité; — Par ces motifs, a démis et démet de l'appel, etc.

Du 5 mars 1835.-C. de Montpellier.-M. de Trinquelague, 1er pr.

(3) (Ribière et autres *C.* hérit. Aumenier.)—LA COUR;—Attendu, en fait, que par acte du 4 brum. an 9, Antoine Aumenier vendit à Charles Pardoux, moyennant une rente emphytéotique de 48 fr., plusieurs héritages détaillés dans cet acte; que par acte du 11 fév. 1806, Charles Pardoux revendit à Ribière et consorts l'un de ces héritages; qu'il est formellement fait mention dans ce contrat du titre auquel Charles Pardoux l'avait acquis d'Aumenier, vendeur primitif, et que même ledit Charles Pardoux, par ce contrat, se charge du payement de la rente qui formait le prix de la vente primitive; — Attendu, en droit, qu'il est de principe que le vendeur ne peut transmettre à son acquéreur plus de droits sur la chose vendue qu'il n'en a lui-même; qu'ainsi les immeubles acquis par Charles Pardoux étant, dans ses mains, soumis à l'action résolutoire à défaut de payement de leur prix, il n'a pu les transmettre à Ribière et consorts que sous l'affectation du même droit de résolution; — Que c'est sans fondement que Ribière et consorts ont prétendu qu'ayant possédé sans trouble, pendant dix ans, l'immeuble qui fait l'objet du procès, et en ayant par conséquent, aux termes de l'art. 2265 c. civ., prescrit la propriété à leur profit, ils n'étaient point soumis à l'action résolutoire exercée contre eux. En effet, il est constant que Ribière et consorts ont connu, par leur propre contrat d'acquisition, que le prix de la vente primitive n'était point payé; qu'ainsi l'immeuble par eux acquis demeurait soumis à l'action résolutoire du vendeur primitif; ils ont donc connu que le vendeur n'était pas propriétaire incommutable; ils n'ont donc pas été dans la bonne foi exigée par l'art. 2265, et ils n'ont pu prescrire contre les énonciations de leur propre titre; —

ans? — « L'art. 2265, dit M. Toullier, t. 5, nº 593, établit la prescription de dix ou vingt ans avec titre et bonne foi en faveur de celui qui acquiert un *immeuble*; or l'usufruit est un immeuble (526), il est susceptible d'hypothèque (2118); l'acquéreur d'un usufruit peut faire transcrire son contrat pour purger les hypothèques (2181); l'usufruit est donc en tout mis sous la même ligne que les immeubles. Il n'y a pas de raison pour l'excepter de la prescription avec titre et bonne foi établie sans distinction en faveur de tout acquéreur d'immeuble. — On objecterait en vain que l'art. 690 ne rend prescriptibles les servitudes continues et apparentes que par la possession de trente ans; cet article ne s'applique qu'aux servitudes réelles ou services fonciers dont parle le titre 4 du livre 2, et non pas à l'usufruit et autres servitudes personnelles dont parle le titre précédent et qui ne sont pas des services fonciers, et auxquels le code a affecté de ne pas donner le nom de servitudes. » Cette opinion de M. Toullier était celle de Pothier, sous l'ancien droit, Traité de la prescription, nº 139; elle a été partagée par les auteurs (V. MM. Duranton, t. 4, nº 675; Proudhon, de l'Usufruit, nº 2123; Troplong, nº 854, Voy. L. 29, D., *Quib. modis usuf. amitt.*; L. 16, § 1, D., *De usuf.*) — Il a été jugé en ce sens que la jouissance à titre d'usufruitier, fondée sur un titre émané du propriétaire apparent, fait prescrire l'usufruit contre le véritable propriétaire (Req. 17 juill. 1816) (1). — Dans l'espèce, la prescription avait commencé sous la coutume de Paris, mais il est évident que les termes de l'art. 2265 c. nap. se prêtent encore mieux à la doctrine de la cour que l'art. 115 de la coutume qu'elle a appliquée.

959. Le tiers acquéreur de bonne foi et à juste titre, de biens grevés d'une *rente foncière*, pouvait, particulièrement dans la coutume de Senlis, acquérir la prescription contre le propriétaire de cette rente (Cass. 29 juin 1813, aff. Varré, V. Propriété féodale).

960. Mais la prescription établie par l'art. 2265 relativement aux immeubles ne s'applique pas aux droits *incorporels*, en tant que meubles par la détermination de la loi, alors même qu'il s'agirait de rentes foncières. Le tiers acquéreur ne peut invoquer que la prescription trentenaire (Cass. 14 août 1840, aff. Laqueille, V. nº 700).

961. Un tiers peut, par dix ou vingt ans, prescrire la propriété d'un immeuble dépendant d'une succession indivise et qui aurait été aliénée par l'un des héritiers. L'action en partage subsiste, et les cohéritiers peuvent demander une indemnité contre l'héritier vendeur.—V. Succession, nº 1562.

962. Le tiers détenteur d'un domaine engagé, qui l'a acquis postérieurement au code Napoléon, avec juste titre et bonne foi peut en prescrire la propriété contre l'État (Nancy, 12 mars 1833 (2), V. en outre Domaines engagés et échangés, nº 111).

963. Il est des cas exceptionnels où la possession de dix et

Que c'est également sans fondement que, pour repousser l'action dirigée contre eux, Ribière et consorts se sont prévalus de la transcription faite de leur acte de vente, sans qu'il ait été pris d'inscription de la part d'Aumenier pour conserver son privilége. En effet, il faut distinguer entre le privilége qu'a le vendeur sur la chose vendue, pour le payement du prix, et le droit de faire prononcer la résolution de la vente pour défaut de payement de ce prix; le premier est un droit hypothécaire qui ne se conserve, en effet, que par l'inscription, vis-à-vis du tiers acquéreur qui fait transcrire son titre; tandis que le second est un droit résolutoire qui tient à la substance même de la vente, qui suit l'objet vendu, dans quelques mains qu'il passe, sans qu'il soit besoin d'inscription, et qui ne peut être anéanti par l'effet de la transcription. Ainsi, dans l'espèce, le vendeur primitif ne formant point une demande en payement du prix de la vente, mais demandant la résolution de la vente à défaut de payement du prix, la transcription faite par le tiers acquéreur ne peut lui être opposée; — Donne acte aux héritiers Aumenier de ce qu'ils reprennent l'instance interrompue par la mort de leur père; — Sans s'arrêter aux moyens proposés contre l'action des héritiers Aumenier, tirés de la prescription décennale et de la transcription du titre de Ribière et consorts, ordonne, etc.

Du 19 janv. 1824.-C. de Limoges, ch. civ.-M. de Gaujal, 1er pr.

(1) *Espèce*: — (Beaumont C. Allain.) — En 1792, Lepage se rendit adjudicataire d'une maison vendue en justice sur le sieur Beaumont. — En 1793, il vendit à la dame Allain l'usufruit de cette maison. — De longues contestations s'étant élevées entre Beaumont fils et Lepage, qui n'avait point encore payé le prix de son acquisition, ce ne fut qu'en 1811 que la poursuite en folle enchère fut poursuivie contre Lepage. — La dame Allain demanda alors que l'usufruit qu'elle avait acheté fût distrait de la vente. — Beaumont s'y opposa, sur le motif que Lepage n'ayant été en possession de l'immeuble qu'à titre révocable, la vente qu'il avait faite se trouvait anéantie du moment que son titre était résolu. — La dame Allain répliqua qu'en supposant qu'elle eût acheté *à non domino*, l'usufruit de la maison ne lui en était pas moins irrévocablement acquis, parce qu'elle en avait joui pendant plus de dix ans avec juste titre et bonne foi. — Jugement qui admet la prescription. — Appel, et le 8 déc. 1814, arrêt confirmatif de la cour de Paris.

Pourvoi en cassation de la part du sieur Beaumont pour violation de l'art. 115 de la coutume de Paris, qui est ainsi conçu : « Si aucun a joui et possédé héritage ou rente à juste titre et de bonne foi, tant par lui que par ses prédécesseurs, dont il a le droit et cause et franchement et sans inquiétation par dix ans, entre présents, vingt ans entre absents, âgés et non privilégiés, il acquiert prescription dudit héritage ou rente. » — Le demandeur soutenait que la prescription établie par cet article ne concerne que la propriété même des fonds de terre et des rentes que la loi ancienne considérait comme immeubles; qu'elle ne s'applique point à l'usufruit d'un immeuble, puisque l'article qui vient d'être cité n'en fait pas mention; que, d'un autre côté, la prescription dont parle la coutume tend à conférer à perpétuité la propriété d'une chose entière, et non le droit de jouir, pendant un temps limité, des fruits d'un immeuble qui ne forme qu'une partie intégrante de la propriété. — Le sieur Beaumont prétendait, en second lieu, que l'usufruit d'un immeuble, quoique séparé de la nue propriété, ne pouvait se prescrire qu'autant que le possesseur de cette nue propriété pourrait lui-même l'avoir acquise à ce titre; qu'ainsi la prescription ne pouvait être invoquée par la demoiselle Allain, attendu que Lepage ne pouvait s'en prévaloir à l'égard des droits de propriété qu'il avait conservés. — Arrêt.

LA COUR; — Attendu que l'arrêt dénoncé a constaté que la demoiselle Allain, tiers acquéreur de l'usufruit de bonne foi et à juste titre, en avait joui publiquement et paisiblement jusqu'à la fin de 1810, au vu et au su du demandeur, présent et majeur; d'où la conséquence qu'elle avait prescrit la propriété dudit usufruit; qu'une pareille conséquence est entièrement conforme aux dispositions de la coutume de Paris, sous laquelle la prescription a pris naissance; — Attendu qu'il est inutile de rechercher quels étaient les droits de Lepage, premier acquéreur, en vertu du titre de 1792, puisque, dans toutes les hypothèses, il s'agit uniquement de savoir si la femme Allain, tiers acquéreur de l'usufruit, ayant cause de Lepage, en vertu de la revente de 1793, a possédé de bonne foi, à l'appui d'un juste titre, émané *ab eo quem dominum esse credebat*; recherches qui, ne tenant qu'à des faits et à des interprétations d'actes, appartiennent exclusivement aux juges, et ne peuvent être attaquées par la voie de la cassation; — Attendu qu'il est vrai que celui qui possède à titre d'usufruit n'en peut pas prescrire la propriété, mais qu'il n'est pas question, dans la cause, de ce genre de prescription; — Attendu que la nue propriété et l'usufruit sont des choses divisibles de leur nature, puisqu'elles peuvent être possédées séparément par deux personnes différentes, l'usufruit seul étant même susceptible d'hypothèque; qu'ainsi, il ne répugne à aucune loi ni à aucun principe que le possesseur de l'usufruit puisse, suivant les circonstances, prescrire cet usufruit, et exciper de la prescription, tandis que le possesseur de la nue propriété, placé dans des circonstances différentes, ne le puisse pas à l'égard de cette nue propriété; — Rejette.

Du 17 juill. 1816.-C. C., sect. req.-MM. Henrion, pr.-Botton, rap.

(2) (Préf. des Vosges C. Lallemant de Mont.) — LA COUR; — Considérant que l'art. 2227 c. civ. soumet l'État aux mêmes prescriptions que les particuliers; — Que, d'après l'art. 2265, celui qui acquiert un immeuble, de bonne foi et par un juste titre, en prescrit la propriété par une possession décennale; — Qu'il résulte de la combinaison de ces deux articles que quiconque, depuis la promulgation du code civil, a acquis, de bonne foi et avec juste titre un domaine engagé, en a prescrit la propriété s'il l'a possédé pendant dix ans, sans trouble de la part de l'État; — Considérant que les art. 2227 et 2265 précités ont formellement dérogé aux lois antérieures qui mettaient le domaine dans une clause privilégiée; que les propriétés de toute nature appartenant à l'État ont été placées sous l'empire toujours favorable du droit commun, et qu'il n'y a aucune exception pour les domaines connus sous le nom de domaines engagés; — Que la loi du 14 vent. an 7 ne peut être opposée aux détenteurs qui ont acheté postérieurement à la promulgation du code civil, puisque le code est la seule loi qui les régisse, et qu'il est introductif d'un droit nouveau; — Qu'on ne saurait davantage leur opposer la loi du 12 mars 1820, car son but n'a été ni de troubler les droits acquis à l'abri de la loi commune ni de créer une limitation aux art. 2227 et 2265 c. civ.; qu'elle ne s'est occupée que des possesseurs de domaines engagés dont la jouissance aurait précédé la législation nouvelle, ou bien de ceux qui, ayant acheté depuis, ne réunissaient pas les conditions nécessaires pour la prescription de dix ans; que ladite loi du 12 mars 1820, ayant été dictée par le besoin de mettre un terme aux recherches du domaine et de rassurer les détenteurs contre des poursuites sans cesse renaissantes, ce serait en pervertir le sens que de vouloir lui donner pour ré-

vingt ans, avec bonne foi et juste titre, ne fait point prescrire la propriété : tel est, par exemple, le cas où des biens aliénés par les donataires sont revendiqués par le donateur après la révocation de la donation par survenance d'enfants.

964. La prescription décennale, accomplie au bénéfice des acquéreurs d'un immeuble, profite à celui auquel ils ont revendu les mêmes immeubles, bien que ce dernier soit descendant des vendeurs primitifs (Cass. 14 fév. 1835, aff. préfet de la Meurthe, V. Dom. engagés, n° 36).

965. La prescription décennale peut être opposée à l'échangiste qui, ayant été évincé de l'immeuble par lui reçu en échange, revendique contre un tiers acquéreur de bonne foi l'immeuble qu'il avait donné en contre-échange (Grenoble, 26 fév. 1831 (1); Toulouse, 13 août 1827, aff. Fraineau, V. n° 767).

Sect. 4.—*De la prescription de dix ans particulière aux architectes et entrepreneurs et de divers autres cas de prescription décennale.*

966. Suivant les art. 1792 et 2270 c. nap., les architectes et entrepreneurs sont déchargés, après dix ans, de responsabilité pour construction et des gros ouvrages qu'ils ont faits ou dirigés. On a dit v° Louage d'ouvrages, n° 138, que le dernier de ces articles avait étendu la disposition du premier. — Ce délai court du jour de la réception des travaux, ou de la mise en demeure de les recevoir. — V. *eod.*, n°s 152 et suiv.

967. La prescription décennale a beaucoup d'autres applications dont quelques-unes ont été rappelées dans le cours de ce travail, et dont il est traité notamment v[is] Dispos. entre-vifs, Oblig., Privil. et Hypoth. — Il a été jugé que l'action en nullité d'un concordat surpris aux créanciers d'un failli, par dol et par fraude, se prescrit par dix ans (Req. 12 (et non 11) déc. 1827, aff. Guillon, V. Faillite, n° 869). — V. *eod.* v°, n° 738, où se trouve l'arrêt attaqué de la cour d'appel de Lyon.

968. L'exception du sénatus-consulte Velléien ne pouvait, suivant la jurisprudence du parlement de Toulouse, être invoquée par la femme contre les actes qui en étaient susceptibles que dans les dix années de leur date (Agen, 7 juill. 1836, aff. Perron, V. n° 860).

969. L'action en nullité d'une donation mutuelle entre époux (pour défaut de mention de la signature) se prescrit par dix ans, à partir de la notification qui en a été faite par le survivant aux héritiers de son époux, et c'est à tort que ces héritiers prétendraient que leur droit dans la succession de l'époux décédé leur ouvre une action en pétition d'hérédité, laquelle ne se prescrit que par trente ans (Angers, 22 mai 1854) (2).

970. La prescription par dix ans de l'action en nullité ou en rescision court contre les communes comme contre les particuliers (Colmar, 1er juin 1839, aff. com. de Rorschwer C. com. de Rodern).

Sect. 5. — *De quelques prescriptions particulières.*

971. Les prescriptions particulières qui résultent de la sect. 4, tit. 20, liv. 3, c. nap. sont sans aucune relation entre elles; chacune est régie par ses règles spéciales; ainsi, on ne saurait rien induire des termes de l'art. 2272, relatif à la prescription annale, pour expliquer l'art. 2271, qui établit la prescription de six mois (Cass. 20 juin 1838, aff. Descols, V. n° 974). — Cependant elles courent toutes contre les mineurs et les interdits, sauf le recours de ceux-ci contre leurs tuteurs. C'est la disposition formelle de l'art. 2278 c. nap. — Du reste, un principe applicable aux courtes prescriptions, c'est qu'elles reposent sur une présomption de payement, mais il n'en faut pas conclure que celui qui oppose une de ces prescriptions soit tenu d'alléguer qu'il a payé, aucune disposition de loi ne l'y oblige; c'est à celui à qui la prescription est opposée à déférer le serment (Cass. 27 juin 1855, aff. Davoust, D. P. 55. 1. 290). — On va traiter successivement des prescriptions de six mois, d'un an, de deux ans, de trois ans et de cinq ans.

Art. 1. — *De la prescription de six mois, Maîtres et instituteurs, Hôteliers, ouvriers.*

972. « Se prescrivent par six mois : l'action des maîtres et instituteurs des sciences et arts, pour les leçons qu'ils donnent au mois; celles des hôteliers et traiteurs, à raison du logement et de la nourriture qu'ils fournissent; celle des ouvriers et gens de travail, pour le payement de leurs journées, fournitures et salaires » (art. 2271).

973. L'action des *maîtres* et *instituteurs* des sciences et arts, quand leur engagement est à l'année, sera-t-elle soumise à la prescription annale prononcée par l'art. 2272, § 4, contre l'action des maîtres pour le prix de l'apprentissage, ou bien ne sera-t-elle soumise qu'à la prescription de cinq ans établie par l'art. 2277 à l'égard de tout ce qui est payable par année? La prescription quinquennale nous paraît seule admissible, l'art. 2272 ne parlant que de l'*apprentissage*, qui ne s'entend, comme le remarque M. Vazeille, n° 696, que des métiers d'artisans (Conf. M. Troplong, n° 945). — Jugé, au reste, et cela ne saurait faire difficulté, que si le marché est fait pour une année, lors même que le prix serait fixé par mois, la prescription de six mois n'est pas opposable à l'instituteur (Req. 12 janv. 1820, aff. Sartin, V. Obligat. [solid.]). — L'action pourrait même n'être prescriptible que par trente ans, si un maître ou instituteur de sciences et d'arts avait fait un traité verbal pour consacrer plusieurs années ou un temps indéterminé à l'instruction de son élève (Conf. M. Troplong, n° 946).

974. A l'égard des *hôteliers* et *traiteurs*, la prescription de six mois a lieu contre eux, quand même la convention faite avec eux serait à tant *par année* (Conf. M. Troplong, n° 950). — Jugé

---

sultat d'élargir le cercle des actions du fisc, de multiplier les exceptions au droit commun, d'enlever le bénéfice de prescriptions promises et assurées par la loi fondamentale en matière civile; — Considérant, en fait, qu'il n'est pas contesté que Lallemand de Mont est porteur de justes titres, et qu'il a joui pendant dix ans sans trouble; que le domaine n'a pas même allégué qu'il fût de mauvaise foi, et que, d'ailleurs, la bonne foi se suppose toujours; — Met l'appellation au néant.

Du 12 mars 1835.-C. de Nancy, 1re ch.-M. Troplong, pr.

(1) (Jocteur C. de Labeaume.) — La cour; — Attendu que l'action en délaissement, formée par Jocteur contre les sieurs de Labeaume et Joseph Eynard, par suite de la nullité dudit acte d'échange, ne peut être accueillie contre le premier, qui peut, avec utilité, se prévaloir de la prescription admise par l'art. 2265 c. civ.; qu'il résulte en effet des actes que, le 26 avr. 1815, M. Anglancier de Saint-Germain acquit de François Gaget un des articles énumérés dans ledit acte d'échange, et qu'il en a joui tranquillement et sans aucun trouble jusqu'au jour de l'assignation que lui a fait donner Jean Jocteur le 25 juill. 1825; qu'il s'est, dès lors, écoulé plus de dix ans de paisible possession, et que le sieur comte de Labeaume, en sa qualité de propriétaire et successeur de M. Anglancier de Saint-Germain, ne peut être querellé dans sa possession ni obligé à un déguerpissement; — Déclare, etc.

Du 26 fév. 1831.-C. de Grenoble, 2e ch.-M. de Noaille, pr.

(2) (Hérit. Richaud C. hérit. Dugué.) — La cour; — Attendu qu'au décès de Richaud, qui eût lieu en 1815, sa veuve fit notifier à ses héritiers naturels, au mois d'octobre de la même année, l'acte notarié contenant don mutuel entre les époux, du 1er vent. an 10; que cet acte révoquait, par une disposition expresse, tous ceux de même nature qui avaient été faits antérieurement; qu'ainsi, et à partir de cette notification, les héritiers ont eu pleine connaissance dudit don mutuel en la forme et au fond, et n'ont pu ignorer que c'était lui qui formait le titre de la jouissance de la veuve survivante; c'est de ce moment aussi qu'ils ont eu action pour attaquer ce don mutuel de nullité, et qu'a commencé à courir le délai que la loi leur accordait à cet effet; que, pendant la vie du donateur, ils n'avaient point de droits; que même le contrat, soumis par sa nature à la condition de survie, n'existait que précairement, puisqu'il était susceptible d'être révoqué par le concours des deux époux; — Que, dans cet état de la cause, il ne s'agissait aucunement d'une pétition d'hérédité débattue entre des individus qui prétendent concurremment au titre de successible; qu'un acte de donation était opposé aux héritiers naturels, par l'effet duquel la donataire se trouvait saisie de la succession, s'était mise de fait en possession, et avait payé en entier les droits de mutation; qu'aux termes de l'art. 1504 c. civ., ces héritiers, bien qu'il ne soit pas justifié qu'ils aient formellement exécuté l'acte, n'avaient que dix ans pour former l'action en nullité; qu'ayant laissé passer ce délai, et ne s'étant pourvus qu'après la mort de la femme survivante, arrivée en 1827, ils ne l'ont pas fait en temps utile, et que les premiers juges auraient dû accueillir cette fin de non-recevoir, au lieu de se livrer à l'appréciation des moyens de nullité proposés par les appelants contre la forme de l'acte de don mutuel.

Du 22 mai 1854.-C. d'Angers.-M. Desmazières, pr.

que la prescription de six mois, établie par l'art. 2271 c. nap., contre les *hôteliers* et *traiteurs*, à raison du logement et de la nourriture qu'ils fournissent, s'applique au cas où les fournitures auraient été faites à un marchand, et spécialement à un roulier prenant journellement ses dépenses dans la même auberge. Le troisième paragraphe de l'art. 2272 n'est point ici applicable (Cass. 20 juin 1838) (1).

975. Au reste, cette prescription n'est pas interrompue par la continuation des fournitures, ou par la circonstance que l'hôtelier et le consommateur seraient en compte courant, ou parce qu'elles seraient déclarées constituer des actes de commerce de la part de celui à qui elles ont été faites : il faudrait qu'il y eût compte arrêté, cédule ou obligation (même arrêt). — Cette décision paraît conforme à l'esprit de l'art. 2271 c. nap., dont les termes généraux indiquent assez que le législateur a dû ni voulu considérer comme actes de commerce les dépenses pour logement et nourriture que ferait un marchand dans une auberge. Toutefois, on comprend que presque toujours un compte courant pourra être déclaré présenter un arrêté de compte.

976. La prescription de six mois ne peut être opposée au *fournisseur* qui n'est ni hôtelier ni traiteur, alors d'ailleurs qu'il ne s'agit pas de fournitures faites à des voyageurs, mais aux domestiques d'un entrepreneur de travaux publics (Grenoble, 4 fév. 1826, V. Acte de com., n° 518).

977. Les *boulangers*, les *bouchers*, *pâtissiers*, *confiseurs* et *marchands de comestibles*, qui débitent des objets préparés à l'avance, que l'acheteur emporte chez lui, doivent être assimilés, suivant M. Troplong, n° 951, non aux traiteurs dont parle l'art. 2271, mais aux marchands en détail, qu'il faut comprendre dans le § 3 de l'art. 2272. — L'art. 128 de la coutume de Paris disposait que les taverniers et cabaretiers n'avaient aucune action pour vin ou autres choses par eux vendues en détail par assiette en leurs maisons. Ainsi, lorsqu'un homme qui avait fait des dépenses de cette nature dans un cabaret, en sortait sans réclamation de la part du cabaretier, celui-ci n'avait plus d'action contre lui ; on présumait qu'il avait été payé. C'est ce qu'on appelait la prescription d'un moment. L'art. 128 de la coutume de Paris a été abrogé implicitement par le code Napoléon. « Ce n'est pas que le juge ne puisse encore, dit Merlin, avec beaucoup de raison, du fait qu'un cabaretier a laissé sortir sans réclamation un individu qui venait manger ou boire chez lui, tirer une présomption de payement suffisante pour déterminer le rejet de la demande formée après coup par le premier contre le second. Mais si le cabaretier avait réclamé, et si sa réclamation était prouvée, nul doute que le juge ne dût accueillir sa demande... » (Rép., v° Prescription, sect. 11, § 1).

978. Mais quelle est la prescription qui peut être opposée au *cabaretier* ? Merlin pense que les cabaretiers doivent aujourd'hui être assimilés aux hôteliers et traiteurs, et que la prescription, dès lors, est de six mois. Cette assimilation paraît préférable à celle de M. Troplong, qui veut qu'on leur applique la même prescription qu'aux marchands dont parle le § 3 de l'art. 2272. — V. M. Troplong, n° 951.

979. Il faut remarquer que deux motifs principaux ont fait

---

(1) *Espèce* : — (Descols C. Bosc.) — En déc. 1833, le sieur Bosc, dit Cazal, aubergiste, a assigné le sieur Descols, roulier, devant le tribunal de commerce de Montauban, en payement d'une somme de 452 fr. 45 c., montant des dépenses que Descols ou les siens auraient faites dans l'auberge de Bosc. — Descols a soutenu ne rien devoir, et que, dans tous les cas, les dépenses ayant eu lieu depuis plus de six mois, il y avait prescription. — 4 août 1834, jugement en dernier ressort qui écarte la prescription en ces termes : — « Attendu que les livres du sieur Bosc, constituant le sieur Descols pour débiteur d'une somme de 452 fr. 45 c., présentent tous les caractères désirables d'exactitude et de sincérité ; — Attendu qu'il résulte des débats et des dires des parties que le sieur Descols, qui prétend aujourd'hui ne rien devoir, a néanmoins reconnu antérieurement l'existence de la dette, dont il contestait seulement la quotité, et qu'il n'oppose aucune preuve du payement des sommes réclamées par le sieur Bosc, et justifiées par son carnet ; — Attendu, quant à la prescription invoquée, que l'art. 2271 c. civ., sur lequel le sieur Descols prétendrait l'établir, ne peut évidemment, combiné avec l'article suivant du même code, se rapporter qu'aux fournitures faites par un aubergiste à un particulier non marchand, et non aux relations journalières qui peuvent exister entre lui et un roulier en compte courant, pour des dépenses faites par ce roulier et ses agents pour son industrie que la loi classe au rang des actes de commerce... »

Pourvoi de Descols pour violation de l'art. 2271 et fausse application de l'art. 2272 c. civ., en ce que le jugement attaqué, en décidant que les marchands ne peuvent pas opposer aux hôteliers et traiteurs qui leur ont fait des fournitures, la prescription de six mois, a arbitrairement créé une exception qui ne se trouve pas dans l'art. 2271 ; que, pour la justifier, il s'est fondé sur le § 3 de l'art. 2272 ; mais que cet article, prévoyant des cas tout différents et établissant une prescription toute différente, est complétement étranger à l'art. 2271 ; que, d'ailleurs, la nature même des choses prouve que la prescription de six mois est applicable entre toutes personnes sans distinction, puisque, s'agirait-il des rapports d'un marchand avec un hôtelier, on ne saurait dire que sa nourriture et son logement constituent des actes de commerce ; que c'est ainsi que MM. Vazeille et Maleville pensent, relativement à l'art. 2272, § 3, que les fournitures faites par un boucher ou un boulanger à un banquier ne pourraient être considérées comme faites à un marchand, et que, dès lors, le banquier serait en droit d'opposer la prescription d'un an.

On répond que, bien évidemment, lorsqu'un entrepreneur de transports ou tout autre commerçant, descend accidentellement dans une auberge pour ses besoins personnels, il ne fait pas ainsi acte de commerce. Mais, ajoute-t-on, si cet entrepreneur de transports a pris l'habitude d'envoyer journellement à la même auberge les domestiques, voitures et chevaux affectés à son entreprise, si cette auberge est placée sur la ligne de communication qu'il dessert ; en un mot, si les fournitures sont faites au voiturier pour son industrie, comme éléments, moyens ou instruments d'exercice de cette industrie, et si, à raison de la fréquence de ces relations, un compte courant s'est établi pour constater les dépenses d'auberge : alors, sans doute, ce n'est plus l'homme privé ou le particulier qui vient s'approvisionner dans l'hôtellerie ; c'est son commerce, c'est son industrie : ses dépenses d'auberge se transforment en produits ou en bénéfices d'industrie ; il achète pour revendre, aussi bien que le maître de pension qui reçoit des fournitures de comestibles pour l'exploitation de son établissement, aussi bien que le voiturier et le maître de poste qui achètent les chevaux et voitures indispensables à leur commerce. — Le jugement attaqué a jugé qu'il s'agissait ici d'actes de commerce ; son appréciation, sous ce rapport, échappe à la censure. Partant de là, il faut reconnaître que le payement des fournitures faites au demandeur n'était soumis qu'à la prescription de cinq ans (art. 189 c. com.). L'art. 2271 c. civ. n'a pas voulu déroger aux règles du droit commercial ; la prescription de six mois n'est donc pas opposable entre marchands, surtout quand les fournitures sont réglées en compte courant. Si le législateur parle des marchands dans l'art. 2272, il n'a fait en cela que réserver par forme d'exemple, et non par forme d'exclusion, la mise à exécution d'un principe général nécessairement applicable à tous les cas analogues : savoir que, lorsque les contrats, dont il ne règle la prescription qu'en matière purement civile, se transforment en actes de commerce, ils sont soumis aux prescriptions du code de commerce. — On cite sous l'ord. de 1673 les arrêts rapportés *infrà*, n° 1002. — Arrêt (ap. délib. en ch. du cons.).

LA COUR ; — Vu les art. 2271 et 2274 c. civ. ; — Attendu que la sect. 4, tit. 20, liv. 3, c. civ., contient et établit les règles de quelques prescriptions particulières, toutes différentes entre elles par la durée et par les classes de personnes auxquelles chacune de ces prescriptions s'applique ; — Que le premier des articles de cette section, l'art. 2271, dit, en termes formels et positifs, que l'action des hôteliers et traiteurs, à raison du logement et de la nourriture qu'ils fournissent, se prescrit par six mois ; — Attendu que, d'après l'art. 2274 de la même section, la continuation des fournitures n'interrompt pas cette prescription, et qu'elle ne cesse de courir que lorsqu'il y a eu compte arrêté, cédule ou obligation ; — Que la disposition de l'art. 2271, précise et absolue, ne fait aucune distinction entre les personnes qui peuvent avoir été l'objet des fournitures faites par les hôteliers et traiteurs ; — Attendu que l'art. 2272 concerne d'autres classes particulières de personnes à l'égard desquelles la loi admet une autre prescription : la prescription annale ; mais que ses dispositions sont absolument étrangères aux personnes dénommées dans l'art. 2271, et qui sont purement et simplement soumises à la prescription de six mois, sans qu'il y ait lieu même de prendre en considération la continuation des fournitures ni les personnes à qui elles ont été faites ; — Que ce n'est donc qu'en appliquant faussement une des dispositions de l'art. 2272 que le jugement attaqué déclare que l'art. 2271 doit être combiné avec l'article suivant, et qu'il ne se rapporte qu'aux fournitures faites par un aubergiste à un particulier non marchand ; — Qu'en jugeant ainsi, le tribunal, dont le jugement est attaqué, a introduit dans l'art. 2271 une distinction qui ne s'y rencontre pas, et qu'il a faussement appliqué une des dispositions prise dans l'art. 2272 qui lui est tout à fait étrangère ; — Casse.

Du 20 juin 1838.-C. C., ch. civ.-MM. Portalis, 1er pr.-Legonidec, rap.-Laplagne-Barris, 1er av. gén., c. conf.-Lucas et Belamy, av.

établir la prescription de six mois à l'égard des hôteliers et traiteurs, à savoir que ces sortes de gens ne sont pas supposés en état de faire de grandes dépenses, et ont l'habitude de se faire payer au mois ou à d'autres époques périodiques. Il en résulte qu'elle ne peut être appliquée, par exemple, au directeur d'une usine qui réclamerait des frais de nourriture, contre des employés de son établissement (Besançon, 21 fév. 1844, D. P. 45. 4. 403).—Cette solution n'est pas sans importance, car il arrive souvent que dans des ateliers, des manufactures, des casernes, la nourriture soit fournie par des chefs d'établissements ou des préposés, qui ne sont ni traiteurs ni hôteliers.

980. A quelle époque commence la prescription de six mois contre les ouvriers? Chaque fourniture pour différentes causes, chaque ouvrage fait en divers temps, forment, dit M. Troplong, n° 953, autant de créances diverses prescriptibles chacune par six mois.

981. La prescription de six mois s'applique aux demandes pour fournitures et ouvrages faits par un *maître* maçon, comme à ceux faits par un simple ouvrier travaillant à la journée (Bruxelles, 22 oct. 1817) (1).

982. Il est évident que les architectes ne sont pas des ouvriers et que l'action pour le payement de leurs honoraires n'est prescriptible que par *trente* ans. — Il en est de même des entrepreneurs (Rej. 12 avril 1853, aff. Wagner, D. P. 53. 1. 141).

983. Toute la difficulté consiste à savoir quand un *ouvrier* peut être considéré comme *entrepreneur*. Est-ce d'après la nature des travaux et l'importance des fournitures et suivant qu'il s'agit de gros ouvrages ou de travaux de détail, qu'on doit décider si un ouvrier doit être considéré comme un entrepreneur? Cette question est résolue affirmativement par un arrêt de la cour de Colmar, du 8 août 1850, D. P. 53. 1. 141. Mais il nous paraît plus certain de décider que la règle pour reconnaître la qualité d'entrepreneur se puise dans l'art. 1799 c. nap. La loi n'a point fait des ouvriers et des entrepreneurs deux classes nécessairement séparées; les ouvriers peuvent être et souvent, en effet, ils sont entrepreneurs; mais ils ne le deviennent que de la manière déterminée par l'art. 1799 c. nap. : c'est le marché à prix fait qui rend le maçon, le charpentier, le serrurier, entrepreneur dans la partie qu'il traite, et qui, à ce titre, le soumet à la responsabilité décennale, ainsi qu'aux règles prescrites dans la sect. 3, ch. 3, tit. 8, Contrat de louage, des devis et marchés (Amiens, 14 déc. 1839, V. n° 984-2°; Req. 27 janv. 1851, aff. Barbier, D. P. 51. 1. 166).

984. Ainsi jugé 1° qu'un peintre en bâtiment, avec qui il n'a point été passé de marché à prix fait, est un ouvrier dans le sens de l'art. 2271, et, par suite, l'action en payement de ses fournitures et salaire, se prescrit par six mois, quelle que soit l'importance de ses travaux (Rouen, 11 janv. 1841) (2); — 2° Que la prescription de six mois ne s'applique pas au maçon avec lequel on a traité à forfait, bien qu'on lui ait fourni les matériaux : il est réputé entrepreneur et non ouvrier (Amiens, 14 déc. 1839) (3); — 3° Que des voituriers ne peuvent être considérés comme des ouvriers, et ne sont pas soumis à la prescription de six mois (Amiens, 1er déc. 1825) (4).

---

(1) *Espèce :* — (Vermoen C. Aelbrechts.) — Aelbrechts, maître maçon, assigne Vermoen en payement du prix de divers ouvrages et fournitures qu'il avait faits pour ce dernier.—Vermoen prétend qu'il a soldé le mémoire d'Aelbrechts, mais qu'il a égaré les quittances. Au surplus, il invoque la prescription de six mois établie par l'art. 2271 c. civ.;— Aelbrechts répond que cette prescription ne s'applique qu'aux demandes formées par des ouvriers travaillant à la journée, dont le salaire ou les fournitures se payent d'ordinaire à des termes très-courts et sans prendre quittance; — Que cette même prescription est fondée sur la présomption du payement, et qu'elle doit être écartée toutes les fois que les faits de la cause sont inconciliables avec cette présomption; — Que la présomption du payement était détruite dans l'espèce par une lettre par laquelle Vermoen lui écrivait, en 1810, qu'il avait reçu son mémoire, mais qu'il ne le payerait qu'après y avoir été condamné. - Jugement qui accueille ces moyens.—Appel.—Vermoen soutient que le mot *ouvrier*, dont se sert l'art. 2271, est générique et comprend les maîtres aussi bien que les compagnons; il désigne toute personne qui fait quelque ouvrage, soit par elle-même, soit par ceux qui travaillent sous ses ordres. D'ailleurs si les maîtres étaient exceptés de la prescription de six mois, il s'ensuivrait que leur action durerait trente ans, et qu'ils seraient d'une condition plus favorable que les chirurgiens, médecins, apothicaires, marchands et avoués, dont les actions se prescrivent par un an et par deux ans, d'après les art. 2272 et 2273.—Quant à la lettre dont on se prévaut contre lui, Vermoen prétend qu'elle n'est pas de nature à détruire la présomption de payement sur laquelle est fondée la prescription qu'il invoque.—Arrêt.

LA COUR; — Attendu que la prescription établie par l'art. 2271 c. civ. est fondée sur la présomption du payement, et exige la bonne foi dans la personne qui veut s'en servir; en sorte que la même prescription ne peut opérer quand les circonstances de la cause repoussent cette présomption;—Attendu que, dans le courant de la procédure actuelle commencée en 1815, l'appelant allègue qu'il a compté et soldé avec l'intimé depuis plusieurs années, mais que ses quittances sont égarées;—Attendu que l'appelant a déclaré à l'intimé, dans l'année 1810, qu'il trouvait son compte exorbitant; qu'il ne lui a pas refusé de l'argent, mais qu'il n'a pas l'intention de lui payer un compte de cette espèce; qu'au surplus, il lui sera payé ce qui sera décidé par le juge; — Que tout ceci ne peut s'accorder avec l'idée d'un payement volontaire qui se rapporterait au même temps, et que l'on peut bien moins s'imaginer que l'appelant, dans ces circonstances, eût égaré ses quittances; qu'il résulte de tout ce qui précède que la prescription ne peut pas être accueillie au cas présent;— Attendu que les parties ont des prétentions mutuelles l'une envers l'autre, et qu'il y a lieu d'entre-compter à cet égard; — Met l'appellation et ce dont appel au néant; émendant, et avant de faire droit au fond sur les conclusions de l'intimé, ordonne aux parties d'entre compter sur leurs prétentions respectives, pour ensuite être disposé comme en justice sera trouvé appartenir, etc.

Du 22 oct. 1817.-C. de Bruxelles.-M. Mathieu, av.

(2) *Espèce :* — (Veuve de la Fleurière C. Auvard.) — Jugement du tribunal de Louviers : « Quant aux travaux de peinture et autres embellissements : — Attendu qu'il s'agit de savoir si l'art. 2271 peut être appliqué à Auvard; — Attendu qu'Auvard ne peut être considéré comme un simple ouvrier travaillant à la journée; — Qu'il est reconnu qu'il ne travaillait pas seul; — Que les travaux par lui faits dans diverses propriétés de M. de la Fleurière s'élèvent à une somme fort importante (plus de 7,000 fr.); — Que toutes ces circonstances tendent à imprimer à Auvard le caractère d'un entrepreneur; — Qu'il est d'ailleurs démontré qu'il accordait habituellement de longs termes pour le payement de travaux et de fournitures assez considérables. » — Appel. — Arrêt.

LA COUR; — Attendu que, suivant la disposition finale de l'art. 2271 c. civ., l'action des ouvriers et gens de travail, pour le payement de leurs journées, fournitures et salaires, se prescrit par six mois; — Attendu qu'au mois de mai 1840, Auvard a réclamé le montant du travail et des fournitures qu'en qualité de peintre et de vitrier il a faits pour le compte de feu le sieur de la Fleurière, dans l'intervalle de 1825 à 1834; — Attendu que les peintres en bâtiment doivent, comme les charpentiers et les maçons, être rangés dans la classe des ouvriers dont parle l'art. 2271; qu'on ne peut leur attribuer la qualité d'entrepreneur dans la partie qu'ils traitent que lorsqu'ils font des marchés à prix fait, ainsi que s'en explique l'art. 1799 c. civ.; — Attendu que, dans l'espèce, il n'est justifié d'aucun marché de cette nature; qu'il n'est pas même articulé qu'il ait jamais été question d'un forfait entre les parties;—Attendu que, lorsqu'il a exécuté la majeure partie des travaux en litige, Auvard était alors peintre et vitrier à la Bouille; que le sieur de la Fleurière, en le chargeant, dès 1825, de la confection de certains ouvrages, à une propriété sise au Pont-de-Larche et au château du Grésil, eût été libre de congédier à sa volonté, sans être tenu de tous les engagements résultant de la rupture volontaire d'un marché à forfait entre un propriétaire et un entrepreneur; que l'importance des travaux, exécutés, d'ailleurs, à diverses reprises et dans un long intervalle, n'est pas une considération assez puissante pour imprimer à Auvard la qualité d'entrepreneur; —Que le travail dont il s'agit a été fait, tant par Auvard personnellement, qu'à l'aide de deux ouvriers à son service; qu'en cette circonstance, Auvard ne s'est pas livré à l'une de ces entreprises qui font concevoir l'idée d'une spéculation; qu'il s'est borné à exécuter des travaux de détail ordinaires aux hommes de son métier;—Que, dès lors, et abstraction faite de tout autre élément de décision, la dame veuve de la Fleurière, aux qualités qu'elle agit, est bien fondée à exciper de la prescription pour repousser la demande du sieur Auvard; — Réforme.

Du 11 janv. 1841.-C. de Rouen, 1re ch.-M. Fercoq, pr.

(3) (Béancourt C. Lacot.) — LA COUR; — Considérant que Lacot, travaillant à prix fixe, est un entrepreneur, aux termes de l'art. 1799 c. civ.; — Et qu'ainsi la prescription établie par l'art. 2271 est inapplicable; — Confirme.

Du 14 déc. 1839.-C. d'Amiens, 1re ch.-M. Boulet, 1er pr.

(4) (Péchon C. Bourse.) — LA COUR; — En ce qui touche le moyen de prescription opposé par les appelants : — Considérant que les voituriers qui demandent le prix des transports qu'ils ont faits ne peuvent être considérés comme de simples ouvriers ou gens de travail; — Qu'en effet, outre le travail qu'ils fournissent de leurs personnes, ils louent le service de leurs chevaux et de leurs voitures; — Que, par conséquent, ils ne sauraient, en cette qualité, être placés dans les catégories énon-

985. On conçoit sans peine la prescription de six mois pour les ouvriers qui ne fournissent que leur peine, à la journée ou au prix fait. Mais quels sont ces ouvriers et gens de travail auxquels il peut être dû des *fournitures* et des *salaires?* comment les distingue-t-on des marchands auxquels est accordée une action *annale?* Il semble que lorsque la même personne peut être envisagée sous deux qualités, on doit rechercher celle qui est dominante, soit habituellement, soit dans une circonstance donnée, et lui faire produire son effet. Dans le doute, la règle la moins sévère doit être appliquée. — Ainsi, le tailleur qui fournit le drap avec lequel il confectionne les vêtements, l'ébéniste qui tient magasin de meubles, sont des marchands. — Il a été jugé : 1° que ni la prescription de six mois ni celle d'un an établie par l'ordonnance de 1673, tit. 1, art. 7 et 8, ne s'appliquaient aux artistes mécaniciens, à raison des fournitures et ouvrages de leur profession : — « Attendu que les dispositions de l'ordonnance de 1673, invoquées par l'appelant, ne sont pas applicables aux artistes mécaniciens, dit bien jugé » (Bruxelles, 19 janv. 1809, aff. Deprez). — M. Troplong combat cet arrêt en tant qu'il refuse d'appliquer la prescription *annale.* Les mécaniciens sont des marchands, de même, par exemple, que les orfèvres. Il est même des cas où le mécanicien, l'orfèvre, l'horloger, doivent être considérés comme de simples ouvriers, en ce qui concerne la prescription : c'est quand ils ne font que réparer une machine, souder une pièce d'argenterie, raccommoder une montre; — 2° Que les artisans (charron, maréchal, bourrelier) qui ont fait des fournitures où le prix de la matière excède celui de la main-d'œuvre doivent, quant à ces fournitures, être considérés, non pas comme de simples ouvriers ou gens de travail passibles de la prescription de six mois, mais comme des marchands passibles seulement de la prescription annale (Amiens, 20 nov. 1837, aff. Briffe, V. Privil.).

986. Un chef d'atelier, employé dans une manufacture moyennant un salaire convenu *par jour,* doit être assimilé à un simple ouvrier travaillant à la journée en ce qui touche la prescription de ses salaires. En conséquence, il est tenu de former la demande en payement de ses salaires dans les six mois au plus tard, à partir du jour où il a cessé ses travaux (Cass. 7 janv. 1824) (1).

987. Par *gens de travail,* on entend les moissonneurs, laboureurs, métiviers, hommes de peine, etc., quand même leur salaire serait fixé autrement qu'à la journée (Conf. M. Troplong, n° 957). — Mais on ne peut appliquer la qualification de *gens de travail* aux commis, aux employés aux écritures, et autres semblables. L'art. 2277 seul leur est applicable (Conf. M. Troplong, n° 958). — Cependant il a été jugé que l'art. 2271 s'appliquait au commis principal d'une maison de commerce, dont le salaire s'élevait à 500 fr. par mois (Metz, 4 mai 1820, aff. B..., V. Privilége et hypoth.).

988. On ne peut appliquer au *droit de commission* la prescription *annale* et celle *semestrielle* établie par les art. 2271 et 2272 c. nap. (Aix, 29 oct. 1813) (2).

989. La prescription de six mois, établie par l'art. 2271 c. nap., ne peut être invoquée quand la présomption de payement est repoussée par les circonstances de la cause. Et particulièrement il a été jugé que lorsqu'un débiteur, après avoir allégué qu'il s'est libéré, mais qu'il a égaré les quittances, invoque la prescription de six mois établie par l'art. 2271, si le créancier produit une lettre dont la date se rapporte à l'époque du prétendu payement, et dans laquelle le débiteur déclare que, trouvant exorbitant le prix des salaires et fournitures qu'on lui reclame, il ne payera que la somme qui sera arbitrée par le juge, il n'y a pas lieu, dans ce cas, d'accueillir le moyen tiré de la prescription (Bruxelles, 22 oct. 1817, aff. Vermoen, V. n° 981).

990. Il suffit que l'action d'un ouvrier, pour le payement de ses ouvrages, soit déclarée prescrite, pour que le débiteur ne puisse être soumis à un *interrogatoire* sur faits et articles, relativement à l'objet de la demande. On ne peut, dans ce cas, que déférer le serment décisoire sur le seul fait de la libération (Lyon, 18 janv. 1836) (3).

---

cées en l'art. 2271 c. civ. ; — Sans s'arrêter ni avoir égard aux conclusions de Péchon et sa sœur, confirme, etc.

Du 1er déc. 1825.-C. d'Amiens.-M. de Maleville, 1er pr.

(1) *Espèce :* — (Godde *C.* Davesne.) — En 1811, le sieur Godde, adjudicataire de travaux à faire pour l'établissement d'un dépôt de mendicité à Noyon, ayant besoin d'un chef d'atelier pour conduire et surveiller les travaux de menuiserie, choisit Davesne, menuisier à Beauvais. Il ne fut fait aucune convention par écrit pour la fixation du salaire de ce dernier, ce qui dans la suite a donné lieu à des débats entre les parties. Godde a prétendu qu'ils avaient été fixés à 3 fr. 50 c. par jour; Davesne a soutenu, au contraire, qu'il lui avait été alloué 5 fr. par jour. — En 1815, les travaux ont été terminés. — En 1818, Davesne assigna Godde en payement de ce qu'il soutenait lui être encore dû pour ses salaires, fixés à 5 fr. par jour. — Godde prétendit qu'il s'était acquitté, et que l'action de Davesne était prescrite. — Le 14 nov. 1818, sentence du juge de paix qui le condamne à payer la somme réclamée. — Appel. — Godde a de nouveau conclu à ce que l'action de Davesne fût déclarée prescrite, pour n'avoir pas été intentée dans les six mois à partir de la confection des travaux, conformément à l'art. 2271 c. civ., relatif au salaire des ouvriers. — Jugement qui, considérant qu'il ne pouvait y avoir eu de règlement de compte entre les parties, puisqu'elles n'étaient point d'accord sur le prix des journées, et que Godde n'établissait pas sa libération, confirme la sentence du juge de paix. — Pourvoi. — Arrêt.

LA COUR ; — Vu l'art. 2271 c. civ. — Attendu que Davesne, employé par Godde, dans son entreprise de Noyon, en qualité de chef d'atelier de menuiserie, moyennant un salaire convenu par chaque jour, ne peut être considéré que comme un simple ouvrier travaillant à la journée ; qu'il était tenu dès lors de former la demande en payement de ses salaires dans les six mois au plus tard à partir du jour où il avait cessé ses travaux ; que les ouvrages par lui exécutés pour le compte de Godde ont été commencés le 25 janv. 1812, et terminés le 28 fév. 1815; que, cependant, il n'a intenté son action que le 5 sept. 1818, et par conséquent plus de six mois après la cessation de ses travaux ; que sa créance était donc prescrite, et qu'ainsi, en refusant d'accueillir l'exception de prescription, formellement opposée par Godde devant le tribunal de Beauvais, ce tribunal a violé, de la manière la plus expresse, l'art. 2271 c. civ. ; — Casse.

Du 7 janv. 1824.-C. C., sect. civ.-MM. Desèze, 1er pr.-Minier, rap.-Jourde, av. gén., c. conf.-Piet et Rozet, av.

(2) (Marcel *C.* Julien.) — LA COUR ; — Considérant que, s'agissant d'un commissionnaire, on ne peut appliquer la prescription qui n'est déterminée que pour les ouvriers, gens à gages ; que la prescription doit être restreinte dans les cas prévus par la loi ; qu'on ne peut donc pas étendre au commissionnaire la prescription qui n'a été établie que pour les ouvriers et gens à gages ; que la prescription ainsi écartée, la disposition du jugement qui renvoie l'examen des comptes de Julien, peut d'autant moins être contestée que ce sont les hoirs de Marcel qui l'ont eux-mêmes requise ; — Confirme.

Du 29 oct. 1813.-C. d'appel d'Aix.

(3) *Espèce :* — (Dubuisson *C.* Cessy.) — Les mariés Cessy et Holtz assignent devant le tribunal de Gex le sieur Dubuisson en condamnation au payement d'une somme de 1,419 fr. à eux due, à raison de certains ouvrages faits par feu Martin Holz, leur père et beau-père. — Ils demandent de plus que la même condamnation soit prononcée contre la dame Dubuisson. — Dubuisson soutient que la demande formée contre lui se trouve prescrite aux termes de l'art. 2271 c. civ. — Les mariés Cessy et Holtz concluent alors subsidiairement à ce que le serment décisoire, sur certains faits qu'ils articulent, soit déféré aux époux Dubuisson. — 5 nov. 1834, jugement ainsi conçu : — « Attendu que l'art. 2261 c. civ. frappe de prescription la réclamation des demandeurs, puisqu'elle a pour objet le payement d'une créance ayant pour cause des ouvrages et fournitures faits par leur auteur, dans l'exercice de sa profession de maréchal-ferrant et forgeron, faute par eux d'avoir intenté leur action en payement, ou faute par leur auteur d'avoir agi dans les six mois, depuis la cessation des travaux et fournitures, cessation qui aurait eu lieu en 1824 ; — Attendu que l'art 2265 du même code civil, en accordant au demandeur la faculté de déférer le serment décisoire sur la question de savoir si la chose a été réellement payée, n'interdit point la faculté d'ordonner ce serment sur les faits qui tendent à établir que la chose est encore due, malgré la prescription acquise; — Attendu que, d'après les art. 1358, 1359, 1360, le serment décisoire peut être déféré sur quelque contestation que ce soit, pourvu qu'il le soit sur un fait personnel à la partie à laquelle on le défère, et qu'il peut l'être en tout état de cause, encore qu'il n'existe aucun commencement de preuve de la demande ou de l'exception sur laquelle il est provoqué; — Attendu que les faits relatifs au sieur Antoine Dubuisson seul réunissent tous les caractères voulus par la loi pour que le serment décisoire, sur ces faits, doive amener le jugement de la cause, soit au cas de prestation de ce serment, soit au cas de refus de le prêter, puisqu'ils tendent à établir, soit le fait primitif des travaux, soit la reconnaissance qu'aurait faite le sieur Dubuisson de la créance réclamée postérieurement à l'époque où la prescription avait opéré la libération, ce qui impliquerait une renonciation à cette prescription ; — Attendu que les faits

991. La prescription admise contre les ouvriers, pour payement de leurs ouvrages n'a pas lieu, soit quand il existe une *reconnaissance* de la dette consignée dans un acte (Paris, 19 therm. an 11, aff. Annisson, V. nº 1019), soit lorsqu'un règlement de compte est à faire entre un ouvrier et un maître (Req. 12 mars 1834, aff. Villa, V. Compét. comm., nº 153; Agen, 5 juill. 1833, V. Mandat, nº 384).

ART. 2. — *De la prescription d'un an, médecins, huissiers, marchands, maîtres, maîtres de pension, domestiques.*

992. Se prescrivent par un an : l'action des médecins, chirurgiens et apothicaires, pour leurs visites, opérations et médicaments; — celle des huissiers pour le salaire des actes qu'ils signifient et des commissions qu'ils exécutent; — celle des marchands pour les marchandises qu'ils vendent aux particuliers non marchands; celle des maîtres de pension pour le prix de la pension de leurs élèves et des autres maîtres pour le prix de l'apprentissage, celle des domestiques qui se louent à l'année pour le payement de leur salaire (c. nap. 2272).—Voyons ces professions diverses.

993. *Médecins.* — Suivant un arrêt le point de départ de la prescription doit être fixé au jour même où le médecin a commencé à donner ses soins au malade (Limoges, 3 juill. 1839) (1). — Mais cet arrêt ne nous paraît pas devoir faire autorité, car c'est des derniers soins que la prescription doit commencer — En effet, on ne doit pas regarder, dit Pothier, des Obligations, nº 681, la créance d'un médecin ou d'un chirurgien qui a eu soin d'un malade pendant une maladie, comme composée d'autant de créances séparées que le chirurgien a fait de pansements, mais comme une seule et même créance qui n'a été consommée que lorsque les soins du médecin ou du chirurgien ont été achevés soit par la guérison ou la mort du malade qui ont mis fin à la maladie, ou lorsque le médecin ou le chirurgien a été congédié (Conf. Brodeau et Ferrière, sur l'art. 125 de la coutume de Paris; Rousseau de la Combe, vº Prescript., sect. 5, nº 1; MM. Vazeille, nº 733; Duranton, nº 413; Troplong, nº 959). Delvincourt, qui adopte aussi cette doctrine, t. 2, p. 198, note 5, excepte le cas où la maladie est chronique; il pense que, dans ce cas, la prescription court du jour de chaque visite.

994. *Apothicaires.* — L'action en payement du prix de médicaments se prescrit par un an, non-seulement lorsque les médicaments sont fournis pour une maladie personnelle à celui qui les a achetés, mais encore dans le cas où ce dernier les a administrés à d'autres personnes (Cass. 9 juill. 1850, aff. Guibert, D. P. 50. 1. 221).

995. *Huissiers.* — La prescription à l'égard des *huissiers* chargés d'une commission comportant une suite d'actes, ne court que du dernier acte qui termine leur mission (Conf. MM. Vazeille, nº 675; Troplong, nº 960).

996. Quelle était la prescription qu'on pouvait invoquer contre les huissiers avant le code Napoléon, quand ils réclamaient leurs frais? La question a été vivement controversée en l'an 13. — Il a été jugé que la prescription trentenaire seule pouvait être opposée avant le code à ces officiers ministériels (Paris, 12 germ. an 13) (2).—Une autre section de la même cour a décidé, au contraire, que l'action des huissiers se prescrivait, avant le code, par le même laps de temps que celle des procureurs (Paris, 16 germ. an 13) (3). — Ce dernier arrêt nous paraît devoir être suivi. Le premier est évidemment basé sur ce que l'arrêt de règlement de 1692 n'était plus en vigueur à l'époque de la promulgation du code, et le contraire a été très-bien établi par la cour de cassation.—V. *infrà*, nº 1020.

997. La prescription annale établie contre les huissiers court, bien qu'ils aient en leur possession les actes qu'ils ont faits pour leurs clients (Cass. 10 mai 1856) (4). Solution qui nous paraît

---

concernant la demoiselle Simon, femme Dubuisson, seule appelée en cause, réunissent également tous les caractères essentiels pour constituer de sa part un engagement personnel envers le sieur Holtz, père et beau-père des demandeurs, dont l'objet aurait été de payer personnellement la dette qui ne concernait primitivement que son mari; que cet engagement, s'il existe, doit être respecté, bien qu'il soit allégué qu'elle serait mariée sous le régime dotal, sauf tous droits, s'il y échet, soit de sa part, soit de celle de son mari, de s'opposer à la vente des biens ou droits frappés d'inaliénabilite par leurs conventions matrimoniales; — Par ces motifs, le tribunal, en joignant la demande formée contre la femme de Dubuisson à l'instance principale dirigée contre celui-ci, déclare prescrite la réclamation formée par les demandeurs, et faisant l'objet de leurs conclusions principales; — Mais faisant droit sur la double demande en délation de serment décisoire comprise dans leurs conclusions subsidiaires, ordonne qu'à l'audience du 19 novembre, le sieur Dubuisson et la dame Dubuisson prêteront serment sur les faits suivants : (suit la nomenclature d'un grand nombre de faits allégués). »

Appel. — Les époux Dubuisson soutiennent que le tribunal de Gex aurait dû se borner à leur déférer le serment sur le seul fait de leur libération, et qu'il n'avait pu les soumettre à un interrogatoire sur faits et articles, du moment que la demande des mariés Cessy et Holtz était déclarée prescrite.—Arrêt.

LA COUR; — Attendu que le tribunal de Gex, qui avait déclaré prescrite la demande des mariés Cessy et Holtz contre Dubuisson, ne pouvait soumettre celui-ci à l'épreuve d'un interrogatoire sur faits et articles; — Qu'en ordonnant ce nouvel acte d'instruction, c'était rouvrir la discussion pour arriver aux fins de la demande et la faire ainsi revivre, nonobstant le mérite reconnu de l'exception de prescription proposée; — Que la voie réservée aux défendeurs à la prescription de la nature de celle invoquée par Dubuisson est le serment décisoire, et que ce serment seul pouvait être ordonné conformément aux dispositions de l'art. 2275 c. civ.

Du 18 janv. 1856.-C. de Lyon.-M. Achard-James, pr.

(1) (Cordeau C. Lachaume.) — LA COUR; — En ce qui touche le moyen de la prescription : — Attendu que, aux termes de l'art. 2272 c. civ., l'action du médecin se prescrit par un an; qu'à la vérité cet article ne s'explique pas sur le point de départ de la prescription, et laisse incertain si elle doit commencer à courir du jour de la première visite du médecin, ou seulement du jour du terme de la maladie; mais que, si l'on rapproche cet article de l'art. 2274, qui porte que la prescription a lieu quoiqu'il y ait continuation de services, et qu'elle ne cesse de courir que dans le cas où il y a eu compte arrêté, obligation ou citation en justice, le rapprochement de ces dispositions conduit à penser que le point de départ de la prescription doit être fixé au jour même où le médecin a commencé à donner ses soins au malade; — Que d'ailleurs cette opinion est concordante avec le principe général que la prescription commence à courir du jour où l'action est ouverte, car il est incontestable qu'en droit le médecin ne soit fondé à exercer une action pour le payement de chaque visite et du jour de chaque visite; — Qu'ainsi, la demande du sieur Courdeau, n'ayant été formée que le 22 nov. 1857, elle se trouve atteinte par la prescription pour tous les soins qu'il a donnés à Lachaume antérieurement au 22 nov. 1856; — Déclare l'action du sieur Courdeau prescrite.

Du 3 juill. 1839.-C. de Limoges.-M. Tixier-Lachassagne, 1er pr.

(2) (Rolland C. Moustier.) — LA COUR; — Considérant que la prescription de trente années était la seule qu'on pût valablement opposer à la demande en payement de frais et salaires d'huissier, et que l'action en remboursement était ouverte à ce dernier pendant cet intervalle de temps; — A condamné Moustier à payer le montant des sommes énoncées dans l'état signifié.

Du 12 germ. an 13.-C. d'app. de Paris, 1re sect.

(3) (Rolland C. Godet.) — LA COUR; — Attendu que l'arrêt de règlement de 1692 est en vigueur, et doit avoir son exécution pour les cas y exprimés, à l'égard des frais et vacations qui ont eu lieu avant la promulgation du code civil; — Attendu que cet arrêt rendu pour les procureurs est naturellement applicable aux huissiers, puisqu'il y a parité de raison à leur égard; qu'on pourrait même dire qu'étant moins favorables, ils ne peuvent se plaindre d'être rangés sur la même ligne; — Attendu que rien ne prouve que les huissiers jouissaient antérieurement du droit de réclamer pendant trente années le payement de leurs frais; — Qu'en consultant même les dispositions du code civil, on est convaincu de cette vérité, puisqu'il a borné à une année l'action personnelle à ces derniers, tandis qu'il a étendu au contraire à deux ou cinq ans, selon les circonstances, celle des avoués; — Déclare le sieur Rolland non recevable dans sa demande, et le condamne, etc.

Du 16 germ. an 13.-C. d'appel de Paris, 2e sect.

(4) *Espèce* : — (Hérit. Narjot C. Frossard.) — Frossard, huissier, créancier, à raison d'actes de son ministère, d'un sieur Narjot, décédé en 1827, assigna, le 7 déc. 1851, les héritiers de son débiteur, en payement de 590 fr., montant de ce qui lui était dû. — Les héritiers Narjot opposèrent la prescription de l'art. 2272 c. civ. — Le 13 nov. 1852, jugement du tribunal civil de Cosne qui rejette cette exception, et condamne les héritiers Narjot à payer les 590 fr. : — « Attendu, en substance, que cette dette a été reconnue par des déclarations insérées dans l'inventaire fait en 1827 après le décès du sieur Narjot, et que le demandeur est encore possesseur des actes qu'il a faits. »

Pourvoi par les héritiers Narjot. — 1º Violation de l'art. 2272 c. civ. et fausse application des art. 1271, 2248 et 2274 du même code. —

exacte, quoique, en général, la prescription ne coure pas contre celui qui possède. Cette règle, en effet, ne s'applique qu'autant qu'il s'agit d'objets corporels, et non comme ici d'un objet incorporel, tel qu'une créance; car il est bien manifeste que les actes retenus par l'huissier ne constituent pas l'obligation, la chose à prescrire. Cette détention ne pouvait, dès lors, rendre applicable la règle qu'on vient de rappeler. Il existe néanmoins, dans un sens contraire, un jugement du tribunal de la Seine (5 juin 1845, aff. Foussier, D. P. 45. 4. 405).

998. La prescription d'un an portée par l'art. 2272 à l'égard des actes d'huissier, ne peut être invoquée par un avoué contre l'huissier qui signifie habituellement les actes émanés de son étude (Trib. de la Seine, 28 fév. 1845, D. P. 45. 4. 306). — Le tribunal s'est appuyé sur ce que d'une part l'art. 2272 ne s'occupe que des rapports des huissiers avec les parties, et de l'autre sur ce que les huissiers, remettant aux avoués les actes à mesure qu'ils les ont signifiés, les constituent par là leurs mandataires auprès des clients. — Cette décision est équitable. Est-elle juridique? En présence du texte si formel de l'art. 2272 qui ne distingue pas, il est permis d'en douter.

999. On s'est demandé si l'art. 2272 c. nap. s'applique aussi bien aux déboursés qu'aux salaires proprement dits des actes d'huissier. — Un jugement du tribunal de la Seine, du 28 mars 1857, a résolu affirmativement cette question. M. Chauveau (Tarif, introduction, nº 44) est d'opinion conforme.

1000. Mais que faudrait-il décider s'il s'agissait non pas des déboursés qui accompagnent d'ordinaire les salaires des actes, mais d'avances faites dans l'intérêt d'un client. La cour de cassation a jugé que la prescription annale a pu être appliquée à la demande judiciaire de salaires d'exploit passés depuis plus d'un an, dans le cas même où l'état de frais comprendrait des sommes à titre de remboursement d'avances, si l'huissier, sur la prescription qui lui est opposée, n'a pas pris la précaution de conclure à ce qu'elle fût écartée, du moins en ce qui concernait les avances. Il en est ainsi surtout dans le cas où, tout en admettant la prescription, les juges ont alloué à l'officier ministériel la somme offerte par le défendeur, et que cette somme dépasse le chiffre des avances comprises dans la prescription (Req. 12 mars 1844, aff. Meugniot, nº 115). — On voit que la cour de cassation a écarté la prétention de l'huissier par une fin de non-recevoir. Mais, au fond, il faut décider pour les huissiers ce qu'on juge pour les avoués (V. *infrà*, nº 1021). La courte prescription peut être opposée aux huissiers pour les avances qu'ils ont faites pour leurs clients, quant ces avances ont eu pour objet l'affaire dont ils étaient chargés. Inutile de dire que si l'huissier était chargé d'un mandat en dehors de ses fonctions, comme de gérer un immeuble, les avances qu'il aurait faites dans cette qualité pourraient être répétées pendant trente ans.

1001. La loi n'ayant point assimilé aux huissiers les gardes du commerce, sous le rapport de la prescription, on ne pourrait sans arbitraire appliquer à ceux-ci l'art. 2272 (M. Troplong, *loc. cit.*).

1002. *Marchands.*— L'art. 2272 ne déclare prescriptibles par un an que l'action des marchands, pour les marchandises qu'ils vendent aux *particuliers* non marchands; en effet, les termes de la loi sont restrictifs et répondent évidemment à la jurisprudence ancienne, suivant laquelle cette prescription n'avait pas lieu de marchand à marchand (Req. 19 prair. an 5 (1); 3 frim. an 9, M. Minier, rap., aff. Jodard *C.* Rubrecq; 5 fruct. an 10, MM. Vasse, pr., Vermeil, rap., aff. Boyer; Toulouse, 3 niv. an 10, M. Desazars, pr., aff. Petit Pierre; 17 pluv. an 12, aff. Dayantes *C.* Bernady; Req. 8 janv. 1806, MM. Muraire, pr., Henrion, rap., aff. Sievens), jurisprudence qui n'était, que l'application de l'art. 7 de l'ord. de 1673.

1003. Cependant une distinction a été proposée: « Je croirais, dit Maleville, qu'il faut distinguer les livraisons faites de marchand à marchand d'objets de leur commerce commun d'avec les fournitures qui se font d'objets qui ne sont pas la matière du commerce des deux : dans le premier cas, je pense que la prescription n'est pas applicable, mais bien dans le second. Je ne vois pas, par exemple, pourquoi un banquier ne pourrait pas opposer la prescription d'un an à un boucher qui, après ce laps de temps, viendra réclamer le payement de la viande qu'il lui aura fournie, etc. Je ne dois pas dissimuler que Dunod, p. 168, semble être d'un avis contraire, parce que, dit-il, les marchands sont tenus à plus de bonne foi que les autres, et qu'ils doivent d'ailleurs tenir un registre exact de toutes leurs affaires; aussi je regrette presque d'avoir émis ma distinction; cependant Jousse me paraît la favoriser, et maintenant que tant de gens se mêlent de commerce, nos deux art. (2271 et 2272) seront presque sans application, si on en excepte les marchands indistinctement. » M. Vazeille, nºs 677 et suiv., adopte la distinction de M. Maleville, et nous la croyons fondée en raison. — Aussi a-t-il été jugé que l'action en payement de fournitures faites même à un commerçant, mais pour les besoins de son ménage, se prescrit par un an, à moins qu'il n'existe entre l'acheteur et le fournisseur des relations de compte courant ou autres empêchant la prescription de courir (Orléans, 9 mars 1852, aff. Chicoisnau, D. P. 52. 2. 219).

1004. A quels caractères reconnaît-on les marchands dans le sens de l'art. 2272?—V. à cet égard ce qui est dit vº Commerçant, nº 30. — Il a été très-bien jugé, par exemple, que les méde-

---

On a dit pour le défendeur : Tous les commentateurs qui ont cherché le sens de l'art. 2248 c. civ. sont d'accord qu'on ne peut assigner aucun signe certain à la reconnaissance dont il parle. C'est donc aux tribunaux qu'il appartient de déclarer qu'elle existe ou n'existe pas; ils ont, à cet égard, un pouvoir nécessairement discrétionnaire. — Ainsi, dès que le tribunal de Cosne a cru trouver, dans la déclaration faite par la veuve Narjot, en présence des héritiers de son mari, une reconnaissance de la dette de celui-ci envers Frossard, son jugement ne saurait être cassé.—Cet inventaire renferme, à la vérité, des protestations de la part des héritiers; mais la force, le mérite, l'interprétation, en un mot, étaient dans le domaine du tribunal; du moment donc que ce tribunal ne les a pas jugées de nature à détruire l'effet de la reconnaissance, sa décision est à l'abri de la censure de la cour de cassation.—On a dit que, quand même cette reconnaissance serait obligatoire, il y aurait eu depuis une nouvelle prescription acquise; mais c'est là une question qui n'a pas été examinée par les premiers juges, et qu'il est inutile d'examiner devant la cour. —Arrêt.

LA COUR;—Vu les art. 2272 et 2274 de la sect. 4, tit. 20, liv. 3, c. civ.; —Attendu que, d'après ces articles, l'action des huissiers en payement du salaire des actes qu'ils signifient et des commissions qu'ils exécutent, se prescrit par un an; que cette prescription particulière a lieu, quoiqu'il y ait continuation de services et travaux, et qu'elle ne cesse de courir que lorsqu'il y a eu compte arrêté, cédule ou obligation, ou citation en justice non périmée; — Que l'art. 2275 de la même section ne laisse à ceux auxquels ces prescriptions sont opposées que le droit de déférer le serment à ceux qui les opposent dans les termes indiqués dans ledit art. 2275;—Qu'il n'est pas contesté, dans l'espèce, que les actes et commissions dont le salaire est réclamé par l'huissier, par sa citation du 7 déc. 1851, remontent à des époques bien antérieures, et datent de 1809 à 1822;—Que le jugement attaqué s'appuie sur deux faits, la reconnaissance de la veuve à l'inventaire de 1827, et la possession des actes par l'huissier; — Que ces deux faits ne rentrent dans aucune des causes légales d'interruption établies par l'art. 2274;—Attendu, d'ailleurs, que les demandeurs, par des conclusions expresses, avaient contesté que la veuve, affranchie de toute participation au payement des dettes de la communauté, eût droit et qualité pour en reconnaître à leur charge; — Que le jugement attaqué reconnaît le fait de cet affranchissement, en condamnant les demandeurs à indemniser les héritiers de la veuve de toutes les condamnations prononcées contre eux, avec intérêts et frais, mais qu'il ne donne aucun motif pour établir la légalité de la reconnaissance de la dette par la veuve, quoiqu'il l'admette bien implicitement malgré ces circonstances;—Que le fait de la possession de ces actes par l'huissier ne prouve qu'une chose, c'est qu'ils ont été faits par l'huissier; mais que la loi ne s'est pas arrêtée à cette circonstance, quand elle a décidé aussi formellement quelles sont les seules causes légales d'interruption, sauf à recourir aux dispositions de l'art. 2275; — Qu'en admettant, dans ces circonstances, l'action de l'huissier Frossard, le jugement attaqué a créé une cause d'interruption qui n'est pas dans la loi, et formellement violé les articles ci-dessus cités; — Sans qu'il soit besoin de s'occuper du second moyen;—Casse.

Du 10 mai 1856.-C. C., ch. civ.-MM. Portalis, 1er pr.-Legonidec, rap.-Tarbé, av. gén., c. conf.-Garnier et Beguin, av.

(1) (Veuve Lapraine *C.* veuve Gaunis.) — LE TRIBUNAL; — Attendu que la prescription annale établie par la loi en faveur seulement des ouvriers pour leurs salaires, n'est point applicable à des fournitures faites de marchand à marchand, telles que des teintures faites par un marchand teinturier à un marchand bonnetier; — Rejette.

Du 19 prair. an 5.-C. C., sect. req.-MM. Lombard, pr.-Boucher, r.

cins, qui sont exceptionnellement autorisés aux termes de l'art. 27 de la loi du 11 germ. an 11, à fournir des médicaments à ceux auprès desquels ils sont appelés, sans pouvoir tenir officine ouverte, ne peuvent être considérés comme des marchands, et dès lors ils peuvent opposer la prescription annale aux pharmaciens qui leur ont vendu des drogues (Cass. 9 juill. 1850, aff. Guibert, D. P. 50. 1. 221). — V. Médecine, n° 191, et observ. D. P. 50. 1. 221, note 1.

1005. On ne peut opposer la prescription annale à un marchand, lorsqu'il résulte de lettres et de factures qu'on a débattu avec lui le prix de la marchandise, et qu'on ne représente pas la quittance, quoiqu'on exhibe les quittances de fournitures faites dans le temps de ces débats et un ou deux ans après (Paris, 29 mars 1815) (1).

1006. Nous avons vu *suprà*, n° 983, que les *entrepreneurs* ne pouvaient être assimilés aux simples ouvriers, et que la prescription de six mois ne leur est pas applicable; mais quelle est la prescription qui peut leur être opposée? Il a été décidé par deux arrêts dont le second est identique au premier (Paris, 22 nov. 1833; 2 fév. 1836, v° Commerçant, n° 34) que les entrepreneurs sont des marchands dans le sens de l'art. 2272, et que la prescription d'un an leur est applicable. — Mais cela ne saurait être admis. Comment supposer que des entrepreneurs, chargés de travaux considérables et de la confection desquels ils doivent répondre pendant dix ans, soient assimilés à des marchands qui vendent et débitent des objets d'un usage journalier, et le plus souvent d'un prix peu élevé?—D'un autre côté pourrait-on assimiler les entrepreneurs à de simples ouvriers? Non évidemment.—Il faut donc reconnaître qu'aucune des courtes prescriptions ne leur est applicable, et que, dans le silence d'un texte peut-être trop peu explicatif, ils ont un délai de trente ans pour se faire payer leurs travaux (Conf. solution implicite, mais virtuelle, Cass. 19 janv. 1853, aff. Lenud, D. P. 53. 1. 61).—Peut-être au reste y a-t-il une distinction à faire. Si l'ouvrage était assez peu important, pour que l'entrepreneur y ait travaillé seul, il pourra être assimilé au simple ouvrier, et la prescription de six mois lui sera applicable. S'il a seulement fourni pour une construction des pierres, du moellon, du plâtre, il sera considéré comme marchand, et la prescription d'un an pourra lui être opposée. — Enfin, s'il s'est chargé d'élever un bâtiment, et de diriger le travail en même temps qu'il fournissait les matériaux, il ne sera soumis qu'à la prescription de trente ans.—V. observ. *eod.*, D. P. 53. 1. 61.

1007. La prescription contre les marchands court du jour de chaque fourniture (Conf. Pothier, Oblig., n° 380; Troplong, n° 964).—V. n° 980.

1008. La prescription d'un an, à laquelle sont soumis les marchands pour les marchandises qu'ils vendent aux particuliers non marchands, est fondée sur une présomption légale de payement qui n'admet la preuve contraire que par le seul moyen de la délation du serment.— Et non point, notamment, par l'interrogatoire sur faits et articles (Cass. 27 juill. 1853, aff. Chandeurge, D. P. 53. 1. 253).—V. observ. *eod.*

1009. Quelle prescription peut être opposée à l'imprimeur? On a pensé que les imprimeurs doivent être considérés sous un double rapport, comme ouvriers ou comme marchands, ouvriers quand ils mettent leurs presses au service de ceux qui les emploient, marchands quand ils vendent les ouvrages établis dans leurs ateliers ou les matières premières mises en œuvre au moyen de leur industrie (Agen, 5 juill. 1833, aff. Richard, V. Mandat, n° 384). Mais on objecte que l'imprimeur ne peut être placé dans l'une ni dans l'autre classe parce que, d'une part, employant lui-même des ouvriers, on ne peut le considérer comme ouvrier lui-même, mais plutôt comme maître; parce que, d'autre part, il n'est point un marchand, mais un artiste véritable, comme un peintre, un architecte, et qu'un ouvrage imprimé par Didot ou tel autre maître a souvent la valeur d'un excellent tableau; que, d'ailleurs, la pratique exclut la distinction qui a été proposée et qui ne saurait que jeter une fâcheuse incertitude sur la durée des droits des imprimeurs. — Néanmoins, il est impossible de ne pas reconnaître que l'imprimeur est, avant tout, un industriel. La raison indique aussi qu'une courte prescription doit pouvoir lui être opposée, parce que le genre des travaux ou des fournitures qu'il fait et qui sont souvent de peu de valeur, suppose toujours un payement accéléré. — Puis, n'est-il pas convenable que des hommes qui sont instruits et qui doivent sentir le besoin d'exiger des payements ou règlements prompts et rapides, ne soient pas admis à profiter de délais qui sont fâcheux pour les affaires? Et est-ce à une époque où le commerce prend tant de développement, où les opérations sont si nombreuses, les relations si faciles, qu'on étendrait encore le temps des actions judiciaires, la durée des prescriptions? On ne le croit pas. Pour les imprimeurs comme pour tous les commerçants et quelque importantes que soient parfois leurs opérations, le serment décisoire doit être le seul moyen de parer aux inconvénients qui peuvent résulter de leur négligence à se faire payer ou en tout cas à faire régler leurs travaux ou fournitures. — Aussi est-ce conformément à ces idées, et sans admettre la distinction entre l'imprimeur ouvrier ou marchand qui a été proposée, qu'il a été jugé que les imprimeurs ne sont ni des artistes, ni des entrepreneurs soumis seulement à la prescription ordinaire de trente ans, ni des ouvriers et gens de travail dans le sens de l'art. 2271 qui prononce la prescription de six mois; qu'ils sont des marchands et que la prescription qui leur est applicable est celle d'un an aux termes de l'art. 2272 (Cass. 19 janv. 1853, aff. Lenud, D. P. 53. 1. 61).

1010. *Maîtres de pension et d'apprentissage.*—La coutume d'Orléans, art. 265, limitait aussi à un an l'action pour *nourriture et intruction* des enfants. Legrand, sur Troyes, art. 200, remarque pareillement que les précepteurs ont un an pour demander la pension de leurs écoliers. Enfin, les coutumes de Bourbonnais, art. 13, de Bar, art. 114, avaient aussi des dispositions analogues à celle de l'art. 2272 c. nap.—V. Merlin, Rép., v° Prescrip., n° 13.

1011. Au reste, les expressions *maîtres de pension, maîtres d'apprentissage*, quoiqu'elles diffèrent, ont ici beaucoup d'analogie. Le mot *pension* dont parle le n° 4 ne s'applique pas à toute pension, mais seulement à celle des *élèves*, c'est-à-dire à celle qui implique l'idée de la nourriture et de l'éducation.— A l'égard des pensions considérées comme lieux de nourriture, M. Troplong, n° 969, assimile ceux qui les tiennent aux *traiteurs* dont il est parlé à l'article qui précède; mais pour peu que le payement se fasse à l'année ou même à des termes périodiques plus courts, c'est à la prescription quinquennale de l'art. 2277-2° établie à l'égard des pensions *alimentaires*, qu'on doit se référer et non à celle de six mois qui existe contre les traiteurs.

1012. Que décider si le maître d'apprentissage fournissait en même temps la pension? Son action ne serait-elle toujours

(1) *Espèce :* — (Princesse Borghèse *C.* Lesueur.)— En oct. 1808, Lesueur vend à la princesse Borghèse un couvre-pied qu'il avait coté à 2,000 fr. Une dame attachée à la princesse écrit à Lesueur, le 28 fév. 1809, que l'objet ayant été trouvé trop cher, on ne lui a remis que 1,200 fr. pour le payer. Dans le courant de cette année, nouvelle fourniture, dont il donne facture le 28 fév. 1810, en y mentionnant le couvre-pied; mais on la lui renvoie avec cet article bâtonné; il la refait sans l'y comprendre, et la quittance sans réserve. — En 1811 et 1812, nouvelles livraisons; le 25 nov. 1811 et le 24 sept. 1812, nouvelles factures quittancées sans mention du couvre-pied. — Le 14 juin 1814, Lesueur actionne la princesse Borghèse en payement d'une somme de 2,000 fr. pour le prix du couvre-pied. — Pour la princesse, on lui oppose, comme preuve de payement, les trois factures susdites quittancées sans réserve, et subsidiairement on invoque la prescription de l'art. 2272.

Le 24 août 1814, jugement du tribunal de la Seine ainsi conçu : — « Attendu qu'en 1810 Lesueur avait porté sur une facture la somme de 2,000 fr., pour le prix du couvre-pied dont il s'agit; qu'il est constant entre les parties que cet article fut rayé de la facture, sur les contestations élevées entre elles touchant la valeur du travail;—Que la princesse Borghèse représente des quittances des autres fournitures faites en 1810, 1811 et 1812, et qu'elle ne représente point de quittance de la somme réclamée par Lesueur relativement au couvre-pied; qu'ainsi la prescription ne peut être invoquée; condamne la princesse Borghèse à payer à Lesueur la somme de 2,000 fr. pour le prix du couvre-pied en question, si mieux n'aime, d'après l'estimation qui en sera faite par experts, etc. » — Appel. — Arrêt.

LA COUR; — Adoptant les motifs, a mis l'appel au néant.

Du 29 mars 1815.-C. de Paris, 2e ch.-M. Agier, pr.

qu'annale? Nous penchons pour l'affirmative qui paraît aussi être adoptée par M. Troplong, n° 966.

1013. Il faut regarder comme *maîtres* : 1° les *avoués* et *notaires* en raison de l'*apprentissage* qui est fait chez eux et qu'ils procurent à leurs *clercs*; car, dans le sens élevé du mot, c'est à vrai dire un apprentissage qui est fourni à ces derniers (Conf. MM. Vazeille, n° 681, Troplong, n° 967);—2° Les *nourrices*, au sujet de la pension ou somme qui leur est accordée par mois pour l'enfant qu'elles allaitent et qu'elles entretiennent (Conf. Brodeau, sur Paris, art. 227, n° 1 et Vazeille, n° 739).— Néanmoins, M. Troplong, n° 968, pense que la lettre, sinon l'esprit de la loi, repousse cette décision, et qu'ainsi c'est le paragraphe dernier de l'art. 2277 qu'il faut appliquer aux pensions des nourrices.

1014. M. Vazeille, n° 681, dit « qu'il est des personnes qui ne tiennent pas de pension, mais qui, pour avoir une compagnie, où par obligeance, partagent leur logement et leur table avec des parents ou des amis, lesquels contribuent à la dépense du ménage. La prescription d'un an ne regarde pas ces personnes » (V. dans le même sens Dumoulin sur l'art. 113 de l'ancienne coutume d'Orléans). M. Troplong, n° 970, est aussi d'avis que l'art. 2272 ne s'applique pas à ce cas lorsqu'il n'y a pas esprit de spéculation, mais pure amitié et il remarque avec raison que les art. 2271 et 2272 « ne font figurer dans leurs catégories diverses que des individus qui font métier, état ou profession de leur travail, de leur art ou de leurs fournitures. »

1015. *Domestiques à l'année.* — La prescription que l'art. 2272 établit contre eux, ne concerne point le cas où ils se louent au mois, car c'est alors l'art. 2271 qu'il faut appliquer (Conf. M. Troplong, n° 973).— Jugé que la prescription annale autorisée par l'art. 292 de la coutume de Bretagne, relativement aux salaires des serviteurs, s'appliquait aux appointements des commis de négociant (Rennes, 3e ch., 27 janv. 1819, aff. N. C. N., V. Metz, 4 mai 1820, n° 987).

1016. Chaque année de gage donne lieu à une prescription particulière. On ne devrait plus s'arrêter à d'anciens arrêts suivant lesquels l'action du serviteur ne s'ouvrait qu'autant qu'il était sorti de service (Conf. M. Troplong, n° 974). — Jugé, au reste, que la prescription trentenaire peut seule être admise contre une créance résultant de sommes dues à une personne, en sa qualité de serviteur à gages, si cette créance a été reconnue par le maître, dans un compte arrêté et signé par lui (Cass. 10 fév. 1836) (1).

1017. La prescription établie contre les domestiques, ne s'applique pas au *facteur* qui est chargé de la direction d'une usine, et qui ne reçoit de son maître ni la table ni le logement; par suite, son action est recevable quoiqu'il se soit écoulé plu-

---

(1) *Espèce :* — (Raibaud-Lange C. Aubert.) — En 1816, le sieur Raibaud avait chargé le sieur Aubert de surveiller l'exploitation de son domaine de Paillerols. Il fut convenu que le sieur Aubert aurait, pendant le temps de sa gestion, une remise de 5 p. 100 sur le produit de la vente des vins de ce domaine, et de plus 400 fr. d'émoluments pour la première année, sous la réserve d'augmenter successivement. — Le 29 oct. 1821, un arrêté de compte fut signé entre les parties, par lequel Raibaud se reconnaissait débiteur envers Aubert de 2,185 fr. 45 c. pour avances faites par ce dernier dans son administration, y compris 500 fr. pour les honoraires de 1818, et 600 fr. pour chacune des années suivantes. — Un autre arrêté de compte fut approuvé et signé par Raibaud, le 29 déc. 1824, d'après lequel ce dernier se trouvait reliquataire de 1,790 fr. 45 c.

Le 10 mai 1830, Aubert assigna Raibaud, en payement, 1° des 1,790 fr. 45 c., restant dus d'après le compte arrêté le 29 déc. 1824, avec les intérêts courus depuis cette époque; 2° de la remise de 5 p. 100 sur le prix des vins récoltés dans le domaine de Paillerols, et vendus pendant tout le temps de sa gestion. — Raibaud soutenait qu'Aubert avait été son domestique à gages; qu'ainsi il pouvait opposer la prescription d'un an, et qu'en tout cas il devait être cru sur son affirmation, soit quant à la quotité des salaires qu'il prétendait n'être que de 400 fr. par an, soit quant aux à-compte qu'il disait avoir payés. Il demandait incidemment qu'Aubert lui rendît compte de sa gestion.

Jugement qui condamne Raibaud-Lange, envers Aubert, au payement de la somme principale de 1,790 fr. 45 c. qu'il lui doit pour reste et entier payement de ses émoluments et avances comme surveillant à l'exploitation du domaine de Paillerols, depuis le mois de nov. 1816 jusqu'au 31 déc. 1824, avec intérêts depuis cette dernière époque, terme de la gestion; ordonne en outre que Raibaud-Lange rendra compte de la vente des vins provenant de son domaine, et déclare ce dernier non recevable dans sa demande incidente.

Ce jugement, après avoir établi et arrêté les comptes desquels il résulte que Raibaud-Lange est débiteur envers Aubert de 1,790 fr. 45 c., justifie le dispositif ci-dessus relaté par les motifs suivants : — « Considérant que les deux règlements du 29 oct. 1821 et du 29 déc. 1824, justifient qu'Aubert ne s'est pas payé par ses mains; — Que Raibaud-Lange, devant le juge de paix, a gardé le silence sur le chef relatif à la remise de 5 p. 100 sur le prix des vins; — Que l'action de Paul Aubert n'est soumise qu'à la prescription trentenaire et non à aucune de celles établies par les art. 2271 et suiv. c. civ., et qu'en supposant qu'elle y fût soumise, la prescription aurait cessé de courir par l'effet des arrêtés de comptes ci-dessus énoncés. »—Sur l'appel de Raibaud-Lange, arrêt de la cour d'Aix, du 25 déc. 1831, lequel confirme par les mêmes motifs.

Pourvoi. — 1° Violation des art. 1781, 2248 et 2272 c. civ. Le sieur Raibaud avait soutenu que le règlement des gages, pour les années 1821 et antérieures, ne devait pas prévaloir sur son affirmation à l'égard des années suivantes; il n'était pas dénié que le sieur Aubert était un serviteur à gages; l'arrêt attaqué devait, dès lors, faire l'application de l'art. 1781 c. civ. — Le sieur Raibaud avait soutenu encore que la demande des gages était prescrite. On s'est borné à répondre que la prescription annale ne s'appliquait pas à l'espèce; c'est là résoudre la question par la question. En effet, la loi qui a voulu que les jugements fussent motivés, n'a pas entendu qu'il serait satisfait à cette condition essentielle en rejetant *formâ negandi* les moyens et exceptions dont une partie se serait prévalue, sans prendre la peine d'expliquer pour quelle cause, en fait ou en droit, il aurait été passé outre. Il y a là évidemment défaut de motifs et transgression arbitraire de l'art. 2272;—2° Violation de l'art. 1153 et fausse application de l'art. 2001 c. civ., en ce que l'arrêt attaqué a prononcé condamnation contre le sieur Raibaud au payement de la somme principale de 1,790 fr. 45 c. qu'il doit au sieur Aubert pour reste de ses émoluments et avances, avec les intérêts depuis le terme de sa gestion. On dit que cette somme eût dû être distinguée en deux parts : celle des émoluments et celle des avances, qui se bornaient à la somme de 385 fr. 45 c.; qu'en faisant ainsi remonter les intérêts de la part relative aux gages à une époque antérieure à la demande, l'arrêt a formellement violé l'art. 1153.

Le défendeur répond, sur le premier moyen, que l'arrêt donne d'une manière expresse à Aubert le titre de surveillant à l'exploitation du domaine de Paillerols, qualité qui, dans l'esprit des magistrats, excluait assurément celle de domestique ou serviteur à gages; que lorsque l'arrêt a déclaré que l'action d'Aubert n'était prescriptible que par trente ans, c'était là une conséquence logique, légale et nécessaire de la qualité qu'il avait attribuée à Aubert; qu'il n'y avait point de défaut de motifs sous ce rapport; que quant à la remise de 5 p. 100 sur le prix des vins vendus, elle résultait d'une convention que l'arrêt a constatée en point de fait; qu'elle ne pouvait, par conséquent, être considérée comme constituant des gages dans le sens de la loi; — Sur le deuxième moyen : — Que la cour d'Aix, voulant régler elle-même le compte définitif d'après les éléments du procès, s'est livrée à des calculs qui ont dérangé toute l'économie du compte de 1824; qu'elle a fixé le reliquat à 1,790 fr. 45 c., sans déclarer positivement qu'une partie de cette somme fût représentative des émoluments d'Aubert; qu'elle a donc pu considérer ce reliquat comme se composant uniquement d'avances, et appliquer ainsi l'art. 2001; que, d'ailleurs, l'arrêté des comptes avait opéré novation de cette partie de la dette; que ce n'étaient plus les émoluments qui étaient dus à Aubert, mais bien le reliquat d'un compte approuvé par son mandant. — Arrêt (ap. délib. en ch. du cons.).

LA COUR; — Considérant, à l'égard des 1,790 fr. 45 c. dont la condamnation a été prononcée, que la cour royale, trouvant, comme les premiers juges, cette somme résultant des arrêtés de compte signés par le demandeur en 1821 et 1824, la prescription trentenaire pouvait seule être admise contre une créance ainsi reconnue; que, dès lors, la question se réduisait à savoir s'il serait sursis au payement de cette somme jusqu'après le compte demandé reconventionnellement contre Aubert, demande que l'arrêt a écartée comme l'avaient fait les premiers juges, dont il adopte les motifs: —Mais, à l'égard de la demande en payement des intérêts ou remise de 5 p. 100 sur le produit de la vente des vins et d'un compte à rendre par Raibaud-Lange des ventes qui auraient été faites depuis 1817 jusqu'en 1824 :—Vu l'art. 7, § 2, de la loi du 20 avr. 1810;—Considérant que la question de savoir si Raibaud-Lange était fondé à invoquer contre Aubert les art. 1781 et 2272 c. civ., dépendait de celle de savoir si Aubert pouvait être considéré comme domestique de Raibaud-Lange; — Que ni l'arrêt ni le jugement, dont il adopte les motifs, n'en contiennent aucun sur ce point qui constituait la base du litige à cet égard; qu'ainsi l'arrêt a violé ledit art. 7, § 2;

Vu pareillement l'art. 1153, § 3, c. civ.; —Considérant qu'aux termes de cet article, la condamnation aux intérêts n'a pu être prononcée pour le temps antérieur à la demande;—Que cette condamnation ne peut être justifiée par l'art. 2001 c. civ., en disant que les 1,790 fr. 45 c.

sieurs années depuis cette direction (Liége, 22 janv. 1824) (1). Elle ne s'applique, en un mot, qu'aux serviteurs qui se louent pour des services réputés humbles, et entraînant un assujettissement personnel, et ne concerne point les secrétaires, aumôniers, bibliothécaires, etc. Ceux-ci ne sont soumis qu'à la prescription quinquennale (2277, § dernier) (Conf. M. Troplong, n° 975).

1018. L'art. 433 c. com. déclare prescrite toute demande en délivrance de marchandises, un an après l'arrivée du navire (V. à cet égard v° Droit maritime, nos 2261 et suiv.). A quelles actions s'applique cette prescription? De quel jour part le délai? — V. *eod.*, nos 2265 et suiv.

1019. Enfin, la prescription annale établie par l'art. 127 de la coutume de Paris, contre des ouvriers, pour raison de leurs ouvrages et qui ne courait que du jour de la confection de ces ouvrages, était fondée sur une présomption de payement qui pouvait être détruite par de plus fortes présomptions contraires (Paris, 19 therm. an 11) (2).

ART. 3. — *De la prescription de deux ans relative aux avoués.*

1020. L'action des avoués pour le payement de leurs frais et salaires, se prescrit par deux ans, à compter du jugement des procès ou de la conciliation des parties, ou depuis la révocation desdits avoués; à l'égard des affaires non terminées, ils ne peuvent former de demandes pour leurs frais et salaires qui remonteraient à plus de cinq ans (2273). — Cette disposition fait cesser la grande variété de jurisprudence qui existait autrefois sur la durée de l'action des procureurs contre leurs clients pour le payement de leurs frais et salaires (V. Exposé et rapport, p. 73, n° 54, V. Frais, nos 960 et suiv.). — Jugé que dans les ressorts des parlements de Toulouse et de Bordeaux l'action des procureurs pour leurs déboursés et honoraires ne se prescrivait que par trente ans (Pau, 19 nov. 1821 (3); Bordeaux, 10 déc. 1828, aff. Texier, V. Frais, n° 959). — Le parlement de Paris avait rendu, le 28 mars 1692, un arrêt de règlement qui déclarait l'action des procureurs en parlement prescrite après six ans; à la suppression de ce parlement, ce règlement a-t-il perdu sa force obligatoire? L'affirmative a été jugée (Paris, 15 frim. an 14) (4). Cette cour a considéré l'arrêt de 1692 comme un règlement particulier à une cour supprimée. —Mais une solution contraire a été fondée sur ce que l'arrêt de 1692 n'avait fait que reproduire les dispositions de diverses ordonnances de nos rois (Cass. 29 janv. 1817, aff. Debrosse, V. Lois, n° 42). —Enfin, d'après un arrêt, ce règlement, qui devait être restreint dans les limites strictes des objets pour lesquels il était introduit, n'accordait pas, pour les *affaires jugées*, une prescription exceptionnelle contre l'action des procureurs, laquelle, dans ce cas, ne se prescrivait que par trente ans. De même, lorsque les frais d'une affaire n'excédaient pas 2,000 fr., et qu'il y avait eu arrêt ou reconnaissance de la part des parties, la prescription exceptionnelle du même règlement ne pouvait pas non plus être opposée aux procureurs (Paris, 5 fév. 1807) (5).

---

peuvent être regardés comme des avances faites par un mandataire pour les affaires de son mandant ladite somme de 1,790 fr. 43 c. ne pouvant représenter que des émoluments dus à Aubert; — Qu'en allouant au contraire les intérêts de cette somme pour les années antérieures à la demande par lui formée, l'arrêt attaqué a faussement appliqué l'art. 2001 et manifestement violé l'art. 1155 c. civ.;—Casse sur ces chefs.

Du 10 fév. 1836.-C. C., ch. civ.-MM. Dunoyer, pr.-Piet, rap.-Laplagne, 1er av. gén., c. conf.-Cotelle et Vertamy, av.

(1) *Espèce* : — (Posson C. Simon.) — Le sieur Simon avait été préposé, par le sieur Posson, à la surveillance d'un fourneau établi pour la fonte du fer. Ce préposé avait donné ses soins à l'établissement depuis le 31 janv. 1805 jusqu'au 3 août 1809. — Il ne recevait du sieur Posson ni le logement ni la table. — En 1825, Simon fit assigner les héritiers Posson en payement de 2,486 flor., montant de ses salaires et des déboursés relatifs à l'usine qu'il avait dirigée. — Quelques-uns des héritiers du débiteur invoquèrent la prescription d'un an, établie par l'art. 2272 c. civ., contre le salaire des domestiques. — Cette exception a été repoussée par le tribunal de commerce de Liége. — Appel. — Arrêt.

LA COUR; — Attendu que l'intimé ne logeait pas dans la maison des associés Posson et Grisard; qu'il n'y mangeait pas et ne faisait pas autrement partie de leur maison, mais qu'il était seulement préposé à un établissement de commerce; — Attendu qu'il était chargé d'une comptabilité par recette et dépense; qu'il peut en avoir résulté des compensations avec les salaires qui lui étaient dus, ce qui se vérifiera par la liquidation; — Met l'appel au néant.

Du 22 janv. 1824.-C. d'appel de Liége.

(2) (Annisson C. Carbillet.) — LA COUR; — Attendu 1° que la prescription annale ne court, contre les entrepreneurs, que du jour de la confection de leurs ouvrages, et qu'il suit de la lettre d'Annisson écrite à Bellanger qu'en 1793 les ouvrages n'étaient pas confectionnés; — 2° Que la prescription ne s'appuie que sur la présomption de payement; — Qu'Annisson, arrêté en 1795, a écrit, de sa prison à Carbillet, qu'il était son débiteur; — Que peu de temps après cette lettre, Carbillet a été également arrêté en l'an 2; — Que l'un et l'autre n'ont quitté leurs fers que pour être conduits à la mort; — Qu'il résulte de ces faits qu'Annisson n'a pu payer, et que Carbillet n'a pu recevoir; ce qui exclut toute présomption de payement de la part d'Annisson; — Qu'il est certain que la succession d'Annisson n'a rien payé à celle de Carbillet; — Met l'appellation au néant.

Du 19 therm. an 11.-C. de Paris.

(3) (Benquez C. Me Dartiguenave.) — LA COUR; — Attendu que l'art. 151 du tarif ne détermine pas le mode d'après lequel les avoués doivent tenir leurs registres; qu'il ne dit pas qu'ils seront sur papier timbré : d'où il suit que ceux présentés par madame Dartiguenave ne sauraient être rejetés parce qu'ils ne sont pas sur papier timbré, vu, surtout, qu'ils sont reliés, écrits d'une suite, et visés par un des juges du tribunal civil de Tarbes; dès lors, c'est le cas de les maintenir; — Attendu que, dans le ressort du ci-devant parlement de Toulouse, les avoués avaient trente ans pour réclamer leurs salaires, et que, dès lors, c'est le cas de repousser la fin de non-recevoir proposée par Benquez, et prise d'une prescription moindre; — Attendu que l'art. 1353 c. civ. n'abandonne aux lumières et à la prudence des magistrats que les présomptions qui ne sont point établies par la loi, et qu'ils ne doivent les admettre que lorsqu'elles sont graves, précises et concordantes, et dans le cas seulement où la loi admet la preuve testimoniale; — Attendu que la prescription établie par l'art. 2273 du même code, contre les avoués, est fondée sur une présomption légale; que, dès lors, il ne saurait être permis de substituer à la volonté du législateur des présomptions dérivées de certains faits, pour en tirer une conséquence différente de celle établie par la loi; ce qui s'infère de la manière la plus positive des dispositions de l'art. 2275, qui assujettit seulement la partie qui oppose cette prescription à jurer qu'elle a payé les salaires qui lui sont demandés; dès lors, c'est le cas de réformer le jugement dont est appel, et de relaxer Benquez des demandes contre lui dirigées, relativement au montant des états, 1, 3, etc., à la charge d'affirmer, sous la religion du serment, qu'il en a fait raison à Me Dartiguenave; — Par ces motifs, confirme la disposition du jugement relative au rejet de la prescription de deux ans pour les droits réclamés par Dartiguenave, et qui concernent les procès antérieurs au code; réformant ce jugement dans la disposition qui condamne Benquez au payement des droits relatifs à des poursuites sur des procès non jugés depuis plus de deux ans, le relaxe de toutes demandes à cet égard.

Du 19 nov. 1821.-C. de Pau.-M. Defigarol, pr.

(4) (Jobelin C. Chevigny.) — LA COUR; — Attendu qu'aucune loi ne restreint les actions en payement de frais, à des délais plus courts que ceux des actions ordinaires; qu'un règlement particulier à une cour supprimée pouvait bien être pour elle une autorité suffisante, mais ne pouvait tenir lieu aux cours et tribunaux actuels d'une loi qui n'existe pas; et attendu que, dans l'espèce, la prescription ordonnée par le code civil ne peut être encourue; condamne Chevigny, etc.

Du 15 frim. an 14.-C. d'appel de Paris.

(5) (Macquet C. Urguet-Devalleroi.) — LA COUR; — Vu l'arrêt rendu entre la partie de Collin et feu Urguet-Devalleroi père, le 30 mess. an 12; — Considérant, 1° que l'arrêt de règlement rendu en la cour de parlement de Paris, le 28 mars 1692, a établi par l'art. 1 une prescription de deux années, et par l'art. 2 une de six années, relativement aux frais, pour les procureurs dans les affaires dont ils étaient chargés; mais que si la première de ces dispositions porte que les procureurs ne pourront demander leurs frais, salaires et vacations, deux ans après qu'ils auront été révoqués ou que les parties seront décédées, encore qu'ils aient occupé pour les mêmes parties ou pour leurs héritiers en d'autres affaires, cette première espèce de prescription offre par sa brièveté un moyen de libération rigoureux qui doit être renfermé dans les limites strictes des objets pour lesquels elle est introduite, et qu'on ne peut établir par induction pour d'autres cas; que ce même art. 1, règlem. 1692, ne déclare prescrits par le délai de deux années que les frais des affaires dans lesquelles les procureurs auraient été révoqués ou dont les parties seraient décédées; qu'il ne fait aucune mention de ceux qui auraient été faits dans les affaires jugées; qu'ainsi il est impossible d'appliquer à cette dernière espèce une prescription rigide que les auteurs du règlement n'y ont pas comprise, qu'ils ont même, au contraire, exclue implicitement; que, par l'art. 2, règlem. 1692, il est dit que les procureurs ne pourront, dans les affaires non jugées, demander leurs frais, salaires et vacations, pour les procédures faites, au delà de six années précédentes immédiatement, en-

1021. Les *frais* et *salaires* dont parle l'art. 2273, comprennent tous les déboursés que les avoués font dans le cours de la procédure pour en activer la marche; leurs avances y sont comprises, quelle qu'en soit la cause (Conf. M. Troplong, n° 979). — Jugé que la prescription de deux ans à laquelle est soumise l'action des avoués pour le payement de leurs frais et salaires, est applicable non-seulement aux honoraires et aux frais qui relèvent directement de l'accomplissement des actes de leur ministère, mais aussi aux avances qu'ils ont faites dans l'intérêt de leurs clients, pour droits de greffe, salaires d'huissiers et droits d'enregistrement (c. civ. 2273; Cass. 16 déc. 1846, aff. Enjolras, D. P. 47. 1. 35; Conf. Dijon, 26 déc. 1846, aff. Laurencier et aff. Rouget, D. P. 47. 4. 379, 380).

1022. Il paraît résulter de l'art. 2273, que l'avoué qui a payé les honoraires de l'avocat, n'a point pour s'en faire rembourser l'action trentenaire qui eût compété à l'avocat lui-même (Riom, 9 juin 1840, V. n° 1025; Dijon, 26 déc. 1846, aff. Rouget, D. P. 47. 4. 379; Conf. MM. Vazeille, n° 684; Troplong, n° 979. — *Contrà*, Orléans, 30 juin 1842, au numéro suivant).

1023. Mais il a été jugé : 1° que la prescription de l'action de l'avoué pour ses honoraires résultant de mémoires qu'il a publiés, et pour les plaidoiries qu'il a prononcées comme licencié, dure trente ans, et qu'ici ne s'applique pas la prescription de deux ans, établie par l'art. 2273, laquelle doit être restreinte aux frais dus à l'avoué en cette qualité (Req. 22 juill. 1835) (1); — 2° Que la prescription de deux ou de cinq ans n'est pas applicable aux actes que l'avoué a faits, non comme avoué, mais en qualité de mandataire de sa partie, notamment en plaidant ou en comparaissant pour elle, soit au bureau de paix, soit au tribunal de commerce (Orléans, 30 juin 1842) (2); — 3° Que la prescription de l'art. 2273 n'est pas applicable à l'action des avoués comme mandataires *ad negotia*, cette action durant trente ans (Trib. de

core qu'ils aient toujours continué d'y occuper, à moins qu'ils ne les aient fait arrêter ou reconnaître par leurs parties, et ce, avec calcul de la somme à laquelle ils montent lorsqu'ils excèdent celle de 2,000 liv.; — Que, par ces dispositions, le parlement avait fait exception pour le cas où les parties auraient arrêté les frais ou reconnu qu'ils étaient dus, et que ce règlement n'exigeait que ces arrêtés fussent faits avec calcul que lorsque les frais excéderaient 2,000 liv.; qu'ainsi la reconnaissance des parties que les frais faits pour elles n'ont pas été payés, qu'elles les doivent, est une interruption de la prescription prononcée par l'art. 2; que l'interruption doit d'autant plus être admise que la prescription qui opère une libération est une présomption de payement; que la vérité, quand elle est connue, doit l'emporter sur la présomption; qu'il résulte des pièces du procès, d'une part, que feu Urguet-Devalleroi père a, dans tous les temps, exprimé qu'il y avait entre lui et la partie de Collin une convention au moyen de laquelle Macquet ne devait être payé de ses frais qu'après le jugement des affaires qui lui étaient confiées; que de cette convention, qui n'avait rien d'illicite ni de prohibé, il suit évidemment que la partie de Collin ne pouvant agir pour obtenir son payement qu'à compter des jugements des affaires de Urguet-Devalleroi, la prescription n'a pu courir contre lui pour les affaires non jugées; et, d'autre part, que dans plusieurs lettres Urguet-Devalleroi exprimait son désir de compter avec la partie de Collin de tous les frais qu'il reconnaissait lui devoir; qu'en diverses occasions il lui a offert de le payer, soit en lui donnant des sommes déterminées, soit en lui offrant de lui céder une partie de son mobilier; que, même dans le cours des plaidoiries de la présente cause, les parties de Saladin sont convenues qu'Urguet-Devalleroi fils avait, depuis la demande en reprise d'instance, offert 8,000 liv. à la partie de Collin; qu'il a, en outre, été produit diverses reconnaissances particulières d'Urguet-Devalleroi père, sur presque chacune des affaires isolément, et dont aucune ne se porte à 2,000 liv., d'après la taxe qui en a été faite et les déductions dont elles sont susceptibles; et qu'enfin ces diverses reconnaissances générales et particulières placent la partie de Collin dans les exceptions admises par l'art. 2, règlem. 1692; qu'ainsi la prescription de six années ne peut pas plus lui être opposée que celle de deux années; que, par conséquent, Leblanc, avoué, dans l'avis et la taxe par lui faits, d'après la mission que la cour lui en avait donnée par l'arrêt du 30 mess. an 12, a opéré régulièrement; qu'à toutes ces raisons on pourrait ajouter que le règlement de 1692 a bien pu faire loi dans tout le temps de l'existence du parlement, mais qu'il n'en peut plus être de même aujourd'hui que cette ancienne cour n'existe plus et qu'elle est remplacée par d'autres cours de magistrature; — Considérant, enfin, quant aux intérêts demandés par la partie de Collin, à compter du 14 oct. 1790, que les offres de payement faites par Urguet-Devalleroi père et par les parties de Saladin à celle de Collin, n'ayant jamais été que labiales, le retard apporté par les parties de Saladin au payement des sommes légitimement dues a donné naissance à des intérêts moratoires qui sont dus à compter du jour de la demande; — Sans s'arrêter ni avoir égard aux fins de non-recevoir et demandes des parties de Saladin, homologue l'avis de Leblanc, du 10 niv. an 14; ordonne qu'il sera exécuté selon sa forme et teneur; en conséquence, condamne les parties de Saladin à payer, etc.; aux intérêts du jour de la demande et aux dépens.

Du 5 fév. 1807.-C. de Paris, 2ᵉ sect.-M. Blondel, pr.

(1) *Espèce* :—(Lefebvre C. Semichon.)—Mᵉ Semichon, ancien avoué, assigna la dame Lefebvre en payement, d'abord d'une somme de 1,200 fr. environ, et en définitive, de celle de 2,200 fr. pour frais, déboursés et honoraires qu'il disait lui être dus dans différentes affaires dont il avait été chargé par cette dame.—Celle-ci opposa la prescription de deux ans. Le tribunal civil de Neufchâtel, par jugement du 20 nov. 1833, rejeta l'exception et condamna la dame Lefebvre au payement de la somme demandée.

Sur l'appel, arrêt de la cour de Rouen, du 10 juin 1834, qui réforme en ce sens, qu'il distingue entre les frais et salaires qui se rattachent aux fonctions d'avoué, et les honoraires et déboursés réclamés pour des actes et démarches faits en dehors de ces fonctions. A l'égard des premiers, l'arrêt accueille le moyen de prescription biennale; mais il le repousse quant aux actes de la seconde espèce. La cour d'appel range, dans cette dernière catégorie, des mémoires présentés par Mᵉ Semichon devant l'autorité administrative, et diverses plaidoiries prononcées devant le tribunal de Neufchâtel.

Pourvoi de la dame Lefebvre, pour violation de l'art. 2273 c. civ., en ce que la cour d'appel n'a point admis la prescription de deux ans pour la totalité de la somme réclamée, et qu'elle s'est bornée, à l'aide d'une distinction qu'aucune loi ne justifie, à accueillir cette exception seulement pour certains actes qu'elle a considérés comme rentrant dans les fonctions spéciales des avoués, tandis qu'elle l'a repoussée relativement à d'autres actes qu'elle a regardés comme étrangers à ces fonctions. Ainsi, par exemple, disait-on, la cour a décidé que l'art. 2273 n'était point applicable aux honoraires demandés, dans l'espèce, pour diverses *plaidoiries* et plusieurs *mémoires* présentés administrativement. Ces mémoires et ces plaidoiries n'émanaient-ils pas de Mᵉ Semichon, avoué, chargé, en cette qualité, de veiller aux intérêts de tout genre de la dame Lefebvre, sa cliente? Quant aux *plaidoiries* en particulier, peut-on soutenir que c'est comme *avocat* qu'il les a prononcées? Ce serait une thèse difficile à justifier. A la vérité, l'art. 32 de la loi du 22 vent. an 12 a donné aux avoués, pourvus du diplôme de licencié, le droit de plaider et d'écrire dans toutes les affaires dont ils seraient chargés; mais il ne faut pas en conclure que cette loi ait voulu en cela assimiler les avoués aux avocats. L'avoué ne cesse pas d'avoir ce caractère, alors même qu'il plaide pour son client dans le cas où la loi et les règlements l'y autorisent. C'est comme avoué qu'il plaide et non comme avocat, et, par conséquent, il est soumis à l'application de l'art. 2273, relativement à ses honoraires de *plaidoirie*, comme pour ses frais et salaires, sans aucune distinction.—Arrêt.

LA COUR; —Statuant sur le moyen unique tiré de la violation de l'art. 2273 c. civ. :—Attendu que la cour royale a distingué, dans son arrêt, les frais réclamés par Mᵉ Semichon, en qualité d'avoué, de ceux qu'il réclamait comme mandataire; que, quant à l'action qu'il exerçait pour obtenir le payement de ses frais et salaires, en qualité d'avoué, son action étant prescrite a été rejetée; que, quant aux actes qu'il avait faits en dehors de ses fonctions, la cour royale, en l'autorisant à signifier le mémoire des frais honoraires, qu'il pouvait réclamer comme mandataire, n'a aucunement violé l'art. 2273 c. civ., et s'est conformée aux principes généraux du droit;—Rejette, etc.

Du 22 juill. 1835.-C. C., ch. req.-MM. Borel, f. f. de pr.-Jaubert, rap.-Bayeux, f. f. d'av. gén., c. conf.-Crémieux, av.

(2) (Hainguerlot C. Vincent.) — LA COUR; — Quant aux sommes réclamées comme simple mandataire et à titre d'honoraires dus à l'avocat : — « Attendu, sur ce point, que l'avoué qui plaide en sa qualité d'avocat n'agit plus comme officier ministériel, et que pour ces actes on ne peut lui opposer que la prescription ordinaire de trente ans; que le même principe s'applique aux honoraires payés par Vincent à l'avocat en appel pour le compte d'Hainguerlot; — Attendu que la comparution de l'avoué pour son client au tribunal correctionnel est à la vérité facultative; mais qu'entre le client et l'avoué celui-ci ayant pris la qualité d'officier ministériel, doit être soumis à la prescription encourue pour les répétitions de cette nature; — En ce qui touche la présentation des gardes au serment et les comparutions de Vincent devant le juge de paix ou le tribunal de commerce, qu'à cet égard il a été mandataire ordinaire, un *negotiorum gestor*, et qu'à ce titre il a droit à répéter et ses déboursés et ses honoraires, proportionnés aux services rendus; — Par ces motifs, déclare prescrites toutes les sommes dues à Vincent à titre de déboursés ou d'honoraires en qualité d'avoué, soit que son ministère fût obligé, soit qu'il fût facultatif;—Pour le surplus, renvoie les parties devant M. le conseiller Marthe pour le règlement de compte, pour être ensuite statué par la cour ce qu'il appartiendra.»

Du 30 juin 1842.-C. d'Orléans.-M. Abbatucci, pr.

paix d'Orange, 6 oct. 1851, aff. Boisset, D. P. 51. 5. 404). — Ces deux décisions résolvent une question qui, vue de près, n'est vraiment pas sérieuse, car il est évident qu'on ne doit pas appliquer l'art. 2273 à des dépenses faites par un avoué qui, agissant hors de ses fonctions, n'est qu'un simple mandataire.

1024. Mais que faut-il décider lorsque l'avoué a agi dans l'exercice de ses fonctions, bien que son ministère ne fût pas obligatoire, par exemple, quand il s'est présenté dans une affaire correctionnelle? Il a été décidé avec raison que l'art. 2273 était applicable, parce que c'était en sa qualité que l'avoué avait agi (Orléans, 30 déc. 1842, aff. Hainguerlot, nº 1023).

1025. De même, pour qu'un avoué puisse en qualité de *negotiorum gestor*, être admis à exercer pendant trente ans l'action en payement des avances qu'il a faites à son client, il faut que ses avances soient étrangères à toute affaire litigieuse, dans laquelle l'avoué a été chargé d'intervenir en sa qualité d'officier ministériel (Riom, 9 juin 1840, aff. Reyt, V. Frais, nº 964).

1026. L'action des avoués pour le payement de leurs frais ne se prescrit par deux ans que lorsqu'elle est exercée directement par l'avoué contre son client : mais elle se prescrit par trente ans lorsque l'avoué ayant obtenu distraction à son profit des dépens adjugés à son client, agit en vertu de cette distraction contre la partie adverse condamnée aux dépens (Grenoble, 22 juill. 1824, aff. Gabriel C. Perret).

1027. Le jugement qui d'après l'art. 2273 fait courir la prescription de deux ans, ne peut être que le jugement définitif qui met fin au procès (M. Vazeille, nº 636). — Au reste, un arrêt du 6 déc. 1700 a décidé que la prescription abrégée dont il s'agit ne s'appliquait à aucune portion des frais ou salaires du procureur dans une affaire embrassant *plusieurs chefs*, dont les uns avaient été jugés définitivement, tandis qu'il n'avait été prononcé que des interlocutoires sur les autres. — Décidé dans le même sens sous le code Napoléon : 1º que lorsque plusieurs arrêts ont été rendus, à des époques différentes, sur des contestations relatives à la liquidation d'une créance, la prescription de deux ans pour le payement des frais dus à l'avoué qui a occupé dans ces diverses instances, ayant le même objet, ne commence à courir que du jour du jugement qui a statué définitivement sur la liquidation de la créance (Paris, 5 déc. 1835) (1); — 2º Que les frais de procès de même nature qui se lient entre eux ne se prescrivent que par le laps de deux ans écoulé depuis la mise à fin de la dernière des instances, alors qu'ils ne devaient être payés qu'au moyen des recouvrements amenés par ces procès (Req. 9 août 1848, aff. Charronceuil, D. P. 48. 1. 186).

1028. Quoique l'art. 2273 n'énumère que trois cas, à partir desquels il fait courir la prescription de l'action de l'avoué, le jugement du procès, la conciliation des parties ou révocation, la logique veut qu'on leur assimile tous les cas de cessation des fonctions, et, par exemple, comme cela a été jugé, le décès de l'avoué (Cass. 18 mars 1807) (2), ou la suppression de son office (Req. 19 août 1816 (3); conf. MM. Troplong, nº 980; Marcadé, art. 2277, nº 1. *Contrà*, M. Duranton, nº 210).

1029. M. Vazeille décide avec raison, nº 630, que la conciliation des parties ne fait courir la prescription biennale contre les avoués que lorsqu'ils ont eu connaissance de la conciliation, et seulement à partir du jour où ils ont obtenu cette connaissance. « Mais, ajoute le même auteur, quand l'avoué n'a pas assisté à l'arrangement, comment pourra-t-on établir qu'il en a été instruit? Il n'est pas besoin que l'acte de conciliation lui ait été notifié puisque la loi ne l'exige point. On pourra faire cette preuve par sa correspondance, par d'autres actes connus de lui, et dans lesquels celui-là se trouverait relaté; enfin, par toutes circonstances graves et précises que le juge aura le droit d'apprécier, peut-être même par des témoins. Mais on croit que la preuve testimoniale ne devrait être admise que dans les cas où il existerait déjà de très-fortes présomptions résultant des écrits. »

1030. L'art. 2276, après avoir dit que les juges et avoués sont déchargés des pièces cinq ans après le jugement des procès, ajoute que les huissiers après deux ans, depuis l'exécution de la commission, ou la signification des actes, dont ils étaient chargés, en sont pareillement déchargés. — Si la commission n'a point été exécutée, la demande en remise des pièces n'est prescriptible que par trente ans (2262). Non pas, disons-le bien, que le dépositaire de pièces quelconques en puisse devenir propriétaire, par ce laps de temps; mais il se libère de l'action en dommages-intérêts qui compéterait contre lui pour défaut de représentation.

1031. L'action du débiteur, en remise de titres acquittés, contre l'huissier qui en a poursuivi l'exécution, n'est pas, comme l'action du créancier qui a chargé l'huissier de cette exé-

(1) *Espèce* : — (Massot C. hérit. Broutin.) — La dame Broutin, assistée de son mari, avait, en sa qualité d'héritière des sieur et dame de Baubois, qui avaient acquis des héritiers du sieur Lezat un office de procureur, frappé d'appel plusieurs sentences, rendues en 1782 et 1793, sur des difficultés élevées sur la liquidation du prix de l'office, dont le prix devait être payé entre les créanciers de la succession Lezat. Divers arrêts, statuant sur les dispositions relatives à la reddition et au payement du compte par les sieur et dame Broutin, furent rendus en 1810, 1812 et 1817; mais le compte ne fut définitivement opéré que par arrêt du 22 août 1822.

Mᵉ Lavrillat, avoué, qui avait représenté dans ces diverses instances les sieur et dame Broutin, assigna, en payement des frais, le 21 août 1824, le sieur Broutin du Favillon et consorts, en leur qualité d'héritiers de la dame de Baubois, femme Broutin de Longuerue, leur mère. La même demande fut formée, le 26 du même mois, contre le sieur Broutin de Longuerue leur père. Ce dernier étant décédé, ses héritiers furent assignés en reprise d'instance. On invoque en faveur des héritiers Broutin la prescription, et on soutient que des prescriptions particulières avaient couru à partir de chacun des arrêts rendus dans les instances jugées par la cour et s'étaient accomplies avant la demande en jugement. Subsidiairement, on demande que la dette soit divisée entre les successions des sieur et dame Broutin, père et mère, et on prétend que, dans tous les cas, l'assignation donnée au père, l'ayant été plus de deux ans après l'arrêt définitif, la dette se trouvait au moins prescrite pour la moitié. — Mᵉ Massot, successeur de Mᵉ Lavrillat, soutient que toutes les instances suivies devant la cour, ne forment en réalité qu'une seule et même instance ayant un seul et même objet; il repousse le second moyen, par les motifs que les frais ayant été faits pour une créance, venant du chef de la dame Broutin leur mère, la succession de cette dame doit être tenue de la totalité des frais. — Arrêt.

LA COUR; — Attendu que les héritiers Broutin ne justifient pas que les frais à eux réclamés aient été payés; — Attendu, en ce qui touche la prescription, qu'il est constant que les diverses instances suivies par Lavrillat, n'ont été terminées définitivement que par l'arrêt du 22 août 1822; que, par conséquent, l'assignation donnée à Broutin du Pavillon et consorts, le 21 août 1824, a valablement interrompu la prescription; que cette assignation leur a été donnée en leur qualité d'héritiers de ladite de Baubois, femme Broutin, leur mère; que les instances, à raison desquelles ces frais sont réclamés, ayant eu pour objet une créance personnelle de ladite dame de Baubois, femme Broutin, sa succession doit être tenue de l'intégralité desdits frais; — Condamne solidairement Broutin du Pavillon et consorts à payer à Massot, d'après la taxe, les frais énoncés dans l'état signifié et enregistré, avec les intérêts tels que de droit, les condamne, en outre, à tous les dépens.

Du 5 déc. 1835.-C. de Paris, 3ᵉ ch.-MM. Lepoitevin, pr.-Berville, av. gén., c. conf.-Durand, av.-Massot, avoué.

(2) (Fourmestreaux C. Corroyer.) — LA COUR; — Vu le placard de Charles-Quint, du 4 oct. 1540, art. 16, la déclaration du mois de février 1549, et les art. 1 et 2 de l'arrêt du règlement du 28 mars 1692; — Attendu que Corroyer père, étant décédé au mois de novembre 1786, n'a pu continuer ses services en qualité de procureur pour le sieur de Fourmestreaux; — Que la demande formée d'abord en l'an 3, puis en l'an 9, par les héritiers Corroyer, en payement de salaires, frais et déboursés prétendus dus à la succession de leur père, devait être rejetée, puisqu'il s'était écoulé entre ledit décès et la demande, un temps plus que suffisant pour opérer la prescription établie par les lois et le règlement ci-dessus; — Casse.

Du 18 mars 1807.-C. C., sect. civ.-M. Chasle, rap.

(3) (Sergent C. Knaeps.) — LA COUR; — Attendu que l'art. 2275 c. civ. a limité à deux années l'exercice de l'action des avoués, à partir de leur révocation; que celle qui résulte de la cessation de fonctions d'avoués, par l'effet d'une suppression de l'office, est parfaitement analogue, et produit les mêmes effets que celle résultant de la volonté des parties, et qu'ainsi l'arrêt attaqué (de Paris, du 9 mai 1815) a fait à la cause une juste application de la première partie dudit article, qui comprend les affaires non terminées; — Attendu que l'exception de prescription peut être opposée en tout état de cause; que l'interlocutoire prononcé dans l'espèce par le jugement du 24 janv. 1812, ne constitue ni un compte arrêté, ni une obligation, ni aucune des autres circonstances prévues par l'art. 2274 c. civ., comme devant faire cesser les effets de la prescription; — Rejette.

Du 19 août 1816.-C. C., sect. req.-MM. Henrion, pr.-Borel, rap.

cution, prescriptible par deux ans (Paris, 20 déc. 1825) (1).

1032. L'huissier qui a été condamné à remettre au débiteur une grosse d'obligation acquittée par ce dernier et demeurée entre les mains de l'huissier jusqu'au payement des frais restés dus, ne peut, alors d'ailleurs que depuis le jugement la remise du titre a été effectuée, se soustraire au payement des frais faits dans l'instance en revendication, sous le prétexte qu'au moment où la réclamation a été faite, il s'était écoulé plus de deux années depuis la signification des actes et qu'ainsi il se trouvait déchargé de toute remise en vertu de la prescription (même arrêt).— Cet arrêt paraît bien rendu, parce que, dans l'espèce, le débiteur avait payé entre les mains de l'huissier, et qu'il avait le droit de réclamer directement la grosse à cet officier ministériel. Cette grosse n'était point restée à l'huissier comme mandataire du créancier, elle avait été laissée par le débiteur, à titre de dépôt. Mais l'arrêt pose un principe trop absolu. La loi ne distingue pas entre le créancier qui a donné le mandat et toute autre personne qui a droit et intérêt à réclamer les pièces. L'huissier ne connaît que son client; celui qui se présente à lui pour obtenir les pièces, après l'affaire terminée, s'il n'est pas le client lui-même, ne peut venir qu'au nom de celui-ci, et dès lors l'officier ministériel peut lui opposer la courte prescription.

1033. L'action contre un huissier en reddition de compte des sommes qu'il a reçues pour son client, ne se prescrit que par trente ans: ici ne s'applique pas l'art. 2276 relatif à la remise des pièces (Rouen, 1er juill. 1828) (2). — Cet arrêt, qui pose un principe exact, est approuvé par M. Troplong, no 1000.

1034. On ne peut, dans le silence de la loi, étendre aux honoraires des avocats et des notaires la prescription exceptionnelle de l'art. 2273. La loi générale de la prescription trentenaire leur est seule applicable (Conf. Merlin, Rép., vo Prescript., sect. 2, §§ 5 et 9), quoique ce délai, qui est trop long et sans utilité, accuse la négligence du législateur.— Il faut en dire autant des frais et salaires des agréés près des tribunaux de commerce, soit que ces agréés soient en même temps avoués aux tribunaux civils, soit qu'ils n'aient d'autre qualité que celle d'agréé (Conf. MM. Vazeille, no 633; Troplong, no 985; V. Agréé, no 65).

1035. De même et à plus forte raison les salaires d'un agent d'affaires ne se prescrivent que par trente ans (Rej. 18 mars 1818 (3), V. Agent d'affaires, nos 20 et 21), à moins qu'on ne prétende (conséquence à laquelle on se trouvera forcément conduit dans la pratique, et disons-le, dans un esprit d'équité sainement entendu) les assimiler soit à des gens de travail, soit à des commerçants dans la latitude exagérée de ce mot. — Mais ces prescriptions font ressortir l'imperfection de la loi. —V. no 1104.

ART. 4. — *Règles spéciales aux prescriptions de six mois, d'un an et de deux ans. — Présomption, serment décisoire.*

1036. Ces prescriptions sont fondées sur une *présomption* de payement contre laquelle nulle preuve n'est admise. Le *serment* seul peut être déféré. Elles ne cessent de courir que quand il y a eu *compte arrêté, cédule* ou *obligation* ou *citation* en justice non *périmée*. — Mais ce n'est là qu'une garantie que la loi donne aux créanciers et qui a pour cause les courtes prescriptions auxquelles elle les soumet, mais qui n'en change pas le caractère (Motifs, cass. 29 nov. 1837, aff. Monteil, no 1037). — Au reste, cette présomption de payement résulte du besoin que les créanciers, contre les réclamations desquelles on peut opposer les prescriptions, *brevis temporis*, ont d'être promptement payés, de l'habitude dans laquelle on est d'acquitter ces dettes sans un long retard, et souvent même sans exiger de quittances, et enfin sur les exemples trop souvent répétés de débiteurs et surtout de leurs héritiers, contraints de payer plusieurs fois. — V. Exposé des motifs, p. 73, no 51).

1037. Il a été jugé en ce sens: 1o que la prescription d'un an établie par l'art. 2272 c. nap. contre les médecins pour le payement de leurs honoraires, repose sur une présomption légale de ce payement qui ne peut être anéantie par des présomptions contraires (Cass. 29 nov. 1837) (4); — 2o Que la prescription de deux ans, établie contre l'action des avoués pour le payement de leurs frais, est fondée sur une présomption *juris et de jure*, contre laquelle aucune preuve n'est admissible (Rouen, 10 juin 1834, aff. Lefebvre. Le pourvoi contre cet arrêt a été rejeté, mais sur d'autres moyens, V. Req. 22 juill. 1835, no 1023; Pau, 19 nov. 1821, aff. Benquez, no 1020); — 3o Que la prescription court contre l'avoué, quoique les pièces soient restées entre ses mains et qu'il les représente; qu'il ne peut que déférer le serment à son client (Cass. 28 mars 1854, aff. Lefort, D. P. 54. 1. 178); et qu'il ne pourrait demander que le client qui se borne pour toute défense à opposer la prescription fût interrogé sur faits et articles (Conf. M. Troplong, no 995).

1038. Aux termes de l'art. 2275, ceux auxquels les prescriptions spéciales dont nous venons de parler seront opposées peuvent déférer le serment à ceux qui les opposent, sur la question de savoir si la chose a été réellement payée.

Mais il faut remarquer que cette disposition ne s'applique qu'aux prescriptions de courte durée dont parle le code Napoléon. Ainsi, il a été jugé que la prescription annale établie par l'art. 433 c. com., à l'égard de toute action en payement des gages et loyers des officiers, matelots et autres gens de l'équipage d'un navire, constitue une présomption de libération contre

---

(1) *Espèce:* — (Brision C. Peisan.) — Le 23 mars 1825, l'huissier Brision avait été condamné à remettre à Peisan la grosse d'un jugement, que celui-ci avait exécuté en payant la somme à laquelle il le condamnait, mais dont Brision ne lui avait pas fait la remise, parce que les frais de mise en exécution restaient encore dus. — Depuis l'appel interjeté par Brision de ce jugement, les pièces réclamées par Peisan avaient été remises à ce dernier par son ex-créancier, de sorte que, devant la cour, tout l'intérêt de la cause s'est réduit au point de savoir par qui les dépens de l'instance entre l'huissier et le débiteur seraient supportés. — Brision prétendait qu'ils ne pouvaient être à sa charge, parce qu'il s'était écoulé *plus de deux ans*, depuis les derniers actes de poursuite qu'il avait été chargé de faire au nom du créancier, et que ce n'était pas après un si long délai qu'un débiteur pouvait réclamer de l'huissier la remise des titres, lorsque le créancier lui-même, dont la créance ne serait pas acquittée, ne pourrait l'obliger à les représenter après deux ans révolus depuis les derniers actes d'exécution, aux termes de l'art. 2276 c. civ. — Arrêt.

LA COUR; — En ce qui touche la fin de non-recevoir opposée par Brision, et fondée sur la prescription établie par l'art. 2276 c. civ.: — Considérant que ledit article ne concerne évidemment que les rapports entre l'huissier et son client qui l'a chargé d'une signification ou d'une exécution; — En ce qui touche le fond, etc., — Met l'appellation au néant, etc.; — Condamne Brision aux dépens, etc.

Du 20 déc. 1825.-C. de Paris, 2e ch.-M. Cassini, pr.

(2) (Mallet C. Guernon.) — LA COUR; — Attendu que l'art. 2276 c. civ., ne décharge les huissiers, par le laps de deux ans, que de la remise des pièces qui leur ont été confiées pour instrumenter; qu'à l'égard des sommes dont ils sont rétentionnaires, comme ils ne les ont reçues qu'en vertu du mandat spécial qui leur a été donné pour les toucher, la prescription ne peut s'établir en leur faveur; comme à l'égard de tout autre mandataire, que par l'espace de trente ans; — Confirme, etc.

Du 1er juill. 1828.-C. de Rouen, 1re ch.-M. Eude, pr.

(3) (Desmarquettes C. Bourgeois.) — LA COUR; — Attendu que les salaires dus aux agents d'affaires n'étaient soumis par les anciennes ordonnances, et ne sont d'ailleurs soumis par le code civil à aucune prescription particulière: qu'ils ne sont pas compris dans les dispositions des art. 2271, 2272 et 2273 du code, et qu'en conséquence l'arrêt dénoncé n'a pas violé ces lois, en jugeant dans l'espèce que les salaires dus au défendeur n'étaient pas prescrits. — Rejette le pourvoi contre l'arrêt de la cour d'Amiens, du 26 août 1815.

Du 18 mars 1818.-C. C., ch. civ.-MM. Desèze, 1er pr.-Chabot, rap.

(4) (Monteil-Duclaux C. Roch.) — LA COUR; — Vu les art. 1350, 1352, 1353, 2272, 2274 et 2275 c. civ., et l'art. 2219 du même code; — Attendu que la prescription est un moyen d'acquérir ou de se libérer, lequel dispense de toute preuve celui au profit duquel elle existe, et contre laquelle nulle preuve n'est admise, à moins que la loi n'ait réservé la preuve contraire; que si, pour la prescription établie par l'art. 2272 c. civ., contre le médecin, pour le payement de ses honoraires, il est permis de déférer le serment à celui qui l'oppose, ce n'est qu'une garantie accordée au créancier, fondée sur le court délai que la loi fixe pour les prescriptions *brevis temporis*, et qui ne change point le caractère principal de cette prescription; qu'il suit de là, qu'en condamnant le sieur Monteil-Duclaux, héritier du sieur Monteil-Larguier, son oncle, à payer le prix des visites et pansements faits à ce dernier, depuis 1825 jusqu'en 1831, et en repoussant le moyen de prescription opposé par ledit Duclaux, sur le motif que si un payement avait eu lieu, le défunt en aurait exigé quittance, le tribunal d'Alais a faussement appliqué l'art. 1353 et violé les articles ci-dessus visés: — Casse.

Du 29 nov. 1837.-C. C., ch. civ.-MM. Portalis, 1er pr.-Rupérou, rap.-Tarbé, av. gén., c. conf.-Vertamy et Simil, av.

laquelle il n'est pas permis de déférer le serment : « Attendu que si, pour certaines prescriptions réduites qui ont paru au législateur reposer exclusivement sur une présomption de payement, il a cru devoir réserver au créancier, à titre de preuve contraire, le droit de déférer le serment au débiteur sur le fait de sa libération, cette réserve a toujours été l'effet d'une disposition expresse, limitée aux cas qu'elle a pris soin de spécifier, qui ne saurait, sous prétexte d'analogie, être étendue à d'autres cas laissés, par le silence seul de la loi, sous l'empire du droit commun et du principe absolu qui ne permet d'admettre aucune preuve contre la prescription quand cette preuve n'a pas été réservée » (Rej. 13 fév. 1856, aff. Tahier, D. P. 56. 1. 77).

Le *serment* peut être déféré non-seulement aux *débiteurs*, mais encore aux *veuves* et *héritiers* ou aux *tuteurs* de ces derniers, s'ils sont mineurs, pour qu'ils aient à déclarer s'ils ne savent pas que la chose soit due (2275 ; V. en outre les dispositions de l'art. 189 c. com.). — Jugé que lorsque le *syndic* d'une faillite oppose une des courtes prescriptions, le serment qui peut lui être déféré doit porter sur la question de savoir, non s'il résulte des livres dudit failli que la somme a été réellement payée, mais s'il ne sait pas que la somme soit due (Bordeaux, 31 janv. 1827) (1).

1039. Les prescriptions de six mois, un an et deux ans ont lieu, quoiqu'il y ait eu *continuation* de *fournitures*, *livraisons*, *services* et *travaux*. Ainsi la prescription peut être opposée à l'avoué quoiqu'il n'ait pas cessé d'occuper pour le même client dans d'autres affaires ou dans la même affaire s'il s'agit d'un procès non terminé dans les cinq ans.

1040. Ces prescriptions ne cessent de courir, aux termes de l'art. 2274, que lorsqu'il y a un *compte arrêté*, *cédule* (c'est-à-dire acte sous seing privé) ou *obligation* (c'est-à-dire acte notarié) ou *citation* en justice non *périmée*. — Il a été jugé : 1° que la lettre par laquelle une partie répond sur l'invitation de son médecin de lui payer les soins et visites, « qu'elle passera chez lui pour le remercier des soins qu'il lui a prodigués, » a pu être considérée comme constituant une obligation *de payer* de la part de cette partie, qui la rend non recevable à invoquer la prescription annale de l'art. 2272 c. nap. « La cour, attendu que par l'interprétation donnée à la lettre écrite par le demandeur, il en résulte de sa part une obligation à laquelle il ne pouvait se soustraire que par la présentation d'une quittance; que cette interprétation est une suite des attributions reconnues appartenir aux tribunaux jugeant en dernier ressort, et contre laquelle on ne peut produire aucun moyen de cassation; rejette » (Req. 11 juill. 1820, MM. Henrion, pr., Ménerville, rap.); — 2° Que la lettre du chargé d'affaires d'un client qui promettait à l'avoué de faire tous ses efforts pour le faire payer, a pu être considérée comme une cédule ou obligation propre à interrompre la prescription (Req. 6 fév. 1822) (2); — 3° Que des lettres missives d'un client à son avoué, relatives aux frais réclamés par celui-ci, ont pu être considérées comme contenant une promesse de payer, obligation ou cédule dans le sens de l'art. 2274, de nature à n'être atteinte que par la prescription de trente ans, et non pas seulement une reconnaissance interruptive de la prescription sans que cette décision tombe sous la censure de la cour de cassation (Req. 29 juin 1842) (3).

1041. Par *compte arrêté* dans le sens de l'art. 2274, on entend communément la reconnaissance mise par le débiteur au bas d'une facture ou d'un mémoire. La représentation des tailles remises par le débiteur entre les mains du fournisseur peut-elle remplacer un compte arrêté? Les tailles ne font que remplacer les écritures pour certains marchands; quand elles sont corrélatives à leurs échantillons, elles font foi entre le marchand et ceux auxquels il fournit, mais de quoi font-elles foi? De la réalité des fournitures. Mais il ne s'agit pas quand on oppose une courte prescription, de savoir si les fournitures ont été oui ou non faites : par suite du temps écoulé, il existe en faveur de celui qui oppose la prescription, une présomption de payement qui n'est détruite que dans les cas formellement indiqués par l'art. 2274. — Ainsi il a été jugé qu'un règlement de compte non signé ne saurait avoir l'effet d'interrompre la prescription, lors même que l'existence de ce règlement serait déclarée par le juge du fait, et qu'il serait de plus déclaré dans le jugement que les tailles constatant les fournitures auraient été laissées entre les mains du créancier par le débiteur, comme preuve de la non-libération (Cass. 27 juill. 1853, aff. Chandeurge, D. P. 53. 1. 255).

1042. On ne peut assimiler à un arrêté de compte qui fait cesser les effets de la prescription, un jugement interlocutoire qui a renvoyé l'avoué qui réclame des frais et son client devant la chambre des avoués en règlement de compte (Rej. 19 août 1816, aff. Sergent, V. n° 1028). — Mais si, sur cet interlocutoire le client a paru et s'est reconnu débiteur d'un certain nombre d'articles portés à l'état de frais, on a pu voir là une renonciation à la prescription (Req. 11 fév. 1840, aff. Pavy, n° 72). — Ces deux arrêts comme on le voit n'ont rien de contradictoire.

1043. Nous venons de voir que la prescription dans les cas ci-dessus ne cesse de courir que lorsqu'il y a eu compte arrêté,

---

(1) (Dupuy C. Cardoze, syndic de la faillite Curcier.) — LA COUR; — Attendu, en ce qui touche la partie du compte de Dupuy, qui se termine en 1820, que Cardoze, au nom qu'il agit, opposait à Dupuy la prescription de plus d'un an; qu'aux termes de l'art. 2275 c. civ., celui auquel on oppose une prescription de cette nature, peut déférer le serment à son adversaire, mais que le fait sur lequel doit porter ce serment, diffère suivant les personnes auxquelles il est déféré; que, lorsqu'il est demandé aux veuves, aux héritiers, ou aux tuteurs des héritiers des parties contractantes, ils ne sont tenus que de déclarer *s'ils ne savent pas que la chose réclamée soit due;* qu'il y a même raison de décider pour le syndic d'une masse de créanciers, étranger aux faits qui se sont passés entre le demandeur et le failli; — Qu'au défaut par le demandeur de déférer le serment, comme l'article ci-dessus rappelé lui en accorde la faculté, la libération est pleinement acquise au défendeur, et que les juges doivent la prononcer; que, dans l'espèce, Dupuy n'ayant pas déféré le serment à Cardoze, les juges ne pouvaient l'exiger de ce dernier, mais qu'il y a lieu, en réformant leur décision sur ce point, à admettre le défendeur, d'après ses offres, à affirmer par serment *qu'il ne sait pas que la chose* réclamée par Dupuy lui soit due; — Émendant, déclare les articles du compte de Dupuy, antérieurs au 27 déc. 1820 (s'élevant à 482 fr. 50 c.), prescrits, renvoie Cardoze de la demande formée à cet égard contre lui, à la charge d'affirmer par serment, d'après ses offres, *qu'il n'a pas connaissance que les articles soient dus par Curcier.*

Du 31 janv. 1827.-C. de Bordeaux, 1re ch.-M. de Saget, pr.

(2) *Espèce* : — (Maigne C. Cuirblanc.) — En 1819, demande de Cuirblanc, avoué, contre la veuve Maigne, de 174 fr., montant des frais qu'il a faits pour son mari dans un procès où il était assigné comme caution de madame de Castellane. — Jugement par défaut contre la veuve Maigne. — Opposition fondée : 1° sur ce que la demande est prescrite; — 2° Sur ce qu'elle n'est appuyée d'aucun titre émané de son mari. — Jugement qui rejette cette opposition, par le motif qu'elle a été interrompue par une lettre du chargé d'affaires du sieur Maigne où il promet de faire tous ses efforts pour le faire payer, au fond, en ce que cette lettre est une reconnaissance obligatoire pour la veuve Maigne, puisqu'elle provient du représentant ou mandataire de son mari. — Pourvoi pour violation des art. 1350, 1352, 1355, 2275, 2274. — Arrêt.

LA COUR; — Attendu que si l'action des avoués, pour le payement de leurs frais et salaires, se prescrit par deux ans, à compter du jugement des procès, aux termes de l'art. 2273 c. civ., elle cesse de courir, d'après l'article suivant, lorsqu'il y a eu compte arrêté, cédule ou obligation; — Attendu que la correspondance du sieur Verninac avec le sieur Cuirblanc a présenté au tribunal de Ruffec le caractère d'une cédule ou obligation propre à interrompre la prescription, et qu'en l'appréciant ainsi, il n'a contrevenu à aucune loi; — Attendu qu'il a été également reconnu par le tribunal de Ruffec que le sieur Verninac était l'agent de la veuve Maigne, sa nièce, et qu'en cette qualité les reconnaissances émanées de lui étaient obligatoires à l'égard de la veuve Maigne; — Rejette.

Du 6 fév. 1822.-C. C., sect. req.-MM. Henrion, pr.-Dunoyer, rap.

(3) *Espèce* : — (Gobier de Sennecourt C. Lequien.) — Sur le pourvoi formé contre l'arrêt de la cour de Douai, rapporté v° Frais, sous le n° 965, en ce que cet arrêt a vu dans des lettres missives qui ne contenaient aucune mention de la somme due, qui ne précisaient aucuns chiffres, une promesse obligatoire dans le sens de l'article précité, et de nature à n'être atteinte que par la prescription trentenaire, tandis qu'on ne pouvait trouver au plus dans ces lettres qu'une cause interruptive de prescription, il a été statué en ces termes : — Arrêt.

LA COUR; — Considérant que la cour royale, en appréciant la correspondance et les éléments de la cause, a vu dans les aveux de Gobier, non pas une simple reconnaissance interruptive, mais une promesse obligatoire dans le sens de l'art. 2274 c. civ., et un titre spécial de nature à n'être atteint que par la prescription de trente ans, et que, dans ces circonstances, elle n'a pas violé ledit article; — Rejette.

Du 29 juin 1842.-C. C., ch. req.-MM. Zangiacomi, pr.-Troplong, rap

cédule ou obligation. Mais que faut-il décider, lorsque le débiteur est mort avant qu'elle ait été acquise? Si le créancier n'a actionné les héritiers qu'après le délai de la prescription écoulée, lui sera-t-elle opposable? En un mot, la mort du débiteur interrompt-elle la prescription? On dit pour l'affirmative que l'action existait lors de la mort du débiteur qui n'aurait pas pu opposer la prescription, puisque le délai n'était pas écoulé, et que ses héritiers n'avaient pas plus de droit que lui. Mais on a jugé avec raison que la prescription s'accomplit par la réunion du temps couru sur la tête du débiteur et celle de l'héritier qui le continue (Cass. 29 oct. 1810) (1).

1044. Quelle est la prescription qui aura cours lorsqu'il sera intervenu un compte arrêté, une cédule ou obligation, une citation en justice non périmée?—Quand il y a eu *citation* en justice, le droit de demander les sommes dues en vertu des causes énumérées dans les art. 2271, 2272, 2273 dure autant que la citation.—V. *suprà*, nº 675, et M. Troplong, nº 992.

Mais que faut-il décider lorsqu'il y a eu compte arrêté ou obligation?—On ne doutait pas dans l'ancien droit que la prescription trentenaire dût seule commencer à courir.—M. Troplong, nº 991, pense que cette opinion ne saurait être admise aujourd'hui qu'avec des distinctions.—Supposons, dit le savant auteur, qu'un père de famille fasse un contrat par devant notaires avec un maître des sciences et arts, pour qu'il donne des leçons à son fils pendant cinq ans à tant par mois. Sans doute il sera vrai de dire que la prescription de six mois n'aura pas lieu d'après notre article, puisqu'il y a convention par écrit. Mais il ne sera pas moins inexact de prétendre que la seule prescription admissible sera la prescription de trente ans. L'art. 2277 veut qu'en pareil cas on applique la prescription de cinq ans qui forme le droit commun pour tout ce qui est payable par année ou à des termes périodiques plus courts.—Il en serait de même si, contre l'usage, un maître dressait un contrat avec son domestique pour régler la durée du service de celui-ci et fixer à tant par an son salaire.—Ce que dit M. Troplong est exact, mais ces deux hypothèses ne peuvent pas se présenter, lorsqu'il s'agit d'appliquer l'art. 2274. Cet article ne s'occupe pas du cas où des contrats ont réglé les salaires dus à ceux auxquels on peut opposer, les courtes prescriptions. L'art. 2274 ne prévoit que le cas où une créance de cette nature est reconnue par un des moyens qu'il indique. Ainsi, par exemple, un père de famille a reconnu par un écrit qu'il n'avait pas payé le maître de son fils; un client souscrit une obligation pour le payement des frais dus à son avoué : dans ces circonstances, l'art. 2274 dit que les courtes prescriptions cessent de courir, et il est évident que la prescription trentenaire est la seule qui puisse être dorénavant opposée. — Que si, sur la demande du professeur, intervenait entre lui et le père de famille le contrat dont parle M. Troplong, il y aurait là une stipulation ordinaire, et le payement des leçons ne se prescrirait que par cinq ans; mais, comme nous venons de le voir, ce n'est pas là une application de l'art. 2274. — Disons donc que l'art. 2274 fait, comme dans l'ancien droit, succéder aux courtes prescriptions la prescription de trente ans.

ART. 5. — *De la prescription de trois ans.*

1045. La prescription triennale est établie par l'art. 2279 c. nap. en fait de meubles pour lesquels, on le sait, la possession vaut titre. — V. à cet égard nºs 264 et suiv.

1046. Les contribuables prescrivent par trois ans, l'impôt foncier contre les percepteurs (L. 3 frim. an 7, art. 149; V. Impôts directs, nºs 559 et suiv.).—Mais ce n'est pas cette prescription, c'est celle de trente ans qu'on peut opposer à un tiers qui a payé pour le redevable (V. *eod.*; Conf. Riom, 3 mars 1854, aff. Lafont, D. P. 55. 2. 250). — Jugé en ce sens que la prescription triennale, en matière d'impôt, n'est pas opposable : 1º soit au percepteur qui a avancé à des contribuables le montant de leurs contributions et a négligé de poursuivre son remboursement durant trois années, alors qu'il a fait ces avances, non en sa seule qualité de percepteur, comme responsable envers le trésor, mais en qualité de débiteur personnel de ces contribuables. Peu importe qu'il n'en eût reçu aucun mandat spécial et donné par écrit. — En conséquence, le percepteur qui acquitte entre ses propres mains, quoique sans mandat exprès, les impositions dues par la personne dont il est locataire, sur des quittances qu'il se délivre à lui-même, a le droit d'imputer ses avances sur le montant des loyers dont il est débiteur, sans qu'on puisse lui opposer la prescription de trois ans établie par la loi du 3 frim. an 7 (Cass. 15 mars 1841) (2);—2º Soit au percepteur qui, étant

---

(1) (Salva.) — LA COUR; — Vu l'art. 2272 c. civ.; — Et attendu que l'action des médecins, chirurgiens et apothicaires, pour leurs visites, opérations et médicaments, se prescrit par un an; que cette prescription étant fondée sur la présomption de payement résultant de ce que d'ordinaire on n'attend pas un temps aussi long à se faire payer de ces sortes de dettes, court du jour de chaque fourniture, et s'accomplit par la réunion du temps couru sur la tête du débiteur et sur celle de l'héritier; que ce principe est d'autant plus certain qu'il se trouve consacré par les art. 2274 et 2275 du même code, et qu'en décidant le contraire, le jugement attaqué viole formellement l'art. 2272 précité; — Casse.

Du 29 oct. 1810.—C. C., sect. civ.—MM. Muraire, pr.—Cassaigne, rap.—Giraud, av. gén., c. conf.—Mailhe, av.

(2) *Espèce* : — (Debeaune *C.* veuve Chaillou.) — Le sieur Debeaune occupait une partie de la maison de la veuve Chaillou, en vertu d'un bail verbal, depuis l'année 1819, lorsque, en oct. 1836, cette dame l'a assigné en payement de 1,080 fr. pour neuf années de loyers échus du 1er nov. 1826 au 1er nov. 1835, à raison de 120 fr. par an. — Debeaune, qui avait été percepteur des contributions directes depuis 1819 jusqu'à l'année 1827, après avoir fait ordonner une expertise, en vertu de l'art. 1716 c. civ., dont le résultat a été de fixer le prix du bail verbal à 100 fr. par an, a opposé à la demanderesse quatorze quittances de contributions, constatant qu'il avait payé pour elle, durant ses fonctions, une somme totale de 2,762 fr. 52 c., sur laquelle il reconnaissait avoir reçu des à-compte s'élevant à 951 fr. 60 c., ce qui réduisait le montant de ses avances à 1,810 fr. 92 c. Reconnaissant en même temps que la compensation qu'il entendait demander devait s'opérer avec le montant intégral des loyers échus depuis 1819 jusqu'à nov. 1836, formant un total de 1,700 fr., il a établi une balance en sa faveur de 110 fr. 92 c. au payement desquels il a conclu reconventionnellement. — Mais la veuve Chaillou a repoussé la compensation, sur le motif que les avances faites par Debeaune en sa qualité de percepteur remontant toutes à plus de trois ans et aucune poursuite n'ayant été faite par lui dans l'intervalle, il y avait prescription de la créance, aux termes de l'art. 149 de la loi du 3 frim. an 7. — En cet état, jugement du tribunal de Vendôme, qui, sans s'arrêter au moyen pris de la prescription triennale, fixe le compte des parties et déclare la veuve Chaillou débitrice d'un reliquat de 75 fr. 92 c.

Appel. — 11 août 1837, arrêt infirmatif de la cour d'Orléans, qui admet la prescription triennale en ces termes : — « Considérant que Debeaune ne justifie pas d'un mandat que la veuve Chaillou lui aurait donné à l'effet d'acquitter ses impositions; qu'au moment où il prétend les avoir acquittées, il était percepteur, et qu'en supposant qu'il ait réellement payé les impositions de la veuve Chaillou, il ne peut être considéré que comme l'ayant fait pour son propre compte et non en sa qualité de *negotiorum gestor*, puisqu'aux termes de l'art. 148 de la loi du 3 frim. an 7, il était responsable envers l'Etat des sommes qu'il était chargé de percevoir, faute par lui d'avoir fait, dans les vingt jours de l'exigibilité, les diligences de droit contre les redevables; — Que ce payement ne lui donnait contre eux qu'un recours qui, aux termes de l'art. 149 de ladite loi, a été prescrit par trois années à compter du jour où le rôle lui a été remis en qualité de percepteur; qu'après ce délai, il a été déchu de tous droits et de toute action; — Qu'en fait, les [illegible]ernières années d'impositions par lui réclamées de la veuve Chaillou sont [illegible]ues en sept. 1827; qu'ainsi la prescription en était depuis longtemps acquise au 2 fév. 1837, jour de la demande reconventionnelle... »

Pourvoi de Debeaune, pour fausse application de l'art. 149 de la loi du 3 frim. an 7 et violation des art. 1269, 1290 et 1291 c. civ. — La compensation, dit-on, est un véritable payement : *compensatio solutioni æquiparatur, et tollit ipso jure actionem*. Elle éteint de plein droit les deux dettes, quand elles sont également claires, liquides et exigibles. Or, dans l'espèce, tels étaient les caractères des deux dettes ayant pour objet l'une des loyers échus, et l'autre des déboursés constatés par des quittances. — Pour repousser cette compensation, l'arrêt attaqué se fonde sur ce que le sieur Debeaune, ne justifiant d'aucun mandat qui l'aurait chargé d'acquitter les impositions de la dame Chaillou, devait être réputé les avoir acquittées en sa seule qualité de percepteur, et qu'ainsi il était passible de la prescription triennale établie par l'art. 149 de la loi du 3 frim. an 7. Mais il suffit de rapprocher cet article de celui qui le précède pour se convaincre qu'il était inapplicable à la cause. — L'art. 148 porte : « Les percepteurs de commune ou de canton sont responsables de la non-rentrée des sommes qu'ils ont été chargés de percevoir; ils pourront être contraints, par la vente de leurs biens, à remplacer les sommes pour la perception desquelles ils ne justifieraient point avoir fait les diligences de droit dans les vingt jours de l'échéance, sauf leur recours

en relation d'amitié avec un contribuable pour lequel il a payé des contributions pendant plusieurs années, actionne ce dernier en remboursement (Bruxelles, 25 déc. 1829) (1).—V. n° 1104.

1047. Les arrérages des pensions se prescrivent après trois ans, à compter de l'échéance du dernier payement, et les réclamations ultérieures des pensionnaires pour le rétablissement de leurs pensions, ne font courir les arrérages qu'à compter du premier jour du semestre qui suit celui dans lequel ils ont obtenu ce rétablissement. C'est ce qui résulte *in terminis* d'une décision du conseil d'État qui se borne à reproduire le texte de l'art. 9 de l'arrêté du 15 flor. an 11, art. 9 (cons. d'Ét. 25 juil. 1838, M. Bouchené-Lefer, rap., aff. Target).

ART. 6. — *Des délais après lesquels les juges, les avoués et les huissiers sont déchargés des pièces.*

1048. La raison veut que les juges et les officiers publics ne soient pas pendant trente ans exposés, après qu'un procès a été terminé, à se voir réclamer les pièces, qui d'ordinaire sont toujours remises après le litige *terminé*. En conséquence, l'art. 2276 c. nap. porte que les juges et avoués sont déchargés des pièces, cinq ans après le jugement des procès (V. Frais, n° 961; V. les motifs et le rapport du titre du code sur l'art. 2276, et l'historique de cette disposition, p. 73, n° 58, p. 74, n° 80). — Mais s'il s'agissait d'affaires *non terminées*, ils ne seraient déchargés des pièces relatives à ces affaires qu'après le laps de trente ans. En effet, tant que l'affaire n'est pas finie, le client n'a pas intérêt à réclamer les pièces. — Jugé : 1° que la prescription établie en faveur des avoués, par l'art. 2276, n'est pas applicable au cas où il s'agit de pièces données en communication par la partie adverse et qu'elle ne s'applique qu'entre l'avoué et son client (Bruxelles, 12 oct. 1822) (2); — 2° Que, de ce que l'art. 107 c. pr. porte que l'avoué qui a pris des pièces

---

contre les redevables. » — L'art. 149 dispose ensuite : « Les percepteurs de commune ou de canton, qui n'auraient fait aucune poursuite contre un ou plusieurs contribuables en retard, pendant trois années consécutives à partir du jour où le rôle leur a été remis, perdront leur recours, et seront déchus de tous droits et de toute action contre eux. » — Ainsi, poursuit-on, ces deux articles s'expliquent l'un par l'autre. Le premier pose le principe de la responsabilité des percepteurs envers l'État; garantie qui cesse du moment qu'il y a eu poursuites faites dans les vingt jours. Le second déclare les percepteurs déchus de tout recours contre les contribuables, faute de poursuites durant trois années; mais il est à remarquer que la loi ne dispose ainsi que pour le cas où il s'agit de contribuables en retard. Or, par contribuables en retard, on ne peut entendre évidemment que ceux dont les impositions n'ont point été payées soit par eux-mêmes, soit par toute autre personne. Quant au recours des tiers qui ont payé pour un contribuable, il n'en est rien dit dans la loi, et, dès lors, on ne saurait étendre à ce cas les dispositions exceptionnelles qui n'ont été introduites que dans un intérêt purement fiscal et pour régler les rapports des redevables avec l'administration. L'art. 149, en effet, a pour but d'éteindre non pas un recours qui serait personnel au percepteur, mais l'action administrative elle-même, sauf à l'État à agir en responsabilité contre le percepteur négligent, en vertu de l'art. 148. Ce n'est donc qu'à l'administration que peut être opposée la prescription triennale, et si le percepteur a acquitté la dette d'un contribuable, on ne peut se prévaloir contre lui de la même exception, alors même qu'il aurait agi sans mandat. Ici on invoque deux arrêts, l'un de la cour de Nancy, du 21 août 1826, et l'autre de la cour de cassation du 22 janv. 1828. — Mais est-il vrai, en fait, que le sieur Debeaune n'eût pas reçu mandat d'acquitter les impositions de la veuve Chaillou? S'il n'avait payé que sa propre dette comme responsable envers le trésor, il n'aurait retiré aucune quittance. Mais il y a plus : chaque payement a été fait aux époques voulues, et non pas au moment où le sieur Debeaune se trouvait sous le coup de la responsabilité; et pendant dix-sept ans, la veuve Chaillou a laissé subsister cet état de choses en souffrant l'imputation des loyers sur les contributions sans aucune réclamation. En présence de ces circonstances, il est impossible de nier l'existence d'un mandat verbal et spécial. — Au surplus la loi du 12 nov. 1808 faisait elle-même un devoir à Debeaune de verser au trésor les sommes dont il était débiteur comme locataire, en l'acquit des contributions dues par la veuve Chaillou. En effet, l'art. 2 de cette loi porte que « tous fermiers, locataires, receveurs, économes, notaires, commissaires priseurs et autres dépositaires et débiteurs de deniers provenant du chef des redevables et affectés au privilége du trésor public, seront tenus, sur la demande qui leur en sera faite, de payer, en l'acquit des redevables, et sur le montant des fonds qu'ils doivent ou qui sont en leurs mains, jusqu'à concurrence de tout ou partie des contributions dues par ces derniers. » Cet article ajoute que les quittances des percepteurs pour les sommes légitimement dues leur seront allouées en compte. — Ce texte est on ne peut plus décisif dans la cause, et il en résulte avec évidence que le sieur Debeaune, en soldant les impositions de la veuve Chaillou avec le montant des loyers dont il était débiteur envers cette dame, remplissait un devoir et conservait un recours qui ne pouvait être déclaré prescrit que d'après les règles du droit commun.

En réponse à ce moyen, la défenderesse développe les motifs de l'arrêt attaqué. Elle ajoute 1° que la dette provenant des loyers n'était pas liquide pour pouvoir être compensée, ainsi que l'événement l'a prouvé; — 2° Que la loi du 12 nov. 1808 ne pouvait autoriser le sieur Debeaune à payer des impositions au delà du montant des loyers échus. —Arrêt.

LA COUR; — Vu les art. 148 et 149 de la loi du 3 frim. an 7; — Attendu qu'il résulte de l'arrêt attaqué, que Debeaune était en même temps percepteur de la commune de Morée et locataire de la veuve Chaillou; — Que ce n'est pas en qualité de percepteur, mais en qualité de locataire, et comme tel, de débiteur de cette dame et en son acquit, qu'il a fait pour elle l'avance du montant de ses contributions annuelles; — Attendu que la loi du 3 frim. an 7, qui a pour objet de régler les rapports des contribuables avec l'administration, n'établit une prescription spéciale au profit des contribuables qu'au cas où les percepteurs ayant avancé pour ceux-ci le montant de leurs contributions, négligeraient d'en réclamer le remboursement durant trois années; — Qu'en faisant, dans l'espèce, à Debeaune l'application de cette prescription triennale et en lui refusant le droit de demander, après trois ans, le remboursement de ses déboursés, la cour royale d'Orléans a faussement appliqué et expressément violé les lois citées; — Sans qu'il soit besoin de statuer sur le deuxième moyen subsidiairement présenté; — Casse.

Du 15 mars 1841.-C. C., ch. civ.-MM. Portalis, 1er pr.-Chardel, rap.-Hello, av. gén., c. conf.-Piet et Coffinières, av.

(1) (Dumortier C. Valeriane.) — LA COUR; — Attendu que feu Jean-Baptiste Dumortier, dont les appelants sont héritiers, et Marc Valeriane ont été très liés d'amitié; qu'il est constant au procès qu'ils se sont souvent fait des avances, et que ledit Dumortier a souvent fait des payements pour compte de l'intimé; — Attendu que les appelants prétendent que ledit Dumortier a payé, entre autres, un nombre considérable d'années de contributions pour le compte de l'intimé;—Attendu que si ce fait est vrai il en résulte que les appelants ont le droit de porter en compte le montant des contributions qu'ils justifieront avoir été ainsi payées, et que, dans les circonstances, ce droit est tout à fait différent de l'action du gouvernement ou du percepteur ordinaire pour recouvrer les contributions; que, par suite, la prétention des héritiers de Jean-Baptiste Dumortier est de la compétence des tribunaux ordinaires et n'est point soumise à la prescription établie par les art. 149, L. 3 frim. an 7, et 17, arrêté 16 therm. an 8, pour le recouvrement des contributions; qu'ainsi le tribunal de Nivelles aurait dû se déclarer compétent écarter le moyen de prescription, et ordonner aux appelants de justifier du payement des contributions dont s'agit, par leur auteur; en ce qui concerne la prétention des appelants de justifier les autres chefs de conclusions au moyen d'un serment supplétoire; — Attendu que les appelants n'ont pris, devant le premier juge, aucune conclusion tendant à être admis au serment supplétoire; que le premier juge, en admettant les appelants à la preuve reprise au jugement dont est appel, n'a pas exclu ce serment, et qu'il peut encore l'admettre si le développement des faits, circonstances, preuves et moyens des parties présente les conditions voulues par l'art. 1367 c. civ.; d'où il suit que dans l'état des choses, les appelants sont sans griefs sur ce point; — Par ces motifs, met le jugement dont est appel au néant, en ce que le juge s'est déclaré incompétent et a admis dans ses motifs l'exception de prescription, en ce qui concerne le payement des contributions; — Émendant, quant à ce, déclare que le tribunal de Nivelles était compétent pour cet objet; — Déclare l'exception de prescription mal fondée.

Du 25 déc. 1829.-C. sup. de Bruxelles, 3e ch.

(2) *Espèce* : — (Truyens C. Emery.) — Dans une instance en compte, entre Truyens et Emery, il avait été rendu un jugement préparatoire, et, par suite, l'avoué d'Emery avait pris en communication des pièces produites par Truyens. — Plus de cinq ans après, pendant lesquels l'instance était restée impoursuivie, Truyens a formé contre l'avoué d'Emery, une demande en restitution des pièces communiquées. — Cet avoué a dit avoir remis les pièces à son client, et il a invoqué la prescription de cinq ans, qui a été accueillie par le premier juge. — Appel de Truyens, qui a soutenu que la prescription de l'art. 2276 n'était applicable qu'entre l'avoué et son client; et qu'en tout cas, il n'y aurait pas eu lieu de l'admettre dans l'espèce, puisqu'elle ne court que depuis le jugement définitif. — Arrêt.

LA COUR; — En ce qui touche la fin de non-recevoir de l'appel : — Attendu qu'en règle générale il échoit appel de tout jugement, à moins que la faculté d'appel ne soit interdite dans des cas particuliers et par une disposition formelle de la loi; —Attendu que l'art. 107 c. proc. civ., en statuant que si les avoués ne rétablissent dans les délais fixés les

en communication doit être condamné sans appel à les restituer, il ne s'ensuit point que le jugement qui le décharge de la demande en restitution de pièces, sur le fondement de la prescription, ne soit pas susceptible d'appel (même arrêt de Bruxelles).

1049. Les greffiers n'étant pas compris dans la disposition de l'art. 2276, ne seraient déchargés qu'après trente ans. Ce n'est pas que le dépositaire, soit public, soit privé, puisse jamais devenir par prescription propriétaire de la chose qu'il a reçue en dépôt; mais quand cette chose n'existe plus, l'action que l'on a pour l'obliger à la représenter se prescrit par trente ans (Merlin, Rép., v° Prescription, sect. 2, § 8). Il s'était élevé sous l'ancien droit des difficultés sur la question de savoir si les greffiers pouvaient prescrire l'obligation de remettre les pièces (V. Merlin, *loc. cit.*).

1050. Lorsqu'après la mort d'un avoué, les dossiers qui se trouvaient dans son étude ont été déposés judiciairement entre les mains d'un tiers, et que ce tiers a remis à un client, moyennant récépissé, ceux des dossiers qui le concernaient, cette remise est censée faite au client à titre de dépôt, et les héritiers de l'avoué ont, en conséquence, trente ans pour en demander la restitution, sans que leur action puisse être écartée sous le prétexte qu'elle tend à obtenir le payement de frais et salaires, et que ces sortes d'actions se prescrivent par deux ou cinq ans (Cass. 26 juill. 1820) (1). — Cette solution ne peut qu'être approuvée.

ART. 7. — *De la prescription de cinq ans. — Arrérages, loyers, intérêts, sommes payables par année ou à des termes périodiques plus courts.*

1051. « Se prescrivent par cinq ans les arrérages des rentes perpétuelles et viagères, ceux des pensions alimentaires, les loyers des maisons, et le prix de ferme des biens ruraux, les intérêts des sommes prêtées, et généralement tout ce qui est payable par année ou à des termes périodiques plus courts (c. nap. 2277). » — « Cette prescription, dit M. Bigot de Préameneu, p. 73, n° 59, n'est pas seulement fondée sur une présomption de payement, mais plus encore sur une considération d'ordre public énoncée dans l'ordonnance rendue par Louis XII, en 1510; on a voulu empêcher que les débiteurs ne fussent ruinés par des arrérages accumulés. » — On a aussi voulu, ajoute Maleville, prévenir les contestations multipliées que causerait la question même des payements. — Ainsi, il a été jugé : 1° que la prescription de cinq ans établie par l'art. 2277 n'est pas une simple présomption de payement, mais une véritable libération (Montpellier, 13 mai 1841, aff. Hérail, n° 552); — 2° Que celui qui invoque la prescription de cinq ans pour des arrérages de rentes n'a besoin que de l'opposer sans être tenu de s'expliquer sur la légitimité de la dette, lors même qu'il aurait payé une partie des arrérages (Bourges, 8 juin 1812) (2); — 3° Qu'en matière d'ar-

---

productions par eux prises en communication, il sera, sur le certificat du greffier et sur un simple acte pour venir plaider, rendu jugement à l'audience, qui les condamnera personnellement et sans appel à ladite remise, aux frais du jugement sans répétition, et en 10 fr. au moins de dommages-intérêts par chaque jour de retard, renferme une disposition particulière et exceptionnelle, et dont le but unique est la prompte restitution à la partie, des pièces prises en communication par l'avoué de la partie adverse; — Que cette disposition, prise dans cette vue unique et pour le cas particulier seulement de condamnation de l'avoué, ne peut être appliquée par conséquent à la partie qui l'ayant provoquée ne l'a pas obtenue, et la priver ainsi de la faculté d'appeler de la disposition du juge qui a écarté sa demande. — Au fond : — Attendu que les prescriptions sont de stricte interprétation, et qu'elles doivent être établies par des textes clairs et précis de la loi; — Attendu qu'il résulte évidemment du rapprochement et de la combinaison des art. 2276 et 2275 c. civ., que la prescription établie par chacun de ces articles ne concerne que les avoués et leurs clients, et non ceux-ci et l'avoué de leur partie adverse; — Attendu, au surplus, que la prescription établie par les art. 2275 et 2276 prérappelés, ne commence à courir qu'à dater du jugement définitif du procès et non, comme dans l'espèce, d'un jugement purement préparatoire; — Attendu que le récépissé donné par l'intimé, et qui est produit au procès, constate qu'il a reçu en communication les pièces qui en font l'objet; — Rejette la fin de non-recevoir proposée par l'intimée; statuant au fond, met le jugement dont est appel au néant; émendant, déclare qu'il n'échoit d'admettre la prescription résultant de l'art. 2276 c. civ.

Du 12 oct. 1822.-C. sup. de Bruxelles.

(1) *Espèce:* — (Morel C. Duguet.) — Les sieurs Dutroncy, père et fils, le premier procureur et le second avocat, étaient chargés de la clientèle de M. Duguet, qui avait un nombre considérable de procès.— En 1793, les sieurs Dutroncy périrent tous deux victimes des événements révolutionnaires. Le séquestre fut apposé sur leurs biens, et tous les dossiers qui se trouvaient dans leurs étude et cabinet furent déposés judiciairement entre les mains du sieur Verd.—Au mois de ventôse an 5 le sieur Duguet obtint du sieur Verd, en échange d'un simple récépissé qu'il lui donna, la remise de tous les dossiers des procès que les sieurs Dutroncy père et fils avaient suivis à sa reqête.— Les choses restèrent en cet état jusqu'au 29 juill. 1816, époque à laquelle les sieur et dame Morel, héritiers des sieurs Dutroncy, ont actionné le sieur Duguet fils à fin de restitution des pièces qui avaient été remises en dépôt à son père par le sieur Verd, sinon se voir condamner au payement de 3,000 fr., montant présume des frais des différentes procédures. — 16 mai 1817, jugement qui accueille la réclamation des sieur et dame Morel. —Sur l'appel, le sieur Duguet a opposé à la demande des sieur et dame Morel une fin de non-recevoir tirée de la prescription. Il a soutenu que leur action, quoique qualifiée de restitution de dépôt, ne tendait visiblement; d'après l'exploit introductif lui-même, qu'à obtenir le payement de frais et salaires qui pourraient être dus à Me Dutroncy en sa qualité de procureur, et que, dès lors, cette action se trouvait prescrite, d'après l'art. 2275 c. civ. confirmatif de l'ord. de 1555 et de l'arrêt de règlement de 1692. — 14 juill. 1818 arrêt de la cour de Lyon qui admet cette fin de non-recevoir.

Pourvoi de la part des sieur et dame Morel pour violation de l'art. 2262 c. civ. et fausse application de l'art. 2275 du même code. — Ce n'est point, disaient les demandeurs, une demande en payement de frais que nous avons formée contre le sieur Duguet, mais une demande en restitution des pièces à lui confiées sur son récépissé; pièces que le sieur Duguet ne détenait ainsi lui-même qu'à titre de dépôt. Si, dans notre demande, nous avons conclu à ce qu'à défaut de la remise des dossiers dans un délai déterminé, Duguet fût condamné à nous payer 3,000 fr., c'est à titre d'indemnité, et ces conclusions subsidiaires n'ont pu changer la nature de notre action. Au reste, il importe peu que le but ultérieur de notre réclamation soit le payement de frais et salaires dus à un procureur. Quand une pareille demande sera intentée, l'adversaire opposera la prescription de deux ans et cinq ans, s'il le juge convenable; mais jusqu'alors, il ne peut se prévaloir de cette exception qu'il nous sera d'ailleurs facile d'écarter quand la restitution des dossiers que nous réclamons nous aura été faite. — On répondait : Le système des demandeurs repose sur une erreur palpable. Ils supposent qu'un procureur a la pleine propriété des dossiers qui sont entre ses mains, ce qui n'est pas. Un avoué n'est que le mandataire de ses clients; il a momentanément sur ces papiers un droit de gage : même pendant le temps qu'ils sont en sa possession, la propriété en reste toujours à la partie. Or, si Duguet est propriétaire des dossiers qu'il détient, il n'en peut être considéré comme dépositaire, et la restitution ne peut lui en être demandée, étant de principe que nul n'est dépositaire de sa propre chose (l. 15, ff., *Depositi vel contrà*). C'est donc en vain que les demandeurs s'efforcent de déguiser le véritable objet de leur demande; l'action en restitution de dépôt qu'ils prétendent avoir voulu exercer leur était interdite. Au surplus, la cour d'appel a jugé, en fait, que cette action ne tendait qu'au payement de frais et salaires, et sa décision, sous ce rapport, est encore inattaquable.

LA COUR (ap. délib. en ch. du cons.); — Vu l'art. 2262 c. civ.; — Attendu qu'il est constant, dans la cause, que ce n'est qu'en qualité de dépositaire que le père du défendeur a reçu les pièces dont il s'agit, et que la demande en restitution desdites pièces lui a été formée dans les trente ans; d'où il suit que la demande en était recevable; que, cependant, elle a été écartée par la cour royale, sur le motif que cette demande était prescrite, attendu qu'elle ne pouvait avoir d'autre objet qu'une instance en payement de frais de la part d'un avoué, et qu'une pareille demande se prescrit par cinq ans; qu'il n'est pas question, dans ce moment, de savoir à quelles fins la restitution des pièces est demandée, ni ce qu'il s'agira de faire sur l'action qui pourrait être intentée après la remise; qu'aujourd'hui la seule chose à examiner consiste à savoir si une demande en restitution de dépôt, justifiée par titre, est recevable lorsqu'elle est formée dans les trente années; qu'il a, dès lors, été fait dans l'espèce, par la cour royale, une fausse application de l'art. 2275 du code civil, et, par suite, une violation ouverte de l'art. 2262; — Casse.

Du 26 juill. 1820.-C.C., sect. civ.-MM. Desèze, pr.-Carnot, rap.-Cahier, av. gén., c. conf.-Collin et Nicod, av.

(2) (Veuve de Gamache C. le domaine.) — LA COUR; — Considérant que les arrérages de rentes se prescrivent par le laps de cinq ans sans action de la part du créancier; que le motif qui a fait admettre cette espèce de prescription est une raison d'ordre public et d'intérêt général; qu'elle n'est pas seulement fondée sur la présomption de payement, et que le débiteur qui l'oppose n'a pas besoin pour réussir d'avouer ou de contester la dette; qu'ainsi il importe peu dans l'espèce si ou non, la

rérages de rentes, la prescription de cinq ans établie par la loi de 1792, et le code Napoléon, a été fondée moins sur une présomption de payement, que sur une considération d'ordre public « *qui a défendu* tous recours au créancier après cinq ans, pour le punir d'une négligence qui aurait coopéré à la ruine du débiteur en laissant accumuler les arrérages ; qu'en conséquence, la lettre par laquelle un débiteur en avouant qu'il doit le capital d'une rente, reconnait que vingt-huit ans d'arrérages n'ont pas été payés n'empêche pas la prescription de ces arrérages de s'accomplir (Rej. 10 mars 1834 (1). — Conf. Paris, 10 fév. 1826, aff. de Pully, V. Loi, nº 379).

1052. *Arrérages de rentes*. —L'ordon. de 1510 n'avait établi la prescription quinquennale qu'à l'égard des arrérages des rentes perpétuelles constituées à prix d'argent, lesquelles étaient alors d'un grand usage. — Jugé : 1º que sous le régime de cette ordonnance la prescription de cinq ans n'était pas applicable aux rentes viagères (Paris, 28 avril 1827, aff. Dalléaz, nº 1096); — 2º Que cette ordonnance est restée en vigueur jusqu'à la promulgation du code Napoléon (Paris, 25 therm. an 13, V. Privil. et hyp.); — 3º Que dans le pays de Roussillon, le règlement du 13 avril 1770 soumettait à la prescription de cinq ans les arrérages des rentes constituées, mais il ne s'étendait pas aux intérêts des créances ordinaires (Cass. 3 janv. 1842, aff. Félip, V. nº 769); — 4º Que ces arrérages n'étaient prescriptibles en Savoie, avant la publication du code dans ce pays, que par trente ans (Cass. 23 mars 1808, MM. Viellart, pr., Oudart, rap., Thuriot, subst., c. conf., aff. X... ; Merlin, Rép., vº Rente constituée, § 12, art. 4.—*Contrà* Rej. 9 vend. an 13, MM. Maleville, pr., Boyer, rap., aff. enreg. *C.* Lavernias). Il paraitrait que le tribunal d'appel de Lyon, contre l'arrêt duquel le pourvoi avait été formé, avait appliqué les termes de l'édit de Charles-Emmanuel, du 14 juill. 1587, qui dispose qu'on prescrit par cinq ans les pensions annuelles ; mais cet édit n'entendait par *pensions annuelles* que les rentes foncières : c'est ce qu'atteste le président Favre dans son code, tit. *De præscriptione* 30 *vel* 40 *ann.* — Aussi la cour de cassation est-elle revenue sur sa jurisprudence par l'arrêt de 1808, (V. Merlin, *eod.*);—5º Qu'avant le code Napoléon, les rentes convenancières ne se prescrivaient en Bretagne que par trente ans (Rennes, 2ᵉ ch., 20 mai 1817, aff. N...);—6º Qu'avant la loi du 20 août 1792, les arrérages de rentes foncières ne se prescrivaient que par trente ans (Amiens, 26 janv. 1820, aff. Clouet *C.* Vendeuil).

1053. La loi du 20 août 1792 étendit la prescription quinquennale aux arrérages des *cens*, *redevances* et *rentes foncières*. — Cette loi, tit. 3, art. 2, dispose « Que la prescription pour les droits corporels et incorporels appartenant à des particuliers, est et demeure suspendue depuis le 2 nov. 1789 jusqu'au 2 nov. 1794. » — Comment faut-il entendre cette disposition? a-t-elle eu pour effet de conserver les cinq années d'arrérages exceptées de la prescription au propriétaire, de manière à ce que la prescription trentenaire seule puisse lui être opposée? Ou bien les arrérages échus pendant la durée de ces cinq ans deviennent-ils prescriptibles par cinq ans à dater du 2 nov. 1794? — Il a été décidé : 1º qu'ils étaient devenus prescriptibles par cinq ans (Cass. 16 avril 1828, MM. Brisson, pr., Piet, rap., aff. Dorel *C.* Verrasson);—2º Que la prescription de cinq ans, à laquelle cette loi avait soumis les arrérages des rentes foncières, n'atteignait pas ceux échus avant sa publication, alors même qu'il s'était écoulé, depuis cette publication, plus de cinq années sans poursuites (Cass. 24 prair. an 8, M. d'Outrepont, rap., aff. le dom. *C.* Chisson ; 30 nov. 1807, MM. Viellart, pr., Boyer, rap., aff. le dom. *C.* Desouches).

1054. La loi du 23 août 1793 étendit la prescription de cinq ans aux arrérages des *rentes viagères*, qui étaient à la charge de l'État (art. 156). Enfin, le code Napoléon a appliqué cette prescription aux arrérages de toutes les *rentes perpétuelles* et *viagères*, et à ceux des *pensions alimentaires*.

1055. Au sujet d'arrérages qui ont pris naissance avant le code, il a été jugé : 1º Qu'à l'égard des arrérages de rentes perpétuelles échus depuis une époque antérieure à 1789 jusqu'en 1819, date de la demande, c'est-à-dire depuis plus de trente ans, la prescription trentenaire a frappé tous les arrérages antérieurs à 1789 et l'on doit accorder : 1º les arrérages courus depuis 1789 jusqu'à la loi du 20 août 1792; 2º ceux échus pendant les cinq années antérieures à la demande; 3º ceux de l'année courante (Limoges, 6 fév. 1822, M. Gaujal, pr., aff. Vézy); — 2º Que lorsqu'une rente constituée sous une loi qui n'en soumettait les arrérages qu'à la prescription trentenaire, a cessé d'être servie depuis quinze années, dont sept se sont écoulées depuis la publication du code Napoléon, sans poursuites de la part du créancier, la prescription acquise à l'égard des deux premières annuités échues depuis le code, ne s'étend point à celles échues antérieurement (Bruxelles, 20 mars 1811, aff. Flament); — 3º Que l'art. 2277 c. nap. est

---

dame de Gamache, en payant chaque année une partie des arrérages, s'est reconnue débitrice, et qu'il suffit pour elle que le délai de l'action soit écoulé ; — Que le débiteur contre lequel on ne réclame qu'une partie de la dette ne peut avoir moins de droits que si on lui demandait la totalité, et que la dame de Gamache serait entièrement libérée par la prescription, si on exigeait d'elle la totalité des arrérages ; — Considérant en outre qu'en vain la régie oppose qu'il s'est glissé dans son opération une erreur de calcul et de fait; qu'une pareille erreur est toujours réparable; que ce principe ne peut recevoir d'application dans l'espèce, parce que l'action principale se trouvant anéantie par la prescription, l'accessoire doit l'être également par le même moyen ; — Dit mal jugé ; — Emendant, etc.

Du 8 juin 1812.–C. de Bourges.-M. Sallé, pr.

(1) *Espèce* : — (Veuve de Brachet *C.* hér. Mazille.) — Le 24 mars 1774, constitution par le sieur Mazille, auteur de la demanderesse en cassation, d'une rente de 150 liv. au profit de la dame Faubert. — En 1789, émigration de Mazille, et confiscation de ses biens. — En l'an 4, la créancière de la rente présente à l'administration, non pas la grosse de l'acte, mais une simple expédition. — En 1816, la dame de Brachet, créancière, reçut une lettre de l'un des débiteurs solidaires de la rente, commençant par ces mots : « Je ne nie pas que mon père ne fût redevable à madame votre mère d'un contrat de 3,000 fr., dont les intérêts n'auraient pas été payés depuis vingt-huit ans, » et se terminant ainsi : « Nous sommes dans l'impossibilité de satisfaire ses créanciers, ce qui est pour nous un grand motif d'affliction. » — Depuis cette lettre et jusqu'en 1831, la dame de Brachet n'intenta aucune action. — Alors elle débuta par une assignation en payement du principal et des arrérages depuis la constitution de la rente. — 30 août 1831, jugement qui lui adjuge ses conclusions.

Appel par les héritiers Mazille. — 14 mai 1832, arrêt de la cour de Bourges :—« Considérant qu'aux termes de droit, les arrérages de rentes se prescrivent par cinq ans ; qu'en vain l'intimée prétend que, par la lettre de 1816, il a été reconnu que les arrérages n'avaient pas été payés depuis vingt-huit ans ; que la prescription des arrérages de rentes n'est pas fondée sur la présomption de payement d'iceux, mais sur le besoin d'empêcher la ruine du débiteur, et qu'au surplus, la lettre dont excipe l'intimée ne contient pas l'obligation de payer les arrérages prescrits, ni ceux qui depuis ont pu se prescrire ; que, dès lors, l'intimée ne peut réclamer que cinq années et l'année courante à l'époque de la demande, ainsi que les intérêts échus depuis, condamne les héritiers Mazille au remboursement du capital, mais les décharge du payement des arrérages, moins les cinq dernières années et l'année courante. » — Pourvoi en cassation, 1º pour fausse application de l'art. 2277 c. civ. ; 2º pour violation de l'art. 2220 même code. — Arrêt.

LA COUR ; — Attendu que la prescription de cinq ans, en matière d'arrérages de rente, a toujours été fondée, bien moins sur une présomption de payement, que sur une considération d'ordre public qui a défendu tout recours au créancier après cinq ans, pour le punir d'une négligence qui aurait coopéré à la ruine du débiteur en laissant accumuler les arrérages ; — Attendu que la renonciation à la prescription acquise doit être expresse et ne peut pas être confondue avec une simple interruption de prescription ; — Attendu que l'interruption de prescription que la demanderesse en cassation prétend avoir été opérée relativement aux arrérages antérieurs à la lettre du 1ᵉʳ oct. 1816 n'a aucun fondement, puisqu'à cette époque les arrérages antérieurs étaient prescrits et qu'on n'interrompt pas une prescription accomplie ; — Que la prétendue renonciation à la prescription, eût-elle été agitée devant la cour royale de Bourges, aurait été rejetée par cette cour d'après ces principes qui lui ont servi de base pour l'interprétation de la lettre du 1ᵉʳ oct. 1816 ; que, quant aux arrérages postérieurs à cette lettre, ils n'ont été non plus jamais demandés, et que, d'après les considérations d'ordre public ci-dessus exprimées, ces arrérages ont été également atteints par la prescription de cinq ans ; — Qu'au surplus, on peut bien renoncer à une prescription acquise ; mais non à une prescription à acquérir ; — Attendu, enfin, que les autres dispositions de l'arrêt attaqué, sont conformes à la loi et n'ont pas, d'ailleurs, été attaquées ; — Rejette.

Du 10 mars 1834.–C. C., ch. civ.-MM. Portalis, 1ᵉʳ pr.–Vergès, rap.–Voysin-de-Gartempe, 1ᵉʳ av. gén., c. conf.–Piet et Tourville, av.

applicable aux arrérages dus en vertu d'un contrat antérieur, s'ils sont échus depuis le code, quelle que soit la nature de la rente et quoiqu'elle soit foncière (Paris, 17 janv. 1825, aff. Cornu, V. Émigré, nº 129; 10 fév. 1826, aff. De Pully, V. Loi, nº 379) ou viagère (Bordeaux, 15 août 1829) (1).

1056. D'après l'ancienne, comme d'après la nouvelle législation, on ne peut réclamer les arrérages d'une rente constituée que pour cinq années antérieures à la demande (Riom, 4 août 1826, aff. Grasset, V. Rente).

1057. Remarquons bien que, pour les rentes viagères comme pour les autres, les cinq années se calculent à partir en remontant de la *demande* judiciaire ou *autre acte interruptif* de la prescription (Conf. MM. Troplong, 1003; Marcadé, art. 2227, nº 4). — Il a cependant été jugé que les cinq années d'arrérages d'une rente viagère doivent, lorsqu'ils sont réclamés par l'héritier ou légataire du rentier, être calculées en remontant, à partir du *décès* du créancier, et non du jour de la demande (Paris, 22 juill. 1826) (2). — Cet arrêt, qui a été critiqué par tous les auteurs, est obscur et repose sur une pétition de principe. Il nous semble se fonder sur cette pensée : à la mort du crédi-rentier tout est fini : la rente viagère a cessé de courir : si après la mort du crédi-rentier son successeur actionne le débiteur de la rente viagère, ce ne peut être pour obtenir les intérêts courus depuis cette mort, car ils ne sont pas dus : quel était donc le but de la demande? D'obtenir ce que devait le débi-rentier à l'époque de la mort du créancier, c'est-à-dire cinq années d'arrérages... — Mais l'arrêt ainsi expliqué ne peut pas se défendre. En effet, la prescription a toujours couru au profit du débiteur de la rente, car la mort du créancier n'est pas interruptive de la prescription. Si on décidait autrement, il faudrait reconnaître que pendant trente ans les cinq années d'arrérages auraient pu être exigés par l'héritier du créancier, ce qui ne peut pas se soutenir.

Conformément aux vrais principes, il a été décidé : 1º que, bien que les arrérages réclamés n'excèdent pas ceux de cinq années, ils ne peuvent plus être alloués s'il s'est écoulé plus de cinq ans depuis l'époque où ils pouvaient être exigés jusqu'au jour de la demande (Bordeaux, 9 déc. 1831, aff. N... C. N...); — 2º Que les intérêts, même ceux stipulés par le contrat, payables de six mois en six mois, ne peuvent plus être demandés, s'il s'est écoulé plus de cinq ans depuis l'époque de l'exigibilité de la créance (Bordeaux, 1er mars 1832) (3).

1058. L'art. 2277 c. nap. n'établit la prescription de cinq ans pour les arrérages de rentes que contre les créanciers qui, munis d'un titre, ont la faculté d'en poursuivre l'exécution. En conséquence les arrérages de rentes perçus par un mandataire ne sont pas, à l'égard du mandant, prescriptibles par cinq années (Cass. 21 mai 1822 (4); Liége, 10 juill. 1833, aff. Poncin, V. nº 1096-6º).

1059. La prescription de cinq ans autorisée par la loi du 20 août 1792, et par le code Napoléon, ne court point pendant l'appel d'un jugement portant reconnaissance de la rente à l'égard des arrérages échus depuis ce jugement, quelque longue que soit la durée de l'instance d'appel : « Attendu que les poursuites

---

(1) (Bordenave C. Larey, etc.) — LA COUR; — Attendu, en droit, que les arrérages de rentes perpétuelles et viagères se prescrivent par cinq ans (c. civ. 2277); — Attendu que la jurisprudence ne fait aucune différence entre les rentes créées par un titre antérieur ou postérieur au code; que, dans l'un comme dans l'autre cas, la prescription est acquise si les rentes ont couru depuis la publication du code, et s'il s'est écoulé cinq ans sans les réclamer; — Attendu, en fait, que les arrérages de rente réclamés par la dame Bordenave remontent au mois de germinal an 14, et, qu'à cette époque, le titre du code civil relatif aux prescriptions était publié depuis le 25 mars 1804; — Attendu que, depuis le mois de germinal an 14 (mars 1806) jusqu'au 30 janv. 1826, date des premières poursuites faites à la requête de la dame Pouble, épouse Bordenave, en payement des rentes arréragées, il s'était écoulé près de vingt années; qu'ainsi ces rentes étaient prescrites, et que c'est avec raison que le tribunal de première instance a refusé de les allouer; — Adoptant au surplus les motifs des premiers juges; — Met l'appel au néant.

Du 15 août 1829.-C. de Bordeaux, 2e ch.-M. Duprat, pr.

(2) *Espèce :* — (Passot C. d'Apchier.) — Par le décès de Barbot, arrivé le 5 déc. 1818, une rente viagère qui lui était due par le comte d'Apchier ou ses auteurs, s'est trouvée éteinte. — Plusieurs années d'arrérages étaient dues. — Le 24 fév. 1821, Passot, légataire de Barbot, réclame le payement de ces arrérages. — 18 mai 1821, jugement du tribunal de la Seine qui, « Considérant que les arrérages des rentes viagères, courus depuis le code, ne peuvent être réclamés que pour les cinq années antérieures à la demande, condamne le sieur d'Apchier à payer les arrérages réclamés depuis le 24 fév. 1816, formant les cinq années antérieures à la demande et calculées jusqu'au 5 déc. 1818, date de l'extinction de la rente. » — Appel. — Arrêt.

LA COUR; — Considérant que les cinq années d'arrérages accordées par le code, doivent être calculées en remontant, à partir du décès du rentier...; a mis et met l'appellation et ce dont est appel au néant; en ce que les arrérages qui ont couru depuis le code ont été réduits à trois ans; — Emendant quant à ce, condamne le comte d'Apchier à payer à Passot les cinq années d'arrérages de la rente viagère dont s'agit, antérieurs au décès du rentier.

Du 22 juill. 1826. C. de Paris, 1re ch.-M. Séguier, 1er pr.

(3) (Naviceau C. Gibaudan.)—LA COUR; — ...Attendu que, par l'acte du 18 niv. an 13, le capital de 9,290 fr. était payable dans deux ans, avec l'intérêt au denier vingt sans retenue, payable de six mois en six mois, et à l'échéance; qu'ainsi les intérêts n'ont été stipulés que pour deux années; — Attendu que, d'après l'art. 1153 c. civ., les intérêts ne sont dus que du jour de la demande, excepté dans le cas où la loi les fait courir de plein droit; — Que, d'après ces dispositions, les appelants n'auraient été fondés à demander que les deux ans d'intérêts stipulés par le contrat; mais que Gibaudan fils s'en trouve libéré par prescription; que, pour les intérêts postérieurs, le tribunal s'est conformé à la loi, en accordant seulement ceux qui étaient dus depuis le jour de la demande; que, dans l'intervalle de l'exigibilité du contrat au jour de la demande, les intérêts n'étant pas dus, la demande en capitalisation était sans fondement; — Attendu qu'il n'intervient contrat judiciaire entre les parties que lorsque la proposition faite par une d'elles est acceptée par l'autre; que, s'il est vrai que, dans les écrits du procès, Gibaudan fils avait reconnu qu'il devait cinq années d'intérêts, les sieur et dame Naviceau ont soutenu et persisté à demander, dans leurs conclusions à l'audience, que les intérêts fussent capitalisés pendant un intervalle de vingt ans, neuf mois et vingt jours, et qu'en définitive, avant que son offre ne fût acceptée, Henri Gibaudan a conclu à ce que les intérêts de la somme capitale fussent déclarés prescrits jusqu'au jour de la demande; que, par conséquent, il a rétracté sa proposition avant qu'elle n'eût été acceptée, et que le contrat judiciaire ne s'est pas formé; — Met l'appel au néant.

Du 1er mars 1832.-C. de Bordeaux, 1re ch.-M. Roullet, 1er pr.

(4) *Espèce :* — (De Rohan C. la Tour-d'Auvergne.) — 20 fév. 1789, donation entre-vifs, avec réserve d'usufruit par laquelle le duc de Bouillon donne au prince de la Tour-d'Auvergne une rente de 7,500 fr. au capital de 140,000 fr. due par le sieur Pernon.—Lors de la révolution, le prince de la Tour-d'Auvergne émigra. — 7 fév. 1802, décès de M. le duc de Bouillon. A cette époque, le gouvernement s'empara de la succession, et en 1815 seulement, les biens qui la composaient ont été rendus aux héritiers Bouillon. — En cet état de choses, le prince de la Tour-d'Auvergne a réclamé contre les héritiers Bouillon la remise du titre de la rente à lui donnée, ou le remboursement du capital, et dans tous les cas les arrérages depuis le 7 fév. 1802, époque où l'usufruit avait cessé.

La princesse de Rohan, agissant au nom des héritiers de Bouillon, répondait que le duc de Bouillon avait reçu le remboursement de la rente en l'an 3, qu'en acceptant ce remboursement, il avait agi dans l'intérêt de M. de la Tour-d'Auvergne; qu'en effet, s'il l'eût refusé, le sieur de Pernon aurait remboursé la rente à la caisse nationale, M. de la Tour-d'Auvergne étant alors émigré, et qu'ainsi celui-ci eût été privé de la totalité du capital; tandis que le remboursement en assignats avait produit une valeur de 3,375 fr. en numéraire, somme que l'on offrait de payer à M. de la Tour-d'Auvergne; qu'au surplus, si l'on n'eût pas reçu à cette époque le remboursement offert, le capital entier eût été perdu par suite de l'insolvabilité du sieur de Pernon; — Qu'au surplus, M. de la Tour-d'Auvergne ne pouvait exiger les arrérages depuis 1802; qu'il n'avait droit de réclamer que ceux échus depuis cinq ans, aux termes de l'art. 2277 c. civ.

Jugement du tribunal de première instance de la Seine, qui condamne la princesse de Rohan à continuer le service de la rente de 7,500 fr. précédemment due au prince de la Tour-d'Auvergne par la succession de Pernon, et à lui payer les arrérages de cette rente depuis le 7 fév. 1802.—Appel.—Arrêt confirmatif de la cour de Paris, du 21 fév. 1820. — Pourvoi de la princesse de Rohan. — Arrêt.

LA COUR; — Considérant, 1º qu'ainsi que l'énonce l'arrêt attaqué, il est constant au procès que, des actes relatifs au remboursement de cette rente, il résulte que le duc de Bouillon a reçu ce remboursement dans son intérêt et pour un emploi qu'il jugeait utile; que d'ailleurs il l'a reçu sans en avoir le droit et sans y être aucunement autorisé; — Considérant, 2º que l'art. 2277 c. civ. n'établit la prescription de cinq ans pour les arrérages de rente et les intérêts, que contre les créanciers qui, munis d'un titre, ont toute faculté d'en poursuivre l'exécution;

judiciaires qui ont préservé de la prescription la rente dont il s'agit ont aussi préservé les intérêts échus... » (Amiens, 26 janv. 1820, aff. Clouet *C.* Vendeuil).

1060. La prescription de cinq ans n'est pas opposable au débiteur solidaire qui, ayant acquitté la totalité des arrérages, réclame de son codébiteur la portion à la charge de ce dernier : son action (*mandati contraria*) n'est prescriptible que par trente ans (C. nap. 2277; Limoges, 8 août 1835) (1).

Cependant il a été décidé que la prescription de cinq ans, portée dans l'art. 2277 du code Napoléon, peut être opposée au codébiteur solidaire d'une rente, qui, après avoir acquitté les arrérages, exerce son recours contre son coobligé après le laps de cinq ans (Lyon, 15 mars 1825) (2).—Cet arrêt ne nous paraît pas devoir faire autorité; car, dans le cas où le codébiteur solidaire a désintéressé le créancier, il a non-seulement l'action qui appartenait au créancier, mais une action personnelle qui n'est prescriptible que par trente ans. — V. M. Troplong, n° 1034.

1061. La circonstance que la pension dont un individu est ou se reconnaît débiteur est indéterminée quant à sa quotité (comme si, par exemple, il s'agit d'une pension non fixée dont un oncle est débiteur envers sa nièce, mineure), ne met pas obstacle à ce que les annuités de cette pension soient soumises à la prescription de cinq ans. — « Considérant que, d'après l'art. 2277, la prescription de cinq ans est évidemment applicable à l'espèce » (Caen, 1re ch., 8 fév. 1836, M. Rousselin, 1er pr., aff. Marie). — Le caractère indéterminé de la pension ne pouvait pas évidemment modifier la classification de la créance quant au laps de temps nécessaire pour la frapper de prescription.

1062. Suivant un arrêt, lorsqu'un débiteur a payé indûment les arrérages d'une rente à quelques héritiers, il ne peut plus opposer la prescription de cinq ans à un autre cohéritier qui en est créancier et qui réclame les arrérages, parce que cet article ne s'applique qu'au cas où les arrérages n'ont pas été payés (Req. 26 déc. 1821, aff. Béruchet, n° 577). — Mais cette décision ne semble pas devoir faire autorité; car si les intérêts avaient été payés, ils ne l'avaient point été à celui qui réclamait ou à son mandataire, et dès lors la nature de l'action qui appartenait au créancier n'était pas changée : l'art. 2277 lui était donc opposable.

1063. *Pensions alimentaires.* — Avant le code Napoléon les pensions alimentaires n'étaient pas soumises à la prescription de cinq ans. — « Considérant qu'antérieurement au code civil, les pensions alimentaires ne se prescrivaient que par trente ans et qu'à l'égard des années de pension encourues depuis le code, la demande formée et le litige subsistant sont un obstacle à ce que cette prescription de cinq ans puisse être accueillie » (Riom, 22 mars 1816, M. Redon, 1er pr., aff. Danglard *C.* Lavielle).

1064. *Loyers des maisons et prix de ferme des biens ruraux.* — Ils se prescrivaient aussi par cinq ans dans le ressort des parlements où l'ordonnance de 1629 avait été enregistrée. Mais, sous cette loi, la prescription *courait* pour tous les termes à la fois et à *compter* seulement de *l'expiration des baux*, tandis que sous le code elle court terme par terme, à partir de chaque *échéance*. — Jugé que l'art. 142 de l'ordon. de 1629, relatif à la prescription de cinq ans des baux à ferme, était reçu comme loi : 1° dans le ressort du parlement de Paris (Req. 13 germ.

---

que, suivant l'art. 1996 dudit code, le mandataire doit l'intérêt des sommes qu'il a employées à son égard, à dater de cet emploi; d'où il suit que la cour royale de Paris a pu, sans violer aucune loi, condamner les héritiers du duc de Bouillon à continuer le service de ladite rente, et à en payer les arrérages depuis l'extinction de l'usufruit qui a appartenu au prince; — Rejette.

Du 21 mai 1822.-C. C., sect. civ.-MM. Brisson, pr.-Gandon, rap.-Jourde, av. gén., c. conf.-Barrot et Loiseau, av.

(1) (Jouhannaud *C.* Baynaud.)—La cour; — Attendu, en fait, que, suivant acte du 15 déc. 1813, Jouhannaud-Delisle s'obligea envers la dame Dupuis-Desboiges, en cas de prédécès de son mari, au payement d'une rente viagère de 200 fr.; — Que, suivant le même acte, la dame Baynaud et son fils se rendirent cautions solidaires de cette obligation, et se reconnurent, en outre, personnellement tenus du service de ladite rente, promettant de garantir et relever indemne Jouhannaud-Delisle de toute recherche à cet égard; — Que la rente étant devenue exigible en 1815 par le décès du sieur Dupuis-Desboiges, sa veuve s'adressa, pour le payement des arrérages, à Jouhannaud-Delisle, et, après lui, à ses héritiers, qui ont payé la rente pendant seize ans sur des commandements réitérés chaque année à la requête de la dame Dupuis-Desboiges, et sans avoir jamais, durant ce temps, réfléchi les poursuites à la dame Baynaud et à son fils; — Que, le 20 sept. 1833 seulement, les héritiers Jouhannaud-Delisle ont fait donner commandement à la dame Baynaud et à son fils d'avoir à leur rembourser le montant des seize années de la rente acquittées par eux ou par leur auteur; mais que les Baynaud refusent de satisfaire à ce commandement, et ne veulent rembourser que le montant des cinq dernières annuités, soutenant qu'ils sont affranchis du surplus par la prescription quinquennale établie par l'art. 2277 c. civ., et qu'ils peuvent opposer cette exception aux héritiers Jouhannaud-Delisle, comme ils pourraient l'opposer à la dame Dupuis-Desboiges elle-même, aux droits de laquelle seulement les héritiers Jouhannaud-Delisle se trouvent subrogés; — Attendu, en droit, que, lorsque deux personnes s'obligent par la voie solidaire au payement d'une dette, il se forme entre elles un contrat de mandat tacite et réciproque par suite duquel celle qui acquitte la dette a, pour se faire rembourser par son codébiteur, indépendamment des actions des créanciers auxquelles elle est subrogée, une action directe et de son chef, l'action *mandati contraria*, qui n'est prescriptible que par trente ans; — Que cette doctrine est enseignée par Pothier, dans son Traité des obligations, nos 282 et 429; qu'elle était pratiquée dans l'ancienne jurisprudence, ainsi que l'atteste Rousseau de Lacombe, v° Prescription, sect. 4, n° 5; et qu'on ne trouve dans le code civil aucune disposition qui puisse déroger, à cet égard, aux principes de l'ancien droit; — Qu'ainsi, Jouhannaud-Delisle et ses héritiers, en servant la rente viagère due à la dame Dupuis-Desboiges, sont réputés avoir agi comme mandataires de la dame Baynaud et de son fils, et à ce titre, ont contre eux une action en répétition qui ne pourrait être repoussée que par la prescription trentenaire; — Réformant, sans s'arrêter ni avoir égard à l'opposition des intimés, ordonne la continuation des poursuites exercées à la requête des appelants, etc.

Du 8 août 1835.-C. de Limoges, ch. corr.-M. Tixier-Lachassagne, pr.

(2) *Espèce* : — (Valensot *C.* Coillot.) — En 1795, les sieurs Valensot père et fils, et le sieur Coillot, s'obligent solidairement à servir à la dame Durand une rente viagère de 112 fr. : Coillot hypothèque divers immeubles. — Plus tard, ces immeubles sont vendus, et, en vertu de jugement de l'an 11, une somme de 2,240 fr. reste entre les mains de l'acquéreur pour le service de la rente : ce jugement autorise même ceux des créanciers Coillot qui ne seraient pas colloqués à se faire rembourser, par les sieurs Valensot, les deux tiers du montant de la rente. — En 1815, décès de la dame Durand. — En 1822, les créanciers Coillot, qui avaient négligé d'exercer le recours que leur réservait le jugement de l'an 11, ont demandé aux sieurs Valensot le payement de 1,424 fr., pour leur portion des arrérages de la rente acquittée avec le prix des biens de Coillot, qu'ils représentaient. — Les sieurs Valensot ont opposé un moyen de compensation, et, dans tous les cas, ils se sont prévalus de la prescription portée en l'art. 2277 c. civ.; mais ces exceptions ont été rejetées par jugement du 14 juin 1822. — Appel par les sieurs Valensot. — Arrêt.

La cour; — Attendu que l'art. 1251 c. civ. dispose que la subrogation a lieu de plein droit au profit de celui qui, étant tenu avec d'autres, ou pour d'autres, au payement de la dette, avait intérêt de l'acquitter, et que déjà il en était ainsi, antérieurement au code civil, dans le ressort du Châtelet et du parlement de Paris, où les obligés étaient subrogés de droit au créancier, et qu'ainsi le code nouveau n'a fait que conserver et consacrer un droit ancien; — Attendu que cette subrogation a été expressément acquise aux créanciers par le jugement du 8 therm. an 11, qui, en les mettant au lieu et place de la dame Durand, les a autorisés à poursuivre les sieurs Valensot père et fils, pour les contraindre au payement des deux tiers des arrérages de la rente, qui écherraient au profit de la dame Durand, jusqu'à son décès, au fur et mesure d'échéance et d'exigibilité; — Attendu que ce n'est même qu'en vertu de cette subrogation et de cette autorisation réitérée et renouvelée dans le jugement de 1807 qu'ils agissent aujourd'hui, et que, dès lors, ils ne peuvent repousser cette subrogation, qui leur est acquise, non-seulement de droit, mais encore par le fait du jugement de l'an 11 et de 1807; — Attendu que l'effet de la subrogation est de mettre le second créancier à la place du premier; mais il ne peut avoir des droits différents des siens, et on peut lui opposer les mêmes exceptions; on pouvait opposer à la dame Durand la prescription de cinq ans contre les arrérages de la rente viagère, suivant l'art. 2277; la même prescription a couru contre ceux qui ont été subrogés à ses droits. Ils étaient autorisés à poursuivre les père et fils Valensot pour les deux tiers des arrérages, au fur et mesure de l'échéance et de l'exigibilité; ils doivent s'imputer de ne l'avoir pas fait, et d'avoir attendu près de dix-sept ans sans agir; la prescription de cinq ans a pour objet de punir les créanciers de leur négligence, et, d'autre part, de prévenir la ruine qui serait souvent le résultat d'une masse considérable d'arrérages accumulés; — Infirme.

Du 15 mars 1825.-C. de Lyon.-M. Nugue, pr.

12 (1).—Conf. Merlin, Quest. de dr., v° Divorce, n° 16); — 2° Dans le ressort du parlement de Toulouse (Cass. 25 oct. 1813 (2), 10 déc. 1817, aff. Pinel, *infrà*, 5°); —3° Dans le ressort du parlement de Bretagne (Cass. 23 janv. 1816) (3); —4° Dans le ressort du bailliage de Péronne (Amiens, 18 nov. 1824, M. Maleville, pr., aff. Devaux *C.* Chartier); — 5° Et elle s'appliquait tant aux baux judiciaires qu'aux baux conventionnels (Cass. 10 déc. 1817) (4); — 6° Enfin en Franche-Comté, sous l'empire des ordonnances de 1569 et 1686, les fermages ou canons se prescrivaient par cinq années (Req. 19 janv. 1815, MM. Henrion, pr., Lasagni, rap., aff. X...).

La prescription des fermages était de trente ans : 1° dans le ressort du parlement de Bordeaux (Rej. 7 sept. 1808, M. Bauchau, rap., aff. Guyot *C.* régie des domaines). — C'était, en effet, la jurisprudence de ce parlement; mais comme l'ordonnance de 1629, et notamment l'art. 142, y avait été enregistrée, un tribunal appartenant à cet ancien ressort a pu juger, sans violer aucune loi, que cet art. 142 était applicable sous l'ancienne législation (Req. 31 janv. 1811) (5); —2° Dans le pays de Luxembourg, les fermages se prescrivant, non conformément à l'ord. de 1571, qui ne s'appliquait qu'aux rentes, mais suivant les principes du droit romain qui fixait à trente ans la durée des actions (Cass. 14 fév. 1809, M. Avemann, rap., aff. enregistrement *C.* Schilling); —3° Dans le ressort du parlement de Rouen, où l'ord. de 1629 ne paraît pas avoir été enregistrée (Cass. 19 avr. 1809) (6); —4° De même, la prescription de cinq ans, à l'égard des fermages, n'avait pas lieu dans la Savoie et le Piémont, et n'y a point été introduite par la loi du 20 août 1792 (Cass. 1er avr. 1808, MM. Viellart, pr., Chasle, rap, aff. enreg. *C.* Petit).

1065. La prescription que l'ord. de 1629 établissait ne courait, ainsi qu'on l'a dit *suprà*, n° 22, tant à l'égard du propriétaire que de ses ayants cause, que du jour de l'expiration du bail : lors donc qu'au moment de la vente faite par le propriétaire de l'immeuble affermé, il était dû des arrérages, la prescription de ces arrérages ne courait contre le vendeur que du jour où le bail expirait à l'égard de l'acquéreur, et non du jour de la vente (Paris, 18 fév. 1811) (7). —La cour de cassation a également jugé, que sous l'empire de l'ord. de 1629, la prescription quinquen-

---

(1) (Domaines *C.* Bourdais.) — LA COUR ; — Attendu que l'art. 142 de l'ord. de 1629, relatif à la prescription de cinq ans des prix des baux à ferme, a été reçu comme loi dans le ressort du ci-devant parlement de Paris ; — Attendu que le bail à ferme avait cessé par la vente du domaine affermé au fermier lui-même, en l'an 2 : qu'il suit de là que les arrérages échus à ladite époque, n'ayant été réclamés que longtemps après les cinq ans, et seulement en germinal de l'an 11, la prescription mentionnée audit art. 142 précité a pu être valablement opposée; — Rejette, etc.

Du 15 germ. an 12.-C. C., sect. req.-MM. Target, pr.-Sieyes, rap.

(2) (Enreg. *C.* Houdras.) — LA COUR; — Attendu que l'art. 142 de l'ord. de 1629 porte expressément, et sans distinction, que les loyers de maisons ne peuvent être demandés cinq ans après les baux expirés ; — Et attendu que, dans le fait, l'arrêt attaqué reconnaît et constate que, d'après l'usage constant du pays, la tacite réconduction ne renouvelait le bail que pour un an, et qu'il se renouvelait ainsi, d'année en année, lorsque les parties ne s'y opposaient point; que, par suite, en appliquant cette prescription à l'espèce, l'arrêt, loin de violer aucune loi, n'a fait que se conformer à la disposition dudit article; — Rejette, etc.

Du 25 oct. 1813.-C. C., sect. civ.-MM. Muraire, 1er pr.-Cassaigne, r.

(3) *Espèce* : —(Dom. *C.* Jouan.) — Par suite de l'émigration du sieur Boutouillie, l'État devint créancier du restant du prix d'un bail de deux moulins, dont le sieur Jouan et ses deux fils avaient été fermiers depuis le mois de mars 1785.—A l'expiration du bail, arrivée le 25 déc. 1794, les frères Jouan, tant en leurs noms que comme héritiers de leur père, étaient débiteurs envers l'État de 755 fr. — Ce n'est que le 25 juill. 1812 que cette somme a été réclamée par la régie des domaines. — Les frères Jouan ont soutenu que l'action de la régie était prescrite, attendu que les moulins ne peuvent pas être considérés comme des biens ruraux et qu'aux termes de l'ancienne coutume de Bretagne, les fermages des maisons de ville se prescrivent par cinq ans. — Jugement qui accueille ce moyen.

Pourvoi par la régie, pour violation de l'art. 285 de la coutume de Bretagne. — La régie soutenait 1° que les moulins, surtout ceux situés à la campagne, devaient être considérés comme des biens ruraux. — 2° Que jamais l'ord. de 1629 qui soumettait toute espèce de fermage à la prescription de cinq ans n'avait été suivie dans le ressort du parlement de Bretagne ; que ce parlement avait constamment jugé que les arrérages des fermes de campagne ne se prescrivaient que par trente ans; que cet usage était consacré par quatre arrêts des 15 déc. 1674, juill. 1689, mai 1732, et 27 mars 1744. Enfin elle invoquait, sur ce point, l'autorité de Poullain-Duparc, liv. 3, ch. 17, sect. 9, n° 194.

Avant de rapporter les motifs et le dispositif de l'arrêt de la cour de cassation, nous transcrirons ici des observations préliminaires qui se trouvent dans cet arrêt.—« La cour a pensé, dit l'arrêt, que le motif donné par le tribunal civil de Lorient dans son jugement était insoutenable, parce qu'il était évident que les fermages des usines devaient être assimilés à ceux des fermages des biens ruraux ; mais que le dispositif de son jugement, par lequel il a déchargé les frères Jouan de la contrainte décernée contre eux, n'en devait pas moins être maintenu, parce qu'il était conforme au texte de l'ord. de 1629, qui avait été enregistré au parlement de Bretagne, et dont l'art. 142 établit la prescription de cinq ans pour toute espèce de fermages, à compter de l'expiration du bail. — La cour, au surplus, n'a pas été touchée de l'allégation que le parlement de Bretagne s'était, contre la disposition précise de la loi, maintenu dans l'usage abusif de n'admettre, relativement aux fermages des biens ruraux, que la prescription de trente ans, parce que, si, dans le passage de l'ancienne législation à la nouvelle, on a pu quelquefois rejeter des demandes en cassation formées contre des arrêts fondés sur une jurisprudence contraire à la loi, mais établie par une longue série de jugements uniformes, ce n'est pas un motif pour casser des jugements qui, abandonnant cette jurisprudence abusive, se sont, comme dans l'espèce, conformés au texte et à la lettre de la loi, surtout lorsqu'on ne pourrait faire résulter la prétendue désuétude de la loi, non d'une jurisprudence universelle, mais de la jurisprudence particulière d'un parlement. En conséquence, la cour a rejeté le pourvoi de la régie, ainsi qu'il suit. » — Arrêt (après dél. en ch. du cons.).

LA COUR; — Considérant que le jugement dénoncé en déchargeant les frères Jouan de la demande formée contre eux par la régie au payement des fermages échus au mois de déc. 1794, s'est conformé au texte précis de l'art. 142 de l'ord. de 1629, enregistrée au parlement de Bretagne ; — Rejette.

Du 23 janv. 1816.-C. C., sect. civ.-MM. Brisson, pr.-Poriquet, rap.

(4) (Pinal *C.* Castera-Biroy.) — LA COUR (ap. dél. en ch. du cons.); — Vu l'art. 142 de l'ord. de 1629, les loyers des maisons et prix de baux à ferme ne pourront être demandés cinq ans après les baux expirés ; — Attendu que cette ordonnance a été enregistrée, sans modification dudit article, par les parlements de Paris et de Toulouse, et qu'il n'en a reçu non plus aucune de la jurisprudence des arrêts dans l'un ni dans l'autre ressort; — Et attendu que l'art. 142 ne fait aucune distinction entre les baux judiciaires et les baux conventionnels, de sorte qu'il les comprend tous également dans sa disposition; — Attendu cependant que l'arrêt dénoncé a jugé que cet article ne devait recevoir son application qu'aux baux conventionnels, ce qui a été, de la part de la cour qui l'a rendu, violer ouvertement ledit article ; — Casse, etc.

Du 10 déc. 1817.-C. C., sect. civ.-MM. Brisson, pr.-Carnot, rap.-Cahier, av. gén., c. contr.-Dufour, Darrieux, Raoul et Rochelle, av.

(5) (Z... *C.* N....) — LA COUR ; — Attendu que l'ordonn. de 1629, et notamment l'art. 142 de cette ordonnance, avait été enregistrée au ci-devant parlement de Bordeaux, et que les juges de Nérac, en se conformant à cette loi, n'ont pu commettre aucune contravention ; — Attendu, d'ailleurs, que le seul reproche fait au jugement attaqué est d'avoir contrevenu à la jurisprudence du ci-devant parlement de Bordeaux, et que la contravention à une jurisprudence, quelque accréditée qu'elle soit, ne peut donner ouverture à cassation; — Rejette.

Du 31 janv. 1811.-C. C., sect. req.-MM. Henrion, pr.-Genevois, rap.

(6) (Enreg. *C.* Hersent.) — LA COUR (apr. délib. en ch. du cons.); — Vu l'art. 142 de l'ord. de 1629 et l'art. 127 de l'arrêt de règlement de 1666 ; — Et attendu qu'il résulte de l'art. 127 de ce règlement que la matière des loyers et fermages ne se réglait pas dans le ressort du ci-devant parlement de Rouen, par l'art. 142 de l'ord. de 1629, qui ne paraît pas y avoir été enregistrée ; — Qu'il résulte de toutes les lois relatives aux obligations qu'elles ne s'éteignent que par les preuves de libération qu'elles autorisent; d'où il suit que le jugement dénoncé, en admettant contre la demande à fin de payement des loyers dont il s'agissait la prescription de cinq ans établie par l'art. 142 de l'ord. de 1629, et en autorisant contre la demande justifiée par titre, à fin de payement des loyers, des présomptions vagues et arbitraires, a fait une fausse application de cet art. 142 de l'ord. de 1629, et contrevenu à l'art. 127 du règlem. de 1666 et aux lois concernant les obligations ; — Casse.

Du 19 avr. 1809.-C. C., sect. civ.-M. Liborel, rap.

(7) (Enreg. *C.* Rabourdin.) — LA COUR ; — En ce qui touche la fin de non-recevoir : — Attendu qu'en règle générale aucune partie ne peut se forclore par la signification qu'elle fait faire, et que le délai ne court contre elle que par la signification qui lui est faite à elle-même. — En ce qui touche le fond : — Attendu que, d'après la loi invoquée, les fermages ne sont prescrits qu'après cinq ans depuis l'expiration des baux; que, dans le fait, le bail de Rabourdin a subsisté malgré l'adjudication faite par la nation, qui ne faisait que transmettre son droit à l'acqué-

nale contre les fermages ne commençait à courir que du jour de l'expiration des baux.—Mais elle a décidé que lorsqu'il s'agissait de prestations féodales abolies, la prescription de cinq ans a pu être prononcée pour les fermages dus sans attendre l'expiration des baux (Req. 15 fév. 1812) (1).

1066. Celui qui devient acquéreur de l'immeuble qu'il détenait à titre de fermier peut prescrire par cinq ans les fermages antérieurs à son acquisition (Req. 18 oct. 1809) (2). Il ne s'est pas évidemment opéré une confusion de personnes qui pût altérer les droits qui appartenaient au fermier avant son acquisition.

1067. Les contributions foncières qu'un fermier est tenu d'acquitter à la décharge du propriétaire, formant une portion du prix de la ferme, aux termes de l'art. 14 de la loi du 3 frim. an 7, sont prescriptibles par le même laps de temps que le surplus des fermages (même arrêt).

1068. Lorsqu'il a été convenu, entre deux copartageants, que l'un resterait en possession des biens tombés dans le lot de l'autre, et que celui-ci recevrait en échange d'autres immeubles, le premier étant devenu propriétaire du fonds peut, l'échange n'ayant pas eu lieu, opposer la prescription quinquennale à la demande en payement des fermages des biens de son copartageant par lui possédés (Amiens, 26 juin 1826) (3). — On a dit vainement que la prescription de cinq ans était fondée sur une simple présomption de payement, et que, dans l'espèce, il y avait preuve de non-payement; ou bien que, s'agissant d'une gestion dont le défendeur doit rendre compte, comme mandataire ou quasi-mandataire, la prescription trentenaire était seule applicable.

1069. L'action en garantie de la valeur des effets donnés en payement de fermages, ne se prescrit point par cinq ans (Cass. 25 oct. 1808) (4).

1070. Lorsqu'un fermier s'est engagé à faire le récolement des fossés tous les trois ans, faute de quoi ledit récolement serait fait à ses frais sur le bail, cette obligation doit être considérée comme accessoire du bail, et l'art. 2277 est applicable à la répétition que fait le propriétaire des dépenses occasionnées par le récolement qui n'avait point été opéré par le fermier (Req. 25 juill. 1827) (5).

1071. Lorsque les intérêts représentant les fruits sont demandés à une personne qui a eu la jouissance d'un immeuble, il appartient à la cour d'appel, juge du fait, de déclarer qu'il y a eu bail verbal, et dès lors d'appliquer les dispositions de l'art. 2277 sans tomber sous la censure de la cour de cassation (Req. 11 juill. 1810) (6).—On a objecté en vain qu'il y avait violation de l'art. 2277 c. nap. en ce que la cour de Limoges avait refusé la restitution de fruits, bien qu'ils n'eussent été perçus qu'en vertu d'un acte frauduleux.

1072. *Les intérêts des sommes prêtées.* — Les intérêts qui ont couru depuis le code en vertu d'un contrat ou jugement antérieurs sont prescriptibles par cinq ans, bien qu'ils ne le fussent auparavant que par trente (Req. 9 juin 1829; Bruxelles, 26 mars 1813) (7). — « En effet, dit très-bien M. Troplong, et c'est là la raison de décider, les arrérages échus sous le code Napoléon sont autant de créances nées sous son influence, et l'art. 2277 les a saisies au moment où elles se formaient. » — V. en ce sens Ren-

---

reur, et qu'avant l'expiration des cinq années, il y a eu contrainte suivie d'instance dont la péremption n'a pas été demandée..... — Met l'appellation et ce dont est appel au néant, au chef qui décharge Rabourdin du payement des fermages en question; — Emendant, condamne Rabourdin à payer à l'administration des domaines la somme de 3,872 fr., pour fermages résultants du bail du 18 oct. 1787.

Du 18 fév. 1811.-C. de Paris, 2e ch.

(1) (N..... C. N.....) — LA COUR; — Attendu que l'arrêt attaqué, loin d'avoir violé l'art. 142 de l'ordonnance de 1629, en a fait une juste application en déclarant la prescription acquise conformément à cette loi pour les fermages qui ne consistaient qu'en prestations féodales, lesquelles étaient abolies depuis la publication de la loi de 1792; — Qu'à l'égard des autres fermages, que l'arrêt déclare composés de différentes sortes de produits, il fallait une ventilation pour les distinguer; qu'à leur égard, la prescription n'a pu commencer à courir que du jour de l'expiration des baux, et que les baux n'ayant fini que le 1er juill. 1796, il ne s'était pas écoulé cinq ans jusqu'au 11 fruct. an 8, époque de la demande des fermages par les propriétaires aux fermiers principaux; — Rejette.

Du 15 fév. 1812.-C. C., sect. req.-MM. Henrion, pr.-Lefessier-Grandprey, rap.-Thuriot, av. gén.-Coste, av.

(2) (Enreg. C. Bodet.) — LA COUR; — Attendu, sur le premier moyen, 1° que le jugement dénoncé s'est également conformé à l'art. 142 de l'ordonn. de 1629, et à l'art. 2281 c. civ., en décidant que les fermages échus au 28 vent. an 7 étaient prescrits à défaut de poursuite et de demande jusqu'au 9 fév. 1808; 2° qu'il n'a pas violé ces lois en décidant que le fermier pouvait opposer la prescription de cinq ans, quoiqu'il fût devenu acquéreur des biens affermés, l'ordonnance de 1629 ne contenant pas d'exceptions dans ce cas particulier, et la vente étant d'ailleurs étrangère aux fermages qui, dans l'espèce, restaient dus au gouvernement, et que la régie des domaines avait seule droit de réclamer. — Sur le deuxième moyen, 1° que les contributions foncières qu'un fermier est tenu d'acquitter à la décharge du propriétaire forment un portion du prix de la ferme, ainsi qu'il résulte de l'art. 14 de la loi du 3 frim. an 7, et, conséquemment, sont prescriptibles par le même laps de temps, que le surplus des fermages; 2° que, dans l'espèce, si les contributions foncières de l'an 7 étaient réclamées contre le sieur Bodet, en sa qualité de propriétaire des biens, il y avait prescription à défaut de poursuites pendant trois ans, aux termes de la loi du 3 frim. an 7; et que si elles étaient réclamées comme dépendantes des fermages, ainsi que l'a expressément demandé la régie des domaines, c'était le cas d'appliquer la prescription quinquennale relative aux fermages; d'où il suit que le jugement dénoncé n'a violé aucune loi en déclarant prescrite l'action formée en 1808, pour restitution des contributions foncières de l'an 7; — Rejette.

Du 18 oct. 1809.-C. C., sect. req.-MM. Henrion, pr.-Chabot, rap.

(3) (Decaux C. Warnault.) — LA COUR; — Considérant que, par suite du partage du 11 mars 1815, la dame Warnault est devenue propriétaire des biens dont Decaux a conservé la jouissance; — Qu'elle a eu, dès lors, et à dater de cette époque, le droit de réclamer annuellement les fruits ou la représentation desdits fruits, de la part de Decaux; — Que, sous ce rapport, ces redevances rentrant dans les termes de l'art. 2277 c. civ., elles doivent être soumises à la prescription de cinq ans; — Infirme en ce que les premiers juges ont rejeté la prescription quinquennale, etc.

Du 26 juin 1826.-C. d'Amiens, ch. corr.-M. de Monchy, pr.

(4) (Enreg. C. Pellizati.) — LA COUR; — Attendu que Pellizati est garant de la valeur réelle des effets qu'il a donnés en payement de ses fermages, et que c'est par suite de cette garantie que les demandeurs ont décerné contre lui la contrainte du 17 vend. an 13; — Attendu que cette garantie ne se prescrit, comme les actions ordinaires, que par le laps de trente ans; qu'ainsi la cour d'appel de Poitiers a fait une fausse application de l'art. 142 de l'ordonn. de 1629, et violé l'arrêté du conseil de préfecture du département de la Vendée, du 21 mess. an 12; — Casse, etc.

Du 25 oct. 1808.-C. C., sect. civ.-M. Doutrepont, rap.

(5) *Espèce:* — (Bouquin de la Souche C. veuve et hérit Moreau.) — 5 flor an 10, bail passé par Moreau de la terre de Cassine, avec clause expresse de récolement des fossés de trois ans en trois ans, sous peine de le voir faire à son compte par le bailleur, à un prix fixé par le bail. — Quelques années après la cessation du bail de Moreau, sa veuve et ses héritiers sont assignés en payement d'une somme de 571 fr. 18 c., montant de frais de récolement. — 20 janv. 1826, jugement du tribunal de Blaye, lequel, attendu que l'obligation de récoler faisait partie du bail, attendu que Moreau a quitté depuis longues années la ferme qu'il avait prise du sieur Bouquin de la Souche, sans que celui-ci ait pris aucune mesure pour s'assurer si le récolement obligé a eu lieu, relaxe Moreau, etc. — Pourvoi. — Arrêt.

LA COUR; — Attendu que la somme demandée par le sieur de la Souche à la veuve et aux héritiers d'André Moreau était l'accessoire du prix du bail expiré depuis quinze années; qu'en appliquant la prescription quinquennale contre cette demande, le tribunal de Blaye s'est conformé à l'art. 2277 c. civ.; — Rejette.

Du 25 juill. 1827.-C. C., ch. req.-MM. Botton, pr.-Mounier, rap.

(6) (Tabouret C. Doizon.) — LA COUR; — Attendu que l'art. 2277 c. civ. soumettant à la prescription de cinq ans le prix de ferme des biens ruraux, n'est pas ici faussement appliqué, s'il y a eu ferme verbale, ainsi que le prétend l'arrêt attaqué; — Rejette.

Du 11 juill. 1810.-C. C., sect. req.-MM. Dunoyer, pr.-Cassini, rap.

(7) 1re *Espèce :* — (Descambons C. Houlès.) — LA COUR; — Attendu, sur le premier moyen, qu'aucune prescription n'a été invoquée contre le payement du capital ni même contre le payement des intérêts échus avant le code civil; c'est seulement aux arrérages, qui ont couru depuis la publication du code civil, que la prescription est opposée; or le titre d'une créance, produisant intérêts, ne reçoit d'application et ne produit effet, relativement aux intérêts, que chaque année, au fur et à mesure des échéances, par la négligence du débiteur à se libérer, et la négligence du créancier à exiger le payement; ainsi, la loi nouvelle régit, sans effet rétroactif, les arrérages et intérêts futurs, il ne s'agit donc pas, dans la cause, d'une prescription commencée avant le code civil; — Attendu, sur le deuxième moyen, que les intérêts dont il s'agit au procès sont dus par suite d'un contrat

nes, 3e ch., 5 juill. 1817, aff. Rossary C. Bahuand; Amiens, 21 déc. 1824, M. de Mouchy, pr., aff. Mathieu; Limoges, 30 juin 1825, M. Grivel, pr., aff. Roche C. Jarasse; Paris, 10 fév. 1826, aff. de Pully, V. Lois, n° 379; Bordeaux, 1re ch., 6 déc. 1826, M. Ravez, 1er pr., aff. Chatron; Req. 7 nov. 1838, MM. Zangiacomi, pr., Duplan, rap., aff. Bienassis.—*Contrà*, Paris, 25 juin 1818, M. Amy, pr., aff. d'Arthel C. de Coubert).

Mais les intérêts d'une somme capitale, échus avant le code Napoléon, peuvent être réclamés, nonobstant l'expiration de cinq années écoulées depuis ce code (Cass. 30 janv. 1816 (1); Limoges, 30 juin 1825, M. Grivel, pr., aff. Roche C. Jarasse; Conf. Bruxelles, 24 déc. 1812, aff. Vankessel C. Schotters).

1073. Par *sommes prêtées*, on doit entendre toutes celles qui sont laissées en crédit entre les mains du débiteur, avec obligation d'en servir les intérêts à des époques fixes (Conf. M. Troplong, n° 1007). Ainsi celui qui vend une propriété moyennant telle somme que l'acquéreur lui remettra dans cinq ans, en en payant les intérêts de six mois en six mois, doit être considéré comme ayant fait à l'acquéreur un prêt du prix de vente.—Ainsi sont prescriptibles par cinq ans : 1° les intérêts dus par la caisse d'amortissement (avis cons. d'Ét., approuvé le 24 mars 1809); — 2° Les intérêts des sommes réservées par le donateur d'immeubles (Toulouse, 6 août 1833) (2); — 3° Les intérêts dus par l'usufruitier pour les avances faites par le légataire de la nue propriété pour payer les dettes de la succession (Toulouse, 9 déc. 1833, aff. Blanc, V. Usufruit).

1074. La condamnation aux *intérêts justes et légitimes*, sans autre explication, doit être entendue en ce sens qu'on n'a voulu accorder que les intérêts des cinq dernières années, si le débiteur n'a pas renoncé à la prescription (Bordeaux, 22 juill. 1831) (3).

1075. Les cinq années d'intérêts dont parle l'art. 2277 s'entendent, non de la dernière période de cinq années, dans l'ordre de la date du contrat, mais des cinq années qui ont immédiatement précédé la demande (Bordeaux, 21 fév. 1838) (4).

1076. Les intérêts des sommes prêtées cessent d'être prescriptibles par cinq ans, lorsque le créancier n'a pu se faire payer avant un événement dont il a fallu attendre la réalisation. — V. *infrà*, n° 1091.

1077. Lorsque, dans une distribution, les intérêts ont été réunis au capital, ils ne sont plus prescriptibles par cinq, mais par trente années (Nancy, 26 juin 1837) (5).—V. n° 1089.

---

de vente d'immeubles ; peu importe que ces intérêts soient postérieurs à l'exigibilité du capital ; ils n'en sont pas moins dus en vertu de la vente qui en est toujours le titre et la cause ; ce sont des intérêts conventionnels. La condition des parties, fixée par le contrat, se prolonge au même titre, tant qu'il n'y a rien de changé par une stipulation postérieure, tant que le prix n'est pas payé ; — Attendu que l'art. 2277 c. civ. dispose que les arrérages des rentes et pensions, les loyers, les prix de ferme, les intérêts des sommes prêtées, et, généralement, tout ce qui est payable par année, ou à des termes périodiques plus courts, se prescrivent par cinq ans ; que ces dispositions générales s'appliquent évidemment aux intérêts du prix de la vente d'un immeuble, comme à tous autres intérêts conventionnels, et que, dès lors, la cour royale de Toulouse, loin de violer aucune loi, en a fait, au contraire, une juste application ; — Rejette.

Du 9 juin 1829.-C. C., ch. req.-M. Favard, pr.-Mestadier, rap.

2e *Espèce* : —(Hér. Prévot C. hér. Lagache.)— LA COUR ; — Considérant que la coutume du Vermandois, qui régissait les parties, ne contient aucune disposition particulière à l'égard de la prescription de cinq années pour les arrérages de rentes constituées, et qu'au contraire elle dispose (art. 2 du titre des Prescriptions) que toutes les actions personnelles sont prescrites par le laps de trente ans ; — Considérant que l'art. 2277 c. civ. a interrompu la prescription trentenaire et a mis le crédi-rentier en demeure d'exiger les arrérages de la rente constituée ; — Considérant que l'art. 1912 c. civ. est applicable aux rentes constituées avant la publication du code, d'après le dernier état de la jurisprudence ; — Met le jugement dont appel au néant, en ce qu'il adjuge aux intimés, sans restriction, leurs conclusions prises en première instance ;—Emendant, condamne les appelants à payer aux intimés dix-huit années d'arrérages de la rente dont s'agit ; — Condamne en outre les appelants, chacun pour leur part et portion, et hypothécairement pour le tout, à payer aux intimés 148 fr. 13 c. pour une année d'intérêt de la rente dont il s'agit au procès, échue le 27 juill. 1812, et au surplus au remboursement de la susdite rente ; — Condamne les appelants aux dépens, etc.

Du 26 mars 1813.-C. de Bruxelles, 1re ch.

(1) (Chambert C. Hollier.) — LA COUR ; — Attendu que, suivant l'art. 2281, les prescriptions commencées avant la promulgation du titre qui contient cet article doivent être réglées conformément aux lois anciennes; qu'il s'agit, dans l'espèce, d'une prescription commencée avant la promulgation du titre précité, puisque les intérêts dont est question étaient échus antérieurement à cette promulgation ; que, conséquemment, elle doit être réglée par les lois anciennes, qui n'assujettissaient point ces intérêts à la prescription de cinq ans, et que, par une conséquence ultérieure, l'arrêt attaqué qui juge le contraire viole l'art. 2281, et fait une fausse application de l'art. 2277; — Casse.

Du 30 janv. 1816.-C. C., sect. civ.-MM. Brisson, pr.-Cassaigne, rap.

(2) *Espèce* : — (Crouzel C. Gil.) — Gil donna à sa fille, dans son contrat de mariage avec Crouzel, divers immeubles sous réserve de 15,000 fr. Le 11 juin 1825, jugement qui condamne les mariés Crouzel à payer cette somme avec les intérêts depuis 1810, époque de leur mariage. — Appel par eux ; ils prétendent n'être obligés qu'aux cinq années d'intérêt avant la demande. — Arrêt.

LA COUR ; — Attendu que l'art. 2277 c. civ. renferme des dispositions générales non susceptibles d'exceptions, même à l'égard des prescriptions d'intérêts du prix d'objets produisant des fruits ; réformant, déclare la prescription de cinq ans, à l'égard des intérêts dont il s'agit, applicable à ceux réclamés aux parties de Derrouch.

Du 6 août 1833.-C. de Toulouse, 1re ch.-M. de Faydel, pr.

(3) (Guy-Ravel C. Bouquier.) — LA COUR ; — Attendu que les intimés étaient fondés à traduire les appelants devant les tribunaux, soit pour régler les intérêts auxquels ils avaient droit, soit pour repousser la répudiation de la succession maternelle que les appelants leur ont opposée ; — Que les premiers juges ont bien jugé à cet égard, puisque, d'une part, les appelants ont renoncé, en cause d'appel, à se prévaloir de la renonciation dont ils s'étaient prévalus en première instance, et que, d'autre part, le jugement dont est appel ne condamne les appelants qu'à payer la somme de 2,187 fr., portée par le contrat d'obligation du 31 juill. 1809, avec les intérêts, et les intérêts des intérêts justes et légitimes ; — Que cette dernière disposition du jugement est rigoureusement exacte ; mais que, cependant, elle laisse les parties dans un état d'incertitude qu'il convient de faire cesser ; — Attendu, en effet, que les intérêts se prescrivent par cinq ans, à moins que le débiteur n'ait renoncé à se prévaloir de la prescription (art. 2277 c. civ.) ; — Attendu que rien ne prouve que les appelants aient renoncé à ce moyen ; qu'ils ont, au contraire, formellement déclaré, devant la cour, qu'ils entendaient en profiter ; — Attendu qu'aux termes de l'art. 1154 du même code, les intérêts qui avaient couru pendant ces cinq années, étaient eux-mêmes susceptibles de produire d'autres intérêts, mais qu'il fallait, pour cela, que la demande en fût faite en justice ; — Par ces motifs, sans s'arrêter à la fin de non-recevoir opposée à Guy-Ravel, faisant droit de l'appel, par lui interjeté, du jugement du tribunal de Sarlat, du 13 août 1829, dans le chef relatif aux intérêts, réduit les intérêts de la somme capitale de 2,187 fr. due par le contrat d'obligation du 31 juill. 1809, aux cinq dernières années échues le 5 avr. 1823, date de l'assignation signifiée aux appelants.

Du 22 juill. 1831.-C. de Bordeaux, 2e ch.-M. Duprat, pr.

(4) *Espèce* : — (Jaumard C. Durand.) — Le 12 août 1835, demande en payement d'une créance dont le titre est du 12 fév. 1810. — Le débiteur oppose la prescription des intérêts (c. civ. 2277).—Le créancier, tout en convenant qu'elle est acquise, prétend droit : 1° à la dernière période de cinq ans échue le 12 fév. 1835 ; 2° aux intérêts échus depuis cette époque jusqu'au jour de la demande du 12 août 1835, ainsi qu'à ceux courus depuis cette demande. — 13 août 1836, le tribunal de Libourne rejette cette prétention. — Appel. — Arrêt.

LA COUR ; — Attendu que les intérêts de cinq années affranchis de la prescription de l'art. 2277 c. civ. doivent être calculés à compter, non de l'échéance de la cinquième année, mais du jour de la demande immédiatement, l'article précité ayant indistinctement appliqué ce moyen d'extinction d'obligation à tous intérêts antérieurs à cinq ans ; — Ordonne que le jugement attaqué sortira effet, etc.

Du 21 fév. 1838.-C. de Bordeaux, 2e ch.-M. Poumeyrol, pr.

(5) (Hérit. de Ruilly C. Schneider.) — LA COUR ; — Attendu que les créances dont le sieur Schneider est le cessionnaire, ayant été produites pour arriver à la distribution de la succession bénéficiaire du comte de Custine, et cette distribution ayant été définitivement réglée le 10 janv. 1824, il en est résulté que les intérêts alors dus ont été réunis aux capitaux pour ne plus former avec ceux-ci qu'une seule et même somme, laquelle a servi de base au juge-commissaire pour déterminer le dividende à toucher par chaque créance ; que, sous l'autorité de ce magistrat, par sa déclaration formelle, à la demande et en la présence de toutes les parties intéressées, les arrérages que la prescription n'avait pas atteints ont donc formé, par leur réunion et leur confusion avec les capitaux qui les avaient produits, un capital nouveau qui, par sa nature, était lui-même susceptible de produire des intérêts, et n'était

1078. La prescription quinquennale des intérêts d'une créance sur un émigré, interrompue par la demande en liquidation de cette créance, formée en conformité des lois des 13 janv. et 25 juill. 1793, a couru de nouveau après le décret de 1810, qui a prononcé la déchéance contre tous les créanciers non liquidés, même à l'égard de tous les intérêts échus antérieurement à ce décret (Rej. 2 juin 1835) (1).

1079. *Et, généralement, tout ce qui est payable par année ou à des termes périodiques plus courts.* — Malgré les termes trop généraux de cette disposition, il est unanimement reconnu qu'elle est inapplicable aux capitaux payables par année ou à des termes périodiques plus courts (comme s'il a été stipulé qu'un prêt, un prix de vente serait payable d'année en année, en un certain nombre de termes). Il faut la restreindre aux accessoires de capitaux, aux créances qui ont quelque chose d'analogue aux arrérages, pensions, loyers, intérêts (V. en ce sens M. Troplong, n° 1011). — Cette disposition s'applique : 1° aux *appointements* à tant l'année ou à tant le semestre, des commis, précepteurs et autres dont les créances ne trouvent pas place dans les art. 2271 et 2272 c. nap.; — 2° Aux *droits d'affouages* dans les forêts et à toutes les *prestations* en nature dont le service s'effectue à des termes périodiques (Conf. M. Troplong, n° 1012); — 3° Au traitement arriéré d'un chevalier de la Légion d'honneur (ord. cons. d'Ét. 5 fév. 1841, V. Ordres nationaux); — 4° A celui d'un ministre du culte (Liége, 19 nov. 1831) (2).

1080. D'après la jurisprudence des parlements, et particulièrement de celui de Paris, les intérêts résultant des condamnations judiciaires ne se prescrivaient que par trente ans (Bourges, 18 mars 1825 (3); Cass. 2 juin 1835, V. n° 1078). — Que doit-on décider sous le code Napoléon? La rédaction peu

---

plus, comme ceux-ci, prescriptible par cinq, mais seulement par trente ans; qu'en effet, par la distribution, il y a eu de la part des créanciers une véritable demande judiciaire, portant à la fois sur les capitaux et les intérêts dus, et de la part du juge un règlement des droits de chacun équivalent à un jugement ou à une condamnation prononcée; qu'il s'est formé entre le débiteur saisi et ses créanciers un contrat judiciaire dont le magistrat a précisé et sanctionné les termes; que l'interruption de la prescription n'a pas eu seulement pour effet de rendre inutile le temps qui s'était écoulé auparavant; mais qu'elle a eu aussi cet autre résultat de transformer la dette ancienne en une dette nouvelle, de créer un nouveau titre en faveur des créanciers, et d'investir ceux-ci d'une garantie trentenaire pour la somme même dont les éléments avaient été d'abord soumis à la prescription quinquennale; que, dans une pareille occurrence, le débiteur ne peut plus réclamer contre une accumulation d'intérêts dont la loi a le désir de l'exempter sans doute, mais pour ne pas le rendre victime de la négligence du créancier; que, quand ce dernier a veillé à ses droits et a fait toutes les diligences qui lui étaient indiquées pour les conserver, la sollicitude de la loi a cessé pour le débiteur, et, loin de le décharger des obligations par lui contractées, elle se soumet, au contraire, à leur plein accomplissement.

Du 26 juin 1837.-C. de Nancy, ch. civ.-M. de Metz, pr.

(1) (Sillac de Lapierre *C.* Giblain.)— LA COUR; — Attendu la connexité qui existe entre les deux pourvois sur lesquels il s'agit de prononcer, les joint;

En ce qui concerne le pourvoi du sieur Sillac de Lapierre:—Attendu, sur les deux premiers moyens.....; — Sur le troisième moyen, relatif à des intérêts antérieurs au code civil, alloués aux héritiers Fagniez et consorts : — Attendu que l'arrêt attaqué, en considérant ces intérêts comme moratoires et dus par suite de condamnations judiciaires, sous l'empire d'une législation qui n'admettait pas la prescription quinquennale pour cette sorte d'intérêts, n'a fait en cela que se conformer à l'ancienne jurisprudence; — Qu'en écartant l'exception tirée de ce que ces condamnations n'avaient pas été prononcées contre la dame de la Tour d'Auvergne, mais seulement contre son mari, la cour d'appel de Douai a légalement énoncé dans ses motifs que la comtesse de la Tour d'Auvergne, en se rendant caution solidaire de son mari, n'avait point changé la nature des créances qu'elle avait garanties et dont les intérêts dérivaient de quatorze sentences, rendues par le Châtelet de Paris, contre le comte de la Tour d'Auvergne: d'où il suit que le moyen n'est pas fondé;

En ce qui touche le pourvoi du sieur Giblain;—Sur le premier moyen, tiré de la disposition des art. 2221 et 2248 c. civ.: — Attendu que la cour d'appel de Douai, en expliquant l'intention dans laquelle le prince de la Tour d'Auvergne était intervenu aux actes de transport consentis au profit de Giblain, et en déclarant que le but unique de cette intervention avait été de dispenser le cessionnaire de la créance de faire la dénonciation du transport au débiteur et de lui donner l'assurance que les créances cédées n'étaient point frappées d'opposition, mais nullement de lui conférer plus de droits que n'en avaient alors les cédants, et de rien approuver relativement aux intérêts de ces mêmes créances qui pût constituer aucun abandon des moyens de libération pour ce qui pouvait en être alors éteint, ladite cour n'a fait, en cela, qu'user du droit qu'elle avait d'interpréter ces actes, d'apprécier les faits et circonstances et n'a violé aucune loi;

Sur le second moyen, relatif aux art. 2244, 2246 c. civ. et aux lois de janvier et de juillet 1793 : — Attendu que l'arrêt attaqué a pu, sans aucune contradiction, admettre que la demande en liquidation de la créance sur un émigré, formée administrativement, selon les lois du temps, avait interrompu la prescription pour le capital, et ne pas l'admettre également pour tous les intérêts courus, s'agissant dans un cas de la prescription trentenaire et dans l'autre de la simple prescription quinquennale; que, du moment où les pièces déposées à l'administration en avaient été retirées, la dette ne concernant plus l'Etat, les règles ordinaires ont repris leur cours et le créancier a dû s'imputer à lui seul le silence qu'il a gardé pour ces intérêts, à l'égard de l'émigré rentré, son débiteur primitif et redevenu son débiteur au lieu de l'Etat; —Attendu enfin que ce qui sera dit ci-après sur ce qui concerne les intérêts moratoires, sert encore à repousser ce second moyen;

Sur le troisième et dernier moyen, relatif à la disposition de l'art. 2277 c. civ.:—Attendu que la prescription quinquennale, établie par cet article, est d'ordre public; qu'elle a pour but d'empêcher la ruine des débiteurs par une accumulation silencieuse des arrérages d'intérêts ; que c'est dans cette vue de bienfaisance pour les débiteurs que la loi a étendu cette prescription à tout ce qui est payable par année ou à des termes périodiques plus courts ; qu'elle avertit suffisamment le créancier des effets de son silence; qu'il ne peut, dès lors, imputer qu'à lui seul de n'en avoir pas formé la demande en temps utile; qu'il suit de là que l'arrêt attaqué a justement appliqué le susdit art. 2277;

Rejette les pourvois formés contre l'arrêt de la cour de Douai, du 21 juin 1831.

Du 2 juin 1835.-C. C., ch. civ.-MM. Dunoyer, f. f. de pr.-Jourde, rap.-De Gartempe fils, av. gén., c. conf. Lacoste, Dalloz et Scribe, av.

(2) *Espèce:* — (Schaetzen *C.* fabrique de Tongres.) — Le 6 janv. 1830, jugement ainsi conçu : — « Vu les pièces du procès, et notamment les délibérations du conseil municipal de Tongres, des 15 mai 1807, 14 mai 1808 et 15 mai 1811; — Attendu que l'action du demandeur tend au payement des arrérages du traitement dû à son frère, en qualité de vicaire de la paroisse de Tongres, pour l'année 1804 et les suivantes, jusqu'inclus 1825; — Attendu que des pièces produites, il résulte que les années 1821, jusqu'inclus 1825, ont été payées, et qu'à cet égard il a été donné des quittances; — Attendu, en ce qui concerne les années 1804 jusqu'inclus 1821, que les sommes dues étant payables par année, étaient sujettes à la prescription de cinq ans, selon l'art. 2277 c. civ.; — Attendu que les réclamations adressées à l'autorité administrative pour obtenir le payement des arrérages du traitement en question ne peuvent être considérées comme ayant produit l'interruption de la prescription, selon l'art. 2244, les prétentions du demandeur étant dans les attributions des tribunaux et soumises à l'application des principes généraux du droit; — Par ces motifs, le tribunal le déclare non recevable ni fondé, et le condamne aux dépens. » — Appel par le sieur Schaetzen. — Arrêt.

LA COUR; — Y a-t-il lieu de confirmer le jugement dont est appel? — Considérant que l'art. 2277 c. civ. soumet à la prescription de cinq ans, non-seulement les revenus qui y sont spécifiés, mais encore généralement tout ce qui est payable par année ou à des termes plus courts; que les motifs de cette disposition et les termes dans lesquels elle est conçue s'appliquent aux traitements arriérés dont il s'agit, ils ne permettent aucune distinction entre les prétentions qui n'ont rapport qu'à la jouissance et celles qui ont pour cause des services rendus; — Considérant que la prétendue reconnaissance invoquée par l'appelant ne contient directement ni par relation une somme déterminée, et qu'elle n'a pas les caractères propres à constituer une obligation : — Par ces motifs, et ceux énoncés au jugement dont est appel, met l'appellation au néant, etc.

Du 19 nov. 1831.-C. sup. de Liége, 2e ch.

(3) (Pouthes *C.* Desglaudes.)—LA COUR;—...Sur la deuxième question, qu'avant la loi du 3 nov. 1789, qui permet de prêter de l'argent à terme fixe avec stipulation d'intérêts, on n'en pouvait exiger qu'en vertu de constitution ou après condamnation, sauf les cas où ils étaient dus par la nature de l'obligation, comme s'il s'agissait de deniers dotaux, du montant d'une légitime, du prix d'un héritage, etc.; — Considérant que, sous cette ancienne législation, lorsque les intérêts avaient été adjugés par une sentence, on jugeait dans presque tous les parlements, notamment dans celui de Paris, qu'ils duraient autant que l'exécution de la sentence elle-même, c'est-à-dire trente ans; — Considérant que, même depuis la promulgation du code civil, on a quelque temps douté si la même règle ne devait pas être suivie; mais que depuis on s'est accordé pour reconnaître que l'art. 2277 de ce code a posé un prin-

exacte de l'art. 2277 a soulevé cette question qui a été vivement controversée. On a soutenu que l'art. 2277, dérogeant au droit commun, devait renfermer explicitement les exceptions qu'il y avait apportées. Que si l'on interrogeait le texte, on ne pouvait comprendre les intérêts moratoires sous ces expressions : *les intérêts des sommes prêtées*; qu'en réalité, il n'y a rien de commun entre un jugement qui condamne à payer une dette et le contrat de prêt; que l'on ne peut les comprendre non plus *dans tout ce qui est payable par année ou à des termes périodiques plus courts*; qu'en effet, les intérêts moratoires ne sont pas périodiques, puisqu'ils ne sont pas payables successivement à des époques déterminées, puisqu'ils sont exigibles en même temps que le capital; qu'on ne peut soutenir qu'il y ait des termes périodiques de payement là où il n'y a pas de termes. — Enfin, interrogeant l'esprit même de l'art. 2277, on a prétendu qu'il était contraire à l'interprétation qui appliquerait la prescription qu'il édicte aux intérêts moratoires : il veut punir la négligence du créancier, et venir au secours du débiteur qui n'a pas été mis en demeure de payer et qui, n'étant pas poursuivi, s'est endormi dans une dangereuse sécurité; mais quand il s'agit des intérêts judiciaires, le créancier ne peut être accusé de négligence : il a fait des poursuites, le débiteur ne peut prétendre cause d'ignorance; le jugement le met en perpétuelle demeure. — V. dans ce sens une consultation de M. Ravez, rapportée par M. Troplong, aux nos 1013 et suiv.; Proudhon, de l'Usufruit, no 234; une consultation de M. Lacroix-Frainville, du 15 oct. 1831, et M. Duranton, t. 21, no 434. — Il a été jugé, conformément à cette doctrine : 1o que les intérêts moratoires ne se prescrivaient pas par cinq ans (Req. 16 juill. 1812 (1); Paris, 2 mai 1816 (2); 21 déc. 1829, 2e ch., MM. Haranguier, pr., Vaufreland, av. gén., c. conf., aff. G...; 26 mars 1831, 3e ch., M. Lepoitevin, pr., aff. Boucheseiche; 2 juill. 1831, 1re ch., M. Séguier, 1er pr., aff. Legouas; Bordeaux, 13 mars 1820, aff. Souffron *C.* Cadefer; Agen, ch. corr., 3 fév. 1823, M. Seguy, pr., aff. Valade; Lyon, 4 fév. 1825, M. Beyre, pr., aff. Demeaux *C.* Desbouilles; Rennes, 4e ch., 22 déc. 1834, M. Kermarec, pr., aff. Gauffriau); — 2o Que « pendant la durée de l'instance, les intérêts judiciaires ne sont, comme le capital même à raison duquel ils sont demandés, soumis qu'à la prescription extinctive de l'instance » (Liége, 1re ch., 6 fév. 1843, aff. Putzeys *C.* de Lannoy).

1081. Mais l'opinion contraire, que nous partageons, est maintenant celle de la cour de cassation, et a été développée par Merlin, M. Troplong et par Marcadé, art. 2277, no 4. Il faut, pour bien saisir la question, se rendre un compte exact de l'esprit qui a dicté l'art. 2277. Il a surtout pour but d'empêcher la ruine des débiteurs par l'accumulation des intérêts. C'est ce mal que le législateur a voulu éviter. L'orateur du gouvernement l'a dit expressément dans son exposé des motifs (V. p. 73, no 59). La législation antérieure au code Napoléon avait été animée du même esprit. L'ord. de 1510 avait établi la prescription quinquennale quand il s'agissait de rentes constituées, *parce que plusieurs étaient mis en pauvreté et destruction par les grands arrérages qu'on laissait courir sur eux.* Cette belle ordonnance de 1629, qui était trop en avant de son siècle pour être acceptée en entier, avait déclaré les intérêts moratoires prescriptibles par cinq ans. La loi du 20 août 1792 a étendu la prescription quinquennale aux arrérages des cens, redevances et rentes foncières. On ne peut croire que le code Napoléon n'ait pas suivi le progrès de la législation qui l'a précédé. La ruine du débiteur n'est pas moins amenée par l'accumulation des intérêts judiciaires que par ceux des intérêts conventionnels. Le péril est le même; le remède doit l'être aussi. Quant au texte de l'art. 2277, il peut paraître difficile de comprendre les intérêts moratoires sous ces expressions *les intérêts des sommes prêtées;* mais ils doivent être assimilés *à tout ce qui est payable par année ou à des termes périodiques plus courts*, car les intérêts moratoires accroissent le capital, et se calculent par jour, par mois, par année; peu importe qu'ils soient exigibles avec le capital. En effet, quand le capital d'une dette est exigible, le débiteur ne peut se libérer sans payer le capital avec les intérêts, et cependant on ne peut soutenir que dans ce cas les intérêts ne soient pas prescriptibles par cinq ans. Mais on dit que le créancier ne doit pas être puni lorsque aucune négligence ne lui est reprochée. D'abord, ce n'est pas là la préoccupation de l'art. 2277. Il veut avant tout empêcher la ruine du débiteur. Ensuite, celui qui a obtenu un jugement a des actes à faire pour qu'il soit exécuté, et s'il ne se met pas en règle à cet égard, il peut être taxé de négligence. — Quant à l'argument tiré de ce que le jugement rend la possession quinquennale impossible, Marcadé fait cette observation, *loc. cit.* : « Nous ne répondrons pas à ceci tout ce qu'on peut y répondre; nous ne dirons qu'un mot qui nous paraît péremptoire, c'est que si le jugement était comme on dit une interpellation continuelle de trente années, un empêchement de trente ans à la prescription, il s'ensuivrait que la prescription ne pourra commencer qu'après la disparition de cette prétendue cause permanente d'interruption, c'est-à-dire après trente ans; il n'y aurait, dès lors, prescription des intérêts qu'après trente-cinq ans, et prescription du capital qu'après soixante ans. Comme ni M. Ravez ni personne, que nous pensions, n'a soutenu et ne soutiendra un paradoxe de cette taille, nous n'avons rien de plus à répondre aux considérations de notre savant adversaire, et nous nous contentons de rappeler qu'une demande judiciaire est, à la vérité, interruptive pour tout le temps que dure l'instance; mais qu'une fois le jugement prononcé, la prescription recommence immédiatement, le créancier devant recourir ultérieurement, si besoin est, à de nouveaux actes interruptifs : soit une nouvelle demande pour les intérêts postérieurs, soit un commandement ou une saisie en exécution même de son jugement, soit une reconnaissance de son débiteur. » — Il a été décidé en ce sens que les intérêts judiciaires étaient prescriptibles par cinq ans (Cass. 12 mars 1833, et sur renvoi, Amiens, aud. sol., 18 juill. 1833, M. Cambon, 1er pr.; Req. 12 mai 1835 (3); Rej. 2 juin 1835, aff. Sillac-Lepierre, V. no 1078; Cass. 29 janv. 1838,

---

cipe général lorsqu'il a dit que les intérêts des sommes prêtées, et toutes celles qui sont payables par année ou à des termes périodiques plus courts, se prescrivent par cinq ans; que toutes les cours et celle de cassation décident aujourd'hui que les intérêts accordés par jugement sont, comme les autres, soumis à la prescription quinquennale, si le créancier a négligé de faire des actes qui l'aient interrompue; — Considérant que la créance du sieur Desglaudes sur le sieur de Pouthes prend son origine dans deux billets..... (suit le récit des faits constatant l'état des poursuites faites par le sieur Desglaudes); — Considérant que, d'après les règles précédemment rappelées, le sieur Desglaudes est fondé à répéter les intérêts de son capital depuis le 11 fruct. an 5 jusqu'au 27 juin 1807, et seulement les intérêts courus pendant les cinq dernières années sous l'empire du code civil, ceux intermédiaires se trouvant frappés de prescription; — Ordonne que les intérêts ne seront alloués que d'après les règles ci-dessus.

Du 18 mars 1825.-C. de Bourges, 2e ch.-M. Delaméthérie, pr.

(1) *Espèce :* — (Gast *C.* N.....). — LA COUR; — Attendu, sur le moyen tiré de la prescription, que la prescription n'a pas pu courir contre le sieur Gast, tandis qu'il était en possession de toute la communauté et de toute la succession de sa femme, en vertu de la donation mutuelle d'usufruit, en faveur du survivant; — Sur le moyen tiré de l'adjudication des intérêts et de l'art. 2277 c. civ : — Attendu qu'il s'agit, en cette affaire, d'intérêts moratoires et non des intérêts d'une rente constituée, et que d'ailleurs ces intérêts étaient échus avant la publication du code civil; — Rejette.

Du 16 juill. 1812.-C. C., sect. req.-MM. Henrion, pr.-Brillat, rap.

(2) *Espèce :*—Ychery *C.* Coppinger.)—LA COUR; — Attendu que les intérêts moratoires n'étant accordés par la loi qu'à titre de dommages-intérêts pour l'inexécution des conventions, ils ne sont point assujettis à la prescription de cinq ans, établie par l'art. 2277 c. civ.; — Mais attendu aussi que le défaut d'inscription à l'égard des intérêts a pu être opposé par les héritiers Coppinger, en leur qualité, à l'effet de faire réduire à deux années la collocation des intérêts; que néanmoins ils n'ont point interjeté appel de la disposition qui a colloqué Ychery pour cinq ans d'intérêts, et que par conséquent cette disposition a passé, à leur égard, en force de chose jugée; qu'au surplus les actions personnelles d'Ychery doivent lui être réservées; — Met l'appel au néant.

Du 2 mai 1816.-C. de Paris, 5e ch.-MM. Faget de Baure, pr.-Laplagne, av. gén., c. conf.-Gauthier-Biauzet, Mauguin et Gobert, av.

(3) 1re *Espèce :*—(Epoux Guy *C.* dame Dupin.)—La veuve Dupin, créancière du comte d'Arquian, émigré, forma, lors de la promulgation de la loi du 27 avril 1825, opposition sur l'indemnité qui serait allouée à ses héritiers, non-seulement pour les capitaux, mais encore pour les intérêts qui lui étaient dus. — Peu après, elle assigna, de concert avec Péron, à qui elle avait cédé ses droits, les héritiers d'Arquian en validité de cette saisie, et ensuite en payement des intérêts seulement des capitaux, pour

MM. Portalis, 1er pr., Moreau, rap., Laplagne-Barris, av. gén., c. conf., aff. Beaumier, etc. : c'est un arrêt de Rennes qui a été cassé); Conf. Amiens, 21 déc. 1824, M. Mouchy, pr., aff. Mathieu, etc.; Bourges, 2e ch., 18 mars 1825, aff. Pouthes, V. nº 1080; 2e ch., 17 mars 1826, M. Trottier, pr., aff. Reming; ch. corr., 6 août 1841, M. Aupetit-Durand, pr., aff. Quénisset; Limoges, 3e ch., 26 janv. 1828, M. Chantagru, pr., aff. Peyrat; Nîmes, 3e ch., 5 mai 1830, M. Fajou, pr., aff. Guérin).

1082. Les intérêts judiciaires, au payement desquels on a conclu, à compter du jour de la demande, dans l'assignation introductive d'instance, ne sont pas soumis à la prescription de cinq ans. — En conséquence, le défendeur condamné au payement de la somme principale a pu l'être en même temps aux intérêts courus depuis le jour de la demande, et cela alors même que l'instance n'aurait été reprise et jugée que vingt-cinq ans après son introduction (Req. 12 juill. 1836) (1).

1083. De ce qu'en se rendant caution solidaire tant d'un capital résultant de condamnations judiciaires que des intérêts, la caution obtient des termes périodiques pour le payement des intérêts, il ne résulte pas que ces intérêts cessent d'être judiciaires pour devenir conventionnels, et par suite, ceux qui ont couru avant le code ne sont soumis qu'à la prescription de trente ans, et non à celle de cinq ans alors admise pour les intérêts conventionnels (Cass. 2 juin 1835, aff. Sillac de Lapierre, V. nº 1078).

1084. Les intérêts du capital porté dans un bordereau de collocation sont prescriptibles par cinq ans (Paris, 12 nov. 1836) (2).

1085. Les intérêts des *prix de vente* sont-ils prescriptibles par cinq ans? Cette question a été très-controversée. Elle est analogue à celle de savoir si la prescription quinquennale est applicable aux intérêts judiciaires. Seulement on a cru trouver un argument spécial qui repousserait la prescription, quand il s'agit des intérêts d'un prix de vente, dans l'art. 1652 c. nap., qui dispose que l'acquéreur doit l'intérêt du prix de la vente jusqu'au payement du capital, s'il a été ainsi convenu lors de la vente, et si la chose vendue ou livrée produit des fruits ou autres revenus. — Mais il est évident que cette obligation peut être, comme toute autre, atteinte par la prescription, qui est un moyen de se libérer. — Aussi a-t-il été jugé que les intérêts du prix d'une vente d'immeuble se prescrivent par cinq ans, quoiqu'il n'y ait pas stipulation expresse de payement par année ou à des termes périodiques plus courts; qu'en conséquence, en cas de vente d'immeuble, moyennant une certaine somme payable dans un certain délai, avec intérêts, il ne peut être alloué, contre le débiteur qui se prévaut de la prescription de l'art. 2277 c. nap., que les cinq dernières années d'intérêts échus le jour de la demande; qu'ici ne s'applique pas la prescription trentenaire de l'art. 2262; mais qu'à l'égard des intérêts échus avant le code Napoléon, ils ne se prescrivent que par trente ans (Req. 7 fév. 1826 (3). — Conf. Req. 16 août 1853, aff. époux Casset, D. P. 54. 1. 390).

---

le cas où la saisie-arrêt ne pourrait pas en assurer le payement. — Le 26 août 1828, jugement du tribunal de la Seine, qui déclare la saisie-arrêt valable pour les capitaux seulement, et condamne la dame Guy, héritière pure et simple du comte d'Arquian, à payer personnellement les intérêts des sommes, objet de la saisie-opposition, et ce, depuis la date du jugement de condamnation rendu contre le comte d'Arquian, formant le titre de créance de la dame Dupin. — Sur l'appel, la dame Guy prétend qu'elle ne pourrait être tenue qu'à payer cinq ans d'intérêts. — 21 déc. 1829, arrêt de la cour de Paris, en ces termes : — « Considérant que la demande en validité d'opposition pour le capital, et celle en condamnation des intérêts, ont été formées par deux exploits différents; qu'elles ont été jointes, et qu'ainsi le tribunal a dû statuer sur le tout; — Considérant que la femme Guy reconnaît qu'elle est héritière pure et simple; — Considérant que l'art. 2277 c. civ. ne s'applique pas aux intérêts moratoires provenant des condamnations judiciaires, adoptant, au surplus, les motifs des premiers juges, confirme, etc. »

Pourvoi. — 1º Violation de l'art. 18 de la loi du 27 avril 1825, en ce qu'il a été jugé, contrairement à cette loi, que les émigrés étaient tenus des intérêts de leurs dettes antérieures à la séquestration de leurs biens. — 2º Violation de l'art. 2277 c. civ. — Les raisonnements qu'on a fait valoir à l'appui de ce second moyen sont fort bien résumés dans l'arrêt de la cour. — Arrêt (après délib. en ch. du cons.).

LA COUR; — Vu l'art. 2277 c. civ.; — Attendu que la prescription quinquennale est d'ordre public; qu'elle a été établie par le législateur pour prévenir une cumulation d'arrérages ruineuse pour les débiteurs; que, dans cet objet, la loi a étendu cette prescription à tout ce qui est payable par année, ou à des termes périodiques plus courts; — Attendu que les intérêts moratoires, accordés par les jugements, se calculent et accroissent les sommes adjugées chaque année; qu'il importe peu que le créancier ne puisse être contraint à les recevoir séparément du capital, et qu'on ne peut rien conclure de ce qu'ils sont réunis et incorporés au principal, puisque cette réunion n'est que fictive et éventuelle, et ne saurait empêcher que ces intérêts ne deviennent payables à des termes périodiques, et que le créancier ne puisse alors en exiger le payement; puisqu'enfin ces intérêts ne sont réellement acquis au créancier que successivement et annuellement au fur et à mesure des échéances; — Que la qualification de dommages-intérêts qu'on pourrait donner à ces intérêts moratoires ne saurait changer leur nature, puisqu'après tout, ces dommages-intérêts s'accroissent, par année et à des termes périodiques, du montant de la somme annuelle adjugée à titre d'intérêts; qu'il suit de là que les dispositions de l'art. 2277 précité leur sont applicables, et qu'en n'admettant pas la prescription quinquennale dans l'espèce, l'arrêt attaqué l'a expressément violé; — Par ces motifs, et sans qu'il soit besoin de statuer sur le deuxième moyen, casse.

Du 12 mars 1835.-C. C., ch. civ.-MM. Portalis, 1er pr.-Delpit, rap.-Laplagne-Barris, 1er av. gén., c. conf.-Roger et Gatine, av.

2e *Espèce* : — (De Ségur C. Legouas.) — Arrêt identique, quant à la question des intérêts judiciaires, rendu sur le pourvoi dirigé contre l'arrêt de la cour de Paris, du 2 juillet 1831.

Du 12 mars 1835.-C. C., ch. civ.-M. Legonidec, rap.

3e *Espèce* : — (Gradis C. Puységur.) — LA COUR; — Sur le moyen tiré de la fausse application de l'art. 2277 c. civ. et de la violation de l'art. 2262 du même code : — Attendu que le code civil, par son art. 2277, a étendu sa disposition, sans aucune distinction, à tout ce qui est payable par année ou à des termes périodiques plus courts; — Attendu que les intérêts moratoires, accordés par des jugements, se calculent et accroissent les sommes adjugées par chaque année; qu'il importe peu que le créancier ne puisse être contraint à les recevoir séparément du capital, et qu'on ne peut rien conclure de ce qu'ils sont réunis et incorporés au capital, puisque cette réunion n'est que fictive et éventuelle, et ne saurait empêcher que ces intérêts ne deviennent payables à des termes périodiques, et que le créancier puisse alors en exiger le payement, puisqu'enfin ces intérêts ne sont réellement acquis au créancier que successivement et annuellement, au fur et à mesure de leur échéance; — Qu'il suit de là que les dispositions de l'art. 2277 précité sont applicables à l'espèce de la cause; — Rejette le pourvoi contre l'arrêt de la cour de Bordeaux, du 13 août 1834.

Du 12 mai 1835.-C. C., ch. req.-MM. Borel, f. f. de pr.-De Ménerville, rap.-Nicod, av. gén., c. conf.-A. Chauveau, av.

(1) *Espèce* : — (Marescot C. Cadot et cons.) — Le sieur Cadot avait assigné, le 2 fév. 1808, le sieur Marescot devant le tribunal de commerce en payement de 8,555 fr., pour fourniture de bestiaux. — Il avait conclu, en même temps, au payement des intérêts à compter du jour de la demande. — Un jugement du 24 mars 1808 renvoya les parties devant un arbitre. — L'affaire resta en cet état jusqu'au 5 fév. 1832. — Par acte de ce jour, les héritiers Cadot assignèrent le sieur Marescot en reprise de l'instance engagée en 1808. — Jugement qui condamne Marescot au payement de 7,165 fr. avec intérêts, à compter du 2 fév. 1808. — Appel par Marescot, qui soutient que les intérêts réclamés dans l'assignation introductive d'instance par le sieur Cadot avaient dû se prescrire par cinq ans. — 17 juin 1835, arrêt confirmatif de la cour de Douai, attendu que les intérêts judiciaires n'étant accordés par la loi qu'à titre de dommages-intérêts pour l'inexécution des conventions, ces intérêts ne sont point assujettis à la prescription de cinq ans. — Pourvoi. — Arrêt.

LA COUR; — En ce qui touche le moyen tiré de la violation de l'art. 2277 : — Considérant, dans l'espèce, qu'une demande en condamnation d'une somme principale avait été formée par l'auteur des défendeurs éventuels et qu'il avait conclu en même temps au payement des intérêts à compter du jour de la demande; — Que l'arrêt, en jugeant que la prescription de cinq ans, établie par l'art. 2277 c. civ., n'était pas applicable à des intérêts judiciaires pendant l'existence de l'instance, n'a pas violé cet article; — Rejette.

Du 12 juill. 1836.-C. C., ch. req.-MM. Zangiacomi, pr.-Lebeau, rap.

(2) *Espèce* : — (David C. de Ladoucette.) — Jugement qui donne mainlevée de l'inscription, attendu que le bordereau de collocation n'est un titre exécutoire que contre Perrin et May, et qui, quant aux intérêts, les déclare prescrits par cinq ans, faute par Raguideau d'avoir fait aucune diligence pour obtenir le payement du bordereau. — Appel. — Arrêt.

LA COUR; — Adoptant les motifs des premiers juges, confirme.

Du 12 nov. 1836.-C. de Paris.-M. Séguier 1er pr.

(3) *Espèce* : — (Fourcard C. Féquant.) — En 1790, Fourcard vend à Féquant divers héritages moyennant 5,000 fr., dont 1,000 fr. paya-

1086. A plus forte raison la prescription quinquennale est applicable lorsque le prix a été stipulé payable dans des termes fixés *avec l'intérêt annuel* (Cass. 14 juill. 1830 (1); Req. 9 juin 1829, aff. Descambons, V. *suprà*, nº 1071.—Conf. Metz, 29 mai 1818, M. Auclaire, pr., aff. Pierret; Limoges, 17 juill. 1822, M. de Beauregard, pr., aff. Vialle; Nancy, 20 juin 1825, M. Charlot, pr., aff. Morel; Grenoble, 2e ch., 6 juin 1829, M. Duboys, pr., aff. Bertholon; Paris, 4 déc. 1826, aff. Mariette, V. nº 953; Nîmes, 3e ch., 23 janv. 1827, M. Madier, pr., aff. Lattier; Colmar, 26 juin 1820, aff. Obrech; 21 juin 1828, 3e ch., M. Poujol, pr., aff. Gayling, et 17 nov. 1830, 1re ch., M. Millet de Chevers, pr., aff. Hauser; Toulouse, 2e ch., 14 fév. 1826, M. d'Aldeguier, pr., aff. Blanquier; 6 mai 1828, M. d'Aldeguier, pr., aff. Houlès; Bourges, 1re ch., 30 avril 1827, M. Sallée, 1er pr., aff. Bernard, et 15 juin 1840, M. Baudouin, pr., aff. Marquet; Douai, 2e ch., 3 juill. 1854, M. Marescailles, pr., aff. Desfossés; Paris, 5 août 1852, aff. Déville, D. P. 53. 5. 364).

1087. Il est évident aussi que lorsque l'acquéreur a conservé une partie de son prix, à la charge de servir les intérêts à des créanciers viagers du vendeur, les intérêts sont prescriptibles par cinq ans (Cass. 5 déc. 1827) (2).—Ce sont en réalité dans ce cas des intérêts conventionnels.

1088. Mais d'autres cours ont décidé que l'art. 2277 était inapplicable aux intérêts des prix de vente (Agen, 10 mai 1824 (3); Paris, 7 déc. 1831, aff. Levrat, V. Privilége et hypoth.—Conf. Poitiers, 1re ch., 22 juin 1825, M. Bodin, pr., aff. Monnier, arrêt qui adopte les motifs des premiers juges; Bastia, 15 mai 1827, M. Colonna d'Istria, 1er pr., aff. Bolasco).—Jugé de même : 1º que la prescription de l'art. 2277 c. nap. ne s'applique pas aux intérêts purement moratoires d'un prix de vente, dus indépendamment de toute convention, et exigibles avec le prix de l'immeuble (Paris, 25 mai 1835) (4);—2º Que les intérêts des sommes versées en sus du prix d'un office, déclaré au traité ostensible ne sont pas soumis à la prescription de cinq ans (Angers, 10 déc. 1853, aff. Boulay, D. P. 54. 2. 149).

1089. Dans le même sens il a été décidé : 1º que, quand il y a eu condamnation (non attaquée par appel) au payement de tous les intérêts du prix de vente, ils deviennent inséparables de la créance principale et ne sont plus prescriptibles par cinq ans (Paris, 31 mai 1818) (5); — 2º Que lorsque le prix et les intérêts d'une vente ou adjudication ont été déclarés payables après un certain délai, la prescription de cinq ans ne peut plus frapper les intérêts qu'en même temps que le capital (Paris, 22 juill. 1837) (6);—3º Que les intérêts du prix d'un immeuble vendu *ne* sont pas soumis à la prescription de cinq ans, du moins à l'égard des créanciers inscrits et colloqués (Caen, 19 juin 1816) (7);

---

bles comptant et 4,000 fr. dans trois ans, avec intérêts. Ce prix n'est pas payé aux termes convenus; diverses compensations s'opèrent entre les parties, et enfin, le 28 mars 1821, intervient un arrêt de la cour de Metz qui règle définitivement leur compte, déclare Féquant débiteur de 165 fr., et le condamne à payer cette somme, avec les intérêts, depuis le 13 fév. 1790 jusqu'au 25 mars 1804, époque de la promulgation du titre de la Prescription; plus, cinq années échues au jour de la demande. — Pourvoi par Fourcard pour violation de l'art. 2262 c. civ., en ce que l'arrêt a déclaré les intérêts du prix de la vente prescriptibles par cinq ans depuis le code civil, tandis qu'ils ne le sont que par trente années. — Arrêt.

LA COUR; — Attendu, sur le moyen résultant de l'art. 2262 c. civ., relatif à la prescription de trente ans, que cet article n'est pas applicable aux intérêts des prix de vente d'immeubles; que la prescription de ces intérêts doit être réglée par l'art. 2277 du même code, dont les expressions générales ne permettent aucune exception, et comprennent nécessairement dans la prescription de cinq ans les intérêts dus pour prix de vente d'immeubles; — Rejette.

Du 7 fév. 1826.-C. C., ch. req.-MM. Botton, pr.-Favard, rap.

(1) *Espèce* :—(Veuve Dorlan C. Caillau.)—LA COUR;—Vu l'art. 2277 c. civ.;—Attendu que les expressions générales dans lesquelles cet article est conçu ne permettent aucune exception, et comprennent nécessairement dans la prescription de cinq ans les intérêts dus pour prix de vente d'immeubles, surtout quand ces intérêts, comme dans l'espèce, ont été stipulés payables par année;—Casse l'arrêt de la cour d'Agen, du 5 août 1826.

Du 14 juill. 1830.-C. C., ch. civ.-MM. Portalis, 1er pr.-Quéquet, rap.-Garnier et Mandaroux-Vertamy, av.

(2) (Le domaine C. demoiselle de Beaumont.) — LA COUR (ap. dél. en ch. du cons.); — Vu l'art. 2277 c. civ.;—Attendu que l'arrêt attaqué reconnait, en fait, que, par les conventions faites entre Calmer et l'union des créanciers du duc de Chaulnes, en 1776, et rendues communes à S. A. R. Monsieur, par son contrat d'acquisition de la baronnie de Pequigny, passé en 1779, les intérêts de prix d'immeuble dont il s'agit ont été stipulés payables, de six mois en six mois, aux créanciers de rentes viagères, et ce, jusqu'à l'extinction de ces rentes, par le décès des rentiers, lesquels décès devaient être notifiés à l'acquéreur, à l'effet de rendre exigible le capital laissé en ses mains pour le service semestriel de chaque rente viagère; — Attendu qu'il est également constaté, en fait, par le jugement de première instance, non contredit en ce point, par l'arrêt attaqué, qu'aucune notification des décès des rentiers viagers n'a été faite dans aucun temps, soit à S. A. R., soit à l'Etat qui l'a temporairement représentée; —Qu'ainsi et faute de cette notification, les intérêts dus ont, tant à l'égard de S. A. R. qu'à l'égard de l'Etat, conservé, jusqu'à l'action intentée, le caractère d'intérêts conventionnellement périodiques et délégués pour le service des rentes viagères; — Attendu que des intérêts de cette nature sont évidemment compris dans la généralité de la disposition finale de l'art. 2277 c. civ., qui les déclare prescriptibles par cinq ans, et qu'en refusant d'y appliquer cette prescription, la cour royale de Paris a formellement violé cet article (ce qui dispense d'examiner la question agitée entre les parties de savoir si, dans le cas où il se fût agi d'intérêts dus sans convention, le même art. 2277 eût été également applicable); — Casse.

Du 5 déc. 1827.-C. C., ch. civ.-MM. Desèze, 1er pr.-Quéquet, rap.-Joubert, 1er av. gén., c. conf.-Guichard et Lassis, av.

(3) (Laporte C. Labat.) — LA COUR; — Attendu que l'option de l'appelant pour le payement de la somme de 500 fr. ne doit pas rendre sa condition meilleure au préjudice du vendeur; que les intérêts ne sont que la représentation des fruits dont il profite, et qu'il aurait dû restituer dans le cas de délaissement; qu'il suit de là qu'il n'y a pas lieu dans l'hypothèse à l'application de l'art. 2277 c. civ.

Du 10 mai 1824.-C. d'Agen.

(4) (Marquis de Preaulx C. Lauvray.) — LA COUR; — En ce qui touche les offres de 789 fr. 65 c. faites le 11 oct. 1851, tant pour le principal et les frais que pour cinq années seulement d'intérêts : — Considérant que la prescription ne peut être étendue au delà du cas pour lequel elle a été introduite par la loi; que l'art. 2277 du code, quelque généralité qu'il embrasse dans ses termes, ne peut s'appliquer à des intérêts moratoires, qui seraient dus indépendamment de toute convention, puisqu'ils représentent les fruits produits par l'immeuble dont l'acquéreur a profité; — Que, d'ailleurs, par les actes de vente des 27 et 28 déc. 1817, les intérêts n'étaient pas payables à des termes périodiques, mais bien exigibles avec le prix de l'immeuble; — Qu'ainsi les offres faites par Lauvray ont été mal à propos déclarées suffisantes; — Infirme, etc.

Du 25 mai 1855.-C. de Paris, 3e ch.

(5) (Sapey C. Lambilly et Jourdan.) — LA COUR; — ...Considérant que depuis l'an 8, époque de la vente, il y a eu série de demandes et d'actes conservatoires; qu'il n'y a point appel de la disposition du jugement qui prononce la condamnation à tous les intérêts contre le débiteur; que ces intérêts sont ainsi inséparables de la créance principale, et ne peuvent être frappés de la prescription établie par l'art. 2277 c. civ., à l'égard des redevances et intérêts payables à des termes périodiques, avant le terme d'exigibilité du capital; — A mis et met l'appellation et ce dont est appel au néant, en ce que Sapey n'a été colloqué par privilège dans l'ordre dont il s'agit, que pour deux années et l'année courante des intérêts de sa créance principale, restant du prix de la vente primitive, etc.

Du 31 mai 1818.-C. de Paris, aud. sol.-M. Séguier, 1er pr.

(6) (Hubert C. Cochard.)—LA COUR;—Considérant que, par l'art. 5 du procès-verbal d'adjudication, du 25 juill. 1809, le prix de la vente faite à Cochard a été stipulé payable avec les intérêts dans le délai de deux mois; — Que ces intérêts, n'étant pas exigibles à des termes périodiques, ne forment qu'un seul et même prix; que, dès lors, ces intérêts ne devant être payés qu'avec le capital, ne peuvent être soumis à la prescription de l'art. 2277 c. civ.; — Qu'en effet, quelque généraux que soient les termes de cet article, ils ne doivent s'appliquer qu'aux intérêts et aux sommes payables à des termes périodiques quelconques, et qui peuvent être réclamés à l'échéance des termes stipulée; — Que, dans la cause, les intérêts n'étant exigibles qu'en même temps que le prix principal, ne pouvaient être réclamés séparément et par une action distincte; — Infirme; au principal, condamne Cochard à payer à Hubert la somme de 500 fr. pour le prix principal de l'adjudication à lui faite le 25 juill. 1809, avec les intérêts depuis ladite époque, sinon déclare la vente résolue.

Du 22 juill. 1837.-C. de Paris, 3e ch.-M. Simonneau, pr.

(7) (Veuve Thil.) — LA COUR; — Considérant que les exceptions ne s'étendent point et que l'art. 2277 est une exception aux règles générales de la prescription d'action; — Considérant que cet article ne contient aucune expression d'où l'on puisse induire raisonnablement son applica-

— 4° Que les intérêts du prix d'adjudication, courus avant l'ouverture de l'ordre, et avant la distribution du prix aux créanciers, ne se prescrivent pas par cinq ans, soit parce que ces intérêts ne sont pas payables par année, ou à des termes périodiques, soit parce que l'adjudicataire ne doit payer qu'à la fin de l'ordre (Grenoble, 19 mars 1829, 20 janv. 1832; Amiens, 13 août 1840) (1); — 5° que les intérêts d'un prix de vente ne se prescrivent point par cinq ans, au préjudice des créanciers inscrits auxquels l'acquéreur a notifié son contrat, bien que la réquisition d'ouverture d'ordre n'ait été faite à l'acquéreur que plus de cinq ans après cette notification (Grenoble, 30 août 1833) (2); — 6° Que la collocation de créances hypothécaires, sur des fonds laissés entre les mains de l'acquéreur pour le service d'une rente viagère, avec déclaration que les intérêts de ces créances devront être payés, en sus du capital, au décès du crédirentier, emporte délégation au profit des créanciers, pour le capital et les intérêts, lesquels sont, par suite, affranchis de la prescription quinquennale (Req. 17 avr. 1849, aff. Colas, D. P. 49. 1. 109).

Au surplus, et quoi qu'il en soit de ces solutions, il nous semble que si l'adjudicataire avait été chargé par le règlement de l'ordre de conserver une partie de son prix à la charge d'en payer les intérêts à des créanciers inscrits, il pourrait se prévaloir des dispositions de l'art. 2277.

1090. Il est sans difficulté que lorsque, par le contrat de vente, le prix d'un immeuble a été converti en une rente perpétuelle, les arrérages de cette rente sont soumis à la prescription quinquennale établie par l'art. 2277 c. nap. (Paris, 2 juillet 1825) (3).

1091. Il y aurait aussi exception à la règle de l'art. 2277, si une cause légitime avait empêché le créancier de se faire payer. — Jugé en conséquence : 1° que la prescription de l'art. 2277 c. nap. n'est pas applicable aux intérêts d'un prix de vente, si le créancier a été dans l'impossibilité d'agir pour les réclamer; — Et que, dans l'espèce, cette impossibilité a pu être déclarée par jugement résulter de l'existence d'une instance engagée en raison de cette vente, entre les acquéreurs et un tiers, instance qui les aurait empêché de payer un créancier auquel partie du prix avait été délégué (Rej. 9 juill. 1834, aff. Poullain, V. Oblig.), sans que la décision tombe sous la censure de la cour de cassation; — 2° Que la prescription des intérêts du prix d'un immeuble ne peut non plus atteindre le créancier, lorsque, par la notification que l'acquéreur a faite de son contrat, il a été contraint d'attendre les résultats de l'ordre, ou lorsque l'immeuble a été l'objet d'une procédure en revendication ou d'une action en surenchère, ou d'une demande en rescision pour cause de lésion, ou de toute autre procédure tendant à réagir sur le *quantum* du principal et des intérêts (Bourges, 15 juill. 1839) (4). — Dans l'espèce, la cour d'appel avait déclaré en fait que les créanciers avaient été dans l'*impossibilité d'agir* par suite du procès; elle avait en outre jugé

---

tion aux intérêts dus par un acquéreur d'immeubles à ceux des créanciers inscrits de son vendeur qui peuvent être colloqués; — Considérant que ces intérêts ne sont point dus à des époques périodiques; qu'ils ne peuvent pas être exigés à part du capital, autrement que par un état d'ordre; qu'ils sont de simples accessoires du capital, et forment, comme lui, partie du prix à distribuer; — Considérant qu'ainsi ils ne peuvent se prescrire qu'autant que le capital lui-même serait prescrit; — Confirme, etc.

Du 19 juin 1816.-C. de Caen.

(1) 1re *Espèce* : — (Salamand C. Charmeil.) — 8 mai 1815, des biens saisis sur Sibut sont adjugés à Me Salamand pour 3,600 fr. — Aucune poursuite n'est dirigée contre l'adjudicataire. — En 1825 seulement, ouverture d'un ordre. — Alors Me Salamand oppose la prescription de dix ans établie en faveur du tiers détenteur par l'art. 2265, et subsidiairement, la prescription de cinq ans, quant aux intérêts. — 11 mars 1828, le tribunal de Saint-Marcellin rejette ces deux exceptions. — Appel. — Arrêt.

La cour; — Attendu que si l'acquéreur ayant titre et bonne foi, et qui n'est pas personnellement tenu à la dette, prescrit par dix ans de possession la propriété de l'immeuble par lui acquis, cette prescription décennale ne peut s'appliquer à l'obligation contractée par l'acquéreur de payer son prix de vente, laquelle obligation est toujours comprise dans les conditions d'une adjudication, et n'est soumise qu'à la prescription de trente ans; — Attendu que l'adjudicataire, qui est tenu de payer son prix d'adjudication entre les mains des créanciers, et ce avec intérêts, du jour fixé par le cahier des charges, ne peut, dans aucun cas, exciper d'un retard plus ou moins long, à l'effet de parvenir à la distribution du prix, pour retenir les intérêts qu'a produits le prix d'adjudication, en se fondant sur la prescription de cinq ans, prononcée par l'art. 2277; car, d'un côté, ces intérêts ne sont nullement payables par année ou à des termes périodiques, condition nécessaire exigée pour la prescription de cinq ans; et, d'un autre côté, non-seulement il n'existe aucune présomption de payement, qui est le fondement de toute prescription, mais encore il y a preuve et aveu que l'adjudicataire n'a payé ni pu payer des intérêts aux créanciers avant la fin de l'ordre, qui n'est pas encore terminé; — Confirme, etc.

Du 19 mars 1829.-C. de Grenoble, 1re ch.-M. Maurel, pr.

2e *Espèce* : — (Barge C. Janon.) — La cour; — Attendu que si les intérêts du prix de la vente d'un immeuble sont payables par année, et, dès lors, doivent se prescrire par cinq ans aux termes de l'art. 2277 c. civ., dès l'instant que l'adjudicataire a fait signifier son acte d'acquisition aux créanciers inscrits, ceux-ci, attendant le résultat de l'ordre qui doit s'ouvrir, n'ont pu recevoir, et le débiteur n'a pu se libérer des intérêts qui ne sont plus payables à des termes périodiques; que, dès lors, aucune prescription de ces mêmes intérêts n'a pu courir en faveur du débiteur au préjudice des créanciers.

Du 20 janv. 1832.-C. de Grenoble.

3e *Espèce* : — (Despeaux C. Devaux et Léger.) — La cour; — Attendu que les intérêts dont il s'agit n'ont pas été stipulés payables par année ni à aucun terme périodique plus court, mais d'après un ordre entre les créanciers et la partie saisie, lequel ordre est resté suspendu et incertain jusqu'à l'ouverture de la contestation des parties; d'où il suit que l'art. 2277 c. civ. n'a point d'application à la cause; — Confirme, etc.

Du 13 août 1840.-C. d'Amiens, ch. civ.-M. Poirriez, pr.

(2) *Espèce* : — (Long et cons. C. Antoine Maurel.) — En l'an 12, vente par Rosalie Sylvestre, à Antoine Maurel, d'une maison, au prix de 3,700 fr., payables dans trois mois avec intérêts. — Transcription et notification du contrat aux créanciers inscrits. — Silence de ceux-ci. — En 1832, l'un des créanciers inscrits, le sieur Long, fait ouvrir l'ordre. L'état provisoire est dressé. — Opposition de Maurel, fondée sur ce que le commissaire aurait entendu comprendre, parmi *les sommes* à distribuer, plus de cinq années d'intérêt du prix de vente. — La même année, jugement du tribunal d'Embrun qui ordonne que l'acquéreur tienne compte des intérêts depuis la date de son contrat jusqu'à la clôture définitive de l'ordre : — « Attendu qu'aux termes de l'art. 2186 c. civ. ce n'est qu'en vertu d'un ordre ou en consignant que l'acquéreur peut se libérer de son prix, qui, par suite de la notification aux créanciers inscrits et du silence de ceux-ci, était demeuré définitivement fixé comme au contrat; que l'acquéreur n'ayant pas consigné ne pouvait donc se libérer qu'en vertu d'un ordre; que de même les créanciers ne pourront se faire payer qu'au moyen d'un ordre; que les intérêts du prix de vente ne sont donc pas payables par année ou à des termes périodiques; que l'art. 2277 est donc inapplicable; qu'ainsi les intérêts doivent s'accumuler et ne sont soumis, comme le capital, qu'à la prescription trentenaire. » — Appel par Maurel. — Arrêt.

La cour; — Attendu que, dans l'espèce, les créanciers n'avaient point d'action pour réclamer annuellement le payement des intérêts contre le débiteur du prix de la vente dont il s'agit, et que, par conséquent, la prescription de cinq ans ne peut leur être opposée; — Adoptant, au surplus, les motifs des premiers juges, etc.

Du 30 août 1833.-C. de Grenoble, 4e ch.-M. Dubois, pr.

(3) Levacher C. les hospices de Bourges.) — La cour; — En ce qui touche le grief d'appel sur la quotité des arrérages de la rente constituée dont s'agit : — Considérant que le prix de l'immeuble ayant été converti en une rente perpétuelle, payable périodiquement, l'art. 2277 c. civ. est applicable à l'espèce; — Met l'appellation et ce dont est appel au néant, en ce que la condamnation d'arrérages a excédé celle des cinq années antérieures à la demande; émendant quant à ce, décharge l'appelant des condamnations contre lui prononcées.

Du 2 juill. 1825.-C. de Paris, 1re ch.-M. Joubert, av. gén., c. contr.

(4) (Colomb C. Brenier.) — La cour; — ...Considérant que, si, d'après le texte précis de ses dispositions, et conformément surtout à l'esprit qui les a dictées, l'art. 2277 c. civ. peut être déclaré applicable aux intérêts du prix d'un immeuble, payables périodiquement, il faut, d'une part, et que la périodicité ne soit pas équivoque, et que, de l'autre, le créancier n'ait pas été dans l'impossibilité d'agir; — Mais que, dans l'espèce, et en admettant que la périodicité des intérêts résultât réellement soit des termes du contrat, soit de sa nature, cette condition a été changée par le fait de l'acquéreur et a eu pour conséquence nécessaire de mettre le créancier dans l'impossibilité d'agir; qu'en effet, l'acte de vente du 25 avr. 1828 a été par l'acquéreur notifié aux créanciers le 29 août suivant, pour satisfaire aux dispositions de l'art. 2183 c. civ.; qu'en vertu de cette notification, les termes de payement ont été subvertis, l'acquéreur s'est déclaré prêt à payer sur-le-champ prin-

que les intérêts n'étaient pas prescriptibles par cinq ans au profit d'acquéreurs délégués, qui étaient chargés de les payer, et qui avaient eu les fruits de l'immeuble vendu. — La chambre civile ne s'est fondée que sur l'*impossibilité d'agir* pour rejeter le pourvoi de l'acquéreur. — Nous avons douté qu'il y ait eu là un cas de force majeure, dans le sens de l'avis du conseil d'Etat publié en 1814 (V. Effets de com., p. 85, note), tout en comprenant qu'il puisse exister des hypothèses où des procès forment une sorte d'impossibilité morale d'agir (D. P. 34. 1. 309, note 7, et vº Force majeure, nºs 3, 9 et 34). — Au contraire, suivant M. Troplong, la cour d'appel et celle de cassation n'ont pas entendu dire que la prescription eût été arrêtée par un obstacle légal, mais seulement que c'était le cas d'appliquer la prescription trentenaire, et non celle quinquennale, aucune négligence n'étant, dans l'espèce, imputable au créancier. — Mais tout en convenant, avec M. Troplong, que le créancier peut n'avoir point été en faute dans l'espèce, nous remarquons qu'il donne à la décision de la cour de cassation une interprétation qui est en contradiction *expresse* avec les termes de son arrêt, comme elle l'est avec sa jurisprudence.

1092. Lorsque, sur la question de savoir si celui qui a acquis un immeuble avant le code Napoléon doit payer tous les intérêts de son prix jusqu'au jour de la demande, ou bien s'il ne doit les intérêts que jusqu'au code Napoléon, et en outre cinq années avant la demande, il intervient un jugement qui condamne l'acquéreur au payement des intérêts légitimes depuis la vente, un tel jugement, supposant nécessairement un décompte d'intérêts à faire entre les parties, d'après la combinaison des lois, ne peut être annulé comme s'il avait ordonné la prestation d'intérêts courus depuis le code Napoléon, au delà de la durée déterminée par l'art. 2277, c'est-à-dire plus de cinq années d'intérêts (Req. 2 juill. 1828, MM. Favard, pr., Borel, rap., aff. Duplantier *C.* de Poudens).

1093. Les intérêts de la dot n'étaient autrefois soumis qu'à la prescription trentenaire (V. en ce sens Agen, 18 nov. 1830, aff. Bernard, V. Contr. de mar., nº 3186-2º). — Les intérêts ou arrérages d'un douaire échus avant le code n'étaient astreints qu'à une prescription semblable, et non à une prescription quinquennale (Paris, 4 avr. 1808, M. Seguier, pr., aff. Mérault *C.* Lamossain).

1094. Sous le code, les intérêts de la dot payables par année se prescrivent par cinq ans (Limoges, 26 janv. 1828; Bordeaux, 8 fév. 1828; Toulouse, 12 août 1834 (1); Agen, 18 nov. 1830, aff. Bernard, vº Contr. de mar., nº 3186-2º. — Conf. Limoges, 4º ch., 4 août 1838, M. Talandier, pr., aff. Laval). — De même les intérêts d'une somme (prix de vente) due à une femme pour créance dotale, sont prescriptibles par cinq ans, alors d'ailleurs que cette femme est séparée de biens : la femme opposerait en vain que c'est là une action susceptible de réfléchir contre son mari (Toulouse, 14 déc. 1850, aff. Pignol, D. P. 51. 2. 85). — V. cependant Paris, 23 juin 1818, M. Amy, pr., aff. d'Arthel *C.* de Coubert).

1095. La prescription de cinq ans est applicable aux intérêts produits par des effets de commerce protestés (Bordeaux, 13 mars 1828) (2).

1096. Mais il faut bien remarquer que si les intérêts des sommes prêtées sont le produit d'une somme que le créancier *n'a pu se faire payer*, ils ne peuvent être atteints que par la prescription de trente ans (Conf. M. Troplong, nº 1027).—En un mot, tant qu'il n'y a pas créance reconnue dont le créancier puisse exiger le payement (Motif de l'arrêt, Req. 30 avril 1835, aff. Spitalier, V. Minorité, nº 461), l'art. 2277 n'est pas applicable. — Jugé en conséquence : 1º que les intérêts qui courent à compter du jour de la demande en justice jusqu'au jour du jugement, ne sont pas soumis à la prescription de cinq ans, ces intérêts n'ayant pu courir avant le jugement qui les rend exigibles (Paris, 27 juin 1816, aff. Rubot, V. Prêt à intérêts; Req. 12 juill. 1836, aff. Marescot, nº 1082);—2º Que les intérêts de capitaux portés en compte courant entre négociants, ne commencent à se prescrire par cinq ans qu'à compter du règlement (Req. 12 déc. 1838 (3); Paris, 18 mai 1825, aff. Conseillant, V. Compte courant, nº 77);—3º Que les intérêts dus depuis la majorité jusqu'à la reddition de compte,

---

cipal et intérêts aux créanciers en ordre de recevoir, et ceux-ci n'ont pu, dès ce moment, rien exiger jusqu'au jugement d'ordre distributif, concurremment, et du principal et des intérêts; que l'acquéreur ne peut se plaindre de ce nouvel état de choses, qu'il a librement choisi et dont il pouvait d'ailleurs, en consignant, décliner les inconvénients qu'il signale; — Qu'à cet empêchement, véritablement dirimant, apporté par l'acquéreur lui-même aux créanciers, de requérir les intérêts à leur échéance, d'autres circonstances de la cause sont venues simultanément ajouter leur influence et des embarras successifs : demande en revendication de portions de l'immeuble, action en surenchère, demande en rescision pour cause de lésion; — Qu'au milieu de ces entraves et de ces involutions de procédure, dont l'effet immédiat était de réagir sur le *quantùm* tant du capital que des intérêts, il demeure bien constant que les créanciers ont été mis dans l'impossibilité d'en poursuivre le payement, et qu'en conséquence aucune prescription n'a pu courir contre eux; — Déclare l'appel recevable; statuant sur icelui, met au néant le jugement de première instance, au chef qui limite à cinq années les intérêts du prix dû par l'intimé; dit, au contraire, que les intérêts ont couru et sont dus depuis le jour de la vente, etc.

Du 15 juill. 1839.-C. de Bourges, ch. civ.-M. Beaudouin, pr.

(1) 1re *Espèce* : — (Peyrat, etc. *C.* Chabrol.) — LA COUR;—...Considérant que les intérêts de la dot, comme tous autres intérêts, sont exigibles par année; qu'ainsi ils sont nommément compris dans les dispositions de l'art. 2277 c. civ., qui les déclare prescrits à défaut d'actes conservatoires; — Dit mal jugé.

Du 26 janv. 1828.-C. de Limoges, 3e ch.-M. Chantagru, pr.

2e *Espèce* : — (Magne-Chabannes *C.* créanciers Puydebeau.) — LA COUR;—...Attendu, quant aux intérêts de la dot, courus avant le jour de la notification du jugement d'adjudication aux créanciers inscrits, qu'ils ne peuvent être exigés que pour le laps de cinq années; que le surplus est prescrit aux termes de l'art. 2277 c. civ.

Du 8 fév. 1828.-C. de Bordeaux, 4e ch.-M. Dutrouilh, pr.

3e *Espèce* : — (Combettes *C.* Astié.) — LA COUR; — Attendu qu'il ne reste qu'à statuer sur les demandes de Combettes contre Astié comme procède, relatives aux intérêts dotaux réclamés par ce dernier; — Attendu que Combettes ne pouvant en être tenu que comme époux de Claire Mary, en exécution de leur contrat de mariage, ce sont les seuls intérêts dont la cour ait à s'occuper; — Attendu que ces intérêts sont sujets à la prescription de cinq ans introduite par l'art. 2277 c. civ., dont les dispositions embrassent expressément tout ce qui est payable par année; peu importe qu'il soit question, dans l'espèce, d'intérêts de sommes dotales, elles ne sont qu'une créance en argent portant des intérêts annuels régis alors par l'article cité, et dont l'objet a été d'empêcher que le débiteur ne se laissât surcharger par des intérêts trop longtemps accumulés, et de mettre fin aux contestations que la diversité des intérêts, provenant des créances en argent, aurait pu reproduire;—Qu'on ne saurait assimiler les intérêts à une restitution de fruits perçus au préjudice du propriétaire, restitution qui n'a point les caractères d'une redevance annuelle résultant d'un capital en argent;—Par ces motifs, vidant le renvoi au conseil, réformant, déclare que les intérêts dotaux de 800 fr. réclamés par Astié comme procède, sont dus pour la part concernant ledit Astié par Combettes, à dater du contrat de mariage de ce dernier; qu'ils ne sont exigibles que pour cinq ans depuis l'ajournement du 21 août 1827...

Du 12 août 1834.-C. de Toulouse.-M. du Bernard, pr.

(2) (Gauteyron *C.* Bousquet.) — LA COUR; — Attendu que, d'après l'art. 2277 c. civ., les intérêts des sommes prêtées se prescrivent par cinq ans; que nul acte légal n'a interrompu la prescription avant la citation du 28 sept. 1826; qu'on ne saurait attribuer cet effet à la saisie-arrêt faite par Bousquet le 18 juin 1823, validée par le jugement du 23 décembre suivant; qu'en effet, cet acte ne constitue qu'une mesure conservatoire, et nullement une demande judiciaire qui mette en demeure pour le payement des intérêts, et qui soit de nature à en interrompre la prescription; que conséquemment, au 28 sept. 1826, les appelantes n'étaient tenues de payer que cinq ans d'intérêts arrérages des deux billets de 3,670 fr. chacun, déduction faite sur ce capital des 2,000 fr. payés le 6 août 1807; — Emendant, condamne les appelantes à payer à Bousquet cinq années d'intérêts, et ceux qui ont couru à compter de la citation du 28 sept. 1826, etc.

Du 13 mars 1828.-C. de Bordeaux, 4e ch.-M. Dutrouilh, pr.

(3) (Duquesne *C.* Delattre.) — LA COUR; — Sur le deuxième moyen tiré de l'art. 1153 c. civ. : — Attendu que l'arrêt ayant constaté, en fait, que, pour le prêt fait par Delattre aux sieurs Duquesne, il y avait eu stipulation d'intérêts, l'article invoqué n'a pu être violé par la disposition qui adjuge ces intérêts à dater de la convention;—Sur le troisième moyen tiré de l'art. 2277 c. civ. : — Attendu que, d'une part, rien ne constate que la prescription ait été invoquée, et que, d'autre part, il résulte de l'arrêt que les sieurs Duquesne avaient ouvert à Delattre un compte courant, et que la prescription n'avait pu être opposée qu'après le règlement définitif de ce compte;—Rejette le pourvoi formé contre l'arrêt de la cour d'Amiens, du 6 juill. 1836.

Du 12 déc. 1838.-C. C., ch. req.-MM. Zangiacomi, pr.-Madier, rap.

ne sont pas prescriptibles par cinq ans (Nancy, 19 mars 1830, aff. Jolliot, V. Minorité, nº 471). — ...A la différence, remarque M. Troplong, *eod.*, de ceux courus depuis la reddition du compte et la liquidation du débet. — 4º Que la prescription de cinq ans ne s'applique pas au cas où des sommes touchées pour recevoir une destination déterminée, ont été détournées de cette destination par celui qui les a reçues (Req. 21 juill. 1830) (1); — 5º Que le mandataire qui a employé à son profit les sommes qu'il était chargé de retirer, ne prescrit pas par cinq ans les intérêts de ces sommes, tant qu'il n'a pas rendu son compte (Liége, 10 juill. 1833) (2); Cass. 7 mai 1845, aff. Levasseur, D. P. 45. 1. 305); — 6º Que l'art. 2277 n'est pas applicable aux intérêts du reliquat d'un compte de tutelle qui n'a pas encore été rendu (Req. 30 avril 1833, aff. Spitalier, V. Minorité, nº 461); — 7º Qu'on ne prescrit pas non plus contre un comptable (par exemple une femme tutrice de ses enfants) les intérêts des créances (des reprises) qu'il peut avoir à exercer contre la succession qu'il gère tant qu'il n'a pas rendu son compte (Bordeaux, 10 août 1849, D. P. 52. 2. 10). Et l'arrêt remarque qu'il en est de même à l'égard de l'héritier bénéficiaire: il y a suspension à l'égard des uns et des autres (V. plus haut nº 776); — 8º Que quand un capital n'a été stipulé payable qu'à un événement dont l'époque est incertaine, les intérêts de ce capital, échus lors de l'événement, n'ayant pas pu, en leur qualité d'accessoire, être réclamés avant l'événement, n'ont pas dû être prescrits par cinq ans, surtout si l'événement qui devait rendre le capital exigible a été retardé par le fait du débiteur, sans négligence de la part du créancier (Req. 27 mai 1834, aff. Delcroix, V. Vente); — 9º Que l'art. 2277 ne s'applique pas aux intérêts des avances faites par le mandataire pour le compte du mandant (Req. 18 fév. 1836; Rouen, 4 mai 1843) (3). On a objecté en vain que les motifs qui ont fait établir la prescription quinquennale à savoir d'éviter la ruine des débiteurs par une seconde accumulation des intérêts, s'applique aussi bien aux intérêts des avances faites par un mandataire qu'aux autres prestations qui se perçoivent annuellement et que l'art. 2001 c. civ., qui déclare les avances des mandataires productives d'intérêts, n'a pu déroger au droit commun consacré par l'art. 2277; — 10º Que les intérêts des sommes sujettes à rapport entre les cohéritiers ne sont prescriptibles que par trente ans (Colmar, 1er mars 1836; Paris, 24 nov. 1838 (4); Caen, 2 avril 1845, D. P. 45. 4. 406. « Tant que l'indivision dure, dit M. Troplong, t. 2, nº 1032, et que la position respective des héritiers n'est pas fixée par le partage, on ne peut reprocher à celui que la liquidation constitue créancier, de n'avoir pas agi auparavant » (Conf. M. Vazeille, t. 1, nº 616, et t. 2, nº 370); — 11º Et que la prescription de l'art. 2277 ne s'applique pas aux arrérages de rente échus pendant la durée d'un sursis qui suspendait toutes poursuites contre le débiteur, quand même le créancier aurait laissé passer cinq ans sans agir après la levée du sursis (Paris, 28 avril 1827) (5).

1097. En matière d'assurances mutuelles, la part contribu-

---

(1) (Raissac C. Vidal.) — La cour; — Attendu, en droit, que ce ne sont que les intérêts des sommes prêtées, et généralement ceux payables par année, ou à des termes périodiques plus courts, qui, d'après la disposition de l'art. 2277 c. civ., se prescrivent par cinq ans; — Et attendu qu'il est constant et reconnu, en fait, par l'arrêt attaqué, que les intérêts dont il s'agit étaient dus pour une somme détournée par les demandeurs de sa destination, et qu'ils devaient servir pour indemniser les créanciers de cette somme; — Qu'ainsi, sous ce double rapport, ledit art. 2277 c. civ. était sans application à l'espèce; aussi ce moyen n'a pas été non plus proposé aux juges de la cause, etc.; — Rejette le pourvoi formé contre la cour d'appel de Montpellier, du 25 mars 1829.

Du 21 juill. 1830.-C. C., ch. req.-MM. Dunoyer, pr.-Lasagni, rap.

(2) (Poncin C. Recht.) — La cour; — Considérant que, par procuration en date du 25 juill. 1798, J.-G. Poncin avait chargé N. Recht de faire liquider et rentrer un bon sur le gouvernement autrichien de la valeur de 1,467 florins; que, quelques mois après, Recht trouva bon d'acquérir un capital de 18,000 florins, pour lequel il céda le bon dont il s'agit avec plusieurs autres, qui furent liquidés et payés à Vienne le 14 août 1799; qu'ayant ainsi disposé à son profit de la créance de son mandant, il devait l'intérêt des sommes qui en sont provenues, suivant la loi 10, § 3, ff., *Mandati vel contra*, et l'art. 1996 c. civ.; — Considérant que la prescription établie par l'art. 2277 de ce code a été principalement introduite comme une peine de la négligence du créancier; qu'elle ne s'applique naturellement que dans les cas où le créancier muni d'un titre avait toute faculté d'en poursuivre l'exécution; qu'il en est de même de la disposition invoquée de l'ordonnance de 1629, qui doit s'entendre dans le même sens que celle du code civil; que, dans l'espèce, les intérêts ne sont pas dus par le mandataire à raison de sa gestion, mais à cause de l'emploi illicite qu'il a fait des sommes qui en étaient l'objet; que la procuration n'était donc pas un titre pour en exiger le payement; que ces intérêts forment réellement avec le principal une seule et même dette, qui n'était soumise qu'à la prescription ordinaire; que, par suite, les premiers juges ont erré en admettant la prescription de cinq ans opposée par les intimés; — Met l'appellation et ce dont est appel au néant; déclare les intimés non fondés dans leur exception de prescription quinquennale.

Du 10 juill. 1833.-C. d'appel de Liége, 2e ch.

(3) 1re *Espèce*: (Godot C. dame Boselli.) — La cour; —... Sur le moyen fondé sur la violation de l'art. 2277 c. civ., sur la prescription quinquennale: — Attendu que cette prescription est inapplicable aux intérêts des avances faites par le mandataire pour le compte du mandant, lesquels, aux termes de l'art. 2001, sont dus à dater du jour où chaque avance a été faite; — Rejette.

Du 18 fév. 1836.-C. C., ch. req.-MM. Zangiacomi, pr.-Moreau, r.

2e *Espèce*: — (Langlois C. Langlois et cons.) — La cour...; — Attendu que, d'après les auteurs et la jurisprudence de la cour de cassation, attestée par ses arrêts des 21 mai 1822 et 18 fév. 1836, l'art. 2277 c. civ. n'établit la prescription quinquennale que pour les intérêts des sommes prêtées, et généralement pour tout ce qui est payable par année ou à des termes périodiques plus courts; que, dès lors, il peut être considéré comme inapplicable aux intérêts des avances faites par le mandataire pour le compte du mandant, tant que les parties ne se sont pas réglées sur le chiffre de ces avances, et que le mandataire n'a pas de titre dont il puisse poursuivre l'exécution; que, d'ailleurs, ces intérêts ne sont pas dus et payables à des époques périodiques, mais qu'ils constituent à l'égard du mandataire une véritable indemnité placée par la loi, à raison de sa nature, sur la même ligne que les avances auxquelles ils se rattachent, et également exigibles toutes fois et quantes; — Ordonne l'exécution du jugement dont est appel, etc.

Du 4 mai 1843.-C. de Rouen, 1re ch.-M. Legris de la Chaise, pr.

(4) 1re *Espèce*: — (Hérit. Muller.) — La cour; — Considérant que la prescription n'a pas lieu entre cohéritiers, parce que tout est soumis à une liquidation, et qu'ils n'ont les uns envers les autres que l'action en partage, qui dure trente ans; que ce n'est que le partage qui fixe leur propriété et les investit de la possession des choses qui tombent dans leur lot et de l'exercice des actions qui en dérivent; d'où il suit que le moyen de prescription proposé n'est pas fondé; — Par ces motifs, et adoptant au surplus ceux des premiers juges, met l'appel au néant, etc.

Du 1er mars 1836.-C. d'appel de Colmar.

2e *Espèce*: — (Béguin C. hérit. Prodome.) — La cour; — En ce qui touche les intérêts alloués à compter du 27 sept. 1807; — Considérant qu'il s'agit dans l'espèce de rapport entre cohéritiers, et que, d'après les dispositions de l'art 856 c. civ., confirmatif des principes anciens, les intérêts des choses rapportées sont dus à compter du jour de l'ouverture de la succession; — Considérant que la prescription introduite par l'art. 2277 du même code, à raison de sommes payables annuellement, est inapplicable aux intérêts des choses rapportées, l'action en rapport restant suspendue et n'étant ouverte que par la demande en partage; — Confirme, etc.

Du 24 nov. 1838.-C. de Paris, 3e ch.-M. Jacquinot-Godard, pr.

(5) *Espèce*: — (Dalléaz C. Fieffé.) — En 1785, André Dalléaz vend par acte authentique à Fieffé-Dubouchet une maison située à Saint-Domingue, pour le prix de 6,000 fr. comptant, et une rente viagère de 1,400 fr. En 1787, les demoiselles Fieffé s'obligent aussi par acte authentique au service de ladite rente. Elle fut régulièrement payée jusqu'en 1802. — A cette époque un arrêté avait ordonné un sursis en faveur des débiteurs de Saint-Domingue. Cet arrêté a été successivement prorogé jusqu'en 1819. — En 1818, André Dalléaz mourut. Quand les lois de sursis eurent cessé, les héritiers Dalléaz laissèrent passer plus de cinq ans, sans demander aux demoiselles Fieffé seize années d'arrérages accumulés sous l'empire de ces lois. Ils ne formèrent leur demande qu'en 1826. Les demoiselles Fieffé leur opposèrent la prescription; pour les deux années antérieures au code civil, se fondant sur l'art. 71 de l'ord. de 1510; pour les années suivantes, sur l'art. 2277 c. civ. Le tribunal de première instance de la Seine a, sur les deux points accueilli la fin de non-recevoir. — Appel. — Arrêt.

La cour; — Attendu que la prescription établie par l'art. 71 de l'ord. de 1510 n'est point applicable aux arrérages de rente viagère, qu'ainsi les héritiers Dalléaz sont fondés à réclamer le payement des deux années échues le 25 mars 1804, date de la promulgation du tit. 20 c. civ. qui soumet à la prescription de cinq ans les arrérages de rente viagère; — En ce qui concerne les arrérages échus depuis la promulgation dudit titre, jusqu'au 31 mars 1818, jour du décès d'André Dalléaz: — Attendu que la rente dont il s'agit avait pour cause une vente de biens situés à

tive de chaque assuré, pour la réparation des sinistres, n'est pas soumise à la prescription de cinq ans (Cass. 8 fév. 1843, et sur renvoi, Nancy, 27 nov. 1843 (1); Cass. 17 mars 1856, aff. comp. d'ass. de Dijon, D. P. 56. 1. 100). — Il n'en serait pas de même

---

Saint-Domingue, faite en 1785 ; — Qu'un arrêté du gouvernement du 19 fruct. an 10 (6 sept. 1802) a sursis jusqu'au 1er vend. an 16, à toutes poursuites pour le payement des créances antérieures au 1er janv. 1792 ; que cet arrêté porte en termes exprès « que le temps de la suspension ne pourra jamais être compté pour la prescription ; » — Attendu que le sursis a été prorogé successivement par des arrêtés et des lois positives jusqu'en 1819 ; — Que Dalléaz étant décédé en 1818, avant l'expiration du sursis, avait été dans l'impuissance d'agir contre ses débiteurs pour les contraindre au payement ; qu'il s'ensuit que les arrérages échus pendant la suspension ne sont pas sujets à la prescription ; — Considérant que peu importe que depuis 1818 les héritiers Dalléaz aient laissé passer cinq ans sans former leur demande contre les débiteurs ; que le code civil, qui admet la prescription de cinq ans pour les rentes viagères, ne serait applicable que si l'on réclamait des arrérages échus depuis l'expiration du sursis ; mais que, dans le cas particulier, il n'est question que d'arrérages échus antérieurement, que des lois formelles et dérogatoires au code civil déclaraient imprescriptibles ; — Considérant que la prescription de cinq ans, établie par le code civil, n'a pour objet que d'empêcher l'accumulation d'arrérages provenant de la négligence des créanciers, ce qui est évidemment étranger à une accumulation forcée, résultant des lois d'exception, qui ont ordonné un sursis à toutes poursuites ; — Considérant que les arrérages dont il s'agit ont formé un capital fixé invariablement à l'instant du décès de Dalléaz ; — Que ce capital, dû antérieurement à la remise en activité du code, dont l'exécution avait été suspendue, est indépendant de cette loi qui ne peut rétroagir sur lui, et qu'il forme dans la succession une créance qui ne peut se prescrire que par trente ans contre les héritiers ; — Met l'appellation et le jugement dont est appel au néant ; émendant, décharge les héritiers Dalléaz des condamnations contre eux prononcées ; — Au principal, sans s'arrêter aux conclusions et demandes des demoiselles Fieffé, dont elles sont déboutées, ordonne que les actes passés devant les notaires de Paris et d'Orléans en 1785 et 1787, seront exécutés selon leur forme et teneur ; ordonne que les poursuites commencées seront continuées ; en conséquence, condamne les demoiselles Fieffé à payer aux héritiers Dalléaz, en deniers ou quittances valables, 22,226 fr. 65 c., montant des seize années et vingt-huit jours d'arrérages de la rente viagère de 1,400 fr. dus à André Dalléaz, à l'époque de son décès, avec les intérêts du jour de la demande ; — Les condamne en outre aux dépens, etc.

Du 28 avr. 1827.-C. de Paris.-M. de Sèze, pr.

(1) *Espèce* : — (Ville de Bitche C. comp. d'ass. mut. de Nancy.) — Le conseil municipal de la ville de Bitche avait traité avec la compagnie d'assurances mutuelles contre l'incendie, dite de Nancy, pour l'assurance non-seulement des bâtiments communaux, mais encore des habitations de toute la ville, moyennant une prime annuelle de 20 cent. par 1,000 fr. sur une valeur de 1,000,000 fr., estimation de la totalité des propriétés assurées, ce qui portait la contribution annuelle à 200 fr., dépense que le conseil municipal comprit au budget. L'assurance commencée en 1825 fut contractée pour cinq ans, et expira en 1828. Pendant les cinq ans qu'elle dura, la ville de Bitche versa chaque année dans les caisses de la compagnie plus de 200 fr. Néanmoins, en 1835, la compagnie réclama de la ville une somme de 1,086 fr. dont elle prétendit qu'elle restait débitrice envers elle à divers titres, notamment pour la part contributive de la ville aux sinistres.

Le maire, entre autres moyens, opposé à la compagnie la prescription portée par l'art. 2277 c. civ. — 21 déc. 1838, jugement du tribunal de Sarreguemines qui renvoie la ville de Bitche de la demande formée contre elle par les motifs suivants : — « En ce qui touche le moyen de prescription : — Attendu qu'aux termes du quatrième paragraphe de l'art. 2277 c. civ., les intérêts des sommes prêtées, et généralement tout ce qui est payable par année ou à des termes périodiques plus courts, se prescrivent par cinq ans ; qu'il n'en faut pas conclure qu'un capital qui serait payable par année serait soumis à cette prescription, mais qu'il faut tenir pour constant, ainsi que l'enseigne M. Troplong, que cette disposition de l'art. 2277 doit être restreinte aux créances qui ont quelque chose d'analogue aux arrérages de rentes, aux pensions alimentaires, aux loyers et fermages, aux intérêts des sommes prêtées, aux produits des choses et de leurs accessoires, aux droits d'affouage dans les forêts, et à toutes les prestations en nature dont le service s'effectue à des termes périodiques ; — Attendu que, pour décider la question que soulève l'exception, il faut examiner quelle est la nature des rétributions auxquelles étaient soumis les membres de la société ; — Attendu que, d'après les statuts, ces rétributions se composaient : 1° de 10 ou de 20 c. par 1,000 fr. destinés à former un fonds de prévoyance pour premier secours à porter aux incendiés, qui devait être annuellement renouvelé ; 2° de 20 ou de 40 c. pour frais d'administration, exigibles au commencement de chaque année ; 3° d'une part contributive pour la réparation des sinistres ; — Attendu que la première rétribution a été supprimée par décision du conseil général ; — Attendu que cette part contributive devait être mise en recouvrement et être versée dans les trois mois de la clôture du procès-verbal des experts pour être payée dans ce délai à l'assuré ; qu'ainsi elle était payable à une époque donnée après chaque sinistre, dont le nombre était chaque année plus ou moins considérable ; — Attendu que la rétribution de 20 ou 40 c. pour 1,000 fr. des valeurs assurées payable annuellement, n'étant destinée qu'au salaire du directeur et des employés et à quelques autres dépenses d'administration, se trouve comprise dans les prévisions de l'art. 2277 c. civ. ; — Attendu que la part contributive établie sur la même base a beaucoup plus de rapport et d'analogie avec les intérêts qu'avec un capital ; que, si on consulte les motifs qui ont engagé le législateur à soumettre certaines créances à la prescription de cinq ans, on reconnaîtra que ces motifs sont essentiellement applicables aux créances dont il s'agit, qui se renouvelaient et étaient payables un grand nombre de fois par année, et dont l'accumulation aurait pu entraîner la ruine des débiteurs et des contestations multipliées sur la question des payements ; — Que c'est sans doute dans la vue de prévenir ces résultats et les effets de la prescription quinquennale que l'art. 26 des statuts veut que, si deux avertissements restent sans effet, le débiteur soit contraint par les voies de droit ; — Attendu qu'en demandant le payement d'une somme déterminée pour montant des arrérages des parts contributives et des frais d'administration, le demandeur reconnaît lui-même qu'il ne s'agit que de rentes, de revenus, puisque le mot arrérages ne s'entend que de ces sortes de créances et n'est applicable à aucune espèce de capital ; — Attendu enfin que, le contrat d'assurance ayant pris fin le 30 avr. 1828, et les premiers actes de diligence n'ayant eu lieu qu'en 1835, la prescription est acquise ; — Attendu que le demandeur qui succombe doit être condamné aux dépens ; — Par ces motifs, jugeant en matière ordinaire et en premier ressort, renvoie la commune de Bitche de la demande, et condamne le demandeur, en sa qualité aux dépens. » — Appel par la compagnie.

Le 10 juill. 1840, arrêt confirmatif de la cour de Metz.

Pourvoi de la compagnie. — Fausse application de l'art. 2277 c. civ. — Dans les assurances mutuelles, deux obligations sont contractées par les assurés : l'une, qui comprend les sommes à payer pour frais d'administration, est déterminée ; l'autre, qui consiste dans la contribution aux sinistres, est variable. A l'égard de celle-ci, point d'échéance fixe, point de versements prévus, point de payement périodique ; il est même possible que plusieurs appels de fonds soient nécessaires dans la même année. L'arrêt attaqué assimile cependant l'obligation prise par chaque assuré envers la compagnie à une créance exigible à époques périodiques, et il se fonde pour appliquer la prescription portée par l'art. 2277 c. civ. sur ce que les versements des associés étant de nature à se renouveler fréquemment, imitent les rentes viagères et intérêts de sommes, et sont par conséquent soumis aux mêmes lois. Les observations qui précèdent prouvent qu'en droit cette doctrine a le défaut d'ajouter à la loi, au moyen d'une extension qui ne paraît pas être dans son esprit ; qu'en fait, interpréter ainsi les contrats d'assurance, c'est en dénaturer le sens, puisqu'en aucun article des statuts, qui font la loi des associés entre eux, la périodicité dont parle l'arrêt n'a été indiquée. — Arrêt.

LA COUR ; — ... Vu l'art. 2277 c. civ. ; — Attendu qu'en matière d'assurance mutuelle, la part contributive de chaque assuré pour la réparation des sinistres est essentiellement variable et éventuelle, et ne constitue point une charge fixe payable annuellement, ou à des termes périodiques plus courts ; — Que la qualification d'arrérages énoncée dans la demande n'en peut changer la nature, et que ce n'en est pas moins une créance non déterminée d'avance par la loi ou convention, puisqu'elle dépend du nombre et de l'étendue des sinistres, ainsi que du nombre et de l'importance des propriétés assurées ; — Qu'elle ne rentre dans aucun des cas prévus par l'art. 2277 civ. ; — D'où il suit qu'en confirmant le jugement qui a déclaré la créance réclamée par le demandeur, éteinte en entier par la prescription quinquennale, quoique cette créance fût au moins, en partie, applicable à ce qui pouvait rester dû pour la part contributive dans les réparations des sinistres, l'arrêt attaqué a faussement appliqué et même expressément violé l'article précité du code civil ; — Casse.

Du 8 fév. 1843.-C. C., ch. civ.-MM. Portalis, 1er pr.-Miller, rap.-Hello, av. gén., c. conf.-Rigaud et Bonjean, av.

Sur renvoi devant la cour de Nancy la ville de Bitche s'efforça de placer la réclamation des 1,086 fr. qui lui était faite par la compagnie d'assurance mutuelle, pour la part contributive de cette ville dans les sinistres arrivés pendant le cours de l'assurance sous l'application de l'art. 2277 c. civ., en soutenant que cette somme n'ayant pas été distinguée dans les quittances et reçus de la compagnie, des frais dûs pour administration (à l'égard desquels la prescription quinquennale était reconnue applicable) devait être considérée, à défaut d'indication différente, comme faisant partie des frais d'administration. Cette nouvelle forme de défense a été écartée par les motifs suivants : — Arrêt.

LA COUR ; — Attendu que la ville de Bitche, tout en adoptant les

de la somme fixe à payer chaque année par les assurés pour frais d'administration (même arrêt de Nancy). — Cette dernière solution nous paraît aussi pouvoir s'induire de l'arrêt de cassation. —Lorsqu'il ne s'agit pas d'assurances mutuelles, il faut distinguer entre les primes d'assurances celles qui sont payables par année de celles qui sont exigibles à des époques variables, et appliquer aux premières la prescription quinquennale, tandis que les secondes ne sont soumises qu'à la prescription trentenaire (MM. Grün, Tr. des assurances, nº 336; Quénault, nº 339; Boudousquié, p. 445; E. Persil, nº 253; Alauzet, nº 531).—V. Assurances terrestres, nºs 308, 309.

1098. A défaut, par les compagnies d'assurances mutuelles, de distinguer dans leurs quittances la somme payée pour frais d'administration de celle payée pour la part contributive dans les sinistres, l'associé est en droit de prétendre que la somme qui lui est réclamée pour reliquat doit être réputée afférente aux frais d'administration, et qu'elle est par suite prescriptible par cinq ans (c. nap. 2277; implic. résolu par la cour de Nancy).— ...Mais c'est à l'assuré qu'il incombe de prouver l'omission d'imputation par la production des quittances, et non à la compagnie à faire preuve que le reliquat réclamé s'applique à la part contributive de l'assuré dans les sinistres (non prescriptibles par cinq ans), et non à sa contribution aux frais d'administration (même arrêt de Nancy).

1099. Suivant un arrêt, la prescription de cinq ans établie par l'art. 2277 c. nap. s'applique aux *dividendes* ou *produits* des actions des sociétés industrielles, même civiles, lesquels sont, d'après l'usage le plus général, payables par année ou à des termes périodiques plus courts (Paris, 17 juill. 1849, aff. Ludre, D. P. 52. 2. 30); mais il en serait autrement si, bien que périodiques, ces dividendes n'étaient exigibles qu'à des termes plus longs qu'une année (Douai, 4 janv. 1854, aff. Dronsart, D. P. 54. 2. 136). — La question n'est pas sans difficulté. Peut-on considérer un dividende comme un accessoire du capital, ou comme payable par année? Il y a dans le langage commercial une grande différence entre les intérêts d'un capital engagé dans une affaire industrielle et les dividendes; les intérêts représentent ce que la somme engagée aurait rapporté s'il n'y avait pas eu de spéculation, le dividende est le produit partagé des gains résultant de la spéculation. Il n'est pas de l'essence du dividende d'être payé annuellement, car on ne paye les dividendes que quand il y a un bénéfice de réalisé. Il semble d'ailleurs qu'on doit moins considérer le dividende comme l'accessoire d'un capital que comme un nouveau capital produit par l'ancien. Il faut d'ailleurs reconnaître que l'arrêt est fondé en équité, et avouer que la rédaction inexacte de l'art. 2277 peut permettre une interprétation très-large.

1100. Les intérêts des cautionnements sont-ils prescriptibles par cinq ans? L'art. 2277 leur est-il applicable?—Lors de la discussion de la loi du 9 juill. 1836, la question a été débattue de savoir si la prescription quinquennale était applicable aux capitaux et aux intérêts des cautionnements. Quant au capital, il a été décidé, par un vote de la chambre qui a rejeté un article du projet du gouvernement, que les titulaires des cautionnements étant des créanciers d'une espèce particulière, ne pouvaient pas être atteints, pour leur capital, par la prescription quinquennale établie par la loi de 1831, et qu'ils ne devaient pas y être assujettis à cause de la nature de leur créance. Mais il a été universellement reconnu (et c'est par erreur que nous avons dit le contraire au mot Cautionn. de fonct., nº 48) que les intérêts sont prescriptibles par cinq ans aux termes de l'art. 2277. — C'est, au reste, ce qui avait été décidé par un avis du conseil d'Etat, du 24 déc. 1808, approuvé le 24 mars 1809 (ord. cons. d'Et. 28 mai 1838) (1).

---

principes consacrés par la cour de cassation sur l'inapplicabilité de la prescription quinquennale à la part contributive des associés pour la réparation des sinistres variables et éventuels, soutient néanmoins que cette prescription doit atteindre la prime fixe destinée à subvenir aux frais d'administration; qu'à défaut d'imputation faite dans les quittances il lui appartient de la faire porter sur les sommes qu'elle avait le plus d'intérêt à acquitter, et par conséquent sur les sommes qui ne peuvent être atteintes par la prescription; — Attendu que la distinction proposée est fondée sur les principes qui ont dicté l'art. 2227 c. civ.; que d'ailleurs elle est acceptée par l'appelant, mais que la ville de Bitche, reconnaissant avoir reçu des quittances qui sont encore à sa disposition c'est à elle, qui devient demanderesse dans son exception, à les produire pour justifier de l'absence d'imputation dont elle entend se prévaloir; — Que les formules imprimées sur lesquelles les agents principaux de la société donnaient leurs quittances, distinguent formellement les frais d'administration et la portion contributive de chaque associé, dans les risques; qu'il y a dès lors présomption que l'imputation a été faite chaque années dans les quittances données à la ville; que cette présomption prend le caractère de la certitude lorsque l'on considère que l'administration avait le plus grand intérêt à recouvrer les sommes qui devaient couvrir ses propres dépenses, et que d'après les statuts qui forment la loi des parties, le payement de ce droit de direction était exigible au commencement de chaque année, c'est-à-dire au jour correspondant à celui où l'assuré est entré dans la société (art. 65); d'où il faut conclure que l'imputation était le résultat même de la convention, et qu'elle ne peut être changée arbitrairement par la ville, en l'absence des quittances qui doivent en faire une mention expresse; — Par ces motifs, émendant, etc.

Du 27 nov. 1845.-C. de Nancy, aud. sol.-M. Mourot, pr.

(1) *Espèce:* — (Chevrier C. min. des finances.) — En 1826, le sieur Chevrier, notaire à Paris, a cessé ses fonctions. Plusieurs oppositions avaient été formées en 1825, sur son cautionnement montant à 50,000 fr., à l'effet d'en empêcher le retrait et le payement des intérêts. — Le 27 mai 1830, le sieur Pouralt de Montigny, nommé administrateur des biens de Chevrier, dans l'intérêt des créanciers, demande au ministre des finances le versement à la caisse des dépôts et consignations du cautionnement et des intérêts. Il lui fut répondu, le 5 juin suivant, qu'il devait auparavant produire certaines pièces; que, d'ailleurs, si le cautionnement restait au trésor, les intérêts ne cesseraient pas de courir. — Le 8 mai 1833, sur la demande du sieur Tassart, un des créanciers, fondée sur l'art. 561 c. pr., le ministre lui délivre un certificat des sommes dues à Chevrier. Le trésor y est déclaré débiteur, au profit de ce dernier, de la somme de 66,701 fr. 36 c., montant de son cautionnement, capital et intérêts. A la suite de cette déclaration, le certificat porte: « Le présent délivré sans préjudicier aux droits du trésor, pour raison des sommes qu'il pourrait découvrir avoir droit de prélever sur le montant dudit cautionnement, pour quoi il est fait à cet égard toutes réserves. »

Décès de Chevrier, laissant sa mère pour héritière sous bénéfice d'inventaire.—Une distribution amiable entre les créanciers n'ayant pu avoir lieu, l'avoué de la dame Chevrier demande, le 9 août 1836, le versement du capital et des intérêts du cautionnement à la caisse des dépôts et consignations. — Le 5 août suivant, décision ministérielle qui ordonne le versement demandé, mais seulement d'une somme de 61,178 fr. 08 c., par le motif que pour les intérêts échus depuis 1825, moins ceux des cinq dernières années et de l'année courante, ils étaient frappés de prescription au profit du trésor.

Recours de la part de la dame Chevrier, 1º pour incompétence, en ce qu'aucune loi n'applique la prescription quinquennale aux intérêts des cautionnements versés au trésor, et que, si l'on veut appliquer le droit commun, c'est-à-dire l'art. 2277 c. civ., c'est à l'autorité judiciaire seule à y statuer; 2º pour violation des principes en matière d'interruption de la prescription, laquelle, suivant la demanderesse, résultait: 1º de la démarche du sieur Pouralt, à qui l'on a déclaré, en 1830, qu'en laissant le cautionnement au trésor, il continuerait à produire des intérêts; 2º du certificat délivré en 1833 à Tassart, certificat qui mentionnait les intérêts depuis 1825.

Le ministre a répondu, sur le premier moyen: que l'art. 2277 c. civ. a été déclaré applicable aux intérêts des cautionnements par le décret du 24 mars 1809, et qu'en principe, il est compétent pour appliquer les prescriptions et déchéances qui se rattachent à la liquidation des créances réclamées contre l'Etat; — Sur le deuxième moyen: qu'à la vérité, la prescription avait été interrompue en 1830, par la demande de Pouralt, mais que les effets de cette démarche avaient cessé à l'expiration d'une nouvelle période quinquennale; que le trésor n'avait pas dispensé des formalités requises pour empêcher la prescription, en déclarant que les intérêts ne cesseraient pas de courir. Enfin, quant au certificat délivré à Tassart, le ministre a dit qu'il ne suffisait pas pour interrompre, que tous les droits du trésor y étaient réservés; que, d'ailleurs, la prescription n'étant pas alors encourue, on a dû y porter le montant des intérêts.

En outre, de ces moyens respectivement produits, une question a été soulevée d'office par le conseil d'Etat lui-même, qui a demandé si l'art. 9 de la loi du 29 janv. 1831 n'était pas applicable à l'espèce, si les intérêts de 1829, qui, lors de la promulgation de la loi de 1831, étaient encore en payement sur les exercices courants, puisqu'ils étaient imputables sur l'exercice 1830, n'auraient pas dû être versés, à la fin de 1831, à la caisse des dépôts et consignations, de même que les arrérages de 1830 et 1831, à l'époque de la clôture des payements de ces exercices. Le § 2 de l'art. 9 de ladite loi porte en effet que le montant des créances frappées d'opposition doit être, à l'époque de la clôture des payements, versé à la caisse des dépôts et consignations.

1101. Lorsque cinq années se sont écoulées entre le dernier acte qui a interrompu la prescription pour les intérêts d'un cautionnement et la nouvelle demande formée par le propriétaire ou ses ayants cause, les intérêts remontant au delà de cinq années antérieures à ladite demande, sont de nouveau prescrits, aux termes du décret du 24 mars 1809 (même décision). — Et la demande faite par le créancier d'un titulaire de cautionnement, d'un certificat constatant les sommes dont l'État peut être débiteur envers le titulaire, ne suffit pas pour interrompre la prescription des intérêts, bien qu'il soit fait mention, dans ce certificat, des intérêts échus (même décision).

1102. La prescription de cinq ans a été étendue, par diverses lois spéciales, à d'autres créances que celles énumérées dans les art. 2276 et 2277. — V. notamment Bourses de comm., nos 369, 378 et s., et Effets de comm., nos 806 et s.

1103. La prescription de cinq ans établie par l'ordonn. de 1681 et la déclaration de 1699, relativement aux baux et sous-baux des fermiers généraux, était applicable aux baux des anciennes messageries réunies au domaine du roi par arrêt du conseil de l'année 1775 (Paris, 24 mars 1808) (1).

1104. Celui qui paye pour autrui des prestations susceptibles de se prescrire par cinq ans, a contre celui dont il a géré l'affaire une action qui dure trente ans (arg. Nancy, 21 août 1826 et Cass. 22 janv. 1828, rapportés vo Impôts dir., no 559). — En effet, comme le dit très-bien Troplong, no 1054, la prescription de cinq ans n'est applicable que du débiteur au créancier des intérêts. Mais quand un tiers a payé à la décharge du débiteur, il ne s'agit plus d'intérêts; c'est un capital qui est réclamé par le *negotiorum gestor* dont l'action est soumise au droit commun (Lyon, 15 mars 1833, aff. Valensot, no 1060). — V. nos 1035, 1046.

1105. La prescription de cinq ans n'est pas applicable aux restitutions de fruits dues par le possesseur de mauvaise foi (Req. 13 déc. 1830) (2). — Ainsi il a été jugé : 1o qu'une commune qui a gardé la jouissance d'un immeuble de mauvaise foi et en conséquence d'une dépossession violente exercée par ses habitants, n'est pas fondée à opposer la prescription de cinq ans pour la restitution des fruits à laquelle elle a été condamnée (Limoges, 16 janv. 1822) (3); — 2o Que les intérêts des sommes versées en sus du prix d'un office, déclaré au traité ostensible, devant être restitués à partir du payement de ces sommes, et non pas seulement à partir de la demande, le payement indû devant, en cas pareil, être considéré comme ayant été reçu de mauvaise foi, ces intérêts ne sont pas soumis à la prescription de cinq ans (Angers, 10 déc. 1853, aff. Boulay, D. P. 54. 2. 149; V. néanmoins Bastia, 5 nov. 1844, aff. Martinetti, D. P. 45. 2. 6).

1106. La prescription quinquennale ne peut être opposée que par le débiteur des intérêts ou de la rente, et non par celui qui aurait reçu ces arrérages ou intérêts au nom du créancier, à quelque titre que ce soit, comme séquestres, mandataires, etc. Alors l'action du créancier ne se prescrirait que par trente ans.

1107. La prescription quinquennale étant d'ordre public, le débiteur ne pourrait y renoncer d'avance. Mais le créancier peut, avant l'expiration des cinq ans, faire consentir pour le payement des intérêts ou arrérages dus, une obligation nouvelle. Cette obligation serait soumise aux règles générales sur la prescription des actions personnelles. — V. nos 47 et suiv.

1108. Dans le cas de l'art. 2277, l'aveu de non-payement fait par le débiteur, ne l'empêche pas de pouvoir exciper de la prescription quinquennale. — V. no 1051.

1109. Les personnes auxquelles les prescriptions dont on vient de parler sont opposées, n'ont pas le droit de déférer le serment à ceux qui les opposent, sur le fait de leur libération. L'art. 2275 est ici sans application (Conf. M. Troplong, no 1055).

Prié par le conseil d'Etat de s'expliquer là-dessus, le ministre a invoqué un avis du comité des finances, en date du 18 juill. 1831 qui n'applique pas cet art. 9 aux arrérages de rentes, par le motif qu'il y a pour ces arrérages une législation spéciale que n'ont pas abrogée les termes généraux de la loi de 1831. Il en est de même, a dit le ministre, des intérêts des cautionnements en numéraire.

LOUIS-PHILIPPE, etc.; — Vu le règlement du 22 juill. 1806; — Vu l'avis du conseil d'Etat, approuvé le 24 mars 1809; — Vu l'art. 9 de la loi du 29 janv. 1831, l'ordonnance du 16 novembre de la même année, celle du 14 sept. 1822, et notre ordon. du 11 juill. 1833;

En ce qui touche l'incompétence reprochée à la décision de notre ministre des finances : — Considérant que l'application de toutes les dispositions des lois et règlements, relatives à la liquidation des créances réclamées contre l'Etat, et aux déchéances et prescriptions qui s'y rattachent, est de la compétence administrative;

Au fond : — En ce qui concerne l'interruption de prescription résultant de la demande, formée le 27 mai 1830, et de la réponse du 3 juin suivant : — Considérant que cinq années se sont écoulées entre cette dernière date et la demande formée au nom de la dame veuve Chevrier devant notre ministre des finances, le 9 août 1836 seulement; — Qu'ainsi les arrérages, remontant au delà de cinq années antérieures à ladite demande, auraient été de nouveau prescrits aux termes dudit avis du 24 mars 1809;

En ce qui touche le certificat du 8 mai 1833, et la demande faite par le sieur Tassart de ce certificat : — Considérant que ledit certificat, simple relevé des écritures tenues au trésor, ne peut constituer, de la part de notre ministre des finances, une renonciation à invoquer la prescription acquise ou à acquérir, et à opposer la déchéance, et que la demande d'un tel certificat n'a pu interrompre la prescription;

En ce qui touche l'interruption qui serait résultée des saisies-arrêts ou oppositions : — Considérant qu'il résulte de l'instruction que la dernière opposition, suivie de demande en validité dénoncée au trésor, est celle du 8 mars 1830, et que plus de cinq ans se sont écoulés entre cette date et celle de la demande formée au nom de la dame veuve Chevrier, seulement le 9 août 1836; — Mais, considérant que, à partir de la promulgation de la loi du 29 janv. 1831, dont l'art. 9 a remplacé la disposition de l'avis du conseil d'État, approuvé le 24 mars 1809, les intérêts de cautionnement, qui étaient payables sur les exercices non encore clos et qui se trouvaient frappés d'opposition, devaient, conformément au § 2, art. 9, de la loi du 29 janv. 1831, être versés par notre ministre des finances, à la caisse des dépôts et consignations; qu'ainsi, ce versement eût dû avoir lieu, dans l'espèce, à l'égard des intérêts relatifs à l'exercice 1829, imputables sur l'exercice 1830 et aux exercices postérieurs, lesquels intérêts se seraient alors trouvés à l'abri de la déchéance prononcée par les §§ 1 et 5 dudit article;

Art. 1. La décision de notre ministre des finances est réformée en ce qui concerne les intérêts du cautionnement du sieur Chevrier, afférents aux exercices 1829, 1830 et 1831. — Art. 2. En conséquence, il sera pourvu, par notre ministre des finances, au payement desdits arrérages ou à leur versement à la caisse des dépôts et consignations. — Art. 3. Le surplus des conclusions de la dame veuve Chevrier est rejeté.

Du 28 mai 1838.-Cons.-d'Ét.-M. Bouchené-Lefer, rap.

2e *Espèce* : — (Beaudesson C. Min. des finances.) — Du 28 mai 1838.-M. Bouchené-Lefer, rap.

(1) *Espèce* : — (Brioude C. Joliveau et Ginoux.) — 28 nov. 1806, jugement du tribunal civil de Paris, lequel, « attendu, en droit, qu'aux termes de l'art. 4 ordonn. juill. 1681, et de la déclaration du 20 janv. 1699, tous les droits des fermiers se prescrivent par le laps de cinq années, à partir de l'expiration de leurs baux; que, par arrêt du conseil de 1775, les messageries ont été réunies au domaine du roi; que, dès lors, les ordonnances précitées sont applicables à l'espèce; — Attendu, en outre, que le bail des messageries était expiré le 1er mai 1795, et que ce n'est qu'en l'an 8 que les administrateurs des messageries ont dirigé des poursuites contre les sous-fermiers de la route de Champagne; qu'ainsi la prescription est acquise; — Déclare les anciens administrateurs des messageries non recevables. » — Appel. — Arrêt.

LA COUR; — Adoptant les motifs des premiers juges, confirme.

Du 24 mars 1808.-C. de Paris, 3e ch.-M. Agier, pr.

(2) (Quevremont C. Ballier.) — LA COUR; — Attendu, ...d'ailleurs, qu'il ne s'agissait, dans la cause, ni d'arrérages de rentes, ni d'intérêts de sommes privées, ni de payement de sommes stipulées payables par année ou à des termes périodiques plus courts, mais de la restitution à faire aux véritables propriétaires de fruits perçus par ceux qui ont été reconnus n'y avoir aucuns droits; qu'ainsi, l'art. 2277 était sans application; — Rejette le pourvoi formé contre l'arrêt de la cour de Rouen, du 4 fév. 1829.

Du 13 déc. 1830.-C. C., ch. req.-MM. Favard, pr.-Moreau, rap.

(3) (Boisse C. commune de Treignac.) — LA COUR; — Attendu que la halle et la salle d'audience du juge de paix n'ont jamais été données à loyer depuis que la partie de Mousnier a cessé d'en jouir, qu'on ne saurait donc appliquer à leur produit l'art. 2277 c. civ, qui porte que « les arrérages des loyers se prescrivent par cinq ans; » — Attendu, au contraire, que la commune ne possédait pas la halle et la salle d'audience de bonne foi, puisqu'elle ne possédait pas en vertu d'un titre translatif de la propriété dont elle ignorait les vices; qu'il résulte au contraire des renseignements existant dans ses archives, qu'elle avait reconnu que la propriété de ces objets appartenait à la partie de Mousnier; qu'il y a par conséquent lieu de faire l'application de l'art. 549, qui porte : etc., etc. — Emendant, etc.

Du 16 janv. 1822.-C. de Limoges, ch. civ.-M. de Gaujal, pr.

1110. Au reste, nous avons vu plus haut, n° 601, qu'invoquer la prescription de trente ans, ce n'est pas reconnaître l'existence de la dette contre laquelle cette prescription est invoquée, ni, par suite, renoncer à se prévaloir, subsidiairement, de la prescription quinquennale; au contraire, ces deux sortes de prescriptions peuvent être cumulées (Req. 1er avril 1829) (1).

CHAP. 8. — QUESTIONS TRANSITOIRES.

1111. L'art. 2281 c. nap. porte : « Les prescriptions commencées à l'époque de la publication du présent titre seront réglées conformément aux lois anciennes. Néanmoins les prescriptions alors commencées et pour lesquelles il faudrait encore, suivant les anciennes lois, plus de trente ans à compter de la même époque, seront accomplies par ce laps de trente ans. »

1112. On a demandé si la première disposition de l'art. 2281, qui fait dépendre des lois anciennes les prescriptions commencées sous leur empire, est, en matière civile, applicable aux prescriptions établies par d'autres titres du code Napoléon que celui dont cet article fait partie; s'il l'est aux prescriptions établies par le code du commerce et par celui de procédure. Merlin a traité à fond ces questions (Rép., v° Prescript., sect. 1, § 3, nos 8, 9 et 10), et ne s'est décidé pour l'affirmative qu'à l'égard de la première.— Suivant ce jurisconsulte, la disposition dont il s'agit, loin d'être en harmonie avec les principes du droit, n'en est qu'une déviation motivée par des considérations purement arbitraires, et doit en conséquence être restreinte à ses termes les plus précis. On voit en effet, par l'exposé des motifs, que le but du législateur, dans l'art. 2281, 1er alin., a été d'*éviter tout effet rétroactif*. M. Bigot-Préameneu le dit expressément, et il ajoute : « Le droit éventuel résultant d'une prescription commencée ne peut pas dépendre à la fois de deux lois, de la loi ancienne et du nouveau code. Or il suffit qu'un droit éventuel soit attaché à la prescription commencée pour que ce droit doive dépendre de l'ancienne loi, et pour que le nouveau code ne puisse pas régler ce qui lui est antérieur. » — Cette doctrine n'est point entièrement exacte. Des droits éventuels ne sont inviolables pour les lois postérieures que lorsqu'ils constituent véritablement des *droits acquis*; mais il ne résulte évidemment aucun *droit acquis* d'une prescription commencée, puisque cette prescription peut être anéantie par un acte interruptif de la part de celui contre lequel elle court. « Il y a plus, ajoute Merlin, la loi ne rétroagit même pas lorsqu'elle subordonne la conservation d'un droit précédemment acquis à des diligences qu'elle prescrit d'exercer dans un espace de temps plus court que celui de la loi sous laquelle il est né, à des formalités qu'elle enjoint de remplir dans un certain délai, et que la loi du temps où il est né ne commandait pas, pourvu que ces diligences, ces formalités dépendent de la volonté de ceux à qui elle les impose. » — Il suit de là que le code Napoléon n'aurait point rétroagi alors même qu'il eût soumis pour l'avenir à l'empire des lois nouvelles les prescriptions antérieurement commencées, et qu'il a très-bien pu, sans nulle rétroactivité, réduire à trente années, par la disposition finale de l'art. 2281, celles de ces prescriptions que la législation ancienne ne permettait d'acquérir que par un plus long délai. Si donc le code Napoléon n'eût point expressément déclaré que les prescriptions non accomplies lors de sa publication seraient réglées par les lois anciennes, elles l'auraient été nécessairement par les dispositions que le code lui-même a établies sur le temps et les conditions nécessaires à la prescription. — La première conséquence de ces notions préliminaires, c'est, comme nous l'avons dit, que l'art. 2281 s'est écarté des principes généraux du droit par la crainte mal fondée de rétroagir.

A cet égard, nous partageons pleinement l'opinion de M. Merlin, et nous avons cru utile de constater ici l'erreur où ce jurisconsulte nous semble démontrer qu'est tombé le législateur; mais nous ne saurions étendre aussi loin que le fait M. Merlin les déductions ultérieures qu'il faut tirer de la reconnaissance de cette erreur. De ce qu'une disposition est contraire aux principes du droit, il s'ensuit bien qu'elle n'est point susceptible d'être étendue *par analogie* à des cas non prévus par cette disposition (L. 14 et 15, ff., *De legibus*); mais en résulte-t-il également que lorsque la loi est conçue, comme dans l'espèce, en *termes généraux*, de manière que, *sans le secours d'aucune analogie*, elle s'étende à tous les cas, il faille néanmoins faire violence à son texte, si l'on peut ainsi parler, pour restreindre ses applications dans les limites les plus étroites possibles? Nous ne le pensons point. Aussi ne nous bornerons-nous point à dire, avec MM. Merlin et Troplong (qui se range à son avis), que la disposition de l'art. 2281 doit, à quelques exceptions près, être étendue aux prescriptions établies par les divers titres du *code Napoléon*, parce que ces prescriptions étant rappelées au titre même *de la prescription* (art. 2264), il est clair que l'art. 2281 les a eues en vue aussi bien que celles établies par le titre dont il fait partie. — Mais nous ajouterons que la disposition dont il s'agit est applicable même aux prescriptions établies soit par le code de commerce, soit par le code de procédure civile, lorsque, bien entendu, les lois anciennes accordaient un délai excédant trente ans. — V. en ce sens v° Lois, n° 377.

1113. Mais dans quel sens cette application de l'art. 2281 doit-elle avoir lieu? Est-ce en ce sens que la plus longue prescription de la nouvelle loi *spéciale* sera applicable, quoiqu'elle soit moins étendue que celle de la loi ancienne? Est-ce en ce sens, au contraire, que, lorsqu'une ancienne disposition spéciale accordait quarante, cinquante ans et même l'imprescriptibilité, on devrait faire jouir cette matière du plus long délai accordé par le code Napoléon (art. 2281), c'est-à-dire trente ans, bien que le plus long délai de nos nouvelles lois pour ces matières spéciales (commerce, industrie, procédure, etc.) n'excède pas cinq ans, dix ans? — La réponse ne doit pas être absolue, il faut distinguer : 1° suivant que les délais nouveaux sont de trente ans, c'est-à-dire le plus long délai que le code Napoléon ait donné ou qu'il est au-dessous de ce chiffre; 2° suivant qu'il s'agit de matières réglées par le code Napoléon, ou bien de matières soit *générales* et autres que celles du code, comme le commerce, la procédure, les biens des administrations publiques, etc., etc.; soit *spéciales*, comme l'enregistrement, les forêts, etc., etc. — Ajoutons que l'art. 2281 contient deux dispositions tout à fait distinctes et qui ne peuvent

(1) *Espèce* : — (Labarthe C. Marchais.)—En 1785, il est abandonné à Duquesnel une créance de 200,000 fr., moyennant une rente annuelle de 24,000 fr. assise sur trois têtes : la rente est payable soit à la Guadeloupe, soit en France, au choix des crédirentiers. — Ceux-ci ne sont pas payés : plusieurs meurent. — En 1815, les communications sont rétablies avec la colonie, à la paix générale. — En 1819, Jamin, seul survivant des créanciers, actionne les héritiers Duquesnel en payement de 592,000 fr., montant des arrérages échus. — Ceux-ci opposent la prescription de 30 ans, et, subsidiairement, la prescription de 5 ans. — Rejet de la prescription. — Appel. — Arrêt confirmatif, qui déclare résolu le contrat de rente viagère. — Pourvoi. — Arrêt qui casse sur ce dernier point.— Sur renvoi, arrêt de la Cour de Rouen du 16 juin 1825, qui déclare qu'en opposant la prescription de 30 ans, les débiteurs n'ont point renoncé au droit de se prévaloir de celle de cinq ans; qu'il ne peut donc être alloué que cinq années d'arrérages antérieurs à la demande, et ce qui a couru depuis : — quant à l'exception de force majeure, résultant de l'état de guerre, opposée par le crédirentier, comme l'ayant empêché d'agir, l'arrêt déclare qu'ayant eu la faculté, d'après le contrat, d'exiger son payement en France aussi bien que dans la colonie, cette exception n'est pas fondée. — Pourvoi de la part de Labarthe, héritier de Jamin, pour violation des art. 1556 et 2251 c. civ., en ce que l'arrêt déclare que le débiteur avait pu cumuler la prescription de cinq ans avec celle de trente, et qu'elle n'avait pas été interrompue par l'état de guerre. — Arrêt.

LA COUR; — Attendu sur le premier moyen, que l'exception tirée de la prescription de trente ans qui détruit le titre et éteint l'action, n'emporte pas l'idée de la reconnaissance de la dette, puisqu'elle repose sur toute espèce de présomption de libération; qu'elle n'est donc pas exclusive de la prescription de cinq ans qui n'attaque pas le titre, mais qui repose sur une présomption de payement des arrérages, qu'aucun aveu ne peut donc résulter de la cumulation de ces exceptions, l'une principalement, l'autre subsidiairement invoquées, et qu'ainsi l'art. 1556 c. civ. reste sans application; — Attendu, sur le deuxième moyen, qu'aucun empêchement de fait n'a interrompu la prescription d'après la déclaration des premiers juges, et, quant à l'empêchement de droit qu'on prétend résulter des décrets, datés de Berlin et de Milan, qu'il ne peut s'appliquer à l'espèce, où, d'après les conventions des parties, le payement pouvait être poursuivi soit dans la colonie, soit en France, au choix du créancier.—Rejette.

Du 1er avr. 1829.-C. C., ch. req.-MM. Borel, pr.-Hua, rap.

qu'accroître encore cette confusion.— Nous allons nous attacher à bien préciser les questions résolues en cette matière et à classer exactement les espèces.

1114. Disons donc : 1° que les matières de *commerce* sont restés soumises à la prescription des lois sous l'empire desquelles elles sont nées, et non aux prescriptions plus courtes des lois postérieures à la publication de l'art. 2281 c. nap., quoiqu'il se soit écoulé depuis ces lois tout le délai qu'elles accordent (V. Effet de com., n° 809), et que, par exemple, il a été très-bien jugé que le *billet à ordre* souscrit par un *commerçant* (V. Effets de com., n° 811), et échu sous une loi qui ne le déclarait prescriptible que par *trente ans*, reste soumis à cette prescription quoique depuis la publication de l'art. 2281 c. nap., et même de l'art. 189 c. com., qui n'a assujetti ces billets qu'à une prescription de cinq ans, il se soit écoulé plus de cinq années sans poursuites (V. Effets de com., n° 809.—Conf. Bordeaux, 4e ch., 19 mars 1841, M. Gerbeaud, pr., aff. Chantecaille).—Toutefois, le contraire a été jugé à l'égard d'un *billet à ordre* pour fait de commerce, souscrit en l'an 10 et à trois mois de date : « attendu que la prescription a commencé et s'est accomplie sous l'empire du code de commerce, ce qui exclut tout reproche de rétroactivité; émendant, etc. » (Paris, 2e ch., 2 mai 1816, M. Agier, pr., aff. Mathis *C.* Delpech; Conf. Paris, 2e ch., 21 fév. 1816, mêmes parties). —V. aussi v° Effets de com., n° 809.

1115. 2° Les matières de *procédures* restent aussi gouvernées par les lois anciennes sous lesquelles elles ont pris naissance, soit en cas de péremption de six mois (V. Jug. par défaut, n° 355), soit même de *trois ans* (V. Pérempt., n° 141); Mais il existe à cet égard un grand nombre de décisions contradictoires (V. *eod.*, nos 142 et suiv.). — La péremption de l'art. 2273 ne s'applique pas non plus à des frais d'avoués faits avant la publication de l'art. 2281, quoiqu'il se soit écoulé plus de cinq ans depuis cette publication. — V. Frais, n° 960; *Contrà*, Paris, 2e ch., 20 avr. 1812, aff. Menessier *C.* Geoffroy).

1116. 3° Les prescriptions des droits *spéciaux*, par exemple des droits *d'enregistrement*, devaient, à la rigueur, rester soumises aux lois sous lesquelles elles ont pris cours, et non aux délais plus brefs des lois nouvelles (V. Enreg., n° 5445). Mais il s'agit ici des droits de l'État et comme, d'une part, en ces matières, qui ont quelque chose de rigoureux et même de vexatoire, il est opportun pour le gouvernement que les lois plus douces soient appliquées de préférence; comme, d'autre part, il importe que la marche administrative soit simplifiée, nous croyons qu'il n'est pas moins sage qu'équitable d'affranchir les imposés de la rigueur des anciennes prescriptions, et de les faire jouir de la faveur des délais nouveaux, surtout lorsqu'ils ne sont point diminués par le temps déjà passé sous des lois abolies.

1117. 4° Enfin, à l'égard des matières *criminelles*, elles ne doivent être sous l'influence du principe général que l'art. 2281, § 1, proclame, que lorsque la loi nouvelle est plus favorable.— V. Lois, n° 383, Peine, nos 111 et s.; Prescript, crim., nos 223 et s.

1118. Mais passons aux applications diverses du § 1 de l'art. 2281.—D'abord ce paragraphe s'applique aux prescriptions à l'effet de se libérer, comme à celles à l'effet d'acquérir (Cass. 21 déc. 1812, MM. Mourre, pr., Delacoste, rap., aff. dom. *C.* Cuvilier; 28 déc. 1813, MM. Mourre, pr., Pajon, rap., aff. dom. *C.* Walsar).

1119. Ensuite : 1° la prescription de l'action en nullité d'un traité sur une succession future, est régie par la loi ancienne sous laquelle le traité a été consenti, bien que le décès ait eu lieu depuis le code (Toulouse, 27 août 1833, aff. Rivière, V. Succession, n° 621-2°); — 2° La loi qui exige la transcription du titre pour que l'acquéreur puisse prescrire, est inapplicable aux prescriptions antérieurement commencées (Cass. 1er août 1810, aff. Dupré, V. Privil. et hyp., et Paris, 1er déc. 1810) (1).

1120. La prescription avec titre et bonne foi doit, si le titre est antérieur au code Napoléon, être régie par la législation antérieure et non par ce code, et, dès lors, si cette prescription est opposée à un individu qui, d'après cette législation, n'était soumis qu'à une prescription trentenaire ou quarantenaire, c'est cette législation (2281 c. nap.) qui doit être appliquée, et non la prescription de dix ou vingt ans introduite par l'art. 2265, et cela encore bien que la possession avec titre et bonne foi ait duré pendant plus de dix ans depuis le code (Bruxelles, 5 avril 1819; Grenoble, 22 août 1834 (2); Caen, 1re ch., 1er fév. 1827, M. Regnée, 1er pr., aff. Lemarquant; et Cass. 10 mars 1828, aff. com. de Champagne, V. *suprà*, n° 907-1°).—Décision semblable dans le cas où le tiers détenteur de bonne foi n'aurait commencé à posséder que postérieurement à la publication du code Napoléon, mais en vertu d'un titre antérieur à ce code (Riom, 6 avril 1838, aff. Thibaut, V. Forêts, n° 973).

1121. Mais il a été décidé que, bien que les immeubles ayant appartenu, soit aux communautés religieuses, soit à l'État, ne puissent, avant le code Napoléon, se prescrire que par quarante ans, néanmoins le tiers détenteur qui *a acquis*, soit un bien d'église, soit un bien national, sous l'empire de ce code a pu en prescrire la propriété ou les charges qui pesaient sur cette propriété par une possession non interrompue pendant plus de dix ans, de telle sorte qu'on ne pourrait réclamer contre lui le service d'une rente pour laquelle l'aliénation en avait été consentie par son vendeur (Rej. 6 avril 1825; 27 mai 1828) (3).

1122. Une prescription commencée sous une loi qui n'admettait pas la suspension en faveur des mineurs, n'a pu être suspendue, depuis le code Napoléon, par la pupillarité de ceux contre qui elle a été dirigée, lors même qu'ayant commencé contre un majeur, celui-ci a pour successeur un mineur qui prend sa

---

(1) (Lesacher et Lorch *C.* Marcescheaux.) — LA COUR; — Attendu que l'art. 44 L. 11 brum. an 7 n'est relatif qu'aux formalités à remplir par le possesseur d'immeubles qui voudrait purger les hypothèques; et qu'aux termes de l'art. 2281 c. civ., la prescription commencée dans l'espèce, sous l'empire de l'édit de 1771, doit être réglée conformément à la loi ancienne contenue en l'art. 114 cout. Paris; — Adoptant, au surplus, les motifs des premiers juges, faisant droit sur l'appel du jugement rendu au tribunal civil de Paris, le 26 août 1809, a mis l'appel au néant.

Du 1er déc, 1810.–C. de Paris, 5e ch.

(2) 1re *Espèce* : — (Demetie *C.* Marnix.) — LA COUR; — Attendu qu'il est constant au procès que l'appelant a acquis et possédé le bien en question depuis l'année 1789; qu'ainsi, dès longtemps avant l'émanation du code civil, il a été constitué *in conditione usucapiendi*; — Attendu que cette prescription ayant ainsi commencé à son égard avant le code, elle doit, d'après l'article dernier de ce même code, être réglée conformément aux lois anciennes qui exigeaient trente ans pour l'usucapion des immeubles; — Attendu que, malgré que l'appelant veuille recommencer un nouveau terme de possession depuis le code, cette circonstance ne peut effacer le commencement d'une prescription précédente, au préjudice de celui contre lequel cette prescription courait, et qui, d'après les lois anciennes, a trente ans pour empêcher son accomplissement.

Du 5 avr. 1819.–C. sup. de Bruxelles.

2e *Espèce* : —(Rolland-Garagnol *C.* Jourdan.) — LA COUR; — Attendu que, suivant les dispositions de l'art. 2180 c. civ., la prescription des privilèges et hypothèques à l'égard des tiers détenteurs s'acquiert par le temps réglé par la prescription de la propriété à son profit; — Attendu que la vente consentie au profit de Jourdan est antérieure à la promulgation du code civil; que, sous l'ancien droit, et d'après la jurisprudence du parlement du Dauphiné, la propriété ne pouvait s'acquérir par dix ou vingt ans; — Attendu que la transcription n'a pu avoir pour effet de changer le mode de prescription de la propriété; que, par conséquent, on ne peut se prévaloir des dispositions de l'art. 2180 c. civ. dans l'espèce dont il s'agit; — Par ces motifs, et adoptant, au surplus, ceux des premiers juges, sans s'arrêter à la fin de non-recevoir proposée contre l'appel, confirme, etc.

Du 22 août 1834.–C. de Grenoble, 2e ch.–M. Fornier, pr.

(3) 1re *Espèce* : —(Préf. de la Seine *C.* Thibault.)—Dans cette espèce, il s'agissait d'un immeuble des lazaristes donné à bail en 1778 à Dubus, qui, malgré la nullité prononcée par la loi du 6 avr. 1791, était resté en possession, et qui, sans payer la rente, la revendit au sieur Thibault. Celui-ci en jouissait depuis vingt ans de bonne foi, lorsqu'il a été actionné par le préfet à le délaisser. — 19 mars 1824, arrêt de la cour de Paris qui, se fondant sur cette possession, rejette la demande. — Pourvoi. — Arrêt.

LA COUR; — Attendu que le terrain vendu en 1778, par la congrégation de Saint-Lazare à Paris, est devenu par cette aliénation même propriété particulière; que les divers acquéreurs qui l'ont successivement possédé, en ont dû jouir conformément au droit commun; qu'ils ont donc été protégés par la prescription ordinaire, et qu'en jugeant, dans l'espèce, qu'un tiers acquéreur qui avait joui avec titre et bonne foi, pendant vingt ans, avait prescrit la propriété, l'arrêt a fait une juste application de l'art. 2265 c. civ.; — Rejette.

Du 6 avr. 1825.–C. C., sect. req.–MM. Henrion, pr.–Hua, rap.

place depuis la publication du code Napoléon (Nancy, 31 juillet 1834; Caen. 20 fév. 1838; Aix, 14 juin 1838 (1); V. Troplong, des Hypothèques, t. 2, n° 1085).

1123. Au contraire, il a été décidé que l'art. 2281, premier alinéa, ne s'applique qu'au laps de temps nécessaire pour prescrire, et non à toutes les règles, à tous les principes des lois anciennes relatifs à la prescription, et qu'en conséquence la prescription commencée sous une loi ou coutume qui permettent de prescrire contre les mineurs pubères, a été suspendue par la publication de l'art. 2252 c. nap., portant que la prescription ne court pas contre les mineurs (Nîmes, 20 fév. 1838; Dijon, 4 août 1838) (2).

Cette dernière jurisprudence ne nous paraît pas devoir être suivie. Il est certain que le code Napoléon aurait pu, sans vio-

---

2e *Espèce* :—(Dom. *C.* Saugain.)—LA COUR;—Sur le moyen tiré d'une violation des art. 2 et 2281 c. civ. et 36 L. 1er déc. 1790, dont les dispositions combinées excluraient, suivant le demandeur, la prescription décennale ou vicennale introduite contre l'État par les art. 2227 et 2265 c. civ., qui auraient été faussement appliqués à la cause; — Attendu que le laps de quarante ans que le demandeur soutient avoir pu seul être opposé à l'État, en vertu des art. 2 et 2281 c. civ., n'a point été invoqué devant le tribunal civil du Havre ou la cour royale de Rouen, ni discuté par l'arrêt attaqué; que, l'eût-il été, il eût été nécessairement réduit à trente années, puisque c'est à cette durée que sont limitées, par l'art. 2281, les anciennes prescriptions les plus longues commencées avant le code; — Attendu que le laps de trente ans était plus qu'écoulé depuis le 1er déc. 1790, époque de l'introduction de la prescription de quarante ans contre l'État jusqu'au 12 fév. 1825, jour de la citation introductive de l'instance; ce qui explique le silence des parties et des sentence et arrêt à l'égard de la prescription fondée sur l'art. 36 L. 1er déc. 1790, combinée avec les art. 2 et 2281 c. civ., qui ne pouvaient recevoir d'application à l'espèce; — Attendu, sur la fausse application des art. 2227 et 2265 c. civ., que le premier de ces articles soumettant l'État aux mêmes prescriptions que les particuliers, la prescription par dix ans entre présents, commencée depuis le code civil, a pu être opposée au préfet de la Seine-Inférieure, demandeur au nom de l'État; que cette exception, dans l'espèce, était fondée sur un juste titre d'acquisition et sur la bonne foi des acquéreurs, faits qui ne peuvent être soumis à l'investigation de la cour de cassation, et qui justifient l'application faite à la cause des art. 2227 et 2281 c. civ.; — Rejette, etc.

Du 27 mai 1828.-C. C., ch. req.

(1) 1re *Espèce* : — (Thomas.) — LA COUR; — En ce qui touche Joseph Thomas, devenu majeur en 1797, Catherine Thomas, devenue majeure en 1799, et Nicolas Thomas, devenu majeur en 1800 :— Considérant qu'ayant atteint tous les trois leur majorité avant le code civil, mais étant morts depuis ce code, laissant pour héritiers des enfants mineurs qui aujourd'hui les représentent, il y a lieu d'examiner si la prescription de trente ans, commencée à leur préjudice sous l'empire de la coutume, n'a pas été interrompue par la minorité de leurs héritiers susdits; — Considérant qu'à la différence du code civil, la coutume de Lorraine n'admettait pas l'interruption des prescriptions à raison des minorités survenues pendant son cours; que l'art. 2281 c. civ. dispose impérativement que toutes les prescriptions commencées à l'époque de sa publication doivent être *réglées conformément aux lois anciennes;* que ces expressions, placées dans l'article final du titre Des prescriptions, s'appliquent non-seulement au laps de temps nécessaire pour prescrire, mais à toutes les règles et à tous les principes des lois anciennes sur la matière; que quelles que soient les raisons qu'on pourrait donner pour établir que le code aurait pu, sans rétroactivité, permettre, pour le fait de minorité subséquente, l'interruption des prescriptions commencées, le juge ne peut pas faire de distinction là où la loi n'en a pas fait; — Qu'enfin on doit rester convaincu que la seule exception à l'application absolue des règles anciennes, est celle portée aux prescriptions de quarante ans et au delà, lesquelles, quoique commencées avant le code, ont été restreintes depuis un laps de temps uniforme de trente années; —Par ces motifs, etc.

Du 31 juill. 1834.-C. de Nancy, 2e ch.-M. Poirel, av. gén.

2e *Espèce* : —(Renet *C.* Desperques.) — En 1801, décès du sieur Desperques laissant deux héritiers mineurs; mandat est donné au sieur Renet pour recueillir la succession. — En 1835, ceux-là assignent Renet en reddition de compte; — Celui-ci oppose la prescription commencée sous la coutume de Normandie; — 9 mars 1836, le tribunal de Valognes rejette la prescription. — Appel. — Arrêt.

LA COUR; — Considérant que l'action qui compète au mandant pour contraindre le mandataire à lui rendre compte de sa gestion se prescrit par trente ans, par la raison qu'après ce laps de temps, il y a présomption légale qu'un compte a été rendu et soldé, et que le législateur a voulu qu'on pût opposer la prescription à tout créancier qui a joui pendant trente ans d'une action réelle ou personnelle qu'il n'aurait cependant pas exercée pendant ce délai;... — Considérant qu'il est de principe que, pour apprécier la nature et les effets d'un droit, il faut consulter la législation sous l'empire de laquelle ce droit a pris naissance; que le code civil, en adoptant cette maxime, en a fait l'application à la prescription par l'art. 2281; qu'en effet, cet article dispose impérativement que toutes les prescriptions commencées à l'époque de sa publication *doivent être réglées conformément aux lois anciennes;* que ces expressions, placées dans l'article final du titre Des prescriptions, s'appliquent non-seulement à l'espace de temps nécessaire pour prescrire, mais à toutes les conditions, à tous les accidents et à toutes les suspensions créées par le code civil, et qui n'étaient pas admises par le droit antérieur; qu'enfin, il n'y a d'exception aux règles anciennes que pour les prescriptions dont la durée était de plus de trente ans, lesquelles sont restreintes à ce laps de temps, quoique commencées avant le code civil, et que cette exception, unique en cette matière, ne peut être étendue à d'autres cas; — Considérant qu'à la différence du code civil, la coutume de Normandie n'admet point la suspension de la prescription à raison des minorités survenues pendant son cours; que les dispositions des art. 457, 551 et autres de cette coutume sur la prescription, étaient générales, absolues, et n'exceptaient point les mineurs; que la jurisprudence n'avait pas non plus introduit d'exception en leur faveur; qu'ainsi tous les auteurs normands enseignaient que dans cette province la prescription légale et statutaire courait, dans tous les cas, contre les mineurs aussi bien que contre les majeurs, sans espoir de restitution, sauf leur recours contre leur tuteur; d'où il suit que la prescription de trente ans, commencée en mars 1803, s'est trouvée complétement acquise contre la demande des héritiers Desperques, formée en fév. 1835;...... — Infirme le jugement dont est appel; quoi faisant, déclare prescrite et non recevable l'action en reddition de compte intentée par les héritiers Desperques, etc.

Du 20 fév. 1838.-C. de Caen, 4e ch.-MM. Pigeon de Saint-Pair, pr.-de Sèze, subst., c. conf.-Gervais, Mabire et Bayeux, av.

3e *Espèce* : —(Bérard *C.* Rolland.)—LA COUR;—...Attendu que lesdits Bérard excipent de leur minorité, qui aurait interrompu, quant à eux, le cours de cette prescription trentenaire;—Mais attendu que le sieur Rolland, par le motif que sa prescription compte ses premiers temps sous la législation ancienne, est privé du bénéfice de l'acquérir avec titre et bonne foi par dix ans de possession, cette prescription décennale n'étant point en vigueur, quant à son application au cas actuel sous ladite législation, il faut, par réciprocité, accorder à Rolland les avantages et exceptions qu'il peut puiser dans l'art. 2281 c. civ., qui a concouru à le priver de sa possession décennale; — Attendu que la prescription trentenaire a commencé pour Rolland bien avant cette publication du code civil; que, dès lors, la loi ancienne l'atteint et la régit même au temps de la législation nouvelle, et jusqu'à l'expiration de son cours; c'est le vœu de l'art. 2281 c. civ. précité; — Attendu qu'avant l'émission du code civil, cette prescription courait en Provence contre le mineur; — Qu'ainsi, leur minorité, dont les intervenants se prévalent, ne retrancherait rien des années écoulées depuis l'acquisition de Rolland; — Attendu qu'à la vérité, tant qu'il était pupille, l'enfant n'encourait pas cette prescription; — Mais qu'en laissant aux intervenants l'avantage de cette distinction de mineur et de pupille, que la loi ne fait plus aujourd'hui, cette suspension même de la prescription pendant tout le temps de la pupillarité du plus jeune des intervenants, laisserait encore à la possession de Rolland au delà de trente années; — Attendu que la prescription acquise envers tous les intervenants dispense d'examiner s'il y a ici indivisibilité, et quels effets elle amènerait à l'égard des majeurs, ou des appelants qui la proposent; — Par ces motifs, la cour reçoit les hoirs Bérard dans leur intervention, et confirme, etc.

Du 14 juin 1838.-C. d'appel d'Aix.

(2) 1re *Espèce* : — (Dumas *C.* Champanhet.) — Les héritiers Champanhet ont, le 5 mars 1852, assigné le sieur Dumas pour le faire condamner à abattre des constructions par lui élevées sur leur canal. — Celui-ci répond que ceux-là ou leurs auteurs lui ont fait, le 27 mars 1802, une sommation constatant que ces constructions existaient depuis le 27 sept. 1801, c'est-à-dire depuis six mois;—Que, dès cette époque, il s'est écoulé trente ans cinq mois six jours, pendant lesquels il a joui paisiblement des constructions objet du procès, et, par suite, a prescrit le droit de les conserver. — Les demandeurs répondent que la prescription a été suspendue pendant la minorité de Clémentine Champanhet, qui, née en 1789, n'a acquis sa majorité qu'en 1810.

11 déc. 1852, jugement du tribunal de Privas qui admet ce dernier système par les motifs suivants : — « Considérant qu'à l'époque de la construction, 1801, la demoiselle Clémentine Champanhet, née le 5 juill. 1789, était mineure pubère; — Que la prescription a bien commencé à courir contre elle; — Mais que cette prescription a été interrompue par la promulgation du code civil, et n'a pu reprendre son cours qu'en 1810, époque de la majorité de ladite Clémentine; — Qu'ainsi le temps écoulé avant la promulgation du code civil et celui également écoulé depuis la majorité jusqu'à l'époque de la citation devant le juge de paix, ne donnent pas une période de trente années; — Que les dispositions de

fer le principe de la rétroactivité des lois, modifier, quant aux conditions pour prescrire, les lois anciennes relatives à la prescription (V. *suprà*, nº 1112). Mais il semble difficile de soutenir qu'il ait ainsi disposé, en présence des termes si formels du premier alinéa de l'art. 2281 : *Les prescriptions commencées à l'époque de la publication du présent titre seront réglées conformément aux lois anciennes.* — Le texte n'ajoute pas *quant au temps* : d'où il semble résulter que toutes les règles par lesquelles étaient régies les anciennes prescriptions, doivent être appliquées même lorsque ces prescriptions se sont prolongées sous le code Napoléon (Conf. Marcadé, art. 2281, nº 1).

1124. Il a été jugé, d'après le même principe, que la prescription commencée dans le ressort d'un parlement ou l'interruption opérée contre les débiteurs principaux n'était pas interrompue par cela seul contre les cautions, doit, sous le code Napoléon, être régie par la même règle (Req. 26 juin 1827, aff. Savornin, vº Lois, nº 380). — V. aussi Amiens, 18 janv. 1823, aff. Flamand, vº Succession, nº 1556).

1125. S'il y avait doute, sous la loi de l'ouverture de la succession, sur le point de savoir si une jouissance séparée pendant dix ans était suffisante pour prescrire, on doit appliquer le code depuis lequel le délai est de trente ans (Limoges, 10 fév. 1813, V. Succession, nº 1550). — Il est, au reste, de jurisprudence que le code Napoléon peut être invoqué comme raison écrite ou comme loi interprétative pour les dispositions des anciennes coutumes qui présentent de l'obscurité.

1126. Une prescription qui a son point de départ dans l'ancienne législation, mais qui, immédiatement après ce point de départ, a été suspendue, par exemple en cas de minorité, et qui n'a repris son cours que sous le code Napoléon, doit-elle être réglée par l'ancien droit? — Nous avons soutenu l'affirmative (vº Lois, nº 377). — En effet, et c'est un principe posé par un arrêt très-bien motivé (Grenoble, 6 déc. 1842, V. *suprà*, nº 702) que la prescription, quoique suspendue dès son origine, n'en doit pas moins être considérée comme existante. — Une prescription suspendue est, en effet, une prescription commencée. La ques-

---

l'art. 2281 c. civ. ne peuvent s'appliquer qu'au laps de temps qui doit parfaire la prescription commencée, et nullement aux autres conditions nécessaires à l'accomplissement de la prescription, telles que celles relatives aux causes suspensives ou interruptives de la prescription ; — Que la première partie de l'art. 2281 est ainsi expliquée et restreinte dans le sens très-clairement indiqué de la deuxième partie de la même disposition ; — Que l'art. 2252 c. civ. déclare en termes formels que la prescription ne court pas contre les mineurs, sauf les cas déterminés par la loi ; — Que l'espèce actuelle ne constitue pas cette exception ; — Qu'aux termes de l'art. 710 c. civ., la minorité de la demoiselle Clémentine Champanhet a conservé les droits des autres copropriétaires. »

Appel par Dumas. Répondant à l'objection tirée de ce que ces mots de l'art. 2281 c. civ., *seront réglées*, ne s'appliqueraient qu'à la durée du temps nécessaire pour prescrire, il soutient, au contraire, qu'ils s'appliquent à toutes les conditions diverses, à tous les accidents, à toutes les causes de suspension ou d'interruption, à toutes les règles, en un mot à tous les principes des lois anciennes sur la matière ; autrement la loi nouvelle eût été entachée de rétroactivité. L'art. 2281 ne fait, d'ailleurs, aucune distinction, et le législateur se serait nécessairement exprimé en d'autres termes s'il avait voulu restreindre les règles qu'il posait au laps de temps nécessaire pour prescrire. En terminant, il se prévalait de l'exposé des motifs de l'art. 2281 par M. Bigot-Préameneu, qui semble, en effet, repousser toute distinction ; de l'opinion de M. Troplong, nº 1085, et de l'arrêt de Nancy. — Arrêt.

La cour ; — Attendu que l'art. 2252 c. civ. dispose que la prescription ne court pas contre les mineurs ; — Attendu que ce n'est pas donner un effet rétroactif à cette disposition que de l'appliquer aux prescriptions commencées avant le code ; car, d'une part, elle n'est que le corollaire des dispositions relatives à la tutelle, lesquelles saisissent tous les individus qui n'avaient pas atteint leur majorité à l'époque de la promulgation de la loi nouvelle, soit qu'ils fussent encore en état de pupillarité, soit qu'ils fussent parvenus à l'état de puberté ; et, d'autre part, parce que, la prescription, tant qu'elle n'est pas commencée, ne formant pas un droit acquis, mais une simple expectative, il appartient à la loi nouvelle de régir les faits de possession qui, en cet état, s'accomplissent sous son empire ; — Attendu qu'on invoque vainement l'art. 2281 c. civ. pour soutenir que la prescription a dû continuer à courir sous le code, nonobstant la minorité, lorsque cette prescription avait commencé antérieurement à la loi nouvelle ; — Que, si l'art. 2281 ordonne que les prescriptions commencées avant la publication du titre relatif aux prescriptions seront réglées conformément aux lois anciennes, il dispose seulement à l'égard du temps requis pour prescrire ; — Que cela s'induit de l'intitulé du chapitre, auquel appartient l'art. 2281, des termes dans lesquels la règle et l'exception sont formulées, et surtout des incohérences que produirait une autre interprétation ; — Qu'en matière de prescription il faut, avant tout, respecter la règle *contra non valentem agere non currit præscriptio* ; — Que si la prescription courait contre les mineurs dans le ressort du parlement de Toulouse, c'était uniquement parce que, d'après les principes de jurisprudence admis par ce parlement, la tutelle finissait à la puberté, et que, dès qu'il était pubère, le mineur pouvait agir ; — Que la même raison de décider n'existe plus dès que le code civil a frappé le mineur, même pubère, d'une incapacité absolue, et qu'alors il y aurait inconséquence et absurdité à lui infliger la peine de la prescription, à lui qui ne pouvait s'en défendre ; qu'au surplus, la prescription qui courait sous l'ancien droit contre le pubère n'était en quelque sorte que comminatoire, puisqu'il pouvait s'en faire relever en obtenant, avant la trente-cinquième année écoulée, des titres de restitution ; — Que, le code ayant aboli le bénéfice de la restitution, l'on ne saurait appliquer à des faits accomplis depuis son empire un système de prescription mutilée, c'est-à-dire l'ancienne loi avec ses rigueurs, mais sans ses avantages, sans ses règles de protection pour le mineur ; — Qu'il reste donc évident que l'art. 2281 ne peut nullement régir la question de suspension de prescription ni modifier l'art. 2252 ; — Que c'est en interprétant, comme il l'a été plus haut, l'art. 2281, qu'une jurisprudence constante et bien fondée décide que les prescriptions commencées, mais non accomplies avant le code civil, sont restées sans effet, par la survenance du code, relativement aux matières qu'il a déclarées imprescriptibles, pour les servitudes discontinues, par exemple ; — Par ces motifs, et adoptant ceux qui ont déterminé les premiers juges, confirme.

Du 20 fév. 1858.-C. de Nîmes, 3e ch.-MM. de Trinquelague, pr.-Rieff, av. gén., c. conf.-De Sibert et Boyer, av.

2e *Espèce* : — (Montgilbert C. Duvernay.) — La cour ; — Attendu que le point à examiner est de savoir si la prescription a été interrompue pendant la minorité des demandeurs, conformément à l'art. 2252 c. civ., ou si, au contraire, cette interruption n'a eu lieu que pendant la pupillarité, d'après la jurisprudence suivie en Bourgogne, attestée par l'arrêt de règlement du 17 mars 1724 ; — Que, bien que l'art. 2281 c. civ. déclare que les prescriptions commencées à l'époque de sa publication seront réglées conformément aux lois anciennes, le second paragraphe du même article semble indiquer que cette règle ne doit s'appliquer, en général, qu'au temps nécessaire pour prescrire ; — Qu'il est certain, en effet, que lorsque l'objet qu'on avait possédé avant le code civil est devenu non prescriptible, on ne peut, pour acquérir la prescription, réunir à la possession antérieure au code celle qui aurait eu lieu depuis, ainsi qu'on l'a constamment jugé à l'égard des servitudes discontinues qui, dans certaines coutumes, s'acquéraient par la possession trentenaire ; — Que, par les mêmes motifs, l'interruption résultant de la minorité doit être réglée, non par la loi en vigueur au moment où la prescription a commencé, mais par le code civil, lorsque, comme dans le cas particulier, ceux contre lesquels on veut prescrire ont été mineurs sous son empire ; — Qu'il s'agit d'appliquer une loi qui règle l'état et la capacité des personnes, et qu'il est de principe que les lois de cette espèce ne peuvent demeurer en suspens ; — Que Marie-Gabrielle Montgilbert est née le 8 juill. 1807, tandis que son père est mort le 8 juill. 1816, et qu'elle est devenue majeure le 8 juill. 1828 ; — Que, si l'on retranche du temps écoulé depuis le 29 juill. 1797, jour de l'ouverture de la succession de son aïeule, jusqu'au 18 fév. 1856, jour de la citation en justice, le temps pendant lequel la prescription a été interrompue, on trouve que la possession pour prescrire n'a été que de vingt-six ans neuf mois et vingt-neuf jours ; — Que cette possession est moins longue par rapport à la succession de l'aïeul, qui s'est ouverte le 8 sept. 1799, et qu'à plus forte raison la prescription n'est pas acquise contre Anne Montgilbert, née le 25 janv. 1810 ; — Que, dans le cas même où l'on admettrait que la prescription n'a pu être interrompue que pendant le temps de la pupillarité, conformément à l'arrêt de 1724, on ne pourrait repousser la demande de Marie-Gabrielle et d'Anne Montgilbert ; — Qu'en effet, si la prescription courait, en Bourgogne, contre les mineurs après la puberté, c'était sous l'espérance de restitution, en sorte que, pour détruire cette prescription, il suffisait que le mineur obtînt des lettres de restitution dans les dix ans de sa majorité ; — Qu'en suivant cette jurisprudence, on voit que les appelantes ci-dessus dénommées étaient encore en temps utile à l'époque du 18 fév. 1836, pour réclamer, et que l'on objecterait inutilement qu'il eût fallu faire prononcer la restitution contre la prescription ; — Qu'à cela il y a à répondre que les lettres de restitution ne peuvent plus avoir lieu depuis l'abolition des chancelleries, et que les appelantes n'ont pu demander à être restituées contre la prescription, avant qu'on ne leur eût fait connaître que l'on voulait s'en prévaloir ; — Qu'une procédure spéciale pour faire prononcer la nullité de la prescription eût été inutile et frustratoire, et que, d'après notre mode actuel de procéder, il suffisait que les demandeurs se prévalussent de leur minorité pour obtenir l'effet des anciennes lettres de restitution ; — Infirme et ordonne, etc.

Du 4 août 1838.-C. de Dijon, 1re ch.-M. Saverot, pr.

tion, du reste, a été très-controversée. M. Troplong a soutenu la négative, n° 1087 : « Il me paraît mille fois évident, dit le savant auteur, que la prescription n'avait pas cessé de sommeiller ; et que son cours avait commencé pour la première fois à la majorité survenue sous le code Napoléon. » Mais peut-on dire qu'un droit qui sommeille n'existe pas ? En principe quand il s'agit de la nullité d'un contrat, la prescription court à dater de cette époque; elle commence avec le contrat, elle n'est donc que suspendue par la minorité d'un des contractants. — Plusieurs arrêts ont jugé dans le sens de M. Troplong (Rej. 26 juill. 1819, aff. Duval, V. Minorité, n° 668 ; Pau, 17 nov. 1837, aff. Chappe ; Rej., 24 mai 1830, aff. Ducasnoy, V. Lois, n° 377). Ce dernier arrêt ne paraît pas avoir nettement posé la question. — Mais dans le sens de notre opinion, on décide que la prescription commencée et suspendue sous l'ancienne législation, doit être réglée par le droit ancien, lors même qu'elle n'a repris son cours que sous le droit nouveau (Rej. 15 déc. 1825, MM. Henrion, pr., Lasagni, rap., aff. Blanc *C.* Mathieu ; Rej. 20 juin 1848, aff. Lelostec, D. P. 48. 1. 107 ; Cass. 13 fév. 1850, aff. Allotte, D. P. 50. 1. 79; Ch. réun. cass. 18 juill. 1853, même aff., D. P. 53. 1. 290. — Conf. Bordeaux, 15 janv. 1835 (1) ; Paris, 25 fév. 1826, aff. Delamarre, et Grenoble, 20 janv. 1834, aff. Antoine, V. Lois, n° 378-1°, 2°).

1127. Il faut bien remarquer que si l'action est née depuis le code Napoléon, la prescription ancienne n'est point applicable. Ainsi il a été jugé : 1° que le délai de prescription d'un douaire stipulé sous l'édit de 1771, mais ouvert sous le code Napoléon, est réglé, même vis-à-vis du tiers acquéreur du fonds grevé du douaire, par le code Napoléon, lequel, contrairement à la loi ancienne, exige que ce dernier fasse transcrire son titre d'acquisition, pour que la prescription puisse courir à son profit (Paris, 17 mars 1851) (2) ; — 2° Que la femme mariée antérieurement au code, qui avait trente ans pour revendiquer ses droits sur un immeuble, est soumise à la prescription de dix ans établie par le code Napoléon au profit du tiers détenteur de bonne foi, si ses droits sur l'immeuble revendiqué se sont ouverts depuis la promulgation du code, époque à laquelle cette prescription a commencé à courir (Grenoble, 12 juill. 1834, aff. Pugol, V. n° 944).

1128. Disons en terminant sur le § 1 de l'art. 2281, qu'on ne peut appliquer l'art. 2277 à des *intérêts* échus depuis plus de cinq ans avant la publication de l'art. 2281, et sous une loi qui ne les déclarait prescriptibles que par trente ans (Bruxelles, 3e ch., 27 juill. 1832, aff. Dubus), ni en matière de fermages échus aussi avant la publication de l'art. 2281 (Cass. 15 mars 1813) (3).

---

(1) *Espèce :* — (De Beauchamp *C.* Degranges.) — Le sieur de Beauchamp avait une hypothèque générale sur les biens du sieur Rodesse, en vertu d'une créance souscrite en 1792, et qui ne devait être exigible qu'en 1802. — Le sieur Rodesse vend deux de ses immeubles. — Plus tard, le sieur Soubiran devient acquéreur de ces deux immeubles par acte du 2 mars 1811. — Il acquiert encore, quelque temps après, un troisième immeuble du sieur Rodesse ; le montant du prix en est versé entre les mains du sieur de Beauchamp. — En 1832, un ordre est ouvert sur la distribution du prix des immeubles acquis par Soubiran en 1811. Le sieur de Beauchamp demande à être colloqué en vertu de son hypothèque générale. — La demoiselle Degranges conteste cette collocation et soutient que l'hypothèque du sieur de Beauchamp se trouve prescrite. — Jugement qui accueille les prétentions de la demoiselle Degranges. — Appel. — Arrêt.

LA COUR ; — Attendu que la prescription du tiers détenteur, contre l'action hypothécaire, est fondée sur la possession ; que, par conséquent, elle doit être régie par la loi en vigueur à l'époque où la possession a commencé ; que la première vente, consentie à Duclos par Rodesse, est à la date du 14 prair. an 2 (2 juin 1794) ; que les deux contrats de vente furent passés à Bordeaux, où les immeubles vendus étaient situés ; que, par conséquent, la prescription opposée par les intimés doit être régie d'après les principes de l'ancienne jurisprudence du parlement de Bordeaux, et non d'après les lois subséquentes sur les hypothèques ; — Attendu qu'il était de principe, suivant cette ancienne jurisprudence, que l'action personnelle, jointe à l'action hypothécaire, se prescrivait par le laps de trente ans ; — Attendu que si le baron de Beauchamp n'est devenu majeur que le 25 fév. 1796, ce n'est pas un motif pour décider que la prescription doit être régie par les nouvelles lois en vigueur à cette époque, et notamment par celle du 9 mess. an 3, parce que la minorité qui avait suspendu la prescription dut la faire remonter à l'époque de la vente, quant au droit qui devait la régir, puisque c'était alors qu'avait commencé la possession qui lui servait de fondement ; —

Attendu que le baron de Beauchamp n'est pas mieux fondé à soutenir que la prescription contre lui n'a pu commencer qu'en 1802, parce que c'est alors seulement que son contrat d'obligation est devenu exigible ; que cette exception serait fondée à l'égard de son débiteur, mais non contre le tiers détenteur ; que, relativement à celui-ci, le baron de Beauchamp était libre de lui dénoncer son hypothèque et de faire les diligences nécessaires pour la conserver, même avant l'échéance de son contrat ;

Attendu que l'état des inscriptions hypothécaires, délivré sur la transcription, ne suffit pas pour constituer l'acquéreur en mauvaise foi ; qu'il ne constate que l'existence matérielle des inscriptions, et nullement la servitude ou la validité de la créance et les droits qui peuvent en résulter ; que la transcription est si loin de porter atteinte à la prescription de l'acquéreur et du tiers détenteur, que l'art. 2180 c. civ. dispose que la prescription ne commence à courir que du jour où le titre a été transcrit ;

Attendu que si un payement a été fait sur le prix de l'immeuble acquis en 1821, il n'en résulte nullement que l'hypothèque du baron de Beauchamp, sur les autres immeubles, ait été reconnue ;

Attendu, spécialement, quant à la vente du 25 brum. an 3, que, indépendamment des raisons qui viennent d'être développées et qui lui sont applicables, le contrat d'acquisition de J. Soubiran, du 2 mars 1811, a été transcrit le 15 du même mois ; que, d'après l'art. 2265 c. civ., celui qui acquiert de bonne foi et par juste titre un immeuble, en prescrit la propriété par dix ans, si le véritable propriétaire habite dans le ressort de la cour royale dans l'étendue de laquelle l'immeuble est situé, et par vingt ans, s'il est domicilié hors dudit ressort ; qu'aux termes de l'art. 2180, le tiers détenteur prescrit les priviléges et hypothèque dans le même délai ;

Attendu, dans le fait, que, depuis la transcription opérée le 15 mars 1811 jusqu'au 7 déc. 1832, époque de la production du baron de Beauchamp, il s'est écoulé plus de vingt ans, et que, sous ce rapport encore, la prescription serait acquise ;

Attendu que l'obligation imposée à l'adjudicataire, par le cahier des charges, de notifier son contrat d'acquisition aux créanciers inscrits, n'a rien préjugé sur la validité de ces créances et sur les exceptions qui pouvaient être opposées aux titulaires ; que si elles étaient payées ou éteintes par la prescription, leur existence sur le registre des hypothèques ne pouvait les faire revivre ; que la notification faite aux créanciers est conditionnelle, en ce sens que l'effet était subordonné aux droits qu'ils pouvaient avoir et qu'ils avaient conservés ; — Met au néant l'appel, etc.

Du 15 janv. 1835.-C. de Bordeaux.-M. Roullet, 1er pr.

(2) *Espèce :* — (Fréville *C.* Leguey.) — 10 avr. 1829, jugement du tribunal de Versailles, qui décide que le code civil devait régir la matière, et qui écarte, par conséquent, la prescription invoquée : — « Attendu que la cause de l'inscription Leguey est un fonds de douaire constitué sous l'empire de la coutume de Paris, qui disposait, art. 117, que la prescription ne commençait à courir que du jour du décès du père qui l'avait constitué ; que ce douaire a bien établi le principe d'un droit éventuel, au profit des enfants Leguey, mais sous une condition suspensive (celle de survie), sans l'événement de laquelle le principe du douaire devait s'évanouir ; que, jusqu'au 9 mars 1807, époque du décès de Sulpice Leguey, les enfants de ce dernier étaient non recevables à faire aucun acte d'exécution du contrat de mariage, relativement au douaire, qui n'était pour eux qu'une expectative incertaine ; que c'est en vain que les héritiers Fréville prétendent qu'ils ont acquis, au moment de leur contrat de vente, le droit de prescrire selon la loi sous l'empire de laquelle elles contractaient, et que, si la prescription a été suspendue par la non-ouverture du douaire, jusqu'au 9 mars 1807, elle a repris son cours à ladite époque, puisque, lors de ce contrat, les douairiers n'avaient point de droit acquis au douaire, et que la prescription ne pouvait commencer à courir que du jour de son ouverture ; que, d'ailleurs, le douaire, d'après l'art. 32 de l'édit de 1771, ne pouvait être purgé avant son ouverture ; — Attendu qu'aux termes de l'art. 2281 c. civ., les seules prescriptions qui doivent être régies par les lois anciennes, sont celles qui ont commencé à courir antérieurement à la publication dudit code ; que, dans l'espèce, la prescription, dont excipent les héritiers Fréville, n'a pas commencé à courir avant le code, mais bien lors de l'ouverture du douaire arrivée le 9 mars 1807, et, par conséquent, sous l'empire du code civil, qui, dès lors, doit régir la matière ; — Attendu que l'inscription, dont la mainlevée est demandée, a été prise avant la transcription du contrat d'acquisition des biens dont il s'agit... » — Appel. — Arrêt.

LA COUR ; — Adoptant les motifs des premiers juges, confirme.

Du 17 mars 1851.-C. de Paris, 2e ch.-M. Deherain, pr.

(3) (Enreg. *C.* Girard.) — LA COUR ; — Vu l'art. 2281 c. civ. ; — Et attendu que les fonds amodiés à Antoine Girard par le bail du 6 mars 1787, étaient situés au pays de Porentrui, qui était régi par le droit ro-

1129. La règle suivant laquelle les prescriptions commencées sous l'empire des lois anciennes ne peuvent être réglées par la loi nouvelle s'applique même au cas où il s'est écoulé depuis la loi nouvelle un temps suffisant pour prescrire d'après cette dernière loi. — Jugé, en conséquence, que le créancier d'arrérages de rente échus avant le code, qui a laissé passer cinq ans sans poursuites, depuis sa promulgation, n'est pas déchu du droit de réclamer ses arrérages, si le temps durant lequel il pouvait en réclamer le payement d'après la loi en vigueur lorsque la prescription a commencé, n'est point encore écoulé (même arrêt et Cass. 30 janv. 1816, aff. Chambert *C.* Hollier). — Une décision semblable a été rendue en matière d'intérêts de sommes prêtées (Bruxelles, 24 janv. 1812, aff. Vankessel *C.* Schotters).

1130. Le second paragraphe de l'art. 2281 est ainsi conçu : « Néanmoins, les prescriptions alors commencées, et pour lesquelles il faudrait encore, suivant les anciennes lois, plus de trente ans à compter de la même époque, seront accomplies par ce laps de trente ans. » — Ce paragraphe ne changerait rien à la prescription plus que trentenaire commencée avant sa promulgation, si, depuis cette époque, il ne restait à courir, pour compléter la prescription de quarante ou cent ans, qu'un laps de trente ans seulement ou de moins de trente ans (Conf. M. Troplong, nº 1090). —Jugé, au contraire, que l'art. 2281 c. nap., qui réduit à trente ans les prescriptions d'une durée plus longue, dont le cours avait commencé avant la promulgation du code, s'applique même au cas où, lors de cette promulgation, il resterait moins de trente ans à courir pour l'accomplissement du délai exigé par la loi ancienne (Cass. 12 nov. 1832, aff. préfet de la Meurthe, V. Appel civil, nº 1161). — Cette proposition résulte des motifs de l'arrêt de la cour rapprochés des faits de la cause dans laquelle il ne restait plus, au moment de la publication du code Napoléon, que vingt-neuf ans à courir pour l'accomplissement de la durée de l'action domaniale dont il s'agissait. Or cette décision qui n'était que subsidiaire, et que la cour, en raison du principe qu'elle venait de poser, pouvait s'abstenir de résoudre, nous semble, comme à M. Troplong, offrir une interprétation manifestement erronée de la seconde disposition de l'art. 2281 c. nap. — Aussi a-t-il été jugé que l'art. 2281, qui réduit à trente ans le terme des plus longues prescriptions commencées avant le code, ne peut pas être entendu en ce sens qu'il ait compris dans ce délai de *trente années* le temps déjà écoulé avant le code. — Et, spécialement, que si, des quarante ans exigés par l'ancienne jurisprudence pour prescrire contre les églises, neuf ans seulement s'étaient écoulés, avant que le titre des prescriptions au code Napoléon ne fût promulgué, il a fallu encore trente ans, depuis cette promulgation, pour l'accomplissement de la prescription (Bordeaux, 23 juill. 1833 (1). — Conf. Req. 5 avril 1837, MM. Borel, pr., Madier, rap., aff. Ménicher ; Toulouse, 21 nov. 1837, M. Martin, pr., aff. Bégué).

1131. Que faut-il décider quand la loi nouvelle a déclaré

---

main; et que, dans le système des lois romaines, la prescription du prix des baux avait la même durée que celle de toutes les autres actions mobilières; — Attendu que si le code civil a maintenu la prescription de cinq ans pour fermages établie par l'ordon. de 1629, et que, depuis la mise en activité de ce code dans le pays de Porentrui, cette prescription y puisse être valablement proposée, elle ne peut l'être néanmoins lorsqu'elle a commencé sous l'empire d'une autre législation; — Que cela résulte des dispositions formelles de l'art. 2281 c. civ., qui veut que les prescriptions commencées à l'époque de sa publication soient réglées conformément aux anciennes lois; — Attendu que la prescription opposée par le défendeur avait commencé à courir bien antérieurement à la mise en activité du code civil dans le pays de Porentrui; — Que cependant le tribunal qui a rendu le jugement attaqué a déclaré l'action des demandeurs prescrite, en se fondant sur les dispositions de l'ordon. de 1629, qui ne fut jamais loi pour ce pays, en se fondant sur ce que le code civil renfermait la même disposition que cette ordonnance, et que le code civil y était en activité; — Qu'en le jugeant ainsi, le tribunal de Porentrui a ouvertement violé les dispositions de l'art. 2281 c. civ.; — Par ces motifs, casse.

Du 15 mars 1813.-C. C., sect. civ.-M. Carnot, rap.

(1) (Rey *C.* Miallet.) — LA COUR; — Considérant que l'église des anciens cordeliers de Lesparre fut vendue par l'Etat au sieur Miallet le 25 juill. 1812, et qu'un procès-verbal annexé à l'adjudication exprime que les murs faisant partie de l'église sont libres de toute servitude et de tous droits de mitoyenneté; — Que le sieur Rey, contraint aujourd'hui de reconnaître cette vérité, soutient avoir prescrit la mitoyenneté des murs de l'église par une possession qui a duré plus de trente ans; qu'ainsi, devant la cour, le procès est renfermé dans une simple question de prescription trentenaire; — Que, pour apprécier le système du sieur Rey, il faut d'abord se bien fixer sur les faits, et se ressouvenir aussi de quelques dates dont l'importance ne saurait être révoquée en doute; — Considérant que le sieur Constant, aux droits de qui se trouve le sieur Rey, acquit, le 11 juin 1796, le couvent des cordeliers de Lesparre, moins l'église dont l'Etat resta propriétaire; que cette acquisition fut faite sous l'empire de la loi du 22 nov. 1790, dont l'art. 36 exigeait, pour la prescription, une possession de *quarante ans*;

Considérant que le titre du code civil, relatif à la prescription, fut décrété le 15 mars 1804, et qu'il est décidé, par la loi nouvelle, que l'Etat et les établissements publics sont soumis aux mêmes prescriptions que les particuliers; — Que Miallet, devenu, comme on l'a déjà dit, adjudicataire de l'église des cordeliers, en juill. 1812, céda ses droits à sa fille, épouse Lussac, qui, le 1er mars 1831, fit assigner le sieur Rey devant le tribunal de première instance de Lesparre, pour s'entendre condamner à faire disparaître certaines constructions qu'il avait adossées au mur de l'église; — Que, dans cette situation des choses, le sieur Rey s'est prévalu de la prescription trentenaire, qu'il a fondée sur des calculs dont on va s'occuper; que, dans son système, il pouvait se prévaloir de deux espèces de possession, l'une contre l'Etat, l'autre contre un simple particulier; l'une qui, ayant commencé le 11 juin 1796, pour finir le 25 juill. 1812, avait duré seize ans et sept mois; l'autre, dont le point de départ, fixé en 1812, embrassait jusqu'au 1er mars 1831 un intervalle de dix-huit ans sept mois trois jours; la première, dont il fallait retrancher le quart, parce que telle est la différence de quarante à trente, la seconde, dont rien n'était à retrancher, ce qui, en définitive, donnait trente ans huit mois et six jours, temps plus que suffisant pour acquérir la prescription trentenaire;

Considérant que les calculs qu'on vient de rappeler sont assurément ingénieux; qu'ils paraissent même, on doit en convenir, ne pas s'écarter de l'équité; mais que les admettre dans la cause actuelle, serait violer ouvertement la loi; qu'il est, en effet, positif qu'au moment où fut décrété le titre du code civil, relatif à la prescription, c'est-à-dire en 1804, Rey avait encore trente-deux ans à parcourir pour atteindre les quarante années exigées par la loi de 1790; qu'après avoir rappelé cette nécessité, il suffira de consulter l'art. 2281, pour voir disparaître les difficultés que l'argumentation du sieur Rey avait su répandre sur la cause; — Considérant que cet article dispose de la manière suivante (V. ce texte, nº 1111) : — Considérant qu'en appliquant le droit aux faits du procès, on est conduit nécessairement à reconnaître que la prescription de Rey étant commencée à l'époque de la publication du titre 20 c. civ., cette prescription devait se régler conformément à la loi de 1790, et que, par conséquent, trente-deux ans devaient encore s'écouler avant qu'il fût permis à l'appelant de parler de prescription; qu'il est positif que le § 1 de l'art. 2281 repousse les prétentions du sieur Rey, puisque la législation ancienne ne reconnaissait, contre l'Etat, qu'une prescription quarantenaire, et que de 1796 à 1831 il ne s'est écoulé que trente-cinq ans;

Considérant qu'une seule exception à ce principe de non-rétroactivité que venait de poser le § 1 de l'article précité, a été jugée nécessaire et introduite en conséquence dans le § 2; qu'on y trouve que les prescriptions pour lesquelles il faudrait encore plus de trente ans, toujours à partir de la publication du code, seront accomplies par ce laps de temps; qu'en se prévalant de cette exception imaginée, comme l'enseigne M. Bigot de Préameneu, pour qu'il y eût un temps après lequel il fût certain que la loi nouvelle recevrait partout son exécution, le sieur Rey est fondé à soutenir qu'au lieu de trente-deux ans que l'on aurait pu exiger, conformément au § 1, la prescription s'est accomplie, en sa faveur, par le laps de trente ans; mais que là s'arrête le bienfait de la loi nouvelle, qui n'a pas voulu lui permettre de compter, pour la prescription trentenaire, le temps qui s'était écoulé pendant qu'un autre droit lui imposait l'obligation de posséder, pendant quarante années, la chose qu'il voulait prescrire; — Qu'en un mot, le code civil, qui a prévu et réglé le cas actuel, a laissé au sieur Rey le droit d'opter entre la prescription quarantenaire, en comptant les huit années qui ont précédé le code, et la prescription de trente ans, en prenant pour point de départ le 15 mars 1804; mais que quarante ans ne s'étant pas écoulés depuis 1796 jusqu'à 1831, ni trente depuis 1804 jusqu'à la même époque 1831, il est nécessaire d'en conclure que la prescription trentenaire n'existe pas au profit de Rey, et que ses calculs sont erronés; — Qu'au surplus, un exemple va rendre ceci plus sensible: qu'en supposant une possession de deux années commencées sous l'empire de la loi du 22 nov. 1790, et le code civil ayant, par son art. 2281, déclaré qu'à partir de sa publication, toutes les prescriptions seraient accomplies par le laps de trente ans, il est évident que le législateur aurait fait grâce au prescrivant des huit années, qui, d'après l'ancien droit, étaient nécessaires pour arriver à quarante ans; qu'il serait peu

imprescriptible un droit qui, antérieurement à sa promulgation, était prescriptible, relativement à la prescription commencée et non accomplie lors de cette promulgation ? Il n'est pas douteux qu'aucune possession postérieure à la loi nouvelle ne peut se joindre à l'ancienne possession qui doit être considérée comme non avenue. — Jugé ainsi qu'en matière de servitude discontinue, la possession postérieure à la promulgation du code Napoléon est sans effet utile pour opérer la prescription quoiqu'elle ait été commencée avant le code (Cass. 10 fév. 1812, aff. Velten, v° Action possessoire, n° 470; Cass. 31 août 1825, aff. Coiffard; Cass. 8 août 1837, aff. Bethune, V. Servitude). — S'il s'agissait d'une chose imprescriptible avant la loi qui l'a rendue prescriptible, la possession antérieure à cette dernière loi ne pourrait servir de base à la prescription. Ainsi, les biens appartenant au souverain de la Lorraine étaient imprescriptibles avant la loi de 1790, comme faisant partie du domaine de l'Etat; ils n'ont pu être prescrits que par le laps de quarante ans, exigé par cette loi, et encore faut-il tenir compte de la suspension de cinq ans, établie par le décret du 1er juill. 1791 (Cass. 11 avril 1836) (1).

1132. Mais il a été jugé que si, pour compléter les trente ans de possession exigés par le code pour prescrire contre le domaine public, un tiers est obligé de se prévaloir de la jouissance qu'il a eue sous la loi du 22 nov. 1790, laquelle exigeait (art. 46) une possession de quarante ans, le temps de cette jouissance ne doit être compté que proportionnellement à celui que cette loi exigeait pour prescrire : il doit, dès lors, être réduit du quart; et, par exemple, une possession de quatre ans sous cette loi ne vaudra que pour trois ans (Rej. 2 août 1837; Bordeaux, 1er mars 1837 (2). — Conf. Poitiers, 1re ch., 1er mars 1832, M. Vincent-Molinier, 1er pr., aff. Puytesson; Grenoble, 2e ch., 9 août 1832,

---

juste de compter encore au possesseur les trois quarts des deux années écoulées avant le 15 mars 1804; et, qu'au surplus, aucun texte du code n'autorise cette addition;

Considérant que si l'autorité des deux arrêts invoqués par Rey est infiniment respectable, il doit cependant être permis de chercher à s'élever jusqu'au véritable sens de la loi, et qu'alors c'est celui-ci qui doit véritablement l'emporter, selon la maxime si connue : *legibus non exemplis judicandum*; que, de plus, il n'est pas inutile de faire remarquer que, dans les espèces jugées par les arrêts des cours de Poitiers et de Grenoble, deux sortes de possessions concouraient, *toutes deux antérieures à la publication du code civil*, ce qui n'existe pas dans la cause actuelle; met l'appel au néant.

Du 25 juill. 1835.-C. de Bordeaux, 4e ch.-M. Desgranges, pr.

(1) (L'état et baron Salis Saglio C. Comm. de Monneren et cons.) — La cour; — Sur le premier moyen, fondé sur la violation prétendue de l'art. 34, tit. 2 du règlement général des eaux et forêts de Lorraine, et des art. 7 et 8 de la déclaration du 31 janv. 1734 : — Attendu que l'arrêt attaqué constate que l'arrêt du conseil ducal du 7 janv. 1735, a été reconnu par toutes les parties comme le seul titre sur lequel devaient être réglés leurs droits et prétentions respectifs; — Attendu que cet arrêt, rendu après une discussion contradictoire entre les propriétaires fonciers et les usagers, contient un règlement particulier sur l'étendue et l'exercice des droits d'usage appartenant aux communes dans les forêts; et que, par cet arrêt, il a pu être dérogé aux règles établies par la déclaration de 1735, et aux règlements généraux sur l'administration des forêts dans le duché de Lorraine; — Attendu qu'en décidant qu'il résultait de cet arrêt que les communes avaient le droit de couper, tant les futaies que les taillis, dans les coupes qui leur étaient attribuées, sous la réserve des fruitiers et des chênes, et que les chablis leur appartenaient dans les coupes en exploitation, l'arrêt n'a fait qu'une appréciation de titres qui entrait dans les attributions de la cour royale, et n'a violé ni la déclaration de 1735, ni aucune autre loi; rejette ce moyen. — Sur le moyen tiré de la violation des lois sur la prescription des arrérages de rentes dépendantes du domaine de l'Etat : — Vu les art. 2 et 4 de la loi du 14 vent. an 7, l'art. 36 de la loi du 1er déc. 1790, le décret du 1er juill. 1791, et l'art. 2281 c. civ.; — Attendu que le dernier état de la législation domaniale se trouve fixé par la disposition de la loi du 14 vent. an 7; que, quant aux biens qui ont été réunis au domaine par des traités postérieurement à l'édit de 1566, la loi du 14 vent. an 7 distingue les aliénations faites antérieurement aux traités, et celles faites postérieurement; — Que, quant aux aliénations faites antérieurement aux traités, l'art. 2 de la loi veut qu'elles soient réglées par les lois lors en usage dans les pays réunis, ou suivant les traités de paix ou de réunion; mais que, quant aux aliénations faites postérieurement aux traités, l'art. 4 les déclare révocables; qu'il suit de ces dispositions que les biens et droits abandonnés à la France par le traité de réunion de la Lorraine ont été frappés du caractère de domanialité; qu'ainsi, en admettant que les portions appartenant au duc de Lorraine, dans les redevances foncières établies par les actes de concession des 24 juill. 1615 et 19 juin 1624, aient fait partie du domaine privé du duc de Lorraine, et que, comme telles, elles aient été soumises à la prescription des art. 1 et 2 de la coutume de Lorraine, tant qu'elles sont restées la propriété de ce prince, l'effet du traité de réunion aurait été de les incorporer au domaine, et de leur imprimer le caractère d'imprescriptibilité dont tous les biens et droits dépendants du domaine étaient frappés par la législation domaniale; — Attendu que ce caractère d'imprescriptibilité a continué d'exister jusqu'à la promulgation de la loi du 1er déc. 1790, qui, par son art. 36, a soumis tous les biens nationaux sans distinction à une prescription de quarante ans qui commenceraient à courir du jour de la promulgation de ladite loi; — Attendu que, par le décret du 1er juill. 1791, cette prescription, quant aux droits corporels et incorporels dépendants des biens nationaux, a été suspendue depuis le 2 nov. 1789 jusqu'au 2 nov. 1794; — Attendu enfin qu'aux termes de l'art. 2281 c. civ., les prescriptions commencées à l'époque de la promulgation du titre du code civil, relatif aux prescriptions, doivent être réglées conformément aux lois préexistantes; — Que, néanmoins, l'arrêt attaqué, considérant les redevances dont il s'agit comme sujettes à la prescription trentenaire, les a déclarées éteintes et prescrites, par le motif qu'elles n'auraient pas été servies depuis 1789; qu'en jugeant ainsi, cet arrêt a méconnu les principes de la législation domaniale consacrés par la loi du 14 vent. an 7, violé expressément l'art. 36 de la loi du 1er déc. 1790, et le décret du 1er juill. 1791, et fait une fausse application de l'art. 2281 c. civ.; — Casse, en ce point, l'arrêt de la cour royale de Metz, du 26 janv. 1832.

Du 11 avr. 1836.-C. C., ch. civ.-MM. Portalis, 1er pr.-Moreau, rap.-Tarbé, av. gén., c. conf.-Teste-Lebeau et Chauveau, av.

(2) 1re *Espèce* : — (Le préfet de Seine-et-Oise et Roger C. Corron.) — La cour; — Sur le moyen tiré de l'art. 8, tit. 1 de la loi du 28 mars 1790, de l'art. 36 de la loi du 1er déc. 1790 et de l'art. 2281 c. civ. : — Attendu qu'il résulte de l'arrêt attaqué que, depuis le 11 nov. 1794 jusques et y compris l'année échue le 11 nov. 1829, les rentes réclamées de Corron ont été constamment payées par lui et ses auteurs, sous la déduction d'un cinquième pour la retenue de l'impôt; — Attendu que, si, à partir de la cession faite à Félice desdites rentes par le domaine, le 20 oct. 1800, il ne s'est pas écoulé trente ans jusqu'au 11 nov. 1829, ces trente années sont plus qu'accomplies par l'addition du temps expiré avant ladite cession; — Qu'à la vérité, lorsque la prescription a commencé, les rentes créées, pour abandon de biens nationaux et restées entre les mains de l'Etat, n'étaient prescriptibles que par quarante ans; mais que cette prescription privilégiée a cessé, et qu'elles se sont trouvées soumises au droit commun, à l'instant où le gouvernement s'en est dessaisi; — Que l'on doit faire concourir avec équité l'une et l'autre prescriptions, et établir entre elles une juste proportion; et qu'il y a, dès lors, lieu de retrancher un quart du temps écoulé jusqu'au moment où les rentes sont devenues prescriptibles par trente ans; — Qu'en faisant ce retranchement, les cinq ans, onze mois, neuf jours, depuis le 11 nov. 1794 jusqu'au 20 oct. 1800, se trouvent réduits à quatre ans, cinq mois, quinze jours, lesquels, joints au temps écoulé à partir de la cession faite à Félice jusqu'au 11 nov. 1829, forment une période de plus de trente ans; — Qu'il suit de là qu'en déclarant la prescription de trente ans acquise au profit de Corron, l'arrêt attaqué s'est conformé au droit commun, et n'a pas violé les lois invoquées par les demandeurs; — Sur le moyen tiré de l'art. 1337 c. civ. : — Attendu qu'en appréciant et interprétant les actes invoqués comme interruptifs de la prescription, la cour a pu, dans l'espèce, leur refuser ce caractère, sans violer l'art. 1337 relatif aux actes nouvels ou récognitifs, ni aucune autre disposition de loi; — Rejette.

Du 2 août 1837.-C. C., ch. civ.-MM. Portalis, 1er pr.-Thil, rap.-Tarbé, av. gén., c. conf.-Odent et Piet, av.

2e *Espèce* : — (Leberthon-Puygrenier C. Guilhem-Dumonteil.) — La cour; — Attendu que le 28 nov. 1835, Guilhem-Dumonteil a fait assigner les époux Leberthon-Puygrenier, en délaissement des fonds litigieux; que ceux-ci se défendent de cette demande en excipant de la prescription trentenaire; que, pour justifier leur exception, ils offrent de prouver qu'ils ont possédé depuis plus de trente ans et pendant un temps suffisant pour prescrire la propriété; — Attendu que la possession alléguée par les appelants a eu lieu à des époques qu'il importe de distinguer, eu égard aux qualités et aux droits des propriétaires; que les fonds litigieux ont appartenu à l'Etat depuis le partage administratif du 26 avr. 1795 jusqu'au 22 sept. 1805; et à dater de cette dernière époque jusqu'au 28 nov. 1835, soit à l'hospice civil, soit à Dumonteil; — Qu'ainsi la possession alléguée par les appelants et sur laquelle ils fondent leur prescription, remontant à un temps où l'Etat était propriétaire et antérieurement au code civil, ils ne pouvaient prescrire que par le laps de quarante ans pendant que cette situation a existé; qu'il en a été autrement lors de la concession faite le 22 sept. 1805 à l'hospice, et de l'acquisition qui en a été faite par Dumonteil le 30 juin 1831; que, quand l'hospice d'abord, et ensuite Dumonteil, sont devenus propriétaires, la

aff. com. de Vercieu. — *Contrà* même cour de Bordeaux, 23 juill. 1835, aff. Rey, V. n° 1130). — Au reste, M. Troplong, n° 1092, fait, avec raison, la remarque que cette décision n'est point une application de l'art. 2281, auquel elle est tout à fait étrangère.

1133. Si, depuis que la prescription commencée contre l'État, et qui avait plus de trente années à courir lors de la promulgation du code Napoléon, a été réduite à trente ans par l'art. 2281, l'Etat a cédé ses droits à un tiers non privilégié, il n'y a pas lieu de réduire encore la prescription qui a continué de courir contre ce dernier pour le quart du temps écoulé depuis la cession, conformément aux principes anciens qui admettaient cette réduction du quart; la prescription ne peut être accomplie contre le cessionnaire, dans ce cas, que de la même manière qu'elle l'aurait été encore contre l'Etat, son cédant, c'est-à-dire par le laps de trente années à dater de la promulgation du code Napoléon (Cass. 9 mai 1838 et 8 mars 1842) (1). — Ce sont des

---

prescription quarantenaire était abolie, et que de leur chef ils ne pouvaient pas s'en prévaloir pour le temps couru depuis leur acquisition; qu'il résulte de cet état de choses que les effets et la durée de la possession doivent être considérés sous un double rapport : 1° à l'égard de l'Etat, pendant qu'il est resté propriétaire et contre lequel les appelants ne pouvaient prescrire que par une possession de quarante ans; 2° à l'égard de l'hospice et de Dumonteil, contre lesquels il leur suffit de justifier d'une possession trentenaire; — Que le point à décider est de savoir si, comme le prétend l'intimé, la possession doit être calculée de telle sorte que, sans avoir égard au temps écoulé avant la promulgation du code civil, faite le 25 mars 1804, et qui a été censée connue dans le département de la Dordogne le 31 du même mois, il faut qu'à dater de cette connaissance et sans avoir égard à leur possession antérieure, qui serait absolument écartée, les appelants soient tenus de justifier encore de trente ans de possession, ou bien si, pour compléter les trente années, ils sont fondés à se prévaloir en tout ou en partie de la possession qui a duré depuis le 26 avr. 1795 jusqu'au 22 sept. 1805, époque de la concession faite à l'hospice;

Attendu que la prescription quarantenaire était un privilége inhérent à l'Etat et une garantie tout à fait spéciale pour la conservation de ses propriétés; que le motif évident qui avait fait admettre ce privilége disparaissait avec ses conséquences, lorsque les propriétés de l'Etat étaient acquises par des particuliers, dont les actions et les exceptions étaient régies par le droit commun; — Attendu que tel est le cas dans lequel se trouve Guilhem-Dumonteil; qu'il n'a point succédé à l'ancien privilége de l'Etat, lequel a cessé d'exister ou a été modifié à l'époque de la promulgation du code, ou tout au moins depuis la concession faite à l'hospice de Périgueux, le 22 sept. 1805;

Attendu que, pour se soustraire aux conséquences de cette distinction fondée sur les principes du droit, l'intimé cherche inutilement à se prévaloir de l'art. 2281 c. civ.; — Qu'en effet, le § 1 de cet article porte que les prescriptions commencées à l'époque de sa publication, seraient réglées conformément aux lois anciennes, et que, suivant ces lois, le simple particulier ne succédait pas à la prescription privilégiée introduite en faveur de l'Etat; — Qu'à la vérité, Guilhem-Dumonteil prétend que, suivant le second alinéa de ce même article, les prescriptions alors commencées, et pour lesquelles il faudrait encore, suivant les anciennes lois, plus de trente ans à la même époque, seront accomplies par ce laps de trente ans; d'où il veut induire que la prescription devant être de quarante ans, à dater du 26 avr. 1795, lorsque l'Etat est devenu propriétaire, et ne s'étant écoulé que huit ans dix mois vingt-cinq jours jusqu'au 25 mars 1804, époque de la promulgation du code civil, la prescription n'a pu être acquise que par le laps de trente ans, à dater de cette promulgation; d'où il suivrait que l'action intentée par l'intimé, le 28 nov. 1835, a été formée en temps utile et avant que la prescription trentenaire eût été accomplie; — Attendu que cela serait vrai si l'Etat était resté propriétaire et si c'était lui qui, attendu son privilége, se prévalût de cette disposition de l'art. 2281; mais qu'il n'en est point ainsi; que Guilhem-Dumonteil n'est qu'un simple particulier dont les actions sont régies par le droit commun; que s'il peut invoquer le privilége de l'Etat pendant que celui-ci était propriétaire, il n'y est plus fondé lorsque ce privilége a cessé par l'aliénation faite, soit aux hospices, soit en sa faveur; que cela résulte des termes bien compris du dernier alinéa de l'art. 2281, qui porte que les prescriptions alors commencées, et pour lesquelles il faudrait encore, suivant les anciennes lois, plus de trente ans à l'époque de la promulgation de cet article, seront accomplies par le laps de trente ans;

Attendu que, pour que cet article fût applicable, il faudrait deux conditions : la première, que les prescriptions fussent commencées avant la publication; la seconde, que, suivant les anciennes lois, il fallût encore plus de trente ans de possession pour prescrire; — Que, dans l'espèce, la prescription était commencée avant la publication du code; qu'ainsi cet article serait applicable sous ce premier rapport; mais qu'il ne l'est pas sous le second, parce que la question de savoir si, suivant les anciennes lois, il fallait plus de trente ans pour prescrire, était subordonnée à un fait incertain, au maintien de l'Etat, pendant plus de trente ans, dans la propriété à prescrire; mais si, dans l'intervalle, l'Etat cessait d'être propriétaire, et si, suivant les anciennes lois, cette cessation de propriété substituait à la prescription quarantenaire la prescription de trente ans, la seconde condition n'a pas été accomplie;

Attendu que c'est dans cette dernière situation que s'est trouvé Dumonteil; qu'il ne peut pas dire qu'à son égard la prescription avait plus de trente ans à courir, car, pour raisonner ainsi, il faudrait qu'il pût exciper de la prescription quarantenaire, comme le pouvait faire l'Etat lui-même, ce qui est inadmissible, parce que, suivant les anciennes lois, le privilége de l'Etat, qui n'avait point été dénaturé par la loi nouvelle, devait cesser et avait cessé en effet, en vertu de la concession faite à l'hospice de Périgueux, aux droits duquel est l'intimé, et à une époque où la prescription quarantenaire était abolie par le code; — Que, pour qu'il en fût autrement, il faudrait décider que le code civil a changé en ce point l'ancienne jurisprudence, et qu'il a transmis à un tiers le privilége qui n'appartient qu'à l'Etat; ce qui serait ajouter à la lettre de l'art. 2281, car il dispose en termes formels que les prescriptions commencées avant le code devaient être régies par les anciennes lois, et contraire à son esprit, puisque cet article a pour objet d'abréger, même à l'égard de l'Etat, la prescription de quarante ans, et qu'il en résulterait que la prescription trentenaire, seule nécessaire à l'égard des particuliers, se trouverait prolongée pendant plus de trente ans;

Attendu qu'en matière de prescription, c'est surtout le terme où elle s'accomplit qu'il faut considérer; que le droit de propriété de l'hospice de Périgueux, et de Dumonteil qui le représente, a été régi par la loi commune; que, dès lors, on trouve, dans l'espèce du procès, le concours de deux prescriptions : 1° la prescription quarantenaire pendant que l'Etat est resté propriétaire; 2° la prescription trentenaire qui a couru depuis la cession faite à l'hospice; — Attendu que le temps de la possession qui a duré pendant que l'État était propriétaire doit être calculé proportionnellement à l'intervalle de quarante ans, qui, suivant l'ancienne loi, était nécessaire pour prescrire contre l'État; — Que, d'après cette proportion, on doit réduire d'un quart les dix ans quatre mois vingt-six jours de la possession qui a subsisté pendant que l'Etat était propriétaire, c'est-à-dire à sept ans vingt-deux jours; — Attendu, d'autre part, qu'il s'est écoulé vingt-huit ans deux mois et six jours depuis la concession faite à l'hospice, le 22 sept. 1805, jusqu'au 28 nov. 1835, et qu'en cumulant ces deux périodes, il se serait écoulé trente-cinq ans deux mois vingt-huit jours, temps qui serait plus que suffisant pour prescrire; que dès lors il y a lieu d'admettre la preuve de la possession alléguée par les appelants, alors même qu'ils ne pourraient la prouver qu'à dater de 1796; — Faisant droit de l'appel interjeté par les époux Leberthon du jugement du tribunal de première instance de Ribérac, du 26 mai 1835, dans le chef qui a rejeté l'exception de prescription par eux proposée, émendant quant à ce, leur permet de prouver, etc.

Du 1er mars 1837.-C. de Bordeaux, 1re ch.-M. Roullet, 1er pr.

(1) *Espèce :* — (Faillite Teutsch C. Harster.) — La cour de Colmar avait jugé le contraire par un arrêt du 11 juill. 1836, qui a été cassé par l'arrêt du 9 mai 1838 (MM. Boyer, pr., Moreau, rap., Tarbé, av. gén., c. conf.). Cette cour n'en a pas moins persisté dans sa première opinion. Voici le nouvel arrêt, en date du 28 nov. 1840, qu'elle a rendu dans les mêmes circonstances que le premier : — « Considérant que, d'après les lois et la jurisprudence existantes lors de la promulgation du code civil, les rentes appartenant à l'Etat ne se prescrivaient que par quarante ans, à compter du 2 nov. 1794, mais que cette prescription quarantenaire, inhérente à la position et au privilége de l'État, cessait dès le moment qu'il cessait d'être propriétaire et qu'il transférait la rente à un non-privilégié; qu'alors la prescription trentenaire pouvait seule être invoquée et appliquée depuis le transfert; — Qu'ainsi, et par application à la cause, l'État ayant possédé la rente dont il s'agit depuis le 2 nov. 1794 jusqu'au 28 sept. 1812, date du transfert, c'est-à-dire pendant dix-sept ans un mois et quatre jours, il y a lieu de diminuer un quart sur la durée de cette possession, pour pouvoir l'ajouter à la possion du porteur de transfert, et appliquer la prescription trentenaire aux deux possessions réunies; qu'en opérant de cette manière, il est évident que cette prescription était acquise dès l'année 1850, ou quatre années avant la demande formée en 1834; — Considérant que le code civil est sans application à la cause, puisqu'il dispose, art. 2281, que les prescriptions commencées à l'époque de la publication du présent titre seront réglées conformément aux lois anciennes; — A la vérité, la seconde partie de cet article ajoute : « Néanmoins, les prescriptions alors commencées, et pour lesquelles il faudrait encore, suivant les lois anciennes, plus de trente ans à compter de la même époque, seront accomplies par ce laps de trente ans. » — Mais cette disposition ne peut recevoir d'application qu'autant que c'est l'Etat qui continue à posséder pendant plus de trente ans depuis la promulgation du code civil, parce que ce n'est qu'alors qu'il y a lieu de réduire, comme le fait cet article, la prescription courue depuis le code civil au laps de trente ans : si, au contraire, cette

arrêts de la cour de Colmar qui ont été cassés dans les deux espèces.

1124. Dans le cas où un domaine de l'Etat qui a été cédé et en possession duquel une fabrique a été envoyée, après révélation, se trouve dans les mains d'un tiers détenteur qui l'a acquis par juste titre, le vendeur, actionné en restitution du prix par la fabrique, ne peut prétendre que la prescription quarantenaire, la seule opposable à l'Etat, a été remplacée par la prescription trentenaire à partir de la vente : c'est toujours sur le pied de quarante ans (sauf ce qui est dit en l'art. 2281 c. nap.) que le temps de la prescription doit être compté, jusqu'au moment où l'Etat s'est dessaisi en faveur de la fabrique (Req. 26 février 1840) (1).

1125. Un grand nombre d'arrêts ont décidé, dans des termes identiques, que la loi du 20 août 1792, qui déclare prescriptibles par cinq ans les arrérages de rentes et redevances foncières, ne doit pas être étendu aux arrérages échus avant cette loi (Cass. 24 prair. an 8, M. d'Outrepont, rap., aff. Chisson; 11 vend. an 9, M. Delacoste, rap., aff. Lebizler; Nîmes, 4 prair. an 12, aff. Gros C. Chalonat; 30 nov. 1807, MM. Viellart, pr., Boyer, rap., aff. Desouches; 25 avril 1820, MM. Brisson, pr., Larivière, rap., aff. Cassan C. Soulié). Ces décisions se fondent toutes sur la raison que la loi ne restreint la prescription que pour l'avenir et pour les arrérages lors à échoir, et qu'elle ne peut avoir d'effet rétroactif sur les droits acquis avant le jour de sa publication (*Contrà*, Toulouse, 17 thermidor an 9) (2). — V. aussi *suprà*, no 1053.

1126. Disons, en terminant, que la durée de l'action en rescision d'un contrat pour lésion est déterminée par la loi en vigueur lors du contrat. — V. Oblig.

---

condition essentielle de la loi n'est pas remplie; si, comme au cas particulier, l'Etat a cessé d'être propriétaire de la rente en 1812, et l'a transférée à un non-privilégié qui, d'après les lois anciennes, comme d'après le code civil, est soumis à la prescription trentenaire, alors la seconde partie de l'art. 2281 est sans application, puisqu'au moyen de ce transfert il ne fallait plus, suivant les anciennes lois, *plus de trente ans à compter de la publication du titre des prescriptions*; — Considérant que l'on doit d'autant moins appliquer cet article au cas particulier, que sa disposition est essentiellement restrictive de la durée de la prescription, et qu'il n'abroge les lois anciennes, quant aux prescriptions commencées avant le code, qu'autant qu'il reste, d'après leurs dispositions, plus de trente ans à courir, et que, par suite, il y a lieu de restreindre la prescription au laps des trente ans courus depuis le code : qu'on ne peut faire l'application de cet article à la cause qu'en admettant, contrairement à son contexte comme à son esprit, que bien que, d'après les lois anciennes, la prescription soit, au moyen du transfert de 1812, acquise avant les trente ans depuis la publication du code civil, cependant elle ne le sera réellement que par l'entière révolution de ces trente années, c'est-à-dire, en d'autres termes, que le privilége de l'Etat qui, d'après les lois anciennes et la règle de Pothier, cessait par le transfert, continue au profit du cessionnaire qui, bien que soumis, d'après ces lois anciennes comme d'après le code civil, à la seule prescription trentenaire, peut cependant invoquer la même prescription quarantenaire que l'Etat eût pu invoquer comme privilégié s'il n'avait pas fait de transfert, et s'il avait continué d'être propriétaire de la rente; que, pour admettre cette interprétation de l'art. 2281, il faudrait qu'elle résultât d'une manière précise de sa disposition, ce que rien ne peut faire supposer; — Considérant que, d'après ce mode, on ne fait qu'une déduction, celle du quart prescrit par les lois anciennes, de tout le temps que la possession de l'Etat a duré avant le transfert, et qu'on ne fait pas la déduction que la seconde partie de l'art. 2281 ne prescrit que pour un cas déterminé, qui n'est pas celui à juger... » — Pourvoi du syndic de la faillite Teutsch. — Arrêt.

LA COUR; — Vu les art. 2227 et 2281 c. civ.; — Attendu qu'après avoir, par l'art. 2227, soumis l'Etat, les établissements publics et les communes aux mêmes prescriptions que les particuliers, le code civil a, par l'art 2281, réglé la durée et le terme des prescriptions qui se trouvaient commencées à l'époque de la promulgation du titre sur la prescription; — Attendu que l'art. 2281 contient deux dispositions essentiellement distinctes : l'une générale, qui forme le § 1 de l'article, et qui porte que les prescriptions commencées seront réglées conformément aux lois anciennes; l'autre spéciale, qui forme le § 2, et qui porte que les prescriptions commencées à l'époque de la promulgation du titre des prescriptions, et pour lesquelles il fallait encore, suivant les anciennes lois, plus de trente ans à compter de la même époque, seront accomplies par ce laps de trente ans; — Attendu que la disposition spéciale contenue dans le § 2 a produit son effet à l'instant même où le titre du code sur les prescriptions a été promulgué; qu'il en résulte que les prescriptions qui, à cette époque, avaient, d'après la législation ancienne, plus de trente ans à courir, ont été, par la force même de la loi nouvelle, réduites à ce terme; qu'aucun événement postérieur n'a pu les soustraire à cette réduction, et qu'ainsi, ajouter à cette réduction celle admise par les principes de l'ancienne législation, c'est tout à la fois appliquer la disposition générale de l'art. 2281 à un cas spécial pour lequel elle ne peut pas recevoir d'application, et admettre une double réduction qui n'est autorisée par aucune disposition de la loi; — Attendu qu'il s'agit, dans l'espèce, de rentes appartenant à l'Etat, et dont la cession n'a été faite à Teutsch ou à ses créanciers que postérieurement à la promulgation du titre du code civil sur les prescriptions; — Attendu qu'à cette époque il restait plus de trente ans à courir pour accomplir la prescription à laquelle elles étaient soumises par les lois anciennes, et qu'en se fondant sur le § 1 de l'art. 2281 c. civ. pour les déclarer prescrites, l'arrêt attaqué a fait une fausse application de cette disposition et a formellement violé celle du § 2, qui était seule applicable à la cause; — Sans qu'il soit besoin de se livrer à l'examen des autres moyens, donnant défaut contre Harster; — Casse.

Du 8 mars 1842.-C. C., ch. civ.-MM. Rupérou, f. f. pr.-Moreau, rap.-Laplagne-Barris, 1er av. gén., c. conf.-Nachet, av.

(1) (De Boufflers C. la fabrique de Romanèche.) — LA COUR; — Sur le 1er moyen : — Considérant que la révélation du domaine de la Cure, faite à la fabrique des églises réunies de Cordieux, Sainte-Foix et Romanèche-la-Saussaye, n'a pu modifier, en aucune manière, les droits de l'Etat sur le domaine révélé ni restreindre les actions qui dérivaient de ce droit; — Que l'envoi en possession de ce domaine a investi la fabrique, en faveur de laquelle il a été prononcé, de tous les droits qui appartenaient à l'Etat, soit contre le détenteur actuel, soit contre le vendeur dudit domaine; — Que c'est pour mettre la fabrique à même d'exercer, dans leur entier, les droits auxquels elle était ainsi subrogée sans réserve, qu'elle a été autorisée à procéder en justice, non-seulement contre le sieur Grandjon, tiers détenteurs du domaine, mais aussi contre le comte de Boufflers qui, n'étant plus en possession, ne pourrait être actionné qu'à fin de payement de la valeur ou de représentation du prix du domaine; — Que, dans ces circonstances, en décidant que la fabrique était bien fondée dans son action contre le comte de Boufflers, et qu'elle avait procédé régulièrement, l'arrêt attaqué a sainement interprété les actes administratifs produits au procès, et n'a point contrevenu aux art. 36 et 77 du décret du 30 déc. 1809;

Sur le second moyen : — Attendu, en droit, que la prescription de quarante ans, établie par l'art. 36 de la loi du 22 nov.-1er déc. 1790, a pu seule courir contre l'Etat, à raison de ses droits sur le domaine de la Cure, et que cette prescription, admise seulement en faveur de l'Etat, n'a cessé d'avoir cours et n'a été remplacée par la prescription de trente ans qu'au moment où l'Etat a été dessaisi de ses droits par l'envoi en possession de la fabrique en 1830; — Attendu que l'action de la fabrique ayant été intentée au mois de janv. 1831, avant l'expiration des trente ans depuis la promulgation du code civil sur la prescription, il n'y avait pas lieu à l'application de l'art. 2281 de ce code; — Attendu que l'arrêt attaqué a reconnu que, même en admettant les calculs du demandeur sur la durée de la prescription, il faudrait en déduire le temps pendant lequel le domaine de la Cure avait été dans les mains de l'Etat, par suite de la confiscation des biens de madame de Biron, et qu'il a constaté que ce temps était de beaucoup supérieur à celui nécessaire pour couvrir l'excédant remarqué par M. de Boufflers sur la prescription de trente ans qu'il invoquait; — Que, d'après ces faits constatés par l'arrêt attaqué, la cour royale a justement décidé que la prescription invoquée par le comte de Boufflers n'était pas acquise; et que, par cette décision, elle n'a violé ni l'art. 36 de la loi du 22 nov.-1er déc. 1790 ni les dispositions invoquées du code civil; — Rejette le pourvoi formé contre l'arrêt de la cour de Dijon, du 25 mars 1839.

Du 26 fév. 1840.-C. C., ch. req.-MM. Zangiacomi, pr.-Valigny, rap.

(2) (Domaine C. Auriol.) — LE TRIBUNAL; — Réformant le jugement dont est appel, ordonne l'exécution de la contrainte décernée le 19 vend. an 9, seulement pour les arrérages de la rente obituaire échus durant les cinq années qui ont précédé le 19 germ. an 8, jour de la première demande, et pour ceux échus depuis cette époque; relaxe les redevables de la demande en payement des arrérages antérieurs.

Du 17 therm. an 9.-Trib. d'app. de Toulouse.

Table sommaire des matières.

Table des articles du code Napoléon.

Table chronologique des lois, arrêts, etc.

—26 août 306 c.
—16 déc. 1021 c.
—26 déc. 1021 c., 1022 c.
1847. 6 fév. 694 c.
—15 fév. 333-4°
—24 fév. 753 c., 756-2° c.
—4 mars 493 c., 669 c.
—13 avr. 703 c.
—31 mai 97-1° c,
—11 déc. 665 c.
—15 déc. 458 c.
1848. 22mars 175 c.
—1er avr. 616 c.
—4 avr. 160.
—6 avr. 543 c.
—17 mai 215 c.
—6 juin 198 c., 455-1° c.
—20 juin 1126 c.
—9 août 1027 c.
—11 nov. 185 c.
—11 déc. 201 c.
—15 déc. 306 c.
1849. 6janv. 622-3° c
—7 fév. 278-6° c., 289 c.
—17 avr. 1089-6° c.
—17 juill. 212 c., 1099 c.
—19 juill. 421 c.
—10 août 1096-7° c.
—29 août 279 c.
—4 déc. 555 c.
—17 déc. 541 c.
—19 déc. 53 c., 682 c.
1850. 13 fév. 1126 c.
—2 mars 630-1° c.
—19 mars 575-4° c.
—2 avr. 100 c.
—8 avr. 334 c.
—1er mai 485-2° c.
—9 juill 994 c., 1004 c.
—17 juill. 221 c.
—19 juill. 158-1° c.
—8 août 116 c., 983 c.
—19 août 127 c.
—9 nov. 473 c.
—14 déc. 1094 c.
1851. 10 janv. 690.
—13 janv. 748-1° c.
—27 janv. 983 c.
—18 fév. 201 c.
—7 mars 280 c., 289 c
—25 mars 342-2° c., 445-2° c.
—9 avr. 269 c.
—21 avr. 403.
—5 mai 156 c.
—9 juill. 844-3° c.
—16 juill. 843-9° c., 869-2° c.
—18 août 285 c.
—6 oct. 1023-3° c.
—30 déc. 109 c.
1852. 9 mars 1003 c.
—11 mars 651 c.
—22 mars 341-4° c.
—29 mai 571-3° c., 573 c.
—18 juin 677 c.
—10 juill. 681 c.
—5 août 1086 c.
—17 nov. 181 c.
—6 déc. 675 c.
—8 déc. 97-2° c.
—21 déc. 935 c., 950 c
1853. 17 janv. 753 c., 756-2° c.
—19 janv. 1006 c., 1009 c.
—12 fév. 681 c.
—8 mars 55 c.
—17 mars 763 c.
—12 avr. 982 c.
—22 juin 50 c., 517 c.
—27 juin 632 c.
—22 juill. 843-10° c
—27 juill. 1008 c., 1041 c.
—6 août 777 c.
—16 août 1083 c.
—29 août 701 c.
—16 nov. 526 c.
—6 déc. 446 c.
—10 déc. 1088-2° c., 1105-2° c.
1854. 4 janv. 212 c.
—14 janv. 1099 c.
—3 mars 1046 c.
—14 mars 311 c.
—28 mars 1037-3° c.
—3 mai 818 c.
—22 mai 857-2° c.
—24 mai 690 c.
—6 juin 709 c.
—19 juin 387 c.
—27 juin 221 c., 818 c.
—29 juill. 914 c.
—5 déc. 459 c.
—23 déc. 304 c.
—27 déc. 500 c., 718 c
1855. 2 janv. 98 c.
—5 janv. 199 c.
—26 janv. 375-5° c
—30 janv. 45 c.
—7 fév. 326 c.
—21 fév. 697 c.
—27 fév. 137 c.
—18 avr 181 c. 376 c.
—24 avr. 196 c.
—23 mai 395 c.
—5 juin 365 c.
—27 juin 116 c., 971 c.
—19 déc. 409 c.
1856. 13 fév. 1038 c.
—27 fév. 919 c.

PRESCRIPTION CRIMINELLE. — **1**. On peut définir la prescription en matière criminelle le droit accordé par la loi à l'auteur d'un délit de ne pas être poursuivi, et s'il a été condamné, de ne pas subir sa peine, après un certain laps de temps écoulé depuis la perpétration du crime ou depuis le jugement. — C'est une exception introduite dans un intérêt d'ordre public.

Il y a, comme nous venons de le voir, deux espèces de prescription, la prescription de *l'action* soit criminelle, soit civile, la prescription de la *peine*. — Après avoir exposé la théorie et retracé l'histoire de la prescription criminelle en général, nous nous occuperons séparément de ces deux espèces de prescription.

Division.

---

§ 1. — *Théorie de la prescription criminelle. — Historique et législation.*

2. La répression des crimes est juste, nécessaire, et il semble dès lors qu'ils ne peuvent être prescrits. Qu'importe le temps qui s'est écoulé depuis que l'infraction a été commise? Le coupable dont la faute aura été immédiatement découverte, qui aura été saisi peu de temps après la perpétration du crime sera puni, et celui dont l'infraction aura été cachée, grâce peut-être à une perversité d'autant plus blâmable qu'elle aura été plus habile, celui qui aura su fuir, et qui joindra au tort d'avoir commis un crime celui de se dérober à la justice de son pays, trouvera dans le temps écoulé l'impunité de son forfait? Qu'y a-t-il donc, dans un certain nombre de jours écoulés, qui puisse effacer la criminalité d'une action? Le temps possède-t-il la vertu d'épurer ce qui dure? La vie, la liberté, en se prolongeant pour le criminel, n'ont servi qu'à le faire jouir de son crime: il a consommé dans le luxe le bien d'autrui, il a satisfait la passion qui l'a rendu coupable: et ce sont là des raisons pour qu'il échappe à la peine! N'est-ce pas contraire à cette pensée si élevée de l'expiation, qui considère la peine comme salutaire même à celui qu'elle atteint? — Ces considérations ont une grande force, et cependant toutes les législations des peuples civilisés ont admis le principe de la prescription en matière criminelle, et la conscience humaine ne se révolte pas contre ce principe. Elle avoue qu'après un certain temps écoulé, il est juste que la vindicte publique soit désarmée, et elle reconnaît au temps un certain droit d'amnistie et de pardon. D'où vient cela? C'est que l'expérience du cœur humain nous apprend que le crime fait naître le remords. C'est en vain que l'impunité dont jouit le coupable lui permettrait de profiter du crime: les remords viennent empoisonner ses fausses joies. Ils rendent inutiles les richesses, ils survivent au plaisir de la vengeance, et ils infligent chaque jour un châtiment. Il n'est pas heureusement donné aux hommes de vivre sans penser, sans souffrir, et le criminel a toujours eu la pensée de son crime, en a toujours souffert. Le temps qui l'a puni peut donc demander grâce pour lui. — Quant à cette considération, qu'il est inique de punir celui qui n'a pas échappé à la recherche des magistrats, et d'assurer l'impunité à celui qui a fui leur justice, il faut répondre que la conscience des hommes reconnaît, comme la législation, la puissance des faits accomplis. On ne peut empêcher la loi de punir celui qu'elle a saisi commettant un crime, elle ne peut être tenue de laisser le temps au remords d'arriver; mais quand malgré elle, elle lui a laissé carrière, c'est le remords qui punit celui qu'elle a été obligée d'épargner. — Relativement au tort qu'a eu le coupable de ne pas se livrer à son juge, il appartient à Socrate d'expliquer à Criton qu'il vaut mieux mourir que de désobéir à la loi, et une législation raisonnable ne demande jamais au commun des hommes une vertu qui n'appartient qu'aux sages. — Ainsi le premier fondement de la prescription, en matière criminelle, résulte de ce que le remords a tourmenté le coupable et lui a fait expier son crime. — Il est encore une raison pour lui tenir compte du temps écoulé depuis le crime: non-seulement ce temps a été rempli par le remords, il l'a été aussi par l'inquiétude. Les criminels se croient toujours près d'être découverts: *pœnam exspectant*, et les précautions gênantes, les terreurs, les paniques, ont aussi contribué à leur châtiment. — Il est un autre ordre d'idées sur lequel on appuie encore la légitimité de la prescription en matière criminelle: c'est la difficulté de réunir les preuves après un certain temps. Les preuves matérielles disparaissent chaque jour, la mémoire des témoins défaille, et il est bien difficile de convaincre un homme d'un crime lorsqu'un long temps s'est écoulé depuis sa perpétration. La poursuite serait pour la plupart du temps inutile. Ajoutons qu'elle pourrait être dangereuse, et troubler sans fruit le repos de la société. — Elle pourrait être dangereuse, car les passions excitées par un crime survivent souvent à la possibilité de le prouver, et les préventions des témoins ne s'affaiblissent pas toujours avec leur mémoire. Ne serait-il pas à craindre que, malgré la vétusté des preuves, l'ardeur de la poursuite n'amenât une condamnation injuste? Cela pourrait se voir surtout après de longs troubles civils. Il est bon qu'il y ait une prescription contre des preuves trop anciennes. — Enfin, il naît toujours des poursuites criminelles un certain trouble social, qu'il est convenable d'éviter quand tout annonce que la poursuite serait vaine (V. M. Trébutien, C. de dr. crim., t. 1, p. 354 et suiv.).

3. La plupart des publicistes et des législateurs ont adopté l'idée morale et équitable de la prescription pour les crimes et délits, après un temps plus ou moins long (Rousseau de Lacombe, Mat. crim., 3e part., chap. 1, p. 312; Puffendorf, liv. 4, chap. 12, § 2; motifs du code pénal). Seul, Bentham., t. 2, p. 390, la repousse comme une sorte de prime d'encouragement accordée à tous les attentats. — Mais il a été conduit là par l'abus de son système : il ne voit en tout que le côté utilitaire; il ne voit pas qu'il y a un intérêt moral et pour ainsi dire religieux à ce que « la vindicte publique ne demeure pas irrévocablement armée et agissante, à ce qu'elle se calme » (expressions du rapport fait au corps législatif). — Enfin, au point de vue exclusif de l'utilité, la prescription peut encore se défendre; car, on l'a très-bien fait remarquer, elle arrache le coupable à des forfaits nouveaux en lui faisant espérer que le crime ancien pourra s'oublier, elle le rend innocent par prudence, et dès lors elle est utile à la société.

4. On peut donc considérer la prescription criminelle comme ayant une base légitime; mais les jurisconsultes ont encore une autre recherche à faire. Y a-t-il une base commune à la prescription civile et à la prescription criminelle? D'où vient que le même nom a été donné à ces deux choses? On sent l'importance d'une réponse. Si la prescription criminelle repose sur d'autres principes que la prescription civile, elle doit être régie par des lois spéciales; elle n'a rien à demander au droit civil. Si, au contraire, les deux prescriptions ont une même cause déterminante, le droit criminel doit alors, en matière de prescription, emprunter ses règles au droit civil, sauf les exceptions qui peuvent résulter du texte même de la loi sur la matière ou de l'esprit des lois criminelles. — *Extinguuntur etiam crimina præscriptione temporis, nam quemadmodum in civilibus causis præscriptio temporis necessaria visa est, ut esset litium aliquis finis, nec semper incerti cives de dominio rerum suarum; ita eadem necessaria visa est in causis criminalibus, ut accusationum aliquis finis esset, nec semper incerta spe atque exspectatione penderent quicumque criminis alicujus insimulantur* (Matthæus, *De crim.*, t. 6, p. 121).

Ce n'est sans doute pas là la raison philosophique sur laquelle s'appuie la légitimité de la prescription criminelle; mais c'est, en effet, un résultat pratique que les jurisconsultes approuvent : la prescription criminelle contribue à la tranquillité des relations sociales. C'est là le résultat de la prescription criminelle; c'est aussi le résultat de la prescription civile. Les deux institutions ont donc le même but; si elles ont le même but, elles ont aussi un caractère qui leur est commun : c'est que toutes deux sont contraires à des droits. L'une rend inutile le droit de propriété, l'autre le droit de poursuivre les crimes. Cette exception à la règle, toutes les deux la puisent dans un même élément : le temps écoulé.

Voilà des ressemblances essentielles, et justement parce que les principes dont elles ressortent sont plus pratiques que les fondements philosophiques divers sur lesquels reposent les deux prescriptions, la plupart des dispositions de la loi sont nées de ces principes, et dès lors les deux institutions ont presque toutes les mêmes règles. Or comme le droit criminel est toujours sous la tutelle du droit civil, la prescription criminelle doit emprunter ces principes à la prescription civile. — C'est ce que la cour de cassation, comme nous le verrons plus bas, a souvent jugé. Les modes d'interruption sont presque identiquement les mêmes. La maxime *contrà non valentem agere non currit præscriptio*, et le brocard *Quæ sunt temporalia ad agendum, sunt perpetua ad excipiendum*, ont été fréquemment invoqués en matière criminelle. Nous remarquons dans les auteurs trop de timidité peut-être à recourir à la loi civile pour éclaircir les difficultés que présente la prescription des crimes et des peines, et nous verrons que la jurisprudence a été de ce côté plus loin que la doctrine.

5. Passant de ces idées théoriques à un aperçu succinct de la législation, nous voyons que, dans le droit romain, la prescription de vingt ans était généralement admise. Elle résultait d'une des dispositions de la loi Cornélia sur le faux : *Querela falsi temporalibus præscriptionibus non excluditur, nisi vigenti annorum exceptione* : sicut cætera quoque fere crimina. C'est la fameuse loi Querela, 12, C., *Ad legem Corneliam, de fals.* — Le texte même indique des exceptions à la règle; elles étaient rares, et le principe était que lorsqu'une prescription particulière n'était point opposée à une action criminelle déterminée, la prescription de vingt ans était opposable.

6. L'adultère se prescrivait par cinq ans à dater du crime commis, à l'égard de l'homme qui avait commis l'adultère. Quant à la femme, comme dans le droit romain, le mari ne pouvait la poursuivre pour adultère qu'après avoir fait prononcer le divorce, la prescription était de six mois à partir du divorce, pourvu que ces six mois fussent renfermés dans les cinq ans écoulés depuis la perpétration du délit (L. 5. C. *Ad legem Juliam de adult.*). — Le *Péculat* se prescrivait par cinq ans (L. 7, C. *Ad leg. Juliam, pécul.*). — Les *injures verbales* se prescrivaient par un an, soit à cause du peu d'importance du délit, soit parce qu'elles étaient seulement punies par le droit prétorien. — L'action pour faire punir celui qui avait procédé à l'ouverture du testament, avant d'avoir mis à la question et fait punir les esclaves qui avaient tué le défunt, se prescrivait par cinq ans (L. *in cognitione* 13. *D., Ex S. C. Silaniano*). C'était une action mi-civile pour faire déclarer l'héritier *indigne de succéder*.

7. Y avait-il en droit romain des crimes *imprescriptibles?* — La négative a été soutenue (Matthæus, *De crim.*, t. 6, p. 22). On peut voir à cet égard les raisons qu'il a données; mais les jurisconsultes français qui ont écrit sur cette matière pensaient, et nous croyons avec raison, que les crimes de *parricide*, *avortement procuré*, *assassinat*, *fausse monnaie*, *concussion* et *supposition de part* ne se prescrivaient pas chez les Romains (Muyart de Vouglans, les Lois crim., liv. 1, tit. 4; Jousse, Justice crim., part. 3, liv. 1, tit. 57). Les crimes de *lèse-majesté* et d'*apostasie* étaient certainement imprescriptibles.

8. Il faut s'arrêter un moment sur cette doctrine de l'imprescriptibilité de certains crimes. Elle supposait qu'il était des forfaits si odieux que ceux qui les avaient commis ne pouvaient jamais rester impunis. C'est une doctrine qui, en principe et absolument parlant, ne peut être condamnée. On comprend, en effet, et le code d'instruction criminelle, en établissant deux prescriptions, l'une en matière criminelle, l'autre en matière correctionnelle, l'a reconnu, que le plus ou moins de gravité de l'infraction, peut avoir de l'influence sur la durée du temps nécessaire pour prescrire. On comprend aussi que, dans un certain état de la société, il peut être sage, dans un intérêt de répression, de déclarer des crimes imprescriptibles. Tout dépend, à cet égard, de la disposition des esprits, et il y a dans la loi un élément certainement relatif. Ainsi n'est-il pas remarquable que l'on déclare en droit romain imprescriptible un fait qui alors constituait un crime énorme et qui maintenant n'est pas puni par la loi : nous voulons parler de l'*apostasie?* — Mais quand la civilisation augmente, quand les grands crimes diminuent, il est sage de rentrer dans une règle uniforme, car plus un crime est grand, plus les remords sont vengeurs, et la théorie de l'expiation par le temps doit être appliquée à tous les crimes.

9. Une autre raison a fait déclarer certains crimes *imprescriptibles*, c'est quand la loi déclarait criminels des faits que la société excusait : le *duel*, par exemple. Plus la répression répugnait à l'opinion publique, plus on la forçait. C'était une disposition inique de la loi, qui d'ailleurs manquait son effet en allant trop loin.

10. Notre ancien droit français avait emprunté la prescription de *vingt ans* à la loi romaine. C'était le droit commun. La prescription de vingt ans s'appliquait, malgré la dissidence de certains auteurs et quelques hésitations de la jurisprudence, au *parricide*, au *fratricide*, au crime de *faux*, à l'*adultère incestueux*, à l'*assassinat*, au *vol de grand chemin*, au crime de *supposition de part*, à l'*incendie*, aux *injures réelles* (Jousse, *loc. cit.*). — Il y avait des exceptions comme en droit romain. — L'*adultère* se prescrivait par cinq ans, la *simonie* par dix ans, les injures verbales par un an. — Quelques crimes ne se prescrivaient jamais, comme le crime de *lèse-majesté* et le crime d'*usure*. Le crime de *duel* pouvait se prescrire, s'il n'y avait eu ni plainte, ni exécution, ni condamnation. Dans le cas contraire, il ne se prescrivait pas.

11. L'imprescriptibilité du crime de lèse-majesté avait des effets très-graves, car un grand nombre d'infractions étaient considérées comme crimes de lèse-majesté et punies comme tels. Il est à remarquer que les délits de la *presse politique*, sous notre ancien droit étaient imprescriptibles comme crimes de lèse-majesté, et que de nos jours les *délits de la presse* ont été couverts par les prescriptions les plus courtes.— L'imprescriptibilité du crime d'*usure* reposait sur cette considération que l'usure était défendue par les lois divines. — Nous avons dit n° 9 quel était le vrai motif de l'imprescriptibilité du crime de duel. Il y avait même cela de singulier et d'exorbitant dans la législation, que ceux qui se trouvaient coupables de duel pouvaient être recherchés pour d'autres crimes commis auparavant ou depuis, pourvu que leur procès leur fût fait en même temps pour crime de duel par le même juge et qu'ils en fussent convaincus. Ainsi le crime de duel enlevait à celui qui l'avait commis le bénéfice des prescriptions antérieurement acquises (édit du mois d'août 1679, art. 35).

12. Toutes les prescriptions de l'ancien droit français couraient du *jour* où le crime avait été commis. C'était aussi le système du droit romain.—Aucun acte n'*interrompait* la prescription. «La prescription des crimes est si favorable, dit Bornier, sur l'ord. de 1670, tit. 17, que les procédures intermédiaires faites par l'accusé ou l'accusateur ne peuvent pas l'interrompre, non pas même les informations, quoique décrétées, et qu'elle court contre les mineurs, comme le parlement de Paris l'a décidé par un arrêt célèbre du 18 déc. 1599, et le parlement de Grenoble par arrêt du 8 mai 1607.»

13. Le code de 1791 opposa la même prescription à toutes les espèces de délits.—Elle était de *trois ans* lorsqu'il n'y avait point eu de poursuites, et de *six* ans lorsque le crime, ayant été poursuivi, n'avait point été jugé. — Par une innovation remarquable elle faisait courir le délai seulement du *jour* où le délit *aurait été connu* ou légalement constaté. — Du reste, à la différence de l'ancienne jurisprudence qui considérait comme imprescriptibles certains crimes, le code de 1791 n'en excepta aucun de la prescription. — Aux termes de l'art. 9 c. 3 brum. an 4, « il ne pouvait être intenté aucune action *publique* ni *civile* pour raison d'un délit, après trois années révolues, à compter du jour où l'existence *en avait été connue et légalement constatée*, lorsque dans cet intervalle il n'avait été fait aucune poursuite.» — Aux termes de l'art. 10, si, dans les trois ans, il avait été commencé des poursuites soit criminelles, soit civiles, à raison d'un délit, l'une et l'autre action durait six ans.—Cette innovation de la loi de 1791 et du code du 3 brum. an 4, qui, au lieu de faire courir la prescription du *jour* où le crime avait été commis, ne la faisait courir que du jour où le crime avait été *connu*, avait été *constaté*, renversait toute la théorie de la prescription. Il résultait en réalité de ces deux lois que l'action publique n'était pas prescriptible ; car puisque la prescription ne commençait que du jour où le délit, selon la loi de 1791, était *connu*, selon le code de l'an 4 était dûment *constaté*, c'est-à-dire lorsque évidemment des poursuites étaient inévitables, il était évident que le coupable n'avait aucune chance probable de prescrire l'action publique. La prescription ne protégeait pas véritablement le délinquant, elle était une punition infligée à la négligence de l'action publique qu'elle provoquait.

Si la théorie de la prescription de l'*action publique* dans les deux lois de 91 et de l'an 4 était antirationnelle, ces deux lois étaient en outre sur ce point hérissées de difficultés, car c'était toujours une question ardue de savoir l'époque où le délit avait été connu et constaté. — Aussi ces dispositions ne trouvèrent-elles pas place dans le code d'instruction criminelle, et le principe que la prescription de l'action publique court du jour où le crime a été commis fut consacré par l'art. 637.—La division que le code d'instruction criminelle avait faite entre les diverses infractions qui constituent soit des crimes, soit des délits, soit des contraventions, amena le législateur à fixer une durée plus ou moins longue à la prescription, selon que le fait recevait une de ces trois qualifications. L'action publique se prescrit par dix ans lorsqu'il s'agit d'un crime, par *trois ans* s'il s'agit d'un délit, par *un an* s'il s'agit d'une contravention.

14. Nous nous sommes occupés jusqu'ici de la prescription de l'action publique. Les mêmes raisons qui ont déterminé le législateur à admettre la prescription de l'action publique ont fait admettre la prescription des peines. Seulement alors la présomption d'innocence n'existe plus, et les condamnés qui prescrivent leurs peines ne prescrivent ni les dispositions du jugement qui touchent à l'ordre public, ni celles qui regardent les intérêts privés.

15. Sous l'ancien droit français, la prescription des *jugements contradictoires* rendus en matière criminelle était celle qu'on pouvait opposer à l'action *judicati*, c'est-à-dire que les jugements criminels se prescrivaient par trente ans (Bornier, sur l'ord. de 1670, tit. 16).

Les sentences par *contumace*, lorsqu'elles n'avaient été ni prononcées ni exécutées par effigie, n'empêchaient pas la prescription de l'action publique. « Mais si la sentence par contumace avait été exécutée par effigie, conformément à l'art. 16 de l'ord. de 1670, la prescription est interrompue; et même le temps pour exécuter ces sortes de sentences dure trente ans, en sorte que si, pendant ces trente ans, à compter du jour de l'exécution de la sentence de contumace, le condamné était pris, son procès pourrait lui être fait et parfait, ainsi qu'il a été jugé par arrêt du 26 avril 1625, rapporté au Journal des audiences, par lequel un condamné par contumace, exécuté par effigie, ayant été emprisonné vingt-huit ans après la date de la sentence, fut débouté de la requête par lui présentée à ce que le crime fût déclaré prescrit» (Jousse, part. 3, tit. 1, § 1).—D'après la loi de 1791 et le code de brum. an 4, aucun jugement de condamnation ne pouvait être mis à exécution, quant à la peine, après vingt années révolues à dater du jour où il avait été rendu.

16. Aux termes des art. 635 et 638 c. inst. crim., les peines portées par les arrêts ou jugements rendus en matière criminelle se prescrivent par vingt années révolues, à compter de la date des arrêts ou jugements. — Les peines portées par les arrêts ou jugements rendus en matière correctionnelle se prescrivent par cinq années révolues, à compter de la date de l'arrêt ou du jugement.

17. Les motifs du liv. 2, tit. 7, chap. 5, c. inst. crim., sur la prescription, ont été présentés par M. le conseiller d'État Réal, dans la séance du 6 décembre 1808 (1). Le rapport a été

(1) *Extrait de l'exposé des motifs sur le liv. 2, tit. 7, c. inst. crim., par M. le comte Réal* (séance du 6 déc. 1808).

1. Le chap. 5 et dernier traite de la prescription en matière criminelle. —Cette partie de notre législation faisait désirer quelques réformes, et demandait quelques dispositions nouvelles : elle avait éprouvé beaucoup de variations qui ne l'avaient point améliorée.

2. Avant le code de 1791, en général, les crimes et les peines dont ils doivent être punis se prescrivaient par vingt ans, quand il n'y avait point eu de jugement. Quelquefois le jugement seul non suivi d'exécution, et toujours l'exécution *par effigie*, prorogeaient la prescription jusqu'à trente ans.—Lorsque la prescription était opposée à un jugement emportant mort civile, elle n'avait d'autre effet que de dérober l'accusé au supplice, et le laissait toujours en état de mort civile. L'infamie ne se prescrivait pas, elle était perpétuelle. — La prescription opérait la décharge de l'accusé, non-seulement pour la peine prononcée par la loi, mais encore par rapport à la peine pécuniaire et aux réparations civiles; mais pour l'extinction de cette action, quelques parlements exigeaient trente ans. Le plus grand nombre se contentait de vingt ans. — La prescription de vingt ans se comptait du jour que le crime avait été commis. — Mais la prescription prorogée à trente ans pour un jugement exécuté par effigie, se comptait du jour de l'exécution. — La règle de vingt ans souffrait quelques exceptions; l'action pour le faux incident durait autant que l'action civile. — Le duel ne se prescrivait ni par vingt ans ni par trente ans. — L'ancienne législation admettait encore d'autres prescriptions, par exemple, celle d'un an contre les injures verbales, celle de cinq ans contre l'adultère, etc.

3. Cette législation était susceptible de quelques améliorations : on les chercherait en vain dans les deux codes de 1791 et de l'an 4. — La constituante apposa la même prescription à toutes les espèces de délits. — Elle était de trois ans lorsqu'il n'y avait point eu de poursuite, et de six ans lorsque le crime, ayant été poursuivi, n'avait point été jugé. — Par une innovation remarquable, elle faisait courir le délai seulement du jour où le délit aurait été connu ou légalement constaté. — La prescription contre le jugement était de vingt ans, et les délais pour l'obtenir se comptaient de la date du jugement. — La constituante laissait par conséquent indécise la question de savoir si l'action civile s'éteignait comme l'action criminelle.

4. La théorie du code de brum. an 4, sur la prescription criminelle, est renfermée dans quatre articles (art. 9 et 10, 480, 481) de ce code. — L'action publique et l'action civile résultant d'un délit sont, d'après ce dernier code, éteintes par la prescription de trois ans, lorsqu'il n'y a point eu de poursuites. — Les poursuites portent à six ans les délais qui se comptent, comme dans le code de 1791, du jour où le délit a été connu, ou légalement constaté.—Après ce terme (de six ans), dit l'art. 10, nul ne peut être recherché, soit au criminel, soit au civil, si dans l'intervalle *il n'a pas été condamné par défaut ou contumace*. — La peine portée dans

fait par M. Louvet (de la Somme), le 16 déc. 1808 (1). Enfin, le titre a été décrété le même jour et promulgué le 26 du même mois (2).

§ 2. — *Règles générales.*

15. Tous les crimes, tous les délits, toutes les contraven-

---

le jugement de condamnation par contumace, est prescrite par vingt ans, à compter de la date du jugement.

5. Le projet que nous présentons offre un travail plus méthodique et plus complet sur cette importante partie de la législation. — Il crée différentes espèces de prescriptions, suivant qu'il s'agit d'un *crime*, d'un *délit* ou d'une simple *contravention* de police. — Ainsi, l'action publique et l'action civile, pour une *contravention* de police, seront prescrites après une année révolue, si, dans cet intervalle, il n'est point intervenu de condamnation. — La prescription de trois ans est exigée contre un *délit* de nature à être puni correctionnellement. — Dix ans sont nécessaires pour obtenir la prescription contre ces deux *actions*, lorsqu'il s'agit d'un crime de nature à entraîner la peine de mort ou des peines afflictives personnelles, ou de tout autre crime emportant peine afflictive ou infamante.

6. Lorsqu'il ne s'agit que d'une contravention de police, qu'il y ait ou non poursuite, s'il n'est point intervenu de jugement, le délai pour la prescription courra du jour où l'infraction aura été commise. — Dans les deux autres cas, s'il y a eu poursuite sans jugement, le délai pour la prescription courra à compter du dernier acte. — Est-il intervenu jugement, il prononce des condamnations civiles et des peines. Les condamnations civiles se prescriront d'après les règles établies par le code Napoléon.

7. Les peines se prescriront, savoir : par vingt ans s'il s'agit de *crimes*; par cinq ans, s'il s'agit de *délits* correctionnels; par deux ans, s'il s'agit de *contraventions* de police ; les délais se comptent des dates des arrêts ou jugements. — En aucun cas, les condamnés par défaut ou par contumace, dont la peine est prescrite, ne pourront être admis à purger le défaut ou la contumace. La sagesse de cette ancienne disposition sera facilement sentie. S'il en était autrement, le contumax attendrait, pour se présenter, que les preuves du délit fussent effacées, que les témoins fussent morts ou éloignés

8. Enfin, lorsque la prescription efface le crime et anéantit la peine, le législateur ne doit pas oublier que le forfait vit encore dans la mémoire de ceux qui en furent les victimes ; et la prescription serait une institution barbare, si son résultat pouvait être tel qu'à une époque quelconque le fils d'un homme assassiné dût voir s'établir à côté de lui le meurtrier de son père.

Une disposition de l'article 1 prononce que le condamné qui aura usé de la prescription ne pourra résider dans le département où demeureraient soit celui sur lequel ou contre la propriété duquel le crime aurait été commis, soit ses héritiers directs. Le gouvernement pourra assigner au condamné le lieu de son domicile.

Ainsi améliorée, la prescription, exempte de tout abus, est rendue à toute sa bienfaisante influence. Elle assure l'état, l'honneur et la vie des hommes; elle arrache le condamné qui se cache, à des forfaits nouveaux, en lui inspirant l'espoir que le crime ancien pourra s'oublier; et cependant elle-même se charge de la punition de ce crime, par les délais qu'elle exige. — Peut-on en effet imaginer un supplice plus affreux que cette incertitude cruelle, que cette horrible crainte qui ravit au criminel la sécurité de chaque jour, le repos de chaque nuit ? Vingt ans de terreur pendant le jour ! une insomnie de vingt ans ! — Le glaive de la loi suspendu pendant vingt ans sur la tête du coupable ! Législateurs, ce supplice, plus cruel que la mort, n'a-t-il pas assez vengé le crime et légitimé la prescription ?

(1) *Extrait du rapport sur le tit. 7 du liv. 2 c. inst. crim. par M. Louvet (de la Somme), membre de la commission de législation* (séance du 16 déc. 1808).

9. Enfin, Messieurs, nous arrivons au dernier chapitre du projet, et ce chapitre est celui de la prescription. — La législation et la morale réunissent leurs efforts pour prévenir et comprimer les vengeances privées. Elles montrent à l'offense, celle-ci la satisfaction intérieure attachée au pardon des injures ; et celle-là le glaive de la loi poursuivant et presque toujours atteignant l'offenseur. — Mais cette poursuite publique établie pour faire cesser les vengeances individuelles et tous les désordres qui en résulteraient, cette vengeance publique, Messieurs, doit-elle être sans terme elle-même ? — Il est dans la nature des choses que les haines publiques, aussi bien que les haines privées, s'apaisent, s'atténuent avec le temps, ce grand modérateur des choses humaines. — Si le sacrifice des vengeances individuelles est exigé particulièrement pour prévenir les troubles qu'elles apporteraient à la paix sociale, cette même paix sociale semble demander à son tour que la vindicte publique ne demeure pas irrévocablement armée et agissante ; qu'elle se calme et s'arrête aussi dans certains cas, et après un cours de temps plus ou moins long selon les circonstances. — De là vient, Messieurs, que les peuples les plus renommés par leur sagesse ont en général, et après un temps donné, consacré l'oubli des injures dont la répression appartient à la loi.

10. Notre ancienne jurisprudence criminelle elle-même admettait, sauf quelques exceptions, la prescription des peines et poursuites. — Indépendamment des vues morales et politiques que j'avais à l'instant l'honneur de vous exposer, qui ne sent que, durant le temps exigé pour la prescription, le coupable a été puni par les agitations, les troubles intérieurs de sa conscience, les tourments d'une vie incertaine et précaire, autant qu'il aurait pu l'être par la rigueur de la loi ; et que si, après ce temps, il n'est pas entièrement délivré de cet état de tortures et d'angoisses intérieures, il mérite du moins d'être affranchi de la peine légale à laquelle il a été condamné ; ou, s'il n'y a pas eu de condamnation d'être mis à l'abri de toutes poursuites criminelles ? — Dans ce cas de non-condamnation, il y a une autre raison pour ne point agir contre lui ; c'est qu'après un long laps de temps, il n'est plus aussi facile, soit de constater le corps du délit, soit de se procurer des pièces de conviction, soit de trouver des témoins. — Votre commission, Messieurs, se persuade que vous trouverez justes les règles que le projet assigne à la prescription admise dans ce dernier chapitre.

11. Suivant le premier article de ce chapitre, les peines portées par les jugements rendus en matière criminelle, seront prescrites après vingt années révolues, à partir de la date des jugements ; à la charge, par le condamné, de ne pouvoir résider dans le département où demeureraient l'offensé ou ses héritiers ; à la charge aussi que le gouvernement pourra lui désigner le lieu de son domicile. — Vous ne regarderez pas, Messieurs, comme trop court ce délai de vingt années, qui est un si long espace de la vie humaine ; et vous approuverez l'utile restriction établie à l'égard de la résidence du condamné; il était convenable, sous tous les rapports, d'épargner son voisinage, et même sa rencontre et son aspect, aux victimes de ses excès.

12. L'article suivant veut que les peines portées par les jugements de police correctionnelle se prescrivent par cinq années révolues, à partir de la date des jugements ; et vous sentez de suite, Messieurs, pourquoi le terme de la prescription est ici beaucoup plus rapproché. Dans le premier cas, il s'agit de crimes infiniment graves, auxquels la loi applique une peine afflictive ou infamante. Dans celui-ci, il est question de simples délits de police correctionnelle.

13. Un troisième article porte que l'action publique et l'action civile, résultant d'un crime de nature à entraîner la peine de mort, ou des peines afflictives perpétuelles, ou toute autre peine afflictive ou infamante, se prescriront après dix années révolues, à compter du jour où le crime aura été commis, si dans cet intervalle il n'a été fait aucune poursuite ; et s'il a été fait des poursuites non suivies de jugement, la prescription n'aura lieu qu'après dix années révolues, à partir du dernier acte. — A la vue de cette disposition, plus encore qu'à celle du premier article de ce chapitre, votre pensée se sera portée sur les crimes atroces qui outragent, dans ce qu'elles ont de plus sacré, les lois de la nature et celles de la société ; et vous aurez peut-être éprouvé le désir que la prescription ne puisse jamais s'appliquer à ces grands attentats. — Votre commission a été frappée d'abord de la même idée ; comme à vous, Messieurs, il lui a été pénible de songer que la prescription pourrait profiter même à celui qui, au mépris de tout ce qu'il y a de plus saint et de plus auguste dans le monde, se serait souillé, par exemple, du crime horrible que plusieurs peuples célèbres de l'antiquité avaient eu la haute sagesse de ne pas nommer dans leurs lois ; de ce crime pour lequel ils n'avaient pas établi de peine, par cette pensée profonde ou que la nature humaine n'en serait pas capable, ou du moins qu'il importait de n'en pas présenter l'idée. — Mais ensuite, Messieurs, votre commission a fait cette première réflexion, que plus les crimes seraient graves, et plus, soit les offensés, soit surtout les agents du ministère public mettraient de zèle à en poursuivre la recherche et la punition, et qu'il n'arriverait presque jamais que l'action publique et l'action civile s'éteignissent par la prescription, pour être restées dans une complète inaction durant dix ans. — D'un autre côté, prévoyant le cas d'une inaction aussi extraordinaire durant un si long temps, votre commission s'est dit que cette inaction ne pourrait avoir lieu que par l'impossibilité, je ne dis pas seulement de trouver des pièces et des preuves, mais même de simples indices sur les coupables ; et qu'après dix ans, serait plus que décuplée la difficulté où, dans les temps voisins du crime, on se serait trouvé d'en suivre les traces, d'en constater le corps, et d'en retrouver les auteurs. — Voilà, messieurs, les considérations qui ont porté votre commission à approuver qu'on n'établit pour la prescription aucune distinction entre les crimes : les plus graves seront toujours poursuivis avec plus de soin et d'activité ; et quand ils ne le seront pas, c'est qu'il n'y aura pas moyen de le faire.

14. Ce chapitre renferme encore quelques dispositions de détail, qui n'ont pas paru à votre commission mériter une discussion particulière ; à leur seule lecture, vous en aurez reconnu la justice et la nécessité. — Ici, messieurs, finit la tâche que j'avais à remplir. — J'ai eu l'honneur de vous exposer les motifs de la commission en faveur du projet de loi : c'est à présent, Messieurs, à votre sagesse à prononcer.

(2) Extrait du liv. 2, tit. 7, c. inst. crim.

CHAP. 5. — *De la prescription.*

Art. 635. Les peines portées par les arrêts ou jugements rendus en matière criminelle se prescriront par vingt années révolues, à compter de la date des arrêts ou jugements. — Néanmoins le condamné ne pourra résider dans le département où demeureraient, soit celui sur lequel ou contre la propriété duquel le crime aurait été commis, soit ses héritiers directs. — Le gouvernement pourra assigner au condamné le lieu de son domicile. — V. exposé des motifs et rapport, nos 7, 9, 11.

636. Les peines portées par les arrêts ou jugements rendus en matière correctionnelle se prescriront par cinq années révolues, à compter de la date de l'arrêt ou jugement rendu en dernier ressort; et à l'égard des peines prononcées par les tribunaux de première instance, à compter du jour où ils ne pourront plus être attaqués par la voie de l'appel. — V. no 7.

637. L'action publique et l'action civile résultant d'un crime de nature à entraîner la peine de mort, ou des peines afflictives perpétuelles, ou de tout autre crime emportant peine afflictive ou infamante, se prescriront après dix années révolues, à compter du jour où le crime aura été commis, si dans cet intervalle, il n'a été fait aucun acte d'instruction ni de poursuite. — S'il a été fait, dans cet intervalle, des actes d'instruction ou de poursuite non suivis de jugement, l'action publique et l'action civile ne se prescriront qu'après dix années révolues, à compter du dernier acte, à l'égard même des personnes qui ne seraient pas impliquées dans cet acte d'instruction ou de poursuite. — V. no 5.

638. Dans les deux cas exprimés en l'article précédent, et suivant les distinctions d'époques qui y sont établies, la durée de la prescription sera réduite à trois années révolues, s'il s'agit d'un délit de nature à être puni correctionnellement. — V. no 5.

639. Les peines portées par les jugements rendus pour contraventions de police seront prescrites après deux années révolues, savoir : pour les peines prononcées par arrêt ou jugement en dernier ressort, à compter du jour de l'arrêt ; et à l'égard des peines prononcées par les tribunaux de première instance, à compter du jour où ils ne pourront plus être attaqués par la voie de l'appel. — V. no 7.

tions, quels qu'en soient les auteurs et dans quelques circonstances qu'ils se soient accomplis, sont soumis à la prescription. La loi ne reconnaît aucun crime imprescriptible. En un mot, l'exception tirée de la prescription est d'ordre public. — De là plusieurs conséquences :

19. 1° En matière criminelle, correctionnelle ou de police, le moyen tiré de la prescription doit être suppléé d'office par le juge comme étant d'ordre public (V. n° 179). — 2° L'individu traduit devant un tribunal, nonobstant la prescription de l'action publique, ne serait pas recevable à renoncer au bénéfice de cette prescription (V. *eod.*). — 3° Les chambres d'instruction doivent faire jouir le prévenu, qu'il le requière ou non, du bienfait de la prescription acquise (V. n° 178). — 4° « Les guerres, les troubles qui agitent l'Etat, n'interrompent point la prescription des actions criminelles ; et quand il intervient, au retour de la paix, un édit, une déclaration qui compte pour rien, en fait de prescription, tout le temps qu'ont duré les hostilités, on ne comprend pas les actions criminelles dans les dispositions de ces lois » (Merlin, Rép., v° Prescription, sect. 3, § 7, art. 1).

20. Le délai d'un an, dans lequel il doit être définitivement statué, soit en première instance, soit en appel, sur les contraventions de police, ne peut être prorogé par aucun acte d'instruction ni par l'état de litispendance; et spécialement il ne peut l'être par le recours à l'autorité administrative, contre l'arrêté municipal auquel il a été contrevenu (Crim. cass. 1er juill. 1837) (1).

21. Bien que l'exception de prescription soit, en matière criminelle, péremptoire et d'ordre public, elle n'est pas préjudicielle. Ainsi, lorsque les premiers juges, en même temps qu'ils admettaient le moyen de prescription, avaient apprécié d'une manière favorable à l'inculpé les faits qui lui étaient reprochés, le juge d'appel peut, sans excès de pouvoir, tout en admettant l'exception de prescription, déclarer qu'il ne partage pas sur les faits l'opinion des premiers juges (Crim. rej. 7 avril 1854, aff. Relave et Gallien, D. P. 54. 5. 585).

22. Le jour à partir duquel la loi fait courir la prescription, c'est-à-dire le jour du délit, est compris dans l'espace de temps requis pour opérer la prescription; car les art. 637 et 640 portent expressément que l'action publique se prescrit à compter du jour (et non pas du lendemain) du crime ou du délit; et il est tout simple que la prescription s'ouvre en même temps que l'action publique s'ouvre elle-même (Conf. Mangin, Traité de l'action publ., t. 2, n° 319; *Contrà*, M. Trébutien, Cours de droit criminel, t. 2, p. 148). — Ainsi, la prescription doit être réglée, non point *de momento in momentum*, mais de jour à jour en comprenant dans le délai le *dies à quo* (Conf. M. Faustin Hélie, de l'Instr. crim., t. 3, p. 704). — On sait que le contraire a lieu en matière civile et en matière forestière (V. Prescript. civile, n° 818, et Délai, n° 25); le code forestier, art. 185, se sert cependant des mêmes termes que le code d'instruction criminelle. — Un arrêt a aussi fait entrer dans le délai le jour *à quo*, sous la loi de 1791, qui portait : « Les actions en réparation de délits seront intentées au plus tard dans les trois mois où ils auront été reconnus, » expressions qui, il est vrai, favorisent mieux cette interprétation inclusive que celle des codes d'instruction criminelle et forestier (Crim. rej. 28 mai 1819, M. Bazire, rap., aff. forêts *C.* Dussaut). — Au reste, sous les lois des 28 avril 1790, art. 12, et 3 mai 1844, art. 29, sur la *chasse* qui, comme les codes cités, emploient les mots à *compter du jour du délit*, des arrêts ont exclu ce jour du délai (Crim. cass. 10 janv. 1845, v° Chasse, n° 474; Nancy, 20 déc. 1852, D. P. 53. 2. 186; — *Contrà*, Crim. rej. 7 avril 1837, aff. Toulze, et Paris, 8 fév. 1843, aff. Chapeau, V. *eod.*). — Jugé en matière d'actes notariés que le jour de la rédaction d'un tel acte n'est point compris dans le délai de deux ans, fixé pour la prescription des contraventions qu'il renferme; et que lorsqu'il renferme deux dates, la prescription des contraventions commises dans cet acte ne court qu'à partir de la dernière date (Paris, 11 déc. 1847, aff. Guy-Levêque, D. P. 48. 2. 28).

23. La date d'un délit peut, à défaut d'acte qui la précise, être établie, quant au délai de la prescription, par les circonstances de la cause, et, par exemple, elle a pu résulter de la forme des objets saisis, des altérations que le frottement et l'usage leur ont fait subir (Paris, 26 avril 1837, aff. Labady, V. Mat. d'or et d'argent, n° 146).

24. Les mois, en matière de prescription, doivent se calculer d'après le calendrier grégorien, date par date, et non par mois de trente jours (Crim. cass. 27 déc. 1811) (2). Quatre arrêts

---

640. L'action publique et l'action civile pour une contravention de police, seront prescrites après une année révolue, à compter du jour où elle aura été commise, même lorsqu'il y aura eu procès-verbal, saisie, instruction ou poursuite, si, dans cet intervalle, il n'est point intervenu de condamnation; s'il y a eu un jugement définitif de première instance, de nature à être attaqué par la voie de l'appel, l'action publique et l'action civile se prescriront après une année révolue, à compter de la notification de l'appel qui en aura été interjeté. — V. n° 5.

641. En aucun cas, les condamnés par défaut ou par contumace, dont la peine est prescrite, ne pourront être admis à se présenter pour purger le défaut ou la contumace. — V. n° 7.

642. Les condamnations civiles portées par les arrêts ou par les jugements rendus en matière criminelle, correctionnelle ou de police, et devenus irrévocables, se prescriront d'après les règles établies par le code Napoléon. — V. n° 6.

643. Les dispositions du présent chapitre ne dérogent point aux lois particulières relatives à la prescription des actions résultant de certains délits ou de certaines contraventions.

(1) (Min. pub. *C.* Picot d'Agard.) — LA COUR; — Vu l'art. 640 c. inst. crim.; — Attendu, en fait, qu'à la date du 30 nov. 1832, il est intervenu un jugement du tribunal de simple police du canton de Boussac, qui condamne le demandeur à 1 fr. d'amende et ordonne la démolition des ouvrages faits en contravention à l'alignement qui lui avait été donné par l'autorité municipale, le 8 mai 1831; — Que le demandeur a interjeté appel de ce jugement; — Que cet appel a été notifié au maire de la ville de Boussac, le 17 déc. 1832; et qu'il s'est écoulé un délai de plus d'une année, sans qu'il y ait été statué d'une manière définitive; — Que le demandeur ayant soutenu que l'action publique était prescrite, le jugement attaqué a rejeté cette exception, par le motif que les parties avaient été continuellement en instance, soit au conseil d'Etat, soit au tribunal de simple police, soit au tribunal de police correctionnelle; — Mais attendu que, des dispositions ci-dessus visées de l'art. 640 c. inst. crim., il résulte que le délai d'un an dans lequel il doit être définitivement statué, soit en première instance, soit en appel, sur les contraventions de police, ne peut être prorogé par aucun acte d'instruction, ni, conséquemment, par le seul état de litispendance; — Attendu que les arrêtés de l'autorité municipale, concernant la voirie urbaine, tant qu'ils n'ont pas été réformés par l'autorité administrative supérieure, doivent recevoir leur exécution; — Que le recours à cette autorité ne forme donc pas un obstacle au jugement des tribunaux de répression, et ne peut interrompre le cours de la prescription;

Attendu qu'en matière criminelle, correctionnelle et de police, la prescription est de droit public, et qu'elle doit être suppléée d'office par le juge; — Qu'ainsi, soit en ordonnant une enquête et une visite des lieux, soit en rejetant l'exception de prescription, lorsqu'elle était opposée après une année révolue depuis la notification de l'appel du jugement de première instance, le tribunal de police correctionnelle de Chambon a formellement violé l'art. 640 c. inst. crim.; — Casse.

Du 1er juill. 1837.-C. C., ch. crim.-MM. Bastard, pr.-Bresson, rap.

(2) (Forêts *C.* Conti.) — LA COUR; — Vu l'art. 8, tit. 9, de la loi du 29 sept. 1791; — Attendu qu'il est reconnu et déclaré par l'arrêt dont la cassation est demandée, que le délit forestier pour lequel Carlo Conti se trouve poursuivi, avait été constaté par un procès-verbal régulier, du 18 mai 1811, affirmé devant le juge de paix; — Et que l'action à raison de ce délit a été intentée, le 17 août suivant, conséquemment dans les trois mois, en calculant de quantième à quantième; — Attendu que, suivant le calendrier grégorien, qui est celui de l'empire français, les mois civils ou usuels étant inégalement composés, c'est par ce calcul seul, c'est-à-dire par l'échéance des mois, date par date, et non par tel nombre de jours, que doivent se régler les délais fixés par mois; — Que de cette règle consacrée par les lois et par la jurisprudence, résulte la différence qui existe et qui doit exister entre les délais de tel nombre de mois, et ceux qui se mesurent et se déterminent par tel nombre de jours; — Que si quelques lois romaines, relativement à des cas particuliers, ont fixé à trente le nombre des jours de chaque mois (*a*), d'autres à trente et un, d'autres à trente et trente et un alternativement, chacune de ces lois n'a dû servir de règle que pour le cas auquel elle s'appliquait; — Qu'il en est de même de l'art. 40 c. pén. de 1811, portant que « la peine d'un mois d'emprisonnement est de trente jours; » — Que cette disposition spéciale donnée pour ce cas seul, et par des motifs inapplicables à d'autres cas, loin de détruire la règle générale, doit être considérée comme une exception qui la confirme; — Qu'il suit de là que l'action intentée, le 17 août 1811, par l'administration forestière, pour un délit reconnu et constaté le 18 mai précédent, l'avait été

(*a*) L. ult. cod. *De jur. delib.*, L. 31, § 22, ff., *De ædilit. edic*.

ont été rendus ce jour-là dans le même sens (V. Merlin, Rép. v° Mois; Carnot, sur l'art. 205). — Jugé de même, en matière d'appel correctionnel, qu'un délai de deux mois, commencé le 18 décembre, n'a expiré que le 18 février suivant (Crim. cass. 12 avril 1817, aff. Trogna, V. Appel, crim., n° 231). — Cette solution, combattue par Legraverend, t. 1, p. 93, est au contraire approuvée par Mangin, n° 318, attendu que le calendrier grégorien a force de loi en France, d'après le sénatus-consulte du 25 fruct. an 13. Mangin invoque aussi l'art. 132 c. com. Il ne considère l'art. 40 c. pén. que comme une dérogation à la règle générale. — V. aussi v° Délai, n°s 17 et suiv.

25. Quand l'action civile est unie à l'action publique, elle se conserve et s'éteint avec elle. « La cour, sur la prescription de l'action civile ; attendu qu'aux termes des art. 2 et 3 c. inst. crim., l'action civile s'éteint par la prescription comme l'action publique, et que l'une et l'autre action se poursuivent devant les mêmes juges ; qu'ainsi les motifs qui ont fait rejeter, par l'arrêt du 30 mai, la prescription de l'action publique, s'appliquent à l'action civile; rejette » (Crim. rej. 1er juin 1839, MM. de Bastard, pr., Isambert, rap., aff. Nougué C. min publ.). — V. n°s 93 et suiv.

26. L'action *disciplinaire* est imprescriptible (Req. 23 avril 1839, aff. Lenoble; V. à cet égard, v^is Discipline, n° 38, et Notaire, n° 793).

27. La prescription de la peine d'emprisonnement entraîne la prescription de la peine de la privation des droits civiques prononcée comme accessoire de la première, même dans les cas où la loi pénale déclare que la privation des droits civiques ne commencera à courir qu'à partir de l'expiration de la peine d'emprisonnement : « Attendu qu'il est constant que la prescription acquise en faveur de B... a éteint, non-seulement les cinq ans de prison auxquels il avait été condamné, mais aussi les peines accessoires de l'amende et de l'interdiction » (Rouen, 8 sept. 1843, M. Simonin, pr., aff. B... C. préf. de la Seine-Inférieure).

28. Si le jury a déclaré l'accusé coupable de plusieurs délits, dont quelques-uns étaient prescrits, l'arrêt de condamnation doit-il être annulé? La négative a été jugée, dans une espèce où les délits non prescrits entraînaient l'application de la loi pénale (Crim. rej. 27 vent. an 11) (1). Cet arrêt doit-il faire autorité? Il est permis d'en douter. Il est évident que la condamnation est plus ou moins sévère selon que l'accusé est reconnu coupable d'un seul délit ou de plusieurs, d'un petit nombre d'infractions ou d'un grand nombre. Les juges, dans l'espèce, n'avaient donc pas prononcé en parfaite connaissance de cause. Nous ne croirions au bien jugé de l'arrêt que si le minimum de la peine seul avait été appliqué.

29. L'accusé renvoyé par une cour d'assises qui a admis en sa faveur le moyen de prescription, doit-il être condamné aux dépens? La règle générale, quant à la condamnation aux dépens en matière criminelle, est celle-ci : l'accusé doit supporter les dépens lorsqu'il est condamné, il ne doit pas les supporter quand il est acquitté. Lorsqu'il est absous, il peut, suivant les circonstances, être ou n'être pas pas condamné aux dépens. L'accusé renvoyé par suite de la prescription acquise doit-il être considéré soit comme acquitté, soit comme absous? Si l'action du ministère public est purement et simplement reconnue prescrite, il y a évidemment acquittement, et l'accusé ne peut être condamné aux frais. *Quid?* si l'individu accusé d'un fait qualifié crime n'est condamné que comme coupable d'un délit, et que, trois ans s'étant écoulés, l'action du ministère public se trouve prescrite. Nous pensons que ce cas doit être assimilé à l'acquittement, puisque le ministère public aurait dû s'abstenir de poursuites, et qu'il ne peut y avoir de condamnation aux dépens (Conf. C. d'ass. de Limoges, 24 janv. 1839, V. n° 179). La cour de cassation a pensé que dans ces circonstances il y avait absolution, et que la cour d'assises avait *pu* ne pas condamner aux dépens (Crim. rej. 24 fév. 1832, v° Frais, n° 978-5°). — Cependant, par un arrêt plus récent, cette cour a jugé que dans le même cas la condamnation aux dépens avait dû être prononcée. Il s'agissait, dans l'espèce, d'un individu déclaré coupable d'une tentative de vol, sans les circonstances aggravantes, et qui dès lors se trouvait prescrite. L'arrêt se fonde sur ce que l'arrêt d'accusation qualifiait le fait de tentative de vol avec circonstances aggravantes, et que le ministère public avait été tenu de faire purger l'accusation primitive (Crim. rej. 17 déc. 1846, aff. Boissonnec, D. P. 47. 4. 281). Dans une autre espèce soumise à la cour de cassation, un individu avait purgé sa contumace, et il avait été seulement reconnu coupable d'un simple délit : on l'avait condamné à une peine correctionnelle. La cour a cassé l'arrêt parce que la prescription était acquise : « Attendu que la qualification du fait a été souverainement appréciée par le jury, et que cette qualification remonte au profit du demandeur jusqu'à la condamnation prononcée par contumace, et qu'à partir de là elle règle tous les effets de la prescription, eu égard, non pas à l'arrêt de contumace, mais eu égard à celle qui d'après la déclaration du jury, était seule applicable. » — Que devait-il être statué quant aux dépens? La cour a maintenu la condamnation aux dépens prononcée, par application des art. 368 et 426 c. inst. crim. (Cass. 9 fév. 1854, aff. Rosel, D. P. 54. 1. 85). Il faut remarquer que, dans l'espèce, il ne s'agissait pas de la prescription de l'action, mais de celle de la peine, puisque l'arrêt juge que la condamnation à une peine correctionnelle se reportant à l'époque où l'arrêt par contumace avait été rendu, le délai de la prescription avait couru depuis cette époque. — V. Frais, n°s 1191 et suiv.

§ 3. — *De la prescription des peines en matière criminelle, correctionnelle et de police.*

30. Quand il s'agit de crimes, les peines se prescrivent *par vingt années révolues*, à compter de la *date* des arrêts ou jugements (c. inst. crim. 635). — Peu importe que les jugements ou arrêts aient été ou non *exécutés* par effigie, la prescription vicennale ne serait point prorogée comme dans l'ancien droit par cette exécution. — La prescription n'est même pas susceptible d'*interruption*, quelques poursuites que l'on fasse pour obtenir l'exécution de la condamnation sur la personne ou les biens du condamné. — V. *infrà*, n°s 105 et suiv.

31. La prescription ne donne pas au condamné qui l'a acquise le droit de *résider* dans le département où demeureraient soit celui sur lequel ou contre la propriété duquel le crime aurait été commis, soit ses héritiers directs, c'est-à-dire ses ascendants et descendants (c. inst. crim. 635). — C'est la conséquence du principe que nous avons posé plus haut, que la prescription de la peine ne fait pas supposer l'innocence. Il en était ainsi sous l'ancien droit. — Le gouvernement peut assigner au condamné le lieu de son domicile (même article). — Contraint de rester dans ce lieu, le condamné est, pour cela même, assujetti à toutes les obligations déterminées par les art. 44 et 45 c. pén. (Conf. Legraverend, t. 2, p. 771).

32. La peine de la surveillance à vie par la haute police est imprescriptible (Crim. rej. 31 janv. 1834, aff. Dermenon, V. Peine, n° 682).

33. La prescription nécessaire pour mettre un contumax à l'abri de nouvelles poursuites est la prescription de la peine, c'est-à-dire celle de vingt ans à compter de l'arrêt de condamnation par contumace, et non celle de l'action publique dont la durée est de dix ans (V. Contumace, n° 85). — Ainsi un individu condamné par contumace le 24 août 1825, a pu être valablement

---

dans les trois mois de la constatation du délit ; — Et que conséquemment la cour de Florence, en déclarant cette action prescrite, sur le motif que chaque mois devait être composé de trente jours seulement, et que, du 18 mai au 17 août, il se trouvait un espace de temps de plus de quatre-vingt-dix jours, ou plus de trois fois trente jours, a, par une modification arbitraire, violé la disposition de l'art. 8, tit. 9, de la loi du 29 sept. 1791, sur l'administration forestière ; — Par ces motifs, casse, etc.

Du 27 déc. 1811.-C. C., sect. crim.-MM. Barris, pr.-Lamarque, rap.

(1) (Durand, dit le Hussard.) — LE TRIBUNAL ; — ... Sur le moyen résultant d'une prétendue prescription acquise à l'égard de plusieurs délits : — Attendu que la loi du 3 brum. n'admet, art. 9 et 10, la prescription de six années qu'à l'égard des délits dont l'existence a été connue et légalement constatée, et qu'il n'est aucunement justifié de cette circonstance à l'égard des deux délits qui remontent à une date de treize ou quatorze ans ; — Attendu qu'au surplus les délits énoncés dans les six dernières séries des réponses du jury sont d'une date récente, ne pouvaient donner lieu à l'exception de prescription, et que seuls ils entraînaient l'application qui a été faite de la loi pénale, et particulièrement celui énoncé en la huitième série ; — Rejette.

Du 27 vent. an 11.-C. C., sect. crim.-MM. Seignette, pr.-Borel, rap.

arrêté et traduit de nouveau en jugement pour le même délit en 1843 (Crim. cass. 13 janv. 1844, M. Brière, rap., aff. Michel). — On a vu que sous l'ancien droit, la sentence de contumace exécutée par effigie prorogeait la prescription de trente ans.

34. En matière correctionnelle, les peines se prescrivent *par cinq années révolues*, à compter de la date de l'arrêt ou jugement rendu en dernier ressort, et les peines prononcées par les tribunaux de première instance, à compter du jour où ils ne pourront plus être attaqués par la voie de l'appel (c. inst. crim. 636). Jugé que l'art. 636 c. inst. crim. doit être entendu en ce sens que les cinq ans courent seulement à partir du jour où la condamnation a pu être mise à exécution; qu'ainsi, lorsqu'en prononçant une amende (par exemple, sur les poursuites de la régie de l'enregistrement), un jugement passé en force de chose jugée a déclaré que cette amende ne serait exigible qu'après une certaine époque, la prescription quinquennale ne commence à courir qu'après cette même époque (Montpellier, 23 août 1855, aff. Masbon, D. P. 56. 2. 127). — Cette prescription ne peut être *interrompue* par de simples actes de poursuite; il faut, pour l'interrompre, un acte d'exécution du jugement : par exemple, à l'égard de la peine de l'emprisonnement, l'arrestation ou la détention, et quant à l'amende, l'exercice de la contrainte par corps, ou la saisie des biens du condamné (Rennes, 16 déc. 1819, sous rej. 8 janv. 1822, aff. Audicq, V. Peine, n° 812). — Un simple commandement ne suffirait pas quand il s'agit d'un jugement qui a condamné à une amende pour interrompre la prescription (Civ. cass. 17 juin 1855) (1). — V. aussi n° 119.

35. Lorsqu'un individu accusé d'un crime n'a été condamné par contumace qu'à une peine correctionnelle, cette peine se prescrit par le laps de cinq années, tellement que cet individu ne peut plus être admis à purger sa contumace (Crim. cass. 5 août 1825, aff. Bruyeron, V. Contumace, n° 88). — Et lorsqu'un individu qui avait été condamné par contumace à une peine afflictive et infamante n'est, sur le jugement contradictoire, condamné qu'à une peine correctionnelle, c'est la prescription relative aux peines correctionnelles qui lui est applicable, et non celle relative aux peines criminelles; et, par exemple, s'il s'est écoulé cinq ans depuis sa condamnation par contumace jusqu'à son arrestation, la prescription de la peine correctionnelle à laquelle il a été depuis condamné lui est acquise (Crim. cass. 2 fév. 1827, aff. Blanc, V. n° 49; Crim. rej. 9 juill. 1829, aff. Bousquié, V. Contumace, n° 86).

36. Les peines prononcées en matière criminelle ne sont prescriptibles que par vingt années, même dans le cas où, par l'effet de l'application de l'art. 463 c. pén., elles ont dû être empruntées aux matières correctionnelles, circonstance qui n'a pas pour résultat de faire dégénérer le crime, objet de la condamnation, en un simple délit. Et, spécialement, le contumax qui, sur sa comparution, est reconnu coupable, mais avec des circonstances atténuantes, du crime qui a motivé la condamnation purgée, ne peut se prévaloir de ce qu'il ne lui est appliqué qu'une peine correctionnelle, pour prétendre que la prescription, laquelle a dans ce cas son point de départ du jour de la première condamnation, lui est acquise par le laps de cinq ans, et non plus de vingt ans, avant le jour de son arrestation ou de sa représentation (Crim. rej. 1er mars 1855, aff. Dumont, D. P. 55. 1. 192). — V. *infrà*, n° 48.

37. Comme le délai de l'appel des jugements correctionnels accordé au ministère public près le tribunal d'appel est plus long que celui accordé au prévenu, à la partie civile et au ministère public près le tribunal qui a jugé en première instance (202, 203, 205 c. inst. crim.), on a demandé si la prescription ne doit courir qu'à compter du premier de ces délais. M. Carnot enseigne l'affirmative (*Contrà*, Bourguignon, sur l'art. 636; Legraverend, t. 2, p. 774). — M. Vazeille restreint cette décision au cas où la partie publique peut avoir un intérêt à un appel, de sorte que si ses conclusions lui ont été pleinement adjugées, la prescription doit commencer à l'expiration du délai d'appel accordé au prévenu. — C'est là une erreur. L'officier du ministère public près le tribunal d'appel est toujours maître d'interjeter appel, et à telles fins que de raison. Le jugement doit donc être considéré comme susceptible de ce recours, et la prescription ne peut courir qu'après l'expiration des deux mois écoulés sans appel de la part du procureur impérial près le tribunal supérieur (V. dans ce sens un jugement du tribunal de Reims, rapporté avec Paris, 27 août 1836, aff. Latour, n° 122; Montpellier, 30 mai 1842, rapporté par le journal de cette ville, n° 59, et 6 nov. 1854, ch. corr., aff. min. pub. *C.* Anglade, D. P. 55. 2. 220; Nîmes, 15 juin 1843, ch. corr., aff. Combemolle).

38. En matière de *simple police*, les peines sont prescrites après deux années révolues, savoir, pour les peines prononcées par arrêt ou jugement en dernier ressort, à compter du jour de l'arrêt, et à l'égard des peines prononcées par les tribunaux de première instance, à compter du jour où ils ne pourront plus être attaqués par la voie de l'appel (c. inst. crim. 639).

§ 4. — *Règles communes à la prescription des différentes espèces de peines et des condamnations civiles.*

39. La prescription des peines, après l'expiration des délais ci-dessus, est acquise aux condamnés, soit que ces peines aient été prononcées contradictoirement, par contumace ou par défaut. Mais, en aucun cas, les condamnés par défaut ou par contumace dont la peine est prescrite, ne pourront être admis à se présenter pour purger le défaut ou la contumace (641). — S'il en était autrement, disaient les orateurs du gouvernement, le contumax attendrait, pour se représenter, que les preuves du délit fussent effacées et que les témoins fussent morts ou éloignés.

40. M. Legraverend agite la question de savoir si la peine peut se prescrire lorsque, l'*exécution* ayant commencé, le condamné s'est évadé avant qu'elle fût achevée, et il décide avec raison que la prescription ne peut jamais être réclamée contre la peine principale par un forçat qui s'est évadé du bagne, parce que cette évasion est elle-même un crime qui se perpétue tant que le forçat n'est pas replacé sous la main de la justice (V. Évasion, n° 23); mais que si un condamné s'est évadé de tout autre lieu que du bagne, sans commettre de rébellion ou de bris de prison, circonstances qui donneraient lieu à de nouvelles poursuites, il commencera à prescrire du jour de son évasion. — Il a été jugé qu'en établissant la prescription de vingt ans à partir de la date d'un arrêt criminel, la loi suppose que cet arrêt n'a jamais reçu d'exécution, de telle sorte que la prescription à l'égard d'un individu qui s'est évadé après avoir commencé à subir sa peine, ne court en sa faveur qu'à partir de son évasion, et non à partir de l'arrêt de condamnation; qu'en conséquence, le temps pendant lequel le condamné a subi sa peine ne peut être ajouté à celui qui s'est écoulé depuis l'évasion pour compléter le délai exigé pour prescrire sa peine (Crim. cass. 20 juill. 1827 (2);

(1) *Espèce* : — (Enreg. *C.* Pascault-Dubuissonnet.) — Pascault-Dubuissonnet fut condamné à 15,000 fr. d'amende pour délit d'usure, par arrêt de la cour de Poitiers (chambre des appels de police correctionnelle), rendu le 11 fév. 1826. Cet arrêt lui fut signifié le 20 avr. 1829, par la régie de l'enregistrement, avec commandement de payer le montant de la condamnation.

Plus tard, Pascault-Dubuissonnet soutint que la prescription était acquise, et que le commandement qui lui avait été fait par la régie était nul faute de signification régulière, et n'avait pu dès lors interrompre la prescription.

Un jugement du tribunal de Civray, du 16 déc. 1851, rejeta cette prétention, qui fut admise sur appel par un arrêt de la cour de Poitiers, du 29 juin 1852, qui, sans s'occuper de la question de savoir si le commandement était ou ou non régulier, jugea que s'agissant de la prescription d'une peine correctionnelle, un commandement ne pouvait interrompre la prescription. — Pourvoi de la régie. — Arrêt.

LA COUR; — Attendu qu'aux termes de l'art. 636 c. inst. crim., la prescription des peines de police correctionnelle court du jour de l'arrêt ou du jugement en dernier ressort qui les a prononcées; que cette prescription est accomplie par cinq ans et ne peut être interrompue que par l'exécution commencée avant l'expiration de ce temps; qu'aux termes des art. 9 et 11 c. pén., l'amende est une peine dont la prescription se trouve écrite dans le code d'instruction criminelle et non dans le code civil, auquel l'art. 642 c. inst. crim. ne renvoie que pour les condamnations civiles; — Rejette.

Du 17 juin 1855.-C. C., ch. civ.-MM. Dunoyer, f. f. de pr.-Chardel, rap.-De Gartempe fils, av. gén., c. conf.-Teste-Lebeau et Dalloz, av.

(2) (Min. pub. *C.* Lafitte.) — LA COUR; — Vu l'art. 3, tit. 6, c. pén.

Conf. Crim. rej. 5 fév. 1835, MM. de Bastard, pr., de Haussy, rap., aff. Haymann C. min. pub.).

41. Les condamnations *civiles* portées par des arrêts ou par des jugements rendus en matière criminelle, correctionnelle ou de police, et devenus irrévocables, se prescrivent d'après les règles établies par le code Napoléon (c. inst. crim. 642), c'est-à-dire par trente ans, et cette prescription est susceptible d'être interrompue ou suspendue comme celle de toutes autres actions civiles.

42. Les *amendes* étant une peine se prescrivent suivant les art. 635, 636 et 639 c. inst. crim., sauf les exceptions que des lois particulières pourraient apporter (Legraverend, *loc. cit.*). — Il n'en est pas de même des *frais* de justice, qui, n'étant qu'une juste restitution des avances faites pour procurer la réparation des crimes ou délits, ne sauraient être considérés comme une peine (Crim. cass. 25 janv. 1828, aff. Boulard, V. Enregistr., nº 5532). — V. nº 27.

43. La possession, même immémoriale, ne peut prévaloir contre des règlements de police établis dans un intérêt d'ordre public; et si la peine ou les dommages-intérêts sont prescriptibles, il n'en peut résulter le droit de renouveler les faits qui constituent l'infraction (Crim. rej. 25 juill. 1836, MM. Bastard, pr., Rocher, rap., aff. Lecoulteux C. Bonelle). — Jugé aussi que des faits de jouissance illégale et constitutifs d'un délit, tels que des faits de pêche, non autorisés, ne peuvent constituer une possession légale, ni être, par suite, excusés (Crim. cass. 5 mars 1829) (1). — V. toutefois Paris, 26 mars 1855, aff. Vatel, D. P. 56. 2. 71 et Vº Propriété littéraire.

§ 5. — *De la prescription de l'action publique en matière de crime et de délit. — De quelle époque commence à courir la prescription. — Crimes et délits successifs.*

44. Aux termes des art. 637 et 639 c. inst. crim., l'action publique se prescrit par dix ans s'il s'agit d'un crime, par trois ans, s'il s'agit d'un délit. Cette différence entre la durée de la prescription, en matière criminelle et en matière correctionnelle, a donné lieu à quelques difficultés.

45. Il a été jugé que la qualification légale d'un fait résulte et de la juridiction à laquelle il est déféré et de la peine qu'il doit encourir, et que le crime commis par un mineur de seize ans étant de la compétence du tribunal correctionnel, et passible seulement de peines correctionnelles, il s'ensuit qu'on doit le considérer comme un simple délit auquel, dès lors, s'applique la prescription de trois ans, et non pas celle de dix ans (Crim. rej. 22 mai 1841, aff. Genivet, V. Délit, nº 22). — Cette décision semble conçue en termes trop généraux. La qualification légale d'un fait ne résulte pas de la nature de la juridiction qui doit en connaître, puisque certains délits sont de la compétence des cours d'assises. Cette qualification ne résulte que de la nature de la peine dont la loi punit le fait (c. pén. art. 1). Or les peines prononcées par l'art. 67 c. pén. excèdent, dans beaucoup de cas, les peines purement correctionnelles. Aussi Mangin décide-t-il, nº 296, que les crimes commis par des mineurs de seize ans ne sont prescriptibles que par dix ans, alors même qu'ils sont déférés à la juridiction correctionnelle (Conf. Angers, 3 déc. 1849, aff. Ricou, D. P. 50. 2. 127).

46. La criminalité d'un fait, en ce qui touche la prescription, est déterminée par le jugement qui intervient sur ce fait et non par la qualification donnée à ce fait dans l'accusation. — Par application de ce principe, il a été jugé : 1º que les chambres du conseil, en commuant la peine de la réclusion en celle de l'emprisonnement, et en renvoyant le prévenu devant les tribunaux correctionnels, aux termes de l'art. 26 de la loi du 15 mai 1838, sur le jury, ne peuvent enlever au fait la nature et la qualification de crime, et que par suite le prévenu ne peut se prévaloir de la prescription de trois ans (Bruxelles, 6 nov. 1841, 4ᵉ ch., aff. Hublet); — 2º Que la prescription triennale peut être opposée dans l'intérêt d'un individu, accusé d'avoir volontairement porté des coups et fait des blessures dont il est résulté une incapacité de travail de plus de vingt jours, lorsque ce jury a déclaré tout en le reconnaissant coupable, que l'incapacité de travail n'avait pas duré vingt jours (Crim. cass. 30 janv. 1818) (2); — 3º Que lorsque le fait dont

---

du 6 oct. 1791, et les art. 635 et 575 c. inst. crim.; — Attendu que l'arrêt attaqué constate, en fait, que Louis Lafitte a été condamné, le 26 fév. 1806, par la cour spéciale de Toulouse, à la peine de quinze ans de fers pour crime d'émission de fausse monnaie; — Que, le 25 août 1808, il s'est évadé du bagne de Rochefort; — Qu'il a été arrêté le 30 mai 1827, c'est-à-dire vingt et un an un mois et quatre jours après la date de l'arrêt de condamnation, et dix-huit ans sept mois et cinq jours après son évasion; — Que c'est dans cet état des faits qu'il a proposé l'exception tirée de la prescription, prétendant que plus de vingt années s'étant écoulées depuis la date de la condamnation, l'arrêt ne pouvait plus être mis à exécution, aux termes de l'art. 5 précité du code pénal de 1791; — Que l'arrêt attaqué a adopté cette exception et ordonné la mise en liberté du condamné;

Attendu que l'art. 5 précité se trouve, comme l'art. 635 c. inst. crim., placé sous le titre de la Prescription; que, rédigés en d'autres termes, ces deux articles ont cependant un sens identique, et qu'il en résulte qu'après vingt ans, à partir de la date d'un arrêt rendu en matière criminelle, il ne peut plus être exécuté; mais que ces deux articles supposent évidemment que l'arrêt n'a jamais reçu d'exécution, et ne disposent directement que pour ce cas; — Que, si l'arrêt a commencé à recevoir son exécution, on ne peut plus prétendre que la prescription a couru pendant tout le temps qu'a duré cette exécution; — Qu'on se libère des peines par deux moyens, en les subissant ou en les prescrivant; — Que *subir une peine et la prescrire* sont deux choses contradictoires qui impliquent et ne peuvent jamais concourir; — Qu'on ne peut donc, pour accomplir le temps de la prescription, joindre au temps qui s'est écoulé, depuis l'évasion du condamné, celui qui s'est passé pendant qu'il subissait sa peine; — D'où il suit que la prescription en faveur d'un condamné qui s'est évadé ne court qu'à partir du jour de son évasion; que, ne s'étant pas écoulé vingt ans depuis l'évasion de Louis Lafitte, l'arrêt attaqué, en déclarant que sa peine était prescrite, a violé les art. 3, tit. 6, c. pén. du 6 oct. 1791 et l'art. 635 c. inst. crim.; — Casse.

Du 20 juill. 1827. — C. C., ch. crim. — MM. Portalis, pr. — Mangin, rap.

(1) (Forêts C. Alphand.) — LA COUR; — Vu l'art. 12, tit. 24 de l'ord. de 1669; — Attendu que, par cet article, les officiers des maîtrises avaient la police et la surveillance sur les eaux et pêcheries appartenant aux communes; — Que l'administration forestière, telle qu'elle est organisée, a remplacé, pour la partie administrative, les maîtrises des eaux et forêts; — Qu'ainsi, cette administration a le droit de constater et de poursuivre tous les délits relatifs aux eaux et pêcheries des communes;

Vu aussi l'art. 18, tit. 25 de la même ordonnance; — Attendu que, par cet article, aucune personne non adjudicataire de la pêche, ou non pourvue de licence, n'a le droit de pêcher, même à la ligne, dans les eaux et pêcheries des communes, sous les peines portées par ledit article; Que, par aucune possession quelconque, les habitants n'ont pu prescrire le droit de pêcher dans lesdites eaux, puisque l'art. 18 précité a aboli toutes coutumes et possessions contraires, antérieures à l'ordonnance, et que postérieurement tout fait de pêche étant un délit, n'a pu former titre en faveur des habitants : un délit ne pouvant jamais conférer le droit de le commettre de nouveau; — Attendu, dans l'espèce, que, quoiqu'il résultât d'un procès-verbal régulier, et non attaqué, du 27 mai 1827, que J. Martin Alphand pêchait, avec six lignes dormantes, dans un lac appartenant à la commune du Lauret, sans être fermier de la pêche ni pourvu de licence, le tribunal de Barcelonnette, devant lequel ledit Alphand fut traduit pour être condamné aux peines de l'art. 18, l'avait néanmoins relaxé d'instance par jugement du 7 juill. 1827, sur le double motif que l'administration forestière n'avait aucune surveillance sur les eaux des communes; et que, d'ailleurs, les habitants de la commune du Lauret, ainsi que l'avait attesté le maire de la commune dans un certificat, avaient toujours joui, sans trouble, ni empêchement de la faculté de pêcher dans ledit lac du Lauret, à la ligne dormante; — Que, sur l'appel de ce jugement devant le tribunal de Digne, il fut confirmé, purement et simplement, le 22 mai suivant; — Attendu que, par ce jugement, le tribunal de Digne, s'étant approprié les vices de celui de première instance, il a manifestement violé l'art. 12, tit. 24, et l'art. 18, tit. 25 de l'ord. de 1669; — Par ces motifs, casse le jugement rendu par le tribunal correctionnel de Digne, le 22 mai 1828.

Du 5 mars 1829. — C. C., ch. crim. — MM. Bailly, f. f. pr. — Bernard, r.

Nota. Le même jour deux autres arrêts semblables.

(2) (Gras C. min. pub.) — LA COUR; — Vu les art. 637 et 638 c. inst. crim.; — Considérant que Jean Gras a été mis en accusation et traduit devant la cour d'assises comme prévenu d'avoir volontairement porté des coups et fait des blessures, dont il est résulté une incapacité de travail personnel pendant plus de vingt jours; que ce fait, dans l'état de simple prévention, présentait, à la vérité, le caractère du crime prévu par l'art. 309 c. pén.; mais que ce caractère criminel a totalement dis-

un accusé a été déclaré coupable n'est qu'un délit, il doit être déclaré absous, si, depuis l'époque où ce délit a été commis jusqu'au moment où des poursuites ont été dirigées par le ministère public, il s'était écoulé plus de trois ans (Crim. rej. 23 août 1821; 2 sept. 1831 (1). — Conf. C. d'ass. de la Haute-Vienne, 24 janv. 1839, aff. Puybras, V. nº 179); — 4º Que si, d'après la déclaration du jury, un vol qualifié et poursuivi comme tel s'est trouvé dépouillé de circonstances aggravantes, la prescription triennale lui devient applicable (Cass. 10 sept. 1846, aff. Gaudon, D. P. 46. 4. 409; C. d'ass. de la Haute-Vienne, 24 fév. 1839, V. nº 179).

47. Mais d'un autre côté et par application du même principe, l'individu traduit devant la cour d'assises, bien que l'acte d'accusation ne lui impute qu'un simple délit (par exemple un vol, en omettant les circonstances aggravantes) ne peut, si, par le résultat des débats, il est déclaré coupable avec des circonstances qui donnent au fait le caractère de crime (la circonstance de la domesticité), se prévaloir du défaut de poursuites pendant trois ans; il ne peut invoquer que la prescription décennale (Crim. rej. 21 juill. 1820, aff. Dupré, cité par Mangin, nº 297).

48. Toutefois, l'admission des circonstances atténuantes, alors même qu'elle fait descendre la peine au rang des peines correctionnelles, ne convertit pas le fait criminel en délit correctionnel; et le condamné ne peut invoquer les règles relatives à la prescription des délits (Crim. cass. 18 avril 1834, M. de Ricard, rap., aff. Aliberté *C.* min. pub.; Crim. rej. 30 mai 1839; C. d'ass. de Limoges, 23 fév. 1839 (2); Crim. rej. 1er mars 1855, aff. Dumont, D. P. 55. 1. 192, V. *suprà*, nº 36). — Cette jurisprudence est combattue par M. Faustin Hélie, t. 3, p. 689, qui soutient d'abord que la prescription en matière criminelle se détermine, quant à sa durée, d'après la nature de la peine qui doit être appliquée et non d'après la qualification du fait ou la juridiction saisie. Il en conclut que lorsqu'il y a eu condamnation d'un accusé déclaré coupable d'un crime à la peine d'emprisonnement, par suite de la déclaration des circonstances atténuantes, cet accusé doit pouvoir invoquer la prescription de trois ans. — Cette opinion ne nous semble pas devoir être admise. En effet, que dit l'art. 637? Il dispose que l'action publique résultant d'un crime de nature à entrainer la peine de mort ou des peines afflictives ou infamantes, ou de tout autre crime emportant peine afflictive et infamante se prescrira après dix années. Il suit clairement de cet article que tout individu poursuivi pour un fait qui est qualifié crime, ne peut invoquer que la prescription de dix années. Néanmoins, comme il ne peut s'agir d'une qualification arbitraire, s'il arrive que le fait soit dépouillé par les débats des caractères qui constituent le crime, et que l'accusé ne soit condamné que pour délit, la qualification se trouvent par là démontrée inexacte, il est juste que la prescription de trois ans lui soit appliquée. — Mais il n'en est pas de même lorsque l'accusé est déclaré coupable d'un crime, et que, par la déclaration des circonstances atténuantes, il n'a été condamné qu'à un simple emprisonnement. Le caractère de crime reste toujours et, dès lors, l'accusé ne peut

---

paru et est devenu comme n'ayant jamais existé, par la déclaration du jury, portant que l'incapacité de travail causée par lesdits coups et blessures n'avait pas duré pendant vingt jours; que le fait de l'accusation n'a donc été, dès son origine, qu'un délit sujet aux peines correctionnelles établies par l'art. 311 dudit code; que la prescription de ce délit doit donc être réglée par les dispositions des art. 637 et 638 c. inst. crim., d'après lesquelles l'action publique et l'action civile, résultant d'un délit correctionnel, sont prescrites, lorsqu'à compter du jour où le délit a été commis et avant le jugement, il y a eu, soit défaut total, soit cessation de tout acte d'instruction ou de poursuites pendant un intervalle consécutif de trois années révolues; — Considérant qu'il a été reconnu au procès que le délit dont ledit Jean Gras a été déclaré coupable par le jury, a été commis dans le courant du mois de juin 1812; que l'instruction et la poursuite qui ont eu lieu à sa charge jusqu'au 30 du même mois, ont, depuis cette époque, totalement été interrompues jusqu'au 6 fév. 1817; que conséquemment il y a eu cessation de poursuites pendant un intervalle de plus de trois années; et qu'ainsi la prescription a été pleinement acquise; que, néanmoins, et sans avoir égard à cette prescription, la cour d'assises a condamné le réclamant aux peines correctionnelles portées par ledit art. 311 du code pénal, et qu'ainsi elle a formellement violé les art. 637 et 638 précités; — Casse, etc.

Du 30 janv. 1818.-C. C., sect. crim.-MM. Barris, pr.-Busschop, r.

(1) 1re *Espèce* : — (Min. pub. *C.* Leperdu.) — LA COUR; — ... Attendu qu'il est constant au procès que le vol dont il s'agit remonte à une époque antérieure de plus de trois ans aux premières poursuites dont il a été l'objet, que ce vol n'étant pas compris dans la déclaration du jury, dans la disposition de l'art. 388 c. pén., et ne sortant par aucune circonstance aggravante de la classe des vols simples ou délits de vol, la cour d'assises a fait, en le déclarant prescrit, une juste application de l'art. 638 c. inst. crim.; — Rejette.

Du 23 août 1821.-C. C., sect. crim.-MM. Barris, pr.-Aumont, rap.

2e *Espèce* : — (Poirot *C.* min. pub.) — LA COUR; — Vu l'art. 638 c. inst. crim.; — Attendu que c'est par la déclaration du jury, intervenue après un débat contradictoire, que la nature du fait est irrévocablement déterminée; que, dans l'espèce, le jury a retranché les circonstances de l'effraction et de l'escalade, énoncées dans l'acte d'accusation et dans la question, pour ne déclarer le demandeur coupable que d'un vol commis dans une maison habitée, et, par conséquent, d'un vol simple, ne constituant qu'un délit correctionnel; — Attendu que, d'après l'art. 638 précité, l'action publique et l'action civile, pour la poursuite des délits correctionnels, sont éteintes après l'expiration de trois ans sans poursuite depuis la perpétration de ces délits; — Qu'ici, où le délit avait été commis le 15 mars 1816, la prescription était acquise au 19 fév. 1831, époque de la première poursuite, et, par conséquent, il n'y avait plus d'action pour poursuivre et punir le délit; que, néanmoins, la cour d'assises a prononcé, contre le demandeur, la peine d'emprisonnement, comme si la prescription n'était pas acquise, en quoi cet arrêt a violé l'art. 638 c. inst. crim.; — Que cette violation doit être réprimée par la cour de cassation, parce que l'exception de la prescription peut être opposée, pour la première fois, devant elle; — Attendu que, dans cet état, il ne reste plus de fait à punir; qu'il n'y a pas de partie civile, et vu l'art. 429 c. inst. crim.; — Par ces motifs, casse l'arrêt de la cour d'assises des Vosges, du 6 juin dernier, sans renvoi.

Du 2 sep. 1831.-C. C., ch. crim.-MM. de Bastard, pr.-Ollivier, rap.

(2) 1re *Espèce* : — (Nougué et Garos *C.* min. pub.) — LA COUR; — Sur les quatorzième et quinzième moyens communs aux sieurs Garos et Nougué, tirés de ce que l'action publique et l'action civile ont été éteintes par la prescription de trois ans, par l'effet des circonstances atténuantes admises par le jury en faveur de l'un et de l'autre; — Attendu que l'art. 1 c. pén., sur la classification des crimes et délits, ne contient qu'une définition générale, qui est sans influence sur l'appréciation des circonstances atténuantes introduites dans la législation pénale par les réformes de 1832; — Attendu que l'admission des circonstances atténuantes atténue la peine et la culpabilité sans changer la qualification du fait, et qu'aucune disposition de la loi n'assimile ces circonstances atténuantes à la négation des circonstances constitutives des crimes, et qui les font descendre dans la catégorie des délits correctionnels; — Que c'est sur cette différence légale qu'est fondée la dispense accordée aux demandeurs de consignation d'amende en faveur des condamnés, qui par l'effet des circonstances atténuantes n'ont été punis que de peines correctionnelles; — D'où il suit que, dans l'espèce, la prescription de l'action publique établie par les art. 637 et 638 c. inst. crim. n'était pas acquise aux condamnés; — ... Rejette.

Du 30 mai 1839.-C. C., ch. crim.-MM. de Bastard, pr.-Isambert, rap.-Hello, av. gén.-Ledru-Rollin et Nicod, av.

2e *Espèce* : — (Min. pub. *C.* Clapeau.) — LA COUR; — Attendu qu'aux termes de l'art. 1 c. inst. crim., sont réputées crimes les infractions que les lois punissent des peines afflictives et infamantes; — Attendu que l'attentat à la pudeur sans violences, sur la personne d'un enfant au-dessous de l'âge de onze ans, est puni par la loi de la peine de reclusion qui est une peine afflictive et infamante, aux termes de l'art. 7, nº 6, c. pén.; que, conséquemment, cette infraction aux lois est un crime; — Attendu que la prescription contre ce crime est la prescription de dix ans, et non la prescription de trois ans, cette dernière prescription ne pouvant être invoquée que contre les délits punissables de peines correctionnelles, d'après les dispositions formelles des art. 637 et 638 c. inst. crim.; — Attendu que le fait dont a été accusé Clapeau dit Chapeau, et dont il a été convaincu par la déclaration du jury de s'être rendu coupable, est le crime prévu et puni de peines afflictives et infamantes par la loi; — Qu'à la vérité, en reconnaissant des circonstances atténuantes en faveur de l'accusé, le jury a, par cette reconnaissance, autorisé la cour à diminuer la peine qui doit lui être appliquée; mais qu'il est évident que cette circonstance n'enlève au crime reconnu constant aucun des éléments constitutifs qui lui sont attribués par l'art. 331 c. pén.; que la commutation de peine n'ôtant pas au crime sa qualification légale, la diminution de cette peine, faite par suite des circonstances atténuantes reconnues, ne change ni la nature du crime ni la juridiction qui a dû en connaître, ni le mode de prescription qui lui est applicable; car évidemment ce n'est là qu'une circonstance purement accidentelle, qui n'altère pas le caractère véritable qui lui est imprimé par la loi; — Déclare inadmissible la prescription de trois ans proposée par Clapeau, dit Chapeau; — Rejette cette fin de non-recevoir.

Du 23 fév. 1839.-C. d'ass. de Limoges-M. Dulac, pr.

invoquer que la prescription de dix ans. La jurisprudence de la cour de cassation nous paraît dès lors tout à fait conforme aux principes. — Une jurisprudence contraire aurait d'ailleurs dans la pratique un inconvénient grave, et qui tournerait au détriment des accusés. Lorsque l'accusé est déclaré par le jury coupable, mais avec des circonstances atténuantes, d'un fait emportant la peine des travaux forcés à temps, la cour peut appliquer la peine de la reclusion ou les dispositions de l'art. 401. Or, dans la réalité, si trois ans se sont écoulés depuis que le crime a été commis, la cour ne pourra qu'appliquer la peine de la reclusion ou mettre l'accusé en liberté, c'est-à-dire, lui assurer l'impunité. Qui ne voit que le résultat le plus ordinaire de cette situation faite aux magistrats sera d'empêcher le condamné de profiter du droit qui leur appartient de faire descendre la peine de deux degrés. On aimera mieux prononcer la peine de la reclusion contre un criminel, que de le mettre immédiatement en liberté.

49. Un fait qualifié crime par la loi, bien qu'excusable et pas sible dès lors de simples peines correctionnelles, ne perd pas non plus pour cela son caractère de crime; par suite, l'excuse ne peut avoir pour effet de rendre applicables les règles relatives à la prescription des délits correctionnels (Crim. rej. 17 janv. 1833) (1).

50. L'arrêt contradictoire par lequel un individu a purgé sa contumace a, quant à la qualification du fait incriminé et la prescription de la peine dont il est passible, un effet rétroactif au jour où la condamnation par contumace a été prononcée (Crim. cass. 2 fév. 1827 (2); V. dans le même sens Cr. cass. 21 août

(1) *Espèce* : — (Massoni *C.* min. pub.) — Massoni avait été condamné par contumace pour crime de meurtre. Neuf ans après cette condamnation il s'est constitué prisonnier. Traduit devant la cour d'assises de la Corse, il a été déclaré par le jury coupable de meurtre; mais l'excuse de la provocation a été en même temps admise en sa faveur. — Comme cette excuse rendait, d'après l'art. 326 c. pén., le fait punissable de simples peines correctionnelles, Massoni, aussitôt après la déclaration du jury, a invoqué la prescription de cinq ans, établie, en matière de délits correctionnels, par l'art. 636 c. inst. crim. — Mais la cour d'assises a décidé que l'excuse n'enlevant pas au crime son caractère, les règles relatives à la prescription des délits n'étaient pas applicables; elle a par suite condamné Massoni à quatre ans d'emprisonnement. — Pourvoi. — Arrêt (après dél. en ch. du cons.).

La cour; — Attendu que le fait pour lequel Massoni avait été mis en accusation était un crime prévu par l'art. 295 c. pén., et que l'excuse prévue par l'art. 321, présentée par l'accusé et admise par le jury, n'a pas dépouillé ce fait du caractère de crime, caractère que lui conserve l'art. 326 tout en lui appliquant une peine correctionnelle; qu'ainsi on n'a pas dû appliquer à ce fait des règles de prescription qui ne sont faites que pour les délits; — Rejette.

Du 17 janv. 1833.-C. C., ch. crim.-MM. Bastard, pr.-Mérilhou, rap.

(2) (Blanc *C.* min. pub.)—La cour (après dél. en ch. du cons.); — Sur le premier moyen présenté dans le mémoire : — Attendu que l'art. 311 c. pén. est général dans ses dispositions; qu'il n'admet aucune exception relativement aux personnes; que si la justice ne doit interposer son autorité entre époux, qu'avec réserve et discrétion, c'est aux tribunaux qu'il appartient, d'après les faits déclarés constants, suivant les circonstances, d'apprécier le plus ou le moins de gravité des voies de fait qu'un mari a pu exercer sur la personne de sa femme, et que, quelle que soit la condition des époux, les blessures ou les coups portés par un mari à sa femme, surtout s'il y a eu préméditation, sont punissables par application dudit art. 311; — La cour rejette le premier moyen;

Sur le deuxième moyen :—Vu les art. 476, 636, 638 et 641 c. inst. crim.;—Attendu que, si le titre de l'accusation détermine le tribunal qui doit en connaître, ce sont les faits déclarés constants, d'après l'instruction et le débat, qui fixent la nature de la peine à appliquer, soit criminelle soit correctionnelle ou de simple police, et qui assignent, par le résultat de l'instruction et du débat, auxdits faits leur véritable caractère de crime, de délit ou de contravention; — Attendu que Dominique-André Blanc, accusé, par arrêt de la chambre des mises en accusation de la cour d'Aix, du 31 juill. 1820, d'avoir commis plusieurs tentatives d'assassinat sur la personne d'Elisabeth Niel, sa femme, lesquelles tentatives, manifestées par des actes extérieurs et suivies d'un commencement d'exécution, n'avaient manqué leur effet que par des circonstances fortuites et indépendantes de sa volonté, a été renvoyé par ledit arrêt devant la cour d'assises du départ. des Basses-Alpes; qu'un acte d'accusation a été rédigé le 4 août suivant; que, par suite, il a été condamné, par arrêt de ladite cour d'assises, rendu par contumace, le 27 nov. 1820, à la peine capitale; qu'arrêté par la gendarmerie, le 22 sept. 1826, ledit Blanc a été traduit aux assises ludit département, le 13 déc. suivant; que, sur la question soumise au jury sur les tentatives d'assassinat, ainsi qu'elle était portée au dispositif de l'arrêt susdaté et au résumé de l'acte d'accusation, le jury a fait, à l'unanimité, une réponse négative; mais que, sur les questions subsidiaires posées par le président, comme résultant des débats, le jury a fait, à l'unanimité, des réponses affirmatives, et qu'il résultait de la corrélation des questions subsidiaires et des réponses du jury, que ledit Dominique-André Blanc était coupable d'avoir, à plusieurs reprises, et notamment au mois de mars 1820, porté volontairement, et avec préméditation, des coups à Elisabeth Niel, sa femme, lesquels coups n'avaient occasionné aucune incapacité de travail personnel pendant plus de vingt jours; — Que, d'après cette déclaration, le fait dont ledit Blanc était déclaré coupable, constituait un délit correctionnel prévu et puni par l'art. 311 c. pén.; que, ce fait, remontant au mois de mars 1820, il s'était écoulé plus de cinq années depuis cette époque jusqu'au 22 sept. 1826, jonr où ledit Blanc avait été arrêté; que, dès lors, non-seulement l'action du ministère public, mais même les peines qui auraient pu être prononcées, étaient prescrites d'après les dispositions des art. 636 et 638 ci-dessus cités;

Attendu que les poursuites du ministère public contre un prévenu ou ou un accusé ont pour but de faire prononcer contre ce prévenu ou cet accusé la peine qu'il peut avoir encourue pour le fait de la prévention ou de l'accusation; que l'arrêt de condamnation qui intervient met nécessairement un terme à la poursuite; — Qu'à cet égard, un arrêt rendu par contumace doit être assimilé à un arrêt contradictoirement rendu, puisqu'il emporte les même effets, taut que le condamné n'est point arrêté ou ne se présente pas pour purger sa contumace; — Que, postérieurement à cet arrêt, ce n'est plus le délai pour la prescription de l'action, laquelle est éteinte par le jugement de condamnation qui commence à courir, mais le délai pour la prescription de la peine; — Que si, durant ce délai, le ministère public peut toujours faire arrêter le condamné contumax, en vertu de l'arrêt de condamnation porté contre lui, pour faire purger la contumace, on ne saurait en conclure que cet arrêt lui ait donné le droit de poursuivre ce condamné, s'il résulte du jugement définitif que le fait qui avait motivé la condamnation du contumax avait été mal qualifié, et constituait un délit et non un crime; qu'en effet, en poursuivant, comme dans l'espèce, le nommé Blanc pour tentative d'assassinat, et en le faisant condamner comme tel, le ministère public a nécessairement épuisé son action à raison des faits qui avaient fondé l'accusation; et s'il est reconnu plus tard, par le jury, seul juge compétent de ces faits, qu'ils ne constituaient que des coups portés avec préméditation, mais qui n'avaient occasionné aucune incapacité de travail personnel pendant plus de vingt jours, il en résulte que la prescription de la peine était acquise à l'accusé, puisqu'il s'était écoulé plus de cinq ans depuis l'arrêt de condamnation rendu contre lui pour des faits que la prescription avait mis à l'abri de toute punition;

Attendu que l'arrêt de contumace, qui prononçait la peine capitale contre Blanc, anéanti de plein droit par son arrestation (art. 476), n'aurait formé obstacle à la prescription et mis le ministère public dans l'impossibilité d'agir que pour d'autres crimes procédant d'autres faits passibles d'une peine moins forte que la peine de mort, d'après les dispositions de l'art. 365 c. inst. crim.; mais que, dans l'espèce, Blanc étant poursuivi pour un seul fait, et par conséquent pour un seul crime ou délit, sa condition ne pouvait être empirée de ce que les juges qui ont connu de la prévention et de l'accusation s'étaient trompés sur le véritable caractère du fait qui, d'après la vérité légale résultant de la déclaration du jury, ne formait qu'un délit correctionnel prescrit, tellement même que si (art. 641) Blanc avait été condamné à une peine correctionnelle, pour le délit dont il aurait été et dont il a été déclaré coupable il n'aurait pu être admis, au mois de sept. 1826, à se présenter pour purger le défaut ou la contumace;

Attendu néanmoins que Dominique-André Blanc ayant été, après son arrestation du 22 sept. 1826, traduit aux assises du même département des Basses-Alpes, pour le même fait porté en l'acte d'accusation susdaté et le jury ne l'ayant déclaré coupable que d'un simple délit correctionnel ladite cour a rejeté, par l'arrêt attaqué, l'exception tirée de la prescription présentée par le défenseur dudit Blanc, et l'a condamné aux peines correctionnelles de trois années d'emprisonnement et de 50 fr. d'amende, par le double motif que la prescription n'aurait été applicable qu'autant que le fait imputé à l'accusé aurait toujours été considéré, poursuivi et jugé comme un délit, tandis que l'accusation était relative à un crime non prescrit, et que l'arrêt par contumace mettant forcément un terme à tout acte d'instruction et de poursuite, il pouvait être considéré comme une poursuite non interrompue; en quoi faisant, cette cour a méconnu les principes de la matière, formellement violé les articles combinés 476, 636, 638, 641 c. inst. crim., et, par suite, a faussement appliqué l'art. 311 c. pén.;—En conséquence, casse et annule l'arrêt de condamnation rendu, le 13 déc. 1826, contre Dominique-André Blanc, par la cour d'assises des Basses-Alpes; et vu l'art. 429 c. inst. crim., et attendu qu'il n'y a point de partie civile, déclare qu'il n'y a lieu de prononcer aucun renvoi; ordonne la mise en liberté dudit Blanc, si pour autre cause il n'est détenu.

Du 2 fév. 1827.-C. C., ch. crim.-MM. Bailly, f. f. pr.-Brière, rap

1845, aff. Lalil, D. P. 45. 1. 374; 9 fév. 1854, aff. Rosel, D. P. 54. 1. 83). — V. Contumace, n° 86, et *suprà*, n° 35.

51. Si un fait réputé crime lors de sa perpétration est devenu un délit par l'effet d'un changement dans la législation, le prévenu de ce fait peut invoquer la prescription, si trois ans se sont écoulés sans qu'il ait été poursuivi (Mangin, n° 297). — V. n°s 225 s.

52. Examinons maintenant à quelle époque commence la prescription des crimes et des délits. — Aux termes de la loi du 25 sept.-6 oct. 1791, il ne pouvait être intenté aucune action criminelle, pour raison d'un crime, après *trois* années révolues, lorsque, dans cet intervalle, il n'avait été fait *aucune poursuite*. Quand il avait été commencé des poursuites à raison d'un crime, nul ne pouvait être poursuivi à raison de ce crime après *six* années révolues, lorsque dans cet intervalle aucun jury d'accusation n'avait déclaré qu'il y eût lieu à accusation contre lui, soit qu'il eût été ou non impliqué dans les poursuites qui avaient été faites. Dans les deux cas, les délais commençaient à courir du jour où l'existence du crime avait été connue ou légalement constatée (tit. 6, art. 1 et 2). — Mais, dans le cas où la prescription avait commencé avant la loi de 1791 et l'institution du jury, le décret de prise de corps avait suffi pour l'interrompre (L. 29 flor. an 2, art. 8; Cr. cass. 26 brum. an 3) (1). — Il faut bien remarquer que, pour que la prescription courût, il suffisait que le crime eût été *connu* ou légalement *constaté*, et il y aurait eu violation de la loi, si un tribunal avait exigé la réunion des deux conditions (Crim. rej. 22 vend. an 11, aff. Dumoulin, n° 255). — Mais nous pensons qu'il fallait que le crime eût été connu des magistrats eux-mêmes. L'esprit de la loi était que la prescription ne pût être acquise que dans le cas où les magistrats, informés du crime, étaient restés inactifs pendant trois années (Crim. cass. 11 brum. an 13, MM. Vermeil, pr., Minier, rap., aff. N... C. N...). Il fallait donc qu'il y eût eu *plainte, dénonciation, déposition de témoins, ou tout autre acte judiciaire* (Cr. cass. 21 niv. an 13, M. Audier-Massillon, rap., aff. Tessor).

53. Le code des délits et des peines du 3 brum. an 4, qui a abrogé la loi de 1791, contient les dispositions suivantes : « Art. 9. Il ne peut être intenté aucune action *publique ni civile*, pour raison d'un délit, après *trois* années révolues, à *compter* du jour où l'existence en a été *connue* ET légalement *constatée*, lorsque, dans cet intervalle, il n'a été fait aucune poursuite. — Art. 10. Si, dans les trois ans, il a été commencé des poursuites, soit criminelles, soit civiles, à raison d'un délit, l'une et l'autre action durent *six* ans, même contre ceux qui ne seraient pas impliqués dans les poursuites. — Les six ans se comptent pareillement *du jour* où l'existence du délit a été *connue* ET légalement *constatée*. — Après ce terme, nul ne peut être recherché, soit au criminel, soit au civil, si, dans l'intervalle, il n'a pas été condamné par défaut ou par contumace. » — Il ne suffisait pas que des poursuites eussent été intentées dans les six ans, il fallait qu'il fût intervenu une condamnation par *défaut* ou par *contumace* (Crim. cass. 3 frim. an 13, M. Bauchau, rap., aff. Bret; 4 fév. 1811, M. Bauchau, rap., aff. Mourlaix).

54. On voit que, sous l'empire de la loi de brumaire an 4, il fallait, pour faire courir la prescription de trois ou six ans, non-seulement que le délit eût été connu du juge à qui appartenait le droit de le poursuivre, mais encore qu'il eût été légalement constaté (Cr. cass. 9 brum. an 10, MM. Dutocq, pr., Seignette, rap., aff. N... C. N...). — Comme la loi n'avait pas précisé le *mode* d'après lequel un délit était censé légalement constaté et connu, la décision du juge du fond, sur ce point, ne pouvait tomber sous la censure de la cour de cassation (Crim. cass. 22 mars 1810, MM. Barris, pr., Brillat, rap., aff. N... C. N...). — Mais cette jurisprudence n'était point applicable au cas où le juge avait fait connaître les actes d'où il faisait résulter la constatation légale : alors il appartenait à la cour de cassation de décider si ces actes avaient suffi pour constater légalement le crime. — Ainsi, jugé 1° qu'un procès-verbal d'où résultaient des soupçons sur la possibilité d'un délit, sans que les recherches eussent pu faire connaître si le délit était réel, ni quel en était l'auteur, ne suffisait pas pour constater, légalement l'existence de ce délit, et faire dès lors courir la prescription (Cr. cass. 24 fév. 1809, MM. Barris, pr., Schwendt, rap., aff. N... C. N...); — 2° Que la constatation *légale* du délit ne pouvait résulter que d'un acte judiciaire émané du magistrat. Ainsi, le procès-verbal d'un contrôleur, signalant un délit de faux commis sur les rôles des contributions, ne suffisait pas pour faire acquérir au prévenu le bénéfice de la prescription, lors même qu'il s'était écoulé, depuis ce procès-verbal, le délai nécessaire. Les procès-verbaux des agents de l'administration ne peuvent être considérés que comme des dénonciations du crime ou comme des renseignements (Cr. cass. 14 juill. 1809, M. Guieu, rap., aff. min. pub. C. Becquemont); — 3° Que, quant au crime de faux, la connaissance en était suffisamment acquise sous le code de brum. an 4, soit par la dénonciation qui en était faite dans un faux incident, devant un tribunal civil, soit par le jugement qui, sur cette dénonciation, ordonnait, pour l'instruction de l'affaire, l'apport au greffe de la pièce arguée, soit du procès-verbal en dépôt de cette pièce et du parafe *ne varietur*, soit d'une plainte en faux principal, quoique non signée, à toutes les pages, et quoique rendue par un procureur fondé qui n'aurait pas joint à cette plainte sa procuration (Crim. cass. 12 janv. 1809, MM. Barris, pr., Carnot, rap., aff. Guidaccioli). — Mais que la vérification des pièces de comptabilité arguées de faux faite par des experts, à la requête de l'autorité administrative, ne suffisait pas pour constater légalement le crime, à l'effet de faire courir la prescription du jour de la vérification (Crim. cass. 20 avr. 1809, MM. Barris, pr., Guieu, rap., aff. min. pub. C. Ferdinand; 14 juill. 1809, M. Guieu, rap., aff. min. pub. C. Becquemont). — Il en devait être autrement quand les experts avaient été commis par l'autorité judiciaire (Crim. cass. 13 juill. 1809, M. Botton, rap., aff. Dubost). — Enfin, c'était à l'accusé de prouver que le délit qu'il prétendait être prescrit avait été connu et constaté (Cr. rej. 29 pluv. an 7, MM. Barris, pr., Busschop, rap., aff. Brenst). — Au reste, cette jurisprudence n'a plus qu'un intérêt purement historique.

55. Sous le code d'instruction criminelle le délai de la prescription ne court plus du jour où le crime a été connu et constaté légalement, mais du *jour où il a été commis*; et cela, lors même qu'il est demeuré *caché*. La véritable raison en est donnée par M. Merlin, v° Prescript., sect. 3, § 7, art. 1, n° 3. « Les crimes qui sont demeurés cachés et sans poursuites, se prescrivent-ils, comme ceux qui ont été connus et poursuivis? Pourquoi non? Le coupable des uns, est comme celui des autres, exposé aux agitations et aux craintes que la loi regarde, après vingt ans, comme une expiation suffisante du crime. Il y a d'ailleurs le même danger pour l'altération ou la perte totale des preuves qui peuvent établir l'innocence de l'accusé. Ainsi on ne doit pas distinguer » (Conf. M. Faustin Hélie, t. 3, p. 702-703). — Ainsi jugé en matière de contravention (Crim. cass. 26 juin 1845, aff. Canton, D. P. 46. 4. 526).

56. Quand il s'agit d'un crime commis avant le code d'instruction criminelle, mais poursuivi depuis sa promulgation, faut-il exiger, pour que la prescription qui doit s'accomplir sous ce code soit acquise, que le délit ait été connu et légalement constaté, ou doit-elle courir de la date de la perpétration du crime? C'est de la date de la perpétration, « considérant qu'en voulant que les faits commis sous l'empire des lois pénales anciennes fussent assujettis aux lois pénales nouvelles, toutes les fois que celles-ci sont plus douces que les premières, l'art. 6 du décret du 23 juill. 1810 a aussi voulu, par une conséquence nécessaire, que les mêmes faits, quoique encore sujets, d'après les lois anciennes, à être poursuivis par l'action publique, cessassent d'être sujets à ses poursuites, lorsqu'ils se trouveraient dans les termes de la prescription établie par les mêmes lois nouvelles » (Crim. cass. 30 juill. 1812, M. Busschop, rap., aff. Morin; 26 juin 1812, M. Aumont, rap., aff. Bros).

57. Quoique la prescription coure du jour où l'infraction a été commise, cependant les crimes *successifs*, c'est-à-dire ceux qui se perpétuent et se renouvellent à chaque instant, ne deviennent, on le sent bien, prescriptibles que lorsqu'on cesse de

(1) (Moubalue C. min. publ.) — LE TRIBUNAL; — Considérant qu'en droit, le décret de prise de corps ou d'ajournement personnel tient lieu d'acte d'accusation, aux termes de l'art. 8 de la loi du 29 flor. an 2; que, dès lors, la demanderesse ne peut pas prétendre qu'il se soit écoulé six années entre le jour du délit et celui du décret de prise de corps; — Rejette.

Du 26 brum. an 3.-C. C., sect. crim.-MM. Lecointe, pr.-Veillant, r.

les commettre. — L'ancien droit reconnaissait des crimes successifs qui ne se prescrivaient qu'à dater du dernier acte qui les constituait. Cette doctrine a été aussi consacrée sous le code de brumaire an 4 (Crim. rej. 11 vent. an 6 MM. Gohier, pr., Seignette, rap., aff. Audier);—Diverses questions se sont élevées à cet égard sous le code d'instruction criminelle; nous allons les traiter séparément.—V. une excellente dissertation de M. Ortolan, Revue crit. de législ., t. 4, p. 323.

58. Les crimes commis par un rassemblement armé ne se prescrivent que du jour où le rassemblement a été dissipé (Conf. Legraverend, t. 1, nº 82, et Mangin, nº 326).

59. Il en est de même des *associations de malfaiteurs*, prévues par les art. 265 et suiv. c. pén.; les crimes résultant d'une pareille association ne se prescrivent que du jour où l'association a été dissoute (Conf. Legraverend, t. 1, p. 82).— Cette opinion n'est pas partagée par M. Faustin Hélie, t. 3, p. 710, «M. Legraverend confond, dit-il, le crime résultant de l'existence de la *bande*, de l'*association* de malfaiteurs, qui est un crime continu, avec les crimes distincts et instantanés commis par les membres de cette bande ou de cette réunion. Ces crimes, s'ils se sont accomplis par un fait unique et par un seul moment, se prescrivent, aux termes de la loi, du jour de leur perpétration. Pourquoi seraient-ils réputés successifs? Est-ce parce qu'ils sont connexes à un fait successif? Est-ce parce que ce fait forme un de leurs éléments? Mais il n'en résulte nullement qu'ils doivent participer de cette nature. En effet, ils n'en sont pas moins instantanés, parce qu'ils ont été commis dans une réunion séditieuse. Que cette réunion ait continué ensuite ou n'ait pas continué, il importe peu; le crime est complet avec tous ses éléments au moment de la perpétration; la continuation de la réunion constitue un autre crime, mais celui-là est consommé. »— On comprend l'importance de la question. Des bandes armées ont désolé pendant plusieurs années une province; des crimes se sont accomplis. Tant que dure la bande armée qui désole la contrée, les crimes qu'elle commet sont souvent ignorés. Elle est dissoute, le calme renaît, on sait combien alors il est difficile de savoir la vérité quant aux délits accomplis pendant l'existence des troubles. La terreur survit aux excès. On craint de renouveler de tristes souvenirs et d'exciter des inimitiés. Il importe que l'action publique ait toute la latitude possible. — Il est donc certainement utile, et il paraît équitable que ce soit seulement à partir de la dispersion des bandes armées, que leurs méfaits soient poursuivis. Jusque-là le ministère public a été désarmé, et la réunion armée a caché les crimes qu'elle accomplissait. Nous n'ignorons pas que ce ne sont là que des considérations d'utilité publique qui, quelque puissantes qu'elles soient, doivent céder au texte et à l'esprit de la loi. — Voyons maintenant s'ils ont été bien compris par M. Faustin Hélie. Il détache du crime de réunion armée les crimes de ceux qui composent la bande. Le crime de réunion en bandes armées est un crime *continu*, qui ne se prescrit que quand il cesse; mais les crimes commis par ses membres sont prescriptibles du moment où ils sont commis, car ils ont, pour ainsi dire, une existence propre. C'est là le point de la difficulté. Or, qu'est-ce que le crime prévu par les art. 96 et suiv., c. pén.? C'est le crime qui consiste à s'être mis à la tête d'une bande armée, ou d'en avoir fait partie; mais il faut, pour que le crime existe, que la bande ait été réunie pour commettre certains crimes énumérés dans l'art. 96. Il en résulte que le crime de réunion à bande armée existe, lors même que les crimes énumérés ne seraient pas prouvés, ou même n'auraient point été commis. Ainsi les crimes énumérés en l'art. 96, s'ils ont été commis, sont considérés comme les résultats du crime de la réunion armée, car ils sont le but qu'elle voulait atteindre. Ils sortent du sein de la guerre civile. Qu'en conclure? C'est qu'ils ne peuvent être prescrits que quand le crime générateur est prescrit lui-même. M. Hélie reconnaît que le fait de réunion en bande armée est un des éléments des crimes que la bande commet. Cela est vrai et c'est pourquoi ils n'en peuvent être détachés. — Voici d'ailleurs une conséquence de la doctrine de M. Hélie: Le chef d'une bande armée commet un assassinat et ce crime isolé se trouve prescrit avant la dispersion de la bande, ou avant que le crime de réunion en bande armée ait été prescrit. Qu'en résultera-t-il? Ce chef de bande sera puni de mort pour avoir à la tête d'une bande armée commis un crime qui est prescrit. C'est là la conséquence inévitable du système de M. Faustin Hélie; elle suffit pour le condamner. Disons donc, avec M. Legraverend, que tous les actes criminels auxquels se livrent les individus rassemblés, sont considérés comme une série non interrompue de faits punissables qui se propage et se perpétue jusqu'au moment où le rassemblement est tout à fait dissipé. » M. Mangin, nº 326, partage l'opinion de M. Legraverend.

60. La prescription court pour le crime de détention arbitraire, du jour où cesse la détention; pour l'évasion des forçats, du jour où les individus évadés ont été repris (Conf. Legraverend, *loc. cit.*). — V. *suprà*, nº 41, et vº Evasion, nº 23.

61. Le garde des sceaux a saisi, le 8 août 1839, la cour de cassation de la question de savoir si le délit de désertion était prescriptible. Un arrêt était devenu nécessaire. En effet, les conseils de guerre considéraient ce délit comme un délit successif, donnant lieu à des poursuites incessantes jusqu'à la rentrée volontaire ou à l'arrestation du délinquant; et les conseils de guerre maritimes avaient adopté une jurisprudence opposée. Le ministre de la justice faisait remarquer que la loi ne déclare nulle part le délit de désertion imprescriptible, et il demandait, dans l'intérêt de la loi, la cassation d'un jugement de conseil de guerre qui avait repoussé le moyen de prescription proposé par un déserteur. La cour de cassation a rejeté le pourvoi du ministre de la justice, en se fondant sur le décret du 14 oct. 1811. Ce décret défend de rendre des jugements de contumace pour délit de désertion. Il en a été conclu que l'exercice de l'action publique ne pouvait commencer, à l'égard de ce délit, qu'au moment où le déserteur se représentait ou était arrêté (Crim. rej. 7 fév. 1840)(1). On voit que la cour n'a pas considéré le délit de désertion comme successif; mais qu'elle a seulement appliqué la maxime : *contra non valentem agere non currit præscriptio*. M. Faustin Hélie critique cet arrêt en reproduisant les arguments contenus dans la lettre du ministre de la justice. Il fait remarquer que ce n'est point parce que le délit n'est pas encore consommé que la procédure par contumace a été supprimée par le décret de 1811, c'est pour ne pas multiplier inutilement les procédures, c'est parce que l'envoi du signalement du déserteur aux autorités militaires suffit aux recherches» (t. 3, p. 709). Cela est vrai; mais quels que soient les motifs qui ont dicté le décret du 14 oct. 1811, il n'en est pas moins certain qu'il met obstacle à l'exercice de l'action publique, tant que le déserteur n'est pas saisi, ce qui suffit pour justifier l'arrêt.

62. Peut-on considérer l'enlèvement ou le détournement des mineurs, infraction prévue et punie par les art. 354, 355 et 356 c. pén., comme constituant un délit successif? « Le rapt, dit M. Legraverend, édit. Duvergier, t. 1, p. 81, peut sans doute être rangé, jusqu'à un certain point, dans la classe des délits successifs; car il se perpétue tant que la personne enlevée reste sous la puissance du ravisseur : mais il faut remarquer que le code pénal ne punit que l'enlèvement ou le déplacement des mineurs, et lorsqu'il est opéré par fraude ou par violence ou l'en-

(1) (Min. publ. C. Froger.) — La cour; — Attendu que la prescription ne peut courir contre ceux qui ne peuvent agir; — Que le décret du 14 oct. 1811 a défendu de plus rendre à l'avenir aucun jugement par contumace pour le délit de désertion; — Qu'il n'autorise d'autres diligences que l'envoi du signalement du déserteur au ministère de la guerre pour qu'il soit recherché et arrêté, diligences qui n'ont aucun caractère juridique; — Qu'ainsi l'exercice de l'action publique ne peut commencer à l'égard de ce délit qu'au moment où le déserteur se représente ou est arrêté;—Attendu dès lors que jusqu'à ce moment la prescription ne court pas à son profit;—Et attendu que le nommé Froger, soldat au 14ᵉ de ligne, qui avait quitté son corps le 28 avr. 1825, ne s'est représenté à la gendarmerie que le 16 nov. 1838, et qu'il a été condamné par le deuxième conseil de guerre permanent de la première division militaire aux peines de la désertion dès le 28 déc. suivant; — Que ledit conseil de guerre, en ne faisant pas jouir du bénéfice d'une prescription qui n'avait pu commencer à courir que le 16 nov. 1838, et qui, par conséquent, n'était point acquise, n'a violé aucune loi; — Rejette.

Du 7 fév. 1840.-C. C., ch. crim.-MM. Bastard, pr.-Vincens Saint-Laurent, rap.-Dupin, proc. gén., c. conf.

lèvement même avec le consentement de la personne enlevée, lorsqu'il s'agit d'une fille au-dessous de l'âge de seize ans. Je pense donc que, dans le premier cas, lorsque, depuis l'enlèvement, les mineurs sont parvenus à la majorité, et, dans le second, lorsque la jeune fille a atteint sa seizième année, le rapt ne conserve plus le caractère de crime successif, et la prescription doit commencer à courir. La raison en est que, si le fait se passait alors, il ne serait plus criminel aux yeux de la loi, et ne pourrait pas donner lieu à des poursuites, et qu'il semblerait trop rigoureux et même contraire à la justice de faire suspendre indéfiniment la prescription par des circonstances qui n'ont rien en elles-mêmes de répréhensible. »—Nous ne pouvons pas partager cette opinion. D'après le code pénal, l'enlèvement des mineurs n'est évidemment pas un délit successif. La séquestration qui peut le suivre est un crime à part. On voit à quelle confusion d'idées M. Legraverend a été conduit en admettant que le rapt est *jusqu'à un certain point* successif. Selon lui, ce délit successif, par cela seul qu'il dure, finit par n'être plus délit, et la prescription ne commence à courir que du jour où le délit a cessé d'exister! Les criminalistes modernes ont eu le tort de donner le nom de *rapt* aux faits punis par les art. 354, 355 et 356 C. pén. Le rapt, dans l'ancien droit, était une action violente qui amenait la détention de la personne ravie, détention dont le ravisseur profitait pour abuser de cette personne. On sait que le rapt de violence se confondait avec le viol. « Le crime appelé *raptus*, qui renferme le rapt et le viol, se commet toutes et quantes fois qu'une femme ou une fille est enlevée et séquestrée sous un mauvais dessein, et qu'on use de force ou de violence pour en abuser » (Rousseau de Lacombe, Mat. crim., p. 27).— Le rapt était donc sous l'ancien droit un crime complexe et successif. Les faits prévus par les articles ci-dessus cités du code pénal constituent ce que les anciens criminalistes appelaient le rapt de séduction. Ce délit, tel qu'il est maintenant défini par le code, s'accomplit par le seul fait de l'enlèvement. S'il a été commis avec violence, séquestration et viol, il n'y a pas un seul crime commis, il y en a trois différents. La prescription de l'action qui naît du crime d'enlèvement de mineur, court donc du jour où il a été commis (Conf. M. Hélie, t. 3, n° 706, et M. Ortolan, *loc. cit.*).

63. On a de la peine à croire, dit M. Vazeille, n° 556, que le recélé ou la suppression d'un enfant, la substitution d'un enfant à un autre, la supposition d'un enfant à une femme qui ne sera point accouchée, doivent être imprescriptibles tant que leur premier effet subsiste; ces crimes peuvent s'assimiler à celui de faux. Ils ne sont pas continus, mais ils peuvent se renouveler.

64. La prescription du crime de banqueroute frauduleuse commence à courir, non du jour de la faillite ou du jugement qui la déclare, ni de celui où les faits de fraude constitutifs du crime ont été découverts, mais bien du jour où ces faits *ont été commis* (Conf. Mangin, n° 328; V. Faillite, n° 1479 et les arrêts cités).

65. Le crime de bigamie n'est pas successif. Il se prescrit du jour du second mariage (Conf. Mangin, n° 322; V. Bigamie, n° 54 et les arrêts cités).

66. Le faux n'est pas un crime successif, mais il est quelquefois difficile de savoir précisément à quelle époque il a été commis. Cette difficulté avait occupé les jurisconsultes sous l'ancienne législation. « A l'égard du crime de faux, dit Bornier, sur l'ord. de 1670, tit. 17, on a douté si elle commençait à courir du jour que le crime a été commis, ou que le faux a été découvert. — Plusieurs docteurs n'ont été de ce sentiment qu'à cause que le crime de faux se faisant secrètement, elle ne commençait à courir que *à die detectæ fraudis*; autrement il ne faudrait que dater l'acte de faux de vingt ans auparavant, pour exposer un homme à l'action civile, qui en dure trente, et mettre le faussaire à couvert du crime... — Néanmoins il est constant que la prescription du crime de faux commence à courir du jour où il a été commis, et qu'il est sujet comme les autres à la prescription de vingt ans, suivant la loi *quærela*. Il en est de même de l'action civile descendante du crime. » La difficulté se présente également sous le code d'instruction criminelle. Un arrêt a admis le principe que le crime de faux se prescrit, comme tous les autres crimes, du jour où il a été commis, mais que la prescription commence à courir, non pas de la date de la pièce arguée de faux, mais du jour de la fabrication criminelle de cette pièce (Crim. rej. 30 sept. 1824) (1). Au reste, la plupart du temps, il est impossible de trouver une autre date à la fabrication que celle de la pièce fausse.

67. Il a été jugé que lors même qu'il se serait écoulé plus de dix ans depuis la date d'une procuration fausse, la prescription ne serait pas acquise si la légalisation de la pièce et l'enregistrement avaient eu lieu moins de dix ans avant la poursuite criminelle (Crim. rej. 5 août 1813) (2).—Cet arrêt doit-il faire autorité? Nous ne le pensons pas; il est évident que la fabrication de la pièce fausse était accomplie avant que les formalités extrinsèques à l'acte eussent été remplies, et dès lors la prescription devait courir.

68. Nous venons de dire que le faux n'est pas un crime successif; mais il a été jugé que l'usage fait sciemment d'une pièce fausse est un crime successif qui ne s'arrête que par un acte positif de la part du coupable, indiquant qu'il ne veut plus se servir de la pièce fausse. Il suit de là que ce n'est qu'à compter de cet acte que la prescription du crime peut courir (Crim. cass. 24 juin 1813, M. Audier, rap., aff. Larsonneur). « Il semble, dit M. Hélie, t. 3, p. 707, que cette décision révèle quelque confusion. Il est certain qu'à chaque fait d'usage le crime se reproduit, mais il ne se perpétue nullement. Chaque fait d'usage est un crime ou un délit distinct, qui n'a aucun rapport avec celui qui a pu le précéder ou le suivre; la prescription, à l'égard de chacun de ces faits, court du jour de sa perpétration. Il n'y a point là de fait continu, car la possession d'un acte faux indépendamment de la fabrication, ne constitue point un crime quand on n'en fait aucun usage. Il n'y a point non plus de perpétuité dans l'acte, car chaque fait d'usage peut être fait à des intervalles et s'appliquer à des affaires distinctes. » Il faut ajouter à ces réflexions pleines de justesse qu'il serait bien difficile de prendre pour point de départ de la prescription un acte positif de la part de l'inculpé indiquant qu'il ne veut plus se servir de la pièce fausse. Que faut-il entendre par un acte positif? L'abstention de se servir de la pièce fausse constituerait-il un acte positif? On peut en douter, car c'est un fait négatif. La prescription, dans le système de l'arrêt de 1813, n'aurait pas un point de départ certain. — M. Ortolan, *loc. cit.*, pense que le crime d'usage de pièce fausse peut être continu ou instantané. « L'usage est instantané, dit-il, dans le fait de donner en payement une pièce de monnaie, qu'on sait être fausse. L'usage est continu dans le fait de la part d'un changeur d'exposer en échange des monnaies qu'on sait être fausses, ou dans celui d'exposer en vente des marchandises qu'on sait être marquées de faux poinçons ou de fausses marques. » Mais on peut répondre que dans ce second cas il y a autant de faits d'usage qu'il y a eu d'exposition de marchandises ayant de fausses marques, et on peut en conclure que le crime d'usage de la pièce fausse n'est ni successif ni continu. En résultat, l'effet est le même quant à la prescription, dans les deux systèmes. — Il est bon de remarquer ici que l'usage du faux étant distinct du crime de fabrication d'une pièce fausse, l'action publique peut n'être pas prescrite contre celui

---

(1) (Quidamoli C. min. publ.) — LA COUR; — Sur le moyen tiré de la prescription : — Attendu que ce ne serait point à compter de la date d'une pièce arguée de faux que pourrait courir le délai de la prescription, mais à compter de la fabrication criminelle de cette pièce; et que rien n'établit au procès à quelle époque la pièce incriminée a été fabriquée, que, conséquemment, ce moyen a été légalement rejeté par la cour de justice criminelle de la Corse;—Attendu, d'ailleurs, que Quidamoli a été déclaré coupable non-seulement d'avoir fabriqué la pièce fausse, mais d'en avoir fait sciemment usage et que la peine portée contre ce second crime est la même que celle dont l'auteur du premier serait passible, ce qui suffirait pour prémunir l'arrêt attaqué de toute censure, lors même qu'il pourrait être attaqué, justement pour n'être pas exactement conforme aux dispositions de la loi sur la prescription; — Rejette.

Du 30 sept. 1824.-C. C., sect. cr.-MM. Portalis, pr.-Saint-Vincent, r.

(2) (Le Bois.) — LA COUR; — Attendu, en ce qui concerne la prescription opposée à l'audience seulement relativement à la procuration de Pierre-Guillaume Eudeline; — Qu'à la vérité la dénonciation de cette procuration comme fausse a été faite le lendemain de l'expiration de dix années, fixées par la loi pour la prescription des poursuites, mais que l'enregistrement et la légalisation, et plus encore l'usage de la pièce fausse, ont eu lieu trop longtemps après la date de cet acte pour que la pres-

qui a fait usage du faux, bien qu'elle le soit contre l'auteur du faux (Conf. Mangin, nº 525 ; V. Faux, nº 410 et les arrêts cités).

69. Il est des *délits successifs* comme des crimes successifs. — Jugé que la prescription du délit qui constitue l'abus d'un blanc seing ne court que du jour où il a été fait un usage frauduleux de cet acte, le délit de fabrication dudit acte se reproduisant et se perpétuant par chacun des actes d'usage qui en a été fait (c. pén. art. 407. Crim. rej. 21 avr. 1821; 26 sept. 1840) (1). — Il ne faudrait cependant pas conclure de l'arrêt de la cour d'Orléans, rapporté dans la seconde espèce, que l'usage du blanc seing soit nécessaire pour constater le délit (V. à cet égard un arrêt crim. cass. 11 mars 1825, vº Abus de confiance, nº 41). — La raison de décider est que l'abus de blanc seing est un délit qui se perpétue par l'usage qui est fait du blanc seing dont on a abusé.

70. L'abus de confiance, résultant du détournement de deniers par un mandataire ou par un dépositaire, n'est consommé que par le refus ou l'impossibilité où il est de restituer les sommes ou objets qui lui ont été confiés, et c'est à partir seulement de la demande ou mise en demeure qui lui est faite que court la prescription du délit (Paris, 5 mars 1851, aff. Gerberon, D. P. 51. 2. 91; Amiens, 13 janv. 1852, aff. L..., D. P. 52. 2. 16; rej. 18 août 1854, aff. Penot, D. P. 54. 5. 584). — Il a été jugé cependant, en matière d'abus de mandat, que la prescription est acquise lorsqu'il s'est écoulé plus de trois ans entre l'usage illicite des valeurs touchées en vertu du mandat et le commencement des poursuites (Crim. rej. 18 août 1854, D. P. 54. 5. 584). Cet arrêt ne nous paraîtrait avoir été bien rendu que dans le cas où l'usage illicite aurait été connu du mandant. — Jugé que le délit de détournement d'un dépôt commis par un notaire ne se prescrit qu'à compter du jour de la disparition de ce notaire, alors que ce détournement avait été ignoré jusque-là (Besançon, 30 mai 1844, aff. Robert, D. P. 45. 4. 408). — Il ne résulte pas de là que le délit d'abus de confiance soit un délit successif. Les arrêts cités fixent seulement l'époque à laquelle le détournement est consommé, mais les détournements commis à diverses époques, par un mandataire au préjudice du mandant, constituent autant de délits distincts, prescriptibles chacun à partir de la date de sa perpétration (Conf. crim. cass. 23 août 1851, aff. Caisse hypothécaire *C.* N..., D. P. 53. 1. 68).

71. La prescription d'un délit d'escroquerie ne court qu'à partir de la remise ou de la délivrance de valeurs qui a consommé ce délit. — En conséquence, la date des manœuvres frauduleuses qui ont amené cette remise ou délivrance est indifférente, et il n'est pas nécessaire qu'elle soit constatée dans l'arrêt de condamnation (Cr. rej. 25 août 1853, aff. Weil, D. P. 53. 5. 366).

72. En matière de dénonciation calomnieuse, la prescription commence à courir non du jour où la dénonciation a été faite, mais du jour où elle a été reconnue calomnieuse (Cr. cass. 6 août 1825 (2); — Conf., Mangin, nº 330). — Nous croyons que dans l'espèce sur laquelle avait à statuer la cour de cassation, elle est arrivée à la vraie solution, mais nous ne pouvons pas admettre avec elle qu'il y ait dans le délit de dénonciation calomnieuse même, dans les circonstances qui le constituent, un empêchement à ce qu'il puisse être prescrit à dater de sa perpétration. Sans doute, la dénonciation par elle-même n'est pas un délit, mais elle est un délit si elle est calomnieuse, et il est évident qu'elle a ce caractère même avant qu'il soit prouvé qu'il existe. Aussi, ne voyons-nous aucune raison pour que la prescription ne puisse être opposée, lorsque le tribunal de police correctionnelle est saisi du délit de dénonciation calomnieuse plus de trois ans après qu'il a été commis, *omisso medio*, et sans qu'il ait été informé contre la partie dénoncée. Mais il nous semble qu'il doit en être autrement lorsque la dénonciation a donné lieu à une information. En effet, le ministère public ne peut à la fois incriminer la dénonciation et poursuivre ceux qu'elle inculpe. Il y aurait là contradiction ; ajoutons que ce serait jeter dans l'information une confusion qui nuirait à la manifestation de la vérité. Il ne peut agir, et la maxime *contra non valentem agere non currit præscriptio* lui est applicable. La prescription ne peut courir contre lui que quand il devient libre de son action. Voilà quant au ministère public. Nous pensons aussi que la personne *poursuivie* peut intenter l'action après les trois années de la dénonciation. Aux termes de l'art. 358 c. instr. crim. le droit de la personne acquittée naît évidemment du fait de l'acquittement. On comprend que, lorsqu'il y a poursuite, la loi ne veuille pas compliquer les difficultés de la défense de l'inculpé, en lui imposant la nécessité d'agir contre le dénonciateur, et d'ailleurs la défense elle-même n'est-elle pas une protestation répétée contre la sincérité de la dénonciation? Il nous semble donc que le délit de dénonciation calomnieuse peut être prescrit par trois années sans poursuites comme tout autre délit, mais que, lorsqu'une information a été commencée par suite de la dénonciation, la maxime *contra non valentem agere non currit præscriptio* quant au ministère public,

---

cription n'ait pas été acquise ; — Rejette le pourvoi contre l'arrêt de la cour d'assises du Calvados, du 26 mai 1813.

Du 5 août 1813.-C. C., sect. crim.-MM. Barris, pr.-Coffinhal, rap.

(1) 1re *Espèce* : — (Serraphon *C.* min. pub.) — La cour ; — Attendu que l'abus du blanc seing, prévu et puni par l'art. 407 c. pén., consiste non-seulement dans la fabrication de fausses obligations ou décharges sur le blanc seing, mais encore dans l'usage frauduleux qui peut en être postérieurement fait ; que c'est principalement par cet usage que l'effet de l'abus du blanc seing est produit et réalisé ; que, dès lors, il est manifeste qu'à chacun des actes de cet usage, l'abus du blanc seing se reproduit et se perpétue, et que, par conséquent, ce n'est que du dernier de ces actes que doit commencer à courir la prescription du délit que cet abus constitue ; — Et attendu que, dans l'espèce, il était constaté que la dernière époque à laquelle le demandeur avait fait usage des écrits par lui fabriqués au-dessus des blanc seings de la veuve Ponsony, était antérieure de moins de trois ans à la plainte de cette veuve en abus de blanc seing ; que, dès lors, la prescription de ce délit n'était pas accomplie, et qu'ainsi, en rejetant cette prescription, l'arrêt attaqué n'a point violé l'art. 658 c. instr. crim., ni faussement appliqué l'art. 407 c. pén. ; — Attendu, d'ailleurs, que l'arrêt est régulier dans sa forme ; — Rejette.

Du 21 (ou 22) avr. 1821.-C. C., sect. crim.-M. Olivier, rap.

2e *Espèce* : — (Cazain *C.* min pub.) — Cazain était prévenu d'avoir abusé d'un blanc seing à lui confié, en écrivant frauduleusement au-dessus de la signature de l'abbé F... un acte de vente à son profit. Cet acte portait la date du 29 déc. 1827, écrit en entier par Cazain et resté secret jusqu'après la mort du signataire, et Cazain n'en a fait usage que le 2 mars 1837, en le déposant dans l'étude d'un notaire. On opposait, dans l'intérêt du prévenu, que les poursuites intentées par le ministère public, le 27 août 1839, étaient prescrites, le délit remontant au 29 déc. 1827. — Arrêt de la cour d'Orléans, du 24 août 1840, qui déclare que l'action n'est pas prescrite et qu'elle est recevable ; — Pourvoi. — Arrêt.

La cour ; — Attendu que l'abus d'un blanc seing ne se réalise que par l'usage frauduleux qu'on en fait postérieurement ; qu'il se reproduit donc et se perpétue chaque fois que cet usage se renouvelle ; d'où il résulte que la prescription du délit qu'il présente ne peut commencer à courir qu'à dater du dernier usage qu'on a tenté d'en faire ; qu'en décidant, dès lors, que l'action publique n'était point éteinte dans l'espèce, l'arrêt dénoncé a justement interprété les art. 637 et 658 c. instr. crim. ; — Rejette, etc.

Du 26 sept. 1840.-C. C., ch. crim.-M. Rives, rap.

(2) (Min. pub. *C.* femme Guillemin, etc.) — La cour ; — Vu les art. 50, 51, 637 et 658 c. inst. crim. ; — Attendu que la dénonciation n'est pas par elle-même un délit ; — Qu'elle est, en général, licite de sa nature, et qu'elle est même imposée aux citoyens dans les cas prévus par l'art. 30 c. inst. crim. ; — Que, dès lors, quelque calomnieuse qu'elle puisse être en elle-même, on ne peut légalement la considérer comme telle, et comme constituant un délit, que du moment où la calomnie a été reconnue ; — Que les art. 637 et 658 c. inst. crim. ont eu pour objet de donner à la prescription un point de départ fixe, et d'en abréger les délais ; mais que leurs dispositions ne peuvent s'appliquer qu'aux infractions dont la criminalité est, pour ainsi dire, notoire et actuelle, et non à celle dont la criminalité est, en quelque sorte, éventuelle ; — Que l'art. 358 suppose que l'accusé qui connaît son dénonciateur avant son jugement, peut former action contre lui devant la cour d'assises jusqu'à l'époque du jugement ; qu'il serait très-possible que plus de trois ans se fussent écoulés depuis la dénonciation jusqu'à cette époque, et que la loi n'a point déclaré que, dans ce cas, l'accusé serait non recevable ; — Que, d'ailleurs, l'intérêt de la société et de la justice commande que la prescription, en matière de dénonciation calomnieuse, ne commence à courir que du jour où la dénonciation a été reconnue calomnieuse, et non du jour où elle a été faite ; et qu'en jugeant le contraire dans l'espèce, la cour royale de Dijon a faussement appliqué l'art. 658 c. inst. crim., et expressément violé les dispositions des art. 50 et 51 du même code ; — En conséquence, casse.

Du 6 août 1825.-C. C., sect. crim.-MM. Portalis, pr.-Brière, rap.

et quant à la partie dénoncée, l'art. 358 c. inst. crim. suspendent la prescription du délit jusqu'à ce que l'information soit terminée.

73. La contrefaçon industrielle ne constitue pas un délit successif, et dans le cas où ce délit résulte de la vente de l'objet contrefait, la prescription court à partir du jour de la vente (Rej. 28 juin 1844, aff. Mansson, V. Brevet d'invention, n° 309).

74. D'après la jurisprudence de la cour de cassation, la prescription du délit d'habitude d'usure se compte, non par la date particulière des faits divers qui le constituent, mais à compter du dernier de ces faits (Crim. Rej. 27 déc. 1845, D. P. 46. 4. 408. — *Contrà*, Legraverend, t. 1, p. 75 et M. Hélie, t. 3, p. 710; — V. Usure). L'usure est donc un délit complexe et successif. — L'escroquerie, lorsqu'elle se joint au délit d'habitude d'usure, s'identifie avec le délit et constitue non un délit distinct, mais une circonstance aggravante du délit d'usure; par suite les faits d'escroquerie ne sont pas susceptibles d'une prescription distincte et peuvent, en conséquence, être punis, bien que leur perpétration date de plus de trois ans, si les faits constitutifs de l'habitude d'usure auxquels ils se rattachent ne sont pas eux-mêmes atteints par la prescription (Cr. c. 5 août 1826, aff. Martin; V. Chose jugée, n° 465; Conf. Mangin, n° 327). — V. Usure.

75. Les opérations de la faillite ne peuvent avoir pour résultat de prolonger le délai de la prescription du délit de banqueroute simple. — « Considérant qu'aux termes de l'art. 637 c. inst. cr., le point de départ de la prescription en matière criminelle est le jour même où le délit a été commis; — Que la loi n'établit à cet égard aucune exception en matière de banqueroute, et que la plus ou moins longue durée des opérations de la faillite ne peut avoir pour résultat de prolonger le délai fixé pour la durée de l'action criminelle qui peut s'exercer même pendant le cours desdites opérations; — Que le délit de banqueroute simple, déclaré constant par le jury, résulte de la tenue irrégulière des livres de commerce; — Que ce fait n'a pu se continuer au delà du jour de l'ouverture de la faillite; — Que, dès lors, c'est de ce jour qu'a dû commencer à courir le délai nécessaire pour établir la prescription » (C. d'ass. de la Seine, 9 avr. 1842, aff. Hatin C. min. pub.).

76. Dans l'application de la maxime que les crimes ou délits successifs ne se prescrivent qu'à partir du jour où ils ont entièrement cessé, il faut, comme le fait observer Mangin, n° 321, prendre garde de confondre les crimes avec les conséquences qui en résultent, conséquences qui n'ont point pour effet de suspendre la prescription. Ainsi, la détention illégale de la chose volée ne fait pas obstacle à la prescription de l'action résultant du vol, parce que ce n'est point cette détention, mais la soustraction qui en est l'origine, que la loi qualifie vol. « Il faut, en cette matière, dit Mangin, porter toute son attention sur le fait que la loi a entendu punir; dès que ce fait est accompli, le délit est pleinement consommé et la prescription commence, à moins que le fait lui-même ne soit de nature à se perpétuer. » — C'est ainsi qu'il a été jugé : 1° que le délit prévu par l'art. 175 c. pén. est consommé du moment qu'a été conclue la convention illicite par laquelle le fonctionnaire public a pris ou reçu un intérêt dans une affaire qu'il était appelé par ses fonctions à administrer ou à surveiller, et que la durée plus ou moins longue des effets que produit ce délit, des avantages qu'il peut procurer, ne saurait lui donner le caractère d'un délit successif, ni changer le point de départ de la prescription (Cr. rej. 15 avr. 1848, aff. Dupuis-Sallé, D. P. 48. 5. 294); — 2° Que lorsqu'un traité qui constitue un délit et est puni par la loi, tel que celui qui est consenti par le failli au préjudice de la masse, a été exécuté, en tout ou en partie par le payement des sommes qui y ont été stipulées, la prescription de l'action criminelle et par suite celle de l'action civile en répétition des sommes payées en conséquence de ce traité, court à partir du jour même du traité et non à partir des payements qui en ont été l'exécution (Grenoble, 17 mai 1853, aff. Clersy, D. P. 55. 2. 65).

§ 6. — *De la prescription de l'action publique en matière de simple police.*

77. L'action publique pour une contravention de police est prescrite après une année révolue, à compter du jour où elle a été commise, même lorsqu'il y a eu procès-verbal, saisie, instruction ou poursuite, si dans cet intervalle il n'est point intervenu de condamnation; s'il y a eu un jugement définitif de première instance, de nature à être attaqué par la voie de l'appel, l'action publique se prescrit par une année révolue, à compter de la notification de l'appel qui en a été interjeté (c. inst. cr., 640). — Il faut donc, pour que la prescription ne puisse être opposée, qu'un *jugement* de condamnation ait été rendu dans l'année. Et l'on ne peut assimiler à un jugement de condamnation l'arrêté par lequel un maire aurait ordonné la destruction de travaux faits en contravention à des règlements de police. Cet arrêté ne peut avoir pour effet d'interrompre la prescription, laquelle court à partir du jour où la contravention a eu lieu. En effet, comme cela a été très-bien jugé : « On ne peut entendre, aux termes de l'art. 640, par *condamnation* qu'un jugement émané d'un tribunal sur la requête de la partie publique ou d'une partie civile, le prévenu entendu ou dûment appelé, et l'arrêté d'un maire n'a aucun de ces caractères » (Cr. cass. 15 mai 1835, MM. Choppin, pr.; Vincent, rap.; aff. Bréard).

78. Suivant un arrêt la disposition de l'art. 640 qui fait courir la prescription du *jour* de la notification du jugement de nature à être réformé, s'applique aussi bien aux jugements par défaut qu'aux jugements contradictoires susceptibles d'appel (Cr. rej. 14 mai 1835, aff. Goupil, V. Garde nationale, n° 322-2°).

79. S'il est intervenu, en appel, un jugement par défaut auquel il a été formé opposition, cette opposition n'ayant pas, aux termes de l'art. 208 c. inst. cr., anéanti ce jugement par défaut, il a suspendu la prescription, et le tribunal d'appel a pu refuser de déclarer prescrite la contravention, quoique son jugement définitif n'ait pas été rendu dans l'année qui a suivi la notification de l'appel (Cr. rej. 14 mars 1846, aff. Huc, D. P. 46. 4. 408).

80. Les contraventions en matière de grande voirie sont prescrites par le même laps de temps que les contraventions de police (ord. cons. d'État 30 juin 1842, aff. Beaucorps, V. Voirie); 13 août 1852, aff. mess. gén. Caillard, D. P. 53. 3. 11). — Les contraventions de grande voirie étant punies d'amendes supérieures à 15 fr., l'administration a longtemps soutenu que ces contraventions n'étaient, comme les délits, prescriptibles que par trois ans. Le conseil d'État s'est dans de nombreuses décisions prononcé contre cette doctrine. — V. Voirie.

81. Nous venons de voir que, pour les contraventions de police comme pour les crimes et les délits, la prescription court à partir *du jour* où ces infractions ont été commises, néanmoins, quant à la contravention résultant de ce qu'il a été trouvé, dans la boutique d'un marchand épicier, des paquets de chandelles auxquels le fabricant qui les lui a vendus n'a pas donné le poids fixé par les règlements de police, il a été jugé que la prescription court vis-à-vis du fabricant, non à partir du jour de la constatation de la vente qu'il en aurait faite à ce marchand, mais du jour où un procès-verbal constate que ces paquets de chandelles ont été trouvés chez ce dernier; et c'est à tort que se fondant sur ce que le procès-verbal garde le silence sur le jour de la vente, le tribunal a acquitté le fabricant (Cr. cass. 15 juin 1839, aff. Ruesle, V. Poids et mesures, n° 82-3°). — Mais il y a dans cette solution une évidente confusion. — Remarquons, en effet, que c'est le *fabricant* et non le *marchand* qui était poursuivi dans l'espèce. Or, à l'égard de celui-là, la prescription courait évidemment du jour de la vente qu'il avait faite. Autrement la prescription n'existerait point à son égard, et il pourrait être poursuivi dix, vingt, trente ans après la vente qu'il aurait faite. — Il est bien vrai que le jour de cette vente semblait incertain; mais c'était au tribunal de le constater et il ne devait point acquitter le prévenu sous le prétexte que cette constatation n'avait pas eu lieu.

82. La prescription de l'action répressive d'une contravention de police, pour avoir construit un mur hors de l'alignement, ne court, lorsqu'il existe un arrêté spécial qui ordonne la destruction de ce mur, qu'à partir du dernier délai assigné par cet arrêté, pour faire volontairement cette destruction. Ainsi, est nul un jugement qui rejette l'action du ministère public, en

ce cas, comme prescrite, lorsque la poursuite a été intentée avant l'expiration d'un an, à compter du dernier délai donné pour faire volontairement la destruction des ouvrages édifiés en contravention (Crim. cass. 25 mars 1830) (1).

83. Quand la contravention est *successive*, la prescription ne court que du dernier fait reproché; ainsi, lorsqu'il s'agit d'un dépôt quotidien de fumier sur la voie publique, c'est seulement du dernier dépôt que court la prescription. Cela n'est pas douteux, et a été jugé implicitement (Crim. rej. 6 mars 1806) (2).

84. Mais la contravention résultant de ce qu'on a fait des réparations, sans autorisation, à un mur de face sur une rue, et sujet à reculement, n'est pas un délit se renouvelant tous les jours, bien que permanent; par suite, il se prescrit comme toute autre contravention, par la cessation de poursuites pendant un an, à partir du procès-verbal, ou la cessation des travaux qui le constituaient (Crim. cass. 23 mai 1835) (3). — La jurisprudence du conseil d'État, après quelques hésitations, s'est mise d'accord sur ce point avec celle de la cour de cassation. — V. Voirie.

85. Il a été reconnu, au reste, que, bien que la prescription puisse dans ce cas être acquise, elle l'est sauf le droit réservé à l'administration d'ordonner la démolition des travaux, droit qu'elle peut toujours exercer à raison de l'imprescriptibilité de la voie publique (Crim. rej. 27 mars 1852, aff. Bastard, D. P. 52. 5. 432). — C'est aussi la jurisprudence du conseil d'État.— V. Voirie.

86. Il est à remarquer que, quand des constructions sont faites contrairement à un règlement de police ou à un arrêté régulièrement émané de l'autorité municipale, la prescription ne court que du moment où les constructions sont achevées : tant que les constructions ne sont point achevées, qu'on est en *train* de les faire, la contravention se continue.—Jugé en ce sens que l'action publique pour contravention de police, qui remonte à plus d'une année avant la citation, n'est pas prescrite, si la contravention s'est continuée depuis la citation, et jusqu'au jour du jugement..; et, par suite, la démolition des travaux exécutés en contravention doit être ordonnée (Crim. rej. 25 nov. 1837, aff. Gaucher, V. Culte, n° 796).

87. Les usurpations ou empiétements commis sur les chemins vicinaux (classés) ne devant pas être assimilées aux délits successifs, c'est à partir du moment où l'usurpation a été commise que commence à courir la prescription de la contravention qui en résulte (Crim. cass. 16 déc. 1842 (4). — Conf. crim. cass. 22 juin 1844, aff. Dubos, n° 89; Crim. rej. 29 juin 1844, aff. Ricochon, n° 88-4°).

88. Dans le même sens, on a jugé : 1° que le délit d'anticipation sur la voie publique n'est pas successif en ce sens que la prescription court du jour où l'anticipation a été commise, et non de celui où elle a cessé (Bourges, 15 juill. 1830, aff. Boisgilbaut, n° 202); — 2° Que le fait d'usurpation d'un chemin public, en ce que, par exemple, il avait été élevé des ouvrages qui interrompent ce chemin, ne constitue pas une contravention successive qui se renouvelle indéfiniment tant que les travaux continuent d'exister, mais une contravention qui a été consommée par l'édification des ouvrages et dont, par conséquent, la prescription commence à courir à partir de cette édification (Crim. rej. 27 avr. 1843) (5);—3° Que le fait d'avoir

---

(1) (Min. pub. *C.* Gibert.) — La cour; — Vu l'arrêté du 15 oct. 1828, par lequel le maire de la ville de Beauvais, agissant en exécution de celui que le préfet du département de l'Oise avait pris, le 19 sept. précédent, somma le sieur Gibert, receveur général des finances, de faire démolir, en dedans du 1er mars 1829, tous les travaux faits, en vertu de l'arrêté du 25 juin, sauf à lui à demander, par nouvelle pétition, et avant toute reconstruction, l'alignement qu'il devrait suivre ;— Vu l'approbation donnée à cet arrêté par l'autorité supérieure, le 22 janv. 1829; — Vu le procès-verbal du commissaire de police de la même ville, en date du 6 avr. suivant, constatant qu'à cette époque, l'arrêté précité n'avait pas encore reçu son exécution, malgré que notification en eût été faite audit Gibert, le 20 oct. 1828; — Vu l'exploit par lequel celui-ci fut cité, le 17 fév. dernier, devant le tribunal de simple police, à la requête du ministère public, pour, attendu qu'il n'avait point obtempéré au susdit arrêté, se voir condamner à faire détruire les constructions y mentionnées, et à l'amende de 5 fr., conformément à l'art. 471, n° 5, c. pén.; — Vu le jugement du 27 fév. dernier, par lequel le tribunal, sous le prétexte qu'il s'était alors écoulé plus d'une année depuis l'arrêt dont il s'agit, sans qu'il y eût eu condamnation ou jugement définitif, a déclaré le bénéfice de la prescription acquis au prévenu, d'après l'art. 640 c. inst. crim., et le ministère public mal fondé dans sa demande; — Vu les art. 640, 408, 413 c. inst. crim., et l'art. 471, n° 5, c. pén.; — Attendu que la prescription n'a pu et dû courir au profit du sieur Gibert, relativement à la contravention dont il s'est rendu coupable, qu'à compter du jour de l'échéance du délai, qui lui avait été accordé par l'arrêté du 15 oct. 1828, pour s'y conformer, c'est-à-dire à partir du 1er mars 1829; — Attendu, dès lors, que l'action du ministère public a été exercée en temps utile;—Attendu, d'ailleurs, que le jugement attaqué est intervenu avant qu'une année révolue se fût écoulée depuis l'époque de la contravention; d'où il suit, qu'en déclarant la prescription acquise en faveur dudit sieur Gibert, et en le renvoyant de la poursuite, le tribunal a, tout à la fois, commis un excès de pouvoir et violé l'art. 640 c. inst. crim., ainsi que l'art. 471, n° 5, c. pén.; — Casse le jugement du tribunal de simple police de Beauvais, du 27 fév. dernier.

Du 25 mars 1830.-C. C., ch. crim.-MM. de Bastard, pr.-Rives, rap.

(2) (Commune de Bouteville et Girai.)—La cour; — Sur le premier moyen proposé par le maire de la commune de Bouteville contre le jugement du tribunal de police du canton de *Notre-Mère-l'Eglise* :—Attendu que la durée d'une contravention à la loi n'est qu'une continuation de délit, et que, dans l'espèce, l'exercice des poursuites faites dans le mois de la découverte du délit, écartait l'application des règles de prescription établies par l'art. 8 de la loi du 6 oct. 1791; mais qu'étant déclaré, en fait, par le jugement attaqué, que le dépôt de terre et de fumier dont il s'agit ne gênait point la voie publique, ce motif suffit pour justifier la relaxance prononcée en faveur de Girai;—Attendu que la défense de Girai consignée au jugement, si elle présente des idées et des expressions inconvenantes ne peut motiver la cassation du jugement, en improuvant la fausse application faite par le tribunal de police de *Notre-Mère-l'Eglise* de l'art. 8 de la loi du 6 oct. 1791;—Rejette.

Du 6 mars 1806.-C. C., sect. crim.-MM. Viellart, pr.-Lachèze, rap.

(3) (Veuve Fabre *C.* min. pub.) — La cour; — Vu l'art. 40 c. inst. crim.; — Attendu que la veuve Fabre était poursuivie, devant le tribunal de police de Toulouse, pour avoir fait des réparations confortatives, sans autorisation, au mur de face de sa maison donnant sur la voie publique, et sujet à reculement, d'après un plan d'alignement, approuvé par le gouvernement; qu'il ne s'agissait pas d'une action pour usurpation de la voie publique, mais seulement d'une poursuite pour fait de contravention à un règlement de police; que les réparations faites au mépris de ce règlement, bien que permanentes, ne pouvaient pas être considérées comme le renouvellement continuel du même fait, et être assimilées à un délit successif; — Attendu que plus d'une année s'était écoulée jusqu'au jour où la poursuite a été reprise; que néanmoins, le jugement attaqué a refusé de déclarer l'action prescrite, aux termes de de l'art. 640 précité, par le motif que le plan d'alignement avait attribué à la voie publique le sol sur lequel les réparations ont été faites, et que la voie publique est imprescriptible; et, en deuxième lieu, parce que la contravention étant permanente, et ses effets sans cesse actuels, la prescription ne peut commencer à courir tant que le fait matériel qui la constitue subsiste; en quoi ledit jugement a faussement interprété, et par suite, violé l'art. 640 ci-dessus cité; — Casse, et attendu que la prescription de l'action étant acquise, il n'y a plus lieu à poursuite ultérieure, déclare qu'il n'y a aucun renvoi à prononcer.

Du 23 mai 1835.-C. C., ch. crim.-MM. Choppin, f. f. pr.-Ricard, r.

(4) (Bourre *C.* min. pub.) — La cour; — Vu l'art. 640 c. inst. crim.; — Attendu que cet article régit indistinctement la poursuite de toutes les contraventions prévue et punies par le code pénal; — Que les anticipations ou les usurpations commises sur les chemins vicinaux, bien qu'elles soient permanentes, ne peuvent point être considérées comme le renouvellement continuel du fait qui les constitue, ni assimilées, par conséquent, à un délit successif, puisque la perpétration de ce fait ne se reproduit plus après qu'elle a été consommée; — Qu'en décidant le contraire, dans l'espèce, le jugement attaqué a donc faussement appliqué le principe de l'imprescriptibilité de ces chemins, consacré par l'art. 10 de la loi du 21 mai 1836, et commis une violation expresse de l'article ci-dessus visé; — Casse.

Du 16 déc. 1842.-C. C., ch. crim.-MM. de Bastard, pr.-Rives, rap.

(5) (Min. pub. *C.* Jocou.) — La cour; — Sur le moyen tiré de la fausse application de l'art. 640 c. inst. crim. en ce que la prescription aurait été appliquée au fait d'usurpation d'un chemin public, lorsque les ouvrages qui constituaient la contravention en continuant l'interruption de ce chemin, continuaient successivement cette contravention en la renouvelant d'une manière indéfinie; — Attendu que l'art. 640 c. inst. crim. porte que l'action publique relativement à une contravention de police est prescrite après une année révolue à compter du jour où elle aura été commise, même lorsqu'il y aura eu procès-verbal, saisie, instruction et poursuite, si dans cet intervalle il n'est pas survenu de condamnation; — Attendu qu'il est reconnu en fait par le jugement attaqué et qu'il n'était pas même contesté, que les ouvrages qui avaient renfermé le chemin dont il s'agit, et à raison desquels Pierre Jocou de Pa-

planté sur un chemin public, en usurpant sur sa largeur, ne constitue pas un délit successif, et que la prescription de l'action publique pour la répression de ce fait, entièrement indépendante de la répression de la propriété du sol du chemin, est soumise aux règles ordinaires du code d'instruction criminelle (Crim. cass. 27 mai 1843) (1); — 4° Que la construction d'un aqueduc sur un chemin vicinal sans autorisation préalable, étant permanente, mais non successive, se prescrit par le délai annal de l'art. 640 c. inst. crim. à partir du jour où elle a été élevée (Crim. rej. 29 juin 1844) (2);—5° Qu'il en est de même dans le cas où l'usurpation a eu lieu au moyen d'un fossé ou d'une barrière, encore bien que, dans l'année, la profondeur du fossé ait été augmentée et que la barrière ait été fermée d'un cadenas (Crim. rej. 4 avr. 1846, aff. Laurent, D. P. 46. 4. 407); — 6° Que celui qui, ayant fait une construction sur un chemin public ou vicinal, même depuis plus d'une année, c'est-à-dire depuis la prescription acquise, est sommé par l'autorité d'enlever sa construction, commet une contravention nouvelle s'il n'obéit pas, tellement qu'il peut être poursuivi s'il s'est écoulé moins d'une année depuis cette sommation (motifs de l'arrêt qui précède, 29 juin 1844).

89. Néanmoins il a été décidé que la mise en culture, le labour, les ensemencements et la récolte opérés sur un chemin vicinal (classé) ne constituent pas un fait permanent et continu de sa nature, mais des faits successifs séparés par des intervalles de temps plus ou moins longs, et que chacun de ces actes peut devenir, à l'époque de sa perpétration, l'objet d'une poursuite fondée sur la contravention qui en résulte; qu'en conséquence c'est à tort qu'on a déclaré éteinte par prescription l'action dirigée à l'occasion de ce fait, sous prétexte qu'il se serait écoulé plus d'une année depuis que le premier fait avait été exécuté (Crim. cass. 22 juin 1844) (3).

90. Est nul un jugement de police qui décide qu'une contravention de police est éteinte par la prescription d'une année, quoiqu'il soit intervenu, avant l'expiration de ce délai, un jugement qui renvoie le prévenu de l'action, et un pourvoi en cassation formé en temps utile (Crim. cass. 21 oct. 1830) (4).

---

gady de Briscous était traduit, remontaient à plus d'une année avant la citation qui lui a été donnée devant le juge de paix; — Attendu que cette œuvre constituait le fait qui, en s'accomplissant, avait consommé la contravention, et qu'il n'était justifié d'aucun obstacle qui empêchât l'exercice de l'action publique à raison de la contravention prétendue avant l'année révolue; — D'où il suit que l'action intentée après ce terme ne pouvait être admise sans détruire le bénéfice de la prescription introduite par l'art. 640 précité, et qu'ainsi, loin de violer les dispositions dudit article, la décision attaquée n'en a fait qu'une légale et juste application; — Rejette.

Du 27 avr. 1843.-C. C., ch. crim.-MM. Crouseilhes, pr.-Jacquinot, rap.

(1) (Min. pub. C. Decaute.)—La cour;—Attendu, sur le deuxième moyen, que le fait d'avoir planté sur un chemin public en usurpant sur sa largeur, ne constitue point un délit successif, et que la prescription de l'action publique pour la répression de ce fait, entièrement indépendante de la prescription de la propriété du sol du chemin, est soumise aux règles ordinaires du code d'instruction criminelle;—Que, sous ce rapport, le jugement attaqué n'a violé aucune des lois sur la matière; —Rejette.—Mais, sur le troisième moyen:—Vu l'art. 640 c. inst crim.;—Attendu que si, en thèse générale, et d'après les termes de cet article, la prescription des contraventions de police n'est pas interrompue par les actes d'instruction, il est impossible d'appliquer cette règle au cas où l'action publique est suspendue pour le jugement d'une question préjudicielle renvoyée à une autre juridiction;—Que le sursis rendu nécessaire dans la cause par l'arrêté de conflit n'a été élevé que le 20 avril 1842, par l'arrêté d'incompétence du conseil de préfecture du département du Nord, et que, depuis cette époque jusqu'à la reprise des poursuites, il ne s'est pas écoulé une année;—D'où il suit qu'en admettant la prescription, le jugement attaqué a faussement appliqué l'art. 640 c. inst. crim. ci-dessus visé;—Casse.

Du 27 mai 1843.-C. C., ch. crim.-M. de Ricard, pr.-Vincens, rap.

(2) (Min. pub. C. Ricochon.)—La cour;—Attendu que le jugement attaqué a constaté et déclaré, en fait, que la construction de l'aqueduc construit par François Ricochon remontait au mois d'août 1842, et que le procès-verbal constatant la contravention qui pouvait résulter de cette construction est à la date du 26 avril 1844, c'est-à-dire de plus de dix-huit mois postérieur à la perpétration de ladite contravention; que le fait dont il s'agit, quoique *permanent*, ne constitue pas une *contravention successive* puisqu'elle ne se renouvelle pas chaque jour; — Attendu d'ailleurs qu'aucun arrêté du maire, notifié au prévenu avant la citation ou dans le délai de moins d'une année, n'a enjoint à Ricochon de détruire l'aqueduc par lui établi et ne l'a constitué ainsi de nouveau en contravention, par le refus d'obéir à cette nouvelle sommation; d'où il suit, qu'en se fondant sur les dispositions de l'art. 640 c. inst. crim. pour déclarer prescrite la contravention imputée à François Ricochon, et en le relaxant de la poursuite, le jugement attaqué, loin de violer l'article précité, en a fait au contraire une juste application;—Par ces motifs;—Rejette.

Du 29 juin 1844.-C. C., ch. crim.-MM. Laplagne, pr.-Dehaussy, r.

(3) (Dubos C. min. pub.)—La cour; — Attendu qu'il résulte d'un procès-verbal régulier dressé le 6 fév. 1844 par l'agent-voyer du canton de Longueville, que, dans la commune de Torcy-le-Petit, le chemin de la *Cavée des grandes ventes*, n° 7, a été labouré depuis plus de quatre ans par le sieur Jacques Dubos, propriétaire et cultivateur, dans une largeur de 600 mètres;—Attendu que le jugement attaqué, en infirmant un jugement du tribunal de simple police du canton de Longueville, du 14 mars 1844, qui avait condamné le sieur Dubos en 11 fr. d'amende, comme auteur de la contravention prévue par le n° 11 de l'art. 479 c. pén., a relaxé ledit Dubos des fins de la poursuite, en se fondant sur ce « qu'il résulte du procès-verbal de l'agent-voyer du canton de Longueville que plus d'une année s'est écoulée depuis l'acte de possession exercée par le sieur Dubos sur le chemin en litige, et que le fait qui lui est reproché remonte à plus de quatre ans; que, depuis cette époque, ce fait s'est continué sans interruption; que Dubos a toujours cultivé ce chemin sans aucune espèce de trouble; qu'il n'est point articulé qu'aucun habitant ait usé de ce chemin; que les travaux indispensables à cette culture ont été permanents; que Dubos était donc bien fondé à invoquer l'art. 640 c. inst. crim.; » — Que ledit jugement, a, en conséquence, déclaré l'action prescrite et a déchargé Dubos des condamnations contre lui prononcées;

Attendu, en droit, que les empiétements ou actes de possession qui ont lieu sur les chemins vicinaux classés constituent des contraventions au n° 11 de l'art. 479 c. pén.; que ces contraventions ne sont susceptibles de la prescription annale, conformément à l'art. 640 c. inst. crim., qu'autant qu'elles résultent d'actes *permanents* et *continus*, tels que la construction d'un mur, l'établissement d'une barrière ou d'une plantation d'arbres, ou autres faits semblables; — Attendu que la mise en culture, le labour, l'ensemencement et la récolte faite sur un chemin vicinal classé ne constituent pas un fait *permanent* et *continu* de sa nature, puisqu'il se compose d'actes successifs séparés par des intervalles de temps plus ou moins longs, et que chacun de ces actes peut devenir à l'époque de sa perpétration l'objet d'une poursuite fondée sur la contravention qui en résulte;

Attendu que, dans l'espèce, le fait de labour et de mise en culture du chemin de la *Cavée des grandes ventes*, n° 7, dans une longueur de 600 mètres, constaté à la charge du sieur Dubos, comme ayant lieu depuis plus de quatre ans, n'avait pas le caractère d'un fait *permanent* et *continu*, puisqu'il se renouvelait à diverses reprises dans le cours de chaque année, par des actes susceptibles d'interruption plus ou moins prolongée, de la part de l'inculpé; que, par conséquent, le jugement attaqué, en considérant la contravention imputée au sieur Dubos comme un fait unique et permanent, remontant à quatre années révolues au jour où la contravention a été constatée par l'agent-voyer, et en déclarant cette contravention prescrite, a fait une fausse application de l'art. 640 c. inst. crim., et a formellement violé le n° 11 de l'art. 479 c. pén.; —Par ces motifs, casse le jugement du tribunal correctionnel de Dieppe, du 29 mars 1844.

Du 22 juin 1844.-C. C., ch. crim.-MM. Laplagne, pr.-Dehaussy, r.

(4) (Min. pub. C. Gibert.)—La cour;—Attendu, en droit, que, des dispositions formelles des art. 177 et 413 c. inst. crim., il résulte que la voie du recours en cassation est ouverte au ministère public contre tout jugement quelconque rendu en dernier ressort par des tribunaux de police; et que l'exercice de ce recours n'est assujetti à d'autres règles et à d'autres conditions qu'aux formes et aux délais prescrits par l'art. 373; —Qu'ainsi, un tel pourvoi étant régulièrement formé, doit produire son effet légal, quelle que soit la nature du jugement qui en est l'objet; — Que l'art. 640, tout en déclarant que l'action publique pour une contravention de police est prescrite, après une année à compter du jour où elle a été commise, si dans cet intervalle il n'est point intervenu de condamnation, ne présente aucune disposition restrictive du droit de recours accordé par la loi à la partie publique; que les termes de cet article, relatifs à l'appel exclusivement réservé au prévenu contre une condamnation ou contre un jugement définitif qu'il voudrait attaquer, ne se rapportent qu'à lui, et que la voie de l'appel y étant seule prévue et mentionnée, on ne peut rien en induire contre les effets d'une autre voie de droit dont il ne parle pas; — Que, si le législateur a trouvé juste d'accorder au ministère public une prorogation de délai, par suite de l'appel interjeté par le prévenu, l'effet nécessaire du seul recours laissé à la partie publique contre un jugement illégal, doit être de proroger également la durée de l'action; — Qu'autrement ce recours serait illusoire, et que la répression des contraventions de police, les plus contraires à l'ordre public, deviendrait souvent impossible; — Que l'exercice régulier

91. La contravention résultant de la formation d'un établissement insalubre non autorisé, n'a pas pu être déclarée prescrite comme remontant à plus d'un an, si le fait de cette existence annale n'a été ni mentionné au procès-verbal, ni prouvé à l'audience (Crim. cass. 4 mai 1844) (1).

92. Le jugement de condamnation rendu en premier ressort, par un tribunal de simple police, doit, suivant Mangin, n° 361, être signifié au prévenu par le ministère public ou la partie civile, *dans l'année* de la prononciation; après ce délai, le prévenu est fondé à invoquer la prescription. Cette solution, en effet, semble tout à fait conforme à l'esprit de l'art. 640 c. inst. cr., bien qu'elle heurte le principe qui défend de créer des déchéances non expressément prononcées par la loi.

§ 7. — *De la prescription de l'action civile résultant des crimes, délits et contraventions.*

93. L'action civile se prescrit par les mêmes délais que l'action publique (art. 637, 638 et 640 c. inst. crim.). Ainsi l'action civile résultant d'un crime se prescrit par dix ans, celle résultant d'un délit par trois ans. Cela ne fait pas difficulté lorsque lorsque l'action publique a été exercée. Mais s'il n'y a point eu d'action publique, la question peut se présenter de savoir quelle prescription doit être opposée, puisque la question doit être différente, selon qu'il s'agit d'un crime ou d'un délit. La difficulté résulte de ce que des poursuites n'ayant pas eu lieu au criminel, le caractère du fait reproché n'a pas été fixé par les juges de la répression. Mais, comme d'une part les tribunaux civils sont compétents pour connaître de l'action portée devant eux pour réparation du dommage causé par un crime ou par un délit, et que, d'un autre côté, la durée de cette action est celle que doit avoir l'action criminelle, il en résulte qu'il appartient au juge civil de déterminer les caractères du fait pour savoir quelle prescription doit être appliquée. C'est ce qu'a jugé la cour de cassation (Req. 28 fév. 1855, com. d'Altkirch C. Lévy et cons., D. P. 55. 4. 343).—Que faudrait-il décider dans le cas où l'action aurait été portée séparément devant le juge civil, après que le fait reproché aurait été qualifié par le juge criminel? Le tribunal civil pourrait-il, sans s'occuper de la qualification formulée par le tribunal de répression, déterminer le caractère du fait pour appliquer l'une ou l'autre prescription? Pourrait-il, par exemple, quand une infraction a été qualifiée et punie comme délit, déclarer ultérieurement qu'elle constitue un crime, et n'appliquer que la prescription de dix ans? La négative ne nous paraît pas douteuse, par suite du principe que la juridiction civile est liée par la chose jugée au criminel. Mais la juridiction civile peut donner aux faits servant de base à l'action portée devant elle, la qualification de crimes et décider dès lors que cette action n'est prescriptible que par dix ans, quoique antérieurement les auteurs de quelques-uns de ces faits n'aient été poursuivis et punis que comme auteurs de simples délits, si la connexité de ces faits particuliers avec ceux que la juridiction civile a plus tard appréciés dans leur ensemble, n'est pas établie; et spécialement l'action en responsabilité ouverte contre les communes par la loi du 10 vend. an 4, à raison des faits de pillage et de dévastation commise sur leur territoire, n'est prescriptible que par dix ans, quand les juges civils qui en sont saisis ont considéré les faits comme constituant le crime puni par l'art. 440 c. pén., quoique quelques-uns des individus composant l'attroupement dévastateur aient été antérieurement renvoyés pour simples délits devant le tribunal de police correctionnelle par la chambre des mises en accusation, s'il n'est point constaté que les faits isolés qui leur étaient imputés, eussent un lien de connexité nécessaire avec l'attentat qualifié crime par la juridiction civile (même arrêt).

94. L'action civile résultant d'un crime ou d'un délit, lorsqu'elle est portée devant les tribunaux civils, se prescrit-elle par trente ans; ou bien peut-on lui opposer la prescription qui lui est applicable, lorsqu'elle est accessoirement à l'action publique, portée devant les tribunaux criminels?—La question vivement controversée sous l'ancien droit, avait cessé de l'être lorsque la constituante fit la loi de 1791. « C'était une question autrefois, dit Pothier, dans sa procédure criminelle, si la prescription de vingt ans avait lieu à l'égard de la réparation civile. Quelques anciens arrêts avaient jugé qu'elle n'avait pas lieu; mais depuis on a jugé que l'action civile étant un accessoire de l'accusation criminelle et ne pouvant être prétendue sans entrer dans la question du crime, elle était sujette à la prescription de vingt ans. » La constituante trouvant la jurisprudence établie dans ce sens ne s'occupa pas de la sanctionner dans la loi de 1791. Mais Merlin qui, comme on le sait, est l'auteur du code de brum. an 4, n'omit pas en sa qualité de jurisconsulte de reproduire cette jurisprudence. En effet, l'art. 11 de la loi de brum. an 4 s'exprime ainsi: ..... « Après ce terme (celui de la prescription) nul ne peut être recherché, soit au criminel, *soit au civil*, si, dans l'intervalle, il n'a pas été condamné par défaut ou par contumace. » — Le code d'instruction criminelle a-t-il changé la législation? La négative résulte évidemment du rapprochement des art. 3 et 637 du code de 1808. Aux termes de l'art. 3, l'action civile peut ne pas être portée devant les tribunaux criminels, et l'art. 637, en disant que l'action civile résultant d'un crime est prescrite par dix ans comme l'action publique, n'admet aucune modification à cette règle, pour le cas où l'action civile ne serait pas portée devant les tribunaux de répression. Ce qui prouve qu'il n'y a eu dans l'art. 637 ni oubli ni omission de la part du législateur, c'est qu'en limitant à dix ans la durée de l'action civile en réparation du crime, il ne veut pas qu'on en conclue à tort que les condamnations civiles prononcées par le juge au criminel doivent se prescrire suivant le droit criminel, et il décide qu'elles se prescriront d'après les règles établies au code Napoléon. Ce qui prouve en outre que l'action civile, quoique portée devant les tribunaux civils, est atteinte par la prescription résultant des art. 637 et 638 c. d'instr. cr., ce sont les dispositions de l'art. 2 du c. d'inst. cr. Cet article dit explicitement que l'action civile qui peut être dirigée contre les représentants de celui qui a commis un crime ou un délit s'éteint, ainsi qu'il est réglé au liv. 2, t. 7, ch. 5 de la prescription. Or, l'action civile contre les représentants du prévenu ne peut être portée que devant les tribunaux civils. — Cette opinion, au reste, est partagée par les auteurs les plus accrédités (Merlin, Rép., v° Prescr., sect. 3, § 4, n° 5, *in fine*; Carnot, Comment. sur l'art. 637, n° 4; Mangin, n° 365; Faustin-Hélie, t. 3, p. 792 et suiv.).—Et c'est dans ce sens que juge la cour de cassation (Crim. cass. 3 août 1841, aff. Condamin, n° 98; 29 avril 1846, aff. Sauvageot, D. P. 46. 1. 143; Crim. rej. 14 mars 1853, aff. Cathelinois, D. P. 53. 1. 83; Bordeaux, 31 juill. 1848, et sur pourvoi, Crim. rej. 21 nov. 1854, aff. Darmailhac, D. P. 54. 1. 415; Crim. cass. 6 mars 1855, aff. com. de Beuvry, D. P. 55. 1. 84. — Conf. Lyon, 30 janv. 1854, aff. Montchans, D. P. 55. 2. 67; Bourges, 26 mars 1855, aff. Descolombiers, D. P. 55. 2. 307.—*Contrà*, Bourguignon, t. 2, n° 539; Riom, 28 juin 1841 (1); trib. de Gien du 2 janv. 1838, dont le

---

d'un droit aussi positif, aussi nécessaire à la vindicte publique ne peut être annihilé par une arbitraire extension de dispositions législatives qui lui sont étrangères, et qu'exiger, enfin, du ministère public qu'il y ait eu, sur la poursuite, condamnation dans l'année, quand il n'exerce son recours que parce que la condamnation par lui requise n'a pas été prononcée, juger qu'un pourvoi exercé en temps utile, n'a pu interrompre la prescription, c'est vouloir, par suite d'un jugement qu'il n'a pu empêcher, lui ravir l'arme que la loi avait mise dans ses mains. —Par ces motifs, casse le jugement du tribunal de police du canton d'Auneuil, du 30 août dernier.

Du 21 oct. 1830.-C. C., ch. crim.-MM. Ollivier, pr.-Chantereyne, rap.

(1) (Min. pub. C. Authier.) — La cour; — Attendu que Authier était poursuivi en vertu d'un procès-verbal constatant l'existence dans son domicile d'un établissement insalubre non autorisé; que le tribunal a déclaré cette contravention prescrite en se fondant sur ce que cet établissement existait depuis plus d'un an; que ce fait, qui n'est point mentionné au procès-verbal, n'a pas pu résulter d'une instruction faite à l'audience, puisque le jugement n'en constate aucune; que, dès lors, en le tenant pour constant, et en en faisant la base de sa décision, le tribunal de police de Bédarieux a formellement violé les art. 153 et 154 c. inst. crim.; — Casse le jugement du tribunal de police de Bédarieux, du 14 nov. 1843.

Du 4 mai 1844.-C. C., ch. crim.-M. Vincens Saint-Laurent, rap.

(2) (Pagès C. Vissac.) — Jugement ainsi conçu: « En ce qui touche le moyen de prescription proposé et tiré des art. 637 et 638 c. inst. crim.: — Attendu que ces dispositions ne peuvent recevoir leur application que

jugement est ainsi motivé : « Attendu que la prescription d'un mois ne peut être invoquée parce qu'il ne s'agit pas de statuer sur un délit rural, qui serait de la compétence de la juridiction criminelle, mais sur un préjudice dont un particulier demande la réparation devant des juges civils; que l'action civile n'est soumise à la même prescription que l'action publique que lorsqu'elle est formée incidemment à cette dernière action; que, dans le cas où elle est intentée séparément au civil, il faut appliquer la prescription de trente années, qui est la règle générale pour toutes les actions. » Le pourvoi a été rejeté (V. Req. 17 déc. 1839, vº Chose jugée, nº 285). Mais la cour s'est fondée sur ce que le jugement déclarait, en fait, que l'action ne résultait pas d'un délit rural.—V. aussi nº 167.

95. Il n'y a pas à distinguer entre le cas où c'est l'auteur même du dommage qui est assigné civilement, et celui où l'action est dirigée, en vertu d'une loi spéciale, contre des personnes étrangères aux faits délictueux, et spécialement, la responsabilité civile encourue par les communes, aux termes de la loi du 10 vend. an 4, pour faits qualifiés crimes ou délits par les lois pénales, est soumise à la même prescription que l'action publique ayant pour objet la répression de ces crimes et délits (Crim. rej. 14 mars 1853, aff. Cathelinois, D. P. 53. 1. 83 ; crim. cass. 6 mars 1855, aff. comm. de Beuvry, D. P. 55. 1. 84. — Conf. Angers, 15 juill. 1850, aff. comm. de Montican. D. P. 50. 2. 109; Lyon, 4 avr. 1851, aff. comm. de Saint-Etienne, D. P. 52. 2. 34).

La question présente des difficultés : d'abord ce ne sont pas les délinquants qui sont actionnés. On conçoit que cette difficulté ne fût pas sérieuse dans les cas ordinaires où il s'agit des héritiers, des ayants droit et de l'auteur du délit; toutes les raisons qui ont fait décider que la prescription de l'action civile ne doit pas durer plus que l'action criminelle à laquelle elle se rapporte, sont applicables dans ce cas. Mais il s'agit ici d'un tout autre ordre d'idées : on veut punir une commune de l'absence de la surveillance qu'elle devait exercer sur les membres qui la composent, c'est un tort personnel, pour ainsi dire, qui lui est reproché. En outre, les tribunaux civils sont seuls compétents pour connaître de cette action, qui n'aurait pas pu être jointe à l'action criminelle. Pourquoi dès lors durerait-elle moins de trente ans? Nous croyons cependant que la décision de la cour de cassation doit être approuvée. — L'action en définitive repose sur des crimes, des délits et, par exception, le ministère public est, dans la cause, partie principale (V. Ministère public, nº 140), et les raisons les plus puissantes veulent que la durée des actions de cette nature ne soit pas trop prolongée. On sait d'une part les passions qu'excitent ces poursuites; et d'autre part, combien facilement en de pareilles circonstances les preuves s'altèrent et dépérissent.—V. aussi nº 105.

96. L'effet de la prescription de l'action civile est-il d'interdire à la partie lésée, non-seulement toute demande en dommages-intérêts, mais même toute action en restitution?—L'affirmative, qui se fonde sur ce motif, que la prescription établit la présomption légale que le fait dommageable n'a point existé, est enseignée par Mangin, nº 366 ; — Et, en effet, d'une part, l'art. 638 fixe d'une manière absolue la durée de l'action civile résultant d'un crime sans distinguer si elle a pour but d'obtenir des dommages-intérêts ou une restitution, et, d'un autre côté, le législateur a eu les mêmes raisons pour limiter la durée de l'action en restitution que pour borner celle en dommages-intérêts. C'est la nécessité de ne pas donner une trop longue durée à des actions qui s'attaquent à l'honneur. Il faut éviter le scandale, et ne pas laisser périr les moyens de défense. Or le scandale serait le même, la défense deviendrait également difficile, après un long temps s'il s'agit d'une demande en restitution ou d'une demande en dommages-intérêts.— Il a été jugé en ce sens que l'art. 638 c. inst. crim., d'après lequel l'action civile, à raison d'un délit, se prescrit par trois ans, sans poursuites, s'applique aussi bien à l'action qui a pour objet la restitution des objets recélés ou dérobés par le délinquant, qu'à l'action relative aux intérêts civils ou dommages-intérêts résultant du délit... Il importe peu, aussi, que les objets aient été soustraits dans une succession (Bordeaux, 15 avr. 1829 (1), conf. Grenoble, 17 mai 1853, aff. Clersy, D. P. 55. 2. 65).

97. L'art. 3 de la loi du 3 mai 1838 fixe le délai dans lequel doit être intentée l'action pour vice rédhibitoire; l'acheteur, ce délai passé sans avoir intenté l'action, peut-il se joindre comme partie civile à l'action répressive formée par le ministère public contre le vendeur pour l'application de l'art. 459 c. pén.? — L'affirmative a été jugée (Paris, 16 mars 1844 (2); Crim. rej.

---

devant les tribunaux qui auraient connu des crimes et délits dont il est question dans ces articles; — Attendu qu'aux termes de l'art. 1382 c. civ., tout fait de l'homme qui cause à autrui un dommage, oblige celui par la faute duquel il est arrivé à le réparer; — Attendu que l'art. 1383 du même code dispose que chacun est responsable du dommage qu'il a causé non-seulement par son fait, mais encore par sa négligence ou par son imprudence; — Attendu que la partie de Meunier (Vissac) a mis en fait et offre de prouver que ledit sieur Pagès, officier de santé, a, par négligence, imprudence, ignorance ou inobservation des règlements, nécessité l'amputation du bras dont elle est privée ; — Attendu que le fait est pertinent et admissible, et qu'étant dénié par le sieur Pagès, c'est le cas d'en ordonner la preuve; — Par ces motifs, le tribunal rejette le moyen de prescription invoqué, et, au fond, ordonne que la partie de Meunier prouvera, tant par actes que par témoins, que l'officier de santé Pagès a, par négligence, imprudence, ignorance ou inobservation des règlements, nécessité l'amputation du bras dont a été privée ladite partie de Meunier, etc. » — Appel. — Arrêt.

LA COUR ; — Adoptant les motifs, etc., confirme, etc.

Du 28 juin 1841.-C. d'appel de Riom.-M. Molin, pr.

(1) (Lacoste, etc., C. L...) — LA COUR; — Attendu qu'il résulte des art. 2 et 638 c. inst. crim., que l'action publique et l'action civile, résultant d'un délit de nature à être puni correctionnellement, se prescrivent par trois ans révolus, qui commencent à courir depuis le jour où le délit a été commis, si, dans cet intervalle, il n'a été fait aucun acte d'instruction ni de poursuite; — Attendu que cette exception à l'art. 2262 c. civ. est faite en termes clairs et précis; que le législateur n'établit aucune distinction entre l'action en restitution de l'objet volé et l'action en dommages-intérêts, qui, nécessairement, se confondent et doivent avoir le même sort, puisque l'une et l'autre sont les accessoires du délit; — Que si cette distinction, admise par quelques parlements, et qui a été nettement proscrite par le code d'instruction criminelle, était accueillie par la justice, le vœu du législateur serait méconnu, puisqu'il a voulu que personne, après trois années révolues, ne pût être recherché d'une manière quelconque devant les tribunaux, à raison d'un délit, et que la première chose à prouver pour justifier l'action en restitution de l'objet volé, serait le fait du vol dont la loi interdit formellement la preuve, lorsque la prescription est acquise; — Attendu que les appelants, pour motiver leur demande en remboursement d'une somme de 6,000 fr. contre les époux L..., soutiennent que cette somme, soustraite de la succession de leur mère, par leur sœur, Catherine Seyrat, a été remise à la femme L..., qui l'a recélée et détournée à son profit; — Attendu qu'aux termes de l'art. 379 c. pén., Catherine Seyrat, ayant soustrait frauduleusement une somme d'argent qui ne lui appartenait pas, aurait commis un vol, qui, n'étant pas accompagné de circonstances aggravantes, serait puni, par l'art. 401 du même code, d'une peine correctionnelle; — Que, d'après l'art. 62 du code précité, la femme L... se serait rendue complice de ce délit en recélant sciemment la chose volée; — Attendu que le délit imputé à la femme L... remonte à près de dix ans, et que, dans l'intervalle, il n'a été fait aucun acte d'instruction ni de poursuite; — Que, dès lors, l'action civile qui résulte du fait sur lequel les appelants fondent leur demande, est prescrite comme l'action publique; — Attendu que c'est vainement que les époux Delsoullier et Lacoste espèrent se soustraire à cette conséquence, en qualifiant le fait reproché à Catherine Seyrat de spoliation d'hérédité; — Que si, sous l'empire de l'ancienne jurisprudence, les héritiers naturels, spoliant la succession au préjudice de leurs cohéritiers, ne pouvaient être poursuivis que par la voie civile, l'art. 379 c. pén. a dérogé à cette jurisprudence; qu'il suffit, en effet, d'après cet article, pour s'être rendu coupable de vol, d'avoir soustrait frauduleusement tout ou partie de la chose d'autrui; qu'évidemment, l'héritier qui soustrait une chose sur laquelle ses cohéritiers ont un droit certain, s'empare de la chose d'autrui; — Qu'en admettant, ce qui n'est pas, que la spoliation d'hérédité fût, dans tous les cas, comprise dans l'une des exceptions portées par l'art. 380 c. pén., qui indique spécialement les hypothèses où le vol ne donne naissance contre ceux qui l'ont commis qu'à une action civile, le système des appelants ne pourrait se soutenir en présence du dernier paragraphe de l'art. 380, qui dit, qu'à l'égard de tous autres individus qui auraient recélé ou appliqué à leur profit tout ou partie des objets volés, ils seront punis comme coupables de vol : — Met l'appel au néant.

Du 15 avr. 1829.-C. de Bordeaux, 2e ch.-M. Duprat, pr.

(2) *Espèce* : — (Allain C. Motte.) — Le 14 sept. 1843, Allain avait vendu à Motte, moyennant 2178 fr., une monture de ferme composée de bestiaux et instruments aratoires : un cheval se trouvait compris dans la vente. — Le 6 nov., Motte fait examiner ce cheval par le sieur Da-

17 juin 1847, aff. Millaud, D. P. 47. 1. 252). — En effet, l'action pour vice rédhibitoire est entièrement séparée de l'action en dommages-intérêts résultant de l'infraction prévue par l'art. 459 c. pén. La première repose sur le vice d'un contrat, la seconde naît d'un délit. La difficulté résultait de ce qu'il paraissait difficile de baser une action en dommages-intérêts sur la contravention prévue par l'art. 459 c. pén. On demandait comment celui qui avait été lésé par la vente d'un animal atteint d'une maladie contagieuse, pouvait obtenir des dommages-intérêts, parce que le propriétaire de cet animal n'avait pas déclaré la maladie au maire de la commune. Mais la cour de cassation a fait remarquer, qu'aux termes du second paragraphe de l'art. 459, le propriétaire d'un animal atteint d'une maladie contagieuse, doit le retenir enfermé, *et à plus forte raison ne doit pas le vendre* (*Contrà*, Aix, 23 déc. 1843) (1).

98. Si l'action civile est restée inactive et que l'action publique ait fait rendre un jugement définitif, l'action civile doit néanmoins s'exercer dans les dix années de ce jugement.—Il est vrai qu'aux termes de l'art. 642, les condamnations *civiles* portées par les arrêts ou par les jugements rendus en matière criminelle, correctionnelle ou de police, et devenues irrévocables, se prescrivent d'après les règles établies par le code Napoléon. Cette disposition est fondée en raison. L'arrêt ou le jugement sont considérés comme des titres authentiques, qui doivent dès lors se prescrire suivant le droit civil. Mais cet article 642 n'est pas applicable au cas où l'action civile n'est intentée qu'après qu'il a été statué sur l'action publique par un jugement irrévocable. Ce jugement ne peut être considéré que comme ayant interrompu la prescription de l'action civile, mais il n'en a pas changé la nature : elle doit toujours son origine à une infraction, et dès lors elle est régie par les art. 637 et 638 (Conf. Mangin, n° 355). — Il a été jugé en ce sens que l'action civile à raison d'un crime qui a été l'objet d'une condamnation pénale en cour d'assises, sans l'intervention de la partie lésée, se prescrit par dix ans à compter de l'arrêt de condamnation, et non pas seulement par trente ans (Crim. cass. 3 août 1841, et sur renvoi, Lyon, ch. réun., 17 juin 1842 (2); Conf. crim. cass. 6 mars 1855, aff. com. de Beuvry, D. P. 55. 1. 84).

---

brigeon, vétérinaire, qui le reconnaît pour l'avoir soigné le 30 juillet précédent, c'est-à-dire à une époque antérieure à la vente : il avait alors un engorgement farcineux. Cette fois il le regarda comme atteint de la morve, et fit son rapport au maire qui prescrivit de l'abattre. Quelques jours après, Motte appelle un second vétérinaire, le sieur Petrin : on exhume le cheval, on en fait l'autopsie, et l'existence de certaines traces dans l'intérieur de la tête donne à penser aux experts que ce cheval était atteint de la morve, et que cette maladie pouvait remonter à six semaines ou deux mois. — Motte se garda bien d'assigner Allain devant le tribunal civil, en garantie de la vente pour cause de vices rédhibitoires (le délai de neuf jours accordé dans ce cas par la loi du 20 mai 1838 était depuis longtemps expiré); mais il remit au procureur du roi une plainte fondée sur ce qu'Allain, détenteur d'un animal atteint ou soupçonné d'être atteint d'une maladie contagieuse, n'avait pas fait à l'autorité municipale la déclaration voulue par l'art. 459 c. pén., et sur la citation donnée à Allain, à la requête du ministère public devant le tribunal correctionnel, il se porta partie civile réclamant 952 fr. à titre de dommages-intérêts.

16 janv. 1844, jugement du tribunal de Versailles, qui condamne Allain à 100 fr. d'amende et 700 fr. de dommages-intérêts.— Appel.—Arrêt.

LA COUR; — En ce qui touche l'action civile; — Considérant que la loi du 20 mai 1838 n'a eu pour objet que de fixer les délais dans lesquels pourraient être intentées les actions civiles résultant des vices rédhibitoires en dehors des cas où la dissimulation de ces vices constituerait un débit; — Considérant que cette loi n'a point dérogé aux dispositions du code d'instruction criminelle, qui autorisent toute personne lésée par un délit à en demander réparation; que, dans l'espèce, il est constant qu'Allain a vendu à Motte un cheval qui était atteint, depuis plusieurs mois, de la maladie contagieuse qui a nécessité l'ordre de le faire abattre, et qu'Allain l'avait fait traiter par un vétérinaire pour ladite maladie; qu'ainsi Motte est recevable dans sa demande; — Confirme.

Du 16 mars 1844.-C. de Paris, ch. des app. corr.-MM. Moreau, pr.-Bresson, av. gén., concl. contr.-Loiseau et Joubert, av.

(1) *Espèce:* — (Agard C. Gilles.) — Jugement du tribunal de Tarascon, du 4 mai 1842, ainsi motivé: — « Attendu que c'est le 11 nov. 1841 qu'ont eu lieu à la fois sur la foire de Salon, les vente et livraison des cent cinq moutons dont il s'agit, par le défendeur; — Que c'est le 1er avr. 1842 qu'a été signifié l'ajournement contenant la demande en réparation du préjudice, qui, d'après les demandeurs, résulte de cette vente; — Que ni dans cet exploit ni dans le cours de l'instance, il n'a été dénoncé la mort d'aucun des moutons vendus; — Que nulle demande en résolution de la vente n'a été formée, nonobstant les vérifications assez rapprochées de l'époque de la livraison, et que dans la poursuite répressive exercée par le ministère public au tribunal correctionnel séant à Aix et terminée par arrêt de la cour d'appel, les demandeurs qui avaient connaissance de cette poursuite n'y sont pas intervenus comme parties civiles; — Attendu que les droits respectifs des vendeurs et acheteurs de certains animaux domestiques désignés, sont l'objet de la loi du 20 mai 1838; — Que les dispositions qu'elle contient ont été préparées et attendues assez longtemps dans l'intérêt tutélaire de l'éducation et du commerce de ces animaux, précédées d'investigations et de discussions qui constatent la sollicitude du gouvernement et des chambres pour la sécurité des personnes qui se livrent à ces ventes et achats, et pour assurer l'activité et la circulation des capitaux ou sommes considérables qui sont employés dans cette partie du commerce; — Que la spécialité de cette loi et sa date postérieure impriment aux différences qui se trouvent entre ses dispositions et le titre de la vente au code civil, un caractère de dérogation qui ne permet pas d'appliquer quant à ces différences, les dispositions de ce titre aux objets spécialement réglés par la loi nouvelle; — Attendu que l'art. 2 de cette loi déclare que l'action en réduction du prix ne peut plus être exercée en cette matière; — Que cette disposition a été prescrite, ainsi qu'on le voit dans le rapport de la commission de la chambre des députés, afin de protéger les vendeurs contre les prétentions que la menace de l'action rédhibitoire de la part de nombre d'acheteurs favorisait par l'intimidation des vendeurs amenés ainsi sans motifs sérieux à des compositions onéreuses et injustes; — Attendu que l'action en dommages-intérêts, telle que l'exercent et libellent les demandeurs, remplacerait avantageusement pour les acheteurs déchus de l'action rédhibitoire et privés généralement de l'action en réduction de prix, chacune de ces actions, et accuserait l'inutilité de la déchéance et de la suppression qu'établit la loi spéciale déjà citée; — Qu'il est impossible de concilier avec cette action et la suppression de celle-ci et la déchéance après le délai de l'autre; — Qu'ainsi il faut conclure que l'acheteur ne peut être reçu au moyen de l'action en dommages-intérêts à obtenir ce que la loi lui dénie absolument dans un cas et par l'événement du délai dans l'autre; — Attendu que ce n'est que dans l'intérêt de la société qu'est intervenue la décision souveraine sur l'action répressive; — Déclare la demande en réparation de préjudice en l'exploit du 1er avr. 1842, contre Gilles, non recevable, condamne les parties de Barne aux dépens. » — Appel.

LA COUR; — Adoptant les motifs, etc., confirme.

Du 23 déc. 1843-C. d'Aix, 2e ch.-M. Verger, pr.

(2) *Espèce:* — (Douanes C. hér. Condamin.) — En 1823, Condamin fut tué par le nommé Rey, employé des douanes, dans l'exercice de ses fonctions. Ce meurtre fut puni de la peine des travaux forcés à perpétuité, prononcée contre Rey, par arrêt de la cour d'assises de l'Isère, du 16 août de la même année. — Près de quatorze ans plus tard, en 1837, les héritiers Condamin actionnent l'administration des douanes en payement de 10,000 fr. à titre d'indemnité, comme civilement responsable des faits de son employé. — Jugement qui accorde 6,000 fr. — Appel par l'administration. — Le 13 juin 1839, la cour de Grenoble confirme en ces termes : — « Attendu que l'obligation de réparer les dommages que l'on a causés à autrui par sa faute ne se prescrit que par par trente ans; — Que si les art. 637 et suiv. c. inst. ont établi des prescriptions d'une durée plus courte pour l'action publique et pour l'action civile résultant d'un crime ou d'un délit, cette dérogation au droit commun doit se renfermer dans les limites que lui assignent le texte et les motifs de ces dispositions; — Attendu que le second paragraphe de l'art. 637 porte, que s'il a été fait dans l'intervalle de dix ans, depuis le jour du crime, des actes d'instruction et des poursuites non suivis de jugement, l'action publique et l'action civile ne se prescrivent que par dix ans, à partir du dernier acte; — Que ces expressions démontrent que, lorsqu'il y a eu un jugement, cette prescription de dix années cesse d'être applicable; — Que la loi ne distinguant pas, tout jugement définitif, alors même qu'il n'interviendrait que sur l'action publique, doit modifier la prescription à l'égard de l'une et de l'autre action; — Qu'il est indifférent que la personne lésée n'ait point été partie à ce jugement, parce qu'elle y a été représentée par le ministère public, ainsi que cela sera expliqué ci-après; — Attendu que ces mots : *non suivis de jugement*, d'après lesquels tout jugement définitif qui intervient sur la poursuite modifie la prescription, ne sauraient se référer d'une manière exclusive aux cas prévus par les art. 635 et 642 du même code, parce que ces articles ne sont relatifs qu'à la prescription des *condamnations*, tandis que l'art. 637 s'occupe de la prescription des *actions*, et que sa dernière partie semble s'appliquer particulièrement au cas où, après le jugement rendu sur la poursuite et sur l'instruction, il existe encore une action qui ne peut être que l'action ci-

Il a été décidé en sens contraire : 1° que la prescription de six ans, établie par l'art. 10 L. 5 brum. an 4, n'est relative qu'au cas où il n'est point intervenu de condamnation, et que, dans le cas contraire, l'action reste dans les termes de droit ordinaires (Paris, 18 janv. 1811, 2e ch., M. Agier, pr., aff. Giraud C. Tonlé) ;—2° que l'art. 638 c. inst. crim., portant que l'action civile résultant d'un délit se prescrit par trois ans, ne s'applique pas au cas où un jugement de condamnation a été prononcé contre le délinquant : qu'en pareil cas, l'action civile n'est soumise qu'à la prescription ordinaire (Caen, 8 janv. 1827) (1) ;—3° Que

---

vile, laquelle est dès ce moment soumise à d'autres règles de prescription ; — Attendu que l'art. 657 ne déterminant point la durée de l'action civile après le jugement de l'action publique, cette action rentre dès lors dans le droit commun, et ne se prescrit que par trente ans ; — Attendu que cette interprétation de l'art. 657 s'accorde avec les motifs qui ont fait abréger pour les matières criminelles la durée ordinaire de la prescription ; — Que le législateur n'a pas voulu que les tribunaux fussent appelés à prononcer sur l'existence d'un crime ou d'un délit, lorsque le temps aurait affaibli ou détruit les preuves et les divers éléments nécessaires à la constatation du fait, et aurait privé la personne inculpée de ses moyens de justification ; — Que les règles spéciales établies par les art. 657 et suiv. sont encore fondées sur d'autres considérations qui se rapportent exclusivement à l'action publique ; — Mais qu'aucun motif de dérogation au droit commun ne subsiste, lorsque, après un jugement ou un arrêt de condamnation rendu sur la poursuite du ministère public, les tribunaux civils sont saisis de l'action en dommages de la partie lésée ; — Attendu, en effet, que, dans ce cas, il n'y a plus à rechercher les preuves du fait, et à établir que la personne à qui des dommages sont demandés est l'auteur de ce fait, parce que, sur ces deux points, le jugement de condamnation est revêtu de l'autorité de la chose jugée ; — Qu'il importe peu que le demandeur en dommages-intérêts n'y ait point été personnellement partie ; — Qu'il y a été représenté par le ministère public, dont l'action, poursuivie au nom de la société, profite à tous ceux qui sont intéressés à la constatation du fait incriminé ; en sorte que le jugement intervenu sur cette action a le caractère d'une vérité publique dont chacun peut se prévaloir, et que nul n'est admis à contester ; — Que, s'il en était autrement, la justice des jugements criminels resterait soumise à discussion devant les tribunaux civils ; — L'effet moral des condamnations pénales serait détruit par le doute qu'il serait permis d'établir sur leur légitimité, et il serait porté atteinte à l'autorité de la chose jugée dans les matières même où il importe le plus à l'ordre public que cette autorité soit respectée ; — Attendu que le ministère du juge saisi de l'action civile se réduit à la simple appréciation du dommage causé ; — Que cette appréciation est indépendante de la criminalité du fait ; — Que l'intérêt qui s'y rattache est purement individuel et civil ; — Que la preuve n'est point sujette à dépérir par le laps de temps, puisqu'elle est irrévocablement acquise par un jugement ; — Que, dès lors, cette action est en dehors de tous les motifs qui ont déterminé les prescriptions spéciales établies par les art. 657 et suiv. ; — Que l'on conçoit bien que l'action civile et l'action publique aient été soumises aux mêmes règles de presprription, tant que la première de ces actions reste dans le domaine de l'instruction criminelle, c'est-à-dire lorsqu'elle peut déterminer l'action publique, se lier avec elle par une instruction commune, et se terminer par un même jugement ; — Mais qu'il n'en doit plus être ainsi, lorsque, après la condamnation du coupable, l'action civile se trouve dégagée de tout ce qui pouvait se rattacher à l'action publique, à l'intérêt de la répression et aux lois de l'instruction criminelle ; — Attendu enfin que, si la réparation du dommage causé par un simple quasi-délit peut être demandée pendant trente ans, il en doit être de même, à plus forte raison, du dommage causé par un crime, lorsque tout est jugé, soit quant aux questions qui touchent à la peine, soit quant à celles qui intéressent la réputation de l'auteur du dommage ; — Que, si l'action civile peut réveiller le souvenir d'une condamnation oubliée, l'inconvénient qui en résulte est personnel au condamné, l'ordre public n'y est point intéressé, et, d'ailleurs, l'auteur du dommage pourra toujours prévenir l'action civile, en s'acquittant de l'obligation qui lui est imposée par l'art. 1382 c. civ. ; — Par ces motifs, démet de l'appel. — Pourvoi. — Arrêt.

La cour (après délib. en ch. du cons.) ; — Vu les art. 2262 c. civ., 2, 637 et 642 c. inst. crim. ; — Attendu qu'aux termes des art. 2 et 637 c. inst. crim., l'action publique et l'action civile résultant d'un crime se prescrivent par dix années révolues, à compter du jour où le crime a été commis ; — Que la condamnation, intervenue sur l'action publique, ne proroge pas au delà de dix années, à partir de sa date, l'action en réparation purement civile, et ne place pas cette action sous l'application des principes ordinaires du droit civil, en matière de prescription ; — Qu'en effet, suivant l'art. 642 c. inst. crim., les arrêts rendus par les cours d'assises ne font cesser la prescription de dix ans pour les réparations civiles, que lorsque ces réparations ont été accordées par ces arrêts ; — Que les arrêts des cours d'assises sont, dans ce cas, des titres dont l'exécution peut être poursuivie, pendant trente ans, comme celle des actes authentiques ordinaires et par les voies purement civiles ; — Qu'il ne peut y avoir alors nécessité de se livrer à un examen et à une discussion auxquels le code d'instruction criminelle a voulu mettre un terme, après dix ans d'inaction et de silence ; — Attendu que l'arrêt rendu par une cour d'assises sur l'action publique ne peut avoir, pour l'objet sur lequel il n'a point statué, plus d'effet que les actes d'instruction ou de poursuite dont parle l'art. 637, et qu'ainsi, après l'arrêt qui n'a prononcé aucune condamnation civile, la partie lésée par le crime qui a été commis et puni, ne peut demander de dommages-intérêts, si elle laisse écouler plus de dix années ; — Attendu, en fait, que la condamnation aux travaux forcés à perpétuité prononcée par la cour d'assises de l'Isère contre Rey, employé dans les douanes, accusé d'avoir donné la mort à Condamin, est du 13 août 1823 ; — Que ce n'est que le 26 avril 1837, c'est-à-dire lorsque plus de dix années étaient révolues depuis l'arrêt de condamnation, que les héritiers de Condamin ont intenté une action civile en dommages-intérêts contre l'administration des douanes, comme responsable civilement des faits de Rey, son préposé ; — Qu'en repoussant la prescription décennale opposée à cette action par l'administration des douanes, et en jugeant qu'elle était recevable pendant trente ans, la cour royale de Grenoble a faussement appliqué l'art. 2262 c. civ., a fait une fausse interprétation de l'art. 642 c. inst. crim. et a expressément violé les art. 2 et 637 du même code ; — Par ces motifs, casse.

Du 3 août 1841.-C. C., ch. civ.-MM. Boyer, pr.-Thil, rap.-Laplagne-Barris, 1er av. gén., c. conf.-Godard et Rigaud, av.

Sur renvoi, arrêt de la cour de Lyon. Voici en quels termes cette jurisprudence a été adoptée par cette cour :

La cour ; — Considérant que les art. 2 et 637 c. inst. crim. ont déterminé la durée de l'action criminelle et civile en matière de crimes et de délits, et que la prescription à l'égard d'un crime a été fixée à dix années par ce code ; — Que les motifs du législateur, en établissant des règles spéciales et dérogatoires aux règles générales admises par le code civil pour la prescription des actions ordinaires en matière civile, ont été de faire cesser toute espèce de discussion sur des faits qu'il aurait été dangereux, pour le repos public et pour celui des familles, de faire revivre après un certain laps de temps écoulé, et que c'est par ce motif que la durée de l'action a été abrégée ; — Que ce n'est donc en aucun cas dans le code civil, mais seulement dans le code d'instruction criminelle, code spécial sur la matière, que l'on doit puiser les règles sur l'exercice des droits de poursuite en réparation civile d'un délit ou d'un crime ; — Qu'il n'y a pas lieu, dès lors, de distinguer entre le cas où des poursuites non suivies de jugements auraient eu lieu, et celui où un jugement définitif de condamnation serait intervenu, puisqu'il y aurait nécessité, dans ce dernier cas, malgré le respect dû à l'autorité de la chose jugée, de rentrer, pour apprécier l'étendue du dommage causé, dans les détails de faits dont le législateur a voulu qu'on ne pût faire revivre le souvenir après dix années écoulées sans poursuites ; — Que la condamnation intervenue sur la poursuite de l'action publique ne proroge donc pas au delà de dix années, à partir de sa date, l'action en réparation civile, et ne place pas cette action sous l'application des principes du droit civil en matière de prescription ; — Que ce qui prouve de plus fort, s'il en était besoin, que l'action civile exercée isolément de l'action publique est soumise à la prescription de dix ans, résulte évidemment des termes de l'art. 2 c. inst. crim., puisque cet article porte que l'action civile, qui s'exerce contre les représentants du coupable, est soumise à la même prescription de dix ans, et que, dans ce cas cependant, l'action civile s'exerce, par la force même des choses, isolément de l'action criminelle éteinte par la mort de l'auteur du crime ; — A l'égard de la suspension de la prescription pour cause de la minorité des enfants de Condamin : — Considérant que l'art. 3 c. inst. crim. a prévu le cas unique où l'exercice de l'action civile serait suspendu ; qu'il n'y a pas lieu d'admettre des suspensions d'une autre nature, prévues par un autre code, et que le législateur ne devait pas admettre en matière criminelle, puisqu'il était uniquement dirigé, en abrégeant les délais pour l'exercice de l'action, par l'intérêt général et par celui des familles ; — Considérant, dans la cause, que la condamnation aux travaux forcés à perpétuité, prononcée par la cour d'assises de l'Isère contre Rey, employé dans les douanes, accusé d'avoir donné la mort à Condamin, est du 13 août 1823 ; que ce n'est que le 26 avril 1837, et, par conséquent, lorsque plus de dix années étaient révolues depuis l'arrêt de condamnation, que les héritiers Condamin ont intenté une action civile en dommages-intérêts contre l'administration des douanes comme responsable civilement des faits de Rey, son préposé, et que la prescription est acquise contre cette action ; — Infirme, etc.

Du 17 juin 1842.-C. de Lyon, ch. réun.-M. de Belbeuf, 1er pr.

(1) (Lebon C. Grard.) — La cour ; — Attendu qu'aux termes de l'art. 638 c. inst. crim., si l'action en dommages-intérêts civils résultant d'un délit se prescrit faute d'être intentée dans les trois ans, à compter du jour où le délit a été commis, ou après l'action intentée par l'interrup-

l'action civile contre un délit d'escroquerie ne se prescrit que par trente ans et non par vingt, lorsqu'un jugement a été rendu dans les trois années, et que le prévenu a été condamné à un emprisonnement (Nîmes, 27 mars 1833) (1).

99. L'action civile, quoique prescriptible par le même temps que l'action publique, peut néanmoins survivre à celle-ci; ce qui a lieu quand la partie lésée a formé sa demande en temps utile, tandis que le ministère public est resté dans l'inaction; par exemple, quand, après le sursis prononcé, conformément à l'art. 3 c. inst. crim., par le tribunal civil saisi de l'action civile, le ministère public a laissé prescrire l'action publique (Conf. Mangin, 364). — Mais lorsqu'une fois l'action civile a été formée devant la juridiction civile dans le délai voulu par la loi criminelle, elle n'est plus soumise dorénavant à d'autres déchéances qu'à celles établies par les instances portées devant cette juridiction. Tel est le sens de la maxime : *Omnes actiones quæ tempore pereunt, semel inclusæ judicio salvæ permanent* (Conf. Mangin, *eod.*).

100. Il faut bien remarquer que la prescription établie par la loi criminelle n'atteint que celles des actions civiles qui naissent directement du délit, et non pas celles qui peuvent résulter d'un contrat ou d'un droit préexistant; il est bien évident, en effet, que le délit du débiteur ne saurait être une cause d'aggravation de la condition du créancier, en abrégeant le délai dans lequel celui-ci doit, à peine de déchéance, exercer son action (Conf. Mangin, n° 368; Bourges, 26 mars 1855, aff. Descolombiers, D. P. 55. 2. 308). — C'est ainsi qu'il a été décidé que la prescription du délit d'usurpation sur un chemin vicinal n'entraîne pas celle de l'action qui appartient à la commune pour réclamer la propriété des terrains qu'elle prétend lui avoir été usurpés (Crim. rej. 25 août 1809) (2). — C'est en vertu du même principe qu'il a été jugé que le droit que donne à l'administration publique l'art. 5 de la loi du 9 vent. an 13 de rechercher et reconnaître les anciennes limites des chemins vicinaux, et de fixer d'après cette reconnaissance leur largeur n'est pas prescrit, parce que l'action résultant de procès-verbaux constatant des usurpations sur ladite largeur des chemins n'ayant point été formée dans les délais a été atteinte par la prescription : « considérant que les prescriptions établies par l'art. 8 de la sect. 7, tit. 1, de la loi du 6 oct. 1791, et par les art. 638 et 640 c. inst. crim., ne s'appliquent qu'aux actions publiques et civiles, qui naissent des délits et des contraventions de police et non pas à l'action exercée en vertu de la loi du 28 fév. 1805 (9 vent. an 13), pour le maintien de l'acte administratif qui a déterminé la largeur des chemins vicinaux; — Que ladite loi du 28 fév. 1805 (9 vent. an 13) n'a pas établi de prescription spéciale pour cette action...; » (Ord. du cons. d'Et. 28 fév. 1828, M. de Broë, rap., aff. Bavoux et Pochet *C.* la com. de Nesle).

Par application du même principe, on a décidé : 1° que la prescription de l'action publique pour dilapidation de deniers publics n'emporte pas prescription de l'action civile en remboursement des sommes dues par le comptable (Crim. cass. 23 janv. 1822, aff. Désormeaux, V. Enregistrem., n° 5533); — 2° Que, de ce que le temps nécessaire à la prescription d'un délit et à l'action civile qui en résulte se serait écoulé depuis les dernières poursuites criminelles dirigées contre un comptable prévenu de soustraction des deniers de sa caisse, il ne s'ensuit pas que l'action du trésor, contre ce comptable, en payement de son débet, soit également prescrite (Paris, 25 mars 1825) (3); — 3° Que, si l'action civile en répétition contre un fonctionnaire qui a exigé au delà de ce qui était dû à l'Etat, a été

---

tion de poursuites pendant ce délai, cette disposition de la loi ne peut pas s'appliquer au cas où le délinquant a été condamné pour raison du délit dont il était prévenu; qu'en ce cas, les tribunaux civils n'ont aucun fait à constater, mais seulement à faire droit sur une demande en réparation du préjudice causé, comme l'aurait fait le tribunal saisi des poursuites correctionnelles, si la partie lésée s'était présentée devant lui pour réclamer des intérêts civils; qu'ainsi l'action civile intentée par la veuve Grard, pour elle et ses enfants, a été soumise aux seules formalités applicables aux poursuites civiles ordinaires.

Du 8 janv. 1827.-C. de Caen, 1re ch.-M. Régnée, pr.

(1) *Espèce*. — (Teste *C.* Feraud.) — En 1808, Teste et Liotard sont condamnés à deux mois d'emprisonnement pour escroquerie au préjudice de Feraud. — En 1827, près de vingt ans plus tard, Liotaud, en vertu d'une disposition du jugement qui ordonnait la restitution à son profit des sommes escroquées, forme opposition entre les mains des débiteurs de Teste. La cour de Nîmes prononce la nullité de ces oppositions; Feraud les réitère en vertu d'une ordonnance du juge. Teste en demande la nullité, se fondant sur la prescription de l'action, à défaut de poursuites pendant près de vingt ans.—Jugement du tribunal qui rejette cette exception. — Appel. — Teste fait remarquer que l'action civile et l'action publique sont toutes deux soumises à la prescription de trois ans, à défaut de poursuites (c. inst. crim. 2 et 638); que ces deux actions sont sans influence l'une sur l'autre et ne peuvent se nuire ou se profiter, à l'exception d'un seul cas (c. inst. crim. 3, § 2). — Arrêt.

La cour; — Attendu que, condamné comme escroc, par jugement correctionnel, Teste cherche, mais vainement, dans les dispositions de l'art. 638 c. inst. crim. les moyens de pouvoir retenir à son profit le produit de son escroquerie; — Qu'au prescrit de cet article, l'action civile résultant d'un délit se prescrit, il est vrai, par trois années, à compter du jour où il a été commis, si, pendant cet intervalle de temps, il est demeuré impoursuivi, et dans les cas où des poursuites auraient été exercées sans avoir été suivies d'un jugement rendu dans le même délai, à compter des derniers actes; mais tirer de là la conséquence que, lorsque, comme dans l'espèce, un jugement a été rendu dans les trois années du délit, que les faits qui peuvent donner lieu à l'action civile ont été légalement constatés, le prévenu condamné à une peine d'emprisonnement n'a pas à craindre de voir son honneur plus gravement compromis par suite de l'action en réparation civile; tirer cette conséquence de l'art. 638, ce serait ajouter à ses dispositions, et méconnaître l'intention du législateur qui n'a pas eu celle de placer un individu déclaré coupable d'escroquerie, alors qu'il n'avait encore aucune prescription à opposer, dans une position plus favorable, à l'égard de la partie civile, que celui qui, ayant involontairement porté préjudice aux autres, ne pourrait se soustraire aux réparations que la loi lui impose que par l'effet de la prescription établie par le code civil; — Que ce qui prouve cette intention du législateur, dans son art. 638, de ne soumettre l'exercice de l'action civile à la prescription de trois ans qu'au cas seulement où une condamnation ne serait pas intervenue dans ces trois années, ce sont les dispositions de l'art. 636 dans lequel, s'occupant du cas où, par l'effet d'une condamnation, une peine a été prononcée, on le voit ordonner la prescription de cette peine, et, ne s'occupant plus de celle de l'action civile, laisser par cela même l'exercice de cette action soumise aux règles ordinaires; — Confirme.

Du 27 mars 1833.-C. de Nîmes, 3e ch.-M. Fajon, pr.

(2) (Min. pub. *C.* Ferret.)—La cour;—Vu l'art. 8, sect. 7, tit. 1, de la loi du 28 sept. 1791, qui est ainsi conçu : — « Les poursuites des délits ruraux seront faites au plus tard dans le délai d'un mois, soit par *les parties lésées, soit par le procureur de la commune ou ses substituts*; »—Et, attendu que le délit dont est question consistant dans l'anticipation sur un chemin vicinal est qualifié délit rural par l'art. 40, tit. 2, de la loi et qu'il avait été constaté par le procès-verbal du 23 mess. an 12, qu'il devait par conséquent être poursuivi au plus tôt dans le délai d'un mois, à partir de ce procès-verbal, à peine de prescription ou déchéance de l'action correctionnelle, et que cependant les poursuites n'ont été faites que dans le mois de fructidor suivant, bien postérieurement à l'expiration de ce délai; — D'où il suit que la cour de justice criminelle d'Indre-et-Loire n'a pas violé la loi en déclarant prescrite l'action relative à ce genre de délit; — Que si l'action résultante du délit a été ainsi légalement déclarée prescrite, cette prescription n'exclut pas néanmoins la commune de la faculté de réclamer par action civile la restitution du terrain prétendu usurpé sur son chemin; — Rejette.

Du 25 août 1809.-C. C., sect. crim.-MM. Barris, pr.-Vermeil, rap.

(3) *Espèce* : — (Dame Palmerini *C.* l'agent du trésor.) — En 1784, une succession considérable échut à Marquet de Montbreton, à Marquet-Desgreves et autres. — En 1789, le premier fut mis en possession de l'actif de l'hérédité, sauf à compter à ses cohéritiers. — En mai 1789, Marquet-Desgreves, receveur général des finances à Bordeaux, disparait. — La chambre des comptes fit apposer les scellés chez lui.— 18 mai, plainte du procureur général; arrêt de prise de corps; Marquet-Desgreves fut assigné à son de trompe; — Autre arrêt contre ses complices, surtout contre Marquet de Montbreton, qui fut renvoyé à fins civiles et condamné, comme caution, à verser 200,000 fr. au trésor.— Depuis nul acte de procédure criminelle. — 22 pluv. an 7, les commissaires de la trésorerie fixent à près de 3 millions le débet de Marquet-Desgreves, alors en émigration, où il est décédé sans qu'aucune poursuite ait été dirigée ni contre lui ni sur ses biens; sa succession a été acceptée, sous bénéfice d'inventaire, par la dame Palmerini.—En 1816, le trésor se fait autoriser à exercer les droits de Marquet-Desgreves, son débiteur, et assigne les héritiers Marquet de Montbreton en reddition du compte confié à celui-ci en 1789.—Ce compte est ordonné et a lieu devant notaire. Une somme de 30,000 fr. est accordée au trésor aux droits de Marquet-Desgreves. — Appel par la dame Palmerini; elle soutient que l'action du trésor est prescrite par défaut de poursuites dès l'an 7 · qu'aux termes des art. 1 et 2 c. pén. de 1791, 9 et 10 de celui du

dirigée, non dans le but de dénoncer un crime de concussion, ou d'obtenir des dommages-intérêts en raison de ce crime, mais dans le seul but d'obtenir la somme que ce fonctionnaire a perçue au delà de ce qui était dû, et qu'il s'est appropriée, une telle action a pu être déclarée non atteinte par la prescription de dix ans, portée par les art. 2 et 637 c. inst. crim., articles inapplicables dans ce cas (Req. 6 juill. 1829) (1).—Ces arrêts nous paraissent très-juridiques. La demande en restitution ne se fondait pas, dans cette dernière espèce, sur ce que la somme avait été détournée par suite de concussion, mais simplement parce qu'elle avait été payée en trop. Lors même que le crime de concussion n'aurait pas été constatée, l'action n'en aurait pas moins été recevable; — 4° Qu'enfin l'action en redressement de compte, formée contre un mandataire, n'est prescriptible que par trente ans (Req. 16 avr. 1845, aff. Despréaux, D. P. 45. 1. 266). Il y a cela de remarquable dans l'espèce qu'antérieurement une plainte en abus de confiance avait été formée contre le mandataire, et suivie d'un arrêt de non-lieu;—5° Que l'action, dirigée devant les tribunaux civils contre l'inventeur d'un trésor, par le propriétaire sur le fonds duquel ce trésor a été découvert, et que celui-ci prétend que celui-là s'est attribué en totalité, à l'effet d'obtenir des dommages-intérêts, se prescrit, non par trois ans, comme l'action civile qui naît d'un délit, mais par trente années (Angers, 15 juill. 1851, aff. Bergeret, D. P. 52. 2. 56); — 6° Qu'il suffit qu'un agent de change qui a fait avec un client des opérations prohibées de compte à demi, ait fait en même temps pour le compte exclusif de celui-ci des opérations régulières, pour qu'il ne puisse opposer à la demande en reddition de compte, formée après le laps de trois ans, le caractère délictueux des premières opérations et la prescription triennale établie contre l'action civile résultant d'un délit (c. com. 85 et 87; Lyon, 2 avril 1851, aff. Ribaud, D. P. 52. 2. 126).

401. Toutefois on a jugé que l'action en dommages-intérêts formée pour entraves à la liberté des enchères, contre l'adjudicataire d'un immeuble qui a écarté un créancier surenchérisseur, en s'obligeant, par exemple, à lui payer une certaine somme, doit être considérée comme naissant du délit prévu par l'art. 412 c. pén., et non comme prenant sa base dans le contrat d'adjudication, et qu'en conséquence cette action est soumise à la prescription de trois ans, et non à la prescription trentenaire (Rej. 21 nov. 1854, aff. Darmailhac, D. P. 54. 1. 115; Conf. Bourges, 26 mars 1855, aff. Descolombiers, D. P. 55. 2. 308).—Dans une espèce identique, une autre chambre de la cour de cassation était arrivée à une autre solution (Req. 26 mars 1829, aff. Cavaré, V. Surenchère, n° 392). Ce dernier arrêt, combattu par M. Faustin-Hélie, de l'Inst. crim. t. 3, p. 792, nous paraît, en effet, ne pas devoir faire autorité. — Il s'appuie sur deux motifs : le premier se puise dans cette considération que le demandeur avait demandé la réparation d'un fait préjudiciable, sans reprocher au défendeur d'avoir commis un délit. Or il en est ainsi toutes les fois que l'action est portée devant la juridiction civile; le demandeur ne prétend pas obtenir la répression d'un délit, il ne veut que la réparation d'un dommage. — Le second motif se puise dans cette considération qu'on ne peut être admis à alléguer sa propre turpitude. Il est d'abord douteux que cet axiome puisse priver une partie du bénéfice d'une disposition de loi, quand cette disposition est fondée sur l'intérêt public. Ensuite elle n'était pas applicable, car celui qui soutient que

---

3 brum. an 4, la prescription de l'action civile et de l'action publique était acquise par le laps de trois ans, à partir de la constatation du crime, et de six ans, s'il n'y a pas poursuite commencée; que cette prescription des actions civile et publique se trouve consacrée par l'art. 657 c. inst. crim. — L'intimé répond que, dans l'espèce, on doit appliquer la prescription relative aux débets des comptables et non celle relative aux délits; que, sous la déclaration du 7 janv. 1670, les débets des comptables étaient imprescriptibles; que, par les lois des 5 oct. 1792, art. 5, et 25 août 1793, art. 45, ils ont été soumis à la prescription de cent ans, et qu'aujourd'hui, ils le sont à celle de trente ans (c. civ. 2262, 2281). — Arrêt.

La cour — En ce qui touche le moyen de prescription : — Considérant que l'action du gouvernement contre un comptable est indépendante de celle qui pourrait résulter d'un délit de rétention ou soustraction de deniers; que, dès lors, les principes de prescriptions en matière criminelle, ne sont pas applicables à l'espèce; — Sans s'arrêter au moyen de prescription proposé en la cour; — Adoptant..., met l'appellation au néant.

Du 25 mars 1825.-C. de Paris, 1re ch.-M. Séguier, 1er pr.

(1) *Espèce* :—(Combescure C. Anglade.)—En 1792, Anglade achète un champ de la commune de Corneilhan pour 2,445 fr.—An 13, il restait devoir 1,544 fr.; il avait payé le surplus.—Peu après, Combescure est nommé receveur municipal et percepteur de la commune.—Il reçoit, en cette qualité, d'Anglade, plusieurs à-compte sur le prix redû par celui-ci.—Depuis, des exactions ou concussions sont imputées au percepteur; il est acquitté. — En 1824, Anglade présente des récépissés, signés par Combescure, desquels il résulte que, depuis 1806, il a payé, à ce dernier la somme de 2,427 fr., c'est-à-dire qu'il a payé 885 fr. de plus qu'il ne devait; il demande le remboursement de ce surpayé.—Le conseil de préfecture reconnaissant que l'Etat n'a reçu de Combescure que les 1,544 fr. dus en l'an 13, se déclare incompétent pour prononcer sur la répétition de ce surpayé.—En cet état, Anglade assigne Combescure en restitution devant le tribunal civil.—Combescure était présent; mais un crime ayant été signalé contre lui, il a pris la fuite : un arrêt de contumace le condamne à mort.—Il lui est nommé un curateur.—Ce curateur soutient l'action d'Anglade prescrite, aux termes de l'art. 657 c. inst. crim.—Le tribunal de Béziers déclare l'action prescrite. Appel.—11 juin 1828, arrêt de la cour de Montpellier, qui infirme en ces termes : « Attendu qu'Anglade ne prétend pas que Combescure se soit rendu coupable du crime de concussion; qu'il ne demande pas des dommages contre lui; qu'il se borne à réclamer le remboursement d'une somme qu'il a payée en sus de celle dont il était débiteur; que, sous ce rapport, l'exception opposée par Combescure est inadmissible;—Attendu, d'un autre côté, que Combescure ne saurait être admis à invoquer sa propre turpitude pour échapper à la demande en remboursement qui lui est faite; que dût-on l'y admettre, il ne pourrait invoquer la prescription dont parlent les art. 9 et 10 du code pénal de l'an 4, et l'art. 637 c. inst. crim., cette prescription n'ayant lieu, quant à la partie civile, que pour les dommages qu'elle pourrait être dans le cas de réclamer, et non pour la restitution des objets volés, à raison de laquelle il n'y a pas motif de restreindre la durée de l'action ordinaire;—Attendu qu'il est établi qu'Anglade a payé 852 fr. 50 c. au-dessus de ce dont il était débiteur; qu'il est donc juste d'en ordonner la restitution, sauf au curateur de Combescure à imputer sur cette somme les frais exposés par Combescure en 1806 et 1807 contre Anglade, s'il est justifié qu'il en a fait. »

Pourvoi du curateur de Combescure. — On disait pour lui : Anglade n'était pas le débiteur de Combescure, et celui-ci n'était pas son créancier. Combescure était receveur; il a reçu d'Anglade en cette qualité; il n'a pas fait compte à l'Etat de la somme sur exigée; il a donc commis le crime de concussion. Et de ce crime, sont nées deux actions, l'une publique, l'autre privée ou civile : or l'une et l'autre s'éteignent par la prescription. Cette prescription est de dix ans, lorsque le crime emporte des peines afflictives ou infamantes (c. inst. crim., art. 2 et 637); et ici, la peine a ce caractère, puisque la concussion est punie de la réclusion. — Dans l'espèce, l'arrêt attaqué n'a pu accueillir la prétention d'Anglade, parce qu'il exerçait l'action appelée dans le droit romain *condictio indebiti*, renouvelée par les art. 1376, 1377 c. civ. — Cette action, en effet, tend à se faire restituer ce qui a été payé par erreur ou sciemment, et qui n'était pas dû, et elle dure trente ans, parce qu'elle dérive d'un titre qui ne se prescrit que par ce délai.—Mais cette action suppose un débiteur qui paye un créancier; elle n'appartient donc pas à Anglade.—Quand, au contraire, celui qui reçoit plus qu'il n'est dû ne fait pas cette recette en son nom et pour lui, et que, néanmoins, il se l'attribue, il commet le crime de concussion. Ce crime, commis par un fonctionnaire, fait naître contre lui l'action publique et l'action civile, limitées toutes deux à dix ans. Cette restriction dérive de la différence entre celui qui réclame contre le créancier envers lequel il s'était obligé directement, et celui qui réclame contre un tiers qui n'était pas son créancier : l'un tire son droit de la loi civile, l'autre de la loi criminelle. C'est ce qu'il ne faut pas confondre.—Et la distinction que l'arrêt attaqué a faite entre l'action civile, en restitution de la somme surpayée, et l'action civile tendante à obtenir des dommages-intérêts, ne saurait être admise.—Arrêt.

La cour;—Attendu qu'en qualifiant, en fait, la nature de l'action formée par Raymond Anglade, le but et l'objet de sa demande, et en décidant que ni l'une ni l'autre ne tendaient à dénoncer un crime de concussion; que tout se réduisait à la répétition d'une somme payée au delà de celle qui était due, sans aucun mélange avec des poursuites tendant à obtenir le dommage qu'aurait causé un fait qui était ou qui pouvait être qualifié crime, la cour de Montpellier a pu, comme elle l'a fait, écarter la prescription de dix ans, qui était opposée par le demandeur, sans violer les art. 2 et 637 c. inst. crim., articles qui, au moyen de la sage et juste distinction faite par cette Cour, étaient sans application à l'espèce;—Rejette.

Du 6 juill. 1829.-C. C., ch. req.-MM. Favard, pr.-Mousnier, rap.

l'action intentée contre lui au civil se fonde sur un délit qui lui est reproché, n'avoue pas ce délit, mais prétend seulement que le fait qui lui est imputé, s'il était prouvé, constituerait un délit.

102. Peut-on assimiler à une action civile la demande en séparation de corps fondée sur l'adultère, et dès lors cette action doit-elle être prescrite par trois ans? La négative a été décidée avec raison. La demande en séparation de corps, sur quelque motif qu'elle s'appuie, ne peut être portée que devant les tribunaux civils, et ne doit être jugée que d'après les règles établies par le code Napoléon, qui n'admet que la prescription de trente ans pour toutes les actions personnelles, mais seulement la peine prononcée par l'art. 308 c. nap. contre une femme convaincue d'adultère ne doit pas lui être appliquée après trois années révolues, à compter du jour où l'adultère a eu lieu (Rennes, 28 déc. 1825, M. Laforêt Darmaillé, pr., aff. P. *C.* P...).

103. L'action civile, portée devant les tribunaux civils pour obtenir des dommages-intérêts d'une personne qu'on soutient civilement responsable d'un délit, dure-t-elle trente années, ou peut-on lui opposer la prescription prévue par les art. 637 et 638 c. inst. crim.? L'action dure trente ans, car la demande est alors fondée sur les dispositions de l'art. 1384 c. nap. — V. Req. 17 déc. 1839, aff. Maslier, v° Chose jugée, n° 285; V. aussi n° 95.

104. Il est important de remarquer qu'il ne peut appartenir à une partie de qualifier le fait reproché, de contrat ou de quasi-contrat, afin de se soustraire à la prescription de l'action civile, qui ne peut naître que d'un délit (Rennes, 2 août 1819, aff. Leygnadier, V. v° Dépôt, n° 150-1°).

§ 8. — *De l'interruption et suspension de la prescription.* — *De la maxime* Quæ sunt temporalia ad agendum, sunt ad excipiendum perpetua.

105. Nous avons vu que, dans l'ancien droit, la prescription en matière criminelle ne pouvait pas être interrompue. Il en est autrement sous le droit nouveau. La prescription criminelle peut être interrompue comme la prescription civile. Il a paru juste que des poursuites intentées par les parties publique ou civile conservassent leur droit; et d'un autre côté, celui qui se sait poursuivi ne peut croire que son crime est oublié ou pardonné. Enfin les actes d'instruction et de poursuite empêchent les preuves de dépérir. Le nouveau système est donc un système vrai, et qui a des bases légitimes.

106. *Interruption.* — Les actes qui interrompent la prescription sont, aux termes de l'art. 657 c. inst. crim., des actes d'*instruction* et de *poursuite.* — Que doit-on entendre par des actes d'instruction et de poursuite? C'est, a dit la cour de cassation avec beaucoup de précision et de justesse, « tous actes ayant pour objet soit de rechercher les preuves de l'existence du crime et de la culpabilité du prévenu, soit de s'assurer de sa personne » (Crim. rej. 14 juin 1816, aff. Hernoux, V. Amnistie, n° 12). Les *mandats d'arrêt, d'amener* et *comparution* sont, sans aucune difficulté, des actes qui interrompent la prescription.

107. Ainsi interrompent la prescription : 1° le *procès-verbal de perquisition* de la personne d'un prévenu, dressé en vertu d'un extrait d'un jugement par défaut rendu contre lui et de la réquisition du ministère public tendant à la translation près le tribunal qui doit prononcer sur la prévention (Crim. rej. 10 fév. 1843, M. de Haussy, rap., aff. Godefroid).

108. 2° Le réquisitoire du ministère public adressé au juge d'instruction afin d'informer (Crim. rej. 8 oct. 1846, D. P. 47. 4. 382; Orléans, 23 avril 1855, aff. Regnard, D. P. 54. 5. 586); — Lors même que tous les chefs d'inculpation n'y sont pas expressément et nommément énoncés, s'ils sont implicitement compris dans les faits généraux, d'où résulte la preuve de l'infraction reprochée (même arrêt).

109. 3° Les réquisitions du ministère public à fin de condamnation interrompent la prescription. En conséquence, il suffit que, sur la citation directe donnée par le plaignant devant un tribunal de répression, le ministère public ait fait des réquisitions tendantes à l'application de la peine, pour que la prescription doive être réputée interrompue; et il en est de même relativement aux diverses instances auxquelles aurait donné lieu (à la suite de plusieurs cassations) l'exception d'incompétence soulevée par le prévenu, si le ministère public a été entendu chaque fois (Crim. rej. 5 avr. 1859) (1).

110. 4° De même l'information régulière faite par un juge d'instruction doit être réputée, ainsi qu'un procès-verbal constatant un délit, un acte d'instruction suffisant pour interrompre la prescription (Rej. 26 juin 1840, aff. Boutonnet, V. *infrà*, n° 132). — Il avait été également jugé, sous le code de brumaire an 4, que l'*audition de témoins* constituait des poursuites interruptives de la prescription (Crim. cass. 2 juill. 1807, MM. Barris, pr., de la Coste, rap., aff. N... *C.* N...); — Et que lorsqu'il avait été procédé par le juge de paix à une information sur un délit précédemment constaté, cette information était une *poursuite* qui prorogeait la prescription (Cass. 16 fruct. an 10) (2). — Il a été jugé néanmoins, sous l'empire du code du 3 brum. an 4 : 1° qu'une déclaration reçue par le juge de paix n'interrompait pas la prescription (Crim. rej. 24 mai 1810) (3). Cet arrêt n'est pas, au reste, en contradiction avec celui qui précède; on ne peut pas considérer comme faisant une information le magistrat qui reçoit seulement une déclaration, et l'arrêt du 24 mai 1810 est d'autant mieux rendu qu'il l'a été sous une loi qui reconnaissait aux *poursuites* seules le caractère interruptif de la prescription; — 2° Que les déclarations faites au procès-verbal de constatation du délit, sous le code de brum. an 4, par des individus présents, qui ne donnent les renseignements à leur connaissance que sur

(1) (Salmon et consorts *C.* Parquin et Ducros.) — LA COUR; — Sur le premier moyen pris de la violation prétendue des art. 1, 2, 5, 4, 637, 638 c. inst. crim., et 29 de la loi du 26 mai 1819, en ce que la cour d'assises de la Seine aurait accueilli une demande civile à fin de dommages-intérêts, liée à une action publique éteinte par la prescription : — Attendu, en droit, d'une part, que le ministère public, devant les tribunaux répressifs, agit toujours comme partie principale; d'autre part, que la prescription de l'action publique est interrompue par les actes de poursuite ou d'instruction, même devant un juge incompétent; — Attendu, en fait, que le tribunal de la Seine n'a statué sur l'action correctionnelle de Mes Parquin et Ducros, engagée par voie de citation directe, qu'après avoir entendu les conclusions du procureur du roi, tendantes à la condamnation; — Que le jugement par défaut rendu en conformité de ces conclusions a été signifié aux sieurs Salmon et consorts, à la requête de ce magistrat; — Que le ministère public a été également entendu aux diverses phases de la procédure, qui a eu pour objet le litige soulevé par les demandeurs sur la compétence, et que, soit dans le cours de cette période nécessairement suspensive de la poursuite, soit depuis l'arrêt suprême qui a déclaré les prévenus justiciables du jury, un an ne s'est pas écoulé sans qu'il intervînt des décisions de justice; — D'où il suit que l'action publique et par suite l'action civile n'ont pas cessé d'exister; — Rejette l'exception de prescription.

Du 5 avr. 1859.-C. C., ch. crim.-MM. de Bastard, pr.-Rocher, rap.

(2) (Langlé.) — LA COUR; — Vu l'art. 10 de la loi du 3 brum. an 4; — Et attendu que si la preuve testimoniale présentée par Joseph Langlé établissait qu'il avait été dressé un procès-verbal constatant le corps du délit, cette preuve ou du moins les dépositions des témoins entendus dans le même contexte d'acte, établissait également que trois jours après le procès-verbal, il avait été procédé par le même juge de paix à une information sur le délit qui avait été l'objet du procès-verbal; — Que cette information était une poursuite qui devait proroger la prescription à six ans; que les art. 81, 100 et 111 c. 3 brumaire déterminent aussi la signification que doit avoir le mot *poursuite* dans l'art. 10 ci-dessus cité; — Que le tribunal criminel du département de l'Escaut a donc violé cet article en refusant à l'information le caractère et l'effet que la loi lui donne; qu'il ajoute à la loi, et a commis ainsi une nouvelle contravention à ses dispositions en décidant que le mandat d'arrêt, ou du moins celui d'amener, pourrait seul donner à la poursuite l'effet de proroger la prescription à six ans; — Casse.

Du 16 fruct. an 10.-C. C., sect. crim.-M. Barris, rap.

(3) (Min. pub. *C.* Reiccardi.) — LA COUR; — Attendu que, d'après l'art. 9 de la loi du 3 brum. an 4, il ne peut être intenté aucune action pour raison d'un délit, après trois années révolues, à compter du jour où l'existence en a été connue ou légalement constatée, lorsque dans cet intervalle il n'a été fait aucune poursuite; que, d'après l'art. 10 de la même loi, l'action ne dure six ans qu'autant qu'il a été commencé des poursuites criminelles à raison du délit; — Attendu qu'en jugeant que les déclarations reçues par le juge de paix du canton de Blois ne devaient pas être considérées comme le commencement des poursuites criminelles dont parle l'art. 10 de la loi du 3 brumaire, la cour de justice criminelle de Gênes n'a fait que se conformer au vœu de la loi; — Rejette.

Du 24 mai 1810.-C. C., sect. crim.-MM. Barris, pr.-Favard, rap.

le corps du délit, ne peuvent être considérées comme de véritables poursuites, et faire ainsi proroger la prescription de trois ans (Crim. cass. 7 oct. 1808, M. Carnot, rap., aff. Douvry).

111. Quelques auteurs ont douté que le procès-verbal pût être considéré comme un acte d'instruction (le Sellyer, n° 2250). Ce doute n'est pas permis. Le procès-verbal qui constate le délit, qui relate les circonstances dans lesquelles il s'est accompli, qui décrit les lieux où les faits se sont passés, est certainement un acte d'instruction, et le plus important de tous, puisque c'est la base de la procédure. (Crim. rej. 26 juin 1840, aff. Boutonnet, n° 132). — Mais le contraire a été très-bien jugé sous le code de brum. an 4; car alors le procès-verbal qui constatait le délit était le point de départ de la prescription que des poursuites seules pouvaient interrompre (Crim. cass. 7 oct. 1808, M. Carnot, rap., aff. Douvry).

112. Il est donc constant qu'un procès-verbal qui constate un crime ou un délit, lorsqu'il a été dressé par un officier de police judiciaire ou par les préposés chargés, dans les matières fiscales, de constater les délits de fraude, doit être considéré comme un acte d'instruction interruptif de la *prescription* (Legraverend, t. 1, p. 80).

113. Peut-on considérer comme des actes interruptifs de la prescription les procès-verbaux des gendarmes et des sous-officiers de gendarmerie, et ceux des préposés qui n'ont pas reçu de la loi le privilége d'être crus jusqu'à inscription de faux? — M. Legraverend se prononce pour la négative. — C'est là une erreur, comme l'a fort bien fait observer M. Mangin, n° 344, puisque ces procès-verbaux ont été dressés par des personnes ayant qualité pour constater les délits dont la recherche leur est confiée. — Mais un procès-verbal dressé par un inspecteur de l'enregistrement, et transmis au ministère public, ne constitue pas un acte d'instruction susceptible d'interrompre la prescription d'un crime de faux commis par un notaire dans la mention du droit d'enregistrement (Crim. cass. 15 janv. 1814, M. Bauchau, rap., aff. min. publ. *C.* Massal).

114. Les recherches faites par un procureur impérial pour découvrir les auteurs ou complices d'un délit de contrebande, constituent des actes d'instruction et de poursuite de nature à interrompre la prescription du délit. Tels seraient l'ouverture d'un paquet cacheté et l'inventaire requis, par le procureur impérial, des papiers saisis par l'administration des douanes au domicile des prévenus (Crim. rej. 22 oct. 1825) (1).

115. Dans les matières de police correctionnelle, le ministère public et la partie civile peuvent citer directement l'inculpé devant le tribunal de police correctionnelle. On avait conclu de là que cette citation seule interrompait la prescription. C'est une erreur. Tout acte d'instruction et de poursuite a cet effet, et quand en matière correctionnelle un de ces actes a été fait pendant le délai de la prescription, la prescription est interrompue alors même que la citation est donnée hors du délai (Conf. Mangin, n° 346). — La même règle doit être suivie en matière de *délits forestiers* (Crim. rej. 26 fév. 1807, MM. Barris, pr., Rataud, rap., aff. Grimbel), de *pêche*, de *chasse* (V. Chasse, n° 475), de *délit rural* (Crim. cass. 18 août 1809, aff. Dodino, n° 205; V. aussi n° 203). — En ces matières spéciales, le prévenu ne peut opposer valablement la prescription, quoiqu'il ait été cité hors du délai dans lequel les poursuites ont dû être commencées, s'il y a eu dans ce délai des actes d'instruction.

116. Une *plainte* n'est ni un acte d'instruction ni un acte de poursuite; il en est de même de la dénonciation : ces deux actes n'ont aucun caractère interruptif. — Mais cependant M. Mangin pense que la plainte de la partie civile, lorsque le ministère public n'a pas cru devoir poursuivre et que l'action a été portée devant les tribunaux civils, interrompt la prescription. Cela nous paraît une erreur. En effet, il faut ici puiser la raison de décider soit dans le droit civil, soit dans le droit criminel. — Or, aux termes du code Napoléon (art. 2244), il faut pour interrompre la prescription une citation en justice. — Une plainte ne peut y être assimilée aux termes du code d'instruction criminelle; il faut, pour que la prescription soit interrompue, des actes de poursuite et d'instruction, et il est évident, qu'une plainte n'est pas dans cette catégorie.—V. aussi Presse-outrage, n°s 1298 et s.

117. Les simples réserves de l'action publique, faites par le ministère public lors d'un procès civil où l'une des parties a paru faire sciemment usage de pièces fausses, n'ont point interrompu la prescription de cette action, quoiqu'elles aient été suivies du dépôt au greffe des pièces prétendues fausses, si d'ailleurs il n'est point intervenu d'inscription de faux dans le procès civil (Crim. rej. 4 juin 1824) (2).

118. L'attestation d'un magistrat que les pièces de la procédure sont égarées n'aurait pas non plus pour effet d'interrompre la prescription (Crim. cass. 25 nov. 1808) (3). — En effet la loi n'a déclaré nulle part que l'attestation d'un magistrat pourrait remplacer une procédure adirée ou anéantie.

119. La contrainte décernée par la régie ne saurait interrom-

(1) (Cottet *C.* min. pub.). — LA COUR; — Sur le moyen pris d'une violation des art. 637 et 638 c. inst. crim., en ce que, lorsque les poursuites ont commencé, le 25 août 1824, devant le tribunal correctionnel, sur le fait de participation comme assureurs ou intéressés, dans le fait de contrebande qui avait été constaté le 5 sept. 1820, il s'était écoulé plus de trois ans; — Attendu que la loi ayant chargé les procureurs du roi près les tribunaux correctionnels de faire toutes les recherches nécessaires pour découvrir les individus qui auraient participé, comme assureurs ou intéressés d'une manière quelconque, à un fait de contrebande, ces recherches constituent des actes d'instruction et de poursuite; — Que, dans l'espèce, il avait été saisi, le 8 déc. 1822, au domicile des frères Cottet, grand nombre de factures et de lettres qui ont été renfermées sous cachet; que le procès-verbal dressé par les préposés des douanes ayant été transmis au procureur du roi près le tribunal de Saint-Claude, avec le paquet cacheté, ce magistrat a requis, le 1er janv. 1825, que les frères Cottet fussent cités, pour qu'en leur présence et en celle de l'administration des douanes, il fût procédé à l'ouverture du paquet cacheté et à l'inventaire des papiers saisis qui pouvaient, est-il dit dans la réquisition, présenter des documents propres à donner lieu à des poursuites;—Qu'en vertu d'une ordonnance conforme, sous la date du 1er fév., il a été procédé, le 6 du même mois, par le juge d'instruction, à l'ouverture et à l'inventaire; que tous ces actes ont été des actes d'instruction, et ont eu conséquemment l'effet d'interrompre la prescription; — Rejette.

Du 22 oct. 1825.-C. C., sect. crim.-MM. Portalis, pr.-Rataud, rap.

(2) (Min. pub. *C.* Garrigues.) — LA COUR; — Considérant que les réserves de l'action publique, faites par le ministère public, lors du jugement civil du 29 mai 1816, n'ayant point mis cette action en mouvement, ne peuvent dès lors être considérées comme un acte de poursuite; — Que le dépôt au greffe des pièces produites par Garrigues audit procès civil à l'appui de ses prétentions n'a point été la suite d'une inscription ou plainte en faux; que ce dépôt ne peut donc pas non plus être considéré comme un acte, soit de poursuite, soit d'instruction, capable d'interrompre le cours de la prescription établie par l'art. 637 c. inst. crim.; — Que, dans cet état, l'arrêt attaqué, en déclarant la prescription acquise du crime de faux dont Garrigues était accusé, n'a violé aucune loi; — Rejette, etc.

Du 4 juin 1824.-C. C., sect. crim.-MM. Bailly, pr.-Busschop, rap.

(3) (Renaud et Ruffier *C.* min. pub.) — LA COUR; — Vu l'art. 9 c. délits et peines; — Considérant qu'il est établi au procès que le vol commis de nuit avec effraction, en mai 1805, dans la maison de Jacques Charles, fut incessamment constaté par procès-verbal du juge de paix du canton de Moutiers, d'après la dénonciation qui avait été faite de suite à ce magistrat; — Que la preuve de ce fait résulte des dépositions de plusieurs témoins entendus dans les informations, parmi lesquels on reconnaît le juge de paix lui-même, son greffier et le serrurier qui fut requis pour cette opération; — Considérant que les poursuites judiciaires faites contre Jean-François Renaud et Victor Ruffier Lanche n'ont commencé que dans le mois de juin 1808, époque à laquelle il s'était écoulé bien plus de trois ans; — Qu'il résulte même de l'extrait du registre d'ordre du directeur du jury de l'arrondissement de Moutiers, n° 515, que le magistrat de sûreté déposa, le 24 germ. an 12, la plainte de la femme Charles, et qu'il fut déclaré par le directeur du jury que, faute de preuves, il n'y avait pas de poursuites à faire; — Que, quoique le magistrat de sûreté ait certifié, le 18 juill. 1808, avoir instruit dans le temps une procédure sur cette plainte, il a lui-même ajouté que cette procédure avait été égarée, et qu'on n'en retrouvait aucune trace; — Considérant qu'à défaut de représentation des actes de procédure nécessaires pour établir des poursuites faites dans le délai, les déclarations contenues dans le registre d'ordre du directeur du jury de l'arrondissement de Moutiers doivent prévaloir sur les attestations du magistrat de sûreté, qui, chargé par les lois de la poursuite des délits, ne peut constater cette poursuite que dans les formes que les lois déterminent; — Considérant qu'il est aussi établi au procès que le vol commis avec ef-

pre la prescription en matière criminelle (Rennes, 16 déc. 1819, aff. Audicq, V. Rej. 8 janv. 1822, v° Peine, n° 812).—Jugé que l'on doit voir une exécution ou tout au moins un commencement d'exécution de nature à interrompre la prescription quinquennale des amendes en matière correctionnelle, et, par exemple, d'une amende prononcée sur les poursuites de la régie de l'enregistrement, dans une saisie-arrêt pratiquée contre la partie condamnée et une demande en liquidation de sa faillite (Montpellier, 23 août 1855, aff. Masbon, D. P. 56. 2. 127).—V. aussi n° 34, *in fine*.

120. Le jugement *définitif* ne peut être considéré comme un acte interruptif de la prescription; il termine la procédure, et il a pour effet de substituer la prescription de *la peine* à la prescription de l'action. C'est ce qui a été jugé sous la loi de 1791 (Crim. règl. de jug. 16 prair. an 2) (1), c'est ce qui doit être également décidé sous le code actuel.

121. Si un jugement est annulé par la cour de cassation, ni le jugement qui doit être considéré comme non avenu, ni l'arrêt de cassation qui n'a eu pour objet que de régulariser la procédure, n'opèrent la fin des poursuites. Il y a toujours lieu à la prescription de l'action qui court de la date de l'arrêt de cassation. C'est ce qui a été jugé sous le code de brum. an 4, et ce qui devrait l'être encore sous le code d'instruction criminelle (Crim. cass. 3 niv. an 11, M. Barris, pr., aff. Baraillé).

122. Lorsqu'un jugement de condamnation est susceptible d'opposition ou d'appel, il n'est qu'un acte d'instruction qui a bien interrompu la prescription de l'action publique, mais qui ne fait pas obstacle à ce qu'elle recommence son cours, et ainsi n'a pas pour effet de substituer la prescription de la peine à la prescription de l'action (Crim. cass. 1er fév. 1833 (2); Liége, 1er fév. 1834, aff. Magis *C.* min. pub.; Paris, 27 août 1836, M. Jacquinot-Godard, pr., aff. Latour; Rouen, 27 janv. 1853, D. P. 53. 2. 98). —« L'art. 638 se réfère à l'art. 637; mais, dans celui-ci, le mot *jugement* a un sens déterminé pour la procédure au criminel; c'est toujours un jugement en dernier ressort. Il n'est donc pas étonnant que cet article n'ait rien dit de l'interruption de la prescription après un jugement, puisqu'après un jugement en dernier ressort, il ne peut être question d'interruption de la prescription; il ne peut plus s'agir que de la prescription de la peine prononcée. Mais dans les matières correctionnelles, il y a un jugement en première instance, et il faut expliquer l'art. 638 relativement à l'effet de ce jugement : s'il en a été relevé appel, il ne peut plus être considéré que comme un acte d'instruction, et si, depuis ce jugement, le délai suffisant pour prescrire s'est écoulé, sans qu'il ait été fait aucun acte d'instruction ou de poursuite la prescription est acquise (note 282 de M. le président Barris). — Ainsi il a été jugé que l'action publique est prescrite lorsque, depuis l'appel interjeté d'une condamnation correctionnelle, il n'a point été fait d'acte d'instruction pendant trois ans s'il s'agit, par exemple, d'un délit forestier (Grenoble, 11 juill. 1833 (3). — Conf. 23 janv. 1830, aff. Archier, v° Péremption, n° 100; Colmar, 29 avr. 1840, aff. Witz, V. n° 179), ou pendant un an s'il s'agit d'un délit de presse (Crim. rej. 18 janv. 1822, MM. Barris, pr., Aumont, rap., aff. Cristinacce).

123. Pareillement par la discontinuation de poursuites pendant trois ans, à partir de l'appel d'un jugement correctionnel, il y a prescription et du délit et des actes de poursuite, lors même que le jugement contiendrait une condamnation au profit de la *partie civile* (Toulouse, 8 déc. 1836) (4).

---

fraction, dans la nuit du 24 au 25 therm. an 11, dans la maison de Jean-François Ruffier Merey, a été constaté; — Que cette preuve résulte suffisamment de l'extrait du registre d'ordre du directeur du jury dudit arrondissement, n° 241; — Que ce registre constate, en effet, qu'il y a eu en thermidor an 11 une procédure sur la plainte de Jean-François Ruffier Merey, à raison dudit vol, contre lesdits Renaud et Ruffier Lanche; — Que ce registre constate en outre que, n'y ayant pas eu de témoins, il n'y a pas eu lieu à de plus amples poursuites; — Que le rapprochement de ces deux faits ne permet pas de douter que le vol dont il s'agit n'ait été constaté en thermidor an 11; — Qu'en effet, dès qu'il y a eu une procédure sur une plainte relative à un délit qui laissait des traces permanentes, la présomption légale est que cette procédure a eu pour objet de constater le délit; — Que cette présomption se change même en certitude, lorsqu'on voit qu'il n'a été entendu aucun témoin, et qu'il n'y a pas eu lieu à de plus amples poursuites; — Que n'y ayant pas eu, en effet, de plus amples poursuites parce qu'il n'y avait pas de témoins à entendre, il faut nécessairement que les poursuites faites aient eu pour objet de constater le délit, puisque autrement on ne pourrait rattacher ces poursuites à aucun autre objet; — Que le défaut de représentation de cette procédure, qui a été aussi égarée, est un nouveau motif pour donner à l'extrait du registre d'ordre du directeur du jury l'interprétation que l'ordre naturel des idées et les règles prescrites par les lois commandent; — Que les poursuites judiciaires faites contre ledit Renaud et ledit Ruffier-Lanche, pour raison de ce délit, n'ont aussi commencé qu'en juin 1808, époque à laquelle il s'était écoulé plus de trois ans depuis que ce délit avait été constaté; — Que, par conséquent, la cour dont l'arrêt est attaqué, en ne prononçant pas, dans l'état de l'instruction, la prescription acquise quant à ces deux délits, a violé l'art. 9 c. délits et peines; — Casse.

Du 25 nov. 1808.-C. C., sect. crim.-M. Vergès, rap.

(1) (Min. pub. *C.* Dauvergne.) — Le tribunal; — En point de fait, il existe contre François Dauvergne un jugement de la ci-devant connétablie, qui l'a convaincu du crime de faux et a appliqué la peine d'après les anciennes lois; — En point de droit, les anciens tribunaux étaient institués en matière criminelle pour mettre en accusation, déclarer le fait et la conviction des accusés et prononcer la peine du délit; ce qui ayant été rempli à l'égard de François Dauvergne, il est sous le coup d'une condamnation et non en état de commencement de poursuites dirigées contre lui; d'où il résulte qu'il n'a pas pu valablement exciper de la prescription de six ans établie dans la nouvelle loi pénale; par ces considérations, le tribunal, faisant droit sur le mémoire présenté par l'accusateur public, casse et annule le jugement, rendu sur la requête de François Dauvergne, par le tribunal criminel du département de la Dordogne, le 22 ventôse dernier, comme ayant fait une fausse application de l'art. 2, tit. 6, part. 1 de la loi pénale, qui est ainsi conçu : « Quand il aura été commencé des poursuites à raison d'un crime, nul ne pourra être poursuivi pour raison dudit crime après six années révolues, lorsque dans cet intervalle aucun jury d'accusation n'aura déclaré qu'il y a lieu à accusation contre lui, soit qu'il ait été ou non impliqué dans les poursuites qui auront été faites; » — Renvoie au tribunal, etc.

Du 16 prair. an 2.-C. C., sect. crim.-MM. Maleville, pr.-Legendre, r.

(2) (Quillet *C.* min. publ.) — La cour; (ap. dél. en ch. du cons.); — Vu les art. 657 et 658 c. inst. crim.; — Attendu qu'aux termes de la disposition combinée de ces articles, l'action publique et l'action civile résultant d'un délit de nature à être puni correctionnellement se prescrivent, après trois années révolues, à compter du dernier acte d'instruction ou de poursuite; — Attendu que le fait dont il s'agit dans l'espèce fut commis et constaté les 5 et 14 avr. 1826; qu'il constituait alors le délit rural d'usurpation sur un chemin public, prévu et puni par l'art. 40, tit. 2, de la loi des 28 sept.-6 oct. 1791, et que la juridiction correctionnelle était seule compétente pour en connaître; que, si la citation donnée au prévenu le 6 mai de la même année, devant le tribunal de simple police du canton de Blangy, a eu pour effet légal, d'après l'art. 2246 c. civ., de proroger le délai d'un mois dans lequel la poursuite de ce délit devait avoir lieu au plus tard, conformément à l'art. 8, tit. 1, sect. 7, de la même loi, le jugement par défaut que ce tribunal rendit le 10 mai 1826, n'a été signifié au défaillant que le 1er mai 1832;

D'où il suit qu'à cette dernière époque, et par suite de la discontinuation d'actes d'instruction ou de poursuite, pendant près de six années, l'action publique résultant du fait en question se trouvait prescrite, et qu'en ne déclarant pas d'office la prescription acquise au profit du demandeur, le jugement dénoncé a expressément violé lesdits art. 657 et 658; — Sans qu'il soit besoin d'examiner les autres moyens proposés, casse le jugement du 22 août dernier, du tribunal de police correctionnelle de de Pont-Levêque.

Du 1er fév. 1833.-C. C., ch. crim.-MM. de Bastard, pr.-Rives, rap.-Parant, av. gén., c. conf.-Dalloz, av.

(3) (Forêts *C.* Roison.) — La cour; — Vu les art. 657 et 658 c. inst. crim.; — Attendu que, dans l'espèce, il s'est écoulé plus de trois ans depuis l'appel interjeté par l'administration forestière du jugement du tribunal correctionnel de l'arrondissement de Grenoble, du 8 déc. 1829, qui prononçait un sursis; — Attendu, dès lors, que la prescription du délit se trouve acquise au profit du prévenu en conformité des art. 657 et 658 c. inst. crim., faute par ladite administration d'avoir fait procéder sur ledit appel pendant l'espace de plus de trois ans; — Déclare l'administration forestière non recevable dans son appel.

Du 11 juill. 1833.-C. de Grenoble, ch. corr.-M. Dubois pr.

(4) *Espèce* : — (Mourié *C.* min. publ. et Astrié.)—En 1830, Mourié père est condamné par le tribunal correctionnel de Foix, comme civilement responsable d'un délit de dépaissance, à une amende de 278 fr. envers l'Etat, et à 278 fr. envers d'Astrié, partie civile. Appel par Mourié. — L'instance reste impoursuivie, et plus de six ans s'étaient écoulés, lorsqu'en 1836, Mourié, par une requête présentée à la cour, et communiquée soit à d'Astrié, soit au procureur général, a conclu à ce qu'on déclarât prescrite tant l'action publique que l'action civile. — Arrêt.

124. Le jugement par défaut, même non signifié, interrompt la prescription de l'action publique ou civile, mais, s'il n'a pas été suivi par d'autres actes d'instruction et de poursuite, la prescription est acquise après trois ans écoulés depuis sa date. — Il nous semble évident que s'il avait été régulièrement signifié avant l'expiration des trois ans, cette signification serait aussi interruptive. — Décidé en ce sens : 1° qu'il y a prescription d'un délit, et par suite de l'action publique, lorsqu'il s'est écoulé trois ans depuis que le coupable a été condamné par défaut, lors même que ce jugement a été signifié avant que les trois ans fussent écoulés, s'il n'a point été signifié à la partie ou qu'il l'ait été irrégulièrement (Crim. cass. 31 août 1827) (1); — 2° Que les actions publique et civile, résultant d'un délit, sont prescrites, alors même qu'il est intervenu un jugement de condamnation par défaut, s'il s'est écoulé trois ans sans poursuites nouvelles depuis qu'il a été rendu ; et cette prescription doit être déclarée d'office par le juge en faveur du prévenu qui ne l'invoque pas (Crim. cass. 1er fév. 1833, aff. Quillet, V. n° 122).

125. S'il s'agissait de la prescription de la peine, quel serait l'effet d'un jugement *par défaut non signifié ?* Fait-il courir les délais de cette prescription ? — On a conclu de la seconde disposition de l'art. 636 que lorsque le jugement par défaut n'a pas été signifié à la partie condamnée, celle-ci n'ayant pas été mise en demeure d'interjeter appel, n'a pu être privée, par ce fait indépendant de sa volonté, du bénéfice de la prescription (Conf. Legraverend, t. 2, p. 777 ; Bourguignon, Jurisp. des codes crim., t. 2, p. 523 ; Carnot, sur l'art, 636). — Il a été jugé en ce sens : 1° que la prescription de cinq ans, établie par l'art. 636 c. inst. crim., peut être invoquée par le condamné lorsque le jugement qui le condamne, rendu par défaut, ne lui a pas été signifié, et qu'il peut dès lors en interjeter appel (Paris, 26 déc. 1816) (2) ; — 2° Qu'un jugement par défaut dont la signification est nulle a, quant à la prescription, l'effet d'un jugement contradictoire, et que le temps qui s'est écoulé sans poursuites après le jugement par défaut, ne compte pas pour la prescription de l'action publique, mais seulement pour celle de la peine (Toulouse, 22 janv. 1824) (3).

126. On vient de voir qu'un jugement frappé d'appel ne

La cour ; — Attendu qu'il a été convenu que la péremption civile ne pouvait pas être invoquée en matière de police correctionnelle, et que, par conséquent, la discontinuation des poursuites pendant plus de trois ans depuis l'appel n'avait pas pu donner au jugement l'autorité de la chose jugée ; — Que, par l'effet de l'appel de Mourié, la juridiction supérieure se trouvait nantie de l'instance, et que, dès lors, aucune condamnation ne pouvait être exécutée contre lui que de l'autorité de cette juridiction ; — Qu'ainsi, il n'y avait point de peine définitivement prononcée contre Mourié, puisqu'il appartenait seulement à la cour royale de statuer *souverainement*, ce qui démontre que ce n'est pas le cas d'appliquer à la cause l'art. 656 c. inst. crim. ; — Attendu que puisque, par l'effet de l'appel, il ne pouvait pas exister de peine irrévocablement prononcée contre Mourié, il faut reconnaître qu'il n'y avait plus, depuis cet appel, que de simples poursuites dirigées contre lui ; — Qu'il appartenait principalement au ministère public et à la partie civile de faire leurs diligences pour qu'on statuât sur lesdites poursuites ; — Qu'il résulte de l'art. 658 du même code que toute action publique ou civile s'éteint, en matière de police correctionnelle, par discontinuation des poursuites pendant trois ans ; — Qu'ainsi l'action à exercer contre Mourié, soit de la part du ministère public, soit de la part d'Astrié, depuis le 10 juill. 1830, a été prescrite par la cessation de toute poursuite de leur part ; — Disant droit sur la requête, déclare prescrite l'action du ministère public et l'action d'Astrié contre Mourié, déclare toutes les poursuites non avenues.

Du 8 déc. 1836.-C. de Toulouse, ch. corr.-M. de Boyer, f. f. pr.

(1) (Buchillot C. min. pub.) — La cour ; — Vu les art. 636 et 638 c. inst. crim. ; — Attendu que, sur l'opposition de Buchillot envers le jugement de défaut du 22 mars 1822, ladite opposition, sous la date du 14 avr. 1827, il est intervenu, le 20 juin suivant, un arrêt de la cour d'appel de Dijon, qui, en déclarant l'opposition recevable, a annulé la signification dudit jugement de défaut, prétendue faite à Buchillot, et a réputé cette signification comme non avenue et n'ayant jamais existé ; — Attendu que, depuis le jugement de défaut du 22 mars 1822 jusqu'au 14 avr. 1827, il s'est écoulé plus de trois années, puisqu'il s'en est écoulé plus de cinq, pendant lesquelles aucunes poursuites quelconques n'ont été faites contre Buchillot ; et que le jugement de défaut du 22 mars 1822, n'ayant pas été valablement signifié, rien n'a interrompu la prescription du délit correctionnel qui, aux termes des art. 636 et 638 c. inst. crim., a dû courir en faveur du prévenu ; qu'il suit de là dans l'espèce, que cette prescription a été acquise à Buchillot, dans l'intervalle du jugement de défaut à l'opposition dudit Buchillot, par suite de laquelle le jugement de défaut a été annulé par arrêt de la cour de Dijon, du 20 juin faute de signification ; — Attendu, néanmoins, que, par l'arrêt attaqué, la cour d'appel de Dijon a écarté la prescription opposée par Buchillot, aux termes de l'art. 638 c. inst. crim., et a, par cela même, expressément violé ledit article, ainsi que l'art. 636 ; — Attendu que l'arrêt de la cour d'appel de Dijon étant annulé, en ce qu'il n'a point appliqué les dispositions des art. 636 et 638 c. inst. crim., relatifs à la prescription du délit, lequel délit se trouve effacé par ladite prescription, qui a elle-même éteint l'action publique, il n'y a pas lieu de renvoyer Buchillot devant une autre cour pour un délit qui n'existe plus ; — Casse.

Du 31 août 1827.-C. C., ch. crim.-MM. Portalis, pr.-Cardonnel, r.

(2) *Espèce :* — (Min. pub. C. Pontier.) — Le 18 déc. 1810, jugement par défaut du tribunal de police correctionnelle de la Seine, qui condamne Ponthier à un an d'emprisonnement. Ce jugement n'a point été signifié au condamné. — Le 30 nov. 1816, arrestation de Pontier ; il réclame sa mise en liberté sur le motif que, s'étant écoulé plus de cinq ans depuis sa condamnation, il a prescrit la peine, aux termes de l'art. 636 c. inst. crim. — Le 22 déc. 1816, jugement qui accueille cette défense, et ordonne la mise en liberté de Pontier. — Appel du ministère public, fondé sur ce que, suivant l'expression littérale de l'art. 636, les cinq ans exigés pour la prescription ne commencent à courir, pour les peine prononcées par les tribunaux de première instance, qu'à compter du jour où leurs jugements ne pourront plus être attaqués par la voie de l'appel ; que, dans l'espèce, celui qui condamne le nommé Pontier, étant susceptible d'être réformé par cette voie, puisque la signification ne lui en a pas été faite, Pontier n'est pas recevable à se prévaloir de la prescription.

M. l'avocat général Hua a pensé que l'appel de M. le procureur du roi était plus conforme à la lettre de l'art. 636 c. inst. crim., qu'à l'esprit dans lequel cet article a été conçu. En effet, a dit ce magistrat, l'art. 636, sainement entendu, ne subordonne l'ouverture de la prescription au moment où l'appel n'est plus recevable, que pour le cas où le jugement ayant été signifié au condamné, celui-ci a laissé écouler les délais de l'appel sans attaquer ce jugement ; mais il ne peut en être ainsi lorsque le ministère public ne lui a donné aucune connaissance de sa condamnation. La raison de la différence se tire de ce que, dans le premier cas, le condamné a eu connaissance de la sentence qui le condamne ; qu'il a pu employer la voie de l'appel pour la faire réformer ; et que cette sentence n'est devenue irrévocable qu'après l'expiration des délais accordés au condamné pour la déférer au tribunal supérieur ; tandis que dans le second cas, on peut dire que le condamné n'a eu aucune connaissance de sa condamnation, puisqu'il ne l'a pas connue légalement ; que s'il ne l'a pas connue, il n'a pu employer les voies que la loi mettait à sa disposition pour la faire réformer, ni empêcher le dépérissement des preuves de son innocence. Le système contraire serait du plus injuste résultat à l'égard du condamné, et un jugement par défaut deviendrait, entre les mains du ministère public, bien plus redoutable qu'un jugement contradictoire, puisque, par le défaut de signification, il pourrait en perpétuer les effets au delà de trente ans, et aggraver ainsi par sa négligence la position du condamné. — Arrêt.

La cour ; — Attendu que le jugement du 18 déc. 1808 n'a pas été signifié à Pontier ; qu'ainsi il n'a pas été mis en demeure d'en interjeter appel, qu'il n'a pu être privé, par ce fait indépendant de sa volonté, du bénéfice de la prescription ; que d'ailleurs la non-signification d'un jugement par défaut en matière correctionnelle doit être considérée comme une cessation de poursuite ; que ce principe résulte de la combinaison des art. 656 et 658 c. inst. crim. ; met l'appel au néant.

Du 26 déc. 1816.-C. d'app. de Paris, ch. correct.

(3) (Min. pub. C. Jolly.) — La cour ; — Attendu que la notification faite, le 25 janv. 1820, d'un jugement de condamnation par défaut intervenu le 20 nov. 1819 contre Blaise Jolly, est irrégulière dès là qu'elle n'a pas été faite à la personne ou au domicile réel dudit Jolly ; — Attendu que, quoique ladite notification n'ait pas été renouvelée dans le délai de trois ans, c'est-à-dire depuis la date du jugement par défaut jusqu'au 13 nov. 1823, époque de la reprise des poursuites, il ne s'ensuit pas que cette notification étant irrégulière, le jugement de condamnation auquel elle se rattache ne soit plus, par l'effet de ce vice, à l'égard du prévenu, qu'un acte d'instruction et de poursuites, et que dès lors la prescription de l'action publique ne doive se proroger qu'à trois ans au lieu de cinq ; — Attendu qu'aux termes des art. 636 et 639 c. inst. crim., qui règlent la matière, et lorsqu'il existe un jugement de condamnation qui prononce des peines, il ne peut plus être question de la prescription de l'action, mais seulement de celle des peines prononcées ; que dans ce cas la loi proroge à cinq ans, non à trois, le délai de la prescription de l'action ; que, dans l'espèce, il s'agit d'un jugement qui prononce des peines ; que la précision que ce jugement est rendu en défaut n'en établit aucune en faveur du prévenu, puisque les art. 636 et 639 ne font aucune

peut être considéré que comme un acte d'instruction. Or le pourvoi en cassation suspend, comme l'appel, l'exécution du jugement. S'il arrive donc que trois années se soient écoulées depuis que le pourvoi a été régulièrement déclaré et notifié, sans que la cour de cassation en ait apprécié le mérite, la prescription est-elle acquise au profit du prévenu? La cassation qui serait prononcée peut-elle le soumettre à un jugement nouveau? — On dit pour la négative que lorsqu'il y a pourvoi, qu'il ait été formé par une partie condamnée ou par le ministère public, celui-ci est sans action pour le faire juger. Il n'est plus que partie devant la cour de cassation. Il ne peut faire aucune réquisition pour activer les décisions de la cour, et dès lors la maxime *contrà non valentem agère*... est ici applicable. Il est vrai que le procureur général près de cette cour peut requérir devant elle pour l'expédition des affaires, mais il ne représente pas l'action publique; il ne continue pas l'officier du ministère public qui a formé le pourvoi, et s'il a mis de la négligence dans l'accomplissement de ses devoirs, cette négligence ne peut nuire à l'action publique, à laquelle il est étranger.

127. L'arrêt de condamnation rendu contre un accusé *contumax* fait-il cesser la prescription de l'action publique, pour donner cours à la prescription de la peine? L'art. 476 c. inst. crim. tranche la question; il porte : «Si l'accusé se constitue prisonnier, ou s'il est arrêté avant que la *peine* soit éteinte par la prescription, le jugement par contumace et les procédures faites contre lui, depuis l'ordonnance de prise de corps, ou de se représenter, seront anéantis de plein droit, et il sera procédé à son égard dans la forme ordinaire.» Un condamné par contumace ne peut donc pas prétendre que la prescription de l'action publique a couru depuis l'arrêt rendu contre lui. Il ne peut se prévaloir que de la prescription de la peine quand elle lui est acquise (V. Contumace, n°s 84 et suivants. — Conf. Mangin, n° 340). C'est ce que la cour de cassation a jugé par divers arrêts sous le code de brum. an 4 (Crim. cass 8 juin 1809 (1), 7 frim. an 8, M. Gauthier, rap., aff. Andren; Crim. rej. 15 prair. an 12, MM. Vermeil, pr., Rataud, rap., aff. Philippon). Or l'art. 476 c. inst. crim. est rédigé dans les mêmes termes que l'art. 476 du code de brumaire, ainsi que Mangin, n° 341, en fait la remarque en disant que : «ce que la cour a jugé sous l'empire de cette dernière loi, elle le jugerait également sous l'empire de l'autre.» — Et, en effet, la cour a depuis décidé : 1° que le condamné par contumace, alors même que la procédure et le jugement sont entachés d'irrégularité, n'est pas recevable à en demander l'annulation, afin de pouvoir ensuite soutenir que c'est la prescription de l'action, et non celle de la peine, qui a couru à son profit (Crim. cass. 8 juin 1809 précité, 7 avril 1820, MM. Barris, pr., Busschopp, rap., aff. Benedetti); — 2° Qu'il suffit que le ministère public ait continué ses poursuites jusqu'au jugement, et, spécialement, ait fait rendre un jugement de contumace, pour que l'action publique ne se prescrive plus que par les délais fixés pour la prescription de la peine (Crim. cass. 6 mars 1835, aff. Conte, V. Contumace, n° 85).

128. Il est des cas où l'interruption a lieu même à l'égard d'individus qui n'ont été ni *cités* ni *désignés* dans la citation. — Jugé, par exemple que la prescription a été interrompue en matière correctionnelle par la citation donnée devant le tribunal, même à l'égard d'une personne qui n'avait pas été citée, lorsqu'elle était obligée solidairement avec celle qui avait été citée dans l'acte qui servait de base au délai : — « Attendu que le sieur Charles Henseler ayant été traduit en temps opportun devant le tribunal correctionnel, il ne pouvait y avoir lieu à appliquer les dispositions de l'art. 8 du tit. 9 de la loi du 29 sept. 1791, par la raison que la citation du sieur Charles Henseler, solidairement obligé avec le sieur Messerschmi, a nécessairement interrompu le cours de la prescription à l'égard de ce dernier, aux termes de l'art. 2250 c. nap.; rejette», (Crim. rej. 28 juill. 1809, MM. Barris, pr., Guieu, rap., aff. Henseler, etc.). Il suffit que des poursuites dans le but de constater un crime ou un délit aient été faites par les magistrats chargés de l'instruction depuis moins de trois ans, pour qu'il y ait interruption, même à l'égard des personnes qui n'auraient pas été *impliquées* dans les poursuites (Crim. cass. 16 déc. 1815) (2). C'est aussi en ce sens que Mangin, n° 345, s'est exprimé en citant cet arrêt : «La loi

---

distinction entre les arrêts contradictoires et ceux qui sont rendus en défaut; que là où la loi ne distingue pas, il n'est pas permis de distinguer; que le législateur l'a si bien entendu ainsi, que l'on remarque que dans l'art. 659 précité il ne parle pas de l'opposition qui peut être formée aux arrêts et jugements par défaut en matière correctionnelle ou de police, silence qu'il n'eût point gardé s'il avait voulu établir une distinction entre les jugements et arrêts contradictoires et ceux par défaut; — Que, pour établir de plus en plus ce principe, on peut s'aider encore de l'art. 635 du même code, qui, en matière criminelle, n'établit aucune distinction, quant au délai de la prescription, entre les arrêts par contumace et ceux contradictoires; qu'en raisonnant par analogie, le prévenu, régulièrement cité en police correctionnelle et défaillant, est ou doit être assimilé au contumax : comme lui, il a été légalement arrêté, et n'a point obtempéré aux sommations qui lui ont été faites; par où l'on doit conclure que le jugement intervenu en défaut contre sa personne, le place incontestablement dans une hypothèse moins favorable que le prévenu contre lequel il n'existe que des poursuites et non des peines prononcées; qu'enfin les intérêts du défaillant sont, dans ce cas, mis à couvert par la sollicitude du législateur, puisque, tant que le jugement de défaut ne lui a pas été légalement notifié, il a la voie de l'appel ouverte en concours avec la faveur de la prescription de la peine qu'il a encourue, prescription qui est étendue à cinq ans, parce que la loi n'a pas voulu assimiler un jugement de condamnation, même en défaut, à un simple acte d'instruction; conséquence qui s'induit bien évidemment des art. 655, 656 et 659 précités; d'où il suit qu'il n'y a pas lieu à déclarer acquise la prescription dont excipe Blaise Jolly; — Sans avoir égard à la demande en relaxe fondée sur la prescription de l'action publique par trois ans de cessation des poursuites, disant, quant à ce, droit sur l'appel envers le jugement du 20 nov. 1819, condamne Jolly à trois ans d'emprisonnement.

Du 22 janv. 1824.-C. de Toulouse, ch. corr.-M. Faydel, pr.

(1) (Alloisio.) — La cour; — Vu les art. 10, 456 et 476 c. 5 brum. an 4; — Et attendu qu'aux termes de l'art. 10 de ce code, le prévenu d'un délit commis et légalement constaté, six ans avant, ne peut être recherché au criminel pour ce délit qu'autant que ce même prévenu n'a pas été condamné par contumace; — Que la loi n'ayant ajouté aucune modification à cette condition, il suit évidemment de son texte qu'une condamnation par contumace contre le prévenu qui ne s'est pas présenté, lui enlève péremptoirement le bienfait de la prescription en en arrêtant le cours; — Que cet effet de la condamnation par contumace est produit par cela seul qu'elle a existé instantanément; qu'il ne peut dépendre de la régularité de ses formes, puisque, d'après l'art. 476 du code cité, toute la procédure faite contre les contumax, depuis l'ordonnance de prise de corps, est anéantie de plein droit par la mainmise de la justice sur la personne de l'accusé, et conséquemment que la validité de cette procédure n'est plus passible d'un examen quelconque; — Que la cour de la Stura, ayant fait dépendre l'application de cette condition de l'examen de la régularité de l'arrêt qui a prononcé sur la contumace, a mal interprété, et, par suite, violé l'article cité de la loi, et par là commis un excès de pouvoir; — Casse, etc.

Du 8 juin 1809.-C. C., sect. crim.-M. Delacoste, rap.

(2) (Min. pub. *C.* Pichol e. Basset.) — La cour; — Vu les art. 10 c. 5 brum. an 4, 657 et 658 c. inst. crim.; — Attendu que si, par une conséquence de l'art. 6 décr. 23 juill. 1810, la prescription établie par le susdit art. 658 c. inst. crim. doit être étendue aux délits commis antérieurement à la publication de ce code, elle ne peut leur être appliquée que sous les conditions et d'après les distinctions portées en l'art. 657; qu'il faut donc qu'il se soit écoulé trois ans révolus, à compter du jour où le délit a été commis, sans qu'il ait été fait dans cet intervalle aucun acte d'instruction ni de poursuite, et si dans cet intervalle il a été fait des actes d'instruction ou de poursuite non suivis de jugement, qu'il se soit encore écoulé trois ans révolus, à compter de ces actes, sans qu'il en ait été fait de nouveaux, et sans qu'il ait été rendu un jugement; que ces actes d'instruction ou de poursuite interrompent la prescription, même à l'égard des personnes qui n'y seraient pas impliquées; — Attendu que, d'après l'art. 1 L. 7 pluv. an 9, les substituts du commissaire du gouvernement, autrement appelés magistrats de sûreté, étaient chargés de la recherche et de la poursuite de tous les délits dont la connaissance appartenait, soit aux tribunaux de police correctionnelle, soit aux tribunaux criminels; que les art. 7, 8, 9, 10 et 11 même loi imposaient aux directeurs du jury l'obligation de prendre de suite communication des affaires qui leur étaient transmises par les magistrats de sûreté, d'entendre les témoins, de recueillir et constater tous les autres genres de preuves autorisées par la loi; que l'art. 14 leur conférait le droit de charger les juges de paix et les officiers de la gendarmerie de tout acte d'instruction et de procédure pour lesquels ils ne jugeraient pas leur déplacement nécessaire; qu'il s'ensuit que les actes que faisaient les magistrats de sûreté, sous l'empire de ladite loi du 7 pluv. an 9,

Du 16 déc. 1815.-C. C., sect. crim.-M. Aumont, rap.

n'exige pas, dit-il, que les actes de poursuite et d'instruction auxquels elle donne l'effet d'opérer cette interruption aient été dirigés contre des *individus déterminés*, il suffit que ces actes aient pour objet de constater un crime ou un délit, et d'en découvrir les auteurs ; par ces actes de poursuite ou d'instruction ainsi faits sur un crime ou un délit, la prescription est arrêtée contre tous ceux indéfiniment qui peuvent y avoir participé. » — Il est vrai que dans ce système il pourrait dépendre du magistrat de suspendre pendant un grand nombre d'années la prescription sur la tête de tout individu qu'on croirait devoir poursuivre dans la suite. Mais cela paraît être dans les conditions du système que la loi a admis. et d'ailleurs l'abus signalé n'est point à craindre.

129. On a vu plus haut que si un jugement de condamnation a été prononcé contre l'inculpé, il ne peut plus être à son égard question de la prescription de l'action. mais seulement de la prescription de la *peine* (V. nº 122). Quant à ses *complices*, si le jugement a été rendu dans les dix ans de la perpétration du crime, il semble qu'il doit être considéré à leur égard comme un acte de poursuite qui interrompt la prescription. Le contraire a été jugé, mais sous le code de brumaire an 4, dont le paragraphe dernier de l'art. 10 déclare la prescription acquise à toute personne contre laquelle il n'a pas été rendu, dans les six ans, soit un jugement de défaut, soit un jugement de contumace (Crim. cass. 14 therm. an 12, MM. Vermeil, pr. Aumont, rap., aff. Brière). — En effet, l'expression *nul ne peut être recherché* semble s'appliquer non-seulement à celui qui a été impliqué dans les poursuites, mais à celui même qui ne l'a pas été. — Jugé, en matière de délit de pêche, que la citation donnée, avant qu'il y ait prescription, à l'auteur principal, conserve l'action vis-à-vis du complice (Crim. rej. 14 déc. 1837, aff. d'Espeuilles, V. Pêche fluviale, nº 101 ; Bourges, 31 janv. 1839, aff. Delagogué, nº 134). — C'est l'application du principe que la prescription est interrompue lors même que les actes de poursuite n'ont pas été dirigés contre des personnes déterminées.

130. Néanmoins il a été décidé : 1º qu'à supposer que la prescription de l'action contre les délinquants en matière forestière, soit interrompue par le procès-verbal, à l'égard de ceux qui n'y sont pas désignés, conformément aux art. 637, 638 c. inst. crim., qui disposent que les actes d'instruction ou de poursuite interrompent la prescription, même à l'égard des personnes qui n'y seraient pas impliquées, ces articles ne peuvent du moins s'appliquer au cas où les délinquants se trouvent désignés dans le procès-verbal. Dans ce cas, aux termes de l'art. 185 c. for., la prescription est acquise trois mois après la constatation du délit (Crim. rej. 8 août 1840) (1); — 2º Que le délit de pêche est prescriptible par un mois à l'égard de l'individu désigné au procès-verbal, quoique ce délit eût été commis de complicité avec d'autres individus non reconnus par le garde. — Bien qu'à l'égard de ces derniers l'action dure trois mois, le principe de l'indivisibilité des poursuites ne saurait être invoqué, en cette matière, pour prolonger la durée de l'action à l'égard du premier (Poitiers, 2 avr. 1845, aff. Marteau, D. P. 45. 2. 131). — Il est à remarquer toutefois que. dans le premier de ces arrêts, la cour a élevé un doute sur la question de savoir si la seconde partie de l'art. 637, qui dispose que les actes d'instruction ou de poursuite interrompent la prescription, même à l'égard des personnes qui n'y seraient pas impliquées, était applicable en matière forestière. Le doute tient de ce que l'art. 185 dispose que, dans le cas où les prévenus ne sont pas désignés dans le procès-verbal, le délai de la prescription est porté de trois mois à six.

131. Dès que les poursuites ont eu lieu en temps utile, le prévenu ne peut se prétendre à l'abri de l'action publique, en se fondant sur ce qu'il n'a été connu et cité qu'après l'échéance du délai de la prescription (Crim. cass. 26 nov. 1829, aff. Curel, V. Chasse, nº 481). — La loi n'exige pas, en effet, que la preuve de l'infraction ait été faite dans le délai de la prescription, elle veut seulement que l'action ait été poursuivie.

132. Enfin un acte d'instruction ou de poursuite, fait à l'occasion d'un crime ou délit. interrompt la prescription à l'égard d'autres crimes ou délits découverts dans le cours de la procédure (Crim. rej. 26 juin 1840) (2). — M. F. Hélie, t. 3, p. 729, critique cet arrêt ; après avoir reconnu toutefois que la citation donnée à l'un des prévenus interrompt la prescription à l'égard des coprévenus ou des complices qui n'y sont pas compris, l'auteur ajoute : « Mais de là faut-il conclure qu'un acte de poursuite ou d'instruction fait dans une procédure relative, non-seulement à un autre prévenu mais à un autre délit, peut interrompre la prescription vis-à-vis d'un tiers qui n'est ni coprévenu ni complice du délit poursuivi ? La cour de cassation a jugé « qu'il suffit que dans le cours d'une procédure un autre délit soit découvert et constaté, pour qu'à l'égard même de cet autre délit la prescription soit interrompue. » Cette conséquence ne nous semble pas fondée. La disposition de l'art. 637 est très-rigoureuse ; elle fait peser sur des individus un fait d'interruption qui leur est étranger et dont ils n'ont pas même connaissance ; elle ne doit donc pas être étendue au delà de ses termes. Or cette disposition, en faisant porter l'acte d'interruption sur les personnes non impliquées dans cet acte, n'a entendu parler que des personnes qui auraient participé au crime objet de l'instruction. Cela résulte à la fois du texte

---

(1) (Min. pub. *C.* femme Hallé.) — La cour ; — Attendu que la prévenue était désignée dans le procès-verbal ; qu'elle n'a été poursuivie que plus de trois mois après la constatation du délit ; qu'ainsi la prescription lui était acquise, aux termes de la disposition claire et précise de l'art. 185 c. for. ; — Qu'en supposant que la disposition des art. 637 et 658 c. inst. crim., d'après laquelle les actes d'instruction ou de poursuite interrompent la prescription même à l'égard des personnes qui n'y seraient pas impliquées, ne soit pas inconciliable avec celle du susdit art. 185, qui étend à six mois le temps nécessaire pour prescrire, lorsque les délinquants ne sont pas désignés au procès-verbal, ce qu'il n'est pas nécessaire d'examiner, au moins les dispositions desdits art. 637 et 638 ne pourraient jamais préjudicier au délinquant désigné au procès-verbal, qui a dû, sous peine de déchéance, être poursuivi dans le délai fixé par la première disposition dudit art. 185 ; — D'où il suit que le tribunal correctionnel de Charleville, en déclarant prescrite l'action dirigée contre Françoise Moyse, femme Hallé, n'a fait que se conformer aux lois de la matière ; — Rejette.

Du 8 août 1840.-C. C., sect. crim.-MM. de Bastard, pr.-Vincent, r.

(2) (Boutonnet *C.* min. pub.) — La cour ; — Attendu, en fait, qu'à la suite d'une réquisition d'informer contre François Boutonnet pour délit d'habitude d'usure, et d'une instruction faite par le juge d'instruction, du 15 au 27 avril 1839, une ordonnance de la chambre du conseil du tribunal de Rodès, du 20 janv. 1840, renvoie ledit Boutonnet en police correctionnelle, comme prévenu d'un délit d'escroquerie qui aurait été commis le 6 mai 1836, d'un délit de tentative de vol qui aurait été commis à la même époque, et du délit d'habitude d'usure ; Et que, quoique la réquisition d'informer remonte au 27 mars 1839, et la constatation des deux premiers délits, par la déposition de plusieurs témoins, seulement au 26 avril de la même année, Boutonnet a soutenu que ces deux délits étaient prescrits, exceptions repoussées par l'arrêt attaqué ; — Attendu, en droit, qu'aux termes des art. 637 et 638 c. inst. crim., l'action publique résultant d'un délit est prescrite après trois années révolues, à compter du jour de la perpétration du délit, si, dans l'intervalle, il n'a été fait aucun acte d'instruction ni de poursuite ; ou s'il n'en a été fait dans cet intervalle, à compter du dernier de ces actes ; — Attendu qu'il n'est pas nécessaire que l'acte d'instruction ou de poursuite soit contradictoire avec celui que l'instruction signale comme l'auteur de ce délit, ce qui résulte assez de ces expressions de l'art. 637 : *à l'égard même des personnes qui ne seraient pas impliquées dans cet acte d'instruction ou de poursuite* ; qu'il suffit que le fait constituant le délit soit l'objet de l'un de ces actes ; — Attendu que, si un procès-verbal constatant un délit est un acte d'instruction suffisant pour interrompre la prescription et entretenir l'action publique résultant de ce délit, il doit en être de même de l'information régulière faite par un juge d'instruction ; — Qu'il importe peu que cette information ait été requise à l'occasion d'un délit autre que celui ou ceux également constatés par l'information ; que, sans examiner si une réquisition d'informer pour délit d'habitude d'usure n'embrasse pas tous les délits qui se lient à cette habitude, il suffit que, dans le cours d'une telle procédure, un autre délit soit découvert et constaté, pour qu'à l'égard même de cet autre délit, la prescription soit interrompue, ne coure plus qu'à dater du jour de cette constatation, ne soit acquise qu'autant qu'à compter de ce jour il y eût, durant trois années complètes, absence d'acte d'instruction ou de poursuite ; — Que, dans l'espèce, les délits d'escroquerie et de tentative de vol commis le 6 mai 1836 ont été constatés le 26 avril 1839, par un acte régulier d'instruction ; que, moins de trois ans après cette dernière époque, François Boutonnet a été directement poursuivi, ce qui suffit pour montrer que l'arrêt attaqué n'a point violé les dispositions des art. 637 et 638 précités ; — Rejette.

Du 26 juin 1840.-C. C., ch. crim.-MM. Bastard, pr.-Romiguières, rap.

et de l'esprit de cet article qui pose dans son premier paragraphe l'hypothèse d'un crime commis, à raison duquel aucun acte d'instruction n'aété fait, et qui prévoit, dans son second paragraphe, l'accomplissement isolé d'un acte d'instruction ou de poursuite. Il est évident qu'il n'a trait qu'à la procédure que peut motiver ce crime, par conséquent qu'aux personnes qui peuvent y être comprises. Cet acte d'instruction ou de poursuite, en préservant les preuves qui constatent le crime, réserve l'action contre tous les auteurs. Mais s'il s'agit d'un fait qui n'a été l'objet d'aucune poursuite et que le hasard a relevé dans un procès-verbal d'information relatif à un autre délit, comment cette constatation accidentelle, ignorée de tous les prévenus, pourrait-elle interrompre les prescriptions à leur égard? Le lien qui unit tous les complices d'un délit et qui fait que tous sont frappés dans la personne d'un seul, n'existe plus ici. Le délit a été découvert et connu, cela est vrai. Mais il ne suffit pas qu'il soit connu; il faut qu'il ait été dirigé un acte d'instruction ou de poursuite qui s'y rapporte qui ait pour objet d'en constater l'existence et pour effet d'avertir les auteurs. Or c'est cet acte qui manque dans cette espèce. »—Cette opinion ne nous paraît pas devoir être admise. —Que veut, en effet, la loi pour que la prescription soit interrompue? Qu'un acte de poursuite ait été fait pour arriver à la découverte des coupables. Qu'importe que cet acte de poursuite ait eu lieu par suite d'une réquisition spéciale ou incidemment, dans une procédure requise sur un autre délit? Il n'en a pas moins été informé sur le fait. Nous ne comprenons pas bien la portée de cette remarque du savant auteur « que le lien qui unit tous les complices d'un délit dans la personne d'un seul n'existe plus ici; » car pour que la prescription soit interrompue, il n'est pas besoin que des poursuites aient été dirigées contre tel ou tel individu, il suffit qu'une information ait été commencée; une procédure contre inconnus interrompt certainement la prescription à l'égard des coupables qui sont découverts plus tard. — « Il ne suffit pas, dit M. Hélie, que le délit ait été connu; il faut qu'il ait ait été dirigé un acte d'instruction qui s'y rapporte. » — Mais c'est ce qui a eu lieu dans l'espèce; l'information est en effet un acte de poursuite. — L'auteur ajoute qu'il faut que cet acte ait pour effet *d'avertir ses auteurs*. Mais c'est là tout simplement la critique et non l'explication du second paragraphe de l'art. 637, qui veut que la prescription soit interrompue à l'égard même des personnes qui ne seraient pas impliquées dans l'acte d'instruction ou de poursuite.—Quand un mandat a été délivré contre l'un des auteurs d'un crime, est-ce que le coauteur contre lequel il n'en est pas décerné est averti? Non évidemment. Et cependant la prescription est interrompue à son égard. — C'est une erreur de vouloir appliquer ici les principes du droit civil en matière de prescription. On comprend que quand il s'agit d'intérêts privés, la prescription ne peut être interrompue que par un acte qui fait connaître à celui qui prescrit qu'on entend faire valoir son droit. Mais quand il s'agit de crime, le crime lui-même met le coupable en demeure. *Il est averti*, et si des poursuites sont commencées, la loi ne veut pas qu'il se dérobe au châtiment, sous le prétexte qu'il les ignorait.

133. Il faut bien remarquer cependant, et c'est aussi ce qui a été jugé, que les actes interruptifs de prescription dont il est parlé dans les art. 637 et 638 c. inst. crim. doivent s'entendre d'*actes réguliers*, faits sur une instance régulièrement introduite, et non d'actes complétement étrangers au prévenu, et n'étant que la conséquence d'une action radicalement nulle dans son principe (Rouen, 26 déc. 1840, aff. min. pub. *C.* Delestre, V. Chasse, n° 476).

134. En matière criminelle comme en matière civile, l'acte nul par défaut de forme n'interrompt pas la prescription, car il est censé n'avoir jamais existé. Ainsi il a été jugé que la prescription d'un délit de pêche n'est pas interrompue par une citation annulée pour vice de forme (Bourges, 31 janv. 1839) (1).

135. Mais lorsque, sur une citation régulière, il est intervenu un jugement correctionnel nul parce qu'il n'aurait pas été précédé du délai légal depuis la citation, celle-ci reste valable et interrompt la prescription (Crim. cass. 25 fév. 1819, MM. Barris, pr., Rataud, rap., aff. Gauthier. — V. Exploit, n° 734-3°). C'est qu'en effet, en matière correctionnelle, la citation n'est pas nulle, par cela qu'il n'y a pas eu un délai de trois jours entre la citation et le jugement : la condamnation par défaut intervenue avant l'expiration de ce délai est seule frappée de nullité. — Il en serait autrement de la citation donnée dans une affaire de la compétence des tribunaux de simple police; car, aux termes de l'art. 146 c. inst. crim., elle serait nulle, si elle a été donnée à un délai moindre de vingt-quatre heures.

136. Il a été décidé, et cela ne pouvait pas faire de difficulté sérieuse, que la citation dans laquelle la loi applicable au délit n'était point exactement citée n'était pas nulle, et interrompait la prescription. En conséquence, les conclusions prises pour arriver à la rectification de cette erreur, ne forment pas une action nouvelle à laquelle, en raison de leur date, on puisse valablement opposer la prescription (Crim. cass. 5 déc. 1833, v° Forêts, n° 546-5°). — Décidé pareillement qu'une citation en police correctionnelle donnée à trop bref délai n'est pas pour cela nulle et, par suite, incapable d'interrompre la prescription : elle vicie seulement le jugement par défaut s'il en intervient un contre le prévenu. — V. Exploit, n° 734.

137. Lorsqu'un tribunal a annulé une citation donnée devant lui, en se déclarant incompétent, bien qu'il eût compétence, cette citation n'interrompt pas la prescription, si l'on a laissé ce jugement passer en force de chose jugée (Crim. rej. 15 janv. 1837 (2); Bourges,

(1) (Min. pub. *C.* Delagogué.) — LA COUR; — La cause présente à juger les questions suivantes : 1° si l'action du ministère public pour délit de pêche était éteinte au jour de la seconde citation donnée à Delagogué? — 2° Dans le cas de la négative, quelle peine doit être prononcée contre le délinquant? — Sur la première question :— Considérant que le ministère public fonde son appel sur deux moyens : le premier tiré de ce que la citation, même irrégulière, aurait suffi pour interrompre la prescription; le deuxième résultant du fait de poursuites exercées contre les codélinquants de l'intimé; — Considérant, relativement au premier moyen, que c'est avec raison que les premiers juges, après avoir déclaré nulle la première citation, ont décidé qu'elle n'avait pu produire aucun effet, et, par conséquent, n'avait pu interrompre la prescription; — Mais relativement au second moyen :— Considérant qu'en vertu du procès-verbal, non attaqué, des poursuites ont été valablement exercées contre deux des délinquants; — Qu'il s'agissait d'un fait correctionnel commun à ceux-ci et à Delagogué; — Que les art. 637 et 638 c. inst. crim. disposent que les poursuites contre un des individus qui ont participé à un fait de cette nature prorogent à l'égard des autres la prescription jusqu'à trois années. — Considérant, enfin, que la seconde citation a été donnée à la date du 3 janvier, et, par conséquent, dans les délais utiles; — Sur la seconde question :—Considérant que le délit est suffisamment établi, etc.; — Reçoit l'appel du ministère public, et y faisant droit, dit qu'il a été mal jugé; — Emendant et faisant ce que les premiers juges auraient dû faire, déclare Delalogué convaincu du délit de pêche dans un cours d'eau appartenant à l'Etat; et vu l'art. 5 de la loi du 15 avr. 1829 ainsi conçu, etc., le condamne à 40 fr. d'amende et aux dépens.

Du 31 janv. 1839.-C. de Bourges, ch. cor.-M. Heulhard, pr.

(2) (Min. pub. *C.* Dupouy-Mombet.) — LA COUR; — Attendu, en droit, qu'aux termes de l'art. 192 c. inst. crim., les tribunaux de police correctionnelle peuvent être directement saisis des faits qui n'entraînent que l'application des peines de simple police, et, par conséquent, de tous les délits ruraux spécifiés dans le tit. 2 de la loi des 28 sept.-6 oct. 1791; que ces tribunaux sont donc tenus de les constater et de les réprimer si la partie publique ou la partie civile n'a pas demandé le renvoi; mais, attendu, en fait, dans l'espèce, que le tribunal correctionnel de Mirande, saisi par citation donnée à la requête du procureur du roi près de ce siége, le 15 juillet dernier, de la prévention dirigée contre F. Dupouy-Mombet, d'avoir, le 29 juin précédent, laissé ses brebis pacager à l'abandon dans une pâture boisée, annula cette citation par son jugement du 25 du même mois de juillet, et se déclara incompétent sur le motif que l'art. 5 du titre précité attribue la connaissance de ce délit rural au tribunal de simple police du canton dans lequel il a été commis; — Que le ministère public, au lieu d'user contre cette décision du droit que lui donnent les art. 216 et 416 c. inst. crim., lui a laissé acquérir l'autorité de la chose irrévocablement jugée; — Que ledit Dupouy-Mombet n'a été ensuite traduit devant le tribunal de simple police que le 8 août suivant; qu'à cette époque la prescription du fait dont il s'agit se trouvait acquise en sa faveur, d'après l'art. 8, sect. 7, tit. 1, de la loi précitée, puisque la citation qui, selon cet article, aurait eu l'effet légal de suspendre son cours, avait été définitivement annulée; — Que ce dernier tribunal devait donc, dans cet état des faits, déclarer l'action publique éteinte, et, par suite, qu'il n'y avait lieu d'appliquer au prévenu aucune peine; — D'où il suit qu'en infirmant la condamnation prononcée contre lui, attendu que la citation du 15 juillet ne saurait, ayant été précédemment déclarée radicalement nulle, avoir interrompu la prescription, le

29 nov. 1842, aff. Beurier et autres). — Et spécialement, lorsqu'un tribunal correctionnel, saisi d'une contravention de simple police, s'est déclaré incompétent par une décision devenue définitive, l'action est éteinte et prescrite, si la citation en simple police n'a été donnée que plus d'un mois après la constatation de la contravention (Crim. rej., même arrêt).

138. La citation donnée devant un tribunal de police correctionnelle dont le délai expirait un *jour férié*, et qui dès lors a dû être considérée comme non avenue, a néanmoins interrompu la prescription (Crim. cass. 12 flor. an 13, MM. Viellart, pr., Lamarque, rap., Giraud, subst., aff. N...). — V. Exploit, nos 331 et s.

139. Lorsqu'un domestique a quitté le domicile de son maître pour entrer dans une autre condition, et qu'une citation lui a été donnée au domicile de son ancien maître qui n'a pas fait connaître à l'huissier parlant à sa personne, que ce domestique avait quitté son service et sa maison, cette citation bonne et valable a interrompu la prescription de l'infraction reprochée à cet homme (Crim. cass. 30 avril 1807) (1). — V. Exploit, n° 756.

140. La citation qui a désigné le prévenu sous des noms et prénoms qui n'étaient pas exactement les siens, n'est pas nulle et interrompt la prescription (Crim. cass. 26 juin 1841, aff. Delestre, V. Chasse, n° 476).

141. Lorsque la citation donnée en temps utile au prévenu indique un autre jour d'audience qu'un de ceux fixés par le règlement du tribunal, cette citation, bien qu'il y ait nécessité d'en donner une nouvelle, n'est cependant pas nulle, et interrompt la prescription (Crim. cass. 29 avril 1808) (2). — Mais une citation donnée à un prévenu de délit forestier pour un jour d'audience postérieur à l'expiration du délai de la prescription, a pu être déclarée non interruptive de la prescription si la date de cette citation est restée en blanc dans la copie donnée au prévenu, encore bien qu'il résulte de l'exploit original que la citation a été notifiée en temps utile (Crim. rej. 22 mars 1822 (3). — Conf. Mangin, n° 337).

142. Des actes d'instruction ou de poursuite n'interrompent la prescription qu'autant qu'ils émanent de fonctionnaires ayant le droit de faire ces actes (Conf. Mangin, n° 343). — Ainsi, 1° la prescription n'est pas interrompue par un procès-verbal dressé par un fonctionnaire sans qualité pour constater le délit relaté dans ce procès-verbal (Crim. rej. 15 janv. 1814, M. Bauchau, rap., aff. Massal; Conf. Liége, 1re ch., 9 nov. 1843, aff. Collot; Poitiers, 2 avril 1845, aff. Mareau, D. P. 45. 2. 131); — 2° Elle n'est pas non plus interrompue, en France, par des dénonciations faites à des tribunaux étrangers et par des actes de poursuite émanés de ces tribunaux (Crim. rej. 12 oct. 1820, M. Aumont, rap., aff. Maillard); — 3° Elle ne l'est pas par des actes d'instruction ou de poursuites émanés d'un juge d'instruction ou d'un procureur impérial, qui n'est celui ni du lieu du délit, ni de la résidence du prévenu, ni du territoire sur lequel il est trouvé. — On avait soutenu, quant au procureur impérial, que le ministère public formant en France un corps homogène, dont tous les membres concourent au même but, les poursuites exercées par l'un de ces officiers hors du territoire qui lui est assigné, ne pouvaient être considérées comme radicalement nulles et incapables d'interrompre la prescription; mais la cour de cassation a rejeté avec raison cette doctrine, et elle a jugé que la citation donnée, en matière correctionnelle, par un procureur du roi qui n'est ni celui du lieu du délit, ni celui de la résidence ou de l'arrestation du prévenu, n'interrompt point la prescription (Crim. rej. 11 mars 1819) (4).

---

jugement dénoncé, lequel est d'ailleurs régulier en la forme, s'est conformé aux art. 1350 et 1351 c. civ.; — Rejette.

Du 15 janv. 1857.-C. C., crim.-MM. de Bastard, pr.-Rives, rap.

(1) (Forêts C. Teysseidre.) — LA COUR; — Vu l'art. 8 tit. 9 de la loi du 29 sept. 1791; — Et attendu qu'au moment où le délit dont il s'agit a été commis par Teysseidre, il était alors domestique de Roson et demeurait chez lui; — Que la citation en réparation de ce délit donnée quelque temps après audit Teysseidre, ne pouvait l'être qu'au domicile de son maître chez lequel il était présumé de droit avoir son domicile, et où il demeurait sans doute encore alors, puisque ce dernier, auquel cette assignation fut remise en parlant à sa personne, la reçut sans observer à l'huissier instrumentaire que Teysseidre n'était plus son domestique et demeurait ailleurs; — Que cette assignation étant bonne et valable, l'action en réparation du délit avait été formée dans le délai de la loi, puisqu'elle accorde trois mois pour l'intenter et qu'elle l'avait été le 8 décembre dernier, deux mois après la perpétration de ce délit, commis et même constaté le 9 octobre précédent; — Que cependant cette action, quoique non éteinte au moment où l'assignation avait été décernée, a été déclarée prescrite; — Et qu'en prononçant ainsi, la cour de justice criminelle du département du Cantal, qui a rendu l'arrêt attaqué, a contrevenu aux dispositions de l'article ci-dessus cité; — Casse.

Du 30 avr. 1807.-C. C., sect. crim.-MM. Barris, pr.-Babille, rap.

(2) (Forêts C. François.) — LA COUR; — Vu l'art. 6 du tit. 9 de la loi du 29 sept. 1791; — Considérant qu'il est établi et reconnu que Claude-François Françon, adjudicataire, Jean-Louis Raimond, sa caution, et Gaspard Didon, certificateur, ont été cités, par exploit du 15 déc. 1806, à la requête de l'inspecteur forestier des départements de l'Ain, du Rhône et de la Loire, pour comparaître à l'audience du tribunal de police correctionnelle de Belley le 22 du même mois; — Qu'ils ont été cités pour se voir condamner au payement des amendes encourues, aux dommages et intérêts, et pour voir prononcer la confiscation des bois coupés en délit; — Que cette citation donnée le 15 déc. 1806, et par conséquent en temps utile, à compter du 16 sept. 1806, époque du procès-verbal de récolement, a conservé tous les droits de l'administration, et a eu l'effet d'interrompre la prescription, quoique l'audience n'ait pas eu lieu dans les dix jours qui ont suivi cette citation; — Que la nouvelle citation du 5 fév. 1807 n'a nullement altéré l'effet déjà opéré par celle du 5 déc. 1806, sur laquelle ledit Françon et ses consorts auraient eu aussi la faculté de se présenter et de faire prononcer; — Que l'art. 185 du code des délits et des peines veut, à la vérité, que l'audience ait lieu sur chaque affaire, dix jours au plus tard après la signification de la citation donnée au prévenu; mais que les dispositions de cet article ne sont pas prescrites, à peine de nullité; — Qu'elles ont uniquement pour objet de faire connaître aux juges l'importance de la célérité de l'instruction et non de créer une déchéance des droits des parties intéressées; — Que néanmoins la cour dont l'arrêt est attaqué a invoqué ces dispositions pour déclarer que le tribunal de première instance s'était illégalement occupé de cette affaire à l'audience du 12 fév. 1807, et pour rejeter l'appel émis tant par l'administration forestière que par le procureur impérial; — Que cette cour a fait une fausse application évidente de l'art. 185 du code des délits et des peines, et commis un excès de pouvoir en prononçant une nullité et une déchéance qui n'étaient établies par aucune loi; — Considérant, d'autre part, que, par les instructions du 7 prair. an 9, approuvées par le ministre des finances, et par la circulaire du 9 prair. an 13, l'administration forestière a expressément chargé les inspecteurs et sous-inspecteurs forestiers de faire le récolement et les a même rendus responsables de tout retard; — Qu'il est établi que le conservateur a délégué à l'inspecteur et au sous-inspecteur le récolement et le droit de poursuite; — Considérant que l'art. 6 du tit. 9 de la loi du 29 sept. 1791 donne, à la vérité, aux conservateurs le droit de faire les récolements et de poursuivre les malversations commises dans les coupes et exploitations; — Que cette loi n'a néanmoins nullement ôté aux conservateurs et surtout à l'administration forestière, le droit de déléguer aux inspecteurs et sous-inspecteurs lesdites fonctions, lorsque cette mesure est reconnue nécessaire ou utile au bien du service; — Qu'en méconnaissant l'effet de cette double délégation, la cour dont l'arrêt est attaqué a fait une fausse application de l'art. 6 du tit. 9 de la loi du 29 sept. 1791 et commis un excès de pouvoir; — Casse.

Du 29 avr. 1808.-C. cass. sect. crim.-MM. Barris, pr. Vergès, rap.

(3) (Forêts C. Lemput.) — LA COUR; — Attendu qu'aux termes de l'art. 8, tit. 9 de la loi du 29 sept. 1791, les actions en réparation de délits forestiers doivent être intentées au plus tard dans trois mois du jour où ils ont été reconnus, lorsque les délinquants sont désignés par les procès-verbaux, et à défaut de quoi elles sont éteintes et prescrites; — Attendu, en fait, que la copie de la citation signifiée à Lemput et qui l'a amené devant le tribunal correctionnel de Colmar, le 30 oct. 1819, ne porte que la date vague du mois d'octobre, sans indiquer le quantième du mois, et que la comparution au jugement du prévenu est postérieure à l'expiration du délai pendant lequel l'action pouvait être intentée; qu'ainsi il n'est pas prouvé légalement qu'il ait été régulièrement et en temps de droit atteint par l'exercice de cette action. — Que si l'original de l'exploit de citation présente une date utile, la copie que produit le prévenu n'étant pas en cela conforme à l'original et n'établissant pas qu'il l'ait reçue dans le délai prescrit, l'arrêt attaqué en déclarant l'action intentée contre lui éteinte et prescrite n'a fait qu'une juste application du susdit art. 8, tit. 9 de la loi forestière de 1791; — Qu'en cet état il devient inutile d'examiner si les poursuites dirigées contre Lemput ont été autorisées conformément aux lois; — Rejette le pourvoi formé contre l'arrêt de la cour royale de Metz, du 4 juin 1821.

Du 22 mars 1822.-C. C., sect. crim.-MM. Barris, pr.-Chantereyne, r.

(4) (Min. publ. C. Boyer et Bardot.) — LA COUR; — Considérant que, d'après les dispositions des art. 22 et 23 c. inst. crim., le procureur du roi compétent pour la recherche et la poursuite d'un crime ou d'un délit est celui, soit du lieu où ce crime ou ce délit a été commis,

143. Il a été également décidé que la signification d'un jugement correctionnel par défaut, faite à la requête d'un procureur impérial, autre que celui près le tribunal qui l'a rendu, étant nulle, n'empêche pas la prescription de trois ans de courir au profit de l'inculpé (Crim. rej. 30 avril 1830 (1). — V. en outre Lyon, 10 août 1848, D. P. 49. 2. 24, V. *suprà*).

144. Suivant l'art. 479 c. inst. crim., au procureur général appartient seul le droit de citer devant la cour impériale le juge de paix, le membre d'un tribunal correctionnel ou de première instance, ou d'un parquet de première instance, prévenu d'avoir commis hors de ses fonctions un délit emportant une peine correctionnelle. Il en résulte que la citation donnée devant la cour par le procureur impérial, s'il n'a pas été délégué par le procureur général, n'interrompt pas la prescription (Liége, 11 janv. 1827, aff. N... *C.* N...). — Il a été jugé de même que la citation donnée, dans le mois, à la requête de l'administration forestière, devant le tribunal correctionnel, au délinquant désigné comme maire au procès-verbal, mais qui se trouve être suppléant de justice de paix, n'a pas été interruptive de la prescription du délit de pêche, attendu que ce délinquant, en sa qualité de suppléant de justice de paix, n'était justiciable que de la cour impériale, et qu'au procureur général seul appartenait le droit de le citer devant elle. — Il est indifférent que l'administration forestière, lorsqu'elle faisait citer le délinquant devant le tribunal correctionnel, eût, ou non, connaissance de sa qualité de suppléant de justice de paix (Poitiers, 2 avril 1845, aff. Marteau, D. P. 45. 1. 131).

145. En matière criminelle comme en matière civile, les poursuites intentées devant un juge incompétent interrompent la prescription. — Ainsi jugé 1° en matière de délit *de chasse* (Crim. cass. 13 janv. 1837 (2); 10 mai 1838, aff. Clémenceau, V. Chasse, n° 479; 7 sept. 1849, aff. Barré, D. P. 49. 5. 40; Liége, 15 nov. 1833, aff. min. pub. *C.* R...; Orléans, ch. civ. 31 déc. 1835, aff. min. pub. *C.* Menevard). Dans l'espèce la cour d'Orléans était saisie à raison de la qualité d'officier de police judiciaire du délinquant, garde champêtre, à l'égard duquel le tribunal correctionnel s'était déclaré incompétent : la cour a écarté la prescription du délit de chasse. « Attendu qu'une citation devant un juge incompétent n'est pas un acte nul ; que le jugement par lequel le tribunal se déclare incompétent est lui-même un acte de poursuite, interrompant la prescription » (Conf. Rouen, 1re ch. 12 nov. 1838, aff. Vaillant, V. Chasse, n° 439). — En conséquence, l'arrêt par lequel une cour renvoie un garde forestier prévenu d'un délit de chasse, cité à tort devant le tribunal correctionnel, au lieu de l'avoir été directement devant la cour, sous le prétexte que la dernière citation avait été donnée après les délais de la loi, est nul, si la première citation avait été donnée en temps utile (même arrêt, Crim. cass. 13 janv. 1837); — 2° Décision semblable en matière de délit *forestier*. « Attendu qu'il est de principe que les poursuites, devant un juge incompétent, ont pour résultat d'interrompre le cours de la prescription, et que ce principe doit recevoir son application dans toutes les juridictions » (Toulouse, 1re ch., 17 nov. 1835, M. Hocquart, pr., aff. min. pub. *C.* Lades). — En matière de presse, la prescription est interrompue, comme en matière civile, par une assignation donnée, ou par des poursuites faites devant un tribunal incompétent (Crim. rej. 18 janv. 1822) (3).

146. Mais la prescription recommence à courir à dater de la déclaration d'incompétence. — Ainsi il a été jugé que la contravention résultant d'un fait d'entreprise ou de dégradation sur un chemin public, doit être déclarée prescrite, si la citation a été donnée un mois après un arrêté du conseil de préfecture qui se déclarait incompétent pour en connaître (Crim. cass. 25 nov. 1830 (4); Crim. rej. 4 août 1831, MM. Bastard, pr., Crou-

---

soit du lieu de la résidence ou de l'arrestation du prévenu; que, dans l'espèce, le procureur du roi près le tribunal d'Auxerre n'était point celui qui, d'après lesdits articles, avait qualité pour poursuivre les prévenus; que la citation qu'il leur a donnée en première instance ne peut donc être considérée comme un acte de poursuite légale propre à interrompre la prescription ; — Considérant que le délit de chasse dont il s'agit a été commis le 2 oct. 1818, et que le premier acte régulier de poursuite contre les prévenus de ce délit est la citation qui leur a été donnée, le 26 novembre suivant, par le procureur du roi près le tribunal de Joigny; mais qu'y ayant, entre ces deux époques, un intervalle de temps de plus d'un mois, il s'ensuit que le délit était prescrit aux termes de l'art. 12 de la loi du 30 avr. 1790, et qu'en renvoyant les prévenus des poursuites, le tribunal dont le jugement est attaqué s'est conformé à la loi; — Rejette.

Du 11 mars 1819.-C. C., sect. cr.-MM. Barris, pr.-Busschop, rap.

(1) (Min. publ. *C.* Ratte.) — LA COUR; — Attendu que le tribunal correctionnel supérieur de Lons-le-Saulnier, en décidant que le procureur du roi à Besançon, à la requête duquel avait été signifié, à Ratte, le jugement rendu contre lui par défaut par le tribunal correctionnel d'Arbois, n'avait pas qualité pour faire la signification d'un jugement auquel il était parfaitement étranger, et que le procureur du roi près le tribunal d'Arbois, sur la poursuite duquel avait été rendu ce jugement, pouvait et devait seul en faire la notification au défaillant condamné; qu'ainsi, cette notification étant nulle, le délit, objet des poursuites, était éteint par la prescription; le tribunal s'est conformé, tant à l'art. 187, qu'à l'art. 197 c. inst. crim., dont il a fait une juste application; — Par ces motifs, — Rejette.

Du 30 avr. 1830.-C. C., ch. crim.-MM. Olivier, pr.-Chantereyne, r.

(2) (Min. pub. *C.* Davoust.) — LA COUR; — Vu les art. 2246, 2247 c. civ., 637 et 638 c. inst. crim.; — Attendu, en droit, qu'aux termes des deux articles précités, toute citation valablement donnée en justice régulière, même devant un juge incompétent, a pour effet légal d'interrompre la prescription de l'action qui en est l'objet; — Que ce principe est de plein droit applicable aux délits, qui sont de nature à être punis correctionnellement, puisque les art. 637 et 638 c. inst. crim. n'exigent, pour l'interruption de la prescription, qu'un acte valable d'instruction ou de poursuite, et ne la subordonnent point à la compétence des tribunaux auprès ou dans le ressort desquels sont placés les magistrats ou les officiers publics qui ont procédé à ces actes; — D'où il suit qu'une citation régulièrement signifiée, avant que la prescription soit acquise, à la requête d'un magistrat ayant caractère pour poursuivre la répression du délit dont elle saisit la justice, en interrompt le cours, lors même qu'elle est donnée devant un tribunal incompétent pour statuer sur la prévention, à raison de la qualité du prévenu; — Et attendu, en fait, que le procureur du roi, près le tribunal de première instance des Andelys, y a régulièrement traduit Davoust en police correctionnelle, par citation à lui signifiée, le 14 mai dernier, comme prévenu d'un délit de chasse qu'il aurait commis dans cet arrondissement, le 29 avril précédent; — Que le tribunal correctionnel d'Evreux, statuant sur l'appel de la condamnation contre lui prononcée, l'a infirmée, par le motif que ledit Davoust était alors dans l'exercice de ses fonctions de garde forestier, et a renvoyé l'affaire devant la première chambre de la cour royale de Rouen, conformément à l'art. 483 c. inst. crim.; — Que cette cour, si la prévention lui paraissait justifiée, devait, dès lors, faire droit à la poursuite; — Que, néanmoins, elle a déclaré que la prescription était acquise à l'inculpé, à l'époque où il fut cité devant elle, le 22 octobre suivant; — Qu'en prononçant ainsi, sur le prétexte que la procédure faite devant le tribunal des Andelys n'a pu produire l'effet d'interrompre la prescription, l'arrêt dénoncé a commis une violation expresse des dispositions ci-dessus visées; — En conséquence, casse l'arrêt de la cour royale de Rouen, du 8 nov. 1836.

Du 13 janv. 1837.-C. C., ch. crim.-MM. de Bastard, pr.-Rives, rap.

(3) (Min. pub. *C.* Cristinacce.) — LA COUR (ap. délib. en ch. du cons.) — Vu l'art. 29 de la loi du 26 mai 1819; — Vu aussi l'art. 637 et 638 c. inst. crim.; — Attendu que les dispositions de ces articles sur l'interruption de la prescription ne sont pas subordonnées à la compétence des tribunaux auprès ou dans le ressort desquels sont placés les magistrats ou officiers publics qui ont procédé aux actes d'instruction ou de poursuites, ou devant lesquels la citation à la requête de la partie civile a pu être directement donnée; que la compétence de ces tribunaux ne devrait en effet être prise en considération que relativement aux actes qui leur seraient propres, et que, d'après les articles ci-dessus relatés, il suffit, pour l'interruption de la prescription, de simples actes d'instruction ou de poursuite, sans qu'il soit nécessaire qu'il ait été statué par les tribunaux; — Que des actes d'instruction ou de poursuite émanés d'un magistrat ou officier public, ayant qualité pour instruire ou poursuivre sur le fait du délit considéré en lui-même, sont des actes valables, et qu'ils ont un caractère judiciaire, quel que puisse être d'ailleurs le tribunal qui, à raison de la qualité du prévenu, devra postérieurement prononcer sur le délit; qu'ils établissent donc légalement que l'action de la justice a été mise en exercice; que, par conséquent, lorsqu'ils sont faits avant que la prescription soit acquise, ils en détruisent la source et en arrêtent le cours; — Rejette.

Du 18 janv. 1822.-C. C., sect. crim.-MM. Barris, pr.-Aumont, rap.

(4) (Coquerel *C.* min. pub.) — LA COUR; — Vu les art. 8, tit. 1, sect. 7, et 40, tit. 2 de la loi du 6 oct. 1791, et 645 c. inst. crim.; — Attendu que le fait, matière de la poursuite, tel qu'il était spécifié dans le procès-verbal du 13 nov. 1825, constituait un fait d'entreprise et de dégradation sur un chemin public, délit prévu par l'art. 40, tit. 2 de la loi du 6 oct. 1791; — Attendu qu'aux termes de l'art. 8, tit. 1,

seilhes, rap., aff. min. pub. *C.* Colas; Orléans, 20 nov. 1840; M. de Beauvert, pr., aff. Vidot). — En effet la poursuite devant l'autorité administrative pouvait bien suspendre l'action, tant qu'elle subsistait, d'après la règle *actiones semel inclusæ judicio, salvæ permanent*; mais, depuis sa déclaration d'incompétence, cette autorité était dessaisie, l'action était comme non avenue, et les parties remises au même état qu'avant la poursuite. Dès lors, il était logique de déclarer l'action prescrite, si l'on ne saisissait pas les tribunaux, dans le mois de la déclaration d'incompétence.

147. La prescription ne peut être acquise dans le cas où il y a eu des poursuites dirigées, des jugements obtenus dans le cours du temps nécessaire pour prescrire, encore que ces actes ou ces jugements eussent été faits ou rendus par des autorités reconnues incompétentes par un règlement de juges intervenu après le délai de la prescription (Crim. cass. 31 janv. 1833 (1). — Conf. Crim. cass. 27 frim. an 8, M. Rudler, rap., aff. min. pub. *C.* Doussot). — Dans l'espèce sur laquelle a statué l'arrêt du 31 janv. 1833, il s'agissait d'un délit. Mais s'il s'était agi d'une contravention, il aurait été décidé autrement. Comme il faut, pour qu'une contravention ne soit pas prescrite, qu'un jugement de condamnation ait été rendu dans l'année, si le règlement de juges qui décide que le tribunal de police était compétent est rendu après l'an révolu, la prescription est acquise (Crim. cass. 15 juill. 1833, aff. Hélis, v° Compét. crimin., n° 545).

148. Il peut sembler au premier abord contradictoire que les poursuites intentées par un magistrat incompétent n'interrompent pas la prescription, et qu'elle le soit par des poursuites dirigées devant un tribunal incompétent. Mais il faut remarquer que dans le premier cas les poursuites sont tout à fait nulles, tandis que dans le second cas l'erreur commise en saisissant un juge incompétent n'a point annulé les poursuites, qui ont mis suffisamment l'inculpé en demeure (V. Mangin, n° 356). Il a été très-bien jugé que la citation donnée à la requête du procureur impérial compétent interrompt la prescription, quoiqu'elle ait été portée devant un tribunal incompétent (Orléans 20 nov. 1840, M. de Beauvert, pr., aff. Vidot). — Mais la citation donnée devant les juges incompétents n'a pas pour effet d'interrompre la prescription lorsqu'elle est émanée de personnes n'ayant pas qualité pour poursuivre (Poitiers, 2 avril 1845, aff. Marteau, D. P. 45. 2. 131; V. n° 142).

149. L'administration forestière a qualité pour poursuivre la répression des délits de chasse commis dans les bois et forêts soumis au régime forestier; dès lors ses gardes peuvent valablement donner une citation, et cette citation interrompt dès lors la prescription, bien qu'elle ait saisi un juge incompétent (Crim. cass. 7 sept. 1849, D. P. 49. 5. 40).

150. La citation donnée par la partie civile devant un tribunal incompétent interrompt la prescription, comme la citation donnée par le ministère public: « Attendu qu'une citation donnée directement par la partie civile a eu pour effet de saisir le tribunal, d'obliger le prévenu d'y comparaître pour présenter ses défenses, ou pour proposer son déclinatoire; que, lors donc qu'elle a été régulière en la forme, elle a eu un caractère légal, et a ainsi constitué un acte de poursuite; que si cette poursuite a été mal dirigée, à raison de l'incompétence du tribunal, elle n'en a pas moins existé, et qu'elle a dû conséquemment interrompre la prescription; — Que c'est sur des principes analogues que les art. 2246 et 2247 c. nap. ont statué, pour les matières civiles, que la prescription n'était pas interrompue par une assignation nulle, pour défaut de forme, mais qu'elle l'était par une citation en justice régulière dans la forme, quoiqu'elle eût été donnée devant un juge incompétent (Crim. cass. 18 janv. 1822, MM. Barris, pr., Aumont, rap., aff. Cristinacce).

151. Les règles ci-dessus posées concernant l'interruption de la prescription, reçoivent exception en ce qui touche les contraventions de police prévues par le code pénal. Les délais fixés par l'art. 640 c. inst. crim. ne peuvent être prorogés par aucune espèce d'acte. — Décidé ainsi que le délai d'un an, dans lequel il doit être définitivement statué, soit en première instance, soit en appel, sur les contraventions de police, ne peut être prorogé par aucun acte d'instruction, ni par l'état de litispendance; et, spécialement, il ne peut l'être par le recours à l'autorité administrative, contre l'arrêté municipal auquel il a été contrevenu (Crim. cass. 1er juill. 1837, aff. Picot, V. n° 20).

152. Mais si la prescription de l'action publique ne peut être interrompue en matière de contravention, elle peut être suspendue, comme nous le verrons *infra*, n° 154.

153. *Suspension de la prescription.* — M. Mangin soutient qu'il ne peut être question de suspension de prescription en matière criminelle. N'est-ce pas là une erreur de cet excellent esprit? La maxime *contrà non valentem agere, non currit præscriptio* est applicable en matière criminelle. Mais, dit M. Mangin, la prescription n'est point suspendue par la minorité (V. Lyon, 17 juin 1842, aff. Condamin, n° 98), par la démence, etc. (V. Cass. 22 avr. 1813, aff. Hertog, n° 229-1°): Cela est vrai; mais ces causes de suspension ne sont que des applications de la règle générale, que peuvent repousser des textes de lois spéciaux, et

---

sect. 7 de la même loi, ces sortes de délits sont prescrits, si des poursuites n'ont pas été exercées dans le délai d'un mois, — Attendu que, dans l'espèce, le procès-verbal qui constate le délit est du 13 nov. 1825; que l'arrêté du conseil de préfecture de l'Eure, qui s'est déclaré incompétent, est du 22 sept. 1829, et que la citation est du 19 avr. 1830; que, dès lors, la prescription prononcée par la disposition ci-dessus rappelée était acquise dans l'espèce; — Attendu, néanmoins, que le tribunal de police d'Amfreville-la-Campagne, par son jugement du 29 avril dernier, s'est déclaré compétent pour connaître du fait dont il s'agit, et renvoyé à un jour prochain le jugement de l'affaire au fond, en quoi il a violé les dispositions ci-dessus rappelées de la loi du 6 oct. 1791, et l'art. 645 c. inst. crim.; — Par ces motifs, casse le jugement du tribunal de police du canton d'Amfreville-la-Campagne, du 29 avr. 1830.

Du 25 nov. 1830.-C. C., ch. crim.-MM. Ollivier, pr.-Crousailhes, r.

(1) (Min. pub. *C.* Roy-de-la-Chaize.) — La cour; — Vu l'art. 637 c. inst. crim. et l'art. 29 de la loi du 26 mai 1819: — Attendu, en droit, que la prescription de l'action publique n'a lieu qu'autant que, dans l'intervalle de temps requis pour prescrire, il n'a été fait aucun acte d'instruction ou de poursuite; et qu'à cet égard, les dispositions de l'art. 29 de la loi du 26 mai 1819, qui sont spéciales pour les délits commis par la voie de la presse, ou par tout autre moyen de publication, sont littéralement conformes aux règles du droit commun posées par l'art. 637 c. inst. crim.; — Attendu, en fait, que, dans l'espèce, il ne s'est pas écoulé une année, sans qu'il ait été fait des actes d'instruction ou de poursuite, au sujet du délit imputé au sieur Roy-de-la-Chaize; — Attendu qu'en effet, depuis le 7 nov. 1831, jour de la citation donnée en police correctionnelle, jusqu'au 18 nov. 1832, jour où le procureur général s'est pourvu devant la cour de cassation en règlement de juges, c'est-à-dire pendant la période de temps signalée par l'arrêt attaqué comme étant celle où la prescription se serait accomplie, il a eu, de la part du ministère public, une continuité de poursuites non interrompues, dirigées contre le prévenu, tant devant le tribunal correctionnel de Moulins, que devant la cour royale de Riom, chambre des appels de police correctionnelle, devant la cour d'assises du département de l'Allier, et devant la cour de cassation; — Attendu que le sieur Roy-de-la-Chaize peut d'autant moins invoquer, pour cette période de temps, le moyen de la prescription, qu'il a pris part lui-même à l'instruction faite contre lui, soit en comparaissant plusieurs fois devant les tribunaux où il était poursuivi, soit en faisant opposition aux jugements rendus contre lui, soit en présentant requête au président de la cour d'assises pour faire indiquer un jour d'audience, soit en signifiant l'ordonnance d'indication et la liste des témoins qu'il voulait faire entendre; — Attendu que, dans l'intervalle précité, il a été rendu contre le sieur Roy-de-la-Chaize plusieurs jugements et arrêts, tant contradictoires que par défaut; — Attendu qu'il n'est pas possible de méconnaître la capacité légale du ministère public pour diriger les poursuites dont le sieur Roy-de-la-Chaize a été l'objet; qu'il importe peu que la nécessité d'un règlement de juges se soit manifestée, et que la cour de cassation y ait statué; qu'il n'a pu résulter de l'arrêt de cette cour qu'une fixation de juridiction pour l'avenir, mais sans aucune atteinte aux attributions générales conférées au ministère public par l'art. 22 c. inst. crim. pour la recherche des délits et des crimes; attributions qui constituent, pour les officiers du ministère public, un droit et un devoir, et dont l'exercice a pour effet d'interrompre la prescription de l'action publique, quelles que soient les incertitudes qui peuvent s'élever plus tard sur la juridiction compétente, et quels que soient les moyens légaux qui viennent faire cesser cette incertitude; — Attendu que, dès lors, l'arrêt attaqué, en accueillant le moyen de prescription proposé, malgré la continuité des poursuites et malgré les jugements et arrêts intervenus dans l'intervalle indiqué, a fait une fausse application de l'art. 29 de la loi du 26 mai 1819, et de l'art. 637 c. inst. crim.; — Casse, etc.

Du 31 janvier 1833.-C. C., ch. crim.-MM. de Bastard, pr.-Mérilhou, pr.

il n'est pas moins vrai qu'en principe, au criminel comme au civil, on ne peut opposer la prescription à celui qui a été dans l'incapacité d'agir, et qu'elle doit être suspendue pendant tout le temps que dure cette incapacité. Nous en avons un premier exemple dans l'art. 3 c. inst. crim. Après avoir décidé que l'action civile pouvait être poursuivie séparément de l'action publique, la loi ajoute : dans ce cas, l'exercice en est *suspendu* tant qu'il n'a pas été prononcé définitivement sur l'action publique intentée pendant ou avant la poursuite de l'action civile. Il en résulte évidemment que la prescription contre l'action civile est suspendue, jusqu'à ce qu'il ait été statué sur l'action publique.

154. Un second cas de suspension est celui où un tribunal de répression sursoit pour qu'on puisse faire juger au civil une question préjudicielle; et il en est ainsi nonobstant la faculté qu'a le plaignant de faire fixer non-seulement le délai dans lequel l'action devra être engagée, mais encore le délai dans lequel le défendeur devra rapporter la décision demandée : « Attendu que rien n'oblige le demandeur à user de cette faculté, que l'exercice de cette faculté pourrait même devenir illusoire ou conduire à d'injustes conséquences, puisque la fixation de ce délai ne serait pas un motif déterminant, n'engendrerait pas pour l'autorité administrative (dans l'espèce c'était cette autorité qui était saisie) l'obligation de prononcer dans le délai fixé » (Ch. crim. 19 oct. 1842, M. Romiguière, rap., aff. Delalonde). — C'est ainsi qu'il a été décidé, même en matière de contravention, que la prescription ne serait pas acquise par cela qu'il se serait passé plus d'une année sans condamnation définitive, lorsque ce défaut de condamnation est le fait du défendeur, qui, par une question préjudicielle par lui soulevée, a mis le ministère public demandeur dans l'impossibilité de faire statuer dans un délai pluscourt (Crim. cass. 19 oct. 1842, M. Romiguière, rap., aff. Delalonde).

155. La disposition de l'art. 640 c. instr. crim., d'après laquelle toute action pour contravention de simple police est éteinte, s'il n'est pas intervenu de condamnation dans l'année, n'est pas applicable lorsqu'il y a eu acquittement et pourvoi en cassation contre ce jugement, le pourvoi en pareil cas étant suspensif de la prescription (Crim. cass. 16 juin 1836 (1); 21 oct. 1830, aff. Gilbert, V. nº 90; Conf. Mangin, nº 362).

156. De même, la prescription de l'action publique exercée contre le propriétaire qui a fait dans une maison habitée sujette à reculement des travaux qualifiés de travaux confortatifs, est suspendue pendant l'instance formée devant l'administration afin qu'il soit statué sur le caractère de ces travaux (Cass. 7 mai 1851, aff. Vayssaire, D. P. 51. 5. 407).

157. La prescription est encore suspendue pendant le temps qui s'écoule entre la demande en autorisation de poursuivre un fonctionnaire public, et l'obtention de cette autorisation (Conf. Mangin, nº 336), et, par exemple, il a été décidé que la prescription n'est pas acquise par le défaut de poursuites dans le délai de trois mois, à partir du jour du procès-verbal constatant le délit, si les prévenus étaient des agents du gouvernement qu'on n'ait pu traduire en justice, sans une autorisation préalable provoquée, mais non accordée dans ce délai (Crim. cass. 13 avril 1810) (2). — Cette dernière solution n'est admise par Legraverend que pour le cas seulement où il s'agit de la mise en jugement des agents de l'administration forestière. Elle ne s'étend pas, suivant cet auteur, au cas où il s'agit de tous autres fonctionnaires protégés par l'art. 75 de la constitution de l'an 8. Mais cette distinction n'a aucun fondement réel. Dès que le ministère public a saisi l'administration de la demande à fin d'autorisation, il a fait tout ce qu'il pouvait faire, et il n'est pas le maître d'activer les décisions soit du conseil d'État, soit des administrations publiques.

158. Lorsqu'un individu est poursuivi à la fois pour un crime et pour un délit, et que la mise en accusation ne porte que sur le crime, la prescription du délit est suspendue jusqu'à ce qu'il ait été statué sur cette accusation. La raison de cette suspension est que la condamnation pour crime, si l'accusé est jugé coupable, aura pour effet de le soustraire aux peines encourues à raison du délit, attendu la prohibition de cumuler les peines (Crim. cass. 28 août 1823 (3). — Conf. Mangin,

---

(1) (Min. publ. *C.* Chandesais.) — La cour; — Sur le second moyen, tiré de la violation de l'art. 177 c. inst. crim., et de la fausse application de l'art. 640 du même code : — Vu les art. 177, 413 et 640 c. inst. crim.;—Attendu, en droit, que, des dispositions formelles des art. 177 et 413 dudit code, il résulte que le recours en cassation est ouvert au ministère public contre tous jugements en dernier ressort des tribunaux de police, sans distinction de ceux qui ont prononcé le renvoi de la partie ou sa condamnation; — Que l'art. 640, tout en déclarant que l'action publique, pour une contravention de police est prescrite après une année, à compter du jour où elle a été commise, si, dans cet intervalle, il n'est point intervenu de condamnation, ne contient aucune disposition restrictive du droit de recours accordé à la partie publique; que, loin de là, le législateur a reconnu la nécessité de proroger la durée de l'action, lorsqu'il est intervenu, en première instance, un jugement définitif, de nature à être attaqué par la voie de l'appel;— Que le pourvoi en cassation rend cette prorogation plus nécessaire encore, puisqu'il a pour effet d'arrêter toute instruction, toute poursuite à fin de condamnation, de paralyser ainsi l'action du ministère public, et conséquemment de suspendre le cours de la prescription, comme aussi l'effet de la cassation est de remettre les parties au même état où elles étaient avant le jugement annulé; qu'on doit admettre ce double principe; que, s'il en était autrement, le recours serait illusoire, et qu'il aurait pour résultat de laisser couvrir par la prescription les contraventions de police les plus contraires à l'ordre public, pendant que le ministère public serait forcé de poursuivre les excès de pouvoir ou les violations de loi commis par les tribunaux de répression;

Attendu, en fait, que la contravention de police imputée à J. Chandesais a été constatée par un procès-verbal, en date du 25 juill. 1834; que, s'il a été renvoyé de la prévention par un jugement du tribunal de police de la ville de Tours, du 19 sept. 1834, ce jugement a été cassé par un arrêt du 15 nov. suivant; qu'un second jugement du tribunal de police du canton d'Amboise, auquel l'affaire avait été renvoyée, a relaxé Chandesais le 7 fév. 1835; mais que, sur un second pourvoi du ministère public, ce jugement a été cassé par un arrêt des chambres réunies du 25 janv. 1836, et les parties renvoyées devant la cour royale d'Orléans, laquelle a rendu sa décision le 11 mars suivant; — Qu'en jugeant dans cet état de la cause que l'action était prescrite, par le motif qu'il s'était écoulé plus d'une année, sans jugement définitif, depuis la date du pourvoi jusqu'au 11 mars 1836, l'arrêt attaqué a faussement appliqué l'art. 640 c. inst. crim. et violé les art. 177 et 413 du même code; — En conséquence, casse l'arrêt de la cour d'Orléans, du 11 mars 1836, renvoie à Angers.

Du 16 juin 1836.-C. C., ch. crim.-MM. de Bastard, pr.-Bresson, rap.

(2) (Min. publ. *C.* Journault et Roul.) — La cour — Vu l'art. 456, § 1, de la loi du 3 brum. an 4; — Et attendu que les prescriptions et les déchéances ne peuvent courir contre ceux qui ne peuvent agir; — Que les empêchements de droit sont toujours une exception suffisante pour le défaut d'action dans le délai déterminé par la loi qui règle l'exercice de l'action; — Que, dans l'espèce, l'art. 75 de l'acte constitutionnel défendait à l'administration forestière de poursuivre Journault et Roul, prévenus de délits forestiers dans l'exercice de leurs fonctions de maires des communes de Saint-Julien et du Petit-Auvernay, sans avoir préalablement obtenu un décret impérial portant autorisation des poursuites;—Que l'administration forestière ayant demandé cette autorisation dans les trois mois de la date du procès-verbal du 28 nov. 1807, elle a dû attendre la décision à intervenir sur sa demande, pour faire citer légalement les prévenus devant le tribunal correctionnel; — Que le décret, portant autorisation des poursuites, n'a été rendu que le 7 juill. 1809, et n'a été transmis par S. Exc. le grand juge ministre de la justice, que le 28 août, au procureur général près la cour de justice criminelle du département de la Loire Inférieure, qui ne l'a transmis lui-même à l'inspecteur forestier que le 12 sept. suivant; que c'est alors seulement qu'a été élevé l'obstacle qui, jusque-là, s'opposait à l'exercice de l'action forestière; — Que cette action ayant été intentée le 30 du même mois de septembre, il est évident n'y a été apporté aucun retard; que, par conséquent, on n'a pu opposer à l'administration le laps de temps qui s'est écoulé depuis le procès-verbal du 28 nov. 1807, jusqu'au jour de la citation en justice, puisqu'ayant fait ses diligences pour obtenir l'autorisation nécessaire, l'administration ne pouvait qu'attendre la décision du gouvernement, et ne doit pas être responsable du retard que cette décision a éprouvé; qu'il suit de là qu'en déclarant l'administration non recevable, faute de poursuites dans les trois mois de la date du procès-verbal, la cour de justice criminelle a fait à l'espèce une fausse application de l'art. 8, tit. 9 de la loi du 29 sept. 1791; — Casse, etc.

Du 13 avr. 1810.-C. C., sect. crim.-MM. Barris, pr.-Guieu, rap.

(3) (Min. publ. *C.* Bichet.) — La cour; — Vu l'art. 638 c. inst. crim.; — Attendu qu'il ne peut y avoir cours à la prescription lorsqu'il y a impossibilité d'action; — Que Bichet, renvoyé devant la cour d'assises pour trois vols qualifiés, ne pouvait être poursuivi sur les deux

nº 357). Mais quand il s'agit d'un délit *connexe* à un crime, alors il y a possibilité et même obligation pour le ministère public de faire instruire et juger simultanément sur le crime et sur le délit, et il en résulte que, si l'action n'a été exercée qu'à raison du crime, la prescription du délit ne sera point, dans ce cas, suspendue; à moins cependant, suivant Mangin, nº 338, que, par un motif quelconque, la chambre des mises en accusation ait refusé soit de statuer sur le délit connexe, soit de le faire juger en même temps que le crime auquelle il se rattache. — Mais cette restriction n'a pas de portée, elle équivaut à dire que, quand la chambre des mises en accusation a déclaré qu'il n'y avait pas connexité, la prescription du délit est suspendue, ce qui est évident.

159. Lorsqu'un individu est prévenu, 1º de falsification des registres de l'état civil, 2º d'avoir soustrait des conscrits au service militaire, s'il arrive que la cour spéciale, compétente pour connaître du crime de faux, acquitte le prévenu à cet égard, celui-ci ne pourra pas opposer, quand on viendra le poursuivre en police correctionnelle pour l'autre délit, que la prescription lui est acquise. Elle a été légalement suspendue, quant à ce délit, pendant tout le temps qu'ont duré les poursuites à raison du faux (Crim. rej. 19 janv. 1809) (1). Dans l'espèce, le temps nécessaire pour prescrire le délit de la soustraction de conscrits était en effet expiré, car le prévenu, condamné d'abord par contumace pour le crime de faux, fut, par suite de son arrestation, déchargé de la peine par un second jugement; mais, aux termes de l'arrêt de la cour de cassation, la prescription n'avait été que suspendue.

160. Dans un arrêt très-remarquable, du 7 fév. 1840, que nous avons cité plus haut, nº 61, il a été jugé en termes précis que la maxime : *contra non valentem agere non currit præscriptio* est applicable en matière criminelle. En effet, on a décidé que le décret du 14 oct. 1811, qui interdisait de rendre des jugements de contumace en fait de désertion, empêchant la partie publique, ne permettait pas au délit de désertion de se prescrire. — De même, la prescription ne court pas, en matière de délit, quand les actes d'instruction exigés par la loi empêchent les magistrats de connaître de l'affaire dans le mois de la date du procès-verbal (Paris, 7 nov. 1842, aff. min. pub. *C.* Cahier).

161. Il faut bien se fixer sur ce point qu'il n'y a suspension de la prescription que lorsque l'impossibilité d'agir résulte de la loi. Il faut, en un mot, que le juge n'ait pas pu statuer. Ainsi, la prescription n'est pas suspendue par le recours à l'autorité administrative, contre l'arrêté municipal rendu en matière de voirie, et auquel il a été contrevenu : — « Attendu que les arrêtés de l'autorité municipale concernant la voirie urbaine, tant qu'ils n'ont pas été réformés par l'autorité administrative supérieure, doivent recevoir leur exécution, et que le recours à cette autorité ne forme pas un obstacle au jugement des tribunaux de répression » (Crim. rej. 1er juill. 1837, MM. de Bastard, pr., Bresson, rap., aff. Picot d'Agard).

162. Lorsque la prescription s'est trouvée suspendue par suite d'instance engagée sur des questions préjudicielles, elle reprend son cours de plein droit à partir du jour où ces questions ont reçu jugement définitif, et non pas seulement à compter du jour où ce jugement a été notifié (Crim. cass. 10 avr. 1855) (2).

163. La maxime *quæ sunt temporalia ad agendum sunt ad excipiendum perpetua*, est applicable en matière criminelle. « *Dices; nullane ergo prorsus ratione crimen accusare licet post annum XX? Respondeo... Si crimen exceptionis modo objiciatur, id semper fieri potest : sunt enim exceptiones suâ naturâ perpetuæ, potestque sine vitio ad crimina porrigi illa juris regula : temporales agendum, perpetuæ sunt ad excipiendum* (Matthæus, *De crim.*, t. 6, p. 127). — En effet, il a été jugé : 1º que la prescription du faux ne pourrait empêcher que le procès ne fût fait à la pièce par faux incident (V. Faux incident, nº 70, et les arrêts cités); — 2º Que la nullité d'une convention ayant le caractère de délit peut être proposée, par voie d'exception, par le débiteur ou ses représentants, même quand le délit se trouve prescrit (Grenoble, 17 mai 1853, aff. syndic Clercy, D. P. 55. 2. 65). — C'est là, comme nous venons de le dire, l'application de la règle *quæ sunt temporalia ad agendum, perpetua sunt ad excipiendum*. On conçoit, en effet, que le législateur ait décidé que la négligence qui a laissé écouler un trop long temps sans agir, sera punie par la prescription de l'action. Celui qui a laissé dormir un droit, qu'il pouvait faire valoir, peut être justement privé de ce droit. Mais la loi ne peut exiger d'action de la part de celui qui n'a pas besoin d'agir. Pourquoi demander la nullité d'une convention délictueuse dont on ne poursuit pas l'exécution? Il est permis de penser qu'on renonce à cette exécution. Tant que je ne suis pas troublé dans une prétention injuste, pourquoi agirais-je? L'exception est une défense qui doit toujours être permise. Le contrat, d'ailleurs, est vicieux, bien que la prescription soit acquise. — Qui ne voit, en outre, les suites dangereuses d'une doctrine contraire à celle que nous exposons? Il suffirait, pour faire valoir un contrat délictueux, de laisser écouler trois années sans poursuite. — Mais il est bien évident que la maxime

---

autres vols simples dont il était prévenu, et sur lesquels il y avait eu réserves dans l'ordonnance de la chambre du conseil, qu'après qu'il aurait été définitivement statué par la cour d'assises sur lesdits vols qualifiés; — Que, l'art. 565 c. inst. crim., prohibant en effet la cumulation des peines, il y avait nécessité d'instruire et de prononcer sur les vols qui emportaient une peine afflictive et infamante, avant qu'il pût être instruit et prononcé sur les vols qui n'étaient passibles que d'une peine correctionnelle; — Que l'arrêt de condamnation rendu par contumace contre Bichet le 22 juill. 1815, sur l'accusation des vols qualifiés, avait été un obstacle à toute prescription; — Que la prescription à l'égard des délits correctionnels n'a pu commencer à courir que du 15 avril dernier, date de l'ordonnance d'acquittement prononcée en faveur de Bichet par le président de la cour d'assises, après son arrestation et sa mise en jugement devant un jury sur les vols qualifiés à raison desquels il avait été condamné par contumace; que la prescription sur ces délits était donc bien loin d'être acquise lors du jugement par lequel le tribunal de Pontarlier a condamné ledit Bichet pour lesdits vols simples le 14 juin dernier; que cependant la cour royale de Besançon a annulé ce jugement, sur le motif que les délits sur lesquels il avait prononcé étaient éteints par la prescription, et que cette cour a en conséquence renvoyé ledit Bichet de toutes poursuites; en quoi elle a faussement appliqué, et par conséquent, violé le susdit art. 638 c. inst crim.; — D'après ces motifs, casse et annule, etc.

Du 28 août 1825.-C. C., sect. crim.-MM. Barris, pr.-Busschop, r.

(1) (Picheire *C.* min. publ.) — LA COUR; — Attendu que la prescription a été légalement suspendue, quant au délit correctionnel de soustraction de jeunes gens à la conscription, dont le réclamant a été accusé, pendant tout le temps qu'ont duré les poursuites dirigées à raison du faux dont il a été prévenu; — Attendu que la cour de justice criminelle spéciale, en acquittant sur ce délit le réclamant, n'a pu ni voulu rien prononcer sur lesdites soustractions; — Rejette.

Du 19 janv. 1809.-C. C., sect. crim.

(2) (Demoiselles Rodière *C.* maire de Castres.) — LA COUR; — Vu l'art. 640, c. inst. crim.; — Attendu que, pendant le cours des débats judiciaires qui ont eu lieu entre les demoiselles Rodière et le maire de Castres, à l'occasion de la reconstruction de la façade de leur maison, la prescription n'a pu courir contre l'action en répression d'une contravention, que le maire pouvait avoir à exercer par suite de ces travaux, puisque, durant ce temps, le maire se trouvait dans l'impossibilité d'agir jusqu'au jugement définitif des questions préjudicielles qui s'agitaient devant les tribunaux; — Mais attendu que ces questions ont été définitivement jugées par l'arrêt du 30 avr. 1851, et qu'à compter de ce jour il n'existait plus d'obstacle qui empêchât le maire de Castres de porter devant les tribunaux de répression la contravention qu'il pouvait imputer aux demoiselles Rodière; — Que, dès lors, et à compter dudit jour, la prescription a repris son cours, sans qu'il fût besoin que l'arrêt du 30 avril 1851 fût signifié au maire de Castres, puisque c'était lui qui, ayant intérêt à se prévaloir de cet arrêt pour reprendre sa liberté d'action, aurait eu, le cas échéant, à en donner notification, et puisqu'il s'agissait, d'ailleurs, d'une poursuite en répression d'une contravention;

Et attendu, en fait, qu'il s'est écoulé plus d'un an depuis la prononciation de cet arrêt jusqu'au 17 mars 1854, date du procès-verbal dressé contre les demoiselles Rodière, qui a servi de base à la poursuite; qu'ainsi, aux termes de l'art. 640 c. inst. crim., qui règle la prescription applicable aux contraventions de police, et fait courir cette prescription du jour où une contravention a été commise, l'action intentée contre les demoiselles Rodière était prescrite; — Attendu, toutefois, que le jugement attaqué a refusé de déclarer cette prescription, sur le motif qu'elle n'aurait couru qu'autant que l'arrêt du 30 avr. 1851 aurait été signifié par les demoiselles Rodière; en quoi ce jugement a créé une distinction qui ne se trouve pas dans la loi et expressément violé l'art. 640 c. inst. crim.; — Casse.

Du 10 avr. 1855.-C. C., ch. crim.-MM. Chopin, pr.-Crouseilhes, r.

quæ sunt temporalia, etc., ne fait pas revivre l'action publique : *Si elapso tempore ad criminis præscriptionem definito; ipsum crimen exceptionis modo objiciatur, hujusmodi exceptio reo quidem prodesse poterit ad effectus civiles inducendos, nunquam vero efficiet, ut criminali persecutioni locus sit ad pœnæ irrogationem obtinendam. Memorata enim ab auctore regula quod temporale est ad agendum perpetuum esse in judicio tantùm civili potest obtinere* (Matthæus, *De crim.* t. 6, p. 127, *ad notam*).

164. Un individu exproprié revendiquait son immeuble en accusant l'adjudicataire de manœuvres à l'aide desquelles il aurait écarté les enchérisseurs, pour repousser la prescription de trois ans, résultant de ce que son action était fondée sur un délit (V. *suprà* n° 101). Il soutenait qu'il était défendeur et que la maxime *quæ sunt temporalia*, etc., lui était applicable; mais on a jugé conformément aux principes posés v° Prescription civile, n°s 836 s., qu'il ne pouvait invoquer cette maxime, parce qu'il était demandeur en revendication, et que ce fait qu'on lui opposait un titre (le jugement d'adjudication), ne le rendait pas défendeur (Bourges, 26 mars 1855, aff. Descolombiers, D. P. 55. 2. 308).

Nous ne nous sommes occupés dans ce paragraphe que de l'interruption de la prescription de l'action civile, car la prescription des peines ne peut être interrompue que par l'exécution de jugements comme nous l'avons vu *suprà*, n° 122.

§ 9. — *Des effets de l'interruption et de la suspension de la prescription.*

165. Quels sont les effets de l'interruption de la prescription en matière criminelle? Et d'abord l'exercice de l'*action civile* interrompt-elle la prescription de l'action publique? L'affirmative semble avoir été jugée par un arrêt; mais cet arrêt a été rendu sous le code de brumaire an 4 (Crim. rej. 8 prair. an 11) (1), dont l'art. 10 reconnaît, au moins dans ses termes, que les poursuites au civil interrompent l'action au criminel. — Mais sous le code d'instruction criminelle, la négative ne nous paraît pas douteuse. En effet, dans le cas où l'action civile est portée devant les tribunaux civils, on ne peut considérer comme des actes de poursuite et d'instruction, l'assignation qui a saisi les juges au civil. Dans le cas où l'action civile est portée devant le juge de la répression, il en est de même; car on ne peut voir un acte de poursuite ou d'instruction dans la plainte ou la dénonciation de la partie privée. Dans le cas où la partie civile forme opposition à l'ordonnance de la chambre du conseil, cette opposition interrompt la prescription de l'action publique, car spécialement, et aux termes de l'art. 135 c. inst. crim., cette opposition saisit la chambre des mises en accusation. L'action civile prend alors le caractère de l'action publique, puisque l'opposition a pour effet d'empêcher la mise en liberté de l'inculpé. — Il est un second cas où l'action civile conserve l'action publique, c'est lorsque la partie lésée a cité directement le prévenu devant le tribunal de police correctionnelle : — « Attendu que d'après les dispositions générales du code d'instruction criminelle, il suffit d'une citation signifiée au prévenu, soit à la requête de la partie civile, soit au nom du ministère public pour que les tribunaux correctionnels légalement saisis de la connaissance de délits qui en sont l'objet, soient appelés à statuer, soit ensemble, soit séparément, tant sur l'action civile que sur l'action publique, fondées l'une et l'autre sur les mêmes faits : d'où il suit que les prévenus légalement mis en demeure de s'expliquer sur les faits de la plainte, et de faire valoir contre l'une et l'autre action leurs moyens de défense, n'ont point de prescription à opposer contre celle des deux actions dont l'exercice momentanément suspendu aurait été repris en temps utile, pour profiter des suites légales de l'action qui lui est corrélative; — Que la prescription ne saurait être interrompue en faveur de la partie civile sans l'être en faveur du ministère public, qui est nécessairement partie jointe dans toute procédure criminelle » (Crim. cass. 15 avril 1826, MM. Portalis, pr., Chantereyne, rap., aff. Barbabesse. — *Contrà*, le Sellyer, n° 2245).

166. Il faut donc dire que sauf ces deux exceptions, l'action civile n'interrompt pas la prescription de l'action publique. Maintenant l'action publique conserve-t-elle l'action privée? — Si l'action civile a été portée devant les tribunaux civils, l'exercice en est suspendu, aux termes de l'art. 3 c. inst. crim., tant qu'il n'a pas été prononcé définitivement sur l'action publique intentée avant ou pendant la poursuite de l'action civile. Il est clair qu'alors la partie privée ne pouvant agir, son action est conservée (V. *suprà*, n°s 153 et s.). « Pour le cas où l'action privée est jointe à l'action civile, il n'est pas douteux que l'action civile ne soit conservée par les actes du ministère public » (Mangin, n° 354). Cela nous paraît assez évident, dit M. le Sellyer, n° 2246, puisque l'action privée se trouve alors être l'accessoire de l'action publique. L'accessoire doit être conservé par les actes qui conservent le principal. « Mais, dit M. Mangin, n° 354, lorsque la partie lésée n'a formé son action en réparation civile que postérieurement à l'action publique, et même après qu'il a été statué définitivement sur celle-ci, la prescription de l'action a-t-elle été interrompue par les poursuites du ministère public, et n'a-t-elle repris son cours qu'à dater, soit du dernier acte de ces poursuites, soit du jugement définitif qu'elles ont provoqué? — Des réparations civiles supposent l'existence d'un fait punissable qui leur sert de base; comment concevoir alors que l'action, pour les obtenir, puisse se prescrire, pendant que le ministère public agit pour établir l'existence de ce fait, en convaincre et en faire punir le coupable? Il semble que, bien loin de faire courir la prescription contre l'action civile, le législateur aurait dû ordonner qu'elle ne serait intentée qu'après le jugement à intervenir sur l'action publique. Cependant il a permis de la former avant ou pendant les poursuites du ministère public, mais sous la condition qu'il sera sursis au jugement jusqu'à ce qu'il ait été statué définitivement sur l'action publique. L'action publique tient donc en suspens l'action civile; si elle la tient en suspens, la loi avertit qu'on peut ne la former que quand l'autre est jugée. Un pareil avertissement me paraît inconciliable avec la pensée que la prescription peut cependant l'anéantir avant qu'il ait été définitivement prononcé sur l'action publique. Je crois que les poursuites du ministère public suspendent la prescription de l'action civile, qu'elle ne commence à partir du dernier que de ces actes ou du jugement définitif qui en a été la suite. »

167. On vient de voir que lorsque l'action civile est intentée après que l'action publique a été suivie d'un jugement, elle avait été conservée par l'action publique. Mais il reste encore une question, celle de savoir dans quel délai l'action civile doit alors être intentée. — La prescription de trente ans peut-elle seule lui être opposée, ou bien doit-elle être formée dans les délais portés aux art. 637 et 638? — Il a été jugé que la prescription trentenaire était seule opposable (Nîmes, 27 mars 1835, aff. Teste, V. n° 98; Caen, 8 janv. 1827, aff. Lebon, V. *eod.*). Mais la doctrine de ces arrêts ne peut pas être suivie. Le code d'instruction criminelle veut que l'action civile n'ait pas plus de durée que l'action criminelle. L'art. 3 prévoit le cas où elle se poursuit après la condamnation provoquée par l'action publique, et n'admet pas alors d'exception à la règle ci-dessus. La cour de Nîmes ne pense pas qu'un délinquant puisse être traité avec plus de faveur qu'un individu qui a seulement causé un préjudice à autrui. Mais c'est la critique même de la loi qu'il s'agit d'appliquer, c'est l'objection de tous ceux qui ne voulaient pas de prescription particulière en matière criminelle. La loi n'a pas voulu, dans un intérêt social, que les débats en matière criminelle pussent avoir lieu à une époque trop éloignée de la perpétration du délit, pour éviter le dépérissement des preuves, et parce qu'on a pensé que l'honneur des citoyens devait être encore plus pro-

(1) (Tournadé.) — LE TRIBUNAL; — Attendu qu'il résulte des pièces de la procédure qu'il y avait eu immédiatement après les délits commis, des poursuites civiles pour la restitution de l'objet volé; qu'il résulte aussi de la correspondance des deux commissaires du gouvernement de Bergerac et de Libourne qu'il y a eu lors d'une autre procédure instruite devant le directeur du jury de Libourne, contre le demandeur, un commencement de poursuites relatives au vol de la jument dont il s'agit, et qu'aux termes de l'art. 10 c. des délits, etc., il suffit pour proroger l'action pendant six ans qu'il ait été commencé des poursuites soit criminelles, soit civiles, à raison d'un délit, même contre ceux qui ne seraient pas impliqués dans ces poursuites; — Rejette.

Du 8 prair. an 11.-C. C., sect. crim.-MM. Seignette, pr.-Lachèze, r.

tégé que leurs biens. Mais la cour de Caen fait observer que, dans le cas de condamnation antérieure à l'instance civile, les tribunaux n'ont aucun fait à constater; sans doute il y a force de chose jugée, mais cependant il faut entrer, pour l'appréciation de l'étendue du dommage causé, dans l'examen de circonstances dont la loi veut que le souvenir n'ait pas un long retentissement. — Aussi le contraire a-t-il été décidé (Crim. cass. 3 août 1841, et sur renvoi, Lyon, 17 juin 1842, aff. Condamin, V. n° 93).— V. du reste n°s 94 et suiv.

168. En matière criminelle comme en matière civile, l'effet de l'interruption de la prescription est de faire considérer comme non avenu le temps qui a précédé l'acte interruptif; de sorte que la prescription ne peut plus être acquise que par le laps de temps fixé par la loi à partir de cet acte. — Cela résulte des dispositions expresses de l'art. 637, qui dispose que s'il a été fait des actes d'instruction ou de poursuite... l'action publique et l'action civile ne se prescriront qu'après dix années révolues, à compter du dernier acte.

169. Que faut-il décider relativement aux prescriptions particulières édictées par des lois spéciales? Quand les poursuites ont été intentées dans le délai de trois mois, par exemple en matière forestière, la prescription qui recommence à courir sera-t-elle de trois mois? — Des arrêts décident la négative; ils ont pensé que ces lois spéciales ne s'occupant pas des effets de l'interruption des prescriptions exceptionnelles qu'elles ont introduites, il en résulte qu'il faut revenir au droit commun en matière criminelle qui est que lorsqu'un acte a interrompu la prescription d'un délit, il faut trois ans pour qu'elle soit de nouveau acquise (Metz, 17 nov. 1821; Crim. cass. 6 fév. 1830, 1er mars 1832 (1); Conf. Crim. cass. 6 fév. 1824, MM. Bailly, pr., Chantereyne, rap., aff. Drouin, aff. Trace; 8 mai 1830, MM. Ollivier, pr., Ricard, rap., aff. Grauss; 26 juin 1841, aff. Delestre, V. Chasse, n° 476; 16 août 1844, MM. Barris, pr., Fréteau de Peny, rap., aff. Derrieu. — *Contrà*, Crim. rej. 5 juill. 1816, MM. Berrier, pr., Basire, rap., aff. Baillon). — La question est difficile. On peut dire contre la solution de la cour de cassation qu'en fait de prescription le principe a toujours été qu'après l'interruption, le délai qui commence à courir doit être le même que celui qui était exigé pour que la prescription fût acquise avant que l'acte interruptif fût intervenu. Que si l'on répond qu'il s'agit de lois spéciales qui se rattachent au droit criminel, et que dans le silence de ces lois sur l'effet de l'interruption des prescriptions exceptionnelles qu'elles ont introduites, il faut avoir recours au code d'instruction criminelle, on peut faire observer que le code d'instruction criminelle n'a fait qu'appliquer, aux matières qu'il régit la règle générale du droit civil qu'en effet il résulte des dispositions combinées des art. 637 et 638, qu'après l'interruption de la prescription des crimes et délits prévus par le code, le délai de la prescription qui recommence à courir est le même que celui qui était nécessaire pour que la prescription fût acquise avant l'interruption. On peut ajouter qu'il s'agit de courtes prescriptions, fondées en partie sur cette considération que le repos des citoyens ne doit pas être trop longtemps inquiété quand il s'agit d'infractions peu graves, et que cette raison doit faire décider également qu'après l'interruption une prescription aussi brève que celle qui a été interrompue doit recommencer. Mais le système de la cour de cassation nous paraît devoir se défendre par cette règle du droit commun, que toutes les fois qu'une action est portée devant les tribunaux, la prescription ordinaire est seule opposable. *Omnes actiones... semel inclusæ judicio salvæ permanent.* Or quelle est la prescription ordinaire en matière criminelle? c'est celle édictée par les art. 637, 638 c. inst. crim. (V. M. Mangin, de l'Action publique, t. 2, p. 225; V. aussi en ce sens v^is Chasse, n° 483, et Forêts, n° 489). La cour d'Orléans a jugé, conformément à la jurisprudence de la cour de cassation, que la prescription d'un délit forestier est interrompue par le réquisitoire du ministère public contenant dénonciation du fait au juge d'instruction avec réquisition d'informer; et que dès lors le délai de trois mois auquel elle est limitée par l'art. 185 c. for. est prorogé à trois années par application de l'art. 638 c. inst. crim., et que par suite cette prescription ne peut être opposée, bien que l'information n'ait été commencée que plus de trois mois après la constatation du délit, si trois mois ne se sont pas encore écoulés depuis le réquisitoire du ministère public (Orléans, 25 avril 1853, aff. Regnart, D. P. 54. 5. 586).

170. On a vu *suprà*, n°s 120 et s., que les jugements qui ne sont pas définitifs ne sont considérés que comme des actes interruptifs de la prescription; il en résulte que si, en matière de chasse,

(1) 1re *Espèce*:—(Forêts C. Jordan.)—LA COUR;—Considérant que la loi du 29 sept. 1791, rendue sur l'organisation de l'administration forestière, ne parle que des délais dans lesquels les actions en réparations de délits seront intentées, mais qu'elle est muette sur la durée de ces actions lorsqu'il y a eu des premières poursuites; d'où il suit qu'il faut se reporter pour ce dernier cas aux dispositions de la loi générale; — Considérant que de la combinaison des art. 637 et 638 c. inst. crim., il suit évidemment que l'action publique résultant d'un délit se prescrit par la cessation des poursuites pendant trois années à compter du dernier acte; — Considérant que le jugement qui a renvoyé Jordan de la poursuite exercée contre lui par l'administration forestière est du 16 oct. 1818; qu'à partir de cette époque ou du lendemain, jour où l'inspecteur forestier a formé appel dudit jugement jusqu'au 25 oct. 1821, date de la citation donnée à Jordan pour comparaître devant la cour, plus de trois ans se sont écoulés sans poursuites de la part de l'administration forestière; que dès lors la prescription est acquise à Jordan du délit constaté contre lui;—Considérant que bien qu'il n'invoque pas ce moyen, puisqu'il fait défaut, la cour n'en a pas moins le devoir de le suppléer d'office, ainsi que la jurisprudence l'a établi, notamment un arrêt du 26 fév. 1807, rendu par la cour de cassation en matière de délit forestier; — Par ces motifs, sans qu'il soit besoin d'examiner le rapport du 29 août 1818, donne défaut contre Georges Jordan, non comparant ni personne pour lui; — Et néanmoins, déclare éteinte et prescrite l'action de l'administration forestière contre Jordan, intentée par suite du rapport susmentionné, etc.

Du 17 nov. 1821.-C. de Metz, ch. corr.-M. de Julvécourt, pr.

2e *Espèce*:—(Forêts C. Donnet et autres.)—LA COUR;—Attendu qu'aux termes de l'art. 185 c. for., les actions en réparation de délits en matière forestière se prescrivent par trois mois, à compter du jour où les délits ont été constatés;

Attendu que, dans l'espèce, la poursuite a été intentée en temps utile; — Attendu que, dans le silence de la loi sur le temps requis pour la péremption des poursuites auxquelles donnent lieu les délits soumis à des prescriptions particulières, il faut nécessairement se reporter, d'après l'art. 187 c. for., aux dispositions générales du code d'instruction criminelle; — Attendu qu'aux termes des art. 637 et 638 c. inst. crim., la péremption, en matière correctionnelle, ne peut être acquise que lorsque les poursuites ont été interrompues pendant trois années;—Attendu, dès lors, que le tribunal correctionnel de Digne, en déclarant éteinte par la prescription l'action résultant du délit imputé aux prévenus, sur le motif qu'il se serait écoulé plus de trois mois sans poursuites depuis le dernier acte régulier, a fait une fausse application de l'art. 185 c. for. et a violé l'art. 187 du code forestier et les art. 637 et 638 du code d'instruction criminelle; — Attendu, d'ailleurs, qu'il n'est pas exact de dire qu'un jugement nul n'eût pas pu interrompre la prescription;—Par ces motifs, casse.

Du 6 fév. 1830.-C. C., ch. crim.-MM. Bastard, pr.-Dupaty, rap.

3e *Espèce*:—(Forêts C. Bourdin et Larrère.)—LA COUR;—Attendu qu'aux termes de l'art. 187 c. for., dans le silence de ce code sur le temps qui doit faire prescrire l'action intentée en temps utile, il faut s'en référer aux règles établies par les art. 637, 638 c. inst. crim. sur la prescription; — Attendu que, d'après lesdits articles, la prescription en matière correctionnelle est acquise, lorsqu'il y a eu interruption de poursuites pendant trois ans; qu'il suffit, pour interrompre la prescription, de simples actes d'instruction et de poursuites, sans qu'il soit nécessaire qu'il ait été rendu de décision par les tribunaux; qu'une citation régulière a l'effet de saisir un tribunal a un caractère légal et constitue un acte de poursuite;

Attendu qu'il est reconnu par le tribunal de Mont-de-Marsan, qu'en vertu, tant du premier procès-verbal du 4 mars 1830, dans lequel aucun délinquant n'a été signalé, que du second procès-verbal du 25 août 1830, dans lequel les nommés Bourdin et Larrère ont été signalés comme auteurs d'une partie des délits y énoncés, une citation leur a été donnée, le 4 oct. 1830, à l'effet de comparaître, le 19 nov. 1830, au tribunal de police correctionnelle de Saint-Sever; que, dès lors, il s'est écoulé moins de trois mois entre le moment où les délits ont été reconnus avoir été commis par les prévenus, et la citation régulière du 4 oct. 1830, qui est un acte de poursuite; — Que le jugement attaqué, en écartant cette citation de la cause, sous le prétexte qu'elle avait été abandonnée, et en déclarant l'action éteinte par la prescription, pour le temps écoulé depuis la constatation des délits jusqu'à la seconde citation, a fait une fausse application de l'art. 185 c. for. et violé les art. 637 et 638 c. inst. crim.; — Par ces motifs, casse le jugement rendu par le tribunal correctionnel de Mont-de-Marsan, en date du 2 mars 1831.

Du 1er mars 1832.-C. C., ch. crim.-MM. de Bastard, pr.-Dupaty, rap.

après l'interruption résultant d'un jugement susceptible d'appel, la prescription qui recommence à courir n'était que d'un mois, le procureur général ne pourrait profiter du délai de deux mois que lui accorde l'art. 205 c. inst. crim. pour interjeter appel des jugements qu'il veut faire réformer. C'est ce qu'a fait remarquer avec raison la cour de Bruxelles (Bruxelles, 20 fév. 1835) (1).

171. Il faut remarquer cependant que ce qui vient d'être dit cesse d'être applicable quand le juge devant lequel l'action a été portée vient à s'en dessaisir; cette action n'est plus soumise, dans ce cas, qu'à la prescription particulière fixée par la loi spéciale. Ainsi, lorsque, après que la prescription a été interrompue par une citation donnée devant un juge incompétent, il intervient un jugement qui déclare cette incompétence, la prescription nouvelle qui court à partir de ce jugement n'est autre que la prescription particulière propre au délit dont il s'agit; la raison en est qu'après que le juge s'est dessaisi il n'y a plus d'instance, et, par suite, les parties sont remises au même état qu'avant la poursuite (Conf. Mangin). — C'est ainsi qu'il a été jugé que si un garde champêtre a été cité pour un délit devant le tribunal de police correctionnelle au lieu de l'être devant la cour impériale, et que le tribunal se soit déclaré incompétent, il y a prescription acquise à l'inculpé s'il s'est écoulé plus d'un mois entre le jugement du tribunal de première instance et la citation devant la cour (Crim. rej. 5 juin 1841, aff. Vidot, V. Chasse, n° 483).

172. En cas de délit commis par plusieurs, les poursuites exercées contre deux des délinquants interrompent la prescription à l'égard du troisième et la prorogent pendant trois années, bien que le délit poursuivi soit un délit de pêche prescriptible par un mois (Bourges, 31 janv. 1839, aff. Delagogué, n° 134).

173. Il a été jugé en matière forestière, comme en matière civile, que lorsque la prescription est interrompue à l'égard de l'obligé principal, elle l'est également à l'égard de la caution (Crim. cass. 13 avr. 1833, V. Forêts, n° 1314).

174. Quels doivent être, quant au délai de la prescription, les effets de la suspension en matière criminelle? On sait qu'en règle générale, quand il y a suspension de la prescription, le temps qui s'était écoulé avant la suspension compte dans le délai qui doit s'accomplir après cette suspension.

175. Pourquoi n'en serait-il pas de même en droit criminel? Mais, dit M. Mangin, remarquez que la prescription n'a été introduite en matière criminelle que dans la crainte que les preuves ne vinssent à dépérir, et il n'est point à craindre que cela arrive quand il y a eu suspension, car alors l'affaire étant engagée, le juge est entouré des preuves; dès lors pourquoi abréger le délai de la prescription? — Il est à croire que les preuves ne dépériront pas pendant le délai de la prescription qui doit, selon ces auteurs, courir de nouveau en entier depuis la cassation des causes de la suspension. On lui a répondu avec raison (M. le Sellyer, n° 2291) que plus il s'écoulera de temps entre le moment où l'infraction aura été commise et celui où la prescription est acquise, plus, évidemment, les preuves auront été exposées à périr. — Mais il se pourrait, ajoute M. Mangin, qu'en cas de contravention, si le temps s'est écoulé depuis la contravention jusqu'au jour où le tribunal a été dans l'impossibilité de prononcer sur le fond, devait compter pour l'accomplissement de la prescription, il pourrait arriver, si cette impossibilité ne se déclarait que la veille du jour où la prescription devait s'accomplir, que le juge se trouvât sans pouvoir pour prononcer sur le fond. — Outre que ce cas doit arriver trop rarement pour faire rejeter la règle, on a fait remarquer, avec raison, que si cet accident arrive, la partie poursuivante devra se l'imputer à elle-même. Les diligences auraient dû être telles qu'à dater de l'infraction jusqu'à l'instant où une question préjudicielle se sera soulevée, il se fût écoulé un temps assez court pour qu'après le jugement de l'action préjudicielle il restât un délai suffisant pour faire prononcer une condamnation (le Sellyer, *loc. cit.*). — Il ne faut pas oublier qu'un des éléments de la prescription en matière criminelle est la punition que mérite la négligence de la partie qui poursuit.

§ 10. — *De l'époque à laquelle la prescription peut être proposée. — Elle doit être suppléée d'office.*

176. La prescription, dans les matières criminelles, présente un moyen péremptoire. — Jugé : 1° que l'exception de prescription peut être opposée en *tout état de cause* (Crim. rej. 26 oct. 1810) (2); — 2° Qu'au correctionnel, elle peut l'être en appel (Orléans, 25 avr. 1853, aff. Regnard, D. P. 54. 5. 585); — 3° Que la prescription du délit dont un individu est déclaré coupable peut être proposée même après la délibération du jury (Crim. cass. 20 mai 1824) (3); — 4° Qu'elle peut l'être, pour la première fois, devant la cour de cassation, quoiqu'elle ne l'ait pas été devant la cour d'assises (Crim. cass. 28 janv. 1808 (4), V. v° Cassation,

(1) (N... *C.* N...) — La cour; — Attendu que la prescription d'un mois établie pour les délits de chasse par l'art. 12 L. 30 avr. 1790 ne concerne que l'introduction de l'action en répression, mais qu'on ne peut l'étendre sans contrarier la marche de la justice, et sans soumettre la partie civile ou publique à des formalités et à des frais frustratoires jusqu'à en faire l'application toutes les fois qu'un délai de plus d'un mois se serait écoulé entre deux actes de poursuite, et bien moins encore lorsque, dans l'espèce, il existe un jugement contradictoire dont l'appel ne date que du 5 déc. 1834, et pour le jugement duquel une ordonnance du 26 janv. suivant a fixé le jour; — Attendu encore que cette prescription, dans les circonstances de la cause, serait inconciliable avec les dispositions de l'art. 205 c. inst. crim., qui accorde au ministère public deux mois pour se pourvoir en appel contre les jugements rendus en police correctionnelle, puisque déjà l'action serait prescrite lorsque seulement la moitié du délai qui lui est accordé pour se pourvoir serait écoulé; — Par ces motifs, ordonne, etc.

Du 20 fév. 1835.-C. de Bruxelles, 3e ch.

(2) (Forêts *C.* Henseler.) — La cour; — Considérant, sur le premier moyen, que l'appel interjeté par l'administration forestière du jugement du tribunal de police correctionnelle rendu en faveur du sieur Henseler, a conservé à celui-ci tous ses moyens de défense qu'il avait fait valoir en première instance; que conséquemment il a pu, en instance d'appel comme devant les premiers juges, proposer l'exception de prescription; que d'ailleurs cette exception étant péremptoire de sa nature, peut être proposée dans tout état de cause; — Rejette.

Du 26 oct. 1810.-C. C., ch. crim.-MM. Barris, pr.-Busschopp, rap.

(3) *Espèce :* — (Daillant.) — Daillant fut accusé d'un vol de peaux de chèvres, commis depuis plus de trois ans. — D'après l'acte d'accusation, le vol avait été accompagné de circonstances aggravantes, d'où il résultait que ce délit n'était prescriptible que par dix ans, aux termes de l'art. 637 c. inst. crim.; aussi ne fut-il pas parlé de prescription dans les débats. — Mais Daillant ayant été déclaré coupable sans circonstances aggravantes, ne s'est trouvé convaincu que d'un délit prescriptible par défaut de poursuites pendant trois ans (638 même code), et, en conséquence, a fait valoir la prescription. — Le 13 mars 1825, arrêt de la cour d'assises du département de Saône-et-Loire, qui, attendu qu'une fois la déclaration du jury prononcée, l'accusé ne peut plus, d'après l'art. 365 c. inst. crim., plaider que le fait est faux, etc., rejette l'exception proposée par Daillant, et le condamne à la peine du vol simple. — Pourvoi. — Arrêt.

La cour; — Vu l'art. 365 c. inst. crim.; — Considérant que Daillant et son conseil n'ont ni plaidé ni demandé à plaider que le vol de six peaux de chèvres, déclaré affirmativement par le jury, était faux; mais seulement que le défenseur de Daillant a invoqué, en faveur de cet accusé, la prescription de trois ans, sur le fondement que, ne s'agissant que d'un fait qui, s'il n'était pas prescrit, ne serait passible que d'une peine correctionnelle, cette prescription l'avait dépouillé de toute qualité de délit; d'où la conséquence que le fait déclaré n'était susceptible de l'application d'aucune peine; — Que l'exception de prescription est un moyen du fond qui peut être proposé en tout état de cause, et qui, s'il est prouvé en fait, est, d'après les termes de l'art. 365, un obstacle invincible à toute application de peine, et, par suite, doit entraîner la mise en liberté du prévenu, s'il n'est détenu pour une autre cause; — Que néanmoins la cour d'assises du département de Saône-et-Loire, au lieu de s'occuper de la question de savoir, au fond, s'il n'y avait pas prescription, en a rejeté purement et simplement l'exception, par son arrêt du 25 mars 1823; — Que cette cour a prononcé ce rejet sous le prétexte erroné que l'exception de prescription n'ayant pas été proposée avant la délibération du jury, il ne lui était plus permis de s'en occuper, et qu'elle n'avait plus de pouvoir à exercer que pour appliquer la peine au fait déclaré constant par le jury; en conséquence, a condamné ledit Daillant à treize mois d'emprisonnement, à la surveillance de la haute police pendant cinq ans, après l'expiration des treize mois, à 16 fr. d'amende, à fournir cautionnement de 100 fr., et aux frais de la procédure; — En quoi cette cour a méconnu les vrais principes de la matière et les règles de sa compétence, en même temps qu'elle a faussement appliqué et violé ledit art. 365 c. inst. crim.; — Casse.

Du 20 mai 1824 (non 1823).-C. C., sect. cr.-M. Bailly, pr.

(4) (Jeudy et Dautun *C.* min. pub.) — La cour; — Vu les art. 9 et 10 de la loi du 3 brum. an 4, et la loi du 26 flor. an 5; — Et attendu

nos 1949 et s.); — 5° Que la prescription peut être en tout état de cause suppléée d'office par le juge correctionnel (c. pr. 173 c. inst. crim. 638) ou autre (Bourges, 28 fév. 1822; Orléans, 5 avr. 1830 (1).—Conf. Crim. cass. 26 fév. 1807, MM. Barris, pr., Seignette, rap., aff. Darbois; 12 août 1808, MM. Barris, pr., Carnot, rap., aff. Lacoste; 29 mai 1847, aff. Malloz, D. P. 47. 4. 381).

177. La prescription peut être opposée devant le juge d'appel, lors même que celui-ci ne serait saisi que d'un incident et n'aurait à statuer que sur un moyen de forme (Crim. cass. 28 janv. 1843) (2).

178. La prescription étant un bénéfice de la loi qui fait obstacle à l'exercice de l'action publique, elle doit être jugée préliminairement, soit par la chambre du conseil, soit par

---

qu'il résulte de l'art. 10 de la loi du 3 brum. an 4, que nul ne peut être recherché, soit au criminel, soit au civil, après six années révolues à compter du jour que le délit a été connu et légalement constaté, si, dans l'intervalle, il n'a été rendu contre lui aucun jugement par défaut ou par contumace; d'où suit qu'en cette matière la prescription est absolue; que, dès lors, elle doit être suppléée par les tribunaux, et que, conséquemment, Jeudy et Dautun ont été recevables à l'invoquer en cassation, quoiqu'ils ne l'eussent pas proposée par-devant la cour de justice criminelle; — Attendu, sur le fond, qu'il résulte des pièces de l'instruction que le délit, pour raison duquel Jeudy et Dautun furent mis en jugement et condamnés le 2 oct. 1807, avait été commis la nuit du 25 au 26 vent. an 9, constaté légalement le 26, et officiellement connu dès le 30 du même mois, conséquemment six années et plus avant l'ouverture des débats; — Attendu qu'il a été judiciairement établi, en exécution de l'arrêt préparatoire du 17 décembre dernier, qu'il n'était intervenu, dans les six années, contre lesdits Jeudy et Dautun, aucun jugement par défaut ou par contumace; qu'il reste, dès lors, bien constant, en point de fait, qu'il s'est écoulé plus de six années depuis la connaissance acquise et la constatation légale du délit imputé aux réclamants, sans qu'il ait été rendu contre eux, dans l'intervalle, aucun jugement par défaut ou par contumace; d'où suit, par une conséquence nécessaire des dispositions de la loi citée, qu'il y avait prescription légale du délit, au regard de Jeudy et Dautun, lorsqu'ils furent présentés aux débats et jugés le 2 oct. 1807; — Qu'en effet, l'art. 10 de la loi du 3 brum. an 4 n'admet aucune distinction; que cet article, étant conçu dans les termes les plus généraux, s'applique indistinctement à tous les cas, sans restriction: *Ubi lex non distinguit, nec nos distinguere debemus*; principe de rigueur, surtout en matière pénale, où la loi veut que toute interprétation soit faite en faveur du prévenu; — Que, dans l'espèce particulière, la cour de justice criminelle, qui a rendu l'arrêt du 2 oct. 1807, devait donc suppléer la prescription, puisqu'elle avait la preuve sous les yeux, dans les actes de l'instruction, qu'elle était acquise; qu'ayant, au contraire, procédé au jugement du fond du procès, la cour de justice criminelle du département du Puy-de-Dôme a ouvertement violé l'art. 10 de la loi du 3 brum. an 4, et commis conséquemment un excès de pouvoir; — Casse.

Du 28 janv. 1808.-C. C., sect. crim.-MM. Barris, pr.-Carnot, rap.

(1) 1re *Espèce*: —(Grenouillet C. min. pub.)—La cour; — Considérant que la prescription en matière criminelle est aussi favorable qu'elle est généralement odieuse en matière civile; que toutes les dispositions de loi introduites en faveur des prévenus doivent être entendues dans le sens le plus large; que, non-seulement les sieurs Grenouillet sont recevables à opposer le moyen résultant de la prescription de l'action, quoiqu'ils ne l'aient pas employé en première instance, mais que les juges qui doivent toujours consulter l'intention du législateur auraient dû le suppléer d'office; — A mis le jugement dont est appel au néant; — Emendant, décharge les sieurs Grenouillet des condamnations prononcées contre eux; — Condamne l'administration aux dépens.

Du 28 fév. 1822.-C. de Bourges, ch. corr.-M. Delamétherie, pr.

2e *Espèce*: — (Aremberg C. Milhiet, etc.) — 10 nov. 1823, Milhiet et consorts sont cités correctionnellement par les princes d'Aremberg, comme prévenus d'avoir distrait des bois non compris dans leur adjudication, et que les princes s'étaient réservés. — Ceux-ci produisaient, à l'appui de leur plainte, un récolement des bois, dressé en octobre précédent, à leur requête, mais hors la présence des prévenus. — Ces derniers proposent une fin de non-recevoir, qui fut accueillie par la cour de Bourges; mais son arrêt fut cassé le 28 août 1824. — Renvoi à la chambre correctionnelle de la cour d'Orléans. — Cette cour admet, sur la fin de non-recevoir, le même système que la cour de cassation; mais regardant le récolement produit par les princes, comme irrégulier, et insuffisant pour établir la preuve du détournement des bois, elle nomme des experts pour procéder à un récolement nouveau.

En juin 1829, l'expertise est terminée. — Alors Milhiet et consorts ont prétendu que le récolement était une opération qui avait pour but de reconnaître l'exécution d'une convention civile, intervenue entre le propriétaire et l'adjudicataire, et en vertu de laquelle celui-ci est tenu de représenter les arbres réservés, il s'ensuivait que les juges correctionnels étaient incompétents pour ordonner une pareille opération, et qu'on aurait dû se pourvoir devant les juges civils. — Ils ajoutaient, pour la première fois, que l'action était prescrite, plus de trois mois s'étant écoulés depuis le jour où le délit aurait été commis, jusqu'à la plainte. — Arrêt.

La cour; — ...En ce qui touche le moyen de prescription invoqué contre l'action des princes d'Aremberg: — Considérant qu'en matière correctionnelle, la prescription est d'ordre public, et qu'elle peut être proposée en tout état de cause, et même suppléée d'office par le juge; que si, dans l'espèce, les adjudicataires se sont soumis aux formalités prescrites par l'ord. de 1669, ils n'ont pas renoncé au bénéfice de la prescription; que la demande des princes d'Aremberg tend à obtenir des restitutions pour la répression d'un délit forestier; que ces restitutions sont prononcées *per modum pœnæ*, et non comme l'équivalent du dommage, puisqu'elles sont fixées à une somme égale à l'amende, sans avoir égard à la valeur réelle des arbres; — Considérant que l'action publique pour l'application de la peine, et l'action civile pour la réparation d'un dommage, s'éteignent par la prescription; que rien ne donne lieu de croire que législateur ait eu l'intention de faire considérer le déficit d'arbres réservés, comme un délit spécial qui ne serait pas soumis à l'effet de la prescription; — Que, s'il est vrai que l'action en récolement dure trente ans, cela ne doit s'entendre que de l'action *ex contractu*, et non de l'action *ex delicto*, qui n'a pour objet que des dommages-intérêts, indépendants de la restitution de la chose, et que c'est à cette action que s'applique l'art. 2 c. inst. crim.; — Considérant que, d'après les disposition de l'art. 638 du même code, tous les délits se prescrivent par trois ans, à partir du jour où ils ont été commis, sauf la prescription des actions résultant de certains délits, qui a été maintenue, d'une manière expresse, par l'art. 643 dudit code; d'où il suit que si la prescription de trois mois, pour les délits forestiers reconnus, établie par la loi du 29 sept. 1791, est encore en vigueur, elle ne peut cependant être étendue au delà du seul cas pour lequel elle a été faite; — Que cette loi gardant le silence sur les délits forestiers non constatés, il est évident que le législateur n'a pas voulu appliquer la prescription de trois mois à ces délits; qu'il est facile de reconnaître les motifs qui l'ont déterminé à ne point admettre, dans cette circonstance, une prescription aussi courte; mais que ce serait méconnaître l'esprit de la législation, que de n'en admettre aucune; — Considérant que, si la prescription de trois ans, lorsque le délit n'est pas constaté, était inadmissible, il en résulterait que, ne pouvant invoquer, ni celle de trois mois, applicable aux seuls délits reconnus, ni celle de trente ans, spéciale au droit civil, le prévenu resterait soumis indéfiniment à l'action résultant du délit qu'il aurait commis; en d'autres termes, que ce délit serait imprescriptible, ce qui est contraire à notre législation criminelle; — Qu'il est de principe que, dans le silence de la loi spéciale, il faut se reporter aux règles du droit commun; — Que l'art. 638 susénoncé, faisant courir la prescription du jour où le délit a été commis, sans distinction, entre ceux constatés et non constatés; il en résulte que le délit forestier, non constaté, se prescrit par trois ans, à compter du jour où il a été commis; — Que c'est ainsi qu'à défaut, par la loi du 29 sept. 1791, de prononcer sur l'effet de l'interruption des poursuites intentées dans les trois mois de la constatation du délit, on doit, conformément à l'art. 638 c. inst. crim., reconnaître que le délit forestier ne peut plus être prescrit que par trois ans; — Considérant que ce délit existe indépendamment du récolement, qui n'est autre chose que la constatation du délit; que si on oppose la prescription de trois mois, elle commencerait à courir de la date du récolement; mais qu'il n'en peut être ainsi, quand il s'agit d'appliquer la prescription de trois ans à un délit non constaté, et qu'alors, c'est du jour du délit que la prescription a commencé à courir; — Considérant que, si l'époque du délit de déficit dans les réserves, ne peut être précisée, il est certain qu'il n'a pu être commis après la vidange terminée; qu'ainsi, en faisant partir la prescription de ce moment, on prend un point de départ favorable au propriétaire; — Considérant que, dans l'espèce, il n'est point allégué, de la part des princes d'Aremberg, que la vidange des coupes adjugées à Aulnay et consorts, se soit continuée au delà des termes fixés par les actes d'adjudication; — Que la dernière vente, consentie au profit de Milhiet et consorts, est celle du bois Bidet, dont la vidange a été terminée le 15 avril 1820; — Que la demande des princes d'Aremberg, ayant pour date le 10 nov. 1823, a été intentée après plus de trois ans, à partir du jour du délit, d'où il suit que l'action correctionnelle est prescrite; — Par ces motifs, sans avoir égard à l'exception d'incompétence, déclare les princes d'Aremberg non recevables dans leur demande; — Renvoie Milhiet, etc.

Du 5 avr. 1830.-C. d'Orléans.-M. Delanoue, pr.

(2) (Lefeuvre C. min. pub.) — La cour; — Vu les art 637 et 638 c. inst. crim.; — Attendu, en fait, que le jugement correctionnel par défaut auquel le demandeur a formé opposition jugée valable par suite de la nullité de la signification qui lui en avait été faite, est du 5 mai 1838, et ladite opposition du 16 fév. 1842; qu'ainsi l'action publique était prescrite; — Attendu, en droit, que la prescription est d'ordre public; qu'elle

chambre des mises en accusation, sauf dans le premier cas l'opposition autorisée par l'art. 135 c. inst. crim. et dans le second, le recours en cassation (Crim. rej. 18 juin 1812, V. *infrà*, n° 228). —V. Instr. crim., n°s 806, 1069.

179. La prescription de l'art. 637 étant un moyen d'ordre public, doit être suppléé d'office par le juge en faveur du prévenu qui ne l'invoque pas (C. d'ass. de Limoges, 24 janv. 1839; Colmar, 29 avr. 1840 (1); Crim. cass. 28 janv. 1808, aff. Jeudy, V. n° 176-4°; 12 août 1808, MM. Barris, pr., Carnot, rap., aff. Lacoste; Orléans, 3 avril 1830, aff. Aremberg, V. n° 176-5°, et sur pourvoi, Crim. rej. 5 juin 1830, V. Forêts, n° 1705; Crim. cass. 1er fév. 1833, aff. Quillet, V. n° 122; 1er juill. 1837, aff. Picot, V. n° 20). — L'*aveu* même que l'inculpé fait du crime ne dispense pas le juge de déclarer d'office que ce crime est prescrit : « Quamvis proprie ex præscriptione non nisi exceptio nascatur attamen hæc inter eas exceptiones numeranda videtur, quæ etiam non oppositæ prosunt, quasque judex officii sui necessitate attendere cogitur. In publicis enim judiciis impleta temporis præscriptio ipso jure criminalem cum elapso annorum cursu lege definito... Existimo itaque recte Baldum tradidisse, in delictis etiam notoriis, et quæ ipse reus confessus erit, si de eorum præscriptione judici constet, nullimodo hanc confessionem delinquenti nocere, cum id confiteatur, de quo adversus eum publica actio amplius non est » (Matthæus, *De crim., ad notam*, t. 6, p. 125). — Et spécialement, il a été jugé que les amendes pour contraventions aux lois fiscales, bien que prononcées par les tribunaux civils, ayant néanmoins un caractère pénal et répressif, le moyen de la prescription, quand il est opposé à l'action intentée pour les faire prononcer, doit être suppléé d'office par le juge (trib. de la Seine, 5 janv. 1842 (2); V. aussi en matière de contravention aux lois sur les contributions indirectes, Crim. cass. 11 juin 1829, aff. Soccard, v° Impôt ind., n° 544). — A l'égard de la prescription de l'action civile résultant d'un délit, il a été jugé de même qu'elle constitue une exception d'ordre public, à laquelle dès lors le prévenu ne peut renoncer ni directement ni indirectement, et qui, s'il ne l'invoque point, doit être suppléée d'office par le juge (Paris, 24 fév. 1855, aff. Fatel, D. P. 56. 2. 71).

§ 11. — *Prescriptions spéciales.*

180. Le code d'instruction criminelle et le code pénal étant corrélatifs, les règles de prescription établies par le premier code sont les seules applicables à tous les crimes, délits et contraventions prévus par le code pénal (Crim. cass. 23 oct. 1812) (3). — Ce principe est fondé sur ce que ces deux codes ne forment

---

met obstacle d'une manière absolue à toute poursuite ultérieure, qu'elle doit être, dès lors, admise ou suppléée en tout état de cause; que la cour royale de Nîmes, en refusant de faire droit aux conclusions prises devant elle à cette fin, sur le fondement qu'elle n'était nantie que du jugement d'un point de forme, et que le moyen ne pourrait être utilement proposé que devant les juges du fond, a méconnu les principes de la matière, violé les articles ci-dessus cités du code d'instruction criminelle et les règles de la compétence; — Casse, etc.

Du 28 janv. 1845.-C. C., ch. crim.-MM. de Crouseilhes, pr.-Rocher, r.

(1) 1re *Espèce* :—(Min. pub. *C.* Puybras, dit Laguzé.)—LA COUR;— Attendu que le vol dont a été accusé Puybras, dit Laguzé, ayant été dépouillé par la déclaration du jury de la circonstance aggravante de la nuit qui, réunie à celle de dépendance d'une maison habitée, lui eût imprimé le caractère de crime, n'est plus qu'un délit punissable de peines correctionnelles;—Attendu que, quant aux délits de cette nature, l'action publique et l'action civile se prescrivent par trois années, aux termes des art. 637 et 638 c. inst. crim.; — Que, si la prescription éteint l'action publique, il faut reconnaître que le ministère public, quand il a intenté des poursuites contre Puybras, était sans droit et sans qualité pour agir; que, par la prescription, l'accusé n'est pas mis seulement à l'abri de la peine, mais qu'il est mis encore à l'abri de toutes poursuites, le droit de poursuites, ou, ce qui est la même chose, l'action, étant anéanti par l'effet de la prescription; — Attendu que le jury est souverain pour qualifier le fait imputé à l'accusé, en ce sens qu'il a le droit de le dépouiller des circonstances qui le rangent dans la classe des crimes ou des délits, et que la déclaration imprime définitivement au fait tel qu'il est reconnu par lui le caractère véritable qu'il a toujours dû avoir; — Attendu que c'est faire une fausse application de l'art. 368 c. inst. crim. que de prétendre que, par cela seul qu'un fait punissable est reconnu, l'accusé succombe, puisque, d'une part, la prescription l'affranchit de toute peine, et que, de l'autre, la loi fait un devoir au ministère public de reconnaître qu'il est sans droit de faire des poursuites, surtout si l'on remarque que, en matière criminelle, la prescription doit être suppléée d'office, ainsi qu'en font foi les monuments de la jurisprudence de la cour de cassation; — Que, de même que la partie civile serait sans droit pour répéter les frais qu'elle aurait avancés pour donner suite à son action, exercée parallèlement à celle du ministère public, de même ce dernier ne peut obtenir à titre de restitution des frais avancés pour l'exercice d'une action dont la loi prononçait l'extinction lorsqu'il l'a mise en mouvement, et que, conséquemment, elle semblait lui dénier; qu'en tout cas, cette restitution n'est pas due; — Attendu qu'il est constant que six ans environ s'étaient écoulés lorsque Puybras a été poursuivi pour le vol d'un âne au préjudice de Livertu, auquel il l'a remis presque aussitôt; — Par ces motifs, dit que l'action du ministère public contre Puybras est prescrite; — Déclare l'accusé absous, et dit n'y avoir lieu à le condamner aux dépens.

Du 24 janv. (ou fév.) 1839.-C. d'ass. de Limoges.-M. Dulac, pr.

2e *Espèce* : — (Forêts *C.* Witz.) — LA COUR; — Attendu qu'en matière criminelle, correctionnelle ou de police, la prescription est absolue et d'ordre public, et que lorsqu'elle est acquise, elle élève un obstacle insurmontable contre l'application de la peine; que, dès lors, elle doit être suppléée d'office par les cours et tribunaux; — Attendu qu'aux termes des art. 637 et 638 c. inst. crim., l'action publique et l'action civile, résultant d'un délit de nature à être puni correctionnellement, se prescrivent après trois années révolues, à compter du jour où le délit a été commis, si dans cet intervalle il n'a été fait aucun acte d'instruction ni de poursuite, et que, s'il a été fait dans cet intervalle des actes d'instruction ou de poursuite non suivis de jugement, l'action publique et l'action civile ne se prescrivent qu'après trois années révolues, à compter du dernier acte; — Attendu que, lorsque, dans la seconde de ces deux dispositions, le législateur parle d'actes d'instruction ou de poursuite non suivis de jugement, il ne peut avoir en vue que des actes d'instruction ou de poursuite non suivies de jugement de condamnation, parce que, par la disposition de l'art. 636, dont les art. 637 et 638 ne sont pas la corrélation obligée, il venait de régler le temps de la prescription en ce qui concernait les peines prononcées par les arrêts ou jugements définitifs ou en premier ressort; d'où il résulte nécessairement que, lorsqu'il s'agit d'actes d'instruction ou de poursuite suivis d'un jugement d'acquittement, le temps de la prescription reste fixé à trois années, à compter du dernier acte d'instruction ou de poursuite; — Attendu qu'au cas particulier, le jugement dont est appel, en déclarant le procès-verbal du 23 juill. 1836 insuffisant pour constater, à la charge de Maximin Witz, le délit à raison duquel il se trouvait poursuivi, a purement et simplement renvoyé ledit Witz de l'assignation; — Que l'appel de ce jugement, émis par le sous-inspecteur des forêts, est du 14 nov. 1836, et que depuis lors il n'apparait d'aucun acte d'instruction ni de poursuite; qu'ainsi la prescription de trois années est acquise au profit de Witz; — Par ces motifs, déclare la poursuite éteinte par prescription.

Du 29 avr. 1840.-C. de Colmar, ch. cor.

(2) (Min. pub. *C.* Me Berceon.)—LE TRIBUNAL;—Joint, attendu la connexité, les deux poursuites dirigées contre Berceon, et faisant droit sur le tout, jugeant en premier ressort; — En ce qui touche la prétendue contravention constatée par le procès-verbal du 21 mai 1841 : —Attendu que l'acte qui contiendrait contravention est en date des 25 et 24 oct. 1839; — Attendu que la citation donnée à Berceon, le 10 décembre dernier, est postérieure de plus de deux ans à l'acte susénoncé; — Que, dès lors, aux termes de l'art. 14 de la loi du 16 juin 1824, la prescription est acquise; — Attendu que cette prescription, quoique n'ayant pas été opposée par Berceon, n'en doit pas moins être admise par le tribunal; — Qu'en effet, les amendes attachées par la loi aux contraventions commises par les officiers publics, encore bien qu'elles soient prononcées par les tribunaux civils, n'en ont pas moins un caractère répressif et pénal, puisque la condamnation auxdites amendes est poursuivie par le ministère public; que, dès lors, la prescription, en pareil cas, est d'ordre public et doit être suppléée d'office par le juge; — Par ces motifs, etc.

Du 5 janv. 1842.-Trib. de la Seine.

(3) (Min. publ.). — LA COUR; — Vu l'art. 410 c. inst. crim.; — Attendu que le code d'instruction criminelle et le nouveau code pénal sont corrélatifs, et qu'ainsi les règles de prescription établies par l'un sont les seules applicables à tous les crimes, délits et contraventions prévus par l'autre; — Que si, d'après l'art. 484 c. pén., les cours et tribunaux doivent continuer d'observer les lois et règlements particuliers qui régissent les matières qui n'ont pas été réglées par ledit code, et s'il est dit, par l'art. 643 c. inst. crim., qu'il n'a pas été dérogé aux lois particulières relatives à la prescription des actions résultant de certains délits ou de certaines contraventions, il résulte évidemment de ces expressions mêmes que les lois spéciales deviennent sans application lorsque des délits qui y étaient mentionnés sont devenus l'objet d'une nouvelle disposition dans la loi générale; — Que le nouveau code pénal a, par l'art. 445, déter-

qu'un seul corps de législation criminelle. Ce principe a été fréquemment appliqué par la cour de cassation.

151. Les crimes, délits et contraventions prévus par des lois spéciales encore en vigueur, doivent pareillement, quand ces lois ne les ont pas soumis à des prescriptions particulières, être régis, quant à la prescription, par le code d'instruction criminelle, lequel forme le droit général de l'empire, et non par la législation qui existait à l'époque où les lois spéciales dont il s'agit ont été rendues. Ainsi, par exemple, le délit d'habitude d'usure, commis sous le code d'instruction criminelle, se prescrit conformément à ce code, et non suivant le code de brum. an 4 (Conf. Mangin, Tr. de l'act. pub., n° 294). — Il avait été jugé, sous le code de brum. an 4, que les art. 9 et 10 de ce code, qui réglaient la prescription, s'appliquaient à tous les délits, tant qu'une loi exceptionnelle ne fixait pas une autre prescription (Crim. rej. 19 oct. 1810) (1).

152. L'action publique, pour infractions disciplinaires au service de la garde nationale, est soumise à la prescription annale de l'art. 640 c. inst. crim. » — V. Garde nation., n° 322.

153. Il est diverses lois qui ont édicté des prescriptions spéciales, toutes en rapport avec les matières qu'elles régissent. Aux termes de l'art. 643 c. inst. crim., les dispositions des art. 635 et suiv. n'ont pas dérogé à ces lois particulières. Nous allons faire connaître ces différentes prescriptions et les difficultés que les dispositions de lois qui y sont relatives ont fait naître. Quand des lois spéciales n'auront pas introduit de prescriptions particulières, nous verrons quelles prescriptions sont applicables aux infractions qu'elles prévoient. Nous suivrons l'ordre alphabétique.

154. *Brevet d'invention.* — On a soutenu que la prescription de trois ans n'est pas admissible en matière de brevet d'invention, qu'aucune disposition de loi ne soumet à la prescription le délit de contrefaçon industrielle, que ce délit privé, ce délit civil, ne peut être assimilé aux délits ordinaires ni aux délit de contrefaçon littéraire, et par conséquent ne rentre pas dans les dispositions de l'art. 638 c. inst. crim. Mais cette doctrine a été repoussée par un arrêt (Crim. cass. 28 juin 1844, aff. Manson, V. Brevet d'invention, n°s 309 et 397).

155. *Contributions indirectes.* — L'assignation doit être donnée dans le délai d'un mois, à peine de déchéance. — V. Imp. indir., n° 495.

156. *Chasse.* — Toute action relative aux délits prévus par la loi du 4 mai 1844 sur la police de la chasse, sera prescrite par le laps de trois mois, à compter du jour du délit (V. Chasse, n°s 467 et suiv.); le *jour* de la mise en jugement du délinquant n'est pas compris dans ce délai (*eod.*, n° 475. — Conf. Crim. rej. 2 mars 1854, aff. Lapeyre, D. P. 54. 5. 104).

157. *Forêts.* — Sous le code de brum. an 4, la jurisprudence avait hésité sur la question de savoir si l'art. 8 de la loi de 1791, qui fixait à trois mois la prescription d'un délit forestier, avait été abrogé par les art. 9 et 10 de ce code. Deux arrêts de cassation avaient jugé que ces articles formaient le droit commun en matière de prescription pour la poursuite des délits, et qu'en conséquence l'action en réparation des délits forestiers se prescrivait par trois et six ans suivant la distinction fixée par ces articles, et non par le délai de trois mois porté en l'art. 8 de la loi de 1791 (Crim. cass. 8 vend. et 11 brum. an 6, aff. N... C. N...). — Mais la cour de cassation est revenue sur cette jurisprudence, et plusieurs arrêts postérieurs ont décidé que les règles générales sur la prescription de la poursuite des délits posées dans la loi du 3 brum. an 4 n'ont pas révoqué les règles particulières établies par les lois antérieures à l'égard de certains délits, et spécialement à l'égard des délits forestiers (Crim. cass. 14 germ. an 13, MM. Viellart, pr., Lachèse, rap., aff. hab. de Saint-Pierre d'Albigny; 26 janv. 1806, MM. Viellart, pr., Delacoste, rap., aff. Marquet; 10 sept. 1807, aff. N... C. N...; et 7 janv. 1813, aff. N... C. N...). — Cette controverse n'a plus aujourd'hui qu'un intérêt purement doctrinal, car la difficulté ne peut se présenter en présence de l'art. 643 c. inst. crim.

158. Aux termes de l'art. 185 c. for., « les actions en réparation de délits et contraventions en matière forestière se prescrivent par trois mois à compter du jour où les délits et contraventions ont été constatés, lorsque les prévenus sont désignés dans les procès-verbaux. — Dans le cas contraire, le délai de prescription est de six mois à compter du même jour. » — Le délai porté en cet article, est prolongé à l'égard des *adjudicataires*, responsables, aux termes de l'art. 45, de tout délit forestier commis dans leurs ventes et à l'ouïe de la cognée, jusqu'à ce qu'ils aient obtenu leur décharge, aux termes des art. 47 et suiv. — L'art. 185 est applicable aux poursuites exercées au nom et dans l'intérêt des particuliers (art. 189). — Mais comme nous l'avons fait remarquer v° Forêts, n° 487, l'art. 185 n'est applicable que dans le cas où un procès-verbal a été dressé; si la preuve se fait par témoins, aux termes des art. 175 et 178, la prescription se régit alors par les règles qu'établit le code d'instruction criminelle (Crim. rej. 5 juin 1830, aff. Aremberg, V. Forêts, n° 1705. — Conf. Mangin, n° 333).

159. On a dit que la prescription n'était que de trois mois quand les inculpés étaient désignés au procès-verbal. Cette désignation est-elle suffisamment remplacée par le fait que les délinquants ont été *connus* des agents ? La négative a été jugée sous la loi du 29 sept. 1791, dont l'art. 8 contenait les mêmes dispositions que l'art. 185, avec cette seule différence que le délai était d'un an au lieu d'être de six mois, quand les délinquants n'avaient pas été désignés au procès-verbal. — La cour s'est décidée par la raison : 1° que le délinquant n'est réputé connu d'une manière certaine et légale que dans la forme que la loi indique, c'est-à-dire par sa désignation dans le procès-verbal; — 2° Que la loi a voulu bannir tout arbitraire dans une détermination des délais qu'un délinquant ne peut avoir la faculté de faire varier à son gré, mais qui dépend uniquement d'une condition positive et indépendante de tous les faits ultérieurs (Crim. cass. 8 avril 1808, MM. Basire, pr., Guieu, rap., aff. Dufour. — Conf. Mangin, n° 298). — Mais la *désignation* des délinquants au procès-verbal doit faire *courir* la prescription de trois mois, lors même qu'elle n'est pas *nominative* : il suffit qu'elle soit telle qu'il n'y ait pas de doute sur l'identité des délinquants (Conf. Mangin, n° 298). — Il a été décidé en ce sens qu'un délinquant était suffisamment désigné par ces mots *fils de la veuve Robin* (Crim. cass. 26 janv. 1816, aff. Roget, V. Procès-verbal). — Cette mention ayant suffi pour motiver une condamnation, il faut en conclure qu'elle aurait fait profiter le délinquant de la prescription de trois mois, s'il avait eu à l'invoquer.

160. Si le délit est constaté par un procès-verbal, de quelle date *court* la prescription ? Ce n'est évidemment ni de l'affirmation ni de l'enregistrement, formules *extrinsèques*. — C'est de la date de la clôture : alors seulement le délit est *constaté* (Conf. crim. Cass. 31 août 1850, aff. Monard, D. P. 50. 5. 364). Mais s'il y a plusieurs procès-verbaux constatant le même délit, c'est de la date de la clôture du premier procès-verbal que court

---

mine la peine qui, à l'avenir, devait être prononcée contre quiconque aurait abattu, sur des propriétés particulières, un ou plusieurs arbres qu'il savait ne pas lui appartenir ; que, par cette disposition formelle, ce genre de délit n'est plus resté soumis aux dispositions du code rural, et, par conséquent, doit en tout être poursuivi et jugé conformément à celles des nouvelles lois ; — Que, dans l'espèce, où il s'agissait d'une coupe d'arbres faite sur la propriété d'autrui, postérieurement à la mise en activité du nouveau code pénal, dans lequel ce fait se trouve prévu, et d'après lequel il doit être puni des peines correctionnelles, la prescription ne doit donc avoir lieu que d'après les règles établies par l'art. 638 c. inst. crim., c'est-à-dire par trois ans ; — Que cependant la cour impériale de Limoges a jugé que les délits de ce genre étaient prescrits après le temps déterminé par le code rural, c'est-à-dire par un mois ; mais que, par là, cette cour a fait une fausse application de cette dernière loi, et, par suite, violé formellement la disposition de l'art. 445 c. pén. et celle de l'art. 638 c. inst. crim. ; — Casse.

Du 23 oct. 1812.-C. C., sect. crim.-MM. Barris, pr.-Rataud, rap.

(1) (Martin.) — LA COUR ; — ....Considérant que les dispositions des art. 9 et 10 sont applicables à toute espèce de délits, à l'exception seulement de ceux à l'égard desquels une loi particulière a fixé le terme de la prescription, dans des limites plus étroites ; que les délits dont il s'agit, dans l'espèce, ne sont pas dans ledit cas d'exception ; que, conséquemment, il a fallu leur appliquer les dispositions générales desdits art. 9 et 10 ; — Rejette le pourvoi contre l'arrêt de la cour criminelle de la Gironde, du 5 mai dernier.

Du 19 oct. 1810.-C. C., sect. crim.-MM. Barris, pr.-Busschop, rap.

la prescription. Comme le remarque très-bien Mangin, il ne peut appartenir à la régie d'empêcher la prescription de s'accomplir en dressant de nouveaux procès-verbaux (Conf. Caen, 24 juin 1824) (1). — Mais on devrait décider autrement dans le cas où ce serait sur la demande de l'inculpé lui-même qu'une nouvelle vérification aurait été faite et constatée par un procès-verbal : en cas pareil, c'est de ce dernier procès-verbal que court la prescription (Crim. cass. 9 juin 1808) (2).

191. Suivant un arrêt, la prescription court à dater d'un procès-verbal qui contient une réserve dont le but a été, dans l'intention du rédacteur, de consulter ses supérieurs sur la marche ultérieure à suivre : — « Attendu que cette réserve ne pouvait avoir pour objet de constater de nouveau le délit déjà constaté par le procès-verbal qui la contenait » (Crim. cass, 23 mars 1811, MM. Barris, pr., Basire, rap., aff. Kils).

192. N'oublions pas que c'est de la date du procès-verbal que court la prescription. Il importerait peu que l'on prouvât que le délit avait été commis plus de six mois avant sa constatation (Crim. cass. 19 mars 1818, MM. Barris, pr., Basire, rap., aff. Villard-Teyssier), et que les agents avaient eu connaissance du délit antérieurement à l'époque où il a été constaté par le procès-verbal : — « Attendu qu'il n'est légalement connu que par le procès-verbal qui le constate » (Crim. cass. 23 juin 1827, MM. Portalis, pr., Bernard, rap., aff. Ferrier. — Conf. Mangin, n° 332).

193. D'après l'art. 186 c. for., « les dispositions de l'art. 185 ne sont point applicables aux contraventions, délits et malversations commis par des agents, préposés ou gardes de l'administration forestière, dans l'exercice de leurs fonctions; les délais de prescription à l'égard de ces préposés et de leurs complices, seront les mêmes que ceux qui sont déterminés par le code d'instruction criminelle » Il en est ainsi quant aux poursuites qui pourraient être dirigées, aux termes des art. 179 et 180 c. pén., contre tous délinquants ou contrevenants, pour fait de tentative de corruption envers des fonctionnaires publics et des agents et préposés de l'administration forestière (c. for. 207, V. M. le Sellyer, n° 2359).

194. L'art. 224 c. for. dispose que les actions ayant pour objet des défrichements commis en contravention à l'art. 219 se prescriront par deux ans à dater de l'époque où ce défrichement aura été consommé. — V. quant aux questions que cet article a soulevées, v° Forêts, n° 2001 et suiv.; V. également sur la question de savoir si la prescription de l'art. 224 s'applique au cas prévu par l'art. 91 c. for., c'est-à-dire au cas où un défrichement aurait été fait sans autorisation par une commune ou un établissement public, v° Forêts, n° 1741.

195. En ce qui concerne les bois des particuliers, l'action en récolement dure trente ans, mais la poursuite correctionnelle des adjudicataires se prescrit d'après les délais de la prescription en matière criminelle (Crim. rej. 5 juin 1830, aff. Aremberg, V. Forêts, n° 1705).

196. La loi des 15 et 29 sept. 1791 ne parlait pas, quant à la prescription, des délits commis dans les bois des *communes*. La question s'était présentée de savoir si l'on devait les assimiler à ceux commis dans les bois des particuliers ou à ceux commis dans ceux de l'État, leur appliquer la prescription d'un mois ou celle de trois. Il avait été jugé que les délits commis dans les bois des communes étaient soumis à la même prescription que ceux commis dans les bois de l'État (Cass. 9 janv. 1807, MM. Barris, pr., Aumont, rap., aff. N...). — La question ne peut plus s'élever en présence de l'art. 185 c. for.

197. La règle que la prescription peut être opposée en tout état de cause et même suppléée d'office par le juge, doit s'appliquer à toutes les infractions. La prescription dut être même suppléée d'office lorsqu'il s'agit de restitutions qui sont demandées en vertu des dispositions du code forestier (même arrêt).

198. *Délits maritimes et militaires.* — L'art. 37, tit. 1, de la loi du 12 oct. 1791, qui a fixé à trois années la prescription pour les crimes qui sont de la compétence des tribunaux maritimes, n'a pas été abrogé par l'art. 637 c. inst. crim. — Jugé en ce sens que le forçat qui, après s'être évadé, a été réintégré dans un bagne où il a subi sa peine, ne peut être condamné à raison de cette évasion, lorsqu'il s'est écoulé trois années depuis

(1) *Espèce* : — (Forêts C. Anquetil.) — Deux gardes forestiers de la forêt de Gavray dressèrent, le 4 sept. 1822, un procès-verbal contre François Anquetil. — Le 21 nov. suivant, il fut assigné à comparaître, le 29 du même mois, devant le tribunal correctionnel d'Avranches. A l'audience du 29, le garde général prit des conclusions contre lui; mais il demanda et obtint que la cause fût renvoyée au 15 déc. — Le 6 janv. 1823, l'inspecteur des eaux et forêts fit signifier au sieur Anquetil un nouveau procès-verbal, rédigé le 11 déc., constatant le même délit, avec nouvelle assignation devant le tribunal d'Avranches. — Deux jugements de ce tribunal, en date des 7 fév. et 14 mars 1823, déchargèrent Anquetil de l'action. — Ces jugements furent confirmés par le tribunal correctionnel de Coutances, sur l'appel qui en avait été interjeté par l'administration; celle-ci s'est pourvue en cassation. — 12 déc. 1823, arrêt qui casse et renvoie devant la cour de Caen. — Là Anquetil a fait valoir un nouveau moyen, celui de la prescription. Il a prétendu que l'administration ne l'ayant poursuivi qu'en vertu du second procès-verbal rédigé le 11 déc., et de l'assignation donnée le 6 janv. suivant, plus de trois mois s'étaient écoulés depuis le 4 déc. 1822, époque où le délit avait été reconnu, ainsi qu'il était constaté par le premier procès-verbal. — Arrêt.

La cour; — Considérant que le procès-verbal du 11 déc. 1822 n'a été signifié à Anquetil que le 6 janv. 1823; — Qu'à la suite de ce procès-verbal se trouve une assignation commise à Anquetil pour se voir condamner, en vertu de ce procès-verbal, aux peines et amendes prononcées par la loi; — Qu'il est évident que, par cette assignation, l'administration forestière regardait ledit procès-verbal comme principe de son action; — Considérant que, par suite de la maxime *non bis in idem*, il ne pouvait exister deux actions à la fois pour un seul et même fait, d'où il résulte que l'administration abandonnait alors celle qui avait été commise par suite du procès-verbal du 4 sept. 1822; — Que le prétendu délit commis par Anquetil, désigné comme délinquant, était reconnu à ladite époque du 4 sept. 1822, et par conséquent plus de trois mois antérieurement à l'action commise le 6 janv. 1823; — Qu'aux termes de l'art. 8, tit. 9, de la loi des 15 et 29 sept. 1791, ainsi conçu : « Les actions en réparation de délit seront intentées au plus tard dans les trois mois où ils auront été reconnus, lorsque les délinquants seront désignés dans les procès-verbaux, à défaut de quoi elles seront éteintes et prescrites, » le délit, en le supposant réel, se trouvait prescrit, et l'action de l'administration non recevable; — ...Déclare l'administration des eaux et forêts non recevable dans son action...

Du 24 juin 1824.-C. de Caen, 4e ch.-M. Maubrun, pr.

(2) (Forêts C. Brondel.) — La cour; — Vu l'art. 456, § 1, de la loi du 3 brum. an 4; — Attendu que la disposition de l'art. 8, tit. 9, de la loi du 29 sept. 1791, relative à la prescription de l'action en réparation des délits forestiers, n'est applicable que dans le cas où, depuis la constatation du délit, il n'a été fait aucun acte qui ait pu donner une autre date à la naissance de l'action, ou interrompre le cours de la prescription; — Que, dans l'espèce, si les procès-verbaux des 14 et 15 août 1807 étaient les seuls titres par lesquels eût été constaté le délit dont Humbert Brondel était prévenu, on pourrait encore examiner si l'instruction commencée le 22 août par l'inspecteur des eaux et forêts, conformément à la loi du 22 mars 1806, et dans laquelle ledit Humbert Brondel a figuré comme partie, et a subi des interrogatoires sur le fait qui donnait lieu aux poursuites, n'a pas suffi pour interrompre la prescription; — Mais que cet examen devient même inutile dans la cause, dès qu'il est constant que c'est à la réquisition d'Humbert Brondel lui-même qu'il a été procédé, le 19 août, à une nouvelle vérification du délit, en présence des officiers municipaux de la commune de Belignot, des agents forestiers et du prévenu, qui a été admis à contredire toutes les imputations dirigées contre lui dans les premiers procès-verbaux dont il désavouait le contenu; — Que c'est sur ce dernier procès-verbal qu'a été appuyée la demande en réparation formée contre Humbert Brondel le 17 nov. 1807, puisque ce n'est plus en raison de la coupe et enlèvement des quarante-quatre sapins dont il était fait mention dans les procès-verbaux des 14 et 15 août, mais seulement pour l'enlèvement de trente et un de ces arbres, que les amendes et restitutions ont été requises par l'administration; — Que, dès lors, il est évident que c'est à la date dudit procès-verbal du 19 août seulement que l'action en réparation du délit a pris son cours, puisque ce n'est véritablement que de ce jour que le délit a été définitivement constaté, les procès-verbaux antécédents ne pouvant être considérés comme des mesures préparatoires dont l'effet a été suspendu par la réquisition du prévenu, et a été ensuite détruit par la vérification contradictoire qu'il a sollicitée et à laquelle il a concouru; — Que, d'après ces faits, le délai de l'action n'était point expiré le 17 nov., lorsque la demande judiciaire de l'administration forestière a été intentée; — Et que, par conséquent, la cour de justice criminelle du département de l'Ain a fait à cette demande une fausse application de l'art. 8, tit. 9, de la loi du 29 sept. 1791, et commis en cela un excès de pouvoir; — Casse.

Du 9 juin 1808.-C. C., sect. crim.-MM. Barris, pr.-Guieu, rap.

son arrestation sans qu'aucune poursuite ait été dirigée contre lui (Crim. cass. 27 janv. 1820 (1); Conf. Mangin, n° 316).—Il est évident, en effet, que l'art. 643 c. inst. crim., bien qu'il ne parle que des lois particulières relatives à la prescription de certains *délits* ou de certaines *contraventions*, a entendu maintenir les lois spéciales relatives à la prescription de certains *crimes* que punissent les lois pénales militaires et maritimes. — V. Organ. marit. et milit.

199. *Délits de la presse.*—Aux termes de l'art. 27 du décret organique de la presse, du 17 fév. 1852, « les poursuites auront lieu dans les formes et délais prescrits par le code d'instruction criminelle. » — Mais il a été jugé que le délit de diffamation commis sous la loi du 26 mai 1819 s'est prescrit par six mois conformément à cette loi, et n'est pas soumis à la prescription de trois ans, ultérieurement établie par le décret de 1852 (Paris, 8 avr. 1853, aff. Malgaigne, D. P. 54. 5. 586). L'arrêt s'est fondé sur ce que les lois qui règlent la prescription en matière criminelle touchant au fond du droit, ne sont pas simplement des lois de simple procédure et d'instruction, et restent en conséquence applicables aux infractions commises sous leur empire, à l'exclusion des lois postérieures, si, d'ailleurs, celles-ci ne sont pas plus favorables aux prévenus. — V. Presse-outrage.

200. *Délit rural.* — Aux termes de l'art. 8, sect. 7, tit. 1, de la loi des 28 sept.-6 oct. 1791 dite : Code rural, la poursuite des délits ruraux doit être faite dans le délai d'un mois... — Il a été soutenu, sous le code de brumaire an 4, que les délits ruraux ne se prescrivaient que par trois ans par application des dispositions des art. 9 et 10 du code de brumaire (Crim. cass. 17 brum. an 8, MM. Méaulle, pr., Sautereau, rap., aff. Lazeu). C'est la même question que celle qui se présentait relativement aux délits forestiers. La jurisprudence s'est fixée dans ce sens que les art. 9 et 10 du code de brumaire n'avaient pas dérogé aux lois qui établissent des prescriptions particulières (Crim. cass. 16 flor. an 11, MM. Seignette, pr., Bauchau, rap., aff. Saintaud). Nombre d'arrêts ont été rendus dans le même sens (V. Merlin, Rép., v° Délits forestiers, § 1 et Quest. de droit, v° Délits ruraux).—La question est maintenant sans intérêt.

201. Les dispositions de la loi qui ont réglé la durée des actions pour délits ruraux sont-elles applicables au cas où la réparation du dommage, suivi d'un délit, serait poursuivie devant la juridiction civile? L'affirmative ne peut être mise en doute, puisqu'elles sont générales et qu'elles n'admettent aucune exception (Conf. Longchampt, 338). — La loi du 6 oct. 1791 et celle du 15 avr. 1829 décident même formellement la question en ce sens; comme leur disposition est favorable à la paix et au repos des campagnes, elle doit être appliquée à tous les dommages et délits ruraux. — Telle était d'ailleurs l'ancienne jurisprudence qui ne faisait aucune distinction entre les délits et les dommages susceptibles d'une simple réparation civile.

202. De quelle époque court la prescription? Du jour de la perpétration du délit, et c'est en vain qu'on se fonderait sur la loi de 1791 pour prétendre que le délit a dû prendre cours à dater du procès-verbal (Crim. rej. 13 mai 1830; Bourges, 15 juill. 1830) (2). C'est le droit commun (V. n°s 52 s.).—Toutefois, on a jugé sous la loi du 3 brum. an 4 qu'il suffisait qu'un délit rural ayant été commis depuis plus d'un mois, il ne se fût pas écoulé un mois depuis le procès-verbal qui le constatait pour que la prescription ne fût pas applicable (Crim. rej. 27 oct. 1809) (3).

203. Les règles, quant à l'interruption de la prescription, sont les mêmes qui régissent les infractions prévues par le code pénal. Il a été jugé en matière de délit rural que la prescription n'est point interrompue par le fait de la présentation de la citation au magistrat de sûreté et par l'apposition du visa du directeur du jury, la citation seule a cet effet (Crim. rej. 2 mess. an 13, MM. Seignette, pr., Babille, rap., aff. Lasmartre C. Savez). C'est l'application de la règle générale. — Mais il ne faut pas conclure de cet arrêt que la citation seule interrompt la prescription d'un délit rural; toute poursuite est interruptive de la prescription. — V. *suprà*, n° 113.

204. Le moyen de prescription d'un délit rural doit être suppléé d'office par le juge et même devant la cour de cassation, bien qu'il n'ait été proposé ni en première instance ni en appel (Crim. cass. 12 août 1808, aff. Lacoste, V. n° 179). C'est, au reste, l'application du droit commun (*eod.*).

205. On doit entendre par *poursuites* de délits ruraux tous actes faits en justice par les autorités compétentes pour faire constater le délit et en punir l'auteur; elles sont donc commencées dès que le juge de paix a dressé procès-verbal du délit et non du

---

(1) (Min. pub. *C.* Jammes.) — La cour (apr. dél. en ch. du cons.); — Vu les art. 484 c. pén. et 643 c. inst. crim.; — Vu aussi l'art. 57, tit. 1, de la loi du 12 oct. 1791, sur l'organisation des cours martiales maritimes, qui a fixé le délai de la prescription pour les crimes qui sont de la compétence des tribunaux maritimes; — Attendu que les lois sur la juridiction militaire de terre et de mer sont des lois spéciales qui ont réglé des matières particulières que le code pénal n'a pas comprises dans ses dispositions; qu'aux termes de l'art. 484 du code, elles doivent donc continuer d'être observées; que, d'après l'art. 643 c. inst. crim., les règles générales que ce code a établies pour la prescription des crimes n'ont point dérogé à celles que des lois spéciales avaient ordonnées pour la prescription des actions résultant de certains crimes ou délits; que la prescription pour la poursuite des crimes qui doivent être jugés par les tribunaux maritimes a été réglée par l'art 67, tit. 1, de la loi du 12 oct. 1791, qui n'a été abrogée par aucune loi postérieure sur cette matière; que les règles générales du code d'instruction criminelle sur la prescription ne sont donc pas applicables à ces crimes; — Et attendu néanmoins que le tribunal maritime spécial du port de Lorient, saisi de la poursuite du crime d'évasion des bagnes dont était accusé Pierre Jammes, n'a pas prononcé sur l'exception de prescription par lui réclamée d'après les dispositions dudit art. 57, tit. 1, de la loi du 12 oct. 1791, qui était la loi spéciale de la matière; qu'il a jugé cette exception et l'a rejetée d'après les règles portées dans l'art. 637 c. inst. crim.; en quoi ce tribunal a fait une fausse application de cet article et violé ledit art. 57, tit. 1, de la loi du 12 oct. 1791; — Casse.

Du 27 janv. 1820.-C. C., sect. crim.-MM. Barris, pr.-Aumont, rap.

(2) 1re *Espèce* : — (Min. pub. *C.* Pottier.) — La cour; — Attendu qu'en décidant que la prescription du délit rural dont il s'agit a couru à compter du jour de sa perpétration, et en renvoyant le défendeur de la poursuite exercée à ce sujet contre lui, le jugement attaqué s'est conformé à la disposition de l'art. 8, sect. 7, tit. 1, L. 28 sept 6 oct. 1791; — Rejette, etc.

Du 13 mai 1830.-C. C., ch. crim.-M. Rives, rap.

2e *Espèce* : — (Min. pub. *C.* Boisgilbaut.) — Boisgilbaut est cité, en avril 1830, au tribunal correctionnel pour anticipation sur un chemin public, remontant au mois de nov. 1829. — Il soutient que le délit est prescrit aux termes de la loi du 28 sept. 1791, sect. 7, art. 8, qui veut que la poursuite soit faite, au plus tard, dans le délai d'un mois. — Le ministère public répond que ce délai, d'après le code pénal de 1791, qui était alors la loi générale, ne court que du jour de la constatation ou de la connaissance des crimes ou délits; qu'au surplus, il s'agit ici d'un délit qui doit être réputé successif, et pour lequel la prescription ne court que du jour où l'anticipation a cessé. — Jugement qui admet la prescription. — Arrêt.

La cour; — Considérant que le tribunal a fait une juste application de l'art. 8, sect. 7, tit. 1 de la loi du 6 oct. 1791, qui ne présente aucune ambiguïté, et pour l'interprétation de laquelle on ne peut, par conséquent, recourir à aucune loi; que, pour soustraire le prétendu délit à la prescription, c'est inutilement qu'on le présente comme un délit continu, non soumis à la prescription; que c'est abuser d'une notion, d'ailleurs, exacte, et rendre sans effet le bénéfice de la prescription, dit qu'il a été bien jugé, mal appelé, etc.

Du 15 juill. 1830.-C. de Bourges.-M. Pascaud, av. gén.

(3) *Espèce* : — (Veuve Bucher *C.* Ellesbron.) — Le maire de la commune habitée par la veuve Bucher avait rendu un arrêté pour enjoindre à cette dame de laisser le chemin libre au sieur Ellesbron, son voisin, pour arriver à son champ et y faire sa récolte. La veuve Bucher n'obtempéra pas à l'ordonnance du maire, et creusa des fossés sur le chemin où devait passer Ellesbon. — Jugement de condamnation rendu par le juge de paix du canton d'Alzey. — Pourvoi en cassation. — On soutient pour la veuve Bucher qu'il s'était écoulé plus d'un mois entre l'établissement des fossés et la demande formée contre elle; d'où il résultait que la prescription était acquise. — Arrêt.

La cour; — Attendu qu'en supposant que, depuis les fossés établis par la réclamante sur le chemin dont il s'agit, il se fût écoulé un mois avant la demande formée contre elle par le sieur Ellesbron, on ne peut pas dire que la prescription fût acquise, parce que, suivant l'art. 9 de la loi du 3 brum. an 4, la prescription ne peut courir qu'à compter du jour où l'existence du délit a été reconnue ou légalement constatée, et que dans l'espèce il ne s'est pas écoulé un mois avant la demande, depuis la reconnaissance ou constatation du délit; d'où il résulte que l'art. 8, sect. 7 de la loi du 28 sept. 1791, ne reçoit point ici d'application; — Rejette.

Du 27 oct. 1809.-C. C., sect. crim.-MM. Barris pr.-Vermeil, rap.

jour où le prévenu a été assigné. Dès lors, il n'est pas nécessaire, pour empêcher la prescription, que le prévenu soit assigné dans le mois; il suffit qu'il y ait eu, dans ce délai, des actes faits pour constater ou poursuivre le délit (Crim. cass. 18 août 1809) (1).

206. L'application de la prescription en matière de délit rural ne soulèverait aucune question, si, d'une part, la loi de 1791 avait prévu toutes les infractions à la police rurale, et si, d'un autre côté, il n'avait pas paru sage au législateur de changer la pénalité de plusieurs infractions prévues et punies par cette loi. — Il faut se fixer sur ce point : La prescription d'un mois doit être appliquée quand il s'agit de poursuivre une infraction prévue et punie par la loi de 1791. — S'il s'agit d'une infraction en matière rurale punie soit par le code pénal, soit par toute autre loi, la prescription de trois ans devra être appliquée lorsqu'il s'agira d'une infraction qualifiée délit, et la prescription d'une année sera applicable quand il s'agira d'une infraction qualifiée contravention. — Nous allons examiner les diverses espèces dans lesquelles les distinctions que nous venons de relever ont été appliquées.

207. L'art. 43, tit. 2 de la loi de 1791 punit la coupe des arbres, mais de ceux seulement qui sont plantés sur les routes. — L'art. 445 c. pén. punit quiconque a abattu un ou plusieurs arbres qu'il savait appartenir à autrui. De là, l'infraction consistant dans la coupe d'un arbre que le délinquant sait appartenir à autrui, qu'il soit ou non planté sur une route, constitue un délit prescriptible seulement par trois ans (Crim. cass. 23 oct. 1812, aff. min. pub., V. nº 180). — V. Droit rural, nº 181.

208. L'art. 37, tit. 2 de la loi de 1791 a puni le vol dans les bois taillis, futaies et autres plantations d'arbres des particuliers ou communautés, exécuté à charge de bête de somme ou de charrette... Le vol d'un arbre dans un lieu qui n'est point un terrain en plantation d'arbres, en taillis ni en futaies, n'est donc pas prévu par la loi de 1791, et cette infraction, maintenant prévue par le code pénal, ne peut être prescrite que conformément aux dispositions du code d'instruction criminelle (Crim. cass. 8 juin 1820) (2). — Il faut remarquer que l'art. 194 c. for. a remplacé l'art. 37, tit. 2 de la loi de 1791, mais cela ne change rien à la question.

Un canot doit être assimilé à une voiture dans le sens de l'art. 388 c. pén. Ainsi le fait par un individu d'avoir emporté dans son canot des arbres qu'il avait coupés dans le bois d'autrui, constitue non un simple délit rural prescriptible par un mois sans poursuite, mais le délit prévu et puni par l'art. 388 c. pén., lequel ne se prescrit que par trois ans (Crim. cass. 23 mai 1839) (3).

209. Aux termes de l'art. 17, tit. 2 de la loi 1791, il est défendu à toutes personnes de dégrader les clôtures, de couper des branches des haies vives, d'enlever des bois secs des haies... — Il a été jugé que le fait de couper une haie et une souche appartenant à autrui et formant la clôture d'une vigne, constituait une infraction qui n'était plus punie par l'article ci-dessus cité du code rural, mais qui, prévue par l'art. 456 c. pén., était un délit seulement prescriptible par trois ans (Crim. cass. 10 sept. 1813, MM. Barris, pr., Audier, rap., aff. Hodinot), V. Dommage, nº 299). — Mais cet art. 17 de la loi de 1791 n'est pas abrogé dans la disposition où il punit les *dégradations*, l'art. 456 c. pén. ne s'appliquant qu'aux destructions de clôtures; aussi l'infraction résultant d'une dégradation de clôture est prescriptible par un mois (Poitiers, 18 déc. 1830, aff. Fourqueteau, vº Dommage, nº 314, V. *eod.* nºs 299 et suiv.).

210. Le fait d'avoir jeté dans un jardin appartenant à autrui

---

(1) *Espèce* : — (Min. pub. *C.* Dodino.) — Dans la nuit du 9 au 10 janv. 1809, il fut volé au sieur Delbouo une grande quantité de branches d'olivier chargées de fruits. — Ce vol ayant été dénoncé immédiatement au magistrat de sûreté, il en fut dressé procès-verbal; des experts en portèrent la valeur à 45 fr., et divers témoins furent entendus. — Ces divers actes eurent lieu dans le mois qui suivit le délit. — Mais ce ne fut que le 10 mai que le nommé Dodino, qui avait été reconnu comme l'auteur du délit, fut cité devant le tribunal correctionnel. — Le prévenu opposa la prescription, prétendant qu'elle lui était acquise, la citation ne lui ayant pas été donnée dans le mois. — Mais le tribunal correctionnel, sans s'arrêter à cette exception, le condamna à six semaines d'emprisonnement. — Sur l'appel, la cour de justice criminelle du département de Montenotte déclara l'action prescrite, d'après l'art. 8, tit. 1, sect. 7 de la loi du 28 sept. 1791, d'après lequel il n'y a plus lieu à poursuivre les délits ruraux, lorsque les poursuites n'ont pas été commencées dans le mois. — Pourvoi. — Arrêt.

La cour; — Vu l'art. 8, tit. 1, sect. 7 de la loi du 28 sept. 1791; — Et attendu qu'on doit entendre par poursuites tous les actes qui sont faits en justice par les personnes que la loi autorise, et dont le but est de parvenir à constater un délit, à en connaître et à en faire punir l'auteur; que, dans l'hypothèse, les poursuites avaient été commencées dans le délai d'un mois, puisque le juge de paix avait dressé procès-verbal du délit qui lui avait été dénoncé; que des experts en avaient estimé la valeur, et qu'un grand nombre de témoins avaient été entendus; que c'est une erreur de la part de la cour criminelle du département de Montenotte d'avoir fait seulement commencer les poursuites à la date de l'assignation donnée au prévenu, lorsque le plus souvent cette assignation ne peut avoir lieu qu'en conséquence des poursuites qu'il a fallu faire antérieurement pour connaître l'auteur du délit; que ce système, qui réduirait infiniment le délai utile pour réprimer les délits ruraux, ou assurerait l'impunité toutes les fois que le coupable aurait pris quelque précaution pour se cacher, et se trouve d'ailleurs en opposition, soit avec l'esprit du législateur, soit avec les termes dont il s'est servi; — D'où il suit que l'article précité de la loi du 28 sept. 1791 a été violé; — Casse, etc.

Du 18 août 1809.-C. C., sect. crim.-MM. Barris, pr.-Guieu, rap.

(2) (Leguen *C.* Dupuy.) — La cour; — Statuant sur le pourvoi du procureur du roi du tribunal de Saint-Brieuc, ainsi que sur celui de Victor Leguen, partie civile, envers le jugement en dernier ressort, par lequel ce tribunal a confirmé le jugement du tribunal de Loudéac qui, jugeant en première instance, avait admis, en faveur de la veuve Dupuy, la prescription d'un mois établie pour les délits ruraux par l'art. 8 du tit. 1 de la loi du 6 oct. 1791, sur la police rurale, et avait en conséquence déclaré éteinte, en faveur de cette prévenue, l'action publique du procureur du roi et l'action civile de Leguen; — Vu les différents articles du code d'instruction criminelle sur la prescription, et notamment les art. 637 et 638; — Vu aussi l'art. 37 de la loi du 6 oct. 1791; — Attendu que ce dernier article a restreint sa disposition aux vols de bois qui seraient commis dans les bois taillis, futaies et autres plantations; que cette loi spéciale ne peut être étendue hors des cas spécifiés par elle; que la disposition de son art. 37 ne peut donc être appliquée à des vols de bois sur des terrains qui ne sont ni des plantations, ni des futaies, ni des taillis. — Et attendu qu'il résulte du jugement attaqué, que la veuve Dupuy a été reconnue coupable d'avoir abattu, dans le convenant de Kmer, un arbre, essence de hêtre, qu'elle savait appartenir au sieur Leguen, d'avoir emporté cet arbre sur une charrette et de se l'être approprié; qu'il n'est point reconnu dans ce jugement et qu'il n'est pas établi non plus par la procédure que le lieu de ce convenant où cet arbre a été abattu fût un terrain en plantation d'arbres en taillis, ni en futaie; que le fait déclaré contre la veuve Dupuy n'était donc pas celui de l'art. 37 de la loi du 6 oct. 1791; qu'il n'est pas non plus celui d'aucun autre article de cette loi; que la prescription de l'art. 8 de son tit. 1 ne lui était donc nullement applicable; qu'il ne rentrait dans aucune loi spéciale ayant fixé une prescription particulière; qu'il retombait donc dans les règles générales du code d'instruction criminelle, sur la prescription; que cependant le tribunal de Saint-Brieuc a admis, en faveur de la veuve Dupuy, la prescription de l'art. 8 de ladite loi du 6 oct. 1791; en quoi ce tribunal a faussement appliqué cet article et violé les dispositions que le code d'instruction criminelle a établies pour la prescription de l'action publique et de l'action civile. — Casse.

Du 8 juin 1820.-C. C., sect. crim.-MM. Barris, pr.-Basire, rap.

(3) (Min. publ. *C.* Guiraud.) — La cour; — Vu le § 5 de l'art. 388 c. pén. portant : — « Lorsque le vol ou la tentative de vol de récoltes, ou autres productions utiles de la terre qui, avant d'être soustraites, n'étaient pas encore détachées du sol, aura eu lieu, soit avec des paniers ou des sacs, ou autres objets équivalents, soit à l'aide de voitures ou d'animaux de charge, soit par plusieurs personnes, la peine sera d'un emprisonnement de quinze jours à deux ans, et d'une amende de 16 fr. à 200 fr. » — Et l'art. 638 c. inst. crim. suivant lequel l'action publique résultant d'un délit de nature à être puni correctionnellement, ne se prescrit que par trois années révolues; — Attendu qu'il est reconnu par l'arrêt dénoncé (de la cour de Montpellier, du 11 mars 1839) que Joseph Guiraud, fils aîné, après avoir coupé, le 12 septembre dernier, sur le rivage de l'Hérault, des arbres appartenant à Marie-Joseph-Alexis Desmares, les emporta dans son canot, et se les est frauduleusement appropriés; — Attendu, en droit, que ces faits constituent le délit prévu et puni par le § 5 de l'art. 388 c. pén.; — Que le tribunal correctionnel de Beziers l'a donc justement réprimé par l'application des peines qu'il prononce; — D'où il suit qu'en n'y voyant que le simple délit rural dont il s'agissait dans l'art. 14 du tit. 2 de la loi des 28 sept. 6 oct. 1791, et en le déclarant prescrit aux termes de l'art. 8, sect. 4 tit. 1 de ce même code, par le motif que la poursuite n'a pas été intentée dans le mois de sa perpétration, ledit arrêt a faussement appliqué ces articles et violé expressément les dispositions ci-dessus visées; — Casse.

Du 23 mai 1839.-C. C., ch. crim.-MM. de Bastard, pr.-Rives, rap.

les boues provenant du curage d'une rivière n'est plus soumis à la prescription d'un mois déterminé par le code rural. C'est une infraction punie par l'art. 475, n° 8 c. pén., et elle se prescrit par un an aux termes de l'art. 640 c. inst. crim. (Crim. cass. 10 sept. 1813, MM. Barris, pr., Audier, rap., aff. Hodinot).

211. La contravention aux bans des vendanges, qui était une infraction punie par le code rural, est maintenant prévue par l'art. 475, n° 1 code pén., et dès lors ne se prescrit que par un an (Crim. cass. 7 nov. 1822, 20 oct. 1835 (1), 26 mai 1820, MM. Bailly, pr., Busschopp, rap., aff. Lamartellière; 24 avril 1829, MM. Bailly, pr., Gary, rap., aff. Depeyta).

212. Il a été jugé avant la publication du code forestier que le délit de dépaissance dans un bois communal était soumis à la prescription de trois mois établie pour les délits forestiers et non à celle d'un mois établie pour les délits ruraux (Crim. cass. 31 janv. 1824, MM. Bailly, pr., Chantereyne, rap., aff. Thiébaut). — La question n'aurait pas pu être soulevée sérieusement sous le code forestier. — V. Forêts, n° 715.

213. Le fait d'avoir construit sur une rue, une espèce de batardeau, au moyen d'un amas de fumier qui, en repoussant l'eau pluviale dans la cour du voisin, la fait pénétrer dans sa vinée, et y a mouillé des bottes de blé et de paille, constitue non pas l'infraction prévue par l'art. 15, tit. 2 c. rur., mais la contravention résultant de l'encombrement de la voie publique, prévue par l'art. 471, § 4 c. pén.; par suite c'est à tort que le fait a été déclaré prescrit à défaut de poursuites dans le mois (Crim. cass. 25 avr. 1834) (2).

214. Le fait prévu par l'art. 475, n° 10 c. pén., et par l'art. 27, tit. 2, c. rur., est le même: cette dernière disposition est donc abrogée (V. MM. Chauveau et Hélie, Théorie du code pénal, t. 8, p. 308). — En conséquence il a été jugé que l'infraction qui consiste à avoir conduit des chevaux sur le terrain d'autrui ensemencé, ne se prescrit que par le délai d'un an (Crim. cass. 25 juin 1825) (3).

215. Le fait d'avoir négligé de tondre les haies et de les tenir à une hauteur déterminée, le long des chemins vicinaux, en contravention aux règlements provinciaux, est un délit rural auquel s'applique la prescription d'un mois (Liége, 12 janv. 1833, aff. N... *C.* N...).

216. Le fait de laisser à l'abandon un animal qui s'introduit sur le terrain d'autrui est une infraction prévue par l'art. 12, tit. 2 de la loi de 1791, et prescriptible par un mois. Il n'en serait pas de même si l'animal avait été *mené* sur ce terrain. Alors ce serait la contravention punie par l'art. 479, n° 10 c. pén., qui n'est prescriptible que par un an (Crim. rej. 20 juill. 1848, aff. Thibaut, D. P. 48. 1. 180).

217. *Douanes.* — Comme les lois sur les douanes ne se sont pas expliquées relativement à la prescription à opposer à l'action pour l'application des peines, amendes, confiscations ou emprisonnement, prononcées contre les soumissionnaires ou individus responsables ou contre les contrebandiers, il n'est pas douteux que cette prescription ne se règle selon le droit commun, c'est-à-dire d'après les dispositions contenues aux art. 637 et 630 c. inst. crim. Il en est de même relativement aux peines, il faut s'en

---

(1) 1re *Espèce :* — (Min. publ. *C.* Marseille-Soupiron.) — LA COUR; — Vu 1° l'art. 640 c. inst. crim.; 2° l'art. 643 du même code; 3° le § 1 de l'art. 475 c. pén.; — Attendu que l'art. 8, sect. 7, tit. 1 L. 6 oct. 1791, n'établit la prescription d'un mois que pour les délits ruraux prévus et punis par cette loi; — Qu'aucune autre de ses dispositions ne rend cette prescription commune aux contraventions au ban de vendanges; — Qu'au contraire elle paraît n'avoir pas voulu la leur appliquer, puisque, d'une part, elle ne les comprend point dans la nomenclature des faits contre lesquels elle prononce des peines; que, de l'autre, le troisième alinéa de l'art. 1, sect. 5, tit. 1, les classe, non parmi les délits ruraux auxquels cette prescription est exclusivement relative, mais parmi les contraventions aux règlements de police; — Qu'ainsi, sous aucun rapport la prescription d'un mois ne pouvait être invoquée contre la poursuite de la contravention au ban de vendanges; — Attendu que l'art. 643 c. inst. crim., en parlant des prescriptions des actions résultant de certains délits et certaines contraventions, ne se réfère qu'à ceux des délits ou contraventions qui ne sont pas réprimés par le code pénal; — Qu'à l'égard de tous ceux qui sont réprimés par ce code, c'est la prescription établie par l'art. 640 c. inst. crim. qui est applicable; — Et attendu que la contravention au ban de vendanges dont il s'agit dans l'espèce, est prévue et réprimée par l'art. 475, n° 1, c. pén.; — Que, par conséquent, c'était la prescription d'un an, établie par l'art. 640 c. inst. crim., qui devait lui être appliquée; — Que néanmoins le jugement du tribunal correctionnel de Romorantin a décidé que, d'après l'art. 643 c. inst. crim., c'était la prescription d'un mois établie par l'art. 8, sect. 7, tit. 1 de la loi du 6 oct. 1791, qui lui était applicable, et, par suite, a déclaré l'action prescrite, parce qu'elle n'avait été intentée que plus d'un mois après le procès-verbal qui la constatait; — En quoi ce jugement a fait une fausse application de l'article précité de la loi du 6 oct. 1791, de l'art. 643 c. inst. crim., et violé l'art. 640 du même code; — Casse.

Du 7 nov. 1822.-C. C., sect. crim.-MM. Barris, pr.-Olivier, rap.

2e *Espèce :* — (Min. pub. *C.* Peronneau.) — Le procureur général à la cour de cassation dénonce, pour être cassé dans l'intérêt de la loi, conformément à l'art. 442 c. inst. cr., un jugement rendu dans les circonstances suivantes, par le tribunal de simple police de Vivonne, arrondissement de Poitiers, le 8 mars dernier, et contre lequel aucune des parties n'a réclamé dans le délai déterminé par la loi. — Le ministère public près ce tribunal avait requis, par application de l'art. 475, n° 1, c. pén., la condamnation du nommé A. Peronneau, journalier et cultivateur, demeurant à Marnay, commune de Champagné-Saint-Hilaire, à une amende de 6 fr., pour s'être rendu coupable de contravention au ban de vendanges, dûment publié et affiché par l'autorité municipale dans ladite commune. — Contrairement aux conclusions du ministère public, le tribunal de police de Vivonne, par le jugement dénoncé, a admis comme applicable à l'espèce la prescription d'un mois établie par l'art. 8, sect. 7, tit. 1 de la loi du 6 oct. 1791, et renvoyé le prévenu de la plainte, sans dépens. — Par là, ce tribunal a violé l'art. 640 c. inst. cr., et faussement appliqué l'art. 8, sect. 7, tit. 1 de la loi du 6 oct. 1791, à un cas qui est spécialement régi par l'art. 475, n° 1 c. pén. C'est ce qu'établissent plusieurs arrêts de la cour, notamment ceux des 26 mai 1820 et 7 nov. 1822, rapportés au bulletin officiel. — Dans ces circonstances, le procureur général requiert qu'il plaise à la cour casser. — Signé, Tarbé. — Arrêt.

LA COUR; — Vu l'art. 442 c. inst. cr. et le présent réquisitoire, adoptant les motifs sur lesquels est fondé ce réquisitoire; — Casse, dans l'intérêt de la loi.

Du 20 oct. 1835.-C. C., ch. cr.-M. Bastard, pr.-Rives, rap.

(2) (Min. pub. *C.* femme Jeanniot.) — LA COUR; — Vu l'art. 471, n° 4 c. pén., et l'art. 640 c. inst. cr.: — Attendu que le procès-verbal dressé par le commissaire de police de Joigny, à la charge de la dame Jeanniot, constate que celle-ci, le 15 septembre dernier, a fait construire, par son domestique, une espèce de batardeau en fumier, sur l'une des rues de cette ville, lequel batardeau, par suite de la pluie qui tombait, a repoussé l'eau dans la cour d'Ablon, et que cette eau s'est introduite dans la vinée de ce particulier, y a mouillé du blé battu, du blé en gerbes et des bottes de paille; — Que ce fait constitue, non le délit prévu par l'art. 15, tit. 2 du c. rur. du 28 sept.-6 oct. 1791, mais la contravention spécifiée et punie par l'art. 471, n° 4, c. pén., puisqu'en effet la prévenue, en encombrant la voie publique du fumier dont il s'agit, l'a opposé comme obstacle au libre écoulement des eaux pluviales, qui, sans cela, n'auraient occasionné aucun dommage audit Ablon; — Qu'elle avait donc été régulièrement traduite à ce sujet devant le tribunal de simple police; — D'où il suit qu'en voyant dans la prévention ainsi caractérisée le délit déterminé par le susdit art. 15, et en déclarant l'action du ministère public prescrite pour n'avoir pas été exercée dans le délai d'un mois, le jugement dénoncé a faussement appliqué, dans l'espèce, l'art. 8, sect. 7, tit. 1, c. rur. 1791, a commis une violation expresse des dispositions ci-dessus visées; — Casse le jugement du tribunal de simple police de Joigny, du 23 décembre dernier.

Du 25 avr. 1834.-C. C., ch. crim.-M. Bastard, pr.-Rives, rap.

(3) (Min. publ. *C.* Courtin.) — LA COUR; — Vu l'art. 475, n° 10 c. pén.; — Vu aussi l'art. 161 c. instr. crim.; — Attendu que, dans l'espèce, Martin Courtin avait passé avec une voiture attelée de plusieurs chevaux sur une pièce de terre ensemencée de luzerne, qui ne lui appartenait pas, et sur laquelle il n'avait droit de passage à aucun titre; — Que les faits de cette nature étaient prévus et punis par l'art. 27, tit. 2 de la loi du 6 oct. 1791 (code rural), et qu'ils le sont aussi par l'art. 475, n° 10, c. pén.; — Que ce dernier code a abrogé, en ce point, la loi d'octobre 1791; que, dès lors, la contravention commise par Courtin ne pouvait être prescrite que par le laps d'une année, nécessaire, aux termes de l'art. 640 c. instr. crim., pour la prescription des infractions de ce genre, prévues par le code pénal; et que cette contravention, qui ne remonte qu'*à la fin de février ou au commencement de mars*, a été dénoncée le 26 avril suivant; — Mais, attendu qu'en rejetant justement l'exception de prescription alléguée dans la cause, et fondée sur la disposition de l'art. 8, tit. 1, sect. 7 c. rur., le tribunal de police n'a prononcé aucune peine contre le prévenu, dont la contravention est reconnue et déclarée constante; qu'il s'est contenté de lui faire défense de récidiver, et de le condamner aux frais de l'instance; qu'en jugeant ainsi, ce tribunal a expressément violé les art. 475, n° 10, c. pén., et 161 c. instr. crim.; — Casse.

Du 25 juin 1825.-C. C., sect. crim.-MM. Portalis, pr.-Aumont, rap.

référer aux art. 635 et 636 du même code.— Quant à quelques prescriptions particulières qui résultent des lois sur la matière, V. Douanes, chap. 21 de la Prescript., n°s 1019 et suiv.

218. *Enregistrement.*—Tout ce qui est relatif à la prescription à cette matière a été traité *in extenso*, v° Enreg., n°s 5436 et s.

219. *Enseignement.*—La prescription varie quant au délai, suivant la nature ou le caractère des contraventions.—V. Organ. de l'instr. publ.

220. *Mines.* — Les infractions en matière d'exploitation de mines doivent être assimilées quant à la prescription aux délits forestiers. — V. Mines, n°s 444 et suiv.

221. *Notariat.* — La prescription de l'art. 638 c. inst. cr. n'est pas applicable aux condamnations à des amendes prononcées contre un notaire pour contravention à la loi du 25 vent. an 11 (Bruxelles, 3e ch., 19 fév. 1840, aff. min. pub. *C.* Beckers). — V. Oblig. (preuve littér.).

222. *Pêche.* — Sur le délai d'un ou de trois mois pour la prescription suivant que le délinquant est désigné ou non dans le procès-verbal (V. Pêche, n°s 201 et suiv.). — Jugé qu'en cette matière la citation donnée à l'auteur principal du délit avant que la prescription ait été acquise, conserve l'action vis-à-vis du complice par application du § 2 de l'art. 638 c. inst. crim. (Crim. rej. 14 déc. 1837, aff. d'Espeuilles, V. Pêche, n° 101).

223. *Voirie.* — Les prescriptions varient suivant qu'il s'agit : 1° de la voirie par terre ; 2° de la voirie par eau ; 3° de la voirie par chemin de fer. — V. ces mots.

§ 12. — *Questions transitoires.*

224. Dans le passage d'une législation à l'autre, quand il s'agit de la prescription en matière criminelle, le législateur peut choisir entre quatre règles différentes : 1° Il peut dire que la prescription sera réglée par la loi sous laquelle l'infraction a été commise ou la peine prononcée ; — 2° Il peut décider que, conformément à l'art. 2281 c.nap., les prescriptions commencées sous la loi ancienne et suivant lesquelles il faudrait encore, d'après les anciennes lois, un temps plus long que la plus longue prescription établie par la loi nouvelle, seront réglées par cette dernière ; — 3° La prescription tenant à la procédure criminelle, il peut déclarer que le temps qui s'est écoulé sous l'empire de la législation ancienne, et de celle qui l'a remplacée, sera réglée par chaque législation ; — 4° Enfin il peut disposer que la prescription se réglera ou par la loi nouvelle ou par la loi ancienne, suivant ce qui sera le plus favorable au prévenu ou au condamné.

225. *Premier système.* —La prescription sera réglée par la loi sous laquelle l'infraction a été commise ou la peine prononcée. — Ce système se trouve reproduit par deux arrêts (Crim. rej. 6 mess. an 7, MM. Meaulle, pr., Sautereau, rap., aff. Hullo, et 24 vend. an 13, aff. N... *C.* N...). — Mais cette jurisprudence a été promptement abandonnée, car, comme le fait remarquer Mangin, 295, elle présentait l'inconvénient fort grave d'exposer un prévenu à être mis en jugement pour un fait commis sous l'ancienne loi, quoiqu'il fût antérieur à d'autres faits de même nature, commis sous la loi nouvelle et frappés par elle de prescription.

226. *Second système.*—Conformément à l'art. 2281 c. nap., les prescriptions commencées sous la loi ancienne, et suivant lesquelles il faudrait encore, d'après les anciennes lois, un temps plus long que la plus longue prescription établie par la loi nouvelle seront réglées par cette dernière. — Ce système n'a été adopté par aucun arrêt. L'art. 2281 c. nap. est relatif aux matières civiles, et il ne pourrait être invoqué que s'il était conforme aux règles générales du droit, et nous pensons que Merlin a fort bien établi qu'il n'était pas conforme aux vrais principes. — V. Prescript. civ., n°s 1111 et suiv.

227. *Troisième système.* — La prescription tenant à la procédure criminelle, le temps qui s'est écoulé sous la législation ancienne, et celle qui l'a remplacée, sera réglé par chaque législation. — Merlin, Rép., v° Prescript, avait fait prévaloir ce système, et plusieurs arrêts ont été rendus dans ce sens (Crim. cass. 29 avr. 1808) (1). Arrêts semblables, Crim. cass. 16 flor. an 11, aff. Martinquet, 26 flor. an 13, MM. Viellart, pr., Barris, rap., aff. Vittone ; 14 prair. an 13, aff. Crossignano ; 7 mai 1808, M. Dela-

---

(1) (Ruscone.) — Le 22 avr. 1798, Jean Chiozo fut assassiné. — Dès le lendemain, le délit fut légalement constaté par un procès-verbal, et des poursuites furent commencées. — Le 30 octobre, un décret de prise de corps fut lancé contre Passera, prévenu d'être l'auteur de cet homicide. — Les poursuites furent suspendues pendant les années 1799 et 1800 ; elles furent reprises le 15 mars 1801. — Passera fut arrêté, mis en jugement, et, par arrêt du 30 prair. an 13, il fut déclaré non convaincu de l'homicide. — Le 12 avr. 1807, Ruscone fut poursuivi comme le véritable auteur du meurtre de Chiozo. — Il se constitua volontairement prisonnier le 12 mai. — D'après l'instruction, un mandat d'arrêt fut décerné contre lui. — Par l'acte d'accusation il fut prévenu, — 1° De l'homicide commis le 22 avr. 1798 ; — 2° D'un vol de bestiaux, commis le 9 juill. 1801, dans l'écurie d'Antoine Ruscone, son oncle.

A l'égard du premier délit, après avoir cherché à s'en justifier, il invoqua la prescription. — Quant au second, il soutint que les bestiaux qui se trouvaient chez son oncle lui appartenaient, et qu'il n'était nullement coupable pour les avoir enlevés. — Par son arrêt définitif du 19 sept. 1807, la cour de justice criminelle du département du Pô rejeta le moyen tiré de la prescription, relativement au premier délit, par la raison que Jean Ruscone était convaincu d'avoir, par ses manœuvres, détourné les soupçons et les poursuites pour les diriger vers Passera, dont l'innocence avait été reconnue ; et parce que, au surplus, la prescription n'était point acquise, le temps qui s'était écoulé depuis le délit jusqu'à la promulgation des lois françaises en Piémont ne devant pas être compté dans le calcul de la prescription, s'agissant d'un assassinat prémédité. — Et statuant ensuite sur l'accusation, attendu que la peine relative au vol de bestiaux se trouvait moindre que celle relative à l'homicide, la cour de justice criminelle condamna Ruscone à la peine de vingt années de fers.

Pourvoi par Ruscone fondé sur ce que l'arrêt dénoncé avait admis, sur la disposition des art. 9 et 10 de la loi du 3 brum. an 4, des exceptions purement arbitraires, soit en supposant que l'homicide était un crime sur lequel la prescription n'était pas proposable, soit en retranchant du calcul de la prescription le temps qui s'était écoulé avant la publication des lois françaises en Piémont, soit en décidant que Ruscone ne pouvait invoquer la prescription, puisqu'il n'avait pas été connu ou indiqué comme l'auteur de l'homicide, et impliqué dans les premières poursuites.

LA COUR ; — Vu l'art. 456, §§ 1 et 6 de la loi du 3 brum. an 4 ;— Les art. 9 et 10 de la même loi ; — Attendu que la prescription des actions, en matière criminelle, est un moyen fondé sur le texte positif de la loi, qui doit être strictement appliqué dans les cas qu'elle a prévus, et qui n'est susceptible ni d'extensions, ni de modifications arbitraires ; —Que si l'art. 10 de la loi ci-dessus citée veut que l'action soit prorogée à six années, s'il a été commencé des poursuites, même contre ceux qui n'auraient pas été impliqués dans ces poursuites, il s'ensuit nécessairement que ceux-ci sont en droit d'opposer la prescription, quoiqu'ils n'aient été ni connus ni poursuivis personnellement, lorsque le terme de six années s'est écoulé depuis que l'existence du délit a été connue et légalement constatée, parce qu'à cet égard la disposition de la loi doit être réciproque ; — Attendu que, pour les délits qui ont été commis dans le Piémont avant la publication des lois françaises, le délai nécessaire pour la prescription doit se composer du temps qui s'est écoulé avant ladite publication, comparé au délai de vingt années que la législation piémontaise assignait pour la prescription, et au délai de six années, que la loi du 3 brum. an 4 a déterminé, et du temps qui s'est écoulé depuis la promulgation de ladite loi de brumaire an 4 ;— Que ce calcul du temps antérieur ne pourrait être écarté que par une disposition expresse des constitutions piémontaises, et dans le cas particulier où le genre de délit auquel on voudrait appliquer la prescription, aurait été déclaré irrémissible, et spécialement excepté de la prescription par l'ancienne législation du pays ; — Qu'il n'est pas prouvé, et qu'il ne résulte même point de l'arrêt attaqué, que l'action relative à la poursuite de l'assassinat prémédité ait été déclarée imprescriptible par les anciennes lois du Piémont ; — Que, dès lors, et dans l'espèce, le temps antérieur à la publication des lois françaises, qui a eu lieu en Piémont le 29 avr. 1802, a fait nécessairement partie de la prescription, puisque la prescription était admise par les deux législations qui se sont succédé, mais seulement avec des délais inégaux pour la durée de l'action, soit publique, soit civile ; — Attendu qu'en fait, depuis le 23 avr. 1798, époque de la constatation légale de l'homicide commis sur la personne de Jean Chiozo, et du commencement des poursuites contre les auteurs de ce crime, jusqu'au 29 avr. 1802, il s'était écoulé quatre ans et six jours, ce qui forme un cinquième de la prescription de vingt ans, lequel, appliqué à la prescription de six années, donne un délai légal d'un an deux mois et quatorze jours ; — Que depuis ledit jour 29 avr. 1802, jusqu'au 19 sept. 1807, date de l'arrêt attaqué, il s'est écoulé cinq ans quatre mois et vingt jours ; — Ce qui forme au total une période de six ans sept mois et quatre jours, laquelle excède le délai de six années, fixé par l'art. 10 de la loi de brumaire ; — Que par conséquent la prescription invoquée par Jean Ruscone lui était acquise ; — Et que la cour de

coste, rap., aff. Bassano; 4 juin 1808, aff. Poggi; 23 juin 1808, MM. Barris, pr., Delacoste, rap., aff. Mochet; 18 août 1808, M. Vasse, rap., aff. Muselli.

228. Cette jurisprudence a changé depuis le décret du 23 juill. 1810, relatif à la mise en activité du nouveau code pénal. Il porte, art. 6 : « Les cours et tribunaux appliqueront aux crimes et aux délits les peines prononcées par les lois pénales existantes au moment où ils ont été commis : néanmoins, si la nature de la peine prononcée par le nouveau code pénal était moins forte que celle prononcé par le code actuel, les cours et tribunaux appliqueront les peines du nouveau code. » — La règle que le législateur appliquait à la peine était, à plus forte raison, applicable au délai de prescription; et la cour de cassation a définitivement adopté le *quatrième système : à savoir, que la prescription se réglera ou par la loi ancienne ou par la loi nouvelle, suivant ce qui sera le plus favorable au prévenu ou au condamné.* — Merlin a soutenu lui-même cette jurisprudence. « Il est évident en effet, dit-il, que dans l'esprit du décret de 1810, un crime commis sous l'ancienne loi, et poursuivi sous la nouvelle, ne peut être puni qu'autant que l'une et l'autre s'accordent à le déclarer passible d'une peine quelconque; or, de quelle peine est passible un crime qui se trouve prescrit, soit d'après l'une, soit d'après l'autre de ces deux lois? D'aucune; donc, c'est d'après celle de ces deux lois qui est la plus favorable à l'accusé, que l'on doit juger si son crime est prescrit, ou non. » — Ainsi, c'est donc un principe maintenant constant en matière criminelle que, dans le cours de deux législations, on doit, en ce qui concerne la prescription, appliquer celle qui est la plus favorable au prévenu (Crim. rej. 18 juin 1812 (1); 5 sept. 1812, MM. Barris, pr., Bauchau, rap., aff. Schmitz; 6 mai 1813, aff. Delafont, V. n° 232; C. d'ass. de Rouen, 29 avril 1815, M. Perrin, pr., aff. Leclerc).

Il est important de bien saisir le sens d'un arrêt qui semble d'abord contraire à cette jurisprudence. On pouvait, dans l'espèce, appliquer aux poursuites, soit la législation antérieure au code de brumaire an 4, soit le code de l'an 4, soit le code d'instruction criminelle. Aux termes de la législation antérieure la prescription était de vingt ans, selon le code de brumaire an 4, de six ans, et suivant le code d'instruction criminelle elle était de dix ans. En réalité l'interruption avait été d'un peu plus de six ans.— Il a été jugé que la législation antérieure au code de l'an 4 n'était point applicable, puisqu'il n'y avait pas eu interruption de poursuites pendant vingt ans; que le code d'instruction criminelle n'était pas applicable, parce que l'interruption n'avait pas été de dix ans et que le code de brumaire an 4 était seul applicable. Mais que le décret de 1810 ne disposant qu'à l'égard du code d'instruction criminelle, il fallait, pour le code de brumaire an 4, s'en tenir au système d'abord adopté par Merlin, selon lequel on devait combiner la législation de l'an 4 avec la législation antérieure, et que dès lors l'interruption n'avait pas duré six ans (Crim. cass. 4 nov. 1813) (2).

229. Voyons maintenant les conséquences de ce principe, qui veut qu'en matière de prescription, dans le concours de deux législations, la plus favorable au détenu soit appliquée.—Ces conséquences sont : 1° qu'il n'y a plus lieu à la poursuite ni à la condamnation de l'auteur d'un crime ou délit commis sous l'empire des lois anciennes, lorque ce crime ou délit se trouve dans les termes de la prescription établie par les lois nouvelles (Crim. cass. 22 avr. 1813 (3), V. l'arrêt du 6 mai 1813 cité au n° 232). — 2° Que lorsque la loi nouvelle qualifie crime un fait que la

justice criminelle et spéciale du département du Pô a commis un excès de pouvoir en rejetant ce moyen légal et en refusant de faire à l'espèce l'application littérale des art. 9 et 10 de la loi citée : — Casse.

Du 29 avr. 1808.-C. C., sect. crim.-M. M. Guieu, rap.

(1) (Min. pub. C. Helmanns.) — La cour; — Attendu que la prescription en matière de crime, de délit et de contravention est un bénéfice de la loi qui fait obstacle à l'exercice de l'action publique et à toute poursuite qui, en définitive serait frustratoire et produirait un effet contraire au but que s'est proposé le législateur; d'où il suit que la question de prescription doit être traitée préliminairement, soit par la chambre du conseil que l'art. 128 c. inst. crim. charge de déclarer lorsqu'il y a lieu, qu'il n'existe ni crime, ni délit punissable, sauf l'opposition autorisée par l'art. 135, soit par la chambre d'accusation, sauf le recours en cassation; — Attendu que les cours et tribunaux doivent faire jouir les prévenus du bénéfice de la prescription établie par la loi, toutes les fois que le crime ou le délit à eux imputés se trouve prescrit, soit d'après la loi existante à l'époque où il a été commis, soit d'après la loi du tems où il est invoqué, et qu'ils doivent appliquer à l'action publique résultant du crime ou délit celles des deux lois qui est la plus favorable aux prévenus, par suite de la règle établie par l'art. 6 du décret impérial du 23 juill. 1810; d'où il suit que la cour impériale de Hambourg a fait une juste application du code d'instruction criminelle;—Rejette.

Du 18 juin 1812.-C. C., sect. crim.-MM. Barris, pr.-Oudart, rap.

Nota. Même jour, deux arrêts conformes (min. pub. C. Lutter et min. pub. C. Bousse).

(2) (Min. pub. C. Zecca et autres.) — La cour; — Vu les art. 9 et 10 c. 3 brum. an 4; 410 et 637 c. inst. crim., et 6 décr. 23 juill. 1810; — Considérant que le crime dont Philippo Zecca et Félicien Pellicia sont accusés a été commis le 14 janv. 1806, et que les poursuites qui furent suspendues le 19 mars même année, ont été contre eux reprises le 7 avr. 1813; — Que la loi du 3 brum. an 4 a été publiée dans les Etats romains le 19 juill. 1809 et que les nouveaux codes pénal et d'instruction criminelle y ont acquis force de loi le 20 août 1811; qu'il résulte de la fixation de ces différentes époques, 1° que la prescription du crime n'est point acquise d'après la loi ancienne, qui en fixe le terme à vingt ans; 2° que la prescription n'est pas non plus acquise d'après l'art. 637 c. inst. crim. puisque depuis l'époque où le crime a été commis il n'y a eu ni absence ni interruption de poursuites pendant dix ans; 3° que s'il y a eu interruption de poursuites depuis le 19 mars 1806 jusqu'au 7 avr. 1813, c'est-à-dire pendant plus de dix ans, il ne s'ensuit réellement pas que la prescription soit acquise d'après la loi du 3 brum. an 4, puisque, suivant l'application constante qui a été faite de cette loi aux crimes et délits antérieurs à sa publication, le temps de prescription qui s'est écoulé sous l'empire de la loi ancienne ne peut pas être ajouté pour sa totalité au temps de prescription qui s'est écoulé sous l'empire de la loi du 3 brum. an 4, mais seulement pour une portion réduite d'après le temps composé des deux prescriptions; — Qu'en calculant d'après cette règle il s'ensuit que les trois ans six mois et cinq jours qui se sont écoulés depuis l'époque où le crime a été commis jusqu'à la publication de la loi du 3 brum an 4 ne peuvent, quant à la prescription de six ans fixée par l'art. 10 de cette dernière loi, entrer en ligne de compte que pour leurs six vingtièmes ou trois dixièmes, qui font un an et vingt jours;—Qu'en ajoutant ce temps ainsi réduit aux trois ans huit mois et dix-huit jours pendant lesquels les poursuites ont continué d'être interrompues depuis depuis la publication de la loi du 3 brum. an 4 jusqu'au 7 avr. 1813, il se trouve au total, quatre ans neuf mois et huit jours, conséquemment moins de six ans; qu'il suit de là que la prescription n'a été acquise d'après aucune des trois différentes législations qui ont existé depuis la date du crime jusqu'à celle où a été rendu l'arrêt attaqué, et qu'en déclarant les accusés absous la cour spéciale extraordinaire de Rome a faussement appliqué les art. 9 et 10, L. 3 brum. an 4 et par suite violé les lois pénales applicables au crime dont les accusés ont été convaincus; — D'après ces motifs, casse et annule, etc.

Du 4 nov. 1813.-C. C., sect. crim.-MM. Barris, pr.-Rataud, rap.

(3) *Espèce :* — (Hartog-Heyman.) — Hartog-Heyman et cinq autres individus furent poursuivis comme auteurs et complices d'un vol commis du 12 au 13 août 1795, et accompagné des circonstances les plus graves. — Les complices de Heyman furent condamnés à mort par la cour provinciale d'Utrecht, le 27 mai 1797. Cette sentence fut exécutée; mais la poursuite contre Heyman avait cessé depuis le 28 déc. 1795, époque où il tomba en démence, et ne fut reprise que le 28 mars 1809, par l'interrogatoire qu'il subit devant le conseiller-commissaire de la cour d'Utrecht. — Aucune poursuite ultérieure n'avait eu lieu jusqu'au 30 avr. 1812, lorsque le ministère public, par un réquisitoire du même jour, provoqua la continuation de l'instruction. — Heyman fut ensuite mis en accusation et condamné à la peine capitale le 24 fév. 1813. — — Pourvoi. — Arrêt.

La cour; — Vu l'art. 410 c. inst. crim.; — Vu l'art. 637 du même code, et l'art. 6 du décret du 23 juill. 1810; — Considérant que l'art. 6 précité du décret du 23 juill. 1810, ayant voulu que, pour tous les crimes et délits commis sous l'empire des lois pénales anciennes, on appliquât la loi pénale nouvelle toutes les fois que celle-ci serait plus douce que les premières; il résulte de cette disposition, par une conséquence implicite et nécessaire, que cette même application doit être aussi faite à la prescription de l'action publique qui a pour objet de faire prononcer la peine de ces crimes et délits; — Qu'il s'ensuit, par une conséquence ultérieure et non moins nécessaire, qu'il n'y a plus lieu à la poursuite ni à la condamnation de l'auteur d'un crime ou délit commis sous l'empire des lois anciennes, lorsque ce crime ou délit se trouve dans les termes de la prescription établie par les lois nouvelles; — Considérant, dans l'espèce, que le crime dont Hartog-Heyman est accusé a été commis du 12 au 13 août 1795; que les poursuites faites contre lui et ses complices, respectivement, jusqu'au 28 déc. 1795 et 27 mai 1797, n'ont été reprises que le 28 mars 1809; que conséquemment il y a eu cessation de poursuites pendant plus de dix ans, ce qui suffit pour acquérir la prescription, aux termes de l'art. 637 précité c. inst. crim.;—

loi ancienne réputait simple délit, il faut, dans le concours des deux législations, appliquer la prescription établie par la législation nouvelle pour la prescription des délits, si cette prescription est plus courte que celle fixée par la législation antérieure (Crim. cass. 15 janv. 1814, M. Coffinhal, rap., aff. Maggi. — Conf. Mangin, t. 2, p. 118).

230. Si une infraction ou une peine était imprescriptible suivant une législation, et qu'elle devint prescriptible aux termes de la législation qui l'a suivie, il n'est pas douteux que l'infraction ou la peine ne puisse être prescrite.

231. Mais de quelle époque courra cette prescription? Sera-ce du jour de l'infraction, du jugement de condamnation, ou de celui de la promulgation de la loi nouvelle? Il a été décidé, sous l'empire du code de brumaire an 4, que c'était du jour de la loi nouvelle (Crim. rej. 11 juin 1807) (1).

232. On a vu, nos 52 s., que la prescription, sous le code de brumaire an 4, ne courait que du jour où le délit avait été *connu* et *constaté*, tandis que sous le code d'instruction criminelle la prescription court du jour où l'infraction a été commise. De là est née cette question : Un délit a été commis sous le code de brumaire an 4, mais il n'a été connu et constaté que sous le code d'instruction criminelle; la prescription doit-elle courir du jour où l'infraction a été commise ou de celui où elle a été constatée? La cour de cassation a jugé avec beaucoup de raison, en vertu de notre principe, que la prescription devait courir à partir du jour où ce délit avait été commis. En effet, la législation qui donne pour point de départ la prescription du jour où l'infraction a été commise est plus favorable au prévenu que celle qui ne fixe ce point de départ qu'à dater du jour de la constatation (Crim. cass. 6 mai 1813 (2). — Conf. Crim. rej. 18 juin 1812, MM. Barris, pr., Audier, rap., aff. Tesquet; Crim. cass. 30 juill. 1812, M. Busschop, rap., aff. Morin; Crim. rej. 23 oct. 1812, aff. Lemortelle; 10 déc. 1812, MM. Barris, pr., Oudart, rap., aff. Beffroy; 7 janv. 1813, M. Benvenuti, rap., aff. Malvaggia; 22 avril 1813, aff. Hartog, no 228; 21 août 1817, MM. Barris, pr., Ollivier, rap., aff. Chiari).

233. D'après la loi de 1791, la prescription courait du jour où le délai avait été connu *ou* constaté, le code de brumaire exigeait que les deux circonstances fussent réunies, et ne donnait de point de départ à la prescription que du jour où le délit avait été connu *et* constaté (V. *suprà* no 52). — Il a été jugé que la prescription du crime commis sous la loi de 1791 et poursuivi seulement sous le code de l'an 4, était réglée par la première de ces lois et devait être comptée à partir du jour où le crime avait été connu *ou* légalement constaté (Crim. cass. 22 vendém. an 11) (3). Un arrêt avait été rendu dans le même sens le 19 therm. an 8. Mais il en existe deux contraires (Crim. rej. 14 brum. an 11 (4); 8 fruct. an 10, MM. Viellart, pr., Carnot, rap., aff. Grosjean et Ahn).

234. Aux termes de l'art. 68 c. com., le notaire qui n'aura pas transmis à qui de droit extrait du contrat de mariage d'un commerçant reçu par lui, doit être condamné à 100 fr. d'amende. Comme cette amende est prononcée par les tribunaux civils, l'action qui appartient au ministère public pour la faire prononcer se prescrivait par trente ans avant la loi du 16 juin 1824. Cette loi, par son art. 14, a disposé que l'action pour faire condamner à l'amende dans le cas déterminé par l'art. 68 c. com. se prescrit après deux ans, à compter du jour où la contravention a été commise. — La contravention ayant été commise avant la loi de 1824, et n'ayant été poursuivie qu'après les deux ans, on a demandé si l'action est prescrite. Est-ce le cas d'appliquer l'art. 6 du décret du 23 juill. 1810? Un arrêt s'est prononcé pour la négative. « Attendu que ce décret ne s'applique qu'aux crimes ou délits, et qu'il s'agit ici d'une action purement civile » (Bourges, 13 juin 1826, aff. Morot, V. Commerçant, no 272). — Ne pourrait-on pas répondre que si l'action est portée devant les tribunaux civils, c'est toujours une action qui a pour but d'obtenir une répression, de faire prononcer une peine, et que dès lors il faut appliquer les principes du droit criminel? C'est pour ménager la position des officiers de l'état civil et celle des officiers ministériels qu'on a donné le droit aux tribunaux jugeant au civil, de prononcer les amendes qu'ils ont encourues, mais il n'en est pas moins vrai qu'ils subissent une peine. — Au reste, dans la pratique cette question assez difficile n'a plus d'intérêt.

Qu'il suit de là que la seconde reprise des poursuites faites contre Hartog Heyman, depuis la mise en activité du nouveau code d'instruction criminelle, est une violation de l'art. 657 de ce code, et de l'art. 6 du décret impérial du 23 juill. 1810; et que conséquemment l'arrêt dénoncé a fait une fausse application de la loi pénale; — D'après ces motifs, la cour casse et annule toute la procédure qui a été poursuivie contre Hartog-Heyman, depuis la mise en activité des nouveaux codes pénal et d'instruction criminelle, et spécialement l'arrêt de condamnation rendu par la cour d'assises du départ. du Zuyderzee, le 24 fév. 1813.

Du 22 avr. 1813.-C. C., sect. crim.-MM. Barris, pr.-Busschop, rap.

(1) (Rosso.) — La cour; — Attendu que les lois liguriennes n'admettaient point de prescription contre les condamnations par contumace prononcées par les tribunaux criminels; que Rosso, condamné à la peine de mort par deux jugements de contumace des années 1775 et 1805, ne peut prétendre faire courir à son profit le temps de la prescription de vingt ans déterminé par le code des délits et des peines, art. 480, que du jour de la publication des lois françaises dans la ci-devant Ligurie; — Rejette.

Du 11 juin 1807.-C. C., sect. crim.-MM. Barris, pr.-Seignette, rap.

(2) (Delafont C. min. publ.) — La cour; — Vu l'art. 6 du décret du 23 juill. 1810, l'art. 9 c. des dél. et des peines et l'art. 637 c. inst. crim.; — Considérant que l'obligation imposée par ledit art. 6 du décret du 23 juill. 1810, d'appliquer la peine prononcée par le nouveau code pénal, lorsqu'elle est moins forte que celle établie par la loi qui était en vigueur au moment où le crime a été commis, comprend à plus forte raison la défense, non-seulement de prononcer une peine quelconque, mais encore de faire un acte quelconque d'instruction ou de poursuite, soit pour un fait que le nouveau code n'aurait plus rangé dans la classe des crimes, soit pour un crime à raison duquel le temps requis par ce nouveau code pour prescrire l'action publique et l'action civile se serait écoulé; — Considérant que, si l'art. 9 c. brum. an 4 ne faisait courir les trois années qu'il exigeait pour acquérir la prescription que du jour où le fait avait été légalement constaté, et si, à défaut d'une constatation légale antérieure au 29 avr. 1808, Delafont n'aurait pas pu exciper de ce code du 3 brumaire pour s'opposer à une condamnation que la loi prononçait contre le faux qui était l'objet de l'accusation, il ne s'ensuivait nullement qu'il fût mal fondé à demander qu'aux termes de l'art. 637 ci-dessus cité du code d'instruction criminelle, ce faux fût jugé prescrit; — Considérant que, en effet, pour que cette prescription dût être jugée acquise, il suffisait que le faux en question fût prouvé avoir été commis dix ans révolus avant le 2 mai 1808, jour du mandat d'amener, qui a été le premier acte de l'instruction; — Mais qu'au lieu d'envisager l'affaire sous ce point de vue, qui était celui présenté par Delafont, la cour d'assises de la Creuse, se bornant, dans son premier arrêt du 15 mars 1813, à déclarer, en fait, que le faux avait eu lieu sous l'empire du code du 3 brum. an 4, oubliant que, de cette date, qui correspond au 25 oct. 1795, jusqu'à celle, soit du 2 mai, soit même du 29 avr. 1808, jour de l'inscription de faux déclarée par Gabriel Cialis, il s'était écoulé plus de douze années, et qu'il était de son devoir de prononcer sur l'exception de prescription telle qu'elle était proposée par Delafont, par conséquent de juger s'il était prouvé qu'il se fût écoulé dix ans depuis l'époque où le crime avait été commis jusqu'à celle de la première poursuite sur ce crime, a rejeté cette exception, sur le fondement que le faux n'avait été connu et légalement constaté que le 29 avr. 1808; — D'où il suit que la cour d'assises a fait une fausse application dudit art. 9 c. 3 brum. an 4, en même temps qu'elle a contrevenu audit art. 6 du décret du 23 juill. 1810, combiné avec l'art. 637 c. inst. crim.; — Casse.

Du 6 mai 1813.-C. C., sect. crim.-MM. Barris, pr.-Bailly, rap.-Merlin, pr. gén., c. conf.-Champion, av.

(3) (Dumoulin C. min. pub.) — Le tribunal; — Vu les art. 1 et 2, tit. 6, c. pén., 6 oct. 1791; — Considérant que le jugement donne pour date à l'assassinat, dont est prévenu le réclamant, le 26 août 1792; que ce délit a dû être jugé d'après les lois criminelles alors existantes; que celle du 6 oct. 1791, qui seule réglait à cette époque la procédure criminelle, déclare, par l'art. 1, prescrite, après trois années révolues, toute action, lorsque dans cet intervalle il n'aura été fait aucune poursuite, et fait courir ce délai, par la dernière disposition de l'art. 2, du jour où l'existence du crime aura été connue ou légalement constatée, à la différence des art. 9 et 10 L. 3 brum. an 4, qui exigent la réunion de ces deux conditions; que, dans l'espèce, il n'est pas douteux que l'existence du crime a été connue à l'époque où il a été commis, ainsi qu'il résulte des réquisitions du substitut du commissaire du gouvernement

Du 22 vend. an 11.-Trib. cass., sect. crim.-M. Schwendt, rap.

(4) (Deschamps.) — Le tribunal; — ... Attendu que, lorsque, comme dans l'espèce, la prescription n'a pas été acquise avant la promulgation de la loi du 3 brum. an 4, c'est d'après la disposition de cette dernière loi et non d'après celle du code pénal de 1791, que cette exception doit être jugée, et qu'ainsi la poursuite du délit dont il s'agit a pu être faite, puisqu'il n'avait pas été légalement constaté, et qu'il ne s'était point écoulé de temps utile pour opérer la prescription; — Rejette.

Du 14 brum. an 11.-C. C., sect. crim.-MM. Viellart, pr.-Rataud, rap.

Table sommaire des matières.

Table des articles des codes pénal et d'instruction criminelle.

Table chronologique des lois, arrêts, etc.

PRÉSÉANCE. — HONNEURS. — CÉRÉMONIE. — **1.** La préséance est le droit de précéder quelqu'un, de se placer avant lui, de prendre un rang considéré comme plus honorable, dans les cérémonies publiques. — Par honneurs civils et militaires, on entend les marques de respect attribuées, dans le cérémonial de l'État, à certaines dignités et à certains rangs.

Division.

ART. 1. — HISTORIQUE, LÉGISLATION.

2. Il suffit de parcourir l'histoire pour reconnaître que toutes les nations anciennes ont eu des règles précises sur les préséances.— Il est nécessaire en effet que l'usage ou la législation réglementaire déterminent d'avance les places respectives que doivent occuper les autorités constituées dans les cérémonies publiques et officielles. S'il en était autrement, il serait à craindre ou que les cérémonies ne présentassent le spectacle d'une fâcheuse confusion ou qu'elles ne donnassent naissance à des discussions aussi nuisibles pour le principe d'autorité que pour la morale, discussions que feraient naître l'amour-propre, les distinctions honorifiques, les classifications hiérarchiques de corps constitués, soit par rapport aux individus qui les composent, soit par rapport aux autres corps constitués. Domat, Droit pub., liv. 1, t. 9, sect. 3, dit très-bien, à ce sujet, qu'il est de l'ordre public de la société que rien n'y soit désordre.

En France (et dans une matière comme celle-ci peu sujette à controverses devant les tribunaux, nous ne croyons pas devoir étendre plus loin nos recherches), les usages sur les préséances remontent aux premières époques de la monarchie. Néanmoins le plus ancien document écrit que nous possédions sur cette matière est un édit du roi Henri II, qui est ainsi conçu : « En tous actes et assemblées publiques qui seront cy-après faictes en nostre dicte ville de Paris et hors d'icelle, où les assemblées se feront par nostre ordonnance et commandement, nostre dicte cour de parlement ira et marchera la première, et après elle immédiatement ira et marchera nostre chambre des comptes, et après ladicte chambre ira et marchera nostre cour des aydes, et après la chambre des monnoies, et après le prévost de Paris et officiers du chastelet, et après eux le prévost des marchands, eschevins et officiers de nostre dicte ville de Paris, chacune à part et séparément, sans que l'une costoye ou puisse costoyer l'autre, ne se aucunement mesler. » — Pendant longtemps cette matière fut réglée par les usages, les arrêts des cours souveraines et les édits royaux. Il existait un grand nombre de décisions des parlements et d'arrêts du conseil du roi, déterminant les préséances entre la noblesse militaire et la noblesse de robe, le sénéchal et le présidial, le lieutenant criminel et le prévôt des marchands, etc. — L'absence d'une législation générale et régulière faisait naître dans toutes les circonstances des rivalités et des prétentions, que des décisions particulières venaient régler, mais qui n'établissaient pas un principe absolu pour l'avenir.

Toutefois des règles générales étaient bien reconnues. Les personnes se divisaient en *ecclésiastiques*, *nobles gens*, *gens du tiers état* et *serfs*. Les seules personnes comprises dans les trois premières catégories formaient les trois ordres de l'État.

Au clergé appartenait le *premier rang*, après le roi et les princes du sang. Encore est-il à remarquer que le cardinal de Sainte-Suzanne prit le pas sur le duc d'Anjou, prince du sang et roi de Jérusalem et de Sicile, lors des états généraux qui eurent lieu à Tours, en 1467, sous Louis XI. Les cardinaux passèrent encore avant les princes du sang aux états généraux de Tours et d'Orléans en 1483, 1506 et 1560, ainsi que dans les cérémonies publiques. Ce ne fut qu'aux états généraux de Saint-Germain-en-Laye, en 1561, que les princes du sang, qui étaient en même temps pairs du royaume, réclamèrent contre la prétention de ces hauts dignitaires du clergé, et obtinrent du roi Henri III un édit favorable. — L'université assistait toujours, soit en corps, soit par députation aux cérémonies publiques. M. Toussaint (Code des préséances, p. 89) rappelle à ce sujet qu'elle y occupait un rang distingué, mais non pas sans contestation. C'est ainsi, dit-il, qu'aux funérailles de Charles V, le recteur de l'université de Paris voulut marcher à côté de l'évêque du diocèse qui conduisait son clergé. De là, grande opposition, et pour éviter le scandale, il fut convenu que le recteur marcherait à gauche du doyen de l'église de Paris. C'est aussi à ce rang que marcha le recteur aux funérailles d'Henri IV, précédé des bedeaux de l'université, et suivi des maîtres ès-arts, bacheliers, licenciés, principaux régents et docteurs de tous ordres.

Le *second rang* était échu à la *noblesse*; mais Loyseau rapporte que de son temps (sous Henri IV), l'opinion « qu'au sacre et couronnement du roi, et en la séance du parlement, qui sont les fonctions particulières des pairs, les *pairs* non princes devaient précéder les princes non pairs, » était encore assez répandue.

Au *troisième rang* venait le *tiers état*. Cependant le droit de préséance de la noblesse sur la bourgeoisie n'était pas absolu, et il était de règle que les officiers de justice précédaient dans leur ressort les simples gentilshommes de race, et cela en raison de ce qu'ils étaient dépositaires d'une partie de l'autorité royale, toute justice émanant du roi.—Indépendamment de cette classification générale, Domat divisait les laïques en huit ordres, savoir 1° les militaires; 2° les ministres et ceux que le prince honore d'une place dans son conseil; 3° les magistrats et les officiers faisant partie de l'administration de la justice; 4° les officiers des finances; 5° les personnes professant les sciences et les arts libéraux; 6° les commerçants; 7° les ouvriers et artisans; 8° enfin les cultivateurs, les bergers et les pâtres, qui, disait-il, « par l'importance et la nécessité de leurs travaux, si précieux à la société, devraient être les premiers, si leur ignorance et leur grossièreté ne les mettaient au-dessous des autres hommes. »

3. Louis XIV réglementa l'ordre des préséances par un édit du mois d'avril 1695.— Deux arrêts du parlement de Paris, des 18 mars 1698 et 5 fév. 1699, enjoignent à tous gentilshommes, même aux seigneurs des paroisses y demeurant, d'exécuter l'art. 45 de cet édit qui voulait que le *corps ecclésiastique* fût honoré comme le premier du royaume. Le parlement de Bordeaux déclara même par un acte officiel « que ses membres n'avaient jamais prétendu aucune préséance sur les évêques. »—L'édit de Henri III n'avait réglé la préséance des *princes* du sang qu'en faveur de ceux qui étaient pairs du royaume. Un nouvel édit de mai 1711 accorda aux princes issus du sang royal, qu'ils fussent pairs ou non, le pas sur tous les pairs et grands en tous lieux, dans toutes les cérémonies, et dans toutes les assemblées.— Le rang des pairs entre eux se réglait par la date des lettres d'érection de chaque pairie. Ils tenaient, aux audiences de la grand'-chambre du parlement, la droite du premier président, et occupaient de hauts siéges.—Quant à l'ordre des préséances entre les grands officiers de la couronne, V. les travaux des bénédictins sur l'histoire de France. Le parlement continua à avoir la prééminence sur la cour des aides, comme le prouve l'art. 48 de la déclaration du 24 août 1734 contenant règlement entre le parlement et la cour des aides de Bordeaux.

Cette législation disparut complétement dans le grand mouvement de 1789. Depuis cette époque, un nombre assez considérable de lois, décrets et ordonnances ont réglementé cette matière : on les trouvera indiqués ou rapportés textuellement dans le tableau de la législation qui suit. Il suffit ici de signaler, parmi ces nombreux documents, le décret du 24 mess. an 12, dont les dispositions sont encore suivies de nos jours, malgré les nombreuses réclamations que l'on a élevées contre son exécution.—On a avec raison critiqué notamment l'isolement établi par ce décret entre le chef des compagnies et leurs membres. Il est certain aussi que l'esprit de ce décret et les diverses classifications qu'il prend pour base sont souvent fort peu en rapport avec l'esprit et les formes de nos institutions actuelles.— V. Favard, v° Cérémonies publiques, Toussaint, Code des préséances, p. 8. — On comprend, en effet, que, pour des matières de si faible importance, c'était déjà bien assez de créer une différence de rang entre les corps; c'était se mettre dans les difficultés dès qu'on en établissait entre les individus et qu'on les séparait de leurs corps, dépouillant ainsi ces derniers, au profit de vanités puériles, de tout l'appareil qui résultait de leur ensemble.

TABLEAU DE LA LÉGISLATION RELATIVE AUX PRÉSÉANCES, HONNEURS, CÉRÉMONIES ET RANGS CIVILS ET MILITAIRES.

29 déc. 1789-janv. 1790. — Décret dont l'art. 5 attribue aux administrateurs de département et de district et aux corps municipaux la préséance sur les officiers et les corps civils et militaires. — V. Commune, n°71.

19-20 avril 1790. — Décret dont les art. 4 et 5, relatifs aux cas où les corps municipaux sont en fonctions, sont ainsi conçus : — Art. 4. Les rangs sont ainsi réglés : Le maire, puis les officiers municipaux, selon l'ordre des tours de scrutin où ils auront été nommés, et dans le même tour, selon le nombre de suffrages qu'ils auront obtenus ; enfin le procureur de la commune et ses substituts qui suivront les greffiers et trésoriers. Quant aux notables, ils n'ont de rang que dans les séances du conseil général ; ils y siégeront à la suite du corps municipal, selon le nombre des suffrages donnés à chacun d'eux. En cas d'égalité, le pas appartient au plus âgé. — Art. 5. Cet ordre sera observé, même dans les cérémonies religieuses, immédiatement à la suite du clergé. Cependant la préséance attribuée aux officiers municipaux sur les autres corps, ne leur confère aucun des anciens droits honorifiques dans les églises.

16-24 août 1790. — Décret qui charge les corps municipaux du maintien du bon ordre dans les cérémonies publiques (tit. 11, art. 3, n° 5). — V. Organ. jud.

16 janv.-16 fév. 1791. — Décret qui prescrit aux gendarmes de se tenir à portée des grands rassemblements d'hommes, tels que fêtes et cérémonies (tit. 8, art. 1, n° 15).

22 juin-20 juill. 1791. — Décret qui porte (art. 9) que « la gendarmerie nationale ne fera point partie des cérémonies publiques ; elle se tiendra seulement à portée pour y maintenir l'ordre et la tranquillité. »

29 sept.-12 oct. 1791. — Décret sur les cérémonies à observer lorsque le roi se rendra dans le sein du corps législatif.

Art. 1. Lorsque le roi se rendra dans le corps législatif, l'assemblée sera debout ; elle sera assise et couverte, lorsque le roi sera assis et couvert.

2. Le roi sera placé au milieu de l'estrade ; il aura un fauteuil à fleurs de lis ; ses ministres seront derrière lui ; le président sera à sa droite, et gardera son fauteuil ordinaire.

3. Personne ne pourra adresser la parole au roi, si ce n'est en vertu d'un décret exprès de l'assemblée, précédemment rendu.

5 fruct. an 3 (22 août 1795). — Constitution portant que le corps législatif n'assiste à aucune cérémonie publique et n'y envoie point de députation (art. 72). — V. Droit constit., p. 505.

28 germ. an 6 (17 avril 1798). — Loi dont l'art. 125, n° 19, reproduit celle citée plus haut, du 16 janv. 1791. — V. Gendarme, p. 456.

7 therm. an 8 (26 juill. 1800). — Arrêté qui prescrit le rang des officiers de marine dans les cérémonies (art. 58 et 59). — V. Organisation marit.

24 mess. an 12 (13 juill. 1804). — Décret relatif aux cérémonies publiques, préséances, honneurs civils et militaires.

Ire PARTIE. — DES RANGS ET PRÉSÉANCES.

TIT. 1. — *Des rangs et séances des diverses autorités dans les cérémonies publiques.*

SECT. 1. — *Dispositions générales.*

Art. 1. Ceux qui, d'après les ordres de l'empereur, devront assister aux cérémonies publiques, y prendront rang et séance dans l'ordre qui suit : — Les princes français ; les grands dignitaires ; les cardinaux ; les ministres ; les grands officiers de l'empire, les sénateurs dans leur sénatorerie, les conseillers d'Etat en mission, les grands officiers de la Légion d'honneur, lorsqu'ils n'auront point de fonctions publiques qui leur assignent un rang supérieur ; les généraux de division commandant une division territoriale dans l'arrondissement de leur commandement ; les premiers présidents des cours d'appel ; les archevêques ; le président du collége électoral du département, pendant la tenue de la session, et pendant les dix jours qui précèdent l'ouverture et qui suivent la clôture ; les préfets ; les présidents des cours de justice criminelle ; les généraux de brigade commandant un département ; les évêques ; les commissaires généraux de police ; le président du collége électoral d'arrondissement, pendant la tenue de la session, et pendant les dix jours qui précèdent l'ouverture et qui suivent la clôture ; les sous-préfets ; les présidents des tribunaux de première instance ; le président du tribunal de commerce ; les maires ; les commandants d'armes ; les présidents des consistoires.

Les préfets conseillers d'Etat prendront leur rang de conseillers d'Etat.

Lorsqu'en temps de guerre, ou pour toute autre raison, Sa Majesté jugera à propos de nommer des gouverneurs de places fortes, le rang qu'ils doivent avoir sera réglé.

2. Le sénat, le conseil d'Etat, le corps législatif, le tribunat, la cour de cassation, n'auront rang et séance que dans les cérémonies publiques auxquelles ils auront été invités par lettres closes de Sa Majesté. — Il en sera de même des corps administratifs et judiciaires, dans les villes où l'empereur sera présent. — Dans les autres villes, les corps prendront les rangs réglés ci-après.

3. Dans aucun cas, les rangs et honneurs accordés à un corps n'appartiendront individuellement aux membres qui le composent.

4. Lorsqu'un corps ou un des fonctionnaires dénommés par l'art. 1 invitera, dans le local destiné à l'exercice de ses fonctions, d'autres corps ou fonctionnaires publics pour y assister à une cérémonie, le corps ou le fonctionnaire qui aura fait l'invitation y conservera sa place ordinaire, et les fonctionnaires invités garderont entre eux les rangs assignés par l'art. 1 du présent titre.

SECT. 2. — *Des invitations aux cérémonies publiques.*

5. Les ordres de l'empereur pour la célébration des cérémonies publiques seront adressés aux archevêques et évêques, pour les cérémonies religieuses, et aux préfets, pour les cérémonies civiles.

6. Lorsqu'il y aura, dans le lieu de la résidence du fonctionnaire auquel les ordres de l'empereur seront adressés, une ou plusieurs personnes désignées avant lui dans l'art. 1, celui qui aura reçu lesdits ordres se rendra chez le fonctionnaire auquel la préséance est due, pour convenir du jour et de l'heure de la cérémonie. — Dans le cas contraire, ce fonctionnaire convoquera chez lui, par écrit, ceux des fonctionnaires placés après lui dans l'ordre des préséances, dont le concours sera nécessaire pour l'exécution des ordres de l'empereur.

SECT. 3. — *De l'ordre suivant lequel les autorités marcheront dans les cérémonies publiques.*

7. Les autorités appelées aux cérémonies publiques se réuniront chez la personne qui doit y occuper le premier rang.

8. Les princes, les grands dignitaires de l'empire, et les autres personnes désignées en l'art. 1 de la sect. 1 du présent titre, marcheront dans les cérémonies suivant l'ordre des préséances indiqué audit article ; de sorte que la personne à laquelle la préséance sera due ait toujours à sa droite celle qui doit occuper le second rang, à sa gauche, celle qui doit occuper le troisième, et ainsi de suite. — Ces trois personnes forment la première ligne du cortége ; — Les trois personnes suivantes, la deuxième ligne ; — Les corps marcheront dans l'ordre suivant : — Les membres des cours d'appel ; les officiers de l'état-major de la division, non compris deux aides de camp du général qui suivront immédiatement ; les membres des cours criminelles ; les conseils de préfecture, non compris le secrétaire général, qui accompagnera le préfet ; les membres des tribunaux de première instance ; le corps municipal ; les officiers de l'état-major de la place ; les membres du tribunal de commerce ; les juges de paix ; les commissaires de police.

SECT. 4. — *De la manière dont les diverses autorités seront placées dans les cérémonies.*

9. Il y aura, au centre du local destiné aux cérémonies civiles et religieuses, un nombre de fauteuils égal à celui des princes, dignitaires ou membres des autorités nationales présents qui auront droit d'y assister. Aux cérémonies religieuses, lorsqu'il y aura un prince ou un grand dignitaire, on placera devant lui un prie-dieu, avec un tapis et un carreau. En l'absence de tout prince, dignitaire ou membre des autorités nationales, le centre sera réservé, et personne ne pourra s'y placer. — Les généraux de division commandant les divisions territoriales ; les premiers présidents des cours d'appel, et les archevêques seront placés à droite ; — Les préfets, les présidents des cours criminelles, les généraux de brigade commandant les départements, les évêques, seront placés à gauche ; — Le reste du cortége sera placé en arrière. — Les préfets conseillers d'Etat prendront leur rang de conseillers d'Etat. — Ces fonctionnaires garderont entre eux les rangs qui leur sont respectivement attribués.

10. Lorsque, dans les cérémonies religieuses, il y aura impossibilité absolue de placer dans le chœur de l'église la totalité des membres des corps invités, lesdits membres seront placés dans la nef, et dans un ordre analogue à celui des chefs.

11. Néanmoins il sera réservé, de concert avec les évêques ou les curés et les autorités civiles et militaires, le plus de stalles qu'il sera possible ; elles seront destinées, de préférence, aux présidents et procureurs impériaux des cours et tribunaux, aux principaux officiers de l'état-major de la division et de la place, à l'officier supérieur de gendarmerie, et aux doyens et membres des conseils de préfecture.

12. La cérémonie ne commencera que lorsque l'autorité qui occupera la première place aura pris séance. — Cette autorité se retirera la première.

13. Il sera fourni aux autorités réunies pour les cérémonies, des escortes de troupes de ligne ou de gendarmerie, selon qu'il sera réglé au titre *des Honneurs militaires.*

IIe PARTIE. — DES HONNEURS MILITAIRES ET CIVILS.

TIT. 2. — *Saint Sacrement.*

Art. 1. Dans les villes où, en exécution de l'art. 45 de la loi du 18 germ. an 10, les cérémonies religieuses pourront avoir lieu hors des édifices consacrés au culte catholique, lorsque le saint sacrement passera à la vue d'une garde ou d'un poste, les sous-officiers et soldats prendront les armes, les présenteront, mettront le genou droit en terre, inclineront la tête, porteront la main droite au chapeau, mais resteront couverts ; les tambours battront aux champs ; les officiers se mettront à la tête de leur troupe, salueront de l'épée, porteront la main gauche au chapeau, mais resteront couverts ; le drapeau saluera. — Il sera fourni, du premier poste devant lequel passera le saint sacrement, au moins deux fusiliers pour son escorte. Ces fusiliers seront relevés de poste en poste, marcheront couverts près du saint sacrement, l'arme dans le bras droit. — Les gardes de cavalerie monteront à cheval, mettront le sabre à la main ; les trompettes sonneront la marche ; les officiers, les étendards et guidons salueront.

2. Si le saint sacrement passe devant une troupe sous les armes, elle agira ainsi qu'il vient d'être ordonné aux gardes ou postes.

3. Une troupe en marche fera halte, se formera en bataille, et rendra les honneurs prescrits ci-dessus.

4. Aux processions du saint sacrement, les troupes seront mises en bataille sur les places où la procession devra passer. Le poste d'honneur sera à la droite de la porte de l'église par laquelle la procession sortira. Le régiment d'infanterie qui portera le premier numéro prendra la droite ; celui qui portera le second, la gauche ; les autres régiments se formeront ensuite alternativement à droite et à gauche : les régiments d'artillerie à pied occuperont le centre de l'infanterie. — Les troupes à cheval viendront après l'infanterie. Les carabiniers prendront la droite, puis les cuirassiers, ensuite les dragons, chasseurs et hussards. — Les régiments d'artillerie à cheval occuperont le centre des troupes à cheval. — La gendarmerie marchera à pied entre les fonctionnaires publics et les assistants. — Deux compagnies de grenadiers escorteront le saint sacrement ; elles marcheront en file, à droite et à gauche du dais. A défaut de grenadiers, une escorte sera fournie par l'artillerie ou par les fusiliers, et, à défaut de ceux-ci, par des compagnies d'élite des troupes à cheval, qui feront le service à pied. — La compagnie du régiment portant le premier numéro occupera la droite du dais ; celle du second, la gauche. — Les officiers resteront à la tête des files. Les sous-officiers et soldats porteront le fusil sur le bras droit.

5. L'artillerie fera trois salves pendant le temps que durera la procession, et mettra en bataille sur les places ce qui ne sera pas nécessaire pour la manœuvre du canon.

TIT. 3.—*Sa Majesté impériale.*

SECT. 1. — *Honneurs militaires.*

Arrivée de Sa Majesté dans une place.

Art. 1. Lorsque Sa Majesté impériale devra entrer dans une place, toute la garnison prendra les armes. La moitié de l'infanterie sera mise en bataille sur le glacis, à droite et à gauche de la porte par laquelle Sa Majesté devra entrer, et l'autre moitié sur les places que Sa Majesté devra traverser; les sous-officiers et soldats présenteront les armes; les officiers et les drapeaux salueront; les tambours battront aux champs. — Toute la cavalerie ira au-devant de Sa Majesté impériale jusqu'à une demi-lieue de la place, et l'escortera jusqu'à son logis; les officiers et les étendards salueront; les trompettes sonneront la marche.

Dans un camp, étant prévenu.

2. Lorsque Sa Majesté impériale arrivera dans un camp, si l'on a été prévenu de son arrivée, toutes les troupes se mettront en bataille en avant du front de bandière, et rendront les honneurs prescrits par l'art. 1. La plus ancienne brigade de cavalerie se portera au-devant de Sa Majesté impériale jusqu'à une demi-lieue du camp; les gardes et piquets prendront les armes ou monteront à cheval.

Inopinément.

3. Dans le cas où Sa Majesté impériale arrivera ou passera inopinément dans un camp, les gardes et piquets prendront les armes ou monteront à cheval; les officiers se porteront promptement sur le front de bandière; les sous-officiers et soldats s'y rendront de même avec promptitude et sans armes; ils s'y formeront en bataille, et y resteront jusqu'à nouvel ordre.

Du poste d'honneur.

4. On regardera comme poste d'honneur le côté qui sera à droite en sortant du logis de Sa Majesté impériale; mais si l'empereur ne loge pas dans la place, et qu'il ne fasse que la traverser, le poste d'honneur sera à la droite de la porte de la ville par laquelle Sa Majesté impériale entrera.

Place des officiers généraux.

5. Les officiers généraux employés, s'il y en a dans la place, se mettront à la tête des troupes. — Le gouverneur de la place, s'il en a été nommé un pour commander en cas de siége, le commandant d'armes et les autres officiers de l'état-major de la place, se trouveront à la première barrière pour en présenter les clefs à Sa Majesté impériale.

6. Le maire et les adjoints, accompagnés par une garde d'honneur de trente hommes au moins, fournie par la garde nationale sédentaire, se rendront à cinq cents pas environ hors de la place, pour présenter les clefs de la ville à Sa Majesté.

Salves d'artillerie.

7. Il sera fait trois salves de toute l'artillerie de la place, après que Sa Majesté aura passé les ponts. — Il en sera de même de toute l'artillerie d'un camp de paix, et non à la guerre, à moins d'un ordre formel.

Garde d'infanterie.

8. Si Sa Majesté impériale s'arrête dans la place ou dans le camp, et quoique les troupes de sa garde soient près de sa personne, les régiments d'infanterie de la garnison, à commencer par le premier numéro, fourniront, chacun à leur tour, une garde composée d'un bataillon avec son drapeau, et commandés par le colonel.

Garde de cavalerie.

9. Il sera mis pareillement devant le logis de Sa Majesté impériale un escadron de cavalerie de la garnison, commandé par le colonel. Cet escadron fournira deux vedettes, le sabre à la main, devant la porte de Sa Majesté. Les escadrons de la garnison le relèveront chacun à leur tour, suivant l'ordre prescrit art. 4, tit. 2.

10. Dès que l'empereur sera arrivé, les colonels qui commanderont ladite garde prendront les ordres et la consigne du grand-maréchal de la cour, ou de celui qui en fera les fonctions. Si Sa Majesté impériale conserve tout ou partie de cette garde, elle sera particulièrement destinée à fournir des sentinelles autour du logis de Sa Majesté.

Au sortir de la place.

11. Lorsque Sa Majesté impériale sortira de la place, l'infanterie sera disposée ainsi qu'il est dit art. 1. — La cavalerie se portera sur son passage hors de la place, pour la suivre jusqu'à une demi-lieue de la barrière. — Dès que Sa Majesté impériale en sera sortie, on la saluera par trois décharges de toute l'artillerie.

Arrivant devant une troupe en bataille.

12. Si Sa Majesté impériale passe devant des troupes en bataille, l'infanterie présentera les armes; les officiers salueront, ainsi que les drapeaux; les tambours battront aux champs. Dans la cavalerie, les étendards, les guidons et les officiers salueront; les trompettes sonneront la marche.

Passant devant une troupe ou colonne, en marche.

13. Si Sa Majesté impériale passe devant une troupe en marche, cette troupe s'arrêtera, se formera en bataille si elle n'y est pas, et rendra à Sa Majesté les honneurs prescrits ci-dessus.

Passant devant un corps de garde.

14. Si Sa Majesté impériale passe devant un corps de garde, poste ou piquet, les troupes prendront les armes et les présenteront; les tambours battront aux champs. — La cavalerie montera à cheval et mettra le sabre à la main; les trompettes sonneront la marche. — Les officiers salueront de l'épée ou du sabre. — Les sentinelles présenteront les armes.

Mot d'ordre.

15. Pendant le temps que Sa Majesté impériale restera dans une place ou camp, elle donnera le mot d'ordre. Si le ministre de la guerre est présent, c'est lui qui recevra l'ordre et le rendra aux troupes. En son absence, ce sera le colonel général de la garde de service, à moins que le corps de troupe ne soit commandé par un maréchal de l'empire, qui, dans ce cas, le recevra directement.

Audience.

16. Lorsque Sa Majesté impériale recevra les officiers de la garnison ou du camp, chaque corps lui sera présenté, en l'absence du connétable et du ministre de la guerre, par le colonel général de la garde de service, à qui les corps s'adresseront à cet effet.

17. Lors des voyages de l'empereur, la gendarmerie nationale de chaque arrondissement sur lequel Sa Majesté passera se portera sur la grande route, au point le plus voisin de sa résidence, et s'y mettra en bataille.

18. Un officier supérieur ou subalterne de gendarmerie, pris parmi ceux employés dans le département, pourra précéder à cheval, immédiatement, la voiture de Sa Majesté : cette voiture pourra être immédiatement suivie par deux officiers ou sous-officiers de la gendarmerie du département, marchant après le piquet de la garde.

19. Lorsque le général de la division dans laquelle l'empereur se trouvera accompagnera Sa Majesté, il se placera et marchera près de la portière de gauche. Les autres places autour de la voiture de Sa Majesté seront occupées par les officiers du palais ou de la garde impériale, et autres personnes que Sa Majesté aura spécialement nommées pour l'accompagner.

20. Il ne sera rendu aucuns honneurs ni civils ni militaires à aucun officier civil ou militaire, à Paris et dans les lieux où se trouvera l'empereur, pendant tout le temps de sa résidence, et pendant les vingt-quatre heures qui précéderont son arrivée et les vingt-quatre heures qui suivront son départ.

SECT. 2. — *Honneurs civils.*

21. Dans les voyages que Sa Majesté fera, et qui auront été annoncés par les ministres, sa réception aura lieu de la manière suivante.

22. Le préfet viendra, accompagné d'un détachement de gendarmerie et de la garde nationale du canton, la recevoir sur la limite du département. — Chaque sous-préfet viendra pareillement la recevoir sur la limite de son arrondissement. — Les maires des communes l'attendront chacun sur la limite de leurs municipalités respectives : ils seront accompagnés de leurs adjoints, du conseil municipal, et d'un détachement de la garde nationale.

23. A l'entrée de l'empereur dans chaque commune, toutes les cloches sonneront. Si l'église se trouve sur son passage, le curé ou desservant se tiendra sur la porte, en habits sacerdotaux, avec son clergé.

24. Dans les villes où Sa Majesté s'arrêtera ou séjournera, les autorités et les fonctionnaires civils et judiciaires seront avertis de l'heure à laquelle l'empereur leur accordera audience, et présentés à Sa Majesté par l'officier du palais à qui ces fonctions sont attribuées.

25. Ils seront admis devant elle dans l'ordre des préséances établi art. 1 de la première partie.

26. Tous fonctionnaires ou membres de corporations non compris dans l'article précité ne seront point admis, s'ils ne sont mandés par ordre de Sa Majesté impériale, ou sans permission spéciale.

27. Lorsque Sa Majesté impériale aura séjourné dans une ville, les mêmes autorités qui l'auront reçue à l'entrée se trouveront à sa sortie, pour lui rendre leurs hommages, si elle sort de jour.

28. Les honneurs, soit civils, soit militaires, à rendre à l'impératrice, sont les mêmes que ceux qui seront rendus à l'empereur, à l'exception de la présentation des clefs et de tout ce qui est relatif au commandement et au mot d'ordre.

TIT. 4. — *Prince impérial.*

Art. 1. Les honneurs à rendre au prince impérial, lorsqu'il n'accompagnera pas Sa Majesté l'empereur, seront déterminés par un décret particulier. Il en sera de même de ceux à lui rendre quand l'empereur sera présent.

Le régent.

2. Le régent recevra les mêmes honneurs que les princes français.

TIT. 5. — *Princes français.*

SECT. 1. — *Honneurs militaires.*

Art. 1. Les honneurs d'entrée et de sortie d'une place ou d'un camp, qui doivent être rendus aux princes, aux grands dignitaires, ministres, grands officiers de l'empire, en vertu des dispositions contenues dans les titres suivants, ne le seront jamais qu'en exécution d'un ordre spécial adressé par le ministre de la guerre aux généraux commandant les divisions ou les armées.

2. Quand les princes passeront dans une place, toute la garnison prendra les armes : un quart de l'infanterie sera mis en bataille hors de la porte par laquelle ils devront entrer : le reste sera disposé sur les places qu'ils devront traverser, et présentera les armes au moment de leur passage.

Arrivée dans une place.

Moitié de la cavalerie ira au-devant d'eux jusqu'à un quart de lieue de la place, et les escortera jusqu'à leur logis; le reste de la cavalerie sera mis en bataille sur leur passage. — Les drapeaux, étendards ou guidons, et les officiers supérieurs salueront. — L'état-major les recevra à la barrière, mais ne leur présentera point les clefs, cet honneur étant uniquement réservé à Sa Majesté impériale.

Salve d'artillerie.

3. Ils seront salués, à leur entrée et à leur sortie de la place, par vingt et un coups de canon.

Garde.

4. Ils auront une garde de cent hommes, avec un drapeau, commandée par un capitaine, un lieutenant et un sous-lieutenant. La garde sera à leur logis avant leur arrivée : elle sera fournie, le premier jour, par le régiment qui portera le premier numéro, et ensuite par les autres, à tour de rôle.

Arrivée dans un camp, étant prévenu.

5. Quand les princes arriveront dans un camp, si l'on a été prévenu du moment de leur arrivée, l'infanterie et la cavalerie se mettront en bataille en avant du front de bandière; le plus ancien régiment de cavalerie se portera au-devant d'eux; les gardes et les piquets prendront les armes et monteront à cheval.

Arrivée dans un camp inopinément.

6. Dans le cas où les princes arriveront ou passeront inopinément dans un camp, les gardes ou piquets prendront les armes ou monteront à cheval; les officiers se porteront promptement sur le front de bandière; les sous-officiers et soldats sortiront de leurs tentes, et borderont la haie dans la rue du camp, et y resteront jusqu'à nouvel ordre.

Devant une troupe en bataille.

7. Si les princes arrivent devant une troupe en bataille, l'infanterie présentera les armes; la cavalerie mettra le sabre à la main; les officiers supérieurs, les drapeaux, étendards ou guidons, salueront; les tambours battront aux champs; les trompettes sonneront la marche.

Devant une troupe en marche.

8. Si les princes passent devant une troupe en marche, la troupe s'arrêtera, se formera en bataille, si elle n'y est point, et rendra les honneurs ci-dessus prescrits.

Devant un corps de garde.

9. S'ils passent devant un corps de garde, poste ou piquet, les soldats prendront les armes et les porteront; les tambours battront aux champs, la cavalerie montera à cheval et mettra le sabre à la main; les trompettes sonneront la marche; les sentinelles présenteront les armes.

10. Il leur sera fait des visites de corps, en grande tenue. L'officier général le plus élevé en grade, ou, à son défaut, le commandant de la place, prendra leurs ordres pour la réception des corps, et les présentera.—Le mot d'ordre sera porté aux princes par un officier de l'état-major général de l'armée, et, dans les places, par un adjudant de place.

11. Lorsque les princes feront partie du corps de troupes qui composeront un camp ou formeront une garnison, ils ne recevront plus, à dater du lendemain de leur arrivée jusqu'à la veille de leur départ, que les honneurs dus à leur grade militaire.

12. Lorsque les princes quitteront une place ou un camp, ils recevront les mêmes honneurs qu'à leur entrée.

Sect. 2. — *Honneurs civils.*

13. Lorsque les princes voyageront dans les départements, et qu'il aura été donné avis officiel de leur voyage par les ministres, il leur sera rendu les honneurs ci-après :

14. Les maires et adjoints les recevront à environ deux cent cinquante pas en avant de l'entrée de leur commune; et si les princes doivent s'y arrêter ou y séjourner, les maires les conduiront au logement qui leur aura été destiné. Dans les villes, un détachement de la garde nationale ira à leur rencontre, à deux cent cinquante pas en avant du lieu où le maire les attendra.

14. Dans les chefs-lieux de département ou d'arrondissement, les préfets ou sous-préfets se rendront à la porte de la ville pour les recevoir.

16. Ils seront complimentés par les fonctionnaires et autorités mentionnés au tit. 1, art. 1. — Les cours d'appel s'y rendront seulement par députation composée du premier président, du procureur général impérial et de la moitié des juges. Les autres cours et tribunaux s'y rendront en corps.

17. Lorsqu'ils sortiront d'une ville dans laquelle ils auront séjourné, les maires et adjoints se trouveront à la porte par laquelle ils devront sortir, accompagnés d'un détachement de la garde nationale.

Tit. 6. — *Les grands dignitaires de l'empire.*

Article unique. — Les grands dignitaires de l'empire recevront, dans les mêmes circonstances, les mêmes honneurs civils et militaires que les princes.

Tit. 7. — *Les ministres.*

Sect. 1. — *Honneurs militaires.*

Art. 1. Les ministres recevront les honneurs suivants : 1° Ils seront salués de quinze coups de canon; — 2° Un escadron de cavalerie ira à leur rencontre, à un quart de lieu de la place; il sera commandé par un officier supérieur, et les escortera jusqu'à leur logis. Ils seront salués par les officiers supérieurs et les étendards de cet escadron, et les trompettes sonneront la marche; — 3° La garnison prendra les armes, sera rangée sur les places qu'ils devront traverser, et présentera les armes au moment de leur passage; — 4° Ils auront une garde d'infanterie composée de soixante hommes, avec un drapeau, commandée par un capitaine et un lieutenant: cette garde sera placée avant leur arrivée. Le commandant de la place ira les recevoir à la barrière. Le tambour de la garde battra aux champs, et la troupe présentera les armes; — 5° Les postes, gardes ou piquets d'infanterie devant lesquels ils passeront, prendront et porteront les armes; ceux de cavalerie monteront à cheval, et mettront le sabre à la main; les sentinelles présenteront les armes; les tambours battront aux champs; les trompettes sonneront la marche; — 6° Il leur sera fait des visites de corps en grande tenue; — 7° Ils seront salués et reconduits à leur sortie, ainsi qu'il a été dit pour leur entrée.

2. Le ministre de la guerre recevra de plus les honneurs suivants : Il sera tiré pour le ministre de la guerre dix-neuf coups de canon. — Le quart de la cavalerie ira jusqu'à une demi-lieue au-devant de lui. — Sa garde sera de quatre-vingts hommes, commandée par trois officiers, et sera composée de grenadiers. — Il sera tiré pour le ministre-directeur dix-sept coups de canon. Sa garde sera de quatre-vingts hommes, commandée par trois officiers, mais composée de fusiliers. — Le ministre de la guerre aura un officier d'ordonnance de chaque corps; cet officier sera pris parmi les lieutenants. Le ministre-directeur en aura un aussi de chaque corps, pris parmi les sous-lieutenants. — Le ministre de la guerre donnera le mot d'ordre en l'absence de l'empereur. Il sera porté au ministre-directeur, au camp, par un officier d'état-major; et dans les places, par un adjudant de place. — Le ministre de la marine recevra, dans les chefs-lieux d'arrondissement maritime, les mêmes honneurs que le ministre de la guerre.

Sect. 2. — *Honneurs civils.*

3. Les ministres recevront, dans les villes de leur passage, les mêmes honneurs que les grands dignitaires de l'empire, sauf les exceptions suivantes : — Les maires, pour les recevoir, les attendront à la porte de la ville. — Le détachement de la garde nationale ira au-devant d'eux à l'entrée du faubourg, ou, s'il n'y en a point, à cent cinquante pas en avant de la porte.

4. Les cours d'appel les visiteront par une députation composée d'un président, du procureur général ou substitut, du quart des juges. — Les autres cours et tribunaux s'y rendront par députation composée de la moitié de la cour ou du tribunal. — Pour le grand juge, ministre de la justice, les députations des tribunaux seront semblables à celles déterminées pour les princes et grands dignitaires. — Les maires et adjoints iront, au moment de leur départ, prendre congé d'eux dans leur logis.

Tit. 8. — *Les grands officiers d'empire.*

Sect. 1. — *Honneurs militaires.*

Art. 1. Les maréchaux d'empire dont les voyages auront été annoncés par le ministre de la guerre recevront, dans l'étendue de leur commandement, les honneurs suivants : 1° Ils seront salués de treize coups de canon; — 2° Un escadron ira à leur rencontre, à un quart de lieue de la place, et les escortera jusqu'à leur logis: ils seront salués par les officiers supérieurs et l'étendard de cet escadron; les trompettes sonneront la marche. — 3° La garnison prendra les armes, sera rangée sur les places qu'ils devront traverser, et présentera les armes. Les officiers supérieurs, étendards et drapeaux salueront. — 4° Ils auront une garde de cinquante hommes, commandée par un capitaine et un lieutenant. Elle sera placée avant leur arrivée, et aura un drapeau. Le commandant de la place ira les recevoir à la barrière. — 5° Les postes, gardes et piquets sortiront, porteront les armes ou monteront à cheval; les sentinelles présenteront les armes; les tambours battront aux champs, et les trompettes sonneront la marche. — 6° Il leur sera fait des visites de corps en grande tenue; ils donneront le mot d'ordre. — 7° A leur sortie, ils seront traités comme à leur entrée.

2. Les maréchaux d'empire voyageant hors de leur commandement, et dont le voyage aura été annoncé par le ministre de la guerre, recevront les honneurs prescrits par l'art. 1, mais avec les modifications suivantes : Ils ne seront salués que de onze coups de canon; une seule compagnie de cavalerie, commandée par le capitaine, ira à leur rencontre. — Le commandant de la place ira le recevoir chez eux. Le mot d'ordre leur sera porté au camp, par un officier de l'état-major, et, dans les places, par un adjudant de place.

3. Les grands officiers d'empire, colonels ou inspecteurs généraux recevront les honneurs suivants: Ils seront reçus comme les maréchaux d'empire voyageant hors de leur commandement, avec cette différence, que les troupes ne présenteront point les armes, que les officiers supérieurs et drapeaux ne salueront point, et qu'il ne sera tiré que sept coups de canon; mais ils trouveront tous les corps de leur arme en bataille devant leur logis; ces corps les salueront, et laisseront une vedette, si c'est de la cavalerie, et une sentinelle, si c'est de l'infanterie.

4. Les grands officiers civils seront reçus comme les grands officiers d'empire colonels ou inspecteurs généraux; mais ils ne seront salués que de cinq coups de canon, et leur garde ne sera placée qu'après leur arrivée.

5. Lorsque les colonels inspecteurs généraux, et les autres grands officiers civils, feront partie d'un camp ou d'une garnison, ils ne recevront plus, à dater du lendemain de leur arrivée et jusqu'à la veille de leur départ, que les honneurs affectés à leur grade militaire. — Ils recevront, le jour de départ, les mêmes honneurs qu'à celui de leur arrivée.

Sect. 2. — *Honneurs civils.*

6. Les grands officiers d'empire recevront les honneurs suivants : Les maires et adjoints se trouveront à leur logis avant leur arrivée. — Ils trouveront à l'entrée de la ville un détachement de la garde nationale sous les armes. — Les cours d'appel, autres cours et tribunaux, se rendront chez eux de la même manière que chez les ministres. — Les maires et adjoints iront prendre congé d'eux dans leur logis, au moment de leur départ.

7. Les maréchaux d'empire recevront, dans l'étendue de leur commandement, les mêmes honneurs civils que les ministres.

Tit. 9. — *Le sénat.*

Sect. 1. — *Honneurs militaires.*

Art. 1. Lorsque le sénat en corps se rendra chez Sa Majesté impériale, ou à quelque cérémonie, il lui sera fourni une garde de cent hommes à cheval, qui seront divisés en avant, en arrière et sur les flancs du cortége; à défaut de cavalerie, cette garde sera fournie par l'infanterie.

2. Les corps de garde, postes ou piquets, prendront les armes ou monteront à cheval à son passage.

3. S'il passe devant une troupe en bataille, les officiers supérieurs salueront.

4. Les sentinelles présenteront les armes, et les tambours rappelleront.

5. Lorsque les sénateurs voudront faire leur entrée d'honneur dans le chef-lieu de leur sénatorerie, ce qu'ils ne pourront faire qu'une fois seulement, le ministre de la guerre donnera ordre de leur rendre les honneurs suivants :

6. Ils entreront dans une place en voiture, accompagnés de leur suite.

7. Le commandant de la place se trouvera à la barrière pour les recevoir et les accompagner.

8. Les troupes seront en bataille sur leur passage; les officiers supérieurs salueront; les tambours rappelleront; on tirera cinq coups de canon, et de même à leur sortie.

9. Il sera envoyé au-devant d'eux, à un quart de lieue, un détachement de vingt hommes de cavalerie, commandé par un officier, avec un trompette qui les escortera jusqu'à leur logis. Outre ce détachement, il sera envoyé à leur rencontre quatre brigades de gendarmerie commandées par un lieutenant. Le capitaine de la gendarmerie se trouvera à la porte de la ville, et les accompagnera.

10. Il leur sera donné une garde de trente hommes, commandée par un lieutenant; le tambour rappellera.—Il sera placé deux sentinelles à la porte de leur logis.

11. Les postes ou gardes devant lesquels ils passeront prendront et porteront les armes, ou monteront à cheval; les tambours ou trompettes rappelleront, les sentinelles présenteront les armes.

12. Il leur sera fait des visites de corps.

13. Les honneurs attribués par les art. 6, 7 et 8, leur seront rendus lors de leur première entrée dans toutes les places de l'arrondissement de leur sénatorerie. Toutes les fois qu'ils viendront dans le chef-lieu après leur première entrée, on leur rendra les honneurs prescrits art. 10, 11 et 12.

14 Les sentinelles feront face et présenteront les armes à tout sénateur qui passera à leur portée, revêtu de son costume.

SECT. 2.—*Honneurs civils.*

15. Les sénateurs allant prendre possession de leur sénatorerie recevront, dans les villes du ressort du tribunal d'appel dans l'étendue duquel elle sera placée, et où ils s'arrêteront, les honneurs suivants : Un détachement de la garde nationale sera sous les armes à la porte de la ville. — Les maires et adjoints se trouveront à leur logis avant leur arrivée.—Ils seront visités, immédiatement après leur arrivée, par toutes les autorités nommées après eux dans le titre *des préséances.* — Les cours d'appel s'y rendront par une députation composée d'un président, du procureur général et de quatre juges ; les autres cours et tribunaux, par une députation composée de la moitié de la cour ou du tribunal. — S'ils séjournent vingt-quatre heures dans la ville, ils rendront, en la personne des chefs des autorités ou corps dénommés dans le tit. 1, les visites qu'ils auront reçues. — Les maires et adjoints iront prendre congé d'eux au moment de leur départ.

16. S'il se trouve dans la ville où le sénateur s'arrêtera une personne ou autorité nommée avant lui dans l'ordre des préséances, il ira lui faire une visite dès qu'il aura reçu celles qui lui sont dues.

17. Les sénateurs venant dans leur sénatorerie faire leur résidence annuelle ne recevront d'honneurs civils que dans le chef-lieu de leur sénatorerie. Ils trouveront un détachement de la garde nationale à leur porte, les maires et adjoints dans leur logis. Les personnes ou autorités nommées après eux dans l'ordre des préséances les visiteront dans les vingt-quatre heures ; et ils rendront ces visites dans les vingt-quatre heures suivantes.

TIT. 10.—*Le conseil d'État.*

SECT. 1.—*Honneurs militaires.*

Art. 1. Les conseillers d'État en mission recevront, dans les chefs-lieux des départements où leur mission les appellera, d'après les ordres que le ministre de la guerre donnera, les honneurs attribués aux sénateurs lors de leur première entrée dans leur sénatorerie.

2. Il leur sera rendu, dans les autres places de l'arrondissement où ils seront en mission, les honneurs fixés pour les sénateurs par les art. 10, 11 et 12 du tit. 9.

3. Les sentinelles feront face et présenteront les armes à tout conseiller d'État qui passera à leur portée, revêtu de son costume.

SECT. 2.—*Honneurs civils.*

4. Il sera rendu aux conseillers d'État en mission les mêmes honneurs civils qu'aux sénateurs lors de leur première entrée. Ils rendront les visites qu'ils auront reçues des autorités constituées, en la personne de leurs chefs, s'ils séjournent vingt-quatre heures dans la ville : ils feront, dans le même cas, des visites aux personnes désignées avant eux dans le titre *des préséances.*

TIT. 11. — *Grands officiers de la Légion d'honneur chefs de cohorte.*

SECT. 1. — *Honneurs militaires.*

Art. 1. Quand les grands officiers de la Légion d'honneur chefs de cohorte se rendront pour la première fois au chef-lieu de leur cohorte, ils seront reçus comme les sénateurs dans leur sénatorerie ; habituellement ces grands officiers recevront, dans le chef-lieu de leur cohorte, les honneurs déterminés pour les sénateurs par les art. 10, 11 et 12.

2. Les sentinelles présenteront les armes aux grands officiers et commandants de la Légion d'honneur ; elles les porteront pour les officiers et les légionnaires.

SECT. 2. — *Honneurs civils.*

3. Lorsque les grands officiers chefs de cohorte se rendront pour la première fois au chef-lieu de leur cohorte, il en sera de même dans le chef-lieu de la cohorte que des sénateurs lors de leur première entrée. — Lorsqu'ils y reviendront ensuite, ils seront reçus comme les sénateurs venant faire leur résidence annuelle.

TIT. 12.—*Le corps législatif et le tribunat.*

Art. 1. Lorsque le corps législatif et le tribunat se rendront en corps chez Sa Majesté impériale, à quelque fête ou cérémonie publique, il leur sera fourni par la garnison une garde d'honneur pareille à celle déterminée pour le sénat.

2. Lorsque ces corps passeront devant un corps de garde, poste ou piquet, la troupe prendra les armes, ou montera à cheval, pour y rester jusqu'à ce qu'ils soient passés.—L'officier qui commandera le poste sera à la tête et saluera.

3. Les sentinelles porteront les armes à tout membre du corps législatif ou du tribunat qui passera à leur portée, revêtu de son costume.

TIT. 13.—*Les ambassadeurs français et étrangers.*

SECT. 1.—*Honneurs militaires.*

Art. 1. Il ne sera, sous aucun prétexte, rendu aucune espèce d'honneurs militaires à un ambassadeur français ou étranger, sans l'ordre formel du ministre de la guerre.

2. Le ministre des relations extérieures se concertera avec le ministre de la guerre, pour les honneurs à rendre aux ambassadeurs français ou étrangers. Le ministre de la guerre donnera des ordres pour leur réception.

SECT. 2.—*Honneurs civils.*

3. Il en sera des honneurs civils pour les ambassadeurs français et étrangers, ainsi qu'il est dit ci-dessus pour les honneurs militaires.

TIT. 14.—*Les généraux de division.*

SECT. 1.—*Honneurs militaires.*

Art. 1. Les généraux de division commandant en chef une armée ou un corps d'armée recevront, dans toute l'étendue de l'empire, les honneurs fixés art. 3 du tit. 8 pour les maréchaux d'empire non employés ; et dans l'étendue de leur commandement, les honneurs fixés art. 2 du même titre pour les maréchaux d'empire hors de leur commandement.

2. Les généraux de division commandant une division militaire territoriale, lorsqu'ils voudront faire leur entrée d'honneur dans les places, citadelles et châteaux de leur division, ce qu'ils ne pourront faire qu'une seule fois pendant le temps qu'ils y commanderont, en donneront avis aux généraux commandant dans les départements, et ceux-ci aux commandants d'armes, qui donneront l'ordre de leur rendre les honneurs ci-après.

3. Ils entreront dans la place en voiture ou à cheval, à leur option.

4. Le commandant d'armes se trouvera à la barrière pour les accompagner.

5. Ils seront salués de cinq coups de canon.

6. La garnison se mettra en bataille sur leur passage : celle du chef-lieu du département sera commandée par l'officier général ou supérieur commandant le département. Les officiers supérieurs, les drapeaux et étendards les salueront ; les troupes porteront les armes ; les tambours et trompettes appelleront. Ils seront reçus de la même manière, la première et la dernière fois où ils verront les troupes pour les inspecter ou exercer : dans les autres circonstances, ils ne seront salués ni par les officiers supérieurs, ni par les drapeaux ou étendards.

7. Il sera envoyé, à un quart de lieue au-devant d'eux, un détachement de trente hommes de cavalerie, commandés par un officier, avec un trompette : ce détachement les escortera jusqu'à leur logis.

8. On enverra à leur logis, après leur arrivée, une garde de cinquante hommes, commandée par un capitaine et un lieutenant.—Le tambour appellera.

9. Le gouverneur ou le commandant d'armes prendra l'ordre d'eux le jour de leur arrivée et celui de leur départ ; les autres jours, ils le donneront à l'adjudant de place.

10. Ils auront habituellement deux sentinelles à la porte de leur logis ; les sentinelles seront tirées des compagnies de grenadiers.

11. Les gardes ou postes des places ou quartiers prendront les armes ou monteront à cheval, quand ils passeront devant eux ; les tambours et trompettes appelleront.

12. Ils donneront le mot d'ordre.

13. Il leur sera fait des visites de corps en grande tenue.

14. A leur sortie, il sera tiré cinq coups de canon.

15. Ils seront reconduits par un détachement de cavalerie, pareil à celui qu'ils auront eu à leur arrivée.

16. Le commandant d'armes les suivra jusqu'à la barrière, et prendra d'eux le mot d'ordre.

17. Quand, après un an et un jour d'absence, ils retourneront dans les places après y avoir fait leur entrée d'honneur, ils y recevront les honneurs ci-dessus prescrits, sauf que les troupes ne prendront point les armes, et qu'on ne tirera point de canon.

18. Les généraux de division employés auront une garde de trente hommes, commandée par un lieutenant. — Le tambour rappellera.

19. Les gardes ou postes des places ou quartiers prendront les armes ou monteront à cheval, quand ils passeront devant eux ; les tambours et trompettes desdites gardes rappelleront.

20. Quand ils verront les troupes pour la première ou dernière fois, les officiers supérieurs salueront ; les étendards et drapeaux ne salueront pas ; les tambours et trompettes appelleront.

21. Il leur sera fait des visites de corps en grande tenue ; et le mot d'ordre leur sera porté par un officier de l'état major de l'armée ou de la place.

22. Ils auront habituellement, à la porte de leur logis, deux sentinelles tirées des grenadiers.

23. Les généraux de division inspecteurs recevront, pendant le temps de leur inspection seulement, les mêmes honneurs que les généraux de division employés.

SECT. 2. — *Honneurs civils.*

24. Les généraux de division commandant une armée ou un corps d'armée recevront, dans l'étendue de leur commandement, les honneurs civils attribués aux maréchaux d'empire, art. 7, tit. 8.

25. Les généraux de division commandant une division territoriale recevront la visite du président du tribunal d'appel et de toutes les autres personnes ou chefs des autorités nommés après eux dans l'article *des préséances :* ils rendront les visites dans les vingt-quatre heures. — Ils visiteront, dès le jour de leur arrivée, les personnes dénommées avant eux dans l'ordre des préséances : les visites leur seront rendues, dans les vingt-quatre heures, par les fonctionnaires employés dans le département.

TIT. 15. — *Les généraux de brigade.*

SECT. 1. — *Honneurs militaires.*

Art. 1. Lorsque les généraux de brigade commandant un département feront leur entrée d'honneur dans les places, citadelles et châteaux de leur commandement, ce qu'ils ne pourront faire qu'une fois, ils en préviendront le général commandant la division, qui prescrira de leur rendre les honneurs déterminés pour les généraux de division commandant une division territoriale ; excepté qu'il ne sera point tiré de canon, qu'ils n'auront qu'une garde de trente hommes commandée par un lieutenant, et que le tambour prêt à battre ne battra point. — Il sera envoyé au-devant d'eux, à un quart de lieue de la place, une garde de cavalerie, composée de douze hommes, commandée par un maréchal des logis. Cette garde les escortera jusqu'à leur logis. — Lors de leur sortie, ils seront traités comme à leur entrée.

2. Quand les généraux commandant un département verront les troupes pour la première et dernière fois, les officiers supérieurs les salueront ; les tambours seront prêts à battre, les trompettes à sonner.

3. Les gardes et postes prendront les armes et les porteront. — Les gardes à cheval monteront à cheval, et mettront le sabre à la main. — Les sentinelles présenteront les armes.

4. Ils auront habituellement à la porte de leur logis deux sentinelles tirées des fusiliers.

5. Il leur sera fait des visites de corps en grande tenue ; et le mot d'ordre leur sera porté par un sergent.

6. Les généraux de brigade employés auront quinze hommes de garde, commandés par un sergent ; un tambour conduira cette garde, mais ne restera point. — Les gardes prendront et porteront les armes, ou monteront à cheval, et mettront le sabre à la main : les tambours et trompettes seront prêts à battre ou à sonner. — Ils auront une sentinelle tirée des fusiliers. Il leur sera fait des visites de corps.—

Quand ils verront les troupes pour la première et dernière fois, ils seront salués par les officiers supérieurs. — Le mot d'ordre leur sera porté par un sergent.

SECT. 2. — *Honneurs civils.*

7. Les généraux de brigade commandant un département recevront, dans les vingt-quatre heures de leur arrivée, les visites des personnes nommées après eux dans l'ordre des préséances, et les rendront dans les vingt-quatre heures suivantes. — Ils visiteront, dans les vingt-quatre heures de leur arrivée, les personnes nommées avant eux dans l'ordre des préséances; les visites leur seront rendues, dans les vingt-quatre heures suivantes, par les fonctionnaires employés dans le département.

TIT. 16. — *Adjudants-commandants.*

Art. 1. Les adjudants-commandants qui auront des lettres de service de Sa Majesté pour commander dans un département auront une garde de dix hommes, commandée par un caporal.—Cette garde et les postes, à leur passage, se mettront en bataille et se reposeront sur les armes. Le mot d'ordre leur sera porté par un sergent.

2. Les adjudants-commandants, chefs d'état-major d'une division, auront une sentinelle à la porte du lieu où se tiendra leur bureau.

3. Toutes les sentinelles présenteront les armes aux adjudants-commandants.

4. Les adjudans-commandants qui auront des lettres de service de Sa Majesté pour commander dans un département, recevront la visite des commissaires généraux de police, et de toutes les personnes nommées après ces commissaires : ils rendront les visites dans les vingt-quatre heures. Ils visiteront dans les mêmes vingt-quatre heures les personnes nommées avant les commissaires de police, qui leur rendront la visite dans les vingt-quatre heures suivantes.

TIT. 17. — *Les préfets.*

SECT. 1. — *Honneurs militaires.*

Art. 1. Lorsqu'un préfet conseiller d'État entrera pour la première fois dans le chef-lieu de son département, il y sera reçu par les troupes de ligne, d'après les ordres qu'en donnera le ministre de la guerre, comme un conseiller d'État en mission; de plus, la gendarmerie de tout l'arrondissement du chef-lieu de la préfecture ira à sa rencontre : elle sera commandée par le capitaine du département.

2. Lorsque le préfet ne sera point conseiller d'État, la garnison prendra les armes; la gendarmerie ira à sa rencontre; mais on ne tirera point de canon, et la cavalerie de ligne n'ira point au-devant de lui.

3. Pendant tout le temps où un préfet sera en tournée, il sera, s'il est conseiller d'État, accompagné par un officier de gendarmerie et six gendarmes; et par un maréchal des logis et quatre gendarmes, s'il n'est point conseiller d'État.

4. Lorsque les préfets entreront dans une autre ville que le chef-lieu de leur département, pendant leur tournée, les postes prendront les armes, les tambours seront prêts à battre.

5. Il sera établi un corps de garde à l'entrée de la préfecture : cette garde sera proportionnée au besoin du service, et commandée par un sergent.

6. Elle sera fournie par les troupes de ligne; en cas d'insuffisance, par les vétérans nationaux, et, à leur défaut, par la garde nationale sédentaire.

7. Le préfet donnera les consignes particulières à cette garde.

8. Le mot d'ordre lui sera porté chaque jour par un sergent.

9. Les sentinelles lui porteront les armes dans toute l'étendue du département, lorsqu'il passera revêtu de son costume.

10. Quand il sortira de la préfecture, sa garde prendra et portera les armes.

11. Lors des fêtes et cérémonies publiques, une garde d'honneur composée de trente hommes de troupes de ligne, commandée par un officier, accompagnera le préfet, de la préfecture au lieu de cérémonie, et l'y reconduira.

12. A défaut de troupes de ligne, le capitaine de gendarmerie sera tenu de fournir au préfet, sur sa réquisition, une escorte de deux brigades au moins, commandée par un officier.

13. Lorsque le préfet, accompagné du cortège ci-dessus, passera à portée d'un corps de garde, les troupes prendront et porteront les armes; le tambour sera prêt à battre.

14. Il lui sera fait des visites de corps.

SECT. 2. — *Honneurs civils.*

15. Le préfet arrivant pour la première fois dans le chef-lieu de son département sera reçu à la porte de la ville par le maire et ses adjoints accompagnés d'un détachement de la garde nationale, et d'un détachement de gendarmerie, commandé par le capitaine. Cette escorte le conduira à son hôtel, où il sera attendu par le conseil de préfecture et le secrétaire général, qui le complimenteront.

16. Il sera visité, aussitôt après son arrivée, par les autorités nommées après lui dans l'article *des préséances*. Il rendra ses visites dans les vingt-quatre heures. Il recevra aussi les autres fonctionnaires inférieurs qui viendront le complimenter.

17. Il fera, dans les vingt-quatre heures, une visite au général commandant la division militaire et au premier président de la cour d'appel, qui la lui rendront dans les vingt-quatre heures suivantes. Il visitera aussi, s'il en existe, les autres autorités ou personnes placées avant lui dans l'ordre des préséances.

18. Lors de sa première tournée dans chaque arrondissement du département, il lui sera rendu les mêmes honneurs dans les chefs-lieux d'arrondissement; il rendra les visites aux présidents des tribunaux, au maire et au commandant d'armes, dans les vingt-quatre heures.

19. Les sous-préfets arrivant dans le chef-lieu de leur sous-préfecture seront attendus dans leur demeure par le maire, qui les complimentera. Ils y recevront la visite des chefs des autorités dénommées après eux, et la rendront dans les vingt-quatre heures. — S'il existe dans le chef-lieu de la sous-préfecture des autorités dénommées avant eux, ils leur feront une visite dans les vingt-quatre heures de leur arrivée; ces visites leur seront rendues dans les vingt-quatre heures suivantes.

TIT. 18. — *Commandants d'armes.*

SECT. 1. — *Honneurs militaires.*

Art. 1. Les commandants d'armes auront, à la porte de leur logis, une sentinelle tirée du corps de garde le plus voisin et des compagnies de fusiliers, s'ils ne sont point officiers généraux; s'ils le sont, la sentinelle sera tirée des grenadiers.

2. Les postes, à leur passage, sortiront et se mettront en bataille, se reposant sur les armes.

3. Les postes de cavalerie monteront à cheval, mais ne mettront point le sabre à la main.

4. Ils prendront le mot d'ordre du ministre de la guerre, des maréchaux d'empire et des officiers généraux, dans les cas prévus par le présent décret, et le donneront dans toutes les autres circonstances.

5. Les sentinelles leur présenteront les armes.

6. Il leur sera fait des visites de corps par les troupes qui arriveront dans la place ou qui y passeront.

7. Quand bien même ils seraient officiers généraux, ils ne recevront que les honneurs fixés ci-dessus.

8. Les sentinelles porteront les armes aux adjudants de place.

SECT. 2. — *Honneurs civils.*

9. Les commandants d'armes, à leur arrivée dans la ville où ils commandent, feront la première visite aux autorités supérieures, et recevront celle des autorités inférieures. — Toutes ces visites seront faites dans les vingt-quatre heures, et rendues dans les vingt-quatre heures suivantes.

TIT. 19. — *Les archevêques et évêques.*

SECT. 1. — *Honneurs militaires.*

Art. 1. Lorsque les archevêques et évêques feront leur première entrée dans la ville de leur résidence, la garnison, d'après les ordres du ministre de la guerre, sera en bataille sur les places que l'évêque ou l'archevêque devra traverser. — Cinquante hommes de cavalerie iront au-devant d'eux jusqu'à un quart de lieue de la place.—Ils auront, le jour de leur arrivée, l'archevêque, une garde de quarante hommes, commandée par un officier; et l'évêque, une garde de trente hommes, aussi commandée par un officier : ces gardes seront placées après leur arrivée.

2. Il sera tiré cinq coups de canon à leur arrivée, et autant à leur sortie.

3. Si l'évêque est cardinal, il sera salué de douze volées de canon, et il aura, le jour de son entrée, une garde de cinquante hommes, avec un drapeau, commandée par un capitaine, lieutenant ou sous-lieutenant.

4. Les cardinaux, archevêques ou évêques auront habituellement une sentinelle tirée du corps de garde le plus voisin.

5. Les sentinelles leur présenteront les armes.

6. Il leur sera fait des visites de corps.

7. Toutes les fois qu'ils passeront devant les postes, gardes ou piquets, les troupes se mettront sous les armes; les postes de cavalerie monteront à cheval; les sentinelles présenteront les armes; les tambours et trompettes rappelleront.

8. Il ne sera rendu des honneurs militaires aux cardinaux qui ne seront en France ni archevêques, ni évêques, qu'en vertu d'un ordre spécial du ministre de la guerre, qui déterminera les honneurs à leur rendre.

SECT. 2. — *Honneurs civils.*

9. Il ne sera rendu des honneurs civils aux cardinaux qui ne seront en France ni archevêques, ni évêques, qu'en vertu d'un ordre spécial, lequel déterminera, pour chacun d'eux, les honneurs qui devront leur être rendus.

10. Les archevêques ou évêques qui seront cardinaux recevront, lors de leur installation, les honneurs rendus aux grands officiers de l'empire : ceux qui ne le seront point recevront ceux rendus aux sénateurs. — Lorsqu'ils rentreront après une absence d'un an et jour, ils seront visités chacun par les autorités inférieures, auxquelles ils rendront la visite dans les vingt-quatre heures suivantes : eux-mêmes visiteront les autorités supérieures dans les vingt-quatre heures de leur arrivée, et leur visite leur sera rendue dans les vingt-quatre heures suivantes.

TIT. 20. — *Les cours de justice.*

SECT. 1. — *Honneurs militaires.*

Art. 1. Lorsque la cour de cassation se rendra en corps près Sa Majesté, ou à une cérémonie publique, il lui sera donné une garde d'honneur composée de quatre-vingts hommes, commandée par un officier supérieur. Les postes devant lesquels cette cour passera avec son escorte présenteront les armes, et les tambours rappelleront.

2. Lorsqu'une cour d'appel se rendra à une fête ou cérémonie publique, il lui sera donné une garde d'honneur de cinquante hommes, commandée par un capitaine et un lieutenant.

3. Il sera donné une escorte de vingt-cinq hommes, dans les mêmes circonstances, à une cour criminelle; cette garde sera commandée par un lieutenant.

4. Il sera donné à un tribunal de première instance une garde de quinze hommes, commandée par un sergent.

5. Même garde de quinze hommes sera donnée à une municipalité en corps, d'une ville au-dessus de cinq mille âmes, se rendant à une fête ou cérémonie publique. Il en sera fourni une de cinq hommes à une municipalité des lieux au-dessous de cinq mille âmes.

6. Les gardes devant lesquelles passeront les corps dénommés dans le présent titre prendront les armes, les porteront pour les cours d'appel, et se reposeront dessus pour les cours de justice criminelle, de première instance et les municipalités.

7. Les tambours rappelleront pour les cours d'appel, et seront prêt à battre pour les autres cours judiciaires et pour les municipalités.

8. A défaut de troupes de ligne les capitaines de gendarmerie prendront des mesures pour fournir aux cours d'appel deux brigades d'escorte, une aux cours de justice criminelle, et deux gendarmes aux cours de première instance.

SECT. 2. — *Honneurs civils.*

9. Lorsque le premier président de la cour de cassation sera installé, toutes les cours et tous les tribunaux de la ville où résidera ladite cour de cassation iront le complimenter : la cour d'appel, par une députation du premier président, du procureur général et de quatre juges; les autres cours et tribunaux, par une députation composée de la moitié de chaque cour ou tribunal— Il recevra aussi les félicitations du préfet conseiller d'Etat et de tous les fonctionnaires dénommés après cé préfet.—Il rendra les visites dans les vingt-quatre heures; et il fera, dans le même laps de temps, des visites à toutes les personnes dénommées avant le préfet conseiller d'Etat.

10. Les premiers présidents des autres cours et tribunaux recevront, lors de leur installation, les visites des autorités dénommées après eux, et résidant dans la même ville; ces visites seront faites dans les vingt-quatre heures de leur installation, et rendues dans les vingt-quatre heures suivantes. Lesdits présidents iront, dans les premières vingt-quatre heures de leur installation, visiter les autorités

supérieures en la personne de leur chefs ; ceux-ci leur rendront leurs visites dans les vingt-quatre heures suivantes.

Tit. 21. — *Les officiers avec troupes.*

Art. 1. Les sentinelles de tous les corps présenteront les armes à tous les colonels.

2. A leur arrivée, les officiers de leur régiment se rassembleront en grande tenue pour leur faire une visite de corps.

3. Ils auront une sentinelle à la porte de leur logis, tout le temps de leur séjour à leur régiment.

4. A leur passage, la garde de police de leur régiment sortira sans armes.

5. Les sentinelles de leur corps présenteront les armes aux majors, chefs de bataillon et d'escadron. Quand ils commanderont le régiment, ils jouiront des mêmes honneurs que le colonel.

6. Les sentinelles de tous les corps porteront les armes à tous les capitaines, lieutenants et sous-lieutenants de tous les corps et de toutes les armes.

Tit. 22. — *Les inspecteurs aux revues.*

Art. 1. Les inspecteurs en chef aux revues, lorsqu'ils seront en tournée dans leur arrondissement, ou en mission particulière, auront à la porte de leur logis une sentinelle tirée du corps de garde le plus voisin, laquelle sera placée sitôt après leur arrivée.— Les sentinelles leur présenteront les armes.

2. Tant qu'ils seront dans l'exercice de leurs fonctions, le mot d'ordre leur sera porté par un sergent.

3. Il leur sera fait des visites de corps.

4. Les sentinelles porteront les armes aux inspecteurs.

5. Le mot d'ordre leur sera porté par un sergent.

6. Les sentinelles porteront les armes aux sous-inspecteurs.

Tit. 23. — *Les commissaires des guerres.*

Art. 1. Le commissaire général d'une armee et les commissaires-ordonnateurs en chef auront à la porte de leur logis une sentinelle qui, ainsi que toutes les autres sentinelles, leur présentera les armes.

2. Le mot d'ordre leur sera porté par un sergent.

3. Il leur sera fait des visites de corps.

4. Les commissaires-ordonnateurs employés auront une sentinelle à la porte du lieu où se tiendra leur bureau, pendant le jour seulement.

5. Les sentinelles leur porteront les armes.

6. Le mot d'ordre leur sera porté par un sergent.

7. Les sentinelles porteront les armes aux commissaires des guerres.

Tit. 24. — *Gardes et piquets.*

Art. 1. Les officiers et soldats de piquet sortiront sans armes pour les officiers généraux qui seront de jour.

2. Les gardes de la tête du camp prendront les armes pour les princes, grands dignitaires et officiers de l'empire, pour le commandant de l'armée et d'un corps d'armée. — Les tambours battront aussi aux champs.

3. Lesdites gardes de la tête du camp se mettront sous les armes et en haie, pour les généraux de division et généraux de brigade employés ; mais les tambours ne battront pas.

4. Les postes qui seront autour de l'armée rendront les mêmes honneurs.

Tit. 25. — *Dispositions générales.*

Art. 1. A Sa Majesté l'empereur seul est réservé le droit d'avoir deux vedettes à la porte de son palais. — Il en sera accordé une aux colonels généraux des troupes à cheval, lorsqu'il y aura dans la place un régiment de leur arme.

2. Les détachements et postes destinés à la garde de Sa Majesté ne prennent les armes pour rendre les honneurs militaires qu'à Sa Majesté elle-même, ou aux personnes à qui elle a accordé ou accordera cette prérogative.

3. On ne rendra point d'honneurs après la retraite ni avant la diane.

4. Les gardes d'honneur ne rendront des honneurs militaires qu'aux personnes supérieures ou égales en grade ou en dignité à celles près desquelles elles seront placées, et alors les honneurs restent les mêmes.

5. Les honneurs militaires ne se cumulent point; on ne reçoit que ceux affectés à la dignité ou au grade supérieur.

6. Les officiers généraux qui ne commandent que par *interim* ou que pendant l'absence des commandants titulaires n'ont droit qu'aux honneurs militaires de leur grade et de leur emploi.

7. Les gardes ou troupes quelconques qui se rencontreront en route se céderont mutuellement la droite.

8. Dans le cas où les garnisons ne seront pas assez nombreuses pour fournir des gardes aux officiers généraux employés qui se trouveront dans la place, ou lorsque lesdits officiers généraux jugeront à propos de ne pas conserver leur garde en entier, on mettra seulement des sentinelles à la porte de leur logis, savoir : deux sentinelles tirées des grenadiers, à la porte d'un général de division; et deux tirées des fusiliers, à la porte d'un général de brigade. — Le nombre d'hommes nécessaire pour fournir ces sentinelles sera placé dans le corps de garde le plus voisin du logement où ces sentinelles devront être posées.

9. Les troupes qui passeront dans les places ou qui n'y séjourneront qu'un ou deux jours, ne seront point tenues d'y fournir de garde d'honneur.

10. A défaut d'infanterie, la cavalerie fournira les différents postes et sentinelles à pied.

11. Les troupes ne fourniront, dans aucun cas, de sentinelles d'honneur que celles ci-dessus nommées.

12. Pour les visites de corps en grande tenue, les officiers d'infanterie seront en baudrier, hausse-col et bottes ; — Les officiers de troupes à cheval, en bottes, sabre, casque ou schakos. — Pour les visites de corps, non en grande tenue, les officiers d'infanterie seront sans hausse-col; et ceux de troupes à cheval porteront, au lieu de casque ou schakos, leurs chapeaux ordinaires.

13. Le mot d'ordre sera toujours donné par la personne du grade le plus élevé.

14. Défend Sa Majesté impériale à tout fonctionnaire ou autorité publique d'exiger qu'on lui rende d'autres honneurs que ceux qui viennent d'être attribués à sa dignité, corps ou grade; et à tout fonctionnaire civil et militaire, de rendre à qui que ce soit au delà de ce qui est prescrit ci-dessus.

Tit. 26. — *Des honneurs funèbres.*

Sect. 1. — *Honneurs funèbres militaires.*

Art. 1. Il sera rendu des honneurs funèbres par les troupes aux personnes désignées dans les tit. 5, 6, 7, 8, *des Honneurs militaires;* il en sera rendu aux militaires de tous les grades; il en sera rendu aux sénateurs morts dans leur sénatorerie ; aux conseillers d'Etat morts dans le cours de leur mission, aux sénateurs et conseillers d'Etat, aux membres du tribunat et du corps législatif morts dans l'exercice de leurs fonctions, et dans la ville où leurs corps respectifs tiendront leurs séances, à tous les membres de la Légion d'honneur, et aux préfets dans leur département.

2. La totalité de la garnison assistera au convoi de toutes les personnes ci-dessus désignées pour l'entrée d'honneur desquelles elle se fût mise sous les armes. — Pour les autres, il n'assistera que des détachements dont la force et le nombre sont déterminés ci-après. — Pour un général de division employé, la moitié de la garnison prendra les armes; pour un général de brigade employé, le tiers de la garnison prendra les armes. — Pour un général de division en non-activité, le tiers de la garnison prendra les armes; pour un général de brigade en non-activité, le quart de la garnison. — Pour un général de division en retraite ou réforme, le quart de la garnison; pour un général de brigade en retraite ou réforme, le cinquième. — Dans aucun cas il n'y aura néanmoins au-dessous de deux cents hommes au convoi des généraux de division, et de cent cinquante au convoi des généraux de brigade. — Pour tout sénateur qui mourra dans la ville où le sénat tiendra ses séances; pour tout conseiller d'Etat mort dans l'exercice de ses fonctions, et dans la ville où siégera le conseil d'Etat; pour tout tribun et membre du corps législatif qui décédera pendant la session législative, et dans la ville où leurs corps respectifs seront réunis, la garnison fournira quatre détachements de cinquante hommes, commandés chacun par un capitaine et un lieutenant; les quatre détachements seront aux ordres d'un chef de bataillon ou d'escadron. — Pour un adjudant commandant en activité, quatre détachements; — En non-activité, trois détachements; — En retraite ou réforme, deux; — Pour les gouverneurs, la totalité de la garnison; — Pour les commandants d'armes, la moitié; — Pour les adjudants de place, un détachement; — Pour les inspecteurs en chef aux revues, quatre détachements; — Pour les inspecteurs, trois; — Pour les sous-inspecteurs, deux; — Pour les ordonnateurs en chef, quatre; — Pour les ordonnateurs, trois; — Pour les commissaires des guerres, deux. — Si les inspecteurs ou commissaires des guerres ne sont point en activité, il y aura, dans chaque grade, un détachement de moins.

3. Les colonels seront traités comme les adjudants commandants; — Les majors en activité, deux détachements ; — En retraite ou réforme, un détachement. — Les chefs de bataillon et d'escadron seront traités comme les majors. — Les capitaines en activité, retraite ou réforme, auront un détachement ; — Les lieutenants ou sous-lieutenants, un demi-détachement; — Les sous-officiers, un quart de détachement; — Les caporaux et brigadiers, un huitième de détachement; — Les grands officiers de la Légion d'honneur, comme les généraux de division employés; — Les commandants, comme les colonels; — Les officiers, comme les capitaines; — Les légionnaires, comme les lieutenants.

4. Les troupes qui marcheront pour rendre des honneurs funèbres seront commandées, lorsque la garnison entière prendra les armes, par l'officier général ou supérieur du grade le plus élevé, ou le plus ancien dans le grade le plus élevé, employé dans la garnison. — Quand il n'y aura que partie déterminée de la garnison qui marchera, les troupes seront commandées par un officier du même grade que celui à qui on rendra des honneurs funèbres. — Quand il ne marchera que des détachements, quatre seront commandés par un colonel, trois par un major, deux par un chef de bataillon ou d'escadron, un par un capitaine, un demi par un lieutenant, un quart par un sergent ou maréchal-des-logis, un huitième par un caporal ou brigadier.

5. L'infanterie fournira, autant que faire se pourra, les détachements pour les convois funèbres; à défaut d'infanterie, ils seront fournis par les troupes à cheval.

6. Chaque corps fournira proportionnellement à sa force, et les individus seront pris proportionnellement dans chaque compagnie.

7. La cavalerie marchera toujours à pied pour rendre les honneurs funèbres.

8. Pour les colonels qui mourront sous leurs drapeaux, le régiment entier marchera en corps au convoi; — Pour les majors, la moitié du corps, avec deux drapeaux ou étendards ; — Pour les chefs de bataillon ou d'escadron, leur bataillon ou escadron, avec son drapeau ou étendard; — Pour un capitaine, sa compagnie; — Pour un lieutenant ou sous-lieutenant, son peloton. — Les dispositions du présent article sont indépendantes de celles prescrites art. 3.

9. Les troupes qui seront commandées feront trois décharges de leurs armes : la première, au moment où le convoi sortira de l'endroit où le corps était déposé; la deuxième, au moment où le corps arrivera au cimetière; la troisième, après l'enterrement, en défilant devant la fosse. — La poudre sera fournie par les magasins de l'Etat.

10. Les sous-officiers et soldats porteront l'arme, la platine sous le bras gauche.

11. On tirera, pour les princes et grands dignitaires, un coup de canon de demi-heure en demi-heure, depuis leur mort jusqu'au moment du départ du convoi.— —D'heure en heure pour les ministres et les grands officiers : pour tous les autres fonctionnaires ; on tirera pendant le temps de leur exposition, autant de coups de canon qu'il leur en est accordé pour leur entrée d'honneur. —Il sera de plus tiré, au moment où le corps sera mis en terre, trois décharges de canon, chacune égale à celle qui leur est attribuée pour les honneurs militaires.

12. Les coins du poêle seront portés par quatre personnes du rang ou grade égal à celui du mort, ou, à défaut, par quatre personnes du rang ou grade inférieur.

13. Il sera mis des crêpes aux drapeaux, étendards ou guidons qui marcheront aux convois; les tambours seront couverts de serge noire; il sera mis des sourdines et des crêpes aux trompettes.—Les frais de funérailles seront faits par l'Etat, pour tout individu mort sur le champ de bataille, ou dans les trois mois et des suites des blessures qu'il aura reçues.

14. Les crêpes ne resteront un an aux drapeaux que pour Sa Majesté; pour le colonel du corps, ils y resteront jusqu'à son remplacement.

15. Tous les officiers porteront le deuil de leur colonel pendant un mois; il consistera en un crêpe à l'épée: les deuils de famille ne seront portés qu'au bras gauche.

Sect. 2.—*Honneurs funèbres civils.*

16. Lorsqu'une des personnes désignées dans l'art. 1 du tit. 1 mourra, toutes les

personnes qui occuperont, dans l'ordre des préséances, un rang inférieur à celui du mort, assisteront à son convoi, et occuperont entre elles l'ordre prescrit par le susdit article.—Si des personnes qui occupent un rang supérieur dans l'ordre des préséances veulent assister au convoi d'un fonctionnaire décédé, et qu'elles soient revêtues de leur costume, elles marcheront dans le rang qui leur est fixé dans ledit article.—Les corps assisteront en totalité au convoi des princes, des grands dignitaires, des ministres, des grands officiers de l'empire, des sénateurs dans leurs sénatoreries, et des conseillers d'Etat en mission; pour les autres, ils y assisteront par députation.

17. Les ministres seront chargés de l'exécution du présent décret.

5 brum. an 13 (27 oct. 1804). — Avis du conseil d'Etat relatif au rang que doivent occuper, dans les cérémonies publiques, les généraux de division et de brigade, et les autres officiers d'artillerie et du génie employés dans les divisions et dans les places.

Le conseil d'Etat, qui, en exécution d'un renvoi qui lui a été fait par Sa Majesté l'empereur, a entendu la section de la guerre sur un rapport du ministre de ce département, relatif au rang que, dans les cérémonies publiques, doivent occuper les généraux de division et de brigade d'artillerie et du génie, ainsi que les autres officiers de ces deux corps, employés dans les divisions et dans les places, est d'avis : 1° Que les officiers généraux et supérieurs de l'artillerie et du génie qui seront attachés à une division militaire doivent, dans les cérémonies publiques, marcher avec l'état-major de la division, et prendre, parmi les officiers qui le composeront, leur rang en raison de leur grade et de leur ancienneté dans ledit grade;—2° Que les officiers de ces corps qui ne seront attachés qu'à un seul département doivent marcher avec l'état-major dudit département, et prendre, parmi les officiers qui le composeront, leur rang en raison de leur grade et de leur ancienneté dans ledit grade; — 3° Enfin, que les officiers desdits corps qui ne seront attachés qu'à une place doivent marcher avec l'état-major de ladite place, et prendre, parmi les officiers qui le composeront, leur rang en raison de leur grade et de leur ancienneté dans ledit grade.

6 frim. an 13 (27 nov. 1804). — Décret relatif aux honneurs militaires dans les ports et arsenaux de la marine.

TIT. 1. — SA MAJESTÉ IMPÉRIALE.

Honneurs à rendre.

Arrivée de Sa Majesté dans un des ports de l'empire.

Art. 1. Lorsque Sa Majesté impériale devra faire son entrée dans une des villes où se trouve situé un arsenal maritime, toutes les troupes attachées au service de la marine prendront les armes, et seront mises en bataille depuis la porte de la ville jusqu'au logis de Sa Majesté; elles prendront, avec les régiments tenant garnison dans la place, leur rang d'ancienneté.—Les sous-officiers et soldats présenteront les armes; les officiers et les drapeaux salueront; les tambours battront aux champs.

Place des officiers généraux, etc.

2. Le préfet maritime, les officiers généraux, les capitaines de vaisseaux, le chef militaire et les chefs des différents services du port, attendront Sa Majesté à la porte de la ville, et l'accompagneront jusqu'à son logis.

Salve d'artillerie.

3. Il sera fait trois salves d'artillerie par toutes les batteries dépendantes de la marine.

Garde d'honneur.

4. Les troupes de la marine fourniront, pendant le séjour de Sa Majesté, une garde composée d'un bataillon avec son drapeau, et commandée par un colonel du corps.

Ordre et consigne.

5. Dès que Sa Majesté sera arrivée, le colonel qui commandera ladite garde prendra les ordres et la consigne du grand maréchal de la cour, ou de celui qui en fera les fonctions.—Si Sa Majesté conserve tout ou partie de cette garde, elle sera particulièrement destinée à fournir des sentinelles autour du logis de Sa Majesté, conjointement avec les troupes de terre composant également la garde de Sa Majesté.

Mot d'ordre.

6. Pendant le temps que Sa Majesté restera dans la place, elle donnera le mot d'ordre pour la marine. Si le ministre de la marine est présent, c'est lui qui recevra l'ordre et le rendra au préfet maritime: en l'absence du ministre, ce sera le colonel général de la garde de service qui le rendra au préfet maritime; à moins que le corps de la marine ne soit commandé par un maréchal de l'empire, qui, dans ce cas, le recevra directement.

7. Lorsque Sa Majesté recevra les officiers militaires et civils de la marine, chaque corps lui sera présenté, en l'absence du grand amiral et du ministre de la marine, par le colonel général de la garde de service.

Entrée de Sa Majesté dans le port.

8. Lorsque Sa Majesté fera son entrée dans l'arsenal de la marine, le préfet maritime, le chef militaire, ceux des différents services et les officiers d'état-major du port, se trouveront à la grille de l'arsenal, pour en présenter les clefs à Sa Majesté. — Toutes les troupes de la marine seront mises en bataille dans l'intérieur de l'arsenal, à droite et à gauche de la porte par laquelle Sa Majesté devra entrer. — A l'arrivée de Sa Majesté dans l'arsenal, il sera fait trois salves de toute l'artillerie du vaisseau amiral et de toutes les batteries dépendant du port; tous les vaisseaux qui seront dans le port déferleront leurs pavois, et arboreront leurs pavillons. — Les sous-officiers et soldats présenteront les armes; les officiers et drapeaux salueront; les tambours battront aux champs.

Arrivée de Sa Majesté en rade.

9. Lorsque Sa Majesté ira en rade, au moment où son canot sera aperçu, il sera fait trois salves de toute l'artillerie du vaisseau commandant en rade, et de tous les vaisseaux armés qui s'y trouveront. — Toutes les batteries dépendant de la marine feront également trois salves de leur artillerie. — Tous les vaisseaux seront pavoisés, et auront leurs marques de commandement, flammes et pavillons déferlés. — Le canot de Sa Majesté portera le pavillon carré impérial au grand mât. — Toutes les troupes embarquées seront sous les armes, et les tambours battront aux champs.— Tous les équipages des vaisseaux devant lesquels Sa Majesté passera salueront de sept cris de *vive l'empereur*. — Si Sa Majesté monte à bord du vaisseau commandant en rade, l'officier général qui le commandera, et son second, attendront Sa Majesté au pied de l'échelle de commandement, monteront devant elle, et l'accompagneront dans la chambre du conseil. Tous les officiers du vaisseau se tiendront sur les passavants du côté par lequel Sa Majesté entrera, et salueront de leur épée. — Dès que Sa Majesté sera à bord, le pavillon impérial sera arboré en tête du grand mât; il sera salué de sept cris de *vive l'empereur* : les autres vaisseaux le salueront du même nombre de cris, en pliant leur pavillon de poupe. — Si Sa Majesté passe ensuite sur un autre vaisseau, les mêmes honneurs seront rendus. — Tous les vaisseaux à bord desquels Sa Majesté se sera transportée feront une salve de toute leur artillerie aussitôt que Sa Majesté sera descendue de bord. — Quand Sa Majesté quittera la rade pour retourner dans le port, il sera fait par le vaisseau commandant en rade, et par tous les vaisseaux armés qui s'y trouveront, le même nombre de salves d'artillerie que lorsque Sa Majesté aura paru en rade.

Au sortir de Sa Majesté du port.

10. Lorsque Sa Majesté sortira du port, les troupes de la marine seront disposées ainsi qu'il est dit art. 8. — Sa Majesté sera saluée comme à son entrée dans l'arsenal, et reconduite jusqu'à son logis par les mêmes officiers désignés dans le susdit article.

Au sortir de Sa Majesté de la place.

11. Lorsque Sa Majesté sortira de la place, les mêmes dispositions prescrites lors de son entrée (art. 1, 2 et 3) auront lieu.

Sa Majesté l'impératrice.

12. Les honneurs à rendre à l'impératrice seront les mêmes que ceux qui seront rendus à l'empereur, à l'exception de la présentation des clefs, et de tout ce qui est relatif au commandement et au *mot d'ordre*.

TIT. 2. — *Prince impérial*

13. Un décret particulier fixera les honneurs à rendre au prince impérial, lorsqu'il n'accompagnera pas Sa Majesté l'empereur. — Il en sera de même pour les honneurs qui devront lui être rendus, quand l'empereur sera présent.

TIT. 3. — *Le régent.*

14. Le régent recevra les mêmes honneurs que les princes français.

TIT. 4. — *Honneurs à rendre aux princes français.*

Princes français. Leur arrivée dans un des ports de l'empire.

15. Quand les princes iront dans un des ports et arsenaux de l'empire, toutes les troupes dépendant de la marine prendront les armes, et seront réparties de la même manière que les troupes tenant garnison dans la place. — Elles présenteront les armes au moment du passage des princes; les drapeaux et les officiers supérieurs salueront, les tambours battront aux champs.

Garde d'honneur.

16. Il sera fourni une garde de cent hommes, avec un drapeau, commandée par un capitaine, un lieutenant en premier et un lieutenant en second. — Cette garde se rendra au logis des princes, avant leur arrivée.

Les postes prendront les armes.

17. Si les princes passent devant un corps de garde ou poste de la marine, les soldats prendront les armes, et les porteront; les tambours battront aux champs; les sentinelles présenteront les armes.

Visites.

18. Il leur sera fait des visites de corps en grande tenue. Le préfet maritime, ou, en son absence, l'officier qui en remplira les fonctions, et l'officier supérieur commandant en rade, prendront leurs ordres pour la réception des corps qui sont sous leur autorité respective, et les présenteront.

Mot d'ordre.

19. Le mot d'ordre sera porté aux princes par le chef militaire de la marine.

Entrée dans le port.

20. Lorsque les princes feront leur entrée dans l'arsenal de la marine, toutes les troupes dépendant de ce département seront mises en bataille dans l'intérieur de l'arsenal, à droite et à gauche de la porte par laquelle ils devront entrer; les drapeaux et les officiers supérieurs salueront, et les tambours battront aux champs. — Le préfet maritime, le chef militaire, ceux des différents services, et les officiers d'état-major du port, les y recevront mais ne leur présenteront point les clefs, cet honneur étant uniquement réservé à Sa Majesté.

Salve d'artillerie.

21. A leur entrée et à leur sortie de l'arsenal, ils seront salués de vingt et un coups de canon.

Arrivée en rade.

22. Si les princes vont en rade, le vaisseau commandant les saluera du même nombre de coups de canon; tous les vaisseaux auprès desquels ils passeront les salueront de cinq cris de *vive l'empereur*. — S'ils montent à bord, le commandant du vaisseau les recevra au pied de l'échelle de commandement; les officiers de l'état-major seront sur les passavants, et salueront de leur épée. — La garnison du vaisseau sera sous les armes, et les tambours battront aux champs.

TIT. 5. — *Les grands dignitaires de l'empire.*

23. Les grands dignitaires de l'empire recevront, dans les mêmes circonstances, les mêmes honneurs que les princes.

TIT. 6. — *Les ministres.*

24. Les ministres recevront les honneurs suivants : — Lorsque les ministres feront leur entrée dans un des arsenaux de la marine, ils seront salués par le vaisseau amiral, ou par les batteries du port, de quinze coups de canon. — Les troupes de la marine prendront les armes : elles seront mises en bataille dans l'intérieur

de l'arsenal, à droite et à gauche de la porte du port par laquelle les ministres devront entrer, et elles présenteront les armes au moment de leur passage, les tambours battront aux champs; les officiers supérieurs et les drapeaux salueront. — Les postes devant lesquels les ministres passeront prendront et porteront les armes, les sentinelles présenteront les armes; les tambours battront aux champs. — Ils auront une garde de soixante hommes, avec un drapeau, commandée par un capitaine et un lieutenant. — Il leur sera fait des visites de corps en grande tenue.

Arrivée en rade.

25. Si les ministres vont en rade, ils seront salués par le vaisseau commandant du nombre de coups de canon déterminé par le présent titre. — Tous les vaisseaux auront leurs marques de commandement, flammes et pavillons déferlés. — S'ils montent à bord, la garnison du vaisseau prendra les armes, et les tambours battront aux champs. L'officier commandant le vaisseau et les officiers de l'état-major les recevront sur les passavants, au haut de l'échelle de commandement.

Le ministre de la marine.

26. Le ministre de la marine recevra de plus les honneurs suivants: — Il sera tiré dix-neuf coups de canon: il aura une garde de quatre-vingts hommes, avec un drapeau, commandée par trois officiers. — Le ministre de la marine aura un officier d'ordonnance de chacun des corps militaires de la marine en service dans le port. — Il donnera le mot d'ordre en l'absence de l'empereur.

TIT. 7. — *Les grands officiers de l'empire.*

Maréchaux de l'empire du département de la marine.

27. Les maréchaux de l'empire ayant des lettres de service dans la marine recevront les honneurs suivants dans l'étendue de leur commandement: — Ils seront salués de treize coups de canon. Les troupes de la marine prendront les armes, et seront mises en bataille dans l'intérieur de l'arsenal, à droite et à gauche de la porte par laquelle ils devront faire leur entrée; elles présenteront les armes à leur passage, les tambours battront aux champs, les drapeaux et les officiers supérieurs salueront. — Ils auront une garde de cinquante hommes, avec un drapeau: elle sera commandée par un capitaine et un lieutenant. — Les postes devant lesquels ils passeront porteront les armes: les sentinelles présenteront les armes, et les tambours battront aux champs. — Il leur sera fait des visites de corps en grande tenue: ils donneront le mot d'ordre. — Lors de leur départ, ils seront salués du même nombre de coups de canon qu'à leur entrée.

Maréchaux de l'empire du département de la guerre.

28. Les maréchaux de l'empire en service dans le département de la guerre, et dont l'arrivée dans les ports aura été annoncée par le ministre de la marine, recevront, dans les arsenaux maritimes situés dans l'étendue de leur commandement, les mêmes honneurs que les maréchaux de l'empire ayant des lettres de service dans la marine.

29. Les maréchaux de l'empire tenant soit au département de la marine, soit au département de la guerre, se trouvant hors de leur commandement, et dont le voyage aura été annoncé par le ministre de la marine, recevront dans les ports les honneurs proscrits par l'art. 27, mais avec les modifications suivantes: — Ils ne seront salués, à leur entrée dans l'arsenal, que de onze coups de canon. — Le mot d'ordre leur sera porté par un officier de l'état-major du port.

Colonels ou inspecteurs généraux.

30. Les grands officiers de l'empire, colonels ou inspecteurs généraux, seront reçus dans les arsenaux de marine comme les maréchaux de l'empire se trouvant hors de leur commandement; avec cette différence, que les troupes ne présenteront point les armes, que les officiers supérieurs et les drapeaux ne salueront point, et qu'il ne sera tiré que sept coups de canon.

31. Les grands officiers civils seront reçus dans les ports et arsenaux de marine comme les grands officiers de l'empire, colonels ou inspecteurs généraux; mais ils ne seront salués que de cinq coups de canon, et leur garde ne sera placée qu'après leur arrivée.

32. Lorsque les grands officiers de l'empire, colonels ou inspecteurs généraux, et les autres grands officiers civils, se trouveront en service dans un des ports et arsenaux de la marine, ils ne recevront plus, à dater du lendemain de leur arrivée, et jusqu'à la veille de leur départ, que les honneurs affectés à leur grade militaire. — Ils recevront, le jour de leur départ, les mêmes honneurs qu'à celui de leur arrivée.

33. Les grands officiers de l'empire seront reçus à bord comme les ministres; mais ils ne seront salués que du nombre de coups de canon indiqué par le présent titre, et conformément aux dispositions qu'il renferme.

TIT. 8. — *Sénateurs.*

34. Les sénateurs, lorsque leur arrivée aura été annoncée par le ministre de la marine, recevront, dans les arsenaux situés dans l'arrondissement de leur sénatorerie et à bord des vaisseaux de l'Etat, les honneurs suivants: — Ils seront salués de cinq coups de canon à leur entrée dans l'arsenal. — Les troupes de la marine seront en bataille à la principale porte du port. — Les officiers supérieurs salueront. — Les tambours appelleront. — Les postes ou gardes devant lesquels ils passeront prendront et porteront les armes, les tambours appelleront, les sentinelles présenteront les armes. — Il leur sera donné une garde de trente hommes, commandée par un lieutenant; le tambour rappellera. — Il leur sera fait des visites de corps. — S'ils se transportent à bord, ils seront salués de cinq coups de canon. — La garnison du vaisseau prendra les armes; le tambour appellera.

TIT. 9. — *Conseillers d'Etat.*

35. Les conseillers d'Etat en mission recevront, dans les arsenaux et à bord des vaisseaux de l'Etat, les honneurs attribués aux sénateurs par le titre précédent.

TIT. 10. — *Grands officiers de la Légion d'honneur, chefs des cohortes.*

36. Les dispositions du tit. 8 sont applicables aux grands officiers de la Légion d'honneur, chefs de cohortes. — Les sentinelles présenteront les armes aux grands officiers et commandants de la Légion d'honneur; elles les porteront pour les officiers et les légionnaires.

TIT. 11. — *Ambassadeurs français et étrangers.*

37. Il ne sera, sous aucun prétexte, rendu, dans les ports et arsenaux de marine, aucune espèce d'honneurs militaires à des ambassadeurs français ou étrangers, sauf l'ordre formel du ministre de la marine.

38. Le ministre des relations extérieures se concertera avec le ministre de la marine pour les honneurs à rendre aux ambassadeurs français et étrangers. — Le ministre de la marine donnera des ordres pour leur réception.

TIT. 12. — *Grand amiral.*

39. Le grand amiral prend le rang, et reçoit dans les ports et arsenaux de la marine, et à bord des vaisseaux de l'Etat, les honneurs dus à sa dignité.

TIT. 13. — *Vice-amiraux.*

40. Les vice-amiraux commandant en chef une armée navale recevront, dans toute l'étendue de l'empire, les honneurs fixés art. 30, tit. 7 du présent décret, pour les grands officiers, colonels ou inspecteurs généraux; et dans les ports et arsenaux dans leur commandement, les honneurs fixés art. 29, même titre, pour les maréchaux de l'empire hors de leur commandement.

41. Les vice-amiraux non commandants d'armée, mais ayant des lettres de service de Sa Majesté, recevront, lors de leur première entrée dans l'arsenal, les honneurs suivants: — Ils seront salués de cinq coups de canon. — Les deux tiers des troupes de la marine se mettront en bataille à la première porte du port. — Les officiers supérieurs et les drapeaux salueront, les troupes porteront les armes, les tambours appelleront.

42. On enverra à leur logis, après leur arrivée, une garde de cinquante hommes, commandée par un capitaine et un lieutenant. — Le tambour appellera.

43. Ils auront habituellement deux sentinelles à la porte de leur logis.

44. Les gardes des postes prendront les armes quand ils passeront devant eux. — Les tambours appelleront.

45. Il leur sera fait des visites de corps en grande tenue, et le mot d'ordre leur sera porté par un officier d'état-major de la marine.

46. Lorsque les vice-amiraux ayant des lettres de service se transporteront pour la première fois à bord, ils seront salués de cinq coups de canon; la garnison du vaisseau prendra les armes. — Le tambour appellera.

47. Les généraux de division commandant en chef une armée ou corps d'armée recevront, dans les arsenaux et à bord des vaisseaux de l'Etat, les mêmes honneurs que ceux fixés par le présent titre pour les vice-amiraux commandant en chef une armée navale.

48. Les généraux de division commandant une division militaire territoriale dans laquelle est situé un arsenal maritime recevront les honneurs ci-dessus réglés pour les vice-amiraux ayant des lettres de service de Sa Majesté.

TIT. 14. — *Préfets maritimes.*

49. Les préfets maritimes jouiront, conformément à l'arrêté du 7 therm. an 8, des honneurs accordés aux vice-amiraux ayant des lettres de service.

TIT. 15. — *Contre-amiraux.*

50. Les contre-amiraux commandant en chef une escadre recevront les honneurs ci-après: — Lors de leur première entrée dans l'arsenal, un bataillon de troupes d'artillerie de la marine se mettra en bataille à la principale porte du port. — Les officiers supérieurs salueront, les drapeaux ne salueront pas; les troupes porteront les armes, les tambours seront prêts à battre. — Ils seront salués de cinq coups de canon. — Les gardes et postes prendront les armes quand ils passeront devant eux, et les porteront. — Ils auront une garde de trente hommes commandée par un lieutenant; le tambour, prêt à battre, ne battra point. — Les sentinelles présenteront les armes. — Ils auront habituellement deux sentinelles à la porte de leur logis. — Il leur sera fait des visites de corps en grande tenue, et le mot d'ordre leur sera porté par un officier de l'état-major de la marine. — Lorsque les contre-amiraux commandant une escadre se transporteront à bord pour la première fois ils seront salués de cinq coups de canon. — La garnison du vaisseau prendra les armes; le tambour appellera.

51. Les contre-amiraux ne commandant point en chef une escadre, mais ayant des lettres de service, recevront à leur arrivée les honneurs suivants: — Ils auront quinze hommes de garde commandés par un sergent; un tambour conduira cette garde, mais ne restera pas. — Les gardes prendront et porteront les armes; le tambour, prêt à battre, ne battra pas. — Ils auront une sentinelle à la porte de leur logis. — Il leur sera fait des visites de corps; le mot d'ordre leur sera porté par un sergent. — S'ils se transportent à bord, la garnison des vaisseaux prendra les armes; le tambour appellera.

52. Les généraux de brigade commandant un département dans lequel est situé un arsenal maritime y recevront les mêmes honneurs que les contre-amiraux commandant en chef une escadre.

53. Les généraux de brigade employés au service de la marine, ou à celui des colonies, recevront les mêmes honneurs que les contre-amiraux ayant des lettres de service de Sa Majesté.

TIT. 16. — *Capitaines de vaisseau.*

54. Les capitaines de vaisseau commandant une escadre ou une division auront une garde de dix hommes commandée par un caporal. — Cette garde et les postes, à leur passage, se mettront en bataille et se reposeront sur les armes. — Le mot d'ordre leur sera porté par un sergent. — Toutes les sentinelles leur présenteront les armes. A bord, la garnison prendra les armes, et le tambour, prêt à battre, ne battra point.

55. Les adjudants commandants qui auront des lettres de service de Sa Majesté pour commander dans un département dans lequel est situé un arsenal maritime, y recevront les honneurs indiqués, par le présent titre, pour les capitaines de vaisseau commandant une escadre ou une division.

TIT. 17. — *Chefs militaires.*

56. Les chefs militaires auront une sentinelle à la porte de leur logis. — Les postes, à leur passage, sortiront, se mettront en bataille et se reposeront sur leurs armes. — Il leur sera fait des visites de corps. — Les sentinelles leur présenteront les armes. — A bord, la garnison prendra les armes. — Si le chef militaire est officier général, il recevra les honneurs dus à son grade.

57. Les honneurs accordés aux chefs militaires seront rendus aux commandants d'armes; les mêmes dispositions leur seront applicables s'ils sont officiers généraux.

TIT. 18.—*Chefs des différents services des ports et arsenaux de marine.*

58. Le rang de l'inspecteur du génie maritime, des chefs de constructions navales, des parcs d'artillerie, des mouvements du port et d'administration, ainsi que ceux des officiers sous leurs ordres, restent fixés tels qu'ils le sont par les arrêtés du 7 therm. an 8, sur l'organisation et le service général de la marine, et du 25 frim. an 9, relatif à la direction des parcs d'artillerie dans les ports.—Les sentinelles leur porteront les armes. — Le mot d'ordre sera porté par un sergent aux chefs des différents services. — Les chefs d'administration et commissaires principaux de la marine auront une sentinelle à la porte du lieu où se tiendra leur bureau, pendant le jour seulement.

TIT. 19.—*Inspecteurs, sous-inspecteurs de marine.*

59. Le rang des inspecteurs et sous-inspecteurs de marine reste également fixé tel qu'il l'est par l'arrêté du 7 therm. an 8.—Les sentinelles leur porteront les armes.—Le mot d'ordre sera porté par un sergent aux inspecteurs.

TIT. 20.—*Dispositions générales.*

60. La correspondance entre les grades du service de mer et de celui de terre reste fixée telle qu'elle l'a été par les lois précédentes; et les mêmes honneurs seront réciproquement rendus dans les ports et arsenaux de la marine, et dans les villes de garnison et places de guerre, aux officiers des deux armées.

61 Les détachements et postes destinés à la garde de Sa Majesté ne prendront les armes pour rendre les honneurs militaires qu'à Sa Majesté elle-même, ou aux personnes à qui elle a accordé ou accordera cette prérogative.

62. On ne rendra point d'honneurs après la retraite ni avant la diane.

63. Les gardes d'honneur ne rendront les honneur militaires qu'aux personnes supérieures ou égales en grade ou en dignité à celles près desquelles elles seront placées, et alors les honneurs resteront les mêmes.

64. Les honneurs militaires ne se cumulent point : on ne reçoit que ceux affectés a la dignité ou grade supérieur.

65. Les officiers généraux qui ne commandent que par *interim* ou que pendant l'absence des commandants titulaires, n'ont droit qu'aux honneurs militaires de leur rade et de leur emploi. —La même disposition est applicable à ceux qui remplacent momentanément les préfets maritimes.

66. Dans le cas où les troupes de la marine ne seraient pas assez nombreuses pour fournir des gardes aux officiers généraux employés et préfets maritimes, ou lorsque lesdits officiers généraux et préfets maritimes jugeront à propos de ne pas conserver leur garde en entier, on mettra seulement des sentinelles à la porte de leur logis.

67. Pour les visites de corps en grande tenue, les officiers de la marine de tout grade porteront leur uniforme complet, tel qu'il est déterminé par le règlement du 7 prair. an 12.—Les officiers attachés aux troupes de la marine seront en baudrier, hausse-col et bottes.—Pour les visites de corps non en grande tenue, ceux des officiers de la marine auxquels, par ledit règlement du 7 prair. an 12, il est accordé un petit uniforme, pourront le porter.—Les officiers des troupes de la marine seront sans hausse-col, mais en baudrier et bottes.

68. Le mot d'ordre dans les arsenaux, hors les cas prévus par le présent décret, sera toujours donné par le préfet maritime, ou, en son absence, par celui que Sa Majesté aura commis pour le remplacer.

69. Défend Sa Majesté qu'il soit exigé d'autres honneurs que ceux prescrits par le présent décret.

70. Si des princes français, des grands dignitaires, des ministres, des grands officiers de l'empire, des sénateurs et des conseillers d'Etat en mission, se trouvent présents dans les ports, ils prendront, dans les cérémonies qui auront lieu, soit dans l'intérieur de l'arsenal, soit à bord des vaisseaux de l'Etat, le rang qui leur est dû. Le rang des autres fonctionnaires est réglé d'après l'ordre établi dans le présent décret, en observant seulement que, dans l'arsenal, la première place appartiendra au préfet maritime, et, à bord, à l'officier général ou supérieur qui y commandera : à bord et dans l'intérieur de l'arsenal, les officiers généraux de l'armée de terre seront placés à la droite de l'officier général ou supérieur de la marine, ou à celle du préfet maritime qui aura fait les invitations; à sa gauche se placeront les officiers généraux de la marine et les chefs des différents services du port. — Dans les cérémonies hors de l'arsenal, la première place sera occupée par l'officier général ou supérieur de l'armée de terre : à sa droite seront placés le préfet maritime et les officiers généraux de la marine et les chefs des différents services du port; à sa gauche, les officiers supérieurs de l'armée de terre. — Les invitations seront faites par la personne à qui les ordres de l'empereur seront adressés.

71. Les visites d'obligation seront réglées ainsi qu'il suit : La première visite sera toujours due par l'officier général ayant des lettres de service à l'officier général d'un grade supérieur également pourvu de lettres de service; celui-ci sera tenu de rendre la visite dans les vingt-quatre heures.—A grade égal, la première visite sera faite par celui qui arrivera, à moins que ce dernier ne soit conseiller d'Etat, auquel cas la première visite lui sera due.—Ces dispositions seront réciproquement applicables aux officiers généraux de mer et aux officiers généraux de terre.

72. Les honneurs qui, en vertu de dispositions contenues dans le présent décret, doivent être rendus aux princes, aux grands dignitaires, grands officiers de l'empire, sénateurs, conseillers d'Etat et grands officiers de la Légion d'honneur chefs de cohortes, ne le seront jamais qu'en exécution d'un ordre spécial, adressé par le ministre de la marine aux préfets maritimes et aux officiers généraux commandant les forces navales.

TIT. 21.—*Des honneurs funèbres.*

73. Il sera rendu des honneurs funèbres par les troupes de la marine aux personnes désignées dans les tit. 4, 5, 6, 7, 8, 9, du présent décret; il en sera rendu aux militaires de tous les grades.

74. La totalité des troupes de la marine assistera au convoi de toutes les personnes pour l'entrée d'honneur desquelles elles se fussent mises sous les armes; pour les autres personnes, les troupes n'y assisteront que par détachements dont la force et le nombre sont déterminés ci-après : Pour un vice-amiral employé, la moitié des troupes de la marine prendra les armes; pour un contre-amiral employé, le tiers des troupes de la marine prendra les armes; pour un vice-amiral en non-activité, le tiers des troupes de la marine prendra les armes; pour un contre-amiral en non-activité, le quart des troupes; pour un vice-amiral en retraite ou réforme, le quart des troupes; pour un contre-amiral en retraite ou réforme, le cinquième.—Dans aucun cas, il n'y aura néanmoins au-dessous de deux cents hommes au convoi des vice-amiraux, et de cent-cinquante au convoi des contre-amiraux; —Pour un chef militaire, la moitié des troupes de la marine; pour un capitaine de vaisseau en activité, quatre détachements de cinquante hommes, commandés chacun par un capitaine; en non-activité, trois détachements, chacun avec le même nombre d'officiers; en retraite ou réforme, deux détachements.

75. Les colonels des troupes d'artillerie de marine auront le même nombre de détachements que les capitaines de vaisseau morts en activité de service.

76. Les capitaines de frégate auront deux détachements; en retraite ou réforme, un seul détachement; les lieutenants de vaisseau en activité, retraite ou réforme, auront un détachement; les enseignes de vaisseau, un demi-détachement; les officiers attachés aux mouvements du port ou parc d'artillerie, les officiers du génie maritime, ceux d'administration et les inspecteurs de la marine, auront un nombre de détachements égal à celui des officiers avec lesquels ils prennent rang, conformément à l'arrêté du 7 therm. an 8, et à celui du 25 frim. an 9.—Les sous-officiers des troupes d'artillerie de marine auront un quart de détachement.—Les caporaux un huitième.—Les grands officiers de la Légion d'honneur auront le même nombre de détachements que les vice-amiraux employés; les commandants, que les capitaines de vaisseau; les officiers, que les lieutenants de vaisseau; les légionnaires, que les enseignes de vaisseau.

77. Les troupes qui marcheront pour rendre les honneurs funèbres seront commandées, lorsque les troupes de la marine prendront les armes, par le chef militaire de la marine. — Quand il ne marchera que des détachements, quatre seront commandés par un colonel; trois par un major; deux par un chef de bataillon; un, par un capitaine; un demi, par un lieutenant; un quart, par un sergent, et un huitième, par un caporal.

78. Pour les colonels des troupes de la marine qui mourront sous les drapeaux, le régiment entier marchera en corps au convoi, pour les majors, la moitié du corps avec deux drapeaux, pour les chefs de bataillon, leur bataillon avec son drapeau, pour un capitaine, sa compagnie, pour un lieutenant ou sous-lieutenant, son peloton.

79. Les troupes qui seront commandées feront trois décharges de leurs armes; la première, au moment où le convoi sortira de l'endroit où le corps était déposé; la deuxième, au moment où le corps arrivera au cimetière; la troisième, après l'enterrement, en défilant devant la fosse. — La poudre sera fournie par le magasin de la marine. — Les sous-officiers et soldats porteront l'arme la platine sur le bras gauche.

80. On tirera, pour les princes et les grands dignitaires, un coup de canon de demi-heure en demi-heure, depuis leur mort jusqu'au moment du départ du convoi; d'heure en heure pour les ministres et les grands officiers. — Pour les autres fonctionnaires, on tirera, pendant le temps de leur exposition, autant de coups de canon qu'il leur en est accordé pour leur entrée d'honneur.— Il sera de plus tiré, au moment où le corps sera mis en terre, trois décharges de canon, chacune égale à celle qui leur est attribuée, au moment de leur entrée d'honneur, par le présent décret.

81. Les coins du poêle seront portés par quatre personnages du rang ou du grade égal à celui du mort, ou, à défaut, par quatre personnes du grade ou du rang inférieur.

82. Il sera mis des crêpes aux drapeaux qui marcheront au convoi. Les tambours seront couverts de serge noire. — Les frais de funérailles seront faits par l'Etat, pour tout individu mort des blessures qu'il aura reçues en combattant pour la défense de l'Etat, ou dans les trois mois, et des suites de ses blessures.

83. A bord des vaisseaux de l'Etat, les honneurs funèbres continueront à avoir lieu conformément aux dispositions du tit. 16 de l'ord. de la marine du 25 mars 1765; ces honneurs seront également rendus aux officiers de terre de toutes armes qui mourront à bord, en raison de la correspondance de leurs grades avec ceux des officiers de mer.

TIT. 22.—*Colonies.*

84. Dans les colonies françaises, les capitaines généraux jouiront des honneurs accordés, par le décret du 24 mess. an 12, aux généraux de division commandant en chef une armée.— Les préfets coloniaux jouiront des honneurs accordés, par le susdit décret, aux préfets du continent, et prendront rang immédiatement après les capitaines généraux.— Les autres officiers fonctionnaires employés jouiront également des honneurs attribués à leurs grades en France.

Dispositions générales.

85. Sont, au surplus, applicables au service de la marine et des colonies, les dispositions prescrites par le décret du 24 mess. an 12, relatif aux cérémonies publiques, préséances, honneurs civils et militaires, qui sont compatibles avec ledit service, et auxquels il n'est pas pourvu par le présent décret.

16 frim. an 14 (7 déc. 1805). — Décret concernant le rang dans les cérémonies des membres des cours de justice criminelle spéciale.

12 août 1807. — Avis du conseil d'Etat sur le rang que les préfets maritimes doivent avoir dans les cérémonies publiques.

Le conseil d'Etat, qui a entendu la section de l'intérieur sur le rapport du ministre des cultes, dont l'objet est de provoquer une décision sur une contestation élevée entre le préfet de Gênes et le préfet maritime du même port, relativement au rang que ce dernier doit avoir dans les cérémonies publiques; — Considérant que dans le décret du 24 mess. an 12 il n'est pas fait mention des préfets maritimes, et que cependant il est convenable que le rang de ces fonctionnaires publics soit réglé;— Considérant que l'esprit du décret précité veut que les rangs soient réglés suivant l'étendue du territoire sur lequel les divers fonctionnaires publics exercent leur juridiction ;— Est d'avis que les préfets maritimes doivent être compris dans les dispositions de l'art. 1 du décret du 24 mess. an 12, et que leur rang doit être fixé immédiatement après les généraux de division, et avant les préfets, mais qu'ils ne peuvent jouir de ce rang que dans le lieu de leur résidence.

16 sept. 1807. — Loi dont l'art. 7 dispose que la cour des comptes prend rang immédiatement après la cour de cassation et jouit des mêmes prérogatives. — V. Cour des comptes, p. 507.

28 sept. 1807. — Décret qui décide que les référendaires prennent place suivant l'ordre des nominations (art. 16), et qu'ils assistent à tour de rôle aux cérémonies publiques en nombre égal à celui des maitres (art. 18). — V. Cour des comptes, p. 507.

2 oct. 1807. — Décret portant que les magistrats en retraite continuent d'assister aux cérémonies publiques (art. 5). — V. Organ. jud.

17 mars 1808. — Décret dont le titre 4, art. 29 et suiv., détermine l'ordre établi entre les membres de l'université, les rangs et les titres attachés aux fonctions. — V. Organ. de l'inst. pub.

30 mars 1808. — Décret dont les art. 1 et suiv. déterminent le rang des juges entre eux. — V. Organ. jud.

11 avril 1809. — Décret concernant la place des membres de la Légion d'honneur dans les cérémonies publiques civiles et religieuses.

Art. 1. Les commandants, officiers et membres de la Légion d'honneur qui assisteront aux cérémonies publiques, civiles ou religieuses, y occuperont un banc qui sera établi ou une place qui leur sera assignée, après les autorités constituées.

30 déc. 1809. — Décret qui détermine la place du curé dans et hors l'église (art. 4, 13, 21). — V. Culte, p. 702.

6 juill. 1810. — Décret qui règle le rang des membres de la cour impériale entre eux (art. 30). — V. Organ. jud.

18 août 1810. — Décret qui statue à l'égard du rang des membres des tribunaux de première instance entre eux. — V. Organ. jud.

27 fév. 1811. — Décret sur le logement et les honneurs dus aux présidents des cours d'assises.

Art. 1. Dans toute commune où se tiendront les assises, le magistrat qui viendra les présider sera logé, soit à l'hôtel de ville, soit au palais de justice, s'il s'y trouve des appartements commodes et meublés ; dans le cas contraire, dans une maison particulière et meublée, qui aura été d'avance désignée par le maire.

2. Pour éviter toute charge qui retomberait souvent sur le même individu, le maire sera tenu de désigner successivement les principales maisons de la commune qui offrent la possibilité de disposer d'un appartement décent et commode, sans que le propriétaire ou principal locataire de ladite maison soit obligé de l'abandonner.

3. Une brigade de gendarmerie se portera cent pas au delà des portes de la ville, au devant du président de la cour d'assises, et l'escortera jusqu'à son domicile : une brigade de gendarmerie l'escortera même à son départ.

4. Le maire et ses adjoints le recevront au haut de l'escalier de la maison qui lui est destinée, et l'y installeront ; il sera reçu dans l'intérieur de son appartement par le tribunal en corps.

5. Il aura, pendant tout le temps de sa résidence, à sa porte, une sentinelle fournie soit par la compagnie de réserve, soit par la garde nationale.

6. Les corps militaires qui se trouveront dans la ville enverront visiter, en leur nom, le président de la cour d'assises, par un officier supérieur et un officier de chaque grade : tous les officiers supérieurs et autres de gendarmerie lui rendront visite.

7. Le président de la cour d'assises fera la visite au préfet, qui la lui rendra dans les vingt-quatre heures.

8. Notre grand-juge, ministre de la justice, nos ministres de la guerre et de l'intérieur, sont chargés de l'exécution du présent décret.

7 avril 1811. — Décret dont les art. 9, 23, 25 déterminent le rang des auditeurs au conseil d'État. — V. Cons. d'Ét., p. 185.

1er juin 1811. — Avis du conseil d'État relatif au rang que doivent prendre, dans les cérémonies publiques, les membres des cours impériales délégués pour la tenue des assises.

Le conseil d'État, qui, d'après le renvoi ordonné par Sa Majesté, a entendu la section de l'intérieur sur le rapport du ministre de ce département, tendant à régler le rang des cours d'assises dans les cérémonies publiques, est d'avis que les cours d'assises n'ayant que des fonctions temporaires ne doivent pas avoir de rang assigné d'une manière permanente et en corps ; que les membres des cours impériales qui présideront les cours d'assises doivent prendre rang dans les cérémonies publiques, immédiatement après le préfet, comme le faisait le président de la cour criminelle ; qu'en cas qu'il y ait d'autres membres de la cour impériale délégués pour la tenue des assises, ils marcheront à la suite du président de la cour d'assises sans que le rang assigné par le décret du 24 messidor an 12 aux généraux de brigade commandant les départements soit changé ; que les présidents et juges des tribunaux de première instance faisant parties des cours d'assises ne doivent avoir dans les cérémonies d'autre rang que celui qui a été assigné par le décret du 24 mess. an 12 aux présidents et juges des tribunaux de première instance.

1er juin 1811. — Décret qui fixe le rang des cours prévôtales et celui des tribunaux ordinaires des douanes dans les cérémonies publiques.

1er juin 1811. — Décret qui fixe le rang des auditeurs au conseil d'État dans les cérémonies publiques.

Art. 1. Les auditeurs près notre conseil d'État, de première et de deuxième classes, prendront rang, dans les cérémonies publiques, immédiatement après les secrétaires généraux de préfecture, selon les art. 9 et 15 du décret du 7 av. 1811.

2. En cas d'absence du préfet, le secrétaire général et l'auditeur de première ou deuxième classe marcheront à la tête du conseil de préfecture.

3. Les auditeurs de troisième classe marcheront à la suite du conseil de préfecture.

4. Les auditeurs en mission prendront rang suivant la classe dont ils seront, ainsi qu'il est réglé par les articles précédents.

22 juin 1811. — Décret relatif aux princes de la famille impériale qui ont été ou qui seraient appelés, du consentement de l'empereur, à une couronne étrangère.

Art. 1. Les princes de notre famille qui ont été ou qui seraient appelés, de notre consentement, à une couronne étrangère, seront traités, dans l'étendue de notre empire, comme princes français. Ils porteront, lorsqu'ils seront dans notre empire, la cocarde française et le costume de prince français, sans pouvoir porter aucun costume étranger.

2. Ils auront les honneurs civils et militaires tels qu'ils sont déterminés par notre décret du 24 mess. an 12, et par tous autres règlements qui pourraient intervenir sur le fait des rangs et préséances.

3. L'étiquette intérieure et extérieure de notre palais sera réglée conformément à ce qui est déterminé au précédent article.

16 sept. 1811. — Avis du conseil d'État relatif au rang des présidents des tribunaux ordinaires des douanes.

15 nov. 1811. — Décret dont les art. 165 à 167 règlent le rang des recteurs et des corps académiques. — V. Organ. de l'inst. pub.

18 oct. 1812. — Avis du conseil d'État portant solution de trois questions sur les prérogatives accordées aux présidents des cours d'assises par le décret du 27 fév. 1811.

Le conseil d'État, qui, d'après le renvoi ordonné par Sa Majesté, a entendu le rapport de la section de l'intérieur sur celui du ministre de la guerre, faisant naître les trois questions suivantes sur les prérogatives accordées aux présidents des cours d'assises par le décret du 27 fév. 1811 : 1° Si un conseiller d'une cour impériale désigné pour présider une cour d'assises a droit aux prérogatives de président de ladite cour d'assises avant le moment de son entrée en fonctions et de l'installation de la cour qu'il préside ; — 2° Si le président d'une cour d'assises a droit aux honneurs qui lui sont accordés par le décret du 27 fév. 1811, hors de la ville où se tiennent les assises ; — 3° Si les honneurs accordés au magistrat qui préside une cour d'assises lui sont dus dans la ville où siége la cour impériale, — Est d'avis : — Sur la première question, que le moment de l'installation du président d'une cour d'assises est celui où le président est arrivé dans la ville où se tiennent les assises, et a été reçu d'après les formes déterminées par les lois et décrets, et notamment par celui du 27 fév. 1811 ; — Sur la seconde question, qu'un président de cour d'assises, hors de la ville où elles se tiennent, n'a plus de prérogatives à réclamer : le décret du 27 fév. 1811, qui règle les honneurs qui lui sont dus, les renferme dans la commune où se tiennent les assises ; — Sur la troisième question, que, lorsque les assises se tiennent dans la ville où siége la cour impériale, les membres des cours d'assises n'ont d'autre rang que celui qu'ils occupent dans la cour impériale même.

23 janv. 1814. — Avis du conseil d'État sur une question relative aux convocations pour les cérémonies publiques.

Le conseil d'État, qui, d'après le renvoi ordonné par Sa Majesté, a entendu le rapport des sections réunies de législation et de l'intérieur sur celui du grand juge, ministre de la justice, concernant la question de savoir si la convocation pour les cérémonies publiques doit être faite par le fonctionnaire auquel les ordres du gouvernement ont été adressés et qui est chargé d'ordonner les mesures d'exécution, ou si ladite convocation doit être faite par le fonctionnaire auquel la préséance est due aux termes de l'art. 1 du décret du 24 mess. an 12 ; — Vu également le rapport du ministre de l'intérieur, du 12 de ce mois ; — Considérant que l'exécution des ordres du gouvernement ne peut être confiée qu'aux agents qui les reçoivent ; — Que le droit de préséance n'emporte point le droit de convocation ; — Qu'il ne peut appartenir à un fonctionnaire résidant passagèrement dans le lieu de la cérémonie, et n'ayant ni la connaissance des individus à convoquer, ni les moyens d'effectuer la convocation ; que l'usage généralement suivi confirme cette doctrine, — Est d'avis que la convocation pour les cérémonies doit être faite, dans les départements, par les préfets ou sous-préfets, ou les maires, quand les ordres sont adressés à l'autorité civile, en remplissant les formes prescrites par l'art. 6 du décret du 24 mess. an 12, en se concertant avec le fonctionnaire le plus éminent en dignité, et non par le fonctionnaire qui doit jouir du droit de préséance dans la cérémonie ordonnée.

17-21 fév. 1815. — Ordonnance d'après laquelle le conseil de l'instruction publique est placé, dans les cérémonies publiques, immédiatement après la cour des comptes (art. 66). — V. Organ. de l'inst. pub., V. aussi Ord. 1er nov. 1820, art. 15, *eod.*

22 mai-3 juin 1816. — Ordonnance relative au rang dans les cérémonies des membres des ordres de Saint-Louis et de la Légion d'honneur. — V. Ordres civils et militaires.

29 oct.-29 nov. 1820. — Ordonnance qui règle le rang de la gendarmerie dans l'armée (art. 51), ainsi que les honneurs qu'elle doit rendre (art. 95 et suiv.), la préséance dans les cérémonies publiques (art. 104 et suiv.), et qui charge ce corps de maintenir le bon ordre dans les cérémonies publiques (art. 179, § 28). — V. Gendarmerie, p. 478.

1er nov.-21 déc. 1820. — Règlement sur les entrées dans le palais du roi.

Les entrées dans le palais du roi sont divisées ainsi qu'il suit : 1° les grandes entrées ; 2° les premières entrées du cabinet ; 3° les entrées du cabinet ; 4° les entrées de la salle du trône ; 5° les entrées du premier salon ; 6° les entrées du second salon.

Grandes entrées. — Les grandes entrées consistent à pouvoir entrer, à toute heure, dans la chambre à coucher du roi. — Elles appartiennent au grand chambellan, aux premiers gentilshommes de la chambre, et aux premiers chambellans, maîtres de la garde-robe. — Le roi les accorde, en outre, aux personnes qu'il désigne : elles sont inscrites sur un état présenté tous les trois mois à l'approbation de Sa Majesté par le premier gentilhomme de la chambre de service.

Premières entrées du cabinet. — Elles consistent à pouvoir entrer en tout temps dans le cabinet, pour se faire annoncer à Sa Majesté, et y attendre la permission d'entrer dans l'appartement intérieur. — Elles appartiennent, en tant qu'ils ont à prendre les ordres de Sa Majesté, aux grands officiers de la maison civile et militaire, au major général de la garde royale de service, au chancelier de France, et aux ministres secrétaires d'État. — Elles appartiennent aussi en pareil cas au premier officier de chaque service de la maison de Sa Majesté en l'absence du grand officier. — Le roi les accorde, en outre, aux personnes qu'il désigne : elles sont inscrites sur un état présenté tous les trois mois à l'approbation de Sa Majesté par le premier gentilhomme de la chambre de service.

Entrées du cabinet. — Elles consistent à pouvoir entrer habituellement dans cette pièce un peu avant l'heure que le roi a fixée pour entendre la messe, à y venir et à y rester à volonté dans la journée : elles cessent dans la soirée, aussitôt que Sa Majesté a donné le mot d'ordre. — Elles appartiennent aux grands et aux premiers officiers de la maison civile et militaire du roi, aux majors généraux de la garde royale, aux cardinaux, au chancelier de France, aux ministres secrétaires d'Etat, aux maréchaux de France, au grand référendaire de la chambre des pairs, au président de la chambre des députés, et à tous les officiers de la maison qui se trouvent de service. — Le roi les accorde, en outre, aux personnes qu'il désigne : elles sont inscrites sur un état présenté tous les trois mois à l'approbation de Sa Majesté par le premier gentilhomme de la chambre de service.

Entrées de la salle du trône.—Elles appartiennent aux pairs de France, aux ambassadeurs et ministres plénipotentiaires de France, présents par congés, aux ministres d'Etat, aux sous-secrétaires d'Etat et directeurs généraux, aux archevêques, aux chevaliers commandeurs de l'ordre du Saint-Esprit, aux grand'croix des ordres royaux de Saint-Louis et de la Légion d'honneur, aux gouverneurs des divisions militaires, aux premiers présidents et procureurs généraux de la cour de cassation et de la cour des comptes, au président du conseil royal de l'instruction publique, et à tous les officiers de la maison.

Entrées du premier salon qui précède la salle du trône. — Elles appartiennent aux membres de la chambre des députés des départements, aux lieutenants généraux et vice-amiraux, aux conseillers d'Etat et maîtres des requêtes, aux intendants de la maison du roi, aux évêques, aux préfets, aux maréchaux de camp et contre-amiraux, aux présidents des colléges électoraux de département pendant la durée de leurs fonctions, aux conseillers de la cour de cassation, aux présidents et maîtres de la cour des comptes, aux premiers présidents et aux procureurs généraux des cours royales, aux présidents des consistoires.

Entrées du second salon. — Elles appartiennent au conseillers aux conseil royal de l'instruction publique, aux conseillers maîtres des comptes, aux conseillers des cours royales, aux présidents des tribunaux civils et de commerce, aux sous-préfets et secrétaires généraux de préfecture, aux maires et adjoints des bonnes villes, aux curés de Paris, aux présidents des colléges électoraux d'arrondissement pendant la durée de leurs fonctions, aux colonels, capitaines de vaisseau et officiers supérieurs des armées de terre et de mer.—Le roi les accorde, en outre, aux personnes qu'il désigne : elles sont inscrites sur un état présenté tous les trois mois à l'approbation de Sa Majesté par le premier gentilhomme de la chambre de service. — L'audience publique du roi n'a lieu, quand Sa Majesté va entendre la messe à sa chapelle, qu'au moment où elle en revient pour rentrer dans son appartement intérieur. — Le roi est suivi de tous ses grands officiers et de ses premiers officiers de service, passe et s'arrête successivement dans chacune des pièces de son appartement extérieur, pour permettre aux personnes qui ont le droit de s'y trouver, de lui faire la cour. —Lorsque le roi entend la messe dans son appartement intérieur, Sa Majesté ne donne audience publique qu'après l'avoir entendue. Elle s'arrête d'abord dans son grand cabinet, puis dans la salle du trône, et successivement dans les autres pièces. — Quand il y a cercle et jeu chez le roi, le premier gentilhomme de la chambre qui se trouve de service, en avertit les grands officiers et les premiers officiers, pour qu'ils se rendent auprès de Sa Majesté. Il met sous les yeux du roi la liste des personnes à qui appartiennent les entrées dans ses appartements, ou à qui Sa Majesté les a accordées, afin que, sur cette liste, Sa Majesté désigne celle à qui des billets d'invitation doivent être adressés.

8 janv.-19 fév. 1823. — Ordonnance relative au rang des cardinaux, archevêques et évêques revêtus de la dignité de pairs du royaume.

Art. 1. Les cardinaux pairs du royaume prendront rang au banc des ducs, et ils jouiront des droits, honneurs et prérogatives attachés à ce titre.

2. Les pairs du royaume revêtus de la dignité d'archevêque et d'évêque prendront rang au banc des comtes, et ils jouiront des droits, honneurs et prérogatives attachés à ce titre, à moins qu'ils ne soient personnellement pourvus d'un titre de pairie supérieur.

3. Des lettres patentes seront expédiées, en conformité de ces dispositions, aux cardinaux, archevêques et évêques qui font actuellement partie de la chambre des pairs, et à ceux qui y seraient appelés par la suite.

15-19 janv. 1826. — Ordonnance portant que les membres de la cour de cassation prennent rang suivant l'ancienneté (art. 28), et qui attribue au président la convocation des magistrats dans les cérémonies publiques (art. 80). — V. Cassation, p. 45.

22-25 mars 1831. —Loi sur la garde nationale, dont les art. 70 et suiv. sont relatifs au rang et aux préséances. — V. Garde nat., p. 295.

29 déc. 1831-7 janv. 1832. — Loi portant que les pairs prennent rang entre eux par ordre de nomination. — V. Droit constit., p. 554.

13 nov. 1837-1er janv. 1838. — Ordonnance dont l'art. 6 détermine le rang des inspecteurs et sous-inspecteurs de l'instruction primaire, parmi les fonctionnaires de l'instruction publique. — V. Organ. de l'inst. pub.

19 juin-1er juill. 1840. — Ordonnance dont l'art. 35 règle le rang des membres du conseil d'Etat dans les cérémonies publiques. — V. Cons. d'Et., p. 192.

19-29 avril 1852. — Décret qui fixe les préséances entre les grands corps de l'Etat (D. P. 52. 4. 135).

1er mars-11 avril 1854. — Décret qui détermine le rang de la gendarmerie dans l'armée (art. 5), les honneurs à rendre par elle (art. 142 et suiv.), sa place dans les cérémonies publiques et les préséances (art. 155 et suiv.), et enfin qui charge la gendarmerie de maintenir le bon ordre dans les cérémonies publiques (art. 351) (D. P. 54. 4. 40).

ART. 2. — DES PRÉSÉANCES ET RANGS.

§ 1. — *Dispositions générales.*

4. La première partie du décret du 24 mess. an 12 est intitulée *Des rangs et préséances.* Or le rang ne doit pas être confondu avec la préséance. Le *rang* est la place que doivent occuper entre eux des fonctionnaires de même ordre ou de même classe. La *préséance* est, comme nous l'avons dit, le droit de se précéder entre fonctionnaires, d'ordres ou de classes différentes. Divers principes ont été admis quant aux rangs et aux préséances. — « Il y a, dit M. Toussaint, Code des préséances, p. 10, dans chaque ordre de fonctions une hiérarchie de grades qui partent tous d'un centre commun. Unis par des liens étroits et subordonnés les uns aux autres, tous les membres de cette hiérarchie se classent naturellement entre eux d'après la place qu'ils y occupent; celui qui commande marche avant celui qui reçoit les ordres, le supérieur avant l'inférieur. D'un autre côté, dans le même ordre de fonctions, le traitement est basé sur l'importance de l'emploi;... ainsi pour fixer le rang que doit occuper le fonctionnaire dans son ordre, il faut considérer le degré hiérarchique où il est placé par ses fonctions et comparer son traitement à celui des autres fonctionnaires... Entre fonctionnaires et employés de la même classe, le rang se règle ordinairement par l'ancienneté... On considère encore l'ordre dans lequel ont eu lieu les nominations, le plus grand nombre de suffrages obtenus, et enfin l'âge qui doit toujours l'emporter, quand il y a égalité de conditions. »

5. « Quant aux *préséances*, poursuit M. Toussaint, on ne consulte pas les principes qui déterminent les rangs proprement dits, ni surtout la quotité respective des traitements. Il y a, en effet, des fonctionnaires et des employés rétribués dans des administrations d'une manière plus large que dans d'autres, quoique ne remplissant que des fonctions relativement moins élevées. » — Henrion (du pouvoir municipal) a posé comme règle que ce n'est pas l'homme qu'il faut considérer, mais la nature, l'étendue et l'importance des fonctions, et que la préséance est due à celui qui est investi des plus hautes attributions et qui exerce la plus grande influence. — Domat enseignait de même qu'on devait consulter 1° la considération que donne au fonctionnaire la profession qu'il exerce; 2° la dignité, l'élévation qui attirent le respect; 3° l'autorité qui donne le droit de commander; 4° la nécessité qui fait qu'on ne peut se passer de la profession, et 5° l'utilité qu'en retire le public. — Il faut remarquer, en outre, que les rangs des classes ne se règlent pas tous par les rangs de l'ordre. Ainsi, par exemple, le rang des premiers officiers qui ont la direction des finances est au-dessus de celui de plusieurs officiers de justice. Mais l'effet de la distinction des ordres, pour ce qui regarde les rangs, est que les premiers d'un ordre qui est au-dessus de l'autre ont leur place au-dessus des premiers de l'ordre qui est au-dessous (Conf. Domat, *eod.*). — L'art. 5 du décret du 24 mess. an 12 porte : « Dans aucun cas, les rangs et honneurs accordés à un corps n'appartiendront *individuellement* aux membres qui le composent. »

6. Une personne exerçant *plusieurs* fonctions à chacune desquelles est attaché un rang dans les cérémonies publiques, a incontestablement le droit de choisir entre ces fonctions pour prendre son rang (Conf. M. Toussaint, p. 12), à moins qu'elle n'ait été convoquée en une de ces qualités.

7. Lorsqu'un corps ou un des fonctionnaires dénommés en l'art. 1er invite, dans le local destiné à ses fonctions, d'autres corps ou fonctionnaires publics pour assister à une cérémonie, l'invitant conserve sa place ordinaire, et les invités gardent entre eux les rangs assignés par l'art. 1er (décret du 24 mess. an 2, art. 4).

8. L'art. 1 du décret de mess. règle la préséance des hauts dignitaires et fonctionnaires entre eux. L'art. 8 règle celle des corps entre eux. Mais il est à remarquer que ces deux articles doivent être combinés. — L'un et l'autre contiennent des lacunes importantes, comme on le verra bientôt, lacunes auxquelles on supplée en consultant certaines dispositions législatives ou les usages reçus.

9. 1° *Préséance des dignitaires et des fonctionnaires entre eux.* — Il importe de remarquer qu'il appartient au *chef de l'Etat* d'occuper la première place dans les cérémonies publiques auxquelles il assiste. « Quant à l'*impératrice* ou à la *reine*, elle ne paraît pas dans les cortéges et ne prend pas rang dans les cérémonies publiques. Elle y assiste avec les princesses dans des tribunes d'honneur à la droite du trône. Ce n'est, comme le dit encore M. Toussaint, p. 24, que dans les cérémonies qui concernent des membres de la famille régnante ou dans l'intérieur du palais, que l'on voit la reine partager avec le roi son époux la prééminence du rang et s'asseoir sur le trône avec lui. — A la mort du roi, la reine douairière partage les honneurs avec la reine épouse du roi régnant, mais elle conserve la préséance si du moins l'on s'en rapporte à plusieurs décisions rendues en faveur des reines mères et citées par Merlin dans son répertoire, v° Princes. » — Le *régent* devrait occuper la première place après le *roi mineur* et la *reine mère* (L. 30 août 1842); et, quand même il ne serait pas le premier prince du sang royal. — Quel est le rang des *souverains étrangers?* « Les empereurs et les rois ont, d'après les usages, la préséance sur les autres souverains qui n'ont pas les mêmes titres. Ceux qui jouissent des honneurs royaux ont le pas sur ceux qui n'en jouissent pas, et les États mi-souverains ou dépendants ne viennent qu'après les États indépendants. Les républiques cèdent ordinairement la préséance aux souverains qui portent le titre d'empereur ou de roi, mais quant aux autres, aucun rang n'est déterminé. Les princes de la confédération germanique n'ont de rang entre eux que pour l'ordre dans lequel ils doivent voter. Hors de la diète, aucune place n'est déterminée. » Ainsi s'exprime M. Toussaint, p. 31, puis il ajoute que, suivant l'usage entre souverains, dans les visites qu'ils se font, l'hôte cède le pas à l'étranger, s'ils sont du même rang, à moins qu'il ne s'agisse d'une cérémonie publique, auquel cas le chef de l'état prend le milieu et le souverain étranger la droite.

10. Analysons maintenant l'art. 1 du décret de messidor et les actes depuis publiés. Suivant cet article, ceux qui, d'après les ordres de l'empereur, devront assister aux cérémonies publiques, y prendront rang et préséance dans l'ordre qui suit : 1° les *princes français* (V. les sén.-cons. des 7 nov. 1852, art. 6, et 25 déc. 1852, art. 6, 7, D. P. 52. 4. 203, 221, et statut du 21 juin 1853, D. P. 53. 4. 141). Leurs rangs sont réglés par la proximité du lignage, c'est-à-dire que celui qui est le plus proche de la couronne a la préséance sur ceux qui en sont plus éloignés. —D'après le décret du 22 juin 1811, les princes français appelés à une couronne étrangère sont traités dans l'étendue de l'empire français comme princes français. — Quant au rang, les princesses ne le prennent qu'après les princes.—Le décret ne fait pas mention des princes *étrangers*. Ces princes ne marchaient en France, sous l'ancienne monarchie, qu'après le *Dauphin* et les autres princes. Au lit de justice tenu le 30 juin 1523, par François Ier, le prince d'Albanie, frère du roi d'Ecosse, vint même après les princes français et entre deux pairs, et le roi déclara « qu'il n'entendait nullement préjudicier par là aux droits mêmes des *pairs*, qui, à l'avenir, seraient sans difficulté les premiers et les plus prochains du roi; » — 2° Les *ambassadeurs*. — M. Toussaint, p. 75 et 76, dit « qu'ils prétendent se ranger immédiatement après les princes du sang impérial ou royal et avant les cardinaux, comme tels; qu'on en a même vu disputer la préséance aux souverains de second ordre, mais que cette prétention a toujours été combattue. » — Nous croyons qu'ils doivent précéder les *cardinaux* et les *grands dignitaires* de la nation chez laquelle ils sont accrédités. Au reste, ils ne cèdent le pas à aucuns fonctionnaires du pays qu'ils représentent; — 3° Les *grands dignitaires* (V. le sénatus-consulte du 28 flor. an 12); — 4° Les *cardinaux*. S'ils étaient revêtus du titre d'*ambassadeurs*, leur préséance serait réglée par ce titre (V. ci-dessus); — 5° Les *ministres*. On pourrait établir entre eux cet ordre : justice et cultes, affaires étrangères, guerre, marine et colonies, intérieur et commerce, travaux publics, instruction publique, finances, bien qu'aucune loi n'établisse de rang entre eux (V. aussi M. Toussaint, p. 38); — 6° Les *grands officiers* de l'empire, au nombre desquels figurent les *maréchaux* de France et les *amiraux*; — 7° Les *sénateurs* dans leur sénatorerie. Ce droit de préséance n'a plus aujourd'hui d'application. La préséance de la chambre des pairs (aujourd'hui le sénat) est, selon la remarque de M. Toussaint, déterminée par des ordonnances particulières (V. n° 11); — 8° Les *conseillers d'Etat en mission*. Il en existe encore (V. le décret du 25 janv. 1852, art. 6, D. P. 52. 4. 45); — 9° Le *premier président de la cour de cassation* n'a pas de préséance personnelle nettement indiquée par le décret de messidor; cependant on argumente de l'art. 9, tit. 20, disposant que ce magistrat recevra, lors de son installation, la visite du préfet conseiller d'Etat, pour en conclure qu'il doit être placé avant lui. Deux documents peuvent encore être invoqués à l'appui de cette opinion. C'est l'ord. du 14 déc. 1820, qui lui accorde l'entrée de la salle du trône avec les ministres d'Etat, les ambassadeurs, les sous-secrétaires d'Etat, les archevêques et les grand'croix de la Légion d'honneur, et celle du 25 déc. 1842, qui l'indique comme pouvant être nommé ministre d'Etat après les maréchaux de France, les amiraux, les ambassadeurs et le grand chancelier de la Légion d'honneur (Conf. Toussaint, p. 56); — 10° Les *grands officiers de la Légion d'honneur*, lorsqu'ils n'auront point de fonctions publiques qui leur assignent un rang supérieur (V. Ordres civils et milit.). — Des préséances individuelles ont été aussi établies pour les autres *membres de la Légion d'honneur* (décr. 11 avr. 1809; ord. 26 mars 1816). — Décidé que lorsque des grand'croix et des grands officiers, faisant partie de l'armée, assistent, en raison de leur grade et de leurs fonctions, à des cérémonies publiques, ils ne peuvent prendre que le rang attribué à ce grade et à ces fonctions (déc. min. 26 sept. 1832); — 11° Les *généraux de division* commandant une division dans l'arrondissement de leur commandement; — 12° Les *préfets maritimes*. Ils viennent immédiatement après les généraux de division (avis cons. d'Et. 12 août 1807); — 13° Les *premiers présidents des cours impériales*. Ils jouissent des mêmes entrées que les conseillers à la cour de cassation (règl. 1er nov. 1820, V. n° 13); — 14° Les *archevêques*. « Tous ceux à qui le caractère épiscopal a été imprimé sont égaux entre eux, dit Merlin, Rép., v° Episcopat, n° 2. ...S'il se trouve quelque différence entre les primats, les métropolitains et les évêques, elle ne prend point son origine dans le caractère épiscopal qui est le même chez tous, mais seulement dans les institutions positives de l'Eglise, qui a établi différents degrés de juridiction pour l'économie et la police de son gouvernement. » Quand les degrés sont égaux, il est d'usage que les rangs dans chaque degré se règlent par l'ordre de l'institution canonique; — 15° Le *président du collége électoral* du département, pendant la tenue de la session et pendant les dix jours qui précèdent et qui suivent la clôture. Il n'y a plus de colléges électoraux de département; — 16° Les *préfets*. Le paragraphe final de l'art. 1 du décret porte que les préfets conseillers d'Etat prendront leur rang de conseillers d'Etat. Sinon, ils marchent sur le même rang que les *présidents des cours d'assises*, les *généraux de brigade*, les *évêques*, et à leur droite. — Les *secrétaires généraux* accompagnent les préfets (décr. art. 8); en leur absence, ils marchent à la tête des conseils de préfecture; mais dans les préfectures où un conseiller remplit les fonctions de secrétaire général, ce conseiller ne prend que son rang d'ancienneté parmi ses collègues (M. Toussaint, p. 78); — 17° Les *présidents des cours de justice criminelle* (aujourd'hui des cours d'assises). —Un avis du conseil d'Etat, du 1er juin 1811, décide que les *membres des cours impériales qui présideront les cours d'assises*, et leurs assesseurs conseillers, doivent prendre rang dans les cérémonies publiques immédiatement après le préfet; — 18° Les *généraux de brigade* commandant un département; — 19° Les *évêques*. Ils devraient donc prendre la gauche des généraux de brigade (V. les détails que donnent M. Toussaint, p. 47, et M. Affre, Gouvernement des paroisses); — 20° Les *commissaires généraux de police*, ils n'existent plus aujourd'hui; — 21° Le *président du collége électoral de l'arrondissement*. Ces fonctions n'existent plus (V. Dr. polit., n°s 614 et s.); — 22° Les *sous-préfets* (V. ce qui a été dit n° 15-9° pour les conseils d'arrondissement); — 23° Les *présidents des tribunaux de première instance*; — 24° Le *président du tribunal de commerce*; — 25° Les *maires*. Leurs *adjoints* peuvent-ils les remplacer? Non, du moins dans les cérémonies publiques, la préséance est personnelle, inhérente au titre et non aux fonctions : il en est autrement dans les cérémonies *religieuses* ordinaires, parce qu'alors il s'agit d'une prérogative concédée, d'après la loi du 18 germ. an 10, *à l'individu* qui remplit la fonction. Il n'en serait pas cependant de même à l'égard de l'*adjoint* qui voudrait à l'église prendre la place d'un *maire* professant un autre culte (Conf. M. Toussaint, p. 81 et 82); — 26° Les *commandants d'armes*. M. Toussaint, p. 131, remarque très-bien que les *majors généraux de la marine* ont droit à la préséance accordée aux commandants de place, dont ils remplissent les fonctions dans les ports militaires; — 27° Les *présidents des consis-*

toires. — Enfin, lorsque, en temps de guerre, il est nommé des *gouverneurs de places fortes*, leur rang sera réglé (art. 1).

11. *Préséance des corps.* — L'art. 2 du décret de messidor porte : « le *sénat*, le *conseil d'Etat*, le *corps législatif*, le *tribunat*, la *cour de cassation* n'auront rang et séance que dans les cérémonies publiques auxquelles ils auront été invités par *lettres closes* de Sa Majesté. — Il en sera de même des corps administratifs et judiciaires dans les villes où l'empereur sera présent. Dans les autres villes, les corps prendront les rangs réglés ci-après » (c'est-à-dire par l'art. 8). — L'art. 3 est ainsi conçu : « Dans aucun cas, les rangs et honneurs accordés à un corps n'appartiendront *individuellement* aux membres qui le composent. » Le règlement du 13 août 1814 ajoute que les *chambres législatives* ne se montrent jamais en corps hors du lieu de leurs séances. Chaque membre arrive donc séparément à la cérémonie. — L'art. 1 du décret de l'an 12 a été modifié, quant aux *grands corps*, par le décret du 19 avril 1852 qui porte : « Les préséances entre les grands corps de l'Etat sont fixés ainsi qu'il suit : « Le *sénat*, le *corps législatif* et le *conseil d'Etat.* » — Il résulte de là que le *sénat* doit venir immédiatement après Sa Majesté et la famille impériale. — A la tête du sénat marchent le président (qui était le *chancelier*), puis les *vice-présidents* et les *secrétaires*. Aux termes du règlement du 2 juill. 1814 (reproduit par la charte de 1830), chaque *pair* prenait son rang dans l'ordre des nominations. Sous l'ordonnance du 25 août 1817, il y avait des *bancs séparés* pour chaque ordre de titres. On doit s'en référer à ces dispositions pour le sénat (V. M. Toussaint, p. 36). — Aujourd'hui la place du *corps législatif* est fixée; elle est après le sénat (V. const. 14 janv. 1852, art. 3, 4, 34, 47 et suiv.; D. P. 52. 4. 33, et décret précité du 19 avril 1852). — Le président prend rang après celui du sénat, marchant ou siégeant à gauche, quand celui-ci marche ou siége à droite. Après le président viennent les vice-présidents et les secrétaires. Quant aux autres membres, tout est de convenance. On tient compte de l'âge, de l'ancienneté des fonctions. — Il est à noter que si la chambre n'est pas invitée en corps, ses membres n'ont aucun droit de préséance individuelle. — Pour connaître la place qu'ils doivent occuper parmi les notabilités, dit M. Toussaint, p. 37, on doit consulter l'ord. du 26 août 1824 sur l'organisation du conseil d'Etat, la loi du 29 déc. 1831 sur la pairie, et le règlement du 1er nov. 1820 sur les entrées dans le palais du roi.

12. Au corps législatif succède le conseil d'Etat (V. le numéro précédent). Chacun de ses membres se range dans l'ordre hiérarchique. Le règlement du 1er novembre leur accorde l'entrée de la salle qui précède celle du trône avec les lieutenants généraux, les évêques, les préfets, les conseillers à la cour de cassation, etc. — V. d'ailleurs ce qui est dit, n° 10-8°, sur ceux d'entre eux envoyés en mission.

13. Vient ensuite la cour de cassation que le sénatus-consulte du 28 flor. an 12 nomme après le corps législatif pour assister à la prestation de serment du chef de l'Etat. Cependant elle ne prend séance qu'après les maréchaux de France, les amiraux et le conseil d'Etat (V. M. Toussaint, p. 56 et 57). Les membres observent l'ordre hiérarchique (V. Cassation). Ils ont les mêmes entrées que les évêques, les préfets, etc. — V. le règlement du 1er nov. 1820.

14. Sous l'ancien régime, c'était l'ordre de réception qui, dans chaque *tribunal*, déterminait le rang des juges entre eux. Cette règle a été changée par le règlement du 30 mars 1808, dont l'art. 7 porte : « Il sera dressé deux listes de juges, l'une de rang, l'autre de service. — La première, formée suivant l'ordre des nominations, établira le rang dans les cérémonies publiques, dans les assemblées de la *cour*, et même entre les juges se trouvant ensemble dans une même chambre. — La seconde liste sera dressée pour régler l'ordre du service : elle sera renouvelée chaque année dans la huitaine qui précédera les vacances. » — C'est d'après la liste de *rang* que les magistrats remplissant les mêmes fonctions sont placés à l'audience dans les assemblées générales et dans les cérémonies publiques. — Par application des art 7 et 8 du décret du 30 mars 1808, le décret du 6 juill. 1810 sur l'organisation des cours d'appel, art. 36, fixe le rang des membres de la cour, du parquet et du greffe. — Il est de principe, comme l'enseigne M. Toussaint, p. 67, que les membres du parquet marchent toujours après les juges (D. 18 août 1810, art. 28), de sorte que quand les cours et tribunaux vont en corps, les parquets ne viennent dans les cours qu'après les conseillers auditeurs, et dans les tribunaux qu'après les juges suppléants; mais des questions de préséance personnelle s'étant élevées entre les présidents de chambres et le procureur général, le ministre a accordé à celui-ci la priorité (règl. de mess. an 12, art. 11; règl. 1er nov. 1820; décision min. 25 nov. 1828, 10 août 1829, 9 fév. 1830, V. M. Toussaint, *eod.*). — Les *greffiers* accompagnent toujours le tribunal près lequel ils tiennent la plume. Ils suivent le parquet et sont suivis de leurs commis greffiers. — Les *huissiers* n'ont pas de rang proprement dit et précèdent les tribunaux, ceux du moins qui sont audienciers.

15. Après la cour de cassation, viennent : 1° la *cour des comptes*, qui, lorsque la cour de cassation tient la droite dans une cérémonie, y occupe la gauche (L. 16 sept. 1807, v° Cour des comptes, p. 307); — 2° Le *conseil de l'instruction publique*, qui a le même rang que la cour de cassation et la cour des comptes, et dans les cérémonies publiques est placée après cette dernière cour (ord. 17 fév. 1815 et 1er nov. 1820, V. Organ. de l'instr. pub.). L'art. 29 du décret du 17 mars 1808, organique de l'Université, règle le rang que ses membres doivent prendre entre eux (V. Org. de l'instr. publ.); — 3° Les *cours impériales*. Dans les provinces, dit M. Toussaint, p. 58, c'est le premier des corps. A Paris, la cour impériale se range après le conseil de l'instruction publique et avant l'Institut. L'art. 8 du décret de messidor nomme ces cours comme marchant à la tête des corps qu'il désigne; — 4° *L'Institut* composé des cinq académies. Il siége après le conseil de l'instruction publique, la cour impériale étant à droite; — 5° Le *corps municipal de Paris*, c'est-à-dire le préfet de la Seine, le préfet de police, les maires, les adjoints et le corps municipal (M. Toussaint, p. 82); — 6° *L'Académie de médecine* et le *collége de France* (V. *eod.*, p. 90); — 7° Les *officiers de l'état-major* de la division, non compris deux aides-de-camp du général qui le suivent immédiatement (Décr. 24 mess. an 12, art. 8); — 8° Les *membres des cours criminelles* (même article); — 9° Les *conseils de préfecture*, non compris le *secrétaire général* qui accompagne le préfet (même article). — Quant aux *conseils généraux* et aux *conseils d'arrondissement*, M. Toussaint enseigne, p. 79, qu'ils devraient prendre parmi les corps le rang assigné aux préfets et aux sous-préfets parmi les chefs de corps, c'est-à-dire avant les cours de justice criminelle, et avant les tribunaux de première instance. Suivant M. Dumesnil (de l'Organ. des cons. gén.) le conseil général viendrait immédiatement après le préfet et le conseil d'arrondissement immédiatement après le sous-préfet, ce qui devrait être suivi de préférence; — 10° L'*état-major* de département ou de subdivision. A cet égard, une circulaire du ministre de la justice, du 16 oct. 1841, porte que comme le décret de messidor assigne un rang au général commandant le département, et que ce rang précède de beaucoup celui qu'occupe le président du tribunal de première instance, il faut en conclure que l'état-major, dont ce général est le chef, doit précéder le tribunal de première instance; — 11° Les *chapitres ecclésiastiques*. Il semble que les chapitres doivent être classés après l'état-major des départements, car le décret de messidor range les évêques après les généraux de brigade (V. M. Toussaint, p. 49); — 12° Les *tribunaux de première instance* (Décret, art. 8). Un commandant de place n'a pas le pas, dans une ville ouverte, sur le tribunal de première instance (Décis. min, 14 août 1828). — Un avis du conseil d'Etat du 1er juin 1811, décide que les présidents et juges des tribunaux de première instance faisant partie des cours d'assises ne doivent avoir dans les cérémonies d'autre rang que celui qui a été assigné par le décret du 24 messidor an 12 aux présidents et juges des tribunaux de première instance; — 13° Le *corps municipal*. Les adjoints marchent à la tête de ce corps (V. n° 10-25°). L'art. 5 du décret des 19 et 20 avril 1790 fixe le rang des officiers municipaux entre eux (V. v° Commune, n° 74-5°); — 14° La *garde nationale* représentée par le commandant supérieur, l'état-major, les colonels et chefs de bataillons, et une députation (V. M. Toussaint, p. 96 et 97); — 15° le *corps de l'Académie* composé du recteur, des inspecteurs et des facultés. Les proviseurs des colléges impériaux marchent avec l'Académie ou la faculté, au rang de leur grade dans l'université (Décr. 15 nov. 1811). Comment se rangent les professeurs et autres fonctionnaires des colléges impériaux, les principaux et régents des colléges communaux? (V. M. Toussaint, p. 90); — 16° Les *officiers de l'état-major de la place* (Décr. 24 mess., art. 8); — 17° Les *membres des tribunaux de commerce* (même art.);—18° Les *juges de paix* (même art.);—19° Les *conseils de prud'hommes* (M. Toussaint, p. 64);—20° Les *commissaires de police* (Décr. de mess., art. 8).—Il n'y a pas de place légale pour les *agents auxiliaires*, soit des *ministères*, soit des *administrations* ou services publics du département et des communes. Il en est de même des corps dont ils font partie (V. M. Toussaint, p. 85). — Les *avocats* s'abstiennent de se présenter en corps (V. *eod.*, p. 71). — Il a été décidé par le ministre de la justice que le bâtonnier de l'ordre des avocats n'a pas la préséance sur les membres du tribunal de première instance (Décis. 22 oct. 1814).— Les *notaires*, quoique, sous l'ancienne législation, ils fissent partie du tribunal civil de leur résidence, forment aujourd'hui une classe à part, et M. Toussaint leur assigne, dans les cérémonies, le rang du corps municipal, du tribunal civil, du tribunal de commerce et des autres corporations judiciaires ou administratives de la ville où se fait la cérémonie. Mais le notariat n'existe comme corporation que par sa chambre de discipline (V. les rédact. des Annales du notariat). Bien qu'il soit difficile de leur assigner un rang, M. Toussaint, p. 73, constate qu'à l'audience du chef de l'État dans les solennités, la chambre des notaires vient après les *consistoires* des cultes non catholiques et les *commissaires-priseurs* vont après la *chambre syndicale* des *agents de change* et avant celle des *courtiers de commerce*.—Les *avoués* vont après les notaires, à moins qu'ils n'accompagnent les tribunaux à une cérémonie (V. M. Toussaint). — Quel est le rang des *militaires* et *marins* entre eux? (V. Organ. milit.) — Un décret du 11 avril 1809 porte que les commandants, officiers et membres de la Légion d'honneur qui assisteront aux cérémonies publiques, civiles ou religieuses, y occuperont un banc qui sera établi ou une place qui leur sera assignée après les autorités constituées (V. Ordres civ. et milit.).—Une ordonnance du 22 mai-3 juin 1816, relative aux statuts de l'*ordre royal* et *militaire* de Saint-Louis et du Mérite militaire, détermine le rang que prendront dans les cérémonies publiques les membres de cet ordre et ceux de la Légion d'honneur. — Les art. 58 et 59 de l'arrêté du 7 therm. an 8 (28 juill. 1800) fixent le rang des *officiers de la marine* dans les cérémonies publiques (V. Org. marit.).

§ 2. *Des invitations aux cérémonies publiques.*

16. Les *ordres* de l'empereur pour la célébration des cérémonies publiques sont adressés aux *archevêques* et *évêques* pour les cérémonies religieuses, et aux *préfets* pour les cérémonies civiles (Décr. 24 mess., art. 5).—Lorsqu'il y a, dans le lieu de la résidence du fonctionnaire auquel les ordres ont été adressés, une ou plusieurs personnes énoncées avant lui dans l'art. 1 du décret de messidor, ce fonctionnaire se rend chez la personne à qui la préséance est due, pour convenir du jour et de l'heure de la cérémonie (art. 6). Dans le cas contraire, ce fonctionnaire convoque chez lui, par écrit, ceux des fonctionnaires placés après lui dans l'ordre des préséances (ibid.).—Ainsi l'exécution des ordres du gouvernement ne peut être confiée qu'aux agents qui les reçoivent. En vain des fonctionnaires devant occuper le premier rang dans les cérémonies se fonderaient-ils sur les droits de préséance pour prétendre au droit de convocation. La préséance n'emporte pas ce droit (avis cons. d'Ét., 23 janv. 1814). — Il n'y a pas de règle pour les invitations aux cérémonies qui intéressent spécialement l'*armée*. Il convient d'observer les règles des invitations pour les autres cérémonies, et notamment l'art. 70 du décret 6 frim. an 13, d'après lequel les invitations aux cérémonies ayant lieu dans les ports et arsenaux sont faites par les personnes à qui les ordres ont été adressés (V. M. Toussaint, p. 16). — Si la fête n'est pas publique, c'est-à-dire non-ordonnée par le gouvernement, mais seulement civile et communale, le *maire* en est de droit l'ordonnateur : c'est lui qui y *préside*; c'est à lui de faire les invitations. (V. M. Toussaint, p. 16). De même c'est le curé qui préside aux cérémonies religieuses non ordonnées par le gouvernement et fait les invitations. (Décis. min. 5 prair. an 13).

§ 3. — *Mode de réunion des autorités pour se rendre aux cérémonies.*

17. Les autorités appelées aux cérémonies publiques se réunissent chez la personne qui doit y occuper le premier rang. (Décr. art. 7). Cependant les corps judiciaires ont réclamé contre cette disposition qu'ils considéraient comme contraire à leur indépendance, et le 23 août 1816, une décision du ministre de la justice les a autorisés à se rendre directement et de la manière qui leur paraît la plus convenable au lieu de la cérémonie pour y occuper la place que leur attribue le décret de messidor. Depuis, les fonctionnaires chargés de faire les convocations se sont dispensés de les faire, donnant pour raison que l'art. 7 du décret de messidor portant que le fonctionnaire qui a la préséance convoquera chez lui les autorités, on ne peut, en consultant les convenances, inviter que chez soi, et cette détermination a été approuvée par l'autorité supérieure; mais du moins si le fonctionnaire ne doit pas *inviter*, il doit *avertir* (V. Lettres du procureur général de Rennes, 31 juill. 1834). — Il est décidé d'ailleurs que dans les localités et dans les cas où l'autorité *militaire* a le second rang, les fonctionnaires militaires sont tenus de se réunir chez le fonctionnaire civil auquel appartient ce premier rang : ils ne peuvent se rendre séparément aux cérémonies publiques (Circ. min. int., 24 août 1847, circ. min. guerre, 26 juill. 1847, D. p. 47, 3, 204).

§ 4. — *De la manière dont les diverses autorités sont placées dans les cérémonies.*

18. L'usage général est de regarder comme la première place celle qui est à main droite. L'art. 8 du décret, est ainsi conçu : « les princes, les grands dignitaires, les autres personnes désignées en l'art. 1er de la première section du présent titre (V. nos 10 et s.), marcheront dans les cérémonies publiques suivant l'ordre des préséances indiqué audit article, de sorte que la personne à qui la préséance sera due, ait toujours à sa droite celle qui doit occuper le second rang et à sa gauche celle qui doit occuper le troisième, et ainsi de suite. Ces trois personnes forment la première ligne du cortége; les trois personnes suivantes la deuxième ligne. Les corps marcheront dans l'ordre suivant : » (V. *suprà*, nos 11 et suiv.). — Les art. 9 à 13 du décret de messidor an 12 déterminent la manière dont les diverses autorités sont placées dans le local destiné à la cérémonie. — V. *suprà*, p. 369.

19. Il faut compléter ces dispositions par l'art. 47 de la loi du 18 germ. an 10 (V. Culte, p. 685), qui, par suite du vague de sa rédaction, a donné lieu à des difficultés qui constituent, sous un certain rapport, des questions de préséance.—Cet article porte : « Il y aura dans les *cathédrales* et *paroisses* une place distinguée pour les individus catholiques qui remplissent les autorités civiles et militaires. » — On s'est demandé comment il fallait interpréter les termes : « autorités *civiles* et *militaires*. » — Tous ceux que l'usage qualifie du titre de fonctionnaires publics ont prétendu qu'ils devaient être compris parmi les autorités; mais, dans certaines localités, le nombre des fonctionnaires publics est considérable et l'endroit réservé dans les églises peu étendu : il est donc important, pour savoir à qui appartiendront les places disponibles, de déterminer le véritable sens de la loi. — Suivant l'opinion assez peu précise du Journal des Conseillers municipaux (162e consult., 1835, p. 213), il n'est pas douteux que la loi n'ait entendu parler exclusivement, par ces mots *autorités*, que des fonctionnaires qui, à des degrés différents, dans le département, l'arrondissement et la commune, ont toutes les attributions du pouvoir civil ou militaire, et représentent le roi comme chef, soit de l'autorité administrative, soit de l'autorité militaire. Au contraire, tout fonctionnaire dont les attributions ne présentent pas ce caractère n'est pas une autorité. — D'après ces principes, les seuls fonctionnaires qui ont droit à une place réservée dans l'église sont, pour l'ordre civil : le préfet dans toutes les églises du département; — les conseillers de préfectures, mais seulement lorsqu'ils remplacent le préfet par intérim; car, dans l'exercice habituel de leurs fonctions, il ne représentent pas l'autorité; — le sous-préfet dans toutes les églises de l'arrondissement; — le maire de la situation de l'église, si plusieurs communes sont réunies; — les adjoints seulement encore lorsqu'ils remplacent le maire (*id.*). — Les membres des conseils de département, d'arrondissement et de commune, ne sauraient prétendre à aucune préséance de ce genre, puisqu'ils ne sont pas agents du gouvernement (*id.*). — Il en est de même des magistrats des cours et tribunaux, et par les mêmes raisons (*id.*). — Dans l'ordre militaire, la préséance appartient au commandant de la division militaire, au commandant du département, au commandant de place; en un mot, à tout officier qui, dans la circonscription ou la localité, est le chef de l'autorité militaire (*id.*).

20. L'interprétation administrative apporte même encore les restrictions qui suivent aux solutions qu'on vient de lire : Les fonctionnaires civils et militaires n'ont droit à des places distinguées dans les églises que dans les cérémonies religieuses et civiles ordonnées par le gouvernement (lettre min. int. et des cultes, à MM. les vicaires généraux de Reims, 7 nov. 1835, Journ. des Cons. mun., 5e année, 1837, p. 45). — Ces fonctionnaires n'ont droit à ces places qu'autant qu'ils se présentent revêtus de leur costume (déc. 24 messid. an 12, tit. 1er, art. 3, *id.*). — Il n'est pas dû de place à tout fonctionnaire qui n'assiste à l'office que comme fidèle (déc. 24 mess. an 12, tit. 1er, art. 3, *id.*). — Ces principes ont été consacrés par de nombreuses décisions. A cet égard, la jurisprudence administrative n'a jamais varié (*id.*). — Décidé, par suite, que les adjoints aux maires n'ont pas droit, dans les circonstances ordinaires, à une place distinguée dans l'église (lettre du ministre de la justice et des cultes au préfet du Calvados, du 20 juill. 1837, *eod.*, 5e année, 1837, p. 45). — Dans beaucoup de localités on réserve cependant pour tous les jours de l'année une place distinguée et gratuite au maire et au juge de paix. C'est un hommage rendu aux honorables fonctions dont ces magistrats sont revêtus; c'est une concession toute volontaire; pour eux, ce n'est point un droit, mais il ne saurait être accordé à d'autres des concessions semblables, ce serait un abus (*id.*). — Dans les églises, dit M. Toussaint p. 19, quoique l'*autel* soit regardé comme le centre, ce n'est pas à sa droite qu'est la place d'honneur. C'est à droite en entrant au chœur par la porte de la nef. De là, on dit : *à l'église main gauche prévaut.* — Dans la salle du trône, c'est le trône qui forme le centre. — *A table*, lorsqu'il n'y a qu'une place d'honneur, cette place est ordinairement choisie au centre, vis à vis de l'entrée de l'appartement. De ce point, en partant alternativement de la droite ou de la gauche, se règle l'ordre des convives, et les dernières places sont opposées à la première. — Dans les entrevues, Visites, conférences ou assemblées, celui qui est le plus distingué s'assied, marche ou reste debout à la droite de celui qui l'est le moins. C'est ce qui s'appelle avoir *la main*, ou *la main d'honneur*.

21. Dans les cérémonies religieuses, le curé a la police de l'église; il peut rappeler à l'ordre et faire expulser ceux qui s'en écartent (décis. min. 14 déc. 1824). Il ne saurait régler le rang des autorités. C'est la fabrique qui fournit les fauteuils et les autres objets nécessaires à la cérémonie (décis. min. 26 janv. 1806; L. 18 germ. an 10, art. 47; décr. 30 déc. 1809, art. 30). Quant aux autorités civiles ou militaires, elle ne doivent intervenir dans la cérémonie que pour rétablir l'ordre, et lorsqu'elles en sont requises par le curé. Elles ne peuvent également introduire des troupes dans l'église, faire battre le tambour, ni rien changer à l'ordre de la cérémonie, sans l'autorisation de ce dernier.

22. Dans les autres cérémonies, c'est à la police municipale que le maintien de l'ordre est confié. L'établissement, le maintien des rangs, regarde la personne chargée de diriger la cérémonie. En cas de conflit avant la cérémonie, le gouvernement en décide, et non l'autorité judiciaire. Une décision ministérielle, du 14 déc. 1824, porte que si des corps et fonctionnaires ne tiennent pas à l'église une conduite convenable, ce n'est pas au procureur du roi à les reprendre; s'ils occupent des places qu'ils ne doivent pas avoir, ce magistrat doit se borner à en dresser procès-verbal, sans faire aucun éclat, et à le transmettre au chef du parquet du ressort. Enfin, d'après une autre décision, du 14 août 1828, lorsque des magistrats n'obtiennent pas, dans une cérémonie publique, le rang que leur assignent les règlements, le plus convenable pour eux est de se retirer sur-le-champ, après avoir adressé leurs réclamations au fonctionnaire chargé de la cérémonie, et s'il n'y a pas fait droit, d'en référer à l'autorité compétente.

ART. 3. — DES HONNEURS CIVILS ET MILITAIRES.

23. La deuxième partie du décret de l'an 12 qui traite des honneurs civils et militaires, se compose de vingt-six titres différents, dont chacun est lui-même sous-divisé en sections. — Tous les cas possibles d'honneurs à rendre à l'empereur, aux princes, aux divers fonctionnaires et corps constitués, tant par les autorités civiles et religieuses que par les autorités militaires, sont prévus et déterminés. Il suffit de s'y reporter. — Le décret du 27 fév. 1811 règle le logement et les honneurs dus aux présidents des cours d'assises (V. p. 378). — Un avis du conseil d'État du 13 oct. 1812 porte solution de trois questions sur les prérogatives accordées aux présidents des assises par le décret qui précède (V. *eod.*). — Un décret du 6 frim. an 13 (27 nov. 1804) énumère les honneurs militaires qui doivent être rendus dans les ports et arsenaux de la marine, et les personnes auxquelles ces honneurs sont dus (V. p. 374). Au reste, l'art. 85 de ce décret applique au service de la marine les dispositions prescrites par le décret du 24 mess. an 12, qui sont compatibles avec le service de la marine, et auxquelles il n'est pas pourvu par le décret précité du 6 frimaire an 13. Un décret récent du 11 août 1856, qui n'est pas encore au Bulletin des lois au moment où nous écrivons, a réglé les honneurs à rendre à l'empereur, au prince impérial, à l'impératrice, aux princes de la famille impériale, aux princes de la famille de l'empereur, lorsqu'ils se rendent à bord des bâtiments de la flotte.

24. Décidé que lorsqu'un évêque, en cours de tournée pastorale, arrive dans une commune, les autorités civiles, et notamment les maires, doivent lui faire une visite officielle (Lett. min. cult. 17 juin 1844, D. P. 47. 3. 108).

Table sommaire des matières.

Table chronologique des lois, arrêts, etc.

1789. 29 déc. p. 369	An 14. 16 frim. p. 377.	—16 sept. p. 378.	—25 nov. 14.
1790. 19 avr. p. 369	1806. 26 janv. 21.	—15 nov. p. 378.	1829. 10 août 14.
—16 août p. 369.	1807. 12 août p. 377	1812. 13 oct. p. 378	1830. 9 fév. 14.
1791. 22 juin p. 369	—28 sept. p. 377.	1814. 25 janv. 16. p. 378.	1831. 22 mars p. 379
—29 sept. p. 369.	—2 oct. p. 378.	—22 oct. 15-20°.	—29 déc. p. 379.
An 3. 5 fruct. p. 369	1808. 17 mars p. 378	1815. 17 fév. p. 378.	1833. 7 nov. 20.
An 6. 28 germ. p. 369.	—30 mars p. 378.	1816. 22 mai p. 378.	1834. 31 juill. 17.
An 8. 7 therm. p. 369.	1809. 11 avr. p. 378	—23 août 17.	1837. 20 juill. 20.
An 12. 24 mess. p. 369.	—30 déc. p. 378.	1820. 29 oct. p. 378	—15 nov. p. 379.
An 13. 5 brum. p. 375.	1810. 6 juill. p. 378.	—1er nov. p. 378.	1840. 19 juin p. 379
—6 frim. p. 375.	—18 août p. 378.	1823. 8 janv. p. 379	1844. 17 juin 24.
—5 prair. 16.	1811. 27 fév. p. 378	1824. 14 déc. 21.	1847. 26 juill. 17 c.
	—7 avr. p. 378.	1826. 15 janv. p. 379	—24 août 17 c.
	—1er juin p. 378.	1828. 14 août 15-12°.	1852. 19 avr. p. 379
	—22 juin p. 378.		1854 1er mars p. 379
			1856. 11 août p. 379

PRÉSENCE.—V. Acquiescement, nos 636, 660 et s.; Appel civil, no 931; Appel incident, no 165; Archive, no 37; Complice, nos 67, 117; Contrat de mariage, nos 414 et s., 1427 et s. 2035; Crimes contre les personnes, no 14; Désaveu, no 35, 65 et s.; Enreg. nos 3509 et s., 3681 s.; Expertise, nos 182 et s., 209 et s., 234, 245, 321; Faillite, no 460; Faux incident, no 261; Jugement, no 34 et suiv.; Mandat, no 407; Mariage, nos 840, 870; Min. pub. nos 61 et suiv., 102, 294; Minorité, no 343; Obligat., Organisat. diverses.

PRÉSENT. Mot qui exprime en général une libéralité ou un cadeau qui se fait de la main à la main.—V. Disp. entre-vifs et testam.; Succession, no 1187 et s.; V. aussi Agent diplomatique, nos 74, 204; Discipline, no 4; Expertise, nos 13, 133; Fonct. pub., no 22; Forfaiture, no 114 et s.; Frais, no 9; Min. pub., no 79-2o.

PRÉSENTATION. — En ce qui concerne la présentation de son successeur par un officier ministériel, V. Office; d'une personne pour une fonction publique, V. Fonct. pub., no 74; d'un enfant à l'officier de l'état civil, V. Acte de l'état civil, no 236; d'un effet de commerce, V. ce mot, no 75; d'un acte à l'enregistrement, V. ce mot, nos 134, 5067; d'un compte, V. Compte, nos 99 et s.; Mandat, nos 234 et s.; Minorité, nos 593 et suiv.; Succession, nos 886 et s.

PRÉSIDIAUX.—V. Degrés de juridict., nos 3 et s., Org. jud.

PRÉSIDENT. C'est en général celui qui préside un État, un corps, une assemblée, une compagnie.—V. Organ. adm., jud. et milit., Inst. crim. (cour d'assises). — V. Agréé, no 68; Avocat, nos 178, 547 et s.; Avoué, no 254; 259; Cassation, nos 29, 52; Comp. civ. des trib. d'arrond., no 279 et s., 299; Conseil d'Ét., nos 43 et s.; Cour des comptes, nos 14 et s., 20; Culte, no 521; Défense, nos 100, 114, 137; Discipline, nos 47, 51, 120; Disp. entre-vifs, nos 3268 et s., 3640 et s.; Droit polit., nos 608, 614 et suiv., 620 et suiv.; Expertise, nos 327, et s.; Garde nation., no 219; Interdiction, no 80; Interrog. sur faits et articles, nos 55, 69; Intervent., nos 36 et s.; Jugement, nos 225, 272, 820, 830, 833; Min. pub., nos 302 et s.; Minorité, no 226; Mise en jug., no 359; Notaire, 498; Surenchère, no 110.

PRÉSOMPTION. Mot qui exprime en général la conséquence que la loi tire d'un fait connu à un fait inconnn. —V. Obligation; V. aussi Absent, Crimes contre les personnes, nos 45, 82 et s.; Dépôt, nos 119, 131; Désistement, nos 14, 74; Disposit. entre-vifs, nos 436 et suiv., 952 et suiv., 962, 1683, 1691; Domicile, no 117; Dommages-destruction, nos 57, 104, 200 et suiv.; Droit maritime, nos 1802, 2044, 2063, 2070; Eaux, nos 336 et s.; Effets de commerce, nos 100, 383 et s.; Enregistrement, Évasion, no 45; Faillite, nos 266 et s., 326; Faux incidents, no 77, Forêts, nos 326, 683, 717, 838, 1288; Garde nationale, no 190; Impôts directs, nos 174 et s., 186; Impôts indirects, nos 188 et s., 237 et s., 243 et s., 295; Instr. crim. nos 1257, 1495 s.; Interrog. sur faits et art.; no 109; Jeu-Pari, no 55; Jugement, nos 3, 30 et s.; Jugement par défaut, nos 117 et s., 147 et s.; Lois, nos 162, 172, 518; Louage, nos 91, 289, 292, 327, 564, 571, 717 et s.; Louage admin., no 9; Mandat, no 158; Mariage, no 56; Mines, no 362; Min. pub., nos 103, 157; Mise en jug., nos 205 et s., Notaire, nos 530 et s.; Organ. adm., jud. et milit.; Paternité et Filiation, nos 7 et suiv., 24, 58, 66 et s., 87, 277, 289 et s., 311; Péremption, no 153-2o; Poids et mes., nos 103 et s., 109; Prescript. civ., nos 22, 26, 1008, 1036 et s.; Preuve, Propriété; Succession, no 43, et s.; Servitude, Société, Vente, Vente admin., Vente pub., Voirie, Vol.

PRESSE—OUTRAGE.—PUBLICATION.—**1.** Quoique ces termes aient des significations particulières, cependant le mot *publication* exprime l'idée dominante de cet article, lequel embrasse toutes les manifestations de la pensée par les voies de l'écriture, du dessin, des emblèmes, de la parole, ou du simple geste, en ce qu'elles peuvent offrir les caractères d'un outrage ou d'une provocation publique à des actes contraires à l'ordre social. — Par *écriture*, nous entendons ici non-seulement celle qui est manuscrite, mais aussi celle qui s'obtient par un procédé quelconque, tel que l'imprimerie, la lithographie, l'autographie, etc. — Par *dessin*, nous comprenons également toute figure tracée, quel que soit le procédé à l'aide duquel elle se produit : *crayon*, *gravure*, *lithographie*, *estampe*, etc. — Ni la langue usuelle, ni la langue du droit ne nous donnent la faculté de désigner par un seul mot l'importante matière qui va nous occuper.—Nous avons suppléé de notre mieux à leur insuffisance en choisissant le titre qui nous a paru se prêter le plus naturellement aux recherches du lecteur, et qui comprend tout ce qui a trait à l'imprimerie et à la librairie, tout ce qui se rapporte aux délits commis par la *parole* et les divers moyens de *publication*, etc., etc.—Quant aux manifestations de la pensée dans leurs rapports avec le droit civil, V. surtout vo Propriété littéraire et artistique.

Division.

TIT. 1. — HISTORIQUE ET LÉGISLATION. — DROIT COMPARÉ.

2. Ce travail se prête à une division assez naturelle que nous croyons devoir adopter afin de ne pas interrompre la série des notions et des documents relatifs à notre sujet principal : — 1º Presse en général, des autres moyens de publication, outrages, etc.; —2º Origine et vicissitudes diverses de l'imprimerie impériale.

CHAP. 1. — DE LA PRESSE EN GÉNÉRAL, DES AUTRES MOYENS DE PUBLICATION, ET DES OUTRAGES.

3. Ce chapitre, qui touche nécessairement à toutes les parties de notre sujet, se compose d'éléments très-divers. Si nous y suivions uniquement l'ordre chronologique, il en résulterait une assez grande confusion. Pour l'éviter, autant qu'il est en nous, nous croyons devoir y observer l'ordre d'idées que nous avons adopté dans l'ensemble de ce travail, c'est-à-dire que nous y parlerons successivement des lois préventives ou de police et des lois répressives. — On sait que les *lois préventives* sont celles qui ont pour but de prévenir les infractions au moyen de certaines garanties, et que les *lois répressives* ont pour but de les punir. Quoi qu'il en soit, il est facile de prévoir que les deux parties que nous venons d'indiquer devront nécessairement se rencontrer sur certains points qui leur sont communs. — Après cet avertissement, dont le lecteur appréciera l'utilité, nous venons à l'objet de notre introduction.

4. Comme la pensée est le plus bel attribut de l'homme, la libre communication de la pensée est son droit le plus précieux. Mais la parole n'est pas toujours un moyen suffisant, et si nous remontons à l'établissement des premières sociétés nous y retrouvons les ingénieuses combinaisons par lesquelles l'homme, sortant des mains de la nature, cherche à fixer sa pensée au moyen des signes, c'est dans ces caractères symboliques que son industrie à demi barbare s'exerça longtemps avant de découvrir l'écriture. Que de siècles se sont écoulés entre cette découverte et celle plus précieuse encore de l'imprimerie! — Et pendant le temps qui sépare ces deux inventions, que de fois, en des pays divers, la barbarie triomphant de la civilisation est venue replonger l'esprit humain dans sa première ignorance! Qui connaissait au quinzième siècle de notre ère les procédés graphiques des Assyriens, des Phéniciens, des Égyptiens et de tant d'autres peuples qui avaient, en leur temps, brillé au premier rang des nations policées? Ces peuples eux-mêmes avaient à peu près disparu. Rome, en soumettant la Gaule à ses armes, y avait introduit sa civilisation, et sans doute avec son écriture ordinaire, sa logographie, écriture abréviative à l'aide de laquelle on recueillait les discours des orateurs. Sans doute aussi, elle y avait répandu ses journaux semblables, sous plus d'un rapport, à ceux de l'Europe du dix-neuvième siècle (V. sur ce point l'ouvrage plein d'intérêt de M. Leclerc, membre de l'Institut). — Mais quelques siècles plus tard, ces heureux effets de sa domination étaient anéantis par l'invasion des barbares.

5. Cependant l'un de ces génies prodigieux qui semblent former au-dessus de l'humanité un degré distinct de l'échelle des intelligences, Charlemagne, comme éclairé des lumières des âges futurs, s'était efforcé de répandre l'instruction dans toutes les parties de son vaste empire. — Dans cette pensée, il avait adressé à tous les évêques (en 787) une circulaire dans laquelle il cherchait à les pénétrer de ses intentions libérales. — Puis, par un de ses Capitulaires (en 789), il avait formellement ordonné qu'auprès de tous les monastères et de tous les évêchés seraient établies des écoles où l'on enseignerait la grammaire, le calcul et la musique. Dans chaque paroisse, le curé devait en outre apprendre gratuitement à lire à tous les enfants qui lui seraient confiés. — Mort vingt-cinq ans après seulement (en 814), Charlemagne avait eu le temps de veiller à l'exécution de ses volontés. — Et, néanmoins, un siècle plus tard environ, en France, on ne savait plus ni lire ni écrire (Montesquieu, liv. 28, ch. 11). — Les invasions des Normands, les guerres intestines avaient fait perdre complétement le fruit de la bienfaisante initiative de l'empereur carlovingien. Les ténèbres de l'ignorance étaient même devenues si épaisses, que les plus illustres champions de la féodalité auraient rougi de posséder les premiers éléments des connaissances humaines.

6. Heureusement, il n'était pas dans les destinées de l'Europe de demeurer asservie à la force brutale. De nouveau reprise avec énergie et persévérance, tantôt par les monastères, tantôt par le pouvoir royal, qui, de concert avec les communes, travaillait à la destruction de la puissance féodale, l'œuvre de civilisation et de progrès était déjà bien avancée, lorsque l'invention de l'*imprimerie* vint lui fournir l'arme puissante à l'aide de laquelle elle pouvait désormais défier tous les efforts de la barbarie. — On sait que Coster, Guttenberg, Fust, Schœffer furent, à divers degrés, les créateurs de ce merveilleux moyen de communication entre les hommes, qui date de 1450.

7. Cependant, comme les facultés les plus heureuses accordées à l'homme, l'imprimerie avait aussi ses dangers. — Le pouvoir en fut très-vivement frappé. — Aussi, embarrassée dès son origine par une multitude de règlements, elle languit dans une longue enfance. L'histoire du développement de la presse serait l'objet d'un ouvrage du plus haut intérêt : il ne peut entrer dans notre plan que d'indiquer les principales dispositions législatives sur cette matière.

8. Un des caractères du régime féodal, qui vit naître l'imprimerie, fut l'esprit de *corporation*. Les différentes branches d'industrie qui se rattachent à la presse, imprimeurs, libraires, fondeurs, etc., prirent donc cette force d'organisation; mais leur corporation ne resta pas indépendante; elle fut réunie à l'université : la presse se trouva placée sous la domination absolue de l'autorité religieuse. Tous les ouvrages qui devaient être imprimés étaient assujettis à l'*autorisation préalable* de l'université : ce corps entièrement composé d'ecclésiastiques approuvait, tolérait ou proscrivait les écrits, sans autre règle que l'intérêt de ses doctrines. — La crainte des supplices arrêtait ceux qui auraient tenté de se soustraire à cette censure; l'édit de Henri II contre les imprimeurs, confirmé par la déclaration de 1553, prononce la *peine de mort* contre tout imprimeur, libraire ou particulier qui imprimera, vendra ou distribuera un ouvrage quelconque sans en avoir obtenu l'autorisation formelle. C'est en vertu de cet édit qu'on fit pendre à Paris des marchands de Genève qui avaient apporté des livres de prières à l'usage des calvinistes. Les parlements, dont l'indépendance mérita souvent la reconnaissance des peuples, ne se montraient pas seulement les exécuteurs zélés des plus cruelles dispositions contre la libre communication de la pensée, mais, au moyen des arrêts de règlements, ils lui imposaient encore de nouvelles entraves. Ils avaient renouvelé la coutume de quelques empereurs romains, en ordonnant que les livres condamnés seraient brûlés publiquement par la main du bourreau. Cet usage ridicule se maintint jusqu'à la révolution. Sous le règne de François Ier, le parlement de Paris déclara que la faculté de théologie de l'université avait le droit de juger les livres nouveaux. En vertu de cet arrêt, la faculté de théologie, en 1714, publia le catalogue des livres qu'elle avait prohibés et dont les auteurs, distributeurs, même les simples possesseurs devaient être poursuivis extraordinairement. Si l'on ajoute à ces rigueurs les interdictions de la Sorbonne, arbitre suprême des matières religieuses, et les censures des autres facultés de théologie, on n'aura encore qu'une idée incomplète de la contrainte à laquelle étaient soumises les productions de la presse.

9. Sous ce régime inquisitorial, le chancelier l'Hospital conçut le généreux projet de l'affranchir. Les querelles religieuses qui étaient alors dans toute leur animation paralysèrent ses efforts; mais l'ordonnance de Moulins de 1566, rendue sur son rapport, diminua l'influence de l'autorité ecclésiastique sur le nouvel instrument de civilisation, en attribuant au roi la délivrance des lettres de privilége pour l'impression des ouvrages; la même ordonnance supprima la peine de mort. Cet adoucissement dans la législation était un triomphe obtenu par l'humanité sur la superstition, et faisait espérer des améliorations plus grandes. Mais il ne fut pas de longue durée : en 1626, le cardinal de Richelieu, irrité de quelques écrits contre son administration, porta un édit où la peine de mort fut rétablie textuellement pour les ouvrages contre la religion et les affaires d'Etat; quant aux autres ouvrages, l'ord. de janv. 1629 chargea le chancelier et le garde des sceaux de les faire examiner avant d'accorder le privilége. La peine de mort subsista jusqu'en 1728, où une ordonnance réduisit à la marque, au carcan et aux galères, les peines infligées aux imprimeurs et distributeurs d'ouvrages jugés criminels.

10. En 1723 avait paru le règlement sur l'imprimerie et la librairie, dont la disposition pénale a été l'objet d'un débat si animé avant la révolution de 1830, mais qui ne peut plus se reproduire aujourd'hui (V. nº 209 nos observations sur l'art. 24 du décret du 17 fév. 1852).—Destiné d'abord uniquement aux imprimeurs et libraires de Paris, il fut étendu par un arrêt du conseil du 24 mars 1744 à toutes les villes du royaume où se faisait un commerce de librairie et dans celles où existaient des imprimeries.—L'art. 4 du règlement précité fait défense à toutes personnes autres que les libraires de se livrer au commerce des livres à peine de 500 liv. d'amende, de confiscation et de punition exemplaires. Un arrêt du conseil, du 10 sept. 1735, établit une exception pour les A B C et les almanachs n'excédant pas deux feuilles d'impression, que les marchands merciers et autres pouvaient vendre librement. Les principales obligations imposées aux imprimeurs consistent à insérer, en tête ou à la fin de chaque ouvrage, les lettres de privilége accordées par le roi, leurs noms, la ville et l'année où l'impression avait été faite.—On verra, dans le cours de ce traité, que la législation qui nous régit s'est très-peu écartée de ces dispositions.

11. Une déclaration de 1767 punissait d'une forte amende les propriétaires des maisons où se trouveraient cachées des imprimeries, même à leur insu; la même déclaration, contenant les désignations les plus vagues des crimes et délits de la presse, leur appliqua de nouveau les peines les plus sévères. Mais on fut généralement révolté, sans être intimidé, de dispositions qui plaçaient arbitrairement la vie des citoyens sous l'autorité illimitée des juges. Un homme qui savait être libre au milieu des fers, et indépendant au milieu des cours, M. de Malesherbes, s'opposa de tout son pouvoir à ces dispositions tyranniques. — Ce fut alors qu'il publia ses mémoires sur la librairie, où les principes de la liberté de la presse se trouvent développés avec tant de force et de sagesse.

12. Cependant cette contrainte si oppressive n'avait pas pu arrêter l'élan de la pensée; de courageux citoyens avaient bravé ou éludé les châtiments pour annoncer au monde des vérités utiles: des lois sans mesure étaient violées sans scrupule. Il s'établit une contrebande littéraire ouverte et impunie, au moyen de laquelle les ouvrages défendus, sortis en manuscrit, rentraient en France après avoir passé deux fois la frontière. Montesquieu fut obligé de faire imprimer l'Esprit des lois à Genève; les ouvrages les plus remarquables de Voltaire et de Rousseau ont été publiés à Londres, à Genève ou à Amsterdam. Bientôt il ne fut plus possible d'arrêter le torrent qui brisait ses digues et pénétrait toutes les parties du royaume; la dure prohibition si longtemps imposée à la liberté d'écrire ne se soutenait plus qu'à peine : le gouvernement songea alors à user d'une tolérance qui était devenue indispensable; les parlements seuls tinrent rigueur. Un arrêt du parlement de Paris, de 1775, ordonne la lacération de l'ouvrage intitulé Philosophie de la nature, et décrète l'auteur d'information comme coupable du crime de lèse-majesté divine et humaine; s'il eût été saisi, on l'aurait sans doute brûlé pour lui prouver que sa doctrine était erronée. Un autre arrêt de 1781 décrète également l'abbé Raynal pour crime d'impiété, à l'occasion de son Histoire des Indes. Mais les arrêts des cours souveraines n'inspiraient point d'effroi, par la facilité que l'on avait de se soustraire à leur rigueur. Telle fut la situation des choses jusqu'à la révolution.

13. La déclaration des droits de l'homme votée par l'assemblée constituante proclama le droit de chaque citoyen de publier et faire imprimer ses opinions. Toutes les lois prohibitives de la liberté de la presse furent ainsi anéanties; les professions d'imprimeur et de libraire, soumises depuis plusieurs siècles à un régime exceptionnel, rentrèrent dans le droit commun. Le décret du 17 mars 1791 dispose qu'il *sera libre à toute personne* de faire tel *négoce* ou d'*exercer telle profession qu'il trouvera bon*; plus tard, les corporations d'imprimeurs et de libraires furent formellement abolies. La constitution du 3 sept. 1791 porte, en outre : « La *liberté* est accordée *à tout homme* de *parler*, d'*écrire*, d'*imprimer* et de *publier* ses pensées, sans que les écrits puissent être soumis à aucune *censure* ni *inspection préalable*. » Dans les premiers transports que dut faire naître cette liberté absolue d'imprimer et d'écrire, la presse devint un instrument terrible. Le peuple, mécontent du passé, impatient de l'avenir, prenait une part active aux affaires publiques : chaque club avait ses orateurs et ses écrivains; des écrits effrénés appelaient ouvertement les citoyens à la révolte. — Les zélateurs forcenés de la liberté ont été les mêmes dans tous les temps. Ils ne comprennent pas que leurs excès doivent avoir pour résultat inévitable de forger à la nation de nouvelles chaînes, et qu'ils donnent pour auxiliaires au pouvoir absolu les hommes modérés de tous les partis qui espèrent y trouver un refuge contre leurs écarts et leurs violences.

14. Cependant le législateur n'avait pas négligé d'élever une digue au torrent des abus de la presse (V. le tableau des lois, p. 396); mais ses dispositions étaient impunément violées, et, au milieu de ce désordre, la société s'ébranlait jusque dans ses fondements. — Alors la convention sortit du choc des partis et s'empara des rênes du gouvernement. Sous prétexte d'empêcher la circulation des livres séditieux, elle porta la loi du 29 mars 1793, qui établit sur la pensée et le silence une inquisition plus terrible que celle dont elle rappelait le souvenir, et dont les échafauds permanents faisaient le plus sanglant éloge.—La constitution de l'an 3 consacra sans restriction la liberté de la presse. Suivant l'art. 353 de cette constitution, nul ne pouvait être empêché de *dire*, *écrire*, *imprimer* et *publier* sa pensée. Les écrits ne pouvaient être soumis à aucune *censure* avant leur publication. Nul ne pouvait être *responsable* de ce qu'il avait écrit ou publié, que dans les cas prévus par la loi. — Cette liberté absolue fut bientôt restreinte par la loi du 28 germ. an 4. Le directoire voulut réprimer les abus de la presse, mais sa faiblesse même rendait ses efforts impuissants; il ne se réveilla de son apathie, au 18 fruct. an 5, que pour faire expier par un affreux exil, à quelques citoyens, le courage d'avoir parlé librement sur la position de la France : on cherche en vain durant ces fatales périodes quelques traces de la liberté de la presse. Pendant le règne de la convention elle avait reculé devant la terreur; sous le directoire elle fut étouffée dans les déserts de Sinamarry.

15. Sous l'empire, la presse périodique fut aussi réduite au silence. Le décret du 5 fév. 1810 soumit en outre l'*imprimerie* et la *librairie* à une police sévère. Il institua une direction générale de l'imprimerie et de la librairie, avec des attributions de surveillance sur ceux qui furent autorisés à exercer ces professions; les imprimeurs et libraires durent être *brevetés* et *assermentés*; et, pour obtenir un brevet, il fallut être muni de *certificats de bonne vie et mœurs*, et d'*attachement au souverain*. Le nombre des imprimeurs et celui des presses qu'ils pourraient employer fut fixé pour Paris et les départements. Les imprimeurs furent astreints, avant l'impression d'un ouvrage, à en faire la *déclaration*, afin de mettre l'autorité à même d'empêcher la publication; aucun ouvrage ne put paraître sans *nom* d'auteur ou d'imprimeur; le *dépôt* de *cinq exemplaires* de chaque ouvrage fut ordonné avant la publication; d'ailleurs, la seule peine spéciale prononcée par ce décret, en cas d'infraction à ces dispositions, est la *confiscation* de l'ouvrage. Ce n'était pas assez d'avoir supprimé un grand nombre d'imprimeries, et d'avoir mis celles qui étaient conservées sous l'influence directe du pouvoir; dans le système de despotisme civil qui se fortifiait à proportion de la gloire militaire dont la France était enivrée, il fallait étouffer tous les organes de l'opinion publique. Par un décret du 9 avril 1811, le gouvernement s'empara de tous les journaux, pour supprimer les uns et s'approprier le produit des autres. Dès ce moment, la presse périodique devint muette.

16. A la chute du gouvernement impérial la presse reprit un moment toute sa liberté. Elle s'en servit pour attaquer les prestiges dont les Français s'étaient longtemps laissé environner, avec une énergie dont elle n'avait presque plus donné d'exemple depuis la dissolution de l'assemblée constituante; mais elle frappait un ennemi terrassé; ses premiers actes de liberté ne furent pas des actes de courage et de générosité. En remontant sur le trône de ses pères, Louis XVIII chercha à établir son autorité sur des bases durables : il publia, ou, pour nous servir de son expression, il octroya la charte, dont l'art. 8 garantit aux Français le droit de publier et faire imprimer leurs opinions.

L'exécution franche de part et d'autre de ce pacte, tout insuffisant qu'il était dans une foule de dispositions, pouvait faire le bonheur des Français et affermir le trône de la branche aînée des Bourbons; mais la loi du 21 oct. 1814 vint déjà ravir aux citoyens le droit précieux de communiquer librement leur pensée. La constitution supposait des lois répressives de l'abus de la presse; le tit. 1 de celle du 21 octobre consacrait la censure préalable de tous les ouvrages et la servitude absolue des journaux. Il est vrai que ces dispositions étaient justifiées dans une certaine mesure par l'agitation des esprits, qu'elles ne devaient être que temporaires, et que leur prochaine révision était annoncée par la loi même : c'était donc un acte suspensif de la liberté de la presse. Le tit. 2 de la même loi reproduit les dispositions du décret du 5 fév. 1810, mais en rendant plus strictes les obligations imposées aux imprimeurs, et en aggravant, dans des proportions énormes, la pénalité applicable aux contraventions; les imprimeurs et libraires sont de nouveau assujettis à se munir d'un brevet. Cependant cette loi, pas plus que le décret du 5 février, ne prononçait aucune peine contre ceux qui exerceraient la librairie sans brevet. — Une différence remarquable, c'est que le décret du 5 février ne prescrivait l'insertion du nom de l'imprimeur sur l'ouvrage qu'à défaut de celui de l'auteur, qui, dans les cas ordinaires, était considéré comme une garantie suffisante. La loi de 1814, au contraire, exige dans tous les cas et sous de fortes peines, que le nom de l'imprimeur soit indiqué. —Enfin cette loi met entre les mains du gouvernement une arme terrible contre la liberté de la presse, en l'autorisant à retirer le brevet de tout imprimeur ou libraire qui aura subi une condamnation pour contravention à ses dispositions. Ainsi, pour la moindre faute, un citoyen peut être privé arbitrairement de sa profession et souvent de toute sa fortune. — On doit dire cependant qu'il existe peu d'exemples de l'exercice de ce droit exorbitant.—Quoi qu'il en soit, après tant de vicissitudes politiques accomplies depuis quarante ans, la loi de 1814 régit encore l'imprimerie et la librairie.—V. nos 96 et s., 189 et s.

Après la catastrophe de Waterloo, la France retomba sous la loi du 21 oct. 1814. Cependant le roi, par son ordon. du 20 juill. 1815, renonça au droit de faire exercer la censure sur les ouvrages autres que les journaux et écrits périodiques.

17. Comme toutes les lois qui ne portent que le caractère de l'esprit de parti, celle du 9 nov. 1815 contre les écrits séditieux et les provocations indirectes, fut frappée dès sa naissance d'un arrêt de mort et tomba en désuétude. L'année 1817 fut assez féconde en lois sur la presse : le Bulletin des lois en contient trois : deux du 28 février et une autre du 30 décembre. *Censure préalable*, profusion d'*amendes* et de *peines corporelles* contre les imprimeurs et les auteurs d'ouvrages, rien n'y était épargné. Elles furent accueillies par une improbation générale et leur existence ne fut pas longue.

18. Au milieu des progrès toujours croissants de l'industrie, l'imprimerie *lithographique*, dès son introduction en France, avait pris un tel degré de développement, que le gouvernement crut devoir régler les conditions de l'exercice de la profession d'imprimeur lithographe. L'ord. du 8 oct. 1817 les assimile aux autres imprimeurs pour le *brevet* et le *serment*, et les assujettit aussi à la *déclaration* et au *dépôt*.—V. nos 98, 177.

19. En 1819, les lois de 1814, 1815 et 1817 furent abrogées; la censure fut abolie, et la presse jouit de quelques moments de liberté. La législation cessa d'être préventive pour conserver seulement un caractère répressif : on put alors publier sa pensée en répondant de ses écrits. En effet, la loi du 17 mai 1819, monument où brilla l'éloquence patriotique de M. de Serres, pose les bornes qu'il n'est pas permis au citoyen de dépasser sans devenir coupable. Celle du 26 mai, relative à la poursuite et au jugement des crimes et délits commis par la voie de la presse, attribue au jury la connaissance des simples délits toutes les fois qu'ils touchent à la politique ou aux imputations envers des fonctionnaires publics. Enfin, la loi du 9 juin sur les journaux détermine les conditions de leur établissement. Les principales sont le cautionnement et un éditeur responsable. On n'y trouve ni autorisation préalable, ni privilége exclusif, ni suspension du journal. C'était là assurément la réalisation des promesses de la charte.—Quel usage les écrivains de l'opposition firent-ils de la liberté qu'elle leur donnait? — C'est à l'histoire à répondre à cette question; mais il y a lieu de penser que lorsque le temps aura complétement dégagé la vérité des préventions et des rancunes des partis, il sera reconnu qu'alors comme toujours, on confondit la liberté avec la licence, et qu'au lieu de se borner à discuter avec modération et convenance les actes du gouvernement, on attaqua jusque dans leur base les institutions fondées par la charte, ce que le pouvoir ne pouvait tolérer sans souscrire à sa propre déchéance.

20. En 1820, l'un des princes de la branche aînée des Bourbons fut frappé par le fer d'un assassin. Le gouvernement, qu'avaient vivement ému les écarts de la presse périodique, profita de l'impression profonde que ce crime avait produite sur les esprits pour demander aux chambres de nouvelles lois restrictives de la liberté de publier sa pensée; et la loi du 31 mars 1820, votée dans ces circonstances, soumit les journaux périodiques à la censure. Cette loi avait du moins épargné ces feuilles légères destinées à amuser nos loisirs; mais la loi du 26 juill. 1821, en confirmant celle du 31 mars 1820, étendit ses effets sur les journaux littéraires. Ces deux lois étaient exceptionnelles et devaient cesser de plein droit d'avoir leur effet à la fin du troisième mois de la session de 1821. La presse serait redevenue libre en rentrant sous l'empire des lois de 1819; mais, avant l'expiration de ce délai, la loi du 17 mars 1822 fut promulguée. Elle prescrivit l'autorisation préalable du gouvernement pour l'établissement des journaux, créa la tendance et la censure facultative.—La loi du 25 mars 1822 (art. 12) soumit aussi à l'autorisation préalable la publication des dessins et gravures.

21. La loi du 18 juill. 1828, relative aux journaux et écrits périodiques, fut conçue dans un autre esprit; elle reconnut à tout Français majeur, jouissant de ses droits civils, le droit d'établir un journal sans autorisation préalable; elle prononça l'abolition de la tendance et de la censure facultative. Ces améliorations, comme on voit, étaient considérables; elles en faisaient espérer de plus importantes encore, lorsqu'au milieu de la situation politique la plus fausse et la plus difficile où un gouvernement puisse se trouver, parurent les funestes ordonnances qui amenèrent la mémorable révolution de 1830.—La charte, révisée après la révolution, abolit pour jamais la censure, et promit à la France une ère de liberté telle qu'il est permis de l'espérer dans les républiques les plus démocratiques. — Ces promesses furent réalisées; mais nous devons à la vérité de reconnaître qu'une grande partie de la presse ne s'est pas montrée digne de l'entière liberté dont elle a joui. — Dominée sans cesse par l'esprit de parti ou par des calculs personnels, elle attaqua le nouveau gouvernement sans mesure et sans dignité. — Au lieu de chercher à l'éclairer par des avis consciencieux, elle parut n'avoir d'autre pensée que de rendre sa marche impossible. Les souvenirs de cette époque sont de ceux qui finiront par propager, parmi les esprits pour lesquels la paix publique est le premier des biens politiques, la conviction fâcheuse qu'en France, la liberté de la presse est incompatible avec la stabilité d'un gouvernement quel qu'il soit. — Que la monarchie de juillet ait commis des fautes, cela ne peut être douteux pour personne, puisque l'infaillibilité n'est pas le partage de l'humanité. Mais, dans l'opposition de vues qui s'est constamment manifestée entre les ministres de ce gouvernement et la presse qui leur était hostile, tout porte à croire que, le plus souvent, l'erreur n'était pas du côté du pouvoir. Pour s'en convaincre, il suffit de se rendre compte de la situation respective des deux camps. — Que s'y passe-t-il, en effet? — Du côté du ministère, la plupart de ses conceptions sont longuement élaborées avant d'être livrées à la publicité. Elles sont préparées dans les bureaux de l'administration par des hommes capables, expérimentés, et définitivement approuvées par les ministres qui se trouvent placés dans la position la plus favorable pour en apprécier l'opportunité et la portée. — Dans les journaux, au contraire, un seul écrivain qui souvent n'a fait aucune étude sérieuse de la matière qu'il traite, se donne pour mission de combattre l'œuvre ministérielle, et comme l'une des premières nécessités de la presse périodique est de produire rapidement, c'est souvent en quelques heures qu'il juge ainsi un travail qui a coûté plusieurs mois et même plusieurs années d'études. — Et dans quelle situation d'esprit juge-t-il? Est-ce avec le calme et l'impartialité d'un juge? — Non, toujours ou presque toujours avec l'ardente partialité d'un adversaire passionné. — De ce rapprochement si simple et si naturel, on ne peut s'empêcher de conclure que, dans les attaques continuelles de l'opposition, il y a eu nécessairement ou un profond aveuglement ou peu de sincérité, et qu'elle a rendu bien difficile pour l'avenir le régime de liberté dont elle a tant abusé. — Mais reprenons la série des lois de la presse.

22. La loi des 10-11 déc. 1830 défendit d'afficher dans les lieux publics aucun écrit contenant des nouvelles politiques ou traitant d'objets politiques. Elle soumit, en outre, les personnes qui voudraient exercer même temporairement la profession d'afficheur ou crieur, de vendeur ou distributeur sur la voie publique, à l'obligation d'en faire préalablement la déclaration devant l'autorité municipale et d'indiquer leur domicile. — La même loi oblige, en outre, les crieurs et distributeurs d'écrits sur la voie publique, à faire connaître à l'autorité municipale la nature de ces écrits. — Mais, du reste, l'affiche, l'annonce à haute voix, la distribution demeurent libres.

23. La loi du 14 déc. 1830 réduisit à 24,000 fr. le cautionnement des journaux paraissant plus de deux fois par semaine. Il était de 6,000 fr. *de rente* d'après celle du 18 juill. 1828. La même loi (de 1830) fixa le timbre à 10 centimes pour chaque feuille de trente décimètres carrés et au-dessous et le port des journaux et autres feuilles transportés hors des limites du département dans lequel ils sont publiés à 4 cent.

24. Tel était, quant aux mesures *préventives* ou de police, l'état de la législation avant le mois de septembre 1835. — Il était à peu près impossible de concevoir pour les manifestations de la pensée un régime plus doux, plus généreux, plus large que celui qui en résultait. — Mais nous avons vu comment les prétendus amis de la liberté, qui n'ont jamais su que la perdre par leurs excès, avaient usé des franchises de la presse! — A l'occasion des lois de septembre, dont nous allons parler, M. de Broglie a caractérisé, dans les termes suivants, la situation dans laquelle on se trouvait alors. — « Par un contraste bien étrange, a dit ce ministre, tandis que le gouvernement s'est attaché scrupuleusement à se maintenir dans le cercle constitutionnel, les partis n'y sont jamais entrés. La charte est le frein du pouvoir et le jouet des factions. » — Le gouvernement était sans doute vivement préoccupé des moyens de sortir de cette position anormale, lorsque l'odieux attentat de Fieschi vint jeter une lumière nouvelle sur les dangers qui menaçaient le pays. — La presse était sans doute étrangère à ce crime, en ce sens qu'il n'était pas un seul journaliste qui en eût connaissance avant sa perpétration. Mais il n'est pas moins certain que c'était au nom des doctrines anarchiques, dont la presse de l'extrême opposition se faisait l'organe, que l'attentat avait été commis. — Le gouvernement saisit cette occasion pour obtenir de la législature une digue au torrent qui devait l'engloutir. — C'est alors que furent votées les lois du 9 sept. 1835 qui depuis ont servi de prétexte à tant d'attaques et dont cependant la majorité républicaine de 1848 elle-même a été plus tard obligée de reproduire plusieurs dispositions, notamment celles qui défendent d'attaquer le principe même du gouvernement établi (V. n° 574). Ces lois étaient au nombre de trois. Nous n'avons à nous occuper ici que de celle qui est relative aux crimes, délits et contraventions de la presse et des autres moyens de publication. — Cette loi fixa le cautionnement des journaux paraissant plus de deux fois la semaine à 100,000 fr. pour les départements de la Seine, de Seine-et-Oise et de Seine-et-Marne. — Dans les autres départements il fut fixé à 25,000 fr. pour les villes de cinquante mille âmes et au-dessus, et à 15,000 fr. pour les villes d'une population inférieure à ce chiffre. — Elle défendit, en outre, aux journaux de rendre compte des procès pour outrages ou injures; de publier les noms des jurés; de rendre compte des délibérations intérieures, soit des jurés, soit des tribunaux; d'annoncer publiquement des souscriptions ayant pour objet d'indemniser des amendes, frais et dommages-intérêts. — Elle obligeait les gérants des journaux à insérer, en tête de leurs feuilles, les documents officiels, renseignements et rectifications qui leur seraient adressés par les dépositaires de l'autorité publique. — Les ministres ont bien rarement usé de la faculté que leur donnait ainsi la loi de placer souvent la défense à côté de l'attaque, la vérité en regard du mensonge. Pourquoi cela? — Était-ce de leur part faiblesse, crainte de se rendre plus impopulaires? Était-ce de la part de quelques-uns d'entre eux, qui avaient appartenu à la presse, désir de ménager d'anciennes amitiés? — Nous ne savons; mais, à notre sens, il y avait là, pour les ministres de la monarchie, un devoir qui n'a pas été suffisamment compris par eux. S'ils en avaient bien mesuré l'étendue, ils auraient reconnu qu'en s'abstenant d'administrer à la société, chaque jour nourrie du poison de la calomnie et de l'erreur, l'antidote dont ils disposaient, ils contribuaient involontairement à la dissolution prochaine du corps social. — Pour compléter notre résumé de la loi de 1835, nous devons ajouter qu'elle défendait de mettre en vente aucuns dessins, aucun emblème sans autorisation préalable du ministre de l'intérieur à Paris, et des préfets dans les départements.

25. La loi du 9 sept. 1835, tout en élevant le taux du *cautionnement*, en circonscrivant le terrain de la discussion politique, en établissant des *pénalités* nouvelles, avait encore laissé à la presse une très-grande liberté. Les journaux s'en servirent pour préparer la révolution de février 1848. — L'un des premiers actes du gouvernement provisoire issu de cette révolution fut l'abrogation de la loi de septembre sur les délits de la presse (décr. 6-8 mars 1848).

Cependant le besoin de la conservation, la nécessité de rassurer le pays et de rouvrir les sources de la prospérité publique taries par les manifestations d'ouvriers sur la voie publique, par les clubs, par les débordements de la presse et par l'insurrection socialiste de juin, obligèrent la majorité de l'assemblée, née du suffrage universel, à reprendre à peu près les errements des gouvernements qui l'avaient précédée. On revint aux mesures préventives. — La loi des 9-12 août 1848 fixa le cautionnement des journaux paraissant plus de deux fois par semaine, dans les départements de la Seine, de Seine-et-Oise et de Seine-et-Marne, à 24,000 fr.; dans les autres départements, pour les villes de 50,000 âmes et au-dessus, à 6,000 fr. et pour les villes d'une population inférieure, à 3,600 fr. — Cette loi a été abrogée par celle du 16 juill. 1850 (art. 11). Le taux du cautionnement est aujourd'hui plus élevé (V. n° 279).

26. La loi des 21-23 avr. 1849 permit, pendant les quarante-cinq jours précédant les élections, d'afficher, crier, distribuer tous journaux, feuilles quotidiennes ou périodiques et tous autres écrits relatifs aux élections, pourvu qu'ils fussent signés. — Les *afficheurs, crieurs, vendeurs* et *distributeurs* devaient seulement faire connaître aux maires des communes où la publication aurait lieu, leurs noms, professions et domiciles (art. 2). — Ils devaient aussi remettre aux maires de ces communes un exemplaire de chacun des écrits ou imprimés qui faisaient l'objet de la publication (art. 3). — V. nos 443 et s.

27. Ces dispositions ont été abrogées par la loi du 16 juill. 1850, modifiée elle-même aujourd'hui quant au plus grand nombre de ses dispositions. — La loi de 1850 avait, du reste, adopté pour les cautionnements le taux fixé par celle du 9 août

1848. — Quant au *timbre* des journaux, elle l'avait fixée à 5 cent. par feuille de 72 décimètres carrés. Elle assujettissait, en outre, le roman-feuilleton à un supplément de timbre de 1 cent. — Sur le dernier état de la législation à cet égard, V. nos 382 et s.

28. Au milieu de ses prévisions sur le *cautionnement* et le *timbre*, la loi du 16 juill. 1850 contient une innovation d'une tout autre nature, qui nous a paru infiniment heureuse, en ce qu'elle tend à moraliser la presse et à faire une réalité de la responsabilité de l'écrivain journaliste, responsabilité qui, jusque-là, n'avait été qu'une fiction. Nous voulons parler de l'art. 3 de cette loi suivant lequel tout article de discussion politique, philosophique ou religieuse, inséré dans un journal, doit être *signé* par son auteur. — Cette disposition est pleinement en vigueur et nous aurons à la commenter dans le cours de ce travail. — Une autre disposition de la même loi, qui ne nous paraît pas non plus abrogée, est celle qui permet que, pendant les vingt jours qui précèdent les *élections*, les circulaires et les professions de foi signées des candidats soient, après dépôt au parquet, *affichées*, *distribuées* sans *autorisation* (art. 10). — V. no 444.

29. Depuis l'acte politique du 2 déc. 1851, divers décrets ont été rendus concernant la police des divers moyens de publication. — Le premier est le décret organique sur la presse, du 17 fév. 1852; — Le second est le décret du 1er mars 1852, relatif au *timbre* des journaux et écrits périodiques et des écrits non périodiques traitant de matières *politiques* ou *d'économie sociale*, publiés à l'*étranger* et importés en France; — Le troisième est le décret du 22 mars 1852, qui soumet les *imprimeurs en taille douce* à l'*autorisation* du gouvernement et au *serment*; qui interdit l'usage des presses de petite dimension pour des impressions privées sans l'autorisation du ministre de l'intérieur à Paris, ou des préfets dans les départements, et oblige tous les fabricants ou marchands d'*ustensiles d'imprimerie* à tenir un livre destiné à constater la vente de ces objets; — Le quatrième est celui du 28 mars 1852, qui exempte du droit de *timbre* les journaux et écrits périodiques et non périodiques exclusivement relatifs aux *lettres*, aux *sciences*, aux *arts* et à l'*agriculture*; — Le cinquième est le décret du 30 avr. 1852 sur la presse aux *colonies*. — Enfin la loi des 25 juin-27 juill. 1856 relative au transport des imprimés, des échantillons et des papiers d'affaires ou de commerce, circulant en France *par la poste* (D. P. 56. 4. 68; — V. aussi l'Exposé des motifs, *eod.*). — Ces divers actes forment le dernier état de la législation, et leurs dispositions auront nécessairement leur place dans les divisions de ce travail.

30. Il serait maintenant très-intéressant de rechercher quel a été et quelle est encore en ce moment la législation préventive de la presse chez tous les *peuples civilisés*. — Mais les limites nécessaires de ce travail ne nous permettent pas les développements fort étendus que comporterait une telle investigation. — Nous nous bornerons donc à jeter un coup d'œil sur la législation de l'*Angleterre*, qui est, on le sait, le pays classique de la presse et de la liberté. — Son exemple doit, d'ailleurs, être pour nous un encouragement et un enseignement, car l'éducation politique des Anglais a été, comme la nôtre, lente et difficile, et souvent la première de toutes les nécessités, la sûreté de l'État a rendu indispensable de suspendre pour eux ces libertés publiques dont ils jouissent et dont ils sont si fiers à présent. — La censure a existé en *Angleterre* avant et depuis la révolution de 1688. La chambre étoilée en ordonna l'exercice dans toute sa rigueur en 1637. Le long parlement rendit des ordonnances semblables et à plusieurs reprises jusqu'en 1652. En 1662, Charles II imita cet exemple. Le statut expira en 1679; il fut renouvelé par Jacques II et prorogé jusqu'en 1692. La révolution de 1688 le laissa subsister, de plus il fut continué encore pour deux ans : ce n'est qu'à partir de 1694 que le parlement rendit à la presse toute sa liberté. — Un statut de Georges III, inspiré par la réaction des mouvements révolutionnaires qui agitaient le continent, contient des dispositions nombreuses contre les sociétés secrètes et les réunions publiques; il ajoute des mesures ayant pour but de faire connaître les imprimeurs des écrits séditieux qui se répandaient avec profusion. Aux termes de ce statut, toute personne ayant une presse ou des caractères d'imprimerie devra, à peine de 20 liv. (500 fr.) d'amende, en faire la déclaration au greffier de la justice de paix; sous la même peine, tout vendeur de caractères ou de presses devra tenir un registre de toutes les personnes à qui il les vendra, et le représenter en tout temps à tout juge de paix qui le requerra. Même amende contre tout imprimeur qui aura omis (et cela pour chaque exemplaire publié) d'imprimer son nom et sa demeure sur toute feuille imprimée d'un seul côté, et sur la première et la dernière page de tout imprimé de plus d'une page; contre tout imprimeur qui, imprimant pour autrui, ne conservera pas une copie de chacun des imprimés de ce genre, portant le nom et l'adresse écrits ou imprimés de la personne pour laquelle il l'a fait, et ne le représentera pas au juge de paix qui l'exigera dans les six mois. Toute personne peut arrêter ceux qui publient des papiers sans nom et demeure d'imprimeur, et les conduire à un magistrat pour être interrogés. Un officier de paix peut, avec l'ordonnance d'un juge de paix, entrer dans une maison ou chambre pour y chercher les presses ou caractères non déclarés, les saisir et emporter, ainsi que les papiers imprimés. — Un autre statut de Georges III contient divers règlements propres à assurer la punition des éditeurs de papiers-nouvelles qui publieront des écrits séditieux ou nuisibles. — V. Blackstone, liv. 4, ch. 11, notes de M. Christian.

31. Passons maintenant à l'origine et aux développements des lois qui ont eu pour but de réprimer les *outrages* et la *provocation* à des actes contraires à l'*ordre public*.

32. Le mot *injure* ou *injuria* avait, suivant le droit romain, une signification beaucoup plus étendue que dans le droit français. — Il s'appliquait à tout ce qui se faisait contre le droit d'autrui. — *Injuria*, portait la loi 1, pr., ff., *De injuriis*, *ex eo dicta est, quod non jure fiat : omne enim quod non jure fit, injuria fieri dicitur*. — Spécialement cependant le mot *injuria* signifiait aussi outrage *contumelia* (*ibid.*). — Mais, même dans ce sens restreint, *injuria* s'entendait plus particulièrement d'un outrage par action; l'outrage par paroles se nommait *convicium*, l'outrage par écrit ou libelle diffamatoire, *libellus famosus*. — *Injuriam autem fieri, Labeo ait, aut re, aut verbis : re quotiens manus inferuntur; verbis autem quotiens non manus inferuntur, convicium fit* (*ibid.*, § 1). — V. aussi pour les libelles *diffamatoires* la L. 1, C. de *fam. lib.*

33. Mais l'injure ne donnait lieu à aucune action lorsque celui qui l'avait proférée s'était conformé à la vérité : *Eum qui nocentem infamavit, non esse bonum æquum ob eam rem condemnari, peccata enim nocentium nota esse et oportere et expedire* (L. 18, ff., *De injuriis*). — Toutefois, il résulte de la loi 5, C., *De injuriis*, que, pour que l'auteur de l'injure fût à l'abri de l'action, il fallait qu'il n'eût pas eu l'intention d'offenser : *si non convicii consilio te aliquid injuriosum dixisse probare potes, fides veri à calumnia te defendit.*

34. Du reste, les Romains qualifiaient d'injures des actes qui chez nous n'auraient nullement ce caractère. — Ainsi, un créancier qui s'adressait d'abord aux fidéjusseurs au lieu de réclamer le payement de la dette de son débiteur prêt à le payer, commettait une injure. *Si creditor meus cui paratus sum solvere in injuriam meam fidejussores meos interpellaverit, injuriarum tenetur* (L. 19, ff., *De injuriis*). C'était là, du reste, une susceptibilité honorable qui donne à penser que, pour la fidélité aux engagements, les mœurs des Romains étaient plus sévères que les nôtres.

35. La gravité de l'injure variait, d'ailleurs, suivant la qualité de celui qui l'adressait et celle de l'offensé. Plus la condition de l'offenseur était humble, et plus l'injure s'aggravait. *Quædam injuriæ à liberis hominibus factæ, levis nonnullius momenti videntur : enim verò à servis graves sunt : crescit enim contumelia ex personâ ejus qui contumeliam fecit* (L. 17, § 3, ff., *De injuriis*). Il nous semble que notre manière de sentir sur ce point diffère entièrement de celle des Romains.

36. La personne du *prince* était sacrée à ce point, que douter que les hommes appelés par l'*empereur* à des fonctions élevées fussent dignes de son choix, c'était commettre un *sacrilége*. — *Disputare de principali judicio non oportet : sacrilegii enim instar est dubitare an is dignus sit, quem elegerit imperator* (L. 3, C., *De crimine sacrilegii*). — C'est cette loi qu'invoquait le rapporteur dans le procès de Cinq-Mars pour prouver que celui-ci s'était rendu coupable du crime de *lèse-majesté* en voulant éloigner le cardinal de Richelieu des conseils du roi. « Le crime qui touche la personne des ministres du prince, dit ce rapporteur, est réputé par les constitutions des empereurs de pareil poids que celui qui touche à leur personne. Un ministre sert bien un prince et son État. On l'ôte à tous les deux, c'est comme si l'on privait le premier d'un bras, le second d'une partie de sa puissance » (Mémoires de Montrésor; Montesquieu, Esprit des lois, liv. 12, chap. 9).

37. Suivant les lois romaines, celui qui avait été injurié pouvait agir par la voie *civile* ou par la voie *criminelle*. *Sciendum est de omni injuriâ eum qui passus est, posse vel criminaliter agere, vel civiliter* (*Inst.*, lib. 4, tit. 4, § 10). — Mais l'action pour injures n'était accordée ni aux *héritiers* ni contre les héritiers. *Injuriarum actio neque hæredi, neque in hæredem datur* (L. 13, pr., ff., *De injuriis*). — On verra (nº 1127) que, dans notre droit, cette solution est fort controversée. — L'action pour outrage par paroles, *convicium*, se *prescrivait* par un an. *Si... in rixam inconsulto calore prolapsus, homicidii convicium objecisti, et ex eo die annus excessit, cùm injuriarum actio annuo tempore præscripta sit, ob injuriæ admissum convenire non potes* (L. 5, C., *De injuriis*). — L'action pour libelle diffamatoire, *famosi libelli*, se prescrivait par vingt ans (V. Voët, *Ad pand.*, lib. 47, tit. 10, nº 10). — Aucune de ces règles n'est passée dans nos lois. — V. nºs 1289 et s.

38. Les *peines* de l'injure ont varié suivant les temps. — D'après la loi des Douze tables (7e table, L. 55), pour toute espèce d'*injure légère*, soit d'*action*, soit de *paroles*, on payait 25 as d'airain. *Si quis injuriam alteri* faxit, 25 *æris pœnæ sunto*. — Celui qui avait publiquement diffamé quelqu'un ou composé des vers nuisibles à la réputation devait être frappé à coups de bâton, ou plutôt de verges, car la bastonnade n'était guère en usage qu'à l'armée. — *Si quis publicè aliquem diffamuerit, eique convicium fecerit, vel carmen famosum condiderit ad alterius injuriam, fuste ferito* (L. 56, 7e table). — Celui qui s'était servi de vers ou paroles magiques pour nuire à quelqu'un était puni de mort. *Item qui magico carmine alium defixerit capitalis criminis reus esto* (L. 60, 7e table). — Suivant le Digeste (L. ult., *De injuriis*), l'injure par action (*injuria*) était punie de la *flagellation*, s'il s'agissait d'un esclave, de la *bastonnade* ou des *verges*, si le coupable était un homme libre de basse condition. S'il était d'une condition moins humble, il devait subir un *exil* temporaire ou la privation de quelque droit. — *De injuriâ nunc extrà ordinem ex causâ et personâ statui solet. Et servi quidem flagellis cæsi dominis restituuntur. Liberi verò humilioris quidem loci fustibus subjiciuntur; cæteri autem vel exilio temporali, vel interdictione certæ rei coercentur* (L. ult., ff., *De injuriis*). — L'auteur d'un libelle diffamatoire subissait la peine capitale, et il en était de même de celui qui, ayant trouvé un écrit de cette nature, le publiait au lieu de le détruire. — *Si quis famosum libellum, sive domi sive in publico vel quocumque loco ignarus repererit, aut corrumpat priusquam alter inveniat, aut nulli confiteatur inventum. Si verò non statim easdem chartulas, vel corruperit vel igni consumpserit, sed vim earum manifestaverit, sciat se quasi auctorem ejusmodi delicti capitali sententiæ subjugandum* (L. 1, C., *De famosis libellis*). — On a vu (nº 36) que ceux qui critiquaient les choix de l'empereur étaient réputés coupables de sacrilége. — Or le *sacrilége* était aussi un crime capital. *Sacrilegi capite puniuntur* (L. 9, ff., *ad legem juliam peculatus*). — Une pareille atrocité, qui ne s'explique que par la tendance naturelle du despotisme à ériger en crime tout ce qui offre l'apparence d'une pensée indépendante, ne nous semble pas mériter le nom de loi.

39. Sous l'ancienne monarchie française, les *injures* entre *gentilshommes* donnaient lieu à des réparations fixées par les règlements des maréchaux, et notamment par celui du 22 août 1653. — Les peines principales portées par ces règlements étaient pour les paroles *injurieuses* qui n'avaient point été *repoussées*, un mois de prison; pour le *démenti* ou *menaces de coups* de main ou de bâton, deux mois de prison; pour les offenses actuelles de *coups de main* et autres semblables, six mois de prison. — Pour coups de *bâton* et autres pareils *outrages*, un an de prison. — Après avoir subi sa peine, l'offenseur était tenu, en outre, de demander *pardon* à l'offensé et même de recevoir de lui des *coups semblables* à ceux qu'il lui avait portés (art. 7 et suiv.). — Cette dernière satisfaction donnée à la vengeance était une bien grande inconséquence sous un monarque si zélé pour la religion chrétienne. — Ces coups donnés de sang-froid à un adversaire qui ne pouvait se défendre avaient, d'ailleurs, quelque chose d'odieux. — Mais, sans doute, la générosité de l'offensé corrigeait le plus souvent la dureté des règlements sous ce rapport. — C'était là, d'ailleurs, la loi d'une classe privilégiée. — En général, on suivait le droit romain. Pour les peines, toutefois, on s'en était sensiblement écarté. — Ainsi, un *enfant*, qui avait levé la main sur son père ou sur sa mère, était condamné à *mort*, quoiqu'il ne les eût pas blessés. — S'il les insultait par des paroles, il était condamné à la peine des galères ou au bannissement perpétuel. Ceux qui composaient, imprimaient ou publiaient des *libelles diffamatoires* étaient également punis des galères ou du bannissement perpétuel. — Les injures légères étaient punies par des réparations en présence d'un certain nombre de personnes; elles donnaient lieu, en outre, à des dommages-intérêts, suivant la nature de l'injure (Domat, Lois civiles, part. 2, p. 219). — Ceux qui insultaient les *juges* dans leurs fonctions étaient condamnés à une peine pécuniaire ou afflictive, suivant la nature de l'insulte, la qualité du juge ou la personne qui avait commis le crime. — Le juge, insulté dans son tribunal devait, d'ailleurs, instruire lui-même le procès et juger le coupable (Domat, part. 2, p. 205). — Le code d'instruction criminelle et le code pénal contiennent à cet égard des dispositions qui ne sont pas sans analogie avec l'ancienne jurisprudence (c. inst. crim. 504 et suiv.; c. pén. 222 et suiv.). — V, *infrà*, nºs 1422 et s.

40. L'outrage de toute nature, la provocation publique à des crimes ou délits, qui forment aujourd'hui une partie très-importante de la législation, n'ont tenu d'abord que peu de place dans les lois qui ont suivi la révolution de 1789. — La loi des 19-22 juill. 1791, sur l'organisation d'une police municipale et correctionnelle, contenait cinq dispositions qui sont de notre sujet; ce sont, d'abord, les art. 18, 19 et 20 du tit. 2. Suivant le premier de ces articles, les *injures* verbales devaient, conformément à la loi des 16-24 août 1790, être de la *compétence du juge de paix*. — L'art. 19 punissait d'une *amende* qui ne pouvait excéder dix fois la contribution mobilière et d'un *emprisonnement* qui ne pouvait excéder deux années, les *outrages* ou *menaces par paroles* ou par *gestes*, faites aux *fonctionnaires publics* dans l'exercice de leurs fonctions. — L'art. 20 voulait que les mêmes peines fussent infligées à ceux qui outrageraient ou menaceraient par paroles ou par gestes, soit les *gardes nationales*, soit la *gendarmerie nationale*, soit les *troupes de ligne* se trouvant sous les armes ou au corps de garde ou dans un poste de service.

41. L'art. 11, tit. 2, de la même loi, voulait, en outre, que ceux qui auraient outragé les objets d'un *culte* quelconque, soit dans un lieu public, soit dans les lieux destinés à l'exercice de ce culte, ou ses ministres en fonctions, ou interrompu par un trouble public les *cérémonies* religieuses d'un culte, fussent condamnés à une amende qui ne pouvait excéder 500 liv. et à un emprisonnement qui ne pouvait excéder deux ans.

42. L'art. 8 du même titre défendait à peine d'emprisonnement et d'amende la vente et la distribution des *dessins* et *gravures* obscènes. Ces dispositions diverses nous paraissent comprises dans l'abrogation générale prononcée par l'art. 484 c. pén.; mais elles ont passé avec des modifications dans la législation qui nous régit aujourd'hui. — V. nºs 479 et s.

43. L'art. 17, chap. 5, de la constitution de 1791 (14 sept.), consacrait dans les termes suivants la *liberté de publier sa pensée* : « Nul homme, y est-il dit, ne pourra être recherché ni poursuivi pour raison des écrits qu'il aura fait imprimer ou publier, sur quelque matière que ce soit; si ce n'est qu'il ait provoqué à dessein la désobéissance à la loi, l'avilissement des pouvoirs constitués, la résistance à leurs actes, ou à quelqu'une des actions déclarées crimes ou délits par la loi.

44. Le même article ajoute comme garantie contre les abus de cette liberté : — « La *censure* des actes des pouvoirs constitués est permise, mais les calomnies volontaires contre la probité des fonctionnaires publics et la droiture de leurs intentions dans l'exercice de leurs fonctions pourront être poursuivies par ceux qui en sont l'objet. La calomnie et les injures contre quelque personne que ce soit, relatives à leur vie privée, seront punies sur leur poursuite. » — Cette disposition, dont il était difficile de surpasser la sagesse, contenait en germe toute la législation qui nous régit, sur les points auxquels elle s'applique.

45. Le code pénal du 25 sept. 1791 ne s'occupait que de l'*outrage* par action envers les *fonctionnaires publics.* « Quiconque, portait l'art. 7, sect. 4, tit. 1, 2e part. de ce code, aura outragé un fonctionnaire public en le frappant au moment où il exerçait ses fonctions sera puni de la peine de deux années de détention. » — L'abrogation générale prononcée par l'art. 484 c. pén. de 1810 s'applique encore naturellement à cette disposition, puisque ce code contient diverses prévisions sur le même objet.

46. Le décret des 18-21 août 1792 offre un exemple que les gouvernements ont peu suivi pour se défendre et se maintenir. Il consacre 100,000 liv. à la publication de tous les écrits qui seront propres à éclairer l'opinion publique, afin de neutraliser l'effet des correspondances mensongères, des libelles inciviques et de toute sorte d'écrits calomnieux et empoisonnés. — Malheureusement, pour la tranquillité et la prospérité de notre pays, la tendance particulière de l'esprit français à fronder l'autorité, quelle qu'elle soit, y donnera toujours plus de puissance aux mensonges qui attaquent le pouvoir qu'aux vérités qui le défendent. — Le code pénal du 3 brumaire an 4 ne contient que trois dispositions qui soient de nature à fixer ici notre attention. Ce sont : — l'art. 557, qui punit d'un emprisonnement de huit jours au plus les *mauvais citoyens qui oseraient outrager dans l'exercice de leurs fonctions*, les *juges, accusateurs publics; accusateurs nationaux, commissaires du pouvoir exécutif, greffiers* ou *huissiers*; — l'art. 558 qui, dans le cas où par leur nature les outrages mériteraient une peine plus forte, renvoie les inculpés à subir les épreuves de l'instruction criminelle ordinaire; — l'art. 605, n° 7, qui punit des peines de simple police les auteurs d'*injures verbales*.

47. Mais, en 1810, l'horizon du législateur s'est tout à coup agrandi à notre point de vue. — Le code pénal de cette époque, en acceptant les dispositions de la législation antérieure, les a modifiées et de beaucoup étendues. — Dix articles de ce code punissent la *calomnie* ou les *injures* (art. 367 et suiv.). — Les caractères essentiels du délit de calomnie sont, d'après ses dispositions : — 1° l'*imputation* contre une personne d'un fait de nature à l'exposer à des poursuites criminelles ou correctionnelles, ou tout au moins au mépris des citoyens; — 2° la *publicité* de l'imputation. — Au reste, lorsque le fait imputé était *légalement prouvé*, l'auteur de l'imputation était à l'abri de toute peine (art. 370). — Cette impunité accordée à l'auteur d'une imputation flétrissante pouvait être une cause fréquente de trouble pour la société, puisque, d'une part, elle donnait le droit à toute personne d'exciter sans cesse au mépris et à la haine contre celui qui avait eu le malheur de commettre une faute dont il existait une preuve authentique, et que, d'autre part, il était impossible que l'offensé ne cherchât pas souvent à tirer vengeance de l'insulte qui lui était faite. Il y avait donc là un désordre social, préparé en quelque sorte par la loi elle-même. — Il est, d'ailleurs, évident qu'un tel état de choses était ouvertement contraire à la morale, puisque, d'abord, il protégeait la méchanceté, et qu'ensuite il devait jeter le découragement dans l'âme de celui qui aurait voulu se relever de sa chute et conquérir des droits à l'estime publique. — Enfin, lorsqu'on réfléchit à l'incertitude qui s'attache nécessairement même aux documents les plus authentiques; que la chose jugée, si respectable d'ailleurs, n'est quelquefois qu'une vérité convenue (qu'on se rappelle, en effet, l'affaire Lesurques et tant d'autres), on ne peut qu'applaudir à la sagesse du législateur de 1819, qui a abrogé le code pénal sous ce rapport (V. nos 1490 et s.). — Il est toutefois à remarquer que les dispositions relatives à la dénonciation calomnieuse sont maintenues. —V. ce dernier mot.

48. L'art. 375 du même code voulait, en outre, que les injures ou expressions outrageantes qui ne renfermeraient l'imputation d'*aucun* fait *précis*, mais celle d'un vice *déterminé*, si elles s'étaient produites avec publicité fussent punies d'une amende de 16 à 500 fr. Cette disposition est également abrogée — V. nos 921 et s.

49. A l'égard de toutes autres injures ou expressions outrageantes qui n'ont pas le double caractère de gravité et de publicité, l'art. 376 du même code veut qu'elles ne donnent lieu qu'à des peines de simple police, et cet article est encore en vigueur aujourd'hui. —V. nos 921 et s.

50. Il en est de même des art. 222 et suiv. c. pén., qui prévoient les outrages et les violences qui peuvent être commis envers les dépositaires de l'autorité et de la force publique dans l'exercice ou à l'occasion de l'exercice de leurs *fonctions*, sauf une légère modification introduite dans l'art. 228, lors de la révision du code pénal en 1832. — V. nos 732 et s., et vo Fonct. pub., nos 127 et s.

51. Les art. 201 et suiv. c. pén., relatifs aux *censures* ou *provocations* qui peuvent être dirigées contre l'autorité publique dans un discours *pastoral* prononcé publiquement ou dans des écrits contenant des instructions pastorales, sont egalement en vigueur. — V. Culte, nos 296 et s.

52. La loi des 17-18 mai 1819 sur la répression des crimes et délits commis par la voie de la presse, ou par tout autre moyen de publication, punit la provocation publique aux crimes et délits, les outrages à la morale publique et religieuse, ou aux bonnes mœurs, les offenses publiques envers les membres de la *famille royale*, les *chambres*, les *souverains* et les *chefs des gouvernements étrangers*, ainsi que la diffamation et l'injure publiques. — Cette loi a été modifiée par celles des 11 août 1848 et 27 juill. 1849, en ce qui touche les membres de la famille royale et les chambres (V. nos 630 et s.). Elle a été maintenue quant à ses autres dispositions. — V. nos 619, 656 et s., 669 et s.

53. La loi du 26 mai 1819 a fixé les règles relatives à la *poursuite* et au *jugement* des crimes et délits commis par tout moyen de publication et a déterminé : 1° quelles sont les *personnes* qui ont le droit d'agir en justice relativement à ces crimes et délits;—2° quelles sont les *formalités* à remplir pour la validité de la poursuite; — 3° Quelle est la juridiction *compétente* en cette matière — Quant aux personnes qui ont le droit d'agir, cette loi a conservé son autorité. — Relativement aux formalités de la poursuite et à la compétence, il faut distinguer : — Pour les délits commis envers les particuliers, il n'a pas été dérogé à la loi de 1819. — A l'égard des autres infractions qui étaient, suivant la même loi, de la compétence de la cour d'assises, les formalités et les délais prescrits en vue de cette juridiction ne doivent plus s'observer, puisque, après d'assez nombreuses vicissitudes, les tribunaux correctionnels sont seuls compétents pour connaître des délits commis par la voie de la presse ou par tout autre moyen de publication. — V. nos 1395 et s.

54. La loi du 17 mars 1822, non contente d'avoir prescrit l'autorisation préalable du gouvernement pour l'établissement des journaux et d'avoir en outre créé la censure facultative, imagina une nouvelle sorte de délit qui n'avait pas encore figuré dans nos lois : nous voulons parler du délit de *tendance* qui, comme le mot l'indique suffisamment, avait pour objet de punir non pas un délit consommé, réalisé, mais une simple *propension* à un délit!!! Cette informe conception, effrayante par l'arbitraire auquel elle exposait la presse, a été rayée de nos codes par la loi du 18 juill. 1828.

55. La loi du 25 mars 1822 est aussi relative à la *répression* et à la *poursuite* des délits commis par la voie de la presse ou par tout autre moyen de publication. — Elle punit : 1° les outrages envers les *religions* légalement reconnues en France; 2° l'outrage fait à un ministre de l'une de ces religions, ou bien à un fonctionnaire public, à un juré à raison de leurs fonctions, à un témoin, à raison de sa déposition; 3° La *diffamation* ou l'*injure* envers les cours, tribunaux, *corps constitués, autorités* ou administrations publiques; 4° L'*infidélité* et la *mauvaise foi* dans le *compte* que rendent les journaux des audiences des cours et tribunaux; 5° L'attaque contre la *liberté* des *cultes* et la *propriété* des biens nationaux. — La même loi (art. 11) oblige les *propriétaires* ou *éditeurs* de tout *journal* à y *insérer* la réponse des personnes qui s'y trouvent nommées ou désignées, lorsqu'elles en font la demande. — Enfin, en cas d'offense envers l'une des chambres, par un moyen de publication, la loi de 1822 leur permet d'ordonner que le prévenu sera traduit à leur barre pour y être jugé. Sous les divers rapports que nous venons d'énumérer, la loi du 25 mars 1822 est toujours en vigueur (V. nos 616, 675 s., 893 s., 990 s.).—Mais elle prévoit en outre : 1° l'attaque contre la *dignité royale*; 2° l'*excitation* à la haine ou au mépris du gouvernement du roi; 3° l'*outrage* fait *publiquement* à raison de leurs *fonctions* à un ou plusieurs membres de l'une des deux *chambres*; 5° l'infidélité et la mauvaise foi dans le *compte* que rendent les journaux et écrits périodiques des séances des chambres; 5° les *cris* séditieux; 6° l'*enlèvement* ou la dégradation des *signes publics* de l'autorité royale; 7° le port public de tous *signes* extérieurs de *ralliement* non autorisés; 8° l'exposition dans les lieux ou réunions publics, la distribution ou la mise en vente de tous signes destinés à propager l'esprit de rébellion et à troubler la paix publique. Ces dernières dispositions ont été modifiées.—V. nos 550 s., 564 s., 665 s., 990 s., 577 s.

56. La législation des premières années de la monarchie de juillet est empreinte d'une grande modération; le législateur y semble ne s'occuper qu'à regret de la répression des délits commis par les voies de la publicité.—L'art. 69 de la charte de 1830 n'avait permis la compétence du jury que pour les délits politiques et les délits de la presse. La loi du 8 oct. 1830 l'étendit à tous les autres moyens de publication.

57. La loi du 29 nov.-1er déc. 1830 punit d'un emprisonnement de trois mois à cinq ans et d'une amende de 300 fr. à 6,000 fr. toute attaque par la voie de la presse ou autre moyen de publication contre les droits et l'autorité du *roi* et des *chambres*. — D'après la loi du 17 mai 1819 (art. 9), en cas d'offense envers le roi, l'amende pouvait être portée à 10,000 fr.

58. La loi des 10-11 déc. 1830 défère aux tribunaux correctionnels la connaissance des infractions résultant de l'affiche, de la vente ou distribution sur la voie publique des écrits contenant des *nouvelles politiques* ou traitant d'objets politiques, mais elle abandonne aux cours d'assises la connaissance des infractions résultant de la vente ou distribution de *faux extraits* de journaux.

59. La loi des 8-9 avril 1831 donne au *ministère public* la faculté de saisir les cours d'assises directement, c'est-à-dire sans instruction préalable, des délits commis par les divers moyens de publication.—Cette rapidité imprimée à l'action du ministère public a pu paraître défavorable à la presse.—Mais, en réalité, elle n'avait d'autre résultat que de faire juger le fait incriminé sous l'impression récente des circonstances qui l'avaient fait naître. Or, c'était là, ce nous semble, un avantage égal pour l'accusation et la défense. — Il est, d'ailleurs, à remarquer qu'après la révolution de 1848, cette disposition avait continué de s'exécuter.

60. Nous ne reviendrons pas ici sur les causes qui avaient amené la loi du 9 sept. 1835. On sait que c'est pour obéir au besoin de défendre la société menacée qu'elle avait été votée (V. n° 24). —Voici, du reste, quelles en étaient les principales dispositions en ce qui touche la répression. — Cette loi *punissait* toute provocation par les voies de la publicité aux crimes prévus par les art. 86 et 87 c. pén. (c'est-à-dire l'attentat contre la vie du souverain ou la sûreté de l'Etat), de la même peine que l'auteur du crime lorsque la provocation avait été suivie d'effet. — Lorsqu'elle n'avait pas été suivie d'effet, la même provocation était punie d'une amende de 10,000 fr. à 50,000 fr. — Elle permettait de déférer à la chambre des *pairs* la connaissance de cette nature d'infraction.— Des peines sévères étaient également édictées contre les *offenses* envers le *roi*, contre tout acte d'adhésion à une autre forme de gouvernement que celle établie par la charte de 1830; contre toute attaque contre la *propriété*, le *serment*, le *respect* dû aux *lois*; toute *apologie* de faits qualifiés crimes et délits par la loi pénale; toute *provocation* à la *haine* entre les diverses classes de la société.

61. De 1835 à 1848, nous ne voyons à signaler aucune loi répressive des infractions commises par la publicité. La monarchie a pu vivre près de treize ans à l'ombre de la loi du 9 septembre, sans laquelle sa chute eût été probablement plus rapide, tant la presse de l'opposition a toujours eu de puissance, particulièrement sur la partie la plus active et la moins réfléchie de la population des villes, et tant le chef du gouvernement montrait de faiblesse à mesure qu'il s'avançait vers la sénilité.

62. La République de 1848, qui devait elle-même avoir à combattre des adversaires plus ardents et plus passionnés encore que ne l'avaient été ceux de la monarchie déchue, s'empressa de détruire l'œuvre de 1835 (V. n° 25). — Un décret du gouvernement provisoire des 22-29 mars 1848 déclara en outre les tribunaux civils incompétents pour connaître des *diffamations*, *injures* ou autres attaques dirigées par les voies de la presse ou par tout autre moyen de publication contre les *fonctionnaires* ou contre tout citoyen revêtu d'un caractère public, à raison de leurs fonctions ou de leur qualité. — Suivant le même décret, l'*action civile* résultant des délits commis par la voie de la presse ou par toute autre voie de publication, contre les fonctionnaires ou contre tout citoyen revêtu d'un caractère public ne peut dans aucun cas être poursuivie séparément de l'action publique; elle s'éteint de plein droit par le seul fait de l'extinction de l'action publique. — Nous ne voyons dans la législation postérieure aucune disposition qui ait abrogé ce décret. — V. n° 1448.

63. Dans le but de faire respecter le principe d'autorité sans lequel les gouvernements républicains ne peuvent pas plus se maintenir que les gouvernements monarchiques, le décret des 11-12 août 1848 soumit à des peines qui ne sont pas exemptes de sévérité : 1° l'attaque par les voies de la publicité contre les droits que les membres du pouvoir exécutif tenaient des décrets de l'assemblée; — 2° Toute offense envers l'assemblée nationale; — 3° L'outrage fait publiquement d'une manière quelconque à l'un de ses membres; — 4° L'enlèvement ou la dégradation des signes de l'autorité du gouvernement républicain; — 5° Le port public de tous signes de ralliement non autorisés; — 6° L'exposition ou distribution de tous signes ou symboles propres à propager l'esprit de rébellion. — Ces dispositions et plusieurs autres de la loi de 1848 nous paraissent abrogées ou modifiées (V. les renvois indiqués n° 55). — Il en est autrement de l'art. 1 de la même loi, en ce qu'il punit toute attaque contre la constitution, le principe de la souveraineté du peuple et du suffrage universel. —V. nos 574 et s.

64. L'art. 463 c. pén. est déclaré applicable aux délits de la presse, et les lois postérieures ne nous paraissent pas non plus avoir modifié, sous ce rapport, le décret de 1848.

65. Bien que la loi dont nous venons de rappeler les principales dispositions marquât un retour prononcé vers les principes contre lesquels la révolution avait été dirigée, l'assemblée législative de 1849 issue, comme celle qui l'avait précédée, du suffrage universel, jugea cette loi insuffisante; et celle des 27-29 juill. 1849 fut votée dans le but de la compléter. Or ce dernier texte législatif non-seulement rétablit la plupart des prévisions de la loi de septembre 1835, mais elle a fait entrer dans le domaine des pénalités un grand nombre de faits qui jusque-là y étaient demeurés étrangers. — Comme exemples d'emprunts faits à la loi de septembre 1835, nous citerons trois articles qui punissent l'attaque contre le respect dû aux lois et à l'inviolabilité des droits qu'elles ont consacrés; l'apologie de faits qualifiés crimes ou délits par la loi pénale (L. 9 sept. 1835, art. 7; L. 27 juill. 1849, art. 3); l'interdiction de publier les noms des jurés, de rendre compte des délibérations intérieures, soit des jurés, soit des cours et tribunaux; de rendre compte des procès pour outrages ou injures et des procès en diffamation où la preuve n'est pas admise (L. 9 sept. 1835, art. 9; L. 27 juill. 1849, art. 11); la faculté donnée aux cours d'assises de suspendre un journal condamné (L. 1835, art. 12; L. 1849, art. 15); l'interdiction d'ouvrir ou d'annoncer des souscriptions ayant pour objet d'indemniser des amendes, frais et dommages (L. 1835, art. 11; L. 1849, art. 5); l'obligation imposée au gérant de tout journal d'y insérer tous documents officiels, relations authentiques, renseignements et rectifications qui lui sont adressés par tout dépositaire de l'autorité publique (L. 1835, art. 18; L. 1849, art. 13). — Comme exemple de nouvelles dispositions pénales, nous indiquerons celles qui punissent : la provocation adressée aux militaires des armées de terre et de mer, dans le but de les détourner de leurs devoirs militaires, bien que cette provocation ne constitue ni tentative d'embauchage, ni provocation à une action qualifiée crime ou délit; — la publication des actes d'accusation et de tous actes de procédure criminelle avant qu'ils aient été lus en audience publique; — la publication ou reproduction de mauvaise foi de nouvelles fausses, de pièces fabriquées, falsifiées ou mensongèrement attribuées à des tiers, lorsque ces nouvelles ou pièces sont de nature à troubler la paix publique. — Au reste, la loi de 1849 n'a été modifiée que dans un très-petit nombre de dispositions.—V. nos 589 et s., 976 et s., 986 et s.

66. La loi du 16 juill. 1850 est à peu près exclusivement *préventive*, et cependant elle a emprunté à la loi de 1835 une disposition que nous devons rappeler ici. C'est l'art. 9 qui déclare contrairement à l'art. 365 c. inst. crim. que les peines ne se confondront pas entre elles et qu'elles seront toutes intégralement subies, lorsque les faits qui y donneront lieu seront postérieures à la première poursuite.

67. Depuis la contre-révolution du 2 déc. 1851, nous trouvons trois décrets relatifs à la répression des crimes et délits qui peuvent se commettre par les divers moyens de publications, savoir : 1° le décret du 31 déc. 1851 qui défère aux *tribunaux* correctionnels la connaissance de tous les délits prévus par les lois sur la presse et commis au moyen de la parole; — 2° Le décret organique sur la presse du 17 fév. 1852; — 3° Le décret du 30 avr. 1852 sur la presse des colonies. — Chacun de ces décrets sera en son lieu l'objet d'un examen spécial.

68. Il nous reste à compléter ici l'aperçu que nous avons donné de la législation *anglaise* (n° 30), par le résumé de ses dispositions ou répressions, en matière d'outrage. — D'après les lois anglaises, la répression diffère suivant qu'il s'agit d'un outrage verbal ou par action, ou bien d'un outrage par écrit. — Il faut donc les distinguer avec soin.

Outrage verbal ou par action. — Les torts qui affectent la réputation, l'honneur ou le crédit d'un homme sont, d'abord, les propos méchants, médisants et calomnieux tendant à lui nuire ou à le décrier, par exemple, si l'on traite un marchand de banqueroutier. Les propos tendant à décrier un pair, un juge ou autre grand officier de l'État, et qu'on appelle *scandalum magnatum* sont considérés comme plus graves, et donnent lieu à des poursuites, même criminelles, soumises à des règles spéciales, différentes de celles qu'on observe pour les cas de calomnie ordinaires. — Les paroles qui tendent à calomnier un magistrat, ou un fonctionnaire public, sont aussi regardées comme des injures plus graves que celles qui concernent un particulier. — Pour les propos calomnieux qui peuvent ou exposer un homme aux peines de la loi, ou l'exclure de la société, ou décréditer son commerce, ou compromettre un pair, un magistrat, un fonctionnaire public, on peut intenter une action sans être tenu de prouver qu'il soit résulté aucun dommage particulier, et sur la seule probabilité qu'il pourrait en résulter. Quant aux autres propos, qui ne paraissent pas en eux-mêmes susceptibles de nuire, le plaignant doit prouver qu'il en est résulté pour lui un dommage particulier, ce qui s'appelle intenter une action avec un *per quod*. Des propos seulement grossiers, des invectives sans importance par elles-mêmes, et qui ne causent aucun préjudice, ne peuvent fonder une action. Les calomnies en matière purement spirituelle, qui, par exemple, traitent un homme d'hérétique, sont du ressort des tribunaux ecclésiastiques, à moins qu'il ne s'ensuive quelque dommage qui puisse donner lieu à un *per quod*. — On ne peut actionner pour des paroles échappées dans la colère ou la passion, pourvu qu'elles n'aient pas eu de suites préjudiciables, ni pour des expressions dont on n'a usé que par forme d'avis, d'intérêt, d'avertissement. — Des paroles offensantes employées dans les procédures en justice, et qui ont pour but la défense de la cause, ne motivent pas non plus une action en calomnie. — On verra (nos 1171 et s.) que nos lois laissent également à cet égard une assez grande latitude à la défense.

Si le défendeur prouve que ce qu'il a dit est vrai, il est à l'abri des poursuites, même quand ses paroles ont causé un dommage spécial : c'est un *damnum absque injuriâ*, et la loi n'accorde pas réparation lorsqu'il n'y a pas injure.

69. Les insultes ou désobéissance envers la cour ou les juges qui y président sont directes quand elles consistent dans un outrage ou une résistance ouverte; indirectes, quand ce sont leurs conséquences qui tendent à décréditer l'autorité de la justice. Ces insultes sont punissables par les juges, sans intervention de jurés. On range parmi les offenses de la seconde classe : 1° celles commises par les juges et magistrats inférieurs, en exerçant d'une manière injuste, oppressive, contraire aux règles, la partie des fonctions judiciaires qui leur est confiée; en désobéissant aux ordres des cours supérieures, en continuant les procédures après qu'il y a eu évocation; — 2° Les offenses commises par les shérifs, baillis, geôliers et autres agents judiciaires, quand ils s'écartent de la loi, trompent les parties, négligent leurs devoirs d'une manière coupable et nuisible; — 3° Les délits des procureurs et gens de pratique dans les cours de loi commune et d'équité, lorsqu'ils commettent des malversations; — 4° Les offenses des jurés, dans les accessoires ayant rapport à l'exercice de leurs fonctions, s'ils ne se présentent pas quand ils sont appelés, s'ils refusent de prêter serment, ou de donner un verdict; si, sans autorisation de la cour, ils mangent ou boivent, surtout aux frais de l'une des parties; — 5° Les offenses des témoins, s'ils font défaut, refusent de prêter serment, prévariquent dans leurs dépositions; — 6° Les offenses commises par les parties en désobéissant à un ordre ou règlement interlocutoire de la cour, en ne payant pas les frais alloués, en ne se conformant pas aux décisions régulières et obligatoires rendues par des arbitres ou des experts; — 7° Les offenses commises par toute personne d'un rang au-dessous de la pairie, et même par un pair, si elles sont très-graves et accompagnées de violence, ou si elles constituent une désobéissance aux *writs* principaux de la prérogative royale. — Si l'offense envers la cour s'est commise en sa présence, l'offenseur peut être arrêté et emprisonné au gré des juges, sans qu'il soit besoin d'autre preuve. Si le délit est commis hors de la présence de la cour, alors, dans le cas où les juges trouvent qu'il y a, d'après les déclarations sous serment, motif suffisant de penser que l'offense a eu lieu, ils rendent une ordonnance enjoignant à l'offenseur présumé de prouver qu'il n'y a point de motif de prise de corps contre lui : si le délit paraît évident, l'arrestation est d'abord ordonnée; si la défense alléguée ne paraît pas suffisante, la cour confirme de même et rend absolue sa première ordonnance qui n'était que provisoire.

L'arrestation a pour but de faire amener le prévenu devant la cour; ensuite il garde prison, ou il donne caution en s'engageant par serment à revenir pour répondre à tous interrogatoires, qui, dans l'usage, se font dans les quatre premiers jours. Si le prévenu peut se justifier par ses réponses faites sous serment, il est déchargé : mais en cas de parjure, il peut être poursuivi pour ce faux serment. S'il avoue le délit, la cour peut lui infliger l'amende ou la prison, ou l'une et l'autre, et dans certains cas, une peine corporelle ou infamante. S'il refuse, de propos délibéré, et avec obstination, de répondre, ou s'il répond d'une manière évasive, il est coupable de désobéissance grave et réitérée, et peut être puni au gré de la cour (Blackstone, liv. 4, ch. 20).

70. *Outrage par écrit.* — On entend, dans un sens spécial aux lois criminelles, par *libelles*, des diffamations dans la vue de nuire à quelqu'un, spécialement à un magistrat, et rendues publiques par la voie de l'impression ou des écrits, ou par des peintures ou représentations, afin de le provoquer en l'irritant, ou de l'exposer à la haine, au mépris du public, et au ridicule. — Communiquer un libelle, même à une seule personne, c'est le publier. On a comparé à un libelle une lettre outrageante envoyée, même cachetée. — Il importe peu, pour la nature du libelle, que ce qu'il contient soit vrai ou faux, puisque c'est la provocation, et non la fausseté, qui est punissable.

La punition du libelliste, pour avoir composé, répété, imprimé ou publié le libelle est une amende, et telle peine corporelle que la cour juge convenable. — Quoique la vérité d'un libelle ne soit pas un moyen de justification, elle peut cependant être prise comme atténuation. — Des difficultés s'étant élevées sur les attributions du jury concernant les libelles, un statut a été rendu pour faire cesser tous les doutes. D'après ce statut, dans tout examen par jury sur accusation ou dénonciation pour libelle, le jury peut rendre un verdict général de *coupable* ou *non coupable*, sur l'ensemble de ce qui est en question; le juge ne peut le requérir ou lui prescrire de déclarer le défendeur coupable sur la preuve seulement de la publication de l'écrit poursuivi comme libelle, et du sens attribué à cet écrit dans l'acte d'accusation produit au greffe. Mais le juge peut donner son opinion au jury sur l'objet de la question à décider.

L'auteur d'un libelle qui attaque la mémoire et l'honneur d'un mort peut être puni, pourvu qu'il soit prouvé qu'on a eu l'intention de déverser le déshonneur et le mépris sur les parents et descendants du mort. Notre jurisprudence paraît aussi se fixer dans ce sens. — V. n° 1128.

Ce n'est pas faire un libelle, de publier une copie exacte des rapports ou des résolutions des deux chambres du parlement, ou un exposé fidèle des procédures d'une cour; cela ne doit pas s'entendre de la publication d'une partie d'un procès non terminé; ni de la publication des examens d'un jury, lorsque des dépositions contraires à la pudeur en font partie par la nature de l'affaire; ni des publications partielles et prématurées sur des sujets soumis à l'examen d'un jury. — Suspendre ou brûler en effigie, pour exposer quelqu'un au ridicule et au mépris, c'est une offense de la nature du libelle, et qui a souvent été punie avec sévérité. — V. Blackstone, liv. 4, ch. 11.

Cet auteur (*loc. cit.*) démontre avec une grande force de raison que la répression des libelles ne porte aucune atteinte à la liberté de la presse, etc. Il exprime cette pensée dont la justesse nous semble incontestable, que punir l'abus, la licence de la presse, c'est en maintenir la liberté.

CHAP. 2. — DE L'IMPRIMERIE IMPÉRIALE.

71. L'imprimerie appelée aujourd'hui *impériale* a souvent changé de nom; elle s'est appelée tour à tour et suivant les temps imprimerie *royale, nationale, de la République* et enfin *impériale*. Quelques auteurs font remonter l'origine de cet établissement à François Ier. Ce prince fit en effet graver des poinçons de caractères grecs, connus sous la désignation de *grecs du roi* et qui subsistent encore dans le riche cabinet des poinçons de l'imprimerie impériale. Il avait également établi une fonderie à ses frais. — Mais ce fut Louis XIII qui s'occupa sérieusement de l'organisation de cet établissement public. — Le premier ouvrage qui soit sorti des presses de l'imprimerie royale est une Imitation de Jésus-Christ. — On vit paraître ensuite les ouvrages du cardinal de Richelieu. — Les successeurs de Louis XIII tinrent à honneur d'enrichir l'imprimerie royale et d'étendre sa renommée. — V. MM. Macarel et Boulatignier, de la Fortune publique, t. 1, p. 441 et suiv.

72. La pensée du roi, en créant une imprimerie royale, avait été de fonder un établissement dans l'intérêt des lettres, et non dans l'intérêt des services publics. — Aussi, si cette imprimerie était chargée de certaines impressions pour le compte de l'Etat, elle ne les avait pas toutes (M. Macarel, *eod.*, p. 443).

73. A partir de 1691, le privilége de l'imprimerie royale se perpétue dans une famille qui fit tous ses efforts pour y centraliser toutes les impressions destinées aux services publics. — V. les arrêts du conseil des 22 mai 1775, 23 mai 1789, M. Macarel, *eod.*

74. Après la révolution de 1789, on vit s'établir, en outre : 1° l'*imprimerie nationale*, destinée à reproduire les procès-verbaux de l'assemblée constituante; 2° une troisième imprimerie, dite des *administrations nationales*, chargée de toutes les impressions concernant le service des départements ministériels et la trésorerie, etc., etc. — Le décret des 14-24 août 1790 ordonna qu'il serait dressé un inventaire des caractères, poinçons, matrices, gravures et autres objets dépendant de l'imprimerie royale. — Le décret du 11 août 1792 dispense du service militaire les ouvriers imprimeurs de l'imprimerie nationale législative. Cette faveur fut étendue par le décret des 22-24 août de la même année, aux ouvriers de l'imprimerie nationale exécutive du Louvre. — Un autre décret du 2 sept. 1792 porte que les citoyens attachés au travail de l'imprimerie nationale seront tenus dans les dangers de la patrie et aux signaux d'alarme de se rendre sur-le-champ dans leurs ateliers qui, formant un établissement public, deviennent pour eux le poste du citoyen. — Le décret des 18-21 sept. 1792 enjoignit également aux imprimeurs et ouvriers des imprimeries nécessaires au service public, de rester à leurs travaux dans les dangers de la patrie, disposition qui avait sans doute le double but de les maintenir à la disposition de l'autorité et de les empêcher de grossir le nombre des perturbateurs ou des curieux dans les moments de troubles.

75. Cependant l'existence de l'ancienne imprimerie royale, bien qu'attaquée de toutes parts, fut reconstituée par la convention, qui rendit à cet effet la loi du 8 pluv. an 3. — Sous le nom d'*imprimerie nationale*, cet établissement fut chargé d'imprimer 1° les lois; 2° les rapports, adresses, proclamations, dont l'envoi avait été ordonné par la convention; 3° les arrêtés pris par les comités; 4° les circulaires relatives à l'exécution des lois; 5° les éditions originales d'ouvrages d'instruction publique adoptés par le gouvernement; 6° enfin tous les ouvrages de science et d'art, imprimés par ordre de la convention et aux frais de la république. — V. Lois, p. 83.

76. Le décret du 4 brum. an 4 voulut que les poinçons, matrices et caractères en langues étrangères déposés à l'imprimerie de l'agence des lois, en fussent distraits pour être exclusivement employés aux sciences et aux arts.

77. Sous le directoire, la nécessité de l'existence d'une imprimerie nationale fut encore remise en question : on en demandait la suppression au nom de l'économie publique et de la liberté de l'industrie. Après une longue et vive discussion, l'établissement fut maintenu. — Merlin, ministre de la justice, dans un rapport fait au directoire exécutif, après avoir réfuté les diverses inculpations dirigées contre cet établissement, disait : « Je n'ai pas eu besoin de vous faire remarquer, pour mon département en particulier, combien il importe à la sûreté et à la rapidité de la promulgation des lois, que le ministre de la justice ait immédiatement à sa disposition et hors de la dépendance d'un entrepreneur, les moyens nécessaires pour mettre dans cette opération l'ensemble et l'harmonie si essentiels dans un État de quelque étendue... Vous avez apprécié à sa juste valeur le reproche fait au gouvernement d'exercer un privilége exclusif et inconstitutionnel, en réunissant, dans ses propres ateliers, un travail fourni par lui, et en économisant ainsi sur lui-même le bénéfice de l'entrepreneur» (M. Macarel, *eod.*, p. 448, et la note).

78. L'arrêté du 19 frim. an 10 maintint l'imprimerie de la République dans ses attributions, telles qu'elles avaient été réglées par les lois des 8 pluv. et 21 prair. an 3. — Mais il déclara qu'à partir du 1er vend. an 10 les dépenses dites du fonds de l'imprimerie et celles de l'envoi des lois ne seraient plus à la charge du trésor public, et qu'elles seraient prises, comme toutes les autres dépenses de l'établissement, sur les divers produits résultant, soit des ordonnances délivrées par les ministres pour frais d'impression de leurs ministères, soit des ouvrages de sciences et arts, soit enfin des abonnements officiels et particuliers.

79. En 1808, le palais Cardinal fut affecté à l'établissement de l'imprimerie impériale, qui, aux termes du décret du 24 mars 1809, resta chargée exclusivement de toutes les impressions des divers départements ministériels, du service de la maison impériale, du conseil d'Etat, de l'impression et de la distribution du Bulletin des lois. — Mais désormais elle ne put faire aucun travail pour le compte des particuliers, sauf les impressions en caractères étrangers que l'imprimerie impériale possédait seule. — Le décret précité fixa la composition du personnel de cet établissement, avec les devoirs et fonctions de chacun des employés.

80. A la restauration, le gouvernement accueillit l'idée de revenir, quant à cet établissement, aux traditions de l'ancienne monarchie. — En vertu d'une ordonnance royale du 28 déc. 1814, cette imprimerie dut cesser d'être régie aux frais de l'Etat. — L'administration en fut confiée au compte d'un directeur usufruitier, garde des poinçons, matières, etc. — Tout le matériel de l'établissement fut remis, sur inventaire, au directeur, qui demeura responsable de tous les objets et ustensiles, et tenu de les représenter à toute réquisition.

81. Un décret impérial, du 21 avr. 1815, révoqua l'ord. du 28 déc. 1814, remit les choses dans l'état où elles étaient antérieurement. — A la seconde restauration, l'ord. du 28 déc. 1814 reprit son empire (M. Macarel, *eod.*, p. 454 et suiv.).

82. Suivant une ordonnance du 28 fév. 1816, la situation financière de l'agent comptable de l'imprimerie royale dut être vérifiée par la cour des comptes.

83. L'ord. du 3 juill. 1816 voulut que, au fur et à mesure des rentrées de l'arriéré, il fût acheté, au profit de l'imprimerie royale, des rentes sur l'Etat; et que les extraits d'inscription au grand-livre de la dette publique, formant les titres de propriété des rentes appartenant à l'imprimerie royale, fussent déposés à la caisse des dépôts et consignations.

84. Toutefois, le régime de l'imprimerie royale avait encore suscité des plaintes. On reprochait au gouvernement, 1° d'avoir livré à un particulier, pour en jouir sans aucune rétribution, un matériel considérable qui avait coûté des sommes énormes à l'Etat; 2° le commerce se plaignait de ce que le directeur de l'imprimerie royale, à qui on avait fait une position exceptionnelle aux dépens du trésor public, conservait encore le monopole de certaines impressions, au préjudice des établissements d'industrie privée. — Sur ces réclamations, intervint une ordonn.

du 12 janv. 1820, qui restreignit le privilége du directeur de l'imprimerie royale quant à l'impression des lois et ordonnances : il fut permis à tous imprimeurs et libraires de les imprimer ou débiter aussitôt après leur publication au bulletin officiel. — De nouvelles obligations furent imposées en outre au directeur, qui dut imprimer *gratuitement*, jusqu'à concurrence de 40,000 fr. par an, les mémoires de l'Institut et les ouvrages de littérature, sciences et arts, dont le roi jugeait à propos, sur la proposition du garde des sceaux, d'autoriser la publication à titre de récompense ou d'encouragement (M. Macarel, *eod.* p. 455 et 456).

85. Une autre ord. (23 juill. 1823) reprit la question de l'imprimerie royale, sous le point de vue de l'intérêt de l'État. — Elle remit, par suite, l'administration de cet établissement au compte de l'État; et, à partir du 1er oct. 1823, l'imprimerie royale fut mise en régie, sous le contrôle du garde des sceaux. — D'après l'ord. du 23 juill. 1823, il devait être pourvu aux premières dépenses d'exploitation, au moyen des fonds de la liquidation du 1er janv. 1815 restés en dépôt à la caisse des consignations.

86. Une ord. du 19 nov. 1825 porte que le budget de l'imprimerie royale et le compte de ses recettes et de ses dépenses sera présenté chaque année à l'approbation du chef de l'État, et elle détermine le mode d'ordonnancement des dépenses ainsi que les règles relatives à la vérification de la caisse.

87. L'ord. du 26 nov. 1823 a voulu que les sommes alors déposées à la caisse des dépôts et consignations, pour le compte de l'imprimerie royale, furent versées, jusqu'à concurrence d'un million, au trésor royal, à titre de recettes diverses.

88. D'après l'ord. du 11 août 1824, les emplois d'inspecteur et de directeur de l'imprimerie royale furent supprimées et la direction de cet établissement fut confiée à un seul fonctionnaire qui prit le titre d'administrateur de l'imprimerie royale.

89. L'ord. du 5 nov. 1828 a précisé les cas dans lesquels il peut être obtenu des impressions en tout ou en partie gratuites dans l'imprimerie royale et la nature et l'étendue des travaux sur lesquels doivent porter les crédits. — Suivant ce texte, les ouvrages pour lesquels des impressions gratuites peuvent être obtenues sont notamment les mémoires de l'Institut et ceux des autres sociétés savantes formées à Paris, qui n'ont point de dotations spéciales, les ouvrages de sciences et d'arts ou d'érudition dans tous les genres utiles, lorsque la quotité des frais à faire pourrait en priver le public, etc. — Mais ce qui donnerait à penser que le pouvoir d'alors n'entendait pas être prodigue de cet appui donné au mérite et aux progrès des lumières c'est que l'ordonnance ne fut point insérée au bulletin des lois et que ce n'est qu'en 1847 (21 déc.) qu'elle a été promulguée. — Toutefois nous devons faire remarquer qu'il en a été de même des ord. des 19 et 26 nov. 1823 bien qu'elles n'eussent pas du tout le même objet.

90. Une ord. du 11 oct. 1838 a porté de 783,435 fr. à 1 million, le capital destiné aux avances de l'imprimerie royale. Cette ordonnance n'a été également promulguée que le 21 déc. 1847.

91. Une ord. du 17 sept. 1831, a remplacé l'administrateur par un fonctionnaire qui a pris le titre ancien de *directeur* (M. Macarel, *eod.*, p. 458).

92. Le décret des 17-28 juin 1853 alloue au directeur de l'imprimerie impériale une somme annuelle de 5,000 fr., à titre de frais de représentation.

93. A l'égard des pensions de retraite des ouvriers et ouvrières de l'imprimerie impériale, V. décr. 30 août 1848, D. P. 48. 4. 167 et vo Pensions. — Quant au détail du matériel de l'imprimerie impériale, avec sa valeur telle qu'elle a été estimée en 1836, V. M. Macarel, *loc. cit.*, p. 475 et suiv.

94. Telle est l'analyse complète, nous le croyons, des actes législatifs ou réglementaires qui concernent l'imprimerie impériale. — Nous n'ajouterons que deux observations : la première c'est qu'il est à espérer qu'après tant de vicissitudes, le sort de l'imprimerie impériale est définitivement fixé, et que l'on ne tentera plus d'en faire un établissement mixte, à la fois public et privé, lésant les intérêts particuliers, sans profit pour la chose publique, et ne répondant qu'imparfaitement à sa belle destination. — Notre seconde observation c'est que le besoin éprouvé par le gouvernement depuis trois siècles, d'avoir entièrement à sa disposition un établissement typographique, fait assez voir que l'art de l'imprimeur est en réalité, sous plusieurs rapports, une nécessité publique ; et que, dès lors, il y a quelque imprudence à le déclarer libre, d'une manière absolue, même à l'égard de l'autorité dont les représentants sont loin d'avoir partout à leurs ordres des ateliers typographiques dirigés et entretenus par l'État. — V. nos 96 et s.

Tableau de la législation relative a la presse et aux délits commis par la parole, etc., aux imprimeurs, libraires, afficheurs, distributeurs, etc.

31 juill. 1790. — Décret concernant les écrits excitant le peuple à l'insurrection.

L'assemblée nationale, sur la dénonciation qui lui a été faite par un de ses membres, d'une feuille intitulée : *C'en est fait de nous*, et du dernier numéro des Révolutions de France et de Brabant, a décrété que, séance tenante, le procureur du roi au Châtelet de Paris sera mandé, et qu'il lui sera donné ordre de poursuivre comme criminels de lèse-nation, tous auteurs, imprimeurs et colporteurs d'écrits excitant le peuple à l'insurrection contre les lois, à l'effusion du sang et au renversement de la constitution, ou qui inviteraient les princes étrangers à faire des invasions dans le royaume (1).

2-10 août 1790. — Décret relatif aux écrits sur les affaires publiques.

L'assemblée nationale décrète qu'il ne pourra être intenté aucune action, dirigé aucune poursuite pour les écrits qui ont été publiés jusqu'à ce jour sur les affaires publiques, à l'exception néanmoins du libelle intitulé : *C'en est fait de nous*, à l'égard duquel la dénonciation précédemment faite sera suivie ; et cependant l'assemblée, justement indignée de la licence à laquelle plusieurs écrivains se sont livrés dans ces derniers temps, a chargé son comité de constitution et celui de jurisprudence criminelle réunis, de lui présenter incessamment le mode d'exécution de son décret du 31 juillet.

3 août 1790. — Décret pour l'exécution de celui du 31 juillet sur les écrits.

14-24 août 1790. — Décret portant qu'il sera dressé un inventaire du fonds de l'imprimerie royale.

16-24 août 1790. — Décret qui attribue au juge de paix la connaissance des actions pour injures verbales (tit. 3, art. 10-6o). — V. Organ. jud.

18-22 mai 1791. — Décret dont les art. 11, 13, 14 et 15 contiennent des dispositions relatives aux affiches. — V. Affiches, no 112.

18 juill. 1791. — Décret portant que toutes personnes qui auront provoqué le meurtre, le pillage, l'incendie ou la désobéissance aux lois par des placards, affiches ou écrits publiés ou colportés seront poursuivies comme séditieux et perturbateurs de la paix publique. — V. Crimes contre la sûreté de l'Etat, p. 555.

19-22 juill. 1791. — Décret dont les art. 8, 11, 17, 18, 19 et 20 du tit. 2 sont relatifs aux injures et outrages. — V. Lois codifiées, p. 231.

22-28 juill. 1791. — Décret qui règle la couleur des affiches.

L'assemblée nationale décrète que les affiches des actes émanés de l'autorité publique seront seules imprimées sur papier blanc ordinaire, et celles faites par des particuliers ne pourront l'être que sur papier de couleur, sous peine de l'amende ordinaire de police municipale.

17-22 août 1791. — Décret dont les art. 17 et 18 sont relatifs au transport des journaux, feuilles périodiques et livres brochés. — V. no 397.

3-14 sept. 1791. — Constitution qui proclame la libre communication de la parole et de la pensée (décl. des droits, art. 11), sauf les poursuites à raison des actions qualifiées crimes ou délits par la loi (ch. 5, art. 17). — Ce même art. 17 contient une disposition sur les injures et calomnies envers les fonctionnaires publics et les particuliers. — V. Droit const., p. 288.

25 sept.-6 oct. 1791. — Code pénal dont l'art. 7, sect. 4, tit. 1, 2e partie, punit les outrages adressés aux fonctionnaires publics dans l'exercice de leurs fonctions. — V. Lois codifiées, p. 236.

5 nov. 1791. — Décret relatif aux fonctions des commissaires inspecteurs de l'imprimerie nationale.

20 (8 et)-21 juill. 1792. — Décret qui ordonne de poursuivre les libellistes.

L'assemblée nationale, après avoir entendu le rapport de son comité de surveillance, considérant que l'abus qui se fait journellement de la liberté de la presse ne saurait être trop tôt réprimé, décrète que le pouvoir exécutif est expressément chargé de poursuivre le sieur Parent, abbé, auteur de différents libelles, ainsi que le sieur Senneville, libraire et distributeur desdits libelles, et tous autres journalistes incendiaires et libellistes, et d'informer l'assemblée, de huitaine en huitaine, des mesures qui auront été prises à cet égard.

11 août 1792. — Deux décrets, l'un qui ordonne des mesures de sûreté pour l'imprimerie royale ; l'autre qui dispense les ouvriers de cette imprimerie du service militaire.

18-21 août 1792. — Décret relatif aux libelles inciviques et autres écrits tendant à égarer l'opinion publique.

---

(1) Ce qui suit le mot *constitution* a été ajouté par décret du 1er août 1790.

L'assemblée nationale, considérant que depuis longtemps les ennemis de la patrie ne cessent d'égarer l'opinion publique par des correspondances mensongères, par des libelles inciviques et par toute sorte d'écrits calomnieux et empoisonnés; qu'il est instant de déjouer ces manœuvres perfides, en exposant aux yeux de la nation française la vérité, qu'on s'efforce de lui cacher, décrète qu'il sera mis à la disposition du ministre de l'intérieur, à la charge d'en rendre compte, la somme de 100,000 liv. pour les frais de correspondance qu'il jugera nécessaires, et pour l'impression et distribution dans les départements et les armées, de tous les écrits propres à éclairer les esprits sur les trames criminelles des ennemis de l'Etat, et sur les vraies causes des maux qui ont trop longtemps déchiré la patrie. — Cette somme sera prise sur les 6 millions accordés précédemment au ministre des affaires étrangères pour les dépenses secrètes.

19 août 1792.—Décret qui met en activité jour et nuit l'imprimerie de l'assemblée nationale et l'imprimerie ci-devant royale.

22-24 août 1792.—Décret qui étend aux ouvriers de l'imprimerie nationale exécutive du Louvre le bénéfice du décret du 11 août.

2-2 sept. 1792.—Décret relatif aux ouvriers de l'imprimerie nationale.

L'assemblée nationale décrète que les citoyens attachés au travail de l'imprimerie nationale seront tenus, dans les dangers de la patrie et aux signaux d'alarme, de se rendre sur-le-champ dans leurs ateliers, qui, formant un établissement public, deviennent pour eux le poste du citoyen. — Décrète, en outre, qu'elle applaudit au zèle et au civisme qui les a portés à se rendre à leurs sections.

18-21 sept. 1792. — Décret portant que rien ne devant arrêter la publication des lois et des actes de l'autorité publique, il est enjoint aux imprimeurs et ouvriers des imprimeries nécessaires au service public de rester attachés à leurs travaux, qui deviennent pour eux, dans les dangers de la patrie et aux signaux d'alarme, le poste des citoyens.

9-14 mars 1793. — Décret qui ordonne aux membres de la convention qui rédigent des journaux d'opter entre les fonctions de député et celles de rédacteur de journal. — Ce décret a été rapporté par celui des 2-3 avr. 1793.

29-31 mars 1793. — Décrets relatifs aux écrits tendant à provoquer le meurtre et la violation des propriétés.

La convention nationale décrète que ceux qui provoqueront par leurs écrits le meurtre et la violation des propriétés seront punis, savoir : 1° de la peine de mort, lorsque le délit aura suivi la provocation; 2° de la peine de six ans de fers, lorsque le délit ne l'aura pas suivie.

29-31 mars 1793. — Décret relatif aux auteurs, colporteurs de décrets tendants à la dissolution de la convention, au rétablissement de la royauté ou de tout autre pouvoir attentatoire à la souveraineté du peuple.

Art. 1. Quiconque sera convaincu d'avoir composé ou imprimé des ouvrages ou écrits qui provoquent la dissolution de la représentation nationale, le rétablissement de la royauté ou tout autre pouvoir attentatoire à la souveraineté du peuple, sera traduit au tribunal extraordinaire et puni de mort.

2. Les vendeurs, distributeurs et colporteurs de ces ouvrages ou écrits, seront condamnés à une détention qui ne pourra excéder trois mois, s'ils déclarent les auteurs, imprimeurs ou autres personnes de qui ils les tiennent; s'ils refusent cette déclaration, ils seront punis de deux années de fers.

29 mai-8 juin 1793. — Déclaration des droits de l'homme qui consacre la liberté de la presse (art. 6 et 7). — V. Droit const., p. 297; V. aussi constit. 24 juin 1793, décl. des droits, art. 7, *eod.*

27 frim.-2 niv. an 2 (17-22 déc. 1793).—Décret qui ordonne la conservation de l'imprimerie établie près la ci-devant administration des loteries, sous le titre d'imprimerie des administrations nationales.

8 pluv. an 3 (27 janv. 1795).—Décret qui statue sur l'administration de l'imprimerie nationale et sur les impressions qui doivent ou qui peuvent lui être confiées.—V. Lois, p. 83.

18 germ. an 3 (7 avr. 1795). — Décret portant que l'imprimerie établie sous la direction de l'agence de l'envoi des lois prendra la dénomination et le titre d'*imprimerie de la République.*

21 prair. an 3 (9 juin 1795). — Décret relatif à celui du 8 pluviôse, concernant les attributions de l'imprimerie de la République.

5 fruct. an 3 (22 août 1795). — Constitution qui reconnaît le droit d'écrire et de publier sa pensée, sauf la responsabilité de l'auteur dans les seuls cas prévus par la loi, sans qu'aucun écrit puisse être soumis à la censure avant sa publication (art. 353), et qui déclare qu'aucune limitation ne peut être apportée à la liberté de la presse; mais si les circonstances rendent une loi prohibitive nécessaire, cette loi ne peut avoir d'effet que pendant un an, à moins qu'elle ne soit formellement renouvelée (art. 355). — V. Droit polit., p. 303.

5 vend. an 4 (27 sept. 1795). — Décret portant des peines contre ceux qui imprimeraient, publieraient, afficheraient, exécuteraient ou crieraient des arrêtés rendus par les présidents des assemblées primaires ou électorales et étrangers aux élections.

7 vend. an 4 (29 sept. 1795). — Décret dont l'art. 2 punit ceux qui outrageront les objets d'un culte quelconque dans les lieux destinés à son exercice, ou ses ministres en fonctions, ou interrompront par un trouble public les cérémonies religieuses de quelque autre culte que ce soit. — V. Culte, p. 682.

3 brum. an 4 (25 oct 1795) — Code dont les art. 557, 558, 605-7 punissent les outrages et injures.—V. Lois codifiées, p. 253.

4 brum. an 4 (26 oct. 1795). — Décret portant que les poinçons, matrices et caractères en langues étrangères, déposés à l'imprimerie de l'agence des lois, en seront distraits pour être exclusivement employés aux sciences et aux arts.

27 germ. an 4 (16 avril 1796) — Loi portant des peines contre toute esppèce de provocation à la dissolution du gouvernement républicain.—V. Crimes contre la sûreté de l'Ét., p. 537; V. aussi n° 555.

28 germ. an 4 (17 avr. 1796).—Loi contenant des mesures répressives des délits qui peuvent être commis par la voie de la presse.

Art. 1. Il ne doit être imprimé aucuns journaux, gazettes ou autres feuilles périodiques que ce soit, distribué aucun avis dans le public, imprimé ou placardé aucune affiche, qu'ils ne portent le nom de l'auteur ou des auteurs, le nom et l'indication de la demeure de l'imprimeur.

2. La contravention à cette disposition, soit par le défaut de mention du nom de l'auteur ou du nom et de la demeure de l'imprimeur, soit par l'expression d'un faux nom ou d'une fausse demeure, sera poursuivie par les officiers de police, et punie, indépendamment de ce qui pourrait donner lieu aux poursuites dont il sera parlé ci-après, d'un emprisonnement, par forme de police correctionnelle, du temps de six mois pour la première fois, et en cas de récidive, du temps de deux années.

3. S'il est inséré dans les écrits mentionnés ci-dessus quelque article non signé, ou extrait ou supposé extrait de papiers étrangers, celui qui fait publier le journal ou autre écrit sous son nom, en sera responsable.

Les mêmes peines seront appliquées aux distributeurs, vendeurs, colporteurs et afficheurs d'écrits imprimés en contravention à l'article précédent.

5. Les auteurs qui se permettraient de composer, et généralement toutes personnes qui imprimeraient, distribueraient, vendraient, colporteraient, afficheraient des écrits contenant les provocations déclarées criminelles par la loi du 27 germinal présent mois, seront poursuivis de la manière qu'il est porté dans ladite loi contre les auteurs de ces provocations.

6. Ceux qui seront trouvés vendant, distribuant, colportant ou affichant aucun desdits écrits, seront arrêtés et conduits devant le directeur du jury d'accusation; ils seront tenus de nommer les personnes qui leur ont remis lesdits écrits. Les personnes déclarées seront successivement appelées, jusqu'à ce que le directeur du jury parvienne à l'imprimeur ou à l'auteur.

7. Dans le cas où l'auteur serait arrêté, il sera poursuivi et jugé conformément à la loi du 27 germ. an 4, et puni des peines portées dans ladite loi.

8. Dans le cas où l'auteur ne serait point indiqué par les imprimeurs, vendeurs, distributeurs, colporteurs et afficheurs, ainsi que dans le cas où les indications qu'ils auraient données se trouveraient fausses ou porteraient soit sur un étranger soit sur une personne non domiciliée, ils seront punis de deux années de fers; en cas de récidive, ils seront punis de la déportation.

9. Si le jury déclare qu'il y a dans le délit des circonstances atténuantes, la peine prononcée par l'article précédent contre les personnes y dénommées pourra être commuée en une détention par forme de police correctionnelle, qui ne pourra être moindre de six mois.

10 Lesdits imprimeurs, distributeurs, vendeurs, colporteurs et afficheurs arrêtés en exécution de la présente loi, ne seront jugés et ils ne pourront, en aucun cas, être mis en liberté qu'après le jugement de l'auteur, s'il a été dénoncé et saisi ou après que l'inutilité des recherches pour le découvrir et le saisir aura été constatée, soit par un procès-verbal de perquisition, soit par la déclaration des imprimeurs, distributeurs, vendeurs, colporteurs et afficheurs, que l'auteur leur est inconnu.

4 therm. an 4 (22 juill. 1796).—Loi relative au prix du transport des ouvrages périodiques et des livres brochés (V. Poste, p. 6), abrogée par celle du 25 juin 1856.

5 niv. an 5 (25 déc. 1796). — Loi portant défense d'annoncer publiquement les journaux et les actes des autorités constituées, autrement que par leurs titres.

Art. 1. Il est défendu à tout individu d'annoncer dans les rues, carrefours et autres lieux publics, aucun journal ou écrit périodique, autrement que par le titre général et habituel qui le distingue des autres journaux.

2. Il est également défendu d'annoncer aucune loi, aucun jugement ou autres actes d'une autorité constituée, autrement que par le titre donné auxdits actes soit par l'autorité de laquelle ils émanent, soit par celle qui a le droit de les publier.

3. La contravention aux deux précédents articles sera punie, par voie correctionnelle, d'un emprisonnement de deux mois pour la première fois, et de six en cas de récidive.

19 fruct. an 5 (5 sept. 1797).—Loi dont l'art. 35 met les journaux sous l'inspection de la police, qui peut les prohiber, aux termes de l'art. 355 de la constitution de l'an 3.

9 vend. an 6 (30 sept. 1797). — Loi de finances qui assujettit les journaux à la formalité du timbre (art. 56 et suiv.), à l'exception des ouvrages relatifs aux sciences et aux arts (art. 57). — V. Enregistrement, n° 6061-12°.

3 brum. an 6 (24 oct. 1797).—Arrêté concernant la perception du droit de timbre sur les journaux.

23 brum. an 6 (13 nov. 1797). — Arrêté contenant des mesures pour l'exécution de l'art. 35 de la loi du 19 fruct. an 5.

15 frim. an 6 (5 déc. 1797). — Arrêté qui ordonne la publication et l'exécution rigoureuse de la loi du 5 niv. an 5 sur les colporteurs de journaux, et qui rend les autorités responsables des contraventions dont les auteurs ne sont pas arrêtés sur-le-champ,

9 fruct. an 6 (26 août 1798). — Loi qui proroge les dispositions de l'art. 35 de la loi du 19 fruct. an 5 (cette loi a été rapportée par celle du 14 therm. an 7).

27 niv. an 8 (17 janv. 1800). — Arrêté relatif aux journaux.

Art. 1. Le ministre de la police ne laissera, pendant toute la durée de la guerre, imprimer, publier et distribuer que les journaux ci-après désignés : — Le Moniteur universel, le Journal des Débats et des Décrets, le Journal de Paris, le Bien-Informé, le Publiciste, l'Ami des Lois, la Clef du Cabinet, le Citoyen Français, la Gazette de France, le Journal des Hommes libres, le Journal du soir par les frères Chaigneau, le Journal des Défenseurs de la Patrie, la Décade philosophique; — Et les journaux s'occupant exclusivement des sciences, arts, littérature, commerce, annonces et avis.

2. Le ministre de la police générale fera incessamment un rapport sur tous les journaux qui s'impriment dans les autres départements.

3. Le ministre de la police veillera à ce qu'il ne s'imprime aucun nouveau journal, tant dans le département de la Seine que dans les autres départements de la République.

4. Les propriétaires et rédacteurs des journaux conservés par le présent arrêté se présenteront au ministre de la police pour justifier de leur qualité de citoyens français, de leur domicile et de leur signature, et promettront fidélité à la constitution.

5. Seront supprimés sur-le-champ tous les journaux qui inséreront des articles contraires au respect dû au pacte social, à la souveraineté du peuple et à la gloire des armées, ou qui publieront des invectives contre les gouvernements et les nations amis ou alliés de la République, lors même que ces articles seraient extraits des feuilles périodiques étrangères.

12 mess. an 8 (1er juill. 1800). — Arrêté qui charge le préfet de police de Paris d'exécuter les lois de police sur l'imprimerie et la librairie, en tout ce qui concerne les offenses faites aux mœurs et à l'honnêteté publique (art. 11).—V. Organ. admin.

5 brum. an 9 (27 oct. 1800). — Arrêté qui contient la même disposition que le précédent à l'égard des commissaires généraux de police (art. 10).—V. Commiss. de police, n° 22.

19 frim. an 10 (10 déc. 1801). — Arrêté relatif à l'imprimerie du gouvernement et à l'envoi des lois.

TIT. 1. — *Organisation et comptabilité de l'imprimerie de la République.*

Art. 1. L'imprimerie de la République est maintenue dans ses attributions, ainsi qu'elles ont été réglées par les lois des 8 pluv. et 21 prair. de l'an 3. Toutes les impressions du gouvernement, des ministres et des administrations qui en dépendent, y seront exécutées.

2. Cette imprimerie continuera d'être régie et administrée sous la surveillance immédiate du ministre de la justice, conformément aux dispositions de l'arrêté du 16 niv. an 5.

3. Le directeur fera dresser, dans le plus court délai, un inventaire général des poinçons, matrices, caractères, presses, machines, ustensiles et meubles de l'établissement. Une expédition en sera déposée dans les bureaux du ministère de la justice, et une autre dans ceux du ministre des finances.

4. Il tiendra de plus : 1° un registre de l'actif en matières, et de leur consommation journalière, ainsi que des approvisionnements successifs ; — 2° Un registre-journal des travaux et dettes actives et passives ; — 3° Un registre-journal de caisse, ou des recettes et dépenses effectives. — Ces trois registres seront cotés et chiffrés par le ministre. — Ils seront balancés pour chaque trimestre, et arrêtés par le ministre, ainsi que le compte des recettes et dépenses, dans le premier mois du trimestre suivant. — Tous les marchés de fournitures générales et particulières qui excéderont la somme de 500 fr. ne pourront être exécutés qu'après l'approbation du ministre.

5. A compter du 1er vend. an 10, les dépenses dites du fonds de l'imprimerie et celles de l'envoi des lois ne seront plus à la charge du trésor public : elles seront prises, comme toutes les autres dépenses de l'établissement, sur ses divers produits, résultant, soit des ordonnances délivrées par les ministres pour frais d'impression de leurs ministères, soit des ouvrages de sciences et arts, soit enfin des abonnements officiels et particuliers.

6. Lorsqu'il sera imprimé des ouvrages susceptibles de la vente au public, les exemplaires qui en auront été tirés au delà du nombre nécessaire pour le service du gouvernement ne pourront être vendus qu'au profit de l'imprimerie de la République.

7. S'il existe dans une année un excédant de recette, il sera affecté à des améliorations et augmentations qui seront préalablement autorisées par le ministre de la justice, ou aux besoins de l'année suivante.

8. Les sommes dues par différents ministères à l'imprimerie de la République pour impressions des années 5, 6 et 7, seront, pour la régularité de la comptabilité, portées en distribution, et ordonnancées au profit de l'imprimerie de la République par chaque ministre, pour la somme due par son département. — Ces ordonnances seront imputées sur les bénéfices dont l'imprimerie aurait eu à compter au trésor public : le directeur de l'imprimerie recevra, en échange des ordonnances sur lesquelles il aura mis son acquit, des récépissés de pareille somme qui lui seront délivrés par le caissier des recettes du trésor public.

9. L'arriéré dû par les ministres pour les années 8 et 9 sera payé sur des fonds qui seront spécialement mis à leur disposition, d'après un état distinct de demande que le ministre de la justice en remettra, chaque mois, à celui du trésor public, pour être approuvé au conseil des finances.

10. Les ministres ordonnanceront tous les mois le montant de leurs frais d'impression pour l'année courante, sur les mémoires qui en seront présentés, dans la forme ordinaire, par le directeur de l'imprimerie, et portés, par article séparé, dans l'état de distribution.

TIT. 2. — *Envoi des lois et abonnement au Bulletin.*

11. Le Bulletin des lois sera imprimé dans la forme actuelle et envoyé gratuitement aux autorités constituées et aux fonctionnaires publics qui jusqu'à ce jour l'ont reçu de cette manière.

12. Après l'impression du Bulletin, les lois, règlements et arrêtés qui y auront été insérés seront imprimés dans le même format, chacun sur une feuille séparée. — Les lois, ainsi détachées, seront fournies aux ministres, aux conseillers d'État, aux préfets, aux présidents et commissaires des tribunaux d'appel. — Il sera reçu des abonnements particuliers pour l'édition des actes insérés au Bulletin par feuilles séparées.

13. Lorsqu'une loi ou un arrêté sera accompagné d'un ordre d'urgence du premier consul, le directeur de l'imprimerie sera tenu, sous sa responsabilité, d'en remettre, dans les vingt-quatre heures de la réception, un exemplaire imprimé au secrétaire d'État et un autre au ministre de la justice.

14. Les receveurs généraux de département seront tenus de verser, en bons à vue, au trésor public, le montant général de l'abonnement des maires, par tiers, dans les trois premiers trimestres de chaque année. Ils adresseront au ministre de la justice des états détaillés des abonnements composant ces versements, dans la première décade des mois de nivôse, germinal et messidor.

15. Les receveurs généraux sont autorisés à retenir, sur le montant de ces abonnements, 1 centime par franc de remise et taxation.

16. L'abonnement commun aux citoyens sera payé entre les mains des directeurs de bureaux de postes des communes d'une population au moins de cinq mille habitants. On pourra aussi se procurer, par la même voie, les numéros détachés du Bulletin, au prix de 3 décimes par feuille de seize pages.

17. Les directeurs des bureaux de postes en donneront récépissé aux parties, et adresseront au ministre de la justice un bon à vue sur la caisse générale des postes, au nom du directeur de l'imprimerie, du montant des fonds provenant, soit de cet abonnement, soit des numéros détachés. Ils compteront de ces recettes à l'administration des postes, comme de leurs autres recettes ; et celle-ci acquittera les bons à vue au directeur de l'imprimerie lorsqu'il les lui présentera avec un bordereau approuvé du ministre de la justice.

28 flor. an 12 (18 mai 1804). — Sénatus-consulte organique qui crée une commission sénatoriale de la liberté de la presse (art. 64 et suiv.). — V. Droit const., p. 318.

7 germ. an 13 (28 mars 1805). — Décret concernant l'impression des livres d'église.—V. Propriété litt.

24 mars 1809. — Décret sur l'organisation de l'imprimerie impériale.

TIT. 1. — *Dispositions générales.*

Art. 1. L'imprimerie impériale restera chargée exclusivement de toutes les impressions des divers départements du ministère, du service de la maison impériale, du conseil d'État, et de l'impression et distribution du Bulletin des lois.

2. A compter de la publication du présent décret, l'imprimerie impériale étant destinée à pourvoir au service du gouvernement et de l'administration générale, ne pourra faire aucun travail pour le compte des particuliers.

3. Elle sera organisée, quant au nombre des employés, premiers prôtes, prôtes et ouvriers, de manière à pourvoir aux besoins courants et ordinaires des divers services dont elle est chargée ; et, en cas de travaux extraordinaires et urgents, il y sera pourvu par notre grand juge, ministre de la justice, sur la demande de l'inspecteur de l'établissement.

TIT. 2. — *De l'administration de l'imprimerie impériale.*

4. L'inspection et la police de l'imprimerie impériale seront confiées, sous la surveillance et l'autorité de notre grand juge, ministre de la justice, à un inspecteur nommé par nous parmi les auditeurs de notre conseil d'État, sur la présentation de notre grand juge.

5. Il prêtera serment entre nos mains.

6. L'imprimerie impériale sera régie et administrée par un directeur nommé par nous ; comme l'inspecteur il prêtera serment.

7. La garde des poinçons et frappes des caractères, la comptabilité générale en matières, caractères, meubles, ustensiles, outils et autres objets, seront confiées à un agent comptable, responsable.

8. La comptabilité en deniers sera confiée à un caissier.

9. Un employé spécial sera chargé de la tenue des livres en partie double.

10. Trois employés spéciaux seront chargés de la direction et surveillance immédiate. — Le premier, de l'imprimerie, et de tous ses détails ; — Le second, de la gravure des poinçons de la fonderie, et de tous ses détails ; — Le troisième, de la reliure et réglure, et de tous ses détails.

11. Les employés désignés aux art. 7, 8, 9 et 10 seront nommés par notre grand juge, ministre de la justice, et prêteront serment entre les mains de l'auditeur inspecteur.

TIT. 3. — *Du conseil d'administration.*

12. Il y aura un conseil d'administration, lequel sera composé de l'auditeur inspecteur, président, de quatre secrétaires généraux des ministères, et du directeur de l'imprimerie. — L'employé chargé de la tenue des livres y tiendra la plume. — Le conseil d'administration s'assemblera ordinairement une fois par semaine, et extraordinairement toutes les fois qu'il sera convoqué par le président. — Les secrétaires généraux des ministères de la justice, de l'intérieur, des finances et du trésor public, entreront les premiers en fonctions.

13. Chaque année, deux des secrétaires généraux membres du conseil d'administration seront remplacés par deux autres, de manière que tous les secrétaires généraux des ministères deviennent successivement et tour à tour membres de ce conseil.

14. Les marchés pour achats de tout genre, pour fabrication de machines ou ustensiles, pour réparations aux bâtiments, les demandes de fabrication de poinçons ou frappes, de fontes ou refontes de caractères ; le nombre d'exemplaires à tirer des ouvrages qui seront imprimés, le prix auquel ils seront vendus, seront délibérés par le conseil d'administration, sur la proposition du directeur.

15. La fixation de tous les traitements des employés non déterminés par nous, du prix de toutes les journées, ou de tous les travaux à la tâche ou à l'entreprise, sera également délibérée par le conseil d'administration.

16. Tous les états de dépenses courantes dressés par les préposés à chaque partie, et certifiés par le directeur, seront présentés chaque mois au conseil d'administration, pour être par lui examinés, et en proposer l'acquittement ou le règlement préalable.

17. Les délibérations du conseil d'administration, dont il est parlé aux trois articles précédents, seront soumises par l'auditeur inspecteur à la décision de notre grand juge, ministre de la justice, lequel autorisera, s'il y a lieu, les marchés, approuvera la fixation des traitements, prix des journées ou travaux, et ordonnancera chaque mois les dépenses.

18. Toutes les difficultés qui s'élèveraient de la part des employés et des ouvriers, touchant leur travail, leur payement, leur salaire, leur responsabilité, pourront être portées par l'inspecteur au conseil d'administration pour donner son avis, sur lequel le grand juge décidera.

19. Chaque année, dans le mois de janvier, le directeur de l'imprimerie impériale mettra sous les yeux du conseil d'administration : 1° l'inventaire et le recolement d'inventaire de tout le matériel de l'imprimerie impériale ; 2° le compte en matières, meubles, ustensiles, etc. rendu par l'agent comptable ; 3° le compte en deniers rendus par le caissier. Le conseil d'administration y fera telles observations qu'il jugera convenables, réglera et arrêtera le compte en matières, sauf l'approbation du ministre de la justice et renverra le compte en deniers à la cour des comptes.

20. Avant le 1er décembre de chaque année, l'inspecteur rédigera et remettra

à notre grand juge, ministre de la justice, pour nous être présentés : 1° le budget de l'établissement pour l'année suivante ; 2° un rapport général sur la situation de l'établissement, les améliorations dont son organisation lui paraîtra susceptible, et sur les employés en chef ou employés ordinaires dont le zèle et l'habileté auront mérité des encouragements.

21. Dans les six mois qui suivront son entrée en fonctions, le conseil d'administration, sur la proposition de l'inspecteur, rédigera un projet de règlement définitif sur l'administration et la police de l'établissement. — Ce projet sera remis à notre grand juge, ministre de la justice, pour y être par nous statué en notre conseil d'Etat.

22. L'inspecteur présentera également, pour être délibéré au conseil d'administration, un projet pour l'organisation d'une caisse destinée à subvenir aux besoins des ouvriers malades, et à leur assurer des secours pour le cas d'infirmités ou de vieillesse.

TIT. 4. — *De l'inspecteur.*

23. L'inspecteur sera chargé de la surveillance, de l'inspection et de la police du matériel et du personnel de l'établissement. — Le directeur lui rendra compte de tous les travaux qui auront été adressés à l'imprimerie impériale, et de tout ce qui est relatif à leur exécution et à leur payement. — Il lui fera connaître toutes les mesures prises, les ordres donnés en conséquence, et les besoins de l'établissement, afin qu'il y soit pourvu. — Il lui remettra, aux époques fixées, les états de situation des magasins et de la caisse.

24. L'inspecteur donnera au directeur, pour la police des lieux et des individus, tous les ordres qu'il jugera convenables, et le directeur sera chargé de leur exécution. — Les réclamations des employés et ouvriers pourront être adressées à l'inspecteur, qui y statuera provisoirement, sauf l'intervention du conseil d'administration, dans les cas prévus par l'art. 18.

25. L'inspecteur aura la correspondance avec notre grand juge, ministre de la justice.

26. L'inspecteur donnera son avis sur la nomination de tous les emplois qui seront au choix de notre grand juge.

27. Il cotera et parafera tous les registres de caisse et de comptabilité en deniers ou matières.

TIT. 5. — *Du directeur.*

28. Le directeur sera chargé et responsable, sous la surveillance et l'autorité de l'inspecteur, de tout ce qui concerne l'administration et la direction de toutes les parties de l'établissement.

29. Il aura, sous les ordres de l'inspecteur, la police des lieux et des individus.

30. Il recevra tous les ordres et commandes pour les impressions et autres travaux des divers ateliers, en tiendra registre jour par jour, par ordre de numéros, en rendra compte à l'inspecteur, et donnera les ordres aux employés chargés en chef de chaque partie, désignés en l'art. 10 du présent décret.

31. Il surveillera tous les employés et ouvriers, ainsi que tous les détails de l'établissement.

32. Il signera tous les marchés, après l'autorisation prescrite, et les fera viser par l'inspecteur. Il certifiera tous les états d'appointements, journées et travaux, toutes les feuilles ou états de dépenses, et les fera viser par l'inspecteur.

33. Il visera tous les états de situation des magasins et de la caisse.

34. Il donnera tous les ordres, tiendra la correspondance pour les recouvrements des dettes actives de l'imprimerie, et délivrera les mandats de payement à l'ordre du caissier, qui sera chargé du recouvrement.

TIT. 6. — *De l'agent comptable du matériel.*

35. L'agent comptable du matériel sera chargé et responsable de tout le matériel de l'établissement ; à l'effet de quoi, il sera fait, lors du déplacement qui va avoir lieu de l'imprimerie impériale, un inventaire descriptif et estimatif de tous les objets formant le matériel de ladite imprimerie.

36. Cet inventaire sera dressé en présence de l'agent comptable en matières, par un commissaire spécial, et avec les experts nommés par l'inspecteur.

37. L'agent comptable dressera les registres d'après ledit inventaire, en conséquence duquel il sera chargé de tous les objets y contenus, sauf la remise qu'il fera à chaque employé en chef des objets relatifs à la partie dont il est chargé, et desquels chacun sera responsable.

38. Les poinçons et frappes de caractères seront déposés dans un lieu séparé ; et l'agent comptable qui en sera le gardien ne pourra les confier qu'en vertu d'une autorisation spéciale de l'inspecteur, ou du directeur en son absence.

39. Chaque année, il y aura un récolement d'inventaire, avec estimation, en la forme exprimée art. 36. — Chaque mois, l'agent comptable présentera un état de situation du matériel, selon la forme qui sera réglée.

40. L'agent chargé de la comptabilité en matières, meubles, etc., sera chargé de la réception des objets confectionnés, achetés ou fournis ; il en sera dressé par lui, en présence du directeur, un procès-verbal double, dont une copie, visée par l'inspecteur, restera à chacun d'eux, et les objets seront portés sur les registres d'entrée et de sortie.

41. L'agent comptable des matières ne remettra rien que sur l'autorisation du directeur, sur le récépissé de l'employé chargé de chaque service, qui en sera comptable, et tiendra également un registre, ou sur le reçu des parties prenantes.

42. L'agent comptable des matières fournira en immeubles un cautionnement de la valeur de 50,000 fr.

TIT. 7. — *Du caissier.*

43. Le caissier sera chargé du recouvrement de tout l'actif de l'imprimerie impériale, sur les mandats, ordres ou ordonnances qui lui seront remis à cet effet par le directeur, ou par l'agent comptable du matériel, de la recette du prix des ventes d'ouvrages et des abonnements au Bulletin des lois. Il sera responsable de tous les fonds de la caisse.

44. Il sera chargé du payement de toutes les ordonnances délivrées par notre grand juge, ministre de la justice, de tous les appointements, salaires, gages, journées, dépenses, sur les états et feuilles régulièrement dressés.

45. Il dressera et signera le compte annuel en deniers, qui devra être présenté au conseil d'administration, et soumis au jugement de la cour des comptes.

46. Il remettra, chaque mois, un état de situation de la caisse, et des recouvrements dont il aura été chargé.

47. Ses livres seront tenus en partie double.

48. Il fournira en immeubles un cautionnement de 80,000 fr.

TIT. 8. — *Du teneur de livres.*

49. Le teneur de livres sera obligé de les tenir en partie double et toujours à jour.

50. Il les fera coter et parafer par l'inspecteur.

51. Il tiendra un compte ouvert : 1° pour chaque département ou division des ministères qui auront ordonné des impressions particulières ; 2° pour le Bulletin des lois ; 3° pour chaque ouvrage imprimé par ordre du gouvernement, et susceptible d'être mis dans le commerce.

52. Il remettra, chaque mois, au directeur, un relevé des comptes ouverts au grand-livre, présentant : 1° le résultat de chaque compte en actif ou passif ; 2° le résultat général de tous les comptes en actif et passif, présentant la situation effective de l'établissement.

TIT. 9.

53. Les fonctions et devoirs des employés spéciaux chargés en chef de l'atelier de l'imprimerie, de celui de la gravure et fonderie, et de l'employé préposé à l'atelier de la reliure, des premiers protes et autres employés de première classe, les frais de bureau de toutes les parties de l'établissement, seront déterminés par le règlement dont il est parlé à l'art. 21. — En attendant, les règles et usages établis seront observés, et il sera pourvu aux cas urgents, provisoirement, par les ordres de l'inspecteur ou par les délibérations du conseil d'administration, approuvés par notre grand juge, ministre de la justice.

TIT. 10. — *Des traitements et logements.*

54. L'auditeur inspecteur de notre imprimerie impériale aura un traitement de 8,000 fr.

55. Le directeur sera logé dans l'établissement. — Son traitement sera de 8,000 fr.

56. Seront aussi logés dans l'établissement l'agent comptable du matériel et le caissier.

57. Nul autre employé, excepté les concierge, gardiens et portiers, ne sera logé dans l'établissement sans notre autorisation spéciale, sous peine de responsabilité de la part du directeur.

58. Les autres traitements resteront provisoirement sur le pied actuel, et seront réglés ultérieurement comme il est dit aux art. 15 et 17 du présent décret.

5 fév. 1810. — Décret contenant règlement sur l'imprimerie et la librairie.

TIT. 1. — DE LA DIRECTION DE L'IMPRIMERIE ET DE LA LIBRAIRIE.

Art. 1. Il y aura un directeur général, chargé, sous les ordres de notre ministre de l'intérieur, de tout ce qui est relatif à l'imprimerie et à la librairie.

2. Six auditeurs seront placés auprès du directeur général.

TIT. 2. — DE LA PROFESSION D'IMPRIMEUR.

3. A dater du 1er janv. 1811, le nombre des imprimeurs dans chaque département sera fixé, et celui des imprimeurs à Paris sera réduit à soixante.

4. La réduction dans le nombre des imprimeurs ne pourra être effectuée sans qu'on ait préalablement pourvu à ce que les imprimeurs actuels qui seront supprimés reçoivent une indemnité de ceux qui seront conservés.

5. Les imprimeurs seront brevetés et assermentés.

6. Ils seront tenus d'avoir, à Paris, quatre presses, et dans les départements, deux.

7. Lorsqu'il viendra à vaquer des places d'imprimeurs, soit par décès, soit autrement, ceux qui leur succéderont ne pourront recevoir leurs brevets et être admis au serment, qu'après avoir justifié de leurs bonnes vie et mœurs, et de leur attachement à la patrie et au souverain.

8. On aura, lors des remplacements, des égards particuliers pour les familles des imprimeurs décédés.

9. Le brevet d'imprimeur sera délivré par notre directeur général de l'imprimerie, et soumis à l'approbation de notre ministre de l'intérieur ; il sera enregistré au tribunal civil du lieu de la résidence de l'impétrant qui y prêtera serment de ne rien imprimer de contraire aux devoirs envers le souverain et à l'intérêt de l'Etat.

TIT. 3. — DE LA POLICE DE L'IMPRIMERIE.

SECT. 1. — *De la garantie de l'administration.*

10. Il est défendu de rien imprimer ou faire imprimer qui puisse porter atteinte aux devoirs des sujets envers le souverain, et à l'intérêt de l'Etat. Les contrevenants seront traduits devant nos tribunaux, et punis conformément au code pénal, sans préjudice du droit qu'aura notre ministre de l'intérieur, sur le rapport du directeur général, de retirer le brevet à tout imprimeur qui aura été pris en contravention.

11. Chaque imprimeur sera tenu d'avoir un livre coté et parafé par le préfet du département où il inscrira, par ordre de dates, le titre de chaque ouvrage qu'il voudra imprimer, et le nom de l'auteur, s'il lui est connu. Ce livre sera représenté à toute réquisition, et visé, s'il est jugé convenable, par tout officier de police.

12. L'imprimeur remettra ou adressera sur-le-champ au directeur général de l'imprimerie et de la librairie, et en outre aux préfets, copie de la transcription faite sur son livre, et la déclaration qu'il a l'intention d'imprimer l'ouvrage : il lui en sera donné récépissé. — Les préfets donneront connaissance de chacune de ces déclarations à notre ministre de la police générale.

13. Le directeur général pourra ordonner, si bon lui semble, la communication et l'examen de l'ouvrage, et surseoir à l'impression.

14. Lorsque le directeur général aura sursis à l'impression d'un ouvrage, il l'enverra à un censeur choisi parmi ceux que nous nommerons pour remplir cette fonction, sur l'avis du directeur général et la proposition de notre ministre de l'intérieur.

15. Notre ministre de la police générale et les préfets dans leurs départements, feront surseoir à l'impression de tous ouvrages qui leur paraîtront en contravention à l'art. 10 : en ce cas, le manuscrit sera envoyé dans les vingt-quatre heures au directeur général, comme il est dit ci-dessus.

16. Sur le rapport du censeur, le directeur général pourra indiquer à l'auteur les changements ou suppressions jugées convenables, et, sur son refus de les faire, défendre la vente de l'ouvrage, faire rompre les formes, et saisir les feuilles ou exemplaires déjà imprimés.

17. En cas de réclamation de l'auteur, elle sera adressée à notre ministre de l'intérieur, et il sera procédé à un nouvel examen.

18. Un nouveau censeur en sera chargé ; il rendra compte au directeur général, lequel, assisté du nombre de censeurs qu'il jugera à propos de s'adjoindre, décidera définitivement.

19. Lorsque le directeur général jugera qu'un ouvrage qu'on se propose d'im-

primer intéresse quelque partie du service public, il en préviendra le ministre du département auquel l'objet de cet ouvrage sera relatif, et, sur la demande de ce ministre, il en ordonnera l'examen.

20. Si nos ministres sont informés, autrement que par le directeur général, qu'un auteur ou un imprimeur se propose d'imprimer un ouvrage qui intéresse quelque partie de leurs attributions, et qui doive être soumis à l'examen, ils requerront le directeur général d'ordonner qu'il soit examiné. — Le résultat de cet examen sera communiqué au ministre du département; et, en cas de diversité d'opinions, il nous en sera rendu compte par notre ministre de l'intérieur.

SECT. 2. — *De la garantie des auteurs et imprimeurs.*

21. Tout auteur ou imprimeur pourra, avant l'impression, soumettre à l'examen l'ouvrage qu'il veut imprimer ou faire imprimer : il lui en sera donné un récépissé, à Paris, au secrétariat du directeur général; et dans les départements, au secrétariat de la préfecture.

22. Il en sera usé dans ce cas comme il est dit aux art. 14, 15, 16, 17 et 18.

SECT. 3. — *Dispositions relatives à l'exécution des deux sections précédentes*

23. Lorsque le directeur général pensera qu'il n'y a pas lieu à examiner un ouvrage, et qu'aucun de nos ministres n'en aura provoqué l'examen, le directeur général enverra un récépissé de la feuille de transcription du registre de l'imprimeur; et il pourra alors être donné suite à l'impression.

24. Lorsque l'ouvrage que l'imprimeur aura déclaré vouloir imprimer aura été examiné, soit d'office, soit sur la demande d'un de nos ministres, soit d'après un sursis ordonné par le ministre de la police et les préfets dans leurs départements, soit enfin sur la demande de l'auteur, et qu'il n'y aura été rien trouvé de contraire aux dispositions de l'art. 10, il en sera dressé procès-verbal par le censeur, qui parafera l'ouvrage; et copie du procès-verbal, visée par le directeur général, sera transmise, selon le cas, à l'auteur ou à l'imprimeur.

25. Si le directeur général, sur l'avis du censeur, a décidé qu'il y a lieu à des changements ou suppressions, il en sera fait mention au procès-verbal, et l'auteur ou l'imprimeur seront tenus de s'y conformer.

26. La vente et circulation de tout ouvrage dont l'auteur ou éditeur ne pourra représenter un tel procès-verbal pourra être suspendue ou prohibée, en vertu d'une décision de notre ministre de la police ou de notre directeur de l'imprimerie, ou des préfets, chacun dans leur département; et en ce cas, les éditions ou exemplaires pourront être saisis ou confisqués entre les mains de tout imprimeur ou libraire.

27. La vente et circulation de tout ouvrage dont l'auteur, éditeur ou imprimeur pourra représenter le procès-verbal dont il est parlé à l'art. 24, ne pourra être suspendue, et les exemplaires provisoirement mis sous le séquestre, que par notre ministre de la police. — En ce cas, et dans les vingt-quatre heures, notre ministre de la police transmettra à la commission du contentieux de notre conseil d'Etat, un exemplaire dudit ouvrage, avec l'exposé des motifs qui l'ont déterminé à en ordonner la suspension.

28. Le rapport et l'avis de la commission du contentieux seront renvoyés à notre conseil d'Etat, pour être statué définitivement.

TIT. 4. — DES LIBRAIRES.

29. A dater du 1er janv. 1811, les libraires seront brevetés et assermentés.

30. Les brevets de libraires seront délivrés par notre directeur général de l'imprimerie, et soumis à l'approbation de notre ministre de l'intérieur : ils seront enregistrés au tribunal civil du lieu de la résidence de l'impétrant, qui y prêtera serment de ne vendre, débiter et distribuer aucun ouvrage contraire aux devoirs envers le souverain et à l'intérêt de l'Etat.

31. La profession de libraire pourra être exercée concuremment avec celle d'imprimeur.

32. L'imprimeur qui voudra réunir la profession de libraire sera tenu de remplir les formalités qui sont imposées aux libraires.—Le libraire qui voudra réunir la profession d'imprimeur sera tenu de remplir les formalités qui sont imposées aux imprimeurs.

33. Les brevets ne pourront être accordés aux libraires qui voudront s'établir à l'avenir, qu'après qu'ils auront justifié de leurs bonnes vie et mœurs, et de leur attachement à la patrie et au souverain.

TIT. 5. — DES LIVRES IMPRIMÉS A L'ÉTRANGER.

34. Aucun livre en langue française ou latine, imprimé à l'étranger, ne pourra entrer en France sans payer un droit d'entrée.

35. Ce droit ne pourra être au-dessous de 50 p. 100 de la valeur de l'ouvrage. — Le tarif en sera rédigé par le directeur général de la librairie, et délibéré en notre conseil d'Etat, sur le rapport de notre ministre de l'intérieur.

36. Indépendamment des dispositions de l'art. 34, aucun livre imprimé ou réimprimé hors de la France ne pourra être introduit en France, sans une permission du directeur général de la librairie, annonçant le bureau de douane par lequel il entrera.

37. En conséquence, tout ballot de livres venant de l'étranger sera mis, par le préposé des douanes, sous corde et sous plomb, et envoyé à la préfecture la plus voisine.

38. Si les livres sont reconnus conformes à la permission, chaque exemplaire pour le premier volume de chaque exemplaire sera marqué d'une estampille au lieu du dépôt provisoire, et ils seront remis au propriétaire.

TIT. 6. — DE LA PROPRIÉTÉ ET DE SA GARANTIE.

39. Le droit de propriété est garanti à l'auteur et à sa veuve pendant leur vie, si les conventions matrimoniales de celle-ci lui en donnent le droit, et à leurs enfants pendant vingt ans.

40. Les auteurs, soit nationaux, soit étrangers, de tout ouvrage imprimé ou gravé, peuvent céder leur droit à un imprimeur ou libraire, ou à toute autre personne, qui est alors substituée en leurs lieu et place, pour eux et leurs ayants cause, comme il est dit à l'article précédent.

TIT. 7.

SECT. 1. — *Des délits en matière de librairie, et du mode de les punir et de les constater.*

41. Il y aura lieu à confiscation et amende au profit de l'Etat, dans les cas suivants, sans préjudice des dispositions du code pénal : — 1° Si l'ouvrage est sans nom d'auteur ou d'imprimeur; — 2° Si l'auteur ou l'imprimeur n'a pas fait, avant l'impression de l'ouvrage, l'enregistrement et la déclaration prescrits aux art. 11 et 12; — 3° Si, l'ouvrage ayant été demandé pour être examiné, on n'a pas suspendu l'impression ou la publication; — 4° Si, l'ouvrage ayant été examiné, l'auteur ou imprimeur se permet de le publier, malgré la défense prononcée par le directeur général; — 5° Si l'ouvrage est publié malgré la défense du ministre de la police générale, quand l'auteur, éditeur ou imprimeur n'a pu représenter le procès-verbal dont il est parlé art. 24; — 6° Si, étant imprimé à l'étranger, il est présenté à l'entrée sans permission, ou circule sans être estampillé; — 7° Si c'est une contrefaçon, c'est-à-dire si c'est un ouvrage imprimé sans le consentement et au préjudice de l'auteur ou éditeur, ou de leurs ayants cause.

42. Dans ce dernier cas, il y aura lieu, en outre, à des dommages-intérêts envers l'auteur ou éditeur, ou leurs ayants cause; et l'édition ou les exemplaires contrefaits seront confisqués à leur profit.

43. Les peines seront prononcées et les dommages-intérêts seront arbitrés par le tribunal correctionnel ou criminel, selon les cas et d'après les lois.

44. Le produit des confiscations et des amendes sera appliqué, ainsi que le produit du droit sur les livres venant de l'étranger, aux dépenses de la direction générale de l'imprimerie et librairie.

SECT. 2. — *Du mode de constater les délits et contraventions.*

45. Les délits et contraventions seront constatés par les inspecteurs de l'imprimerie et de la librairie, les officiers de police, et en outre par les préposés aux douanes pour les livres venant de l'étranger. — Chacun dressera procès-verbal de la nature du délit et contravention, des circonstances et dépendances, et le remettra au préfet de son arrondissement, pour être adressé au directeur général.

46. Les objets saisis sont déposés provisoirement au secrétariat de la mairie, ou au commissariat général de la sous-préfecture ou de la préfecture la plus voisine du lieu où le délit ou la contravention sont constatés, sauf l'envoi ultérieur à qui de droit.

47. Nos procureurs généraux ou impériaux seront tenus de poursuivre d'office, dans tous les cas prévus à la section précédente, sur la simple remise qui leur sera faite d'une copie des procès-verbaux dûment affirmés.

TIT. 8. — DISPOSITIONS DIVERSES.

48. Chaque imprimeur sera tenu de déposer à la préfecture de son département, et, à Paris, à la préfecture de police, cinq exemplaires de chaque ouvrage, savoir : — Un pour la bibliothèque impériale, un pour le ministre de l'intérieur, un pour la bibliothèque de notre conseil d'Etat, un pour le directeur général de la librairie.

49. Il sera statué par des règlements particuliers, comme il est dit à l'art. 3, sur ce qui concerne : 1° les imprimeurs et libraires, leur réception et leur police; — 2° les libraires étaleurs, lesquels ne sont pas compris dans les dispositions ci-dessus; — 3° Les fondeurs de caractères; — 4° Les graveurs; — 5° Les relieurs et ceux qui travaillent dans toutes les autres parties de l'art ou du commerce de l'imprimerie et librairie.

50. Ces règlements seront proposés et arrêtés en conseil d'Etat, sur la proposition du directeur général de la librairie, et le rapport de notre ministre de l'intérieur.

12-27. fév. 1810. — Code pénal (extrait).

LIVRE 3, TIT. 1, CHAP. 3, SECT. 4, § 2. — *Outrages et violences envers les dépositaires de l'autorité et de la force publique* (1).

222. Lorsqu'un ou plusieurs magistrats de l'ordre administratif ou judiciaire auront reçu, dans l'exercice de leurs fonctions ou à l'occasion de cet exercice, quelque outrage par paroles tendant à inculper leur honneur ou leur délicatesse, celui qui les aura ainsi outragés sera puni d'un emprisonnement d'un mois à deux ans. — Si l'outrage a eu lieu à l'audience d'une cour ou d'un tribunal, l'emprisonnement sera de deux à cinq ans.

223. L'outrage fait par gestes ou menaces à un magistrat dans l'exercice ou à l'occasion de l'exercice de ses fonctions, sera puni d'un mois à six mois d'emprisonnement; et si l'outrage a eu lieu à l'audience d'une cour ou d'un tribunal, il sera puni d'un emprisonnement d'un mois à deux ans.

224. L'outrage fait par paroles, gestes ou menaces à tout officier ministériel ou agent dépositaire de la force publique, dans l'exercice ou à l'occasion de l'exercice de ses fonctions, sera puni d'une amende de 16 fr. à 200 fr.

225. La peine sera de six jours à un mois d'emprisonnement, si l'outrage mentionné en l'article précédent a été dirigé contre un commandant de la force publique.

226. Dans le cas des art. 222, 223 et 225, l'offenseur pourra être, outre l'emprisonnement, condamné à faire réparation, soit à la première audience, soit par écrit; et le temps de l'emprisonnement prononcé contre lui ne sera compté qu'à dater du jour où la réparation aura eu lieu.

227. Dans le cas de l'art. 224, l'offenseur pourra de même, outre l'amende, être condamné à faire réparation à l'offensé; et s'il retarde ou refuse, il sera contraint par corps.

LIV. 3, TIT. 1, CH. 3, SECT. 6. — *Délits commis par la voie d'écrits, images ou gravures distribués sans noms d'auteur, imprimeur ou graveur* (2).

283. Toute publication ou distribution d'ouvrages, écrits, avis, bulletins, affiches, journaux, feuilles périodiques ou autres imprimés, dans lesquels ne se trouvera pas

(1) V. les exposés des motifs et rapport v° Fonctionnaire public, n° 43.

(2) *Extrait de l'exposé des motifs présentés par M. Berlier au corps législatif sur les art. 283 et suiv. c. pén.*

Distribution d'écrits, images ou gravures sans noms d'auteur, imprimeur ou graveur. — Parmi les innovations heureuses du projet de loi, nous espérons que l'on pourra compter aussi les dispositions que l'on a adoptées dans l'intérêt de la paix publique, contre les distributions d'écrits, images ou gravures que l'on ferait paraître sans nom, soit de l'auteur, soit de l'imprimeur ou graveur. — Sans rien préjuger sur les mesures d'un autre ordre que l'on pourrait prendre contre certains ouvrages dont la circulation serait dangereuse, il est dès ce moment, et il a toujours été reconnu, que l'émission d'un ouvrage entraîne une juste responsabilité, toutes les fois qu'il nuit, soit à l'ordre public, soit à des intérêts privés. — Mais l'on n'a pas jusqu'à présent tiré de ce principe toutes les conséquences qui en dérivaient naturellement; la première sans doute est que celui qui imprime ou fait imprimer doit se faire connaître, car que deviendrait, sans cela, la responsabilité, dans tous

l'indication vraie des noms, profession et demeure de l'auteur ou de l'imprimeur, sera, pour ce seul fait, punie d'un emprisonnement de six jours à six mois, contre toute personne qui aura sciemment contribué à la publication ou distribution.

284. Cette disposition sera réduite à des peines de simple police : — 1° A l'égard des crieurs, afficheurs, vendeurs ou distributeurs qui auront fait connaître la personne de laquelle ils tiennent l'écrit imprimé; — 2° A l'égard de quiconque aura fait connaître l'imprimeur; — 3° A l'égard même de l'imprimeur qui aura fait connaître l'auteur.

285. Si l'écrit imprimé contient quelques provocations à des crimes ou délits, les crieurs, afficheurs, vendeurs et distributeurs seront punis comme complices des provocateurs, à moins qu'ils n'aient fait connaître ceux dont ils tiennent l'écrit contenant la provocation. — En cas de révélation, ils n'encourront qu'un emprisonnement de six jours à trois mois, et la peine de complicité ne restera applicable qu'à ceux qui n'auront point fait connaître les personnes dont ils auront reçu l'écrit imprimé, et à l'imprimeur, s'il est connu.

286. Dans tous les cas ci-dessus, il y aura confiscation des exemplaires saisis.

287. Toute exposition ou distribution de chansons, pamphlets, figures ou images contraires aux bonnes mœurs, sera punie d'une amende de 16 fr. à 500 fr., d'un emprisonnement d'un mois à un an, et de la confiscation des planches et des exemplaires imprimés ou gravés de chansons, figures ou autres objets du délit.

288. La peine d'emprisonnement et l'amende prononcées par l'article précédent, seront réduites à des peines de simple police : — 1° A l'égard des crieurs, vendeurs ou distributeurs qui auront fait connaître la personne qui leur a remis l'objet du délit; — 2° A l'égard de quiconque aura fait connaître l'imprimeur ou le graveur; — 3° A l'égard même de l'imprimeur ou du graveur qui auront fait connaître l'auteur ou la personne qui les aura chargés de l'impression ou de la gravure.

289. Dans tous les cas exprimés en la présente section, et où l'auteur sera connu, il subira le *maximum* de la peine attachée à l'espèce du délit.

Disposition particulière.

290 (1). Tout individu qui, sans y avoir été autorisé par la police, fera le métier de crieur ou afficheur d'écrits imprimés, dessins ou gravures, même munis des noms d'auteur, imprimeur, dessinateur ou graveur, sera puni d'un emprisonnement de six jours à deux mois.

LIVRE 3, TIT. 2, CHAP. 1, SECT. 7, § 2. — *Calomnies, injures, révélation de secrets* (2).

367. Sera coupable du délit de calomnie, celui qui, soit dans des lieux ou réunions publics, soit dans un acte authentique et public, soit dans un écrit imprimé ou

---

les cas où il pourrait échoir de l'appliquer? — Dans tout système qui ne dégénérera point en licence, l'on ne saurait se plaindre d'une telle obligation : si l'ouvrage est bon, ce n'est point une gêne sensible; s'il est dangereux ou nuisible, cette obligation devient un frein utile. — Disons donc que la société a de justes et grandes raisons pour connaître celui qui est responsable; si l'auteur timide ou modeste n'a pas voulu se nommer, le même motif n'existe pas pour l'imprimeur. L'alternative laissée sur ce point répond à toutes les objections que l'on pourrait élever dans l'intérêt des lettres. — Ce qui importe surtout ici, c'est qu'il y ait au moins une personne responsable, qu'elle soit connue, et que, par ce moyen, l'on puisse, le cas échéant, exercer toutes les actions ou poursuites que réclamerait l'ordre public.

Ainsi, puisqu'il est utile que tout ouvrage littéraire porte le nom de son auteur ou de l'imprimeur, la loi peut l'ordonner; et, par une juste et immédiate conséquence de cette première disposition, elle pourra prohiber la distribution de tous ouvrages qui ne seraient point revêtus de ce caractère. — Si donc on colporte un ouvrage sans nom d'auteur ni d'imprimeur, le colporteur pourra être immédiatement saisi, et, pour cette seule contravention, puni de peines correctionnelles réductibles toutefois à des peines de simple police, s'il révèle les personnes qui l'ont chargé de la distribution. — Par cette voie, l'on remontera ordinairement jusqu'à l'imprimeur, et de celui-ci même jusqu'à l'auteur sur lequel pèsera toujours la plus forte peine, lorsqu'il sera découvert. — Cette peine cependant variera selon la nature de l'ouvrage distribué en contravention aux lois; ordinairement correctionnelle, elle pourra devenir afflictive, si l'écrit anonyme contient provocation à des crimes.

Dans ce dernier cas, la peine de complicité restera irrévocablement applicable à l'imprimeur justement considéré comme ayant connu les caractères pernicieux de l'ouvrage auquel sa criminelle complaisance aura donné cours, et l'atténuation de la peine, pour cause de révélation, se bornera aux simples distributeurs; ceux-ci, aveugles instruments d'écrivains pervers, ont paru susceptibles de cette modération des peines qui d'ailleurs profitera même à l'ordre public, en intéressant les colporteurs à révéler ce qu'ils savent, pour n'être pas traités comme complices. — Dans la combinaison des mesures que je viens de vous exposer, messieurs, il n'y a rien (vous vous en convaincrez facilement) qui soit dirigé contre le sage emploi des lettres, mais seulement contre les productions clandestines; or tout auteur qui veut porter ses coups dans l'ombre mérite bien qu'on le suive à la trace; et si, comme nous l'espérons, le projet de loi atteint ce but, il aura beaucoup fait pour le maintien du bon ordre.

Extrait du rapport fait au corps législatif par M. de Noailles sur les art. 283 et suiv. c. pén.

Délits commis par la voie d'écrits, images ou gravures, sans noms d'auteur, imprimeur ou graveur. — Chaque citoyen doit compte de ses actions à la société qui les punit, lorsqu'elles sont contraires aux lois qu'elle s'est imposées; en se réunissant à ses semblables, l'homme a consenti nécessairement à renoncer aux droits naturels qui ne pouvaient point s'accorder avec l'ordre convenu par eux. Pour conserver cet ordre et l'usage des droits mis en commun, ou conservés à chacun, il a renoncé à toute action qui pourrait devenir nuisible à la société et à ses membres. Ainsi, la manifestation de la pensée qui pourrait nuire à la chose publique, porter atteinte à l'ordre de la société, et compromettre la sûreté et l'existence des citoyens, doit être défendue et punie par les lois, comme toute action criminelle.

Mais il ne suffit pas de punir les délits, il faut les prévenir; les supplices et les châtiments ne sont même utiles que parce qu'ils atteignent ce but; il faut une garantie à la société contre la publication des écrits, surtout depuis que l'impression peut les multiplier à l'infini avec la rapidité de l'éclair; ainsi, leur auteur doit être retrouvé, si leur publication est coupable; car que serait un ordre de choses où un homme pourrait commettre des délits sans en répondre devant la loi? Au défaut de l'auteur qui peut échapper, l'imprimeur sera garant de l'écrit, jusqu'à ce qu'il ait nommé l'homme coupable dont il n'a été que l'instrument; au défaut de celui-ci, le distributeur sera soumis à la même garantie; cette dernière disposition est fort ancienne; elle est du moins, dans son principe, antérieure à l'imprimerie. Une ancienne loi porte en effet que : « Celui qui aura fait circuler un libelle injurieux, même quand il l'aurait trouvé par hasard, en sera réputé l'auteur, s'il n'indique pas le vrai coupable. »

Cependant on ne peut forcer un auteur de se faire connaître; et, si son livre n'a rien de criminel, on n'a nul droit de savoir son nom; son secret est sa propriété, elle est sacrée comme toutes les autres : il n'en est pas de même de l'imprimeur, dont le talent n'est que mécanique, qui n'a aucun intérêt pour se cacher, si ce n'est pour abuser de son art; aussi la loi prohibe-t-elle la publication des écrits qui ne porteraient pas le nom de l'auteur ou de l'imprimeur; ainsi, la distribution de tout ouvrage imprimé, dans lequel ne se trouverait pas l'indication de l'un ou de l'autre, sera punie, pour ce seul fait, d'un emprisonnement de six jours à six mois; et cette peine est portée contre toute personne qui y aura contribué.

Ces dispositions seront réduites à des peines de simple police à l'égard des crieurs, afficheurs, vendeurs ou distributeurs qui auraient fait connaître la personne de laquelle ils tiennent l'écrit imprimé, à l'égard de celles qui auront fait connaître l'imprimeur, et de l'imprimeur, s'il fait connaître l'auteur.

Jusqu'ici il n'est question que des écrits anonymes; mais si l'écrit contient quelques provocations à des crimes, les distributeurs seront punis comme complices, à moins qu'ils n'aient fait connaître ceux dont ils tiennent l'écrit.

Dans tous les cas les exemplaires seront saisis et confisqués.

Non-seulement les écrits peuvent troubler la paix publique, mais l'exposition ou la distribution des figures et des images contraires aux bonnes mœurs peuvent produire les mêmes effets, et la loi doit, en les proscrivant, punir ceux qui contreviendraient à ses défenses. — Les peines qu'ils auront encourues pour cette exposition criminelle seront d'un emprisonnement d'un mois à un an, et la confiscation des objets du délit; vous remarquerez que cette confiscation a pour but principal l'anéantissement du délit même, et qu'elle est plutôt une précaution qu'une augmentation de châtiment.

(1) Cet article a été abrogé par la loi du 10 déc. 1830 sur les afficheurs et les crieurs publics.

(2) La loi du 17 mai 1819, modifiée par celle du 25 mars 1822, a abrogé les art. 367, 368, 369, 370, 371, 372, 374, 375 et 377 du présent paragraphe.

Extrait de l'exposé des motifs présenté par M. Faure, sur les art. 367 et suiv. (séance du 7 fév. 1810).

1. Les anciennes lois ne prononçaient contre la calomnie que des peines arbitraires. — Les lois rendues depuis 1789 n'en ont point parlé : il est résulté de là que la calomnie n'a pas été suffisamment réprimée, et que l'envie ou la haine n'ont pas craint d'attaquer la réputation des hommes les plus recommandables. Depuis longtemps on désirait que le législateur mît un frein à de tels excès; car on le fait qu'on s'est permis d'imputer à quelqu'un est défendu par la loi, ou il ne l'est pas. S'il est défendu, c'est aux juges qu'il appartient de vérifier le fait et d'appliquer la peine. Tout bon citoyen doit le dénoncer; et si, au lieu de le déclarer à la justice, il le répand dans le public, soit par ses propos, soit par ses écrits, il est évident que cette conduite est dirigée par la méchanceté plutôt que par l'amour du bien. La malignité, qui saisit avidement ce qu'on lui présente comme ridicule ou odieux, convertit bientôt les allégations en preuves, et bientôt le poison de la calomnie a fait des ravages qui souvent ne s'arrêtent pas à la personne calomniée, mais portent la désolation dans toute sa famille. C'est surtout chez un peuple pour qui l'honneur est le plus grand des biens que la calomnie doit être sévèrement réprimée.

2. Le nouveau code définit en ces termes le délit de calomnie (V. ci-dessus). — On conçoit que cette disposition ne peut s'appliquer aux fonctionnaires ou autres qui, en donnant de la publicité à certains faits, ne font que remplir l'obligation où ils sont de les révéler ou de les réprimer.

3. A l'égard de ceux qui ne sont point dans le cas de l'exception, ils peuvent être poursuivis comme calomniateurs. — En vain prétendraient-ils que les faits sont notoires; en vain demanderaient-ils qu'on les admette à la preuve, ils ne seraient point écoutés; de pareils débats ne serviraient qu'à donner plus d'éclat à cette publicité même, qui constitue le délit. Si cependant l'auteur de l'imputation dénonce les faits, les juges doivent surseoir au jugement du délit de calomnie jusqu'à ce qu'il soit décidé si la personne à qui ces faits sont imputés est réellement coupable; car, si elle était condamnée, on ne pourrait raisonnablement condamner le dénonciateur.

4. S'il est décidé que la personne dont l'honneur a été attaqué n'est pas coupable, soit parce que les faits ne sont point prouvés, soit parce qu'ils ne sont point défendus par la loi, l'auteur de l'imputation doit être déclaré convaincu de délit de calomnie, et puni des peines portées par la loi contre les calomniateurs. Ces peines sont un emprisonnement et une amende proportionnés à la gravité du fait déclaré calomnieux.

5. Le code prononce une peine moindre contre celui qui, sans avoir donné auparavant de la publicité aux faits, s'est contenté de les dénoncer, et a depuis été reconnu les avoir dénoncés faussement. Le mal n'étant pas aussi considérable que dans le premier cas, la peine ne peut être aussi forte; elle ne doit pas cependant être trop faible, parce que c'est toujours un acte de méchanceté très-répréhensible. — Il est à remarquer cependant qu'il y a des faits qu'on peut répandre, quoique très-graves, sans être déclaré calomniateur : ce sont ceux dont on est en état de rapporter la preuve légale. Cette preuve légale résulte d'un jugement ou de tout autre acte authentique. Alors c'est au jugement, c'est à l'acte authentique que les faits doivent leur première publicité; ils ne pouvaient plus ensuite qu'être rappelés; or la loi ne peut imputer à délit ce qui, par sa nature, doit être connu.

6. Le code prononce une amende de 16 à 500 fr. à l'égard des injures ou des expressions outrageantes qui ne renfermeraient l'imputation d'aucun fait précis, mais celle d'un vice déterminé, lorsqu'elles auront été proférées dans des lieux ou réunions publiques, ou insérées dans des écrits imprimés ou non, qui auraient été répandus et distribués. — Reprocher, par exemple, publiquement à quelqu'un un vice tel que l'ivrognerie ou la débauche, est un outrage qui ne doit pas être laissé impuni, si la personne offensée en demande réparation; mais l'injure n'est pas

non qui aura été affiché, vendu ou distribué, aura imputé à un individu quelconque des faits qui, s'ils existaient, exposeraient celui contre lequel ils sont articulés à des poursuites criminelles ou correctionnelles ou même l'exposeraient seulement au mépris ou à la haine des citoyens. — La présente disposition n'est point applicable aux faits dont la loi autorise la publicité, ni à ceux que l'auteur de l'imputation était, par la nature de ses fonctions ou de ses devoirs, obligé de révéler ou de réprimer. — V. ci-dessous exposé des motifs et rapports, n°s 2, 8.

368. Est réputée fausse toute imputation à l'appui de laquelle la preuve légale n'est point rapportée. En conséquence, l'auteur de l'imputation ne sera pas admis, pour sa défense, à demander que la preuve en soit faite : il ne pourra pas non plus alléguer comme moyen d'excuse que les pièces ou les faits sont notoires ou que les imputations qui donnent lieu à la poursuite sont copiées ou extraites de papiers étrangers ou d'autres écrits imprimés. — V. n° 4.

369. Les calomnies mises au jour par la voie de papiers étrangers pourront être poursuivies contre ceux qui auront envoyé les articles ou donné l'ordre de les insérer ou contribué à l'introduction ou à la distribution de ces papiers en France. — V. n° 4.

370. Lorsque le fait imputé sera légalement prouvé vrai, l'auteur de l'imputation sera à l'abri de toute peine. — Ne sera considérée comme preuve légale, que celle qui résultera d'un jugement ou de tout autre acte authentique. — V. n° 5, 13.

371. Lorsque la preuve légale ne sera pas rapportée, le calomniateur sera puni des peines suivantes : — Si le fait imputé est de nature à mériter la peine de mort, les travaux forcés à perpétuité ou la déportation, le coupable sera puni d'un emprisonnement de deux à cinq ans et d'une amende de 200 fr. à 5,000 fr. — Dans tous les autres cas, l'emprisonnement sera d'un mois à six mois et l'amende de 50 fr. à 2,000 fr. — V. n° 4, 11.

372. Lorsque les faits imputés seront punissables suivant la loi et que l'auteur de l'imputation les aura dénoncés, il sera, durant l'instruction sur ces faits, sursis à la poursuite et au jugement du délit de calomnie. — V. n° 3, 15.

373. Quiconque aura fait par écrit une dénonciation calomnieuse contre un oc

---

aussi grande que si quelques faits étaient précisés. Le vague de l'injure en atténue la force, et l'amende est une peine suffisante.

7. Enfin, quelle que soit la quotité de l'amende qui sera prononcée, comme peine de la calomnie ou de l'injure, elle ne nuira jamais au payement des dommages-intérêts que la partie offensée aura pu obtenir; il suffit de se rappeler qu'aux termes de l'art. 54 du code, qui s'applique à tous les crimes et délits, lorsque les biens des condamnés seront insuffisants pour acquitter la totalité des condamnations, les restitutions et dommages-intérêts seront préférés à l'amende et à la confiscation. — Nous observerons, d'un autre côté, que l'auteur de l'imputation d'un vice n'a nul moyen de s'affranchir de la peine. Demanderait-il qu'on l'admît à la preuve; la loi ne le permet pas. Voudrait-il dénoncer; on ne dénonce que des faits précis et qualifiés crimes, délits ou contraventions. Cela ne peut s'appliquer à l'imputation d'un vice en général. — Nous n'avons point à nous occuper ici des autres injures que la loi punit, quoiqu'elles n'aient aucun caractère de publicité; elles ne donnent lieu qu'à des peines de simple police, et ce sera l'objet du quatrième livre.

Extrait du rapport de M. Monsvignat au corps législatif sur les art. 367 et suiv. (Séance du 17 fév. 1810.)

8. *Calomnie.* — Depuis longtemps les personnes qui tiennent à leur réputation, qui sentent tout le prix de cette propriété morale, et celles qui sont jalouses des égards que se doivent réciproquement les hommes réunis en société, attendaient une loi répressive de l'imposture et de la diffamation; une loi qui brisât, dans la main des méchants et des lâches, le trait empoisonné dont la blessure ne peut être prévenue ni guérie. En remplissant ce vœu de tout homme de bien pour atteindre plus sûrement la calomnie, les auteurs du projet ont commencé par la définir; et c'est en cette matière, surtout, que l'exactitude d'une définition est importante. D'après celle qui vous est soumise, pour qu'il y ait lieu au délit de calomnie, il faut que le fait avancé, s'il existait, expose celui auquel il a été imputé à des poursuites criminelles ou correctionnelles ou au mépris ou à la haine des concitoyens. — Cette définition circonscrit, dans des termes connus et clairs, un délit dont le vague avait trop souvent servi l'impunité. — Ce ne seront plus la passion et l'irritabilité qui se constitueront juges de ce qu'il leur plaira de qualifier calomnie. — La loi a parlé; elle a prononcé l'arrêt du téméraire qui se joue effrontément de l'honneur de ses concitoyens: elle a fixé la limite que ne pourra dépasser la haine ou la méchanceté sous le masque de la critique ou de la censure.

9. Rien de plus aisé à classer que les imputations qui donneraient lieu à des poursuites criminelles ou correctionnelles, si les faits imputés étaient vrais : le code ne présente-t-il pas la nomenclature de tous les faits de ce genre? — Mais la loi aurait été imparfaite si elle s'était bornée à prévenir cette seule espèce d'imputations. Car alors, le calomniateur, au lieu de coarcter un fait criminel, n'imputerait que les dispositions méprisables ou odieuses qui peuvent conduire à le commettre. Par exemple, au lieu d'accuser de parricide l'homme qu'il voudrait perdre dans l'opinion publique, le calomniateur se contenterait de le signaler comme assez immoral, assez pervers, assez dénaturé pour attenter à l'auteur de ses jours : cette imputation n'étant pas celle d'un fait qui, s'il était vrai, soumettrait le calomnié à des poursuites judiciaires, puisque c'est le crime seul qui est du ressort des tribunaux, l'auteur d'une pareille diffamation, qui l'aurait publiée, affichée, proclamée, ne pourrait être puni que des peines de police, et serait assimilé à l'auteur d'une simple injure. — Certes, messieurs, la loi proposée eût manqué son but si elle eût laissé une aussi large porte à l'impunité; mais, grâce au projet qui atteint d'une peine correctionnelle les calomniateurs qui auraient exposé le calomnié au mépris ou à la haine des citoyens, cette disposition embrassera, par sa généralité, la calomnie dont nous venons de parler et toutes les autres de la même espèce. — On ne saurait toutefois se tromper sur le sens que la loi proposée attache au mot mépris ou haine des citoyens; il ne s'agit pas, dans l'article discuté, de cette sorte de mépris qui suit certaines manières ou accompagne certains ridicules. Le mépris que provoque la calomnie doit prendre sa source dans la dépravation de l'âme, ou la corruption du cœur; alors, seulement, il appelle sur son objet un sentiment semblable à la haine des citoyens.

10. D'après l'ensemble du projet, le mépris dont il s'agit dans cette partie de la loi est étranger même à l'allégation d'un vice déterminé; celle-ci est la matière d'une disposition postérieure (art. 375); et l'article qui nous occupe prévoit une imputation bien plus offensante, puisqu'il la punit d'une peine plus sévère. Il ne saurait donc s'élever de doute raisonnable sur la nature des imputations qui, d'après la loi, peuvent être réputées calomnieuses. — Pour qu'il y ait lieu au délit qui nous occupe, il ne faut pas seulement que l'individu calomnié puisse être, par le fait allégué s'il était vrai, soumis à des peines criminelles ou correctionnelles, ou voué au mépris ou à la haine des citoyens; il faut encore que l'imputation de ces faits calomnieux ait été faite dans des réunions ou lieux publics, ou insérée dans un écrit quelconque, imprimé ou non imprimé, mais affiché, ou vendu, ou distribué.

11. C'est de la gravité du fait hasardé jointe à l'éclat donné à l'imputation par une manifestation publique que se compose le délit de la calomnie. La peine en est graduée sur la gravité du fait calomnieux; si ce fait est de nature à mériter la peine de mort, ou les travaux forcés à perpétuité, ou la déportation, le coupable sera puni d'un emprisonnement dont la durée pourra être portée à cinq ans, et sera de deux ans au moins, et d'une amende de 200 fr. à 5,000 fr. : dans tous les autres cas, l'emprisonnement sera d'un mois au moins, et de six mois au plus, et l'amende de 50 fr. à 2,000 fr. — Les juges trouveront dans cette latitude les moyens de proportionner au délit le châtiment qui doit varier, comme les circonstances sans nombre qui accompagnent la calomnie et qui ne peuvent être saisies et appréciées justement que par les magistrats. Ce pouvoir discrétionnaire a déjà obtenu votre sanction, et l'utilité de cette nouvelle mesure se représente et se fait sentir à chaque nouvelle application.

12. Le calomniateur ne sera pas seulement puni d'une emprisonnement et d'une amende, il sera encore privé, pendant un temps déterminé, de la plupart des droits civiques, civils et de famille. Les Romains le marquaient au front de la lettre initiale de son délit : la nouvelle loi lui imprimera le sceau d'une réprobation temporaire.

13. Une autre disposition aussi morale est celle qui rejette ou défend d'admettre, dans l'accusation de calomnie, les preuves justificatives qui ne seraient pas légales, et la loi ne reconnaît comme légales que celles qui résultent d'un jugement ou d'un autre acte authentique; tout fait qui présentera les caractères de la calomnie, et qui ne sera pas consacré par un jugement ou consigné dans un acte authentique sera, par cela seul, réputé faux et calomnieux, quand même il serait d'ailleurs conforme à la vérité; il n'aurait pas la vérité *légale*, ou la seule que la loi veuille reconnaître. Ainsi ne s'élèveront jamais ces débats interminables qui tendraient à soutenir une diffamation par une autre, et qui ajouteraient le scandale de la preuve à celui de l'accusation.

14. Le calomniateur cherchera en vain une excuse dans une prétendue notoriété publique, source trop féconde d'une erreur commune; il ne saurait aussi trouver une garantie de ses assertions dans des gazettes, dans des écrits imprimés, qui ne sont que trop souvent des recueils de mensonge et de calomnie. — Quelles entraves, dira-t-on peut-être, va jeter dans la manifestation de ses pensées cette partie de la loi! Ne pourra-t-on parler publiquement, écrire ou imprimer sur des citoyens, sans avoir consulté le greffe des tribunaux ou le dépôt des notaires? — Mais est-il donc si indispensable de parler publiquement, d'imprimer et d'écrire sur les défauts, les vices ou les crimes des individus; et leurs vertus ou leurs talents ne sont-ils pas un texte plus fécond et plus satisfaisant à développer? Quel si grand mal, d'ailleurs, pourrait-il donc résulter du silence de ceux qui ont besoin d'alimenter leurs discours ou leurs écrits par des calomnies?

15. Ce ne serait que dans les seuls cas où les faits imputés et punissables, suivant la loi, auraient été dénoncés aux agents de l'autorité par l'auteur de l'imputation, que celui-ci pourrait invoquer la justification préalable de ces faits. — Le jugement du délit de calomnie serait alors suspendu jusqu'à ce qu'il eût été prononcé sur l'accusation qui ferait l'objet de la plainte, le sort de l'une serait subordonné à celui de l'autre.

16. Si une dénonciation calomnieuse est faite par écrit aux officiers de justice ou aux officiers de police administrative ou judiciaire, cette dénonciation, quoique privée, acquiert un degré de gravité par sa clandestinité même, par le caractère des fonctionnaires auxquels elle est adressée, par la possibilité d'en faire un instrument de persécutions ou de poursuites criminelles contre l'innocence; et c'est avec toute justice que le projet de loi soumet à une peine particulière le dénonciateur qui, sans cette disposition, échapperait aux mesures générales contre la calomnie.

17. *Injures.* — Il est des expressions outrageantes qui ne renferment pas l'imputation d'un fait précis, mais celle d'un vice déterminé; si elles ont été proférées dans des réunions ou lieux publics, et insérées dans des écrits imprimés ou non imprimés, mais répandus et distribués, elles présentent une offense grave et donnent lieu à une peine correctionnelle. — Mais les injures qui n'offrent pas ce double caractère de gravité et de publicité, ne sont punies que des peines de simple police : ces injures sont la matière de dispositions qui vous seront présentées incessamment par un orateur en possession de mériter et d'obtenir vos suffrages (a). Je remplirais mal votre attente et je m'écarterais de mon sujet, si j'anticipais sur une discussion dont il doit être l'organe.

18. *Injures dans les débats judiciaires.* — Les tribunaux retentissent trop souvent d'imputations offensantes, de déclamations injurieuses. Beaucoup d'orateurs du barreau, épousant avec chaleur les intérêts de leurs clients, guidés par un zèle plus ardent qu'éclairé, entraînés par une sensibilité plus honorable pour leur cœur que pour leur jugement, se persuadent trop facilement que les injures sont une partie obligée de leurs mémoires ou de leurs plaidoyers; et la plus noble des professions civiles connaît aussi des abus et des excès. — Déjà le code de procédure avait, par sa disposition de l'art. 1036, autorisé les tribunaux, dans les causes dont ils pourraient être saisis, à prononcer, même d'office, des injonctions, à supprimer des écrits, à les déclarer calomnieux, à ordonner l'impression et l'affiche de leurs jugements : l'article 377 du projet qui vous est soumis ajoute le droit de suspendre les prévenus de leurs fonctions pendant un temps qu'il détermine. — Mais si les injures ou les écrits injurieux présentaient le caractère d'une calomnie grave, et que les juges de la contestation ne pussent connaître du délit, la loi ne leur accorde aucune extension de pouvoir ou d'attribution. Ils ne pourront prononcer contre le prévenu qu'une suspension provisoire de ses fonctions et le renvoyer, pour qu'il soit statué sur son délit, devant le juge compétent.

(a) M. Nougarède, baron de Fayet.

plusieurs individus, aux officiers de justice ou de police administrative ou judiciaire, sera puni d'un emprisonnement d'un mois à un an et d'une amende de 500 fr. à 3,000 fr. — V. nos 5, 16.

374. Dans tous les cas, le calomniateur sera, à compter du jour où il aura subi sa peine, interdit, pendant cinq ans au moins et dix ans au plus, des droits mentionnés en l'art. 42 du présent code. — V. no 12.

375. Quant aux injures ou aux expressions outrageantes qui ne renfermeraient l'imputation d'aucun fait précis, mais celle d'un vice déterminé, si elles ont été proférées dans des lieux ou réunions publics ou insérées dans des écrits imprimés ou non, qui auraient été répandus et distribués, la peine sera d'une amende de 16 fr. à 500 fr. — V. nos 6, 10, 17.

376. Toutes autres injures ou expressions outrageantes qui n'auront pas eu ce double caractère de gravité et de publicité, ne donneront lieu qu'à des peines de simple police. — V. nos 7, 17.

377. A l'égard des imputations et des injures qui seraient contenues dans les écrits relatifs à la défense des parties ou dans les plaidoyers, les juges saisis de la contestation pourront, en jugeant la cause, ou prononcer la suppression des injures ou des écrits injurieux ou faire des injonctions aux auteurs du délit ou les suspendre de leurs fonctions et statuer sur les dommages-intérêts. — La durée de cette suspension ne pourra excéder six mois : en cas de récidive, elle sera d'un an au moins et de cinq ans au plus. — Si les injures ou écrits injurieux portent le caractère de calomnie grave et que les juges saisis de la contestation ne puissent connaître du délit, ils ne pourront prononcer contre les prévenus qu'une suspension provisoire de leurs fonctions et les renverront, pour le jugement du délit, devant les juges compétents. — V. no 14.

LIV. 4, CHAP. 2, SECT. 1.

471. Seront punis d'amende, depuis 1 fr. jusqu'à 5 fr. inclusivement.... 11o ceux qui, sans avoir été provoqués, auront proféré contre quelqu'un des injures autres que celles prévues depuis l'art. 367 jusques et compris l'art. 378 (1).

6 juill. 1810. — Décret portant défense à toutes personnes d'imprimer et débiter les lois, etc., avant leur publication dans le Bulletin de lois. — V. Lois, no 155-15o.

18 nov. 1810. — Décret concernant les presses, fontes, caractères et autres ustensiles d'imprimerie, qui, à dater du 1er janv. 1811, se trouveront en la possession d'individus non brevetés.

NAPOLÉON, etc.; — Vu les art. 3, 5 et 6 de notre décret du 5 fév. 1810, portant règlement sur l'imprimerie et la librairie; — Considérant que la réduction et la fixation du nombre des imprimeurs laisseront nécessairement des presses, fontes, caractères ou autres ustensiles d'imprimerie en la possession de plusieurs individus non brevetés, ou feront passer ces objets en d'autres mains, et qu'il importe d'en connaître les détenteurs et l'usage qu'ils se proposent d'en faire; — Notre conseil d'Etat entendu; — Nous avons, etc.

Art. 1. A dater du 1er janv. 1811, ceux de nos sujets qui cesseront d'exercer la profession d'imprimeur, et généralement tous ceux qui, n'exerçant pas ladite profession, se trouveront propriétaires, possesseurs ou détenteurs de presses, fontes, caractères ou autres ustensiles d'imprimerie, devront, dans le délai d'un mois, faire la déclaration desdits objets, dans le département de la Seine, au préfet de police, et dans les autres départements, au préfet. — Sont exceptées de cette disposition les presses à cylindre servant à tirer des copies.

2. Le préfet de police à Paris, et les préfets des départements, transmettront lesdites déclarations à notre conseiller d'État, directeur général de l'imprimerie et de la librairie, avec leur avis sur les demandes d'être autorisé à conserver lesdites presses et ustensiles pour continuer d'en faire usage, qui pourront être jointes aux déclarations.

3. Notre directeur général de l'imprimerie et de la librairie rendra compte du tout à nos ministres de l'intérieur et de la police, sur le rapport desquels il sera statué par nous.

4. Sont sujets aux dispositions de l'art. 1 du présent décret, les imagers, dominotiers et tapissiers.

5. Les contraventions au présent décret seront punies d'emprisonnement de six jours à six mois, et constatées et poursuivies conformément aux dispositions de la sect. 11 du tit. 7 du décret du 5 fév. 1810.

14 déc. 1810. — Décret qui donne aux censeurs de l'imprimerie le titre de *censeurs impériaux*, et qui leur accorde un traitement fixe et une rétribution proportionnelle.

Art. 1. Les censeurs dont il est fait mention à l'art. 14 de notre décret du 5 février dernier, porteront le titre de *censeurs impériaux*.

2. Ils recevront un traitement annuel et fixe de 1,200 fr. — Ils recevront, en outre, une rétribution annuelle proportionnée à leurs travaux.

3. Le montant du traitement des censeurs impériaux et de la rétribution qui pourra leur être allouée, sera imputé sur les fonds des dépenses du service extérieur de la direction générale de la librairie, et ordonnancé par notre ministre de l'intérieur.

4. Notre ministre de l'intérieur arrêtera l'état des rétributions supplémentaires qui pourraient être accordées, chaque année, aux censeurs impériaux, sur l'avis du directeur général de la librairie.

22 janv. 1811. — Décret relatif à l'impression et à la distribution du Bulletin des lois.

Art. 1. Les dépenses de la distribution du Bulletin des lois, portées à 96,000 fr. pour le personnel et le matériel, sont fixées à 48,292 fr. 2 cent., conformément à l'état no 1 joint au présent décret.

2. Le personnel est compris dans cette somme pour 29,600 fr., lesquels seront répartis conformément au tableau no 2.

3. Il pourra, en outre, être employé, chaque année, en gratifications, une somme de 6,000 fr., qui sera répartie par notre grand juge, ministre de la justice, sur la proposition de l'auditeur inspecteur de l'imprimerie impériale.

4. L'auditeur inspecteur de l'imprimerie impériale surveillera, sous les ordres de notre grand juge, ministre de la justice, seul, l'impression et distribution du Bulletin des lois, et tout ce qui y est relatif.

Suivent : 1o le résumé du tableau général présenté à la section de l'intérieur le 18 nov. 1810; — 2o Le tableau détaillé des dépenses du personnel de l'envoi du Bulletin des lois.

2 fév. 1811. — Décret qui fixe l'indemnité accordée aux imprimeurs supprimés de Paris.

TIT. 1. — *Des presses supprimées.*

Art. 1. Les imprimeurs conservés dans notre bonne ville de Paris sont tenus d'acheter les presses des imprimeurs supprimés; ils les payeront au prix de l'estimation qui en sera faite, en un an et en quatre termes.

2. Chacun des imprimeurs conservés payera un soixantième du prix total de cette acquisition.

3. Les imprimeurs conservés s'entendront entre eux pour se partager les presses ainsi acquises.

4. Immédiatement après la publication du présent décret, les scellés seront apposés sur les caractères appartenant aux imprimeurs supprimés. — Ils pourront les vendre à leur gré, pourvu que cette vente ne soit faite qu'à des imprimeurs et fondeurs brevetés.

TIT. 2. — *De l'indemnité accordée aux imprimeurs supprimés.*

5. Il sera payé par les imprimeurs conservés aux imprimeurs supprimés une indemnité.

6. Cette indemnité est fixée sur le pied de 4,000 fr. par imprimeur supprimé.

7. Il en sera fait une somme totale qui sera répartie entre les imprimeurs supprimés, proportionnellement à l'importance et à l'activité de leur établissement, dûment constatées.

8. A cet effet, les imprimeurs supprimés seront divisés en plusieurs classes. On placera dans la première ceux dont l'établissement sera reconnu avoir le plus d'importance, et dans la dernière ceux qui seront trouvés avoir l'établissement le moins considérable en valeur mobilière et en occupations.

9. Cette division en classes sera faite et l'indemnité sera fixée par une commission dont il sera parlé ci-après.

10. Chacun des soixante imprimeurs conservés payera un soixantième de la somme totale fixée pour l'indemnité due aux imprimeurs supprimés.

11. Les sommes payées par les imprimeurs conservés, tant pour l'achat des presses que pour l'indemnité des imprimeurs supprimés, seront versées à la caisse d'amortissement, savoir : le premier quart comptant et en espèces, les trois autres quarts en effets payables à quatre, huit et douze mois : les valeurs n'en seront tirées, pour être réparties aux imprimeurs supprimés, que sur les mandats du président de la commission, visés par le directeur général de la librairie.

12. Tout créancier des imprimeurs supprimés pourra faire opposition à la caisse d'amortissement pour la conservation de ses droits.

TIT. 3. — *De la commission.*

13. La commission dont il est parlé à l'art. 9 sera composée de l'inspecteur de l'imprimerie impériale, qui la présidera; d'un auditeur au conseil d'Etat, de deux inspecteurs de la librairie et de deux imprimeurs brevetés.

14. Cette commission sera chargée de faire et d'ordonner toutes les opérations nécessaires à la fixation du prix de l'acquisition des presses, à la fixation des indemnités, et à leur répartition entre les imprimeurs supprimés.

15. Toutes les décisions de la commission seront soumises à notre directeur général, pour être approuvées par lui s'il y a lieu, après avoir entendu les parties intéressées.

En cas de réclamations, elles seront portées devant notre ministre de l'intérieur, qui décidera définitivement.

16. Notre ministre de l'intérieur est chargé de l'exécution du présent décret.

2 fév. 1811. — Décret relatif aux brevets à délivrer aux imprimeurs.

Art. 1. Les brevets d'imprimeur seront délivrés sur parchemin par notre directeur général de l'imprimerie, en la forme voulue par l'art. 9 de notre décret du 5 fév., suivant le modèle ci-joint.

2. Les frais d'expédition des brevets demeurent fixés à 50 fr. pour Paris et 25 fr. pour les autres villes de l'empire.

3. Les brevets ne seront remis aux impétrants que sur la vue de la quittance des frais d'expédition.

4. Ces fonds seront réunis aux fonds spéciaux affectés aux dépenses générales de l'imprimerie et de la librairie.

5. Notre ministre de l'intérieur est chargé de l'exécution du présent décret (suit le modèle du brevet).

21 fév. 1811. — Décret qui porte à quatre-vingts le nombre des imprimeurs de Paris, fixé à soixante par le décret du 5 fév. 1810.

29 avr. 1811. — Décret qui établit un droit sur les ouvrages connus en imprimerie, sous le nom de *labeurs*.

Art. 1. A dater de la publication du présent décret, il est établi, dans toute l'étendue de notre empire, un droit de 1 centime par feuille d'impression, sur tous les ouvrages connus en imprimerie sous le nom de *labeurs*, quel que soit le format du volume, si ces ouvrages n'appartiennent à aucun auteur vivant ou à ses héritiers.

2. Ne seront pas passibles de cette taxe les ouvrages d'imprimerie connus sous le nom d'*ouvrages de ville* ou *bilboquets*.

3. Le produit de ce droit sera affecté aux dépenses de notre direction générale de l'imprimerie et de la librairie.

4. Le mode de perception et le mode de comptabilité seront réglés par nous en notre conseil d'Etat, sur la proposition du directeur général, et sur le rapport de notre ministre de l'intérieur.

3 juin 1811. — Décret qui règle le mode d'exécution de celui du 29 avril avril précédent.

11 juill. 1812. — Décret qui déclare communes aux libraires les dispositions de celui du 2 fév. 1811 relative aux brevets des imprimeurs.

Art. 1. Les dispositions de notre décret du 2 fév. 1811, relatives aux brevets des imprimeurs sont déclarées applicables et rendues communes aux libraires.

2. Leur brevet sera conforme au modèle ci-annexé.

3. Ne sont pas compris dans ces dispositions les libraires-étaleurs-bouquinistes (suit le modèle du brevet).

(1) V. l'exposé des motifs et le rapport vo Contravention, p. 315, note.

7-13 avr. 1814. — Arrêté concernant la police des placards, affiches et feuilles publiques.

Le gouvernement provisoire, considérant que le moyen le plus certain d'établir la liberté publique est d'empêcher la licence; que la liberté de la presse, qui doit être la sauvegarde des citoyens, ne doit pas devenir un moyen d'insulte et de diffamation; que, dans les circonstances présentes, un pareil abus, et surtout celui qu'on pourrait faire des pamphlets et affiches publiques, deviendrait facilement une arme perfide dans les mains de ceux qui pourraient chercher encore à semer le trouble parmi les citoyens, et mettre ainsi obstacle au noble élan qui doit les réunir tous dans une même et si juste cause;—Ouï le rapport du commissaire au département de la police générale, et conformément au principe établi dans l'art. 3 de son arrêté du 4 avril 1814, arrête ce qui suit :

Art. 1. Aucun placard ni affiche ne pourra être apposé dans les rues ou places publiques sans avoir été préalablement présenté à la préfecture de police, qui donnera le vu pour afficher.

2. Il est défendu à aucun colporteur de crier dans les rues, vendre et distribuer aucun pamphlet et aucune feuille dont la distribution n'ait pas été autorisée par la préfecture de police.

4-10 juin 1814. — Charte constitutionnelle qui reconnaît aux Français le droit de publier et faire imprimer leur opinion en se conformant aux lois qui doivent réprimer les abus de cette liberté (art. 8). — V. Droit const., p. 326.

21-28 oct. 1814. — Loi relative à la liberté de la presse.

TIT. 1. — *De la publication des ouvrages.*

Art. 1. Tout écrit de plus de vingt feuilles d'impression pourra être publié librement et sans examen ou censure préalable.

2. Il en sera de même, quel que soit le nombre de feuilles : 1° des écrits en langues mortes et en langues étrangères; 2° des mandements, lettres pastorales, catéchismes et livres de prières; 3° des mémoires sur procès, signés d'un avocat ou d'un avoué près les cours et tribunaux; 4° des mémoires des sociétés littéraires et savantes établies ou reconnues par le roi; 5° des opinions des membres des deux chambres.

3. A l'égard des écrits de vingt feuilles et au-dessous non désignés en l'article précédent, le directeur général de la librairie, à Paris, et les préfets, dans les départements, pourront ordonner, selon les circonstances, qu'ils soient communiqués avant l'impression.

4. Le directeur général de la librairie fera examiner par un ou plusieurs censeurs, choisis entre ceux que le roi aura nommés, les écrits dont il aura requis la communication, et ceux que les préfets lui auront adressés.

5. Si deux censeurs au moins jugent que l'écrit est un libelle diffamatoire, ou qu'il peut troubler la tranquillité publique, ou qu'il est contraire à la charte constitutionnelle, ou qu'il blesse les bonnes mœurs, le directeur général de la librairie pourra ordonner qu'il soit sursis à l'impression.

6. Il sera formé, au commencement de chaque session des deux chambres, une commission composée de trois pairs, trois députés des départements, élus par leur chambre respective, et trois commissaires du roi.

7. Le directeur général de la librairie rendra compte à cette commission des sursis qu'il aura ordonnés depuis la fin de la session précédente, et il mettra sous ses yeux l'avis des censeurs.

8. Si la commission estime que les motifs d'un sursis sont insuffisants, ou qu'ils ne subsistent plus, il sera levé par le directeur de la librairie.

9. Les journaux et écrits périodiques ne pourront paraître qu'avec l'autorisation du roi.

10. Les auteurs et imprimeurs pourront requérir, avant la publication d'un écrit, qu'il soit examiné en la forme prescrite par l'art. 4 : s'il est approuvé, l'auteur et l'imprimeur sont déchargés de toute responsabilité, si ce n'est envers les particuliers lésés.

TIT. 2. — *De la police de la presse.*

11. Nul ne sera imprimeur ni libraire s'il n'est breveté par le roi et assermenté.

12. Le brevet pourra être retiré à tout imprimeur ou libraire qui aura été convaincu, par un jugement, de contravention aux lois et règlements.

13. Les imprimeries clandestines seront détruites, et les possesseurs et dépositaires punis d'une amende de 10,000 fr. et d'un emprisonnement de six mois.— Sera réputée *clandestine* toute imprimerie non déclarée à la direction générale de la librairie, et pour laquelle il n'aura pas été obtenu de permission.

14. Nul imprimeur ne pourra imprimer un écrit avant d'avoir déclaré qu'il se propose de l'imprimer, ni le mettre en vente ou le publier, de quelque manière que ce soit, avant d'avoir déposé le nombre prescrit d'exemplaires, savoir : à Paris, au secrétariat de la direction générale, et dans les départements, au secrétariat de la préfecture.

15. Il y a lieu à saisie et séquestre d'un ouvrage : 1° si l'imprimeur ne représente pas les récépissés de la déclaration et du dépôt ordonnés en l'article précédent; 2° si chaque exemplaire ne porte pas le vrai nom et la vraie demeure de l'imprimeur; 3° si l'ouvrage est déféré aux tribunaux pour son contenu.

16. Le défaut de déclaration avant l'impression, et le défaut de dépôt avant la publication, constatés comme il est dit en l'article précédent, seront punis chacun d'une amende de 1,000 fr. pour la première fois, et de 2,000 fr. pour la seconde.

17. Le défaut d'indication, de la part de l'imprimeur, de son nom et de sa demeure, sera puni d'une amende de 3,000 fr. L'indication d'un faux nom et d'une fausse demeure sera punie d'une amende de 6,000 fr., sans préjudice de l'emprisonnement prononcé par le code pénal.

18. Les exemplaires saisis pour simple contravention à la présente loi seront restitués après le payement des amendes.

19. Tout libraire chez qui il sera trouvé ou qui sera convaincu d'avoir mis en vente ou distribué un ouvrage sans nom d'imprimeur sera condamné à une amende de 2,000 fr., à moins qu'il ne prouve qu'il a été imprimé avant la promulgation de la présente loi. L'amende sera réduite à 1,000 fr., si le libraire fait connaître l'imprimeur.

20. Les contraventions seront constatées par les procès-verbaux des inspecteurs de la librairie et des commissaires de police.

21. Le ministère public poursuivra d'office les contrevenants par-devant les tribunaux de police correctionnelle, sur la dénonciation du directeur général de la librairie et la remise d'une copie des procès-verbaux.

22. Les dispositions du tit. 1 cesseront d'avoir leur effet à la fin de la session de 1816, à moins qu'elles n'aient été renouvelées par une loi, si les circonstances le faisaient juger nécessaire.

23-25 oct. 1814. — Ordonnance portant que la direction générale de la librairie est dans les attributions du chancelier de France.

24-25 oct. 1814.—Ordonnance qui nomme les censeurs royaux.

24-25 oct. 1814. — Ordonnance du roi contenant les mesures relatives à l'impression, au dépôt et à la publication des ouvrages, etc.

Art. 1. Les brevets d'imprimeur et de libraire délivrés jusqu'à ce jour sont confirmés : les conditions auxquelles il en sera délivré à l'avenir seront déterminées par un nouveau règlement.

2. Chaque imprimeur sera tenu, conformément aux règlements, d'avoir un livre coté et parafé par le maire de la ville où il réside, où il inscrira par ordre de dates, et avec une série de numéros, le titre littéral de tous les ouvrages qu'il se propose d'imprimer; le nombre des feuilles, des volumes et des exemplaires, et le format de l'édition. Ce livre sera représenté, à toute réquisition, aux inspecteurs de la librairie et aux commissaires de police, et visé par eux, s'ils le jugent convenable. —La déclaration prescrite par l'art. 14 de la loi du 21 oct. 1814 sera conforme à l'inscription portée au livre.

3. Les dispositions dudit article s'appliquent aux estampes et aux planches gravées accompagnées d'un texte.

4. Le nombre d'exemplaires qui doivent être déposés, ainsi qu'il est dit au même article, reste fixé à cinq, lesquels seront répartis ainsi qu'il suit : un pour notre bibliothèque, un pour notre amé et féal chevalier le chancelier de France, un pour notre ministre secrétaire d'Etat au département de l'intérieur, un pour le directeur général de la librairie, et le cinquième pour le censeur qui aura été ou qui sera chargé d'examiner l'ouvrage.

5. Si un écrit a été examiné sur la réquisition de l'auteur ou de l'imprimeur, et qu'il soit approuvé, il leur sera délivré un procès-verbal *d'approbation;* et la remise de ce procès-verbal les déchargera de toute responsabilité, si ce n'est envers les particuliers lésés, conformément à l'art. 10.

6. Si l'examen d'un écrit n'a eu lieu que par ordre du directeur général de la librairie ou du préfet du département, la permission d'imprimer pourra être donnée sans approbation; et, en ce cas, elle sera seulement constatée par la délivrance du récépissé de la déclaration.

7. En exécution de l'art. 20, les commissaires de police rechercheront et constateront d'office toutes les contraventions, et ils seront tenus aussi de déférer à toutes les réquisitions qui leur seront adressées à cet effet par les préfets, sous-préfets et maires, et par les inspecteurs de la librairie. Ils enverront, dans les vingt-quatre heures, tous les procès-verbaux qu'ils auront dressés, à Paris, au directeur général de la librairie, et dans les départements, aux préfets, qui les feront passer, sur-le-champ, au directeur général, seul chargé par l'art. 21 de dénoncer les contrevenants aux tribunaux.

8. Le nombre d'épreuves des estampes et planches gravées, sans texte, qui doivent être déposées pour notre bibliothèque, reste fixé à deux, dont une avant la lettre ou en couleur, s'il en a été tiré ou imprimé de cette espèce. — Il sera déposé, en outre, trois épreuves, dont une pour notre amé et féal chevalier le chancelier de France, une pour notre ministre secrétaire d'Etat au département de l'intérieur, et la troisième pour le directeur général de la librairie.

9. Le dépôt ordonné en l'article précédent sera fait à Paris, au secrétariat de la direction générale, et dans les départements au secrétariat de la préfecture. Le récépissé détaillé qui en sera délivré à l'auteur formera son titre de propriété, conformément aux dispositions de la loi du 19 juill. 1793.

10. Toute estampe ou planche gravée, publiée ou mise en vente avant le dépôt de cinq épreuves constaté par le récépissé, sera saisie par les inspecteurs de la librairie et les commissaires de police qui en dresseront procès-verbal.

11. Il est défendu de publier aucune estampe et gravure diffamatoire ou contraire aux bonnes mœurs, sous la peine prononcée par le code pénal.

12. Conformément aux dispositions de l'art. 12 de l'arrêt du conseil du 16 avr. 1785, et à l'art. 3 du décret du 14 oct. 1811, il est défendu à tous auteurs et éditeurs de journaux, affiches et feuilles périodiques, tant à Paris que dans les départements, sous peine de déchéance de l'autorisation qu'ils auraient obtenue, d'annoncer aucun ouvrage imprimé ou gravé, si ce n'est qu'après qu'il aura été annoncé par le journal de la librairie.

28 déc. 1814-1er janv. 1815.— Ordonnance du roi relative à l'imprimerie royale.

Art. 1. A dater du 1er janv. 1815, l'imprimerie royale cessera d'être régie aux frais de l'Etat; son administration sera rétablie sous la conduite et au compte d'un directeur garde des poinçons, matrices, etc.

2. Le directeur de l'imprimerie royale prêtera serment entre les mains de notre chancelier.

3. L'imprimerie royale restera établie dans l'un des bâtiments du domaine de l'Etat. Les dépenses de grosses réparations en seront payées par l'administration du domaine; les dépenses ordinaires d'entretien seront à la charge du directeur.

4. Il sera dressé un inventaire des poinçons, matrices, caractères, etc., tant en langue française qu'en langues étrangères et orientales, ainsi que des presses et ustensiles composant le fonds de ladite imprimerie.

5. Un double de l'inventaire sera remis au directeur, qui demeurera responsable de tous les objets y compris, et sera tenu de les représenter à toute réquisition.

6. Lorsque les besoins de notre service exigeront la gravure de nouveaux poinçons, ou la frappe de nouvelles matrices, il y sera pourvu sur les fonds de notre chancellerie, d'après les ordres qui en seront donnés au directeur de l'imprimerie royale. Dans ce cas, lesdits poinçons et matrices seront ajoutés à l'inventaire mentionné en l'article précédent.

7. La fonte des caractères, l'entretien et le renouvellement des presses et autres ustensiles, les appointements et salaires des protes et ouvriers, et généralement toutes les dépenses courantes d'exploitation en achat de matières et en main-d'œuvre, seront à la charge du directeur.

8. L'imprimerie royale restera exclusivement chargée : 1° des impressions nécessaires au service de notre cabinet et de notre maison, conformément à l'arrêt du conseil du 25 mai 1789; — 2° Du service de notre chancellerie et de nos conseils;

— 3° De l'impression, distribution et débit des lois, ordonnances, règlements et actes quelconques de l'autorité royale, renouvelant à cet effet, et en tant que de besoin, les dispositions des arrêts du conseil du mois d'août 1717 et du 26 mars 1789; — 4° De l'impression des ouvrages dont nous autoriserons la publication sur les fonds que nous affecterons à cet effet, en faveur des auteurs ou éditeurs auxquels il nous plaira d'accorder cette marque de notre munificence, en tout ou en partie, à titre de récompense ou d'encouragement; — 5° Enfin, de l'impression des objets qui, par leur nature, exigent ou le secret ou une garantie particulière, tels que les effets royaux et valeurs du trésor, billets de loterie, congés des troupes, brevets, timbres, cartes-figures, passe-ports, etc.

9. Afin d'assurer, autant que possible, l'authenticité des impressions désignées en l'article précédent, les types de l'imprimerie royale continueront à porter les signes et marques particulières qui les distinguent des caractères gravés pour les imprimeries du commerce. Une épreuve en sera déposée à la direction générale de l'imprimerie et de la librairie, et il demeure interdit à tous graveurs, fondeurs et imprimeurs d'en graver, fondre ou employer de semblables, sous les peines portées contre les contrefacteurs.

10. Le directeur de l'imprimerie royale sera remboursé de ses frais d'impressions sur ordonnances de nos ministres, chacun dans leur département respectif, d'après des tarifs approuvés par nous en notre conseil. — Toutefois les derniers tarifs, du 26 fév. 1814, pourront être suivis jusqu'à ce qu'il en soit autrement ordonné.

11. Chacun de nos ministres payera au directeur de l'imprimerie royale le prix du nombre d'abonnements au Bulletin des lois qui sera nécessaire au service de son département.

12. Néanmoins, sur le produit général desdits abonnements, le directeur de l'imprimerie royale sera tenu de fournir gratuitement six mille exemplaires du Bulletin, pour être distribués selon la répartition qui en sera arrêtée par notre chancelier, et notamment à nos ministres, aux préfets et sous-préfets, cours et tribunaux du royaume, et commandants des divisions militaires et départements.

13. Il n'est rien innové, d'ailleurs, aux précédents règlements, en ce qui concerne l'impression et la distribution du Bulletin des lois, ainsi que le prix fixé pour l'abonnement et le recouvrement de ses produits.

14. Au moyen des dispositions précédentes, le privilége général exclusivement attribué à l'imprimerie royale cessera d'avoir son effet à dater du 1er janvier prochain.

15. En conséquence, il sera loisible à nos ministres de traiter, soit avec le directeur de l'imprimerie royale, soit avec tout autre imprimeur du commerce, pour les impressions nécessaires au service de leurs bureaux.

16. Sortiront toutefois leur plein et entier effet les marchés passés au nom et pour le compte de l'administration actuelle de l'imprimerie royale. — Ceux desdits marchés qui auraient pour objet le service général des ministères et administrations publiques, resteront à la charge du directeur de l'imprimerie royale. — Ceux qui auront été passés pour le service spécial et d'après les ordres ou instructions des divers chefs d'administrations publiques, resteront à la charge desdites administrations, pour en remplir les conditions et prendre livraison des approvisionnements faits en conséquence.

17. Il demeure interdit au directeur de l'imprimerie royale d'imprimer aucun ouvrage pour le compte des particuliers, sans une autorisation spéciale de notre chancelier.

18. Il lui est, en outre, expressément défendu de vendre aucune fonte de caractères français ou étrangers dont les poinçons appartiennent à l'imprimerie royale.

19. Les fonds en caisse, les recouvrements arriérés et l'état des magasins seront constatés au 1er janvier prochain, pour être employés de préférence : 1° à liquider et solder toutes les dépenses et créances antérieures à ladite époque du 1er janv. 1815; — 2° A former un fonds spécialement affecté au service, soit des pensions acquises à la même époque, soit de celles qui deviendront exigibles à l'avenir d'après les règlements qui seront établis; — 3° Aux indemnités à accorder aux chefs et employés de l'imprimerie royale qui se trouveraient supprimés par l'effet de la présente ordonnance, sans droit acquis à la pension de retraite.

20. Dans le cas où les fonds constatés au 1er janvier 1815 ne se trouveraient pas entièrement absorbés par les dispositions qui précèdent, il sera par nous statué sur l'emploi des fonds, d'après le rapport de notre chancelier.

21. Tous les précédents règlements sont confirmés en ce qui n'est pas contraire à la présente ordonnance.

24-26 mars 1815. — Décret qui supprime la direction générale de la librairie et de l'imprimerie, et les censeurs.

26-28 mars 1815. — Décret qui maintient provisoirement les lois et règlements concernant la profession d'imprimeur et de libraire, la police des ateliers et les feuilles publiques des départements.

21-26 avr. 1815. — Décret qui révoque l'ordonnance du 28 déc. 1814, et qui rétablit provisoirement l'imprimerie impériale dans l'état réglé par les décrets des 24 mars 1809 et 22 janv. 1811.

22-23 avr. 1815. — Acte additionnel aux constitutions de l'empire qui abolit la censure, et qui décide que les délits de presse seront soumis aux jurés (art. 64). — V. Droit const., p. 527.

11-15 mai 1815. — Décret qui, considérant que la liberté de la presse et l'abolition de la censure ont diminué le travail et l'utilité de trente-trois inspecteurs de la librairie, et changeront la destination de ceux qui seront conservés; que l'exécution des lois et règlements sur l'imprimerie, la librairie, les planches gravées et la fonte des caractères, et sur la garantie des propriétés littéraires, peut être surveillée, dans la plus grande partie de l'empire, par les autorités locales; supprime les inspecteurs de la librairie et crée neuf commissaires spéciaux de la librairie.

20-22 juill. 1815. — Ordonnance du roi concernant l'exécution de la loi du 21 oct. 1814, relative à la liberté de la presse.

LOUIS, etc.; — La loi du 21 oct. 1814 a autorisé le directeur général de la librairie et les préfets des départements à surveiller la publication des ouvrages de vingt feuilles d'impression et au-dessous; mais nous avons reconnu que cette restriction apportée à la liberté de la presse présentait plus d'inconvénients que d'avantages; c'est pourquoi nous avons résolu de la lever entièrement, nous reposant, d'ailleurs, sur le zèle de nos magistrats pour poursuivre et réprimer, conformément aux lois, les délits qui pourraient être commis par ceux qui tenteraient d'abuser de cette pleine et entière liberté; — A ces causes, nous avons, etc. :

Art. 1. Notre directeur général de la librairie et nos préfets n'useront point de la liberté qui leur est laissée par les art. 3, 4 et 5 de la loi du 21 oct. 1814.

2. Toutes les autres dispositions de la loi du 21 octobre seront exécutées suivant leur forme et teneur.

3. Provisoirement, et en attendant qu'une loi ait réglé la poursuite des délits de la presse, nos procureurs généraux, nos préfets et nos procureurs de première instance, tiendront la main à l'exécution des dispositions actuelles du code pénal contre cette nature de délits.

8-22 août 1815. — Ordonnance qui assujettit tous les journaux à une nouvelle autorisation du ministre de la police générale, et soumet tous les écrits périodiques à l'examen d'une commission.

Art. 1. Toutes les autorisations données jusqu'à ce jour aux journaux, de quelque nature qu'ils soient, sont révoquées, et aucuns desdits journaux ne pourront paraître, s'ils ne reçoivent une nouvelle autorisation de notre ministre de la police générale, avant le 10 août prochain, pour les journaux de Paris, et avant le 20 août prochain, pour ceux des départements.

2. Tous les écrits périodiques seront soumis à l'examen d'une commission dont les membres seront nommés par nous, sur la présentation de notre ministre de la police générale.

9-11 nov. 1815. — Loi relative à la répression des cris séditieux et des provocations à la révolte.

LOUIS, etc.; — Nous eussions voulu laisser toujours à l'action sage et mesurée des tribunaux ordinaires la répression de tous les délits; mais après de si longs troubles, au milieu de tant de malheurs, de grandes passions s'agitent encore. Il faut, pour les comprimer, pour arrêter les désordres que produirait leur explosion, des formes plus simples, une justice plus rapide, et des peines qui concilient les droits de la clémence et la sûreté de l'État. Notre charte constitutionnelle a réservé, par l'art. 63, le tribunal que réclament les circonstances. La juridiction prévôtale a en sa faveur l'expérience des temps passés, et nous promet les heureux résultats qu'elle a produits sous les rois nos ancêtres. Mais tandis que notre conseil prépare avec maturité les dispositions de la loi qui doit la rétablir, nous avons cru devoir chercher un remède momentané dans une législation provisoire; — Nous avons proposé, les chambres ont adopté; — Nous avons ordonné et ordonnons ce qui suit :

Art. 1. Seront poursuivies et jugées criminellement toutes personnes coupables d'avoir ou imprimé, ou affiché, ou distribué, ou vendu, ou livré à l'impression, des écrits; d'avoir, dans des lieux publics ou destinés à des réunions habituelles de citoyens, fait entendre des cris ou proféré des discours, toutes les fois que ces cris, ces discours ou ces écrits auront exprimé la menace d'un attentat contre la vie, la personne du roi, la vie ou la personne des membres de la famille royale; toutes les fois qu'ils auront excité à s'armer contre l'autorité royale, ou qu'ils auront provoqué directement ou indirectement au renversement du gouvernement, ou au changement de l'ordre de successibilité au trône, lors même que ces tentatives n'auraient été suivies d'aucun effet, et n'auraient été liées à aucun complot. Les coupables des crimes ci-dessus énoncés seront punis de la peine de la déportation.

2. Seront punies de la même peine toutes personnes coupables d'avoir arboré, dans un lieu public ou destiné à des réunions habituelles de citoyens, un drapeau autre que le drapeau blanc.

3. Seront punies de la déportation toutes personnes qui feront entendre des cris séditieux dans le palais du roi ou sur son passage.

4. Les cours d'assises connaîtront des crimes énoncés aux articles précédents.

5. Sont déclarés séditieux tous cris, tous discours proférés dans les lieux publics ou destinés à des réunions de citoyens, tous écrits imprimés, même tous ceux qui, n'ayant pas été imprimés, auraient été ou affichés, ou vendus, ou distribués, ou livrés à l'impression, toutes les fois que, par ces cris, ces discours ou ces écrits, on aura tenté d'affaiblir, par des calomnies ou des injures, le respect dû à la personne ou à l'autorité du roi, ou à la personne des membres de sa famille, ou que l'on aura invoqué le nom de l'usurpateur, ou d'un individu de sa famille, ou de tout autre chef de rébellion; toutes les fois encore que l'on aura, à l'aide de ces cris, de ces discours ou de ces écrits, excité à désobéir au roi et à la charte constitutionnelle.

6. Sont aussi déclarés coupables d'actes séditieux les auteurs, marchands distributeurs, expositeurs de dessins ou images dont la gravure, l'exposition ou la distribution tendrait au même but que les cris, les discours et les écrits mentionnés en l'article précédent.

7. Sont déclarés actes séditieux l'enlèvement ou la dégradation du drapeau blanc, des armes de France et autres signes de l'autorité royale; la fabrication, le port, la distribution de cocardes quelconques et de tous autres signes de ralliement défendus ou même non autorisés par le roi.

8. Sont coupables d'actes séditieux toutes personnes qui répandraient ou accréditeraient soit des alarmes touchant l'inviolabilité des propriétés qu'on appelle nationales, soit des bruits d'un prétendu rétablissement des dîmes ou des droits féodaux, soit des nouvelles tendant à alarmer les citoyens sur le maintien de l'autorité légitime et à ébranler leur fidélité.

9. Sont encore déclarés séditieux les discours et écrits mentionnés dans l'art. 5 de la présente loi, soit qu'ils ne contiennent que des provocations indirectes aux délits énoncés aux art. 5, 6, 7, 8 de la présente loi, soit qu'ils donnent à croire que des délits de cette nature, ou même les crimes énoncés aux art. 1, 2 et 3, seront commis ou qu'ils répandent faussement qu'ils ont été commis.

10. Les auteurs et complices des délits prévus par les art. 5, 6, 7, 8 et 9 de la présente loi seront poursuivis et jugés par les tribunaux de police correctionnelle; ils seront punis d'un emprisonnement de cinq ans au plus et de trois mois au moins. Ils seront, en outre, condamnés à une amende, dont le minimum sera de 50 fr., qui pourra être élevée jusqu'à la somme de 20,000 fr. — Tout condamné qui se trouvera jouir d'une pension de retraite civile ou militaire, ou d'un traitement quelconque de non-activité, sera privé de tout ou partie de sa pension de retraite ou de tout ou partie de son traitement de non-activité, pour un temps qui sera déterminé par le tribunal. — L'interdiction mentionnée en l'art. 42 c. pén. pourra être ajoutée à la condamnation, pour dix ans au plus et cinq ans au moins. — Les condamnés demeureront, en outre, après l'expiration de la peine, sous la surveillance de la haute police, pendant un temps qui sera déterminé par le jugement, et qui ne pourra excéder cinq années, le tout conformément au chap. 3 du liv. 1 c. pén., sans préjudice des poursuites criminelles et de l'application des

peines plus graves prescrites par le code pénal, dans le cas où les cris, les discours, écrits et actes séditieux auraient été suivis de quelque effet ou liés à quelques complots.— En cas de récidive, les coupables seront punis d'une peine double, de telle manière que l'emprisonnement pourra être de dix années, et la mise en surveillance de dix années pareillement.

11. Les dispositions de l'art. 114 c. inst. crim., et celles de l'art. 463 c. pén., ne pourront être appliquées dans les cas prévus par la présente loi.

12. Les tribunaux pourront ordonner l'impression et l'affiche des jugements portant condamnation, dans tout ou partie du ressort de l'arrondissement.

13. Les dispositions du code d'instruction criminelle et du code pénal continueront d'être exécutées dans tout ce à quoi il n'est pas dérogé par la présente loi, notamment en ce qui touche les attentats et complots contre la personne du roi et contre sa famille, et les crimes tendant à troubler l'État par la guerre civile, tels qu'ils sont désignés dans la sect. 2 du chap. 1 du liv. 3 c. pén.

28 fév.-12 mars 1816. — Ordonnance relative à la liquidation des recettes et dépenses de l'imprimerie royale jusqu'au 31 déc. 1814, dont la vérification est attribuée à la cour des comptes.

28 avr.-4 mai 1816.—Loi dont les art. 65 à 70 sont relatifs au timbre des journaux et des affiches et à la couleur du papier de ces dernières et aux peines à infliger aux imprimeurs qui contreviendraient aux dispositions qu'elle contient. — V. Enregistr., n° 6065.

28 fév.-8 mars 1817. — Loi sur les journaux.

Art. 1. Les journaux et écrits périodiques ne pourront paraître qu'avec l'autorisation du roi.

2. La présente loi cessera, de plein droit, d'avoir son effet au 1er janv. 1818.

28 fév.-8 mars 1817. — Loi relative aux écrits saisis en vertu de la loi du 21 oct. 1814.

Article unique. Lorsqu'un écrit aura été saisi en vertu de l'art. 15, tit. 2, de la loi du 21 oct. 1814, l'ordre de saisie et le procès-verbal seront, sous peine de nullité, notifiés, dans les vingt-quatre heures, à la partie saisie, qui pourra y former opposition. — En cas d'opposition, le procureur du roi fera toute diligence pour que, dans la huitaine, à dater du jour de ladite opposition, il soit statué sur la saisie. — Le délai de huitaine expiré, la saisie, si elle n'est maintenue par le tribunal, demeurera, de plein droit, périmée et sans effet, et tous dépositaires de l'ouvrage saisi seront tenus de le remettre au propriétaire.

25-26 mars 1817. — Loi de finances qui exempte du timbre les ouvrages périodiques relatifs aux sciences et arts (art. 76), et dont l'art. 77 statue à l'égard des affiches. — V. Enregistr., n° 6066.

8-21 oct. 1817. — Ordonnance du roi relative aux impressions lithographiques.

Louis, etc.— L'art de la lithographie a reçu, depuis une époque très-récente, de nombreuses applications qui l'assimilent entièrement à l'impression en caractères mobiles et à celle en taille-douce; et il s'est formé, pour la pratique de cet art, des établissements de la même nature que les imprimeries ordinaires, sur lesquels il a été statué par la loi du 21 oct. 1814; — A ces causes, — Voulant prévenir les inconvénients qui résulteraient de l'usage clandestin des presses lithographiques; — Vu les art. 11, 13 et 14 de la loi du 21 oct. 1814,— Nous avons, etc.

Art. 1. Nul ne sera imprimeur lithographe s'il n'est breveté et assermenté.

2. Toutes les impressions lithographiques seront soumises à la déclaratron et au dépôt avant la publication, comme tous les autres ouvrages d'imprimerie.

30-30 déc. 1817. — Loi sur les journaux.

Article unique. Les journaux et autres ouvrages périodiques qui traitent de matières et nouvelles politiques ne pourront, jusqu'à la fin de la session des chambres de 1818, paraître qu'avec l'autorisation du roi.

15-16 mai 1818. — Loi de finances dont les art. 76 et 89 sont relatifs au timbre des journaux et des affiches. — V. Enregistr., n° 6066.

17-18 mai 1819. — Loi sur la répression des crimes et délits commis par la voie de la presse, ou par tout autre moyen de publication.

Chap. 1. — *De la provocation publique aux crimes et délits.*

Art. 1. Quiconque, soit par des discours, des cris ou menaces proférés dans des lieux ou réunions publics, soit par des écrits, des imprimés, des dessins, des gravures, des peintures ou emblèmes vendus ou distribués, mis en vente, ou exposés dans des lieux ou réunions publics, soit par des placards et affiches exposés aux regards du public, aura provoqué l'auteur ou les auteurs de toute action qualifiée crime ou délit à la commettre, sera réputé complice et puni comme tel.

2. Quiconque aura, par l'un des moyens énoncés en l'art. 1, provoqué à commettre un ou plusieurs crimes, sans que ladite provocation ait été suivie d'aucun effet, sera puni d'un emprisonnement qui ne pourra être de moins de trois mois ni excéder cinq années, et d'une amende qui ne pourra être au-dessous de 50 fr. ni excéder 6,000 fr.

3. Quiconque aura, par l'un des mêmes moyens, provoqué à commettre un ou plusieurs délits, sans que ladite provocation ait été suivie d'aucun effet, sera puni d'un emprisonnement de trois jours à deux années, et d'une amende de 30 fr. à 4,000 fr., ou de l'une de ces deux peines seulement, selon les circonstances, sauf les cas dans lesquels la loi prononcerait une peine moins grave contre l'auteur même du délit, laquelle sera alors appliquée au provocateur.

4. Sera réputée provocation au crime, et punie des peines portées par l'art. 2, toute attaque formelle par l'un des moyens énoncés en l'art. 1, soit contre l'inviolabilité de la personne du roi, soit contre l'ordre de successibilité au trône, soit contre l'autorité constitutionnelle du roi et des chambres.

5. Seront réputés provocation au délit et punis des peines portées par l'art. 3 : — 1° Tous cris séditieux publiquement proférés, autres que ceux qui rentreraient dans la disposition de l'art. 4; — 2° L'enlèvement ou la dégradation des signes publics de l'autorité royale, opérés par haine ou mépris de cette autorité; — 3° Le port public de tous signes extérieurs de ralliement non autorisés par le roi ou par des règlements de police; — 4° L'attaque formelle, par l'un des moyens énoncés en l'art. 1, des droits garantis par les art. 5 et 9 de la charte constitutionnelle.

6. La provocation, par l'un des mêmes moyens, à la désobéissance aux lois, sera également punie des peines portées en l'art. 3.

7. Il n'est point dérogé aux lois qui punissent la provocation et la complicité résultant de tous actes autres que les faits de publication prévus par la présente loi.

Chap. 2. — *Des outrages à la morale publique et religieuse, ou aux bonnes mœurs.*

8. Tout outrage à la morale publique et religieuse, ou aux bonnes mœurs, par l'un des moyens énoncés en l'art. 1, sera puni d'un emprisonnement d'un mois à un an, et d'une amende de 16 fr. à 500 fr.

Chap. 3. — *Des offenses publiques envers la personne du roi.*

9. Quiconque, par l'un des moyens énoncés en l'art. 1 de la présente loi, se sera rendu coupable d'offenses envers la personne du roi, sera puni d'un emprisonnement qui ne pourra être de moins de six mois, ni excéder cinq années, et d'une amende qui ne pourra être au-dessous de 500 fr. ni excéder 10,000 fr. — Le coupable pourra, en outre, être interdit de tout ou partie des droits mentionnés en l'art. 42 c. pén., pendant un temps égal à celui de l'emprisonnement auquel il aura été condamné; ce temps courra à compter du jour où le coupable aura subi sa peine.

Chap. 4. — *Des offenses publiques envers les membres de la famille royale, les chambres, les souverains et les chefs des gouvernements étrangers.*

10. L'offense, par l'un des moyens énoncés en l'art. 1, envers les membres de la famille royale, sera punie d'un emprisonnement d'un mois à trois ans, et d'une amende de 100 fr. à 5,000 fr.

11. L'offense, par l'un des mêmes moyens, envers les chambres ou l'une d'elles, sera punie d'un emprisonnement d'un mois à trois ans, et d'une amende de 100 fr. à 5,000 fr.

12. L'offense, par l'un des mêmes moyens, envers la personne des souverains ou envers celle des chefs des gouvernements étrangers, sera punie d'un emprisonnement d'un mois à trois ans, et d'une amende de 100 fr. à 5,000 fr.

Chap. 5. — *De la diffamation et de l'injure publique.*

13. Toute allégation ou imputation d'un fait qui porte atteinte à l'honneur ou à la considération de la personne ou du corps auquel le fait est imputé est une diffamation. — Toute expression outrageante, terme de mépris ou invective, qui ne renferme l'imputation d'aucun fait, est une injure.

14. La diffamation et l'injure commises par l'un des moyens énoncés en l'art. 1 de la présente loi seront punies d'après les distinctions suivantes.

15. La diffamation ou l'injure envers les cours, tribunaux ou autres corps constitués, sera punie d'un emprisonnement de quinze jours à deux ans, et d'une amende de 50 fr. à 4,000 fr.

16. La diffamation envers tout dépositaire ou agent de l'autorité publique, pour des faits relatifs à ses fonctions, sera punie d'un emprisonnement de huit jours à dix-huit mois, et d'une amende de 50 fr. à 3,000 fr.—L'emprisonnement et l'amende pourront, dans ce cas, être infligés cumulativement ou séparément, selon les circonstances.

17. La diffamation envers les ambassadeurs, ministres plénipotentiaires, envoyés, chargés d'affaires ou autres agents diplomatiques accrédités près du roi, sera punie d'un emprisonnement de huit jours à dix-huit mois, et d'une amende de 50 fr. à 3,000 fr., ou de l'une de ces deux peines seulement, selon les circonstances.

18. La diffamation envers les particuliers sera punie d'un emprisonnement de cinq jours à un an, et d'une amende de 25 fr. à 2,000 fr., ou de l'une de ces deux peines seulement, selon les circonstances.

19. L'injure contre les personnes désignées par les art. 16 et 17 de la présente loi sera punie d'un emprisonnement de cinq jours à un an et d'une amende de 25 fr. à 2,000 fr., ou de l'une de ces deux peines seulement, selon les circonstances. — L'injure contre les particuliers sera punie d'une amende de 16 fr. à 500 fr.

20. Néanmoins, l'injure qui ne renfermerait pas l'imputation d'un vice déterminé, ou qui ne serait pas publique, continuera d'être punie des peines de simple police.

Chap. 6. — *Dispositions générales.*

21. Ne donneront ouverture à aucune action les discours tenus dans le sein de l'une des deux chambres, ainsi que les rapports ou toutes autres pièces imprimés par ordre de l'une des deux chambres.

22. Ne donnera lieu à aucune action le compte fidèle des séances publiques de la chambre des députés rendu de bonne foi dans les journaux.

23. Ne donneront lieu à aucune action en diffamation ou injure les discours prononcés ou les écrits produits devant les tribunaux : pourront néanmoins, les juges saisis de la cause, en statuant sur le fond, prononcer la suppression des écrits injurieux ou diffamatoires, et condamner qui il appartiendra en des dommages-intérêts. — Les juges pourront aussi, dans le même cas, faire des injonctions aux avocats et officiers ministériels, ou même les suspendre de leurs fonctions. — La durée de cette suspension ne pourra excéder six mois; en cas de récidive, elle sera d'un an au moins et de cinq ans au plus. — Pourront, toutefois, les faits diffamatoires étrangers à la cause donner ouverture, soit à l'action publique, soit à l'action civile des parties, lorsqu'elle leur aura été réservée par les tribunaux, et, dans tous les cas, à l'action civile des tiers.

24. Les imprimeurs d'écrits dont les auteurs seraient mis en jugement en vertu de la présente loi, et qui auraient rempli les obligations prescrites par le tit. 2 de la loi du 21 oct. 1814, ne pourront être recherenés pour le simple fait d'impression de ces écrits, à moins qu'ils n'aient agi sciemment, ainsi qu'il est dit à l'art. 60 c. pén. qui définit la complicité.

25. En cas de récidive des crimes et délits prévus par la présente loi, il pourra y avoir lieu à l'aggravation de peines prononcée par le chap. 4, liv. 1, c. pén.

26. Les art. 102, 217, 367, 368, 369, 370, 371, 372, 374, 375, 377 c. pén., et la loi du 9 nov. 1815, sont abrogés. — Toutes les autres dispositions du code pénal auxquelles il n'est pas dérogé par la présente loi continueront d'être exécutées.

26-26 mai 1819.—Loi relative à la poursuite et au jugement des crimes et délits commis par la voie de la presse ou par tout autre moyen de publication.

Art. 1. La poursuite des crimes et délits commis par la voie de la presse, ou par tout autre moyen de publication, aura lieu d'office et à la requête du ministère public, sous les modifications suivantes.

2. Dans le cas d'offense envers les chambres ou l'une d'elles par voie de publication, la poursuite n'aura lieu qu'autant que la chambre qui se croira offensée l'aura autorisée.

3. Dans le cas du même délit contre la personne des souverains et celle des chefs des gouvernements étrangers, la poursuite n'aura lieu que sur la plainte ou à la requête du souverain ou du chef du gouvernement qui se croira offensé.

4. Dans les cas de diffamation ou d'injure contre les cours, tribunaux, ou autres corps constitués, la poursuite n'aura lieu qu'après une délibération de ces corps, prise en assemblée générale et requérant les poursuites.

5. Dans le cas des mêmes délits contre tout dépositaire ou agent de l'autorité publique, contre tout agent diplomatique étranger, accrédité près du roi, ou contre tout particulier, la poursuite n'aura lieu que sur la plainte de la partie qui se prétendra lésée.

6. La partie publique, dans son réquisitoire, si elle poursuit d'office, ou le plaignant, dans sa plainte, seront tenus d'articuler et de qualifier les provocations, attaques, offenses, outrages, faits diffamatoires ou injures, à raison desquels la poursuite est intentée, et ce à peine de nullité de la poursuite.

7. Immédiatement après avoir reçu le réquisitoire ou la plainte, le juge d'instruction pourra ordonner la saisie des écrits, imprimés, placards, dessins, gravures, peintures, emblèmes ou autres instruments de publication. — L'ordre de saisir et le procès-verbal de saisie seront notifiés, dans les trois jours de ladite saisie, à la personne entre les mains de laquelle la saisie aura été faite, à peine de nullité.

8. Dans les huit jours de ladite notification, le juge d'instruction est tenu de faire son rapport à la chambre du conseil, qui procède ainsi qu'il est dit au code d'instruction criminelle, liv. 1, chap. 9, sauf les dispositions ci-après.

9. Si la chambre du conseil est unanimement d'avis qu'il n'y a pas lieu à poursuivre, elle prononce la mainlevée de la saisie.

10. Dans le cas contraire, ou dans le cas de pourvoi du procureur du roi ou de la partie civile contre la décision de la chambre du conseil, les pièces sont transmises, sans délai, au procureur général près la cour royale, qui est tenu, dans les cinq jours de la réception, de faire son rapport à la chambre des mises en accusation, laquelle est tenue de prononcer dans les trois jours dudit rapport.

11. A défaut par la chambre du conseil du tribunal de première instance d'avoir prononcé dans les dix jours de la notification du procès-verbal de saisie, la saisie sera de plein droit périmée. Elle le sera également à défaut par la cour royale d'avoir prononcé sur cette même saisie dans les dix jours du dépôt au son greffe de la requête que la partie saisie est autorisée à présenter, à l'appui de son pourvoi, contre l'ordonnance de la chambre du conseil. Tous les dépositaires des objets saisis seront tenus de les rendre au propriétaire sur la simple exhibition du certificat des greffiers respectifs, constatant qu'il n'y a pas eu d'ordonnance ou d'arrêt dans les délais ci-dessus prescrits. — Les greffiers sont tenus de délivrer ce certificat à la première réquisition, sous peine d'une amende de 300 fr.; sans préjudice des dommages-intérêts, s'il y a lieu. — Toutes les fois qu'il ne s'agira que d'un simple délit, la péremption de la saisie entraînera celle de l'action publique.

12. Dans les cas où les formalités prescrites par les lois et règlements concernant le dépôt auront été remplies, les poursuites à la requête du ministère public ne pourront être faites que devant les juges du lieu où le dépôt aura été opéré, ou de celui de la résidence du prévenu. — En cas de contravention aux dispositions ci-dessus rappelées concernant le dépôt, les poursuites pourront être faites soit devant le juge de la résidence du prévenu, soit dans les lieux où les écrits et autres instruments de publication auront été saisis. — Dans tous les cas, la poursuite à la requête de la partie plaignante pourra être portée devant les juges de son domicile, lorsque la publication y aura été effectuée.

13. Les crimes et délits commis par la voie de la presse ou tout autre moyen de publication, à l'exception de ceux désignés dans l'article suivant, seront renvoyés par la chambre des mises en accusation de la cour royale devant la cour d'assises, pour être jugés à la plus prochaine session. L'arrêt de renvoi sera de suite notifié au prévenu.

14. Les délits de diffamation verbale ou d'injure verbale contre toute personne, et ceux de diffamation ou d'injure par une voie de publication quelconque contre des particuliers, seront jugés par les tribunaux de police correctionnelle, sauf les cas attribués aux tribunaux de simple police.

15. Sont tenues, la chambre du conseil du tribunal de première instance, dans le jugement de mise en prévention, et la chambre des mises en accusation de la cour royale, dans l'arrêt de renvoi devant la cour d'assises, d'articuler et de qualifier les faits à raison desquels lesdits prévention ou renvoi sont prononcés, à peine de nullité desdits jugement ou arrêt.

16. Lorsque la mise en accusation aura été prononcée pour crimes commis par voie de publication, et que l'accusé n'aura pu être saisi, ou qu'il ne se présentera pas, il sera procédé contre lui, ainsi qu'il est prescrit au liv. 2, tit. 4, c. inst. crim., chap. des Contumaces.

17. Lorsque le renvoi à la cour d'assises aura été fait pour délits spécifiés dans la présente loi, le prévenu, s'il n'est présent au jour fixé pour le jugement par l'ordonnance du président, dûment notifiée audit prévenu ou à son domicile, dix jours au moins avant l'échéance, outre un jour par cinq myriamètres de distance, sera jugé par défaut. La cour statuera sans assistance ni intervention de jurés, tant sur l'action publique que sur l'action civile.

18. Le prévenu pourra former opposition à l'arrêt par défaut dans les dix jours de la notification qui lui en aura été faite ou à son domicile, outre un jour par cinq myriamètres de distance, à charge de notifier son opposition, tant au ministère public qu'à la partie civile. — Le prévenu supportera, sans recours, les frais de l'expédition et de la signification de l'arrêt par défaut et de l'opposition, ainsi que de l'assignation et de la taxe des témoins appelés à l'audience pour le jugement de l'opposition.

19. Dans les cinq jours de la notification de l'opposition, le prévenu devra déposer au greffe une requête tendant à obtenir du président de la cour d'assises une ordonnance fixant le jour du jugement de l'opposition; cette ordonnance fixera le jour aux plus prochaines assises; elle sera signifiée, à la requête du ministère public, tant au prévenu qu'au plaignant, avec assignation au jour fixé dix jours au moins avant l'échéance. Faute par le prévenu de remplir les formalités mises à sa charge par le présent article, ou de comparaître par lui-même ou par un fondé de pouvoir au jour fixé par l'ordonnance, l'opposition sera réputée non avenue, et l'arrêt par défaut sera définitif.

20. Nul ne sera admis à prouver la vérité des faits diffamatoires, si ce n'est dans le cas d'imputations contre des dépositaires ou agents de l'autorité, ou contre toutes personnes ayant agi dans un caractère public, des faits relatifs à leurs fonctions. Dans ce cas, les faits pourront être prouvés par-devant la cour d'assises par toutes les voies ordinaires, sauf la preuve contraire par les mêmes voies.

La preuve des faits imputés met l'auteur de l'imputation à l'abri de toute peine, sans préjudice des peines prononcées contre toute injure qui ne serait pas nécessairement dépendante des mêmes faits.

21. Le prévenu qui voudra être admis à prouver la vérité dans le cas prévu par le précédent article devra, dans les huit jours qui suivront la notification de l'arrêt de renvoi devant la cour d'assises, ou de l'opposition à l'arrêt par défaut rendu contre lui, faire signifier au plaignant :

1° Les faits articulés et qualifiés dans cet arrêt, desquels il entend prouver la vérité;

2° La copie des pièces;

3° Les noms, professions et demeures des témoins par lesquels il entend faire sa preuve.

Cette signification contiendra élection de domicile près la cour d'assises; le tout à peine d'être déchu de la preuve.

22. Dans les huit jours suivants, le plaignant sera tenu de faire signifier au prévenu, au domicile par lui élu, la copie des pièces, et les noms, professions et demeures des témoins par lesquels il entend faire la preuve contraire; le tout également sous peine de déchéance.

23. Le plaignant en diffamation ou injure pourra faire entendre des témoins qui attesteront sa moralité; les noms, professions et demeures de ces témoins seront notifiés au prévenu ou à son domicile, un jour au moins avant l'audition.

Le prévenu ne sera point admis à faire entendre des témoins contre la moralité du plaignant.

24. Le plaignant sera tenu, immédiatement après l'arrêt de renvoi, d'élire domicile près la cour d'assises, et de notifier cette élection au prévenu et au ministère public; à défaut de quoi toutes significations seront faites valablement au plaignant au greffe de la cour.

Lorsque le prévenu sera en état d'arrestation, toutes notifications, pour être valables, devront lui être faites à personne.

25. Lorsque les faits imputés seront punissables selon la loi, et qu'il y aura des poursuites commencées à la requête du ministère public, ou que l'auteur de l'imputation aura dénoncé ces faits, il sera, durant l'instruction, sursis à la poursuite et au jugement du délit de diffamation.

26. Tout arrêt de condamnation contre les auteurs ou complices des crimes et délits commis par voie de publication, ordonnera la suppression ou la destruction des objets saisis, ou de tous ceux qui pourront l'être ultérieurement, en tout ou en partie, suivant qu'il y aura lieu pour l'effet de la condamnation.

L'impression ou l'affiche de l'arrêt pourront être ordonnées aux frais du condamné.

Ces arrêts seront rendus publics dans la même forme que les jugements portant déclaration d'absence.

27. Quiconque, après que la condamnation d'un écrit, de dessins ou gravures, sera réputée connue par la publication dans les formes prescrites par l'article précédent, les réimprimera, vendra ou distribuera, subira le maximum de la peine qu'aurait pu encourir l'auteur.

28. Toute personne inculpée d'un délit commis par la voie de la presse ou par tout autre moyen de publication, contre laquelle il aura été décerné un mandat de dépôt ou d'arrêt, obtiendra sa mise en liberté provisoire, moyennant caution. La caution à exiger de l'inculpé ne pourra être supérieure au double du maximum de l'amende prononcée par la loi contre le délit qui lui est imputé.

29. L'action publique contre les crimes et délits commis par la voie de la presse ou tout autre moyen de publication, se prescrira par six mois révolus, à compter du fait de publication qui donnera lieu à la poursuite.

Pour faire courir cette prescription de six mois, la publication d'un écrit devra être précédée du dépôt et de la déclaration que l'éditeur entend le publier.

S'il a été fait, dans cet intervalle, un acte de poursuite ou d'instruction, l'action publique ne se prescrira qu'après un an, à compter du dernier acte, à l'égard même des personnes qui ne seraient pas impliquées dans ces actes d'instruction ou de poursuite.

Néanmoins, dans le cas d'offense envers les chambres, le délai ne courra pas dans l'intervalle de leurs sessions.

L'action civile ne se prescrira, dans tous les cas, que par la révolution de trois années, à compter du fait de la publication.

30. Les délits commis par la voie de la presse ou par tout autre moyen de publication, et qui ne seraient point encore jugés, le seront suivant les formes prescrites par la présente loi.

31. La loi du 28 fév. 1817 est abrogée.

Les dispositions du code d'instruction criminelle auxquelles il n'est pas dérogé par la présente loi continueront d'être exécutées.

9-10 juin 1819. — Loi relative à la publication des journaux ou écrits périodiques.

Art. 1. Les propriétaires ou éditeurs de tout journal ou écrit périodique, consacré en tout ou en partie aux nouvelles ou matières politiques, et paraissant, soit à jour fixe, soit par livraison, et irrégulièrement, mais plus d'une fois par mois, seront tenus : — 1° De faire une déclaration indiquant le nom, au moins, d'un propriétaire ou éditeur responsable, sa demeure et l'imprimerie, dûment autorisée, dans laquelle le journal ou l'écrit périodique doit être imprimé; — 2° De fournir un cautionnement qui sera, dans les départements de la Seine, de Seine-et-Oise et de Seine-et-Marne, de 10,000 fr. de rente pour les journaux quotidiens, et de 5,000 fr. de rente pour les journaux ou écrits périodiques paraissant à des termes moins rapprochés; — Et, dans les autres départements, le cautionnement relatif aux journaux quotidiens sera de 2,500 fr. de rente dans les villes de cinquante mille âmes et au-dessus; de 1,500 fr. de rente dans les villes au-dessous, et de la moitié de ces rentes pour les journaux ou écrits périodiques qui paraissent à des termes moins rapprochés. — Les cautionnements pourront être également effectués à la caisse des consignations, en y versant le capital de la rente au cours du jour du dépôt.

2. La responsabilité des auteurs ou éditeurs indiqués dans la déclaration s'étendra à tous les articles insérés dans le journal ou écrit périodique, sans préjudice de la solidarité des auteurs ou rédacteurs desdits articles.

3. Le cautionnement sera affecté, par privilège, aux dépens, dommages-intérêts et amendes auxquels les propriétaires ou éditeurs pourront être condamnés; le

prélèvement s'opérera dans l'ordre indiqué au présent article. En cas d'insuffisance, il y aura lieu à recours solidaire sur les biens des propriétaires ou éditeurs déclarés responsables du journal ou écrit périodique, et les auteurs et rédacteurs des articles condamnés.

4. Les condamnations encourues devront être acquittées et le cautionnement libéré ou complété dans les quinze jours de la notification de l'arrêt; les quinze jours révolus sans que la délibération ou le complétement ait été opéré, et jusqu'à ce qu'il le soit, le journal ou écrit périodique cessera de paraître.

5. Au moment de la publication de chaque feuille ou livraison du journal ou écrit périodique, il en sera remis, à la préfecture pour les chefs-lieux de département, à la sous-préfecture pour ceux d'arrondissement, et, dans les autres villes à la mairie, un exemplaire signé d'un propriétaire ou éditeur responsable. — Cette formalité ne pourra ni retarder ni suspendre le départ ou la distribution du journal ou écrit périodique.

6. Quiconque publiera un journal ou écrit périodique sans avoir satisfait aux conditions prescrites par les art. 1, 4 et 5 de la présente loi, sera puni correctionnellement d'un emprisonnement d'un mois à six mois, et d'une amende de 200 fr. à 1,200 fr.

7. Les éditeurs de tout journal ou écrit périodique ne pourront rendre compte des séances secrètes des chambres, ou de l'une d'elles, sans leur autorisation.

8. Tout journal sera tenu d'insérer les publications officielles qui lui seront adressées, à cet effet, par le gouvernement, le lendemain du jour de l'envoi de ces pièces, sous la seule condition du payement des frais d'insertion.

9. Les propriétaires ou éditeurs responsables d'un journal ou écrit périodique, ou auteurs ou rédacteurs d'articles imprimés dans ledit journal ou écrit, prévenus de crimes ou délits pour fait de publication, seront poursuivis et jugés dans les formes et suivant les distinctions prescrites à l'égard de toutes les autres publications.

10. En cas de condamnation, les mêmes peines leur seront appliquées : toutefois, les amendes pourront être élevées au double, et, en cas de récidive, portées au quadruple, sans préjudice des peines de la récidive prononcées par le code pénal.

11. Les éditeurs du journal ou écrit périodique seront tenus d'insérer dans l'une des feuilles ou des livraisons qui paraîtront dans le mois du jugement ou de l'arrêt intervenu contre eux, extrait contenant les motifs et le dispositif dudit jugement ou arrêt.

12. La contravention aux art. 7, 8 et 11 de la présente loi sera punie correctionnellement d'une amende de 100 fr. à 1,000 fr.

13. Les poursuites auxquelles pourront donner lieu les contraventions aux art. 7, 8 et 11 de la présente loi se prescriront par le laps de trois mois, à compter de la contravention, ou de l'interruption des poursuites, s'il y en a de commencées en temps utile.

9-10 juin 1819. — Ordonnance du roi concernant l'exécution de la loi relative à la publication des journaux ou écrits périodiques.

Art. 1. L'éditeur ou propriétaire d'un journal ou écrit périodique de la nature de ceux désignés par l'art. 1 de la loi de ce jour, qui voudra fournir en rentes le cautionnement prescrit par la loi, déclarera à l'agent judiciaire du trésor royal qu'il affecte l'inscription dont il est propriétaire au cautionnement de son entreprise. L'acte de cautionnement sera fait double entre l'agent judiciaire et le titulaire de l'inscription. — L'inscription donnée en cautionnement sera déposée à la caisse centrale du trésor royal. Les arrérages continueront à en être payés sur la représentation d'un bordereau délivré par l'agent judiciaire. — Lorsque le cautionnement sera fourni en inscription départementale, le directeur de l'enregistrement remplira, pour le département au livre auxiliaire duquel appartient la rente, les fonctions ci-dessus attribuées à l'agent judiciaire : l'inscription sera déposée à la caisse du receveur des domaines du chef-lieu. — Les mêmes formalités devront être remplies par tout propriétaire d'une rente qui déclarerait l'affecter au cautionnement de l'entreprise formée par un éditeur ou propriétaire de journal.

2. Toute inscription directe ou départementale, affectée à un cautionnement, devra être *visée pour cautionnement*, soit par le directeur du grand-livre, soit par le receveur général, avant d'être présentée à l'agent judiciaire ou au directeur de l'enregistrement, à l'appui de la déclaration prescrite par l'article précédent.

3. Lorsque le cautionnement aura été, soit versé à la caisse des consignations, soit fourni en rentes, l'éditeur ou propriétaire fera, devant le préfet du département, ou, à Paris, devant le préfet de police, la déclaration prescrite par le n° 1 de l'art. 1 de la loi. Il représentera en même temps, soit le reçu de la caisse des consignations, soit l'acte constatant qu'il a fourni son cautionnement en rentes. — Le préfet donnera sur-le-champ acte de la déclaration et de la justification du cautionnement. — La publication du journal ou de l'écrit périodique pourra commencer immédiatement après.

4. La remise au moment de la publication de chaque feuille ou livraison du journal ou écrit périodique, exigée par l'art. 5 de la loi, sera faite, à Paris, à la préfecture de police.

5. Sur le vu du jugement ou de l'arrêt qui, à défaut par la partie condamnée d'avoir acquitté le montant des condamnations contre elles prononcées dans le délai prescrit par l'art. 4 de la loi, aurait ordonné la vente de l'inscription affectée au cautionnement, cette inscription sera vendue, jusqu'à concurrence, à la requête de la partie plaignante, ou, en cas d'amende, à celle du préposé de la régie de l'enregistrement chargé de la perception des amendes. — Cette vente sera opérée par les soins de l'agent judiciaire, le lendemain de la notification à lui faite du jugement ou de l'arrêt. — Les rentes départementales seront, dans le même cas, transmises par le directeur de l'enregistrement à l'agent judiciaire, lequel en fera faire immédiatement la vente, et en enverra le produit au directeur de l'enregistrement, en un mandat de la caisse centrale du trésor sur le receveur général. Il y joindra le bordereau de l'agent de change pour la justification des frais de courtage. — Le prélèvement sur le capital résultant de la vente sera faite ainsi qu'il est dit à l'art. 3 de la loi.

6. Le complétement ou le remplacement d'un cautionnement aura lieu dans les formes prescrites pour le cautionnement primitif.

7. Le propriétaire ou éditeur de journal ou écrit périodique qui voudra cesser son entreprise, en fera déclaration au préfet du département, ou, à Paris, au préfet de police. Le préfet lui donnera acte de ladite déclaration : sur le vu de cette pièce, et après un délai de trois mois, son cautionnement sera remboursé ou libéré, à moins que, par suite de condamnations ou de poursuites commencées, des oppositions n'aient été faites, soit à la caisse des consignations, soit entre les mains de l'agent judiciaire ou du directeur de l'enregistrement.

8. Il est accordé aux éditeurs ou propriétaires des journaux et écrits périodiques désignés par l'art. 1 de la loi, actuellement existants, un délai de quinze jours pour accomplir les formalités prescrites par la loi de ce jour et par la présente ordonnance.

17-17 juill. 1819. — Loi de finances dont l'art. 2 porte : « Indépendamment du droit de timbre auquel les journaux sont assujettis par l'art. 70 de la loi du 28 avr. 1816, il continuera d'être perçu 1 c. 1/2 par feuille sur ceux imprimés à Paris, et 1/2 c. sur ceux imprimés dans les départements. »

12-18 janv. 1820. — Ordonnance du roi concernant l'imprimerie royale.

LOUIS, etc. — Vu nos ordonnances des 28 déc. 1814 et 3 juill. 1816 : la première, concernant le régime administratif de l'imprimerie royale et de la liquidation de l'ancienne imprimerie; la seconde, concernant les caisses de retraites des employés et ouvriers de l'imprimerie royale et les règles à suivre dans la liquidation de leurs pensions; — Vu les dispositions des lois de finances des 25 mars 1817 et 15 mai 1818, concernant les caisses de retraites des ministères et administrations; — Considérant que la présentation des tarifs, prescrite par l'art. 10 de notre ordonnance du 28 déc. 1814, n'a pas encore mis le gouvernement à portée de profiter des avantages qu'il a lieu d'attendre de l'imprimerie royale, et qu'en outre il n'a point été suffisamment pourvu par ladite ordonnance au contrôle que l'administration doit exercer sur cet important établissement, à l'effet d'en connaître la marche et les résultats et de pouvoir en modifier, au besoin, l'administration dans l'intérêt de l'Etat; — Considérant, en ce qui regarde le fonds de liquidation de l'ancienne imprimerie, ainsi que la caisse de retraites et les pensions de l'imprimerie actuelle, que s'il a été convenable, soit à raison de la séparation qui a été opérée par notre ordonnance du 23 sept. 1814, des services, jusque-là réunis, des pensions de l'imprimerie et du ministère de la justice, soit à cause des réductions et suppressions qu'a dû éprouver l'établissement par l'effet des circonstances, de donner à cette caisse les moyens spéciaux et les secours extraordinaires qui ont été pris sur le fonds de liquidation, il serait contraire aux règles, ainsi qu'aux lois précitées, de porter ces fonds au delà de justes bornes et d'en laisser jouir cette caisse après l'extinction des anciens services et la cessation des besoins extraordinaires qui en ont motivé l'affectation; — Que par là on donnerait à la caisse de retraites de l'imprimerie et à ses divers employés des avantages dont ne jouissent point les caisses de retenue des autres administrations; — Que, dès lors, il convient d'arrêter finalement le montant des secours à accorder à cette caisse, d'en limiter la durée, d'en assurer le retour au trésor et de le faire jouir, dès à présent, de l'excédant du fonds de liquidation; — Sur le rapport, etc.

TITRE 1. — *Régime administratif de l'imprimerie.*

Art. 1. Le privilége général d'exécuter toutes les impressions au compte de l'Etat, exclusivement attribué à l'imprimerie royale avant le 1er janv. 1815, demeure supprimé conformément à l'art. 14 de notre ordonnance du 28 déc. 1814.

2. L'attribution exclusive donnée à l'imprimerie royale par l'art. 8 de ladite ordonnance lui sera conservée seulement pour ce qui suit : — 1° Le service de notre cabinet et de notre maison; — 2° Celui de notre chancellerie et de nos conseils; — 3° Les objets qui par leur nature exigent le secret ou une garantie particulière, tels que bons et effets du trésor, billets de loterie, congés, passeports, etc.; — 4° L'impression et la distribution du Bulletin des lois.

3. En conséquence, il est permis à tous imprimeurs ou libraires d'imprimer et de débiter les lois et ordonnances du royaume, aussitôt après leur publication officielle au Bulletin des lois.

4. Il continuera d'être loisible à nos ministres et chefs d'administrations générales de s'adresser à l'imprimerie royale ou de traiter avec tout imprimeur du commerce, pour les impressions nécessaires à leur service.

5. Il est interdit à l'imprimerie royale d'exécuter aucun travail d'impression, soit pour des administrations autres que celles spécifiées à l'article précédent, soit pour les particuliers, à moins d'une autorisation de notre garde des sceaux.

6. Les travaux et fournitures exécutés par l'imprimerie royale, à partir du 1er janvier de la présente année 1820, lui seront payés aux prix portés dans les tarifs annexés à la présente ordonnance.

7. Le directeur de l'imprimerie royale tiendra, à partir du 1er janvier de cette année, des écritures en bon ordre, dans lesquelles il ouvrira un compte à chaque nature de main-d'œuvre. — Notre garde des sceaux se fera représenter lesdits comptes, toutes les fois qu'il le jugera convenable, pour nous proposer tous les changements et modifications que pourra commander l'intérêt de notre service.

8. Le directeur de l'imprimerie royale fournira gratuitement sept mille exemplaires du Bulletin des lois pour les besoins du gouvernement et en fera la distribution selon l'état de répartition qui en sera arrêté par notre garde des sceaux.

9. Il n'est, d'ailleurs, rien innové aux précédents règlements en ce qui concerne l'impression, la distribution et le prix de l'abonnement et le recouvrement des produits du Bulletin des lois.

10. Le directeur de l'imprimerie royale sera tenu d'imprimer gratuitement les mémoires de l'Institut et les ouvrages de littérature, sciences et arts ou tous autres dont nous jugerons à propos, sur la proposition de notre garde des sceaux, d'ordonner la publication, à titre de récompense ou d'encouragement. — La valeur de ces impressions ne pourra pas s'élever annuellement à plus de 40,000 fr. Cependant, si les travaux ordonnés pendant une année n'atteignent pas cette somme, l'excédant non employé viendra accroître le fonds destiné aux impressions gratuites pour les années subséquentes.

11. Le directeur continuera d'entretenir, conformément au décret du 28 mars 1813, quatre élèves qui seront instruits dans la manipulation typographique des caractères orientaux.

12. Aussitôt la publication de la présente ordonnance, il sera fait un nouvel inventaire général et estimatif du fonds mobilier de l'imprimerie royale par un commissaire délégué de notre garde des sceaux, contradictoirement avec le directeur de l'imprimerie. — Les diminutions ou détériorations qui seraient survenues dans ledit mobilier depuis l'inventaire fait au 1er janv. 1815 seront payées par le directeur.

13. Le directeur demeurera responsable de tous les objets compris dans le nouvel inventaire, comme de propriétés appartenant à l'Etat. — Il sera tenu de les entre-

tenir et de les renouveler à ses frais, et il devra justifier, en outre, chaque année, que le fonds mobilier de cet établissement a été augmenté d'au moins 10,000 fr.— Cette somme sera employée, sur la proposition du directeur et d'après les ordres de notre garde des sceaux, en gravures de poinçons, frappes de matrices, constructions de machines et autres objets utiles au service.

14. Pour assurer l'exécution de l'article précédent, à l'avenir et au 1er janvier de chaque année, il sera procédé à un inventaire contradictoire et estimatif sur lequel figureront les acquis pendant l'année précédente. Toutefois, la pesée des caractères ne sera faite que tous les cinq ans : le poids et la valeur n'en seront portés dans les années d'intervalle que par évaluation, afin de ne pas interrompre inutilement le service.

15. Le directeur de l'imprimerie royale continuera de compter annuellement du produit de la vente du Bulletin des lois antérieur à 1815, ainsi que des codes et ouvrages confiés à sa garde. — Lesdits produits feront la matière d'un compte qui sera soumis, tous les trois mois, à l'approbation de notre garde des sceaux. Immédiatement après l'arrêté de ce compte, le montant en sera versé au trésor royal, à titre de recettes diverses.

TITRE 2. — *Dispositions concernant le fonds de liquidation et les pensions.*

16. Les sommes à prendre, en vertu de notre ordonnance du 28 déc. 1814, sur le fonds de liquidation de l'ancienne imprimerie, pour être versées à la caisse des retraites de l'imprimerie royale, sont et demeurent arrêtées à une rente annuelle de 40,711 fr. 95 c., formant, avec la rente de 3,821 fr.. propre à ladite caisse et avec ses fonds annuels de retenue (déduction faite, sur ces derniers fonds, d'une somme annuelle de 2,500 à employer en secours de maladie), la somme de 53,272 fr. 95 c. à laquelle s'élève l'état des pensions ordonnancé par notre garde des sceaux pour le 1er janv. 1820.

17. Le surplus du fonds de liquidation, soit qu'il consiste en rentes ou en toutes autres valeurs, sera versé immédiatement au trésor.—La susdite rente de 40,711 fr. 95 c. fera retour au trésor de la manière qui va être prescrite ci-après.

18. Sur les extinctions des pensions employées en l'état ordonnancé le 1er janvier de cette année, deux tiers profiteront au trésor jusqu'à extinction de la rente de 40,711 fr. 95 c. ci-dessus : l'autre tiers pourra être employé en concessions de pensions annuelles.

19. Les dispositions des ordonnances et règlements précédents sont abrogés en tout ce qui est contraire à la présente ordonnance.

31-31 mars 1820. — Loi sur la publication des journaux et écrits périodiques.

Art. 1. La libre publication des journaux et écrits périodiques consacrés en tout ou en partie aux nouvelles et aux matières politiques, paraissant soit à jour fixe, soit irrégulièrement et par livraisons, est suspendue temporairement jusqu'au terme ci-après fixé.

2. Aucun desdits journaux et écrits périodiques ne pourra être publié qu'avec l'autorisation du roi. — Toutefois, les journaux et écrits périodiques actuellement existants continueront de paraître, en se conformant aux dispositions de la présente loi.

3. L'autorisation exigée par l'article précédent ne pourra être accordée qu'à ceux qui justifieront s'être conformés aux conditions prescrites à l'art. 1 de la loi du 9 juin 1819.

4. Avant la publication de toute feuille ou livraison, le manuscrit devra être soumis, par le propriétaire ou l'éditeur responsable, à un examen préalable.

5. Tout propriétaire ou éditeur responsable qui aurait fait imprimer et distribuer une feuille ou une livraison d'un journal ou écrit périodique sans l'avoir communiquée au censeur avant l'impression, ou qui aurait inséré dans une desdites feuilles ou livraisons un article non communiqué ou non approuvé, sera puni correctionnellement d'un emprisonnement d'un mois à six mois, et d'une amende de 200 fr. à 1,200 fr., sans préjudice des poursuites auxquelles pourrait donner lieu le contenu de ces feuilles, livraisons et articles.

6. Lorsqu'un propriétaire ou éditeur responsable sera poursuivi en vertu de l'article précédent, le gouvernement pourra prononcer la suspension du journal ou écrit périodique jusqu'au jugement.

7. Sur le vu du jugement de condamnation, le gouvernement pourra prolonger, pour un terme qui n'excédera pas six mois, la suspension dudit journal ou écrit périodique. En cas de récidive, il pourra en prononcer définitivement la suppression.

8. Nul dessin imprimé, gravé ou lithographié ne pourra être publié, exposé, distribué ou mis en vente, sans l'autorisation préalable du gouvernement. — Ceux qui contreviendraient à cette disposition seront punis des peines portées en l'art. 5 de la présente loi.

9. Les dispositions des lois du 17 mai, du 26 mai et du 9 juin 1819, auxquelles il n'est point dérogé par les articles ci-dessus, continueront à être exécutées.

10. La présente loi cessera de plein droit d'avoir son effet à la fin de la session de 1820.

1er-1er avr. 1820. — Ordonnance du roi concernant l'exécution de la loi du 31 mars 1820, relative à la publication des journaux et écrits périodiques.

TIT. 1. — *De l'autorisation des journaux et écrits périodiques.*

Art. 1. Dans les cinq jours qui suivront la publication de la présente ordonnance, les propriétaires ou éditeurs responsables des journaux et écrits périodiques actuellement existants seront tenus de déclarer, à Paris, devant le préfet de police, et dans les départements, devant les préfets, qu'ils entendent se conformer aux dispositions de la loi du 31 mars 1820, et profiter, en conséquence, de l'autorisation qui leur est accordée par l'art. 2 de ladite loi.

2. A l'avenir toute personne qui voudra publier un nouveau journal sera tenue, pour obtenir notre autorisation, de présenter sa demande à notre ministre secrétaire d'Etat, au département de l'intérieur. Si la demande est admise, notre autorisation sera accordée au requérant sur la preuve qu'il a satisfait aux conditions prescrites en l'art. 1 de la loi du 9 juin 1819.

3. Le brevet d'autorisation délivré par notre ministre secrétaire d'État de l'intérieur sera enregistré, sans frais, au tribunal civil du lieu où le journal ou écrit périodique sera publié.

TIT. 2. — *De la censure.*

4. Il y aura à Paris, auprès de notre ministre secrétaire d'État au département de l'intérieur, une commission chargée de l'examen préalable de tous les journaux et écrits périodiques.

5. Cette commission sera composée de douze censeurs ; ils seront nommés par nous, sur la présentation de notre ministre secrétaire d'État de l'intérieur.

6. Tout article de journal ou écrit périodique devra, avant d'être imprimé, avoir été revêtu du visa de la commission, qui en autorisera la publication, conformément à l'art. 5 de la loi du 31 mars 1820.

7. La commission ne pourra prononcer, s'il n'y a au moins cinq membres présents.

8. Dans chaque chef-lieu de département, il y aura auprès du préfet une commission de trois censeurs, chargée de l'examen préalable des journaux et écrits périodiques qui seront publiés dans le département.

9. Un conseil de neuf magistrats, nommés par nous sur la présentation de notre garde des sceaux, ministre secrétaire d'État au département de la justice, sera chargé de la surveillance de la censure.

10. La commission de censure de Paris rendra, une fois par semaine, un compte raisonné de ses décisions au conseil de surveillance. Les commissions des départements lui rendront compte de leurs opérations au moins une fois par mois.

11. Quand il y aura lieu, en exécution de l'art. 6 de la loi du 31 mars 1820, à la suspension provisoire d'un journal ou écrit périodique, elle sera prononcée par le conseil de surveillance, sous l'approbation de notre ministre secrétaire d'État au département de la justice. Il en sera de même quand il y aura lieu, en exécution de l'art. 7 de ladite loi, de prononcer la suspension ou la suppression d'un journal ou écrit périodique après jugement.

TIT. 3. — *Des dessins, estampes et gravures.*

12. L'autorisation préalable exigée par l'art. 8 de la loi du 31 mars 1820, pour la publication, exposition, distribution ou mise en vente de tout dessin en estampe gravé ou lithographié, qui, à l'avenir, sera déposé conformément à l'art. 8 de notre ordonnance du 24 oct. 1814, sera accordée, s'il y a lieu, en même temps que le récépissé mentionné en l'art. 9 de ladite ordonnance. Toute autorisation accordée sera insérée au Journal de la librairie.

26-28 juill. 1821. — Loi relative à la censure des journaux.

Art. 1. La loi du 31 mars 1820, relative à la publication des journaux et écrits périodiques, continuera d'avoir son effet jusqu'à la fin du troisième mois qui suivra l'ouverture de la session de 1821.

2. Les dispositions de la loi du 31 mars 1820, sauf en ce qui concerne le cautionnement, s'appliqueront, à l'avenir, à tous les journaux ou écrits périodiques, paraissant soit à jour fixe, soit irrégulièrement, ou par livraison, quels que soient leur titre et leur objet.

17-18 mars 1822. — Loi relative à la police des journaux et écrits périodiques.

Art. 1. Nul journal ou écrit périodique, consacré en tout ou en partie aux nouvelles ou matières politiques, et paraissant soit régulièrement et à jour fixe, soit par livraisons et irrégulièrement, ne pourra être établi et publié sans l'autorisation du roi.

Cette disposition n'est pas applicable aux journaux et écrits périodiques existant le 1er janv. 1822.

2. Le premier exemplaire de chaque feuille ou livraison des écrits périodiques et journaux sera, à l'instant même de son tirage, remis et déposé au parquet du procureur du roi du lieu de l'impression. Cette remise tiendra lieu de celle qui était prescrite par l'art. 5 de la loi du 9 juin 1819.

3. Dans le cas où l'esprit d'un journal ou écrit périodique, résultant d'une succession d'articles, serait de nature à porter atteinte à la paix publique, au respect dû à la religion de l'État ou aux autres religions légalement reconnues en France, à l'autorité du roi, à la stabilité des institutions constitutionnelles, à l'inviolabilité des ventes des domaines nationaux et à la tranquille possession de ces biens, les cours royales dans le ressort desquelles ils seront établis pourront, en audience solennelle de deux chambres, et après avoir entendu le procureur général et les parties, prononcer la suspension du journal ou écrit périodique pendant un temps qui ne pourra excéder un mois pour la première fois et trois mois pour la seconde. Après ces deux suspensions, et en cas de nouvelle récidive, la suppression définitive pourra être ordonnée.

4. Si dans l'intervalle des sessions de chambre, des circonstances graves rendaient momentanément insuffisantes les mesures de garantie et de répression établies, les lois des 31 mars 1820 et 26 juill. 1821 pourront être remises immédiatement en vigueur, en vertu d'une ordonnance du roi délibérée en conseil et signée par trois ministres.— Cette disposition cessera de plein droit un mois après l'ouverture de la session des chambres, si, pendant ce délai, elle n'a pas été convertie en loi. — Elle cessera pareillement de plein droit, le jour où serait publiée une ordonnance qui prononcerait la dissolution de la chambre des députés.

5. Les dispositions des lois antérieures auxquelles il n'est pas dérogé par la présente continueront d'être exécutées.

25-25 mars 1822. — Loi relative à la répression et à la poursuite des délits commis par la voie de la presse ou par tout autre moyen de publication.

TIT. 1. — *De la répression.*

Art. 1. Quiconque, par l'un des moyens énoncés en l'art. 1 de la loi du 17 mai 1819, aura outragé ou tourné en dérision la religion de l'Etat, sera puni d'un emprisonnement de trois mois à cinq ans et d'une amende de 300 fr. à 6,000 fr.—Les mêmes peines seront prononcées contre quiconque aura outragé ou tourné en dérision toute autre religion dont l'établissement est légalement reconnu en France.

2. Toute attaque, par l'un des mêmes moyens, contre la dignité royale, l'ordre de successibilité au trône, les droits que le roi tient de sa naissance, ceux en vertu desquels il a donné la charte, son autorité constitutionnelle, l'inviolabilité de sa personne, les droits ou l'autorité des chambres, sera punie d'un emprisonnement de trois mois à cinq ans et d'une amende de 300 fr. à 6,000 fr.

3. L'attaque, par l'un de ces moyens, des droits garantis par les art. 5 et 9 de la charte constitutionnelle, sera puni d'un emprisonnement d'un mois à trois ans et d'une amende de 100 fr. à 4,000 fr.

4. Quiconque, par l'un des mêmes moyens, aura excité à la haine ou au mépris du gouvernement du roi, sera puni d'un emprisonnement d'un mois à quatre ans et d'une amende de 150 fr. à 5,000 fr.—La présente disposition ne peut pas porter atteinte au droit de discussion et de censure des actes des ministres.

5. La diffamation ou l'injure, par l'un des mêmes moyens, envers les cours, tribunaux, corps constitués, autorités ou administrations publiques, sera punie d'un emprisonnement de quinze jours à deux ans et d'une amende de 150 fr. à 5,000 fr.

6. L'outrage fait publiquement, d'une manière quelconque, à raison de leurs fonctions ou de leur qualité, soit à un ou plusieurs membres de l'une des deux chambres, soit à un fonctionnaire public, soit enfin à un ministre de la religion de l'État ou de l'une des religions dont l'établissement est légalement reconnu en France, sera puni d'un emprisonnement de quinze jours à deux ans et d'une amende de 100 fr. à 4,000 fr.— Le même délit envers un juré, à raison de ses fonctions, ou envers un témoin, à raison de sa déposition, sera puni d'un emprisonnement de dix jours à un an et d'une amende de 50 fr. à 3,000.—L'outrage fait à un ministre de la religion de l'État, ou de l'une des religions légalement reconnues en France, dans l'exercice même de ses fonctions, sera puni des peines portées par l'art. 1 de la présente loi.— Si l'outrage, dans les différents cas prévus par le présent article, a été accompagné d'excès ou violences prévus par le § 1 de l'art. 228 c. pén., il sera puni des peines portées audit paragraphe et à l'art. 229, et, en outre, de l'amende portée au § 1 du présent article.— Si l'outrage est accompagné des excès prévus par le § 2 de l'art. 228 et par les art. 231, 232 et 233, le coupable sera puni conformément audit code.

7. L'infidélité et la mauvaise foi dans le compte que rendent les journaux et écrits périodiques des séances des chambres et des audiences des cours et tribunaux seront punies d'une amende de 1,000 fr. à 6,000 fr. — En cas de récidive, ou lorsque le compte rendu sera offensant pour l'une ou l'autre des chambres, ou pour l'un des pairs ou des députés, ou injurieux pour la cour, le tribunal, ou l'un des magistrats, des jurés ou des témoins, les éditeurs du journal seront en outre condamnés à un emprisonnement d'un mois à trois ans. — Dans les mêmes cas, il pourra être interdit pour un temps limité ou pour toujours, aux propriétaires et éditeurs du journal ou écrit périodique condamné, de rendre compte des débats législatifs ou judiciaires. La violation de cette défense sera punie de peines doubles de celles portées au présent article.

8. Seront punis d'un emprisonnement de six jours à deux ans et d'une amende de 16 fr. à 4,000 fr., tous cris séditieux publiquement proférés.

9. Seront punis d'un emprisonnement de quinze jours à deux ans et d'une amende de 100 fr. à 4,000 fr. :—1° L'enlèvement ou la dégradation des signes publics de l'autorité royale, opérés en haine ou mépris de cette autorité ;—2° Le port public de tous signes extérieurs de ralliement non autorisés par le roi ou par des règlements de police ;—3° L'exposition dans les lieux ou réunions publics, la distribution ou la mise en vente de tous signes ou symboles destinés à propager l'esprit de rébellion ou à troubler la paix publique.

10. Quiconque, par l'un des moyens énoncés en l'art. 1 de la loi du 17 mai 1819, aura cherché à troubler la paix publique en excitant le mépris ou la haine des citoyens contre une ou plusieurs classes de personnes, sera puni des peines portées en l'article précédent.

11. Les propriétaires ou éditeurs de tout journal ou écrit périodique seront tenus d'y insérer, dans les trois jours de la réception, ou dans le plus prochain numéro, s'il n'en était pas publié avant l'expiration des trois jours, la réponse de toute personne nommée ou désignée dans le journal ou écrit périodique, sous peine d'une amende de 50 fr. à 500 fr., sans préjudice des autres peines et dommages-intérêts auxquels l'article incriminé pourrait donner lieu. Cette insertion sera gratuite, et la réponse pourra avoir le double de la longueur de l'article auquel elle sera faite.

12. Toute publication, vente ou mise en vente, exposition, distribution, sans l'autorisation préalable du gouvernement, de dessins gravés ou lithographiés, sera, pour ce seul fait, punie d'un emprisonnement de trois jours à six mois et d'une amende de 10 fr. à 500 fr., sans préjudice des poursuites auxquelles pourrait donner lieu le sujet du dessin.

13. L'art. 10 de la loi du 9 juin 1819 est commun à toutes les dispositions du présent titre, en tant qu'elles s'appliquent aux propriétaires ou éditeurs d'un journal ou écrit périodique.

14. Dans les cas de délits correctionnels prévus par les §§ 1, 2 et 4 de l'art. 6, par l'art. 8 et par le § 1 de l'art. 9 de la présente loi, les tribunaux pourront appliquer, s'il y a lieu, l'art. 463 c. pén.

Tit. 2. — *De la poursuite.*

15. Dans le cas d'offense envers les chambres ou l'une d'elles par l'un des moyens énoncés en la loi du 17 mai 1819, la chambre offensée, sur la simple réclamation d'un de ses membres, pourra, si mieux elle n'aime autoriser les poursuites par la voie ordinaire, ordonner que le prévenu sera traduit à sa barre. Après qu'il aura été entendu ou dûment appelé, elle le condamnera, s'il y a lieu, aux peines portées par les lois. La décision sera exécutée sur l'ordre du président de la chambre.

16. Les chambres appliqueront elles-mêmes, conformément à l'article précédent, les dispositions de l'art. 7 relatives au compte rendu par les journaux de leurs séances. — Les dispositions du même art. 7, relatives au compte rendu des audiences des cours et tribunaux, seront appliquées directement par les cours et tribunaux qui auront tenu ces audiences.

17. Seront poursuivis devant la police correctionnelle et d'office, les délits commis par la voie de la presse, et les autres délits énoncés en la présente loi et dans celle du 17 mai 1819, sauf les cas prévus par les art. 15 et 16 ci-dessus. Néanmoins, la poursuite n'aura lieu d'office, dans le cas prévu par l'art. 12 de la loi du 17 mai 1819, et dans celui de diffamation ou d'injure contre tout agent diplomatique étranger, accrédité près du roi, ou contre tout particulier, que sur la plainte ou à la requête soit du souverain ou du chef du gouvernement qui se croira offensé, soit de l'agent diplomatique ou du particulier qui se croira diffamé ou injurié. — Les appels des jugements rendus par les tribunaux correctionnels sur les délits commis par des écrits imprimés par un procédé quelconque, seront portés directement, sans distinction de la situation locale desdits tribunaux, aux cours royales pour y être jugés par la première chambre civile et la chambre correctionnelle réunies, dérogeant, quant à ce, aux art. 200 et 201 c. inst. crim. — Les appels des jugements rendus par les mêmes tribunaux sur tous les autres délits prévus par la présente loi et par celle du 17 mai 1819 seront jugés dans la forme ordinaire fixée par le code pour les délits correctionnels.

18. En aucun cas la preuve par témoins ne sera admise pour établir la réalité des faits injurieux ou diffamatoires.

22 août 1822. — Ordonnance qui retire un brevet à un libraire condamné pour avoir vendu des livres obscènes, pour contravention à la loi du 21 oct. 1814, et pour opposition avec violence envers les inspecteurs de la librairie, agissant dans l'exercice de leurs fonctions.

12 mars 1823. — Ordonnance du roi qui révoque le brevet d'un imprimeur.

Louis, etc. —Vu le jugement en date du 26 juill. 1822, rendu par le tribunal de première instance du département de la Seine, jugeant correctionnellement, qui déclare le sieur Paul-François Dupont, imprimeur à Paris, coupable de contravention aux lois sur l'imprimerie et le condamne à 1,000 fr. d'amende et aux frais de la procédure ; vu l'arrêt de la cour royale de Paris, du 18 nov. 1822, statuant sur l'appel qui confirme le premier jugement ; qui déclare, en outre, le sieur Dupont coupable d'une seconde contravention et le condamne à 1,000 fr. d'amende et aux frais de la procédure ; considérant que le pourvoi formé par le condamné a été rejeté par arrêt de la cour de cassation du 31 janv. 1823 ; qu'ainsi l'arrêt de la cour royale précité est devenu exécutoire ; vu l'art. 12 de la loi du 21 oct. 1814 ; sur le rapport de notre ministre de l'intérieur, nous avons ordonné et ordonnons ce qui suit :—Art. 1. Le brevet d'imprimeur à la résidence de Paris est retiré au sieur Dupont.

23-31 juill. 1823. — Ordonnance du roi qui fixe l'époque à compter de laquelle l'imprimerie royale sera administrée en régie au compte de l'État, et règle les attributions de cet établissement.

Louis, etc. — Vu les lois des 4 déc. 1795, 27 janv. et 9 juin 1795, l'arrêté du 10 déc. 1801, les décrets des 24 mars 1809 et 22 janv. 1811, les ordon. des 28 déc. 1814 et 12 janv. 1820 ; après avoir entendu la commission spéciale du conseil d'État ; sur le rapport, etc.

Art. 1. A compter du 1er octobre prochain, l'imprimerie royale sera administrée en régie pour le compte de l'État, sous l'autorité de notre garde des sceaux.

2. Les attributions de l'imprimerie royale seront réglées conformément à la loi du 27 janv. 1795, à l'arrêté du 10 déc. 1801, au décret du 24 mars 1809 et à l'ordon. du 28 déc. 1814. — En conséquence, elle sera chargée, 1° de l'impression du Bulletin des lois ; — 2° Des travaux d'impression qu'exigera le service de notre cabinet et de notre maison, de notre chancellerie, de nos conseils, des ministères et des administrations générales qui en dépendent.

3. Il ne sera exécuté à l'imprimerie royale aucun travail d'impression pour le compte des particuliers. — Sont seuls exceptés de cette prohibition, 1° les ouvrages dont l'exécution exigera des caractères qui ne se trouvent pas dans les imprimeries ordinaires ; —2° Les ouvrages dont nous aurons ordonné l'impression gratuite, conformément au n° 4 de l'art. 8 de l'ordon. du 28 déc. 1814 et à l'art. 10 de l'ordon. du 12 janv. 1820.

4. Les tarifs de l'imprimerie royale seront soumis annuellement à notre approbation par notre garde des sceaux, après avoir pris l'avis d'un comité formé de commissaires spéciaux qui seront délégués à cet effet dans nos divers ministères.

5. L'administration de l'imprimerie royale sera composée d'un directeur, chargé de la direction de toutes les parties de l'établissement ; d'un conservateur chargé du matériel et d'un caissier chargé de recouvrer les produits et d'acquitter les dépenses.

6. L'administration de l'imprimerie royale sera surveillée par l'un des maîtres des requêtes en notre conseil d'État, qui prendra le titre d'inspecteur.

7. Le conservateur et le caissier fourniront un cautionnement de 50,000 fr. en immeubles ou en rentes sur l'État.— Ils seront directement justiciables de la cour des comptes et prêteront en conséquence serment devant cette cour, conformément à l'ordon. du 29 juill. 1814.

8. Les fonctionnaires et employés de l'imprimerie royale seront nommés par notre garde des sceaux.

9. Nous nous réservons de déterminer par une ordonnance spéciale les formes qui devront être observées pour la vérification et la transmission du matériel de l'imprimerie royale et pour la liquidation des comptes du directeur actuel de cet établissement.

10. Les dispositions contraires à la présente ordonnance sont abrogées.

19 nov. 1823-21 déc. 1847. — Ordonnance relative à la comptabilité de l'imprimerie royale, D. P. 48. 4. 8.

26 nov. 1823-21 déc. 1847. — Ordonnance concernant le capital destiné aux avances qu'exigent les travaux de l'imprimerie royale, D. P. 48. 4. 8.

12-31 août 1824. —Ordonnance du roi qui supprime les emplois d'inspecteur et de directeur de l'imprimerie royale, et porte que cet établissement sera dirigé par un seul fonctionnaire, sous le titre d'administrateur de l'imprimerie royale.

11-31 août 1824. — Ordonnance portant : Art. 1. Les dispositions de l'ordonnance du 2 oct. 1822 sont applicables aux fonctionnaires et employés de l'imprimerie royale qui auront été réformés par suite de la suppression de leur emploi.

15-16 août 1824. — Ordonnance du roi qui remet en vigueur les lois des 31 mars 1820 et 26 juill. 1821, relatives aux journaux et écrits périodiques.

Louis, etc., vu l'art. 4 de la loi du 17 mars 1822 ; — Considérant que la jurisprudence de nos cours a récemment admis pour les journaux une existence de droit indépendante de leur existence de fait ; que cette interprétation fournit un moyen sûr et facile d'éluder la suspension et la suppression des journaux ; qu'il suit de là que les moyens de répression établis par l'art. 3 de la loi du 17 mars 1822 sont devenus insuffisants ; voulant, dans ces circonstances, et jusqu'à la prochaine réunion des chambres, pourvoir avec efficacité au maintien de l'ordre public ; notre conseil d'État entendu, nous avons ordonné et ordonnons ce qui suit :

Art. 1. Les lois des 31 mars 1827 et 26 juill. 1821 sont remises en vigueur à dater de ce jour.

16-26 août 1824. — Ordonnance du roi concernant l'exécution de celle du 15 août 1824, relative aux journaux et écrits périodiques.

Louis, etc., vu notre ordonnance en date d'hier, portant remise en vigueur des lois des 31 mars 1820 et 26 juill. 1821, relatives aux journaux et écrits périodiques ; sur le rapport, etc.

Art. 1. Il sera immédiatement formé à Paris, auprès de notre ministre secrétaire de l'intérieur, et sous la présidence du directeur de la police, une commission chargée de l'examen préalable de tous les journaux et écrits périodiques. — Elle sera composée, non compris le président, de six membres nommés par notre ministre secrétaire d'Etat de l'intérieur.

2. Tout article de journal ou écrit périodique devra, avant d'être imprimé, avoir été revêtu d'un visa constatant l'examen et l'approbation préalable exigés par l'art. 5 de la loi du 31 mars 1820, lequel visa sera donné par le sieur Deliége, que nous nommons, à cet effet secrétaire de ladite commission.

3. Dans les départements, les préfets nommeront, selon les besoins, un ou plusieurs censeurs chargés de l'examen préalable des journaux et écrits périodiques qui seront publiés.

29 sept.-1er oct. 1824. — Ordonnance portant : « CHARLES, etc.; — Ne jugeant pas nécessaire de maintenir plus longtemps la mesure qui a été prise, dans des circonstances différentes, contre les abus de la liberté des journaux; notre conseil entendu, nous avons ordonné, ordonnons ce qui suit : — Art. 1. L'ordonnance du 15 août dernier, qui remet en vigueur les lois des 31 mars 1820 et 26 juill. 1821, cessera d'avoir son effet. »

24 juin 1827. — Ordonnance qui remet en vigueur les lois des 31 mars 1820 et 26 juill. 1821.

24 juin 1827. — Ordonnance portant formation d'un bureau au ministère de l'intérieur, chargé de l'examen préalable des journaux et écrits périodiques.

1er-25 sept. 1827. — Ordonnance du roi portant que la peine de la contravention à la disposition de l'art. 11 de la loi du 21 oct. 1814, en ce qui concerne le commerce de la librairie, est celle de l'amende de 500 fr. portée par le règlement du 28 fév. 1723 (1).

5-5 nov. 1827. — Ordonnance qui fait cesser l'effet de celle du 24 juin 1827.

9-26 janv. 1828. — Ordonnance du roi qui modifie celle du 24 oct. 1814, relative au dépôt des exemplaires des écrits imprimés et des épreuves des planches et estampes.

CHARLES, etc.; — Sur le rapport, etc.; — Vu l'ord. du 24 oct. 1814, — Nous avons, etc. :

Art. 1. Le nombre des exemplaires des écrits imprimés et des épreuves des planches et estampes dont le dépôt est exigé par la loi, et qui avait été fixé à cinq par les art. 4 et 8 de l'ord. royale du 24 octobre, est réduit, outre l'exemplaire et les deux épreuves destinés à notre bibliothèque, conformément à la même ordonnance, à un seul exemplaire et une seule épreuve pour la bibliothèque du ministère de l'intérieur.

27 mars-8 avr. 1828. — Ordonnance du roi qui prescrit la formation d'un dépôt particulier pour y recevoir l'exemplaire des livres du dépôt légal destiné, en vertu de l'ordonnance du 9 janv. 1828, à la bibliothèque du ministère de l'intérieur, et contient des dispositions relatives à la répartition des ouvrages entre les bibliothèques publiques du royaume.

Art. 1. Il sera formé à la bibliothèque Sainte-Geneviève un dépôt particulier pour y recevoir l'exemplaire des livres du dépôt légal qui, en vertu de notre ordonnance du 9 janvier dernier, est destiné à la bibliothèque du ministère de l'intérieur.

2. Chaque année notre ministre de l'intérieur fera dans ce dépôt un choix des ouvrages qu'il jugera convenable de répandre, et il les répartira entre les bibliothèques publiques du royaume, suivant leurs besoins et leur importance.

18-23 juin 1828. — Loi sur les journaux et écrits périodiques.

Art. 1. Tout Français majeur, jouissant des droits civils, pourra, sans autorisation préalable, publier un journal ou écrit périodique, en se conformant aux dispositions de la présente loi.

2. Le propriétaire ou les propriétaires de tout journal ou écrit périodique seront tenus, avant sa publication, de fournir un cautionnement. — Si le journal ou écrit périodique paraît plus de deux fois par semaine, soit à jour fixe, soit par livraisons et irrégulièrement, le cautionnement sera de 6,000 fr. de rentes. — Le cautionnement sera égal aux trois quarts du taux fixé, si le journal ou écrit périodique ne paraît que deux fois par semaine. — Il sera égal à la moitié de ce cautionnement si le journal ou écrit périodique ne paraît qu'une fois par semaine. — Il sera égal au quart, si le journal ou écrit périodique paraît seulement plus d'une fois par mois. — Le cautionnement des journaux quotidiens publiés dans les départements autres que ceux de la Seine, de Seine-et-Oise et de Seine-et-Marne, sera de 2,000 fr. de rente dans les villes de cinquante mille âmes et au-dessus, de 1,200 fr. de rente dans les autres villes, et de la moitié de ces rentes pour les journaux ou écrits périodiques qui paraissent à des termes moins rapprochés.

3. Seront exempts de tout cautionnement, 1° les journaux ou écrits périodiques qui ne paraissent qu'une fois par mois ou plus rarement; — 2° Les journaux ou écrits périodiques exclusivement consacrés soit aux sciences mathématiques, physiques et naturelles, soit aux travaux et recherches d'érudition, soit aux arts mécaniques et libéraux, c'est-à-dire aux sciences et aux arts dont s'occupent les trois académies des sciences, des inscriptions et des beaux-arts de l'institut royal; — 3° Les journaux ou écrits périodiques étrangers aux matières politiques, et exclusivement consacrés aux lettres ou à d'autres branches de connaissances non spécifiées précédemment, pourvu qu'ils ne paraissent au plus que deux fois par semaine; — 4° Tous les écrits périodiques étrangers aux matières politiques et qui seront publiés dans une autre langue que la langue française; — 5° Les feuilles périodiques exclusivement consacrées aux avis, annonces, affiches judiciaires, arrivages maritimes, mercuriales et prix courants. — Toute contravention aux dispositions du présent article et du précédent sera punie conformément à l'art. 6 de la loi du 9 juin 1819.

4. En cas d'association, la société devra être l'une de celles qui sont définies et régies par le code de commerce. — Hors le cas où le journal serait publié par une société anonyme, les associés seront tenus de choisir entre eux un, deux ou trois gérants, qui, aux termes des art. 22 et 24 c. com., auront chacun individuellement la signature. — Si l'un des gérants responsables vient à décéder ou à cesser ses fonctions par une cause quelconque, les propriétaires seront tenus, dans le délai de deux mois, de le remplacer ou de réduire, par un acte revêtu des mêmes formalités que celui de société, le nombre de leurs gérants. Ils auront aussi, dans les limites ci-dessus déterminées, le droit d'augmenter ce nombre en remplissant les mêmes formalités. S'ils n'en avaient constitué qu'un seul, ils seront tenus de le remplacer dans les quinze jours qui suivront son décès : faute par eux de le faire, le journal ou écrit périodique cessera de paraître, à peine de 1,000 fr. d'amende pour chaque feuille ou livraison qui sera publiée après l'expiration de ce délai.

5. Les gérants responsables ou l'un ou deux d'entre eux, surveilleront et dirigeront par eux-mêmes la rédaction du journal ou écrit périodique. — Chacun des gérants responsables devra avoir les qualités requises par l'art. 980 c. civ., être propriétaire au moins d'une part ou action dans l'entreprise, et posséder en son propre et privé nom un quart au moins du cautionnement.

6. Aucun journal ou écrit périodique soumis au cautionnement par les dispositions de la présente loi ne pourra être publié, s'il n'a été fait préalablement une déclaration contenant : 1° le titre du journal ou écrit périodique, et les époques auxquelles il doit paraître; — 2° Le nom de tous les propriétaires autres que les commanditaires, leur demeure, leur part dans l'entreprise; — 3° Le nom et la demeure des gérants responsables; — 4° L'affirmation que ces propriétaires et gérants réunissent les conditions de capacité prescrites par la loi; — 5° L'indication de l'imprimerie dans laquelle le journal ou écrit périodique devra être imprimé. — Toutes les fois qu'il surviendra quelque mutation, soit dans le titre du journal ou dans les conditions de sa périodicité, soit parmi les propriétaires ou les gérants responsables, il en sera fait déclaration devant l'autorité compétente dans les quinze jours qui suivront la mutation, à la diligence des gérants responsables. En cas de négligence, ils seront punis d'une amende de 500 fr. — Il en sera de même si le journal ou écrit périodique venait à être imprimé dans une autre imprimerie que celle qui a été originairement déclarée. — Dans le cas où l'entreprise aurait été formée par une seule personne, le propriétaire, s'il réunit les qualités requises par le § 2 de l'art. 5, sera en même temps le gérant responsable du journal. — Dans le cas contraire, il sera tenu de présenter un gérant responsable, conformément à l'art. 5. — Les journaux exceptés du cautionnement seront tenus de faire la déclaration préalable prescrite par les nos 1, 2 et 5 du premier paragraphe du présent article.

7. Ces déclarations seront accompagnées du dépôt des pièces justificatives : elles seront signées par chacun des propriétaires du journal ou écrit périodique, ou par le fondé de pouvoir de chacun d'eux. Elles seront reçues à Paris à la direction de la librairie, et dans les départements au secrétariat général de la préfecture.

8. Chaque numéro de l'écrit périodique sera signé en minute par le propriétaire, s'il est unique; par l'un des gérants responsables, si l'écrit périodique est publié par une société en nom collectif ou en commandite, et par l'un des administrateurs, s'il est publié par une société anonyme. — L'exemplaire signé pour minute sera, au moment de la publication, déposé au parquet du procureur du roi du lieu de l'impression, ou à la mairie dans les villes où il n'y a pas de tribunal de première instance, à peine de 500 fr. d'amende contre les gérants. Il sera donné récépissé du dépôt. — La signature sera imprimée au bas de tous les exemplaires, à peine de 500 fr. d'amende contre l'imprimeur, sans que la révocation du brevet puisse s'ensuivre. — Les signataires de chaque feuille ou livraison seront responsables de son contenu, et passibles de toutes les peines portées par la loi à raison de la publication des articles ou passages incriminés, sans préjudice de la poursuite contre l'auteur ou les auteurs desdits articles ou passages, comme complices. En conséquence, les poursuites judiciaires pourront être dirigées, tant contre les signataires des feuilles ou livraisons que contre l'auteur ou les auteurs des passages incriminés, si ces auteurs peuvent être connus ou mis en cause.

9. Il est accordé aux propriétaires actuels des journaux existants, sans qu'on puisse leur opposer les dispositions de l'art. 1, un délai de six mois, à dater de la promulgation de la présente loi, pour présenter un, deux ou trois gérants responsables, réunissant les conditions requises par les articles précédents, et faire la déclaration prescrite par l'art. 6. — Si les gérants responsables ne possèdent pas en propre le quart du cautionnement, il seront admis à justifier que, outre leur part dans l'entreprise, ils sont vrais et légitimes propriétaires d'immeubles payant au moins 500 fr. de contributions directes, si le journal est publié dans les départements de la Seine, de Seine-et-Oise et de Seine-et-Marne, et 150 fr. dans les autres départements. Ces immeubles devront être libres de toute hypothèque. — En ce cas, il sera fait mention expresse de cette circonstance dans la déclaration.

10. En cas de contestation sur la régularité ou la sincérité de la déclaration prescrite par l'art. 6 et des pièces à l'appui, il sera statué par les tribunaux, à la diligence du préfet, sur mémoire, sommairement et sans frais, la partie ou son défenseur et le ministère public entendus. — Si le journal n'a point encore paru, il sera sursis à la publication jusqu'au jugement à intervenir, lequel sera exécutoire nonobstant appel.

11. Si la déclaration prescrite par l'art. 6 est reconnue fausse et frauduleuse en quelqu'une de ses parties, le journal cessera de paraître. Les auteurs de la déclaration seront punis d'une amende dont le minimum sera d'une somme égale au dixième, et le maximum d'une somme égale à la moitié du cautionnement.

12. Dans le cas où un journal ou écrit périodique est établi et publié par un seul propriétaire, si ce propriétaire vient à mourir, sa veuve ou ses héritiers auront un délai de trois mois pour présenter un gérant responsable, ce gérant devra être propriétaire d'immeubles libres de toute hypothèque, et payant au moins 500 fr. de contributions directes, si le journal est publié dans les départements de la Seine, de Seine-et-Oise et de Seine-et-Marne, et 150 fr. dans les autres départements. — Le gérant que la veuve ou les héritiers seront admis à présenter devra réunir les conditions requises par l'art. 980 c. civ. — Dans les dix jours du décès, la veuve ou les héritiers seront tenus de présenter un rédacteur qui sera responsable du journal jusqu'à ce que le gérant soit accepté. — Le cautionnement du propriétaire décédé demeurera affecté à la gestion.

13. Les condamnations pécuniaires prononcées, soit contre les signataires responsables, soit contre l'auteur ou les auteurs des passages incriminés, seront préle-

(1) L'art. 24 du décret législatif du 17 fév. 1852, sur la presse, qui prononce la peine d'un mois à deux ans d'emprisonnement, et d'une amende de 100 à 2,000 fr. contre celui qui exerce le commerce de la librairie sans brevet, rend inutile le texte de l'ordonnance ci-dessus du 1er sept. 1827, dont la légalité a été contestée. —

vées : 1° sur la portion du cautionnement appartenant en propre aux signataires responsables ; 2° sur le reste du cautionnement, dans le cas où celle-ci serait insuffisante, sans préjudice, pour le surplus, des règles établies par les art. 3 et 4 de la loi du 9 juin 1819.

14. Les amendes, autres que celles portées par la présente loi, qui auront été encourues pour délit de publication par la voie d'un journal ou écrit périodique, ne seront jamais moindre du double du minimum fixé par les lois relatives à la répression des délits de la presse.

15. En cas de récidive par le même gérant, et dans les cas prévus par l'art. 58 c. pén., indépendamment des dispositions de l'art. 10 de la loi du 9 juin 1819, les tribunaux pourront, suivant la gravité du délit, prononcer la suspension du journal ou écrit périodique pour un temps qui ne pourra excéder deux mois ni être moindre de dix jours. Pendant ce temps, le cautionnement continuera à demeurer en dépôt à la caisse des consignations, et il ne pourra recevoir une autre destination.

16. Dans les procès qui ont pour objet la diffamation, si les tribunaux ordonnent, aux termes de l'art. 64 de la charte, que les débats auront lieu à huis clos, les journaux ne pourront, à peine de 2,000 fr. d'amende, publier les faits de diffamation, ni donner l'extrait des mémoires ou écrits quelconques qui les contiendraient. — Dans toutes les affaires civiles ou criminelles où un huis clos aura été ordonné, ils ne pourront, sous la même peine, publier que le prononcé du jugement.

17. Lorsqu'aux termes du dernier paragraphe de l'art. 23 de la loi du 17 mai 1819, les tribunaux auront, pour les faits diffamatoires étrangers à la cause, réservé, soit l'action publique, soit l'action civile des parties, les journaux ne pourront, sous la même peine, publier ces faits, ni donner l'extrait des mémoires qui les contiendraient.

18. La loi du 17 mars 1822, relative à la police des journaux et écrits périodiques, est abrogée.

29-30 juill. 1828. — Ordonnance du roi concernant l'exécution de la loi du 18 juill. 1828, sur les journaux et écrits périodiques.

Art. 1. Avant toute publication d'un journal ou écrit périodique soumis au cautionnement par les dispositions de la loi du 18 juill. 1828, il sera justifié au procureur du roi du lieu de l'impression du versement du cautionnement auquel ce journal ou écrit périodique est soumis, et de la déclaration prescrite par l'art. 6 de ladite loi. Le procureur du roi donnera acte sur-le-champ de cette justification et en tiendra registre.

2. Les propriétaires des journaux et écrits périodiques existants qui étaient exempts de fournir un cautionnement en vertu des dispositions de la loi du 9 juin 1819, et qui ne se trouvent point compris dans les exceptions spécifiées en l'art. 3 de la loi du 18 juill. 1828, seront tenus, dans le délai de quinze jours à compter de la promulgation de la présente ordonnance, de déposer, à Paris, à la direction de la librairie, et dans les départements au secrétariat général de la préfecture, un certificat constatant qu'ils ont fourni le cautionnement exigé par l'art. 2 de la même loi. — Ce certificat sera délivré, à Paris, par l'agent judiciaire du trésor, et dans les départements par le directeur de l'enregistrement, conformément aux dispositions de l'ord. du 9 juin 1819. — Il en sera justifié au procureur du roi du lieu de l'impression, ainsi qu'il est dit en l'art. 1.

3. Les propriétaires des journaux et écrits périodiques existants qui sont exceptés du cautionnement par l'art. 3 de ladite loi, feront dans le même délai les déclarations prescrites par les nos 1, 2 et 5 de l'art. 6.

4. A l'expiration du délai ci-dessus fixé, ceux des journaux ou écrits périodiques actuellement existants sans cautionnement qui n'auraient pas fait les justifications et déclarations prescrites, cesseront de paraître.

5 nov. 1828-21 déc. 1847. — Ordonnance concernant les impressions à exécuter gratuitement à l'imprimerie royale, D. P. 48. 4. 9.

25-25 juill. 1830. — Ordonnance du roi qui suspend la liberté de la presse périodique et semi-périodique.

Charles, etc.; — Sur le rapport de notre conseil des ministres, nous avons ordonné, etc. :

Art. 1. La liberté de la presse périodique est suspendue.

2. Les dispositions des art. 1, 2 et 9 du tit. 1 de la loi du 21 oct. 1814 sont remises en vigueur. — En conséquence, nul journal et écrit périodique ou semi-périodique, établi ou à établir, sans distinction des matières qui y seront traitées, ne pourra paraître, soit à Paris, soit dans les départements, qu'en vertu de l'autorisation qu'en auront obtenue de nous séparément les auteurs et l'imprimeur. — Cette autorisation devra être renouvelée tous les trois mois. — Elle pourra être révoquée.

3. L'autorisation pourra être provisoirement accordée et provisoirement retirée, par les préfets, aux journaux et ouvrages périodiques ou semi-périodiques publiés ou à publier dans les départements.

4. Les journaux et écrits publiés en contravention à l'art. 2 seront immédiatement saisis. — Les presses et caractères qui auront servi à leur impression seront placés dans un dépôt public et sous scellés, ou mis hors de service.

5. Nul écrit au-dessous de vingt feuilles d'impression ne pourra paraître qu'avec l'autorisation de notre ministre secrétaire d'Etat de l'intérieur, à Paris, et des préfets, dans les départements. — Tout écrit de plus de vingt feuilles d'impression qui ne constituera pas un même corps d'ouvrage sera également soumis à la nécessité de l'autorisation. — Les écrits publiés sans autorisation seront immédiatement saisis. — Les presses et caractères qui auront servi à leur impression seront placés dans un dépôt public et sous scellés, ou mis hors de service.

6. Les mémoires sur procès et les mémoires des sociétés savantes ou littéraires sont soumis à l'autorisation préalable, s'ils traitent en tout ou en partie de matières politiques, cas auquel les mesures prescrites par l'art. 5 leur seront applicables.

7. Toute disposition contraire aux présentes restera sans effet.

8. L'exécution de la présente ordonnance aura lieu en conformité de l'art. 4 de l'ord. du 27 nov. 1816, et de ce qui est prescrit par celle du 18 janv. 1817.

29 juill. 1830-10 janv. 1831. — Ordonnance du roi Charles X qui rapporte celle du 25 juillet qui précède.

14-24 août 1830. — Charte dont l'art. 7 consacre de nouveau la liberté de la presse en décidant que la censure ne pourra jamais être rétablie (art. 7), et qui défère au jury les délits de la presse (art. 69). — V. Droit const., p. 553

8-10 oct. 1830. — Loi sur l'application du jury aux délits de la presse et aux délits politiques.

Art. 1. La connaissance de tous les délits commis, soit par la voie de la presse, soit par tous les autres moyens de publication énoncés en l'art. 1 de la loi du 17 mai 1819, est attribuée aux cours d'assises.

2. Sont exceptés les cas prévus par l'art. 14 de la loi du 26 mai 1819.

3. Sont pareillement exceptés les cas où les chambres, cours et tribunaux jugeraient à propos d'user des droits qui leur sont attribués par les art. 15 et 16 de la loi du 25 mars 1822.

4. La poursuite des délits mentionnés en l'art. 1 de la présente loi aura lieu d'office et à la requête du ministère public, en se conformant aux dispositions des lois des 26 mai et 9 juin 1819.

5. Les art. 12, 17 et 18 de la loi du 25 mars 1822 sont abrogés.

6. La connaissance des délits politiques est pareillement attribuée aux cours d'assises.

7. Sont réputés politiques les délits prévus : 1° par les chap. 1 et 2 du tit. 1 du liv. 3 c. pén.; — 2° Par les §§ 2 et 4 de la sect. 3, et par la sect. 7 du chap. 3 des mêmes livre et titre; — 3° Par l'art. 9 de la loi du 25 mars 1822.

8. Les délits mentionnés dans la présente loi, qui ne seraient pas encore jugés, le seront suivant les formes qu'elle prescrit.

29 nov.-1er déc. 1830. — Loi qui punit les attaques contre les droits et l'autorité du roi et des chambres par voie de la presse.

Art. 1. Toute attaque, par l'un des moyens énoncés en l'art. 1 de la loi du 17 mai 1819, contre la dignité royale, l'ordre de successibilité au trône, les droits que le roi tient du vœu de la nation française, exprimé dans la déclaration du 7 août 1830, et de la charte constitutionnelle par lui acceptée et jurée dans la séance du 9 août de la même année, son autorité constitutionnelle, l'inviolabilité de sa personne, les droits et l'autorité des chambres, sera punie d'un emprisonnement de trois mois à cinq ans, et d'une amende de 300 fr. à 6,000 fr.

2. L'art. 2 de la loi du 25 mars 1822 est et demeure abrogé.

10-11 déc. 1830. — Loi sur les afficheurs et crieurs publics.

Art. 1. Aucun écrit, soit à la main, soit imprimé, gravé ou lithographié, contenant des nouvelles politiques ou traitant d'objets politiques, ne pourra être affiché ou placardé dans les rues, places ou autres lieux publics. — Sont exceptés de la présente disposition les actes de l'autorité publique.

2. Quiconque voudra exercer, même temporairement, la profession d'afficheur ou crieur, de vendeur ou distributeur, sur la voie publique, d'écrits imprimés, lithographiés, gravés ou à la main, sera tenu d'en faire préalablement la déclaration devant l'autorité municipale et d'indiquer son domicile. — Le crieur ou afficheur devra renouveler cette déclaration chaque fois qu'il changera de domicile.

3. Les journaux, feuilles quotidiennes ou périodiques, les jugements et autres actes d'une autorité constituée, ne pourront être annoncés dans les rues, places et autres lieux publics autrement que par leur titre. — Aucun autre écrit imprimé, lithographié, gravé ou à la main, ne pourra être crié sur la voie publique qu'après que le crieur ou distributeur aura fait connaître à l'autorité municipale le titre sous lequel il veut l'annoncer, et qu'après avoir remis à cette autorité un exemplaire de cet écrit.

4. La vente ou distribution de faux extraits de journaux, jugements et actes de l'autorité publique est défendue, et sera punie des peines ci-après.

5. L'infraction aux dispositions des art. 1 et 4 de la présente loi sera punie d'une amende de 25 à 500 fr. et d'un emprisonnement de six jours à un mois, cumulativement ou séparément. — L'auteur ou l'imprimeur des faux extraits défendu par l'article ci-dessus, sera puni du double de la peine infligée au crieur, vendeur ou distributeur des faux extraits. — Les peines prononcées par le présent article seront appliquées sans préjudice des autres peines qui pourraient être encourues par suite des crimes et délits résultant de la nature même de l'écrit.

6. La connaissance des délits punis par le précédent article est attribuée aux cours d'assises. Ces délits seront poursuivis conformément aux dispositions de l'art. 4 de la loi du 8 oct. 1830.

7. Toute infraction aux art. 2 et 3 de la présente loi sera punie par la voie ordinaire de police correctionnelle, d'une amende de 25 à 200 fr., et d'un emprisonnement de six jours à un mois, cumulativement ou séparément.

8. Dans les cas prévus par la présente loi, les cours d'assises et les tribunaux correctionnels pourront appliquer l'art. 463 c. pén., si les circonstances leur paraissent atténuantes, et si le préjudice causé n'excède pas 25 fr.

9. La loi du 5 niv. an 5, relative aux crieurs publics, et l'art. 290 c. pén., sont abrogés.

14-15 déc. 1830. — Loi sur le cautionnement, le droit de timbre et le port des journaux ou écrits périodiques.

Art. 1. Si un journal ou écrit périodique paraît plus de deux fois par semaine, soit à jour fixe, soit par livraisons et régulièrement, le cautionnement sera de 2,400 fr. de rente. — Le cautionnement sera égal aux trois quarts du taux fixé, si le journal ou écrit périodique ne paraît que deux fois par semaine. — Il sera égal à la moitié, si le journal ou écrit périodique ne paraît qu'une fois par semaine. — Il sera égal au quart, si le journal ou écrit périodique paraît seulement plus d'une fois par mois. — Le cautionnement des journaux quotidiens publiés dans les départements autres que ceux de la Seine et de Seine-et-Oise, sera de 800 fr. de rente dans les villes de 50,000 âmes et au-dessus, de 500 fr. de rente dans les autres villes, et respectivement de la moitié de ces deux rentes pour les journaux ou écrits périodiques qui paraissent à des termes moins rapprochés. — Le gérant responsable du journal devra posséder, en son propre et privé nom, la totalité du cautionnement. — S'il y a plusieurs gérants responsables, ils devront posséder, en leur propre et privé nom, et par portions égales, la totalité du cautionnement. — Il est accordé aux gérants responsables des journaux qui auront déposé leur cautionnement à l'époque où la présente loi sera promulguée, un délai de six mois pour se conformer à ses dispositions. — La partie du cautionnement déjà fournie, qui excède le taux ci-dessus fixé, sera remboursée.

2. Le droit de timbre fixe ou de dimension sur les journaux ou écrits périodiques, sera de 6 centimes pour chaque feuille de 30 décimètres carrés et au-dessus, et de 3 centimes pour chaque demi-feuille de 15 décimètres carrés et au-dessous — Tout journal ou écrit périodique imprimé sur une demi-feuille de plus de 15 décimètres et de moins de 30 décimètres carrés payera 1 centime en sus pour chaque 5 décimètres carrés. — Il ne sera perçu aucune augmentation de droit pour fractions au-dessous de 5 décimètres carrés. — Il ne sera perçu aucun droit pour un supplément qui n'excédera pas 30 décimètres carrés, publié par les journaux im-

primés sur une feuille de 30 décimètres carrés et au-dessus. — La loi du 13 vend. an 6, et l'art. 89 de la loi du 15 mai 1818 sont et demeurent abrogés. — La loi du 6 prair. an 7 est abrogée en ce qui concerne le droit de timbre sur les journaux ou feuilles périodiques.

3. Le droit de 5 centimes, fixé par l'art. 8 de la loi du 15 mars 1827 pour le port sur les journaux et autres feuilles transportés hors des limites du département dans lequel ils sont publiés, sera réduit à 4 centimes. — Les mêmes feuilles ne payeront que 2 centimes toutes les fois qu'elles seront destinées pour l'intérieur du département où elles auront été publiées.

4. Les journaux imprimés en langues étrangères et ceux venant des pays d'outre-mer seront taxés au maximum du tarif établi pour les journaux français.

8-9 avr. 1831. — Loi sur la procédure en matière de délits de la presse, d'affichage et de criage publics.

Art. 1. Le ministère public aura la faculté de saisir les cours d'assises de la connaissance des délits commis par la voie de la presse, ou par les autres moyens de publications énoncés en l'art. 1 de la loi du 17 mai 1819, en vertu de citation donnée directement au prévenu. — La même faculté existera au cas de poursuites contre les afficheurs et crieurs publics, en exécution des art. 5 et 6 de la loi du 10 déc. 1830.

2. Le ministère public adressera son réquisitoire au président de la cour d'assises pour obtenir indication du jour auquel le prévenu sera sommé de comparaître. — Il sera tenu d'articuler et de qualifier les provocations, attaques, offenses, outrages, faits diffamatoires ou injures, à raison desquels la poursuite est intentée, et ce, à peine de nullité de la poursuite. Le président fixera le jour de la comparution devant la cour d'assises et commettra l'huissier qui sera chargé de la notification. — La notification du réquisitoire et de l'ordonnance du président sera faite au prévenu dix jours au moins avant celui de la comparution, outre un jour par cinq myriamètres de distance. — Si le prévenu ne comparaît pas au jour fixé, il sera jugé par défaut : la cour statuera sans assistance ni intervention de jurés, tant sur l'action publique que sur l'action civile.

3. Le prévenu pourra former opposition à l'arrêt par défaut dans les cinq jours de la notification qui en aura été faite à sa personne ou à son domicile, outre un jour par cinq myriamètres de distance, à charge de notifier son opposition tant au ministère public qu'à la partie civile. — Le prévenu supportera sans recours les frais de l'expédition et de la signification de l'arrêt par défaut, et de l'opposition, ainsi que de l'assignation et de la taxe des témoins appelés à l'audience pour le jugement de l'opposition.

4. Dans les cinq jours de la notification de l'opposition, le prévenu devra déposer au greffe une requête tendant à obtenir du président de la cour d'assises une ordonnance fixant le jour du jugement de l'opposition : elle sera signifiée, à la requête du ministère public, tant au prévenu qu'au plaignant, avec assignation au jour fixé, cinq jours au moins avant l'échéance. Faute par le prévenu de remplir les formalités mises à sa charge par le présent article, ou de comparaître par lui-même au jour fixé par l'ordonnance, l'opposition sera réputée non avenue, et l'arrêt par défaut sera définitif.

5. Dans le cas de saisie autorisée par l'art. 7 de la loi du 26 mai 1819, les formes et délais prescrits par cette loi seront observés.

8-9 avr. 1831. — Loi sur le cautionnement des journaux ou écrits périodiques, paraissant même irrégulièrement

Art. 1. — Si un journal ou écrit périodique paraît plus de deux fois par semaine, soit à jour fixe, soit par livraisons et irrégulièrement, le cautionnement sera de 2,400 fr. de rente.

2. Le premier paragraphe de l'art. 1 de la loi du 14 déc. 1830 est abrogé.

16-16 fév. 1834. — Loi sur les crieurs publics.

Art. 1. Nul ne pourra exercer, même temporairement, la profession de crieur, de vendeur ou de distributeur, sur la voie publique, d'écrits, dessins ou emblèmes imprimés, lithographiés, autographiés, moulés, gravés ou à la main, sans autorisation préalable de l'autorité municipale. — Cette autorisation pourra être retirée. — Les dispositions ci-dessus sont applicables aux chanteurs sur la voie publique.

2. Toute contravention à la disposition ci-dessus sera punie d'un emprisonnement de six jours à deux mois pour la première fois, et de deux mois à un an en cas de récidive. Les contrevenants seront traduits devant les tribunaux correctionnels, qui pourront, dans tous les cas, appliquer les dispositions de l'art. 463 c. pén.

30 juill.-1er sept. 1835. — Ordonnance du roi relative à l'exemplaire des livres du dépôt légal qui doit être remis au ministère de l'instruction publique.

LOUIS-PHILIPPE, etc.; — Vu l'art. 14 de la loi du 21 oct. 1814; — Vu l'art. 4 de l'ord. du 24 octobre de la même année; — Vu l'art. 1 de l'ord. du 9 janv. 1828; — Vu l'ord. du 27 mars de la même année, art. 1 et 2; — Vu l'ord. du 11 oct. 1832, qui place le dépôt légal de Sainte-Geneviève dans les attributions du ministère de l'instruction publique:

Art. 1. L'exemplaire des livres du dépôt légal qui, en vertu des ord. du 9 janv. 1828 et du 12 oct. 1832, doit être remis au ministère de l'instruction publique, restera désormais déposé audit ministère.

2. Notre ministre de l'instruction publique est autorisé à faire, dans ce dépôt, un choix des ouvrages qu'il jugera utile de répartir entre les bibliothèques du royaume et les divers établissements, soit scientifiques et littéraires, soit d'instruction publique.

3. Toutes les dispositions contraires à la présente ordonnance sont et demeurent rapportées.

9-9 sept. 1835. — Loi sur les crimes, délits et contraventions de la presse, et des autres moyens de publications.

TIT. 1. — *Des crimes, délits et contraventions.*

Art. 1. Toute provocation par l'un des moyens énoncés en l'art. 1 de la loi du 17 mai 1819, aux crimes prévus par les art. 86 et 87 c. pén., soit qu'elle ait été ou non suivie d'effet, est un attentat à la sûreté de l'Etat. — Si elle a été suivie d'effet, elle sera punie conformément à l'art. 1 de la loi du 17 mai 1819. — Si elle n'a pas été suivie d'effet, elle sera punie de la détention et d'une amende de 10,000 à 50,000 fr. — Dans l'un comme dans l'autre cas, elle pourra être déférée à la chambre des pairs, conformément à l'art. 28 de la charte.

2. L'offense au roi, commise par les mêmes moyens, lorsqu'elle a pour but d'exciter à la haine ou au mépris de sa personne ou de son autorité constitutionnelle, est un attentat à la sûreté de l'Etat. — Celui qui s'en rendra coupable sera jugé et puni conformément aux deux derniers paragraphes de l'article précédent.

3. Toute autre offense au roi sera punie conformément à l'art. 9 de la loi du 17 mai 1819.

4. Quiconque fera remonter au roi le blâme ou la responsabilité des actes de son gouvernement, sera puni d'un emprisonnement d'un mois à un an et d'une amende de 500 à 5,000 fr.

5. L'attaque contre le principe ou la forme du gouvernement établi par la charte de 1830, tels qu'ils sont définis par la loi du 29 nov. 1830, est un attentat à la sûreté de l'Etat, lorsqu'elle a pour but d'exciter à la destruction ou au changement du gouvernement. — Celui qui s'en rendra coupable sera jugé et puni conformément aux deux derniers paragraphes de l'art. 1.

6. Toute autre attaque prévue par la loi du 29 nov. 1830 continuera d'être punie conformément aux dispositions de cette loi.

7. Seront punis des peines prévues par l'article précédent ceux qui auront fait publiquement acte d'adhésion à toute autre forme de gouvernement, soit en attribuant des droits au trône de France aux personnes bannies à perpétuité par la loi du 10 avril 1832, ou à tout autre que Louis-Philippe Ier et sa descendance; — Soit en prenant la qualification de républicain ou toute autre incompatible avec la charte de 1830; — Soit en exprimant le vœu, l'espoir ou la menace de la destruction de l'ordre monarchique constitutionnel, ou de la restauration de la dynastie déchue.

8. Toute attaque contre la propriété, le serment, le respect dû aux lois; toute apologie de faits qualifiés crimes et délits par la loi pénale; toute provocation à la haine entre les diverses classes de la société, sera punie des peines portées par l'art. 8 de la loi du 17 mai 1819. — Néanmoins, dans les cas prévus par le paragraphe précédent et par l'art. 8 de la loi précitée, les tribunaux pourront, selon les circonstances, élever les peines jusqu'au double du maximum.

9. Dans tous les cas de diffamation prévus par les lois, les peines qui y sont portées pourront, suivant la gravité des circonstances, être élevées au double du maximum, soit pour l'emprisonnement, soit pour l'amende. Le coupable pourra, en outre, être interdit, en tout ou en partie, des droits mentionnés dans l'art. 42 c. pén., pendant un temps égal à la durée de l'emprisonnement.

10. Il est interdit aux journaux et écrits périodiques de rendre compte des procès pour outrages ou injures, et des procès en diffamation, où la preuve des faits diffamatoires n'est pas admise par la loi; ils pourront seulement annoncer la plainte sur la demande du plaignant : dans tous les cas, ils pourront insérer le jugement. — Il est interdit de publier les noms des jurés, excepté dans le compte rendu de l'audience où le jury aura été constitué. — Il est interdit de rendre compte des délibérations intérieures, soit des jurés, soit des cours et tribunaux. — L'infraction à ces diverses prohibitions sera poursuivie devant les tribunaux correctionnels, et punie d'un emprisonnement d'un mois à un an et d'une amende de 500 à 5,000 fr.

11. Il est interdit d'ouvrir ou annoncer publiquement des souscriptions ayant pour objet d'indemniser des amendes, frais, dommages et intérêts prononcés par des condamnations judiciaires. Cette infraction sera jugée et punie comme il est dit à l'article précédent.

12. Les dispositions de l'art. 10 de la loi du 9 juin 1819 sont applicables à tous les cas prévus par la présente loi. En cas de seconde ou ultérieure condamnation contre le même gérant ou contre le même journal dans le cours d'une année, les cours et tribunaux pourront prononcer la suspension du journal pour un temps qui n'excédera pas deux mois, suivant la loi du 18 juill. 1828. Cette suspension pourra être portée à quatre mois, si la condamnation a eu lieu pour crime. — Les peines prononcées par la présente loi et par les lois précédentes sur la presse et autres moyens de publication ne se confondront point entre elles, et seront toutes intégralement subies lorsque les faits qui y donneront lieu seront postérieurs à la première poursuite.

TIT. 2. — *Du gérant des journaux et écrits périodiques.*

13. Le cautionnement que les propriétaires de tout journal ou écrit périodique sont tenus de fournir sera versé, en numéraire, au trésor, qui en payera l'intérêt au taux réglé pour les cautionnements. — Le taux de ce cautionnement est fixé comme il suit : — Si le journal ou écrit périodique paraît plus de deux fois par semaine, soit à jour fixe, soit par livraison et irrégulièrement, le cautionnement sera de 100,000 fr. — Le cautionnement sera de 75,000 fr. si le journal ou écrit périodique ne paraît que deux fois par semaine. — Il sera de 50,000 fr. si le journal ou écrit périodique ne paraît qu'une fois la semaine. — Il sera de 25,000 fr. si le journal ou écrit périodique paraît seulement plus d'une fois par mois. — Le cautionnement des journaux quotidiens publiés dans les départements autres que ceux de la Seine, Seine-et-Oise, Seine-et-Marne, sera de 25,000 fr. dans les villes de cinquante mille âmes et au-dessus. — Il sera de 15,000 fr. dans les villes au-dessous, et respectivement de la moitié de ces deux sommes, pour les journaux et écrits périodiques qui paraissent à des termes moins rapprochés. — Il est accordé aux propriétaires des journaux ou écrits périodiques actuellement existants un délai de quatre mois pour se conformer à ces dispositions.

14. Continueront à être dispensés de tout cautionnement les journaux et écrits périodiques mentionnés en l'art. 3 de la loi du 18 juill. 1828.

15. Chaque gérant responsable d'un journal ou écrit périodique devra posséder, en son propre et privé nom, le tiers du cautionnement. — Dans le cas où, soit des cessions totales ou partielles de la portion du cautionnement appartenant à un gérant, soit des jugements passés en force de chose jugée, prononçant la validité de saisies-arrêts formées sur ce cautionnement, seraient signifiés au trésor, le gérant sera tenu de rapporter, dans les quinze jours de la notification qui lui en sera faite, soit la rétrocession, soit la mainlevée de la saisie-arrêt; faute de quoi le journal devra cesser de paraître, sous les peines portées en l'art. 6 de la loi du 9 juin 1819.

16. Conformément à l'art. 8 de la loi du 18 juill. 1828, le gérant d'un journal ou écrit périodique sera tenu de signer, en minute, chaque numéro de son journal. — Toute infraction à cette disposition sera poursuivie devant les tribunaux correctionnels, et punie d'une amende de 500 à 3,000 fr.

17. L'insertion des réponses et rectifications prévues par l'art. 11 de la loi du 25 mars 1822 devra avoir lieu dans le numéro qui suivra le jour de la réception; elle aura lieu intégralement et sera gratuite : le tout sous les peines portées par ladite loi. — Toutefois, si la réponse a plus du double de la longueur de l'article au-

quel elle sera faite, le surplus de l'insertion sera payé suivant le tarif des annonces.

18. Tout gérant sera tenu d'insérer, en tête du journal, les documents officiels, relations authentiques, renseignements et rectifications qui lui seront adressés par tout dépositaire de l'autorité publique; la publication devra avoir lieu le lendemain de la réception des pièces, sous la seule condition du payement des frais d'insertion.— Toute autre insertion réclamée par le gouvernement, par l'intermédiaire des préfets, sera faite de la même manière, sous la même condition, dans le numéro qui suivra le jour de la réception des pièces.— Les contrevenants seront punis par les tribunaux correctionnels, conformément à l'art. 11 de la loi du 25 mars 1822.

19. En cas de condamnation contre un gérant pour crime, délit ou contravention de la presse, la publication du journal ou écrit périodique ne pourra avoir lieu, pendant toute la durée des peines d'emprisonnement et d'interdiction des droits civils, que par un autre gérant remplissant toutes les conditions exigées par la loi. — Si le journal n'a qu'un gérant, les propriétaires auront un mois pour en présenter un nouveau, et, dans l'intervalle, ils seront tenus de désigner un rédacteur responsable. Le cautionnement entier demeurera affecté à cette responsabilité.

Tit. 3. — *Des dessins, gravures, lithographies et emblèmes.*

20. Aucun dessin, aucunes gravures, lithographies, médailles et estampes, aucun emblème, de quelque nature et espèce qu'ils soient, ne pourront être publiés, exposés ou mis en vente sans autorisation préalable du ministre de l'intérieur, à Paris, et des préfets, dans les départements.— En cas de contravention, les dessins, gravures, lithographies, médailles, estampes ou emblèmes pourront être confisqués, et le publicateur sera condamné, par les tribunaux correctionnels, à un emprisonnement d'un mois à un an, et à une amende de 100 fr. à 1,000 fr., sans préjudice des poursuites auxquelles pourraient donner lieu la publication, l'exposition et la mise en vente desdits objets.

Tit. 4. — *Des théâtres et des pièces de théâtre.*

21. Il ne pourra être établi soit à Paris soit dans les départements, aucun théâtre ni spectacle, de quelque nature qu'ils soient, sans l'autorisation préalable du ministre de l'intérieur, à Paris, et des préfets, dans les départements. — La même autorisation sera exigée pour les pièces qui y seront représentées. — Toute contravention au présent article sera punie, par les tribunaux correctionnels, d'un emprisonnement d'un mois à un an et d'une amende de 1,000 fr. à 5,000 fr., sans préjudice, contre les contrevenants, des poursuites auxquelles pourront donner lieu les pièces représentées.

22. L'autorité pourra toujours, pour des motifs d'ordre public, suspendre la représentation d'une pièce, et même ordonner la clôture provisoire du théâtre. — Ces dispositions et celles contenues en l'article précédent sont applicables aux théâtres existants.

23. Il sera pourvu, par un règlement d'administration publique, qui sera converti en loi dans la session de 1837, au mode d'exécution des dispositions précédentes, qui n'en demeurent pas moins exécutoires à compter de la promulgation de la présente loi.

Tit. 5. — *De la poursuite et du jugement.*

24. Le ministère public aura la faculté de faire citer directement à trois jours les prévenus devant la cour d'assises, même lorsqu'il y aura eu saisie préalable des écrits, dessins, gravures, lithographies, médailles ou emblèmes. Néanmoins la citation ne pourra être donnée, dans ce dernier cas, qu'après la signification au prévenu, du procès-verbal de saisie.

25. Si, au jour fixé par la citation, le prévenu ne se présente pas, il sera statué par défaut. — L'opposition à cet arrêt devra être formée dans les cinq jours à partir de la signification, à peine de nullité. — L'opposition emportera de plein droit citation à la première audience. — Toute demande en renvoi devra être présentée à la cour avant l'appel et le tirage au sort des jurés. — Lorsque cette dernière opération aura commencé en présence du prévenu, l'arrêt à intervenir sur le fond sera définitif et non susceptible d'opposition, quand même il se retirerait de l'audience après le tirage du jury ou durant le cours des débats.

26. Le pourvoi en cassation contre les arrêts qui auront statué tant sur les questions de compétence que sur des incidents ne sera formé qu'après l'arrêt définitif et en même temps que le pourvoi contre cet arrêt.— Aucun pourvoi formé auparavant ne pourra dispenser la cour d'assises de statuer sur le fond.

27. Si, au moment où le ministère public exerce son action, la session de la cour d'assises est terminée, et s'il ne doit pas s'en ouvrir d'autre à une époque rapproché, il sera formé une cour d'assises extraordinaire par ordonnance motivée du premier président. Cette ordonnance prescrira le tirage au sort des jurés, conformément à l'art. 388 c. inst. crim., et elle désignera le conseiller qui doit présider. — Dans les chefs-lieux des départements où ne siégent pas les cours royales, le président du tribunal de première instance sera de droit président de la cour d'assises, si le ministre de la justice ou le premier président n'en ont pas désigné un autre.

Disposition générale.

28. Les dispositions des lois antérieures qui ne sont pas contraires à la présente continueront d'être exécutées selon leur forme et teneur.

18-21 nov. 1835. — Ordonnance du roi relative au cautionnement des journaux ou écrits périodiques.

Louis-Philippe, etc., sur le rapport, etc.; — Vu la loi du 9 sept. 1835; — Vu les lois des 18 juill. 1828 et 9 juin 1819; — Vu les ordonnances royales en date des 29 juill. 1828 et 9 juin 1819; — Notre conseil d'Etat entendu, etc.

Art. 1. Notre ministre de l'intérieur adressera à notre ministre des finances la liste de tous les journaux ou écrits périodiques qui se publient actuellement et qui sont assujettis à l'obligation d'un cautionnement. Cette liste, dressée par département, indiquera les conditions et le mode de leur publication, le nom des gérants admis par l'administration, le montant des cautionnements qu'ils doivent fournir en exécution de la loi du 9 sept 1835, et les bases d'après lesquelles ces cautionnements auront été fixés. — Il lui fera parvenir les mêmes renseignements pour chacun des journaux qui viendront à s'établir, et il l'informera des mutations qui pourront survenir à l'égard des journaux existants.

2. Les cautionnements que les propriétaires de journaux ou écrits périodiques doivent fournir en numéraire, conformément à la loi du 9 sept. 1835, seront versés à la caisse du caissier central du trésor à Paris, ou à la caisse des receveurs des finances dans les départements. — Il en sera fourni des récépissés à talon.

3. Lorsque le cautionnement aura été versé, les propriétaires feront à la direction de la librairie, à Paris, et dans les départements au secrétariat général de la préfecture, la déclaration prescrite par l'art. 6 de la loi du 18 juill. 1828. — Les propriétaires des journaux actuellement existants justifieront devant les mêmes autorités, et dans le délai de quatre mois à compter de la promulgation de la loi du 9 sept. 1835, du versement de leur cautionnement. — Il sera justifié du versement des cautionnements par la production des récépissés soit du caissier central du trésor soit des receveurs des finances. — Dès que la déclaration ci-dessus rappelée aura été faite, et dès qu'il aura été justifié du versement des cautionnements, il en sera donné acte aux parties intéressées.

4. Après l'accomplissement de ces formalités, les récépissés seront adressés à notre ministre des finances pour être convertis, conformément à l'arrêté du gouvernement du 24 germ. an 8, en certificats d'inscription sur les livres du trésor. Les titulaires toucheront, au moyen de ces certificats, les intérêts afférents aux cautionnements qu'ils auront fournis. — Ces intérêts courront du jour des versements.

5. Les propriétaires des journaux ou écrits périodiques actuellement existants qui voudront convertir en numéraire les cautionnements précédemment fournis en rentes adresseront leurs demandes avec le certificat et le bordereau annuel qu'ils auront reçus lors du dépôt de ces rentes, à notre ministre des finances, qui fera opérer la conversion par l'agent de change du trésor, sur la déclaration de transfert signée par le titulaire de l'inscription ou par son fondé de pouvoirs. — Dans les départements, les demandes en conversion et les certificats de dépôt seront remis aux receveurs généraux des finances. — La demande en conversion devra être présentée et le supplément de cautionnement devra être versé dans le délai fixé par l'art. 13 de la loi du 9 sept. 1835.

6. Il ne pourra être admis aucune déclaration de privilége du second ordre sur le tiers du cautionnement que chaque gérant doit posséder en son propre et privé nom, aux termes de l'art. 15 de la loi du 9 sept. 1835.

7. Dans le cas où des cessions totales ou partielles de la portion du cautionnement appartenant à un gérant seront signifiées au trésor, notre ministre des finances les notifiera immédiatement au gérant. — Il en sera de même à l'égard des jugements signifiés au trésor qui prononceraient la validité des saisies-arrêts formées sur un cautionnement, aussitôt qu'il aura été justifié au trésor que lesdits jugements ont acquis force de chose jugée. — La notification de ces jugements sera faite au gérant immédiatement après ladite justification, ou, en tout cas, dans le délai de trois mois à compter de la signification au trésor. — Notre ministre des finances donnera avis à notre ministre de l'intérieur des notifications qui seraient faites aux gérants en exécution du présent article. — Si, dans les quinze jours qui suivront la notification, le gérant ne justifie pas au bureau des oppositions établi au trésor public (direction du contentieux), soit qu'il y ait eu rétrocession ou mainlevée des saisies-arrêts, soit que le jugement signifié n'ait pas acquis l'autorité de la chose jugée, notre ministre des finances en donnera avis à notre garde des sceaux, ministre de la justice, à l'effet d'assurer, s'il y a lieu, l'application des peines portées par l'art. 6 de la loi du 9 juin 1819.

8. Les gérants qui renonceront à leurs fonctions, et les propriétaires qui cesseront leur entreprise, en feront la déclaration à la direction de la librairie, à Paris, et dans les départements au secrétariat général de la préfecture; il leur sera donné acte de cette déclaration. — Après un délai de trois mois à partir du jour où il y aura eu réellement cessation soit des fonctions du gérant soit de la publication du journal, sur le vu de la déclaration préindiquée, et de la demande spéciale qui lui sera adressée par l'ayant droit, le ministre des finances ordonnera le remboursement dudit cautionnement, à moins que, par suite de condamnations ou de poursuites commencées, des oppositions n'aient été faites au trésor.

25 mai 6 juin 1838 — Loi qui attribue aux juges de paix sans appel jusqu'à la valeur de 100 fr., et à charge d'appel à quelque valeur que la demande puisse s'élever...; 5° des actions civiles pour diffamation verbale et pour injures publiques ou non publiques, verbales ou par écrit, autrement que par la voie de la presse.—V. Comp. civ. des tribunaux de paix, p. 110.

11 oct. 1838.-21 déc. 1847. — Ordonnance qui augmente le capital destiné aux avances de l'imprimerie royale, D. P. 48. 4. 9.

10-25 août 1839. — Loi de finances portant :

Art. 7. Les crédits ordinaires alloués, pour souscriptions, dans les budgets des divers ministères, ne pourront, dans aucun cas, être engagés, pour plus des deux tiers de leur chiffre total, en souscriptions à des ouvrages dont la publication embrasse plusieurs années.

8. Il sera établi, au 31 décembre de chaque année, et par chaque ministère, un état de l'emploi, fait, pendant l'année, des fonds consacrés : 1° à l'impression et à la gravure des livres et ouvrages publiés aux frais du gouvernement; — 2° Aux souscriptions pour l'encouragement des sciences, des lettres et des arts; — Cet état contiendra : à l'égard des ouvrages imprimés ou gravés aux frais du gouvernement, la liste de ces ouvrages, le nom des auteurs ou éditeurs, l'évaluation de la dépense totale, le montant de la dépense de l'année; — A l'égard des ouvrages auxquels le gouvernement aura souscrit, leur titre, le nom de l'auteur ou éditeur, le nombre des exemplaires achetés, le prix total de chacun d'eux, les époques de payements pour ceux qui doivent embrasser plusieurs années, et les sommes acquittées pendant l'année. — Cet état contiendra, en outre, à l'égard de tous les ouvrages, la liste nominative des bibliothèques et établissements publics nationaux ou étrangers auxquels ils auront été distribués, et celle des distributions individuelles qui pourraient avoir été faites en vertu de la loi du 23 mai 1834. — Cet état sera distribué aux chambres en même temps que la situation provisoire de l'exercice courant; il remplacera la liste prescrite par l'art. 10 de la loi du 31 janv. 1833, lequel est abrogé.

29 fév.-2 mars 1848.— Décret qui prohibe l'affiche et la distribution d'écrits sans nom d'imprimeur (D. P, 48, 4, 38).

2-4 mars 1848. — Décret portant que l'impôt du timbre sur les journaux sera suspendu dix jours avant les élections (D. P. 48. 4. 38).

4-6 mars 1848. — Décret qui supprime le timbre sur les écrits périodiques (D. P. 48. 4. 42).

6-8 mars 1848. — Décret qui abroge les lois de sept. 1835 sur la presse (D. P. 48. 4. 40).

22-29 mars 1848. — Décret relatif au jugement des délits commis par la voie de la presse, ou par tout autre moyen de publication, contre les fonctionnaires ou contre tout citoyen revêtu d'un caractère public (D. P. 48. 4. 61).

25 juin-5 juill. 1848.—Arrêté qui défend toutes affiches traitant de matières politiques et n'émanant pas de l'autorité (D. P. 48. 4. 117).

26 juin-5 juill. 1848.—Arrêté portant que tous les afficheurs seront tenus d'apposer les affiches signées du chef du pouvoir exécutif ou du président de l'assemblée nationale (D. P. 48. 4. 118).

9-12 août 1848. — Décret relatif aux cautionnements des journaux et écrits périodiques (D. P. 48. 4. 144).

11-12 août 1848. — Décret relatif à la répression des crimes et délits commis par la voie de la presse (D. P. 48. 4. 146).

4-10 nov. 1848. — Constitution qui reconnaît à tous les citoyens le droit de manifester leur pensée par la presse ou autrement, et qui déclare que la presse ne peut en aucun cas être soumise à la censure (art. 8), enfin qui défère au jury la connaissance de tous les délits commis par la voie de la presse (art. 85) (D. P. 48. 4. 218. 246).

21-23 avr. 1849. — Loi portant prorogation de l'art. 1 du décret du 9 août 1848, relatif au cautionnement des journaux et écrits périodiques, et contenant des dispositions à l'égard des afficheurs, crieurs et distributeurs d'écrits (D. P. 49. 4. 92).

27-29 juill. 1849. — Loi sur la presse (D. P. 49. 4. 118).

15 août 1849-9 janv. 1850. — Décret relatif au cautionnement de l'agent comptable de l'imprimerie nationale (D. P. 49. 4. 6).

16-23 juill. 1850. — Loi sur le cautionnement des journaux et le timbre des écrits périodiques et non périodiques (D. P. 50. 4. 158, 164).

27 juill.-1er août 1850. — Décret pour l'exécution de l'art. 2 la loi du 16 juill. 1850, sur le timbre des écrits périodiques et non périodiques (D. P. 50. 4. 175, note 56).

31 juill.-9 août 1850. — Décret relatif à la taxe postale des journaux et autres imprimés échangés entre la France et les pays étrangers (D. P. 50. 4. 180).

31 déc. 1851-3 janv. 1852. — Décret qui défère aux tribunaux de police correctionnelle la connaissance de tous les délits prévus par les lois sur la presse et commis au moyen de la parole (D. P. 52. 4. 21).

17-23 fév. 1852.—Décret organique sur la presse (D. P. 52. 4. 56).

1er-20 mars 1852. — Décret relatif au timbre des journaux et écrits périodiques et des écrits non périodiques traitant de matières politiques et d'économie sociale, publiés à l'étranger et importés en France (D. P. 52. 4. 76).

22 mars-2 avr. 1852. — Décret sur l'exercice de la profession d'imprimeur en taille-douce, la possession et l'usage de presses de petite dimension, et la vente des machines et ustensiles servant à imprimer (D. P. 52. 4. 93).

22 mars-2 avr. 1852. — Décret portant qu'à l'avenir les brevets d'imprimeur et de libraire seront conférés par le ministre de la police générale (D. P. 52. 4. 94).

28 mars-2 avr. 1852. — Décret qui exempte du droit de timbre les journaux et écrits non périodiques, exclusivement relatifs aux lettres, aux sciences, aux arts et à l'agriculture (D. P. 52. 4. 95).

8-16 juill. 1852. — Loi qui soumet les affiches peintes à un droit d'affichage (art. 30) (D. P. 52. 4. 185).

25-31 août 1852. — Décret portant règlement sur l'affichage (D. P. 52. 4. 191).

5-17 janv. 1853. — Décret portant que les amendes à acquitter en exécution de l'art. 6 de la loi du 16 juill. 1850 et de l'art. 29 du décret du 17 fév. 1852, sur la presse, seront versées à la caisse des consignations (D. P. 53. 4. 1).

13-28 juin 1853.— Décret qui alloue, à titre de frais de représentation, une somme annuelle de 5,000 fr. au directeur de l'imprimerie impériale (D. P. 53. 4. 141).

TIT. 2. — POLICE GÉNÉRALE DE LA PRESSE ET AUTRES MOYENS DE PUBLICATION.

95. C'est, dans le monde moral comme dans le monde physique, une vérité incontestable que, « prévenir le mal, c'est mieux faire que d'y remédier. » — Dans cette pensée, qu'il faut savoir concilier avec la liberté dont chacun a le droit de jouir, le législateur a prescrit diverses mesures ayant pour but de faciliter la surveillance des agents du pouvoir et de prévenir, autant qu'il se pourrait, tout désordre dans la société. — Nous n'avons à nous occuper ici que des lois qui ont pour but de prévenir les dangers de la publicité. — Elles ont en vue : 1° l'imprimerie; — 2° Les fondeurs de caractères, clicheurs, stéréotypeurs, fabricants de presses et les marchands d'ustensiles d'imprimerie; — 3° La librairie; — 4° La presse périodique; — 5° Le théâtre (quant à la censure); — 6° Les dessins, médailles ou emblèmes; — 7° Le colportage; — 8° Les affiches; — 9° Les cris publics.

CHAP. 1. — DE L'IMPRIMERIE.

96. De tous les moyens de publicité, le plus étendu, le plus rapide, et, par conséquent, le plus utile comme le plus dangereux, suivant la pensée qui en dirige l'emploi, c'est évidemment l'*imprimerie*. — Livrée à elle-même sans restriction et sans contrôle, elle ne tarderait pas à bouleverser le monde. — Mais, semblable, sous quelques rapports, à cet agent mystérieux et redoutable que le génie de l'homme a su soumettre à ses volontés et faire tourner à son utilité, elle peut aussi contribuer puissamment à conduire l'humanité vers les brillantes destinées que l'avenir semble lui réserver. — Pour recueillir le bien et éviter le mal que l'imprimerie est susceptible de produire, il faut donc lui imposer d'autres lois que celles qui régissent l'industrie en général, puisque la liberté absolue, si féconde et si précieuse pour d'autres branches de l'activité humaine, pourrait être le chaos pour elle comme pour la société. Dans quelle mesure convient-il de restreindre sa liberté, afin que, consacrée sans partage à l'utilité commune, elle ne soit jamais au service des mauvaises passions contre lesquelles l'homme et la société sont sans cesse en lutte? — Telle est, depuis l'origine de l'imprimerie, à des points de vue différents, la préoccupation du législateur. — Après des essais de liberté illimitée qui n'ont pas été heureux, on est revenu aux garanties qu'il paraît à peu près indispensable de demander à la presse. — Celles que la législation actuelle exige des imprimeurs sont : 1° qu'ils ne puissent exercer leur profession qu'après y avoir été *autorisés* par le gouvernement, dont la permission est constatée par un *brevet*, et après avoir prêté *serment* de ne rien imprimer de contraire à leurs devoirs envers le souverain et à l'intérêt de l'État; — 2° Qu'ils remplissent diverses obligations qui leur sont imposées dans le but de mettre l'autorité à même d'exercer sa *surveillance* sur la presse (livre à tenir, déclaration et dépôt, nom et demeure de l'imprimeur). — Dans les trois sections qui suivent, nous développerons les règles concernant ces garanties.

SECT. 1. — *Du brevet et du serment.*

97. *Brevet.* — Le décret du 17 mars 1791 avait supprimé les brevets, les lettres de maîtrises, ainsi que toutes les entraves qui gênaient la liberté des professions. — L'imprimerie profita de cette émancipation générale. — Nous avons dit (n° 13) quelles furent les conséquences de cette mesure imprudente et la nécessité où l'on s'était trouvé de revenir vers le passé. Toutefois, les brevets n'ont été rétablis que par le décret du 5 fév. 1810 (art. 5), dont la disposition sur ce point a été confirmée par la loi du 21 oct. 1814 (art. 11). — De là nécessité de rechercher : 1° Quelles personnes sont assujetties au brevet; — 2° Les conditions de son obtention et de sa délivrance; — 3° L'étendue des droits qu'il confère; — 4° Quand peut avoir lieu son retrait.

98. 1° *Quelles personnes doivent être pourvues d'un brevet?* — La règle qui soumet les imprimeurs à l'*autorisation* du gouvernement est absolue. Il n'est donc pas permis de distinguer, sous ce rapport, entre les divers modes d'impression (décr. 1810, art. 5; L. 1814, art. 11). — Par suite, il a été jugé que les imprimeurs lithographes doivent, comme les imprimeurs et les libraires, être brevetés et assermentés, et que cette obligation leur est imposée par l'art. 11 de la loi du 21 oct. 1814, non par l'art. 1 de l'ord. du 8 oct. 1817 qui, en les assimilant aux imprimeurs en caractères mobiles, n'est qu'interprétative de la loi de 1814. On dirait donc vainement que l'ord. de 1817, ne portant pas de sanction pénale, l'imprimeur lithographe non breveté ni assermenté échappe à toute répression : — « La cour; vu les art. 11 de la loi du 21 oct. 1814, et 1 de l'ord. du 8 oct. 1817; attendu que les dispositions de l'art. 11 de la loi de 1814 sont générales et régissent par conséquent toutes les impressions, quel qu'en soit le mode; que l'art. 1 de l'ordonnance de 1817 n'a fait qu'interpréter l'art. 11 précité qu'elle cite dans son préambule; que c'est donc en vertu de la loi et non de l'ordonnance, que les imprimeurs lithographes sont soumis à l'obligation d'être brevetés et assermentés, d'où il suit qu'en jugeant le contraire, le jugement attaqué a mal interprété l'ordonnance de 1817 et violé la loi de 1814; casse » (18 mars 1842, ch. crim., MM. de Bastard, pr., de Ricard, rap., int. de la loi aff. Brun).

99. Quant aux imprimeurs en taille-douce, le décret des 22 mars-2 avr. 1852 les soumet formellement à la nécessité du brevet (art. 1). — Mais, à notre sens, les dispositions générales du décret de 1810 et de la loi de 1814 rendaient, à cet égard, le décret du 22 mars superflu. — Nous croyons même que la nécessité du brevet s'étend à tout *procédé nouveau* qui pourrait être découvert, et à l'aide duquel on arriverait à une facilité de propagation à peu près aussi rapide que celle qui s'obtient par la typographie actuelle, pourvu que la nature du moyen employé pût le faire comprendre dans l'acception naturelle du mot *imprimer*. Il est d'ailleurs à remarquer que les premiers essais d'imprimerie n'ont pas été faits avec des caractères mobiles, mais sur des pièces de bois gravées. Notre entente du mot *imprimer* est donc parfaitement d'accord avec sa signification primitive et naturelle (V. du reste le rapport sur lequel a été rendu le décret du 22 mars 1852, D. P. 52. 4. 93).—Sans doute, en pareille matière, tout doit être formel et littéral; mais lorsque l'interprétation d'une loi, même pénale, se trouve d'accord avec son texte et la pensée qui l'a dictée, on ne saurait rien exiger de plus.—Si, au contraire, dans le procédé nouveau, il n'y avait pas *impression*, c'est-à-dire application d'une planche quelconque, si, par exemple, par un procédé photographique encore inconnu, on parvenait à une reproduction des écrits aussi rapide que celle qu'offre l'imprimerie, les décrets et la loi précités n'étant plus *littéralement* applicables, on ne pourrait atteindre ceux qui exploiteraient un tel procédé qu'à l'aide de dispositions nouvelles qui sans doute ne se feraient pas attendre..., à moins, bien entendu, qu'à l'aide de la reproduction obtenue par la photographie on ne fît une planche destinée à l'impression. Alors on se retrouverait manifestement sous l'application de la législation actuellement existante.

100. La *veuve* non remariée d'un imprimeur breveté peut-elle continuer le commerce de son mari sans obtenir un brevet pour elle-même? Sous le règlement de 1723, il n'y avait pas de difficulté à cet égard, puisque l'art. 55 de ce texte résolvait formellement la question en faveur de la veuve. — Mais ce règlement est-il encore en vigueur, du moins sur ce point? Pour l'affirmative on peut dire : — Le règlement de 1723 n'a été abrogé par la loi de 1791 que virtuellement et par suite de l'inconciliabilité qui s'est trouvée exister entre la plupart de ses dispositions et celles de la loi de 1791. — Mais quant aux articles du règlement de 1723 qui n'étaient en opposition avec aucune des prévisions de la loi de 1791, ils n'ont été ni expressément ni implicitement abrogés. — Or, l'art. 55 du règlement de 1723 est dans ce cas, puisqu'il se borne à dispenser la veuve d'obtenir un brevet. — Pour la négative on peut répondre : — La loi du 17 mars 1791 en rendant la liberté à l'imprimerie, comme à toutes les branches d'industrie, a nécessairement abrogé toutes les dispositions antérieures relatives aux brevets. — Et ni le décret de 1810 ni la loi de 1814, qui ont rétabli les brevets, n'ont reproduit en faveur des veuves la disposition dont il s'agit. — Elles ne peuvent donc l'invoquer aujourd'hui. — Vainement, peut-on ajouter dans ce dernier sens, voudrait-on se prévaloir de ce que le règlement de 1723 n'a été abrogé par la loi de 1791 que dans celles de ses dispositions qui y étaient contraires pour en conclure que les veuves d'imprimeurs peuvent exercer sans brevet l'industrie de leurs maris, puisqu'il s'agit précisément de savoir si le brevet d'imprimeur doit leur être *continué*. — La continuation d'un droit en suppose nécessairement l'existence. Or le droit lui-même ayant été anéanti par la loi de 1791, il ne peut être aujourd'hui question de la continuité de ce droit; en d'autres termes, le principal qui était le brevet ayant été supprimé par la loi de 1791, on ne peut prétendre que la faculté accordée à la veuve, qui n'en était que l'accessoire, a survécu à la suppression du brevet. — Dans ce conflit d'arguments contraires, nous inclinons vers la première de ces opinions. — V. dans le sens apposé M. Rousset, nouveau Code annoté de la presse, p. 25, n° 99. — V. aussi *infrà*, n° 203, en ce qui touche les veuves de libraires.

101. Dans tous les cas, et en admettant que la *veuve* ait encore le droit que lui conférait à cet égard l'art. 55 du règlement de 1723, elle le perdrait en convolant à d'autres noces, à moins qu'elle ne fût pourvue d'un brevet personnel. — V. MM. Parant, p. 55; Chassan, t. 1, p. 429.

102. Quant aux *héritiers* des titulaires, il a été jugé qu'ils n'ont aucun droit d'obtenir la concession des brevets de leurs auteurs (ord. cons. d'Etat 1er août 1837) (1). — C'est là, ce semble, une conséquence naturelle des garanties morales exigées de la part des imprimeurs; car ces garanties ne sont pas de nature à se transmettre héréditairement.

103. La décision ministérielle qui refuse de transmettre le brevet d'imprimeur à l'héritier du titulaire, est d'ailleurs un acte purement administratif qui ne peut être déféré au conseil d'Etat par la voie contentieuse (Ord. c. d'Et., 1er août 1837, aff. Barrière, V. n° 102.—V. aussi v° Conseil d'Etat, nos 70 et s.).—Mais l'administration doit avoir des égards particuliers pour les familles des imprimeurs décédés (déc. de 1810, art. 8).

104. 2° *Conditions du brevet.—Délivrance.*—Pour obtenir un brevet, deux conditions sont nécessaires : la première, c'est qu'il y ait une vacance parmi les imprimeurs, dont le nombre est limité, pour Paris, à quatre-vingts, et, pour les départements, selon les besoins de la population (Déc. 5 fév. 1810, art. 5 et 7; 11 fév. 1811). — Le nombre des imprimeurs avait été fixé à trente-six par l'édit du mois d'août 1686. — Il y a peut-être lieu de s'étonner que, depuis cent soixante-huit ans, l'accroissement de la population et surtout le développement des besoins intellectuels n'ait pas amené à cet égard un changement plus notable.

105. Il est, d'ailleurs, à observer que la limitation du nombre des imprimeurs ayant été déterminée par des motifs d'ordre public, un imprimeur est non recevable à intenter, par la voie contentieuse, une action contre une décision ministérielle qui a accordé un nouveau brevet d'imprimerie (ord. cons. d'Et., 14 mars 1834) (2).

106. La seconde condition (pour obtenir un brevet), c'est

(1) *Espèce :* — (Barrière Curius.) — Après la mort du sieur Curius, imprimeur à Agen, le ministre de l'intérieur a refusé successivement le brevet d'imprimeur à sa veuve, et après la mort de celle-ci à son légataire universel, le sieur Barrière, compositeur en imprimerie, par le motif que ces brevets étaient personnels et entièrement à la disposition de l'autorité administrative. — Recours du sieur Barrière. Il soutient que la famille Curius et ses représentants ont un droit acquis à un brevet d'imprimeur; au fond, qu'il ne peut lui être refusé, parce que sa demande n'a pour but que de provoquer la surveillance de l'autorité, qui peut à son tour requérir contre lui l'appui des tribunaux, s'il enfreint les lois qui le concernent; que le refus du ministre entrave la liberté du commerce; qu'il prive le trésor des droits de sa patente; qu'il tend à faire des brevets d'imprimeur un brevet pour la faveur ou l'intrigue.

Louis-Philippe, etc.; — Vu la requête du sieur Barrière, tendante à ce qu'il nous plaise annuler un arrêté de notre ministre de l'intérieur, à lui notifiée, le 15 nov. 1836, laquelle lui a refusé le droit d'exploiter le brevet d'imprimeur du sieur Curius, dont il serait l'héritier médiat; — Vu les décrets des 15 fév. 1810 et 2 fév. 1811, la loi du 21 oct. 1814 et l'ord. du 24 oct. suivant;—Considérant que les brevets d'imprimeur sont personnels; que les héritiers des titulaires n'ont aucun droit d'en obtenir la continuation à leur profit; et que, dès lors, les décisions qui refusent de les leur transmettre ne sont pas de nature à nous être déférées par la voie contentieuse; — Art. 1. La requête... est rejetée.

Du 1er août 1837.–Ord. cons. d'Et.–M. Vivien, rap.

(2) *Espèce :* — (Saillot C. min. com.) — Le sieur Saillot, imprimeur aux Andelys, attaquait une décision ministérielle qui avait accordé un nouveau brevet d'imprimeur pour cette ville. Le réclamant, s'appuyant sur les décrets de 1810 et 1811, qui ont fixé le nombre des imprimeurs dans les villes, prétendait que le ministre avait méconnu les règlements existants en en augmentant le nombre. — Le ministre répondait qu'aucune loi n'a limité le nombre des imprimeurs dans les départements, et que le travail de fixation qui a été fait par les décrets dont il s'agit ne pouvait être définitif. Au contraire, il était dans l'esprit de ces décrets de laisser au gouvernement la latitude de modifier le nombre des imprimeurs selon les besoins et les circonstances.

Louis-Philippe, etc.; — Vu les décrets du 5 fév. 1810 et 2 fév. 1811, la loi du 21 oct. 1814, et l'ord. du 24 oct. suivant; — Considérant que la limitation du nombre des imprimeurs a été déterminée par

que le candidat justifie de sa capacité, de sa moralité, de son attachement à la patrie et au souverain (Déc. 5 fév. 1810, art. 7). — La capacité dont il s'agit ici se rapporte uniquement à l'exercice de l'art typographique (V. en ce sens M. Chassan, Délits et contraventions de la parole, de l'écriture et de la presse, t. 1, p. 427 à la note). — On ne voit, en effet, aucune disposition actuellement en vigueur qui exige les connaissances littéraires que les imprimeurs devaient posséder sous l'édit du mois d'août 1686, où on voit (art. 21) que nul ne pouvait être admis à faire apprentissage d'imprimeur ou libraire, s'il n'était *congru en langue latine*, et s'il n'en rapportait le certificat délivré par le recteur de l'université. — Nous devons ajouter toutefois qu'il semble difficile de concilier cette prescription avec l'art. 22 du même édit où l'on lit: «Tous brevets d'apprentissage sont passés pardevant notaire, en la chambre de la communauté, en présence et du consentement des syndics et adjoints, *après qu'il leur sera apparu que l'apprenti sait lire et écrire.*» — Le rapprochement de ces deux articles donnerait à penser qu'il y avait, à cette époque, en France, des personnes qui parlaient latin, bien qu'elles ne sussent pas lire. — Quoi qu'il en soit, l'administration se contente aujourd'hui, pour preuve de la capacité du candidat, d'un certificat délivré par un imprimeur au moins et quatre au plus, suivant l'importance des localités (V. MM. Bories et Bonassies, Dict. de la presse, v° Brevet, n° 12). — Du reste, bien que les lois actuelles soient peu exigeantes quant à leur instruction littéraire, quelques imprimeurs n'en sont pas moins fort instruits. — Ils comprennent que leur intérêt même ne leur permet pas de s'en tenir aux connaissances strictement nécessaires pour obtenir leur brevet. — M. Panckoucke, le créateur, entre autres ouvrages importants, de l'Encyclopédie, du Moniteur, etc., était auteur de plusieurs ouvrages scientifiques et littéraires. Nous avons vu plus d'un savant du dernier siècle qui conservaient le souvenir des réunions brillantes de son salon, où son esprit luttait par la vivacité contre celui de son ami Beaumarchais, et où il faisait remarquer une science et des vues économiques fort étendues.— De nos jours, M. Charles Panckoucke, son fils, qui a publié une traduction de Tacite, et qui, en sa qualité d'imprimeur-éditeur, a produit de vastes publications, portait aussi dans les arts et surtout dans l'industrie les connaissances les plus précises et les plus variées. Enfin sans parler des Didot, honorablement connus dans les lettres, l'imprimerie est représentée de nos jours par des hommes fort distingués. — Quant à la moralité du candidat, à son attachement à la patrie et au souverain, ils sont constatés, dans tous les cas qui ont de l'analogie avec celui qui nous occupe, à Paris, par un certificat du commissaire de police du quartier qu'habite le candidat, dans les départements, par le maire de la commune où il est domicilié.

107. La loi n'a fixé aucune condition d'âge aux imprimeurs. — Sous l'édit de 1686 (art. 40), on ne pouvait être maître imprimeur qu'à vingt ans révolus. — Il conviendrait, ce nous semble, d'aller plus loin et d'exiger que celui qui veut se livrer à une profession sujette à une aussi grave responsabilité que celle qui pèse sur l'imprimerie, eût au moins atteint sa majorité. — Il est à observer aussi qu'aucun texte législatif ne met obstacle à ce que les femmes obtiennent des brevets d'imprimeurs. — En fait même il y en a un assez grand nombre qui sont en possession de ces titres. — Au surplus, la règle: *Fœminæ ab omnibus officiis civilibus vel publicis remotæ sunt* (L. 2, ff. *De div. reg. juris*), n'est pas rigoureusement suivie en France; et la législation qui permet aux femmes de remplir certaines fonctions publiques, celle de directrice des postes, par exemple, se fût montrée peu conséquente, si elle les avait exclues d'une industrie où la concurrence donne toujours au public une garantie et des ressources que ne sauraient offrir les emplois dont dispose le gouvernement. — V. d'ailleurs *suprà*, n° 100, en ce qui concerne les veuves d'imprimeurs.

108. Suivant M. Rauter, Cours de droit crim., t. 1, p. 554, le brevet ne peut être refusé au Français qui, n'ayant point été privé par jugement d'un premier brevet, jouit de l'exercice de ses droits civiques ou civils. — M. Chassan, t. 1, p. 427, combat cette opinion, et nous nous rangeons tout à fait à l'avis de ce dernier auteur. Le droit souverain qu'exerce le gouvernement en pareille matière ne permet même guère de discuter utilement la question. Par quelle voie l'imprimeur refusé attaquerait-il la décision ministérielle qui rejetterait sa demande? — Devant le conseil d'État par la voie contentieuse? — Le conseil ne manquerait pas de répondre qu'il s'agit ici d'un acte d'administration qui ne peut lui être déféré par cette voie. — V. pour les principes, v° Cons. d'État, n°s 70 et suiv.

109. D'après le décret du 5 fév. 1810 (art. 9), le brevet d'imprimeur devait être délivré par le directeur général de l'imprimerie et soumis à l'approbation du ministre de l'intérieur. — Mais la direction générale de la librairie a été supprimée par le décret du 24 mars 1815 et n'a pas été rétablie, du moins comme administration séparée. — Le décret du 22 mars-2 avril 1852, portait aussi qu'à l'avenir les brevets d'imprimeur et de libraire seraient conférés par le ministre de la police générale. — Mais ce département ministériel a été depuis supprimé et ses attributions ont été réunies au ministère de l'intérieur (décr. 21-30 juin 1853, D. P. 53. 4. 143).—C'est donc au ministre de l'intérieur qu'il appartient de délivrer directement les brevets, et c'est à lui par conséquent que doit en être adressée la demande.—Les frais d'expédition du brevet sont fixés à 50 fr. pour Paris et 25 fr. pour les autres villes de l'empire (décr. 2 fév. 1811, art. 2). — Les brevets ne sont remis aux impétrants que sur le vu de la quittance des frais d'expédition (*ibid.* art. 3). — Le brevet doit être enregistré au tribunal civil du lieu de la résidence de l'impétrant (décr. 5 fév. 1810, art. 9).

110. 3° *Étendue des droits que confère le brevet.*—De ce que le nombre des imprimeurs est déterminé suivant les besoins des localités où ils sont établis, il suit que les brevets qui leur sont délivrés circonscrivent leurs droits dans les lieux qui leur sont assignés comme *résidences*. — Aussi a-t-il été jugé que l'imprimerie établie après une simple déclaration de la préfecture et sans autorisation du gouvernement, dans une localité autre que celle assignée à un imprimeur par son brevet, est réputée clandestine dans le sens de l'art. 13 de la loi du 21 oct. 1814 (Nîmes, 31 janv. 1850, aff. Cheynet, D. P. 50. 2. 80). — V. en ce sens MM. Chassan, t. 1, p. 429; de Grattier, Comment. sur les lois de la presse, t. 1, p. 43; Parant, p. 36; Rousset, p. 9, n° 4.

111. De la limitation du nombre des imprimeurs et de la spécialité des brevets, il suit encore que chacun doit se renfermer dans la spécialité que désigne son brevet, et qu'ainsi celui qui est breveté comme imprimeur *lithographe* ne pourrait imprimer en caractères mobiles. — Mais l'imprimeur en *caractères mobiles* ne pourrait-il pas avoir une presse lithographique? — Au premier aperçu on peut penser que le moins étant renfermé dans le plus (*In eo quod plus sit semper inest et minus* L. 110, ff. de reg. jur. *Non debet cui plus licet quod minus est non licere* L. 21, ff. de reg. jur.), l'imprimeur en caractères mobiles qui dispose d'un moyen de propagation beaucoup plus étendu que la lithographie doit *à fortiori* avoir le droit de lithographier. — Toutefois, comme la lithographie forme une industrie entièrement distincte de l'imprimerie en caractères mobiles, que d'ailleurs l'administration règle, sans doute, le nombre des lithographes, comme celui des typographes, dans des vues d'utilité publique et particulière, nous ne pensons pas qu'un imprimeur puisse sans un brevet spécial se livrer à la lithographie. — V. aussi en ce sens M. de Grattier, t. 1, p. 43, n° 14.

112. Le brevet peut être *retiré* à tout imprimeur qui a été convaincu par un jugement de contravention aux lois et règlements (L. 21 oct. 1814, art. 12). — Cette faculté de retrait de brevet n'avait point été abrogée par la constitution de 1848 (ord. cons. d'Ét., 22 mai 1851, aff. Boulé; 6 janv. 1853, aff. Audiard, D. P. 53. 3. 42).—Et elle ne l'a pas été, non plus, par la constitution de 1852. — Il a même été jugé qu'elle peut être exercée, non pas seulement pour des contraventions aux lois et règlements concernant spécialement l'imprimerie et la librairie, mais aussi, en cas de condamnation pour d'autres infractions, et, spécialement, en cas de condamnation d'un imprimeur comme complice d'un délit de diffamation commis par la voie de la presse (ord. cons. d'Ét., 6 janv. 1853, aff. Audiard, D. P. 53. 3.

des motifs d'ordre public, et n'a conféré aux imprimeurs aucun droit qui puisse servir de base à une action par la voie contentieuse; — Art. 1. La requête du sieur Saillot est rejetée.

Du 14 mars 1834.-Ord. cons. d'État.-M. de Felcourt, rap.

12). — Un avis du comité du cons. d'Et., du 9 mai 1851 (V. les observations du ministre de l'int. dans l'espèce de l'arrêt précité), consacre cette interprétation de l'art. 12 de la loi du 21 oct. 1814 V. aussi en ce sens MM. de Grattier, t. 1, p. 60, nos 1 et s. ; Rousset, p. 20, no 80)—Toutefois, M. de Grattier fait dépendre la déchéance du brevet de la nature des peines prononcées contre l'imprimeur. — Suivant sa doctrine, les peines qui entraînent cette déchéance sont celles d'où résulte l'interdiction légale ou la dégradation civique. — Pour nous, nous pensons que l'on doit se déterminer bien plus d'après le caractère du fait incriminé que d'après la nature de la peine et voici pourquoi : — Les imprimeurs ne peuvent être autorisés à exercer leur profession que sur des certificats constatant leur moralité et leur attachement à la patrie et au souverain. Telle est la condition légale de leur brevet. — Or, pense-t-on que, pour satisfaire au vœu de la loi, il suffise à l'imprimeur d'avoir les qualités ou les sentiments dont elle exige la justification, au moment de sa nomination? — Non, sans doute, car s'il en était ainsi, la garantie résultant du certificat produit serait purement illusoire. Il faut donc que les imprimeurs remplissent jusqu'à la fin de leur exercice, les conditions qui leur sont imposées à leur début. — Lorsqu'ils les enfreignent, ils violent le contrat qui les liait envers l'administration ; et ils encourent la déchéance. — Néanmoins, pour prévenir tout arbitraire, la loi a voulu qu'il y eût condamnation judiciaire, et ce n'est que lorsqu'elle est prononcée que le retrait du titre de l'imprimeur peut avoir lieu. — Mais, indépendamment des jugements rendus pour la répression des infractions aux lois sur la presse, il y a d'autres condamnations que celles qui entraînent nécessairement l'interdiction légale ou la dégradation civique qui doivent faire perdre à l'imprimeur son brevet. — Ainsi, un imprimeur est condamné pour vol simple, et le tribunal qui, dans ce cas, a la faculté de prononcer la dégradation civique (c. pén., art. 401), ne juge pas à propos de l'infliger au prévenu. — Le brevet n'en pourra pas moins être retiré, parce que le fait judiciairement prouvé est en opposition avec les conditions moyennant lesquelles ce titre a été accordé. — Si, au contraire, le fait incriminé devait être attribué à une imprudence, à un égarement momentané, il n'implique en aucune manière l'infraction aux conditions de l'autorisation, et il nous paraîtrait souverainement injuste, quelle que fût la peine prononcée, d'y ajouter la déchéance du brevet. — Toutefois, nous reconnaissons que si la durée de la peine infligée met, pour longtemps, l'imprimeur dans l'impossibilité de gérer son établissement, il y a lieu de pourvoir à son remplacement.

113. La faillite ne nous paraît pas donner lieu à la *déchéance* du brevet (V. aussi en ce sens M. de Grattier, t. 1, p. 63, no 11). — Ce n'est là qu'un malheur commercial, traité sans doute sévèrement par le législateur, puisqu'il en a fait, sous plusieurs rapports, une cause d'indignité ou d'incapacité, mais qui n'implique *nécessairement* l'infraction à aucune des conditions exigées pour l'autorisation accordée aux imprimeurs. — La solution devrait être différente en cas de banqueroute. — Néanmoins, comme la plupart des cas de banqueroute *simple* accusent plus d'imprudence ou de négligence que d'immoralité (c. com. 586), il y aurait encore quelque rigueur à déclarer l'imprimeur déchu, par suite d'une condamnation pour ce motif, sans examen des causes qui l'ont amenée.

114. L'infraction à la défense faite aux imprimeurs de tirer sur papier non *timbré*, aucun exemplaire des annonces, affiches ou avis sujets au timbre peut donner lieu au *retrait* de leurs commissions (L. 28 avril 1816, art. 69). — Il en est autrement de l'infraction résultant de ce que l'imprimeur a omis, dans un journal sorti de ses presses, la *signature* du gérant de ce journal (L. 18 juill. 1828, art. 8).

115. Les procureurs impériaux doivent envoyer, dans la quinzaine de leur date, au ministre de la justice un extrait des jugements rendus en matière d'imprimerie (circ. min. de la just. 5 oct. 1812 ; 8 août 1827 et 18 mai 1830).

116. La vente du matériel et de la clientèle d'un imprimeur doit-elle être censée faite sous la condition résolutoire que l'acheteur sera agréé par le gouvernement? — V. vis Oblig., Vente.

117. Un brevet d'imprimeur n'est point dans le commerce : le titulaire ne peut donc en disposer. — Aussi a-t-il été jugé que la stipulation qui oblige un imprimeur à remettre à son créancier, à titre de garantie, son brevet et sa démission en blanc, est nulle comme contraire à l'ordre public (Paris, 2 janvier 1845, aff. Breton, V. Acte de comm., no 61). — Sur les droits des cessionnaires, V. *infrà*, nos 150 et suiv.

118. 4o *Serment.* — L'imprimeur qui a obtenu un brevet doit prêter *serment*, au tribunal civil du lieu de sa résidence, de ne rien imprimer de contraire à ses devoirs envers le souverain et à l'intérêt de l'Etat. — Sur le point de savoir si l'on doit réputer *clandestine* l'imprimerie qui fonctionne avant que l'imprimeur breveté à qui elle appartient ait prêté serment, V. no 120.

SECT. 2. — *Des imprimeries clandestines.*

119. La législation antérieure au règlement de 1723 prohibait formellement les imprimeries *clandestines* (sentence du Châtelet, 6 oct. 1614 ; règl. 1618, art. 14 ; règl. 1649, art. 3 ; décl. 21 déc. 1650 ; ord. du lieut. civ. 9 juin 1640). — Elle interdisait particulièrement aux couvents ou communautés la *détention* de tous ustensiles d'imprimerie ou de reliure, sous peine de *confiscation* et de 300 liv. d'*amende* contre les détenteurs. — Elle défendait, en outre, aux *ouvriers* de travailler dans les imprimeries clandestines sous peine de châtiment exemplaire. — Plus sévère encore, le règl. du 28 fév. 1723 punissait de confiscation, de 3,000 liv. d'amende et de châtiment exemplaire, les auteurs ou toutes autres personnes que les imprimeurs qui auraient et tiendraient, en quelque lieu que ce fût, des *presses*, des *caractères* ou des *ustensiles* d'imprimerie. — Le règlem. de 1728 déclarait *responsables* de la clandestinité les *propriétaires* et principaux locataires des maisons où seraient tenues des imprimeries clandestines. — Ces dispositions se trouvèrent incompatibles avec la *liberté* rendue à l'industrie (L. 2-17 mars 1791) et furent conséquemment abrogées. — La loi du 21 oct. 1814 les a rétablies, quant à leur objet principal et, sous quelques rapports, aggravées. Toutefois, elle garde le silence en ce qui concerne les *ouvriers* employés dans les imprimeries clandestines, et les *propriétaires* des maisons dans lesquelles se trouvent ces imprimeries. — Aux termes de l'art. 13 de la loi précitée, les imprimeries clandestines doivent être détruites, et les possesseurs ou dépositaires de ces imprimeries doivent être punis d'une amende de 10,000 fr. et d'un emprisonnement de six mois. — Le même article ajoute que l'on doit réputer clandestine toute imprimerie qui n'a pas été déclarée à la direction générale, et pour laquelle il n'a pas été obtenu de permission.

120. Doit-on aussi réputer clandestine l'imprimerie qui fonctionne avant que l'imprimeur breveté à qui elle appartient ait prêté *serment?* — On pourrait dire, en interprétant la loi avec une extrême rigueur, que le serment est la condition du brevet accordé, et que celui qui ne la remplit pas est censé n'avoir pas obtenu de brevet. — Toutefois, nous pensons que résoudre ainsi la question, ce serait dépasser le but de la loi, suivant l'esprit de laquelle l'imprimeur qui a obtenu un brevet, d'après les justifications exigées, ne saurait inspirer aucune défiance. — Ce serait d'ailleurs, ce nous semble, s'écarter des principes du droit criminel qui ne permettent pas d'appliquer des peines par induction ou par analogie. — Or, l'imprimeur qui a obtenu un brevet et n'a pas prêté serment, ne se trouvant pas dans le cas littéralement prévu par l'art. 13 de la loi de 1814, ce serait étendre cette disposition par analogie que de lui en faire l'application. — Mais il n'est pas douteux que l'autorité aurait le droit de faire fermer l'imprimerie jusqu'à ce que l'imprimeur eût prêté serment.

121. Au reste, de cela seul que les imprimeurs sont brevetés et assermentés, ils n'ont pas le droit de posséder un *nombre indéterminé* d'imprimeries. — Le brevet ne peut s'appliquer qu'à un seul établissement, à moins qu'il ne contienne une autorisation plus étendue. — Il a même été jugé qu'un imprimeur lithographe breveté comme tel, qui possède, hors de son domicile, deux presses lithographiques et une presse en taille-douce, chez qui, d'ailleurs, on a saisi des lithographies non déclarées, non déposées et sans nom d'imprimeur, est passible des peines édictées par l'art. 13 de la loi de 1814 (jugement du tribunal de la Seine, 14 déc. 1837, aff. Danty. — Conf. M. Grattier, t. 1,

p. 69, qui donne le texte de ce jugement; V. aussi Bories et Bonnassis, vº Imprimerie clandest., nº 26). — M. de Grattier, t. 1, p. 70, pense qu'une presse qui serait trouvée cachée au domicile d'un imprimeur breveté pourrait aussi, suivant les circonstances, être considérées comme clandestine. — Nous avons peine à adopter cette opinion, parce que, d'abord, il semble que dans l'habitation même de l'imprimeur, son brevet doit couvrir les presses, ostensibles ou non, qu'il y détient; parce qu'ensuite la clandestinité ne pourrait, en ce point, être punissable qu'autant que l'imprimeur serait surpris faisant dans le lieu où sa presse est renfermée, des écrits qu'il soustrait à la publicité. Qui ne comprend d'ailleurs toutes les raisons licites qu'un imprimeur peut avoir pour tenir une imprimerie dans un endroit retiré de son habitation?

122. La possession d'une *seule* presse peut donner lieu à l'application de l'art. 13 de la loi du 21 oct. 1814 (Conf. MM. Parant, p. 45; Chassan, t. 1, p. 430; de Grattier, t. 1, p. 68; Bories et Bonassies, vis Imprimerie clandestine, nº 6). — Cependant, pour qu'il en soit ainsi, il faut que la presse soit en état de fonctionner et qu'elle soit accompagnée de tous les objets nécessaires à la typographie. — S'il en était autrement, ce ne serait pas l'art. 13 de la loi du 21 oct. 1814 qu'il faudrait appliquer, mais bien l'art. 1 du décret du 18 nov. 1810, aux termes duquel, ceux qui, n'exerçant pas la profession d'imprimeur, se trouvent propriétaires ou détenteurs de presses, fontes, caractères ou autres ustensiles d'imprimerie, doivent en faire la déclaration au préfet, sous peine d'un emprisonnement de six jours à six mois. — V. en ce sens M. Chassan, t. 1, p. 430.

123. Mais quelle est aujourd'hui l'autorité du décret de 1810? — Suivant un arrêt, il n'a été abrogé par aucune loi, et la possession d'objets servant à la typographie doit être punie conformément à l'art. 5 de ce texte (Paris, 12 oct. 1837) (1). — Toutefois, il a été également jugé que le décret du 18 nov. 1810 ne doit point être exécuté comme loi de l'État, puisqu'il a été rendu hors des limites du pouvoir exécutif, et que, d'ailleurs, il a été abrogé par le système de législation adopté depuis 1814 sur la liberté de la presse (Bordeaux, 22 mars 1832) (2), décision contraire à la jurisprudence constante de la cour de cassation en ce qui touche l'effet obligatoire des décrets rendus sous la constitution de l'an 8 (V. vº Loi, nºs 36 s.). — Il suffit de dire ici que nous pensons avec MM. Chassan, t. 1, p. 431, de Grattier, t. 1, p. 66, que le décret du 18 nov. 1810 est encore applicable, soit aux imprimeurs qui ont cessé l'exercice de leur profession, sans faire la déclaration voulue par le décret (si, d'ailleurs, ils n'ont pas fait usage des presses non déclarées, et encouru par là les peines portées par la loi de 1814), soit à tous détenteurs ou propriétaires de presses ou ustensiles de ce genre, autres que les ex-imprimeurs, quand les presses qu'ils possèdent, sans déclaration, ne sont pas complètes et propres à fonctionner, sauf, dans le cas contraire, l'application de l'art. 13 de la loi de 1814.

124. Il est, du reste, à remarquer que ce ne sont pas seulement les propriétaires des imprimeries clandestines que la loi punit, mais les *simples possesseurs ou dépositaires*. — Et ces derniers mots, que nous empruntons à la loi de 1814, donnent à penser que, dans l'esprit de cette loi, il ne s'agit pas seulement d'une imprimerie en activité, mais du matériel d'une imprimerie (V. MM. Parant, Tr. de la presse, p. 45; Chassan, t. 1, p. 429). — Un arrêt décide, même implicitement, que la loi de 1814 est applicable à la détention d'un seul objet pouvant servir à l'impression, et, par exemple, d'une presse (Crim. rej. 27 déc. 1833) (3). — En effet, dans cet arrêt, la cour de cassation, après avoir rappelé que la loi de 1814 punit la simple *possession d'une imprimerie clandestine*,

(1) *Espèce :* — (Lireux.) — Lireux, propriétaire et gérant du Journal des théâtres, avait chez lui des caractères qui lui appartenaient avec lesquels il faisait composer son journal; il en faisait tirer des épreuves; puis, après corrections, il envoyait les formes chez Grégoire et Paris, imprimeurs, qui en faisaient le tirage avec leurs presses. — Poursuites contre Lireux pour imprimerie clandestine et contre Grégoire et Paris pour fait de complicité. — Jugement qui acquitte les prévenus. — Appel. — Arrêt.

La cour; — Considérant qu'aux termes de l'art. 11 de la loi du 21 oct. 1814, nul ne peut être imprimeur s'il n'est breveté et assermenté; — Que, comme sanction de ce principe d'ordre public, l'art. 13 de la même loi ordonne la destruction des imprimeries clandestines, réputant clandestine toute imprimerie non déclarée à la direction générale de la librairie, et pour laquelle il n'aura pas été obtenu de permission; — Considérant qu'il résulte d'un procès-verbal, dressé le 30 juin dernier, qu'il a été saisi au domicile de Lireux, gérant et rédacteur du Journal des théâtres, environ 1,000 kilogrammes pesant de caractères typographiques, plusieurs paires de casses, des casseaux, un encrier, un grand marbre à corriger, et divers autres ustensiles d'imprimerie; — Considérant qu'aux termes de l'art. 1 du décret du 18 nov. 1810, qui n'est abrogé par aucune des lois subséquentes, la possession et détention de presses, fontes, caractères et autres ustensiles d'imprimerie, est prohibée et constitue une contravention réprimée par les peines portées par l'art. 5 dudit décret; — Qu'ainsi cette contravention étant constatée par le procès-verbal susénoncé aurait dû, dans le propre système des premiers juges, être par eux réprimée; — Mais considérant qu'il résulte de l'instruction et des débats que Lireux composait lui-même les formes nécessaires au tirage des feuilles de son journal; qu'il en tirait les épreuves, et détenait ainsi tous les instruments et ustensiles au moyen desquels un écrit peut être reproduit et multiplié par la voie de l'impression; — Que s'il ne possédait pas de presse, il avait en son pouvoir d'autres instruments qui pouvaient suppléer à son emploi; — Qu'il suit de là que Lireux s'est rendu coupable de la contravention définie et punie par les art. 11 et 13 de la loi du 21 oct. 1814; — En ce qui touche Grégoire et Paris : — Considérant qu'il ne résulte pas suffisamment de l'instruction et des débats qu'ils aient assisté et aidé, avec connaissance de cause, Lireux dans les faits qui ont préparé, facilité et consommé la contravention dont il s'agit; — Met l'appellation et ce dont est appel au néant, en ce que Lireux a été renvoyé des fins de la plainte; — Émendant, le déclare coupable du délit prévu par les art. 11 et 13 de la loi du 21 oct. 1814; — En conséquence, le condamne à six mois d'emprisonnement et 10,000 fr. d'amende et en tous les dépens; — Ordonne la confiscation des objets saisis, le jugement ou chef relatif à Grégoire et Paris sortissant effet.

Du 12 oct. 1837.-C. de Paris.

(2) (Min. pub. *C.* Langlet.) — La cour; — Attendu que ce n'est qu'en vertu d'une loi que la peine d'emprisonnement peut être prononcée; qu'en principe, un décret impérial ne suffit pas pour justifier l'application d'une peine de cette nature; — Attendu, en fait, que l'action intentée par le ministère public tendait à faire infliger à François Langlet l'emprisonnement de six jours à six mois, porté par l'art. 5 du décret du 18 nov. 1810, pour contravention à l'art. 1 du décret; — Attendu qu'il n'est nullement établi que le décret précité ait été exécuté dans la partie qui instituait une peine corporelle et qui sortait du pouvoir réglementaire;

Attendu qu'on ne peut reconnaître que la nécessité commande l'observation d'un décret pareil; que les lois subséquentes renferment les diverses mesures d'ordre public qui peuvent être réclamées sur la police de la presse; — Attendu que les trois pouvoirs, qui ont eu souvent à s'en occuper depuis la charte de 1814, ont embrassé un système général de législation sur cette matière; qu'il n'a pu être dans leur intention de laisser subsister les dispositions isolées du décret de nov. 1810, et de maintenir surtout le genre de pénalité que ce décret établit; — Met l'appel au néant, etc.

Du 22 mars 1832.-C. de Bordeaux, ch. corr.-M. Poumeyrol, pr.

(3) *Espèce :* — (Demoiselles du Guiny.) — Le pourvoi contre un arrêt de la cour de Rennes du 5 juin 1833, était fondé sur la violation de l'art. 13 de la loi du 21 oct. 1814, en ce que cet arrêt avait renvoyé les demoiselles du Guiny, de l'action du ministère public, sur le chef de possession d'une imprimerie clandestine, quoique la loi punit le fait seul de la possession et même le dépôt, abstraction faite de tout usage. — Mᵉ Toysseyrre répondait, sur le premier moyen, qu'en fait, on n'avait pas saisi chez les demoiselles Guiny une imprimerie, mais seulement des portions d'imprimerie; que cela résultait des rapports des experts qui ont déclaré que, dans l'état où elle se trouvait, l'imprimerie était hors d'état de fonctionner, parce qu'il y manquait plusieurs pièces dont quelques-unes étaient absolument essentielles; que, par suite, il ne pouvait réellement pas y avoir, dans la cause, un délit résultant de la possession ni même du dépôt d'une imprimerie clandestine; — Arrêt (après délib. en ch. du cons.).

La cour; — Sur le premier moyen, résultant de ce que l'arrêt attaqué, en renvoyant les demoiselles du Guiny du chef de la prévention, relatif à la possession d'une imprimerie clandestine, aurait commis une violation des dispositions de l'art. 13 de la loi du 21 oct. 1814; — Attendu que la simple possession d'une imprimerie clandestine, alors même qu'il n'en aurait été fait aucun usage par le posseseur, suffit pour entraîner contre lui l'application de l'art. 13 de la loi du 21 oct. 1814; — Mais attendu que l'arrêt attaqué établit et déclare, en fait, que les demoiselles du Guiny n'ont jamais eu en leur possession la presse saisie entre les mains des personnes arrêtées dans le domicile desdites demoiselles; — ...Rejette.

Du 27 déc. 1833.-C. C., ch. crim.-MM. Bastard, pr.-Dehaussy, r.

rejette le pourvoi formé par le ministère public, par le motif que les juges du fond ont déclaré, en fait, que les prévenus *n'ont jamais eu en leur possession la presse saisie*; ce qui tend à confondre cet ustensile d'imprimerie avec l'imprimerie elle-même.

125. Au reste, on ne peut considérer comme possesseur ou dépositaire d'une imprimerie clandestine l'individu qui a donné asile à une personne ayant dans ses effets des objets pouvant servir à une imprimerie, alors qu'il n'est pas établi qu'il avait connaissance de cette détention, ni qu'il en ait été fait usage dans sa maison (même arrêt).

126. Le décret du 18 nov. 1810 (art. 1) autorisait la possession de presses à *cylindres* propres à tirer des copies.—D'après une circulaire du 16 juin 1830, les presses lithographiques portatives ou d'une petite dimension pouvaient aussi être tolérées, sans préjudice toutefois de poursuite en cas d'abus.—Mais le décret du 22 mars 1852 (art. 2) interdit formellement la possession et l'usage des presses de petite dimension, et la généralité de ses termes ne nous paraît pas permettre de distinction à cet égard.

127. Toutefois le décret du 22 mars 1852 est relatif aux *presses* non autorisées, et non aux moyens de propagation qui n'en exigent pas l'emploi. Aussi devrait-on juger sous ce décret, comme on l'a décidé auparavant, que celui qui fait les affiches de son négoce à l'aide de planches en cuivre noircies avec un pinceau avant leur application sur le papier, ne peut être considéré comme ayant une imprimerie clandestine (Paris, 13 mai 1836, aff. Delachanterie, V. Affiche, n° 3).

128. Dans le cas où un ancien imprimeur est demeuré en possession de son imprimerie, ce n'est pas la loi du 21 oct. 1814 (art. 13), qui doit être appliquée, mais le décret du 18 nov. 1810. —Les termes de l'art. 1 de ce décret sont, en effet, formels dans ce sens : « A dater du 1er janv. 1811, y est-il dit, *ceux de nos sujets qui cesseront d'exercer la profession d'imprimeur* devront, dans le délai d'un mois, faire la déclaration, etc., » et l'art. 5 ajoute les *contraventions au présent décret* seront punies. — Ainsi, le décret du 18 nov. 1810 s'occupe expressément de ceux qui ont cessé d'exercer la profession d'imprimeur, tandis que l'art. 13 de la loi de 1814 comprend, dans ses dispositions, ceux qui l'exercent sans autorisation.—V. M. de Grattier, t. 1, p. 69.

129. Aux termes de deux circulaires du ministre de la justice des 13 juill. 1824 et 9 nov. 1831, les commissaires-priseurs ou autres officiers publics chargés des ventes mobilières, doivent donner avis, au bureau de la librairie, dans les villes où il en existe, et au parquet du procureur du roi (aujourd'hui procureur impérial) dans les autres villes, de toutes les ventes de presse, de caractères et autres ustensiles d'imprimerie. — Cette mesure, on le conçoit aisément, a pour but de faciliter la découverte des imprimeries clandestines.

130. Les garanties que la loi exige des imprimeurs sous le triple rapport de la moralité, de la capacité et des sentiments politiques seraient complétement illusoires, si, par l'effet d'un contrat quelconque, d'autres personnes que celle qui est désignée dans un brevet pouvaient, à l'ombre de ce titre, exercer la profession d'imprimeur. — Aussi a-t-il été jugé : 1° que le brevet délivré à un imprimeur est *personnel* et ne l'autorise pas à en étendre le bénéfice à d'autres que lui, à la différence des autorisations données aux établissements industriels, lesquelles le sont pour un lieu déterminé, et non en vue de la personne du concessionnaire, et que, par suite, le fait, par un individu non breveté de conserver un matériel d'imprimerie et d'en user, sans déclaration et permission préalables, constitue le délit de clandestinité, quand même ce matériel serait placé dans un local dépendant de celui occupé par un imprimeur breveté qui en aurait sous-loué une partie, que ce dernier aurait déclaré ce matériel comme lui appartenant et aurait prêté son nom pour les déclaration et dépôt des labeurs sortis de ces presses clandestines (Ch. réun., cass., 29 avr. 1842 (1); V. en ce sens MM. Chassan, t. 1, p. 429; de Grattier, t. 1, p. 32 et 33); — 2° Que le cessionnaire d'un brevet d'imprimerie, qui exploite cette imprimerie depuis plusieurs années, et même en société avec des tiers, sans s'être muni d'autorisation, commet une contravention; qu'on alléguerait en vain qu'il n'est que le gérant du titulaire, et que vainement aussi on s'excuserait en invoquant la tolérance de l'administration, qui souffre une exploitation provisoire pendant l'instance en autorisation (Crim. cass. 15 fév. 1845, aff. Gojon, D. P. 45. 1. 165; 11 oct. 1845, aff. Lagarrigue, D. P. 45. 4. 314).

131. Néanmoins, lorsque l'imprimeur breveté a la direction réelle de l'établissement autorisé, il n'y a point contravention à la loi par cela seul que des *tiers* se trouvent intéressés à son exploitation. — Aussi a-t-il été jugé : 1° que l'acquéreur d'une im-

---

(1) *Espèce* : — (Min. pub. C. Léautey, Lecointe et cons.) — C'est ce qu'avait jugé un premier arrêt de la cour de cassation du 24 sept. 1841 en cassant un arrêt de la cour de Paris du 5 juill. précédent. — Sur renvoi, la cour de Rouen a décidé, le 11 nov. 1841, dans le sens de celle de Paris. — Sur nouveau pourvoi il y a eu des discussions fort approfondies (Voy. D. P. 42. 1. 255) dont le résumé se trouve suffisamment indiqué dans l'arrêt dont voici les termes.—Arrêt (après un long dél. en ch. du cons.).

LA COUR; — Vu les art. 11 et 13 de la loi du 21 oct. 1814; — Attendu que des lois spéciales régissent l'imprimerie, que ces lois constituent des lois de police et de sûreté; — Qu'il suit de leurs dispositions que nul ne peut exercer la profession d'imprimeur s'il n'est breveté par le roi et assermenté; — Attendu qu'il n'en est pas des imprimeries comme des usines, manufactures, ateliers ou autres établissements industriels qui ne peuvent être formés et exploités qu'en vertu d'une autorisation du roi ou d'une permission de l'autorité administrative; — Que les autorisations ou les permissions données à ces divers établissements, le sont uniquement en considération des circonstances locales de commodité, d'utilité, de salubrité publiques; qu'elles sont concédées pour un lieu déterminé et non à la personne de l'entrepreneur; qu'en cas de translation de ces établissements, une autorisation nouvelle est requise; que, dans le cas, au contraire, où ils changent d'entrepreneur ou de propriétaires, la permission ou l'autorisation précédemment obtenue n'a pas besoin d'être renouvelée; — Que la loi procède différemment en ce qui concerne les imprimeries; elle ne s'occupe pas des conditions de leur exploitation matérielle, l'autorisation est toute personnelle et n'intervient qu'en forme de brevet, et le brevet n'est accordé qu'à celui qui justifie de sa capacité, de la moralité, de son attachement à la patrie et à la constitution du royaume; il ne l'est qu'à la charge par l'imprimeur breveté de prêter serment de ne rien imprimer de contraire aux devoirs des citoyens et à l'intérêt de l'Etat; le brevet rend celui qui l'obtient apte à exercer la profession d'imprimeur aux conditions prescrites par la loi, il ne saurait l'autoriser à en étendre le bénéfice à d'autres que lui; — Attendu, enfin, que si les dispositions de l'art. 11 de la loi du 21 oct. 1814 ne peuvent s'appliquer au simple ouvrier qui exploite matériellement l'imprimerie, elles s'appliquent néanmoins au propriétaire de ce matériel qui l'exploite pour son propre compte; — Attendu que c'est ce qui résulte des dispositions de l'art. 13 de la même loi, qui suit presque immédiatement l'art. 11, et qui en est le complément; aux termes de cet article, est réputée clandestine toute imprimerie non déclarée à l'administration, et pour laquelle il n'a pas été obtenu de permission. Il est inutile et il serait illégal de chercher ailleurs une définition de la clandestinité toute spéciale dont il s'agit; aux termes de cet article, ceux qui n'étant point brevetés et n'étant point autorisés à exercer la profession d'imprimeur, se trouvent propriétaires, possesseurs ou détenteurs de presses, fontes, caractères ou ustensiles d'imprimerie, veulent être autorisés à les conserver et à en faise usage, doivent en faire la déclaration à l'administration et en obtenir la permission. A défaut de cette permissiou, ceux qui ont conservé des presses et autres ustensiles d'imprimerie, et en ont usé, sont en contravention à la loi; — Attendu qu'il importe peu que des presses clandestines soient placées dans des lieux dépendants d'autres lieux occupés par des imprimeurs brevetés, et que ceux-ci aient déclaré à l'administration l'existence matérielle de ces presses, comme si elles leur appartenaient; lorsque les propriétaires véritables de ces presses, qui les exploitent en réalité, ne se sont pas fait connaître à l'autorité et n'ont pas personnellement obtenu la permission d'en conserver la possession et d'en faire usage; — Attendu qu'il importe bien moins encore que les labeurs sortis de ces presses clandestines aient ou non été déclarés et déposés conformément à la loi, puisque ces déclarations et ce dépôt n'ont pu avoir lieu qu'à la condition d'attribuer ces labeurs aux presses d'un imprimeur breveté, et que des déclarations dolosives ne peuvent couvrir l'infraction de la loi; — Attendu que l'arrêt attaqué constate en fait que les presses et ustensiles saisis chez Léautey et autres étaient leur propriété; qu'ils n'étaient ni brevetés ni assermentés, qu'ils n'avaient point fait de déclaration à l'administration, qu'ils n'avaient obtenu la permission ni d'user de leurs presses ni même de les conserver; que néanmoins ils en faisaient un usage journalier; — Attendu que ces faits constituent le délit prévu par l'art. 13 de la loi du 21 oct. 1814; que l'arrêt attaqué a déchargé Léautey et autres de toutes condamnations; — Casse.

Du 29 avr. 1842.-C. C., ch. réun.-MM. Portalis, 1er pr.-Mestadier, rap.-Dupin, pr. gén., c. contr.-Bonjean et Dumesnil, av.

primerie, qui continue de l'exploiter pour son compte sous le nom du vendeur, ne peut être considéré ni comme exerçant la profession d'imprimeur sans brevet, ni comme détenteur d'une imprimerie clandestine, alors que non-seulement le vendeur n'a pas cessé d'être seul titulaire et responsable aux yeux de l'autorité, mais encore qu'il conserve son titre jusqu'à l'accomplissement d'une condition prévue par le contrat, au regard de l'acheteur lui-même, lequel ne gère l'imprimerie, dans l'intervalle, qu'en vertu d'une procuration spéciale du vendeur : «Attendu que, dans l'état des faits, tels qu'ils sont déclarés par le jugement attaqué, il n'a été fait de violation ni de l'art. 11 ni de l'art. 13 de la loi du 21 oct. 1814; rejette, etc.» (Crim. rej. 3 août 1838, MM. de Bastard, pr., Isambert, rap., Pascalis, av. gén., c. conf., Bénard, av., aff. min. pub. *C.* Krabbe, arrêt après délib. en ch. du cons.); — 2° Qu'une imprimerie autorisée et brevetée ne peut être réputée clandestine par le seul fait que la vente du matériel ayant été consentie à un tiers au profit duquel le titulaire s'est engagé à donner sa démission dès qu'il serait agréé par l'autorité, ce tiers l'aurait gérée sans avoir pu obtenir du gouvernement la transmission du nouveau brevet nécessaire, si, pendant toute sa gestion, l'imprimeur titulaire n'a pas cessé de signer les livrets des ouvriers et toutes les déclarations des actes et dépôts exigées par l'art. 14 de la loi du 21 oct. 1814 : en un cas pareil, ce dernier est toujours demeuré imprimeur en titre et responsable (Crim. rej. 20 déc. 1838) (1); — 3° Que le fait de la part d'un imprimeur breveté d'exploiter une imprimerie dont le matériel appartient à un tiers, et par exemple à une administration de journal, ne constitue ni à l'égard du gérant de ce journal, ni à l'égard de l'imprimeur, le délit d'imprimerie clandestine, s'il est constant que le breveté a réellement dirigé l'imprimerie, que pour cette direction il a reçu un salaire, et que les conventions faites avec le gérant l'autorisaient à imprimer, outre le journal, d'autres écrits à son bénéfice exclusif; et que l'arrêt qui se fonde sur l'ensemble de ces faits, pour décider qu'il n'y a lieu de suivre sur la prévention du délit d'imprimerie clandestine, ne peut être réputé s'être seulement expliqué sur une clandestinité de fait qui n'était pas l'objet des poursuites, et avoir laissé sans motifs le chef d'accusation relatif à la clandestinité légale (Crim. rej. 2 janv. 1846, aff. Casta, D. P. 46. 1. 80);—4° Le cessionnaire d'un brevet d'imprimerie, sous la condition suspensive de l'agrément de l'autorité, a pu, en cas d'exploitation continuée après le refus du brevet, être réputé avoir géré au nom et pour le compte de l'ancien titulaire, et n'avoir point encouru l'application de l'art. 13 de la loi du 21 oct. 1814, lorsqu'il est constant que le refus du brevet a replacé le cessionnaire dans la condition d'un simple ouvrier du cédant (Ch. réun. rej. 10 juill. 1846, aff. Gojon, D. P. 46. 1. 271); — 5° Qu'à la retraite du titulaire d'un brevet d'imprimerie, le cessionnaire peut, sans contravention, exploiter provisoirement l'imprimerie, en ce que l'exploitation est réputée faite au nom du cédant (Crim. rej. 19 juill. 1844, aff. Paya, D. P. 45. 1. 165; 15 fév. 1845, aff. Gojon, *eod.*); — Mais que le cessionnaire commet le délit d'exploitation clandestine lorsqu'il persévère dans l'exploitation de cette industrie, après que l'autorité administrative lui a notifié le refus de lui accorder le brevet d'imprimeur (Crim. rej. 15 fév. 1845, aff. Gojon, D. P. 45. 1. 165); — 6° Que l'exploitation d'une imprimerie à titre de gérance, sous le nom et sous la responsabilité du titulaire breveté, ne constitue pas le fait d'exploitation d'imprimerie clandestine, prévu par l'art. 14 de la loi du 21 oct. 1814; et que spécialement il en est ainsi dans le cas où l'exploitation d'une imprimerie a eu lieu sous le nom du titulaire par un fils devenu conditionnellement cessionnaire de son père, alors que l'exploitation du fils a commencé à une époque où il n'avait pas encore atteint l'âge requis pour être investi d'un brevet, et a continué ensuite pendant qu'il était en instance pour l'obtenir... Peu importe, d'ailleurs, que l'exploitation ait été faite par le fils seul ou en société, si cette exploitation n'a jamais cessé d'être sous la responsabilité du titulaire breveté (Ch. réun. 29 déc. 1846, aff. Laguarrigue, D. P. 47. 1. 47).

132. Il a même été jugé que, bien qu'un brevet d'imprimeur soit incessible et personnel, cependant il n'est pas défendu à un imprimeur breveté et assermenté de prêter son nom à qui que ce soit pour tenir imprimerie, et aux tiers d'emprunter le nom de cet imprimeur : le règlement de 1723, qui faisait une telle défense, est virtuellement abrogé : cette proposition a été consacrée *in terminis* dans les motifs de l'arrêt de la cour de Douai, 30 août 1838, aff. Delebecque, dont le pourvoi a été rejeté par arrêt du 20 déc. 1838, rapporté *suprà*, n° 131-2°).—Mais on comprend aisément qu'un pareil système conduirait à des conséquences diamétralement opposées à l'esprit de la loi, et qu'on ne peut l'admettre qu'avec les tempéraments nécessaires pour rendre aux garanties qu'elle prescrit toute leur efficacité.

133. Au reste, l'imprimeur peut prendre des associés, en conservant la gestion de son entreprise (arg. de l'arrêt de la cour de Paris, du 28 juill. 1827, aff. Barba, n° 202-2°; V. aussi en ce sens M. Chassan, t. 2, n° 687).—C'est là une conséquence naturelle du principe que nous avons admis n° 131.

Sect. 3. — *Des obligations imposées aux imprimeurs.*

134. Sous l'ancienne législation aucun écrit ne pouvait être imprimé sans *permission* de l'autorité (ord. de Moulins, 1566; décl. 18 avr. 1571; édit. d'août 1686; lett. pat. oct. 1701; arr. de régl. parl. de Paris, 17 janv. 1645, 3 déc. 1705, 4 janv. 1706, 26 août 1711, 3 fév. 1712, 21 fév. 1715, 4 avr. et 11 mai 1715; décl. 12 mai 1727, etc.). — La déclaration du 12 mai 1727, notamment, faisait défenses d'imprimer même des *livrets* et *feuilles volantes*, si ce n'était en vertu de priviléges généraux ou particuliers obtenus du roi ou de permission des officiers de police, dans le cas où il leur était permis d'en accorder. — Notre législation actuelle, à laquelle on a quelquefois reproché d'avoir rétabli les entraves de l'ancien régime, est pourtant bien loin d'avoir imposé de telles restrictions à l'imprimerie. — A la vérité, le décret du 5 fév. 1810 (art. 13 et suiv.) soumettait tous les ouvrages

(1) *Espèce :* — (Min. pub. *C.* Delebecque et Dubois.) — Sur le pourvoi dirigé contre un arrêt de la cour de Douai, du 30 août 1838, qui l'avait jugé ainsi, on s'est fondé sur la violation des art. 11 et 13, tit. 2, de la loi du 21 oct. 1814, en ce qu'il y a eu détention, par des individus *propriétaires*, d'une imprimerie non autorisée ni brevetée, détention qui constitue seule la contravention prévue par la loi de 1814 (V. Chassan, p. 429; Parant, p. 43). L'arrêt attaqué, en déclarant licites les conventions privées relatives à l'exploitation d'une imprimerie, a confondu deux choses très-distinctes : le droit incontestable d'un imprimeur de céder le matériel de son imprimerie, et les profits résultant de l'exploitation, mais en continuant de rester le *gérant véritable*, avec le transfert de la propriété de ce matériel en d'autres mains, qui ont eu seules la gestion, sans brevet ni serment. C'est en vain qu'on prétend que la signature de l'imprimeur breveté a dû couvrir la gestion de l'individu qui n'a pas qualité; car le brevet est incessible et ne peut être accordé que par le gouvernement. Or, il résulterait du système de l'arrêt qu'un imprimeur, une fois breveté, pourrait autoriser au lieu de sa résidence autant d'imprimeries qu'il lui plairait. Ainsi, la signature de Jacquart ne couvrait pas l'illégalité de la possession; il n'avait prêté son nom que pour déguiser la violation de la loi; il l'a prêté, parce qu'il y était obligé par un contrat privé, mais non plus comme propriétaire, non plus en tant que garant de la gestion morale que lui imposait la loi. — D'ailleurs, en signant les labeurs, les actes et les registres exigés par l'autorité, il est constant qu'il n'a ni géré ni surveillé en aucune manière l'imprimerie; qu'il est resté étranger au refus comme à l'acceptation des ouvrages à imprimer, puisque la gestion et la propriété du matériel appartenaient à un autre. — Arrêt (après partage).

La cour; — Attendu que de la combinaison des art. 11 et 13 de la loi du 21 oct. 1814, il résulte qu'il n'y a pas clandestinité en matière d'imprimerie lorsqu'il y a un imprimeur breveté et assermenté et une imprimerie déclarée et pour laquelle il a été obtenu une permission; — Attendu, en fait, que les cessionnaires de l'imprimerie et du brevet de Jacquart, n'ayant pu obtenir du gouvernement le nouveau brevet dont ils avaient besoin, Jacquart est toujours demeuré imprimeur en titre et responsable;

Qu'il a, en conséquence, pendant toute la gestion de Delebecque et de Dubois, signé les livrets des ouvriers et les déclarations et actes de dépôts exigés par l'art. 14 de la même loi; — Qu'ainsi il s'agissait au procès d'une imprimerie déclarée et autorisée, qui n'était point exploitée secrètement, et dont tous les labeurs continuaient d'être déclarés à l'autorité, conformément à la loi; — Qu'une telle imprimerie ne pouvait être réputée clandestine; — Qu'en le décidant ainsi, et en renvoyant, par suite, Delebecque et Dubois de l'action du ministère public, la cour royale de Douai n'a point violé l'art. 13 de la loi du 21 oct. 1814, sur lequel était fondée la prévention; — Rejette.

Du 20 déc. 1838.-C. C., ch. crim.-MM. Portalis, 1er pr.-Vincens, rap.

à la *censure facultative*. Mais la loi du 21 oct. 1814 n'a pas renouvelé cette disposition, implicitement abrogée par la charte de la même année, dont l'art. 8 garantissait la liberté de la presse. — Aujourd'hui point de permission exigée, point de censure; seulement des obligations diverses sont imposées aux imprimeurs dans le but de faciliter la surveillance du pouvoir. — Elles sont au nombre de cinq : tenue d'un *livre*, déclaration à l'autorité, énonciation du *nom* et de la *demeure* de l'imprimeur, *dépôt* du nombre des exemplaires, tenue du *nombre de presses* désignées (décret 5 fév. 1810, art. 6), savoir *quatre* à Paris, *deux* dans les départements.

Art. 1. — *Du livre que doivent tenir les imprimeurs.*

135. D'après les textes précités (décr. 5 fév. 1810, art. 11; ord. 24 oct. 1814, art. 2), chaque imprimeur est tenu d'avoir un livre coté et parafé par le maire, où il doit inscrire, par ordre de dates, le titre de chaque ouvrage qu'il veut imprimer, le nombre des feuilles, des volumes et des exemplaires, et le format de l'édition. — Ce livre doit être représenté, à toute réquisition, aux inspecteurs de la librairie et aux commissaires de police, et visé par eux s'ils le jugent convenable. — La déclaration prescrite par l'art. 14 de la loi du 21 oct. 1814, et dont il va être parlé, doit être conforme à l'inscription portée au livre. — Aux termes de la circulaire ministérielle du 16 juin 1830, les commissaires de police doivent visiter fréquemment les ateliers d'imprimerie et se faire représenter le livre tenu par les imprimeurs, afin de constater les contraventions. — Quelque important que soit ce registre pour la régularité des opérations de l'imprimeur, il est toutefois à remarquer que l'obligation qui lui est imposée à cet égard est dépourvue de sanction pénale. — Aussi a-t-il été jugé que l'infraction à l'art. 2 du règlement du 24 oct. 1814, pris par le gouvernement pour l'exécution de la loi du 21 du même mois, et qui, sans que cette loi ni les lois antérieures lui en aient attribué le droit, prescrit aux imprimeurs d'inscrire sur un livre, coté et parafé par le maire, le titre, le nombre d'exemplaires et le format de l'édition qu'ils se proposent d'imprimer, n'est passible d'aucune peine (Crim. rej. 15 déc. 1851, aff. Kastner, D. P. 52. 1. 505). — Le principe sur lequel repose cette solution découle manifestement de la règle constitutionnelle de la séparation des pouvoirs. — Mais l'application qui en est faite, dans l'espèce, à l'ordonnance réglementaire du 24 oct. 1814, est contraire à un arrêt de la chambre criminelle du 19 déc. 1825 (V. n° 151). Cet arrêt considère, en effet, l'ordonnance de 1814 comme un règlement d'administration publique qui se confond avec la loi du 21 octobre, et en a, dès lors, le caractère et l'autorité. Il en conclut que l'amende portée par l'art. 16 de la loi du 21 octobre, à défaut de déclaration de l'ouvrage, a pu être prononcée contre l'imprimeur qui tire un nombre d'exemplaires supérieur à celui énoncé sur le registre dont la tenue est exigée par l'art. 2 de ce règlement. MM. Parant, Lois de la presse, p. 59; Chassan, t. 1, n° 706; de Grattier, t. 1, p. 707, accordent également force obligatoire à l'ordon. de 1814. Seulement M. Grattier pense que, en l'absence d'une peine particulière établie pour le cas d'infraction aux prescriptions tout à fait spéciales de l'art. 2, la sanction de cet article se trouve dans l'art. 471, n° 15, c. pén. — Le nouvel arrêt abandonne, avec raison, ce nous semble, la doctrine renfermée dans l'arrêt de 1825 et adoptée par les auteurs cités. Un règlement d'administration publique n'est protégé par la disposition pénale de l'art. 471, § 15, qu'autant qu'il a été fait en vertu de la loi dont il prescrit l'exécution; sinon, cet article n'est pas applicable, car il n'appartient pas au pouvoir exécutif de créer indirectement une pénalité que le législateur n'a pas édictée. — V. du reste sur le caractère des règlements d'administration publique, v[is] Conseil d'État, n° 56, et Règlem. admin.

Art. 2. — *De la déclaration et du dépôt.*

136. Pour tenir sans cesse en éveil la sollicitude du pouvoir et le mettre à même d'apprécier le danger que peut présenter une publication, il ne saurait y avoir de moyen plus efficace que la *déclaration* et le *dépôt*, puisque la première a pour but d'avertir l'autorité de l'impression qui va avoir lieu, et que la seconde, qui a aussi pour effet d'enrichir nos bibliothèques publiques, place sous ses yeux l'œuvre même dont le titre ne lui avait qu'imparfaitement révélé la tendance.

137. Quels écrits sont sujets à la déclaration et au dépôt? — Il a été jugé que le mot *écrit*, employé dans l'art. 14 de la loi du 21 oct. 1814 qui prescrit la déclaration et le dépôt est général et comprend tous les écrits, de quelque étendue qu'ils soient (Metz, 31 août 1833, aff. Lamort, V. n° 164); — A moins qu'ils ne rentrent par leur nature dans ceux qu'on appelle en termes de librairie, *ouvrages de ville* ou *bilboquets* (même arrêt et Caen, 21 août 1826) (1). — Cette exception n'est même pas dans la loi; mais elle a été admise par les instructions de l'administration, notamment par celle du directeur général de la librairie du 1er août 1810, ainsi que par une circulaire ministérielle du 16 juin 1830, et elle a été consacrée par la jurisprudence.

138. Les *mémoires* ou factums signés par les *avocats* sont rangés au nombre des ouvrages de ville ou bilboquets dispensés de la déclaration et du dépôt (inst. précitée du directeur de la

(1) (Veuve Gaumont C. min. publ.) — La cour; — Considérant que la contravention reprochée à la veuve Gaumont consiste, 1° en ce qu'elle n'a fait ni la déclaration de l'écrit qu'elle se proposait d'imprimer, ni le dépôt du nombre d'exemplaires, prescrit par la loi; — 2° En ce qu'elle n'avait pas indiqué sur l'imprimé son nom et sa demeure; — Relativement à la première espèce de contravention : — Attendu que, encore bien que le décr. du 5 fév. 1810, et la loi du 21 oct. 1814, semblent prescrire, par la généralité de leurs termes, le dépôt et la déclaration pour toute espèce d'impression, cependant il existe dans l'usage une distinction constante entre les ouvrage de vente ou de labeur, à l'égard desquels cette formalité est observée, et les petits ouvrages de ville ou bilboquets qui ne sont destinés qu'à des usages privés, et pour lesquels on regarde que les imprimeurs n'ont aucunes formalités à remplir; que cette distinction a été reconnue et autorisée par les directeurs mêmes de l'imprimerie, dans trois circulaires qu'ils ont adressées aux imprimeurs, tant avant que depuis la loi du 21 oct. 1814, à l'effet de déterminer la manière dont ils devaient entendre et exécuter les dispositions de cette loi et du décret qui l'avait précédée; — Que, s'il était possible que les directeurs se fussent trompés, en favorisant une distinction que la loi n'aurait pas établie, il serait encore d'une injustice révoltante de rendre les imprimeurs responsables d'une erreur dans laquelle ils ne seraient tombés que par suite de l'impulsion reçue de l'autorité chargée de les diriger; — Que l'imprimé dont il s'agit, soit à raison de ce qu'il ne comportait qu'une demi-feuille d'impression, soit parce qu'il ne devait être tiré qu'au nombre de soixante exemplaires destinés aux habitués du barreau, et ne devant point, par conséquent, être vendus, soit enfin parce qu'il n'avait pour objet qu'un usage privé, pouvait être considéré comme ouvrage de ville ou de bilboquet; mais qu'en fût-il autrement, il aurait encore tous les caractères extérieurs d'un mémoire ou factum d'avocat, que les circulaires précitées dispensent également des formalités du dépôt et de la déclaration; — Relativement à la deuxième espèce de contravention, qu'elle résulterait inévitablement de la généralité des termes de l'art. 285 c. pén., et de l'art. 17, L. 21 oct 1814, si la distinction dont il vient d'être parlé ne se trouvait encore consacrée à cet égard par l'usage et les circulaires de l'autorité; — Qu'en effet, une décision du grand juge ministre de la justice, et une lettre du directeur général de l'imprimerie, du 1er août 1810, postérieures à la publication de l'art. 285 c. pén., assimilent les mémoires ou factums d'avocats aux ouvrages de ville ou bilboquets, et dispensent ces écrits de toute formalité lorsqu'ils portent la signature d'un jurisconsulte; que c'est dans un tel état de choses qu'est intervenue la loi du 21 oct. 1814, dont les termes ne sont ni plus généraux, ni plus exprès que ceux du code pénal; et qu'enfin une circulaire du directeur de l'imprimerie, à la date du 15 nov. 1814, postérieure par conséquent à cette loi, rappelle encore la distinction établie entre les ouvrages de labeur et bilboquets, recommande pour les premiers l'observation des formalités de la loi nouvelle, et n'indique en aucune manière que l'exception établie par les instructions précédentes à l'égard des bilboquets et des factums, ait cessé d'exister; — Que si la jurisprudence a paru s'écarter en certains cas de ces règles de solution, c'est ou parce que l'imprimé avait un but politique qui lui donnait l'importance d'un ouvrage de labeur, ou parce qu'il existait des instructions de l'autorité locale, qui avaient modifié les instructions générales antérieures, circonstances qui ne se rencontrent point dans le procès actuel; — Que de tout ce qui précède sort la conséquence que la veuve Gaumont ne peut être punie ni comme complice du délit d'outrage, ni comme s'étant mise en contravention aux dispositions des lois sur l'imprimerie...; — Confirme, etc.

Du 21 août 1826.-C. de Caen, ch. corr.-M. Regnée, pr.

librairie; circ. min. de l'intérieur 16 juin 1830; Caen, 21 août 1826, aff. veuve Gaumont, V. le numéro précédent). — Dans tous les temps, les mémoires sur procès des avocats ont joui de la liberté de l'impression (V. notamment la déclaration du 12 mai 1717, et le règlement du 28 fév. 1723). — La destination de ces écrits qui doivent nécessairement passer sous les yeux des magistrats, et la garantie résultant de la signature d'un membre du barreau expliquent assez le privilége dont ils jouissent. — Mais précisément par cette dernière raison, et c'est ce qui a été jugé, les mémoires sur procès ne sont affranchis de la déclaration et du dépôt, que lorsqu'ils sont signés par un avocat ou un avoué; ils y sont assujettis, s'ils sont revêtus de toute autre signature, telle que celle d'une partie ou de son fondé de pouvoir : à cet égard, la loi du 17 mai 1819 n'a aucunement dérogé à celle du 21 oct. 1814 (Crim. cass. 21 oct. 1825) (1). — V. *infrà*, n° 172.

139. Du reste, par cela même que l'exception en faveur des *bilboquets* n'est pas dans la loi, elle doit être renfermée dans les limites qu'y a assignées la tolérance de l'administration ; c'est-à-dire, et c'est ce qui a été jugé, qu'elle ne comprend que les impressions purement relatives à des convenances de familles, de société ou à des intérêts privés, tels qu'annonces de mariage, affiches, etc. Cette dispense ne saurait être étendue à des écrits, si courts qu'ils soient, qui concernent la politique, la religion et la morale : car ces écrits n'en sont que plus dangereux à cause de l'exiguïté du volume, de la modicité du prix et de la grande publicité qu'ils reçoivent (Crim. cass. 3 juin 1826) (2).

140. Il a été également jugé que l'exception n'est point applicable aux écrits faits dans un but politique, et, par exemple, aux placards pour les élections (Caen, 29 nov. 1849, aff. L..., D. P. 50. 2. 32); — ...Ni à une circulaire invitant les citoyens à assister à une réunion politique, telle qu'une réunion extraordi-

(1) (Min. pub. C. Henri.) — LA COUR ; — Reçoit Henri partie intervenante, et, statuant tant sur son intervention que sur le pourvoi du procureur général en la cour d'appel de Paris ; — Vu les dispositions des art. 14 et 16 de la loi du 21 oct. 1814, desquelles il résulte que nul imprimeur ne peut imprimer un écrit avant d'avoir déclaré qu'il se propose de l'imprimer, ni le mettre en vente, ou le publier, de quelque matière que ce soit, avant d'avoir déposé le nombre prescrit d'exemplaires, et que le défaut de déclaration avant l'impression et le défaut de dépôt avant la publication doivent être punis chacun d'une amende ; — Et, attendu que ces deux articles de loi embrassent dans la généralité de leurs dispositions tous les écrits sortant des presses d'un imprimeur, et à l'égard desquels la loi n'a établi aucune exception ; — Que si ces dispositions n'ont point été appliquées dans la pratique aux mémoires sur procès, tels qu'ils étaient définis par l'art. 2, n° 5, de ladite loi, c'est d'une part, à cause de la juste faveur qui est due au droit sacré de la légitime défense ; de l'autre, à cause de la juste présomption que les avocats, fidèles au serment qu'ils prêtent et aux obligations qu'ils contractent en embrassant leur honorable profession, respecteront l'ordre public et les lois dont ils ne sont pas moins les défenseurs que des intérêts privés spécialement confiés à leur ministère, et que les avoués, officiers ministériels institués par le roi, liés aussi par la religion du serment, seront également observateurs exacts des devoirs qui leur sont imposés ; enfin, à cause de la double garantie qu'il résulte, pour la société, de la discipline sévère à laquelle les uns et les autres sont soumis ; — Que c'est, en un mot, par les mêmes motifs qui avaient fait exempter de la censure préalable, lorsqu'elle existait, les écrits judiciaires signés des avocats et des avoués près des cours et tribunaux ; — Mais que cette exception ne saurait être étendue à des écrits publiés à l'occasion d'un procès, qui ne seraient signés ni d'un avocat ni d'un avoué ; que ces écrits, soit qu'ils portent la signature de la partie dont ils renferment la défense, soit de toute autre signature, ne présentent aucune garantie spéciale qui puisse suppléer utilement aux précautions établies par la loi, dans l'intérêt de la paix publique et des bonnes mœurs ; — Que, d'ailleurs, l'exacte observation des formalités prescrites ne peut nuire à la liberté d'une défense dont elle prévient l'abus ; — Que, dès lors, les écrits signés seulement des parties ou de leurs simples fondés de pouvoir, quoique publiés à l'occasion d'un procès, ne sortent point de la classe des publications ordinaires réglées par les art. 14 et 16 de la loi du 21 oct. 1814 ; — Qu'il n'a été aucunement dérogé à ces dispositions par celles de l'art. 23 de la loi du 17 mai 1819, lesquelles ne sont relatives qu'à la répression des discours prononcés, ou écrits diffamatoires ou injurieux produits devant les tribunaux ; qu'à la vérité, elles accordent à ces tribunaux le droit exclusif de statuer sur les actions en injure ou en diffamation auxquelles peuvent donner lieu les discours ou écrits prononcés ou produits devant eux ; mais qu'elles ne statuent point sur le mode de publication desdits écrits, et n'affranchissent, en aucune manière, les imprimeurs des devoirs de leur état et des règles établies par la loi sur la police de la presse ; — Attendu, en fait, qu'à l'occasion d'un procès pendant en la cour d'appel de Rouen, André Henri a imprimé à Paris, sur la simple signature d'un fondé de pouvoir de deux parties, un mémoire qui n'était signé ni par un avocat ni par un avoué, et que cet imprimeur n'a satisfait à aucune des formalités de déclaration et de dépôt préalables à l'impression et à la publication de cet écrit ; qu'ainsi la poursuite exercée contre lui par le ministère public en raison de la prévention de contravention dont il avait à se défendre, ne présentait rien que de conforme aux dispositions de la loi ; — Que cependant la cour d'appel de Paris, chambre des mises en accusation, sur le motif que le mémoire dont il s'agit avait le caractère d'un mémoire sur procès, et que, d'après la liberté de la défense, il pouvait être imprimé et publié sans signature d'avocat ni d'avoué, a, par une fausse conséquence d'un principe que rien n'empêche de concilier avec l'accomplissement des formes prescrites pour la publication de cet écrit, confirmé l'ordonnance par laquelle le tribunal de première instance du département de la Seine a déclaré n'y avoir lieu à suivre sur la plainte portée par le ministère public contre l'imprimeur Henri ; — En quoi ladite cour d'appel a violé formellement les art. 14 et 16 de la loi du 21 oct. 1814 ; — Par ces motifs, casse et annule l'arrêt rendu le 2 sept. dernier par la cour d'appel de Paris, chambre des mises en accusation.

Du 21 oct. 1825.-C. C., sect. crim.-MM. Portalis, pr.-Chantereyne, r.

(2) *Espèce :* — (Min. pub. C. Leducq.) — Le sieur Leducq avait imprimé un écrit intitulé : « Récit curieux et surprenant d'une lettre, et sur l'apparition visible de N.-S. J.-C. au Saint-Sacrement de l'autel par un miracle reconnu de la toute-puissance de Dieu, arrivé dans l'église paroissiale de Lyon, le 15 juin, jour de la Trinité. » — Il fut traduit devant le tribunal correctionnel d'Arras pour n'avoir pas déposé cet imprimé. — Renvoi de cette action, par le motif que c'était un ouvrage de ville ou bilboquet dispensé du dépôt par un usage reçu. — Appel ; jugement confirmatif du tribunal de Saint-Omer. — Pourvoi. — Arrêt.

LA COUR ; — Vu les art. 14 et 16 de la loi du 21 oct. 1814 ; — Attendu que la loi du 21 oct. 1814, relative à la liberté et à la police de la presse, ne contient aucune distinction entre les ouvrages connus en imprimerie sous le nom de *labeurs*, et ceux connus sous le nom d'*ouvrages de ville* ou *bilboquets ;* qu'aucune loi postérieure ne l'a établie ; que, dès lors, tous les écrits à imprimer sont compris dans les obligations imposées à l'imprimeur par les articles ci-dessus cités ; que, d'après l'ensemble et l'économie de cette loi, la brièveté d'un ouvrage ne peut être, sous aucun rapport, un titre pour dispenser l'imprimeur de ces obligations, puisque, d'après les art. 1 et 2, et sous les exceptions mentionnées en l'art. 1, les écrits ayant vingt feuilles et au-dessous d'impression, étaient seuls soumis à l'examen ou censure préalable ; qu'en effet, les petits écrits imprimés sont, par l'exiguïté du volume et la modicité du prix, plus faciles à publier et à répandre dans la circulation ; et que, dès lors, s'ils contiennent des récits de faits ou de principes contraires à l'ordre public, à la religion et à la morale, ils en sont plus dangereux ; — Que le décret du 29 avr. 1811, bien antérieur à la loi du 21 oct. 1814, était purement fiscal, et ne se référait d'ailleurs qu'au droit alors existant en matière d'imprimerie ; que si, ce qui n'est pas même articulé comme ayant lieu dans le département du Pas-de-Calais, l'administration chargée de la surveillance de la police de la presse, et de déférer aux tribunaux les contraventions commises en cette partie, peut dispenser les imprimeurs de leurs arrondissements de la déclaration et du dépôt préalable à la distribution, quant aux ouvrages de ville ou bilboquets, tels qu'annonces de mariage, de naissance, de décès, affiches de vente ou locations, impressions purement relatives à des convenances de famille, de société, ou à des intérêts privés, il n'en peut être induit, avec quelque apparence de raison, que cette dispense puisse s'étendre à des écrits, si courts qu'ils soient dans leur rédaction, qui concernent la politique, la religion, la morale, et intéressent essentiellement l'ordre public ; — Que personne n'est réputé ignorer les devoirs légaux de sa profession, surtout quand ils sont clairs, formels, positifs, comme ceux imposés aux imprimeurs par l'art. 14 ci-dessus cité ; qu'on ne peut conclure de ce que Leducq a apposé sur l'imprimé dont il s'agit l'indication de son nom, de sa demeure et la date de l'année, qu'il était de bonne foi, mais seulement qu'il n'est pas contrevenu à l'art. 17 de la même loi ; — Que la contravention étant dûment constatée, les juges doivent appliquer les peines fixées par la loi, et que c'est au gouvernement et aux administrations auxquelles ce pouvoir est délégué, d'accorder, suivant les circonstances et d'après leur appréciation, la remise ou la modération des amendes encourues ; — Attendu néanmoins que le tribunal de première instance d'Arras ayant, par un jugement correctionnel du 17 fév. dernier, renvoyé Leducq, ex-imprimeur de cette ville, de l'assignation qui lui avait été donnée à la requête du ministère public pour défaut de déclaration et de dépôt préalable à la distribution d'un écrit imprimé qui faisait l'objet des poursuites, quoique ledit Leducq reconnût que cet imprimé était sorti de ses presses, qu'il n'en avait fait ni la

naire de la société des publications démocratiques du département (Crim. cass. 22 août 1850, aff. Tousch, D. P. 50. 5. 279); — ...Ni à une lettre relative aux matières politiques... lors surtout qu'une circulaire du préfet du département dans lequel l'impression a lieu, oblige les imprimeurs à consulter son administration, pour savoir quels sont les écrits dispensés de la déclaration et du dépôt, et qu'en fait l'administration n'a point été consultée (Crim. cass. 31 juill. 1825) (1); — ... Ni à des bulletins d'élection (Crim. cass. 11 janv. 1856, aff. Villard, D. P. 56. 1. 93). — V. n° 171.

141. La dispense de la déclaration et du dépôt ne s'applique pas non plus aux imprimés destinés à être répandus dans le commerce, quelque inoffensifs qu'ils puissent être.—Aussi a-t-il été décidé que l'arrêt qui admet cette dispense pour des imprimés de ce genre, en motivant sa décision uniquement sur ce que les feuilles n'étaient imprimées qu'au recto et ne contenaient que des prix courants de travaux de fabrique à l'usage des ouvriers, encourt la cassation (Crim. cass. 4 oct. 1844, aff. Capagnez, D. P. 45. 4. 313). — Toutefois, il a été décidé que la circulaire d'un fabricant destinée à faire valoir les produits de sa fabrique a pu être assimilée à des ouvrages de ville ou bilboquets et dispensée à ce titre de la déclaration et du dépôt (motifs Crim. cass. 5 juill. 1845, aff. Vial, D. P. 45. 1. 351).

142. De même, suivant la jurisprudence, n'est pas dispensée de la déclaration du dépôt une *pétition* imprimée et faisant corps avec un journal, mais qui est destinée à en être séparée (Crim. rej. 28 nov. 1850, aff. Quénec, D. P. 51. 1. 278; Crim. cass. 22 fév. 1851, aff. Ratery, D. P. 51. 5. 437).

143. Il a été jugé aussi : 1° qu'on ne peut qualifier de supplément à une feuille périodique, un écrit publié par un journal à une époque autre que celle du numéro auquel il correspond ; que, par suite, l'écrit publié par un journal hebdomadaire, en dehors de ses époques périodiques, bien que sous le titre de supplément à un numéro précédent, constitue une œuvre particulière et distincte, soumise à la déclaration préalable exigée par l'art. 14 de la loi du 21 oct. 1814 (Amiens, 22 nov. 1841) (2);— 2° Qu'on ne peut considérer comme un supplément de journal, dispensé à ce titre des déclaration, dépôt et désignation d'imprimeur, un écrit qui est sans relation de pagination ou de format avec le journal, et, par exemple, un avis distribué avec le journal, mais imprimé sur format distinct et sans pagination, ayant pour objet de provoquer des abonnements (Crim. cass. 4 oct. 1845, aff. Vidal, D. P. 46. 1. 45).

144. Cependant il a été jugé que l'imprimeur d'une feuille d'annonces non sujette au cautionnement, n'est pas soumis à la déclaration ; qu'il suffit que la feuille porte l'indication de l'imprimerie où la feuille est imprimée ; ...mais que l'imprimeur de cette feuille est assujetti à en faire le dépôt, préalablement à la publication ou à la mise en vente (Crim. cass. 3 avril 1846, aff. Potier, D. P. 46. 4. 336.—V. à cet égard *infrà*, n°s 234 et suiv., ce qui concerne les écrits périodiques).

145. Quant aux pièces de *théâtre* et aux *affiches* de spectacle, il existe des règles particulières qui seront développées v° Théâtre. Bornons-nous à faire remarquer ici qu'il a été jugé que la déclaration et le dépôt étant seuls prescrits par la loi aux imprimeurs, un maire ne peut ajouter à ces obligations celle de soumettre à l'autorisation municipale l'impression des affiches de spectacle (Crim. cass. 11 janv. 1834, aff. Perret, V. Commune, n° 1353). — Ce qui peut faire naître le doute à cet égard, c'est la généralité des attributions conférées à l'autorité municipale par l'art. 3, tit. 11, de la loi des 16-24 août 1790, pour tout ce qui concerne les mœurs, les lieux publics, etc. — V. du reste v^{is} Commune, n°s 1350 et suiv., et Théâtre.

146. Les impressions lithographiques sont soumises à la déclaration et au dépôt avant la publication, comme tous les autres ouvrages d'imprimerie (ord. 8 oct. 1817, art. 2; Montpellier, 1er fév. 1847, aff. Serveille, D. P. 47. 2. 55). — V. *suprà*, n°s 98 et 99, nos observations sur le sens général dans lequel il faut entendre le mot *imprimer*, quant à l'application des lois sur la presse.

---

déclaration ni le dépôt, et cela par le motif que l'écrit dont il s'agissait devait être compris dans les ouvrages de ville ou bilboquets, et par la considération de la bonne foi dudit Leducq, le tribunal de première instance de Saint-Omer, chef-lieu judiciaire du département du Pas-de-Calais, sur l'appel interjeté par le ministère public, a confirmé ledit jugement par un jugement correctionnel du 14 avr. dernier, et par les mêmes motifs qu'il a adoptés; d'où il suit qu'il s'en est approprié les vices et qu'il a formellement violé les art. 14 et 15 de la loi du 21 oct. 1814 ; — Casse.

Du 5 juin 1826.-C. C., ch. crim.-MM. Bailly, pr.-Brière, rap.

(1) (Min. pub. C. J. C. Timon.) — La cour ; — Vu les art 15 et 16 de la loi du 21 oct. 1814 ;—Attendu 1° et sur le point de savoir si le ministère public était recevable à poursuivre d'office, que si, durant l'existence de la direction générale de la librairie, la loi du 21 oct. 1814 attribuait au directeur général le droit de dénoncer les contraventions à la police de la presse au ministère public, ce droit a cessé d'exister dès l'instant où l'on a supprimé la direction générale de la librairie, sans la remplacer par aucune autre autorité qui la représente ; — Que d'ailleurs ce droit de dénonciation n'était pas, dans les termes de l'art. 21 de ladite loi du 21 octobre, exclusif du droit de poursuites d'office, qui appartient d'une manière absolue au ministère public, relativement à tous les délits qui intéressent l'ordre social, dans les cas où il n'a pas été restreint par une disposition formelle de la loi ; — Que, sous tous ces rapports, le ministère public est donc resté avec la plénitude de ses attributions générales pour poursuivre d'office les contraventions à la loi du 21 oct. 1814 ; — Qu'ainsi la cour d'appel de Lyon a été dans l'erreur lorsqu'elle n'a voulu reconnaître le ministère public recevable dans ses poursuites, que parce qu'il avait été provoqué par une dénonciation du préfet;

Au fond : — Attendu qu'il est reconnu en fait dans l'arrêt attaqué, que le prévenu avait imprimé et distribué la lettre aux députés de l'Isère, sans avoir fait la déclaration et le dépôt de cinq exemplaires ; — Que, dès lors, il était en contravention aux art. 15 et 16 de la loi du 21 oct. 1814, et à l'art. 4 de l'ord. du 24 du même mois ; — Que si, d'après la lettre du préfet de l'Isère, le dépôt de cinq exemplaires n'est pas exigé pour les ouvrages sans importance réputés bilboquets, la même lettre porte que, pour savoir si un ouvrage peut être réputé bilboquet, l'imprimeur doit consulter l'administration et obtenir d'elle l'autorisation de distribuer ; — Que, dans l'espèce, le prévenu avait bien consulté l'administration sur la publication à faire, lors des élections, en avril 1820, de lettres à adresser aux électeurs ; —Mais qu'il n'apparait point qu'il l'ait consultée pour la lettre aux députés de l'Isère, imprimée et publiée deux mois après, en juin, et qui forme l'objet de la prévention ; — Que, par conséquent, à l'égard de ce dernier écrit, il n'avait point pris la précaution indiquée dans la lettre du préfet de l'Isère pour ne pas se trouver en contravention à la loi ; — Que, dès lors, cette contravention ne pouvait éprouver de modification d'aucune circonstance qui dût la justifier, et qu'elle rentrait ainsi pleinement dans les termes et les dispositions de la loi du 21 oct. 1814 ; — Que, néanmoins, dans cet état des faits, la cour d'appel de Lyon, réformant le jugement du tribunal correctionnel de Vienne a renvoyé le prévenu de la poursuite exercée contre lui ; — En quoi cette cour a violé les art. 15 et 16 de la loi du 21 oct. 1814, et l'art. 4 de l'ord. du 24 du même mois ; — Par ces motifs, casse.

Du 31 juill. 1825.-C. C., sect. crim.-MM. Barris, pr.-Ollivier, rap.

(2) (Caron.)—La cour ;—Considérant que la feuille imprimée signée Alfred Caron, et publiée le 10 août dernier, sous le titre le Franc-Picard, comme un supplément au numéro de ce journal qui avait paru le samedi 7 du même mois, n'en a cependant pas les caractères ; — Qu'en effet, le supplément d'un journal n'est autre chose qu'une feuille destinée à rendre publics des faits ou événements qui, arrivés lors de la publication de ce journal, n'ont pu y trouver place ; qu'aussi, parvient-il ordinairement aux abonnés en même temps que la feuille principale, avec laquelle il s'identifie, et à l'insuffisance de laquelle il doit suppléer ; — — Que le prétendu supplément au numéro du Franc-Picard, du 7 août n'a été distribué que trois jours après ce numéro, et qu'il a eu pour objet d'annoncer des faits qui ne s'étaient passés que la veille de sa publication ; — Qu'il est évident, d'ailleurs, qu'en le faisant paraître le 10 août, Alfred Caron n'a pas voulu opérer de mutation dans la condition de la périodicité du journal dont il est l'editeur, puisque ses abonnés ont continué à le recevoir aux époques de la périodicité ordinaire ; — Que cet imprimé ne se rattache donc au journal le Franc-Picard que par son titre, et qu'en réalité il constitue une œuvre qui est distincte et indépendante ; — Que cette œuvre isolée, non suivie d'autres publications de même nature, ne saurait être régie par les lois relatives à la publication des journaux et écrits périodique, mais par celles de la police de la presse ; — Qu'aux termes de l'art. 14 de la loi du 21 oct. 1814 « nul imprimeur ne peut imprimer un écrit avant d'avoir déclaré qu'il se propose de l'imprimer...; » — Qu'Alfred Caron n'a pas fait précéder de cette déclaration l'écrit qu'il a imprimé et qu'il a publié le 10 août dernier, sous le titre de Supplément au Franc-Picard du 7 du même mois ;—Qu'il a ainsi contrevenu à cet art. 14, et encouru la peine établie par l'art. 14 de la même loi ; — Infirme, etc.

Du 22 nov. 1841.-C. d'Amiens, ch. corr.-M. Oger, pr.

147. Il n'y a, d'ailleurs, aucune distinction à faire entre les impressions et les réimpressions, puisque *réimprimer* c'est toujours imprimer.—Par suite, il a été jugé: 1° que la réimpression d'un ouvrage est soumise, pour la déclaration et le dépôt, aux exigences des art. 14 et 16 de la loi du 21 oct. 1814 (Crim. cass. 6 juill. 1832, MM. Bastard, pr., Ollivier, rap., aff. Beaume; Paris, 25 nov. 1837, aff. Schlesinger, sous Crim. rej. 30 mars 1838, n° 149, et les arrêts qui suivent); et spécialement que le dépôt, une fois effectué pour la libre circulation d'un journal ou écrit périodique, ne dispense pas de faire une nouvelle déclaration et un nouveau dépôt, lorsqu'on fait paraître plus tard un extrait non périodique du même journal, sous une autre forme comme sous une autre justification, et que, surtout, on l'adresse à d'autres qu'aux abonnés (Crim. cass. 18 juill. 1833, MM. Bastard, pr., Brière, rap., aff. Vidal, et sur nouveau pourvoi ch. réun. Cass. 5 août 1834 (1). V. en ce sens MM. Parant, p. 47; de Grattier, t. 1, p. 73); — 3° Que celui qui réimprime une chanson populaire n'est pas affranchi de la double formalité de la déclaration et du dépôt (Crim. cass. 12 déc. 1822) (2); — 4° Que vainement on voudrait argumenter, en faveur de la dispense, au cas de réimpression, du mot *écrit*, qui se trouve dans la loi de 1814 (art. 14), car il y est pris dans le sens le plus étendu, et ne saurait exclure les réimpressions (Crim. rej. 31 janv. 1823) (3).

148. Il y a réimpression lorsqu'il y a autre format et autre justification (ch. réun. cass. 5 août 1834, aff. Vidal, V. n° 147). —C'est là, en effet, une opération toute nouvelle et qui peut avoir un but différent.

149. Les œuvres musicales imprimées sont nécessairement des *planches gravées*, dont les paroles y jointes sont le texte, dans le sens de l'art. 3 de l'ord. du 24 oct. 1814, combiné avec l'art. 14 de la loi du 21 du même mois, et, comme telles, elles sont soumises à la déclaration et au dépôt préalables, prescrits par l'art. 16 de la loi précitée, sans qu'on puisse prétendre que les notes de musique doivent faire perdre au texte son caractère d'écrit imprimé (Crim. cass. 29 mai 1823) (4). — On ne voit même pas de raison sérieuse de douter à cet égard. Les vers ne cessent pas d'être un écrit parce qu'ils sont accompagnés de notes de musique. — Cette observation s'applique également aux *estampes et planches gravées*, accompagnées d'un texte. L'ord. du 24 oct. 1814 (art. 3) est même formelle à cet égard. — Toutefois, nous ne pensons pas que sa disposition soit rigoureuse à ce point que, même pour un titre, une indication de quelques mots, il doive y avoir une déclaration particulière (V. cependant *infrà*, n°s 408 et suiv.). — Des observations qui précèdent, il résulte que la musique gravée *sans texte* n'est pas assujettie aux formalités de la déclaration et du dépôt. — Elle n'avait pas, d'ailleurs, été soumise au dépôt par l'art. 20 de la loi du 9 sept. 1835 (aujourd'hui abrogée, V. n° 411). — Il a, du reste, été jugé que l'arrêté du conseil du 16 avr. 1785, qui en prescrivait le dépôt, sous peine d'amende de 1,500 liv. et de révocation du privilége de graveur, etc., etc., a été abrogé pour incompatibilité, par la loi de 1791, qui établit la liberté de l'industrie; et que cet arrêté n'a été remis en vigueur par aucune autre loi (Paris, 25 nov. 1837, et sur pourvoi Crim. rej. 30 mars 1838) (5). — Les motifs qui ont fait décider que le règlement de 1723 est abrogé trouvent ici leur application naturelle. Il y a identité de raison. — V. *suprà*, n° 100, et *infrà*, n°s 203, 209.

(1) (Min. pub. *C.* Vidal.) — LA COUR; — Vu les art. 14 et 16 de la loi du 21 oct. 1814; — Attendu que ces dispositions de la loi sont générales et absolues; qu'elles ne distinguent point entre les écrits imprimés pour la première fois et les écrits réimprimés; que la formalité de la déclaration et du dépôt, prescrite pour les écrits imprimés non périodiques, est distincte des formalités prescrites pour la publication des journaux, et notamment pour celle du dépôt de chaque numéro du journal auquel sont obligés les propriétaires et gérants responsables de ces journaux;—Que ce dépôt a pour objet d'assurer la libre circulation du journal et non d'annoncer la publication d'un écrit non périodique; — Que la réimpression d'un ou de plusieurs articles d'un journal, sous un autre format, n'a rien de commun avec la publication et la circulation de ce journal; — Que, dès lors, le dépôt du journal ne peut utilement suppléer au dépôt et à la déclaration qui doivent dans ce cas, comme dans tous les autres, précéder la publication d'un écrit non périodique; — Attendu, dans l'espèce, que l'imprimeur Vidal, après avoir satisfait à la déclaration et au dépôt exigés pour le numéro du journal le Patriote de juillet, qu'il imprimait sous la forme dudit journal, n'a satisfait ni à la déclaration ni au dépôt pour l'article dudit journal qu'il a réimprimé en quatre pages in-8 sous le titre de « Procès à l'occasion du charivari Rodière; » que, quoique ce nouvel écrit fût entièrement extrait du susdit journal, dit le Patriote de juillet, il n'est pas moins soumis à ce que la loi exige de tout imprimeur pour les écrits non périodiques; — Attendu, d'ailleurs, que c'était sous un autre format et sous une autre justification que cette réimpression avait été faite, dans la vue de répandre plus abondamment ledit article, avec économie de timbre et de papier, et de le distribuer à autres qu'aux abonnés du journal, ce qui rendait encore plus obligatoire la nécessité de la déclaration et du dépôt préalables, exigés par la loi; d'où il suit que l'arrêt attaqué (de la cour de Toulouse), en renvoyant Prosper Vidal de la plainte formée contre lui par le ministère public, a expressément violé les articles de loi ci-dessus cités; —Casse.

Du 5 août 1834.-C. C., ch. réun.-MM. Portalis, 1er pr.-Jourde, rap.

(2) (Min. pub. *C.* Jullien.) — LA COUR; — Vu les art. 14 et 16 de la loi du 21 oct. 1814, ainsi conçus... : — Attendu que les dispositions de ces articles embrassent dans la généralité de leurs expressions tous écrits imprimés, sans distinction entre ceux qui le sont pour la première fois, et ceux qui, l'ayant déjà été, ont été réimprimés ensuite; que la formalité préalable de la déclaration et du dépôt exigés par les susdits articles, s'étend à tous les écrits quelconques sortant des presses d'un imprimeur; — Attendu que, dans la cause, ce n'est point une question de fait qui est soumise à la cour de cassation, ainsi que l'a prétendu le défenseur de Jullien, mais bien une question de droit, laquelle consiste à savoir si le fait de l'impression d'un recueil de chansons étant reconnu constant de la part de l'imprimeur Jullien, ledit Jullien était dans le cas de l'application des articles ci-dessus cités de la loi du 21 oct. 1814, et s'il était tenu, en conséquence, de satisfaire aux obligations imposées à tout imprimeur par ces articles; — Attendu que la cour royale de Montpellier a reconnu que l'écrit dont il s'agit avait été imprimé chez Jullien; que néanmoins elle a jugé que cette impression ne rentrait pas dans les dispositions des art. 14 et 16 de ladite loi, sur le motif que l'écrit ainsi imprimé sans déclaration et sans dépôt n'était qu'une chanson populaire; en quoi elle a créé une exception qui n'est pas dans la loi, commis un excès de pouvoir, et directement violé lesdits art. 14 et 16 de ladite loi du 21 oct. 1814; — Casse, etc.

Du 12 déc. 1822.-C. C., sect. crim.-M. Cardonnel, rap.

(3) (Dupont *C.* min. pub.) — LA COUR; — Attendu que les dispositions du tit. 2 de la loi du 21 oct. 1814 sur la police de la presse sont générales; — Que les formes que ces dispositions imposent pour l'impression et la publication des ouvrages s'appliquent donc également aux réimpressions comme aux premières impressions; — Que cette généralité d'application ne peut être restreinte par le mot *écrit*, qui est employé dans quelques articles de ce titre : que cette expression, en effet, y est prise dans la même acception que celle d'ouvrages; que l'une et l'autre y sont employés indifféremment et dans le même sens; — Qu'en faisant donc l'application de ces dispositions au demandeur qui avait imprimé et publié l'ouvrage de Casti et une seconde édition de l'abrégé de Dupuis sans avoir fait le dépôt exigé par l'art. 14 de la loi de 1814, la cour royale de Paris n'a pas violé cette loi; — Rejette.

Du 31 janv. 1823.-C. C., sect. crim.-MM. Barris, pr.-Louvot, rap.

(4) (Magny, etc. *C.* min. pub.)—LA COUR;—Vu l'art. 14 de la loi du 21 oct. 1814 et l'art. 3 de l'ord. royale du 24 du même mois;—Attendu que l'art. 3 de cette ordonnance porte que les dispositions de l'art. 14 de la loi du 21 oct. 1814, s'appliquent aux estampes et planches gravées, accompagnées d'un texte; — Que des œuvres musicales, imprimées, sont nécessairement des planches gravées; que les paroles qui peuvent y être jointes en sont le texte;—Que les œuvres musicales accompagnées du texte rentrent donc, aux termes de cet article, dans l'application dudit art. 14 de la loi du 21 oct.; — Que d'ailleurs des paroles imprimées sur une œuvre musicale, sont évidemment un écrit imprimé, qui ne peut perdre ce caractère par les notes de musique qui y sont jointes; — Attendu qu'il a été déclaré par l'arrêt attaqué, que Magny avait imprimé plusieurs œuvres musicales, accompagnées d'un texte, sans en avoir fait préalablement la déclaration, et que Momigny avait publié et mis en vente ces œuvres musicales, avant d'en avoir déposé le nombre prescrit; que, sur ces faits, il leur a été fait, à l'un et à l'autre, une juste application des peines de l'art. 16 de la loi du 21 oct. 1814; — Rejette.

Du 29 mai 1823.-C. C., ch. crim.-MM. Barris, pr.-Louvot, rap.

(5) *Espèce* : — (Min. pub. *C.* Schlesinger.) — 25 nov. 1837, arrêt de la cour de Paris ainsi conçu : — « En ce qui touche la musique sans texte : — Considérant que les termes de l'art. 20 de la loi du 9 septembre 1835 ne peuvent être appliqués à des caractères de musique reproduits par des procédés quelconques; — Que les mots : *aucunes gravures*, rapprochés de ceux : *aucun dessin, aucunes lithographies, médailles et estampes, aucuns emblèmes*, prouvent évidemment que le législateur n'a eu en vue d'atteindre que la représentation d'objets, de signes, de personnes ou de faits pouvant être obtenus par l'un des moyens énoncés; mais qu'on ne peut étendre, par analogie, cette dispo-

150. Les morceaux détachés d'une partition qui sont réimprimés et publiés séparément doivent être déclarés et déposés, surtout s'ils présentent quelques différences avec cette partition (Paris, 25 nov. 1837, aff. Schlesinger, V. n° 149). — Les réimpressions étant soumises aux mêmes obligations que les impressions (V. n° 147), il n'y a pas de raison pour dispenser un fragment de partition réimprimé des formalités prescrites par l'art. 14 de la loi de 1814.

151. Que doit énoncer la déclaration? — L'art. 14 de la loi du 21 oct. 1814 dit seulement : « Nul imprimeur ne peut imprimer un écrit avant d'avoir déclaré qu'il se propose de l'imprimer. » Mais, suivant l'art. 2 de l'ordonnance du 24 oct. 1814, l'imprimeur doit déclarer *le nombre d'exemplaires* qu'il se propose d'imprimer. — Est-ce là une addition à la loi qui ait dépassé les bornes du *pouvoir réglementaire?* N'est-ce, au contraire, que le mode d'exécution qu'il appartenait au pouvoir exécutif de prescrire? — La question n'est pas sans difficulté — Mais déjà (n° 135) nous avons exprimé notre opinion sur la validité de l'ordonnance du 24 oct. 1814, en ce qui touche la disposition qui nous occupe. — Il ne nous paraît pas que le défaut de déclaration du *nombre des exemplaires* à tirer puisse être assimilé au *défaut absolu de déclaration*, et la pénalité ne s'appliquant, d'après les termes de la loi, qu'à ce dernier cas, nous ne pensons pas qu'il soit permis de l'étendre à une disposition de l'ordonnance précitée qui n'est pas la conséquence nécessaire du principe posé dans le texte législatif dont elle règle l'exécution. — Toutefois, il a été jugé que l'imprimeur qui tire un nombre d'exemplaires supérieur à celui annoncé dans sa déclaration d'imprimer, est passible des peines portées par l'art. 14 de la loi du 21 oct. 1814 (Crim. rej. 19 déc. 1825; Paris, 13 sept. 1838) (1).

---

sition à des caractères qui, par eux-mêmes, ne peuvent représenter aucun signe étranger à ce qu'ils expriment, et ne participent ainsi, ni par leur nature, ni par leur espèce, aux publications prévues par ladite loi; — Que, si l'art. 8 de l'ordon. du 24 oct. 1814 parle de planches gravées *sans texte*, et fixe le nombre des exemplaires à déposer, il faut néanmoins se reporter à la loi du 21 du même mois, à la suite de laquelle cette ordonnance réglementaire a été rendue; — Qu'il résulte de l'art. 14 de ladite loi que ses dispositions ne s'appliquent qu'aux *écrits publiés* par des imprimeurs, et que de l'ensemble de la loi il résulte évidemment qu'elle n'a eu en vue de soumettre à ses prescriptions que les œuvres écrites ou accompagnées d'un texte; — Considérant que l'ordon. du 9 janv. 1828 n'est qu'une modification de celle du 24 oct. 1814, et que ces deux ordonnances n'ont pu imposer des obligations qui n'existaient point dans la loi; — Que le décret du 5 fév. 1810, contenant règlement sur l'imprimerie et la librairie, ne peut être appliqué à l'espèce; — Qu'en effet, par le mot *ouvrages* (qui étaient soumis par ce décret à la censure), il faut entendre les écrits dont l'autorité se réservait l'examen, mesure toute politique et d'ordre public, et par cela même étrangère à la musique et aux caractères par lesquels on l'exprime; — Qu'aux termes de l'art. 484 c. pén., on doit rechercher s'il existe des lois et règlements sur la matière; — Que la législation antérieure présente la loi du 19 juill. 1793 et le décret du 17 mars 1791, qui, en permettant d'exercer *tel art qu'on trouvera bon*, et en concédant aux auteurs d'écrits, compositeurs de musique, peintres et dessinateurs le droit exclusif de vendre, faire vendre et distribuer leurs ouvrages, ont ainsi détruit l'obligation qui était prescrite par l'arrêt du conseil du 16 avr. 1785; — Qu'en effet, par cet arrêt du conseil, les marchands de musique ne pouvaient publier leurs ouvrages qu'après avoir obtenu *privilége* ou *permission*; — Que les lois postérieures, en détruisant cette formalité préalable et en imposant l'obligation du dépôt, sous la seule peine de ne pouvoir poursuivre les contrefacteurs, ont par cela même abrogé ledit arrêt; — Qu'ainsi, dans l'état actuel de la législation, le dépôt n'est obligatoire, pour la musique sans texte, que sous les termes de la loi du 19 juill. 1793; — Considérant que les couvertures des morceaux de musique, indiquant les titres des ouvrages et des annonces, ont toujours été déposées par les imprimeurs;

» En ce qui touche les morceaux de musique *accompagnés de texte :* — Considérant que la deuxième édition du Cours de contrepoint et de fugue, par Chérubini, est un mélange de musique et de texte; — Qu'en vain Maurice Schlesinger allègue qu'il n'y a eu de changement apporté que dans la rectification de quelques notes de musique, et que cette deuxième édition renferme identiquement le même écrit que la première; — Qu'en effet, il faut reconnaître que les dispositions des art. 14 et 16 de la loi du 21 oct. 1814 embrassent dans la généralité de leurs expressions tous les écrits imprimés, sans distinction de ceux qui le sont pour la première fois, et de ceux qui, l'ayant été, sont réimprimés ensuite; — Que la formalité préalable de la déclaration et du dépôt, exigée par lesdits articles, s'étend à tous les écrits quelconques sortant des presses d'un imprimeur; — Considérant que les numéros 5 *bis*, 4 *bis*, etc. de la Juive, ne peuvent être considérés comme nouveau tirage des morceaux principaux, mais sont une édition nouvelle, composée avec des caractères de grandeur différente; — Que souvent les paroles ne sont pas absolument les mêmes que dans la partition générale, et que dès lors ces divers morceaux de musique auraient dû être soumis à la formalité de la déclaration et du dépôt; — Qu'ainsi, Maurice Schlesinger s'est rendu coupable des contraventions prévues et punies par les art. 14, 15, 16 de la loi du 21 oct. 1814, et 1er de l'ordon. du 9 janv. 1828; — Met l'appellation et le jugement dont est appel au néant, en ce que Maurice Schlesinger n'a point été condamné pour les contraventions ci-dessus spécifiées; — Condamne Schlesinger à 1,000 fr. pour défaut de déclaration et 1,000 fr. d'amende pour défaut de dépôt, etc. »

Pourvoi du ministère public, contre le chef de l'arrêt de la cour de Paris qui avait déclaré affranchie du dépôt la publication de la musique gravée sans texte. — Il a soutenu que l'ordon. du 24 oct. 1814 et le règlement du 9 janv. 1828 ayant soumis au dépôt les estampes et planches gravées sans texte, sous peine de saisie, il fallait que la contravention à ces dispositions fût punie, et qu'à défaut de peines prévues par les lois nouvelles, on devait appliquer celles prescrites par l'arrêt du conseil du 16 avr. 1785 qui punit le défaut de dépôt par les marchands de musique de 1,500 liv. d'amende, alors qu'aucune loi n'a abrogé cet arrêt; qu'en effet, le décret des 2-17 mars 1791 qui établit la liberté du commerce, et le décret du 19 juill. 1793, qui règle les droits de propriété des auteurs, et prescrit le dépôt, n'ont nullement abrogé l'arrêt du conseil de 1785. — Arrêt.

La cour; — Attendu que l'abrogation d'une loi par une loi postérieure a lieu, non-seulement lorsque celle-ci contient une disposition formelle qui abolit la première, mais encore lorsque les dispositions des deux lois sont incompatibles; — Attendu que l'arrêt du conseil du 16 avr. 1785, qui oblige par son art. 1 tous auteurs, graveurs, marchands de musique, à déposer à la chambre syndicale de Paris neuf exemplaires brochés et complets desdits livres, estampes, musique, etc., etc., sous peine, d'après l'art. 8, de révocation de leurs priviléges ou permissions, de saisie et confiscation des exemplaires et de 1,500 liv. d'amende; — Attendu que ces deux articles ont été, en ce point, abrogés par la loi des 2 et 17 mars 1791, art. 7, et par celle du 19 juill. 1793, art. 1 et 6; — Attendu qu'en effet la loi de 1791 établit la liberté du commerce et de l'industrie, et par conséquent abolit les priviléges et permissions auparavant nécessaires pour la publication des livres, estampes et musique, et par suite l'obligation du dépôt de neuf exemplaires qui n'était que la condition de la jouissance du privilége et de la permission; — Attendu que d'ailleurs le décret du 19 juill. 1793 qui rétablit la nécessité du dépôt, ne le prescrit que comme moyen de conserver la propriété des auteurs et éditeurs, et ne punit l'omission du dépôt que par l'impossibilité de poursuivre en justice les contrefacteurs; — Attendu qu'il est impossible d'admettre la nécessité de deux genres de dépôt, l'un pour satisfaire à l'arrêt du conseil du 16 avr. 1785, et l'autre pour obéir à la loi du 19 juill. 1793, laquelle détermine d'une manière différente le nombre des exemplaires à déposer, et le lieu où le dépôt doit être effectué; d'où il suit que la loi de 1793 a nécessairement abrogé et remplacé, par des dispositions nouvelles, celles de l'arrêt du conseil de 1785 qui prescrivaient le dépôt; — Attendu que le décret du 5 fév. 1810, la loi du 21 oct. 1814 et l'ordon. du 9 janv. 1828, qui statuent sur les conditions imposées à certaines publications déterminées, ne contiennent aucune disposition spéciale sur la musique gravée sans texte, et que les art. 8 et 10 de l'ordon. du 24 oct. 1814 qui parlent du dépôt des estampes et planches gravées sans texte, ne contiennent pas de sanction pénale, et n'ont pas rendu force et vigueur à l'arrêt du conseil du 16 avr. 1785, frappé d'abrogation par les lois antérieures; — Attendu que dès lors l'arrêt attaqué, en refusant d'appliquer aux faits qui lui étaient soumis les dispositions pénales de l'arrêt du conseil du 16 avr. 1785, n'a violé aucune loi; — Rejette.

Du 30 mars 1838.-C. C., ch. crim.-MM. de Bastard, pr.-Mérilhou, r.

(1) 1re *Espèce :* — (Chantpie C. min. pub.) — La cour; — Attendu que l'ordon. royale du 24 oct. 1814 est un règlement d'administration publique, qui a eu pour objet d'assurer l'exécution de la loi du 21 du même mois; qu'elle se confond donc avec cette loi, et participe à son caractère et à son autorité; qu'elle a donc régulièrement servi de base devant la cour royale de Paris pour l'appréciation de la contravention, et, par suite, pour prononcer la validité de la saisie et la condamnation de l'amende portée dans les art. 15 et 16 de la loi du 21 oct. 1814; — Rejette.

Du 19 déc. 1825.-C. C., sect. crim.-MM. Barris, pr.-Brière, rap.

2e *Espèce :* — (Min. pub. C. Thomassin.) — Thomassin, imprimeur à Paris, déclare à la direction de la librairie qu'il se propose d'imprimer à cinq mille exemplaires une brochure intitulée : Relation des événements de Strasbourg, par M. Laity, ex-lieutenant d'artillerie. Il est reconnu plus tard que cette brochure a été tirée à dix mille exemplaires. — Citation en police correctionnelle contre Thomassin, pour contraven-

— Cette solution est fondée sur ce que l'ordonnance de 1814 n'a fait que régler l'exécution de la loi du 21 octobre de la même année; en telle sorte que la disposition réglementaire est censée se trouver dans la loi elle-même. — Nous croyons qu'en matière pénale surtout ce mode d'extension par voie de règlement n'est pas admissible, parce qu'il a pour effet de donner au pouvoir exécutif la faculté de créer des peines, ou d'introduire dans la loi pénale d'autres cas que ceux qu'elle a prévus, ce qui est la même chose; c'est-à-dire qu'elle confond deux pouvoirs fort distincts : le pouvoir législatif et le pouvoir exécutif.

152. Par qui doivent être faits la déclaration et le dépôt?— Il a été jugé que la déclaration doit être faite par l'imprimeur ou par un *fondé de procuration spéciale*; qu'elle ne peut l'être par son commis, ou même par son fils, muni d'une procuration générale (Aix, 2 janv. 1833, arrêt cité par M. de Grattier, p. 80). — Une trop grande latitude sous ce rapport aurait pour résultat d'anéantir la garantie résultant du brevet. — Toutefois, il faut aussi apprécier humainement les choses humaines. Or, exiger à chaque instant et pour tous les actes de son ministère, la présence réelle de l'imprimeur, ce serait rendre sa profession impossible. — Au surplus, si la déclaration, bien qu'irrégulière en la forme, a été admise par l'autorité, l'irrégularité se trouve couverte. — V. M. de Grattier, t. 1, p. 81.

153. Il est à observer aussi que la déclaration ne sert qu'à celui qui l'a faite, elle ne profiterait point à un autre imprimeur qui, au défaut du premier, ferait ou achèverait l'édition annoncée, à moins, bien entendu, que celui-ci ne fût le successeur de celui-là. Et, pareillement, si une même édition est faite simultanément par plusieurs imprimeurs, ils sont tous obligés à la déclaration préalable, chacun en ce qui le concerne. — V. en ce sens M. de Grattier, t. 1, p. 80.

154. L'imprimeur est également seul et personnellement obligé de faire le dépôt prescrit par la loi des exemplaires des écrits qu'il imprime; et suivant un arrêt, il ne doit point s'en remettre de ce soin à la personne pour laquelle l'impression a lieu (Caen, 29 nov. 1849, aff. L..., D. P. 50. 2. 32). — Toutefois, il est bien entendu que lorsque le dépôt est effectué et complet, il n'y a pas à rechercher par quelle main il a été fait.

155. Nombre d'exemplaires à déposer. — Le *nombre* des *exemplaires* des écrits imprimés et des épreuves des planches et estampes dont le dépôt est exigé par la loi, et qui avait été fixé à cinq par les art. 4 et 8 de l'ordonnance royale du 24 oct. 1814, est réduit, outre l'exemplaire et les deux épreuves destinées à la bibliothèque nationale conformément à la même ordonnance, à un seul exemplaire et une seule *épreuve* pour la bibliothèque du ministère de l'intérieur (ord. 9 janv. 1828, art. 1).

156. Où doivent avoir lieu la déclaration et le dépôt? — C'est au *ministère de l'intérieur* et, en outre, à la *préfecture* que doit être faite la déclaration. C'est ce qui résulte du texte de l'art. 12 du décret du 5 fév. 1810. — Pour se conformer strictement aux termes de ce décret, il faudrait donc une double déclaration. — Mais ce qui paraît rendre superflue celle que l'imprimeur ferait au ministère de l'intérieur, c'est que d'après les mêmes dispositions le préfet est lui-même tenu de transmettre immédiatement au ministre de l'intérieur la déclaration qu'il reçoit. — Au reste, l'art. 14 de la loi du 21 oct. 1814 a modifié sur ce point l'art. 12 du décret du 5 fév. 1810, en ordonnant que la déclaration soit faite à Paris au secrétariat de la direction générale, c'est-à-dire au ministère de l'intérieur et dans les départements au secrétariat de la préfecture. — Mais il a été jugé avec raison : 1° que la déclaration d'imprimer qui doit être faite préalablement à l'impression, au préfet, ne peut être remplacée par une déclaration faite à la sous-préfecture (Crim. rej. 16 août 1851, aff. Leboyer, D. P. 51. 5. 317); — 2° Que tout dépôt fait, soit au secrétariat de la sous-préfecture, soit à celui de la mairie, est comme non avenu (Crim. cass. 19 avr. 1839) (1). — V. également, nos 159 et s., quant au dépôt des écrits traitant de matières politiques ou d'économie sociale.

157. Il faut bien noter aussi que la déclaration faite, conformément à l'art. 14 de la loi du 21 oct. 1814, à la préfecture de son département, par un imprimeur qui se propose d'imprimer partie d'un ouvrage, est étrangère à l'imprimeur (fût-il le même individu, et cette déclaration comprît-elle tout l'ouvrage) qui veut imprimer dans un autre département l'autre partie de l'ouvrage. — Ainsi il a été jugé que la déclaration faite par un imprimeur, à la préfecture du département de l'Isère, qu'il se propose d'imprimer à Grenoble les volumes 2 et 3 des œuvres de Virgile avec la traduction, ne dispense pas l'imprimeur qui veut imprimer à Clermont-Ferrant, département du Puy-de-Dôme, le premier volume de cet ouvrage avec la traduction, de faire la déclaration prescrite à la préfecture de ce département (Crim. cass. 16 juin 1826, aff. Veysset, V. n° 158). — Aux termes d'une ord. du 27 mars 1828 (art. 1, V. p. 411), il a été formé à la bibliothèque Sainte-Geneviève un dépôt particulier pour y recevoir l'exemplaire destiné au ministère de l'intérieur. — Mais, d'après l'art. 1 de l'ord. du 30 juill. 1833, l'exemplaire des livres du dépôt légal qui, en vertu des ordonn. du 9 janv. 1828 et du 12 oct. 1832 devait être remis au ministère de l'instruction publique doit rester déposé à ce ministère.

158. Il y a lieu à saisie et séquestre d'un ouvrage : — 1° Si l'imprimeur ne représente pas les récépissés de la déclaration et du dépôt ordonnés en l'article précédent (L. 21 oct. 1814, art. 15). — « Le défaut de déclaration avant l'impresssion, et le défaut de dépôt avant la publication, sont punis, chacun, d'une amende de 1,000 fr. pour la première fois, et de 2,000 fr. pour la seconde (art. 16). » — Il est, du reste, à observer, et c'est ce qui a été jugé, que la déclaration qu'on se propose d'imprimer un ouvrage et le dépôt des exemplaires au nombre prescrit, après l'impression et avant de mettre l'ouvrage en vente, sont deux obligations distinctes, passibles chacune d'une amende de 1,000 fr., et l'accomplissement de la dernière ne supplée pas à l'omission de la première (Crim. cass., 16 juin 1826) (2). Cela résulte des termes précis des art. 14 et 16 de la loi. — Mais il a été décidé aussi que les récépissés que l'imprimeur doit demander à la préfecture

---

tion aux art. 14 de la loi du 21 oct. 1814, et 2 de l'ordon. du 24 oct. 1814. — Jugement du tribunal correctionnel de la Seine qui renvoie Thomassin de la plainte, par les motifs suivants : — « Attendu que la loi du 21 oct. 1814 oblige uniquement l'imprimeur à ne pas imprimer un écrit avant d'avoir déclaré qu'il se propose de l'imprimer, et à ne le point publier avant d'avoir déposé le nombre voulu d'exemplaires; — Attendu qu'elle ne lui prescrit pas de déclarer le nombre des feuilles, des volumes et des exemplaires; — Attendu que l'ordon. du 24 du même mois a ajouté à la loi dont il s'agit en imposant des obligations nouvelles à l'imprimeur, et que, dès lors, elle ne peut motiver l'application d'une peine contre le prévenu. — Appel. — Arrêt.

La cour; — Considérant que la déclaration faite par Thomassin n'était pas conforme au nombre d'exemplaires tirés; — Considérant que l'ordon. du 24 oct. 1814, en prescrivant la déclaration du nombre des exemplaires à tirer, n'a pas ajouté à la loi, mais qu'elle n'a fait qu'en régler l'exécution; — Qu'ainsi Thomassin s'est rendu coupable du délit prévu par l'art. 14 de la loi du 21 oct. 1814, et l'art. 2 de l'ordon. du 24 oct. suivant; — Le condamne en 1,000 fr. d'amende et aux dépens tant de première instance que d'appel.

Du 13 sept. 1838.-C. de Paris.-C. C., ch. corr.-M. Dupuy, pr.

(1) (Int. de la loi. Aff. Batini.) — La cour; — Vu l'art. 14 de la loi du 21 oct. 1814; — Attendu que le dépôt prescrit par cet article doit avoir lieu, dans les départements, au secrétariat de la préfecture, ce qui exclut la possibilité légale d'effectuer ce dépôt ailleurs qu'audit secrétariat; d'où il suit que ni le secrétariat d'une sous-préfecture, ni celui d'une mairie, ni celui de toute autre autorité, ne peuvent recevoir ledit dépôt, et qu'en le faisant ailleurs que dans le lieu déterminé par la loi, l'imprimeur Batini a contrevenu aux obligations que la loi lui impose, et que le jugement attaqué, en sanctionnant cette contravention, a violé l'art. 14 de la loi précitée; — Casse.

Du 19 avr. 1839.-C. C., ch. crim.-MM. Bastard, pr.-Mérilhou, rap.

(2) (Min. pub. C. Veysset.) — La cour; — Vu les art. 14 et 16 de la loi du 21 oct. 1814 relative à la liberté de la presse : — Attendu qu'il résulte de ces articles que la déclaration de se proposer d'imprimer un ouvrage, et le dépôt des exemplaires au nombre prescrit après l'impression, avant que de mettre l'ouvrage en vente ou de le publier de quelque manière que ce soit, sont deux obligations générales, absolues, imposées à l'imprimeur; qu'elles sont essentiellement distinctes, que l'une ne peut pas suppléer à l'autre; qu'il suit des termes clairs, formels et positifs de l'art. 16, que l'imprimeur, qui n'a fait ni la déclaration ni le dépôt, doit être condamné, pour la première fois, en une amende de 1,000 fr. par chaque contravention, c'est-à-dire de 2,000 fr. s'il est contrevenu aux deux obligations, et de 1,000 fr. seulement s'il n'a commis qu'une seule de ces deux contraventions; — Attendu que la déclaration de se

lorsqu'il y fait la déclaration préalable à l'impression d'un ouvrage (un bulletin électoral) et plus tard le dépôt de deux exemplaires, ne sont pas absolument nécessaires pour prouver qu'il a rempli, et en temps utile, ces deux formalités; qu'ils peuvent, en cas de poursuite, être suppléés, notamment par la production des originaux des déclarations et par une reconnaissance du préfet (L. 21 oct. 1814, art. 14 et suiv.);—Et que le défaut de représentation de ces récépissés par l'imprimeur, s'il peut faire présumer l'inaccomplissement des formalités prescrites et donner lieu, de la part du ministère public, à la mesure préventive de saisie des exemplaires de l'ouvrage, ne constitue pas par lui-même une contravention et ne peut, par suite, à lui seul, servir de base à une condamnation (Crim. rej. 16 nov. 1855, aff. Gueraud, D. P. 56. 1. 48). — Cela paraît bien jugé, et il ne peut même en être autrement; sans cela le mauvais vouloir ou la négligence d'un employé de la préfecture pourrait compromettre les intérêts de l'imprimeur dans les circonstances où l'impression d'un ouvrage réclame la plus grande célérité. Aussi les auteurs enseignaient-ils déjà qu'en cas de refus du préfet de recevoir la déclaration et le dépôt sans qu'il soit justifié d'un empêchement légal, l'imprimeur pourrait régulièrement passer outre après une mise en demeure infructueuse (De Grattier, t. 1, p. 80; V. cependant *infrà*, n° 486).

159. Indépendamment du dépôt prescrit par la loi du 21 oct. 1814, tous écrits traitant de matières politiques ou d'économie sociale et ayant moins de *dix feuilles* d'impression, autres que les journaux ou écrits périodiques, doivent être déposés par l'imprimeur au parquet du procureur impérial du lieu de l'impression. — L'imprimeur doit déclarer, au moment du dépôt, le nombre d'exemplaires qu'il a tiré. — Il est donné *récépissé* de la déclaration. — Toute contravention à ces obligations est *punie* par le tribunal de police correctionnelle, d'une amende de 100 fr. à 500 fr. (L. 27 juill. 1849, art. 7). — Il a été jugé que lorsqu'un écrit politique de moins de dix feuilles, imprimé ou lithographié, a été déposé au parquet du procureur impérial, conformément à l'art. 7 de la loi du 27 juill. 1849, et non en même temps à la préfecture, ainsi que l'exige l'art. 16 de la loi du 21 oct. 1814, dont les dispositions sont maintenues par la loi précitée, c'est l'amende prononcée par cette loi du 21 oct. 1814 que les juges doivent appliquer à une pareille omission, et non celle qui est édictée par l'art. 7 de la loi du 27 juill. 1849 (Toulouse, 3 mai 1850, aff. Périès, D. P. 52. 2. 138). — Il est, en effet, à observer que cet art. 7, qui exige le dépôt au parquet du procureur impérial, dont ne parlaient pas les lois antérieures, commence par ces mots : « Indépendamment du dépôt prescrit par la loi du 21 oct. 1814. » Il semble donc raisonnable de chercher la sanction dans la loi même où se trouve formulée l'obligation. Il en serait autrement si la loi du 27 juill. 1849 s'était emparée d'une partie des dispositions de la loi du 21 oct. 1814, sans parler de cette loi. — Une difficulté qui peut quelquefois causer de l'embarras dans l'application de la loi de 1849 au sujet de ce dépôt, c'est celle de savoir ce qu'il faut entendre exactement par les matières d'*économie sociale*. Cette expression nous semble douée d'une telle élasticité, qu'à moins qu'il ne s'agisse de publications qui se refusent manifestement à rentrer sous cette désignation, les imprimeurs agiront prudemment, en faisant pour tous les écrits de moins de dix feuilles, le double dépôt prescrit par la loi de 1849.

160. Quand doivent être faits la déclaration et le dépôt? — D'après l'art. 12 du décret du 5 fév. 1810, l'imprimeur doit remettre ou adresser *sur-le-champ* au directeur général de l'imprimerie et de la librairie, et, en outre, aux préfets, copie de la transcription faite sur son livre, avec déclaration qu'il a l'intention d'imprimer l'ouvrage indiqué; il lui en est donné récépissé. — La loi de 1814 (art. 14), défend d'imprimer avant la déclaration, ce qui est moins vague que la disposition précitée du décret de 1810. — Mais *composer*, ce n'est pas, à proprement parler, *imprimer*. Il semble donc, au premier abord, que la composition peut avoir lieu avant la déclaration. — Mais il a été décidé que la déclaration exigée de l'imprimeur par l'art. 14 de la loi du 21 oct. 1814, doit précéder la composition et le tirage des épreuves; que ces opérations ne peuvent être réputées simplement préliminaires à l'impression d'un ouvrage (Crim. cass. 29 janv. 1847, aff. Pinel, D. P. 47. 1. 148). — C'est en ce sens que s'expriment MM. Chassan, 2e édit., t. 1, n° 700 et suiv.; de Grattier, t. 1, p. 72, et il nous paraît aussi que l'art. 14 de la loi du 21 oct. 1814, en posant la règle que la déclaration prescrite à l'imprimeur doit précéder l'impression de l'ouvrage a attaché à ce mot un sens général et exclusif de la distinction qu'on cherchait à faire prévaloir, dans l'espèce de la décision précitée, entre les diverses opérations de l'imprimerie.

161. Quant au dépôt, il doit avoir lieu seulement avant la mise en vente (L. 1814, art. 14). — Par *mise en vente*, il faut entendre ici tous les genres de publication ou de distribution, même gratuite, car l'administration ne saurait avoir à rechercher si un prix a été payé. (V. en ce sens M. de Grattier, t. 1, p. 73). — Suivant cet auteur (*loc. cit.*), on ne pourrait considérer comme une publication le don de quelques exemplaires à un petit nombre d'amis. — Ce fait n'offre certainement, en soi, rien de répréhensible; mais nous croyons qu'il ne serait pas prudent de s'exposer à l'interprétation qu'un pareil don pourrait recevoir. — Il vaut mieux se renfermer dans les termes de la loi.—On ne considère pas comme un fait ayant le caractère de publication l'*envoi* des feuilles, chez le *brocheur*, après le tirage (Conf. M. Chassan, t. 1, n° 749), et rien n'est plus juste, puisque les exemplaires à déposer doivent eux-mêmes être brochés pour satisfaire complétement au vœu de la loi.

162. Mais, suivant deux arrêts dont la doctrine ne peut qu'être approuvée, les exemplaires sont considérés comme mis en vente dès qu'ils sont arrivés chez le libraire (Crim. cass. 21 fév. 1824, aff. Brunet, et sur nouveau pourvoi, ch. réun., Cass. 8 août 1828, V. n° 485-4°). — On conçoit qu'il ne peut même en

proposer d'imprimer faite, pour les tom. 2 et 3 de l'ouvrage dont il s'agit à la préfecture du département de l'Isère, par un imprimeur demeurant à Grenoble dans ce département, est étrangère à l'imprimeur, fût-il le même individu qui se proposait ou s'est proposé postérieurement d'imprimer le tome 1 du même ouvrage à Clermont-Ferrant, département du Puy-de-Dôme; — Qu'en supposant même, ce qui ne résulte ni de l'arrêt attaqué, ni du jugement confirmé par ledit arrêt, que la déclaration faite à la préfecture de l'Isère par l'imprimeur de Grenoble comprît les trois tomes de l'ouvrage, cela ne pouvait dispenser de la déclaration préalable un imprimeur qui se proposait d'imprimer tout ou partie du même ouvrage dans un autre département; que le système contraire, en pleine contradiction avec le texte précis de la loi rendrait impossible et, par conséquent, illusoire la surveillance de l'autorité administrative sur la presse; — Attendu que personne n'est réputé ignorer les devoirs légaux de sa profession; que la contravention étant constante, les tribunaux doivent prononcer les peines fixées par la loi; qu'ils ne peuvent admettre d'autres excuses que celles qu'elle autorise, dans le cas où elle déclare le fait excusable, ou permet de lui appliquer une peine moins rigoureuse; que, dans tout autre cas, c'est au gouvernement ou aux administrations auxquelles ce pouvoir est délégué, de prendre en considération les circonstances atténuantes, telles que le défaut d'intérêt ou la bonne foi du contrevenant, et d'accorder, d'après leur appréciation, la remise ou la modération des amendes encourues; — Attendu, néanmoins, que le tribunal de première instance de Clermont-Ferrant, par un jugement correctionnel du 2 fév. 1826, a déclaré qu'il n'y avait pas contravention et a renvoyé en conséquence le sieur Veysset, imprimeur-libraire dans cette ville, de l'action du ministère public, quoiqu'il fût constaté légalement et formellement reconnu que cet imprimeur n'avait pas fait la déclaration préalable à l'impression du tome 1 des œuvres de Virgile avec traduction, qu'il avait imprimé pendant le cours de l'année 1825, et dont il a fait après l'impression, le dépôt prescrit des exemplaires à la préfecture du département du Puy-de-Dôme, et cela par le motif que Veysset, ayant représenté au commissaire de police, rédacteur du procès-verbal, le récépissé de la déclaration et du dépôt fait au secrétariat de la préfecture du département de l'Isère par l'imprimeur de Grenoble, des tom. 2 et 3 de cet ouvrage, Veysset avait pu considérer comme peu nécessaire la déclaration à faire du tome 1 desdites œuvres, et parce qu'il avait fait le dépôt, à la préfecture du Puy-de-Dôme, des exemplaires imprimés de ce tome 1, et que, sur l'appel interjeté par le ministère public, la chambre des appels de police correctionnelle de la cour royale de Riom a confirmé ledit jugement par l'arrêt attaqué, en se déterminant par les mêmes motifs qu'elle a adoptés; — D'où il suit qu'elle s'en est appropriée les vices, et qu'elle a formellement violé les art. 14 et 16 de la loi du 21 oct. 1814; — En conséquence, et statuant sur le pourvoi du procureur général près la cour royale de Riom, casse.

Du 16 juin 1826.-C. C., ch. crim.-MM. Bailly, pr.-Brière, rap.

être autrement ; c'est par l'imprimeur et non par le libraire que doit être effectué le dépôt. C'est donc avant que l'imprimeur se dessaisisse de l'édition que la formalité doit être remplie. — D'ailleurs le dépôt chez le libraire est réellement un commencement de mise en vente. La présomption naturelle résultant de ce fait, c'est même qu'il n'a lieu qu'en vue de la mise en circulation. — Rien de plus simple, par conséquent, que d'exiger que le dépôt précède l'envoi chez le libraire, de la totalité ou d'une partie de l'édition.

163. Tous les écrits traitant de matières politiques ou d'économie sociale, ayant moins de dix feuilles d'impression, autres que les écrits périodiques, doivent être déposés par l'imprimeur au parquet du procureur impérial du lieu de l'impression, *vingt-quatre heures avant toute publication* (L. 27 juill. 1849, art. 7). — D'où il suit que le récépissé délivré à l'imprimeur doit constater l'heure du dépôt. — Conformément à l'article précité de la loi de 1849, il a été jugé que lorsqu'une pétition imprimée et faisant corps avec un journal est destinée à en être séparée, elle doit, si elle traite de matières politiques, être déposée vingt-quatre heures avant la publication, au parquet du procureur impérial, conformément à la loi du 27 juill. 1849, nonobstant le dépôt qui, en vertu de la loi du 18 juill. 1828, doit aussi être effectué au même lieu, mais au moment seulement de la publication du journal dont elle fait partie (Crim. rej. 28 nov. 1850, aff. Quénec, D. P. 51. 1. 278). — V. *infrà*, nos 234 et s., ce qui concerne les écrits périodiques.

164. Les explications dans lesquelles nous sommes entrés *suprà*, n° 99, prouvent assez que l'obligation de déposer, avant toute publication, à la préfecture et au parquet du procureur impérial, les écrits traitant de matières politiques, et ayant moins de dix feuilles, s'applique aux écrits lithographiés comme aux écrits imprimés, et c'est ce qui a été formellement jugé (Toulouse, 3 mai 1850, aff. Perlès, D. P. 52. 2. 158).

165. Suivant un arrêt dont la doctrine nous paraît devoir être suivie, le *refus* fait à l'imprimeur par l'autorité administrative de recevoir, *un jour férié*, la déclaration et le dépôt des exemplaires exigés par la loi, ne l'autorise point à publier l'ouvrage sans l'avoir déposé, encore qu'il ait demandé au président du tribunal l'autorisation de sommer le préfet de les recevoir, autorisation qui a été refusée (Metz, 31 août 1835) (1). — Le refus fait par l'autorité administrative un *jour férié* n'a rien que de naturel et de légal, et la loi n'a nullement indiqué comme devant suppléer au dépôt un recours quelconque à l'autorité judiciaire. — Toutefois, dans les cas ordinaires, nous admettons très-bien que si, par un caprice qui ne peut se supposer, l'administration se refusait à l'accomplissement de la déclaration et du dépôt, son refus pourrait être constaté par un procès-verbal, et les huissiers nous semblent être les seuls officiers publics qui puissent être contraints de prêter leur ministère à cet effet. — V. n° 488.

Art. 3. — *Nom et demeure de l'imprimeur.*

166. L'obligation imposée à tout imprimeur d'indiquer son *nom* et sa *demeure* sur les ouvrages qu'il livre à l'impression, forme le complément des précautions prises par le législateur contre les publications dangereuses en ce qui concerne les imprimeurs. — Il a pensé avec raison que l'imprimeur, obligé de s'associer ainsi publiquement à l'œuvre qu'il doit reproduire, s'en montrerait plus scrupuleux dans l'emploi de ses presses. — En supposant l'omission de la déclaration et du dépôt, c'est là, d'ailleurs, un moyen pour atteindre les personnes sur lesquelles doit peser la responsabilité des écrits. — L'indication de l'imprimeur est, en outre, dans une certaine mesure, un obstacle à la contrefaçon littéraire, cette piraterie de la pensée, non moins odieuse et non moins funeste que la piraterie des mers. — Aux termes de l'art. 17 de la loi du 21 oct. 1814, le défaut d'indication, de la part de l'imprimeur, de son nom et de sa demeure, est puni d'une amende de 3,000 fr. L'indication d'un faux nom et d'une fausse demeure est punie d'une amende de 6,000 fr., sans préjudice de l'emprisonnement prononcé par le code pénal. — Et conformément à cette disposition, il a été jugé que, pour qu'un imprimeur ne puisse être passible de l'amende de 3,000 fr. prononcée par l'art. 17 de la loi du 21 oct. 1814, il ne suffit point qu'il ait fait la déclaration et le dépôt prescrit par l'art. 14 : il faut, de plus, que chaque exemplaire de l'ouvrage porte le vrai nom et la vraie demeure de l'imprimeur (Crim. cass., 21 fév. 1824, aff. Brunet, et sur nouveau pourvoi, ch. réun. cass. 8 août 1828, V. n° 485-4°). — Il y a lieu à saisie et séquestre d'un ouvrage, si chaque exemplaire ne porte pas le vrai nom et la vraie demeure de l'imprimeur (L. 21 oct. 1814, art. 15). — Et cette disposition doit être entendue en ce sens qu'il y a lieu à saisie et à séquestre, non-seulement lorsque l'ouvrage porte une fausse indication des nom et demeure de l'imprimeur, mais encore lorsqu'il n'existe aucune indication.

167. D'après l'art. 41 du décret du 5 fév. 1810, le *nom de*

---

(1) *Espèce :* —(Lamort C. min. pub.) — Le dimanche 28 juill. 1835, refus du préfet de la Moselle de recevoir de M. Lamort, imprimeur, la déclaration et le dépôt d'une adresse qui devait être mise en circulation à la revue de la garde nationale. — Le même jour, refus du président du tribunal d'adhérer à une requête afin de faire faire au préfet sommation de les recevoir. — Sans autre formalité, l'adresse fut distribuée. — Poursuite. — Jugement de police correctionnelle qui condamne à 1,000 fr. d'amende pour défaut de déclaration préalable, et quant au dépôt, renvoie de ce chef. — Appel du sieur Lamort et du procureur général. — Arrêt.

La cour ; — Sur le premier moyen : — Attendu que les dispositions de la charte constitutionnelle de 1830, sur la liberté de la presse et sur l'abrogation de la censure, ne sont point contraires à la première partie de l'art. 14 de la loi du 21 oct. 1814, qui oblige l'imprimeur à faire préalablement à la préfecture la déclaration de l'écrit qu'il va imprimer, par la raison que cette déclaration préalable a essentiellement pour objet d'avertir l'autorité de surveiller plus immédiatement l'écrit qui va paraître, et de se tenir prête à le saisir à l'instant de la publication s'il comporte des délits prévus par les lois ; qu'il suit donc de là que cette partie dudit article se concilie avec les dispositions sus-rappelées ; si vrai encore que la cour de cassation, par son arrêt du 4 mai 1832, a décidé que ledit art. 14 s'appliquait encore aujourd'hui au défaut de déclaration par l'imprimeur ; — Sur le deuxième moyen : — Attendu que le texte de l'art. 14 est exprès ; que le mot *écrit* qui s'y trouve est général ; que l'écrit dont il s'agit, quelque peu d'étendue qu'il ait, ne peut évidemment rentrer par sa nature dans ce qu'on appelle en termes de librairie, les ouvrages de ville ou bilboquets ; — Sur le troisième moyen : — Attendu que le jour où Lamort s'est présenté à la préfecture pour faire sa déclaration et le dépôt des exemplaires, était un dimanche, jour férié ; que le refus de l'autorité administrative de recevoir ce jour sa déclaration et le dépôt des exemplaires, l'avait averti qu'il aurait dû le faire plus tôt ou qu'il devait attendre au lendemain pour l'opérer ; que le refus donné à son tour par le président du tribunal d'enjoindre à un huissier de sommer le préfet de recevoir lesdits déclaration et dépôt, ajoutait à cet avertissement ; que, néanmoins, Lamort a passé outre et a livré à la publicité ledit écrit sans avoir de récépissé de la déclaration et du dépôt des exemplaires ; qu'il s'est conséquemment volontairement placé dans les deux cas prévus par les art. 14, 15 et 16 de la loi précitée ; — Attendu que l'illégalité du refus de l'autorité administrative reprochée par Lamort, en la supposant même, ne pouvait autoriser Lamort à ne pas se soumettre à la loi ; — Attendu qu'il n'est point exact de soutenir que Lamort était de bonne foi en s'abstenant de faire sa déclaration et le dépôt, et en ne suivant en cela que ce qui lui était indiqué par le jugement d'instance de 1830, puisqu'il avait d'abord agi contrairement à ce jugement, et que ce n'est que par les refus qu'il a éprouvés qu'il a tout à coup changé de résolution ; — Que, d'ailleurs, il n'y a pas lieu d'apprécier ces exceptions de bonne foi ou d'excuse, exceptions qui, d'après les principes sur la matière et la jurisprudence, et notamment par l'arrêt de la cour de cassation, du 4 mai 1832, ne peuvent être prises en considération ; — Par ces motifs, sans s'arrêter à l'appel principal du sieur Lamort, met ledit appel au néant ; — Faisant droit sur l'appel incident interjeté par le procureur général du roi, réforme la décision des premiers juges, en ce qu'ils auraient renvoyé Lamort du second chef de prévention ; émendant, quant à ce, déclare Lamort convaincu d'avoir, le 28 juill. 1835, publié l'écrit imprimé, commençant par ces mots : « Parisiens, vous avez, en trois jours, précipité du trône une dynastie odieuse au pays... », et finissant par ceux-ci : « Nous ne serons point indignes de nos pères, et nous ne laisserons point s'élever impunément à vos portes quatorze forteresses destinées à fonder une tyrannie nouvelle, » sans que Lamort puisse représenter le récépissé du dépôt du nombre prescrit d'exemplaires ; en conséquence, et conformément aux art. 14, 15 et 16 de la loi du 21 oct. 1814... condamne Sigisbert Lamort en une amende de 1,000 fr. et aux frais envers l'État... le jugement dont est appel devant sortir au surplus son plein et entier effet.

Du 31 août 1835.-C. de Metz, ch. cor.-MM. Humbert, pr.

l'auteur pouvait suppléer le *nom de l'imprimeur*. Il n'en est pas de même aux termes de l'art. 15 de la loi de 1814.—A la vérité, l'art. 283 c. pén. admet aussi que le nom de l'auteur peut tenir lieu de celui de l'imprimeur, et cette disposition a été révisée en 1832, ce qui semblerait permettre de soutenir que la loi de 1814 se trouve sur ce point modifiée. — Mais il est essentiel de remarquer que l'art. 283 c. pén. ne s'applique qu'aux distributeurs, et ne peut être invoqué que par eux. — V. nos 471 et s.

Au reste, il a été décidé que l'art. 283 c. pén., qui punit d'un emprisonnement de six jours à six mois toute personne qui aura contribué sciemment à la publication ou distribution d'imprimés ne contenant pas l'indication des noms, profession et demeure de l'auteur ou de l'imprimeur, s'applique à la distribution d'une pétition détachée d'un journal, et qui ne renferme pas cette indication (Crim. rej. 24 janv. 1851, aff. Sansanné, D. P. 51. 5. 438). — Sur les caractères de la distribution, V. *infrà*, nos 433 et suiv.

268. Tous les imprimés doivent-ils porter le nom et la demeure de l'imprimeur? Oui, sans doute; car ici encore la loi de 1814 (art. 15) ne fait pas de distinction. — Il a même été jugé : 1° que les ouvrages imprimés en France, dans une langue étrangère et exclusivement destinés au commerce avec l'étranger, doivent indiquer le nom et la demeure de l'imprimeur (Paris, 3 fév. 1825) (1); — 2° Qu'un imprimeur qui a omis d'indiquer sa demeure et son nom sur les exemplaires d'un ouvrage sorti de ses presses, commet une contravention dont il ne saurait être acquitté, lors même qu'il aurait déclaré à la direction que cet ouvrage, imprimé en langue étrangère, était destiné à être vendu et publié en pays étranger; que, conformément à cette déclaration, aucun exemplaire de cet ouvrage, saisi en totalité à la douane, n'aurait effectivement été vendu en France, et qu'enfin les cinq exemplaires déposés à la direction générale de la librairie, porteraient le nom et la demeure de l'imprimeur (Crim. cass. 11 nov. 1825) (2).

269. On doit aussi considérer comme sujet à la même indication tout écrit imprimé qui n'est point d'un usage purement privé, et qui contenant le développement de quelque pensée, est susceptible d'être répandu dans le commerce. — Il a été décidé en ce sens : 1° que l'annonce imprimée d'une découverte et de ses avantages est un ouvrage qui doit indiquer le nom et la demeure de l'imprimeur (Crim. cass. 3 juin 1836) (3); — 2° Que la disposition des art. 15 et 17 de la loi du 21 oct. 1814, d'après laquelle tout ouvrage doit porter l'indication du nom et de la demeure de l'imprimeur, est générale et absolue, et ne peut être subordonnée

---

(1) *Espèce* : — (Min. pub. *C.* Rosa et Hamonière.) — Le 27 nov. 1824, jugement du tribunal correctionnel de Paris ainsi conçu : — « Attendu, en droit, qu'aux termes des art. 19 L. 21 oct. 1814 et 271 c. pén., tout ouvrage imprimé en France ne peut être distribué sans porter le nom et l'adresse de l'imprimeur; que les dispositions de ces articles de lois, dont le but est de prévenir l'établissement de presses clandestines, et de donner les moyens de poursuivre les ouvrages susceptibles d'être incriminés, n'admettent aucune exception en faveur des ouvrages publiés en langue étrangère; — Attendu, en fait, qu'il n'a été saisi qu'un seul exemplaire du livre intitulé *Apologia catolica*, lequel porte l'adresse de Rosa; — Renvoie Rosa de la plainte; — Attendu que Hamonière a distribué les ouvrages intitulés *Imitation de Cristo* et *el Hijo del Carnaval*, en langue espagnole, sans nom ni adresse de l'imprimeur de ces ouvrages, conformément aux art. 258, 280 et 466 c. pén.; — Déclare bonne et valable la saisie desdits ouvrages; — Condamne Hamonière à 5 fr. d'amende et aux dépens. — Appel du ministère public et de Hamonière. — Arrêt.

La cour; — En ce qui touche Hamonière : — Attendu que, d'après les pièces de l'instruction et les débats, il ne résulte pas des faits imputés audit Hamonière qu'il ait publié ou distribué les ouvrages saisis à la douane; — Par ces motifs, met l'appellation du jugement dont est appel au néant; — Émendant, le décharge des condamnations contre lui prononcées; — Au principal, le renvoie des fins du procès-verbal dressé contre lui; — En ce qui toucha Rosa : — Attendu que des pièces de l'instruction et des débats résulte la preuve que Rosa a distribué l'ouvrage intitulé *Apologia catolica*, en langue espagnole, sans le nom ni l'adresse de l'imprimeur de ces ouvrages; — Par ce motif, met l'appellation et ce dont est appel au néant; — Émendant, déclare Rosa coupable du délit prévu par l'art. 288 c. pén.; — Mais attendu que Rosa a fait connaître l'auteur et l'imprimeur dudit ouvrage; — Vu les art. 284, 286, 288 et 475, n° 15, même code; — Condamne Rosa en 10 fr. d'amende et aux dépens, etc. »

Du 3 fév. 1825.-C. de Paris, ch. cor.

(2) *Espèce* : — (Intérêt de la loi.— Firmin Didot.) — « Le procureur général expose, etc. — Le sieur Firmin Didot a fait imprimer un ouvrage espagnol intitulé la Lyra argentina, et n'y a pas indiqué son nom ni sa demeure. Il a été traduit devant le tribunal correctionnel de Paris, qui, par jugement du 25 fév. dernier, a renvoyé le prévenu des fins de la prévention, par le motif que le défaut d'indication n'était pas absolu dans la cause, puisque le nom et la demeure de l'imprimeur étaient indiqués sur les exemplaires déposés à la direction de la librairie. La saisie des exemplaires dudit ouvrage, qui avait eu lieu à la douane de Paris, fut au surplus déclarée bonne et valable, et Firmin Didot condamné aux dépens. — Le procureur du roi interjeta appel de ce jugement. — Firmin Didot conclut incidemment à être déchargé des dépens et à la mainlevée de la saisie. — La cour royale rendit, le 20 juin dernier, son arrêt conçu en ces termes : — « Considérant que la déclaration faite par Firmin Didot à la direction de la librairie, portant intention d'imprimer un ouvrage intitulé la Lyra argentina, fait mention d'une note annonçant que l'ouvrage devait être imprimé en langue étrangère, et destiné pour l'étranger, et qu'il ne devait pas en rester d'exemplaire en France; — Considérant que cinq exemplaires portant le nom de l'imprimeur, ont été déposés à la direction de la librairie, conformément à la loi; — Considérant qu'il a été saisi à la douane plusieurs caisses plombées et ficelées renfermant sept cent quarante-huit exemplaires dudit ouvrage intitulé la Lyra argentina, sans nom d'auteur ni d'imprimeur, destinés à être exportés en Amérique, par le port de Bordeaux; ce qui, avec les cinq exemplaires déposés, forme la totalité de l'édition; — Considérant que de ces faits ne résulte contre Firmin Didot aucun indice qu'il se soit rendu coupable de contravention aux art. 15 et 17 de la loi du 21 oct. 1814, soit en vendant, soit en publiant ledit ouvrage, et que même du dépôt à la douane résulte la preuve que Firmin Didot ne voulait ni vendre ni publier en France; — Par ces motifs, émendant, décharge Firmin Didot des condamnations contre lui prononcées. »

Cette décision de la cour d'appel est une composition avec la loi. — En remplissant les deux premières formalités que prescrit la loi, qui sont la déclaration de l'intention d'imprimer et le dépôt de cinq exemplaires, le sieur Firmin Didot ne pouvait être considéré comme dispensé d'accomplir la troisième, qui consiste à indiquer sur chaque exemplaire son nom et sa demeure. — La circonstance que les cinq exemplaires déposés portaient cette indication ne faisait point disparaître la contravention résultant de ce que les sept cent quarante-huit autres ne la portaient pas; car la loi n'établit aucune distinction entre les uns et les autres, elle veut que tous les exemplaires indistinctement contiennent l'indication du nom et de la demeure de l'imprimeur. — La loi ne distingue pas non plus entre les ouvrages écrits en langue française et ceux qui le sont en langue étrangère, entre ceux qui sont destinés à être publiés et vendus en France, et ceux qui doivent être vendus et publiés en pays étrangers : rien n'empêche (on peut l'observer très-surabondamment) que ces derniers ne rentrent sur notre territoire. La circonstance que l'édition entière, moins les cinq exemplaires déposés, avait été saisie à la douane au moment d'être exportée en Amérique, n'était donc d'aucune influence dans la cause. La cour d'appel de Paris a créé des distinctions qui ne sont pas dans la loi et que la loi repousse, elle a violé les art. 15 et 17 de la loi du 21 oct. 1814. Les principes que l'exposant vient de développer ont été consacrés par l'arrêt rendu sur son réquisitoire, le 25 juin dernier (V. n° 175), dans l'affaire du sieur Pochard, imprimeur à Paris, qui pourtant avait apposé son nom à l'ouvrage saisi, mais qui avait négligé seulement d'indiquer sa demeure.—Ce considéré, etc. *Signé* Mourre. » — Arrêt.

La cour; — Vu le réquisitoire ci-dessus; — Vu l'art. 441 c. inst. crim.; — Vu pareillement les art. 15 et 17 de la loi du 21 oct. 1814, relative à la liberté de la presse, portant, etc.; — Statuant sur ledit réquisitoire et adoptant les motifs y énoncés, casse et annule, dans l'intérêt de la loi seulement, l'arrêt rendu par la chambre des appels de police correctionnelle de la cour d'appel de Paris, le 20 juin dernier.

Du 11 nov. 1825.-C. C., sect. crim.-MM. Portalis, pr.-Brière, rap.

(3) (Min. pub. *C.* Cordier.) — La cour; — Vu les art. 15 et 17 de la loi du 21 oct. 1814; — Attendu que l'art. 15 de ladite loi déclare sujets à la saisie et au séquestre les *ouvrages* qui n'indiquent pas le vrai nom et la vraie demeure de l'imprimeur; — Attendu que cette expression *ouvrages* embrasse dans sa généralité tous les écrits imprimés qui ne sont pas destinés à des usages purement privés, qui sont susceptibles d'être répandus dans le commerce et qui contiennent le développement de quelque pensée; — Attendu qu'une annonce destinée à publier une découverte et à en faire valoir les avantages, constitue un ouvrage, dans le sens des articles précités de la loi du 21 oct. 1814, et doit, par conséquent, être soumise aux formalités qu'ils prescrivent; d'où il suit qu'en jugeant le contraire, l'arrêt attaqué a faussement interprété et, par suite, violé lesdits art. 15 et 17 de ladite loi; — Casse.

Du 3 juin 1836.-C. C., ch. crim.-MM. de Bastard, pr.-Mérilhou, rap.

dans son application au plus ou moins d'étendue de l'ouvrage; et, spécialement, qu'on doit considérer comme un ouvrage, dans le sens de ces articles, l'écrit imprimé contenant, non pas seulement une simple adresse, mais encore avec certains développements, l'indication et l'éloge d'une découverte relative à l'art de guérir (Crim. cass. 16 août 1839) (1).

170. Lorsque les planches gravées sont accompagnées d'un texte imprimé, ce texte constitue un écrit qui ne peut être publié que sous les conditions déterminées par les art. 14 et 15 de la loi du 21 oct. 1814. — En conséquence, il a été jugé: 1° que l'imprimeur qui n'a pas mis, au bas de chaque exemplaire de ses planches, avant leur publication, son nom et sa demeure, est passible de l'amende portée en l'art. 17 de la même loi (Crim. cass. 5 nov. 1835, et sur nouveau pourvoi Ch. réun. cass. 1er juill. 1836) (2); — 2° Qu'on doit encore considérer comme écrit imprimé dans le sens des art. 17 de la loi du 21 oct. 1814 et 7 de la loi du 27 juill. 1849, soit le texte mis au bas d'une lithographie, soit les paroles d'un morceau de musique (Paris, 28 juin 1850, aff. Magnier, D. P. 50. 2. 198). — Les placards et affiches doivent aussi indiquer le nom et la demeure de l'imprimeur. — V. en ce sens MM. Chassan, t. 1, n° 734; de Grattier, t. 2, p. 93.

171. Toutefois, il semble naturel d'étendre à cette obligation la dispense admise pour la déclaration et le dépôt, en ce qui concerne les *bilboquets* (V. n° 137), puisqu'il y a même raison de décider. Pourquoi, en effet, cette dispense a-t-elle été accordée par l'administration? C'est parce que les publications qui en sont l'objet ne sauraient, d'après leur nature, porter aucune atteinte à l'ordre public. — Dès lors pourquoi les soumettre à une formalité qui a pour but de faciliter une surveillance reconnue inutile?

172. Il a été jugé en ce sens que les imprimeurs sont dispensés d'indiquer leur nom et leur demeure sur les *ouvrages* de ville ou *bilboquets*, ainsi que sur les mémoires judiciaires signés par un avocat ou un avoué (Caen, 21 août 1826, aff. Gaumont, V. n° 137).

173. Mais il a été décidé en sens contraire : 1° que les imprimeurs sont tenus d'inscrire leurs noms et leur demeure sur les ouvrages dits bilboquets ou ouvrages de ville, tels que des prospectus d'un meuble d'une nouvelle invention, bien que de tels ouvrages soient dispensés, par l'usage et la tolérance de l'administration, du dépôt et de la déclaration préalable (Crim. cass. 5 juill. 1845, aff. Vial, D. P. 45. 1. 351. — Conf. Cass. 14 juin 1853, aff. Olive, V. n° 485-5°; V. aussi en ce sens MM. Chassan, t. 1, p. 446, 447; de Grattier, t. 1, p. 93; Pegat, Code de la presse, v° Imprimeur, p. 43; Morin, Dict. de dr. crim., v° Imprimeur); — 2° qu'une circulaire destinée à faire un appel de fonds aux actionnaires et abonnés d'un journal doit contenir l'indication du nom et de la demeure de l'imprimeur, bien qu'elle soit jointe à l'un des numéros de ce journal (Paris, 8 avril 1836) (3); — 3° Qu'il en est de même d'une pétition imprimée et faisant corps avec un journal, mais qui est destinée à en être séparée (Crim. rej. 28 nov. 1850, aff. Quénec, D. P. 51. 1. 278; Crim. cass. 22 fév. 1851, aff. Ratery, D. P. 51. 5. 437); — 4° Que les dispositions des art. 14, 15, 16 et 17 de la loi du 21 oct. 1814, relatives à la déclaration et au dépôt préalables des écrits ou ouvrages imprimés, et à l'indication sur chaque exemplaire du nom et de la demeure de l'imprimeur, sont générales et absolues, et s'appliquent à tout écrit qui ne se rapporte pas à des intérêts purement privés et de famille, mais touche à des intérêts d'administration, de police ou de politique, quel que soit d'ailleurs le peu d'étendue de cet écrit; — Et spécialement, les bulletins imprimés d'élection sont soumis aux formalités prescrites par ces articles. — On dirait à tort que la loi de 1814, en parlant des *ouvrages* ou *écrits*, n'a voulu désigner que les compositions exprimant une production de l'esprit (Crim. cass. 11 janv. 1856, aff. Villard, D. P. 56. 1. 93, V. notre observ. *eod.*). — On n'excepte que les cartes de visite, les lettres de faire part, adresses imprimés ou formules en blanc à garnir dans les bureaux et autres ouvrages destinés à un usage purement privé. — V. en ce sens MM. Chassan, de Grattier, *ubi suprà*; V. sur ce point nos 137, 138, nos observations en ce qui concerne la déclaration et le dépôt; — V. *infrà*, nos 234 et suiv., ce qui concerne les écrits périodiques.

174. L'indication du nom et de la demeure de l'imprimeur est exigée cumulativement (V. en ce sens M. Chassan, t. 1, p. 441). — L'art. 19 de la loi du 21 oct. 1814, qui punit tout libraire qui a mis en vente un ouvrage sans nom d'imprimeur, doit en effet, et c'est ce qui a été jugé, être réputé se référer à l'art. 17 de la même loi, lequel exige tout à la fois le nom et la demeure de l'imprimeur (Paris, 28 juin 1850, aff. Ballard, D. P. 50. 2. 199). — ... Il en est ainsi, et c'est encore ce qui a été décidé, même dans le cas où il s'agit d'un prospectus dont quelques exemplaires contiennent l'indication de la demeure de l'imprimeur, et bien que cette demeure soit connue de tout le

---

(1) (Min. pub. *C.* Marie.) — LA COUR; — Vu les art. 15 et 17 de la loi du 21 oct. 1814; — En ce qui touche le moyen de nullité pris de ce que la déclaration de pourvoi aurait été faite, non au greffe comme l'exige l'art. 575 c. inst. crim., mais au parquet où le greffier s'est transporté sur la réquisition du procureur général : — Attendu que les formes du pourvoi en cassation ne sont pas réglées par l'art. 575, mais bien par l'art. 417 c. inst. crim., d'après lequel la déclaration de recours doit être faite au greffier par la partie demanderesse en cassation, signée d'elle et du greffier, et inscrite sur un registre à ce destiné; que, dans l'espèce, la déclaration du demandeur satisfait à ces conditions; — En ce qui touche le fond : — Attendu que la disposition des art. 15 et 17 de la loi du 21 oct. 1814, d'après laquelle tout ouvrage doit porter l'indication du nom et de la demeure de l'imprimeur est générale et absolue, et ne peut être subordonnée, dans son application, au plus ou moins d'étendue de l'ouvrage; que l'écrit dont il s'agit au procès, qui n'est point une simple adresse, mais contient, avec certains développements, l'indication et l'éloge d'une découverte relative à l'art de guérir, constitue un ouvrage dans le sens des articles précités, et doit par conséquent être soumis aux formalités qu'ils prescrivent; — Qu'en jugeant le contraire, l'arrêt attaqué a faussement interprété et par suite formellement violé lesdits art. 15 et 17 de la loi du 21 oct. 1814; — Casse.

Du 16 août 1839.-C. C., ch. crim.-MM. Bastard, pr.-Vincens, rap.

(2) *Espèce :* — (Min. pub. *C.* Goin.) — 5 nov. 1835, arrêt de la chambre criminelle de la cour de cassation (MM. Bastard, pr., Rives, rap.), ainsi conçu : — « Vu les art. 14, 15 et 17 de la loi du 21 oct. 1814; — Attendu que l'arrêt dénoncé a considéré les gravures dont il s'agit comme étant accompagnées d'un texte imprimé; — Qu'il s'ensuit qu'elles ne pouvaient être publiées que sous les conditions déterminées par les art. 14 et 15 de la loi du 21 oct. 1814, dont les dispositions générales et absolues n'ont pu être étendues ni restreintes par l'ordonnance royale du 24 du même mois; — Qu'en n'infligeant pas au prévenu l'amende attachée par l'art. 17 de cette loi, au défaut d'indication de son nom et de sa demeure sur chaque exemplaire de ces gravures, ledit arrêt a commis une violation expresse des articles ci-dessus visés, — Casse.

Par suite du renvoi prononcé par la cour de cassation, la question a été jugée dans un sens contraire à l'arrêt qui précède. — Nouveau pourvoi. — Arrêt.

LA COUR; — Vu les art. 14, 15 et 17 de la loi du 21 oct. 1814; — Attendu que l'arrêt attaqué a reconnu, en fait, que les planches gravées dont il s'agit étaient accompagnées d'un texte imprimé; qu'il s'ensuit que ce texte constituait un écrit qui, dès lors, ne pouvait être publié que sous les conditions déterminées par les art. 14 et 15 de la loi précitée; qu'en n'infligeant pas, dans ces circonstances, au prévenu, l'amende prononcée par l'art. 17 de la loi précitée, ledit arrêt l'a expressément violé, ainsi que les autres dispositions de la même loi sus-énoncées; — Casse, etc.

Du 1er juill. 1836.-C. C., ch. réun.-MM. Portalis, 1er pr.-Borel, rap.

(3) (Min. pub. *C.* Migne et autres.) — LA COUR; — En ce qui touche l'application des art. 283 et 284 c. pén., résultant de ce que l'écrit dont il s'agit aurait paru sans indication de nom, profession et demeure de l'auteur : — Considérant que cet écrit ayant pour objet un appel de fonds à verser entre les mains du directeur du journal, contenait une désignation et une qualification suffisantes, et que cet écrit n'ayant été distribué qu'avec le journal, s'y référait nécessairement; — En ce qui touche la contravention imposée à Desportes, résultant du défaut d'énonciation de ses nom et demeure : — Considérant que l'obligation imposée aux imprimeurs par le § 2, art. 15, L. 21 oct. 1814, a eu pour objet de faciliter la recherche des abus et des délits de la presse; que les dispositions de la loi sont générales et n'admettent, dès lors, aucune distinction fondée sur la nature ou l'étendue de l'écrit imprimé; — Considérant que la bonne foi de l'imprimeur, qui pourrait être invoquée comme circonstance exclusive, ou au moins atténuante s'il s'agissait d'un délit, ne peut être appréciée, en matière de contravention, que par l'administration, qui seule a droit de modérer, et même de faire remise de la peine; — En ce qui touche Migne, ordonne que le jugement dont est appel recevra son entier effet; — En ce qui touche Desportes, le condamne à l'amende de 5,000 fr. et aux dépens, etc.

Du 8 avr. 1836.-C. de Paris.-M. Didelot, subst. du pr. gén.; c. conf

département, où il n'existe pas d'autre imprimeur (Crim. cass. 14 juin 1833, aff. Olive, V. n° 485-3°).

175. Il a été également jugé qu'un imprimeur qui n'indique pas sa demeure sur chaque exemplaire des ouvrages sortis de ses presses, doit être condamné à l'amende de 3,000 fr., et ne peut en être déchargé, sous prétexte que sa demeure est suffisamment connue (Crim. cass. 25 juin 1825) (1).

176. Le nom et la demeure de l'imprimeur sont suffisamment indiqués par la mention de son nom patronymique et de la ville où il demeure, sans désignation de la rue. Mais il est indispensable que sa profession soit indiquée, afin qu'on sache que les noms et demeure désignés sont ceux d'un imprimeur.— V. en ce sens M. Chassan, t. 1, p. 442.

177. D'après les raisons que nous avons développées *supra*, n° 99, il a été jugé que les imprimeurs *lithographes* sont soumis non-seulement à la déclaration avant l'impression et au dépôt avant la publication, mais encore à l'obligation d'indiquer leur nom et leur demeure au bas des écrits qu'ils impriment (Montpellier, 1er fév. 1847, aff. Serveille, D. P. 47. 2. 56).

178. Au reste, l'indication peut être mise indifféremment sur la première ou la dernière feuille de l'ouvrage. Il n'y aurait même pas contravention à ce qu'elle le fût dans le corps de l'ouvrage (V. en ce sens M. Chassan, t. 1, p. 443).—Cependant cette désignation se place ordinairement à la fin de l'ouvrage, et selon nous, il ne devrait même y avoir de choix pour l'imprimeur qu'entre la première et la dernière page.— Il est facile de comprendre en effet, quel soin minutieux doit exiger la découverte d'une telle indication, lorsqu'elle est placée suivant le caprice de l'imprimeur, dans un volume de 7 à 800 pages, par exemple. — Quoi qu'il en soit, et c'est ce qui a été jugé, dans les publications faites par livraisons, le nom et la demeure de l'imprimeur doivent figurer sur chaque livraison (Crim. rej. 19 janv. 1848, aff. Alzine, D. P. 48. 1. 56, V. en ce sens M. Chassan, t. 1, n° 728).—Mais il n'est pas indispensable que l'indication se trouve dans le corps de chaque livraison, pourvu qu'elle se trouve sur la couverture de chacune, et qu'elle soit placée, d'ailleurs, de manière à figurer dans le corps de chaque volume.— V. en ce sens M. Chassan, t. 1, n° 728.

179. La contravention pour défaut d'indication ou fausse indication des nom et demeure de l'imprimeur existe dès que l'impression de l'ouvrage est terminée, ou au moins dès que le dépôt prescrit par la loi a été opéré, quoique l'ouvrage n'ait point encore été distribué ou mis en vente (V. M. Chassan, t. 1, p. 444). — Mais il a été jugé avec raison : 1° que la contravention aux art. 15 et 17 de la loi du 21 oct. 1814, qui exigent la mention sur chaque imprimé du nom et de la demeure de l'imprimeur, n'existe que lorsqu'il est constaté que des exemplaires sont sortis de l'imprimerie : jusque-là l'impression n'est pas réputée terminée dans le sens de ces articles (Crim. cass. 9 nov. 1849, aff. Jeanne, D. P. 49. 1. 504);— 2° Que la remise d'un exemplaire d'un écrit imprimé à une personne autre que l'auteur, doit être considérée comme un fait de distribution ; que dès lors, l'omission sur cet exemplaire, du nom et de la demeure de l'imprimeur, constitue la contravention prévue et punie par les art. 15 et 17 de la loi du 21 oct. 1814 ; et l'imprimeur ne peut être excusé, sous le prétexte que cette remise n'avait eu lieu que sous le sceau du secret, et que l'exemplaire confié devait lui être rendu ; que cet exemplaire n'était qu'une épreuve, et que l'omission n'était que le résultat d'une erreur résultant de ce que le nom et la demeure de l'imprimeur n'avaient été mis qu'une seule fois sur chaque feuille d'impression qui contenait plusieurs exemplaires (Crim. cass. 15 sept. 1837) (2).—V. n° 485.

---

(1) *Espèce* : — (Intérêt de la loi aff. Pochard.) — En 1824, Pochard, imprimeur à Paris, est poursuivi pour avoir négligé d'indiquer sa demeure au bas de la brochure intitulée : Justification des lettres patentes de Louis XIV, du mois de mars 1715.—Jugement, et le 18 fév. 1825, arrêt de la cour de Paris qui le renvoie de la poursuite.—Pourvoi dans l'intérêt de la loi. M. le procureur général a dit en substance : Le législateur savait sans doute qu'il y a des imprimeurs d'une telle réputation, que leur nom renferme virtuellement l'indication de leur domicile. Cependant il n'a fait à cet égard aucune distinction, et il n'a pas conféré un pouvoir discrétionnaire aux tribunaux ; d'un autre côté, l'imprimeur peut changer de demeure ; s'il faut la rechercher pour opérer une saisie, il peut s'écouler assez de temps pour qu'un grand nombre d'exemplaires entre dans la circulation.—Il est vrai qu'en matière civile, il a été jugé qu'il y a des formalités substantielles et d'autres qui ne le sont pas. La cour a jugé, le 10 oct. 1810, que l'inscription n'était pas nulle à défaut de mention de la profession du créancier, et, le 15 mai 1809, que la désignation du domicile pouvait être remplacée par des équipollences. Mais pourquoi? c'est que l'art. 2148 c. civ. ne dit pas à peine de nullité.—Si, sous l'édit de 1771, qui exigeait dans l'opposition le nom de famille, les titres, qualités et demeure du débiteur, le tout à peine de nullité, un arrêt du parlement, du 23 mai 1783, crut néanmoins, dans un cas où ces formalités n'étaient point observées, pouvoir, à cause d'équivalents, se dispenser de prononcer la nullité, on se contentera de remarquer, sans prétendre applaudir à cet arrêt ni en faire la censure, que les matières qui tiennent à l'ordre public sont tout à fait distinctes de celles qui ne touchent qu'aux intérêts privés ; que quand le législateur a vu un délit dans un fait et dans toutes les circonstances de ce fait, il n'est permis à personne d'opposer à une volonté expresse des arguments ou des considérations qui énervent ou détruisent cette volonté (V. sur ce point d'Aguesseau, t. 8, p. 485). — Arrêt.

LA COUR ; — Vu le réquisitoire du procureur général du roi ; — Vu l'art. 442 c. inst. crim. ; — Vu les art. 15 et 17 de la loi du 21 oct. 1814, relative à la liberté de la presse ; — Attendu que, d'après ces art. 15 et 17 de la loi du 21 oct. 1814, tout imprimeur qui n'indique pas, sur chaque exemplaire des ouvrages sortis de ses presses, sa vraie demeure, doit être condamné à une amende de 3,000 fr. ; que la loi n'admet aucune composition à cet égard ni aucune distinction arbitraire sur le fait de savoir si cette demeure de l'imprimeur est plus ou moins connue ; que, dès que la contravention est constante, les tribunaux ne peuvent, sans violation de la loi, ne pas appliquer la peine, et que s'il y a des circonstances particulières qui paraissent atténuantes, telles que le défaut d'intérêt ou tout autre, c'est au gouvernement ou aux administrations, dans la partie qui leur est déléguée, à apprécier ces circonstances, et, s'il y a lieu, à modérer, même à faire la remise des peines ; — Attendu néanmoins qu'il est constant et reconnu en fait, par le jugement et l'arrêt confirmatif, que le sieur Pochard, imprimeur à Paris, poursuivi par le ministère public, à l'occasion d'une brochure sortie de ses presses, sur les exemplaires de laquelle il n'avait point indiqué sa demeure, a été renvoyé de l'action, par le seul motif exprimé dans le jugement de première instance, que, dans l'espèce, l'imprimeur était suffisamment connu, et qu'ainsi la contravention imputée à Pochard n'était pas suffisamment établie, motif adopté dans l'arrêt dénoncé, et qui, dès lors, lui est devenu propre ; d'où il suit que ledit arrêt a violé formellement les articles de loi ci-dessus cités ; — En conséquence, et statuant sur le réquisitoire du procureur général du roi, casse.

Du 25 juin 1825.-C. C., sect. crim.-MM. Portalis, pr.-Brière, rap.

(2) (Min. pub. C. Raissac.) — LA COUR ; — Attendu qu'il est reconnu constant, par le jugement attaqué, que plusieurs exemplaires d'un écrit imprimé ayant pour titre : un Baptême, sorti des presses de Raissac, imprimeur, ont été remis et distribués à différentes personnes, sans que lesdits exemplaires portassent le nom et la demeure dudit imprimeur ; — Que, néanmoins, ce jugement, se fondant sur les circonstances particulières qui avaient accompagné le fait de la remise d'un ou plusieurs exemplaires de cet écrit par Raissac à un sieur Fadat, maréchal-des-logis de gendarmerie, a déclaré que cette remise ayant eu lieu sous le sceau du secret, et à condition que l'exemplaire ainsi confié lui serait rendu, ne constituait pas un fait de distribution de l'imprimé dont il s'agit ; — Que le jugement ajoute qu'au surplus cet exemplaire, qui ne portait pas le nom de l'imprimeur, n'était qu'une épreuve, et qu'enfin l'omission du nom et de la demeure de l'imprimeur dudit écrit était le résultat d'une erreur et d'une imprévoyance résultant de ce que chaque feuille d'impression, contenant deux exemplaires de cet écrit, l'un des exemplaires venant à être séparé de l'autre, ne portait plus les mentions exigées par la loi, le nom et la demeure de l'imprimeur n'ayant été portés qu'une seule fois sur chaque feuille d'impression ; — Attendu que la contravention prévue et réprimée par les art. 15 et 17 de la loi du 21 oct. 1814, existe par le seul fait matériel de l'omission du nom et de la demeure de l'imprimeur, sur l'un des exemplaires d'un écrit imprimé, et de la remise d'un ou plusieurs exemplaires de cet imprimé à une seule ou à plusieurs personnes, puisque cette remise, faite à toute autre personne qu'à l'auteur de l'écrit, constitue un fait de distribution ; — Attendu qu'une contravention de ce genre, dont la répression importe essentiellement à la bonne police de la presse, et à l'observation des obligations et des devoirs imposés aux imprimeurs par la loi, ne peut être justifiée par les circonstances qui l'ont occasionnée ni par l'erreur ni l'imprévoyance dont elle a pu être le résultat ; — Attendu qu'en jugeant le contraire et en relâchant Raissac, imprimeur, de la poursuite intentée contre lui, à raison du fait qui lui était imputé, comme aussi en adoptant les motifs du jugement du tribunal correctionnel de Marennes, du 29 mai 1837, le jugement attaqué a expressément violé les art. 15 et 17 de la loi du 21 oct. 1814 ; — Casse.

Du 15 sept. 1837.-C. C., ch. crim.-MM. Portalis, 1er pr.-Dehaussy, r.

Art. 4. — *Refus du ministère de l'imprimeur.*

180. La question qui fait l'objet de cet article est l'une des plus importantes que présentent à résoudre les lois sur la presse. Elle met en présence des intérêts sociaux et privés d'une telle gravité, des principes si respectables, qu'après avoir mûrement pesé les raisons qui militent en faveur des deux systèmes contraires, on a quelque peine à asseoir sa conviction.—Toutefois, la controverse très-vive sur ce point, il y a quelques années, semble avoir beaucoup perdu de son animation, quoique le problème soit, à nos yeux, bien loin d'avoir reçu de la jurisprudence une solution définitive.— Plusieurs tribunaux ont jugé que l'imprimeur est tenu de prêter le secours de ses presses, lorsqu'il en est requis, pourvu, d'ailleurs, que l'écrit périodique ou non périodique, qu'on lui demande de reproduire, ne contienne rien de contraire à l'ordre public, ni aux bonnes mœurs (trib. de Moulins, 26 nov. 1830, M. Sutier, pr., aff. Gazette constitut. de l'Allier *C.* Place; trib. de Niort, 9 oct. 1829; 28 août 1838; de Chartres, 24 déc. 1839). — Mais les cours auxquelles la plupart de ces décisions ont été déférées ont jugé au contraire qu'un imprimeur ne peut être contraint d'imprimer les ouvrages (périodiques ou non) qui lui sont présentés et que son ministère est facultatif (Paris, 27 mars 1830; Rouen, 1er avr. 1830 (1).—Conf. Poitiers, M. Descordes, 1er pr., aff. Morisset *C.* Sentinelle des Deux-Sèvres; Dijon, 16 janv. 1839, M. Saverot, pr., aff. Cousot *C.* Robert, rédacteur de l'Indépendant qui, après avoir éprouvé un refus de la part des deux imprimeurs de Chaumont, avait sommé l'imprimeur Cousot de lui livrer ses presses, refus que ce dernier fondait sur son droit positif et sur l'engagement qu'il avait, d'ailleurs, pris de ne concourir à Chaumont où il existait déjà deux journaux, à aucun autre journal que l'Écho de la Haute-Marne; Angers, 2 janv. 1851, aff. Tausch, D. P. 52. 5. 309). — V. aussi dans ce dernier sens MM. de Chassan, t. 1, p. 517; de Grattier, t. 1, p. 58; Bories et Bonassis, Dict. de la presse, v° Imprimeur, n° 77 et suiv.

Quoi qu'il en soit, après avoir attentivement examiné les motifs qui servent de base à l'une et l'autre solution, nous croyons que l'erreur est du côté des cours d'appel. C'est dans ce sens que le juge d'appel réforme quelquefois les décisions des premiers juges: c'est l'expression de la loi romaine, *licet non unquam benè latas sententias in pejus reformet* (L. 1, ff., *De appell.*).—Voici, du reste, les raisons qui fixent notre choix entre les deux solutions opposées :—Les imprimeurs jouissent d'un privilége, puisque leur nombre est limité par la loi; et ce qu'ils refusent de faire dans l'exercice de leur profession, on ne peut légalement, ni l'exécuter soi-même, ni le confier à personne en dehors du cercle des privilégiés. — Or leur industrie n'est pas de celles qui ne répondent qu'à des besoins factices, nés des caprices de la civilisation, et dont les hommes sérieux n'ont point à s'occuper. Elle est, au contraire, au service de ce qu'il y a de

(1) 1re *Espèce :* — (Durand *C.* le Glaneur d'Eure-et-Loir.) — La cour; — Considérant que la concession du brevet d'imprimeur n'a été soumise par aucune disposition de la loi à la condition d'imprimer tout écrit sur la réquisition de l'auteur ; que la loi du 17 mai 1819 a imposé, au contraire, à l'imprimeur, une responsabilité personnelle en le considérant comme complice du délit de publication dans le cas qu'elle prévoit et sans distinction de l'espèce de l'écrit publié ; que cette garantie présuppose dans l'imprimeur qui y est soumis la faculté d'accorder ou de refuser une coopération qui ne pourrait jamais constituer un délit si elle était toujours involontaire; - Emendant, décharge Durand des condamnations contre lui prononcées; au principal, déboute Selligue de sa demande.

Du 27 mars 1830.-C. de Paris, 1re ch.-M. Séguier, pr.

2e *Espèce :* — (Mortureux *C.* Pelvey-Dénos.) — La cour ;— Attendu que si, d'après l'art. 8 de la charte constitutionnelle, « les Français ont le droit de publier et de faire imprimer leurs opinions en se conformant aux lois qui doivent réprimer les abus de cette liberté ; — Que si, conformément à l'art. 1 de la loi du 18 juill. 1828, « tout Français majeur, jouissant des droits civils, peut, sans autorisation préalable, publier un journal ou écrit périodique en se conformant aux dispositions de la loi »; ni la charte, ni la loi de 1828, ni aucune autre loi antérieure n'ont déterminé les relations forcées qui existeraient entre les imprimeurs et les auteurs d'écrits périodiques; — Que les lois relatives aux imprimeurs ont été faites dans l'intérêt de l'ordre public, pour donner une garantie au gouvernement et à tous les citoyens; — Que c'est par ce motif que le nombre des imprimeurs est circonscrit, qu'ils ne peuvent exercer leur état sans un brevet; que le nombre de leurs presses est déterminé, et que nul autre que les imprimeurs brevetés et assermentés n'a le droit d'imprimer ;— Que les lois anciennes, comme les nouvelles, n'ont pas considéré l'intérêt des imprimeurs; qu'elles n'ont point eu pour but de créer une classe de privilégiés, mais de garantir la société d'écrits contraires à la morale, aux lois, à la paix publique et à la stabilité du gouvernement; que, dès lors, on ne peut tirer aucune induction de ces lois pour la décision de la contestation actuelle; — Qu'à la vérité, la loi du 18 juill. 1828 a affranchi les journalistes et les auteurs d'écrits périodiques de tout examen préalable, de toute censure, et leur a accordé la plus grande latitude, toutefois en se conformant aux lois; — Mais, qu'en étendant, sans entraves, leur liberté d'écrire et de publier leurs feuilles ou leurs écrits, cette loi n'a point circonscrit la liberté des imprimeurs; — Qu'on oppose vainement que, qui veut la fin, veut les moyens;—Que ce n'est point par des inductions, mais par une loi formelle, qu'une obligation peut être imposée plus aux imprimeurs qu'aux autres citoyens; — Que si le législateur eût voulu assujettir les imprimeurs à agir contre leur conscience ou leur volonté, il eût, ce qu'il n'a pas fait, déterminé le mode de cette contrainte, la nature de l'action et l'autorité compétente pour en connaître; —Que le système de contrainte produirait ces étranges résultats; — 1° Que l'autorité devant laquelle les imprimeurs seraient traduits déciderait si tel ou tel écrit ou journal contient ou ne contient pas des articles répréhensibles; — Qu'ainsi, cette autorité se constituerait en censeur lorsque la censure est supprimée, et qu'à chaque refus de la part des imprimeurs, ils se verraient continuellement exposés à être traduits en jugement, lors même qu'ils seraient dans l'impossibilité de déférer aux réquisitions qui leur seraient faites, à raison soit des engagements par eux précédemment contractés, soit des ouvriers qu'ils ne pourraient se procurer, soit de leurs presses qui seraient en activité;— 2° Que l'autorité, soit administrative, soit judiciaire, serait appelée à taxer le travail des imprimeurs qui seraient privés du droit concédé à tout citoyen exerçant une profession, sauf les exceptions déterminées par la loi, de traiter de gré à gré avec ceux qui réclament leur travail ou leur ministère;

Attendu qu'un pareil système ne peut être adopté; qu'il est contraire à la loi, aux principes de liberté et d'égalité consacrés par la charte ; — Que si les journalistes et les auteurs d'écrits périodiques, affranchis de la censure, ont le droit de choisir tel imprimeur qui leur convient, les imprimeurs ne peuvent être privés de la faculté de choisir les écrits qui doivent sortir de leurs presses; qu'il ne peut pas y avoir liberté d'une part et asservissement de l'autre, puisque, dès lors, les droits de tous ne seraient plus égaux; — Que la loi ne confère aucun droit aux journalistes contre les imprimeurs; qu'elle ne leur impose aucune obligation réciproque; qu'elle leur laisse la faculté de régler entre eux leurs conventions, et qu'il est hors des attributions des tribunaux, dans l'état actuel de la législation, de contraindre les imprimeurs et de tarifer leurs émoluments; — Que la loi abandonne au jugement, aux lumières, à l'intérêt bien entendu des imprimeurs (ce véhicule puissant de l'homme industrieux), la faculté de régler leurs opérations, de les augmenter, de les restreindre; en un mot, d'être leurs propres censeurs, et qu'on ne peut pas raisonnablement supposer qu'ils refuseront d'imprimer, contrairement à leur intérêt personnel, ce qui sera conforme à la loi, à la morale, utile à la société et sans danger pour eux ; — Attendu que si, d'une part, la liberté est le droit de faire tout ce qui n'est pas défendu par la loi, elle consiste, d'autre part, dans le droit de ne point faire ce que la loi ne prescrit pas; que l'imprimeur ne peut être tout à la fois responsable et contraint; — Qu'il résulte, de toutes les lois invoquées dans la cause et sainement entendues, que les Français ont la faculté de publier et faire imprimer leurs feuilles et écrits ; que les imprimeurs concourent à cette publication, les uns et les autres, en se conformant aux lois, mais sans que la liberté des seconds puisse être entravée par la seule volonté des premiers ; — Attendu qu'on ne peut assimiler les imprimeurs aux notaires, aux avoués, aux huissiers, aux commissaires-priseurs, etc.; que le ministère de ces derniers est forcé, parce que la loi l'a décidé ainsi; mais le ministère des imprimeurs est libre, vu que la loi n'a établi à leur égard aucune contrainte; — Que Pelvey-Dénos ne peut invoquer, dans l'intérêt public, les dispositions de l'art. 683 c. pr., relativement à l'insertion, dans les journaux d'arrondissement ou de département, prescrite en matière de saisie réelle, de séparation de biens, de vente volontaire;— Attendu, en droit, que l'art. 683 n'ordonne cette insertion que lorsqu'un journal existe; — Attendu, en fait, qu'un journal d'annonces et d'insertions judiciaires est imprimé dans la ville de Bernay, chef-lieu d'arrondissement, et que, sous ce rapport, le sieur Pelvey ne peut se prévaloir de l'intérêt public ; — Attendu, enfin, que les tribunaux ne peuvent ajouter à la loi des dispositions coercitives qu'elle ne contient pas, faire des règlements d'ordre public et ériger en lois leurs décisions ; — Faisant droit sur l'appel, réformant, déclare le sieur Pelvey-Dénos non recevable et mal fondé dans ses actions, demandes et prétentions ; le déboute des fins d'icelles, etc..

Du 1er avr. 1830.-C. de Rouen, 2e ch.-M. Aroux, pr.

plus noble et de plus élevé dans le monde, de la pensée humaine. Elle est ou peut être l'auxiliaire de toutes les sciences, de toutes les vérités, de toutes les nécessités sociales. — Or peut-on raisonnablement admettre que le législateur ait voulu laisser un instrument d'une telle valeur entièrement à la merci de ceux à qui il l'a confié, sans qu'ils aient jamais à rendre compte de leur refus d'en faire usage?—Non, sans doute, car ainsi qu'on l'a dit avec raison, à l'appui du système que nous combattons, c'est dans l'intérêt de la société, et non pour leur avantage particulier, que les imprimeurs sont privilégiés. — Or, c'est évidemment faire tourner ce privilége contre la société que de les déclarer libres d'en user arbitrairement, puisqu'il peut alors arriver que les vérités les plus utiles, que les plaintes les plus légitimes se trouvent sans organe, ou, ce qui est pire encore, que la loi se trouve arrêtée dans son exécution, comme nous le prouverons en examinant les objections qu'a rencontrées l'opinion que nous adoptons.— De telles conséquences ne sauraient être conformes au vœu du législateur. Il faut donc en conclure qu'exprimée ou non, sa volonté a été que les imprimeurs fussent tenus de prêter le secours de leurs presses, lorsqu'ils en sont requis, sauf à eux, dans le cas où ils auraient des motifs sérieux pour refuser leur concours, à les faire approuver par les tribunaux. —Analysons maintenant les objections qu'on oppose à cette déduction qui nous semble concilier tous les intérêts. — Nous croyons pouvoir les réduire à cinq.

181. *Première objection.* — Déclarer que le ministère des imprimeurs est forcé, c'est les assimiler aux officiers ministériels.— *Réponse.* Il est certain que la profession d'imprimeur, telle que nos lois l'ont faite, et celle d'officier ministériel se ressemblent sous ces trois rapports : la limitation du nombre, la nomination du gouvernement, le serment. — En présence d'une telle similitude dans les conditions d'existence de ces professions, peut-on être surpris qu'il y ait de la ressemblance dans les devoirs qui leur sont imposés? — Du reste, nous sommes loin de soutenir que l'assimilation soit complète. Mais il y a, quant au point qui nous occupe, une analogie dont on ne peut méconnaître la portée.

2ᵉ *Objection.*—La responsabilité qui pèse sur les imprimeurs, le serment qui les lie, impliquent nécessairement que l'imprimeur est libre de refuser le secours de son industrie. — *Réponse.* — La responsabilité et le serment prouvent sans doute que l'imprimeur ne peut être forcé à rien imprimer de contraire à ses devoirs. Mais doit-il être juge souverain dans sa propre cause? Telle est la seule question à examiner. — Or, comme il n'est pas absolument impossible que son refus ait pour motif unique son caprice, son ignorance ou un mauvais sentiment, il doit être permis de recourir à la justice pour vaincre sa résistance. — Les officiers ministériels ont aussi une responsabilité à ménager, un serment à tenir. Ils n'en sont pas moins tenus de prêter leur ministère (V. pour les notaires, la loi du 25 vent. an 11, art. 3; pour les huissiers, le décret du 14 juin 1813, art. 42; pour les agents de change, l'arrêt du conseil du 30 mars 1774).— S'ils résistent, le juge intervient pour apprécier les causes de leur refus.—Pourquoi ajouter au privilège dont jouissent les imprimeurs, celui de ne devoir aucun compte à la justice de la manière dont ils l'exercent? C'est là, ce nous semble, créer une exception au droit commun des professions privilégiées, exception qui ne pourrait se justifier que par un texte formel, et on le chercherait vainement dans la législation qui nous régit.

3ᵉ *Objection.* — C'est précisément parce que les officiers ministériels sont *expressément* astreints par la loi à prêter leur ministère que l'on doit décider que cette obligation n'existe pas pour les imprimeurs, puisque la loi ne la leur a pas imposée.— Il n'appartient pas, ajoute-t-on, aux tribunaux de combler les lacunes qui se trouvent dans la législation.—*Réponse.* — D'abord, le silence de la loi n'est pas un argument, puisque, suivant l'art. 4 c. nap., le magistrat qui refuse de juger sous ce prétexte, peut être poursuivi comme coupable de déni de justice, et cette disposition, qui n'est point une innovation législative, trouve son explication dans les lois romaines, et notamment dans la loi 12, ff., *De legibus : Non possunt omnes articuli singulatim aut legibus aut senatus-consultis comprehendi : sed cùm in aliquâ causâ sententia eorum manifesta est, is, qui jurisdictioni præest, ad similia procedere atque ità jus dicere debet.* — On peut voir aussi à cet égard la loi du 13, ff., *De testib.*; la loi du 11, ff. *De præscr. verb.* — Le juge doit donc, au contraire, suppléer au silence de la loi, et régler les cas non prévus, d'après les dispositions relatives à des cas analogues.— En second lieu, la loi n'a pas *expressément* soumis tous les officiers ministériels à la même obligation, et cependant aucun d'eux ne peut s'en affranchir.— Ainsi, nous ne voyons aucun texte qui oblige formellement les avoués à prêter leur ministère. — La loi du 27 vent. an 8 (art. 93 et suiv.), qui les a rétablis n'en dit pas un mot. L'arrêté du 18 fruct. an 8, renvoie pour les attributions des avoués à celle du 20 mars 1791, qui garde également le silence à cet égard. — L'art. 1038 c. pr. porte, il est vrai, que les avoués qui ont occupé dans les causes où il est intervenu des jugements définitifs seront tenus d'occuper sur l'exécution sans nouveaux pouvoirs.

Mais c'est là un cas tout différent, et, s'il y avait une induction à en tirer, elle serait dans le sens de la liberté des avoués en général.—Cependant il n'est pas contestable que ces officiers sont tenus de prêter leur ministère (V. vº Avoué, nᵒˢ 78 et suiv.). — En conséquence, nous pensons qu'il n'y a rien à conclure de l'omission dont on se prévaut en faveur de la liberté absolue des imprimeurs.

4ᵉ *Objection.* — Il n'y a pas pour les imprimeurs même raison de décider que pour les officiers ministériels : ceux-ci exercent, dans une circonscription déterminée. Un livre ou un journal peuvent être imprimés partout. — *Réponse.* — Il est des cas où l'on ne peut s'adresser qu'à un seul imprimeur, pour les ventes judiciaires, par exemple (c. pr. 696). — Si l'on admet, d'une manière absolue, que les imprimeurs sont libres de refuser l'emploi de leurs presses, il en résulte que ces procédures peuvent être entravées au gré de celui qui est désigné à l'effet de recevoir les annonces. — Pour les actes de l'autorité, pour les proclamations des maires et des préfets, dans le temps de troubles, lorsque l'urgence est extrême, ces fonctionnaires devront-ils être exposés au refus des imprimeurs de leur résidence, sous prétexte qu'il y a en France et à l'étranger des imprimeries auxquelles on peut recourir?— Au surplus, le refus qui serait légal de la part d'un imprimeur le serait de la part de tous. — On voit donc que les inconvénients qui résulteraient de l'entière liberté des imprimeurs, pourraient, dans certaines circonstances, devenir plus graves encore que ceux qui naîtraient de la faculté qui serait laissée aux officiers ministériels de refuser leur ministère.

5ᵉ *Objection.* — On ne peut raisonnablement supposer que les imprimeurs refuseront ce qui serait sans danger pour eux. — *Réponse.* — On ne peut raisonnablement supposer non plus que les notaires, que les agents de change refuseront de faire des actes de leur ministère, puisque leur intérêt, d'accord sur ce point avec leur devoir, les sollicite de multiplier ces actes, et cependant la loi a cru nécessaire de s'en expliquer formellement. — Pourquoi cela? — Parce qu'elle a prévu que leur intérêt personnel pourrait quelquefois être dominé par des considérations étrangères à leurs devoirs, et qu'elle n'a pas voulu qu'ils pussent abuser de leurs priviléges. — Ce qu'elle n'a pas voulu pour les notaires, les agents de change, elle n'a certainement pas entendu le permettre pour les imprimeurs, et c'est au juge qui a reçu du législateur la mission d'interpréter ses volontés à compléter sa pensée sur ce point.

182. Notons bien, en terminant, que nous raisonnons dans la supposition d'une résistance capricieuse ou injuste de la part de l'imprimeur, mais qu'il est bien entendu pour nous que toutes les fois que l'imprimeur a des motifs sérieux, quels qu'ils soient, pour refuser son ministère, ces raisons doivent être accueillies par la justice. Ainsi, lorsque le nombre de ses ouvriers, celui de ses presses, ne lui permettent pas d'entreprendre l'ouvrage qui lui est proposé, il est bien évident que son refus est légitime. Nous admettons même que de simples bienséances peuvent excuser sa résistance. — Mais lorsqu'il ne peut invoquer ni impossibilités morales, ni impossibilités matérielles, ni bienséances, ni refus d'une juste satisfaction quant à ses avances et à la rémunération de son travail, qu'il subisse la loi commune des professions privilégiées. — Nous savons bien qu'on ne peut le contraindre physiquement au fait exigé de lui, mais que du moins son obligation de faire se résolve en dommages-intérêts (c. nap. 1142, par anal.). — Nous pensons aussi que, dans le cas de mouvements populaires ou de toute autre éventualité d'une semblable urgence, le fonctionnaire chargé de pourvoir à la sûreté publique qui aurait besoin de son concours pourrait, sur son refus, le faire provisoirement remplacer autant que les circonstances le permettraient, et mettre son matériel à la disposition de la personne désignée pour ce service momentané. On doit alors, en effet, donner pour règle unique aux fonctionnaires chargés de veiller au salut public la formule par laquelle, dans des temps de troubles et de dangers pressants, le sénat romain investissait les consuls d'un pouvoir extraordinaire : *Caveant consules ne quid respublica detrimenti capiat.*

183. Au reste, quelle que soit l'opinion qu'on adopte sur la question que nous venons d'examiner, il ne peut être douteux que, lorsque l'imprimeur s'est engagé à imprimer un ouvrage, il doit tenir cet engagement : c'est la loi générale (c. nap. 1134). — Il a même été jugé qu'en cas d'inexécution, de la part d'un imprimeur, de l'obligation formellement contractée par lui de reproduire un écrit, cette obligation se résout en dommages-intérêts, bien que l'ouvrage puisse être de nature à provoquer des poursuites contre lui, ce que les tribunaux civils n'ont point à examiner (trib. de la Seine, 16 juill. 1836 (1). — Conf. M. Grattier, t. 1, p. 59). — Mais n'est-ce pas là contrevenir à l'art. 1131 c. nap., aux termes duquel l'obligation sur une cause illicite ne peut avoir aucun effet? — L'obligation de commettre un délit est certainement de ce nombre. — Il ne paraît donc pas qu'on puisse en demander l'exécution en justice. — Le motif qui a déterminé la décision que nous rapportons, c'est qu'il pourrait arriver que l'écrit que le tribunal aurait proscrit en déclarant illicite la convention qui en serait l'objet, fût, en définitive, absous par le tribunal criminel saisi de la poursuite qui serait ultérieurement intentée. — Nous ne croyons pas cette raison suffisante. — Les tribunaux appelés à connaître d'une contestation doivent la juger dans l'état où elle se présente, du moins lorsqu'aucune autre juridiction n'est encore saisie, sans se préoccuper des décisions qui pourraient ultérieurement intervenir. — Sans doute il pourra arriver que le tribunal ultérieurement saisi de l'action publique juge dans un autre sens que celui auquel aura été déférée l'action civile; en telle sorte qu'il soit déclaré, d'une part, que l'imprimeur a dû remplir son engagement, parce que l'écrit ne présentait rien de contraire à l'ordre public, et, de l'autre, que l'imprimeur soit cependant condamné sur la poursuite du ministère public pour l'avoir publié. — C'est là assurément une très-fâcheuse anomalie, mais elle n'a rien d'imprévu ni d'extraordinaire. Elle peut fréquemment se produire lorsque, pour un même fait, il y a action civile et action criminelle séparées. — V. v° Chose jugée, chap. 5, § 1, ce qui concerne l'influence de la chose jugée au civil sur l'action criminelle; V. aussi sur la question ci-dessus M. Chassan, t. 1, n° 699.

184. Il a été jugé pareillement que l'imprimeur qui s'est obligé à imprimer un journal ne peut se soustraire à ses engagements, sous prétexte qu'en les remplissant il contreviendrait à un acte du pouvoir exécutif reconnu contraire à la loi fondamentale (trib. com. de la Seine, 28 juill. 1830); et l'on a dû le décider ainsi dès que l'acte sur lequel l'imprimeur fondait son refus était inconstitutionnel, et qu'il ne produisait aucune défense d'imprimer qui résultât, soit de cet acte, soit du pouvoir exécutif, dont il n'avait pas à discuter les injonctions. Au surplus, le cas ne peut plus se présenter sous la constitution de 1852, puisque, d'après l'art. 29 de cet acte politique, le sénat peut seul déclarer l'inconstitutionnalité d'un décret. D'où il suit que tous les actes du pouvoir exécutif qui n'ont pas été déclarés inconstitutionnels par ce corps politique doivent être réputés conformes à la constitution.

185. A l'égard de la responsabilité, soit des imprimeurs, soit des correcteurs, V. Responsabilité.

CHAP. 2. — DES FONDEURS DE CARACTÈRES, CLICHEURS, STÉRÉOTYPEURS, FABRICANTS DE PRESSES DE TOUS GENRES ET MARCHANDS D'USTENSILES D'IMPRIMERIE.

186. Les divers genres d'industrie créés dans le but de fournir à l'imprimerie le matériel qui lui est nécessaire ne devaient point échapper à la sollicitude du législateur, car toutes les garanties qu'il a exigées des imprimeurs tendraient à s'effacer si, négligeant d'utiles précautions, quant à la vente des objets qu'emploie la typographie, il facilitait la création des imprimeries clandestines. — Dans cette pensée, le règlement du 28 fév. 1723 (tit. 9, art. 65), qui n'avait guère fait que reproduire sur ce point d'anciennes dispositions, portait que les *fondeurs* ne pouvaient, à peine de 500 liv. d'amende et de punition exemplaire, délivrer leurs fontes qu'aux imprimeurs ou à leurs *veuves* en exercice. A l'égard des fontes envoyées dans les provinces et dans les pays étrangers, elles étaient déclarées sur le livre de la communauté par les fondeurs ou imprimeurs qui les envoyaient, et conduites au lieu de leur destination sous acquit-à-caution. — Les lettres patentes du 28 juill. 1783 obligeaient tous les fabricants et ouvriers qui font usage de presses à se munir d'une *permission* pour exercer leur industrie. — Un arrêté du 3 germ. an 9 (V. Monnaie, p. 379) a reproduit cette disposition (art. 1). — Suivant cet arrêté (art. 2), ces permissions doivent être délivrées, à savoir : à Paris, par le *préfet de police*, à Bordeaux, Lyon et Marseille, par les *commissaires généraux de police*, et, dans toutes les autres communes de France, par les *maires* de l'arrondissement.

187. En 1810, après la réduction du nombre des imprimeurs, le gouvernement s'est préoccupé de la destination qui pouvait être donnée au matériel des imprimeries supprimées, et le décret du 18 novembre de la même année a voulu que les personnes non *brevetées* qui pouvaient être en possession de tous les *ustensiles* servant à l'impression fussent tenues d'en faire la *déclaration* à Paris, au préfet de police et, dans les départements aux préfets. — Le décret du 2 fév. 1811 a prescrit aux imprimeurs conservés, de la ville de Paris, d'acheter les presses des imprimeurs supprimés. — Depuis cette époque jusqu'en 1852, on ne voit pas que la matière dont on s'occupe ici ait été réglée par le législateur. — Le décret du 22 mars de cette dernière an-

---

(1) *Espèce* : — (Magnant C. Baudouin.) — Baudouin, imprimeur, s'était engagé envers Magnant à imprimer l'Histoire de la conjuration de Louis-Philippe d'Orléans, par Montjoie. — Déjà l'imprimeur avait livré plusieurs feuilles, quand la lecture tardive de divers passages lui fit penser que cette impression pouvait gravement compromettre sa responsabilité. — Il refusa alors de la continuer. — Sur son refus, assignation par Magnant pour le faire condamner à exécuter son engagement. — Baudouin répond que l'ouvrage qu'il s'est chargé d'imprimer, sans l'avoir lu, ne peut manquer de donner lieu à des poursuites contre lui, parce que la publicité qui y sera donnée présentera plusieurs délits ; — Que, dès lors, son engagement est nul, et qu'on ne peut en réclamer l'exécution en justice. — Jugement.

Le tribunal ; — Attendu que le droit public actuel ne permet que la répression des crimes et délits de la presse et jamais les voies préventives ; — Que déclarer illicite la convention d'imprimer un écrit dans la prévision des poursuites dont cet écrit pourra être l'objet, lesquelles pourraient n'avoir jamais lieu, et, en définitive pourraient être terminées par un verdict d'acquittement, ne serait rien moins que proscrire cet écrit dans sa publication ; — Que l'offre de Baudouin, d'imprimer avec des suppressions, ne peut être considérée que comme un refus pur et simple d'imprimer, la charte ne permettant pas plus la censure exercée indirectement par les tribunaux sur l'indication des imprimeurs récalcitrants, qu'elle ne l'autorise exercée par voie administrative ou de toute autre manière; — Qu'en ordonnant l'exécution de la convention ou le payement de dommages-intérêts en cas d'inexécution, le tribunal n'entend en aucune manière se prononcer sur la criminalité de l'écrit dont il s'agit, criminalité sur laquelle il ne peut être statué qu'après publication;

Que l'imprimeur qui a signé imprudemment une convention du genre de celle qui est soumise au tribunal, demeure toujours maître d'imprimer, si sa responsabilité est engagée, et de se refuser à imprimer en payant les dommages-intérêts dus par suite de l'inexécution de la convention; — Que le tribunal est à même d'arbitrer les dommages-intérêts dus en cas et par suite d'inexécution de la convention; — Dit et ordonne que, dans la quinzaine du jugement, Baudouin sera tenu de déclarer s'il entend exécuter purement et simplement la convention dont s'agit et de commencer à l'exécuter; sinon et faute de ce faire, le condamne dès à présent à 1200 fr., à titre de dommages-intérêts quelconques dus à Magnant.

Du 16 juill. 1836.-Trib. de la Seine, 5e ch.-M. Portalis, pr.

née (art. 4) oblige les *fondeurs* de caractères, les *clicheurs* ou *stéréotypeurs*, les *fabricants* de presses de tous genres, les *marchands* d'ustensiles d'imprimerie à tenir un *livre coté* et *paraphé* par le *maire*, sur lequel doivent être inscrites, par ordre de date, les ventes par eux effectuées, avec les noms, qualités et domiciles des acheteurs. — *Au fur et à mesure de chaque livraison*, ils doivent transmettre, sous forme de déclaration, à Paris, au ministère de l'intérieur, dans les départements, à la préfecture, copie de l'inscription faite sur leur *registre*.—Mais, dans la pratique, cette disposition ne peut s'exécuter à la lettre. On ne peut supposer, ce semble, qu'un marchand qui, dans la même journée, fera dix à douze ventes successives et souvent un bien plus grand nombre, sera tenu de faire successivement un nombre égal de déclarations. — A notre sens, la formalité remplie le lendemain pour toutes les opérations de la veille doit satisfaire au vœu du décret. — Il est même vraisemblable que, dans le cas d'une déclaration un peu plus tardive, l'administration ne poursuivrait qu'autant qu'il y aurait quelque apparence de fraude.

188. Relativement à l'objet de cette section, comme sur plusieurs autres points, la législation anglaise n'est pas sans analogie avec celle qui nous régit.—Le statut de la trente-neuvième année du règne de George III inflige une amende de 3 liv. sterl. (75 fr.) à toute personne qui possède des caractères d'imprimerie, à tout fondeur de ces caractères, ou à tout fabricant de presses à imprimer qui n'a pas fait au greffier de la justice de paix la déclaration prescrite par la loi. — La même peine est édictée contre tout vendeur de caractères ou de presses qui ne tient pas registre des personnes auxquelles il les vend, ou qui ne représente pas ce registre au juge de paix sur sa réquisition. — On voit que si la liberté est grande en Angleterre, les moyens de surveillance n'y sont pas négligés.

CHAP. 3. — DES LIBRAIRES.

189. On comprend aisément que le législateur qui a soumis à une surveillance et à des précautions spéciales les professions qui ont pour objet de préparer ou de faciliter l'œuvre de l'imprimeur, ne pouvait manquer d'exiger aussi des garanties particulières des libraires dont la profession est de répandre les productions de l'imprimerie. — Aussi, avons-nous vu dans tous les temps, depuis l'invention de la typographie, les imprimeurs et les libraires compris, sinon dans les mêmes dispositions, au moins dans les mêmes lois.—Aujourd'hui encore, leur commerce est, comme l'imprimerie, régi principalement par le décret du 5 fév. 1810, et par la loi du 21 oct. 1814. — Cette loi continue en effet d'être obligatoire, et c'est en vain qu'on a prétendu qu'elle avait été abrogée virtuellement par la charte de 1830, qui interdisait à tout jamais la censure (Crim. cass. 14 juin 1833, aff. Olive, V. n° 485-3°; Crim. cass. 18 juill. 1833, aff. Vidal, et Ch. réun. cass. 5 août 1834, même affaire, V. n° 147. — Conf. M. Parant, p. 35). — Nous allons parler d'abord des diverses garanties que la loi a exigées des libraires. Nous nous occuperons ensuite des obligations et des prohibitions à observer par les libraires.

SECT. 1. — *Du brevet et du serment.*

190. *Brevets.* — Quelles personnes y sont soumises? D'abord tout libraire est soumis au brevet. — Or, suivant un arrêt dont la doctrine paraît incontestable, être libraire, c'est exercer le commerce de la librairie d'une manière quelconque, soit que les livres dont on fait le commerce se trouvent renfermés dans l'intérieur d'une boutique, soit qu'on les étale au dehors dans un lieu quelconque, soit qu'on colporte ou fasse colporter (Crim. cass. 10 nov. 1826) (1).

(1) *Espèce :* — (Intérêt de la loi.— Aff. Deveaux et Berquet.) — Le procureur général expose qu'il est chargé par monseigneur le garde des sceaux, ministre de la justice, de requérir, dans l'intérêt de la loi, l'annulation d'un jugement rendu par le tribunal correctionnel de la Seine, le 31 mai 1826, dans l'affaire du nommé Jean-Baptiste-Fleury Deveaux, prévenu : 1° d'avoir exercé, sans brevet, la profession de libraire, délit prévu par les art. 11 de la loi du 21 oct. 1814 et 4 du règlement du 28 février 1723; 2° d'avoir vendu un ouvrage imprimé à l'étranger et non estampillé; délit prévu par les art. 41, n° 6, et 45 du décret du 5 fév. 1810; 3° enfin d'avoir publiquement mis en vente des ouvrages contenant des outrages : 1° à la religion; 2° à la morale publique et religieuse et aux bonnes mœurs; délits prévus par les art. 1 de la loi du 25 mars 1822, et 8 de la loi du 17 mai 1819; avec la circonstance aggravante que plusieurs de ces ouvrages avaient déjà été condamnés par les tribunaux (loi du 26 mai 1819, art. 26 et 27). — Sur le premier chef, Deveaux a été renvoyé des poursuites par les motifs ci-après exprimés : « Attendu que Deveaux n'est pas libraire; que la loi de 1814 n'impose l'obligation d'avoir un brevet qu'à ceux qui exercent la profession de libraire; que Devaux n'a fait que le métier de colporteur, pour lequel il n'avait besoin que d'une permission de la police. » — Sur le second chef, le jugement ne contient ni motifs ni dispositifs. — Sur la première partie du troisième, c'est-à-dire sur le délit d'outrage à la religion de l'État, il garde le même silence. — Sur la deuxième partie du même chef de prévention, c'est-à-dire sur le délit d'outrages à la morale publique et religieuse et aux bonnes mœurs, Deveaux est déclaré coupable et condamné à un mois d'emprisonnement et à 16 fr. d'amende. — Enfin, sur la circonstance aggravante de ce délit, résultant de ce que plusieurs des ouvrages exposés en vente avaient été déjà condamnés par les tribunaux, le tribunal de la Seine prononce en ces termes : « Attendu que, s'il a été trouvé sur Deveaux un exemplaire de deux ouvrages déjà condamnés (les chansons de Béranger et l'abrégé de l'origine de tous les cultes), l'art. 27 de la loi du 26 mai 1819 n'a pas prévu le cas où les ouvrages déjà condamnés auront été exposés ou mis en vente; que cet article porte : Quiconque vendra ou distribuera, etc.; qu'il n'est pas établi que Deveaux ait vendu un ou plusieurs exemplaires de ces ouvrages; renvoie Deveaux de ce chef de prévention. »

« Tel est le jugement du tribunal correctionnel de la Seine. Il a, dans plusieurs points, violé et faussement appliqué la loi. En effet, 1° la disposition de l'art. 11 de la loi du 21 oct. 1814 est générale et absolue : « Nul ne sera libraire, s'il n'est breveté par le roi et assermenté. » — Être libraire, c'est exercer le commerce de la librairie d'une manière quelconque, c'est-à-dire, soit que les livres dont on fait le commerce se trouvent renfermés dans l'intérieur d'une boutique ou d'un magasin, soit qu'on les étale au dehors dans un lieu quelconque, soit enfin qu'on les colporte ou fasse colporter dans les rues, places et voies publiques. Si le colportage de livres, pour les vendre, est un acte du commerce de la librairie, ou un mode d'exercer ce commerce, il doit être autorisé par un brevet, et celui qui l'exerce sans cette autorisation encourt la peine portée par l'art. 4 du règlement du 28 fév. 1723. Le système contraire rendrait illusoires les sages précautions de la loi; il tendrait à établir deux classes de libraires, les uns à domicile fixe, qui ne pourraient exercer leur commerce sans un brevet; les autres ambulants, qui, offrant par cela même moins de garanties que les premiers, jouiraient cependant, par une sorte de contradiction, d'une liberté beaucoup plus grande ou même indéfinie. D'ailleurs, dans le système de la législation actuelle, un libraire même breveté, ne peut, sans une autorisation spéciale, faire colporter les livres dont il fait le commerce : le brevet est personnel; il est délivré pour exercer la profession de libraire dans une ville spécifiée; or, au moyen du colportage un seul libraire pourrait, avec un seul brevet, conférer l'exercice de cette profession à un nombre indéterminé d'individus, ce qui changerait toute l'économie de la loi, ainsi que la cour de cassation l'a remarqué dans une espèce analogue (V. un arrêt du 15 mai 1825). — En vain objecterait-on que ce même règlement (art. 72) distingue les *colporteurs* des *libraires*, et permet aux premiers de *colporter, vendre* et débiter certains ouvrages. En supposant même que la loi du 21 oct. 1814, malgré la généralité de ses termes, ait laissé subsister cette distinction et l'autorisation accordée aux colporteurs par l'art. 72 précité, cette disposition exceptionnelle ne trouverait point son application à l'espèce. En effet, l'art. 72 ne permet aux colporteurs de colporter, vendre et débiter que *les édits, déclarations, ordonnances, arrêts et autres mandements de justice* dont la publication aura été ordonnée; des *almanachs* et des *tarifs*, comme aussi de *petits livres qui ne passeront pas huit feuilles, brochés et reliés à la corde*. Or, les ouvrages saisis sur Deveaux, qui les colportait, excédaient de beaucoup ce nombre de huit feuilles.— Le tribunal ne pouvait donc se dispenser de condamner Deveaux, soit comme ayant exercé la librairie sans brevet, soit comme ayant colporté des ouvrages dont le colportage n'est pas autorisé.

2° Un second délit était imputé au prévenu, celui d'avoir vendu un ouvrage imprimé à l'étranger sans être estampillé. Le tribunal ne s'est point occupé de ce délit; d'où il résulte qu'il a omis de statuer sur l'un des chefs de prévention, ou plutôt qu'il a renvoyé implicitement le prévenu de la plainte sur ce chef, sans en donner de motifs, sans déclarer si le fait est ou n'est pas réputé délit ou contravention, ni si Deveaux en était ou non convaincu : il a par là violé l'art. 7 de la loi du 20 avr. 1810, et les art. 191 et suiv. c. instr. crim.;

3° La même violation se rencontre dans l'omission de statuer *sur le délit d'outrages à la religion de l'État*, formellement énoncé dans les réquisitions écrites du ministère public, qui même se fondait sur ce délit pour requérir une peine plus grave que celle qui a été prononcée.

4° Enfin le tribunal a faussement interprété l'art. 27 de la loi du 26 mai 1819, en écartant la circonstance aggravante résultant de ce que plusieurs des ouvrages colportés par Deveaux avaient été déjà l'objet d'une

191. Les bouquinistes en boutique, ainsi que l'a jugé un arrêt, sont nécessairement compris sous la dénomination de libraires, en ce qui touche le brevet (Crim. cass. 8 déc. 1826) (1). —Il n'y a même aucune raison sérieuse de distinguer à leur égard, puisque les bouquinistes font le commerce des livres, et que c'est là précisément ce qui caractérise le libraire (V. en ce sens MM. Chassan, t. 1, p. 456; Grattier, t. 1, p. 44; Parant, p. 36; Goujet et Merger, nº 20).—Mais les libraires étaleurs bouquinistes, appelés aussi étalagistes, n'ont pas besoin d'un brevet (décr. 5 fév. 1810, art. 49; 11 juill. 1812, art. 3).

192. La permission d'étaler pouvant être refusée par l'autorité municipale, peut aussi n'être accordée par elle qu'aux conditions qu'elle estime convenables dans l'intérêt public (V. en ce sens M. de Grattier, t. 1, p. 46), et ce pouvoir a paru suffire pour écarter tout danger.

193. Il a été jugé que le libraire sédentaire, même non breveté, n'est pas soumis, pour la vente des ouvrages par lui faite à son domicile, à la nécessité de l'autorisation préfectorale (trib. corr. de Saint-Pol, 22 fév. 1850, aff. Carette, D. P. 50. 3. 30).—Mais il faut bien comprendre le sens de cette décision.—L'art. 6 de la loi du 27 juill. 1849 porte que tous distributeurs ou colporteurs de livres, écrits, brochures, etc., devront être pourvus d'une autorisation délivrée par les préfets.— Or ce que la décision que nous venons de citer juge à cet égard, c'est qu'un libraire sédentaire ne peut être considéré ni comme un distributeur, ni comme un colporteur dans le sens de la loi de 1849, et que, par conséquent, la disposition précitée ne lui est pas applicable (V. *infrà*, nºs 424 s.).—Aussi a-t-il été décidé en ce sens que l'exercice de la profession de libraire sans brevet ne tombe pas sous l'application de l'art. 6 de la loi du 27 juill. 1849, concernant le colportage de livres et écrits, mais est réprimé par l'art. 12 de la loi du 21 oct. 1814 (Crim. rej. 21 août 1851, aff. Couturat, D. P. 51. 5. 345): aujourd'hui par l'art. 24, décret du 17 fév. 1852, V. nº 209.

194. Un brevet est-il nécessaire pour exercer la profession de simple *loueur de livres?*— On peut dire pour la négative que ce qui constitue le commerce de la librairie, c'est l'achat des livres pour les *revendre*. — A la vérité, il résulte des art. 1 et 632 c. com. qu'on doit réputer commerçant ceux qui achètent des marchandises pour en *louer l'usage*. — Mais on peut répondre qu'il ne s'agit pas ici de savoir si les loueurs de livres sont commerçants, mais bien de décider s'ils sont libraires dans le sens du décret de 1810. Or ce décret (art. 30) impose aux libraires le serment de ne *vendre, débiter* ni *distribuer* aucun ouvrage, etc.; ce qui semble devoir caractériser la profession que le législateur a eue en vue; et aucun de ces mots *vendre, débiter, distribuer* ne s'applique naturellement à la simple location. — Du reste, les anciens règlements sur la librairie (édits ou règl. de 1686, 1723, 1735, 1774) qui ont inspiré le décret de 1810 et la loi de 1814 ne s'occupaient point et ne pouvaient s'occuper de la location des livres, par la raison très-simple que ce genre d'industrie n'existait pas à l'époque de leur rédaction.—Aussi a-t-il été jugé que, pour exercer la profession de loueur de livres ou teneur de cabinets de lecture, un brevet n'est pas nécessaire (Paris, 28 déc. 1827) (2);—...Et qu'il suffit pour cela d'être muni d'une

---

condamnation, par le motif que cet article n'a pas prévu le cas où les ouvrages déjà condamnés *auraient été exposés ou mis en vente*, mais seulement celui où ces ouvrages auraient été *vendus* ou *distribués*, et qu'il n'est pas établi que Deveaux en ait vendu. — L'art. 27 porte, etc. — Le mot *vente* comprend évidemment l'*exposition* ou *mise en vente*.—Que, pour un particulier qui n'est ni libraire ni colporteur, le délit ne puisse consister que dans la vente même, cela se conçoit, et il est impossible que cela soit autrement; mais pour celui qui exerce la profession de vendeur, que l'exposition soit le délit même, cela également ne saurait être douteux. On dit tous les jours d'une personne qui a ouvert un magasin, qu'*elle vend telle marchandise*. Cette locution est exacte, quoique ce marchand puisse n'avoir rien vendu, et même, physiquement parlant, qu'il puisse ne jamais rien vendre. Dans l'esprit de la loi, et quand il s'agit d'un vendeur de profession, l'exposition est la vente même, et assurément il serait absurde que le ministère public fût obligé de suivre les traces des livres qui peuvent avoir été vendus. Il y a, dans le seul fait de l'exposition, une présomption *juris et de jure*, telle que, par l'essence des choses, l'exposition même constitue le délit, et c'est bien ainsi que l'avait entendu l'art. 19 de la loi du 21 oct. 1814. Si celle du 26 mai 1819 parle de *vente*, c'est qu'elle s'applique à tout individu: «*Quiconque*, dit l'art. 27, etc. » Ainsi la loi du 26 mai a été obligée de se servir du mot *vente*; mais certes il est impossible de supposer qu'à l'égard des marchands elle ait voulu détruire le caractère de l'exposition ou mise en vente, et ne voir là aucun délit. Il serait inconséquent d'appliquer l'art. 27 au fait de la *réimpression* et d'en affranchir celui de l'*exposition ou mise en vente*, qui est un pas de plus vers la consommation du délit, c'est-à-dire vers la vente d'un ouvrage dangereux et condamné par la justice. C'est donc à tort et par une fausse interprétation et la violation de l'art. 27 précité, que le tribunal a refusé d'appliquer au prévenu le maximum de la peine qu'il avait encourue pour son délit, ainsi que l'avait requis le ministère public.

A la même audience et dans la même affaire, le nommé Théophile Berquet, libraire, parut devant le tribunal comme prévenu, entre autres délits, d'avoir eu chez lui des ouvrages qui ne portaient pas le nom de l'imprimeur et qui n'avaient pas été déposés à la direction de la librairie. Le tribunal statua sur ce chef de prévention en ces termes : — « Attendu que, si les exemplaires de l'ouvrage intitulé : Le bon sens du curé Meslier, saisis chez Berquet, ne portent pas le nom de l'imprimeur, et si cet ouvrage n'a pas été déposé à la direction de la librairie, cet ouvrage paraît avoir été imprimé avant la loi du 21 oct. 1814, et que Berquet, n'étant que libraire, a pu ignorer que l'ouvrage n'avait pas été déposé à la direction de la librairie, obligation imposée aux imprimeurs; renvoie Berquet de l'action intentée contre lui.» Ce renvoi présente une violation de l'art. 19 de la loi du 21 oct. 1814. En effet, cet article porte, etc. Or, le jugement qui renvoie Berquet de ce chef de plainte ne constate point qu'il ait fait cette preuve que la loi met à sa charge; il porte seulement que l'ouvrage paraît avoir été imprimé avant la loi de 1814, d'où il résulte que le tribunal a substitué de simples présomptions à la preuve requise par la loi. — Ce considéré, etc., Signé Mourre. — Arrêt.

LA COUR; — Vu l'art. 441 c. inst crim.; —Vu le jugement attaqué: — Adoptant les motifs du réquisitoire, et statuant sur icelui, casse.

Du 10 nov. 1826.-C. C., ch. crim.-MM. Portalis, pr.-Brière, rap.

(1) (Min. pub. C. Hardy.) — LA COUR; — Attendu que la loi du 21 oct. 1814 ne fait aucune distinction entre la profession de librairie et celle de bouquiniste; que l'une et l'autre se confondent, puisqu'elles s'exercent également par le commerce des livres, et que la loi serait sans exécution et n'obvierait à aucun des inconvénients que le législateur a voulu prévenir et reprimer, si la profession de bouquiniste était dans la catégorie de la loi, distincte de celle du libraire, et placée ainsi hors des lois et règlements sur la police de la librairie; — Vu l'art. 4 du règlement du 28 fév. 1723, les art. 11, 12 et 21 de la loi du 21 oct. 1814; — Attendu que le règlement du 28 fév. 1723 avait été légalement promulgué en France; — Que la loi du 17 mars 1791 n'avait abrogé ce règlement par aucune disposition expresse et formelle; —Que l'art. 4 de ce règlement a seulement cessé de pouvoir recevoir son application pendant la durée du système de liberté absolue établi par la loi du 17 mars 1791; — Que cette dernière loi ayant été postérieurement abrogée, et le système qu'elle avait détruit ayant été rétabli relativement à la librairie, l'obstacle qui s'était momentanément opposé à l'exécution du règlement de 1723 a été levé; — Que, dans cet état de choses, l'art. 21 de la loi du 21 oct. 1814, ayant enjoint aux officiers du ministère public de poursuivre les contrevenants devant les tribunaux correctionnels a par cela même et nécessairement prescrit l'application de l'amende portée par l'art. 4 du règlement du 28 fév. 1723;—Attendu que, néanmoins le tribunal de première instance de Chartres a confirmé, par le jugement attaqué, le jugement correctionnel du tribunal de première instance de Nogent-le-Rotrou, qui avait refusé de prononcer contre Jean-Baptiste-Benoît Hardy la condamnation à l'amende de 500 fr., par le motif qu'il était bouquiniste et non libraire; que, d'ailleurs, l'art. 4 du règlement de 1723 avait été aboli par la loi du 17 mars 1791, et que la loi du 21 oct. 1814 ne prononçait aucune peine en cas de contravention à ses dispositions relatives au commerce de la librairie exercé sans brevet; — En quoi ce tribunal a fait une distinction qui n'est pas dans la loi, commis sous ce rapport un excès de pouvoir, violé l'art. 4 du règlement du 28 fév. 1723 et les art. 11, 12 et 21 de la loi du 21 oct. 1814; — Par ces motifs, reçoit Jean-Baptiste-Benoît Hardy intervenant; statuant sur le pourvoi et sur l'intervention, casse et annule le jugement correctionnel rendu sur appel, le 29 juin 1824, par le tribunal de première instance de Chartres, chef-lieu judiciaire d'Eure-et-Loir, confirmatif d'un jugement correctionnel rendu le 19 mars précédent, en faveur de Jean-Baptiste-Benoît Hardy, par le tribunal de première instance de Nogent-le-Rotrou.

Du 8 déc. 1826.-C. C., ch. crim.-MM. Bailly, pr.-Brière, rap.

(2) (Min. pub. C. Poincinet.)—LA COUR;—Considérant que le décret de 1810 et la loi de 1814 n'imposent l'obligation d'être brevetés et assermentés qu'aux imprimeurs et aux libraires, et non aux loueurs de livres et à ceux qui tiennent des cabinets de lecture; — Qu'en supposant encore en vigueur le règlement de 1723, abrogé par la loi du 17 mai 1791, ce règlement ne saurait être applicable qu'à ceux qui font le com-

autorisation du ministre de l'intérieur (Colmar, 2 déc. 1829) (1). — Nous ne voyons même pas quel texte on peut invoquer pour exiger l'autorisation du ministre.

195. Toutefois, il a été décidé que l'art. 632 c. com. réputant acte de commerce tout achat de marchandises pour les revendre, ou même pour en louer simplement l'usage, le louage, comme la vente des livres, est un acte du commerce de la librairie, qui ne peut se faire sans brevet (Crim. cass. 30 déc. 1826) (2); — ...Et spécialement que ceux qui tiennent cabinet de lecture où ils donnent des livres à lire, doivent être pourvus de brevets (Ch. réun. cass. 7 nov. 1836; Paris, 2 août 1842) (3). — Conf. MM. Parant, p. 35; Chassan, t. 1, p. 436; de Grattier, t. 1, p. 44.

196. Dans tous les cas, la location des journaux et brochures

---

merce de livres en les vendant et non en les louant, genre de commerce inconnu à cette époque; — Met l'appel au néant.

Du 28 déc. 1827.-C. de Paris.-M. Dupaty, pr.

(1) (Min. pub. C. Clerc.)—La cour;—Considérant qu'il est constant en fait et avoué par le prévenu qu'il tenait, à l'époque du 15 juill. dernier, un cabinet d'abonnement pour la lecture des livres, et qu'il exerçait sans aucune autorisation du gouvernement; — Considérant que le 23 août suivant il a obtenu une autorisation du ministre de l'intérieur portant que Joseph Clerc (prévenu) est autorisé à tenir un cabinet pour la lecture et l'abonnement des livres à Belfort, départ. du Haut-Rhin, à la charge par lui de s'abstenir de la vente de toute espèce de livres et de brochures à peine d'être poursuivi conformément à la loi; » — Qu'il résulte des dispositions de cette autorisation que le gouvernement fait une distinction entre l'état de loueur de livres, qui s'exerce par abonnement au moyen de l'établissement d'un cabinet de lecture, et la profession de libraire qui a pour objet la vente des livres; que le ministre seul peut en autoriser le louage, tandis que pour les vendre, il faut, d'après les règlements publics, obtenir un brevet du roi; que Son Excellence, en avertissant l'impétrant qu'il ne doit point vendre de livres à peine d'être poursuivi conformément à la loi, fait connaître que la vente des livres est soumise à des règlements particuliers dans lesquels n'est pas compris le loueur, et que les peines prononcées par les lois se réfèrent exclusivement aux contraventions sur les mesures prescrites pour vendre, et ne sont applicables qu'aux libraires proprement dits;—Que cette distinction résulte aussi des dispositions des lois anciennes et nouvelles sur la librairie; que les édits de 1723, 1686, 1735 et 1744 ne désignent et n'appellent libraire que celui qui achète et vend des livres; que ces lois n'appliquent qu'à ce genre de commerce, placé immédiatement sous la police de l'Etat, les mesures et les peines qu'elles prescrivent; — Que le décret du 5 fév. 1810 dispose que les libraires prêteront serment de ne vendre, débiter et distribuer aucun ouvrage contraire au souverain et à l'Etat; qu'en outre il annonce, par l'art. 45, § 5, que le gouvernement se propose de statuer par des règlements particuliers sur tous les autres genres de commerce ou arts relatifs à la librairie et à l'imprimerie, tels que les relieurs, etc. que ces différentes dispositions font voir que tout ce qui a été réglé jusqu'alors ne concernait que le commerce de la librairie, consistant dans la vente et l'achat des livres; — Que les règlements annoncés dans lesquels on peut croire que l'on aurait compris le louage des livres n'ont pas été faits : que seulement le ministre de l'intérieur, chargé de la police du royaume, a cru devoir exercer sa surveillance sur le louage des livres, qui peut présenter des inconvénients, en exigeant que ceux qui se livrent à cette industrie se munissent de cette autorisation, mais sans leur prescrire de serment; qu'il a donc jugé que ce genre de commerce ne rentrait pas dans celui de la librairie proprement dit, qui ne consiste qu'à acheter, vendre et débiter des livres, pour l'exercice duquel il faut un brevet du roi et le serment; qu'ainsi il a décidé que celui-ci seul était l'objet des mesures prises par es règlements anciens, par le décret du 5 fév. 1810 et par la loi du 21 oct. 1814 qui ne parlent dans leurs dispositions réglementaires et pénales que de l'achat et de la vente, qui retirent cette profession du commerce ordinaire, qui la distinguent par des priviléges et par son affiliation à l'université des sciences; que, dès lors, comme l'on ne pourrait pas attribuer à un simple loueur de livres les priviléges que ces lois accordent au libraire, on ne peut pas davantage prononcer contre le premier les peines qu'elles établissent contre celui-ci : *qui de uno dicit, de altero negat*: — Considérant qu'il ne faut pas perdre de vue qu'il s'agit dans cette cause d'une peine, et que, par conséquent, ce serait une grave erreur d'invoquer le droit civil soit romain soit français, qui trace, pour l'interprétation, des règles d'analogie ou de parité de raison; que l'un et l'autre droit rejettent ces règles en matière pénale, *odiosa sunt restringenda: in pœnalibus causis quod minimum est sequimur*; que le droit romain proclame partout ces principes, et que le droit français (art. 4 c. pén.) prescrit impérieusement de n'appliquer que les principes édictés par la loi et dans les cas seuls qui sont prévus; — Qu'ainsi, s'il restait quelque doute dans les dispositions des lois et règlements, il est certain que, dans une cause de ce genre, l'interprétation donnée par le ministre doit être déterminante; que, par conséquent, ayant été reconnu par l'autorité administrative, compétente sur cette matière, que Clerc n'est point soumis à l'obtention d'un brevet, il ne peut non plus être considéré par l'autorité judiciaire comme passible des peines qu'entraîne cette omission à l'égard d'un libraire proprement dit; — Considérant que Clerc a pu raisonnablement ignorer que l'établissement d'un cabinet de lecture et d'abonnement de livres dût être autorisé par le ministre, puisque aucun règlement public ne l'a encore prescrit; que son prédécesseur en a fait de même; qu'aussitôt qu'il fut averti par le commissaire de police de Belfort dans son procès-verbal du 15 juillet, il s'est empressé de solliciter une autorisation qui lui a été délivrée le 24 août suivant; que sa réponse à ce magistrat démontre sa bonne foi; que, d'un autre côté, aucune loi ne prononce de peine contre le simple loueur de livres non pourvu d'autorisation du ministre que la peine requise en vertu de l'édit de 1723, fût-elle même légalement applicable, n'est édictée que contre le libraire vendeur; qu'il importe peu que Clerc ait loué ses livres pour être lus à domicile ou dans son cabinet, puisque l'autorisation du ministre n'est restrictive qu'à l'égard de la vente et non sur le mode d'exercer le louage; qu'ainsi, sous aucun rapport, le prévenu n'est passible de peines; — Par ces motifs, prononçant sur l'appel du jugement rendu au tribunal correctionnel de Belfort le 14 août dernier; — A mis et met l'appellation au néant; — Ordonne que ce dont est appel sortira son plein et entier effet, etc.

Du 2 déc. 1829.-C. de Colmar, ch. corr.-M. Marquair, pr.

(2) *Espèce*: — (Int. de la loi. — Petitot.) — Petitot, loueur de livres, est traduit devant le tribunal correctionnel de Lille, comme ayant contrevenu à l'art. 11 de la loi du 21 oct. 1814, et comme étant passible des peines portées par l'art. 4 du règlement de 1723, ou plutôt des peines prononcées par une ordonnance des magistrats de Lille, du 25 janv. 1751, contenant des dispositions analogues à celle du règlement de 1723. — 31 déc. 1825, jugement qui, considérant qu'un loueur de livres n'est pas un libraire, renvoie le prévenu; — Appel; et, le 11 mars 1826, arrêt confirmatif de la cour de Douai, qui porte : — « Attendu qu'il résulte du procès-verbal dressé par l'un des commissaires de police de la ville de Lille, qu'il n'a été trouvé chez Petitot que des livres qui ont servi et qu'il donne en lecture; qu'il est donc constant qu'il ne fait pas le commerce de livres, c'est-à-dire qu'il n'achète pas pour revendre; — Attendu que la loi de 1814, l'ord. du 28 fév. 1723, et le règlement pour la ville de Lille du 25 janv. 1751, ne s'appliquent évidemment qu'à la seule profession de libraire; qu'ils n'imposent l'obligation de se munir de brevet qu'à ceux qui exercent cette profession proprement dite; qu'en supposant que le règlement du 28 fév. 1723 ne soit pas abrogé, les peines qu'il prononce ne doivent être appliquées qu'aux seules contraventions qu'il détermine. »

M. le procureur général a été chargé, par monseigneur le garde des sceaux, de déférer cet arrêt à la censure de la cour. — L'état de libraire, a-t-il dit, est un commerce, et c'est en général sur le commerce de la librairie qu'il a été statué par le règlement de 1723, ainsi que cela est déclaré formellement dans le préambule. — L'art. 632 c. com. répute actes de commerce tout achat de marchandises pour les revendre, ou même pour en louer simplement l'usage. — Ce principe commercial n'est que la conséquence d'un principe plus général, qui appartient à toutes les matières, qui est puisé dans la nature des choses, et que la loi romaine exprime en ces termes : *Locatio conductio proxima est emptioni et venditioni, iisdemque regulis constitit.* (L. 2, ff, *Locati conducti.*) — La location, comme la vente des livres, fait donc partie du commerce de la librairie; et, dès lors ceux qui louent, comme ceux qui vendent, doivent être munis d'un brevet de libraire, conformément à l'art. 11 précité de la loi du 21 oct. 1814. — Ce considéré, etc. — Signé Mourre. » — Arrêt.

La cour; — Vu le réquisitoire, etc. — Vu ledit art. 441, les art. 632 c. com., 11 de la loi du 21 oct. 1814, et 4 du règlement du 28 fév. 1723; — Adoptant les motifs du réquisitoire, casse et annule, dans l'intérêt de la loi seulement.

Du 30 déc. 1826.-C. C., ch. crim.-MM. Portalis, pr.-Brière, rap.

(3) 1re *Espèce*: —(Min. publ. C. femme Labrousse.)—Sur renvoi prononcé par l'arrêt de cassation du 25 fév. 1836, qui avait annulé un arrêt de la cour de Paris, la cour d'Orléans a jugé le 25 avr. 18 6, en audience solennelle, dans le même sens que la cour de Paris, que la dame Labrousse n'était pas tenue de se munir d'un brevet. — Nouveau pourvoi. — Arrêt.

La cour; — Vu l'art. 11 de la loi du 21 oct. 1814; — Attendu que, dans la loi comme dans le langage ordinaire, le mot *librairie* désigne celui qui fait le commerce des livres; — Attendu que, d'après l'art. 632 c. com., c'est faire acte de commerce que d'acheter des marchandises pour les revendre ou même pour en louer simplement l'usage; qu'ainsi, celui qui achète une marchandise pour en louer l'usage, fait le commerce de cette marchandise, de même que celui qui l'achète pour la revendre; — Qu'il n'existe aucune exception à cette règle relativement au commerce des livres; d'où il suit que la personne qui tient un cabi-

périodiques peut se faire sans brevet (déc. min. de 1823). — Conf. MM. de Grattier, t. 1, p. 44; Bories et Bonassis, Dict. de la presse, v° Cabinet littéraire, n° 7; Sulpicy, Code de la presse, p. 25, n° 14.

197. Il est à observer aussi que la profession de libraire consiste dans le commerce des livres et non dans celui des estampes, gravures, lithographies et de la musique, à moins cependant que ces derniers ouvrages ne contiennent un texte.— V. en ce sens M. de Grattier, t. 1, p. 47.

198. Quelques exceptions ont d'ailleurs été admises à la nécessité du brevet pour la vente des livres. — Ainsi, d'après l'art. 5 du règlement du 30 août 1777, tout auteur a le droit de vendre chez lui son ouvrage sans qu'il puisse, sous aucun prétexte, vendre ou négocier d'autres livres. Or, cet article n'ayant pas été abrogé par une loi postérieure, il faut reconnaître qu'aujourd'hui comme autrefois un auteur peut vendre ses ouvrages (V. MM. Parant, p. 36; Pic, Cod. des impr., p. 101). — On peut encore appuyer cette solution sur l'art. 1 de la loi du 19 juill. 1793, qui porte que : « les auteurs d'écrits en tous genres... jouiront, durant leur vie entière, du droit exclusif de vendre, faire vendre, distribuer leurs ouvrages dans le territoire de la république... » — M. Chassan (t. 1, p. 457) est d'avis que le droit des auteurs se fonde uniquement aujourd'hui sur l'interprétation rationnelle de la loi de 1814, qui ne peut être plus sévère que l'ancienne législation. — Sans doute, en l'absence de toute disposition expresse, on pourrait très-bien soutenir que la loi de 1814 est inapplicable aux auteurs. — Mais il semble plus naturel d'invoquer en leur faveur des textes précis qui ne sont pas abrogés.—Remarquons aussi avec M. de Grattier, t. 1, p. 47, « que les *héritiers* ou les *cessionnaires* de l'auteur, en vertu de l'art. 2 de la loi du 19 juill. 1793, jouissent du même privilége pendant la durée de leur propriété; que, par identité de motifs, il en doit être de même à l'égard de sa *veuve* et de ses *enfants* dans les termes et suivant les limites de l'art. 39 du décret du 5 fév. 1810; qu'il y a lieu d'étendre cette exception commune aux cessionnaires des héritiers, des enfants ou de la veuve, pendant la durée de l'exercice de leurs droits; mais que, hors de ces limites, tout éditeur doit être muni d'un brevet. »

199. Un arrêt du conseil, du 13 mars 1730, permet également aux merciers la vente des A B C, des almanachs et des petites heures n'excédant pas deux feuilles d'impression, caractère cicéro. — Cet arrêt ne concerne que la ville de Paris. Mais un autre arrêt du conseil, du 10 sept. 1735, dont les dispositions s'étendent à tout le royaume, a statué dans le même sens que celui de 1730.—Toutefois il a été jugé avec raison que la vente, par un marchand mercier, d'un almanach excédant deux feuilles d'impression, et spécialement la vente d'une brochure intitulée *le grand Messager boiteux des électeurs de France*, de 147 pages, à supposer que cet ouvrage doive être considéré comme un almanach, constitue le commerce de librairie dont l'exercice a eu lieu sans brevet, et doit être punie de l'amende de 500 fr. prononcée par le règlement de 1723 (V. quant à la pénalité, *infrà*, n° 209), et, qu'en conséquence, le prévenu ne peut être renvoyé de la poursuite, sous le prétexte que, d'après un usage immémorial fondé sur l'arrêt du conseil, du 11 mars 1730, la vente des almanachs ne constitue pas un commerce de librairie : l'arrêt de 1730 ne permettant aux merciers la vente des A B C, des almanachs et des petites heures, qu'autant qu'ils n'excéderont pas deux feuilles d'impression, caractère cicéro (Crim. cass. 26 juin 1824) (1).

---

net de lecture, c'est-à-dire qui achète des livres pour en louer l'usage en les donnant à lire au public, soit dans sa demeure, soit au dehors, moyennant une rétribution, fait un acte qui constitue le commerce des livres, ou, ce qui est la même chose, exerce la profession de libraire, et doit, par conséquent, se conformer aux lois et règlements concernant cette profession; qu'elle doit notamment se pourvoir d'un brevet aux termes de l'art. 11 précité de la loi du 21 oct. 1814; — Attendu que la cour royale d'Orléans, sans méconnaître le fait établi au procès, que la femme Labrousse avait tenu un cabinet de lecture, sans avoir obtenu un brevet de librairie, a cependant décidé qu'elle n'avait pas contrevenu à l'art. 11 de la loi du 21 oct. 1814, en quoi elle a formellement violé ledit article; — Casse l'arrêt de la cour royale d'Orléans, du 25 avr. 1836; mais attendu que, dans l'état actuel de la législation, la contravention à l'art. 11 de la loi du 21 oct. 1814 n'est réprimée par aucune disposition pénale; dit qu'il y a lieu de ne prononcer aucun renvoi.

Du 7 nov. 1836.-C. C. ch. réun.-MM. Boyer, pr.-Valigny, rap.

2° *Espèce* : — (Dufay C. min. pub.) — Le 9 juin 1842, le tribunal correctionnel de la Seine a rendu le jugement suivant : — « En ce qui touche l'infraction à l'art. 11 de la loi du 21 oct. 1814; — Attendu qu'il est établi que Dufay a exercé et exerce l'état de libraire sans être breveté et assermenté; — Attendu que la location de livres doit être assimilée à leur vente; qu'il résulte des termes de l'art. 632 c. com. que tout individu qui achète des livres, non pas seulement pour les revendre, mais même pour en louer simplement l'usage, fait un commerce qui ne peut être que celui de libraire; que la location des livres a les mêmes dangers que la vente, et doit être environnée des mêmes garanties; — Attendu néanmoins que la loi de 1814 ne contient aucune peine pour l'infraction aux dispositions de l'art. 11, mais qu'il entre dans les attributions du tribunal d'ordonner la cessation de la contravention et d'empêcher la continuation d'un état de choses illégal; — En ce qui touche le bris de scellés : — Attendu qu'il est établi qu'à deux reprises différentes, en 1842, Dufay a brisé les scellés apposés chez lui par ordre du gouvernement et commis ainsi le délit prévu par l'art. 252 c. pén.; — Attendu que les circonstances qui ont accompagné et suivi la constatation de la contravention susénoncée, ne sont pas de nature à justifier les faits relevés contre le prévenu et à ôter à ces faits le caractère de délit; qu'elles peuvent seulement être considérées comme circonstances atténuantes et être, comme telles, prises en considération pour l'application de la peine; — Dit qu'il n'y a lieu à prononcer de peine pour l'infraction à l'art. 11 de la loi de 1814; — Ordonne néanmoins que dans le mois de la signification du présent jugement, Dufay sera tenu de cesser son commerce de libraire, de fermer en conséquence son cabinet de lecture; — Et pour réparation du délit de bris de scellés, condamne le prévenu à huit jours d'emprisonnement et aux dépens. » — Appel. — Arrêt (apr. délib.).

La cour; — Adoptant les motifs des premiers juges, confirme.

Du 2 août 1842.-C. de Paris.-M. de Chanteloup, pr.

(1) *Espèce* : — (Min. pub. C. Prat.) — Par arrêt du 10 mai 1824, la cour de Metz a décidé que, d'après un usage immémorial fondé sur l'arrêt du conseil privé, du 11 mars 1730, la vente des almanachs ne constituait pas un commerce de librairie : appliquant cette décision à la vente d'une brochure intitulée *le grand Messager boiteux des électeurs de France*, de 147 pages, elle avait renvoyé Michel Martin Prat des poursuites dirigées contre lui. — Pourvoi. — Arrêt (après délib. en ch. du cons.).

La cour; — Vu l'art. 11 de la loi du 21 oct. 1814, portant : « Nul ne sera imprimeur ni libraire s'il n'est breveté par le roi et assermenté; » — Vu l'art. 21 de la même loi, prescrivant au ministère public l'obligation de poursuivre les contrevenants devant les tribunaux de police correctionnelle, et le règlement du 28 fév. 1723, art. 4, punissant d'une amende de 500 fr. ceux qui exerceraient la profession de libraire sans brevet; — Vu enfin l'arrêt du conseil privé, du 11 mars 1730, permettant aux marchands merciers de vendre des A B C, des almanachs, des petites heures, pourvu qu'ils n'excèdent pas deux feuilles d'impression, caractère *cicéro*; — Attendu que, sans méconnaître les dispositions prohibitives et pénales portées contre ceux qui exerceraient la profession de libraire sans brevet, l'arrêt attaqué a décidé que, dans l'espèce, la vente de la brochure intitulée *le grand Messager boiteux des électeurs de France*, ne constituait pas un fait d'exercice de la profession de libraire; — Qu'il a fondé cette décision, en droit, d'une part, sur ce que la brochure dont il s'agit devait être réputée un almanach; — De l'autre, sur ce que, depuis un temps immémorial, les marchands merciers étaient dans l'usage de vendre des almanachs, usage autorisé par un arrêt du conseil privé du mois de mars 1730; — Mais attendu que l'arrêt du conseil privé du 11 mars 1730 ne permet aux merciers la vente des A B C, des almanachs et des petites heures, qu'au ant que les uns et les autres n'excéderont pas deux feuilles d'impression, caractère *cicéro*; — Et attendu que, dans l'espèce, il est constant, et en conséquence déclaré, en fait, par le jugement de première instance, et non méconnu par l'arrêt attaqué, que la brochure saisie chez le prévenu, intitulée *le grand Messager boiteux des électeurs de France*, avait 147 pages; que ce volume excède de beaucoup le nombre de feuilles d'impression à concurrence desquelles l'arrêt du conseil du 11 mars 1730, et l'usage subséquent, auraient autorisé la vente des almanachs par les marchands merciers; que, dès lors, à supposer que cette brochure eût pu être réputée un almanach, elle n'aurait pas été de ceux dont l'arrêt du conseil permettait la vente aux marchands merciers; qu'au contraire, elle restait au nombre des livres dont la vente faite sans brevet rentrait dans l'application des dispositions prohibitives et pénales portées par l'art. 11 de la loi du 21 oct. 1814 et par le règlement du 28 fév. 1723; — Que, par conséquent, en décidant que la vente du *grand Messager boiteux des électeurs de France* ne constituait pas un fait de commerce de librairie, et en prononçant, d'après cela, en faveur du prévenu, le renvoi des poursuites, l'arrêt attaqué a fait une fausse application de l'arrêt du conseil, du 11 mars 1730, et par suite violé l'art. 11 de la loi du 21 oct. 1814 et l'art. 4 du règlement du 28 fév. 1723; — Par ces motifs, casse.

Du 26 juin 1824.-C. C., sect. cr.-MM. Chantereyne, pr.-Ollivier, r.

200. Pour obtenir un brevet de libraire, il faut justifier de sa moralité et de son attachement à la patrie et au souverain (décr. 5 fév. 1810, art. 33). — Aucune autre condition n'est exigée.—Quant au certificat à produire à cet égard V. n° 106, les observations qui concernent les imprimeurs. Elles s'appliquent de tout point aux libraires. — Il est à remarquer aussi que le *nombre* des libraires n'est pas limité comme celui des imprimeurs. D'où il suit qu'il n'est pas nécessaire, pour obtenir un *nouveau* brevet qu'il y ait une vacance.

201. Quant à la *délivrance* du brevet, V. aussi *suprà*, n° 109, ce qui regarde les imprimeurs.

202. Le brevet de libraire est personnel et incessible (V. aussi n° 117, ce qui concerne, sous ce rapport, le brevet d'imprimeur). — Jugé en conséquence : 1° que le fils d'un libraire breveté, mais interdit pour cause d'aliénation mentale, n'a pu continuer, sous le nom de son père, le commerce de la librairie, sans contrevenir à l'art. 11 de la loi du 21 oct. 1814; qu'en vain, prétexterait-il d'un mandat à lui donné par son père; ce mandat, s'il était antérieur à l'interdiction, serait révoqué, de plein droit, par le fait de cette interdiction (c. nap. 2003); s'il lui était postérieur, il serait nul (c. nap. 450 et 509; Nancy, 23 janv. 1828) (1);—2° Que si un libraire peut prendre un associé, il ne peut abdiquer l'exercice de sa profession en faveur de cet associé, ni lui déléguer la gestion de sa librairie, ni faire passer sur sa tête son brevet (lequel est personnel et incessible), sans contrevenir à l'art. 11 de la loi du 21 oct. 1814, et à l'art. 11, tit. 2 du règlement du 28 fév. 1723, qui est encore en vigueur (Crim. cass. 28 juill. 1827) (2).

203. Néanmoins il a été décidé que la veuve non remariée d'un libraire peut continuer le commerce de son mari sans une nouvelle autorisation; que peu importe qu'elle ait diminué ou étendu le commerce de son mari ou qu'elle ait changé le mode de ce même commerce; qu'ici doit s'appliquer l'art. 55 du règlement du 28 fév. 1723, non abrogé par une disposition postérieure, expresse ou inconciliable avec cet article (Crim. rej. 2 juin 1827) (3). — Cette décision est uniquement fondée sur la non-abrogation du règlement de 1723. Il n'est pas abrogé, avait dit la cour de cassation, parce qu'il n'y a ni contrariété ni incon-

---

(1) (Min. pub. *C.* Vincenot fils.) — La cour; — Considérant qu'il est constant que Léonce Vincenot, depuis l'interdiction de son père, a exercé, sans être muni d'un brevet personnel, la profession de libraire; — Que, pour résister à la prohibition établie par l'art. 11 de la loi du 21 oct. 1814, il allègue vainement avoir pu continuer ce commerce sous la sauvegarde du brevet antérieurement obtenu par son père; — Qu'en effet, sans examiner si la propriété de ce brevet a reçu ou non quelqu'atteinte relativement à Vincenot père, par le fait seul de son aliénation mentale, il est certain, en droit, que, d'abord, L. Vincenot, aux termes de l'art. 2003 c. civ., et par suite du jugement qui a prononcé l'interdiction de son père, s'est trouvé immédiatement dépouillé du mandat qu'il prétend lui avoir été antérieurement donné, de s'immiscer dans le commerce de la librairie; — Qu'ensuite, aux termes des art. 509 et 450 même code, Vincenot père, assimilé à un mineur, et privé de l'administration de ses biens, n'a pu transmettre à son fils l'usage du brevet dont il était propriétaire; — Qu'enfin cette transmission n'aurait pas pu se faire de la part du tuteur à l'interdiction; Léonce Vincenot n'a pas même cherché à l'établir, et cette prétention, manifestement subversive de toutes les garanties que le législateur a voulu attacher à la délivrance des brevets de libraires, se réfuterait assez d'elle-même, par l'absurdité des conséquences qu'elle amènerait; — De là il résulte donc que Léonce Vincenot... a contrevenu sciemment à l'art. 11 de la loi du 21 oct. 1814; — Qu'ainsi il s'agit maintenant d'examiner si une peine doit lui être infligée, c'est-à-dire si la loi précitée, muette sur ce point, doit trouver une sanction pénale dans l'ancien règlement du 28 fév. 1723...; — Annule le jugement dont est appel, et condamne Léonce Vincenot à 500 liv. d'amende, faisant au cours actuel, 496 fr. 83 c., et aux dépens.

Du 23 janv. 1828.-C. de Nancy.-MM. Rolland, f. f. de pr.-Mourot, rap.-Troplong, av. gén., c. conf.-Poirel, av.

(2) (Min. pub. *C.* Barba et Grandin.) — La cour; — Vu l'art. 11 de la loi du 21 oct. 1814; — Attendu qu'il résulte de diverses lois, et notamment de la loi du 21 oct. 1814, que la librairie constitue une profession qu'il n'est point libre à toute personne d'exercer; — Qu'il est indispensable, pour s'y livrer, d'être breveté et assermenté; que si la librairie, considérée sous des rapports purement commerciaux, est régie par les lois commerciales, elle est, sous des rapports d'ordre public, soumise à des règles, à une police, à une discipline spéciales; — Qu'à la vérité, aucune loi ne défend à un libraire de prendre des associés pour son commerce, mais qu'il ne peut, dans aucun cas, abdiquer l'exercice de sa profession en faveur d'autrui, ni déléguer la gestion de sa librairie, ou, en d'autres termes, faire passer sur la tête d'un tiers un brevet qui est personnel et incessible, sans contrevenir expressément aux dispositions de l'art. 11 de la loi du 21 oct. 1814; — Qu'une telle contravention est également prévue et punie par l'art. 11, tit. 2, du règlement du 28 fév. 1723; — Attendu que, lorsqu'un individu est poursuivi pour un délit, les tribunaux ne peuvent le renvoyer des poursuites qu'en déclarant que le délit n'est pas prouvé, ou que le prévenu se trouve dans une situation qui exclut nécessairement le délit; — Que, dans l'espèce, il ne suffisait pas à la cour royale de Paris de décider, en fait, que Barba était l'associé de Grandin, et, en droit, qu'aucune loi ne prohibe à un libraire de prendre un associé non breveté, pour renvoyer les prévenus des poursuites; qu'il aurait fallu encore qu'elle décidât que l'acte de société n'avait pas eu pour but de constituer un individu non pourvu du brevet de libraire, gérant de cette même société, surtout lorsqu'il résultait du jugement du tribunal de première instance, que Grandin, par l'effet du prétendu acte de société, n'était que le prête-nom de Barba, auquel il avait, dans le fait, loué le brevet qu'il avait obtenu; effet que la cour royale n'a point dénié; — Attendu que la cour royale n'a point fait cette déclaration; et qu'en renvoyant les prévenus des poursuites du ministère public, sans avoir constaté qu'ils se trouvaient dans une situation qui excluait nécessairement le délit, elle n'a point purgé la prévention, et a violé les dispositions de l'art. 11 de la loi du 21 oct. 1814, et l'art. 11, tit. 2, du règlement du 28 fév. 1723. — Vidant le délibéré, casse et annule l'arrêt de la cour royale de Paris, chambre correctionnelle, du 19 avr. 1827.

Du 28 juill. 1827.-C. C., ch. crim.-MM. Portalis, pr.-Brière, rap.

(3) (Min. publ. *C.* Lebel.) — Le sieur Lebel décéda imprimeur et libraire à Paris; sa veuve céda le brevet d'imprimeur seulement, et continua le commerce de la librairie; elle y ajouta même un cabinet de lecture et de location de livres au mois, qu'elle acheta d'une personne non brevetée. — Des poursuites ont été dirigées contre elle, sous prétexte qu'elle n'était pas autorisée à exercer le commerce de librairie.—Jugement qui la renvoie des poursuites, attendu qu'une veuve non remariée de libraire peut continuer ce commerce sans autorisation nouvelle, aux termes de l'art. 55 du règlement de 1723. — Appel. — Le ministère public soutint que ce jugement avait mal jugé, et qu'à supposer qu'il eût bien jugé, il fallait le réformer, attendu que la veuve Lebel avait changé le commerce de son mari. — Le 26 avril 1827, arrêt confirmatif de la cour de Paris. — Pourvoi. — Arrêt.

La cour; — Attendu que les lois anciennes ne peuvent être abrogées que par les dispositions expresses des lois postérieures, et par la contrariété et l'inconciliabilité des nouvelles avec les anciennes; — Que l'art. 4 du règlement du 28 fév. 1723 relatif à l'exercice des professions d'imprimeur et libraire, est aussi absolu dans ses prohibitions à l'égard de ceux qui ne sont pas autorisés légalement à les exercer, que l'art. 11 de la loi du 21 oct. 1814; — Que cependant les dispositions de cet art. 4 comportent une exception; que cette exception est contenue dans l'art. 55, du règlement; que cette exception ne présente aucune contrariété ni inconciliabilité avec la règle à laquelle elle déroge; que si l'art. 4 du règlement de 1723 est réputé en vigueur, et n'est point abrogé par l'art 11 de la loi du 21 oct. 1814, il s'ensuit nécessairement que l'art. 55 qui n'en est que le complément, subsiste également, puisque aucune disposition de loi n'y a ultérieurement dérogé; — Que si l'intérêt public nécessite que l'exercice des professions d'imprimeur et libraire ne soit pas libre comme celui de toutes les autres, et que ceux qui veulent les embrasser soient assujettis à des examens ou informations préalables de capacité et de moralité, cependant le législateur n'a pas perdu de vue que l'exercice de ces deux professions intéresse une branche importante d'industrie et de commerce; que cette considération puissante l'a déterminé à venir au secours des veuves non remariées de ceux qui s'y étaient livrés, et de les autoriser à continuer, sans nouvel acte d'autorisation, le commerce de leurs défunts maris, et que ces motifs ne subsistent pas moins sous l'empire de la loi du 21 oct. 1814 que sous celui du règlement du 28 fév. 1723; — Attendu qu'une veuve de libraire ne peut pas être plus assujettie que ne l'aurait été son mari à continuer son commerce dans la même maison, pourvu que ce soit dans la même ville pour laquelle il avait obtenu un brevet, et que les augmentations ou diminutions dans l'étendue et le mode du même commerce n'en changent pas la nature et n'apportent aucune modification au titre légal en vertu duquel ce commerce est exercé ou continué; qu'il s'agit du droit subsistant d'après la loi, et non de l'opinion erronée qu'on aurait pu s'en former depuis la promulgation de la loi du 21 oct. 1814; — Attendu que, d'après les faits déclarés constants par l'arrêt attaqué en ce qui concerne Marie-Antoinette Foulé, veuve Lebel, cet arrêt ne présente la violation d'aucune loi, mais, au contraire, une juste application de l'art. 55 du règlement du 23 fév. 1723, et qu'il est, d'ailleurs, régulier dans sa forme; — Rejette.

Du 2 juin 1827.-C. C., ch. crim.-MM. Portalis, pr.-Brière, rap.

ciliabilité entre l'art. 55 de ce règlement et la loi de 1814.— Mais cette cour est elle-même revenue sur sa jurisprudence, quant à l'abrogation du règlement précité (V. n° 209).—Dans un arrêt du 15 nov. 1836 (MM. Choppin, pr., Rives, rap., aff. Barba), elle dit formellement : « En ce qui concerne le règlement du 28 fév. 1723, attendu que ce règlement, virtuellement abrogé par l'art. 2 de la loi du 2-17 mars 1791 n'a été remis en vigueur, ni par le décret du 5 fév. 1810, ni par la loi du 21 oct. 1814... » —Après une telle déclaration de principe, il semblerait que la décision relative à la veuve du libraire a perdu toute son autorité. — Cependant on peut soutenir, ce semble, avec fondement que l'inconciliabilité d'où est résultée l'abrogation n'a existé entre la loi de 1791 et le règlement de 1723 que pour les dispositions de ce dernier texte qui étaient contraires à la liberté de publier sa pensée, mais qu'il en est autrement de celles qui n'étaient nullement opposées aux principes de la loi de 1791. — Or la disposition qui consacre le droit des *veuves* nous paraît être de ce nombre.—V. n° 100.

204. Dans tous les cas, le changement d'état de la veuve amènerait un changement dans son droit, puisqu'alors elle ne pourrait plus se prévaloir de l'art. 55 du règlement de 1723. — V. en ce sens M. Parant, p. 35 ; V. aussi n° 101.

205. Un libraire breveté pour exercer le commerce de la librairie dans une ville déterminée, ne peut faire vendre des livres par un commis ou mandataire dans une autre ville pour laquelle son brevet ne l'autorise pas à faire le commerce. — La raison en est : 1° qu'il résulte de la loi du 21 oct. 1814, que le brevet accordé par le gouvernement à un imprimeur ou libraire est *personnel*, et que le serment est exigé pour la garantie de la conduite morale et de la soumission aux lois et règlements de celui qui en est pourvu : or, toutes ces précautions deviendraient inutiles, s'il était permis à un libraire de déléguer ses pouvoirs à un tiers ; —2° Que si les brevets de libraire et d'imprimeur sont délivrés pour exercer ces professions dans une ville y spécifiée, c'est que cette mesure est nécessaire pour ne pas en établir un trop grand nombre dans certaines localités, tandis que d'autres en seraient privées ; et que, dès lors, il importe de maintenir l'exécution de cette sage mesure (art. 11, 12). — Il a été jugé, en conséquence, qu'un libraire ne peut faire vendre des livres par un commis ou mandataire dans une ville pour laquelle son brevet ne l'autorise pas à faire le commerce de la librairie (Crim. cass. 15 mai 1825; 28 avril 1827 (1). —Conf. MM. de Grattier, t. 1, p. 125).

206. De même, il a été jugé que la vente publique des livres

(1) 1re *Espèce* : (Intérêt de la loi. — Aff. Vermot.) — Le 8 mars 1825, arrêt de la cour d'Amiens infirmatif d'un jugement du tribunal correctionnel de Laon qui condamnait Vermot, commis d'Escalle, libraire à Lons-le-Saulnier, à une amende de 500 fr. pour avoir mis en vente dans une boutique de Laon des livres appartenant à Escalle : — « Considérant, en droit, que la loi du 21 oct. 1814, art. 11 et 12, porte que nul ne sera imprimeur, ni libraire s'il n'est breveté par le roi et assermenté; que le brevet pourra être retiré à tout imprimeur ou libraire qui aura été convaincu, par un jugement, de contravention aux lois et aux règlements; mais que cette loi ne défend point aux libraires d'employer des commis résidants ou voyageurs pour le débit de leurs livres; que cette défense ne se trouve pas non plus prononcée par les art. 4 et 11 du règlement du 28 fév. 1725 ; que, quand on pourrait la trouver dans l'art. 15 du même règlement, les dispositions pénales prononcées par cet article ne pourraient être appliquées; que d'abord, et en règle générale, des dispositions de cette nature, une fois abrogées, ne peuvent reprendre vigueur, sans avoir été formellement rétablies par la législation postérieure; qu'une doctrine contraire porterait la confusion dans les lois, et en rendrait la connaissance de plus en plus difficile; — Considérant que le règlement sur la librairie du 28 fév. 1725, nécessairement révoqué par la loi du 17 mars 1791 qui, par son art. 2, avait supprimé tous les brevets et priviléges de profession, n'a été rétabli ni rappelé par aucune disposition, soit spéciale, soit générale, du décr. du 5 févr. 1810, non plus que des autres décrets, lois et ordonnances qui ont de nouveau soumis l'exercice de la librairie à l'obtention d'un brevet ; que si ce règlement avait dû reprendre son empire, il aurait été rétabli comme l'a été l'arrêt du conseil du 16 avr. 1785, rappelé par l'art. 12 de l'ordonnance royale du 24 oct. 1814 ; — Considérant, d'ailleurs, que les dispositions que renferme le règlement du 28 fév. 1725 ne sont pas la conséquence nécessaire des lois, décrets et ordonnances dont il s'agit; qu'elles ne sont pas indispensables pour leur exécution, puisque cette exécution a eu lieu pendant plus de dix ans, depuis le 5 fév. 1810, sans qu'on ait songé à invoquer le règlement de 1725; qu'elles ne sont pas plus en harmonie avec les usages et les intérêts actuels du commerce de la librairie, qu'avec le système de la législation pénale ; qu'ainsi, malgré les dispositions prohibitives de ce règlement, les libraires de Paris, sous les yeux et du consentement de l'autorité, étalent et vendent des livres sur les ponts, sur les quais et hors de leurs boutiques ; que, malgré ses dispositions prohibitives, ils font afficher les ventes de livres partout où bon leur semble; que les libraires sont également dans l'usage d'employer des commis résidants ou voyageurs pour la vente de leurs livres ; que ce dernier usage est, depuis longtemps, pratiqué sans opposition de la part du gouvernement, et qu'il concourt à l'extension d'un commerce, également intéressant pour la richesse et pour l'influence morale de la France ; qu'au milieu de tous ces usages, on ne peut, sans livrer la législation à l'arbitraire, indiquer quelles sont les dispositions du règlement du 28 fév. 1725 qui peuvent actuellement recevoir leur exécution; que, dans tous les cas, celles de l'art. 15, qui seules ont quelque rapport avec le fait reproché à Vermot, et qui infligent aux libraires contrevenants les peines d'une amende arbitraire et d'une punition exemplaire, sont tellement contraires à tous les principes de notre législation pénale, que les tribunaux ne peuvent en faire aucune application ;—Considérant, en fait, que Vermot n'a point fait le commerce en son propre nom ; qu'il n'est point un étranger auquel Escalle ait prêté son nom et son brevet ; qu'il est amplement justifié qu'il n'a vendu ou exposé des livres en vente qu'en qualité de mandataire ou de commis-voyageur d'Escalle ; qu'il ne s'est servi du nom, de la patente et du brevet d'Escalle qu'afin de remplir son mandat ; qu'il s'est toujours présenté comme voyageant, agissant et traitant pour le compte d'Escalle, et qu'Escalle est intervenu lui-même dans la cause pour le reconnaître ; que par conséquent Vermot n'est, sous ce rapport, coupable d'aucune contravention, ni passible d'aucune peine. » —Pourvoi du ministère public dans l'intérêt de la loi. — Arrêt.

LA COUR ; — Vu les art. 11 et 12 de la loi du 21 oct. 1814, relative à la liberté de la presse ; — Considérant qu'il résulte évidemment de la disposition de ces articles, que le brevet accordé par le roi à un imprimeur ou libraire est personnel, et que le serment est exigé pour la garantie de la conduite morale et de la soumission aux lois et règlements de celui qui en est pourvu ; — Considérant qu'en admettant le système adopté par la cour royale d'Amiens, dans l'arrêt dénoncé, toute l'économie de la loi serait changée, et la loi même impunément violée, puisqu'un seul libraire aurait, au moyen d'un seul brevet, la faculté d'en conférer l'exercice à un nombre indéterminé d'individus, en leur conférant le titre de commis-voyageurs ou résidants dans des lieux spécifiés au mandat, et que ces mandataires ne présenteraient au gouvernement aucune des qualités et garanties exigées de celui auquel le brevet aurait été accordé ;— Que le libraire auquel le brevet aurait été retiré, dans le cas prévu par l'art. 12, pourrait continuer l'exercice de sa profession, sous le nom et comme mandataire d'un autre libraire, ce qui rendrait l'action du gouvernement impuissante pour maintenir les lois de police dans l'exercice de cette profession ; — Considérant que les brevets de libraire et d'imprimeur sont délivrés pour exercer ces professions dans une ville y spécifiée, et que cette mesure d'ordre public est nécessaire pour ne pas en établir un trop grand nombre dans certaines localités, tandis que d'autres en seraient privées ; qu'ainsi, le sieur Escalle ayant obtenu un brevet pour exercer la profession de libraire à Lons-le-Saulnier, n'a pu, par l'intermédiaire de Vermot, qualifié son mandataire et commis-voyageur, ouvrir boutique ou magasin de librairie, même temporairement, dans la ville de Laon ; — Considérant, dès lors, que la cour royale d'Amiens, en jugeant, contrairement à ces principes, que le sieur Vermot avait pu exposer en vente à Laon une certaine quantité de livres quoiqu'il ne fût pas muni d'un brevet du roi qui l'autorisât à faire le commerce de librairie, et sur le motif qu'il avait fait ladite exposition en vente de livres en la qualité de mandataire et de commis-voyageur du sieur Escalle, breveté pour la ville de Lons-le-Saulnier, a violé les art. 11 et 12 de la loi du 21 oct. 1814 ; — Casse.

Du 15 mai 1825.-C C., sect. crim.-MM. Barris, pr.-Brière, rap.-Marchangy, av. gén., c. conf.

2e *Espèce* : — (Min. pub. C. Guillaume, etc.) — LA COUR ; — Attendu qu'un libraire ne peut, en vertu de son brevet, faire vendre des livres par un de ses commis, dans une ville pour laquelle son brevet ne l'autorise pas à faire le commerce de la librairie ; — Qu'un tel acte constitue une infraction aux dispositions de l'art. 11 de la loi du 21 oct. 1814 ;— Que, dans l'espèce, il est constant que Guillaume, libraire breveté pour Paris, a fait vendre publiquement aux enchères, par le ministère d'un commissaire-priseur, des livres, par Feret, son commis ou mandataire, et dans une boutique louée pour cet objet dans la ville de Caen ; que cette vente aux criées, faite volontairement, dans une ville où ledit Guillaume n'exerçait pas habituellement sa profession, ne peut être considérée comme une cessation de commerce, mais comme une tentative frauduleuse de faire, sous cette forme, un commerce qui lui était prohibé ;

Dans cet état des faits, vu l'art. 4 du règlement du 28 février 1725,

aux enchères, par le ministère d'un commissaire-priseur, dans une boutique louée pour cet objet par le commis ou mandataire d'un libraire, dans une autre ville que celle où ce libraire exerce son commerce, doit être considérée comme une tentative frauduleuse de faire, sous cette forme, un commerce qui lui est défendu dans cette ville (Arrêt précité du 28 avril 1827, V. n° 205).

207. On est allé plus loin. On a décidé qu'un libraire, même breveté, ne peut non plus, sans une autorisation spéciale, faire colporter les livres dont il fait le commerce (Crim. cass. 10 nov. 1826, aff. Deveaux, V. n° 190). Il faut s'entendre toutefois si les commis ou voyageurs sont porteurs de livres qu'ils vendent et livrent aux acheteurs, la solution est légale; mais s'ils se bornent à prendre ou recevoir des commissions pour les libraires qu'ils représentent, il ne devrait pas, ce semble, leur être défendu de porter avec eux quelques volumes en forme d'échantillons et pour les faire apprécier.

208. Au reste, les libraires, comme les autres commerçants, peuvent fréquenter librement les foires, soit par eux-mêmes, soit par leurs commis, pourvu qu'ils ne dépassent pas le terme fixé (Circul. min., 16 juin 1830). Cela ne devrait pas avoir fait un doute dans l'état de notre industrie.

209. Le règlement du 28 fév. 1723 déclarait, par son art. 4, ceux qui exercent le commerce de la librairie sans brevet passibles de 500 liv. d'*amende*, de *confiscation* et de *punition exemplaire*. — L'art. 11 de la loi du 21 oct. 1814 rappelait bien la disposition relative à la nécessité d'un brevet; mais il avait omis la sanction pénale attachée à cette disposition : « nul ne sera imprimeur ou libraire, disait cet article, s'il n'est breveté par le roi et assermenté. » — Mais l'art. 4 du règlement du 28 fév. 1723, qui prononçait l'amende de 500 liv., était-il encore en vigueur, avait-il été virtuellement rétabli par les lois subséquentes?

Cette question a éprouvé de singulières vicissitudes : la cour de Paris l'avait jugée plusieurs fois en sens divers, lorsqu'un arrêt de la cour de cassation décida que l'amende de 500 fr. était applicable. En recueillant l'arrêt, nous l'accompagnâmes d'une annotation dans laquelle nous prîmes soin de signaler un arrêt diamétralement opposé, rendu par la même chambre de la cour, vingt ans auparavant, sur une question identique, quoiqu'en matière forestière, et sur les conclusions conformes de Merlin (V. Lois, n° 562). Cette observation fut citée devant la cour d'Orléans, saisie sur renvoi, et la majorité se prononça contre la doctrine de la cour de cassation. Le premier président protesta contre cette décision solennelle; et la presse, qui fit connaître cette protestation, imposa par là la nécessité, au garde des sceaux, de la dénoncer à la cour suprême, ainsi qu'il l'avait fait quelques années auparavant à l'égard de la protestation de M. le conseiller André, dans l'affaire Caron. La protestation fut cassée comme illégale, et l'arrêt de la cour d'Orléans éprouva bientôt le même sort : les chambres réunies adoptèrent, sous la présidence du garde des sceaux, la jurisprudence de la chambre criminelle (Mourre, proc. gén., c. conf.). Une ordonnance réglementaire du 1er sept. 1827 décida aussi que la loi de 1814 avait fait revivre l'amende de 500 fr. La cour et la plupart des tribunaux persévéraient dans cette voie (Crim. cass. 4 oct. 1822, MM. Barris, pr., Chanterel, rap., aff. Nadau; 22 janv. 1824, MM. Bailly, pr., Ollivier, rap., aff. Teste; Ch. réun. cass. 24 juin 1826, MM. Peyronnet, pr., Ollivier, rap., aff. Teste; Crim. rej. 3 mars 1827, MM. Portalis, pr., Brière, rap., aff. Bourgeat; Crim. cass. 2 mars 1827, MM. Portalis, pr., Brière, rap., aff. Jourdan; 8 déc. 1826, aff. Hardy, V. n° 191; 3 mars 1827, MM. Portalis, pr., Brière, rap., aff. Girès; 28 avr. 1827, aff. Guillaume, V. n° 205; 6 juill. 1827, M. Brière, rap., aff. Jaure; 12 sept. 1828, MM. Bailly, f. f. de pr., Brière, rap., aff. Teste; 22 nov. 1828, MM. Henrion, pr., Brière, rap., aff. Poulton). Un nouvel examen de la question nous confirma dans la pensée qu'il y avait là une fâcheuse déviation des principes du droit criminel. Nous tâchâmes de l'établir et de démontrer l'impossibilité de maintenir logiquement cette jurisprudence sans ressusciter virtuellement une foule d'édits, de règlements, de déclarations et d'ordonnances sur la librairie, qui avaient été frappés d'abrogation par la loi de 1791 sur la liberté de l'industrie, et sans admettre un système de résurrection de loi pénale contraire à tous les principes (V. Lois). Cette dissertation se trouve D. P. 29. 1. 28. — Loin de nous la vanité de croire que notre opinion ait eu d'autre résultat que celui d'avoir mieux posé les éléments de la solution. Toutefois, la jurisprudence prit un autre cours; la résistance fut unanime, et la cour suprême a réformé depuis sa jurisprudence (M. Dupin, concl. conf.), et elle a décidé que le règlement du 28 fév. 1723, virtuellement abrogé par l'art. 2 de la loi des 2-17 mars 1791, n'a été remis en vigueur ni par le décret du 5 fév. 1810, ni par la loi du 21 oct. 1814; que l'ord. du 1er sept. 1827 n'a été rendue que dans le but spécial et restrictif déterminé par l'avis du conseil d'État du 27 nov. 1823, en sorte qu'elle n'a pu faire revivre la pénalité établie par le règlement de 1723, et qu'aucune peine ne peut être prononcée contre ceux qui exercent la librairie sans brevet (Douai, 13 avr. 1830, ch. corr., aff. Auban; Crim. rej. 13 fév. 1836, MM. Choppin, pr., Rives, rap., aff. Barba et Grandin; Crim. cass. 25 fév. 1836, MM. Bastard, pr., Rives, rap., aff. Labrousse; Ch. réun. cass. 7 nov. 1836, aff. Labrousse, V. n° 195). — Telle était aussi l'opinion de MM. Parant, p. 37, et Rauter, t. 1, p. 555. — Au contraire, MM. Chassan, t. 1, p. 459, et de Grattier, t. 1, p. 54, préférèrent l'ancienne jurisprudence de la cour de cassation. — Du reste, ces auteurs s'accordèrent à faire observer qu'en admettant l'abrogation du règlement de 1723, le ministère public ne restait pas pour cela tout à fait désarmé contre ceux qui exerçaient la librairie sans brevet, car il pouvait les poursuivre correctionnellement, en vertu de l'art. 11 de la loi de 1814, pour leur faire interdire de continuer et les faire condamner aux dépens. Et c'est ce qui a été jugé (Rouen, ch. cor., 6 mai 1841, MM. Renard, pr., Dufaure-Monfort, av. gén., c. conf., aff. Houdaille; 1er juill. 1841, MM. Renard, pr., Dufaure-Montfort, av. gén., aff. Gaudry; 9 juill. 1841, aff. Ollard Rousseau). Le jugement de condamnation rendu, l'autorité avait toujours le droit, pour en assurer l'exécution, de faire fermer les établissements des contrevenants. S'il s'agissait de colporteurs, l'accumulation des condamnations aux frais était le seul moyen de répression. — Aujourd'hui, l'art. 24 du décret du 17 fév. 1852 tranche la difficulté : « Tout individu, dit cet article, qui exerce le commerce de la librairie sans avoir obtenu le brevet exigé par l'art. 11 de la loi du 2 oct. 1814, sera puni d'une peine d'un mois à deux ans d'emprisonnement, et d'une amende de 100 fr. à 2,000 fr. L'établissement sera fermé. » — V. aussi n° 505.

210. Le brevet peut être *retiré* à tout libraire qui a été convaincu, par un jugement, de contravention aux lois et règlements (L. 21 oct. 1814, art. 12). — V. *suprà*, n° 112, ce qui concerne le retrait du brevet d'imprimeur.

211. *Serment.* — Avant de se livrer aux actes de son commerce, le libraire breveté doit prêter *serment*, devant le tribunal civil du lieu de sa résidence, de ne vendre ni distribuer au-

---

les art. 11, 12 et 21 de la loi du 21 octobre 1814; — Attendu que le règlement du 28 fév. 1723 avait été légalement promulgué en France; que la loi du 17 mars 1791 n'avait abrogé ce règlement par aucune disposition expresse et formelle; que l'art. 4 de ce règlement a seulement cessé de pouvoir recevoir son application pendant la durée du système de liberté absolue établi par la loi du 17 mars 1791; que cette dernière loi ayant été postérieurement abrogée, et le système qu'elle avait détruit ayant été rétabli relativement à la librairie, l'obstacle qui s'était momentanément opposé à l'exécution du règlement de 1723 a été levé; que, dans cet état de choses, l'art. 21 de la loi du 21 oct. 1814 ayant enjoint aux officiers du ministère public de poursuivre les contrevenants devant les tribunaux correctionnels a, par cela même et nécessairement, prescrit l'application de l'amende portée en l'art. 4 du règlement du 28 fév. 1723; que, néanmoins, l'arrêt attaqué a réformé le jugement correctionnel du tribunal de première instance de Caen, du 5 août 1826, qui, sans avoir égard à l'opposition de Jean Feret, le déboutait de celle par lui formée au jugement par défaut du 10 juin précédent, par lequel il avait été condamné en 500 fr. d'amende, par application des art. 11, 12 et 21 de la loi du 21 oct. 1814, et 4 du règlement du 28 fév. 1723, en accordant, par le dernier jugement, audit Feret condamnation récursoire sur Guillaume, son mandant; en quoi faisant, la cour royale de Caen a violé l'art. 4 du règlement du 28 fév. 1723 et les art. 11, 12 et 21 de la loi du 21 oct. 1814; — Par ces motifs, et statuant sur le pourvoi du procureur général près la cour royale de Caen, casse et annule l'arrêt rendu, le 22 fév. 1827, par la cour royale de Caen.

Du 28 avr. 1827.-C. C., ch. crim.-MM. Portalis, pr.-Brière, rap.

cun ouvrage contraire aux devoirs envers le souverain ou envers l'Etat (décr. 5 fév. 1810, art. 30).

SECT. 2.—*Obligations et prohibitions à observer par les libraires.*

212. Les art. 1 et 2 de l'ord. de 1780 sont encore en vigueur; par suite, il a été jugé que les libraires sont tenus (comme tous autres marchands achetant et vendant des objets d'occasion), lorsqu'ils vendent ou achètent des livres d'occasion, d'*inscrire* leurs ventes ou achats sur un *livre de police* (Paris, 8 mars 1838) (1). — Telle est la seule obligation imposée aux libraires qui soit de notre sujet. — Toutefois, nous devons ajouter qu'aux termes d'une ordonnance du préfet de police du 19 sept. 1829 (2), les libraires doivent avoir deux *registres* sur lesquels ils sont tenus d'inscrire leurs achats et ventes et échanges de livres, ainsi que les noms et demeures des vendeurs ou de leurs correspondants. — Les registres doivent être visés par le juge de paix ou par le maire (art. 3 et 4. — Mais il est à observer que l'effet obligatoire de l'ordonnance précitée ne s'étend pas au delà du ressort de la préfecture de police.

213. Relativement aux prohibitions qui concernent les libraires, la principale est de ne posséder ou de ne vendre aucun ouvrage sans *nom d'imprimeur* : elle résulte de l'art. 19 de la loi du 21 oct. 1814, aux termes duquel « Tout libraire *chez qui il sera trouvé*, ou qui sera convaincu d'avoir mis en vente ou distribué un ouvrage sans nom d'imprimeur, sera condamné à une amende de 2,000 fr., à moins qu'il ne prouve qu'il a été imprimé avant la promulgation de la présente loi ». — Ainsi, d'après cet article, le libraire est en contravention non-seulement pour avoir vendu et distribué, mais même pour avoir eu en sa possession un ouvrage dépourvu du nom d'imprimeur (V. MM. Parant, p. 55; de Grattier, t. 1, p. 101). — Que faut-il entendre par le mot *ouvrage* dont s'est servi le législateur dans l'article précité de la loi de 1814? — Nous croyons avec M. de Grattier (t. 1, p. 101), que cette disposition doit s'interpréter par l'art. 17 de la même loi, qui punit le défaut d'indication, de la part de l'imprimeur, de son nom et de sa demeure. — Or quels sont les ouvrages sur lesquels l'imprimeur doit mettre son nom et sa demeure? Ce sont, en suivant l'enchaînement des idées, à partir de l'art. 14 de la loi du 21 oct. 1814, *tous les écrits* livrés à l'impression. — V. cependant, n° 171, en ce qui touche les obligations de l'imprimeur sous ce rapport.

214. Suivant le même article 19 (L. 1814), l'amende doit être réduite à 1,000 fr. si le libraire a fait connaître l'imprimeur, et cette disposition a par là abrogé l'art. 284 c. pén., qui voulait que dans ce cas les peines fussent celles de simple police. Telle est, du moins, l'opinion de M. Parant (p. 55). — Mais MM. Chassan (t. 1, n° 767) et de Grattier (t. 1, p. 100) font sur ce point une distinction. Suivant ces auteurs, s'il n'y a point d'indication d'imprimeur, c'est l'art. 19 de la loi du 21 oct. 1814 qui doit être appliqué. Si l'indication est fausse, c'est, au contraire, l'art. 284 qui est applicable. — Au premier aperçu, on a peine à adopter cette interprétation, parce qu'elle conduit à une anomalie apparente, qui naît de ce que la fausse indication aurait, du moins dans le cas prévu par l'art. 284 (celui où le libraire fait connaître l'imprimeur), des conséquences moins fâcheuses que le défaut absolu d'indication, ce qui ne semble pas équitable. Mais il ne faut pas perdre de vue que le fait prévu par l'art. 283 c. pén. est un délit, et que celui que punit l'art. 19 de la loi de 1814 est une contravention (V. sur les caractères de la contravention *infrà*, n°s 483 s.).—Aussi, pour être punissable suivant l'art. 283 c. pén., il faut que le libraire ait agi *sciemment*. Il n'en est pas de même pour l'application de l'art. 19 de la loi de 1814. — Or, à ce point de vue, la distinction de MM. Chassan et de Grattier est fort rationnelle, car si l'ouvrage ne porte aucun nom, il y a tout au moins négligence, inattention de la part du libraire, ce qui suffit pour constituer une contravention; lorsque l'ouvrage porte un nom d'imprimeur, le libraire, qui a pour lui l'observation matérielle de la loi, ne doit être puni qu'autant qu'il a agi *sciemment*, suivant le texte de l'art. 283 c. pén. — Il est d'ailleurs à remarquer, et c'est aussi ce qui a été jugé, que l'amende ne peut être réduite en vertu de la disposition finale de

---

(1) *Espèce* : — (Porquet C. min. pub.) — Porquet, libraire breveté, a été condamné par le tribunal correctionnel de Paris à 1 fr. d'amende, pour n'avoir pas tenu de livre de police constatant les acquisitions et les ventes de livres d'occasion. — Appel de Porquet. — Il a soutenu que l'ord. de 1780, en vertu de laquelle la condamnation avait été prononcée n'était plus aujourd'hui en vigueur; — Que d'ailleurs cette ordonnance n'était pas applicable aux libraires; — Qu'enfin, leur eût-elle, dans l'origine, été applicable, fût-elle encore en vigueur dans plusieurs de ses parties, elle avait été abrogée, quant aux libraires, par les lois de 1810 et de 1814. — Arrêt.

LA COUR; — Considérant qu'en fait il n'est pas dénié par Porquet que sur le mur extérieur de sa boutique il existe des annonces indiquant l'achat et la vente qu'il fait de partie de livres anciens et nouveaux; — Que, dès lors, il est soumis aux prescriptions des art. 1 et 2 du règlement de 1780, lesquelles demeurent toujours en vigueur, et son applicables à tous marchands vendant et achetant des objets d'occasion; — Que cette prescription résulte encore spécialement des termes formels de l'art. 1, qui comprend les livres de hasard au rang des marchandises dont la vente est réglée par lesdits articles; — Met l'appellation au néant.

Du 8 mars 1838.-C. de Paris, ch. cor.-MM. Dupuis, pr.-Bosquillon, r.

(2) 19 sept. 1829. — Ordonnance du préfet de police concernant les bouquinistes et étalagistes.

Nous, préfet de police, vu 1° les dispositions des art. 7 et 8 du règlement du 28 fév. 1723 sur la librairie; — 2° Celles des art. 1 et 2 de l'ordonnance de police du 8 nov. 1780, portant défense à tous marchands d'acheter aucuns livres des enfants de famille ou domestiques, et de toutes autres personnes inconnues, et qui les obligent dans tous les cas à tenir des livres constatant les achats et ventes résultant de leur trafic; — Considérant que les individus qui se livrent, dans le ressort de la préfecture de police, à la profession de bouquinistes et étalagistes de livres, achètent, vendent, échangent et trafiquent journellement de livres et autres ouvrages de librairie qui souvent ont été soustraits à leurs légitimes propriétaires; — Considérant qu'il est urgent, pour empêcher la consommation de ces fraudes, de renouveler et publier les règlements d'administration publique et les ordonnances de police qui défendent d'acheter de certaines classes d'individus les livres dont ils sont détenteurs et qui exigent de la part des libraires, bouquinistes et de tous autres l'observation de formalités nécessaires à la constatation des achats et ventes desdits objets, afin de faciliter la recherche de ceux provenant de vols et la découverte des auteurs de ces soustractions, — Ordonnons ce qui suit :

Art. 1. Défenses sont faites à tous bouquinistes, étalagistes de livres et autres personnes se livrant au commerce de livres dans le ressort de la préfecture de police, d'acheter aucuns livres et ouvrages de librairie des enfants de famille, des écoliers, des serviteurs et domestiques, sans un consentement exprès, et par écrit, de leurs pères, mères, tuteurs ou de leurs maîtres.

2. Défenses leur sont faites également d'en acheter d'aucunes personnes dont les noms et la demeure ne leur seraient pas parfaitement connus, à moins qu'elles ne soient certifiées par d'autres personnes domiciliées et capables d'en répondre.

3. Tous marchands bouquinistes, étalagistes de livres, et autres personnes se livrant au trafic des livres, sont tenus de retenir les livres qui leur seraient présentés en vente par des personnes inconnues et suspectes, à la charge d'en faire la remise et le dépôt, dans les vingt-quatre heures, entre les mains des commissaires de police de leurs quartiers ou du maire de leurs communes qui recevront leurs déclarations.

4. Lesdits bouquinistes et étalagistes de livres, et tous marchands qui font achat de livres et d'autres ouvrages de librairie dans le ressort de la préfecture de police, seront tenus, à compter du jour de la publication de la présente ordonnance, d'ouvrir et tenir deux registres sur lesquels ils feront mention de leurs noms et qualités, et inscriront jour par jour, de suite et sans aucun blanc ni rature, leurs achats, ventes et échanges de livres avec leurs titres, ainsi que les noms, surnoms, qualités et demeures de leurs vendeurs et des répondants de ces derniers.

5. En exécution de l'article précédent, tous bouquinistes, étalagistes de livres, et autres personnes faisant achat, vente et trafic de livres neufs ou de hasard, sont tenus de présenter au visa des commissaires de police des quartiers de leur domicile, ou des maires de leur commune, les registres que cet article leur impose, à l'effet par eux de les coter et parafer par premier et dernier feuillet, sous l'obligation expresse par lesdits marchands de représenter lesdits registres au moins une fois le mois auxdits commissaires de police et maires des communes, à l'effet d'être chaque fois parafés et visés par eux, et ce, sous les peines de droit contre chacun des contrevenants ou refusants.

6. Toute infraction aux dispositions de la présente ordonnance donnera lieu contre les contrevenants à l'application par les tribunaux des dispositions pénales prononcées par les règlements, notamment par l'ordonnance de police du 8 nov. 1780.

l'art. 19 de la loi de 1814, par le motif que le libraire contrevenant aurait donné, autant qu'il est en lui, des indices et des renseignements propres à faire découvrir l'imprimeur; l'amende n'est réductible qu'autant qu'il a fait connaître cet imprimeur par une déclaration formelle et positive (Crim. cass. 1er août 1823 (1). — Conf. MM. Chassan, t. 1, no 768; de Grattier, t. 1, p. 99, no 2).

215. On a vu qu'aux termes de l'art. 19 de la loi de 1814, le libraire n'est punissable qu'autant que l'ouvrage sans nom d'imprimeur a été imprimé postérieurement à cette loi. C'est au libraire qui excipe de l'antériorité de date à en faire la preuve (même article). De simples présomptions pourraient-elles suffire pour écarter l'application de la loi? Oui, à notre avis, si elles sont graves, précises et concordantes. — V. no 295.

216. Avant la loi de 1814, un libraire échappait à toute poursuite, alors que l'ouvrage portait ou le *nom* de *l'auteur* ou le nom de l'imprimeur (conformément à l'art. 283 c. pén.). Mais aujourd'hui l'indication du nom de l'imprimeur est impérieusement exigée par l'art. 11 précité de la loi de 1814.—De ce que l'art. 19 de la loi de 1814 abroge implicitement l'art. 283 c. pén., en ce qui touche le libraire qui a contribué à la publication d'un ouvrage sans nom d'imprimeur, il suit, comme le fait observer M. de Grattier (t. 1, p. 99), que l'emprisonnement prononcé par l'art. 283 ne doit pas se cumuler avec l'amende de l'art. 19; le ministère public n'est plus tenu de prouver que le libraire trouvé en contravention a agi sciemment : la présomption légale résulte contre ce dernier de sa profession et de la nature du délit. — Mais l'art. 283 c. pén. doit continuer d'ailleurs d'avoir son exécution : 1o à l'égard de toutes personnes autres que l'imprimeur qui ont sciemment contribué à la distribution d'un ouvrage contenant de fausses indications; 2o et à l'égard de toutes personnes autres que l'imprimeur et le libraire qui ont sciemment contribué aux mêmes faits, si l'ouvrage ne contenait aucune indication. »

217. Au surplus, et c'est ce qui a été décidé à l'égard de personnes n'exerçant pas la profession de libraire, le délit prévu par l'art. 283 c. pén. n'existe qu'autant que l'écrit publié ou distribué est dépourvu tout à la fois de la mention du nom de l'auteur et de celle du nom de l'imprimeur. — Par suite, la seule omission du nom de l'imprimeur ne suffit pas pour donner lieu à l'application de cet article (Crim. cass. 25 juin 1852, aff. Bocher, D. P. 52. 1. 190). — V. *infrà*, nos 447 et 471 et s., en ce qui touche les colporteurs et distributeurs.

218. Suivant un arrêt, la prohibition portée par l'art. 19 de la loi de 1814 s'étend même aux ouvrages imprimés en France en langue étrangère..., peu importe qu'ils indiquent le nom de l'éditeur (Paris, 3 fév. 1825, aff. Rosa et Hamonière, V. no 168). — On a objecté contre cette solution que la loi de 1814 n'avait eu en vue que les ouvrages publiés en français. — Ce qui est certain, c'est qu'elle ne s'est pas expliquée à cet égard. — Mais qu'en résulte-t-il? C'est que cette loi ne faisant pas de distinction, elle s'applique naturellement à *tous les ouvrages* imprimés en France.

219. Nous avons déjà rappelé la corrélation qui existe entre l'art. 17 de la loi de 1814, d'après lequel l'imprimeur doit indiquer son nom et sa *demeure*, et l'art. 19 de la même loi qui défend au libraire de posséder ou de mettre en vente des ouvrages sans nom d'imprimeur. — Il a été jugé que cette corrélation est si complète et si absolue, que le libraire qui publie un écrit imprimé sur lequel l'imprimeur a seulement désigné son nom sans énoncer sa *demeure*, est passible de l'amende prononcée par l'art. 19 de la loi du 21 oct. 1814 (Crim. rej. 31 août 1850, aff. Ballard, D. P. 50. 5. 280). — Mais n'est-ce pas là étendre une disposition pénale hors des cas prévus par le législateur? — N'est-ce pas, par conséquent, contrevenir à l'un des principes les plus essentiels du droit criminel? — L'affirmative nous paraît certaine. — Le libraire qui cherche à connaître ses devoirs lit l'art. 19 de la loi de 1814, et n'y voit d'autre prohibition que celle de posséder ou de vendre des ouvrages sans *nom* d'imprimeur. Il peut donc raisonnablement penser que, pourvu que les écrits qu'il met en vente remplissent cette condition, il est à l'abri de toute recherche. Il n'en faut pas davantage, suivant nous, pour qu'il soit aussi à l'abri de toute pénalité. — Nous concevons très-bien les motifs de l'arrêt que nous venons de citer, et nous les trouvons parfaitement judicieux. Il est très-vrai, en effet, que le but de la loi peut être manqué si les libraires ont le droit de mettre en vente des écrits qui n'indiquent pas la demeure de l'imprimeur. Mais les considérations que l'on fait valoir dans ce sens, quoique très-graves, ne sauraient faire fléchir le principe qui vient d'être rappelé. Il est fâcheux sans doute qu'elles n'aient pas fixé l'attention du législateur, et qu'elles ne l'aient pas déterminé à mettre en harmonie les art. 17 et 19; mais tant que la loi n'aura pas subi de changement à cet égard, la solution adoptée par l'arrêt précité ne nous paraîtra pas devoir être suivie.

220. L'art. 19 de la loi de 1814 est étranger aux ouvrages imprimés hors du territoire français. Ces ouvrages sont régis par les art. 36, 38 et 41 du décret du 5 fév. 1810. — D'après le premier de ces articles, aucun livre imprimé ou réimprimé hors de la France ne peut être introduit en France sans une permission du directeur général de la librairie, annonçant le bureau de douanes par lequel il entrera. — D'après l'art. 38, si les livres sont reconnus conformes à la permission, chaque exemplaire ou le premier volume de chaque exemplaire doit être marqué d'une estampille au lieu du dépôt provisoire, et ils doivent être remis au propriétaire. — Aux termes de l'art. 41, il y a lieu à confiscation et à amende au profit de l'État, si un ouvrage étant imprimé à l'étranger, il est présenté à l'entrée sans permission ou circule sans être estampillé. — Les libraires doivent donc s'assurer avant de mettre en vente des livres imprimés à l'étranger que les formalités ci-dessus énoncées ont été remplies.

221. Le décret du 14 oct. 1811 autorise la *direction générale* de l'imprimerie et de la librairie à publier un *journal d'annonces* de toutes les éditions d'ouvrages imprimés ou gravés. — Et il est défendu par ce décret d'annoncer aucun ouvrage avant qu'il en ait été fait mention par ce journal. — Mais cette défense ne concerne que les éditeurs et rédacteurs de journaux (art. 3). Il paraît même qu'elle est tombée en désuétude, à en juger par ce qui se pratique tous les jours.

222. L'ordonnance de police précitée, du 19 sept. 1820 (V. no 212), défend aux bouquinistes, étalagistes de livres et libraires, d'acheter aucun livre aux *enfants de famille*, aux *écoliers* ou aux *domestiques*, sans l'*autorisation* écrite des pères, mères, tuteurs ou maîtres de ceux qui leur proposent de tels achats (art. 1). — Cette ordonnance leur défend également d'acheter aux personnes dont les *noms* et *demeure* leur seraient inconnues, à moins qu'on ne leur produise, à cet égard, une attestation délivrée par une personne domiciliée et capable d'en répondre (art. 2).

223. Quant aux obligations des libraires en tant que *commerçants* et envers les tiers, V. Actes de com., Commerçants. — A l'égard des engagements qu'ils prennent en qualité de vendeurs ou éditeurs envers des acheteurs ou souscripteurs, et réciproquement, il a été décidé : 1o que l'éditeur qui, en émettant le prospectus d'une collection, n'a énoncé qu'*approximati-*

(1) (Min. pub. *C.* Bohaire.) — LA COUR; — Vu l'art. 19 de la loi du 21 oct. 1814; — Attendu qu'en exigeant du libraire qu'il fasse connaître l'imprimeur, la loi ne lui demande pas seulement une indication vague, ou une simple désignation, mais bien une déclaration formelle, positive, accompagnée de preuves suffisantes pour ne pas laisser plus de doute sur le fait de l'impression que sur la personne de l'imprimeur;

Que c'est de l'accomplissement de cette condition, qu'elle fait dépendre la réduction à 1,000 fr. de l'amende de 2,000 fr.; — Que néanmoins dans l'espèce, l'arrêt attaqué s'est fondé pour prononcer cette réduction, sur ce que Bohaire avait fourni, autant qu'il était en lui, des indices et des renseignements suffisants pour donner lieu à la poursuite; et que, par ses indications, ses déclarations et les pièces qu'il a produites, il a rempli autant qu'il était en lui, le vœu de la loi; — Mais que ces déclarations n'exprimaient pas d'une manière formelle et positive que Bohaire eût fait connaître l'imprimeur, comme l'exige la loi; — Qu'ainsi, en les donnant pour motifs de la réduction à 1,000 fr., de l'amende de 2,000 fr., l'arrêt attaqué a violé l'art. 19 de la loi du 21 oct. 1814; — Casse, etc.

Du 1er août 1823.-C. C., sect. crim.-MM. Barris, pr.-Ollivier, rap.

vement le nombre des volumes dont il composera la série des ouvrages qu'il se propose de publier, et n'a pas pris l'engagement de se renfermer dans une quotité fixe de volumes, peut en augmenter le nombre sans que les souscripteurs aient le droit d'exiger l'ouvrage entier pour le prix des volumes dont le nombre avait été approximativement indiqué; que seulement les souscripteurs ont la faculté de refuser les volumes excédant le nombre porté dans le prospectus (Paris, 6 nov. 1827) (1); — 2° Que la souscription à un ouvrage, faite par un ministre pour son département, est obligatoire pour le ministre ou son successeur, surtout si aucune dérogation aux conditions de la souscription n'est opposable à l'éditeur, et que le ministre ne peut refuser de payer les livraisons ultérieures à mesure qu'elles paraissent, sous le prétexte que les réductions qu'il est obligé d'opérer dans les dépenses de son département lui en ôtent les moyens (ord. cons. d'Et. 9 déc. 1831) (2).—A plus forte raison en serait-il ainsi si les dérogations aux conditions de la souscription étaient évidemment toutes dans l'intérêt des souscripteurs, et amélioraient notablement l'ouvrage; — 3° Que la remise de treize exemplaires pour dix, faite par l'éditeur au libraire d'après l'usage de la librairie, ne soumet pas le libraire à la condition qu'il ne pourra publier, par la voie des journaux, aucune annonce au rabais sur le prix de l'éditeur (Paris, 30 nov. 1837) (3).

224. Enfin, et sur un point de compétence, il a été décidé que c'est aux tribunaux et non à l'autorité administrative qu'appartiennent les contestations entre un libraire, éditeur privilégié d'un évêque, pour l'impression des livres d'église de son diocèse, et un autre imprimeur, non privilégié, au sujet d'un livre imprimé par ce dernier sans approbation, et dont deux exemplaires ont été déposés à la bibliothèque du gouvernement conformément à la loi du 19 juill. 1793 (décr. cons. d'Et. 17 juin 1809, aff. Guerdon C. Enguin). — V. Compét. admin., nos 138 et suiv.; Propriété littéraire.

CHAP. 4. — DE LA PRESSE PÉRIODIQUE.

225. Les journaux ou écrits périodiques sont d'origine fort ancienne. Nous avons vu (n° 4) qu'ils n'étaient pas inconnus aux Romains. — Toutefois, le premier journal français ne fut publié que vers le commencement du dix-septième siècle; il fut fondé sous le nom de *Gazette de France*, par Renaudot, dont la famille en a conservé la propriété jusqu'en 1792. — Les autres écrits périodiques connus en France avant la révolution de 89 étaient: le *Journal des savants*, qui date de 1665; le *Mercure galant*, fondé par Visé en 1672, et dans lequel, suivant l'expression de La Harpe (Cours de litt., t. 7, p. 381), l'ignorance et l'envie eurent bientôt un bureau d'adresses. — Le privilége accordé au Mercure était une concession faite par le gouvernement, sous la condition de payer certaines pensions aux gens de lettres que les ministres voulaient favoriser. Il y avait encore le Journal de Verdun, fondé en 1704, et le Journal de Paris, qui parut en 1777. — Tous ces écrits devaient être soumis à la *censure* la plus sévère, comme le prouve l'art. 102 du règlement de 1723, d'après lequel on ne pouvait faire imprimer, même des *feuilles volantes et fugitives*, *sans en avoir obtenu la permission du lieutenant général de police et sans une approbation de personnes capables et désignées par lui.*

Aussi n'est-ce qu'après 1789, lorsque la force comprimée des idées révolutionnaires eut brisé les obstacles qui les avaient contenues jusques-là, que l'on put réellement se rendre compte de la puissance de la presse périodique et du rôle qu'elle était appelée à jouer dans notre société nouvelle. — Le goût des feuilles publiques devint alors une fièvre contagieuse. — Les journaux

(1) (Brière C. Foucault.) — La cour (après dél. en ch. de cons.); — Vu l'avis de Michaud, de l'Académie française, et de Debure et Bossange, libraires; — Considérant que Foucault, en donnant au public le prospectus de la collection des mémoires relatifs à l'histoire de France, n'a énoncé qu'approximativement le nombre des volumes dont il composerait la double série des ouvrages qu'il se proposait de réunir ou de réimprimer; qu'il n'a pas pris l'engagement de se renfermer soigneusement dans une quotité fixe de volumes, mais bien dans un certain nombre de mémoires; qu'il ne s'est pas non plus obligé, comme il est quelquefois convenu, de livrer gratuitement l'excédant du nombre annoncé de volumes; — Considérant, d'autre part, qu'il n'apparaît pas que les souscripteurs soient obligés de prendre indéfiniment la suite des livraisons qui seraient émises; d'où résulte que la circonstance de l'émission d'un plus grand nombre de volumes que ceux présumés de part et d'autre, laisse aux souscripteurs la faculté d'acheter ou de ne pas acheter les volumes excédants; — Emendant, au principal, et statuant par jugement nouveau, déboute les parties de leurs demandes respectives.

Du 6 nov. 1827.-C. de Paris, 1re ch.-M. Séguier, 1er pr.

(2) *Espèce :* — (Dubois C. min. de la marine.) — Cette question qui intéresse à un si haut degré les sciences et les lettres, ainsi que le commerce de la librairie, s'est élevée dans l'affaire de M. Dubois, éditeur d'une magnifique édition de Plutarque, en quinze volumes in-4°.—Voici en quels termes elle a été résolue.

Louis-Philippe, etc.; — Vu l'art. 14 du décret réglementaire du 11 juin 1806; — Considérant que, dans l'espèce, notre ministre de la marine n'a opposé au sieur Dubois aucune dérogation aux conditions de la souscription, et qu'ainsi notre ministre n'était pas fondé à refuser les livraisons ultérieures; — Art. 1. Les décisions de notre ministre de la marine, des 15 nov. et 4 déc. 1830, sont annulées.

Du 9 déc. 1831.-Cons. d'Et.-MM. Marchand, rap.-Dalloz, av.

(3) *Espèce :* — (Curmer C. Barba.) — Le libraire Curmer, débiteur de 752 fr. envers le sieur Barba, relieur-libraire, a payé celui-ci, partie en argent, partie en exemplaires de son édition des Saints-Evangiles livrés au prix de 36 fr., et suivant l'usage de la librairie, au nombre de treize pour dix. — Peu après, Barba a fait insérer dans le Constitutionnel du 30 déc. 1836, l'avis suivant: «Riches étrennes à bon marché, Henri Barba, libraire, rue Saint-Jacques, 38. — Les Saints-Evangiles, deux volumes, gravures, encadrements gothiques, édition Curmer, au lieu de 40 fr., net 30 fr. Le Courrier français du 12 mars suivant publia une annonce au même prix. — De là action de Curmer contre Barba, en 10,000 fr. de dommages-intérêts. — Le tribunal, qualifiant de faveur toute spéciale la cession faite par Curmer à Barba de treize exemplaires pour dix, et prenant en considération les rapports d'intérêt qui avaient existé entre eux, reconnut, dans les annonces faites par Barba, comme libraire, en termes généraux, et sans aucune indication du nombre d'exemplaires brochés qui pouvaient être à vendre, une preuve de l'intention qu'avait Barba de nuire autant qu'il pouvait être en lui au débit de l'édition publiée par Curmer, et, puisant dans cette intention de nuire le principe de la responsabilité exprimé dans l'art. 1382 c. civ. il condamna Barba à des dommages-intérêts à donner par état. — Appel par Barba. — Me Delangle soutient pour lui qu'aucun traité n'existant entre lui et Curmer, il a pu disposer à son gré de ses treize exemplaires comme de tous ceux qu'il a pu obtenir à autres titres, d'autant plus qu'au prix de 30 fr., il lui restait encore un bénéfice, et que le libraire Paulin venait d'annoncer une édition illustrée des Saints-Evangiles à 12 fr.; que le système du tribunal tend à paralyser l'industrie des libraires et à les placer sous le joug des éditeurs. Il cite l'ouvrage intitulé la Religion du cœur, édité par Curmer, et dont moitié de l'édition, ou cinq cents exemplaires, a été achetée par Barba, au prix de 50 c. l'exemplaire, bien que ce prix soit coté 5 fr. par l'éditeur. Alors Barba devra-t-il attendre que Curmer ait baissé ses prix pour écouler ses cinq cents volumes, qu'il ne vendra jamais plus de 1 fr. — Il cite le Dictionnaire de l'Académie publié par MM. Didot, au prix de 36 fr., et que les libraires vendent 30 fr., sans que ceux-là aient songé à faire un procès. Il insiste sur la liberté dont tout commerçant doit jouir pour le bien de son commerce.

Me Dupin, pour M. Curmer, invoque l'intérêt loyalement entendu du commerce de la librairie. Cet intérêt ne permet pas qu'un libraire qui accepte de l'éditeur la remise des treize dixièmes puisse ruiner l'entreprise de l'éditeur en annonçant par la voie des journaux un prix inférieur à celui de l'éditeur. Libre à lui de faire telle réduction que bon lui semblera sur la vente de chaque exemplaire; mais l'annonce publique, répandue avec profusion par la voie des journaux, d'un rabais sur un ouvrage en souscription, constitue un fait déloyal qui n'a qu'un but évident, celui de nuire à l'éditeur, et qui doit, sous ce rapport, entraîner la responsabilité de l'art. 382 c. civ.; *malitiis non est indulgendum.* — Arrêt.

La cour; — Considérant que Barba, devenu propriétaire d'un certain nombre d'exemplaires des Saints-Evangiles édités par Curmer, a été libre d'en disposer au mieux de ses intérêts, et qu'il a pu par conséquent annoncer dans les journaux le prix auquel il les offrait aux acquéreurs; — Considérant qu'il n'est pas établi au procès que Barba, en faisant cette annonce, ait eu l'intention de nuire à Curmer; —Qu'il résulte, au contraire, des faits de la cause, que Barba, payé en livres par Curmer des frais de brochage et de reliures que ce dernier l'avait chargé de confectionner, a pu se trouver dans le cas de réaliser promptement la somme que représentaient les exemplaires par lui reçus en payement, et qu'en les offrant au prix de 30 fr. chacun, Barba y trouvait encore un bénéfice; — Infirme au principal; — Déclare Curmer non recevable.

Du 30 nov. 1837.-C. d'ap. de Paris, 2e ch.-M. Hardoin, pr.

comptaient leurs abonnés par centaines de mille. Le journal de Loustalot, *les Révolutions de Paris*, se tirait à 200,000 exemplaires. Son épigraphe était : « Les grands ne nous paraissent grands que parce que nous sommes à genoux; levons-nous ! » (Histoire des Girondins de M. de Lamartine, t. 1, p. 193).—Plus tard, le journal de Marat, *l'Ami du peuple*, celui de Hébert, *le Père Duchesne*, et plusieurs autres publications non moins dangereuses avaient aussi de nombreux lecteurs. — On sait quelles furent les conséquences de cet affreux débordement d'idées subversives et de passions sauvages. — Depuis plus de soixante ans, la presse a passé par des alternatives à peu près continuelles de liberté et de compression.—Presque toujours les entraves qu'elle a subies n'ont été que le châtiment mérité de ses fautes. Néanmoins il est certain, malgré cette rude expérience, que si elle recouvrait ses franchises, il se trouverait encore beaucoup d'écrivains qui n'auraient ni plus de sagesse ni plus de modération que par le passé.

226. Avant de pénétrer plus avant dans la matière qui doit ici fixer notre attention, il nous paraît utile de définir ce qu'il faut entendre par *journal* ou *écrit périodique*, expressions que le législateur réunit toujours sans les confondre. Suivant M. Chassan, t. 1, n°s 783 et 784, ces mots s'appliquent à tous les écrits, quels que soient le mode et l'époque de leur publication *successive* qui, par leur titre, leur plan et leur esprit, forment un ensemble.—Nous adoptons volontiers cette définition qui nous paraît exacte. —

Il a été décidé cependant que des bulletins, extraits de journaux, imprimés et publiés irrégulièrement, même plusieurs fois par mois, ne sont ni un journal, ni un écrit périodique paraissant, soit à jour fixe, soit par livraison et irrégulièrement, et, en conséquence, ne sont pas assujettis aux lois des 19 juin 1819, 18 juill. 1828, 14 déc. 1830, 8 avr. 1831 (Aix, 27 juin 1832) (1). —Mais cette décision nous semble contraire au texte et à l'esprit de la loi : pour constituer la publicité périodique, il n'est pas nécessaire que le nombre des publications mensuelles soit déterminé d'avance. Si l'irrégularité devait être prise en considération, ce serait ouvrir un subterfuge pour se soustraire aux formalités imposées aux écrits périodiques politiques.

227. Sous le régime actuel, les mesures de police générale concernant la presse périodique comprennent : 1° la nécessité de l'*autorisation* du gouvernement ; — 2° la *déclaration* à faire au ministère de l'intérieur ; — 3° le *cautionnement* ; — 4° l'*interdiction de rendre compte* des séances législatives et judiciaires dans les cas déterminés par la loi ; — 5° l'*interdiction d'annoncer des souscriptions* pour le payement des condamnations judiciaires ; — 6° les *insertions forcées* ; — 7° la *signature* des articles de journaux ; — 8° la *signature en minute* du journal ; le *dépôt* au parquet et la *signature imprimée* du propriétaire ou gérant ; — 9° le *timbre* des journaux ; — 10° le *transport* des journaux ; — 11° la *suspension* et la *suppression* des journaux par mesure administrative. — Reprenons ces points divers.

Sect. 1. — *De l'autorisation nécessaire pour fonder un journal.*

228. Soumis à la nécessité de l'autorisation préalable par la loi du 28 fév. 1817 (V. p. 406), les propriétaires ou éditeurs de tout journal ou écrit périodique en furent affranchis par la loi du 9 juin 1819. Ils y furent de nouveau soumis par celle du 17 mars 1822 qui, toutefois, exceptait de ses dispositions rigoureuses les journaux ou écrits périodiques existant au 1er janv. 1822.—Cette dernière loi avait été abrogée par celle du 18 juill. 1828 (art. 1). —Mais la nécessité de l'autorisation a été rétablie par le décret des 17-23 fév. 1852, dont l'art. 1 porte ce qui suit : « Aucun journal ou écrit périodique traitant de matières politiques ou d'économie sociale et paraissant soit régulièrement et à jour fixe, soit par livraison et irrégulièrement, ne pourra être publié sans l'autorisation préalable du gouvernement » Sur ce qu'il faut entendre par les *matières politiques* ou d'*économie sociale*, V. n° 235. — Cependant, d'après un arrêt, un article de journal contenant, sans discussion personnelle, soit un arrêté préfectoral sur l'octroi d'une ville, soit une statistique sur le territoire de la France, soit le décret sur la démonétisation des pièces de 25 centimes, soit enfin l'avis d'une nomination judiciaire, ne peut pas être considéré comme traitant de matières politiques ou d'économie sociale, et la publication du journal qui le renferme n'est pas soumise, dès lors, à l'autorisation préalable du gouvernement, prescrite par le décret du 17 fév. 1852 (Cr. rej., 4 nov. 1852, aff. Vasselier, D. P. 53. 5. 374).

229. Au reste, à la disposition que nous venons de citer l'art. 35 du décret de 1852 ajoute : « Les propriétaires de journaux ou écrits périodiques *actuellement existants* sont dispensés de l'autorisation exigée par l'art. 1 de la présente loi... » — Les mots *actuellement existants* de la disposition précitée prouvent assez que les journaux qui ont existé avant le décret, mais qui avaient cessé de paraître au moment de sa promulgation, ne peuvent jouir de la dispense accordée à cet égard. — Au surplus, il est quelques décisions rendues sous les lois antérieures contenant des dispositions semblables qui peuvent trouver quelque valeur dans l'analogie des dispositions législatives et qu'on se bornera à indiquer sur ces points transitoires qui ont perdu presque tout intérêt au moment où nous écrivons.—Ainsi, sous la loi du 17 mars 1822, qui contenait une disposition analogue (art. 1), il a été jugé que si l'éditeur d'un journal périodique avait déclaré, en 1820, conformément à l'art. 7 de l'ordonnance du 9 juin 1819, l'intention d'en cesser la publication, ce journal avait perdu l'existence légale, à partir du jour de cette déclaration, et n'avait pu, au moment de la promulgation de la loi du 17 mars 1822, être compté au nombre des feuilles périodiques existant le 1er janv. 1822, que l'art. 1 de cette loi avait exceptées de la disposition générale qui exigeait l'autorisation royale pour la publication de tout journal ou écrit périodique (Crim. rej. 30 juin 1826, MM. Bailly, pr., Gary, rap., aff. Chollet). — Dans le sens de la loi du 31 mars 1820, qui dispensait aussi de l'autorisation du roi les journaux actuellement existant, et de la loi du 17 mars 1822, les journaux ou écrits périodiques ne pouvaient non plus être réputés légalement existant, si leur publication n'était pas opérée conformément aux dispositions de la loi du 9 juin 1819. En conséquence, les journaux publiés sans déclaration des noms et demeures des propriétaires ou éditeurs responsables, et sans avoir fourni de cautionnement (faits passibles des peines correctionnelles), n'étaient pas au nombre de ceux que les lois de 1820 et 1822 réputaient actuellement existant, et dispensaient de l'autorisation. — Plus spécialement, un journal établi en 1818, qui avait cessé de paraître avant la promulgation de la loi du 9 juin 1819, et qui n'avait pas rempli aucune des conditions que cette loi exigeait, n'avait pas conservé une existence de droit qui l'affranchit, s'il reparaissait ultérieurement (en 1827), de la nécessité de l'autorisation (Crim. cass. 18 janv. 1828, MM. Bailly, pr., Ollivier, rap., aff. min. publ. C. Chauvet). — Cependant il a été jugé aussi qu'un journal qui existait antérieurement au 1er janv. 1822, encore que la publication en fût suspendue à cette époque, avait pu paraître postérieurement sans autorisation du roi (Crim. cass., 14 août 1824, MM. Ollivier, pr., Rataud, rap., Freteau, av. gén. c. conf., min. publ. C. Debeaune).

230. L'autorisation exigée par le décret de 1852 est nécessaire, à raison de tous *changements* opérés dans le personnel des *gérants, rédacteurs en chef, propriétaires* ou *administrateurs* d'un journal (art. 1). Ce qui prouve que, pour obtenir l'autorisation, il est nécessaire de faire connaître au gouverne-

(1) *Espèce* : — (Min. pub. C. Bousquet.) — Bousquet, imprimeur à Marseille, publiait depuis plusieurs années des bulletins, extraits des journaux. — Le ministère public vit dans ce fait la publication illégale d'un écrit consacré aux matières politiques. — Sur sa plainte, le tribunal de Marseille acquitte Bousquet.

Appel de la part du ministère public. Il prétend que la publication de bulletins sur extraits de journaux, faite plus d'une fois par mois, pendant dix mois entiers, constitue la périodicité, dans le sens légal de ce mot ; que, pour constituer la publicité périodique, il n'est pas nécessaire, comme l'ont fait entendre les premiers juges, que le nombre des publications mensuelles soit déterminé d'avance ; que, si l'irrégularité pouvait être prise en considération, ce serait ouvrir un subterfuge pour se soustraire aux écrits périodiques politiques. — Arrêt.

La cour ; — Attendu que les bulletins imprimés et publiés par Bousquet ne sont ni un journal, ni un écrit périodique paraissant, soit à jour fixe, soit par livraison et irrégulièrement ; — Confirme.

Du 27 juin 1832.-C. d'Aix, 2e ch.-M. Cappeau, pr.

ment les personnes qui doivent avoir la direction politique et administrative du journal à créer, ainsi que celles qui en ont la propriété.

231. L'autorisation de créer un journal ne peut être accordée qu'à un Français majeur, *jouissant de ses droits civils et politiques* (décr. 17 fév. 1852, art. 1). — D'où il suit que les femmes qui, sous la loi du 18 juill. 1828, pouvaient fonder un journal (V. en ce sens MM. Chassan, t. 1, n° 485; Rauter, t. 1, p. 556; de Grattier, t. 1, p. 130, 148), n'ont plus ce droit sous le décret de 1852, puisque les femmes ne jouissent pas des droits politiques.

232. Mais les conditions de *nationalité* et de *majorité*, etc., exigées par la loi de ceux qui veulent établir un journal, ne le sont pas de ceux qui en deviennent propriétaires par *succession*; ils sont aptes à recueillir par cette voie et à posséder ce genre de propriété comme tout autre, nonobstant l'absence des conditions d'idonéité dont il s'agit (V. en ce sens MM. Chassan, t. 1, p. 485; Duvergier, année 1828, p. 250).—On ne peut toutefois se dissimuler que le pouvoir presque absolu conféré au gouvernement par le décret de 1852 laisse peu d'intérêt à cette solution juridique. — On peut même se prévaloir dans le sens opposé de ce que l'art. 1 du décret ne distingue pas entre les divers modes de mutation. — Mais il y a lieu de penser que le gouvernement ne fera jamais céder les raisons de droit et d'équité existant en faveur des héritiers qu'à des considérations politiques extrêmement graves, et même que, dans le cas où ces considérations lui paraîtront décisives, il cherchera à les concilier, autant que possible, avec les droits des propriétaires.—Au surplus, il a été jugé sous l'empire de la loi du 28 fév. 1817 qui exigeait également l'autorisation, que lorsque l'entreprise d'un journal appartient à une société, et qu'une ordonnance accorde seulement à quelques-uns des associés le droit de publier, les associés non compris dans l'autorisation ne perdent pas pour cela leur part dans l'entreprise; les éditeurs autorisés ont acquis seulement par là le droit de surveiller exclusivement la rédaction (Paris, 3e ch., 7 mars 1818, M. Lepoitevin, pr., aff. Rœderer, etc. C. Huard, etc.).

233. Les journaux politiques ou d'économie sociale publiés à *l'étranger* ne peuvent également circuler en France qu'en vertu d'une autorisation du gouvernement (décr. 17 fév. 1852, art. 2). —Il a d'ailleurs été jugé avec raison que cette prohibition s'applique à tous écrits ayant un caractère périodique et paraissant à jour fixe, et qui traitent de matières politiques ou d'économie sociale, qui, par leur titre, leur plan et leur esprit, forment un ensemble et un tout, quels que soient le mode et l'époque de leur publication successive; et qu'il importe peu, pour l'application de l'art. 2 du décret de 1852, que les publications introduites illicitement aient perdu leur caractère d'actualité, ou qu'elles soient antérieures à la promulgation du décret du 17 fév. 1852 (Douai, 25 juin 1854, aff. d'Equevilly, D. P. 55. 2. 25).

SECT. 2. — *De la déclaration préalable.*

234. La loi du 9 juin 1819 (art. 1) voulait que les propriétaires ou éditeurs de tout journal ou écrit périodique consacré en tout ou en partie aux matières politiques et paraissant plus d'une fois par mois, fussent tenus de faire une *déclaration* indiquant au moins le nom d'un *propriétaire* ou *éditeur responsable*, sa demeure et l'imprimerie dans laquelle le journal ou l'écrit périodique devait être imprimé. — Cette formalité, imitée de la législation anglaise (Statut de la 38e année du règne de George III), est exigée aussi par la loi du 18 juillet 1828 (art. 6). — Le décret du 17 fév. 1852 garde le silence à cet égard. — Et comme l'art. 1 de ce décret soumet à l'autorisation du gouvernement tous les journaux traitant de matières politiques ou d'économie sociale, on pourrait penser que la déclaration est aujourd'hui superflue. — En effet, la déclaration n'a d'autre objet que de faire connaître l'existence du journal. Or l'écrit périodique autorisé par le gouvernement est nécessairement connu de lui et il a pu se faire donner, sur l'organisation intérieure du journal, toutes les indications nécessaires.—Toutefois, la circulaire ministérielle du 27 mars 1852 (chap. 1, § 1, D. P. 52. 3. 11) exprime très-clairement que la déclaration doit avoir lieu.—Or, comme la circulaire précitée a été certainement inspirée par la pensée même qui a dicté le décret du 17 février, elle peut en être considérée comme le plus sûr commentaire. — On peut donc tenir pour certain que la formalité dont il s'agit continue d'être exigée.

Mais quels sont les écrits périodiques qui y sont assujettis? — D'après la loi de 1828 la déclaration préalable était imposée à tous les journaux soumis au cautionnement; et, d'après le décret du 17 fév. 1852 qu'il faut nécessairement combiner sur ce point, avec la loi de 1828, les écrits périodiques soumis au cautionnement sont ceux qui traitent de *matières politiques ou d'économie sociale*. — Il ne nous reste donc plus qu'à examiner ce qu'il faut entendre par ces mots.

235. Quant aux matières *politiques* (V. les explications dans lesquelles nous sommes entrés à cet égard, v° Délit politique),— notons toutefois ici qu'il a été jugé : 1° que, publier un arrêt dans une affaire politique ou des actes législatifs, ce n'est pas traiter de la politique (Dijon, 15 mai 1851, aff. Dejussieu, V. n° 374); —2° Qu'il suffit qu'il y ait quelques légers doutes sur le point de savoir si un journal traite ou non de matières politiques, pour qu'on doive l'interpréter en faveur du prévenu (même arrêt). — V. aussi *infrà*, n° 268.

236. Sous l'empire de la loi du 9 juin 1819, il a été jugé que l'art. 1 de cette loi, qui soumet aux obligations dont l'art. 6 punit l'infraction, les propriétaires ou éditeurs d'un journal consacré en tout ou en partie à la politique, n'ayant pas déterminé l'acception légale du mot *consacré*, a abandonné aux tribunaux l'appréciation de cette circonstance, et que, dès lors, ne peut être cassé le jugement qui décide que, par l'insertion d'un article politique dans un journal intitulé l'Éclaireur du Rhône, par exemple, l'éditeur a consacré en partie ce journal aux matières politiques (Crim. rej. 22 juin 1826) (1). — La solution serait sans doute la même aujourd'hui à l'égard du mot *traitant* dont se sert le décret de 1852; en telle sorte qu'il n'y aurait pas cassation pour le plus ou moins d'étendue que les juges du fond auraient donné à cette expression. Il est même à remarquer que *traiter* dit beaucoup moins que *consacrer*, en ce sens qu'un journal doit être bien plus aisément reconnu *traiter* de matières politiques qu'il n'aurait pu être déclaré *consacré* à ces matières.

237. Que faut-il entendre par matière d'*économie sociale?* —Le décret de 1852 ne donne à cet égard aucune explication. —Il ne faut pas s'en étonner : souvent le législateur évite les définitions; la rapidité avec laquelle les lois poliques sont préparées, peut être aussi l'expérience juridique peu avancée des préparateurs, rendent ce parti nécessaire. Puis, vient le vieil adage *Omnis definitio in jure periculosa* qui tend à nous laisser toujours sous un déplorable arbitraire.—Mais ce qui est moins naturel peut-être, c'est que la circulaire ministérielle qui a eu pour but d'interpréter le décret ne soit entrée, sous ce rapport, dans aucun développement.—Sans doute, il n'est pas une personne un peu éclairée qui ne sache que l'économie sociale ou politique embrasse l'organisation des sociétés. — Mais l'industrie, le commerce, toutes les institutions de crédit, l'agriculture, etc., etc., sont certainement du domaine de l'économie politique.—Ne pourra-t-on traiter ces matières dans un écrit périodique sans être soumis à l'application des dispositions qui concernent les écrits politiques? — Dans le silence du décret et de la circulaire précités, nous ne voyons aucun moyen de restreindre l'application de ses disposi-

(1) (Huré C. min. pub. — Eclaireur de Lyon.) — LA COUR; — Attendu que l'art. 1 de la loi du 19 juin 1819, en soumettant aux obligations, dont l'art. 6 punit l'infraction, les propriétaires ou éditeurs de tout journal qui sera consacré en tout ou en partie aux nouvelles ou matières politiques, n'a pas déterminé l'acception légale du mot *consacré*; — Que, dès lors, elle abandonne aux tribunaux correctionnels l'appréciation de cette circonstance constitutive de la criminalité du fait imputé;

Que, par conséquent, en décidant en fait que par l'insertion d'un article politique dans son journal intitulé l'*Éclaireur du Rhône*, Hippolyte Huré avait consacré en partie ce journal aux matières politiques, et en condamnant en conséquence ce prévenu à un mois d'emprisonnement et à 200 fr. d'amende, la cour royale de Lyon n'a point violé ni faussement appliqué les art. 1 et 6 de la loi du 19 juin 1819; — Rejette.

Du 22 juin 1826.-C. C., ch. crim.-MM. Bailly, f. f. pr.-Ollivier, r.

tions à telle ou telle autre branche de l'économie sociale. Il faut donc prendre ces mots dans leur acception la plus étendue, puisqu'on a jugé à propos de les introduire dans le décret.

238. D'après l'art. 6 de la loi du 18 juill. 1828, la *déclaration préalable* doit contenir : 1° le titre du journal ou écrit périodique et les époques auxquelles il doit paraître ; 2° les *noms* de tous les *propriétaires* autres que les *commanditaires*, leur *demeure*, leur *part* dans l'entreprise ; 3° le nom et la demeure des *gérants responsables*; 4° l'*affirmation* que ces propriétaires et gérants réunissent les conditions de capacité prescrites par la loi ; 5° l'indication de l'*imprimerie* dans laquelle le journal ou écrit périodique devra être imprimé (L. 18 juill. 1828, art. 6, décr. 17 fév. 1852, art. 5). — Les écrits périodiques qui ne traitent pas de politique ou d'économie sociale sont eux-mêmes soumis à une déclaration préalable. Mais elle ne doit comprendre qu'une partie des indications exigées des écrits sujets au cautionnement. — Ainsi, les écrits qui ne traitent ni de politique, ni d'économie sociale, sont dispensés du *nom* et de la *demeure* des gérants responsables ainsi que de l'*affirmation* que les propriétaires et gérants réunissent les conditions de *capacité* prescrites par la loi (L. 1828, art. 6). — Reprenons les éléments divers de la déclaration.

239. *Titre, époque de publication.* — Il est d'abord bien entendu que si le journal a plusieurs *titres*, la déclaration doit les comprendre. Ainsi un journal qui prendrait pour titre *le Spectateur, journal politique et du commerce*, ne nous semblerait pas suffisamment désigné par le premier nom. Il est certain aussi qu'après avoir adopté cette désignation, le journal ne peut la scinder et paraître tantôt sous une dénomination et tantôt sous une autre. — Quant aux *époques* de la publication, si elle doit être régulière ou à jour fixe, rien n'est plus simple. Si, au contraire, elle doit être irrégulière, ce qui est permis (Décr. 17 fév. 1852, art. 1), il doit suffire d'indiquer cette irrégularité.

240. *Noms, demeure, part dans l'entreprise.* — De ce que la déclaration doit contenir les *noms* de tous les propriétaires autres que les *commanditaires*, MM. Duvergier, Coll. de lois, t. 28, p. 226 ; Chassan, t. 1, n° 795, Grattier, t. 2, p. 158, en ont conclu que si le journal appartient à une *société anonyme*, il faut d'abord que les noms de tous les actionnaires soient déclarés ; et, de plus, que les actions de cette société soient nominatives et transmissibles par voie de transfert, conformément à l'art. 36 c. com., afin que les mutations successives puissent être déclarées. — Pour nous nous ne voyons rien de forcé dans cette conclusion. — Nous remarquons, d'abord, que la loi renonce à connaître les bailleurs de fonds, dans les sociétés en commandite. Pourquoi aurait-elle d'autres exigences à l'égard des sociétés anonymes qui ne sont que des associations de capitaux. — Il y a d'autant moins de raison d'admettre cette différence qu'une société anonyme ne peut exister qu'avec l'autorisation du gouvernement (c. com., art. 37) qui ne l'accorde qu'en parfaite connaissance de cause. Invoquera-t-on dans le sens opposé à notre opinion la règle des inclusions : *inclusio unius est exclusio alterius?* — Elle n'a aucune autorité. — Dira-t-on que les exceptions ne peuvent s'étendre d'un cas à un autre? — Nous répondrons qu'il ne s'agit pas *d'étendre*, mais d'appliquer sainement la loi. — Du reste, il est fort rare que les journaux appartiennent à des sociétés anonymes.

241. Il paraît évident, et c'est d'ailleurs ce qui a été jugé, que celui qui a fait devant l'autorité administrative une déclaration de propriété d'un journal et, depuis, a signé les feuilles en cette qualité, ne peut se soustraire aux poursuites encourues pour infraction à la police de la presse, et par exemple, pour publication sans dépôt et cautionnement préalables, en justifiant qu'il n'est que *prête-nom* et par conséquent que l'auteur du délit est le véritable propriétaire qu'il nomme (Paris, 17 août 1843, aff. Rollet, V. n° 519-1°).—...Il serait, au reste, punissable, sinon comme *auteur* **du** délit, du moins comme *complice*, la complicité résultant, **en** cas pareil, de sa déclaration mensongère, suivie de la signature quotidienne des feuilles (Trib. corr. de la Seine, 4 juin 1842, même affaire, *eod.*).

242. *Noms et demeures des gérants responsables.* — Il faut, d'abord, faire observer ici que l'existence de *gérants* implique nécessairement celle d'une *société*, car s'il n'y avait qu'un propriétaire on ne saurait lui appliquer cette qualification. — Toutes les sociétés commerciales nous semblent, d'ailleurs, admissibles à l'exploitation d'un journal, puisque la loi n'en excepte aucune. — Toutefois il a été jugé que les sociétés en *participation* ne sont pas au nombre de celles auxquelles la loi permet de publier des journaux (Metz, 3 juill. 1850, aff. Quesne, D. P. 51. 2. 137). — Mais on ne peut se dissimuler que cela ne présente une certaine rigueur. — La loi n'est pas aussi exclusive que l'arrêt qu'on recueille ici ; elle veut que la société soit *commerciale*; or qui empêche que la société en participation ait ce caractère (V. v^is Arbitrage, n°s 163 et suiv. et Société comm.)?

243. Aux termes de l'art. 5 de la loi du 18 juill. 1828 : « Chacun des gérants responsables doit avoir les *qualités* requises par l'art. 980 c. nap. être propriétaire au moins d'une part ou action dans l'entreprise et posséder en son propre et privé nom une partie du cautionnement. — De ce que l'art. 5 de la loi de 1828 exige que tout gérant soit *Français*, il a été conclu que la gérance d'un journal peut être retirée, pour cause d'extranéité, à l'individu que l'administration avait d'abord investi de cette gérance, en le regardant comme Français, par suite d'une appréciation erronée des pièces produites à l'appui de la déclaration ; et que l'acceptation de l'administration ne crée pas un droit acquis en faveur de ce gérant (Douai, 17 janv. 1848, aff. Vanderest, D. P. 48. 2. 164) : c'est l'application de la règle *Non videntur qui errant consentire* (L. 116, ff. de *Div. reg. juris*). —V. Obligation.

244. En 1828, lors de la discussion de la loi du 18 juillet de cette année M. Terrier de Santans avait proposé un amendement d'après lequel les *députés* et les *pairs* de France n'auraient pu, sous aucun prétexte, être propriétaires, gérants responsables ou collaborateurs d'un journal ou écrit périodique. — Cet amendement fut rejeté. — Mais la loi des 27-29 juill. 1849 dit formellement (art. 9) qu'aucun journal ou écrit périodique ne peut être signé par un représentant du peuple en qualité de gérant responsable. — Du reste point de distinction à faire à cet égard entre la presse parisienne et la presse de province. — L'amendement que M. Nettement avait proposé dans ce sens n'a point été admis.

245. Les gérants responsables des journaux politiques organisés en société satisfont, suivant un arrêt, au vœu des art. 4 et 5 de la loi du 18 juill. 1828, lorsqu'ils sont revêtus des pouvoirs ordinaires des gérants des sociétés commerciales : cette loi s'en est référée, à cet égard, au droit commun ; et il n'est pas entré dans son esprit d'exiger que le gérant d'un journal eût une omnipotence absolue, c'est-à-dire sans contrôle et sans obstacle, sur la direction du journal et sur tout ce qui intéresse la société financièrement et politiquement; par suite, le gérant d'un journal peut, sans cesser d'être un gérant sérieux, être soumis, en ce qui concerne l'administration et la rédaction, au contrôle d'un comité de surveillance ; mais si ce gérant, bien qu'investi de la signature sociale, se trouve placé, pour tout ce qui est de l'essence de l'administration d'un gérant, sous la dépendance d'un tiers et de son associé, s'il n'a pas la surveillance et la direction politique du journal, s'il est à chaque instant menacé de destitution et exposé à perdre tout ou partie de son apport dans la société, ainsi que sa portion dans les bénéfices de l'entreprise, de telles clauses, lui enlevant toute liberté d'action, et, par conséquent, toute responsabilité, doivent le faire considérer, non comme un gérant sérieux dans le sens de la loi de 1828, mais comme un éditeur responsable dans le système de la loi de 1819, incapable, par suite, de la gérance du journal (Req. 10 juill. 1845, aff. Borie et Fleury, D. P. 45. 1. 386). — V. nos observations sur ce point important *eod.* — Il ne faut pas, d'ailleurs, perdre de vue que la loi du 17 juill. 1856 est venue sensiblement modifier sur ce point l'état de la législation. — On sait, en effet, qu'aux termes de l'art. 5 de cette loi, un conseil de surveillance est établi dans chaque société en commandite par actions, et que les pouvoirs de ce conseil sont fort étendus, puisque non-seulement il a pour mission de vérifier les livres, la caisse, le portefeuille et les valeurs de la société (art. 8), mais qu'il peut convoquer l'assemblée générale et provoquer la dissolution de la société (art. 9).—V. du reste, v° Société.

246. Il a été jugé, et tel est le vœu formel de l'art. 42 c.

com., que l'acte de société formé pour la publication d'un journal doit être publié au lieu du siége social (Orléans, 8 août 1844, aff. Borie, D. P. 45. 1. 386). — Il a été jugé aussi que, sous la loi du 18 juill. 1828, la publication d'un journal, par une société commerciale, ne pouvait être suspendue, pour défaut de publicité de cette société, tant que duraient les délais accordés par l'art. 42 c. com. pour publier les sociétés commerciales, et qu'il suffisait que cette publication du journal eût été précédée de la déclaration et du versement de cautionnement exigés par la loi (Crim. cass. 21 mars 1854, aff. préf. de la Côte-d'Or *C.* Pierrot, D. P. 54. 1. 126). — Cette question ne peut plus faire difficulté sous l'empire du décret du 17 fév. 1852, qui assujettit la publication des journaux, non plus à une simple déclaration préalable, mais à une autorisation du gouvernement. La publication étant permise dès que l'autorisation est intervenue, et que le cautionnement prescrit a été versé, il est évident qu'elle ne saurait être empêchée ni suspendue pour les sociétés commerciales, pendant les délais établis par l'art. 42 c. com.

247. D'après un jugement, l'actionnaire d'un journal qui a fourni tout ou partie du cautionnement et qui a pris, dans la déclaration devant le directeur de la librairie, la qualité de gérant responsable, est réputé *associé solidaire* à l'égard des tiers, alors surtout qu'il a été chargé, moyennant salaire, de la direction du bureau des réclamations (L. 18 juill. 1828, art. 4; c. com. 22 et 24) : ... peu importerait qu'il fût intervenu entre tous les associés gérants un acte sous *seing privé* qui aurait garanti à l'actionnaire le remboursement des sommes avancées (trib. com. de Paris, 14 oct. 1835) (1). — C'est là une très-juste application des principes en matière de société commerciale. — V. Société commerciale.

248. Dans le cas où un journal ou écrit périodique est établi et publié par un seul propriétaire, si ce propriétaire vient à mourir, sa *veuve* ou ses *héritiers* ont un délai de trois mois pour présenter un *gérant responsable*. Ce gérant doit être propriétaire d'immeubles libres de toute hypothèque et payant au moins 500 fr. de contributions directes, si le journal est publié dans les départements de la Seine, de Seine-et-Oise et de Seine-et-Marne, et 150 fr. dans les autres départements. — Dans les *dix jours* du décès, la veuve ou les héritiers sont tenus de présenter un rédacteur, qui est responsable du journal jusqu'à ce que le gérant ait été accepté (L. 1828, art. 12). — Nous pensons, avec M. Grattier, t. 2, p. 194, que cette dernière condition n'est exigée que lorsque le gérant n'est pas associé à l'entreprise, et que, dans le cas contraire, il est manifeste qu'il suffit que le gérant remplisse les conditions de capacité (V. n° 245) et de propriété du cautionnement (V. n° 280) que la loi exige ordinairement.

249. Les gérants ont pour mission de diriger ou de surveiller par eux-mêmes la rédaction du journal ou écrit périodique (L. 18 juill. 1828, art. 5). — Mais quels sont les droits respectifs du gérant responsable d'un journal et d'un rédacteur en chef? — Spécialement, lorsqu'il est intervenu entre le gérant responsable et le rédacteur un traité d'après lequel ce dernier demeure chargé de tout ce qui concerne la rédaction du journal, le gérant conserve-t-il sur cette rédaction un droit de contrôle tel qu'il puisse faire dans les articles, sans l'autorisation du rédacteur, les suppressions qu'il juge nécessaires? — Il a été décidé que le gérant n'a que la faculté alternative d'insérer les articles tels que le rédacteur les livre à l'impression, ou de les rejeter en entier (Toulouse, 7 janv. 1835) (2). — Cette décision nous semble très-équitable et concilier tous les intérêts. — Que peut, en effet, demander un gérant? Que sa responsabilité ne soit pas engagée par des articles imprudents. — Pour se mettre à couvert, il lui suffit de rejeter entièrement la composition qui lui est proposée. Mais son droit ne saurait aller jusqu'à la scinder, la mutiler de telle façon que, non-seulement la réputation de l'écrivain pourrait en souffrir, mais aussi que le sens de ses articles pourrait être gravement altéré. La pensée ne peut être assujettie à un tel servage.

250. Le principe de la responsabilité du gérant a fait juger aussi que, même lorsqu'il est lié par un traité envers des rédacteurs particuliers pour l'insertion de leurs articles, il ne saurait être tenu de publier ceux qui lui sont remis par ces rédacteurs; mais que l'inexécution du traité, de la part du gérant, peut donner lieu contre lui à des dommages-intérêts (Trib. de com. de la Seine, 18 janv. 1836) (3). — Nous croyons qu'il y a là quelque

---

(1) (Syndics Giacobi *C.* Herbinot-de-Mauchamps.) — LE TRIBUNAL; — Considérant que la demande n'est pas contestée par Gérard, qui ne comparaît pas, donne contre lui aux syndics de la faillite Giacobi et Bloudeau, ce requérant, défaut; — Et attendu que la loi du 18 juill. 1828 exige que le cautionnement à fournir pour une entreprise de journal soit la propriété des gérants responsables de l'entreprise; qu'elle a pris soin de préciser ce que l'on doit entendre par gérants responsables, en renvoyant aux art. 22 et 24 c. com.; que les tiers qui traitent avec une entreprise de journal sont par là conduits à penser que la propriété du cautionnement leur offre, de la part des gérants commerciaux, une garantie pour le cas où ce cautionnement ne serait pas entamé par suite de condamnations encourues par ce journal; — Attendu que si Herbinot-de-Mauchamps a fait des conventions particulières avec les divers membres de la société, desquelles conventions il résulterait qu'il n'entendait courir aucune des chances commerciales de l'entreprise, il ne saurait les opposer à des tiers, qui sont fondés à le considérer comme gérant solidaire responsable, aux termes des art. 4, 5 et 6 de la loi du 18 juillet 1828, et des art. 22 et 24 c. com., par suite de la déclaration qu'il a faite, conjointement avec deux autres gérants responsables du journal l'Opinion, à la direction de la librairie, à la date du 5 déc. 1831; — Par ces motifs, et attendu qu'ils sont applicables à Gérard, non-comparant, déclare le jugement du 16 août dernier commun avec les sieurs Herbinot-de-Mauchamps et Gérard, en conséquence, ces derniers en état de faillite ouverte à compter dudit jour 16 août dernier, comme gérants solidaires et responsables de la société ayant pour but la publication du journal l'Opinion; — Ordonne que toutes les dispositions du jugement du 16 août dernier seront applicables aux sieurs Herbinot-de-Mauchamps et Gérard, etc.

Du 14 oct. 1835.-Trib. comm. de Paris.-M. Say, pr.

(2) (Hénault *C.* Lemonnier.) — LA COUR; — Attendu, en fait, que, d'après les accords verbaux du 15 nov. 1833, le sieur Lemonnier demeure chargé, à l'avenir, de tout ce qui concerne la composition et la rédaction du journal; — Que la conséquence juste et naturelle de cette convention entre le gérant et l'écrivain, était que le gérant serait dans l'alternative, ou d'insérer dans son journal les articles tels que l'écrivain les rédigeait, ou de les rejeter en entier, à moins que le rédacteur ne consentît à ce qu'il y fût fait des suppressions ou des modifications; — Attendu qu'il résulte des faits, des actes et des débats, que c'est dans ce sens que les accords des parties furent d'abord exécutés, et que les articles rédigés par le sieur Lemonnier furent insérés dans le journal, d'abord tels qu'ils étaient sortis de sa plume, et ensuite avec des modifications toujours soumises au sieur Lemonnier, et auxquelles il avait souscrit; — Attendu que le sieur Hénault, s'écartant de cette marche, inséra dans le numéro de son journal du 14 avril un article rédigé par le sieur Lemonnier, après y avoir fait des changements contre lesquels le sieur Lemonnier avait protesté avant l'insertion; — Qu'ainsi le sieur Hénault commit une infraction manifeste au traité du 15 nov.; — Qu'elle était de nature à entraîner la résolution pure et simple desdits accords, avec des dommages-intérêts en faveur du sieur Lemonnier; que cependant ce dernier, au lieu de les réclamer, s'est contenté de demander que le sieur Hénault fût condamné à exécuter leurs accords comme par le passé, et, en défaut, une indemnité; — Que, dès lors, les premiers juges qui auraient pu accorder la résolution du traité, avec dommages, si le sieur Lemonnier l'avait demandé, ont été, à plus forte raison, autorisés à lui adjuger les conclusions alternatives qu'on avait prises devant eux; — Vidant le renvoi au conseil, a démis Hénault de son appel.

Du 7 janv. 1835.-C. de Toulouse, 1re ch.-M. Hocquart, 1er pr.

(3) (Herbinot-de-Mauchamps *C.* Soulié.) — LE TRIBUNAL; — Attendu que les conventions faites entre le rédacteur responsable d'un journal avec les divers rédacteurs particuliers qu'il peut attacher à cette rédaction ne peuvent toutefois obliger le rédacteur responsable à insérer dans le journal des articles qu'il ne pourrait lui convenir de publier; — Qu'évidemment ces conventions sont soumises à la condition première et principale que tous les articles fournis par les divers rédacteurs seront rédigés en bon style et de manière à ce qu'ils ne puissent donner lieu à des poursuites contre le rédacteur responsable; — Attendu que des conventions intervenues entre Soulié et Herbinot-de-Mauchamps, conventions qui sont devenues communes à Simon qui a continué la rédaction de la Gazette des Salons et en est devenu le rédacteur responsable, il résulte que Herbinot-de-Mauchamps a été engagé comme seul chargé de rendre compte de toutes les pièces jouées sur les théâtres de Paris; qu'on lui a reconnu la qualité de rédacteur; qu'il a été stipulé des conditions relatives à la rétribution qui devait revenir à de Mauchamps; — Attendu que s'il est intervenu entre les parties une contestation à ce sujet; que Simon ait refusé d'insérer les articles faits par Herbinot-de-Mauchamps, il faut nécessairement reconnaître que la convention devient inexécutable; que dès lors elle doit donner lieu à des dommages-intérêts, faute de faire, conformément à l'art. 1142 c. civ.; — En conséquence, dé-

confusion. — Sans doute, les conventions tiennent lieu de loi aux parties qui les ont légalement formées (c. nap. 1134), mais ce principe, comme tous les autres, est limité dans ses conséquences par d'autres principes également importants. — L'un de ceux que l'on peut invoquer ici, c'est que quelque généraux que soient les termes d'une convention, elle ne comprend que les choses sur lesquelles il paraît que les parties ont voulu contracter (c. nap. 1163); — Ou mieux encore celui qui prescrit de rechercher dans les conventions quelle a été la commune intention des parties (c. nap. 1156). — Quelque généraux que soient en effet les termes de la convention, l'intention du gérant n'a pu être d'accepter des articles qui seraient de nature à compromettre sa responsabilité ou l'avenir du journal dont la direction lui est confiée. Si les articles sont compromettants à l'un ou l'autre point de vue, il doit avoir le droit de les refuser, *mais sans dommages-intérêts*, puisqu'alors il ne fait qu'user de son droit; et sous ce dernier rapport, nous pensons que le tribunal dont nous recueillons la décision a poussé trop loin le respect du contrat. — Quant à nous, voici quelle eût été notre solution : de deux choses l'une, ou les articles étaient convenables de tout point ou ils ne l'étaient pas. Dans le premier cas, la convention devait s'exécuter et à défaut le gérant devait être condamné à des dommages-intérêts. — Dans le cas contraire, la demande du rédacteur devait être simplement rejetée. — Or, il résulte du jugement que nous rapportons que les articles proposés étaient tout à fait insuffisants. C'était donc le cas, suivant nous, de rejeter simplement la demande.

251. *Affirmation que les propriétaires et gérants réunissent les conditions de capacité.* — Le texte de la loi porte la conjonctive *et*; nous pensons que c'est la disjonctive *ou* qui devrait s'y trouver. Lorsqu'il y a des gérants et qu'ils ont les qualités requises, on ne voit pas, en effet, pourquoi il faudrait, en outre, que les propriétaires fussent tenus d'avoir certaines qualités que la loi, d'ailleurs, n'a nullement déterminées. — Quant au sens du mot *affirmation*, il résulte de l'explication donnée dans la discussion par M. le garde des sceaux que ce n'est pas sous forme de serment qu'elle doit être faite, mais à peu près avec le caractère des affirmations des créanciers dans les faillites. — V. M. Duvergier, sur l'art. 6 de la loi de 1828.

252. *Indication de l'imprimerie.* — Le *nom*, la *demeure* de l'imprimeur suffisent pour cette indication. — Il est, d'ailleurs, prudent de s'assurer d'avance du consentement de l'imprimeur pour éviter toute difficulté. — Mais s'il y avait refus de sa part, il n'en résulterait d'autres inconvénients que celui d'être obligé de faire une nouvelle déclaration à cet égard, avant toute publication, comme on le verra dans les explications qui suivent.

253. *Où doit se faire la déclaration?* — Suivant l'art. 7 de la loi de 1828, les déclarations doivent être faites, à Paris, à la *direction de la librairie* et dans les départements, au *secrétariat général de la préfecture*. — Mais on sait que la direction de la librairie n'existe plus, et c'est au *ministère de l'intérieur* que doivent être faites les déclarations concernant le département de la Seine.

254. *Mutations.* — Toutes les fois qu'il survient quelque mutation, soit dans le titre du journal ou dans les conditions de sa périodicité, soit parmi les propriétaires ou les gérants responsables, il en doit être fait déclaration devant l'autorité compétente dans les quinze jours qui suivent la mutation, à la diligence des agents responsables; en cas de négligence, ils doivent être punis d'une amende de 500 fr. (L. 18 juill. 1828, art. 6). — Il en est de même si le journal ou écrit périodique vient à être imprimé dans une autre imprimerie que celle qui a été originairement déclarée... (*ibid.*) — Et il a été jugé qu'une nouvelle déclaration est nécessaire, non-seulement au cas de changement complet du titre, mais encore toutes les fois que ce titre subit, dans l'un de ses éléments, une modification quelconque, consistant, par exemple, dans l'addition d'un sous-titre; qu'ainsi, lorsqu'au titre du *Libéral du Nord*, sous lequel un journal a été déclaré, il a été plus tard ajouté successivement, comme sous-titre, d'abord : Journal des intérêts démocratiques, puis : Journal démocratique des arrondissements de Douai et de Valenciennes, ces additions sont assujetties à la déclaration prescrite par la loi de 1828 (Ch. réun. cas., 5 août 1851, aff. Le Libéral du Nord, D. P. 51. 1. 211). — Mais il a été décidé que l'addition du *millésime* de l'année au titre d'un journal ne constitue pas un titre nouveau; et que, par exemple, le titre National de 1834 n'est autre que le simple titre *National*, dans le sens des lois sur la presse; ou que du moins l'arrêt qui le décide ainsi ne saurait par cette appréciation donner ouverture à cassation (Ch. réun., rej. 6 août 1834 (1). —

---

clare nulles les conventions entre Soulié et Herbinot-de-Mauchamps, et condamne Simon à payer à ce dernier 200 fr. de dommages-intérêts et aux dépens.

Du 18 janv. 1856.-Trib. de com. de Paris.-M. Michel, pr.

(1) *Espèce* : — (National de 1834.) — La cour (apr. délib.); — Vu les art. 1, 6 et 15 de la loi du 18 juill. 1828, sur les journaux et écrits périodiques; — Vu l'arrêt de la cour d'assises du département de Seine-et-Oise, du 10 août 1833; — Attendu que l'arrêt du 10 août 1833 a été rendu sur les poursuites dirigées contre Paulin, seul gérant responsable du journal le National, pour raison d'un compte rendu infidèle, de mauvaise foi et injurieux d'une des séances de la cour d'assises de la Seine, et que l'interdiction de rendre compte des débats judiciaires pendant deux années a été prononcée par cet arrêt contre les éditeurs du journal le National; — Attendu que le journal ayant paru sous le titre le National de 1834, dont Carrel, Conseil et Scheffer sont devenus les gérants responsables, a été établi postérieurement à l'arrêt du 10 août, et n'a paru qu'à compter du 1er janv. 1834, et après déclaration préalable aux bureaux de la librairie, dépôt de pièces justificatives, versement d'un cautionnement, et l'accomplissement de toutes les formalités prescrites par la loi du 18 juill. 1828; — Attendu que la société en nom collectif seulement fondée en 1831 sous la raison Paulin et compagnie, pour l'exploitation du National, a été dissoute en 1833, et qu'à la même époque une autre société en nom collectif et en commandite a été établie sous la raison Armand Carrel, Scheffer, Conseil et compagnie, pour la création et l'exploitation du journal quotidien, politique et littéraire, intitulé le National de 1834; — Que les actes de dissolution et de création de société ont été rendus publics à la fin de l'année 1833 par leur dépôt au greffe du tribunal de commerce et leur insertion dans les journaux, conformément aux art. 42, 43, 44 et 46 c. com., et qu'ils n'ont point été attaqués pour cause de fraude ou de simulation; — Attendu, en droit, que la sincérité de ces actes et la régularité non contestée de l'observation des diverses prescriptions de la loi du 18 juill., constituent l'*existence légale du National de* 1834, quels que soient les motifs qui aient pu déterminer la formation de la nouvelle société et l'établissement de ce journal; — Qu'en effet, il résulte de la loi du 18 juill., et spécialement des art. 1, 6 et 15 ci-dessus cités, que, dans le cas de suspension d'un journal condamné pour délit et par récidive, les propriétaires de ce journal peuvent en établir un nouveau, sous la seule obligation de se conformer aux dispositions de ladite loi; — Que, par identité de motifs, il doit en être de même dans le cas de simple interdiction de rendre compte des débats judiciaires, puisque cette interdiction équivaut à une suspension du journal pour une partie des objets qui sont ou peuvent être la matière de sa rédaction; — Attendu que, suivant l'art. 6 de la loi du 18 juill., l'addition au National du millésime de 1834 constitue, quant aux dispositions pénales de la loi, un nouveau titre, et que, sous ce rapport et ceux résultant de la différence entre les éléments de l'ancienne et de la nouvelle société, du changement de gérants responsables et du versement d'un nouveau cautionnement, le National de 1834 est un nouveau journal sur lequel ne frappe pas l'*interdiction de rendre compte des débats judiciaires*; — Attendu, dès lors, qu'en jugeant le contraire, et en condamnant les demandeurs pour simples comptes rendus dans les feuilles des 15, 22 et 25 janv. du National de 1834, des débats judiciaires en contravention à la défense portée par l'arrêt du 10 août 1833, la cour d'assises de la Seine a faussement appliqué l'art. 7 de la loi du 25 mars 1822 et violé les articles précités de la loi du 18 juill. 1828; — Par ces motifs, casse et annule l'arrêt rendu (le 4 fév. 1834) contre Carrel et Conseil; et, pour être statué sur la prévention conformément à la loi, renvoie devant la cour d'assises de la Seine-Inférieure.

Du 4 avr. 1834.-C. C., ch. crim.-MM. de Bastard, pr.-Thil, rap.

Saisie, d'après ce renvoi, la cour d'assises de la Seine-Inférieure a jugé dans le même sens que celle de la Seine. — Nouveau pourvoi. — Arrêt.

La cour; — Attendu que la législation spéciale sur les journaux et écrits périodiques, ne contient aucune dérogation à ce principe général de droit public selon lequel l'interprétation des actes, l'appréciation des faits, de la volonté et des intentions des parties appartiennent sans réserves aux cours royales, hors les cas où la loi a tracé elle-même des règles pour cette interprétation et cette appréciation; — Attendu que, dans l'espèce, il ne s'agissait pas de savoir si les propriétaires, actionnaires et gérants responsables du journal le National, qui avait cessé de paraître, avaient pu fonder un nouveau journal, ce qui est incontestable d'après les dispositions de la loi du 18 juill. 1828, et si, dans ce cas, ce nouveau journal avait été frappé de l'interdiction prononcée par l'arrêt du 10 août 1833, contre le journal le National; mais il s'agissait de décider si le journal reconstitué sous le titre du National de 1834, était

Contrà Crim. cass. 4 avr. 1834, même affaire, V. ci-dessous à la note).—La circonstance qu'on a ajouté le millésime de l'année au titre d'un journal, qu'on a dissous la société pour en former une nouvelle, qu'il y a eu changement des gérants responsables, et versement d'un cautionnement nouveau, a pu, d'après les faits et déclarations des parties, être regardée comme simulée, et n'ayant pour objet que de voiler la continuation de l'ancien journal à l'effet d'éluder la prohibition prononcée contre lui de rendre compte des débats judiciaires..., sans que l'arrêt qui le décide ainsi tombe sous la censure de la cour de cassation (même arrêt).

Au reste, et c'est ce qui a été jugé, bien que les tribunaux correctionnels ne soient pas compétents pour apprécier la position d'un nouveau journal dont l'existence régulière et légale est contestée par l'autorité administrative, alors que la juridiction civile a été saisie de cette contestation, il leur appartient néanmoins de décider si un journal présenté comme nouveau n'est pas en réalité la continuation de celui que publiait précédemment le même gérant (L. 18 juill. 1828, art. 6 et 10).—Et le journal par lequel un gérant prétend en avoir remplacé un autre, qu'il publiait précédemment, doit être considéré comme la continuation de celui-ci et non comme un nouveau journal, lorsqu'il a conservé le titre de l'ancien, ainsi que la série des années et des numéros de l'année courante, encore bien que l'entreprise aurait été constituée sur de nouvelles bases financières (Orléans, 19 nov. 1850, aff. Grouhental, D. P. 55. 2. 200).

255. Il a été décidé en outre que lorsqu'un journal qui a momentanément cessé de paraître reprend sa publication dans les trois mois, sous l'adjonction d'un nouveau gérant, le même cautionnement peut être affecté comme garantie, et le gérant est dispensé de faire la déclaration prescrite en cas de publication d'un nouveau journal (Crim. rej. 30 nov. 1833, aff. Baverey, V. n° 278). — Il est à remarquer que, dans l'espèce, il ne s'agissait pas de mutation. Sous ce rapport, il avait été satisfait au vœu de la loi. On allait jusqu'à prétendre que, dans les conditions qui viennent d'être indiquées, le journal constituait une nouvelle entreprise, ce qui était manifestement une erreur.

256. D'après un autre arrêt, toute mutation apportée dans les conditions de périodicité d'un journal est assujettie à la déclaration prescrite par l'art. 5 de la loi du 18 juill. 1828, encore qu'elle ne consisterait que dans la suppression momentanée, pour cause de manque de fonds, de l'un des jours auxquels ce journal devait paraître d'après la déclaration primitive (Ch. réun., cass. 25 juin 1851, aff. Daviot, D. P. 51. 1. 170). — Cette solution peut paraître rigoureuse, mais elle n'est en réalité que l'exacte application de la loi, dans l'interprétation de laquelle on peut se montrer d'autant plus sévère que toutes les déclarations et contre-déclarations ont lieu sans frais.

257. Quoi qu'il en soit, l'obligation de déclarer les mutations, et c'est ce qui a été jugé, ne s'applique qu'au cas où ces mutations proviennent du fait des gérants, et non aux cas où elles sont exigées par la loi. Il en a été ainsi notamment du changement nécessité par la loi du 14 déc. 1830, qui exigeait que le gérant possédât en son propre nom la totalité du cautionnement (Crim. rej. 24 sept. 1831, aff. Laval, V. n° 281-1°).

258. Un journal littéraire, non sujet au cautionnement, n'est pas non plus astreint à faire la déclaration des mutations qui surviennent dans la propriété du journal, attendu que cette déclaration est imposée aux gérants responsables, et que les journaux non sujets à cautionnement n'ont point de pareils gérants (Trib. correct. de la Seine, 6 janv. 1836). —V. M. Chassan, t. 1, p. 489.

259. *Contestations sur les déclarations.* — En cas de contestation sur la régularité ou la sincérité de la déclaration, il y est statué sans frais à la diligence du préfet. — Si le journal n'a point encore paru, il est sursis à la publication jusqu'au jugement à intervenir, lequel est exécutoire nonobstant appel (L. 18 juill. 1828, art. 10). — Et il a été jugé que le refus par le préfet (ou par le secrétaire général) de recevoir, comme dénuée de sincérité, la déclaration préalable à la publication d'un nouveau journal, constitue une contestation dans le sens de la loi de 1828, dont l'effet, tant qu'elle subsiste, est d'empêcher la publication du journal (Crim. cass. 2 juill. 1847, aff. Gérant des Deux France, D. P. 47. 4. 387).— Des termes de l'art. 10 de la loi de 1828, il résulte aussi que la régularité d'une déclaration de journal ne peut être contestée que par l'autorité administrative, et, par suite, il a été jugé que le *ministère public* est sans qualité pour critiquer cette déclaration dans le but de faire frapper le gérant du journal des peines prononcées pour le cas de publication d'un journal non déclaré conformément à la loi (Crim. rej. 25 mai 1850, aff. Raynal, D. P. 50. 5. 383). — V. n° 506.

260. De ce que c'est sur la demande du préfet que la contestation sur la régularité de la déclaration doit être jugée, il suit encore que c'est à ce fonctionnaire qu'il appartient de vérifier et de contrôler l'acte de société, et, par suite, de contester la déclaration si cet acte manque de l'une des conditions nécessaires pour produire tous ses effets. — Aussi a-t-il été jugé que le préfet a qualité pour vérifier et contester la régularité de l'acte de société formé pour la publication d'un journal, et, par suite, pour s'opposer à ce que ce journal paraisse avant que l'acte de société soit publié, conformément à l'art. 42 c. com. (Orléans, 8 août 1844, aff. Borie, D. P. 45. 1. 386).

261. Lorsque la déclaration faite *avant toute publication* est, sur la demande de l'autorité, rejetée par les tribunaux comme non sincère ou irrégulière, cette déclaration doit être considérée comme n'existant pas, et par conséquent le journal ne peut être publié sans rendre les contrevenants passibles des peines de l'art. 6 de la loi du 9 juin 1819 (V. en ce sens MM. Chassan, t. 1, p. 492; de Grattier, t. 2, p. 186). — Alors même que la déclaration n'ayant pas été contestée par le préfet, la publication du journal a commencé, cette déclaration peut encore être ultérieurement attaquée comme frauduleuse, et cela quand même la fausseté de la déclaration n'a pas été de nature à rendre nulle la responsabilité des gérants. Dans cette hypothèse, l'action est exercée par le ministère public devant la juridiction correctionnelle. — L'infraction à la défense qui serait faite par le tribunal de publier le journal serait punie conformément à l'art. 6 de la loi du 9 juin 1819.—V. M. Chassan, t. 1, p. 494, et *infrà*, n° 506.

262. En cas de transmission faite à un incapable, c'est à l'autorité à qui la déclaration doit en être faite à la contester devant le tribunal civil, pour faire ordonner que le journal cessera de paraître. — Si le journal avait paru, à la faveur d'une déclaration dans laquelle l'incapacité du cessionnaire aurait été dissimulée, il y aurait lieu de prononcer, outre la défense de publier le journal, l'amende édictée par l'art. 11 de la loi de 1828 (V. MM. Chassan, t. 1, p. 485; Duvergier, année 1828,

---

réellement un journal nouveau ou une simple continuation du journal le National, auquel cas il était évident que les dispositions de l'arrêt du 10 août 1853 lui étaient applicables; qu'à cet effet, la cour d'assises du département de la Seine-Inférieure a dû rechercher s'il existait entre les deux publications périodiques des rapports d'identité, et quelles avaient été les véritables intentions des parties en passant les actes, dont elles excipaient devant elle; — Attendu que c'est dans ces actes, dans les circonstances et même dans les aveux qui les ont précédés, accompagnés et suivis, qu'elle a trouvé la preuve que les parties n'ont pas eu pour objet d'établir un journal, mais uniquement de voiler, par une addition au titre, par le changement des gérants responsables et par d'autres modifications dont aucune n'entraîne nécessairement, aux termes de l'art. 6 de la loi du 18 juillet 1828, la constitution d'un nouveau journal, la continuation de l'ancien journal le National, à dessein d'éluder, ou, selon l'expression des parties, de tourner la prohibition de rendre compte des débats judiciaires, prononcée contre ce journal par laquelle les éditeurs avaient hautement annoncé qu'ils ne se soumettraient pas; — Qu'en déclarant, par suite, que ces actes, en satisfaisant entièrement aux exigences de la loi, couvraient une opération qui n'avait rien de sincère, et qui avait pour objet de faire servir la loi à la violation de la chose jugée, la cour d'assises du département de la Seine-Inférieure s'est renfermée dans les limites de son droit d'appréciation et d'interprétation, et qu'en maintenant les poursuites du ministère public qui n'avaient elles-mêmes pour objet que de faire exécuter l'arrêt prononcé par la cour d'assises du département de Seine-et-Oise, ladite cour d'assises de Rouen n'a fait que déduire les conséquences inévitables de sa propre déclaration en fait, et que, dans le silence de la loi du 18 juill. 1828 sur les caractères qui constituent un nouveau journal, elle n'a pu violer les dispositions des art. 1, 6 et 15 de ladite loi, ni aucune autre; — Rejette.

Du 6 août 1834.-C. C. ch. réun.-MM. Portalis, 1er pr.-Legonidec, rap.-Dupin, proc. gén., c. contr.-Crémieux, av.

p. 250). — Suivant un arrêt dont la doctrine parait incontestable, bien que dans l'application elle soit susceptible de quelques difficultés, celui dont la capacité intellectuelle est notoirement insuffisante pour lui permettre de juger du sens et de la portée de la rédaction d'un journal, un homme complétement illettré, par exemple, est incapable d'être revêtu de la qualité de gérant; et le tribunal saisi d'une plainte pour fausse déclaration de gérance peut conclure de l'état connu d'insolvabilité du gérant proposé, de son aveu même qu'il n'a accepté la gérance que sous promesse de gratification en cas d'emprisonnement, que les déclarations relatives soit à la copropriété du prétendu gérant dans l'entreprise, soit à sa propriété de cautionnement versé, sont fausses et frauduleuses, et appliquer aux auteurs de ces déclarations les peines prononcées par l'art. 11 de la loi du 8 juill. 1828 (Angers, 7 déc. 1847, aff. Muller, D. P. 47. 2. 215). — Il a été également jugé que la déclaration d'un journal a pu être annulée comme non sincère, lorsque, d'une part, il est notoire que l'état d'indigence du déclarant ne lui permet de prendre dans son patrimoine personnel ni la somme versée à titre de cautionnement, ni celle employée à l'établissement du journal, et que, d'autre part, il est établi que ces sommes lui ont été fournies par un tiers qui n'a pas consenti à en abandonner la propriété : le déclarant invoquerait vainement, en cas pareil, la maxime *en fait de meubles, possession vaut titre* (Civ. cass. 7 août 1850, aff. Zeppenfeld, D. P. 50. 1. 213). — En définitive, ces décisions se réduisent à juger en principe que les tribunaux peuvent déclarer qu'il y a fraude, en prenant pour base de leur appréciation des présomptions graves, précises et concordantes; ce qui est parfaitement conforme aux règles ordinaires.

263. On vient de voir (n° 254) que toutes les fois qu'il survient quelque mutation, l'art. 6 de la loi de 1828 accorde quinze jours pour en faire la déclaration. — Mais lorsque la déclaration des mutations survenues dans la publication d'un journal a été légalement annulée, le gérant n'a point un nouveau délai de quinze jours pour réparer cette irrégularité. — ... Et il a été décidé que dans le cas où le juge a accordé un délai de grâce de huit jours pour régulariser la déclaration, ce délai court du jour de la prononciation du jugement, lorsqu'il est contradictoire, et non de celui de sa signification; et que, par suite, la publication du journal, après l'expiration de ce délai, sans que la déclaration ait été régularisée, fait encourir au gérant les peines prononcées par l'art. 6 de la loi du 18 juill. 1828 (Crim. rej. 11 juill. 1845, aff. Paya, D. P. 45. 1. 409).

Il est d'ailleurs incontestable, et c'est ce qui a été jugé, qu'en cas de suspension ou d'interdiction prononcées contre un journal, les propriétaires peuvent en établir un nouveau, sous la seule obligation de se conformer aux dispositions de la loi de 1828, relatives à la formation de tout journal (Crim. cass. 4 avr. 1834, aff. Carrel, sous l'arrêt du 6 août 1834, n° 234).

264. *Le défaut de déclaration donne-t-il lieu à l'application d'une peine.* — La loi du 18 juill. 1828 ne prononce aucune peine contre la publication d'un journal sans déclaration préalable; s'ensuit-il que ce fait soit à l'abri de toute répression autre que la suppression du journal? — M. Parant (p. 166) adopte l'affirmative. Son opinion se fonde exclusivement sur le silence de la loi de 1828. — M. Chassan (t. 1, p. 490) embrasse au contraire la négative. Il pense que, dans ce cas, l'art. 6 de la loi du 9 juin 1819 doit recevoir son application, parce qu'il n'a été ni expressément ni tacitement abrogé par la loi de 1828. — Or, aux termes de l'art. 6 de la loi de 1819, quiconque publie un journal ou écrit périodique, sans avoir fait la déclaration prescrite par cette dernière loi, doit être puni correctionnellement d'un emprisonnement d'un mois à six mois et d'une amende de 200 fr. à 1,200 fr. — Avant le décret du 17 fév. 1852 nous aurions penché pour la dernière de ces opinions. Mais l'art. 5 de ce texte législatif punit toute publication de journal sans autorisation préalable d'une amende de 100 fr. à 2,000 fr. pour chaque numéro ou livraison publiés en contravention et d'un emprisonnement d'un mois à deux ans. — Or, cette disposition pénale nous paraît suffire à la garantie exigée par l'ordre public. — Dès qu'un journal est autorisé, il n'est pas à supposer que ses éditeurs aient voulu le soustraire à la surveillance du gouvernement. La peine qui viendrait, dans ce cas, frapper le défaut de déclaration ne paraîtrait nullement justifiée. — Du reste, sous la loi du 18 juill. 1828, il a été jugé que le défaut de la déclaration imposée aux journaux non politiques et non soumis au cautionnement par l'art. 6 de cette loi, n'est puni d'aucune peine (Dijon, 13 mai 1831, aff. Dejussieu, V. n° 374). — Mais, avant le décret de 1852, il a été décidé aussi que l'imprimeur d'un écrit périodique politique publié sans déclaration préalable ni versement de cautionnement par le propriétaire ou par l'éditeur de cet écrit, est responsable de ce défaut de déclaration, lorsqu'il a participé à la publication, encore qu'il aurait fait le double dépôt qui lui est prescrit en sa qualité d'imprimeur (Crim. rej. 31 mai 1850, aff. Desoye, D. P. 50. 1. 207).

Sect. 3. — *Du cautionnement.*

265. La garantie du *cautionnement* a été introduite par la loi du 9 juin 1819 (art. 1). — Le but en est évident : c'est d'assurer l'effet des condamnations qui peuvent être prononcées contre le journal auquel le cautionnement appartient. — MM. Chassan, t. 1, n° 777, et de Grattier, t. 2, p. 133, sont d'avis que le cautionnement ne doit pas être considéré comme une mesure *préventive*. — Pour nous, bien que nous soyons loin de contester la nécessité des cautionnements et de vouloir jeter la moindre défaveur sur cette garantie, nous ne partageons pas leur opinion. Il nous semble difficile, en effet, de ne pas regarder comme ayant un caractère préventif toute précaution, toute mesure anticipée, qui, en restreignant la liberté de la presse, tend à *prévenir* les délits. — Sans doute, le gérant d'un journal est encore libre de s'exposer à des condamnations pécuniaires et de compromettre ainsi son cautionnement. — Mais il est à observer d'abord que, pour satisfaire à cette condition, il faut avoir une certaine fortune ou un certain crédit, ce qui *empêche* les personnes qui ne possèdent pas ces avantages de fonder des journaux; et, en second lieu, que si l'on ne devait considérer comme préventifs que les obstacles absolument matériels qui rendraient tout délit impossible, la censure elle-même ne serait pas une mesure préventive, car l'écrivain, et cela est arrivé plusieurs fois, peut s'y soustraire, en bravant la répression qui doit l'atteindre. — Au reste, l'idée du cautionnement, qui appartient à M. de Châteaubriand, a paru heureuse en Angleterre, car, dès 1819, elle y a été adoptée dans un statut d'après lequel le cautionnement de tout journal imprimé à Londres ou dans un rayon de 20 milles est de 200 liv. sterl. (5,000 fr.), celui de tout journal imprimé hors de cette circonscription est de 280 liv. sterl. (7,000 fr.) (V. MM. de Grattier, t. 2, p. 133, n° 1; Chassan, t. 1, p. 564, note 3). — Ces chiffres, si modestes pour l'opulente Angleterre, cette proportion de cautionnement entre la capitale et les provinces, prouvent que la législation anglaise a été inspirée, relativement à la presse, par un tout autre esprit que celui qui a dicté nos lois. — Il faut reconnaître aussi, quels que soient les motifs de sympathie qui existent entre les deux pays, que le caractère national, les mœurs et les idées diffèrent complétement des deux côtés de la Manche, et que, dès lors, il est peu probable que le même régime convienne aux deux nations. — Pour se rendre compte de ce que nos lois ont établi relativement au cautionnement des journaux, il faut savoir : 1° quels sont les journaux sujets au cautionnement; — 2° S'il est des cas où un journal qui a déjà versé un cautionnement peut être tenu d'en fournir un nouveau; — 3° Quel est le taux du cautionnement; — 4° Quelle est la quotité du cautionnement qui doit appartenir au gérant; — 5° En quel temps et dans quel lieu le versement ou cautionnement doit être effectué; — 6° A quels droits il est affecté. — Suivons l'ordre de ces propositions.

266. *Quels sont les journaux sujets au cautionnement?* — Suivant les lois des 9 juin 1819 (art. 1) et 18 juill. 1828 (art. 2 et 3), les propriétaires ou éditeurs de tout *journal* ou *écrit périodique* consacré, en tout ou partie, aux matières politiques et paraissant, soit à jour fixe, soit par livraison et *irrégulièrement*, mais plus d'une fois par mois, étaient tenus de fournir un cautionnement. — La loi du 14 déc. 1830 avait voulu maintenir cette règle. — Mais une erreur y avait été commise : on y disait (art. 1) que « si un journal ou écrit périodique paraît plus de deux fois par semaine soit à jour fixe, soit par livraison et régulièrement, le cautionnement sera de... » L'erreur était évidente; on avait, par inadvertance, substitué le mot *régulièrement* au mot *irrégulièrement*, qui seul devait s'y trouver. — Néanmoins un arrêt, fidèle au texte de la loi, décida que ce n'était point au pouvoir judiciaire, mais bien au pouvoir législatif à rectifier cette erreur, et que, jusqu'à ce que cette rectification fût opérée, les écrits périodiques paraissant plus de deux fois par semaine, par livraisons, mais irrégulièrement, ne devaient pas être soumis au cautionnement exigé par la loi du 14 déc. 1830 (Crim. rej. 11 mars 1831) (1). — C'est là une décision bien importante, et qui sera invoquée avec confiance, chaque fois qu'il s'agira de repousser les arguments à l'aide desquels on serait tenté de requérir l'application d'une peine, en vertu d'un texte qui ne serait pas clair et positif. — Au reste, la loi du 8 avr. 1831 avait réparé l'erreur commise dans l'art. 1 de la loi du 14 déc. 1830 : elle avait substitué le mot *irrégulièrement* au mot *régulièrement*.

267. L'art. 3 du décret du 17 fév. 1852 soumet au cautionnement tout journal ou écrit périodique *traitant de matières politiques ou d'économie sociale*. — Ce qui distingue cette disposition de celles que nous avons citées sur le même sujet, c'est d'abord qu'elle ajoute les matières d'économie sociale aux matières politiques dont les lois antérieures s'étaient seulement occupées, c'est ensuite que, d'après ces lois, les journaux même politiques ne paraissant qu'une fois par mois étaient dispensés du cautionnement et que le décret de 1852 n'a pas reproduit cette distinction, d'où il suit qu'elle n'est plus admise. — Du reste, déjà sous la loi du 18 juill. 1828, on avait jugé que les matières politiques comprenaient les matières d'économie politique, et que, par suite, les journaux qui s'occupaient de cette science devaient fournir un cautionnement (Lyon, 8 avril 1835) (2).

268. Au sujet de la déclaration qui doit être faite avant la publication d'un journal, nous avons déjà rappelé ce qu'il faut entendre par matières politiques ou d'économie sociale (V. nos 235 et suiv.). — Nous nous bornerons à faire remarquer ici que les matières politiques dont il est défendu aux journaux sans cautionnement de s'occuper sont, sous le décret de 1852, ce qu'elles étaient sous la législation antérieure, et qu'ainsi la jurisprudence qui s'était formée sous cette législation n'a rien perdu de son autorité. —Or il a été jugé : 1° que les expressions *matières politiques* doivent s'entendre de tout ce qui a trait au gouvernement et à l'administration des villes et des Etats (Crim. cass. 11 juill. 1851, aff. Thomas, D. P. 51. 1. 231.—Conf. MM. Chassan, t. 1, n° 825 et suiv.; de Grattier, t. 2, p. 138);—2° Que, par ces mots, il faut entendre non-seulement les nouvelles et les discussions politiques, mais aussi tout ce qui concerne la politique sous quelque forme que ce soit, et la polémique sur les actes de l'autorité publique (Paris, 10 avr. 1851, aff. Montalant, D. P. 53. 2. 13);— 3° Qu'il n'est pas permis à un journal sans cautionnement, et spécialement à un journal d'annonces, de passer en revue les principales puissances de l'Europe, de rendre compte de la situation des différents peuples, de leurs souffrances, de leurs besoins, comme des institutions qu'ils repoussent, de présenter le récit de l'expédition d'Alger, et de discuter les causes et l'opportunité de cette expédition (Douai, ch. corr. 9 juill. 1830, aff. Létendart); — 4° Que les matières politiques auxquelles doivent se tenir étrangers les journaux dispensés de cautionnement, consistent dans la polémique qui peut s'exercer sur tous les actes de l'autorité publique sujets à responsabilité, et, par conséquent, dans la polémique relative aux actes de l'autorité locale qui concernent l'exécution d'une loi politique; et qu'ainsi, un tel journal enfreint cet article, lorsqu'il se livre à la polémique des mesures prises par l'autorité municipale pour l'exécution de la loi sur les élections communales (Crim. cass. 21 sept. 1844, aff. Soullier, D. P. 45. 1. 65. — Conf. M. Pégat, Code de la presse, n° 14);—5° Qu'un écrit périodique qui fait porter la polémique sur les actes de l'autorité départementale et locale, ne peut être considéré comme étranger aux matières politiques, et, par suite, affranchi du cautionnement, pas plus que l'écrit qui censurerait les actes de l'administration centrale et des grands pouvoirs de l'État : peu importe que les personnes soient ou non soumises à la polémique (Crim. cass. 3 juill. 1840) (3);— 6° Que la prohibition faite aux journaux littéraires ou scientifiques qui, à ce titre, sont exempts de cautionnement, de s'occuper de

---

(1) (Min. pub. C. Tournel.) — LA COUR; — Attendu qu'il résulte du texte de la loi du 14 déc. 1830, tel qu'il a été inséré et promulgué au Bulletin des lois, que les écrits périodiques ne sont soumis au cautionnement que lorsqu'ils paraissent plus de deux fois par semaine, soit à jour fixe, soit par livraisons et régulièrement; — Attendu que la cour royale de Montpellier a jugé, en fait, que les Mélanges occitaniques ne paraissent que par livraisons irrégulièrement, et qu'en renvoyant le sieur Tournel de la poursuite, cette cour n'a point violé l'art. 1 de la loi du 14 déc. 1830; que cette loi a abrogé les lois précédentes sur le cautionnement des écrits périodiques;—Attendu que si une erreur s'est glissée dans le texte de ladite loi du 14 déc., cette erreur ne saurait être rectifiée par les magistrats, lesquels ne peuvent appliquer que le texte légalement publié; — Par ces motifs, rejette.

Du 11 mars 1831.-C. C., ch. crim.-MM. de Bastard, pr.-Isambert, rap.-Dupin, pr. gén., c. conf.-Ad. Chauveau, av.

(2) *Espèce* : — (Min. pub. C. l'Indicateur.) — L'éditeur du journal l'Indicateur, traduit en police correctionnelle pour avoir traité des matières politiques, sans avoir rempli les formalités et conditions prescrites, fut acquitté sur le motif que les questions agitées dans sa feuille ne se rattachaient point à la politique proprement dite, mais bien à l'économie politique, science toute différente et qui ne remuait ni les mêmes passions ni les mêmes intérêts. — Appel. — Arrêt.

LA COUR; — Attendu que la loi du 18 juill. 1828, en affranchissant la presse périodique des entraves de la censure et de l'autorisation préalable établies par les lois antérieures, y a substitué les garanties du cautionnement et de la responsabilité; qu'il n'y a d'exception à cette règle fondamentale de la législation nouvelle qu'en faveur des journaux exclusivement consacrés aux sciences et aux belles-lettres, et étrangers aux matières politiques; que, dès lors, toute incursion plus ou moins directe dans ces matières est interdite aux journaux non cautionnés; que ces expressions *matières politiques*, embrassent non-seulement la politique générale, mais encore tout ce qui se rattache à la science du gouvernement et de l'administration de la cité; que cette politique, qui touche de plus près aux intérêts individuels, est précisément celle qui pouvant amener les discussions les plus irritantes, a besoin de plus fortes garanties contre les abus de la presse; — Attendu que le journal l'Indicateur, dans les numéros..., s'est occupé de matières politiques sans s'être soumis à la formule du cautionnement; que mal à propos les premiers juges ont déclaré que trois des derniers numéros n'étaient point en contravention à la loi; que l'abus que l'Indicateur a fait de l'indulgence des premiers juges, dans les numéros qu'il a publiés depuis le jugement dont est appel, fait de plus en plus sentir à la cour la nécessité d'une plus efficace répression; — Condamne le gérant à un mois d'emprisonnement et 600 fr. d'amende, etc.

Du 8 avr. 1835.-C. de Lyon, ch. corr.

(3) *Espèce* : — (Min. pub. C. Guérin.) — Le sieur Guérin, avocat, était gérant d'un journal qui s'imprimait et se publiait à Vannes, sous le titre de Vigie du Morbihan, feuille de littérature, d'affiches et d'annonces. Ce journal paraissait une fois par semaine et sans cautionnement. Quatre numéros de ce journal ayant attaqué plusieurs actes de l'administration du préfet, le gérant a été poursuivi comme contrevenant à la loi du 18 juill. 1828, par la publication d'articles traitant de matières étrangères à la spécialité du journal et politiques. — Il est relaxé des poursuites, d'abord par jugement du tribunal correctionnel, ensuite par arrêt du 18 mars 1840, émané de la cour royale de Rennes, chambre des appels de police correctionnelle. Cet arrêt ne conteste pas le fait de censure imputé aux articles incriminés; mais il décide qu'ils ne rentrent pas dans la classe des matières politiques. — Pourvoi. — Arrêt.

LA COUR; — Sur le premier moyen, tiré, par le procureur général, de la fausse interprétation des §§ 3 et 5 de l'art. 3 de la loi du 18 juill. 1828, en ce que le journal la Vigie s'occupe cumulativement de littérature et d'annonces : — Attendu qu'à la vérité l'art. 2 de la loi précitée soumet en général au cautionnement les journaux et les écrits périodiques, mais que l'art. 3 de cette loi, confirmé par l'art. 14 de celle du 9 sept. 1835, a exempté du cautionnement les écrits périodiques qui ne paraissent pas plus de deux fois par semaine, exclusivement consacrés soit à la littérature, soit aux annonces; — Attendu que la cumulation de la littérature et des annonces ne peut priver l'écrit périodique qui, comme la Vigie, ne paraît qu'une fois par semaine, du droit de paraître sans cautionnement, pourvu que cet écrit ne traite pas de matières politiques; — Rejette ce premier moyen;

Mais sur le second moyen, tiré de ce que la Vigie, dans les articles incriminés, a fait invasion sur le domaine de la politique : — Vu l'art. 3 de la loi du 18 juill. 1828; — Attendu que la loi n'a pas défini les matières politiques, mais que le sens naturel de ces mots s'applique à la polémique qui peut s'exercer sur tous les actes de l'autorité publique, sujets à responsabilité, en la personne de ceux qui en sont dépositaires; qu'il comprend donc les actes de l'autorité locale, qui ne sont qu'un démembrement de l'administration générale du royaume, comme ceux de l'administration centrale et des grands pouvoirs de l'État; — Attendu que l'arrêt attaqué reconnaît lui-même que, dans les articles incriminés, le journaliste s'est plaint des actes de l'autorité départementale ou de l'au-

matières politiques, s'applique non-seulement aux discussions politiques, mais encore à toute insertion d'actes, faits ou écrits ayant ce caractère (Crim. cass. 2 sept. 1841) (1); — 7° Qu'une feuille périodique qu'on déclare devoir être exclusivement consacrée aux lettres, qui publie un article dans lequel, en rapportant l'arrestation d'un citoyen, on examine la légalité de cette arrestation, on critique et l'on dénonce la conduite des agents du gouvernement qui l'ont opérée, ne peut être réputée étrangère aux matières politiques, et, par suite, exempte du cautionnement, sous prétexte que l'article incriminé ne traite pas des matières politiques proprement dites : la loi ne distingue pas entre les matières politiques proprement dites et les matières politiques qui n'auraient pas ce caractère déterminé et dont la discussion serait, dès lors, permise aux journaux exempts de cautionnement (Crim. cass. 6 juin 1840 (2); V. aussi Lyon. 30 déc. 1834, aff. Legros, qui suit); — 8° Qu'un journal sans cautionnement ne peut donner des nouvelles politiques (Lyon, 30 déc. 1834 (3). — Conf. MM. Parant, p. 458, n° 2; de Grattier, t. 2, p. 138); — 9° Qu'un discours

---

torité municipale et locale ; que les termes dans lesquels ces plaintes sont exprimées pouvaient être répréhensibles sous des rapports personnels ; — Que ces articles constituent donc par cela seul une contravention directe à la prohibition de la loi du 18 juill. 1828 ; — Attendu que cette contravention n'en existerait pas moins, quand même l'auteur de ces articles n'aurait pas soumis les personnes à sa polémique ; qu'il suffit qu'il ait mis en discussion des matières politiques, par la publicité qu'il leur a donnée, et la polémique dont il a accompagné ces publications, sans avoir déposé le cautionnement que la loi exige pour la garantie du résultat de ces discussions ; — Attendu enfin qu'il résulte de l'examen des articles de la Vigie, signalés dans la citation, que l'arrêt attaqué en a fait une qualification erronée en les déclarant étrangers à la politique ; que cet arrêt a arbitrairement restreint le sens et la portée légale de ce mot, violé le texte et l'esprit de l'art. 3 précité de la loi du 18 juill. 1828 ; — Casse.

Du 3 juill. 1840.-C. C., ch. crim.-MM. de Bastard, pr.-Isambert, r.

(1) (Min. pub. *C.* Strouault.) — LA COUR ; — Attendu que la loi du 18 juill. 1828 est une loi sur la police de la presse ; que l'infraction aux dispositions prohibitives de son art. 3, troisième paragraphe, constitue une contravention ; qu'en cette matière, l'exception de bonne foi ne peut être admise ; — Qu'il importe peu que la loi de 1828 n'ait pas déclaré ce qu'elle entendait exclure ; que ce qu'elle n'a pas défini, c'est aux juges à le discerner en se pénétrant de l'esprit qui l'a dicté ; et dès qu'une contravention est par eux reconnue constante, le principe qui veut que nul ne soit censé ignorer la loi impose à l'auteur de ladite contravention la responsabilité pénale du fait qui la constitue ; — Attendu que la disposition précitée n'est pas limitée aux discussions politiques, et s'étend à l'insertion de tous actes, faits ou écrits ayant ce caractère ; qu'il est manifeste qu'au point de vue de l'intérêt de l'ordre public placé par la législation qui réglemente la presse, sous la garantie du cautionnement, l'interdiction aux journaux dépourvus de cette garantie, de s'occuper de matières politiques, n'a été considérée comme efficace qu'autant qu'elle serait absolue ; — Attendu, enfin, que les considérations prises soit des précédents et de la moralité du prévenu, soit de la confiance que lui aurait inspirée l'intervention officieuse du maire de Châtellerault, dans les publications objet de la poursuite, n'étaient appréciables qu'à titre d'atténuation et ne pouvaient avoir d'autre effet que de déterminer une application indulgente de la peine ; — Casse.

Du 2 sept. 1841.-C. C., ch. crim.-MM. de Bastard, pr.-Rocher, rap.

(2) (Min. pub. *C.* Pomiès.) — LA COUR ; — Vu les art. 2 et 3 de la loi du 18 juill. 1828 et l'art. 6 de la loi du 9 juin 1819 ; — Vu enfin les art. 408 et 413 c. inst. crim. ; — Attendu que, généralement, le propriétaire d'un journal est obligé de fournir un cautionnement avant sa publication ; que l'art. 3 de la loi du 18 juill. 1828 a créé des exceptions à cette règle ; que, pour être rangé dans celle qui est établie par le n° 3 dudit article, trois conditions sont nécessaires : 1° que le journal ou écrit périodique soit étranger aux matières politiques ; 2° qu'il soit exclusivement consacré aux lettres ou à d'autres branches de connaissances non spécifiées dans le paragraphe précédent ; 3° qu'il ne paraisse au plus que deux fois par semaine ; — Et attendu qu'il est constant, en fait, et qu'il résulte des documents publics produits au procès, que, le le 10 fév. 1840, Pomiès-Gardel, imprimeur à Carcassonne, a fait, au secrétariat général de la préfecture de l'Aude, la déclaration qu'il allait publier une feuille exclusivement consacrée à la littérature, l'histoire, l'économie sociale, l'agriculture, les nouvelles locales et annonces judiciaires, et avis divers, sous le titre de Chronique de l'Aude, paraissant le vendredi de chaque semaine ; — Que, dans son premier numéro du 14 fév., la Chronique de l'Aude, après avoir rapporté qu'un habitant de Carcassonne avait été arrêté au Mas-Cabardès, parce qu'il n'avait point de passe-port, et conduit par ordre du maire en prison, où il avait passé la nuit, dénonce la conduite du maire et du brigadier de gendarmerie, afin que les magistrats supérieurs dont ils relèvent sévissent contre eux, ajoutant qu'il est d'autant plus nécessaire de réprimer cet excès de zèle, que ce n'est pas la première fois que ces agents de l'autorité ont mis si peu de discernement dans l'exercice de leurs fonctions ; — Que, dans son second numéro du 21 fév., à l'occasion d'une lettre dont le maire du Mas-Cabardès avait demandé l'insertion dans la Chronique de l'Aude, cette feuille revient encore sur le fait qu'elle avait signalé, et continue d'incriminer la conduite du maire ; — Que le procureur du roi, voyant dans cette publication une excursion sur le domaine de la politique, a fait citer l'éditeur-gérant de la Chronique de l'Aude devant le tribunal correctionnel de Carcassonne, pour contravention aux dispositions de la loi du 18 juill. 1828, qui l'obligeaient à fournir un cautionnement, et qui prescrivaient le dépôt au parquet d'un exemplaire signé du propriétaire du journal ; mais que, par jugement du 5 avr. 1840, et par le motif qu'aucun des articles incriminés ne traitait de matières politiques proprement dites, le prévenu a été renvoyé de la poursuite ; — Que, sur l'appel du ministère public, la cour royale de Montpellier a confirmé purement et simplement cette décision dont elle a adopté les motifs ; — Attendu que l'arrêt attaqué a créé entre les matières politiques proprement dites et les matières politiques qui n'auraient pas ce caractère déterminé, et dont la discussion serait permise aux journaux exempts de cautionnement, une distinction que la loi n'a point établie ; — Attendu que l'article de journal dans lequel on examine la légalité de l'arrestation d'un citoyen, on critique et on dénonce la conduite des agents du gouvernement, ne peut être considéré comme étranger aux matières politiques ; qu'une discussion de cette nature le fait évidemment sortir du cercle des matières dans lesquelles il devait se renfermer pour jouir du bénéfice de l'exception établie par le n° 3 de l'art. 3 de la loi du 18 juill. 1828 ; — Qu'en décidant le contraire, l'arrêt attaqué a formellement violé les art. 2 et 3 de ladite loi, et, par suite, l'art. 6 de celle du 9 juin 1819 ; — Casse.

Du 6 juin 1840.-C. C., ch. crim.-MM. Bastard, pr.-Bresson, rap.

(3) (Legros *C.* min. pub.) — LA COUR ; — En ce qui touche l'appel de J.-M. Legros, gérant du journal intitulé la Tribune prolétaire : — Attendu qu'il est constant comme l'ont déclaré les premiers juges, que dans plusieurs des numéros du journal dont il s'agit, l'appelant a inséré divers articles tous désignés et spécifiés par le jugement dont est appel, lesquels contenant des considérations ou réflexions relatives à la politique, traitaient ainsi des matières politiques, et qu'il est évident dès lors que l'appel dudit J. M. Legros se trouve dénué de tout fondement, puisque, faute par lui d'avoir fourni un cautionnement avant la publication d'un tel journal, il avait ouvertement commis une contravention qui le rendait passible des peines prononcées par l'art. 6, L. 9 juin 1819, et par le dernier paragraphe de l'art. 3, L. 18 juill. 1828 ; — En ce qui touche l'appel *à minimâ* de M. le procureur du roi : — Attendu qu'il porte sur ce que, par les jugements dont est appel, les premiers juges ont voulu établir une distinction entre ce qu'ils appellent matières politiques, c'est-à-dire des réflexions ou considérations relatives à la politique et les nouvelles politiques : distinction d'où il font résulter qu'une insertion de nouvelles politiques dans le journal de l'appelant ou dans tout autre journal publié sans cautionnement préalable ne constituerait pas la contravention qu'emporte l'omission du cautionnement prescrit par les deux lois précitées ; — Attendu que pour hasarder une telle distinction, les premiers juges se sont fondés sur ce que l'obligation d'un cautionnement préalable (laquelle fut imposée très-expressément par l'art. 1, L. 9 juin 1819, aux propriétaires ou éditeurs de tout journal ou écrit périodique consacré en tout ou en partie, aux nouvelles ou matières politiques) n'aurait été reproduite par la loi ultérieure du 18 juill. 1828 que quant à ce qu'ils appellent matières politiques proprement dites, et non point quant aux nouvelles politiques ; mais qu'en cela les premiers juges ont pleinement méconnu les vraies dispositions de la dernière loi, et la pensée et le but du législateur ; — Attendu, en effet, que suivant les §§ 1 et 2 de l'art. 3, L. 18 juill. 1828, les journaux ou écrits périodiques paraissant plus d'une fois par mois, comme celui dont il s'agit, ne peuvent être exempts d'un cautionnement préalable à leur publication qu'autant qu'ils sont consacrés exclusivement, soit aux sciences mathématiques, soit aux travaux et recherches d'érudition, soit aux arts mécaniques et libéraux, c'est-à-dire aux sciences et aux arts dont s'occupent les trois académies des sciences, des inscriptions et des beaux-arts de l'institut royal ; — Attendu que suivant le § 3 de ce même article, l'exemption du cautionnement préalable s'étend aussi aux journaux ou écrits périodiques paraissant deux fois au plus par semaine qui, étrangers aux matières politiques, sont exclusivement consacrés aux lettres ou à d'autres genres de connaissances non spécifiées dans l'article précédent ; — Attendu que de là il suit fort clairement qu'il n'y a que les journaux littéraires ou scientifiques d'une manière exclusive, c'est-à-dire tout à fait étrangers aux matières politiques, qui se trouvent exemptés du cautionnement préalable par la dernière loi du 18 juill. 1828 ; qu'ici les mots *matières politiques* ont dans le sens de la loi une acception générale et absolue, laquelle embrasse indéfiniment tout ce qui peut tenir à la politique d'une manière quelconque, et que si le mot *nouvelle* n'y est pas joint, comme il l'était dans les dispositions analogues de la loi

prononcé sur des matières politiques, même par un magistrat, ne peut être reproduit dans un journal sans cautionnement (Paris, 10 avr. 1851, aff. Montalant, D. P. 53. 2. 13); — 10° Qu'un article traitant de l'origine et des transformations successives de la juridiction consulaire, et contenant un rapprochement critique entre l'ancien et le nouveau mode d'élection des membres des tribunaux de commerce et des magistrats municipaux, ou se livrant, à propos de l'installation des nouveaux membres d'un tribunal de commerce, à l'appréciation d'actes de l'autorité administrative, est un article politique, qui ne peut conséquemment être publié dans un journal sans cautionnement (même arrêt); — 11° Que des articles sur la condition morale de certaines classes de la société, sur la nature du commerce intérieur et extérieur de la France, sur la comparaison des salaires en France et dans d'autres pays, ou qui renferment des vœux pour l'amélioration du sort des travailleurs, ou l'annonce d'une cérémonie commémorative d'un événement politique, doivent être considérés comme des articles politiques dont la publication est défendue aux journaux dispensés de cautionnement, sans qu'il y ait lieu de rechercher si les doctrines de ces articles sont ou non condamnables (Crim. cass. 11 juill. 1851, aff. Thomas, D. P. 51. 1. 231).

269. Sous le décret du 17 fév. 1852, il a été également jugé : 1° que par *matières politiques*, dont ne peuvent traiter les journaux sans cautionnement, il faut entendre même la discussion ou la critique des actes de l'autorité locale ; qu'ainsi une revue spéciale, sans cautionnement et spécialement une revue théâtrale, ne peut, tout en se renfermant dans son objet, discuter les actes de l'administration qui s'y rapportent, tels que le choix des directeurs et la rédaction de projets de décrets concernant l'organisation administrative des théâtres (Crim. cass. 31 janv. 1855, aff. Dupin, D. P. 55. 1. 89); — 2° Que les matières d'*économie sociale* interdites aux journaux sans cautionnement comprennent, soit les théories, soit les faits qui y sont relatifs ; qu'ainsi, un journal paraissant sans cautionnement ne peut, sans enfreindre la prohibition, discuter, en traitant de l'agriculture, des intérêts généraux et collectifs, et, spécialement les intérêts viticoles du Midi (Montpellier, 22 nov. 1854, l'Indicateur de l'Hérault, D. P. 55. 5. 347); — 3° ... Que de même, s'il est permis à un journal sans cautionnement de traiter à un point de vue purement technique et pratique, soit de l'agriculture, soit d'une industrie spéciale, il ne peut, sans enfeindre la prohibition, apprécier les faits qui les concernent dans leurs rapports avec l'action gouvernementale et avec des intérêts généraux ou collectifs (Crim. cass. 1er juill. 1854, aff. Gaz. des aff. ind., D. P. 1. 289); — 4° Que par matières d'économie sociale, dont ne peuvent traiter les journaux sans cautionnement, il faut entendre, dans le sens le plus large, toutes les questions qui se rattachent à l'organisation de la société ; que pour un journal spécial, c'est faire invasion dans le domaine de ces matières, que de rattacher des discussions pratiques à des intérêts collectifs et généraux ; — Qu'ainsi, on doit considérer comme relatif à une matière d'économie sociale, l'article qui s'occupe de la question du salaire des femmes, non à un point de vue pratique et professionnel, mais au point de vue de l'influence que peuvent exercer sur la moralité d'un peuple le travail et le salaire des femmes (Trib. de Carpentras, 24 mai 1855, aff. Trémollière, D. P. 55. 1. 381).

270. Un journal ne doit pas, suivant un arrêt, être considéré comme traitant de matières politiques, parce qu'il a reproduit une décision rendue dans une affaire politique et qu'il publie habituellement les lois, ordonnances et règlements administratifs, et que, du reste, le doute en cette matière doit toujours se résoudre en faveur du journal (Dijon, 13 mai 1831, aff. Dejussieu, V. n° 374). — De même et suivant un autre arrêt, dont la doctrine nous semble également devoir être approuvée, la publication des lois et décrets faite d'une manière pure et simple, sans commentaire ni rapprochement, n'est pas une publication politique, et, par suite, peut avoir lieu dans un journal sans cautionnement (Crim. cass. 1er juill. 1854, aff. Gaz. des aff. indust., D. P. 54. 1. 289). — Mais il a été décidé aussi que pour qu'il y ait, de la part d'un journal sans cautionnement, contravention aux dispositions qui lui interdisent de s'occuper de matières politiques, il n'est pas nécessaire que le caractère du journal se trouve essentiellement changé par la publication de plusieurs articles politiques ; et qu'il suffit qu'un seul article de ce genre y soit publié (Paris, 10 avril 1851, aff. Montalant, D. P. 53. 2. 13). — *Quod quidem perquàm durum est, sed ità lex scripta est* (L. 12, § 1, ff., *Qui et à quib. manumissi lib.*).

271. Sous l'empire de la loi du 18 juill. 1828 (art. 3) et de celle du 9 sept. 1835, il a été jugé encore qu'un écrit périodique qui ne traite pas de matières politiques et ne paraît qu'une ou deux fois par semaine, peut, sans être soumis au cautionnement, s'occuper cumulativement de littérature et d'annonces (Crim. cass. 3 juill. 1840, aff. Guérin, V. n° 268-3°). — Rien ne nous paraît s'opposer à ce qu'il en soit de même sous le décret de 1852.

272. Il est, d'ailleurs, manifeste que la règle qui détermine les cas dans lesquels le cautionnement est obligatoire, doit recevoir son application quelle que soit la forme littéraire qu'adopte l'écrivain. — Aussi a-t-il été jugé qu'un ouvrage paraissant périodiquement de huitaine en huitaine et contenant des satires contre des personnages politiques vivants et des allusions aux événements du temps, ne peut être déclaré *étranger aux matières politiques*, dans le sens de l'art. 3 de la loi du 18 juill. 1828, et, comme tel, affranchi de cautionnement, sous le prétexte, 1° que les allusions aux événements du temps ont toujours été du domaine de la poésie satirique ; 2° que cet ouvrage, écrit en entier en vers, ne renferme ni nouvelles ni discussions politiques proprement dites, et doit être considéré comme un ouvrage purement littéraire ; que ce serait là créer, en faveur des écrits périodiques écrits en vers, une exception qui n'est pas dans la loi ; et que l'on dirait en vain que l'arrêt qui le décide ainsi, ne contient qu'une appréciation de faits échappant à la censure de la cour de cassation (Crim. cass., 29 déc. 1831 (1). — Conf. M. de Grattier, t. 2, p. 158). — Cette décision nous semble dans

---

du 9 juin 1819, ce n'est là que l'omission d'une sorte de redondance, omission d'où ne peut surgir aucune argumentation raisonnable ; car comment une nouvelle peut-elle ne pas constituer une matière politique si elle est politique en elle-même, et qui ne sait pas d'ailleurs jusqu'à quel point de telles nouvelles peuvent quelquefois être de nature à exciter des troubles ou fausses alarmes? Il est donc manifeste qu'un journal où elles sont insérées ne pourra être réputé étranger aux mati res politiques, le gérant tombe en contravention s'il ne fournit pas un cautionnement avant de le publier ; — Attendu encore qu'un autre motif, qui se trouve énoncé dans le jugement dont est appel, consiste à alléguer que, depuis la loi du 18 juill. 1828, divers journaux auraient contenu ces sortes d'insertions, sans que, sous ce rapport, ils aient été poursuivis ; mais qu'un tel argument ne signifie autre chose, si ce n'est qu'une contravention, un délit, parce qu'ils seraient quelquefois demeurés impunis, devraient l'être toujours ; qu'enfin, et en dernier résultat, l'existence de la contravention dont il s'agit ne peut donner lieu au doute le plus léger ; la prétendue distinction qu'ont, pour la publier, supposée les premiers juges entre les matières et les nouvelles politiques, n'étant qu'un abus de mots, une vaine subtilité non moins irrationnelle qu'elle est contraire au texte littéral de la loi, à son véritable sens et à son esprit bien entendu, expliqué au besoin, soit par les débats parlementaires qui précédèrent l'émission de la loi, soit par les monuments ultérieurs de la jurisprudence ; — Attendu, au surplus, que c'est le cas d'aggraver du moins l'amende dont le minimum seulement a été prononcé contre Legros par les premiers juges ; — Par tous ces motifs, rendant droit sur les appels, dit et prononce qu'il a été mal jugé par le jugement dont est appel, en ce qui touche la distinction qu'ont voulu établir les premiers juges entre les matières et les nouvelles politiques ; d'où résulterait l'indue conséquence qu'un journal périodique peut contenir des insertions de nouvelles politiques, sans qu'il y ait pour le gérant obligation de fournir un cautionnement préalable ; — Emendant, met, quant à ce, le jugement dont est appel au néant ; — Et déclare constante contre J. M. Legros la contravention qui avait été signalée sous ce rapport, par M. le procureur du roi ; — Met quant aux autres dispositions du jugement dont est appel, l'appel dudit J. M. Legros au néant ; — Ordonne, en conséquence, que la peine d'un mois d'emprisonnement, qui a été prononcée contre lui, sortira effet ; — Le condamne en l'amende de 600 fr. et aux dépens, etc.

Du 30 déc. 1834.-C. de Lyon ch. cor.

(1) (Min. publ. C. Barthélemy.) — LA COUR ; — Vu l'art. 6 de la loi du 9 juin 1819 et les art. 2 et 3 de la loi du 18 juill. 1828, Attendu que, d'après l'art. 3 de la loi du 18 juill. 1828, tout écrit périodique paraissant plus d'une fois par mois n'est exempté du cautionnement qu'autant qu'il est étranger aux matières politiques, et exclusivement consacré aux sciences, aux lettres et aux arts ; que, par ces mots *ma-*

toutes ses parties d'une haute sagesse. Ce ne sont pas, en effet, les nouvelles, ni les discussions politiques qui constituent exclusivement les matières politiques. Parler de tous les événements politiques contemporains, les critiquer, les juger, quel que soit le langage qu'on emprunte, c'est traiter des matières politiques et sortir du domaine exclusif de la littérature. — Le motif donné par la cour royale n'était donc pas solide. — Il en doit être de même de celui qu'on ferait résulter de ce que l'ouvrage est écrit en vers : la loi n'a point fait cette exception, et l'on comprend, au reste, qu'elle n'a point dû la faire, car il serait aisé à des personnes douées sans doute d'un talent poétique moins remarquable que celui de M. Barthélemy, mais qui auraient acquis, ainsi que cela se voit si fréquemment, une grande facilité d'expression en prose cadencée, avec ou sans rimes, de parler de tous les personnages, de tous les événements du jour, dans un écrit paraissant chaque matin, sans être assujetties à un cautionnement. Tel ne saurait être l'esprit de la loi, qui n'a fait fléchir la règle, qu'en faveur des écrits exclusivement consacrés aux sciences, aux lettres et aux arts. — Que serait-ce encore si, au lieu de quelques passages isolés, jetés çà et là, l'ouvrage était entièrement consacré aux événements les plus récents et les plus propres à exciter les passions publiques? — Le troisième motif donné par la cour d'appel, et tiré de l'usage établi en faveur des poëtes satiriques, ne paraît pas mieux fondé; car, outre qu'on citerait peu d'écrits périodiques en vers consacrés aux matières politiques, cet usage ne saurait être invoqué pour échapper aux dispositions générales d'une loi qui ne date que de trois années. Car, admît-on que l'usage puisse prévaloir sur une loi de police ou d'ordre public, au moins faut-il que cet usage soit fréquent, ancien, tel, en un mot, qu'il fasse supposer que la loi est tombée en désuétude. — Il reste l'objection tirée d'une prétendue appréciation souveraine des faits, laquelle, aux yeux de M. le procureur général, aurait dû soustraire l'arrêt à la censure de la cour. — Mais l'objection manquait d'application dans l'espèce; car la cour d'appel elle-même avait reconnu que l'écrit renfermait des satires *violentes contre des personnages politiques, et des allusions aux événements du temps*. Il ne s'agissait plus, dès lors, que de qualifier la portée, le caractère de cette déclaration. — Or la cour régulatrice juge constamment, et cela, d'ailleurs, est dans la condition du principe d'unité de législation et de jurisprudence, qu'il est dans ses attributions de qualifier les faits déclarés constants par les juges du fond ;—....Et, par exemple, qu'elle a le droit d'apprécier le caractère légal qui résulte de l'état extérieur et matériel d'une publication, et des prospectus ou annonces qui l'ont précédée et qui sont mentionnés dans le jugement (Crim. cass., 18 mars 1843, aff. Dujarier, V. nº 274). — Elle a même décidé (au moins implicitement) qu'elle a le droit d'apprécier le caractère politique de divers passages d'un écrit périodique non cautionné (Crim. cass., 3 juill. 1840, aff. Guérin, V. nº 268-5º. — Conf. MM. Chassan, t. 1, nº 829; Tarbé, Lois et règlements à l'usage de la cour de cassation. —V. Cassation, nºs 1773 et s.). — Elle a toutefois décidé aussi que c'est pour les juges du fond un devoir que d'apprécier le caractère politique d'un écrit (Crim. cass., 2 sept. 1841, aff. Strouault, V. nº 268-6º). — Mais ces deux solutions n'ont rien de contradictoire. — Dans l'espèce de la dernière, les juges du fond avaient basé leur décision sur ce que la loi de 1828 n'avait pas défini ce qu'il fallait entendre par écrits politiques, et la cour régulatrice a répondu que c'était aux juges à en déterminer les caractères, conformément à l'esprit de cette loi. Il ne s'agit donc pas là d'un pouvoir discrétionnaire, mais d'un devoir qui s'accomplit sous le contrôle de la cour de cassation. — Ajoutons cependant qu'il avait été antérieurement jugé qu'il appartient aux juges du fond d'apprécier souverainement si tel article d'un écrit périodique a ou non le caractère d'une nouvelle politique (Crim. rej., 10 oct. 1823, MM. Bailly, pr., Brière, rap., aff. min. public C. Terrasson).

273. Notons bien, en terminant sur ce point, et c'est d'ailleurs ce qui a été jugé, que pour qu'il y ait délit de publication d'un journal sans cautionnement, il n'est pas besoin de plusieurs publications successives (Ch. réun., cass. 23 janv. 1836, aff. le journal la Justice, V. nº 324). — Il a été également décidé que la publication, même accidentelle, d'un article politique dans un journal sans cautionnement, constitue, sous le décret du 17 fév. 1852, de la part de l'imprimeur aussi bien que de la part du gérant, la loi les déclarant tous deux solidairement responsables, la contravention que l'art. 5 punit à la fois de l'emprisonnement et de l'amende; et que, par suite, lorsque tous deux sont poursuivis par le ministère public, les juges se borneraient à tort à condamner le gérant seul aux peines édictées par cet article, et à déclarer simplement, en ce qui concerne l'imprimeur, qu'il est tenu, solidairement avec le gérant, du payement de l'amende et des frais (Crim. cass. 26 juill. 1855, aff. Trémollière, D. P. 55. 1. 380). — La décision attaquée s'était prononcée en sens contraire, à tort, ce nous semble; car le décret de 1852 nous paraît formel sur ce point. — Par la solution qu'il adopte, l'arrêt précité de la chambre criminelle ne prévoit que le cas où l'imprimeur est poursuivi en même temps que le gérant. Le ministère public pourrait-il se contenter de poursuivre ce dernier? Cela a lieu quelquefois dans la pratique, au moins à Paris, ainsi que l'atteste la décision attaquée, mais paraît cependant contraire au texte impératif du décret du 17 fév. 1852.

274. *Cautionnement nouveau.* — Il n'est pas besoin d'explications pour faire comprendre qu'un cautionnement ne peut couvrir qu'un seul journal, et que, lorsqu'il est reconnu que deux entreprises distinctes existent, quels que soient les subterfuges à l'aide desquels on ait cherché à éluder la loi, deux cautionnements sont dus. — Mais, en général, ces notions si simples trouvent leur application dans des circonstances où des hommes rompus aux affaires se sont ingéniés pour échapper aux termes de la loi, et c'est de là que sont venues les difficultés qui se sont présentées dans cette matière. — Toutefois, la jurisprudence a, sur ce point, établi des règles qui les ont beaucoup simplifiées pour l'avenir. Nous allons les rappeler. — L'existence propre et individuelle d'un journal, a-t-il été jugé, se constitue principalement par le titre qu'il adopte : elle se reconnaît aussi par la spécialité des matières dont il traite, les conditions de sa périodicité, le prix de son abonnement, le lieu où il est publié, le nom de son gérant et celui de son imprimeur, signes que la loi a pris soin de déterminer; et l'on ne saurait considérer le lien matériel qui réunit sur une même feuille d'impression une publication nouvelle à une publication déjà existante, ayant un objet et un titre différent, comme suffisant pour n'en faire qu'un seul et même journal soumis à un seul et même cautionnement, lorsque, d'ailleurs, la facilité d'une séparation ultérieure de ces publications est reconnue; lorsqu'il résulte des faits constatés que la publication nouvelle n'a été conçue et exécutée que dans la prévision de cette

---

tières politiques, cet article a voulu comprendre, non-seulement les nouvelles et discussions politiques, mais aussi tout ce qui concerne la politique; — Attendu que l'arrêt attaqué déclare, en fait, que les seize premières livraisons de la Némésis, qui font la matière de l'action correctionnelle intentée contre Barthélemy, par le ministère public, ont paru à des intervalles égaux, et presque toujours le dimanche de chaque semaine; que cet ouvrage a tous les caractères d'un écrit périodique, et que, parmi ces livraisons, il en est plusieurs qui renferment des satires violentes contre des personnages politiques et des allusions aux événements du temps; — Qu'il suit de là que cet écrit périodique, qui paraît plus d'une fois par mois, n'est pas étranger aux matières politiques, et n'est pas exclusivement consacré aux sciences, aux lettres et aux arts, et que, par conséquent, il ne rentre dans aucune des exceptions établies par l'art. 3 de la loi du 18 juill. 1828; — Que, néanmoins, l'arrêt attaqué l'y a placé, par le motif que les allusions aux événements du temps ont toujours été du domaine de la poésie satirique; que la Némésis, écrite en entier en vers, ne renferme ni nouvelles, ni discussions politiques proprement dites, et doit être considérée comme un ouvrage purement littéraire; en quoi ledit arrêt a créé, en faveur des écrits périodiques en vers, non étrangers aux matières politiques, et non exclusivement consacrés aux sciences, aux lettres et aux arts, une exception qui n'est pas dans la loi, et a, en conséquence, commis un excès de pouvoir, fait une fausse application de l'art. 3 de la loi du 18 juill. 1828, et violé l'art. 6 de la loi du 9 juin 1819; — Par ces motifs, casse l'arrêt de la cour de Paris, chambre des appels de police correctionnelle, du 18 déc. 1831.

Du 29 déc. 1831.-C. C., ch. crim.-MM. de Bastard, pr.-De Ricard, rap.-Dupin, pr. gén., c. conf.

séparation, encore bien que ces deux publications auraient le même gérant, les mêmes bureaux, la même administration et les mêmes rédacteurs, qu'elles s'imprimeraient avec les mêmes presses, qu'elles appartiendraient aux mêmes propriétaires, et que l'on ne pourrait s'abonner à la publication nouvelle sans s'abonner à la publication antérieurement existante et sans réciprocité pour les abonnements à la publication déjà existante. — Et il a été jugé spécialement, que la Presse et le Bulletin des tribunaux, publiés par le gérant de la Presse, sur une seule feuille, formaient deux journaux distincts, et devaient, dès lors, être soumis à fournir deux cautionnements distincts; on avait prétendu en vain que l'arrêt qui n'avait vu là qu'un seul journal ne renfermait qu'une appréciation de faits échappant à la cour de cassation (Crim. cass. 18 mars 1845) (1). — On ne peut se dissimuler que la circonstance que, dans l'espèce, il s'agit en apparence moins de la création d'un nouveau journal que de l'extension donnée à une publication déjà existante, extension tolérée par la loi, ne pousse la difficulté jusque vers les limites, inaccessibles à la cour suprême, d'une question de fait. Et certes, si le débat n'était engagé qu'au sujet d'un délit obscur et passager, des exemples nombreux feraient aisément pressentir un rejet plutôt qu'une cassation. Mais, dans un fait qui s'est reproduit chaque jour, qui intéresse au plus haut point l'ordre public, et qui touche si intimement à deux des forces les plus actives et les plus tenaces des sociétés modernes, la presse et la fiscalité, il était impossible que l'appréciation de ce fait dans ses rapports avec la loi ne fût pas soustraite à l'arbitraire des tribunaux. Et si M. Merlin, dont la doctrine, comme on l'a dit (V. Cassation, nº 1594), est plus restrictive des pouvoirs de la cour suprême que la nôtre, reconnaît néanmoins à cette cour le droit de reviser les interpréta-

(1) (Min. publ. C. Dujarier.)— La cour (apr. délib. en ch. du cons.); —Statuant sur les premier et deuxième moyens de cassation, pris de la violation des art. 2, 3, 6 et 8 de la loi du 18 juill. 1828 et de l'art. 6 de celle du 9 juin 1819, en ce que l'arrêt attaqué aurait décidé que Dujarier, gérant du journal la Presse, n'avait pas été tenu, avant la publication du journal ou écrit périodique, intitulé Bulletin des tribunaux, de fournir un cautionnement ni de faire la déclaration prescrite par l'art. 6 de ladite loi du 18 juill. 1828, et en ce qu'encore le même arrêt aurait méconnu les conditions légales qui constituent l'existence distincte et individuelle d'un journal ou écrit périodique;—Vu les textes de lois ci-dessus énoncés;—Attendu, en droit, que, si l'art. 1 de la loi du 18 juill. 1828 permet à tout Français majeur, jouissant des droits civils, de publier un journal ou écrit périodique, sans autorisation préalable, l'art. 2 de la même loi veut que le propriétaire ou les propriétaires de tout journal ou écrit périodique soient tenus, avant sa publication, et sauf les exceptions portées en l'art. 3, de fournir un cautionnement; — Qu'aux termes du dernier paragraphe de l'art. 3 de ladite loi du 18 juill. 1828, toute contravention aux dispositions de l'article précédent doit être punie conformément à l'art. 6 de la loi du 9 juin 1819;— Qu'enfin, la même loi du 18 juill. 1828, art. 6, défend de publier aucun journal ou écrit périodique soumis au cautionnement, s'il n'a été fait préalablement une déclaration dont les conditions sont déterminées;—Attendu que les tribunaux de répression ont incontestablement le droit de rechercher, de reconnaître et de déclarer les faits qui constituent un délit ou une contravention, et de fixer, dans ses rapports légaux, le résultat de l'instruction à laquelle ils se sont livrés; mais qu'il appartient toujours à la cour de cassation, expressément chargée de veiller à la stricte observation des lois, d'examiner et de décider si, les faits étant ainsi reconnus et constatés, les conséquences légales qui en dérivent ont été exactement appréciées, et si, dans le jugement qui a été porté sur ces faits, ils ont été ramenés à une juste application de la loi pénale, ou s'ils n'en auraient pas été détournés; — Qu'elle a les mêmes attributions et qu'elle exerce le même pouvoir, toutes les fois que le jugement ou l'arrêt dénoncé a statué sur une contravention, dont la preuve ressortirait de faits matériels servant à établir le corps même du délit; que, dans ce cas, elle a le droit, en considérant ces faits chacun séparément ou dans leur ensemble, de juger s'ils ont reçu leur véritable qualification; — Attendu, dans l'espèce, qu'il est constant, en fait, et qu'il résulte tant du jugement de première instance, confirmé et adopté dans ses motifs par l'arrêt attaqué, que de l'état extérieur et matériel de la publication incriminée, ainsi que des prospectus qui l'ont précédée, et sur lesquels se fonde le même jugement, qu'après avoir annoncé la publication d'un Bulletin des tribunaux, du même format que la Gazette des tribunaux et le Droit, pour paraître tous les jours, excepté le lundi, ne devant coûter que 24 fr. par an au lieu de 72 fr., en expliquant toutefois qu'on peut s'abonner à la Presse sans s'abonner au Bulletin des tribunaux, mais qu'on ne peut s'abonner au Bulletin des tribunaux sans s'abonner à la Presse, Dujarier a effectivement publié, à partir du 25 nov. 1842, un Bulletin des tribunaux, des lois, de la jurisprudence et de l'administration, imprimé sur la même feuille que le journal la Presse, à la suite l'un de l'autre, et sous un titre particulier pour chacun; — Qu'avant cette publication, il n'avait pas fourni de cautionnement et n'avait pas fait la déclaration ordonnée par l'art. 6 de la loi du 18 juill. 1828; — Attendu que de là naissait la question de savoir si la Presse et le Bulletin des tribunaux ne faisaient qu'un seul et même journal, ou si, au contraire, on devait trouver dans cette publication deux journaux différents; — Attendu que, pour la solution de cette question, il importait peu que les propriétaires de la Presse et du Bulletin des tribunaux fussent les mêmes et qu'il y eût identité d'administration, de gérant et d'imprimeur; — Que, sans doute, une entreprise de journal avec son gérant, ses rédacteurs, ses bureaux, ses presses et ses employés, a tous les moyens nécessaires pour créer et fonder un journal nouveau; mais que c'est précisément en cela que consisterait la contravention, si le cautionnement n'avait pas été fourni, et que telle était la nature particulière de celle qui était poursuivie par le ministère public; que, pour constater l'individualité d'un journal, il n'y a donc pas lieu de s'enquérir de l'organisation de l'entreprise, mais qu'il faut surtout considérer l'œuvre quotidienne et son état de publication;— Attendu que l'existence propre et individuelle d'un journal ou écrit périodique se constitue principalement par le titre qu'il adopte; que c'est là le signe caractéristique qui le distingue et le différencie de tous les autres journaux; que l'indication du titre est aussi la première condition de la déclaration exigée par l'art. 6 de la loi du 18 juill. 1828, et que le législateur y a attaché une telle importance, qu'aux termes du § 7 du même article, toutes les fois qu'il survient quelque mutation dans le titre du journal, il doit en être fait déclaration devant l'autorité compétente; — Que l'individualité d'un journal se reconnaît encore à d'autres signes, que, pour la plupart, la loi a pris soin de déterminer, tels que la spécialité des matières dont il traite, les conditions de sa périodicité, le prix de son abonnement, le lieu où il est publié, le nom de son gérant et celui de son imprimeur; — Attendu que toutes ces circonstances principales et accessoires se rencontraient pour conférer au Bulletin des tribunaux, publié par Dujarier, une existence distincte et séparée de celle de la Presse; — Que le lien matériel qui réunit l'un et l'autre sur la même feuille d'impression n'est qu'apparent; que tout avait été disposé à l'avance pour la séparation ultérieure des deux journaux, soit dans les mains du même abonné, soit entre des abonnés différents;—Que l'arrêt dénoncé reconnait et signale lui-même la facilité de cette séparation, et que les faits constatés tendaient à établir que la publication nouvelle n'avait été conçue et exécutée que dans cette prévision; que la promesse faite dans les annonces d'un Bulletin des tribunaux, du même format que la Gazette des tribunaux et le Droit, ne pouvait même se réaliser qu'en détachant de la Presse le Bulletin des tribunaux;—Que le Bulletin des tribunaux, comme la Presse, et à l'instar de tous les journaux, portait, en tête de chaque numéro, l'indication de la date de sa publication, celle du siége de ses bureaux et du prix de son abonnement; — Attendu qu'afin de laisser subsister, à l'égard de l'un et de l'autre, la responsabilité du gérant, et pour ne pas se trouver en contravention avec le § 3 de l'art. 8 de la loi du 18 juill., on a dû imprimer deux fois et au bas de chacun des exemplaires de la Presse et du Bulletin, le nom du propriétaire gérant; — Qu'en obéissant à la même nécessité, et pour ne pas enfreindre l'art. 15, nº 2, de la loi du 21 oct. 1814, on a imprimé deux fois et de la même manière le nom et la demeure de l'imprimeur; — Attendu que la condition exprimée dans les prospectus de subordonner l'abonnement au Bulletin à un abonnement à la Presse n'était pas de nature à pouvoir identifier l'un avec l'autre, ni à faire disparaître les différences qui les caractérisaient; — Qu'en effet, cette condition n'était pas réciproque; que, d'après les mêmes prospectus, si l'on pouvait s'abonner au Bulletin des tribunaux sans s'abonner à la Presse, on pouvait s'abonner à la Presse sans s'abonner au Bulletin des tribunaux; — Qu'il suit de là que la séparation des deux journaux est effective, et qu'elle s'opère nécessairement, toutes les fois qu'il se fait un tirage particulier pour les abonnés de la Presse seule; — Qu'entre ces deux éditions, l'édition mère est évidemment celle qui a été l'objet d'une déclaration faite à l'autorité compétente;—Que celle-là continue d'exister séparément; — Que l'autre, à laquelle est ajouté le Bulletin des tribunaux, ne peut, à raison de cette adjonction même, être considérée ni comme un supplément, ni comme une seconde édition, ni comme une simple classification de matières; que cette séparation réelle et de tous les jours suffisait donc pour constituer la coexistence de deux journaux distincts, ayant deux catégories d'abonnés et deux prix d'abonnement différents; — Que cependant, le jugement de première instance, et, après lui, l'arrêt attaqué, tout en reconnaissant les faits ci-dessus énoncés, ont renvoyé le prévenu de l'action du ministère public, et refusé de prononcer les peines portées par la loi contre le propriétaire de tout journal ou écrit périodique, qui ne fournit pas un cautionnement, et ne fait pas la déclaration exigée avant sa publication; — En quoi ledit arrêt a formellement violé les art. 2, 3 et 4 de la loi du 18 juill. 1828, ainsi que l'art. 6 de celle du 9 juin 1819; — Casse.

Du 18 mars 1845.-C. C., sect. crim.-MM. de Crouseilhes, f. f. de pr.-Bresson, rap.-Quénault, av. gén., c. conf.-Labot, av.

tions de faits dans les matières fiscales; si M. Dupin lui a reconnu le même droit dans les affaires domaniales (affaire de la citadelle de Blaye), à combien plus forte raison ces magistrats lui accorderaient-ils un droit pareil dans l'espèce qui nous occupe, où la dualité du journal, établie dans les prospectus, frappait, au seul aspect de la feuille, les yeux encore plus que l'intelligence. — Or il est des questions qui s'offrent avec un tel caractère d'évidence, que la subtilité des théories, si spécieuses qu'elles soient, vient à l'instant se briser contre elle. —Et c'est, il faut le dire, lorsque le principe réclamé irait, comme ici, jusqu'à permettre de réunir, à l'aide des procédés de la mécanique et de l'industrie, deux, quatre, huit journaux les plus opposés sur une seule feuille, et à ne les soumettre qu'à un cautionnement et à un timbre uniques, que l'appréciation des juges du fond ne doit guère se flatter d'échapper à la censure d'un pouvoir institué, non pour juger le fond des procès, mais pour maintenir l'unité de législation et l'harmonie des interprétations légales.

275. Il est incontestable que le *supplément* que les propriétaires de journaux font paraître de temps à autre, à cause de l'abondance des matières, et qu'ils envoient à leurs abonnés sans augmentation de prix dans l'abonnement, ne doit pas être considéré comme un journal nouveau, et ne peut, par conséquent, être soumis à un cautionnement spécial, indépendamment de celui du journal auquel il est annexé. Mais cet avantage ne peut lui être accordé qu'autant que la feuille additionnelle constitue en réalité (et pas seulement de nom) un supplément. — ...Un supplément, comme un arrêt l'a décidé, n'est qu'une addition accidentelle faite sans augmentation du prix de l'abonnement (Crim. rej. 27 mai 1843, aff. Plau, V. ci-après, nº 277-4º). —Conformément à ces principes, il a été également jugé : 1º qu'on doit considérer comme un journal nouveau et assujetti, par conséquent, à l'obligation spéciale du cautionnement, un prétendu supplément qui doit paraître à jour fixe, qui doit être tiré à un nombre d'exemplaires autre que celui du journal auquel il est censé annexé, qui doit avoir des abonnés différents, qui doit être vendu et distribué séparément (Paris, 26 déc. 1833) (1); — 2º Qu'une feuille publiée isolément, à jour fixe, et présentant la même étendue et la même distribution de matières que des numéros ordinaires, ne peut être considérée comme un supplément, quoique paraissant sous ce titre, mais constitue un nouveau journal soumis au cautionnement (Crim. cass. 24 avr. 1851, aff. Delbreil, D. P. 51. 5. 425).

276. Au surplus, on ne saurait pousser la rigueur jusqu'à exiger que l'imprimeur d'un journal se constitue juge d'une semblable question et à le rendre responsable d'une appréciation inexacte. — Aussi a-t-il été jugé que l'imprimeur d'une feuille additionnelle à un journal existant, encore bien qu'elle soit considérée comme constituant un journal nouveau, n'est point assujetti à se faire justifier par le gérant du versement du cautionnement (Paris, 26 déc. 1833, aff. la Tribune, V. nº 275).

277. La loi n'a limité ni le nombre des exemplaires ni le mode de tirage d'un journal. Il est donc permis d'en faire plusieurs éditions. — Mais dans quelle mesure exacte les éditions qui suivent la première doivent-elles y ressembler? — Comment distinguer une nouvelle édition d'un journal nouveau? — Telle était la difficulté à résoudre. — Ici encore la jurisprudence s'est formellement et catégoriquement expliquée. — Ainsi il a été jugé : 1º qu'une seconde édition doit être principalement la reproduction de la première édition (Crim. rej. 27 mai 1843, aff. Plau, V. ci-après au présent numéro, 4º), sauf les seules additions que comportent les actes, faits et nouvelles qui ont pu se produire depuis cette première édition; en conséquence, si ces éditions subséquentes sont accompagnées de changements dans la périodicité du journal, l'ordre et la nature des matières et la rédaction des articles, elles constituent une publication distincte, soumise à l'obligation du cautionnement (Crim. cass. 24 avr. 1851, aff. Delbreil, D. P. 51. 4. 423, et, sur nouveau pourvoi, Ch. réun., cass., 13 avr. 1852, aff. Delbreil, D. P. 52. 1. 123); — 2º Qu'une feuille publiée comme seconde édition d'un journal avec lequel elle présente des différences dans les conditions de périodicité, dans le prix d'abonnement et dans le travail de rédaction, constitue, malgré cette qualification, un journal nouveau soumis à un cautionnement séparé; qu'ainsi, lorsque le gérant d'un journal quotidien publie sous le titre de seconde édition, trois fois par semaine, pour un prix inférieur de moitié, une seconde feuille, qui n'est la reproduction d'aucun des numéros de la première, mais qui se compose d'un choix d'articles publiés dans divers numéros de celle-ci, articles dont plusieurs s'y trouvent abrégés, et conséquemment remaniés; cette seconde feuille doit, comme journal distinct, être assujettie au cautionnement qui lui est particulier (Crim. cass. 26 juill. 1851, aff. Barosle, D. P. 51. 1. 231. — Conf. MM. Chassan, t. 1, p. 570; de Grattier, t. 2, p. 257); — 3º Qu'à plus forte raison, il en est ainsi lorsque, sous la dénomination de deuxième édition d'un journal, on continue, en réalité, la publication d'un autre journal qui se trouve légalement suspendu, par suite de l'inexécution des conditions prescrites par une loi nouvelle (Crim. cass. 24 avr. 1851, aff. Delbreil, D. P. 51. 5.

(1) (La Tribune.) — La cour; — Considérant, en fait, que Lionne, gérant du journal la Tribune, a publié dans le numéro de ce journal du 15 nov. dernier un avis portant qu'à l'avenir la Tribune paraîtrait régulièrement tous les dimanches, avec un supplément, qui serait vendu par des crieurs spéciaux, dans les rues de Paris, au prix de 10 cent., et qu'elle recevrait des abonnements annuels, pour les départements, au prix de 12 fr.; moyennant lesquels elle s'engagerait à fournir à ses abonnés des départements, outre le supplément, le numéro de la Tribune du dimanche; qu'en exécution de cette annonce, ledit Lionne a publié et fait vendre publiquement, les samedi 16 et dimanche 17 novembre, un écrit intitulé : Supplément à la Tribune, feuille consacrée aux associations patriotiques et aux ouvriers, ledit écrit traitant de matières politiques, sans avoir fait aucune déclaration préalable, ni fourni le cautionnement exigé par la loi, pour tout écrit périodique paraissant une fois la semaine; — Considérant que, d'après l'art. 2 de la loi du 18 juill. 1828, aucun écrit périodique ne peut paraître, hors les cas d'exception qui sont spécifiés en l'article suivant, et dont aucun n'est applicable à la cause, sans qu'il ait été préalablement fourni un cautionnement; que ces dispositions sont générales et absolues; que ladite loi n'en contient aucune autre d'où l'on puisse inférer que celui qui publie déjà un journal quotidien ait le droit de publier, sans fournir un nouveau cautionnement, un autre journal périodique paraissant, soit tous les jours, soit à des intervalles moins rapprochés; que c'est donc à tort que les premiers juges se sont fondés, pour décider que l'écrit intitulé Supplément à la Tribune n'était point assujetti à un cautionnement particulier, sur ce que cet écrit et le journal la Tribune, sortaient des mêmes presses, étaient signés par le même gérant, et appartenaient aux mêmes entrepreneurs, circonstances entièrement indifférentes dans la cause, où il s'agit de savoir si ledit écrit est une partie intégrante du journal la Tribune, ou s'il en est distinct; — Considérant que l'écrit dont il s'agit ne peut être regardé légalement comme un supplément au journal la Tribune; qu'en effet la seule loi qui parle du supplément pour les journaux est celle du 14 déc. 1830; que cette loi, en dispensant, pour les cas qu'elle prévoit, les suppléments, de tout droit de timbre, indique assez que, par supplément, elle n'entend que les feuilles additionnelles, dont l'abondance des matières peut exiger occasionnellement la publication, et qui sont livrées aux abonnés du journal, sans augmentation dans le prix de leur abonnement; — Considérant que cet écrit ne peut pas non plus constituer, comme l'ont dit les premiers juges, une simple addition périodique et régulière au nombre des feuilles du journal, puisque, d'après les termes de l'avis inséré dans la Tribune du 5 novembre, et d'après les énonciations qu'il contient lui-même, il doit être tiré à un nombre d'emplaires différent, avoir des abonnés différents, et être vendu et distribué séparément du journal; — Considérant, enfin, qu'il ne présente pas les caractères d'une édition particulière faite pour donner plus promptement les nouvelles aux lecteurs, soit de Paris soit des départements, puisque les articles qui composent cet écrit ne sont ni copiés sur le journal du matin ni reproduits sur celui du lendemain, et que d'ailleurs cette publication est annoncée, par les auteurs eux-mêmes, comme ayant un tout autre but; — Considérant, dès lors, que ledit écrit forme le premier numéro d'un écrit périodique hebdomadaire, traitant de politique, et distinct du journal la Tribune, et qu'en le faisant paraître sans avoir fourni un cautionnement, Lionne a contrevenu aux dispositions des lois précitées; — Considérant, à l'égard de Mie, que l'imprimeur n'est point tenu de se faire justifier du versement du cautionnement; — Met, en ce qui concerne Lionne, l'appellation et ce dont est appel, au néant; émendant, déclare Lionne coupable de la contravention prévue et punie par les art. 5 de la loi du 18 juill. 1828, et 6 de la loi du 9 juin 1819, et lui faisant application desdits articles, le condamne à un mois d'emprisonnement et 200 fr. d'amende; renvoie Mie des fins de la plainte, sans dépens.

Du 26 déc. 1833.-C. de Paris, ch. cor.-M. Saint-Laurent, pr.

424); — 4° Que bien que deux feuilles aient le même gérant, la même administration, qu'elles sortent de la même presse, et s'adressent spécialement à une classe déterminée de citoyens, si elles ne contiennent pas les mêmes matières, si elles ont des prix distincts, et sont vendues et distribuées séparément, elles ne peuvent être considérées comme supplément ni comme seconde édition l'une de l'autre, mais constituent deux journaux distincts, à l'égard de chacun desquels on doit faire la déclaration et le versement d'un cautionnement, conformément aux art. 2 et 6 de la loi du 18 juill. 1828, ... et spécialement que le Commerce, journal politique, et le Commerce, feuille commerciale, bien qu'ils aient le même gérant, la même administration, et sortent de la même presse, constituent deux journaux distincts, et sont soumis à faire deux déclarations et à verser deux cautionnements (Crim. rej. 27 mai 1843) (1); — 5° Mais que lorsque des feuilles publiées dans divers départements ne constituent qu'un seul et même journal, et que les différences signalées entre ces feuilles ne dépassent pas la limite que comporte la faculté d'émettre de secondes éditions du même écrit périodique déposé au parquet, il n'y a pas contravention aux lois sur le cautionnement des journaux (Crim. rej. 23 nov. 1839) (2).

278. On ne peut considérer comme ayant cessé de paraître dans le sens de l'art. 7 de l'ord. du 9 juin 1819, le journal dont la cessation momentanée n'a pas duré trois mois, et n'a, d'ailleurs, pas été déclarée par le gérant (V. *suprà*, n° 255). — Par conséquent, et c'est ce qui a été jugé, un nouveau cautionnement ne saurait être exigé des propriétaires de ce journal, lorsqu'ils en reprennent la publication (Crim. rej. 30 nov. 1833) (3).

279. *Taux du cautionnement*. — La quotité des cautionne-

---

(1) (Piau C. min. pub.) — LA COUR; — Attendu que l'arrêt attaqué constate, en fait, que les deux publications faites par le sieur Piau, l'une sous le titre : le Commerce, journal politique, l'autre sous celui : le Commerce, feuille commerciale, ne contiennent pas les mêmes matières, ont des prix distincts, sont vendues et distribuées séparément; que de cette juste appréciation des faits, la cour d'appel de Paris a conclu avec raison que l'une de ces feuilles ne pouvait être considérée, ni comme supplément ni comme seconde édition de l'autre; qu'en effet, le supplément n'est qu'une addition accidentelle faite sans augmentation du prix de l'abonnement, et que la seconde édition est principalement la reproduction de la première; tandis que, d'une part, la seconde feuille publiée par le sieur Piau paraît tous les jours, et n'est adressée qu'à ceux des abonnés qui payent un prix d'abonnement différent; et que, d'une autre part, les matières de la seconde feuille ne sont pas les mêmes que celles de la première; — Que, dans ces circonstances, en décidant qu'il y avait obligation de la part de Piau de faire pour chacune des publications dont il s'agit, la déclaration préalable et le versement d'un cautionnement, conformément aux art. 2 et 6 de la loi du 18 juill. 1828, la cour d'appel de Paris (arrêt du 25 janv. 1843), loin de violer ces dispositions, en a fait au contraire une saine et régulière application; — Rejette.

Du 27 mai 1843.-C. C., ch. crim.-M. Ricard, pr.-Valigny, rap.

(2) *Espèce* : — (Min. pub. *C.* Paya.) — Le sieur Paya, gérant de l'Émancipation, journal qui se publiait tous les jours de la semaine à Toulouse, sous le cautionnement légal, servait en outre les abonnés de deux journaux de l'Aude et des Pyrénées-Orientales qui étaient publiés deux fois par semaine et qui avaient cessé de paraître. — Le sieur Paya fut actionné comme publiant trois journaux avec le cautionnement d'un seul. — Un jugement du tribunal correctionnel de Toulouse, confirmé par arrêt de la cour de Toulouse, avait relaxé Paya de l'action contre lui intentée pour défaut de cautionnement. L'arrêt s'exprime ainsi : « Attendu que, s'il est constant que, le 15 fév. dernier, il (Paya) a publié, sous le même titre, une feuille portant en titre : Edition des Pyrénées-Orientales, et si la comparaison avec la première constate qu'elle en diffère complétement par son texte, ce fait, s'il est isolé et n'a point été répété, ne saurait constituer la contravention à l'art. 6 de la loi du 9 juin 1819, puisque la périodicité, condition indispensable pour qu'un journal ou écrit politique soit passible d'un cautionnement, n'existerait point...; — En ce qui touche la même feuille désignée sous le nom d'Edition de l'Aude, que celle du 15 étant entièrement semblable à celle du même jour, publiée à Toulouse, ne saurait être incriminée, et qu'il en est de même de celle du 16, quoiqu'elle en diffère, puisque tous les articles qui la composent sont pris dans le numéro du 15 de la première... (Ici l'arrêt constate une légère différence dans deux numéros de l'édition des Pyrénées-Orientales, comparés avec la feuille type; mais les articles sont très-peu importants; que, d'ailleurs, les publications suivantes sont régulières.) Il ajoute... : « Attendu, dès lors, que peu importe que ces deux publications (des Pyrénées-Orientales et de l'Aude) aient ainsi reçu une sorte de caractère de périodicité, puisqu'il ne pourrait y avoir contravention qu'autant qu'il y aurait plusieurs numéros différents de la feuille type, mais qu'il vient d'être établi que cette différence n'existe qu'à l'égard d'un seul, celui du 15 fév., dit Edition des Pyrénées-Orientales... » — Pourvoi pour violation des art. 1 et 6 de la loi du 9 juin 1819, 2 et 5 de la loi du 18 juill. 1828, et 13 de celle du 9 sept. 1835. — Arrêt.

LA COUR; — Attendu qu'en décidant, comme elle l'a fait, par la comparaison établie entre le journal publié à Toulouse et les feuilles publiées dans les départements de l'Aude et des Pyrénées-Orientales, que Paya, gérant de l'Emancipation, n'a réellement mis en circulation qu'un seul et même journal, et que les différences signalées ne dépassaient pas les limites que comporte la faculté d'émettre de secondes éditions du même écrit périodique, dont le dépôt d'ailleurs a eu lieu au parquet, la cour royale de Toulouse n'a contrevenu ni à l'art. 6 de la loi du 9 juin 1819, ni aux art. 2 et 5 de celle du 18 juill. 1828, ni à celle du 9 sept. 1835, art. 14. — Rejette.

Du 23 nov. 1839.-C. C., ch. crim.-MM. Crouseilhes, pr.-Isambert, r.

(3) *Espèce* : — (Min. pub. *C.* Baverey.) — Le journal la Gazette de Franche-Comté avait momentanément cessé de paraître; le gérant, propriétaire du cautionnement, en transporta la moitié au sieur Baverey, qu'il déclara s'adjoindre comme second gérant. Le journal reparut, mais sans dépôt de nouveau cautionnement et sans déclaration préalable. — Citation en police correctionnelle, et jugement qui, se fondant sur ce que ce journal devait être considéré comme une nouvelle entreprise, et attendu le défaut de déclaration et de cautionnement, condamne le gérant à un mois de prison et à 200 fr. d'amende. — Sur l'appel, arrêt de la cour de Besançon, du 2 août 1833, qui réforme en ces termes : — « Considérant que si la loi du 14 déc. 1830 a exigé que le gérant de tout écrit périodique fût propriétaire du quart, au moins, du cautionnement, elle n'a fait qu'ajouter une garantie de plus à celles qu'exigeaient les lois précédentes, sans cesser de laisser le cautionnement affecté de la responsabilité prononcée par l'art. 2 de la loi du 9 juin 1819; — Qu'aux termes de l'art. 7 de l'ord. du 9 juin 1819, le cautionnement n'est libéré qu'après l'expiration du délai de trois mois, pendant lequel les délits de la presse peuvent être poursuivis, aux termes de l'art. 13 de la loi précitée du 9 juin 1819; — Qu'il est donc établi que, ni en fait ni en droit, l'entreprise du journal la Gazette de Franche-Comté n'a cessé d'exister, non plus que l'affectation du cautionnement et par privilége aux dépens, dommages-intérêts et amendes, auxquels les propriétaires et gérant pourraient être condamnés, conformément aux art. 2 et 3 de la loi du 9 juin 1819; — Sur le défaut de déclaration de la part du prévenu, préalablement à la publication du n° 64 : — Considérant que les dispositions de l'art. 6 de la loi du 9 juin 1819 ne paraissent point applicables à l'espèce de la cause; qu'il ne s'agit point de l'établissement du journal, mais de la reprise et continuation d'une entreprise, et pour laquelle toutes les formalités avaient été remplies, etc. »

Pourvoi de la part du procureur général. — Le sieur Baverey, défendeur intervenant, a soutenu les doctrines émises dans l'arrêt attaqué. On prétend, a-t-il dit, que la loi de 1830 a modifié, en ce point, les lois et ordonnances précédentes, et qu'aujourd'hui le cautionnement est affecté, non pas à l'entreprise, mais à la gérance. Nous répondrons que rien dans la loi nouvelle n'établit les modifications dont on parle. A la vérité, l'art. 1 de la loi de 1830 veut que le gérant ou les gérants soient propriétaires de la totalité du cautionnement; mais il ne s'ensuit pas pour cela que ce cautionnement ait changé de nature et qu'il ait cessé d'être le cautionnement de l'entreprise. — Ce qui prouve cette vérité, c'est que les gérants, vu leur nombre, peuvent se trouver propriétaires d'une simple portion du cautionnement, ce qui n'empêche point assurément que la part appartenant aux gérants non signataires de l'article condamné ne reste affectée au payement de l'entière condamnation, dépens, dommages-intérêts et amende, art. 3 de la loi du 9 juin 1819; lequel article n'est pourtant point rappelé dans la loi de 1830, quoique assurément il ne soit pas abrogé. — De toutes les manières, d'ailleurs, le sieur Baverey n'a point négligé de faire la déclaration. On lui reproche de ne pas l'avoir faite préalablement à toute publication; mais l'art. 6 de la loi du 18 juill. 1828 accorde quinze jours en cas de mutation, et c'est à l'expiration de ce délai que le sieur Baverey a satisfait à la formalité voulue par cet article.

M. l'avocat général Martin soutient que l'arrêt de la cour royale ayant constaté en fait que le numéro saisi de la Gazette de Franche-Comté n'était que la continuation du même journal publié antérieurement, il n'y avait pas lieu d'exiger du gérant la déclaration et le dépôt d'un cautionnement qui ne sont exigés que pour la création d'une entreprise. —

LA COUR; — Attendu que, dans l'état des faits, reconnus et déclarés constants par l'arrêt attaqué, la cour d'appel de Besançon, en renvoyant P. Baverey, gérant de la Gazette de Franche-Comté, des fins de la poursuite dirigée contre lui, n'a commis aucune violation des art. 1 de la loi du 14 déc. 1830, et 5 et 6 de la loi du 9 juin 1819, non plus que de l'art. 6 de la loi du 18 juill. 1828; — Rejette.

Du 30 nov. 1833.-C. C., ch. crim.-MM. Chantereyne, f. f. pr.-Dehaussy, rap.-Martin, av. gén., c. conf.-Mandaroux-Vertamy, av.

ments a souvent varié : réglée d'abord par la loi du 9 juin 1819, abrogative des lois antérieures, puis par celles des 18 juill. 1828, 14 déc. 1830, 8 avril 1831, 9 sept. 1835, 9 août 1848 et 18 juill. 1850, elle l'est aujourd'hui par le décret du 17 fév. 1852.—Le cautionnement que les propriétaires de tout journal ou écrit périodique sont tenus de verser avant sa publication est fixé, par l'art. 4 du décret précité, ainsi qu'il suit : Pour les départements de la Seine, de Seine-et-Oise, de Seine-et-Marne et du Rhône, si le journal ou écrit périodique paraît plus de trois fois par semaine, soit à jour fixe, soit par livraisons irrégulières, le cautionnement est de 50,000 fr.; — Si la publication n'a lieu que trois fois la semaine ou à des intervalles plus éloignés, le cautionnement est de 30,000 fr.—Dans les villes de 50,000 âmes et au-dessus, le cautionnement des journaux et écrits périodiques paraissant plus de trois fois par semaine est de 25,000 fr. — Il est de 15,000 fr. dans les autres villes, et respectivement de moitié de ces deux sommes pour les journaux paraissant trois fois par semaine ou à des intervalles plus éloignés. — Il résulte d'une circulaire ministérielle que la périodicité semi-quotidienne donne lieu au maximum du cautionnement pour les journaux qui paraissent plus de trois fois par semaine, cette périodicité entraînant nécessairement, pour une semaine sur deux, la publication de plus de trois numéros (circ. min. just. 27 mars 1852, D. P. 52. 3. 11).

280. *Quotité du cautionnement qui doit appartenir au gérant.*—Aux termes de l'art. 3 de la loi du 18 juill. 1828, chacun des gérants doit posséder, en son propre et privé nom, un quart au moins du cautionnement.—D'après l'art. 1 de la loi du 14 déc. 1830, le gérant responsable, lors même qu'il n'y en a qu'un seul, doit être possesseur de la totalité du cautionnement. — D'après celle du 9 sept. 1835, art. 15, il lui suffit d'en posséder le tiers. — Les lois postérieures ne contiennent pas de dispositions sur ce point.—Qu'en résulte-t-il?—C'est que, suivant la rigueur des principes en matière d'abrogation, il n'y aurait plus de loi en vigueur, relativement à la quotité du cautionnement qui doit appartenir au gérant. — Et en effet, la loi de 1830 a dérogé à celle de 1828, celle de 1835 a dérogé à celle de 1830, et la loi de 1835 est elle-même complétement abrogée. Or l'abrogation d'une loi ne fait pas revivre celles qu'elle avait elle-même abolies (V. Loi, n° 562), à moins qu'il n'y ait dans le nouveau texte une disposition expresse sur ce point.—A la vérité, le décret du 6 mars 1848, qui a abrogé la loi de 1835, porte (art. 2) : « *Jusqu'à ce qu'il ait été statué par l'assemblée nationale constituante*, les lois antérieures relatives aux délits, contraventions en matière de presse, seront exécutées dans les dispositions auxquelles il n'a pas été dérogé par les décrets du gouvernement provisoire. »— Mais, de ces termes mêmes, il suit que les lois antérieures ne pouvaient exister que jusqu'au moment où l'assemblée nationale aurait prononcé. — Or cette assemblée n'a nullement fait revivre les dispositions relatives à la quotité du cautionnement que doit posséder le gérant. — Toutefois, nous n'insistons pas sur les conséquences à déduire de ces prémisses, parce que, dans l'état actuel de la législation, cette déduction serait sans portée.—Les journaux étant soumis à l'autorisation du gouvernement, il peut mettre à cette faveur les conditions qui lui paraissent le mieux s'accorder avec ses vues sur l'intérêt général de la société, et conséquemment exiger que le gérant possède telle quotité du cautionnement qui lui paraîtra convenable.

281. Quoi qu'il en soit, il a été jugé sous la loi du 14 déc. 1830 : 1° que l'art. 6 de la loi du 18 juill. 1828, sur les journaux et écrits périodiques, lequel prescrivait aux gérants qui avaient versé le cautionnement fixé pour l'établissement du journal, *d'en faire la déclaration devant l'autorité compétente, avec affirmation qu'ils réunissaient les conditions de capacité prescrites par la loi*, est implicitement abrogé par la loi du 14 déc. 1830; qu'il suffit qu'il soit certain que le cautionnement a été versé : la raison en est que la loi du 14 déc. 1830, en changeant la quotité du cautionnement et en le mettant tout entier à la charge du gérant s'il est unique, ou des gérants s'ils sont plusieurs, n'a pas, par une disposition transitoire, comme celle du 18 juill. 1828, art. 9, exigé la déclaration relative aux conditions de capacité, et qu'une telle obligation ne peut pas être suppléée dans une loi pénale (Crim. rej. 24 sept. 1831) (1); — 2° Que le gérant d'un journal dont le cautionnement a été diminué par une condamnation pécuniaire (une amende), et qui, dans la quinzaine, a fait des offres réelles pour le payement de cette condamnation, peut néanmoins si, après l'expiration de ce délai, ses offres ont été judiciairement déclarées insuffisantes, subir une nouvelle condamnation pour avoir continué la publication de son journal sans avoir complété son cautionnement (Crim. rej. 15 sept. 1832) (2).

282. Sous la loi du 9 sept. 1835 on a décidé : 1° que l'art. 15 de la loi du 9 sept. 1835, d'après lequel tout gérant de journal doit posséder en son propre et privé nom le tiers du cautionnement, exige que cette somme lui appartienne réellement en propriété, et qu'elle est réputée ne pas lui appartenir en propriété lorsqu'il est constaté dans l'acte de société passé pour la publication du journal que cette somme a été versée au nom du gérant par la société envers laquelle il en est demeuré débiteur (Rouen, 5 déc. 1845, aff. Normand, D. P. 47. 2. 75); — 2° Que la cession faite, à un nouveau gérant par l'ancien, de partie du cautionnement déposé, n'équivaut pas au versement en numéraire qui doit être effectué au trésor, et constaté par le récépissé qui doit être délivré par le receveur des finances, et cela encore bien que cette mutation ait été déclarée par l'ancien et le nouveau gérant au secrétariat de la préfecture et reçue sans réclamation (Toulouse, 1er juin 1837) (3); — 3° Que les cautionne-

---

(1) (Min. publ. *C.* Laval.) — La cour; — Attendu, sur le premier moyen, pris de la violation des art. 6 de la loi du 9 juin 1819 et 5 de celle du 18 juill. 1828, qu'il est jugé, en fait, par l'arrêt attaqué, que le sieur Laval, gérant du Mémorial, a versé le cautionnement à lui imposé par l'art. 1 de la loi du 14 déc. 1830, confirmé en cette disposition par celle du 8 avr. 1831;

Sur le deuxième moyen, pris de la violation de l'art. 6 de la loi de 1828, lequel se divise en deux branches : — Attendu, sur l'infraction aux alinéa 1 et n° 2, et 4 dudit article, en ce qu'après avoir versé le cautionnement, ledit Laval n'en aurait pas fait la déclaration devant l'autorité compétente, avec affirmation qu'il réunissait les conditions de capacité prescrites par la loi : qu'il est reconnu, en fait, par l'arrêt attaqué, que le gérant du Mémorial avait satisfait tant au dépôt du cautionnement qu'aux déclarations requises par la loi de 1828, et que la loi du 14 déc. 1830, en changeant la quotité du cautionnement et en le mettant tout entier à la charge du gérant, s'il est unique, ou des gérants, s'ils sont plusieurs, n'a pas, par une disposition transitoire, comme celle du 18 juill. 1828 (art. 9), exigé la déclaration relative aux conditions de capacité, et qu'une telle obligation ne peut pas être suppléée dans une loi pénale; — Sur la deuxième branche du moyen, prise de ce que le gérant du Mémorial n'a pas, en complétant son cautionnement, fait aux autorités compétentes, dans la forme prescrite par l'art. 7 de la loi du 18 juill. 1828, la déclaration de mutation prescrite par l'alinéa 7 de l'art. 6 de la même loi; — Attendu que la nécessité de cette déclaration de mutation ne s'applique qu'aux mutations opérées par le fait de l'homme, et non à celles opérées par le fait de la loi. — Rejette.

Du 24 sept. 1831.-C. C., ch. crim.-MM. de Bastard, pr.-Isambert, r.

(2) (Simphorien Vaillant *C.* min. publ.) — La cour; — Attendu que les jugements sont déclaratifs du droit, et que l'arrêt du 25 mai dernier de la cour royale d'Angers portant confirmation du jugement du 27 avr., ayant déclaré les offres réelles dont il s'agit nulles et insuffisantes, ces offres réelles sont censées n'avoir jamais existé, et par conséquent n'avoir pu paralyser l'effet des arrêts de la cour d'assises contre le sieur Château; d'où il suit que le demandeur ne peut se plaindre, puisque le jugement confirmé par l'arrêt contre lequel le pourvoi est dirigé n'a été rendu qu'après l'arrêt qui déclare irrévocablement l'insuffisance des offres réelles; — Attendu que d'ailleurs la procédure est régulière et la peine justement appliquée; — Rejette.

Du 15 sept. 1832.-C. C., ch. crim.-M. Mérilhou, rap.

(3) (Min. publ. *C.* Gazette du Languedoc.) — La cour; — Attendu qu'un journal consacré aux matières politiques ne peut paraître que sous la garantie d'un cautionnement déposé en numéraire au trésor; que nul ne peut en être le gérant, s'il ne possède le tiers de ce cautionnement; que Pech s'est déclaré gérant de la Gazette du Languedoc, et a signé, en cette qualité, les numéros de cette feuille, depuis le 26 oct. dernier jusqu'au jour de la citation; d'où résulte la nécessité d'examiner s'il avait fait le versement prescrit par la loi du 9 sept.; — Attendu qu'il n'est inscrit au trésor comme propriétaire d'aucune partie de cautionnement, qu'il ne produit pas de récépissé à talon qui aurait dû lui être délivré par le receveur des finances, aux termes de la loi du 24 avr. 1833, s'il avait remis les 4,170 fr. formant le tiers du cautionnement auquel est soumis le journal qu'il a géré; — Qu'ainsi il ne justifie pas qu'il ait versé cette somme en numéraire; — Qu'il est vrai que, par l'acte constatant la société qui fut formée, le 25 octobre, entre lui et Robert,

ments sont personnels à ceux auxquels ils sont imposés par la loi; que le gérant responsable d'un journal ne peut se dispenser de verser en numéraire au trésor le montant du tiers du cautionnement exigé par l'art. 15 de la loi du 9 sept. 1835, bien qu'il justifie de la cession qui lui aurait été faite de cette partie du cautionnement par le précédent propriétaire (Montpellier, 11 juin 1858 (1); Riom, 28 déc. 1857, aff. Reynaudon, V. nº 284; V. en sens contraire, M. de Grattier, t. 2, p. 150 à 155).

283. Sous la loi du 11 août 1848, on a décidé qu'il suffit que, par la retraite de l'un des gérants, les associés restants ne se trouvent plus propriétaires de la totalité du cautionnement, pour que le vœu de la loi cesse d'être rempli, encore bien que la part de celui qui sort de la société reste affectée à la nouvelle administration, si, d'ailleurs, elle ne leur a pas été cédée en vertu d'un transport régulier.—...Et que si, en cet état, le journal continue à paraître, les gérants restants sont en contravention, encore bien qu'ils auraient fait notifier au receveur général l'affectation convenue entre eux et celui qui s'est retiré de la société : en cas pareil, c'est le transport qui aurait dû être notifié et c'est au trésor que la notification aurait dû être faite : les contrevenants prétendraient en vain tirer une excuse de ce qu'ils auraient été induits en erreur par un avis du préfet, alors, d'ailleurs, que cet avis était assez clair pour qu'ils n'eussent pas dû se méprendre sur la marche qu'ils avaient à suivre (Metz, 3 juill. 1850, aff. Quesne, D. P. 51. 2. 137).

284. *Quand et en quel lieu doit avoir le versement.* — Le versement du cautionnement doit, quoique la loi ne s'en explique pas, être préalable à la publication, en vertu de la législation antérieure (Circ. min. just. 27 mars 1852, D. P. 52. 3. 11). — Sous la loi de 1835, il a été décidé aussi que le gérant ne peut publier le journal, en sa qualité de gérant, avant que l'inscription du cautionnement ait été faite en son nom au trésor (Riom, 28

---

celui-ci lui céda 4,170 fr. sur la part du cautionnement qu'il venait d'acquérir de Roche, mais que cette cession ne constituait en sa faveur qu'une créance qui ne pouvait remplacer le versement en écus, formellement prescrit par la loi du 9 sept.; — Que, d'ailleurs, le cautionnement fourni par Roche devait rester, après qu'il eut cessé les fonctions de gérant, pendant trois mois au trésor, pour répondre de sa gestion; — Que l'ordonnance du 18 nov., qui l'a déclaré, a donné une juste interprétation de la loi du 25 niv. de l'an 13, en assimilant les gérants des journaux aux officiers publics et aux comptables, relativement au délai pendant lequel des recours peuvent être formés sur le cautionnement; — Qu'ainsi, pendant trois mois au moins, la portion du cautionnement qui avait appartenu à Roche, exclusivement affectée à la garantie de ses faits personnels, n'aurait, en aucun cas, pu servir à Pech, qui toujours, pendant ce temps, était en contravention; — Qu'en vain il prétend qu'aux termes des art. 10 et 11 de la loi du 18 juill. 1828, il n'y aurait eu lieu qu'à une action intentée par le préfet devant le tribunal civil; — Que cela serait vrai si la plainte avait pour objet une déclaration dont la régularité ferait contester la sincérité mise en doute; mais que la déclaration faite le 26 oct. au secrétariat de la préfecture était régulière et sincère, et que Pech n'est poursuivi que pour avoir publié, en sa qualité de gérant, un journal pour lequel il n'avait pas fourni la part du cautionnement qu'il devait verser au trésor; — Que le tribunal correctionnel était donc compétent pour statuer sur cette action; — Attendu que, si l'administration a reçu, sans réclamation immédiate, la déclaration du 26 oct., elle a été d'autant moins irrecevable à quereller la manière dont on prétendait faire le cautionnement, que le secrétaire général n'avait mission que de recevoir cette déclaration, d'en fournir procès-verbal; — Qu'au reste, Pech a été suffisamment mis en demeure par les avis qui lui ont été adressés de régulariser sa position; — Que, si une appréciation erronée de son droit l'a empêché de se conformer aux invitations qui lui ont été faites, les tribunaux n'en sont pas moins dans l'obligation de punir la contravention qu'il a commise; — Mais, attendu que c'est sans mauvaise intention et par suite d'une erreur qui trouve son excuse, et une de ses causes, peut-être, dans le silence gardé pendant plusieurs mois par l'administration, que Pech a négligé de verser son cautionnement, en conformité de la loi; — Qu'il y a donc lieu d'étendre à ce cas l'atténuation de la peine que la législation a autorisée pour d'autres moins excusables, par l'art. 463 c. pén., de dispenser Pech de la peine d'emprisonnement, et de le soumettre seulement à l'amende prononcée par l'art. 6 de la loi du 9 juin 1819; — Par ces motifs, réformant, condamne Pech à 200 fr. d'amende.

Du 1er juin 1837.-C. de Toulouse, ch. corr.-M. Martin, pr.

(1) *Espèce* : — (Marcou C. min. pub.) — En oct. 1837, société entre Marcou, Gros et Peyrouton pour la publication du journal l'Aude. — Cette publication a lieu le 23 mars 1838; des changements surviennent. Marcou reste gérant et acquiert les droits de Peyrouton. — Gros cède les siens ainsi que ses droits au cautionnement à Blanc-Salin. — Le 11 avr. le préfet avertit ce dernier et Marcou que les parts du cautionnement fournies par les deux cédants ne peuvent leur servir; mais ils ne tiennent aucun compte de cet avis et continuent de publier leur journal. — De là poursuites. — Le tribunal correctionnel, admettant des circonstances atténuantes, les condamne à 25 fr. d'amende et aux frais. — Appel par le ministère public et par Marcou. — Arrêt.

LA COUR; — Attendu que les lois qui soumettent certains fonctionnaires ou certaines associations, telles que celles des propriétaires, éditeurs et gérants responsables de journaux politiques, à fournir un cautionnement, n'ont d'autre but que de garantir, au moyen de ce cautionnement, soit à la société, soit aux particuliers, le payement des condamnations qui seraient la suite du crime, des délits et contraventions commis par ces fonctionnaires et ces associations; — D'où il suit que les cautionnements sont personnels à ceux auxquels ils sont imposés par la loi, et ne sauraient, dès lors, servir à des tiers; — Car, pour qu'il pût en être ainsi, il faudrait admettre que ces tiers pourraient être déclarés garants des crimes, des délits et des contraventions auxquels ils seraient entièrement étrangers, et qui auraient été commis par des personnes dont ils ne seraient pas responsables; conséquences non-seulement contraires à tous les principes du droit criminel, mais encore à la saine raison; — Attendu que, d'après les lois de la matière, ceux qui ont fourni un cautionnement ne peuvent le retirer immédiatement; — Que ce n'est que trois mois après la déclaration qu'ils sont tenus d'en faire au greffe du tribunal de première instance que ce retirement peut avoir lieu; — Attendu, dès lors, que pendant ces délais les cautionnements ne peuvent point être cédés à des tiers, puisqu'ils restent au trésor pour garantie, dans le cas où des contraventions auraient été commises dans la gestion des cédants; — Attendu que, d'après les mêmes lois, quoique les deniers d'un cautionnement soient fournis par des tiers, l'inscription n'en est pas moins faite sur la tête de ceux auxquels ils sont imposés par la loi; — D'où il suit incontestablement que ceux qui ont fourni le cautionnement, et qui, après les délais voulus, les retirent, ne peuvent les céder, puisque ces cautionnements, dès l'instant de ce retirement, sont éteints par la radiation de l'inscription qui en avait été faite sur la tête des titulaires lesquels peuvent seulement céder les fonds qu'ils ont retirés; — Que, dès lors, les tiers à qui une pareille cession est consentie ne peuvent s'en prévaloir comme constituant pour eux un cautionnement, mais seulement comme un bail de fonds, qui ne prend le caractère de cautionnement à leur égard que lorsque l'inscription en est faite sur leur tête; — Attendu qu'il demeure démontré par les motifs ci-dessus, qu'en droit les cautionnements sont purement personnels à ceux à qui ils sont imposés par les lois; ceux-ci même, après les avoir régulièrement retirés, ne peuvent les céder à des tiers; car ils céderaient un droit qui n'existe plus pour eux, puisque, dès l'instant du retirement, il n'y a plus de cautionnement;

Attendu que les dispositions de l'art. 15 de la loi du 9 sept. 1835, qui accordent un délai de quinze jours au gérant responsable d'un journal, pour rapporter la mainlevée des cessions et des saisies-arrêts qui auraient été faites sur la totalité ou sur une partie du cautionnement lui appartenant, et cela dans la seule vue de conserver intact un cautionnement complet, et déjà versé dans la caisse du trésor, ne sauraient évidemment recevoir leur application dans la cause, où il ne s'agit pas de rapporter la mainlevée des cessions ou des saisies-arrêts, puisqu'il n'en existe pas; mais bien de compléter un cautionnement, espèce tout à fait opposée; car, dans la première, y ayant un cautionnement complet, le gérant était autorisé à publier le journal; tandis que, dans la seconde, n'existant pas de cautionnement, mais seulement une portion de cautionnement, le gérant ne pouvait publier le journal sans contrevenir à la loi du 9 juin 1819, et sans se rendre passible des peines portées par l'art. 6 de ladite loi;

Attendu, en fait, que les nouveaux propriétaires du journal l'Aude n'ont pas fourni leur part de cautionnement; — Que, dans aucun cas, ils ne sauraient se prévaloir du cautionnement fourni par les anciens propriétaires auxquels ils ont succédé, lors même que ces derniers leur en auraient consenti la cession; — Qu'il est donc vrai de dire que le sieur Théophile Marcou, gérant responsable du journal l'Aude, a publié les nos 33, 34, 35 et 36 de ce journal, avant d'avoir versé le cautionnement voulu par la loi; ce qui le rend passible des peines portées par l'art. 6 de la loi du 9 juin 1819; — Attendu que les expressions limitatives de l'art. 463 c. pén. apprennent suffisamment que cet article n'est applicable qu'aux matières réglées par ledit code, et nullement aux délits prévus par les lois spéciales, à moins que ces lois n'en permettent l'application; ce qui n'a pas lieu relativement aux délits que la loi du 9 juin 1819 a voulu punir, et par conséquent, dans l'espèce; — Que c'est, dès lors, avec juste raison que la cour, par son arrêt du 21 mai 1838, a fait audit sieur Théophile Marcou l'application du minimum des peines portées par l'art. 6 de la loi du 9 juin 1819, etc.; — Par ces motifs, déboute le sieur Marcou de son opposition, etc.

Du 11 juin 1838.-C. de Montpellier, ch. corr.-M. de Serres, f. f. de pr.

déc. 1837 (1); Montpellier, 11 juin 1838, aff. Marcou, V. ci-dessus n° 282). — Cette solution est, d'ailleurs, incontestable, puisque si la publication avait lieu avant le dépôt du cautionnement, il pourrait arriver que des condamnations fussent encourues sans qu'elles fussent, d'avance, acquittées au moyen du cautionnement, et le but du législateur serait manqué. — La loi de 1828 porte, du reste, expressément que le versement du cautionnement devra précéder la publication (art. 2). — La seule difficulté qui pouvait se présenter sur ce point était de savoir si le dépôt doit précéder la déclaration ou si, au contraire, la déclaration doit précéder le dépôt. L'ord. du 29 juill. 1828, rendue pour l'exécution de la loi du 18 du même mois, sans s'expliquer formellement à cet égard, mettait cependant le cautionnement en première ligne, dans l'ordre des formalités dont les propriétaires d'un journal devaient prouver l'accomplissement avant de le publier. — L'ord. du 18 nov. 1835, rendue pour l'exécution de la loi du 9 sept. de la même année, était parfaitement explicite sous ce rapport. « *Lorsque le cautionnement aura été versé*, disait l'art. 3 de cette ordonnance, les propriétaires feront la déclaration prescrite par l'art. 6 de la loi du 18 juill. 1828. » — Mais on ne doit pas perdre de vue que la loi dont cette disposition avait pour but d'assurer l'exécution est aujourd'hui complétement abrogée et que l'ordonnance dont elle formait la base a dû nécessairement tomber avec elle. — Reste donc la loi de 1828 qui ne dit rien de semblable puisqu'elle se borne à exiger que le dépôt ait lieu avant la publication. — Au surplus, la circulaire ministérielle du 27 mars 1852 précitée prouve que c'est aussi dans ce sens que doit être interprété le décret de 1852.

285. Mais quand y a-t-il publication dans le sens de l'art. 6 de la loi de 1828? — Lorsque le journal est distribué ou même lorsqu'il est seulement remis aux agents qui doivent le distribuer. Toutefois, M. de Grattier (t. 2, p. 134, n° 4) fait à cet égard une distinction qui nous paraît juste. Suivant cet auteur (*loc. cit.*) la publication est complète dès qu'il y a dépôt à la poste des exemplaires destinés aux abonnés; mais il n'en est pas de même de la remise aux porteurs particuliers de l'administration du journal; en telle sorte que si les journaux étaient saisis entre les mains de ces porteurs particuliers, il n'y aurait pas contravention, parce que l'administration du journal a encore à ce moment la faculté de rappeler ces agents et d'empêcher la publication. — Il n'y aurait là qu'une *tentative* de publication qui n'est pas prévue par la loi

286. Aux termes de l'art. 4 de la loi de 1828, si l'un des gérants vient à décéder ou à cesser ses fonctions, les propriétaires sont tenus, *dans le délai de deux mois*, de le remplacer, ou de réduire le nombre de leurs gérants. — S'il n'y a qu'un gérant, les propriétaires sont tenus de le remplacer dans le délai de quinze jours, à partir de son décès. — Suivant un arrêt, ces délais de quinze jours ou de deux mois que la loi accorde aux entrepreneurs de journaux, à l'effet de régulariser leur situation, quant au cautionnement, ne sont relatifs qu'à des cas spéciaux ou de force majeure, et ne s'appliquent pas au cas de retraite volontaire de l'un des gérants... Et, à supposer que les associés restants soient fondés à invoquer le délai de quinze jours accordé pour le cas de changement de titres ou de condamnation qui entame le cautionnement, il suffirait qu'ils eussent laissé passer ce délai sans compléter leur cautionnement pour qu'ils fussent en contravention à la loi (Metz, 3 juill. 1850, aff. Quesne, D. P. 51. 2. 137). — C'est là une rigueur trop grande à notre avis. Il est bien vrai que la loi accorde des délais dans des cas spéciaux, mais est-elle exclusive sur ce point, et n'a-t-elle pas plutôt un caractère démonstratif? — Le changement du titre d'un journal a certes un caractère moins puissant que l'événement qui peut tout à coup renverser la fortune de l'un des gérants. Pourquoi ceux qui restent et dont la situation est, en quelque sorte, forcée par rapport à celui qui est obligé de se retirer puisqu'il peut être en butte à des saisies, à des prises de corps, ne jouiraient-ils pas d'un délai de quinzaine pour régulariser leur situation? — Il est impossible d'apercevoir les raisons solides qui pourraient appuyer la négative.

287. Quant au lieu où le cautionnement doit être versé, c'est au trésor (Décr. 17 fév. 1852, art. 3), c'est-à-dire au ministère des finances, à Paris, et chez les receveurs généraux, dans les départements. — D'après la loi du 9 juin 1819 (art. 1) le dépôt du cautionnement peut aussi avoir lieu à la caisse des dépôts et consignations, et cette loi n'est pas abrogée (V. la circ. précitée du 27 mars 1852). — Au reste, le trésor en paye l'intérêt au taux réglé pour les cautionnements. — V. Cautionnement de fonctionnaires, art. 4.

288. *Affectation du cautionnement.* — Le cautionnement est affecté, par privilége, aux dépens, dommages-intérêts et amendes auxquels les propriétaires de journaux peuvent être condamnés; et c'est dans cet ordre que le prélèvement doit en être opéré (L. 9 juin 1819, art. 3). — Et il a été jugé que le cautionnement d'un journal est affecté à la garantie de l'amende encourue par suite du rejet d'un pourvoi en cassation formé par le propriétaire de ce journal contre l'arrêt qui l'a condamné pour délit de presse; et que, par suite, ce cautionnement doit être libéré ou complété dans les quinze jours de la notification de l'arrêt qui a prononcé cette amende, sous les peines portées par l'art. 6 de la loi du 9 juin 1819 (Crim. rej., 21 mars 1851, aff. Pons, D. P. 51. 5. 422). — Mais n'est-ce pas là étendre le privilége créé par la loi de

(1) (Min. pub. C. Reynaudon.) — LA COUR; — Attendu que la loi du 9 sept. 1835 soumet, par son art. 15, tout gérant d'un journal politique à l'obligation de posséder en son nom propre et privé un tiers du cautionnement auquel l'entreprise est assujettie; — Attendu que la prescription de la loi, comme l'intention du législateur, ne sauraient être remplies que par l'inscription du gérant sur les registres du trésor royal comme possesseur de ce tiers du cautionnement total; — Attendu qu'admettre qu'un gérant est censé avoir rempli cette obligation par une négociation ordinaire, sans la participation du trésor, ce serait méconnaître les dispositions et le but des lois qui ont voulu assurer par des cautionnements sérieux et réels la garantie que doit tout gérant, soit à la société en général, soit aux particuliers lésés; — Attendu qu'une telle interprétation de la loi rendrait cette garantie illusoire, puisque les tiers créanciers du gérant, par suite de condamnations relatives à la publication du journal, ne pourraient pas former opposition au trésor royal sur un cautionnement qui y serait inscrit sous le nom d'une autre personne; propriété, d'ailleurs, qui pourrait être absorbée, non-seulement pour les deux tiers, mais même pour la totalité, par suite de la responsabilité que doit tout propriétaire d'un journal pour faits antérieurs à l'association qu'il aurait faite et à la cession qu'il aurait consentie; — D'où la conséquence que les tiers qui obtiendraient des condamnations contre le gérant cédataire d'une portion du cautionnement du propriétaire seraient privés de la garantie que la loi a voulu leur assurer; — Attendu que c'est en ce sens que la loi du 9 juin 1819, qui règle les formes à suivre pour faire un cautionnement, et l'ordonnance du même jour relative à l'exécution de cette loi, voulurent que les propriétaires et éditeurs qui voudraient faire le cautionnement exigé d'eux au moyen de rentes sur l'Etat, comme le leur permettait cette loi, présenteraient l'inscription de rente à ce destinée à l'agent judiciaire du trésor, à Paris, avec lequel il serait passé en double acte du cautionnement; — Attendu que cette ordonnance voulut encore, pour frapper l'inscription de rente du cachet de cautionnement, que l'inscription de rente affectée à cette destination fût visée pour cautionnement, avant d'être présentée à l'agent du trésor;

Attendu qu'aux termes de cette ordonnance, ce ne peut être qu'après ces formalités, après cette remise au trésor de valeurs libres destinées au cautionnement, et après l'acte de cautionnement dressé en double entre l'agent du trésor et le déposant, que les propriétaires ou éditeurs du journal peuvent se présenter à la préfecture pour y faire les déclarations qui doivent précéder la publication; — Attendu que, de tout ce que dessus, il résulte qu'à supposer qu'un gérant pût faire son cautionnement avec une portion à lui cédée du cautionnement appartenant au propriétaire du journal, il est certain, au moins que la loi et l'ordonnance du 9 juin 1819, qui règlent encore le mode à suivre pour opérer un cautionnement, s'opposant à ce qu'un gérant puisse signer un journal avant de s'être fait inscrire au trésor comme possesseur de la portion de cautionnement qui doit être la garantie de ses actes; — Attendu, cependant, qu'il est établi par l'instruction et par les pièces du procès que le sieur Reynaudon a signé le journal politique paraissant au Puy, sous le nom de Courrier des Cévennes, avant de s'être fait inscrire au trésor royal comme possédant en son nom propre et privé le tiers du cautionnement auquel l'entreprise était assujettie; — Qu'il a aussi contrevenu aux dispositions de l'art. 15 de la loi du 9 sept. 1835, ce qui le rend passible des peines prononcées par l'art. 6 de la loi du 9 juin 1819; — Par ces motifs, donne défaut contre Antoine Reynaudon, prévenu; et, statuant sur l'appel, condamne Reynaudon à un mois d'emprisonnement, et, par corps, à 200 fr. d'amende et aux dépens.

Du 28 déc. 1837.-C. de Riom, ch. cor.-M. Grelliche, f. f. de pr.

1819?—Les condamnations que cette loi a eues en vue sont évidemment celles qui peuvent être encourues pour délits de presse. Or, l'amende due par le demandeur en cassation dont le pourvoi est rejeté n'a point ce caractère, puisqu'elle atteint tous les demandeurs, si ce n'est dans les matières criminelles proprement dites (V. vº Cassation, nºs 758 et suiv.). — Il n'y a donc là rien de spécial.

289. Il a été décidé aussi que le cautionnement des gérants de journaux reste, comme celui des comptables de l'Etat, affecté, pendant trois mois après la cessation de la gérance, à la garantie de leurs faits personnels (L. 25 niv. an 13; ord. 18 nov. 1825); que par suite, il ne peut, en tout ou partie, servir, jusqu'à l'expiration de ce temps, à la formation du cautionnement d'un gérant nouveau, et, que jusque-là, le nouveau gérant, à moins qu'il n'ait fait un autre versement régulier, ne peut signer le journal (Toulouse, 1er juin 1857, aff. *Gazette du Languedoc*, V. nº 282-2º).

290. La loi n'admet pas de privilége de second ordre en cette matière. On s'en est formellement expliqué dans la discussion qui a précédé la loi de 1828. — M. Marchal avait, en effet, proposé une disposition additionnelle ainsi conçue : « Néanmoins, la totalité du cautionnement pourra être affectée, par second privilége, au profit du tiers qui en aura prêté le montant au titulaire. » Cet amendement a été rejeté (V. M. Duvergier, Coll. de lois, année 1828, p. 226). — Toutefois, MM. Chassan, t. 1, nº 844, et Duvergier, année 1828, p. 226, sont d'avis que le privilége de second ordre peut exister pour ce qui excède la portion dont le gérant doit être propriétaire. — Ainsi, en prenant la proportion indiquée par la loi de 1828, le gérant pourrait conférer le privilége de second ordre pour tout ce qui excéderait le quart du cautionnement. — Nous n'y voyons pas, non plus, de difficulté. — Tout ce que la loi a voulu c'est que le gérant eût un intérêt sérieux et dans une proportion qu'elle a déterminée à éviter les condamnations qui pourraient frapper le journal. — Dès que ce but est atteint, il nous semble qu'on ne saurait rien exiger de plus.

SECT. 4. — *Des comptes rendus.*

291. Les comptes rendus des séances des premiers corps de l'Etat et les comptes rendus judiciaires peuvent constituer des contraventions ou des délits, suivant les caractères particuliers de l'infraction. — Nous ne nous occupons ici que des *contraventions*. — Quant aux *délits*, V. nºs 990 et s. — Des règles fort différentes régissent, du reste, les comptes rendus *politiques* et les comptes rendus *judiciaires*, comme on va le voir.

292. *Comptes rendus politiques.* — Les leçons du passé n'ont pas été perdues pour l'auteur de la constitution du 14 janv. 1852 et du décret du 17 février de la même année. Il s'est souvenu de la partialité sans pudeur avec laquelle, sous les gouvernements précédents, les journaux rendaient compte des débats parlementaires; de la complaisance avec laquelle ils reproduisaient les discours qui flattaient leurs passions politiques et de la parcimonie, sans scrupule, avec laquelle ils mesuraient l'espace donné à la réfutation de ces discours, lorsqu'on n'avait rien à leur reprocher de plus grave. — De là des restrictions rigoureuses au droit de rendre compte des séances des grands corps politiques, c'est-à-dire du sénat, du corps législatif et du conseil d'Etat.

293. Aux termes de l'art. 24 de la constitution du 14 janv. 1852, les séances du *sénat* ne sont pas publiques. Cette disposition fait déjà pressentir qu'il n'entre pas dans les vues du législateur que les organes de la publicité puissent en faire connaître le résultat. Toutefois l'interdiction n'est pas absolue. Suivant l'art. 16 du décret du 17 fév. 1852, il est interdit de rendre compte des séances du sénat, *autrement que par la reproduction des articles insérés au journal officiel*. Toute contravention à cette disposition est punie par l'art. 18 du même décret d'une amende de 50 fr. à 5,000 fr. — Mais il paraît évident que ce ne serait pas enfreindre ces dispositions que d'annoncer, d'*avance*, une réunion du sénat et même d'indiquer l'objet de sa délibération. — Ce n'est pas là, en effet, rendre compte d'une séance, puisque le compte rendu implique l'idée d'un fait accompli que l'on raconte.

294. Quant aux séances du *corps législatif*, un système de reproduction entièrement nouveau est prescrit par l'art. 42 de la constitution de 1852. — Suivant cette disposition, le compte rendu des séances du corps législatif par les journaux ou tout autre moyen de publication ne peut être que l'impression du *procès-verbal* dressé à l'issue de chaque séance, par les soins du président du corps législatif. Et l'art. 14 du décret du 16 fév. 1852 punit d'une amende de 1,000 fr. à 5,000 fr. toute contravention à cette prescription. — Décidé que la relation et l'appréciation, en dehors du compte rendu du procès-verbal officiel des séances du corps législatif, de l'ensemble de ces séances ou de quelque incident particulier, sont également permises, mais à la condition qu'elles ne renfermeront rien de contradictoire avec le procès-verbal officiel, soit en enlevant à la séance sa véritable physionomie, soit en exagérant ou en amoindrissant la force des raisons produites, soit en dénaturant l'impression produite, soit surtout en se servant du mensonge ou de l'injure, pour exploiter le terrain des séances. — ... Ces règles sont, d'ailleurs, applicables à tous les moyens de publication (circ. min. just. 27 mars 1852, D. P. 52. 3. 11). — De cette explication il suit que la reproduction doit être intégrale et non partielle, car emprunter au procès-verbal de la séance un seul discours ou bien quelques phrases isolées, ce serait certainement en changer la physionomie.

Mais ne sera-t-il donc plus permis de rappeler dans un journal ou dans toute autre publication, ce qui se sera passé dans une séance du corps législatif, de citer un fait qui s'y sera produit, d'invoquer un précédent? Enfin, l'histoire elle-même ne devra-t-elle être, sous ce rapport, que la reproduction complète des procès-verbaux des séances du corps législatif? — Nous ne croyons pas que l'auteur du décret de 1852 ait pu pousser aussi loin la rigueur, et ce n'est pas de cette manière littérale qu'il faut entendre ses prescriptions, parce qu'elle conduirait à des conséquences que la raison ne peut admettre. Ce que le décret de 1852 proscrit, c'est le *compte rendu* qui ne remplit pas les conditions prescrites par l'art. 42 de la constitution. Or, citer un fait isolé (nous ne disons plus reproduire un discours), ce n'est pas *rendre compte* d'une séance; ce que le législateur a eu en vue, c'est, d'ailleurs, cette reproduction du jour ou du lendemain qui sert d'aliment quotidien à la curiosité du public, et non l'histoire destinée à l'enseignement de la génération présente et de la postérité. — Nous pensons donc que, dans les diverses hypothèses qui viennent d'être indiquées, l'art. 42 de la constitution de 1852 et l'art. 14 du décret du 17 février de la même année seraient inapplicables.

295. Le *conseil d'Etat* est aussi un des premiers corps politiques. Suivant l'art. 3 de la constitution de 1852, il fait partie du gouvernement; la publication de ses séances pouvait donc offrir des inconvénients aussi graves au moins que la libre reproduction des séances du sénat et du corps législatif. Aussi l'art. 16 du décret du 17 fév. 1852 défend-il de rendre compte des séances non publiques du conseil d'Etat. — Quant aux séances publiques, ce sont celles qui sont consacrées aux débats des affaires administratives jugées par la section du contentieux. — La justice *administrative* étant à cet égard assimilée à celle des tribunaux, il était naturel que cette assimilation s'étendît aux comptes rendus. Par suite, il n'y a que les comptes rendus *infidèles* et de *mauvaise foi* des séances du conseil d'Etat qui pourraient donner lieu à des poursuites.

296. Quant aux *conseils généraux*, aux *conseils d'arrondissement*, aux *conseils municipaux*, point de dispositions spéciales. Par suite, ce n'est que lorsque les comptes rendus renferment des infractions formellement prévues par les lois existantes qu'il peut y avoir lieu à des poursuites.

297. *Comptes rendus judiciaires.* — *Interdiction de publier les noms des jurés.* — La publicité est une des garanties les plus précieuses de la bonne administration de la justice. Néanmoins il est des cas particuliers où cette publicité est contraire à l'ordre et aux mœurs. Il en est d'autres où elle devient comme une menace pour l'indépendance du juge. Ces raisons commandaient des exceptions au principe de la publicité : elles ont été admises par la loi. — Avant de les énumérer, il est nécessaire de bien préciser les caractères du *compte rendu*. Rendre compte, on le sait, c'est raconter. Le compte rendu d'une audience est donc le rapport plus ou moins détaillé de ce qui s'y est passé. — Peu importe, du reste, la forme donnée à ce récit; en cette matière, comme en toute autre, il faut aller au fond des choses et les apprécier par ce qu'elles sont réellement et non par les apparences qu'on a cherché à leur donner. — Aussi a-t-il été jugé 1° qu'il suffit qu'un article inséré dans un journal, même sous simple forme de lettre, contienne un compte détaillé et circonstancié d'un procès d'outrages et d'injures, pour qu'il y ait contravention aux §§ 1 et 4 de l'art. 10 de la loi du 9 sept. 1835, encore bien que l'article ne serait pas sous forme ordinaire des comptes rendus; et c'est à tort, dès lors, que cet article serait excusé, soit sous le prétexte qu'il ne constituerait pas dans la réalité un compte rendu du procès, soit par la raison qu'il ne présenterait qu'une défense légitime et personnelle de l'auteur qui à cette occasion aurait été attaqué dans d'autres journaux (Crim. cass. 12 mai 1837, MM. Choppin, pr., Isambert, rap., aff. le mémorial dieppois, et sur nouveau pourvoi, Ch. réun., cass., 2 mars 1838) (1); — 2° Qu'on doit considérer comme compte rendu d'une audience l'article d'un journal qui, au sujet de l'arrêt rendu par la chambre correctionnelle d'une cour d'appel, contient le nom du prévenu, la qualification du fait à lui imputé, l'indication des témoins entendus, l'appréciation de leurs dépositions, et en substance le dispositif du jugement et celui de l'arrêt de condamnation qu'il importe peu que l'auteur du compte rendu ait introduit de la polémique dans le récit des faits (Orléans, 27 mai 1851, aff. Tavernier, D. P. 52. 2. 87).

298. Suivant l'opinion de M. Chassan (t. 1, p. 527), « les juges sont appréciateurs souverains de ce qui constitue un compte rendu prohibé par la loi. » Nous avons eu souvent l'occasion de faire remarquer que telle n'est pas notre manière d'envisager le pouvoir des juges du fond. Suivant nous, ils ont seuls le droit de *constater* le point de fait; mais la cour de cassation doit examiner si la loi a été sainement appliquée au fait, tel qu'il a été reconnu par les juges du fond (V. à cet égard v° Cassation, n°s 1208 et s., 1784 et s.). — Les comptes rendus judiciaires, qui, par eux-mêmes et sans autre circonstance, constituent des *contraventions* sont ceux : — 1° Des audiences à huis clos; — 2° Des procès pour outrages, injures ou diffamation où la preuve n'est admise par la loi; — 3° Des procès de presse; — 4° Des procès dont il est interdit de rendre compte; — 5° Des audiences d'un tribunal qui les a interdits à un journal à titre de peine; — 6° Des délibérations intérieures soit des jurés, soit des cours et tribunaux. — Il est, en outre, défendu de publier les noms des jurés, excepté dans le compte rendu de l'audience où ils ont siégé. — Reprenons.

299. *Audiences à huis clos.* — L'art. 64 de la charte de 1814, l'art. 55 de celle de 1830 et l'art. 81 de la constitution de 1848 voulaient que, dans les affaires où la publicité des débats pourrait être dangereuse pour l'ordre et les mœurs, les audiences eussent lieu à huis clos (V. Jugem., n°s 826 s.). — La constitution de 1852 n'a pas reproduit cette disposition. — S'ensuit-il que les tribunaux soient privés de la faculté que leur avaient donnée les constitutions antérieures? — Nullement : aux termes de l'art. 87 c. pr., les tribunaux peuvent ordonner que les plaidoiries auront lieu à huis clos, si la discussion publique doit entraîner ou scandale ou des inconvénients graves. — D'un autre côté, la constitution de 1852 maintient expressément (art. 56) toutes les lois antérieures qui ne sont pas contraires à ses dispositions. Or, suivant l'art. 16 de la loi du 18 juill. 1828, dans toutes les affaires civiles ou criminelles où un huis clos a été ordonné, les journaux ne peuvent, à peine de 2,000 fr. d'amende, publier que le prononcé du jugement. — Suivant un arrêt, cette prohibition est même absolue; la publicité de l'acte d'accusation et celle du résumé des débats par le président, n'autorise pas la presse périodique à donner des extraits ou analyses de ces pièces ou documents; et, spécialement, le journaliste qui a rendu compte d'une partie des faits et des débats d'une affaire jugée à huis clos (accusation d'attentat à la pudeur), de manière à en faire connaître l'origine, la gravité et la part que d'autres personnes non inculpées auraient prise à l'action, est passible de l'amende de 2,000 fr. prononcée par l'art. 16, § 2, de la loi du 18 juill. 1828 (Dijon, 20 déc. 1843) (2). — ... La bonne foi du rédacteur, qui a cru pouvoir s'autoriser de l'usage abusif de rendre compte des débats judiciaires, qui paraît toléré chez les journalistes de la capitale, ne saurait lui servir d'excuse et le soustraire à l'application de l'amende (même arrêt). — Mais nous croyons que ces solutions ne doivent pas être entendues dans leur sens littéral, car elles conduiraient à des résultats, de tout point, inadmissibles. — Il en résulterait, en effet, que la publication du sommaire le plus précis, dépouillé des circonstances de l'accusation, étranger aux interrogatoires, aux dépositions des témoins, aux plaidoiries, à tous les incidents de l'audience, devrait encourir l'application de

(1) (Min. pub. C. Mémorial dieppois.) — La cour; — Vu l'art. 10, §§ 1 et 4, de la loi du 9 sept. 1835; — Vu aussi l'art. 65 c. pén.; — Attendu que la disposition ci-dessus de la loi du 9 sept. 1835, qui a pour objet d'empêcher la propagation par la voie de la presse périodique des injures et outrages, est conçue dans les termes les plus généraux et les plus absolus; et qu'ainsi, quelles que soient la forme et les circonstances dans lesquelles la publication a été faite, elle n'en constitue pas moins le délit prévu par la loi; — Attendu que, dans la feuille du 10 fév. 1837 du journal ayant pour titre le Mémorial dieppois, il a été inséré, sous la forme d'une lettre, un article dans lequel il est rendu un compte détaillé et circonstancié d'un procès d'outrages et d'injures sur lequel des jugements de condamnation avaient été prononcés par le tribunal correctionnel de Dieppe, contre le sieur Lebon;

Attendu que le sieur Lebon, qui s'est déclaré l'auteur de l'article, et le sieur Delamare, qui s'est déclaré l'éditeur du journal, n'ont pas dissimulé le but qu'ils se proposaient par cette publication, puisque l'auteur de la lettre y déclare qu'il va publier les éléments certains du procès; — Attendu que, sur la poursuite du ministère public, un jugement rendu par le tribunal correctionnel de Dieppe a prononcé contre Delamare et Lebon la peine prononcée par la loi pour le fait de cette publication; — Attendu que, saisie de l'appel de ce jugement, la cour d'appel d'Amiens, par son arrêt du 31 juill. 1837, les a renvoyés de la plainte portée contre eux sur le motif que la lettre insérée dans le Mémorial dieppois n'est pas un compte rendu du procès pour outrages et injures sur lequel des jugements de condamnation ont été rendus contre Lebon, mais une défense personnelle de ce dernier à des articles insérés dans d'autres journaux non poursuivis; — Attendu qu'un pareil système, s'il pouvait être admis, aurait pour résultat de rendre illusoire la prohibition de la loi, puisque, malgré ces prohibitions, et sous le prétexte de répondre à des articles insérés dans d'autres journaux, un journal pourrait rendre un compte détaillé du procès d'outrages et d'injures, et donner ainsi à ce genre de procès la publicité que la loi a voulu éviter; — Attendu qu'en considérant comme une défense légitime un fait de publication qui présentait tous les caractères du délit prévu par l'art. 10 de la loi du 9 sept. 1835, et en admettant ainsi une excuse que la loi n'a point établie, l'arrêt attaqué a manifestement violé la loi précitée et l'art. 65 c. pén.; — Casse et annule l'arrêt de la cour d'appel d'Amiens du 7 août 1837.

Du 2 mars 1838.-C. C., ch. réun.-MM. Portalis, 1er pr.-Moreau, rap.-Dupin, pr. gén., c. conf.-Dupont-Whitte, av.

(2) (Min. pub. C. Julien Duchesne.) — La cour; — Considérant que la loi du 18 juill. 1828, dans son art. 16, § 2, ne permet aux journalistes de publier que le prononcé du jugement ou de l'arrêt dans les procès où un huis clos aura été ordonné, à peine de 2,000 fr. d'amende en cas de contravention à cette défense; — Que par arrêt de la cour d'assises du département de Saône-et-Loire, en date du 21 août 1843, le huis clos a été ordonné pour les débats de l'affaire de Martin Lévêque, accusé d'attentat à la pudeur; — Que Julien Duchesne, rédacteur en chef et gérant du journal le Patriote de Saône-et-Loire, dans le numéro 527 de ce journal, en date du mercredi 30 août 1843, a, au mépris de la prohibition de la loi, rendu compte d'une partie des faits et des débats de l'affaire dudit Martin Lévêque, de manière à en faire connaître l'origine, la gravité et la part que d'autres personnes non inculpées auraient prise à l'action; — Que la publicité de l'acte d'accusation, et celle du résumé des débats par le président, n'autorise pas la presse périodique à donner des extraits ou analyses de ces pièces ou documents, puisque la prohibition de la loi en cas de huis clos est précise et absolue, et déroge expressément à la liberté générale d'écrire et d'imprimer, portée par l'art. 7 de la charte; — Que c'est donc à tort que les premiers juges ont argumenté de la liberté générale de la presse, et des limites du huis clos, pour renvoyer le prévenu des poursuites du ministère public fondées sur des dispositions expresses et positives de la loi; — Considérant, au surplus, qu'il est possible que Julien Duchesne ait été de bonne foi dans la rédaction de l'article incriminé en suivant l'usage abusif de rendre compte des débats judiciaires qui paraît toléré chez les journalistes de la capitale; que d'ailleurs les expressions dont il s'est servi ne présentent rien d'offensant pour la morale publique; mais que s'agissant d'une contravention à une loi spéciale, la cour n'a pas mission d'apprécier les moyens d'excuse allégués par le prévenu : — Par ces motifs, réformant le jugement dont est appel, condamne Julien Duchesne à 2,000 fr. d'amende.

Du 20 déc. 1843.-C. de Dijon, ch. cor.-M. Mathieu, f. f. de pr.

la loi de 1828. Or cette loi a eu pour but principal et même pour unique objet, de tarir dans sa source le scandale alimenté par certaines publications faites par la presse périodique, à dessein de satisfaire à la malignité et à la curiosité du public. Devrait-on incriminer aussi le compte rendu des faits d'un procès à huis clos, restreint à ce qui est indispensable pour l'intelligence du jugement dont le prononcé peut être légalement publié? Devrait-on, surtout, incriminer la publication d'un extrait de l'acte d'accusation ou du réquisitoire du ministère public, dans lesquels le jurisconsulte peut trouver l'élément d'un aperçu nouveau de législation, l'exposé d'une théorie doctrinale savamment élaborée, ou une discussion philosophique ou critique d'un point de droit controversé? En un mot, la loi de 1828 est-elle destinée à atteindre non-seulement la presse quotidienne, c'est-à-dire celle qui parle à la curiosité publique, mais encore les écrits périodiques consacrés uniquement aux sciences, et dans lesquels les causes sont présentées, débarrassées quant aux personnes, et quant aux faits, de tous les éléments propres à propager le scandale et l'immoralité? On ne le pense pas, parce que l'application d'une loi doit toujours être renfermée dans les limites que lui assigne la pensée certaine du législateur.

300. Lors de la discussion de la loi du 18 juill. 1828, on avait demandé que les journaux eussent le droit de publier le *résumé* du président dans les affaires soumises aux cours d'assises; mais cette proposition fut rejetée, et l'art. 16 de la loi précitée est resté avec le sens restreint que lui donne sa construction grammaticale : « Ils ne pourront publier *que* le prononcé du jugement. » M. Duvergier (Collect. des lois, année 1828, p. 232) fait remarquer à ce sujet que l'art. 64 de la charte n'autorisait les tribunaux à prononcer le huis clos que pour les débats, et que le résumé du président ne fait pas partie des débats; d'où il résulterait que l'article précité de la loi de 1828 n'est pas conforme à la constitution sous laquelle elle a été votée. — Nous croyons que cette observation, quelque juste qu'elle puisse paraître, ne doit en rien modifier l'application de la loi, dont le sens est clair et positif. — On ne saurait admettre que les juges puissent se mettre au-dessus du pouvoir législatif, sous prétexte que ce pouvoir s'est mis lui-même au-dessus de la constitution. Admettre une pareille théorie ce serait introduire le désordre le plus dangereux dans le sanctuaire de la justice. Les infractions à la constitution, de la part du pouvoir législatif, peuvent conduire à des révolutions ou des contre-révolutions; mais il n'y a que ces remèdes violents et souvent bien plus dangereux que le mal lui-même qui puissent être appliqués. Constitutionnelle ou non, la loi de 1828 doit donc s'exécuter dans celles de ses dispositions qui n'ont pas été abrogées.

301. La rédaction fort claire de l'article précité de la loi de 1828 nous empêche aussi d'admettre l'opinion de M. Grattier, t. 2, p. 201, suivant laquelle les faits peuvent être reproduits, parce que l'interdiction ne porte que sur les débats. — La loi ne dit, en effet, rien de semblable; elle veut expressément que, lorsque le huis clos a été ordonné, les journaux ne puissent publier que le prononcé du jugement. — Mais il est évident que la prohibition ne doit courir que du moment où le huis clos a été ordonné, et que, par exemple, si ce n'était qu'à la deuxième ou à la troisième audience relative à une même affaire que le huis clos eût été prononcé, cette mesure ne pourrait réagir sur les audiences antérieures; en telle sorte que les comptes rendus déjà publiés seraient à l'abri de toute répression. Mais cette solution serait-elle applicable aux journalistes qui, postérieurement au huis clos, reproduiraient les audiences antérieures? L'affirmative nous paraît juste. Ces audiences sont tombées dans le domaine de la publicité. Publier les faits qui s'y sont revélés, ce n'est donc pas violer le secret du huis clos.

302. *Procès pour outrages ou injures et diffamation.*—La publicité est l'un des caractères constitutifs du délit de diffamation, ainsi que de la plupart des outrages, et c'est, en réalité, dans la publicité que se trouve le mal que ces délits sont susceptibles de produire. Une imputation portant atteinte à l'honneur ou à la considération d'une personne n'a de gravité, en effet, quant à ses résultats, que parce qu'elle se répand et qu'elle trouve toujours des esprits malveillants pour l'accueillir. — Permettre la publicité par la voie du compte rendu, dans les affaires qui ont les outrages ou la diffamation pour objet, c'eût été, en réalité, se faire l'auxiliaire du délit. Le législateur a dû prévenir ce résultat. — Aussi l'art. 16 de la loi du 18 juill. 1828 a-t-il voulu que, dans les procès qui ont pour objet la diffamation, si les tribunaux ordonnent que les débats auront lieu à huis clos, les journaux ne pussent, à peine de 2,000 fr. d'amende, publier les faits de diffamation ni donner l'extrait des mémoires ou écrits périodiques quelconques qui les contiendraient.

Mais ce n'était là encore qu'un premier pas dans une voie utile. La publication dépendait du juge, qui avait la *faculté* d'ordonner le huis clos, faculté dont souvent il n'usait pas, parce que son exercice constituait une infraction au principe de publicité, qui semble se confondre avec l'idée de la justice elle-même, et que, dès lors, tant que l'ordre et les mœurs n'étaient pas menacés, le juge ne croyait pas devoir exercer le pouvoir que la loi lui a conféré sous ce rapport. — L'art. 10 de la loi du 9 sept. 1835 avait sensiblement étendu la protection accordée à la partie diffamée. Suivant cet article, il était interdit aux journaux et écrits périodiques de rendre compte des procès pour outrages ou injures et des procès en diffamation, où la preuve des faits diffamatoires n'est pas admise par la loi; ils pouvaient seulement annoncer la plainte, sur la demande du plaignant; dans tous les cas ils pouvaient insérer le jugement. — Mais la loi du 9 sept. 1835, on le sait, a été abrogée par le décret du 6 mars 1848, et les comptes rendus étaient rentrés à cet égard sous l'empire de la loi de 1828, en supposant même que l'on ne pût soutenir qu'abrogée, sous ce rapport, par la loi de 1835, celle de 1828 n'avait pu revivre par la seule abrogation de la loi de 1835. — L'art. 11 de la loi du 27 juill. 1849 est venu lever toute difficulté sur ce point, en reproduisant le texte même de l'art. 10 de la loi du 9 sept. 1835, avec cette différence, toutefois, que la peine était d'un emprisonnement d'un mois à un an, et d'une amende de 500 fr. à 5,000 fr., suivant la loi de 1835, et qu'elle n'est que de 200 fr. à 5,000 fr., suivant la loi de 1849, si ce n'est dans le cas de récidive, où elle peut être portée au double. — Disons ici, une fois pour toutes, que cette peine est la même pour toutes les infractions prévues par l'art. 11 de la loi de 1849. — De cette identité de rédaction, il suit que les décisions rendues sous la plus ancienne de ces lois n'ont rien perdu de leur autorité. — Il est donc utile de rappeler que, sous la loi du 9 sept. 1835, il a été jugé que l'interdiction de rendre compte dans un journal des procès pour diffamation, etc., est absolue, et que l'éditeur responsable qui se rend coupable d'un pareil délit devient passible des peines prononcées par la loi, sans que les tribunaux aient le droit de les modérer en faveur de circonstances atténuantes (Riom, 14 avr. 1836 (1). — Sur l'admissibilité des circonstances atténuantes en ce qui touche les contraventions, V. *infrà*, nos 491 et s. — Il

(1) (Min. pub *C.* l'Écho de la Dore.) — La cour; — Attendu que la déclaration d'appel faite le 18 mars dernier par M. le procureur général au greffe de la cour, n'a eu pour objet que de faire décider si, d'après la nature des faits, les premiers juges étaient autorisés à modérer les peines déterminées par la loi, en appliquant l'art. 463 c. pén.; — Considérant, à cet égard, que les exceptions limitatives du dernier paragraphe de cet art. 463 apprennent suffisamment qu'il ne doit s'appliquer qu'aux matières réglées par le code pénal et non dans le cas des lois spéciales; — Considérant au surplus que non-seulement la loi du 9 sept. 1835, dont l'art. 10 prohibe et punit le fait qui a donné lieu aux poursuites, ne renferme aucune disposition relative à la faculté d'appliquer l'art. 463 c. pén., mais qu'il est constant que dans la discussion on a rejeté un amendement qui avait pour objet de déclarer cet article applicable aux délits comme aux crimes prévus par cette loi; — Qu'ainsi le tribunal d'Ambert n'a pu ni dû, hors des cas spécialement déterminés par les lois sur la presse, admettre des circonstances atténuantes et invoquer les dispositions de l'art 463 c. pén. pour réduire les peines au-dessous du minimum réglé par la loi pénale; — Déclare le prévenu non recevable dans son appel, et, statuant sur l'appel de M. le procureur général, et retenant les faits déclarés constants par le tribunal, ainsi que l'indication du texte de loi applicable au fait reconnu, annule la disposition du jugement relative à la peine prononcée contre le prévenu, et statuant à cet égard par disposition nouvelle, condamne Grangier, imprimeur, à un mois d'emprisonnement, à payer au trésor royal une amende de 500 fr. et aux frais d'appel, et fixe la durée de la contrainte par corps, pour le payement des condamnations ci-dessus prononcées, à une année.

Du 14 avr. 1836.-C. de Riom.-MM. Landais, pr.-Garnier du Bourg-Neuf, av. gén., c. conf.-Bayle, av.

est à remarquer que, dans l'espèce de l'arrêt précité, le journal condamné s'était borné à rapporter une partie de la plaidoirie de l'avocat de la partie diffamée et avait entièrement omis la défense du diffamateur. Cette circonstance rend la décision que nous rapportons bien rigoureuse sans doute; mais il ne faut pas perdre de vue d'abord qu'il s'agit de *contravention*, et qu'en cette matière on n'examine que le fait, sans tenir aucun compte de l'intention (V. *infrà*, nos 484 et s.); en second lieu, que, bien que le journal n'eût donné que la défense de la partie diffamée, il avait cependant appelé l'attention du public sur un procès que, dans sa sagesse, le législateur a voulu soustraire à ses regards.—L'arrêt précité nous semble donc avoir fait une juste application de la loi.

303. De ce que la plainte ne peut être annoncée que *sur la demande du plaignant* (L. 9 sept. 1835, art. 10; 27 juill. 1849, art. 11), il résulte que le journal qui l'annonce est passible de la peine portée par la loi, s'il ne justifie pas de cette demande, ou du moins du consentement du plaignant (V. M. de Grattier, t. 2, p. 325).— Quant à l'insertion du jugement, elle n'est soumise à aucune condition.

304. Les lois du 9 sept. 1835 (art. 10) et du 27 juill. 1849 (art. 11) portent qu'il est *interdit* de rendre compte des procès pour outrages et injures et des procès en diffamation, où la preuve des faits diffamatoires n'est pas permise par la loi.—Suit-il de cette rédaction qu'elle ne s'applique pas aux *offenses* envers le chef de l'Etat, les membres de la famille impériale, les chambres et les souverains étrangers?—Il est à remarquer que, suivant l'art. 17 du décret du 17 fév. 1852, il est interdit de rendre compte de tous les *procès de presse* (V. no 307); en telle sorte que, lorsque l'offense a eu lieu par la voie de la presse, il ne peut être douteux que la prohibition existe. En est-il de même lorsque l'offense a été commise par tout autre moyen de publication? — M. de Grattier, t. 2, p. 321, résout la question affirmativement. Cet auteur se fonde : 1o sur ce que l'offense est l'outrage dirigé contre le chef de l'Etat, les membres de sa famille et contre les chambres; 2o sur ce que la loi s'applique aux procès *pour outrages et injures et aux procès en diffamation où la preuve des faits diffamatoires n'est pas admise par la loi*, ce qui paraît s'appliquer aux procès pour offenses envers la personne du monarque, les membres de sa famille et les chambres, aucune preuve n'étant admise à leur égard.—Nous adoptons cette opinion, bien que la loi ne se soit pas conformée à son propre vocabulaire, suivant lequel l'*outrage* est ordinairement distinct de l'*offense*. —Mais nous sommes frappés de l'anomalie qui résulterait de ce que la loi aurait montré moins de sollicitude pour ce qui concerne les pouvoirs de l'Etat, que pour ce qui regarde les particuliers; de ce que, tandis qu'elle commande le silence, lorsqu'il s'agit de propager une injure envers le plus humble des citoyens, elle aurait permis à la presse de reproduire en toute liberté les offenses commises envers les personnes qui, dans l'intérêt même de la société, doivent être le plus respectées. Il faut donc reconnaître que le mot *outrage* est pris ici dans un sens plus étendu que dans la plupart des dispositions sur les délits de publication et qu'il comprend aussi les *offenses*.

305. Les termes de l'art. 10 de la loi du 9 sept. 1835, comme ceux de l'art. 11 de la loi du 27 juill. 1849 font voir que ce n'est pas seulement de l'*audience* qu'il n'est pas permis de rendre compte, mais des *faits* mêmes du procès.—Il y est dit, en effet : « *Il est interdit de rendre compte des procès pour outrages*, etc. » — Toutefois, faire seulement connaître au public qu'une action a été intentée à raison de faits diffamatoires déterminés ou détaillés dans le journal et désigner d'une manière suffisante les parties qui y figurent, est-ce contrevenir à la loi? Nous ne le croyons pas; et se borner à annoncer qu'une action diffamatoire a été intentée par un individu contre un autre sans désignation aucune des faits, ce n'est pas là *rendre compte* dans le sens de la loi;—Et une telle proposition n'a rien de contraire à l'opinion de M. Chassan, lequel se borne à dire : « L'interdiction frappe non-seulement le compte rendu de l'audience, mais le compte rendu du *procès antérieurement et postérieurement* à l'audience. »

306. On ne doit pas non plus perdre de vue que, suivant l'art. 17 de la loi du 18 juill. 1828 qui n'a point été abrogé, lorsqu'aux termes du dernier paragraphe de l'art. 23 de la loi du 17 mai 1819, les tribunaux ont, pour les faits étrangers à la cause, réservé, soit l'action publique, soit l'action civile des parties, les journaux ne peuvent, à peine de 2,000 fr. d'amende, publier ces faits ni donner l'extrait des mémoires qui les contiennent.

307. *Des procès de presse.*—L'art. 17 du décret du 17 déc. 1852 interdit de rendre compte des procès pour *délits* de presse. —La poursuite peut seule être annoncée; dans tous les cas, le jugement peut être publié. — Le mot *délits*, qui se trouve dans la disposition précitée, prouve qu'elle ne saurait s'appliquer aux *contraventions* ni aux actions en dommages-intérêts portées devant les tribunaux *civils* qui n'ont pas interdit aux journaux d'en rendre compte, et les motifs évidents qui ont dicté l'article précité de ce décret viennent à l'appui de cette interprétation littérale. Pourquoi, en effet, a-t-il interdit la reproduction des procès de presse? C'est parce que le mal que peut causer le *délit* s'aggrave sensiblement par la publicité de l'audience, et que cette publicité elle-même prend l'extension la plus dangereuse par la reproduction des journaux. Mais quand il s'agit de simple *contravention*, dans le sens des lois spéciales, le danger n'existe pas. Quel mal peut résulter, en effet, de ce que le public apprendra que le gérant de tel journal a été condamné à l'amende parce que cette feuille avait paru avant que le cautionnement fût versé, ou bien de ce que des exemplaires d'un journal sujet au timbre ont été distribués sans avoir été timbrés?—On ne saurait l'apercevoir. Il ne faut donc pas entendre le mot *délit* dans le sens que lui donne l'art. 1 c. pén.

308. Il nous paraît également incontestable que lorsque, à l'occasion d'un procès de presse, sont soulevées des questions de compétence ou de droit, elles ne rentrent pas dans les prévisions du décret de 1852, la reproduction des débats sur ces difficultés extrinsèques doit être permise. — Ainsi qu'une question de désaveu s'élève dans un procès de presse, nul doute que les discussions qu'elle fait naître ne puissent être publiées, puisque rien dans de telles discussions n'est de nature à faire naître ou à propager le scandale. — Toutefois, une circulaire du ministre de l'intérieur du 28 août 1853 semble de nature à répandre des doutes sur cette interprétation. Elle rappelle aux préfets l'art. 17 précité du décret de 1852 et leur signale comme une infraction à cette disposition le compte rendu publié par les journaux des audiences de la cour impériale de Rouen, dans le procès dit *des correspondances*.— Or, dans ce procès, la question de droit dominait évidemment le point de fait (V. D. P. 52. 1. 222 et 279) et, même devant les juges du fond, c'était celle qui préoccupait le plus l'attention publique. Les journaux pouvaient-ils du moins rendre compte de cette partie du débat? — Il nous semble que l'esprit de l'art. 17 du décret du 17 fév. 1852 conduit nécessairement à la solution affirmative de cette question, et que, dans tous les procès de presse, comme dans tous les autres procès dont il est interdit de rendre compte, il faut nécessairement distinguer le point de fait dont la publicité est propre à propager le mal que le législateur a voulu réprimer du point de droit destiné à éclairer les jurisconsultes et à préparer les décisions ultérieures de la justice. — Il est, du reste, à observer que, bien que les termes de la circulaire soient d'une entière généralité, l'attention de M. le ministre de l'intérieur ne semble pas avoir porté sur la difficulté que nous examinons ici. On y lit, en effet : — « Cet article (l'art. 17 du déc. de 1852) ne fait aucune distinction entre le débat proprement dit, se composant spécialement du réquisitoire et des plaidoiries, et la physionomie, les accessoires et les parties matérielles du débat. — Ce n'est pas sans intention, en effet, que le législateur s'est servi de cette expression procès, qui comprend tout ce qui se passe à l'audience; et d'ailleurs, la pensée du législateur ressort encore d'une manière évidente de l'exception qu'il a établie en faveur de l'énonciation de la poursuite et de l'insertion du jugement, puisqu'il a pris soin de spécifier ce que les journaux pourraient publier, l'interdiction pèse sur tout le reste. »—C'est-à-dire sur ce qui constitue la physionomie, les accessoires et les parties matérielles du débat. Mais M. le ministre n'a pu entendre, ce semble, que la discussion d'une pure question de droit tomberait sous l'application de l'art. 17 du décret du 17 fév. 1852.

Au surplus, un arrêt nous paraît être allé bien au delà des termes de la circulaire précitée en décidant que l'art. 17 du décret du 17 fév. 1852 s'oppose même à ce qu'on fasse connaître dans un journal les divers actes de l'information et la marche de la procédure, et qu'on induirait à tort du renvoi que fait l'art. 18 du décret, en ce qui concerne la pénalité, à l'art. 7 de la loi du 25 mars 1822, que, de même que cette dernière disposition, l'art. 17 ne prévoit que les comptes rendus d'audiences (Crim. rej. 17 mars 1854, aff. Dayez, D. P. 54. 1. 166).—En permettant d'annoncer la poursuite et le jugement, l'auteur du décret de 1852 nous semble avoir clairement manifesté l'intention de n'interdire que le compte rendu des débats.

309. *Procès dont les tribunaux ont expressément interdit aux journaux de rendre compte.* — Le décret du 17 fév. 1852 (art. 17) contient à cet égard une disposition qui restreint sensiblement le principe de la publicité des débats judiciaires. Aux termes de cette disposition, *dans toutes affaires civiles, correctionnelles ou criminelles*, les cours et tribunaux peuvent interdire le compte rendu du procès. Cependant, d'après le même texte, cette interdiction ne peut s'appliquer au jugement qui peut toujours être publié.— Il est bien entendu, d'ailleurs, que les affaires civiles comprennent les affaires *commerciales* et que, dans les affaires de cette dernière catégorie, les tribunaux ont la même faculté.

310. Le chef du jugement contenant cette interdiction pourrait-il être attaqué par la voie de l'appel? Nous ne le croyons pas : cela nous semble dépendre du pouvoir discrétionnaire du juge, que la cause soit susceptible ou non de deux degrés de juridiction. — Il ne nous paraît pas, en un mot, qu'il soit là question d'un *intérêt* dont l'appréciation soit susceptible d'un procès nouveau.

311. *Interdiction de rendre compte des audiences, prononcée comme peine.* — Cette interdiction nous a paru se rattacher plus naturellemnt aux délits qu'aux contraventions, parce qu'elle est la peine d'un délit. — Aussi est-ce dans le titre suivant relatif aux crimes et aux délits que nous en avons traité. — V. nos 1007 et suiv.

312. *Interdiction de rendre compte des délibérations intérieures, soit des jurés, soit des cours et tribunaux.* « Là où la loi veut le *secret*, nul n'a le droit de le révéler, » a dit le rapporteur de la commission, sur la proposition de laquelle fut adoptée, dans l'art. 10 de la loi de 1835, l'interdiction dont il s'agit. — Mais quel est le secret que la loi impose? C'est celui de la *délibération*. Elle ne veut pas que le public, que les parties intéressées surtout sachent quel a été l'avis particulier de chaque juge dans la délibération. La prévoyance ne paraît pas devoir s'étendre au delà. — Mais si, dans la salle des délibérations au moment où les jurés ou les juges y sont réunis, il se passe, entre eux, un fait qui ne tient pas nécessairement à la délibération, bien qu'elle en ait été la cause, ne sera-t-il pas permis d'en rendre compte? — M. de Grattier (t. 2, p. 327) pense que « pour assurer le secret des discussions, la loi a voulu rendre impénétrable la *chambre des délibérations* et élever un mur d'airain *devant tout ce qui s'y passe*. » — C'est, ce nous semble, donner à la loi une extension que ne comporte pas son texte. Elle s'occupe des délibérations et non *de la salle des délibérations*. — Il nous semble donc que si, dans la salle des délibérations, un des jurés, par exemple, se livrait à une voie de fait contre un de ses collègues, ce ne serait pas contrevenir à l'art. 11 de la loi du 27 juill. 1849 que d'en rendre compte.—Mais il a été jugé, avec raison, que la prohibition de rendre compte des délibérations intérieures des tribunaux emporte celle de publier la décision qui est le résultat de la délibération, et qu'en conséquence, le gérant d'un journal qui publie la décision d'un tribunal ou d'une cour, et par exemple de la cour des pairs, avant que cette décision n'ait été prononcée publiquement, encourt l'application de l'art. 10 de la loi du 9 sept. 1835 (Rouen, 13 août 1847, aff. Cazavan, D. P. 47. 2, 224).— Conf. Paris, ch. corr., 24 déc. 1847 ; arrêt confirmatif d'un jugement du tribunal correctionnel de la Seine du 6 août 1847, qui a condamné le sieur Léoutre, gérant de la Réforme, par application de l'art. 10 de la loi du 9 sept. 1835, à un mois de prison et 300 fr. d'amende, pour avoir rendu compte, dans les mêmes circonstances que ci-dessus, des délibérations intérieures de la cour des pairs.—V. Gazette des Tribunaux des 7 août et 25 déc. 1847.

313. *Interdiction de publier les noms des jurés.* — D'après le projet de la loi de 1835, il était interdit seulement de rendre compte des délibérations intérieures du jury et de publier les noms des jurés soit *avant, soit après l'arrêt*. D'où il résultait que, même dans le compte rendu de l'audience, il n'était pas permis de faire connaître les noms des jurés qui avaient siégé. La commission de la chambre des députés pensa que le principe de la publicité de l'audience ne permettait pas qu'il en fût ainsi et elle proposa d'excepter de la prohibition le compte rendu de l'audience à laquelle les jurés ont siégé. — Dans son rapport à la chambre des députés, sur le projet de la loi du 9 sept. 1835, M. Sauzet s'est, à ce sujet, exprimé dans les termes suivants : « Les jurés consciencieux voyaient leurs noms livrés tous les jours à la publicité, pendant plusieurs mois, avec une affectation menaçante ; rien n'y manquait, pas même leurs demeures écrites en gros caractères, comme pour mieux montrer le chemin du crime. Le gouvernement propose d'interdire toute publication de la liste des jurés, soit avant, soit après les jugements. Nous avons cru devoir excepter de la prohibition la publication qui serait faite dans le compte rendu de l'audience. Le tirage du jury est un incident des débats ; il peut être public et donner lieu lui-même à d'autres incidents. La publicité des débats, établie par la charte, nous a paru s'opposer à la mutilation du compte rendu de l'audience. La loi présume que toute autre publication est affectée et menaçante ; mais elle n'interdit pas la première par respect pour la charte. » — Les motifs de la loi, tels qu'ils résultent de ce rapport, rendent manifeste aussi qu'il est permis de publier les noms des jurés tirés au sort à l'audience de la première chambre de la cour impériale, puisque ces motifs sont complétement étrangers à cette publication. — V. M. Chassan, t. 1, p. 530.

SECT. 5. — *Annonce de souscription pour le payement de condamnations judiciaires.*

314. Aux termes de l'art. 11 de la loi du 9 sept. 1835, il était interdit d'ouvrir ou annoncer publiquement des souscriptions ayant pour objet d'indemniser des amendes, frais, dommages et intérêts prononcés par des condamnations judiciaires. — A la chambre des députés, le rapporteur de la commission s'était ainsi exprimé sur les motifs de cette disposition : — « On signalait depuis longtemps le scandale des souscriptions *publiques* destinées à l'indemnité ou plutôt au triomphe des condamnés politiques ; ainsi, la condamnation restait frappée d'impuissance et le châtiment des lois devenait un titre de gloire. Le projet met un terme à ces ovations anti-sociales. » — L'art. 5 de la loi du 27 juill. 1849 a reproduit cette disposition abrogée en 1848 (décr. 6 mars), seulement elle a modifié la peine. — V. no 319.

Nous plaçons cette contravention dans la section relative à la presse périodique, parce que c'est le plus ordinairement par la voie des journaux qu'elle est commise, et que ce sont aussi les écrits périodiques que le législateur a eus plus spécialement en vue dans la disposition précitée. Mais nous devons faire remarquer qu'elle s'applique également à tout autre moyen de publication. — C'est ce qui résulte : 1° du texte de la loi qui est conçue en termes généraux ; — 2° Du rapport fait au nom de la commission de l'assemblée législative par M. Combarel de Leyval ; — 3° De la circulaire du ministre de l'intérieur adressée aux préfets, dans le but d'assurer l'exécution de la loi conformément au véritable sens de ses dispositions. — Dans son rapport, M. Combarel de Leyval s'est exprimé en ces termes : « Dans le projet du gouvernement, l'art. 5 faisait partie du chap. 2. La commission l'a placé dans le chap. 1. En voici la raison : Le chap. 2 est consacré à la presse périodique. Les souscriptions qu'il s'agit d'interdire ont lieu d'ordinaire par la voie des journaux ; mais elles peuvent se produire sous une autre forme. Une souscription peut être ouverte et annoncée au moyen de brochures, ou par des pièces ou registres déposés dans des lieux publics... » Dans la circulaire du ministre de l'intérieur, on lit aussi le passage suivant : — « Vous remarquerez, Monsieur le préfet, que la loi emploie des termes généraux, et que la prohibition qu'elle porte ne concerne pas seulement les journaux et écrits périodiques, mais bien tout acte patent et notoire ayant pour but de provoquer les citoyens à indemniser un individu condamné judiciairement. » — A la vérité, sous la loi du 9 sept. 1835, deux arrêts rendus dans la même affaire ont jugé que la publicité par la voie des journaux était la seule que le législateur avait eue en vue dans l'art. 11 de la loi précitée (Paris, 14 juill. 1836, aff. la Mode, sous Crim. rej. 26 août 1836, n° 316-1°). — Mais cette doctrine, qui paraissait peu juridique sous la loi de 1835, est complétement inadmissible sous celle du 27 juill. 1849, si clairement expliquée par les paroles précitées du rapporteur. — Ainsi, provoquer publiquement à une souscription et, par exemple, déposer une liste de souscription dans un café ou autre lieu public, dans le but d'indemniser d'une condamnation judiciaire, c'est contrevenir à l'art. 5 de la loi du 27 juill. 1849, et l'on devrait considérer le maître de l'établissement comme responsable de ce fait s'il s'était passé publiquement chez lui. — V. en ce sens M. Chassan, t. 1, p. 532.

315. Il doit être bien entendu aussi que la loi ne s'occupe que des souscriptions *publiques*. « Le législateur, a dit en effet M. Sauzet dans son rapport, ne peut interdire des souscriptions *particulières*, chacun reste maître de ses sympathies, mais du moins on ne triomphera plus *publiquement* des lois et des magistrats » (Monit. 19 août 1835, p. 1896). — Une souscription qui s'ouvrirait sans le secours d'aucun moyen de publication ne rentrerait donc pas dans les prévisions de la loi.

316. En général, il n'est pas permis de faire indirectement ce que la loi défend de faire directement. *Contrà legem facit, qui id facit quod lex prohibet : in fraudem verò qui, salvis verbis legis, sententiam ejus circumvenit* (L. 29, ff. *De legibus*). — Ce principe, sans lequel la loi n'existerait réellement que pour les personnes incapables de fraude, doit nécessairement recevoir son application dans la matière qui nous occupe. — Aussi a-t-il été jugé : 1° que l'annonce publique d'une souscription ayant pour objet d'indemniser des amendes, frais, etc., prononcés par des condamnations judiciaires, tombe sous la pénalité établie par l'art. 11 de la loi du 9 sept. 1835, alors même qu'elle ne serait qu'indirecte et déguisée, par exemple, sous la forme d'une annonce de souscription à un ouvrage dont le prix doit être destiné à indemniser des condamnations (Crim. rej. 26 août 1836) (1); — 2° Qu'un journal qui, après avoir énoncé la condamnation qui l'a frappé, cite le texte de la loi d'après laquelle sont prohibées les souscriptions destinées à indemniser des condamnations judiciaires, contrevient indirectement à cette loi et se rend passible des peines qu'elle prononce (Bourges, 23 fév. 1837, arrêt cité par M. de Grattier, t. 2, p. 330; V. aussi M. Chassan, t. 1, p. 534); — 3° Que la contravention résultant de l'annonce indirecte d'une souscription illégale a pu être déclarée résulter d'un seul fait d'annonce, et non pas seulement de la réitération de ce fait, sans qu'il y ait ouverture à cassation (Crim. rej. 1er sept. 1836) (2); — 4° Mais que la contravention con-

(1) *Espèce :* — (Min. pub. *C.* la Mode et la Gazette de Flandre et d'Artois.) — Le 8 juin 1836, un jugement du tribunal correctionnel de la Seine a statué en ces termes, sur les poursuites du ministère public, contre la Mode : — « Attendu que le gérant du journal la Mode, condamné à six mois de prison et à 4,000 fr. d'amende par arrêt de la cour d'assises du 5 avr. dernier, avait annoncé dans le numéro de ce journal du 9 du même mois qu'il publierait le mardi suivant et mettrait en vente au bureau de ce journal, au prix de 2 fr. 50 cent., une brochure séparée, contenant le compte rendu de son procès, en ajoutant que diverses personnes y dénommées, instruites de ses intentions, s'étaient fait inscrire chacune pour 40, pour 20, etc., exemplaires ; — Que, dans le numéro suivant, celui du 16 avril, il annonçait que plusieurs de ses amis lui avaient proposé d'ouvrir une souscription pour le payement de l'amende à laquelle il avait été condamné ; qu'il avait dû refuser leurs offres aux termes de l'art. 11 de la loi du 9 sept. 1835 ; mais qu'il les acceptait pour la publication légale de son procès, en ajoutant qu'il avait fait tirer cette brochure à dix mille exemplaires et qu'il voulait au moins, pour ses 4,000 fr., qu'elle fût répandue dans toute la France ; et plus loin, qu'il avait dix mille exemplaires pour rire aux dépens de ses juges ; que, dans le numéro du 26 avril, il a publié une liste de souscripteurs, pour quarante, vingt, dix, huit, quatre et deux exemplaires de son procès, en faisant précéder cette liste de l'aveu de l'avantage qu'il y avait pour la Mode à répandre ces exemplaires ; — Qu'au commencement de la brochure se trouve une lettre écrite au directeur de la Mode par l'avocat qui l'a défendu en cour d'assises, dans laquelle on lit : « Cette publication a un but dont je ne parviens pas à me rendre compte, mais » la bienveillante intelligence des royalistes est peut-être chargée de la » découvrir. » — Qu'il résulte de l'ensemble de ces passages que le gérant de la Mode a indirectement annoncé une souscription ayant pour objet de l'indemniser des amendes et frais prononcés contre lui ; — Le tribunal, faisant application de l'art. 11 de la loi du 9 sept. 1835, condamne le gérant de la Mode à un mois de prison et 500 fr. d'amende (minimum de la peine portée par cet article). »

Appel par le gérant de la Mode qui a prétendu, d'une part, qu'il n'y avait pas annonce d'une souscription pour le payement d'une condamnation judiciaire, et, de l'autre, que l'art. 11 de la loi du 9 sept. 1835 ne s'applique pas au cas d'une annonce indirecte. — Appel *à minimâ* par le ministère public qui a soutenu que le délit imputé à la Mode étant un délit de la presse périodique qui, aux termes de l'art. 14 de la loi du 18 juill. 1828, ne peut être puni d'une amende moindre du double du minimum fixé par les lois répressives, et ce minimum étant, dans le cas particulier, de 500 fr., il y avait lieu de prononcer au moins une amende de 1,000 fr. — On écartait l'application de la loi de 1828, en disant que l'art. 14 invoqué a eu en vue les délits commis par la presse périodique, mais qui peuvent l'être également par la presse ordinaire, tandis que l'art. 11 de la loi de 1835 prévoit un délit nouveau et spécial qui, de sa nature, ne peut être commis que par la presse périodique seulement : d'où la conséquence que les cas sont parfaitement distincts. On argumentait d'ailleurs de l'art. 12 de la loi de 1835, qui se borne à renvoyer à l'art. 10 de la loi du 9 juin 1819, relatif à la presse périodique, sans se référer aucunement à la loi de 1828.

14 juillet 1836, arrêt de la cour de Paris, qui, adoptant les motifs des premiers juges, confirme en ce qui touche l'appel du gérant, et rejette également l'appel du ministère public en ces termes : — « Considérant que la poursuite n'a été dirigée qu'à raison de simples contraventions et pour des infractions qui n'ont été prévues et punies par la loi que relativement aux journaux et écrits périodiques ; — Considérant, au surplus, que l'art. 12 de la loi du 9 sept. 1835, en rappelant les dispositions de l'art. 10 de la loi du 9 juin 1819, n'a fait aucune mention de l'art. 14 de la loi du 18 juill. 1828. » — Pendant que le procès de la Mode se jugeait, des poursuites avaient été dirigées contre la Gazette de Flandre et d'Artois pour avoir reproduit l'annonce publiée par la Mode. — Sur cette action, il est intervenu, à la date du 28 juill. 1836, un arrêt de la cour de Douai, qui a réformé un jugement de condamnation du tribunal de Lille, par les motifs suivants : — « Attendu que les lois pénales sont essentiellement restrictives et se trouvent toujours régies par le principe *odia restringenda;* — Attendu que la liberté de la presse a été consacrée par la charte ; que si, ultérieurement, des lois exceptionnelles, restrictives de cette liberté, ont été portées, elles ne doivent recevoir d'application que dans les cas expressément prévus par elle, — Attendu que, si la loi du 9 sept. 1835 a prohibé, dans son art. 11, les souscriptions en faveur des journaux frappés de condamnations judiciaires, il résulte de son texte qu'elle a voulu que la volonté d'ouvrir ou d'annoncer des souscriptions ayant cette destination pour objet fût formellement exprimée, et qu'il ne pût être permis de rechercher une intention non expressément énoncée ; — Attendu que la Gazette de Flandre et d'Artois n'a, dans son numéro du 30 avril dernier, fait autre chose qu'annoncer la mise en vente du procès de la Mode ; — Que des faits et documents de la cause, il résulte que l'article incriminé ne présente ni les caractères ni les conditions de culpabilité déterminés par la loi ; — Par ces motifs, la cour met l'appellation et ce dont est appel au néant ; et, faisant ce que les premiers juges auraient dû faire, renvoie Désurmont (gérant) des fins de la plainte et sans frais. »

Pourvoi : 1° par le procureur général près la cour de Douai contre l'arrêt de cette cour, et 2° par le gérant de la Mode contre l'arrêt de la cour de Paris, en ce qu'il a appliqué l'art. 11 de la loi du 9 sept. 1835 au cas d'une annonce de souscription indirecte. — Sur ces deux pourvois, la cour de cassation a rendu l'arrêt suivant : — Arrêt.

La cour ; — En ce qui touche l'appel du procureur général : — Attendu que l'arrêt attaqué déclare, en fait, que la Gazette de Flandre et d'Artois, dans son numéro incriminé, n'a fait autre chose que d'annoncer la mise en vente du procès de la Mode ; attendu que ce motif suffit, quelque erronés que soient les autres motifs sur lesquels la cour d'appel de Douai s'est légalement fondée, pour justifier son refus de prononcer contre le gérant de ce journal, les peines déterminées par l'art. 11 de la loi du 9 sept. 1835 ; — Sans approuver les motifs en droit de l'arrêt attaqué ; — Rejette le pourvoi, etc.

En ce qui touche le pourvoi de la Mode : — Attendu que de l'ensemble des motifs donnés par la cour d'appel de Paris, il résulte que l'annonce faite par la Mode a eu pour objet une souscription dans la vue de l'indemniser des condamnations judiciaires prononcées contre elle ; — Rejette, etc.

Du 26 août 1836.-C. C., ch. crim.-MM. Crouseilhes, pr.-Vincens, rap.

(2) *Espèce :* — (La Mode *C.* min. pub.) — Le pourvoi contre un arrêt de la cour de Paris du 14 juill. 1836, était fondé sur ce que 1° une annonce de souscription, lorsqu'elle est indirecte, comme dans l'espèce, ne saurait à elle seule constituer le délit prévu par l'art. 11 de la loi du 9 sept. 1835, ce délit ne pouvant résulter que de la réitération de ces

sistant dans l'annonce indirecte d'une souscription tendant à indemniser un directeur de journal d'une condamnation judiciaire, a pu être déclarée ne pas résulter de la répétition par un autre journal d'un article du journal condamné dans, lequel ce dernier annonçait la mise en vente de la relation de son procès, sans que cette appréciation tombe sous la censure de la cour suprême (arrêt précité du 26 août 1836, aff. la Mode). —Ce qui est surtout à considérer en cette matière, c'est le point de savoir s'il y a annonce directe ou indirecte. — Dans les espèces des trois premières décisions que nous venons de rapporter, l'intention d'annoncer une souscription était évidente, parce que l'énonciation de la condamnation rapprochée des autres circonstances au milieu desquelles elle se produisait équivalait, même pour les intelligences les moins subtiles, à l'ouverture d'une souscription. — Mais annoncer seulement la vente d'une brochure, *sans autre indication*, ce ne peut être annoncer même indirectement une souscription, à moins que les annonces de ce genre ne fussent tellement passées dans les habitudes des journaux condamnés, que ce langage fût devenu parfaitement clair pour tout le monde.

317. A plus forte raison, lorsqu'une souscription ouverte a pour objet de fournir aux frais d'un appel ou d'un pourvoi en cassation, l'annonce de cette souscription ne peut être considérée comme ayant pour but d'indemniser des amendes, frais, dommages-intérêts, prononcés *par des condamnations judiciaires* (Conf. M. Chassan, t. 1, p. 231). — M. de Grattier, t. 2, p. 330, est cependant d'un avis contraire. Suivant cet auteur, «la loi a voulu empêcher que les condamnations ne devinssent illusoires, et il serait par trop facile d'éluder sa prohibition si, sous l'apparence d'un appel ou d'un pourvoi à soutenir, on pouvait ouvrir une souscription. ». — Nous croyons que cette opinion ne peut être admise, parce qu'elle a pour effet d'étendre l'application d'une disposition pénale à des cas non prévus par la loi. Nous venons de nous expliquer sur les souscriptions indirectes, et nous n'avons rien à retrancher ici de nos observations à ce sujet. Mais l'art. 11 de la loi de 1835, comme l'art. 5 de celle du 27 juill. 1849, s'occupe de *condamnations judiciaires*.—Or l'indemnité des frais d'un pourvoi n'est pas comprise dans une condamnation *prononcée*. Cette hypothèse ne rentre donc pas dans les termes de la loi. — Il a, d'ailleurs, été jugé dans ce sens que l'annonce de souscriptions ouvertes dans le but de faciliter aux prévenus des moyens d'appel, ne constitue pas une contravention à l'art. 11 de la loi du 9 sept. 1835, qui défend d'ouvrir des souscriptions pour indemniser les condamnés des condamnations intervenues contre eux (Douai, 23 août 1847, aff. Leleux, D. P. 47. 2. 214).

318. Au reste, quelque généraux que soient les termes de l'art. 5 de la loi de 1849, comme l'étaient ceux de l'art. 11 de la loi de 1835, il paraît manifeste qu'ils ne pourraient être invoqués s'il s'agissait de condamnations purement civiles prononcées dans un procès étranger à la politique. Les lois précitées sont, en effet, des lois essentiellement politiques; et ce serait les détourner de leur but que de les appliquer à des matières étrangères à la politique. —V. en ce sens MM. Chassan, t. 1, p. 331; de Grattier, t. 2, p. 331.

319. L'art. 5 de la loi du 27 juill. 1849, punit d'un emprisonnement d'un mois à un an, et d'une amende de 500 à 1,000 fr. l'annonce d'une souscription ouverte dans le but d'indemniser de condamnations judiciaires. — Suivant l'art. 14 de la loi du 18 juill. 1828, «les amendes autres que celles prononcées par cette loi, qui auront été encourues pour *délit* de publication par la voie d'un journal ou écrit périodique, ne seront jamais moindres du double du minimum fixé par les lois relatives à la répression des délits de la presse. » —Mais sous la loi du 9 sept. 1835, il a été jugé que cette disposition ne s'appliquait pas à l'annonce de souscriptions tendant à indemniser des condamnations judiciaires; que cette contravention n'était régie que par l'art. 11 de la loi du 9 sept. 1835, et que par suite le délinquant pouvait n'être condamné qu'à l'amende de 500 fr., qui était le minimum de la peine établie par cet article (Paris, 14 juill. 1836, aff. la Mode, sous crim. rej. 26 août 1836, n° 316-1°). — Deux motifs paraissent justifier cette décision : le premier, c'est que l'art. 14 précité de la loi de 1828, fait mention des *délits*, expression qui, dans le langage des lois spéciales de la presse, ne comprend pas les faits punis de peines correctionnelles que ces lois qualifient de *contraventions*. — Le second motif, c'est qu'il ne semble pas naturel que la disposition précitée s'applique aux lois postérieures à celle de 1828. — Pourquoi, en effet, l'art. 14 de cette loi veut-il que les amendes, *autres* que celles que cette loi prononce, ne puissent jamais être moindres du double du minimum? C'est apparemment que le législateur de cette époque a jugé que les amendes prononcées par les autres lois étaient trop faibles; mais son appréciation à cet égard n'a pu porter sur des lois qui n'existaient pas encore.

320. Sur la question de savoir si les peines doivent être cumulées, V. *infrà*, nos 523 et s.

Sect. 6. — *Des insertions forcées.*

321. L'esprit de parti peut souvent conduire la presse périodique à dissimuler d'utiles vérités qui se rattachent à l'ordre politique. — Aussi y aurait-il de graves inconvénients, quelquefois même du danger, à lui laisser, dans tous les cas, une entière liberté à cet égard. — Il est certain, aussi, que la presse aurait constitué une tyrannie intolérable, si, à côté du droit qu'elle exerce d'appeler la publicité sur tous les faits d'intérêt général et d'intérêt privé, le législateur n'avait placé le droit de réponse accordé aux personnes qui se regardent comme attaquées par un journal où elles ont été nommées. — Ce sont ces considérations qui ont fait imposer aux journaux l'obligation d'ouvrir leurs colonnes, soit aux documents que l'autorité croit nécessaire de porter à la connaissance du public, et aux rectifications qu'elle juge utiles, soit aux réclamations des *particuliers* désignés dans un article de journal.

Art. 1. — *Des insertions qui peuvent être exigées par les dépositaires de l'autorité publique.*

322. L'art. 8 de la loi du 9 juin 1819 voulait que tout journal fût tenu d'insérer les publications officielles qui lui seraient adressées à cet effet, par le gouvernement, le lendemain du jour de l'envoi de ces pièces sous la seule condition du *payement des frais* d'insertion. — L'art. 18 de la loi du 9 sept. 1835 avait sensiblement étendu cette faculté et sa disposition, comprise dans l'abrogation prononcée par le décret du 6 mars 1848 (D. P. 48. 4. 40), avait été reproduite par l'art. 13 de la loi du 27 juill. 1849. — Mais ce dernier article a lui-même été modifié par l'art. 19 du décret du 17 fév. 1852, ainsi conçu : « Tout gérant sera tenu d'*insérer* en tête du journal les documents officiels, relations authentiques, renseignements, réponses et rectifications

annonces; — 2° Que, lorsqu'il s'agit, comme ici, d'un délit successif, chaque fait pris isolément ne peut être l'objet d'une peine séparée; qu'alors chacun de ces faits devient un des éléments constitutifs d'un seul délit, et qu'il n'y a lieu de prononcer qu'une seule peine. — Arrêt.

La cour; — Attendu que la cour d'appel a pu rechercher le sens et l'intention véritables des articles de la Mode incriminés, sous quelque forme qu'on eût cherché à les déguiser; que de l'ensemble des motifs de son arrêt il résulte qu'elle a trouvé dans lesdits articles l'annonce d'une souscription ayant pour objet d'indemniser le gérant de ce journal d'amendes et de frais résultant de condamnations judiciaires prononcées contre lui; — Qu'il en résulte également que cette annonce a été faite publiquement par la voie de ce journal;

Attendu, sur le deuxième moyen, que, d'après ledit art. 11, le délit consiste dans la publicité donnée à la souscription; que ce délit se renouvelle à chaque nouvelle publication; que, d'après l'art. 12 de la même loi, tous les délits de presse, postérieurs à une première poursuite, doivent donner lieu à autant de peines distinctes; — Qu'en fait, le premier acte de poursuite, dirigé contre le gérant de la Mode à raison de la souscription dont il s'agit, est le mandat de comparution du 26 avril, et que les cinq numéros de ce jour, à raison desquels ont été prononcées les condamnations contenues dans l'arrêt attaqué, sont tous postérieurs à cette époque;—Que, dès lors, en accueillant la poursuite du ministère public pour ces cinq numéros de la Mode et en prononçant contre le demandeur cinq peines distinctes, la cour d'appel n'a violé ni la règle *non bis in idem*, ni les art. 11 et 12 de la loi du 9 sept. 1835;—Rejette.

Du 1er sept. 1836.-C. C., ch. crim.-MM. Crouseilhes, pr.-Vincens, r.

qui lui seront adressées par un *dépositaire de l'autorité publique*. —La publication devra avoir lieu dans le plus prochain numéro qui paraîtra après le jour de la réception des pièces.—L'insertion sera gratuite.—En cas de contravention, les contrevenants seront punis d'une amende de 50 fr. à 1,000 fr. En outre le journal pourra être suspendu par voie administrative pendant quinze jours. »

323. Que doit-on entendre par les mots *dépositaires de l'autorité publique* que cet article contient? Ont-ils une telle généralité qu'un dépositaire quelconque de l'autorité publique ait le droit de faire insérer dans un journal tous les renseignements qu'il lui plaira de signaler? — Quant à la première difficulté, le lecteur trouvera, n°s 902 et suiv., l'explication des mots *dépositaires de l'autorité publique* telle qu'elle résulte des éclaircissements fournis sur l'art. 16 de la loi du 17 mai 1819; nous nous bornerons ici à ce renvoi. C'est sans doute prendre les mots *dépositaires de l'autorité publique* dans un sens bien étendu que d'adopter la signification qui y est donnée par les lois sur la diffamation et les outrages; mais rien ne nous avertit, soit dans le décret de 1852, soit dans les lois antérieures, qu'on doive restreindre cette signification relativement au droit dont nous parlons. — Nous devons faire observer cependant qu'il a été jugé qu'un journaliste peut toujours se refuser à l'insertion d'un jugement rendu dans un intérêt privé, lorsqu'il a été étranger dans la cause, encore bien que l'impression dans son journal ait été ordonnée, et que la partie intéressée offre de payer le prix de l'insertion; que les dispositions de l'art. 1036 c. pr. ne dérogent pas à la maxime *res inter alios acta*, et qu'il n'y a pas lieu d'appliquer aux tribunaux les dispositions de l'art. 18 de la loi du 9 sept. 1835, qui ne concerne que les dépositaires de l'autorité active (Paris, 16 nov. 1859 (1), conf. M. Chassan, t. 1, n° 961). — Pour nous, nous inclinerions vers la solution opposée, d'abord parce que les tribunaux sont dépositaires de l'autorité publique, dans le sens étendu de ces mots; et, en second lieu, parce que le droit, qui leur est conféré par l'art. 1036 c. pr., nous semble corrélatif de l'obligation imposée aux journalistes d'insérer les jugements, lorsqu'ils en reçoivent l'injonction du tribunal qui les a rendus. — Dans l'état actuel de la législation, un *commissaire de police* peut requérir l'insertion de tous les documents qu'il juge utile de faire publier par la voie d'un journal; et il nous semble illogique de refuser ce droit à un tribunal. On objecterait vainement que, dans les jugements, il s'agit d'intérêts privés; car la justice se rend surtout dans l'intérêt public. C'est pour prévenir le trouble qui naîtrait forcément dans la société des contestations particulières, que les tribunaux ont été établis, et les jugements sont certainement des actes de l'autorité publique conçus dans des vues d'ordre public. Du reste, la doctrine que nous réfutons conduirait à ce résultat étrange que l'ordre donné par un tribunal ne devrait pas être exécuté contre la volonté du journaliste, et que néanmoins, pour obtenir l'exécution du jugement, à cet égard, il suffirait de recourir à l'intervention d'un dépositaire de l'autorité publique du rang le moins élevé. — Sans doute, le journaliste n'est pas partie au jugement. Mais ne voit-on pas, par la sujétion à laquelle la loi soumet les journaux, quant à l'insertion *gratuite* de tous les documents dont les dépositaires de l'autorité publique jugent l'insertion convenable, qu'elle ne considère pas les écrits périodiques comme des entreprises purement privées, et qu'il résulte de l'autorisation en vertu de laquelle ils existent et de la mission qu'ils se donnent eux-même d'éclairer le public, une sorte de situation officielle qui les met à la disposition de l'autorité? — Pour nous, c'est ainsi que nous envisageons la presse périodique, d'après la législation qui nous régit.

324. Quant au point de savoir si les expressions de la loi *renseignements, réponses et rectifications* doivent être prises dans le sens d'une généralité indéfinie, il semble qu'elles ne peuvent avoir d'autres limites que celles qu'y assignent la raison et l'esprit de justice des dépositaires de l'autorité publique. Mais il n'est pas probable qu'ils abusent jamais du pouvoir qui leur est conféré à cet égard. Le gouvernement est investi, par les lois actuelles, d'une trop grande puissance à l'égard de la presse, pour que ses agents se livrent envers elle à des tracasseries indignes de l'autorité.

325. Avant le décret du 17 fév. 1852, il a été jugé : — 1° Que l'agent de l'autorité qui, en vertu de l'art. 15 de la loi du 27 juill. 1849, fait sommation au gérant d'un journal d'insérer des renseignements et rectifications en réponse à un article de ce journal, n'est pas tenu au *payement préalable* des frais d'insertion (Trib. corr. de la Seine, 27 avril 1850, aff. Laugrand, D. P. 50. 5. 48; Paris, 16 mai 1850, aff. Grégoire, D. P. 51. 5. 430), ce qui est peu contestable; — 2° Que les dépositaires de l'autorité ne doivent, pour les insertions qu'ils requièrent, que les *débourses* auxquels donnent lieu les insertions et non le prix déterminé par le tarif des annonces du journal (Paris, 16 mai 1850, aff. Grégoire, D. P. 51. 5. 430; Trib. de la Seine, 27 avril 1850, aff. Laugrand, D. P. 50. 5. 48; 30 août 1850, aff. Bareste, D. P. 50. 5. 64). — L'art. 19 du décret du 17 fév. 1852 a levé toute difficulté à cet égard en décidant que les insertions requises par les dépositaires de l'autorité publique seraient *gratuites*. — V. encore une application de l'art. 19 du décret de 1852, n° 490-7°.

ART. 2. — *Des insertions qui peuvent être exigées par les particuliers.*

326. Aux termes de l'art. 11 de la loi du 25 mars 1822 « les propriétaires ou éditeurs de tout journal ou écrit périodique sont tenus d'y insérer, dans les *trois jours* de la réception, ou dans le plus prochain numéro, s'il n'en était pas publié avant l'expiration des trois jours, la réponse de toute personne nommée ou désignée dans le journal ou écrit périodique, sous peine d'une amende de 50 fr. à 500 fr., sans préjudice des autres peines et dommages-intérêts auxquels l'article incriminé pourrait donner lieu. Cette insertion est gratuite, et la réponse peut avoir le double de la longueur de l'article auquel elle est faite. » — L'art. 17 de la loi du 9 sept. 1835 avait légèrement modifié cette dis-

---

(1) *Espèce* : — (Mothès C. gérant du Journal de pharmacie.) — Le gérant du Journal de pharmacie s'était refusé à l'insertion d'un jugement rendu par le tribunal civil de la Seine, contre Derlont et Richard, pharmaciens, au profit de Mothès, pour contrefaçon des capsules gélatineuses, dont celui-ci est l'inventeur breveté. — L'insertion du jugement dans cinq journaux, au choix de Mothès, avait été ordonnée. — Mothès, se fondant sur les termes de cette sentence, veut contraindre le gérant du Journal de pharmacie à l'insertion, et lui offre d'en payer le prix. — 8 mars 1859, jugement du tribunal civil de la Seine qui, par les motifs suivants, déclare Mothès mal fondé en sa demande : — « Attendu que, si les dispositions de l'art. 1036 c. pr. autorisent les tribunaux à ordonner l'impression de leur jugement dans les cas qu'il détermine, cette impression ne peut être imposée à un tiers étranger au procès, et qui, sous aucun rapport, ne peut se voir arbitrairement imposer, même à prix d'argent, une obligation de le faire; que l'art. 548, qui prévoit le cas où un tiers désigné dans un jugement est tenu de faire quelque chose, et indique à quelle époque et en quelles circonstances on pourra exiger de ce tiers l'obéissance au jugement, suppose le cas où le tiers consent à l'exécution du jugement, ou a contracté antérieurement l'obligation de faire ce qui par justice est ordonné, mais ne déroge pas au principe qu'un jugement ne peut nuire à celui qui y a été étranger; — Attendu que l'art. 18 de la loi du 9 sept. 1835 n'a entendu parler que des dépositaires de l'autorité publique active, ce qui ne peut s'appliquer aux tribunaux, dont les pouvoirs expirent après la prononciation de leur décision, et que, dans tous les cas, cette disposition de loi, dont un simple particulier ne pourrait réclamer le bénéfice à son profit, ne peut être applicable à un jugement statuant sur des intérêts privés; que, lorsque le tribunal ordonne l'insertion de son jugement dans un journal désigné par celui qui a obtenu cette décision, ce qui a eu lieu dans l'espèce, ce n'est que dans l'intérêt privé de la partie qu'il le décide ainsi, et dans la supposition qu'elle a su par avance se concilier la bonne volonté du journaliste : car celui-ci peut toujours refuser de faire un acte qui ne peut dériver que de son libre arbitre, puisque nul n'est tenu de faire un autre usage de sa propriété que celui qui convient à ses intérêts ou à sa volonté, dont personne ne peut se constituer juge, hors des cas prévus par la loi; que l'art. 11 de la loi du 25 mars 1822 a prévu un tout autre cas que celui dont il s'agit au procès; que Mothès et compagnie veulent en effet contraindre les rédacteurs du Journal de pharmacie à insérer le jugement du 1er janv. dernier, et non pas exiger d'eux l'insertion dans leur journal ou écrit périodique d'une réponse à un écrit dans lequel Mothès et compagnie auraient été nommés ou désignés. » — Appel. — Arrêt.

LA COUR; — Adoptant les motifs des premiers juges, confirme.

Du 16 nov. 1859.-C. de Paris, 1re ch.-M. Séguier, 1er pr.

position. D'après cette dernière loi, l'insertion des réponses et rectifications devait avoir lieu dans le numéro qui suivrait le jour de la réception; et toutefois, si la réponse avait plus du double de la longueur de l'article auquel elle était faite, le surplus de l'insertion devait être payé suivant le tarif des annonces. — Après l'abrogation de la loi du 9 sept. 1835 (Décr. 6 mars 1848, V. nº 62), on a cru nécessaire de reproduire la disposition qui déterminait la longueur de la réponse à insérer gratuitement. Tel est l'objet de l'art. 13 de la loi du 27 juill. 1849. — Et il est à remarquer que l'art. 19 de la loi du 17 fév. 1852, relatif aux insertions requises par un dépositaire de l'autorité, abroge l'art. 13 de la loi du 27 juill. 1849 mais laisse subsister, quant à toute autre personne nommée ou désignée dans un journal, le droit de réponse tel qu'il est réglé par cet article et par l'art. 11 de la loi du 25 mars 1822 (Circ. min. just. 27 mars 1852, D. P. 52. 3. 11). — Reprenons les termes principaux de cette dernière loi.

327. *Etendue du droit de réponse.* — L'art. 11 de la loi du 25 mars 1822 est conçu à cet égard dans les termes les plus absolus : « Les propriétaires ou éditeurs de tout journal ou écrit périodique, y est-il dit, seront tenus d'y insérer... la réponse *de toute personne nommée ou désignée* dans le journal... » — Ainsi, *toute personne nommée ou désignée* dans un journal a le droit de répondre à l'article dans lequel se trouve son nom. Le journaliste n'a point à s'enquérir de son intérêt ou de son but; son droit est absolu (V. cependant nºs 332 et s.). — Voici, du reste, de quelle manière l'art. 11 de la loi du 25 mars 1822 fut expliqué à la chambre des pairs, par le garde des sceaux : — « Le journaliste, dit M. Peyronnet, ne doit pas être juge de la réponse, en ce sens seulement qu'il ne peut juger de son utilité ou de sa nécessité, dans l'intérêt de son auteur. Ainsi, que le particulier qui la présente ait tort ou raison de se trouver offensé, dès lors qu'il a été désigné, le journaliste doit insérer sa réponse. Mais cette obligation ne peut entraîner celle de publier un article coupable; et c'est ici qu'il redevient, par la nécessité des choses, juge, non de l'opportunité de la réponse, mais de ce que la réponse peut contenir. S'il l'admet, il encourt toute la responsabilité qu'elle peut entraîner; s'il la refuse et que l'auteur croie pouvoir se plaindre de ce refus, c'est aux tribunaux qu'il appartient de prononcer. Si le refus leur paraît motivé, ils déchargeront le journaliste de toute poursuite; ils lui appliqueront au contraire l'amende et les dommages-intérêts, si le refus leur paraît injuste et dénué de raisons suffisantes» (Séance 4 mars 1822, Mon. du 13).

328. Il a été jugé dans le sens de cette explication : 1º qu'il suffit qu'une personne ait été nommée dans un journal, même sous un simple rapport littéraire, et sans qu'on ait porté atteinte à son honneur et à sa considération pour qu'elle ait le droit d'exiger l'insertion de sa réponse (Lyon, 19 janv. 1826) (1). —On objectait que le demandeur était, dans l'espèce, sans intérêt. Mais la cour ne s'est pas arrêtée à cette objection; elle a consacré le droit d'une manière absolue et sans paraître se préoccuper de l'intérêt ou du défaut d'intérêt du réclamant; — 2º Que le droit de réponse se rattache au droit de la défense personnelle; et doit être plutôt étendu que restreint par les tribunaux; et qu'en conséquence, il suffit que l'on ait été l'objet de l'article d'un journal, même sous le rapport d'une simple critique littéraire, pour avoir, aux termes de la loi du 25 mars 1822, le droit de faire insérer dans ce journal une réponse à cet article; qu'il n'est point nécessaire, pour l'exercice de ce droit, que l'article ait été injurieux ou diffamatoire (Crim. rej. 11 sept. 1829 (2). — Conf. MM. Parant, p. 151; Chassan, t. 1, nº 951; de Grattier, t. 2, nºs 104 et 105); — 3º Que le droit accordé à toute personne nommée dans un journal quotidien d'y faire insérer une réponse est général et absolu; qu'il n'est pas soumis au contrôle des tribunaux; que le refus d'insertion de la part du gérant ne pourrait être justifié qu'autant que la réponse à insérer aurait le caractère de crime ou de délit; et spécialement, que si un journal que le gérant annonce comme allant devenir journal politique avec le concours d'hommes éminents, a désigné ces hommes et contient dans la même feuille un article qui a paru inconvenant à l'une des personnes nommées, celle-ci a le droit de répondre dans le même journal pour nier le fait ou pour l'expliquer et démentir les conséquences qu'on en pourrait tirer relativement à la conformité de ses opinions avec celles que manifeste la rédaction de l'article; et que l'insertion de la réponse ne peut être refusée, soit sous le prétexte qu'elle ne s'appliquerait point à l'article dans lequel il est

---

(1) *Espèce :* — (Galois C. Baron.) — 28 nov. 1825, jugement du tribunal correctionnel de Lyon, ainsi conçu : — « Considérant que le sieur Baron a été désigné dans des articles du Journal de commerce de Lyon, dont le sieur Galois est propriétaire, nºs 255 et 260, et que celui-ci a refusé d'insérer la réponse du sieur Baron après les deux sommations qui lui ont été faites à cet effet, conformément à la loi; — Que le sieur Galois a, par là, contrevenu aux dispositions de l'art. 11 L. 25 mars 1822; — Vu ledit article, prononce, par jugement en premier ressort, que ledit Galois est déclaré en contravention aux dispositions de l'art. 11 L. 25 mars 1822, et qu'il est condamné à 50 fr. d'amende et aux dépens. » — Appel par Galois. — Arrêt.

LA COUR; — Adoptant les motifs des premiers juges, et attendu que la loi a été bien appliquée, confirme, etc.

Du 19 janv. 1826.-C. de Lyon.-MM. Nugue, pr.-Rieussec, av. gén., c. contr.-Servan et Dubié, av.

(2) *Espèce :* — (Marquezy C. de Flotte.)—Le comte de Flotte-d'Argenson avait publié un ouvrage intitulé le Nouveau Portulan. — Le gérant responsable de l'Aviso de Toulon en rendit compte dans un numéro de son journal; mais en même temps il fit l'éloge d'un autre ouvrage sur le même sujet, qui venait également d'être publié. Voici l'article qui fut inséré dans le journal : « Notre devoir étant de tenir nos lecteurs au courant des publications qui ont lieu dans le Midi, et plus particulièrement de celles qui intéressent notre port, nous ne pourrions nous empêcher de rendre compte des deux Portulans, que viennent de mettre au jour deux auteurs différents, appartenant l'un et l'autre au corps royal de la marine; l'un se présente avec la réputation d'un marin habile, et qui a longtemps parcouru les mers; l'autre avec celle d'un homme d'esprit... En résumé, l'ouvrage de M. de Flotte est bien loin de faire oublier le Manuel du pilote, et nous ne pouvons qu'encourager M. Baudin à continuer ses travaux, et à ne point considérer comme un rival l'auteur du Nouveau Portulan. » — M. de Flotte, piqué par ce passage, adressa, en forme de réponse, un long article, avec ordre de l'insérer dans l'Aviso. — Mais M. Marquezy, gérant responsable, refusa de satisfaire à cette réquisition. — En conséquence, il fut assigné devant le tribunal correctionnel de Toulon, par M. de Flotte.

Le 24 mars 1829, jugement qui ordonne l'insertion, malgré la défense de M. Marquery, qui soutenait que la loi n'avait prescrit aux journalistes d'insérer des réponses, que lorsqu'elles avaient pour but de redresser des injures et diffamations, et que des critiques littéraires ne pouvaient nullement être considérées comme des diffamations.

Sur l'appel, la cour d'Aix confirma ce jugement, par arrêt du 21 juill. 1829, en ces termes : — « Attendu que l'article inséré dans le journal de l'Aviso, contenait des insinuations qui pouvaient être préjudiciables au sieur de Flotte, nommé dans cet article; — Que, dès lors, aux termes de l'art. 11 de la loi du 25 mars 1822, le gérant de l'Aviso ne pouvait se refuser d'insérer dans son journal la réponse du sieur de Flotte, de laquelle il n'était pas responsable; — Attendu que tout préjudice réclame une réparation; — Attendu qu'il n'y a eu, contre le sieur de Flotte, dans l'article dont il s'agit, ni diffamation ni injure caractérisée par la loi; — Qu'ainsi son appel incident ne peut être accueilli. » — Pourvoi. — Arrêt.

LA COUR; — Attendu que l'art. 11 de la loi du 25 mars 1822 est général, et que, loin de devoir être restreint dans son application, il doit recevoir, au contraire, pour rentrer dans l'esprit de la loi, la plus grande extension; — Qu'il suffit que l'on ait été l'objet de l'article d'un journal, pour avoir, aux termes de la loi du 25 mars 1822, le droit de faire insérer dans ce journal une réponse à cet article; — Qu'il n'est point nécessaire, pour l'exercice de ce droit, que l'article ait été injurieux ou diffamatoire; — Qu'ainsi, quoique la cour d'appel d'Aix ait reconnu que l'article de l'Aviso, du 21 fév. 1829, sur l'ouvrage du sieur de Flotte, n'avait pas ce caractère, elle n'en a pas moins sainement entendu la loi du 25 mars 1822, en condamnant le gérant responsable pour n'avoir pas inséré la réponse faite à son article de critique; — Attendu que, si la cour d'Aix a mis, dans ses motifs, que l'art. 8, § 4, de la loi du 28 juill. 1828, affranchissait le rédacteur de toute responsabilité, quelque criminel que pût être l'article dont on demandait l'insertion, ce motif qui pourrait être erroné dans sa généralité, ne saurait vicier le dispositif de l'arrêt, qui repose sur les dispositions de l'art. 11 de la loi du 25 mars 1822, et qui ne viole point l'art. 8 de la loi du 28 juill. 1828, bien entendu, puisqu'il n'est nullement articulé que la réponse du sieur de Flotte contînt rien de criminel, et qui ne pût être inséré légitimement dans le journal dont le sieur Marquezy est gérant responsable; — Rejette.

Du 11 sept. 1829.-C. C., ch. crim.-MM. Bastard, pr. Ollivier, rap.

nommé, mais à un autre article du même numéro, soit par le motif que le réclamant serait sans intérêt à exiger cette insertion, l'article dans lequel il est nommé n'étant pas de nature à faire peser sur lui la responsabilité morale des réflexions inconvenantes (Crim. cass. 1er mars 1838) (1); — 4° Que le seul fait d'être nommé dans un journal ou écrit périodique suffit pour donner à la personne désignée le droit d'exiger l'insertion de sa réponse dans ce journal (Paris, 25 juin 1846, aff. le Journal de Reims, D. P. 46. 4. 417); — 5° Que le seul fait d'être nommé ou désigné dans un article qui contient l'examen critique d'un ouvrage, tel qu'un drame représenté en public, confère le droit de réponse à l'auteur; et que ce droit ne saurait être refusé sous prétexte qu'aucune attaque personnelle n'a été dirigée contre l'auteur, que l'inexactitude qui se trouve dans quelques citations est sans importance, et qu'elle n'est pas le résultat de la malveillance; que le droit, en un mot, est général et absolu, et que les tribunaux ne peuvent y mettre obstacle qu'autant que la réponse serait contraire aux lois, aux bonnes mœurs, à l'intérêt des tiers ou à l'honneur du journaliste lui-même (Crim. cass. 27 nov. 1845, aff. Loyau de Larcy C. le Constitutionnel, D. P. 46. 1. 12, et, sur renvoi, arrêt conforme, Orléans, 9 juin 1846, D. P. 46. 2. 116. — Conf. MM. Chassan, t. 1, p. 541; de Grattier, t. 2, p. 104, 105); — 6° Que le journaliste requis par une personne désignée dans un de ses articles d'insérer sa réponse, n'a pas qualité pour en apprécier la convenance, et ne peut être relevé de l'obligation de la publier que par les tribunaux, et pour le cas où elle serait contraire aux bonnes mœurs, à l'intérêt légitime des tiers, ou à son honneur personnel; et que le refus d'insérer peut donner lieu, contre le journaliste, à des dommages-intérêts au profit de la personne que ce refus a privé de la faculté de se défendre (Crim. rej. 20 juill. 1854, aff. Mayer, D. P. 54. 5. 290).

329. Mais, en sens contraire, on a décidé : 1° qu'il ne suffit pas qu'une personne ait été nommée ou désignée dans un journal ou écrit périodique, pour qu'elle ait le droit d'exiger l'insertion d'une réponse dans ce journal; qu'il faut encore qu'elle justifie d'un intérêt appréciable par les tribunaux; et que spécialement, de ce qu'à l'occasion de l'examen critique d'un ouvrage politique, un journal a nommé l'auteur en combattant son système, et en disant « qu'il entreprend de l'établir dans un livre enflé de documents, de calculs et de statistique;... qu'il est méritoire à lui de s'être livré à de grands *renforts d'esprits et à de laborieuses recherches*, pour démontrer que l'assemblée (la chambre des députés) dont il est membre, et qui lui accorde, soit..., soit pour récompenser sa conversion, de nombreux suffrages, est l'expression pure de la sagesse nationale... qu'il est étonnant qu'un journal ait osé nous présenter les *étranges paradoxes* et les *singuliers raisonnements* du député ?... qu'il ne faudrait pas, si l'on était de *bonne foi*, imputer au bill de lord Gray les vices, etc., etc. » ... Qu'il ne suit pas d'un tel article que l'auteur ait le droit d'exiger l'insertion d'une réponse en faveur du système combattu (Paris, 20 fév. 1836 (2). — V. en ce sens un arrêt de la même cour, du 6 mai 1845, aff. le Constitutionnel, D. P. 45. 2. 86, cassé par l'arrêt cité au numéro qui précède); — 2° Que l'auteur qui a déposé son ouvrage dans les bureaux d'un journal pour qu'il en fût rendu compte, n'est pas admis à faire insérer une réponse à ce compte rendu, si le rédacteur du journal n'est pas sorti d'une critique sérieuse et mesurée (trib. corr. de la Seine, 16 janv. 1847, aff. Danré, D. P. 47. 4. 391).

330. Il a été jugé aussi dans le premier sens : 1° que le gérant d'un journal ne peut se refuser à l'insertion d'une réponse faite par la personne nommée dans un article de son journal, sous prétexte que cette réponse contient des inexactitudes, si d'ailleurs les expressions dans lesquelles elle est conçue ne constituent ni crime ni délit (Paris, 21 fév. 1840) (3); — 2° Que le

---

(1) *Espèce* : — (Sanson-Lavalesquerie C. Courrier de la Manche.) — Dans son numéro du 5 juin 1837, le Courrier de la Manche annonça qu'il allait devenir journal politique avec l'appui et le concours d'hommes éminents parmi lesquels il nommait M. Sanson-Lavalesquerie. — Dans le même numéro et un peu plus bas que cette déclaration, ce journal contenait des réflexions sur les processions de la Fête-Dieu, réflexions qui, ayant paru inconvenantes à M. Sanson, déterminèrent celui-ci à écrire au gérant du journal une lettre où il expliquait la nature du concours qu'il avait entendu lui prêter, et déclarait repousser la responsabilité des plaisanteries contenues dans le numéro du 5 juin; il finissait en priant M. Potier d'insérer cette lettre dans le prochain numéro du journal. — Cette insertion n'ayant pas eu lieu, M. Sanson assigna M. Potier devant le tribunal correctionnel de Saint-Lô, qui ordonna cette insertion et condamna Potier à 50 fr. d'amende. — Mais, sur l'appel, jugement du tribunal de Coutances, du 16 déc. 1837, qui infirme, attendu que l'indication de M. Sanson comme actionnaire n'était pas de nature à faire peser sur lui la responsabilité des plaisanteries inconvenantes contenues dans le numéro du 5 juin, ce qui le rendait sans intérêt; — Que d'ailleurs la réponse de M. Sanson s'appliquait à un article dans lequel il n'était ni nommé ni désigné, ce qui le rendait sans droit.

Pourvoi de M. Sanson pour violation de l'art. 11 de la loi du 25 mars 1822. On a soutenu pour lui qu'une personne nommée dans un journal était seule juge de son intérêt à obtenir l'insertion de la réponse qu'il voulait faire; que l'appréciation de cet intérêt n'appartenait pas aux tribunaux; qu'il ne saurait y avoir le moindre doute en présence de l'art. 19 de la loi du 9 sept. 1835. — Arrêt.

La cour; — Vu l'art. 11 de la loi du 25 mars 1822; — Attendu que le droit accordé par cet article à toute personne nommée ou désignée dans un journal ou écrit périodique est général et absolu; qu'il n'est point subordonné au contrôle des tribunaux, la personne nommée devant être seule juge de l'intérêt qu'elle peut avoir à répondre et de ce que sa réponse doit contenir; que le refus d'insertion ne pourrait être justifié que si la réponse à insérer avait le caractère de crime ou de délit; — Attendu, en fait, qu'il est reconnu par l'arrêt que le demandeur a été indiqué dans le numéro du 3 juin 1837 du Courrier de la Manche comme l'une des personnes sous le patronage desquelles ce journal allait bientôt être érigé en journal politique; — Que cet article donnait le droit au demandeur de répondre dans le même journal, soit pour nier le fait, soit pour l'expliquer ou démentir les conséquences qu'on en pourrait tirer relativement à la conformité de ses opinions avec celles que manifestait la rédaction du journal; — Que cependant le tribunal d'appel de Coutances lui a refusé ce droit, sous le vain prétexte que sa réponse ne s'appliquait point à l'article dans lequel il était nommé, mais à un autre article du même numéro qui lui était entièrement étranger, et que d'ailleurs l'article dans lequel il était nommé n'était pas de nature à faire peser sur lui la responsabilité morale des réflexions et des plaisanteries peu convenables contenues dans l'autre article; — En quoi ce tribunal a formellement violé l'art. 1 de la loi du 25 mars 1822; — Par ces motifs, casse.

Du 1er mars 1838.-C. C., sect. crim.-MM. Bastard, pr.-Vincens, rap.

(2) (Courrier français C. min. pub.) — La cour; — Considérant que toute personne nommée ou désignée dans un journal ou écrit périodique ne peut exiger l'insertion d'une réponse dans ladite feuille qu'autant qu'elle justifie d'un intérêt qu'il appartient aux tribunaux d'apprécier; — Considérant que Jollivet, ayant publié, en 1835, une brochure intitulée : *Du système électoral en France et en Angleterre*, a soumis son ouvrage à l'examen et à la discussion de la presse; que le fait seul d'être nommé ou designé dans un article qui contient l'examen critique d'un ouvrage ne saurait conférer à son auteur le droit de faire insérer une réponse dans le journal ou écrit périodique qui en ferait mention; — Considérant que Jollivet n'a été nommé dans le Courrier français, du vendredi 8 janv., qu'à l'occasion de son ouvrage et de l'examen qui en avait été fait dans un autre journal, dont l'article a fait la base de la contradiction et de la controverse du rédacteur du Courrier français; — Considérant que le but principal de l'article dont il s'agit a été de discuter les divers systèmes proposés par Jollivet, et que celui-ci n'a eu pour objet, dans la réponse dont il a demandé l'insertion, que de justifier son système et les faits et les principes de son ouvrage; — Décharge de Lapelouze des condamnations contre lui prononcées; — Statuant au principal, le renvoie des fins de l'action intentée contre lui.

Du 20 fév. 1836.-C. de Paris, ch. corr.-M. Jacquinot, pr.

(3) *Espèce* : — (Desertine C. Villette.) — Un article contre les compagnies d'assurances contre l'incendie, dans lequel a été nommé le sieur Villette, gérant d'une société de cette nature, a été inséré dans le Journal de Lunéville. Un autre article du même genre a été inséré dans le Journal du Commerce, article également dirigé contre le sieur Villette. Le sieur Villette répondit à ces articles. Le sieur Desertine, gérant de l'Office de publicité, reproduisit dans son journal les articles contraires du Journal de Lunéville et du Journal du Commerce, sans reproduire les articles en réponse. Sommation par Villette à Desertine d'insérer dans son journal les réfutations adressées aux journaux du Commerce et de Lunéville et les réflexions suggérées par l'article de l'Office de publicité. — Refus de la part de Desertine, fondé sur l'inexactitude des assertions contenues dans les prospectus de Villette.

7 déc. 1839, jugement du tribunal correctionnel de la Seine, conçu en ces termes : — « Attendu que de l'instruction et des débats il résulte que, le 11 nov. 1839, Villette a fait sommation à Desertine d'insérer

droit accordé à tout individu de faire insérer sa réponse dans le journal qui l'a nommé ou désigné, peut lui être refusé si la réponse est contraire aux lois ou aux bonnes mœurs, mais non sous le prétexte qu'elle contient des assertions hasardées et étrangères aux faits qui le concernaient personnellement (Crim. cass. 29 janv. 1842) (1). — Un mot sur cette dernière solution. — La cour d'appel dit que la réponse contenait des expressions hasardées et étrangères à l'article du journal. *Hasardées*, elles ne justifiaient pas le refus d'insertion, dès qu'elles n'étaient pas constitutives d'un délit. — *Etrangères*, elles laissent à apprécier ce qu'on doit entendre par ce mot. Si la cour d'appel a entendu par là des assertions qui n'auraient aucune espèce de rapport avec l'article auquel on entendait répondre, il nous paraît que le gérant était en droit de refuser l'insertion. — Si, au contraire, elle a entendu les rejeter en ce qu'elles n'étaient qu'inutiles, en raison, par exemple, de leur trop grande étendue, ou des termes peu bienveillants pour le journaliste, dans lesquels elle serait conçue, elle a méconnu, suivant nous, les dispositions de la loi. — La décision qu'on rapporte ici ouvre le champ le plus vaste à la défense contre les journalistes; elle rejette, au moins en thèse générale, une modification qui nous semble devoir être faite au droit illimité d'exiger l'insertion d'une réponse. Toutefois, nous pensons qu'à moins qu'une sorte de magistrature ne soit instituée à l'effet d'apprécier *à priori* si une réponse est ou non étrangère à l'article qui l'a provoquée, le journaliste aura le droit d'en refuser l'insertion lorsqu'elle lui paraîtra offrir ce caractère, sauf aux tribunaux à apprécier les motifs de son refus. — En cas pareils, en effet, lorsque l'article dont on requiert l'insertion est complétement étranger à l'article qui l'a provoqué, il n'y a pas une réponse à proprement parler; mais si une cour d'appel le considérait sous ce rapport, il nous semblerait difficile qu'il tombât sous la censure de la cour de cassation, alors d'ailleurs qu'elle donnerait des motifs suffisants de sa décision. — Du reste, on sait avec quelle peine on obtient l'insertion textuelle dans un journal de la réponse la plus précise, la plus directe; et autant il nous paraît injuste d'imposer au journaliste l'obligation d'insérer un article complétement étranger à l'article provocateur, autant il nous paraît équitable de se montrer sévère dans l'application des amendes et des dommages-intérêts envers le journaliste qui refuse de donner accès, dans son journal, à une réponse légitime, et qui semble spéculer, dans son refus, sur l'éloignement que tout homme d'honneur éprouve d'entrer dans les ennuis et les dépenses d'un procès correctionnel.

331. Si le journaliste, en insérant la réponse de la personne nommée ou désignée dans son journal, fait des observations sur cette réponse, la personne nouvellement nommée ou désignée a le droit, en vertu de la loi du 25 mars 1822, de faire insérer une seconde réponse dans le journal dont il s'agit : la raison en est qu'elle se trouve, comme la première fois, dans les termes précis de l'art. 11 précité de la loi de 1822, et que, si l'on refusait le droit de réplique aux observations dont le journaliste accompagnerait une première réclamation, la disposition de la loi deviendrait illusoire et serait la source d'insinuations plus malveillantes que celles auxquelles la personne nommée aurait déjà répondu (V. en ce sens MM. Parant, p. 441; Chassan, t. 1, n° 955; de Grattier, t. 2, p. 105, n° 8). — Aussi a-t-il été jugé 1° qu'un journaliste qui refuse d'insérer la réponse d'un citoyen à des observations que le journaliste avait faites à la suite d'une première réponse à un premier article, lorsque ce citoyen est nommé dans ces observations, commet la contravention prévue par l'art. 11 de la loi du 25 mars 1822, les auteurs d'écrits périodiques devant toujours insérer dans leurs écrits la réponse des personnes qui s'y trouvent nommées ou désignées (Crim. cass. 24 août 1832) (2); — 2° Que le droit de réponse implique

---

dans le journal l'Office de publicité, dont il est le gérant, deux réponses, accompagnées de lettres, à deux publications de ce journal, en date des 25 oct. et 6 nov. 1839, reproduisant des articles du Journal de Lunéville du 5 oct. 1839 et du Journal du Commerce du 17 juill. 1836, où Villette était nommé; — Attendu que Desertine n'a point inséré ces réponses dans les délais voulus par la loi, et refuse encore aujourd'hui ladite insertion sous prétexte d'énonciations inexactes et injurieuses; — Attendu que lesdites réponses n'offrent aucune expression injurieuse dans les discussions contradictoires qu'elles contiennent, et que le refus d'insertion ne peut être fondé sur des inexactitudes, en supposant vraie l'allégation de Desertine que les réponses en question seraient entachées d'inexactitudes plus ou moins grossières; — Attendu ainsi que Desertine n'avait aucun juste motif de se refuser à l'insertion demandée; — Attendu, du reste, que les réponses de Villette ne dépassent pas les limites d'étendue qu'elles doivent avoir; — Vu l'art. 11 de la loi du 25 mars 1825; — Condamne Desertine à....... d'amende et aux dépens; le condamne à payer à Villette la somme de....... à titre de dommages-intérêts pour refus d'insertion jusqu'à ce jour; — Ordonne l'insertion dans le plus prochain numéro du journal l'Office de publicité des deux réponses dont il s'agit; sinon, et faute de l'avoir fait, dès à présent condamne Desertine à payer à la partie civile une somme de....... à titre de dommages-intérêts par chaque numéro de retard; — Dit et ordonne que le dispositif du jugement sera inséré aux frais de Desertine dans le journal l'Office de publicité, le tout par corps. » — Appel par Desertine. — Arrêt.

LA COUR; — Adoptant les motifs des premiers juges, et considérant, en outre, que les assertions erronées qui se trouvent dans le prospectus publié par Villette, et dans les lettres mêmes dont il demande l'insertion, ne constituant ni crime ni délit, ne pouvaient donner à Desertine le droit de se refuser à l'insertion exigée par lui; — Confirme, etc.

Du 21 fév. 1840.-C. de Paris, ch. cor.-MM. Sylvestre, pr.-Didelot, av. gén., c. conf.-Bazennerye et Fontaine (de Melun), av.

(1) *Espèce* : — (Fournet de Marsilly *C.* la Gazette des Tribunaux.) — Le sieur Fournet de Marsilly ayant été nommé dans un article du 6 juin de la Gazette des Tribunaux qui relatait son procès devant la cour d'assises, a cru devoir adresser au gérant, le sieur Breton, un article en réponse. Sur son refus d'insertion, le gérant est traduit devant le tribunal de police correctionnelle de Paris, qui sanctionne son refus en ces termes : — « Attendu que le but des art. 11 de la loi du 25 mars 1822 et 17 de la loi du 9 sept. 1835 avait été de donner à chacun le droit de répondre dans le journal qui l'avait attaqué et de se servir pour la défense de l'organe même qui l'avait provoqué; mais alors seulement qu'il y avait eu attaque ou provocation et, par suite, préjudice causé; que, dans la cause, l'article signalé par Marsilly ne contenait contre lui-même aucune attaque de nature à lui porter un préjudice véritable. » — Sur l'appel, 4 nov. 1841, arrêt confirmatif de la cour d'appel de Paris : — « Considérant, dit-il, que la lettre dont Marsilly a demandé l'insertion dans la Gazette des Tribunaux, contenait des assertions hasardées et étrangères aux faits qui concernaient Marsilly personnellement; qu'ainsi Breton était autorisé à refuser l'insertion. » — Pourvoi pour violation des art. 11 de la loi du 25 mars 1822 et 17 de celle du 9 sept. 1835. — Me Chevalier a soutenu que la loi était générale et ne comportait aucune des exceptions admises, soit par les premiers juges, soit par ceux d'appel. — Arrêt.

LA COUR; — Attendu que l'art. 11 de la loi du 25 mars 1822 autorise toute personne nommée ou désignée dans un journal à y faire insérer sa réponse, et que l'art. 17 de la loi du 9 sept. 1835 ordonne même que l'insertion ait lieu intégralement, sauf le payement de ce qui excéderait le double de la longueur de l'article; — Que ces dispositions sont générales et absolues; — Que le droit de réponse qu'elles consacrent a été introduit comme un remède nécessaire aux abus possibles de la presse périodique; que ce but ne serait pas atteint si la partie intéressée n'était pas seule juge de l'intérêt qu'elle peut avoir à répondre, et de ce que sa réponse doit contenir; — Que le gérant peut, sans doute, refuser l'insertion et les tribunaux sanctionner son refus lorsque la réponse est contraire aux lois ou aux bonnes mœurs; mais que, ni le gérant, ni les tribunaux ne peuvent priver la partie du droit que la loi lui accorde, sous le prétexte que sa réponse contient des choses inutiles ou inexactes; — Et attendu qu'il est reconnu, en fait, par l'arrêt attaqué que le gérant de la Gazette des Tribunaux a refusé d'insérer dans son journal la réponse du demandeur à un article dans lequel il était nommé; que cependant la cour d'appel de Paris a repoussé l'action dudit demandeur par le seul motif que sa réponse contenait des assertions hasardées, étrangères aux faits qui le concernaient personnellement; — Qu'en admettant, en faveur du gérant, une telle excuse, elle a méconnu les dispositions ci-dessus rappelées des art. 11 de la loi du 25 mars 1822 et 17 de celle du 9 sept. 1835; que, par suite, en refusant de le condamner aux peines que ces articles prononcent, elle les a formellement violés; — Casse.

Du 29 janv. 1842.-C. C., ch. crim.-MM. Crouseilhes, pr.-Vincens, r.

(2) (Legall. *C.* min. pub.) — LA COUR (ap. délib. en ch. du cons.); — Sur le moyen tiré de ce que le jugement attaqué aurait fait une fausse application de l'art. 11 de la loi du 25 mars 1822, en déclarant le gérant du journal le Finistère coupable de la contravention prévue par cet article, en refusant d'insérer une lettre du sieur Hignard, maire de Pont-de-Croix, en réponse à des observations consignées dans ledit journal à la suite de l'insertion d'une lettre précédemment écrite par le même sieur Hignard : — Attendu que le jugement attaqué déclare, en fait, que ledit sieur Hignard avait été désigné nominativement, et par sa qualité de maire, dans lesdites observations en réponse; — Que, dès lors, en sa double qualité de particulier et de fonctionnaire, le sieur Hignard était en droit de réclamer ladite insertion; que nulle fin de non-recevoir ne pouvait être tirée contre lui, ni de sa qualité publique, à raison du dé-

le droit de répliquer à l'article écrit sur la réponse insérée (Riom, 14 janv. 1844, aff. Pons, D. P. 47. 2. 220).

332. Une des décisions rapportées ci-dessus qui a consacré le droit de réponse, même lorsqu'il s'agit de critique littéraire, a été rendue dans une espèce où la partie qui demandait l'insertion justifiait d'un intérêt (V. nº 328 l'arrêt de Lyon, du 19 janv. 1826).—Mais ni le tribunal de première instance, ni la cour qui ont prononcé sur sa réclamation n'ont relevé cette circonstance qui paraît être restée sans influence dans la cause, et voilà pourquoi cette solution nous a semblé avoir sa place parmi les plus favorables au droit de réponse. — Mais est-ce avec raison que le tribunal de première instance et la cour de Lyon ont semblé considérer cette circonstance comme indifférente?—N'est-il pas nécessaire de justifier d'un intérêt quelconque pour obtenir l'insertion d'une réponse à un article de journal dans lequel on a été nommé ? —La limitation du droit accordé par l'art. 11 de la loi de 1822 semble repoussée par les termes généraux de l'opinion de M. de Peyronnet (V. nº 327), et par les arrêts précités de la cour de cassation (V. nº 328) : l'obligation de payer les frais d'impression pour ce qui excède le double de l'article auquel on répond a paru suffisante pour prévenir l'abus du droit et garantir l'intérêt du journaliste.—Toutefois, M. de Grattier (t. 2, p. 102, nº 5) pense que le journaliste pourrait opposer le défaut d'intérêt sérieux et légitime : « mais dès qu'il réunit ces caractères, dit cet auteur, il importe peu qu'il touche à la considération de la personne, à son honneur, ou à sa fortune. » — Cette doctrine est certainement empreinte de sagesse; et il ne nous paraît point douteux que, si une réponse n'était que tracassière, vexatoire, sans but comme sans intérêt même apparent, les juges ne dussent sanctionner soit le refus d'insertion de cette réponse, soit le morcellement qui serait fait des parties de la réponse complétement étrangères au grief qui y aurait donné lieu. C'est surtout lorsque l'article est inoffensif ou même bienveillant que cette interprétation de la loi doit être admise.

333. Du reste, il a été jugé : 1º que le refus d'insertion peut être légitime si le requérant n'a pas éprouvé de préjudice (résolu par le tribunal seulement, V. Crim. cass. 29 janv. 1842, aff. Fournet de Marsilly, nº 330-2º); — 2º Que, quelque généraux et absolus que soient les termes de la loi, une personne nommée dans un journal ne peut exiger l'insertion d'une réponse à l'article qui la désigne qu'autant qu'elle y a intérêt, et que c'est aux tribunaux à apprécier cet intérêt (Paris, 20 fév. 1836, aff le Courrier français, V. nº 329-2º; V. aussi MM. Parant, p. 441; Chassan, t. 1, p. 534 et suiv.; Pégat, p. 47).—Mais il a été jugé également que la personne nommée dans un journal est seule juge de l'intérêt qu'elle peut avoir à répondre, et que ni le gérant ni les tribunaux ne peuvent refuser l'insertion de la réponse sous prétexte qu'elle contiendrait des choses inutiles ou inexactes, si d'ailleurs elle ne renferme rien de contraire à l'ordre public ou aux bonnes mœurs (Crim. cass. 29 janv. 1842, aff. Marsilly, V. nº 330-2º).

C'est là, sans doute, la reproduction exacte de l'explication précitée de M. de Peyronnet; mais, comme tous les principes, celui que renferme cette explication doit avoir ses limites, sous peine de tomber dans les conséquences les plus absurdes. Si l'on n'acceptait ces limites, en effet, qu'en résulterait-il?—C'est que les trente ou quarante personnes qui sont en moyenne nommées par jour dans un journal auraient toutes et tous les jours le droit d'exiger une réponse. — Ainsi, par exemple, il suffirait qu'un journal racontât qu'une arrestation a eu lieu près de la maison de M. Pierre, pour que ce dernier fût fondé à requérir l'insertion d'une réponse étrangère à cette désignation, quoiqu'il ne pût résulter de cette indication de nom la moindre insinuation contre lui. Ainsi, il suffirait qu'un journal fît connaître les noms des jurés désignés par le sort pour une session de cour d'assises, pour que chacun des trente-six jurés titulaires et des jurés supplémentaires fût en droit d'exiger l'insertion d'une réponse ! Evidemment cette manière d'entendre la loi du 25 mars 1822 ne serait pas sérieuse; car le législateur de cette époque n'a pu vouloir faire à la presse une position absolument intolérable. — Qu'une susceptibilité même exagérée, qu'un simple intérêt d'amour-propre suffisent pour justifier la demande d'insertion, on l'admet sans difficulté; mais il faut au moins qu'il existe un intérêt de cette nature. — Au surplus, et c'est ce qui a été jugé, dans l'appréciation qu'ils font d'une réponse, les tribunaux sont fondés à tenir compte de la nature et de la forme de l'attaque, des besoins de la défense et de la légitime susceptibilité de la personne nommée (Crim. rej. 20 juill. 1854, aff. Mayer, D. P. 54. 1. 290).

334. Nous avons vu (nº 327) que d'après les motifs développés par M. de Peyronnet, un journaliste ne peut être tenu d'insérer une réponse contraire à la loi, car ces motifs font peser sur le journal l'entière responsabilité de l'insertion, lorsqu'elle est *coupable*.—D'où il suit qu'une réponse renfermant une contravention, un délit et à plus forte raison un crime ne devrait pas être insérée. — Par suite, il a été jugé que le gérant responsable d'un journal ne peut être tenu d'y insérer une réponse diffamatoire pour un tiers, et qu'ainsi, lorsqu'un journal a rendu compte d'un procès dans lequel un serment a été ordonné, l'adversaire de la partie qui l'a prêté ne saurait, sous prétexte qu'il est nommé dans ce compte rendu, être admis à faire insérer dans cette feuille un article tendant à prouver que le serment prêté n'est qu'un parjure (trib. de Bordeaux, 16 août 1829) (1).

335. La diffamation et l'injure qui sont des motifs pour faire

---

faut d'autorisation du conseil municipal, puisque la loi ne l'exige pas, et qu'il ne s'agissait pas, d'ailleurs, d'un procès concernant les intérêts de la commune, ni de ce que les observations du journaliste n'étaient pas injurieuses, puisque, s'il y avait eu injure ou diffamation, une autre action aurait appartenu au sieur Hignard;—Que la disposition de l'art. 11 de la loi du 25 mars 1822, qui donne à toute personne nommée ou désignée dans un journal ou écrit périodique, le droit de répondre par la voie du même écrit, est un remède contre le tort moral ou autre que la périodicité et la publicité de la publication peuvent causer aux citoyens qui, sans elle, n'auraient pas le même moyen de publicité; que cette disposition se rattache donc au droit de la défense personnelle, et qu'ainsi elle doit être plutôt étendue que restreinte par les tribunaux; que les personnes nommées ou désignées dans les écrits périodiques sont juges, et non les gérants de ces écrits, de la convenance des réponses qu'elles se croient dans le cas de leur adresser; que, si la réplique n'était pas de droit accordée à ces personnes aux observations dont lesdits gérants accompagneraient une première réclamation, la disposition de la loi deviendrait illusoire, et serait la source d'insinuations plus malveillantes que celles auxquelles elles auraient déjà répondu; qu'ainsi, dans l'espèce, et quelque fondé qu'eût pu être le gérant du Finistère à refuser l'insertion de la première réclamation du sieur Hignard, à raison de ce que ce dernier n'était ni nommé ni désigné dans l'article du journal relatif aux élections de Pont-de-Croix, la réponse aux observations dudit journal devait être admise; qu'en s'y refusant, le gérant dudit journal a contrevenu à l'art. 11 précité de la loi, et qu'en lui appliquant, pour cette contravention, la peine de 50 fr. d'amende, le tribunal de Quimper a fait une juste application dudit art. 11; — Rejette le pourvoi du demandeur relativement au jugement intervenu sur l'action du ministère public.

Du 24 août 1832.-C. C., ch. crim.-MM. de Bastard, pr.-Isambert, rap.

(1) (Ducot C. l'Indicateur.) — LE TRIBUNAL; — Attendu que les termes de l'art. 11 de la loi du 25 mars 1822 sont trop généraux et trop exprès tout à la fois, pour qu'on doive admettre, ainsi que l'a prétendu le sieur Coudert, que lorsqu'un article de journal ne présente rien d'offensant pour la personne qui s'y trouve nommée ou désignée, le propriétaire du journal peut se refuser à admettre dans sa feuille un article responsif; que la sagesse de cette disposition est d'ailleurs facile à pénétrer; qu'elle consiste à laisser exclusivement à la personne traduite, sans son aveu, devant le public, le droit de juger quelle impression peuvent produire sur lui les récits ou les réflexions dont elle est le sujet, et la faculté, par suite, de rectifier l'opinion à cet égard, si elle pense qu'il soit besoin de le faire; — Attendu que, de ce principe, ne découle pas néanmoins la conséquence absolue qu'en tire le sieur Ducot, savoir : que dès qu'un individu se trouve nommé dans un journal, il peut forcer le journaliste à publier sa réponse, en quelques termes qu'elle soit conçue, car il suivrait de là que le texte le plus innocent pourrait donner matière au commentaire le plus répréhensible, dont la publication pourrait en certains cas compromettre, tout à la fois ou séparément, l'ordre public, la morale, la réputation des citoyens; que des maux aussi graves ne seraient le plus souvent réparés qu'en partie par la responsabilité dont le journaliste est tenu aux termes des lois, et que cette responsabilité elle-même serait une injustice, en ce que le journaliste se verrait puni pour un délit auquel il aurait été contraint, sans autre remède qu'une garantie pécuniaire et peut-être illusoire contre l'auteur de l'article coupable; que l'objection présentée par le sieur Ducot est tirée de ce que, d'après un tel système, le journaliste partial ou haineux pourra toujours se refuser aux réparations qui lui sont imposées par la loi, en alléguant l'inconvenance de la réponse et le danger qu'il y aurait pour lui de la publier; que cette objection n'est pas sérieuse, en ce que le journaliste qui, sans motifs, refuserait l'insertion demandée, peut être traduit devant les tribunaux, qui jugeront si, eu égard à la gravité ou du plus ou moins de

écarter la réponse, lorsqu'elles s'adressent à des tiers, doivent la rendre également inadmissible, lorsqu'elles attaquent le journaliste lui-même. — On ne peut, d'ailleurs, exiger qu'il pousse l'abnégation jusqu'à se rendre l'instrument d'un délit commis envers lui-même, et, sous ce rapport, il y a majorité de raison à l'égard de la diffamation et de l'injure qui s'adressent au journaliste.—Il a été décidé, dans ce sens : 1° que l'obligation d'insérer la réponse ne va pas jusqu'à soumettre le gérant à insérer un article injurieux pour lui même ou pour des tiers (trib. corr. de Paris, 9 déc. 1846, aff. Forgues, D. P. 47. 4. 389);—2° Que si le gérant d'un journal ne peut s'établir juge de l'opportunité et de la convenance de la réponse, il ne peut être tenu d'insérer celle qui contiendrait des expressions injurieuses pour le journal ou pour lui-même, ou pour des tiers (Riom, 14 janv. 1844, aff. Pons, D. P. 47. 2. 220. — Conf. M. Chassan, t. 1, n° 946; de Grattier, t. 2, p. 106, n° 10).

336. Mais il a été décidé d'un autre côté qu'on ne peut considérer comme injurieuse pour le gérant ou journaliste, la réponse qui renferme des expressions vives, énergiques même, lorsqu'elles sont inspirées par la gravité excessive de l'imputation de l'article auquel il est répondu et qu'elles ne dépassent pas cette gravité (Metz, 23 mai 1850, aff. Mérentié, D. P. 51. 2. 55).—L'exercice du droit de réponse se mesure sur la gravité des imputations de l'article qui la provoque, pourvu qu'elle ne blesse pas la loi ou les droits des tiers. Si l'article auquel il est répondu est injurieux ou diffamatoire, ce n'est pas une raison pour que la réponse le soit, ou, du moins, pour que les tribunaux en ordonnent l'insertion. Ils ne doivent leur appui qu'à une réponse qui respecte la loi. Mais un peu de vivacité, d'énergie même ne doit pas être interdit, alors que les termes de la provocation sont gravement offensants pour celui qui en est l'objet et qu'ils sont faux et calomnieux. C'est en ce sens, on doit le croire, que M. Chassan, t. 1, n° 946, a écrit « la vivacité des expressions ne doit pas être un motif de refus (d'insertion), quand cette vivacité ne dégénère pas en invectives. »

337. Peu importe, d'ailleurs, la forme ou le sujet de l'article dans lequel une personne est nommée : la loi ne fait aucune distinction à cet égard. — Aussi a-t-il été jugé : — 1° Que les comptes rendus judiciaires publiés par les journaux ne doivent point être exceptés de l'application de l'art. 11 de la loi du 25 mars 1822 (Rouen, ch. corr. 13 déc. 1839, MM. Blétry, pr., Paillard, av. gén., c. conf., aff. Rivoire C. Gonzalès); — 2° Que le droit de réponse accordé à toute personne nommée ou désignée dans un journal, est applicable même au cas où l'attaque dirigée contre cette personne se serait produite dans un compte rendu des séances de l'assemblée législative ou des audiences des tribunaux; qu'on objecterait vainement qu'un tel compte rendu ne peut donner lieu qu'à une action pénale ou civile, pour infidélité et mauvaise foi (Crim. cass. 8 fév. 1850, aff. le Siècle, D. P. 50. 1. 69).—Les personnes nommées dans un compte rendu ne sont, du reste, nullement tenues de prouver qu'il est infidèle et de mauvaise foi, pour obtenir l'insertion de leur réponse (V. en ce sens M. Chassan, t. 1, p. 932). — Ce serait encore là, en effet, faire dépendre l'exercice du droit de réponse d'une condition purement arbitraire.

338. *Quelles personnes peuvent exiger l'insertion.* — *Toute personne nommée ou désignée* dans un journal a, suivant l'art. 11 de la loi du 25 mars 1822 le droit d'y faire insérer sa réponse. — Mais les héritiers d'une personne nommée dans un écrit périodique peuvent-ils exercer aussi ce droit?—Nous avons peine à l'admettre. A la vérité les héritiers sont saisis de plein droit des *droits* et actions du défunt (c. nap. 724). — Mais ce principe ne s'applique qu'aux droits qui se trouvent dans la succession au moment du décès, et il ne peut en être ainsi d'un droit de réponse à un article qui n'a paru qu'après le décès. — Toutefois, il a été jugé que les héritiers d'une personne nommée dans un journal peuvent exiger l'insertion de leur réponse dans cette feuille (Paris, 9 juill. 1836, aff. Fournier-Verneuil, V. n° 1128. — Conf. M. de Grattier, t. 2, p. 105). — V. du reste sur la question connexe de savoir si les héritiers peuvent intenter une action à raison de la diffamation dirigée contre leur auteur, *infrà*, n° 1126.—V. aussi v° Instruct. crim., n° 103.

339. On a dû remarquer que la loi accorde le droit de réponse à ceux qui ont été nommés ou *désignés* dans un article de journal. — Il est donc sans importance que le nom de la personne qui veut faire insérer sa réponse ne se trouve pas dans l'article qui y donne lieu, si, d'ailleurs, elle y est clairement désignée.—Aussi a-t-il été jugé qu'il suffit qu'un article de journal soit injurieux pour un chef militaire, quoiqu'il n'y soit pas nominativement désigné, pour qu'il ait le droit d'exiger l'insertion d'une réponse à cet article (Metz, 23 mai 1850, aff. Mérentié, D. P. 51. 2. 55).— Il est également certain, et c'est aussi ce qui a été jugé, que les fonctionnaires publics et les corps constitués ont le droit de faire insérer leur réponse dans les journaux où ils sont désignés (Crim. rej. 31 déc. 1835, aff. Degeorge, V. n° 352. — Conf. M. Chassan, t. 1, p. 539).

340. M. de Grattier (t. 2, p. 102) fait observer qu'on a contesté aux journalistes le droit consacré par l'art. 11 de la loi de 1822, et que c'est là créer une distinction arbitraire que repoussent également le texte et l'esprit de la loi. — Le même auteur ajoute : « Voudra-t-on leur imposer la condition que la personne des gérants et non l'être collectif qui compose le journal auquel ils appartiennent aura dû être clairement désignée? C'est créer une nouvelle distinction aussi arbitraire que la première, si l'on reconnait que tout être moral comme une administration, une association, est compris dans les termes de l'art. 11. » — Cette dernière solution paraît plus contestable que la première. Dans la première, en effet, il s'agit de la personne du gérant ou du journaliste considérée isolément et qui, dès lors, ne peut avoir ni plus ni moins de droits que ceux qui sont accordés à *toute personne*.—Aussi a-t-il été jugé que le gérant d'un journal peut, comme tout autre citoyen, user du droit de réponse dans la feuille où il a été nommé ou désigné (Douai, 16 juin 1845, aff. Dayez, D. P. 48. 2. 11).—Mais, dans la seconde, il s'agit d'un *journal* pour lequel on peut soutenir que la disposition qu'il s'agit d'interpréter n'a pas été créée, car les motifs qui l'ont fait adopter ne paraissent pas lui être applicables. Quelles sont, en effet, peut-on dire, les raisons qui ont dicté l'art. 11 de la loi de 1822? C'est, d'abord, la nécessité de rétablir l'égalité entre les journalistes et les autres citoyens et de prévenir l'abus que les journaux pourraient faire de la publicité, s'il n'était permis de leur répondre; c'est ensuite d'empêcher, autant que possible, les procès qui naissent des attaques de la presse, en accordant au plaignant la satisfaction d'une réponse. — Or, cette égalité, cette satisfaction, les journaux n'en éprouvent nullement le besoin. Chaque feuille est une tribune du haut de laquelle on peut répondre à tout journal agresseur. On peut donc soutenir que l'art. 11 de la loi de 1822 ne concerne pas les journaux.—Mais encore une fois c'est là une distinction que les motifs véritables et les termes généraux de la loi repoussent également.

341. Il a été prétendu que la poursuite du ministère public, à raison d'un refus d'insertion, peut avoir lieu d'office, et qu'il n'est pas besoin d'une plainte pour mettre en mouvement l'action publique (V. en ce sens M. de Grattier, t. 4, p. 109, n° 13). —Mais, d'une part, il s'agit ici d'intérêts purement individuels, dont l'appréciation doit être abandonnée aux personnes qu'ils

gravité de l'article primitif, la réponse dépasse oui ou non les bornes d'une légitime défense, et puniront le journaliste quand il méritera d'être puni; — Attendu qu'en appliquant ces principes à l'espèce du procès, on voit que, pour répondre à la publication sommaire d'un jugement du tribunal civil, qui n'est assortie d'aucune réflexion, le sieur Ducot a voulu exiger du sieur Coudert qu'il insérât dans son journal une lettre où il dit que l'adversaire du sieur Ducot, après quarante et un jours d'hésitation, s'est présenté devant la cour pour prêter un serment auquel elle l'aurait soumis; que cet adversaire s'est libéré envers lui par un serment; une lettre dans laquelle le sieur Ducot prétend avoir démontré clairement l'existence du fait dont le contraire a été affirmé par sa partie adverse sous la foi du serment; une lettre où il demande ce qu'on doit penser de ce serment, si la démonstration est vraie, et pourquoi, si elle est fausse, son adversaire n'a pas demandé en justice la suppression du Mémoire où elle était établie; qu'évidemment les paroles ci-dessus mentionnées contiennent des insinuations et même des imputations offensantes pour celui qui en est l'objet, sans qu'elles aient été provoquées par l'article du journal auquel elles sont appelées à répondre; qu'ainsi le sieur Coudert a été bien fondé de refuser de les publier par la voie de son journal; — Renvoie le sieur Coudert de la plainte, et condamne le sieur Ducot aux dépens.

Du 16 août 1829.-Trib. de Bordeaux.

concernent; d'autre part, la disposition de la loi du 17 mai 1819, laquelle fait dépendre l'action publique de la plainte de la partie qui se prétend lésée, pose un principe général qu'on doit appliquer dans tous les cas où, comme ici, ces intérêts sont principalement en jeu, et où les intérêts de l'État ne sont engagés que d'une manière tout à fait accessoire. — D'où la conséquence qu'il faut non pas seulement une demande d'insertion d'une réponse, mais encore une plainte du réclamant, pour que le ministère public ait qualité pour agir contre le journaliste. — Aussi M. Chassan (t. 1, p. 514) fait-il très-bien remarquer à cet égard qu'il ne faudrait pas que les poursuites du ministère public vinssent répandre l'éclat de la publicité sur une réponse que son auteur aurait, après réflexion, jugé prudent de laisser tomber dans l'oubli. — Néanmoins, on objecte : 1° que le législateur qui s'est bien exprimé à l'égard de l'action en diffamation, garde le silence relativement à l'action pour refus d'insertion; — 2° Que la réclamation de la personne nommée dans un journal peut être considérée comme une sorte de plainte, et qu'il faudrait supposer que le silence qu'elle garde, après avoir demandé l'insertion de sa réponse, équivaut au retrait de sa plainte; ce qu'on ne saurait admettre.

342. *Remise de la réponse.* — La preuve de la remise de la réponse peut résulter de tous les moyens d'établir le fait. — Il n'est pas besoin de le faire constater par un procès-verbal d'huissier (V. en ce sens MM. Rauter, Tr. de dr. crim. français, t. 1, p. 578, n° 428; Chassan, t. 1, p. 543). — Ainsi, la preuve testimoniale serait parfaitement admissible; mais il est bien entendu qu'une preuve directe serait seule suffisante, et que de simples inductions ne devraient point satisfaire la conscience des juges, à moins qu'elles ne fussent graves, précises et concordantes. — Mais à qui doit être remise la réponse? Peu importe, ce semble, pourvu qu'elle parvienne au gérant par une voie quelconque. — Aussi a-t-il été jugé que l'obligation d'insérer la réponse existe pour le gérant d'un journal quoiqu'elle ait été adressée, non à lui, mais au rédacteur en chef et qu'elle n'ait pas été remise à sa personne ou à son domicile, mais au bureau de rédaction du journal et à la femme du rédacteur chargée de recevoir ce qui a trait à la rédaction (Metz, 23 mai 1850, aff. Mérentié, D. P. 51. 2. 55). — C'est, en effet, dans les bureaux du journal, ainsi que cela a été jugé, que le gérant est réputé avoir son domicile, pour tous les actes relatifs aux publications dont il a la responsabilité (Crim. rej. 25 avril 1846, aff. Moussard, D. P. 46. 4. 278), et, dans l'espèce de la décision précitée, la remise à la femme du rédacteur, *chargée de recevoir tout ce qui était relatif à la rédaction*, suffisait complétement au vœu de la loi. Toutes les fois, d'ailleurs, que la réponse est réellement parvenue au gérant, les difficultés qu'il soulève sur la régularité de la remise ne se présentent plus que comme des subtilités ou des chicanes dont les tribunaux ne sauraient faire trop prompte justice, sauf toutefois les difficultés relatives au délai dont il va être parlé.

343. *Dans quel délai doit avoir lieu l'insertion.* — Suivant l'art. 11 de la loi du 25 mars 1822, l'insertion de la réponse doit avoir lieu dans les trois jours de la réception, ou dans le plus prochain numéro, s'il n'en était pas publié avant l'expiration de trois jours. — D'après l'art. 17 de la loi du 9 sept. 1835, l'insertion des réponses et rectifications prévues par l'art. 11 de la loi du 25 mars 1822 devait avoir lieu dans le numéro qui suivait le jour de la réception; mais cette disposition est abrogée (V. n° 62) et l'art. 13 de la loi du 27 juill. 1849, qui a pour objet de remplacer à cet égard la loi de 1835, garde le silence relativement au délai. Qu'en faut-il conclure? Que l'abrogation de la loi de 1835 nous replace sous l'empire de l'art. 11 de la loi du 25 mars 1822. On peut, au premier aperçu, en douter, parce que l'abrogation d'une loi abrogatrice ne fait pas revivre la loi abrogée (V. à cet égard v° Loi, n° 561). Mais il est à observer aussi que la loi de 1835 avait bien plutôt pour objet de préciser le sens et d'assurer l'exécution de l'art. 11 de la loi de 1822, que de l'abroger : d'où la conséquence, ce semble, que les principes en matière d'abrogation ne doivent point recevoir ici leur application, et que, dès lors, la loi de 1822 doit être observée. — Sous la loi de 1835, il a été jugé que l'insertion de la réponse d'une personne désignée dans un journal, qui devait être faite dans le numéro du journal qui suivait la réception de cette réponse, avait pu être déclarée ne devoir subir aucun retard, dans le cas même où il était établi qu'au moment où la réponse avait été reçue, la composition de la feuille était entièrement achevée et que le tirage de deux des pages était commencé, alors d'ailleurs que cette réponse était de faible dimension, et, par exemple, de quinze lignes environ (Crim. rej. 4 fév. 1847, aff. Vanderest, D. P. 47. 1. 56. — V. en ce sens MM. Chassan, t. 1, n° 956; de Grattier, t. 2, p. 351, n° 5). — Sous la loi de 1822, cette solution n'offre plus d'intérêt, en ce que c'est *dans les trois jours* de la réception que l'insertion doit avoir lieu, ce qui exclut la difficulté qui pouvait naître d'une réponse remise au moment du tirage du journal. — La loi dit, il est vrai : « *Ou dans le plus prochain numéro, s'il n'en était pas publié avant l'expiration des trois jours*; » ce qui semble impliquer que lorsqu'il est publié un numéro dans les trois jours de la réception, la réponse doit y être insérée. Mais il faut coordonner les diverses parties de l'article, et donner à chacune le sens qui lui appartient. Or le législateur commence par accorder au journaliste *trois* jours pour l'insertion. On ne peut supposer qu'une ligne plus bas il ait entendu lui retirer ce délai. Ce terme lui est donc acquis, et les journaux qui, dans ce délai, paraissent sans la réponse ne contreviennent pas à la loi. Puis, à partir de l'expiration du délai, le premier numéro qui paraîtra devra nécessairement contenir la réponse. Nous sentons bien que cette interprétation ne répond pas entièrement aux termes de la loi; mais si elle doit être entendue en ce sens que lorsqu'un numéro paraîtra dans les trois jours, le lendemain de la réception, par exemple, le journaliste est obligé d'insérer la réponse qui lui est adressée, nous nous demandons ce que signifie le délai de trois jours qui lui est accordé. — Cette difficulté d'interprétation prouve du reste que ce n'était pas sans raison que la loi de 1835 avait modifié l'art. 11 de la loi de 1822 et il est à regretter que celle du 27 juill. 1849 n'ait pas reproduit sa disposition sur ce point.

344. *Comment doit se faire l'insertion.* — La réponse doit être insérée telle qu'elle est remise, sans changements, sans omissions, car il est manifeste que le but de la loi ne pourrait être atteint si le journaliste pouvait à son gré modifier la réponse qui lui est faite. — Aussi a-t-il été jugé : 1° que la réponse doit être intégralement insérée; que son insertion fractionnée ou mutilée est insuffisante, alors que les passages supprimés ne portent atteinte ni à la morale, ni aux lois (Douai, 16 juin 1845, aff. Dayez, D. P. 48. 2. 11); — 2° Que l'arrêt qui approuve le refus par un journaliste d'insérer *intégralement* la réponse d'une personne qui a été nommée dans son journal doit être annulé, bien qu'il ait reconnu en fait que le journaliste a inséré, sans rien modifier ni retrancher, tout ce qui pouvait constituer une réponse à l'article ou à l'attaque dirigée contre l'auteur de cette réponse, et que la partie retranchée était étrangère aux faits articulés dans cet article, si d'ailleurs cet arrêt n'a pas déclaré que la réponse constituait un crime ou un délit; que c'est à tort qu'on prétendrait que l'arrêt ayant reconnu en fait que la partie de la réponse insérée constituait une réponse à l'article publié, cette appréciation devait échapper à la censure de la cour de cassation; et spécialement que, le maire attaqué dans un article qui reproduit la protestation d'un certain nombre de conseillers municipaux dirigée contre lui, a le droit d'exiger, pour toute réponse, l'insertion de la lettre signée en sa faveur par un certain nombre d'électeurs; et que le journaliste ne peut ni supprimer partie de cette lettre, ni omettre les noms des électeurs signataires (Crim. cass. 26 mars 1841) (1); — 3° Que

(1) *Espèce* : (Aubermesnil C. le Journal de Rouen.) — Un arrêt de la cour de Rouen du 20 août 1840 avait renvoyé le gérant du journal de Rouen de l'action formée contre lui en se fondant sur ce que, ce gérant, en insérant dans son journal les passages d'un libelle dirigé contre le sieur d'Aubermesnil, maire de la ville de Neufchâtel, en avait supprimé certains faits de personnalité; qu'en conséquence, il n'était tenu que d'insérer pareillement les parties de la réponse correspondantes à celles du libelle qu'il a publiées. — Pourvoi. — Arrêt (ap. délib. en ch. cons.).

La Cour; — Vu les art. 11 de la loi du 25 mars 1822, et 17 de celle du 9 sept. 1835; — Attendu que, suivant ledit art. 11, « les propriétaires et éditeurs de tout journal ou écrit périodique sont tenus d'y insérer la réponse de toute personne nommée ou désignée dans le journal

le gérant d'un journal est tenu d'insérer intégralement, c'est-à-dire sans coupures ni morcellements, la réponse que toute personne nommée ou désignée dans le journal a droit de faire, excepté dans le cas où l'article dont l'insertion est réclamée exposerait le gérant à des poursuites judiciaires, ou bien dans le cas où cet article ne se rattacherait ni directement ni indirectement à celui dont il doit être la réfutation (Paris, 3 juin 1841) (1); — 4° Que le journaliste ne peut refuser l'insertion ou en supprimer une partie, s'il ne prouve l'impossibilité légale où il s'est trouvé de respecter l'intégralité de la réponse, et que, par exemple, c'est avec raison qu'il est condamné à l'insertion s'il a retranché certains passages de la réclamation sous le prétexte qu'ils étaient diffamatoires pour lui, si rien n'établit qu'il ait justifié du caractère injurieux et diffamatoire des passages supprimés (Crim. rej. 7 nov. 1834) (2).

345. Il a été jugé encore : 1° que la personne nommée dans un journal est seule juge de ce qui doit constituer sa réponse, de la convenance de sa forme et de sa teneur, et que le gérant ne

---

ou écrit périodique, sous peine d'une amende de 50 à 500 fr., sans préjudice des autres peines ou dommages-intérêts auxquels l'article incriminé pourrait donner lieu ; » — Que suivant le même article, la réponse dont l'insertion devait être gratuite « pouvait avoir le double de la longueur de l'article auquel elle était faite ; » — Et que, suivant ledit art. 17, cette insertion « doit avoir lieu dans le numéro qui suit le jour de la réception ; qu'elle a lieu intégralement ; qu'elle est gratuite ; que toutefois, si la réponse a plus du double de la longueur de l'article... le surplus de l'insertion est payé suivant le tarif des annonces ; »

Attendu qu'il résulte de ces diverses dispositions, que le législateur a voulu soumettre le journaliste qui s'érige en censeur public à fournir aux citoyens nommés ou désignés dans ses articles, le plus sûr moyen de repousser les inculpations, les assertions qu'ils croient de nature à les compromettre, soit comme hommes publics, soit comme hommes privés ; — Que ce but ne serait point atteint, si le journaliste pouvait refuser l'insertion intégrale de la réponse, sous prétexte ou de sa longueur, ou de l'inutilité de quelqu'une de ses parties, ou de prétendus vices de rédaction ; — Qu'en nommant ou désignant un individu, le journaliste a dû, suivant la loi, lui reconnaître le droit de répondre comme il l'entendra et s'assujettir d'avance à insérer intégralement cette réponse ; — Que ce droit de répondre est général et absolu ; — Que celui qui l'exerce, qui est fondé à l'exercer de là qu'il a été nommé ou désigné, est seul juge de l'opportunité, de l'étendue, de la forme, de la teneur de sa réponse ; — Qu'elle ne doit subir aucune sorte de contrôle de la part du journaliste ; — Que si le refus de celui-ci nécessite l'intervention de la justice, cette intervention doit avoir surtout pour résultat d'assurer la stricte exécution de la loi, de garantir à celui qui répond la plénitude de ses droits, de prévenir ou du moins de réprimer avec sévérité des résistances qui, en ajournant la publication de la réponse, lui ôtent souvent tout son fruit ; — Et que, s'il convient de reconnaître à l'autorité judiciaire une faculté d'examen refusée au journaliste, l'exercice circonspect d'une telle faculté doit se réduire aux seuls cas où l'ordre social, la morale publique, l'intérêt d'un tiers, l'honneur du journaliste réclameraient cet exercice ; — Attendu, en fait, que le sieur Tirebarbe-d'Aubermesnil avait adressé à ses concitoyens une lettre imprimée, publiée et distribuée, pour leur annoncer qu'il se démettait de ses fonctions de conseiller municipal, mais que cette démission n'était qu'un appel par lui fait à l'opinion publique ; — Que douze conseillers municipaux, croyant voir dans cette lettre des passages qui les inculpaient, firent imprimer, publier et distribuer une assez longue réfutation, dont le Journal de Rouen inséra plusieurs fragments, faisant connaître notamment les noms et la qualité des douze signataires ; — Que trente-deux électeurs municipaux firent à leur tour imprimer, publier et distribuer un écrit contenant, suivant eux, une réplique à tous les griefs imputés au demandeur par les douze conseillers municipaux ; — Que celui-ci, s'appropriant cet écrit comme la meilleure réponse qu'il pût faire et aux douze conseillers municipaux et au gérant du Journal de Rouen qui avait accompagné de quelques réflexions plus ou moins fâcheuses l'insertion des fragments dont il s'agit, requit ledit gérant d'insérer intégralement dans le plus prochain numéro de son journal l'écrit des trente-deux électeurs ; — Mais que le gérant ne déféra qu'en partie à cette sommation ; qu'il n'inséra que divers fragments, à son choix, de l'écrit servant de réponse ; qu'il affecta même de ne publier ni les noms ni les qualités des trente-deux signataires, se bornant à les désigner comme amis du sieur d'Aubermesnil et expliquant, dans les termes suivants, son refus d'insertion intégrale : « La loi et l'impartialité naturelle ne sauraient nous imposer plus pour M. Tirebarbe que nous n'avons fait contre lui ; nous croyons donc remplir strictement les obligations qui nous sont imposées comme organe de publicité en accueillant du plaidoyer des amis de M. Tirebarbe la portion qui répond aux points discutés dans le fragment de la lettre des douze conseillers municipaux, qui a paru dans notre journal ; » — Et attendu qu'en scindant ainsi la réponse dont l'insertion intégrale lui était demandée, en se constituant juge de l'utilité ou de l'inutilité de certains passages, en affectant de supprimer les noms et les qualités des trente-deux signataires, le gérant du Journal de Rouen s'était arrogé un droit qui ne lui appartenait pas ; que telle partie de la réponse qu'il jugeait oiseuse ou non afférente aux fragments publiés, pouvait, dans la pensée du sieur d'Aubermesnil, avoir un tout autre caractère ; qu'ainsi, pour n'être que partiel, le refus du gérant n'en était pas moins mal fondé et illégal ; — Que cependant l'arrêt attaqué, tout en reconnaissant au demandeur le droit de répondre, a validé le refus du gérant et a relevé ce dernier, sous prétexte d'une appréciation de faits qui conduirait à la faculté, pour le journaliste, de n'insérer que ce qu'il jugerait être une réponse à sa publication, un système évidemment contraire à la lettre et à l'esprit des art. 11 et 17 précités ; — Par ces motifs, casse.

Du 26 mars 1841.-C. C., ch. crim.-MM. Bastard, pr.-Romiguières, r.

(1) (D'Aubermesnil C. le Journal de Rouen.) — Sur le renvoi prononcé par l'arrêt qui précède, la cour de Paris a rendu l'arrêt suivant :

La cour ;—Vu les art. 11 loi du 25 mars 1822, et 17 loi du 9 sept. 1835 ; — En droit : — Considérant qu'il résulte de la loi du 25 mars 1822 que les propriétaires ou éditeurs de tout journal ou écrit périodique sont tenus d'y insérer gratuitement la réponse de toute personne nommée ou désignée dans le journal ; que la loi du 9 sept. 1835, ajoutant aux dispositions de la loi de 1822, a ordonné que cette réponse serait insérée intégralement, et que, pour assurer l'exécution de cette disposition, elle a statué que si l'insertion de la réponse dépassait le double de la longueur de l'article primitif, l'auteur de la réponse serait tenu de payer le surplus de l'insertion, suivant le tarif des annonces ; — Qu'il suit de là que l'auteur de la réponse est le seul juge de l'utilité, de la convenance de cette réponse et de l'étendue qu'il croit devoir lui donner ; — Qu'abandonner à l'éditeur du journal le droit de limiter cette réponse, d'en retrancher ce qui lui conviendrait et d'apprécier le plus ou le moins d'utilité de chacune de ses parties, ce serait rendre illusoires les dispositions des lois précitées, qui ont voulu fournir aux personnes nommées dans un journal le seul moyen de repousser efficacement des assertions de nature à compromettre leur honneur ; — Que, par le seul fait qu'il nomme ou désigne une personne dans son journal, l'éditeur s'est nécessairement soumis à l'obligation d'accueillir et d'insérer intégralement la réponse de la personne ainsi désignée ou nommée ; que ces principes ne pourraient recevoir d'exception que dans le cas où l'article dont l'insertion serait réclamée exposerait l'éditeur du journal à des poursuites judiciaires, ou bien encore dans le cas où cet article ne se rattacherait ni directement ni indirectement à l'attaque dont on le supposerait la réfutation, ce qui lui ôterait le caractère de réponse, et ferait cesser l'application des lois précitées ; — Considérant, en fait, que d'Auberménil, maire de la ville de Neufchâtel, ayant publié une circulaire adressée à ses compatriotes, pour leur annoncer que, désirant faire un appel à l'opinion publique, il donnait sa démission des fonctions de conseiller municipal, plusieurs des conseillers municipaux de cette ville firent imprimer et publier dans le Journal de Rouen une réfutation de plusieurs des faits énoncés dans cette circulaire ; que trente-deux électeurs municipaux de Neufchâtel ayant à leur tour publié une réplique aux griefs imputés à d'Auberménil, celui-ci fit sommation au gérant du Journal de Rouen d'insérer intégralement cet écrit comme réponse, soit à la lettre des conseillers municipaux insérée dans ledit journal, soit aux réflexions dont l'éditeur l'avait fait précéder, et dans lesquelles il avait été désigné, offrant de payer l'insertion de la partie de cette réponse qui excéderait le double de la longueur de l'article, dont l'insertion gratuite lui était assurée par la loi ; — Que, malgré cette sommation, Roger, gérant du Journal de Rouen, n'a inséré, dans le numéro du 23 juin, que des fragments de cette réponse, et qu'ainsi il ne s'est pas conformé aux prescriptions de la loi ; — Considérant qu'il n'y a pas d'appel du ministère public, et qu'ainsi il n'y a lieu de faire application d'une disposition pénale, et qu'il ne s'agit plus que de statuer sur les conclusions de la partie civile ; que la cour a les éléments pour les arbitrer ; — Met l'appel et ce dont est appel au néant, etc.

Du 3 juin 1841.-C. de Paris, ch. corr.-M. Silvestre, pr.

(2) (Roux C. Maurandi.) — La cour ; — Sur le deuxième moyen, pris de la fausse application de l'art. 11 de la loi du 25 mars 1822, en ce que les suppressions faites dans la lettre dont le sieur Maurandi demandait l'insertion au journal publié par le sieur Roux, étaient légitimées par le caractère injurieux ou diffamatoire des paroles supprimées : — Attendu que l'art. 11 de la loi du 25 mars accorde aux citoyens qui sont nommés ou désignés dans un journal, un droit qui dérive de celui de la défense, et qui doit être protégé par la justice ; que c'est au journaliste qui a refusé l'insertion, de justifier de l'impossibilité légale où il s'est trouvé de respecter l'intégrité de la réclamation à lui adressée, en vertu du principe *reus excipiendo fit actor*, que rien n'établi que le sieur Roux ait prouvé ni demandé à prouver le caractère injurieux ou diffamatoire des passages par lui supprimés dans la lettre de Maurandi ; que dès lors, l'arrêt attaqué (de la cour d'Aix du 3 juill. 1834), en faisant application au sieur Roux des dispositions pénales de l'art. 11 de la loi de 1822, n'a violé aucun principe et a sainement interprété ladite loi ; — Rejette.

Du 7 nov. 1834.-C. C., ch. crim.-MM. Brière, pr.-Isambert, rap.

peut refuser de l'insérer, alors qu'elle n'est contraire ni aux lois, ni aux bonnes mœurs, ni à l'intérêt des tiers, ni à l'honneur du journaliste (Metz, 23 mai 1850, aff. Mérentié, D. P. 51. 2. 55); — 2° ... Et qu'ainsi, le texte officiel d'un discours peut être considéré comme une réponse à l'article qui en a fait la critique (Crim. cass. 8 fév. 1850, aff. le Siècle, D. P. 50. 1. 69).

346. Toutefois, il a été jugé que le gérant a le droit de se refuser à l'insertion de développements contenus dans la réponse, et qui seraient étrangers au sujet de l'article (Riom, 14 janv. 1844, aff. Pons, D. P. 47. 2. 220; Paris, 12 déc. 1846, aff. Démocratie pacifique, D. P. 47. 2. 221).

347. Au reste, la loi ne dit nullement dans quelle partie du journal devra être placée la réponse ni en quels caractères elle devra être imprimée. — Par suite, il a été jugé que l'insertion de la réponse est légalement accomplie, bien que faite en petits caractères et à la fin de la feuille, immédiatement avant la signature du journal, si ce mode de publication est usité par le journal pour des articles sérieux (trib. correct. de Paris, 7 janv. 1847, aff. de Genoude, D. P. 47. 4. 389).—Le décret du 17 fév. 1852 (art. 19) veut que l'insertion des documents officiels ait lieu *en tête du journal*. Mais cette disposition est inapplicable aux insertions exigées par les particuliers. — Néanmoins, toute affectation de la part du journaliste, tendant à soustraire la réponse à l'attention de ses lecteurs, devrait être réprimée. — Ainsi, nous croyons qu'une réponse placée parmi les annonces devrait être considérée comme n'ayant pas été insérée.

348. Suivant un arrêt, si, par suite de la cessation d'un journal, la réponse qui lui avait été adressée est devenue impossible, il y a lieu d'ordonner l'affiche, aux frais du gérant, tant de cette réponse que de l'extrait des motifs et du dispositif du jugment qui a reconnu la légitimité de la réponse (Metz, 23 mai 1850, aff. Mérentié, D. P. 51. 2. 55). — Nous pensons qu'on pourrait aussi en ordonner l'insertion dans un autre journal, ce qui serait peut-être un meilleur moyen de publicité. — V. du reste *suprà*, n° 323, nos observations en ce qui touche l'exécution d'un jugement dont l'insertion a été ordonnée dans un journal.

349. *Prix de l'insertion.* — Suivant l'art. 11 de la loi du 25 mars 1822, l'insertion devait être gratuite; mais elle ne pouvait avoir que le double de la longueur de l'article qui l'avait provoquée. — D'après la loi du 9 sept. 1835 (art. 17), la longueur de la réponse était indéterminée. Seulement, si elle avait plus du double de la longueur de l'article qui l'avait occasionnée, le surplus de l'insertion devait être payé suivant le tarif des annonces. — On sait que la loi du 9 sept. 1835 a été abrogée par le décret du 6 mars 1848, et il avait été jugé que cette abrogation avait remis en vigueur la loi du 25 mars 1822, et qu'en conséquence, la réponse à un article publié depuis le décret du 6 mars 1848 ne pouvait dépasser le double de l'étendue de cet article, nonobstant l'offre par le plaignant de supporter les frais simples de l'insertion (Crim. cass. 8 fév. 1850, aff. le Siècle, D. P. 50. 1. 69).

350. Mais l'art. 13 de la loi du 27 juill. 1849 veut, comme l'art. 17 de la loi de 1835, que l'insertion soit gratuite pour les réponses et rectifications prévues par l'art. 11 de la loi du 25 mars 1822, lorsqu'elles ne dépassent pas le double de la longueur des articles qui les auront provoquées; que, dans le cas contraire, le prix de l'insertion soit dû pour le surplus seulement. — La loi de 1849 ne s'explique pas sur le prix auquel l'insertion devra être payée pour ce qui excède le double de la longueur de l'article; mais il paraît naturel de le compléter au moyen de l'article précité de la loi du 9 sept. 1835 dont elle a, d'ailleurs, reproduit les termes. — Le tarif de l'insertion est celui fixé par le journal lui-même pour les annonces (V. M. Parant, p. 441, n° 3). — Quant aux réponses à des articles publiés après l'abrogation de la loi du 9 sept. 1835, et avant la loi du 27 juill. 1849, il a été jugé que le droit de réponse est réglé par la loi en vigueur à l'époque où a été publié l'article auquel la réponse est faite, et non d'après celle sous l'empire de laquelle ce droit est exercé; qu'ainsi l'étendue de la réponse à un article publié sous la loi de 1822 est fixé au maximum établi par cette loi, sans que le plaignant puisse en exiger l'insertion intégrale en payant les frais de l'excédant, bien que la réponse ait été faite après la promulgation de la loi du 27 juill. 1849, dont l'art. 17 autorise cette insertion intégrale (Crim. cass. 8 fév. 1850, aff. le Siècle *C.* Ségur d'Aguesseau, D. P. 50. 1. 69, et sur renvoi Amiens, 18 fév. 1850, D. P. 55. 5. 349). — Il paraît, du reste, incontestable que, pour déterminer l'étendue de l'article, il ne faut tenir compte que de ce qui concerne la personne désignée qui demande à répondre.—V. en ce sens M. de Grattier, t. 2, p. 353, n° 8.

351. Le journaliste peut exiger que le coût de la réponse lui soit payé d'avance, pour ce qui excède le double de la longueur de l'article auquel elle est faite (V. en ce sens M. de Grattier, t. 2, p. 352, n° 7). Il ne paraît pas juste, en effet, de l'exposer au refus qu'il pourrait essuyer ensuite, refus que l'insolvabilité de l'auteur de la réponse pourrait quelquefois rendre insurmontable.—Pour ôter même au journaliste toute cause de refus d'insertion (M. Chassan, t. 1, n° 943) pense qu'il y aurait lieu de lui faire des offres réelles. —Nous trouvons le moyen dispendieux. La valeur de l'accessoire (les frais) dépasserait presque toujours celle du principal (le coût de l'insertion), surtout s'il fallait procéder ensuite à la consignation, assigner en validité des offres, etc. Ce seraient deux procès pour un. — Nous devons ajouter que la jurisprudence, loin d'avoir consacré cette solution, dénie complétement au journaliste le droit d'exiger le payement préalable de ce qui peut lui être dû. — En effet, il a été jugé : 1° que bien que la réponse à un article de journal excède le double de la longueur de cet article, le journaliste ne peut exiger d'avance le payement de l'insertion de l'excédant (Rouen, 13 déc. 1839, aff. Rivoire, D. P. 47. 4. 390; Riom, 14 janv. 1844, aff. Pons, D. P. 47. 2. 220; Paris, 16 mai 1850, aff. Grégoire, D. P. 51. 5. 430; Metz, 23 mai 1850, aff. Mérentié, D. P. 50. 2. 55).

352. Au surplus, il est manifeste, et c'est ce qui a été jugé, que les fonctionnaires publics ne peuvent avoir moins de droits que tous les citoyens en général, que, dès lors, ils peuvent faire insérer gratuitement leur réponse dans le journal qui les a nommés ou désignés (Crim. rej. 31 déc. 1835) (1); — Qu'en conséquence, le fonctionnaire public (dans l'espèce, le commandant d'un pénitencier militaire) nommé ou désigné dans un journal à l'occasion de l'exercice de ses fonctions, jouit, comme simple particulier, du bénéfice de la gratuité de la réponse qu'il a adressée au journal, et que c'est à tort qu'on prétendrait qu'il est astreint à la condition de payement établie par l'art. 13 de la loi du 27 juill. 1849 pour l'insertion des documents officiels, rectifications, etc., adressés aux gérants par les dépositaires de l'autorité publique (Metz, 23 mai 1850, aff. Mérentié, D. P. 51. 2. 55) — Aujourd'hui, d'ailleurs, nous l'avons déjà fait observer (n° 325), les insertions demandées par les dépositaires de l'autorité publique sont gratuites.

353. *L'insertion de la réponse rend-elle l'action en diffamation ou en injure non recevable?* — Le droit de réponse rétablit l'équilibre entre les journalistes et autres citoyens, du moins autant qu'il était au pouvoir du législateur de le faire; il donne aux personnes dont les noms sont, sans leur consentement, livrés à la publicité, la faculté de réclamer contre les assertions

(1) (Degeorge *C.* Nau de Champlouis.) — LA COUR; — Attendu que l'art. 11 de la loi du 25 mars 1822 accorde à toute personne nommée ou désignée dans un journal, et par conséquent aux fonctionnaires publics, comme à tous les autres citoyens, le droit d'y faire insérer gratuitement sa réponse; que la loi du 9 sept. 1835 n'a point abrogé cette disposition; qu'elle l'a, au contraire, confirmée par son art. 17, et y a même ajouté, en ordonnant que l'insertion de la réponse ait lieu dans le numéro qui suivra le jour de sa réception; — Que son art. 18, qui donne à l'administration le droit de faire insérer dans les journaux tous les documents dont elle croit la publication utile, à la charge de payer le coût de leur insertion, forme une disposition entièrement distincte, de laquelle il est impossible d'induire l'abrogation des garanties dont les fonctionnaires publics jouissaient avant cette loi, en vertu de la règle générale établie par la loi de 1822; — Et attendu que le jugement attaqué constate, en fait, que le sieur Nau de Champlouis, préfet du Pas-de-Calais, était nommé et même attaqué dans le journal auquel s'adressait sa réponse; — D'où il suit que les offres du demandeur d'insérer cette réponse, à la charge par le sieur Nau de Champlouis de payer le coût de l'insertion, étaient insuffisantes, et que la condamnation prononcée contre lui n'a été qu'une juste application des art. 11 de la loi du 25 mars 1822 et 17 de la loi du 9 sept. 1835; — Rejette.

Du 31 déc. 1835.-C. C., ch. crim.-MM. Bastard, pr.-Vincens, rap.

malveillantes ou erronées qui les concernent; mais cette satisfaction peut être tout à fait insuffisante, et il n'a pu entrer dans la pensée du législateur que celui qui en aurait usé se fermerait ainsi la voie d'une réparation plus sérieuse et plus complète. — Aussi a-t-il été jugé avec raison que la personne attaquée dans un journal a tout à la fois l'action tendant à contraindre le gérant à insérer sa réponse, et l'action en diffamation (Crim. rej. 15 fév. 1834) (1).—Conf. MM. Parant, p. 151; Chassan, t. 1, p. 542; de Grattier, t. 2, p. 100, 107, 108).

Sect. 7. — *De la signature des articles de journaux.*

354. Jusqu'en 1850, une grave anomalie a existé dans la législation. Tandis que chacun répond personnellement de ses faits devant la loi pénale, les journalistes jouissaient de l'étrange privilége de placer un intermédiaire entre eux et la justice. Tantôt sous le nom d'un éditeur responsable, tantôt sous celui d'un gérant, des écrivains indignes de ce nom ont pu trop longtemps se jouer impunément du repos de la société et de l'honneur des familles. Les art. 3 et 4 de la loi du 16 juill. 1850, D. P. 50. 4. 164, ont mis un terme à cet abus. — Suivant ces dispositions, tout article de discussion politique, philosophique ou religieuse inséré dans un journal doit être signé de son auteur, et il en est de même de tous les articles, quelle que soit leur étendue, publiés dans des feuilles politiques ou non politiques, dans lesquels sont discutés les actes ou les opinions des citoyens et des intérêts individuels ou collectifs. — Aux termes des mêmes articles, toute fausse signature est punie d'une amende de 1,000 fr. et d'un emprisonnement de six mois, tant contre l'auteur de la fausse signature que contre l'auteur de l'article et l'éditeur responsable du journal. — V. les motifs de cette disposition, *loc. cit.*

355. On avait pensé, après le décret du 17 fév. 1852, que les dispositions précitées de la loi de 1850 étaient implicitement rapportées, et les journaux commençaient à s'affranchir de l'obligation qu'elle leur impose. — La circulaire ministérielle du 30 mars 1852 (D. P. 52. 3. 3. 44) a levé tous les doutes sous ce rapport. Il y est dit formellement que la loi de 1850 doit continuer d'être observée à cet égard. — Nous n'avons donc plus qu'à rechercher comment elle doit être entendue et appliquée. — Des observations qu'elle fait naître, les unes sont générales ou communes aux deux articles de la loi de 1850 qu'il s'agit d'interpréter, les autres sont spéciales à chacun d'eux. — Voyons d'abord les observations générales.

356. La loi, qui ne peut ni tout prévoir ni tout expliquer, n'a point fait connaître ce qu'il faut entendre par un *article* de journal. — De là plusieurs difficultés. — Ainsi, on a demandé ce qui détermine la fin d'un article et le commencement d'un autre. Si plusieurs sujets sont traités par le même rédacteur, faut-il qu'il appose sa signature toutes les fois qu'il change de sujet, ou bien est-ce la composition typographique, la mise en pages du journal qui doit faire connaître la séparation des articles?—Sur ces divers points, qui ne sont pas sans importance, les travaux préparatoires de la loi n'offrent eux-mêmes d'autre lumière que celle que peut y répandre l'intention bien arrêtée de faire de la responsabilité des rédacteurs une utile réalité, d'ôter à la presse *le faux prestige de l'anonyme*. — Or, ce but est atteint toutes les fois que l'autorité ou les personnes intéressées trouvent la signature du rédacteur au bas d'une série de paragraphes distincts, tout aussi bien que si la signature se trouvait au bas de chaque paragraphe. —Aussi a-t-il été jugé que plusieurs paragraphes publiés par un journal sous une seule rubrique, peuvent être considérés comme constituant un seul article, bien qu'ils contiennent des nouvelles ou faits distincts, et qu'ils soient séparés par un tiret; qu'en conséquence, il n'est pas nécessaire que chacun de ces paragraphes soit signé séparément; et qu'une seule signature à la fin de l'article satisfait à la disposition de l'art. 3 de la loi du 16 juill. 1850 (Crim. rej. 10 mai 1851, aff. Boutel, D. P. 51. 1. 214).

357. Mais, suivant un arrêt, la reproduction, dans un journal, d'un article emprunté à un autre journal dont le titre seul est désigné, sans mention du nom de l'auteur de cet article, constitue une contravention à l'art. 3 de la loi du 16 juill. 1850 (Crim. rej. 17 mai 1851, aff. Dourlens, D. P. 51. 1. 153). — Admettre la doctrine contraire, ce serait, en effet, reproduire en très-grande partie la fiction de l'être moral appelé journal. Le titre de l'écrit périodique n'est qu'un nom de guerre, c'est le vrai nom qu'il faut avoir.

358. Toutefois, il a été décidé que cette disposition est inapplicable à la reproduction d'articles empruntés à des journaux étrangers (Crim. rej. 17 mai 1851, aff. Dourlens, D. P. 51. 1. 153). — La raison en est évidente. En général, les articles de journaux étrangers ne sont pas signés, et, d'ailleurs, ce n'est que dans des cas assez rares qu'il pourrait y avoir intérêt à connaître l'auteur de l'article, puisqu'on ne pourrait le poursuivre en France.

359. Les *entre-filets* sont-ils des articles? — On sait que dans le journalisme on désigne par ce mot une pensée, une nouvelle très-peu développée qui se trouve entre deux filets ou lignes. — Si l'on consulte la pensée de l'auteur de la proposition qui est devenue l'art. 3 de la loi de 1850, la question devrait être résolue négativement. — Répondant dans la discussion aux objections élevées contre son amendement, M. de Tinguy a dit, en effet : « Je ne parle pas des petites nouvelles, des *petits entre-filets*, alors même qu'on dirait du mal de vous, de moi, de telle ou telle personne dans la République. Ce que je veux, c'est qu'en général, en somme, en bloc, les articles aient leur responsabilité... » — Mais jusqu'où doit aller la tolérance sur ce point? — Jusqu'au point où commence la discussion, du moins en ce qui concerne l'application de l'art. 3 de la loi de 1850, comme nous allons bientôt l'expliquer nos 365 et suiv.

360. Comment les articles doivent-ils être signés? — Le mot *signature* dit tout à cet égard. C'est la signature habituelle du rédacteur qui doit accompagner son œuvre. — Toutefois, nous pensons que s'il y avait deux rédacteurs du même nom attachés à la même feuille, ils devraient adopter une désignation particulière, celle de leur prénom ou de leur département natal, pour donner plus de précision et de portée à la responsabilité. — Jugé que la mention, en tête d'un article politique inséré dans un journal, du nom de l'auteur de cet article, mention faite, par exemple, en ces termes : « Nous nous empressons de donner place dans nos colonnes aux réflexions suivantes de notre honorable ami, M. Lamessine, avocat du barreau de Soissons, » n'équivaut pas à la signature exigée par l'art. 3 de la loi du 16 juill. 1850 (Crim. cass. 2 juill. 1852, aff. Décamp, D. P. 52. 1. 223). —

(1) (Roux C. Maurandi.) — La cour (ap. délib. en ch. du cons.); — Sur le premier moyen, tiré de la violation des règles de compétence: — Attendu que d'après l'art. 5 de la loi du 26 mai 1819, les tribunaux ne peuvent être saisis des actions en répression de la diffamation ou de l'injure, commises par voie de publication, que sur la plainte de la partie qui se prétend offensée, soit en sa qualité de fonctionnaire ou agent de l'autorité publique, soit comme personne privée; — Que de cette disposition résulte virtuellement et nécessairement pour cette partie offensée, le droit de restreindre sa poursuite aux faits diffamatoires ou injurieux concernant sa personne privée, et, par suite, d'écarter tout débat relatif aux actes de sa vie publique; qu'il n'en pourrait être autrement qu'au cas d'indivisibilité absolue des inculpations objet de la poursuite;

Et attendu, dans l'espèce, que les inculpations relatives à la profession d'avocat qu'exerce Maurandi peuvent être séparées de celles qui s'adressaient à lui comme conseiller municipal, et qu'en décidant qu'il avait pu renoncer à toute action en cette dernière qualité, et en déclarant sa compétence sur l'appréciation des faits injurieux ou diffamatoires qui concernaient la personne de l'avocat, la cour d'appel d'Aix n'a fait que se conformer aux véritables principes de la matière; — Sur le second moyen, tiré d'une autre violation des règles de compétence, au sujet du refus que Roux, demandeur, aurait fait d'insérer en son entier dans son journal une lettre de Maurandi, en réponse à l'article prétendu diffamatoire :

Attendu que l'infraction prévue par l'art. 11 de la loi du 25 mars 1822 ne constitue pas un délit de publication; que, dès lors, elle ne rentre pas dans le cas prévu par l'art. 1 de la loi du 8 octobre 1830, relatif à l'attribution au jury de la connaissance des délits de publication; qu'elle est donc, conformément aux règles du droit commun et à l'art. 179 c. inst. crim., restée soumise à la juridiction correctionnelle; — Que le droit de requérir des insertions dans les journaux et écrits périodiques, consacré par l'art. 11 de ladite loi de 1822, tient au droit de la défense personnelle, et, d'après le vœu de cet article, doit avoir son effet dans le plus court délai, et que la procédure par jurés serait contraire à l'esprit qui a dicté cette disposition; — D'où il suit qu'en retenant la connaissance de la poursuite sous ce second rapport, le tribunal de Marseille et la cour d'appel d'Aix n'ont fait qu'une juste application des règles de leur compétence; — Rejette.

Du 15 fév. 1834.-C. C., ch. crim.-MM. Choppin, pr.-Isambert, rap.

Rien n'indique, même dans cette énonciation, que l'auteur des réflexions qui y sont mentionnées ait voulu leur donner de la publicité.— Mais y trouvât-on l'expression de cette intention qu'elle ne saurait remplacer la signature, qui est le cachet de la volonté personnelle de l'auteur et la condition la plus certaine de la responsabilité. — Pour compléter nos explications sur ce point, nous ne pouvons, du reste, mieux faire que de renvoyer à un avis que le gouvernement a fait insérer dans le Moniteur du 27 sept. 1852, et que nous avons rapporté D. P. 52. 4. 170.

361. L'art. 27 de la loi de 1850 a accordé aux journaux alors existants, pour se conformer aux dispositions des art. 3 et 4, un *délai* de deux mois, à partir de la promulgation de cette loi. — Mais il a été jugé, et cela est d'ailleurs évident, que le gérant d'un journal dont la création est postérieure à la promulgation de la loi précitée, qui, pendant les deux mois de cette promulgation aurait publié un article non signé, ne pourrait invoquer l'exception portée dans l'art. 27 de cette même loi (Agen, 29 nov. 1850, aff. Gauzence, D. P. 51. 2. 18).

362. Mais lorsqu'un article de journal émane de plusieurs personnes, toutes celles qui ont participé à sa rédaction doivent-elles le signer, ou suffit-il de la signature de l'une d'elles? — Il serait plus régulier, ce semble, que chacun des auteurs de l'article le signât. — Toutefois, il est à remarquer que si cette signature collective entrait dans les habitudes de la presse, en diminuant la responsabilité morale de chacun des rédacteurs, elle atténuerait la portée de la loi de 1850. — Nous croyons donc qu'il ne faut pas trop chercher à découvrir d'autres rédacteurs que ceux qui se produisent, pourvu que la signature des articles soit sincère, c'est-à-dire que l'intérêt public ou l'intérêt privé rencontre un rédacteur non fictif. — Il arrive, d'ailleurs, rarement qu'un même article soit dû à plusieurs rédacteurs. Ce qui se produit assez souvent, c'est qu'une personne fournit les données principales d'un article dont la rédaction est confiée à une autre. — Dans ce cas, le rédacteur doit seul être considéré comme l'auteur, de même que l'on considérerait comme le constructeur d'un édifice l'architecte ou le maçon qui l'aurait élevé, et non celui qui aurait seulement fourni les matériaux destinés à cette construction.— Il a été jugé dans ce sens que celui qui *signe* un article de journal dont il n'est point *l'auteur*, se rend coupable du délit de fausse signature prévu par l'art. 3 de la loi du 16 juill. 1850, encore qu'il aurait fourni les renseignements qui ont servi à la rédaction de cet article (Crim. rej. 26 juill. 1851, aff. Duparge, D. P. 51. 1. 230).— Toutefois, on devrait décider autrement dans le cas où soit la pensée de l'article, soit la révision de la rédaction faite par un collaborateur ou écrivain aurait constitué l'élément principal.

363. Il a même été décidé que la responsabilité pénale d'une fausse signature apposée sur un article de journal est limitée à l'auteur de l'article et au gérant du journal ; que les règles de la complicité sont inapplicables à cette infraction, et que, par suite, cette responsabilité ne peut être étendue à ceux qui ont, avec connaissance, aidé ou assisté les auteurs de l'infraction dans les faits qui l'ont préparée, facilitée ou consommée (Crim. rej. 26 juill. 1851, aff. Duparge, D. P. 51. 1. 230). — Peut-être est-ce aller plus loin que ne l'ont entendu les rédacteurs de la loi de 1850, car rien, dans l'art. 3 de ce texte ne nous paraît annoncer l'intention de déroger aux principes généraux en matière de complicité.

364. Pour compléter la pensée éminemment morale qui a dicté les art. 3 et 4 de la loi de 1850, le décret du 17 fév. 1852 (art. 21) a interdit la publication de tout article traitant de matières politiques et d'économie sociale, et *émanant* d'un individu condamné à une peine afflictive et infamante ou infamante seulement. — Les éditeurs, gérants, imprimeurs qui ont concouru à cette publication sont passibles d'une amende de 1,000 fr. à 5,000 fr. — Il est à remarquer que la disposition précitée ne punit pas seulement la publication d'un article *signé* d'une personne condamnée, mais celle d'un article *émanant* de cette personne. D'où il paraît résulter que les éditeurs ou gérants sont tenus de s'enquérir, non-seulement des antécédents judiciaires des signataires, mais encore des auteurs qui voudraient se cacher sous le voile de la pseudonymie. — Les peines portées par l'art. 3 de la loi de 1850 et celle prononcée par l'art. 21 du décret du 17 fév. 1852 doivent-elles être cumulées? — V. à cet égard *infrà*, nos 523 et suiv.

365. Nous passons aux observations spéciales à chacun des articles de la loi de 1850 que nous examinons. — L'art. 3 ne comprend que les articles de *discussion* politique, philosophique ou religieuse. — Or le mot *discussion* ne peut s'appliquer à un simple récit de faits. — Pour ce genre de publications, la responsabilité du gérant a paru suffisante. — Au reste, il n'était guère possible de demander davantage. — Les faits que racontent les journaux sont souvent extraits de documents officiels, tels que les procès-verbaux des commissaires de police, ou bien ils sont racontés par des personnes étrangères au journal et qui souvent ne voudraient pas signer. — A qui, dans ce cas, peut appartenir la signature? Au gérant seul, qui prend le récit sous sa responsabilité.

366. Une autre observation que fait naître la lecture de l'art. 3 précité, c'est qu'il n'y est pas fait mention des articles d'économie sociale. S'ensuit-il que les discussions de cette nature ne doivent pas être signées de leurs auteurs? — Nous ne le pensons pas. — Avant la loi de 1850, il avait été jugé, à propos du cautionnement, que les matières politiques comprenaient les matières d'économie sociale (V. plus haut no 267). — Telle est aussi la doctrine professée par MM. Parant, p. 458, de Chassan, t. 1, no 836, de Grattier, t. 2, p. 138, no 7. — Le décret du 17 fév. 1852 peut cependant faire naître une objection contre cette solution. Comme on l'a vu (no 267), les art. 1 et 3 de ce texte soumettent à l'autorisation et au cautionnement les journaux traitant de *matières politiques* ou *d'économie sociale*. — Or, dira-t-on, si les matières d'économie sociale étaient renfermées dans les matières politiques, le décret de 1852 ne les aurait pas spécialement désignées; l'expression *matières politiques* eût suffi. — L'objection est assez sérieuse, surtout lorsqu'il s'agit de l'interprétation d'une loi pénale. Toutefois, nous ne pensons pas qu'on doive s'y arrêter, et en voici la raison : — C'est pour prévenir toute difficulté d'application que le décret de 1852 a expressément mentionné les matières d'économie sociale. Il a voulu les confondre avec les matières politiques, les soumettre au même régime, à la même discipline. Ce serait donc faire tourner le décret de 1852 contre la pensée qui l'a inspiré, que de le faire servir à distinguer, dans l'application de la loi de 1850, les matières politiques des matières économiques.—Ainsi, il faut écarter de la discussion le décret de 1852, et interpréter la loi de 1850 par les éléments de solution qu'elle fournit elle-même. — Or, lorsque nous voyons qu'elle a placé les discussions philosophiques sur la même ligne que les discussions politiques, il semble bien difficile d'admettre que, dans la combinaison de ces deux idées, elle n'ait pas fait entrer les discussions d'économie politique. Le nom même de cette science conduit naturellement à cette entente de la loi de 1850, et le seul inconvénient que nous y voyons, c'est que l'économie sociale, dans ses immenses ramifications, comprend des sujets qui ne sont nullement de nature à éveiller la sollicitude du législateur et que la généralité de cette désignation s'étend trop loin. — Pour tout concilier, il nous semble dès lors qu'il serait d'une bonne et sage justice de distinguer dans les matières économiques celles qui touchent à la politique de celles qui y sont étrangères, et de n'appliquer les sévérités de la loi qu'aux œuvres qu'elle a réellement voulu atteindre.

367. Il est, du reste, sans importance, que la discussion politique, philosophique ou religieuse appartienne en propre au journal ou qu'il ne fasse que reproduire la discussion d'une assemblée délibérante, cette discussion n'en doit pas moins être signée. — Par suite, il a été jugé que l'article qui renferme un compte rendu des séances, dans les bureaux, de membres de l'assemblée législative, tombe sous l'application de l'art. 3 de la loi du 16 juill. 1850, soit que la discussion émane directement de l'auteur, soit qu'il la place dans la bouche de personnages qui auraient fait partie de ces réunions (Crim. rej. 17 mai 1851, aff. Dourlens, D. P. 51. 1. 153).—Quant aux débats publics du corps législatif et aux délibérations du sénat, V. *infrà*, nos 990 et s.

368. Suivant l'art. 4, qui est la garantie des intérêts privés, comme l'art. 3 forme celle de l'intérêt public, tout article publié dans des feuilles politiques *ou non politiques*, dans lequel sont *discutés* des actes ou opinions des citoyens et des intérêts individuels ou collectifs, doit être signé. Ainsi, en ce qui touche les intérêts privés, tous les écrits périodiques sont soumis à la même obligation. — On remarque également qu'ici encore il ne s'agit pas d'un simple récit ou d'une énonciation, mais d'une *discussion*. —Mais que faut-il entendre par ces mots : *discuter un acte, une opinion, des intérêts ?* — C'est, à notre sens, les analyser pour exprimer ensuite un avis motivé. — Toutefois, la signature n'est-elle exigée que lorsqu'on blâme, ou bien est-elle aussi nécessaire lorsque l'écrivain approuve? — Il semblerait, au premier examen, que l'improbation exige seule la signature, parce que, seule, elle peut engager la responsabilité. — Néanmoins, il est des louanges si perfides, l'ironie peut si facilement revêtir les dehors d'une extrême bienveillance, qu'il nous paraît nécessaire que les articles soient signés toutes les fois qu'il y a discussion dans le sens que nous venons d'indiquer.

Quoi qu'il en soit, il a été décidé que les articles nécrologiques peuvent, en général, comme ne rentrant pas dans la catégorie des articles de discussion, être imprimés dans un journal sans être signés (Crim. rej. 14 juill. 1854, aff. Lesourd, D. P. 54. 1. 301).

Sect. 8. — *De la signature en minute du journal. — Du dépôt au parquet. — De la signature imprimée du propriétaire ou gérant.*

369. L'art. 5 de la loi du 9 juin 1819 disposait qu'au moment de la publication de chaque feuille ou livraison du journal ou écrit périodique, il en serait remis à la préfecture, pour les chefs-lieux de département; à la sous-préfecture, pour ceux d'arrondissement; et, dans les autres villes, à la mairie, un exemplaire signé d'un propriétaire ou éditeur responsable. — Cette disposition a été abrogée par l'art. 8 de la loi du 18 juill. 1828, lequel est ainsi conçu : « Chaque numéro de l'écrit périodique sera signé en minute par le propriétaire, s'il est unique; par l'un des gérants responsables, si l'écrit périodique est publié par une société en nom collectif ou en commandite, et par l'un des administrateurs, s'il est publié par une société anonyme.—L'exemplaire signé pour minute sera, au moment de sa publication, déposé au parquet du procureur du roi (aujourd'hui procureur impérial) du lieu de l'impression ou à la mairie dans les villes où il n'y a pas de tribunal de première instance... La signature sera imprimée au bas de tous les exemplaires... » — De cette disposition, il résulte que trois formalités distinctes doivent être remplies après l'impression du journal, à savoir : la *signature en minute*, le *dépôt*, la *signature imprimée*. — Nous allons les analyser séparément.—Notons d'abord que l'omission de ces formalités ne peut être excusée par la bonne foi du gérant.—V. n° 489.

370. *Signature en minute.* — La première difficulté qui se présente ici est de savoir si les journaux dispensés de cautionnement le sont également de la signature en minute du journal par le gérant. La question est controversée. Pour l'affirmative, on dit : L'art. 8 de la loi de 1828 exige que l'écrit périodique soit signé par *l'un des gérants responsables*. — Or les journaux non cautionnés ne sont nullement obligés d'avoir de tels gérants. Ainsi que l'a fait remarquer M. Siméon dans son rapport à la chambre des pairs sur le projet adopté en 1828, « cela résulte de deux dispositions de la loi. L'art. 5 veut que les gérants responsables possèdent un quart de cautionnement : l'exemption du cautionnement emporte donc celle du gérant responsable. Le dernier alinéa de l'art. 6 n'oblige les journaux exempts du cautionnement qu'à la déclaration qu'il a prescrite par les n°s 1, 2 et 3; le n° 4 dont ils sont exempts veut que l'on déclare le nom et la demeure des gérants responsables : les journaux dont il s'agit n'ont point cette déclaration à faire. » — « A la vérité, fait observer M. Duvergier (année 1828, p. 227), cet article (art. 8) dit que l'écrit sera signé par le propriétaire, *s'il est unique;* mais ici le propriétaire étant placé sur la même ligne que les gérants doit s'entendre d'un écrit périodique soumis au cautionnement. En effet, si la disposition était générale, il arriverait qu'un écrit périodique non sujet au cautionnement et ayant plusieurs propriétaires ne serait signé par aucun, tandis que l'obligation serait imposée au propriétaire unique, ce qui serait ridicule et contradictoire. » — M. Duvergier fait remarquer, en outre, que le parquet de Paris a adopté cette opinion, qui est aussi celle de MM. de Grattier, t. 2, p. 167; Bories et Bonassies, v° Journal, n° 105 et suiv. — Dans le sens de la négative, on répond : Sans doute, l'art. 8 de la loi de 1828 n'est pas applicable aux écrits périodiques dispensés de cautionnement. Aussi n'est-ce pas d'après cet article que la signature en minute doit être exigée, en ce qui les concerne, mais d'après l'art. 5 de la loi du 9 juin 1819, qui dispose *d'une manière générale* que l'exemplaire du journal sera signé d'un propriétaire ou éditeur responsable (aujourd'hui le gérant). — Or, ajoute-t-on, les écrits non cautionnés ne sont pas moins compris dans cette disposition que les journaux cautionnés. — Il est vrai, dit-on encore, que l'art. 5 de la loi de 1819 a été abrogé par la loi de 1828 (art. 8), mais c'est seulement en ce qui touche les journaux sujets au cautionnement; d'où il suit que la disposition précitée de la loi de 1819 a conservé toute son autorité à l'égard des écrits dispensés de cautionnement (V. en ce sens M. Chassan, t. 1, p. 516). — De ces deux systèmes, le premier nous paraît le plus conforme au texte et à l'esprit de la loi. — Ce qui nous semble surtout décisif, c'est que la formalité dont la loi de 1819 ordonne l'accomplissement ne paraît nullement identique avec celle qu'exige la loi de 1828, et dont nous nous occupons ici. — La loi de 1819 exige simplement que l'exemplaire de l'écrit périodique soit signé, mais elle n'ajoute pas *en minute*, comme la loi de 1828. — D'où l'on peut conclure que la signature imprimée satisfait à sa prescription. — D'un autre côté, comme le fait remarquer M. de Grattier, t. 2, p. 167, il résulte de l'enchaînement des idées, qui, dans la loi de 1819, conduit à l'art. 5, que cette disposition n'est elle-même applicable qu'aux écrits périodiques sujets au cautionnement. — Ainsi, l'art. 1 de cette loi s'occupe exclusivement des journaux consacrés en tout ou en partie aux matières politiques, et il les soumet à *la déclaration et au cautionnement*. — L'art. 2 règle la responsabilité des auteurs ou éditeurs indiqués dans la *déclaration;* l'art. 3 détermine quelle doit être l'affectation du cautionnement; l'art. 4 interdit la publication du *journal*, lorsque le cautionnement est entamé par des condamnations, et enfin l'art. 6 veut qu'au moment de la publication *du journal* un exemplaire signé en soit remis à la préfecture, etc. — Or de quel journal s'agit-il dans cette dernière disposition ? de celui qui est l'objet des articles précédents, c'est-à-dire du journal politique. — Ces raisons nous semblent plus que suffisantes pour prouver que la signature en minute n'est point exigée à l'égard des écrits non cautionnés qui sont soumis à un régime tout spécial.

371. Mais les écrits périodiques dispensés du cautionnement le sont-ils aussi de toutes les formalités qui ont pour but de mettre l'autorité à même de vérifier si les journaux ne s'écartent pas du respect dû aux lois? — Nous pensons que la déclaration *préalable* (L. 1828, art. 6) à laquelle les écrits non politiques sont sujets, suffit au vœu de la loi, parce que cette déclaration fait connaître une fois pour toutes quelle doit être la nature de l'écrit. — Quant à la déclaration et au dépôt prescrits par la loi du 21 oct. 1814 pour tous les imprimés (V. n°s 136 et suiv.), nous ne croyons pas que ces formalités concernent les écrits périodiques même non cautionnés, parce qu'ils sont soumis à un régime particulier qui fixe les garanties spéciales que le législateur a cru devoir leur imposer. — Cependant, il a été jugé que l'obligation de dépôt préalable à la publication, de tous écrits, imposée aux imprimeurs par l'art. 14 de la loi du 21 oct. 1814, et le devoir de justifier de ce dépôt dans les formes tracées par l'art. 15 (par la représentation d'un récépissé) sous les peines portées par l'art. 16 de la loi, sont applicables aux journaux dispensés de cautionnement, tels que les journaux littéraires, aussi bien qu'aux écrits de tous genres, et qu'on dirait en vain que ces formalités ont été remplacées par les art. 5 de la loi du 9 juin 1819 et 8 de la loi du 18 juill. 1828, ces lois ne concernant que les éditeurs et gérants des journaux soumis à des cautionnements (Crim. rej. 17 fév. 1844 (1).—Conf. MM. Chassan, t. 1, n° 901; de Grat-

(1) *Espèce :* — (Castillon C. min. pub.)—Le sieur Castillon, qui imprime à Bordeaux le journal littéraire dit l'Homme gris, était poursuivi pour n'avoir point fait le dépôt préalable exigé par les art. 14, 15 et 16 de la loi du 21 oct. 1814. Il opposa d'abord qu'il avait fait ce dépôt;

lier, t. 2, p. 168). — Trois motifs servent de base à cette décision. — Le premier, c'est que la loi de 1814 est intitulée : Loi relative à la liberté de la presse, ce qui comprend tous les écrits et, par conséquent, les écrits périodiques. — A cet égard, on pourrait répondre d'abord que l'argument tiré du titre d'une loi est à peu près dénué de force, parce que les assemblées législatives ne sont pas appelées à voter sur les titres.—Cet argument irait d'ailleurs bien au delà de la pensée qui l'a inspiré, puisqu'il ne s'appliquerait pas moins aux écrits périodiques cautionnés qu'aux écrits périodiques non cautionnés, ce qui doit suffire pour le faire écarter.—Nous n'avons pas d'autre réponse à faire en ce qui touche le mot *écrit* que relève le second motif de l'arrêt maintenu par la cour de cassation, auquel nous répondons. — De cela seul que le mot *écrit* est générique, et que, dès lors, il comprend dans la loi de 1814 tous les journaux, il faut aussi y faire rentrer les journaux politiques, et c'est cependant ce qui est de tout point inadmissible, puisque pour ce genre d'écrits il existe tout un système de précautions et de garanties bien plus sûres que celles qu'offre la loi de 1814.—Le troisième motif de l'arrêt, c'est que les art. 14, 15 et 16 de la loi du 21 oct. 1814 ne sont pas abrogés par les lois des 9 juin 1819 et 18 juill. 1828.—Nous admettons très-bien qu'il n'a pas été dérogé à la loi de 1814 par celle de 1819, en ce qui touche les écrits dispensés du cautionnement, mais il en est autrement de la loi de 1828 qui a créé pour les écrits périodiques non politiques un régime spécial dont la création ne serait qu'une vaine superfétation, si elle laissait parallèlement subsister pour ce genre de publication les formalités exigées par la loi de 1814. — Il est, d'ailleurs, à remarquer que la formalité du dépôt ne peut, suivant la loi de 1814, s'accomplir qu'à la préfecture (quant aux départements), ce qui la rendrait infiniment gênante, pour un écrit périodique consacré à l'agriculture, par exemple, qui paraîtrait toutes les semaines, dans une commune éloignée de plus de 20 lieues du chef-lieu du département, distance qui est loin d'être sans exemple; en telle sorte que les journaux non sujets au cautionnement se trouveraient, sous ce rapport, dans une condition plus dure que les journaux politiques qui doivent être déposés au parquet du chef-lieu de l'arrondissement, et même à la mairie dans les lieux où il n'y a pas de tribunal de première instance (L. 1828, art. 8).

272. C'est sur le journal imprimé et non sur le manuscrit que la signature du gérant doit être apposée (Conf. MM. Sulpicy, Code de la presse, p. 76 ; Borie et Bonassies, v° Gérant, n° 54). — Un journal manuscrit se compose d'éléments si nombreux, si différents, si peu compréhensibles pour les personnes qui n'en ont pas une assez grande habitude, que ce ne peut être certainement cet amas confus de pièces souvent indéchiffrables que le législateur a voulu soumettre à la vérification du parquet. — De ce que ce n'est pas le manuscrit qui doit passer sous les yeux du ministère public, il suit aussi que c'est le journal imprimé et non le manuscrit qui doit être signé, puisque c'est la signature qui garantit la conformité de la feuille déposée avec le journal publié.—Il en résulte encore, et c'est ce qui a été jugé, que la signature donnée en blanc ou par avance par le gérant d'un journal, sur la feuille qui doit contenir la rédaction du journal, ne saurait équivaloir à la signature en minute exigée par l'art. 8 de la loi du 18 juill. 1828 (Crim. cass. 4 avr. 1851, aff. Lefrançois, D. P. 51. 5. 432),... encore que le gérant aurait approuvé et vérifié les articles ensuite imprimés sur cette feuille (Crim. cass. 7 fév. 1852, aff. Mareschal, D. P. 52. 1. 304). — La loi ne saurait admettre, en effet, un tel blanc seing, dont on pourrait facilement abuser, et dont on ne manquerait pas de se prévaloir pour chercher à diminuer la responsabilité du gérant.

273. Aux termes de l'art. 14 de la loi du 27 juill. 1849, en cas de condamnation du gérant pour crime, délit ou contravention de la presse, la publication du journal ou écrit périodique ne peut avoir lieu pendant toute la durée des peines d'emprisonnement et d'interdiction des droits civiques et civils, que par un autre gérant remplissant les conditions exigées par la loi. — Le gérant condamné ne peut donc signer le journal.—Il a même été jugé que si, depuis la condamnation qu'un gérant de journal a encourue, et sans qu'il ait été remplacé, il continue de sa prison à prendre une part active soit à la rédaction, soit à la direction de l'entreprise, il se met en contravention à l'art. 14 de la loi du 27 juill. 1849 (Metz, 3 juill. 1850, aff. Quesne, D. P. 51.

---

mais se trouvant dans l'impossibilité d'en justifier par récépissé, il chercha à établir que, d'une part, la loi de 1814 ne s'appliquait point aux écrits périodiques, tel qu'un journal, et que, d'autre part, cette même loi avait été abrogée par les lois postérieures des 9 juin 1819, art. 5, et 18 juill. 1828, art. 8, qui avaient substitué l'obligation de la signature en minute aux formalités précédemment tracées par la loi de 1814. — Un jugement du tribunal de Bordeaux, du 30 août 1843, renvoya le sieur Castillon de la poursuite. Mais sur l'appel du ministère public, arrêt infirmatif de la cour d'appel de Bordeaux, du 17 nov. 1843, ainsi motivé : — « ..... Attendu qu'ainsi le fait du dépôt n'est pas établi et qu'il y a lieu de rechercher si, comme Castillon l'a fait soutenir, les art. 14, 15 et 16 de la loi du 21 oct. 1814 sont inapplicables, soit parce qu'il s'agit dans la cause d'un numéro de journal, soit parce que des lois postérieures ont abrogé ces mêmes articles; — Attendu, au premier point de vue, que l'erreur de Castillon est évidente; qu'on la démontre d'abord en se ressouvenant que la loi de 1814 est intitulée Loi relative à la liberté de la presse, dénomination qui ne s'applique pas moins aux journaux qu'aux autres ouvrages imprimés ;—Que, d'ailleurs, l'art. 14 dont le ministère public demande l'application, s'est servi des mots *un écrit;* que tout se réduit donc à savoir si un numéro de journal est un *écrit*, et que l'affirmative est à l'abri de toute controverse raisonnable; qu'en effet, le mot *écrit* embrasse les différents genres d'imprimés; que c'est une expression générale, absolue, à laquelle les journaux ne peuvent échapper puisqu'ils sont le produit de l'impression et peuvent, comme tout autre écrit, contenir des maximes dangereuses dont il importe d'empêcher la publication; d'où suit que la distinction entre un écrit et une feuille périodique est repoussée par la lettre et surtout par l'esprit de la loi de 1814; — Attendu, sur la question de savoir si les art. 14, 15 et 16 de la loi du 21 oct. 1814, sont, ainsi que Castillon l'a fait soutenir, abrogés par les lois des 9 juin 1819 et 18 juill. 1828, que l'on ne reconnaît, en droit, que deux sortes d'abrogation, l'une expresse et l'autre tacite: expresse, quand la loi nouvelle s'en explique; tacite, quand la nouvelle loi est inconciliable avec la précédente ; — Attendu, sur la loi du 9 juin 1819, qu'aucun de ces articles n'abroge expressément les dispositions de la loi du 21 oct. 1814 relatives aux obligations de l'imprimeur; — Attendu que la loi nouvelle ne s'occupe que des journaux tenus de fournir un cautionnement, c'est-à-dire des journaux politiques; qu'elle ne parle en aucune manière des journaux littéraires, ce qui laisse subsister, à l'égard de ces derniers, les règles tracées par la loi de 1814; — Que Castillon argumente vainement de l'art. 5, pour en induire l'abrogation de la loi de 1814, puisque cet article, lié par les termes, et surtout par le sens, aux articles qui précèdent, n'a en vue, comme ceux-ci, que les journaux politiques; que ces deux lois sont donc parfaitement conciliables, la première punissant les contraventions commises par les journaux littéraires, et la seconde réprimant les contraventions dont les journaux politiques seraient convaincus; — Attendu que la loi du 18 juill. 1828, également invoquée par Castillon, allant plus loin que celle du 9 juin 1819, s'est occupée des journaux non soumis au cautionnement; — Qu'en effet, par le dernier paragraphe de l'art. 6, le législateur prescrit aux journaux exceptés du cautionnement de faire une déclaration contenant le titre du journal et l'indication de l'imprimerie dans laquelle ce journal devra être imprimé; mais qu'à l'égard du dépôt exigé par l'art. 8, les expressions de cet article étant restreintes aux journaux politiques, il n'a été dérogé ni explicitement ni tacitement aux obligations qu'imposent aux publications des journaux non politiques les art. 14, 15 et 16 de la loi de 1814; — Attendu que cette vérité ressort de plusieurs arrêts émanés de la cour de cassation, et notamment de ceux qu'elle a rendus en 1830 et 1833, dans les causes Hénault et Vidal (V. nos 147, 494-2°); — Qu'il faut donc reconnaître que la loi de 1814 est toujours en vigueur pour ce qui regarde la publication des journaux non politiques, et que Castillon n'ayant pas fait le dépôt du journal l'Homme gris de la manière voulue par l'art. 14 de cette loi, est passible de l'amende prononcée par l'art. 16, avec cette circonstance que se trouvant en récidive, l'amende doit être portée à 2,000 fr. » — Pourvoi. — Arrêt.

La cour; — Attendu que les dispositions des art. 14, 15 et 16 de la loi du 21 oct. 1814 s'appliquent généralement à tous écrits, et par conséquent aux journaux et écrits périodiques comme aux autres écrits; — Que les obligations imposées aux imprimeurs par ces articles ne peuvent être considérées, à l'égard des journaux non soumis au cautionnement, comme remplacées par celles que les art. 5 de la loi du 9 juin 1819 et 8 de la loi du 18 juill. 1828 ont imposées aux éditeurs et gérants de journaux, et à ce titre comme abrogées, puisque ces articles ne concernent que les journaux cautionnés ; — D'où il suit qu'en condamnant le demandeur, imprimeur d'un journal littéraire, à l'amende fixée par l'art 16 de ladite loi du 21 oct. 1814, pour avoir publié un numéro de son journal sans en avoir fait préalablement le dépôt, la cour royale de Bordeaux n'a violé aucune loi ; — Rejette.

Du 17 fév. 1844.-C. C., ch. crim.-MM. Laplagne, pr.-Vincens, rap.

2. 137). — Suivant un autre arrêt, la publication d'un numéro de journal au bas duquel se trouve, pendant que le gérant subit la prison en cette qualité, la signature d'un individu non désigné suivant la loi pour remplacer le gérant, constitue le fait de publication d'un journal sans gérant responsable, prévu par l'art. 6 de la loi du 9 juin 1819, et non le fait de publication par un gérant d'un numéro qu'il n'a pas signé (Caen, 23 janv. 1850; aff. Henri L..., D. P. 52. 2. 250). — Cette interprétation nous paraît forcée : c'est toujours le même journal qui est publié sous la garantie et la responsabilité des mêmes gérant et propriétaires. C'est donc à tort que, lorsque rien n'annonce que le gérant et les propriétaires ont entendu abdiquer leur propriété, lorsqu'on ne peut démontrer que le signataire se soit, sans droit ni mandat, immiscé dans la signature, et ait usurpé la propriété du journal, on considère le fait de celui-ci d'avoir signé comme impliquant l'idée d'une publication qui lui est propre et personnelle, et à laquelle le gérant ne peut plus en quelque sorte être attaché que par le lien de la complicité d'un délit. Au reste, si l'on considère la publication comme nouvelle, comment l'ancien gérant, qui ne l'a pas signé, peut-il être recherché ? Aussi MM. de Grattier (t. 2, p. 359) et Chassan (2e éd., t. 1, no 886) professent-ils une doctrine contraire à la décision précitée. — Il a été jugé, en outre, qu'en pareil cas, si le signataire est connu, c'est lui qui doit être poursuivi comme auteur principal du délit, et le gérant n'est alors que son complice (même arrêt). — Ceci est une conséquence de la solution qui précède : la remarque que nous avons faite doit dès lors s'y appliquer. Disons que, conformément à la théorie, MM. de Grattier (*eod.*, p. 174) et Chassan (*eod.*, no 208) estiment que le gérant ne cesse pas d'être le publicateur, et qu'il doit être regardé comme l'auteur principal du délit, tandis que le signataire ne saurait encourir que les peines de la complicité.

374. *Dépôt.* — L'exemplaire signé pour minute doit être déposé au parquet du procureur impérial. Ici se reproduit la difficulté que nous venons d'examiner relativement à la distinction à faire entre les journaux cautionnés et les écrits dispensés de cautionnement (V. no 371). Ceux-ci doivent-ils, comme les journaux politiques, être déposés au parquet ? — Suivant M. Parant, p. 121, l'art. 8 de la loi de 1828 a remplacé, sur ce point, celle du 9 juin 1819, et *tous* les écrits périodiques sont sujets à ce dépôt. — M. Chassan, t. 1, p. 516, est d'avis, au contraire, que c'est là une erreur évidente, l'art. 8 de la loi de 1828 n'ayant remplacé l'art. 5 de la loi de 1819 que relativement aux journaux politiques. — Quant à nous, nous pensons que les développements dans lesquels nous sommes entrés, relativement à la signature en minute, démontrent suffisamment que l'art. 5 de la loi du 9 juin 1819 et l'art. 8 de la loi de 1828 sont inapplicables aux journaux dispensés de cautionnement. Il nous paraît superflu d'y revenir. — Il a, du reste, été jugé : 1o que l'obligation de déposer un exemplaire du journal au parquet du procureur impérial, ne s'applique qu'aux écrits politiques, par la raison que cette obligation n'est imposée qu'aux propriétaires ou gérants responsables, et que les journaux non politiques ne sont pas tenus d'avoir des gérants responsables (Dijon, 13 mai 1831) (1); — 2o Que même depuis le décret du 17 fév. 1852 sur la presse, les gérants ou propriétaires d'une feuille périodique sont tenus, au moment de la publication, de faire au parquet le dépôt d'un exemplaire conformément à l'art. 8, toujours en vigueur, de la loi du 18 juill. 1828, et qu'à supposer que l'obligation de ce dépôt ne concerne que les gérants des feuilles ayant un caractère politique, les gérants des autres feuilles doivent au moins être déclarés en contravention pour omission du dépôt, relativement à ceux de leurs numéros qui traitent accidentellement de matières politiques,... indépendamment des autres contraventions que cette publication accidentelle peut constituer (trib. de Carpentras, 24 mai 1855, aff. Trémollière, D. P. 55. 1. 381). — Solution qui ne nous semble nullement contraire à celle que nous venons d'adopter.

375. Le but dans lequel le dépôt a été ordonné fait assez comprendre que les exemplaires publiés doivent être exactement conformes au spécimen déposé au parquet. — Rien, dans un journal politique, ne doit échapper à la surveillance du ministère public. — Aussi est-ce avec raison qu'il a été jugé : 1o que le dépôt d'un exemplaire d'un journal au parquet du procureur du roi ne dispense pas le gérant du dépôt de toute autre édition du même numéro qui contiendrait des articles différents, quels que soient ces changements, de la gravité desquels le gérant ne saurait être juge (Crim. cass. 18 avril 1839) (2); — 2o Que lorsque, dans

---

(1) *Espèce* : — (Min. pub. *C.* Déjussieu.) — Le sieur Déjussieu, éditeur du journal l'Indicateur, était mis en prévention pour, 1o publication de ce journal, sans avoir préalablement fourni de cautionnement, conformément à la loi du 14 déc. 1830; — 2o Omission des déclarations prescrites par les art. 6 et 7 de la loi du 18 juill. 1828; — 3o Omission du dépôt d'un exemplaire au parquet du procureur du roi (art. 8); — 4o Omission de la signature au bas de chaque exemplaire (art. 8). On faisait résulter le caractère politique de cet écrit périodique, de ce qu'il avait inséré l'arrêt de la cour des pairs contre les ex-ministres de Charles X, des lois, des ordonnances et des arrêtés relatifs à l'administration. Le tribunal correctionnel de Châlons-sur-Saône, condamnant le prévenu sur les troisième et quatrième chefs seulement, prononça contre lui 1,000 fr. d'amende. — Appel du ministère public. — Arrêt.

LA COUR ; — Considérant, 1o que le no 4 du journal dit l'Indicateur, saisi à la requête de la partie publique, et incriminé par elle, n'a pas le caractère d'un écrit périodique traitant de matières politiques; que, de tous les articles contenus dans ce numéro, il n'en est qu'un seul qui puisse être considéré comme ayant trait à la politique ; mais que ce rapport est très-éloigné et ne suffit pas, à beaucoup près, pour classer ce journal dans la catégorie de ceux qui sont assujettis aux conditions prescrites par les lois relatives à la police de la presse périodique et politique, le fait mentionné dans ledit journal n'étant pas d'ailleurs précisément de la nature de ceux dont l'insertion est interdite aux journaux non politiques ; qu'y eût-il quelques légers doutes, dans le cas particulier, ils doivent être levés en faveur du prévenu ; — Considérant, 2o que l'art. 8 de la loi du 18 juill. 1828, n'est évidemment applicable qu'aux écrits politiques, puisque ces obligations ne sont imposées qu'aux propriétaires ou gérants responsables, et que les journaux non politiques ne sont pas tenus d'avoir des gérants responsables ; — Considérant, 3o que la disposition du même article, qui prononce une amende de 500 fr. contre l'imprimeur qui n'aura pas imprimé la signature dont il est question dans la partie dudit article, se réfère nécessairement à cette première partie, et que la signature, dont l'impression est ordonnée, ne peut être que celle du propriétaire ou du gérant responsable ; que, dès lors, cette obligation n'a aucun trait à l'impression de journaux non politiques ; — Considérant enfin que, si le dernier paragraphe de l'art. 6 de la loi du 18 juill. 1828, assujettit aux conditions prescrites par les nos 1, 2 et 3 du premier paragraphe de cet article, même les journaux non soumis au cautionnement, ce dernier paragraphe ne contient aucune sanction pénale ; — Sans avoir égard à l'appellation du procureur du roi près le tribunal de Châlons-sur-Saône, met ladite appellation au néant; faisant droit, au contraire, sur l'appellation interjetée par Michel Déjussieu, du même jugement, met icelle et ce dont est appel au néant, et, par nouveau jugement, le décharge des condamnations contre lui prononcées et le renvoie des poursuites du ministère public.

Du 13 mai 1831. — C. de Dijon.

(2) *Espèce* : — (Min. pub. *C.* Paya.) — Un journal dit l'Émancipation était publié à Toulouse depuis quelque temps. Un journal dit l'Aude était aussi publié à Carcassonne, lorsqu'il cessa de paraître en sept. 1838. — Ces deux journaux avaient la même couleur politique. — Dans le courant du mois d'octobre suivant, le sieur Paya, gérant de l'Émancipation, annonça que ce journal serait adressé aux abonnés de l'Aude. — A la même époque, le sieur Marcou, ex-gérant de l'Aude, fit paraître une espèce de prospectus. Il y annonça qu'il déposait la gérance de ce journal; qu'il n'avait pu trouver personne qui voulût le remplacer, mais qu'il avait pris des engagements pour que l'Émancipation publiât deux fois par semaine une édition particulièrement destinée au département de l'Aude. — En effet, dès le 10 du même mois d'octobre, parut à Toulouse le no 390 de l'Émancipation, et, sorti des mêmes presses, fut expédié dans l'Aude ce même numéro portant en tête : édition de l'Aude. Celui-ci avait au verso du premier feuillet un article intitulé : Liberté individuelle, correspondant à un article de l'autre édition, contenant un arrêté du conseil royal de l'instruction publique. — Il en fut de même des nos 395, 396, 399, 402 et 405. — Deux éditions furent faites de chacun de ces numéros; celle particulièrement destinée au département de l'Aude renfermait un grand nombre d'articles que ne contenait pas l'édition ordinaire, et réciproquement. — Cependant le sieur Paya ne signait pour minute, ne déposait au parquet du procureur du roi, à Toulouse, lieu de l'impression, qu'un exemplaire de l'édition ordinaire, et ce magistrat ignorait l'impression d'une édition particulière différente de l'autre, et destinée au département de l'Aude. — Mais M. le procureur du roi près le tribunal de Carcassonne révéla cette manœuvre à son collègue de Toulouse, par ses lettres des 25 oct. et 1er nov. 1838. — Aussitôt, et le 8 nov., le sieur Paya, comme gérant responsable, fut cité devant le tribunal correctionnel de Toulouse, pour se voir condamner aux peines portées par l'art. 8 de la loi du 18 juill. 1828. — Il fut relaxé

l'exemplaire déposé, l'espace habituellement occupé par le feuilleton est laissé en blanc, aucun des exemplaires distribués ne doit contenir un feuilleton, même recouvert de vignettes qui maculent les premiers caractères d'impression (Crim. cass. 15 oct. 1834) (1).—V. en ce sens M. de Grattier, t. 2, p. 171.

376. Mais, dans l'hypothèse inverse, c'est-à-dire s'il y avait dans l'exemplaire remis au parquet des articles qui ne figureraient pas dans les journaux distribués ou publiés, serait-on fondé à soutenir que l'art. 8 de la loi de 1828 n'a point été observé? — M. de Grattier, t. 2, p. 171, résout affirmativement cette question, dans le cas même où la suppression aurait été opérée au moment du tirage de ces exemplaires, soit parce que l'article supprimé renfermerait un délit, soit parce qu'il annoncerait une nouvelle reconnue fausse. » — Nous avons quelque peine à nous rendre compte des motifs de cette solution, à l'appui de laquelle M. de Grattier ne fait valoir d'autres considérations que celles qui ont servi de base à l'arrêt de la cour de cassation du 15 oct. 1834 (V. n° 375) rendu dans une espèce inverse. —A nos yeux, il ne peut, au contraire, y avoir défaut de conformité, dans le sens de la loi, que lorsqu'on a soustrait à l'examen du ministère public une partie quelconque du journal publié (Conf. MM. Bories et Bonassies, v° Journaux, n° 119 et suiv.), parce que c'est uniquement pour faciliter la surveillance du parquet que la formalité a été établie. Cependant, comme il n'est guère de principes dont certaines circonstances particulières ne puissent modifier l'application, nous concevrions très-bien une solution contraire dans le cas où il serait évident que l'addition que contient le journal déposé a eu lieu dans une intention répréhensible, comme, par exemple, si l'on avait mis en saillie, dans les journaux livrés à la circulation, un passage qui, dans l'exemplaire déposé, se trouverait enfoui au milieu d'un sujet propre à détourner l'attention du procureur impérial.—Mais il n'y a pas à craindre que les gérants des journaux se fassent un jeu d'insérer dans l'exemplaire remis au parquet des articles qui seraient de nature à éveiller la sollicitude du ministère public, pour opposer ensuite que l'infraction n'existe pas, en ce qu'il n'y a pas eu publicité, car la feuille déposée suffirait pour déterminer leur condamnation.—Comme il est impossible d'aller rechercher tous les

---

par jugement du 6 déc., et sur l'appel relevé par le ministère public, ce jugement a été confirmé par arrêt du 17 janv. 1859.

Pourvoi en cassation de la part de M. le procureur général Romiguières, pour violation de l'art. 8 de la loi du 18 juill. 1828. — Cette loi, a-t-il dit, en substituant le système répressif au système préventif, a voulu que le ministère public fût mis en mesure d'exercer promptement, s'il y avait lieu, les poursuites autorisées par la loi. C'était assez dire que, s'il était fait plusieurs éditions d'un même numéro de journal, du même écrit périodique, et surtout si ces éditions n'étaient point parfaitement conformes, le gérant devait signer pour minute et déposer un exemplaire de chaque édition. — La minute d'un journal, c'est tout ce qui compose le journal; la signature, le dépôt d'un exemplaire, c'est la signature, le dépôt de tous les articles de ce journal, afin que le procureur du roi puisse les vérifier tous; faire une seconde édition différente de la première, y insérer des articles qui ne sont pas dans la première, c'est tromper le ministère public, c'est trahir l'intention du législateur, c'est violer la loi. — A cela que dit l'arrêt attaqué qui adopte les motifs des premiers juges? — 1° La loi ne prescrit point expressément le dépôt de l'édition d'un journal, lorsque, comme dans l'espèce, l'exemplaire du journal a été déposé : on ne pourrait y trouver cette prescription qu'à l'aide d'une interprétation, et l'on ne peut appliquer une peine que pour un fait prévu par la loi, en vertu d'une loi qui la prononce formellement. — Mais il n'est pas vrai d'abord que les lois pénales soient soustraites à toute interprétation; on en interprète tous les jours; l'essentiel est que l'interprétation ne détruise point la loi, ou ne lui donne pas une extension funeste. Or quelle interprétation plus simple, plus naturelle, plus nécessaire que celle consistant à établir que par exemplaire pour minute d'un journal, la loi a entendu un exemplaire pour minute des diverses éditions d'un journal, de chaque numéro de ce journal, surtout quand ces éditions ne sont pas de simples nouveaux tirages, quand elles ne sont pas motivées par le trop grand nombre d'abonnés et d'exemplaires à tirer, quand elles ne se ressemblent point parfaitement, mais quand les unes sont destinées à un lieu, les autres à un autre lieu, et quand la teneur, la composition, les articles du journal ou numéros du journal varient suivant le lieu auquel ils sont destinés? — Mais, s'il en est autrement, un journal qui s'imprime dans la Haute-Garonne pourrait, à l'aide d'éditions particulières destinées à servir d'autres départements, répandre à coup sûr, sans crainte de saisie dans ces départements, le poison de ses mauvaises doctrines.—2° Les juges, qui l'ont senti, ajoutent : Le dépôt des éditions aurait dû être fait si les articles consignés dans les éditions publiées dans le département de l'Aude, et qui ne figurent point dans les journaux publiés à Toulouse, avaient une certaine gravité; mais, dans l'espèce, n'en ayant aucune, il n'était pas indispensable de les soumettre à la surveillance du ministère public au moyen du dépôt. — Ce motif qui modifie, s'il ne rétracte pas, ce que les juges ont dit plus haut, contient une étrange interprétation. — D'abord il serait aisé de prouver que les articles publiés dans l'Aude avaient une certaine gravité et une très-fâcheuse gravité. Ensuite, comment admettre un système qui abandonne au gérant d'un journal l'appréciation des divers articles de ce journal, et qui le laisse libre de déposer ou de ne pas déposer les diverses éditions de ce journal, suivant que les articles, qui différeraient les uns des autres, lui paraissent avoir ou n'avoir pas une certaine gravité? — 3° L'arrêt objecte que beaucoup d'éditions de journaux ont été publiées dans les départements sans dépôt; ce serait là un fait blâmable, qui n'en autorise pas de nouveaux; mais non, c'est une allégation, voilà tout, elle ne peut pas prévaloir sur les dispositions pénales. Au surplus, il a été répondu par M. le procureur du roi de Paris que les gérants déposent et signent un exemplaire des secondes éditions. — 4° Enfin on allègue la bonne foi du gérant; mais sans discuter ici cette prétendue bonne foi, arrêtons-nous aux vrais principes, à une jurisprudence constante en matière spéciale ou de contravention, à des dispositions fiscales ou réglementaires. Là où les circonstances atténuantes ne sont pas admises, la bonne foi ne peut excuser; il n'y en a pas, d'ailleurs, de la part du gérant d'un journal qui doit connaître ses obligations et qui les enfreint. — Arrêt.

LA COUR; — Vu l'art. 8 de la loi du 18 juill. 1828; — Attendu que les éditions du journal quotidien publié à Toulouse sous le titre de l'Émancipation, sont publiées dans le département de l'Aude deux fois par semaine, avec la suscription édition de l'Aude; — Que les articles publiés dans ces éditions ne figurent pas dans les numéros publiés à Toulouse, et n'ont pas été compris dans les dépôts qui ont eu lieu au parquet de Toulouse, lieu de leur impression; — Attendu, en droit, que le gérant d'un journal n'est point juge du plus ou moins de gravité que peuvent avoir, sous le rapport de l'ordre public, les articles qu'il publie d'une manière périodique; — Que la formalité du dépôt a été prescrite pour faciliter au ministère public la connaissance et la répression des publications contraires aux lois; — Que l'arrêt attaqué a violé le texte et l'esprit de la loi précitée en introduisant une exception entre les articles qui pouvaient avoir de l'importance et ceux qui n'en avaient pas; — Qu'il a également violé cet article en admettant en faveur du prévenu une exception de bonne foi, alors qu'il ne s'agissait que d'un fait matériel que la loi punit d'une amende fixe de 500 fr.; — Casse.

Du 18 avr. 1859.-C. C., ch. crim.-MM. de Bastard, pr.-Isambert, rap.

(1) (Min. pub. C. l'Occitanique.) — LA COUR; — Vu l'art. 8 de la loi du 28 juill. 1828 sur les journaux et écrits périodiques; — Attendu que la formalité du dépôt prescrit par cet article a évidemment pour objet de donner au ministère public les moyens d'examiner à l'instant même de la publication l'écrit dont la distribution est commencée et d'en provoquer la saisie, pour le déférer ensuite aux tribunaux s'il juge qu'il contienne quelque infraction aux lois; que, pour que ce but puisse être atteint, il faut qu'il y ait une exacte conformité entre l'exemplaire déposé au parquet du procureur du roi et les exemplaires publiés; que c'est pour garantir cette conformité, et pour faire foi des copies qui ont été livrées au public, que l'exemplaire déposé au parquet doit être signé ou minuté par le gérant responsable; — Attendu que dans le numéro du journal l'Occitanique, qui a paru le 5 août 1834, et qui a été déposé au parquet du procureur du roi de Montpellier, l'espace destiné au feuilleton est en blanc; qu'on y lit seulement en tête : l'Ordre public; et au-dessous ces mots : *Au moment du tirage, nous nous voyons obligés de supprimer le feuilleton*; que cependant plusieurs exemplaires du même numéro, qui ont été saisis, présentent des différences sensibles; qu'au-dessous du titre : l'Ordre public, le feuilleton a été imprimé en entier, puis recouvert de vignettes qui ont maculé les premiers caractères d'impression; — Attendu qu'aucun des exemplaires du journal l'Occitanique publié en cet état n'a été déposé au parquet du procureur du roi et signé en minute par le gérant responsable, ce qui constituait une contravention formelle à l'art. 8 de la loi du 28 juill. 1828; — Attendu que l'arrêt attaqué constate en fait que certains exemplaires du journal portaient un espace blanc, tandis que dans d'autres exemplaires, ce même espace est maculé; que, dès lors, la contravention était reconnue; qu'il n'y avait plus à examiner si les premiers caractères d'impression étaient encore lisibles; qu'on ne devait pas rechercher non plus quelle avait été l'intention du gérant; qu'en cette matière, la loi n'admet ni composition ni excuse, et que les tribunaux sont tenus d'appliquer la peine que la loi prononce lorsque la contravention est matériellement et légalement constatée; — Qu'en refusant de donner au fait reconnu constant sa qualification légale, et en relaxant de la poursuite le gérant de l'Occitanique, la cour d'appel de Montpellier a méconnu les règles de sa compétence et violé ouvertement l'art. 8 de la loi du 18 juill. 1828; — Casse.

Du 15 oct. 1834.-C. C., ch. crim.-MM. de Bastard, pr.-Bresson, rap.

exemplaires sortis des bureaux d'un journal pour savoir ce qu'ils contiennent, il doit suffire à l'organe du ministère public de produire à l'appui de sa poursuite la feuille déposée et signée, pour que, si elle renferme l'infraction signalée par lui, la condamnation doive être prononcée.

377. Quand doit avoir lieu le dépôt? *Au moment de la publication* (L. 1828, art. 8), et non *avant* la publication, comme le portait le projet. Le changement adopté sur la proposition de M. Benjamin Constant a eu pour motif de prévenir, à l'égard des journaux, des exigences semblables à celles qu'avaient antérieurement manifestées certains préfets qui voulaient qu'un exemplaire de chaque journal, publié dans leur chef-lieu, leur fût remis la veille de la publication, avant midi (V. Duvergier, année 1828, p. 227), ce qui était, pour la presse, une entrave intolérable. — Mais le moment de la publication ne saurait s'entendre de la journée entière où le journal est publié. Ces mots expriment, au contraire, qu'il doit y avoir simultanéité entre la remise au parquet et la distribution du journal. — C'est par ce motif qu'il a été décidé que le dépôt de l'exemplaire d'un journal fait au parquet le soir, au moment de la publication du supplément, lorsque la première partie du numéro avait été distribuée dans la matinée, constitue la contravention prévue par l'art. 8 de la loi de 1828 (Rouen, 10 fév. 1842) (1). — Il a été jugé aussi que la remise de numéros d'un journal à un entrepreneur de transport, constitue une publication de ce journal dans le sens de l'art. 8 de la loi du 18 juill. 1828, et, par suite, contrevient aux dispositions de cet article, si elle a eu lieu avant le dépôt au parquet qui doit précéder la publication (Crim. rej. 29 janv. 1851, aff. Larcher, D. P. 51. 5. 429).

378. Lors de la discussion de la loi de 1828, M. Firmin Didot avait proposé un amendement d'après lequel le parquet devait être ouvert tous les jours et *toutes les nuits*, afin que le dépôt ne pût retarder la distribution. — Mais M. Jacquinot-Pampelune, ancien procureur du roi à Paris, fit observer que tel était l'usage au parquet de la Seine, qu'un commissaire de police délégué par le procureur du roi veillait, en effet, toute la nuit, pour recevoir les dépôts de journaux, et il ne fut donné aucune suite à l'amendement (V. M. Duvergier, Coll. des lois, année 1828, p. 227). De cet incident de la discussion, M. Duvergier, *loc. cit.*, conclut avec raison que, dans la pensée de la loi, toutes les facilités désirables doivent être données aux journaux pour ne pas en entraver la distribution, qui a lieu avant le jour pendant plusieurs mois de l'année.

379. Le dépôt effectué par le gérant est constaté par le récépissé qui lui est délivré à cet effet (L. 1828, art. 8).—Toutefois ce mode de justification n'est pas exclusif de tout autre genre de preuve (Conf. MM. Chassan, t. 1, p. n° 879; de Grattier, t. 2, p. 171). — S'il y avait, sous ce rapport, oubli, négligence ou mauvais vouloir de la part des officiers du parquet, ce qui est improbable sans doute, mais non impossible, il faut bien que le gérant qui s'est conformé à la loi ait le moyen de prouver qu'il l'a exécutée.

380. *Signature imprimée.* — La signature du gérant doit être imprimée *au bas de tous les exemplaires* (L. 1828, art. 8). — De même que les dispositions de la loi de 1828 relatives à la signature en minute et au dépôt, celle qui prescrit la signature imprimée ne concerne pas les écrits non cautionnés (V. *suprà*, n° 370.—Conf. M. Chassan, t. 1, p. 520). — Il a été jugé en ce sens que la disposition de l'art. 8 de la loi du 18 juill. 1828, relative à l'obligation d'imprimer le nom du gérant au pied du journal, et qui punit l'omission de cette formalité d'une amende de 500 fr., se rapporte exclusivement aux journaux ou écrits périodiques (Dijon, 13 mai 1831, aff. de Jussieu. V. n° 374).

381. Est-il absolument nécessaire que la signature du gérant soit apposée au bas du journal? ne satisferait-elle point au vœu de la loi, si elle se trouvait dans toute autre partie de la feuille?— On ne saurait hésiter sur la réponse. Le législateur n'eût pas expressément désigné la partie du journal dans laquelle devait se trouver la signature, s'il lui avait paru indifférent qu'elle fût partout ailleurs. Mais, du reste, il en est à cet égard d'un journal comme de tout écrit auquel, par sa signature, on met le sceau de son approbation. Nul homme de sens n'a jamais pensé que la signature, qui doit former le lien d'un contrat, d'une obligation, par exemple, puisse se trouver indifféremment en tête ou au milieu de l'acte destiné à les constater (Conf. M. de Grattier, t. 2, p. 173). — Ce qui prouve, d'ailleurs, que l'intention du pouvoir législatif a été parfaitement réfléchie sur ce point, c'est qu'on avait proposé de remplacer la signature du gérant mise au bas du journal par son nom placé en tête, et que cet amendement fut rejeté (V. M. Duvergier, Collect. de lois, année 1828, p. 228). — La signature du gérant doit même être précédée des annonces, car elles font partie du journal et engagent la responsabilité du gérant (V. en ce sens MM. Chassan, t. 1, p. 521; Bories et Bonassies, v° Gérant, n° 60). Mais il n'est pas nécessaire que la signature imprimée se trouve au bas de l'exemplaire déposé parce qu'il contient la signature en minute du gérant (Conf. MM. de Grattier, t. 2, p. 172; Bories et Bonassies, v° Gérant, n° 61).

SECT. 9. — *Du timbre des écrits périodiques.*

382. Il ne paraît pas que, sous l'ancienne législation, les écrits périodiques fussent soumis au timbre. — Cette innovation est due à la loi du 9 vend. an 6 (V. Enreg., n° 6061-12°), qui l'a empruntée à la législation anglaise (V. M. Chassan, t. 1, p. 521). — Le régime qu'elle avait établi, sous ce rapport, a été successivement modifié par les lois des 6 prair. an 7, 28 avr. 1816 (art. 62 et suiv.), 25 mars 1817 (art. 76), 14 déc. 1830, 16 juill. 1840 (art. 3 et 4), par les décrets des 2 et 4 mars 1848,

(1) *Espèce :* — (Min. pub. C. Dubreuil.) — Le gérant du Journal de l'Eure avait publié le numéro du 14 déc. 1841 en deux parties, la première distribuée en ville à onze heures du matin, la seconde à six heures du soir. Ce ne fut qu'à cette dernière heure que fut déposé au parquet l'exemplaire minute comprenant les deux parties, et signé du gérant. Au surplus, les exemplaires du journal destinés au dehors furent mis à la poste, les deux parties réunies, à neuf heures du soir, c'est-à-dire après le dépôt légalement effectué. — Cependant des poursuites furent dirigées contre le gérant pour contravention à l'art. 8 de la loi du 18 juill. 1828, suivant lequel le dépôt au parquet doit avoir lieu au moment de la publication, sous peine de 500 fr. d'amende. — 15 janv. 1842, jugement du tribunal correctionnel d'Évreux, déclarant partage, et, par suite, renvoyant le prévenu de la plainte. — Appel par le ministère public. — M. l'avocat général soutient que ces expressions : *au moment de la publication*, indiquent l'instant où la publication commence, parce qu'il suffit que le journal ait été remis à un petit nombre de personnes pour qu'il y ait publication dans le sens légal. D'ailleurs, disait-il, le dépôt au parquet a lieu dans le but de mettre le procureur du roi sur la trace des délits que le journal a pu commettre, et, dans des cas donnés, de lui fournir les moyens d'en empêcher autant que possible la distribution, en usant de mesures promptes et répressives. — Pour le gérant du journal, on soutenait, au contraire, qu'il suffisait que le dépôt eût lieu alors que la publication se faisait, c'est-à-dire pendant cette publication, et que cela résultait des termes de la loi du 9 juin 1819, art. 5, qui, en décidant, comme la loi de 1828, que le dépôt devait se faire au moment de la publication, ajoutait que « cette formalité ne pouvait ni retarder ni suspendre le départ ou la distribution du journal. » On faisait observer, en outre, que ce dépôt ne pouvait être considéré comme une mesure préventive ayant pour but de fournir au procureur du roi les moyens d'empêcher la publication d'un article qui lui paraîtrait coupable, mais seulement pour mettre à même le ministère public de connaître les délits qu'il devait poursuivre dans l'intérêt de la société. Or, en fait, la publication durait encore lors de la remise au parquet du numéro du 15 décembre. Ce numéro se composait de deux parties qui formaient ensemble un tout inséparable. C'est au moment où la distribution du supplément a commencé, que le dépôt prescrit par la loi a eu lieu; et à ce moment même, la publication de la première partie ne pouvait être légalement considérée comme terminée, puisque les exemplaires destinés au dehors n'ont été remis à la poste que près de trois heures après. — Arrêt.

LA COUR; — Vu la loi du 18 juill. 1828; — Et attendu qu'il est reconnu que le 15 déc. 1841, le Journal de l'Eure a été distribué entre dix et onze heures du matin; que le dépôt d'un exemplaire de ce journal n'a été fait au parquet du procureur du roi qu'au moment de la distribution d'un supplément à la feuille du matin, et sur les six heures du soir; — Attendu que ces faits, non contestables et non contestés, constituent la contravention prévue par l'art. 8 de la loi ci-dessus visée; que, dès lors, il y a lieu d'infirmer le jugement; — Réformant, déclare Dubreuil coupable de la contravention prévue par l'art. 8 de la loi du 18 juill. 1828; en conséquence, le condamne à l'amende de 500 fr. et aux dépens.

Du 10 fév. 1842.-C. de Rouen, ch. corr.-MM. Simonin, pr.-Chassan, av. gén., c. conf.-Saudebreuil (d'Évreux), av.

par la loi du 16 juill. 1850, par le décret du 17 fév. 1852 et par celui du 1er mars de la même année (V. vº Enreg., nos 6063 et s., et les renvois indiqués dans le tableau de la législation ci-dessus). — On va examiner : 1º quels sont les écrits périodiques soumis au timbre; 2º quelle est la quotité du droit à percevoir; 3º quand doit être remplie la formalité du timbre.

383. *Quels sont les écrits périodiques soumis au timbre.* — La règle qui soumet les écrits périodiques au timbre les comprend tous dans sa généralité (V. les textes précités). — Pour qu'ils puissent être exceptés, il faut qu'on puisse invoquer en leur faveur une exemption formelle. — Mais quel est le caractère de la *périodicité?* — C'est le retour marqué d'une publication conçue d'après un plan donné, sans que les tribunaux aient à s'occuper de la durée toujours incertaine de l'écrit. Aussi a-t-il été décidé que les feuilles qui rendent journellement compte des séances d'un tribunal sont des écrits périodiques dans le sens des lois sur le timbre, et par conséquent sujettes à cet impôt, bien que, dans l'intention de l'éditeur, elles soient destinées à une courte durée, à la session d'une cour d'assises, par exemple (Cass. 13 avr. 1835 (1); V. en ce sens M. de Grattier, t. 2, p. 248, nº 2). Tontefois, suivant une décision du ministre des finances, du 11 mars 1832, les livraisons d'une publication *qui doit nécessairement avoir un terme*, lorsque cela ressort du plan de l'ouvrage, ne doivent point être soumises au timbre. — Cette décision a été rendue à l'occasion du Dictionnaire de la conversation (V. MM. Fessard, Dict. de l'enreg., vº Journal, nº 19; Bories et Bonassies, vº Timbre, nº 49). — La différence entre les deux espèces est, du reste, facile à saisir. — Dans celle de l'arrêt ci-dessus rapporté, il s'agissait d'une publication qui, dans la pensée de l'éditeur, paraissait, sans doute, devoir probablement avoir un terme; cependant rien, dans la nature même de l'écrit, ne faisait de ce terme une nécessité. Après avoir publié une session de cours d'assises, il pouvait très-bien continuer indéfiniment, sans rien changer à son plan. — Dans un dictionnaire, au contraire, la limite se trouve posée par l'ordre alphabétique inhérent à ce genre de publication. — D'après cette distinction, il nous semble fort naturel qu'on ait assujetti au timbre... 1º la Némésis incorruptible, écrit périodique en vers qui paraissait une fois par semaine (sol. de la rég. 14 fév. 1836); ... 2º Les leçons sur l'art d'associer les individus et les masses, qui paraissaient plus d'une fois par mois (délib. 1er mars 1832); — 3º Les Guêpes, qui se publiaient deux fois par mois et qui contenaient deux feuilles d'impression (Trib. de la Seine, 17 mars 1841); — 4º Des brochures ou écrits formant une série de publications par ordre de numéros et sous le titre commun d'un journal auquel se rattachent ces publications, alors même que leur apparition ne serait pas successive et certaine à des époques fixes (Req. 1er mars 1836 (2).—Conf. délib. de la rég. du 1er mars, approuvée le 7 du même mois); — 5º Une brochure dans laquelle il est annoncé qu'elle paraîtra à des époques successives (Paris, 30 nov. 1835, V. M. de Grattier, t. 2, p. 255); — 6º Un écrit périodique ayant pour objet de rendre compte des ouvrages nouveaux (trib. de la Seine, 22 janv. 1834, V. M. Fessard, vº Journal, nº 25).

384. Les extraits d'un journal ne peuvent d'ailleurs, sous ce rapport, jouir d'une faveur qui n'est pas accordée à la feuille elle-même. — Par suite, il a été jugé qu'ils sont sujets au timbre, lors même qu'ils ne contiennent que le texte d'un jugement ou arrêt (Cass. 22 déc. 1834) (3).

385. Mais il en est autrement d'une collection d'écrits pé-

---

(1) (Enreg. C. Dezairs.) — La cour; — Vu l'art. 70 de la loi du 28 avril 1816 et l'art. 76 de la loi du 25 mars 1817; — Attendu qu'il résulte des dispositions de ces lois que tous papiers-nouvelles, feuilles périodiques et tous ouvrages paraissant soit régulièrement, soit irrégulièrement, par mois, par semaine ou par numéro, ne peuvent être imprimés que sur du papier timbré avant l'impression; qu'ils ne peuvent surtout être distribués sans avoir reçu la formalité du timbre; que, si la loi du 25 mars 1817 a apporté une modification à ces dispositions, ce n'a été que pour les ouvrages périodiques ne paraissant qu'une fois par mois, et contenant au moins deux feuilles d'impression; — Attendu que, dans l'espèce, Dezairs, imprimeur à Blois, fit afficher, le 1er oct. 1832, un avis qui annonçait la distribution, à domicile et quotidienne, du compte rendu des séances de la cour d'assises du département de Loir-et-Cher; — Attendu que, conformément à cette annonce, cette distribution eut lieu sans que les feuilles, ainsi distribuées, eussent été timbrées; — Attendu que ces contraventions ont été légalement constatées; que, néanmoins, en faisant droit à la défense du contrevenant, le jugement attaqué a décidé que les feuilles imprimées et distribuées par Dezairs, étant destinées à former un volume, n'étaient pas comprises dans la catégorie des publications soumises au droit de timbre, et qu'en ce faisant, il a expressément violé les lois précitées; — Par ces motifs, casse.

Du 15 avr. 1835.-C. C., ch. civ.-MM. Portalis, 1er pr.-Jourde, rap.

(2) *Espèce* : — (Cabet et autres C. enreg.) — L'administration de l'enregistrement avait décerné, contre Pagnerre et Herhan, une contrainte constatant la saisie de trente-neuf exemplaires d'écrits non timbrés et intitulés : « Publications du Populaire; » savoir : un exemplaire des neuf premières publications, de la onzième, et deux exemplaires d'un écrit intitulé : « Nécessité de populariser les journaux républicains. » Une seconde contrainte avait également été décernée contre les sieurs Cabet et Herhan, constatant la saisie de trente-deux exemplaires des mêmes publications; savoir : quatre exemplaires des quatrième et onzième publications, et vingt-huit de la douzième. — Les sieurs Cabet et Pagnerre, éditeurs ou auteurs, et M. Herhan, imprimeur des brochures saisies, formèrent opposition à ces contraintes. — Ils soutenaient que les lois relatives aux ouvrages périodiques ne pouvaient leur être appliquées, puisque les brochures saisies étaient différentes les unes des autres, et que leur publication spéciale n'avait eu lieu qu'une seule fois et dans un seul et même volume. — Jugement qui déclare leur opposition mal fondée. — Pourvoi. — Arrêt.

La cour; — Attendu que la loi du 28 avr. 1816, art. 70, impose l'obligation de l'usage du papier timbré pour tous les ouvrages, de quelque étendue qu'ils soient, qui paraîtront, soit régulièrement, soit irrégulièrement, par mois, par semaine, soit par numéro, quand même le service n'en serait pas régulier; — Attendu que le jugement du tribunal de la Seine, du 7 avr. 1834, a reconnu et dû reconnaître que les brochures, qui avaient été l'objet des contraintes décernées par l'administration, renfermaient les caractères des ouvrages assujettis, suivant l'art. 70 susénoncé, à la formalité du timbre; — Attendu, en ce qui concerne la quotité des amendes, que l'art. 60 de la loi du 9 vend. an 6, applique la peine de l'amende à chaque contravention; qu'aux termes de ce même article, la contravention existe de la part de tous ceux qui auront répandu des journaux ou papiers-nouvelles, et autres objets compris dans l'art. 56 de la même loi, sans avoir fait timbrer leur papier, et qu'en appliquant l'amende à chaque exemplaire saisi dont le papier n'avait pas été soumis au timbre, le jugement attaqué a fait une juste application dudit art. 60 de la loi du 9 vend. an 6, combiné avec l'art. 70 de la loi du 28 avr. 1816; — Rejette.

Du 1er mars 1836.-C. C., ch. req.-MM. Zangiacomi, pr.-Borel, rap.

(3) *Espèce* : — (Enreg. C. Bousquet.) — Le 11 août 1832, le commissaire de police de Marseille saisit, sur des crieurs publics, vingt-six exemplaires d'un imprimé sorti des presses de Bousquet, intitulé : « Arrêt de la cour d'Aix..., dans l'affaire du Carlo-Alberto. » Cet article était terminé par ces mots entre deux parenthèses : « Extrait de la Gazette du Midi. » — La régie décerna, contre l'imprimeur et les crieurs, une contrainte en payement de 87 fr. pour les amendes encourues à cause du défaut de timbre de ces feuilles. — Sur l'opposition de Bousquet, jugement du tribunal civil de Marseille, du 20 déc. 1832, en ces termes : « Attendu que, même dans le système de la direction de l'enregistrement, les imprimés non périodiques qui se crient et se distribuent dans les lieux publics et les rues, ne doivent être soumis à la formalité du timbre qu'en les considérant comme des avis imprimés, aux termes de l'art. 1 de la loi du 6 prair. an 7; qu'en admettant que ces expressions aient plus d'étendue que celles indiquées dans la circulaire interprétative de cette loi, publiée peu de jours après, dans laquelle on lit que cet article comprend toutes les annonces, indications et notices de professions, biens et marchandises à vendre, maisons à louer, remèdes, fêtes et spectacles; et que ces expressions comprennent des objets d'une nature différente, le législateur a, depuis cette époque et par des dispositions toutes favorables au développement des connaissances humaines, apporté de nombreuses exceptions à la rigueur des anciennes règles; qu'en effet, la loi du 25 mars 1817 (art. 76) exempte de la nécessité du timbre les annonces, prospectus et catalogues de librairie; que la loi du 15 mai 1818 (art. 83) étend cette exemption aux annonces, prospectus et catalogues d'objets relatifs aux sciences et aux arts; que l'imprimé qui est l'objet des poursuites de l'administration de l'enregistrement, contient un arrêt de la cour royale d'Aix, qui a statué sur des questions de jurisprudence, de droit public et de droit des gens; que c'est là évidemment un monument du domaine de la science, et que l'imprimé qui l'a porté à la connaissance du public, dans le système de l'administration de l'enregistrement, rentre dans l'exemption de ladite loi du 15 mai 1818; déboute la régie, etc. » — Pourvoi pour fausse application de l'art. 83 de la loi du 15 mai 1818, et violation des art. 56 et 60 de la loi du 9 vend. an 6, de l'art. 4 de l'arrêté du 3 brum. suivant, de l'art. 1

riodiques réunis en volume (déc. min. des fin. 24 août 1831. V. MM. Fessard, v° Journal; Bories et Bonassies, v° Timbre). — Là, en effet, plus de périodicité. Les feuilles perdent, d'ailleurs, ainsi le caractère d'actualité qui les fait rechercher, et l'impôt du timbre, qui paraît destiné à atteindre la curiosité publique, ne saurait les concerner.

386. Les journaux et écrits périodiques publiés à l'étranger sont assujettis au timbre, sauf les conventions diplomatiques contraires (décr. 17 fév. 1852, art. 8). — Il en est de même des écrits non périodiques publiés à l'étranger en une ou plusieurs livraisons et ayant moins de dix feuilles d'impression de 25 à 32 décimètres carrés (même décret, art. 9). — Pour assurer la perception du droit, ces divers écrits sont, à leur entrée en France, frappés par les agents de l'administration des postes d'un timbre spécial à date, portant à l'encre rouge le nom du bureau de poste par lequel ils sont entrés sur le territoire français (décr. 1er-20 mars 1852, art. 1). — Les expéditeurs, introducteurs ou destinataires d'écrits de ces catégories, adressés en France par une autre voie que celle de la poste, doivent faire à un des bureaux de douane désignés pour l'importation des livres et écrits publiés à l'étranger, une déclaration des écrits assujettis au timbre. — V. art. 2.

387. L'art. 5 de la loi du 9 vend. an 6 exceptait formellement de l'impôt du timbre les ouvrages périodiques relatifs aux sciences et aux arts, ne paraissant qu'une fois par mois et contenant au moins deux feuilles d'impression. — Cette exemption avait été confirmée par l'art. 76 de la loi du 25 mars 1817. Sous tous les régimes, elle avait été maintenue, bien que les lois relatives au timbre n'en eussent pas fait mention ; elle avait toujours été considérée comme sous-entendue, et il en aurait été de même sous le décret du 17 fév. 1852, bien qu'il eût gardé le silence à cet égard. Mais le décret du 28 mars de la même année est venu lever toute difficulté sur ce point. — D'après ce texte, sont exempts du droit de timbre les journaux et écrits périodiques et non périodiques, exclusivement relatifs aux lettres, aux sciences, aux arts et à l'agriculture (art. 1). — Aucune distinction n'est, d'ailleurs, faite par ce décret, quant à la fréquence de la publication. D'où il paraît clairement résulter que même les journaux *quotidiens* consacrés aux connaissances désignées par le décret du 28 mars 1852 doivent jouir de l'exemption du timbre. — Du reste, avant le décret du 28 mars, les journaux consacrés à l'agriculture étaient exempts du timbre, bien qu'ils parussent plus d'une fois par mois (L. 16 juill. 1850, art. 5). — Cette exception avait été adoptée sur la proposition de M. de Labourdonnaye.

388. Mais il a été décidé, et avec juste raison : 1° que les journaux et feuilles périodiques, n'étant dispensés de la formalité du timbre que dans le cas où ils sont consacrés aux sciences et aux arts, et contiennent au moins deux feuilles d'impression, on ne doit pas ranger dans cette classe le bulletin d'une société ou entreprise commerciale, destiné uniquement à favoriser ses progrès, sans aucun rapport avec les sciences et les arts : comme si, par exemple, il est uniquement consacré à instruire les associés du résultat de la société, et à prescrire à ses employés ce qu'ils doivent observer... Et, par suite, qu'il y a lieu d'annuler le jugement qui a vu, dans un tel écrit, un ouvrage consacré aux sciences (Cass. 14 juill. 1829) (1) ; — 2° Que la loi du 16 juill. 1850 assujettissait tous journaux et écrits périodiques, même non périodiques, qui n'étaient pas expressément compris dans les exceptions qu'elle déclarait maintenir, et spécialement que cette loi assujettissait au timbre les journaux quotidiens exclusivement consacrés aux annonces et aux affiches (Crim. rej. 24 fév. 1852, aff. Journ. gén. d'affiches, D. P. 52. 1. 47). — C'est ce qu'avait aussi décidé le tribunal de la Seine, par le jugement du 29 nov. 1850, objet du pourvoi, et ce qui nous paraît résulter fort clairement du texte de l'art. 12 de la loi aussi bien que de la discussion à l'assemblée législative (V. cette discussion et les exposés des motifs et rapports qui l'ont précédée, Rec. pér. 50. 4. 158 et suiv.). — Il y a surtout à consulter les art. 5 et 6 du projet du gouvernement et l'explication donnée par le rapporteur à la séance du 15 juill. 1850, sur les modifications introduites par la commission dans la rédaction du premier de ces articles.

389. La décision devrait-elle être la même sous l'empire du décret du 17 fév. 1852? — Oui, sans doute, puisque l'art. 6 de ce décret est conçu dans les mêmes termes que l'art. 12 de la loi du 16 juill. 1850, sauf, comme sous l'empire de cette loi, les exceptions admises par la législation antérieure au décret du 4 mars 1848, que cette loi déclarait expressément maintenir (art. 22).

390. Les ouvrages périodiques, relatifs aux sciences et aux arts, ne paraissant qu'une fois par mois et contenant la matière de deux feuilles d'impression de chacune 25 décimètres carrés, sont exempts du timbre, lors même que l'impression serait faite sur une double feuille de papier de la dimension totale de 50 décimètres carrés (sol. 4 mars 1847, D. P. 47. 4. 468).

391. Les propriétaires ou gérants des journaux qui jouissent de l'exemption dont il vient d'être parlé, ne peuvent y insérer ni avis ni annonces, à moins que ces avis ou annonces ne soient relatifs à la librairie, aux sciences et aux arts (déc. min. fin. 7 oct. 1814).

Mais il est à remarquer, et c'est ce qui a été jugé, que les

---

de la loi du 6 prair. an 7, et de l'art. 66 de la loi du 28 avril 1816, en ce que le tribunal de Marseille a affranchi de la formalité du timbre l'écrit imprimé par le sieur Bousquet, quoique cet écrit ne fût que l'extrait d'un journal assujetti lui-même au timbre, et qu'il fût en outre un avis ou annonce imprimé. — Le sieur Bousquet a fait défaut. — Arrêt.

La cour ; — Vu l'art. 56 de la loi du 9 vend. an 6 ; — Attendu, en fait, que les imprimés saisis se terminent par ces mots : « Gazette du Midi, » et sont, par conséquent, un extrait de cette gazette ; — Que l'extrait imprimé d'une gazette, participant nécessairement de la nature de l'écrit dont il est une reproduction abrégée, est et doit être soumis aux mêmes conditions de publicité que cet écrit même ; — Que, cependant, le jugement attaqué a affranchi de l'une de ces conditions les imprimés dont il s'agit; ce en quoi il a formellement violé l'article cité ; — Donnant défaut contre Bousquet, casse.

Du 22 déc. 1854.-C. C., ch. civ.-MM. Vergès, f. f. de pr.-Quéquet, rap.-De Gartempe, av. gén., c. conf.-Teste-Lebeau, av.

(1) *Espèce* : — (Enreg. C. Lambert.) — Un vérificateur de la régie de l'enregistrement avait dressé un procès-verbal contre les sieurs Lambert et comp., pour avoir expédié dans les départements, par la voie de la poste, le bulletin n° 24 de la société d'Avances mutuelles sur garantie, ouvrage périodique, contenant moins de deux feuilles d'impression, et imprimé sur papier non timbré. — Les sieurs Lambert et comp. furent assignés pour se voir condamner à 20 fr. d'amende, aux termes de la loi du 16 juin 1824, et 25 fr. de restitution pour les droits fraudés ; mais ils soutinrent : 1° que leur bulletin avait réellement plus de deux feuilles ; 2° que cet ouvrage périodique était consacré aux sciences et aux arts, ce qui, aux termes de l'art. 57 de la loi du 9 vend. an 6, le dispensait de la formalité du timbre. — 19 avr. 1826, jugement du tribunal civil de la Seine, qui, « attendu que le bulletin de la société d'Avances mutuelles sur garantie se trouve, sous ce double rapport, dans l'exception de la loi (art. 57 de la loi du 9 vend. an 6), ordonne que les poursuites cesseront. » — Pourvoi par la régie pour violation expresse de l'art. 56 de la loi du 9 vend. an 6 et fausse application de l'art. 57 de la même loi. — Elle soutenait que le bulletin saisi n'était nullement relatif aux sciences et aux arts, et que, paraissant chaque mois, il avait moins de deux feuilles d'impression ; que, dès lors, il était soumis au timbre. — Arrêt.

La cour ; — Vu les art. 56 et 57 de la loi du 9 vend. an 6 ; — Considérant, en droit, que par l'art. 56 de la loi du 9 vend. an 6, les journaux et feuilles périodiques sont assujettis à la formalité du timbre, et que l'art. 57 de la même loi ne fait exception à cette règle que dans le cas où les journaux ou feuilles périodiques sont consacrés aux sciences et aux arts, et contiennent au moins deux feuilles d'impression ; — Considérant, en fait, que le bulletin de la société d'Avances mutuelles sur garantie, dont le n° 24 a été saisi pour contravention à la loi du timbre, à la requête de l'administration de l'enregistrement, est une feuille périodique, qui n'est pas consacrée aux sciences et aux arts ; qu'il n'a d'autre but, ainsi qu'on en est convaincu par la simple lecture, que d'instruire les associés du résultat de l'entreprise, et de prescrire aux divers employés ce qu'ils doivent observer pour en accélérer le développement ; qu'en un mot, il est uniquement destiné à favoriser une opération commerciale, sans aucun rapport aux sciences et aux arts ; — Qu'il suit de là qu'en déclarant nulle la saisie du n° 24 du bulletin dont il s'agit, et de la contrainte décernée contre les défendeurs, le tribunal civil a expressément violé l'art. 56 de la loi du 9 vend. an 6, et faussement appliqué l'art. 57 de la même loi ; — Par ces motifs, casse.

Du 14 juill. 1829.-C. C., ch. civ.-MM. Boyer, pr.-Poriquet, rap.-Cahier, av. gén., c. conf.-Teste-Lebeau et Émile Martin, av.

journaux ou écrits périodiques relatifs aux lettres, sciences et arts ou à l'agriculture, lesquels sont exemptés du timbre, ne perdent pas le bénéfice de cette exemption par le seul fait d'une publication accessoire d'annonces industrielles; cette déchéance n'est encourue qu'au cas de publication, même accidentelle, de matières politiques ou d'économie sociale (décr. 17 fév. 1852, art. 6 et 11; décr. 28 mars 1852, art. 1 et 2).—Seulement, les numéros qui contiennent ces annonces doivent, ainsi que cela est exigé de tout écrit quelconque en pareil cas, être revêtus du timbre spécial auquel l'art. 1 de la loi du 6 prair. an 7 assujettit d'une manière générale les imprimés destinés à la publication des annonces d'un intérêt mercantile (trib. de la Seine, 9 mai 1853, aff. le Figaro, D. P. 53. 3. 92). — Cette solution nous a paru conforme aux principes de la matière. —V. notre observ., *loc. cit.*

392. *Quotité du droit de timbre.*—Le droit de timbre était très-élevé en Angleterre. Il était de 43 cent. par exemplaire; un statut récent l'a réduit à 10 cent. 1/2. Mais cet impôt est indépendant de celui qui existe sur les annonces (Conf. M. Chassan, t. 1, p. 521). — La loi du 9 vend. an 6 avait fixé le droit de timbre à 3 cent. pour chaque feuille de 24 centimètres sur 38. — Ce droit était calculé sur le format alors en usage, et il est facile de juger, par l'extension qu'il a reçue depuis, quelle place la presse périodique a su prendre dans nos habitudes. — On lisait les nouvelles du jour avec plus d'ardeur peut-être, mais il n'est pas douteux qu'on y donnait beaucoup moins de temps qu'on ne le fait aujourd'hui. — Ce qui excédait la dimension qui vient d'être indiquée donnait lieu à une augmentation de 1 cent. pour 5 centimètres. — La loi du 13 vend. an 6 avait ensuite fixé le droit de cet excédant à 1 cent. par décimètre carré. — La loi du 15 mai 1818 (art. 89) voulut en outre qu'il fût perçu sur les journaux politiques et par feuille, à savoir : 1 cent. et demi à Paris, et 1 demi-cent. dans les départements. — Suivant l'art. 2 de la loi du 14 déc. 1830, le droit de timbre fixe ou de dimension sur les journaux ou écrits périodiques fut fixé à 6 cent. par chaque feuille de 30 décimètres carrés et au-dessus, et de 3 cent. pour chaque demi-feuille de 15 décimètres carrés et au-dessus. — Aux termes de l'art. 12 de la loi du 16 juill. 1850, le droit devait être de 5 cent. par feuille de 72 décimètres carrés et au-dessous, dans les départements de la Seine et de Seine-et-Oise, et 2 cent. partout ailleurs. — D'après le décret du 17 fév. 1852 (art. 6), les journaux et écrits périodiques sont soumis à un droit de 6 cent. par feuille de 72 décimètres carrés et au-dessous, dans les départements de la Seine et de Seine-et-Oise, et de 3 cent. pour les écrits périodiques publiés partout ailleurs. — Pour chaque fraction en sus de 10 décimètres carrés et au-dessous, il est perçu 1 cent. et demi dans les départements de la Seine et de Seine-et-Oise, 1 cent. partout ailleurs.

393. Quant aux suppléments, la législation a également varié. Aux termes de l'art. 3 de la loi du 6 prair. an 7, les feuilles de supplément jointes aux journaux et papiers-nouvelles devaient payer le droit de timbre comme les journaux eux-mêmes. — La loi du 14 déc. 1830 (art. 2) voulait, au contraire, qu'il ne fût perçu aucun droit pour un supplément qui n'excéderait pas 30 décimètres carrés, publié par les journaux imprimés sur une feuille de 30 décimètres carrés et au-dessus. — Et l'art. 18 de la loi du 16 juill. 1850, portait aussi qu'un supplément qui n'excéderait pas 72 décimètres carrés, publié par les journaux qui paraissent plus de deux fois par semaine, serait exempt de timbre, sous la condition qu'il serait uniquement consacré aux nouvelles politiques, aux débats de l'assemblée nationale et des tribunaux, à la reproduction et la discussion des actes du gouvernement. — Les suppléments du Moniteur, quel que fût leur nombre, étaient exempts du timbre.— Mais le décret du 17 fév. 1852 (art. 36) a formellement abrogé cette disposition. — Jusque-là, toutefois, on pourrait croire que cette abrogation a replacé les suppléments sous l'empire de la loi du 14 déc. 1830, qui les régissait antérieurement, et que, dès lors, la jurisprudence qui s'était formée sous cette loi, peut encore être invoquée. — Mais il est à remarquer que l'art. 6 du décret précité, tout en déterminant le droit de timbre pour ce qui excède la dimension normale, exempte expressément du droit les suppléments du journal officiel, quel que soit leur nombre, sans s'occuper des autres journaux. D'où la conséquence nécessaire, ce semble, que les suppléments de ces journaux ne sont pas exempts du timbre.

394. Quoi qu'il en soit, sous la loi du 14 déc. 1830, il a été décidé : 1° qu'on ne peut considérer comme un supplément exempt du droit de timbre qu'une publication accidentelle qui s'adjoint à des écrits périodiques, à des époques indéterminées et imprévues, qui n'en est pas une partie nécessaire (Cass. 13 avr. 1835, aff. la Mode, V. ci-après 4°), ...et qui est livrée aux abonnés du journal sans aucune augmentation de prix (Paris, 26 déc. 1833) (1). — ... D'où la conséquence que l'addition à un journal quotidien d'une feuille destinée à paraître régulièrement et à jour fixe, à être vendue et distribuée séparément, et avoir des abonnés distincts, doit être considérée comme constituant un nouveau journal assujetti à toutes les formalités voulues par la loi de 1828 (même arrêt); — 2° Que le supplément d'un journal

---

(1) (La Tribune.) — LA COUR; — Statuant sur l'appel du procureur du roi; — Considérant, en fait, que Lionne, gérant du journal la Tribune, a publié dans le numéro de ce journal du 15 novembre dernier un avis portant qu'à l'avenir la Tribune paraîtrait régulièrement tous les dimanches avec un supplément qui serait vendu par des crieurs spéciaux, dans les rues de Paris, au prix de 10 cent., et qu'elle recevrait des abonnements annuels, pour les départements, au prix de 12 fr., moyennant lesquels elle s'engagerait à fournir à ses abonnés des départements, outre le supplément, le numéro de la Tribune du dimanche; qu'en exécution de cette annonce, ledit Lionne a publié et fait vendre publiquement, les samedi 16 et dimanche 17 novembre, un écrit intitulé : Supplément à la Tribune, feuille consacrée aux associations patriotiques et aux ouvriers, ledit écrit traitant de matières politiques, sans avoir fait aucune déclaration préalable, ni fourni le cautionnement exigé par la loi, pour tout écrit périodique paraissant une fois la semaine; — Considérant que, d'après l'art. 2 de la loi du 18 juill. 1828, aucun écrit périodique ne peut paraître, hors les cas d'exception qui sont spécifiés en l'article suivant, et dont aucun n'est applicable à la cause, sans qu'il ait été préalablement fourni un cautionnement; que ces dispositions sont générales et absolues; que ladite loi n'en contient aucune autre d'où l'on puisse inférer que celui qui publie déjà un journal quotidien ait le droit de publier, sans fournir un nouveau cautionnement, un autre journal périodique paraissant, soit tous les jours, soit à des intervalles moins rapprochés; que c'est donc à tort que les premiers juges se sont fondés, pour décider que l'écrit intitulé Supplément à la Tribune n'était point assujetti à un cautionnement particulier, sur ce que cet écrit et le journal la Tribune sortaient des mêmes presses, étaient signés par le même gérant et appartenaient aux mêmes entrepreneurs, circonstances entièrement indifférentes dans la cause, où il s'agit de savoir si ledit écrit est une partie intégrante du journal la Tribune, ou s'il en est distinct; — Considérant que l'écrit dont il s'agit ne peut être regardé légalement comme un supplément au journal la Tribune; qu'en effet, la seule loi qui parle du supplément pour les journaux est celle du 14 déc. 1830; que cette loi, en dispensant, pour les cas qu'elle prévoit, les suppléments de tout droit de timbre, indique assez que, par supplément, elle n'entend que les feuilles additionnelles dont l'abondance des matières peut exiger occasionnellement la publication et qui sont livrées aux abonnés du journal sans augmentation dans le prix de leur abonnement;

Considérant que cet écrit ne peut pas non plus constituer, comme l'ont dit les premiers juges, une simple addition périodique et régulière au nombre des feuilles du journal, puisque, d'après les termes de l'avis inséré dans la Tribune du 15 novembre, et d'après les énonciations qu'il contient lui-même, il doit être tiré à un nombre d'exemplaires différent, avoir des abonnés différents et être vendu et distribué séparément du journal; — Considérant, enfin, qu'il ne présente pas les caractères d'une édition particulière faite pour donner plus promptement les nouvelles aux lecteurs, soit de Paris, soit des départements, puisque les articles qui composent cet écrit ne sont ni copiés sur le journal du matin, ni reproduits sur celui du lendemain, et que d'ailleurs cette publication est annoncée par les auteurs eux-mêmes comme ayant un tout autre but; — Considérant, dès lors, que ledit écrit forme le premier numéro d'un écrit périodique hebdomadaire, traitant de politique, et distinct du journal la Tribune, et qu'en le faisant paraître sans avoir fourni un cautionnement, Lionne a contrevenu aux dispositions des lois précitées; — Considérant, à l'égard de Mie, que l'imprimeur n'est point tenu de se faire justifier du versement du cautionnement; — Met, en ce qui concerne Lionne, l'appellation et ce dont est appel au néant; émendant, déclare Lionne coupable de la contravention prévue et punie par les art. 3 de la loi du 18 juill. 1828 et 6 de la loi du 9 juin 1819, et lui faisant application desdits articles, le condamne à un mois d'emprisonnement et 200 fr. d'amende; renvoie Mie des fins de la plainte, sans dépens.

Du 26 déc. 1833.-C. de Paris, ch. corr.-M. Saint-Laurent, pr.

est exempt du timbre, encore qu'il ne paraisse pas en même temps que le journal auquel il se rattache, si d'ailleurs il réunit les autres conditions nécessaires pour l'exemption, c'est-à-dire s'il n'excède pas 30 décimètres carrés, et si le journal lui-même est imprimé sur une feuille de même dimension, ayant acquitté, par conséquent, le droit de 6 cent., pourvu toutefois que la distribution du supplément soit faite *aux abonnés* seulement (délib. 11 juin 1833; décis. min. 24 juin 1833) (1);—4° Que quant une publication fait habituellement suite aux livraisons d'un écrit périodique, et fait un corps d'ouvrage avec ces livraisons, elle ne peut être considérée comme un supplément de cet écrit; qu'ainsi, lorsqu'à la suite d'une livraison se trouvent trois quarts de feuille formant douze pages dont la pagination fait suite à celle des pages précédentes dont le texte est la continuation non interrompue du texte qui précède, qui contiennent la table des matières des livraisons du trimestre destinées à former un seul volume, et qui sont indiquées comme supplément par ce mot *supplément*, cette addition ne constitue pas un véritable supplément, et est soumise au droit de timbre (Cass. 15 avril 1855) (2). — V. n° 404.

395. Les écrits non périodiques traitant de matières politiques ou d'économie sociale, qui ne sont pas actuellement, ou qui, antérieurement à la loi de 1852, ne sont pas tombés dans le domaine public, s'ils sont publiés en une ou plusieurs livraisons ayant moins de dix feuilles d'impression de 25 à 32 centimètres carrés, sont soumis à un droit de timbre de 5 cent. par feuille, avec augmentation de 1 cent. et demi par chaque fraction en sus de 10 décimètres carrés et au-dessous.

396. *Quand le timbre doit-il être apposé.* — Le papier destiné aux journaux doit être frappé de timbre avant l'impression (L. 9 vend. an 6, art. 58; arr. du gouv. 3 brum. an 6; circ. n° 1124; instr. 326), et c'est par ce motif que l'art. 7 du décret du 16 fév. 1852 accorde aux éditeurs d'écrits périodiques une remise de 1 p. 100 pour déchet de maculature. Il ne pourrait y avoir de déchet semblable si les journaux n'étaient timbrés qu'après l'impression.

SECT. 10. — *Du transport des journaux.*

397. Le transport des lettres et paquets, organisé comme service public, remonte en France à une époque fort reculée (V. Poste). — Mais, avant 1789, ce service n'était point régi directement par les agents de l'Etat; il était concédé ou affermé par le gouvernement moyennant certaines charges déterminées. C'est ce qui résulte notamment des arrêts du conseil des 18 juin et 29 nov. 1681, où l'on voit qu'il est défendu à toutes personnes, *autres que le sieur Patin et ses commis*, de s'immiscer dans le transport des lettres. — Les journaux étaient alors trop peu répandus pour occuper l'attention du législateur : aussi ne sont-ils pas mentionnés dans les arrêts du conseil précités.— Depuis 1789, la loi des 17-22 août 1791 (art. 17) est le premier acte législatif relatif à l'administration des postes qui ait compris dans ses prévisions les journaux ou écrits périodiques. Elle établit pour le transport de ces publications une taxe uniforme dans tout le royaume, et elle en fixe le tarif, à savoir : pour les journaux paraissant tous les jours, à 8 deniers par feuille d'impression, et pour les autres à 12 deniers. — Pour les demi-feuilles, la taxe ne doit être que de moitié, et les suppléments doivent être taxés dans la même proportion. Suivant la même loi, les livres brochés mis à la poste sous bande doivent être transportés moyennant un sou la feuille. — La loi du 4 therm. an 4 maintint le principe de l'uniformité de la taxe pour toute la France, mais elle fixa le droit de poste à 4 cent. par feuille d'ouvrage périodique, et à 2 cent. par demi-feuille. — La loi du 15 mars 1827, art. 8, a introduit, sous ce rapport, un droit nouveau. Elle distingue d'abord entre les écrits transportés hors du département où ils sont publiés et ceux qui ne sortent pas de ce département. — Pour les premiers, le port est fixé à 5 cent., pour chaque feuille de 30 décimètres carrés et au-dessous. — Cette taxe doit être augmentée de 5 cent. par 30 décimètres ou fraction de 30 décimètres excédant la première dimension. — Quant aux écrits qui ne sortent pas du département où ils sont publiés, la taxe est la moitié de celle fixée pour la circulation hors du département. — Suivant la loi précitée de 1827, le port doit toujours être payé d'avance. — La loi du 14 déc. 1830 a réduit à 4 cent. le port des journaux et autres feuilles transportées hors des limites du département dans lequel ils sont publiés, et à 2 cent. le port des feuilles destinées pour l'intérieur de ce département (art. 3). — Mais elle n'a pas apporté d'autre modification à la loi de 1827. — L'art. 15 de la loi du 16 juill. 1850 voulait que le timbre servît d'affranchissement au profit des éditeurs de journaux et écrits, savoir : celui de 5 cent. pour le transport et la distribution sur tout le territoire de la République, celui de 2 cent. pour le transport des journaux et écrits périodiques dans l'intérieur du département (autre que ceux de la Seine et de Seine-et-Oise) où ils sont publiés et des départements limitrophes. — Cette combinaison du timbre et du droit de poste était une imitation de la législation anglaise. En Angleterre, en effet, les journaux, dont le droit de timbre est très-élevé (V. n° 392), sont transportés gratuitement par l'administration des postes (V. M. Chassan, t. 1, p. 523).—Aux Etats-Unis, au contraire, les journaux sont exempts de timbre, mais ils sont soumis à un droit de poste onéreux. Ce droit, dans l'Etat où ils paraissent, et pour une distance de 40 lieues de poste, est de 5 cents et un tiers; pour une plus grande distance, de 8 cents (V. MM. Michel Chevalier, Lettres sur l'Amérique du Nord, t. 1, p. 390; Chassan, t. 1, p. 523).—Au reste, le décret du 17 fév. 1852 a abrogé la loi du 16 juill. 1850 et déclaré expressément (art. 13) *qu'en outre des droits de timbre*, les tarifs existant antérieurement à la loi de 1850 pour le transport par la poste des écrits périodiques sont remis en vigueur.—Une loi toute récente, des 25 juin-2 juill. 1856 (D. P. 56. 4. 66) a complètement modifié le tarif des droits de poste en ce qui concerne les journaux et imprimés. Au lieu d'être déterminés suivant la dimension des feuilles, ces droits sont, aux termes de la nouvelle loi, perçus au poids. — Le port des journaux et ouvrages périodiques traitant en tout ou en partie de matières politiques ou d'économie sociale, et paraissant au moins une fois par trimestre, est de 4 cent. par chaque exemplaire du poids de 40 grammes et au-dessous. Au-dessus de 40 grammes, le port est augmenté de 1 cent. par chaque 10 grammes ou fraction de 10 grammes excédant (art. 1). — Les journaux ou écrits périodiques consacrés

---

(1) (Frob C. enreg.) — D'après l'art. 2 de la loi de 1830, deux conditions sont nécessaires pour appliquer l'exemption : il faut: 1° que le supplément n'excède pas 30 décimètres carrés; 2° que le journal qui publie le supplément soit imprimé sur une feuille de 30 décimètres carrés, ayant acquitté, par conséquent, le droit de 6 cent. — Les suppléments dont il s'agit dans l'espèce réunissent ces deux conditions, et la circonstance d'une distribution séparée aux abonnés ne peut les rendre passibles du droit de timbre; dès que le journal contient 30 décimètres carrés et au-dessus, et qu'il est frappé du timbre de 6 cent., le gérant acquiert la faculté de faire paraître un supplément non timbré; quant au mode de distribution à ses abonnés, il est indifférent. — Il en serait autrement si ces suppléments étaient distribués à d'autres qu'à des abonnés, parce qu'alors le nombre excéderait celui des feuilles principales sur lesquelles le droit aurait été acquitté : ces suppléments, ainsi multipliés, prendraient eux-mêmes le caractère de feuilles principales, et seraient sujets au timbre.

Du 11 juin 1833.-Délib. du cons. d'admin. — Du 24 juin 1833.-Déc. min.

(2) (Enreg. C. la Mode.) — LA COUR (après dél. en ch. du cons.); — Vu l'art. 2 de la loi du 14 déc. 1837; — Attendu qu'une feuille ou demi-feuille qui fait habituellement suite aux livraisons d'un écrit périodique, et forme un corps d'ouvrage avec ces livraisons, ne peut être considérée comme un supplément de ce journal ou de cet écrit; — Que le supplément, exempté de droit de timbre par la loi, est évidemment une publication accidentelle qui vient s'adjoindre à l'écrit périodique, à des époques indéterminées et imprévues, et qui n'en est point une partie nécessaire; — Qu'en décidant, dans l'espèce, que les douze dernières pages du numéro du 29 déc. 1852, du journal intitulé la Mode, dont la pagination fait suite à celle des pages précédentes, dont le texte est la continuation non interrompue du texte qui précède, qui contiennent la table des matières des livraisons du trimestre destinées à former un seul volume, et qui sont indiquées comme supplément par le mot *supplément*, au bas de la page 353, devaient être, par cela même et par cela seul, exemptes du droit de timbre, le jugement attaqué (du tribunal de la Seine) a méconnu l'esprit et formellement violé la lettre de la loi précitée; — Casse, etc.

Du 15 avr. 1855.-C. C., ch. civ.-MM. Portalis, 1er pr.-Piet, rap.-Laplagne, 1er av. gén., c. contr.-Teste-Lebeau et Mandaroux, av.

aux lettres, aux sciences, aux arts, à l'agriculture et à l'industrie, est de 2 cent. par chaque exemplaire du poids de 20 grammes et au-dessous. Au-dessus de 20 grammes, le port est augmenté de 1 cent. par chaque 10 grammes ou fraction de 10 grammes excédant (art. 2). Ces droits sont de moitié pour les journaux et ouvrages périodiques circulant dans l'intérieur du département où ils sont publiés, ou destinés pour les départements limitrophes, à l'exception, pour ce dernier cas, des journaux publiés dans les départements de la Seine et de Seine-et-Oise (art. 3).— V. sur ces différentes dispositions les explications données dans l'exposé des motifs et dans le rapport présenté par M. O'Quin au corps législatif, D. P. 56. 4. 66.

398. Sous la loi de 1850, on aurait pu soutenir avec quelque apparence de raison que l'État n'ayant aucun intérêt au transport des journaux, puisque les feuilles timbrées étaient exemptes de droit de poste, l'immixtion dans ce service n'avait rien d'illicite. Depuis le décret de 1852, on ne peut invoquer ce motif pour contester à l'administration le privilége qui lui est accordé, à cet égard, par les lois de la matière (L. 26-29 août 1790, 9 avr. 23, juill. 1793, 25 vend. et 27 niv. an 3; arr. du direct. exéc. des 2 niv. et 7 fruct. an 6, 26 vent. an 7, et arrêté du 27 prair. an 9, V. v° Postes, n°s 49 et suiv.; V. *eod.*, n°s 78 et 105, ce qui est dit sur le privilége de l'administration des postes relativement au transport des journaux et écrits périodiques). — La loi précitée, du 25 juin 1856, a apporté une importante exception au privilége dont l'administration des postes a été investie. Aux termes de l'art. 3, § 3, de cette loi, les journaux et écrits périodiques consacrés aux lettres, aux sciences, aux arts, à l'agriculture et à l'industrie, lorsqu'ils forment un paquet dont le poids dépasse 1 kilogr., ou s'ils font partie d'un paquet de librairie qui dépasse le même poids, sont exceptés de la prohibition établie par l'art. 12 de l'arrêté du 27 prair. an 9 (V. sur ce point les exposés des motifs et rapport, D. P. 56. 4. 66). — Au surplus, le monopole établi au profit de l'administration des postes ne s'étend pas à la distribution des journaux dans l'enceinte de la ville où ils sont publiés. — C'est ce qui a été formellement décidé. — V. Postes, n° 110.

399. Suivant l'art. 4 de la loi du 14 déc. 1830, les journaux imprimés en langue étrangère et ceux venant des pays d'outre-mer sont taxés au maximum du tarif établi pour les journaux français. — Cette disposition fut adoptée sur la proposition de M. de Tracy, et dans le but de faciliter l'introduction en France des journaux étrangers, qui, jusqu'alors, payaient le même droit que les lettres (V. M. Duvergier, Coll. de lois, année 1830, p. 301).—Mais la distinction qu'établit l'article précité entre les journaux imprimés en langue étrangère et ceux venant des pays d'outre-mer produit un résultat assez bizarre : c'est qu'un journal imprimé en français qui ne vient pas des pays d'outre-mer ne jouirait pas de la faveur accordée aux journaux imprimés en langue étrangère (V. M. de Grattier, t. 2, p. 264).—Ainsi les journaux belges, par exemple, seraient traités moins favorablement que les journaux allemands. — Et ce qui peut paraître étrange, c'est que ce résultat a été prévu et qu'il est parfaitement conforme à l'intention de la loi.—Voici, en effet, ce qui s'est passé à ce sujet : L'amendement proposé par M. de Tracy, relativement aux journaux qui nous occupent en ce moment, était ainsi conçu : « Les journaux venant des pays d'outre-mer seront taxés au maximum du tarif établi pour les journaux français. » — M. de Salvandy proposa d'y ajouter *en langue étrangère*, et après avoir donné son approbation à la pensée qui avait inspiré l'amendement de M. de Tracy, M. de Salvandy s'est exprimé ainsi : « Je redoutais que votre patriotisme s'arrêtât devant la crainte de voir l'industrie française frappée par l'industrie étrangère. Ne peut-il pas arriver que dans une île ou sur un rivage étranger, voisin du Pas-de-Calais ou de la Normandie, par exemple, on établisse des journaux qui détruiraient l'utile rivalité que vous voulez conserver à la presse périodique dans les départements? » Ainsi, dans la pensée de M. de Salvandy, les journaux rédigés en français et venant d'outre-mer ne devaient pas jouir de la faveur accordée aux journaux imprimés en langue étrangère.—M. Duvergier de Hauranne, parlant dans le même sens, a dit aussi que des presses anglaises pourraient imprimer dans les îles de Jersey et de Guernesey des journaux en langue française ; que si l'on imprimait des journaux factieux et qu'on les répandit avec profusion en France, il n'y aurait ni éditeur ni imprimeur à punir, qu'il faudrait un moyen pour empêcher la circulation de ces feuilles. —Or tous ces motifs ne s'appliquent pas moins aux journaux publiés en français, en Suisse ou en Belgique, qu'à ceux qui pourraient être publiés dans les îles anglo-normandes. — Toutefois M. de Tracy n'admettait pas le sous-amendement de M. de Salvandy.—M. de Saunac «*entrant dans l'intention des auteurs de l'amendement et du sous-amendement*» (ce sont ses expressions), a proposé alors de rédiger l'article tel qu'il a été adopté.—D'où il suit que la lettre de l'art. 4 de la loi de 1830 est parfaitement d'accord avec son esprit.

400. Aucun imprimé sujet au timbre ne peut être admis à la poste, s'il n'est timbré ou visé pour valoir timbre (instruct. de l'administ.).—Les journaux ou imprimés doivent être préalablement affranchis, et ceux qui sont trouvés à la boîte sans affranchissement sont taxés comme lettres (inst. de l'administ., V. Postes, n° 41).

401. Lorsqu'un journal de 30 décimètres carrés et au-dessus est publié avec un seul supplément de même dimension, l'administration ne soumet pas ce supplément à la taxe. — Mais il faut pour cela que le journal dont le supplément forme l'accessoire ait acquitté le droit de timbre de 6 cent. (instruct. génér. du 29 mars 1832). — Il est bien entendu, d'ailleurs, qu'il faut avant tout que la feuille présentée comme un supplément en offre réellement les caractères.—Et il a été jugé : 1° que la feuille jointe périodiquement à un journal, mais qui a une pagination et une table des matières à part, et qui se vend comme publication séparée, ne constitue pas un supplément, et ne peut à ce titre profiter de l'immunité du droit de port accordée par l'art. 2 de la loi du 14 déc. 1830 aux suppléments (Paris, 24 nov. 1848, aff. Perrée, D. P. 49. 2. 129, V. M. de Grattier, t. 2, p. 133); — 2° Que les ouvrages de librairie, bien qu'ils soient publiés périodiquement avec un journal quotidien, sont assujettis au droit de port de 5 cent. par feuille, et non de 4 cent., lequel n'existe que pour les journaux (Paris, 24 nov. 1848, aff. Perrée, D. P. 49. 2. 129).—V. du reste, pour les feuilles qui doivent être regardées comme des suppléments, *suprà*, n° 394.

402. La loi du 14 déc. 1830 portait que le droit de 5 cent., fixé par la loi du 15 mars 1827 pour le port sur les journaux hors des limites du département, est réduit à 4 cent., et que les feuilles destinées pour l'intérieur d'un département ne payeront que 2 cent.—Mais cette loi ne s'expliquait pas relativement à la dimension des feuilles à transporter. De là était née la question de savoir si le droit qu'elle établit est invariable, quel que soit le format ou la dimension du journal.— Suivant l'art. 8 de la loi du 15 mars 1827, le port devait être augmenté de 5 cent. pour chaque 30 décimètres ou fraction de 30 décimètres excédant la feuille ordinaire de 30 décimètres; de telle sorte qu'il y avait autant de fois 5 cent. à payer que, dans les feuilles envoyées, il y avait de fois 30 décimètres carrés, les fractions excédant la dimension de 30 décimètres devant toujours être comptées comme cette dimension entière. — Il a été jugé, par application de ces deux lois combinées, que le droit fixé à 4 cent. pour chaque feuille de 30 décimètres carrés devait être augmenté de 4 autres centimes, alors que la feuille excédait la dimension de 30 décimètres (Req. 10 mai 1837, MM. Zangiacomi, pr., Viger, rap., Hervé, av. gén., c. conf., aff. Girardin, etc., C. les postes).—On a cité cependant dans la discussion à laquelle on s'est livré devant la cour de cassation, à l'appui du système qu'elle a écarté, trois décisions prises successivement par trois ministres des finances, dans un sens contraire à son arrêt (ce sont les décisions des 10 janv. 1830, 7 nov. 1832 et 1836).—En présence du nouveau tarif (V. n° 398), cette question n'offre plus d'intérêt.

SECT. 11.— *De la suspension et de la suppression des journaux par mesure administrative.*

403. Nous touchons ici une fibre bien délicate et bien sensible pour les organes de la publicité. Il est facile, en effet, de se rendre compte des sentiments que doivent éprouver la plupart des personnes qui ont des intérêts engagés dans la presse périodique, au sujet des dispositions qui donnent au pouvoir la faculté de suspendre et même de supprimer les journaux. Mais aux plaintes d'un grand nombre d'entre elles on peut répondre avec raison : *Quod quis ex culpâ suâ damnum sentit non intelligitur damnum sentire* (L. 203, ff., *De reg. jur.*).

404. Suivant l'art. 32 du décret du 17 fév. 1852, un journal peut être suspendu par le gouvernement : — 1° Après une condamnation prononcée pour contravention ou délit de presse contre le gérant responsable. — La durée de la suspension n'est pas limitée pour ce cas, elle peut donc être indéfinie ; — 2° Après deux avertissements motivés, alors même que le journal n'a été l'objet d'aucune condamnation. — Mais alors la suspension n'est prononcée que pour deux mois. — Un journal peut être, en outre, supprimé, soit après une suspension judiciaire ou administrative, soit par mesure de sûreté générale, mais par un décret spécial du chef de l'État, publié au Bulletin des lois. — Ces dispositions ne nous paraissent susceptibles ni d'interprétation ni de développements. — Il y a lieu de penser que c'est là un régime purement transitoire, nécessité par les graves événements des dernières années. Le gouvernement de la restauration avait cru nécessaire, à son origine, de s'armer à l'égard de la presse d'un pouvoir à peu près dictatorial. — Mais les lois des 17 et 26 mai 1819 et celle du 18 juill. 1828 vinrent attester que le désir de ce gouvernement était, sous ce rapport, de faire jouir le pays de toute la liberté compatible avec la paix publique, et que les mesures restrictives de cette liberté étaient pour lui des sacrifices faits au plus impérieux de tous les besoins, celui de la conservation. Au reste, la suspension judiciaire des journaux, autorisée par l'art. 15 de la loi du 18 juill. 1828 et par l'art. 15 de la loi du 27 juill. 1849, reste en vigueur à côté de la suspension ou suppression administrative organisée par l'art. 32 de la loi du 17 février (circ. min. just. 27 mars 1852, D. P. 52. 3. 11).

405. Il ne faut pas confondre la suppression dont il s'agit ici, suppression qui est facultative pour le gouvernement, avec celle qui doit être ordonnée par les tribunaux comme peine de certaines infractions, ou qui même se trouve implicitement renfermée dans la condamnation. Aussi a-t-il été jugé : 1° que l'art. 5 du décret du 17 fév. 1852 portant qu'à défaut d'autorisation préalable et de versement du cautionnement en tout ou en partie, la publication d'un journal politique donnera lieu, contre le rédacteur, à l'application des peines qu'il détermine, et que *le journal cessera de paraître*, a entendu, par cette disposition finale, édicter, non pas une faculté abandonnée à l'appréciation de l'autorité administrative, mais une peine accessoire dont l'application rentre, dès lors, dans les attributions du juge du délit (Crim. rej. 2 mars 1853, aff. Castillon, D. P. 53. 1. 183) ; — 2° Que la disposition finale de cet art. 5 édicte une véritable peine accessoire dont la prononciation est obligatoire pour le juge,... et qui, par suite, doit être appliquée au journal qui, créé dans un département pour la publication des nouvelles non politiques, reproduit un article d'économie sociale tiré d'un journal cautionné (Crim. cass. 26 juill. 1855, aff. Trémollière, D. P. 55. 1. 380). — Nous devons cependant faire observer que, tout en reconnaissant que la suppression du journal est ici une mesure dont l'exécution doit être ordonnée par les tribunaux, autant parce qu'elle intéresse l'ordre public, son objet étant d'empêcher le scandale d'infractions nouvelles et immédiates, que parce qu'elle se rattache intimement à l'exécution même de la condamnation, nous ne saurions lui reconnaître le caractère de peine accessoire, et par cela même nous estimons qu'elle ne doit accompagner la condamnation prononcée contre le gérant et l'imprimeur, que dans le cas spécial où elle est destinée à prévenir la continuation d'un état de choses forcément irrégulier.

406. La disposition précitée est-elle applicable à une publication périodique consacrée aux lettres, aux arts ou aux sciences, dans le cas de condamnation du rédacteur pour publication accidentelle d'un article politique ou d'économie sociale ? Rien dans les motifs des arrêts qui viennent d'être indiqués ne répond à la distinction qu'on pourrait proposer en faveur des publications qui ont un caractère aussi tranché que celles qui sont répandues dans le public pour la diffusion des lettres, des sciences ou des arts. — On sait que ces publications sont déclarées dignes de protection par le décret du 26 mars 1852 (D. P. 52. 4. 95), qui les affranchit du timbre, comme l'avaient fait déjà les différentes lois sur la presse ; si, par son art. 2, le décret dispose que cet affranchissement du droit de timbre ne peut faire obstacle, en cas de publication accidentelle d'un article politique, à l'application de l'art. 5 du décret du 17 fév. 1852, il est peu probable qu'il fasse allusion même à la disposition finale portant que « le journal cessera de paraître, car l'application de cette disposition, outre qu'elle contredirait ouvertement l'esprit du décret, serait ici une rigueur inutile et regrettable, puisque la publication du journal scientifique ou littéraire peut continuer sans offense à la loi, et dans des conditions auxquelles l'avertissement de la condamnation ramènera certainement le rédacteur et l'imprimeur. Or tout indique (ainsi que nous l'avons fait observer, *suprà*, p. 183, *ad notam*) que le décret du 17 fév. 1852, en édictant la disposition portant que le journal cessera de paraître, n'a entendu s'opposer qu'à la continuation d'une publication politique, non pourvue du cautionnement qui est exigé comme garantie de l'application des peines pécuniaires que pourraient ultérieurement encourir le gérant et l'imprimeur ; c'est uniquement dans cet esprit et avec cette portée restrictive qu'avait été rédigé antérieurement l'art. 8 de la loi du 16 juill. 1850, qui renferme une disposition conçue dans les mêmes termes (V. ce que dit à ce sujet le rapport dont la loi a été l'objet, D. P. 50. 4. 160, nos 10 et 11). C'est à ce point de vue aussi que l'arrêt précité de la chambre criminelle, du 2 mars 1853, a dit, avec raison, que la disposition ordonnant la cessation de la publication du journal était « rendue nécessaire par la nature même de l'infraction poursuivie et réprimée. » — Au reste, il faut remarquer que l'art. 5 du décret du 17 fév. 1852 n'édicte pas une proscription absolue. La contravention n'exclut pas la bonne foi, et, dès lors, rien ne s'oppose, ce semble, à ce qu'un journal politique qui a dû cesser de paraître parce que les formalités exigées n'avaient pas été remplies en tout ou en partie, ne soit publié de nouveau avec l'autorisation du gouvernement et après le dépôt du cautionnement exigé, puisque cette situation ferait disparaître le danger d'impunité dont s'est exclusivement préoccupée la loi (V. anal. Orléans, 19 nov. 1850, D. P. 53. 2. 200). A plus forte raison, le journal littéraire et scientifique condamné pour immixtion accidentelle dans les matières politiques, pourra-t-il reparaître dans son cadre habituel et spécial, puisqu'en cela sa publication échappe aux dispositions qui régissent la presse politique. Décider autrement, ce serait faire une situation excessivement difficile aux publications littéraires, scientifiques ou artistiques ; car, en présence de la définition très-large que la jurisprudence a donnée des mots *matières politiques et d'économie sociale*, les rédacteurs de ces publications sont très-facilement exposés, même avec beaucoup de prudence et de bonne foi, à commettre la contravention qui devrait, dans le système contraire, amener fatalement la ruine de leur entreprise. — V. nos 268 et s.

CHAP. 5. — DE LA CENSURE DRAMATIQUE.

407. La censure dramatique tient à notre sujet, d'abord en ce qu'elle s'applique à des écrits destinés à la publicité, ensuite parce que les représentations dramatiques sont aussi un mode de publication. Toutefois, cette matière nous a paru se lier plus étroitement encore au *théâtre*, et c'est ce mot que nous invitons le lecteur à consulter pour ce qui concerne la censure dramatique.

CHAP. 6. — DES DESSINS, GRAVURES, LITHOGRAPHIES, ESTAMPES, MÉDAILLES OU EMBLÈMES.

408. Les dessins, les médailles, les emblèmes, frappent l'intelligence d'une manière plus vive et souvent plus impressive que les écrits. Ainsi que l'a fait, d'ailleurs, observer M. Persil, alors garde des sceaux, dans la discussion qui a préparé la loi du 9 sept. 1835, « par l'exposition d'un dessin, on s'adresse aux hommes réunis, on parle à leurs yeux ; il y a là plus que la manifestation d'une opinion, il y a *un fait*, *une mise en action*, *une vie* » (Mon., séance de la ch. des dép., 4 août 1835). — Le législateur ne pouvait donc accorder aux dessins, sous une forme quelconque, une liberté qu'il n'a pas donnée aux autres manifestations de la pensée. — Néanmoins, il paraît que ce n'est qu'assez tard que le pouvoir a étendu à ce mode de communication les mesures de police ou de précaution qu'il avait prescrites relativement aux écrits. — Jusqu'au règlement du 28 fév. 1723, l'ancienne législation exprime plutôt le désir de protéger et d'encourager l'art du dessin et de la gravure que l'intention de les soumettre à une surveillance rigoureuse. — Ainsi l'arrêt du conseil, du 26 mai 1660, permet aux graveurs en taille-douce, au burin et à l'eau-forte, tant regnicoles qu'étrangers, d'exercer librement leur profession, sans qu'ils puissent être réduits en maîtrise, ni corps de métier, *ni sujets à autre règle ni contrôle*, sous quelque prétexte que ce soit. — Les priviléges dont jouissaient les graveurs en taille-douce furent même étendus aux graveurs sur bois. — Ils furent, à la vérité, contestés à ces derniers, en 1708 par la communauté des peintres, en 1729 par les syndics et adjoints des libraires et imprimeurs, en 1732 et 1733 par les imprimeurs en taille-douce. — Mais toujours ces attaques demeurèrent sans résultat. — V. Diderot, Encyclopédie, t. 16, p. 560; Bories et Bonassies, v° Graveurs, n° 4.

409. Cependant un arrêt du conseil, du 21 déc. 1667, avait défendu à tout graveur, imprimeur, etc., d'imprimer ou graver les tables et planches des plans et élévations des maisons royales, tableaux, figures, antiques, etc., s'ils n'avaient été choisis par le sieur Colbert, surintendant des bâtiments du roi, arts et manufactures de France, celui-là même qui, après avoir si bien géré les finances particulières de Mazarin, administra si habilement celles de la France. — Le règlement du 28 fév. 1723 (art. 112) défendit aussi à tous graveurs, imagers et dominotiers, d'imprimer, faire imprimer ou vendre aucunes cartes de géographie et autres planches, sans privilége du grand sceau, ou sans la permission du lieutenant général de police. Le même règlement astreignit les tapissiers, dominotiers et imagers à se faire inscrire à la communauté des libraires, et il prescrivit aux syndics et adjoints de cette communauté de les visiter, pour s'assurer qu'ils n'imprimaient ni ne vendaient aucuns placards, ni peintures, ni images dissolues. Ce règlement obligeait, en outre, les tapissiers, dominotiers et imagers à faire apporter à la chambre de la communauté les marchandises de leur profession qu'ils recevraient de l'étranger. — Suivant l'arrêt du conseil, du 16 avr. 1785, les graveurs, les marchands d'estampes, de cartes, de musique, étaient également tenus de faire remettre à la chambre syndicale neuf exemplaires complets des estampes, musiques, cartes, etc (art. 1). Les estampes, cartes, ouvrages de musique, venant des pays étrangers, étaient sujets à la même obligation (art. 8). — De ces diverses mesures, celles qui étaient inhérentes à l'existence des communautés ont disparu pour toujours à la révolution de 1789; mais l'*autorisation* et le *dépôt* n'ont pas tardé à reparaître dans la législation qui a suivi notre réédification sociale. — Suivons maintenant ces deux formalités dans les diverses vicissitudes qu'elles y ont éprouvées, et, pour plus de clarté, considérons-les séparément.

410. *Autorisation.* — Suivant l'arrêté du 3 germ. an 9, les graveurs, comme tous ceux qui faisaient usage de presses, ne pouvaient exercer leur profession sans en obtenir la permission expresse, à Paris, du préfet de police; à Lyon, Bordeaux et Marseille, des commissaires généraux de police, et, dans les autres communes, des maires. — Quant à l'autorisation qui leur est aujourd'hui nécessaire, V. *suprà*, n° 97. — Aux termes de l'arrêté du 5 germ. an 12 (V. Monnaie, p. 582), il est défendu à toutes personnes de frapper ou faire frapper des médailles, jetons ou pièces de plaisir, ailleurs que dans l'atelier destiné à cet effet dans l'hôtel des Monnaies, à moins d'être muni d'une autorisation spéciale (V. *eod.*, n°s 75 et suiv.). — La monnaie des médailles a été réunie à la commission des monnaies par l'ord. du 24 mars 1842. — Le décret du 5 fév. 1810 portait qu'il serait statué par des règlements particuliers, en ce qui concerne les graveurs, mais ces règlements n'ont pas été faits.

411. L'art. 8 de la loi du 31 mars 1820 voulait que nul dessin, imprimé, gravé ou lithographié, ne pût être publié, exposé, distribué ou mis en vente sans l'autorisation préalable du gouvernement. — Cette loi ne devait rester en vigueur que jusqu'à la fin de la session de 1820; mais l'art. 12 de la loi du 25 mars 1822 reproduisit la disposition précitée. Cette dernière loi fut elle-même abrogée par celle du 8 oct. 1830 (art. 5). — La loi du 9 sept. 1835 (art. 20) rétablit encore la prescription de l'autorisation préalable, en ajoutant aux objets des dispositions précédentes, sur la même matière, les médailles et les emblèmes. — « Aucun dessin, y est-il dit, aucunes gravures, lithographies, médailles et estampes, aucun emblème, de quelques nature et espèces qu'ils soient, ne pourront être publiés, exposés ou mis en vente, sans l'autorisation préalable du ministère de l'intérieur, à Paris, et des préfets, dans les départements. — La loi du 9 sept. 1835 a été abrogée à son tour par le décret du gouvernement provisoire, du 6 mars 1848. — Mais le décret du 17 fév. 1852 (art. 22), aujourd'hui en vigueur, a textuellement reproduit la disposition précitée de la loi de 1835. — D'où il suit que l'interprétation qui a été donnée à ce dernier acte législatif a repris toute sa valeur. — Nous pensons aussi que les dispositions de l'ord. du 9 sept. 1835 qui a réglé le mode d'exécution de la loi de la même date, doivent être observées en l'absence d'un règlement particulier pour l'application du décret de 1852, pour ce qui concerne les dessins, médailles et emblèmes. — Ainsi, l'autorisation préalable doit contenir la désignation sommaire du dessin, de la gravure ou de l'emblème qu'on veut publier. — L'auteur ou l'éditeur doit en déposer une épreuve destinée à servir de pièce de comparaison. Il certifie la conformité de cette épreuve avec celles qu'il se propose de publier (ord. 1835, art. 1). — L'autorisation dont tout dessinateur, graveur ou autre est obligé de se pourvoir pour faire frapper dans les ateliers du gouvernement les médailles de sa composition, tient lieu de celle qui lui est imposée par la loi du 9 sept. 1835 (*ibid.*, art. 2). — Les autorisations délivrées à Paris et dans les départements, doivent être insérées chaque semaine, par ordre alphabétique et des matières, dans le Journal général de la librairie (*ibid.*, art. 3). — En cas de contravention, les dessins, gravures, lithographies, médailles, estampes ou emblèmes, de quelque nature qu'ils soient, peuvent être confisqués, et ceux qui les ont publiés doivent être condamnés à un emprisonnement d'un mois à un an et à une amende de 100 fr. à 1,000 fr. (décr. 17 fév. 1852, art. 22). — Nous avons maintenant à rechercher quels sont, suivant le décret de 1852 comme suivant la loi de 1835 : 1° les dessins, médailles ou emblèmes soumis à l'autorisation; — 2° Les caractères de l'exposition ou mise en vente que doit précéder l'autorisation; — 3° Les effets ou l'étendue de cette autorisation.

412. *Quels sont les dessins, médailles ou emblèmes soumis à l'autorisation.* — Le décret de 1852 ne fait aucune distinction à cet égard; sa disposition doit donc être appliquée de la manière la plus générale. — Lors de la confection de la loi de 1835, un député, M. Delespaul, demandait si les dessins sur étoffe seraient soumis à la censure. Aucun des ministres n'ayant répondu, M. Dupin, sur l'insistance de M. Delespaul, a dit : « On ne peut forcer les ministres de répondre. D'ailleurs, si la disposition de la loi ne s'étend pas jusque-là, ce n'est pas aux ministres, c'est aux tribunaux à le décider. » Alors on a proposé un amendement pour soustraire à la censure les dessins sur étoffe, mais il a été rejeté. — Par suite, point de distinction admissible à cet égard. — C'est donc avec raison qu'il a été jugé que des savons portant figurés dans leur pâte et sur le papier qui leur sert d'enveloppes des portraits et emblèmes, sont compris dans la disposition qui défend de mettre en vente, sans autorisation préalable du préfet, « aucun dessin, gravure, lithographie, médaille, estampe ou emblème, quelle qu'en soit la nature, » et que peu importe la matière sur laquelle le dessin ou emblème est reproduit (Crim. cass. 22 avril 1854, aff. Paulin, D. P. 54. 1. 164).

413. M. Auguis ayant présenté un amendement tendant à ce que les gravures, dessins, lithographies, qui font partie des écrits périodiques non soumis par leur nature au cautionnement, fussent dispensés d'obtenir l'autorisation préalable, et M. Comte ayant demandé qu'à l'avenir les mémoires de l'Académie des sciences, qui sont toujours remplis de gravures, ne fussent pas soumis à la censure, M. le ministre de l'intérieur a répondu que ces amendements n'étaient rien moins que l'annulation indirecte de l'article en discussion, par la raison que s'ils étaient adoptés, on se servirait des emblèmes les plus innocents, des emblèmes scientifiques, pour faire les caricatures les plus scandaleuses, les plus outrageantes. D'ailleurs a-t-il ajouté, il n'y a pas une administration, quelque opinion qu'elle professe, à quelque parti qu'elle appartienne, qui soit assez folle pour tourmenter les savants (Mon. 30 août, p. 2018, col. 1, 2).

414. Quoi qu'il en soit, il paraît certain que, quelque inoffensifs que soient les dessins, médailles ou emblèmes, ils ne peuvent paraître sans autorisation, parce que l'auteur ou l'éditeur ne saurait être constitué juge de l'innocuité de l'œuvre à publier. — C'est ce qui a été décidé spécialement à l'égard d'un dessin ou cliché compris dans un journal et représentant un homme portant un canon sur ses épaules, ce qui n'avait d'autre but que de faire connaître les exercices d'un hercule dont le cliché offrait l'image (Toulouse, 14 mai 1846, arrêt cité par MM. Bories et Bonnassiés, v° Dessin, n° 19). — Il est regrettable, sans doute, que de pareils dessins aient pu donner lieu à des poursuites; mais à cet égard, le texte de la loi est clair et positif.

415. On a dû remarquer que les dispositions de la loi de 1835, reproduite par le décret de 1852, ne mentionnent pas les œuvres de sculpture. S'ensuit-il qu'elles sont affranchies de l'autorisation? Dans l'application d'une loi pénale, et tel est le caractère du texte dont nous nous occupons, il nous paraît juridique de résoudre affirmativement la question qui vient d'être posée, car tout en pareille matière doit être formel et littéral. Or la sculpture ne peut rentrer dans le sens naturel des expressions dont se sont servis les législateurs de 1835 et 1852. Le mot *emblème* est peut-être celui qui, par le vague qu'il présente à l'esprit, pourrait se prêter à une pareille extension de la loi. Mais si nous consultons les auteurs qui ont le plus profondément étudié notre langue, nous verrons que leur opinion n'est nullement d'accord avec cette interprétation. L'abbé Girard, dans ses Synonymes français, rapproche l'*emblème* de la *devise*, et il indique ainsi la différence qui les distingue : « Ce qui distingue l'emblème de la devise, dit cet auteur, c'est que les paroles de l'emblème ont toutes seules un sens plein et achevé, et même tout le sens et toute la signification qu'elles peuvent avoir avec la figure; ce qui n'est pas vrai des paroles de la devise qui ne s'entendent bien que quand elles sont jointes à la figure... L'*emblème* suppose souvent une comparaison entre des objets de même nature; la *devise* porte sur une métaphore et souffre que les objets comparés soient de nature différente » (Synonymes, t. 1, p. 411). — On voit qu'il est impossible de trouver dans cette analyse les caractères d'une œuvre de sculpture, quelle qu'elle soit. — Il a été jugé cependant que la prohibition contenue dans l'art. 20 de la loi du 9 sept. 1835, de publier, d'exposer et de mettre en vente, sans autorisation, aucun dessin, aucun emblème de quelque nature qu'ils soient, est générale, et embrasse tout produit des arts, toute manifestation de la pensée, autre que celle du geste ou de la parole, et que, par suite, elle est applicable à l'exposition des statuettes désignant des personnes connues, accompagnées d'épigraphes ou emblèmes faisant allusion aux actes de la vie de ces personnes (Douai, 12 août 1844, aff. Bion, D. P. 45. 2. 11). — Mais, renfermé dans la question spéciale qu'il avait à juger, cet arrêt ne contredit nullement notre doctrine; car nous raisonnons dans la supposition où une statue ne présente rien d'emblématique. Si, au contraire, elle avait ce caractère, nul doute qu'elle ne dût être considérée comme un emblème et qu'elle ne fût sujette à l'autorisation : seulement ce qui distingue les statues des dessins, sous ce rapport, c'est que les dessins, quels qu'ils soient, ne peuvent paraître qu'avec l'autorisation du pouvoir, tandis que les statues ou statuettes ne sont assujetties à l'autorisation que lorsqu'elles ont le caractère d'emblèmes.

Le fait d'orner son jardin, dans une partie exposée aux regards du public, de figures allégoriques, telles qu'un chien et un loup, et de les accompagner de légendes contenant une allusion blessante à un acte connu de la vie privée d'un citoyen, constitue-t-il l'exposition d'emblèmes prévue par l'art. 20 de la loi du 9 sept. 1835? — Cette question a reçu une solution affirmative du tribunal de première instance auquel elle a été déférée (trib. de Hazebrouck, 31 juill. 1847, aff. Théry, D. P. 47. 1. 367), et nous croyons cette décision entièrement conforme au vœu de la disposition précitée. Toutefois, sur l'appel, elle a été réformée (Douai, 26 août 1847, même aff., *loc. cit.*). — Il y a eu pourvoi, mais la cour suprême ne s'est pas prononcée sur la question; l'arrêt a été cassé pour défaut de motifs (Crim. cass. 5 nov. 1847, même aff., *loc. cit.*).

416. Le décret du 17 fév. 1852 est-il applicable aux dessins, médailles ou emblèmes qui avaient été mis en vente avant sa promulgation? — Le principe de la non-rétroactivité des lois semble, d'abord, commander la solution négative de cette question. Mais, ainsi que l'a fait observer M. Dupin dans le réquisitoire sur lequel a été rendu l'arrêt ci-après rapporté, du 9 déc. 1836, il n'en est pas de la mise en vente comme de la publication. « La publication, a dit M. Dupin, comme acte composé de tous les faits de préparation et de confection, qui consiste dans l'édition, et en quelque sorte dans l'enfantement, dans la mise au jour de la gravure, est un fait accompli, consommé sous la loi de 1830 et régi seulement par elle; c'est chose finie... Mais il n'en est pas de même pour tous les faits de mise en vente ou d'exposition postérieurs au 9 sept. 1835. — Ces faits sont survenus après la loi nouvelle; ils étaient dans son domaine; la loi n'a pas rétroagi, elle a agi dans sa sphère naturelle, c'est-à-dire dans celle de l'avenir, en les réglant. » — Aussi, sous la loi du 9 sept. 1835, a-t-il été jugé que la défense de publier, d'exposer en vente, etc., des gravures et lithographies, sans la permission du ministre de l'intérieur, contenue dans la loi du 9 sept. 1835, s'applique même aux gravures et lithographies publiées et déposées avant la publication de cette loi (Crim. rej. 9 déc. 1836, aff. Lemière, V. v° Lois, n° 192-2°; Crim. rej. 10 mars 1837, aff. Villedieu, V. n° 419; Paris, 14 fév. 1845, aff. Morel, D. P. 45. 4. 413; V. en ce sens MM. Chassan, t. 1, p. 350; de Grattier, t. 2, p. 364). — Sous la loi du 25 mars 1822, il avait été décidé aussi que le dépôt, prescrit par les lois antérieures, ne peut être considéré comme suppléant à l'autorisation, sous prétexte que la loi ne donne pas la formule de l'autorisation (Crim. cass. 28 déc. 1827) (1). — Toutefois, il avait été jugé en sens contraire que les dessins et lithographies, mis au jour avant la publication des lois des 31 mars 1820 et 25 mars 1822, qui exigent l'autorisation préalable du gouvernement, ne tombent point sous l'application de ces lois (Crim. cass. 17 janv. 1823, MM. Barris, pr., Chasle, rap., aff. min. pub. C. Engelmann; Paris; 28 juill. 1828, M. Dameuve, rap., aff. Turgis). — V. du reste ce qui est dit v° Lois, n° 192.

417. *Caractères de l'exposition ou mise en vente.* — Le mot

---

(1) (Priston.) — La cour; — Attendu, sur le premier moyen, que l'art. 12 de la loi du 25 mars 1822 punit d'une peine d'emprisonnement et d'amende toute vente, sans autorisation préalable du gouvernement, de dessins gravés ou lithographiés; — Que sa disposition est formelle et impérative, et que, pour rendre l'autorisation indispensable, elle n'avait pas besoin d'en déterminer la formule; — Que le mot *déposé*, imprimé au bas des estampes saisies, non plus que l'attestation verbale des employés, ne formaient pas une preuve officielle du dépôt, et que le dépôt, fût-il constant, n'aurait pu suppléer au défaut d'autorisation; qu'ainsi, en refusant d'appliquer à la vente de dessins sans autorisation la peine portée par l'article précité, parce que la formule de l'autorisation n'était pas indiquée, et que l'estampe avait été déposée, l'arrêt attaqué a violé la disposition de cet article; — Attendu, sur le deuxième moyen, que la publication des écrits, estampes et dessins séditieux est prévue et punie par les art. 1 et 2 de la loi du 17 mai 1819, et 2, 4 et 9, § 5, de celle du 25 mars 1822; — Que la vente sans autorisation des dessins gravés ou lithographiés est prévue et punie par l'art. 12 de cette dernière loi; que c'est à ce seul fait que cet article inflige la peine qu'il prononce; que, par une disposition finale, il déclare que cette peine est prononcée sans préjudice des poursuites auxquelles pourrait donner lieu le sujet du dessin et, par conséquent, le caractère séditieux; qu'ainsi la vente sans autorisation d'un dessin imprimé et lithographié est un délit absolument distinct et entièrement indépendant de celui que constituerait la vente de dessins séditieux; — Que, dès lors, en décidant que cette vente sans autorisation n'était pas punissable de la peine portée par l'art. 12 de la loi du 25 mars 1822, parce que le dessin n'avait pas de caractère séditieux, l'arrêt attaqué a faussement interprété et, par suite, violé, la disposition de cet article; — Attendu, sur le troisième moyen, que, devant la cour royale, le ministère public avait expressément conclu à l'application des peines portées par les art. 283, 475, n° 13, c. pén., à raison de la vente d'écrits imprimés sans indication de nom, profession et demeure d'auteurs et imprimeurs; — Qu'en admettant que le rejet de cette demande fût implicitemunt compris dans la généralité des expressions du dispositif de l'arrêt, toujours resterait-il constant que ce rejet aurait été prononcé sans déclaration de motifs, ce qui constituerait une violation de l'art. 7 de la loi du 20 avr. 1810; — Par tous ces motifs, casse.

Du 28 déc. 1827. — C. C., ch. crim. — MM. Portalis, pr. — Ollivier, rap. — Laplagne-Barris, av. gén., c. conf.

exposition n'a pas besoin d'explication ; sans qu'il soit nécessaire d'y rien ajouter, il exprime : mettre en évidence, offrir aux regards. — Il n'en est pas de même de la *mise en vente*. Les caractères ne s'en présentent pas nettement à l'esprit. Néanmoins, on doit, ce semble, décider qu'il y a mise en vente d'un objet dès qu'il est placé par le marchand qui fait le commerce de choses de même nature, dans le lieu où se font ordinairement les ventes, peu importe que l'objet soit ou ne soit pas en évidence.—Aussi croyons-nous qu'on a eu raison de juger : 1º qu'il y a mise en vente d'un dessin par cela seul qu'il se trouve dans le magasin d'un marchand de gravures ou d'estampes, lors même que ce dessin est renfermé dans un portefeuille (Bordeaux, 24 nov. 1852, aff. Maggi, D. P. 52. 5. 440) ;—2º Que la peine établie par l'art. 22 du décr. du 17 fév. 1852 contre ceux qui auront publié sans autorisation des dessins, gravures ou estampes, est applicable à la mise en vente de ces ouvrages dans un magasin (même arrêt).—Par *mise en vente*, il faut, d'ailleurs, entendre tous les genres de publications, même les distributions gratuites (V. en ce sens MM. de Grattier, t. 1, p. 73 ; Bories et Bonassies, vº Dépôt, nº 5). — L'administration ne saurait être tenue de se livrer à des investigations et à des enquêtes pour vérifier si un prix a été payé par les personnes auxquelles un dessin est livré.

418. Il a même été jugé : 1º que la vente, sans autorisation, de dessins imprimés ou lithographiés, est, par elle-même un délit absolument distinct de celui qui constitue la vente de dessins séditieux ; qu'en conséquence, les juges ne peuvent refuser d'appliquer la peine prononcée pour ce fait, par le motif que le dessin n'a pas de caractère séditieux (Crim. cass. 28 déc. 1827, aff. Priston, V. nº 416) ; — 2º Que le fait d'avoir remis dans sa maison à des convives réunis un jour de fête des emblèmes séditieux doit être considéré comme constituant, non-seulement le délit de distribution prévu par l'art. 9, § 3, de la loi du 25 mars 1822, mais encore le délit de publication non autorisée de ces médailles ou emblèmes prévu par l'art. 20 de la loi du 9 sept. 1835 (Crim. cass. 2 janv. 1845, aff. de Rohan-Chabot, D. P. 45. 1. 78).

419. *Étendue de l'autorisation.* — L'autorisation doit être donnée à Paris par le ministre de l'intérieur, dans les départements par les préfets. Or l'autorité du ministre s'étend à toute la France. Celle des préfets, au contraire, a pour limites la circonscription des départements qu'ils administrent. — Il est donc fort simple qu'il ait été jugé que l'autorisation de publier et de mettre en vente des gravures, donnée à Paris par le ministre de l'intérieur, est applicable à tous les départements (Crim. cass. 10 mars 1837) (1) ;—Et que l'autorisation donnée par un préfet est sans effet hors de la circonscription de son département (résol. impl., même arrêt).

420. *Dépôt.* — L'art. 6 de la loi du 19 juill. 1793 veut que tout citoyen qui met au jour un ouvrage de gravure, dans quelque genre que ce soit, en dépose deux exemplaires à la bibliothèque nationale ou au cabinet des estampes dont il doit lui être donné un reçu par le bibliothécaire : faute de quoi il ne peut être admis *à poursuivre les contrefacteurs en justice*. — On voit que cette formalité a pour but de garantir la propriété artistique de l'auteur (V. à cet égard vº Propriété littéraire). — Pour les planches gravées sans texte, l'art. 8 de l'ord. du 24 oct. 1814 voulait qu'il en fût déposé deux épreuves à la bibliothèque impériale, dont une avant la lettre ou en couleur, s'il en avait été tiré de cette espèce. Trois épreuves devaient, en outre, être déposées, à savoir : une pour le chancelier de France, une pour le ministère de l'intérieur et la troisième pour le directeur général de la librairie.—Aux termes de l'ord. du 9 janv. 1828, le nombre des épreuves à déposer est réduit, outre l'exemplaire et les deux épreuves destinées à la bibliothèque impériale, à un seul exemplaire et une seule épreuve pour la bibliothèque du ministère de l'intérieur. — L'art. 3 de l'ord. du 24 oct. 1814 déclare que l'art. 14 de la loi du 21 oct. 1814, qui prescrit la déclaration et le dépôt préalables à la publication des imprimés, s'applique aux planches gravées accompagnées de texte (V. sur ce point *suprà*, nº 149). — D'après l'art. 1 de l'ord. du 9 sept. 1835, lorsqu'il s'agit de gravure, lithographie ou emblème se multipliant par le tirage, l'auteur ou l'éditeur, en recevant l'autorisation, doit déposer au ministère de l'intérieur ou au secrétariat de la préfecture une épreuve destinée à servir de pièce de comparaison. — Ce dépôt est indépendant de celui prescrit par les ord. des 24 oct. 1814 et 9 janv. 1828. — Lorsque les gravures, lithographies et emblèmes sont placés dans un livre pour l'ornement ou l'intelligence de l'ouvrage, ces dessins ne sont pas sujets à un double dépôt à la bibliothèque nationale. — V. en ce sens MM. de Grattier, t. 1, p. 110 ; Bories et Bonassies, vº Dépôt, nº 21.

421. Le dépôt doit être constaté par un récépissé délivré par le fonctionnaire qui le reçoit (L. 19 juill. 1793, art. 6), et il a été jugé que le mot *déposé*, imprimé au bas des estampes, et l'attestation verbale des employés, ne forment pas une preuve officielle du dépôt (Crim. cass. 28 déc. 1827, aff. Priston, V. nº 416).

CHAP. 7. — DU COLPORTAGE ET DE LA DISTRIBUTION.

422. Le colportage et la distribution ont entre eux la plus grande affinité ; aussi nos lois modernes les ont-elles presque toujours confondus dans leurs dispositions. L'ancienne législation ne paraît même s'être occupée que du *colportage*, comme si ce mot seul exprimait les deux idées. — Voici, du reste, quelles en étaient les principales dispositions. — Pour être colporteur, suivant le règlement du 28 fév. 1723 (art. 69), il fallait savoir lire et écrire. — Il fallait de plus, avoir été présenté par les syndics et adjoints des libraires et imprimeurs, au lieutenant général de police, et par lui reçu sur les conclusions du procureur du roi au Châtelet.—D'après l'art. 70 du même règlement, les maîtres imprimeurs, libraires, fondeurs de caractères ou relieurs, leurs fils, compagnons et apprentis, qui, par pauvreté ou infirmité, ne pouvaient exercer leur profession, étaient préférés à tous autres pour être colporteurs.—Leur nombre était fixé à cent vingt pour Paris (art. 71 même règl.). — Ils étaient tenus de porter, au devant de leurs habits, une marque ou écusson de cuivre où était écrit le mot *colporteur* (art. 74). — Les seuls livres qu'il leur

(1) (Min. pub. C. Villedieu, etc.) — La cour ; — Vu l'art. 20 de la loi du 9 sept. 1835, et le règlement d'administration publique intervenu pour l'exécution de cette loi, à la date du même jour, 9 sept. 1835 ; — Attendu, sur le chef de la poursuite concernant les lithographies représentant Fieschi, Pépin, Morey et Boireau, saisies chez Villedieu et chez Avanzo, que l'arrêt attaqué déclare, en fait, que l'autorisation de publier et de mettre en vente ces lithographies avait été délivrée, en exécution de la loi du 9 sept. 1835, par le chef de bureau, délégué à cet effet par le ministre de l'intérieur, les 10, 11, 15 et 19 fév. 1836, et qu'il ne paraît pas que cette autorisation renfermât aucune restriction ; — Attendu que la loi du 9 sept. 1835, en exigeant, pour les objets publiés et mis en vente à Paris, une autorisation du ministre de l'intérieur, dont l'autorité s'étend sur tous les préfets, n'a pu entendre que, dans chaque département, et nonobstant cette autorisation, il y eût lieu d'en demander une nouvelle à chaque préfet, et de remplir de nouveau les formalités du dépôt exigées par le règlement d'administration publique intervenu pour l'exécution de la loi ; — Attendu qu'en prononçant ainsi sur ce chef, et en renvoyant de la plainte, quant à ce, Villedieu et Avanzo, la cour royale de Toulouse, chambre des appels de police correctionnelle, n'a commis aucune violation de la loi ; — Par ces motifs, rejette le pourvoi sur ce premier chef ; — Mais attendu, quant au portrait dit de Henry, aux portraits des prévenus d'avril, Raspail et Lagrange, saisis chez Villedieu ; — Et quant aux portraits de la famille royale déchue, saisis chez Avanzo, et dont, aux termes de l'arrêt attaqué, le dépôt aurait été fait antérieurement à la loi du 9 sept. 1835, et, enfin, quant aux portraits de quelques-uns des prévenus d'avril, dont le dépôt ne serait même pas justifié par pièces, d'après l'arrêt ; — Que la loi du 9 sept. 1835 doit régir tous les faits de la nature de ceux qu'elle prévoit, quand ils ont lieu sous son empire ; — Que la mise en vente et l'exposition des gravures, estampes, etc., sont des faits qui se renouvellent chaque jour et tombent naturellement sous l'empire de la loi ; — Que, dès lors, les dépôts faits des portraits dont il s'agit, antérieurement à la loi du 9 sept. 1835, ne pouvaient dispenser Villedieu et Avanzo de la nécessité de se munir des autorisations prescrites par la loi du 9 sept. 1835 ; — Et attendu que la cour royale de Toulouse, par l'arrêt attaqué, a décidé que ces portraits pouvaient être vendus librement et sans autorisation nouvelle, à cause du dépôt qui en avait été fait antérieurement à la loi du 9 sept. 1835 ; — En quoi l'arrêt attaqué a commis une violation de l'art. 20 de cette loi ; — Par ces motifs, et en ce chef seulement, casse.

Du 10 mars 1837.-C. C., ch. crim.-MM. de Bastard, pr.-De Crouseilhes, rap.

était permis de vendre étaient les édits, déclarations, ordonnances, arrêts au autres mandements de justice dont la publication avait été ordonnée, comme aussi des petits livres qui ne passaient pas huit feuilles, imprimés avec privilége.

Les colporteurs étaient l'objet d'une surveillance non-seulement active, mais ombrageuse, et, s'il faut en croire Mercier, l'auteur du Tableau de Paris, ils avaient, en outre, à essuyer des mauvais traitements de la part des agents de la police. On lit, en effet, dans cet ouvrage : « Les mouchards font surtout la guerre aux colporteurs, espèces d'hommes qui font le trafic des seuls livres qu'on puisse lire en France, et conséquemment prohibés. On les maltraite horriblement; tous les limiers de la police poursuivent ces malheureux qui ignorent ce qu'ils vendent et qui cacheraient la Bible sous leurs manteaux, si le lieutenant de police s'avisait de défendre la Bible. » Diderot raconte même qu'un malheureux colporteur subit la peine des galères pour avoir vendu un livre prohibé. — V. MM. Bories et Bonassies, v° Colporteur, n° 11.

423. La loi des 2-17 mars 1791, qui rendit à l'industrie et au commerce la liberté la plus étendue, voulut cependant (art. 16) que les colporteurs fussent tenus, lorsqu'ils en seraient requis, de justifier de leur *domicile* et de leur *taxe* mobilière et d'habitation, même de représenter leur patente de colporteur aux officiers municipaux des lieux où ils exerceraient leur commerce. — D'après la loi des 29-31 mars 1793, les vendeurs, distributeurs et colporteurs d'écrits tendant à la dissolution de la convention, au rétablissement de la royauté ou de tout autre pouvoir attentatoire à la souveraineté du peuple, n'étaient condamnés qu'à un emprisonnement qui ne pouvait excéder trois mois, s'ils déclaraient les auteurs, imprimeurs ou autres personnes de qui ils les tenaient. Ils étaient punis de deux ans de fer, s'ils refusaient cette déclaration.—La loi du 28 germ. an 4 obligeait ceux qui étaient trouvés distribuant ou colportant des écrits contenant des provocations à la dissolution du gouvernement républicain, à nommer les personnes qui leur avaient remis ces écrits. Les distributeurs et colporteurs ne pouvaient, en aucun cas, être mis en liberté qu'après le jugement de l'auteur, ou après que l'inutilité des recherches pour le découvrir et le saisir avait été constatée, soit par un procès-verbal de perquisition, soit par la déclaration des distributeurs ou colporteurs que l'auteur leur était inconnu. — Aux termes de l'art. 2 de la loi du 10 déc. 1830, pour exercer, même temporairement, la profession de vendeur ou de distributeur sur la voie publique d'écrits imprimés, lithographiés, gravés ou à la main, on était tenu d'en faire préalablement la déclaration devant l'autorité municipale. — Mais bientôt la garantie résultant de cette disposition fut reconnue insuffisante. La loi du 16 fév. 1834 (art. 1) voulut que nul ne pût exercer, même temporairement, la profession de vendeur ou distributeur sur la voie publique qu'après en avoir obtenu la permission de l'autorité municipale, et cette autorisation pouvait toujours être retirée.—Depuis cette dernière loi, jusqu'en 1849, on ne voit pas que les colporteurs ou distributeurs aient été l'objet de l'attention du législateur. Mais l'art. 2 de la loi du 21 avril 1849 veut que les distributeurs et vendeurs de journaux ou d'écrits relatifs aux élections fassent connaître leurs domiciles aux maires des communes.—Ils doivent, en outre, remettre au maire de la commune dans laquelle ils veulent vendre ou distribuer des écrits ou journaux, un exemplaire de ceux qu'ils veulent publier. —L'art. 6 de la loi du 27 juill. 1849 exige que tous distributeurs ou colporteurs de livres, écrits, brochures, gravures et lithographies soient pourvus d'une autorisation qui doit leur être délivrée, pour le département de la Seine, par le préfet de police, et pour les autres départements, par les préfets. — Ces autorisations peuvent toujours être retirées par les autorités qui les ont délivrées.

Au reste rien, dans le décret organique sur la presse du 17 fév. 1852, ne donne à penser qu'il ait abrogé la loi du 27 juill. 1849, en ce qui concerne les colporteurs ou distributeurs. Aussi la circulaire ministérielle du 27 mars 1852 (D. P. 52. 3. 11) dit-elle expressément que ce texte est encore en vigueur sous ce rapport. — Mais cette circulaire ne s'explique pas sur la loi du 21 avril 1849, et nous aurons à vérifier si elle a aussi conservé son autorité. — Voyons d'abord, d'après l'art. 6 de la loi du 27 juill. 1849 : 1° quelles personnes doivent être réputées colporteurs ou distributeurs ; — 2° Quels écrits ou quels dessins sont sujets à l'autorisation préfectorale, pour être colportés ou distribués;—3° Quel est le mode de distribution pour lequel l'autorisation est exigée;—4° De quelle manière l'autorisation doit être demandée et accordée;—5° Quelle est l'étendue de l'autorisation. — Nous examinerons ensuite si les colporteurs ou distributeurs sont tenus de remplir les obligations qui leur sont imposées par la loi du 21 avril 1849. — Analysons ces diverses propositions.

424. *Quelles personnes doivent être réputées colporteurs ou distributeurs.*—La loi ne définit nulle part le colportage.— Cette omission du législateur devait donner lieu dans la pratique à de nombreuses difficultés. Cependant on peut considérer aujourd'hui comme définitivement fixés le sens et la portée de l'art. 6 de la loi du 27 juill. 1849.—Lors de la discussion de la loi, on avait proposé de reconnaître en quelque sorte le droit de colportage, en ne soumettant le colporteur qu'à la simple formalité d'une déclaration au parquet de son nom, des livres qu'il voudrait colporter et des départements qu'il devrait parcourir. C'est dans un esprit tout contraire que la loi a été faite, et c'est avec raison que le ministre de l'intérieur a dit dans sa circulaire du 1er août 1849 : « Selon la loi, la faculté de colporter ne s'exerce pas comme un droit, mais comme une concession. » — En partant de cette idée de concession, les tribunaux ont dû proclamer la nécessité d'une autorisation préfectorale pour tout ce qui avait le caractère d'une simple distribution d'écrits imprimés. En effet, le but de la loi, c'est de placer sous la surveillance de l'autorité administrative cette circulation d'écrits de toutes sortes que l'esprit de propagande sait si ingénieusement soustraire à ses regards; car, en la faisant, le législateur s'est préoccupé surtout du danger qu'il pouvait y avoir à ce que certaines théories politiques et sociales, exposées jusqu'alors dans des journaux ou feuilles périodiques, puissent échapper à l'inspection des parquets, et parvenir aux lecteurs les moins instruits et les plus faciles à séduire, sous la forme de brochures répandues par la voie du colportage ou par la voie d'une distribution clandestine.—L'art. 6 de la loi du 27 juill. 1849 pose donc une règle nouvelle dont l'application doit être rigoureuse.

C'est dans cet esprit qu'il a été jugé : 1° que l'autorisation préfectorale dont tous distributeurs ou colporteurs de livres, écrits, brochures, etc., doivent être munis, aux termes de l'art. 6 de la loi du 27 juill. 1849, est nécessaire, non-seulement pour ceux qui exercent la profession de colporteur ou de distributeur, mais pour toute distribution, même accidentelle, d'un écrit (Paris, 28 déc. 1849, aff. D...; 16 janv. 1850, aff. Cellier; Caen, 30 janv. 1850, aff. Y... et L...; Bourges, 21 mars 1850, aff. Gillet; Agen, 3 juill. 1850, aff. Caubet; 11 juill. 1850, aff. Bruchet, D. P. 50. 2. 120 et suiv.; Crim. cass. 25 juin 1852, aff. Bocher et cons., D. P. 52. 1. 190); — 2° Qu'ainsi, l'individu qui, sans se livrer habituellement au commerce du colportage, distribue, sans autorisation, un seul écrit, et, par exemple, une lettre d'un représentant du peuple à ses commettants, se rend coupable d'un délit de colportage non autorisé (Paris, 28 déc. 1849, aff. D..., D. P. 50. 2. 120; Caen, 30 janv. 1850, aff. Y..., D. P. 50. 2. 121; Crim. cass. 15 fév. 1850, aff. Chrétien, D. P. 50. 1. 72); — 3° Qu'il en est de même lorsqu'il y a simplement remise faite à deux personnes d'un écrit, si les circonstances qui ont précédé et suivi ce fait lui impriment le caractère de distribution d'écrits dans le sens de la loi (Bourges, 21 mars 1850, aff. Gillet, D. P. 50. 2. 121; Caen, 30 janv. 1850, aff. Y..., D. P. 50. 2. 121), ... ou lorsqu'il y a distribution de plusieurs livres ou brochures, faite par un individu non libraire, à quelques personnes (Trib. corr. de Joigny, 31 mai 1850, aff. Dethou, D. P. 50. 3. 48), ... ou lorsqu'un individu est trouvé criant, vendant ou distribuant sur la voie publique, sans autorisation préalable de l'autorité municipale, un écrit quelconque, et spécialement de simples adresses (Paris, 13 janv. 1835) (1).

425. Il a été également jugé que l'art. 6 précité de la loi du

(1) *Espèce:* — (Ramet.) — Ramet, domestique de la dame Leclerc, est trouvé distribuant, sur la voie publique, sans avoir obtenu l'autori-

27 juill. 1849 est applicable : 1° à l'individu qui distribue pour le compte d'un tiers, et spécialement à l'agent d'un libraire, qui porte à domicile, chez des particuliers *non abonnés*, des livraisons de livres et gravures (Paris, 25 avril 1850, aff. Brosse, D. P. 52. 2. 41); — 2° Au facteur d'une administration particulière, et spécialement d'une association d'imprimeurs, qui remet des livraisons au domicile de divers abonnés, alors surtout qu'il porte avec lui un nombre d'exemplaires supérieur au chiffre d'abonnés (Bordeaux, 15 fév. 1850, aff. Danna, D. P. 52. 2. 41); —3° A l'individu trouvé remettant à domicile des brochures ou livraisons d'ouvrages, encore qu'il se dirait commis d'un libraire breveté, s'il n'établit pas qu'il a livré ces ouvrages en exécution de ventes ou de promesses de souscriptions antérieures, et s'il se borne, notamment, à produire des listes indiquant de nombreux domiciles pris au hasard dans les almanachs d'adresses, sans qu'aucun achat ou promesse d'achat soient intervenus de la part de beaucoup de personnes inscrites sur ces listes (Crim. rej. 2 sept. 1852, aff. Chaufour, D. P. 52. 5. 435);—4° A l'individu qui reçoit un certain nombre de journaux et qui les colporte et distribue pour son propre compte (trib. de Lons-le-Saunier 11 janv. 1850, aff. Richard, D. P. 50. 3. 64).

426. Mais il a été jugé aussi que les libraires, même non brevetés, qui font habituellement commerce de la librairie, ne sont pas assujettis à l'autorisation préfectorale dont les distributeurs et colporteurs de livres et écrits doivent se munir, en vertu de l'art. 6 de la loi du 27 juill. 1849, alors, d'ailleurs, qu'il n'est pas constaté qu'ils se soient livrés à des faits de distribution ou de colportage en dehors de leur commerce. ... Sauf à l'administration à prendre des mesures nécessaires pour faire cesser cet exercice illicite de la profession de libraire (Crim. cass. 28 mars 1851, aff. Delcloque, D. P. 51. 1. 278; V. *suprà*, n° 193, des décisions analogues). — Le caractère dominant de ce fait, c'est l'exercice de la profession de libraire sans brevet, contravention aujourd'hui sévèrement punie. — V. n° 209.

427. L'art. 6 de la loi du 27 juill. 1849 est-il applicable à l'auteur d'un écrit qui en est également le distributeur. — Ce qui fait naître le doute à cet égard, c'est qu'un auteur a, en général, le droit de vendre son livre, sans brevet de libraire, c'est-à-dire sans autorisation (V. n° 198). — Or on n'aperçoit pas très-nettement le motif de la différence de solution entre la distribution et la vente. Du reste, ainsi qu'on va le voir, la jurisprudence assimile la vente ou distribution au domicile des distributeurs à celle qui se fait au domicile des destinataires ou dans tout autre lieu. — Aussi a-t-il été jugé que le fait par l'auteur d'un écrit imprimé de l'avoir distribué à titre d'hommage, a pu être considéré comme ne caractérisant pas la distribution prévue par l'art. 6 de la loi du 27 juill. 1849, et que par suite ce fait ne tombe pas sous le coup de la pénalité portée par cet article (Crim. rej. 15 oct. 1852, aff. Thibaudeau, D. P. 54. 1. 46). — Mais il a été également décidé en sens contraire que l'art. 6 de la loi du 27 juill. 1849, qui prescrit aux distributeurs ou colporteurs de livres et écrits de se pourvoir d'une autorisation du préfet, s'applique à l'auteur qui colporte son propre écrit, et spécialement à celui qui colporte, dans sa commune, des exemplaires d'une lettre imprimée adressée par lui à ses concitoyens (Crim. cass. 6 juin 1850, aff. Bruchet, D. P. 50. 1. 208). — ...Et, par exemple, d'une lettre sur les élections municipales (Agen, 11 juill. 1850, aff. Bruchet, D. P. 50. 2. 122). — V. en sens contraire M. Morin, Rép. du dr. crim., v^is Afficheurs-crieurs, n° 20 et suiv.; V. aussi *infrà*, n° 460.

428. *Quels écrits ou quels dessins ne peuvent être colportés ou distribués sans autorisation.* — La loi, dans sa généralité, paraît avoir voulu comprendre toute espèce de distribution de nature à former un moyen de propagation ou de communication. — Le mot *écrits*, dans le langage légal, ne comprend pas moins les écrits imprimés que les manuscrits (V. notamment les art. 1 et suiv. de la loi du 21 oct. 1814, la loi du 10 déc. 1830, celle du 16 fév. 1834).—Aussi a-t-il été décidé que, par le mot *écrits*, l'art. 6 de la loi du 27 juill. 1849 comprend les ouvrages imprimés, périodiques ou non, et, par exemple, les journaux (Montpellier, 7 mai 1850, aff. Delon, D. P. 50. 2. 84) — L'opinion contraire se fonde sur ce que la disposition de l'art. 6 de la loi du 27 juill. 1849, insérée au chap. 1 de cette loi, ne se trouve pas répétée dans le chap. 3, qui traite des dispositions *relatives aux journaux et écrits périodiques*. L'art. 6, dit-on, ne s'applique pas à ceux-ci, et la vente des journaux reste soumise à la législation antérieure, c'est-à-dire la loi du 16 fév. 1834, qui ne régissait que les distributions faites sur la voie publique. — On répond à cette objection que la pensée du législateur de 1849 n'a pas été de faire une loi qui eût été inutile, si elle n'eût fait que reproduire les termes d'une loi antérieure; qu'en s'abstenant de rentrer dans les dispositions toutes spéciales, toutes restrictives de la loi de 1834, en n'établissant pas de catégories dans *les faits de distribution*, il a voulu étendre les attributions, le pouvoir discrétionnaire de l'autorité préfectorale et que, d'ailleurs, à ne consulter que les temps agités dans lesquels a été faite la loi dernière, il est évident qu'elle a été faite en vue surtout des journaux. — C'est dans ce sens, au reste, qu'est conçue la circulaire du ministre de l'intérieur, du 30 nov. 1849 (D. P. 50. 3. 28). — On y lit ce qui suit : « Par le mot *écrit*, vous comprendrez évidemment les journaux; cela est d'autant moins incontestable que chaque fois que les lois qui régissent la matière veulent excepter les journaux et écrits périodiques de cette expression générique, *les écrits*, elles le disent formellement, et vous en avez un exemple en vous reportant à l'art. 7, qui vient immédiatement après. »

429. Mais doit-on réputer *écrits* dans le sens de la loi du 27 juill. 1849, de simples mots ou des noms qui isolément et par eux-mêmes n'offrent aucun sens, et spécialement la distribution de simples bulletins imprimés d'élection tombe-t-elle sous l'application de la loi du 27 juill. 1849? — La jurisprudence semble définitivement fixée dans le sens de l'affirmative, par plusieurs arrêts qui ont jugé : 1° que le mot *écrits*, employé dans l'art. 6 de la loi du 27 juill. 1849, est une expression générique qui s'applique même aux simples listes de candidats à une élection, c'est-à-dire à des bulletins ne contenant que les noms de ces candidats (Crim. cass. 27 sept. 1855, aff. Brun et Palun, D. P. 55. 1. 383, et sur nouveau pourvoi, ch. réun., Cass. 26 mars 1856, D. P. 56. 1. 137); — 2° Que la distribution de simples bulletins imprimés d'élection, indiquant sans aucun commentaire le nom des candidats proposés, est soumise à la nécessité d'une autorisation préalable du préfet, ces bulletins tombant sous la qualification d'*écrits* dont le sens général exclut toute distinction tirée de la nature ou de la forme, de l'étendue ou de la brièveté (Crim. cass. 20 mai 1854, aff. Esménard, D. P. 54. 1. 209; 16 nov. 1855, aff. Delayen, D. P. 56. 1. 31); — 3° Qu'on doit considérer comme constituant une *distribution* le fait par un prévenu d'avoir remis un tel bulletin à une personne qui le lui demandait et un second à une autre personne qui ne le lui demandait pas, alors même qu'averti de l'irrégularité de son action, il a détruit en outre deux

sation préalable du préfet de police, des adresses imprimées annonçant que sa maîtresse tenait table d'hôte et réunion tous les soirs. — La chambre du conseil le renvoie de la plainte portée contre lui. — Opposition à cette ordonnance. — Arrêt.

La cour; — Considérant que l'objet unique de la loi du 16 fév. 1834 a été de placer sous la surveillance de l'autorité municipale la profession des crieurs, vendeurs et distributeurs d'écrits sur la voie publique, comme toutes les professions qui s'exercent sur la voie publique, et abstraction faite de la nature des écrits criés, vendus ou distribués; — Qu'il résulte même de la discussion de cette loi dans les deux chambres, que l'examen et l'appréciation des écrits contreviendraient à sa volonté; qu'en effet, les adversaires de la loi l'ayant d'abord attaquée comme rétablissant la censure, et demandant ensuite des exceptions pour certains écrits, il a été déclaré qu'il n'y aurait aucun examen préalable des écrits; qu'on voulait seulement astreindre la profession dont il s'agissait à une condition généralement imposée à toutes celles qui s'exercent sur la voie publique; que l'autorité voulait atteindre les personnes et non les écrits; que les crimes ou délits résultant de ces écrits continueraient à être poursuivis contre les auteurs et leurs complices, conformément aux lois sur la presse; — Considérant qu'il suffit donc, pour appliquer la loi, de vérifier si le prévenu a été trouvé criant, vendant ou distribuant sur la voie publique, sans autorisation de l'autorité municipale, un écrit quelconque; — Qu'il résulte de l'instruction prévention suffisante contre Ramet d'avoir, dans le mois de décembre 1854, distribué sur la voie publique, sans autorisation préalable de l'autorité municipale, un écrit imprimé, délit prévu par l'art. 2 de la loi du 16 fév. 1854; — A renvoyé Ramet en police correctionnelle.

Du 15 janv. 1855.-C. de Paris, ch. d'acc.

autres bulletins qu'il se proposait de porter à deux électeurs (Crim. cass. 16 nov. 1855, aff. Delayen, D. P. 56. 1. 51); — 4° Qu'il n'a été dérogé aux dispositions absolues de l'art. 6 de la loi du 27 juill. 1849, ni par les différentes lois sur les élections, ni par la constitution de 1852, qui a proclamé le principe du suffrage universel; qu'en supposant que la disposition de l'art. 10 de la loi du 16 juill. 1850 qui permet la distribution, sans autorisation du préfet, des circulaires et professions de foi, pendant les vingt jours qui précèdent les élections, pût être étendue aux listes de candidats, les distributeurs de telles listes ne sauraient, en tous cas, revendiquer le bénéfice de cette immunité, lorsqu'ils n'ont pas rempli la double condition de signature et de dépôt au parquet du procureur impérial, exigée, pour les circulaires et professions de foi, par la même disposition (ch. réun. Cass. 26 mars 1856, aff. Brun et Palun, D. P. 56. 1. 137); —5° Que la remise de bulletins électoraux, faite par un électeur candidat à d'autres électeurs, constitue une *distribution* dans le sens de la loi du 27 juill. 1849 (ch. réun. Cass. 26 mars 1856, aff. Brun et Palun, D. P. 56. 1. 137).

Toutefois, à notre avis, le sens du mot *écrits* ne peut être aussi général que la cour de cassation le décide dans les arrêts qu'on vient de citer. D'une part, en effet, la loi oppose aux journaux et écrits périodiques les publications isolées; d'autre part, dans l'énumération de celles-ci elle place le mot *écrits* entre le mot *livres* et *brochures*. Ces rapprochements ont une signification qui paraît ne permettre d'appliquer le mot *écrits* qu'aux diverses formes du discours. Dans l'exposé et le rapport relatifs à la loi, on rencontre en effet continuellement le mot *écrits* rapproché du mot *brochures* (les petits écrits ou brochures), comme s'ils devaient s'expliquer l'un par l'autre.

Dans la séance du corps législatif du 18 avril 1856, M. le comte de Montalembert s'est élevé avec énergie contre la jurisprudence qui vient d'être rappelée; il a invoqué les souvenirs de MM. les présidents du conseil d'État et du corps législatif. « Convaincu, a-t-il dit, qu'ils auraient été les premiers à se récrier, si on leur avait dit que la loi qu'ils faisaient aurait un jour pour résultat d'empêcher la distribution des bulletins de votes. » — M. Baroche, président du conseil d'État, qui a répondu à M. de Montalembert, après avoir défendu la jurisprudence de la cour de cassation, a ajouté : « Le gouvernement veut que le suffrage universel, qui est la base sur laquelle il est fondé, soit sincèrement et loyalement appliqué, et, à cet égard, pour dissiper toutes les craintes, toutes les incertitudes, il suffirait peut-être de rappeler la loi du 16 juill. 1850, aux termes de laquelle, pendant les vingt jours qui précèdent l'élection, tout candidat a le droit de distribuer autant qu'il le juge convenable, et par toutes les manières qu'il lui plaît d'adopter, toutes les circulaires et professions de foi *signées* de son nom. Cette loi, combinée avec celle de 1849, assure à tous ceux qui désirent se présenter aux suffrages des électeurs le moyen de faire connaître leurs candidatures, sans qu'il soit besoin d'aucune autorisation. »

Puis, en réponse à M. de Chasseloup-Laubat, qui avait parlé dans le même sens que M. de Montalembert, M. le président du conseil d'État a fait, au nom du gouvernement, une déclaration qu'il importe de ne pas oublier, parce qu'elle donne à penser que, dans la pratique du moins, l'administration saura tempérer par une entière loyauté ce qu'il y a d'exorbitant dans le pouvoir sans limites que lui reconnaît l'interprétation littérale adoptée par la cour de cassation. Voici ce qu'on lit à ce sujet dans le compte rendu officiel de la séance :

« M. le président du conseil d'État veut, en terminant, indiquer nettement la pensée du gouvernement et la conduite qu'il suivra dans l'application de la loi de 1849. La cour de cassation a décidé que les bulletins électoraux ne pourraient être distribués sans l'autorisation du préfet. Le droit est donc fixé par l'arrêt, en ce qui concerne la loi de 1849. Maintenant, comment cette loi doit-elle être exécutée? Aux yeux de l'orateur, toute la question est là, et c'est sur ce point surtout qu'il a voulu répondre.— *Il déclare que le gouvernement considère la libre distribution des bulletins électoraux par chaque candidat comme étant le droit commun. Le droit d'autorisation réservé aux préfets par la loi du 27 juill. 1849 n'a pas pour but de leur permettre de rompre l'égalité entre les candidats en accordant aux uns ce qu'ils refuseraient aux autres, mais seulement d'empêcher cette distribution dans des cas rares et exceptionnels, et lorsqu'elle pourrait devenir une occasion de scandale et de trouble.* L'abus de ce droit est d'autant moins à craindre que le corps législatif, chargé de la vérification des pouvoirs, reste, en définitive, juge souverain de la loyauté et de la validité de l'élection. — Voilà comment le gouvernement entend exécuter la loi de 1849; voilà dans quelles limites il entend se tenir; quant à renoncer à cette loi, quant à abandonner une arme qui peut être nécessaire dans des cas rares et exceptionnels, le gouvernement ne saurait y consentir. »

430. On a vu (n° 138) que, dans tous les temps, les mémoires judiciaires ont joui d'immunités particulières, notamment quant à la déclaration et au dépôt auxquels les imprimeurs sont assujettis. — Les motifs de cette exception fondée sur les droits de la défense, sur la garantie que l'ordre public doit trouver dans la signature d'un membre du barreau que ce genre d'écrits doit porter; ces motifs, disons-nous, semblent devoir faire admettre aussi une exception en leur faveur, en ce qui concerne la distribution. — Cependant, il a été jugé qu'une distribution d'écrits, faite sans l'autorisation du préfet, ne peut échapper à l'application de l'art. 6 de la loi du 27 juill. 1849, comme nécessitée et légitimée par les besoins de la défense, lorsqu'elle est antérieure à l'introduction de l'instance à laquelle se rapportent ces écrits (Crim. cass., 25 juin 1852, aff. Bocher et cons., D. P. 52. 1. 190). — Mais il est à remarquer qu'en réalité cette décision consacre clairement bien qu'implicitement l'exception dont nous venons de parler, puisqu'elle ne déclare l'écrit dont il s'agissait soumis à l'autorisation préfectorale, que parce qu'il avait été distribué avant l'introduction de l'instance; d'où la conséquence bien évidente que si le même écrit avait été distribué après l'introduction de l'instance, il aurait été dispensé de l'autorisation. — Ajoutons que cette interprétation de la loi de 1849 doit être nécessairement conforme à son esprit, car tout en armant la société d'utiles précautions contre les écrits dangereux, elle ne peut avoir eu en vue de faire dépendre, même de la manière la plus indirecte, les décisions de la justice de la volonté d'un préfet qui, en refusant l'autorisation de distribuer un mémoire judiciaire, pourrait la priver des moyens de s'éclairer. — Le temps manquerait souvent, d'ailleurs, pour obtenir cette autorisation. C'est quelquefois entre deux audiences, du soir au lendemain, que les parties éprouvent le besoin de compléter leur défense par un mémoire. Faudra-t-il leur faire perdre un temps devenu si précieux en démarches auprès de l'administration, pour obtenir le droit de se défendre? Lorsque le procès s'agite devant un tribunal éloigné du chef-lieu de préfecture, la nécessité de l'autorisation équivaudrait, d'ailleurs, à une négation absolue du droit de distribuer des mémoires judiciaires. — Concluons donc de ces raisons décisives qu'il n'a pu entrer dans la pensée du législateur de comprendre ce genre d'écrits dans l'art. 5 de la loi de 1849.

431. Il a été jugé encore que le colportage non autorisé de médailles avec inscriptions et effigies, tombe sous l'application de l'art. 6 de la loi du 27 juill. 1849 (Crim. cass. 6 sept. 1851, aff. Lalonne, Sibot et Pradal, D. P. 51. 5. 414). — Une inscription est encore un écrit dans le sens de la loi. Rien, dès lors, que de très-naturel à ce que les médailles qui portent des inscriptions ne puissent être distribuées qu'avec l'autorisation préfectorale; mais si elles ne portaient qu'une effigie ou un emblème sans caractères, ce n'est pas par la loi de 1849 que le distributeur pourrait être atteint, mais par celle du 17 fév. 1852 (art. 22; V. *suprà*, n° 414).

432. L'art. 6 de la loi du 27 juill. 1849 soumet à la nécessité de l'autorisation préfectorale le colportage et la distribution des gravures et des lithographies. — D'un autre côté, le décret du 17 fév. 1852 (art. 22) veut qu'aucun dessin, gravures ou lithographies ne puissent être exposés ou mis en vente sans l'autorisation préalable du ministre de l'intérieur, à Paris, et des préfets dans les départements. — Du rapprochement de ces deux dispositions naît la question de savoir si les gravures et lithographies dont la publication est autorisée ne peuvent cependant être colportées ou distribuées sans une nouvelle autorisation. — A cet égard, il faut distinguer : Quant aux personnes qui ne sont pas autorisées à se livrer au colportage ou à la distribution, il nous paraît qu'elles ne peuvent ni vendre ni distribuer les gravures et les lithographies dont la vente est autorisée, parce que, suivant l'art. 6 précité, ils ont besoin d'une autorisation personnelle. — Quant à ceux qui ont obtenu cette autorisation, il nous semble manifeste qu'il n'est nullement nécessaire que les dessins qu'ils colportent ou distribuent soient soumis à l'estampillage du préfet lorsque la publication en a été autorisée par le ministre de l'intérieur.

433. *Mode de distribution sujet à l'autorisation.* — *Colporter* dans le sens propre de ce mot, c'est *porter à son col* des marchandises pour les vendre, et conséquemment pour les livrer; *distribuer*, c'est répartir. Il ne peut donc y avoir colportage ou distribution d'un écrit qu'autant qu'on le livre ou qu'on le remet à une ou plusieurs personnes.—C'est par ce motif qu'il a été jugé qu'une pétition n'est pas réputée avoir été distribuée dans le sens de l'art. 283 c. pén., lorsqu'elle a été simplement *présentée* aux personnes dont on voulait obtenir la signature; que cette simple présentation ne constitue pas non plus le fait de distribution d'écrits sans autorisation prévu par l'art. 6 de la loi du 27 juillet 1849 (Crim. rej. 14 janv. 1851, aff. Fabre, D. P. 51. 5. 438, *eod.*; 24 janv. 1851, aff. Sansanné.; 7 fév. 1851, aff. Damien Mounier, *eod.*; 10 mai 1851, aff. Sainte-Colombe, *eod.*). — Ainsi, le fait d'avoir présenté de maison en maison, à la signature des habitants d'une commune, une pétition à l'assemblée nationale, imprimée en un seul exemplaire, ne constitue pas un fait de colportage, subordonné à l'autorisation du préfet (Bourges, 21 mars 1850, aff. Gillet, D. P. 50. 2. 121; Crim. cass. 6 juill. 1850, aff. Oudin, D. P. 50. 1. 207; Crim. rej. 18 juill. 1850, aff. Richard, D. P. 50. 1. 207). —... Surtout si la pétition n'a été présentée que dans deux maisons (Crim. cass. 9 août 1850, aff. Caubet, D. P. 50. 1. 251). — A plus forte raison et c'est ce qui a été jugé, la communication confidentielle d'un écrit à une seule personne, alors qu'il n'est pas établi qu'il ait circulé, ne constitue pas un fait de distribution donnant lieu à des poursuites pour défaut d'autorisation préalable du préfet (Crim. rej. 11 mai 1854, aff. Hubin, D. P. 54. 5. 588).— Peu importe, d'ailleurs, qu'une telle communication en ait amené d'autres par suite de l'indiscrétion de la personne qui l'avait reçue, mais faites également dans le cercle des relations particulières et sans qu'il y ait eu concert (Bourges, 4 janv. 1854, aff. Roger, D. P. 54. 5. 588).

434. L'art. 6 de la loi de 1849 s'applique-t-il à la distribution faite au domicile de celui qui est signalé comme distributeur?—Les idées que font naître les mots *colporter* et *distribuer* ne s'accordent pas avec celle d'une vente ou livraison au domicile de celui qui remet un écrit. On peut y voir, à la rigueur, un acte de la profession de libraire, sans brevet, mais il ne semblerait pas qu'on dût y trouver les caractères du colportage ou de la distribution. — Du reste, le rapport fait par M. Combarel de Leyval, au nom de la commission qui a elle-même introduit dans la loi de 1849 l'art. 6, dont il s'agit de fixer le sens, porte ce qui suit : « *L'article* (l'art. 6) *ne s'appliquant point aux vendeurs à domicile*, le commerce de la librairie n'a point à s'en préoccuper » (D. P. 49. 4. 120 à la note, n° 18). — Après une déclaration aussi explicite des auteurs de cette disposition, déclaration qui n'était, d'ailleurs, contredite par aucune autre partie des travaux préparatoires de la loi de 1849, il semblait difficile d'admettre que la vente ou la distribution au domicile de celui qui livre un écrit tombât sous l'application de cette loi. — Mais l'assemblée nationale, qui avait pour l'interpréter un pouvoir souverain, en a autrement décidé, en repoussant une proposition de M. Pascal Duprat, dont voici les termes : « ... Les dispositions de la loi du 27 juill. 1849, relatives aux distributeurs et colporteurs d'écrits, ne sont pas applicables aux vendeurs à domicile ou marchands en boutique » (V. du reste la discussion à laquelle cette proposition a donné lieu, D. P. 50. 3. 77). — Il résulte, d'ailleurs aussi, d'une circulaire ministérielle que tout distributeur, colporteur ou dépositaire d'écrits destinés à être distribués, doit être muni de l'autorisation prescrite par l'art. 6 de la loi du 27 juill. 1849, *quel que soit le lieu de la distribution ou du dépôt*, et qu'ainsi cette autorisation est nécessaire aussi bien pour les distributions faites à domicile ou dans des locaux particuliers momentanément ouverts au public que pour celles qui s'effectuent sur la voie publique (circ. min. int. 30 nov. 1849, D. P. 50. 3. 28). — Et il a été jugé en ce sens : 1° que l'autorisation préfectorale à laquelle sont assujettis les distributeurs ou colporteurs d'écrits est applicable à l'individu qui, sans être libraire, vend ou distribue ces écrits dans son domicile (Crim. rej. 25 avr. 1850, aff. Desquesnes, D. P. 50. 1. 128); — 2° Que la loi du 27 juill. 1849 est générale et absolue, en ce sens qu'elle punit toute distribution d'imprimés sans autorisation, quelle que soit la qualité du distributeur, en quelque lieu et de quelque manière que la distribution ait été faite, à titre gratuit ou onéreux, dans l'intérieur du domicile comme au dehors, et, par exemple, encore bien qu'elle aurait eu lieu au domicile du prévenu gérant d'un journal, et dans les bureaux de cette publication (Orléans, 18 juin 1850, aff. Camus, D. P. 51. 5. 413); — 3° Que la vente des journaux, même lorsqu'elle est faite à domicile, est comme la vente ou distribution de tout autre genre d'écrits, soumise à la nécessité d'une autorisation préalable du préfet (Paris, 26 juin 1850, aff. L'Herminier, Lecot et dame Jacob, D. P. 52. 5. 434); — 4° Que la vente de journaux faite à son domicile, où il en a un dépôt, et sans autorisation du préfet, par un individu qui n'exerce pas la profession de libraire, constitue le fait de distribution illégale prévu par l'art. 6 de la loi du 27 juill. 1849 : on prétendrait en vain que cet article n'est applicable qu'aux distributions et ventes de journaux sur la voie publique (Montpellier, 7 mai 1850, aff. Relin, D. P. 50. 2. 84); — 5° Que cet article est également applicable au libraire non pourvu de brevet, quoique patenté, qui vend et distribue publiquement des journaux à son domicile (trib. de la Seine, 16 juill. 1850, aff. Leblanc, D. P. 52. 2. 41 à la note); — 6° ... Et à l'individu, un cafetier, par exemple, qui expose devant ses fenêtres des brochures dont il annonce la vente dans les journaux (Agen, 11 juill. 1850, aff. Bruchet, D. P. 50. 2. 122); — 7° ... Ainsi qu'à l'individu qui, ne se bornant pas à remettre à des personnes désignées par l'auteur ou l'éditeur d'un écrit, quelques exemplaires de cet écrit, en distribue à son domicile un nombre considérable, soit gratuitement, soit à prix coûtant, et après avoir annoncé cette distribution au moyen d'affiches (trib. de Corbeil, 15 fév. 1850, aff. Rolland, D. P. 50. 3. 30).

435. Mais il a été décidé : 1° que si la vente d'un journal est faite au fond de l'allée de la maison où sont établis les bureaux de ce journal, et, par exemple, dans l'embrasure d'une porte donnant entrée dans la pièce où on l'imprime, elle n'est pas assujettie, lorsqu'en outre elle a lieu pour le compte de l'administration et n'est point annoncée par des affiches, à l'autorisation du préfet (Crim. cass. 3 juill. 1851, aff. Meyzelle, D. P. 51. 1. 176); — 2° Que le fait, par un individu, d'avoir distribué à son domicile entre divers membres d'une association fraternelle de travailleurs, une brochure contenant les statuts de cette association, ne constitue pas un fait de colportage soumis à l'autorisation exigée par l'art. 6 de la loi du 27 juill. 1849 (Crim. cass. 11 avr. 1851, aff. Peigné, D. P. 51. 5. 413).

436. Quoi qu'il en soit, il ne peut y avoir colportage ou distribution qu'autant qu'il existe un fait matériel auquel ces expressions soient applicables. — Si, en réalité, il n'y a eu, de la part du prétendu distributeur, remise *directe* d'un écrit ni à son propre domicile, ni en tout autre lieu, il ne saurait y avoir distribution ou colportage dans le sens de la loi. — En conséquence, il a été jugé : 1° que la distribution d'écrits, par la voie de la poste, n'est pas soumise à l'autorisation du préfet; que le fait de remettre ces écrits à la poste pour être distribués n'est pas davantage astreint à l'autorité préfectorale, un tel fait ne constituant pas une distribution dans le sens de l'art. 6 de la loi du 27 juill. 1849 (Crim. cass. 17 août 1850, aff. Jacquemart, D. P. 50. 5. 370; Trib. de Cosne, 14 fév. 1853); — 2° Que l'envoi par la poste d'exemplaires d'un écrit autographié (un manifeste politique), placés sous enveloppes cachetées et adressées à diverses personnes, ne constitue pas une distribution dans le sens de l'art. 6 de la loi du 27 juill. 1849, et, par suite, n'est pas soumis à l'autorisation du préfet (Crim. cass. 8 avr. 1853, aff. Thieffries, D. P. 53. 1. 222. V. D. P. 53. 2. 129, l'arrêt cassé de la cour de Douai).

437. Il paraît également évident, et c'est aussi ce qui a été décidé, que le fait, par un individu qui n'exerce pas habituellement le métier de colporteur, d'être en possession de livres, brochures ou écrits quelconques, sans avoir fait aucun acte ou aucune démarche ayant pour objet la vente ou la distribution de ces écrits, ne constitue pas le délit prévu et puni par l'art. 6 de la loi du 27 juill. 1849. — Qu'ainsi, ne peut être déclaré coupable de ce délit, celui dans les malles duquel des livres, brochures et imprimés séditieux apportés de l'étranger, ont été saisis au moment même de son débarquement en France, et avant qu'il ait pu faire aucune démarche pour tenter de les distribuer. — ...Sauf, dans le cas où les livres, brochures et imprimés saisis sont de nature à troubler l'ordre public, s'ils étaient restitués, à ordonner qu'ils seront déposés au greffe pour être ultérieurement détruits (Douai, 23 juin 1854, aff. d'Equevilley, D. P. 55. 2. 25).

438. Nous avons déjà fait remarquer que lorsque la loi prescrit une formalité avant la livraison d'un écrit, on ne peut faire une distinction entre la vente et la livraison gratuite, parce qu'il serait souvent difficile de constater qu'un prix a été payé, et que, d'ailleurs, le danger d'une publication n'a aucun rapport avec les conditions auxquelles elle est livrée. — D'après ces considérations, il a été jugé que les distributions gratuites sont assujetties à l'autorisation comme les distributions faites à prix d'argent (Trib. de Corbeil, 18 fév. 1850, aff. Rolland, D. P. 50. 3. 30; Orléans, 18 juin 1850, aff. Camus, D. P. 51. 5. 413; Agen, 11 juill. 1850, aff. Bruchet, D. P. 50. 2. 122).

439. Au reste, il a été décidé que le juge qui déclare l'existence d'un fait de distribution d'écrits non autorisée n'est pas tenu de spécifier les preuves sur lesquelles se fonde sa conviction (Crim. cass. 25 juin 1852, aff. Bocher et cons., D. P. 52. 1. 190; V. Preuve). — On ne peut cependant se dissimuler que le silence du juge à cet égard se rapproche beaucoup d'un défaut de motifs qui, on le sait, donne ouverture à cassation.

440. *Demande en autorisation. Effets de l'autorisation.* — La demande en autorisation peut être adressée au préfet par écrit : il n'est pas nécessaire que le colporteur se présente à la préfecture (circ. min. de la pol. gén. 12 sept. 1852, D. P. 53. 3. 16). Tous les renseignements recueillis sur les colporteurs sont centralisés au ministère de l'intérieur (circ. du min. de la pol. gén. 28 juill. 1852, D. P. 53. 3. 16). Mais l'autorisation peut être délivrée aux colporteurs domiciliés dans le département sans qu'il soit besoin d'attendre les renseignements du ministère de la police générale (aujourd'hui du ministère de l'intérieur). Ces renseignements doivent, au contraire, être attendus à l'égard des colporteurs non domiciliés dans le département (Circ. min. de la pol. gén. 12 sept. 1852, D. P. 53. 3. 16). — Chaque exemplaire des ouvrages dont la vente aura été autorisée par le préfet doit être frappé d'un timbre spécial ou estampille apposé dans les bureaux de chaque préfecture, et dont l'empreinte doit être envoyée à tous les parquets et à toutes les mairies. Le permis de distribution reste toujours nécessaire, et est délivré dans les mêmes formes que par le passé (même circ. du 28 juill. 1852). — Tout individu ayant l'intention de soumettre un ouvrage à l'estampille, est tenu de présenter à la préfecture un exemplaire de cet ouvrage, que le préfet doit transmettre au ministère de la police générale, pour qu'il soit lu par la commission chargée de l'examen des livres colportés. Le ministre décide ensuite s'il convient d'accorder l'estampille (même circ. du 12 sept. 1852). — Le préfet peut autoriser l'estampillage, sans en référer au ministre, à l'égard des ouvrages inscrits sur le catalogue des livres autorisés par la commission d'examen (même circ.). — Le timbre rouge apposé à la préfecture n'est valable que pour le département. Le timbre bleu apposé par la direction de l'imprimerie, de la librairie et de la presse, permet la circulation du volume estampillé dans toute la France (même circ.). — L'estampille placée sur les livres mis en vente par voie de colportage ne dispense pas les colporteurs de l'autorisation prescrite par l'art. 6 de la loi du 27 juill. 1849 (même circ.).

441. L'autorisation de colporter des ouvrages imprimés a pour objet non pas seulement l'exercice de la profession de colporteur, mais encore la détermination de la nature des ouvrages à colporter. — En conséquence, il a été jugé que le préfet a le droit de limiter l'autorisation à certains ouvrages, et que le fait de colporter des livres non désignés au catalogue qui accompagne cette autorisation constitue le délit de colportage non autorisé (Trib. de Saint-Omer 9 janv. 1850, aff. Darchier, D. P. 50. 3. 16). — On se demande, en effet, quel serait le but de l'autorisation spéciale et de l'estampillage, si le colporteur avait le droit de répandre d'autres ouvrages que ceux qui ont été examinés par l'administration. — Les préfets peuvent, d'ailleurs, mettre à leur autorisation toutes les conditions qui leur paraissent utiles, et les colporteurs ou distributeurs ne sont censés autorisés qu'autant qu'ils remplissent ces conditions. — Ainsi, il a été décidé que l'on doit réputer faite sans autorisation la vente qui a eu lieu *avant l'heure* fixée par la permission préfectorale (Trib. de la Seine 23 avr. 1850, aff. Aguenin).

M. Pascal Duprat avait demandé à l'assemblée nationale que l'autorisation exigée par la loi du 16 fév. 1834, pour la vente des journaux sur la voie publique, ne pût être accordée que d'une manière générale, sans privilége ni exception pour aucune feuille. — Mais cette proposition fut rejetée (V. la proposition et la discussion à laquelle elle a donné lieu, D. P. 50. 3. 77). — Du reste, la solution implicite qui résulte de ce rejet a perdu à peu près tout intérêt sous le régime actuel de la presse périodique.

Pour l'interprétation de l'art. 6 de la loi de 1849, on peut encore utilement consulter : 1° les discours des orateurs lors de la discussion de la loi (D. P. 49. 4. 127, note 5); 2° trois circulaires du ministère de l'intérieur datées du 1er août, du 6 sept. 1849 (V. seulement cette dernière qui reproduit la précédente, D. P. 49. 3. 90), et du 30 novembre même année (D. P. 50. 3. 28).

442. C'était, avant la loi du 27 juill. 1849, un sujet de controverse que de savoir si les colporteurs devaient être considérés comme des libraires; et si, par conséquent, ils ne pouvaient exercer leur profession qu'après avoir obtenu un brevet du gouvernement. — L'art. 6 de la loi de 1849 tranche la difficulté. En soumettant les colporteurs à l'autorisasion des préfets, elle les dispense bien évidemment du brevet; et ce qui lève tous les doutes à cet égard, s'il pouvait en exister encore, c'est que, d'après le projet de loi, les colporteurs étaient soumis au brevet et que la commission de l'assemblée nationale, chargée d'examiner ce projet, a remplacé le brevet par une simple autorisation.

443. *Les colporteurs ou distributeurs doivent-ils remplir les obligations qui leur sont imposées par la loi du 21 avril 1849?* — L'art. 2 de la loi du 21 avr. 1849 veut que pendant les quarante-cinq jours précédant les élections générales, tout citoyen puisse sans autorisation distribuer et vendre tous les écrits ou imprimés relatifs aux élections. — Suivant la même disposition, un exemplaire de ces écrits doit, avant qu'ils soient distribués, être déposé au parquet du procureur impérial. — De plus, les vendeurs et distributeurs doivent faire connaître leurs noms, professions et domiciles aux maires des communes où la distribution aura lieu. — L'art. 3 de la loi précitée exige, en outre, que les vendeurs et distributeurs remettent aux maires de ces communes un exemplaire de chacun des écrits qui doivent y être publiés. — Mais il est à observer, d'abord, que la loi du 21 avr. 1849 a été abrogée par celle du 16 juill. 1850 (art. 10 et 11, D. P. 50. 4. 164) suivant laquelle, pendant les vingt jours qui précèdent les élections, les circulaires des candidats peuvent, après dépôt au parquet, être distribués sans autorisation de l'autorité municipale (Sur le point de savoir si cette dernière disposition est elle-même en vigueur, V. *suprà*, n° 27); — En second lieu, que les articles 2 et 3 de la loi du 21 avr. 1849, et c'est, d'ailleurs, ce qui a été jugé, n'étaient relatifs qu'à un cas spécial, celui des distributions concernant les élections générales : on objecterait vainement que ces mots *élections générales* comprennent toute élection, même partielle, de représentants du peuple, et n'excluent que les élections départementales ou municipales : ainsi l'affichage non autorisé d'écrits ou imprimés relatifs à une élection partielle de représentants du peuple, constitue un délit (Crim. cass. 12 janv. 1850, aff. Bernard, D. P. 50. 1. 73).

444. L'art. 10 de la loi du 16 juill. 1850 qui permet l'affiche et la distribution, sans autorisation du préfet, des circulaires et professions de foi signées des candidats, et déposées au parquet du procureur impérial, pendant les vingt jours qui précèdent les élections, s'applique-t-il exclusivement aux élections législatives, ou sa disposition peut-elle être étendue, par exemple, aux élections municipales? — Dans son réquisitoire contre l'arrêt de la cour d'Aix du 28 déc. 1855 (V. D. P. 56. 1. 137), M. le procureur général près la cour de cassation a soutenu que cette disposition ne peut être étendue aux élections municipales, se fondant principalement sur ce que des discussions qui ont préparé la loi de 1850, il résulte que la disposition précitée n'a eu en vue que les élections législatives. — Cet argument est décisif, et l'on doit seulement regretter que l'analogie n'ait pas fait étendre la même faveur aux élections municipales et aux élections départementales.

445. Rappelons aussi qu'il a été jugé que les auteurs des écrits et imprimés, affichés, criés ou distribués dans les quarante-cinq jours qui précèdent les élections générales, ne sont pas responsables de l'omission du dépôt au parquet, prescrit par l'art. 2 de la loi du 21 avr. 1849 (Crim. rej. 7 juin 1850, aff. Maillard, D. P. 50. 1. 208). — Le motif principal de cette solution, c'est que la loi de 1849 n'a imposé aux auteurs d'autre obligation que celle de signer les écrits relatifs aux élections, et que c'est aux afficheurs et distributeurs seuls qu'incombe le devoir de remplir les formalités qui doivent précéder la distribution.

Toutefois, suivant un autre arrêt, celui qui remet des écrits à des colporteurs pour les distribuer, en leur disant qu'ils n'ont aucune formalité à remplir, se rend complice de l'infraction commise par ces derniers à l'obligation de dépôt prescrite par la loi du 21 avr. 1849 (Crim. rej. 18 août 1849, aff. Chevalier, D. P. 49. 1. 261). — On voit qu'il y a là une circonstance particulière qui change entièrement la position de celui qui remet l'écrit à distribuer.

Mais il a été décidé, en outre, que l'individu prévenu d'avoir distribué des écrits dont il est l'auteur, sans avoir fait le dépôt préalable prescrit par la loi du 21 avr. 1849, peut être en même temps poursuivi comme complice d'autres distributions d'écrits non signés, également faites sans dépôt préalable, par des colporteurs auxquels il a remis ces écrits (même arrêt). — Cette troisième décision paraît contredire la première; mais il est à remarquer que l'écrit n'était pas signé, et que, dès lors, l'auteur ne pouvait se prévaloir de ce qu'il avait rempli l'obligation qui lui était imposée.

446. Au surplus, pour bien saisir le sens de la loi du 21 avr. 1849, il ne faut pas l'isoler des lois des 10 déc. 1830 et 16 fév. 1834 (V. n° 423) dont elle n'est qu'une modification. — Or, ces lois, dans leur texte comme dans leur esprit, ne sont applicables qu'aux distributions sur la voie publique. — Dans le silence de la loi de 1849 à cet égard, il est donc naturel de l'interpréter par celles de 1830 et de 1834. — Aussi a-t-il été jugé que les distributions d'écrits politiques faites à domicile ne sont pas soumises à la formalité du dépôt prescrite par l'art. 2 de la loi du 21 avr. 1849 (Crim. cass. 18 août 1849, aff. Chevalier, D. P. 49. 1. 261).

447. En ce qui touche l'application aux distributeurs ou colporteurs des art. 283 et suiv. c. pén., V. *suprà*, n° 167, et *infrà*, n°s 471 et suiv.

CHAP. 8. — Des affiches et des afficheurs.

448. Aux mots *affiches, afficheurs,* nous avons présenté avec quelques développements l'ensemble des règles de la matière. Ici nous ne devons faire mention que des modifications apportées à la législation depuis la publication de notre tome 3e, et des décisions nouvelles qui compléteront le tableau que nous avons offert de la jurisprudence sur ce point. — Un arrêté du gouvernement provisoire du 29 fév. 1848 (D. P. 48. 4. 38), rend passible *des peines les plus sévères* quiconque sera surpris affichant ou distribuant des écrits sans nom d'imprimeur. — C'était inaugurer le régime républicain d'une façon assez inattendue que de commencer par établir des peines arbitraires. — Au reste, il ne paraît pas que cet arrêté ait eu la prétention de survivre à la crise du moment. Il est motivé sur ce que, *dans les circonstances actuelles*, la circulation des écrits fournit aux ennemis du peuple des armes très-dangereuses. — Il ne semble donc pas que cet acte législatif puisse être invoqué aujourd'hui. — Deux autres arrêtés émanés, l'un du commandant supérieur de toutes les forces militaires de la capitale, l'autre du chef du pouvoir exécutif, nous paraissent avoir aussi un caractère transitoire. Le premier, en date du 25 juin 1848 (D. P. 48. 4. 117), défend, jusqu'au rétablissement de la tranquillité, toutes affiches traitant de matières politiques et n'émanant pas de l'autorité; le second, du 26 juin-5 juill. 1848 (D. P. 48. 4. 118), ordonne que tous les afficheurs qui seront requis par les agents et dépositaires de l'autorité publique seront tenus d'apposer immédiatement les affiches signées du chef du pouvoir exécutif ou du président de l'assemblée nationale. — Suivant l'art. 2 de la loi du 21 avr. 1849 (D. P. 49. 4. 94), pendant les quarante-cinq jours précédant les élections générales, tout citoyen peut, sans autorisation municipale, afficher tous écrits relatifs aux élections, après qu'ils ont été déposés au parquet du procureur impérial de l'arrondissement où l'affichage a lieu. Un semblable dépôt doit également avoir lieu à la mairie de la commune où l'on se propose d'afficher. — Les afficheurs doivent, en outre, faire connaître leurs noms, professions et domicile au maire de cette commune. — D'après l'art. 30 de la loi des 8-16 juill. 1852 (D. P. 52. 4. 185) toute affiche inscrite dans un lieu public, sur les murs, sur une construction quelconque, ou même sur toile, au moyen de la peinture ou de tout autre procédé, donne lieu à un droit d'affichage fixé à 50 cent. pour les affiches de un mètre carré et au-dessous et à 1 fr. pour celles d'une dimension supérieure. — Le décret des 25-31 août 1852 (D. P. 52. 4. 191) a déterminé le mode d'exécution de cette disposition. — D'après l'art. 1 de ce décret, tout individu qui veut inscrire des affiches dans un lieu public, sur une construction quelconque, même sur toile, est tenu de payer préalablement le droit d'affichage et d'obtenir de l'autorité municipale, dans les départements, et à Paris, du préfet de police, l'autorisation ou permis d'afficher. — Les autres dispositions du décret ne font que prescrire le mode d'application de cette première disposition et en développer les conséquences.

449. La première difficulté que fait naître l'examen des lois sur les affiches est de décider si, *en général*, il est nécessaire d'avoir pour afficher une autorisation de l'administration. — Interrogeons sur ce point la législation. — La loi du 10 déc. 1830 exige, de la part de celui qui veut afficher, une simple déclaration devant l'autorité municipale et abroge ainsi implicitement l'art. 290 c. pén. aux termes duquel « tout individu qui, sans y avoir été autorisé par la police, fera le métier de crieur ou afficheur d'écrits imprimés, dessins ou gravures, sera puni d'un emprisonnement de six jours à deux mois. » — La loi du 16 février 1834 astreint les crieurs et distributeurs à une autorisation; mais elle ne fait nulle mention des afficheurs auxquels elle n'est pas applicable (Conf. M. de Grattier, t. 2, p. 277). — La loi du 21 avr. 1849 suppose bien que les afficheurs peuvent être astreints à se pourvoir de l'autorisation municipale, puisqu'elle les en dispense pendant les quarante-cinq jours précédant les élections. Mais supposer n'est pas disposer. — Pour bien saisir le sens de cette disposition, il ne faut pas, d'ailleurs, perdre de vue que l'autorité municipale tient des lois qui la régissent et principalement de celle du 24 août 1790 (V. Commune, n° 327) le droit de prescrire toutes les mesures qui lui semblent commandées par le besoin de la tranquillité publique. — Et c'est en vertu de ce principe qu'il a été jugé que la profession d'afficheur-crieur public peut être réglementée par l'autorité municipale et que l'exercice peut n'en être permis qu'aux personnes commissionnées par la mairie (Crim. cass. 12 nov. 1847, aff. Pappais, D. P. 48. 5. 254).

A la vérité, le décret des 25-31 août 1852 dit formellement (art. 1) que tout individu qui voudra *inscrire* des affiches sera tenu d'obtenir préalablement de l'autorité municipale dans les départements, et du préfet de police à Paris, l'autorisation, ou permis d'afficher. — Mais *inscrire* n'est pas *apposer*. — Cette disposition du décret, comme la loi dont elle règle l'exécution ne peut donc s'appliquer qu'à un mode particulier d'affichage devenu depuis quelques années d'un usage fréquent, et qui consiste à *inscrire* sur les murs les annonces que l'on imprime plus ordinairement sur du papier pour les apposer ensuite sur les murs. — Le décret de 1852 ne s'applique donc pas aux affiches sur papier, qui restent soumises à la loi du 10 déc. 1830; d'où la conséquence qu'elles sont uniquement soumises à la déclaration prescrite par cette loi (V. v° Affiches, n° 151) et qu'elles sont dispensées d'autorisation.

450. Du reste, il ne faut pas confondre les affiches avec les enseignes placées devant la demeure de l'artiste, de l'industriel ou du commerçant qu'elles concernent. Le but de la loi du 8 juill. 1852 paraît n'avoir été que d'établir l'égalité entre les divers modes d'affichage et de soumettre à l'impôt les affiches peintes qui en étaient jusqu'alors affranchies. —Or, ce motif est inapplicable aux enseignes. — Par suite, il a été jugé que des portraits produits à l'aide de la photographie ou du daguerréotype, renfermés dans un cadre mobile attaché au mur, et portant avec l'indication du prix collé du nom et de la demeure de l'artiste, doivent être regardés, non comme des affiches soumises au permis d'affichage prescrit par l'art. 3 du décret du 25 août 1852, mais comme de simples enseignes dont l'exposition est affranchie de ce permis (Crim. rej. 2 sept. 1853, aff. Leroux, D. P. 53. 1. 278).

451. Pour ce qui est relatif aux règlements de l'autorité municipale, V. v° Commune, n°s 1350 et suiv.

CHAP. 9. — DES CRIEURS ET DES CHANTEURS SUR LA VOIE PUBLIQUE.

452. On ne crie, en général, sur la voie publique, des objets destinés à être vendus que dans le but de les vendre immédiatement; en telle sorte, qu'à ce point de vue, le criage et le colportage ou la distribution se confondent. C'est sans doute par ce motif que les lois des 21 avril et 27 juill. 1849 ont laissé à l'écart les crieurs pour ne s'occuper que des colporteurs et distributeurs. — Néanmoins, le criage se conçoit très-bien comme un fait indépendant de la vente. — Il est certain, d'ailleurs, que ce fait se produit quelquefois isolément, et l'on ne peut considérer comme abrogées par les lois de 1849 celles qui avaient antérieurement réglé l'exercice de la profession de crieur sur la voie publique. — Il convient donc de rechercher ce que nos lois anciennes et modernes ont fixé à cet égard. Nous aurons à voir ensuite ce qu'elles ont établi relativement aux chanteurs sur la voie publique, qui n'ont jamais occupé dans la législation qu'une place à peu près imperceptible.

453. *Des crieurs.* — Ce nom est donné aux personnes dont la profession est de crier des écrits, dessins ou emblèmes, etc., sur la voie publique. — On appelle aussi crieur public l'individu chargé de publier dans les communes, à son de trompe ou autrement, les proclamations, ordonnances et arrêtés de la mairie. — V. Cri public.

454. Au moyen âge, les marchands n'avaient pas, pour débiter leurs produits, les ressources dont nous jouissons. Ils ne possédaient qu'un seul moyen de publication, c'était le cri public ou la criée. Les bourgeois y avaient aussi recours pour répandre par la ville les avis qu'ils voulaient communiquer au public. Ainsi, on criait au son des clochettes, de la trompette ou du tambourin, les denrées, les décès, les invitations aux obsèques, les ordonnances de police, les enchères, les objets perdus, les enfants égarés, et une foule d'autres choses pour lesquelles les affiches suffisent aujourd'hui. — Les crieurs étaient des officiers de ville formant une corporation régie comme les autres par des statuts particuliers. Au treizième siècle, ils avaient dans Paris deux maîtres, un pour chaque rive de la Seine. Il est à remarquer que, d'après le petit poëme des crieries de Paris, de Guillaume de Villeneuve, et le livre des métiers d'Etienne Boileau, la principale fonction des crieurs était d'annoncer le vin à vendre, et le criage donnait lieu à une perception si considérable, qu'elle devint une branche importante du revenu royal. Philippe-Auguste le céda en 1220 aux marchands de la hanse, avec droit de nommer et de révoquer les crieurs. On ignore en quelle année cette juridiction passa à la prévôté. — Afin de faciliter la constatation de la percée des tonneaux et la perception des droits, le fisc obligeait tous les taverniers à prendre et à payer un crieur qui faisaient leurs affaires, même malgré eux; après les vendanges, toutes les tavernes étaient closes, le roi seul avait le droit de vendre le vin provenant de ses vignobles, et les crieurs, précédés du chef de leur corporation, parcouraient les rues en criant le vin du roi. Cela leur valait, comme pour le vin d'une taverne, quatre deniers par jour. Ainsi, le vin allait trouver le consommateur, qui pouvait même s'enivrer à bon marché, car les crieurs tenaient d'une main un broc, et de l'autre un hanap de bois (grand vase à boire) pour faire goûter la marchandise aux passants. C'était un événement pour les Parisiens que l'arrivée au port d'une naulée des fines et rares boissons de Garrache, de Malvoisie, de Muscadet, etc. Aussi, après la visite des échevins à bord du bateau, les crieurs, précédés de leur maître, portant un *hanap* doré, allaient-ils annoncer par la ville la grande nouvelle. Une circonstance digne de remarque, c'est que la profession de crieur est encore en usage dans certaines provinces. En Auvergne, le crieur reçoit du marchand un broc de vin pour échantillon et une tasse en argent pour faire déguster le vin aux gourmets.

A Paris, les crieurs jurés réunissaient à leur profession la fourniture des tentures et autres objets qu'on a coutume d'employer pour les pompes funèbres. En 1415, Charles VI, par une ordonnance, les érigea en titre d'office, et en réduisit le nombre à vingt-quatre, avec mission de crier « *les vins et les tavernes, crier les corps morts, aller quérir et rapporter les robes, manteaux et chaperons pour les obsèques et funérailles, crier les denrées à vendre et les choses perdues.* » En outre, défense est faite à d'autres particuliers de s'immiscer dans les fonctions attribuées à ces crieurs. Cette dernière disposition fut renouvelée par l'ord. de 1672, dont l'art. 1, du chap. 14, défend *à toutes autres personnes qu'aux crieurs-jurés de crier vin en la ville de Paris et fauxbourgs, ni les personnes ou enfants égarés.* — Sous Louis XIII, la corporation des crieurs se composait de trente-deux individus. Plus tard, l'édit du mois de janv. 1690 vint en augmenter le nombre de vingt nouveaux titulaires. — Le même édit en établit deux dans chaque ville du royaume où il y avait un présidial ou élection; et un seul dans les petites villes, bourgs et paroisses où il n'y en avait pas, avec exemption de logement des gens de guerre, de collecte, de tutelle et des autres charges publiques. — A l'époque de la révolution, les crieurs jurés, dont les statuts avaient été enregistrés au parlement, en 1681, n'avaient guère retenu de leurs anciennes fonctions que celles de fournir aux obsèques les tentures, manteaux et habits de deuil, comme jadis ils devaient « *quérir et rapporter les robes, manteaux et chaperons pour les funérailles.* » —Dans plusieurs villes il y avait une pierre de la *crie*, sur laquelle on faisait les publications ou les enchères. Telle était à Paris la pierre de marbre qui se trouvait dans la cour du palais. — Indépendamment des crieurs-jurés, il y avait encore à Paris un crieur public chargé de faire sur les places ou les carrefours les proclamations et cris publics qu'on nommait autrefois *bans*. Cette charge est d'une origine fort ancienne. La première ordonnance qui en fasse mention date de l'année 1350. Elle était ordinairement possédée par un huissier qui faisait toutes les publications d'arrêts, de règlements, etc., accompagné de trompettes ou de tambours-jurés. C'est ce dernier crieur qui, en matière criminelle et en cas d'absence de l'accusé, donnait une assignation à huitaine par un cri public (V. Denisart, Collect. de jurispr., v^is Jurés-crieurs).— Ces offices ont été supprimés en 1790, et le mode de leur liquidation réglé par la loi du 29 juill. 1791.

455. Les crieurs dont nous avons à nous occuper ici sont d'un autre ordre. — La nécessité de prévenir des publications dangereuses au moyen du criage et de la distribution sur la voie publique, a décidé les différents pouvoirs qui se sont succédé en France, à prendre à cet égard des mesures législatives spéciales. Ainsi, sous l'ancienne législation, l'ord. du 29 oct. 1782 défendait aux crieurs publics d'annoncer les écrits qu'ils vendaient autrement que par leur titre, et elle ordonnait le dépôt préalable entre les mains de l'autorité d'un exemplaire de chacun de ces écrits. — Plus tard, une loi du 5 niv. an 5, dont un arrêté du directoire exécutif, du 15 frim. an 6, a ordonné la proclamation, interdit : « A tout individu d'annoncer dans les rues, carrefours et autres lieux publics, aucun journal ou écrit périodique autrement que par le titre habituel et général qui le distinguait des autres journaux » (art. 1).— Elle défendait également : « D'annoncer aucune loi, aucun jugement, ou autres actes d'une autorité constituée, autrement que par le titre donné auxdits actes, soit par l'autorité de laquelle ils émanaient, soit par celle qui avait droit de les publier » (art. 2).—La contravention à ces deux dispositions était punie, par voie correctionnelle, d'un emprisonnement de deux mois pour la première fois, et de six mois en cas de récidive (art. 3). — Sous l'empire, l'art. 290 C. pén. exigeait, sous des peines correctionnelles, l'autorisation de la police pour pouvoir exercer la profession de crieur d'écrits imprimés, dessins ou gravures.—Enfin, à la chute de l'empire, le gouvernement provisoire, par l'art. 2 de son arrêté du 7 avril 1814, défendit : « A tout colporteur de crier dans les rues, vendre et distribuer aucun pamphlet et aucune feuille dont la distribution n'avait pas été autorisée par la préfecture de police. »—Dans les premiers mois qui suivirent la révolution de juillet et au milieu de l'entraînement général vers la liberté, le gouvernement crut devoir demander une loi abolitive de l'art. 290 c. pén. La loi du 10 déc. 1830 fut, en conséquence, promulguée; et, d'après cette époque, il suffit, pour exercer librement la profession de crieur sur la voie publique, d'avoir un *domicile* et de faire une *déclaration préalable* devant l'autorité municipale. Cette nouvelle loi n'exigeait donc que ce qu'il y a de plus indispensable pour l'exercice de la surveillance nécessaire dans l'intérêt de l'ordre public et des lois. Mais l'attention du pouvoir législatif ne tarda point à être éveillée par les abus du criage public dans les rues et places de la capitale et de nos principales villes. Il jugea enfin nécessaire de mettre un terme au scandale qui en résultait, en rétablissant par une loi spéciale et générale les principes de l'art. 290, c'est-à-dire la nécessité d'une autorisation préalable. C'est ce qui fut ordonné par la loi du 16 fév. 1834, qui, réunie à certaines dispositions de la loi du 10 déc. 1830 et à celle du 8 avril 1834, compose la législation sur la profession de crieur sur la voie publique. — Une ordonnance du préfet de police de la Seine, du 19 oct. 1839, a prescrit le mode d'exécution de cette loi, dans le ressort de la préfecture de police. Cette ordonnance est trop étendue et n'est pas d'un intérêt assez général pour que nous en présentions une analyse complète. Nous en signalerons seulement les dispositions qui nous paraissent les plus importantes. — L'art. 1 rapporte toutes les ordonnances de police publiées sur les crieurs et les chanteurs sur la voie publique. Suivant l'art. 3, les permissions pour exercer l'une des professions indiquées ci-dessus ne doivent être accordées qu'à des individus majeurs sachant lire et écrire, domiciliés depuis une année à Paris et justifiant d'une bonne moralité. Aux termes de l'art. 14, les crieurs ne peuvent publier aucun écrit qu'en circulant sur la voie publique; et d'après l'art. 17, il est interdit aux crieurs, chanteurs, vendeurs et distributeurs d'écrits, de dessins ou emblèmes et à toute personne de circuler et stationner sur la voie publique avec des écriteaux, lanternes, transparents ou autres moyens d'annoncer la vente des objets qu'ils sont chargés de distribuer, à moins d'une permission exceptionnelle. — Une autre ordonnance du préfet de police, du 9 juin 1848, défend aux crieurs d'annoncer les actes de l'autorité autrement que par leur titre, veut qu'aucun autre écrit ne puisse être crié sur la voie publique qu'après que le crieur ou le distributeur aura fait connaître le titre sous lequel il veut l'annoncer, et qu'après avoir remis un exemplaire de cet écrit au commissariat du palais de justice.

456. Examinons maintenant les principales dispositions de la législation en vigueur. — L'art. 1 de la loi du 16 fév. 1834 enjoint à quiconque veut exercer même temporairement, la profession de crieur, sur la voie publique, d'écrits, dessins ou emblèmes imprimés, lithographiés, autographiés, moulés, gravés ou à la main, d'en obtenir préalablement la *permission* de l'autorité municipale, permission qui pourra être retirée quant aux vendeurs ou distributeurs que comprenait aussi la loi de 1834 (V. *suprà*, n° 425). — Cet article en abrogeant implicitement l'art. 2 de la loi du 10 déc. 1830, qui n'assujettissait les crieurs publics, pour l'exercice de leur profession, qu'à une simple déclaration devant l'autorité municipale, a eu pour but de donner au gouvernement les moyens d'empêcher la distribution sur la voie publique, de certains journaux et écrits périodiques ou non périodiques. Maîtresse d'accorder ou de retirer l'autorisation, l'autorité municipale, sur laquelle le gouvernement a la haute main, comme le fait observer M. de Grattier, t. 2, p. 277, pourra ne point donner cette autorisation ou la retirer à ceux qui s'en serviraient pour crier des écrits contraires à l'ordre public.

457. De cette observation, il suit que les dispositions de l'art. 1 de la loi de 1834, s'appliquent évidemment aux crieurs de journaux. Cela résulte d'ailleurs d'une proposition faite à la chambre des députés et tendant à admettre une exception pour les *journaux* et *écrits périodiques* qui, étant soumis à un cautionnement et ayant un gérant responsable, offraient par cela même des garanties et présentaient à l'action de la vindicte publique des personnes pour subir les peines encourues et des fonds pour payer les amendes au cas de condamnation. — Cette proposition a été rejetée; on n'a pas même adopté un sous-amendement qui avait pour but d'excepter de la loi, non les *crieurs*, mais les *vendeurs* et *distributeurs* de journaux. Ainsi, les dispositions de l'article précité sont générales ; elles comprennent non-seulement les journaux, mais encore les *écrits* de toute nature. Il résulte effectivement de la discussion à la chambre des députés, que la loi a voulu atteindre non pas les écrits, mais les personnes (Conf. M. de Grattier, t. 2, p. 277). On a reconnu qu'il ne fallait faire aucune distinction entre les écrits, puisqu'il faudrait pour cela les soumettre à un examen préalable et rétablir ainsi une espèce de censure. — La jurisprudence, au reste, est venue à l'appui de ces principes, en appliquant la loi du 16 fév. 1834 à l'individu trouvé criant, ou distribuant sur la voie publique, sans autorisation de l'autorité municipale, de *simples adresses* (Paris, 13 janv. 1835, aff. Ramet, V. n° 424 *in fine*).

458. La loi de 1834 devait être entendue en ce sens que c'était seulement lorsque la profession était exercée *sur la voie publique* que la loi prescrivait l'autorisation de l'autorité municipale. — Dans la séance du 5 fév. 1834, M. le garde des sceaux faisait remarquer à la chambre des députés, lors de la discussion de la loi dont nous nous occupons, « que l'on ne pourrait croire que le droit de publier son opinion serait compromis lorsque la profession de crieur public serait soumise à quelques formalités; qu'il restait les livres *indépendamment des distributions à domicile*. » Enfin, M. Félix Faure disait, dans son rapport à la chambre des pairs : « qu'il ne fallait pas perdre de vue qu'il s'agissait de publications *sur la voie publique exclusivement*. — Mais aujourd'hui la vente et la distribution à domicile ne peuvent pas plus que la distribution sur la voie publique être faite sans autorisation. — V. n° 434.

459. En tout cas, il a été jugé que la loi du 16 fév. 1834 était applicable si, par des signes ostensibles et non équivoques, le prévenu avait annoncé sur la voie publique la vente de ses exemplaires de journal, encore bien qu'il fût entré dans des boutiques pour en consommer la vente et la livraison (Amiens, 31 mars 1851) (1); ou s'il avait offert en vente des imprimés dans les rues d'une ville, après accord sur la chose et sur le prix consenti sur la voie publique, encore bien qu'il n'eût fait livraison que dans l'intérieur des maisons (Crim. rej. 15 juin 1844) (2); — Mais que la prohibition établie par la loi du

(1) (Min. pub. *C.* Ruel et Blondeau.) — La cour; — Considérant que la loi du 16 fév. punit, non le fait d'avoir crié, vendu ou distribué des écrits, mais l'exercice même temporaire de la profession de crieur, vendeur ou distributeur d'écrits sur la voie publique sans autorisation; que celui qui, par des signes ostensibles et non équivoques, annonce, sur la voie publique, qu'il vend un objet quelconque dont il est porteur, se constitue, par cela même, vendeur de cet objet; que le plus ou le moins de succès de son débit n'affecte pas légalement la qualification de la profession ; — Considérant que Blondeau et Ruel ont été trouvés le 1er mars sur la voie publique, porteurs d'un grand nombre de numéros de l'Union, quoiqu'ils n'eussent que peu d'abonnés; que les inscriptions tracées sur leurs chapeaux annonçaient au public qu'ils vendaient ce journal pour deux sous ; qu'ainsi le plus grand nombre d'exemplaires saisis étaient destinés à la vente sur la voie publique ; qu'en effet, il a été déclaré par le directeur du journal qu'ils avaient mission de le vendre à ceux qui le demanderaient, sauf à n'en faire la délivrance que dans une maison particulière ou sous une grande porte; qu'il peut rester d'autant moins de doute sur la profession qu'exerçaient les prévenus le 1er mars, qu'ils ne faisaient que continuer un mode de distribution qui avait cessé d'être permis le 16 fév. ;—Considérant que ces prévenus n'étaient pas munis de l'autorisation municipale, mais qu'il résulte de la cause des circonstances atténuantes ;—Emendant, déclare Ruel et Blondeau coupables d'exercice sans autorisation de vendeurs d'écrits sur la voie publique, etc.

Du 31 mars 1851.–C. d'Amiens, ch. corr.

(2) (Brée *C.* min. pub.) — La cour ; — Attendu qu'il est constaté par l'arrêt attaqué que, le 30 août dernier, Brée, étant dans une rue de la ville de Beaufort, a offert à plusieurs personnes qui se trouvaient

16 fév. 1834 n'est pas applicable au fait d'être entré dans plusieurs boutiques pour y offrir des exemplaires d'un journal, mais sans les avoir distribués et sans avoir tenté de les distribuer sur la voie publique (Paris, 25 août 1834) (1). — Les motifs du premier de ces arrêts sont fortement attaqués par M. de Grattier (t. 2, p. 280). « Pour juger, dit-il, qu'il y avait eu exercice de la profession sur la voie publique, la cour d'Amiens s'est déterminée par deux moyens principaux : elle a d'abord assimilé à cet exercice le port, sur la voie publique, de signes ostensibles annonçant la vente d'un journal ; ensuite, elle a considéré la destination des exemplaires saisis. Ce ne sont point les signes extérieurs que vient à prendre une personne, qui peuvent constituer de sa part l'exercice de telle ou telle profession, mais bien l'accomplissement des actes relatifs à cette profession. Peu importe donc que la profession ait été précédemment exercée, si la poursuite n'est pas fondée sur de nouveaux faits d'exercice. Ainsi, la profession de crieur, sur la voie publique, est de crier sur cette voie ; les faits de criage, de vente ou de distribution, ou la tentative de ces faits, manifestée par un commencement d'exécution, sur la voie publique, constitueront seuls l'exercice de la profession dont il s'agit. En second lieu, il faut reconnaître que la consommation ni la tentative d'un délit ne consistent pas dans la destination avouée ou prouvée des objets qui doivent servir à le commettre, si chacune des circonstances essentielles au caractère du délit n'a point d'ailleurs été accomplie. » — Cette critique tombe, à nos yeux, devant cette simple remarque que la loi punit le *vendeur* et que se promener dans les rues avec un signe extérieur ou une inscription écrite à son chapeau annonçant sa profession et appeler ainsi les acheteurs qu'on amène ensuite avec soi dans une boutique, c'est bien en réalité vendre sur la voie publique : il n'y a pas de prohibition possible si un fait de cette énergie pour ainsi dire parlante est regardé comme ne constituant ni le cri ni la vente dans le sens de la loi prohibitive. Puis voyez-vous le pouvoir, qui dispose de deux ou trois agents par arrondissement, obligé de les mettre à la piste d'une nuée de vendeurs pour saisir la parole, le cri, le fait de vente plus explicite que la loi aurait voulu punir ! Ne rendons pas, par l'interprétation, les lois ridicules ou impossibles : c'est le plus grand mal. Les juges, d'ailleurs, et les journaux ne sont-ils pas là pour repousser et combattre les prétentions vexatoires ou absurdes de l'autorité ? — Au reste, l'autorité municipale ayant, aux termes des lois du 14 déc. 1789, art. 50 ; des 16-24 août 1790, tit. 11, art. 3 et 4 ; des 19-22 juill. 1791, tit. 1, art. 46, la police des rues, places, lieux et édifices publics, peut défendre l'annonce par des *signes extérieurs*, sur la voie publique, de la vente d'aucuns journaux ou écrits, elle peut encore défendre cette vente dans les lieux publics soumis à sa surveillance (Voy. L. 10 déc. 1830, art. 1), ainsi que le préfet de police l'a fait pour les théâtres par les art. 9 et 10 de son ordonnance du 12 fév. 1838. La contravention à ces arrêtés tombe sous l'application des peines portées par l'art. 471, nº 15, c. pén. — V. en ce sens M. de Grattier, t. 2, p. 281.

460. Notons bien encore que ces mots « *même temporairement*, » employés dans la loi, la rendent applicable à un seul fait de criage, vente, etc., sur la voie publique, isolé de tout autre fait de même nature. « La loi devra être appliquée, a dit M. le rapporteur, indistinctement à ceux qui feront du métier de crieur leur profession habituelle, comme à tout individu qui ne s'y livrerait que passagèrement. L'auteur lui-même qui ne se transporterait sur la place publique que pour crier, vendre ou distribuer son propre écrit, devrait se munir d'une autorisation (V. nº 427). Le projet l'exige en imposant cette obligation à ceux qui se livreraient temporairement à la profession de crieur. C'était la seule manière d'empêcher d'enfreindre la loi. » — V. du reste MM. Duvergier, t. 34, p. 15 (note) ; Chassan, t. 1, p. 358, nº 3, et de Grattier, *loc. cit.*

461. Mais à qui le crieur doit-il s'adresser pour obtenir l'autorisation d'exercer sa profession ? — L'autorité municipale n'ayant d'attributions que dans l'étendue du territoire de la commune pour laquelle elle a été créée, il en résulte que, pour être valable, l'autorisation doit être délivrée par le pouvoir municipal du lieu où l'on veut exercer, même temporairement, la profession de crieur, vendeur ou distributeur sur la voie publique. — Nous ferons observer qu'à Paris et dans la banlieue l'autorité municipale s'exerce par le préfet de police (L. 28 pluv. an 8, art. 16 ; 11 avr. 1834, art. 14 et 16). C'est donc à ce fonctionnaire qu'on doit s'adresser pour obtenir l'autorisation. On avait demandé, dans la discussion de la loi du 16 fév. 1834, que l'autorisation fût délivrée à Paris par les maires et non par le préfet de police ; mais cette proposition a été rejetée. Il en fut de même de la proposition qui demandait que l'autorisation ne pût être retirée que dans le cas où le crieur aurait été condamné.

462. Il ne faut pas confondre l'autorisation exigée par la loi du 27 juill. 1849 pour les colporteurs et distributeurs avec celle qui est prescrite par la loi du 16 fév. 1834 à l'égard des crieurs. La première doit être accordée par les préfets, l'autre doit être délivrée par l'autorité municipale ; et la première ne saurait dispenser de la seconde, parce qu'elles répondent l'une et l'autre à des vues distinctes. Quand il ne s'agit que de distribution, l'autorisation préfectorale suffit pour le département entier, parce que les inconvénients de la distribution sont à peu près partout les mêmes. Il n'en est pas ainsi à l'égard des cris publics qui peuvent présenter plus ou moins de danger suivant les circonstances particulières à chaque localité. — Aussi a-t-il été jugé que l'autorisation du préfet de colporter et distribuer des imprimés, tels, par exemple, que des journaux, ne contient pas celle de les crier sur la voie publique, et ne dispense pas de l'autorisation municipale exigée à cet effet par l'art. 1 de la loi du 16 fév. 1834 (Caen, 13 mars 1851, aff. Cusse, D. P. 52. 2. 41).

463. Aux termes de l'art. 2 de la loi du 16 février 1834, « toute contravention à la disposition qui prescrit une autorisation préalable est punie d'un emprisonnement de six jours à deux mois pour la première fois, et de deux mois à un an en cas de récidive. Les contrevenants doivent être traduits devant les tribunaux correctionnels, qui peuvent, dans tous les cas, appliquer les dispositions de l'art. 463 c. pén. » — La disposition de cet article est remarquable en ce qu'il déroge au droit commun, d'après lequel la peine de la *récidive* n'est applicable qu'autant qu'une première condamnation s'est élevée à plus d'une année d'emprisonnement (c. pén., art. 58). — Mais l'intention de déroger au droit commun en cette occasion a été motivée par le rapporteur, sur la crainte que quelques jours de prison ne fussent pas un obstacle pour des gens payés. Et la loi est, d'ailleurs, trop claire pour qu'on puisse conserver quelques doutes à cet égard.

464. Comme on le voit, d'après le système de la loi de 1834, il est permis de crier, vendre et distribuer après avoir obtenu

---

sur le seuil de leur porte, de leur vendre un imprimé intitulé : Almanach du peuple, pour le prix de 25 c. ; — Que ledit arrêt a conclu de ces faits que, quoique la livraison de cet écrit n'eût eu lieu que dans l'intérieur de la maison après accord, sur la voie publique, sur la chose et sur le prix, ils n'en constituaient pas moins le fait de distribution et de vente prévu par l'art. 1 de la loi du 16 fév. 1834 ; — Et que par cette appréciation, et en appliquant au demandeur les peines portées par l'art. 2 de ladite loi, ledit arrêt, loin d'avoir violé l'art. 1, en a fait une saine interprétation, et en a justement appliqué l'art. 2 ; — Rejette.

Du 15 juin 1844.-C. C., ch. crim.-MM. Laplagne, pr.-Romiguières, rap.

(1) (Léauté et autres C. min. pub.) — La cour ; — Considérant qu'il résulte des termes de la loi du 16 fév. 1834, et de la discussion qui a précédé ses dispositions, qu'elle n'astreint à une autorisation préalable de l'autorité que ceux qui prennent, même temporairement, la profession de crieurs, vendeurs ou distributeurs d'écrits imprimés sur la voie publique, c'est-à-dire ceux qui crient, distribuent, vendent ou tentent de distribuer et de vendre sur la voie publique, quand bien même la livraison de ces mêmes écrits n'aurait pas eu lieu sur la voie publique ; mais qu'elle n'astreint pas à l'autorisation préalable ceux qui ne vendent ou ne distribuent les écrits que dans le domicile des citoyens ; — Que leur simple passage sur la voie publique, lorsqu'ils vont porter les écrits qu'ils sont chargés de distribuer à domicile, ne constitue point de leur part la tentative de distribution sur la voie publique ; — Considérant enfin que Léauté et Duriez, qui portaient dans une boîte de cuir des exemplaires du Bon Sens, sont entrés dans plusieurs boutiques pour les offrir ; mais qu'il n'est pas allégué qu'ils les aient distribués ou tenté de les distribuer, lorsqu'ils étaient sur la voie publique ; — Met ce dont est appel à néant ; — Renvoie, etc.

Du 25 août 1834.-C. de Paris, ch. corr.

une autorisation de l'autorité municipale. Toutefois cette loi n'ayant abrogé que l'art. 2 de la loi de 1830, tous les autres articles de celle-ci, en ce qui concerne les crieurs, vendeurs et distributeurs d'écrits, sont maintenus. Telle a été, au surplus, la déclaration du rapporteur. Il en résulte que les journaux, feuilles quotidiennes ou périodiques, les jugements et autres actes d'une autorité constituée, ne peuvent être annoncés dans les rues, places et autres lieux publics, autrement que par leur titre; qu'aucun autre écrit imprimé, lithographié, gravé ou à la main, ne peut être crié sur la voie publique qu'après que le crieur ou distributeur a fait connaître à l'autorité municipale le *titre* sous lequel il veut l'annoncer, et qu'après avoir *remis* à cette autorité un exemplaire de cet écrit (L. 10 déc. 1830, art. 3). — S'il en était autrement et qu'on pût annoncer sur la voie publique les feuilles quotidiennes ou périodiques et autres écrits, etc., par un titre différent de celui qui leur est propre, il serait facile aux crieurs de répandre des écrits contraires à l'ordre et à la morale, et d'échapper à la surveillance de l'autorité; c'est ce que le législateur a voulu prévenir.

465. Il semble résulter des termes dont s'est servi le ministre de l'intérieur, dans l'exposé des motifs à la chambre des pairs, que la *déclaration du titre* et le *dépôt préalable* sont exigés pour toutes sortes d'écrits; mais le texte de l'art. 3 démontre que le législateur n'a entendu exiger cette déclaration et ce dépôt que pour les écrits énumérés dans le § 2 de l'article. Il n'y a, en effet, dit M. Duvergier, t. 30, p. 286, aucune raison d'exiger le dépôt des journaux déjà déposés au parquet, conformément à l'art. 8 de la loi du 18 juill. 1828, ni la déclaration du titre sous lequel on veut les annoncer, puisqu'il est défendu de les annoncer autrement que par leur titre, et que ce titre est connu de l'autorité. — Quant aux jugements et autres actes de l'autorité, ce n'est également que par leur titre qu'ils peuvent être annoncés; toute déclaration devient donc complétement inutile, et l'on aurait mauvaise grâce à en exiger le dépôt, puisque, par leur nature même, ils se trouvent entre les mains de l'autorité.

466. La loi du 5 niv. an 5, qui a été remplacée et abrogée par celle du 10 déc. 1830, comprenait textuellement, dans ses termes, les *lois* dont elle défendait l'annonce autrement que par leur titre. Bien que l'art. 3, qui nous occupe, ne les mentionne pas, nous pensons qu'il n'a point été dans l'intention du législateur de les exclure de sa disposition, car elles figurent parmi les *actes* officiels de l'autorité constituée qui, sous ce rapport, y sont entièrement soumis. D'ailleurs les motifs qui doivent faire jouir les lois de la protection accordée à tous les autres actes de l'autorité publique sont les mêmes. — V. M. de Grattier, *loc. cit.*

467. Ici, toutefois, se présente la question de savoir en quoi consiste le *titre* d'une loi et quelle est l'autorité chargée de le donner. — Il arrive rarement, dit M. Chassan (t. 1, p. 562, nº 10), que les projets de loi présentés aux chambres portent un titre. Lorsqu'ils en ont un, il ne fait pas ordinairement l'objet des délibérations du corps législatif. Ce n'est qu'après l'adoption du projet par les chambres, et après la sanction par le roi, que la loi reçoit un *titre* plus ou moins bien appliqué à son texte. « C'est, dit M. Isambert, la chancellerie qui fait les titres » (V. Coll. des lois et ord., année 1825, p. 9). Cet usage de laisser à la chancellerie le soin de donner un *titre* aux lois est déjà ancien. Il existait sous l'assemblée constituante, qui, sans vouloir le changer, se borna à ordonner, par un décret des 5-19 janv. 1791, que le *titre* indiquerait simplement l'objet de la loi. On voit dans une lettre du ministre de la justice (Duport), écrite à cette occasion à l'assemblée, que *l'intitulé des lois était ordinairement donné par la feuille qui enveloppait les décrets* que le président de l'assemblée soumettait à la sanction royale. Il suit de cet usage que le *titre* des lois n'a rien d'obligatoire, et qu'il est permis à chacun de choisir celui qui lui paraît être le plus significatif, pourvu qu'il n'ait rien d'outrageant. C'est ce qui arrive tous les jours dans les recueils de lois, et c'est ce qu'a fait souvent M. Isambert dans la collection qu'il a publiée (V. les tit. donnés à la loi du 10 avr. 1825 et à celle du 20 avr. 1825). Mais le décret de 1791 n'ayant rien changé à l'usage établi, on peut dire qu'il a été par cela même sanctionné. Dès lors, c'est le titre tel qu'il est donné par la chancellerie ou par les chambres, quand elles ont délibéré à ce sujet, ce qui arrive rarement, et tel qu'il est inscrit dans le Bulletin des lois, qui doit être annoncé par les crieurs publics.

468. Mais quel sera le mode employé pour constater la déclaration et le dépôt préalables prescrits par l'art. 3 de la loi de 1830? La loi ne renferme aucune disposition à cet égard. M. Dupin, dans les conclusions qui ont précédé un arrêt de cassation du 22 nov. 1833 (qui suit), a fait remarquer qu'elle n'a exigé aucune preuve spéciale hors de laquelle il fût impossible de justifier du dépôt préalable dans les mains de l'autorité, et qu'ainsi elle n'en interdit aucune. Si donc l'autorité municipale avait ordonné que la déclaration et le dépôt fussent constatés par le visa d'un commissaire de police, et qu'elle reconnût que le crieur s'est présenté devant cet agent, qu'il a déposé un exemplaire de l'écrit ou imprimé, mais qu'on lui a refusé le visa, ces circonstances prouveraient elles-mêmes que la remise a été contradictoire, et le vœu de la loi ayant été rempli, le crieur serait à l'abri de toute poursuite. — Telle est l'opinion de M. de Grattier, *ibid.*, p. 239 et 240. — Ces principes ont été consacrés par un arrêt qui a décidé que le visa du commissaire de police sur un écrit qu'on se propose de crier sur la voie publique peut bien être un mode de prouver la présentation de cet écrit, et de constater la formalité du dépôt exigé par l'art. 3 de la loi du 10 déc. 1830; mais qu'il n'est pas exclusif de tout autre mode; ... Et spécialement qu'il suffit que, de la présentation d'un écrit au commissaire de police, une cour d'appel ait tiré la conséquence que le crieur a accompli, autant qu'il était en lui, les formalités de l'art. 3, pour que la vente de cet écrit, sur lequel le commissaire de police a refusé d'apposer son visa, sous le prétexte qu'il n'était pas timbré, ne puisse être réputée faite en contravention à la loi (Crim. rej. 22 nov. 1833) (1). — Il est vrai de dire que l'autorité municipale, ou le commissaire de police délégué par elle, n'était point juge de la question de savoir si l'écrit devait être soumis au timbre. Ses attributions se bornaient, en pareil cas, à recevoir la déclaration et le dépôt, sauf au ministère public à exercer des poursuites, en cas de contravention aux lois du timbre.

Les motifs de l'arrêt précité nous paraissent concluants. Ce n'est pas que nous admettions l'opinion exprimée par M. Dupin dans cette affaire, opinion suivant laquelle le visa facultatif serait le rétablissement de la censure préalable que la loi du 10 déc. 1830, conforme en cela à la charte de la même année, a voulu abolir; car il nous semble que l'état des colporteurs et crieurs publics, ainsi que les conditions auxquelles ils doivent être astreints, sont essentiellement dans le domaine du législateur, alors qu'il ne juge pas à propos de s'en remettre à cet égard aux municipalités. Mais la loi est évidemment insuffisante; elle aurait dû prescrire un mode de constatation uniforme, et le rendre obligatoire pour l'autorité. Il est bon que, dans les choses qui excitent des collisions entre les citoyens et le pouvoir, la règle soit fixe et incontestable. Disons aussi que si la loi est silencieuse, c'est un devoir pour l'autorité de l'exécuter avec loyauté, avec facilité, et non dans un esprit de mesquine tracasserie. — Du reste, nous pensons, avec M. Chassan, que, depuis la promulgation de la loi de 1834, cette difficulté ne peut plus se représenter; car, de cela que l'autorisation préalable est nécessaire, il résulte que la police peut exiger la formalité du visa comme condition de l'autorisation.

(1) (Min. pub. C. Delente.) — La cour (après dél. en ch. du cons.); —Sur le premier moyen, résultant de ce que Delente n'aurait pas rempli les formalités prescrites par l'art. 3 de la loi du 10 déc. 1830, avant de crier sur la voie publique l'écrit imprimé dont il s'agit, puisqu'il n'avait pas obtenu le visa du commissaire de police : — Attendu que l'arrêt attaqué constate, en fait, que Delente avait accompli, autant qu'il était en lui, les formalités de déclaration de titre et le dépôt d'un exemplaire de l'écrit imprimé qu'il se proposait de crier sur la voie publique, formalités prescrites par l'art. 3 de la loi du 10 déc. 1830; — Que le visa du commissaire de police, prescrit par une ordonnance de police, n'est qu'un mode de prouver le dépôt, et que la loi n'a pas interdit les autres moyens de prouver l'accomplissement des formalités qu'elle prescrit; — Rejette le pourvoi contre l'arrêt de la cour de Paris du 11 oct. 1833.

Du 22 nov. 1833.-C. C., ch. crim.-MM. Chantereyne, pr.-Dehaussy, rap.

469. La loi du 10 déc. 1830 prévoit encore le cas de criage de faux extraits de journaux, jugements et actes de l'autorité publique (art. 4). Mais il ne s'agit pas ici de simples *inexactitudes* qui se seraient introduites dans ces extraits. En effet, l'inexactitude peut être le résultat d'une erreur, d'une faute d'impression. « Il est nécessaire, a dit M. de Vatimesnil, qu'il y ait faux, c'est-à-dire dessein de nuire, de porter la perturbation dans la société par la publication de fausses nouvelles ou de faux écrits : voilà pourquoi on s'est servi du mot *faux.* » — Il est vrai de dire que le faux, soit dans sa perpétration, soit dans le mode par lequel on le met en usage, ne se compose pas seulement d'un fait matériel : l'intention frauduleuse doit toujours y être jointe. Sans cette circonstance essentielle et constitutive, le faux ne peut tomber sous l'application de la loi pénale. C'est là le principe général dont M. de Vatimesnil n'a fait ici que l'application. Or l'appréciation morale de l'intention ne pouvant jamais être ici isolée de la perpétration du fait matériel, l'infraction à la disposition de l'art. 4 ne constitue point une infraction toute matérielle, une contravention à la police d'un moyen de publication; elle est un véritable délit, et, sous ce rapport, elle devait être déférée au jury. C'est là une doctrine admise par la plupart des auteurs qui ont traité cette matière. — V. MM. de Grattier, *loc. cit.*; Parant, p. 186; Duvergier, t. 30, p. 288, note; V. toutefois *infrà*, n°s 503 et s., les règles de la compétence en matière de contravention aux lois sur la presse et autres moyens de publication.

470. L'infraction à la disposition de l'art. 4 précité est punie, par la voie correctionnelle, d'une amende de 25 à 500 fr. et d'un emprisonnement de six jours à un mois cumulativement ou séparément..., sans préjudice des autres peines qui pourraient être encourues par suite des crimes et délits résultant de la nature même de l'écrit (art. 5).—Il est à remarquer que les crieurs ne sont pas les seuls que la loi punit dans ce cas. L'auteur, lorsqu'il est convaincu d'avoir destiné son écrit à la publication, et l'imprimeur de faux extraits, sont également punis. La peine est double, à leur égard, de celle infligée au crieur, vendeur ou distributeur (art. 5). — Le sens de cette disposition, qui prononce des peines contre l'auteur, a été expliqué par M. Barthe, rapporteur, dans le cours de la discussion de la loi à la chambre des députés, sur les observations de M. Voyer d'Argenson. Le premier a dit : « Je crois que l'auteur est plus coupable que le distributeur. Ainsi, un individu fabrique un faux extrait, il trouve un autre individu qui, pour un salaire, se charge de le distribuer dans les rues; il est évident que le plus coupable est ici celui qui a fabriqué le faux extrait. Dans toutes les lois sur la presse, loin d'écarter la responsabilité des auteurs, on l'a toujours réservée : ainsi, pour ce qui regarde les journaux, un article de la loi porte que les gérants responsables comparaîtront devant la justice, quand ils violent les lois, sans préjudice des poursuites qui peuvent être dirigées contre l'auteur, quand il est connu. » M. Voyer d'Argenson a répondu « qu'alors l'auteur est regardé comme complice; mais qu'il s'agit ici d'extraits écrits à la main; qu'un particulier pourra avoir écrit sur une feuille de papier des pensées indifférentes; qu'il aura écrit de mémoire un article, etc. » — M. Barthe a répliqué : « Évidemment l'auteur d'un écrit surpris dans son cabinet, et qui n'était pas destiné à la publicité, ne sera jamais coupable; quand on posera au jury la question de culpabilité pour l'auteur d'un écrit distribué dans les rues, il est clair que si l'auteur ne le destinait pas à la publicité, il ne sera pas jugé coupable. » — V. Duvergier, t. 30, p. 287, note; mais V. surtout *infrà*, n°s 503 et s., en ce qui concerne la compétence.

471. Indépendamment des lois des 10 déc. 1830 et 16 fév. 1834, qui ont eu pour objet, ainsi que nous l'avons vu, de régler les conditions d'exercice de la profession de crieur public, le code pénal prévoit plusieurs délits résultant du criage sur la voie publique (art. 283 et s.), et ses dispositions, à cet égard, s'appliquent aux crieurs, même autorisés, d'imprimés anonymes ou clandestins. « Le but du législateur, disent MM. Chauveau et Faustin-Hélie, Théor. du code pén., t. 5, p. 88 et 89, a été d'atteindre par là les écrits anonymes, en déchirer le voile et trouver, s'il n'arrive pas jusqu'à l'auteur, une personne responsable. En effet, s'il s'attaque au crieur-distributeur, qui n'est qu'un instrument matériel, c'est parce qu'il lui est plus facile de l'atteindre, c'est parce que, à l'aide de ce distributeur, on peut remonter jusqu'à l'imprimeur et même jusqu'à l'auteur. La loi demande une garantie contre cette distribution; si elle est coupable, elle veut que son auteur soit atteint; à défaut de l'auteur, elle s'arrête à l'imprimeur; à défaut de ce dernier, le distributeur est soumis à la même garantie. »

472. Suivant les auteurs précités, le délit de distribution à la charge des crieurs s'applique, soit aux écrits, soit aux *gravures*. L'art. 283 c. pén. s'occupe des premiers; il est conçu en ces termes : « Toute publication ou distribution d'ouvrages, écrits, avis, bulletins, affiches, journaux, feuilles périodiques ou autres imprimés, dans lesquels ne se trouvera pas l'indication vraie des noms, profession et demeure de l'auteur ou de l'imprimeur, sera, pour ce seul fait, punie d'un emprisonnement de six jours à six mois, contre toute personne qui aura *sciemment* contribué à la publication ou distribution. » La loi n'ayant pas défini la *publication* ni la *distribution*, nous ferons remarquer qu'un seul fait de distribution suffit pour l'établir, tandis que la distribution suppose nécessairement la remise de plusieurs exemplaires. La communication d'un imprimé à une seule personne ne constituerait pas le délit de distribution; elle suppose l'intention de le répandre, et c'est cette intention qui forme la moralité du délit.

473. La nomenclature donnée par l'art. 283 c. pén. ne comprend réellement que les diverses espèces d'*écrits imprimés*. Ainsi, lorsqu'il s'agit d'un écrit *non imprimé*, le seul fait de sa publication ou distribution de la part du crieur ne peut constituer aucun délit, à moins cependant que cet écrit ne renferme quelques provocations à des crimes ou délits. Il faudrait alors démontrer, pour l'en rendre personnellement responsable, qu'il avait connaissance du contenu, autrement dire qu'il a agi sciemment. — Quant à la publication ou distribution de l'écrit imprimé, elle ne doit être considérée, aux termes mêmes de l'art. 283, comme un délit à la charge du crieur, qu'autant que cet écrit ne porte pas l'*indication vraie des noms, profession et demeure de l'auteur ou de l'imprimeur*; c'est la circonstance principale, le fait matériel du délit. Il semble résulter de l'expression de la loi que ce délit n'existe que lorsque l'indication se trouve fausse; mais l'absence de toute indication le constituerait également; car, ainsi que le fait remarquer M. Chassan, t. 1, p. 467, « lorsque la loi exige une indication vraie, elle exige une indication; ce serait donc contrevenir à ses termes que de n'en donner aucune. » Telle est aussi l'opinion de MM. Chauveau et Faustin-Hélie, *ibid.*, p. 90 et 91. — V. des applications de l'art. 283, *suprà*, n°s 166 et s.

474. Une dernière condition du délit, disent MM. Chauveau et Hélie, c'est que l'agent ait contribué *sciemment* à la publication ou à la distribution des écrits qui sont désignés. Ce mot ne veut pas dire que le crieur ou distributeur doit connaître le contenu de l'écrit, mais seulement qu'il doit savoir, en le distribuant, que cet écrit ne porte aucune désignation de l'auteur ou de l'imprimeur, ou que cette désignation est fausse. Ainsi, lorsque l'ouvrage porte une indication, et qu'il a pu croire cette indication vraie, il n'y a pas lieu de le punir. Ce point fut reconnu dans la discussion du code; le mot *sciemment* n'existait pas dans le projet, la commission du corps législatif proposa de l'ajouter : « Comme il pourrait arriver, porte son rapport, qu'un individu contribuât à la distribution d'un écrit dans lequel on ne trouverait pas une indication véritable des noms de l'auteur et de l'imprimeur, et qu'il n'eût aucune connaissance de la fausseté de l'indication, il serait juste d'insérer le mot *sciemment.* » Cet amendement fut adopté par le conseil d'État.—Ces diverses conditions du délit reçoivent certaines modifications, et le délit lui-même prend le caractère d'une simple contravention, passible des peines de simple police dans le cas où les crieurs ont fait connaître la personne de laquelle ils tiennent l'écrit imprimé (c. pén., art. 284). Cet article, abrogé dans son dernier paragraphe et modifié dans les deux premiers, en ce qui concerne les libraires (V. L. 21 oct. 1814, art. 15, 16 et 19, n°s 213 et s., 496 et s.), n'a conservé d'autorité que relativement aux distributeurs qui ne sont ni libraires ni imprimeurs.

475. Mais ici se présente une question, c'est celle de savoir si cette autorité, maintenue à l'égard des distributeurs, a été de nouveau atteinte par les lois des 10 déc. 1830 et 16 fév. 1834, qui ont réglé la profession de crieur. Nous ne le pensons pas. En effet, ces lois ont soumis à des conditions et à des formes nouvelles l'exercice de la profession de crieur : l'art. 284 c. pén., de même que l'art. 285, dont il n'est que le complément, n'a eu qu'un seul but, de proscrire la distribution des écrits anonymes. Ainsi, les infractions prévues par ces dispositions différentes sont extrêmement distinctes et ne peuvent se confondre. « Il suffit, disent MM. Chauveau et Faustin-Hélie, *loc. cit.*, que le distributeur soit dénué d'autorisation pour rentrer dans les termes répressifs de la loi du 16 fév. 1834; mais, fût-il muni de cette autorisation, les art. 283 et 284 l'atteindraient, si l'imprimé qu'il distribue ne porte les noms ni de l'auteur ni de l'imprimeur; c'est là une contravention spéciale que les lois postérieures n'ont point effacée. »

476. L'art. 284 c. pén., en réduisant les peines encourues par les crieurs ou distributeurs, lorsqu'ils ont fait connaître la personne de laquelle ils tiennent l'écrit imprimé, encourt le reproche d'encourager la délation; mais le législateur doit-il des ménagements bien délicats au délinquant qui se cache dans l'ombre? Nous croyons, du reste, devoir rapporter ici les motifs de cette disposition, consignés dans la discussion du code : « Que sont ordinairement, disait Berlier, les colporteurs d'écrits? De pauvres gens, qui trouvent dans ce métier facile 2 ou 3 fr. à gagner par jour : ce sont des instruments qu'il convient de disperser et même de punir, mais avec discrétion; c'est la tête qu'il faut atteindre, et l'imprimeur, s'il est découvert, conduira lui-même à l'auteur : c'est ainsi que d'échelon en échelon on atteindra le but en frappant ou ménageant les coups, non-seulement d'après les circonstances particulières de chaque affaire, mais aussi d'après les principes qui ont l'intérêt social pour base. » — Le même orateur avait même proposé d'exempter dans ce cas les distributeurs de toutes peines : « Il faut, disait-il, bien fixer le but politique; ce qui importe, c'est d'arriver à l'auteur par des *révélations*; c'est peut-être une question de savoir s'il ne vaudrait pas mieux exempter de toutes peines ces espèces de machines qui colportent ou distribuent ce que souvent elles ne connaissent pas, quand elles désignent l'homme qu'il est utile d'atteindre. » — M. de Ségur combattit cette opinion en faisant remarquer que la révélation du nom de l'auteur ne faisait pas disparaître la contravention résultant du fait de la distribution; que la peine pouvait être légère, mais qu'il en fallait une.

477. Le système de répression employé par le code pénal contre les écrits imprimés anonymes se développe avec une rigueur énergique dans l'art. 285. En effet, cet article ne s'arrête plus au fait matériel de la distribution, il fait descendre sur le crieur la criminalité dont l'écrit est empreint : « Si l'écrit imprimé, y est-il dit, contient quelques provocations à des crimes ou délits, les crieurs ou distributeurs seront punis, comme complices des provocateurs, à moins qu'ils n'aient fait connaître ceux dont ils tiennent l'écrit contenant la provocation. — En cas de révélation, ils n'encourent qu'un emprisonnement de six jours à trois mois, et la peine de complicité ne restera applicable qu'à ceux qui n'auront point fait connaître les personnes dont ils auront reçu l'écrit imprimé. » — Comme on le voit, l'art. 285 se divise en deux parties, énonçant chacune un principe bien distinct. Le premier de ces principes, qui déclare le crieur complice de l'auteur de l'écrit, n'appartient point, suivant les auteurs de la Théorie du code pénal, t. 5, p. 95, 96, à notre droit moderne. La loi romaine, en punissant les libelles injurieux, ajoutait à l'égard des distributeurs : *Eâdem pœnâ tenetur et qui emendum vendendumve curaverit* (L. 5, n° 10, Dig., *De injuriis et famosis libellis*); et cette assimilation était considérée comme une règle constante par les docteurs (V. Julius Clarus, quæst. 68, n° 64; Perezius, in tit. *De famosis libell.*, Cod., n° 2; Farinacius, quæst. 105, n° 453). — Notre ancienne législation l'avait adoptée : l'ord. du 17 janv. 1561, art. 13, les lettres patentes du 10 sept. 1563, l'art. 77 de l'ord. de Moulins; enfin, les édits des 16 avr. 1571, sept. 1577, art. 14; 14 janv. 1629, art. 179, et le règlement du 28 fév. 1723, art. 99, confondaient dans la même peine auteurs, imprimeurs, vendeurs et distributeurs : « Non-seulement les auteurs et complices de ces libelles, dit Jousse, t. 3, p. 651, sont coupables de ce crime, mais aussi ceux qui les débitent, publient, impriment, affichent et exposent en vente. — Il ne s'agit, dans l'hypothèse prévue par l'art. 285, que des distributeurs de libelles qui ne portent les noms ni de l'auteur ni de l'imprimeur. Il se réfère, en effet, en ce qui concerne la nature de l'*écrit imprimé*, aux articles qui le précèdent : il punit une espèce plus grave, mais elle est puisée dans la même hypothèse. L'art. 1 de la loi du 17 mai 1819 a posé depuis la même règle en termes plus explicites et plus étendus, en déclarant complice quiconque par des écrits, des imprimés, des dessins, des gravures, vendus ou distribués, mis en vente ou exposés, a provoqué l'auteur d'une action réputée crime ou délit à la commettre (V. nos 341 et s.). Cette loi postérieure a-t-elle abrogé le § 1 de l'art. 285? On pourrait soutenir plutôt qu'elle l'a confirmé, puisqu'elle exprime, seulement en lui donnant plus de puissance, la même disposition (V. en ce sens MM. Chauveau et Hélie, *loc. cit.*). — Il se trouve, au contraire, dans le § 2 de l'art. 285, une disposition spéciale, qui n'a pas été reproduite par la loi du 17 mai 1819 : ainsi, le crieur ou distributeur n'est considéré comme complice qu'autant qu'il n'a point dénoncé celui duquel il tient l'écrit, *quia cum auctorem non prodat ipse auctor præsumitur* (Perezius, *Prælectiones*, t. 2, p. 208). La révélation de ce premier agent devient donc ici encore une cause d'excuse en faveur du crieur ou distributeur. On se rappelle que nous avons dit plus haut l'intérêt politique qui a dicté cette disposition. Évidemment elle doit être encore appliquée, et le crieur ou distributeur doit jouir, dans le cercle étroit tracé par le code pénal, du bénéfice de sa révélation. — Toutefois, disent les auteurs précités, « il ne faudrait pas voir, dans l'art. 285, une rigoureuse alternative entre la complicité du crieur ou distributeur et l'excuse qu'il puise dans la délation. De cela seul qu'il n'a pas dénoncé la personne qui lui a remis l'écrit provocateur, on ne saurait induire la preuve de la complicité; cette complicité n'est encore qu'une présomption; seulement cette présomption le place en état de prévention. La complicité suppose nécessairement la connaissance de la provocation et l'intention de la propager; il ne suffit donc pas, pour que le distributeur soit responsable du contenu de l'écrit qu'il l'ait répandu, il faut qu'en le distribuant il ait agi avec connaissance. »

478. Dans tous les cas, suivant l'art. 286 c. pén., il y aura confiscation des exemplaires saisis. — Cette disposition a fait naître de graves difficultés; on s'est demandé si elle était contraire à la Charte. M. Chassan, p. 465, a soutenu l'affirmative. Nous ne saurions partager cette opinion, et nous dirons avec les auteurs de la Théorie du code pénal qu'il ne s'agit pas ici de la confiscation personnelle que la charte avait abolie, mais bien de la confiscation de l'instrument du délit. C'est là l'esprit de cette mesure, ainsi que l'attestent les paroles mêmes de l'orateur du corps législatif. « Dans tous les cas, disait-il, les exemplaires seront saisis et confisqués. Non-seulement les écrits peuvent troubler la paix publique, mais l'exposition ou la distribution de figures et images contraires aux bonnes mœurs peuvent produire les mêmes effets, et la loi doit, en les proscrivant, punir ceux qui contreviendraient à ses défenses. Cette confiscation a pour but principal l'anéantissement du délit même, et elle est plutôt une précaution qu'une augmentation de châtiment. » — C'est dans le même esprit, et pour atteindre le même but, que l'art. 26 de la loi du 25 mai 1819 a prescrit la destruction des exemplaires saisis.

479. Les art. 287 et 288 reproduisent à peu près les dispositions que nous venons d'examiner : seulement l'objet de leur application est différent : ce n'est plus aux ouvrages, aux écrits, aux journaux clandestins que la loi les étend; c'est aux chansons, pamphlets et images contraires aux bonnes mœurs. — V. le texte de ces articles et l'exposé des motifs, *suprà*, p. 401.

480. Nous ferons observer que l'art. 287 se trouve implicitement abrogé par l'art. 8 de la loi du 17 mai 1819, qui punit d'un emprisonnement d'un mois à un an, et d'une amende de 16 fr. à 500 fr., tout outrage à la morale publique et religieuse, ou aux bonnes mœurs, par l'un des moyens énoncés en l'art. 1. Or, ce dernier article comprend dans sa nomenclature les moyens de publication énoncés dans l'art. 287 en question. Il s'ensuit que cette dernière disposition s'est évidemment confondue dans l'art. 8 de la loi du 17 mai 1819, et ne saurait plus, dès lors, être invoquée séparément (V. en ce sens MM. Chauveau et Hélie, t. 5, p. 101; Parant, p. 76, Chassan, t. 1, p. 293; de Grattier,

t. 1, p. 160). — Le rapporteur à la chambre des députés a dit formellement que cet art. 8 *abrogeait l'art. 287 par l'extension qu'il lui donnait.* — Toutefois, il nous semble que la disposition de l'art. 287 qui ordonne la confiscation des objets du délit doit toujours être exécutée (Conf. MM. Parant, Chassan, de Grattier, *loc. cit.*). — Quant à l'art. 288, l'abrogation ne l'atteint pas. Le bénéfice de cet article doit toujours profiter aux personnes qu'il désigne, puisque nulle disposition d'une loi postérieure ne les a punies (mêmes auteurs). — Toutefois, il importe de remarquer que la délation faite par les crieurs ou distributeurs ne les affranchit que de la peine principale du délit, et non de la contravention qu'ils auraient commise en criant ou distribuant l'écrit ou la gravure sans autorisation (L. 16 fév. 1834; 9 sept. 1835, art. 20).

481. Enfin, quant aux crieurs et distributeurs d'imprimés non timbrés, ils doivent être soumis aux peines de simple police, déterminées par l'art. 474 c. pén., sans préjudice de leur solidarité pour l'amende dont sont passibles, à raison de ce, l'imprimeur, les afficheurs et ceux qui seront convaincus d'avoir fait afficher et distribuer ledit imprimé. Cette amende est sujette au décime, et de plus entraîne la contrainte par corps (L. 28 avril 1816, art. 69).

482. *Des chanteurs.*—Une ordonnance du prévôt de Paris, du 14 sept. 1395 (V. collect. de M. Isambert, t. 6. p. 758) défendait de rien dire, représenter ou chanter sur les places publiques qui pût causer du scandale, à peine d'amende arbitraire et de tenir prison au pain et à l'eau. Tel est le seul document que nous offrent sur les chanteurs les recueils des anciennes lois et ordonnances.—Des lois modernes, celle du 16 fév. 1834, d'après laquelle les chanteurs sur la voie publique sont tenus de se pourvoir d'une autorisation préalable de l'autorité municipale, est la seule, nous le croyons du moins, qui les ait particulièrement désignés.—Quant aux règlements de l'autorité municipale en cette matière, ils sont nombreux au contraire, mais ils n'offrent qu'un intérêt local qui doit nous les faire écarter. — Nous nous bornerons à rappeler ici, à ce sujet, l'ordonnance précitée du préfet de police de la Seine, du 19 oct. 1839. — V. n° 455.

Le projet de la loi de 1834 ne portait pas plus que cette loi elle-même que les chanteurs *de profession* seraient seuls soumis à ses dispositions. — Cette omission a donné lieu à une interpellation et à une réponse qu'il est utile de rappeler ici :— « Je demande, avait dit M. Garnier-Pagès, à la chambre des députés, si l'on sera poursuivi pour avoir chanté particulièrement, c'est-à-dire si un homme rentrant chez lui dans une situation que je ne veux pas prévoir... » M. le ministre de l'intérieur a répondu : « Il est évident qu'il n'est question que des chanteurs de profession. » — M. Duvergier ajoute à cette citation (année 1834, p. 16) : « Il vaut mieux, à mon avis, dire que les tribunaux apprécieront si la personne traduite devant eux chantait sur la voie publique, dans le sens que la loi attribue à ces mots, sens qu'il est bien facile de comprendre, d'après l'intention qui l'a dictée. » Ce qui signifie, ce nous semble, que la réponse faite par M. le ministre de l'intérieur ne doit pas être considérée comme une règle d'interprétation pour le juge. Il est certain cependant que c'est sous l'influence de cette réponse que la loi a été votée, et ce qui doit avant tout occuper l'attention du magistrat comme celle du jurisconsulte, c'est de bien saisir la volonté de la loi afin d'en faire la base invariable de ses décisions.

CHAP. 10. — DES CONTRAVENTIONS. — RÈGLES COMMUNES AUX DIVERS MOYENS DE PUBLICATION.

483. Jusqu'à présent nous nous sommes occupés des règles spéciales à chacun des moyens de publication. — Mais en ce qui touche les contraventions aux lois relatives à ces divers moyens et leurs suites, il est des principes qui leur sont communs. Nous allons les exposer ici. Ils sont relatifs : 1° aux caractères généraux des contraventions; 2° à la manière de les constater et d'en arrêter les effets; 3° à la compétence; 4° à la poursuite et à ses suites.

SECT. 1. — *Caractères généraux des contraventions.*

484. Dans le sens des lois sur les divers moyens de publication, comme suivant un grand nombre d'autres lois spéciales (V. notamment v^{is} Douanes, Enreg. et timbre, etc.), le mot *contravention* n'a pas la signification qui lui est donnée par l'art. 1 c. pén. — D'après cette dernière disposition, la contravention est l'infraction que les lois punissent des peines de simple police (au maximum, 15 fr. d'amende et cinq jours de prison).—Dans le sens des lois spéciales dont nous nous occupons, on appelle *contravention* tout fait matériel contraire à leurs dispositions, quelle que soit la peine encourue. Mais les contraventions prévues par le code pénal et celles concernant les lois spéciales se ressemblent sur un point essentiel, c'est que l'*intention* sans laquelle les délits ou les crimes ne peuvent exister n'est nullement nécessaire pour les caractériser (V. sur les contravention en général, v° Contravention, n° 1, et MM. Chauveau et Hélie, Théorie du c. pén., t. 8, p. 277; Morin, Rép. de dr. crim., v° Contravention, n° 2; de Royer, Encycl. du droit, *eod. v°*, n° 28); et en ce qui touche les contraventions relatives aux divers moyens de publication, V. MM. Chassan, t. 1, p. 417; de Grattier, t. 1, p. 16 et 17; Bories et Bonassies, v° Bonne foi). — Au reste, cette différence entre les délits et les contraventions est facile à expliquer. — Les lois de police prescrivent des mesures dictées par le besoin de la sûreté ou de l'utilité commune, et lorsqu'elles infligent des peines à ceux qui ne les ont pas observées, ce n'est pas l'intention qu'elles entendent punir, mais le simple oubli de leurs dispositions ou la négligence à les observer. — C'est donc bien vainement qu'on viendrait invoquer en cette matière les motifs qui effacent ou atténuent les délits : le fait seul est à considérer.—V. aussi n° 526; V. cependant n° 519.

485. Il a été jugé en ce sens : 1° que lorsqu'un cahier de chansons reconnues pour être sorties des presses d'un imprimeur ne porte pas l'indication de son nom, le tribunal correctionnel ne peut pas non plus admettre, comme excuse de ce défaut d'indication, que les chansons ayant été livrées en feuilles par l'imprimeur, celui qui a composé les cahiers a supprimé la partie de l'œuvre typographique sur laquelle se trouvait son nom (Crim. cass. 9 août 1821) (1);— 2° Que les juges ne peuvent se fonder

(1) *Espèce :* — (Intérêt de la loi. — Javel.) — Le procureur général expose qu'il croit devoir dénoncer à la cour un jugement rendu sur appel, le 15 juin dernier, par le tribunal de police correctionnelle de Lons-le-Saulnier. — Le 7 fév. 1821, la police de Vassy (Haute-Marne) saisit sur un nommé Marienny, chanteur ambulant, quarante-neuf cahiers imprimés, dont les uns renfermaient dix chansons et les autres sept. — Aucun de ces cahiers n'indiquant le lieu où ils avaient été imprimés, ni le nom de l'imprimeur, des poursuites furent dirigées contre Marienny, en vertu de l'art. 283 c. pén. Dans le cours de ces poursuites, Marienny désigna Javel fils, imprimeur à Arbois, comme celui de qui il tenait les chansons saisies. — Interrogé par la police d'Arbois, Javel convint qu'en effet c'était lui qui avait imprimé les chansons. — D'après cet aveu, le tribunal de Vassy renvoya la procédure au procureur du roi d'Arbois, qui traduisit Javel en police correctionnelle, pour contravention à l'art. 17 de la loi du 21 oct. 1814. — A l'audience, nulle contestation ne s'élève sur le point de savoir si toutes les chansons saisies sont réellement sorties des presses du prévenu; ce fait est tenu pour constant; et néanmoins, par jugement du 12 mai 1821, le prévenu est renvoyé sans amende ni dépens. — Les motifs de ce jugement sont : — « Qu'il est certain que Javel a imprimé les chansons saisies à Vassy; que celles qui sont représentées ne portent pas son nom; que si l'ouvrage était complet, il est indubitable qu'il serait passible de l'amende à laquelle on a conclu contre lui; — Mais que, d'après son interrogatoire, qui est la seule preuve que l'on ait contre lui, ce sont des feuilles entières qu'il a envoyées à Marienny, et non des cahiers; qu'aucun des cahiers ici représentés comme pièces de conviction ne contient aucune feuille entière; qu'il est probable que c'est Marienny qui les a arrangées ainsi pour les débiter plus facilement; que ce qui le démontre même, c'est que ces cahiers sont plus ou moins volumineux : que les uns commencent par une chanson qui, dans d'autres, ne s'y trouve pas, ou est placée dans un autre endroit; que, d'un autre côté, les pages n'étant pas numérotées, le tribunal n'a pu vérifier si, comme le soutient le prévenu, la partie de la feuille où se trouvait son nom n'a pas été comprise dans les recueils; que, dans le doute, il ne peut prononcer aucune condamnation; qu'en adoptant un système contraire, on mettrait les imprimeurs à la merci du premier marchand de livres, qui pourrait, lorsqu'il le voudrait, enlever la partie de l'ouvrage sur laquelle l'imprimeur aurait mis son nom. »

Appel par le procureur du roi au tribunal de Lons-le-Saulnier; mais

non plus, pour excuser l'imprimeur dans ce cas, sur le motif, soit que sa demeure serait de notoriété publique dans la ville qu'il habite, et dans tout le département, où il n'existe pas d'autre imprimeur des mêmes noms et prénoms, soit que quelques exemplaires du prospectus indiquent cette demeure (Crim. cass. 14 juin 1833 (1); V. aussi nos 174 et 175); — 3° Que l'art. 17 de la loi du 21 oct. 1814, qui déclare que le défaut d'indication, de la part de l'imprimeur, de son nom et de sa demeure, sera puni d'une amende de 3,000 fr., n'admet ni excuse ni composition; qu'ainsi, dans le cas où cette contravention de l'imprimeur est matériellement et légalement constatée, les juges ne peuvent, sans violer cet article, renvoyer l'imprimeur des poursuites, en se fondant sur son défaut d'intérêt et sa bonne foi présumée, et surtout sur cette circonstance, que l'ouvrage n'avait encore été mis en vente ni distribué par le libraire à qui il avait été livré (Crim. cass. 21 fév. 1824; ch. réun. cass. 8 août 1828) (2); — 4° Qu'en matière de contravention aux lois sur l'imprimerie, les tribunaux ne peuvent admettre d'au-

---

par jugement du 15 juin, ce tribunal a confirmé la décision des premiers juges. — Ce jugement a violé l'art. 17 de la loi du 21 oct. 1814, ainsi conçu : « Le défaut d'indication, de la part de l'imprimeur, de son nom et de sa demeure, sera puni d'une amende de 3,000 fr. » — Pour décider que le sieur Javel avait rempli le vœu de la loi, il a fallu admettre toutes les suppositions auxquelles il lui a plu de se livrer. — Il a fallu admettre que, sans motifs et sans intérêt, et même avec un intérêt contraire, celui qui a composé les chansons, ou celui qui les a chantées, a supprimé une partie de l'œuvre typographique; et qu'ainsi, après qu'un manuscrit a été porté à l'imprimerie, après qu'on a voulu une composition entière, après qu'on a laissé l'imprimeur opérer tranquillement sur la totalité, on s'est décidé ensuite à faire une suppression. — Ce sacrifice de la part de l'auteur, cette résolution subite, sont deux choses qu'il est impossible de concevoir. — Mais cette considération, quoique prise dans la nature des choses, n'est rien à côté d'une autre, bien autrement importante, que nous puisons dans l'économie de la loi. — Le chanteur qui se produit en public, qui excite à l'instant même toute la surveillance de la justice, qui s'expose à son action, a le plus grand intérêt à tenir en ses mains le nom de l'imprimeur. — Pour s'en convaincre, il suffit de lire les art. 283, 284 et 285 c. pén. — Il résulte de leurs dispositions que les crieurs, afficheurs, vendeurs ou débiteurs sont punissables correctionnellement, par le seul fait qu'ils donnent de la publicité à un écrit non revêtu de la signature de l'imprimeur, quand même cet écrit n'aurait rien de répréhensible. — Et s'il contient quelques provocations à des crimes ou délits, les crieurs, afficheurs, vendeurs ou distributeurs seront punis comme complices des provocateurs. — Il est vrai que, dans les deux cas, la peine s'atténue et change de caractère, s'ils font connaître celui dont ils tiennent l'écrit imprimé. — Cela posé, comment admettre cette étrange supposition, que le chanteur Marienny ayant en ses mains, et à la fin du recueil, le nom de l'imprimeur, l'a supprimé et s'est exposé volontairement à toutes les rigueurs de la justice, par des motifs qu'aucun tribunal ne pourra jamais énoncer, parce qu'il n'en peut exister aucun qui explique une suppression que l'intérêt personnel repousse, et contre laquelle la raison se soulève. — Dira-t-on qu'il y avait, à la fin du recueil, des chansons encore plus criminelles que celle dont le tribunal de Vassy a dit qu'elle avait été composée dans le plus mauvais esprit, et qu'en les faisant disparaître, on a fait disparaître aussi le nom de l'imprimeur? — Mais il était aisé de faire replacer le nom de l'imprimeur sur le recueil ainsi réduit; — Dira-t-on que le chanteur Marienny, étant en état d'indiquer l'imprimeur, n'a pas eu besoin d'avoir son nom écrit à la fin du recueil? — Mais était-il sûr de ne pas éprouver de sa part une dénégation? Et quel est l'homme qui, ayant en ses mains une garantie, consent à s'en dessaisir pour se reposer sur un cas éventuel, c'est-à-dire sur un aveu tout au moins incertain? — Et prenons garde que c'est l'imprimeur seul qui a parlé devant le tribunal de Lons-le-Saulnier. C'est lui qui a prêté toutes ces absurdités au chanteur Marienny; et le tribunal a dit qu'il fallait bien s'en rapporter à l'aveu de Javel, puisque c'était la seule preuve qu'on eût contre lui; — L'aveu est indivisible en matière civile : c'est du moins un principe qui, après avoir éprouvé beaucoup de modifications dans l'ancienne jurisprudence, est devenu absolu d'après le code civil. Mais il n'en est pas de même en matière criminelle. On a toujours tenu pour constant qu'il fallait deux choses pour que l'aveu fût indivisible en matière criminelle : — 1° Qu'il y eût absence absolue de toute autre preuve et de tous indices; — 2° Que les différentes parties de la confession fussent également probables. On peut consulter à cet égard les autorités, et particulièrement l'excellente collection connue sous le nom de Nouveau Denisart, au mot *Confession*; — Dans l'espèce, Javel avait, d'un côté, contre lui la déclaration du chanteur; déclaration d'autant plus importante qu'elle avait suffi au tribunal de Vassy pour décider que Marienny n'était plus passible que des peines de simple police; — Et de l'autre, les suppositions de Javel contrariaient non-seulement le bon sens, mais encore toutes les règles de l'imprimerie. — En effet, le défaut de pagination, sur lequel il est bien étrange que le tribunal de Lons-le-Saulnier se soit appuyé, est précisément ce qui démontrait qu'il n'y avait point une composition suivie, au bout de laquelle dût se trouver le nom de l'imprimeur. — Cette circonstance est d'autant moins équivoque, qu'en jetant les yeux sur les cahiers, on s'aperçoit, par leur état matériel, qu'ils n'ont point été imprimés sur des feuilles pleines, mais sur des feuilles irrégulières, composant, de quatre en quatre pages, une composition particulière. — Il faut considérer aussi que l'imprimeur doit avoir en sa possession les feuilles manuscrites. Or ces feuilles ont-elles été représentées? les a-t-on demandées? C'est un point qui a été mis tout à fait à l'écart. — Le tribunal de Lons-le-Saulnier a craint que les imprimeurs ne fussent à la merci des acheteurs et distributeurs qui pourraient, lorsqu'ils le voudraient, enlever la partie de l'ouvrage sur laquelle l'imprimeur aurait mis son nom. — Mais, en vérité, comment se prêter à l'idée qu'on dégradera une composition, et qu'on s'exposera soi-même aux coups de la justice, en vendant un ouvrage sans nom de l'imprimeur, exprès pour exercer une méchanceté contre ce dernier? C'est surtout lorsqu'une pareille idée n'a aucune base particulière dans l'espèce que l'on juge, et qu'elle prend un caractère de généralité, qu'elle inspire un sentiment pénible que nous ne chercherons pas à définir. — Croyons plutôt que le tribunal de Lons-le-Saulnier s'est fait violence à lui-même, et qu'il ne s'est décidé à acquitter Javel que parce qu'il n'a pu surmonter la répugnance qu'il éprouvait à appliquer une amende aussi forte que celle de 3,000 fr. — Mais s'agit-il bien de pitié, lorsque la loi est précise, et lorsque d'ailleurs on trouve dans ce recueil ou dans ces recueils au moins une chanson pernicieuse? — C'est par la tolérance en cette matière qu'on arrive de proche en proche sur le bord de l'abîme où il faut que les nations soient englouties. — Ce considéré, il plaise à la cour casser et annuler, dans l'intérêt de la loi, le jugement rendu, le 13 juin dernier, par le tribunal correctionnel de Lons-le-Saulnier. — Ordonner qu'à la diligence de l'exposant l'arrêt à intervenir sera imprimé et transcrit sur les registres de ce tribunal. — Arrêt.

La cour; — Statuant sur le réquisitoire présenté par le procureur général en la cour, de l'ordre de son excellence le garde des sceaux, ministre de la justice; d'après les motifs développés dans ce réquisitoire; — Casse dans l'intérêt de la loi.

Du 9 août 1821.-C. C., sect. crim.-M. Ollivier, rap.

(1) (Min. pub. C. Olive.) — La cour; — Vu le § 2 de l'art. 15 et 17 de la loi du 21 oct. 1814; — Attendu qu'aux termes de ces dispositions, tout imprimeur qui n'indique pas sur chaque exemplaire des ouvrages ou écrits sortis des ses presses, son nom et sa demeure, doit être, par cela seul, condamné à une amende de 3,000 fr.; — Que la loi n'admet ni composition ni excuse à cet égard; que nul ne doit ignorer et ne peut enfreindre impunément les devoirs légaux de sa profession, et que les tribunaux sont tenus d'appliquer la peine que la loi prononce, lorsque la contravention est matériellement et légalement constatée; — Et attendu, en fait, qu'il est établi, par un procès-verbal régulier, en date du 8 déc. dernier, que le défendeur n'a pas indiqué sa demeure sur le prospectus dont il s'agit; d'où il suit qu'en le relaxant de la poursuite exercée contre lui au sujet de cette contravention, par le motif que quelques exemplaires dudit prospectus contiennent cette indication, et que sa demeure est de notoriété publique à Marseille et dans tout le département, où il n'existe pas d'autre imprimeur des mêmes noms et prénoms, l'arrêt dénoncé a commis un excès de pouvoir et violé expressément les articles précités; — En conséquence, casse l'arrêt de la cour d'Aix, du 14 mars dernier.

Du 14 juin 1833.-C. C., ch. crim.-MM. Choppin, f. f. de pr.-Rives, rap.-Parant, av. gén., c. conf.-Mandaroux-Vertamy, av.

(2) (Min. pub. C. Brunet.) — La cour; — Vu les art. 14, 15 et 17 de la loi du 21 oct. 1814; — Attendu qu'aux termes de l'art. 15 de la loi du 21 oct. 1814, trois obligations distinctes sont imposées aux imprimeurs : la déclaration de vouloir imprimer, le dépôt du nombre prescrit d'exemplaires avant la publication, et l'indication, sur chaque exemplaire de l'ouvrage, du vrai nom et de la vraie demeure de l'imprimeur; que ces obligations imposées par la loi sont absolues, indépendantes l'une de l'autre, et qu'en remplissant les deux premières, un imprimeur n'est pas dispensé de remplir la troisième; — Attendu qu'il est reconnu, dans la cause, que Brunet, imprimeur à Lyon, a fait à la préfecture du département du Rhône la déclaration de vouloir réimprimer la Grammaire de Wailly, et qu'il a déposé le nombre prescrit d'exemplaires; mais qu'il est constant également que l'édition entière, au nombre de mille cinq cents exemplaires, a été envoyée au libraire Coste, à Paris, et que, sur aucun de ces mille cinq cents exemplaires ne se trouvait l'indication ni du nom ni de la demeure de l'imprimeur Brunet, des presses duquel ils étaient sortis; que le défaut de cette indication constituait une contravention à l'art. 15 de la loi du 21 oct. 1814; — Que, s'il résulte du procès-verbal d'un inspecteur de la librairie, du 29 juill. dernier, qu'à cette époque aucun des exemplaires de l'ouvrage dont il s'agit n'avait été mis en vente, ces exemplaires, envoyés par l'imprimeur de Lyon au libraire de Paris, n'en

tres excuses que celles admises par la loi elle-même, et qu'ils ne peuvent exempter de la peine, sous prétexte qu'il y a bonne foi (Crim. cass. 16 juin 1826, aff. Veysset, V. n° 158; Metz 31 août 1835, aff. Lamort, V. n° 164), ou défaut d'intérêt de la part du contrevenant (Crim. cass. 16 juin 1826, aff. Veysset, V. n° 158);—5° Que l'imprimeur d'un écrit qui a été publié sans déclaration ni dépôt préalable ne peut être excusé, sous prétexte qu'il ignorait la loi, ou qu'il était de bonne foi (Crim. cass. 4 mai 1832)(1);—6° Ni en ce que, par exemple, il aurait mis son nom et son adresse au bas de l'écrit (Crim. cass. 3 juin 1826, aff. Le-

étaient pas moins évidemment et nécessairement destinés à être vendus par celui-ci; qu'ils pouvaient l'être dans l'état où ils étaient venus de Lyon, et que, par le fait de l'imprimeur et contre la prohibition expresse de la loi, il eût été mis dans la circulation, vendu et distribué un ouvrage qui ne faisait connaître ni le nom ni la demeure de la personne qui l'avait imprimé; — Que le fait accidentel qu'à l'époque de la saisie de l'ouvrage, aucun exemplaire n'en avait encore été vendu, était étranger à l'imprimeur; qu'en supposant que ce fait, ainsi que l'allégation d'erreur et de bonne foi, pussent être considérés comme des motifs d'excuse pour le prévenu, l'art. 65 c. pén. déclare en termes formels que « nul crime ou délit ne peut être excusé, ni la preuve mitigée, que dans les cas et dans les circonstances où la loi déclare le fait excusable ou permet de lui appliquer une peine moins rigoureuse; » — Que la loi du 21 oct. 1814, qui, par son art. 19, fait remise de la moitié de l'amende au libraire chez lequel on trouve un ouvrage sans nom d'imprimeur, lorsqu'il fait connaître cet imprimeur, n'accorde à celui-ci, par aucune de ses dispositions, ni la remise totale, ni même une diminution de l'amende dans le cas où, au moment de la saisie de l'ouvrage, il est reconnu qu'il n'en a encore été vendu aucun exemplaire; — Qu'une disposition, dont l'effet serait de faire disparaître le délit ou d'en diminuer la gravité, n'étant pas dans la loi, ne peut être suppléée par les juges, qui, lorsque le fait matériel du délit est constant, sont tenus de prononcer l'amende encourue par ce délit; — Que, dans l'espèce, le défaut d'indication du nom et de la demeure de Brunet sur tous les exemplaires de la Grammaire de Wailly, imprimée par lui à Lyon, l'année dernière, et qu'il a envoyés au libraire Coste, à Paris, étant reconnu et légalement constaté, le délit imputé à cet imprimeur était certain; que le tribunal de Lyon et la cour d'appel de la même ville n'ont pu en méconnaître la réalité, sous le prétexte que la déclaration et le dépôt avaient eu lieu conformément à la loi, et qu'il n'avait été vendu aucun exemplaire de l'ouvrage, avant que la saisie en eût été faite; que leur décision à cet égard est une fausse interprétation et une violation des art. 15 et 17 de la loi du 21 oct. 1814, et le renvoi du prévenu de l'action du ministère public, une fausse application de l'art. 212 c. inst. crim.; — D'après ces motifs, casse, etc.

Du 21 fév. 1824.-C. C., sect. crim.-MM. Bailly, pr.-Aumont, rap.

La cour de Grenoble, devant laquelle la cause avait été renvoyée, a jugé dans le même sens que la cour de Lyon.

Nouveau pourvoi de la part du ministère public pour violation des art. 15, 17 et 19 de la loi du 21 oct. 1814, et de l'art. 65 c. pén. — M. Mourre, procureur général, a dit en résumé: — La cour de Grenoble, prenant en considération cette circonstance que l'ouvrage n'avait pas encore été mis en vente, et la réunissant à quelques autres éléments en point de fait, a trouvé la position de Brunet tellement favorable, qu'elle a cru devoir le renvoyer des poursuites; mais en faisant ainsi une exception là ou la loi n'en fait aucune, cette cour a a violenté la loi. L'art. 17 de la loi du 21 oct. 1814 dit formellement que le défaut d'indication, de la part de l'imprimeur, de son nom et de sa demeure, sera puni d'une amende de 3,000 fr., et cet article n'ajoute pas que, pour que l'amende soit encourue, il faille que l'ouvrage ait été en vente ou distribué. La mise en vente ou la distribution de l'ouvrage est donc une circonstance accidentelle qui n'a influé en rien sur l'économie de cette disposition réglementaire. En effet, lorsque l'ouvrage est imprimé et livré, tout est fini pour l'imprimeur. La conduite du libraire est un fait qui lui est étranger; pour lui la faute est consommée. On ne juge pas d'un fait, répréhensible en lui-même, par un fait subséquent; le rapprochement est surtout impossible quand il s'agit de deux personnes distinctes, dont chacune est responsable du fait qui lui est propre. — Aussi, l'art. 19 de la même loi déclare-t-il que « tout libraire chez qui il sera trouvé, ou qui sera convaincu d'avoir mis en vente ou distribué un ouvrage sans nom d'imprimeur, sera condamné à une amende de 2,000 fr. » — L'amende, ajoute cet article, sera réduite à 1,000 fr., si le libraire fait connaître l'imprimeur. Ainsi, dans cette disposition, le législateur a prévu tous les cas : il n'est pas nécessaire, pour que le libraire soit coupable, qu'il ait mis en vente ou distribué. L'art. 19 le punit pour la seule possession matérielle. Mais, dans ce cas, comme dans l'autre, il peut faire réduire l'amende, en faisant connaître l'imprimeur. Celui-ci est donc punissable dans les deux cas — Enfin, si la cour royale de Grenoble n'avait entendu poser ce principe, savoir; qu'il y ait vente ou distribution, pour que l'imprimeur soit punissable, que comme une circonstance atténuante qui, réunie aux autres éléments du procès, devait faire excuser le délit, elle aurait porté une atteinte directe à l'art. 65 c. pén., d'après lequel nul crime ou délit ne peut être excusé que dans les cas et dans les circonstances où la loi déclare le fait excusable. — Arrêt.

LA COUR; — Vu le mémoire du procureur général près la cour royale de Grenoble à l'appui de son pourvoi; — Vu le mémoire en intervention du sieur Brunet, déposé au greffe de la cour; — Vu les art. 14, 15 et 17 de la loi du 21 oct. 1814; — Attendu que les art. 14 et 15 ci-dessus cités, imposent à l'imprimeur d'un ouvrage trois obligations distinctes: la déclaration de vouloir imprimer, le dépôt du nombre prescrit d'exemplaires avant la publication, et l'indication, sur chaque exemplaire de l'ouvrage, du vrai nom et de la vraie demeure de l'imprimeur; que ces obligations sont absolues, indépendantes l'une de l'autre, et que leur infraction est punie de peines différentes respectivement à chaque espèce de contravention; — Attendu qu'aux termes du § 2 de l'art. 15 et de l'art. 17, tout imprimeur qui n'indique pas sur chaque exemplaire des ouvrages sortis de ses presses son nom et sa demeure, doit être condamné à une amende de 3,000 fr.; que la loi n'admet aucune excuse ni composition à cet égard; que nul ne doit ignorer et ne peut enfreindre impunément les devoirs légaux de sa profession; que les tribunaux ne peuvent, sans violer la loi, ne pas appliquer la peine qu'elle prononce, lorsque la contravention est matériellement et légalement constatée; et que, s'il y a, dans le fait particulier, des circonstances atténuantes, telles que le défaut d'intérêt, la bonne foi présumée, c'est au gouvernement ou aux administrations, dans la partie qui leur est confiée, à apprécier ces circonstances; et, s'il y a lieu, à modérer, même à faire la remise des amendes; mais que, dans aucun cas, les tribunaux ne peuvent se le permettre par leurs jugements, sous la forme de renvoi de l'action publique, sans commettre un excès de pouvoir et une violation des règles de la compétence; — Attendu que le fait accidentel, qu'aucun exemplaire n'aurait été vendu, serait étranger à l'imprimeur qui, par le dépôt des exemplaires, en exécution du § 1er de l'art. 15, et par l'envoi fait de Lyon au libraire de Paris, aurait, en ce qui le concernait, consommé la contravention, et que cette circonstance particulière ne pourrait profiter qu'au libraire de Paris, qui, au moment même de la réception de l'envoi, et s'étant abstenu de toute vente, n'aurait dès lors commis aucune contravention personnelle; — Et attendu qu'il est constaté par le procès-verbal du commissaire de police de la ville de Lyon, sous la date du 22 juill. 1823, et reconnu en fait par l'arrêt attaqué, que Anthelme Brunet, imprimeur à Lyon, a fait à la préfecture du département du Rhône la déclaration de vouloir imprimer la Grammaire de Wailly; qu'il y a, par suite, déposé le nombre prescrit d'exemplaires; mais qu'il est également reconnu que l'édition entière, au nombre de 1,500 exemplaires, a été envoyée par Brunet au libraire Coste, à Paris, et que sur aucun desdits exemplaires ne se trouvait l'indication ni du nom, ni de la demeure de l'imprimeur Brunet, des presses duquel ils étaient sortis, et que le défaut de cette indication constituait une contravention au § 2 de l'art. 15 de la loi du 21 oct. 1814, qui devait être punie, en conformité de l'art. 17 de la même loi; — Attendu, dès lors, que la cour royale de Grenoble, saisie de l'appel interjeté par le ministère public du jugement correctionnel du tribunal de première instance de Lyon, en confirmant ce jugement qui avait renvoyé l'imprimeur Brunet des poursuites dirigées contre lui, a commis, par l'arrêt attaqué, une violation manifeste du § 2 de l'art. 15 et de l'art. 17 de la loi du 21 oct. 1814; — Reçoit Anthelme Brunet intervenant, et statuant sur le pourvoi...; — Casse l'arrêt rendu le 12 mai 1824 par la chambre des appels de police correctionnelle de Grenoble; — Et renvoie en interprétation.

Du 8 août 1828.-C. C., ch. réun.-MM. Brisson, pr.-Brière, rap.-Mourre, proc. gén., c. conf.-Barrot, av.

(1) (Min. pub. C. demoiselle Jausions.) — LA COUR; — Vu les art. 14 et 16 de la loi du 21 oct. 1814, et l'art. 65 c. pén.; — Attendu que l'impression dans l'imprimerie de la demoiselle Jausions, imprimeur breveté, de la pièce de vers intitulée la Liberté de 1830, et sa publication, faites, l'une sans déclaration, l'autre sans dépôt, étaient reconnues et déclarées par le jugement dont l'arrêt attaqué adopte les motifs; que, par conséquent, le fait matériel de contravention à l'art. 14 de la loi du 21 oct. 1814 était constant, et la peine portée par l'art. 16 applicable; que, néanmoins, l'arrêt attaqué a confirmé le jugement renvoyant des poursuites la demoiselle Jausions, sous le prétexte de sa bonne foi et du défaut de connaissance de l'impression de la pièce de vers, dans ses ateliers; — Mais attendu que ni la loi du 21 oct. 1814, ni aucune autre loi ne déclarent les imprimeurs excusables, par ces motifs, des contraventions à la police de la presse commises dans leurs imprimeries; — Que l'art. 65 c. pén. porte qu'aucun crime ou délit ne peut être excusé, ni la peine mitigée, que dans les cas où la loi déclare le fait excusable, ou permet de lui appliquer une peine moins rigoureuse; — Que conséquemment, le renvoi des poursuites de la demoiselle Jausions, d'après des motifs non reconnus par la loi pour excuse d'une contravention déclarée

ducq, V. n° 139, 16 juin 1826, aff. Veyssel, V. n° 158); — 7° Que l'imprimeur qui a laissé sortir de ses ateliers *un seul* exemplaire, sans qu'il portât son nom et sa demeure, est passible de l'application des art. 15 et 17 de la loi du 21 oct. 1814..., encore bien qu'il serait constant que cette omission était le fait d'un ouvrier, et qu'avant que le tirage fût complet elle a été corrigée sur les autres exemplaires (Crim. cass. 12 déc. 1844 (1). — Conf. M. Chassan, t. 1, p. 444); — 8° Que la contravention résultant de l'omission, par un imprimeur, de l'indication de son nom et de sa demeure sur des exemplaires imprimés par lui, n'est pas consommée tant qu'aucun exemplaire n'est sorti de l'imprimerie et qu'une rectification se trouve encore possible; — Mais que la sortie d'un seul exemplaire défectueux suffit pour constituer l'infraction, encore qu'il aurait été destiné non à être vendu, mais à servir au dépôt à la direction de la librairie; et que le juge admettrait à tort comme excuse la circonstance que l'omission n'existerait que dans cet exemplaire et par suite d'un oubli (Crim. cass. 21 janv. 1854, aff. Carion, D. P. 55. 5. 251); — 9° Qu'enfin, l'exception résultant de la bonne foi du prévenu n'est point applicable aux contraventions à la loi sur la police de la presse, et notamment à celles commises par les imprimeurs aux dispositions de la loi du 21 oct. 1814 (Montpellier, 1er fév. 1847, aff. Serveille, D. P. 47. 2. 55; V. encore n° 179-2°); — 10° Que le détenteur d'une presse lithographique, non pourvu d'un brevet d'imprimeur, est passible de la peine portée par l'art. 13 de la loi du 21 oct. 1814, encore qu'il aurait chargé un imprimeur breveté de la direction et de l'exploitation de cette presse; — Alors surtout que ce dernier a lui-même négligé de faire la déclaration et d'obtenir la permission voulue (Crim. rej. 21 mai 1853, aff. Roche, D. P. 55. 5. 252).

486. Toutefois il a été jugé aussi : 1° que l'imprimeur qui a adressé à la préfecture, pour en assurer le dépôt, deux exemplaires d'un écrit ne portant ni son nom ni sa demeure, a pu être relaxé des poursuites dirigées contre lui, lorsque l'envoi de ces exemplaires a été fait par lettre missive qui indique ce nom et cette demeure que les autres exemplaires tirés expriment aussi, et que l'omission de ces énonciations sur les exemplaires destinés au dépôt est due à la négligence de l'un des employés de l'imprimeur (Crim. rej. 26 nov. 1846, aff. Mangin, D. P. 46. 4. 337); — 2° Que l'irrégularité du dépôt résultant de ce que, par inadvertance, un commis de l'imprimerie aurait déposé deux épreuves incomplètes d'un écrit intitulé l'Agenda des dames, ne contenant pas l'indication du nom et de la demeure de l'imprimeur, au lieu de deux exemplaires portant cette indication, est excusable, et il n'y a pas lieu de prononcer l'amende, lorsqu'il est établi, par le rapprochement de ces exemplaires avec les épreuves déposées, que le nom et la demeure de l'imprimeur se trouvaient indiqués au bas d'un calendrier qui devait être joint à l'agenda, et qui ne manquait dans les épreuves, où il était remplacé par des pages blanches, que parce que, destiné à être réimprimé tous les ans, l'impression devait s'en faire en caractères mobiles et consécutivement à l'agenda imprimé sur clichés : il en doit être, à plus forte raison, ainsi lorsqu'il est établi que tous les exemplaires destinés à la vente contenaient l'indication du nom et de la demeure de l'imprimeur, et qu'aucun de ces exemplaires n'a été distribué, publié ni mis en vente (Paris, 28 avril 1853, aff. Carion, D. P. 53. 2. 118). — Mais ces deux dernières décisions, réduites à leur vraie signification, ne nous paraissent pas s'écarter en réalité du principe consacré par les arrêts qui précèdent, à savoir que, *lorsqu'il y a contravention*, elle ne peut trouver son excuse dans la bonne foi de celui à qui on l'impute; car dans les espèces de ces deux arrêts c'était la contravention elle-même qui était déniée, et dont les cours appelées à la constater n'ont pas reconnu l'existence. — Ainsi, dans la première espèce, on voit que le dépôt avait eu lieu, que conséquemment, sous ce rapport, il n'y avait pas de difficulté; que, de plus, tous les exemplaires tirés portaient le nom et l'adresse de l'imprimeur. Toute l'irrégularité se réduisait à ce que les deux exemplaires déposés ne contenaient pas cette indication. Mais il est à remarquer que ces exemplaires étaient accompagnés d'une lettre missive indiquant le nom et la demeure de l'imprimeur, ce qui a paru remplir le vœu de la loi. On a admis un équipollent, rien de plus. — Dans la seconde espèce, on avait remis, par mégarde, deux épreuves ou exemplaires incomplets. Mais l'imprimeur s'étant aperçu de l'irrégularité du dépôt avait retenu l'édition tout entière, en telle sorte qu'il n'y avait eu ni publication ni mise en vente. Or ce que la loi du 21 oct. 1814 défend (art. 14), c'est *de mettre en vente ou de publier un écrit, avant d'avoir déposé le nombre prescrit d'exemplaires.* — Dans l'état de choses constaté par l'arrêt, il n'y avait donc pas en réalité contravention. Il suffisait pour régulariser la mise en vente de la faire précéder d'un dépôt conforme à la loi. — Au fond, les deux derniers arrêts que nous venons de citer ne contredisent donc pas ceux que nous avons rapportés plus haut. — Néanmoins nous devons faire remarquer qu'il avait été antérieurement jugé que la contravention existe indépendamment de toute publication. C'est ainsi que l'arrêt précité (Cass., ch. réun., 8 août 1828, V. n° 485-3°), a cassé un arrêt de la cour de Grenoble qui avait renvoyé des poursuites un imprimeur traduit pour défaut d'indication de son nom et de sa demeure, sur le fondement que l'écrit n'avait encore été ni mis en vente ni distribué par le libraire à qui il avait été livré. — On trouve également, dans un arrêt de la chambre criminelle, du 9 nov. 1849 (D. P. 49. 1. 304), ce considérant : « que le défaut de publication ou de mise en vente d'un écrit ne suffit pas pour exclure la contravention résultant du défaut de l'indication des noms et demeure de l'imprimeur, et que la contravention est, au contraire, consommée, dès que l'imprimeur a laissé sortir de ses ateliers un seul exemplaire » (Conf. Chassan, t. 1, p. 444). — Mais cette doctrine paraît peu en harmonie avec les termes de la loi.

487. Au reste si l'administration, mise en demeure de recevoir la déclaration et le dépôt, ne satisfaisait point à la sommation, sans que sa résistance fût fondée sur un empêchement légal, l'imprimeur pourrait passer outre à l'impression ou à la publication (V. en ce sens M. de Grattier, t. 1 p. 82). — V. n° 164.

488. Relativement aux libraires, il a été jugé que celui qui exerce la profession de libraire sans brevet et sans avoir prêté serment, ne peut être dispensé de la peine par lui encourue, sur le motif qu'il a été de bonne foi (Crim. cass. 12 sept. 1823) (2).

489. De même, en ce qui touche les journaux, il a été jugé:

---

constante, a été une violation des art. 14 et 16 de la loi du 21 oct. 1814, et de l'art. 65 c. pén.; — Par ces motifs, casse l'arrêt de la cour de Rennes, du 12 avril dernier.

Du 4 mai 1852.-C. C., ch. crim.-MM. de Bastard, pr.-Ollivier, rap.

(1) (Min. pub. C. de Lavergne.) — La cour; — Vu les art. 15 et 17 de la loi du 21 oct. 1814; — Attendu que la contravention prévue par ces articles existe par le seul fait matériel de l'omission du nom et de la demeure de l'imprimeur sur chaque exemplaire de l'écrit imprimé; — Qu'à la vérité, tant qu'aucun exemplaire n'est sorti de l'imprimerie, l'imprimeur peut échapper à toute peine en corrigeant la feuille sur laquelle manquent les énonciations exigées, ou en la supprimant et en la remplaçant par une feuille régulière, mais que la contravention est consommée dès qu'il a laissé sortir de ses ateliers un seul exemplaire défectueux; — Que l'erreur commise lors du tirage et la négligence de l'imprimeur à s'assurer, avant la livraison, de la régularité des imprimés sortant de ses presses, ne peuvent être admises comme des excuses propres à faire disparaître la contravention; — Et attendu que l'arrêt attaqué, tout en reconnaissant, en fait, que l'un des exemplaires de l'imprimerie dont il s'agissait au procès, avait été distribué sans porter le nom et la demeure de l'imprimeur, a cependant renvoyé le prévenu des poursuites sur le motif que cette omission était le résultat d'une maladresse de l'ouvrier, et qu'on l'avait réparée aussitôt qu'on s'en était aperçu; — Qu'en cela, il y a eu violation formelle des art. 15 et 17 ci-dessus visés de la loi du 21 oct. 1814; — Casse l'arrêt rendu par la cour royale de Toulouse, le 18 avril 1844.

Du 12 déc. 1844.-C. C., ch. crim.-MM. Laplagne, pr.-Vincens, rap.

(2) (Min. pub. C. Redonnet et Gesse.) — La cour; — Vu l'art. 11 de la loi du 21 oct. 1814 et l'art. 65 c. pén.; — Attendu, en droit, qu'il résulte de ces deux articles de loi, que quiconque exerce la profession de libraire, sans avoir obtenu du roi un brevet, et sans avoir prêté le serment, est en contravention à la loi du 21 oct. 1814, et qu'il ne peut être dispensé de la peine, qu'autant que l'excuse invoquée aurait été prévue et admise par la loi; — Attendu, en fait, qu'il est reconnu, par le jugement attaqué, que Gesse et Redonnet ont vendu des livres, dans la commune de Ligny, sans être brevetés par le roi et assermentés; que le tribunal de Saint-Mihiel a trouvé, dans la bonne foi des prévenus, une excuse suffisante pour les dispenser de la peine, et qu'en jugeant ainsi, ce tribunal a violé les deux articles de loi précités; — Par ces motifs,

1° que le gérant d'un journal qui n'a pas signé l'exemplaire déposé au parquet ne peut être excusé de cette contravention sous le prétexte de bonne foi; et que la seule excuse admissible est celle de la force majeure; mais que la force majeure admissible en pareil cas ne résulte pas de ce que le gérant aurait été absent au moment de la publication, et que son mandataire aurait par erreur déposé un exemplaire signé de lui-même, au lieu de déposer un exemplaire signé à l'avance par le gérant; et que l'appréciation des juges à cet égard n'est pas souveraine (Crim. cass. 16 avr. 1841) (1); — 2° Qu'il en est de même à l'égard du gérant d'un journal qui n'a pas déposé au parquet un exemplaire signé en minute de sa feuille... A moins qu'il ne pût invoquer en sa faveur des circonstances de force majeure (Paris, 22 avr. 1835) (2); —3° Que le gérant d'un journal qui n'a pas déposé au parquet un exemplaire de chacune des éditions successives de la feuille, ne peut être excusé sous prétexte que les différences entre ces diverses éditions étaient sans importance et qu'il était de bonne foi (Crim. cass. 18 avr. 1839, aff. Paya, V. n° 375; V. aussi *eod.*, Crim. cass. 15 oct. 1834, aff. l'Occitanique); — 4° Que la contravention aux dispositions qui prohibent aux journaux littéraires ou scientifiques la discussion des matières politiques ne peut être couverte par l'exception de bonne foi (Crim. cass. 2 sept. 1841, aff. Strouault, V. n° 268-6°); — 5° ...Ni par la tolérance dont de semblables contraventions auraient été l'objet (Cr. cass. 21 sept. 1844, aff. Soulier, V. n° 268-4°); — 6° Que le gérant d'un journal encourt la responsabilité pénale de la fausse signature apposée sur ce journal, encore qu'il ignorerait la fraude, s'il est établi qu'il n'a pris aucun renseignement sur le signataire qu'il ne connaissait pas (Crim. rej. 26 juill. 1851, aff. Duparge, D. P. 51. 1. 230); — 7° Que le gérant qui n'insère pas intégralement, dans son journal, la réponse à lui communiquée par un dépositaire de l'autorité publique, avec réquisition d'insertion, conformément à l'art. 19 du décret du 17 fév. 1852, commet une infraction dont il ne peut être relevé sous prétexte qu'il aurait agi sans mauvaise foi, et que les mots supprimés étaient sans importance, la mauvaise foi n'étant point un élément essentiel de la contravention prévue par l'art. 19 du décret, et le fonctionnaire qui use du droit établi par ce décret étant seul juge de la forme et de la teneur des documents dont il requiert l'insertion (Crim. cass. 5 août 1853, aff. min. publ. *C.* le journal le Maine, D. P. 53. 1. 240; Crim. cass. 5 août 1853, aff. min. publ. *C.* le journal l'Union de la Sarthe, D. P. 53. 1. 240); — 8° Que l'introduction en France, sans autorisation, de journaux politiques ou d'économie sociale publiés à l'étranger, contrairement à l'art. 2 du décret du 17 fév. 1852, ne peut être excusée à raison de la bonne foi du contrevenant et de l'innocuité des publications introduites (Crim. cass. 15 sept. 1854, aff. d'Ecquevilley, D. P. 54. 1. 375). — Sous la loi du 31 mars 1820, il avait été jugé aussi que le seul fait de l'insertion, dans un journal, d'un article en contravention aux lois de la censure, était punissable, indépendamment de la bonne foi des prévenus; et les tribunaux devaient, en conséquence, appliquer les peines prescrites par la loi, sans apprécier cette bonne foi (Crim. cass. 1er fév. 1828) (3).

490. D'après le même principe, il a été décidé encore que l'infraction à l'art. 6 de la loi du 27 juill. 1849, qui soumet à la nécessité d'une autorisation préalable tout colportage ou distribution de livres, écrits, etc..., existant par le seul fait matériel, indépendamment de l'intention de l'agent et du caractère des écrits, constitue, non un délit, mais une simple contravention, et, dès lors, ne comporte pas les éléments constitutifs de la complicité prévue et punie par les art. 59 et 60 c. pén.; qu'ainsi, c'est à tort qu'un jugement correctionnel déclare un individu, à la charge duquel aucun fait direct et personnel de distribution n'est relevé, complice d'une distribution illicite d'écrits, en se fondant sur ce que l'auteur de la distribution agissait pour le compte et par les ordres de cet individu, lequel y avait seul intérêt (Crim. cass. 11 avril 1856, aff. Cazeneuve, D. P. 56. 1. 198). — Mais il a été jugé, en sens contraire, que l'individu (par exemple, l'aubergiste) qui, ayant reçu chez lui des distributeurs ou colporteurs d'ouvrages, non pourvus de l'autorisation préfectorale exigée par l'art. 6 de la loi du 27 juill. 1849, les aide et assiste sciemment dans les faits propres à faciliter leur trafic clandestin, se rend complice du délit de colportage commis par eux (Metz, 9 fév. 1854, aff. Oudin, D. P. 55. 5. 340; V. dans le même sens, Crim. rej. 18 août 1849, aff. Chevalier, D. P. 49. 1. 261, et *suprà*, n° 445). — Mais la solution de l'arrêt du 11 avril 1856 nous paraît seule exacte.

491. Les circonstances atténuantes sont-elles admissibles en pareille matière? — Il est reconnu que l'art. 463 c. pén. n'est pas applicable aux matières spéciales (V. Peine, n° 562). — Il n'est donc pas douteux que le bénéfice des circonstances atténuantes est inadmissible en matière de presse, si ce n'est dans les cas où il peut être invoqué en vertu d'une disposition expresse

---

casse et annule le jugement du tribunal de Saint-Mihiel, du 4 août dernier.

Du 12 sept. 1825.-C. C., sect. crim.-MM. Bailly, f. f. pr.-Gaillard, r.

(1) (Min. pub. *C.* Dubreuil.)—La cour;—Vu les art. 8 de la loi du 18 juill. 1828 et 16 de la loi du 9 sept. 1835; — Attendu que, d'après ces articles, tout numéro d'un journal doit être signé en minute par le gérant sur l'exemplaire déposé au parquet, sous peine d'une amende de 500 fr. à 3,000 fr.;—Attendu que l'infraction à ces dispositions est du nombre des contraventions qui existent par le fait même et que ne peut faire disparaître aucune excuse de bonne foi, mais seulement celle de la force majeure proprement dite; — Que l'absence du gérant au moment de la publication du numéro dont il s'agit et l'erreur par suite de laquelle son mandataire a déposé, au lieu de la feuille signée d'avance par ledit gérant, un autre exemplaire signé par lui-même en vertu de sa procuration, ne sont pas des faits de force majeure;—Qu'on n'a pu davantage excuser la contravention à raison des arrangements qui auraient été convenus entre le procureur du roi et le gérant sur la manière et le lieu du dépôt, et sur l'absence de récépissé, puisqu'à supposer que de tels arrangements pussent être pris en considération par les tribunaux, il est reconnu qu'ils étaient entièrement étrangers à l'obligation imposée au gérant de signer lui-même l'exemplaire déposé; — Qu'ainsi c'est sans motif légal que la cour royale de Rouen a refusé de condamner le sieur Dubreuil à l'amende par lui encourue, et qu'en le renvoyant des poursuites du ministère public, elle a formellement violé les art. 8 de la loi du 18 juill. 1828 et 16 de la loi du 9 sept. 1835, ci-dessus visés; —Casse.

Du 16 avril 1841.-C. C., ch. crim.-MM. de Bastard, pr.-Vincens, rap.

(2) *Espèce:* — (Min. pub. *C.* Simon, etc.) — Simon, Viardot et Delatouche, gérants du Charivari, sont traduits en police correctionnelle, comme prévenus d'avoir contrevenu à la loi du 18 juill. 1828, en ce qu'ils n'avaient pas déposé au parquet leur numéro du 11 fév. 1835.— Ils répondent que le dépôt n'a pas eu lieu parce que le porteur qui en était chargé a perdu l'exemplaire signé en minute, qui lui avait été confié à cet effet. — 14 mars 1835, jugement qui admet leur bonne foi comme excuse, et les acquitte. — Appel. — Arrêt.

La cour; — Vu l'art. 8 L. 18 juill. 1828; — Considérant que la contravention aux dispositions de l'article dont il vient d'être donné lecture est constante et reconnue; qu'en thèse générale, la bonne foi ne peut être recherchée en matière de contravention, et que dans les circonstances de la cause, le fait de force majeure n'est aucunement justifié; — Emendant, etc.

Du 22 avril 1835.-C. de Paris, ch. corr.-M. Jacquinot, pr.

(3) (Min. pub. *C.* le Figaro.)—La cour;—Vu l'ordonnance du roi, en date du 24 juin dernier, qui remet en vigueur la loi du 31 mars 1820 et l'art. 5 de cette loi; — Attendu qu'il est reconnu, en fait, que Bohain, propriétaire et principal rédacteur du journal intitulé le Figaro, a inséré dans le numéro de ce journal, du 20 août dernier, un article que la censure avait refusé d'approuver; que ce fait constituait évidemment le délit prévu par l'art. 5 précité de la loi du 31 mars 1820; — Que ce délit ne pouvait être excusé sous prétexte de la bonne foi du prévenu, parce que, comme toutes les lois préventives, la loi du 31 mars 1820 est une loi de police; que les infractions aux lois de police doivent être punies sur la seule preuve de l'existence du fait matériel qui constitue cette infraction, et sans égard à l'intention de celui qui l'a commis; — Que ce délit ne pouvait pas davantage être excusé, sous prétexte que l'article inséré était insignifiant, et n'était pas susceptible d'être incriminé, parce que la loi précitée attache la peine qu'elle prononce au seul fait de l'insertion non autorisée d'un article, et sans préjudice aux poursuites que le contenu de cet article pourrait provoquer; qu'enfin il n'appartenait pas à la cour royale de Paris de décider si la censure avait eu ou non des motifs suffisants pour refuser son approbation à l'article dont il s'agit, parce qu'une pareille appréciation n'était point de la compétence de cette cour, mais de la compétence exclusive des censeurs; — Qu'il résulte de là que l'arrêt attaqué a formellement violé la loi du 31 mars 1820; — Casse l'arrêt de la cour de Paris, du 5 déc. 1827, etc.

Du 1er fév. 1828.-C. C., ch. crim.-MM. Bailly, f. f. pr.-M. Mangin, r.

(Conf. MM. Chassan, t. 1, p. 189; de Grattier, t. 1, p. 105). — Jugé en ce sens : 1° que l'art. 463 c. pén. n'est pas applicable aux délits prévus par des lois spéciales, telles que celles de la presse, et, par exemple, il ne s'applique pas aux peines encourues par ceux qui publient un journal avant le versement du cautionnement (Montpellier, 11 juin 1838, aff. Marcou, V. n° 282-3°. — Conf. Paris, 23 nov. 1831, aff. Mugney, V. Peine, n° 362); — 2° Que s'il y a des circonstances particulières qui paraissent atténuantes, c'est au gouvernement à apprécier ces circonstances, et s'il y a lieu, à modérer et même à faire la remise de la peine (Crim. cass. 25 juin 1825, aff. Pochard, V. n° 175). — Conf. M. Parant, p. 50). — Toutefois l'art. 8 de la loi du 11 août 1848 dit formellement : « L'art. 463 est applicable aux *délits* de la presse. » — Mais cette loi était exclusivement relative à la répression *des crimes et délits* commis par la voie de la presse; ce qui ne comprend pas les contraventions. — L'art. 23 de la loi du 27 juill. 1849, qui admet aussi le bénéfice des circonstances atténuantes, ne s'applique également qu'aux *délits* prévus par cette loi.

Aussi a-t-il été jugé : 1° que l'art. 8 du décret du 11 août 1848, qui permet la déclaration des circonstances atténuantes en matière de délit de presse, est inapplicable aux contraventions prévues par la loi du 21 oct. 1814, et notamment à celle qui résulte du défaut d'indication du nom et de la demeure de l'imprimeur sur l'écrit imprimé (Crim. cass. 9 nov. 1849, aff. Jeanne, D. P. 49. 1. 304); — 2° Que l'art. 463, déclaré applicable aux délits de presse par la loi du 27 juill. 1849, art. 23, ne s'applique pas aux contraventions sur l'imprimerie (Paris, 28 juin 1850, aff. Magnier, D. P. 50. 2. 199); — 3° Que l'art. 463 c. pén. ne s'applique qu'au cas où la loi l'a prescrit, et, par exemple, qu'il ne peut être invoqué à l'égard des infractions commises en matière de dépôts d'imprimés : et qu'ici ne s'applique pas non plus l'art. 8 du décret du 11 août 1848, quelque généraux que soient ses termes (Caen, 29 nov. 1849, aff. L..., D. P. 50. 2. 32; Crim. rej. 31 août 1850, aff. Ballard, D. P. 50. 5. 281); — 4° Que les circonstances atténuantes ne sont pas admissibles en matière de contravention de presse, et, par exemple, pour les infractions à la loi du 16 juill. 1850, concernant la signature des articles de discussion politique, philosophique ou religieuse (Crim. cass. 6 sept. 1851, aff. Bayvoet, D. P. 51. 5. 431; Trib. d'Auxerre, 24 mai 1855, aff. Hérisé, D. P. 55. 3. 46); — 5° Que le bénéfice des circonstances atténuantes n'est pas admis pour les infractions au décret du 17 fév. 1852, relatif à la publication ou à la mise en vente sans autorisation de dessins, gravures ou estampes (Bordeaux, 24 nov. 1852, aff. Maggi, D. P. 52. 5. 440); — 6° Qu'il en est de même de l'infraction à l'art. 2 du décret du 17 fév. 1852, qui prohibe l'introduction, sans autorisation, en France, de journaux politiques ou d'économie sociale publiés à l'étranger (Crim. cass. 15 sept. 1854, aff. d'Ecquevilley, D. P. 54. 1. 375).

492. Toutefois, il a été jugé, en sens contraire : 1° que les circonstances atténuantes déclarées applicables aux délits prévus par la loi du 27 juill. 1849, sont admissibles non-seulement pour les délits commis par la voie de la presse, mais encore pour les infractions aux règles sur la police de l'imprimerie et de la librairie et notamment à celles qui concernent le dépôt prescrit par l'art. 7 de cette loi (Crim. rej. 2 mars 1850, aff. Hamelin, D. P. 50. 1. 95); — 2° Que la faculté d'admettre les circonstances atténuantes, qui forme le droit commun de la législation pénale, s'étend aux infractions aux lois sur la presse : les art. 8 du décret du 11 août 1848, et 23 de la loi du 27 juill. 1849, qui déclarent l'art. 463 c. pén. applicable aux délits prévus par ces lois, n'ont pas été abrogés par le décret organique de la presse du 17 fév. 1852; que l'on prétendrait à tort que cette applicabilité de l'art. 463 c. pén. n'existe qu'à l'égard des délits proprement dits, commis en matière de presse : le mot *délits* employé par les articles précités des lois des 11 août 1848 et 27 juill. 1849, est une expression générale qui embrasse toutes les infractions, qu'elles aient le caractère de crimes, de délits, ou même de simples contraventions; que, par suite, et spécialement, en admettant que les infractions à l'art. 6 de la loi du 27 juill. 1849, relatif au colportage, dussent être considérées comme de simples contraventions, elles jouiraient néanmoins du bénéfice de l'admission des circonstances atténuantes; mais que de telles infractions sont de véritables délits (Montpellier, 28 janv. 1856, aff. Thomet, D. P. 56. 2. 142). — La jurisprudence ne nous paraît pas tendre à se fixer dans ce sens. — V. les décisions ci-dessus.

493. D'après l'art. 8 de la loi du 10 déc. 1830, sur les crieurs et les afficheurs publics, l'art. 463 c. pén. est applicable aux crieurs lorsque les circonstances paraissent atténuantes et que le préjudice causé n'excède pas 25 fr. — Cette dernière circonstance était exigée par l'ancien art. 463; mais elle a été supprimée lors de la révision du code pénal en 1832. — Cette modification a fait demander si, nonobstant ce changement, la condition dont fait mention l'art. 8 de la loi de 1830, qui n'était elle-même sous ce rapport que l'écho de l'ancien art. 463, si cette condition, disons-nous, est encore exigée. — Il ne paraît pas douteux qu'elle ne saurait l'être, parce que l'intention du législateur de 1830 n'a été que de se conformer à l'art. 463 qui formait la base de sa disposition, et que, dès lors, la modification qu'a subie cet article doit être censée écrite dans la loi de 1830 (V. en ce sens MM. Parant, p. 187; Chassan, t. 1, p. 556; de Grattier, t. 2, p. 244). — Au reste, ne perdons pas de vue qu'il s'agit ici uniquement de contravention aux lois sur les moyens de publication, et qu'on ne comprend guère comment, à ce point de vue, il pourrait y avoir préjudice.

Sect. 2. — *Constatation des contraventions. — Saisie, séquestre.*

494. Les contraventions aux lois sur la police de la presse sont constatées comme toutes les autres infractions par des procès-verbaux. — Suivant l'art. 45 du décret du 5 fév. 1810 et l'art. 20 de la loi du 21 oct. 1814, les contraventions aux lois sur l'imprimerie et la librairie devaient être constatées par les procès-verbaux des inspecteurs de la librairie et des commissaires de police. — Mais les inspecteurs de la librairie ont été supprimés par l'ord. du 13 sept. 1829. — L'art. 2 de cette ordonnance déclare que les commissaires de police, dans toute l'étendue du royaume, sont investis des attributions légales que les inspecteurs de la librairie avaient reçues de l'art. 45 du décret du 5 fév. 1810, de l'art. 20 de la loi du 21 oct. 1814 et de l'art. 7 de l'ordonnance du 24 oct. de la même année. — (Pour la forme de ces procès-verbaux et la foi qui leur est due, V. Procès-verbaux). — Disons cependant que, suivant les règles adoptées par l'administration, les procès-verbaux qui constatent que des avis non timbrés ont été distribués ou déposés dans les bureaux de la poste, doivent indiquer le nom de la personne qui a fait la distribution ou le dépôt (délib. cons. d'adm. 20 août 1833) (1). — Nous devons faire remarquer aussi qu'il a été jugé : 1° que le défaut de déclaration d'imprimer peut être poursuivi et réprimé sans qu'il soit besoin que la contravention se trouve constatée par un procès-verbal (Crim. rej. 16 août 1851, aff. Leboyer, D. P. 51. 5. 317); — 2° Que la contravention résultant du défaut de déclaration et de dépôt d'un ouvrage imprimé, est suffisamment établie par la non-représentation du récépissé de cette déclaration et de ce dépôt (Crim. cass. 2 avr. 1830) (2). —

(1) *Espèce* : — (Enreg. *C.* Delamotte.) — Une annonce non timbrée relative à la fabrique d'instruments de chirurgie du sieur Delamotte, fut déposée aux bureaux de la poste. Le procès-verbal n'indiquant pas le nom de celui qui avait fait le dépôt, une contrainte fut décernée contre Delamotte seulement. Il fit opposition et la motiva sur ce qu'il n'avait pas fait l'envoi de l'imprimé. La contrainte fut annulée par le tribunal de la Seine. — Le conseil d'administration, en adhérant à ce jugement, a considéré qu'il résulte des art. 68 et 69 de la loi du 28 avril 1816, que la personne qui a fait distribuer des avis non timbrés ne peut être poursuivie à fin de payement de l'amende qu'autant qu'elle est convaincue d'avoir fait cette distribution; que, dans l'espèce, le procès-verbal ne constatait pas qu'elle fût du fait de Delamotte; qu'ainsi, le jugement qui déclare que celui-ci n'a pas encouru d'amende, ne viole pas la loi; mais que ces circonstances démontrent que, dans les cas semblables, il y a nécessité de la part des employés, de mentionner dans leurs procès-verbaux le nom des personnes qui distribuent des annonces non timbrées ou qui les déposent dans le bureau de la poste.

Du 20 août 1833.-Délib. cons. d'adm.

(2) *Espèce* : — (Min. pub. *C.* Hénault.) — Le sieur Hénault, imprimeur à Toulouse, poursuivi pour n'avoir point fait de déclaration ni de dépôt à la préfecture d'un écrit imprimé intitulé Comité de l'association constitutionnelle de Montauban, fut condamné par le tribunal correc-

Le motif en est, que cette preuve est conforme à ce qui est prescrit par les art. 154 et 189 c. inst. crim., et que d'ailleurs les contraventions à l'art. 14 de la loi du 21 oct. 1814 peuvent être constatées par tout autre moyen que par un procès-verbal de saisie (Conf. MM. Parant, p. 191; de Grattier, t. 1, p. 86); — 3° Que le défaut de déclaration et de dépôt préalables à l'impression ou la publication d'un ouvrage, exigés par l'art. 14 de la loi du 21 oct. 1814, résulte de la non-représentation des récépissés de la déclaration et du dépôt, et non de la saisie et du séquestre de l'ouvrage pratiqués en vertu de l'art. 15 de cette loi; ces expressions de l'art. 16 : *constaté comme il est dit en l'article précédent*, signifient, non pas constaté par la saisie et le séquestre, mais constaté par la non-représentation des récépissés (Crim. cass. 2 fév. 1844) (1); — 4° Que la question de savoir si le récépissé de la déclaration que doit faire un imprimeur avant d'imprimer un ouvrage a été représenté, est une question de fait qu'il appartient aux tribunaux de décider souverainement; que, par suite, ne peut être cassé l'arrêt qui, de l'insertion de cette déclaration dans les registres de l'imprimeur, tenus en bonne forme et visés par le commissaire de police, ainsi que des circonstances de la cause, tire la conséquence que le récépissé a été représenté; et qu'on dirait en vain qu'on ne peut, par des présomptions, suppléer à la représentation du récépissé, et qu'il faut un acte écrit (Crim. rej. 10 fév. 1826 (2). — Conf. M. Parant, p. 49); — 5° Que le juge qui déclare l'existence d'un fait de distribution d'écrits non autorisée n'est pas tenu de spécifier les preuves sur lesquelles se fonde sa conviction (Crim. cass. 25 juin 1852, aff. Bocher, D. P. 52. 1. 190).

495. Cependant il a été décidé aussi que l'art. 19 de la loi du 21 oct. 1814, d'après lequel le libraire chez qui se trouve un ouvrage sans nom d'imprimeur doit être puni d'une amende de 2,000 fr., s'il ne prouve que l'ouvrage a été imprimé avant cette loi, ne permet pas que cette preuve, qui est à la charge du libraire, soit remplacée par de simples présomptions (Crim. cass. 10 nov. 1826, aff. Deveaux, V. n° 190). — Cette solution nous paraît rigoureuse : la *preuve* doit être quelquefois très-difficile à produire, et nous trouverions juste que, pour l'application d'une peine, et d'une peine sévère, on se montrât plus facile à l'égard de la défense. La loi ne s'étant pas expliquée sur la nature de la preuve à fournir, il nous paraît rationnel de considérer comme ayant le caractère d'une preuve tous les faits et toutes les inductions qui ont assez de consistance pour servir de base à la conviction du juge. — M. de Grattier (t. 1, p. 99) paraît cependant approuver l'arrêt précité.

496. Suivant la loi du 21 oct. 1814 (art. 15), il y a lieu à saisie et séquestre d'un ouvrage : 1° si l'imprimeur ne représente pas les récépissés de la déclaration et du dépôt ordonnés par l'art. 14 de la même loi; 2° si chaque exemplaire ne porte pas le *vrai nom et la vraie demeure de l'imprimeur*. — Il est bien entendu que la disposition est applicable, bien que l'imprimeur représente un des récépissés, celui du dépôt, par exemple, et non celui de la déclaration, et réciproquement. Il faut, pour éviter la saisie, que les deux récépissés soient représentés, et il en serait de même si l'ouvrage ne portait ni nom ni demeure d'imprimeur, bien que la loi, par sa rédaction, semble ne prévoir que le cas où l'imprimé contiendrait, à cet égard, une fausse désignation (Conf. M. de Grattier, t. 1, p. 83). — On ne peut objecter que c'est là raisonner par analogie, car c'est tout simplement faire de la loi une application littérale. — Un ouvrage qui ne contient aucune indication quant au nom et à la demeure de l'imprimeur, par cela même, en effet, ne contient pas *son vrai nom et sa vraie demeure*; et si la loi s'est servie de ces expressions, c'est uniquement parce qu'elle a voulu rendre vaine l'excuse qu'on aurait voulu tirer d'une désignation inexacte.

497. Voyons maintenant quelles sont les formes de la saisie et ses suites. — La loi du 21 oct. 1814 n'a rien prévu à cet

---

tionnel de Montauban, mais acquitté, sur son appel, par arrêt de la cour royale de Toulouse, du 25 fév. 1830 : « Attendu que la contravention imputée audit Hénault devait être, aux termes de l'art. 15 de la loi du 21 oct. 1814, constatée par un procès-verbal de saisie et de séquestre de l'ouvrage en contravention, lequel doit être signifié dans un délai fixé par la loi, et suivi de procédure que la loi détermine aussi; que, cependant, cette signification n'a pas été faite dans ce délai, etc. » — Pourvoi. — Arrêt.

LA COUR (ap. délib. en ch. du cons.); — Vu les art. 14, 15 et 16 de la loi du 21 oct. 1814 relative à la liberté de la presse, au tit. 2, intitulé de la police de la presse; — Attendu que le procès-verbal des commissaires de police de la ville de Toulouse qui se sont transportés chez l'imprimeur Hénault, ne constate ni ordre de saisir ni saisie réellement faite; qu'elle était même impossible à effectuer, puisque l'imprimeur déclarait avoir remis tous les exemplaires de l'écrit dont il s'agissait aux trois avocats signataires; que l'écrit et l'imprimé n'avaient été connus que par la publication qu'ils avaient reçue; que, dès lors, ce procès-verbal n'était pas dans l'ordre de ceux dont l'article unique de la loi du 28 fév. 1817 ordonnait la notification à l'imprimeur sous peine de nullité; — Attendu que les contraventions à l'art. 14 ci-dessus cité peuvent être constatées par tout autre moyen que par un procès-verbal de saisie; que, dans l'espèce, elles étaient prouvées par la non-représentation des récépissés de déclaration et de dépôt; que cette preuve légale était conforme à ce qui est prescrit par les art. 154 et 189 c. inst. crim., et qu'ainsi la cour royale de Toulouse, en ne réprimant pas ces contraventions, a fait une fausse application de l'art. 15 de la loi du 21 oct. 1814 et violé les art. 14 et 16 de ladite loi; — Casse, etc.

Du 2 avr. 1830.-C. C., ch. crim.-MM. de Bastard, pr.-Brière, rap.

(1) (Battini.) — LA COUR; — Vu les art. 14, 15 et 16 de la loi du 21 oct. 1814; — Attendu que la loi du 21 oct. 1814, après avoir par son art. 14, défendu d'imprimer un ouvrage avant d'en avoir fait la déclaration, et de le publier avant d'en avoir déposé le nombre d'exemplaires prescrit, autorise, par son art. 15, la saisie et le séquestre d'un ouvrage lorsque l'imprimeur ne représente pas les récépissés de la déclaration et du dépôt; que cette non-représentation forme donc la preuve légale de la contravention à l'art. 14; que c'est dans ce sens que doit être entendu l'art. 16, lequel punit d'amende le défaut de déclaration avant l'impression, et le défaut de dépôt avant la publication, constaté comme il est dit en l'article précédent; que ces dernières expressions signifient non pas constatés par la saisie et le séquestre, mais bien constatés par la non-représentation des récépissés; — Qu'en jugeant au contraire que la contravention prévue et punie par les art. 14 et 16 de la loi du 21 oct. 1814 ne pouvait être prouvée, d'après les art. 15 et 16 de la même loi, que par la saisie ou le séquestre de l'ouvrage, et en refusant par suite de condamner Battini à l'amende fixée par l'art. 16, la cour d'appel de Bastia a faussement appliqué ledit art. 15 et formellement violé ledit art. 16; — Casse l'arrêt rendu le 16 oct. 1843 par la cour d'appel de Bastia.

Du 2 fév. 1844.-C. C., ch. crim.-MM. de Crouseilhes, f. f. de pr.-Vincens, rap.-Dupin, pr. gén., c. conf.-Ledru-Rollin, av.

(2) *Espèce* : — (Min. pub. *C.* Joly.) — Joly, imprimeur, cité pour être condamné à l'amende de 1,000 fr. en ce qu'il n'a pas fait la déclaration préalable exigée par la loi du 21 oct. 1814, soutient avoir fait cette déclaration dont il ne représente pas le récépissé; il offre en preuve ses registres où elle est mentionnée. — Le préfet affirme, au contraire, qu'aucune déclaration n'a eu lieu. — Le tribunal de Dôle, et, sur l'appel, le tribunal de Lons-le-Saulnier, ont renvoyé Joly de l'action, « attendu qu'il résultait des registres, des faits et circonstances, que la déclaration avait été faite. » — Pourvoi fondé sur ce que des présomptions ne peuvent dispenser de la représentation d'un acte écrit. — Arrêt.

LA COUR; — Attendu qu'aux termes des art. 15 et 16 de la loi du 21 oct. 1814, tout imprimeur qui a imprimé un ouvrage avant d'avoir déclaré l'intention où il est de l'imprimer, et qui le met en vente après l'avoir imprimé sans en avoir préalablement déposé cinq exemplaires, est passible des peines portées par cette loi; — Q'aux termes des mêmes articles, la présence de la déclaration et du dépôt résulte de la représentation des récépissés de la déclaration et du dépôt; qu'une fois cette représentation faite, l'imprimeur ne peut être poursuivi pour contravention à la loi; — Que la question de savoir si le récépissé a été représenté utilement par l'imprimeur est une question de fait dont la solution appartient exclusivement aux juges qui connaissent de la contravention; — Attendu que, dans l'espèce, le tribunal de première instance de Lons-le-Saulnier, chef-lieu judiciaire du département du Jura, en confirmant, sur l'appel, le jugement correctionnel du tribunal de première instance de Dôle, a déclaré qu'il résultait du registre des déclarations tenu en bonne forme par Joly, imprimeur à Dôle, que, sous la date du 12 avr. 1824, était inscrite celle relative à l'impression de l'ouvrage ayant pour titre : l'Art épistolaire, par Jeauffret; que le commissaire de police de la ville de Dôle s'était présenté dans l'imprimerie de Joly le 27 du même mois d'avril, et avait visé le registre dans les termes suivants : vu, vérifié et arrêté, et qu'en déduisant de ces faits déclarés constants et des autres circonstances dont l'appréciation appartient au tribunal, que le récépissé de la déclaration faite par Joly avait été représenté, le tribunal de Lons-le-Saulnier n'a violé, par le jugement attaqué, ni la loi du 21 oct. 1814, ni l'ordonnance du roi, du 24 du même mois; — Rejette.

Du 10 fév. 1826.-C. C., ch. crim.-MM. Portalis, pr.-Brière, rap.

égard. — Il paraît, d'ailleurs, que la saisie ne peut avoir lieu que dans la forme d'un procès-verbal ordinaire dressé par l'officier qui constate la contravention. — Quant aux suites de la saisie, elles sont indiquées par la loi du 28 fév. 1817, aux termes de laquelle l'ordre de saisie et le procès-verbal doivent être, sous peine de nullité, notifiés dans les vingt-quatre heures à la partie saisie qui peut y former opposition. — En cas d'opposition, les officiers du ministère public doivent faire toute diligence pour que, dans la huitaine, à dater du jour de l'opposition, il soit statué sur la saisie. — Le délai de huitaine expiré, la saisie, si elle n'est maintenue, demeure de plein droit périmée, et tous les dépositaires de l'ouvrage saisi sont tenus de le remettre au propriétaire.

498. La première difficulté que fait naître la loi du 28 fév. 1817 est de savoir si elle doit être considérée comme abrogée. — Au premier aperçu, l'affirmative semble de toute évidence, puisque l'art. 31 de la loi du 26 mai 1819 dit expressément : « La loi du 28 fév. 1817 est abrogée. » — Néanmoins, il a été jugé que la loi de 1817 n'a rien perdu de son autorité relativement aux simples contraventions, par le motif que la loi de 1819, uniquement relative *au contenu* des ouvrages, ne peut s'appliquer aux contraventions qui sont complétement étrangères à ce contenu (Crim. cass. 22 août 1823; Crim. rej. 27 mars 1838 (1); V. en ce sens MM. Parant, p. 63 et 64; Chassan, t. 2, p. 523; Celliez, Code annoté de la presse, p. 29 et 43; Pégat, p. 81). — Le motif qui sert de base à cette solution nous paraît juste. — Ce serait dépasser le but du législateur et faire une fausse application de la loi que d'appliquer ses dispositions à d'autres objets que ceux qu'elle a eus en vue. *Prior atque potentior est quàm vox mens dicentis* (L. 7, § 2, ff., *De supell. leg.*).

499. Mais par qui doit être donné l'ordre de saisie dont parle la loi de 1817? — Cette loi garde le silence sur ce point. — D'où il suit que l'ordre doit être donné conformément aux règles générales du code d'instruction criminelle, par le procureur impérial chargé, par l'art. 22 de ce code, de la recherche et de la poursuite de tous les délits dont la connaissance appartient aux tribunaux de police correctionnelle. — MM. Parant, p. 287; de Grattier, t. 1, p. 83; Pégat, p. 91, sont d'avis que l'ordre peut être également donné par le juge d'instruction (c. inst. crim. 89). — M. Chassan, t. 1, p. 526, ne partage pas cette opinion, et les motifs qu'il donne de son dissentiment nous paraissaient concluants avant la loi du 17 juill. 1856. Le principal, c'est qu'il ne s'agit pas ici d'une procédure par la voie de l'information préalable, et qu'on ne peut concevoir un juge d'instruction n'agissant que pour un acte isolé, sans être tenu de faire un rapport à la chambre du conseil et sans que cette chambre ait à prononcer. — Or la loi de 1817 ne dit nullement que la validité de la saisie sera jugée par la chambre du conseil, c'est au contraire au tribunal correctionnel à prononcer (V. sur ce dernier point MM. Parant, p. 289; Celliez, p. 29; Pegat, p. 81). — Mais la loi précitée de 1856 a conféré au juge d'instruction le pouvoir de prononcer par lui-même sur les affaires qu'il était antérieurement tenu de soumettre à la chambre du conseil. D'où il suit qu'aujourd'hui l'argument qui vient d'être rappelé se trouve sans force.

500. L'art. 46 du décret du 5 fév. 1810 prescrit de déposer provisoirement les objets saisis à la mairie, à la sous-préfecture ou à la préfecture la plus voisine du lieu où le délit est constaté. Néanmoins, et conformément à une circulaire du directeur général de la librairie, du 1er déc. 1814, les commissaires de police pourraient laisser les ouvrages donnant lieu à saisie à la garde des imprimeurs, libraires ou marchands, après y avoir apposé leur cachet et avoir exigé du dépositaire une reconnaissance en forme portant obligation de les représenter à leur première réquisition (V. M. de Grattier, t. 1, p. 85). — Les exemplaires saisis pour simple contravention à la loi de 1814 doivent être restitués après le payement des amendes, d'après l'art. 18 de cette loi, dont la disposition, comme le fait observer M. de Grattier, t. 1, p. 96, n'est pas en harmonie avec l'art. 286 c. pén.

501. Au reste, la péremption de la saisie ne met nul obstacle à l'action du ministère public quant à la contravention résultant de l'écrit saisi (Conf. M. Chassan, t. 1, p. 526). — Les effets de la péremption sont indiqués par la loi de 1817 elle-même; ils se réduisent à obliger tous dépositaires de l'ouvrage saisi à le remettre au propriétaire. — Si la loi de 1817 avait voulu faire dépendre de la saisie le sort de l'action publique, elle n'aurait pas manqué de l'exprimer, comme l'a fait l'art. 31 de la loi du 26 mai 1819 (Conf. MM. Parant, p. 289; Celliez, p. 29; Pegat, p. 81).

502. Quant aux contraventions qui peuvent être commises par les autres moyens de publication, la loi n'établit aucune règle spéciale en ce qui touche la saisie. — D'où il suit qu'il faut à cet égard se conformer aux règles ordinaires. — V. Instruction criminelle, nos 336 et suiv.

Sect. 3. — *De la compétence.*

503. Les contraventions aux lois sur les moyens de publication sont de la compétence des tribunaux correctionnels, puisque, d'une part, aux termes de l'art. 179 c. inst. crim., ces tribunaux connaissent de toutes les infractions dont la peine excède cinq jours d'emprisonnement et 15 fr. d'amende, et que, d'autre part, les contraventions dont il s'agit entraînent des peines plus graves (V. no 485) que celles indiquées par cette limite. — Du reste, les lois du 21 oct. 1814 (art. 21), du 9 juin 1819 (art. 6 et 12), du 18 juill. 1828 (art. 2 et 3), du 10 déc. 1830 (art. 7), du 16 fév. 1834 (art. 2), et surtout le décret du 16 fév. 1852, se sont formellement prononcées dans ce sens.

504. Sous la loi du 8 oct. 1830, qui attribuait aux cours d'assises la connaissance des délits commis par les moyens de publication énoncés en l'art. 1 de la loi du 17 mai 1819, on avait prétendu que les simples *contraventions* aux lois relatives à la publicité devaient être déférées au jury. — Mais cette doctrine n'avait point été admise. — Et il avait été jugé : 1° que la contravention résultant de la publication d'un journal politique sans cautionnement était de la compétence des tribunaux correctionnels, non de la compétence des cours d'assises (Paris, 9 déc. 1831, aff. Fazy. — Conf. MM. Chassan, t. 2, p. 211 et suiv.; de Grattier, t. 2, p. 209); — 2° Que les tribunaux correctionnels étaient compétents, à l'exclusion de la cour d'assises, pour connaître des contraventions à l'art. 3 de la loi du 16 juill. 1850, qui veut que tout article de discussion politique, philosophique ou religieuse, soit signé par son auteur (Agen, 29 nov. 1850, aff. Gauzence, D. P. 51. 2. 18; 7 mars 1851, aff. le Siècle, le

---

(1) 1re *Espèce* : — (Min. pub. C. Tremblay.) — La cour; — Vu les lois des 21 oct. 1814, relative à la police de la presse; 28 fév. 1817, relative aux écrits saisis en vertu de la loi du 21 oct. 1814; 17 mai 1819 sur la Répression des crimes et délits commis par la voie de la presse ou par tout autre moyen de publication; 26 même mois, relative à la poursuite et au jugement des crimes et délits commis par la voie de la presse ou par tout autre moyen de publication; — Attendu que l'abrogation de la loi du 28 fév. 1817, prononcée par l'art. 31, L. 26 mai 1819, ne peut se référer qu'aux délits dont cette dernière loi a réglé la poursuite, c'est-à-dire aux délits commis par la voie de la presse ou par tout autre moyen de publication; — Que cette loi n'est donc abrogée, quant aux dispositions de la loi du 21 oct. 1814 sur la Police de la presse, que relativement à la poursuite des ouvrages déférés aux tribunaux pour leur contenu, conformément au no 5, art. 15 de cette loi; — Et attendu que, dans l'espèce, Tremblay n'a pas été poursuivi à raison de la publication d'ouvrages déférés aux tribunaux pour leur contenu; — Qu'il ne l'a été que pour avoir imprimé un ouvrage et l'avoir publié sans avoir fait la déclaration et le dépôt prescrits par l'art. 14, L. 21 oct. 1814 sur la Police de la presse; — Que ce fait n'était pas au nombre de ceux dont la loi du 26 mai a réglé la poursuite; — Que l'abrogation portée par l'art. 31 de cette loi ne lui était donc applicable; — Que, dès lors, la poursuite et le jugement de ce fait devaient avoir lieu d'après la loi du 28 fév. 1817; — Que, néanmoins, le jugement attaqué n'a rejeté l'appel émis par le ministère public du jugement du tribunal correctionnel de Senlis que sur le motif que la saisie devait être réputée nulle et l'action éteinte faute d'avoir observé les formalités prescrites par les art. 7 et 10, L. 26 mai 1819; en quoi ce jugement a fait une fausse application des articles précités de cette dernière loi : — Par ces motifs, casse et annulle, etc. »

Du 22 août 1823.-C. C. sect. crim.-M. Ollivier, rap.

2e *Espèce* : — (N... C. min. pub.) — La cour — Attendu... qu'au surplus il n'y aurait point eu de saisie fondée sur le contenu de l'ouvrage, mais seulement pour violation de l'art. 14, L. 21 oct. 1814, ce qui rendrait inapplicable l'art. 11, L. 26 mai 1819 : — Rejette (a).

Du 27 mars 1838.-C. C., ch. crim.-M. Brière, rap.

(a) Cet arrêt est rapporté en ces termes par M. Parant, p. 64, no 2.

National et l'Événement, D. P. 51. 1. 21). — Il est toutefois à remarquer que l'infraction aux art. 1 et 4 de la loi du 10 déc. 1830, c'est-à-dire l'affichage de nouvelles politiques et la vente ou distribution de faux extraits de journaux, jugements et autres de l'autorité, étaient de la compétence des cours d'assises (L. 10 déc. 1830, art. 6). — Au reste, la démarcation de la compétence entre les cours d'assises et les tribunaux correctionnels ne peut plus offrir de difficulté, puisque l'art. 25 du décret du 17 fév. 1852 attribue formellement à cette dernière juridiction la connaissance des délits commis par la voie de la presse ou par tout autre moyen de publication. — Peut-être en s'en tenant à la lettre du décret de 1852, pourrait-on soutenir que les contraventions résultant de l'affichage sont encore de la compétence des cours d'assises; mais la pensée de ce décret est si évidente et ce serait une telle anomalie que de voir une simple contravention soumise au jury, tandis que les délits commis par la voie de la presse seraient déférés aux tribunaux correctionnels, qu'on ne peut s'y arrêter sérieusement un seul instant.

505. Le décret du 17 fév. 1852 a également tranché la difficulté qui s'était élevée sur l'application de la loi du 21 oct. 1814, en ce qui touche les brevets de libraires. — On sait qu'après une résistance prolongée, la cour de cassation avait fini par reconnaître que l'arrêt du conseil, du 28 fév. 1723, était abrogé quant à la peine qu'il édictait contre les libraires non pourvus de brevets (V. nº 209). — Mais il restait encore à décider si le ministère public ne conservait pas le droit de traduire les libraires non brevetés devant les tribunaux correctionnels pour les faire condamner à cesser leur commerce. Il y avait divergence, sur ce point, dans la jurisprudence. — D'une part, il avait été jugé que les tribunaux correctionnels étaient compétents pour connaître des contraventions à la loi de 1814 qui oblige les libraires à se pourvoir d'un brevet, et que, bien que le contrevenant ne fût passible d'aucune peine, il devait cependant être condamné aux dépens (Rouen, chamb. correct., 6 mai 1841, M. Renard, pr., aff. Houdaille); il avait été jugé au contraire : 1º que s'il était vrai que le fait d'exercer sans brevet la profession de libraire fût illicite, comme il ne tombait cependant sous l'application d'aucune loi pénale, ce fait ne pouvait être l'objet, de la part du ministère public, d'une action repressive, et que le tribunal correctionnel requis de prononcer des condamnations qui n'avaient aucun caractère pénal, telles que la défense de continuer l'exercice de ce commerce et la fermeture des magasins, s'était valablement déclaré incompétent (Crim. rej. 7 nov. 1844, aff. Rosier, D. P. 45. 1. 27); — 2º Que la juridiction correctionnelle n'étant compétente que pour connaître des délits, c'est-à-dire des faits que la loi punit d'un emprisonnement qui excède cinq jours, ou d'une amende qui excède 15 fr., était incompétente pour connaître de la prévention d'avoir exercé, sans livret, le métier de colporteur de livres, que la loi ne punissait ni d'amende ni d'emprisonnement; que, par suite, la même juridiction, incompétente pour prononcer, en cas pareil, une peine principale quelconque, ne pouvait condamner le prévenu, convaincu de la contravention, aux frais de la poursuite (Crim. rej. 15 fév. 1845, aff. Barnaud, D. P. 45. 1. 164). — Mais dans le cas où l'administration aurait demandé, devant les tribunaux civils, la cessation du commerce d'un libraire, sur le motif qu'il n'était pas pourvu d'un brevet, le tribunal aurait-il dû ordonner cette cessation, et à défaut d'exécution, le libraire aurait-il pu être contraint *manu militari* à se soumettre à la condamnation qui aurait été prononcée contre lui? En un mot, ce cas devait-il être assimilé à celui où se trouve la femme qui refuse d'habiter avec son mari, et qui, d'après la jurisprudence, peut être appréhendée au corps et conduite au domicile marital, d'où, il est vrai, elle pourra s'échapper quelques instants après? — Ne devait-on pas répondre, au contraire, qu'il s'agissait ici d'une matière essentiellement pénale qui était hors de la juridiction civile, que si la loi ne contenait pas de peine, c'est qu'il avait été dans l'intention du législateur de n'employer qu'une disposition purement persuasive, et qu'il n'était pas permis d'ajouter à sa lettre? Nous inclinions vers cette dernière manière d'entendre la loi. — Aujourd'hui, plus de difficulté à cet égard, puisque le décret du 17 fév. 1852 (art. 24) punit ceux qui exercent le commerce de la librairie sans brevet, d'un emprisonnement d'un mois à deux ans et d'une amende de 100 fr. à 2,000 fr.

506. Mais ce décret n'a pu tout embrasser et il reste de nombreuses questions à résoudre. En ce qui touche les journaux particulièrement, l'interprétation de la loi du 18 juill. 1828 en fait naître plusieurs qui ne sont pas sans gravité. Pour en bien faire saisir la portée, il est nécessaire de rappeler le sens des art. 10 et 11 de la loi précité. — Suivant le premier de ces articles, en cas de contestation sur la régularité ou la sincérité de la déclaration prescrite par l'art. 6 de la même loi (celle du titre du journal, des noms des propriétaires et gérants, etc.) et des pièces à l'appui, il doit être statué *par les tribunaux*, à la diligence du préfet, sur mémoire sommairement et sans frais, la partie ou son défenseur et le ministère public entendus. — D'après l'art. 11 de la même loi, si la déclaration prescrite par l'art. 6 est reconnue fausse et frauduleuse en quelqu'une de ses parties, le journal *doit cesser de paraître*, et les auteurs de la déclaration sont punis d'une amende dont le *minimum* est d'une somme égale au dixième et le *maximum* d'une somme égale à la moitié du cautionnement. — Il y a là évidemment deux cas distincts. Quelle est la juridiction qui doit être saisie dans l'un et dans l'autre? — Dans le premier, celui où la déclaration est contestée par le préfet *avant la publication du journal*, le tribunal civil est seul compétent, car aucune peine ne peut être prononcée contre les auteurs de la déclaration. — C'est, d'ailleurs, ce qui a été expressément reconnu dans l'exposé des motifs de la loi de 1828 et dans le rapport de la commission nommée par la chambre des députés pour en examiner le projet. — Aussi, lorsque le ministère public porte dans ce cas la parole, ce n'est pas comme partie principale mais seulement comme partie jointe (V. MM. Duvergier, sur l'art. 10 de la loi de 1828; Chassan, t. 1, nº 808; de Grattier, t. 2, nº 185). — Conformément à cette doctrine, il a été jugé : 1º que la non-sincérité de la déclaration qui doit précéder toute publication d'un journal constitue le fait non punissable prévu par l'art. 10 de la loi du 18 juill. 1828, et dont la connaissance appartient aux tribunaux civils, ou le délit puni par l'art. 11 de cette loi, et dont la répression est réservée aux tribunaux correctionnels, selon que le journal n'a pas été ou a été publié; — Qu'en conséquence, le tribunal civil devant lequel est contestée, en vertu de l'art. 10, la sincérité de la déclaration d'un journal qui n'a point encore paru, empiète sur la compétence du tribunal correctionnel, et commet en outre un excès de pouvoir, lorsque, au lieu de se borner à annuler la déclaration reconnue non sincère, il la qualifie de mensongère et frauduleuse, en vertu de l'art. 11 relatif au cas où le journal a déjà paru, et condamne le déclarant à l'amende de 500 fr. prononcée par cet article; — ... Que toutefois la décision conserve son effet, en ce qui touche l'annulation de la déclaration, la non-sincérité de cette déclaration résultant nécessairement de ce qu'elle a été qualifiée de mensongère et de frauduleuse (Cass. 7 août 1850, aff. Zeppenfeld, D. P. 50. 1. 245); — 2º Que le tribunal correctionnel, saisi des poursuites dirigées contre un journal publié sans versement préalable de cautionnement, ne peut déclarer responsable de ce défaut de cautionnement un citoyen autre que celui désigné dans la déclaration faite au préfet comme propriétaire du journal, en se fondant sur ce que cette déclaration n'est pas sincère, lorsque l'action ouverte par l'art. 11 de la loi du 18 juill. 1828 pour délit de déclaration fausse et frauduleuse n'a pas été exercée par le ministère public : qu'à défaut d'exercice de cette action, le tribunal civil est seul compétent, d'après l'art. 10 de la même loi, pour statuer, à la diligence du préfet, sur la sincérité de la déclaration (Crim. cass. 1er janv. 1851, aff. Chastaing, D. P. 51. 5. 427). — V. aussi nº 259 et suiv.

507. Dans le second cas prévu par la loi du 18 juill. 1828 (art. 11), celui où, *après la publication du journal*, la déclaration est attaquée par le ministère public comme fausse et frauduleuse, les tribunaux correctionnels sont seuls compétents. — Toutefois, il a été décidé que même dans ce cas les tribunaux civils sont compétents (Orléans, 16 juill. 1836) (1). —

(1) (Min. pub. *C.* Valery, Legroux et autres.) — LA COUR; — Considérant que les contraventions de la presse sont la matière d'une

Mais cette décision ne saurait être suivie, puisque la peine encourue dans ce cas doit, conformément à l'esprit général de la législation sur la presse, être prononcée par les tribunaux correctionnels (V. en ce sens MM. Chassan, t. 1, n° 813; de Grattier, t. 2, p. 191). — Il a même été jugé que les tribunaux correctionnels compétents pour réprimer le délit résultant de ce que la publication d'un journal a été précédée d'une déclaration fausse et frauduleuse, sont également compétents pour apprécier la sincérité de la déclaration; et qu'il n'est pas nécessaire que cette appréciation soit préalablement faite par les tribunaux civils (Crim. rej. 5 juill. 1850, aff. Thomas, D. P. 50. 1. 214). — Dans tous les cas, et c'est ce qui a été également jugé, lorsque la contestation ne porte que sur la régularité de la déclaration, et, par exemple, sur la validité d'une transmission de cautionnement faite pendant que le journal était en cours de publication, la juridiction correctionnelle doit surseoir à statuer jusqu'à la décision du tribunal civil saisi de l'examen des pièces justificatives de cette transmission : elle ne peut se livrer elle-même à cet examen (Crim. cass., 30 août 1850, aff. Quesne, D. P. 50. 5. 382).

508. Au reste, les règles de compétence qui régissent la déclaration préalable s'appliquent également à la déclaration des mutations qui surviennent, soit dans le mode de publication, soit dans les personnes désignées à l'autorité comme devant concourir à la publication du journal (L. 1828, art. 6). — Ainsi, en cas de mutations survenues dans le journal, la déclaration relative à ces mutations peut, au moment où elle est faite, être contestée par le préfet devant le tribunal civil. Mais si, après avoir été acceptée par le préfet, elle paraît devoir être attaquée comme frauduleuse, c'est par le ministère public que l'action doit être exercée, et devant le tribunal correctionnel, auquel il appartient de prononcer l'amende édictée par l'art. 11 de la loi de 1828. — Dans ce cas, si, après l'annulation de la déclaration de mutation, avec défense de continuer la publication du journal, la partie condamnée enfreint cette défense, il y a lieu à l'application, non des peines de l'art. 6 de la loi de 1819, mais de celles de l'art. 6, 1re partie, de la loi de 1828.

509. De même, et c'est encore ce qui résulte d'un arrêt, lorsque le gérant d'un journal poursuivi correctionnellement comme prévenu de n'avoir point déclaré un changement d'imprimeur, excipe d'une déclaration faite par le nouvel imprimeur, et dont il prétend profiter, cette prétention soulève une contestation sur la validité de la déclaration qui doit être renvoyée préalablement devant les tribunaux civils (Crim. cass. 31 janv. 1851, aff. Amy, D. P. 51. 1. 32).

510. L'art. 3 de la loi du 18 juill. 1828 veut que quiconque publie sans cautionnement un journal ou écrit périodique qui n'en est pas exempt soit puni correctionnellement d'un emprisonnement d'un mois à six mois et d'une amende de 200 fr. à 1,200 fr. — Il suit manifestement de cet article que c'est au tribunal correctionnel à prononcer sur les contraventions relatives au défaut de versement du cautionnement. — Aussi a-t-il été jugé que la question de savoir si le versement du cautionnement de gérant a été légalement effectué, peut, sur la poursuite du ministère public intentée pour délit de publication avant le dépôt préalable du cautionnement, être jugée par le tribunal correctionnel; et que c'est à tort qu'on prétend qu'elle ne peut donner lieu qu'à une action civile, conformément aux art. 10 et 11 de la loi du 18 juill. 1828 (Toulouse, 1er juin 1837, aff. Gazette du Languedoc, V. *suprà*, n° 282-2°).

511. Mais sous le rapport de la compétence territoriale quel est le tribunal qui doit être saisi de la connaissance des contraventions commises par les divers moyens de publication? — Est-ce celui du lieu de la contravention, celui de la résidence du prévenu ou bien le tribunal dans le ressort duquel il est trouvé (c. inst. crim. 23, 63)? — V. sur les principes généraux à cet égard, v° Compét. crim., nos 66 s. — Notons ici toutefois qu'il a été jugé qu'un tribunal est incompétent pour connaître d'une contravention aux lois et règlements de l'imprimerie, résultant, par exemple, du défaut de déclaration et de dépôt d'un écrit imprimé, lorsque cette contravention n'a pas été commise dans son ressort (Agen, 15 mars 1843) (1). — Mais quand un imprimeur est prévenu, non-seulement d'avoir imprimé un écrit sans désigner son nom, mais d'avoir participé avec des individus d'une autre localité à la distribution de cet écrit, il y a connexité dans les délits, quand même ceux-ci auraient des caractères différents de gravité, et, par suite, tous les prévenus doivent être renvoyés, nonobstant toutes exceptions d'incompétence *ratione loci*, devant la juridiction appelée à connaître du délit principal (V. Compétence criminelle, nos 90 et 215. — V. encore v° Enregistrement, n° 5695).

512. Nonobstant le principe général qui attribue aux tribunaux correctionnels la connaissance de toute contravention en matière de publication, ces tribunaux sont incompétents, lorsqu'il s'agit, non d'une infraction directe à la loi, mais seulement d'inobservation des règlements municipaux en cette matière. Ce sont alors les tribunaux de police qui doivent connaître de la contravention, conformément à l'art. 138 c. inst. crim. — Par suite, il a été décidé que le tribunal de police est compétent pour prononcer sur une contravention à un règlement de police relatif à l'impression des affiches (Crim. cass. 11 janv. 1834, aff. Perret, V. v° Commune, n° 1355).

513. Il a été également jugé que le fait d'avoir distribué des adresses non timbrées est punissable des peines portées par l'art. 474 c. pén., et que le tribunal de simple police ne peut se déclarer incompétent pour en connaître, sur le motif que cette contravention serait punie d'une amende de 100 fr. par l'art. 69 de la loi du 28 avril 1816, cette amende n'était pas applicable au simple distributeur (Crim. règl. de juges, 16 avril 1829) (2).

514. Les tribunaux correctionnels ne sont pas liés par l'or-

---

législation spéciale en dehors du droit commun; qu'il résulte de l'art. 10 L. 18 juill. 1828, que les contestations sur la régularité des déclarations prescrites par l'art. 6 même loi, relatives aux journaux, doivent être jugées par les tribunaux à la diligence des préfets, sur mémoire, sommairement et sans frais, la partie ou son défenseur, et le ministère public entendus; — Que cette forme prescrite détermine clairement que le jugement doit être déféré au tribunal civil et non aux tribunaux correctionnels devant lesquels les préfets sont sans action, et devant lesquels il est de principe que les débats sont oraux et ne peuvent être remplacés par des mémoires; — Qu'il résulte aussi des termes de la loi qu'en matière de contravention de cette nature le ministère public n'est que partie jointe et non partie principale, ce qui exclut encore la compétence des tribunaux correctionnels; — Considérant que la disposition de l'art. 11 même loi, qui prononce une amende dans le cas de fausse déclaration, n'est point un motif de décider que le tribunal correctionnel soit seul compétent, puisque des amendes prononcées par des législations spéciales dans les causes jugées par les tribunaux civils sont appliquées par ces mêmes tribunaux civils; — Statuant sur les conclusions du procureur général, annule le jugement du tribunal de police correctionnelle d'Orléans, du 9 déc. 1835, comme incompétemment rendu, lequel renvoie les prévenus des poursuites contre eux dirigées; — Renvoie M. le préfet du Loiret à se pourvoir comme il avisera, etc.

Du 16 juill. 1836.-C. d'Orléans, ch. corr.

(1) (Baudouin C. min. pub.) — La cour; — Attendu que par ordonnance de la chambre du conseil du tribunal civil de Cahors, en date du 15 nov. 1843, le sieur Baudouin fut renvoyé irrévocablement de la plainte en diffamation; — Attendu que, par suite du réquisitoire de M. le procureur du roi et de la même ordonnance, il fut renvoyé en police correctionnelle comme coupable de contravention, en sa qualité d'imprimeur, pour n'avoir pas fait les déclarations voulues par cette loi, ni le dépôt de diverses pièces qu'il avait imprimées; — Attendu que si le sieur Baudouin était coupable de cette contravention, il ne pouvait être poursuivi au tribunal de Cahors, mais seulement au tribunal de la Seine; — Qu'en effet, la contravention, si elle existe, aurait été commise à Paris; que c'est d'ailleurs à Paris que le sieur Baudouin a son domicile; d'où suit que, dans son jugement sur opposition en date du 17 fév., le tribunal a tout à la fois mal appliqué les règles de compétence de la loi du 21 oct. 1814, et faussement appliqué celles de l'art. 12 de la loi du 26 mai 1819, qui n'est relative qu'aux délits de diffamation; — Par ces motifs, déclare que le tribunal correctionnel de Cahors était incompétent pour statuer sur la contravention, etc.

Du 15 mars 1843.-C. d'Agen.

(2) (Min pub C. Cabassol.) — La cour; — Vu la demande en règlement de juges.... — Vu l'art. 69 de la loi du 28 avr. 1816; — Attendu qu'il résulte de l'ensemble de cet article et de la graduation établie dans les peines, à raison de la qualité des personnes et de la connaissance qu'elles ont ou sont présumées avoir, d'après les obligations de leur état respectif, d'une prohibition qui se rattache à un droit

donnance de renvoi, ils peuvent attribuer aux faits dont ils sont saisis une qualification autre que celle que leur avait donnée la chambre du conseil (V. Compét. crim. nos 505 et suiv.; Inst. crim., nos 859, 931, 1131). — Il a été jugé conformément à ce principe que le tribunal correctionnel saisi, par ordonnance de la chambre du conseil, d'un fait qualifié d'exposition de symboles ou de signes propres à propager l'esprit de rébellion ou à troubler la paix publique, tel que le fait d'avoir exposé dans des lieux ou réunions publics, distribué ou mis en vente des pipes de terre dont le foyer représentait la tête de plusieurs chefs du parti révolutionnaire, a compétence pour rechercher si ce fait, qu'il considère comme mal qualifié dans l'acte d'accusation, constitue l'infraction prévue par l'art. 22 du décret du 27 fév. 1852 (Crim. cass. 2 avril 1853, aff. Delfret et Ducos, D. P. 53. 5. 370).

Sect. 4. — *Poursuite.* — *Prescription.* — *Jugement.* — *Cumul des peines.* — *Appel.* — *Exécution.*

515. *Poursuite.*—Le ministère public est chargé par la loi de la poursuite de toutes les infractions dont la connaissance appartient aux tribunaux de police correctionnelle (c. inst. crim. 22). — Il n'a point été dérogé à ce principe en ce qui concerne les divers moyens de publication (Conf. M. de Grattier, introduction, n° 10). — A l'égard des contraventions en matière d'imprimerie et de librairie, l'art. 47 du décret du 5 fév. 1810 dit même, que les procureurs généraux et les procureurs impériaux seront tenus de poursuivre d'office les contrevenants. L'art. 21 de la loi du 21 oct. 1814 porte aussi que le ministère public doit poursuivre d'office les contraventions en matière d'imprimerie et de librairie, sur *la dénonciation du directeur général* et sur la remise d'une copie des procès-verbaux.—Il est à remarquer que le ministère public a le droit de poursuivre d'office la répression des contraventions aux lois sur l'imprimerie et sur la librairie, quoique ces poursuites ne puissent plus être provoquées par le directeur général de la librairie. Le motif en est: 1° que si, durant l'existence de la direction générale de la librairie, la loi du 21 oct. 1814 attribuait au directeur général le droit de dénoncer les contraventions à la police de la presse au ministère public, ce droit a cessé d'exister dès l'instant où l'on a supprimé la direction générale de la librairie, sans la remplacer par aucune autorité qui la représente; 2° que, d'ailleurs, ce droit de dénonciation n'était pas, dans les termes de l'art. 21 de ladite loi du 21 octobre, exclusif du droit de poursuites d'office, qui, d'après l'art. 22 c. inst. crim., appartient d'une manière absolue au ministère public, relativement à tous les délits qui intéressent l'ordre social, dans le cas où il n'a pas été restreint par une disposition formelle de la loi. La jurisprudence paraît fixée dans ce sens (Crim. cass. 2 nov. 1820; 29 mars 1827; 17 mars 1828 (1); Montpellier, 13 nov. 1822, aff. Juilien; Crim. cass. 31 juill. 1823, aff. Timon, V. n° 140. — Conf. MM. Chassan, t. 2, p. 41; de Grattier, t. 1, p. 104). Il a été jugé spécialement que poursuite du ministère public contre un imprimeur qui a publié un écrit sans en avoir auparavant fait le dépôt, n'est subordonnée ni à la dénonciation du directeur général de la librairie, ni à la remise d'un procès-verbal de saisie, et qu'il suffit pour la motiver qu'il y ait contravention, de quelque manière qu'elle soit constatée (Paris, 2 mai 1849, aff. Malteste, D. P. 50. 5. 278).

516. En général, lorsqu'un fait s'est produit avec les carac-

---

fiscal et purement positif; qu'on ne peut supposer que le législateur ait voulu punir le mercenaire, employé pour afficher ou distribuer des avis ou adresses imprimés et non timbrés, plus sévèrement que l'individu d'une classe plus élevée dans la société qui l'aura employé et mis en œuvre pour son intérêt personnel, et que, dès lors, le § 5 dudit article doit être entendu et appliqué dans ce sens, qui seul concorde avec les principes généraux de la justice distributive, et qui, par cela même, doit être adopté. « Les afficheurs et distributeurs seront, en outre des dispositions ci-dessus, poursuivis et condamnés aux peines de simple police déterminées par l'art. 474 c. pén. » —En conséquence, vu les art. 526 et suiv. c. inst. crim., et statuant sur la demande en règlement de juges du procureur du roi, près le tribunal de première instance du département de la Seine; — Sans avoir égard au jugement du tribunal de police de Paris, du 10 fév. dernier, qui sera considéré comme non avenu; — Renvoie, etc.

Du 16 avr. 1829.-C. C., ch. crim.-MM. Bailly, f. f. de pr.-Brière, r.

Nota. Le même jour, la cour a rendu un autre arrêt semblable.

(1) 1re *Espèce :* — (Min. pub. *C.* Timon.) — La cour; — Reçoit l'intervention de Timon, et y statuant, ainsi que sur le pourvoi du procureur général; — Vu l'art. 21 de la loi du 21 oct. 1814; — Vu aussi l'art. 22 c. inst. crim., qui porte que « les procureurs du roi sont chargés de la recherche et de la poursuite de tous les délits dont la connaissance appartient aux tribunaux de police correctionnelle ou aux cours d'assises; — Attendu que, d'après cet article, le ministère public est investi d'un droit général de poursuivre directement et d'office tous les faits auxquels la loi a attribué le caractère de crime ou de délit; — Que ce droit ne peut recevoir de restriction que par des dispositions formelles de loi qui en modifient l'exercice, ou le soumettent à des conditions; — Et attendu que le susdit art. 21 de la loi du 21 oct. 1814 n'est point conçu en termes prohibitifs ou restrictifs; — Que s'il impose au ministère public l'obligation de poursuivre les infractions aux lois de l'imprimerie, sur la dénonciation qui doit lui en être faite par le directeur général de la librairie, il ne lui interdit point de les poursuivre d'office; — Que le ministère public avait donc qualité pour poursuivre d'office l'imprimeur Timon sur les infractions dont il était prévenu de s'être rendu coupable à différents articles de ladite loi d'octobre 1814; — Que cependant il a été déclaré non recevable dans son action par la cour royale de Grenoble, sur le motif qu'il n'avait point été provoqué par une dénonciation du directeur général de la librairie, ou du fonctionnaire qui le remplace dans ses attributions; — En quoi cette cour a fait une fausse application du susdit article de la loi de 1814 et a violé l'art. 22 c. inst. crim.; — D'après ces motifs, casse.

Du 2 nov. 1820.-C. C., sect. crim.-M. Chantereyne, rap.

2e *Espèce :* — (Min. pub. *C.* Goujon.) — La cour; — Vu l'art. 21 de la loi du 21 oct. 1814, l'art. 7 de l'ord. du 24 du même mois, et l'art. 22 c. inst. crim.; — Attendu que, d'après ces articles le ministère public est investi du droit général de poursuivre directement et d'office tous les faits auxquels la loi a attribué le caractère de crime ou de délit; — Que ce droit ne peut recevoir de restriction que par les dispositions formelles de lois qui en modifient l'exercice, ou le soumettent à des conditions; — Et attendu que les art. 21 de la loi du 21 oct. 1814, et 7 de l'ord. du roi du 24 du même mois, ne sont point conçus en termes prohibitifs ou restrictifs; — Que, s'ils imposent au ministère public l'obligation de poursuivre les infractions aux lois de la librairie sur la dénonciation qui doit lui en être faite par le directeur général de la librairie, ou, par voie de conséquence, par le fonctionnaire chargé des mêmes attributions, ils ne lui interdisent point de les poursuivre d'office; — Que le ministère public avait donc qualité pour poursuivre d'office la demoiselle Goujon, pour la contravention aux lois sur l'exercice de la librairie dont elle était prévenue; — Que cependant le tribunal de première instance de Blois, chef-lieu judiciaire du département de Loir-et-Cher, sur les appels interjetés par la demoiselle Goujon et le ministère public, d'un jugement correctionnel rendu par le tribunal de première instance, de Tours, le 8 déc. dernier, a réformé ledit jugement et déchargé la demoiselle Goujon des condamnations prononcées contre elle, par le seul motif, étranger au fond du procès, que le ministère public n'avait pas qualité pour exercer la poursuite résultante de son action, parce qu'il n'était pas muni d'une dénonciation du directeur général de la librairie ou du haut fonctionnaire qui le représente; — En quoi faisant le tribunal de première instance de Blois a violé formellement l'art. 22 c. inst. crim., et a faussement appliqué les art. 21 de la loi du 21 oct. 1814 et 7 de l'ord. du roi du 24 du même mois; — Casse.

Du 29 mars 1827.-C. C., ch. crim.-MM. Bailly, f. f. pr.-Brière, r.

3e *Espèce :*—(Min. pub. *C.* Placet.)—Du même jour.-C. C., ch. crim.-M. Brière, rap.

4e *Espèce :* — (Min. pub. *C.* Gouesbaut de le Breton.) — Du même jour.-C. C., ch. crim.-M. Brière, r.

5e *Espèce :* — (Min. pub. *C.* Loudet.) — La cour; — Vu l'art. 21 de la loi du 21 oct. 1814, l'art. 7 de l'ordonnance du roi, du 24 du même mois, et l'art. 22 c. inst. crim.; — Attendu que, d'après cet article, le ministère public est investi du droit général de poursuivre directement et d'office tous les faits auxquels la loi a attribué le caractère de crime ou de délit; — Que ce droit ne peut recevoir de restrictions que par des dispositions formelles des lois qui en modifient l'exercice ou le soumettent à des conditions; — Et attendu que les art. 21 de la loi du 21 oct. 1814 et 7 de l'ord. du roi, du 24 du même mois, ne sont point conçus en termes prohibitifs ou restrictifs; — Que s'ils imposent au ministère public l'obligation de poursuivre les infractions aux lois de la librairie sur la dénonciation qui doit lui en être faite par le directeur général de la librairie ou par voie de conséquence, par le fonctionnaire chargé des mêmes attributions, ils ne lui interdisent point de les poursuivre d'office; — Que le ministère public avait donc qualité pour poursuivre d'office François Loudet, pour la contravention aux lois sur l'exercice de la librairie, dont il était prévenu; — Que cependant la chambre des appels de police correctionnelle de la cour royale de Rennes, statuant sur l'appel interjeté par François Loudet, d'un jugement du tribunal de première instance de

tères d'une infraction à la loi pénale, il ne dépend pas de celui qui l'a commis de le détruire ou même de l'atténuer par des actes postérieurs. — La pénalité est encourue, et dès lors les faits ultérieurs ne sauraient être opposés à l'action publique. — Ce principe est applicable en matière de contravention aux lois sur les moyens de publication. — Aussi a-t-il été jugé que le dépôt fait après la publication, mais avant que le ministère public ait intenté son action, ne peut créer au profit du contrevenant une fin de non-recevoir contre la poursuite (Paris, 2 mai 1849, aff. Malteste, D. P. 50. 5. 279).

517. L'art. 10 de la loi du 18 juill. 1828 veut qu'en cas de contestation d'une déclaration relative à la publication d'un journal, il soit statué *à la diligence du préfet* (avant la publication du journal, V. n° 506). Mais l'auteur de cette déclaration n'en est pas moins recevable à saisir lui-même les tribunaux, en cas d'inaction de la part du préfet. — C'est du moins ce qui résulte de l'opinion exprimée par M. Pardessus dans la discussion relative à la loi de 1828 (V. MM. Duvergier, Coll. de lois, année 1828; Chassan, t. 1, n° 808; de Grattier, t. 2, p. 186). — Pour nous, nous aurions préféré qu'il fût exprimé qu'il n'y aurait contestation dans le sens de la loi qu'autant que la justice serait saisie de la demande du préfet, et nous trouvons peu naturel que l'auteur d'une déclaration relative à la publication d'un journal engage une instance contre le préfet pour faire prononcer sur la validité de la déclaration, lorsque aucun acte formel ne témoigne encore de l'intention arrêtée de l'administration à cet égard.

518. Il peut arriver que le même fait présente à la fois le caractère d'une simple contravention et celui d'un délit pour lequel l'action publique ne peut être mise en mouvement que par la plainte de la partie lésée. — Cette circonstance ne doit évidemment avoir aucune influence sur la poursuite de la contravention à une loi de police, parce que les considérations qui, en matière d'outrage, ont fait dépendre l'action publique de l'action privée, sont ici entièrement inapplicables (V. du reste *infrà*, n°s 1055 s.). — Aussi, a-t-il été jugé que le ministère public a qualité pour poursuivre d'office l'exposition de statuettes ou emblèmes offensants pour les personnes auxquelles ils s'appliquent : et qu'en cas pareil, c'est la répression du délit ou plutôt de la contravention d'exposition, et non celle du délit distinct d'outrage, que le ministère public est réputé poursuivre (Douai, 12 août 1844, aff. Bion, D. P. 45. 2. 11).

519. *Prescription.* — Quel est le temps requis pour la prescription de l'action publique, en matière de contravention aux lois sur les moyens de publication? — Aux termes de l'art. 13 de la loi du 9 juin 1819, les poursuites auxquelles peuvent donner lieu les contraventions aux art. 7, 8 et 11 de cette loi se prescrivent par le laps de trois mois, à compter de la contravention, ou de l'interruption des poursuites. L'art. 7 interdisait de rendre compte des séances secrètes des chambres, l'art. 8 obligeait les journaux à insérer les publications officielles qui leur seraient adressées par le gouvernement, et l'art. 8 s'appliquait au défaut d'insertion dans une feuille périodique de la condamnation prononcée contre elle. D'où il suit que, pour les autres contraventions, la règle générale (trois ans) devait seule être appliquée. — La loi du 18 juill. 1828 et les lois postérieures, sur la police de la presse, ont gardé le silence à cet égard. — De ce silence, il nous paraît naturel de conclure, avec M. de Grattier (t. 1, p. 532), que le code d'inst. crim. (art. 637, 638) doit recevoir son application. — Jugé en ce sens : 1° que les infractions aux lois d'organisation de la presse qui sont punies de peines correctionnelles, constituent des délits, bien qu'elles soient qualifiées dans la loi de contraventions, et, par suite, qu'elles sont prescriptibles par trois ans, et non par six mois (c. inst. crim. 638); que la prescription de six mois mentionnée dans l'art. 29 de la loi du 26 mai 1819, ne s'applique qu'à l'action pour crimes ou délits commis par la voie de la presse, ou par tout autre moyen de publication; mais que c'est par trois ans que se prescrivent les délits qui résultent de la violation des lois d'organisation et de police de la presse (Paris, 17 août 1843) (1); — 2° Que

---

Fougères, rendu le 27 mars dernier, par lequel et par application des art. 11 de la loi du 21 oct. 1814, 4, tit. 2, du règlement du 28 fév. 1723, et 1er de l'ord. interprétative du roi, du 1er sept. 1827, il avait été condamné à 500 fr. d'amende pour l'exercice illicite du commerce de livres, a réformé, par l'arrêt attaqué, ledit jugement, a déclaré qu'il avait été incompétemment jugé dans l'état, a déchargé l'appelant des condamnations prononcées contre lui, sauf au ministère public à s'expédier, ainsi qu'il verra, par le seul motif, étranger au fond du procès, que le directeur général de la librairie n'ayant pas dénoncé la contravention constatée contre F. Loudet, au procureur du roi, le ministère public n'avait pu valablement saisir les tribunaux de la plainte, et que, par suite, celui de Fougères était sans compétence pour en connaître dans l'état; — En quoi faisant, la cour royale de Rennes a violé formellement l'art. 22 c. inst. crim. et fait une fausse application des art. 21 de la loi du 21 oct. 1814 et 7 de l'ord. du roi, du 24 du même mois; — Casse l'arrêt rendu par la chambre correctionnelle de la cour de Rennes, du 12 avr. 1828.

Du 17 mars 1828.-C. C., ch. crim.-MM. Bailly, pr.-Brière, rap.

(1) (Min. pub. C. Rollet, etc.). — Le 4 juin 1842, jugement du tribunal correctionnel de la Seine ainsi conçu : — « Attendu que les prévenus, condamnés par jugement en date du 26 déc. 1840 à un mois d'emprisonnement et 200 fr. d'amende pour publication d'un journal sans cautionnement, forment opposition à ce jugement, et allèguent premièrement qu'il y a prescription; secondement que, n'étant pas propriétaires du journal, et l'art. 2 de la loi du 18 juill. 1828 ne parlant que des propriétaires de journaux, c'est à tort qu'il leur en avait été fait application; — Attendu, quant à la prescription, qu'aux termes de l'art. 638 c. instr. crim., l'action publique pour délit de nature à être puni correctionnellement se prescrit par trois ans; — Attendu que le fait reproché aux prévenus, quoique qualifié contravention, est néanmoins un délit, puisqu'il rentre dans la définition qu'a donnée du délit l'art. 1er c. pén.; — Attendu que l'art. 29 de la loi du 26 mai 1819, qui, en dérogeant à la règle générale résultant de l'art. 638 c. instr. crim., admet la prescription de six mois ou d'un an, suivant certaines circonstances y indiquées, ne s'applique qu'à l'action pour crimes ou délits commis par la voie de la presse ou par tout autre moyen de publication, c'est-à-dire par un des moyens énoncés en l'art. 1er de la loi du 17 mai 1819; — Qu'il résulte de l'économie de cette loi qu'elle a eu pour objet de régler la procédure à suivre pour ces crimes et délits, prévus par ladite loi du 17 mai 1819, à laquelle elle se réfère, ou par celle du 25 mars 1822, qui renvoie à la loi de 1819; mais qu'elle est restée étrangère aux délits qui résultent de la violation des lois qui sont relatives à la police de la presse, à son mode d'organisation, et aux garanties que le législateur en a exigées; que ces dernières lois forment un droit à part, qui présente des règles spéciales indépendantes de celles qui ont été établies pour les délits de publication énoncés dans les lois de mai 1819; — Attendu que dans les lois de police de la presse, il ne se trouve qu'une exception à l'art. 638 c. inst. crim.; c'est-à-dire celle prévue par l'art. 15 de la loi du 9 juin 1819, qui déclare prescrite par le laps de trois mois les poursuites auxquelles pourraient donner lieu les contraventions prévues par les art. 7, 8 et 11; qu'il est évident que le fait reproché aux prévenus n'est pas un de ceux énoncés dans ces trois articles, et qu'en pareille matière, alors qu'il s'agit d'une exception à un principe général qui doit être restreinte au cas qu'elle a prévu, on ne saurait raisonner par analogie; — Attendu qu'on objecte à tort qu'il est étrange de soumettre à la prescription de trois ans l'action en contravention aux lois sur la police de la presse, alors qu'on ne soumet qu'à une prescription de six mois ou d'un an l'action pour délits et crimes commis par la voie de la presse ou par l'un des moyens énoncés dans l'art. 1er de la loi du 17 mai 1819, quoiqu'il soit évident que ces crimes et délits ont beaucoup plus de gravité; qu'il faut reconnaître d'abord, que s'il y a bizarrerie, il n'appartient pas au juge d'y remédier; mais qu'en outre, il résulte de la comparaison de ces diverses infractions qu'il y a entre elles une différence qui a bien pu déterminer le législateur à laisser subsister le principe général pour certains cas, et à n'y déroger que pour les cas particuliers qu'il a déterminés d'une manière limitative; qu'ainsi, par exemple, on comprend fort bien que le délit de diffamation ou celui d'offense, le crime de provocation à la révolte à main armée, ou tel autre de cette nature, doivent être poursuivis immédiatement, ou du moins dans un bref délai, et que, faute de cette poursuite dans le court délai qu'il a fixé, le législateur ait admis la prescription, parce qu'en effet la poursuite au bout d'un plus long temps serait sans utilité, pourrait même être considérée comme vexatoire; mais qu'il n'en est pas de même pour les autres infractions, où l'utilité d'une si prompte poursuite n'est pas aussi clairement démontrée; — Attendu en fait que depuis le jugement du 26 déc. 1840, formant le dernier acte de poursuite, il ne s'est pas écoulé trois ans;

« Attendu, quant au second moyen, qu'il est vrai que ces prévenus ne sont pas propriétaires des journaux qui ont été publiés sous leurs noms avec leurs signatures; qu'ils reviennent à cet égard à la vérité démontrée par tous les documents de la cause, et dont ils s'étaient écartés dans leur interrogatoire à l'instruction; mais qu'il en résulte seulement qu'ils ne sont pas auteurs du délit; que cette circonstance ne suf-

les infractions à la loi du 10 juill. 1828, relative à la police des écrits périodiques, étant passibles de peines correctionnelles, constituent de véritables délits, bien qu'elles soient communément qualifiées de contraventions; qu'en conséquence, c'est la prescription de trois ans qui, en l'absence d'une disposition spéciale, est applicable à ces infractions, et non celle de six mois, par analogie de la disposition contenue en l'art. 29 de la loi du 26 mai 1819, sur les délits de la presse (Douai, 4 juin 1841) (1).

3° Que la prescription de l'action publique à l'égard de la fausse déclaration, prévue par l'art. 11 de la loi du 18 juill. 1828, ne s'acquiert que par le délai de trois ans, conformément à l'art. 368 c. inst. crim., et non par celui de six mois établi par l'art. 29 de la loi du 26 mai 1819, spécial pour les cas prévus par la loi de 1819 ou par les lois postérieures qui se réfèrent à son art. 1 (Crim. cass. 3 septembre 1842, aff. Coste, V. ci-après n° 520-1°). — M. Chassan, t. 2, p. 90, n'admet point cette doctrine, par le motif qu'il en résulte cette anomalie que les contraventions ne se prescrivent que par trois années, tandis que les crimes et les délits se prescrivent par six mois conformément à l'art. 29 de la loi du 26 mai 1819. — Cette raison ne nous paraît point décisive, parce que les dispositions relatives aux contraventions et celles qui regardent les délits et les crimes, ne nous semblent nullement puisées dans le même ordre d'idées. — En resserrant l'action publique dans le délai de six mois, le législateur nous paraît avoir voulu exciter au plus haut point la vigilance du ministère public et donner pour juge à l'auteur d'une offense commise par les voies de la publicité, l'opinion même du moment où elle s'est produite. C'est, du reste, ce qui ressort avec clarté de l'exposé des motifs de la loi du 26 mai 1819. — On y lit ce qui suit : « Il est dans la nature des crimes et délits commis avec publicité et qui n'existent que par cette publicité même d'être aussitôt aperçus et poursuivis par l'autorité et ses nombreux agents... Elle serait tyrannique la loi qui, après un long intervalle, punirait une publication à raison de tous ses effets possibles les plus éloignés, lorsque la disposition toute nouvelle des esprits peut changer du tout au tout les impressions que l'auteur lui-même se serait proposé de produire dans l'origine. » — Au surplus, le décret du 17 fév. 1852 n'a-t-il pas encore définitivement vidé le débat sur ce point en disant (art. 27) : « Les poursuites auront lieu dans les formes et *délais* prescrits par le code d'inst. crim. » — S'agit-il là simplement des délais ordinaires de la procédure? Cette disposition, comprend-

---

fit pas pour les disculper; qu'il est établi en effet qu'ils se sont rendus complices de Lirieux, propriétaire des journaux dont s'agit, en l'assistant avec connaissance dans les faits qui ont préparé, facilité ou consommé le délit de publication sans cautionnement d'un journal quotidien; que les faits d'assistance avec connaissance ont consisté à faire une déclaration au ministère de l'intérieur, à signer le journal et à prêter leur nom pour faire fraude à la loi; — Attendu que les règles générales du droit commun, et notamment celles sur la complicité, sont applicables aux faits prévus par les lois spéciales, à moins qu'il n'y ait été dérogé expressément par lesdites lois spéciales, ou qu'il y ait incompatibilité; — Attendu que la loi dont la violation est reprochée aux prévenus ne contient aucune disposition qui déroge au principe général établi dans l'art. 60 c. pén.; qu'il n'existe aucune incompatibilité entre les prescriptions de la loi spéciale et les dispositions qui définissent la complicité; qu'il est constant, au contraire, ainsi que le démontre le procès, que les circonstances prévues par la loi générale comme constituant la complicité peuvent se rencontrer dans les infractions prévues par ladite loi; — Adoptant, au surplus, quant aux faits, les motifs du jugement par défaut, déboute Rollet et Durand de leur opposition. » — Appel. — Arrêt.

LA COUR; — En ce qui touche la prescription : — Considérant que les faits reprochés aux prévenus sont frappés par la loi de peines correctionnelles; que dès lors ils ont le caractère de délits, et que c'est la prescription établie par la loi en faveur des coupables de délits qui doit être appliquée dans l'espèce : — Considérant qu'il n'existe dans les lois spéciales sur la presse, à l'égard des contraventions à celles de ces lois qui règlent les conditions imposées à la publication des journaux, aucune dérogation aux dispositions des lois criminelles générales; qu'en effet, l'art. 29 de la loi du 26 mai 1819 n'est applicable qu'aux crimes et délits commis par la voie de la presse ou tout autre moyen de publication; — Que l'art. 13 de la loi du 9 juin 1819, en créant une prescription de trois mois, énonce les faits et les peines auxquels cette prescription profitera, et que les faits reprochés aux prévenus et punis ne sont pas compris dans cette énonciation; — Qu'enfin la loi du 18 juill. 1828, qui est principalement applicable à ces faits, ne contient aucune disposition spéciale et exceptionnelle sur la prescription; — Considérant qu'aux termes de l'art. 638 c. instr. crim., l'action publique résultant d'un délit se prescrit par trois années à compter du jour où le délit aura été commis s'il n'a été fait aucune poursuite, et, dans le cas de poursuite, à compter du jour du dernier acte; — Considérant que le dernier acte de poursuite en première instance a été le jugement rendu par le tribunal le 26 déc. 1846; qu'ainsi, lorsque le tribunal a statué, le 4 juin 1842, sur les oppositions formées par les prévenus au premier jugement, la prescription n'était pas acquise; — En ce qui touche l'exception fondée sur ce que les prévenus n'auraient jamais été propriétaires du journal dont il s'agit : — Considérant que les prévenus se sont présentés à l'autorité comme propriétaires; qu'ils ont fait en cette qualité leur déclaration au ministère de l'intérieur; qu'ils ont signé aussi en cette qualité les exemplaires des journaux publiés; — Qu'il ne leur appartient pas, pour se dégager de la responsabilité attachée à la qualité de propriétaire, de s'accuser de mensonge et de fraude devant la justice; — Qu'en prenant cette qualité de propriétaire, les prévenus se sont soumis à toutes les obligations de la loi; — Au fond : — Adoptant les motifs des premiers juges, — Confirme.

Du 17 août 1845.-C. de Paris, ch. corr.-MM. Grandet, f. f. pr.

(1) *Espece* : — (Min. pub. C. gérant de l'Impartial du Nord.) — Le journal l'Impartial du Nord, fondé en 1839 par le sieur Abria, qui l'exploita d'abord seul, devint l'objet d'une association qui fut publiée conformément aux lois commerciales. Les associés manquèrent à faire la déclaration de mutation exigée par l'art. 6 de la loi du 18 juill. 1828. Ayant été poursuivis plus de six mois après cette contravention à la loi, ils opposèrent la prescription par analogie de la disposition de l'art. 29 de la loi du 26 mai 1819 qui fixe à six mois la prescription de l'action relative aux délits de la presse. — Jugement du tribunal de Valenciennes qui déclare l'action prescrite. — Appel par le ministère public. — Arrêt.

LA COUR; — Attendu qu'en l'absence de dispositions relatives à la prescription dans les lois spéciales qui régissent certaines matières pénales, cette exception doit se régler par les dispositions générales du code d'instruction criminelle; — Attendu que, par aucune de ses dispositions, la loi du 18 juill. 1828, sur les journaux et écrits périodiques, qui sert de base aux poursuites dirigées contre le prévenu, ne règle la prescription des infractions qu'elle prévoit et qu'elle punit; qu'il échet, dès lors, d'appliquer dans ce cas les dispositions du code précitées; — Attendu que l'art. 29 de la loi du 26 mai 1819 est sans application possible aux infractions dont il s'agit; — Que cette loi, en effet, n'est elle-même qu'une loi spéciale et son art. 29 une exception aux règles générales de la prescription en matière pénale; que la loi du 18 juill. 1828 ne contient aucun renvoi à cette disposition et qu'il serait aussi contraire aux principes d'étendre une exception d'un cas à un autre, qu'il le serait de recourir non à la loi générale, mais à une loi spéciale, dans le silence d'une autre loi spéciale; — Attendu que ce recours est d'autant moins possible, que les deux lois spéciales qu'il s'agirait de combiner sont d'une nature fort différente entre elles; — Que la loi de 1819, en effet, a pour objet la poursuite et le jugement des crimes et des délits commis par la voie de la presse ou par tout autre moyen de publication, tandis que celle de 1828 n'a pour objet que des mesures de police relatives aux journaux et autres écrits périodiques; — Que la première envisage les crimes et les délits sous le rapport du contenu des ouvrages produits par la presse, tandis que la deuxième n'a trait qu'aux moyens matériels de publication, sans égard au texte et à l'esprit des ouvrages considérés en eux-mêmes; de telle sorte que l'une a pour objet la moralité, l'autre la matérialité desdits ouvrages, toutes choses qui ne permettent pas d'appliquer la prescription d'un cas à un autre; — Attendu, d'ailleurs, que les conditions du dépôt préalable et de la déclaration de vouloir publier, exigées par l'art. 29 pour que la prescription d'un délit de presse, proprement dit, puisse commencer à courir, ne peuvent convenir à la prescription de la contravention prévue par l'art. 6 de la loi de 1828, ce qui exclut de plus en plus la possibilité de faire à la cause l'application de l'article dont il s'agit; — Qu'il y a donc, sous tous les rapports, nécessité d'appliquer les dispositions de l'art. 638 c. inst.; — Qu'il n'importe, au surplus, que cet article dispose relativement aux délits, et que pour distinguer les infractions aux lois sur la police des journaux, des délits de presse proprement dits, les auteurs qui ont écrit sur la matière donnent à ces infractions le nom de contraventions; que lesdites contraventions n'en sont pas moins de véritables délits aux termes de l'art. c. pén. qui définit le délit « l'infraction que les lois punissent de peines correctionnelles; » ce qui rend l'art. 638 directement applicable à celle reprochée au prévenu; — Attendu que le temps fixé par ledit article ne s'est pas écoulé entre l'infraction dont s'agit et les poursuites dirigées contre le prévenu; que par suite c'est à tort que les premiers juges ont admis l'exception de prescription; — Au fond : — Attendu que la contravention est justifiée, etc.; — Sans avoir égard au moyen de prescription invoqué, condamne le prévenu à 300 fr. d'amende, ordonne l'insertion de l'arrêt dans un des numéros de l'Impartial, etc.

Du 4 juin 1841.-C. de Douai, ch. cor.-MM. Hibon, av. gén.-Huré, av.

elle, au contraire, le délai dans lequel l'action elle-même doit être intentée? Les éléments de solution manquent à cet égard. Mais si nous consultons l'esprit général du décret, les circonstances au milieu desquelles il a été rendu, nous serons amené à penser que la disposition précitée doit recevoir l'interprétation la plus étendue. — C'est, d'ailleurs, en ce sens que la circulaire ministérielle du 27 mars 1852 (D. P. 52. 3. 11) résout formellement la question.

520. A l'égard des crimes et des délits *successifs*, la prescription ne court que du jour où l'infraction a cessé (V. v° Prescript. crim., n°s 57 et s.). — D'après ce principe il a été jugé, 1° que le délit de fausse déclaration prévu par l'art. 11 de la loi du 18 juill. 1828, se compose de deux éléments distincts, la déclaration et la publication; et que cette publication étant un fait successif, c'est à partir seulement du jour où elle a cessé que la prescription commence à courir (Crim. cass. 3 sept. 1842; Amiens, 13 mars 1843) (1). — 2° Que la publication d'un journal sans déclaration préalable du changement introduit dans la périodicité établie précédemment ne constitue pas une contravention unique, mais bien une série de faits distincts, et conséquemment de délits successifs qui se renouvellent à chaque fait de publication; et que dès lors, la prescription ne peut courir en faveur du gérant qu'autant qu'un délai de six mois s'est écoulé depuis la dernière publication : — « Attendu que la publication d'un journal n'est pas un délit unique, mais une série de délits successifs qui se renouvellent à chaque publication; que le journal du lendemain est un fait différent du journal de la veille; que la prohibition de publier sans déclaration préalable est ainsi violée chaque jour par des faits nouveaux; qu'alors la prescription n'aurait pu courir en faveur du sieur Raulet qu'à dater de la dernière publication, et si depuis il s'était écoulé un délai de six mois. » (Toulouse, 14 avr. 1842, M. Dubernard, pr., aff. Raulet).

---

(1) *Espèce* : — (Min. pub. *C.* Coste.) — Par jugement du 13 mai 1842, le tribunal correctionnel de la Seine a condamné : 1° les sieurs Coste et Conil à 83,000 fr. d'amende, pour avoir publié quatre-vingt-trois numéros du journal *le Temps* sans remplir les formalités prescrites pour la gérance et le cautionnement; 2° le sieur Coste seul, à 10,000 fr. d'amende, pour avoir faussement déclaré à la direction de la librairie qu'il était propriétaire du tiers du cautionnement.

Sur l'appel, un arrêt du 16 juin, de la cour de Paris, a réduit à 20,000 fr. la première condamnation, en considérant que l'irrégularité de la publication n'existait à la charge des prévenus qu'à dater du jour où Montrol, signataire des feuilles, avait cessé de fait sa gérance. Puis, accueillant une exception qui avait été repoussée par le premier jugement, la cour a déclaré prescrite la seconde contravention, par les motifs suivants : « En ce qui touche la contravention qui résulterait de la déclaration fausse et frauduleuse faite au ministère de l'intérieur, à la date du 29 mars 1841, par Raymond Coste, qu'en sa qualité de gérant responsable il possédait en son propre et privé nom le tiers du cautionnement du journal, conformément aux prescriptions de l'art. 15 de la loi du 9 sept. 1835; — Considérant que cette déclaration est un fait unique, se référant par sa date à l'époque où la déclaration a été faite; que la déclaration a eu lieu le 29 mars 1841; — Que les effets de cette déclaration, qui se sont continués jusqu'au 14 mars, ne doivent pas être confondus avec la déclaration elle-même, qui, aux termes de la loi, constitue seule le délit; — Que la cour n'est saisie par l'action du ministère public que pour l'application de la peine; — Qu'aux termes de l'art. 29 de la loi du 26 mai 1819, l'action publique contre les crimes et délits commis par la voie de la presse ou tous autres moyens de publication est prescrite par six mois révolus à compter du fait de publication qui donne lieu à la poursuite; — Que, depuis le 29 mars 1841 jusqu'au 14 mars dernier, il s'est écoulé plus de six mois; qu'ainsi l'action publique est prescrite. » — Arrêt.

LA COUR; — Vu les art. 1, 10 et 11 de la loi du 18 juill. 1828, 29 de celle du 26 mai 1819, et 658 du c. d'inst. cr.; — Attendu 1° que la loi du 18 juill. 1828 a pour objet, d'après son art. 1, de régler les conditions sous lesquelles on peut publier un journal périodique; que les dispositions pénales, par lesquelles elle a sanctionné ses prescriptions ne reçoivent, dès lors, d'application qu'aux journaux ou écrits périodiques effectivement publiés; — Qu'il en est particulièrement ainsi de l'art. 11 de cette loi, relatif aux déclarations fausses et frauduleuses faites par les propriétaires de journaux, qui place en première ligne la cessation du journal parmi les peines qu'il prononce; — Que cela ressort aussi de la comparaison dudit article avec l'art. 10 de la même loi; — Que le délit prévu par l'art. 11 ne consiste pas dans le seul fait de la déclaration; qu'à ce fait doit venir se joindre la publication du journal; que de ces deux éléments nécessaires du délit, le second est successif et empêche la prescription de courir, tant qu'il se renouvelle, en sorte qu'elle ne commence légalement que du jour de la dernière publication imputable au prévenu; — Attendu 2° que la loi du 26 mai 1829 se rapporte à celle du 17 du même mois; que l'une a pour objet de régler la procédure à l'égard des délits qui sont définis par l'autre; que les dispositions exceptionnelles qu'elle renferme ne doivent pas être étendues à d'autres matières que celles pour lesquelles elles ont été faites; — Que l'art. 29 de ladite loi du 26 mai et la prescription spéciale qu'il a établie, ne doivent, en conséquence, profiter qu'aux délits prévus par la loi du 17 mai ou par des lois postérieures se référant à l'art. 1 de ladite loi; que ledit article est sans application aux contraventions à la police de la presse et particulièrement à celles qui concernent la presse périodique, et sont prévues par les lois postérieures des 9 juin 1819, 18 juill. 1828, et 9 sept. 1835, pour lesquelles il faut recourir au droit commun et à l'art. 638 du c. d'inst. crim., sauf l'application, dans les cas particuliers pour lesquels elle est faite, de la prescription plus courte admise par l'art. 13 de la loi du 9 juin 1819; — Et attendu que la cour royale de Paris a déclaré prescrite l'action du ministère public contre le sieur Raymond Coste, en se fondant, d'une part, sur ce que la fausse déclaration constituait elle-même le délit, d'où elle a conclu que la prescription commençait à courir du jour de la déclaration et, d'autre part, sur ce que le fait imputé audit Coste se prescrivait par le délai de six mois, aux termes de l'art. 29 de la loi du 26 mai 1819; — Qu'en jugeant ainsi, ladite cour a faussement appliqué ledit art. 29 et formellement violé les art. 638 du c. d'inst. crim., et 11 de la loi du 18 juill. 1828; — Casse.

Du 3 sept. 1842.-C. C., ch. crim.-MM. Bastard, pr.-Vincens, rap.

Sur le renvoi prononcé par la cour de cassation, la cour d'Amiens a statué en ces termes :

LA COUR; — En ce qui touche la déclaration : — Considérant qu'aux termes de l'art. 15 de la loi du 9 sept. 1835, tout gérant responsable d'un journal ou écrit périodique est tenu de posséder en son propre et privé nom le tiers du cautionnement; — Considérant que l'art. 6 de la loi du 18 juill. 1828 n'autorise la publication d'aucun journal ou écrit périodique qu'autant qu'il aura été fait préalablement une déclaration contenant l'affirmation que les propriétaires et les gérants réunissent les conditions de capacité auxquelles ils sont assujettis; — Considérant que, le 29 mars 1841, Raymond Coste, en sa qualité de gérant responsable du journal le Temps, a fait au ministère de l'intérieur la déclaration exigée par ledit article 6; — Considérant qu'il est établi, tant par les aveux explicites du prévenu devant le juge d'instruction, que par la déposition du témoin Montrol, ainsi que par les actes et documents de la cause, que la déclaration de Raymond Coste était fausse, puisqu'il ne possédait pas, en son propre et privé nom, soit à titre de propriétaire, soit par suite d'un emprunt sérieux, les 33,333 fr. 33 c. formant le tiers du cautionnement qui n'a jamais cessé d'appartenir en totalité à Jacques Coste; — Considérant que cette déclaration était également frauduleuse, puisqu'elle avait pour but et qu'elle a eu pour effet d'induire l'autorité en erreur et de substituer la garantie illusoire d'un prête-nom à la responsabilité efficace d'un gérant légal; — Considérant que les rétractations du prévenu devant les premiers juges n'ont été appuyées d'aucune pièce justificative et que rien ne prouve la vérité de ces tardives explications;

En ce qui touche la prescription : — Considérant que la déclaration dont parle l'art. 11 de la loi du 18 juill. 1828 ne constitue pas par elle-même le délit prévu par ledit article; — Qu'isolée du fait de la publication du journal, elle échappe à l'action du ministère public et à l'application de la loi pénale, et qu'aux termes de l'art. 10 elle n'est qu'une contravention toute spéciale dont le jugement est déféré par le préfet aux tribunaux civils; — Considérant que le délit repris en l'art. 11 n'existe que lorsqu'à la déclaration est venu se joindre le fait de la publication, et que c'est dans le concours de ces deux éléments nécessaires que le ministère public puise son droit et la justice répressive sa compétence; — Qu'interpréter autrement les dispositions de l'art. 11, ce serait le détourner de son véritable sens et méconnaître l'esprit de la loi de 1828, dont l'objet principal a été de régler le mode et les conditions de la publication des journaux; — Considérant que si le premier de ces deux éléments consiste dans un fait unique, dont la date ne peut être incertaine, il n'en est pas de même du second, dont le caractère successif se perpétue aussi longtemps que le fait de la publication irrégulière s'est maintenu ou renouvelé; — Qu'ainsi, ce n'est pas à partir du jour où la déclaration fausse et frauduleuse a été faite, que la prescription aurait pu commencer à courir; mais seulement du jour où la dernière publication du journal le Temps a eu lieu contrairement aux dispositions de la loi; — Considérant que la publication du journal le Temps, sous la protection de la déclaration fausse et frauduleuse de Raymond Coste, s'est continuée, sans interruption, jusqu'au 14 mars 1842, date des premières poursuites du ministère public; — D'où il suit qu'aucune prescription n'a pu courir au profit de Raymond Coste; — Par ces motifs, met *partie in quâ*, l'appellation au néant, ordonne, etc.

Du 13 mars 1843.-C. d'Amiens.-M. Bazenerye, pr.

521. *Jugement.* — Les formes du jugement, en ce qui concerne les contraventions aux lois sur les modes de publication, n'ont rien de particulier. Ce sont celles que le code d'inst. crim. prescrit en général aux tribunaux correctionnels. —V. Inst. crim., nos 914 et s.; Jugement, nos 737 et s.; V. aussi *eod.*, no 1083-3o).

522. Il a, du reste, été jugé que lorsqu'un individu est poursuivi pour un délit, les tribunaux ne peuvent le renvoyer des poursuites, qu'en déclarant que le délit n'est pas prouvé, ou que le prévenu se trouve dans une situation qui exclut nécessairement le délit; et spécialement que, si deux associés, dont un seul a un brevet de libraire, ont été poursuivis et même condamnés, en ce que le breveté ne serait que le prête-nom du non-breveté et ne ferait que louer à ce dernier son brevet, contrairement aux lois de la librairie, il ne suffit pas que l'arrêt qui, sur l'appel, acquitte les prévenus, se borne à dire qu'ils sont associés, et que la loi ne défend pas à un libraire de prendre un associé non breveté; il faut, de plus, qu'il reconnaisse que l'acte de société n'a pas eu pour but de constituer un individu non breveté gérant de la société (Crim. cass. 28 juill. 1827, aff. Barba, V. no 202-2o).

523. *Cumul des peines.* — Aux termes de l'art. 365 c. inst. crim., en cas de conviction de plusieurs crimes ou délits, la peine la plus forte doit seule être prononcée. — Tel est le principe général qui reçoit son application toutes les fois qu'il n'y a pas été dérogé par une loi spéciale (V. vo Peine, nos 137 et s., 163).— Relativement aux divers modes de publications, plusieurs dispositions spéciales s'en sont écartées. — Ainsi, l'art. 16 de la loi du 21 oct. 1814 dit expressément que le défaut de déclaration avant l'impression, et le défaut de dépôt avant la publication, seront punis *chacun* d'une amende de 1,000 fr. pour la première fois, et de 2,000 fr. pour la seconde. — Il a donc été très-bien jugé que le défaut de déclaration avant l'impression, et le défaut de dépôt avant la publication, donnent lieu contre l'imprimeur qui s'en est rendu cumulativement coupable à une amende distincte pour chacune de ces contraventions (Crim. cass. 14 août 1846, aff. Dieulafoy, D. P. 46. 1. 336).

524. L'art. 4 de la loi du 18 juill. 1828 déroge aussi au principe général du non-cumul des peines. Il y est exprimé que si le gérant décédé n'est pas remplacé dans le délai de quinze jours à compter du décès, le journal doit cesser de paraître, à peine de 1,000 fr. d'amende pour *chaque feuille ou livraison* qui serait publiée après l'expiration de ce délai. — Mais il n'en est pas de même, et c'est ce qui a été jugé, au cas de poursuites dirigées contre le gérant d'un journal prévenu d'avoir fait paraître plusieurs numéros de ce journal, sans avoir fourni préalablement le cautionnement exigé par la loi (Crim. rej. 8 mai 1852, aff. Delbreil, D. P. 52. 5. 443; V. aussi Peine, no 180).—Dans le même sens, on a décidé qu'il y a autant de délits de publication de journal sans cautionnement, qu'il y a de publications séparément constatées et poursuivies par le ministère public; mais qu'une seule peine est applicable (Ch. réun. cass. 23 janv. 1836) (1).

---

(1) *Espèce :* — (Min. pub. *C.* le journal la Justice.)— En avr. 1835, le journal la Justice parut sans avoir fourni de cautionnement; il fut l'objet de onze saisies et de six condamnations par défaut. Sur l'opposition, le tribunal de la Seine considéra les différentes publications comme ne constituant qu'un seul délit et condamna le gérant pour ce délit. — Appel du ministère public. Arrêt confirmatif de la cour de Paris.—Pourvoi. — Arrêt qui casse, par le motif que, si la peine a pu être atténuée, l'existence de plusieurs délits n'a pu être méconnue. Sur le renvoi, arrêt de la cour d'Orléans conforme à celui de la cour de Paris. — Nouveau pourvoi du procureur général d'Orléans.

Le procureur général, M. Dupin, a dit : « L'affaire ne présente pas une question unique, mais deux questions : y a-t-il, dans les faits poursuivis, plusieurs délits ou un seul délit successif? y a-t-il lieu d'appliquer plusieurs peines ou une seule?—Votre chambre criminelle a adopté ce système qu'une seule peine était applicable, mais qu'il y avait nécessité de reconnaître plusieurs délits. L'arrêt déféré a persisté à ne voir qu'un délit, malgré la succession des publications. — Constatons, d'abord, que le délit réside, non pas dans le défaut de cautionnement, pris isolément, mais dans la publication d'un journal sans cautionnement. Quiconque publiera un journal, etc., dit l'art. 6 de la loi du 9 juin 1819: ainsi, c'est le fait de la publication qui constitue le délit. — Que vient-on dire, que, pour que le délit existe, il est nécessaire qu'il y ait eu plusieurs publications, émission répétée de plusieurs numéros, dont le nombre serait laissé à l'arbitrage du juge du fait; de telle sorte que ce serait à ce juge à décider souverainement s'il y a un nombre suffisant ou non de publications pour constituer un journal? Séparons bien ce qui peut être accordé ou dénié. Je conviens qu'un journal consiste dans l'émission successive et périodique de divers numéros, mais je n'accorde pas que, pour qu'il y ait publication d'un journal, il soit nécessaire qu'une certaine série de numéros ait déjà paru, ni qu'on puisse dire que jusque-là ce n'était pas un journal, mais seulement l'espérance d'un journal, contre lequel la pénalité ne serait pas applicable. Je pense, au contraire, que, du moment que l'entreprise est établie comme journal, qu'elle se produit sous cette forme, à la seule publication du premier numéro sans cautionnement, le délit existe. En tout cas, pour être fondé à proposer cette question, il faudrait que la publication poursuivie se fût bornée à seul numéro, non suivi d'un second; or, ce n'est pas l'espèce. — J'accorde encore que, tant qu'aucune poursuite n'est exercée, la publication qui a eu lieu se résume à un seul et même fait continu, savoir: la publication d'un journal sans cautionnement; par conséquent, il n'y a qu'un délit unique. Mais le jour où l'on voudra saisir, la saisie prenant les choses où elles sont, constatera le délit de publication existant. La saisie et les poursuites ont pour effet de séparer le passé de l'avenir, les faits consommés de ceux qui pourront suivre. Il y a publication, constatée et poursuivie, d'un journal sans cautionnement; si la publication recommence, c'est un nouveau fait de publication sans cautionnement, c'est un nouveau délit, et il y en aura autant qu'il y aura eu de séparations opérées par l'action publique dans les publications du journal.

« On a tiré objection des dispositions de l'art. 4 de la loi du 18 juill. 1828 qui dispose que, faute de constitution d'un gérant, le journal ou écrit périodique cessera de paraître à peine de 1,000 fr. d'amende pour chaque feuille ou livraison qui serait publiée. Ainsi, a-t-on dit, lorsque la loi a voulu que chaque émission constituât un nouveau délit passible d'une nouvelle peine, elle s'en est expliquée formellement. Mais quelle est la conséquence de cette disposition formelle de la loi? c'est que, dans le nouveau cas dont il s'agit, c'est-à-dire à défaut de constitution d'un gérant, chaque numéro publié constitue par lui seul, indépendamment de toute saisie et de toute poursuite, un délit passible d'une amende de tant par chaque feuille; tandis que, dans le cas où il y a simplement défaut de cautionnement, une poursuite est nécessaire pour opérer la séparation entre tous les numéros publiés jusque-là et ceux qui pourraient suivre; et l'on considère non pas autant de délits qu'il y a de numéros publiés, mais seulement autant qu'il y a eu de séparations opérées entre les diverses publications du journal. — Mais, dira-t-on, adopter ce système, ce serait donner la provision aux poursuites! Remarquez, messieurs, que si l'on donne la provision aux poursuites, ce n'est jamais que sous la la condition du jugement qui interviendra. Les droits, tant du journaliste qui publie, que du ministère public qui poursuit, se trouvent réservés. C'est au journaliste à calculer les conséquences de ses actes; c'est à lui, s'il est réellement en contravention, à s'arrêter. Ou bien, s'il croit être dans son droit, il peut persévérer; mais alors il le fait à ses risques et périls. S'il doit être acquitté, il le sera pour le tout; mais aussi, s'il doit être condamné, les divers délits entreront dans la balance. — On ne veut pas que la provision soit aux poursuites, et quel est le remède? c'est que la provision serait au délit. En effet, une fois la première poursuite opérée, toutes les publications successives, jusqu'à la condamnation définitive, deviendraient forcément impunissables. Par cela seul qu'une première saisie aurait eu lieu, il deviendrait permis au journal de paraître sans cautionnement jusqu'au jour du jugement définitif : car ne pouvant y avoir jusque-là qu'un délit unique, et ce délit étant déjà poursuivi, tous les faits postérieurs, l'obstination à paraître sans satisfaire à la loi, se trouveraient placés à l'abri de toute répression pénale! — Le but que la loi a eu en vue, en exigeant un cautionnement, serait entièrement méprisé dans cet intervalle. Le cautionnement qui est exigé précisément parce qu'il n'y a pas de censure préalable, a pour but d'offrir à la justice une garantie pour la répression des délits. Or, dans l'intervalle de la première saisie au jugement définitif, le journal serait affranchi de fournir cette garantie, puisqu'il n'y aurait de sa part aucun délit à continuer sans cautionnement, et, par conséquent, aucune pénalité. — On accorde bien qu'une condamnation qui interviendrait produirait cet effet, cette séparation entre la publication antérieure et celle qui pourrait suivre, mais on ne l'accorde que pour la condamnation définitive. Messieurs, c'est faire confusion entre la récidive et la réitération des délits. Sans doute, pour constituer la récidive, il est indispensable qu'il y ait eu une condamnation antérieure, définitive et irrévocable. Mais la récidive a son caractère et sa pénalité propres, qu'il faut bien se garder de confondre avec le fait de réitération dont il s'agit au procès. — Nous arrivons à ce qui concerne la pénalité. L'existence de plusieurs délits réitérés étant constatée, pouvait-on appliquer dans la cause plusieurs peines ou bien une seule était-elle applicable? — L'art. 365 c. d'inst. crim. veut qu'en cas de conviction de plusieurs crimes ou délits, la peine la plus forte soit seule prononcée. Quand les délits réitérés sont de même nature, cet article ne cesse pas pour cela d'avoir son effet, et alors on ne peut prononcer contre la réunion des délits divers que la peine concernant l'un d'entre eux. — Cette législation, à l'époque des faits de la cause, était encore applicable aux délits de la presse : c'est ce que la

525. L'art. 60 de la loi du 9 vend. an 6 est encore en opposition avec le principe du non-cumul des peines. Cet article veut, en effet, que ceux qui auront répandu des journaux sans avoir fait timbrer leur papier soient condamnés à une amende de 100 liv. *par chaque contravention*. — Aussi a-t-il été jugé : 1° que dans le cas de contravention aux lois du timbre sur les journaux, il doit être prononcé autant d'amendes qu'il y a eu d'exemplaires saisis dont le papier n'a pas été soumis au timbre (Req. 1er mars 1836, aff. le journal le Populaire, V. n° 383. — Conf. délib. 1er mars 1833, approuvée le 7); — 2° Que l'amende encourue pour défaut de timbre d'un avis imprimé, est due pour le fait de chaque distribution constatée séparément (trib. de la Seine, 3 juill. 1833) (1). — Cette décision est fondée sur la loi du 28 avr. 1816 et sur celle du 16 juin 1824; mais ces textes ne nous paraissent pas avoir expressément prescrit le cumul des peines; d'où il suit que le principe général aurait dû être observé.

526. Il est vrai qu'il a été décidé, en principe, que l'art. 365 c. inst. crim. ne s'applique pas aux simples contraventions (V. Peine, n° 159); mais c'est à l'égard des contraventions de simple police prévues par le code pénal. On conçoit très-bien qu'il en soit ainsi, puisque l'art. 365 précité ne comprend dans son texte que les *crimes et les délits*. Les faits qui, suivant la définition du code pénal (art. 1), doivent être considérés comme des délits d'après la peine qu'ils font encourir, doivent, au contraire, ce nous semble, profiter de la disposition favorable de l'art. 365. — Il a été jugé en ce sens : 1° que le principe du non-cumul des peines s'applique, en matière de presse, aux contraventions comme aux délits, la pénalité étant dans les deux cas correctionnelle (Crim. cass. 26 juill. 1855, aff. Trémollière, D. P. 55. 1. 381); — 2° Que la règle du non-cumul des peines s'applique au cas de poursuites dirigées contre le gérant d'un journal prévenu d'avoir fait paraître plusieurs numéros de ce journal, sans avoir fourni préalablement le cautionnement exigé par la loi (Crim. rej. 8 mai 1852, aff. Delbreil, D. P. 52. 5. 444).

527. Toutefois, il a été jugé, 1° que lorsqu'une annonce de souscription pour le payement d'une amende judiciaire a été l'objet d'une première poursuite, chaque renouvellement de cette annonce, *à dater de la citation du ministère public*, constitue un délit séparé, passible d'une peine distincte; de telle sorte qu'il y a lieu à l'application d'autant de peines qu'il y a eu de nouveaux faits d'annonce (Crim. rej. 1er sept. 1836, aff. La Mode, V. n° 316-3°); — 2° Que les infractions à l'art. 3 de la loi du 16 juill. 1850, sur la signature des articles de journaux contenant des discussions politiques, philosophiques ou religieuses, constituent de simples contraventions auxquelles ne s'applique pas la règle du non-cumul de peines; qu'en conséquence, le prévenu est passible d'autant de peines distinctes qu'il y a d'infractions constatées à sa charge, quoique ces diverses infractions soient comprises dans la même poursuite (Crim. cass. 9 août 1851, aff. Cassagne, D. P. 51. 1. 279); — 3° Que l'art. 9 de la loi du 16 juill. 1850, qui n'autorise le cumul des peines qu'à l'égard des délits postérieurs à la première poursuite, et qui maintient implicitement la prohibition du cumul pour les délits antérieurs, ne s'applique qu'aux faits justiciables des cours d'assises; et spécialement, que lorsque plusieurs contraventions à l'art. 3 de la loi du 16 juill. 1850, concernant la signature des articles politiques, philosophiques et religieux, sont imputés au même prévenu, chacune de ces contraventions est passible de l'amende de 500 fr. établie par cet article, quoiqu'elles soient comprises dans les mêmes poursuites et qu'elles aient toutes été commises antérieurement à ces poursuites (Crim. rej. 17 mai 1851, aff. Douriens, D. P. 51. 1. 153); — 4° Qu'on ne peut appliquer aux simples contraventions le principe prohibitif du cumul des peines, lequel est étranger aux contraventions en général, sans en excepter celles prévues par les lois spéciales (trib. sup. d'Auxerre, 24 mai 1855, aff. Hérisé, D. P. 55. 3. 46).

528. Quoi qu'il en soit, il a été décidé que bien que l'art. 5 du décret du 17 fév. 1852 exige, pour la publication d'un journal politique, la double formalité de l'obtention d'une autorisation préalable et du versement d'un cautionnement, l'infraction à cette disposition ne constitue qu'une seule contravention, et conséquemment ne peut donner lieu qu'à l'application d'une seule peine (trib. de Carpentras, 24 mai 1855, aff. Trémollière, D. P. 55. 1. 380). — Sur le pourvoi formé contre ce jugement, M. l'avocat général Bresson avait émis l'opinion contraire; mais la cour de cassation, posant en principe que l'art. 5 du décret du 17 fév. 1852 et l'art. 2 de celui du 28 mars suivant n'ayant établi aucune dérogation à la règle posée par l'art. 365, démontre que la solution de la question est sans intérêt.

529. *Appel*. — Par dérogation à l'article 200 c. inst. crim., l'art. 26 du décret du 17 fév. 1852 disposait que les appels des jugements rendus sur les *délits* commis par la voie de la presse, seraient portés devant la chambre correctionnelle de la cour. Mais cette disposition ne s'appliquait point aux contraventions (Circ.

---

cour de cassation a jugé, avec raison, par plusieurs arrêts. Le soin qu'a pris la loi du 9 sept. 1835 d'établir, par son art. 12, une règle contraire à l'égard des délits de la presse, ne fait que confirmer la jurisprudence de la cour pour les temps antérieurs. — Ainsi, dans l'espèce, et je ne puis que m'en applaudir, une seule peine était applicable. Mais est-ce un motif pour que l'arrêt dénoncé qui, dans le fait, a prononcé seulement le minimum de la peine, doive échappe à votre censure? Non, messieurs, il faut proclamer ici ce grand principe du droit criminel, que c'est surtout pour l'exemple, pour l'enseignement de la société, que ce droit est établi. Et vous-mêmes, magistrats, n'est-ce pas pour donner un haut enseignement par l'autorité de vos arrêts? Cet enseignement manquerait à la société dans la question qui vous est soumise, si l'arrêt dénoncé pouvait échapper à la cassation. — Il est possible que, même en reconnaissant dans les faits poursuivis l'existence de plusieurs délits, la peine fût restée la même; je dis il est possible, parce qu'il aurait pu arriver aussi que les juges qui n'ont appliqué que le minimum, eussent aggravé cette condamnation s'ils avaient reconnu plusieurs délits réitérés. Mais, quoi qu'il en soit, du moment qu'il y avait plusieurs délits, les juges, quelle que dût être à leurs yeux la peine convenable, devaient, pour l'exemple, pour l'enseignement de la société, signaler, constater l'existence de ces délits, il ne leur était pas permis de les méconnaître : la condamnation qu'ils ont prononcée repose sur une base fausse, sur une base illégale. » — Arrêt.

LA COUR; — Vu l'art. 6 de la loi du 9 juin 1819, les deux et trois derniers paragraphes de la loi du 18 juill. 1828; — Attendu que, pour qu'il y ait lieu à l'application de l'art. 6 de la loi du 9 juin 1819, il suffit qu'il y ait publication d'un journal, sans que l'obligation préalable du cautionnement ait été remplie; — Que cette loi n'exige pas plusieurs publications successives pour que la contravention existe; — Que dès lors, s'il y a eu poursuite par voie de saisie ou autrement à l'occasion d'une première publication, les publications ultérieures, pareillement constatées, constituent des contraventions nouvelles, distinctes, et passibles de la peine établie par la loi; — Attendu que, dans l'espèce, les faits de publication du journal la Justice ont été séparément constatés et poursuivis par le ministère public; que même des jugements par défaut avaient été rendus contre le gérant; — Que, sans doute, ces jugements ayant été frappés d'opposition, et n'étant pas définitifs, le gérant ne pouvait pas être considéré comme s'étant mis en état de récidive, et qu'il devait y avoir lieu à l'application de l'art. 365 c. inst. crim.; mais que l'existence de plusieurs contraventions n'en devait pas moins être reconnue, sauf à la cour qui a rendu l'arrêt attaqué, d'user de la latitude que lui donnait la disposition dudit article; — Et attendu que l'arrêt attaqué a déclaré que tous les faits de publication successive dont Viderker était convaincu ne constituaient qu'une contravention unique; qu'en le jugeant ainsi, il a donné une base illégale à l'application de la peine; — Par ces motifs, casse.

Du 25 janv. 1836.-C. C., ch. réun.-MM. Portalis, 1er pr.-Viger, rap.-Dupin, pr. gén., c. conf.-Chevalier, av.

(1) (Morisset et Rolland C. enreg.) — LE TRIBUNAL; — Attendu qu'aux termes des art. 1 de la loi du 6 prair. an 7, 66 et 68 de celle du 28 avr. 1816, les avis et annonces, quels qu'en soient la nature et l'objet, sont assujettis à la formalité du timbre; — Que, par l'art. 76 de la loi du 25 mars 1817, il n'est fait d'exception à ce principe qu'en faveur des prospectus de librairie et des annonces relatives aux sciences et aux arts; que l'imprimé dont il s'agit ne se trouve point placé dans ces cas particuliers d'exception; — Que deux faits distincts de distribution ont été constatés; d'où il suit que, s'il ne peut être appliqué qu'une seule amende contre l'imprimeur, il doit en être prononcé deux contre le distributeur; — Que cette amende a été fixée par la loi du 28 avr. 1816, modifiée par celle du 16 juin 1824, à 50 fr. contre l'imprimeur, et à 20 fr. contre le distributeur; qu'ainsi les contraintes ont été régulièrement décernées, savoir : l'une pour 77 fr. décime compris, tant contre Morisset (imprimeur) que contre Rolland, l'autre de 22 fr. aussi décime compris, contre Rolland seul; déboute lesdits Morisset et Rolland de leur opposition, etc.

Du 5 juill. 1833.-Trib. de la Seine.

min. just. 27 mars 1852, D. P. 52. 3. 11). — Sous la loi du 25 mars 1822, il avait été jugé également que l'art. 17 de cette loi, d'après lequel les appels des jugements rendus par les tribunaux correctionnels sur les délits commis par des écrits imprimés, devaient être jugés par la première chambre civile de la cour d'appel et la chambre correctionnelle réunies, n'était relatif qu'aux délits de la presse, dont la connaissance avait été attribuée aux cours d'assises par la loi du 26 mai 1819, et non à ceux prévus par la loi du 9 juin suivant, lesquels n'ont point été distraits de la juridiction correctionnelle; et que, par exemple, il ne s'appliquait pas à l'appel d'un jugement qui avait statué sur le délit résultant de ce qu'un journal littéraire avait traité de matières politiques; cet appel devait être porté devant les juges d'appel ordinaires (Crim. cass. 21 avr. 1827, MM. Portalis, pr., Brière, rap., aff. Goisbault). — D'après l'art. 1 de la loi du 13 juin 1856 (D. P. 56. 4. 63), tous les appels en matière correctionnelle doivent être déférés à la cour dans le ressort de laquelle ont été rendus les jugements attaqués par cette voie.

580. *Exécution.* — Le mode d'exécution des condamnations pécuniaires pour crimes et délits de presse, tracé par les art. 6, 7 et 8 de la loi du 16 juill. 1850, est maintenu et étendu aux contraventions (Circ. minist. just. 27 mars 1852, D. P. 52. 3. 11). — C'est-à-dire : 1° que dans les trois jours de tout jugement de condamnation, le gérant du journal doit acquitter le montant des condamnations qu'il a encourues, qu'en cas de pourvoi en cassation, le montant des condamnations doit être consigné dans le même délai; — 2° Que la consignation ou le payement doit être constaté par une quittance du receveur; — 3° Que, faute par le gérant d'avoir remis la quittance dans le délai ci-dessus indiqué, le journal doit cesser de paraître, sous les peines portées contre tout journal sans cautionnement. — L'art. 5 de la loi du 16 juill. 1850, sur les *consignations* qui doivent suivre les arrêts de la chambre des mises en accusation, est désormais sans application (Cir. min. just. 27 mars 1852, D. P. 52. 3. 11).

TIT. 3. — DES CRIMES ET DÉLITS QUI PEUVENT SE COMMETTRE PAR LES DIVERS MOYENS DE PUBLICATION.

581. C'est de la nature elle-même et non de la loi civile que l'homme tient la faculté de penser et de parler, et comme l'écriture, la gravure, la presse, etc., ne sont, ainsi que la parole, que des moyens divers de manifestation de la pensée, comme elles ne sont que des modes de parler différents, il s'ensuit que le droit de publier a pareillement sa source dans la loi naturelle, et qu'il n'est pas exact de dire, avec M. Hello (discours de rentrée, Gazette des trib., 6 nov. 1835), que la presse doit sa liberté à la loi écrite. En reconnaissant cette liberté, la loi écrite ne fait que sanctionner un droit naturel (Conf. M. Chassan, t. 1, p. 5). — Mais l'abus de ce droit doit nécessairement être réprimé. Voyons à quelles conditions il peut tomber sous l'application de la loi pénale. — La pensée, tant qu'elle ne s'est pas encore manifestée au dehors, échappe nécessairement à toute juridiction humaine, mais lorsqu'elle se révèle par la parole ou l'écriture, c'est-à-dire par des actions, il est évident que ces actions, comme toutes les autres, si d'ailleurs elles sont le résultat d'une intention coupable, et si elles causent un préjudice à autrui ou si elles portent atteinte à l'ordre public, tombent sous l'empire des lois pénales. — Le droit romain et l'ancien droit français établissaient, comme le fait aujourd'hui encore la loi anglaise, une distinction quant à la pénalité, entre les délits de la parole et ceux de l'écriture et de la presse. Cette distinction n'est plus admise, du moins en général, par notre législation. — Est-ce à tort qu'elle a été rejetée? M. Chassan (t. 1, p. 7) résout cette question par l'affirmative, attendu que les délits de la presse occasionnent un plus grand préjudice, et attestent dans l'agent une volonté plus réfléchie que les simples délits de paroles. — Quant à nous, nous inclinons à penser qu'il n'y a rien d'absolu en cette matière, et que la gravité du délit dépend entièrement des circonstances. Telle parole envenimée et longtemps préméditée, qui circule au loin, portée sur l'aile de la malignité publique, peut faire beaucoup plus de mal que de gros volumes que personne ne lit. — Dans l'impossibilité de régler tous les cas et toutes les nuances des faits, le législateur a jugé qu'il était préférable de soumettre les divers moyens de publication à des pénalités identiques, et nous croyons qu'on ne doit pas l'en blâmer.

Quoi qu'il en soit, les délits de la parole ou de la presse ont une nature spéciale, un caractère particulier. Une doctrine contraire a été émise, il est vrai, lors de la confection de la loi du 17 mai 1819. On soutenait que les délits de la presse ne sont point des délits particuliers, mais consistent uniquement dans des faits de provocation qui, s'ils sont suivis d'effet, constituent la complicité, et qui, s'ils sont restés sans effet, doivent être considérés comme une tentative de crimes ou délits. « Il s'agit uniquement, disait M. de Serre, garde des sceaux, de recueillir dans les lois pénales les actes déjà incriminés, auxquels la presse peut servir d'instrument, et d'appliquer à ces faits, lorsqu'ils auront été commis ou tentés par cette voie, la pénalité qui leur convient. » Mais cette théorie fut combattue à la chambre des députés. « La commission répugne à penser, disait M. Courvoisier, qu'il n'y a point de délit particulier de la presse; qu'il n'y a pas lieu à instituer pour elle une législation pénale distincte..., si l'on adopte ces principes, il faut en conclure que nulle publication n'est coupable si elle n'est empreinte du caractère de provocation ou de complicité : or, le projet de loi détruit lui-même cette conséquence; car l'auteur d'un outrage à la morale, d'une diffamation, d'une injure, commet un délit sans être pourtant ni provocateur, ni complice. Cette dernière doctrine a tout à fait triomphé lors de la confection de la loi du 25 mars 1822, et elle a pareillement servi de base à toutes les lois ultérieures sur la presse. — Et c'est avec raison (V. M. Chassan, t. 1, n°s 12 et suiv.). Les délits de la parole et de la presse sont d'une nature spéciale. Produits de la pensée, ils n'agissent directement que sur la pensée, ils n'apportent le trouble que dans l'ordre moral; on ne peut, dès lors, constater, dans les infractions de ce genre, le préjudice matériel, représenter le corps du délit, comme on le peut quand il s'agit d'infraction d'une autre nature. Ce qui distingue encore les délits de la parole et de la presse, c'est que leur caractère criminel est généralement plus subordonné que celui des délits du droit commun aux circonstances de temps et de lieu et aux événements politiques.

582. Du reste, « dans les délits qui se commettent par la voie de la presse (ou de la parole), comme dans tous les autres délits, il faut, a dit Portalis (le père), pour caractériser le crime, que la volonté de nuire soit jointe au fait matériel de l'action. Ainsi, point d'injure sans esprit d'injure. On peut se tromper au préjudice du public comme au sien propre; donc point de délit lorsqu'on n'aperçoit que la simple erreur, sans intention de manquer aux lois ou de porter un dommage à la société » (rapp. au cons. des anciens, V. Choix de rapp., t. 16, p. 99; V. aussi M. de Grattier, p. 14). — « Nous observerons, ajoute Portalis, que quand les écrits sont vicieux et dommageables par leur nature, c'est à celui qui les publie à justifier de son intention; alors la volonté de nuire est présumée jusqu'à la preuve évidente du contraire » (V. même rapport et la loi 5, C., *De injuriis*). — En cette matière comme en toute autre, le ministère public peut, d'ailleurs, faire résulter l'intention de tous les faits, de tous les écrits qui lui semblent propres à la rendre manifeste : la loi ne lui interdit à cet égard aucun genre de preuves. — C'est donc avec raison qu'il a été décidé qu'en matière de délit de la presse, comme en toute autre matière, le ministère public peut rechercher la preuve de l'intention criminelle du prévenu ailleurs que dans l'article incriminé, et, par exemple, citer, nonobstant l'opposition du prévenu, d'autres écrits du même auteur, étrangers à cet article, et que ce n'est pas là renouveler les procès de tendance proscrits par la loi de 1831 (Crim. cass. 1er juill. 1847, aff. Pic, D. P. 47. 1. 246). — « Le but de la loi a été, disait M. de Serre, de punir seulement la publication dans laquelle elle fait résider le délit. » D'où la conséquence qu'en matière d'écrits, c'est celui qui les publie qui commet le délit, et non l'auteur, à moins que celui-ci n'ait consenti ou participé à la publication.

583. Une autre condition nécessaire pour constituer les délits dont il s'agit, c'est la publicité. Un écrit, dont il n'a été donné aucune communication, ne saurait motiver l'application d'une peine. — Il en est de même, en général, de propos tenus à voix basse devant quelques personnes seulement. Il a paru trop rigoureux de considérer comme des délits quelques écarts.

de langage : *lubricum linguæ ad pœnam facilè trahendum non est* (V. MM. Parant, p. 66 ; de Grattier, t. 1, p. 117). — C'est pour ne laisser aucun doute à ce sujet que, lors de la discussion de la loi du 17 mai 1819, les mots : « Quiconque par des discours, des cris ou menaces *proférés* dans des lieux ou réunions publiques, etc., » furent substitués à ceux-ci : « Quiconque, par des discours tenus, des cris ou menaces proférés, etc. » « Le mot *proférés*, dit l'auteur de cet amendement, comporte une idée de publicité, beaucoup plus étendue que l'expression *tenus* dont je propose la suppression. » — Le droit romain exigeait que l'outrage par paroles eût été vociféré. *Ex his apparet non omne maledictum convicium esse : sed id solum quod* cum vociferatione *dictum est* (L. 15, § 11, ff., *De inj. et fam. lib.*).

534. La vente d'un *seul* exemplaire de l'écrit coupable semble rentrer dans les termes de la loi qui nous occupe; mais s'il s'agissait de la vente d'un manuscrit, la loi ne serait pas applicable, car ce qu'elle punit ce n'est pas la vente, en tant que vente, mais en tant que constituant un fait de publication; or, on ne saurait voir un fait de cette nature dans la vente d'un manuscrit (V. M. Chassan, *eod.*; de Grattier, t. 1, p. 125). — Il y aurait aussi *distribution*, dans le sens de la loi, dans le fait de la remise d'un seul exemplaire d'un ouvrage imprimé, mais non dans le fait de la communication ou de l'envoi à une seule personne d'un écrit ou d'une lettre missive. Mais l'envoi ou la communication d'une lettre à un grand nombre de personnes serait constitutif de l'infraction (V. M. Chassan, t. 1, p. 40).

535. Au reste, la loi met sur le même rang les délits commis dans les *lieux publics* et ceux commis dans des *réunions publiques*. —Mais que faut-il entendre par les mots *lieux publics?*—M. Chassan distingue trois catégories de lieux publics, savoir : 1° les lieux publics *par leur nature*, comme les rues, places, chemins publics. Ces lieux ne cessent jamais d'être publics, même quand il ne s'y trouve personne, même la nuit;—2° Les lieux publics par *destination*, quand cette destination est permanente : tels sont les temples, églises, bibliothèques publiques, salles de spectacles, cabinets de lecture, auberges, cafés, etc. — Aux heures où ils cessent d'être accessibles au public, ces lieux deviennent de simples lieux privés. Toutefois, les hôtelleries ne cessent pas, même la nuit, d'être publiques. — Pendant que les lieux qui viennent d'être désignés sont publics, ils demeurent tels, suivant M. Chassan, nonobstant l'absence de toute tierce personne au moment du délit. —Une voiture publique, allant d'un endroit à un autre, est un lieu public par destination. Il en est de même, à plus forte raison, des diligences par eau, des paquebots, etc.; —3° Les lieux publics par accident, tels, par exemple, qu'une maison particulière louée accidentellement pour un spectacle, les lieux privés ouverts passagèrement au public. Des réunions publiques pouvant ainsi se tenir dans des lieux qui ne sont pas ordinairement publics, il ne suffit pas, suivant M. Chassan, pour établir la non-publicité, de déclarer que les discours incriminés n'ont pas été proférés dans un lieu public ; il doit être constaté, en outre, qu'ils ne l'ont pas été dans une réunion publique. — Cette doctrine de M. Chassan sur ce qu'il faut entendre par lieux publics n'est pas de tous points conforme au dernier état de la jurisprudence sur cette question, ainsi qu'on le verra ci-après; et nous pensons que, contrairement à l'opinion de cet auteur, il faut décider, que, soit que le lieu où les discours, cris, etc., auront été proférés ait été public par sa nature, ou par destination ou par accident, il est, dans tous les cas, nécessaire que ces discours, cris, etc., aient été proférés *en présence* de plusieurs personnes ou de *manière à être entendus par elles*, pour constituer la circonstance essentielle de la publicité.

M. de Grattier (t. 1, p. 122) pense que, dans ce cas, la présence d'*une seule* personne suffirait pour qu'il y eût publicité. — Nous ne croyons pas qu'il en soit ainsi. — La publicité implique, ce nous semble, la présence *du public*, ou la communication *au public*. — Or, une seule personne ne peut constituer le public. — Combien en faudra-t-il?—Dans le silence de la loi, la réponse à cette question est, nous l'avouons, assez embarrassante. Mais nous avons essayé de la résoudre relativement aux réunions publiques.—V. le numéro suivant.

Ce renvoi indique assez que nous voyons peu de différence entre les lieux publics et les réunions publiques, et, à cet égard, nous croyons tout à fait dans la pensée de la loi qui ne fait point de distinction à cet égard, et qui semble définir les lieux publics par les réunions publiques. C'est, du reste, dans ce sens que la jurisprudence tend à se former, seulement elle est encore flottante, parce qu'elle ne trouve dans la législation aucun point d'appui quant au nombre des personnes auxquelles il faut qu'un fait soit communiqué, pour qu'il y ait publicité. — Mais que l'on veuille bien observer et retenir que, dans l'esprit de la loi, il faut nécessairement que la publicité soit immédiate et résulte du fait même qui constitue le délit; s'il en était autrement, elle n'eût pas fait de la publicité un élément des infractions pour lesquelles elle se réfère à l'art. 1 de la loi de 1819. — La propagation qui suit le fait est ou peut être complétement indépendante de la volonté de son auteur. Ce n'est donc pas là ce qu'elle a voulu punir. — Aussi a-t-il été jugé que lorsqu'un écrit a été rendu public par un fait indépendant de la volonté de son auteur, il doit, à son égard, être censé n'avoir pas eu de publicité (Crim. cass. 16 fév. 1829, aff. Pasquier, V. Dénonc. calomn., n° 119).

536. Voyons maintenant si nous serons plus heureux pour déterminer le sens des mots *réunion publique*.—Quel nombre de personnes constitue une réunion et quel est le caractère qui distingue une réunion publique d'une réunion privée ; c'est là ce qu'il aurait fallu préciser. — Tâchons de suppléer à l'omission de la loi. —Le code pénal semble avoir attaché au nombre vingt l'idée de réunion de personnes lorsqu'il a dit (art. 291) sous la rubrique *des associations ou réunions illicites* : « Nulle association de plus de vingt personnes dont le but sera de se réunir tous les jours ou à certains jours marqués pour s'occuper d'objets religieux, littéraires, politiques ou autres, ne pourront se former qu'avec l'agrément du gouvernement. » —Faudra-t-il s'en tenir à ce chiffre? — On trouvera peut-être que c'est affranchir de toute pénalité un grand nombre de faits très-nuisibles, en ce qu'ils auront pu se produire devant moins de vingt personnes et offrir néanmoins les inconvénients de la publicité. —Cependant, on reconnaît que la première condition d'une réunion, c'est le nombre (V. MM. Grattier, t. 1, p. 119; Bories et Bonassies, v° Diffamation, n° 109). — Mais quel est donc celui qu'il faut adopter? — On répond : c'est là un point livré à l'appréciation du juge. Sans doute ; mais il est à regretter que la loi elle-même n'ait pas pris soin de fixer les incertitudes des magistrats et, pour éviter toute décision arbitraire, il vaudrait peut-être mieux s'en tenir au chiffre indiqué par l'art. 291 c. pén. — A l'égard de la *publicité* de la réunion, même embarras. — Est-ce du nombre que résulte la publicité, ou bien est-ce du lieu de la réunion? — Sous ce double rapport, silence absolu de la part du législateur. Mais il paraît juste de décider qu'une réunion d'amis ou de connaissances, dans un but de plaisir ou d'affaires, si elle se tient dans un lieu privé, ne peut être réputée publique, quel que soit le nombre des personnes qui la composent. — Il en est de même si ces personnes se réunissent dans un lieu public privativement et accidentellement affecté à cette destination (V. MM. de Grattier, t. 1, p. 119; Bories et Bonassies, v° Diffamation, n°s 107 et suiv.).—Au reste, à défaut de définition précise dans la loi, les solutions nombreuses de la jurisprudence sont venues simplifier beaucoup la difficulté (V. n°s 548, 562, 568-2°, 583, 614, 651 et s., 725 et s., 856 et s., 932 et s., 945 et s.).

Il est d'ailleurs, à remarquer, et c'est ce qui a été jugé, qu'en cas de vente, distribution ou mise en vente d'écrits coupables, il n'est pas nécessaire, pour constituer l'infraction, que la vente ou distribution ait été effectuée dans les lieux ou réunions publics; la vente ou distribution, même clandestine, suffit, et il en est de même de la mise en vente, quoique faite dans l'arrière-magasin d'une boutique (Crim. cass. 16 août 1833, aff. Léon, V. n° 584). — Lorsque l'infraction est commise par des placards et affiches, la loi n'exige pas non plus, pour constituer la publicité, que les placards ou affiches aient été exposés dans des lieux ou réunions publics; il suffit du fait de l'exposition aux regards du public (L. 17 mai 1819, art. 1). —Ainsi lorsque cette condition est remplie, il importe peu que le placard ou l'affiche soit placé dans un lieu privé si, de ce lieu, il peut être lu du public, comme, par exemple, si l'affiche était fixée à une fenêtre donnant sur la voie publique.—M. Chassan, t. 1, p. 36) ajoute qu'il en serait de même si l'exposition avait lieu dans une cour *accessible* au public

— Mais il faut s'entendre à cet égard : si la cour est seulement accessible au public en ce sens que la porte extérieure est ouverte et que, de la voie publique, on peut, sans obstacle, s'avancer jusqu'à la cour, à notre sens, il n'y a ni publicité, d'après le lieu, ni exposition aux regards du public; si, au contraire, la cour sert de passage public, il n'est pas douteux que l'infraction existe sous un double rapport : d'abord, en ce que la provocation ou l'outrage est public d'après le lieu où le fait se produit et, ensuite, parce qu'il y a exposition aux regards du public.

537. Quel est le pouvoir d'appréciation de la cour de cassation, en ce qui touche les crimes et délits qui se commettent par les divers moyens de publication?—Sa jurisprudence a varié à cet égard.—Ainsi elle a jugé : 1° que de même qu'en matière criminelle ordinaire, elle n'est pas appréciatrice des faits; elle ne l'est pas non plus du sens et de l'interprétation des écrits dénoncés, lorsqu'il s'agit des délits de la presse : que la cour de cassation ne peut rechercher si la loi a été violée dans la qualification des crimes ou délits, que dans le cas où la loi détermine les éléments constitutifs de ces crimes ou délits, ce qui n'a pas lieu pour l'outrage à la morale publique, et n'avait pas lieu non plus (sous les chartes de 1814 et de 1830) pour l'attaque à l'inviolabilité de la personne du roi (Crim. rej. 15 oct. 1825, aff. Catineau, V. tit. 3, chap. 8, sect. 4);—2° Que les juges qui remplissent, en matière correctionnelle, les fonctions de juges et de jurés, exercent plus spécialement encore, en matière de délits de la presse, les fonctions de jurés, auxquels ils ont été substitués par la loi du 25 mars 1822; qu'ils peuvent donc prononcer d'une manière souveraine sur le sens des écrits dénoncés et sur l'intention de l'auteur (même arrêt); — 3° Qu'il appartient aux chambres des mises en accusation de décider souverainement si un écrit constitue ou non le délit d'attaque à l'autorité constitutionnelle du roi et des chambres, etc.; spécialement, qu'une chambre des mises en accusation a pu déclarer qu'un tel délit ne résultait pas d'un écrit ayant pour titre : *Souscription en faveur des détenus en vertu de la loi du 6 mars* 1820, sans que son arrêt puisse encourir la censure de la cour de cassation (Crim. rej. 9 juin 1820) (1);—4° Qu'en matière de délits de presse, l'appréciation de la distribution et de la publicité d'écrits séditieux est laissée à la conscience et à la sagesse des juges du fond, et que leur décision à cet égard est à l'abri de la censure (Crim. rej. 17 oct. 1822) (2); — 5° Que l'arrêt ou le jugement en dernier ressort, qui déclare un individu coupable d'offense envers les membres de la famille royale, pour avoir outragé la mémoire d'un prince descendu au tombeau depuis peu d'années, renferme une appréciation de faits qui échappe à la censure de la cour de cassation (Crim. rej. 24 avr. 1823) (3); — 6° Qu'aux juges appartient l'appréciation des circonstances d'après lesquelles les faits imputés doivent être jugés avoir porté atteinte à l'honneur et à la considération de la personne qui a été l'objet des imputations; et que leurs décisions ne peuvent pas être attaquées pour défaut de motifs, lorsqu'ils se sont bornés à prononcer qu'il n'est pas suffisamment établi que les faits imputés ont porté atteinte à l'honneur et à la considération du plaignant (Crim. rej. 12 mai 1820, MM. Barris, pr., Aumont, rap., aff. Masson).

538. Suivant des arrêts plus récents, au contraire, c'est à la cour de cassation qu'appartient la qualification des écrits incriminés en matière de presse, et elle n'est nullement liée à cet égard par les arrêts des chambres d'accusation toutes les fois qu'il s'agit de faits déclarés ou non méconnus par les juges (Crim. cass. 5 août 1831, aff. Robert, n° 553-2°; 10 juill. 1841, aff. la Feuille de Douai, V. n° 553-2°). — ... Ou, du moins, en matière de délit de la presse, comme en toute autre, il appartient à la cour de cassation d'apprécier la légalité des qualifications données par les juges aux faits qu'ils ont déclarés constants (Crim. cass. 21 oct. 1831, aff. Gazette de Bretagne, V. n° 567-4°). — La cour de cassation a le droit de juger l'appréciation et la qualification des écrits sur lesquelles sont intervenues les décisions des chambres d'accusation, et spécialement elle peut voir une excitation au mépris et à la haine du gouvernement là où la chambre d'accusation, dans les expressions d'un écrit, n'avait trouvé que des phrases de jactance et d'amplification incon-

(1) (Min. publ. *C.* Menu et autres.) — La cour; — Attendu que les sieurs Menu, Targe et Chastaing ont été traduits devant la chambre d'accusation de la cour royale de Lyon comme inculpés : « d'avoir pris part à la rédaction, publication et distribution d'un écrit ayant pour titre *Souscription en faveur des détenus en vertu de la loi du 6 mars* 1820, et d'avoir ainsi attaqué l'autorité constitutionnelle du roi et des chambres et provoqué à la désobéissance aux lois ; » — Que de l'arrêt par lequel ladite chambre d'accusation a jugé qu'il n'y avait pas lieu à prononcer la mise en prévention sur cette inculpation, et contre lequel le procureur général s'est pourvu, il résulte implicitement mais nécessairement, qu'il a été reconnu par la susdite chambre d'accusation que ledit écrit ne renfermait point d'attaque à l'autorité constitutionnelle du roi et des chambres, ni de provocation à la désobéissance aux lois; — Que d'après cette appréciation qu'il appartenait à la cour royale de faire de l'écrit qui était l'objet des poursuites et sur laquelle il n'est point dans les attributions de la cour de porter son examen, le renvoi des inculpés de l'action du ministère public n'a point été une violation de la loi du 17 mai 1819; — Rejette.

Du 9 juin 1820.-C. C., sect. crim.-MM. Barris, pr.-Ollivier, rap.

(2) (Pillen *C.* min. publ.) — La cour; — Sur les deuxième et troisième moyens résultant de ce que les juges auraient mal à propos déclaré que la chanson séditieuse avait été distribuée dans un lieu public; — Attendu que ni la loi du 17 mai 1817 ni celle du 25 mars 1822, ni aucune autre loi n'ont déterminé les faits qui peuvent caractériser la distribution et la publicité, que dès lors l'appréciation de ces faits est laissée à la conscience et à la sagesse des cours et tribunaux, qu'en conséquence dès que le jugement attaqué a reconnu en fait, que le demandeur avait distribué dans un lieu public une chanson séditieuse, cette déclaration en fait suffit pour justifier l'application de la loi pénale et que quand même les juges auraient mal apprécié les faits, il n'en résulterait qu'un mal jugé au fond qui ne pourrait donner ouverture à cassation qui ne peut résulter que d'une violation de la loi; — Rejette le pourvoi formé contre le jugement du tribunal correctionnel de Mont-de-Marsan du 24 août 1822.

Du 17 oct. 1822.-C. C., sect. crim.-MM. Barris, pr.-Louvot, rap.

(3) *Espèce:* — (Clausse *C.* le min. publ.) — Clausse, condamné à trois ans d'emprisonnement et à 1000 fr. d'amende, par jugement du tribunal correctionnel de Privas, rendu sur appel le 26 fév. 1823, comme coupable d'offenses envers les membres de la famille royale, pour avoir outragé par des discours tenus en public, la mémoire de S. A. R. le duc de Berry, s'est pourvu en cassation pour fausse application de l'art. 10 de la loi du 17 mai 1819.

Le pourvoi fut combattu par le ministère public; il établissait en principe que la loi pénale protégeait le citoyen même au delà de sa vie; que sa mémoire devait être considérée comme le patrimoine de sa famille, et rester à l'abri des atteintes de la diffamation. Qu'admettre le système contraire, ce serait ouvrir un vaste champ à la calomnie qui s'attacherait à la mémoire des pères morts pour en faire rejaillir la honte sur les fils vivants, à qui il ne resterait aucune voie de réparation. Que le nom, que la vie d'un homme n'étaient censés tombés dans le domaine de l'histoire qu'après une certaine période de temps déterminée par le sentiment des convenances et par la position qu'il avait occupée dans l'ordre social. — L'art. 10, loi du 17 mai porte : L'offense envers les membres de la famille royale sera punie d'un emprisonnement d'un mois à trois ans, et d'une amende de 100 fr. à 5,000 fr. — Les juges de Privas n'ont forcé l'application de cet article, ni dans sa lettre ni dans son esprit. Dans sa lettre; car ici la loi, en parlant des membres de la famille royale, ne distingue pas entre ceux qui font notre espérance et ceux dont nous avons à déplorer la perte. Dire qu'elle n'a entendu parler que des premiers, ce serait donc distinguer là où elle n'a pas distingué, ce serait mutiler ses dispositions générales, et limiter arbitrairement leur étendue. — Dans son esprit, la loi du 17 mai a pour objet de venger l'autorité, en vengeant la dignité du rang suprême et le respect dû aux alentours du pouvoir souverain, en punissant les offenses commises non-seulement envers le roi, mais encore envers les membres de sa famille. — C'est aux premiers juges et à eux seuls qu'il appartient d'apprécier le fait, et de le déterminer à raison de l'intention, des circonstances et des époques. — La loi qui ne dit pas en quoi consiste l'offense leur laisse donc le soin de la peser, et ils la pèseront suivant la gravité des cas et selon qu'il y aura plus ou moins coïncidence et point de contact entre l'objet de l'offense et les intérêts contemporains. — Arrêt.

La cour (ap. dél. en ch. du cons.); — Vu l'art. 10, loi du 17 mai 1819, qui établit la peine applicable à l'offense envers les membres de la famille royale; — Attendu qu'il est déclaré, dans le jugement attaqué, que le demandeur s'est rendu coupable d'offenses envers la famille royale; qu'il n'appartient pas à la cour d'entrer dans l'examen de cette appréciation du fait imputé; qu'au fait ainsi déclaré, la peine portée par l'art. 10, loi du 17 mai 1819, a été prononcée conformément à sa disposition; — Rejette.

Du 24 avr. 1823.-C. C., sect. crim.-MM. Barris, pr.-Ollivier, rap.

stitutives de délit (Crim. cass. 29 mai 1834) (1). — Quant aux principes qui doivent être suivis en cette matière, V. v° Cassation, n°s 1224 et suiv., 1762 et suiv.

539. En tout cas, et c'est ce qui a été jugé, la publication d'un écrit incriminé est suffisamment constatée lorsqu'elle ressort de l'ensemble des énonciations de l'arrêt de condamnation (Crim. rej. 20 août 1847, aff. Jobredot, D. P. 47. 1. 336). — Il a été décidé aussi que, s'il appartient, en certains cas, aux juges du fond, de puiser, dans les circonstances du fait, dans l'état des personnes et dans les allusions auxquelles certaines expressions pourraient se prêter, une qualification différente du sens apparent des paroles, il faut que ces juges le déclarent et spécifient eux-mêmes à quel vice le prévenu a voulu attacher l'expression dont il s'est servi (Crim. cass. 20 août 1842, aff. Philippe, V. n° 1381).

540. Après cet aperçu général des règles relatives aux crimes et aux délits qui peuvent se commettre par les divers modes de publication, nous allons entrer dans l'examen spécial de ceux que la loi a prévus et analyser les dispositions relatives : — 1° A la provocation aux crimes et aux délits; — 2° Aux outrages de toute nature; — 3° A la réimpression, vente ou distribution d'écrits, de dessins ou gravures déjà condamnés; — 4° A la publication ou reproduction de nouvelles fausses, de pièces fabriquées, falsifiées ou mensongèrement attribuées à des tiers; — 5° A la publication des actes d'accusation avant les débats; — 6° A l'annonce de souscriptions pour le payement de condamnations judiciaires; — 7° Aux comptes rendus des séances des corps politiques et de celles des tribunaux; — 8° Au refus d'insertion des documents adressés aux journaux par les dépositaires de l'autorité publique et des réponses faites par les personnes nommées dans des articles de journaux; — 9° A l'action publique et à l'action privée auxquelles donnent lieu les crimes ou délits commis par les divers moyens de publication, ainsi qu'aux exceptions qui peuvent y être opposées; — 10° A la procédure qui doit être suivie en cette matière. — L'examen de ces points divers sera l'objet des dix chapitres suivants.

CHAP. 1. — DE LA PROVOCATION AUX CRIMES ET AUX DÉLITS.

541. Provoquer à commettre une action criminelle, c'est, suivant l'art. 60 c. pén., s'en rendre complice. — Mais pour que la provocation présente les caractères de la complicité, cette disposition exige que l'incitation résulte de dons, promesses, menaces, abus d'autorité ou de pouvoir, machinations ou artifices coupables. — Suivant l'art. 102 du même code, tous ceux qui, soit par des discours tenus dans des lieux ou réunions publics, soit par des placards affichés, soit par des écrits imprimés, ont excité *directement* les citoyens à commettre des crimes contre la sûreté intérieure de l'Etat, seront réputés coupables de ces crimes. — Ces articles existaient en 1819, et cependant, à cette époque, les pouvoirs de l'Etat, ont cru nécessaire d'introduire dans la législation des dispositions nouvelles relatives aux provocations. — Cette simple réflexion suffit pour prouver que ces dernières dispositions doivent nécessairement différer de celles du code pénal sur le même sujet, et voici, en effet, quelles sont les différences qui distinguent sous ce rapport la loi du 17 mai 1819. — Suivant l'art. 60 c. pén., il n'y a point de complicité sans crime principal. C'est ce qui résulte de l'art. 59 du même code, aux termes duquel les complices d'un crime ou d'un délit sont punis de *la même peine que les auteurs de ce crime*. D'où il suit que s'il n'y a point d'auteur principal, il n'y a point de complicité (V. du reste v° Complicité, n°s 48 et s.). — Par conséquent aussi, si la provocation n'est suivie d'aucun effet, elle n'a pas le caractère de la complicité. — Or la loi du 17 mai 1819 a précisément voulu atteindre la provocation même dans cette hypothèse. — A la vérité, la seconde disposition de l'art. 102 c. pén. porte que, dans le cas où des provocations à des crimes contre la sûreté intérieure de l'Etat n'auront été suivies d'aucun effet, leurs auteurs seront punis du bannissement. Mais cette disposition ne pouvait être séparée de la première avec laquelle elle formait un seul tout. — Elle ne pouvait donc s'appliquer qu'à ceux qui avaient *directement* provoqué à commettre ces crimes. — Aussi, avant la loi du 17 mai 1819 avait-il été jugé que l'art. 102 c. pén. n'était applicable que lorsque les discours tenus dans des lieux ou réunions publics, les placards ou les écrits qui y étaient affichés tendaient à exciter directement au pillage, etc.; qu'en conséquence, la condamnation prononcée pour de tels faits devait être basée sur la mention expresse de cette circonstance (Crim. cass. 12 oct. 1815, M. Ollivier, rap., aff. Nicolas Chauffier; 13 oct. 1815, MM. Barris, pr., Ollivier, rap., aff. Couchon; 20 avr. 1816, M. Audier, rap., aff. femme Gerbaud). — Or ce mot *directement* empêchait d'atteindre un très-grand nombre d'attaques, d'excitations au désordre, qui, sans être *directes*, pouvaient cependant être dangereuses. Ce sont ces attaques, ces excitations que la loi de 1819 a voulu punir. Aussi le mot *directement* ne se trouve-t-il dans aucune de ses dispositions relatives aux provocations (art. 1 à 7). — Il ne faut donc pas appliquer la loi de 1819 dans le sens d'une provocation *directe* (V. aussi M. Chassan, t. 1, p. 202); et, à ce point de vue, on ne peut mesurer sans quelque anxiété l'immense étendue de l'interprétation dont le mot *provocation* est susceptible. — Au reste, la loi de 1819, dans sa généralité, comprend tous les faits réprimés par nos lois pénales. Ce n'est qu'à titre d'exemple, en quelque sorte, qu'elle a énoncé certains actes qui doivent être réputés des provocations. — C'est ce qui ressort d'abord des sept premiers articles de cette loi, et c'est d'ailleurs ce qu'exprime très-bien l'exposé des motifs présenté par M. de Serre à l'appui de la loi de 1819. — Après avoir fait remarquer que la question unique sera toujours de savoir si la publication inculpée contient réellement provocation à tel ou tel acte légalement incriminé, et que la solution de cette question dépend essentiellement des circonstances, M. de Serre ajoute, en effet : « Cependant beaucoup d'hommes éclairés et amis sincères de la liberté de la presse ont pensé que, précisément à cause de cette influence des circonstances sur le caractère des publications opérées par le moyen de la presse ou par toute autre voie, il était impossible de méconnaître qu'il était des actes que, *dans tous les temps*, la loi devait spécialement qualifier de provocation, parce que toujours ils en produiraient les effets...; *que, sans doute, la jurisprudence déduirait dans l'occasion les mêmes qualifications du principe de la provocation posé dans la loi*; mais que les déductions de la jurisprudence ne frappaient point à l'avance tous les yeux comme le font les qualifications précises du législateur, et qu'enfin il était du devoir de ce dernier de ne pas laisser à la jurisprudence, sur des points importants, le prétexte même de l'incertitude. Ainsi le projet de loi décide, etc. » — Ce n'est donc que pour venir en aide à la jurisprudence que le législateur a déclaré que les faits énoncés dans les art. 4, 5, 6 (Attaques contre la royauté, cris séditieux, port public de signes de ralliement, etc.), auraient le caractère d'une provocation criminelle.

---

(1) (Min. pub. *C.* Gazette de Metz.) — La cour (apr. délib. en ch. du cons.); — Attendu sur le second moyen proposé par le demandeur en cassation, que la désignation générale de citoyens professant une même opinion politique, ne constitue pas une classe dans le sens de l'art. 10 de la loi du 25 mars 1822; — Rejette ce moyen;

Sur le premier moyen proposé par le même demandeur : — Vu les art. 298 et 299 c. inst. crim., desquels il résulte que le recours en cassation est ouvert, soit aux accusés, soit au ministère public, dans le cas où les faits qualifiés crime par la loi n'ont pas reçu des chambres d'accusation les qualifications que la loi leur a imprimées; — Attendu, en droit, que la cour de cassation, en ce qui concerne les délits de la presse, étant chargée de surveiller l'application de la loi, a nécessairement le droit de juger l'appréciation et la qualification des écrits sur lesquels sont intervenues les décisions qui lui sont déférées, puisque c'est de cette appréciation et de ces qualifications que peut seulement résulter la juste ou fausse application de la loi; — Attendu, en fait, que les expressions de l'article incriminé désignent clairement le gouvernement du roi, et renferment le délit d'excitation au mépris et à la haine de ce gouvernement; qu'ainsi elles constituent le délit prévu par l'art. 4 de la loi du 25 mars 1822; — Attendu qu'en déclarant, dans ces circonstances, qu'il n'y avait lieu à suivre contre l'auteur de l'article dont il s'agit, ni contre le gérant de la gazette qui a publié ce même article, l'arrêt attaqué a mal apprécié et faussement qualifié l'article en question, et, par suite, violé l'art. 4 de la loi précitée du 25 mars 1822; — Casse et annulle l'arrêt attaqué, et, pour être fait droit sur les poursuites du ministère public, renvoie la cause et les parties devant la cour royale de Nancy.

Du 29 mai 1834.-C. C., ch. crim.-MM. de Bastard, pr.-Fréteau, rap.

— Cette observation nous paraît féconde en conséquences. Il en résulte d'abord que les juges ne sont nullement liés par les prévisions de la loi, et qu'ils peuvent légalement condamner comme provocations criminelles d'autres faits que ceux qu'elle a prévus, même en matière politique. Il en résulte ensuite que, pour rendre le principe posé dans les premiers articles de la loi de 1819 applicable aux attaques dirigées contre les gouvernements qui se sont succédé depuis ce temps, il n'était nullement nécessaire de modifier cette loi, comme on l'a fait en 1848, par exemple : il suffisait d'invoquer le principe général qu'elle renferme et qui se prête à toutes les transformations politiques. — Conformément aux observations qui précèdent, il a, du reste, été formellement jugé qu'en spécifiant dans l'art. 5 de la loi du 17 mai 1819 quatre faits particuliers, qu'il répute provocation au crime ou délit, le législateur n'a pas entendu limiter la disposition générale et absolue de l'art. 1 de la même loi, qui déclare punissable la provocation à toute action réputée crime ou délit; et qu'ainsi, lorsqu'il a été constaté en fait qu'un individu a, par des cris proférés publiquement, provoqué un autre individu à porter des coups à un tiers, les juges n'ont pu se dispenser de punir le provocateur, sous prétexte que les faits de provocation n'étaient pas du nombre de ceux énoncés dans l'art. 5 de la loi précitée (Crim. cass. 27 sept. 1828) (1). — Du reste, et c'est ce qui a été jugé, le fait de provocation publique à un délit ne peut être excusé par le juge, sur le motif vague qu'il a la conviction que le prévenu n'a pas agi avec l'intention d'insulter aux lois (Crim. cass. 3 mai 1834, aff. Bertrand, V. Domm.-destruct., n° 177). — V. au surplus, nos 532, 586, 1305 et s.

Comme nous ne pouvons embrasser ici tous les faits auxquels s'étend la loi de 1819, en ce qui touche les provocations, puisque cette loi s'étend à toute action qualifiée crime ou délit, nous nous bornerons à nous occuper de ceux qui ont été spécialement signalés comme des provocations soit par cette loi, soit par d'autres et qui nous paraissent rentrer plus spécialement dans les prévisions de la loi du 17 mai 1819, qui est presque exclusivement une loi politique. Ces faits peuvent se réduire à dix principaux, à savoir : — 1° La provocation aux crimes contre la sûreté intérieure de l'Etat;—2° l'attaque contre les droits et l'autorité que l'empereur tient du vœu national et de la constitution ; — 3° l'excitation à la haine et au mépris du gouvernement de l'empereur; — 4° la censure ou provocation dirigée contre l'autorité dans un écrit pastoral; — 5° les attaques contre les droits et l'autorité du sénat et du corps législatif;—6° les attaques contre la constitution, contre le principe de la souveraineté du peuple et du suffrage universel; — 7° l'enlèvement ou la dégradation des signes publics de l'autorité du gouvernement; le port public de tous signes extérieurs de ralliement non autorisés par la loi ou par les règlements de police; l'exposition dans des lieux ou réunions publics, la distribution ou la mise en vente de tous signes séditieux;—8° la provocation adressée aux militaires des armées de terre ou de mer, dans le but de les détourner de leurs devoirs militaires et de l'obéissance qu'ils doivent à leurs chefs; — 9° l'excitation à la haine ou au mépris des citoyens contre une ou plusieurs classes de personnes; — 10° les attaques contre le respect dû aux lois et à l'inviolabilité des droits qu'elles ont consacrés, la liberté des cultes, le principe de la propriété et les droits de la famille; l'apologie de faits qualifiés crimes ou délits.—Dans les dix sections suivantes, nous allons successivement étudier ces faits de provocation.

Sect. 1. — *Provocation aux crimes contre la sûreté intérieure de l'État.*

542. L'art. 102 c. pén. punissait de mort, comme coupables de crimes contre la sûreté intérieure de l'Etat (c. pén. 86 et suiv.) tous ceux qui, par les divers moyens de publication, avaient excité *directement* les citoyens à les commettre, et il réduisait la peine au bannissement, lorsque la provocation n'avait été suivie d'aucun effet. — Cette disposition a été abrogée par l'art. 26 de la loi du 17 mai 1819. — L'art. 1 de la loi du 9 sept. 1835 punissait également, comme un attentat à la sûreté de l'Etat, toute provocation, par l'un des moyens énoncés en l'art. 1 de la loi de 1819, aux crimes prévus par les art. 86 et 87 c. pén., qu'elle eût été ou non suivie d'effet, avec cette différence toutefois que si elle avait été suivie d'effet, elle devait être punie, conformément à l'art. 1 de la loi du 17 mai 1819, de la peine infligée à l'auteur principal, tandis que si elle n'avait pas été suivie d'effet, elle devait être punie d'une peine spéciale (la détention et une amende de 10,000 à 50,000 fr.).—La provocation devait être réputée suivie d'effet, dans le sens de l'art. 1 de la loi de 1835, dès qu'elle avait été suivie d'une tentative d'attentat contre la vie ou la personne du roi, quoique l'attentat n'eût pas été consommé. — On s'était fortement élevé; lors de la confection de la loi de 1835, contre la qualification d'attentat à la sûreté de l'Etat donnée à la provocation non suivie d'effet à l'attentat contre la vie ou la personne du roi. Le but des discussions élevées à ce sujet était d'éviter la juridiction de la pairie. Mais la qualification dont il s'agit fut maintenue, sur le motif, entre autres, que le code pénal ne définit point les attentats contre la sûreté de l'Etat, qu'il a entendu considérer comme tels les crimes qui intéressent notablement la sûreté de l'Etat, et qu'il appartient au législateur de définir ce crime suivant les temps et les nécessités toujours variables de la société (V. M. de Grattier, t. 2, p. 286 et suiv.).

Au reste, la loi de 1835, on le sait, a été elle-même abrogée par le décret du 6 mars 1848. — S'ensuit-il que l'on puisse impunément provoquer, même indirectement, aux crimes prévus par les art. 86 et suiv. cod. pén.? En aucune manière, car d'abord l'art. 1 de la loi du 17 mai 1819, qui est pleinement en vigueur, déclare que celui qui, par l'un des moyens de publication qu'elle indique, aura provoqué l'auteur de toute action qualifiée crime ou délit à la commettre, sera réputé complice et puni comme tel; et l'art. 2, de la même loi, qui n'est pas non plus abrogé, punit quiconque aura provoqué, par un moyen de publication, à commettre un ou plusieurs crimes, sans que cette provocation ait été suivie d'effet. — Or, l'attentat contre la sûreté de l'Etat, que la raison et la conscience de chacun rangent au nombre des crimes les plus graves, est formellement prévu avec ses diverses modifications par les art. 86 et suiv. c. pén.—En ce qui touche les attentats dirigés contre la personne du souverain et celle des membres de sa famille, la loi des 10-15 juin 1853 écarte même les difficultés d'application qui pourraient naître, d'abord, de ce que ces dispositions s'étaient trouvées implicitement abrogées par l'établissement en France du gouvernement républicain et, en second lieu, de ce qu'elles n'étaient point en harmonie avec notre état politique actuel. Cette loi dit expressément : « Les art. 86 et 87 c. pén. sont modifiés ainsi qu'il suit : — Art. 86. L'attentat contre la vie ou *la personne* de l'empereur est puni de la peine du parricide; l'attentat contre la vie des membres de

(1) (Min. pub. C. Drieux, etc.) — La cour ;— Vu les art. 1, 5 et 3 de la loi du 17 mai 1819; — Attendu que la disposition de l'art. 1 sur la provocation à toute action réputée crime ou délit, est générale et absolue; que, par conséquent, elle s'applique à la provocation à tout crime ou délit quelconque ;— Que si, dans l'art. 5, la loi spécifie quatre faits particuliers qu'elle punit des peines portées en l'art. 3, et qu'elle répute provocations au délit, ce n'est pas à ces faits seulement qu'elle restreint ce caractère de criminalité; qu'on voit, en effet, dans l'art. 3 qu'il ne se borne pas à déterminer, pour la provocation au délit, non suivie d'effet, la peine que l'art. 5 rend ensuite applicable aux quatre faits qu'il spécifie ; — Qu'il prévoit encore le cas où la provocation se référerait à des délits punissables d'une peine moindre contre l'auteur du délit, laquelle il déclare alors applicable au provocateur ; que, par conséquent, d'après cet article, la provocation au délit peut s'appliquer à des faits autres que ceux qui sont spécifiés dans l'art. 5 ; et attendu que, dans l'espèce, il était déclaré, en fait, par le jugement attaqué, que les femmes Drieux et Buors avaient, par des cris proférés publiquement, provoqué des soldats à porter des coups et faire des blessures au nommé Stéphan;

Que néanmoins ce jugement a décidé que ces provocations n'étaient pas prévues et punies par la loi du 17 mai 1819, parce qu'elles ne se référaient pas aux faits énoncés dans l'art. 5 de cette loi; en quoi il a faussement appliqué cet art. 5 et violé les art. 1 et 3 de la même loi du 17 mai 1819 ; — Par ces motifs, casse le jugement du tribunal correctionnel de Quimper, du 29 août dernier, confirmant celui du tribunal correctionnel de Brest, du 25 juillet précédent, qui condamnait les femmes Drieux et Buors, chacune en 16 fr. d'amende, pour injures proférées contre le nommé Stéphan, et les déclarait non convaincues des autres faits dont elles étaient prévenues.

Du 27 sept. 1828.-C. C., ch. crim.-MM. Bailly, pr.-Ollivier, rap.

la famille impériale, est puni de la peine de mort. L'attentat contre *la personne* des membres de la famille impériale est puni de la peine de la déportation dans une enceinte fortifiée. » — Et qu'on ne s'y trompe pas, par attentat contre *la personne*, le législateur a entendu une simple violence physique qui aurait pour but, par exemple, l'arrestation, l'enlèvement ou la séquestration, soit de l'empereur, soit d'un membre de sa famille. C'est ce qu'exprime formellement le rapport fait au nom de la commission du corps législatif par M. le comte de la Guéronnière (V. ce rapp. D. P. 53. 4. 113; V. aussi v° Crimes contre l'Etat, n° 112). — C'était aussi dans ce sens que la doctrine avait antérieurement interprété l'art. 86 c. pén. — V. MM. Chassan, t. 1, p. 184; de Grattier, t. 2, p. 291.

543. A la vérité, il est dit, de plus, dans le rapport de M. de la Guéronnière : « Il est inutile de rappeler que, pour qu'il y ait attentat, *il faut un acte extérieur, et que les discours et les écrits ne constituent pas un attentat.* » — Mais, d'abord, rien n'indique que la pensée du rapporteur se soit étendue aux provocations. Conséquemment il n'y aurait rien à conclure de ses paroles à cet égard. D'un autre côté, une observation, ainsi faite incidemment dans un rapport, ne saurait avoir la puissance d'abroger une loi claire et positive. — D'ailleurs, nous ne prétendons pas qu'on doive encore se conformer à l'art. 1 de la loi du 9 sept. 1835, d'après lequel toute provocation publique aux crimes prévus par les art. 86 et 87 c. pén., est un attentat à la sûreté de l'Etat, lors même qu'elle n'a été suivie d'aucun effet. Nous pensons seulement que les art. 1 et 2 de la loi de 1819, doivent être observés avec les distinctions qu'ils établissent; c'est-à-dire que si la provocation a été suivie d'effet, elle doit être punie comme le crime lui-même, et que si elle n'a pas été suivie d'effet, elle doit être punie des peines portées par l'art. 2 de la loi de 1819.

544. La provocation qui avait pour but d'exciter les citoyens à s'armer contre l'autorité royale était un attentat à la sûreté de l'Etat, prévu et puni par l'art. 1 de la loi de 1835. — D'après les raisons qui viennent d'être développées, les art. 1 et 2 de la loi de 1819 sont seuls applicables à ce fait à l'égard de l'autorité impériale. — Du reste, l'art. 1 de la loi de 1835 ne se référant qu'aux art. 86 et 87 c. pén., on ne pouvait comprendre dans sa disposition la provocation à un complot contre la vie ou la personne du roi; un tel acte était régi par les art. 1 et 2 de la loi du 17 mai 1819 (V. M. Chassan, t. 1, p. 185), et il en est de même aujourd'hui en ce qui touche les complots contre la vie ou la personne de l'empereur.

545. Il a été également jugé que la provocation, non suivie d'effet, au renversement du gouvernement, peut exister sans qu'il y ait attentat ou complot, dans les termes définis par les art. 87 et 89 c. pén.; et que cette provocation n'est alors qu'un simple délit, spécialement prévu et puni par l'art. 2 de la loi du 17 mai 1819, combiné avec l'art. 87 c. pén. (Crim. cass. 13 juill. 1832) (1). — Il est à remarquer que, dans l'espèce, on faisait résulter la provocation d'un article où le vœu d'un changement de gouvernement se trouvait exprimé, mais avec cette atténuation que le changement devait s'opérer sans violence et par l'effet de la raison. — Sur le droit de discussion quant au principe du gouvernement, V. *infrà*, n°s 574 et suiv.

546. L'art. 3 de la loi du 30 août 1842 accordait au régent le plein et entier exercice de l'autorité royale, et l'art. 4 ajoutait : « ...Toutes les dispositions législatives qui protégent la personne et les droits constitutionnels du roi sont applicables au régent. » — Il suivait de ces dispositions que toute provocation contre la vie, les droits et l'autorité du régent, devait être punie de la même manière que si elle avait été dirigée contre le roi. Mais la révolution de 1848 avait nécessairement emporté la loi sur la régence comme toutes celles qui étaient inhérentes à l'Etat monarchique de la France, et aucune disposition nouvelle n'est venue la rétablir. — Dans l'état présent de la législation, l'assimilation entre le souverain et le régent pour l'application d'une loi pénale ne paraîtrait donc pas conforme aux principes du droit criminel.

547. L'art. 5 de la loi de 1835 distinguait l'attaque de la provocation. — Mais cette distinction, un peu subtile, n'ayant plus de base légale par suite de l'abrogation de la loi de 1835, nous ne nous y arrêterons pas.

548. Il a été jugé : 1° que les chemins publics doivent être réputés lieux publics, en matière de provocation à la guerre civile ou à la rébellion, dans le sens des art. 102 et 217 c. pén. (Crim. cass. 10 mars 1814, M. Rataud, rap., aff. N...); — 2° Que les discours séditieux proférés dans un corridor écarté d'un cabaret, et sur le ton d'une confidence faite à une ou deux personnes seulement, n'ont pas le caractère de publicité prévu par l'art. 1, L. 27 mai 1819, et ne constituent ni crime ni délit (Crim. rej. 1er fév. 1821) (2). — Sur les caractères généraux de la publicité, V. n° 533.

549. Notons bien, en terminant ce qui concerne la provocation aux crimes contre la sûreté intérieure de l'Etat, que lorsque le fait de publication incriminé présente les caractères de cette infraction, c'est l'art. 2 de la loi du 17 mai 1819 qui doit être appliqué, si, d'ailleurs, la provocation n'a été suivie d'aucun effet, et que, par suite, la pénalité à prononcer est de trois mois à cinq années d'emprisonnement, et l'amende de 50 fr. à 6,000 fr.

Sect. 2.—*Attaques contre les droits et l'autorité que l'empereur tient de la volonté nationale et de la constitution ou contre l'ordre de successibilité au trône. — Adhésion à une autre forme de gouvernement que celle qui est établie.*

550. Les dispositions législatives qui, antérieurement à la révolution de 1848, avaient prévu *littéralement* des faits analogues à ceux qui sont énoncés dans le titre de cet article, ne leur sont évidemment plus applicables. — Aussi n'est-ce qu'en vertu des règles générales de la loi du 17 mai 1819 qu'ils peuvent être poursuivis. Toutefois, les dispositions de cette loi ayant pour but, *exempli gratiâ*, de diriger les magistrats dans l'application des principes qui en formaient la base peuvent toujours être invoqués pour montrer dans quel esprit cette loi était conçue, et quelles sont les provocations qu'elle a voulu atteindre. — Il en est de même des lois qui ont été ultérieurement rendues pour compléter celle de 1819.

551. Dans cet ordre d'idées, nous croyons qu'on peut utilement consulter : 1° l'art. 4 de la loi du 17 mai 1819, aux termes duquel doit être réputée provocation au crime, toute attaque formelle par l'un des moyens énoncés en l'article premier, c'est-à-dire par toute voie de publication, soit contre la personne du roi, soit contre l'ordre de successibilité au trône, soit contre l'autorité constitutionnelle

(1) (Fleury *C.* min. pub.) — La cour; — Sur le moyen tiré de ce que le jury a été interrogé et a répondu sur une prévention de provocation, non suivie d'effet, au renversement du gouvernement, sans qu'il ait été déclaré si cette provocation était le résultat de l'attentat ou du complot définis par les art. 87 et 89 c. pén. : — Attendu que la provocation au renversement du gouvernement, non suivie d'effet, peut exister, sans qu'il y ait attentat ou complot, dans les termes définis par les articles précités c. pén.; que cette provocation est un simple délit, spécialement prévu et puni par l'art. 2 de la loi du 17 mai 1819, combiné avec l'art. 87 c. pén., et que, dans l'espèce, le demandeur a été déclaré légalement coupable de cette provocation, ainsi que de la provocation à la désobéissance aux lois, et du délit, plus grave, d'attaque contre l'ordre de successibilité au trône et contre les droits que le roi tient du vœu de la nation française, exprimé dans la déclaration du 7 août et de la charte constitutionnelle par lui acceptée et jurée dans la séance des chambres du 9 août; — Rejette le pourvoi contre l'arrêt de la cour d'assises de la Seine.

Du 13 juill. 1832.-C. C., ch. crim.-MM. de Bastard, pr.-Isambert, rap.

(2) (Min. publ. *C.* Desrochers.) — La cour; — Attendu qu'il est déclaré en fait, par l'arrêt attaqué, que les propos séditieux imputés à François-Benoît Desrochers, quoique tenus dans un cabaret, l'avaient néanmoins été dans un corridor écarté, et avec le secret d'une confidence faite à une ou deux personnes seulement; — Que, par conséquent, ils ne pouvaient être censés avoir été proférés dans un lieu ou réunion publics; — Que, par la non-existence de la publicité, le fait imputé ne pouvait, d'après l'art. 1, L. 17 mai 1819, avoir le caractère de crime ni de délit; — Qu'ainsi le renvoi des poursuites, prononcé par l'arrêt attaqué, a été conforme à la loi, et que le moyen présenté par le procureur général manque de base; — Attendu, d'ailleurs, que l'arrêt est régulier dans sa forme, — Rejette, etc.

Du 1er fév. 1821.-C. C., sect. crim.-M. Ollivier, rap.

du roi; — 2° L'art. 2 de la loi du 25 mars 1822, qui punissait toute attaque par l'un des mêmes moyens contre la dignité royale, l'ordre de successibilité au trône, les droits que le roi tenait de sa naissance, ceux en vertu desquels il avait donné la charte, son autorité constitutionnelle; — 3° L'art. 1 de la loi du 29 nov. 1830 qui contenait des dispositions à peu près identiques applicables à la monarchie de 1830; — 4° L'art. 7 de la loi du 9 sept. 1835 qui punissait des peines portées par la loi du 29 nov. 1830 quiconque attribuait des droits au trône de France aux personnes bannies à perpétuité par la loi du 10 avr. 1832, ou à tout autre que Louis-Philippe Ier et sa descendance.

552. Mais les tribunaux ne sauraient punir les provocations que conformément à la loi du 17 mai 1819; c'est-à-dire que, lorsque la provocation a été suivie d'effet, l'auteur de cette provocation doit être frappé de la même peine que l'auteur de l'infraction qui en a été la suite, et que lorsque la provocation est restée sans résultat, les juges ont à examiner si elle tendait à faire commettre un crime ou un délit. Dans le premier cas, la peine est de trois mois à cinq ans d'emprisonnement et de 50 fr. à 6,000 fr. d'amende; dans le second, la peine est de trois jours à deux années d'emprisonnement et de 30 fr. à 4,000 fr. d'amende. — Mais, dans l'esprit de la loi de 1819, les attaques contre les droits et l'autorité de l'empereur, ainsi que celles contre l'ordre de successibilité au trône nous paraissent devoir être rangées parmi les infractions les plus graves.

553. Par les raisons que nous avons indiquées, les arrêts rendus sous les diverses lois qui viennent d'être rappelées, sont propres à éclairer les questions de même nature qui peuvent se présenter. Nous croyons donc utile de faire observer ici qu'il a été jugé : — 1° Qu'une chambre d'accusation n'a pu refuser de voir le délit d'attaque contre la dignité royale, contre l'ordre de successibilité au trône et contre les droits que le roi tenait de la nation et de la charte, dans l'article d'un journal qui prêtait au roi le dessein de se soumettre à la réélection, de déposer sa couronne en faveur d'un homme qui serait plus digne que lui de la porter; qui disait qu'une ère nouvelle s'ouvrait pour la France, et qu'aussi était-il impossible que l'état des choses durât plus longtemps; qui ajoutait enfin que Louis-Philippe ne ferait peut-être pas mal de retremper son autorité dans l'urne électorale, attendu que sa réélection lui donnerait certainement une grande force morale qui lui manquait (Crim. cass. 10 juill. 1841) (1); — 2° Que la manifestation, par la voie de la presse, d'un vœu et d'une annonce prophétique contraire à l'ordre de successibilité au trône de Louis-Philippe, était une attaque prévue et punie par l'art. 1 de la loi du 29 nov. 1830, lequel embrassait toute attaque directe ou indirecte; qu'ainsi, dire que le duc de Bordeaux ne mourrait pas dans l'exil et qu'il serait un jour roi, était une attaque contre l'ordre de successibilité au trône, et aux droits que le roi tenait des vœux de la nation; qu'en conséquence, était nul l'arrêt par lequel une cour d'appel, chambre des mises en accusation, déclarait qu'il n'y avait lieu à suivre contre l'auteur d'un tel délit, sous le prétexte que ce n'était qu'un vœu, qu'une intention, et que la loi ne punissait que l'action tendante à renverser l'ordre de successibilité (Crim. cass. 5 août 1831) (2); — 3° Que l'art. 7 de la loi de 1835 por-

(1) (Min. pub. C. la feuille de Douai.) — La cour; — Vu l'article inséré, etc.; — Vu les art. 1 et 9 de la loi du 17 mai 1819; 1 de la loi du 29 nov. 1830; 5 de la loi du 9 sept. 1835; — Vu aussi les art. 408 et 415 c. inst. crim.; — Attendu, en droit, que si, en matière correctionnelle, et particulièrement dans les délits de la presse, les déclarations en fait des cours et tribunaux appelés à statuer sur la poursuite de délits, sont inattaquables, il en est autrement des qualifications qu'ils donnent ou qu'ils refusent de donner aux faits par eux déclarés ou non méconnus, et des conséquences qui peuvent en être tirées; que l'examen de ces qualifications et de ces conséquences rentre dans les attributions de la cour de cassation; que cette cour, instituée pour réprimer les violations qui peuvent être commises contre la loi, a nécessairement caractère pour juger de la qualification donnée ou refusée mal à propos aux faits résultant de l'instruction; que le jugement de cette qualification des faits dans leur rapport avec la loi qui doit leur être appliquée, est inséparable de celui de l'application elle-même de la loi; — Attendu, en fait, que la cour royale de Douai, chambre des mises en accusation, saisie par une ordonnance de la chambre du conseil du tribunal de Douai, et par l'opposition du ministère public à l'un des chefs de cette ordonnance, de la connaissance de l'appréciation de la qualification des susdits articles incriminés, s'est bornée, sans statuer formellement sur ladite opposition, à déclarer qu'aucun des articles ci-dessus visés ne constituait suffisamment l'un des délits prévus par les dispositions des lois de 1819, 1830 et 1835 précitées; — Attendu, en droit, que, par là, cette cour, en se refusant de donner auxdits articles incriminés les qualifications légales qui leur convenaient, a violé lesdites dispositions législatives; — Attendu, en effet, que prêter au roi le dessein *de se soumettre à la réélection, de déposer sa couronne en faveur d'un homme qui serait plus digne que lui de la porter*, acte qui constituerait la violation du serment royal prêté le 9 août 1830, ainsi qu'une atteinte aux droits de successibilité au trône, réglés par la charte, et ajouter dans le n° 58, à la faveur d'une supposition gratuite, qu'*une ère nouvelle s'ouvre pour la France*, et *qu'ainsi était-il impossible que l'état des choses durât plus longtemps;* ajouter dans le second article du n° 59, que *Louis-Philippe ne ferait peut-être pas mal de retremper son autorité dans l'urne électorale; que sa réélection* (si toutefois elle avait lieu) *lui donnerait certainement une grande force morale qui lui manque*, c'est attaquer la dignité royale, l'ordre de successibilité au trône, les droits que le roi tient du vœu de la nation française et de la charte constitutionnelle; délits prévus et punis par les art. 1 de la loi du 29 nov. 1830 et 1 de celle du 17 mai 1819; — Attendu qu'il est dit, dans le troisième article de ce même n° 59 : « L'acquittement de la France, et le silence du ministère, quant aux poursuites dirigées contre la Contemporaine, disent assez ce que l'on doit penser des autres lettres attribuées à Louis-Philippe depuis son avénement; — Voilà la vérité; » — Qu'une telle insinuation de la vérité de ces lettres, vérité qui, loin d'être établie, n'a pas même été soutenue quand elle aurait dû l'être, si on l'avait pu, caractérise évidemment le genre d'offense au roi puni par les art. 9 de la loi du 17 mai 1819, et 3 de celle du 9 sept. 1835; — Casse.

Du 10 juill. 1841.-C. C., ch. crim.-MM. Crouseilhes, pr. Romiguières, r.

(2) (Min. pub. C. Robert et Lacomté.) — La cour (après délib.); — Vu l'art. 1 de la loi du 29 nov. 1830; — Attendu qu'une disposition de loi aussi formelle embrasse nécessairement dans la généralité de ses expressions *toute attaque* quelconque, directe ou indirecte, contre l'ordre de succession à la couronne, établi par la loi constitutionnelle du royaume, et que, dès lors, la manifestation par la voie de la presse, d'un vœu et d'une annonce prophétique, contraires à cet ordre de succession, est une attaque coupable qui constitue le délit prévu et puni par l'art. 1 de la loi du 29 nov. 1830; — Attendu, en droit, que si, en matière criminelle et particulièrement dans les délits de la presse, les déclarations en fait des cours et tribunaux appelés à statuer sur la poursuite de ces délits, sont inattaquables, il en est autrement des qualifications qu'ils donnent ou qu'ils refusent de donner aux faits par eux déclarés, ou non méconnus, et des conséquences qui peuvent en être tirées; que l'examen de ces qualifications et de ces conséquences rentre dans les attributions de la cour de cassation; que cette cour, instituée pour réprimer les violations qui peuvent être commises contre la loi, a nécessairement caractère pour juger de la qualification donnée ou refusée mal à propos aux faits résultants de l'instruction; que le jugement de cette qualification des faits dans leurs rapports avec la loi qui doit leur être appliquée, est inséparable de celui de l'application elle-même de la loi; — Attendu, en fait, que le n° 12 de la Gazette du Languedoc, publié le 23 juin dernier, signé par le sieur Robert, gérant, renferme dans son feuilleton, immédiatement après la pièce de vers ayant pour titre *le Petit exilé*, et comme en *post scriptum*, une strophe dont le sens évident et non méconnu par les magistrats qui ont statué sur la poursuite du ministère public, est que le jeune duc de Bordeaux ne mourra pas dans l'exil; que la France, soumise à la plus douce loi, comblera les vœux de sa mère, et que ce noble enfant sera roi; — Attendu que J.-P.-J.-L. de Lacomté, qui s'est reconnu l'auteur de cet écrit, en proclamant ainsi à l'avance, dans un journal, le retour en France du jeune prince, et son rappel à ce trône sur lequel le vœu national et la loi de l'État ont élevé Louis-Philippe d'Orléans, et qu'ils assurent à sa descendance masculine, annoncé par là même que le roi des Français et sa dynastie cesseront de régner en France; que cet écrit présente donc les caractères d'une véritable attaque contre l'ordre de successibilité au trône et les droits que le roi tient du vœu de la nation française, exprimé dans la déclaration du 7 août 1830 et de la charte constitutionnelle qu'il a acceptée et jurée; qu'ainsi l'auteur de l'écrit incriminé et le gérant responsable du journal qui l'a publié, justement inculpés du délit prévu par la loi du 29 nov. 1830, devaient, pour ce fait, être renvoyés à la cour d'assises; que cependant la chambre du conseil du tribunal civil de Toulouse a déclaré qu'il n'y avait lieu à suivre contre les inculpés à raison du fait dont il s'agit, sur le motif que, de l'article incriminé il ne résulte pas que l'auteur ait eu l'intention de provoquer au changement de l'ordre de successibilité au trône, et des droits que le roi tient de la nation française, et que l'émission d'un vœu ne peut être considérée comme une action tendante à obtenir ce résultat; que cette chambre du conseil n'avait point à statuer sur des faits de provocation au renversement de l'ordre établi, ni sur une action tendante au même résultat, mais sur une simple attaque par

tant défense d'attribuer des droits au trône de France aux personnes bannies par la loi du 10 avril 1832 a été jugée applicable au journaliste qui, en annonçant dans sa feuille la mort de Charles X, y donnait au duc d'Angoulême le titre de roi et le nom de Louis XIX (C. d'assises de la Seine, 27 nov. 1836). — Ces principes, ces arrêts font voir quels sont, dans l'ordre politique, les faits que le législateur a entendu punir comme provocations, et, par suite, de quelle manière doivent être réprimées les attaques qui seraient dirigées contre les droits et l'autorité que l'empereur tient de la volonté nationale et de la constitution, ou contre l'ordre de successibilité au trône que cette constitution a établi.

554. Il est utile de faire observer ici que, par provocation ou attaque contre les droits et l'autorité du monarque, il ne faut pas entendre seulement des déclamations violentes dans ce sens, mais même une discussion modérée dans laquelle on mettrait en question les droits du souverain. — C'est du moins ce qu'a très-nettement exprimé M. Persil, alors garde des sceaux, en présentant à la chambre des pairs le projet devenu depuis la loi du 9 sept. 1835. — « Nous avons posé cette limite, a dit M. Persil, élevée, suivant nous, par la charte elle-même, que la discussion ne pourrait jamais porter sur la personne du roi, ni sur la forme de son gouvernement; nous nous sommes expliqué à cet égard clairement et franchement. Nous avons dit que nous ne cherchions pas seulement à punir les écarts de cette discussion, mais que notre intention, que le but que nous nous proposions, était d'interdire de la manière la plus absolue la discussion elle-même de la personne du roi, de son autorité et de la forme du gouvernement. » — Cette théorie peut sembler bien rigoureuse; mais son application nous paraît être pour tous les gouvernements une condition vitale. En France, du moins, tout pouvoir dont on pourra librement et impunément discuter le principe, sera certainement bien près de sa chute. — Il paraît qu'aux Etats-Unis, la presse jouit d'une liberté sans limites (V. M. de Tocqueville, de la Démocratie en Amérique, t. 2, p. 19). Mais un pareil régime, qui doit partout entraîner les plus graves abus, serait évidemment incompatible avec la tendance naturelle des esprits en France, surtout avec les ferments de troubles qu'y ont laissé tant de gouvernements successivement tombés, et auxquels un assez grand nombre de partisans sont toujours demeurés fidèles.

555. Au reste, cette rigueur n'est pas nouvelle. Tous les pouvoirs en ont usé, quoique à des degrés différents. Le gouvernement républicain n'a pas été le plus indulgent : nous parlons surtout du gouvernement républicain de la fin du dix-huitième siècle. — Aux termes de l'art. 1 de la loi du 1er germ. an 3, la provocation au rétablissement de la royauté, à la révolte contre les autorités constituées, les cris séditieux poussés dans les rues et autres lieux publics étaient des *crimes punis de la déportation* (V. Crimes contre la sûreté de l'Etat, p. 536). — La loi du 27 germ. an 4 s'était montrée plus sévère encore. L'art. 1 de cette loi était ainsi conçu : « Sont coupables de crimes contre la sûreté intérieure de la République et contre la sûreté individuelle des citoyens, et *seront punis de la peine de mort*, conformément à l'art. 112 c. des dél. et des peines, tous ceux qui, par leurs discours ou par leurs écrits imprimés, soit distribués, soit affichés, provoquent la dissolution de la représentation nationale ou celle du directoire exécutif... » (V. *eod.*, p. 537). — Mais l'extrême rigueur de cette dernière disposition en faisait souvent écarter l'application; et, sous la loi du 27 germ. an 4, il avait été jugé : 1° que de simples propos tenus dans un cabaret pour provoquer au rétablissement de la royauté ne pouvaient pas être assimilés à des discours préparés et à des écrits fruit de la méditation dont faisait mention l'art. 1 de ladite loi; qu'ils constituaient seulement les provocations désignées aux art. 1 et 2, L. 1er germ. an 3 (Crim. cass. 5 niv. an 8, M. Rudler, rap., aff. Philibert Nonain; Crim. cass. 9 germ. an 8, M. Rudler, rap., aff. Antoine Gauthier); — 2° Que l'art. 1er, L. 27 germ. an 4, n'était applicable qu'au cas de provocation au rétablissement de la royauté par des discours ou par des écrits imprimés, distribués ou affichés; et que la loi du 1er germ. an 5 était seule applicable à la provocation commise en chantant une chanson (Crim. cass. 15 pluv. an 8, M. Beraud, rap., aff. Mathieu Chapuis). — La république de 1848 a également défendu son principe, sans vouloir toutefois se montrer plus jalouse de ses droits que ne l'avait été la monarchie. — V. la loi du 11 août 1848, D. P. 48. 4. 146.

556. En Angleterre, les droits de la couronne sont protégés par des dispositions dont la rigueur dépasse peut-être celle du code politique de notre première république. — Suivant la législation de nos voisins d'outre-Manche, contester, même sans préméditation, *dans une conversation ordinaire*, les droits du roi à la couronne ou reconnaître ceux de toute autre personne, c'est se rendre coupable d'un acte de mépris contre le roi passible d'amende et de prison (Blackstone, liv. 4, ch. 9). — En cas de préméditation, le coupable doit subir un emprisonnement perpétuel et la confiscation de tous ses biens (Statut 6 de la reine Anne, ch. 7, Blackstone, liv. 4, ch. 8). — La même infraction commise dans un écrit ou dans un imprimé est punie *de mort!* — Blackstone (liv. 4, ch. 6) raconte même qu'en vertu de cette disposition un imprimeur du nom de Mathew fut *exécuté*, en 1719, pour avoir imprimé un pamphlet intitulé : *vox populi, vox Dei*, qui renfermait des attaques contre l'autorité royale. — Après cet aperçu des rigueurs de la législation anglaise, nous aurions mauvaise grâce à nous plaindre de la trop grande sévérité de la nôtre.

557. En ce qui touche l'*inviolabilité* de la personne du monarque, les principes de notre droit public paraissent avoir été changés par la constitution de 1852. — Les chartes de 1814 et de 1830 (art. 13) voulaient que la personne du roi fût *inviolable et sacrée*, c'est-à-dire irresponsable. — Dans le préambule de la constitution de 1852, on lit au contraire ce qui suit : « Dans ce pays de centralisation, l'opinion publique a sans cesse tout rapporté au chef du gouvernement, le bien comme le mal. Aussi écrire en tête d'une charte que ce chef est irresponsable, c'est mentir au sentiment public, c'est vouloir établir une fiction qui s'est trois fois évanouie au bruit des révolutions; » et conformément à ce motif, l'art. 5 de la constitution de 1852 dit formellement : « Le président de la république est responsable devant le peuple français auquel il a toujours droit de faire appel. » — A la vérité le sénatus-consulte du 10 nov. 1852 (D. P. 52. 4. 203) a rétabli la dignité impériale. Mais cet acte du sénat maintient la constitution du 14 janv. 1852 dans toutes celles de ses dispositions qui ne sont pas contraires aux modifications qu'il y introduit. — Or, en se reportant au préambule de la constitution, on ne voit pas que le sénatus-consulte qui l'a suivie y soit contraire sur ce point. Il ne paraît donc pas douteux que ce n'est point porter atteinte aux droits du souverain que de le présenter comme responsable de ses actes. — Tandis que sous les monarchies de 1814 et de 1830, tout discours, tout écrit public, dans ce sens, auraient constitué des attaques contre l'inviolabilité du roi (L. 17 mai 1819, art. 4; 25 mars 1822, art. 2).

558. Sous la royauté, la loi distinguait, dans le roi, deux sortes d'autorité, l'autorité royale et l'autorité constitutionnelle, émanant l'une et l'autre de la souveraineté du peuple. « Par autorité royale, disait M. Chassan (t. 1, p. 200), la loi entend ce pouvoir politique du prince, attribut essentiellement actif, qu'on nomme ordinairement pouvoir exécutif.... L'autorité constitutionnelle désigne plus particulièrement quelque chose de passif et de délibérant, une autorité morale plutôt qu'un pouvoir physique. » — Lorsque l'attaque dirigée contre l'autorité du roi n'avait pas le caractère de provocation à la révolte, elle

---

par la voie de la presse contre cet ordre de choses, délit prévu par la loi, dont le ministère public demandait l'application; — Que sur son opposition à l'ordonnance de la chambre du conseil, la cour royale de Toulouse, chambre des mises en accusation, jugeant que ladite chambre du conseil avait justement apprécié la nature du délit imputé aux sieurs Robert et de Lacomté, a confirmé cette ordonnance et débouté le procureur du roi de l'opposition par lui formée à son exécution; en quoi ladite cour royale a partagé les vices de ladite ordonnance, et violé l'art. 1 de loi du 29 nov. 1830, dont elle avait à faire, dans les limites de sa compétence, la juste application. — Par ces motifs, casse l'arrêt rendu, le 4 juillet dernier, par la cour de Toulouse, chambre d'accusation, etc.

Du 5 août 1831.-C. C., ch. crim.-MM. de Bastard, pr.-Chantereyne, r.

n'était plus qu'une attaque contre l'autorité constitutionnelle du roi; passible seulement de peines correctionnelles, d'après l'art. 1er de la loi du 29 nov. 1830 (V. M. Chassan, t. 1, p. 201). — L'attaque contre la dignité royale constituait encore une infraction distincte de celle dont nous venons de parler (L. 25 mars 1822, art. 2). A un député (le général Foy) qui la confondait avec l'attaque contre l'autorité constitutionnelle du roi, M. de Serre répondit que ce n'était pas la même chose. « Les monarques se succèdent les uns aux autres, ajouta-t-il; la dignité royale, toujours la même, passe de monarque en monarque. » — On distinguait aussi l'attaque contre l'autorité constitutionnelle du roi, attaque qui ne présentait qu'un simple délit, de l'offense tendant à exciter à la haine et au mépris contre l'autorité constitutionnelle du roi, infraction mise au rang des attentats contre la sûreté de l'État. — Toutes ces distinctions nous paraissent aujourd'hui sans intérêt par suite du nouveau dogme politique de la responsabilité du chef de l'État. — V. le nº précédent.

559. Il ne faut pourtant jamais perdre de vue que la provocation à un délit ne peut être punie que conformément à l'art. 3 de la loi du 17 mai 1819 (V. nº 540). — Il en serait ainsi notamment de la provocation à l'offense à l'empereur dont parle l'art. 86 c. pén. (L. 10-15 juin 1853; V. Crimes contre la sûreté de l'État, nº 111).

560. L'adhésion à une autre forme de gouvernement que celle qui est établie n'est également prévue *textuellement* que par une loi abrogée (L. 9 sept. 1835, art. 7). — Mais elle tient de près à l'attaque contre les droits et l'autorité du souverain; car toute opinion politique opposée à la forme du gouvernement établi est, par cela même, contraire aux droits et à l'autorité du monarque. — C'est là une provocation bien indirecte sans doute au renversement du gouvernement. — Mais il ne faut pas oublier que nous ne nous occupons ici que de faits *de publication*; que dès lors il ne s'agit pas de frapper des opinions intimes ou exprimées dans l'intimité, mais des doctrines professées *publiquement*. Or, tolérer des adhésions *publiques* à une autre forme de gouvernement que celle qui existe, c'est évidemment favoriser le désordre, c'est, dans une certaine mesure, s'en rendre complice. Le devoir et l'intérêt du gouvernement se réunissent donc pour l'empêcher de souffrir de telles manifestations. Et lorsque la législation est impuissante pour les atteindre, il doit s'empresser de demander aux autres branches du pouvoir législatif des armes suffisantes pour les réprimer. — Mais nous pensons que l'élasticité à peu près indéfinie de la loi de 1819, telle qu'elle a été entendue et expliquée par ses auteurs (V. nº 540), se prête encore à cette nécessité et que, par suite, l'adhésion à une autre forme de gouvernement peut être poursuivie en vertu de cette loi. — On sait, en effet, que ces dispositions s'appliquent aux *provocations indirectes*. Or, nous croyons que ce n'est pas forcer le sens de ces mots que de comprendre dans leur acception les adhésions dont il s'agit ici. — Les exemples donnés par la loi de 1819 elle-même doivent, d'ailleurs, lever tous les doutes à cet égard. — Ainsi, elle répute provocation au délit *tous cris séditieux*, autres que ceux qui rentrent dans les dispositions de l'art. 4 (attaques contre l'inviolabilité du roi, l'ordre de successibilité au trône, etc.), et évidemment, sous la monarchie, le cri de *Vive la république*, serait, dans ce sens, une provocation. — Or, pense-t-on, qu'il y aurait moins d'inconvénient pour la tranquillité générale dans l'apologie faite publiquement du gouvernement républicain que dans le cri de *Vive la république?* — Pour nous, nous croyons qu'il y a plus de gravité dans une opinion motivée que dans un cri qui n'a rien de persuasif, et que, dans tous les cas, l'adhésion séditieuse exprimée publiquement équivaut à un cri de même nature.

Mais, objectera-t-on, en 1835, le pouvoir législatif a jugé qu'une disposition spéciale était nécessaire à ce sujet (L. 9 sept. 1835, art. 7); si la loi de 1819 avait suffi pour atteindre la simple adhésion à une autre forme de gouvernement, la loi de 1835 eût été, sur ce point, entièrement inutile. — Nous répondons : le législateur de 1835 a, comme celui de 1819, signalé un certain nombre de faits qu'il n'a pas voulu livrer à l'appréciation variable des tribunaux et, parmi eux se trouve l'adhésion qui nous occupe. Mais il ne suit nullement de ce surcroît de précaution que la société fût dans l'état antérieur de la législation, désarmée contre de pareils faits.

561. Toutefois, sous la loi du 9 sept. 1835 il a été jugé que, pour qu'il y ait adhésion punissable à une autre forme de gouvernement, il faut qu'elle ait lieu par un des modes de perpétration énumérés par la loi de 1835; c'est-à-dire en attribuant des droits au trône à tout autre que Louis-Philippe Ier et sa descendance; en prenant la qualification de républicain ou toute autre incompatible avec la charte de 1830, ou en exprimant le vœu, l'espoir ou la menace de la destruction de l'ordre monarchique constitutionnel, ou de la restauration de la dynastie déchue (Crim. cass. 29 mars 1844, aff. Léon, V. *infrà*); ce qui impliquerait que l'art. 7 de la loi de 1835 doit être considéré comme limitatif et non comme énonciatif. — Mais le véritable sens de cette décision nous paraît être seulement que lorsqu'une condamnation était prononcée par une cour d'assises pour adhésion à une autre forme de gouvernement, il ne suffisait pas que le jury déclarât qu'il y avait eu adhésion; il fallait, en outre, qu'il s'expliquât sur les circonstances d'où résultait cette adhésion, ce qui paraît parfaitement conforme à la règle générale que contient à cet égard l'art. 337 c. inst. crim. ainsi conçu : « La question résultant de l'acte d'accusation sera posée en ces termes : l'accusé est-il coupable d'avoir commis tel meurtre, tel vol ou tel autre crime *avec toutes les circonstances comprises* dans le résumé de l'acte d'accusation. » — Au reste, peu importe que le sens de la loi de 1835 fût limitatif ou énonciatif. Cette loi est aujourd'hui abrogée et c'est toujours à la loi du 17 mai 1819 qu'il faut revenir. Or, nous pensons avoir démontré qu'elle comprend dans sa généralité le fait dont il s'agit. — Sous la même loi (1835) il a été jugé, que dire, dans un lieu public, « qu'on est républicain, qu'on s'en fait gloire et honneur, qu'on n'aime ni Louis-Philippe ni son gouvernement, qu'on a déjà été arrêté pour cause politique; que les institutions de Louis-Philippe sont révoltantes, et que plus il fera, plus vite il tombera, » c'était commettre le délit prévu et puni par les art. 7, 8 et 9 de la loi du 9 sept. 1835, et se rendre, par suite, justiciable des cours d'assises (Crim. cass. 2 juin 1836, MM. de Bastard, pr., Dehaussy, rap., aff. Carré).

562. Il a été également jugé que lorsque l'art. 7 de la loi du 9 sept. 1835 incrimine l'adhésion donnée publiquement à une autre forme de gouvernement, il entend parler d'une publicité réelle et actuelle; qu'ainsi, l'adhésion manifestée devant un magistrat instructeur, entre deux guichets, dans le greffe d'une maison d'arrêt, et dans le cours d'un interrogatoire, ne saurait être réputée publiquement donnée, dans le sens de la loi de 1835; que ce n'est que par fiction, et quant aux actes d'instruction, que le greffe d'une maison d'arrêt est considéré comme un lieu public et de liberté; que la publicité ne résulte pas non plus de ce que l'adhésion se trouverait consignée dans un interrogatoire judiciaire, soit en ce que les paroles prononcées dans un interrogatoire manquent de spontanéité et d'une publicité actuelle et réelle au moment où elles sont émises..., soit en ce qu'un interrogatoire n'est pas un acte qui soit absolument destiné à devenir public; que la publicité ne résulte pas davantage de ce que le fonctionnaire qui a reçu l'interrogatoire est revêtu d'un caractère public, ce caractère ne communiquant pas aux paroles prononcées devant lui la publicité réelle requise par l'art. 7 de la loi du 9 sept. 1835 (Crim. rej. 19 sept. 1846, aff. Caron, D. P. 46. 1. 362). — Il a été décidé aussi : 1º que, pour que des propos séditieux aient, aux yeux de la loi, un caractère de criminalité, et soient passibles des peines portées par la loi du 17 mai 1819, il ne suffit pas que ces propos aient été tenus dans un lieu public; qu'il faut encore qu'ils aient été proférés publiquement, c'est-à-dire, que l'intention criminelle et répréhensible se soit révélée par sa publicité même (Crim. cass. 11 juin 1831) (1); — 2º Que cette double condition de la publicité du lieu et de la publicité des propos incriminés, résulte évidemment des motifs de l'amendement, par l'adoption duquel le mot *proféré* fut substitué

(1) *Espèce* : — (De la Tour-du-Pin C. min. pub.) — Le comte de la Tour-du-Pin était prévenu d'attaques contre les droits du roi, pour avoir tenu, dans une auberge de Bressuire, des propos séditieux, et avoir dit notamment que le gouvernement actuel ne durerait pas longtemps. — 17 avr.

au mot *tenu* qui se trouvait dans le projet de loi présenté par le gouvernement à la chambre des députés dans la séance du 15 avr. 1819 (même arrêt. Conf. M. Parant, p. 66 ;—sur les caractères de la publicité, en général, V. *suprà*, n° 353).

563. Quant aux peines dont une simple adhésion à une autre forme de gouvernement peut rendre passible, ce sont, à notre sens, celles portées par l'art. 3 de la loi de 1819 (V. n° 569), à l'égard de la provocation à un simple délit.

Sect. 3.—*Excitation à la haine ou au mépris du gouvernement de l'empereur.*

564. Aux termes de l'art. 4 de la loi du 25 mars 1822, quiconque, par l'un des moyens énoncés en l'art. 1 de la loi du 17 mai 1819, avait excité à la haine ou au mépris du gouvernement du roi, devait être puni d'un emprisonnement d'un mois à quatre ans, et d'une amende de 150 fr. à 5,000 fr.—Cette disposition, comme toutes celles qui avaient pour base la constitution monarchique du pays, a été paralysée sinon emportée par la révolution de 1848.—L'art. 4 de la loi du 11 août 1848 punissait aussi quiconque, par l'un des moyens énoncés en l'art. 1 de la loi du 17 mai 1819, aurait excité à la haine ou au mépris du gouvernement de la République.—Mais cet article s'est encore trouvé implicitement paralysé par le sénatus-consulte des 7-10 nov. 1852, ratifié par le plébiscite des 21 et 22 nov. de la même année (V. décr. 2-9 déc. 1852, D. P. 52. 2. 219), qui a rétabli l'empire ; et, depuis ce temps, aucune loi n'a été votée pour le même objet. Néanmoins, il nous paraît certain que l'excitation à la haine et au mépris du gouvernement impérial, devant être considérée comme une provocation, elle tombe sous la répression générale de la loi de 1819. — Mais deux difficultés se présentent ici : la première est de savoir ce qu'il faut entendre par le gouvernement impérial ; la seconde, quels peuvent être les caractères de l'excitation à la haine et au mépris de ce gouvernement.

565. Occupons-nous d'abord, de la première. — Sous la loi du 25 mars 1822, il a été jugé que, par les mots *gouvernement du roi*, le législateur avait entendu désigner les ministres pris collectivement, administrant au nom du roi, sous leur responsabilité personnelle (Paris, 1er avril 1830 (1) ; V. aussi motifs Crim. rej. 27 mars 1830, aff. Coudert, n° 567-3°). — Cette interprétation était-elle exacte? Chercher à exciter la haine et le mépris contre le ministère, pris collectivement, était-ce exciter ces sentiments contre le gouvernement? Oui, si l'on recherche l'esprit de la loi dans le rapport de M. Portalis. Cet orateur va même jusqu'à rendre l'art. 4 de la loi de 1822 applicable à l'excitation dirigée contre un ministre individuellement. Mais ces décisions semblaient inadmissibles. Le ministère était un élément du gouvernement, mais non le gouvernement tout entier. Le roi et les chambres concouraient aussi à former le gouvernement (Charte, art. 12 et 18). Il fallait donc, pour constituer le délit prévu par l'art. 4, que l'agent eût excité à la haine et au mépris de tous ces éléments divers du gouvernement ; l'excitation dirigée contre l'un d'eux en particulier pouvait bien présenter un délit, mais autre que celui de l'art. 4 de la loi précitée. Ce n'était que dans le cas où l'excitation littéralement dirigée contre le ministère seul, paraissait l'être évidemment, d'après l'ensemble de l'écrit, contre le gouvernement tout entier, qu'il y avait lieu d'appliquer cet article (V. en ce sens M. Chassan, t. 1, p. 262).—Toutefois cette doctrine n'était point admise par MM. Serrigny, t. 2, p. 101 et s., et de Grattier, t. 2, p. 41 et s. — Ces auteurs pensaient que l'esprit de la loi, tel qu'il se manifeste par les travaux préparatoires destinés à en fixer le sens, devait l'emporter sur les définitions puisées dans la charte elle-même. — Quoi qu'il en soit, la constitution de 1852 nous paraît avoir changé complètement les termes du problème à résoudre, car ce qui était le gouvernement, suivant le rapport de M. Portalis, n'a plus ce caractère d'après la loi de 1852. — Sous la charte de 1814, il était naturel, sinon de tout point constitutionnel, de voir le gouvernement dans le ministère, puisque, de droit, les ministres gouvernaient seuls suivant un axiome politique bien connu : *le roi règne et ne gouverne pas.* — Comme sur eux seuls pesait la responsabilité, tandis que, au contraire, le roi était formellement déclaré irresponsable, il était logique, il était juste qu'ils eussent dans leur administration la plus grande liberté d'action. — Il n'en est pas de même sous la constitution de 1852 qui, non-seulement déclare le chef de l'Etat responsable (art. 5), mais qui porte, en outre, que les ministres ne dépendent que du chef de l'Etat, qu'ils ne sont responsables que chacun en ce qui le concerne des actes du gouvernement, et qu'il n'y a point de solidarité entre eux (art. 13). Le gouvernement ne peut donc plus former, sous la constitution de 1852, l'être moral désigné par le rapport de M. Portalis. Il y a mieux, cette constitution est venue implicitement consacrer la doctrine rap-

---

1851, arrêt de la cour d'assises des Deux-Sèvres, qui le condamne à trois mois de prison et 600 fr. d'amende. — Pourvoi. — Arrêt (apr. délib. en ch. du cons.).

La cour ; — Vu l'art. 1 de la loi du 29 nov. 1830 et l'art. 1 de la loi du 17 mai 1819 ; — Attendu que, d'après les termes de l'art. 1 de la loi du 17 mai 1819, pour que les discours, cris ou menaces constituent le crime ou délit que cette loi a voulu réprimer et punir, il faut que ces discours, cris ou menaces aient été proférés dans des lieux ou réunions publics, c'est-à-dire que l'intention criminelle et répréhensible se soit révélée par sa publicité même ; — Que cette double condition de la publicité du lieu et de la manifestation de l'intention coupable, résulte évidemment des motifs de l'amendement par l'adoption duquel le mot *proféré* fut substitué au mot *tenu* qui se trouvait dans le projet de loi présenté par le gouvernement à la chambre des députés (séance du 15 avr. 1819) ; — Qu'il ne suffirait même pas de demander au jury si les discours ou propos incriminés ont été proférés dans une auberge, puisqu'ils pourraient n'y avoir pas été proférés publiquement ; qu'il fallait donc interroger spécialement le jury, juge souverain du fait et des circonstances qui l'aggravent, sur chacune des deux circonstances de la publicité des propos et du lieu où ils avaient été proférés ; que cependant la question qui lui a été posée, textuellement conforme au dispositif de l'arrêt de renvoi à la cour d'assises, et répondue affirmativement par le jury, ne satisfait à aucune de ces deux conditions ; qu'elle était donc insuffisante pour motiver la condamnation du prévenu ; d'où il suit que l'arrêt attaqué, en prononçant cette condamnation, a fait une fausse application de l'art. 1 de la loi du 29 nov. 1850 et violé l'art. 1 de la loi du 17 mai 1819 ; — En conséquence, et sans qu'il soit besoin de statuer sur les autres moyens de nullité présentés dans les mémoires, casse et annule l'arrêt rendu, le 17 avr. 1851, par la cour d'assises du département des Deux-Sèvres, contre Frédéric-Claude Aymar, comte de la Tour-du-Pin Gouvernet ; — Et, vu l'art. 429 c. inst. crim., attendu que le fait, tel qu'il est précisé et fixé dans le dispositif de l'arrêt de la chambre des mises en accusation de la cour royale de Poitiers, du 7 mars dernier, ne constitue ni crime ni délit, qu'il n'y a lieu à l'application d'aucune loi pénale, et qu'il n'y a point de partie civile ; — Déclare qu'il n'y a lieu de prononcer le renvoi du procès ; ordonne que l'état de liberté provisoire dans lequel se trouve le demandeur, demeurera définitif.

Du 11 juin 1851.-C. C., ch. crim.-MM. de Bastard, pr.-Brière, rap.

(1) (Min. pub. C. Bert, etc.) — La cour ; — Considérant que l'art. 4 de la loi du 25 mars 1822, qui punit l'excitation à la haine et au mépris du gouvernement du roi, a voulu désigner par ces dernières expressions les ministres pris collectivement, administrant, au nom du roi, sous leur responsabilité personnelle ; — Que cela résulte de l'ensemble des dispositions de la loi, de la gradation des différents faits qu'elle qualifie délits, et notamment du § 2 de l'art. 4, qui déclare expressément que la disposition pénale de cet article ne peut pas porter atteinte au droit de discussion et de censure des actes des ministres ; — Considérant que la plus odieuse imputation que l'on puisse faire à des ministres, et celle qui peut le plus exciter contre eux à la haine et au mépris, c'est de les présenter comme ayant l'audacieux projet de renverser les bases des garanties constitutionnelles consacrées par la charte, et de leur supposer l'intention d'imposer des contributions publiques, soit sans le concours libre, régulier et constitutionnel du roi et des deux chambres, soit avec le concours de chambres formées par un système électora qui n'aurait pas été établi dans les formes constitutionnelles ; — Considérant que Bert, gérant du Journal du commerce, et de Lapelouze, gérant du journal le Courrier français, en publiant dans leurs numéros des 11 et 12 septembre dernier l'article intitulé : Association bretonne, qui ne repose que sur une semblable supposition, et en accompagnant cette publication de réflexions conçues dans des termes approbatifs, offensants pour le gouvernement du roi, ont, hors le cas de discussion et de censure des actes des ministres, imputé au gouvernement du roi l'intention criminelle, soit d'établir et de percevoir des impôts qui n'auraient pas été consentis par les deux chambres, soit de changer illégalement le mode d'élection, soit même de révoquer la charte constitutionnelle, qui a été octroyée et concédée à toujours, et qui règle les droits et les devoirs de tous les pouvoirs publics ; — Que, par cette publication, ils se sont rendus coupables du délit prévu et puni par l'art. 4 de la loi du 25 mars 1822 ; — Déboute Bert et de Lapelouze des oppositions par eux formées à l'arrêt par défaut.

Du 1er avr. 1830.-C. de Paris.-M. Séguier, 1er pr.

pelée ci-dessus, et suivant laquelle c'était la réunion des pouvoirs constitutionnels qui formait le gouvernement, car il y est dit (art. 3) que le président de la République (aujourd'hui l'empereur, sénatus-consulte, 7 nov. 1852), *gouverne au moyen des ministres, du conseil d'État, du sénat et du corps législatif.*— C'est donc l'ensemble de ces pouvoirs politiques qui constitue en réalité le gouvernement impérial, de même que le gouvernement du roi, suivant les chartes de 1814 et de 1830 (art. 13 et 14) se composait du roi, des ministres et des chambres. Seulement, la constitution de 1852 est beaucoup plus explicite que les chartes précitées, et l'on ne saurait réduire le gouvernement impérial aux ministres sans méconnaître le sens évident des art. 3 et 13 du pacte fondamental.

566. Voyons maintenant ce qu'il faut entendre par *excitation à la haine et au mépris.* — Tout a été laissé ici par le législateur dans le vague le plus absolu; cherchons cependant à nous rendre compte de sa pensée. D'où naît la *haine* en général? De l'injustice ou des injures ressenties par celui qui l'éprouve, soit dans sa personne, soit dans les objets de ses affections. Ainsi, on comprend que certaines natures pour lesquelles la haine n'est pas un sentiment trop violent, puissent l'éprouver contre un gouvernement qui leur serait représenté comme confiscant à son profit les droits légitimes des citoyens, comme trahissant ses devoirs envers le pays. — Celui qui lui impute de pareils torts excite donc à la haine du gouvernement. — D'où naît le mépris? De l'abjection morale de celui qui l'inspire. — Présenter le gouvernement comme immoral ou comme déloyal dans son administration, dans ses transactions intérieures ou extérieures, c'est exciter au mépris du gouvernement.

567. Au reste, la jurisprudence a eu souvent à caractériser des faits d'excitation à la haine et au mépris du gouvernement, et, sous la loi du 25 mars 1822, il a été jugé : 1° que la plus odieuse imputation que l'on puisse faire à des ministres est celle de leur supposer l'audacieux projet de renverser les bases des garanties constitutionnelles, et d'imposer des contributions publiques sans le secours des chambres; et qu'une telle imputation constitue le délit prévu par l'art. 4 de la loi du 25 mars 1822 (Paris, 1er avril 1830, aff. Bert, V. n° 565); — 2° Que la publication du prospectus d'une association (l'Association bretonne), dont le but était de résister, en cas de besoin, aux actes que le gouvernement tenterait en violation des lois, en attribuant ainsi aux ministres du roi l'intention et le projet de renverser les garanties constitutionnelles établies par la charte, et de lever des contributions illégales, bien qu'elle ne soit ni une offense envers la personne du roi, ni une attaque à son autorité constitutionnelle, ni une provocation à la désobéissance aux lois, constitue néanmoins le délit d'excitation à la haine et au mépris du gouvernement du roi (Bordeaux, 25 janv. 1830, aff. min. pub. C. Couderc); — 3° Et, sur le pourvoi formé contre cet arrêt, que, bien qu'aucune loi n'interdise aux Français de se réunir et de s'associer pour veiller à la défense de leurs droits, ils ne peuvent le faire sans être soumis à une haute surveillance, et à la censure des tribunaux, qui ont le droit d'apprécier souverainement si, d'après les circonstances et les intentions des prévenus, ces associations peuvent constituer des délits; et que, dès lors, une cour d'appel a pu décider, sans que sa décision donne prise à la censure de la cour régulatrice, qu'une association ayant pour but de refuser tout impôt qui serait perçu illégalement par les ministres, a, par là, provoqué à la haine et au mépris du gouvernement du roi (Crim. rej. 27 mars 1830) (1); — 4° Que dénier, dans un article publié par la voie d'un journal, que l'élévation de Louis-Philippe a été dans le vœu de la nation exprimé dans la déclaration du 7 août 1830, et publier que cet acte n'a été que l'œuvre d'une coterie, c'est commettre le délit d'excitation à la haine et au mépris du gouvernement du roi; et qu'il y a lieu de casser l'arrêt qui a déclaré, en droit, qu'un tel article ne caractérise pas suffisamment ce délit (Crim. cass. 21 oct. 1831) (2); — 5° Que, méconnaître, dans un article pu-

(1) (Min. pub. *C.* Coudert.)—La cour;—...Sur le deuxième moyen de nullité;—Attendu que l'art. 2 de la loi du 25 mars 1822, comprend, dans ses dispositions répressives, les offenses envers la personne du roi et les chambres; que, dès lors, l'art. 4 de cette loi, qui punit l'excitation à la haine ou au mépris du gouvernement du roi, ne peut s'entendre que du gouvernement du roi lui-même, dans sa puissance exécutive, c'est-à-dire des ministres agissant collectivement sous l'autorité du roi, et responsables de leurs actes; que le dernier alinéa de cet article portant: « La présente disposition ne peut pas porter atteinte au droit de discussion et de censure des actes des ministres; » confirme pleinement que c'est du corps des ministres, pris collectivement, qu'il s'agit dans le premier paragraphe; que si aucune loi n'interdit, à des Français, de se réunir pour veiller ensemble à l'exercice et au maintien de leurs droits, toute association de cette nature est nécessairement soumise à la haute surveillance de l'autorité; qu'il appartient aux cours royales de juger si, par les circonstances qui ont accompagné la formation de ces associations, par les termes qui les constituent, la publication qu'elles ont reçue, elles renferment un délit prévu par les lois; — Attendu que ces questions de fait, dont l'examen appartient souverainement aux cours royales, ne peuvent, quelle que soit la solution qu'elles ont reçue, être débattues devant la cour de cassation, et appréciées de nouveau par elle;

Attendu que la cour royale de Bordeaux a déclaré, en fait, que les articles de l'Indicateur, insérés dans les nos 5289 et 5294, qui ont donné lieu aux poursuites du ministère public, renferment le délit d'excitation à la haine et au mépris du gouvernement du roi;—Attendu que la loi, ne définissant pas les caractères et les circonstances constitutives de ce délit, en laisse nécessairement l'appréciation à la conscience des juges du fond; d'où résulte la conséquence que les faits qui servent de base à la déclaration de culpabilité, porté contre Bertrand Coudert, par la cour royale de Bordeaux, ne peuvent être soumis à la cour de cassation, ni tomber dans son examen, la cour royale seule étant compétente pour fixer l'état des faits incriminés, et pour les apprécier;—Attendu, d'ailleurs, que l'arrêt attaqué déclare que les articles incriminés ne renferment pas la discussion ou la censure légales des actes des ministres; —Attendu que le troisième moyen de nullité, tiré de la prétendue violation de l'art. 48 de la charte constitutionnelle, a été formellement abandonné sur le barreau;—Attendu que le délit déclaré constant par la cour royale de Bordeaux, est prévu par l'art. 4 de la loi du 25 mars 1822; que c'est ce même art. 4, combiné, pour le règlement de l'amende, avec l'art. 14 de la loi du 28 juill. 1818, dont l'application a été faite au prévenu; qu'ainsi ledit arrêt, d'ailleurs régulier dans la forme, a fait une juste application de la loi pénale aux faits déclarés constants; —Rejette le pourvoi contre l'arrêt du 25 janv. 1830, etc.

Du 27 mars 1830.-C. C., ch. crim.-MM. de Bastard, pr.-Brière, rap.

(2) (Min. pub. *C.* Gazette de Bretagne.) — La cour (apr. délib. en ch. du cons.); — Vu l'art. 1 de la loi du 29 nov. 1830, l'art. 4 de celle du 25 mars 1822, et l'art. 8 de celle du 18 juill. 1828; — Attendu, en droit, que si, en matière criminelle, et particulièrement dans les crimes et délits de la presse, les déclarations, en fait, des cours et tribunaux appelés à statuer sur la poursuite de ces crimes et délits, sont irréfragables, il en est autrement des qualifications qu'ils donnent ou refusent de donner aux faits par eux déclarés ou non méconnus, et des conséquences légales qui peuvent et doivent en être tirées; que l'examen de ces qualifications et de ces conséquences rentre dans les attributions de la cour de cassation; que cette cour étant chargée, par la loi de son institution, de réprimer les violations qui seraient commises contre la loi, a nécessairement dans ses devoirs de juger la qualification qui a été donnée ou mal à propos refusée aux faits résultant de l'instruction; que le jugement de cette qualification des faits, dans leur rapport avec les lois répressives, est inséparable du droit qui lui est attribué de veiller à la saine et juste application de ces lois; — Attendu, dans l'espèce, que la cour royale de Rennes, en tirant un motif d'impunité au profit du gérant de la Gazette de Bretagne, dans la circonstance qu'il n'avait fait que répéter un article de la Gazette du Languedoc, antérieurement publié, a méconnu la disposition de l'art. 8 de la loi du 18 juill. 1828, qui porte que: « Les signataires de chaque feuille ou livraison d'un journal ou écrit périodique seront responsables de son contenu, et passibles de toutes les peines portées par la loi, à raison de la publication des articles ou passages incriminés, sans préjudice de la poursuite contre l'auteur ou les auteurs desdits articles ou passages, comme complices; » — Qu'il résulte, en effet, de la circonstance relevée dans l'arrêt seulement que le gérant de la Gazette de Bretagne n'était pas l'auteur de l'article, mais qu'il en était aussi le publicateur, et, par conséquent, coupable principal des crimes ou délits que cet article pouvait renfermer; — Attendu que la cour royale de Rennes a ajouté que cet article ne caractérisait pas suffisamment les délits prévus par l'art. 1 de la loi du 29 nov. 1830, et par l'art. 4 de celle du 25 mars 1822; qu'elle n'a point méconnu le fait de sa publication, ni son contenu, ni le sens que lui avait reconnu la chambre du conseil; qu'elle n'a donc examiné que la qualification donnée par les premiers juges à cet article; que, dès lors, elle a prononcé en droit, et que sa décision sur ce point est soumise à l'examen de la cour; — Et attendu que ledit article contient, en effet, dans sa substance, le caractère du délit prévu par l'art. 1 de la loi du 29 nov. 1830, puisqu'il dénie formellement que l'élévation de Louis-Philippe d'Orléans au trône des Français ait été dans le vœu de la nation française exprimé dans la déclaration du 7 août 1830; qu'il déclare que cet acte n'a été que l'œuvre

blié par la voie des journaux, l'acte par lequel le roi Louis-Philippe tient son élection, regarder cet acte comme ouvrant la voie à toutes les tyrannies, déclarer que l'on se croirait coupable d'y concourir, qu'on ne se regarde pas comme délié de son serment envers le roi déchu, et que ce roi nous sera rendu, c'est, sinon commettre le délit d'attaque à l'autorité constitutionnelle du roi, prévu par l'art. 4 de la loi du 17 mai 1819, au moins commettre le délit d'excitation à la haine et au mépris du gouvernement du roi, prévu par l'art. 4 de la loi du 25 mars 1822; et que la circonstance que ces expressions se trouvent dans une lettre dans laquelle un pair de France rendait publics les motifs qui l'engageaient à ne point prêter serment au nouveau roi, ne rend pas le délit excusable (C. des pairs, 24 nov. 1830, M. Pasquier, pr., aff. Kergorlay);—6° Que ces expressions d'un écrit : « Royauté de juillet, dors aux Tuileries, dore tes rêveries du soleil des cours ; ton nom ne réveille point les peuples, et le soleil d'Austerlitz n'éclaire pas ton trône; ta tête a bouché le trou d'une couronne que tu ramassas aux fanges du ruisseau ; tes vaincus que réclame ta gloire sont un vieillard, une femme, un enfant ; ce sont ces voix dont le timbre vengeur te glace de peur ; Napoléon sauva la patrie, toi, qu'as-tu sauvé? Il releva les autels, toi, qu'as-tu relevé? Il nous donna la gloire, toi, tu nous as tout ôté ; va, dors aux Tuileries ; montre tes laquais, histrions qui te bercent de mots qu'ils vendent à l'enchère ; dors, les souvenirs ne sont pas courtisans ; ton juste-milieu se croit stable; puissant, il ne glissera peut-être pas dans le sang, mais on glisse aussi dans la boue.....; » que de telles expressions ont pu être déclarées ne constituer ni attaques à la dignité royale, ni attaques aux droits que le roi tient du vœu de la nation et de la déclaration du 7 août, sans que cette décision donne prise à la censure de la cour de cassation ; — ... Mais qu'ils contiennent, soit une offense à la personne du roi... soit le délit d'excitation à la haine et au mépris du gouvernement (Crim. cass. 22 fév. 1834; Ch. réun. rej. 23 mai 1834) (1).

568. Sous la loi du 11 août 1848, il a été jugé aussi : 1° que la prévention du délit d'excitation à la haine et au mépris du gouvernement commis dans un article de journal renfermant la critique d'un projet de loi (sur les élections), ne peut être écartée par la chambre d'accusation, sur l'unique motif que l'article ne serait dirigé que contre un projet de loi, et ne constituerait, dès lors, aucun délit ; qu'un tel motif ne justifierait l'arrêt que si la prévention avait pour objet un délit d'attaque contre le respect dû aux lois (Crim. cass. 6 juill. 1850, aff. Mangin, D. P. 50. 5. 374; V. *infra*, nos 597 s.); — 2° Que la mention, dans la déclaration du jury qui a servi de base à la condamnation, du titre et du numéro d'un article de journal poursuivi comme renfermant une attaque contre le gouvernement, n'implique pas nécessairement la publicité de cet écrit; que, par suite, la condamnation est nulle, à défaut de constatation de la condition de publicité qui forme l'un des éléments essentiels du délit (Crim. cass. 19 janv. 1850, aff. Marion, D. P. 50. 5. 375). — Nous avons déjà fait remarquer (n° 533) que c'était là une règle générale pour tous les délits qui font l'objet de ce chapitre.

569. Mais quelle est la peine que fait encourir l'excitation à

---

d'une coterie, et qu'il présente, dès lors, les caractères du délit d'excitation à la haine et au mépris du gouvernement du roi, prévu par l'art. 4 de la loi du 25 mars 1822; qu'ainsi cette cour a violé les dispositions de ces lois ; — Par ces motifs, casse l'arrêt rendu par la chambre d'accusation de la cour royale de Rennes, le 26 sept. 1831.

Du 21 oct. 1831.-C. C., ch. crim.-MM. de Bastard, pr.-Isambert, rap.

(1) (Min. pub. C. Gazette du Languedoc.) — LA COUR; — Vu les art. 1 et 9 de la loi du 17 mai 1819, l'art. 4 de la loi du 25 mars 1822, l'art. 1 de la loi du 29 nov. 1830 et l'art. 9, n° 5, de la loi du 25 mars 1822; — Vu la pièce de vers, objet des poursuites du ministère public, imprimée dans le n° 69 de la Gazette du Bas-Languedoc, du 15 déc. 1833, et commençant par ces mots : *Royauté de juillet, va, dors aux Tuileries*; — Vu notamment les passages de ladite pièce de vers incriminés, transcrits dans le réquisitoire, en date du 11 janv. 1834, du procureur général, demandeur en cassation ; — En ce qui touche les premier et deuxième moyens de cassation résultant de ce que l'arrêt attaqué a refusé d'appliquer aux divers passages incriminés de la pièce de vers dont il s'agit, les qualifications légales des délits énoncés dans le réquisitoire du ministère public ; — Attendu, en fait, qu'il résulte de l'arrêt attaqué, que la pièce de vers objet de la poursuite, a été imprimée dans le n° 69 de la Gazette du Bas-Languedoc, laquelle a été publiée et distribuée dans les lieux publics à Nîmes, le 15 déc. 1833; qu'il est pareillement établi, par ledit arrêt, que L. Coulange est gérant responsable de ladite gazette; — Attendu que les passages incriminés de la pièce de vers dont il s'agit et qui sont littéralement transcrits dans le réquisitoire du procureur général, demandeur en cassation, constituent, 1° le délit d'offenses envers la personne du roi, prévu par les art. 1 et 9 de la loi du 17 mai 1819; 2° le délit d'excitation à la haine et au mépris du gouvernement du roi, prévu par l'art. 4 de la loi du 25 mars 1822 et par l'art. 1 de la loi du 17 mai 1819; 5° le délit d'attaque contre les droits que le roi tient du vœu de la nation française exprimé dans la déclaration du 7 août 1830 et de la charte constitutionnelle par lui acceptée et jurée dans la séance du 9 août de la même année, délit prévu par l'art. 1 de la loi du 29 nov. 1830, et par l'art. 1 de la loi du 17 mai 1819; — Attendu, néanmoins, que l'arrêt attaqué a seulement mis L. Coulange en prévention du délit d'attaque contre la dignité royale, prévu par l'art. 1 de la loi du 29 nov. 1830, et qu'il a écarté les trois autres chefs de prévention ci-dessus spécifiés, en méconnaissant les caractères de criminalité qui leur appartenaient ; qu'il a ainsi violé ouvertement les art. 1 et 9 de la loi du 17 mai 1819, l'art. 4 de la loi du 25 mars 1822 et l'art. 1 de la loi du 29 nov. 1830;

En ce qui touche les 3e et 4e moyens, résultant de ce que l'arrêt attaqué a refusé d'appliquer à une gravure saisie intitulée : Henri, publiée et distribuée avec le n° 69 de la Gazette du Bas-Languedoc, le caractère de signe ou symbole destiné à propager l'esprit de rébellion ou à troubler la paix publique ; de ce qu'il a prononcé la mainlevée de ladite gravure ; et, enfin de ce qu'il a omis de statuer sur le chef du réquisitoire du procureur général concernant la saisie de la gazette renfermant la pièce de vers incriminée : — Attendu qu'il résulte des faits admis par l'arrêt attaqué, que l'envoi d'un portrait gravé, portant au bas le nom Henri, et une mention que ce portrait a été dessiné d'après nature à Prague, a été fait à tous les abonnés de la Gazette du Bas-Languedoc avec le n° 69 de cette gazette, du 15 déc. 1833 ; — Attendu qu'un article de ladite gazette donne l'explication du portrait ainsi adressé à ses abonnés et le désigne sous le nom et qualification de Henri V ; — Attendu que ces faits constituent le délit de distribution publique d'un signe ou symbole destiné à propager l'esprit de rébellion et à troubler la paix publique ; que ce délit est prévu par l'art. 9, n° 5, de la loi du 25 mars 1822 ; et qu'en n'attribuant pas à ce fait le caractère légal de délit qui lui appartenait et en prononçant la mainlevée de la saisie qui avait été faite de la gravure dont il s'agit, l'arrêt attaqué a formellement violé l'art. 9, n° 5, de la loi précitée ; — Attendu qu'en omettant aussi de statuer sur le chef du réquisitoire du procureur général, relatif à la saisie du n° 69 de la Gazette du Bas-Languedoc, renfermant la pièce de vers objet de la poursuite, l'arrêt attaqué a violé les dispositions de la seconde partie de l'art. 408 c. inst. crim. ; — Par ces motifs, casse.

Du 22 fév. 1834.-C. C., ch. crim.-MM. de Bastard, pr.-Dehaussy, r.

Sur renvoi, le 18 mars 1834, arrêt de la cour de Riom qui porte en substance : — « Attendu que l'insertion dans ledit journal, et la publication de ladite pièce de vers, et notamment de ceux ci-dessus relatés, constituent l'offense envers la personne du roi, prévue par les art. 1 et 9 de la loi du 17 mai 1819, et le délit d'excitation à la haine ou au mépris du gouvernement, prévu par l'art. 4 de la loi du 25 mars 1822, et par l'art. 1 de la loi du 17 mai 1819, mais qu'elles ne renferment pas les caractères du délit d'attaque contre la dignité royale ni celui d'attaque contre les droits que le roi tient du vœu de la nation française, exprimé dans la déclaration du 7 août 1830, et de la charte constitutionnelle par lui acceptée et jurée dans la séance du 9 août de la même année, prévus par les art. 1 de la loi du 29 nov. 1830 et 1 de la loi du 17 mai 1819; — En ce qui touche la distribution d'une gravure annexée au n° 69 dudit journal..., intitulée Henri, avec une énonciation dans ledit n° 69, relative à la gravure : — Attendu que ces faits peuvent avoir eu un motif et un objet exclusif des caractères de criminalité nécessaires pour constituer le délit de distribution publique d'un signe ou symbole destiné à provoquer l'esprit de rébellion, prévu par l'art. 9, n° 5, de la loi du 25 mars 1822... Dit qu'il n'y a lieu de le mettre en prévention pour les autres délits qui lui sont imputés...»

Nouveau pourvoi du ministère public (V. le rapport de M. le conseiller de Broé, D. P. 34. 1. 284).—Arrêt (ap. délib. en ch. du cons.)

LA COUR ; — En ce qui touche l'insertion, dans la Gazette du Bas-Languedoc, de la pièce de vers faisant l'objet des poursuites du ministère public ; — Attendu qu'en déclarant que cette insertion constitue seulement le délit d'offense envers la personne du roi, et celui d'excitation à la haine ou au mépris du gouvernement du roi, la cour d'appel de Riom a fait, d'après l'ensemble des faits, une juste appréciation de ladite pièce de vers ; — En ce qui touche la distribution de la gravure, annoncée dans la même gazette, et faisant aussi l'objet des poursuites du ministère public : — Attendu que l'arrêt attaqué a pu décider, comme il l'a fait, que cette distribution n'avait pas été destinée à propager l'esprit de rébellion ou à troubler la paix publique ; — Rejette.

Du 23 mai 1834.-C. C., ch. réun.-MM. Portalis, 1er pr.-De Broé, rap.-Dupin, pr. gén., c. conf.

la haine et au mépris du gouvernement? Doit-on appliquer les peines des art. 2 et 3 de la loi du 17 mai 1819 ou celles de l'art. 4 de la loi de 1822? Doit-on, au contraire, par suite des révolutions opérées de 1848 à 1852 et qui ont abrogé ou paralysé ces dispositions, supposer qu'il n'existe plus de peine contre l'excitation à la haine et au mépris du gouvernement? — Lorsqu'un gouvernement, qui avait une législation organisée et protectrice de ses institutions, a été renversé et suivi de plusieurs gouvernements tout à fait différents dans leur principe, comme si, par exemple, une monarchie constitutionnelle a été remplacée d'abord par une république à laquelle a succédé une présidence élective et décennale, et ensuite par un empire héréditaire, on doit supposer que les gouvernements nouveaux ne prennent que celles des lois pénales et politiques des gouvernements qu'ils ont remplacés ou modifiés qui ne sont pas opposées à leur nature. Ainsi, par la survenance d'une république, les lois qui établissaient des peines contre les outrages dont les éléments constitutifs de la monarchie renversée pouvaient être l'objet, se sont trouvées, sinon virtuellement et irrévocablement abrogées, au moins comme suspendues dans leurs effets ou momentanément paralysées. Tellement que si un régime ayant des rapports avec la monarchie plutôt qu'avec la république, survient ensuite, on doit supposer que les lois protectrices de la monarchie ont repris leur empire dans celles de leurs dispositions qui sont conciliables avec le régime nouveau. — Tel doit être, suivant nous, le résultat du jeu des révolutions en tant qu'on suppose, ne le perdons pas de vue, que l'effet abrogatif des législations est contemplé au point de vue révolutionnaire, et que les lois ou les dispositions *pénales* d'un gouvernement n'ont pas été expressément abrogées par les lois des états ou régimes qui l'ont remplacé. — Nous serions donc tentés de laisser à l'art. 4 de la loi de 1822 tous ses effets, malgré les révolutions de 1848 à 1852 et à ne revenir aux effets généraux des art. 2 et 3 de la loi du 17 mai 1819, qu'autant que la disposition de la loi de 1822 aurait été expressément abrogée par une loi et qu'elle ne serait pas uniquement le résultat de mouvements révolutionnaires.

Quoi qu'il en soit, sous la loi de 1822, il a été jugé que, d'après l'art. 14 de la loi du 18 juill. 1828, qui porte que, dans le cas où un délit de la presse a été commis par la voie d'un journal, l'amende ne sera jamais moindre du double du minimum fixé par les lois relatives à la répression des délits de la presse, et d'après l'art. 4 de la loi du 25 mars 1822, qui, dans le cas de provocation à la haine et au mépris du gouvernement du roi, prononce une amende de 150 à 5,000 fr., il y a eu violation de ces lois par le tribunal, qui n'a appliqué, pour un délit semblable, qu'une amende de 200 fr., cette amende ne pouvant jamais être moindre de 300 fr. (Bordeaux, 25 janv. 1830, aff. min. pub. *C.* Coudert, V. rejet sur pourvoi, n° 567).

SECT. 4. — *Des critiques, censures ou provocations dirigées contre l'autorité publique dans un discours pastoral prononcé publiquement ou dans un écrit pastoral.*

570. Au mot *Culte*, n°s 296 et suiv., nous avons à cet égard expliqué les art. 201 et suiv. c. pén., qui sont toujours en vigueur. Pour éviter d'inutiles répétitions, nous nous bornons ici à ce simple avertissement.

SECT. 5. — *Attaques contre les droits et l'autorité du sénat et du corps législatif.*

571. L'art. 4 de la loi du 17 mai 1819 réputait provocation au crime toute attaque contre l'autorité constitutionnelle du roi *et des chambres*. — L'art. 2 de la loi du 25 mars 1822 punissait également d'un emprisonnement de trois mois à cinq ans et d'une amende de 300 fr. à 6,000 fr. (la peine la plus élevée de la loi de 1819) toute attaque contre les droits *ou* l'autorité *des chambres*. — La loi du 29 nov. 1830 (art. 1) avait reproduit cette disposition avec cette seule différence que la copulative *et* avait été substitué à la disjonctive *ou*, et qu'ainsi il y était dit : « Toute attaque..., contre... les droits *et* l'autorité des chambres. » — La révolution de 1848 a supprimé les deux chambres, telles que les avaient établies les chartes de 1814 et de 1830, et a concentré le pouvoir législatif dans une seule assemblée à laquelle, à cause de sa généralité, on pouvait certainement appliquer la loi de 1819, mais non les lois spéciales de 1822 et de 1830. De là la disposition de la loi du 11 août 1848 (art. 1), aux termes de laquelle toute attaque par l'un des moyens énoncés en l'art. 1 de la loi du 17 mai 1819 contre les droits et l'autorité de l'assemblée nationale était punie de la peine portée par la loi de 1822 précitée. — Cette loi, dans son esprit et dans ses termes, s'applique-t-elle au sénat et au corps législatif créés par la constitution de 1852? — Nous ne le pensons pas, et s'il n'y avait d'autre texte à invoquer, les attaques de ce genre devraient demeurer impunies. — Mais les deux premiers articles de la loi du 17 mai 1819 suffisent pour en assurer la répression, car il est manifeste que les attaques dont il s'agit ici rentrent dans le but principal de ces dispositions (V. n° 540). — Par suite, contester les droits constitutionnels du sénat ou du corps législatif, ce serait encourir les peines portées par l'art. 2 de la loi du 17 mai 1819, puisqu'il résulte de la sévérité avec laquelle ce fait a été traité par les diverses lois que nous venons de rappeler qu'il doit être réputé provocation au crime. — Rien, d'ailleurs, que de naturel dans cette déduction, puisque le sénat et le corps législatif font partie intégrante du gouvernement fondé par la constitution de 1852, et que telle est la peine édictée à l'égard des attaques dirigées contre le gouvernement. — V. n°s 564 et s.

572. Les cas où les tribunaux ont à punir des attaques *isolées* contre les droits et l'autorité des chambres, doivent, du reste, être assez rares, par cela même qu'elles font partie intégrante du gouvernement dans le sens constitutionnel de ce mot, et qu'on ne peut guère mettre en question leur autorité sans attaquer en même temps le gouvernement (V. *suprà*, n°s 564 et s.). — Cependant, sous la charte de 1814, il a été jugé qu'exposer, dans un article de journal, un système développant cette idée, que le seul moyen de sauver la monarchie est de modifier la législation par simple ordonnance, et sans le secours des chambres, ce n'est pas commettre le délit d'attaque contre les droits et l'autorité des chambres; ce n'est pas là sortir des limites d'une controverse permise aux écrivains (Paris, 16 avr. 1830) (1). — Il est certainement désirable que la liberté de la presse puisse atteindre jusqu'à cette limite, mais on doute que l'état actuel de la société le permette.

573. En terminant sur ce point, nous devons faire remarquer avec MM. Chassan (t. 1, p. 211) et Rauter (t. 1, p. 566), que les chambres (aujourd'hui le sénat et le corps législatif) existent constitutionnellement pendant l'intervalle des sessions comme pendant les sessions, et que, dès lors, il n'y a aucune distinction à faire à cet égard, quant au temps pendant lequel l'attaque aurait lieu.

SECT. 6. — *Attaque contre la constitution, le principe de la souveraineté du peuple et du suffrage universel.*

574. C'est l'art. 1 de la loi du 11 août 1848 qui punit toute attaque contre la constitution, contre le principe de la souveraineté du peuple et du suffrage universel. — Cette disposition est-elle encore en vigueur? — Ni le décret du 17 fév. 1852 ni les circulaires qui en ont expliqué le sens et la portée ne résolvent explicitement cette question. — Mais il nous paraît que, relativement aux points qui viennent d'être indiqués, le décret précité de 1848 doit toujours être observé, car il n'a jamais été *expres-*

---

(1) *Espèce* : — (Min. pub. *C.* Henrion.) — Le Drapeau blanc avait publié un article intitulé : De l'inévitable dissolution de la chambre, et d'une ordonnance d'élection. Il a été traduit devant la chambre d'accusation. — Arrêt.

LA COUR; — Considérant que, dans l'article incriminé, Henrion a exprimé que le gouvernement pouvait et devait, dans les circonstances actuelles, changer la loi d'élection par une ordonnance provisoire, laquelle serait ensuite convertie en loi; — Que l'exposé de ce système, soit qu'on le regarde comme un exposé de l'art. 14 de la charte, soit qu'on le considère comme le résultat d'une opinion sur la nature et l'étendue des droits inhérents à la couronne, ne sort pas des limites d'une controverse permise aux écrivains, et ne saurait constituer une attaque contre les droits et l'autorité des chambres.

Du 16 avr. 1830. — C. de Paris, ch. d'accus. — M. Desèze, pr.

sément abrogé, et la disposition dont il s'agit ne s'étant trouvée en opposition avec aucune loi postérieure, on ne peut dire non plus qu'elle ait été *implicitement* abrogée.—Rien, en effet, dans nos institutions actuelles, ne répugne à son application.—Punir l'attaque contre la constitution, c'est manifestement satisfaire au vœu de toutes les constitutions, et quant à l'attaque contre la *souveraineté du peuple et le suffrage universel*, loin que la loi de 1848 soit sur ce point en opposition avec nos institutions actuelles, la constitution de 1852 est, comme celle de 1848, fondée sur les principes que la loi de cette dernière époque a voulu mettre à l'abri de toute atteinte. D'une part, en effet, la constitution de 1852 est censée l'œuvre du peuple lui-même, puisque c'est en vertu du mandat exprès qu'il en avait reçu, que le chef de l'État l'a rédigée; et c'est encore le peuple qui, en ratifiant le sénatus-consulte du 7 nov. 1852, a modifié la constitution de 1852 en élevant Louis-Napoléon à la dignité impériale : la souveraineté du peuple est donc l'un des principes fondamentaux de nos institutions. — D'autre part, la constitution de 1852 (art. 36) porte que *les députés sont élus par le suffrage universel*. — La loi de 1848 est donc en harmonie parfaite avec l'état actuel de notre législation politique, quant aux points traités dans cet article, et elle doit, en conséquence, recevoir son application.

575. Quant à l'attaque contre la constitution, une seule objection pourrait peut-être s'élever de la rédaction de l'art. 1 de la loi de 1848, qui semble n'avoir pas voulu séparer la constitution des institutions républicaines. Il y est dit en effet : « Toute attaque... *contre les institutions républicaines et la constitution.* »—Cette objection, prise du texte même, puise aussi une assez grande force dans les circonstances au milieu desquelles la loi a été votée. Il est bien certain qu'en 1848 on n'avait pas la pensée de protéger les constitutions monarchiques qui seraient ultérieurement adoptées par le pays. — Mais on peut répondre que les mots *la constitution* s'appliquaient nécessairement à une constitution future, puisque celle de 1848 n'était pas encore votée à la date de la loi que nous interprétons, et que nul ne pouvait déclarer avec certitude quel serait la forme de gouvernement adoptée par cette constitution; que, dès lors, si les institutions républicaines se sont trouvées rapprochées de la constitution dans la rédaction de la loi, on ne peut néanmoins prétendre que l'assemblée ait voulu se lier d'avance et voter une disposition fondamentale de la constitution avant d'être appelée à voter la constitution elle-même; ce qui permet d'appliquer isolément la disposition relative à la constitution. — On peut ajouter, d'ailleurs, que l'une et l'autre constitution étant l'œuvre du peuple représenté par ses mandataires, la dernière ne saurait être moins respectable que la première, dans les principes même en vertu desquels a été votée la loi du 11 août 1848. — Au surplus, en admettant que l'art. 1 de la loi de 1848 ne pût être appliqué dans ce cas, la constitution se trouverait toujours sauvegardée par les règles générales de la loi du 17 mai 1819. —V. n° 540.

576. Les peines dont la loi du 11 août 1848 punit les attaques dont nous nous occupons sont un emprisonnement de trois mois à cinq ans et une amende de 300 fr. à 6,000 fr.

Sect. 7. — *Enlèvement ou dégradation des signes publics de l'autorité du gouvernement. — Port public de tous signes extérieurs de ralliement. — Exposition ou distribution de tous signes séditieux.*

577. Les faits énoncés dans le titre de cet article constituent des attaques ou provocations matérielles, mais fort indirectes contre l'ordre politique établi. — Le législateur a néanmoins pensé avec raison qu'elles ne devaient pas rester impunies, d'abord, parce qu'elles supposent une manifestation publique de sentiments hostiles au pouvoir; et, en second lieu, parce qu'elles peuvent préparer les esprits à des démonstrations plus graves. — Mais reprenons chacune de ces provocations.

578. *Enlèvement ou dégradation des signes publics de l'autorité du gouvernement.* — Même situation légale, en ce qui touche ce fait, que pour la plupart de ceux que nous avons déjà examinés; c'est-à-dire que les principes posés dans les 3 premiers articles de la loi de 1819, peuvent seuls être invoqués, parce que les lois qui les avaient spécialement prévus ont cessé d'être littéralement applicables. — En effet, les lois du 17 mai 1819 (art. 5) et du 25 mars 1822 (art. 9) s'appliquaient aux signes de l'autorité royale et celle du 11 août 1848 (art. 6) aux signes de l'autorité du gouvernement républicain. — On ne peut donc poursuivre l'enlèvement ou la dégradation des signes publics de l'autorité impériale que comme une provocation générale à un crime ou à un délit (L. 17 mai 1819, art. 1, 2, 3).

579. Mais que faut-il entendre par *signes publics de l'autorité du gouvernement?* — Depuis 1819, ces mots passent dans les lois sans définition et sans observation et cependant il est indispensable d'en fixer le sens. — Pour nous, nous ne voyons d'autres signes extérieurs de l'autorité du gouvernement que ceux qu'il a pris lui-même comme symbole de son pouvoir. — Ainsi, ces signes étaient, sous la restauration, les fleurs de lis, les armes de France, le drapeau blanc (L. 9 nov. 1815, art. 7), sous la monarchie de juillet, le coq gaulois; sous la république, la célèbre devise : *liberté, égalité, fraternité*; sous le gouvernement actuel, c'est l'aigle impériale et, de plus, comme sous les deux gouvernements précédents, le drapeau tricolore. — Tout enlèvement ou dégradation de ces derniers signes, nous paraît devoir être réputé provocation au délit et devoir être puni conformément à l'art. 3 de la loi de 1819 (V. n° 588). — Toutefois, deux conditions nous semblent indispensables pour que le fait soit punissable : la première, c'est que les signes dont il s'agit aient été placés par les ordres de l'autorité dans les lieux où l'infraction a été commise. Si les mêmes signes avaient été placés par un particulier soit sur sa maison, soit sur toute autre propriété privée, ils manqueraient, ce nous semble, de la consécration qui leur vient de l'autorité qu'ils sont destinés à représenter, et leur enlèvement ou dégradation ne saurait être puni comme une provocation.—Ainsi, un marchand aura adopté une aigle pour enseigne, un étalagiste, un marchand d'orviétan ornera son échoppe ou sa voiture d'un drapeau tricolore; si ces emblèmes sont enlevés ou dégradés, il y aura soustraction et dommage causé, mais non *enlèvement ou dégradation des signes publics de l'autorité du gouvernement*.

580. La seconde condition de l'existence du délit et celle-là est inscrite dans toutes les lois de la matière, c'est que l'enlèvement ou la dégradation ait été opéré *en haine ou mépris de l'autorité*.— Ainsi, lors même qu'il serait prouvé que la dégradation, par exemple, n'est pas l'effet d'un simple accident et qu'elle est intentionnelle, ce ne serait point assez pour faire prononcer une condamnation; il faudrait, de plus, rapporter la preuve que le fait a un caractère d'hostilité prononcée contre le pouvoir, puisqu'il faut qu'il ait sa source dans *la haine* ou *le mépris*. — Les circonstances au milieu desquelles le fait se produit, les antécédents, les opinions connues de celui qui le commet peuvent, seuls, servir de guide en pareille matière. — Toutefois, celui qui, lui-même, dégagé de ces mauvais sentiments, s'en ferait l'instrument en obéissant à une autre volonté que la sienne, ne nous semblerait pas moins punissable, parce que, auteur principal de l'infraction, il ne pourrait échapper à la peine qu'aurait encourue l'instigateur de la provocation qu'en prouvant qu'il n'en a pas compris le sens, preuve qui nous semble assez difficile à rapporter.

581. *Port public de tous signes extérieurs de ralliement non autorisés.* — Ce fait est formellement prévu par l'art. 6 de la loi du 11 août 1848 et rien, ni dans les termes ni dans l'esprit de cette disposition, ne nous semble en devoir faire écarter l'application. — Du reste, les signes de ralliement sont essentiellement variables, parce qu'ils sont toujours de convention. On ne saurait donc rien préciser à cet égard. C'est aux tribunaux à apprécier suivant les temps, suivant les faits, quels sont les objets qui doivent être considérés comme des signes de ralliement. — Ces signes prennent même quelquefois une forme si simple, si inoffensive, qu'il semble impossible d'infliger une peine à ceux qui en sont porteurs. Il en est ainsi, par exemple, lorsqu'il s'agit d'une fleur naturelle ou artificielle portée ostensiblement, ou bien de certaines formes de chapeaux, de certaines coupes d'habits. N'y aurait-il pas quelque puérilité à poursuivre de pareils faits ?— En ce cas, il nous semblerait plus sage d'observer de très-près, et de chercher à découvrir s'il n'y a pas, sous cette apparence frivole, une infraction plus grave à réprimer. — Mais il en serait autrement d'un fait bien caractérisé, tel que le port public des emblèmes connus d'un autre gouvernement et surtout d'un autre drapeau que le drapeau national.

582. *Exposition, distribution ou mise en vente de tous signes ou symboles propres à propager l'esprit de rébellion ou à troubler la paix publique.*—Ce fait, déjà prévu par l'art. 9 de la loi du 25 mars 1822, est encore expressément puni par l'art. 6 de la loi du 11 août 1848, et nous ne pensons pas, non plus, qu'à cet égard il soit nécessaire d'invoquer les dispositions générales de la loi du 17 mai 1819, parce que rien ne nous paraît s'opposer à son application sous le régime actuel. — Quant aux signes ou symboles proscrits, ce sont nécessairement les signes de ralliement dont nous venons de parler, et les symboles qui présentent à l'esprit l'idée d'une autre forme de gouvernement que celle qui existe. — Aussi a-t-il été jugé : 1° qu'il y a nullité d'un arrêt de renvoi à la cour d'assises, motivé seulement sur ce que l'accusé « a exposé des transparents qui portaient des emblèmes séditieux, tendant à provoquer au délit par l'exposition publique de signes extérieurs non autorisés, » sans qu'il fût déclaré que ces signes extérieurs fussent des signes de ralliement (Crim. cass. 6 janv. 1821) (1). — 2° Qu'il y a délit de distribution publique d'un signe ou symbole destiné à propager l'esprit de rébellion et à troubler la paix publique, dans l'envoi fait par un journal à ses abonnés d'un portrait gravé, portant au bas le nom *Henri*, et la mention que ce portrait a été dessiné, d'après nature, à Prague; envoi suivi, d'ailleurs, d'une explication du portrait, donnée par le journal, et dans laquelle on le désigne sous le nom et la qualification de Henri V (Crim. cass. 22 fév. 1834, aff. Gazette du Languedoc, V. n° 567-6°;—V. toutefois Ch. réun. rej. 25 mai 1834, même aff., *eod.*); — 3° Que le fait d'avoir placé trois fleurs de lis de grande dimension sur un arc de triomphe sous lequel un évêque devait passer, et d'avoir été au-devant de cet évêque portant des étendards ayant à la hampe une petite fleur de lis dorée, constitue le délit prévu par l'art. 6 du décret du 11 août 1848, bien que la présence du préfet dût préserver de tout trouble la tranquillité publique : cette dernière circonstance ne pourrait avoir que la valeur d'une circonstance atténuante (Crim. rej. 18 nov. 1853, aff. Malary, D. P. 53. 5. 369).

583. La circonstance de publicité est exigée pour l'exposition de signes séditieux, comme elle l'est, en général, pour les autres infractions qui font l'objet de ce chapitre. — Et il a été jugé que s'il est vrai qu'on ne puisse regarder comme publique l'exposition des signes séditieux, faite par un individu dans l'intérieur de sa maison d'habitation, on ne peut s'empêcher de reconnaître ce caractère à l'exposition de pareils faits sur le toit de cette maison, dans un lieu apparent et exposé aux regards du public; et l'arrêt qui déclare qu'il n'y a pas eu publicité, ne saurait être maintenu, sous le prétexte qu'il ne se serait livré qu'à une appréciation de fait qui échapperait à la censure de la cour (Crim. cass. 20 sept. 1852) (2).

584. Il est, d'ailleurs, à remarquer, et c'est ce qui a été jugé, qu'il suffit qu'il y ait mise en vente ou distribution, même clandestine, d'objets, tels par exemple que des foulards présentant ou renfermant des signes séditieux, pour que l'auteur de ces ventes doive être déclaré coupable du délit prévu par l'art. 9, n° 3, de la loi du 25 mars 1822, encore bien qu'il n'y aurait pas eu vente ou exposition publique de ces objets (Crim. cass. 16 août 1833) (3). — Cela résulte, en effet, des termes précis de l'article précité de la loi du 25 mars 1822, qui met sur la même ligne, quant à la criminalité, la mise en vente ou distribution, et la vente ou exposition publique. — V. en ce sens M. Parant, p. 150.

585. Une autre observation qui n'est pas sans importance, c'est qu'il y a entre la loi de 1822 et celle de 1848, quant à l'exposition ou distribution des signes séditieux, une différence de rédaction qui doit nécessairement manifester une intention différente de la part du législateur. — La loi de 1822 punissait

---

(1) (Champigny.) — La cour (apr. dél.); — Vu l'art. 13 de la loi du 21 mai 1819, d'après lequel les crimes et délits commis par la voie de la presse, ou par tout autre moyen de publication, à l'exception de ceux désigné en l'art. 14, seront renvoyés, par la chambre des mises en accusation, devant la cour d'assises; — Vu l'art. 15 de la même loi; — Vu aussi les art. 1er et 5, § 3, de la loi du 17 mai 1819; — Attendu que, dans l'arrêt attaqué, le fait constitutif de la prévention est ainsi articulé, « Que, par procès-verbal du 4 nov. aussi dernier, il est constaté que les transparents (exposés par le prévenu au devant de sa maison, le 15 oct.) portaient des emblèmes séditieux tendant à provoquer au délit par l'exposition publique de signes extérieurs non autorisés par le roi ou par les règlements de police; » — Que ce fait ainsi précisé ne rentre pas dans l'art. 1 de la loi du 17 mai 1819, puisqu'il n'y est pas exprimé quel est le crime ou le délit auquel l'exposition des transparents aurait provoqué; — Qu'à la vérité l'arrêt lui a fait l'application du § 3 de l'art. 5 de la même loi;—Mais que cet article ne lui est pas mieux applicable; — Qu'en effet, l'arrêt dit bien que les transparents exposés portaient des emblèmes séditieux; que ces emblèmes tendaient à provoquer au délit; qu'ils y tendaient par l'exposition publique de signes extérieurs non autorisés par le roi ou par les règlements de police; mais qu'il ne dit pas que ces signes extérieurs fussent des signes de ralliement, et que cette circonstance de signes de ralliement devait nécessairement être reconnue et déclarée, pour que le fait rentrât dans l'application du § 3 de l'art. 5; — D'où il suit que la cour d'appel d'Orléans a fait une fausse application de cet article; — Casse l'arrêt de cette cour...;

Et attendu que l'ordonnance de la chambre du conseil du 10 nov. dernier avait soumis à la délibération de la chambre d'accusation contre Champigny : 1° la prévention d'une attaque formelle contre l'autorité constitutionnelle du roi, en exposant les transparents dont il s'agit aux regards du public, et en provoquant ainsi les citoyens au crime de se révolter contre le gouvernement royal, pour reconnaître la république et arborer le drapeau tricolore, provocation qui, n'ayant été suivie d'aucun effet, caractériserait seulement le délit prévu par les art. 1, 2 et 4 de la loi du 17 mai 1819; 2° et subsidiairement, la prévention du délit du port public de signes extérieurs de ralliement non autorisés par le roi (ou par les règlements de police), lequel délit est prévu par le § 3 de l'art. 5 de ladite loi du 17 mai; que la chambre d'accusation de la cour d'appel d'Orléans ne s'est point expliquée sur les deux préventions ainsi déterminées, qu'il y a donc lieu à renvoi pour qu'il soit prononcé; — Renvoie.

Du 6 janv. 1821.-C. C., sect. crim.-MM. Barris, pr.-Ollivier, rap.

(2) (Min. publ. *C.* Dubourg.) — La cour; — Vu l'art. 9 de la loi du 25 mars 1822, l'art. 299 c. inst. crim., et la loi du 8 oct. 1850 :— Attendu que l'arrêt attaqué par le procureur général près la cour d'appel de Toulouse reconnaît, en fait, que les signes dont il s'agit devaient être considérés comme signes ou symboles séditieux, propres à propager l'esprit de rébellion, ou à troubler la paix publique; — Attendu que le même arrêt reconnaît également que ces signes ont été exposés par le sieur Dubourg de Montgay sur le toit de sa maison d'habitation; — Attendu que ledit arrêt refuse à l'exposition de ces signes le caractère de délit prévu par l'art. 9 de la loi du 25 mars 1822, par le motif unique que la maison d'habitation du sieur Dubourg ne doit pas être considérée comme un lieu public; — Attendu que cette assertion, qui serait vraie s'il s'agissait d'une exposition de signes séditieux faite seulement dans l'intérieur de la maison, n'est pas admissible, s'il s'agit de l'exposition des mêmes signes faite en dehors de la maison, dans un lieu apparent et exposé, par sa situation, aux regards du public; — Attendu que, dès lors, en refusant de renvoyer devant la cour d'assises un fait dans lequel elle reconnaissait les caractères constitutifs d'un délit prévu par la loi, la cour d'appel de Toulouse, chambre des mises en accusation, a faussement appliqué l'art. 299 c. inst. crim., et violé l'art. 9, § 3 de la loi du 25 mars 1822; — Casse, etc.

Du 20 sept. 1852.-C. C., ch. crim.-MM. Portalis, 1er pr.-Mérilhou, r.

(3) (Min. publ. *C.* Léon, Ségol, etc.) — La cour; — Vu le n° 3 de l'art. 9 de la loi du 25 mars 1822; — Attendu, d'une part, que l'arrêt attaqué reconnaît, en fait, que les foulards, objet de la poursuite, renferment l'image, les chiffres et le cri de duc de Bordeaux, sous le nom de Henri V; que ces signes sont séditieux en eux-mêmes, et que ce n'est qu'en leur assignant ce caractère que l'arrêt attaqué a maintenu la saisie qui en a été faite, ce qui ne pouvait avoir lieu d'après l'art. 11 c. pén., qu'autant qu'ils étaient ou pouvaient être un instrument de délit; — Attendu, d'une autre part, que la cour de Toulouse a reconnu que ces foulards avaient été vendus quoiqu'à un prix élevé; et que, dans tous les cas, ils avaient été mis en vente, puisqu'ils ont été livrés par le marchand, sur lequel ils ont été saisis, aux acheteurs qui se présentaient; que, si ces ventes n'ont pas été provoquées par une exposition publique ou n'ont pas été faites publiquement, mais dans le magasin d'une boutique, c'est par une fausse interprétation de l'article précité que l'arrêt attaqué, en réformant l'ordonnance de la chambre du conseil, a décidé qu'il n'existait pas contre les vendeurs les éléments légaux du délit prévu par l'article précité, puisque la distribution et la mise en vente sont, par le texte même de cette loi, assimilés, sous le rapport de criminalité, à l'exposition dans des lieux ou réunions publics; qu'il en résulte donc que la vente ou mise en vente clandestine de signes ou symboles destinés à propager l'esprit de rébellion, ou à troubler la paix publique, rentre dans la prévision dudit article, et que l'arrêt attaqué a faussement interprété et violé ledit article; — Casse, etc.

Du 16 août 1833.-C. C., ch. crim.-MM. de Bastard, pr.-Isambert, r.

l'exposition ou distribution de tous signes *destinés* à propager l'esprit de rébellion. La loi de 1848 proscrit l'exposition ou distribution de tous signes *propres* à propager l'esprit de rébellion. — D'où il suit que la loi de 1848 a une portée plus étendue que celle de la loi de 1822, puisque celle-ci n'atteint que le but, tandis que la loi de 1848 s'applique au simple résultat. — Ainsi, peu importe la destination; il suffit que les objets exposés ou vendus *puissent avoir pour effet* de propager l'esprit de rébellion.

586. Quoi qu'il en soit, comme nous l'avons fait remarquer au commencement de ce chapitre (V. nº 532), l'intention est un élément nécessaire des délits commis par les moyens de publication comme des autres délits prévus par les lois pénales. — Aussi a-t-il été jugé que lorsqu'un tribunal renvoie une personne prévenue d'avoir exposé en vente des dessins séditieux, par le motif qu'elle n'avait pas eu intention de commettre un délit, son jugement ne peut être annulé (Crim. rej. 16 janv. 1850) (1). — V. en ce sens M. de Grattier, t. 2, p. 96; Sulpicy, sur la loi du 25 mars 1822, art. 9, nº 16.

587. Au reste, il a été jugé, et avec raison, qu'on ne peut comparer à l'exposition de gravures séditieuses la mise en vente de gravures se rattachant à la vie d'un homme qui n'existe plus, mais qui ne cesse d'être reproduite par les historiens, sans que le gouvernement dirige contre eux des poursuites (Toulouse, 25 nov. 1827, aff. Min. pub. *C.* Priston). — Il s'agissait dans l'espèce de gravures relatives à Napoléon et accompagnées d'un écrit explicatif : la notice reproduit textuellement les termes de l'arrêt.

588. Quant aux peines dont les divers faits ci-dessus énumérés rendent leur auteur passible, elles sont à peu près les mêmes, soit que l'on applique l'art. 5 de la loi du 17 mai 1819 relatif à la provocation aux délits, soit que l'on fasse, au contraire, l'application des dispositions spéciales de la loi de 1822 ou de celles de la loi du 11 août 1848. Le maximum est toujours de deux années d'emprisonnement et de 4,000 fr. d'amende. — A la vérité, l'art. 5 de la loi du 17 mai 1819 donne aux juges la faculté de ne prononcer que l'une des deux peines seulement, tandis que la loi de 1822 et celle de 1848 exigent le cumul de ces peines, puisqu'elles portent l'une et l'autre, sans restriction : « Seront punis d'un emprisonnement de quinze jours à deux ans et d'une amende de 100 fr. à 4,000 fr., etc. » Mais il est à observer que l'art. 14 de la loi de 1822 permet d'accorder le bénéfice des circonstances atténuantes, dans le cas d'enlèvement ou de dégradation des signes publics de l'autorité, et que la loi de 1848 étend cette faculté à tous les délits de la presse, extension dans laquelle il paraît naturel de comprendre tous les moyens de publication, car la loi de 1848 les embrasse tous. Or, comme la presse est le plus influent et, dans la plupart des cas, le plus dangereux, on ne concevrait pas l'indulgence qui lui aurait été accordée, tandis qu'elle aurait été refusée aux autres voies de publicité.

Sect. 8. — *Provocation adressée aux militaires dans le but de les détourner de leurs devoirs.*

589. L'armée n'est pas seulement destinée à protéger nos frontières contre les invasions étrangères, à défendre l'honneur national contre les ennemis du dehors, elle est aussi l'égide de la société contre ses ennemis intérieurs. Sans elle, la multitude ignorante et si facile à égarer, pourrait, à chaque instant, se ruer sur la partie la plus éclairée de la société, la soumettre à sa volonté brutale, et sans égard pour des services et des talents que les masses sont peu en état de comprendre, la faire passer sous le niveau de la plus stupide et de la plus funeste égalité. Par cela même, l'armée est, en outre, le rempart de la civilisation, car les entreprises des anarchistes pourraient compromettre, à toujours peut-être, les conquêtes des sciences, des arts, de l'industrie même, qui font la gloire de notre siècle. — Or, d'où vient pour l'armée, qui ne forme qu'une faible partie de la nation, cette puissance qui la met en état de rendre de si importants services? — Principalement de la discipline qui fait taire en elle tout autre sentiment que celui du devoir. Relâcher le lien de la discipline militaire, c'est donc ébranler la société, c'est l'exposer aux plus graves périls.

590. Cette vérité était depuis longtemps dans les esprits éclairés; mais elle n'est entrée dans la pratique législative que par la loi du 27 juill. 1849. — Sans doute, sainement interprétée, la loi du 17 mai 1819 aurait encore suffi pour réprimer de pareils faits; mais soit qu'on n'eût pas assez médité sur la portée de ses dispositions, soit qu'elle ne parût pas assez claire pour l'étendre à toutes sortes de provocations, la société semblait sans protection de ce côté. — L'art. 2 de la loi du 27 juill. 1849 a eu pour but de combler cette lacune apparente. Il est ainsi conçu : — « Toute provocation par l'un des moyens énoncés en l'art. 1 de la loi du 17 mai 1819 adressée aux militaires des armées de terre et de mer, dans le but de les détourner de leurs devoirs militaires et de l'obéissance qu'ils doivent à leurs chefs, sera punie d'un emprisonnement d'un mois à deux ans et d'une amende de 25 fr. à 4,000 fr., *sans préjudice de peines plus graves prononcées par la loi, lorsque le fait constituera une tentative d'embauchage ou une provocation à une action qualifiée crime ou délit.* » — Ainsi, ce n'est pas l'embauchage que le législateur a voulu punir. Il est réprimé avec la plus grande rigueur par la loi du 4 niv. an 4 (art. 1, vº Organ. milit.). — Ce n'est pas non plus la provocation à toute action qualifiée crime ou délit, même par les lois militaires. — D'où il suit que celui qui chercherait seulement à inspirer à des militaires des armées de terre ou de mer un esprit d'insubordination, qui médirait de leurs chefs ou les calomnierait, serait passible des peines portées par l'article précité.

591. Cependant ne perdons pas de vue qu'une condition essentielle de l'infraction, c'est toujours la publicité, et qu'ainsi les instigations les plus perfides et les plus subversives, si elles manquaient de ce caractère, ne tomberaient pas sous l'application de la loi de 1849.

Sect. 9. — *Excitation à la haine et au mépris des citoyens les uns contre les autres.*

592. L'art. 10 de la loi du 25 mars 1822 punissait quiconque, par l'un des moyens énoncés en l'art. 1 de la loi du 17 mai 1819, avait cherché à troubler la paix publique en excitant le mépris ou la haine des citoyens contre une ou plusieurs *classes* de personnes. — La loi du 9 sept. 1835 réprimait aussi toute provocation à la haine entre les diverses *classes* de la société. — La susceptibilité républicaine n'a pu admettre qu'il y eût des *classes* dans la société, et la loi du 11 août 1848, rectifiant sur ce point les lois précédentes, dit dans son art. 7 : — « Quiconque... aura cherché à troubler la paix publique, en excitant le mépris ou la haine *des citoyens les uns contre les autres*... » — Il suit de cette rectification que la répression a infiniment plus d'étendue qu'elle n'en avait sous les lois précédentes, puisqu'il n'est pas nécessaire qu'il y ait excitation contre une classe entière, mais simplement à la haine des citoyens les uns contre les autres. — Les motifs de la loi de 1822, la jurisprudence et la doctrine avaient expliqué ce qu'il fallait entendre par le mot *classes*.

593. « Par le mot *classes*, dit M. de Serre, dans l'exposé des motifs de la loi de 1822 (séance de la ch. des dép., du 3 déc. 1821), le projet de loi entend toutes personnes prises collectivement, soit qu'on les désigne par le lieu de leur origine, par la re-

(1) *Espèce* : — (Min. publ. *C.* demoiselle Rommel.) — La demoiselle Rommel, marchande de nouveautés à Arras, avait été poursuivie, pour avoir exposé en vente et aux regards du public, des mouchoirs-foulards, représentant le duc de Reischtadt; mais elle fut acquittée par le tribunal correctionnel d'appel de Saint-Omer; — « Attendu que tout portait à croire que la demoiselle Rommel avait acheté ces foulards séditieux, sans connaître ce qu'ils voulaient représenter, et qu'elle les avait exposés ou vendus sans avoir l'intention de commettre un délit. » — Pourvoi du ministère public; il soutenait que les motifs tels qu'ils sont exprimés, n'étaient pas, légalement, au fait reconnu ses caractères de criminalité; que, d'ailleurs, le délit n'en existait pas moins, malgré le défaut d'intention de provoquer à la sédition; — Arrêt.

La cour; — Attendu que, dans l'état des faits, tels que les a reconnus et déclarés le jugement attaqué, le renvoi des poursuites prononcé, par ce jugement, en faveur de M. E. Rommel, n'a pas été une violation de l'art. 9, nº 5, de la loi du 25 mars 1822; — Rejette.

Du 16 janv. 1850.-C. C., ch. crim.-MM. de Bastard, pr.-Ollivier, rap.

ligion qu'elles professent, par les opinions qu'on leur attribue, par le rang qu'elles occupent dans la société, par les fonctions qu'elles remplissent, par les professions qu'elles exercent, ou enfin de toute autre manière. La loi qui punit les attaques individuelles ne doit pas moins punir les attaques collectives qui ont la tendance et qui peuvent avoir le résultat de troubler la paix publique. » — Et il a été jugé dans ce sens : 1° que le mot *classe* employé dans l'art. 10 de la loi du 25 mars 1822 n'a pas le sens restreint du mot *caste*; qu'il s'entend de toute classification de personnes qui a pour objet d'exposer une partie des citoyens à l'animadversion d'autres personnes que l'on range dans une catégorie opposée (Crim. rej. 27 fév. 1832, aff. Raspail, V. n° 1435. — Conf. M. Chassan, t. 1, p. 317); — 2° Qu'ainsi il est défendu par la loi d'exciter les prolétaires contre les propriétaires, le fabricant contre l'ouvrier, l'ouvrier contre le fabricant ou le bourgeois (même arrêt. — Conf. M. Parant, p. 131); — 3° Que les gardes nationaux peuvent être considérés comme une classe de citoyens (Crim. cass. 29 avril 1831, aff. Ragon, V. Garde nat., n° 19); — 4° Qu'il en est de même des décorés de juillet (Crim. cass. 3 oct. 1834, aff. Thomas, V. n° 594); — 5° Mais que ce mot *classe* ne peut pas s'entendre des individus en général qui professent une opinion politique, comme, par exemple, des partisans du juste-milieu (Crim. cass. 29 mai 1834, aff. Gaz. de Metz, V. n° 538-3°). — M. Chassan, t. 1, p. 318, trouvait cette solution trop absolue, et lui opposait les paroles de M. de Serre que l'on vient de rapporter. Du reste, ajoutait M. Chassan, ce n'est pas l'excitation (à la haine et au mépris) que la loi punit, mais l'excitation avec la tendance et dans le but de troubler la paix publique.

594. Aujourd'hui il paraît évident que le sens de la loi de 1848 étant beaucoup plus étendu que celui des lois précédentes, il y a nécessairement excitation à la haine des citoyens les uns contre les autres dans tous les cas où il y avait antérieurement provocation à la haine contre les diverses classes de citoyens; et que, de plus, la loi de 1848 doit recevoir son application dans les cas mêmes où les lois de 1822 et 1835 étaient inapplicables, en ce que les citoyens attaqués ne formaient pas une classe de personnes; de telle sorte qu'il est difficile d'apercevoir la limite où s'arrête l'application de la loi de 1848. — Notons bien cependant que pour que le fait incriminé rentre dans les prévisions de la loi sur ce point, il faut qu'il ait eu lieu *dans le but de troubler la paix publique*. — Les débats privés ne peuvent donc jamais s'élever aux proportions de l'infraction punie par l'art. 2 de la loi de 1848, lors même que la tranquillité publique en aurait été troublée, parce que c'est le *but* et non le *résultat* que la loi punit. « Ce n'est pas l'excitation seule, dit aussi M. Chassan, t. 1, p. 317, qui constitue ce délit. Car, s'il en était ainsi, il faudrait prohiber et poursuivre les ouvrages des moralistes. Pour qu'il y ait délit, il faut que cette excitation ait eu, non un motif de réformation, mais un but répréhensible, qui est le *trouble à la paix publique* » (Conf. M. de Grattier, t. 2, p. 97). — Il a été jugé toutefois que l'arrêt d'une chambre des mises en accusation qui décide que l'excitation au mépris ou à la haine des citoyens contre une classe de personnes, résultant d'un article de journal, ne constitue un délit que lorsque le prévenu a eu l'intention de troubler, par ce moyen, la paix publique, viole l'art. 10 de la loi du 25 mars 1822 (Crim. cass. 3 oct. 1834) (1). — Il nous paraît que cette décision ne doit pas être suivie. — Les termes de la loi du 25 mars 1822, comme ceux de la loi du 11 août 1848, sont, en effet, très-précis sur ce point : « Quiconque, est-il dit, dans l'une et dans l'autre, *aura cherché* à troubler la paix publique, en excitant le mépris ou la haine, etc. » — Celui qui n'a pas *cherché* à troubler la paix publique n'est donc pas soumis à l'application de cette disposition. — M. de Grattier (t. 2, p. 96) fait observer que c'est là un vice de rédaction. Il se peut, en effet, que l'expression ait trahi la pensée du législateur, mais comme le sens est parfaitement clair, nous pensons que, comme il s'agit d'une loi pénale surtout, il n'est pas permis de l'éluder.

595. Au surplus, il ne faut pas que, sous prétexte d'être fidèle au texte de la loi, on la tourne contre son but, en la faisant servir à protéger les ennemis de la société contre ceux qui la défendent. — C'est donc avec raison qu'il a été jugé : 1° que l'attaque limitée à des partis qui se proposent la destruction des lois et la ruine de la société, ne constitue pas le délit d'excitation à la haine et au mépris des citoyens les uns contre les autres, dans le but de troubler la paix publique, délit prévu et puni par l'art. 7 du décret du 11 août 1848, ... et, par exemple, qu'on ne saurait voir un tel délit dans le fait d'avoir déclaré, dans un article dirigé contre les rouges, les socialistes et les républicains de février, qu'on entend par ceux-là les héritiers et les imitateurs de ceux qui en 1793 imposèrent à la France leur niveau stupide et sanglant, par ceux-ci les démolisseurs de la société, et par les derniers enfin, les républicains de 1848, qui se proclament socialistes aujourd'hui (Limoges, 30 mars 1850, aff. Vignand, D. P. 50. 2. 108); — 2° Que rappeler dans un écrit dirigé contre les rouges et les socialistes, et en s'adressant aux habitants des campagnes, que, lorsque le loup apparaît, tout le monde, hommes, femmes et enfants, au lieu de se mettre à genoux devant lui pour conjurer sa fureur, s'arme de fourches et de faux pour le chasser, puis regardant le rouge et le socialiste comme le loup politique, conseiller aux populations de se rallier au cri : Guerre au rouge! et de s'armer aussi pour chasser la bête qui tourne autour d'elles, cherchant qui elle peut dévorer..., ce n'est pas exciter à la haine et au mépris des citoyens les uns contre les autres, alors qu'il est évident que l'auteur n'a eu en vue que de maintenir l'ordre et la paix publique; il y aurait plutôt provocation à la guerre civile, s'il n'apparaissait que l'intention du journaliste a été, non de conseiller l'agression, mais uniquement de rendre la défense de ces populations plus énergique et d'affermir leur résistance (même arrêt).

596. Il est utile de faire observer ici qu'aucun acte du pouvoir n'a étendu aux colonies l'application de la loi de 1848, et qu'il a été jugé que les commissaires généraux de la République dans les colonies étant uniquement chargés, relativement à la législation de la presse, de promulguer les lois et ordonnances déclarées exécutoires aux colonies, ne pouvaient pas, dès lors, en changer le texte original; et qu'ainsi, le commissaire général à la Guadeloupe n'a pu, en y promulguant la loi du 25 mars 1822, substituer à ces mots de l'art. 10 : « Le mépris ou la haine des

---

(1) (Min. publ. C. Thomas.) — La cour; — Sur le moyen résultant de ce que l'arrêt attaqué (de la cour de Limoges) aurait tout à la fois violé l'art. 10 de la loi du 25 mars 1822, et méconnu les règles de la compétence en renvoyant Thomas des fins de la poursuite, sur le motif qu'il avait agi sans intention de troubler la paix publique; — Attendu que l'arrêt attaqué reconnaît en fait...; — Attendu que ledit arrêt porte que cet article « tend visiblement à exciter le mépris ou la haine des citoyens contre les décorés de juillet qui composent une classe de personnes, » mais qu'il ajoute que « d'après les termes de l'art. 10 de la loi du 25 mars 1822, l'excitation au mépris ou à la haine contre une classe de personnes, ne constitue un délit qu'autant que cette excitation a eu pour objet dans l'intention de son auteur, de troubler la paix publique; » — Attendu que l'arrêt attaqué déclare d'après cette interprétation par lui faite de l'art. 10 de la loi précitée, qu'on ne saurait reconnaître que le sieur Thomas ait eu l'intention de troubler la paix publique par la publication de l'article du journal dont il s'agit et qu'en conséquence il le renvoie des fins de la plainte portée contre lui; — Attendu qu'en jugeant que l'excitation au mépris ou à la haine des citoyens contre une classe de personnes ne constitue un délit que lorsque le prévenu a eu l'intention de troubler par ce moyen la paix publique, la cour royale de Limoges, chambre des mises en accusation, a méconnu le sens et le véritable esprit de l'art. 10 de la loi du 25 mars 1822, parce que le fait prévu par ledit article étant de sa nature, propre à produire des divisions, à exciter des haines, à semer la discorde entre les citoyens et à troubler ainsi la paix publique constitue par lui-même le délit que l'article précité a eu pour objet de prévenir ou de réprimer; — Attendu qu'il n'appartient pas aux chambres de mises en accusation chargées par la loi de statuer sur la nature de la prévention de renvoyer le prévenu de la poursuite, sur le motif qu'il aurait agi sans intention de troubler la paix publique après qu'elles ont reconnu et déclaré constants les faits qui constituent et caractérisent suivant la loi, le délit qui fait l'objet de la poursuite; — Attendu néanmoins que contrairement à ces principes, la chambre des mises en accusation de la cour royale de Limoges a renvoyé M. L. Thomas des fins de la poursuite intentée contre lui en se fondant sur ce qu'il ne paraissait pas que ledit Thomas eût agi, dans le fait qui lui était imputé, dans l'intention de troubler la paix publique; qu'en jugeant ainsi cette cour a faussement interprété l'art. 10 de la loi du 25 mars 1822 et formellement violé ledit article et a méconnu aussi les règles de sa compétence; — Sur ces motifs casse, etc.

Du 3 oct. 1834.-C. C., ch. crim.-MM. de Bastard, pr.-Debaussy, r.

citoyens contre une ou plusieurs classes de personnes, » ceux-ci : « Le mépris ou la haine des citoyens les uns contre les autres, » et l'article ainsi modifié doit demeurer sans application (Crim. cass. 25 mai 1850, aff. journal le Progrès, D. P. 51. 5. 412).

SECT. 10. — *Attaques contre le respect dû aux lois.— Apologie de faits qualifiés crimes ou délits.*

597. Les lois forment le lien social. Sans elles, il n'y a que des agglomérations d'individus en butte à tous les maux que peuvent enfanter les passions humaines; il n'y a pas de société. Provoquer à la désobéissance aux lois, c'est donc en réalité exciter à la dissolution du corps social.—Pour se bien pénétrer de la gravité d'une telle action, on ne saurait mieux faire que de lire avec l'attention qu'il commande, l'admirable entretien dans lequel Socrate, après l'odieuse condamnation que Melitus fit prononcer contre lui, rejette les offres de ses amis qui voulaient l'arracher à la mort en facilitant son évasion. Il est impossible d'imaginer un plus noble exemple de soumission à la volonté générale dont les lois sont toujours censées l'expression. — La constitution de 1791 (chap. 5, art. 17) faisait pressentir une disposition répressive de la provocation à la désobéissance aux lois. Elle portait, en effet (*loc. cit.*), que nul ne pourrait être poursuivi, à raison de ses écrits, sur quelque matière que ce fût, à moins qu'il n'eût à dessein *provoqué à la désobéissance aux lois, à l'avilissement des pouvoirs constitués, à la résistance à leurs actes ou à quelques-unes des actions déclarées crimes ou délits par la loi.*— Néanmoins, ce n'est que la loi de 1819 qui a *formellement* puni la *provocation à la désobéissance aux lois.*— L'art. 3 de la loi du 25 mars 1822 punissait l'attaque des droits garantis par les art. 5 et 9 de la charte constitutionnelle, c'est-à-dire contre la liberté des cultes et le droit de propriété.—L'art. 8 de la loi du 9 sept. 1835 avait à peu près reproduit les deux dernières dispositions que nous venons de citer, en y ajoutant la répression de toute apologie de faits qualifiés crimes et délits par la loi pénale. — Dans la pensée que l'abrogation de la loi de 1835 laissait sans protection les droits les plus sacrés, la loi du 11 août 1848 (art. 6) voulut que toute attaque contre la liberté des cultes, le principe de la propriété et les droits de la famille fût punie d'un emprisonnement d'un mois à trois ans et d'une amende de 100 fr. à 4,000 fr.—La loi du 27 juill. 1849 (art. 3), sans aucune utilité, à notre sens, a reproduit ce dernier article en ces termes : « Toute attaque contre le respect dû aux lois et l'inviolabilité des droits qu'elles ont consacrés, toute apologie de faits qualifiés crimes ou délits par la loi pénale, sera punie d'un emprisonnement d'un mois à deux ans et d'une amende de 16 fr. à 1,000 fr. » — A la vérité, cet article comprend de plus l'*apologie des faits qualifiés crimes et délits*; mais cette atteinte à la morale publique pouvait être réprimée par la loi de 1819 (art. 1 et 3) comme excitation à commettre ces crimes ou délits.—Dans tous les cas, cette addition à la loi de 1848 ne motivait nullement l'adoucissement dans les peines qu'on remarque dans l'article précité de la loi de 1849 (réduction d'un an sur le maximum de l'emprisonnement et de 3,000 fr. sur le maximum de l'amende). Peut-être aurait-il été plus sage de redoubler de sévérité.

598. Dans l'application de l'art. 3 de la loi de 1849, qui paraît seul devoir régir la matière aujourd'hui, quatre difficultés principales peuvent se présenter : 1° quels sont les actes qui ont le caractère de lois? — 2° Est-ce provoquer à la désobéissance aux lois que d'exciter à la désobéissance aux ordres des fonctionnaires publics? — 3° Quels sont les droits inviolables qu'il n'est pas permis d'attaquer? — 4° Quels sont les caractères de l'apologie des crimes ou délits? — Examinons ces diverses difficultés.

599. *Quels actes ont le caractère de lois.*—Au mot Loi, nos 24 et s., on trouvera toutes les notions utiles sur ce point.—Toutefois, nous devons faire remarquer ici qu'il a été jugé que c'est commettre le délit de provocation à la désobéissance aux lois que d'exciter à désobéir à un acte du pouvoir législatif, bien qu'il ne soit pas encore promulgué (Douai, 2 mai 1834) (1).— Cette décision est-elle conforme aux vrais principes? M. de Grattier, t. 1, p. 145, ne le pense pas. — On peut dire, en effet, que les lois ne deviennent *exécutoires* que par la promulgation qui en est faite; que tant qu'elles ne sont pas promulguées, elles ne sont pas obligatoires; que, dès lors, on ne comprend pas comment ce pourrait être un délit que d'exciter à leur désobéir; que le fait est répréhensible sans doute, puisqu'il prépare à la désobéissance envers un acte qui doit avoir l'autorité législative, mais qu'il ne tombe pas sous l'application de la loi pénale, du moins de celle sur laquelle est fondée la décision que nous rapportons (L. 1819, art. 6).— Mais il est à observer que les termes dont se sert la loi de 1849 ne sont pas les mêmes que ceux de la loi de 1819. La loi de 1849 punit l'attaque contre le *respect dû aux lois.* Or, en présence de ces expressions, l'argument tiré du défaut de promulgation perd, ce semble, beaucoup de sa force. Si la loi qui n'est pas promulguée ne commande pas l'obéissance, elle n'en doit pas moins être respectée comme émanant des pouvoirs constitutionnels. La décision que nous n'approuvons pas, au moins dans sa généralité, comme rendue sous la loi de 1819, pourrait donc très-bien se justifier, si elle avait été rendue sous la loi de 1849.

600. Sous les chartes de 1814 et de 1830, les attaques dirigées contre une simple ordonnance constituaient, suivant les cas, soit le délit d'attaque au respect dû aux lois, soit celui de provocation à leur résister, à moins, bien entendu, que l'ordonnance attaquée ne fût illégale, auquel cas il ne lui était dû ni respect ni obéissance (V. M. Chassan, t. 1, p. 308). — La constitution de 1852 ne nous paraît pas permettre cette restriction à l'égard des actes du pouvoir exécutif.— Suivant l'art. 25 de cette constitution, le sénat est le gardien du pacte fondamental et des libertés publiques. Il doit s'opposer à la promulgation des lois qui porteraient atteinte à la constitution. — Or, si telle est la mission du sénat, elle doit comprendre *à fortiori* celle de s'opposer à la promulgation et à l'exécution des actes du gouvernement qui enfreindraient la constitution. — La constitution de l'an 8, qui a servi de modèle à celle de 1852, était, d'ailleurs, conçue dans cet esprit. Aussi est-il de jurisprudence constante que les décrets émanés de l'empereur sous la constitution de l'an 8 ont force de loi, lorsqu'il n'ont pas été attaqués par le sénat pour cause d'inconstitutionnalité (V. Loi, n° 56).—De cette observation, il nous paraît résulter que les actes législatifs ou réglementaires qui n'ont pas été attaqués par le sénat sont censés conformes à la constitution, et que, dès lors, nul n'a le droit de leur désobéir.

601. Au reste, ce n'est point attaquer le respect dû aux lois

---

(1) (Min. publ. C. l'Écho du Nord.) — LA COUR; — Attendu en fait que le lundi 14 avril 1834, jour où l'article incriminé a été publié, le gérant responsable de l'Echo du Nord avait connaissance personnelle que la loi du 10 avril 1834 sur les associations, quoique non exécutoire à Lille, était légalement promulguée à Paris, puisqu'il annonce à la quatrième page du même numéro que le Moniteur s'est hâté de publier cette loi; qu'ainsi il ne restait aucune raison de penser qu'elle ne deviendrait point obligatoire; que cette excuse peut d'autant moins prévaloir, que l'article dans tout son contenu est dirigé contre la loi, considérée comme loi et nullement comme un simple projet; — Attendu en droit que l'art. 6, L. 17 mai 1819, qui punit toute espèce de provocation à la désobéissance aux lois ne réprime pas moins les provocations qui précèdent que celles qui suivent la promulgation de la loi; qu'en effet les unes et les autres peuvent produire les mêmes malheurs et les mêmes dangers pour l'ordre public; que la provocation à la désobéissance, dans le cas où telle mesure proposée serait convertie en loi, est même plus coupable, puisqu'elle renferme tout à la fois une menace contre le législateur et une excitation à l'anarchie; qu'au surplus un article qui provoque à la désobéissance, inséré et publié dans un journal à la veille de la promulgation d'une loi, continue de subsister et de retentir, alors que déjà la loi est devenue exécutoire; de sorte qu'en résultat l'auteur d'un tel article est réellement coupable de provocation à la désobéissance à une loi existante; d'où il suit que les motifs des premiers juges ne peuvent être accueillis ni en droit ni en fait; — Attendu néanmoins que l'article incriminé, conçu dans des termes répréhensibles, mais vagues et indéterminés, ne présente pas d'une manière précise les caractères d'une provocation à la désobéissance à la loi sur les associations, et ne rentre pas suffisamment dans les dispositions de la loi du 17 mai 1819; — Que d'ailleurs l'effet de cet article est singulièrement atténué par un autre article publié le lendemain 15 avril, dans le même journal, et où le rédacteur annonce qu'il voit avec plaisir le vénérable Lafayette se refuser à désobéir à une loi votée par la majorité des deux chambres; — Sans approuver les motifs des premiers juges, — Déclare qu'il n'y a lieu à suivre contre l'inculpé, etc.

Du 2 mai 1834.-C. de Douai, ch. d'acc.-M. Hibon, av. gén., c. contr.

que d'en faire la critique en termes mesurés. « Nous n'avons pas entendu dire, déclarait M. Salvandy, au nom de la commission, dans la discussion qui a préparé la loi de 1835, que les citoyens ne pourraient pas discuter les lois, qu'ils ne pourraient pas dire que telle loi devrait être modifiée ou abolie. » — M. de Barante disait également devant la chambre des pairs : « Si des discussions abstraites ou philosophiques, qui ne s'adressent pas aux passions, qui n'ont pas un caractère d'excitation, pouvaient être poursuivies, ce serait une extension erronée et vexatoire, qui n'est pas dans l'intention de la loi. — Attaquer le respect dû aux lois, c'est contester leur légitimité, nier leur force obligatoire, les flétrir de qualifications offensantes. » — Un journal, le Réformateur, a été condamné pour avoir nommé la loi de 1835 loi-Fieschi : un autre, le Courrier, poursuivi pour avoir dit que cette loi violait la constitution, fut, au contraire, acquitté.

602. Indépendamment des dispositions des lois qui viennent d'être rappelées (V. n° 597) et qui s'appliquent à tous les citoyens, il existe quelques dispositions spéciales auxquelles sont soumis les ministres des cultes, dans l'exercice de leur ministère. — V. Culte, n°s 293 et suiv.

603. *Désobéissance aux ordres des fonctionnaires publics.* —A cet égard il faut distinguer : si les ordres sont conformes à la loi, ce qui implique que le fonctionnaire n'est pas sorti du cercle de ses attributions, exciter à y désobéir, c'est certainement se rendre coupable de provocation à la désobéissance aux lois ou d'attaque contre le respect qui leur est dû, puisque, dans ce cas, l'ordre se confond avec la loi qui y sert de base. — Si, au contraire, l'ordre est illégal, la loi, peut-on dire, lui refuse son appui, et provoquer à la résistance à cet ordre, ce ne peut être former une *attaque contre le respect dû aux lois.* — Contre cette solution, on invoque la mission constitutionnelle du sénat en ce qui touche les actes du pouvoir législatif et ceux du pouvoir exécutif, quoique rien dans la constitution n'indique que ce grand corps politique puisse être appelé à contrôler les actes des délégués du gouvernement dans l'exercice de leurs fonctions. — Au reste, sous l'ancienne monarchie de droit divin qui était à peu près l'idéal du pouvoir absolu, un des auteurs les plus recommandables, Jousse (Traité de la just. crim., part. 4, tit. 45, n° 8) s'exprimait ainsi : « Il y a quelques cas où il est permis à celui qu'on veut emprisonner *de faire résistance*, et cela a lieu principalement lorsque celui qui veut arrêter est sans caractère, ou lorsqu'ayant ce caractère, il n'a point les marques de son ministère, ou bien lorsqu'il est porteur d'un mandement ou décret d'un juge sans caractère, etc. » — V. aussi v^{is} Gendarme, n°s 38, 40 ; Instr. crim., n°s 599, 688 et s. ; Liberté indiv., n°s 21 et s. ; Rébellion.

604. Il a, d'ailleurs, été jugé : 1° que la publication d'un écrit dans lequel on soutient que l'arrestation préventive n'est pas permise en matière de délit de la presse, et que la résistance au mandat de justice ordonnant une semblable arrestation, est légale ou légitime, ne constitue pas par elle-même un délit de provocation à la désobéissance aux lois et au crime de rébellion? Cette grave question a été résolue dans l'affaire du National traduit devant la cour d'assises pour avoir soutenu, dans le cas donné, ce système de résistance. Le national a été acquitté par le jury, après les savantes discussions de ses défenseurs (C. d'assises de la Seine, 13 mars 1832, M. Jacquinot-Godart, rap., aff. le National, Voy. D. P. 32. 2. 99, note 1) ; — 2° Et même que l'exposition, dans les écrits publics, d'une doctrine erronée, telle que celle de dénier à des agents de la force publique le droit d'arrestation que la loi leur accorde, et de proclamer que le droit de résistance à leur égard est permis, ne constitue par elle-même, et abstraction faite de l'intention, le délit de provocation à la rébellion ; que s'il y a absence d'intention criminelle, il n'y a pas délit, encore bien que l'exposition de cette doctrine serait faite par un jurisconsulte (Paris, 27 mars 1827, aff. Isambert, V. Gendarme, n° 38) ; — Mais il a été jugé aussi qu'à supposer que la provocation publique à s'opposer à des travaux autorisés par le gouvernement ne constitue pas le délit de désobéissance aux lois, prévu par l'art. 6 de la loi du 17 mai 1819, elle ne constitue pas moins la provocation à un délit prévue et punie par l'art. 1 de la loi du 17 mai 1819 (Crim. cass. 3 mai 1834, aff. Bertrand, V. Domm.-destruct., n° 177, et *suprà*, n° 540).

605. *Inviolabilité des droits consacrés par les lois.*—L'art. 3 de la loi du 27 juill. 1849 punit toute attaque contre l'inviolabilité *des droits* que les lois ont consacrés. Mais, malgré la généralité de cette expression, les lois précédentes et le mouvement des idées sociales nous avertissent assez que les droits que la disposition précitée a surtout voulu protéger, ce sont : la liberté des cultes, la propriété et les droits de la famille. — Jusqu'à quel point la discussion est-elle permise sur ces divers sujets? C'est ce que nous avons à rechercher.

606. En ce qui touche la liberté des cultes, avant 1848, il était généralement admis qu'en reconnaissant à chacun le droit de professer librement sa religion, la charte reconnaissait par cela même et nécessairement à chacun le droit de démontrer la vérité de sa croyance et l'erreur des autres religions.—Il n'était pas même nécessaire d'appartenir à une secte positive pour exercer ce droit de critique et de négation des divers cultes. Le déisme pur, dégagé de tout culte extérieur, est, aussi bien que le catholicisme ou le protestantisme, une religion à laquelle on ne pouvait dénier une prérogative dont les autres jouissent librement (V. MM. Chassan, t. 1, p. 268 et suiv., et de Grattier, t. 2, p. 35 et suiv. V. Culte, n°s 89s.). —Ces principes étaient légalement vrais, même sous l'empire de la charte de 1814 et des lois de 1819 et 1822. La volonté de laisser *toute liberté de discussion philosophique* fut reconnue presque unanimement lors de la confection de la loi du 17 mai 1819. M. de Broglie, notamment, disait dans son rapport à la chambre des pairs : « Les rédacteurs du projet ont dû reconnaître, d'une part, que tout ce qui se produit dans un langage modeste et conforme aux bienséances méritait confiance et protection sur quelque sujet que ce fût ; ensuite que ce serait violer la liberté que d'interdire à telle ou telle religion le droit de lancer l'anathème sur toute autre et de se proclamer exclusivement vérité. » —La loi du 25 mars 1822 n'introduisit pas un droit nouveau. Son art. 1 ne fut présenté que comme un développement de l'art. 8 de la loi de 1819. « Les controverses philosophiques ou théologiques, disait M. Portalis dans son rapport, doivent être libres, tant qu'elles ne sortent pas des bornes de la décence et qu'elles ne troublent pas la paix publique... » M. de Corbière, ministre de l'intérieur, disait de même : « L'art. 1 ne punit que l'outrage et la dérision. Ce serait bien mal interpréter ces deux mots, que de les appliquer à la controverse. Elle demeure donc permise, et elle l'est pour toutes les religions. » — C'est donc à tort, comme le démontre très-bien M. Chassan, t. 1, p. 280, que la cour de cassation, par les motifs de son arrêt du 17 mars 1827 dans l'affaire Touquet (V. Culte, n° 92), limitait ce droit d'examen et de critique à ceux qui professent une des religions dont l'établissement est légalement reconnu en France. Aucune loi ne justifie cette restriction.—Ce qui était vrai sous la charte de 1814, l'était à plus forte raison sous la charte de 1830, qui n'avait point admis de religion de l'État, et doit l'être aussi sous la constitution de 1852 qui ne renferme pas une seule disposition relative à la religion.

607. Quant au droit de propriété, l'esprit de la loi de 1835 laissait également à la simple discussion une entière liberté. — Aussi, sous cette loi, M. le garde des sceaux Vivien a refusé d'autoriser des poursuites contre P.-J. Proudhon, auteur du livre intitulé : Qu'est-ce que la propriété? dont l'objet, comme on le sait, est d'établir que la propriété n'est autre chose que le vol. Un autre écrit du même auteur (Lettre à M. Blanqui), où la même thèse est soutenue, n'a pareillement point éveillé les sollicitudes du ministère public. Enfin, M. Proudhon, traduit, dans les premiers mois de 1842, devant le jury de Besançon, à raison d'une troisième publication (Avertissement aux propriétaires), où le parquet avait vu, entre autres crimes, celui d'attaque contre la propriété, a été renvoyé acquitté. Il n'est pas inutile d'ajouter que la doctrine de M. P.-J. Proudhon, est réfutée v° Propriété. — La même latitude doit-elle exister sous les lois combinées de 1848 et de 1849 quant au droit de propriété et aux droits de la famille? — Nous hésiterions à le penser si nous ne considérions que le danger des doctrines subversives de l'ordre social et les ravages qu'elles paraissent avoir déjà faits dans les esprits. Mais il s'agit de l'interprétation d'une loi et c'est surtout par la pensée et la volonté de ses auteurs que les questions de cette nature doivent être résolues. — Or, voici ce qui s'est passé au sein de l'assemblée nationale au sujet de l'art. 3 de la loi de 1848. — M. Saint-Rome avait demandé que le principe de la propriété ne fût pas compris dans cette disposition. M. Dupin répondit que cette énonciation lui paraissait des plus nécessaires. « *Quant à la liberté des opinions théoriques*, ajouta M. Dupin, *elle doit être grande*; mais la négation d'un droit positif, d'un droit qui est le fondement de la société ne peut jamais être considérée comme une opinion problématique qu'il soit permis de discuter. L'attaque est un délit. Je maintiens donc la rédaction qui exprimera le plus fortement la nécessité de punir de telles agressions. » — M. Proudhon prétendit voir le triomphe de sa doctrine dans ces paroles de M. Dupin ; « Je vous déclare, dit l'orateur socialiste, que si vous permettez la discussion de la propriété, la propriété n'est plus en sûreté. Défendez la discussion, je vous en prie, c'est plus sûr, c'est plus franc, c'est plus loyal. Je ne discuterai plus, je n'ai plus besoin de discuter la propriété aujourd'hui : c'est une chose faite. » M. Jules Favre, après avoir fait justice du langage ironique de M. Proudhon et de ses théories sociales, ajouta : « *Nous ne voulons pas porter atteinte à la discussion philosophique, nous entendons au contraire qu'elle demeure entière, qu'aucune loi ne la puisse empêcher de se produire librement.* Ainsi, toute espèce de théorie pourra être développée sur la législation civile et criminelle; elle le sera aux périls et risques de ceux qui l'inscrivent sur leur bannière. Mais encore un coup, lorsque dans la polémique, descendront des attaques ardentes, s'adressant aux passions, nous voulons que les bases de la société soient respectées, et que des novateurs du genre de ceux que vous avez entendus ne puissent pas impunément soulever dans leur pays le fléau de la guerre civile. » — De nombreuses marques d'approbation ont suivi ces paroles qui ont d'autant plus de poids, que c'est sur la demande de MM. Jules Favre et Combarel de Leyval que les attaques contre le principe de la propriété et les droits de la famille ont été insérés dans la loi. — Elles nous paraissent donc relativement à ces attaques un commentaire irréfutable.

608. *Apologie de faits qualifiés crimes ou délits.* — Une question qui n'est pas sans intérêt se présente naturellement ici. — N'est-il pas permis de discuter théoriquement le code pénal et de soutenir que tel ou tel autre fait qu'il comprend ne devrait pas être puni? Serait-ce là faire l'apologie d'un crime ou d'un délit dans le sens de la loi de 1849? — Pour bien saisir le sens de cette question, il faut considérer que tous les faits qui sont l'objet du code pénal ne sont pas également réprouvés par la morale. — Ainsi le code de 1810 (art. 103 et suiv.) infligeait des peines qui s'élevaient jusqu'à la reclusion à ceux qui, ayant connaissance de complots contre la sûreté intérieure ou extérieure de l'État ne les avaient pas révélés. — Ses dispositions à cet égard ont été supprimées lors de la révision de ce code, en 1832. — Or, supposons que cette réforme n'ait pas eu lieu, ne serait-il pas permis, dans ce cas, d'appeler l'attention du législateur sur la nécessité de l'opérer, d'en démontrer l'opportunité, la moralité même, en dégageant le fait réprimé de tout caractère de criminalité? Pour nous, nous ne saurions voir dans une telle dissertation le fait que les lois de 1835 et 1849 ont voulu atteindre. — Ce qu'elles ont voulu proscrire, c'est l'appel à la violence et non la discussion calme et mesurée. — Les travaux préparatoires de la dernière de ces lois nous offrent peu de lumières à ce sujet. Mais voici comment s'est exprimé M. de Salvandy, au nom de la commission de la chambre des députés, sur l'art. 8 de la loi de 1835, auquel la disposition de la loi de 1849 qui nous occupe a été empruntée : « La défense de toute apologie de faits qualifiés crimes ou délits par la loi pénale, a dit M. de Salvandy, est puisée dans les écarts fréquents de la presse à cet égard. Ne voit-on pas les journaux établir que la révolte est légitime, que chacun, en outre de mille sophismes, a le droit de se révolter sans cesse; que chacun peut descendre dans la rue les armes à la main, tirer sur la milice civique, sur l'armée, tirer sur la loi vivante. — On établit tous les jours que des actions abominables, que les massacres de septembre, par exemple, sont un digne modèle à imiter... » — Voilà quels étaient les faits qui avaient éveillé la sollicitude de la commission; car c'était à elle qu'appartenait la rédaction de l'art. 8, inséré dans la loi sur sa proposition. — On voit qu'ils n'offrent aucune analogie avec une discussion juridique ou philosophique sur les modifications que peut réclamer notre législation pénale.

609. MM. Chassan (t. 1, nº 434 et 435) et Grattier, t. 2, p. 318) étaient d'avis que la loi du 9 sept. 1835 (art. 8) était inapplicable à l'apologie d'une contravention de simple police. Nous pensons que cette opinion doit être suivie sous la loi de 1849, parce que ces faits sont aussi étrangers à la lettre qu'à l'esprit de ce texte. — Disons également avec ces auteurs (*loc. cit.*) : 1º qu'il en est autrement des contraventions qui nonobstant cette dénomination entraînent des peines correctionnelles, puisque, d'après la définition du code pénal (art. 1), ces peines doivent faire réputer *délits* les faits auxquels elles s'appliquent; — 2º Que l'apologie d'une contravention de simple police pourrait être poursuivie comme une attaque contre le respect dû aux lois.

610. Toute attaque dirigée contre la sainteté du serment, contre sa force obligatoire, était punie par la loi de 1835. Sa disposition n'a pas été reproduite par les lois postérieures. — Mais il est à remarquer que ce fait est compris dans la disposition de la loi de 1819, répressive des délits contre la morale publique (V. nº 622). — Au reste, ce n'est pas attaquer le serment que de soutenir qu'il conviendrait de ne pas l'exiger à l'avenir comme condition de l'exercice d'un droit politique ou d'une fonction publique. Cela a été formellement reconnu dans la discussion de la loi de 1835.

CHAP. 2. — DES OUTRAGES.

611. Le mot *outrage* (de outre-agir), dans son acception primitive, comprend tous les excès ; mais l'usage en a réduit la signification aux actes et aux paroles d'une nature offensante; ce qui s'étend figurativement aux faits ou aux discours qui blessent certaines abstractions révérées, telles que la religion, la morale publique ou les bonnes mœurs, et, par suite, la pudeur. — L'outrage diffère de l'injure en ce que celle-ci s'applique indifféremment aux simples particuliers comme aux agents de l'autorité, aux administrations et aux corps constitués, tandis que l'outrage ne concerne que les fonctionnaires proprement dits, et ne s'applique aux simples particuliers que lorsqu'ils ont agi avec un caractère public, comme les jurés, ou qu'ils sont attaqués à raison d'un acte que la loi leur prescrivait de faire, par exemple, à raison de dépositions faites en justice. — V. M. Chassan, t. 1, p. 366.

612. Il est nécessaire d'indiquer les principales modifications que la législation sur cette matière a subies depuis 1790. On peut distinguer trois époques : la législation antérieure au code pénal, le code pénal, et les lois de 1819. — Avant le code pénal, il existait une grande lacune dans nos lois : l'injure envers les fonctionnaires publics dans l'exercice de leurs fonctions était seule passible de peines correctionnelles (L. 19-22 juill. 1791). Les injures verbales envers les particuliers, quelle que fût leur gravité, étaient attribuées aux tribunaux de simple police (c. 3 brum. an 4, art. 605); mais la loi pénale était sans force contre les outrages par écrit; l'action civile était seule ouverte pour en obtenir la réparation par des condamnations pécuniaires.

Lors de la confection du code pénal, l'insuffisance et l'imperfection des lois précédentes laissaient un système entier à créer ; la première division adoptée par les rédacteurs du code fut entre les outrages envers les dépositaires de l'autorité et de la force publique (c. pén. 222 à 227) et les outrages envers les particuliers (*ibid.* 367 à 377). — Les outrages envers les magistrats ou fonctionnaires publics furent, dans tous les cas, punis de peines correctionnelles, mais dans une juste proportion entre la sévérité de la peine et le plus ou moins de gravité du délit. — Quant aux outrages envers les particuliers, le code les qualifie de calomnies ou d'injures : il y a calomnie lorsque, soit dans les lieux ou réunions publics, soit dans un acte authentique et public, soit dans un écrit imprimé ou non qui a été affiché, vendu ou distribué, on impute à un individu quelconque des faits qui, s'ils existaient, exposeraient celui contre lequel ils sont articulés à des peines criminelles ou correctionnelles, ou seulement au mépris et à la haine des citoyens. L'injure consiste dans des expressions outrageantes qui ne renferment l'expression d'aucun fait précis, mais celle d'un vice déterminé (V. *infrà*, nºs 922 s.).

— La calomnie était toujours punie de peines correctionnelles; mais la preuve légale du fait imputé, résultant d'un jugement ou de tout autre acte authentique, était admise. Si l'injure avait été proférée dans des lieux ou réunions publics, ou insérée dans des écrits imprimés ou non qui avaient été répandus et distribués, elle constituait un délit. L'injure qui n'avait pas le double caractère de gravité et de publicité était une simple contravention.

613. Quelques soins que les auteurs du code pénal eussent pris de définir et de distinguer les diverses nuances de l'outrage, de déterminer et de graduer les peines, l'expérience, cette pierre de touche des lois (M. de Serre, Exposé des mot., L. 1822), signala bien des inconvénients résultant de ces distinctions même trop minutieuses. Les lois des 17 et 26 mai 1819 furent destinées à corriger ces inconvénients. Le législateur, persuadé que le délit de calomnie serait bien mieux et plus justement atteint sous la définition variée d'offense, d'outrage, de diffamation et d'injure, publia un système nouveau et complet de législation. — Le vocabulaire de la loi s'est trouvé pour ainsi dire changé. Les tribunaux n'ont plus à rechercher la calomnie dans les imputations, mais seulement la diffamation. Les rédacteurs du code pénal avaient cherché à préciser le délit; le législateur de 1819 trace des règles générales, laissant l'appréciation des faits particuliers à l'appréciation du juge. La plus grande innovation consiste en ce que la vérité des faits imputés ne peut plus être établie. — Aux termes de l'art. 13 de la loi du 17 mai, il n'est pas nécessaire que l'imputation porte sur un fait faux pour que la diffamation existe; il suffit que le fait vrai ou faux soit de nature à porter atteinte à l'honneur et à la considération. L'art. 20 de la loi du 26 mai n'est que la conséquence de ce principe : « Nul ne sera admis, dit-il, à prouver la vérité des faits diffamatoires. » Ainsi, voilà la législation du code pénal entièrement changée : il n'y a plus à distinguer entre le cas où la preuve légale du fait imputé est rapportée, et celui où cette preuve manque. Désormais, qu'un individu ait été condamné ou non comme voleur, on n'a pas le droit de lui dire publiquement qu'il a volé sans commettre une diffamation; et l'on n'échappera point à la peine de la nouvelle loi, en rapportant un arrêt de la cour d'assises qui le condamne pour vol. — Faut-il justifier cette prohibition des critiques dont elle a été l'objet? Elle fait taire les récriminations; elle protége le repentir : sous ce rapport, elle est éminemment morale. — Cependant le législateur de 1819 avait admis une exception qui lui avait paru réclamée par l'intérêt public : c'est pour le cas où l'imputation s'adresse aux dépositaires et aux agents de l'autorité, et où elle concerne les actes et les faits de leur administration. La vie privée des fonctionnaires, avait-on dit à l'appui de cette exception, n'appartient qu'à eux-mêmes; leur vie publique appartient à tous. C'est le droit, c'est souvent le devoir de chacun de leurs concitoyens de leur reprocher publiquement leurs torts et leurs fautes publiques. — C'est ici qu'il convient de faire remarquer les derniers changements apportés à la législation. La loi du 26 mai 1819 admettait la preuve des faits imputés aux fonctionnaires publics par toutes les voies ordinaires; c'est-à-dire les preuves résultant des actes authentiques et privés, la preuve par témoins, la preuve résultant des aveux, etc. On a trouvé des inconvénients dans cette liberté illimitée; on a cru que la faculté d'appeler des témoins à l'appui de la diffamation était presque toujours une source de scandale; en conséquence, la loi du 25 mars 1822 (art. 18) a décidé qu'en aucun cas *la preuve par témoins* ne serait admise pour établir la réalité des faits diffamatoires. — Le décret du 17 fév. 1852 est allé plus loin : il déclare expressément (art. 28) qu'*en aucun cas la preuve* des faits injurieux ou diffamatoires n'est admise.

614. Quant à la *publicité* nécessaire pour constituer les infractions de cette nature, nous réunirons les solutions de la jurisprudence à l'exposé théorique concernant chacune des spécialités d'outrages prévus par les lois. — Mais nous devons faire observer ici qu'il a été jugé d'une manière générale, qu'un outrage commis en présence d'une tierce personne placée à une distance qui ne lui permettait pas d'entendre les paroles constitutives de cet outrage, a pu être considéré comme un outrage non public, sans qu'une telle appréciation de faits puisse tomber sous la censure de la cour de cassation (Rej. 30 juill. 1852, M. Hélie, rap., aff. Léger).

615. Les diverses espèces d'outrages prévus par nos lois se réduisent à six, à savoir : — 1° Les outrages à la religion, à la morale publique et religieuse ou aux bonnes mœurs; — 2° Les offenses envers la personne de l'empereur et les membres de la famille impériale; — 3° Les offenses envers le sénat et le corps législatif ou envers un ou plusieurs de leurs membres; — 4° Les offenses envers les souverains étrangers; — 5° Les outrages envers les personnes revêtues d'un caractère public; — 6° La diffamation et l'injure. — Nous allons, dans les six sections suivantes, développer les principes applicables à chacune de ces espèces d'outrages.

SECT. 1. — *Outrage à la religion, à la morale publique et religieuse ou aux bonnes mœurs.*

616. On lit dans l'*Esprit des lois* (liv. 12, chap. 4) cette maxime pleine de sagesse : « Il faut honorer Dieu et ne le venger jamais. » Nous voudrions, pour l'honneur de l'humanité, qu'elle eût été suivie dans tous les temps. — Malheureusement l'histoire nous apprend qu'au nom d'un Dieu de paix et de miséricorde on a souvent livré aux plus affreuses tortures des hommes dont tout le crime était d'avoir rendu à la divinité un autre hommage que celui que leurs persécuteurs croyaient le plus conforme à sa volonté. L'étude des lois nous apprend aussi que certaines offenses envers Dieu, qui, au point de vue purement religieux, ont de la gravité sans doute, mais qui sont bien plus du ressort du tribunal de la pénitence ou de la conscience que de la compétence des tribunaux criminels, ont été traitées par les législateurs avec la même rigueur que les plus odieux forfaits.

617. Ainsi, Justinien vouait les blasphémateurs aux derniers supplices. *Præcipimus enim gloriosissimo præfecto regiæ civitatis*, porte la novelle 77 (cap. 1, § 2), *permanentes in prædictis illicitis et impiis actibus post hanc admonitionem nostram comprehendere et* ultimis subdere suppliciis. — A la vérité, ce législateur pensait que de tels écarts amenaient les fléaux qui désolent la terre. *Propter talia enim delicta, et fames, et terræ motus, et pestilentiæ fiunt* (Ibid. § 1).

618. On sait que, suivant les anciennes ordonnances de nos rois (Ord. de Louis IX, Philippe VI, Charles VII, Louis XII, François Ier, Henri II, Charles IX, Henri III), les blasphémateurs étaient punis, la première fois, par des amendes, et qu'en cas de rechutes, on leur perçait les lèvres avec un fer chaud, on leur coupait la langue, on les condamnait au pilori, au bannissement ou aux galères. — Ce qui surprend au moins autant que l'atrocité d'une telle législation, c'est qu'elle n'ait pas provoqué les plus énergiques protestations chez les auteurs qui l'ont interprétée. De leur silence, il faut conclure ou bien qu'ils étaient arrêtés par la crainte des supplices contre lesquels ils auraient réclamé, ou bien que les lois étaient, sous ce rapport, en harmonie parfaite avec l'esprit du temps. Un trait du plus révoltant fanatisme emprunté à un historien de Provence (le P. Bourgerel) vient, d'ailleurs, appuyer cette dernière supposition. — « Un juif, accusé d'avoir blasphémé contre la sainte Vierge, fut condamné à être écorché. Des chevaliers masqués, le couteau à la main, montèrent sur l'échafaud et en chassèrent l'exécuteur pour venger eux-mêmes l'honneur de la sainte Vierge !... »

619. Mais laissons là ces sombres souvenirs et venons à la législation qui nous régit. — Aux termes de l'art. 8 de la loi du 17 mai 1819 : « Tout outrage à la morale publique et religieuse ou aux bonnes mœurs, par l'un des moyens de publication, est puni d'un emprisonnement d'un mois à un an et d'une amende de 16 fr. à 500 fr. — Suivant l'art. 1 de la loi du 25 mars 1822, quiconque outrage ou tourne en dérision une des religions reconnues en France, est puni d'un emprisonnement de trois mois à cinq ans et d'une amende de 500 fr. à 6,000 fr. — Cette dernière disposition a-t-elle abrogé l'art. 8 de la loi de 1819? — M. Parant, p. 76 et suppl., p. 424, enseigne l'affirmative. Mais nous croyons que c'est là une erreur. L'outrage à la morale publique et religieuse et l'outrage à la religion sont deux faits parfaitement distincts. En telle sorte qu'on peut outrager la religion dans son culte, dans son dogme même sans outrager la morale, même la morale religieuse, considérée d'une manière abstraite et indépendante de telle ou telle autre religion. — Au reste, il a été très-nettement expliqué dans l'exposé des motifs de la loi de 1822 que l'art. 1 de ce texte est un *développement* de l'art. 8 de la loi de 1819. — Or, un développement implique une idée principale qui, loin d'être en opposition avec cette extension, en forme la base. Nous allons voir d'ailleurs, dans cet exposé, que l'art. 1 de la loi du 25 mars 1822 n'a eu d'autre destination que d'expliquer le mot *religieuse* qui avait été ajouté dans l'art. 8 de la loi de 1819 à la *morale publique*.

620. En exposant les motifs de la loi de 1822, M. de Serre s'est, en effet, exprimé ainsi : « L'art. 1 du projet de loi est un développement de l'art. 8 de la loi du 17 mai 1819. Cet article punit tout outrage à la morale publique et *religieuse*. On peut se rappeler que *ce dernier mot fut ajouté, par amendement à l'article*, après une longue discussion qui divisa cette chambre en deux parts presque égales. Cet amendement n'empêcha pas que la même division ne se reproduisit dans la chambre des pairs. Après de mûres réflexions, nous nous sommes rangés à l'avis des personnes qui demandaient une rédaction plus explicite du sens que tout le monde avouait exister dans l'article, et nous vous proposons de déclarer punissable quiconque, par l'un des moyens énoncés en l'art. 1 de la loi du 17 mai, *aura outragé ou tourné en dérision soit la religion de l'Etat, soit toute autre religion dont l'établissement est reconnu en France.* » — D'où il nous paraît résulter clairement que l'art. 1 de la loi de 1822 n'est pas le développement de l'art. 8 tout entier, mais l'interprétation législative du mot *religieuse* qui avait été introduit par amendement dans l'art. 8 de la loi de 1819. — Du reste, il a été jugé que l'art. 8 de la loi du 17 mai 1819 n'a point été abrogé par l'art. 1 de la loi du 25 mars 1822; et que la première de ces dispositions reste toujours applicable à l'outrage à la morale publique et religieuse (Crim. cass. 18 sept. 1829 (1). — Conf. MM. Chassan, t. 1, p. 288; de Grattier, t. 1, p. 159).

621. C'est de cette nature d'outrage que nous avons à traiter ici. — Quant aux outrages à la religion, nous sommes entrés (vº Culte, nºs 88 et s.) dans les développements que comportait la matière. — Toutefois, pour compléter notre exposé de la jurisprudence à cet égard, nous devons ajouter qu'il a été jugé : 1º que le fait d'avoir porté la croix en tête d'une mascarade publique, offrant le simulacre d'un enterrement, constitue le délit d'outrage à la religion catholique et non pas seulement le délit général d'outrage à la morale publique et religieuse (Crim. cass. 26 juin 1852, aff. Routhier, D. P. 52. 5. 445); — 2º Que le fait d'avoir, à diverses reprises, fait disparaître clandestinement des hosties, enfermées dans la custode d'une église, pour faire croire à une communion miraculeuse, et celui d'avoir maculé de sang un tableau placé au-dessus de l'autel, dans le but de faire croire à un autre miracle, constituent le délit d'outrages par gestes, à des objets d'un culte, dans les lieux servant à son exercice, et non celui d'outrage public à la morale publique et religieuse ou à la religion (Nîmes, 7 nov. 1851, aff. Rose Tamisier, D. P. 54. 2. 27); — 3º Que, dans l'esprit de l'art. 262 c. pén., le mot *gestes*, par son opposition au mot *paroles*, doit s'entendre de toute voie de fait commise sur un objet du culte, dans un but de dérision et d'outrage (même arrêt); — 4º Que l'enlèvement clandestin d'hosties, enfermées dans la custode d'une église, est par lui-même exclusif de la circonstance de publicité, nonobstant le caractère et la destination de l'édifice; qu'il en est de même de la maculation du tableau; que pour rentrer sous l'application des art. 8 de la loi du 17 mai 1819, et 1 de celle du 25 mars 1822, ce n'est pas assez que cet acte clandestin ait été commis sur un tableau exposé dans un lieu public, et qu'il ait été rendu public ultérieurement par des dessins, peintures et emblèmes exposés dans des églises, si, d'ailleurs, cette maculation n'était pas de nature à éveiller par elle-même, et par le seul fait de son apparition, la pensée d'outrage à la religion (même arrêt); — 5º Que l'individu qui emploie le prestige et le mensonge pour faire croire à de prétendus miracles, soit dans le désir de jouer un rôle ou de se faire passer pour un saint, soit même en se persuadant faussement que le résultat de cette fraude pieuse sera avantageux à la religion, n'est pas justifié par son intention;

---

(1) *Espèce* : — (Min. pub. C. Vivès.) — Le commissaire de police de Niort saisit entre les mains du sieur Vivès, colporteur de livres, certains ouvrages qui lui parurent contenir plusieurs passages contraires à la pudeur ; ces ouvrages sont : 1º les *Confessions de J.-J. Rousseau*; 2º les *Chansons de Beranger*; 3º l'*Enfant de la joie*; 4º *Sans chagrin*. — Le 18 juill. 1829, ordonnance de la chambre du conseil du tribunal de Niort, qui déclare la saisie bonne et valable, et renvoie les prévenus en police correctionnelle, par application des art. 1 et 4 de la loi du 25 mars 1822, et 8 de la loi du 17 mai 1819. — Le 31 juill., jugement qui reconnaît que Bertrand Vivès, l'un des prévenus, est seul coupable, les autres n'étant que ses commis, et le condamne à un mois d'emprisonnement et 16 fr. d'amende, comme coupable d'outrage à la morale publique et religieuse, et aux bonnes mœurs, pour avoir colporté et exposé publiquement en vente les ouvrages incriminés.

Vivès appela de ce jugement, ainsi que le ministère public, en ce sens que le tribunal avait fait une fausse interprétation de la loi, en appliquant, à l'outrage à la morale religieuse, l'art. 8 de la loi du 17 mai 1819, abrogé par l'art. 1 de la loi du 25 mars 1822.

Le 21 août 1829, arrêt de la cour de Poitiers, en ces termes : « Considérant que Bertrand Vivès est marchand colporteur de livres; qu'il est patenté en cette qualité; que, dans tous les endroits où il se transporte avec sa marchandise, son magasin et le lieu de son débit sont dans la chambre qu'il occupe; — Que c'est dans la chambre qu'il occupait, dans une auberge de Niort, qu'ont été trouvés les paniers découverts, et non empaquetés, qui contenaient ces livres, dont ceux saisis faisaient partie; — Considérant, relativement aux exemplaires saisis des Chansons de Béranger, qu'il résulte, du journal de la librairie, qu'un exemplaire de la même édition a été déposé, et que la formalité prescrite par le § 2 de l'art. 29 de la loi du 26 mai 1819 a été remplie en nov. 1828; que, depuis cette formalité remplie jusqu'à la poursuite exercée par le procureur du roi, relativement à cette édition, il s'est écoulé plus de six mois; que le premier paragraphe de l'article cité établit la prescription par six mois révolus, à compter du fait de publication qui donne lieu à la poursuite, contre l'action publique, pour les crimes et délits commis par la voie de la presse, et tout autre moyen de publication; que cette disposition ne distingue point les poursuites exercées contre les marchands et les distributeurs de celles exercées contre les auteurs et les éditeurs; que cette prescription est invoquée, qu'elle est fondée en droit et doit être admise; — Considérant, relativement à l'exemplaire saisi des Confessions de J.-J. Rousseau, que le procureur du roi de Niort, dans son réquisitoire, n'a articulé ni précisé aucun des passages de cet ouvrage comme contenant un outrage à la morale publique et religieuse, et aux bonnes mœurs; que cette formalité est prescrite à peine de nullité; — Considérant, relativement aux passages indiqués et incriminés des exemplaires saisis de l'Enfant de la joie, qu'ils sont tirés en entier, et mot pour mot, des œuvres de Vadé, non condamnées ni poursuivies; que ces passages ne contiennent point, au surplus, d'outrages à la morale publique et religieuse ni aux bonnes mœurs; — Considérant, relativement aux passages indiqués et incriminés de l'exemplaire saisi du livre incriminé Sans chagrin, qu'ils contiennent tous des outrages à la morale publique et religieuse... ; — Par ces motifs, déclare nulle la poursuite dirigée contre B. Vivès, relativement à l'exemplaire saisi des Confessions de J.-J. Rousseau; — Déclare prescrite l'action publique, relativement aux Chansons de Béranger; la déclare mal fondée relativement à l'Enfant de la joie et donne mainlevée de la saisie; — Mais ordonne que le jugement sortira effet pour le surplus de ses dispositions, etc. »

Pourvoi par le ministère public : — 1º Fausse interprétation de l'art. 29 de la loi du 26 mai 1819, en ce que la cour a décidé qu'il n'y avait plus de poursuite à exercer contre un ouvrage, lorsqu'il s'était écoulé plus de six mois après le dépôt qui en aurait été fait; il soutenait qu'un ouvrage dangereux pouvait toujours être poursuivi, lorsqu'on le mettait en vente; — 2º Fausse application de l'art. 8 de la loi du 17 mai 1819, en ce que la cour aurait condamné un ouvrage comme contenant des outrages à la morale religieuse, lorsque cet art. 8 était abrogé par la loi du 25 mars 1822. — Arrêt.

La cour; — Attendu, sur le deuxième moyen, que l'art. 1 de la loi du 25 mars 1822 s'est spécialement occupé de la religion de l'Etat et des autres religions que la loi fondamentale a placées sous sa protection; que l'art. 8 de la loi du 7 mai 1819 n'a point été abrogé; qu'il reste toujours applicable aux outrages faits à la morale publique et aux bonnes mœurs; qu'ainsi la cour d'appel de Poitiers en a fait une juste application; — Rejette ce moyen; — Mais attendu, sur le premier moyen, que de la combinaison du premier et du deuxième paragraphes de l'art. 29 de la loi du 26 mai 1819, il résulte que ce n'est que du jour de la publication, précédée du dépôt et de la déclaration, que court la prescription établie par cette loi; — Que, néanmoins, la cour de Poitiers a fait courir la prescription du jour du dépôt de l'ouvrage intitulé les Chansons de Béranger, et, par suite, a annulé la saisie de cet ouvrage; en quoi elle a violé ledit art. 29; — Par ces motifs, casse l'arrêt... dans la partie seulement qui a déclaré la prescription acquise aux chansons de Béranger.

Du 18 sept. 1829.-C. C., ch. crim.-MM. Bastard, pr.-Ollivier, rap.

et que la profanation qu'il fait des objets du culte, en les faisant servir à sa fraude, a tous les caractères de l'outrage puni par l'art. 262 c. pén. (même arrêt). — V. nos observations sur cet arrêt, *loc. cit.*

622. Mais quel est le sens de ces mots : *Morale publique et religieuse?* « La morale publique, disait le garde des sceaux, au sujet de l'art. 8 de la loi de 1819, est celle que la conscience et la raison révèlent à tous les peuples comme à tous les hommes, parce que tous l'ont reçue de leur divin auteur en même temps que l'existence. Morale contemporaine de toutes les sociétés que, sans elle, nous ne pouvons pas comprendre, parce que nous ne saurions les comprendre sans les notions d'un Dieu vengeur et rémunérateur du juste et de l'injuste, du vice et de la vertu; sans le respect pour les auteurs de nos jours et pour la vieillesse, sans la tendresse pour les enfants, sans le dévouement au prince, sans l'amour de la patrie, sans toutes les vertus, enfin, qu'on trouve chez tous les peuples, et sans lesquelles tous les peuples sont condamnés à périr. » — « Nous entendons, a dit aussi l'illustre Cuvier, commissaire du roi, que le but de la morale publique, la seule base de l'ordre social, consiste dans ce sentiment religieux qui détermine chacun à rendre au créateur de l'univers le culte qu'il croit lui devoir, qui fait chercher à chacun dans l'existence de la Divinité et dans une vie à venir, la sanction des devoirs qu'il doit remplir dans ce monde. C'est là le sentiment que nous avons exprimé par les mots *morale publique*, le sentiment universel qui a été donné par Dieu même à l'homme en le créant, ce sentiment qu'un incrédule, au milieu de tous ses sophismes, ne peut détruire entièrement en lui-même. Voilà ce que nous entendons par la *morale publique.* » — Ce n'était pas trop de ces explications pour une expression susceptible d'interprétations si diverses et si étendues. — On comprend, au surplus, que bien que destinées à prévenir les difficultés, elles n'ont pu complétement les écarter.

623. On s'est demandé, par exemple, si la simple manifestation publique, en termes calmes et mesurés, de l'opinion des athées et des matérialistes, constitue un outrage à la morale publique et religieuse. — Suivant M. Portalis (Rép. de M. Favard de Langlade, v° Culte), la profession publique d'irréligion ou d'athéisme, est une atteinte à l'ordre public et aux bonnes mœurs. La raison qu'il donne de cette opinion c'est que « la religion est du droit des gens, et que, sans elle, la bonne foi et la justice seraient bannies de la société du genre humain. » — A ces motifs on peut ajouter que si, depuis 1789, il n'est pas contesté qu'en France tous les cultes doivent jouir d'une égale liberté, il ne s'ensuit pas de l'athéisme, qui est la négation de tout culte et qui conséquemment les offense tous, ait le droit de se produire publiquement. — Malgré l'autorité de ces raisons, nous croyons, avec MM. Chassan (t. 1, p. 291) et Rauter (t. 1, p. 363), que ce n'est point là un outrage à la morale publique et religieuse dans le sens de la loi qui nous régit, sens qui nous paraît parfaitement précisé par les paroles suivantes prononcées par M. Royer-Collard, commissaire du roi, dans la discussion qui a précédé la loi de 1819 : « Il est bien entendu, a dit cet orateur, que *les opinions ne sont l'objet de la loi ni comme vraies, ni comme fausses, ni comme salutaires ou nuisibles.* Aussi ne s'agit-il pas de simples opinions; *la loi ne punit que l'outrage.* » — En opposant ainsi les simples opinions à l'outrage, M. Royer-Collard a manifestement exprimé que les diatribes, les sarcasmes, les agressions violentes devaient seuls être punis.—V. Culte, n°s 89 et suiv.

624. L'*outrage aux bonnes mœurs* semble, au premier abord, se confondre avec l'*outrage à la morale publique.* Cependant les deux expressions se trouvent dans l'art. 8 de la loi de 1819. — Et il paraît que, par outrage aux bonnes mœurs, cette disposition entend désigner particulièrement les outrages qui blessent la pudeur, les manifestations de l'esprit de débauche. — C'est l'outrage dont il est fait mention dans la loi 15, § 2, ff., *De inj. et fam. lib.* : *Ait prætor : Qui adversus bonos mores convicium cui fecisse, cujusve operâ factum esse dicetur, quo adversus bonos mores convicium fieret : in eum judicium dabo.* — On sait que par *convicium* il faut entendre l'injure par paroles qui n'est accompagnée d'aucune voie de fait.—V. n° 32.

625. Le code pénal (art. 287 et suiv., et 330) s'applique à divers faits qui rentrent dans les prévisions de l'art. 8 de la loi de 1819; mais ni cette loi ni le code pénal révisé en 1832 ne déterminent l'effet réservé aux dispositions de ce code sur le même sujet. Cherchons à le préciser. — Suivant l'art. 287 c. pén., toute exposition ou distribution de chansons, pamphlets, figures ou images contraires aux bonnes mœurs est punie d'une amende de 16 fr. à 500 fr., d'un emprisonnement d'un mois à un an et de la confiscation des planches et des exemplaires imprimés ou gravés de chansons, figures ou autres objets du délit. — Cette disposition ayant un objet identique avec celles de l'art. 8 de loi du 17 mai 1819, nous a paru avoir été remplacée par cette dernière loi (V. *suprà*, n° 480). — Toutefois, il en est autrement de l'art. 288 à l'égard duquel nous ne voyons ni abrogation expresse, ni abrogation tacite dans la loi du 17 mai 1819. —V. *eod.*

626. Il est à remarquer, en outre, et c'est ce qui a été jugé, que la possession de gravures obscènes dans le magasin d'un marchand d'estampes, suivie de la vente de ces objets, cette vente n'eût-elle été constatée qu'une seule fois, constitue l'exposition et la distribution prévues par l'art. 287 c. pén. (Bruxelles, 3 fév. 1842) (1).

627. MM. Parant, p. 178; Chassan, t. 1, p. 293; et de Grattier, t. 1, p. 160, pensent aussi que la loi de 1819 a abrogé l'art. 289 c. pén., aux termes duquel l'auteur, lorsqu'il est connu, doit subir le maximum de la peine.—Mais la volonté du législateur nous paraît loin d'être formelle sur ce point. Nous remarquons, d'abord, que l'article ne figure point parmi ceux que la loi de 1819 (art. 26) déclare abrogés. — Il est vrai que l'art. 287, dont nous reconnaissons l'abrogation implicite, n'y figure pas davantage; mais, d'abord, l'intention du législateur sur ce dernier point résulte du rapprochement des deux textes (V. n° 480), et puis la disposition finale de l'art. 287 étant maintenue, l'article ne pouvait être compris dans l'énonciation des dispositions rapportées. — Voyons cependant sur quelles raisons s'appuie l'opinion contraire. — M. Chassan se borne à affirmer que l'art. 289 est en désaccord complet avec toutes nos lois nouvelles; mais voici, en substance, les motifs qui ont déterminé M. de Grattier : — L'art. 289 porte que, dans tous les cas exprimés dans la section à laquelle cette disposition appartient, où l'auteur sera connu, il subira le maximum de la peine attaché à l'espèce du délit.—Or, dit M. de Grattier, des articles qui composent la section, trois seulement peuvent concerner les auteurs, ce sont les art. 283, 285 et 287. Quant au premier de ces articles, il est abrogé par l'art. 17 de la loi du 21 oct. 1814, et voici pourquoi : l'art. 283 exigeait que tous ouvrages publiés ou distribués continssent les nom, profession et demeure de l'imprimeur ou de l'auteur. — Or, la loi de 1814 n'impose qu'à l'imprimeur l'obligation de se faire connaître : donc l'art. 283 est abrogé. — Nous répondons : la conclusion n'est pas forcée, car l'art. 283 comprend *tous les écrits* : conséquemment les manuscrits aussi bien que les imprimés et l'art. 17 de la loi de 1814 est inapplicable à ce genre de publication. — Les art. 285 et 287, continue M. de Grattier, n'atteignent que les distributeurs; en sorte que si l'auteur n'était pas lui-même distributeur, ces dispositions ne le concerneraient point. De là nécessité de statuer par un article particulier à l'égard de l'auteur, et c'est là précisément l'objet de l'art. 289. La loi de 1819 a procédé autrement. Elle comprend l'auteur et le distributeur dans les mêmes dispositions. « *Quiconque*, porte en effet l'art. 1 de cette loi, aura provoqué, etc., sera réputé complice et puni comme tel. » Or cette disposition qui

(1) (N...) LA COUR ;—Attendu que le prévenu est marchand d'estampes et qu'il avait déballé, à Louvain, à l'hôtel de l'Aigle noir, dans un cabinet où le public était admis à acheter;—Attendu que c'est dans ce cabinet que le prévenu possédait une quantité d'images obscènes; qu'à la vérité elles n'y étaient pas exposées à la vue des personnes qui s'y présentaient pour acheter, mais qu'il résulte des dépositions faites à l'audience qu'il ne refusait pas de les montrer et de les vendre aux personnes qui lui en demandaient; — Attendu qu'il en a effectivement montré et vendu à l'un des témoins, et que ce fait, même isolé, constitue la distribution prévue par l'art. 287 c. pén., alors surtout que l'on considère que le prévenu est marchand d'estampes et que la quantité d'images saisies en sa possession et dans un lieu accessible au public, n'a pu avoir d'autre but que la distribution punie par ledit art. 287; — Condamne, etc.

Du 3 fév. 1842.-C. de Bruxelles.-4e ch.

établit une parfaite égalité entre l'auteur et le distributeur est en contradiction avec l'art. 289 c. pén., qui mettait une différence entre eux : en conséquence, cet article est abrogé. Tel est le raisonnement de M. de Grattier. — Voici notre réponse : La contradiction dont on fait résulter l'abrogation de l'art. 289 ne nous semble nullement évidente. — Il y a, en effet, dans la loi de 1819 un *minimum* et un *maximum*, mais rien n'empêche, ce semble, que tandis que les tribunaux ont toute latitude à l'égard des distributeurs, ils soient forcés d'appliquer le maximum à l'auteur. — Si après sa disposition générale, l'art. 1 avait, par une disposition, ajouté : «Toutefois, dans les cas où il s'agira de distribution, si l'auteur de l'écrit distribué est connu, il subira le maximum de la peine. » Certainement on n'eût pas prétendu, alors, qu'il y avait contradiction entre le premier et le second paragraphe de l'article. — On peut donc, sans rien retrancher de la loi de 1819 et sans faire violence à son esprit, y introduire l'art. 289 c. pén. — Au reste, nous devons faire remarquer que l'art. 1 de la loi de 1819, que rappelle M. de Grattier, est exclusivement relatif aux *provocations* qui forment l'objet du chap. 1 de cette loi, et qu'ici il s'agit des *outrages* que comprend le chap. 2 de la même loi. — Or le mot *quiconque* que souligne M. de Grattier ne se trouve pas dans l'art. 8. — Il est vrai que cet article renvoie à l'art. 1, mais c'est seulement pour faire connaître les divers moyens de publication par lesquels l'outrage à la morale publique et aux mœurs peut avoir lieu. — Nous ne voyons donc pas de raison décisive pour admettre que l'art. 289 est abrogé.—M. Carnot (Comment., t. 1, p. 667) se borne à exprimer des doutes sur ce point.— MM. Chauveau et Hélie, t. 5, p. 151, proposent une distinction : Dans tous les cas où les articles du code pénal ont été remplacés par les dispositions des lois subséquentes, il ne leur paraît pas douteux que l'art. 289 ait cessé de régir ces dispositions nouvelles, « car, disent-ils, il ne s'étend qu'*aux cas exprimés en la présente section*; il renferme son empire dans les limites du code. » Mais quant aux dispositions du code restées en vigueur, ces auteurs n'admettent pas l'abrogation.

628. L'art. 330 c. pén. prévoit aussi l'outrage public à la pudeur, et le punit d'un emprisonnement de trois mois à un an et d'une amende de 16 fr. à 200 fr. — Cet outrage n'est pas celui que punit la loi de 1819, exclusivement applicable aux délits commis par des discours, des écrits, des dessins ou des emblèmes, tandis que l'article précité du code pénal comprend les outrages à la pudeur *en action*. — V. Attentat aux mœurs, nº 20.

629. Il a été jugé qu'il y a outrage à la pudeur dans la distribution de cartes manuscrites ainsi conçues : — « Propreté et sûreté. — Amiens. — T... vient d'ouvrir un établissement rue . . . nº... donne chambres, cabinets de société et l'on trouvera chez lui des dames de compagnie... Veuillez l'honorer, etc... » (Cr. cass. 19 mai 1858) (1). — Le sens non équivoque d'une telle annonce, bien que dans ses termes elle n'ait rien d'offensant pour les mœurs, caractérise en effet le délit d'outrage aux bonnes mœurs. — Mais, il en est autrement, suivant un arrêt, des gravures ou lithographies jointes à un ouvrage scientifique pour l'explication des notions qu'il renferme; elles ne peuvent, quelle qu'en soit la nature, constituer un outrage public à la pudeur. Un colporteur qui met en vente le Tableau de l'amour conjugal accompagné de gravures, ne commet donc pas de délit. C'est ce qui aurait été jugé, suivant M. de Grattier, t. 1, p. 165, par un arrêt rendu par la cour d'assises du Nord, dont il ne donne pas la date.

Sect. 2. — *Offense envers la personne de l'empereur ou les membres de la famille impériale.*

630. La loi qualifie d'*offenses* certaines espèces d'outrages, et nous devons l'imiter, parce que toute confusion dans les termes pourrait en amener dans les idées. — Du reste, pour rendre raison du choix de cette expression, nous ne saurions mieux faire que de reproduire les explications données à cet égard par M. de Broglie, rapporteur de la commission nommée par la chambre des pairs pour examiner le projet devenu depuis la loi du 17 mai 1819. — « On a pensé, a dit M. le duc de Broglie, qu'il existait des êtres individuels ou collectifs, placés si haut dans le respect des hommes, que le trait le plus empoisonné, bien que lancé contre eux ne peut les atteindre ; quoi qu'on publie à leur sujet, peu importe, en ce qui les concerne personnellement ; il y a délit, mais il n'y a pas dommage ; il y a un criminel, mais il ne peut pas y avoir de victime. Voilà un délit particulier que le mot *offense* caractérise d'une manière parfaite. »

631. Tous les législateurs ont, d'ailleurs, reconnu que l'autorité, surtout dans sa plus haute expression, devait être entourée du respect des peuples, et que le moyen le plus certain, si ce n'est pour l'inspirer, du moins pour empêcher les manifestations d'un sentiment contraire, c'était de frapper de peines sévères ceux qui s'en écarteraient. — Toutefois, par une de ces oppositions dont le corps des lois romaines offre trop d'exemples, tandis que la loi 3 au code *De crimine sacrilegii* punit comme sacrilége celui qui critique les choix du prince, la loi *Si quis imperatori maledixerit*, également au code, couvre d'une entière indulgence celui qui outrage le souverain en paroles. — *Si quis modestiæ nescius et pudoris ignarus*, dit en effet la loi précitée (*si quis imperatori*), *improbo, petulantique maledicto nomina nostra crediderit lacessenda, ac temulentiâ turbulentus obtrectator temporum* (*nostrorum*) *fuerit, eum pœnæ nolumus subjugari, neque durum aliquid, nec asperum volumus sustinere : quoniam si id ex levitate processerit, contemnendum est; si ex insaniâ, miseratione dignissimum ; si ab injuriâ, remittendum* (L. 1). — D'après une loi de la Chine, quiconque manque de respect à l'empereur est puni de mort. Et comme cette loi ne définit pas en quoi consiste le manque de respect, rien n'est si facile que de l'appliquer à tous ceux que l'on veut perdre. — On raconte à ce sujet qu'une légère inexactitude ayant été commise dans la gazette de la cour, on jugea que mentir dans le journal de la cour, c'était offenser la cour, et les rédacteurs de la gazette furent condamnés à mort (le P. du Halde, t. 1, p. 43 ; Montesquieu, Esprit des lois, liv. 12, chap. 7). — L'excitation à la haine ou au mépris de la personne du roi est punie par la législation anglaise (stat. de la 36e année du règne de George 3) de l'amende, de l'emprisonnement et du pilori, pour la première offense, et de la déportation pour sept ans, en cas de récidive.

632. Suivant l'ancienne législation française, les attentats contre la personne du roi étaient considérés comme des sacriléges. Il en était de même des crimes commis contre les reines et les princes de la maison royale. — Or, l'attentat pouvait avoir lieu par des actions, *par des écrits*, même par *des desseins* formés contre leurs vies (Domat, Lois civ., part. 2, p. 204).

633. Après la révolution de 1789, la royauté, attaquée de toute part, ne pouvait être protégée par le pouvoir législatif, qui, de plus en plus dominé par les idées de transformation politique, aboutit à la République et au régicide. — Le gouvernement impérial sut se passer, sous ce rapport, de lois spéciales. — Mais à

(1) (Min. pub. *C.* Tramecourt.) — La cour ; — Sur le moyen tiré de la violation de l'art. 8 de ladite loi ; — Attendu, en droit, qu'il appartient à la cour de cassation, en ce qui concerne les délits résultant d'un écrit, soit imprimé, soit manuscrit, publié et distribué, de juger la qualification qui lui a été donnée par les décisions qui lui sont déférées, puisque c'est de cette qualification que peut seulement résulter la juste ou fausse application de la loi ; — Attendu, en fait, que l'arrêt attaqué reconnaît que Stanislas Tramecourt aurait, dans le courant des mois de mai et juin 1858, distribué ou fait distribuer dans la ville d'Amiens des cartes manuscrites ainsi conçues : — « Propreté et sûreté. Amiens. Tramecourt fils vient d'ouvrir un établissement rue du Bas-Vidame, nº 23, donnant sur le port ; donne chambres, cabinets de société ; et l'on trouvera chez lui des dames de compagnie. Veuillez l'honorer ; » — Attendu que s'il est vrai que ledit écrit ne renferme pas d'expressions obscènes et qui puissent blesser la pudeur, il n'en a pas moins un but immoral et contraire aux bonnes mœurs, puisqu'il a pour objet d'annoncer au public l'ouverture d'une maison de débauche et de prostitution, et que le sens de cet écrit ne présente pas d'ambiguïté qui permette de l'entendre autrement ; — D'où il suit qu'en jugeant que les énonciations contenues dans les cartes distribuées par Tramecourt ne sont pas telles qu'elles caractérisent suffisamment le délit d'outrage aux bonnes mœurs, et en déclarant qu'il n'y avait lieu à suivre contre le prévenu, l'arrêt attaqué a faussement interprété l'écrit dont il s'agit, et formellement violé l'art. 8 de la loi du 17 mai 1819 ; — Par ces motifs, casse et annule ledit arrêt.

Du 19 mai (ou juillet) 1858.-C. C., ch. crim.-MM. Choppin, pr.-De Haussy, rap.-Helie, av. gén., c. conf.

peine la royauté fut-elle rétablie que les écarts de la presse, les manifestations hostiles des partis l'obligèrent à chercher dans des lois nouvelles un appui que n'offrait point la législation en vigueur. — Pour satisfaire à cette nécessité, non-seulement politique, mais sociale, l'art. 5 de la loi du 9 nov. 1815 déclara séditieux tous cris, tous discours proférés dans des lieux publics, tous écrits imprimés, même tous ceux qui, n'ayant pas été imprimés, auraient été affichés, distribués ou livrés à l'impression, toutes les fois que, par ces cris, ces discours, ces écrits, on aurait tenté d'affaiblir par des calomnies ou des injures le respect dû à la personne ou à l'autorité du roi, ou à la personne des membres de sa famille. Les peines infligées aux auteurs de ces infractions étaient un emprisonnement de trois mois au moins, de cinq ans au plus, et une amende, dont le minimum était de 50 fr. et le maximum de 20,000 fr. — L'interdiction des droits mentionnés en l'art. 2 c. pén. pouvait être ajoutée à la condamnation pour cinq ans au moins, dix ans au plus. Les condamnés devaient, en outre, après l'expiration de leur peine, demeurer sous la surveillance de la haute police pendant un temps qui ne pouvait excéder cinq années. — Mais l'expérience révéla bientôt l'insuffisance de cette loi. Les mots *calomnies* et *injures*, dont elle se servait, mettaient à l'abri de la répression un grand nombre d'actes ou d'expressions qui, pour avoir un sens moins précis, n'en avaient pas moins de gravité. — La loi du 17 mai 1819, beaucoup plus complète, d'ailleurs, que celle de 1815, fit cesser toute équivoque, en punissant d'une manière générale l'*offense* contre le roi ou les membres de la famille royale. Mais loin d'ajouter à la sévérité de la loi de 1815, celle de 1819 réduisit à 10,000 fr. le maximum de l'amende (antérieurement de 20,000 fr.), ce qui était, nous le croyons, d'une sage politique. — Lors de la révision du code pénal (en 1832), on y introduisit une disposition (art. 86) qui, à l'aide d'une plus grande généralité encore dans les termes, permettait de punir l'outrage même par simple geste. — V. MM. Chassan, t. 1, n° 290; de Grattier, t. 1, p. 165.

634. Tel était l'état de la législation, lorsque la loi de 1835 fut publiée et lui fit subir de graves modifications. — L'art. 2 de cette loi portait, en effet, que l'offense au roi, commise par l'un des moyens énoncés dans l'art. 1 de la loi du 17 mai 1819, lorsqu'elle aurait pour but d'exciter à la haine et au mépris de la personne du roi, ou de son autorité constitutionnelle, était un attentat à la sûreté de l'Etat. — Celui qui s'en rendait coupable pouvait être jugé par la cour des pairs, et puni de détention et d'une amende de 10,000 à 50,000 fr. — Pour justifier l'énormité de cette amende, M. Sauzet disait dans son rapport à la chambre des députés : « Autrement les condamnations ne sont que des vexations mesquines ou d'inutiles vengeances. » — Mais l'expérience apprend aussi que lorsque la peine est trop sévère, elle assure l'impunité des coupables, surtout lorsque le fait à réprimer est soumis à l'appréciation du jury, à qui, nonobstant la vigilance des cours d'assises, on trouve toujours le moyen de faire savoir sur ce point ce qu'il doit ignorer, ou du moins de rappeler ce qu'il doit oublier.

635. L'art. 3 de la loi de 1835 ajoutait que toute autre offense au roi serait punie conformément à l'art. 9 de la loi du 17 mai 1819 (V. *suprà*, n° 633). — Enfin, on lisait dans l'art. 4 que quiconque ferait remonter au roi le blâme ou la responsabilité des actes de son gouvernement, serait puni d'un emprisonnement d'un mois à un an et d'une amende de 500 à 5,000 fr. — Ainsi, la loi de 1835 distinguait, en matière d'offenses envers le roi, les offenses graves des offenses légères. — L'offense grave n'existait que lorsqu'elle avait pour but l'excitation à la haine ou au mépris du roi ou de son autorité constitutionnelle. — Cette distinction fut attaquée à la chambre des députés; on soutint que toute offense au roi avait pour but d'exciter à la haine de sa personne ou de son autorité. Il fut répondu que l'offense au roi pouvait être dictée par un sentiment qui n'eût ni cette importance, ni cette gravité ni cette portée. Elle pouvait être une simple irrévérence, une dérision coupable qui n'eût aucune importance, aucune gravité politique, et qui ne demandât ni peine sévère ni juridiction élevée. C'est surtout le but que l'on avait voulu atteindre.

636. Douze ans plus tard, la constitution républicaine de de 1848 faisait évanouir toutes les dispositions législatives destinées à protéger la monarchie. — Et la République, obligée bientôt de se défendre elle-même, créa les lois des 11 août 1848 et 27 juill. 1849, abrogées à leur tour, pour tout ce qui est inhérent au principe Républicain, par le sénatus-consulte du 7 nov. 1852, qui a rétabli le gouvernement impérial. — Mais comme les lois abrogées ne peuvent revivre que par la volonté formellement exprimée par le législateur (V. Loi, n° 562), il n'y avait plus de texte spécialement applicable aux offenses envers le souverain ou les membres de sa famille. C'est pour combler cette lacune, qui existait aussi relativement aux attentats, que la loi du 10 juin 1853 a modifié les art. 86 et 87 c. pén. — En ce qui touche les offenses qui doivent seules nous occuper ici, voici ce que porte le nouvel art. 86 : « Toute offense, y est-il dit, commise publiquement envers la personne de l'empereur est punie d'un emprisonnement de six mois à cinq ans et d'une amende de 500 à 10,000 fr. Le coupable peut, en outre, être interdit de tout ou de partie des droits mentionnés en l'art. 42 pendant un temps égal à celui de l'emprisonnement auquel il a été condamné. Ce temps court à dater du jour où il a subi sa peine. — Toute offense commise publiquement envers les membres de la famille impériale est punie d'un emprisonnement d'un mois à trois ans et d'une amende de 100 fr. à 5,000 fr. » — Dans son rapport au corps législatif sur cette modification, M. de la Guéronnière en a prouvé la nécessité dans les termes suivants qui méritent d'être recueillis : « Longtemps avant de renverser les trônes, on s'applique à les dégrader. L'offense ne sera jamais une arme de discussion. La vérité et la lumière ne sortent pas de l'injure et de la calomnie. Le respect de l'autorité et de ceux qui la personnifient, surtout au sommet de la hiérarchie politique est un des besoins les plus impérieux de notre temps et de tous les temps. Ce qui le garantira ne profitera pas seulement à la société, mais aussi à la liberté. Apprendre à un grand peuple à se respecter dans les pouvoirs qui le dirigent et dans les dynasties qui règnent sur lui, c'est lui apprendre la vertu des peuples libres. »

637. Examinons maintenant comment l'art. 86 c. pén. doit être appliqué aux offenses envers l'empereur ou envers les membres de la famille impériale.

638. *Offenses envers l'empereur.* — Nous avons vu (*suprà*, n° 565) que la constitution de 1852 différait complétement des chartes de 1814 et de 1830, quant à la responsabilité du chef de l'Etat, et que, par conséquent, d'après nos institutions actuelles, ce ne pouvait être un délit que de déclarer le chef de l'Etat responsable. — Mais il pourrait très-bien se faire que, suivant les circonstances, celui qui aurait fait remonter jusqu'à l'empereur le blâme ou la responsabilité des actes de son gouvernement fût puni comme coupable d'offense envers sa personne. — Seulement la *perfection absolue* qui, suivant la constitution anglaise, modèle de nos anciennes chartes, est l'attribut de la royauté constitutionnelle, ne peut être invoquée aujourd'hui pour faire punir toute appréciation des actes politiques présentés comme l'œuvre personnelle du monarque.

639. A cette exception près, les principes reconnus vrais sous la loi de 1819 nous paraissent devoir être appliqués aujourd'hui. — Il est donc utile de rappeler qu'il a été jugé, d'après cette loi, qu'il pouvait y avoir offense envers la personne du roi, bien que l'imputation ne contînt ni une diffamation ni même une injure (Crim. cass. 4 mars 1831, aff. la Quotidienne, V. n° 642). — Il ne pouvait même, ce semble, y avoir aucun doute à ce sujet, puisque le projet, devenu la loi de 1819, punissait *les imputations, les allégations offensantes* ou *injures* envers le roi, et que, dans le but de donner une plus grande généralité au sens de la loi, les chambres ont substitué à ces expressions le mot *offense*.

640. Ce qui s'est passé au sein de l'assemblée législative à l'occasion de la disposition de la loi du 27 juill. 1849, relative aux *offenses* envers le président de la République, prouve aussi que, suivant l'esprit de cette loi, c'était ainsi qu'il fallait entendre ce mot. — MM. Denayrousse et Charamaule avaient proposé de le remplacer par ceux-ci : *injures et diffamations* dirigées contre la personne du président. Le motif de cette modification était qu'on n'avait jamais appliqué le mot *offense* qu'aux pouvoirs irresponsables. Cet amendement fut combattu par M. Combarel de Leyval, rapporteur, et par le ministre de la justice qui se fondèrent sur ce que le mot *offense* n'impliquait en aucune manière l'irresponsabilité, mais avait pour objet de comprendre des *insinuations, des attaques, qui ne sont ni des injures ni des diffamations*, et qui, bien que revêtues des formes les plus polies, conduisent à la déconsidération du pouvoir qui en est l'objet (séance 25 juill. 1849, Mon. 26).

641. Voici du reste un exemple de la manière dont la loi de 1819 était appliquée à cet égard :—Le Figaro, journal spirituel, mais habituellement agressif, avait publié trois articles qui furent incriminés par le ministère public. — Dans le premier, il était dit :—« Au lieu d'illuminations à une solennité prochaine, toutes les maisons de la France doivent être tendues en noir. » —Suivant la prévention, cette solennité prochaine, c'était la fête du roi. Or le rédacteur niait formellement que l'article se référât à la fête du roi qui ne devait arriver que trois mois plus tard; il déclarait que cela se rapportait à la solennité de la procession du vœu de Louis XIII, cérémonie pour laquelle on a coutume de tendre le devant des maisons. — Le second article annonçait que M. Roux, chirurgien en chef de l'hospice de la Charité, devait faire incessamment l'opération de la cataracte à un auguste personnage. — Dans le troisième article il était dit: — « Le gouvernement français a demandé l'extradition de Mingrat, et Contrafatto est appelé à diriger les affaires ecclésiastiques et l'instruction primaire des deux sexes. Une dépêche télégraphique a enjoint à l'abbé Molitor de se trouver après demain à Paris, parce qu'il est nommé directeur de l'école royale de Saint-Denis. » — Sur cette inculpation, un jugement du tribunal de la Seine avait condamné le Figaro, et son appel fut rejeté en ces termes :—« Considérant que les articles incriminés contiennent une offense envers la personne du roi, délit prévu par l'art. 9 de la loi du 17 mai 1819; met l'appellation au néant, ordonne que ce dont est appel sortira son plein et entier effet» (Paris, 25 fév. 1830, MM. Séguier, 1er pr., aff. le Figaro). — C'était aussi commettre une offense au roi, c'est du moins ce qui a été jugé, que de fouler publiquement aux pieds son portrait ou son effigie (Crim. règl. de jug. 31 juill. 1834, M. Brière, rap., aff. Min. pub. *C.* Bompart).

642. Sous la loi de 1819, il a encore été jugé : 1° Que publier qu'on pensait que le roi élu par le peuple, et reconnu par les pouvoirs établis, était, de tous les Français, le plus incapable de sauver la nation, c'était commettre le délit d'offense envers la personne du roi (C. des pairs 24 nov. 1830, aff. de Kergorlay.—V. aussi n° 567-7°);— 2° Que le délit d'offenses envers la personne du roi, prévu par l'art. 9 de la loi du 17 mai 1819, était distinct du délit d'attaque contre la dignité royale dont parlait l'art. 2 de la loi du 25 mars 1822, et de celui de diffamation et d'injures publiques, prévu par les art. 13 et 14 de la loi citée du 17 mai 1819 (Crim. rej. 4 mars 1831 (1); conf. M. Parant, p. 131).—Ces distinctions ont peu d'intérêt aujourd'hui, V. n° 636.

643. Suivant M. Chassan (t. 1, n° 294), et c'est là, ce nous semble, une doctrine incontestable, il était permis de s'adresser au roi pour lui dénoncer des abus. Mais il y avait délit d'offense si la pétition ou l'avertissement renfermait un blâme même indirect contre le roi au sujet de ces abus. — Quant à ce dernier point, le principe de la responsabilité du pouvoir doit naturellement le modifier, mais d'une manière assez peu sensible quant à l'application, parce que le blâme adressé au chef de l'Etat est bien voisin de l'offense.

644. On comprend d'ailleurs que le but de la loi étant de mettre la personne du souverain à l'abri de toute atteinte, même légère, qui tendrait à diminuer le respect qui lui est dû, les actes de sa vie antérieurs à son accession au trône ne sauraient être livrés à la censure ou au mépris. — Ainsi, M. Kleffer fut condamné, conformément à l'art. 9 de la loi de 1819 (Paris, 13 mai 1828, MM. Séguier, 1er pr., Renouard, av.), pour s'être rendu coupable d'offense envers la personne du roi par la réimpression du Précis de la révolution française, par Rabaut-Saint-Etienne. Une seule phrase de ce précis était inculpée. L'auteur du précis, en parlant de l'émigration de Coblentz, s'exprimait sur le compte du prince de Condé et sur celui de M. le comte d'Artois, depuis Charles X, d'une manière qui ne doit pas être rappelée. — Il fut également jugé à l'égard du roi Louis-Philippe, que le principe de l'inviolabilité consacré par l'art. 12 de la charte s'appliquait même aux actes de la vie du monarque antérieurs à son avénement au trône (C. d'assises de l'Isère 29 nov. 1841, aff. la Gazette du Dauphiné, V. n° 1534-4°).

645. Aux termes de l'art. 369 c. pén., les calomnies mises au jour par la voie des papiers étrangers peuvent être poursuivies contre ceux qui ont envoyé les articles ou donné l'ordre de les insérer ou contribué à l'introduction ou distribution de ces papiers en France, et, conformément à cette disposition, il a été jugé que l'introduction en France d'un journal étranger contenant des calomnies tendantes à affaiblir l'autorité du roi et à susciter des troubles, constituait le délit puni par l'art. 369 c. pén. et les art. 5 et 8 de la loi du 9 nov. 1815, alors que le prévenu ne justifiait pas de sa bonne foi (Crim. rej. 7 juin 1816) (2). — Mais il est à observer que l'art. 369 c. pén. a été abrogé par l'art. 26 de la loi du 17 mai 1819 (V. p. 408).

646. *Offense envers les membres de la famille impériale.*— Si la personne du souverain doit être à l'abri de la témérité des citoyens, l'honneur des princes de sa famille doit aussi recevoir de la loi une protection forte et spéciale. — On sait que la législation y a pourvu (V. n° 636). — Mais la *famille impériale* ne comprend-elle que la branche appelée à l'hérédité de la couronne, ou bien ces mots désignent-ils tous les princes du sang? — Nous ne trouvons aucune explication sur ce point intéressant dans le rapport de M. le comte de la Guéronnière sur la loi du 10 juin 1853. Il faut donc y suppléer par des inductions.

647. Suivant le rapport fait à la chambre des députés à l'occasion de la révision du code pénal, en 1832, un prince du sang qui n'appartenait pas à la branche régnante ne devait pas être réputé membre de la famille royale. — Nonobstant cette explication, M. de Grattier (t. 1, p. 169) pensait que les mots *famille royale* devaient s'entendre dans le sens du sénatus-consulte du 30 mars 1806, suivant lequel la maison impériale se compo-

---

(1) (La Quotidienne *C.* Min. publ.) — La cour; — Attendu que le délit d'offense envers la personne du roi, prévu par l'art. 9 de la loi du 17 mai 1819, est entièrement distinct de celui d'attaque, dont parle l'art. 2 de la loi du 25 mars 1822; que ce même délit d'offense envers la personne du roi est également distinct de celui de diffamation ou d'injures publiques, prévu par les art. 13 et 14 de la même loi précitée de 1819; — Rejette.

Du 4 mars 1831.-C. C., ch. crim.-MM. de Bastard, pr.-De Ricard, rap.-Dupin, proc. gén., c. conf.-Garnier, av.

(2) (Gouguenhem *C.* min. pub.) — La cour; — Attendu que, par son arrêt du 22 avr. dernier, la cour d'appel de Metz, chambre de police correctionnelle, a déclaré expressément que les douze numéros du Mercure du royaume des Pays-Bas, saisis sur Gouguenhem, contiennent une multitude d'articles rédigés dans le but pervers d'affaiblir par des calomnies et des injures, le respect dû à la personne et à l'autorité du roi; d'alarmer, par des nouvelles fausses et controuvées, les gens de bien sur la stabilité du gouvernement royal et le maintien en France de la puissance légitime, d'entretenir l'esprit de faction et de révolte, et de préparer de nouveaux troubles; — Que cette cour a également déclaré qu'en introduisant ces feuilles séditieuses, Gouguenhem n'a pas pu ignorer qu'il commettait un grave délit, et de l'espèce de ceux que la loi du 9 nov. dernier a pour objet d'atteindre et de punir; — Qu'elle a déclaré aussi que Gouguenhem se prévalait vainement de l'intention qu'il prétendait avoir eue; que ce n'était, de sa part, qu'une allégation dénuée de probabilité; — Attendu que de ces faits ainsi littéralement déclarés constants, il suit qu'il a été reconnu par la cour d'appel de Metz que Gouguenhem a, dans des intentions criminelles, introduit en France des journaux étrangers contenant, soit des calomnies et des injures tendantes à affaiblir le respect dû à la personne et à l'autorité du roi, soit des nouvelles fausses et controuvées propres à alarmer les gens de bien sur la stabilité du gouvernement royal et le maintien en France de la puissance légitime, soit enfin des provocations ayant pour but d'entretenir l'esprit de faction et de révolte, et de préparer de nouveaux troubles;— Attendu que, d'après l'art. 369 c. pén., la simple introduction en France de papiers étrangers renfermant des calomnies envers des individus suffit, lorsqu'elle n'est pas justifiée par des circonstances de bonne foi, pour autoriser contre celui qui l'a effectuée, la poursuite et la peine du délit de calomnie; que par conséquent l'introduction en France de journaux étrangers contenant des provocations séditieuses de la nature de celles qu'a prévues la loi du 9 nov. dernier, lorsqu'elle est faite dans des intentions criminelles, est par elle-même un acte constituant la tentative criminelle des actes séditieux que cette loi déclare punissables; — Que, dès lors, la cour d'appel de Metz a fait à ce délit, tel qu'il résulte des faits déclarés constants dans son arrêt, une juste application des art. 5, 8 et 20 de la loi du 9 nov. dernier; —Rejette.

Du 7 juin 1816.-C. C., sect. crim.-MM. Barris, pr.-Ollivier, rap.

sait : 1° des princes compris dans l'ordre d'hérédité établi par l'acte des constitutions du 28 flor. an 12, de leurs épouses ou de leurs descendants en légitime mariage ; — 2° des princesses, sœurs de l'empereur, de leurs époux et de leurs descendants en légitime mariage jusqu'au cinquième degré inclusivement ; — 3° des enfants d'adoption de l'empereur et de leur descendance légitime. — Sous la loi de 1819, nous aurions pu partager cet avis, mais dans l'état actuel de la législation, il nous paraît inadmissible. — Suivant l'art. 3 du décret des 21-30 juin 1853, la famille impériale se compose : 1° de la descendance légitime ou adoptive de l'empereur ; 2° *des autres princes appelés éventuellement à l'hérédité par le sénatus-consulte* du 7 nov. 1852, de leur épouse et de leur descendance légitime. — Or, que porte à cet égard ce sénatus-consulte ? Que Louis-Napoléon règle par un décret organique adressé au sénat et déposé dans ses archives, l'ordre de succession au trône dans la famille Bonaparte, pour le cas où il ne laisserait aucun héritier direct légitime ou adoptif (art. 4). — Le même sénatus-consulte porte aussi que les membres de la famille de Louis-Napoléon *appelés éventuellement à l'hérédité* et leur descendance des deux sexes font partie de la famille impériale.

648. Il n'y a donc que les princes appelés à l'hérédité par un décret organique de l'empereur qui soient membres de la famille impériale. — Ce décret doit-il être promulgué dans la même forme que les autres actes du pouvoir exécutif ? C'est ce que n'exprime pas le sénatus-consulte qui se borne à énoncer que ce décret sera adressé au sénat et déposé dans ses archives. — Il pourrait donc se faire qu'un décret existât dans ce sens sans qu'il eût été porté à la connaissance de la nation. — Quoi qu'il en soit, un décret des 18-31 déc. 1852, appelle à succéder à l'empereur l'ancien roi de Westphalie, Jérôme-Napoléon Bonaparte et sa descendance directe naturelle et légitime, provenant de son mariage avec la princesse Catherine de Wurtemberg. — Il n'y a donc, ce semble, que les princes et les princesses de cette branche qui, dans le sens constitutionnel, fassent partie de la famille impériale.

649. Ce que nous avons dit de la signification du mot *offense* s'applique naturellement aux outrages contre les membres de la famille impériale. — Ainsi des railleries, des insinuations malveillantes constituent des offenses envers eux. — Aussi, sous la loi du 17 mai 1819, un journal (la Mode) a-t-il été condamné comme coupable d'offense envers des membres de la famille royale pour avoir insinué que la présence de MM. les ducs d'Orléans et de Nemours avait nui aux succès de l'armée française, dans les expéditions de Mascara et de Constantine (C. d'assises de la Seine, 10 janv. 1837, V. Gaz. des trib. 11 janv. 1837).

650. Il a été également jugé que l'art. 10 de la loi du 17 mai 1819 comprenait l'offense envers la mémoire d'un membre de la famille royale décédé (Crim. rej. 24 avr. 1823, aff. Clausse, V. n° 537-3°. — Conf. M. de Grattier, t. 1, p. 167, V. aussi M. Chassan, t. 1, p. 351). — Tout en approuvant cette décision, M. Chassan a soin de rappeler avec raison « qu'en pareille matière, l'histoire et la postérité ont aussi leurs droits qu'on ne saurait trop réserver. Les circonstances, ajoute-t-il, doivent servir à distinguer de l'offense que la loi a voulu réprimer, l'appréciation historique, toujours licite, alors même qu'elle est empreinte d'injustice et d'amertume ; » — Du reste, nous allons bientôt revenir sur cette solution qui se lie à un principe général d'une très-haute importance en cette matière (V. n°s 664, 674). — Il a encore été décidé que l'art. 10 punit l'offense contre un membre isolé de la famille royale, aussi bien que l'offense commise envers la famille, prise dans un sens collectif (même arrêt).

651. Quant à la publicité qui, on le sait, forme un des éléments constitutifs des délits dont nous venons de parler, il a été jugé : — 1° Que l'offense commise dans la boutique d'un maréchal ferrant, en présence de ce maréchal et de son fils et d'un étranger ne peut être considérée comme publique (Crim. rej. 15 mars 1832) (1) ; — 2° Que des propos séditieux et offensants envers la personne du roi et la famille royale, tenus dans la salle de bains d'un hôpital, ont la publicité déterminée par la loi du 17 mai 1819 (Angers, 4 janv. 1824) (2) ; — 3° Qu'une auberge est un lieu public, et que toutes ses appartenances, habituellement destinées à recevoir le public, ont ce caractère, alors même qu'elles sont momentanément occupées par une réunion de particuliers, sous condition qu'eux seuls y seront reçus pendant un banquet ; et qu'en conséquence, les offenses à la majesté royale qui y sont commises, sont accompagnées de la publicité qui commande l'application des art 1 et 9 de la loi du 17 mai 1819 (Crim. cass. 19 fév. 1825) (3) ; — 4° Mais qu'au contraire, une salle d'auberge attenant à la salle à manger ne peut pas être ré-

---

(1) *Espèce :* — (Min. pub. *C.* Gimbert.) — Gimbert, dit Micalet, avait dit, dans la boutique de Mouret, maréchal-ferrant, en présence de ce dernier, de son fils et d'un étranger, « qu'il serait bien le bourreau de Louis-Philippe Ier ; que, s'il savait où le prendre, il l'étranglerait, etc. »

Des poursuites furent dirigées contre lui par le procureur du roi du Puy. — La chambre du conseil du tribunal de cette ville le renvoya, sous la prévention d'attaque contre l'inviolabilité du roi, etc., devant la chambre des mises en accusation de la cour de Riom. Là, le procureur général requit le renvoi du prévenu devant la cour d'assises ; mais cette cour déclara, par arrêt du 23 fév. 1832, qu'il n'y avait lieu à suivre, attendu que les propos tenus par Gimbert n'avaient pas été tenus dans un lieu public ou dans une réunion publique ; qu'ils échappaient par là à l'application de l'art. 1 de la loi du 17 mai 1819. — Pourvoi. — Arrêt.

La cour ; — Attendu que la boutique d'un maréchal-ferrant ne peut être considérée comme un lieu public, dans le sens de la loi, et que la chambre des mises en accusation de la cour d'appel de Riom, en déclarant, en fait, que les propos tenus par Gimbert, dit Micalet, dans la boutique de Mouret, maréchal-ferrant, en la présence de ce maréchal, de son fils et d'un seul étranger, n'auraient été proférés ni dans un lieu public, ni dans une réunion publique, n'a violé aucune disposition de loi ; — Rejette.

Du 15 mars 1832. — C. C., ch. crim. — MM. Bastard, pr. — Chantereyne, r.

(2) *Espèce :* — (Min. pub. *C.* Boulay.) — Joseph Boulay avait tenu dans la salle ou chambre des bains de l'hôpital d'Angers des propos à la fois séditieux et offensants envers le roi et les princes de sa famille. — Des poursuites furent dirigées contre lui par le ministère public ; mais la chambre du conseil considérant que la chambre de bain d'un hôpital n'était pas un lieu public, déclara qu'il n'y avait lieu à suivre. — Appel. — Arrêt.

La cour ; — Attendu en fait qu'il paraît suffisamment établi que Joseph Boulay a dit en présence de plusieurs personnes, dans la salle de bain de l'hôpital civil et militaire d'Angers, que..... ; — Attendu, en droit, que les cris et propos séditieux étant dangereux dans quelque lieu qu'ils soient proférés, l'intention du législateur a dû être de les atteindre toutes les fois qu'un intérêt plus grand ne s'y oppose pas ; — Attendu que l'art. 1 de la loi du 17 mai 1829, en punissant les propos de cette nature tenus dans les lieux et réunions publics, n'excepte par là des peines qu'il prononce que ceux tenus dans les lieux privés ; — Attendu que tout ce qui n'est pas domicile privé, résidence particulière, est nécessairement lieu public ; — Qu'ainsi, il y a deux espèces de lieux publics : ceux dont l'accès est ouvert indistinctement et à toutes heures à tout le monde, tels que les rues, chemins, places, etc. ; et ceux qui ne sont accessibles qu'à certaines personnes ou sous certaines conditions, tels que les spectacles, les écoles, les auberges, etc. ; — Attendu qu'un hôpital doit être évidemment rangé dans cette seconde catégorie, puisqu'il est ouvert au public dans les cas et sous les conditions déterminées par des règlements administratifs ; — Attendu qu'il se compose, non point de tout ce qui est compris dans l'enceinte de ses bâtiments, parce qu'il peut exister dans cette enceinte des lieux privés, tels que les logements particuliers des chefs et employés de l'établissement, mais bien de tout ce qui est affecté au service général et public dudit établissement ; — Attendu que la salle de bain participe évidemment de ce dernier caractère ; que pour le repousser on ne peut invoquer le petit nombre de baignoires qui s'y trouvent et de malades qui peuvent s'y rencontrer, parce que d'abord ce n'est pas le nombre des personnes présentes qui attribue à un lieu quelconque la qualité de public, et qu'ensuite toutes les personnes attachées à l'hôpital ou qui y sont admises à quelque titre que ce soit, peuvent s'y trouver en nombre plus ou moins grand ; que si l'on distinguait par ce motif la salle ou chambre de bain des parties publiques de l'hôpital, il faudrait en distraire aussi certaines autres salles affectées à telle ou telle maladie, parce que les malades ne sont pas ordinairement en très-grand nombre ; que par là on tomberait dans l'arbitraire ; faisant droit sur l'opposition du procureur du roi d'Angers contre l'ordonnance rendue par la chambre du conseil, annule ladite ordonnance et renvoie ledit Joseph Boulay devant le tribunal de police correctionnelle d'Angers pour y être jugé sur les faits à lui imputés par d'autres juges qui ont rendu ladite ordonnance d'absolution.

Du 4 janv. 1824. — C. d'Angers.

(3) *Espèce :* — (Min. pub. *C.* Guyomard.) — Traduit devant le tribunal correctionnel de Guingamp, Guyomard avait été déclaré coupable d'avoir tenu un propos outrageant pour la majesté royale et de l'avoir tenu dans une auberge. — Le tribunal, par application des art. 1 de la

putée lieu public relativement à des particuliers qui en sont locataires et aux personnes qu'ils y reçoivent, et que des discours séditieux et offensants pour la personne du roi, tenus dans cette chambre pendant un dîner de société, n'ont pas le caractère de publicité voulu par la loi pour caractériser un délit (Colmar, 24 janv. 1816) (1).—Nous nous sommes expliqués sur les caractères de la publicité (*suprà*, nº 533). Nous n'avons point à y revenir ici.

Ajoutons qu'il a été décidé aussi que l'individu trouvé possesseur d'un écrit contenant des offenses envers le chef de l'État et une excitation à la haine entre citoyens, ne peut être l'objet de poursuites, par cela seul qu'il a remis l'écrit à un tiers, si cette remise a été confidentielle et s'il n'en est résulté aucune publicité (Ch. crim. 11 mai 1854, aff. Hubin, D. P. 54. 5. 591).

552. Il convient cependant d'ajouter, relativement aux offenses, qu'en ce qui touche les *réunions publiques*, un passage du rapport fait à la chambre des députés, à l'occasion de la révision du code pénal, nous paraît prêter à l'équivoque. On y lit ce qui suit : «... Les offenses secrètes ne sont pas du domaine de la loi ; *il faut que les offenses aient été proférées dans des lieux publics pour devenir un délit.* » — Bien que ces dernières expressions paraissent restrictives, on n'en saurait conclure que l'intention du pouvoir législatif ait été de restreindre les caractères de la publicité, en telle sorte qu'il n'y ait que l'offense commise dans les *lieux publics* qui pût être poursuivie (V. en ce sens M. de Grattier, t. 1, p. 165). — Ce n'est pas seulement dans la nature du lieu où l'offense a été commise qu'elle puise sa gravité, c'est surtout dans le nombre des personnes qui en ont été témoins, dans le scandale qui en est résulté. — Ainsi l'offense au souverain peut être regardée comme publique, bien qu'elle n'ait pas été commise dans un lieu public (V. en ce sens MM. Chauveau et Hélie, Th. du code pénal, t. 2, p. 466 et 467. — V. aussi vº Réunion publique). — Il a, du reste, été jugé qu'une réunion peut être publique, sans que le lieu soit public. Ainsi, pour que l'individu prévenu d'avoir tenu, dans un atelier, des propos séditieux et outrageants pour la famille royale, puisse être renvoyé de la prévention, il ne suffit pas que le tribunal reconnaisse que les propos ont été tenus dans un lieu particulier, il faut qu'il déclare qu'ils n'ont pas été tenus dans une réunion publique (Crim. cass. 10 janv. 1824) (2).

---

loi du 17 mai 1819, 1 et 2 de celle du 25 mars 1822, l'avait condamné à trois mois d'emprisonnement, 300 fr. d'amende et aux frais du procès. — Sur l'appel, jugement du tribunal de Saint-Brieuc, du 24 janv. 1825, qui considère le propos tenu comme une attaque contre la dignité royale; mais attendu qu'il a été proféré dans la réunion d'un petit nombre de particuliers, concertés à l'avance pour le banquet, et hors la présence de toute autre personne; que Guyomard n'y avait été admis que du consentement exprès des convives; que l'appartement où le banquet avait lieu, quoique dépendant d'une auberge, avait cessé momentanément d'en faire partie, puisqu'il avait été spécialement retenu et loué par les convives qui s'en étaient réservé la disposition exclusive; d'où il suit que le fait prouvé contre ledit Guyomard n'a pas eu lieu dans une réunion ou lieu public, et qu'il lui a été fait une fausse application des articles de lois précités; le décharge des condamnations contre lui prononcées en première instance, et, par application des art. 576 et 471, nº 11 c. pén., le condamne à une simple amende de 5 fr. — Pourvoi par le ministère public. — Arrêt.

La cour; — Vu les art. 1 et 9 de la loi du 17 mai 1819;—Attendu qu'un lieu est public, lorsque, par sa nature, il est ouvert au public, et que, par sa destination, il est à l'usage de tous; que, par conséquent, une auberge est un lieu public; — Attendu que toutes les appartenances d'une auberge habituellement destinées à recevoir le public participent à sa nature; qu'elles n'en changent même pas lorsqu'elles sont momentanément occupées par une réunion de particuliers, sous la condition qu'eux seuls y seront reçus pendant un banquet, puisque ce n'est qu'à cause de la nature même du lieu qu'ils sont admis dans les appartements qu'ils occupent et qu'ils n'y seraient pas rassemblés actuellement, s'il n'était habituellement destiné à l'usage du public comme auberge; — Attendu que les offenses commises dans un tel lieu ont le caractère de publicité qui, aux termes de l'art. 1 de la loi du 17 mai 1819, commande l'application des peines portées par l'art. 9 de ladite loi; — D'où il suit que le jugement du 24 janv. 1825 a violé les art. 1 et 9 de ladite loi; — Casse.

Du 19 fév. 1825.-C. C., sect. crim.-MM. Portalis, pr.-Bernard, rap.

(1) (Min. pub. *C.* N...) — La cour; — Considérant que pour apprécier le degré de culpabilité du prévenu, pour connaître d'une manière exacte et certaine les propos qui ont été réellement tenus, et qui, proférés à table, à haute voix et avec chaleur, ont été nécessairement entendus par tous les témoins, il eût été indispensable d'entendre de nouveau ces mêmes témoins, et de faire expliquer et disparaître, s'il eût été possible, les contradictions que présentent leurs différentes dépositions; qu'il résulte bien que de l'ensemble de l'information de celles faites à l'audience, et constatées par les notes sommaires, il en résulte que les propos les plus graves, et les seuls qui, s'ils avaient été tenus dans un lieu public, auraient pu rentrer dans les dispositions de l'art. 5 de la loi du 9 nov. dernier, ne sont attestés que par le seul témoin T..., et que sa déposition pourrait d'autant moins faire preuve, qu'elle est contredite par celle de tous les autres témoins qui ont pu et dû entendre aussi bien que lui ce que le prévenu a réellement dit; — Mais qu'il existe un fait matériel, attesté unanimement par tous les témoins, et qui suffit pour écarter l'application de l'art. 5 de la loi du 9 nov. dernier; — Qu'en effet, la condition première que prescrit cet article est que les discours aient été tenus dans les lieux publics ou destinés à des réunions de citoyens; — Que ce n'est qu'alors et de cette seule manière que l'intention de nuire au gouvernement, de rendre public, d'accréditer et de propager les discours séditieux, est légalement présumée; que ces discours tenus en particulier, dans un lieu non public, et dans l'abandon de la confiance ou de l'intimité, présentent l'émission d'une opinion très-répréhensible, sans doute, qui étant connu de la police, peut et doit commander sa surveillance, mais à laquelle la loi n'attache pas le caractère de délit, parce que la condition de publicité qu'elle prescrit et qu'elle ne fait résulter que de la publicité du lieu où l'opinion a été émise, ne se rencontre pas; qu'au cas particulier, il est constaté que les discours séditieux attribués aux prévenus auraient été tenus dans une chambre à coucher à deux lits, attenante à la salle à manger de l'auberge de..., chambre louée par Jean-George R... et François-Joseph O..., sixième et septième témoins, et dans laquelle ils couchaient l'un et l'autre; que c'est dans cette chambre, et spécialement pour ne pas dîner à table d'hôte, que ledit R... père a donné à dîner à différentes personnes et notamment au prévenu; que cette chambre, bien qu'attenante à la salle à manger de l'auberge, c'est-à-dire à un lieu public, n'était pas elle-même pour cela un lieu public puisqu'elle était louée spécialement et privativement à R... et à O...; que l'un et l'autre pouvaient y recevoir les personnes qu'ils jugeraient à propos; qu'on ne devait et ne pouvait y entrer et y rester que de leur consentement; qu'en un mot, cette pièce, tant qu'ils l'habitaient, tant qu'elle était louée, n'était pas ouverte au public, et n'était par conséquent pas, de fait ni aux yeux de la loi, un lieu public; que toute pièce située au rez-de-chaussée et donnant sur une rue, est aussi bien que cette chambre, voisine d'un lieu public, sans avoir pour cela ce caractère; qu'ainsi les discours proférés dans cette chambre, ne l'ayant pas été dans un lieu public ne pourraient, dans aucune supposition, être soumis aux dispositions de l'art. 5 de la loi précitée; a mis et met l'appellation au néant, ordonne que ce dont est appel sortira son plein et entier effet.

Du 24 janv. 1816.-C. de Colmar.

(2) (Min. pub. *C.* Guynaud.)—La cour;—Vu l'art. 1 de la loi du 17 mai 1819;—Vu également les art. 2, 4, 5, 9 et 10 de ladite loi;—Vu enfin l'art. 2 de la loi du 25 mars 1822, punissant d'un emprisonnement de trois mois à cinq ans les délits prévus et définis par l'art. 1 de la loi du 17 mai 1819; — Attendu que l'ordonnance de la chambre du conseil du tribunal de première instance de Lyon a renvoyé Guynaud devant le tribunal correctionnel de la même ville, sur la prévention d'avoir tenu des propos séditieux et outrageants contre la personne du roi et la famille royale, prévus et déclarés punissables par les art. 1, 9 et 10 de la loi du 17 mai 1819, 2 et 9 de la loi du 25 mars 1822; — Que cette prévention portait sur la généralité des propos séditieux prévus et déclarés punissables par l'art. 1 de la loi du 17 mai 1819, et par conséquent sur ceux qui seraient tenus dans des lieux ou dans des réunions publics;— Qu'en effet, dans ses considérants, le jugement du tribunal de première instance, confirmé par l'arrêt attaqué, déclarait que les propos tenus par le prévenu ne seraient punissables qu'autant qu'ils l'auraient été dans des lieux ou réunions publics; — Mais attendu qu'en décidant, en fait, que les propos tenus par Guynaud l'avaient été dans l'atelier du sieur Berger, le tribunal correctionnel s'est borné à déclarer que cet atelier était un lieu particulier; — Qu'il n'a pas déclaré que ces propos n'avaient pas été tenus dans une réunion publique; — Que néanmoins il a exclu, dans son entier, l'application de l'art. 1 de la loi du 17 mai 1819; — Et attendu que la cour royale de Lyon s'est bornée à adopter purement et simplement les motifs et le dispositif dudit jugement de première instance;—En quoi ladite cour a fait une fausse application et en même temps commis une violation de l'art. 1 de ladite loi du 17 mai 1819: — Casse et annule l'arrêt de la cour d'appel de Lyon, chambre correctionnelle, du 11 décembre dernier, confirmant le jugement du tribunal correctionnel de la même ville du 10 novembre précédent qui renvoie Lazare Guynaud de la plainte portée contre lui; et, pour être de nouveau statué sur l'appel du jugement du tribunal correctionnel de Lyon précité; — Renvoie.

Du 10 janv. 1824.-C. C., sect. crim.-MM. Bailly, pr.-Ollivier, rap.

SECT. 3. — *Offense envers le sénat ou le corps législatif.*

653. Le principe conservateur de toute société qui commande le respect envers les autorités placées au-dessus des citoyens, pour veiller à la sûreté de chacun et à l'indépendance de tous, devait nécessairement étendre ses effets aux grands corps politiques qui participent à l'exercice de la souveraineté par la création des lois. Une censure modérée de leurs actes est toutefois permise; mais si l'exercice de ce droit était toléré jusqu'à l'outrage, le gouvernement représentatif deviendrait impossible. — C'est pour obvier à ce désordre que la loi du 17 mai 1819 a statué, dans son art. 11, que l'offense, par l'un des moyens énoncés en l'art. 1, envers les chambres ou l'une d'elles, sera punie d'un emprisonnement d'un mois à trois ans, et d'une amende de 100 à 5,000 fr.

654. L'art. 7 de la loi du 25 mars 1822 veut aussi que, lorsque le compte rendu des séances des chambres est offensant pour elles ou pour l'un de leurs membres, les éditeurs du journal qui a publié le compte rendu soient condamnées à une amende de 1,000 fr. à 6,000 fr., et à un emprisonnement d'un mois à trois ans. — D'après la même disposition, il peut être interdit, en outre, aux éditeurs ou propriétaires du journal condamné de rendre compte des débats législatifs, et, en cas de violation de cette défense, la peine est double de celle qui vient d'être indiquée. — Mais ici encore se retrouvent les traces de la révolution et de la contre-révolution qui se sont accomplies depuis 1848. La constitution républicaine de cette époque ne reconnaissait qu'une seule assemblée constituée, il est vrai, comme la chambre des députés, d'après le principe de l'élection, mais sur une base beaucoup plus large et avec une autorité infiniment plus étendue, puisque, seule, cette assemblée pouvait donner des lois sans restriction et sans contrôle. — Il était difficile de retrouver, dans une pareille transformation, *les chambres* qu'avaient en vue les lois de 1819 et 1822.

655. Aussi l'assemblée nationale comprit-elle que ces lois, édictées dans le but de faire respecter la chambre des pairs et la chambre des députés ne pouvaient lui prêter leur appui. — De là, le décret du 11 août 1848, qui a eu pour objet de punir les attaques contre les droits et l'autorité de l'assemblée (art. 1), les offenses contre l'assemblée (art. 2) et l'outrage fait publiquement à un ou plusieurs de ses membres (art. 5). — Mais l'assemblée elle-même a disparu dans le coup d'État du 2 déc. 1851, et la constitution de 1852, renouvelant complétement notre organisation politique, a mis à sa place un pouvoir législatif composé de trois branches : le chef de l'État, le sénat, le corps législatif. — Peut-on encore reconnaître dans une partie de ce pouvoir complexe l'*assemblée* que le décret du 11 août 1848 avait voulu protéger? — Nous avons peine à l'admettre, et nous croyons qu'il y a lieu de mettre, sur ce point, la législation en harmonie avec notre nouvel état politique. — Ceux qui se rendraient coupables d'outrages envers le sénat ou le corps législatif ne pourraient, à notre sens, être poursuivis que comme s'il s'agissait d'un corps constitué ordinaire, c'est-à-dire qu'il faudrait que l'outrage offrît les caractères de la diffamation ou de l'injure, ce qui n'est point exigé pour *l'offense*. — V. n° 633.

656. Toutefois, un arrêt semble avoir préjugé la question en sens contraire. — Il a jugé que l'art. 2 de la loi du 26 mai 1819, qui, en cas d'offense envers les chambres législatives, exige, préalablement à toutes poursuites, une autorisation de la chambre contre laquelle le délit a été commis, n'a été abrogé ni par les décrets du gouvernement provisoire ni par l'institution d'une assemblée législative unique (Crim. cass. 15 nov. 1849, aff. Dufraisse, D. P. 49. 1. 300). — Cette décision est fondée, entre autres motifs : — 1° Sur ce que *le préambule de la loi de 1848 confirme les lois de 1819 et 1822 en les modifiant;* — 2° Sur ce que l'observation des règles de procédure et *des dispositions pénales* que ces lois contiennent *n'ont rien d'incompatible avec l'existence et les attributions d'une assemblée unique.* — Prises à la lettre, ces propositions iraient directement contre l'opinion que nous venons d'émettre relativement à l'absence de toute disposition pénale actuellement en vigueur; contre les offenses envers nos deux grandes assemblées politiques, car il en résulterait que les dispositions des lois de 1819 et de 1822 ne s'étant pas trouvées en opposition avec l'existence d'une assemblée unique, et n'ayant même pas été implicitement abrogées, elles doivent *à fortiori* recevoir leur application sous la constitution actuelle qui nous a ramenés à un ordre politique analogue à celui qu'avait créé la charte de 1814, sous laquelle avaient été rendues les lois de 1819 et de 1822. — Néanmoins il est à remarquer qu'il ne s'agissait, dans l'espèce de l'arrêt précité, que de *poursuites;* que c'est sur ce point seulement que la délibération de la cour de cassation a dû se fixer, et que, dès lors, on ne peut en étendre la portée à des *dispositions pénales* dont elle n'avait point à s'occuper dans l'affaire qui lui était soumise. — Le dispositif d'un arrêt est l'œuvre de la cour entière, et c'est là que réside réellement l'autorité de la décision. — Les motifs sont sans doute fort respectables aussi, mais, en général, ils ne sont pas une œuvre collective. — Tout ce que l'on doit donc induire de l'arrêt que nous examinons, c'est que, sous la constitution de 1848, les poursuites en matière d'offense contre l'assemblée nationale, devaient être dirigées conformément à la loi du 26 mai 1819. — Il faut aussi considérer que la loi de 1848 ne s'était point occupée de la poursuite, et qu'il y avait là une lacune à remplir. — D'ailleurs les principes ne sauraient être aussi rigoureux lorsqu'il s'agit de simple procédure qu'en matière de pénalité. L'analogie peut être invoquée à l'égard des poursuites; elle ne doit être d'aucun secours pour l'application des dispositions pénales. — Pour celles-ci on doit s'en tenir à l'entente la plus stricte du principe posé dans l'art. 4 c. pén., ainsi conçu : — « Nulle contravention, nul délit, nul crime ne peuvent être punis de peines qui *n'étaient pas prononcées par la loi avant qu'ils fussent commis.* » — Et lorsqu'il peut y avoir la moindre équivoque sur ce point la peine n'est pas censée prononcée. — C'est ce que la cour a jugé, notamment en matière de liberté provisoire sous cautionnement, par le motif que « *les peines ne peuvent être établies par des expressions équivoques, et que si une loi présente des doutes dans son interprétation,* elle doit être entendue dans le sens le plus généreux... » (Crim. cass. 19 oct. 1821, aff. Cauchois-Lemaire, V. Instruction criminelle, n° 768). — Or comment ne pas au moins avoir des doutes au milieu de tant de vicissitudes politiques et législatives? Comment lorsque les jurisconsultes eux-mêmes ont quelque peine à se rendre compte de l'état réel de la législation, serait-il permis de frapper comme coupable celui qui, en commettant une offense envers le sénat ou le corps législatif, n'y aurait pas d'avance lu sa condamnation? — L'art. 11 de la loi du 17 mai 1819, l'art. 7 de la loi du 25 mars 1822 (en ce qui touche les chambres), appartiennent à la période constitutionnelle régie par les chartes de 1814 et de 1830. La loi du 11 août 1848 dans les dispositions ci-dessus rappelées appartient à la révolution de 1848 et à l'organisation qui en est résultée. — Ces lois doivent juridiquement se renfermer dans la période pour laquelle elles ont été établies. Et l'on peut, dans une certaine mesure, leur appliquer ce que Bacon dit des lois de circonstances : — *Statuta, quæ manifestò temporis leges fuēre, atque ex occasionibus reipublicæ tunc invalescentibus natæ, mutatâ ratione temporum, satis habent, si se in propriis casibus sustinere possint : præposterum autem esset, si ad actus omissos ullo modo traherentur* (Aph. 15).

657. Mais quelque incontestable que nous semble l'opinion que nous venons d'exprimer, ce n'est là qu'une induction de principes et non la volonté directement manifestée par le législateur. Nous devons donc prévoir le cas où une autre doctrine prévaudrait auprès des tribunaux, et ne point passer sous silence la jurisprudence et la doctrine qui se sont formées sous les dispositions ci-dessus rappelées, que nous considérons comme abrogées.

658. Dans cet ordre d'idées purement subsidiaire, nous devons rappeler qu'il a été jugé : 1° que dans les articles incriminés pour offense envers elle, une chambre législative ne doit pas distinguer la forme de l'idée, en sorte que celle-ci justifiée, celle-là soit suffisante pour motiver une condamnation; elle doit, au contraire, considérer les articles comme un tout indivisible, appréciable dans son unité; spécialement, que l'auteur d'un article contenant des expressions d'estime et d'admiration pour les pairs individuellement, a pu être réputé coupable d'offense envers la chambre, pour avoir attaqué dans le même article l'institution de la pairie, en la représentant comme un fantôme d'institution, mourant, sans vie, sans lumières, sans indépendance (ch. des pairs, 8 mars 1841, aff. le National, V. les discussions à laquelle cette affaire a donné lieu, D. P. 41. 3. 164); — 2° Qu'on peut, sans offenser une chambre législative, contester la légitimité, la moralité de la loi qui l'investit du droit de punir elle-même les offenses dont elle est l'objet, alors qu'on le fait en termes sages et mesurés (résolu impl. même arrêt). — Mais est-il vrai qu'une telle loi ne soit ni sage ni morale? — La négative nous paraît certaine. Il nous a toujours semblé qu'un pouvoir qui, par le nombre et l'illustration des membres dont il est composé, comme par l'étendue de leurs lumières, offre toute garantie aux citoyens, ne saurait raisonnablement être soupçonné d'obéir à un intérêt personnel; que le pouvoir qui constitue l'un des premiers éléments de la souveraineté, et comme tel a besoin de la plus grande autorité morale sur les esprits, en même temps que, par sa constitution, il est dans l'impuissance de répondre aux attaques, aux offenses dont il est l'objet, doit avoir le droit de connaître de ces offenses; et que le jour où un tel pouvoir sera obligé d'en demander la répression au jury, c'est-à-dire à une juridiction qui, en raison de sa mobilité, de sa tendance à s'insurger contre toute supériorité sociale, et enfin du petit nombre de ses membres, évidemment hors d'état de supporter le poids de la responsabilité qu'impose, dans les temps d'orage, le jugement d'un procès politique, il ira s'affaiblissant dans l'esprit des citoyens... jusqu'au moment où, dépouillé de tout prestige, impuissant, comme la chambre héréditaire de la restauration, à résister aux attaques dirigées contre lui, sans influence comme sans sympathie, il disparaîtra dans quelque tourmente révolutionnaire.

659. Dire, de la cour des pairs, qu'après la réduction opérée sur ses membres, en vertu de la charte, elle se trouvait transformée en véritable commission, et que ses condamnations seraient stygmatisées du nom *d'assassinat judiciaire*, n'était-ce pas commettre le délit d'offense envers cette chambre? — Cette question s'est présentée dans l'affaire de Kergorlay, accusé, en outre, d'avoir commis le délit d'offense envers la personne du roi, et d'excitation à la haine et au mépris du gouvernement du roi (V. n° 567-5°). La cour des pairs a condamné le prévenu, sur ces deux derniers chefs; et a passé sous silence le grief qui la concernait : nous n'en sommes pas moins convaincus que ce grief caractérisait le délit d'offense.

660. Il y a offense contre une chambre, non-seulement quand l'outrage est dirigé contre la chambre entière ou contre la majorité, mais aussi lorsqu'elle l'est contre une minorité, lorsqu'elle s'adresse à une fraction de la chambre, au lieu de ne tomber que sur un ou quelques membres individuellement désignés. Peu importe que quelques membres aient été nominativement désignés (V. MM. Chassan, t. 1, n° 330; de Grattier, t. 1, p. 170; Bories et Bonassies, v° Offense, n° 26). — Il a été décidé en ce sens que le délit d'offense envers la chambre des pairs ou la chambre des députés résultait nécessairement de l'excitation à la haine ou au mépris des membres de ces chambres pris dans un sens collectif (Crim. cass. 13 janv. 1838, aff. Sers, V. n° 1077).

661. Y avait-il offense contre une chambre quand un outrage avait lieu contre elle à l'occasion de l'exercice de ses fonctions judiciaires? La question ne pouvait se présenter à l'égard de la chambre des députés qui n'exerçait jamais de véritables fonctions judiciaires et ne prononçait que comme corps politique. Il n'en était pas de même à l'égard de la chambre des pairs. Cette chambre avait de véritables attributions judiciaires. Et elle a décidé, à l'unanimité, dans l'affaire des défenseurs des accusés d'avril, qu'elle était compétente pour statuer comme chambre et corps politique, sur les offenses qui lui étaient adressées à l'occasion de ses fonctions judiciaires (résolution du 29 mai 1835). —Telle est aussi l'opinion de MM. Chassan, t. 1, p. 225 et suiv.; de Grattier, t. 1, p. 172, 173; Bories et Bonassies, v° Offense, n° 27 à 32.—Mais la question ne peut s'élever à l'égard du sénat que la constitution de 1852 n'appelle, dans aucun cas, à remplir de telles fonctions. L'art. 54 de cette constitution a créé une haute cour de justice qui juge, sans appel, ni recours en cassation, les attentats dont la connaissance appartenait à la cour des pairs.

662. Au reste, l'offense commise envers une chambre par l'un de ses membres, doit être punie de la même manière que si elle avait été commise par toute autre personne, car la loi ne fait pas de distinction (V. en ce sens MM. de Grattier, t. 1, p. 170; Bories et Bonassies, n° 47), à moins cependant que ce ne soit dans un discours prononcé dans l'une des deux chambres. — V. *infrà*, n°s 1155 et suiv.

663. Il n'est pas nécessaire, pour l'existence du délit d'offense envers les chambres, qu'il soit commis durant la session. —Pendant l'intervalle des sessions, les chambres n'en conservent pas moins leur existence constitutionnelle et ont droit, par conséquent, à la même protection que lorsqu'elles sont réunies (V. en ce sens MM. Chassan, t. 1, n° 329; Bories et Bonassies, v° Offense, n° 25).—Toutefois, M. Chassan, *loc. cit.*, estimait que la chambre des pairs ne pouvait, dans l'intervalle des sessions législatives et pendant qu'elle était réunie comme cour de justice, punir que les offenses qui lui étaient faites à raison de ses fonctions judiciaires, offenses qui se liaient alors à l'objet même de la réunion de la chambre et non celles qui lui étaient adressées à raison de ses fonctions législatives, attendu que la loi du 26 mai 1819, suspendant, durant l'intervalle des sessions, la prescription du délit d'offense envers les chambres, suspendait aussi par là même, pendant le même temps, le pouvoir qu'elles avaient de connaître de ce délit, quand il a été commis à l'occasion des fonctions législatives. — Le même auteur enseignait aussi que cette suspension de pouvoir existait pour la chambre des pairs, même relativement aux offenses à elle faites à raison de ses fonctions judiciaires, si elles étaient commises après la réunion de la chambre comme cour judiciaire.—Nous n'insisterons pas sur ces opinions qui, d'après l'observation que nous venons de faire (n° 661), n'ont plus qu'un intérêt historique.

664. Il a été jugé que l'outrage envers une chambre de députés dissoute ne pouvait constituer aucun délit : le motif en est que la dissolution avait ôté à cette chambre son caractère public, et que ses travaux étaient désormais dans le domaine de l'histoire (Paris, 19 oct. 1827, aff. Lardier; V. Crim. rej. 7 déc. 1827, n° 1078). — Conf. MM. Parant, p. 109; Mangin, de l'Action publique, t. 1, n° 149; Bories et Bonassies, n° 33). — Toutefois, M. de Grattier, t. 1, p. 171, est d'avis que la chambre des députés formait un être moral ou constitutionnel dont la durée était constante, nonobstant la dissolution; en telle sorte que la chambre nouvellement élue n'était que la continuation de celle qu'elle avait remplacée. — Cette doctrine nous paraît peu conforme à la lettre et à l'esprit des anciennes chartes. Le mot *dissolution* implique l'anéantissement ou l'extinction du corps auquel il s'applique. La dissolution avait, d'ailleurs, pour but d'avoir une chambre animée d'un autre esprit que celle qui était dissoute, ce qui paraît exclusif du lien que M. de Grattier voit entre elles. Pour admettre que la chambre convoquée après celle qui était dissoute avait le droit de se plaindre des offenses dirigées contre celle qu'elle avait remplacée, il faudrait supposer une sorte de droit successif qui ne se trouvait inscrit ni dans les chartes ni dans la loi.

665. Il importe à l'intérêt public, non-seulement que les chambres soient à l'abri de l'outrage, mais encore que cette garantie soit offerte aux divers membres qui les composent; sans cela, les membres des assemblées politiques ne jouiraient pas en réalité de la liberté de leurs votes; ils auraient toujours à craindre les attaques extérieures des opinions contraires. — En Angleterre, les offenses soit contre le parlement entier, soit contre l'une des deux chambres, soit enfin contre l'un de leurs membres, sont considérées comme des violations du privilége parlementaire et punies de la même peine (V. Hist. const. d'Angleterre, ch. 16, t. 3, p. 99 et 102; M. Chassan, t. 1, p. 221). — Il est, de plus, à observer que l'outrage *non public* envers un membre du parlement n'est pas moins puni que l'insulte *publique*. M. Chassan, t. 1, p. 222, pense qu'il devrait en être de même en France. Il fait remarquer que l'outrage commis même non publiquement envers les agents de la force publique et les officiers ministériels, tombent sous l'application des art. 222 et suiv. c. pén., tandis que la loi est muette quant à l'outrage *non public* envers les membres des chambres législatives.— Cette observation nous paraît juste, sauf la distinction qu'il serait convenable de faire quant à la pénalité, parce que la publicité ajoute nécessairement à la gravité de l'outrage.

666. Du reste, la loi du 17 mai 1819 ne contenait aucune disposition applicable soit aux pairs, soit aux députés pris individuellement. — On avait d'abord pensé que les membres des deux chambres étaient compris sous les désignations de magistrats ou de dépositaires de l'autorité publique et devaient, par conséquent, jouir des mêmes garanties; mais les tribunaux, fidèles à la lettre de la loi, avaient repoussé cette interprétation (Crim. rej. 20 oct. 1820, aff. N..., V. nº 755). De sorte que les membres des deux chambres se trouvaient désarmés devant les outrages dont ils pouvaient être victimes. — La loi du 25 mars 1822 avait comblé cette lacune, en statuant dans son art. 6, que « l'outrage fait publiquement, d'une manière quelconque, à raison de leurs fonctions ou de leurs qualités, à un ou plusieurs membres de l'une des deux chambres, serait puni d'un emprisonnement de quinze jours à deux ans et d'une amende de 100 fr. à 4,000 fr. » — Aux termes de l'art. 5 de la loi du 11 août 1848, l'outrage fait publiquement d'une manière quelconque, à raison de leurs fonctions ou de leur qualité, à un ou plusieurs membres de l'assemblée nationale était également puni d'un emprisonnement de quinze jours à deux ans et d'une amende de 100 fr. à 4,000 fr. — Suivant les principes du droit criminel, même inapplicabilité, ce semble, de cette législation aux membres du sénat et du corps législatif pris isolément qu'à ces deux corps politiques eux-mêmes. Nous n'avons pas à revenir à cet égard sur les développements dans lesquels nous sommes entrés à ce sujet. — V. nº 655.

667. L'outrage dirigé contre un membre des deux chambres en cette qualité pourrait, dans certaines circonstances, être considéré comme une offense envers la chambre entière (V. en ce sens M. de Grattier, t. 1, p. 170), s'il résultait, en effet, de la nature de l'offense que c'est bien plutôt le corps entier que la personne d'un de ses membres que l'offenseur a voulu atteindre.

668. Il est bien entendu, d'ailleurs, que lorsque la loi punit l'offense envers l'un des membres des assemblées politiques, c'est dans l'accomplissement de son mandat qu'elle entend le couvrir de sa protection et non pour les actes qui y sont étrangers. — Ainsi, les fonctions d'un député ne consistent que dans sa participation au pouvoir législatif et non dans ses rapports avec les ministres ou autres chefs d'administration publique.— Par suite, il a été jugé que, toutes les fois que la diffamation commise par la voie de la presse envers un député ne porte pas sur des faits qui se soient accomplis dans l'exercice de ses fonctions à la chambre, mais sur des faits qu'on suppose avoir été provoqués par son influence auprès du gouvernement, il doit être réputé atteint dans sa vie privée et non dans sa qualité de fonctionnaire, et, dès lors, l'action en diffamation est de la compétence du tribunal correctionnel (Paris, 4 mai 1839) (1). — V. en ce qui touche la compétence, *infrà*, nºs 1566 et suiv.

SECT. 4. — *Offense envers les souverains étrangers.*

669. « Dans l'indépendance de l'état de nature, dit Puffendorf (Devoirs de l'homme et du citoyen, liv. 2, chap. 16), on ne peut en venir à la guerre contre personne que pour les injures qu'on a reçues de lui-même. Mais, dans les sociétés civiles, on s'en prend quelquefois à tout le corps de l'Etat ou au souverain, du mal qui a été fait, même sans son ordre, par quelqu'un de ses sujets. » — De là une cause de guerre, bien futile, sans doute, mais non impossible. Par suite, la prudence commandait au législateur de se préoccuper des offenses qui pourraient être dirigées contre les souverains étrangers. Tel est, apparemment, le motif qui a dicté l'art. 12 de la loi du 17 mai 1819, aux termes duquel, l'offense envers *la personne des souverains étrangers ou des chefs des gouvernements étrangers* est puni d'un emprisonnement d'un mois à trois ans et d'une amende de 100 fr. à 500 fr. — « Par cet article, a dit M. de Serre, on a voulu réprimer uniquement l'offense personnelle envers les souverains étrangers et non pas la critique et encore moins la discussion des actes des souverains étrangers, critique qu'il importe de laisser parfaitement libre. »

670. Il est bien évident qu'il ne s'agit ici que des gouvernements reconnus par la France, puisque, sans cette condition, ils n'ont pour nous qu'une existence de fait et qu'en droit, ils n'existent point. — Les mots *souverains étrangers* s'appliquent aux souverains collectifs, comme les républiques, de même qu'aux souverains *uniques* et les mots *chefs des gouvernements étrangers* s'entendent des chefs du pouvoir exécutif dans les états démocratiques (V. MM. Rauter, Dr. crim. franç., t. 1, nº 419; Chassan, t. 1, p. 380. — V. aussi M. de Grattier, t. 1, p. 174).

671. Lors de la discussion de la loi de 1819, on avait demandé que la réparation ne pût être accordée aux souverains étrangers par la voie judiciaire, qu'autant que la législation de leur pays contiendrait une disposition qui permît la réciprocité à ce sujet. — A cette proposition, M. de Serre fit une réponse, par suite de laquelle l'amendement fut rejeté et qui écarte toute difficulté que l'on voudrait soulever dans l'application de l'art. 12 précitée, en se fondant sur le silence des législations étrangères à cet égard. — « Les gouvernements absolus, a dit cet orateur, vivent sous l'arbitraire, et nous nous vivons sous des lois; dès lors, nos lois doivent être raisonnables, doivent graduer les peines selon les offenses. Je ne comprends pas qu'on nous propose de subordonner notre législation soit à celle des peuples qui nous sont plus ou moins inférieurs dans les progrès de la civilisation, soit, dans certains cas, à un des peuples barbares eux-mêmes. Il est de notre destinée de marcher en avant de la civilisation et de donner des exemples de bonne législation. » — Pour soutenir l'honneur de ces nobles paroles, nous voudrions que, dans toute appréciation, non-seulement des actes des souverains étrangers, mais aussi de leurs sujets, dans l'examen de leurs mœurs, de tout ce qui les concerne, la France donnât toujours l'exemple de cette urbanité de langage dont les beaux siècles de la littérature lui ont donné la réputation et que certains écrivains semblent peu jaloux de lui conserver. — L'aigreur du style, la rudesse des formes n'ont cependant jamais rien prouvé que le mauvais naturel ou le défaut d'éducation de celui qu'elles distinguent.

672. Les motifs que nous venons d'indiquer (nº 669) comme servant de base à la disposition relative aux souverains étrangers prouvent assez qu'elle ne peut s'appliquer qu'à ceux qui sont en possession de leur autorité. — Par suite, il a été jugé que cette disposition n'est pas applicable à un souverain déchu pour une offense commise envers lui depuis sa déchéance relativement aux actes de sa souveraineté (Paris, 12 sept. 1834) (2).

(1) (Delaroche, etc. C. Périer.) — LA COUR (après dél. en ch. du cons.); — Attendu que la cour d'assises ne pouvait être compétente sur l'action en diffamation intentée par les sieurs Périer fils, qu'autant que Casimir Périer aurait été diffamé, soit comme agent ou dépositaire de l'autorité publique, soit comme ayant agi dans un caractère public, pour des faits relatifs à ses fonctions; — Que les articles incriminés n'énoncent point que, dans les faits qui y sont reprochés à Casimir Périer, il ait agi en son caractère, soit de ministre d'Etat, soit de député; — Que sans doute une telle énonciation ne serait point nécessaire pour établir la compétence de la cour d'assises, si, de la nature des faits imputés, il ressortait qu'ils fussent nécessairement relatifs aux fonctions de la personne diffamée; mais qu'il n'en est point ainsi dans l'espèce, puisque, d'une part, rien dans les articles dont il s'agit, ne précise la date des faits reprochés à Casimir Périer de manière à la faire remonter à l'époque où il faisait partie du cabinet; et que, d'autre part, rien non plus n'y indique que l'affaire qu'il est accusé d'avoir procurée à un tiers ait été l'objet à cette époque d'aucun vote ni d'aucune délibération de la chambre des députés; qu'il est impossible d'admettre que tout rapport d'un député avec les ministres ou autres chefs d'administration publique soit nécessairement un acte de ses fonctions de député, lesquelles ne consistent que dans la participation au pouvoir législatif; — Que, dans cet état, la cour d'appel de Paris s'est conformée aux lois de la matière, en déclarant la juridiction compétente; — ... Rejette.

Du 4 mai 1839.-C. C., ch. crim.-MM. Bastard, pr.-Vincens, rap.

(2) (Le duc de Brunswick C. Chaltas.) — LA COUR; — Considérant que, si, à l'époque de la publication de l'écrit de Chaltas, le duc Charles de Brunswick ayant cessé d'être souverain par suite de sa déchéance reconnue par la France et par les autres puissances de l'Europe, il n'avait plus droit à la protection spéciale dont l'art. 12, L. 17 mai 1819, environne la personne des souverains étrangers, il était resté dans le droit commun, et qu'il a pu demander aux tribunaux français la réparation des délits de diffamation et d'injures commis contre lui en France pendant qu'il y résidait; — Considérant que la révolution de Brunswick est un fait notoire et historique dont il ne saurait être interdit aux écrivains de rendre compte; que le récit de cette révolution comprend nécessairement l'exposition des griefs qui l'ont amenée, et des raisons que les états généraux de Brunswick ont soumises à la diète germanique, et qui ont déterminé celle-ci à sanctionner la dépossession du duc Charles; qu'à

673. L'offense envers le chef d'un gouvernement étranger dont le pouvoir est expiré n'est pas comprise, non plus, dans l'art. 12 de la loi de 1819, c'est en effet la dignité du souverain que la loi a voulu mettre à l'abri de toute attaque. — Lorsqu'il est rentré dans la vie privée, il ne peut donc invoquer une disposition qui ne le concerne plus (V. en ce sens M. de Grattier, t. 1, p. 174).

674. Il paraît, du reste, sans difficulté, et c'est ce qui a été jugé, que le souverain déchu peut aux termes du droit commun, poursuivre devant les tribunaux français ceux qui se rendent coupables envers lui de diffamation ou d'injures, durant sa résidence en France (Paris, 12 sept. 1834, aff. le duc de Brunswick, V. n°672). — Mais on ne peut considérer comme diffamatoires les écrits purement politiques qui n'attaquent le prince déchu que dans les actes de son gouvernement, qui ont amené sa déchéance ou dans ses projets pour rentrer de vive force dans ses États (même arrêt). — Ce sont là, en effet, ce semble, des faits politiques qui sont du domaine de l'histoire et non de la compétence des tribunaux correctionnels.

Sect. 3. — *Outrage envers les personnes revêtues d'un caractère public.*

675. Nous avons déjà défini l'outrage d'une manière générale (V. n° 611). — Nous avons dit aussi ce que sont l'outrage à la religion, l'outrage à la morale publique et religieuse ou aux bonnes mœurs (V. n° 619). Nous avons maintenant à préciser les éléments constitutifs de *l'outrage* envers les personnes revêtues d'un caractère public. — Pourquoi le législateur a-t-il préféré le mot *outrage* à tout autre, en ce qui concerne les personnes que nous venons de désigner? — C'est ce qu'il n'a pas eu le soin de faire connaître. Seulement il résulte de l'ensemble des dispositions sur la matière, qu'il a voulu comprendre sous cette expression toute espèce d'irrévérence *même légère* envers les représentants de l'autorité. — Mais alors le mot est-il heureusement choisi? — « L'outrage, dit l'abbé Girard (synonymes français, t. 1, p. 38) est une insulte *avec excès de violence.* » — Le sens adopté par la loi n'est donc pas d'accord sur ce point, avec la signification étymologique et naturelle. Or, lorsque le législateur veut détourner un mot de son acception usuelle, il devrait, ce semble, le définir afin de prévenir toute méprise. — Du silence qu'il a gardé il suit que l'appréciation du juge manque en réalité de base légale et qu'elle est à peu près livrée à l'arbitraire. — Ainsi, élever la voix, faire un mouvement de tête ou d'épaules un peu prononcé, rire d'une manière bruyante, etc., pourraient être des outrages aux yeux de certains juges, tandis que d'autres magistrats, mieux inspirés selon nous, ne verraient dans des faits de ce genre que de simples inconvenances qui trahissent des habitudes de mauvaise compagnie et non une intention criminelle que la loi doive punir.

676. Là ne se bornent pas d'ailleurs les difficultés de notre sujet, et au milieu de la confusion qui y règne sur bien des points, on ne peut s'empêcher de regretter qu'au lieu de viser à rendre un grand nombre de lois et de s'en glorifier, les assemblées législatives de tous les temps n'aient pas mis surtout leur honneur à les rédiger avec clarté et précision, et à les coordonner de telle manière que chaque texte ne devînt pas une sorte d'énigme livrée à la sagacité des magistrats et des jurisconsultes. Une très-grande partie des défauts de notre législation eût été évitée sans doute, si, d'abord, on n'avait remanié les lois existantes que lorsqu'on y aurait été amené par une nécessité évidente et pressante; et, en second lieu, si, en portant la main sur des actes législatifs offrant un système complet, on avait rapporté ces actes en entier au lieu d'en laisser subsister des fragments, en évitant même systématiquement de déclarer ce que l'on entendait conserver des lois partiellement abrogées. — Quoi qu'il en soit, poursuivons notre tâche, et cherchons à déduire des règles de quelque précision d'un ensemble de dispositions qui semblent vouloir se dérober à l'analyse.

677. Trois conditions principales nous semblent nécessaires pour qu'il y ait outrage : — La première, c'est l'existence d'un acte ou d'une parole d'une nature offensante; — La seconde, c'est que cet acte ou ces paroles s'adressent à une personne revêtue d'un caractère public, au moins momentané; — La troisième, que ce soit durant les fonctions publiques de cette personne, ou bien à raison ou à l'occasion de ces fonctions, que le fait signalé comme outrageant ait été commis.

678. A ces trois conditions, nous croyons que, suivant le sens intime de la loi, il conviendrait d'en ajouter une quatrième, à savoir : *la présence* de la personne insultée; mais la jurisprudence ne l'a point consacrée, et nous nous bornerons à indiquer brièvement les motifs qui nous semblent militer contre cette jurisprudence. Occupons-nous d'abord des trois premières conditions ou caractères qui semblent à l'abri de toute discussion, du moins dans les termes qui viennent d'être indiqués.

679. *Première condition, faits ou discours d'une nature offensante.* — Jusqu'où peuvent aller, sous ce rapport, la susceptibilité de l'offensé et la sévérité des magistrats, c'est ce que l'on ne peut guère faire comprendre que par des exemples. Nous allons en grouper ici quelques-uns. Les développements successifs de ce travail en amèneront un plus grand nombre. — Ainsi, et c'est ce qui a été jugé, dire à un fonctionnaire publiquement : allez moucharder ailleurs, c'est commettre envers lui un outrage public par paroles (Cr. cass. 2 janv. 1834. aff. Gazard, V. chap. 9; Conf. MM. de Grattier, t. 2, p. 51, note, Bories et Bonassies, v° Outrage, n° 20). — Il a été jugé aussi que c'était se rendre coupable d'outrage envers l'adjoint d'un maire, que de lui dire, en sa présence, à l'audience d'un tribunal : « qu'il vaudrait autant avoir affaire au pape qu'à lui » (Rouen, 4 déc. 1830, aff. Hautebout, M. Carel, pr.). — L'espèce dans laquelle est intervenue cette décision nous paraît d'ailleurs mériter une attention particulière. Un sieur Hautebout fut traduit devant le tribunal d'Yvetot sous prévention de vagabondage. Il se défendit d'abord sur cette inculpation, soutenant qu'il n'était nullement vagabond, qu'il sortait d'un régiment de pionniers, après avoir été régulièrement licencié, et qu'au moment de son arrestation, il se rendait au Havre dans le but d'y chercher une occupation conforme à son premier état, qui était celui de chapelier. — Il se plaignit ensuite des mauvais traitements qu'un guichetier lui avait fait subir dans la prison d'Yvetot où il avait été détenu jusqu'à sa comparution devant le tribunal. — A cette plainte, M. le procureur du roi répondit que le prévenu aurait dû se faire rendre justice par le concierge, et que, dans le cas où sa réclamation serait demeurée sans effet, il aurait dû en informer M. Pouchin, adjoint, en ce moment présent à l'audience : « *Bah!* dit alors le prévenu, *vaudrait autant avoir affaire au pape qu'à M. Pouchin.* » — Sur ces paroles, qui n'avaient pu être préméditées, M. le procureur du roi demanda immédiatement que le prévenu fût condamné pour outrage envers un fonctionnaire public, conformément à l'art. 6 de la loi du 25 mars 1822. — Hautebout s'excusa de son mieux, affirma qu'il n'avait pas eu l'intention d'injurier M. Pouchin, qu'il ne connaissait même pas. Il reconnut que la comparaison qu'il avait

---

la suite de cet événement, il s'est élevé, entre ce prince et le chef de la maison de Brunswick, de graves discussions dont l'appréciation est hors du domaine des tribunaux; qu'ainsi les écrits relatifs à cette révolution et aux suites qu'elle a eues, dans quelque esprit qu'ils soient rédigés et quelque fâcheux que puissent être, pour le duc Charles de Brunswick, les détails dans lesquels entre l'auteur, ne sauraient constituer un délit de diffamation tant qu'ils n'attaquent le duc de Brunswick que relativement aux actes faits en sa qualité de prince souverain; que ce caractère existe encore moins dans l'imputation faite à ce prince d'avoir formé le projet de rentrer dans ses États, même à main armée, s'il était nécessaire, et d'avoir fait des préparatifs dans ce but : un tel fait n'étant point de nature à porter atteinte à son honneur ni à sa considération; mais considérant que Chaltas, dans l'écrit par lui publié, a non-seulement présenté dans un sens favorable aux états généraux de Brunswick le tableau de la révolution qui a privé le duc Charles de ses États, mais a de plus méchamment attaqué la personne même de ce prince; qu'il lui a imputé des faits nombreux et graves, portant atteinte à son honneur et à sa considération, les uns antérieurs à la déchéance de ce prince, mais entièrement étrangers à l'exercice de sa souveraineté, les autres postérieurs à cette déchéance, et principalement relatifs à ses mœurs et à sa vie privée; — Met l'appellation au néant; — Ordonne que ce dont est appel sortira effet, et néanmoins, — Réduit les dommages-intérêts accordés au duc de Brunswick à 20,000 fr. etc.

Du 12 sept. 1834.-C. de Paris, ch. cor.-M. Vincens, pr.

faite était déplacée sans doute, mais il ajouta qu'il ne pensait pas qu'elle eût rien de blessant pour M. Pouchin. — Néanmoins, le tribunal d'Yvetot déclara Hautebout coupable d'outrage envers un fonctionnaire public à raison de ses fonctions, le déclara, en outre, en état de vagabondage, le condamna au *maximum* de l'emprisonnement prononcé par la loi de 1822 pour le délit d'outrage (deux années), lui interdit les droits civiques, et, vu son état de vagabondage, le mit à l'expiration de sa peine à la disposition du gouvernement.—Appel. — Mais, le 4 déc. 1830, arrêt de la cour de Rouen, qui confirme la décision des premiers juges, quant à la déclaration de culpabilité, réduit toutefois l'emprisonnement à six mois, mais condamne le prévenu à 100 fr. d'amende, ce que n'avaient pas fait les premiers juges. — V. Gazette des tribunaux.

680. Ces faits et ces décisions nous paraissent porter en eux-mêmes leur commentaire, et nous nous bornerons à faire remarquer que plus la loi s'est montrée confiante envers les magistrats, en laissant entièrement à leur discrétion le soin de qualifier les outrages, plus ils doivent être circonspects dans cette qualification. Ils ne peuvent donc les appliquer, ce semble, qu'à des actes ou des paroles qui ont assez de gravité pour éveiller la susceptibilité d'un homme raisonnable. Ils doivent aussi se souvenir de cet adage plein de sagesse : *summum jus, summa injuria*, et tenir grand compte de l'intensité de la volonté et du degré d'éducation de celui à qui on impute un outrage. L'homme des champs, le manouvrier inculte ne sauraient, sans injustice, être traités, sous ce rapport, de la même manière que l'homme du monde dont l'oreille délicate sait, en général, déterminer avec justesse la valeur exacte des termes.

681. C'est donc surtout l'intention qu'il faut s'attacher à découvrir.—Aussi a-t-il été jugé que des expressions qui, considérées isolément, présentent le caractère d'outrage ne doivent cependant pas être ainsi qualifiées s'il est reconnu que celui à qui elles sont imputées ne s'en est servi que dans le but de se justifier (Riom, 19 mars 1827, aff. Descoutures, V. n° 896). — De même, il a été décidé que de fausses déclarations de vol dont on prétend avoir été victime, faites à un commissaire de police, ne constituent pas un outrage envers ce fonctionnaire public (Paris, 19 janv. 1827, M. Dehaussy, pr., aff. Molle et Lapotère). — On comprend que c'est nécessairement par l'appréciation de l'intention que cette solution a été adoptée ; car on ne saurait ériger en principe qu'il est permis de se jouer des fonctionnaires publics en les détournant de leur mission pour les occuper de faits imaginaires. — Aussi a-t-il été jugé qu'on outrage le corps de la gendarmerie en lui faisant la déclaration mensongère d'un délit qui n'a pas été commis, en ce qu'on l'expose par là à de fausses démarches, qu'on la détourne d'un service utile, et qu'on lui fait souvent prendre le change sur des attaques réelles projetées sur d'autres points (Crim. rej. 9 déc. 1808 (1).—Conf. MM. Chassan, t. 1, p. 450 ; de Grattier, t. 1, p. 451, notes). — Mais il a été jugé qu'on ne peut considérer comme outrage envers un tribunal, le refus d'obéir à l'ordre donné dans une simple lettre par le président au nom de ce tribunal (Bourges, 6 mars 1807, aff. Lag..., V. n° 690).

682. Il a été décidé encore : 1° que le fait d'avoir, dans la rue, menacé un sous-préfet d'une cravache, et d'avoir répété à plusieurs reprises, certains propos, constitue un outrage public (Crim. cass. 16 janv. 1834) (2) ;— 2° Que le fait, de la part d'un sapeur-pompier, d'avoir dit, à l'audience publique du juge de paix, « que les officiers de sa compagnie retenaient à leur profit les amendes que les pompiers (par un accord convenu entre eux) payaient pour manquement au service, » constitue le délit d'outrage prévu par l'art. 6 de la loi du 26 mars 1822, ... Et que l'outrage n'en existerait pas moins, encore bien que les officiers du corps fussent sans caractère pour imposer de telles amendes (Grenoble, 9 mai 1834 (3) ; V. en ce sens M. de Grattier, t. 2, p. 51, note) ; — 3° Que le fait par l'un des prévenus d'avoir dit à l'audience (d'un tribunal de police), à ses coprévenus, qu'ils

---

(1) *Espèce* : — (Rocher C. min. pub.) — Arrêt de la cour de justice criminelle de Seine-et-Marne du 5 sept. 1708 qui condamne François-Simon Rocher à trois mois d'emprisonnement et à 20 fr. d'amende : — « Attendu que la gendarmerie étant chargée essentiellement de surveiller l'ordre et la sûreté publique, l'abus que François-Simon Rocher lui a fait faire de l'exercice de ses fonctions par les fausses démarches que sa déclaration mensongère lui a occasionnées est un véritable outrage pour cette arme, d'autant plus dangereux et plus répréhensible qu'elle a pu être détournée d'un service utile, et que la conséquence de semblables mensonges serait de lui faire prendre le change sur des attaques réelles projetées sur d'autres points ; de donner une direction fausse à sa surveillance, et de paralyser ainsi son action. » — Pourvoi. — Arrêt.

La cour ; — Attendu que, d'après les faits déclarés et reconnus en l'arrêt attaqué, il a été fait une juste application de la loi pénale ; — Rejette.

Du 9 déc. 1808.-C. C., sect. crim.-MM. Barris, pr.-Carnot, rap.

(2) (Briois C. min. pub.)—La cour ;—Vu les lois des 26 mai 1819, 25 mars 1822 et 8 oct. 1830 ; — Attendu que, parmi les faits posés par l'arrêt attaqué, il s'en trouve deux qui constitueraient, s'ils étaient prouvés, un outrage fait à un magistrat de l'ordre administratif dans l'exercice de ses fonctions au moment où il présidait le conseil municipal, et un outrage fait verbalement et publiquement à un magistrat de l'ordre administratif à raison de ses fonctions et de sa qualité, en répétant certains propos à plusieurs reprises dans la rue, et en menaçant le sous-préfet d'une cravache ; — Attendu que les autres faits posés par ledit arrêt attaqué, quoique n'ayant pas les mêmes caractères de publicité, paraissent connexes aux deux autres ; — Attendu que l'art. 1 de la loi du 8 oct. 1830 constitue pour les cours d'assises, une compétence générale et absolue pour tous les délits y énoncés sous la seule exception portée dans l'art. 2 ; — Attendu que ledit art. 2 ne comprend que les délits mentionnés par l'art. 14 de la loi du 26 mai 1819, et non ceux prévus par l'art. 6 de la loi du 25 mars 1822, lesquels restent par conséquent soumis à la compétence des cours d'assises en vertu de l'art. 1 de la loi précitée du 8 oct. 1830 ; d'où il suit qu'en saisissant la juridiction de la police correctionnelle de la connaissance des faits qualifiés par l'arrêt attaqué, délits prévus par l'art. 6 de la loi du 25 mars 1822, ledit arrêt a violé l'art. 1 et faussement appliqué l'art. 2 de la loi du 8 oct. 1830 ; — Casse.

Du 16 janv. 1834.-C. C., ch. crim.-MM. Bastard, pr.-Mérilhou, rap.

(3) *Espèce* : — (Piot C. Vial et Bertholet.) — Par suite de convention intervenue entre les officiers et les sapeurs-pompiers faisant partie de la garde nationale du Grand-Lemps (Isère), il a été arrêté que quiconque manquerait soit aux appels, soit aux ordres de service, serait condamné à une amende fixée.—Piot, pompier, ayant été cité devant le juge de paix, pour le payement de plusieurs amendes, s'était permis de dire publiquement que « les officiers de la compagnie de sapeurs-pompiers faisaient leur profit personnel de ces amendes, dont le montant entrait dans leur poche. »—Vial et Bertholet, lieutenant et sous-lieutenant de la compagnie, le traduisent en police correctionnelle pour cette expression outrageante. — Jugement qui le déclare coupable du délit d'outrage à lui imputé, et lui fait l'application des art. 6 de la loi du 25 mars 1822, 463, 52 c. pén. et 194 c. inst. crim.

Appel de la part de Piot. Il soutient, entre autres choses, que les amendes perçues par les officiers étant illégales et hors de leur pouvoir, il n'y a pas, dès lors, outrage envers un agent de l'autorité.—Arrêt.

La cour ; — Attendu qu'il est établi par la procédure que le sieur Piot, à l'audience publique du juge de paix, a dit que les sieurs Vial et Bertholet, officiers de la compagnie de pompiers, retenaient à leur profit les amendes que les pompiers (par un accord intervenu entre eux) payaient lorsqu'ils manquaient à leur service ; — Que cette imputation d'un fait honteux est un outrage envers l'officier dépositaire des amendes, outrage fait aux sieurs Vial et Bertholet à raison de leur qualité d'officiers ; qu'ainsi le fait constitue le délit prévu par l'art. 6 de la loi du 25 mars 1822 ; — Attendu que le prévenu ne peut se retrancher dans les exceptions portées en l'art. 25 de la loi du 17 mai 1819, puisque l'imputation dont il est prévenu n'a pas été faite dans la plaidoirie prononcée devant le juge de paix, mais après la décision du juge ; que, du reste, Vial, un des plaignants, n'étant pas présent à cette audience, ne pouvait demander des réserves de poursuivre l'imputation qui lui était faite ;—Attendu qu'il ne s'agit point de savoir si l'amende qu'a payée Piot était légalement encourue, mais si le tribunal correctionnel était compétent pour statuer sur le fait d'outrage ci-dessus qualifié ; qu'il n'y a pas lieu d'examiner si les officiers plaignants recevaient à juste titre une amende que s'étaient volontairement imposée les citoyens faisant partie de la compagnie de pompiers, puisque le fonctionnaire public ne cesse pas d'être en fonctions, par cela que l'acte auquel il aura concouru pourra être un jour annulé pour vice d'incompétence, d'illégalité, ou parce qu'il pourra y avoir lieu à le poursuivre ; — Attendu que si l'imputation faite aux plaignants ne rentrait pas dans le cas d'outrage prévu par l'art. 6 de la loi du 25 mars 1822, elle renfermerait un délit de diffamation envers un particulier, prévu par les art. 13 et 18 de la loi du 17 mai 1819, et entraînerait, pour minimum, une peine plus forte que la condamnation prononcée par les premiers juges ;—Par ces motifs, et adoptant ceux du jugement dont est appel, confirme.

Du 9 mai 1834.-C. de Grenoble, ch. corr.-M. Duboys, pr.

étaient condamnés d'avance, et qu'il était inutile de présenter leur défense, constitue l'outrage prévu et puni par l'art. 222 c. pén., et non pas un simple trouble d'audience, dans le sens de l'art. 10 c. pr. (Crim. cass. 15 avril 1853, aff. Crouzet, D. P. 53, 5. 375).

683. Au reste, il ne suffit pas aux tribunaux de qualifier les faits d'outrage d'une manière vague ou générale, ils doivent énoncer, en outre, dans leurs jugements, les actes ou les expressions, qui ont servi de base à cette qualification, afin que la cour de cassation puisse vérifier si elle est conforme au vœu de la loi.—Par suite, il a été décidé que le jugement qui condamne un individu comme s'étant rendu coupable d'outrage envers le maire de la commune, à raison de ses fonctions et de sa qualité, en lisant une lettre *remplie de passages outrageants pour ce fonctionnaire, et contenant des imputations injurieuses ou diffamatoires pour l'homme privé*, est nul pour défaut de motifs, en ce que les outrages commis n'ont pas été spécifiés (Crim. cas. 11 déc. 1845, aff. Tusson, D. P. 46. 4. 369). — Toutefois, il avait été jugé antérieurement que la loi n'ayant pas déterminé les propos et expressions qui doivent être considérés comme outrageants, est suffisamment motivé le jugement sur une plainte en injure, qui déclare d'une manière générale qu'il a été proféré des expressions outrageantes, termes de mépris ou invectives (Crim. rej. 11 avr. 1822) (1). — V. en ce sens MM. Chassan, t. 1, p. 416, note 1; de Grattier, t. 2, p. 52; Bories et Bonassies, vº Outrage, nº 15. Mais V. aussi vº Cassation, nºs 1228 et suiv.

684. Un charivari peut-il constituer un outrage? — Il a été jugé qu'un charivari est par lui-même nécessairement injurieux (Crim. cass. 15 oct. 1836, aff Goguet, V. Contravention, nº 471). —M. Chassan (t. 3, p. 438, à la note) en conclut que le charivari peut rentrer dans la catégorie des outrages.—M. de Grattier (t. 1, p. 222) fait observer que la loi du 17 mai 1819 ne s'occupe point des tapages injurieux ou nocturnes qui demeurent soumis aux art. 479 et suiv. c. pén., lorsqu'ils n'ont point été accompagnés d'outrages, de diffamations ou d'injures.—M. Grellet Dumazeau (De la diffamation, etc., t. 1, p. 286) est également d'avis que ce fait ne peut constituer un outrage. Telle est aussi notre opinion, et le motif nous en paraît décisif. L'un des éléments constitutifs de l'outrage, c'est qu'il ait été adressé à une personne revêtue d'un caractère public. Or, lorsque le charivari n'a été accompagné d'aucun propos, d'aucun chant caractéristique, comment serait-il possible d'affirmer que c'est à l'homme public et non à l'homme privé que le charivari est donné.—V. Contravention, nºs 470 et suiv.

685. Suivant M. Grellet Dumazeau (t. 1, p. 287), jeter de la boue ou des ordures, faire entendre des sifflets ou des huées, ce ne serait pas non plus commettre un outrage. A cet égard nous croyons que la solution dépend des circonstances. Si l'on jette de la boue ou des ordures à un fonctionnaire au moment où il remplit ses fonctions, dans le lieu affecté à ses fonctions, nul doute, ce semble, qu'il n'y ait là un outrage des plus graves. Si, au contraire, c'est sur la voie publique ou dans des circonstances telles qu'il n'y ait aucun rapport apparent entre le caractère public de la personne insultée et l'insulte qui lui est faite, l'outrage disparaît, pour faire place à une simple contravention prévue par l'art. 475, nº 8 c. pén. (Jet de corps durs ou d'immondices contre quelqu'un). — V. Contravent., nºs 150 et suiv.

686. *Deuxième condition. Caractère public de la personne insultée.* — Il ne peut y avoir aucun doute sur la nécessité de cette condition, puisque c'est précisément pour protéger les personnes qui ont d'une manière permanente ou momentanée un caractère public, qu'ont été introduites les dispositions relatives à l'*outrage* (c. pén. 222 et suiv.; L. 25 mars 1822 art. 6, V. Fonct. pub., nº 127). — Celles qui concernent l'*offense* s'appliquent, ainsi qu'on vient de le voir, à l'irrévérence envers le souverain ou les assemblées qui ont part à la souveraineté par la création de la loi. — Celles qui s'appliquent à *la diffamation* et *à l'injure*, et dont nous allons bientôt nous occuper, concernent les particuliers. Cependant ces dernières qualifications s'appliquent aussi, comme nous le verrons (nºs 893 et s.), aux fonctionnaires publics et aux corps constitués.

687. Sur ce qu'il faut entendre en général par *fonctionnaire public*, V. ce mot, nºs 129 et suiv. — Nous devons nous borner à rappeler qu'il a été jugé : 1º que les agents de police et les sergents de ville sont des agents de l'autorité publique, lorsqu'ils remplissent les fonctions qui leur sont confiées par l'autorité municipale (Crim. cass. 16 juin 1832, aff. Pelleport, V. nº 1062; V. Fonct. pub., nºs 56, 59); — 2º Qu'un notaire doit être réputé un fonctionnaire public dans l'exercice de ses fonctions, lorsqu'il donne aux parties intéressées, sur leur réquisition, lecture d'un testament mystique, dont il est dépositaire, et dont il a rédigé l'acte de suscription; qu'en conséquence, les injures proférées dans ces circonstances contre le notaire par l'une des parties, ne peuvent être considérées comme de simples injures adressées à un

---

(1) *Espèce* : — (Cénac C. min. pub.) — Un jugement du tribunal correctionnel de Tarbes, rendu sur appel, avait déclaré le sieur N... coupable d'injures verbales outrageantes proférées publiquement contre le juge de paix de Lourdes, et l'avait condamné à 100 fr. d'amende. — Pourvoi : — 1º Violation de l'art. 7 de la loi du 20 avr. 1810; — 2º Violation des art. 15 de la loi du 17 mai 1819; 13, 14 et 20 de celle du 26 du même mois. — Arrêt.

La cour; — Sur le premier moyen de cassation proposé par le demandeur, et fondé sur l'art. 7 de la loi du 20 avr. 1810, en ce que les propos reconnus avoir été tenus par lui, et qualifiés d'injurieux et d'outrageants dans le jugement attaqué, n'y auraient pas été rapportés, et qu'ainsi ce jugement ne peut pas être réputé motivé; — Attendu que la loi n'ayant pas déterminé quels seraient les propos ou les expressions qui devraient être considérés comme outrageants, il ne peut jamais résulter d'ouverture à cassation de la qualification qui peut être donnée par les tribunaux, sous le rapport de l'injure, à des discours, des termes ou des expressions; qu'une fausse qualification constituerait à cet égard un mal jugé, mais non pas une violation de la loi; que la spécification de ces discours, termes ou expressions, n'est donc pas substantielle aux motifs d'un jugement; qu'il suffit devant la cour, pour qu'elle puisse apprécier l'application de la loi pénale sur une poursuite en injures, qu'il ait été déclaré d'une manière générale, conformément à la définition de l'injure portée dans la loi, qu'il y a eu des expressions outrageantes, termes de mépris ou invectives, sans néanmoins imputation d'un fait précis; que le jugement attaqué contient une déclaration semblable, ou du moins équipollente; qu'il a donc été suffisamment motivé, et que le vœu de l'art. 7 de la loi du 20 avr. 1810 a été rempli; — Relativement au deuxième moyen, fondé sur la violation de l'art. 15 de la loi du 17 mai 1819, et par suite sur celle des art. 13, 14 et 20 de la loi du 26 du même mois, en ce que des propos reconnus avoir été tenus par le demandeur auraient été mal à propos qualifiés d'injures; qu'ils constituaient une diffamation envers un dépositaire de l'autorité; qu'ainsi le demandeur aurait dû être admis à en prouver la vérité, et qu'il aurait dû être renvoyé, pour être jugé devant une cour d'assises; — Attendu que les propos reconnus contre le demandeur, et déclarés outrageants par le tribunal de police correctionnelle de Tarbes, sont rapportés dans le procès-verbal du juge de paix, contre qui ces propos avaient été tenus publiquement et à raison de l'exercice de ses fonctions; — Que ce procès-verbal, dans la partie qui relate ces propos, est transcrit dans le jugement de Tarbes; que ce jugement s'y est référé expressément dans la déclaration des faits constants; — Que, d'après ce procès-verbal, le propos qui a fait l'objet de la plainte consiste en ce que le demandeur aurait dit au juge de paix, qu'il ne remplissait pas ses devoirs, qu'il n'avait aucun ménagement à garder envers un homme tel que lui, et qu'il ne le craignait pas; — Que ce propos ne contient l'allégation ni l'imputation d'aucun fait précis; qu'il ne constituait donc pas le délit de diffamation tel qu'il est défini par la première partie de l'art. 15 de la loi du 17 mai 1819, et qu'en le qualifiant seulement d'injure, le tribunal de Tarbes a bien appliqué la seconde partie de cet article, et n'a point contrevenu à la première; — Que ce second moyen de cassation étant ainsi sans fondement, sous le rapport de cet article de la loi du 17 mai 1819, il s'évanouit sous celui de la prétendue violation des art. 13, 14 et 20 de la loi du 26 du même mois; — Que d'ailleurs, et surabondamment, suivant l'art. 14 de cette loi du 26 mai, le délit de diffamation envers les agents de l'autorité publique, à raison de l'exercice de leurs fonctions, devait être jugé par les tribunaux de police correctionnelle, lorsque la diffamation n'avait été que verbale, comme dans l'espèce; et que, d'après les expressions de l'art. 20 de cette même loi, ainsi que des articles qui le suivent, le droit de preuve, que cet art. 20 accordait aux prévenus, était restreint aux délits de diffamation ou d'injure qui, selon les moyens par lesquels ils avaient été commis et les personnes qui en avaient été l'objet, devaient être jugés par les cours d'assises; — Attendu enfin que le jugement attaqué est régulier dans sa forme; — D'après ces motifs, rejette.

Du 11 avril 1822.-C. C., sect. crim.-MM. Barris, pr.-Aumont, rap.

particulier; qu'on dirait en vain que, s'agissant d'un testament mystique que le notaire n'avait pas rédigé en cette qualité, mais comme homme de confiance du testateur, ce n'était point contre le notaire, mais contre l'homme de confiance qui avait écrit le testament, que les injures étaient dirigées (Crim. cass. 22 juin 1809) (1);—3° Et c'est là, ce semble, un point de toute évidence, qu'un candidat à une fonction publique, spécialement à celle de conseiller municipal, ne peut être regardé comme revêtu, par l'effet de cette candidature, d'un caractère public (Paris, 13 mars 1847, aff. Paya, D. P. 47. 2. 41). —Mais il a été jugé avec raison que le citoyen promu à un emploi public qu'il exerce ostensiblement, est réputé investi de caractère public, et doit, en vertu de cette présomption légale, obtenir provisoirement obéissance et respect, et, que par suite, l'outrage adressé à ce citoyen, dans l'exercice de son ministère, tombe sous l'application des art. 222 et suiv. c. pén., encore qu'il serait prouvé plus tard, devant la justice répressive, que le fonctionnaire ainsi outragé n'avait pas prêté serment (Crim. cass. 26 juin 1851, aff. Queyroy, D. P. 51. 1. 210). —V. aussi n° 709.

688. Il a été également jugé que le délit d'outrage envers un fonctionnaire public, dans l'exercice de ses fonctions, ne perd pas cette dernière qualification, parce que le fonctionnaire, au moment où il a été outragé, était incompétent pour agir; que la loi ne distingue point entre l'exercice légal et l'exercice illégal; qu'un magistrat de l'ordre administratif ou judiciaire ne cesse pas d'être en fonctions, parce que l'arrêté qu'il a pris, ou l'acte auquel il a concouru, pourra un jour être annulé pour vice d'incompétence, ou même parce qu'il pourra y avoir lieu à poursuites en forfaiture contre lui, ainsi qu'il résulte des art. 166 et suiv. c. pén. (Crim. cass. 1er avr. 1813) (2). —V. aussi v° Fonct. pub., n° 138.

689. Du reste, un fonctionnaire public n'est considéré que comme simple particulier, lorsque les diffamations ou injures dont il est l'objet n'ont rapport ni à sa qualité, ni à ses fonctions (V. M. Parant, p. 94 et 236), c'est-à-dire, lorsque ce n'est ni dans ses fonctions, ni à l'occasion de ses fonctions qu'il est insulté. Mais il nous paraît certain que lorsque c'est le fonctionnaire qu'on attaque à l'aide de faits puisés dans sa vie privée, l'outrage existe.— Aussi a-t-il été décidé que peu importe, pour l'application de l'art. 222 c. pén., que les imputations constitutives de l'outrage soient étrangères soit à la fonction exercée, soit même à la vie publique du magistrat outragé (Cr. rej. 22 août 1840, aff. Boubée, V, Fonct. publ., n° 138-2°).

690. *Troisième condition : il faut que l'outrage ait été commis durant l'exercice des fonctions, à raison ou à l'occasion de ces fonctions.* — Cette condition qui ne s'identifie pas avec la précédente, a cependant avec elle une très-grande affinité. — Aussi les explications dans lesquelles nous sommes entrés sur la deuxième condition nous semblent-elles nous dispenser d'en donner de nouvelles (V. aussi v° Fonct. publ., nos 134 et suiv.). — Notons seulement qu'il a été jugé qu'on ne peut considérer comme outrages faits à un juge dans l'exercice de ses fonctions, les discours qui lui sont adressés dans des visites qu'il reçoit des justiciables, ou dans des communications privées (Bourges, 6 mars 1807) (3).

691. Toutefois, il a été jugé qu'un président de la cour

(1) *Espèce* :—(Vincent C. femme Laroue.)—Le sieur Vincent, notaire, dépositaire d'un testament mystique écrit par lui-même et comme homme de confiance du testateur et dont il avait reçu l'acte et suscription en sa qualité de notaire, a donné connaissance de ce testament, dans son étude, aux parties intéressées.—La lecture du testament fut à peine achevée, que la femme Laroue, parente du testateur, se répandit en injures contre le notaire Vincent, qu'elle accusa de n'avoir pas écrit fidèlement les volontés du testateur.—Le notaire Vincent poursuivit, par la voie correctionnelle, la réparation de ces injures.—Mais le tribunal correctionnel se déclara incompétent.—Et, par arrêt du 27 mars 1809, la cour de justice criminelle de la Loire confirma ce jugement d'incompétence, sur le fondement qu'il s'agissait d'un testament mystique, auquel le ministère des notaires était étranger, et que le sieur Vincent ne l'avait pas rédigé comme notaire, mais comme homme privé; que les injures dont il se plaignait ne se dirigeaient pas contre le notaire, mais contre l'homme de confiance qui avait écrit le testament; et qu'il ne s'agissait conséquemment que d'injures verbales envers un particulier.—Pourvoi.—Arrêt.

La cour; —Vu l'art. 19 du tit. 2 de la loi du 22 juill. 1791; — Et attendu qu'il est reconnu, en fait, par l'arrêt attaqué, que les injures adressées à Joseph Vincent, notaire, l'ont été dans un moment où, sur la réquisition des parties intéressées, il venait de donner lecture d'un testament mystique dont il était dépositaire, et dont il avait écrit la suscription en qualité de notaire;—Attendu que la cour de justice criminelle du département de la Loire, en motivant son arrêt sur la circonstance qu'il s'agissait d'un testament mystique, auquel le ministère de notaire est étranger; qu'il avait été écrit par Vincent, comme homme de confiance du testateur, et que les injures n'étaient adressées qu'à l'homme privé, n'a pas envisagé la plainte du notaire Vincent sous le rapport qui lui était propre: que cette cour aurait dû considérer que Joseph Vincent remplissait les fonctions de notaire, en donnant connaissance aux parties intéressées d'un testament dont il était dépositaire, et au complément duquel il avait concouru, en rédigeant la suscription de cet acte; que le notaire était véritablement dans l'exercice de ses fonctions; d'où il suit que la cour de justice criminelle du département de la Loire a violé les dispositions des lois citées;—Casse, etc.

Du 22 juin 1809.-C. C., sect. crim.-M. Oudot, rap.

(2) *Espèce* : — (Min. pub. C. Carle.) — Carle avait été condamné par le tribunal de première instance de Nîmes à trois mois de prison et à des réparations par écrit au sieur Raymond, adjoint du maire, qu'il était prévenu d'avoir insulté dans l'exercice de ses fonctions. Sur l'appel, la cour cassa le jugement de première instance, sur le motif entre autres que l'adjoint Raymond qui avait été insulté lors d'une saisie chez Carle, à laquelle il assistait en sa qualité d'adjoint du maire et par empêchement légitime de ce dernier, n'y aurait assisté qu'illégalement, attendu que l'huissier n'avait pas constaté que le juge de paix eût été aussi légitimement empêché. — Qu'ainsi il fallait conclure de cette circonstance que Raymond n'était pas dans l'exercice légal de ses fonctions; qu'alors c'était le cas de renvoyer Carle devant le tribunal de simple police. — Arrêt.

La cour; — Vu l'art. 215 c. inst. crim.; — Vu aussi l'art. 222 c. pén.; — Considérant, 1° que le jugement de première instance avait déclaré François Carle coupable d'avoir outragé, par paroles, gestes et menaces, l'adjoint de maire de la ville de Villerangues, dans l'exercice de ses fonctions; que, par ce prononcé, le jugement avait satisfait à l'art. 195 c. inst. crim. dont l'observation d'ailleurs n'est pas prescrite à peine de nullité; qu'en annulant ledit jugement, sous prétexte que la disposition de cet article n'avait pas été observée, la cour de Nîmes a violé l'art. 215 du même code, qui ne permet d'annuler les jugements pour violation ou omission non réparée des formes, que lorsque ces formes sont prescrites à peine de nullité; — Considérant, 2° que l'arrêt de cette cour reconnaît comme constant que l'adjoint de maire de la ville de Vallerangues, tandis qu'il assistait en cette qualité à l'ouverture des portes de François Carle, partie saisie, sur la réquisition faite par l'huissier saisissant, en exécution de l'art. 587 c. pr. civ., a été outragé par la partie saisie; mais qu'il est exposé dans cet arrêt que l'huissier ayant seulement exprimé dans le procès-verbal de saisie que l'adjoint de maire avait été requis à cause de l'empêchement du maire, et n'y ayant pas déclaré que le juge de paix aussi eût été légitimement empêché, l'adjoint de maire ne pouvait être considéré comme ayant été légalement en fonctions, et conséquemment que les outrages qui lui avaient été faits n'étaient qu'une simple injure; — Considérant qu'un adjoint de maire, dans le cas dont il s'agit, qui est urgent aux termes de l'art. 587, ainsi que dans le cas d'affirmation, dans les vingt-quatre heures, des procès-verbaux des gardes champêtres ou forestiers, aux termes de l'art. 11 de la loi du 28 flor. an 10, ainsi que dans les cas prévus par les art. 11 et 13 c. inst. crim. est tenu de suppléer le magistrat empêché, et ne peut refuser ou même retarder le service pour lequel il est requis sous prétexte que, soit le juge de paix, soit le maire, ne serait pas empêché, ou que l'empêchement ne serait pas légitime ou ne serait pas prouvé; — Qu'ainsi l'adjoint de maire ayant été tenu de déférer à la réquisition, sauf au saisissant à répondre civilement de la validité de la saisie, était dans l'exercice légal de ses fonctions, lorsqu'il assistait l'huissier saisissant, et lorsqu'il a été outragé par la partie saisie; — Que, quand il faudrait admettre avec la cour de Nîmes que l'empêchement du juge de paix n'ayant pas été exprimé dans le procès-verbal, l'adjoint de maire ne pouvait, sans incompétence et excès de pouvoir, assister l'huissier saisissant, il ne serait pas permis d'en conclure qu'il n'y avait pas lieu d'appliquer les peines portées par l'art. 222; que cet article ne distingue point entre l'exercice légal et l'exercice illégal; qu'un magistrat de l'ordre administratif ou judiciaire ne cesse pas d'être en fonctions, parce que l'arrêté qu'il a pris, ou l'acte auquel il a concouru, pourra un jour être annulé pour vice d'incompétence, ou même parce qu'il pourra y avoir lieu à poursuites en forfaiture contre lui, ainsi qu'il résulte des art. 166 et suiv. c. pén.; — Par ces motifs, casse.

Du 1er avr. 1813.-C. C., sect. crim.-MM. Barris, pr.-Oudard, rap.

(3) (Lag... C. trib. de N...)—La cour;—Considérant que la loi permet sans doute aux tribunaux de punir ceux qui outrageraient les juges dans leurs fonctions; mais que ces mots *dans leurs fonctions* doivent être

criminelle peut dans son hôtel être dans l'exercice de ses fonctions, et, dans ce cas, les outrages qui lui sont faits sont passibles des peines prononcées par l'art. 19 de la loi du 22 juill. 1791 (Cr. rej. 17 nov. 1808) (1). — Il a été jugé aussi qu'on doit considérer comme adressées à un fonctionnaire public dans l'exercice de ses fonctions, les injures dirigées contre un juge de paix sur des lieux contentieux, où il s'est transporté en vertu d'une ordonnance, assisté de son greffier et d'un huissier, et en présence des témoins et des parties, bien qu'il n'eût pas encore déclaré la séance ouverte ni commencé ses opérations (Cr. cass., 17 therm. an 10) (2). — V. aussi nos 763 et suiv.

692. Mais, sous la loi du 7 vend. an 4 (V. Culte, p. 682), il a été jugé que pour que l'injure faite à un ministre du culte donnât lieu à l'application de cette loi, il fallait qu'au moment de l'injure, le ministre fût en fonctions, qu'il ne suffisait pas qu'il fût disposé à exercer et qu'il fût en devoir de commencer les cérémonies (Crim. cass. 7 prair. an 6) (3).

693. Il a été encore jugé 1° qu'un individu qui outrage et injurie un huissier, et un brigadier forestier qui l'assistait, lorsqu'ils récolaient des meubles saisis précédemment, doit être puni des peines portées par l'art. 224 c. pén., contre ceux qui outragent ou injurient des fonctionnaires publics dans l'exercice de leurs fonctions, lors même que ce récolement aurait été fait un jour férié, sans la permission du juge, exigée par l'art. 1037 c. pr.; l'injure et l'outrage pouvant, dans de telles circonstances, être considérés comme faits à l'occasion de l'exercice des fonctions de ces fonctionnaires publics, à supposer qu'on ne puisse pas les considérer comme faits pendant l'exercice de leurs fonctions, puisque le récolement, fait par l'huissier et le brigadier, était la suite d'une saisie faite, précédemment, d'une manière légale (Cr. cass., 20 fév. 1830) (4);—2° Que l'outrage fait dans un écrit au rapporteur d'un conseil municipal, au sujet de son rapport, doit être réputé outrage envers un fonctionnaire public, encore bien que, le jour où le rapport a été fait, le conseil mu-

---

sainement entendus; qu'ainsi on les applique à la tenue des audiences, aux référés, enquêtes, interrogatoires, procès-verbaux de tout genre dans lesquels les juges remplissent un ministère que la loi n'a confié qu'à eux; mais que ce serait abuser des termes de la loi d'y comprendre les visites qu'ils peuvent recevoir des justiciables, leurs communications privées, leurs entretiens, leurs rapports en ce genre, et que c'est dans un de ces derniers instants que, de l'aveu du président, la lettre de l'appelant lui aurait été remise;—Que d'ailleurs cette lettre, véritablement répréhensible, est une insulte secrète, une injure confidentielle, et qui n'a pas ainsi le caractère d'outrage public prévu par les art. 88, 89 et 91 que la loi a voulu punir;—Qu'à la vérité le renvoi, sans l'ouvrir, du billet écrit par le président au nom du tribunal est une injure, mais que les ordres de la justice ne se transmettent pas par une simple lettre, des notes fugitives et sans authenticité; que la loi a établi pour les transmettre des formes particulières sans lesquelles ils ne sont que des actes privés, et que la note dont il s'agit est évidemment dans ce cas; que la résistance à un mandat d'amener ou à un jugement signifié est un délit, mais que le refus d'obéir à une lettre, un simple billet, ne peut produire d'autres effet que de ramener les juges à un exercice plus légitime de leur autorité;—Qu'ainsi les formes qui ont préparé l'arrestation n'étaient pas légales, et que les motifs qui l'ont décidé n'ont pas le caractère auquel la loi s'est attaché pour en ordonner la punition;—Considérant, sur la cinquième et dernière, que les juges peuvent s'être trompés, sans pouvoir pour cela être accusés de prévarication; que la loi donne aux parties une action pour poursuivre les juges dans les cas qu'elle détermine; mais que l'appelant n'y a point encore recouru, et que jusque-là le caractère des juges, la considération dont il importe que les tribunaux soient revêtus, ne permet pas de supposer la prévarication et de la punir d'avance par des défenses qui supposeraient le délit et une publicité qui en aggraverait la peine;—A mis le jugement dont est appel au néant;—Émendant, ordonne que l'appelant sera élargi à l'instant des prisons où il est détenu, et sur les autres demandes, le met hors de cause, etc.

Du 6 mars 1807.-C. de Bourges.-M. Sallé, pr.

(1) (Gaulard.) — La cour; — Attendu, sur le premier moyen, qu'il a été déclaré en fait, par l'arrêt attaqué, que le réclamant a outragé et menacé le président de la cour de justice criminelle du département du Loiret dans l'exercice de ses fonctions, ce qui faisait rentrer le délit dans la compétence du tribunal de police correctionnelle;—...Attendu, sur le troisième moyen, que l'art. 91 c. pr. n'est applicable qu'au cas où l'injure est faite au juge sur son tribunal, et qu'il n'est à cet égard que la répétition des dispositions du code des délits et des peines, sauf la pénalité; disposition que l'on n'a jamais considérée ni pu considérer comme ayant révoqué l'art. 19 de la loi des 19-22 juill. 1791, que l'on a continué d'appliquer au délit d'outrage et de menaces envers les fonctionnaires publics hors le lieu de leurs séances, quoique dans l'exercice de leurs fonctions; — Attendu que la cour de justice criminelle ayant déclaré que le réclamant avait réellement outragé le président du tribunal criminel du Loiret dans l'exercice de ses fonctions, mais en son hôtel, a pu dès lors et même dû appliquer au délit ainsi reconnu ledit art. 19 de la loi du 19 juill. 1791; — Rejette.

Du 17 nov. 1808.-C. C., sect. crim.-MM. Barris, pr.-Carnot, rap.

(2) (Min. pub. C. Graas.) — Le tribunal; — Vu la sixième disposition, art. 456, c. délits et peines;—Attendu que le tribunal criminel du département des Forêts a considéré comme faites à un simple individu les injures adressées au citoyen Fabert, juge de paix du canton d'Arlon, lorsqu'il se trouvait, pour raison de ses fonctions et en vertu même d'une ordonnance préalable, sur les lieux contentieux, avec ses assesseurs, son greffier, un huissier, en présence d'une des parties et des témoins appelés à cet effet; — Considérant que ces injures avaient été proférées par un des témoins; et qu'en l'état, elles ne pouvaient être envisagées que comme faites à des fonctionnaires publics dans l'exercice de leurs fonctions; que le tribunal criminel, en leur refusant ce caractère, a commis un excès de pouvoir, encore même que la séance n'eût pas été déclarée ouverte ou que le juge de paix n'eût pas encore entamé les opérations pour lesquelles il se trouvait sur ces lieux contentieux; — Par ces motifs, casse et annule, pour excès de pouvoir, le jugement du tribunal criminel du département des Forêts, rendu le 27 prair. dernier.

Du 17 therm. an 10.-C. C., sect. crim.-MM. Viellart, pr.-Sieyes, r.

(3) (Héraud C. min. pub.) — La cour; — Vu l'art. 2 du tit. 2 de la loi du 7 vend. an 4; — Attendu que du jugement rendu par le tribunal criminel de la Charente, il résulte que le ministre du culte n'exerçait encore aucune fonction à l'instant où l'on prétend qu'il a été injurié, mais qu'il se disposait seulement à exercer, qu'il était *en devoir de commencer les cérémonies* de son culte, et que ce n'est ni par induction ni par assimilation que s'applique une loi pénale; — Cassé.

Du 7 prair. an 6.-C. C., sect. crim.-MM. Barris, pr.-Gohier, rap.

(4) (Min. pub. C. la femme Cros.)—La cour;—Vu l'art. 224 c. pén.; — Attendu qu'il est établi, soit par un procès-verbal du 9 août dernier, soit par une information régulière que Pujol, huissier, et Valat, brigadier forestier, procédant, dans la matinée dudit jour, au récolement des meubles et effets saisis à Jean Cros, le 24 juill. précédent, ont été gravement outragés et injuriés par la femme Cros; — Que, sur l'observation de l'huissier, qu'on avait soustrait des effets saisis, dont le saisi lui-même avait été constitué gardien, un veau de lait et un cochon qui en faisaient partie, la femme Cros avait imputé à Pujol de lui avoir volé la veille, lorsqu'il tournait autour de sa maison, tant le veau que le cochon; et que ce n'était pas étonnant, puisqu'il était un voleur, et qu'il avait les clefs des écuries; qu'à l'égard de Valat, il était un fripon, et se laissait corrompre par des présents; et que, moyennant des bouteilles d'huile qu'on lui donnait, il laissait voler et brûler du bois dans les forêts confiées à sa garde;

Attendu que, par suite de ces faits, le tribunal de Saint-Pons a fait une juste application de l'art. 224 c. pén., en condamnant la femme Cros à l'amende prononcée par cet article; — Attendu que la cause, ayant été portée par appel à la cour d'appel de Montpellier, cette cour n'a pas méconnu les faits constatés par la décision des premiers juges; mais que, le 9 août, étant un jour de dimanche, et l'huissier ne s'étant pas muni de la permission du juge, ainsi que l'exige, pour les significations et exécutions, dans les jours de fête légale, l'art. 1037 c. pr., l'arrêt attaqué n'a pas considéré l'huissier, et le brigadier forestier qui l'assistait, comme étant dans l'exercice légal de leurs fonctions; d'où cet arrêt a conclu qu'il ne s'agissait que d'injures adressées à de simples particuliers dans une maison particulière, où ils se seraient introduits sans droit, sans qualité, et contre la volonté du propriétaire, et que ces injures n'avaient pas, aux yeux de la loi, le caractère d'un délit; — Attendu qu'en regardant comme un acte d'exécution les soins pris, le 9 août, par l'huissier, pour vérifier les soupçons qu'il avait conçus, et qui se sont réalisés, du détournement et de la soustraction de partie des effets saisis, dont il avait confié la garde au saisi lui-même; — Attendu qu'en admettant même en principe que des agents, chargés de l'exécution des lois, lorsque leur qualité n'est ni méconnue ni contestée, peuvent être impunément menacés, outragés et injuriés, sous prétexte qu'ils ont négligé quelque formalité requise pour l'exercice de leur ministère, et ne doivent plus alors jouir de la protection que les lois accordent en cette qualité, principe qui pourrait d'ailleurs entraîner les inconvénients les plus graves pour l'ordre public, et encourager les particuliers à se faire justice eux-mêmes, tandis que les lois leur donnent tout recours, toute action en réparation et en dommages-intérêts, soit contre les agents de l'autorité publique, qui auraient négligé les formalités prescrites, soit contre ceux qui les auraient employés; — Attendu que, dans ces diverses suppositions, il était du moins établi, en fait, que les imputations injurieuses que s'était permises la femme Cros contre l'huissier et le garde forestier, leur ont été adressées, non-seulement à cause de leurs opérations du 9 août, mais encore à l'occasion de la saisie précédemment

nicipal n'ait pas été composé du nombre de membres exigé par la loi (Cr. rej., 28 avr. 1826, aff. Descoutures, V. n° 898), et alors surtout que la délibération n'a point été annulée par l'autorité compétente (Riom, 19 mars 1827, même aff., *eod.*); — 3° Qu'un maire, accompagnant les commissaires classificateurs des propriétés pour les impôts, est dans l'exercice de ses fonctions; et que, dès lors, les injures prononcées contre ce maire, en de telles circonstances, doivent être punies de peines correctionnelles, et non de peines de simple police (Cr. cass., 28 fév. 1828) (1).

694. Mais il a été décidé qu'il en est autrement à l'égard des maires ou de leurs délégués, qui assistent les contrôleurs dans l'opération du recensement, sans que la loi leur en fasse un devoir; que les outrages qu'ils peuvent subir ne sont pas réputés adressés dans l'exercice et à l'occasion de leurs fonctions, et par suite ne tombent pas sous l'application de l'art. 6 de la loi du 25 mars 1822 (Poitiers, 19 janv. 1842, aff. Grousseau et consorts, V. n° 711).

695. Faut-il, pour que les peines de la loi soient prononcées contre le coupable, que l'agent ou fonctionnaire public soit revêtu de son costume ou des marques distinctives de son autorité?—On ne le pense pas: la robe ne fait point le magistrat; le costume ne fait point l'officier public; il suffit que leur qualité n'ait pas été ignorée de celui qui les a outragés, pour qu'il soit passible des peines prononcées contre l'outrage envers les magistrats ou fonctionnaires (V. Rébellion).—Il a été jugé en ce sens que, pour qu'il y ait délit d'injures envers un fonctionnaire public dans l'exercice de ses fonctions, il n'est pas nécessaire que ce fonctionnaire soit revêtu de son costume, il suffit qu'il soit connu du prévenu sous sa qualité et qu'il exerce une des fonctions de ses attributions (Crim. règl. de juges 26 mars 1815) (2).

696. Au surplus, la bonne foi, dans ce cas, doit se présumer facilement; et s'il apparait aux juges que le caractère public de la personne outragée a pu être ignoré, ils acquitteront l'accusé, ou ne lui appliqueront que les peines de l'outrage contre les particuliers (V. M. Parant, p. 94).—C'est dans ce sens qu'il a été jugé: 1° que l'outrage fait à un commissaire de police dans l'exercice de ses fonctions, mais non décoré de son costume ne constitue pas le délit d'outrage envers un fonctionnaire public, si la qualité du commissaire de police n'a pas été connue (Crim. rej. 23 frim. an 14) (3); — 2° Que les injures et menaces proférées contre un maire doivent être considérées comme lui ayant été adressées hors de l'exercice de ses fonctions, lorsque, dans le procès-verbal qu'il en a dressé, il n'a pas énoncé qu'il fût revêtu des marques distinctives de sa qualité de maire, et qu'il eût agi en cette qualité, ni qu'il se fût annoncé comme tel, ni qu'il eût été connu comme maire par le prévenu (Crim. rej. 10 juill. 1807, aff. Garnier, v° Chasse, n° 418).

697. *Présence de la personne offensée.*—Nous avons déjà fait

---

faite le 24 juill.; qu'en effet la prévenue imputait à l'huissier d'avoir lui-même volé les objets saisis manquant, attendu qu'il avait les clefs des écuries, par suite de la saisie du 24 juill.; et qu'à l'égard du brigadier forestier, c'est la vie entière de cet agent que la prévenue a attaquée, en lui reprochant de se laisser corrompre pour s'abstenir de remplir les devoirs de sa charge; d'où il suit qu'en admettant même, ainsi que l'a fait l'arrêt attaqué, que ces deux agents n'eussent pas été outragés le 9 août dans l'exercice de leurs fonctions, ils l'auraient été, du moins, à l'occasion de cet exercice présent ou passé, d'où résultait naturellement l'application de l'art. 224 c. pén., qui a été violé par l'arrêt attaqué;—Par ces motifs, casse l'arrêt de la cour d'appel de Montpellier, du 21 déc. 1829.

Du 20 fév. 1830.-C. C., ch. crim.-MM. de Bastard, pr.-Gary, rap.

(1) (Min. publ. C. Baumevielle.) — La cour; — Vu l'art. 222 c. pén.; — Attendu que, par la nature de ses attributions, le maire d'une commune est, dans les opérations de la classification des propriétés imposables, le surveillant légal des intérêts, soit de sa commune, soit de ses administrés; — Que, pour exercer cette surveillance, il a le droit de se réunir aux commissaires classificateurs pendant le cours de leurs opérations; — Qu'il est constant que, dans ces opérations des commissaires classificateurs, les maires se réunissent effectivement à eux pour faire les examens, les vérifications, et donner et signer les avis que ces opérations exigent; — Que, par conséquent, lorsqu'un maire est réuni aux commissaires classificateurs assemblés pour vaquer aux opérations cadastrales, il est dans l'exercice de ses fonctions de maire; — Et attendu que, dans l'espèce, le fait imputé à Baumevielle était d'avoir proféré des injures contre le maire de Saint-Saturnin, à l'occasion de l'exercice de ses fonctions de maire; — Qu'il est déclaré, par l'arrêt attaqué, que les faits imputés à Baumevielle se sont passés lors de la délibération des commissaires classificateurs de la contribution foncière à laquelle le maire était présent; — Que, dès lors, ces injures ont été proférées contre le maire lorsqu'il était dans l'exercice de ses fonctions, ce qui les rendait punissables des peines correctionnelles portées par l'art. 222 c. pén.; — Que, néanmoins, l'arrêt attaqué a confirmé le jugement du tribunal correctionnel de Lodève, qui n'avait prononcé que des peines de simple police par application de l'art. 471, § 11 c. pén., en se fondant sur ce que le maire ne faisait point partie des commissaires classificateurs, qu'il n'avait parmi eux ni juridiction ni autorité, et que par conséquent les injures contre lui proférées ne l'avaient été ni dans l'exercice ni à l'occasion de l'exercice de ses fonctions de maire; — En quoi cet arrêt a méconnu les attributions légales et nécessaires du maire, et, par suite, violé l'art. 222 c. pén., et faussement appliqué l'art. 471 § 11, du même code; — Casse l'arrêt de la cour royale de Montpellier du 22 janv. 1828.

Du 28 fév. 1828.-C. C., ch. crim.-MM. Bailly, pr.-Ollivier, rap.

(2) *Espèce:* — (Min. publ. C. Alessio.) — Alessio était accusé d'avoir insulté le commissaire de police dans la salle de spectacle de Mondovi. Il fut condamné à trois mois de prison et à l'amende. En appel, il soutenait que la salle de spectacle de Mondovi n'était point ouverte avec l'autorisation du gouvernement; que le commissaire de police n'avait eu aucune autorité à exercer; qu'en tous cas il n'était point alors revêtu de son costume; que ce costume était nécessaire pour faire reconnaître son caractère. — Arrêt qui annule le jugement de première instance et renvoie Alessio devant le tribunal de simple police comme prévenu d'injures verbales envers un particulier. — Jugement de ce dernier tribunal qui se déclare incompétent. — Pourvoi du procureur général en règlements de juges. — Arrêt.

La cour; — Attendu que la cour de justice criminelle de la Stura n'a pas méconnu le fait, d'ailleurs bien prouvé au procès, qu'en injuriant et menaçant le commissaire de police, le sieur Alessio n'ignorait pas que ce n'était point un simple particulier qu'il injuriait et menaçait, mais qu'il connaissait parfaitement ce commissaire, et qu'il savait qu'il était dans l'exercice de ses fonctions; — Qu'en effet, par sa requête d'appel du 1er juill. 1810, le sieur Alessio, soutenait non pas qu'il n'avait pas connu le commissaire de police au moment où le fait qui a donné lieu au procès s'est passé, mais que le commissaire ne pouvait pas être considéré comme ayant été alors dans l'exercice de ses fonctions, parce que, d'un côté, la salle où on jouait la comédie n'était pas une salle de spectacle autorisée; que, d'un autre côté, la police des théâtres n'entrait point dans les attributions du commissaire de police; qu'enfin le tribunal correctionnel n'avait pas dit que le commissaire fût alors dans l'exercice de ses fonctions; — Que quoiqu'il résultât évidemment de ce genre de défense qu'Alessio savait parfaitement bien que c'était le commissaire de police qui d'abord avait, par son appariteur, fait faire une invitation générale aux spectateurs d'ôter leurs chapeaux, et ensuite, sur le refus fait par Alessio d'ôter le sien, lui avait lui-même intimé l'ordre de l'ôter; qu'il savait bien que c'était à ce commissaire en fonctions dans un lieu où le public était appelé et réuni pour jouir du spectacle, qu'il répondait par des injures et des menaces; et quoique ces faits dussent faire encourir audit Alessio la peine portée par la loi du 22 juill. 1791, à laquelle le tribunal correctionnel de Mondovi s'était conformé, néanmoins la cour de justice criminelle du département de la Stura, sous le prétexte qu'au moment de la scène le commissaire de police n'était pas revêtu de son costume, et que, dès lors, il ne pouvait pas être considéré comme ayant été dans l'exercice de ses fonctions, a annulé le jugement de police correctionnelle, tant pour incompétence que pour mal jugé au fond, et renvoyé le procès devant le tribunal de simple police; — Que ces motifs par lesquels la cour de justice criminelle s'est déterminée, sont en opposition absolue avec le texte et l'esprit des lois, d'après lesquels il suffit que le fonctionnaire public soit connu sous sa qualité, et qu'il exerce une des fonctions de ses attributions, pour qu'il doive être obéi et respecté, et que les outrages et menaces qui lui sont faits dans cette circonstance doivent être punis, d'après la loi, comme étant faits à un fonctionnaire public dans l'exercice de ses fonctions; — Attendu que le tribunal de simple police de Mondovi, auquel l'affaire avait été renvoyée par la cour de justice criminelle, s'est parfaitement conformé à ces principes, en se déclarant incompétent pour connaître des faits dont il s'agit; — Et attendu qu'il résulte de l'arrêt de la cour de justice criminelle et du jugement de simple police, qu'il existe entre les deux juridictions, indépendantes l'une de l'autre, et également souveraines, chacune dans sa partie, une opposition formelle sur la question de compétence, d'où suit un conflit négatif qui suspend le cours de la justice, et qu'il est conséquemment nécessaire de faire cesser; — Statuant par règlement de juges, sans s'arrêter ni avoir égard à l'arrêt de la cour de justice criminelle du département de la Stura, qui est cassé et annulé, renvoie, etc.

Du 26 mars 1815.-C. C., sect. crim.-MM. Barris, pr.-Chasle, rap.

(3) *Espèce:* — (Min. pub. C. Tastet.) — Jérôme Tastet, interpellé par le commissaire de police d'Anvers de cesser le trouble qu'il causait dans la salle de spectacle de cette ville, répondit par des propos injurieux

observer que la jurisprudence ne faisait pas de la présence de la personne offensée un élément de l'outrage.—Ainsi, il a été jugé : 1° que la peine de l'art. 222 c. pén. s'applique au cas où les outrages envers un magistrat ont été proférés en son absence (Metz, 15 nov. 1817 (1); Bordeaux, ch. corr., 1er fév. 1837, M. Poumeyrol, pr., aff. L...; motifs Crim. cass. 15 juin 1837, aff. Patin, V. n° 702-3°; Crim. cass. 2 juin 1838, aff. Castillon, V. n° 783-3°); — 2° Que les outrages par paroles ou menaces envers un magistrat sont punissables, alors même qu'ils ont été proférés hors la présence de ce magistrat, et que d'ailleurs ils ont eu lieu dans l'exercice ou à l'occasion de l'exercice de ses fonctions (Crim. cass. 8 oct. 1842) (2);—3° Qu'il y a délit, quoique le magistrat ou le fonctionnaire public outragé n'ait pas été présent aux injures (Crim. rej. 10 avril 1817, aff. Savin, V. n° 792-1°); — 4° Que la loi n'exige pas, pour qu'il y ait délit, que le magistrat ou le fonctionnaire public outragé ait été présent aux injures; que l'art. 222 c. pén. et les lois de 1819 et 1822 sont conçus en termes généraux et nullement restrictifs pour le cas de présence (Crim. rej. 18 juill. 1828, aff. Magnoncourt, V. n° 726-1°.—Conf. M. Parant, p. 141 et 143); — 5° Que l'outrage par parole, et sans publicité, que prévoit l'art. 222 c. pén., peut être commis hors la présence du magistrat outragé, et spécialement que des propos tenus contre un juge de paix devant son greffier et au domicile privé de ce dernier, tombent sous l'application de l'art. 222 c. pén., quand ils sont de nature à porter atteinte à l'honneur et à la considération de ce magistrat (Crim. rej. 20 déc. 1850, aff. Deville, D. P. 51. 5. 420); — 6° Que le prévenu d'un délit, qui, dans un lieu public, dit que les témoins qui ont déposé contre lui sont de faux témoins, commet le délit d'outrage prévu par l'art. 6 de la loi du 25 mars 1822, et peut être poursuivi d'office, encore bien que ces propos aient été tenus en l'absence de ces témoins; que la disposition de l'art. 6 est générale et absolue; qu'elle n'établit aucune distinction entre le cas de l'absence et celui de la présence du témoin outragé; qu'elle se rapporte donc également à l'un comme à l'autre (Crim. cass. 12 sept. 1828) (3).— V. dans ce sens MM. Carnot,

---

à ce fonctionnaire. — Traduit pour ce fait devant le tribunal de police correctionnelle, il y fut condamné à une amende et à dix mois de prison. — Sur l'appel, il prétendait que le commissaire de police n'étant point revêtu de son costume au moment où il avait été injurié, les injures qui lui avaient été adressées avaient le caractère d'injures verbales contre les simples particuliers; que d'ailleurs, l'art. 19, § 2, loi du 19 juill. 1791, avait été abrogé par l'art. 557 c. du 3 brum. an 4. Ces moyens ayant été accueillis, il y eut pourvoi en cassation de la part du ministère public. — Arrêt.

La cour;—Considérant qu'il ne résultait pas du procès-verbal dressé par le commissaire de police Foulard, que Jérôme Tastet, lorsqu'il s'est permis de l'injurier, sût qu'il était fonctionnaire public; qu'il n'a pas déclaré par ce procès-verbal, s'être fait connaître en cette qualité; qu'il paraît même résulter de cet acte qu'il était enveloppé d'un manteau qui n'aurait pas permis de le reconnaître, quand bien même il aurait été décoré; — Que si la cour criminelle du département des Deux-Nèthes est tombée dans une erreur véritablement impardonnable, lorsqu'elle a établi dans ses motifs que depuis la promulgation de la loi du 3 brum. an 4, l'art. 19 de la loi du 19 juill. 1791, n'était plus applicable aux commissaires de police injuriés dans l'exercice de leurs fonctions, elle ne s'est pas également trompée en rejetant l'application de cet article dans l'espèce particulière, puisqu'il est constant qu'elle n'aurait pu avoir lieu qu'autant qu'il aurait été reconnu que Jérôme Tastet avait insulté sciemment un commissaire de police dans l'exercice de ses fonctions; — Qu'il résulte de la lecture de l'arrêt de cette cour qu'elle a reconnu en fait que ledit Jérôme Tastet ignorait que M. Foulard fût commissaire de police; que rien ne tendait à faire présumer qu'il pût le penser, et que c'est dès lors avec raison qu'elle a décidé que l'affaire était de la compétence du tribunal de simple police;—Par ces motifs, et en improuvant cependant les motifs erronés que la cour de justice criminelle du département des Deux-Nèthes a insérés dans son arrêt, rejette.

Du 25 frim. an 14.-C. C., sect. crim.-MM. Viellart, pr.-Minier, rap.

(1) (Min. pub. *C.* D.....) — La cour; — Attendu que les premiers juges avaient tenu pour constants et prouvés les propos de D..... qui avaient été le sujet en partie de la plainte du maire de Scy et Chazelles; que ces propos, répétés à différentes personnes, avaient été considérés comme injurieux, outrageants et tendant à inculper l'honneur et la délicatesse de ce maire, auquel D..... imputait le fait grave d'avoir retenu à son profit une partie des distributions de vivres qu'en sa qualité il avait fait distribuer aux habitants de sa commune lors du passage des troupes alliées; — Attendu que l'art. 222 c. pén. n'a pas fait de restriction, au cas seulement où le fonctionnaire public outragé serait présent, ainsi que l'a décidé la cour de cassation par son arrêt du 10 avril dernier; d'où il suit que la peine prononcée par cet article était applicable aux injures proférées par D..... contre le maire de sa commune, hors la présence de ce fonctionnaire public, qui avait été outragé par rapport à l'exercice de ses fonctions; — Attendu, néanmoins, que les premiers juges ont appliqué l'art. 575 c. pén. lequel évidemment était étranger au délit dont s'était rendu coupable D.....; — Sans s'arrêter à l'appel incident interjeté par D..... du jugement du 22 août dernier, faisant droit sur l'appel du procureur du roi, annule ledit jugement; — Et prononçant par jugement nouveau, déclare D..... atteint et convaincu d'avoir tenu, dans les premiers jours du mois de mai dernier, des propos injurieux, outrageants et tendant à inculper l'honneur ou la délicatesse du maire de la commune de Scy et Chazelles, par rapport à l'exercice de ses fonctions; — Vu l'art. de 222 c. pén. condamne D..... en un mois d'emprisonnement.

Du 15 nov. 1817.-C. de Metz, ch. cor.—M. Demeaux, pr.

(2) *Espèce*: — (Min. pub. *C.* Thiénot.) — Aux termes d'un jugement rendu par lui, le juge de paix du canton d'Anglure devait se transporter pour une vérification de lieux contentieux, sur la propriété close du sieur Thiénot, l'une des parties dans la contestation. — Au moment où ce magistrat se disposait à exécuter sa décision, le sieur Thiénot lui fit déclarer par son mandataire qu'il lui refusait l'entrée de sa propriété. — Sur l'invitation du juge de paix, le greffier se rendit alors auprès de Thiénot pour lui donner lecture du jugement qu'il s'agissait d'exécuter. Cette démarche ne servit qu'à exaspérer Thiénot qui, dans son emportement, dit au greffier : « Si le juge de paix entre chez moi, je lui f... ma botte, etc. » —Pour ce propos, Thiénot fut condamné par le tribunal d'Epernay à trois jours de prison en vertu de l'art. 222 c. pén.

Appel. — 2 sept. 1842, jugement du tribunal supérieur de Reims qui acquitte Thiénot, par le motif que les paroles qui lui sont imputées ne constituent ni délit ni contravention.

Pourvoi. — Arrêt.

La cour; — Vu les art. 222 et 223 c. pén.; — Attendu que si les paroles reprochées à Thiénot peuvent ne pas être considérées comme tendant à inculper l'honneur ou la délicatesse du juge de paix d'Anglure, et échapper en conséquence à l'application de l'art. 222 c. pén., elles ont incontestablement le caractère d'un outrage par menaces, prévu par l'art. 223 de ce code; — Que ni les art. 222 et 223 ni aucune autre loi n'exigent que, pour être punissables, les outrages par paroles envers un magistrat soient proférés en sa présence, lorsque d'ailleurs ils ont eu lieu dans l'exercice ou à l'occasion de l'exercice de ses fonctions; — Que, dans l'espèce, le prévenu peut d'autant moins se prévaloir de ce que les menaces dont il s'agit ont été proférées en l'absence du juge de paix, qu'il résulte du procès-verbal de ce magistrat qu'elles ont eu pour effet d'interrompre l'opération judiciaire à laquelle il procédait alors; — Attendu, en conséquence, que le jugement attaqué, en renvoyant Thiénot des poursuites, et en rejetant les conclusions subsidiaires par lesquelles le ministère public demandait contre lui l'application de l'art. 223 c. pén., a formellement violé ledit article; — Casse.

Du 8 oct. 1842.-C. C., ch. crim.-MM. de Bastard, pr.-Vincens, rap.

(3) *Espèce*: — (Min. pub. *C.* Jaussaud.) — Un procès-verbal avait été dressé par le brigadier de gendarmerie de Saint-Bonnot et le gendarme François Mairet, contre Jaussaud qui avait volé une ruche à miel. —Ces gendarmes furent assignés pour déposer sur ce fait. — Le procès n'étant pas encore fini, Jaussaud dit dans un cabaret à un autre gendarme, que son brigadier et F. Mairet étaient de faux témoins. Ce gendarme dressa procès-verbal, et Jaussaud fut traduit devant le tribunal correctionnel de Gap pour lui être fait l'application de l'art. 6 de la loi du 25 mars 1822. Jugement qui renvoie le prévenu, sous le prétexte que les propos à lui imputés ne constituaient pas l'outrage dont parle l'art. 6 de la loi de 1822, attendu qu'ils n'ont pas été adressés directement aux témoins, mais seulement le délit de diffamation. Sur l'appel du ministère public, arrêt confirmatif de la cour de Grenoble.—Pourvoi. —Arrêt.

La cour; — Vu l'art. 18 de la loi du 17 mai 1819 et l'art. 6 de la loi du 25 mars 1822; — Attendu que, de ces dispositions, il résulte que l'outrage prévu dans l'art. 6 de la loi du 25 mars 1822, forme par sa nature et par le caractère de sa pénalité, un délit absolument distinct de la diffamation prévue et punie par l'art. 18 de la loi du 17 mai 1819; —Attendu que la disposition de l'art. 6 sur l'outrage envers le témoin est générale et absolue; qu'elle n'établit aucune distinction entre le cas de l'absence et celui de la présence du témoin outragé, qu'elle se rapporte donc également à l'un comme à l'autre; qu'ainsi l'outrage fait publiquement, à raison de sa déposition, au témoin absent, rentre dans la disposition de la loi du 25 mars 1822, et que la circonstance de l'absence du témoin outragé ne peut rendre applicable à ce délit la loi du 17 mai 1819, art. 18, sur la diffamation envers les particuliers; — Et attendu que, dans l'espèce, le tribunal de Gap avait renvoyé François

t. 1, p. 521; Parant, p. 141 et 143; Chassan, t. 1, p. 153; de Grattier, t. 2, p. 69; Grellet-Dumazeau, t. 1, nº 457.

698. MM. Chauveau et Hélie, t. 4, p. 359 et Rauter, t. 1, p. 521, ont cependant embrassé la doctrine contraire, qui nous paraît aussi préférable, parce que nous la trouvons plus conforme à la volonté de la loi, telle qu'elle se révèle par la filiation de ses dispositions. Et voici, en effet, ce que nous apprend leur généalogie. — L'outrage a paru pour la première fois, dans notre législation moderne, dans l'art. 19, tit. 2 de la loi des 19-22 juill. 1791. — Cette disposition punit *les outrages* ou menaces, par paroles ou par gestes, envers les fonctionnaires publics, *dans l'exercice de leurs fonctions*. — L'article suivant de la même loi punit également ceux qui outrageraient les gardes nationales, la gendarmerie, les troupes de ligne, *se trouvant sous les armes ou du corps de garde ou dans un poste de service*. — Jusqu'ici il est bien évident que l'outrage ne peut exister que lorsque la personne offensée est présente, puisqu'il faut qu'elle soit dans *l'exercice de ses fonctions ou sous les armes*, etc. — L'art. 7, sect. 4, tit. 1, 2e part. du code pénal de 1791 punit également l'outrage commis envers un fonctionnaire en le frappant *au moment où il exerce ses fonctions*. — L'art. 557 du code du 3 brum. an 4 réprime aussi l'outrage envers les juges, accusateurs publics, *dans l'exercice de leurs fonctions*. — Ainsi, point de doute suivant la législation qui a précédé le code pénal de 1810, il n'y avait outrage que lorsque la personne offensée était présente. — Ce code a-t-il voulu innover sur ce point? — Rien ne l'indique ni dans l'exposé de ses motifs, ni dans son texte. A la vérité, l'art. 222 du code de 1810 dit, de plus que les lois précédentes sur le même sujet, à *l'occasion de l'exercice de ses fonctions*; mais cette addition n'exclut nullement la nécessité de la présence de l'offensé. Et comme le code pénal n'est que la continuation de la législation précédente que les auteurs de ce code avaient sous les yeux, il y a tout lieu de croire que l'addition qu'ils ont jugé convenable d'y faire n'a rien changé au caractère principal de l'outrage, tel qu'il se manifeste dans les lois antérieures. — Quant à l'art. 6 de la loi du 25 mars 1822, l'exposé des motifs de MM. de Serre nous apprend qu'il n'est que le développement de la pensée des art. 222 et suiv. c. pén. Il est donc conçu, au fond, dans le même esprit. — Remarquons, d'ailleurs, que l'outrage commis en la présence du fonctionnaire qui en est l'objet a infiniment plus de gravité que lorsqu'il a lieu en son absence, et qu'on concevrait difficilement que le législateur eût pu mettre sur la même ligne, soumettre à des peines identiques deux faits si différents par leur degré d'irrévérence, par les sentiments qu'ils font éprouver à la personne offensée, par les suites qu'ils peuvent avoir, par le scandale qui en résulte. — Ainsi, un geste de mépris sera fait hors de la présence d'un fonctionnaire, la signification en est nulle : le même geste se produira au milieu d'une assemblée nombreuse, au moment où ce fonctionnaire fait un acte de son ministère, quel qu'il soit, et c'est manifestement ce fonctionnaire qui en est l'objet; il y a là, au contraire, une insulte grave qui appelle une répression sévère. — D'après ces considérations, nous croyons donc que la présence de la personne offensée est nécessaire pour constituer l'outrage, et que, sans cette condition, il ne peut y avoir qu'injure ou diffamation.

699. Peu importe, d'ailleurs, et c'est ce qui a été jugé, que l'outrage émane d'un simple particulier ou d'un citoyen revêtu d'un mandat public (Crim. rej. 22 août 1840, aff. Boubée, V. Fonct. publ., nº 138-2º). — Le droit d'outrage ne saurait appartenir à personne.

700. Après avoir déterminé les caractères généraux du délit qui nous occupe, nous allons successivement analyser les divers cas d'outrages qui rentrent maintenant dans les bornes de notre sujet. — Cependant, pour éviter toute confusion à cet égard, il nous paraît nécessaire de bien préciser l'état de la législation sur ce point et de distinguer avec soin les textes abrogés de ceux qui continuent d'être en vigueur. — Passons donc rapidement en revue les dispositions relatives aux outrages envers les personnes revêtues d'un caractère public, et, pour arriver plus promptement à notre but, remontons des plus récents aux plus anciens. — La dernière disposition sur ce point est l'art. 5 de la loi du 11 août 1848, qui punit l'outrage envers les membres de l'assemblée nationale et les ministres des cultes reconnus par l'Etat. — En ce qui touche les membres de l'assemblée nationale, nous avons déjà fait remarquer (nº 655) quelles doivent être, selon nous, les conséquences du changement de nos institutions politiques. Il serait superflu d'y revenir. — Quant aux ministres des cultes, l'article précité doit évidemment être observé. — En remontant vers le passé, nous trouvons ensuite l'art. 6 de la loi du 25 mars 1822, qui punit l'outrage fait publiquement aux membres des deux chambres, aux fonctionnaires publics, aux ministres des cultes, aux jurés et aux témoins. — Quant aux membres des deux chambres, V. ci-dessus (nos 654 et s.) nos observations sur les *offenses* envers les chambres. — Relativement aux ministres des cultes, il y a dans la loi de 1822 deux dispositions distinctes, l'une relative à l'outrage à raison de leur qualité ou de leur ministère, l'autre qui s'applique à l'outrage dans l'exercice de leurs fonctions. — La première est seule abrogée par la loi de 1848. — L'autre continue d'être en vigueur (V. *infrà*, nos 713 et s.). Quant aux autres personnes désignées dans l'art. 6 (fonctionnaires publics, jurés, témoins), il doit évidemment s'exécuter. — Du reste, et c'est ce qui a été jugé, la loi du 8 oct. 1830, en abrogeant, par son art. 5, l'art. 17 de celle du 25 mars 1822, n'a point abrogé l'art. 6 de la même loi, lequel contient non une forme de procédure, mais une disposition pénale (Crim. rej. 19 janv. 1833, aff. Ledieu, V. Cassation, nº 166).

701. La loi du 17 mai 1819, qui a prévu un grand nombre d'outrages, si l'on prend cette expression dans le sens générique, ne contient cependant aucune disposition applicable à l'*outrage* pris dans le sens restreint qui est ici donné à ce mot. — Mais les lois de 1819 et de 1822 ont-elles abrogé les art. 222 et suiv. c. pén., sur les outrages envers les dépositaires de l'autorité et de la force publique? — Non, car ils ne sont pas compris dans la nomenclature des articles de ce code, que l'art. 26 de la loi du 17 mai 1819 déclare abrogés; et, d'ailleurs, ils ne sont pas inconciliables, dans tous les cas, avec ces dernières lois. En effet, les art. 222 et suiv. c. pén. prévoient et soumettent à la même disposition les outrages par paroles, gestes, etc., faits à des magistrats de l'ordre judiciaire et administratif, dans l'exercice de leurs fonctions, et ceux qui leur sont faits seulement à l'occasion de cet exercice, que ces outrages aient été faits avec publicité ou sans publicité. — Les lois de 1819 et 1822 laissent donc subsister ces dispositions : 1º Pour tous les cas où l'outrage a été fait envers un magistrat de l'ordre administratif ou judiciaire dans l'exercice de ses fonctions, soit qu'il y ait eu publicité, soit qu'il n'y en ait pas eu; — 2º Toutes les fois que l'outrage a été fait même à l'occasion de l'exercice des fonctions, pourvu que, dans ce cas, il n'y ait pas eu publicité. — Les lois de 1819 et de 1822 ne modifient donc les art. 222 et suiv. c. pén. qu'à l'égard des outrages commis envers les magistrats de l'ordre judiciaire et administratif à l'occasion de l'exercice de leurs fonctions, et encore sous une condition, à savoir que ces outrages aient été commis, soit par la voie de la presse, soit par tout autre moyen de publication. — Ainsi, les art. 222 et suiv. c. pén. sont toujours applicables, soit au cas d'outrages non publics, soit au cas d'outrages adressés aux magistrats dans l'exercice de leurs fonctions, soit au cas d'outrages à l'audience (Conf. M. Parant, p. 135 et suiv.; V. aussi MM. Chassan, t. 1, nº 518; de Grattier, t. 1, p. 207; Grellet-Dumazeau, t. 1, p. 187; Bories et Bonnassies, vº Outrage, nos 27 et suiv.).

702. Conformément à ces principes, il a été jugé : 1º que

Jaussaud de la prévention du délit d'outrage commis envers le gendarme Mairet et son brigadier, à raison de leur déposition comme témoins; — Qu'il avait fondé ce renvoi sur ce que, par l'absence des deux témoins au moment où ils étaient outragés, l'outrage n'aurait pu constituer que le fait de diffamation prévu par l'art. 18 de la loi du 17 mai 1819, et que, dans l'espèce, ce fait n'aurait pu être poursuivi d'office par le ministère public, mais seulement sur la plainte de la partie lésée; que l'arrêt attaqué a adopté les motifs et confirmé le dispositif de ce jugement; en quoi cet arrêt a faussement appliqué l'art. 18 de la loi du 17 mai 1819 et violé l'art. 6 de celle du 25 mars 1822; — Par ces motifs, casse l'arrêt de la cour royale de Grenoble, chambre correctionnelle du 7 août dernier.

Du 12 septembre 1828.-C. C., ch. crim.-MM. Bailly, pr.-Ollivier, rap.

l'art. 222 c. pén. n'a été abrogé ni par les art. 23 et 26 de la loi du 17 mai 1819, ni par l'art. 6 de la loi du 25 mars 1822, ni par la loi du 8 oct. 1830 (Crim. rej. 27 fév. 1832, aff. Raspail, V. nº 1433); — 2º Que l'art. 6 de la loi du 25 mars 1822 concerne exclusivement l'outrage *public* fait à un fonctionnaire à raison de ses fonctions ou de sa qualité (Crim. cass. 8 déc. 1850, aff. Millet-Morgain, D. P. 50. 1. 252); — 3º Que l'outrage par paroles commis envers un fonctionnaire public, à raison, et non dans l'exercice de ses fonctions, constitue, lorsqu'il a eu lieu sans publicité, le délit prévu par l'art. 223 c. pén.; et que l'art. 6 de la loi du 25 mars 1822 n'est applicable qu'au cas où cet outrage a été commis publiquement (Crim. rej. 18 juill. 1851, aff. Labrousse, D. P. 51. 5. 420); — 4º Que l'art. 6 de la loi du 25 mars 1822 n'a dérogé aux dispositions des art. 222 et suiv. c. pén. que pour le cas où les outrages ou injures envers les magistrats ou les fonctionnaires publics ont été faits publiquement, et que ces articles sont restés applicables aux outrages non publics faits verbalement (Crim. cass. 15 juin 1857) (1); 8 sept. 1857, aff. Mauduit, V. nº 793-1º). — 5º Que l'art. 222 c. pén., en ce qui touche les outrages adressés publiquement à un magistrat ou dépositaire de l'autorité publique, a été implicitement abrogé par les art. 16 et 19 de la loi du 17 mai 1819; qu'en conséquence, c'est par l'application de cette loi, et non de l'art. 222 c. pén., que doivent être punis les outrages par paroles, adressés à un maire, à l'occasion de l'exercice de ses fonctions, dans la cour d'un café où le public avait libre accès, et répétés dans la rue de ce café (Bourges, 23 mai 1839) (2); — 6º Que l'outrage par paroles envers les magistrats de l'ordre administratif ou judiciaire dans l'exercice de leurs fonctions, est encore soumis, depuis la publication de la loi du 17 mai 1819, à l'art. 222 c. pén., et reste punissable de la peine d'emprisonnement portée par cet article (Crim. rej. 17 mars 1820) (3); — 7º Que l'art. 222 c. pén.

---

(1) 1re *Espèce :* — (Min. pub. *C.* Patois.) — Le sieur Patois avait écrit au sous-préfet de Loches une lettre dans laquelle il l'accusait de chercher à retarder l'époque où la dame Patois, sa mère, toucherait une pension ou des secours que le gouvernement lui avait accordés. — Plainte du sous-préfet pour outrages envers un fonctionnaire public, et à raison de ses fonctions. — Mais, le 11 mars 1857, le tribunal correctionnel de Loches renvoie le prévenu. — Appel. — Jugement confirmatif du tribunal de Tours. — Pourvoi. — Arrêt.

LA COUR; — Vu l'art. 139, nº 5, c. instr. crim., relatif à la compétence des tribunaux de police en matière d'injures verbales, les art. 376 et 471, nº 11, c. pén., qui punissent les injures non publiques, ainsi que l'art. 20 de la loi du 17 mai 1819; — Vu aussi les art. 222, 223 et suiv. c. pén. — Attendu que les injures ou expressions outrageantes sont punissables, alors même qu'elles ne sont pas accompagnées de la circonstance aggravante de la publicité, et qu'elles n'auraient pas été proférées en présence de la personne offensée; — Que ces dispositions sont applicables aux injures contenues dans des lettres missives ou écrits non publiés, qui ont reçu par leur envoi, ou leur communication, une notoriété quelconque, le tout indépendamment de la qualité publique des personnes qu'elles concernent; — Attendu que ces injures prennent le caractère d'outrages, lorsqu'elles s'adressent à des personnes revêtues de fonctions publiques, ou qui ont agi dans une qualité publique; — Que, si l'art. 6 de la loi du 25 mars 1822 a dérogé aux dispositions des art. 222 et suiv. c. pén., pour les outrages commis d'une manière quelconque, à raison de leurs fonctions ou de leur qualité, envers les membres des chambres législatives, les fonctionnaires publics, les ministres des cultes, les jurés et les témoins, quand ces outrages ont été faits publiquement, cet article a laissé subsister les dispositions antérieures du code pénal, soit quant aux outrages commis envers les magistrats de l'ordre administratif ou judiciaire, dans l'exercice de leurs fonctions, soit quant aux outrages commis envers les mêmes personnes, mais non publiquement, à l'occasion de l'exercice des mêmes fonctions; — Attendu que le but de la disposition des art. 222 et suiv. c. pén. a été moins de protéger les personnes, que de protéger les fonctions dont ces personnes sont revêtues, puisque ces articles appartiennent au titre 1er du livre 3 c. pén., intitulé des crimes et délits contre la chose publique; — Qu'on ne saurait donc chercher la répression de ces outrages dans les dispositions relatives aux injures envers les particuliers; — Attendu que l'art. 223 c. pén. punit d'une peine d'un mois à six mois d'emprisonnement l'outrage envers les magistrats commis par gestes ou par menaces; — Que l'art. 222 du même code punit d'une peine d'un mois à deux ans l'outrage commis par paroles envers les mêmes magistrats, lorsque cet outrage tend à inculper leur honneur et leur délicatesse, et que l'outrage, par gestes ou menaces, n'est assimilé à l'outrage par paroles qu'autant qu'il a eu lieu à l'audience d'une cour ou d'un tribunal; — Que ces deux genres d'outrage existent aussi bien lorsqu'ils ont lieu hors la présence de la personne revêtue du caractère de magistrat, que s'ils s'adressaient directement à sa personne; — Que ce n'est donc pas à raison de la provocation personnelle qu'ils tombent sous l'application des art. 222 et 223 c. pén., mais à raison de la fonction outragée; — Qu'il n'existe, dès lors, aucune raison de soustraire l'outrage commis par lettre missive ou par écrit non rendu public à l'application de ces deux mêmes articles; — Que l'outrage écrit a un caractère de préméditation qui ne permet pas de le ranger parmi les outrages par gestes ou menaces; — Qu'il doit donc être assimilé à l'outrage par paroles; — Qu'en effet, l'écriture n'est qu'une parole écrite; — Que l'art. 222 n'a point exclu cette interprétation, et les termes n'en sont pas limitatifs; — D'où il suit que, dans l'espèce, en reconnaissant qu'une lettre missive du sieur Patois au sous-préfet de Loches contenait, à l'occasion des fonctions de ce dernier, des outrages adressés méchamment et sans provocation, tendant à inculper son honneur et sa délicatesse, et en refusant de faire à ce fait, ainsi déclaré, l'application de l'art. 222 c. pén., le jugement attaqué a violé ledit article; — Par ces motifs, casse.

Du 15 juin 1857.-C. C., ch. crim.-MM. de Bastard, pr.-de Gartempe fils, rap.

(2) *Espèce :* — (Pinon *C.* min. pub.) — Jugement du tribunal correctionnel de Sancerre, qui condamne Pinon à un mois de prison pour outrages commis par paroles envers le maire de Bouleret, à l'occasion de l'excice de ses fonctions, par application de l'art. 222 c. pén. — Appel par Pinon. — Il soutient que ce n'était pas l'application de l'art. 222 c. pén. qui pouvait lui être faite, dans l'espèce, mais celle des art. 16 et 19 de la loi du 17 mai 1819, par lesquels a été prévu le délit poursuivi. — Arrêt.

LA COUR; — Considérant qu'il s'agit d'injures adressées à un dépositaire ou agent de l'autorité publique à l'occasion de l'exercice de ses fonctions; — Que le lieu de la scène est la cour d'un café où le public avait un libre accès; que même les injures ont été répétées dans la rue où était situé ce café; qu'ainsi, ce n'était pas l'art. 222 c. pén., mais la loi du 17 mai 1819 qui était applicable; que cette dernière loi a modifié l'article précité relativement aux outrages par paroles qu'auraient pu recevoir publiquement les magistrats de l'ordre judiciaire ou administratif à l'occasion de l'exercice de leurs fonctions; — Vu ce qui résulte des art. 16 et 19 de ladite loi, etc.; — Dit bien jugé au chef qui déclare Pinon convaincu du délit pour lequel il a été poursuivi; mal jugé au chef qui lui fait application de l'art. 222 c. pén.; — Emendant quant à ce, le condamne, par application des art. 16 et 19 de la loi du 17 mai 1819, en quinze jours d'emprisonnement.

Du 23 mai 1839.-C. de Bourges.-M. Heulhard de Montigny, pr.

(3) *Espèce :* — (Min. pub. *C.* Vauty.) — Le 5 fév. 1820, un jugement du tribunal de Charleville, jugeant comme tribunal d'appel en matière correctionnelle, condamna Jean Vauty à un mois d'emprisonnement, comme coupable d'outrages par paroles envers le maire de sa commune, dans l'exercice de ses fonctions. Ce jugement avait fait au prévenu application de l'art. 222 c. pén. — Pourvoi en cassation par le ministère public : il a soutenu que l'art. 222 c. pén. avait été entièrement abrogé par l'art. 19 de la loi du 17 mai 1819.

LA COUR; — Attendu que l'art. 222 c. pén. n'est pas compris dans la nomenclature des articles de ce code que l'art. 26 de la loi du 17 mai 1819 déclare être abrogés : que cet article conserve donc toute sa force dans ses dispositions qui ne sont point inconciliables avec celles de cette loi; qu'il a prévu tout à la fois et soumis à la même disposition pénale les outrages par paroles faits à des magistrats de l'ordre judiciaire et administratif dans l'exercice de leurs fonctions, et ceux qui leur sont faits seulement à l'occasion de cet exercice; que ces deux genres d'outrages ont néanmoins un caractère de criminalité différent; que les premiers blessent non-seulement le magistrat outragé, mais encore la loi dont il est l'image et l'organe dans l'exercice de ses fonctions; que les seconds ne peuvent nuire qu'à l'honneur du magistrat; qu'il a été dans l'esprit de la loi du 17 mai de ne pas confondre ces deux genres d'outrages; que son art. 19 se réfère à son art. 16 et suppose le même cas, et qu'ainsi ce dernier article a pour objet la diffamation des dépositaires de l'autorité publique sur des faits relatifs à leurs fonctions, de même l'art. 19 n'est applicable qu'aux injures faites aux mêmes personnes à l'occasion de l'exercice de leurs fonctions; que cette restriction des dispositions de ce dernier article est la conséquence nécessaire des deux paragraphes du susdit art. 26 de la même loi, que les outrages par paroles faits à des magistrats de l'ordre judiciaire ou administratif, dans l'exercice de leurs fonctions, restent donc soumis aux dispositions du susdit art. 222 c. pén.; — Et attendu qu'il a été reconnu, par le jugement dont la cassation est demandée, que le prévenu avait outragé par paroles le maire de sa commune dans l'exercice de ses fonctions; qu'en le condamnant sur ce fait d'après les dispositions de l'art. 222 c. pén., les tribunaux de Sedan et de Charleville, jugeant en police correctionnelle, ont fait une juste application de la loi pénale; — Attendu, d'ailleurs, que le jugement attaqué est régulier dans sa forme; — Rejette, etc.

Du 17 mars 1820.-C. C., sect. crim.-MM. Barris, pr.-Giraud, rap.

est applicable au délit d'injures proférées envers un adjoint ou maire, dans un discours lu à une audience publique de police municipale, où cet adjoint remplissait les fonctions de ministère public (Paris, 14 janv. 1834, aff. R..., Gaz. des trib., nº 2629); — 8º Que, lorsque les outrages par paroles faits à des magistrats, à l'occasion de l'exercice de leurs fonctions, ont lieu sans publicité, l'art. 222 c. pén. conserve toute sa force, même depuis la loi du 17 mai 1819, laquelle n'est relative qu'aux outrages et injures publics, et qu'ici ne s'applique pas non plus l'art. 471, nº 11, c. pén. (Crim. cass. 2 avr. 1825) (1); — 9º Que l'art. 224 c. pén. n'a été abrogé par les art. 13, 14, 16 et 19 de la loi du 17 mai 1819, qu'en ce qui concerne les injures proférées publiquement contre des agents ou dépositaires de l'autorité publique, pour des faits relatifs à leurs fonctions (Orléans, 10 juill. 1843, M. Boucher d'Argis, pr., aff. Isambert).

703. Toutefois, il a été jugé : 1º que l'art. 224 c. pén. a été modifié par la loi du 17 mai 1819, en ce sens que lorsqu'il s'agit d'injures pour des faits relatifs aux fonctions d'un agent de l'autorité publique, c'est l'art. 19 de la loi précitée qu'il faut appliquer, et que, lorsqu'il est question d'injures adressées, dans l'exercice de ses fonctions, à un agent de l'autorité publique, l'art. 224 c. pén. reste applicable (Metz, 15 fév. 1826) (2); — 2º Que l'outrage fait par paroles dans un cabaret à un garde champêtre dans l'exercice de ses fonctions, comme officier de police judiciaire, est passible de la peine portée par l'art. 19 de la loi du 17 mai 1819, qui a dérogé à cet égard à l'art. 224 c. pén. (Metz, 29 mai 1826) (3).

704. L'art. 262 c. pén. punit d'une amende de 16 fr. à 500 fr., et d'un emprisonnement de quinze jours à six mois, tout outrage envers les ministres d'un culte dans l'exercice de ses fonctions. Mais il est évident que, en ce qui touche les outrages *publics*, cet article est abrogé par la disposition beaucoup plus sévère, à cet égard, de la loi de 1822 (V. nºs 700 et 713). — On pourrait, toutefois, faire remarquer que, dans le code pénal, il s'agit d'*un culte* en général, et que la loi de 1822 réprime l'outrage envers les ministres de l'un des cultes *reconnus en France*, pour en conclure que l'art. 262 a continué d'être en vigueur à l'égard des cultes non reconnus. — Mais nous pensons que cette théorie conduirait à des conséquences beaucoup trop étendues pour qu'elle puisse être admise, car les cultes n'ayant plus alors aucun caractère distinctif, il faudrait comprendre, dans la disposition de la loi, toutes les religions qui peuvent naître des fantaisies ou des caprices de l'imagination; en telle sorte qu'une religion qui ne compterait que vingt adeptes aurait droit aux mêmes respects que celle dans laquelle est élevée la nation presque entière. — Cette solution nous paraît de tout point inadmissible. — Notons cependant que, lors de la révision du code pénal (1832), l'art. 262 a été maintenu dans son intégrité. — Quant aux outrages *non publics* envers les ministres des cultes, V. *infrà*, nºs 758 et s. — A l'égard de l'art. 263 c. pén., qui prononce la peine de la dégra-

---

(1) *Espèce :* — (Min. pub. *C.* Me Bory.) — **17 août 1824**, procès-verbal dressé par M. le procureur du roi d'Issoire, portant que, le même jour, Me Bory, avoué, s'était rendu chez le procureur du roi, et que, sans aucune provocation de la part de ce magistrat, et en entrant dans l'appartement où il se trouvait, il lui avait adressé des propos offensants et grossiers; qu'il était même allé jusqu'à lui dire qu'il « était un misérable, un coupe-jarret, malheureusement le procureur du roi, » et que, « depuis longtemps, l'honneur était rayé de son catalogue. » — Plainte contre l'avoué Bory. Le tribunal correctionnel d'Issoire s'est déclaré incompétent; et, le **5 mars 1825**, arrêt par lequel la cour de Riom, après avoir constaté, en fait, les propos injurieux rappelés dans le procès-verbal, et non désavoués par Bory, avait déclaré que « ces propos constituaient tout à la fois des expressions outrageantes, des termes de mépris, des invectives graves, et même l'imputation de faits capables de porter atteinte à l'honneur et à la considération du procureur du roi. » Mais cette cour n'avait point vu dans ces propos le délit d'outrages par paroles faits au procureur du roi, à l'occasion de l'exercice de ses fonctions, tendant à inculper son honneur, délit prévu et puni par l'art. 222 c. pén., d'un emprisonnement d'un mois à deux ans; elle n'y avait vu que le délit d'injures proférées contre quelqu'un, prévu par l'art. 471, nº **11**, et puni d'une amende de **1** fr. à 5 fr. — Pourvoi. — Arrêt.

LA COUR; — Vu l'art. 410 c. inst. crim.; — Vu le § 1 de l'art. 222 c. pén.; — Attendu que, si les déclarations en fait données par les tribunaux et par les cours jugeant correctionnellement, sont irréfragables, il n'en est pas de même des qualifications données par lesdits tribunaux et les cours à ces faits par eux déclarés, et des conséquences qu'ils en ont tirées; que l'examen de ces qualifications et de ces conséquences rentre dans les attributions de la cour de cassation; que cette cour, étant chargée de réprimer les violations qui seraient commises contre la loi, a nécessairement qualité pour juger l'appréciation desdits faits et leurs conséquences, puisque ce jugement devient la base de l'application de la loi pénale;

Attendu que, par l'arrêt rendu, le **5 mars 1825**, par la cour royale de Riom, chambre des appels de police correctionnelle, il a été déclaré, en fait, que « l'avoué Bory s'était permis de dire au procureur du roi près le tribunal de première instance d'Issoire, « qu'il était un misérable, un coupe-jarret, et malheureusement le procureur du roi; » qu'il avait ajouté que, « depuis longtemps, l'honneur était rayé de son catalogue; » — Que, de plus, il a été déclaré par ladite cour « que ces propos constituaient tout à la fois des expressions outrageantes, des termes de mépris, et même l'imputation de faits capables de porter atteinte à l'honneur et à la considération du procureur du roi; »

Attendu que, d'après ces faits ainsi reconnus et déclarés par la cour royale de Riom, il appartient à la cour de cassation d'examiner si ces outrages ont été commis à l'occasion de l'exercice des fonctions du procureur du roi, puisque de ce résultat dépend l'application de la loi pénale;

Qu'il ne pouvait y avoir aucun doute que ces outrages n'eussent été proférés contre le procureur du roi, à l'occasion de l'exercice de ses fonctions; que la preuve en résultait évidemment de ces expressions : *vous êtes malheureusement le procureur du roi*, puisqu'elles faisaient consister un malheur dans l'exercice de ces fonctions; que ces outrages, étant ainsi relatifs à ces fonctions, ont été nécessairement proférés à l'occasion de l'exercice desdites fonctions; que, dès lors, il y avait lieu à l'application de l'art. **222** c. pén.; — Que cet article a conservé toute sa force, même depuis la loi du **17 mai 1819**, laquelle n'a été relative qu'aux outrages et injures publics; qu'aussi il n'a point été compris dans la nomenclature des articles dudit code pénal, que ladite loi a déclarés par l'art. 26 être abrogés; — Que, néanmoins, la cour royale de Riom n'a appliqué que l'art. **471**, nº **11**, c. pén., qui n'est relatif qu'aux injures proférées contre quelqu'un, et ne prononce qu'une amende de **1** fr. à 5 fr., tandis que le législateur a voulu, par l'art. **222**, punir d'une peine beaucoup plus forte les outrages par paroles faits à la dignité de la magistrature, qu'il est si important de faire respecter, dans l'intérêt de l'ordre social lui-même; — Attendu que l'arrêt du **5 mars 1825** a fait une fausse application dudit art. **471**, nº **11**, et violé l'art. **222** c. pén.; — Par ces motifs, donnant acte à Bory de son intervention, et statuant sur le pourvoi du procureur général du roi près la cour royale de Riom, casse et annule l'arrêt rendu, le **5 mars 1825**, par la chambres des appels de police correctionnelle de ladite cour; en conséquence, renvoie, etc.

Du **2** avr. **1825**.-C. C., sect. crim.-MM. Bailly, pr.-Bernard, rap.

(2) (Min. pub. C. Bourgeois.) — LA COUR; — Attendu qu'il résulte de l'instruction que Joseph Bourgeois a, le **18** nov. **1825**, dans la forêt de Veckring, traité le garde champêtre délégué par le maire pour surveiller l'établissement des fossés..., de mauvais sujet; qu'il lui a jeté une pellée de terre au visage, et lui a même reproché de s'abstenir de dresser des procès-verbaux contre les délinquants; — Attendu que ces faits constituent l'injure publique pour des faits relatifs aux fonctions de l'autorité publique; — Attendu, en droit, que l'art. **224** c. pén. a été modifié par l'art. **19**, L. **17** mai **1819**, en ce sens que, lorsqu'il s'agit d'injures pour des faits relatifs aux fonctions d'un agent de l'autorité publique, c'est l'art. **19** de la loi précitée qu'il faut appliquer, l'art. **224** ne restant en vigueur que lorsqu'il est question d'injures adressées, dans l'exercice de ses fonctions, à un agent de l'autorité publique; d'où il suit que c'est à tort que les premiers juges ont fait l'application de l'art. **224** c. pén.; — Faisant droit à l'appel du ministère public..., condamne Bourgeois en huit jours d'emprisonnement, et **25** fr. d'amende, etc.

Du **15** fév. **1826**.-C. de Metz.-M. Pyrot, pr.

(**3**) (Min. pub. *C.* Jean Hambourger.) — LA COUR; — Attendu que Jean Hambourger a outragé les gardes champêtres en les traitant de commissaires polissons, lorsqu'ils agissaient comme officiers de police, le **19** mars dernier, dans le cabaret du nommé Reinet, cabaretier à Luttang, où ils s'étaient transportés afin de constater les contraventions à la loi sur la police des cabarets; — Attendu que les premiers juges ont fait une fausse application de la loi en condamnant le prévenu à 5 fr. d'amende, d'après l'art. **224** c. pén., auquel a dérogé l'art. **19**, L. postérieure, **17** mai **1819**, combiné avec l'art. **16**, même loi, qui seule est applicable au cas particulier, quoiqu'il s'agit d'une simple injure, aux termes de l'art. **14**; — Par ces motifs, vu les art. **14**, **16** et **19**, L. **15** mai **1819**, faisant l'application desdits articles au prévenu, met l'appellation et ce dont est appel au néant; — Et prononçant par jugement nouveau, déclare convaincu Jean Hambourger du délit d'outrage envers les agents de l'autorité publique et le condamne pour ce fait en cinq jours d'emprisonnement, en **25** fr. d'amende et aux frais, etc.

Du **29** mai **1826**.-C. de Metz, ch. corr.-M. Pyrot, pr.

dation civique contre celui qui frappe le ministre d'un culte dans l'exercice de ses fonctions, M. Parant, p. 138 et suiv., pense que cette disposition ne peut plus recevoir d'application, et qu'elle a été abrogée par la loi de 1822. — Cette opinion ne nous paraît pas fondée : le cas prévu par l'art. 263 c. pén. diffère sensiblement de celui qui fait l'objet de l'art. 6 de la loi de 1822; il ne peut donc y avoir abrogation tacite à cet égard.

705. Quant aux lois antérieures au code pénal de 1810, elles se trouvent abrogées par son art. 484, aux termes duquel, *dans toutes les matières que ce code n'a pas réglées* et qui sont régies par des lois et règlements particuliers, les cours et tribunaux doivent continuer de les observer. D'où la conséquence nécessaire que le code pénal abroge toutes les lois préexistantes sur les matières qu'il a réglées. — Or, les outrages envers *les dépositaires de l'autorité et de la force publique* étant prévus par ce code, il ne paraît pas utile de pousser plus loin notre examen rétrospectif. Néanmoins, il est un petit nombre de dispositions particulières que nous aurons à rappeler ultérieurement (V. n°s 709 et s., 733 et s.) pour dissiper les doutes qui pourraient s'élever sur leur abrogation. — Mais nous voyons maintenant que les textes sur lesquels doit à peu près exclusivement porter notre attention, sont les art. 222 et suiv. c. pén., l'art. 6 de la loi du 25 mars 1822 et l'art. 5 de la loi du 11 août 1848.

706. Des divers outrages prévus par ces lois, il en est dont la publicité forme un élément essentiel. — Il en est d'autres pour lesquels la publicité n'est pas nécessaire. Il importe de les distinguer. — Aussi allons-nous traiter séparément dans les deux articles suivants des outrages classés à ce point de vue particulier.

Art. 1. — *Des outrages dont la publicité forme un élément essentiel.*

707. Les outrages qui ne peuvent légalement exister sans publicité sont ceux que prévoient les art. 6 de la loi du 25 mars 1822 et 5 de la loi du 11 août 1848. — Ces dispositions ne punissent, en effet, que l'outrage fait *publiquement d'une manière quelconque*. — Ces mots *d'une manière quelconque* se rapportent-ils à l'espèce d'outrage (par gestes, par menaces, par paroles, etc.), ou bien au mode de publicité ? — C'est là une question dont les travaux préliminaires de la loi de 1822 n'offrent pas la solution. Mais on paraît généralement admettre que cette expression s'applique aussi bien à la nature de l'outrage qu'à celle de la publicité (V. *infrà*, n° 726, plusieurs arrêts dans ce sens; V. aussi MM. Chassan, t. 1, p. 368; de Grattier, t. 2, p. 51, 52; Grellet-Dumazeau, t. 2, p. 299). — En telle sorte qu'une latitude indéfinie est laissée au magistrat pour faire rentrer un fait sous l'application de l'art. 6 de la loi de 1822. — Pour nous qui, suivant l'axiome de Bacon, *optima lex*, etc., aimons, au contraire, à trouver dans la loi un sens précis qui limite le pouvoir du juge, nous serions porté à penser que le législateur ayant déjà dit plusieurs fois dans la même loi ce qu'il entendait par publicité, il a cru inutile de se répéter, et que les mots *d'une manière quelconque* s'appliquent à la nature de l'outrage. — Au reste, il a été jugé que l'art. 6 de la loi du 25 mars 1822 s'applique à toute sorte d'outrages publics, soit par paroles, soit par gestes menaçants (Crim. rej. 13 août 1841) (1).

708. Des personnes désignées dans les dispositions précitées, les fonctionnaires publics, les ministres des cultes, les jurés et les témoins doivent seuls nous occuper ici. — Nous allons successivement examiner les outrages qui peuvent être commis envers ces personnes.

709. *Outrages envers les fonctionnaires publics.* — Quelles sont les personnes auxquelles s'applique cette désignation ? — Pour la solution de la question ainsi posée d'une manière générale, le lecteur doit principalement consulter les mots Fonctionnaire public, Forfaiture, Mise en jugement, où se trouve l'exposé complet de la doctrine et de la jurisprudence à cet égard. — Mais nous devons ici nous placer au point de vue particulier de l'art. 6 de la loi du 25 mars 1822. — Or, des explications données par M. de Serre, qui, on le sait, comme garde des sceaux, avait exposé les motifs de la loi, et par M. Courvoisier, rapporteur nommé par la chambre des députés, il résulte que les mots *fonctionnaires publics* doivent être pris ici dans le sens le plus étendu. — Par fonctionnaires publics, a dit, en effet, M. de Serre (séance du 29 janv. 1822), nous entendons *toutes personnes engagées dans les affaires publiques*. — La loi, a dit aussi M. Courvoisier (même séance), s'applique *à tout fonctionnaire public, depuis le premier magistrat jusqu'au garde champêtre*. — Après de semblables explications, il est manifeste que toutes les personnes qui, à un titre quelconque, représentent l'autorité ou sont revêtues d'un caractère public doivent être considérées comme comprises dans la disposition précitée de la loi de 1822. — Aussi a-t-il été jugé que, bien que les procès-verbaux dressés par les gardes champêtres, autres que ceux relatifs aux délits ruraux, ne fassent foi que jusqu'à preuve contraire, les gardes champêtres agissent, néanmoins, dans l'ordre légal de leurs fonctions, lorsqu'ils recherchent les délits et contraventions de toute nature, et notamment ceux relatifs aux règlements sur les voitures publiques; et qu'en conséquence, l'outrage qui leur est adressé publiquement, pendant qu'ils sont à la recherche de ces contraventions ou délits, tombe sous l'application de l'art. 6 de la loi du 25 mars 1822, comme outrage fait à un fonctionnaire public à raison de ses fonctions (Poitiers, 11 mars 1843) (2). — V. Fonct. pub., n° 146; Garde champêtre, n° 46; Mise en jugement, n°s 19 et s., 252 s.

---

(1) (Billout C. min. pub.) — La cour; — … Sur le troisième moyen pris de la fausse application de l'art. 6 de la loi du 22 mars 1822 et de la violation de l'art. 505 c. pén. : — Attendu que le premier de ces articles qui prévoit le cas d'un outrage quelconque contre les personnes y désignées, comprend les paroles et gestes menaçants comme tout autre mode d'outrage dans la généralité de ses termes; — Sur le quatrième moyen résultant de ce qu'un témoin qui a déposé n'est plus investi du caractère de témoin après la clôture des débats : — Attendu que la loi, en punisssant l'outrage fait au témoin à raison de sa déposition, n'a pas restreint soit au cas où la déposition n'a pas encore eu lieu, soit à celui où le témoin est interrompu en l'émettant, cette disposition pénale; — Que d'après le texte ou l'esprit de l'art. 6 de la loi du 25 mars 1822, il suffit que la déposition soit l'objet de l'outrage, pour qu'une atteinte susceptible de la répression que cet article a établie, ait été portée à l'indépendance du témoin; — Rejette.

Du 13 août 1841.-C. C., ch. crim.-MM. de Bastard, pr.-Rocher, rap.

(2) (Min. pub. C. Viaud.) — La cour; — Attendu que l'art. 16 c. instr. crim., en chargeant spécialement les gardes champêtres de rechercher et de constater, par des procès-verbaux, les délits et contraventions de police qui portent atteinte aux propriétés rurales et forestières, n'a pas abrogé les lois ou décrets qui leur conféraient d'autres pouvoirs ou leur imposaient d'autres obligations; — Attendu que le décret du 11 juin 1806, art. 5, prescrit aux gardes champêtres d'informer les maires, et ceux-ci les officiers de gendarmerie, de tout ce qu'ils découvriront de contraire au maintien de l'ordre, et de leur donner avis de tous les délits commis dans leurs territoires respectifs; — Attendu que si relativement aux délits et contraventions autres que ceux qui portent atteinte aux propriétés rurales et forestières, les gardes champêtres sont sans qualité pour dresser les procès-verbaux qui fassent foi jusqu'à preuve contraire, ils agissent cependant dans l'ordre légal de leurs fonctions, lorsqu'ils recherchent les délits et contraventions de toute autre nature commis dans leurs territoires respectifs, qu'ils en suivent les traces ou recueillent les indices et renseignements nécessaires pour en découvrir les auteurs; — Attendu que lorsqu'ils agissent ainsi dans l'ordre légal de leurs attributions, ils sont fonctionnaires publics; que cette qualité leur est reconnue par les art. 483 et 484 c. inst. crim., d'où il résulte que l'outrage qui leur est fait publiquement, d'une manière quelconque, à raison de leurs fonctions ou de leur qualité, constitue le délit prévu et puni par le § 1er de l'art. 6 (L. 25 mars 1822); — Attendu que le garde champêtre de la commune de Chatellerault, en cherchant à connaître le nom du conducteur de la voiture publique, attelée de trois chevaux et non éclairée, qu'il avait rencontrée, le 11 janvier dernier, à 7 heures et demie du soir, près le pont, au moment où elle arrivait de Poitiers, et en s'adressant, à cet effet, à l'entrepreneur de cette voiture, agissait dans l'ordre légal de ses fonctions, et que si, dans cette circonstance et à ce sujet, il a été outragé publiquement, cet outrage lui aura été fait dans l'exercice ou à l'occasion de l'exercice de ses fonctions; — Attendu que ce garde a établi dans son procès-verbal que, lorsqu'il s'est présenté à l'hôtel de la Robe-de-Loup, tenu par Viaud, pour lui demander le nom du conducteur de la voiture, celui-ci l'a pris, à trois fois différentes, par le bras pour le pousser hors de chez lui, en le traitant de gourgaud, de canaille, de mauvais garde champêtre, en ajoutant qu'il l'em…; — Attendu que si le procès-verbal ne peut faire foi jusqu'à preuve contraire parce qu'il ne constate ni délit ni contravention de nature à porter atteinte aux propriétés rurales confiées à sa garde, il doit nécessairement être considéré comme une plainte de sa part, et en

710. Il a cependant été décidé en sens contraire que l'injure faite publiquement à un garde champêtre à l'occasion de l'exercice de ses fonctions, est passible des peines portées par l'art. 19, L. 17 mai 1819, et non de celles portées par l'art. 6, L. 25 mars 1822 (Metz, 4 et 5 déc. 1826) (1).

711. Il a été jugé aussi : 1° que sans examiner si le *commissaire de police*, qui s'est rendu en certain lieu pour constater un empiétement sur la voie publique, doit être considéré comme magistrat, dans le sens de l'art. 223 c. pén., au moins il ne doit pas être regardé comme officier ministériel, conformément à l'art. 224 ; qu'il doit être réputé fonctionnaire public, et que, s'il est outragé par menaces ou paroles, et, par exemple, par une provocation en duel, il doit être fait application au provocateur des peines portées par l'art. 6 de la loi du 25 mars 1822, contre l'auteur d'outrages envers un fonctionnaire, à raison de ses fonctions ou de sa qualité, et non de celles prononcées par l'art. 224 c. pén. (Crim. cass. 15 juin 1828 (2), V. aussi n° 738) ; — 2° Que les *agents* des *contributions directes* procédant au recensement agissent comme fonctionnaires publics, exerçant un acte dont l'exécution leur est expressément déférée par la loi ; qu'en cas d'outrages dans l'accomplissement de cette opération, ils sont protégés par l'art. 6 de la loi du 25 mars 1822 (Poitiers, 19 janv. 1842) (3) ; — 3° Que les *employés* des *contributions indirectes* sont des fonctionnaires publics, dans le sens de l'art. 6 de la loi

---

produire les effets ; — Attendu que l'hôtel de la Robe-de-Loup est un lieu public ; — Attendu que le prévenu a fait l'aveu, dans ses interrogatoires, d'une partie des faits énoncés dans ce procès-verbal, en déclarant qu'il avait mis à la porte de chez lui un individu qu'il ne connaissait pas ; qu'il lui avait dit que si ses garçons étaient en contravention, comme il le prétendait, il pouvait verbaliser contre eux, et que cet individu continuant à l'ennuyer par ses plaintes, il l'avait envoyé promener, en le traitant de gourgaud ou de gargouillaud ; — Attendu qu'aux faits avoués par le prévenu on doit ajouter qu'il ne pouvait méconnaître la qualité de l'individu qui s'adressait à lui, puisqu'il était revêtu de sa plaque de garde champêtre, et que toutes les circonstances de la cause se réunissent pour démontrer la sincérité de tout ce qui était énoncé dans le procès-verbal de ce garde ; — Attendu qu'il existe, dans la cause, des circonstances atténuantes ; — Dit qu'il a été mal jugé par le jugement dont est appel ; émendant, déclare Viaud coupable, mais avec des circonstances atténuantes, d'avoir, le 12 janvier dernier, outragé publiquement le garde champêtre de la commune de Chatellerault, en sadite qualité, en le prenant à diverses fois par le bras pour le pousser hors de son hôtellerie, en le traitant de canaille, de mauvais garde champêtre, et en ajoutant qu'il l'em... ; en réparation de quoi, le condamne à 16 fr. d'amende et aux frais de 1re instance et d'appel, par application des art. 6 et 14 de la loi du 25 mars 1822, 465 c. pén., et 194 c. instr. crim.

Du 11 mars 1843.-C. de Poitiers, ch. corr.-MM. Vincent-Molinières, pr.-Flandin, 1er av. gén., c. conf.-Pontois, av.

(1) 1re *Espèce* : — (Min. pub. C. Couturier.) — LA COUR ; — Attendu qu'il est constant que le prévenu s'est permis, le 15 juill. et le 6 août dernier, d'injurier en un lieu public Thomas Marchal, garde champêtre, en le qualifiant de faussaire, vieux gueux, fripon ; — Attendu que les dispositions de l'art. 6, L. 25 mars 1822, ne concernent que les fonctionnaires publics, qu'un garde champêtre n'étant qu'un dépositaire ou agent de l'autorité publique, cette loi ne lui est pas applicable ; — Attendu que les premiers juges ont fait une juste application de l'art. 19, L. 17 mai 1819 ; — Adoptant leurs motifs, et sans s'arrêter aux appels, etc.

Du 4 déc. 1826.-C. de Metz, ch. corr.-M. Colchen, pr.

2e *Espèce* : — (Nicolas Pierre C. min. pub.) — LA COUR ; — Attendu que si les faits déclarés constants par le jugement dont est appel, n'ont point été détruits par-devant la cour, il y a lieu de confirmer le jugement en tant qu'il déclare ledit Nicolas Pierre coupable d'avoir outragé, par paroles, Jean-Baptiste Canardelle, garde champêtre, à l'occasion de sa qualité et de ses fonctions ; — Mais attendu que, mal à propos, pour la répression de ce délit, le jugement a fait usage des dispositions de l'art. 6 L. 25 mars 1822, qui n'était point applicable à l'espèce, en ce que les agents de l'autorité publique, comme au cas particulier, les gardes champêtres, ne sont point rangés dans la catégorie que cet article désigne, il y a lieu, sous ce rapport, de réformer le jugement ; — En conséquence, sur l'appel, met l'appellation et ce dont est appel au néant, en ce que Nicolas Pierre aurait été condamné à un mois d'emprisonnement et à 100 fr. d'amende ; émendant, quant à ce, et prononçant par jugement nouveau, déclare ledit Pierre coupable d'avoir outragé, par paroles, Jean-Pierre Canardelle, garde champêtre, à l'occasion de sa qualité et de ses fonctions ; — Vu l'art. 224 c. pén... ; — Condamne Nicolas Pierre à une amende de 16 fr. et aux dépens, etc.

Du 5 déc. 1826.-C. de Metz, ch. corr.-M. Colchen, pr.

(2) (Min. pub. C. Buhot-Launay.) — LA COUR (apr. un long dél. en ch. du cons.) ; — Vu les art. 222, 223 et 224 c. pén. et l'art. 6 de la loi du 25 mars 1822 ; — Attendu qu'il est constaté par le procès-verbal du sieur Toudic, commissaire de police de Guingamp, en date du 7 fév. 1828, et qu'il n'est pas même contesté par le jugement du tribunal d'appel de Saint-Brieuc, que Toussaint Buhot-Launay outragea, au moins par paroles, et provoqua en duel, ledit jour 7 février, sur le chemin public appelé de Runion, et en présence de plusieurs ouvriers, le sieur Toudic, commissaire de police de Guingamp, lequel avait été sur les lieux par l'ordre et suivant les instructions du maire de la commune, pour constater l'empiétement imputé audit Buhot-Launay, et qu'il se permit contre lui ces outrages, à raison des fonctions que ledit commissaire de police exerçait auprès dudit Buhot ; — Attendu que le tribunal correctionnel de Saint-Brieuc, chef-lieu judiciaire du département des Côtes-du-Nord, jugeant sur l'appel du tribunal de Guingamp, qui avait déclaré ledit Buhot coupable du délit porté aux art. 222 et 223 c. pén.. et l'avait condamné, en conséquence, à un mois d'emprisonnement, a réformé ledit jugement de Guingamp, en ce que les art. 222 et 223 n'étaient point applicables au sieur Toudic, commissaire de police, lequel ne pouvant point (a dit le jugement) être considéré comme magistrat, le prévenu ne pouvait subir d'autre condamnation que celle résultante de l'art. 224 du même code, qui punit d'une amende les outrages faits par paroles, gestes ou menaces à tout officier ministériel ou agent dépositaire de la force publique, et qu'en conséquence ledit tribunal de Saint-Brieuc fit l'application au sieur Buhot-Launay dudit art. 224 ;

Attendu que, sans qu'il soit besoin de s'expliquer sur la question de savoir si Toudic, commissaire de police, devait ou ne devait pas être considéré, dans l'espèce, comme magistrat, aux termes de l'art. 223 c. pén., il est certain au moins que le tribunal d'appel ne pouvait point se dispenser de voir en lui un fonctionnaire public contre lequel un outrage quelconque avait été fait publiquement, à raison de ses fonctions ou de sa qualité ; — Attendu qu'aux termes de l'art. 6 de la loi du 25 mars 1822, l'outrage fait publiquement d'une manière quelconque, à raison de ses fonctions ou de sa qualité, à un fonctionnaire public, est punissable d'un emprisonnement de quinze jours à deux ans, et d'une amende dont le minimum est fixé à 100 fr. ; — Attendu qu'il est constant, dans l'espèce, qu'il a été fait publiquement par Buhot, au sieur Toudic, commissaire de police, un outrage à raison de ses fonctions ou de sa qualité, en quoi ledit Buhot avait encouru la peine portée par ledit art. 6 de la loi du 25 mars 1822 ; — Attendu que le sieur Toudic, commissaire de police, soit dans sa qualité ordinaire, soit dans les fonctions spéciales qu'il remplissait, le 7 février, ne pouvait point être considéré comme officier ministériel ou comme agent dépositaire de la force publique, et que l'application des dispositions de l'art. 224 c. pén., qui punissent d'une simple amende l'outrage fait par paroles, gestes ou menaces, à tout officier ministériel ou agent dépositaire de la force publique, ne pouvait pas avoir lieu dans l'espèce ; qu'il a donc été fait une fausse application dudit art. 224, en même temps qu'il y a eu violation de l'art. 6 de la loi du 25 mars 1822, laquelle seule aurait dû être appliquée ; — Casse le jugement rendu sur appel par le tribunal correctionnel de Saint-Brieuc, le 19 mai 1828.

Du 15 juin 1828.-C. C., ch. crim.-MM. Bailly, pr.-Cardonnel, rap.

(3) (Min. pub. C. Marie Grousseau et consorts.) — LA COUR ; — Attendu qu'il résulte de la plainte et de l'instruction que le 22 oct. dernier, les sieurs Faulcon, contrôleur des contributions directes, Deniau, percepteur, et Nallet, délégué spécialement par arrêté du préfet de la Vienne, du 28 sept. précédent, conformément à l'art. 15 de la loi du 18 juill. 1837, étant au chef-lieu de la commune de Cernay, pour procéder au recensement des portes et fenêtres, se trouvèrent en présence d'un rassemblement de femmes ameutées contre cette opération, et qui les assaillirent de propos injurieux et menaçants en les traitant de « canailles, de voleurs, de brigands, qui venaient leur voler leur pauvre linge et qui mériteraient la guillotine ou qu'on leur cassât la tête ; » que parmi les plus animées et les plus emportées de ces femmes on put reconnaître Marie Grousseau, femme Chaveneau, et Victoire-Adélaïde Napou, veuve Jourdain, et que les manifestations de cette réunion tumultueuse furent telles, que les recenseurs crurent devoir discontinuer leur travail et se retirer ; — Attendu que le tribunal de Châtellerault, devant lequel les femmes Chaveneau et Jourdain ont été traduites en vertu d'ordonnance de la chambre du conseil, comme prévenues d'injures et d'outrages envers les fonctionnaires publics dans l'exercice de leurs fonctions et à l'occasion de l'exercice de leurs fonctions, n'a vu, en définitive, dans le fait incriminé, qu'une simple contravention de police, la contravention de tapage injurieux de nature à troubler la tranquillité des habitants, prévue par le § 8 de l'art. 479 c. pén. ; et ses motifs sont, en substance, que dans les opérations qui se rattachent à l'assiette de l'impôt, aux conseils municipaux et aux commissaires répartiteurs exclusivement appartient le droit d'appréciation et de décision, et que les agents du fisc ne leur sont adjoints que comme scribes pour l'expédition matérielle du travail ; que par conséquent les sieurs Faulcon, contrôleur des contributions, Deniau, percepteur, et Nallet, que la délégation du préfet

du 25 mars 1822, qui punit d'une peine plus forte l'outrage fait publiquement aux personnes auxquelles appartient cette qualité (Bordeaux, 4 août 1853, aff. Sorbier, D. P. 53. 2. 218). — Il est du reste à remarquer que divers arrêts de la cour de cassation ont attribué la qualité de fonctionnaires publics aux percepteurs des contributions dans le sens des dispositions pénales qui concernent le faux et la forfaiture (V. v° Faux, n° 174-8°; Fonctionn. publ., n° 47-4°; Forfaiture, n° 4).—Mais un autre arrêt de la cour suprême du 1er mars 1844 (v° Fonct. publ., n° 144) leur a dénié le caractère d'agents dépositaires de la force publique dans le sens de l'art. 224 c. pén.; — 4° Qu'un *juge suppléant* est aussi fonctionnaire public (Douai, 1er mars 1831, aff. avoués de Saint-Pol, V. n° 1075); — 5° Qu'il en est de même d'un *avoué*; que, comme tel, il est fondé à requérir l'application de l'art. 6 de la loi du 25 mars 1822, en cas d'outrage dirigé contre lui, et que dans l'expression *outrage* cette loi comprend la diffamation et l'injure, et toute insulte humiliante (même arrêt).

712. En Belgique, la loi du 22 août 1822 n'a point modifié sous ce rapport la législation existante. — En conséquence, il a été jugé que les outrages envers les préposés des douanes, dans l'exercice de leurs fonctions, sont soumis à l'application des lois pénales ordinaires, et non des dispositions spéciales de la loi des 6-22 août 1791, qui se trouvent implicitement abrogées (Liége, 28 juin 1834) (1).

713. *Ministres des cultes légalement reconnus.* — L'art. 6 de la loi de 1822 contient deux dispositions relatives aux ministres des cultes. La première punit d'un emprisonnement de quinze jours à deux ans et d'une amende de 100 fr. à 4,000 fr. l'outrage qui leur est fait *à raison de leurs fonctions ou de leur qualité*; la seconde punit d'un emprisonnement de trois mois à cinq ans et d'une amende de 300 fr. à 6,000 fr. l'outrage qui leur est fait *dans l'exercice même de leurs fonctions*. De ces deux dispositions, l'art. 5 de la loi du 11 août 1848 a reproduit la première et cela, selon nous, sans la moindre nécessité. La seule différence que nous remarquons, en effet, sous ce rapport entre la loi de 1822 et celle de 1848, c'est que la première s'occupe des religions *légalement reconnues en France*, et l'autre des cultes dont les ministres *reçoivent un salaire de l'Etat*. — Or nous croyons que cette distinction a peu de portée depuis que les ministres du culte israélite reçoivent un salaire de l'Etat (L. 8 fév. 1831, V. Culte, p. 718, et n° 755). — Mais s'il arrivait qu'un culte reconnu par l'Etat ne fût pourtant pas salarié par lui, ce qui a existé jusqu'en 1831 à l'égard de la religion juive, l'article précité de la loi de 1848 conduirait à un résultat que nous n'admettons pas, et qui ne paraît pas avoir été dans les vues de l'assemblée nationale de cette époque, à savoir que les ministres d'un culte reconnu ne se trouveraient cependant pas protégés par la loi.

714. Mais suit-il de ce que la loi de 1848 n'a pas reproduit la disposition de la loi de 1822 relative à l'outrage fait aux ministres des cultes *dans l'exercice de leurs fonctions* que cette disposition est abrogée? Nous ne le pensons pas, parce que l'abrogation n'en a pas été expressément prononcée et qu'il n'y a aucune incompatibilité entre l'art. 5 de la loi de 1848 et la partie de l'art. 6 de la loi de 1822 dont il s'agit.

715. Peut-on réputer *ministres de la religion*, dans le sens de la loi précitée, les ecclésiastiques qui, après avoir reçu les ordres sacrés, ne remplissent cependant aucun ministère? — Un des incidents de la discussion qui a précédé la loi de 1822 conduit à résoudre cette question affirmativement. — Le général Foy avait, en effet, demandé qu'à ces mots *ministre de la reli-*

---

n'avait pu investir du droit que n'aurait pas eu le maire tutélaire lui-même, de procéder au recensement sans le concours du corps municipal et des répartiteurs, n'agissant pas dans le cercle de leurs attributions, ne faisant pas un acte que la loi leur eût donné le pouvoir de faire, n'avaient pu être outragés à l'occasion de l'exercice de leurs fonctions; — Attendu qu'en décidant de la sorte, en refusant de reconnaître aux agents des contributions directes le droit de procéder, de leur chef et sans la participation des conseils municipaux et des répartiteurs, au recensement, et en appliquant à ce travail spécial la règle d'après laquelle ces agents, lorsqu'il s'agit de la confection de la matrice pour la répartition individuelle du contingent assigné à la commune, ne sont que les auxiliaires des répartiteurs, les premiers juges ont méconnu les dispositions si formelles que contiennent, sur ce point, les lois des 21 avr. 1832 et 14 juill. 1838; — Que ces lois portent, en effet... : — ...Qu'il est évident, d'après ces textes, que non-seulement le recensement est une mesure légale, mais aussi que la mission de le faire est attribuée par la loi aux agents des contributions directes, et non pas aux corps municipaux et aux répartiteurs qu'elle n'y appelle pas, et dont il n'est mention que dans les dispositions qui ont pour objet la rédaction de la matrice et la répartition individuelle du contingent assigné à la commune; — Qu'il suit nécessairement de là que les contrôleurs (agents des contributions directes) sont, lorsqu'ils procèdent au recensement prescrit par la loi à leur administration, des fonctionnaires publics faisant un acte que la loi leur a donné le pouvoir et le devoir de faire; que, par conséquent, s'ils sont outragés, à raison de l'accomplissement de cet acte, ils le sont à l'occasion de l'exercice de leurs fonctions; — Attendu, en fait, que le sieur Faulcon, contrôleur des contributions directes, accompagné des sieur Deniau et Nallet, procédait, le 22 oct. dernier, dans la commune de Cernay, au recensement ordonné, lorsque les femmes Chaveneau et Jourdain leur adressèrent, à tous trois collectivement, les propos outrageants ci-dessus spécifiés, et cela à l'occasion du recensement; qu'il n'est donc pas douteux, quant à lui, qu'il a été outragé à l'occasion de l'exercice de ses fonctions; — Qu'il en est de même du sieur Deniau; qu'ayant mandat, en sa qualité de percepteur, d'après les instructions de l'autorité supérieure, d'accompagner le contrôleur pour l'aider des renseignements et des indications que les percepteurs, par la connaissance qu'ils ont des localités et la part qu'ils prennent à la préparation du travail annuel des mutations, sont à portée de donner sur les personnes et sur les choses, il remplissait, en exécutant ce mandat, des fonctions qui lui avaient été régulièrement départies;

Mais attendu, en ce qui concerne le sieur Nallet, qu'aucune loi n'ordonne aux maires d'assister les contrôleurs des contributions directes dans l'opération du recensement, et qu'il n'y a lieu, aux termes de l'art. 15 de la loi du 18 juill. 1837, de faire suppléer le maire d'une commune par un délégué que dans le cas où ce maire refuse de faire un acte qui lui est prescrit par la loi : qu'ainsi ledit sieur Nallet, délégué pour assister le contrôleur Faulcon, sur le refus du maire de Cernay de le faire lui-même, n'a pu être outragé dans la circonstance, à l'occasion de l'exercice de fonctions que la délégation du préfet ne lui avait pas légalement conférées; qu'il n'y a donc outrages ayant le caractère déterminé par l'ordonnance de mise en prévention qu'à l'égard des sieurs Faulcon et Deniau; — Attendu que le fait de ces outrages est prouvé par l'instruction et le débat, et qu'il constitue effectivement le délit prévu par l'art. 6 (§ 1) de la loi du 25 mars 1822; — Attendu toutefois qu'il existe dans la cause des circonstances atténuantes en faveur des prévenues, et que l'art. 14 de la même loi permet en ce cas d'appliquer l'art. 463 c. pén.; — Dit qu'il a été mal jugé, et condamne chacune des prévenues à trois jours d'emprisonnement, 16 fr. d'amende et aux dépens.

Du 19 janv. 1842.-C. de Poitiers.-M. Macaire, pr.

(1) *Espèce :* — (Duykaerts C. J. Bolsée et N. J. Mordant.) — Le 28 déc. 1833, jugement du tribunal correctionnel de Verviers, ainsi conçu : — « Attendu qu'il est constant que Duykaerts a, le 26 oct. 1833, en un lieu public, dans la commune de Gemmenick, proféré contre J. F. Bolsée et N. J. Mordant, le premier, receveur des accises à Gemmenick, et le second, commis de quatrième classe dans la même administration, tandis qu'ils étaient dans l'exercice de leurs fonctions, des propos outrageants renfermant l'imputation d'un vice déterminé; — Condamne le prévenu à 50 fr. d'amende. » — Appel de ce jugement par le ministère public, fondé sur ce que le tribunal aurait dû appliquer au prévenu les dispositions de la loi spéciale du 22 août 1791. — Arrêt.

La cour; — Attendu que, s'il résulte de l'art. 484 c. pén. 1810, que les cours et tribunaux doivent continuer d'observer les anciennes lois et es anciens règlements, dans les matières qui n'ont pas été traitées et réglées par ce code, il en résulte également, par une conséquence nécessaire, qu'il faut tenir pour abrogées les dispositions de ces règlements qui portent sur des matières que ce même code a réglées; — Attendu que tout ce qui est relatif au délit d'injures a été en général, et d'après le plus ou moins de gravité de ce délit, prévu et réglé dans les divers articles du code pénal où le législateur s'est occupé de cette matière; que si l'art. 14, tit. 13, L. 22 août 1791, ne s'y retrouve pas et n'y est point remplacé par une disposition correspondant à celle qu'il avait établie, c'est une preuve que le législateur a voulu l'abroger et faire rentrer, sous l'application des lois pénales ordinaires, les injures proférées contre les préposés des douanes; — Qu'on doit être d'autant plus porté à croire que telle a été l'intention du législateur, que l'art. 375 c. pén. en prononçant une amende de 16 à 500 fr. donne au juge la faculté de graduer la peine et de la proportionner au délit, tandis que la loi du 22 août 1791, fixant pour tous les cas l'amende à une somme invariable de 500 fr. n'admet aucune nuance dans ce délit, qui en est néanmoins très-susceptible; — Attendu que sous le rapport des lois pénales, la loi du 25 août 1822 n'a apporté aucun changement à la législation existant à l'époque où elle a été promulguée; — Par ces motifs, met l'appellation au néant, etc.

Du 28 juin 1834.-C. de Liége, ch. cor.

gion qui se trouvaient dans le projet, on substitüát ceux-ci : *fonctionnaire de la religion*, précisément dans le but de ne pas appliquer cette disposition à des abbés qui n'exercent réellement pas leur ministère. — Mais cet amendement ne fut pas adopté, par la raison que la loi du 18 germ. an 10 reconnaît comme ministres de la religion tous les ecclésiastiques sans distinction, dont la position peut changer suivant la volonté de leur évêque diocésain, mais dont le caractère est indélébile (séance du 29 janv. 1822). — Cependant les conséquences de cette solution, entendue d'une manière absolue, seraient que les prêtres qui sont rentrés dans la vie séculière, qui, nonobstant les canons de l'Église et même contre la volonté du législateur (V. Culte, nos 116 et suiv.), ont contracté mariage, seraient encore protégés par la loi de 1822, en leur qualité de ministres de la religion. — Nous ne croyons pas néanmoins que l'on veuille pousser à une telle exagération l'application du principe protecteur du caractère du prêtre.

716. Les diacres et les sous-diacres sont-ils ministres de la religion, dans le sens des lois relatives aux outrages? — A cet égard, nulle explication soit dans la loi, soit dans la jurisprudence, soit dans la doctrine. — Pour l'affirmative, on peut dire que le diaconat et le sous-diaconat sont des ordres sacrés, qu'il n'est plus permis aux ecclésiastiques qui les ont reçus de rentrer dans l'état séculier (V. Culte, no 320), et que, dès lors, on trouve en eux, ce semble, le caractère sacré que la loi a voulu faire respecter. — Il est certain cependant que l'idée que présentent naturellement à l'esprit les mots *ministre de la religion catholique*, par exemple, est celle d'un prêtre ayant le droit d'administrer tous les sacrements, qu'il n'y a pas de *ministre* sans *ministère*, au moins facultatif et que celui des diacres et *à fortiori* des sous-diacres est tellement borné dans le culte catholique, qu'il est peu vraisemblable que le législateur ait étendu ses vues jusqu'à eux.

717. Quant à la nature des outrages, la loi ne contient aucune disposition particulière en ce qui concerne les ministres des cultes. — Cependant, la raison prescrit, sous ce rapport, des règles d'appréciation un peu plus sévères peut-être qu'en ce qui concerne certains fonctionnaires. — C'est sans doute dans cette pensée qu'il a été jugé qu'un coup de pistolet chargé à poudre seulement et tiré sur un prêtre, dans la rue, uniquement pour l'effrayer, constitue un outrage public, envers un ministre du culte, à raison de sa qualité (Agen, 12 fév. 1839, V. Gaz. des trib. 25 fév. 1839. — Conf. MM. Chassan, 2e éd., t. 1, p. 417, note 2; Grellet-Dumazeau, t. 1, p. 297).

718. *Des jurés et des témoins.* — L'art. 6 précité punit d'un emprisonnement de dix jours à un an et d'une amende de 50 f. à 3000 fr. l'outrage envers un *juré*, à raison de ses fonctions ou envers un *témoin* à raison de sa déposition. Les jurés, les témoins ne sont, à aucun titre, des fonctionnaires publics; aussi n'aurait-il pas été possible de les comprendre dans l'application de la disposition relative aux fonctionnaires. — Cependant le législateur a compris que la mission de justice et de vérité qu'ils étaient chargés d'accomplir demandait une protection particulière, sans laquelle l'intérêt social qui repose sur eux pourrait se trouver compromis. — De là la disposition spéciale qui les concerne. — Il est à remarquer que la loi dit seulement *à raison des fonctions, à raison de sa déposition*. D'où il suit que si un juré ou un témoin était insulté dans le moment même où il accomplit son devoir devant la justice, mais pour des motifs qui y seraient étrangers, l'art. 6 de la loi de 1822 serait inapplicable, et l'auteur de l'infraction ne pourrait être poursuivi que conformément aux règles du droit commun.

719. Si l'outrage dont il s'agit était commis dans le compte rendu de l'audience à laquelle les jurés ou les témoins ont assisté, il ne changerait pas de caractère et n'en devrait pas moins être poursuivi en vertu de l'art. 6 précité, de la loi de 1822 et non en vertu de l'article suivant de la même loi (V. M. Chassan, t. 1, no 861.—V. aussi *infrà*, nos 990 et s., ce qui concerne les Comptes rendus).

720. L'art. 6 de la loi du 25 mars 1822 s'applique-t-il aux membres des divers jurys institués postérieurement à cette loi, et notamment aux jurys d'expropriation? MM. Chassan (t. 1, p. 446, 2e édit.) et de Grattier (t. 2, p. 72) enseignent l'affirmative.—M. Grellet-Dumazeau (t. 1, p. 262) embrasse, au contraire, la négative. — Cette dernière opinion nous paraît préférable à l'autre, par la raison fort naturelle qu'en donne M. Grellet-Dumazeau (*loc. cit.*) : à savoir, que le seul jury que le législateur ait pu avoir en vue, est celui qui est appelé à siéger près les cours d'assises, puisque les autres n'existaient pas au temps de la confection de la loi, et que ce serait en réalité étendre par analogie l'application d'une disposition pénale que de comprendre dans l'art. 6 précité d'autres jurés que ceux qui s'y trouvent désignés. — Une objection peut cependant être faite, et la voici : La même disposition parle des fonctionnaires publics. Or, peut-on dire, il n'est pas douteux que ceux qui remplissent des fonctions publiques, instituées depuis la loi de 1822, ne sont pas moins compris dans cette disposition. Pourquoi? C'est que rien, ni dans les termes ni dans l'esprit de la loi, ne résiste à cette application, et que ce n'est pas étendre une disposition par analogie que d'en appliquer littéralement les termes en se conformant à son esprit. Mais, à cet égard, on répondra : c'est précisément sous ce dernier rapport que l'application de la loi de 1822 serait vicieuse, parce que les jurys d'expropriation, les jurys médicaux, les jurys de révision sont loin d'accomplir une mission aussi grave que celle qui est confiée aux jurys appelés à prononcer sur l'honneur, la vie et la liberté de leurs concitoyens.

721. Quant aux *témoins*, la loi ne fait aucune distinction entre les matières civiles et les matières criminelles. Il n'est donc pas permis de distinguer à cet égard, bien que les raisons de décider n'aient pas la même force à l'égard des procès purement civils que pour les procès criminels. — Au reste, il ne faut pas perdre de vue qu'en ce qui touche les témoins, la portée de l'art. 6 de la loi de 1822 se trouve limitée par l'art. 319 c. inst. crim., aux termes duquel l'accusé ou son conseil peuvent dire, tant *contre le témoin* que contre sa déposition, tout ce qui peut être utile à la défense de l'accusé.

722. Avant la loi de 1822, il a été jugé que traiter quelqu'un de faux témoin, sans articuler aucun fait de faux témoignage qui puisse donner lieu contre lui à des poursuites judiciaires, ce n'est commettre que le délit d'injure prévu par l'art. 375, et non le délit de calomnie puni par l'art. 367 c. pén. (Crim. rej. 7 avr. 1815) (1). — Mais sous la loi de 1822, ce serait là un outrage, si ce propos était tenu à l'occasion d'une déposition faite en justice.

723. Il est, du reste, bien entendu que, pour qu'il y ait lieu d'appliquer à l'outrage fait à un témoin la loi du 25 mars 1822 (art. 6), il n'est nullement nécessaire que le fait se soit passé au moment de sa déposition. — Aussi a-t-il été décidé : 1o que l'art. 6 de cette loi est applicable toutes les fois que la déposition est la cause de l'outrage et qu'une atteinte susceptible de la répression établie par cet article a été portée à l'indépendance du témoin (Crim. cass. 13 août 1841, aff. Billout, V. no 707); — 2o Que l'outrage public fait à un témoin à raison de sa déposition constitue le délit prévu et puni par l'art. 6 de la loi du 25 mars 1822, qu'il ait lieu avant ou après la clôture des débats (implic. Lyon, 5 juin 1834, aff. Pitrat, V. *infrà*). — Mais il a été décidé aussi, et avec raison, que le délit d'outrage public envers un témoin, prévu et puni par l'art. 6 de la loi du 25 mars 1822, n'existe qu'autant que le témoin a été outragé à raison de la déposition faite sous la foi du serment; et qu'il ne suffirait pas que le témoin eût été outragé à l'audience au moment de déposer et au sujet de la déposition qu'il devait faire, si le juge avait renoncé à entendre cette déposition (Montpellier, 2 avr. 1855, aff. Berge, D. P. 55. 3. 330).

(1) (Min. pub. C. Combelles.) — LA COUR; — Attendu qu'il a été reconnu et déclaré, qu'en se permettant de dire dans un lieu public au nommé Huc qu'il était un faux témoin, le prévenu n'a articulé aucun fait précis de faux témoignage qui peut donner lieu à des poursuites judiciaires, et qu'en jugeant que cette imputation ne constituait que le délit d'injures prévu par l'art. 375 c. pén., et ne pouvait donner lieu qu'aux peines y portées; le tribunal dont le jugement est attaqué n'a point violé les dispositions de l'art. 367 du même code; — Rejette le pourvoi contre le jugement du tribunal d'Alby, du 3 déc. dernier.

Du 7 avr. 1815.-C. C., sect. crim.-MM. Chasle, pr.-Rataud, rap.

724. Indépendamment de la peine qu'encourt celui qui outrage un témoin, il lui doit évidemment réparation du dommage qu'il peut lui avoir causé.

725. Quant à la publicité requise pour constituer les outrages prévus par l'art. 6 de la loi de 1822, nous avons déjà fait remarquer (nº 707) que, suivant une jurisprudence et une doctrine qui ne nous paraissent pas conformes à la pensée de la loi, aucune restriction n'est apportée à l'appréciation du magistrat sur ce point. — Ainsi, il n'est pas nécessaire que l'outrage ait été commis dans des lieux ou réunions publics, ou par des écrits, des dessins ou emblèmes vendus ou distribués, ou par des placards exposés aux regards du public (L. 17 mai 1819, art. 1). Pourvu qu'il soit parvenu à la connaissance du public, ou même de quelques personnes d'une manière quelconque, il y a outrage public. — Ce dont il est peut-être difficile de se rendre compte, c'est qu'en adoptant cette opinion, on n'ait pas cru devoir expliquer quels motifs le législateur peut avoir eus d'admettre deux publicités, l'une (pour les offenses, la diffamation et l'injure) qui ne peut exister qu'autant que le fait se produit dans les circonstances déterminées par l'art. 1 de la loi du 17 mai 1819; l'autre (pour les outrages) qui pourrait résulter de circonstances indéterminées et conséquemment variables à l'infini. — Nous concevrions à la rigueur que le législateur eût admis cette différence en sens inverse, à l'égard de l'offense; c'est-à-dire que, dans la pensée d'atteindre, d'une manière plus sûre, l'offense envers le souverain ou les corps politiques qui ont part à la souveraineté, le législateur eût laissé, sous ce rapport, plus de liberté aux juges. — Mais nous ne la concevons pas dans le sens où elle a été admise.

726. Quoi qu'il en soit, il a été jugé : 1º que la loi du 17 mai 1819, qui ne punit la diffamation qu'autant qu'elle a été rendue publique par l'un des moyens énoncés en son art. 1, a été modifiée, en ce qui concerne les fonctionnaires publics, par l'art. 6 de la loi du 25 mars 1822; ... Et que, par suite, il suffit qu'un individu ait été déclaré coupable envers un fonctionnaire public, d'une diffamation ou outrage *qui a eu la plus grande publicité* pour que, sans qu'il soit besoin de spécifier les faits de publicité, il ait été légalement condamné à une peine qui n'excède pas *le maximum* de celles que la loi de 1822 permet de prononcer (Crim. rej. 18 juill. 1828) (1); — 2º Que le transport officiel d'un maire au domicile d'un citoyen avec la force armée pour y rétablir la tranquillité, opère accidentellement dans ce domicile une réunion publique dans le sens de l'art. 6 de la loi du 25 mars 1822, et que, par suite, les outrages adressés à ce fonctionnaire tombent sous l'application de cet article (Nancy, 31 déc. 1844, aff. Prunier, D. P. 49. 5. 324); — 3º Qu'imputer à un magistrat (un juge de paix), dans un exploit d'huissier notifié à sa personne, d'avoir retenu une lettre adressée à l'une

---

(1) *Espèce* : — (De Magnoncourt *C.* de Raucourt.) — Magnoncourt, se prétendant froissé dans ses intérêts par une délibération du conseil municipal de Frasne-le-Château, adressa à la chambre d'accusation de Besançon une plainte en concussion contre Raucourt, maire de la commune, qui avait provoqué et présidé la délibération. Après avoir articulé quelques faits tendant à justifier son action, il ajoutait que, s'il en était besoin, il serait facile de prouver que la combinaison de la délibération du conseil municipal de Frasne, son exécution et le rôle des contributions qui s'en étaient suivis, avaient pour cause la haine, et que le maire était passible des peines voulues par l'art. 183 c. pén. — 25 août 1827, ordonnance du roi qui dit qu'il n'y a pas lieu d'autoriser les poursuites. — Raucourt porte alors contre Magnoncourt une plainte en dénonciation calomnieuse. — 8 fév. 1828, jugement qui déclare le sieur de Magnoncourt coupable de ce délit. — Appel. — 26 avril 1828, jugement du tribunal de Vesoul qui, réformant la sentence des premiers juges, « déclare l'appelant non convaincu du délit de calomnie, mais le déclare convaincu du délit de diffamation envers l'intimé, à l'occasion de l'exercice de ses fonctions de maire de Frasne..., diffamation qui a acquis une publicité à laquelle l'appelant a donné lieu par la dénonciation calomnieuse et ses suites, notamment par la demande en autorisation au conseil d'Etat à l'effet de poursuivre Raucourt, et par les plaidoiries. — Le tribunal prononçait ensuite la peine qu'il appliquait en vertu de la loi du 17 mai 1819. — Pourvoi. — 1º..... — 2º Violation de la règle des deux degrés de juridiction, établie par les lois des 1er mai et 24 août 1790, en ce que le délit de diffamation pour lequel le tribunal de Vesoul a condamné le demandeur, n'avait point été l'objet du débat devant le tribunal de Gray, qui n'avait été saisi par M. de Raucourt que d'une plainte pour accusation calomnieuse. — 3º Fausse application de la loi du 17 mai 1819, en ce que la prétendue diffamation imputée au prévenu n'avait pas eu évidemment le caractère de publicité déterminé par l'art. 1 de cette loi. — Arrêt (après délib. en ch. du cons.).

LA COUR; — ...Attendu, sur le second moyen, que le demandeur a été poursuivi à raison d'une plainte qu'il avait portée contre le maire de la commune de Frasne-le-Château; que le maire a prétendu que cette plainte constituait une dénonciation calomnieuse; que le tribunal de première instance correctionnelle lui avait attribué ce caractère et infligé au demandeur les peines portées par l'art. 373 c. pén.; que le jugement attaqué a décidé, au contraire, que les faits consignés dans la plainte ne constituant ni crime ni délit, on ne pouvait y reconnaître une véritable dénonciation; mais que cette plainte renfermant l'imputation d'un fait qui portait atteinte à l'honneur et à la considération du maire, était outrageante et diffamatoire; qu'ayant été rendue publique, c'était le cas d'appliquer au prévenu les peines prononcées par l'art. 16 de la loi du 17 mai 1819; — Qu'en procédant ainsi, le tribunal d'appel s'est renfermé dans les limites de ses attributions; qu'il n'a point substitué au fait de la poursuite un fait nouveau et différent; que ce fait est resté le même, savoir la plainte portée contre le maire de Frasne-le-Château; que ce tribunal s'est borné à l'apprécier autrement que ne l'avaient fait les premiers juges, et à lui donner un autre caractère; d'où résulte que le demandeur n'a pas été privé d'un premier degré de juridiction.

Attendu, sur le troisième moyen, que l'art. 16 de la loi du 17 mai 1819 se réfère à l'art. 14 de la même loi; que la diffamation qu'il prévoit n'est punissable qu'autant qu'elle a été rendue publique par l'un des moyens énoncés en l'art. 1; que cet art. 1 a spécifié les faits auxquels il attachait la publicité des écrits; que tout jugement de condamnation, rendu en vertu de cette loi pour délit de diffamation écrite, doit donc nécessairement déclarer que l'écrit a été rendu public par l'une des voies qu'elle détermine; — Que le jugement attaqué décide, à la vérité, que la diffamation qu'il réprime a été rendue publique; qu'il indique les faits d'où il a induit cette publicité; mais que ces faits ne rentrent pas dans la classe de ceux énoncés en l'art. 1 de la loi précitée; d'où il suit que le jugement attaqué a fait une fausse application de cette loi;

Mais, attendu qu'aux termes de l'art. 411 c. inst. crim., l'erreur dans la citation de la loi qui sert de base à la condamnation ne peut donner ouverture à cassation, si cette condamnation se justifie par une autre loi en vigueur; — Attendu que le jugement attaqué déclare, en fait, que le demandeur est coupable d'avoir outragé et diffamé par écrit le maire de la commune de Frasne-le-Château, à raison de l'exercice de ses fonctions, et que cette diffamation a eu la plus grande publicité; — Que ce fait était prévu par l'art. 6 de la loi du 25 mars 1822; que cet article punit l'outrage fait publiquement d'une manière quelconque aux fonctionnaires publics, à raison de leurs fonctions; qu'il comprend conséquemment l'outrage public par écrit, aussi bien que l'outrage public par paroles; que le délit d'outrage, tel qu'il est prévu par l'art. 222 c. pén., n'exige pas nécessairement la présence du fonctionnaire public qui en est l'objet; que l'art. 6 précité l'exige moins encore; que s'il ne comprenait pas dans ses dispositions l'outrage fait par un écrit public, il faudrait en conclure qu'il a laissé les membres de la chambre des députés, les ministres de la religion de l'Etat, les jurés et les témoins sans protection contre le genre d'outrage le plus attentatoire à l'honneur et à la considération des personnes, et qu'il les a assimilés, quant à l'outrage public par écrit, à de simples particuliers, tandis que le but essentiel dans cet article a été, ainsi que cela résulte de l'exposé des motifs, de les protéger à raison de leur qualité, contre tous les outrages quelconques, et de suppléer, par la protection qu'il leur accorde, par les désignations plus larges qu'il renferme, au silence du code pénal et de la loi du 17 mai; que ce qui est vrai pour les personnes désignées ci-dessus, l'est également pour tous les fonctionnaires publics, puisqu'ils sont compris dans cet article; — Qu'il suit de là que l'art. 6 de la loi du 25 mars 1822, a modifié, en ce qui concerne les fonctionnaires publics, les art. 16 et 19 de la loi du 17 mai; qu'aux délits de diffamation et d'injures définis par cette loi, il a substitué l'outrage dont il laisse l'appréciation aux magistrats; qu'à la publicité définie et restreinte par l'article premier de la loi du 17 mai, il a substitué une publicité dont il leur a laissé également l'appréciation; que cette dernière vérité est d'autant plus évidente, qu'à l'égard des délits spécifiés dans les cinq premiers articles, la loi du 25 mars exige la publicité prescrite par la loi du 17 mai, et qu'elle n'impose pas cette condition pour les délits prévus par l'art. 6; — Que, dans l'espèce, le jugement attaqué ayant déclaré que la plainte du demandeur renfermait, contre le maire de Frasne-le-Château, une imputation outrageante et diffamatoire, à raison de l'exercice de ses fonctions, et que cette diffamation avait eu la plus grande publicité, ces appréciations et déclarations sont irréfragables d'après l'art. 6 de la loi du 25 mars 1822; que la condamnation prononcée par le jugement attaqué n'excédant point, d'ailleurs, le maximum des peines émises par cet article, c'est le cas de rejeter le pourvoi; — Rejette.

Du 18 juill. 1828.-C. C., ch. crim.-MM. Bailly, pr.-Mangin, rap.

des parties, et concernant un procès débattu devant lui, constitue le délit d'outrage public, commis envers un magistrat à raison de ses fonctions, prévu par l'art. 6 de la loi du 25 mars 1822 (Crim. rej. 5 juin 1845, aff. Duporzon, D. P. 45. 1. 348); — 4° Que le caractère de publicité résulte virtuellement du fait de l'insertion dans un exploit, tel qu'une citation en conciliation, de propos outrageants dirigés contre le juge de paix, auquel cet exploit est destiné, et à raison de ses fonctions... Que peu importe, d'ailleurs, que celui à la requête duquel l'exploit a été dressé, en ait remis lui-même la formule à l'huissier, et que si quelques personnes ont eu connaissance de son contenu, ce soit arrivé par le fait d'un tiers (Crim. cass. 30 nov. 1844, aff. Duporzon, D. P. 45. 4. 415);—5° Qu'un champ doit être considéré comme lieu public, dans le sens de l'art. 6 de la loi de 1822; et qu'en conséquence des paroles et des gestes indécents adressés, dans un champ, à un garde particulier, dans l'exercice de ses fonctions, constituent un outrage public qui doit être puni conformément à cette disposition (Metz, 7 nov. 1825) (1).

727. Toutefois, il a été jugé, en sens contraire, que des expressions outrageantes consistant, par exemple, à imputer à un maire de tirer de ses fonctions un profit illicite, ne constituent pas un outrage public dans le sens de l'art. 6 de la loi du 25 mars 1822, bien qu'elles aient été proférées dans un champ et en présence de plusieurs personnes qui y étaient réunies à la suite d'un débat devant un juge de paix, et que c'est là un outrage punissable conformément à l'art. 222 c. pén. (Metz, 12 déc. 1826 (2); V. *infrà*, nos 732 et suiv.). — Il a été jugé encore que les séances des conseils municipaux n'étant pas publiques, les paroles outrageantes prononcées par un membre de ce conseil contre un autre membre, et notamment contre son président, peuvent bien constituer le délit d'outrage par paroles, prévu par l'art. 222 c. pén., mais non celui d'outrage public puni par l'art. 6 de la loi du 25 mars 1822 (Crim. rej. 8 nov. 1844, aff. Herment, D. P. 45. 1. 31).

728. L'outrage proféré sur un chemin public est-il nécessairement un outrage public? — M. Chassan (2e édit., t. 1, p. 417, note 1) adopte l'affirmative notamment dans une espèce où l'outrage aurait été adressé par l'offenseur, placé sur un chemin public, à l'offensé, qui se serait trouvé sur sa propriété séparée de la voie publique par une haie. — Pour trouver dans ces circonstances la publicité exigée par la loi, il faudrait, ce semble, des témoins de l'outrage, car de cela seul qu'un fait se passe dans un lieu public, il ne suit pas qu'il soit commis *publiquement*. — V. *infrà*, nos 856 et suiv.

729. Suivant les deux derniers paragraphes de l'art. 6 de la loi du 25 mars 1822, l'outrage qui est accompagné d'excès ou de violences prévus par les art. 228 et suiv. c. pén., doit être puni conformément à ce code. — V. Fonct. pub., nos 127 et suiv.

Art. 2. — *Outrages dont la publicité ne forme pas un élément essentiel.*

730. Les dispositions du code pénal relatives aux outrages envers les personnes revêtues d'un caractère public, ne font pas de la publicité un élément constitutif de ce délit. — Aussi a-t-il été jugé que pour qu'il y ait lieu à l'application de l'art. 222 c. pén., il n'est pas besoin que les paroles outrageantes pour les fonctionnaires aient reçu aucune publicité (Crim. cass. 8 sept. 1837, aff. Mauduit, V. n° 795-4°). — Il est aussi quelques dispositions spéciales qui ne font pas de la publicité une condition de l'outrage, et qui nous paraissent abrogées. — Nous les signalerons néanmoins à l'attention du lecteur, à mesure que les fonctionnaires qu'elles concernent trouveront leur place dans cet article.

731. Pour interpréter les dispositions du code pénal (art. 222 à 233, 262, 263) qui en font l'objet, nous avons à rechercher : 1° quelles sont les personnes comprises dans ses prévisions sur ce point ; — 2° Dans quelles circonstances les outrages peuvent être commis ; — 3° De quelle manière ils peuvent se commettre ; — 4° Quelles sont les peines des outrages. C'est ce que nous allons expliquer dans les quatre paragraphes qui suivent.

§ 1. — *Des personnes comprises dans les dispositions du code pénal relatives aux outrages.*

732. Les outrages prévus par le code pénal dont nous avons à nous occuper ici, sont ceux qui peuvent être commis envers *les magistrats de l'ordre administratif ou judiciaire* (c. pén. 222, 223), *les officiers ministériels, les agents dépositaires de la force publique* (c. pén. 224, 225) *et les ministres des cultes* (c. pén. 262). — Reprenons séparément ces désignations.

733. *Magistrats de l'ordre administratif et judiciaire.* — Le mot *magistrat* dérive bien évidemment du mot latin *magistratus*, qui lui-même avait été formé de *magister*, maître. — Aussi, l'idée de magistrat est-elle inséparable de celle d'autorité, *potestatis verbo plura significantur* (dit la loi 215, ff. *De verb. signif.*) : *in personâ magistratuum, imperium*, etc. — Il y avait chez les Romains des magistrats ordinaires et des magistrats extraordinaires. — Les magistrats ordinaires étaient les consuls, les préteurs, les édiles, les tribuns du peuple, les questeurs, etc. Les magistrats extraordinaires étaient : le dictateur, le censeur, l'interroi. — Il y avait aussi de grands et de petits magistrats. Les grands magistrats avaient les grands auspices. Les petits magistrats n'avaient que les petits auspices (V. Aulu-Gelle, l. 13, c. 15, Nieupoort, Cout. des Romains, liv. 2, ch. 1). — Le mot *magistrat* est passé dans notre langue juridique avec cette signification générale, il s'applique à tout officier d'administration, de judicature ou de police qui exerce une autorité. — A la vérité, suivant Loyseau (Des offices, liv. 1, ch. 6, nos 48 et 49) et Henrion de Pansey (Autorité judiciaire, t. 1, p. 202, 207, 212 et suiv.), les magistrats sont ceux qui ont le droit de connaître des procès (*jurisdictio*) et le commandement (*imperium*), ou le droit de faire exécuter leurs jugements. Mais cette définition, insuffisante même pour les magistrats de l'ordre judiciaire, puisqu'elle exclurait les officiers du parquet, ne peut à plus forte raison s'appliquer à l'ordre administratif.

734. Conformément aux observations qui précèdent, il a été jugé : 1° que par *magistrats de l'ordre administratif ou judiciaire*, il faut entendre tous *les agents dépositaires de l'autorité publique* (Paris, 21 juin 1838, aff. Martin, v° Fonction.

(1) (Min. pub. C. Hugo.) — La cour ; — Attendu qu'il résulte des réponses du prévenu et de l'instruction faite à l'audience de la cour, que le 24 août dernier, Hugo a injurié et outragé par paroles et gestes indécents Jean-François Pertat, garde particulier de Me Louis, notaire royal à Vigny, alors dans l'exercice de ses fonctions ; — Attendu que ce garde assermenté doit être considéré, d'après les art. 9 et 20 du code d'instruction criminelle, comme officier de police judiciaire... ; — Attendu que ces injures et outrages ont eu lieu dans un champ, considéré comme lieu public dans l'acception de l'art. 6 L. 25 mars 1822... ; — Condamne, etc.

Du 7 nov. 1825.-C. de Metz.-M. Pyrot, pr.

(2) (N... C. min. pub.) — La cour ; — Attendu que de l'instruction de la cause il résulte la preuve, qu'en présence de plusieurs personnes réunies dans les champs, à la suite d'une discussion devant le juge de paix du canton de Conflans, et en l'absence de celui-ci, le prévenu a adressé au maire de la commune de Frianville des expressions outrageantes, en ce sens qu'elles lui imputaient de tirer de la place de maire un profit illicite, évalué à une somme assez considérable ; — Attendu que l'intention d'injurier le maire par ces paroles est surtout caractérisée en ce sens outrageant, par l'affectation du prévenu à garder le silence sur la représentation du maire, et sa demande répétée s'il entendait le prendre pour un voleur ; — Attendu que cet outrage n'a pas été exprimé dans un lieu ni dans une réunion qui doivent être envisagés comme publics ; — Attendu que ce fait rentre dans l'application de l'art. 222 c. pén., dont les dispositions n'ont point été abrogées par les lois des 17 mai 1819 et 25 mars 1822... ; — Quant à la non-publicité des outrages, attendu néanmoins qu'il se trouvait, dans la position où étaient les parties, d'être immédiatement réglées par le juge de paix, entre le prévenu et le maire, des circonstances atténuantes qui, en l'absence de tout préjudice causé, autorisent l'application de l'art. 463 c. pén.. ; — Vu les art. 222 et 463 c. pén. ; — Met l'appellation et ce dont est appel au néant, en ce que le prévenu aurait été condamné en un mois d'emprisonnement ; — Émendant, quant à ce, et prononçant par jugement nouveau, ayant aucunement égard aux réquisitions du ministère public, déclare le prévenu convaincu d'avoir, le 14 sept. dernier, adressé des paroles outrageantes au maire de Frianville, en un lieu non public, pour réparation de quoi le condamne en dix jours d'emprisonnement et aux frais, etc.

Du 12 déc. 1826.-C. de Metz, ch. corr.-M. Colchen, pr.

publ., nº 148);— 2º Que c'est en qualité de magistrat de l'ordre administratif et non comme mandataire des électeurs communaux, que le maire préside le conseil municipal; qu'en conséquence, l'outrage adressé au maire dans le sein du conseil pendant l'exercice de sa présidence, par un membre de ce conseil, tombe sous la répression de l'art. 222 c. pén. (Crim. rej. 17 mai 1845, aff. Rhéville, D. P. 45. 1. 347);— 3º Que les paroles outrageantes adressées par un membre du conseil municipal à son président, soit en séance, soit dans son cabinet, tombent sous l'application de l'art. 222 c. pén. (Crim. rej. 23 août 1844, aff. Lemoine, D. P. 45. 1. 31); — 4º Qu'un maire doit être considéré comme magistrat de l'ordre administratif, lorsqu'il préside une assemblée électorale (Agen, 25 mai 1838, aff. Alem, V. Fonctionn. publ., nº 152).

735. Mais il a été jugé, et c'est cette jurisprudence qui a donné naissance à l'une des principales dispositions de l'art. 6 de la loi de 1822, que les outrages par gestes ou menaces envers les députés des départements ne rentrent pas dans la classe des outrages envers les magistrats de l'ordre administratif ou judiciaire, et ne sont pas passibles des peines portées par les art. 222 et 223 c. pén. (Crim. rej. 20 oct. 1820; 9 nov. 1820) (1).

736. Les *prudhommes* sont nécessairement des magistrats de l'ordre judiciaire (V. *infrà*, nº 776 et M. Grellet Dumazeau, t. 1, p. 240). — Il en était de même, et c'est ce qui a été jugé des arbitres forcés (Crim. cass. 15 juill. 1836, aff. Salmon, V. *infrà*). Mais on sait qu'aux termes d'une nouvelle loi de 1856, les contestations entre associés ne sont plus nécessairement jugées par des arbitres, et que, dès lors, il n'y a plus d'arbitres forcés.

737. Mais ce qui constitue la qualité de magistrat, dans le sens de l'art. 222 c. pén., c'est l'aptitude permanente qu'elle confère à celui qui est investi d'une magistrature, et non l'acte accidentel dérivant de cette magistrature, et qui en est l'exercice. — Ainsi, il a été jugé qu'un adjoint a la qualité de magistrat, dans le cas même où, à raison de la présence du maire, il n'exerce aucun acte de ses fonctions; que, par suite, il suffit que des outrages aient été adressés à un adjoint, dans une assemblée où il assistait en cette qualité, telle qu'une séance du conseil municipal, et bien que, le maire présidant l'assemblée, cet adjoint ne fût pas en exercice de ses fonctions, pour que l'auteur soit passible de l'application de l'art. 222 c. pén. (Crim. rej. 10 mai 1845, aff. Freslon, D. P. 45. 4. 410).

738. Suivant une jurisprudence constante, les *commissaires de police* rentrent dans la classe des magistrats de l'ordre administratif ou judiciaire, et ne peuvent pas être considérés seulement comme dépositaires de la force publique, quant aux outrages dont ils sont l'objet dans l'exercice de leurs fonctions (V. Commissaire de pol., nºs 38 et suiv.; Fonct. publ. 131-1º; Mise en jug., nº 79; V. aussi Crim. cass. 22 fév. 1851, aff. Gonnot, D. P. 51. 1. 302). — En conséquence, les outrages qui leur sont adressés dans l'exercice de leurs fonctions tombent sous l'application de l'art. 222 c. pén. (V. les arrêts rapportés vº Fonct. publ., nº 131-1º; V. aussi Crim. cass. 4 juill. 1833, aff. Lamarthonie, nº 760; Crim. cass. 22 fév. 1851, aff. Gonnot, D. P. 51. 1. 302). — V. dans ce sens MM. Parant, p. 142; Chassan, t. 1, p. 395; Grellet-Dumazeau, t. 1, p. 236; Bories et Bonassies, nºs 52 et 63; Chauveau et Hélie, Théorie du code pénal, t. 4, p. 355; Legraverend, t. 2, chap. 4, p. 368, note 11; Carnot, sur l'art. 224 c. pén., t. 1, p. 648, nºs 6 et 7; V. encore *suprà*, nº 711-1º.

739. Cependant il a été jugé en sens contraire que le commissaire de police ne peut être considéré comme magistrat que lorsqu'il exerce les fonctions de ministère public devant le tribunal de simple police (Crim. rej. 7 août 1818, aff. Gambournac, V. Fonct. publ., nº 131-3º; Bruxelles, 27 janv. 1827) (2).

740. Suivant un arrêt, les ingénieurs des mines, lors des visites de surveillance qu'ils font sous l'autorité des préfets, en exécution de l'ordonnance du 22 mai 1843 et du décret du 24 déc. 1851, dans les établissements particuliers qui emploient des chaudières et machines à vapeur, ne peuvent être considérés ni comme magistrats de l'ordre administratif, ni comme agents ou commandants de la force publique; par suite, les injures à eux adressées à l'occasion de l'accomplissement de cette mission, ne sont susceptibles que de la répression ordinaire édictée par l'art. 471-11º c. pén. (Douai, 10 mai 1853, aff. Saltz, D. P. 53. 2. 227). — Mais c'est là une solution bien délicate. — L'ingénieur qui remplit la mission qui vient d'être indiquée, devrait, ce semble, au moins être considéré comme un citoyen chargé d'un ministère de service public, dans le sens de l'art. 230 c. pén.

741. Il nous paraît d'ailleurs évident, et c'est ce qui a été jugé que les percepteurs des contributions ne peuvent être considérés comme des magistrats de l'ordre administratif ou judiciaire; ce sont de simples fonctionnaires publics : l'art. 222 c. pén. leur est, par conséquent, inapplicable (Crim. rej. 26 juill. 1821 (3). V. en ce sens MM. Chauveau et Hélie, t. 4, p. 356; Bories et Bonassies, nºs 55 et 56). Chargés uniquement de la

---

(1) 1re *Espèce* : — (Min. pub. C. N.....) — LA COUR; — Sur le moyen de cassation présenté et pris d'une violation des art. 222 et 223 c. pén.; en ce que la cour royale de...... a jugé que les députés des départements ne sont ni des magistrats de l'ordre judiciaire ni des magistrats de l'ordre administratif, et qu'ainsi les outrages dont il s'agit et qui ont eu lieu à..... envers le sieur ***, membre de la chambre des députés, à l'occasion de l'exercice de ses fonctions, ne rentraient point dans la disposition de ces articles; — Attendu qu'en déclarant que les membres de la chambre des députés ne peuvent être considérés comme magistrats administratifs ou judiciaires, et qu'ainsi l'art. 223 c. pén. qui se réfère à l'art. 222, ne pourrait être appliqué aux outrages par gestes ou menaces qui leur seraient faits à l'occasion de l'exercice de leurs fonctions, la cour royale de..... n'a point violé ces articles; — Que, s'il importe à l'intérêt national que l'indépendance des députés dans leurs opinions ait une garantie légale, par des dispositions pénales particulières contre les outrages auxquels pourraient les exposer les opinions qu'ils auraient professées dans l'exercice de leurs hautes attributions, c'est à l'autorité législative à prescrire ces dispositions pénales particulières; mais que les tribunaux, simples applicateurs des lois existantes, ne peuvent les étendre au delà des cas qu'elles ont prévus; — Attendu, d'ailleurs, la régularité de l'arrêt attaqué dans sa forme; — Rejette.

Du 20 (non 30) oct. 1820.-C. C., sect. crim.-MM. Barris, pr.-Rataud, rap.

2e *Espèce* : — (Min. pub. C. Bonnemant.) — LA COUR; — ... Attendu 2º qu'en jugeant que dans le cas où l'outrage aurait eu lieu envers le sieur Bourdeaux en sa qualité de membre de la chambre des députés, le fait ne rentrerait pas non plus dans l'application des art. 222 et 223 c. pén., le tribunal de Quimper n'a point violé les dispositions de ces articles; — Rejette.

Du 9 nov. 1820.-C. C., sect. crim.-MM. Barris, pr.-Rataud, rap.

(2) *Espèce* : — (Min. publ. C. H.....) — Le sieur H... était prévenu d'avoir outragé le commissaire de police de Mons au moment où ce fonctionnaire lui enjoignait de sortir du spectacle, qu'il troublait par ses cris. Il fut seulement condamné à l'amende par application de l'art. 224 c. pén. — Appel par le ministère public sur le motif que c'était l'art. 222 c. pén., qui devait être appliqué. — Arrêt.

LA COUR; — Attendu qu'un commissaire de police, hors le cas où il remplit les fonctions du ministère public près les tribunaux de simple police, exerce ses autres fonctions pour prévenir et constater les crimes et délits, concurremment avec les maréchaussées, gardes champêtres et autres agents de la force publique, et qu'ainsi, dans cet exercice, il ne peut être considéré comme magistrat : — Par ces motifs, met l'appel au néant, etc.

Du 27 janv. 1827.-C. de Bruxelles, 4e ch.-M. Duvigneaud, subst., c. conf.

(3) (Mène C. Peyré.) — LA COUR; — Attendu, 1º que si les percepteurs sont des fonctionnaires publics, ils ne peuvent être néanmoins considérés comme des magistrats de l'ordre administratif ou judiciaire; que les dispositions de l'art. 222 c. pén. sont inapplicables aux outrages qui peuvent avoir été commis envers eux dans l'exercice ou à l'occasion de l'exercice de leurs fonctions; 2º que si la preuve des faits diffamatoires imputés à des dépositaires ou agents de l'autorité publique, doit être admise devant les tribunaux saisis d'une poursuite en diffamation par la plainte de ces dépositaires ou agents de l'autorité publique, et que, dès lors, il ne puisse y avoir lieu à sursis sur ces poursuites; ce principe, consacré par l'art. 20 de la loi du 26 mai 1819, doit être restreint au cas où les faits imputés ne sont pas punissables selon la loi; — Mais que, lorsque ces faits sont passibles de peines, ils rentrent dans les dispositions de l'art. 25 de la même loi, et que, s'il y a eu poursuite ou dénonciation sur ces faits, il doit être sursis, conformément à cet article, à la poursuite et au jugement du délit de diffamation; — Que, dans l'espèce, il a été reconnu par la cour d'appel de Pau que, parmi les faits

perception des contributions; ils ne sont, en effet, investis d'aucune autorité.

742. Au surplus, il a été jugé aussi que les dispositions des art. 222 et suiv. c. pén., ne sont pas exclusivement applicables aux magistrats de l'ordre administratif et judiciaire; qu'elles s'appliquent à tous les dépositaires de l'autorité et de la force publique; qu'ainsi, et particulièrement, les outrages commis envers le président d'un collége électoral, sont punissables des peines portées par l'art. 222, 223 c. pén (Crim. rej. 19 août 1837) (1). — Mais, bien qu'au fond et dans l'espèce, la décision que nous rapportons ici nous semble irréprochable, nous ne pensons pas que le principe, en vertu duquel elle a été rendue, doive être suivi, parce qu'il aurait pour résultat de permettre au juge d'emprunter le secours de l'analogie dans les matières criminelles. — A la vérité, l'arrêt précité s'est fondé sur ce que la rubrique de la section à laquelle appartient l'art. 222 c. pén., comprend non-seulement les magistrats, mais tous les dépositaires de l'autorité et de la force publique. — Mais, à cet argument, on peut répondre: —Que les rubriques ne sauraient jamais prévaloir contre le texte de la loi, parce qu'elles n'ont pas été votées, et qu'elles sont en général l'œuvre d'une des trois branches du pouvoir législatif: que, dès lors, elles doivent être renfermées dans le sens des dispositions dont elles forment le titre. — Il nous paraît qu'il eût été plus naturel et plus conforme à l'esprit de la loi de déclarer simplement que le président d'un collége électoral, à cause de l'autorité qui lui est confiée exerce une magistrature temporaire de l'ordre administratif, et que dès lors l'art. 222 c. pén., lui est applicable.

743. *Officiers ministériels.* — Sur ce qu'il faut entendre en général par *officiers ministériels*, V. Fonctionnaire publ., nos 54, 141, et vo Office. — Nous devons nous borner à rappeler ici qu'il a été jugé: 1o qu'insulter un huissier, dans l'exercice de ses fonctions, par paroles, gestes ou menaces, c'est commettre le délit d'outrage envers un officier ministériel, prévu par l'art. 224 c. pén. (Crim. cass. 19 mai 1827, aff. Maréchal, V. no 1589-2o). — 2o Que par suite, et si pendant que l'huissier est occupé à rédiger un procès-verbal d'offres réelles, dans le domicile de celui à qui il vient les signifier, ce dernier profère contre cet huissier qui persiste à rester dans son domicile malgré lui, des injures et des menaces, il doit être réputé avoir injurié un officier ministériel dans l'exercice de ses fonctions, et déclaré passible des peines de l'art. 224 c. pén. (Paris, 2 août 1833, aff. Boisrichard, V. Huissier, no 69).

744. Il a été également jugé que les menaces avec gestes de frapper un huissier qui fait une exécution, doivent être considérées comme un outrage envers un dépositaire de l'autorité publique, mais non comme violences contre un officier ministériel, et comme rébellion punissable d'emprisonnement (Bourges, 13 août 1817 (2); — Sur les caractères de la rébellion, V. ce mot).

745. Les notaires sont-ils officiers ministériels? — A l'appui de la négative on peut faire remarquer que la dénomination d'officier ministériel est ancienne et qu'il ne paraît pas qu'elle se soit légalement appliquée aux notaires. Ainsi le décret du 24 déc. 1790, relatif à la liquidation des anciens offices, est intitulé: *Décret relatif à la liquidation des offices d'officiers ministériels.* Or, ce décret comprend les offices de procureurs (art. 1), de greffiers, huissiers, commissaires de police, gardes et archers (art. 14), de jurés-priseurs (art. 23); mais on n'y voit point figurer les notaires. De plus, les lois des 29 sept.-6 oct. 1791 (art. 1 et 2, sect. 2, V. Notaire, nos 228 et s.) et du 25 vent. an 11 (art. 2, V. *ibid.*), les qualifient de fonctionnaires publics et non d'officiers ministériels.

746. Toutefois, malgré quelques dissidences, on est en général assez porté à leur reconnaître le caractère d'officier ministériel (V. Fonctionn. pub., no 54; Min. pub., no 234; Notaire, no 229). — Il a été jugé en ce sens que l'art. 224 c. pén. est applicable aux outrages envers un notaire, à l'*occasion* ou *à raison* de ses fonctions et qu'il n'y a aucune distinction à faire à cet égard (Crim. cass. 13 mars 1812 (3); Conf. M. Grellet-Dumazeau, t. 1, p. 243). — V. no 687-2o.

---

imputés qui faisaient l'objet de la plainte de Mène, il y en avait qui étaient punissables selon la loi; que cette cour, en ordonnant, dans cette circonstance, qu'il serait sursis à la poursuite du délit de diffamation, ainsi que l'avait demandé Peyré, a fait une juste application desdits art. 20 et 25 de la loi du 26 mai 1819; —Attendu, 3o que l'art. 25 de cette loi n'a pas distingué le cas où la dénonciation aurait précédé ou suivi la plainte; que cette distinction ne peut donc être faite par les tribunaux; 4o que, lorsqu'une plainte porte sur plusieurs faits dont un ou plusieurs sont punissables suivant la loi, ces faits punissables deviennent des faits principaux dont les autres ne sont que des accessoires qui doivent demeurer soumis aux règles prescrites pour les faits principaux; —Attendu, d'ailleurs, la régularité de l'arrêt dans sa forme et dans l'instruction qui l'a précédé; — Rejette.

Du 26 juill. 1821.-C. C., ch. crim.-MM. Barris, pr.-Louvot, rap.

(1) (A... R...) — La cour; — Sur le premier moyen, tiré de ce qu'un maire, président d'un collége électoral, n'est pas magistrat et encore moins fonctionnaire public: — Attendu que les dispositions des art. 222 et suiv. c. pén. ne sont pas limitatives et ne s'appliquent pas exclusivement aux magistrats de l'ordre administratif ou judiciaire; que, d'après la rubrique de la section, elles s'appliquent aux dépositaires de l'autorité et de la force publique, selon les distinctions exprimées dans les articles appartenant à la rubrique du § 2 de la sect. 4 du chap. 3 du tit. 1 du liv. 3 c. pén.; — Attendu que les présidents des assemblées électorales, légalement convoquées, lorsqu'ils sont installés en cette qualité, sont incontestablement des dépositaires de l'autorité publique, soit qu'ils doivent leur mandat aux fonctions administratives ou judiciaires dont ils sont revêtus, soit qu'ils le doivent, dans les cas déterminés par les lois, à l'élection des citoyens qui en ont reçu de la loi la mission; — Attendu que l'art. 6 de la loi du 25 mars 1822 qui a prévu et réprimé les outrages publics faits d'une manière quelconque, à raison de leurs fonctions ou de leur qualité, à divers ordres de fonctionnaires, en a étendu l'application aux jurés et aux témoins, et aux ministres des cultes; — Qu'ainsi, dans l'espèce, il est inutile d'examiner si le maire d'Auch, qui présidait l'assemblée électorale réunie pour l'élection de deux membres du conseil d'arrondissement, était, dans l'exercice de cette fonction, un magistrat de l'ordre administratif; qu'il suffit qu'il ait été constaté que les outrages à lui adressés avaient été commis envers le président légal d'un collége électoral; que le président est chargé du maintien de l'ordre et qu'il a droit, pour y parvenir, de requérir la force publique; et qu'il est impossible de soutenir que dans l'exercice de telles fonctions il ne soit qu'un simple citoyen; —D'où il suit que l'arrêt attaqué a fait à R... une juste application des peines des art. 222 et 223 c. pén., en réparation des outrages par paroles, gestes et menaces, dont ledit R... s'est rendu coupable envers le président du collége électoral...; —Rejette, etc.

Du 19 août 1837.-C. C., ch. crim.-MM. Crouseilhes, pr.-Isambert, r.

(2) (Bottard C. Min. pub.) — La cour; — Considérant qu'il est prouvé au procès que la femme Blanchard a menacé l'huissier Bottard lorsque, le 13 juin 1817, il s'est présenté pour enlever ses meubles; qu'elle s'est même saisie de la pelle du feu et qu'elle a voulu en frapper le sieur Cassard, un des praticiens qui l'assistaient; — Que le premier tribunal a cru voir, dans le fait, le crime prévu dans le § 1, sect. 4 c. pén., le crime de rébellion envers l'autorité publique, et que, jugeant que cette rébellion d'une femme seule avait été commise sans armes, il a appliqué la seconde disposition de l'art. 212 et l'a condamnée à un emprisonnement de six jours; — Considérant que le procureur du roi de Châteauroux a placé, comme le tribunal, l'action de la femme Blanchard dans la classe des crimes de rébellion; — Que jugeant plus sévèrement que lui, il voit là une rébellion avec armes, que la disposition première de l'art. 212 punit d'un emprisonnement de six mois à deux ans; qu'en conséquence, il demande que le jugement du 26 janvier dernier soit réformé et que la femme Blanchard soit condamnée à un emprisonnement de six mois; — Considérant que le tribunal et le procureur du roi ont également erré dans la qualification du fait dont la femme Blanchard s'est rendue coupable, qu'il ne présente pas le caractère de la rébellion; — Que le code, dans son art. 209, ne qualifie de rébellion que la résistance avec violences et voies de fait envers les officiers ministériels; — Que, dans l'espèce actuelle, il n'y a pas eu voies de fait, puisqu'il n'a pas été porté un seul coup; — Que c'est dans le § 2, sect. 4 c. pén., au titre des Outrages et violences envers les dépositaires de l'autorité et de la force publique que se range l'action commise par la femme Blanchard; que la peine qui eût dû lui être appliquée est dans l'art. 224; — Mais que la femme Blanchard ne se plaint pas du jugement qui l'a condamnée; que relativement à elle ce jugement a acquis la force de chose jugée à défaut d'appel en temps utile, met l'appel au néant, etc. »

Du 13 août 1817.-C. de Bourges, ch. corr.-M. Delamétherie, pr.

(3) (*Espèce*: —(Sisterhem C. Teissen.)—Plainte avait été portée par Teissen contre Sisterhem pour injures que ce dernier aurait proférées contre lui dans un cabaret à raison de ses fonctions.—Jugement qui condamne le prévenu à 5 fr. d'amende et 150 fr. de dommages-intérêts.—Sur l'appel, Sisterhem soutenait que le tribunal de police avait été incompétent, puisqu'il s'agissait d'injures envers un fonctionnaire public, et à raison de ses fonctions. Le tribunal d'appel a écarté la disposition

747. Les avocats ne sont ni magistrats de l'ordre judiciaire ou administratif, ni officiers ministériels. Par conséquent, les art. 222 et suiv. c. pén. ne leur sont applicables à aucun titre; seulement ils doivent être considérés comme officiers de justice, et les outrages commis envers eux doivent être réprimés conformément à l'art. 91 c. pr., c'est-à-dire que celui qui s'en rend coupable est passible d'un emprisonnement qui ne peut excéder un mois, et d'une amende qui ne peut être moindre de 25 fr. ni excéder 300 fr. (V. en ce sens M. Chassan, t. 1, n° 587).—Toutefois, M. de Grattier, t. 1, p. 210, note 1, qui se borne à faire remarquer qu'en Angleterre l'outrage de la partie envers l'avocat ou le procureur de son adversaire est puni d'un emprisonnement et d'une amende, pense au contraire que la loi française ne considère l'avocat, sous ce rapport, que comme un simple particulier. — Quoi qu'il en soit, lorsque les avocats sont appelés à suppléer les juges ou les officiers du parquet, les outrages envers eux doivent être considérés comme s'ils avaient été commis envers les magistrats qu'ils remplacent.

748. *Agents dépositaires de la force publique.* — La force publique est celle qui a été instituée pour faire respecter l'autorité au dedans comme au dehors. — Les agents dépositaires de cette force sont donc nécessairement tous ceux qui sont chargés de faire exécuter les ordres des magistrats de l'ordre administratif ou judiciaire de tous les degrés (V. v° Fonct. pub., n°s 141 et suiv., V. aussi n° 733 pour ce qu'il faut entendre par *magistrats*). — C'est, du reste, avec raison que M. Chassan enseigne (t. 1, n° 585) que par agent dépositaire de la force publique, il faut entendre, *non-seulement les individus enrôlés dans un régiment*, mais aussi tous ceux qui ont le droit de requérir la force publique dans l'exercice de leurs fonctions, et la simple sentinelle chargée de faire exécuter une consigne, nous semble devoir être évidemment considérée comme un agent dépositaire de la force publique. Lorsque les gardes nationaux sont de service, ils doivent aussi être considérés comme agents de la force publique. — V. M. Chassan, t. 1, n°s 445, 585 et 587 *bis*.

749. Toutefois, la loi ne pouvait confondre sous ce rapport le subalterne avec le supérieur. — Aussi aggrave-t-elle la peine lorsqu'il s'agit d'un outrage envers un *commandant de la force publique*. — Mais l'interprétation de ces derniers mots n'est pas exempte de difficultés. Ainsi, il a été jugé, d'une part, qu'un maréchal des logis de gendarmerie est un agent de l'autorité publique; mais qu'il n'est ni un commandant de la force publique dans le sens de l'art. 225 c. pén., si, au moment où des outrages lui sont adressés à raison de ses fonctions, il n'était accompagné d'aucuns gendarmes placés sous ses ordres, ni un fonctionnaire public dans le sens de l'art. 6 de la loi du 25 mars 1822; qu'en conséquence, ces mots : « nous pendrons ces vils agents de la force publique, ces canailles de gendarmes, » adressés publiquement à un maréchal des logis, constituent seulement une injure envers un agent de l'autorité, prévue par les art. 16 et 19 de la loi du 17 mai 1819 (Limoges, 25 nov. 1851, aff. B..., D. P. 51. 2. 247); — Mais, d'autre part, il a été décidé : 1° que l'outrage commis par paroles et menaces envers un brigadier de gendarmerie, accompagné d'un gendarme, et agissant, dans l'exercice de ses fonctions, sur le territoire assigné à sa brigade, doit être considéré et puni comme outrage fait à un commandant de la force publique (Crim. cass. 14 janv. 1826) (1); — 2° Qu'un brigadier de gendarmerie, ne fût-il accompagné que d'un gendarme, n'en est pas moins un commandant de la force publique, en ce sens que l'outrage qui lui est adressé dans l'exercice de ses fonctions tombe sous l'application de l'art. 225 c. pén., et non sous celle de l'art. 224 (Riom, 9 nov. 1851, aff. min. pub. *C.* N..., D. P. 53. 2. 237), et qu'il en serait ainsi alors même que ce brigadier serait seul (Rennes, 15 mars 1853, aff. min. pub. *C.* Chantrel, *eod.*). — On voit que cette dernière solution contredit formellement la première. — Suivant MM. Chauveau et Faustin-Hélie, Théor. c. pén., 2° édit., t. 3, p. 155, la qualification de commandant de la force publique ne peut jamais être attribuée aux sous-officiers de gendarmerie : elle n'appartient qu'aux officiers. Au contraire, d'après la plupart des auteurs, le caractère supérieur de celui qui exerce un commandement dans la force publique, quelque restreint que soit ce commandement, doit être protégé par les dispositions spéciales de l'art. 225 c. pén., et c'est assez qu'un brigadier de gendarmerie ait eu auprès de lui un gendarme, au moment où il a été outragé, pour que cet article soit applicable (V. MM. Coffinières, de la Liberté individuelle, t. 2, p. 406; Chassan, t. 1, p. 399, n° 61). — De cette dernière opinion, il résulte implicitement que l'outrage fait à un brigadier exerçant ses fonctions, sans être accompagné d'un seul de ses subordonnés, n'est passible que de la répression ordinaire édictée par l'art. 224 c. pén.; et c'est ce qui a été formellement décidé par l'arrêt précité de Limoges. Mais un troisième système aussi radical dans son sens que celui de MM. Chauveau et Hélie, reconnaît constamment aux sous-officiers de gendarmerie le caractère de commandant de la force publique, qu'ils agissent seuls ou assistés d'un ou de plusieurs de leurs subordonnés; c'est à ce dernier système que s'est rallié la cour de Rennes, dans son arrêt de 1853. — De ces trois systèmes, le premier, celui de MM. Chauveau et Hélie, paraît le plus difficile à soutenir. L'art. 225 c. pén. ne peut avoir eu pour seul but de faire respecter une distinction qui n'est pas même reconnue par le code militaire. Lorsqu'on voit la législation pénale militaire protéger à tous les degrés de la hiérarchie l'autorité du supérieur, il n'est pas présumable que le code pé-

---

de ces deux lois, en disant que les injures n'avaient pas été proférées à l'occasion des fonctions de Teissen, mais à raison de ses fonctions, et non dans un lieu public.—Arrêt.

La cour; — Vu l'art. 224 c. pén. et l'art. 137 c. inst. crim. — Attendu que, dans le cas où la plainte du sieur Jean Teissen aurait été admissible et fondée, le tribunal de simple police n'aurait pas pu en connaître, puisqu'elle portait sur des outrages par paroles, faits à un notaire public, à raison de ses fonctions, ce qui, d'après les articles ci-dessus rapportés, constituait un délit de la compétence des tribunaux correctionnels, et excédait celle des tribunaux de simple police; — Attendu qu'il n'existe aucune différence entre des outrages faits à un notaire public, soit qu'ils aient été faits à l'occasion ou à raison de ses fonctions, et que la loi n'exige pas, pour qu'il y ait lieu dans ce cas à l'application des peines portées par l'art. 224, que ces outrages aient été faits dans des lieux publics; — D'où il suit que le tribunal de Coblentz, en reconnaissant la compétence du tribunal de police simple du canton de Munstermaifeld, et en confirmant son jugement, a violé les lois ci-dessus rapportées.

Du 15 mars 1812.-C. C., sect. crim.-MM. Barris, pr.-Audier, rap.

(1) *Espèce* :— (Min. pub. *C.* Armentier et autres.) — Les sieurs Armentier, Dinat et Cassassoles, faisant partie d'un attroupement formé à Boulogne, outragèrent, par paroles ou menaces, le brigadier de la gendarmerie et un gendarme de la résidence de Boulogne, au moment où ils revenaient d'un village voisin. — Cités au tribunal correctionnel, les trois prévenus furent condamnés à 25 fr. d'amende et aux dépens.

Appel par le ministère public qui requit, outre le maintien de l'amende, un emprisonnement d'un mois, conformément à l'art. 225 c. pén. — La cour de Toulouse, par arrêt du 24 nov. 1825, ordonna l'exécution du jugement, attendu qu'il n'est pas reconnu qu'un brigadier de gendarmerie puisse être considéré comme le commandant de la force publique, aux termes de l'art. 225 c. pén. — Pourvoi. — Arrêt.

La cour; — Vu les art. 224 et 225 c. pén.; — Vu les art. 81, 136, 138, 141, 180, 188, 191, 192, 193, 196 et 225 de l'ordonnance royale du 29 oct. 1820, sur l'organisation de la gendarmerie; — Attendu qu'il résulte du procès-verbal, dressé le 25 juillet, que les nommés Armentier, Dinat et Cassassoles ont outragé, par paroles, gestes ou menaces, le brigadier commandant la gendarmerie à la résidence de Boulogne, assisté d'un autre gendarme de la même brigade, revêtus de leur uniforme, te agissant dans l'exercice de leurs fonctions, que les faits énoncés dans le procès-verbal signé du brigadier commandant la brigade de Boulogne et du gendarme Anglas, n'ont point été contestés et ont été, au contraire, formellement reconnus par le tribunal de première instance et par la cour d'appel; — Attendu que, d'après l'art. 225 c. pén., l'outrage par paroles, gestes ou menaces, dirigé contre un commandant de la force publique, doit être puni de la peine de six jours à un mois d'emprisonnement; — Attendu que, d'après les art. 81, 136, 138, 141, 180, 188, 191, 192, 193, 196 et 225 de l'ordonnance du 29 oct. 1820, sur l'organisation de la gendarmerie, les brigadiers de la gendarmerie sont de véritables commandants de la force publique, dans l'étendue du territoire assigné à leur brigade, et lorsque, dans le service, ils sont à la tête d'un détachement; — Attendu que la cour d'appel de Toulouse, en déclarant, en droit, qu'un brigadier de gendarmerie, assisté d'un seul gendarme, ne pouvait point être considéré comme commandant de la force publique, a méconnu et violé les dispositions de l'ordonnance royale du 29 oct. 1820 et l'art. 225 c. pén.; — Par ces motifs, casse, etc.

Du 14 janv. 1826.-C. C., ch. crim.-MM. Portalis, pr.-Cardonnel, rap.

nal ordinaire ait voulu que l'outrage fait à un sous-officier devant les militaires qu'il commande, c'est-à-dire dans une situation où sa qualité de supérieur exige qu'il prenne pour le maintien de l'ordre une attitude plus décisive, qu'il ait voulu, disons-nous, qu'un outrage dont l'effet est d'amoindrir le prestige du commandement et d'amener l'hésitation chez ceux dont l'obéissance est plus que jamais nécessaire, ne soit pas plus sévèrement puni que celui fait à un simple agent de la force publique. A nos yeux, qu'un détachement de militaires ou de gendarmes soit commandé par un sous-officier ou par un officier, l'intérêt qu'il y a à faire respecter au moyen d'une plus forte répression l'autorité du chef, est toujours le même. — Quant à la seconde opinion, elle semble s'être préoccupée uniquement d'empêcher une excitation à l'indiscipline; pour elle le brigadier de gendarmerie n'exerce pas ses fonctions dans leur plénitude, lorsqu'il n'a pas avec lui au moins un de ses subordonnés. Cette restriction ne paraît pas conforme à l'esprit de la loi. Le militaire ou gendarme, revêtu d'un grade, est, vis-à-vis des citoyens comme vis-à-vis des subordonnés, un représentant plus élevé de l'autorité publique. Comme tel il a plus de droits au respect de tous; et lorsqu'il vient lui-même signifier ses ordres au lieu de les faire exécuter par un subordonné, il faut, plus que jamais, que son caractère soit fortement protégé. — V. vis Organisation militaire, et Rébellion.

750. Quant à l'outrage de la part d'un subordonné envers son supérieur commandant de la force publique, il nous paraît parfaitement évident qu'il doit toujours être régi par les lois spéciales et particulièrement par les lois militaires, lorsqu'il s'agit de chefs militaires.—Il a été jugé en ce sens que l'insulte ou les provocations adressées à un officier de la garde nationale par ses subordonnés, constituent des infractions à la discipline et non un outrage envers un commandant de la force publique (Cass. 28 avril 1836, aff. Barabraham, V. Garde nationale, nº 429).

751. Nous avons vu (nº 709) que les gardes champêtres doivent être considérés comme fonctionnaires publics et cela suffit pour que les outrages *publics* envers eux soient réprimés conformément à l'art. 6 de la loi du 25 mars 1822. — Mais les outrages *non publics* en ce qui les concerne, doivent être punis conformément à l'art. 224 c. pén., parce qu'ils sont agents de la force publique (V. en ce sens MM. Chassan, t. 1, nº 571; de Grattier, t. 1, p. 211, notes). — Les gardes champêtres des communes et ceux des particuliers doivent être protégés de la même manière. Ils sont également assermentés et agents de la force publique. — V. Fonctionn. pub., nº 146; Garde champ., nº 46.

752. Les agents de police doivent-ils être considérés comme agents de la force publique? — V. Fonct. pub., nº 143.

753. Les préposés des douanes doivent également être considérés comme agents dépositaires de la force publique (V. en ce sens M. Chassan, t. 1, p. 461 note 2. — L'art. 14, tit. 13 de la loi du 6 août 1791, spéciale pour les douanes (V. ce mot, p. 555), ne permet point de doute à cet égard. Il y est dit, en effet, que les commandants militaires dans les départements, les directoires de département, etc., les gardes nationales, les troupes de ligne ou la gendarmerie sont tenus de leur prêter main-forte. — Le pouvoir de requérir ainsi la force publique pourrait même les faire considérer comme magistrats de l'ordre administratif. Mais cette qualification paraîtrait peu en rapport avec leur situation. — Une difficulté peut toutefois s'élever en ce qui les concerne. — On peut se demander, en effet, si la première partie de l'article précité de la loi de 1791, qui punit d'une amende de 500 liv. toute injure envers les préposés des douanes dans l'exercice de leurs fonctions, doit être considérée comme abrogée. — L'intérêt, pour le prévenu d'un semblable outrage, à soutenir qu'il y a abrogation, naît de ce que le maximum de l'amende édictée par l'art. 224 c. pén., pour les outrages envers les dépositaires de la force publique n'est que de 200 fr. Il peut dire que cette peine est peu sévère sans doute; mais que les termes de l'art. 484 c. pén. sont trop positifs pour qu'on puisse invoquer, dans ce cas, d'autre texte que l'art. 224, et que toutes les matières *réglées par le code pénal* ont, aux termes de l'art. 484 de ce code, cessé d'être régies par des lois et règlements particuliers antérieurs. Néanmoins, il est de règle que, sans des dispositions *expresses*, les lois *générales* n'abrogent pas les lois *spéciales* (V. Lois, nºs 548 et suiv., et Douanes, nº 777), et il a été très-bien jugé que les faits d'injure ou de mauvais traitements envers les préposés des douanes sont punissables de l'amende de 500 fr., tout aussi bien que les faits de trouble ou d'opposition aux exercices (Ch. réun. cass. 10 janv. 1840, aff. Prévost, V. nº 906-2º. — Conf. *eod.*, nº 777 *in fine*). — V. du reste, vº Douanes, nºs 903 et suiv.

754. Les préposés au service des ponts à bascule tenaient également de l'art. 41 du décret du 23 juin 1806 le droit de requérir les autorités civiles et militaires de leur prêter main-forte, et de l'art. 42 du même décret celui de requérir tout voiturier ou conducteur de conduire sa voiture sur le pont à bascule pour y être pesé. — A ces signes, il devait sembler évident qu'on ne pouvait refuser aux préposés des ponts à bascule la qualification d'agents dépositaires de la force publique et que, dès lors, l'art. 224 c. pén. leur était applicable. — D'où il suivait que l'art. 35 du décret précité de 1806 qui punissait d'une amende de 100 fr. toute insulte ou mauvais traitement envers ces préposés devait être considéré comme abrogé. — Mais c'est là un point qui n'offre plus d'intérêt depuis que la loi du 30 mai 1851 (D. P. 51. 4. 82) a supprimé les ponts à bascule.

755. Il a été décidé que les employés des contributions indirectes doivent aussi être réputés agents dépositaires de la force publique (Douai, 28 juill. 1843, aff. Farine, V. Fonct. pub., nº 144, V. en ce sens M. Chassan, 2e édit., t. 1, p. 461 note 2, *Contrà*, Crim. cass., 1er mars 1844, aff. Rouger, V. *eod.*). — D'après les observations qui précèdent la première de ces décisions nous semble plus conforme à l'esprit de la loi.

756. Suivant un arrêt, les préposés à la garantie et à la marque d'or ne sont pas des agents de la force publique, dans le sens de l'art. 224 c. pén. (Lyon, 13 mai 1840, aff. J., V. Fonct pub., nº 145).—Nous pensons qu'à cet égard, il y a lieu de distinguer : lorsque les préposés attendent dans leurs bureaux les marchands ou fabricants qui viennent librement soumettre au poinçon les matières d'or ou d'argent, nous n'apercevons pas dans cette situation le caractère de dépositaire de la force publique; mais lorsque les préposés se transportent chez les fabricants ou marchands d'orfèvrerie pour y faire des recherches et y constater des contraventions, ils s'y présentent, même lorsqu'ils sont accompagnés par un commissaire de police ou par le maire, avec une autorité, un droit de se faire obéir, qui doit au moins les faire considérer comme dépositaires de la force publique.

757. Les simples agents de l'autorité ne doivent-ils pas être considérés comme agents dépositaires de la force publique, dans le sens de l'art. 224 c. pén.? — La négative nous semble certaine. Il n'est pas permis en effet d'ajouter à la loi, surtout à la loi pénale, et la disposition précitée ne comprend que les *agents dépositaires de la force publique*. — Toutefois, il a été jugé que l'art. 224 c. pén. s'applique aux agents de l'autorité publique, comme aux dépositaires de la force publique (Paris, 21 juin 1838, aff. Martin, vº Fonct. pub., nº 148). — Cette solution se fonde sur ce que l'art. 230 c. pén., assimile les citoyens chargés d'un ministère public aux agents dépositaires de la force publique. Mais il ne faut pas perdre de vue que c'est uniquement pour le cas prévu par cette disposition, c'est-à-dire celui des violences prévues par les art. 228 et suiv. — Or, l'art. 224 c. pén. ne s'occupe que des outrages par paroles, gestes ou menaces, ce qui est tout différent. Nous n'avons pas à rechercher ici si le législateur eût dû accorder la même protection pour ce cas aux personnes investies d'un ministère public, son silence à cet égard suffit pour que la règle relative aux outrages leur soit inapplicable.

758. *Ministres des cultes.* — Nous nous sommes déjà expliqué sur ce qu'il faut entendre par *ministres des cultes* (V. nº 713). — Nous avons dit aussi que l'art. 6 de la loi du 22 mars n'a point abrogé l'art. 262 c. pén., qui continue de subsister pour les cas d'outrages non publics (V. *suprà*, nº 704). — Quant aux peines qui peuvent être infligées pour les outrages *non publics* envers les ministres des cultes, V. *infrà*, nº 804.

§ 2. — *Dans quelles circonstances peuvent être commis les outrages prévus par le code pénal.*

759. Pour que les outrages prévus par le code pénal tombent sous l'application de ses dispositions (art. 222 et s.), il faut qu'ils aient été commis, *dans l'exercice des fonctions ou à l'occasion de l'exercice des fonctions* des personnes énumérées dans le numéro précédent.—La personne publique du fonctionnaire est en effet complétement distincte de sa personne privée, et c'est seulement son caractère public que la loi a voulu protéger par des dispositions spéciales. C'est par ce motif que ces dispositions ne s'appliquent qu'aux attaques dirigées contre lui *dans ses fonctions ou à l'occasion de ses fonctions.* — On a vu (nº 701) que la loi du 25 mars 1822 (art. 6), ne punit que l'outrage commis *à raison des fonctions ou de la qualité* de la personne outragée, et c'est là entre cette loi et le code pénal une différence caractéristique. — Un exemple va la rendre sensible. — Un individu conçoit, contre un magistrat de l'ordre administratif ou judiciaire, une vive animosité, par suite de rivalité ou de débats d'intérêt privé. Uniquement guidé par ce sentiment, il insulte le fonctionnaire, *dans l'exercice de ses fonctions.* Dans ce cas, l'art. 6 de la loi de 1822 ne peut être invoqué, parce qu'il ne prévoit que l'outrage fait au fonctionnaire *à raison de ses fonctions ou de sa qualité,* et que, dans l'hypothèse qui précède, la fonction ou la qualité, n'a point été la cause de l'outrage. — C'est alors le code pénal qui doit être appliqué, parce qu'il embrasse tous les outrages commis *dans l'exercice des fonctions,* qu'ils aient ou non leur cause dans les fonctions publiques de la personne outragée. — Il a été jugé dans ce sens que l'outrage envers un magistrat, un officier ministériel ou un agent dépositaire de la force publique donne lieu à l'application des art. 222 et suiv. c. pén., bien que l'insulte n'ait aucun rapport avec la vie publique de celui qui la reçoit (Crim. cass. 22 août 1840, aff. Boubée, V. Fonct. publ. nº 138-2º. — Conf. M. Chassan, t. 1, nº 558).

760. Mais il nous semble manifeste que si le fait a eu lieu dans l'exercice des fonctions et à raison des fonctions, la loi de 1822 est applicable, parce que de cela seul qu'un outrage a eu lieu *dans l'exercice des fonctions,* il ne cesse pas d'avoir lieu *à raison des fonctions.* — Toutefois, il a été jugé, que dire à un commissaire de police *dans l'exercice de ses fonctions et à l'occasion de ses fonctions* : vous en avez menti, vous êtes un gredin, est un outrage passible de la peine de l'art. 222 c. pén., et non de celle portée par l'art. 6 de la loi du 25 mars 1822 (Crim. cass. 4 juill. 1833) (1). — Mais tel ne peut être, selon nous, le sens de cette dernière disposition qui, en punissant l'outrage *à raison des fonctions,* nous semble, *à fortiori,* avoir voulu le réprimer, lorsque c'est dans l'exercice même des fonctions qu'il a été commis *à raison des fonctions.*

761. Il a été également jugé que c'est l'art. 224 c. pén., et non l'art. 19 de la loi du 17 mai 1819, qui est applicable au délit d'outrage par paroles, gestes ou menaces contre un gendarme dans l'exercice de ses fonctions (Bourges, 27 nov. 1825) (2). — Sur l'applicabilité de l'art. 19 de la loi du 17 mai 1819, V. *infrà,* nº 960.

762. Mais il a été décidé avec raison que des expressions outrageantes pour un juge de paix, consignées dans une citation entre particuliers, donnée devant lui, doivent être réputées présenter le caractère d'outrages envers un fonctionnaire public à l'occasion de l'exercice et non dans l'exercice de ses fonctions, et que par suite, ce n'est pas l'art. 222 c. pén., mais l'art. 6 de la loi du 25 mars 1822 qui est applicable (Crim. rej. 22 fév. 1839, aff. Souffron, V. nº 869-7º). — La citation n'est point, en effet, adressée au juge, mais à la partie. Les injures qu'elle contient n'attaquent donc pas le juge au moment où il exerce ses fonctions. Il en serait autrement si l'outrage lui était fait dans une requête qui lui serait présentée.

763. Les officiers du ministère public sont dans l'exercice de leurs fonctions, lorsqu'ils reçoivent au parquet les personnes qui viennent les entretenir en leur qualité de fonctionnaires pu-

---

(1) (Min. pub. *C.* Lamarthonie.) — La cour ; — En ce qui touche le pourvoi du procureur général : — Vu les art. 222 c. pén. et 6 de la loi du 25 mars 1822 ; — Attendu que, d'après le procès-verbal, la citation du ministère public et l'état de la cause, le fait imputé au prévenu constituait un outrage par paroles envers un magistrat de l'ordre administratif et judiciaire dans l'exercice de ses fonctions ; qu'en effet, il était constant que, le 22 avril dernier, le commissaire de police s'était transporté au théâtre des Variétés, en sa qualité de commissaire de police, afin d'empêcher que la tranquillité ne fût troublée ; que, pour cela, il fit expulser le sieur Lamarthonie qui, étant rentré et répondant à ce que le commissaire de police lui disait pour expliquer pourquoi il l'avait fait expulser, lui dit : *vous en avez menti, vous êtes un gredin* ; — Que ce fait constituait un outrage rentrant dans la disposition de l'art. 222 c. pén., et non dans celle de l'art. 6 de la loi du 25 mars 1822, qui n'est relatif qu'à l'outrage fait publiquement à un fonctionnaire public, à raison de ses fonctions ou de sa qualité ; — Que, dès lors, l'arrêt attaqué, en réformant le jugement de première instance qui avait appliqué l'art. 222 c. pén. pour n'appliquer que l'art. 6 de la loi du 25 mars 1822, a violé le premier de ces articles et faussement interprété le second ; — Par ces motifs, casse.

Du 4 juill. 1833.-C. C., ch. crim.-MM. de Bastard, pr.-Ollivier, rap.

(2) (Min. pub. *C.* Chauvrat.) — La cour ; — Attendu que l'art. 224 c. pén. a formellement prévu le délit dont Chauvrat s'est rendu coupable, et que les premiers juges ont justement pris dans cet article la peine qu'ils ont appliquée ; — Considérant que cependant M. le procureur du roi, trouvant cette peine trop légère, a interjeté appel de leur jugement et prétendu que ce n'était pas le code pénal, mais l'art. 19 de la loi nouvelle du 17 mai 1819, qu'ils eussent dû consulter ; — A l'appui de son opinion, on soutient que cette loi, en réprimant les crimes et délits commis par la voie de la presse, a voulu plus particulièrement assurer aux divers magistrats le respect qu'exigent les fonctions de l'autorité publique, la protection sans laquelle ils ne pourraient remplir la mission dont ils sont chargés ; — Analysant ensuite, et comparant les dispositions de la loi de 1819 et celles du code pénal relatives aux outrages, on observe que pour leur répression la loi a employé des moyens plus actifs et plus efficaces que ceux du code, et que c'est sur ce motif qu'elle a abrogé plusieurs articles. — On soutient que c'est faire rétrograder la législation que d'aller chercher aujourd'hui dans l'art. 224 de ce code la peine à infliger à Chauvrat ; qu'en effet, le code qui range dans la même classe les outrages reçus dans l'exercice même des fonctions, et ceux pour des faits relatifs à ces fonctions, ne punit que d'une simple amende ceux dont un agent dépositaire de la force publique a été l'objet, tandis que la loi nouvelle qui ne parle que des outrages pour voies de fait relatifs aux fonctions, moins graves sans doute que ceux faits pendant l'exercice même, prononce dans son art. 19 l'emprisonnement ou l'amende, et même, si les tribunaux le jugent convenable, les deux peines cumulativement ; — Mais, attendu d'abord que la loi de 1819 a désigné tous les articles qu'elle entendait abroger dans le code pénal, et que l'art. 224 ne se trouvant pas dans la désignation, les tribunaux n'ont pas le droit d'ajouter à sa disposition ; — Attendu ensuite que l'art. 19 de la loi nouvelle se réfère aux art. 16 et 17 qui parlent, l'un des dépositaires ou agents de l'autorité publique, l'autre des ambassadeurs, ministres plénipotentiaires ou autres agents diplomatiques accrédités près du roi ; qu'en ordonnant que l'injure contre ces personnes sera punie d'un emprisonnement et d'une amende, ou de l'une de ces peines seulement, il n'impose pas l'obligation de condamner à l'emprisonnement l'auteur de l'injure contre un agent de l'autorité publique qui peut, en exécution de cet art. 19 de la loi, n'être frappé que d'une amende de 25 fr., comme il peut l'être d'une amende portée jusqu'à 200 fr., d'après l'art. 224 c. pén. ; — Qu'ainsi il ne serait pas exact de dire qu'en ce cas le code pénal punit moins sévèrement que la loi nouvelle ; — Attendu enfin que la loi du 17 mai 1819, qui a voulu que les outrages et les injures fussent réprimés, se trouverait avoir été directement contre le but qu'elle se proposait, si sous ce rapport elle se fût mise en totalité à la place du code pénal, puisque la loi du 26 mai suivant relative à la poursuite et au jugement des crimes et délits, que celle du 17 a voulu prévenir, autorise la poursuite d'office pour ceux commis par la voie de la presse, et l'interdit lorsqu'il s'agit d'offenses contre les personnes ; qu'elle veut que la poursuite n'ait lieu que sur la plainte de la partie qui se prétendra lésée ; et comme plusieurs ne se plaindraient pas, soit parce qu'ils mépriseraient l'injure, soit parce que manquant souvent de preuves, ils craindraient de ne pas parvenir à en faire punir l'auteur, il en résulterait nécessairement que ce genre de délit, devenu si commun qu'il a nécessité de nouvelles mesures, resterait le plus souvent impuni ; — Donne défaut contre Chauvrat ; faisant droit sur l'appel interjeté par le procureur du roi de Châteauroux, a mis et met l'appellation au néant, en ce qu'elle a pour objet de faire appliquer la loi du 17 mai 1819 au délit dont il s'agit ; ordonne qu'en ce chef le jugement qui, après avoir déclaré Chauvrat convaincu du délit dont il était prévenu, a fait l'application de l'art. 224 c. pén., sortira son plein effet.

Du 27 nov. 1825.-C. de Bourges.

blics (V. Fonctionn. publ., n° 139).—Ainsi, il a été décidé que l'injure adressée à un fonctionnaire public, dans son propre domicile, mais à l'occasion de ses fonctions, constitue le délit d'outrage envers un fonctionnaire public dans l'exercice de ses fonctions (Req. 28 déc. 1807) (1). — Bien que rendue avant le code pénal de 1810, cette décision n'en a pas moins d'autorité, que si elle avait été rendue sous ce code, parce que la législation antérieure prévoyait aussi l'outrage commis *dans l'exercice des fonctions* (L. 22 juill. 1791, tit. 2, art. 19), et qu'il s'agit toujours de fixer le sens de cette expression.—V. toutefois, Bourges, 6 mars 1807, aff. Lag..., n° 690; Rennes, 9 fév. 1835, aff. M..., v° Fonctionn. publ., n° 139.

764. Sous le code pénal, on aurait donc décidé comme on l'a fait avant ce code (le code pénal n'est exécutoire que depuis le 1er janv. 1811), qu'un juge de paix est dans l'exercice de ses fonctions lorsqu'il accorde à un particulier un entretien relatif à un jugement de la justice de paix dans lequel ce particulier est partie (Crim. rej. 16 août 1810) (2). — Du reste, plusieurs des auteurs qui ont écrit sous le code (V. MM. Chassan, 2e édit., t. 1, p. 435; de Grattier, t. 2, p. 69; Bories et Bonassies, n° 64) admettent que les magistrats et les officiers ministériels qui reçoivent, à leur domicile, les personnes qui s'y présentent pour des affaires relatives à leurs fonctions doivent être considérés comme étant dans l'exercice de leurs fonctions (V. aussi *suprà*, n° 691). — Il est, en outre, à observer que, dans la plupart des cas la question de savoir si le fonctionnaire était à son domicile, dans l'exercice de ses fonctions, perd tout intérêt, parce que la pénalité est la même lorsque l'outrage a été commis *à l'occasion de l'exercice des fonctions*, et que presque toujours l'outrage commis dans les circonstances qui viennent d'être indiquées, le sera à raison ou à l'occasion des fonctions.

765. Quant au point de savoir si un maire doit être considéré comme étant dans l'exercice de ses fonctions, lorsqu'il préside le conseil municipal ou une assemblée électorale, V. *suprà*, n° 742; ...Ou lorsqu'il accompagne les commissaires classificateurs des propriétés pour les impôts, V. n° 693-4°.

766. Suivant un arrêt qui nous paraît avoir fait une saine application de la loi, le maire qui siége dans un conseil de fabrique doit être considéré comme se trouvant dans l'exercice de ses fonctions, parce que c'est en qualité de maire qu'il assiste aux séances de ce conseil dont il est membre de droit par suite de ses fonctions (Crim. cass., 28 août 1823, aff. Dermoncourt, V. Fonct. publ., n° 135). — V. en ce sens MM. de Grattier, t. 2, p. 57; Bories et Bonassies, n° 48.

767. Nous avons déjà vu (n° 688) qu'un fonctionnaire public ne cesse pas d'avoir cette qualité, par cela seul que l'acte auquel il se livre n'est pas régulier, lorsque, d'ailleurs, il ne sort pas de la limite de ses attributions. — V. aussi Fonct. pub., n° 138.

768. Il est, d'ailleurs, de toute évidence, et c'est ce qui a été jugé, qu'un huissier est dans l'exercice de ses fonctions lorsqu'il exécute une saisie, et que, dès lors, le menacer avec gestes de le frapper, dans ces circonstances, c'est se rendre coupable de l'outrage prévu par l'art. 224 c. pén., (Bourges, 13 août 1817, aff. Bottard, V. n° 744). — V. aussi nos 693-1°, 743-2°.

769. Il a été décidé encore que des militaires qui, agissant en vertu d'un jugement de condamnation dont ils sont munis, pénètrent dans le domicile du condamné, malgré son refus, doivent être considérés comme des agents dépositaires de la force publique dans l'exercice de leurs fonctions, bien qu'ils ne soient assistés ni du juge de paix, ni d'un officier municipal, et, par conséquent, l'outrage qui leur est adressé dans ce cas, rend son auteur passible des peines portées par l'art. 224 c. pén. (Crim. cass. 12 juin 1834, aff. Marin, V. Instruction criminelle, n° 316).

770. Quant à la question de savoir si un magistrat, un officier ministériel ou un agent dépositaire de la force publique doivent être considérés comme étant dans l'exercice de leurs fonctions, bien qu'ils ne soient pas revêtus de leur costume officiel, V. *suprà* n° 695 et v° Uniforme.

771. Aux termes du second paragraphe de l'art. 222 c. pén., lorsque l'outrage a eu lieu à l'audience d'une cour ou d'un tribunal, la peine est aggravée.—Mais ce second paragraphe ne peut être isolé du premier avec lequel il forme un tout indivisible; en telle sorte que cette aggravation ne peut atteindre le prévenu que lorsque l'outrage a été commis envers un ou plusieurs magistrats dans l'exercice de leurs fonctions. Il n'y a d'ailleurs aucune distinction à faire à cet égard entre les audiences publiques et les audiences à huis clos. Ni les termes, ni l'esprit de la disposition finale de l'art. 222 c. pén., ne nous paraissent en effet se prêter à cette distinction (V. en ce sens MM. Chassan, t. 1er, n° 576 *bis*; de Grattier, t. 2, p. 62; Grellet-Dumazeau, t. 1, p. 293).— Ce dernier auteur fait justement remarquer que bien que l'*audience* ne doive s'entendre à proprement parler que de l'*audition* des faits et des moyens de droit d'un procès, dans un local affecté à cette destination, ce serait équivoquer sur les termes, que de prétendre que l'art. 222 n'est pas applicable aux magistrats qui délibèrent dans le même local im-

---

(1) *Espèce*: — (Min. pub. *C.* Perdriget.) — Perdriget se rendit au domicile de l'adjoint de la commune pour lui demander le motif d'une citation qu'il avait reçue à comparaître devant le tribunal de police; il accusa ce fonctionnaire de partialité, et tint contre lui des propos grossiers et injurieux. Saisi de la plainte, le tribunal correctionnel du Blanc renvoya la cause devant le tribunal de police, attendu que l'adjoint n'avait pas été injurié dans l'exercice de ses fonctions. — A son tour, le tribunal de police se déclara incompétent; le procureur général s'est pourvu en règlement de juges. — Arrêt.

LA COUR; — Vu l'art. 65 de l'acte constitutionnel du 22 frim. an 8, l'art. 19 du tit. 2 de la loi du 22 juill. 1791, et l'art. 168 c. des dél. et des peines du 3 brum. an 4; — Considérant, en droit, que ces lois veulent que le fonctionnaire public soit également respecté dans l'entier exercice de toutes ses fonctions, soit dans les rapports qu'elles lui donnent avec le public, lorsque, revêtu de l'habit ou du signe distinctif de son état, il assiste aux audiences des tribunaux, ou à toute autre assemblée publique, soit dans les rapports que ces mêmes fonctions lui donnent avec les individus dans l'intérieur de son domicile et partout ailleurs; — Considérant que c'est surtout dans cette seconde partie de l'exercice de ses fonctions que le fonctionnaire public a besoin de la protection plus particulière de la loi, parce que ne se trouvant alors environné ni de la force publique, ni de cette pompe extérieure qui commande le respect, il est plus exposé aux insultes et violences de ceux avec lesquels les devoirs de sa place l'obligent de correspondre; — Considérant, en fait, que c'est comme fonctionnaire public, comme officier du ministère public près la justice de paix, que le sieur Guillemet, adjoint du maire de Saint-Benoit-du-Sault, a fait donner à Barthélemi Perdriget la citation dont celui-ci crut avoir à se plaindre; — Que c'est encore en sa qualité de fonctionnaire public que Barthélemi Perdriget lui a fait des interpellations qu'on prétend avoir été suivies d'insultes et de menaces; — Qu'ainsi, ces insultes et menaces, quoique faites au sieur Guillemet dans l'intérieur de son domicile, ne lui auraient pas moins été faites dans l'exercice de l'une des parties de ses fonctions; qu'il y avait lieu, par conséquent, de dénoncer ce délit au tribunal correctionnel, auquel les lois ci-dessus citées attribuent la connaissance des outrages ou menaces par parole ou par gestes, faits aux fonctionnaires publics dans l'exercice de leurs fonctions; — Par ces motifs, faisant droit sur le requisitoire de M. le procureur impérial, et procédant par règlement de juges, sans avoir égard au jugement du tribunal correctionnel de l'arrondissement du Blanc, du 29 avril 1807, lequel est déclaré nul; ordonne que Barthélemi Perdriget sera, pour raison du délit dont il est prévenu par le procès-verbal de l'adjoint du maire de Saint-Benoit-du-Sault, du 6 déc. 1806, traduit devant le susdit tribunal correctionnel de l'arrondissement du Blanc, pour y être jugé conformément à la loi, sauf l'appel s'il y a lieu.

Du 28 déc. 1807.-C. C., sect. req.-MM. Henrion, pr.-Poriquet, rap.

(2) (Lemarrois *C.* min. pub.) — LA COUR; — Considérant, en premier lieu, que la faculté que l'art. 11 c. pr. civ. donne au juge de paix de punir sur-le-champ les insultes et irrévérences commises envers lui à l'audience, n'exclut point, lorsqu'il n'use pas de cette faculté, la poursuite et la punition du même délit, suivant les dispositions générales des lois pénales; que d'ailleurs il ne pouvait y avoir lieu, dans l'espèce, à l'application dudit art. 11, puisque le juge de paix n'était point en audience au moment où le réclamant l'a outragé; — Considérant, en second lieu, que le demandeur a été convaincu d'avoir insulté et menacé le juge de paix au moment où celui-ci lui accordait un entretien relatif à un jugement de la justice de paix où le réclamant était partie; qu'ainsi le juge de paix était vis-à-vis de lui dans l'exercice de ses fonctions; — Considérant que, dans cet état, la cour de justice criminelle du département de l'Yonne, en condamnant le demandeur aux peines portées par l'art. 19 du tit. 2 de la loi du 22 juill. 1791, a fait une juste application de cet article; — Rejette.

Du 16 août 1810.-C. C., sect. crim.-MM. Barris, pr.-Busschop, rap.

médiatement après l'audition d'une cause, en présence du public ou des personnes intéressées dans le procès à juger.

772. Sur la question de savoir si l'outrage par gestes ou par menaces est susceptible de l'aggravation prévue par le second paragraphe de l'art. 222 du code pénal, V. *infra*, n° 804.

773. De cela seul que l'art. 222 c. pén. réprime les outrages adressés aux magistrats *dans l'exercice de leurs fonctions*, il suit que les outrages qui sont adressés à l'audience à d'autres magistrats que ceux qui siégent, ne tombent pas sous l'application de cette disposition (V. M. Chassan, t. 1, n° 579). — Avant le code pénal de 1810, il a été jugé que les propos injurieux tenus par un avoué dans le prétoire du tribunal auprès duquel il exerce, et pendant une délibération en chambre du conseil, contre un membre de ce tribunal alors hors de ses fonctions et non revêtu de son costume, constituent un acte irrévérentiel, commis dans un lieu public envers un magistrat (Req. 15 déc. 1806, aff. Soubiran, V. v° Discipline judiciaire, n° 250); — Et que le tribunal peut dans ce cas procéder contre l'avoué par voie de discipline sur le réquisitoire du procureur impérial (même arrêt).

774. Tous les tribunaux, quels qu'ils soient, sont-ils compris dans le second paragraphe de l'art. 222 c. pén.? — Nous ne voyons aucune raison de distinguer, puisque la loi ne fait pas de distinction. Toutefois, ce qui peut faire naître le doute, c'est que certains tribunaux portent des dénominations qui ne sont pas en rapport exact avec la *lettre* de la loi. Mais ils n'en constituent pas moins des institutions destinées à rendre la justice. Or, c'est là précisément le caractère de celles que la loi a eues en vue. — Ainsi, il a été jugé : 1° que les justices de paix étant comprises dans le tit. 1 du code de procédure sous la rubrique *De la procédure devant les tribunaux*, on doit conclure que le lieu où siége le juge de paix exerçant une juridiction est un tribunal dans le sens du second alinéa de l'art. 222 c. pén. (Crim. rej. 26 août 1813) (1); — 2° Que les conseils de guerre permanents sont de véritables tribunaux, et ceux qui y siégent de véritables juges; que, par suite, les outrages adressés à ces conseils, par un accusé, à l'audience, sont punissables des peines prononcées par l'art. 222 du code pénal; ...Et que c'est à tort qu'un conseil de guerre verrait dans les outrages venus de l'accusé, et, par exemple, dans les mots de *lâches* adressés au conseil, et de *chiffonnier* au colonel président, une insulte d'un militaire envers son supérieur, et lui appliquerait la peine de cinq ans de fers, portée par l'art. 15, tit. 8, de la loi du 21 brum. an 5 : dans un conseil de guerre en séance, il n'y a que des juges égaux en autorité et un accusé, et non des supérieurs et des inférieurs (Crim. cass. 31 janv. 1845, aff. Schwartz, D. P. 45. 1. 61). — Cette dernière décision est de la plus haute importance, en ce qu'elle assigne à la justice militaire, organisée aujourd'hui d'une manière permanente, le rang qui lui appartient dans l'ordre de nos institutions judiciaires. Il en résulte que les tribunaux militaires forment une magistrature dans l'acception légale de ce mot; que les membres qui y siégent sont des juges; que dans leur assemblée, en présence de l'accusé, de son défenseur, de l'officier rapporteur, du public même, la prépondérance hiérarchique des grades a disparu, pour faire place à des juges égaux en pouvoir et en autorité; qu'en entrant au prétoire, en prenant place sur leurs siéges, ce ne sont plus des officiers qui vont rendre la justice, ce sont des juges qui prononcent au nom du prince et de la société. Il en résulte aussi, qu'en cas d'atteinte portée à la dignité de cette magistrature, si elle doit s'armer d'une rigueur nécessaire pour faire respecter ses pouvoirs, c'est l'outrage fait à la magistrature qu'elle doit réprimer, et non pas la violation de la discipline militaire dont il ne peut être question ici : c'est donc le droit commun qu'il faut appliquer à l'auteur de l'outrage quel qu'il soit, accusé ou non, militaire ou simple particulier, et non la loi militaire.

Ce sont ces principes que le réquisitoire de M. le procureur général Dupin a mis en lumière avec tant de logique et de vigueur. Ces principes ont, néanmoins, paru à M. le conseiller rapporteur de nature à porter atteinte à l'obéissance hiérarchique, et ils ont suggéré à ce magistrat des doutes qu'il a cru devoir soumettre à la cour; mais ces objections ont été réfutées, dans une réponse éloquente de M. le procureur général qui a déterminé la conviction de la cour : « Rien de plus fréquent, a dit M. le procureur général, que de voir la même personne réunir plusieurs qualités. Mais cela n'empêche pas de distinguer, pour les actes, dans quelle qualité on a agi. On n'a, en pareil cas, que les droits et les prérogatives de la fonction qu'on exerce, avec les garanties et la mesure de responsabilité qui s'y attachent spécialement. Les autres qualités restent en dehors. On parle des intérêts de la discipline militaire! Oui, sans doute, dans les actes qui intéressent le service militaire; là se trouvent le commandement d'une part, et, de l'autre, la nécessité de l'obéissance; là toute résistance est insubordination, l'hésitation même est coupable; les conséquences les plus graves sont attachées à toute infraction de ce lien, dont l'intérêt suprême de l'État commande le maintien dans toute son énergie. — Mais pour des militaires, de quelque grade qu'ils soient, constitués en tribunal militaire, les rapports changent. Le chef le plus élevé en grade devient le président. Les autres membres sont ses collègues; juges comme lui, ils sont ses égaux malgré l'infériorité relative des grades. — Le capitaine rapporteur a toute l'indépendance du ministère public. Le président, fût-il maréchal de France, n'a rien à commander ni aux juges, ni à l'organe de l'accusation. Autrement, s'il prétendait conserver vis-à-vis d'eux, dans l'exercice de la justice, l'autorité qui ne lui appartient que dans le service militaire, toute indépendance serait détruite; il n'y aurait plus de liberté, ni par conséquent de justice. — Et les témoins militaires! dira-t-on aussi qu'ils déposent devant leurs chefs et non devant la justice? Et l'accusé, celui-là surtout! Il n'est plus soldat; c'est l'accusé, nom sacré, tant qu'il n'y a pas de condamnation! et vous voulez qu'il tremble devant son maître, au lieu de se croire rassuré par la présence de son juge! — Il doit le respecter sans doute; mais comme les autres juges, comme s'il était en cour d'assises, comme s'il était devant vous-mêmes; n'est-ce point assez? — Messieurs, je vous en conjure, n'allez pas, sous prétexte de venir au secours de la discipline militaire, qui n'a rien à voir ici, détruire le magnifique prestige qui s'attache à l'administration de la justice : un tribunal où elle doit siéger, des juges égaux en droits, placés qu'ils sont sous son niveau, un accusateur libre de toute influence hiérarchique, un accusé qui a plus besoin d'être rassuré qu'intimidé : je vous en conjure dans l'intérêt de l'humanité, dans l'intérêt de nos institutions, de nos lois, de l'armée elle-même, et surtout de la majesté de la justice. » — V. du reste (*loc. cit.*) le réquisitoire qui nous semble un modèle de discussion juridique d'un ordre élevé.

775. M. Grellet-Dumazeau (t. 1, p. 293) est d'avis que le second paragraphe de l'art. 222 ne s'applique pas aux conseils de discipline de la garde nationale. La raison qu'en donne cet auteur, c'est que « ces conseils n'ayant qu'une juridiction incomplète, même sur une classe de citoyens dont les actes ne leur sont déférés qu'à la condition de ne constituer qu'une simple infraction disciplinaire, les membres qui les composent ne sauraient fournir une magistrature de l'ordre judiciaire. » — Ces motifs ne nous semblent pas suffisants. — Comme les autres tribunaux, les conseils de discipline ont une compétence déterminée, comme les autres, ils doivent être respectés lorsqu'ils accomplissent l'œuvre de la justice. — Peu importe qu'ils ne puissent juger que des infractions disciplinaires; la loi ne fait nullement dépendre

(1) (Schmit et Pauly.) — La cour; — Attendu, sur les deuxième et quatrième moyens, pris l'un de la fausse application de l'art. 222 c. pén., et l'autre du deuxième alinéa du même article : — 1° Que l'offense faite au juge de paix, séance tenante, constitue ce que la loi a entendu par le mot *outrage*, employé dans cet article, et que les expressions dont se sont servis les demandeurs en cassation tendaient incontestablement à porter atteinte à l'honneur, à la délicatesse et à l'intégrité de ce fonctionnaire : — 2° Que le mot *tribunal* employé dans le second alinéa du même article s'applique au lieu où siége un fonctionnaire exerçant une juridiction, et que les justices de paix sont néanmoins comprises dans le tit. 1 c. pr. civ., sous la rubrique *De la procédure devant les tribunaux*; — Attendu, sur le troisième moyen, que le jugement attaqué n'ayant pas reconnu qu'il y eût des circonstances atténuantes, n'a pas violé la loi en refusant d'appliquer l'art. 463 c. pén.; — Rejette.

Du 26 août 1813.-C. C., sect. crim.-MM. Barris, pr.-Coffinhal, rap.

l'application de la disposition que nous interprétons du degré de gravité des faits à juger et des peines qui peuvent être prononcées; mais seulement de l'existence d'un tribunal. — Or il nous semble naturel de donner cette dénomination à une réunion de personnes légalement appelées à juger et à infliger des peines, même celle de l'emprisonnement (L. 15 juill. 1851, art. 72; 11 janv. 1852, art. 23). — Au reste, un jugement du tribunal de la Seine, cité par M. Chassan, t. 1, n° 576 *ter* a été rendu dans le sens de l'opinion que nous venons d'exprimer et qui est aussi celle de M. Chassan (V. *loc. cit.*).

776. Les conseils de prud'hommes sont-ils des tribunaux dans le sens de l'art. 222 c. pén. ? — M. Mollot (de l'Organisation et de la comp. des prud'hommes, p. 87) leur refuse ce caractère, parce qu'ils sont soumis à un système purement électif et qu'ils n'ont pas l'investiture du chef de l'État. — Mais, en admettant que ces motifs eussent dû suffire sous la loi du 27 mai 1848 et la législation antérieure pour faire écarter les prud'hommes de la hiérarchie judiciaire, la loi des 1er-4 juin 1853 en a à peu près complétement détruit la portée. — Aux termes de cette loi, les présidents et les vice-présidents de ces conseils sont nommés par l'empereur (art. 3), les secrétaires de ces conseils sont nommés et révoqués par le préfet sur la proposition du président (même art.). — Les conseils de prud'hommes se sont donc beaucoup rapprochés de la constitution des tribunaux ordinaires; et en présence des éléments dont ils se composent, on ne peut, ce semble, leur dénier l'application du second paragraphe de l'art. 222 c. pén.—V. aussi n° 736.

777. Mais il en doit être autrement, à notre avis, des conseils de discipline de l'ordre des avocats, des chambres des avoués, des notaires, des huissiers, etc. — Ce ne sont pas là à proprement parler des juridictions, mais des assemblées de famille, en quelque sorte qui, par la nature de leurs attributions, par le mode purement électif de leur constitution, par le secret de leurs délibérations et de leurs décisions, diffèrent entièrement des corps ou des institutions auxquels notre législation reconnaît le caractère de tribunaux.

778. Sur la manière dont les délits commis à l'audience doivent être constatés, V. n° 1514.

779. Sur l'application particulière de la maxime *non bis in idem* aux outrages envers les magistrats, V. nos 1304 et s.

§ 3. — *De quelle manière les outrages peuvent être commis.*

780. Les outrages prévus par les art. 222 et suiv. c. pén. peuvent se commettre par paroles, par gestes, par menaces. — Parcourons successivement ces divers modes de perpétration du délit.

781. *Outrage par paroles.* — Pour que des paroles aient le caractère d'un outrage, il faut, aux termes de l'art. 222 c. pén., qu'elles tendent à inculper l'honneur ou la délicatesse de la personne publique qui en est l'objet. — Et c'est là encore ce qui distingue les outrages prévus par l'art. 6 de la loi du 25 mars 1822 de ceux que punit l'article précité du code pénal, puisque l'art. 6 précité punit l'outrage fait, *d'une manière quelconque*, aux personnes qu'il désigne. — Mais que faut-il entendre par ces mots de l'art. 222 : *des paroles qui tendent à inculper l'honneur ou la délicatesse?* — Quoique la pensée du législateur ne résulte pas avec clarté, soit de la discussion très-superficielle à laquelle l'art. 222 paraît avoir donné lieu, soit de l'exposé des motifs (V. Fonctionnaire public, p. 725), on y voit cependant : 1° que le mot *outrage* a été compris par lui avec une certaine ampleur et comme exprimant à la fois ce que le législateur de 1819 a depuis entendu par les mots *injure* et *diffamation*; les expressions *tendant à inculper l'honneur ou la délicatesse des magistrats* n'y ont pas été une seule fois prononcées; — 2° Que seulement elles paraissent répondre à quelques termes du passage suivant de la discussion, les seuls propres à fixer le sens des mots *honneur* et *délicatesse* : « Suppose-t-on, dit M. Berlier, répondant à M. de Ségur qui demandait que la loi s'appliquât à toutes espèces d'outrages dirigés contre des fonctionnaires publics, un plaideur ayant perdu son procès, rencontrant ensuite son juge et lui reprochant son injustice; cet outrage, venant à l'occasion de l'exercice des fonctions, sera puni d'après les règles posées au paragraphe qu'on vient de discuter : or, les outrages auxquels un fonctionnaire pourra être exposé émaneront presque toujours d'une pareille source. Ainsi, la disposition pourvoit à ce qu'il y a de plus grave et de plus sensible pour un fonctionnaire délicat. Combien, d'ailleurs, de petites attaques auxquelles il ne doit que son mépris! Mais s'il lui est dû quelquefois un secours spécial, ce n'est évidemment que lorsqu'il est attaqué comme fonctionnaire et non comme particulier » (Locré, t. 30, p. 188, n° 9). Rapprochons de suite de ce passage ces autres paroles de M. Berlier dans son exposé des motifs : «Il ne sera ici question que des seuls outrages qui compromettent la paix publique, c'est-à-dire de ceux dirigés contre les fonctionnaires ou agents publics dans l'exercice, ou à l'occasion de l'exercice de leurs fonctions. Dans ce cas, ce n'est plus seulement un particulier, c'est l'ordre public qui est blessé; et, dans un grand intérêt, les peines peuvent changer de place et de nature, parce que le délit en a changé lui-même, et que l'outrage dirigé contre l'homme de la loi, dans l'exercice de ses fonctions ou de son ministère, quoique conçu dans les mêmes paroles ou les mêmes gestes, est beaucoup plus grave que s'il était dirigé contre un simple citoyen. La hiérarchie politique sera, dans ce cas, prise en considération. Celui qui se permet des outrages ou violences envers un officier ministériel est coupable, sans doute, mais il commet un moindre scandale que lorsqu'il outrage un magistrat... Dans la classification de ces outrages on a placé au moindre degré de l'échelle ceux qui sont commis par gestes ou par menaces. Les paroles outrageantes qui ont ordinairement un sens plus précis et mieux déterminé que de simples gestes ou menaces ont paru être un délit supérieur à celui-ci. Au sommet de l'échelle viennent les coups qui, punissables envers tout citoyen, sont le comble de l'irrévérence envers les dépositaires de l'autorité » (V. Fonctionn. publ., p. 725). — Ainsi, c'est la fonction encore plus que l'homme que le législateur a entendu protéger. Il a bien compris que là où des expressions grossièrement méprisantes pourraient être impunément jetées à la face d'un magistrat de l'ordre administratif ou judiciaire, le respect n'existerait pas longtemps dans l'esprit des citoyens. — Les expressions *honneur* et *délicatesse* doivent donc être prises dans leur sens le plus étendu et non dans le sens restreint qui consisterait à imputer au magistrat un acte contraire à l'honneur ou à la délicatesse. — Il a été jugé dans ce sens que l'outrage tendant à inculper leur honneur ou leur délicatesse, fait à des magistrats de l'ordre administratif ou judiciaire, dans l'exercice ou à l'occasion de l'exercice de leurs fonctions, doit s'entendre de toute expression injurieuse manifestant le mépris pour le fonctionnaire auquel elles sont adressées pour ses actes et pour ses fonctions; et que, par exemple, un tel outrage résulte de ces expressions adressées et même répétées par un individu dans un café, au commissaire de police qui y faisait sa visite ou à un maire : «Je vous emm...., vous et vos procès-verbaux; » et c'est à tort qu'on soutiendrait que l'arrêt qui refuse de voir dans ces paroles un tel délit, ne juge qu'une question de fait qui échappe à la censure de la cour de cassation (Ch. réun., cass. 17 mars 1851, aff. Dubreuil, D. P. 51. 1. 99; crim. cass. 8 mars 1851, aff. Troussier, D. P. 51. 1. 103. — V. *infrà*, nos 784 et s., en ce qui touche à cet égard le pouvoir des juges du fond). — On ne peut néanmoins se dissimuler que le mot *inculper* qui, dans l'art. 222 c. pén., précède les expressions *honneur* et *délicatesse* fait naître une objection assez sérieuse contre cette doctrine. — Aussi sous le code pénal, a-t-il été jugé que des propos déplacés adressés à un fonctionnaire public en exercice (un commissaire de police) ne constituent pas le délit d'outrages prévu par les art. 222 et suiv. c. pén. (Crim. rej. 4 juin 1819 (1), conf. M. Chassan, t. 1, n° 565).

(1) (Min. pub. C. Villeneuve et Biraben.) — LA COUR; — Attendu, 1° que l'arrêt attaqué n'a pas déclaré constant que le commissaire de police eût reçu, dans l'exercice de ses fonctions ou à raison de cet exercice, quelque outrage par paroles tendant à inculper son honneur et sa délicatesse; — Qu'il n'a pas non plus déclaré constant que le commissaire de police eût, dans l'exercice de ses fonctions ou à l'occasion de cet exercice, reçu quelque outrage fait par gestes ou menaces; — Qu'il a seulement reconnu que les prévenus s'étaient permis envers le

782. Des exemples puisés dans la jurisprudence et la doctrine vont, d'ailleurs, montrer ce qu'il faut entendre par des paroles tendant à inculper l'honneur ou la délicatesse. — Il a été jugé : 1° que des expressions de mépris, adressées à un magistrat, et tendant à diminuer le respect des citoyens pour son caractère ou sa fonction, par exemple l'expression de *canaille*, peuvent être considérées comme étant de nature à porter atteinte à l'honneur ou à la délicatesse de ce magistrat, et comme constituant l'outrage par paroles prévu par l'art. 222 c. pén. (Crim. cass. 22 fév. 1851, aff. Gonnot, D. P. 51. 1.302); — 2° Que les paroles proférées contre un magistrat dans l'exercice de ses fonctions, doivent être considérées comme tendant à inculper l'honneur ou la délicatesse de ce magistrat, et constituent, dès lors, le délit d'outrages puni par l'art. 222 c. pén., lorsqu'elles ont été prononcées dans une intention de mépris pour son caractère ou pour ses actes (Ch. réun. Cass. 25 juin 1855, aff. Colonier, D. P. 55, 1. 430; Crim. cass. 26 janv. 1854, aff. Dumoulin, D. P. *eod.* 431); — 3° Qu'il en est ainsi, par exemple, de cette exclamation adressée avec ironie à un juge de paix qui vient de rendre une sentence : « Voilà un jugement qui mérite d'être encadré » (même arrêt, du 25 juin 1855). ...Ou de ces paroles proférées en présence d'un magistrat saisi d'une affaire : « Je ne connais pas M. N... pour mon juge, je ne veux pas être jugé par lui; je l'ai récusé, je le récuse; nous avons des affaires ensemble; j'ai voulu me battre avec lui, il n'a pas voulu, c'est un capon et un lâche (même arrêt du 26 janv. 1854);— 4° ...Ou de dire à une cour qui vient de rendre un arrêt : « Vous venez de » commettre un crime ! mes enfants n'ont plus de père » (Paris, 30 janv. 1838, arrêt cité par M. de Grattier, t. 2, p. 57);—4° Que la diffamation verbale envers un magistrat de l'ordre administratif ou judiciaire constitue l'outrage prévu par l'art. 222 c. pén. (Crim. cass. 7 déc. 1837, aff. Andrieu, V. *infrà*). — En ce qui touche la diffamation, V. *infrà*, nos 814 et s.; — 5° Qu'il en est encore de même des cris *à bas*, adressés à un magistrat de l'ordre administratif dans l'exercice de ses fonctions (Crim. cass. 22 déc. 1814) (1); — 6° Que c'est commettre le même outrage que de déclarer un adjoint au maire indigne de ses fonctions (Crim. cass. 10 mai 1845, aff. Freslon, D. P. 45. 4. 411; — 7°...Ou de dire à un maire en séance du conseil municipal : *Vous n'êtes pas à la hauteur de votre dignité,—Vous êtes un menteur, je me f.... de vous* (Crim. cass. 23 août 1844, aff. Lemoine, V. n° 734-3°; V. en ce sens M. Chassan, t. 1, p. 451, note première);— 8° Ou de dire à un maire qu'il est un *larron* (trib. de Soissons, 10 août 1825, jugement cité par M. de Grattier, t. 2, p. 58 à la note);— 9°...Ou d'imputer à un maire d'avoir fabriqué une fausse signature sur un acte de mariage (Crim. cass. 26 nov. 1812) (2);— 10° ...De dire d'un adjoint au maire, à l'occasion de ses fonctions, *qu'il faut qu'on le tue, qu'il est parti de si bas qu'il est fier de sa position, mais qu'il faut qu'on le tue* (Bordeaux, ch. corr., 1er fév. 1837, M. Poumeyrol, pr., aff. L., V. en ce sens M. de Grattier, t. 2, p. 58 à la note); — 11° ...De dire à un commissaire de police qui, après avoir fait expulser un individu d'un lieu public (un théâtre), explique à cet individu qui vient de rentrer, pourquoi il l'a fait sortir : « *Vous en avez menti, vous êtes un gredin* » (Cass., 4 juill. 1833, aff. Lamarthonie, V. n° 760; V. aussi en ce sens M. de Grattier, t. 2, p. 57 à la note); — 12° ...Ou de dire à un procureur du roi, dans une réunion publique : « polisson, canaille ! un procureur du roi comme toi n'est qu'un lâche » (Crim. cass. 20 déc. 1833 (3); V. en ce sens MM. de Grattier, t. 2, p. 51, note 73; Bories et Bonassies, v° Outrage, n° 23); — 13° ...Ou de dire à un avocat général, au moment où il prononce son réquisitoire à l'audience : « *Il n'est pas permis de mentir ainsi* » (haute-cour de Versailles, 9 nov. 1849, aff. min. pub. *C.* Schmitz); — 14° Le fait d'avoir répondu à l'officier du ministère public, à l'audience : « vous en avez menti ! c'est faux ! vous êtes un faux ! » constitue un outrage passible des peines portées par l'art. 222 c. pén., et non pas seulement un manque de respect tombant sous l'application de l'art. 10 c. pr. (Crim. cass. 8 déc. 1849, aff. Millet-Morgain, D. P. 50. 1. 252).

783. Suivant M. Chassan (t. 1, p. 450, note 5)... c'est aussi se rendre coupable du même genre d'outrage que de dire à un juge qu'en empêchant le prévenu de se défendre, il commet un acte arbitraire ou qu'il ne remplit pas ses devoirs, qu'il n'y a aucun ménagement à garder envers lui (t. 1, p. 411, note 1re)... ou de dire à un officier du ministère public qu'il est partial (t. 1,

---

commissaire des propos déplacés;—Que ce fait n'étant pas celui qui est prévu et réprimé par les art. 222 et 223 c. pén., l'arrêt attaqué (de la cour de Pau du 30 avr. 1819) n'a pas dû faire l'application de ces articles;... —Rejette.

Du 4 juin 1819.-C. C., sect. crim.-MM. Barris, pr.-Ollivier, rap.

(1) (Min. pub. *C.* Aillaud.) — LA COUR; — Vu l'art. 222 c. pén.; — Considérant qu'il a été reconnu, par l'arrêt dénoncé, qu'au moment où le maire d'Orgon était dans l'exercice de ses fonctions, la femme Aillaud et les filles Donat et Coste ont crié publiquement : à bas le maire, nous ne voulons plus de lui, vive l'adjoint;—Que ces cris proférés contre la personne du maire tendaient évidemment à le faire considérer comme indigne d'occuper sa place, et conséquemment à inculper son honneur et sa délicatesse, que ces cris portaient donc les caractères du délit prévu par l'art. 222 précité du code pénal, et nécessitaient ainsi l'application des peines établies par cet article; — D'où il suit qu'en refusant d'appliquer aucune peine aux prévenues, et en les renvoyant des poursuites intentées à leur charge, la cour d'appel d'Aix a ouvertement violé les dispositions pénales dudit art. 222;—D'après ces motifs, et vu l'art. 410 c. inst. crim., casse, etc.

Du 22 déc. 1814.-C. C., sect. crim.-MM. Barris, pr.-Busschop, rap.

(2) (Siblot *C.* min. pub.) — LA COUR; — Considérant que Siblot a reproché publiquement à Gachot d'avoir fait une fausse signature dans un acte de mariage; qu'il a conséquemment été fait audit Gachot une imputation outrageante à l'occasion de ses fonctions de maire; que Siblot était donc passible de la peine portée en l'art. 222 c. pén., et que l'art. 376 de ce code était évidemment sans application à la cause; qu'il n'y avait pas lieu non plus de prononcer le sursis dont parle l'art. 392 du même code; que cet article, placé dans la sect. 7 dudit code, n'est relatif qu'aux calomnies et aux injures dont des individus sans caractère public sont l'objet; que les outrages et les violences envers les dépositaires de l'autorité et de la force publique, sont la matière d'une autre section, de la sect. 4, dans laquelle sont spécialement prévus et punis les outrages reçus par les magistrats de l'ordre administratif et judiciaire dans l'exercice de leurs fonctions et à l'occasion de cet exercice; qu'il ne devait y avoir et qu'il n'y a dans cette section aucune disposition semblable à celle de l'art. 372, parce qu'il importe au maintien de l'ordre public, essentiellement lié au respect des dépositaires de l'autorité, que des faits outrageants, même vrais, ne puissent pas leur être imputés dans un esprit d'injure et autrement que par la voie légale de la dénonciation et de la plainte; qu'il s'ensuit de ces observations qu'il a été fait, dans l'espèce, une légale et juste application de la loi pénale; —Rejette.

Du 26 nov. 1812.-C. C., sect. civ.-MM. Barris, pr.-Aumont, rap.

(3) *Espèce* : — (Min. pub. *C.* Ansart.) — Le sieur Ansart est poursuivi pour avoir, dans une réunion publique, prononcé à demi voix les mots *de polisson et de canaille*, en s'adressant au procureur du roi de Saint-Pol, et pour lui avoir dit plus haut : « un procureur du roi comme toi n'est qu'un lâche. » Un arrêt de la chambre des mises en accusation de la cour de Douai le renvoie devant le tribunal correctionnel de Saint-Pol, comme prévenu d'outrages et menaces envers un fonctionnaire public.

Pourvoi du procureur général près la cour de Douai pour cause de suspicion légitime contre le président du tribunal de Saint-Pol. M. Rochelle, avocat d'Ansart, soutient que les faits imputés à son client doivent être jugés non par les tribunaux correctionnels, mais par le jury. — Arrêt (ap. délib. en ch. du cons.).

LA COUR; — Vu l'art. 1 de la loi du 8 oct. 1830, l'art. 1 de la loi du 17 mai 1819 et l'art. 6 de la loi du 25 mars 1822; — Attendu qu'aux termes de l'art. 1 de la loi du 8 oct., les cours d'assises sont investies du droit exclusif de connaître de tous les délits commis à l'aide d'un des moyens énoncés en l'art. 1 de la loi du 17 mai 1819; — Attendu que l'exception de l'art. 2 de la loi du 8 oct. relative aux délits de diffamation ou d'injures, ne renferme pas le délit d'outrage prévu par l'art. 6 de la loi du 25 mars, et dont la connaissance est, d'après la combinaison dudit article avec l'art. 1 de la loi du 8 oct., attribuée aux cours d'assises; — Attendu que l'arrêt frappé de pourvoi établit contre les intervenants la prévention d'outrage fait publiquement à des fonctionnaires publics à raison de leurs fonctions, ce qui constitue le délit puni par l'art. 6 de la loi du 25 mars; — Attendu, dès lors, que ledit arrêt, en renvoyant Ansart et Datape devant le tribunal de Saint-Pol pour y être jugés correctionnellement, a faussement interprété l'art. 2 de la loi du 8 oct. et violé les dispositions des articles de lois ci-dessus cités; — Par ces motifs, et sans qu'il soit besoin de s'occuper de la demande en renvoi pour cause de suspicion légitime; — Casse l'arrêt de la cour de Douai, du 5 sept. dernier.

Du 20 déc. 1833.-C. C., ch. crim.-MM. de Bastard, pr.-Thil, rap.-Martin, av. gén., c. conf.-Rochelle, av.

p. 450, note 3). — De ces trois solutions, la première seule nous paraît faire difficulté, en ce que bien que l'assertion qui y sert de base soit de nature à inculper dans une certaine mesure la délicatesse du juge, elle tient à la revendication d'un droit si sacré que l'on doit, ce semble, être fort indulgent pour les termes dans lesquels il est réclamé. — Il faut pour être juste, en pareil cas, se rendre bien compte de l'état de surexcitation d'un prévenu qui se voit au moment d'être condamné parce qu'il croit qu'on n'a pas laissé assez de latitude à sa défense. — Un mot mal sonnant peut aisément échapper dans une telle situation, sans que le prévenu ait la moindre intention d'offenser ses juges. — Sur les infractions de même nature qui peuvent être commises par les défenseurs, V. Avocat, nº 349 et suiv.; Avoué, nº 282; Discipline, nº 241 et suiv.

784. Au surplus, il a été jugé que c'est aux tribunaux à apprécier si les paroles proférées contre le fonctionnaire public, constituent le délit d'outrages prévu par l'art. 222 c. pén.; — « Attendu que le tribunal d'Evreux, dont le jugement est attaqué, a déclaré que les faits constatés par l'instruction ne rentraient pas dans l'application de l'art. 222 c. pén., et que, dès lors, le tribunal, en renvoyant Hudebert de la plainte portée contre lui, n'a violé aucune loi; rejette » (29 (et non 22) mai 1813, sect. crim., MM. Barris, pr., Audier-Massillon, rap., aff. min. pub. C. Hudebert). — V. aussi nº 685.

785. Mais il a été décidé en sens contraire que la cour de cassation étant chargée de réprimer les violations qui seraient commises contre la loi, a nécessairement qualité pour apprécier la qualification donnée par les cours et tribunaux aux faits incriminés, et les conséquences déduites de cette qualification (Crim. cass., 7 fév. 1833, aff. Garnier, V. Instr. crim., nº 1075; 21 oct. 1831, aff. Gaz. de Bretagne, V. nº 567-4º; V. aussi vº Cassation, nºs 1773 et suiv.). — Et qu'en conséquence, bien qu'une cour d'appel n'ait vu dans ces propos tenus à un magistrat, « qu'il était un misérable, un coupe-jarret, malheureusement procureur du roi, » que le simple délit d'injures puni par l'art. 471, nº 11, c. pén., et non le délit d'outrages à un magistrat à l'occasion de l'exercice de ses fonctions, prévu par l'art. 222, son arrêt peut être cassé, comme violant ce dernier article; qu'il en doit être ainsi, surtout si la cour a déclaré que les propos contenaient l'imputation de faits capables de porter atteinte à l'honneur du procureur du roi (Crim. cass. 2 avr. 1825, aff. Bory, V. nº 702-4º). — Sur les principes de la matière, V. vº Cassation, nºs 1224 et suiv., 1745 et suiv.

786. Si les outrages commis envers des magistrats, dans l'exercice de leurs fonctions, ne sont pas de nature à inculper leur honneur ou leur délicatesse, ils ne doivent cependant pas rester impunis. — S'ils ont eu lieu avec publicité, ils rentrent sous l'application de l'art. 6 de la loi du 25 mars 1822 (V. *suprà*, nº 707; V. aussi M. Chassan, t. 1, nº 572). — Si les paroles outrageantes ont été proférées à l'audience d'une cour ou d'un tribunal, le code de procédure offre encore un moyen de les atteindre. — Ainsi, aux termes de l'art. 11 de ce code, dans le cas d'insulte ou d'irrévérence grave envers le juge de paix, celui-ci peut condamner l'offenseur à 3 jours d'emprisonnement. — Aux termes de l'art. 91 c. pr., ceux qui outragent ou menacent les juges ou les officiers de justice, dans l'exercice de leurs fonctions, doivent être, de l'ordonnance du président, du juge-commissaire ou du procureur impérial, chacun dans le lieu dont la police lui appartient, saisis et déposés à l'instant dans la maison d'arrêt, interrogés dans les 24 heures et condamnés par le tribunal sur le vu du procès-verbal qui constatera le délit. — Mais ces deux dispositions sont-elles encore en vigueur? Le doute peut venir de ce que l'art. 222 c. pén. prévoit, d'une manière générale, les outrages qui peuvent être commis à l'audience. D'où il paraît permis de conclure, au premier aperçu, que les dispositions antérieures sur le même objet ont été abrogées par le code. — Toutefois, nous pensons que les art. 11 et 91 c. pr. doivent continuer d'être appliqués pour les cas auxquels ne saurait s'étendre l'art. 222, à savoir les paroles offensantes qui ne tendent à inculper ni l'honneur, ni la délicatesse des magistrats (V. en ce sens MM. Chassan, t. 1, nº 575; Carré et Chauveau, L. de la procédure). — Cependant ces derniers auteurs n'admettent la solution qui précède que relativement à l'art. 11 c. pr. — Quant à l'art. 91 du même code, ils sont d'avis que cet article a été modifié et développé dans sa disposition pénale par les art. 222 à 233 inclus du code pénal, au point qu'il ne subsiste plus de l'art. 91 précité que les dispositions relatives à l'arrestation, au dépôt et à l'interrogatoire du prévenu. — Quant à nous, nous croyons que la distinction admise par MM. Carré et Chauveau eux-mêmes, en ce qui touche l'art. 11 c. pr. doit également servir à l'interprétation de l'art. 91, et qu'en conséquence cette dernière disposition doit être appliquée toutes les fois que l'outrage commis à l'audience envers les magistrats siégeants, n'offre pas les caractères déterminés par l'art. 222 c. pén. — A nos yeux, il y a même raison de décider dans les deux cas.

Du reste, il a été jugé que l'art. 11 c. pr. et, spécialement, la peine édictée dans cet article, restent en vigueur pour le cas où il a été commis envers le juge de paix une irrévérence grave ou une injure, n'atteignant pas les proportions d'un outrage (Motif. Ch. réun. cass. 25 juin 1855, aff. Collonnier, D. P. 55. 1. 430; Crim. cass. 26 janv. 1854, aff. Dumoulin, D. P. *eod.* 431).

787. Bien que la publicité ne soit pas une condition de l'outrage auquel s'applique l'art. 222 c. pén., M. Chassan (t. 1, nº 581) pense que des paroles injurieuses prononcées à l'audience contre un magistrat ne sauraient constituer cet outrage, lorsqu'elles sont adressées confidentiellement à un tiers. — Nous partageons entièrement cette opinion. — Comme ce ne peut être, dans ce cas, que par suite d'une indiscrétion et contre la volonté du prévenu d'outrage, que les paroles offensantes pour le magistrat lui sont parvenues, il nous semble impossible de trouver dans de telles circonstances l'intention criminelle que la loi a voulu punir.

788. Au surplus, il n'est pas nécessaire pour l'application de l'art. 222, § 2, que l'outrage soit commis à raison d'une affaire actuellement jugée. — Quel que soit le motif de l'outrage, cette disposition est applicable lorsque, d'ailleurs, le fait présente les divers caractères qu'elle exige. — V. en ce sens MM. Chassan, t. 1, nº 578; de Grattier, t. 2, p. 62, nº 9.

789. Le rapprochement des art. 222 et 224 c. pén. fait naître une difficulté qui n'est pas sans intérêt. On vient de voir que, suivant le premier de ces articles, il n'y a outrage par paroles envers les magistrats, qu'autant que les propos injurieux tendent à inculper leur honneur ou leur délicatesse. — Or, l'art. 224 qui s'applique aux officiers ministériels et aux agents dépositaires de la force publique ne reproduit pas cette condition. Ce dernier article dit absolument : *l'outrage par paroles*, etc. S'ensuit-il que relativement aux officiers ministériels et aux dépositaires de la force publique, les outrages doivent être punis bien qu'ils soient assez dépourvus de gravité pour n'inculper ni leur honneur ni leur délicatesse? L'affirmative paraît peu probable. On concevrait, en effet, que le législateur eût voulu mettre le magistrat, sur son siége, à l'abri de la plus légère irrévérence, et que cependant il eût entendu qu'à l'égard des personnes désignées dans l'art. 224 l'outrage ne dût être puni qu'autant qu'il atteindrait ces personnes dans leur honneur; mais on ne comprendrait pas que le législateur eût disposé précisément en sens inverse de cette simple indication du bon sens. — Pour faire une juste application de l'art. 224, il faut donc, ce semble, le combiner avec l'art. 222 et y supposer écrite la condition qui se trouve dans ce dernier article. — V. en ce sens MM. Chauveau et Hélie, t. 4, p. 376.

790. Néanmoins, il est à remarquer que l'art. 262 c. pén., relatif aux outrages envers les ministres des cultes, ne reproduit pas non plus les expressions de l'art. 222 et qu'il punit sans distinction *l'outrage par paroles*. — Ici, nous reconnaissons que les observations qui précèdent, en ce qui touche les officiers ministériels et les agents dépositaires de la force publique sont inapplicables, et nous croyons que ce n'est pas contrevenir à l'esprit de l'art. 262 que de punir, en vertu de cette disposition, des outrages qui n'iraient pas jusqu'à inculper l'honneur et la délicatesse des ministres des cultes.

791. L'outrage *par écrit* doit-il être assimilé à l'outrage *par paroles* dans l'application des art. 222 et 224 c. pén.? — La question est controversée. — Sous la loi des 19-22 juill. 1791 (tit. 2, art. 19) qui, ainsi que le code pénal, punissait les outrages ou menaces *par paroles* ou par gestes faits aux fonctionnaires publics dans l'exercice de leurs fonctions, il a été jugé : 1° qu'une réclamation devant l'autorité compétente contre une surcharge d'impôt, fût-elle un libelle diffamatoire contre le fonctionnaire à qui on l'imputait, ne pouvait être assimilée aux outrages par paroles ou par gestes punis par l'art. 19 de la loi sur la police correctionnelle (Crim. cass. 9 frim. an 5) (1); — 2° Que des phrases injurieuses contre une cour d'appel, consignées dans un mémoire adressé à l'assemblée coloniale, et remis au greffe, ne constituent pas le délit d'outrages ou menaces par paroles ou par gestes à des fonctionnaires publics dans l'exercice de leurs fonctions (Crim. cass. 1er therm. an 12) (2); — 3° Qu'on ne peut considérer comme outrages faits à un juge dans l'exercice de ses fonctions les injures renfermées dans une lettre confidentielle (Bourges, 6 mars 1807, aff. Lag..., V. n° 690).

792. Sous le code pénal de 1810, il a été également jugé : 1° que les injures, même contre un magistrat ou tout autre fonctionnaire public, contenues dans une lettre confidentielle restée secrète, ne constituent pas un délit correctionnel; qu'elles ne peuvent donner lieu qu'à des peines de simple police (Crim. rej. 10 avr. 1817) (3); — 2° Que des articulations injurieuses adressées par lettre à un magistrat, à l'occasion de l'exercice de ses fonctions, ne constituent ni le délit d'outrage par paroles, prévu par l'art. 222 c. pén..., ni le délit d'outrage ou injure publics, prévus par les lois de 1819 et 1822..., ni le délit de dénonciation calomnieuse, prévu par l'art. 373 c. pén..., mais seulement le délit d'injure non publique et passible d'une peine de simple police conformément aux art. 376 et 471 c. pén., et 20 de la loi du 17 mai 1819 (Montpellier, 4 juill. 1843, aff. N..., D. P. 45. 4. 411); — 3° Que l'outrage contenu dans une lettre missive adressée à un magistrat dans l'exercice ou à l'occasion de ses fonctions, ne peut, quant à la qualification pénale, être assimilé à l'outrage par paroles, et dès lors ne rentre pas sous l'application de l'art. 222 c. pén. (Ch. réun. rej., 11 fév. 1839) (4). — V. en ce sens MM. Chauveau et Hélie, t. 4, p. 358; Nicias-

---

(1) (Marcillac.) — Le tribunal; — Attendu qu'en supposant que la pétition dont il s'agit fût véritablement un libelle diffamatoire comme l'a prétendu Périgord, au lieu d'être seulement une réclamation devant l'autorité compétente, contre une surcharge d'impôt, question qui n'est pas du ressort du tribunal de cassation et ne serait jamais qu'une calomnie dirigée à la vérité contre un fonctionnaire public et relativement à l'exercice de ses fonctions, mais nullement un outrage fait à un fonctionnaire public dans l'exercice de ses fonctions, puisque cette pétition a été dirigée et envoyée loin de ce fonctionnaire public; — Attendu que cette pétition n'a pas davantage le caractère d'un outrage fait par paroles ou par gestes; — Attendu que l'art. 19 de la loi sur la police correctionnelle, appliqué par le jugement attaqué, ne concerne cependant que les outrages faits aux fonctionnaires publics dans l'exercice de leurs fonctions et faits par paroles ou par gestes; d'où il suit que le jugement attaqué a faussement appliqué et conséquemment violé cet article de la loi; — Casse le jugement rendu par le tribunal criminel du département de la Haute-Vienne, le 17 vend. dernier.

Du 9 frim. an 5.-C. C., sect. crim.-MM. Brun, pr.-Riolz, rap.

(2) (Multin C. min. pub.) — A la suite de plusieurs condamnations prononcées contre lui par la cour d'appel de l'île de la Réunion, Multin déposa au greffe un mémoire adressé à l'assemblée coloniale, qui contenait des assertions injurieuses pour les membres de la cour. Sur les poursuites du procureur général, il fut condamné à un an de prison et 100 fr. d'amende, par application de l'art. 19, t. 2, loi du 22 juill. 1791, sur la police municipale et correctionnelle.—Pourvoi en cassation. L'art. 19 de la loi ci-dessus est inapplicable, disait Multin devant la cour suprême, car il sévit contre les outrages par paroles ou par gestes envers des fonctionnaires, dans l'exercice de leurs fonctions. Or, il ne s'agit ici que d'un écrit insultant déposé au greffe; et le greffe ne peut être considéré comme lieu d'exercice des fonctions des juges injuriés; d'ailleurs, en supposant qu'il s'agisse dans l'espèce d'injures envers des fonctionnaires publics en exercice, c'est le cas d'appliquer les art. 557 et 558 c. 3 brum. an 4. — Arrêt.

La cour; — Vu l'art. 19, tit. 2 du code de la police municipale et correctionnelle; — La sixième disposition de l'art. 456, et les articles 557 et 558 du code des délits et des peines; — Considérant que, ne s'agissant, dans l'espèce, que de phrases injurieuses, consignées dans un mémoire adressé à l'assemblée coloniale, et remis au greffe du tribunal criminel, ce n'était pas le cas de l'application de l'article cité de la loi sur la police municipale et correctionnelle, qui ne parle que d'outrages ou menaces par paroles ou par gestes faits à des fonctionnaires publics dans l'exercice de leurs fonctions; — Que, dans le cas même où Multin pourrait être considéré comme coupable d'outrages faits à des juges dans l'exercice de leurs fonctions, la cour de justice criminelle qui était elle-même l'objet de ces outrages ne pouvait prononcer qu'une détention de huit jours, et qu'une peine plus grave ne pouvait être infligée au prévenu qu'après lui avoir fait subir les épreuves de l'instruction correctionnelle ou criminelle, telles qu'elles sont établies par le code des délits et des peines; — Qu'il résulte de là qu'en condamnant Multin à un an de détention et sans qu'il eût subi l'épreuve préalable d'une instruction correctionnelle, la cour de justice criminelle de l'île de la Réunion a, par son arrêt du 11 vend. dernier, fait une fausse application du susdit art. 19, tit. 2 de la loi sur la police municipale et correctionnelle; qu'elle a contrevenu aux art. 557 et 558 c. des dél. et des pein., et commis un excès de pouvoir; — Casse, etc.

Du 1er therm. an 12.-C. C., sect. crim.-MM. Vermeil, pr.-Aumont, r.

(3) *Espèce* : — (Savin C. min. pub.) — Savin avait écrit au juge de paix du canton de Tours une lettre remplie de propos outrageants; le magistrat porta plainte à l'audience du tribunal où avait été portée cette affaire. Le prévenu répéta publiquement les injures contenues dans sa lettre. — Jugement sans désemparer qui condamne Savin à deux mois de prison pour ce nouveau délit, dont au reste le président n'avait point dressé procès-verbal. En appel, ce jugement fut confirmé. — Savin se pourvut en cassation; il exposait plusieurs moyens que l'arrêt que nous rapportons déduit à mesure qu'il les réfute. — Arrêt.

La cour; — Attendu, sur le premier moyen tiré de l'art. 181 c. inst. crim., en ce qu'il n'a pas été dressé de procès-verbal particulier des injures proférées à l'audience du tribunal de première instance; que ces injures répétées spontanément à l'audience par le demandeur, et réitérées dans ses réponses aux interrogatoires à lui faits par le président, sont constatées par le jugement, et que ce jugement n'est pas moins authentique que le procès-verbal particulier qui en aurait été dressé, d'autant plus que ces injures étaient le seul objet sur lequel le tribunal avait à prononcer, et qu'ainsi il était nécessaire qu'elles fussent constatées par le jugement; — Attendu, sur le deuxième moyen et le sixième moyen, tirés de ce que la lettre écrite au juge de paix de Tours (Nord) était purement confidentielle, et ne pouvait, par conséquent, donner lieu à des poursuites correctionnelles; que si cette lettre n'ayant pas acquis de publicité, et étant, jusqu'à l'introduction de l'instance, demeurée confidentielle, elle ne pouvait rentrer que dans l'application de l'art. 376 c. nap., et ne donner lieu qu'à des peines de police; que si le tribunal correctionnel a donc été primitivement mal à propos saisi par la plainte du ministère public, la diffamation que s'est permise le demandeur devant ce tribunal et à l'audience, contre le même juge de paix, à raison de ses fonctions, a constitué un nouveau délit, qui a eu le caractère correctionnel; que le tribunal correctionnel était investi, par l'art. 181 c. inst. crim., du pouvoir d'y statuer; — Et attendu que ce tribunal n'a fondé que sur ce nouveau délit la condamnation qu'il a prononcée; qu'il s'est donc conformé aux règles de compétence établies par la loi; — Attendu, sur le troisième moyen, tiré de la fausse application de l'art. 222 c. pén., que cet article n'ayant point fait de restriction, au cas seulement où le fonctionnaire public outragé serait présent, la peine qu'il prononce est applicable aux injures proférées contre lui à raison de l'exercice de ses fonctions, soit qu'il soit présent ou absent; — Attendu, sur le quatrième moyen, tiré de ce que les injures ayant été dites à l'audience, c'était la peine portée par le deuxième paragraphe dudit article qui était applicable, et non celle prononcée par le premier paragraphe; que le demandeur n'est pas fondé à se plaindre qu'il n'ait pas été prononcé contre lui une aggravation de peine; — Attendu, sur le cinquième moyen, tiré de ce que le réclamant n'ayant pas répété les mêmes injures devant le tribunal d'appel, ce tribunal devait réformer le jugement de première instance, et le renvoyer des fins de la plainte; que les juges d'appel n'avaient uniquement à examiner que la question de savoir si les injures constatées par le jugement de première instance constituaient un délit correctionnel, et que ces injures leur ayant paru ainsi caractérisées, ils ont dû, par les motifs énoncés en leur jugement, confirmer celui de première instance; — Attendu, d'ailleurs, que la procédure est régulière; — Rejette, etc.

Du 10 avril 1817.-C. C., sect. crim.-MM. Barris, pr.-Lecoutour, r.

(4) *Espèce* : — (Min. pub. C. Castillon de Saint-Victor.) — Le 5 mars 1838, M. Léon Thiessé, préfet des Deux-Sèvres, reçut, à l'occasion de ses fonctions, de M. Castillon de Saint-Victor, conservateur du musée de Niort, une lettre confidentielle contenant des outrages, et que M. Thiessé crut devoir déférer aux tribunaux comme rentrant sous l'application de l'art. 222 c. pén., qui punit l'outrage par paroles fait à un magistrat dans l'exercice ou à l'occasion de ses fonctions. Un arrêt de la cour de Poitiers décida que l'art. 222 était inapplicable, en ce qu'il ne s'agissait pas, dans l'espèce, d'outrage par paroles, mais d'outrage par lettre. — Pourvoi. — Arrêt.

La cour; — Vu l'art. 222 c. pén.; — Attendu que cet article punit l'outrage fait à un magistrat de l'ordre administratif ou judiciaire, par paroles tendant à inculper son honneur ou sa délicatesse, soit que l'outrage ait été commis dans l'exercice de ses fonctions ou à l'occasion de cet exercice; que, pour l'application dudit article, il n'est

Gaillard, Rev. de législation, t. 8, p. 442; Chassan, t. 1, n° 522; de Grattier, t. 2, p. 65; Grellet-Dumazeau, t. 1, p. 279; — 4° Que l'injure contenue dans une lettre missive adressée à un magistrat de l'ordre administratif ou judiciaire, et, par exemple, à un maire remplissant les fonctions du ministère public près le tribunal de simple police, ne tombe pas sous l'application de l'art. 222 c. pén., lorsque cette lettre n'a reçu aucune publicité (Crim. rej. 30 août 1851, aff. Allain, D. P. 51. 1. 305).

793. Mais il a été jugé aussi en sens contraire : 1° que l'art. 222 c. pén. comprend les outrages par écrit aussi bien que ceux qui sont faits de vive voix (Bruxelles, 21 nov. 1821)(1); — 2°... Et notamment ceux qui sont faits par lettres missives à lui adressées (Crim. cass. 15 juin 1837, aff. Patois, V. n° 697-1°); — 3° Et qu'il en est ainsi spécialement de l'outrage contenu dans une lettre missive adressée à un magistrat (un préfet) à l'occasion de l'exercice de ses fonctions (Crim. cass. 2 juin 1838, aff. Castillon de Saint-Victor, rapporté avec l'arrêt des ch. réun. du 11 fév. 1839, n° 792-3°),... ou à un procureur du roi, à raison de ses fonctions (Crim. cass. 8 sept. 1837) (2); — 4° Ou de l'injure contenue dans une lettre écrite, non rendue publique,

pas nécessaire que l'offenseur et le magistrat offensé aient été en présence l'un de l'autre, ni que l'outrage ait été fait publiquement; — Que la protection de la loi est moins accordée à la personne qu'au caractère dont le magistrat est revêtu et à la société qu'il représente; qu'il importe donc que les dépositaires de l'autorité publique soient efficacement protégés dans tous les actes de leurs fonctions, et dans tous les rapports qu'ils ont, en cette qualité, avec les citoyens, même dans ceux qui n'ont pas de publicité; que ces expressions, *outrage par paroles tendant à inculper leur honneur ou leur délicatesse*, ne doivent pas être restreintes à la signification d'une injure purement verbale et proférée de vive voix; que, dans le sens grammatical, et par leur généralité, elles comprennent aussi bien le discours écrit que le discours parlé, et qu'elles s'appliquent nécessairement à l'outrage contenu dans une lettre missive adressée à un magistrat à l'occasion de l'exercice de ses fonctions; que, si cette interprétation n'était point admise, ce genre d'outrage toujours aggravé par la préméditation dont il est accompagné, échapperait à toute répression, et laisserait une lacune dans la loi, celles des 17 mai 1819 et 25 mars 1822, ne statuant que pour le cas de publicité, et l'art. 376 c. pén., comme l'indique la rubrique du titre sous lequel il est placé, n'étant relatif qu'à l'injure commise envers les particuliers; mais que la sage prévoyance du législateur ne permet pas cette supposition;

Attendu cependant que le tribunal correctionnel de Niort a jugé que les paroles outrageantes contenues dans une lettre adressée par le sieur Castillon-de-Saint-Victor, au préfet du département des Deux-Sèvres, à l'occasion de l'exercice de ses fonctions, ne constituait pas un délit; qu'en confirmant cette décision dont il a adopté les motifs, l'arrêt attaqué s'en est approprié le vice, et a formellement violé l'art. 222; — Casse et annule l'arrêt rendu par la cour royale de Poitiers, le 28 avril dernier.

Du 2 juin 1838.-C. C., ch. crim.-MM. de Bastard, pr.-Bresson, rap.

Sur le renvoi, la cour d'Angers a, par arrêt du 6 août 1838, prononcé dans le même sens que la cour de Poitiers. — Nouveau pourvoi par le ministère public. — M. le procureur général Dupin dit en substance qu'en matière criminelle, si la loi est obscure ou incomplète, le juge doit s'abstenir, il ne doit pas se substituer au législateur; que, sous la loi de 1791, la question de savoir si les outrages par écrit rentraient dans la qualification légale des outrages par paroles avait été agitée et qu'elle avait été résolue négativement. La difficulté était donc connue du législateur de 1810 et cependant il n'a parlé comme la loi de 1791 que de l'outrage par paroles. — «Mais si du texte, ajoute M. Dupin, nous passons à l'esprit de la loi, aux motifs qui ont pu guider le législateur, nous voyons qu'il y a une différence réelle entre l'outrage fait à un magistrat sur son siége ou sortant de l'audience, et celui contenu dans une lettre confidentielle. — Il y a des mots que le législateur n'a pas définis, se souvenant sans doute de ce principe que : *omnis definitio in jure periculosa*. Il faut donc, pour la définition de ces mots, s'en rapporter à l'usage universellement établi; or, dans l'usage, qu'est-ce que la parole? C'est l'acte de prononcer, d'articuler. Et par cela seul qu'on sera arrivé à remplacer la parole par l'écriture, il sera impossible de dire que l'écriture est elle-même la parole, car il y a une différence évidente entre ce qui est dit et ce qui est écrit, entre ce qui se prononce tout haut, publiquement, et ce qui est confié au papier; et encore y a-t-il en matière d'écriture, une différence à établir entre ce qui est manuscrit et ce qui est imprimé. — Dira-t-on que l'écriture est, quant à l'outrage, une aggravation du délit, en ce qu'elle atteste la préméditation? On se tromperait, car il y a souvent plus d'audace à parler qu'à écrire. L'outrage par paroles a quelque chose de plus direct et qui va plus nettement au but que se propose l'offenseur; le moindre geste est plus fort, plus énergique que la lettre la plus injurieuse, et un seul mot prononcé a, sans nul doute, un caractère plus grave que dix pages de déclamations. — Voilà ce qui explique pourquoi le législateur a puni l'outrage par paroles, et non l'outrage par lettres. — Il y a encore un autre motif. La différence est grande entre le magistrat insulté par paroles, publiquement, et celui qui ne l'est que par une lettre confidentielle. Le premier n'a pas le droit de grâce; dépositaire d'une portion de la puissance publique, c'est la puissance publique qui est insultée dans dans sa personne. L'outrage a été public, il faut que la réparation le soit, comme exemple et dans l'intérêt du respect qui est dû à l'autorité publique. — Mais est-ce qu'on a jamais blâmé le magistrat qui, ayant été insulté par lettres, aurait, fort du témoignage de sa conscience, anéanti l'injure en faisant subir directement à la lettre injurieuse la peine qui était autrefois infligée en plein parlement : au feu! Non, sans doute, et c'est pour cela que le législateur n'a pas ouvert au magistrat d'action pour un pareil outrage. — Est-ce une lacune? Que le législateur la comble! qu'il en soit averti aujourd'hui par votre arrêt; mais votre puissance, magistrats, ne va pas au delà. — Autrement, et s'il fallait aller d'analogie en analogie, où s'arrêterait-on? — J'ajouterai, dit M. le procureur général, une dernière considération : la loi punit d'une peine plus sévère l'outrage fait au magistrat dans l'exercice de ses fonctions que celui qui lui est fait à l'occasion seulement de ces mêmes fonctions; hé bien! supposons qu'une lettre contenant des injures, des menaces, soit remise au juge au moment où il monte sur son siége; qu'elle soit lue au commencement de l'audience; dira-t-on que l'outrage aura lieu dans l'exercice des fonctions du juge, par cela seul que le juge aura reçu et lu, dans l'exercice de ses fonctions, la lettre écrite cependant de la veille? — Arrêt (après dél. en ch. du cons.).

LA COUR; — Attendu que l'art. 222 c. pén., qui punit les outrages par paroles faits à un fonctionnaire public dans l'exercice ou à l'occasion de l'exercice de ses fonctions, ne comprend pas les outrages ou injures contenus dans une lettre adressée à ce fonctionnaire et dont il a eu seul connaissance; — Qu'en effet le mot *paroles* de l'art. 222 doit être pris dans son sens propre et dans son acception vulgaire, et qu'il ne doit dès lors être appliqué qu'aux mots articulés ou prononcés de vive voix; — Attendu que les tribunaux ne peuvent étendre les dispositions pénales des lois des cas qu'elles n'expriment pas, et qu'il n'appartient qu'au législateur d'ajouter à ces dispositions ou d'en combler les lacunes; — Attendu, d'ailleurs, que l'art. 222 reproduit, quant aux outrages par paroles aux fonctionnaires publics dans l'exercice de leurs fonctions, les mêmes dispositions que l'art. 19 du tit. 2 de la loi des 19-22 juill. 1791, sous l'empire de laquelle il a été constamment reconnu et admis que les outrages ou injures par écrit adressés à un fonctionnaire public ne constituaient pas le délit prévu par cet article; — Attendu que l'arrêt attaqué a reconnu, en fait, que l'outrage dont le préfet des Deux-Sèvres a demandé la répression n'était pas verbal, mais contenu dans une lettre qui n'avait reçu aucune publicité avant l'action dirigée contre le défendeur; — Qu'en jugeant, dans ces circonstances, que l'art. 222 c. pén. n'était pas applicable, et en renvoyant Castillon de Saint-Victor de l'action correctionnelle dirigée contre lui, la cour d'appel d'Angers n'a violé ni l'art. 222 précité, ni aucune autre loi pénale; — Par ces motifs, rejette.

Du 11 fév. 1839.-C. C., ch. réun.-MM. Portalis, 1er pr.-Thil, rap.-Dupin, pr. gén., c. conf.-Dupont-White, av.

(1) (Min. pub. *C*. N...) — LA COUR; — Attendu que, d'après les auteurs les plus estimés dans la littérature, le mot *parole* ne s'applique pas seulement aux mots articulés par la voix, mais qu'il s'entend aussi des mots fixés par écrit; d'où il suit que c'est un terme générique, ayant la double signification de parole, soit écrite, soit proférée de vive voix; — Attendu qu'en combinant l'expression d'*outrages par paroles*, dans l'art. 222, c. pén., avec la rubrique du paragraphe dans lequel cet article est placé, avec l'esprit qui a dicté les dispositions renfermées dans ce paragraphe et dont il a été rendu compte par l'orateur du gouvernement sur cette partie de la loi pénale, et avec la saine raison qui défend d'admettre que le législateur, en s'occupant des outrages et violences envers les dépositaires de l'autorité et de la force publique, se serait servi, dans l'expression d'*outrages par paroles*, du mot *paroles* dans le sens restrictif des mots articulés par la voix, et aurait ainsi omis de statuer dans ce même paragraphe sur un mode d'outrages qui, par leur nature, sont infiniment plus graves que ceux commis, soit par paroles proférées de bouche, soit par gestes ou menaces : il en résulte que le mot *paroles*, dans l'art. 222, doit être pris dans la double acceptation de mots écrits ou qui sont proférés de vive voix; — Attendu que de ce qui précède il suit que l'arrêt dénoncé, en interprétant l'expression d'*outrages par paroles* dans le sens d'outrages commis par paroles *proférées de vive voix*, a violé les dispositions de l'art. 222, c. pén.; — Attendu que le délit dont il s'agit dans cet arrêt étant prévu par cet art. 222, il est inutile d'examiner si les art. 367 et 375, même code, ou l'arrêté du 20 avr. 1815, maintenu par la loi du 6 mars 1818, seraient applicables dans l'espèce, — Casse, etc. »

Du 21 nov. 1821.-C. sup. de Bruxelles.-MM. Wyns, f. f. de prés.-Spruyt, av. gén. c. conf.

(2) (Min. pub. *C*. Maudult.) — LA COUR : — Vu les art. 376, 471,

adressée à un magistrat (un juge de paix) (trib. de Chartres, 29 oct. 1838) (1).

794. La jurisprudence nous paraît aujourd'hui fixée dans le premier sens par l'arrêt précité du 11 fév. 1839 (ch. réun.), et nous n'insisterons pas pour démontrer que cette solution est seule conforme aux principes du droit criminel. — Assimilation, analogie et condamnation sont des mots que la raison et le droit, qui n'en est que l'expression, ne permettent pas d'associer. — Vainement a-t-on fait remarquer que l'*écriture n'est que la parole écrite* pour en induire l'applicabilité de la disposition précitée ; car la parole *écrite* n'est plus la parole. — La parole implique une articulation, l'émission d'un son ; elle frappe l'oreille. L'écriture s'adresse uniquement aux yeux : il n'y a donc pas identité. — A la vérité, suivant un commentateur, il n'y avait point de différence, dans le droit romain, entre l'injure écrite et l'injure verbale. *Injuria quæ fit per scripturam dicitur verbalis* (Baiardo, *Add. ad Jul. Clar.*, § *Injur.*, nº 16). — Mais en supposant cette doctrine irréprochable, rien ne prouve que le législateur français ait voulu adopter une telle assimilation, et, dans le silence qu'il a gardé sur ce point, on doit nécessairement prendre le mot *paroles* dans un sens naturel et usuel. — Sans doute, il peut arriver que l'injure faite par écrit à un magistrat échappe ainsi à une punition proportionnée à sa gravité, puisqu'elle ne peut donner lieu qu'à des peines de simple police (c. pén. 376, 471). — Mais, s'il y a, à cet égard, une lacune dans la loi, il n'appartient pas aux tribunaux de la remplir.

795. Toutefois il n'est pas douteux qu'un discours injurieux pour des magistrats, *lu* devant eux constituerait un outrage par paroles (V. MM Chassan, t. 1, nº 566 ; Grellet-Dumazeau, t. 1, p. 285), parce que, dans ce cas, il y aurait articulation, émission de voix, ce qui caractérise la parole. — Aussi a-t-il été jugé qu'une imputation injurieuse dirigée contre un magistrat, dans des conclusions écrites, lues publiquement à l'audience en présence de ce magistrat, constitue l'outrage public par paroles puni par l'art. 222 c. pén. (Crim. rej. 11 janv. 1851, aff. Bachelet, D. P. 51. 5. 436).

796. Selon M. Chassan (t. 1, nº 582), une action judiciaire, peut, dans certains cas, constituer un outrage pour les magistrats à qui elle est déférée. Cet auteur en donne pour exemple une action pour diffamation ou injure basée sur ce qu'une dame aurait refusé de danser avec le plaignant. — Cette solution ne nous semble pas admissible, parce que nous ne voyons rien dans une telle action qui soit de nature à inculper l'honneur ou la délicatesse des magistrats. Elle ne nous semble propre qu'à porter atteinte à la considération de l'officier ministériel qui aurait donné une citation pour un semblable objet. — L'injure résulterait, d'ailleurs, d'un écrit et l'on vient de voir que M. Chassan lui-même n'admet pas que l'outrage qui revêt cette forme soit soumis à l'application de l'art. 222 c. pén. — Dans tous les cas, l'injure serait à notre sens beaucoup trop indirecte pour éveiller la susceptibilité des magistrats.

797. *Outrages par gestes ou menaces*. — L'art. 223 c. pén. punit l'outrage fait par gestes ou menaces à un magistrat, dans l'exercice ou à l'occasion de l'exercice de ses fonctions. — L'art. 224 du même code punit également l'outrage fait de la même manière à tout officier ministériel ou agent dépositaire de la force publique, dans l'exercice ou à l'occasion de l'exercice de ses fonctions. — Mais il ne faut pas perdre de vue que l'art. 6 de la loi du 25 mars 1822 s'applique aux outrages faits publiquement *d'une manière quelconque, aux fonctionnaire publics, à raison de leurs fonctions*, et que, par conséquent, les art. 223 et 224 ne conservent leur autorité, relativement aux outrages faits aux magistrats, aux officiers ministériels ou aux agents dépositaires de la force publique, que lorsque ces outrages ont été commis dans l'exercice de leurs fonctions avec ou sans publicité, ou bien à l'occasion de l'exercice de leurs fonctions, mais sans publicité. — Ce seraient aussi les art. 223 et 224 qu'il faudrait appliquer, bien que l'outrage eût été public et commis à raison des fonctions de la personne outragée, s'il s'agissait d'agents de la force publique qui ne pourraient être considérés comme fonctionnaires publics.

798. Examinons maintenant quels sont les gestes qui doivent être considérés comme outrageants. Et, pour éviter toute confusion à cet égard, remarquons d'abord que les art. 223 et 224 punissent l'outrage par *gestes* ou par *menaces*. D'où il suit que lorsque le geste est menaçant il se confond avec la menace. Sous le mot *gestes* le législateur a donc voulu comprendre les mouvements qui, sans être menaçants, renferment un outrage.

---

nº 11 et 222 c. pén. ; — Attendu que le code pénal faisant deux classes parfaitement distinctes des délits contre la chose publique et des délits contre les particuliers, a rangé dans la première de ces classes les outrages envers les dépositaires de l'autorité et de la force publique, et dans la seconde, les calomnies et les injures ; que les lois des 17 mai 1819 et 25 mars 1822, qui ont réglé d'une manière nouvelle tout ce qui concerne les délits commis par la voie de la presse ou par tout autre moyen de publication, ont laissé subsister cette distinction, et pour les faits dont elles se sont occupées, et à plus forte raison, pour les injures ou outrages non publics qu'elles ont laissés sous l'empire de la législation précédente ; qu'il suit de là que les tribunaux ne peuvent chercher la répression des outrages envers les fonctionnaires publics dans les dispositions relatives aux injures envers les particuliers, et spécialement dans les art. 376 et 471, nº 11, c. pén. ; — Attendu que l'art. 222 du même code n'exige point pour son application que les paroles outrageantes qu'il a pour but de réprimer, aient reçu aucune publicité ; — Que les magistrats de l'ordre administratif ou judiciaire doivent en effet être protégés dans tous les actes de leurs fonctions et dans tous les rapports qu'ils ont, en cette qualité, avec les citoyens, même dans ceux qui ne sont pas publics ; que les outrages contenus dans des lettres missives à eux adressées à raison de leurs fonctions doivent être réprimés comme le serait un outrage verbal non public ; que l'application à de tels faits des dispositions de l'art. 222, est autorisée par la généralité des mots *outrages par paroles*, ce qui comprend les paroles écrites, et ne pourrait être écartée sans laisser dans la loi une lacune qui n'a pu être dans l'intention du législateur ; — Et attendu que la cour royale de Rennes, après avoir reconnu Mauduit coupable d'avoir adressé au procureur du roi de Nantes, une lettre renfermant des expressions outrageantes pour ce magistrat, a refusé de lui appliquer l'art. 222 c. pén., et s'est borné à prononcer contre lui des peines de simple police, en vertu des art. 376 et 471, nº 11 du même code ; — En quoi elle a faussement appliqué lesdis art. 376 et 471, nº 11 et formellement violé ledit art. 222 ; — Casse.

Du 8 sept. 1837.-C. C., ch. crim.-MM. Bastard, pr.-Vincens, rap.

(1) *Espèce* : — (D... C. min. pub.) — Jugement du tribunal de Châteaudun dont voici les termes : — « Vu l'art. 222 c. pén. ; — Attendu que cet article punit l'outrage à un magistrat de l'ordre administratif et judiciaire à l'occasion de l'exercice de ses fonctions soit qu'il ait été ou non public ; — Attendu que la lettre écrite par D... à M. le juge de paix de Bron, dont l'inculpé s'est reconnu l'auteur, contient dans plusieurs de ses parties les imputations les plus injurieuses contre ce magistrat à l'occasion de l'exercice de ses fonctions ; — Que loin de chercher à en disculper le contenu, le prévenu a déclaré qu'il avait écrit cette lettre à M. le juge de paix, parce qu'il croyait avoir à se plaindre de lui ; — Que la loi qui a eu pour but de punir toute expression injurieuse avec les circonstances prévues par l'art. 222, n'a eu aucune raison de soustraire l'outrage commis par écrit et non rendu public ; — Que les termes ne sont pas limitatifs et que son esprit ne saurait être douteux ; — Que l'outrage adressé par écrit présente un caractère de préméditation, et par suite de gravité beaucoup plus condamnable ; — Qu'il doit être assimilé à l'outrage par paroles, et que l'art. 222 n'a point exclu cette interprétation ; — Par ces motifs, condamne D... en deux mois de prison sans frais. »

Appel par le sieur D... Après lecture de la lettre ordonnée, par le motif que le rapporteur doit faire connaître au tribunal les pièces qui servent de base à la prévention, et malgré l'opposition de l'avocat de l'appelant, cet avocat discute le sens grammatical de l'art. 222. Outrage par paroles est l'opposé de l'outrage par écrit. Il n'y a pas de subtilité qui puisse faire que la parole soit autre chose qu'un mot prononcé, l'académie le dit nettement. La loi a voulu protéger le magistrat sur son siége et hors de son siége contre l'outrage public ; mais le magistrat n'a point à se défendre d'un outrage sans publicité. Sa considération n'en saurait souffrir. « Combien de petites attaques, selon M. Berlier (disc. au cons. d'Ét. le 12 août 1809), auxquelles il ne doit que son mépris. » Si la loi n'a pas puni l'outrage par écrit, c'est qu'elle a reconnu qu'une injure non publique ne pouvait atteindre le magistrat ; que la réparation qu'on lui accorderait serait plus dangereuse pour sa considération que l'outrage même. Pour nous, gens du monde, qui en avons les préventions et les passions, un outrage par écrit, même confidentiel, ne cesse pas d'être un outrage ; pour le magistrat, au contraire, qui doit être plus pur et plus juste que ceux qui lui en demandent justice, l'outrage n'existe pas lorsqu'il est clandestin, obscur ; je n'y vois que lâcheté de la part de celui qui s'attaque ainsi à lui. — Arrêt.

LE TRIBUNAL ; — Adoptant les motifs des premiers juges, confirme.

Du 29 oct. 1838.-Trib. corr. de Chartres.-M. Jannicot, pr.

— Cherchons à préciser les caractères de ces gestes. — On a vu que l'art. 222 c. pén., qui punit l'outrage par *paroles* adressé à un magistrat de l'ordre administratif ou judiciaire, dans l'exercice ou à l'occasion de l'exercice de ses fonctions, limite la peine qu'il prononce aux paroles *tendant à inculper l'honneur ou la délicatesse* du magistrat outragé. Si l'outrage fait à un magistrat a eu lieu, non par paroles, mais par *gestes* ou *menaces*, l'art. 223 ne reproduit pas les expressions restrictives de l'art. 222, relatif au cas d'outrages par paroles. Enfin, dans l'art. 224, qui, ne s'occupant plus des magistrats, parle des outrages commis par paroles, gestes ou menaces, envers tout officier ministériel ou agent dépositaire de la force publique, on ne retrouve pas davantage la définition formulée dans l'art. 222. — Faut-il conclure de là que le juge appelé à réprimer, soit un outrage par gestes ou menaces envers un magistrat, soit un outrage par paroles, gestes ou menaces envers un officier ministériel ou un agent de la force publique, n'a pas à rechercher si cet outrage a eu pour résultat de porter atteinte à l'honneur ou à la délicatesse du magistrat ou de l'agent outragé, aussi bien que dans l'hypothèse de l'outrage par paroles, envers un magistrat, prévue par l'art. 222? — Doit-on, au contraire, ajouter, comme y étant sous-entendus, les mots « tendant à inculper leur honneur et leur délicatesse » de l'art. 222, aux mots *gestes et menaces* de l'art. 223, et aux mots *paroles, gestes et menaces* de l'art. 224? — Cette dernière interprétation est enseignée par plusieurs auteurs : « Les deux art. 222 et 223, disent notamment MM. Chauveau et Hélie, Th. du c. pén., t. 3, p. 156, 2ᵉ éd., sont l'expression d'une même pensée ; ils appartiennent au même délit, au même genre d'outrages ; ils ne diffèrent qu'en ce qu'ils prévoient un mode distinct d'exécution du délit : ce mode varie, mais l'acte reste le même ; ainsi, tout geste injurieux, toute menace offensante, ne constituera pas le délit : il faut que son but soit d'inculper l'honneur ou la délicatesse du magistrat, de l'officier ministériel ou de l'agent de la force publique.... C'est aux juges, du reste, qu'il appartient d'apprécier les éléments du délit ; mais le jugement doit nécessairement constater ces éléments ; sinon l'application de la peine manquerait de base légale. » — M. Carnot, sur l'art. 223, exprime le même avis : « Dès que des paroles, même *injurieuses*, dit-il, ne rentreraient pas dans la disposition de l'art. 222, si elles ne portaient pas le caractère exigé par ledit article, à plus forte raison des menaces ou gestes ne peuvent-ils rentrer dans celle de l'art. 223 lorsqu'ils n'ont pas ce caractère, dès que surtout le code n'y attache pas la même gravité. » — V. encore MM. de Grattier, t. 2, p. 36 ; Chassan, t. 1, nº 555, 2ᵉ édit. ; Morin, Rép., vº Outrage, p. 438, nº 9.

799. M. Grellet-Dumazeau (t. 1, p. 286) n'admet pas cette doctrine par la raison qu'il ne conçoit pas comment un geste pourrait tendre à inculper l'honneur ou la délicatesse du magistrat. — Nous ne l'adoptons pas non plus, mais ce n'est pas d'après ce motif. Nous comprenons qu'un geste puisse, dans certaines circonstances, tendre à inculper l'honneur ou la délicatesse d'un magistrat. Ainsi, dans la supposition qu'un juge se sera laissé corrompre par une rémunération pécuniaire, on fera devant lui avec affectation le mouvement d'une personne qui compte de l'argent, ou bien, dans la supposition qu'il aura cédé à la menace, on rappellera par un geste celle sous l'influence de laquelle on voudra manifester qu'il a agi ; ou bien encore par une indication comprise de tous, on fera allusion à des infortunes conjugales pour lesquelles les préjugés du monde sont sans pitié ; infortunes auxquelles l'un des plaideurs devrait cependant le gain de son procès. Dans ces hypothèses diverses et cent autres que l'on pourrait facilement créer, le geste serait à notre sens de nature à inculper l'honneur ou la délicatesse du juge. — Mais ce qui nous paraît exclure, à cet égard, la condition exigée par l'art. 222, c'est simplement que l'art. 223 ne l'a pas reproduite ; et que la peine beaucoup moins sévère de cette dernière disposition indique assez qu'il s'agit d'un fait moins grave. — Sans doute, on peut objecter que si le législateur a atténué la peine, c'est parce que, ainsi que l'exprime l'exposé des motifs, *les paroles ont ordinairement un sens plus précis et plus déterminé que le simple geste*. Mais cette objection, à notre sens, a peu de consistance. — Si le sens du geste n'est pas parfaitement intelligible, il ne saurait y avoir de peine à prononcer. Ce n'est donc pas en réalité parce que l'outrage est moins évident que la pénalité est moins sévère, mais parce qu'il a moins de gravité que l'outrage verbal. — Il est manifeste, en effet, que cette dernière infraction exige plus d'intensité dans la volonté et plus de hardiesse que le simple geste. Il est plus incontestable encore que le scandale qui résulte des paroles outrageantes est plus grand que celui qui est causé par un mouvement plus ou moins significatif. — Un autre motif nous fait aussi regarder comme inadmissible pour les gestes, la condition de laquelle dépend l'existence de l'outrage par paroles, c'est qu'avec cette restriction, il arriverait que les gestes qui se rattachent aux habitudes les plus grossières des enfants du peuple se trouveraient impunis, lorsqu'au moyen de cette mimique repoussante ils veulent exprimer qu'ils se moquent de l'autorité. — Du reste, il a été jugé dans ce sens que l'art. 223 c. pén., qui prévoit les outrages par gestes ou menaces envers les magistrats, et l'art. 224, qui prévoit les outrages par paroles, gestes ou menaces envers les officiers ministériels ou agents dépositaires de la force publique, n'exigent pas que ces outrages soient de nature à porter atteinte à l'honneur ou à la délicatesse des magistrats, officiers ministériels ou agents auxquels ils sont adressés : et que cette circonstance n'est nécessaire que quand il s'agit de l'outrage par *paroles* envers un magistrat, réprimé par l'art. 222 (Crim. rej. 7 mai 1853, aff. Delavergne, D. P. 53. 1. 250).

Il a été jugé que le fait de cracher au visage d'un officier ministériel (un avoué), dans l'exercice ou à l'occasion de l'exercice de ses fonctions, constitue, non la voie de fait caractérisée par les art. 228 et 230 c. pén., mais simplement l'outrage par geste puni d'une amende de 16 à 200 fr. par l'art. 224 c. pén. (Crim. cass. 5 janv. 1855, aff. de Cheverry, D. P. 55. 1. 47). — Mais il ne semble pas que cette décision doive être suivie. Ce qui, dans le sens de la loi, nous paraît distinguer *le geste* de la voie de fait, c'est que le geste n'atteint pas celui à qui il s'adresse. Or, il n'en est pas ainsi de l'acte dont il s'agit. On ne peut donc y voir un simple geste.

800. Hausser les épaules à la suite d'une question ou d'une assertion d'un magistrat, serait-ce commettre un outrage? — Nous ne croyons pas que la rigueur, dans l'application de la loi, doive être poussée jusqu'à ce point. — Ce mouvement est quelquefois purement involontaire, chez les personnes qui n'ont pas une grande habitude d'observer leur maintien. Or, pour l'outrage, comme pour tout autre délit, la première condition d'existence, c'est la volonté de le commettre. — Ajoutons qu'à notre sens il y a plus de dignité de la part du magistrat à fermer les yeux sur de semblables manifestations qu'à les punir, et qu'à moins qu'il n'y ait affectation continue, le parti le plus sage est de s'abstenir même de toute observation. — Dans tous les cas, il est nécessaire que le jugement ou l'arrêt de condamnation constate d'une manière précise la nature du geste puni comme outrageant, afin que la cour de cassation puisse vérifier si le fait se trouve en rapport avec le vœu des art. 223 et 224 c. pén.

801. Quant aux menaces, l'application de la loi est plus facile qu'à l'égard de l'outrage par gestes, parce que les menaces ont un caractère plus tranché. — Il est d'ailleurs à observer que les art. 223 et 224 ne font aucune distinction entre les menaces verbales et les menaces par écrit, et qu'elles sont, par conséquent, soumises aux mêmes peines. Et justement parce que, dans l'art. 223, la loi n'a pas limité l'effet de sa disposition aux menaces verbales, la difficulté que nous avons ci-dessus examinée (nºˢ 793, 794) quant à l'outrage par écrit ne peut se produire relativement aux menaces. — Si les menaces verbales sont de plus outrageantes envers un magistrat, c'est l'art. 222 qu'il faut appliquer et non l'art. 223, parce que la menace qui ne fait qu'aggraver l'outrage ne saurait l'effacer (V. M. Grellet-Dumazeau, t. 1, p. 287). — Mais alors on ne doit pas perdre de vue que la condition essentielle de l'outrage *par paroles*, c'est qu'il tende à inculper l'honneur ou la délicatesse du magistrat et la menace faite en termes grossiers ne suffirait pas pour en changer la nature. — Ainsi ce serait commettre le délit de menaces (c. pén. 223) et non l'outrage par paroles tendant à inculper l'honneur ou la délicatesse d'un magistrat que de dire que, si un magistrat qui a ordonné une descente sur les lieux s'y présente, *on lui f..... la botte au derrière* (V. M. Chassan, t. 1, p. 443, note 3).

802. Il est un genre de menaces qu'il ne faut pas confondre avec celles que les art. 223 et 224 c. pén. ont pour but de réprimer. — Nous voulons parler des menaces que prévoient les art. 305 et suiv. du même code. — Les art. 305 et 306 sont relatifs à des menaces par écrit d'un attentat punissable de la peine de mort; à savoir : le premier, avec ordre de déposer une somme d'argent ou sous toute autre condition; le second, sans condition. — Il est manifeste qu'une menace faite dans ces circonstances à un magistrat ou à un officier ministériel devrait être punie conformément aux art. 305 et 306 et non d'après les art. 223 et 224. — Il en est de même de la menace purement verbale, mais avec ordre ou sous condition prévue par l'art. 307. — La menace faite dans ces termes à un magistrat, à un officier ministériel ou à un agent dépositaire de la force publique ne saurait être réprimée avec moins de sévérité en ce qui les touche, que si une personne privée en avait été l'objet. — Toutefois, il faut aussi se garder de tomber dans l'erreur inverse. — Nous ferons remarquer à ce sujet que l'interprétation de l'art. 307 c. pén. a été pour un tribunal de première instance la cause d'une assez grave méprise. — Cette disposition, ainsi que nous venons de le rappeler, punit la menace verbale faite avec ordre ou sous condition, ce qui signifie que celui qui fait la menace exige en même temps, dans son intérêt ou celui d'un tiers, l'accomplissement d'un fait. — Renversant cet ordre d'idées, le tribunal avait cru pouvoir appliquer l'article précité à une menace ainsi conçue :— « Si vous avancez, je vous tue. » — Mais, en appel, il a été jugé que la menace faite par celui qu'un agent de la force publique veut arrêter, de tuer cet agent s'il avance, ne constitue ni le délit de menaces sous condition prévu par l'art. 307 c. pén. ni le délit de rébellion dont parle l'art. 212 du même code, mais celui d'outrages par gestes ou menaces faits à un agent dépositaire de la force publique dans l'exercice de ses fonctions, prévu par les art. 224 et 225 (Bordeaux, 28 janv. 1835; 15 avr. 1835) (1).—V. au surplus, en ce qui touche l'interprétation des art. 305 et suiv., v[is] Crimes et délits contre les personnes, n°s 110 et suiv.

803. L'art. 262 c. pén., qui prévoit l'outrage par paroles ou par gestes envers les ministres des cultes, garde le silence sur les outrages par menaces. S'ensuit-il que les outrages de ce genre à défaut de publicité ou parce qu'ils auraient lieu dans l'exercice des fonctions du ministre, doivent demeurer impunis? — Nous ne le pensons pas, et la raison en est fort simple : la loi n'a fait dépendre l'outrage puni par l'art. 262 d'aucune condition particulière. — Ainsi, elle n'a pas exigé, comme elle l'a fait relativement aux magistrats de l'ordre administratif ou judiciaire que les paroles dont on voudrait faire résulter l'outrage fussent de nature à inculper l'honneur ou la délicatesse du ministre. Rien ne s'oppose donc à ce que des paroles menaçantes soient elles-mêmes considérées comme un outrage. — Mais par suite de l'omission du législateur, on ne pourrait punir, en vertu de cette disposition, la menace écrite.

§ 4. — *Des peines de l'outrage.*

804. La plupart des observations que nous avons à présenter, relativement aux peines des outrages, sont communes aux infractions dont il vient d'être parlé dans les paragraphes précédents. C'est par ce motif que nous réunissons dans un paragraphe distinct ce qui a trait à ce sujet.—L'outrage par paroles envers les magistrats est puni d'un emprisonnement d'un mois à deux ans. — S'il a eu lieu à l'audience d'une cour ou d'un tribunal, l'emprisonnement est de deux à cinq ans.—L'outrage par gestes ou menaces envers les magistrats est puni d'un emprisonnement d'un mois à six mois; et s'il a eu lieu à l'audience d'une cour ou d'un tribunal, d'un emprisonnement d'un mois à deux ans.— L'outrage fait par paroles, gestes ou menaces à tout officier ministériel ou agent dépositaire de la force publique, est puni sans distinction d'une amende de 16 à 200 fr. — Si l'outrage a été dirigé contre un commandant de la force publique, la peine est de six jours à un mois d'emprisonnement. — L'outrage envers un ministre du culte par paroles ou par gestes, est puni d'une amende de 16 fr. à 500 fr., et d'un emprisonnement de quinze jours à six mois.—Il est à remarquer, et c'est ce qui a été jugé, que l'amende établie par l'art. 224 c. pén. pour le délit d'outrage envers un officier ministériel ou tout agent dépositaire de la force publique, ne peut être étendue au cas d'outrage contre un commandant de la force publique, cette peine n'étant pas reproduite dans l'art. 225, qui prévoit spécialement ce dernier délit et le soumet à une peine plus forte que celle applicable au délit puni par l'art. 224 (Crim. cass. 25 juill. 1850, aff. Péronne, D. P. 50. 5. 371).

805. Aux termes des art. 226, 227, l'offenseur peut être condamné, outre l'emprisonnement, à faire réparation. — De ce que les art. 222 et suiv. n'ont pas été abrogés par les lois postérieures, il suit que la réparation d'honneur peut encore être légalement ordonnée dans les cas prévus par les art. 226 et 227. Mais cette peine, antipathique à nos mœurs, est pour ainsi dire tombée en désuétude; il n'y a pas d'exemple que les tribunaux la prononcent aujourd'hui. — Cependant, comme elle est encore écrite dans nos codes, il importe de signaler dans quels cas, et par quelle juridiction elle peut être prononcée. — Sous l'empire du code des délits et des peines du 3 brum. an 4, les juges ne pouvaient pas ordonner une réparation d'honneur (Crim. cass. 29 germ. an 9, aff. Cornebise, V. n° 919-1°.—V. M. Parant, p. 90). — Toutefois il avait été jugé que bien qu'une réparation d'honneur ne pût être ordonnée en justice, il n'y avait pas lieu d'annuler le jugement de simple police qui condamnait à faire réparation publique, sauf l'alternative, qu'à défaut de cette réparation, le jugement en tiendrait lieu (Crim. rej. 30 juill. 1807) (2).

806. Au reste, la réparation d'honneur étant une peine, on

(1) 1re *Espèce* : — (Bion C. Min. pub.) — Un agent de police, accompagné de quelques soldats, s'était rendu dans un cabaret, que l'autorité lui avait désigné, pour y arrêter le nommé Bion : celui-ci, s'armant d'un couteau, cria aux hommes qui allaient le saisir : « Si vous avancez, je vous tue. » On vint à bout de se rendre maître de sa personne. Il fut, à raison de ce fait, traduit en police correctionnelle, sous la prévention de menaces avec condition, délit prévu par l'art. 307 c. pén., du délit de rébellion, et enfin d'outrages par gestes envers un agent de la force publique. Le 24 déc. 1834, un jugement condamna Bion, comme coupable du délit de menaces sous condition. — Appel. — Arrêt.

LA COUR; — Attendu que les paroles proférées par Bion sont celles-ci : « Si vous avancez, je vous tuerai; » qu'il y a sans doute dans ces paroles une menace, celle de tuer si l'on avance; mais que Bion n'imposait pas la condition d'avancer sous peine de recevoir un coup de couteau; qu'il engageait au contraire le sergent des voltigeurs à ne pas s'approcher; d'où suit que Bion a fait le contraire de ce qu'on lui reprochait d'avoir fait; que les premiers juges auraient raisonné logiquement, si Bion avait dit au sergent: « Avance, ou je te tue; » parce qu'alors, la condition d'avancer aurait amené la menace de tuer; mais que défendre à quelqu'un de s'approcher, sous peine de lui donner la mort, ce n'est pas faire des menaces ayant une condition pour objet; qu'on se borne, en pareille circonstance, à déclarer que, si on n'avance pas, on ne se livrera à aucun excès, déclaration à laquelle ne peut évidemment s'appliquer l'art. 307 c. pén.; — Attendu, sous le rapport de la rébellion, qu'on est conduit à reconnaître que ce délit n'existe pas, en réfléchissant que Bion s'est borné à de simples menaces, et que sa résistance n'a été marquée ni par des violences, ni par des voies de fait; — Attendu que, des déclarations de tous les témoins et des propres aveux de Bion, il résulte que ce prévenu s'est permis d'outrager par gestes, dans l'exercice de ses fonctions, soit l'agent de police, soit le sergent des voltigeurs; que ce délit, prévu et puni par les art. 224 et 225 c. pén., doit être réprimé, et qu'il y a lieu d'infliger à Bion le maximum de l'emprisonnement prononcé par le dernier des textes précités, parce que le prévenu est en état de récidive; — Par ces motifs, etc.

Du 28 janv. 1835.-C. de Bordeaux, 4e ch.-M. Dégranges, pr.

2e *Espèce* : — (Duret C. Min. pub.). — LA COUR; — Attendu que ces paroles : *Si tu avances, je te tue*, ne sont pas constitutives d'une menace sous condition, que ce n'est pas d'une défense pareille à celle dont il s'agit, que le législateur s'occupait lorsqu'il décréta les art. 305, 306 et 307 c. pén.; qu'on ne peut voir, dans les propos rappelés au procès-verbal, qu'un outrage par menaces fait à un agent dépositaire de la force publique, délit prévu et puni par l'art. 224 du code précité; — Par ces motifs, relaxe Duret de la prévention de menaces faites avec ordre et sous condition; le déclare coupable d'outrages par gestes et menaces envers un agent de la force publique dans l'exercice de ses fonctions; pour réparation de quoi, le condamne à 16 fr. d'amende.

Du 15 avr. 1835.-C. de Bordeaux, 4e ch.-M. Dégranges, pr.

(2) *Espèce* : — (Mayer C. Mitler.) — Un jugement du tribunal de police du canton de Mayer condamna Mayer à faire à Mitler réparation publique des injures qu'il avait proférées contre ce particulier; à faute

doit en renfermer l'application dans les cas expressément prévus par la loi.—Aussi a-t-il été jugé : 1° que, d'après le code pénal de 1810, la réparation d'honneur ne peut être ordonnée que pour outrage envers un dépositaire ou agent de l'autorité publique, jamais pour outrage envers les simples particuliers (Crim. cass. 28 mars 1812 (1); Conf. M. Parant, p. 90); — 2° Que la partie qui a proféré les injures ne peut jamais être condamnée, envers la partie injuriée, à faire réparation d'honneur, que dans les cas spécialement prévus par la loi (Crim. cass. 24 avr. 1828, aff. Laneizolle, V. Contravent., n° 24).— Par la même raison, nous pensons qu'elle ne peut être ordonnée par suite d'outrage envers un ministre de l'un des cultes reconnus.

807. Comment doit se faire la réparation d'honneur? — Sous l'ancienne législation, elle avait lieu de trois manières : à l'audience, à la chambre du conseil ou par un écrit déposé au greffe (V. Muyart de Vouglans, Instit., part. 8, ch. 2, § 3).—Sous le code pénal, elle peut avoir lieu, soit à l'audience, soit par écrit (c. pén. 226).

808. Maintenant, est-ce au tribunal qui a prononcé la condamnation à dicter les termes de la réparation? Doivent-ils au contraire être spontanés de la part du condamné? — En admettant l'affirmative sur la première question, le tribunal pourrait-il imposer une réparation en termes blessants pour l'offenseur? — La loi, qui ne s'est pas expliquée à cet égard, a laissé à l'arbitraire une voie trop facile. — Mais nous pensons qu'une expression de regret sans détour et sans équivoque devrait être considérée comme suffisante, et qu'en tout cas la simple condamnation à déclarer qu'on entend faire réparation d'honneur, serait suffisante, pourvu qu'en présence des termes de la diffamation, cette formule ne pût être regardée comme ne présentant aucun sens, ...à supposer que des exemples de cette insuffisance ou insignifiance puissent s'offrir en effet.—V. au reste, ce qui est dit sur ce point, v^is Peines, n^os **81**, **82**-8° et s., **102** et *eod.*-7°; Réparation d'honneur.

809. Il est à observer que lorsque l'emprisonnement a été prononcé, il ne compte que du jour où la réparation a eu lieu (c. pén. 226); et que, dans les cas où il n'y a pas de condamnation à l'emprisonnement (c. pén. 224), l'offenseur peut, outre l'amende, être contraint par corps en cas de retard ou de refus de la réparation (c. pén. 227). Suivant l'opinion de MM. Chauveau et Hélie (t. 4, p. 373), la contrainte par corps ne peut, en pareil cas, être exercée qu'à la requête du ministère public. — Suivant M. Grellet-Dumazeau (t. 1, p. 290), au contraire, la contrainte ne peut être exercée que par la partie lésée. Le motif qu'en donne ce dernier auteur, c'est que, suivant l'ancienne législation, la réparation d'honneur était prononcée dans l'intérêt de la partie offensée, ce qui lui donnait le caractère d'une réparation civile, et qu'en passant dans notre législation moderne, elle n'a pas changé de nature. — D'où cet auteur conclut que c'est l'offensé qui a le droit de se prévaloir des voies de coercition autorisées par le jugement. — M. Grellet-Dumazeau va plus loin : il pense que la partie lésée est maîtresse de se contenter des termes de la réparation, bien que le ministère public la jugeât insuffisante, et qu'elle peut y renoncer. — Nous admettons volontiers la doctrine de ce dernier auteur, dans le cas où la réparation a été ordonnée sur la demande de la partie civile ; mais lorsque c'est seulement sur les réquisitions du ministère public qu'elle a été prononcée, il nous semble que la partie doit demeurer étrangère à l'exécution du jugement.—Il ne faut pas perdre de vue, en effet, qu'en matière d'outrage c'est bien plutôt la fonction que la personne que la loi a voulu protéger.—Comme personnes privées, les fonctionnaires sont, relativement aux outrages, sous la protection de la loi commune et il n'appartient qu'à eux seuls de l'invoquer. Mais, comme personnes revêtues d'un caractère public, ils peuvent être vengés en dépit d'eux-mêmes par l'action du ministère public. — V. *infrà*, n° 1061.

810. Sous le code du 3 brum. an 4, il a été jugé qu'on ne peut infliger les peines établies par la loi contre l'auteur d'un trouble occasionné dans l'audience d'un tribunal par des injures contre des personnes étrangères à la cause, et même par des propos injurieux contre le juge, qu'après lui avoir enjoint de se retirer, et sur le refus de sa part d'obtempérer à cette injonction (Crim. cass. 24 brum. an 14) (2).—Mais il nous paraît évident que, sous la législation actuelle, cette décision serait mal rendue (c. inst. crim. 505).

SECT. 6. — *De la diffamation et de l'injure.*

811. Les outrages que nous avons jusqu'à présent examinés sont, en général, indéterminés quant à leurs caractères principaux. — Ainsi, l'offense envers les souverains ou envers les assemblées qui ont part à la souveraineté n'est pas définie. — Elle peut résulter des propos les plus vagues, de l'interprétation la plus hasardée. Il en est de même de l'outrage prévu par l'art. 6 de la loi de 1822. Il peut être fait *d'une manière quelconque*, c'est-à-dire qu'il peut être reconnu dans tous les discours, dans tous les faits qui seront interprétés dans le sens d'un outrage. L'art. 222 c. pén. a plus de précision sans doute, puisqu'il ne punit les paroles outrageantes qu'autant qu'elles tendent à *inculper l'honneur ou la délicatesse du magistrat*. Mais les art.

---

par lui de le faire, il ordonnait que le jugement tiendrait lieu de cette reconnaissance, et que pour l'arrêt il serait affiché aux frais de Mayer dans les communes du canton. — Pourvoi. — Arrêt.

LA COUR; — Attendu que la partie plaignante avait formé demande expresse à ce qu'il fût ordonné que l'affiche du jugement aurait lieu dans les communes du canton; et que s'il a été ordonné au réclamant de faire réparation publique à la partie plaignante, il n'y a été condamné que sauf l'alternative, qu'à défaut de faire cette réparation, le jugement en tiendrait lieu; — Rejette.

Du 30 juill. 1807.-C. C., sect. crim.-MM. Barris, pr.-Carnot, rap.

(1) (Holthuyzen C. N...) — LA COUR; — Vu l'art. 4 c. pén., qui dispose que nulle contravention, nul délit, nul crime, ne peuvent être punis de peines qui n'étaient pas prononcées par la loi avant qu'ils fussent commis; — Vu aussi l'art. 471 du même code; — Vu aussi les art. 226 et 227; — Attendu que, dans ces deux art. 226 et 227, qui sont relatifs aux outrages faits par paroles ou gestes aux dépositaires de l'autorité ou de la force publique, le législateur a autorisé les tribunaux à ajouter aux peines d'emprisonnement ou d'amendes, ordonnées par les art. 222, 223 et 225, la condamnation de faire réparation à l'offensé, soit à l'audience, soit par écrit; — Que cette condamnation est autorisée dans ces articles comme aggravation de la peine, quand il y échet; qu'elle y est donc considérée comme ayant elle-même un caractère pénal; — Que les peines ne peuvent être prononcées que sur les faits et dans les cas pour lesquels la loi les a expressément ordonnées ou permises; — Que, relativement aux injures vis-à-vis des particuliers, le code pénal ne contient aucune disposition qui ordonne ni permette la condamnation d'une réparation en faveur de l'offensé; — Qu'en autorisant, d'ailleurs, cette condamnation dans un cas qui est toujours grave, et en ne renouvelant pas cette autorisation pour un autre cas, toujours moins important pour l'intérêt de l'ordre social, le législateur est présumé de droit l'avoir refusée pour ce dernier cas; — Qu'il s'ensuit qu'en condamnant, par son jugement du 5 fév. dernier, Jean-Conrad Holthuyzen à faire une réparation à l'offensé, le tribunal correctionnel séant à Amsterdam a prononcé une peine qui n'était point autorisée par la loi; qu'il a donc violé l'art. 4 ci-dessus cité du code pénal; — Attendu enfin que la cour de cassation n'a été saisie que de cette partie seulement du jugement portant condamnation à ladite réparation : — Casse, etc.

Du 28 mars 1812.-C. C., sect. crim.-MM. Barris, pr.-Vantoulon, r.

(2) *Espèce* : — (Leclerc C. min. pub.) — Leclerq, à l'audience du juge de paix, tenait des propos injurieux contre des personnes étrangères à la cause. — Averti inutilement par le juge de se renfermer dans les bornes d'une défense honnête, il fut condamné à une amende de trois journées de travail. — Leclerc réitéra ses injures, et en proféra contre le juge lui-même qui le condamna en trois jours d'emprisonnement. — Pourvoi en cassation. — Arrêt.

LA COUR; — Vu l'art. 556, n° 6, c. des dél. et pein.; — Et attendu que Leclerq ayant troublé l'audience de la justice de paix en tenant des propos injurieux et scandaleux, notamment contre des personnes absentes et étrangères à la cause, et persistant malgré l'avertissement réitéré du juge, ce juge, d'après l'art. 556 c. des dél. et des pein., devait lui enjoindre de se retirer, et ne pouvait sévir contre lui qu'en cas de refus d'obtempérer à cette injonction; — Attendu que, dans le cas de ce refus, le juge pouvait le faire saisir et le faire déposer en la maison d'arrêt, où le réfractaire eût dû demeurer vingt-quatre heures, mais que la loi n'autorisait pas le juge à prononcer d'amende; qu'ainsi le juge n'ayant point fait précéder la prononciation de sa peine d'une injonction de se retirer, et ayant prononcé une condamnation d'amende qui n'est pas dans la loi, a commis une double usurpation de pouvoir; — Casse.

Du 24 brum. an 14.-C. C., sect. crim.-MM. Vermeil, pr.-Seignette, r.

224, 225 et 262 ne reproduisent pas cette condition et ils ont livré à la controverse le point de savoir s'il convenait de l'y introduire. — Ici, au contraire, nous trouvons des définitions dont la clarté ne laisse rien à désirer, et si des difficultés ont encore surgi, c'est qu'il n'est pas au pouvoir du législateur de les prévenir d'une manière absolue.

812. Le mot *diffamation* dérive du latin *diffamari*, qui, toutefois, ne se prenait pas toujours en mauvaise part. — Saint Augustin, dont les écrits jouissent d'une si grande estime, même au point de vue purement littéraire, dit en effet : *Epiphanius in doctrinâ catholicæ fidei* laudabiliter diffamatus (*Epist. ad quod vult Deum*). — Dans l'ancien droit français le mot *diffamation* s'entendait d'une calomnie souvent reproduite dans le dessein de la rendre publique et de nuire à la personne qui en est l'objet (V. Dareau, Des injures, t. 1, p. 9). — Ce fait était, du reste, traité avec une extrême rigueur par nos lois anciennes. — La condamnation de Jean-Baptiste Rousseau au bannissement perpétuel, pour avoir publié des vers diffamatoires (arr. 7 avril 1712) en est un exemple mémorable. — Une condamnation beaucoup moins sévère, mais qui prouve combien les mœurs religieuses du seizième siècle différaient des nôtres, et qui, à ce point de vue, nous paraît devoir être rappelé, c'est l'arrêt de la Tournelle du 8 mai 1557, qui condamna le lieutenant général de Senlis à 300 livres parisis d'amende, pour avoir avancé que le lieutenant criminel de robe-courte ne fréquentait pas les sacrements de la pénitence et de l'eucharistie. — Les écrits contenant cette assertion furent, en outre, lacérés par le premier huissier. — V. Brillon, Dict. des arrêts, t. 2, v° Calomnie, n° 2.

813. La législation qui a immédiatement suivi la révolution de 1789 n'avait point adopté le mot *diffamation*. — On le voit paraître, pour la première fois, dans un projet sur les *délits de la presse*, qui ne fut point adopté par le conseil des anciens. Dans ce projet le mot *diffamation* était employé par opposition à calomnie, ce qui prouve que l'on y donnait à peu près le sens qui a été adopté par la loi de 1819. — Le mot diffamation se trouve encore avec cette signification dans le décret du 15 nov. 1811 sur la discipline de l'université. — Le code pénal de 1810 ne s'était occupé que de la calomnie. Nous avons fait ressortir dans l'historique (n° 47) ce qu'il y avait de défectueux dans le système qu'il avait consacré sous ce rapport. La loi de 1819 qui a abrogé les art. 367 à 372 c. pén. qui punissaient la calomnie, y a substitué des principes qui nous paraissent en harmonie avec la raison, la justice et la morale publique : c'est cette loi que nous allons interpréter dans cette section, et, à son exemple, nous y réunirons le commentaire des dispositions relatives à l'injure. Mais les règles parfaitement distinctes de ces deux espèces d'infractions nous tracent une division toute naturelle de cette section en deux articles, dont l'un sera relatif à la diffamation et l'autre à l'injure.

ART. 1. — *De la diffamation.*

814. « Toute allégation ou imputation, dit l'art. 13 de la loi du 17 mai 1819, qui porte atteinte à l'honneur ou à la considération de la personne ou du corps auquel le fait est imputé est une diffamation. » L'art. 14 ajoute : « La diffamation... commise par l'un des moyens énoncés en l'art. 1 de la présente loi (discours, cris, menaces proférés dans des lieux ou réunions publics, etc.) seront punis d'après les distinctions suivantes... » D'où il résulte que la diffamation se compose de deux éléments principaux et parfaitement distincts, à savoir : 1° l'allégation ou l'imputation d'un fait de nature à porter atteinte à l'honneur ou à la considération ; — 2° de la publicité déterminée par l'art. 1 de la loi de 1819. — A ces deux caractères il faut nécessairement en ajouter un autre qui est commun à tous les délits (sauf de très-rares exceptions, l'homicide par imprudence, par exemple), à savoir : l'intention de nuire. — Dans les trois premiers paragraphes qui suivent, nous développerons ces trois caractères. Trois autres paragraphes seront consacrés à l'explication des dispositions relatives à la diffamation : 1° envers les cours, tribunaux et autres corps constitués, ainsi que les autorités ou administrations publiques ; — 2° envers les dépositaires ou agents de l'autorité publique pour des faits relatifs à leurs fonctions ; — 3° envers les ambassadeurs et autres agents diplomatiques.

§ 1. — *Allégation ou imputation d'un fait qui porte atteinte à l'honneur ou à la considération de la personne à qui le fait est imputé.*

815. L'élément du délit de diffamation que rappelle ce titre est, on le voit, fort complexe. — Il convient de le décomposer et d'examiner : 1° ce qu'il faut entendre par *alléguer* ou *imputer* un fait ; — 2° Quels faits doivent être réputés contraires à l'honneur ; — 3° Quels faits sont contraires à la considération ; — 4° De quelle manière doit être désignée la personne diffamée. — Nous verrons ensuite quelle est l'influence de la vérité des faits allégués ou imputés.

816. *Allégation ou imputation d'un fait.* — *Alléguer* et *imputer* ne sont pas synonymes ; *alléguer*, c'est annoncer sur la foi d'autrui ou laisser à l'assertion l'ombre du doute ; *imputer*, c'est affirmer (rapport de M. Courvoisier à la ch. des députés sur la loi de 1819). — Il a été jugé que l'expression d'un simple soupçon ne suffit pas pour justifier une plainte *en calomnie* ; que, par conséquent, ce n'est pas commettre le délit de calomnie que de dire dans un lieu public (un cabaret) qu'une somme a été volée à l'auteur de l'imputation, et que ce vol ne peut avoir été commis que par une personne désignée ou par sa fille (Bruxelles, 21 nov. 1835) (1). — Cette décision a été rendue (en 1835) sous le code pénal, parce que, par une conséquence toute naturelle des traités qui ont séparé la Belgique de la France, les lois de notre pays, postérieures à ces traités, ne sauraient être obligatoires pour les tribunaux belges, et que, dès lors, la loi du 17 mai 1819 n'y est pas observée. — Nous ne croyons pas, du reste, que la décision précitée doive être suivie, même comme interprétation de l'art. 367 c. pén. — D'après cette disposition, en effet, est coupable du délit de calomnie celui qui, dans des lieux publics, etc., a imputé à un individu des faits qui, s'ils existaient, exposeraient celui contre lequel ils sont articulés à des poursuites criminelles ou correctionnelles, ou même l'exposeraient seulement au mépris ou à la haine des citoyens. — Or il est impossible de ne pas trouver ces divers caractères dans les faits constatés par l'arrêt que nous rapportons. — La solution que renferme cet arrêt ne serait pas moins inadmissible en matière de diffamation. Exprimer un soupçon, c'est, en effet, *imputer*, en reconnaissant seulement qu'on n'a pas la preuve de l'imputation ; c'est déclarer, en outre, implicitement qu'on croit la personne à qui elle s'adresse capable de commettre le fait qui en est l'objet. — Il n'en faut certainement pas davantage pour porter atteinte à l'honneur ou à la considération lorsqu'il s'agit d'une assertion susceptible de cet effet. — D'ailleurs il est à remarquer que, suivant l'expression de M. Courvoisier dans son rapport (V. *suprà*), l'allégation laisse à l'assertion *l'ombre du doute*. Le soupçon rentre donc dans les termes de cette définition.

817. Il n'en serait pas de même, et c'est ce qui a été également jugé en matière de calomnie, d'une imputation faite dans un sens purement hypothétique, par exemple, dans le cas où, en parlant d'un individu, on dit que, s'il a fait telle chose, c'est un coquin, un brigand, etc. (Crim. cass. 20 mars 1817 (2) ; V. en

(1) *Espèce* : — (Vanderseypen *C.* femme Crabbé.) — Jugement du tribunal correctionnel de Bruxelles ainsi conçu : — « Attendu qu'il est prouvé par l'instruction faite à l'audience que, vers le commencement du mois de mars 1835, le prévenu a dit publiquement dans le cabaret de G. Cosyns à Etterbeck, en présence de plusieurs personnes, « qu'on lui avait volé une somme d'environ 500 flor., et que le vol ne pouvait avoir été commis que par G. Crabbé, ici partie civile, ou par sa fille ; » — Attendu que cette imputation a été faite d'une manière directe et nullement équivoque contre la partie civile et sa fille, et que le fait que le prévenu leur a imputé s'il existait, les exposerait à des poursuites correctionnelles, ainsi qu'au mépris et à la haine des citoyens : — Par ces motifs, le tribunal condamne le prévenu à un mois de prison, 50 fr. d'amende et 100 fr. de dommages-intérêts, etc. » — Appel. — Arrêt.

LA COUR ; — Attendu que le fait imputé au prévenu ne présente que la manifestation d'un soupçon, et qu'ainsi il ne comporte point les caractères de l'imputation requise par l'art. 367 c. pén. ; — Émendant, sur l'appel du prévenu ; — Met le jugement dont appel au néant ; — Le décharge des condamnations prononcées contre lui, etc.

Du 21 nov. 1835.-C. de Bruxelles, 3e ch.

(2) *Espèce* : — (Toutain et cons. *C.* Chevalier.) — Dans une dispute

ce sens M. de Grattier, t. 1, p. 182, à la note). — Il y a entre les deux faits une nuance facile à saisir. Par le soupçon, on exprime une croyance non appuyée de preuves et conséquemment un peu obscurcie par le doute, mais enfin il y a croyance. — Dans l'imputation hypothétique, il n'y a pas expression d'une opinion défavorable. En pressant même un peu les termes de l'imputation hypothétique ci-dessus formulée, on trouve que non-seulement celui qui l'exprime n'admet ni ne rejette la supposition, mais qu'il est plus près de la repousser que de l'adopter.

818. Il a été également décidé que des dénégations reprochées à des tiers fussent-elles mensongères et de mauvaise foi ne peuvent constituer le délit de calomnie (Crim. rej. 16 déc. 1819) (1). — Il en devrait être de même en matière de diffamation, parce que dénier, ce n'est ni imputer ni alléguer. — M. Grellet-Dumazeau (t. 1, p. 27) présente cependant une hypothèse dans laquelle, suivant son opinion, un démenti constituerait une diffamation. — Supposons, dit cet auteur, que Primus ait imputé à Secundus d'avoir commis un vol : Secundus proteste énergiquement contre cette imputation et la déclare fausse et calomnieuse. — Intervient Tertius qui donne un démenti à Secundus sur les faits qu'il a allégués comme devant entraîner péremptoirement sa justification. — « Sans aucun doute, ajoute M. Grellet-Dumazeau (*loc. cit.*), Tertius s'approprie ainsi l'imputation de Primus et en devient responsable. » — Nous ne sommes pas de cet avis, parce que, dans l'espèce créée par M. Dumazeau, le démenti ne porte pas sur le fait du vol, mais sur la justification. — Un mot suffira pour faire comprendre et, nous l'espérons, pour faire approuver notre pensée. — Supposons, en effet, que l'accusé de vol invoque un alibi, et que Tertius se borne à dire : Non, vous n'étiez pas dans le lieu que vous indiquez, car j'y étais moi-même et je ne vous y ai pas vu. — Il n'y a certainement pas diffamation dans ce démenti, parce qu'il ne suit pas nécessairement, de ce que l'alibi est faux, que le vol ait été commis par celui à qui on l'impute. — Il est fréquemment arrivé qu'un accusé innocent ait inhabilement cherché sa défense dans le mensonge, au lieu de n'invoquer que la vérité qui semblait ne pas suffire à le protéger. — Ainsi, rien à conclure du démenti dont M. G. Dumazeau donne l'exemple. — Il en serait autrement si le démenti portait sur le fait même du vol, parce que ce démenti équivaudrait à l'affirmation du fait.

819. Il paraît évident que l'imputation de la *tentative* d'un fait réprouvé par la loi ou la morale constituerait une diffamation, comme s'il s'agissait du fait lui-même, et cela bien que la tentative ne réunît pas les caractères nécessaires pour la rendre punissable (C. pén. 2. — V. en ce sens M. Grellet-Dumazeau, t. 1, p. 27). — L'imputation ne serait pas sans doute de nature à appeler une condamnation sur celui qui en serait l'objet, mais elle porterait atteinte à son honneur, ce qui suffit pour l'application de l'art. 13 de la loi de 1819.

820. La diffamation peut-elle être indirecte? Peut-elle avoir lieu par voie d'allusion ou d'ironie? — Oui, sans doute, pourvu que l'intention soit parfaitement claire, et que, par suite, on n'ait pu se méprendre sur le sens de l'expression. — Ainsi, dire publiquement, en présence d'un homme qui aurait été accusé d'avoir assassiné le maire de Sénonville : Ce n'est pas moi qui ai assassiné le maire de Sénonville, ce pourrait être, suivant les circonstances, se rendre coupable de diffamation. — Cependant, il a été jugé que la désignation des personnes dans un acte diffamatoire ou calomnieux doit être nominative (Crim. rej. 24 déc. 1822, aff. Lafitte, etc., V. Instr. crim., n° 1193). — Mais une telle condition offre, selon nous, un moyen trop facile d'éluder la loi. — Julius-Clarus (*Sentent.*, p. 792) cite aussi un exemple d'injure qui pourrait offrir les caractères de la diffamation : *injuria dicitur quando dico : non fui condemnatus de falso*. — Il en serait autrement, à notre sens, de l'exemple d'injure *oblique* donné par d'Argentré (Cout. de Bretagne, p. 1958) : *in lineâ meâ non sunt meretrices*, parce qu'il n'y a pas là un fait précis. Ce serait une invective et rien de plus. — Suivant la législation du Danemark (ord. 1779, art. 13, Dufau, Const. de l'Europe), lorsque, dans un ouvrage imprimé, l'auteur attaque une personne par voie d'ironie ou d'allégorie dont le sens est parfaitement évident, il est puni de la même peine que si l'injure avait été directe. — D'après une disposition du code brésilien (art. 240) digne, peut-être, d'être imitée, lorsque le sens de l'injure n'est pas précisé, celui qui se croit offensé a le droit de demander des explications en justice. — En cas de refus, celui à qui elles ont été demandées doit être condamné aux mêmes peines que si l'injure avait été exempte d'équivoque.

821. N'oublions pas, du reste, que pour que la diffamation présente les caractères fixés par la loi de 1819, il faut que le fait soit précis, ce qui ne se rencontre pas dans de simples qualifications, quelque injurieuses qu'elles puissent être. Ainsi, traiter une personne d'assassin, de voleur, ce n'est point commettre une diffamation, c'est dire une injure (V. *infrà*, n°s 918 et s.). — Il a été jugé, et avec raison, qu'il en est de même des qualifications de *lâche* et de *faux témoin* données spécialement à des gendarmes (Rouen, 27 avr. 1827, arrêt cité par M. Grellet-Dumazeau). — Dans le sens opposé, on avait dit que ces expressions supposent nécessairement des faits de lâcheté et de faux témoignage, et qu'en conséquence, l'auteur de ces injures devait être puni comme coupable de diffamation. — Mais c'était là une erreur manifeste (V. en ce sens M. Grellet-Dumazeau, t. 1, p. 21), car il n'est presque pas de qualification injurieuse qui, à l'aide de ce procédé ne pût être convertie en diffamation, ce qui effacerait complètement

---

entre Chevalier, huissier, et un sieur Bontvillain, ce dernier allégua un fait injurieux à Chevalier, et qui lui aurait été rapporté par Me Loisel-Précourt, avocat, et les frères Toutain. — Si Me Loisel-Précourt et les frères Toutain ont dit pareille chose, ce sont des coquins, des brigands, répliqua l'huissier Chevalier. — Plainte en calomnie par Loisel-Précourt, avocat, et les frères Toutain. — Divers incidents dans la procédure qui depuis ont fourni matière à des moyens de cassation jugés par l'arrêt que nous rapportons et dont il est inutile ici de s'occuper. — 6 déc. 1816, jugement définitif du tribunal de Mortagne, qui renvoie Chevalier de la plainte. — Appel. — Arrêt confirmatif du tribunal d'appel d'Alençon. — « Attendu que l'huissier Chevalier n'a pas injuré ni calomnié les appelants en raisonnant dans une hypothèse et sous une condition; qu'il n'a pas nui à Loisel-Précourt ni aux frères Toutain; qu'il n'a pas eu intention de leur nuire, et qu'enfin, pour commettre le délit de calomnie, il faut affirmer l'existence des faits calomnieux et les proférer avec intention de nuire. » — Pourvoi en cassation. Entre autres moyens on soutenait qu'il y avait violation des art. 567 à 571 c. pén. en ce que la cour aurait dû appliquer la loi, sans faire une distinction qui ne se trouvait point dans son texte; — Que le législateur n'avait pas admis de différence entre la calomnie pure et simple, et la calomnie hypothétique, et cela par la raison facile à saisir que la calomnie à laquelle on donne une tournure hypothétique, n'impute pas moins de préjudice à la réputation de celui qui en est l'objet, puisqu'au moins elle met dans la nécessité de combattre le doute qui doit nécessairement résulter de la supposition. — Arrêt.

LA COUR; — Attendu sur le premier moyen... — Attendu sur le deuxième moyen... — Attendu sur le troisième moyen, que dans l'état des faits tels qu'ils sont reconnus constants par le jugement attaqué, le renvoi de Chevalier de l'action intentée contre lui par Loisel et les Toutain, n'est la violation d'aucune loi; — Attendu enfin que la procédure a été régulièrement instruite; — Rejette, etc.

Du 20 mars 1817.-C. C., sect. crim.-MM. Barris, pr.-Aumont, rap.

(1) (Selves.) — LA COUR; — Attendu, sur les sixième, septième et huitième moyens, que ni par la citation du 5 sept. 1817, introductive de l'instance, ni par au un des actes de la procédure, ledit sieur Selves n'a imputé à ses adversaires aucuns faits qui puissent caractériser un délit de calomnie; qu'il leur a seulement reproché d'avoir par dol et par fraude soutenu que les faits qu'il leur avait imputés par différents écrits et mémoires imprimés et distribués étaient faux et calomnieux, et de l'avoir fait condamner comme calomniateur, lorsqu'au contraire c'étaient eux-mêmes qui l'avaient calomnié;

Qu'en supposant que les dénégations ainsi reprochées par ledit sieur Selves à ses adversaires fussent mensongères et de mauvaise foi et qu'il en serait résulté de grands dommages pour ledit sieur Selves, en ce qu'il aurait été déclaré calomniateur, ce qu'il n'appartient pas à la cour d'examiner, il n'en serait pas moins vrai que des dénégations, même mensongères, ne sont pas des faits calomnieux qui puissent rentrer dans l'application de l'art. 367 du c. pén., mais des actes de mauvaise foi qui peuvent donner lieu à une action tout autre que celle en calomnie; — Que, dès lors, c'est avec raison que le tribunal correctionnel et après lui la cour d'appel, ont dit et pensé que les faits imputés par ledit sieur Selves à ses adversaires ne constituaient pas le délit de calomnie prévu par l'art. 367 c. pén. et que, par suite, ledit sieur Selves a été déclaré non recevable en ses demandes; — Rejette.

Du 16 déc. 1819.-C. C., sect. crim.-MM. Bailly, pr.-Chasle, rap.

la démarcation que la loi a tracée entre les deux infractions. — V. nos 922 et suiv.

822. Il a été jugé dans le même sens : 1° que dire à un avocat, dans une explication qui a lieu au sujet de propos offensants qu'on lui impute d'avoir proférés dans sa plaidoirie de la veille, qu'il s'est écarté de la ligne d'un honnête homme, sans autre précision de faits, ce n'est pas commettre un délit de diffamation, mais le simple délit d'injure (Crim. rej. 8 juill. 1843) (1); — 2° Que dire à une dame qu'elle n'est qu'une marchande de chansons et qu'il y a un long cahier sur son compte, ce n'est pas lui imputer un fait portant atteinte à son honneur et à sa considération : ce ne sont là que des propos injurieux (Crim. cass. 10 juill. 1840, aff. Nativet, V. n° 1381-8°). — 3° Que la phrase suivante insérée dans une circulaire adressée par un négociant à ses correspondants : « Telle personne ne fait plus partie de ma maison de commerce pour des raisons assez graves pour ne pas les citer, » ne contient pas l'imputation d'un fait déterminé et ne constitue pas dès lors le délit de diffamation ; que ces expresssions ne contiennent qu'une injure prévue et punie par l'art. 20 de la loi du 17 mai 1819 et par l'art. 471 c. pén. (Paris 6 mars 1844) (2); — 4° Que des paroles provocatrices, se référant à une voie de fait non dénoncée ni poursuivie, ont pu, à raison du défaut de poursuite, n'être considérées que comme circonstances aggravantes d'un délit primitif d'injure, et non comme constituant un délit de diffamation, sans que l'arrêt qui le décide ainsi viole aucune loi (Crim. rej. 8 juill. 1843, aff. Fradel, V. ci-dessus au présent numéro) ; — 5° Que l'articulation publiée contre un maire, consistant à dire que son élection est le résultat d'une ambition effrénée, qu'elle est une insulte pour la ville, qu'elle doit exciter contre lui l'animadversion des citoyens, qu'il s'impose à eux comme un proconsul, qu'il n'offre aucune garantie morale pour son administration, etc., etc., constitue une injure grave, étrangère aux fonctions de celui qui en est l'objet (Req. 23 juin 1846, aff. Peauger, D. P. 46. 1. 225) ; — 6° Que des propos contre un juge de paix qui ne contiennent l'allégation ni l'imputation d'aucun fait précis, ne constituent pas le délit de diffamation, tel qu'il est défini par la loi du 17 mai 1819, mais seulement le délit d'injure ; que tel serait le cas où on dirait à un juge de paix qu'il ne remplit pas ses devoirs, qu'on n'a aucun ménagement à garder envers un homme tel que lui (Crim. rej. 11 avril 1822, aff. Cénac, V. n° 683).

Mais il est bien évident, et c'est ce qui a été jugé, que le fait de dire à un individu dans un lieu public et en présence de plusieurs personnes « qu'il a été marqué des lettres T. V. et T. F., » constitue le délit de diffamation, et non pas simplement celui d'injure (Crim. cass. 30 nov. 1854, aff. Sidabay, D. P. 54. 5. 390).

823. Peut-on commettre une diffamation en publiant un écrit sous le nom d'un tiers? Oui sans doute, mais il faut nécessairement distinguer. Si l'écrit est de nature à porter atteinte à l'honneur ou à la considération de celui dont on a emprunté le nom, ou s'il renferme un délit quelconque, il n'est pas douteux qu'il y aura, dans ce cas, diffamation ; et qu'au contraire si l'écrit n'a rien de blessant pour la réputation de personne, s'il est entièrement inoffensif, il est manifeste que cette pseudonymie ne peut constituer un délit, sauf toutefois les cas dont il va être parlé (V. n° 824). — Mais lors même que l'écrit peut nuire à la réputation de celui dont on a pris le nom, l'auteur de ce fait pourrait-il être puni comme faussaire? — A cet égard V. v° Faux ; V. aussi MM. Merlin, Rép., v° Calomniateur ; Bourguignon, t. 3, p. 180 ; Chassan, t. 1, p. 343 ; de Grattier, t. 1, p. 186 ; Grellet, t. 1, p. 17. — Il est

(1) *Espèce* : — (Min. pub. C. Fradel.) — Le 2 mars 1843, Me Bertauld, avocat à la cour d'appel de Caen, plaidait, devant le tribunal de première instance, un procès contre le sieur Fradel. Ce dernier n'assistait pas à l'audience, mais il ouït dire que Me Bertauld avait proféré, dans sa plaidoirie, des paroles offensantes pour lui et pour sa femme. Le lendemain, Fradel se rendit au tribunal de première instance, et, au moment où Me Bertauld quittait la salle d'audience, accompagné de l'un de ses confrères, il vint à lui et lui reprocha de l'avoir injurié dans sa plaidoirie de la veille. Me Bertauld répondit qu'il n'avait prononcé aucune parole insultante et invoqua le témoignage de son confrère, qui confirma ce qu'il venait de dire. Fradel, fort exaspéré, insista et dit à Me Bertauld « qu'il s'était écarté de la ligne de l'honnête homme... qu'il était un polisson, une canaille... » En même temps il cracha au visage de Me Bertauld. Celui-ci répondit par le même outrage ; Fradel se disposait à se jeter sur lui, mais il fut arrêté par l'avocat témoin de cette scène, et par un autre qui survint. Me Bertauld se retira, et Fradel, continuant, lui dit : « Tu es un homme sans honneur, un lâche ; si tu as du cœur, tu m'en demanderas raison ; je demeure rue Basse, n° 41, mais tu es trop lâche pour cela. — Me Bertauld rendit compte au conseil de son ordre des outrages dont il avait été l'objet, et, sur l'invitation du conseil, il porta plainte au ministère public. Fradel fut assigné par le procureur du roi, devant le tribunal de police correctionnelle, comme prévenu de diffamation et d'injures publiquement proférées envers un simple particulier, et pour s'entendre condamner aux peines prononcées par les art. 13, 18 et 19 de la loi du 17 mai 1819. La citation formulait ainsi les paroles qui auraient été prononcées par Fradel : « Me B... se serait écarté de la ligne d'un honnête homme, il était un polisson, une canaille, un homme sans honneur, un lâche. » — Fradel fut, par jugement du 11 mars, déclaré coupable de diffamation et d'injures publiques envers Me Bertauld, et condamné à un mois de prison et 300 fr. d'amende. — Appel de Fradel et du ministère public, celui-ci appelant *à minimâ*. La cour, par arrêt du 27 avril dernier, déclara que les faits imputés à Fradel ne constituaient pas le délit de diffamation, et, en conséquence, réformant, renvoya Fradel derechef de la prévention ; mais, le reconnaissant coupable d'injures publiques, le condamna à 500 fr. d'amende et aux dépens. Cet arrêt contient les dispositions suivantes : « Considérant qu'en disant à Me Bertauld qu'il s'était écarté de la ligne d'un honnête homme, Fradel n'a proféré qu'une de ces généralités sans précision ni portée peu capables de faire impression sur l'esprit des auditeurs de ce propos, plutôt injurieux que diffamatoire ; qu'il importe peu que le prévenu fît allusion à la plaidoirie prononcée la veille par Me Bertauld, parce que cette circonstance ne détruit pas le vague de l'imputation. — Considérant qu'à la vérité cette apostrophe a été accompagnée d'une insulte et d'une provocation dont l'insolence et la grossièreté, considérées du point de vue moral, mériteraient une très-sévère répression ; mais que ce fait, ne constituant pas de la part du ministère public un chef d'action dans la citation introductive d'instance, ne peut être considéré que comme une circonstance qui aggrave sans doute les torts du prévenu, mais ne peut en changer la nature légale. »

Pourvoi du ministère public. — Premier moyen, basé sur ce que l'arrêt attaqué avait refusé de voir une diffamation dans l'imputation adressée à Me Bertauld de s'être écarté de la ligne d'un honnête homme bien que cette imputation se référât à un fait déterminé, et que, par suite, elle contînt l'allégation d'un fait déterminé, et rentrât dès lors sous l'application de l'art. 13 de la loi du 17 mai 1819. — Le second moyen portait sur la qualification donnée aux paroles qui ont accompagné la provocation de Fradel. — Le défendeur a répondu que, ce fait n'étant compris ni dans la dénonciation ni dans la poursuite, il ne pouvait être soumis à la cour. — Arrêt (après dél. en ch. du cons.).

La cour ; — Attendu qu'en qualifiant, comme il l'a fait, les paroles outrageantes du prévenu Fradel, et en refusant de voir l'imputation d'un fait déterminé dans le reproche de s'être écarté de la ligne d'un honnête homme, adressé à un avocat à l'occasion d'une plaidoirie de la veille, sans autre précision, en même temps qu'il réprimait l'émission de ces parole comme injure grave, l'arrêt attaqué a pu, à raison de leur généralité, n'y pas reconnaître le caractère légal de la diffamation ; — Qu'ainsi la cour d'appel de Caen n'a pas violé l'art. 13 de la loi du 17 mai 1819, et que, sous ce rapport, le premier moyen n'est pas fondé ; — Attendu, d'un autre côté, que les paroles provocatrices se référant à une voie de fait, non dénoncée et non poursuivie par le ministère public n'ont pas été précisées dans la citation du 7 mars, ni dans l'arrêt attaqué ; que cet arrêt, en les considérant seulement comme aggravantes du fait primitif, et en se fondant sur ce que l'insulte et la provocation échappaient, d'ailleurs, faute de poursuite, à son examen, n'a violé aucune loi ; — Rejette.

Du 8 juill. 1843.-C. C., ch. crim.-MM. Crouseilhes, pr.-Isambert, rap.

(2) *Espèce* : — (Harville C. Père.) — 12 déc. 1842, jugement du tribunal correctionnel de la Seine ainsi conçu : — « Attendu qu'aux termes de l'art. 13 de la loi du 17 mai 1819, toute allégation ou imputation d'un fait qui porte atteinte à l'honneur et à la considération d'une personne est une diffamation ; — Attendu que, s'il est établi que Père a adressé à plusieurs de ses commettants une circulaire imprimée pour faire connaître que le sieur Harville ne faisait plus partie de sa maison comme voyageur, il a ajouté « que c'était pour des raisons assez graves pour ne pas les citer » ; que ces expressions ne renferment pas l'imputation d'un fait déterminé ; qu'en outre elles ont conservé un caractère confidentiel et ne sauraient constituer le délit de diffamation ; — Attendu que ces expressions sont outrageantes pour le sieur Harville ; qu'elles constituent une injure privée, spécifiée par l'art. 20 de la loi précitée, et punie par l'art. 471 c. pén. ; — Condamne Père à 5 fr. d'amende ». — Appel. — Arrêt.

La cour ; — Adoptant les motifs des premiers juges, confirme.

Du 6 mars 1844.-C. de Paris, ch. cor.-M. Moreau, pr.

bien entendu, d'ailleurs, que si l'écrit publié sous un nom d'emprunt causait un dommage à celui qui a le droit de le porter, il y aurait lieu de sa part à une action civile, bien que le fait en soi ne pût constituer un délit (c. nap. 1382; V. Responsabilité).

824. La publication d'une lettre supposée écrite par un tiers ne donnerait pas ouverture à l'action publique, si cette lettre n'était de nature qu'à ridiculiser la personne à laquelle elle est attribuée; tandis qu'il y aurait faux si la lettre contenait une diffamation proprement dite (M. Chassan, t. 1, p. 343). — La question s'est également présentée relativement à de méchants vers publiés dans le dessein de rendre ridicule la personne à qui on les attribuait. — En Angleterre, elle a été soumise à la cour du banc du roi, qui a décidé qu'une telle publication ne constituait pas une diffamation. — En France, Geoffroy avait été l'objet d'une semblable attaque de la part de M. Cubières-Palmezeaux, qui avait publié, sous le nom du célèbre critique, une tragédie burlesque intitulée la Mort de Caton. — Geoffroy actionna M. Cubières-Palmezeaux devant le juge de paix, qui reconnut qu'un préjudice avait été causé au plaignant, et à titre de réparation de ce dommage, il permit l'affiche de son jugement à un très-grand nombre d'exemplaires. — M. Chassan, t. 1, p. 342, qui cite ces exemples, se demande sur quel texte cette condamnation était fondée, et il exprime l'opinion que de pareils faits ne peuvent être considérés comme constituant une diffamation. — Pour nous, nous croyons qu'il faut à cet égard distinguer. — Si l'on fait paraître sous le nom d'un marchand de bas un mauvais poëme, par lequel on cherchera à le rendre ridicule, nous admettrons très-bien qu'il n'y a pas diffamation dans le sens de la loi de 1819; mais agir ainsi à l'égard d'un homme de lettres, c'est l'attaquer dans sa considération professionnelle, que cette loi a voulu mettre à l'abri de toute agression; c'est donc commettre une diffamation. — M. Grellet-Dumazeau, t. 1, p. 92, sans faire la distinction qui nous paraît conforme à l'esprit de la loi, est d'avis que la supposition d'un ouvrage sous le nom d'autrui *peut* constituer un fait diffamatoire, suivant l'intention de l'inculpé et les circonstances de la cause.

825. *Faits contraires à l'honneur.* — L'honneur tient surtout à la probité ou à la loyauté (V. n°s 781 s.). — Les faits qui portent atteinte à ces qualités sont donc contraires à l'honneur. — C'est là un principe évident, et il nous suffit de rappeler les applications qui en ont été faites. — Il a été jugé : 1° que l'imputation faite publiquement à un individu d'avoir volé une oie est une diffamation (Crim. cass. 20 janv. 1825) (1); — 2° Qu'une imputation de faux, adressée à un huissier dans une salle de spectacle, réunit le double caractère de gravité et de publicité nécessaire pour constituer le délit de calomnie (Crim. cass. 2 juill. 1812, aff. Broudetta, V. n° 857-2°). — Ce fait constituerait évidemment aussi une diffamation, surtout si l'auteur de l'imputation donnait plus de précision à l'imputation, ou faisait connaître de quelle manière le faux prétendu a été commis, ou du moins l'une des circonstances de ce crime (V. *suprà*, n° 816); — 3° Que l'imputation à un particulier d'avoir fait des prêts usuraires constitue la diffamation (Nancy, 28 août 1850, aff. Aubry, D. P. 51. 2. 176); — 4° Que dire à quelqu'un qu'il est un reste de prison et qu'il y rentrera encore, c'est se rendre coupable, sinon d'imputation d'un vice déterminé (ce qui constituerait une simple injure), mais d'un fait précis de nature à porter atteinte à l'honneur de cette personne, en ce qu'on lui impute d'avoir été mise en prison; que dès lors il y a diffamation, aux termes de l'art. 13, § 1, de la loi du 17 mai 1819, et non simple injure (Crim. cass. 15 fév. 1828, M. Bailly, f. f. de pr., aff. Delogé). — Il serait cependant permis d'objecter que l'on peut être mis en prison sans être déshonoré; que les prisonniers pour dettes subissent les conséquences d'une espèce particulière d'engagements, qui ne doivent pas plus les flétrir que ne le ferait une saisie-exécution ou même une saisie-arrêt; que, de plus, l'emprisonnement est souvent préventif, et que, dans ce cas, il n'est qu'une mesure de précaution qui ne peut atteindre l'honneur du prévenu. Il y a donc ici une question d'intention à résoudre, car c'est bien plus dans la pensée de l'auteur de l'imputation que dans les termes dont il s'est servi que se trouve le délit.

826. Suivant un arrêt, ce n'est pas diffamer un archevêque que de publier dans un journal les lignes suivantes : « L'archevêque ayant demandé à tous les curés de son diocèse de lui abandonner le quart de leur casuel, pour subvenir, *disait-il*, aux besoins de son administration, presque tous les curés s'empressèrent de lui obéir » (Toulouse, 18 avr. 1826) (2). — Mais il a

(1) *Espèce :* — (Intér. de la loi. — Mercier.) — Le procureur général expose, etc. — « La femme Mercier accusa publiquement le sieur Goumain de lui avoir volé une oie qui lui manquait et de l'avoir fait manger la nuit à des charretiers. — Goumain, par exploit du 3 nov. dernier, fit citer la femme Mercier et son mari, celui-ci comme civilement responsable, devant le tribunal de simple police de la Charité, et conclut, 1° à ce que le mari autorisât sa femme à ester en jugement; 2° à ce que celle-ci fît réparation d'honneur à l'audience; 3° à ce que les deux époux fussent condamnés conjointement et solidairement à 50 fr. de dommages-intérêts, sauf au ministère public à prendre telles conclusions qu'il aviserait. Mercier refusa d'autoriser sa femme. Le juge l'autorisa d'office. — Des témoins furent entendus. Le ministère public requit la condamnation à 3 fr. d'amende contre la femme seulement. — Le juge de paix prononça ainsi : « Considérant qu'il paraît constant que la femme Mercier s'est livrée aux premiers mouvements de sa vivacité, en accusant Goumain d'avoir volé son oie et de l'avoir fait manger dans son cabaret; — En conséquence, condamnons ledit Mercier, conjointement et solidairement avec ladite Blot, sa femme, autorisée par nous, en 3 fr. d'amende et aux dépens, conformément à l'art. 471, § 11, c. pén., ainsi conçu, etc. ». — C'est ce jugement que l'exposant a cru devoir soumettre à la censure de la cour. — D'abord l'autorisation était inutile, d'après l'art. 216 c. civ. Mais il y a dans le jugement deux vices plus essentiels : l'incompétence et l'erreur de principe sur la responsabilité. Le propos tenu publiquement par la femme Mercier caractérisait un fait déterminé portant atteinte à l'honneur du sieur Goumain, et était une diffamation, aux termes de la loi du 17 mai 1819 (art. 13 et 18). — Les peines déterminées par cet article excédant la compétence du tribunal de simple police, le juge de paix devait renvoyer les parties devant le tribunal correctionnel. Malheureusement le juge s'est renfermé dans un cercle vicieux. Il a pensé que le fait était excusable, qu'il avait le droit de le déclarer tel et de réduire la peine; triple erreur, qui a eu pour conséquence la violation des règles de compétence, et l'infraction à la loi du 17 mai. Le second vice du jugement qui nécessiterait la censure de la cour, quand même le tribunal de simple police aurait été compétent, c'est la responsabilité prononcée contre le mari. Cette responsabilité n'est autorisée par aucune loi; elle est prohibée implicitement par le code civil, art. 1384 et 1424, et par le code pénal, art. 74. — On trouve seulement une disposition spéciale et exceptionnelle dans le code rural de 1791. Il n'est pas permis de l'étendre. — L'exposant s'en réfère, au surplus, pour l'autorité maritale, à l'arrêt rendu par la cour, le 18 nov. dernier. — Ce considéré, etc. *Signé* Mourre. — Arrêt.

LA COUR; — Vu l'art. 442 c. inst. crim.; — Adoptant les motifs exprimés dans le réquisitoire du procureur général du roi, casse et annule dans l'intérêt de la loi seulement, etc.

Du 20 janv. 1825.-C. C., sect. crim.-MM. Portalis, pr.-Brière, rap.

(2) *Espèce :* — (D'Aldéguier C. min. pub.) — En 1826, la Revue méridionale, journal toulousain, publia un article intitulé : Le convoi du bon pasteur, où se trouvent les passages suivants : — « L'abbé Marceille était aussi éclairé que vertueux; toute sa vie a prouvé qu'il regardait la soumission à ses supérieurs comme son premier devoir; mais, chez un homme éclairé comme lui, cette soumission n'était pas aveugle; il savait représenter, il savait même résister, si ce qu'on lui ordonnait lui paraissait contraire à l'intérêt de son église et de ses paroissiens. — L'archevêque ayant demandé à tous les curés de son diocèse de lui abandonner le quart de leur casuel pour subvenir, disait-il, aux besoins de son administration, presque tous les curés s'empressèrent de lui obéir. L'abbé Marceille résista : il représenta à son supérieur que le casuel ne lui appartenait pas, mais à son église; qu'il était obligé de lui en conserver la propriété et même l'usufruit, et que par conséquent il ne pouvait consentir à abandonner ni l'un ni l'autre, en tout ni en partie. Cette représentation aussi ferme que respectueuse imposa à l'autorité, et il conserva la totalité du casuel pour faire plus de bien. » — Dans un de ses numéros suivants, le rédacteur expliqua que l'archevêque qui avait demandé le quart du casuel était Mgr. Primat, prédécesseur de M. de Clermont-Tonnerre, l'archevêque en fonction, et que son intention n'avait jamais été de diffamer un prélat aussi digne de l'estime publique. — La rétractation postérieure ayant paru insuffisante, l'imprimeur du journal, et le sieur d'Aldéguier, qui s'était reconnu l'auteur de l'article, furent traduits en police correctionnelle.

Jugement du tribunal correctionnel de Toulouse qui condamne d'Aldeguier à trois mois de prison et 300 fr. d'amende. — Appel du ministère public et de la partie condamnée. — Arrêt.

LA COUR; — Considérant que l'article incriminé de la Revue méridionale n'a pas le caractère du délit prévu par la loi, et que les explications données par le rédacteur, soit dans un journal suivant, soit à l'audience de la cour, manifestent suffisamment qu'il n'eut jamais l'in-

été décidé avec raison qu'il y a diffamation dans la qualification de *vieux forçat* donnée à un individu qui a réellement été condamné autrefois aux travaux forcés (trib. corr. de la Seine, 17 déc. 1831). — Il a été jugé encore que, imputer à une personne d'avoir prêté un serment contraire à la vérité, ce peut n'être pas une calomnie, parce qu'il ne résulte pas nécessairement de cette assertion que celui qui a prêté le serment *savait* que le fait qu'il affirmait ainsi était contraire à la vérité, circonstance sans laquelle le parjure ne peut exister (Bruxelles, 25 déc. 1831) (1). — Cette solution serait parfaitement applicable en matière de diffamation. Ce serait toujours une question d'intention à apprécier. — V. *infrà*, nos 875 et suiv.

827. L'imputation d'un fait exclusivement contraire à l'honneur militaire pourrait-elle former l'élément d'une diffamation? — Il résulte bien manifestement des explications qui ont été données, au sein des assemblées législatives, sur le sens de la loi de 1819, que ces auteurs ne se sont occupés que de l'honneur qui a pour base la probité. — Or l'honneur militaire procède d'une vertu plus sévère et plus jalouse. — Il consiste à être sans cesse disposé à sacrifier sa vie à son pays ou à son devoir, à mettre la gloire au-dessus de toutes les considérations d'intérêt privé. — Peut-on porter atteinte à l'honneur ainsi entendu sans commettre une diffamation? — A l'égard d'un militaire, non; et nous allons en donner les raisons en nous occupant des faits contraires à la considération (V. nos 828 et s.). — Mais il en serait autrement à l'égard d'une personne étrangère à l'armée; on en comprendra bientôt le motif. — Cette distinction nous amène à nous occuper d'un autre genre d'honneur créé par l'esprit militaire de la chevalerie, et que la tradition maintient à notre époque, très-peu chevaleresque : c'est celui qui consiste à ne jamais subir une offense, même légère, sans en demander raison par la voie des armes, et à ne jamais refuser un duel. Nous ne pensons pas que la loi ait entendu protéger l'honneur ainsi compris. La jurisprudence, qui assimile le meurtre commis en duel à l'homicide volontaire (V. vo Duel), et qui, par conséquent, flétrit les combats singuliers et les opinions ou les préjugés qui les font naître, nous paraît tout à fait dans le sens de cette solution. — Toutefois, il a été jugé que publier que les coups qu'on a portés à un citoyen et qui ont été l'objet d'une condamnation pour violences et voies de fait, sont des soufflets et non des coups de tout autre nature, peut être considéré comme constituant une diffamation envers ce citoyen (Crim. cass. 24 mai 1844) (2). — Or, cette distinction se rattache évidemment au point d'honneur comme on l'entend dans le monde, et non comme l'ont compris les rédacteurs de la loi de 1819. — A la vérité, ils ont voulu défendre la considération aussi bien que l'honneur; mais on va bientôt se convaincre (no 830) que, même à ce point de vue, la solution qui précède ne trouve aucun appui dans les motifs de la loi.

828. *Faits contraires à la considération.* — Les mots honneur et considération, employés par l'art. 13 de la loi de 1819, ne sont pas synonymes. On peut porter atteinte à la considération sans cependant blesser l'honneur, la probité. « La considération, disait M. de Serre, s'entend particulièrement de l'estime que chacun peut avoir acquise dans l'état qu'il exerce, estime qui est pour lui une propriété précieuse que la diffamation peut atteindre sans porter cependant atteinte à son honneur; car on peut être homme d'honneur, n'être pas diffamé comme tel, et l'être, par exemple, dans les autres qualités morales qui font un bon négociant, un bon avocat, un bon médecin. »

829. M. de Courvoisier a dit aussi dans son rapport : — « Tout ce qui touche à la réputation, à la probité, touche à l'honneur, et l'on peut sans blesser l'honneur porter atteinte à la considération. — Dire méchamment qu'un négociant a éprouvé des pertes, qu'il gère avec inhabileté son négoce, annoncer faussement tel ou tel fait à l'appui de l'imputation, c'est laisser son honneur intact; c'est nuire cependant à la considération dont il jouit. » — Conformément à cette explication, MM. Chassan (t. 1, p. 341, 342); de Grattier (t. 1, p. 184, 185), enseignent que dire d'un médecin qu'il traite mal ses malades, d'un avocat qu'il plaide mal ses procès, d'un négociant qu'il conduit mal ses affaires, c'est commettre le délit de diffamation; mais qu'il en serait autrement si l'on se bornait à critiquer un acte isolé de la profession de ces personnes, parce qu'un seul fait ne tire pas à conséquence sous ce rapport. — En présence des paroles de M. Courvoisier qui font nécessairement autorité, nous admettons aussi cette doctrine, bien qu'elle ne réponde pas aux exigences de la jurisprudence en général, quant à la précision du fait imputé. — V. en sens contraire M. Grellet-Dumazeau, t. 1, p. 78 à la note.

830. Ici vient naturellement se replacer la question que nous avons indiquée tout à l'heure relativement à l'honneur militaire. Le courage, le dévouement, l'abnégation de tous les instants sont les vertus militaires; c'est de ces qualités que l'homme de guerre tire la considération dont il jouit dans sa profession; on ne pourrait donc, par les raisons qui viennent d'être développées, prétendre qu'il ne les possède pas, sans commettre une diffamation. — Il en serait de même des assertions qui tendraient à rabaisser ou mieux encore à nier les talents que son grade doit faire supposer. — Ainsi, ce ne serait pas sans doute se rendre coupable de diffamation que de dire d'un capitaine qu'il serait incapable de commander un régiment; mais ce serait diffamer un colonel que d'alléguer qu'il est à peine capable de commander

tention d'outrager un prélat objet de la vénération publique; — Par ces motifs, etc.

Du 18 avril 1826.-C. de Toulouse.-M. de Cambon, pr.

(1) (Min. pub. C. D...) — Présent au serment que venait de prêter son adversaire à qui il l'avait déféré, le sieur D... s'était écrié, après l'avoir entendu, qu'il était prêt à jurer que ce serment était contraire à la vérité. — Sur cette imputation, plainte en calomnie contre lui. — Le tribunal correctionnel, saisi de la poursuite, décida que le prévenu n'avait pas eu l'intention de calomnier. — Appel. — Arrêt confirmatif ainsi conçu : — « Attendu que les circonstances de la cause font voir que les faits dont l'appelant se plaint ne peuvent pas être envisagés comme calomnie, met l'appel au néant. » — Pourvoi pour violation des art. 367 et 371 c. pén. — Arrêt.

La cour; — Attendu que les parties ne sont pas d'accord au sujet des expressions dont se serait servi le défendeur en cassation, lorsqu'il aurait tenu un langage d'où le demandeur en cassation fait résulter le délit de calomnie, tandis que, d'ailleurs, il n'est pas établi au procès quelles auraient été ces expressions; que si l'on pouvait, à cet égard, s'en rapporter aux termes que contient la lettre dont le demandeur a fait mention, elles auraient eu ce sens; que le défendeur aurait déclaré à l'audience publique du tribunal de commerce, à Anvers, qu'il était prêt à jurer que le demandeur avait fait un serment contraire à la vérité; or, si tel avait été le propos du défendeur, la chambre des appels de police correctionnelle aurait pu ne pas y trouver le délit de calomnie, puisque l'on peut, sans se rendre coupable de parjure, affirmer sous serment un fait faux, lorsqu'on le croit vrai, et qu'il faut, pour se souiller de ce crime, affirmer sous serment une chose, avec la conscience qu'on la croit fausse;

Qu'il résulte de tout ceci que la cour, chambre des appels correctionnels, a pu avoir plus d'un motif pour exprimer dans l'arrêt attaqué que les circonstances de la cause font voir suffisamment que les paroles dont se plaint la partie civile ne peuvent être envisagées comme calomnie, et ainsi, en mettant, pour ces raisons, l'appel au néant, et en tout cas, ayant jugé en fait, l'arrêt dénoncé n'a pas violé les art. 367 et 371 c. pén. et se trouve à l'abri de la cassation : — Par ces motifs, rejette, etc. »

Du 25 déc. 1831.-C. sup. de Bruxelles, ch. crim.-MM. Dequertenmont, rap.-Petit-Jean, av. gén., c. conf.

(2) (Salneuve.) — La cour; — Sur le moyen tiré de ce que les demandeurs ont été condamnés aux peines de la diffamation, bien qu'ils n'eussent imputé à Me Salneuve aucun fait ou action dont il fût l'auteur; mais pour avoir rappelé qu'il avait été l'objet d'une voie de fait, qui ne pouvait porter atteinte à son honneur et à sa considération, et dont l'imputation publique n'était ni une diffamation ni une injure; — Attendu que si Salneuve, en usant de voies légales pour obtenir la répression des violences dont il avait été l'objet, et en refusant de recourir à un moyen qualifié crime par la loi, n'a encouru aucun blâme aux yeux de la loi et de la morale, la cour d'appel, dont l'arrêt est attaqué, a pu néanmoins reconnaître que la publication faite méchamment et à dessein de nuire de l'écrit incriminé, avait été de nature à porter atteinte à la considération dudit Salneuve; — Attendu qu'il y avait dans l'articulation de cet écrit, non pas seulement une expression susceptible d'être qualifiée injure, mais l'énonciation d'un fait positif, et que ce fait, d'après les circonstances qui le constituent, devait rentrer dans l'application du premier paragraphe de l'art. 13, et être réprimé conformément à l'art. 18 de la loi du 17 mai 1819; — Qu'ainsi il n'y a eu ni incompétence, ni excès de pouvoir, ni violation de l'art. 4 du c. pén.; — Rejette.

Du 24 mai 1844.-C. C., ch. crim.-M. Isambert, rap.

une compagnie. — Ces principes ne sauraient pourtant s'appliquer avec la même rigueur à la garde nationale, parce que, dans la milice bourgeoise, il n'y a pas de militaires de profession, et qu'en général chacun y demeure dans un noviciat perpétuel.

831. Il a été décidé que dire dans un lieu public qu'une personne est sur le point de tomber en faillite; que les créanciers ne seront payés qu'à tant du cent, ne peut pas être réputé calomnie avec les caractères prévus par le code pénal; qu'un tel fait pourrait seulement donner ouverture à une action en dommages-intérêts; — « Considérant que les caractères de la calomnie ne se trouvent pas réunis dans la présente affaire, puisque le fait de dire que quelqu'un est sur le point de tomber en faillite et ne peut pas payer intégralement ses créanciers, ne doit pas nécessairement donner lieu à une des conséquences prévues par l'art. 367 c. pén., bien qu'il puisse donner matière à des dommages par action civile; — Met à néant l'appel, etc. » (Bruxelles, 10 juill. 1830, aff. demoiselle M... C. J...). — Mais cette solution est en opposition avec l'art. 13 de la loi de 1819 et ne pourrait être suivie en France. — Conformément à ce texte, il a été décidé en sens contraire que celui qui, dans une circulaire annonçant la révocation d'une procuration, exprime que son mandataire est tombé en état de déconfiture, et rapporte, à l'appui de cette allégation, qu'une saisie immobilière a été transcrite contre lui, porte atteinte à la réputation du mandataire et est passible de dommages-intérêts envers lui, encore bien que le fait de la saisie soit constant (Aix, 26 juill. 1838, aff. Long, V. Office).

832. La diffamation elle-même est un fait réprouvé par la morale et qui doit porter atteinte à la réputation de celui qui le commet. — Aussi pensons-nous qu'on a eu raison de décider que c'est commettre le délit de diffamation envers une personne que de lui imputer une diffamation (Trib. de la Seine, 6 janv. 1846, Gazette des trib. du 7 même mois.-Conf. M. Grellet-Dumazeau, t. 1, p. 27).

833. Imputer à quelqu'un un fait autorisé par la loi, ce ne peut être, en général, commettre une diffamation; et il a été décidé en ce sens, sous la loi des 13-19 fév. 1790, qui avait aboli les vœux monastiques solennels, que ce n'était point injurier un ministre du culte catholique que de lui imputer d'être marié (Crim. cass. 18 vend. an 9, M. Sieyes, rap., aff. Aribaud, etc. C. Lavalette). — Mais cette solution serait inadmissible sous la jurisprudence actuelle qui réprouve comme nuls les mariages contractés par des prêtres catholiques (V. Culte, n° 421). — Au reste, le principe d'après lequel une action en diffamation ne peut être fondée sur l'imputation d'un fait autorisé par la loi nous paraît comporter des exceptions. *Non omne quod licet honestum est.* Or, ce qui n'est pas honnête est contraire à la probité ou à la vertu et, par suite, à l'honneur. De cela seul qu'un fait ne tomberait pas sous l'application d'une loi pénale, on ne doit donc pas en conclure qu'on peut l'imputer impunément à autrui. Ainsi, la fraude qui ne revêt les caractères ni de l'abus de confiance, ni de l'escroquerie, n'est pas prévue par la loi pénale; mais s'ensuit-il que l'on puisse imputer publiquement à une personne d'avoir employé des manœuvres frauduleuses pour obtenir une signature, sans commettre une diffamation? Après un contrat civil une partie pourra-t-elle dire à l'autre, dans une réunion publique, vous avez surpris ma bonne foi? — Nous ne le pensons pas. — Il y aurait là imputation d'un fait portant atteinte à l'honneur, parce qu'il touche à la probité ou à la loyauté de celui à qui on l'attribue. — Suivant une jurisprudence aujourd'hui bien fixée, l'art. 334 c. pén. aux termes duquel quiconque a attenté aux mœurs en excitant, favorisant ou facilitant habituellement la débauche ou la corruption de la jeunesse de l'un ou l'autre sexe au-dessous de 21 ans, peut être puni d'un emprisonnement de deux ans, n'est pas applicable à celui qui se livre à cette habitude pour satisfaire ses propres passions (V. Attentat aux mœurs, n° 141). — Cependant, nous ne croyons pas qu'on pût imputer à quelqu'un de passer sa vie à corrompre des mineurs désignés, et surtout du même sexe que la personne diffamée, sans se rendre passible des peines de la diffamation. — On doit donc admettre que ce qui est expressément autorisé par la loi ne peut constituer l'élément d'une diffamation, mais qu'il n'en est pas ainsi des actes qui ne sont protégés que par le silence du législateur.

834. Au reste, il a été jugé en ce sens : 1° que l'imputation faite publiquement à un homme marié de vivre en concubinage avec une femme libre ayant un domicile à elle, constitue, vis-à-vis de cet homme, le délit de diffamation (Limoges, 14 mars 1828) (1). — Cette solution s'appliquerait *à fortiori* à toute imputation dirigée contre la vertu d'une femme; — 2° Que l'imputation, faite par une partie dans un acte de récusation signifié par le ministère d'huissier, à l'arbitre qu'elle avait choisi, d'avoir donné des conseils à la partie adverse et d'avoir bu et mangé avec elle dans la maison de celle-ci, constitue, par sa mention dans un acte public, une diffamation et non une simple injure (Nîmes, 14 déc. 1848, aff. B... C. D..., D. P. 50. 5. 372).

835. La critique modérée, consciencieuse, d'une œuvre littéraire est certainement permise, et l'auteur qui la subit, loin de s'en plaindre, devrait souvent remercier le littérateur éclairé qui signale à son attention les imperfections de son ouvrage. — Mais il a été justement décidé que lorsque, à propos de l'examen d'une œuvre littéraire, le critique se livre, dans un écrit périodique, à des attaques personnelles contre l'auteur, au moyen d'allégations blessantes, en ce que, par exemple, il le représente comme privé de raison et échappé d'un hospice d'aliénés, c'est à tort que les juges ne verraient dans ces allégations que l'exercice du droit de critique : elles contiennent une imputation de nature à porter atteinte à la considération de l'auteur, et par conséquent, renferment la diffamation prévue par l'art. 13 de la loi du 17 mai 1819 (Crim. cass. 29 nov. 1845, aff. Fornerét, D. P. 46. 1. 48). — V. en ce sens M. de Grattier, t. 1, p. 185.

836. A cette partie de notre travail vient assez naturellement se rattacher une question qui, dans la pratique, offre quelque intérêt : c'est celle de savoir jusqu'où s'étend le droit de critique d'une entreprise, et si l'engagement pris par un gérant d'insérer dans son journal une annonce en faveur de cette entreprise lui interdit le droit d'en blâmer le but et les moyens d'exécution. Cette question nous paraît assez facile à résoudre. — Quant au droit de critique, en général, il se trouve déterminé et limité par les principes qui viennent d'être développés. — A l'égard des cas particuliers où le gérant se charge d'insérer une annonce en faveur d'une entreprise, nous croyons qu'il ne doit en rien modifier l'application de ces principes, et que, par suite, dans cette hypothèse, le gérant conserve la liberté de critiquer avec mesure

(1) *Espèce* : — (L... C. Auroux.) — Sur la plainte de la veuve B..., la femme Auroux avait déjà dû être condamnée à 100 fr. d'amende et à 300 fr. de dommages-intérêts pour avoir imputé publiquement au sieur L... de vivre en concubinage avec la veuve B..., lorsque le sieur L... a porté, à son tour, plainte en diffamation. — Le 15 déc. 1827, le tribunal de Guéret a rejeté cette plainte, attendu que les mœurs et habitudes françaises convertissent, à l'égard des hommes, en plaisanterie, les propos qui constituent diffamation vis-à-vis de la femme; que la dame B... étant libre et ayant domicile séparé, l'intérêt du sieur L... n'a pu en souffrir, pas plus que sa réputation, assez vengée déjà par le jugement du 5 novembre, ce qu'il a reconnu par son silence pendant les poursuites et pendant l'instruction de l'affaire. — Appel. — Arrêt.

LA COUR; — Attendu que l'on ne regarde comme présents dans une instance que ceux qui y figurent; — Attendu qu'en France, comme chez toutes les nations civilisées, un homme n'a droit à la considération publique qu'autant que sa conduite se trouve d'accord avec les principes de la morale; — Attendu, dès lors, que reprocher à un homme engagé dans les liens du mariage d'avoir un commerce avec une autre femme, quoique libre, est l'imputation d'un vice que réprouvent les bonnes mœurs, et qui l'expose au mépris de ses concitoyens; — Attendu qu'il est constant que la femme Auroux s'est rendue coupable envers le sieur L... d'une pareille imputation, et a commis à son égard le délit de diffamation; — Attendu, néanmoins, que ce délit de diffamation a déjà été puni par une première condamnation, obtenue pour la même imputation par la prétendue complice du sieur L...; — Emendant, réformant et faisant ce que les premiers juges auraient dû faire, déclare Julie Baste, femme Auroux, coupable du délit de calomnie envers le sieur L..., en lui imputant d'avoir eu un commerce adultérin; pour réparation de quoi, condamne ladite femme Auroux en tous les dépens pour tenir lieu audit L... de tous dommages-intérêts.

Du 14 mars 1828.-C. de Limoges, ch. correct.-M. Martin-Chantagru, pr.

toutes les spéculations qui tombent dans le domaine de la publicité, bien qu'il se soit engagé à les annoncer. L'annonce, on le sait, en effet, est l'œuvre de la personne qui y est intéressée, non celle du journaliste, et personne n'ignore qu'elle n'engage en aucune manière l'opinion du journal : en achetant le droit de vanter dans une annonce un objet quelconque, l'auteur de l'annonce n'achète donc point les éloges particuliers du journal; d'où il suit que le journaliste conserve toute sa liberté.— Aussi a-t-il été jugé que le gérant d'un journal peut, sans encourir de dommages-intérêts, critiquer, dans le numéro même où il fait à prix d'argent l'annonce de l'établissement d'un autre journal, le mérite de la combinaison financière et politique de ce dernier journal, alors surtout que l'insertion de l'annonce n'a été faite qu'avec réserve de se livrer à cet examen (trib. de comm. de Paris, 3 déc. 1845, aff. Solar, D. P. 46. 3. 39). — Il a été jugé, d'un autre côté, que le gérant d'un journal est responsable du dommage causé par une fausse annonce, bien qu'il l'ait insérée de bonne foi (Bordeaux, 2 déc. 1840) (1). — Mais c'est là un cas tout différent de celui que nous venons d'examiner. Dans celui-ci l'annonce était l'œuvre du journaliste : il devait donc nécessairement en répondre. Ce n'était pas là ce que, dans la presse et dans le langage ordinaire, on entend par *annonce*. Il s'agissait seulement d'une fausse nouvelle donnée par le journal.

837. Au reste, il a été décidé : 1° que les juges du fond apprécient souverainement si tel écrit diffamatoire s'adresse ou non à une classe de personnes et spécialement à un corps enseignant pris collectivement (Crim. rej. 12 sept. 1825) (2); — 2° Que la diffamation consistant dans l'atteinte portée à l'honneur ou à la considération d'une personne ou d'un corps, pour que le prévenu de diffamation puisse être renvoyé de la plainte, il faut que le juge décide formellement qu'il ne s'est pas rendu coupable d'avoir porté atteinte à l'honneur ou à la considération du plaignant (Crim. cass. 3 août 1820) (3). — Cette décision se lie à la limitation du pouvoir des juges du fond, et nous ne la croyons pas en rapport avec le dernier état de la jurisprudence, d'après lequel les tribunaux doivent constater les faits soumis à leur appréciation, afin que la cour régulatrice puisse ensuite vérifier si la loi a été exactement appliquée. — En effet, suivant ce principe, les expressions dont les juges se servent pour déclarer la non-culpabilité du prévenu sont sans importance, mais ce qui est essentiel, c'est de déterminer ce qu'il y a de vrai dans la plainte. — Ainsi, supposons que, dans l'espèce de l'arrêt précité, le Drapeau blanc eût publié que les plaignants avaient commis un faux en fabriquant la signature d'un banquier désigné, il n'y avait, pour les juges du fond, d'autre alternative que de constater la réalité de l'imputation diffamatoire et de condamner le journal, ou bien de déclarer que cette imputation n'existait pas et d'acquitter. — Dans ces deux hypothèses, pas de difficulté. — Mais si l'arrêt attaqué, tout en déclarant constants les faits supposés ci-dessus, avait acquitté le prévenu, en vain eût-il ajouté *qu'ils ne portaient atteinte ni à l'honneur ni à la considération des plaignants*. L'arrêt aurait néanmoins dû être cassé. — La reproduction des termes de la loi est donc sur ce point complétement indifférente. — V. plus haut n° 538, et v° Cassation, n°s 1224 et suiv., 1762 et suiv.

838. Au surplus, il a encore été jugé : 1° que la déclaration que le prévenu est coupable d'avoir, dans un article de journal, imputé à un citoyen des faits portant atteinte à l'honneur et à la considération de ce citoyen, caractérise suffisamment le délit de diffamation, alors que les faits de diffamation ont été articulés et qualifiés par la poursuite (Crim. rej. 30 nov. 1850, aff. Sémac, D. P. 50. 5. 373); — 2° Que, de ce qu'une cour d'appel, saisie de l'action civile en réparation d'un préjudice causé par la voie de la presse, a qualifié de diffamations les imputations contenues dans l'écrit incriminé, il ne s'ensuit pas que cette qualification imprime au fait un caractère délictueux, et que cette cour ait excédé les limites de sa compétence, si d'ailleurs cette qualification n'existe que dans les motifs de l'arrêt, et n'a eu d'autre objet que de faire ressortir la gravité de l'injure, et d'élever le chiffre des dommages-intérêts au-dessus de celui que les premiers juges avaient déterminé (Req. 23 juin 1846, aff. Peauger, D. P. 46. 1. 225).

839. *Désignation de la personne contre laquelle l'imputation diffamatoire est dirigée.* — Pour qu'une personne puisse se plaindre d'avoir été diffamée, il faut nécessairement qu'elle ait été désignée. — Toute la difficulté est de savoir dans quels cas la désignation doit être réputée suffisante. — Faut-il qu'elle soit nominale? — Non, sans doute; car la loi ne l'a pas exprimé et ses rédacteurs étaient trop sages pour avoir une telle pensée qui aurait eu pour conséquence de rendre leurs dispositions à cet égard à peu près superflues. — Rien ne serait, en effet, plus facile que de désigner sans les nommer les personnes qu'on voudrait ainsi placer sur la sellette de l'infamie ou de la déconsidération. — Dans le silence ou l'incertitude de la loi, il faut donc lui

(1) *Espèce* : — (Coudert C. demoiselle Poyart.) — L'Indicateur de Bordeaux, dont le sieur Coudert est gérant, avait annoncé par deux publications successives que la demoiselle Poyart, modiste de cette ville, en voyage à Paris, avait transporté dans la capitale le siége de son établissement. Cette fausse nouvelle avait été déposée dans les bureaux du gérant, sans que celui-ci ait pu faire connaître la personne qui en avait ordonné l'insertion. Sur la demande en indemnité formée par la demoiselle Poyart, pour réparation du préjudice que cette fausse nouvelle lui avait causé, le sieur Coudert allégua sa bonne foi, et néanmoins fut condamné à payer à la demanderesse 150 fr. de dommages-intérêts, par jugement du tribunal de Bordeaux. — Appel. — Arrêt.

LA COUR ; — Attendu que, d'après l'art. 1382 c. civ., tout fait quelconque de l'homme qui cause à autrui un dommage oblige celui par la faute duquel il est arrivé à le réparer; — Que, suivant l'art. 1383, chacun est responsable du dommage qu'il a causé, non-seulement par son fait, mais encore par sa négligence ou par son imprudence; — Attendu qu'en insérant dans trois feuilles de son journal l'annonce incriminée, Coudert paraît avoir agi de bonne foi, mais qu'il ne suffit point qu'il ait agi sans intention de nuire, si, par le fait, il a porté préjudice à l'intimée; — Attendu que, par l'annonce dont elle se plaint, un dommage a été causé à Angélina Poyart, et que ce dommage est le résultat de la négligence de Coudert; d'où il suit qu'il en est responsable et mal fondé dans son appel; — Met au néant l'appel interjeté par Coudert, etc.

Du 2 déc. 1840.-C. de Bordeaux, 1re ch.-M. Roullet, 1er pr.

(2) (De Bastouth C. Min publ.) — LA COUR (ap. en av. délib. en ch. du cons.) ; — Attendu que la cour royale de Toulouse a déclaré en fait que l'écrit incriminé et qui a donné lieu aux poursuites du sieur Bastouth aux qualités qu'il procède contre M. Crivelli, apprécié soit dans son ensemble, soit dans ses détails, ne présente contre la faculté de droit de Toulouse, proprement dite, et prise en nom qualifié, ni diffamation, ni injure, ni rien qui ait le caractère d'un délit ou d'une contravention ; que malgré son titre vague et insignifiant, cet écrit envisagé sous ses divers points de vue, ne s'applique et ne peut raisonnablement s'appliquer qu'aux juges du concours collectivement; — Attendu que d'après cette appréciation du titre de l'écrit dont il s'agit et des faits qui n'auraient servi de base aux poursuites de la faculté de droit proprement dite, appréciation qui est confiée par la loi à la conscience des magistrats qui jugent le fond; l'arrêt attaqué ne présente la violation, ni la fausse application d'aucune loi, qui seules pourraient donner ouverture à cassation; — Donne acte à Crivelli de son intervention et y statuant ainsi que sur le pourvoi, rejette.

Du 12 sept. 1825.-C. C., sect. crim.-MM. Bailly, pr.-Brière, rap.

(3) *Espèce* : — (Chevreau et autres C. Ducasse.) — Sur la plainte en diffamation de Léonard Chevreau et consorts contre Ducasse, éditeur du Drapeau Blanc, la cour royale de Dijon jugea que les demandeurs étaient recevables dans leur plainte en diffamation ; — Statuant ensuite sur la plainte, elle acquitta le prévenu. — Mais elle prononça cet acquittement sans avoir déclaré que le prévenu ne s'était pas rendu coupable d'avoir imputé aux plaignants, par l'un des moyens énoncés en l'art. 1 de la loi du 17 mai 1819, un fait qui eût porté atteinte à leur honneur ou à leur considération. — Pourvoi en cassation pour violation de l'art. 13 de la loi du 17 mai 1819. — Arrêt (ap. dél. en ch. du cons.).

LA COUR; — Vu l'art. 13 de la loi du 17 mai 1819; — Attendu qu'il a été jugé par la cour royale de Dijon que les demandeurs étaient recevables dans leur plainte en diffamation; — Que, dès lors, le prévenu n'aurait pu être légalement renvoyé de leurs poursuites qu'autant qu'il aurait été jugé qu'il ne s'était pas rendu coupable de leur avoir imputé, par l'un des moyens énoncés en ladite loi du 17 mai, art. 1, un fait qui eût porté atteinte à leur honneur ou à leur considération; — Que cependant la cour royale, en acquittant le prévenu, n'a rien prononcé sur ces circonstances constitutives, d'après les art. 13 et 14 de ladite loi, du délit de diffamation; — Que cet acquittement a donc été, dans l'état de cet arrêt, une violation directe de l'art. 13 de ladite loi du 17 mai; — Casse, etc.

Du 3 août 1820.-C. C., sect. crim.-MM. Barris, pr.-Ollivier, rap.

prêter une signification en harmonie avec sa volonté. *In ambiguâ voce legis, ea potiùs accipienda est significatio quæ vitio caret, præsertim cùm etiam voluntas legis ex hoc colligi possit* (L. 19, ff., *De legib.*). — Et, par suite, il faut reconnaître que bien qu'une personne ne soit pas nommée dans une imputation de nature à porter atteinte à son honneur ou à sa considération, si elle est désignée d'une manière quelconque, pourvu qu'il n'y ait pas de doute sur l'intention de l'auteur de l'imputation, l'élément de diffamation existe. — L'art. 11 de la loi du 25 mars 1822 vient confirmer cette interprétation. Il y est dit que toute personne *nommée ou désignée* dans un journal ou écrit périodique aura le droit d'y faire insérer sa réponse. — Désigner une personne, pour le législateur, c'est donc la nommer. — Cette entente de la loi de 1819 qui s'appuie sur la première de toutes les autorités, la raison, est d'ailleurs conforme aux principes du droit romain, à la doctrine des jurisconsultes et à la jurisprudence. — Quant au droit romain, un sénatus-consulte voulait que, dans le cas où une imputation injurieuse n'était pas accompagnée du nom de la personne injuriée, l'action publique fût ouverte contre l'auteur de l'injure. Le motif de cette disposition était que la difficulté de la preuve aurait pu empêcher la partie intéressée de poursuivre le diffamateur. Du reste, la partie intéressée n'en avait pas moins le droit de poursuivre, mais seulement lorsque l'action publique n'avait pas été intentée. *Cùm nomen adjectum non est ejus, in quem factum est; tunc ei quia difficilis probatio est, voluit senatus publicâ questione rem vindicari. Cæterùm si nomen adjectum sit, et jure communi injuriarum agi poterit. Nec enim prohibendus est privato agere judicio, quod publico judicio præjudicatur : quia ad privatam causam pertinet. Planè, si actum sit publico judicio, denegandum est privatum : similiter ex diverso* (L. 6, ff., *De inj. et fam. lib.*). — Suivant Voët (Comment. *ad pand.*, lib. 47, tit. 10, n° 10), ce sénatus-consulte ne s'appliquait qu'à l'imputation écrite. — Mais quoi qu'il en soit de l'exactitude de cette interprétation que le texte précité ne paraît pas justifier, il n'en résulte pas moins que la désignation la plus détournée, lorsqu'elle était certaine, équivalait dans les principes du droit romain à l'indication nominale, mais que l'action publique ne devait être exercée que dans le cas d'imputation écrite. — Lorsque la désignation était incertaine aucune condamnation ne pouvait être prononcée : *si incertæ personæ convicium fiat nulla executio est* (L. 15, § 9, ff., *De inj. et fam. lib.*). — Du rapprochement de ces divers textes il suit que, bien que personne ne fût nommé dans une imputation injurieuse, la désignation pouvait être aussi certaine que si le nom avait été écrit ou prononcé.

840. Passons aux interprètes du droit français. — L'art. 6 d'un projet de loi sur les délits de la presse adopté par le conseil des Cinq-Cents, le 30 pluv. an 5, et rejeté par le conseil des Anciens, portait ce qui suit : « Lorsqu'une imputation offensante sera dirigée contre un individu *qui ne sera désigné que d'une manière indirecte*, comme par une ou plusieurs lettres de son nom, par des indications de lieu, de temps, de profession, de fonctions ou autres quelconques, celui qui se croira désigné aura action contre l'auteur de l'imputation, à moins que celui-ci ne déclare qu'il a entendu la diriger contre un autre individu qu'il nommera et qu'il n'imprime cette déclaration dans le plus prochain numéro de son journal, s'il en rédige un, et s'il n'en rédige point, par affiches qu'il remettra au nombre de trois cents exemplaires au plaignant. » — Portalis, le père, dans son rapport au conseil des Anciens sur ce projet (Choix de discours et de rapports, t. 16, p. 105), approuva la première partie de la disposition précitée, par le motif qu'il ne faut, en pareille matière, *admettre aucun subterfuge*, et critiqua vivement celle qui permettait au diffamateur de se disculper en faisant porter son imputation sur un être imaginaire ou sur un compère, ce qui nous paraît, en effet, dérisoire. — Portalis, qui *n'admettait aucun subterfuge* quant à la désignation de la personne diffamée, n'eût certainement pas hésité à décider que la loi de 1819 est applicable à toute désignation, quels qu'en soient les termes, qui ne laisse aucun doute raisonnable sur l'intention de son auteur. — Telle est aussi la doctrine de MM. Chassan, t. 1, p. 343 et suiv.; de Grattier, t. 1, p. 104; Grellet-Dumazeau, t. 1, p. 50; Bories et Bonassies, v° Diffamation, n° 43.

841. Enfin, il a été jugé en ce sens qu'un écrit peut être poursuivi comme diffamatoire, bien que la personne diffamée n'y soit pas désignée par son nom, si elle est indiquée de manière à ce qu'aucun doute raisonnable ne soit possible, ce qu'il appartient aux juges d'apprécier souverainement (Crim. rej. 19 août 1841) (1).

842. Une autre conséquence du même principe, c'est qu'il n'est pas nécessaire, pour constituer la diffamation, que le fait imputé soit directement personnel au plaignant. Une famille, une communauté, peuvent être diffamées dans la personne d'un seul de leurs membres, si l'imputation a été conçue de manière à rejaillir contre elles. — *Aut per semet ipsum alicui fit injuria, aut per alias personas; per semet, cùm directo ipsi cui patri-familias, vel matri-familias fit injuria. Per alias, cùm per consequentias fit.* (L. 1, § 3, ff., *De inj. et fam. lib.*). — C'est aussi ce qu'enseigne Voët (*Comm. ad pand. de inj. et fam. libell.*, n° 6). *Denique etiam abbati*, dit ce commentateur, *totoque monasterio per unum ex monachis, universæ familiæ per unum de familiâ contumeliis affectum, cognationi per unum cognatum injuria fit, quoties illa non ad singularem personam, sed ad familiæ, cognationisve aut sodalitatis jus ac honorem relationem habet.* — Ces principes ne paraissent pas contestables; mais il importe d'en bien déterminer le sens pour ne pas s'égarer dans leur application. — Nous avons vu que la diffamation indirecte n'est pas moins réprimée par la loi que la diffamation directe. Or, il s'agit encore ici d'une diffamation indirecte qui ne peut être appréciée avec exactitude que par l'intention du prévenu de diffamation. Ainsi, il est allégué qu'un membre d'une communauté ecclésiastique se livre habituellement et sans mystère à des actes de débauche dans l'établissement. Comme ce désordre accuse d'une complicité morale les chefs et même dans une certaine mesure tous les subordonnés, il paraît certain que la communauté entière pourra être considérée comme diffamée par cette imputation. — Mais si, au contraire, il est dit que de tels faits se passent hors de l'établissement, et lorsqu'un de ses membres sort sous prétexte de faire des démarches dans l'intérêt de la communauté, il n'y a là qu'une attaque personnelle qui ne peut donner à la communauté le droit de se plaindre, bien qu'il y ait une solidarité d'honneur incontestable entre tous ses membres. — Cet exemple, nous le pensons, suffit pour montrer dans quel sens doivent être entendus les principes ci-dessus rappelés.

843. A la vérité, le droit romain allait plus loin : il voyait une injure pour le mari dans celle faite à l'épouse, pour le père dans celle faite aux enfants, pour le beau-père dans l'injure adressée à la belle-fille, pour le maître dans celle reçue par l'esclave. *Per consequentias fit (injuria) : cùm fit liberis meis, vel servis meis, vel uxori, nuruive. Spectat enim ad nos injuria quæ in his fit, qui vel potestati nostræ vel affectui subjecti sint* (L. 1, § 3, ff., *De inj. et fam. lib.*). — Mais il nous paraît évident que ce mode de diffamation par voie de conséquence ou d'assimilation de personnes est incompatible avec les principes de notre droit (V. en ce sens M. Grellet-Dumazeau, t. 1, p. 37; V. aussi *infrà*, n° 1121, ce qui concerne les actions). — Il ne peut y avoir de diffamation, par voie de conséquence, de l'un ou de plusieurs membres de la famille, que lorsque l'imputation dirigée principalement, ou même en apparence, exclusivement contre l'un d'eux atteint en réalité d'autres membres de la même famille. — Ainsi supposons qu'on reproche publiquement à un mari d'avoir favorisé les rapports de sa femme avec un individu désigné, par un voyage fait dans ce but; ou bien qu'on blâme

(1) (Martin C. Min. publ.) — LA COUR; — ... Sur le troisième moyen, pris de la fausse application des art. 13, 18 et 19 de la loi du 17 mai 1819 : — Attendu que ces articles n'exigent point, pour leur application, que les personnes à qui sont adressées les imputations diffamatoires ou expressions outrageantes soient désignées par leur nom, et qu'en effet le préjudice qu'elles éprouvent est le même, lorsqu'elles sont indiquées de manière à ce qu'aucun doute raisonnable ne soit possible; que c'est là une appréciation de fait qui appartient aux cours royales; — Que, dans l'espèce, la cour royale de Paris ayant déclaré que de l'ensemble des deux articles incriminés il ressortait évidemment que ces articles, jugés par elle injurieux et diffamatoires, s'adressent à la partie civile, l'application qu'elle a faite au demandeur desdits articles a été parfaitement légale; — Rejette.

Du 19 août 1841.-C. C., ch. crim.-MM. Bastard, pr.-Vincens, rap.

un père d'avoir par sa lâche complaisance préparé son fils à commettre un crime que l'on donnerait à entendre. — Evidemment l'épouse, le fils ne seront pas moins diffamés que le mari et le père. — C'est dans cette limite aussi qu'il nous paraît que doit être renfermé le droit des héritiers en ce qui concerne les diffamations dirigées contre leur auteur. — Mais nous aurons bientôt à revenir sur cette question importante (V. nos 1121 et s.).

844. Nous avons dit plus haut (n° 697) que la présence de la personne outragée nous semblait être une des conditions de l'outrage et nous en avons donné les raisons; mais elles ne s'appliquent point à la diffamation; aussi pensons-nous que cette circonstance est entièrement indifférente pour la perpétration du délit qui nous occupe. — Telle est aussi l'opinion de MM. Chassan, t. 1, p. 378; de Grattier, t. 1, p. 183; Grellet-Dumazeau, t. 1, p. 53. — Le droit romain n'exigeait pas non plus la présence de la partie offensée. *Pati quis injuriam etiamsi non sentiat, potest: facere nemo, nisi qui scit injuriam facere, etiamsi nesciat cui faciat* (L. 3, § 2, ff., *De inj. et fam. lib.*).

Suivant la coutume de Bourgogne, l'injure verbale prononcée en l'absence de la personne offensée n'était punie qu'autant qu'elle était réitérée (*Consuet. ducatûs Burgundiæ*, Comment. de Chassane, p. 114). — Mais rien n'indique qu'un pareil principe puisse être invoqué en matière de diffamation. — V. *infrà*, nos 922 et suiv. en ce qui concerne les injures.

845. L'imputation d'un fait portant atteinte à la considération d'un corps est punissable, aux termes de l'art. 13 de la loi de 1819. Aussi y a-t-il beaucoup d'exemples d'actions en diffamation intentées par des sociétés commerciales contre des particuliers ou contre d'autres sociétés. Cela nous paraît sans difficulté. Il nous suffira donc de citer quelques décisions qui ont admis des actions en diffamation dirigées par des sociétés. — On peut voir dans ce sens l'arrêt rendu en faveur de la compagnie d'assurances *le Soleil* contre divers journaux (Paris, 27 août 1835, V. la Gazette des tribunaux du 28). — Un jugement du tribunal correctionnel de la Seine rendu en faveur de la société des Physionotypes contre le journal le Corsaire (24 fév. 1836, Gazette des trib. du 25). — Un jugement du même tribunal, rendu en faveur du journal le Constitutionnel contre la Quotidienne (14 mai 1829, Gazette des trib. du 15). — Il a été jugé aussi que l'imputation par la voie de la presse, contre une congrégation religieuse, même non autorisée, de faits injurieux, vrais ou faux, constitue le délit de diffamation, sauf au gérant à obtenir un sursis en justifiant de la dénonciation judiciaire des faits publiés (Angers, 24 mars 1842, aff. le Précurseur de l'Ouest, V. n° 1123).

846. *Influence de la vérité des faits diffamatoires.* — Il n'est pas nécessaire que les faits imputés soient faux pour qu'il y ait diffamation. — « La diffamation, disait le garde des sceaux de Serre, n'implique pas nécessairement la fausseté des faits; elle dénote seulement, d'une part, l'intention de nuire, et de l'autre, le dommage causé. » — « La calomnie, disait aussi M. de Broglie, est l'imputation à un tiers de faits faux, propres à le déshonorer; c'est un crime très-odieux sans doute, mais ce n'est pas à dire que la justice doive épargner celui qui déchire gratuitement son semblable, même lorsqu'il ne dirait que des vérités. » — Ici se présente une question qui nous eût paru assez simple avant le décret du 17 fév. 1852 (D. P. 52. 4. 56), mais à laquelle l'art. 28 de ce texte législatif nous semble donner beaucoup de gravité: c'est celle de savoir dans quelle mesure il est permis de rapporter les faits qui sont du domaine de l'histoire contemporaine. — Avant le décret, nous l'aurions résolue à l'aide d'une distinction facile: ou la personne qui se considère comme diffamée a agi dans un caractère public, ou elle a agi dans le cercle inviolable de la vie privée. — Dans le premier cas, l'historien avait la ressource de la preuve, et s'il la rapportait d'une manière satisfaisante pour les juges, il devait être renvoyé absous (L. 26 mai 1819, art. 20). Dans le second, il devait nécessairement être condamné, parce que l'histoire, l'histoire contemporaine surtout, ne doit s'appuyer que sur les faits de la vie publique des personnages qu'elle met en action. Mais le décret de 1852 (art. 28) déclare expressément qu'*en aucun cas* la preuve par témoins ne sera admise pour établir la réalité des faits injurieux ou diffamatoires.

A la vérité, cette disposition laisse encore à l'écrivain la faculté de la preuve littérale. Mais il en résulterait que toutes les fois que cette preuve n'est pas rapportée, l'auteur de l'assertion qui porte atteinte à l'honneur de la personne désignée doit être condamné. C'est là un principe rigoureux qui nous paraît devoir exercer une assez fâcheuse influence sur la liberté et la franchise des historiens, en ce qui touche les faits contemporains. — Ainsi, supposons qu'un acte de trahison ait eu lieu au moment de la catastrophe de Waterloo, par exemple, de telle façon qu'il n'y ait pas, comme preuve écrite, un jugement du conseil de guerre. Un officier supérieur aura surpris le plan d'attaque et l'aura communiqué au général en chef de l'armée ennemie. Des témoins dignes de foi auront rendu compte de ce fait à l'historien; et cependant il ne lui sera pas permis de le faire connaître et de signaler ainsi à la défiance du gouvernement un homme qui aura aussi gravement démérité de l'estime publique! Il n'aura pas le droit de stigmatiser son odieuse conduite! — Nous trouvons que c'est là une conséquence regrettable du décret de 1852.

847. En ce qui touche la vie privée, l'imputation d'un fait légalement constaté n'est pas moins une diffamation: *veritas convicii non excusat.* Cette règle était déjà suivie par l'ancienne jurisprudence, comme l'atteste un arrêt du 19 avr. 1670, rapporté par Boniface. — Il nous paraît donc certain que, bien que les faits diffamatoires soient constatés par des actes authentiques, des procès-verbaux, par exemple, ou des jugements, il n'est pas permis de les imputer publiquement à ceux qui les ont commis. — Toutefois on peut croire, au premier aperçu, qu'il existe une contradiction, sous ce rapport, entre les principes consacrés par la loi de 1819 et les paroles prononcées par son auteur principal, M. le garde des sceaux de Serre. — D'une part, en effet, on voit que l'art. 20 de la loi du 26 mai 1819 dit formellement que la preuve de la vérité des faits diffamatoires ne sera admise qu'à l'égard des personnes revêtues d'un caractère public, pour des faits relatifs à leurs fonctions, et jamais à l'égard des personnes privées. D'où il suit bien évidemment qu'à l'égard de ces personnes la vérité de l'imputation ne peut jamais servir d'excuse. — Mais, d'autre part, dans l'exposé des motifs de l'art. 20 précité, M. de Serre a dit cependant: — « Le prévenu de diffamation est traduit devant le jury. Pourrait-il se prévaloir de la vérité des faits allégués? Sera-t-il admis à en faire la preuve? Notre législation actuelle lui en a refusé le droit, sauf le cas infiniment rare où il est armé de la preuve légale du fait, sorte de preuve qui ne peut consister, comme on sait, que dans un acte authentique... *Le projet n'a point dû parler ici de la preuve légale. Il n'y a point diffamation, suivant la loi pénale, à répéter un fait généralement notoire et bien moins* lorsque cette notoriété prend sa source dans la publicité des actes de l'autorité. » — Considéré isolément, ce passage de l'exposé des motifs nous ramènerait aux conséquences fâcheuses de l'art. 368 c. pén., qui ne punissait que l'imputation à l'appui de laquelle la preuve légale n'était pas rapportée. — M. de Grattier, t. 2, p. 178, en conclut que « le législateur n'a pas voulu que les tribunaux fussent liés d'une manière absolue par le principe, et qu'il a eu l'intention de les investir d'un droit d'examen... On conçoit d'ailleurs, ajoute M. de Grattier, *loc. cit.*, que, lorsque le fait est jugé diffamatoire, la vérité de ce fait peut ne pas être une circonstance indifférente quant à l'appréciation du degré de perversité de la diffamation et à celle de la pénalité qu'elle mérite. » — Eh bien! nous croyons que c'est là, de la part de M. de Grattier, une erreur qui se révèle d'abord par la contradiction flagrante qu'elle établirait entre les principes de la loi et ses motifs, mais qui se démontre ensuite par l'enchaînement des propositions dont M. de Grattier ne nous paraît pas assez avoir tenu compte. Voici, quant à nous, ce que nous voyons dans l'exposé des motifs de M. de Serre. — L'art. 20 dont il développe l'esprit renferme deux dispositions entièrement différentes: l'une relative aux particuliers, l'autre concernant les personnes revêtues d'un caractère public. — Or, le passage qui a paru à M. de Grattier autoriser dans certains cas la preuve légale du fait imputé, s'applique exclusivement aux personnes revêtues d'un caractère public. Ce qui le prouve, c'est que M. de Serre s'y occupe des preuves à fournir devant le jury, et l'art. 14 de la loi du 26 mai 1819 porte expressément que les délits de diffamation verbale ou d'injure verbale contre toute personne et ceux de diffamation ou d'injure, par voie de publication quelconque, contre des particuliers, seront jugés par les tribunaux de police correctionnelle, sauf les cas attribués aux tribunaux de simple police. — Les paroles de M. de Serre, en ce qui touche la preuve légale, ne s'appliquent donc pas aux particuliers. — Pour eux il n'y a pas de preuve légale (V. en ce sens M. Grellet-Dumazeau, t. 1, p. 14 et 15). — M. Chassan (t. 1, p. 378, 2e éd.) est cependant d'avis « qu'il n'y a aucune diffamation lorsque, sur la foi des procès-verbaux dressés par des officiers de police, on se borne à annoncer les faits que ces procès-verbaux imputent à un ou plusieurs individus, et qu'on annonce leur arrestation, ...parce que, dans ces divers cas, il n'y a que l'énonciation d'un fait constaté authentiquement et qui tombe dans le domaine public. » — Nous n'admettons en aucune manière cette théorie. C'est introduire des distinctions arbitraires là où la loi n'en admet point. — Mais ce qui est toujours à considérer en pareil cas, c'est l'intention. Si l'intention de diffamer a existé, il importe peu, selon nous, que le fait qui sert à la réaliser soit ou ne soit pas constaté par des procès-verbaux. — Si, au contraire, l'auteur de l'imputation n'a été animé d'aucune mauvaise intention, l'un des éléments principaux du délit s'évanouit, et dès lors il ne peut y avoir de condamnation.

848. Il a cependant été jugé : 1° que ce n'est pas diffamer que de rendre compte d'une plainte déposée à l'autorité compétente, quand même la plainte viendrait à être reconnue plus tard calomnieuse. C'est ce qu'a décidé un jugement du tribunal de Troyes (V. Gazette des tribunaux, 21 janv. 1837); — 2° Qu'il n'y a pas diffamation à faire connaître, sur la foi de procès-verbaux dressés par des officiers de police, les faits imputés à un individu par ces procès-verbaux, et à annoncer l'arrestation de celui-ci, alors même qu'il serait plus tard renvoyé des poursuites (trib. corr. de Paris, 4 juin 1833, Gazette des tribunaux). — Mais ces solutions ne pourraient être approuvées, si les jugements qui les contiennent n'exprimaient formellement que l'intention des prévenus n'a point été de commettre une diffamation, ce qui, dans tous les cas, fait disparaître le délit.

849. Nous croyons qu'on doit, au contraire, approuver sans réserve un jugement qui a décidé qu'il peut y avoir diffamation dans le fait de celui qui, ayant obtenu contre un tiers une condamnation correctionnelle, publie cette condamnation au moyen d'une affiche manuscrite du jugement apposée à la porte de l'église, lorsque le jugement ne porte pas qu'il sera affiché (trib. corr. de Grenoble, 7 déc. 1826, V. Gazette des tribunaux, 2 janv. 1827).

850. Les observations qui précèdent font assez comprendre que ce serait bien vainement aussi que l'auteur de l'imputation ferait connaître la personne de laquelle il tient le fait qu'il a allégué (V. à ce sujet Voët, *Comment. ad pand. de inj. et fam. lib.*, n° 9; Carpzovius, *Pract. nov.*, *observ.* 97, p. 106). — La législation anglaise accueille cependant ce moyen de justification (Blackstone, t. 4, p. 205, note de Christian).

851. Ce que nous disons des procès-verbaux et des propos par ouï-dire est également applicable à la notoriété publique. Rien n'est d'ailleurs plus trompeur que cette notoriété. Que d'erreurs, que de mensonges sont passés à l'état de vérités notoires! Lorsqu'un fait sert d'aliment à la malignité publique, on peut être certain qu'à moins de circonstances très-favorables à la personne à qui il est imputé, ce fait deviendra bientôt une sorte de dogme inattaquable. Gardons-nous donc d'accorder à la notoriété une faveur qui n'est pas expressément commandée par la loi (V. dans ce sens Voët, *Comment. ad pand.*, tit. 10, lib. 47; M. Grellet-Dumazeau, t. 1, p. 15). — Dareau (Traité des injures, t. 1, p. 64) fait cependant à cet égard une distinction qui mérite d'être signalée, non à cause de son utilité actuelle, mais à cause de sa singularité relativement à nos mœurs. « Qu'on reproche, dit cet auteur, une espèce d'infamie à un homme qui fait profession de monter sur le théâtre, il ne sera point reçu à s'en formaliser, parce que sa réputation ne souffre nullement de ces propos, attendu qu'il est encore dans nos mœurs de regarder comme infâmes tous ceux qui font un métier du théâtre; mais qu'on aille lui imputer un vol, un homicide, c'est autre chose; il a lieu de s'en plaindre, parce qu'il est intéressant pour lui de ne point passer dans la société pour un homme capable d'en troubler l'ordre et la tranquillité. » — On comprend, sans qu'il soit besoin de l'exprimer, qu'une pareille théorie est aujourd'hui sans valeur. — En ce qui touche les effets de la notoriété, V. toutefois Faber, *Cod.*, *lib.* 9, *tit.* 2, 8; Clarus, paragraphe *fin.*, *quæst.* 62, n° 8; Carpzovius, *Def. for. part. cons.* 41, 5).

852. Il est des cas où l'intérêt d'une partie exige qu'elle divulgue des faits qui portent atteinte à l'honneur ou à la considération d'une personne. Il est manifeste que les dispositions relatives à la diffamation ne lui sont pas applicables. — Aussi les discours prononcés ou les écrits produits devant les tribunaux ne peuvent donner lieu à aucune action en diffamation (L. 17 mai 1819, art. 23, V. *infrà*, n°s 1171 et s.; V. aussi une décision rendue avant la loi de 1819, Poitiers, 12 nov. 1813, aff. Maillezac, v° Dénonciation calomnieuse, n° 34-2°). — A notre avis, la loi de 1819, en donnant sur ce point la plus grande latitude à la défense, ne permet même plus le doute à cet égard.

853. Mais avant d'introduire une instance, les parties sont quelquefois dans la nécessité de faire signifier des actes qui doivent, ce semble, jouir de la même faveur. — M. Chassan, t. 1, p. 360, enseigne que les faits consignés dans un acte extrajudiciaire signifié préalablement à une affaire civile, ne peuvent servir de base à une plainte en diffamation, qu'autant que l'acte extrajudiciaire n'est pas suivi de procès, et que, dans le cas contraire, il est considéré comme un écrit produit en justice. Nous ne pensons pas qu'il doive en être ainsi, et cela par deux raisons : la première, c'est qu'un acte d'huissier ne nous paraît pas être un des modes de publication prévus par la loi de 1819 (V. *infrà*, n° 869); la seconde, c'est qu'un délit ne saurait ainsi dépendre des événements ultérieurs. C'est l'intention au moment où il se commet qu'il faut considérer, et non les faits qui sont postérieurement survenus, faits qui peuvent être entièrement indépendants de la volonté de la partie. — Par suite, des imputations diffamatoires consignées dans un acte, signifié par huissier, servant de protestation extrajudiciaire, ne peuvent donner lieu à une action en diffamation, lors même que la protestation n'a pas été suivie d'une plainte. — V. cependant, n° 1374, un arrêt de la cour de cassation, du 11 vend. an 14.

854. Une dénonciation adressée à l'autorité compétente ne peut non plus donner lieu à une plainte en diffamation de la part de la partie dénoncée, soit que le jugement qui doit d'abord être rendu sur les faits de la dénonciation se trouve favorable ou contraire à cette partie; car, dans ce second cas, le dénonciateur n'est pas punissable, et, dans le premier, ce n'est pas l'action en diffamation autorisée par la loi de 1819 qu'il y a lieu de prendre, mais celle en dénonciation calomnieuse réservée par l'art. 373 c. pén. (V. en ce sens M. Chassan, t. 1, p. 360). — Toutefois, si la dénonciation n'était pas de nature à provoquer des poursuites judiciaires contre le dénoncé, ce ne serait pas la voie de la dénonciation calomnieuse, mais celle de la diffamation que celui-ci pourrait prendre (V. du reste, v° Dénonciation calomn., n° 22, et *suprà*, n° 833, notre observation en ce qui touche les conditions de publicité exigées par la loi de 1819). — Au reste, il a été décidé que si un individu traduit en police correctionnelle pour calomnie (aujourd'hui pour diffamation), dénonce au juge d'instruction les faits par lui imputés au plaignant, cette dénonciation reconnue fausse peut être considérée comme une circonstance aggravante (Crim. rej. 12 oct. 1816, aff. Quetel, V. *infrà*, n° 1504-4°). — En ce qui touche les suites de la dénonciation relativement au sursis, V. *infrà*, n°s 1337 et suiv.

855. Suivant un arrêt, celui qui, victime d'un vol, accuse publiquement un tiers, ne commet point le délit de diffamation, si, ayant dénoncé le délit, il est parvenu à faire condamner ce tiers : en un tel cas, il n'y a pas intention coupable de diffamer (Bordeaux, 14 avr. 1833) (1). — On a vu (n° 855) que nous allons plus loin et que nous ne faisons pas dépendre le caractère

(1) *Espèce* : — (Duvoyon C. Daubigeon.) — Le 22 oct. 1832, Duvoyon fit citer, devant le tribunal de police correctionnelle de Libourne Marie Daubigeon, qui l'avait accusé publiquement de s'être introduit chez elle et de lui avoir enlevé quelques gerbes de blé. — De son côté,

de la diffamation du résultat ultérieur, mais de l'intention de celui qui a publié un fait diffamatoire au moment même de l'imputation. — V. dans le sens de cette observation Rouen, 8 juill. 1818, aff. comm.-pris. de Rouen, v° Dénonciat. calomn., n° 38.

§ 2. — *De la publicité.*

856. Dans nos observations préliminaires sur les délits qui peuvent se commettre *par les divers moyens de publication*, nous avons développé les règles générales relatives à la publicité (V. n°s 533 et s.).—Nous n'avons à nous occuper ici que de l'application qui en a été faite en matière de diffamation.—Parmi les décisions que nous allons placer sous les yeux du lecteur, il en est plusieurs qui ont été rendues sous l'art. 367 (aujourd'hui abrogé) c. pén. — Ces décisions n'ont rien perdu de leur autorité, parce que, suivant l'article précité, l'un des caractères de la calomnie était que l'imputation calomnieuse se fût produite *dans des lieux ou réunions publics*, ce qui est aussi un des éléments de la diffamation, suivant la loi de 1819. — Il est à observer cependant que le code pénal (art. 367) admettait comme suffisante la *publicité* résultant d'un *acte authentique* et que la loi de 1819 n'a pas imité cette disposition.

857. Suivant la jurisprudence, on doit considérer comme *lieux publics*, dans le sens des lois répressives de la calomnie ou de la diffamation : 1° une rue, une place (Crim. cass. 26 mars 1813, aff. Ricci, V. n° 865); — 2° Une salle de spectacle (Crim. cass. 2 juill. 1812 (1). — Conf. MM. Parant, p. 69; Chassan, t. 1, p. 44; de Grattier, t. 1, p. 121). — Mais une salle de spectacle cesse d'être publique lorsqu'elle n'est plus ouverte au public (V. MM. Parant, p. 69; Chassan, t. 1, p. 45; de Grattier, t. 1, p. 121). Cette observation s'applique à tous les lieux qui ne sont pas ouverts au public d'une manière permanente; — ... 3° Une salle d'audience (Crim. cass. 19 nov. 1829, aff. Mestivier, V. n° 1196; V. toutefois n°s 869-7°, 932-4°);— ...4° La salle de bains d'un hôpital (Angers, 4 janv. 1824, aff. Boulay, V. n° 651-2°. — Conf. M. de Grattier, t. 1, p. 121, note); — ... 5° Une classe d'un collége composé d'externes et d'internes. Par suite, le délit de diffamation ou d'injure, commis par un professeur au milieu de cette classe, doit être réputé public, dans le sens de la loi du 17 mai 1819; et c'est à tort que ce caractère de publicité lui a été dénié par un arrêt de la chambre d'accusation (Crim. cass. 9 nov. 1832, MM. Ollivier, f. f. de pr., Gilbert-des-Voisins, rap., Parant, av. gén., aff. Min. pub. *C.* Joubert; V. en ce sens MM. Parant, p. 70, n° 7; Chassan, t. 1, p. 45; de Grattier, t. 1, p. 121; Chauveau et Hélie, t. 6, p. 119); — ... 6° Le greffe d'un tribunal : en conséquence l'exposition qui y serait faite d'un écrit ou d'un dessin coupable dans le sens de l'art. 1 de la loi du 17 mai 1819, peut donner lieu à des poursuites (Crim. rej. 4 sept. 1825 (2); V. en ce sens MM. Parant, p. 81; Chassan, t. 1, p. 45 et 372; de Grattier, t. 1, p. 121, n° 1; Chauveau et Hélie, t. 6, p. 119). — Il a même été jugé que le fait de consigner sur les registres du greffe une plainte ou acte injurieux pour un individu constitue la diffamation (Crim. cass. 22 août 1828) (3). Mais, à notre sens, il n'y a pas là pu-

---

la dame Daubigeon assigna Duvoyon devant le même tribunal, sous la prévention du vol d'une certaine quantité de gerbes de blé.

Le tribunal, ayant joint les instances, rendit un jugement par lequel il relaxa la dame Daubigeon de la plainte en diffamation portée contre elle par Duvoyon, et déclara celui-ci coupable du vol à lui imputé. — Appel par Duvoyon. — Arrêt.

LA COUR ; — En ce qui touche la plainte en diffamation : — Attendu que Marie Prévot ayant dénoncé le vol qu'elle imputait à Duvoyon, ce dernier en a été jugé coupable; que, dès lors, l'art. 25 de la loi du 26 mai 1819 a dû être appliqué ; — Attendu que, lorsqu'il s'agit de la prévention d'un délit de diffamation, il faut qu'une intention coupable ait dirigé les actes matériels desquels on en fait résulter l'existence; que, si ce concours n'existe pas, le fait incriminé n'est passible d'aucune peine; — Que, dans l'espèce, ce n'est pas un esprit d'injure qui a dicté à Marie Prévot les propos publiquement proférés par elle et contenant l'imputation ci-dessus ; — Adoptant, en outre, les motifs des premiers juges, met l'appel au néant.

Du 14 avr. 1833.-C. de Bordeaux, ch. corr.-M. Poumeyrol, pr.

(1) *Espèce :* — (Min. pub. *C.* Broudetta.) — Il s'agissait d'une imputation de faux, faite par Broudetta à un huissier, dans une salle de spectacle. Le tribunal correctionnel n'avait pas trouvé dans ce fait la publicité nécessaire pour donner lieu à l'application, soit de l'art. 371, soit de l'art. 375 c. pén.—Pourvoi.—Arrêt.

LA COUR ; — Vu les art. 367, 371 et 375 c. pén.; — Attendu que, par le jugement dont la cassation est demandée, le tribunal correctionnel a reconnu et déclaré en fait que Broudetta avait imputé à un huissier un faux déterminé, et que cette imputation avait été proférée dans une salle de spectacle, qui est évidemment un lieu public; — Attendu que ni l'art. 367, ni l'art. 375 c. pén., en caractérisant comme coupable du délit de calomnie celui qui, dans des réunions ou lieux publics, profère l'une des imputations spécifiées dans ces articles, n'ont distingué le cas où cette imputation est entendue d'un grand nombre de personnes et acquiert de la publicité, de celui où elle n'est entendue que de deux ou même d'une seule personne; — Que, dans ces dispositions de la loi, le délit est déterminé par la nature seule du lieu où l'imputation est proférée, sans aucune limitation ni restriction ; — Qu'il suit de là que, dès que le tribunal reconnaissait et déclarait que l'imputation avait eu lieu dans une salle de spectacle, au moment où le public y était assemblé, soit qu'il la considérât comme portant sur un des faits spécifiés par l'art. 371, soit qu'il la restreignît aux expressions indiquées par l'art. 375, il devait nécessairement juger le délit, soit de calomnie, soit d'injures ou expressions outrageantes, comme commis dans un lieu public; — Qu'en écartant le double caractère de gravité et de publicité, et en assimilant l'imputation du fait déclaré aux injures, qui, suivant l'art. 567 c. pén., ne sont passibles que des peines de police simple, le tribunal a fait une fausse application dudit article, et a formellement contrevenu aux dispositions des art. 367, 371 et 375 c. pén. ; — D'après ces motifs, casse, etc.

Du 2 juill. 1812.-C. C., sect. crim.-MM. Barris, pr.-Lamarque, rap.

(2) (Morel *C.* Min. pub.) — LA COUR ; — Attendu sur le deuxième moyen, que le greffe du tribunal peut être considéré comme un lieu public; que l'exposition qui y serait faite d'un écrit, d'un dessin, etc., peut donc devenir un moyen de publication qui rentre dans l'application de l'art. 1 de la loi du 17 mai 1819.— Attendu que dans l'état des faits, tels qu'ils ont été reconnus et appréciés par le tribunal de Bourg, la condamnation que ce tribunal a prononcée contre le demandeur n'est point une violation ni une fausse application de la loi ; — Rejette le pourvoi formé contre le jugement du tribunal de Bourg du 4 juillet dernier.

Du 4 sept. 1825.-C. C., sect. crim.-MM. Bailly, pr.-Cardonnel, rap.

(3) *Espèce :* — (Clin *C.* Dienne.) — 25 sept. 1827, le sieur Clin dépose au greffe du tribunal de Cambrai une plainte en faux contre Me Dienne, avoué. — Ordonnance de la chambre du conseil, portant qu'il n'y a lieu à suivre : aucune suppression de la plainte n'est ordonnée, et il n'est fait aucune réserve de l'action en diffamation. — Néanmoins, action en diffamation de la part de Me Dienne. — Le tribunal correctionnel de Cambrai condamne Clin à 50 fr. d'amende et à 600 fr. de dommages-intérêts, comme coupable d'avoir diffamé publiquement Me Dienne. — Appel de Clin, fondé sur ce que la plainte doit être réputée écrit produit en justice et ne peut être l'objet de poursuites. — 21 juin 1828, arrêt de la cour de Douai qui rejette l'exception de Clin, et, toutefois, réduit la condamnation à 5 fr. d'amende et 300 fr. de dommages-intérêts envers Me Dienne, en se fondant sur ce qu'un greffe n'est pas un lieu public; qu'ainsi Clin est coupable de simple injure, c'est-à-dire d'une simple contravention de police aux termes de l'art. 20 de la loi du 17 mai 1819. — Pourvoi de la part de Clin : — 1° Violation de l'art. 23 de la loi du 17 mai 1819 qui veut que les écrits produits devant les tribunaux ne donnent lieu ultérieurement à une action en diffamation ou en injures, qu'autant qu'elle aurait été réservée par le juge devant lequel l'écrit prétendu diffamatoire a été produit. Dans l'espèce, la plainte en faux à raison de laquelle la cour de Douai a condamné le sieur Clin, était un écrit produit en justice; en déclarant qu'il n'y avait lieu à suivre sur cette plainte, la chambre du conseil ne l'a pas supprimé; elle n'a pas non plus réservé l'action publique; dès lors, cette action était éteinte; — 2° Violation des art. 162 et 194 c. inst. crim. en ce qu'il a été condamné en tous les dépens quoiqu'il n'ait été déclaré coupable que de simple injure. — On répondait pour Me Dienne, défendeur, quant au reproche fait à la cour de Douai d'avoir violé l'art. 23 de la loi du 17 mai 1819, qu'une distinction devait être établie entre les écrits produits dans une instance contradictoire où la partie offensée a pu en demander la suppression avec dommages-intérêts ou du moins se faire réserver son action et les écrits produits à l'appui d'une plainte qui ne parvient pas au jour de l'audience et n'a été l'objet d'aucun débat. — L'art. 23 de la loi du 17 mai ne s'applique qu'au premier cas; et l'on ne saurait interdire, sous le prétexte qu'elle n'a point été réservée, l'action en diffamation à raison d'une plainte que son caractère évident de calomnie aura fait écarter par la chambre du conseil, avant qu'elle soit parvenue à la personne qui y est diffamée ou sans qu'elle ait encore été à même de réclamer contre les imputations calomnieuses qu'elle renferme. — Dans tous les cas, continuait-on, si l'arrêt attaqué a encouru la censure, ce n'est certes point parce qu'il a condamné le sieur Clin, c'est parce qu'il a usé envers lui d'une indulgence qui a dégénéré en une violation

blicité suivant l'art. 1 de la loi de 1819, parce qu'il n'y a ni prolation (quelques auteurs écrivent *profération*, ce qui est contraire à l'analogie; de référer, *relation*, de transférer, *translation*), ni vente, ni distribution, ni exposition aux regards; — 7° Les bureaux d'une sous-préfecture (Crim. rej. 4 août 1826, aff. Duverd, V. *infrà*, n° 1394); — 8° Les bureaux des employés des chemins de fer, dans les stations, ainsi que les stations dont ils font partie, bien qu'ils ne soient pas ouverts au public, mais accessibles seulement aux personnes étrangères à l'administration, qui ont des renseignements à demander pour objet de service (Crim. rej. 28 avr. 1843) (1). — Cette décision nous semble conforme aux principes établis par la jurisprudence. En effet, bien que les bureaux des employés ne soient pas des lieux publics dans l'acception ordinaire de ce mot, on ne peut pas non plus considérer, à proprement parler, la réunion des employés qui les occupent, comme ces réunions de famille ou d'amis que l'on a exceptées de l'application de la loi de 1819. Il ne s'agissait pas de propos qui auraient été tenus entre quelques individus, et qui auraient échappé aux dispositions de la loi, mais il y avait eu affiche de l'arrêté diffamatoire qui se trouvait par là porté à la connaissance de tout le personnel de l'administration, circonstance qui constituait déjà à un certain degré la publicité et de laquelle pouvait résulter pour l'individu nommé dans l'affiche un grave préjudice. — Si l'on considère, en outre, que les bureaux étaient accessibles aux personnes étrangères à l'administration qui se présentaient pour demander des renseignements au sujet du service, on conçoit que, bien que le public n'y fût pas admis ensemble et sans distinction, chacun avait néanmoins le droit de s'y introduire, et que les faits diffamatoires pouvaient, devaient même acquérir le même degré de publicité que si le public eût été admis en masse. On a pu, et on a dû, dès lors, dire qu'il y avait eu publicité (V. MM. Parant, p. 96; Chassan, t. 1, p. 371); — 9° Une *auberge* (V. n° 651-3°, mais V. n° 863).

858. Les propos diffamatoires tenus dans la salle des délibérations du conseil municipal peuvent, suivant les circonstances, être réputés tenus dans un lieu public, dans le cas, par exemple, où les membres du conseil et les propriétaires les plus imposés étaient présents (Orléans, 18 juill. 1835) (2). — Toutefois, il a été décidé que l'outrage adressé au maire dans le sein du conseil municipal, ayant été commis sans publicité, n'a pas, lors même qu'il résulterait d'une imputation de faits précis, le caractère du délit de diffamation (Riom, 16 juill. 1830 (3); Crim. rej.

---

de la loi, puisqu'au lieu de lui appliquer les peines de la diffamation qu'il avait justement encourues, il n'a prononcé contre lui qu'une amende de simple police, sur le motif erroné en droit, et contraire à la jurisprudence de la cour, que le greffe d'un tribunal n'est pas un lieu public. — En ce point-là, ajoutait-on après avoir établi que la diffamation avait été publique, il est vrai de dire qu'il y a lieu à cassation de l'arrêt de la cour d'appel; mais le sieur Clin est sans intérêt, et, partant, sans qualité pour la requérir; elle ne pourrait l'être que par le ministère public et dans l'intérêt de la loi. — Arrêt (ap. délib. en ch. du cons.).

LA COUR; — Sur le premier moyen de nullité présenté par Melchior Clin, attendu que Dienne n'avait aucun procès personnel avec Clin, et qu'il résulte, tant du jugement de première instance que de l'arrêt attaqué, que les imputations et injures étaient contenues dans une plainte qui n'était point un acte de procédure et que, dès lors, sous aucun rapport, l'art. 25 de la loi du 17 mai 1819 ne pouvait être opposé contre l'action correctionnelle intentée par Dienne contre Clin. — Sur le deuxième moyen de nullité, — Attendu que Melchior Clin a été déclaré, par l'arrêt attaqué, coupable d'injures; qu'il a été condamné, en conséquence, à une amende et à des dommages-intérêts envers Dienne; qu'ainsi, et en conformité des art. 162 et 194 c. inst. crim., il devait être condamné en tous les dépens qu'il avait occasionnés; — Attendu, d'ailleurs, que l'arrêt ne contient aucune aggravation de peine contre Clin; mais une atténuation dont il ne pourrait se plaindre; — Rejette, etc.

Statuant sur le réquisitoire d'office de l'avocat général pour le procureur général; — Vu l'art. 442 c. inst. crim. et les art. 15, 18 et 20 de la loi du 17 mai 1819; — Attendu que le tribunal de première instance de Cambrai avait déclaré Melchior Clin coupable d'avoir diffamé publiquement Me Dienne, avoué, en faisant consigner, dans les registres du greffe de Cambrai des imputations calomnieuses de nature à porter atteinte à son honneur et à sa considération; — Que, sur l'appel, la cour d'appel de Douai a reconnu lesdits faits et leur qualification; qu'elle a seulement retranché la circonstance de publicité et a réduit, par ce motif, la diffamation à une simple injure; — Mais, attendu que l'acte contenant les imputations calomnieuses était consigné dans un registre authentique déposé dans un greffe de tribunal, qui est un lieu public de sa nature et par sa destination; que, dès lors, il y avait lieu à l'application des art. 15 et 18 de la loi du 17 mai 1819; d'où il suit qu'il y a eu, dans l'arrêt attaqué, violation desdits articles et fausse application de l'art. 20 de la même loi; — En conséquence, casse, dans l'intérêt de la loi seulement, l'arrêt rendu, le 21 juin 1828, par la cour d'appel de Douai, chambre correctionnelle.

Du 22 août 1828.-C. C., ch. crim.-MM. Bailly, f. f. de pr.-Brière, rap.-Fréteau, av. gén., c. conf.-Dalloz, av.

(1) *Espèce* : — (Comp. du chemin de fer de Strasbourg à Bâle C. Schwartz.) — Le conseil d'administration du chemin de fer de Strasbourg à Bâle a pris, le 28 avr. 1842, un arrêté portant que le garde-convoi Schwartz cesserait immédiatement de faire partie du personnel de l'administration, pour avoir effectué des transports à l'insu de ses chefs et s'en être attribué le profit. L'administration ordonnait, en outre, que Schwartz restituerait le prix des transports indûment effectués, et que son arrêté serait affiché dans les principales stations du chemin de fer. L'affiche eut lieu en effet, mais seulement dans l'intérieur des bureaux des employés. Schwartz a considéré ce fait comme une atteinte publique à sa réputation et a porté plainte devant le tribunal correctionnel de Schlestadt. Ce tribunal, considérant que les bureaux des employés n'étaient pas un lieu public, a renvoyé les prévenus de la plainte; mais, sur l'appel, la cour d'appel de Colmar a reconnu que, bien que ces bureaux ne fussent occupés que par les employés de l'administration, il était constant qu'ils étaient accessibles à ceux qui, étrangers à l'administration, étaient dans le cas de s'adresser aux employés pour objet de service, et que, dès lors, il y avait eu publicité.

Pourvoi pour fausse application de la loi du 17 mai 1819 (art. 1, 2 et 14), en ce que les bureaux de ces employés, bien qu'accessibles aux personnes qui auraient à demander des renseignements, n'étaient jamais ouverts à la foule, et, dès lors, ne pouvaient être considérés comme lieux publics. — L'administration a considéré la doctrine admise par l'arrêt attaqué comme entraînant des conséquences graves. Elle aurait, en effet, pour résultat, a-t-elle dit, de faire considérer comme lieu public, toute habitation privée, et jusqu'au cabinet particulier de chaque citoyen, car il n'est aucune localité qui ne soit accidentellement et même ordinairement accessible aux personnes qui se présentent pour une réclamation spéciale et déterminée; il faudrait dire, par exemple, que le cabinet d'un avocat est un lieu public; une doctrine qui conduit à de telles conséquences, ne peut évidemment être admise. On ne doit considérer un lieu comme public, que lorsqu'il est ouvert à tout le monde, pris ensemble ou isolément. Elle ajoutait que le moyen qu'elle avait employé, était le seul efficace tant pour assurer la sécurité des voyageurs et garantir sa responsabilité que pour la moralité de ses employés. — Arrêt.

LA COUR; — Attendu, sur le moyen proposé dans le mémoire, que, d'après leur destination, les stations des chemins de fer doivent être considérées comme des lieux publics; qu'il n'y a aucune distinction à faire pour la partie de ces stations qui est particulièrement destinée à servir de bureau aux employés, lorsque, comme cela est reconnu en fait par l'arrêt attaqué, elle est accessible aux étrangers qui sont dans le cas de s'adresser aux employés pour objets de service; — Attendu, sur le moyen proposé à l'audience, que la conduite des demandeurs envers la partie civile a été déclarée répréhensible par l'arrêt attaqué; qu'ils ne peuvent donc soutenir devant la cour qu'ayant agi de bonne foi, ils n'ont commis aucun délit; — Rejette.

Du 28 avr. 1843.-C. C., ch. crim.-MM. Crouseilhes, pr.-Vincens, r.

(2) (Robier C. Chabaut.) — LA COUR; — Considérant que la loi qui punit la diffamation publique, en ne déterminant pas les caractères de la publicité, a laissé aux tribunaux le soin d'apprécier les faits desquels elle peut dériver; — Considérant que la solution de la question de savoir si la salle dans laquelle délibère un conseil municipal est un lieu public, et si une injure proférée dans un tel lieu, doit être considée comme proférée publiquement, dépend essentiellement des circonstances qui ont accompagné le fait et nullement de la destination ordinaire de cette salle; — Considérant qu'il est justifié qu'au moment où Robier a qualifié de voleur Chabaut, il se trouvait en présence non-seulement des membres du conseil municipal, mais encore des propriétaires les plus imposés; qu'ainsi, un grand nombre de personnes ont été témoins de l'imputation, qui, par là, a eu le caractère de publicité constitutif du délit prévu par la loi; — Confirme, etc.

Du 18 juill. 1835.-C. d'Orléans, ch. corr.-M. Boyard, pr.

(3) Juhle C. Gaucherand et Charbonnier.) — LA COUR; — Attendu que, pour qu'il y ait diffamation dans le sens de la loi, il faut que les faits imputés présentent le double caractère de gravité et de publicité; — Considérant que les faits sont infiniment graves, mais que le lieu où ils ont été articulés ne saurait leur imprimer le caractère de publicité qu'exige la loi, pour les faire considérer comme diffamatoires, parce que le local destiné à recevoir un conseil municipal est un lieu secret; que la réunion de ce conseil est une assemblée de famille appelée à délibérer sur des objets

17 mai 1845, aff. Rhéville, D. P. 45. 1. 347). — L'outrage est, dans ce cas, punissable conformément à l'art. 222 c. pén. — Pour ce qui concerne les actions en diffamation auxquelles peuvent donner lieu les délibérations des conseils municipaux, V. *infra*, nos 1167 et suiv.

859. Ne doivent pas être réputés des lieux publics : 1° une *boutique*, et spécialement celle d'un maréchal ferrant (Crim. rej. 15 mars 1832, aff. Gimbert, V. n° 651-1°; V. cependant *infra*, n° 866); — 2° Un *presbytère* (Crim. cass. 2 août 1816) (1); — 3° La cour d'un presbytère, encore bien qu'elle servirait de lieu de dépôt au bois destiné à des troupes en cantonnement (Crim. cass. 1er mars 1835, aff. Guegüen, V. n° 941-1°. — Conf. MM. Parant, p. 70; Chassan, t. 1, p. 49; de Grattier, t. 1, p. 121); — 4° Une *diligence* allant d'une ville à une autre (Crim. rej. 27 août 1831) (2). — M. Parant (p. 70) semble approuver cette décision, car il la cite sans observation. — MM. Chassan (t. 1, p. 47) et de Grattier (t. 1, p. 121, note) sont, au contraire, d'avis qu'une voiture publique doit être réputée un lieu public, parce qu'elle est accessible à tout venant qui se présente pour y occuper des places vacantes. — Pour nous, nous avons peine à retrouver les caractères d'un lieu public dans le compartiment à six places d'une voiture publique. — Que l'on soit peu exigeant pour le nombre des auditeurs dans une rue, dans un marché, dans une promenade, on le comprend plus aisément, parce que, souvent dans les maisons qui bordent ces lieux de passage, on a pu entendre les propos diffamatoires. Il y a dans cette situation quelque chose de vague, d'indéterminé qui nous semble en rapport avec la signification du mot *public*. Il n'en est pas de même des compartiments d'une voiture publique qui n'admettent qu'un nombre invariable et toujours très-restreint de voyageurs. — Il est aussi à remarquer qu'à moins que la voiture ne soit au repos, le bruit des roues empêche presque toujours que la plupart des personnes présentes puissent entendre ce qui se dit. — D'après ces raisons, nous ne classerions pas les voitures publiques parmi les *lieux publics*, parce que si la voiture est publique en ce sens que, moyennant le payement de sa place, toute personne peut y être reçue, elle ne constitue pas un lieu constamment ouvert au public, et qu'il ne saurait non plus y avoir dans de telles conditions des réunions publiques. — Toutefois, nous penserions autrement s'il s'agissait de propos tenus à haute voix dans un wagon de chemin de fer qui peut contenir jusqu'à quarante personnes à la fois.

860. Le domicile d'un juge de paix n'est pas un lieu public, du moins lorsque ce magistrat n'y procède à aucun acte public de son ministère; par suite, une imputation de vol, proférée, un dimanche, dans la maison d'un juge de paix, mais non un jour d'audience, doit être considérée comme ayant eu lieu dans une maison particulière (Metz, 18 oct. 1817; Riom, 24 déc. 1829) (3).

861. Ne sont pas non plus des lieux publics : 1° une prison

---

d'intérêt public dans laquelle ne pouvaient être admis que les membres qui le composent; — Considérant que Charbonnier, interrogé à l'audience de la cour sur ces différents faits, et sommé de déclarer comment ils étaient parvenus à sa connaissance, a répondu qu'il les avait appris dans le public, et n'a pu désigner les personnes desquelles il les tenait; — Que pressé de s'expliquer sur les époques où ces faits avaient eu lieu, il leur a donné des dates très-anciennes, et remontant, le premier à vingt ans, et les autres à dix ou douze ans; d'où il résulterait que ces faits seraient prescrits, et que, dans le cas où la preuve ne pourrait être admise, il serait impossible d'établir la vérité des faits allégués; — Considérant que si ces faits n'ont point eu le caractère de publicité voulu par la loi, pour en induire qu'ils sont diffamatoires, ils constituent néanmoins, de la part de Charbonnier, à l'égard du sieur Julhe, des injures extrêmement graves et répréhensibles, prévues par l'art. 20 de la loi du 17 mai 1819, et par le n° 11 de l'art. 471 c. pén.; — En ce qui touche Gaucherand : — Attendu qu'il résulte de la procédure que le 9 nov. 1829, jour auquel était convoqué le conseil municipal pour l'installation des nouveaux membres, il a eu avec Charbonnier une conversation à ce sujet; que tout annonce, dans l'instruction, qu'il aurait provoqué à commettre le délit qui lui est reproché; qu'il l'a préparé et facilité avec connaissance, et que ledit Gaucheraud paraît avoir agi de concert avec Charbonnier, et que dès lors il doit être considéré comme son complice, et condamné aux mêmes peines, suivant les dispositions des art. 59 et 60 c. pén.; — Par ces divers motifs, émendant, etc.

Du 16 juill. 1830.-C. de Riom, ch. corr.-M. Verny, pr.

(1) (Duchemin et Chrétien *C.* min. publ.) — LA COUR; — Vu l'art. 410 c. inst. crim., qui autorise la cour de cassation à prononcer l'annulation des jugements ou arrêts qui auront prononcé une peine autre que celle appliquée par la loi; — Vu encore l'art. 367 c. pén.; — Vu aussi les art. 371, 375 et 376 du même code; — Attendu qu'il résulte des articles du code pénal ci-dessus cités, qu'il ne peut y avoir lieu à l'application des peines portées par la loi contre le délit de calomnie, pour des propos injurieux et outrageants, que lorsqu'ils réunissent les caractères de gravité et de publicité déterminés par les art. 367 et 371; et qu'à défaut de ce double caractère, il ne peut y avoir lieu qu'à des peines de simple police; — Attendu qu'il résulte des faits constatés par le tribunal de première instance, et adoptés par le tribunal d'Evreux, dans le jugement attaqué, que les propos injurieux et outrageants imputés aux demanderesses, ont été proférés dans le domicile du sieur Goujon, prêtre desservant de la paroisse; — Que les tribunaux de première instance et d'appel ne sont parvenus à faire sur ce fait l'application de l'art. 367, qu'en supposant que le logement destiné à l'habitation du curé est nécessairement un lieu public; — Attendu que les lieux publics ne sont que ceux destinés à la réunion du public ou à l'usage de tous les particuliers, que le presbytère où la maison occupée par le curé ou par le prêtre desservant la paroisse n'est destiné qu'à son logement ou à celui de sa famille, et non pas à l'exercice de son ministère; que cette habitation est pour le desservant un lieu privé dont il jouit pour ses usages personnels, qu'il peut ouvrir ou fermer à sa volonté, et qui n'a, sous aucun rapport, le caractère d'un lieu public; — D'où il suit que le tribunal d'Evreux a fait une fausse application de l'art. 367 ci-dessus cité, en condamnant les demanderesses aux peines portées par l'art. 371, pour des faits qui n'avaient pas des caractères déterminés par cette loi; — Par ces motifs, casse.

Du 2 août 1816.-C. C., sect. crim.-MM. Barris, pr.-Audier, rap.

(2) (Min. pub. *C.* l'abbé Pelegrin.) — LA COUR; — Attendu qu'une voiture publique allant d'une ville à une autre n'est pas, par sa nature, un lieu ouvert à tout le monde, un lieu accessible à tous allants et venants; qu'elle n'est donc pas nécessairement un lieu public; qu'ainsi la cour royale de Nîmes, chambre des mises en accusation, en confirmant l'ordonnance de la chambre du conseil du tribunal de première instance de Carpentras, et en jugeant que les propos diffamatoires envers le conseil municipal et la garde nationale de Bollène, tenus dans la voiture dont il s'agit par l'abbé Pelegrin à l'un de ses compagnons de voyage, en présence de trois autres voyageurs, ne présentent pas les caractères de publicité exigés par l'art. 1er de la loi du 17 mai 1819, n'a point violé ledit article de la loi; — Par ces motifs, rejette, etc.

Du 27 août 1831.-C. C., ch. crim.-MM. Ollivier, pr.-Chantereyne, r.

(3) 1re *Espèce* : — (N... *C.* D...) — LA COUR; — Attendu que si, comme on n'en peut douter d'après les preuves retenues au procès, l'appelant s'est permis d'adresser à l'intimé les propos injurieux rappelés en la plainte de celui-ci et au jugement rendu par le tribunal correctionnel de Charleville, le 14 juillet dernier, ces injures ne constituent pas néanmoins le délit de calomnie caractérisé par l'art. 367 c. pén., puisqu'en effet, si l'on doit, sous certains rapports, considérer le domicile d'un juge de paix comme un lieu public, en ce sens que l'accès en est ouvert à tous les citoyens, et qu'il a même la faculté d'y tenir ses audiences, cependant, dans la circonstance où les injures en question ont été proférées, le juge de paix n'était pas, à proprement parler, dans l'exercice de ses fonctions, mais ne remplissait alors qu'un bon office et non un ministère officiel, et n'agissait, en un mot, ni comme juge, ni comme conciliateur, ce qu'il a reconnu lui-même, 1° en ce qu'il n'était point assisté de son huissier ni de son greffier; 2° en ce qu'il n'a ni rendu aucun jugement, ni recueilli les dires des parties, ni même dressé aucun procès-verbal de l'irrévérence commise en sa présence, ce qu'il n'eût pas manqué de faire, s'il se fût considéré comme exerçant en ce moment l'une ou l'autre des fonctions à lui attribuées par la loi; — Attendu en conséquence et dans l'espèce actuelle, que les injures dont est question rentrent dans la classe de celles qualifiées et punies d'une peine de simple police par l'art. 471, § 11, c. pén.; — Attendu que, dans cet état de choses et aucune des parties, civile ou publique, n'ayant demandé le renvoi de la cause devant le tribunal de police municipale, c'est le cas, de la part de la cour, d'user du droit à elle accordé par l'art. 213 c. d'inst. crim.; — Attendu enfin, et quant au fond, que les injures adressées à l'intimé par l'appelant n'ayant eu aucune publicité, et l'intimé ne prouvant point d'ailleurs qu'elles lui aient fait aucun préjudice ni porté aucune atteinte à sa réputation, il ne paraît point dès lors dans le cas de réclamer des dommages-intérêts; — Par ces motifs a reçu l'appel interjeté par la partie de Parant, du jugement rendu par le tribunal correctionnel de Charleville, le 14 juill. dernier; et y faisant droit, ainsi que sur les réquisitions de l'av. gén. pour le proc. gén., annule ledit jugement; et statuant par jugement nouveau, lecture faite publiquement de l'art. 471, n° 11, précité, du c. pén. ainsi conçu : ... — Condamne l'appelant, pour raison du délit ci-dessus mentionné et spécifié, en 5 fr. d'amende envers le roi, et pour tous dommages et intérêts envers la partie d'Oulif, en tous les dépens de cause principale et d'appel, ainsi qu'en ceux de la partie publique.

Du 18 oct. 1817. — C. de Metz.

Crim. rej. 31 mai 1822, aff. N..., arrêt cité par M. Parant, p. 70; V. aussi MM. Chassan, t. 1, p. 49; de Grattier, t. 1, p. 124); — 2° Un clos de vignes appartenant à plusieurs particuliers. On serait également mal fondé à prétendre qu'au jour où l'on en fait la récolte, ce lieu renferme une réunion publique (Poitiers, 19 déc. 1820) (1).

862. Du reste, il a été jugé que si certains lieux destinés à l'usage de tous, tels que les rues, places et édifices publics, sont publics par leur nature, il n'en est pas de même des lieux tels que boutiques, auberges, magasins, qui peuvent, par leur destination et pendant qu'ils sont accessibles aux étrangers, devenir des lieux publics, appréciation qui est dans le domaine des tribunaux, et, par exemple, qu'on ne doit pas regarder comme tenus dans un lieu public les propos diffamatoires proférés par un commis dans un magasin situé au premier étage et communiquant avec le rez-de-chaussée, alors que dans le premier il ne se trouvait qu'un acheteur et deux ou trois dans le second (Caen, 8 janv. 1849, aff. Leroux, D. P. 51. 2. 117; Crim. rej. 27 sept. 1851, M. Faustin-Hélie, rap., aff. Tripier). — Il a été jugé aussi que l'étude d'un notaire ne doit être considérée comme un lieu public que lorsque le public y est appelé, par exemple en cas d'adjudication; mais qu'il en est autrement lorsqu'il n'y a dans l'étude que le notaire, son clerc, celui qui vient entretenir le notaire et une tierce personne (Bourges, ch. corr., 22 juill. 1836, aff. N... C. N...). — Conf. MM. de Grattier, t. 1, p. 121; Chauveau et Hélie, t. 6, p. 120). M. Chassan, t. 1, p. 45, n° 1, et p. 46, n° 2, est cependant d'avis que l'étude d'un notaire doit être réputée un lieu public tant qu'elle est ouverte au public. — Nous croyons que la première de ces solutions est plus conforme à l'esprit de la loi. — Ce n'est pas que nous admettions la nécessité d'un appel spécial fait au public, mais nous ne saurions voir les éléments de la publicité dans l'espèce rappelée ci-dessus, parce que nous ne comprenons pas la publicité sans le public. — V. *suprà*, n°s 532 et suiv.

863. En ce sens, on a jugé qu'une auberge ne peut être réputée lieu public qu'autant qu'il y avait réellement du monde dans ce lieu, lorsque le délit a été commis, et que le jugement doit s'expliquer sur cette circonstance de publicité (Crim. cass. 11 juin 1831, aff. de Latour du Pin, V. n° 562-1°). — Mais, suivant un arrêt, la publicité résulte, dans le sens de l'art. 1 de la loi du 17 mai 1819, du fait d'avoir exprimé les propos diffamatoires dans la pièce commune d'une auberge, et en présence de trois personnes (Crim. rej. 1er août 1845, aff. Journé, D. P. 45. 4. 415). — C'est là assurément une publicité bien restreinte, et, suivant une décision plus juridique, à notre avis, une imputation diffamatoire confiée dans un lieu public, à une seule personne, et sans qu'aucune autre ait pu les entendre, n'a pas le caractère de la publicité (Bourges, 8 mars 1822) (2). — V. aussi n° 851, *in fine*.

864. Sous l'art. 367 c. pén., il avait été jugé que l'on ne de-

---

2e *Espèce :* — (Berthon C. Masle.) — Plainte en diffamation par Berthon contre Masle. — A l'exception d'un vol de 15,000 fr., la plainte n'énonçait que des propos vagues, qu'elle qualifiait d'injurieux et diffamatoires. Quant au reproche de vol, il aurait été tenu, un dimanche, dans la maison du juge de paix, en présence d'un certain nombre de personnes. — Jugement du tribunal correctionnel de Riom, qui, appréciant les circonstances, renvoie le prévenu de la plainte. — Appel par Berthon. — Devant les premiers juges, aucune fin de non-recevoir n'avait été proposée. Mais, en appel, le ministère public conclut à ce que la cour se déclarât incompétente, attendu, quant aux faits vagues de diffamation, qu'ils n'avaient pas été caractérisés dans la plainte; que, dès lors, par argument de l'art. 6 de la loi du 26 mai, et de l'art. 13 de la loi du 17 mai 1819, ils ne pouvaient constituer que de simples injures, du ressort exclusif du tribunal de police. Quant au fait de vol, à la vérité, suffisamment caractérisé, le ministère public soutint que la maison du juge de paix n'était qu'une maison particulière; que ce fait manquait donc du caractère de publicité, exigé par l'art. 13 précité de la loi du 17 mai 1819, pour constituer le délit de diffamation, et que, dès lors, il n'avait aussi que le caractère de simple injure.

On a soutenu, au contraire, pour Berthon, que la maison d'un juge de paix, un jour férié, jour où les personnes qui ont besoin de ses conseils s'adressent plus particulièrement à ce magistrat, était véritablement un lieu public dans le sens de la loi de 1819; — Que peu importait que le magistrat ne fût pas actuellement sur son siége dans l'exercice de ses fonctions. La maison d'un juge de paix, disait-on, n'est-elle pas ouverte à tous les justiciables, qui, à toute heure, peuvent s'y présenter? Et, en effet, au jour, où l'injure a été proférée, où le reproche fait à Berthon, du vol de 15,000 fr. a eu lieu, la réunion était nombreuse: comment ne pas reconnaître, dans toutes ces circonstances, la publicité qui constitue la diffamation? — Arrêt.

LA COUR; — Considérant que le ministère public a droit de proposer, de son chef, et la cour d'accueillir, même d'office, toutes les exceptions péremptoires qui tiennent à l'ordre des juridictions, et à la forme légale des jugements; — Attendu que la loi du 26 mai 1819, art. 6, a prescrit la nécessité d'articuler et préciser, distinctement, en la plainte, chaque fait incriminé comme injurieux ou diffamatoire, à peine de nullité; que, par là, le délit est circonscrit dans les faits qui sont signalés par les termes et circonstances qui le caractérisent; — Attendu que l'assignation donnée par la partie de Tailhand fils (Berthon), devant le tribunal correctionnel, laquelle tient lieu de plainte, à son égard, énonce, seulement d'une manière vague, que plusieurs propos injurieux et diffamatoires auraient été tenus contre elle par le prévenu, sans spécifier les termes par lesquels ils auraient été proférés, et qu'un seul, celui d'imputation d'un fait précis de vol, remplit bien cette dernière condition, mais manque de la publicité définie et exigée par la loi; — Attendu que cette imputation aurait été faite dans la maison du juge de paix, un dimanche, c'est-à-dire hors du lieu et du jour de l'audience de ce magistrat, c'est-à-dire, dans la maison d'un particulier et sans réunion publique; — D'où il résulte que cette imputation, quoique précisée, et les autres, qui sont vagues, ne sortent pas de la classe des injures vulgaires, dont la connaissance appartient au tribunal de simple police;

Attendu qu'aucun renvoi n'ayant été demandé à ce sujet, le tribunal correctionnel a pu statuer sur le fond de la cause, et qu'alors son jugement a été en dernier ressort; — Déclare François Berthon, partie de Tailhand fils, non recevable en son appel, etc.

Du 24 déc. 1820.-C. de Riom, ch. cor.-M. Tailhand fils, av.

(1) (Champion C. Garcia.) — LA COUR; — Considérant que, par sa plainte du 2 oct. 1819, Garcia exposa que, le 27 déc. dernier, jour des vendanges du clos commun de Saint-Lambert, il était dans le bas de la grande vigne faisant partie dudit clos de Saint-Lambert, lorsque Champion se répandit en injures contre lui; qu'à l'audience du 9 oct. 1819, où le jugement dont est appel s'est rendu, il soutint même après l'interrogatoire de Champion qu'il avait été injurié dans un clos de vigne appartenant à divers particuliers, lequel était public et contenait une réunion publique; que les juges dont est appel ont statué, d'après les faits articulés par Garcia lui-même, que celui-ci ne peut être recevable à arguer aujourd'hui de ce que Champion a avoué dans son interrogatoire, qu'il avait, dans un petit sentier, lâché quelques injures contre Garcia, d'autant plus que rien ne justifie que ce sentier fût un chemin public; — Considérant qu'un clos de vigne appartenant à plusieurs particuliers ne peut être considéré comme lieu public, et contenant, au jour où l'on en fait la récolte, une réunion publique, par cela que pour en recueillir les fruits les propriétaires doivent attendre que par mesure de police l'autorité municipale ait fixé l'époque où les vendanges doivent s'ouvrir dans le canton où il se trouve situé; que cette circonstance ne lui enlève pas la qualité de lieu privé, puisque les propriétaires n'en ont pas moins le droit d'empêcher tout autre qu'eux ou leurs gens de s'y introduire; et qu'ainsi les circonstances exigées par les art. 1 et 14 L. 17 mai 1819, pour que l'injure qui renferme l'imputation d'un vice déterminé puisse être déférée aux tribunaux correctionnels, ne se rencontrent pas; — Considérant que l'intimé n'est pas fondé à prétendre qu'il résulte de l'art. 20 L. 17 mai 1819, que l'injure qui renferme l'imputation d'un vice déterminé doit être déférée au tribunal correctionnel; que cette interprétation est contraire aux dispositions des articles précédents de cette loi qui ne punissent correctionnellement que les injures commises par l'un des moyens énoncés dans l'art. 1 de la loi, c'est-à-dire celles qui sont publiques; que si l'art. 20 a été ajouté, c'est pour que l'on ne pût pas dire que toutes injures, autres que celles qui avaient été définies et déclarées de la compétence du tribunal correctionnel, devaient rester impunies, et que cette disposition rentre dans celle de l'art. 376 c. pén., qui disposait que les injures qui n'auraient pas le double caractère de gravité et de publicité déterminé par l'art. 375 ne donneraient lieu qu'à des peines de simple police; — Statuant sur l'appel interjeté par Champion du jugement rendu par le tribunal de Montmorillon, le 9 nov. 1819; — Dit qu'il a été mal jugé par les premiers juges; — Faisant ce qu'ils auraient dû faire; — Déclare la plainte de Garcia incompétemment formée, nulle et irrégulière, sauf à lui à se pourvoir devant qui de droit; — Décharge Champion des condamnations contre lui portées, etc.

Du 19 déc. 1820.-C. de Poitiers, ch. corr.-M. Pervinquière, pr.

(2) (Galpy C. Ondet.) — LA COUR; — Considérant que la loi du 17 mai 1819 regarde comme diffamation toute allégation ou imputation d'un fait qui porte atteinte à l'honneur ou à la considération de la personne à laquelle le fait est imputé, mais dans le cas où le discours est proféré dans les lieux ou réunions publiques; qu'elle exige cette circonstance pour la diffamation, parce que c'est elle qui constitue l'intention de nuire, sans laquelle il n'y a ni crime ni délit; d'où il suit qu'il faut

vait pas considérer comme publique une imputation calomnieuse communiquée à une personne, en présence de deux autres qui en étaient déjà informées (Crim. rej. 23 juill. 1815, M. Lamarque, rap., aff. Pettironi). — M. Parant, p. 88, dit au sujet de cet arrêt qu'il rapporte : « Je pense qu'il faudrait juger encore de même, par rapport aux propos diffamatoires, mais à la condition que ces propos tenus dans un lieu public l'auraient été à voix basse, et qu'ils n'auraient pas été proférés, car s'ils ont été proférés dans un lieu public, peu importe qu'ils n'aient été entendus que par deux personnes déjà informées : *le nombre des auditeurs n'y fait rien.* Le délit existe par cela seul que le lieu est accessible à tout le monde, que le coupable a parlé à haute voix, et qu'il a pu dès lors être entendu de quiconque *serait survenu.* » — Nous n'adoptons pas l'opinion de M. Parant sur ce point, parce que ce n'est pas la *tentative* de diffamation, mais la diffamation accomplie que la loi punit. Or, pour qu'elle existe, il faut nécessairement des auditeurs présents et réels.

865. Cependant il a été jugé que, dans un lieu public de sa nature, il y a toujours ou réunion ou passage de citoyens, et conséquemment toujours aussi présomption nécessaire et légale de la publicité de l'imputation diffamatoire ou injurieuse (Crim. cass. 26 mars 1813 (1). — Cette jurisprudence est aujourd'hui abandonnée par la cour régulatrice. On reconnait avec beaucoup de raison, ce nous semble, que la publicité ne résulte pas né-

---

que le discour tenu dans le lieu public ait frappé l'oreille de plusieurs personnes, en quelque petit nombre qu'on veuille les supposer, et que la loi ne considérerait pas comme diffamateur celui qui l'aurait confié, dans un lieu public, à une seule personne, si aucune autre n'avait pu l'entendre ; — Considérant que le sieur Galpy a été volé dans sa maison ; que ses soupçons se sont portés sur sa domestique et se sont étendus jusque sur Ondet fils, qui avait avec cette fille des relations intimes et qui l'avait accompagnée lorsque Galpy l'a renvoyée ; — Qu'à l'époque de ce vol, la mère d'Ondet vint chez Galpy et eut une querelle assez vive avec sa femme ; que Galpy survint et dit à la femme Ondet en la mettant dehors : Votre fils ne vaut pas mieux que Manette (c'était le nom de la domestique) ; — Que deux témoins, voisins de Galpy, déposent qu'il ajouta d'une voix assez élevée pour qu'ils l'eussent entendu : Il m'a volé des écus ; — Considérant que ce dernier propos est démenti par plusieurs autres témoins ; mais que fût-il vrai, c'est chez lui et non à sa porte que l'aurait tenu Galpy, de l'aveu des sieurs Ondet, consigné dans leurs différentes demandes ; que le mot qui se dit dans la maison d'un particulier, sur quelque ton qu'il soit prononcé, lorsqu'il n'y a pas de témoins et qu'il n'en est pas appelé, est nécessairement renfermé dans son enceinte, et qu'il n'y a pas de publicité ; qu'un autre témoin, un gendarme, dépose qu'en sortant de la caserne située près la maison de Galpy, ce dernier, étant avec lui, lui dit dans la cour de la veuve Gandron, laquelle en dépose également, qu'Ondet était complice de la Manette et lui avait volé des écus ; — Considérant que ce propos tenu par Galpy, plein de la douleur que lui faisait éprouver le vol commis chez lui, adressé à un voisin avec lequel il vivait habituellement, ne peut être considéré que comme l'effet de ce besoin naturel qui nous porte à parler d'un événement dont nous avons été vivement touchés ; mais que, tenu sans mauvaise intention, on ne peut le considérer ni comme calomnieux, ni comme diffamatoire ; — Qu'au surplus, d'après l'attestation du maire de Mézières, la cour de la veuve Gandron n'est pas publique ; que seulement elle sert pour le marché au blé, par tolérance, les jours de foire, et qu'il ne s'en tenait pas alors ; que là n'est pas encore cette publicité qui constitue le délit de diffamation que doivent punir les tribunaux correctionnels ; — Qu'enfin un dernier témoin, le sieur Frédéric Vallet, dépose dans les termes suivants : « Un jour de foire de Martizay, mon banc était proche de celui de Galpy ; lorsque j'eus terminé mon banc, le sieur Galpy étant monté sur sa charrette, je lui aidai à faire le sien : il me donnait des marchandises, je les portais à son banc. Nous parlâmes de la fille Manette, et le sieur Galpy me dit : Allez, mon cher Vallet, le sieur Ondet est aussi coupable que la fille Manette, il m'a volé des écus, et je ne sais combien. Il était environ huit ou neuf heures du matin ; » — Considérant d'abord que la déposition de ce témoin pourrait paraître suspecte, rapprochée de celle du sieur Robineau, autre témoin, qui déclare avoir été avec les sieur et dame Galpy depuis le commencement de la foire jusqu'à neuf heures du matin, n'avoir pas vu le sieur Vallet les aider à faire leur banc, et n'avoir rien entendu ; — Considérant, en second lieu, qu'en supposant le propos vrai, la manière dont il est exprimé annonce une véritable confidence faite à l'amitié : Allez, mon cher Vallet... ; — Que cette confidence, si réellement elle a eu lieu, a été faite nécessairement d'une voix bien basse ; car si *le discours eût été proféré*, comme dit la loi, il eût été entendu ; une foule de témoins en eussent déposé, et les sieurs Ondet n'en ont pu trouver un seul ; le sieur Robineau lui-même, qui n'a pas quitté les sieur et dame Galpy, en aurait eu connaissance ; il n'a rien entendu ; — Qu'il résulte de ces détails que Galpy, sensiblement affecté du vol considérable qui lui avait été fait, sans cesse questionné sur les détails de ce vol, a fait part à quelques personnes des soupçons qu'il avait conçus sur Ondet fils, soupçons que la conduite tenue par ce jeune homme rendait excusables, et qui, au surplus, cinq mois plus tard furent partagés par la justice, lorsque la domestique eut été mise en accusation ; mais qu'on ne trouve dans ce qu'il a dit aucun des caractères auxquels la loi reconnaît la diffamation, ni cette publicité qui la constitue, ni l'intention de nuire, qui seule peut autoriser l'action devant les tribunaux correctionnels qu'ont saisis les sieurs Ondet ; — A mis le jugement du 5 janv. 1821 au néant, en ce que les premiers juges se sont déclarés incompétents ; — Renvoie Galpy de l'action intentée contre lui, etc.

Du 8 mars 1822.-C. de Bourges.-M. Delamétherie, pr.

(1) *Espèce :* — (Min. pub. C. Ricci et Tabbrini.) — Les femmes Tabbrini et Ricci, sœurs de Canerti, accusées de tentative d'assassinat, avaient imputé à Fioravanti et Porcelloni, deux témoins entendus dans l'instruction relative à leur frère, le crime de faux témoignage. La femme Tabbrini avait particulièrement imputé à Porcelloni de lui avoir volé un baril de vin. — Elles furent poursuivies à raison de ce fait et d'office par M. le procureur général de Montepulciano. — Les accusées soutenaient 1° que le procureur impérial n'avait pu, sans le concours des parties plaignantes, saisir le tribunal ; qu'en tous cas les propos taxés de calomnie n'avaient été tenus qu'à voix basse et en présence d'une seule personne, presque confidentiellement et non pas dans une réunion publique. — 24 déc. 1812, jugement qui condamne les accusées comme coupables simplement d'injures verbales, attendu que l'imputation de faux témoignage n'a pas été faite dans une réunion de personnes, à haute voix. — Rien ne fut statué sur l'imputation du vol d'un baril de vin. — Pourvoi. — Arrêt.

La cour ; — Vu les art. 408 et 415 c. inst. crim. ; — Vu aussi l'art. 567 c. pén. ; — Attendu qu'aux termes de l'art. 182 c. inst. crim., les tribunaux de première instance sont saisis, en matière correctionnelle, de la connaissance des délits de leur compétence, soit par le renvoi qui leur en est fait à cet effet, d'après les art. 150 et 160, soit par la citation donnée directement au prévenu par la partie civile ; et à l'égard des délits forestiers, par le conservateur, etc. ; et, dans tous les cas, par le procureur impérial ; que le procureur impérial près le tribunal de première instance de Montepulciano avait donc, dans l'espèce, le droit de citer, devant le tribunal correctionnel, les femmes Ricci et Tabbrini, à raison du délit de calomnie dont elles étaient prévenues, pour avoir dit l'une et l'autre, dans des lieux publics, que Fioravanti et Porcelloni avaient porté un faux témoignage dans le procès de Canerti ; et la femme Ricci, particulièrement, que Porcelloni lui avait volé un baril de vin ; que ces deux propos étaient totalement distincts et indépendants l'un de l'autre ; qu'il est sensible que les femmes Ricci et Tabbrini auraient pu ne pas se permettre une imputation de faux témoignage contre Fioravanti et Porcelloni, sans qu'il en résultât que la première n'eût pas imputé au second un vol de vin ; que cette imputation de vol suffisait seule, et indépendamment de celle de faux témoignage, pour constituer le délit de calomnie, si elle avait été faite dans des lieux ou réunions publics, et pour soumettre ladite Ricci aux peines de ce délit ; que le tribunal correctionnel ne devait donc pas se borner à statuer sur le fait d'imputation de faux témoignage, dès qu'un fait d'imputation de vol était également l'objet de la citation du procureur impérial ; que le silence du tribunal sur cette partie de l'instance est évidemment l'omission de prononcer sur une réquisition du ministère public, tendant à user d'un droit accordé par la loi, et conséquemment un moyen péremptoire de cassation, suivant la disposition des art. 408 et 413 c. inst. crim. ; — Attendu que l'art. 367 c. pén. déclare coupable du délit de calomnie celui qui, soit dans les lieux ou réunions publics, soit..., aura imputé à un individu quelconque des faits, qui, s'ils existaient, exposeraient celui contre lequel ils sont articulés à des poursuites criminelles ou correctionnelles, ou même l'exposeraient seulement au mépris ou à la haine des citoyens ; qu'ainsi, et d'après le texte littéral de cet article, l'imputation de faits du genre de ceux qu'il désigne, n'a pas besoin, pour constituer le délit de calomnie, d'être faite dans une réunion publique, et qu'il suffit qu'elle le soit dans un lieu que sa qualité de lieu public ouvre à tout le monde ; qu'en effet, dans un lieu de cette nature, il y a toujours, ou réunion, ou passage de citoyens, et conséquemment toujours aussi présomption nécessaire et légale de la publicité de l'imputation ; que c'était d'après la même présomption légale, que le même art. 567 donne également le caractère de publicité à l'imputation faite dans un acte authentique et public, sans exiger qu'il soit prouvé que cet acte ait été communiqué et lu, parce que, par sa nature, cet acte n'est pas destiné à demeurer secret ; que si, dans l'espèce, il est déclaré, par le jugement attaqué, que les propos, qui sont l'objet du procès, ont été tenus séparément aux six témoins qui en déposent, il l'est aussi qu'ils ont été tenus dans une rue, dans une place, une auberge, qui sont des lieux essentiellement publics ou ouverts au public ; que, dans cet état, le tribunal n'a pu écarter la circonstance de la publicité, pour ne voir dans les propos dénoncés que les injures dont parle l'art. 376 c. pén., et ne les punir que de la peine

cessairement de la nature du lieu dans lequel le délit a été commis; car ce lieu, bien que public de sa nature, pouvait être désert au moment de la réalisation du délit; et, dans ce cas, il était juste de reconnaître que le caractère de la publicité manquait.

866. A l'égard des propos diffamatoires tenus dans les *réunions publiques*, il a été jugé : 1° que la publicité ne résulte pas seulement de ce qu'un fait s'est passé dans un lieu public; elle existe aussi lorsque ce fait a été commis dans une réunion publique, quoique le lieu de la réunion soit une maison particulière (Crim. rej. 26 janv. 1826, aff. Jacquot, V. n° 871-6°). — Pour ce qu'il faut entendre par *réunion particulière*, V. *suprà* n° 536; — 2° Que les propos diffamatoires tenus dans une réunion de créanciers présidée par le juge-commissaire, à l'effet de procéder à un contrat par suite de faillite, ont le caractère de publicité exigé par l'art. 1 de la loi du 17 mai 1819 (Crim. rej., 1er fév. 1851, aff. Rousseau, D. P. 51. 5. 418). — Il a été jugé aussi : 1° que montrer à plusieurs personnes, et à deux reprises différentes, dans le cabinet d'un courtier de commerce, un écrit qui peut être diffamatoire, ce n'est pas lui donner la publicité qui le rend punissable par la loi du 17 mai 1819 (Crim. rej., 29 nov. 1833) (1); — 2° Que la présence, dans la boutique d'un maréchal ferrant, de ce maréchal, de son fils et d'un étranger, ne constitue pas une réunion publique (Crim. rej. 15 mars 1852, aff. Gimbert, V. n° 651-1°).—Un arrêt nous paraît avoir dévié des vrais principes en décidant qu'on ne doit point considérer comme proférés publiquement les propos tenus par un particulier, dans sa maison, sur quelque ton que ce soit, lorsqu'il n'y a pas de témoins, et qu'il n'en est pas appelé (Bourges, 8 mars 1822, aff. Galpy, V. n° 863). — On conçoit aisément, en effet, que ce ne peut être là une règle; car, s'il n'y a pas de témoins dans la maison, il peut s'en trouver un grand nombre hors du local dans lequel les discours sont proférés et le résultat est le même. D'où la conséquence, selon nous, que si les propos ont été entendus de la rue ou de tout autre lieu public par un nombre de personnes assez considérable, il y a publicité : on ne doit pas admettre d'équivoque à cet égard. — Ainsi, il est parfaitement évident que celui qui, de sa chambre, les fenêtres ouvertes ou fermées, avec ou sans porte-voix, ferait entendre au loin des propos diffamatoires commettrait le délit de diffamation. —Nous croyons d'ailleurs que cette interprétation est en harmonie avec la signification du mot *proféré*.—Un discours est *proféré* (porté) dans un lieu public, quand il y parvient. Ce n'est donc pas le lieu où se trouve l'auteur du propos qu'il faut le plus considérer, mais celui où il est entendu.

867. On a vu (nos 534 et 536) que la *distribution* est au nombre des moyens de publication prévus par l'art. 1 de la loi du 17 mai 1819. Nous n'avons pas à y revenir.—A cet égard il a été jugé : 1° que la distribution d'un écrit diffamatoire constitue à elle seule le délit de diffamation publique, défini par l'art. 1 de la loi du 17 mai 1819, sans qu'il faille, en outre, que cette distribution ait été faite dans des lieux ou réunions publics (Crim. rej. 17 août 1839) (2);—2° Que le fait d'avoir distribué, même dans un lieu ou une réunion non publics, un écrit diffamatoire, constitue le délit de publication de cet écrit; et qu'il en est ainsi de la communication d'un écrit diffamatoire à plusieurs personnes, dans un but de publicité, alors surtout que cette communication n'avait aucun caractère confidentiel (Crim. rej. 23 mars 1844) (3); — 3° Que nonobstant le secret des lettres, il y a publicité suffi-

---

de l'art. 471 de ce code, sans faire une fausse application de ces articles, et sans violer le 361e du même code; — Casse.

Du 26 mars 1815.-C. C., sect. crim.-MM. Barris, pr.-Aumont, rap.

(1) *Espèce* :—(Boudon-Saint-Amans C. Lahens.)—Lahens, poursuivi en police correctionnelle, à la requête de Boudon-Saint-Amans, pour diffamation par écrit, fut renvoyé de cette action par le motif qu'en fait, si l'écrit contenant l'extrait d'une condamnation criminelle prononcée en 1795 contre le plaignant, a été montré par Lahens dans le bureau d'un courtier de marchandises à trois personnes, en ajoutant : Voilà l'homme à qui j'ai affaire, et a été, à une autre époque de la journée, dans le même lieu, confié à un individu qui en prit connaissance personnelle, et, si quelques personnes placées derrière la précédente parvinrent à surprendre ce qu'il contenait, ces communications qui avaient propagé l'écrit n'avaient pas opéré un degré suffisant de manifestation et qu'il n'en résultait pas la publicité prévue par l'art. 1 de la loi du 17 mai 1819; qu'elles étaient seulement confidentielles. — Les dépens avaient été cependant compensés. — En appel, ce jugement fut confirmé par arrêt de la cour de Bordeaux, du 2 mai 1833, sauf en ce qui concernait les dépens qui furent mis entièrement à la charge de Boudon-Saint-Amans.

Pourvoi de ce dernier : 1° en ce que la cour n'avait pas considéré la diffamation comme suffisamment publique; 2° en ce que la cour avait omis de statuer sur les conclusions tendantes à des dommages-intérêts et à la suppression ou remise de l'écrit incriminé. — Arrêt (ap. délib. en ch. du cons.).

LA COUR; — Sur le premier moyen : — Attendu qu'en appréciant, comme elle l'a fait, les faits imputés au sieur Lahens, la cour d'appel de Bordeaux a justement appliqué l'art. 1, et, par suite, n'a pu violer les art. 13 et 14 de la loi du 17 mai 1819; — Sur le deuxième moyen :— Attendu que le sort de la demande en dommages-intérêts et en suppression ou remise de l'écrit que le demandeur qualifiait diffamatoire, était subordonné, dans le libellé même de ses conclusions, à l'admission de l'action principale; d'où il suit qu'en rejetant cette action principale, l'arrêt attaqué a implicitement et nécessairement rejeté lesdites demandes; — Rejette.

Du 29 nov. 1833.-C. C., ch. crim.-MM. Chantereyne, pr.-Isambert, r.

(2) (Fraboulet C. min. pub.)—LA COUR;—Sur le deuxième moyen tiré de ce que l'arrêt attaqué a incompétemment saisi de la plainte en diffamation la juridiction correctionnelle, sans qu'il ait articulé que cette diffamation ait reçu de publicité par l'un des moyens énoncés en l'art. 1 de la loi du 17 mai 1819 : — Attendu que l'un des moyens de publicité énoncés audit article consiste aussi bien dans la distribution des écrits que dans leur vente ou exposition dans des lieux ou réunions publics; que cette distribution, en effet, si elle est faite clandestinement, mais à divers et à un nombre plus ou moins considérable, peut être aussi dommageable à l'ordre public et aux citoyens que tout autre genre de publicité; — Et attendu, dans l'espèce, que l'arrêt attaqué, dans son dispositif, a déclaré Fraboulet suffisamment prévenu par les pièces de l'instruction d'avoir, en distribuant ou en faisant distribuer deux écrits qu'il désigne, imputé à la demoiselle Ponchard, partie civile, des faits qui portent atteinte à son honneur et à sa considération;—Attendu, dès lors, que la qualification donnée à la prévention, rentre dans les cas prévus par les art. 1, 13 et 18 de la loi du 17 mai 1819, 26 de celle du 26 mai 1819, 9 de la loi du 9 sept. 1835 et 58 c. pén., et que le renvoi dudit Fraboulet, devant le tribunal de police correctionnelle de la Seine a été compétemment prononcé;—Par ces motifs, rejette.

Du 17 août 1839.-C. C., ch. crim.-MM. de Bastard, pr.-Isambert, rap.

(3) *Espèce* :—(Delanney C. de G...)—En 1836, une plainte avait été portée contre plusieurs personnes parmi lesquelles se trouvait la dame de G...: elle fut suivie d'une ordonnance de non-lieu. A cette occasion, les adversaires de cette dame avaient publié contre elle un mémoire diffamatoire et injurieux; il était dit, par exemple, dans ce mémoire (les faits résultent des qualités de l'arrêt et du mémoire de défense) : «...Que cette dame s'était fait chasser de chez sa mère à cause de ses désordres; qu'elle aurait eu, à l'âge de dix-neuf ans un enfant, et qu'après s'en être servi pour obtenir de sa mère une pension alimentaire, elle l'avait mis à l'hôpital; qu'elle avait pénétré dans les profondeurs de la débauche...»

En 1843, le sieur Delanney, qui avait alors un procès avec la même dame de G... s'est procuré un exemplaire de ce libelle, l'a communiqué et confié à trois personnes différentes, annonçant même l'intention de le déposer sur le bureau du tribunal « pour qu'on vit à qui il avait affaire.» —Sur les poursuites en diffamation formées par la dame de G... contre le sieur Delanney, un jugement du tribunal correctionnel de Pont-l'Evêque condamna celui-ci à 300 fr. d'amende et 6,000 fr. de dommages-intérêts. Ce jugement est motivé en substance sur le préjudice considérable que les époux de G... ont souffert de la publication de ce libelle; que par suite de l'usage qu'en a fait le sieur Delanney, ledit libelle acquit la plus grande publicité dans le pays habité par les époux G...; que l'effet en a été désastreux pour eux; que l'atteinte portée à leur considération les a totalement déshérités de la position sociale qu'ils possédaient; que les salons de la haute société se sont trouvés fermés pour eux à partir de ce moment. Toutefois ce même jugement admit en faveur du sieur Delanney, des circonstances atténuantes, considérant que, vu les circonstances, l'action imputée au sieur Delanney pouvait être attribuée autant à l'irréflexion qu'à la méchanceté.—Appel par le sieur Delanney. — Arrêt confirmatif de la cour de Caen du 15 juin 1843, avec adoption de motifs, tout en réduisant cependant l'amende à 100 fr. et les dommages-intérêts à 2,000 fr.

Pourvoi du sieur Delanney pour, 1° violation de l'art. 23 de la loi du 17 mai 1819, en ce que la cour d'appel aurait qualifié à tort d'écrit diffamatoire un mémoire produit devant les tribunaux dans l'intérêt de la défense.—2° Fausse application de la loi du 17 mai 1819 en ce que la publication de l'écrit avait eu lieu sans volonté de nuire, ni intention coupable, ainsi qu'on doit l'induire de ces termes de l'arrêt que, vu les circonstances, l'action imputée au sieur Delanney, pouvait être attribuée autant à l'irréflexion qu'à la méchanceté. — 3° Fausse application de

sante pour caractériser le délit de calomnie, dans le fait d'avoir écrit à quatre personnes des lettres missives contenant des imputations calomnieuses contre une jeune personne (Liége, 24 mai 1823) (1). — M. Chassan décide également, t. 1, p. 371, que si la lettre injurieuse était adressée, non à une ou à deux personnes, mais à un grand nombre, il n'y aurait plus simple contravention, mais délit, puisqu'alors une véritable distribution d'un écrit injurieux remplacerait une simple communication confidentielle de cet écrit.—Cette opinion nous semble fondée.—Mais, comme l'a justement décidé un arrêt, une plainte en diffamation ou en calomnie ne peut être basée sur le contenu d'une lettre confidentielle, soustraite à la personne à qui elle a été écrite, et lorsque cette personne n'a pas consenti à ce qu'il en fût fait usage (Amiens, 21 fév. 1839, aff. Cartier, V. Lettre missive, nº 7-1º).

868. Au reste, il est bien entendu, et c'est ce qui a été jugé qu'encore que la diffamation n'existe pas sans publicité, cependant, si un écrit, quoique non publié, et, par exemple, des lettres anonymes, ont causé un dommage à celui contre qui elles étaient dirigées, l'auteur de ces lettres peut être condamné à des dommages-intérêts (Req. 10 mai 1827) (2).

869. De ce que l'art. 14 de la loi du 17 mai 1819 n'admet d'autre publicité que celle qui résulte de l'un des moyens de publication prévus par l'art. 1 de cette loi, il suit qu'il ne peut y avoir diffamation lors même que l'imputation de nature à la constituer, aurait été publiée par une autre voie. — Aussi a-t-il été jugé : 1º que l'on ne peut regarder comme un moyen de publicité, dans le sens de cette loi, soit la dénonciation adressée à la chambre d'accusation contre un individu, soit la demande formée devant le conseil d'État à l'effet de le poursuivre, soit enfin les plaidoiries auxquelles l'action en diffamation formée par ce dernier contre son dénonciateur a pu donner lieu (Crim. rej. 18 juill. 1828, aff. Magnoncour, V. nº 726-1º); — 2º Que la communication faite à quelques personnes d'un écrit contenant une imputation diffamatoire, même dans un lieu public, peut bien devenir un moyen de propagation du fait diffamatoire; mais si l'écrit, imprimé ou non, n'a pas été distribué ou affiché, il ne saurait constituer le délit prévu par la loi précitée (Bordeaux, 2 mai 1833) (3); — 3º Qu'aux colonies, les imputations contenues dans des rapports, procès-verbaux et déclarations, faits ou produits devant le conseil privé, participant à l'exercice des pouvoirs ex-

---

l'art. 1 de la loi du 17 mai 1819, en ce que la cour d'appel aurait conclu le fait de la publication de celui de la distribution de l'écrit dans un lieu ou une réunion non public, et encore de la communication dudit écrit faite confidentiellement à trois personnes.—Arrêt.

LA COUR;—Sur le premier moyen : — ...Attendu que ledit art. 25 de la loi précitée (du 17 mai 1819) a eu pour objet de protéger les écrits produits en justice dans un intérêt de légitime défense;—Que dans l'espèce, la publication imputée au demandeur aurait eu lieu en dehors de tout débat judiciaire, et ne pouvait trouver son appui dans la nécessité de la défense;—Qu'ainsi l'arrêt attaqué n'a ni violé, ni pu violer ledit art. 25 de la loi de 1819, puisqu'il était sans application dans la cause;

Sur le 2ᵉ moyen : — Attendu que s'il eût été établi par les circonstances de la cause que la publication de l'écrit diffamatoire avait eu lieu sans intention coupable, les juges du fait auraient dû en le constatant, déclarer la non-existence du délit; — Mais attendu que l'arrêt attaqué, après avoir établi les faits desquels résultait l'intention de nuire, ainsi que l'effet dommageable qui en était résulté, a déclaré la culpabilité du demandeur, en considérant, d'après le droit d'appréciation qui appartenait au juge du fait, les circonstances relevées par le demandeur comme étant seulement atténuantes du délit;—Qu'ainsi, et dans l'état des faits, la légalité de la décision attaquée est pleinement justifiée;—Et sur le troisième moyen :—Attendu sur la première branche du moyen que la condition de publication dans un lieu ou réunion public est imposée par les dispositions de la loi précitée, seulement à l'égard des écrits, dessins, emblèmes exposés ou mis en vente;—Et sur la deuxième branche du même moyen : — Attendu que la communication d'un écrit diffamatoire à plusieurs personnes, dans un but de publicité, constitue la publication de cet écrit, surtout lorsque cette communication, comme dans l'espèce, n'avait aucun caractère confidentiel, et a conduit aux résultats dommageables que l'arrêt a constatés;—Que dès lors en qualifiant de publication lesdits faits, ledit arrêt, loin de faire une application fausse dudit article de la loi de 1819, s'est conformé à sa lettre et à son esprit;—Rejette.

Du 23 mars 1844-C. C., ch. crim.-MM. Laplagne, pr.-Jacquinot, rap.

(1) *Espèce* : — (B... C. L...) — Au moment où la demoiselle L... était sur le point de contracter une union avantageuse, B... adressa au futur, à sa mère, à M. L... et à un ami de la famille une lettre calomnieuse qui occasionna la rupture du mariage. — B... fut poursuivi comme calomniateur devant le tribunal de Neufchâteau, où le père de la demoiselle s'était porté partie civile; mais il fut acquitté. — Sur l'appel, le tribunal de Luxembourg condamna B... à trois mois d'emprisonnement et à des dommages-intérêts. — Pourvoi en cassation : — Le premier moyen était fondé sur ce que l'art. 63 c. inst. crim. n'autorise à se porter partie civile que la personne lésée par le délit; la demoiselle L... étant majeure et sortie de la puissance paternelle, L... père était absolument sans qualité pour se constituer partie civile. — A l'appui du second moyen, on soutenait : que pour qu'il y eût calomnie, il fallait évidemment qu'il y eût publicité; que les caractères de la publicité étaient, quant aux écrits, qu'on les eût consignés dans un acte authentique ou public; ou bien qu'on les eût affichés, vendus ou distribués; et que, dans l'espèce, l'acte était confidentiel de sa nature. — Arrêt.

LA COUR; — Vu les art. 1 et 63 c. inst. crim. 367 et 371 c. pén.; — Et attendu que les faits matériels constatés dans le jugement d'appel établissent tous les caractères essentiels du délit de calomnie, savoir : la gravité des faits diffamatoires, écrit privé reproduit avec trois copies contenant ces faits, l'envoi de ces écrits à plusieurs personnes et dans plusieurs communes, par conséquent distribution de cet écrit au nombre de plusieurs exemplaires, publicité des faits diffamatoires, conforme à l'intention formelle et manifeste du calomniateur, qui résulte de ce même écrit; — Attendu que l'honneur du père et l'honneur de sa fille, vivant dans la maison paternelle, ne peuvent être séparés; que la partie civile en cette cause avait à venger son propre honneur, en poursuivant la réparation de l'outrage fait à sa fille; — Attendu qu'il avait un intérêt évident à former l'alliance projetée, et que l'écrit calomnieux a empêchée; qu'au surplus le tribunal d'appel a jugé en fait, qu'il avait souffert des dommages-intérêts; d'où il résulte que, loin d'avoir violé aucune loi, les juges d'appel ont au contraire fait une juste application des articles des lois ci-dessus cités; — Rejette.

Du 24 mai 1823.-C. cass. de Liége.

(2) *Espèce* : — (Baron C. Robert.) — En 1822, deux lettres anonymes, injurieuses à Robert, sont adressées à deux propriétaires dont Robert est l'architecte. — Ces lettres sont remises à Robert qui, soupçonnant Baron d'en être l'auteur, l'assigne en dénégation des deux billets et en vérification d'écriture. — Baron dénie. — La vérification est ordonnée. — 28 juill. 1825, jugement qui déclare Baron non auteur, et le renvoie sans dommages-intérêts. — Appel. — 29 août 1825, arrêt infirmatif de la cour de Bordeaux qui, attendu qu'il résulte du rapport des experts que Baron est l'auteur des lettres et du fait imputé, le condamne à 1,500 fr. de dommages-intérêts (c. civ. 1382); — Et attendu que Baron a désavoué les deux lettres, le condamne de plus, aux termes de l'art. 213 c. pr. civ., en 150 fr. d'amende. — Pourvoi de Baron : 1º Violation des lois des 17 mai 1819, 27 avr. 1820, et de l'art. 1149 c. civ., en ce que la publicité exigée pour qu'il y ait diffamation n'existait pas dans l'espèce, et qu'ainsi la cour ne pouvait adjuger des dommages-intérêts; qu'il y avait simples injures de la compétence du tribunal de simple police; 2º violation de l'art. 213 c. proc., en ce qu'il résulte de cet article combiné avec l'art. 1323 c. civ., que l'amende portée par l'art. 213 ne peut être prononcée que dans le cas où l'écrit dénié est un acte sous seing privé et non une simple lettre anonyme. — Arrêt.

LA COUR; — Attendu, sur le premier moyen relatif à la diffamation, que s'il est vrai qu'il n'y a point de diffamation sans publicité, il est également vrai qu'indépendamment de la diffamation, telle qu'elle est caractérisée par la loi, on peut causer à autrui, par un fait quelconque, un dommage qu'on est tenu de réparer; que l'arrêt attaqué a reconnu l'existence de ce dommage dans les deux lettres anonymes reconnues être du fait du demandeur; et qu'en le condamnant à des dommages-intérêts, il a fait une juste application de l'art. 1382 c. civ.; — Sur le second moyen relatif à l'amende : — Attendu qu'elle était le résultat de la dénégation d'écriture des pièces dont le demandeur a été reconnu être l'auteur; que l'art. 213 c. pr., qui la prononce, dans ce cas, n'a point fait de distinction dans la nature des pièces; — Rejette, etc.

Du 10 mai 1827.-C. C., ch. req.-MM. Henrion, pr.-Hua, rap.-De Vatimesnil, av. gén., c. conf.-Jacquemin, av.

(3) (B... C. Lahens.) — LA COUR; — Attendu que le délit de diffamation n'existe que lorsqu'il y a, dans l'acte sur lequel la prévention repose, imputation, par un moyen que la loi détermine, d'un fait qui porte atteinte à l'honneur ou à la considération de la personne à laquelle le fait est imputé; — Attendu que, dans l'espèce du procès actuel, l'imputation consistant à énoncer, par écrit, que le plaignant a été condamné à dix ans de fers, produit l'effet qui vient d'être spécifié; que tel est le fait certifié par l'écrit dont le prévenu a été nanti; qu'il reste à vérifier si cet écrit a été distribué ou exposé dans un lieu public ou réunion publique; — Attendu qu'il ne suffit pas qu'on doive considérer comme public le lieu dans lequel le prévenu se rendit avec l'écrit, pour que cet écrit entraîne une répression; que cette publicité du lieu est inefficace, si l'on ne peut la rattacher à un fait de distribution ou d'exposition; —

traordinaires du gouverneur de la colonie, aux termes de l'art. 9 de l'ord. du 9 fév. 1827, ne peuvent constituer le délit de diffamation; que ces rapports, procès-verbaux et déclarations sont secrets de leur nature et le silence est imposé, comme un devoir, aux membres du conseil privé (Guadeloupe, 15 déc. 1829, aff. Turpin, V. Organ. des colonies);—4° Que lorsque la destitution d'un percepteur des contributions a été prononcée sur des procès-verbaux et rapports adressés au ministre par le receveur général, ce percepteur est non recevable à intenter, contre ce dernier ou contre l'agent à qui il avait donné mandat, une action en diffamation et en dommages-intérêts devant les tribunaux.; que cette voie ne pourrait être prise que sur une déclaration de l'administration, de laquelle il résulterait que cet agent supérieur aurait agi dans le dessein de nuire à son inférieur (Ord. cons. d'Etat, 21 sept. 1827, M. de Rességuier, rap., aff. Bonnet C. recev. gén. de la Haute-Garonne); — 5° Que la demande en destitution d'un syndic, adressée au juge-commissaire de la faillite dans une requête contenant les faits à l'appui, requête qui n'a été ni répandue ni distribuée, ne constitue pas le délit de diffamation; qu'une telle demande ne constitue pas davantage le délit d'injures ou d'outrages (c. pén. 375, Crim. rej. 7 mai 1819) (1); — 6° Qu'une imputation faite dans un acte authentique ne peut constituer le délit de diffamation, par cela seul que l'acte est authentique. Un acte authentique, en effet, n'est pas nécessairement public (Crim. cass. 7 mars 1823, aff. maire de Frazé, V. en ce sens MM. Carnot, sur l'art. 367 c. nap., p. 206; Parant, p. 87; Chassan, t. 1, p. 372, n° 5; de Grattier, t. 1, p. 202, n° 3); — 7° Que pour qu'un écrit tel, par exemple, qu'une citation entre particuliers ou une procuration dans lesquelles se trouvent des expressions outrageantes pour un fonctionnaire public, ait, quant à la compétence, le caractère de publicité prévu par l'art. 1 de la loi du 17 mai 1819, il ne suffit pas qu'il soit devenu public par l'enregistrement ou par la lecture qui en serait faite à l'audience ou son insertion dans un procès-verbal de non-conciliation; il faut de plus qu'il ait été exposé aux regards du public; que, par suite, c'est devant le tribunal correctionnel et non devant la cour d'assises que le fonctionnaire diffamé doit en poursuivre la répression (Crim. règl. de jug. 22 fév. 1839) (2); — 8° Qu'on ne peut considérer comme publics des reproches faits à un témoin et signés sur un procès-verbal d'enquête à laquelle il est procédé devant le juge de paix (Liége, 25 juin 1813 (3). — V. en ce sens M. Chassan, t. 1, n° 370); — 9° Que les imputations calomnieuses con-

---

Attendu que la communication confidentielle et privée d'un écrit ne constitue ni la distribution ni l'exposition; que ces qualifications s'appliquent à des écrits qu'à l'aide d'une de ces voies, le public a été appelé à voir, à connaître, sur lesquels sa vue ou son attention a pu s'arrêter; qu'il est donc essentiel de constater l'emploi de l'une des voies énoncées, de reconnaître qu'il a été fait des écrits l'usage déterminé, parce que la loi a voulu que cet usage seul attestât exclusivement l'intention répréhensible du prévenu de diffamation; qu'on ne peut incriminer d'autre mode de manifestation de cette intention que celui qui est textuellement défini par la loi; — Attendu, en fait, qu'il a été établi, par les débats, qu'un des derniers jours du mois d'octobre 1832, avant midi, le prévenu se trouva dans un local où est situé le bureau d'un courtier de marchandises; que là, après s'être prononcé, au sujet d'un mémoire produit par le plaignant dans un procès civil, il montra à trois personnes l'écrit relatant la condamnation sus-rappelée, et dit ensuite: « voilà l'homme à qui j'ai affaire; » que le même jour, vers quatre heures de l'après-midi, le prévenu s'étant introduit dans le même local, confia l'écrit à un autre individu; que cet individu en prit immédiatement une connaissance personnelle; que quelques personnes s'étant permises de se placer derrière le détenteur ou dépositaire de l'écrit, parvinrent ainsi à surprendre ce qu'il récélait; — Attendu que ces divers actes, émanés du prévenu, étaient propres sans doute à propager l'imputation renfermée dans l'écrit dont s'agit; que, toutefois, ils n'étaient pas capables, par eux-mêmes, d'atteindre le degré de manifestation, de produire l'effet extérieur dont une distribution ou exposition est susceptible; que, malgré toutes les explications demandées dans l'instruction orale qui a eu lieu devant la cour, il n'en est résulté aucune circonstance qui soit venue revêtir de ce caractère les faits incriminés; — Rejette les appels que le ministère public et B... de S... ont interjetés du jugement rendu le 12 janvier dernier, par le tribunal correctionnel de Bordeaux.

Du 2 mai 1833.-C. de Bordeaux, ch. corr.-M. Poumeyrol, pr.

(1) (Lemmonier.) — La cour; — ... Attendu sur le deuxième moyen, que la requête présentée en 1814, au juge du tribunal de commerce de Saint-Lo, commissaire de la faillite Bouley, par des créanciers de la faillite pour obtenir la destitution du syndic Lemmonier n'était point un acte authentique et public, et n'a été ni affiché, ni vendu, ni distribué, qu'elle ne saurait donc, à raison des imputations quelles qu'elles soient, qui y sont contenues, constituer le délit de calomnie, prévu par l'art. 367 c. pén.; — Que cette requête, adressée à un juge du tribunal de commerce, n'était point une dénonciation, faite à un officier de justice ou de police judiciaire ou administrative, qu'ainsi il est impossible d'y rattacher l'art. 373 de ce code; — Que les faits allégués contre Lemonnier, ne sont pas l'imputation d'un vice déterminé, et n'ont point été insérés dans un écrit répandu et distribué; qu'ils ne constituent donc pas le délit d'injures et d'expressions outrageantes dont parle l'art. 375 du même code; — Que le tribunal correctionnel de Saint-Lô s'étant déclaré incompétent pour prononcer, sur les dommages-intérêts réclamés devant lui par Lemonnier, à raison des imputations qui lui avaient été faites dans la requête présentée pour obtenir sa destitution des fonctions de syndic de la faillite de Bouley, le tribunal correctionnel a été légalement saisi de la plainte dudit Lemonnier; que ce tribunal a donc dû examiner et apprécier les faits de cette requête d'après ses lumières et sa conscience; qu'il ne peut avoir contrevenu à aucune loi en jugeant que l'imputation de ces faits, n'était pas le délit de calomnie grave, mentionné au § 2 de l'art. 377 c. pén.; — Que dès que les imputations faites à Lemonnier ne présentent point le caractère de la calomnie ou de l'injure réputée délit par le code pénal, le renvoi des prévenus de l'action criminelle qui leur était intentée n'est susceptible d'aucune censure; — Rejette.

Du 7 mai 1819.-C. C., ch. crim.-MM. Barris, pr.-Aumont, rap.

(2) (Souffron C. Faure.) — La cour (ap. dél. en ch. du cons.); — ... Vu les art. 525 et suiv. c. inst. crim.; — En ce qui concerne la publicité des diffamations et outrages dont il s'agit: — Attendu que, s'il apparaît de la plainte même du juge de paix Souffron, que la citation du 10 fév. 1838, et les faits qu'elle contient, sont devenus publics par la lecture qui en a été faite à l'audience de la justice de paix du canton de Hautefort, le 11 du même mois, cette citation n'est point restée exposée aux regards du public, et que ce genre de publicité rentre seul dans les cas prévus par l'art. 1 de la loi du 17 mai 1819; — Attendu qu'il en est de même des expressions outrageantes contenues dans la procuration du 1er mai 1838, qui aurait été présentée à l'audience publique de la justice de paix du même canton et déposée comme annexe au procès-verbal de cette justice, du 7 du même mois; — En ce qui concerne le caractère des imputations: — Attendu qu'elles n'ont point été adressées à un magistrat dans l'exercice de ses fonctions, et quelques unes de celles renfermées dans la procuration du 1er mai auraient seulement le caractère d'outrages envers le juge de paix Souffron, à l'occasion de l'exercice de ses fonctions; — Qu'ainsi, il ne peut s'agir de l'application de l'art. 222 c. pén., mais de celle de l'art. 6 de la loi du 25 mars 1822; — Qu'à la vérité, cet article prévoit le délit d'outrages qui devient public d'une manière quelconque, mais que cet art. 6 est une disposition relative seulement à la pénalité et non aux règles de la compétence; — Attendu que les règles de cette compétence sont exclusivement réglées par les art. 1 et 2 de la loi du 8 oct. 1830; — Que le premier de ces articles n'a attribué aux cours d'assises que la connaissance des délits énoncés en l'art. 1 de la loi du 17 mai 1819; — Attendu que les faits ci-dessus exposés, par le caractère de publicité qui leur est propre, ne rentrent pas dans les cas prévus et définis par cet art. 1; — Que, dès lors, leur appréciation appartient, d'après l'art. 2 de la même loi et les art. 13 et 14 de la loi du 26 mai 1819, à la juridiction correctionnelle; — Qu'ils doivent donc être assimilés aux injures et diffamations verbales contre toutes personnes, ce qui comprend les fonctionnaires publics comme les particuliers; — Par ces motifs, réglant de juges,... renvoie, etc.

Du 22 fév. 1839.-C. C., ch. crim.-MM. de Bastard, pr.-Isambert, r.

(3) *Espèce:* — (Docquier C. Bauquelaine.) — Dans une enquête devant le juge de paix, Docquier reprocha le témoin Bauquelaine, parce *qu'il avait fait faillite et que pour ça il avait été incarcéré.* — Bauquelaine forma, à raison de cette imputation injurieuse, une demande devant le tribunal de Guy; mais ce tribunal se déclara incompétent, — « Attendu qu'un procès-verbal arrivé devant un juge de paix n'a pour objet que de rendre constant ce qui s'est passé entre parties et qu'il n'est dans la rédaction l'œuvre particulière ni de l'une ni de l'autre; — Attendu que les reproches faits par le défendeur au demandeur, par-devant le juge de paix d'Avenne, n'avaient été faits que verbalement, — Attendu que la signature du défendeur apposée au procès-verbal ne change pas la nature de ces reproches et n'en aggrave pas le caractère primitif; cette signature se rapportant à la véracité d'un procès-verbal rédigé par le juge; — Attendu qu'il résulte des considérations précédentes qu'il ne s'agissait dans l'espèce que d'injures verbales placées sous la juridiction des juges de paix par l'art. 10, § 6, tit. 3, L. 24 août 1790; d'où il s'ensuit que le tribunal n'est pas compétent, *ratione materiæ.* » — Appel.

La Cour; — « Attendu que le procès-verbal d'enquête rédigé par le greffier du juge de paix, contenant des reproches faits par l'intimé contre

signées dans une requête signifiée d'avoué à avoué, sans autre publicité, ne constituent pas le délit de calomnie prévu par l'art. 367 c. pén. (Cr. cass. 27 août 1818) (1).

870. Mais il a été jugé et avec raison : 1° que des mémoires répandus dans le public sans utilité et sur des plaintes encore soumises à l'instruction secrète de la chambre d'accusation, ont pu être considérés comme renfermant un délit de diffamation (Crim. rej. 18 oct. 1821) (2). Ici ce n'est pas la plainte qui produit la publicité, mais la distribution des mémoires. Or, la distribution est un des moyens de publication compris dans la loi de 1819; — 2° Et d'une manière plus générale que la publicité donnée à des mémoires produits en justice peut constituer une diffamation (Paris, 24 avr. 1847, aff. Christofle, D. P. 47. 2. 197). Sur l'immunité dont jouissent les écrits produits en justice.—V. nos 1171 et suiv.

871. Quel est le pouvoir des juges du fond, quant à la constatation de la publicité? — Pour les principes à cet égard, V. v° Cassation, nos 1228 et suiv., et *suprà* n° 537.— Il nous suffira de rappeler ici qu'il a été jugé : 1° qu'en matière de diffamation, il appartient aux tribunaux correctionnels de reconnaître et de constater les faits qui présentent le double caractère de gravité et de publicité nécessaire pour qu'il y ait diffamation (Crim. rej. 26 janv. 1826, aff. Jacquot, V. au présent n° -6°). — Conf. M. de Grattier, t. 1, p. 119);—2° Que les caractères constitutifs de la publicité pour que la diffamation soit punissable sont appréciés souverainement par les juges du fond (Crim. rej. 29 mars 1822) (3);— 3° Que les tribunaux apprécient d'une manière souveraine les circonstances qui constituent un lieu public, dans le sens des lois de 1819 (Crim. rej. 27 déc. 1823 (4); 4 août 1852, aff. Devolvé; V. n° 1391);—4° Que l'injure ou la diffamation n'étant punissable qu'autant qu'il y a publicité, cette circonstance doit, à peine de nullité, être constatée dans le jugement (Crim. cass. 7 janv. 1826) (5); — 5° Que la publicité qui forme l'un des caractères légaux de la diffamation commise envers un particulier, n'est pas suffisamment établie, lorsque, d'une part, le jugement se borne à constater que le prévenu a *dit* les propos qui lui sont imputés, la loi exigeant que les propos diffamatoires aient été *proférés*, et lorsque, d'autre part, le même jugement ne désigne pas les lieux où les discours ont été tenus, encore que la citation ferait connaître qu'ils l'auraient été dans des boutiques d'épiciers, cette désignation ayant pu être modifiée par les débats (Crim. cass. 1er mars 1851, aff. Tripier, D. P. 51. 5. 417); — 6° Qu'un tribunal correctionnel, qui déclare que des faits diffamatoires ont été commis publiquement, quoiqu'ils ne l'aient pas été dans un lieu public, décide implicitement qu'ils l'ont été dans une réunion publique, une réunion formée dans un lieu non public pouvant devenir publique par le concours d'un grand nombre de personnes, par la présence des autorités locales, et par toute autre circonstance dont la loi a laissé aux juges l'appréciation (Crim. rej. 26 janv. 1826) (6). — V. MM. Parant,

---

l'appelant en sa qualité de témoin produit dans ladite enquête et souscrit par l'intimé, ne peut avoir l'effet de changer en injures écrites de simples reproches contre un témoin, qui n'ont été prononcées que verbalement; — Par ces motifs, en adoptant ceux du jugement de première instance, confirme, etc. »

Du 25 juin 1815.-C. de Liége.

(1) (De Gomiecourt C. les admin. de l'hospice de Corbie.)—La cour; — Vu les art. 155, 189 c. inst. crim.; — Vu les art. 367 et 371 c. pén. dont l'application a été faite aux faits déclarés constants;—Attendu que, d'après ledit art. 367, les imputations dont cet article détermine le caractère ne peuvent constituer le délit de calomnie qui doit être puni conformément à l'art. 371, que lorsqu'elles ont été faites, soit dans les lieux ou réunions publics, soit dans un acte authentique et public, soit dans un écrit imprimé ou non, qui aura été affiché, vendu ou distribué; que, dans les crimes et les délits dont la loi a fixé les faits constitutifs, la peine ne peut être légalement prononcée que sur la déclaration de l'existence des faits élémentaires; que la cour de cassation, à qui la loi impose l'obligation de prononcer sur l'application qui a été faite de la loi pénale, ne peut, en effet, en faire l'appréciation que d'après cette déclaration;— Attendu que, dans l'espèce, de Gomiecourt a été déclaré convaincu par l'arrêt attaqué (de la cour d'assises) d'être l'auteur d'imputations calomnieuses consignées dans une requête signifiée d'avoué à avoué, qui exposeraient au mépris et à la haine des citoyens les administrateurs de l'hospice de Corbie; mais qu'il n'a point été déclaré dans cet arrêt que cette requête constituât un acte authentique et public, ni qu'elle eût été affichée, vendue ou distribuée; que les faits déclarés ne renfermaient donc pas les circonstances du délit de calomnie telles qu'elles ont été déterminées par l'art. 367; que la peine prononcée par l'art. 371 a donc été mal appliquée; qu'il y a dès lors fausse application desdits deux articles; — Casse, etc.

Du 27 août 1818.-C. C., sect. crim.-MM. Barris, pr.-Lecoutour, rap.

(2) (Ricard C. Masson et Dujardin.) — La cour; — Attendu sur les deux premiers moyens présentés par Ricard, que la cour royale de Rouen n'a point fait fausse application de l'art. 15 de la loi du 17 mai 1819, en reconnaissant un délit de diffamation dans les mémoires produits par Ricard et répandus par lui dans le public sans utilité et sur des plaintes qui étaient encore soumises à une instruction secrète; — Que la chambre d'accusation saisie des plaintes qui avaient donné lieu à ces mémoires eût été sans caractère pour statuer sur la diffamation qu'ils pouvaient contenir, qu'il n'y a, en effet dans cette chambre ni instruction publique ni instruction contradictoire; que les tribunaux correctionnels étaient donc compétents pour en connaître, et que les condamnations par eux prononcées n'ont pas été une violation de l'art. 25 de ladite loi du 17 mai; — Rejette.

Du 18 oct. 1821.-C. C. sect. crim.-MM. Barris, pr.-Chantereyne, r.

(3) (Andrieux C. Boric.) — La cour; — En ce qui concerne le délit de diffamation :—Attendu que la loi du 17 mai 1819 ne définit point la publicité qu'elle exige comme un des éléments constitutifs de la diffamation; — Qu'ainsi elle abandonne l'appréciation de la nature et de la réalité de cette circonstance à la conscience du magistrat; — Que, dès lors, l'examen de cette appréciation ne rentre pas dans les attributions de la cour et par conséquent ne saurait donner ouverture à cassation; — Et attendu, dans l'espèce, que le tribunal d'Alby a déclaré que les imputations prétendues faites à Andrieux dans la lettre de Boric au procureur du roi de Gallac, n'avaient pas été accompagnées de la publicité nécessaire pour constituer le délit de diffamation; — Que cette déclaration en fait n'était pas susceptible d'être examinée par la cour, et que la conséquence tirée par le jugement attaqué de l'existence du délit de diffamation est conforme à l'art. 1 de la loi du 17 mai 1819.

En ce qui concerne la prévention de dénonciation calomnieuse à un officier de police judiciaire : — Attendu que devant le tribunal correctionnel de première instance Andrieux prit des conclusions tendantes à ce que la dénonciation faite par Boric au procureur du roi fût déclarée calomnieuse; — Qu'en statuant sur ce chef de prévention, le tribunal déclara que la lettre de Boric ne contenait pas des faits rentrant dans la disposition de l'art. 375 c. pén.; et, par suite, décida que cet article était inapplicable; — Qu'ainsi il relaxa le prévenu sur ce second chef; — Mais attendu que ni Andrieux ni le ministère public n'avaient appelé de ce jugement; que Boric, condamné, était seul appelant;—Que l'effet de son appel ne pouvait être d'aggraver sa position et de reproduire devant le tribunal d'appel la prévention de dénonciation calomnieuse sur laquelle il avait été mis hors d'instance; — Que, dès lors, ce tribunal était sans caractère pour connaître de ce chef de prévention; — Et qu'en le décidant ainsi, loin de s'écarter des règles de sa compétence, il s'y est au contraire exactement conformé; — Rejette.

Du 29 mars 1822.-C. C., sect. crim.-MM. Barris, pr.-Ollivier, rap.

(4) (Min. pub. C. Mazayon.) — La cour; — Attendu qu'aucune loi n'a fixé les circonstances qui doivent constituer un lieu public ou une réunion publique, et qu'ainsi la cour royale de Lyon, en jugeant par l'arrêt attaqué, que les propos séditieux tenus par le nommé Mazayon ne l'avaient point été dans un lieu ou réunion public, n'a violé aucune loi, et dès lors n'a donné aucune ouverture à cassation; — Rejette le pourvoi contre l'arrêt de la cour de Lyon, du 27 nov. dernier.

Du 27 déc. 1823.-C. C., sect. crim.-MM. Barris, pr.-Brière, rap.

(5) (Destremont C. min. pub.) — La cour; — Attendu qu'aux termes des art. 1, 13 et 14 de la loi du 17 mai 1819, l'injure ou la diffamation ne sont des faits punissables correctionnellement qu'autant qu'il y a eu publicité; — Que, dans l'espèce, la diffamation du tribunal de Rhetel n'est point reconnue avoir eu lieu publiquement, comme l'était celle commise envers le témoin Mérieux; que, dès lors, il y a eu, au chef de condamnation relatif à la diffamation envers le tribunal de Rhetel, violation de la loi; — Casse et annule la disposition du jugement du tribunal correctionnel de Charleville, du 29 nov. dernier, confirmant celle du jugement du tribunal correctionnel de Rhetel, du 8 juin précédent, qui déclare Destremont coupable de diffamation envers ce dernier tribunal, ensemble la disposition qui le condamne, à raison de ce, à deux mois d'emprisonnement; ledit jugement, continuant de subsister quant à la condamnation, à cinq jours d'emprisonnement et à 100 fr. d'amende, à raison de la diffamation envers le témoin Mérieux, à l'égard de laquelle le pourvoi est rejeté.

Du 7 janv. 1826.-C. C., ch. crim.-MM. Portalis, pr.-Ollivier, rap.

(6) *Espèce :* — (Jacquot C. frères Collet.) — Jacquot fils entra chez un maçon à Verrière, déclarant que les frères Collet venaient de lui tirer trois coups de fusil à bout portant; il se plaignait comme s'il allait expirer. — Le maire, l'adjoint, un médecin et plusieurs autres personnes s'assemblèrent dans la maison; le mensonge fut de suite reconnu. —De

p. 70; Chassan, t. 1, p. 48, et de Grattier, t. 1. p. 125, nº 9; V. aussi vº Cassation, nºs 1745 et suiv.

872. A défaut de publicité, une imputation diffamatoire doit-elle nécessairement demeurer impunie? — L'affirmative ne saurait être admise, puisque la loi punit l'injure même non publique. — Aussi a-t-il été jugé que la diffamation non publique doit, comme l'injure non publique, être passible des peines de simple police (Crim. cass. 3 janv. 1822 (1); 2 déc. 1819, M. Aumont, rap., aff. Gouraincourt C. Mareschal; 27 août 1821, MM. Barris, pr., Ollivier, rap., aff. Gilles C. Hutin; Colmar, 4 déc. 1821, aff. Wintzel, V. plus bas, nº 934; 7 janv. 1826, MM. Portalis, pr., Ollivier rap., aff. Destremont; Crim. rej. 10 juill. 1834, aff. Lhabitant, V. Appel crim., nº 80).—Conf. MM. Parant, p. 89; de Grattier, t. 1, p. 204; Chassan, t. 1, p. 369; Cellier, code annoté de la presse, p. 35. — V. aussi Compét. crim. nº 252.

873. N'oublions pas, du reste, que la loi du 17 mai 1819, qui ne punit la diffamation qu'autant qu'elle a été rendue publique par l'un des moyens énoncés en son art. 1, a été modifiée, en ce qui concerne les fonctionnaires publics, par l'art. 6 de la loi du 25 mars 1822, qui punit l'outrage à eux fait publiquement, d'une manière quelconque, c'est-à-dire par écrit aussi bien que par paroles, et substitue à l'injure et à la diffamation l'outrage dont elle laisse aux tribunaux l'appréciation, soit quant à sa nature, soit quant à sa publicité.—V. sur ce point nºs 725 s.

§ 3. — *De l'intention.*

874. En général, c'est l'*intention* coupable et non le fait nuisible que la loi punit (V. Crimes et délits contre les personnes, nº 15). — Ce principe reçoit son application en matière de diffamation.—Les lois spéciales qui y sont relatives n'ont pas eu besoin de l'exprimer, parce que c'est là une règle générale qui doit être sous-entendue dans toutes les lois pénales, lorsque le législateur n'en a pas autrement disposé, soit expressément, soit tacitement. Le droit romain, dont les prévisions étaient plus étendues et plus détaillées que celles de nos textes législatifs, avait, d'ailleurs, sur ce point des dispositions formelles. Suivant la loi 3, ff. *De inj. et fam. lib.*, les furieux et les *impubères* qui étaient incapables de dol ne pouvaient être coupables d'injure, parce que ce fait tire surtout sa gravité de la pensée de son auteur. — *Illud relatum peræque est eos qui injuriam pati possunt et facere posse.* § 1 *Sanè sunt quidam qui facere non possunt ut putà furiosus et impubes qui doli capax non est : namque hi pati injuriam solent, non facere; cùm enim injuria ex affectu facientis consistat, consequens erit dicere, hos, sive pulsent, sive convicium dicent, injuriam fecisse non videri.*

875. La jurisprudence la plus constante et la plus uniforme est venue ajouter son autorité à celle de ces déductions, en décidant: 1º qu'il ne peut y avoir ni diffamation, ni calomnie, sans dessein de nuire à la personne qui est l'objet de l'imputation diffamatoire ou calomnieuse (Crim. cass. 10 mai 1821 (2); 18 mess. an 12, aff. Lecerf, V. Avocat, nº 362; 30 janv. 1807, aff. Duval, V. plus bas nº 936-1º; 12 juill. 1810, aff. Quetel, V. Inst. crim, nº 547; 3 déc. 1819, aff. Martin, V. *eod.*, nº 43; Metz, 22 août 1818, aff. Poinsignon, V. Dénonc. calomn., nº 127; Crim. cass. 10 nov. 1826, aff. Cescaut, V. nº 934; Crim. rej. 16 mars

---

là action en calomnie contre Jacquot père et fils. Le père est acquitté, et le fils condamné. — Pourvoi. — Arrêt.

LA COUR; — Donne acte aux frères Collet de leur intervention; — Attendu, sur les premier et troisième moyens, que la connaissance et la répression de toute diffamation grave et publique contre des particuliers appartiennent à la juridiction correctionnelle, conformément aux art. 1, 13, 14 et 18 de la loi du 17 mai 1819 et à l'art. 14 de la loi du 26 du même mois; qu'il appartient aux tribunaux de reconnaître et de constater les faits qui constituent ce double caractère de gravité et de publicité; que la publicité, telle qu'elle est définie par la disposition générale de l'art. 1 de la loi du 17 mai 1819, ne résulte pas seulement de ce qu'un fait s'est passé dans des lieux publics, mais que cette publicité existe encore lorsque ce fait a eu lieu dans toute réunion publique; qu'ainsi, alors même que les juges déclarent que les crimes ou délits dont il s'agit n'ont pas été commis dans un lieu public, il est dans leurs attributions comme dans leurs devoirs, d'examiner et de constater s'ils l'ont été dans une réunion publique; qu'en déclarant qu'ils ont été commis publiquement, quand ils ne l'ont point été dans des lieux publics, ils décident implicitement qu'ils l'ont été dans une réunion publique; qu'en effet, une réunion, quoique formée dans un lieu non public, peut devenir publique, soit par le concours d'un grand nombre de personnes que rassemblent ou l'intérêt ou la curiosité, ou même un danger commun, soit par la présence des autorités locales appelées par la voix publique ou par des réclamations particulières; enfin, soit par toute autre circonstance que la loi n'a pas spécifiée, et dont elle a laissé aux juges l'appréciation; que, dans le fait, le tribunal de Reims, en reconnaissant que la diffamation qui fait l'objet du procès a eu lieu dans une maison particulière, a néanmoins établi que cette diffamation avait été publique par le concours d'une partie de la population et des autorités locales dans cette maison, alors ouverte à la foule qui s'y portait : en quoi le tribunal de Reims s'est exactement conformé aux règles de sa compétence et aux dispositions précitées des lois des 17 et 26 mai 1819...; — Attendu, sur les quatrième et cinquième moyens, qu'ils sont d'abord inexacts dans le fait, puisque le demandeur n'a pas été condamné au payement des entiers dépens; mais que, d'ailleurs, le tribunal de Reims s'est conformé aux règles de la matière qui veulent que, lorsque des poursuites ont été dirigées contre plusieurs prévenus, à raison du même fait, celui qui succombe doit en supporter les frais; que la condamnation aux dépens n'a pas besoin d'être motivée, puisqu'elle est la suite nécessaire et naturelle de la condamnation sur le fait principal; — Rejette.

Du 26 janv. 1826.-C. C., ch. crim.-MM. Portalis, pr.-Gary, rap.

(1) *Espèce* : — (Dubreuil C. Guérineau.) — Sur la plainte de Guérineau, Dubreuil avait été condamné à 50 fr. de dommages-intérêts et 5 fr. d'amende pour le délit d'injures et en vertu de l'art. 471, nº 11, c. pén. En appel, le tribunal de police correctionnelle de Fontainebleau, voyant dans les faits qui étaient reprochés à Guérineau le délit de diffamation et d'injure, prévu par les art. 13 et 14, L. 17 mai 1819, avait annulé le jugement de police, et, retenant la cause, avait fait à Dubreuil application des articles susdits.—Pourvoi.—Arrêt.

LA COUR (après délib. en ch. du cons.); — Vu les art. 1, 13 et 14 de la loi du 17 mai 1819, aux termes desquels des discours ne peuvent constituer le délit de diffamation ou d'injure qu'autant qu'ils ont été tenus dans des lieux ou réunions publics ; — Vu l'avis du conseil d'État du 25 oct. 1806, approuvé par le chef du gouvernement le 2 novembre suivant; — Vu enfin les art. 408 et 413 c. inst. crim., d'après lesquels la cour de cassation annule les arrêts et les jugements en dernier ressort qui contiennent la violation des règles de compétence; — Attendu, 1º qu'aux termes des dispositions des art. 1, 13 et 14 de la loi du 17 mai 1819, la publicité est, comme elle l'était d'après le code pénal, l'un des caractères constitutifs du délit de diffamation ou d'injure, et que ce délit n'existe pas, si les discours prétendus diffamatoires ou injurieux n'ont pas été tenus dans des lieux ou réunions publics; — Que de là il s'ensuit que, pour déterminer la compétence de la juridiction correctionnelle en matière de diffamation ou d'injure, il faut nécessairement que la publicité des discours dénoncés soit déclarée en fait par les juges; — Que le tribunal de police correctionnelle de Fontainebleau, saisi de l'appel du jugement du tribunal de police de Moret, rendu contre Dubreuil sur la plainte de Guérineau, a annulé ce jugement pour incompétence, et a retenu la cause pour la juger comme affaire correctionnelle, sans avoir déclaré aucun fait duquel il puisse résulter que les discours imputés au prévenu ont été tenus, ou dans un lieu public, ou dans une réunion publique; qu'en s'attribuant ainsi la connaissance d'une plainte fondée sur des discours qui n'étaient pas déclarés avoir eu la publicité requise pour leur donner le caractère du délit de diffamation ou d'injure, le tribunal correctionnel de Fontainebleau a fait une fausse application des dispositions citées des lois des 17 et 26 mai 1819, et violé les règles de compétence; — Attendu, 2º qu'il n'y a eu de réclamation contre le jugement du tribunal de police de Moret que de la part du prévenu, qu'il condamnait à l'amende et à des dommages et intérêts; que le ministère public n'en a pas relevé appel; qu'il y a conséquemment acquiescé, et qu'il a jugé que la vindicte publique était satisfaite; — Que le tribunal correctionnel de Fontainebleau ne pouvait être saisi par l'appel de Dubreuil que des questions agitées par celui-ci devant le tribunal de police, celles de savoir s'il avait pu être légalement traduit en justice sans l'autorisation du conseil d'État, et s'il fallait ou lui faire l'application de l'art. 471, nº 11, c. pén., ou le renvoyer de la plainte portée contre lui; que sa position ne pouvait pas être aggravée sur son appel, et qu'elle l'a été nécessairement par un jugement qui l'a mis en prévention de délit, et l'a ainsi exposé à subir des condamnations correctionnelles, lorsqu'il n'avait été dénoncé que comme prévenu de contravention, et n'était condamné qu'à une peine de police; — Qu'en aggravant le sort de Dubreuil contre l'objet de son appel, et en jugeant une question de compétence dont il n'eût pu être légalement saisi que par un appel du ministère public, le tribunal correctionnel de Fontainebleau s'est mis en opposition formelle avec les principes consacrés par l'avis du conseil d'État du 25 oct. 1806, et a excédé manifestement les bornes de ses attributions : — Casse.

Du 3 janv. 1822.-C. C., sect. crim.-MM. Barris, pr.-Aumont, rap.

(2) (Colonna d'Istria C. Giacobbi.) — LA COUR; — Vidant le délibéré

1850, aff. Ouvrard, D. P. 50. 1. 94.—Conf. MM. Chassan, t. 1, p. 373; de Grattier, t. 1, p. 179, n°s 1 et 2; Grellet-Dumazeau, t. 1, p. 147);—2° Qu'en matière de diffamation, comme en toute autre matière, les juges peuvent déclarer qu'à défaut d'intention coupable, le délit n'existe pas (Crim. rej. 12 août 1842) (1).—C'est donc là un point à l'abri de toute controverse.

876. Par suite du même principe il a été jugé que la publication, par la voie de la presse, de faits préjudiciables à l'honneur ou à la considération des personnes, ne constitue point le délit de diffamation, si l'auteur de cette publication a agi sans intention coupable, ce que le jury apprécie souverainement (Crim. rej. 16 mars 1850, aff. Ouvrard, D. P. 50. 1. 94). — Sur la compétence en matière de diffamation, V. *infrà* n°s 1448 et suiv.

877. Un mot cependant sur la nuance qui distingue la *volonté* de l'*intention*. — Lorsque l'on ne prévoit pas les suites d'un fait nuisible, on peut très-bien avoir la *volonté* de le commettre sans avoir l'*intention* de nuire. — Ainsi, dans la pensée d'appeler la sympathie sur un négociant, un écrivain imprudent publiera les lignes suivantes : « Nos lecteurs apprendront, comme un malheur digne de tout leur intérêt, que l'une de nos maisons les plus honorables, vient d'être gravement atteinte dans son actif commercial. Le chef de cette maison, M. Tucide, avait expédié pour Boston trois navires chargés de vins. Ils ont péri corps et biens et ils n'étaient point assurés! — Le contre-coup de cette perte énorme ne pouvait tarder à se faire sentir. — Aussi, privé des ressources que devait lui donner sa liquidation avec le commerce de Boston, M. T. s'est-il vu dans la douloureuse nécessité de refuser le payement de plusieurs effets qui lui ont été présentés dans la journée d'hier. » — Ce sont là assurément des faits qui portent atteinte à la considération du négociant désigné; mais si les juges demeurent convaincus qu'aucune mauvaise intention n'a animé l'auteur de l'article, ils ne doivent pas le déclarer coupable de diffamation. — D'autres circonstances doivent aussi faire disparaître une culpabilité apparente. — Ainsi, dans une salle de spectacle, un sourd qui croit parler à son voisin sur le ton du mystère, *profère* une imputation diffamatoire, on doit lui tenir compte de son infirmité.

878. Mais comme la vérité des faits diffamatoires doit être sans influence sur la décision des juges, il serait sans importance que l'auteur d'une imputation diffamatoire eût cru à la réalité des faits qui la constituent et que, sous ce rapport, il fût de *bonne foi*.—Aussi a-t-il été jugé : 1° que le gérant d'un journal qui a faussement annoncé, quoique de bonne foi, le suicide d'un individu, en l'attribuant à des motifs d'intérêt, est coupable de diffamation (Rouen, 30 déc. 1841) (2); — 2° Que le gérant d'un journal commet le délit de diffamation lorsqu'il publie des faits diffamatoires, bien qu'il ne connaisse pas la personne à la considération de laquelle ces faits portent atteinte, et qu'il ait agi dans le but unique de publier un article qui lui paraissait de nature à intéresser ses lecteurs (Paris, 4 mars 1837, aff. Vernier, V. n° 883).—Ces décisions sont sévères, sans doute, en ce que ce n'était pas, d'après les arrêts précités eux-mêmes, l'*intention de nuire* qui avait dirigé les gérants des journaux dans la publica-

---

prononcé et continué à l'audience du 26 avril sur la plainte en diffamation portée par le sieur Colonna d'Istria contre le sieur Giacobbi, conseiller, etc. ;—Attendu la connexité existante entre cette plainte et l'arrêt de la chambre d'accusation de la cour d'appel de la Corse, dont la cour a été saisie en section criminelle par le pourvoi du procureur général, qui a été rejeté à l'audience du 26 avril, après un rapport et un délibéré dont ladite plainte en diffamation a été l'objet, ainsi que le pourvoi du procureur général ;—Déclare qu'il y a lieu à être statué en section criminelle sur l'autorisation nécessaire pour qu'il puisse être donné suite à la plainte dont il s'agit;—Vu en conséquence ladite plainte ainsi que les pièces qui ont été transmises par monseigneur le garde des sceaux, en exécution de l'art. 482 c. inst. crim.; — Attendu, en premier lieu, que le délit de diffamation suppose une imputation faite volontairement et dans le dessein de nuire;—Que ce caractère ne peut être attribué aux déclarations faites par le sieur Giacobbi, dans un débat où il était entendu comme témoin, et qu'il n'y a faites que sur les interpellations et l'instance du président; qu'il ne résulte pas d'ailleurs de l'instruction qu'il ait ni directement, ni par des voies insidieuses, provoqué ces interpellations pour diffamer le sieur Colonna, en ne paraissant qu'obéir à la justice; — Attendu, en second lieu, que les faits dont a déposé le sieur Giacobbi, relativement au sieur Colonna d'Istria, n'ont rien de clair ni de précis; qu'ils se réduisent à des ouï-dire vagues, à des soupçons sur la personne à laquelle devaient être attribués les faits de ces ouï-dire, et à des inductions d'opinions sur l'exactitude de cette application; que ces soupçons et ces opinions paraissent se rattacher à des passions particulières et à des haines de famille dont l'action est si générale et si active dans la Corse, qu'ils peuvent avoir été produits et répandus par elle; — Que la publicité qui leur a été donnée par les déclarations du sieur Giacobbi ne peut d'ailleurs avoir porté aucune atteinte ni à l'honneur, ni à la considération du sieur Colonna, dont la conduite et les principes, mieux appréciés par le gouvernement, l'ont fait investir par lui des premières fonctions du ministère public dans l'île de Corse, et l'ont fait appeler ensuite aux fonctions de président dans l'une des cours royales de l'intérieur, fonctions qu'il exerce encore, et dans lesquelles il a conservé la confiance du gouvernement et l'estime publique ;—D'après ces motifs, déclare, etc.

Du 10 mai 1821.-C. C., sect. crim.-MM. Barris, pr.-Aumont, rap.

(1) (Min. pub. *C.* Aubry-Foucault.)—LA COUR (ap. dél. en ch. du cons.); — Attendu que la loi du 17 mai 1819 n'a pas dérogé aux principes généraux du droit, suivant lesquels, à moins d'une disposition expresse de la loi, il ne peut exister de délit qu'autant que le fait matériel qui le constitue a été commis avec l'intention de nuire; — Que, dans le cas de diffamation envers un particulier, quoique la vérité du fait diffamatoire ne puisse jamais excuser le délit et que, par conséquent, le prévenu ne soit pas recevable à offrir la preuve de ce fait comme moyen de justification, néanmoins, si les circonstances de la publication établissent que cette publication a eu lieu sans intention coupable, les juges du fond peuvent déclarer que le délit n'existe pas; — Et attendu, en fait, que, dans l'espèce, la cour d'appel de Bordeaux appréciant, ainsi qu'elle en avait le droit, les circonstances invoquées par le prévenu, non pour prouver la vérité du fait diffamatoire, mais pour le justifier de toute mauvaise intention, a pu, sans violer la loi, déclarer que la publication qui avait donné lieu à la plainte du sieur Jacques Galos et fils, négociants à Bordeaux, avait été faite sans aucune intention malveillante, et, dès lors, ne constituait pas le délit dénoncé; — Rejette.

Du 12 août 1842.-C. C., ch. crim.-MM. de Crouseilhes, pr.-Valigny, r.

Nota. — A la même audience, il a été rendu, au rapport du même magistrat, un second arrêt conçu dans les mêmes termes.

(2) *Espèce* : —(Dupuis *C.* Levasseur.)—19 nov. 1841, jugement du tribunal correctionnel de Dieppe ainsi conçu : — « Le tribunal ; — Attendu que le suicide est une mort honteuse, un fait réprouvé par la religion et la morale, flétri par l'opinion publique, puni même comme un crime par plusieurs législations; qu'ainsi, l'imputation d'un pareil fait porte évidemment atteinte à l'honneur et à la considération de la personne à laquelle on l'attribue; — Attendu que, dans le journal la Vigie de Dieppe, feuille du mercredi 20 octobre dernier, n° 502, le sieur Levasseur, gérant, a inséré un article ainsi conçu : « Un des jours de la semaine dernière, le sieur Pierre Dupuis, cultivateur au Mesnil, canton de Bacqueville, a tenté de se suicider au moyen d'une corde qu'il avait suspendue à un arbre. Les voisins de cet homme, en traversant sa ferme, l'ont aperçu ainsi pendu et se sont hâtés de couper la corde; heureusement pour le sieur Dupuis, le nœud ne s'était pas resserré, et il a pu être bientôt rappelé à la santé. En recouvrant la parole, il a annoncé que la partie n'était que remise et que, tôt ou tard, il accomplirait son projet. On attribue cet acte de désespoir à des motifs d'intérêt; » — Attendu que cet acte, entièrement mensonger, a tous les caractères de la diffamation; que la manière dont le fait est raconté en augmente encore la gravité; que la cause qu'on lui donne pouvait même nuire au crédit dudit sieur Dupuis; qu'il a donc été porté atteinte à l'honneur et à la considération de ce dernier; — Attendu que la législation sur la presse et la diffamation est spéciale; que les règles communes du droit relatives à la bonne foi ne peuvent être appliquées aux délits que cette loi punit; que la diffamation est toujours, de droit, réputée avoir été faite dans l'intention de nuire; que le rédacteur d'un journal ne doit pas légèrement accueillir les nouvelles qui lui sont transmises; qu'il ne peut ignorer le mal que ferait l'article diffamatoire qu'il publie; — Attendu que si les tribunaux peuvent quelquefois user d'indulgence lorsque la presse commet quelques écarts, soit en discutant des matières d'intérêt général ou qui pourraient n'être de quelque utilité que pour une partie des citoyens, soit en rapportant des faits relatifs à des fonctionnaires, dans l'intention ou de provoquer quelque amélioration ou de signaler un abus et d'empêcher qu'il ne se renouvelle, il ne peut en être de même lorsque ses publications n'ont pour but que de satisfaire une vaine et stérile curiosité, et pour résultat que de mettre au jour des faits particuliers qui devraient rester ignorés dans l'intérêt de la société et des familles; — Attendu que le sieur Levasseur déclare prendre toute la responsabilité de l'article incriminé; — Déclare Levasseur coupable du délit prévu par les art. 13 et 18 de la loi du 17 mai 1819, 14 de la loi du 18 juill. 1828. » — Appel. — Arrêt.

LA COUR; — Adoptant les motifs des premiers juges; — Confirme.

Du 30 déc. 1841.-C. de Rouen, 3e ch.-M. Simonin, pr.

tion des articles diffamatoires, mais bien le désir d'intéresser leurs lecteurs. Cependant, on conçoit que si ce motif pouvait servir d'excuse aux journalistes, ils en abuseraient de la manière la plus fâcheuse pour l'honneur et le repos des familles.

879. Toutefois, il a été jugé aussi que le délit de diffamation commis par la voie de la presse n'existe pas quand il a été déclaré que le prévenu a agi de bonne foi dans la publication des faits prétendus diffamatoires, et qu'il n'a pas eu l'intention de nuire (Crim. rej. 18 oct. 1850, aff. Pichonnot, D. P. 51. 5. 415).

880. Pour nous, nous n'absoudrions du chef de l'intention que ceux qui n'ont pu comprendre le mal qu'ils allaient faire, en publiant une imputation nuisible à la réputation de celui qu'elle concerne, soit parce que certaines circonstances ne leur permettaient pas d'en saisir la portée, soit parce qu'ils étaient dominés par un intérêt sérieux, pressant et légitime qui écartait de leur esprit toute autre pensée. — Mais il ne nous paraît pas contestable que celui qui, se rendant exactement compte du tort qu'il va causer, commet l'acte qui doit le produire, a certainement l'intention de nuire.—Il ne faut pas confondre, en effet, l'intention avec le but. — Et, pour rendre notre pensée avec plus de clarté, prenons un exemple dans un autre ordre d'idées.—Ainsi, dans un intérêt purement scientifique, un médecin donne la mort à un de ses malades, afin de chercher immédiatement dans ses viscères les effets d'un médicament nouveau qu'il lui a administré. Le but de l'homme de l'art n'est pas, sans doute, dans ce cas, d'ôter la vie au patient. Il n'en a pas moins eu l'*intention* de donner la mort et la culpabilité est évidente.

881. De même, sous prétexte d'éclairer vos concitoyens sur les fautes secrètes d'un homme qui usurpe la considération publique, vous le diffamez, même à l'aide de vérités incontestables. Vous n'en êtes pas moins coupable du délit de diffamation, bien que vous n'ayez été animé que du désir de rendre service aux honnêtes gens, parce que vous avez agi avec la certitude du mal que vous alliez causer (V. cependant n° 847). — Mais si, au contraire, sans autre réflexion que celle que vous inspire le besoin de retrouver votre propriété volée ou perdue et sans mesurer la portée dangereuse pour vous-même d'une imputation de vol, vous accusez hautement et publiquement un individu de vous l'avoir soustraite, on pourra justement décider qu'il n'y a pas eu de diffamation de votre part, parce que la situation d'esprit dans laquelle vous vous trouvez permet d'admettre que vous n'avez eu d'autre intention que de chercher à recouvrer l'objet dérobé. — La jurisprudence offre de nombreux exemples d'une semblable appréciation.—Parmi eux se trouve le fait suivant qui est assez remarquable : Ferini, capitaine d'un navire de commerce, avait été informé par quelques personnes qui prétendaient être témoins oculaires du fait qu'un nommé Fanc lui avait soustrait un petit mât. Peu de temps après, Ferini rencontra Fanc sur une place publique, et après l'avoir invité à s'éloigner un peu des personnes qui l'accompagnaient, parce qu'il avait quelque chose à lui communiquer, il lui reprocha le fait qui lui avait été affirmé comme vrai par des personnes dignes de foi. — Puis, sur la dénégation de Fanc, il ajouta assez haut pour être entendu par d'autres que par lui : *vous ne pouvez le nier, on vous a vu emporter le mât volé.* Sur cette imputation, plainte en diffamation de la part de Fano.—Jugement du tribunal correctionnel de Bastia qui renvoie Ferini de la plainte, par le motif qu'il avait agi *sans intention de nuire* ; 5 juill. 1837, arrêt confirmatif de la cour de Bastia (V. Gazette des tribunaux, n° 715).

882. Il a été décidé aussi : 1° que l'individu qui, se trouvant la nuit chez une actrice, descend sur la porte et prend le titre de procureur du roi pour faire retirer des individus qui veulent entrer forcément dans la maison, ne se rend pas, par là, coupable de diffamation envers le procureur du roi (Nîmes, 9 mars 1826, aff. Maumejean, V. Fonct. pub., n° 123) ; — 2° Que dire, à tort, qu'on a vu quelqu'un commettre un délit, et, par exemple, enlever du bois dans un chantier, ce n'est pas se rendre coupable de diffamation, s'il résulte des circonstances de la cause, qu'on n'a pas agi dans une intention calomnieuse ou dans celle de nuire, et alors surtout que l'ordonnance de la chambre du conseil, tout en déclarant qu'il n'y a lieu à suivre contre le prévenu du délit, constate l'existence d'indices suffisants pour innocenter la conduite de ceux qui ont fait ces allégations (Riom, 8 nov. 1835 (1); Conf. M. Chassan, p. 18 et 373).—Toutefois, *les indices suffisants* nous paraissent complétement étrangers à la raison de décider, parce que, comme on le sait, la vérité des faits diffamatoires ne peut en justifier la publication.

883. Mais *l'intention* de nuire est-elle présumée de droit, en telle sorte que l'inculpé doive être nécessairement condamné, à défaut de preuve négative, de sa part, sur ce point? — Nous croyons que, sous ce rapport, la diffamation ne se distingue en rien des délits de droit commun, et qu'en réalité l'inculpé n'a d'autre preuve à faire que celle qui est imposée à tout prévenu. — Dans les matières criminelles, le juge est juré quant à l'appréciation du fait qui lui est déféré, ainsi que de tous les éléments de la culpabilité prétendue du prévenu. Il puise sa conviction dans toutes les circonstances qui lui semblent propres à la former, et ne condamne pas parce que le prévenu n'aurait pas juridiquement réfuté l'inculpation dont il est l'objet. C'est pour lui un devoir de suppléer les moyens de fait ou de droit qui militent en faveur de l'inculpé. — Dans le doute il doit acquitter (V. sur ce point v° Preuve). *Quisque in dubio bonus creditur* (Voët, *Comment. ad Pand. de inj. et fam. lib.*). Il ne peut donc être question de présomption légale à cet égard.— Aussi nous ne pensons pas qu'on doive suivre à la lettre la doctrine des interprètes suivant laquelle ce serait au défendeur à prouver qu'il n'a pas eu de mauvaise intention : *Sicut se habent verba, ita præsumitur esse animus, adeo ut incumbat onus probandi, reo se non animo injuriandi dixisse.* (Schneidewinus *in quart. inst. lib. Comment.*, p. 432. — V. aussi Voët, *Comment. ad Pand. de inj. et fam. lib.*, n° 20, Clarus, *Sentent. recept.*, lib. 5, *De inj.*, n° 12). — A la vérité, Portalis, le père, a dit dans son rapport au conseil des Anciens sur un projet de loi sur la presse : « Nous observerons seulement que quand les écrits sont vicieux et dommageables par leur nature, c'est à celui qui les publie à justifier de son intention ; alors la volonté de nuire est présumée, jusqu'à la preuve évidente du contraire » (Choix de rap., t. 16, p. 99). — Sans doute, si tout accuse et rien ne justifie le prévenu, il doit être condamné. Mais il peut et doit même être acquitté si, bien qu'il n'ait pas dit un seul mot pour sa défense, le juge n'est pas convaincu de sa culpabilité. — C'est à la lueur de ces principes qu'il faut lire les arrêts qui ont décidé : 1° que la publication des faits diffamatoires est, de droit, présumée faite avec une intention coupable : et que c'est au prévenu à établir qu'il a agi de bonne foi et sans intention de nuire (Paris, 4 mars 1837 (2); — Conf. Toulouse, 30 déc. 1836, aff. Xur..., V. plus bas, n° 1295-1°; Rouen, 30 déc. 1841,

(1) *Espèce* : — (Berton C. Foulhoux et Romeuf.) — Une ordonnance de non-lieu avait été rendue en faveur de Berton, prévenu d'avoir enlevé du bois du chantier du sieur Missonen, et déjà le sieur Berton avait formé contre les sieurs Romeuf et Foulhoux une plainte en diffamation pour avoir dit qu'ils l'avaient vu enlever du bois. — Jugement qui repousse cette plainte : — « Attendu que, des circonstances de la cause, il ne résulte pas que les prévenus aient, dans une intention calomnieuse, dit qu'ils avaient vu le plaignant enlever du bois au bûcher du nommé Missonen; que, dès lors, on ne peut voir dans cette déclaration que la simple affirmation d'un fait qu'ils croyaient vrai ; — Attendu qu'ayant jusque-là vécu en bonne intelligence avec Berton, rien ne peut faire attribuer à un désir de nuire la conduite qu'ils ont tenue ; — Attendu, d'ailleurs, qu'une ordonnance de la chambre du conseil, sous la date du 5 juill. présent mois, tout en déclarant qu'il n'y a lieu à suivre contre Martial Berton, constate l'existence d'indices suffisants pour innocenter la conduite des prévenus. » — Appel. — Arrêt.

La cour ; — Déterminée par les motifs, etc., dit bien jugé.

Du 8 nov. 1835.-C. de Riom, ch. cor.-M. Landois, pr.

(2) (Vernier C. le Propagateur de l'Aube.) — La cour ; — Considérant que, dans les numéros des vendredi 25 et samedi 26 nov. 1836 du journal intitulé le Propagateur de l'Aube, publié et distribué, et notamment dans l'article commençant par ces mots : « Une plainte » et se terminant par ceux-ci : « m'appeler votre neveu, » on a imputé à Hilaire Vernier des faits qui sont de nature à porter atteinte à son honneur et à sa considération ; — Que Brict, gérant dudit journal, et qui s'est reconnu responsable de cette publication, a ainsi commis le délit de diffamation, défini et puni par les art. 13 et 18 de la loi du 17 mai 1819 ; — Considérant que la publication de faits diffamatoires et dommageables

aff. Dupuis, V. n° 878-1°, Conf. MM. Parant, p. 86; Chassan, t. 1, p. 373; de Grattier, t. 1, p. 180); — 2° Que c'est au prévenu à prouver qu'il a agi sans intention de nuire; et que les tribunaux doivent en accueillant sa défense sur ce point énoncer les circonstances d'où résulte le défaut d'intention coupable, afin que la cour de cassation puisse sur le pourvoi vérifier s'il a été fait une juste application de la loi (Crim. cass., 15 mars 1821, aff. Augé, V. n° 1571-1°) (1). — V. cependant *infrà*, n° 890.

884. L'intention est appréciée souverainement par les juges du fond. — Ainsi il a été décidé : 1° que l'appréciation de l'intention du prévenu de diffamation est nécessairement dans les limites du pouvoir discrétionnaire des juges du fond (Crim rej., 16 mars 1850, aff. Ouvrard, D. P. 50. 1. 94. Conf. MM. Chassan, t. 1, n° 51; de Grattier, t. 1, p. 14); — 2° Que le délit de diffamation par la voie de la presse n'existe pas quand il a été déclaré par les juges du fait, souverains à cet égard, qu'il n'est pas suffisamment établi que l'auteur de la publication poursuivie ait eu l'intention de nuire (Crim. rej., 7 août 1852, aff. Gueymard, D. P. 52. 5. 437); — 3° Que l'appréciation de l'intention du prévenu est faite souverainement par le juge qui justifie suffisamment la condamnation, lorsque, sans constater chez les prévenus l'absence de la volonté de nuire, il déclare simplement atténuantes les circonstances dans lesquelles les propos diffamatoires ont été tenus (Crim. rej., 18 juill. 1851, aff. Monnier, D. P. 51. 5. 416). — V. n° 1308.

885. Suivant Mascardus, *Concl. omn. probat. concl.* 903, p. 116, n° 13, des propos diffamatoires ne sont pas présumés avoir été dictés par l'intention de nuire entre parents, jusqu'au septième degré inclusivement; mais une telle distinction est inadmissible, suivant notre législation qui ne l'appuie ni directement ni indirectement. — M. Grellet Dumazeau (t. 1, p. 154) pense que l'intention de nuire ne devra se présumer que faiblement du fonctionnaire public à son inférieur dans l'ordre hiérarchique, de l'instituteur à l'élève, du chef de fabrique à l'ouvrier, du maître au domestique. Il nous semble qu'il n'est pas possible d'admettre un pareil principe sans le circonscrire dans d'étroites limites. — Ainsi, nous croyons qu'un chef de fabrique ne sera pas réputé avoir commis le délit de diffamation, lorsque, dans son atelier, au milieu de ses ouvriers, il aura reproché à l'un d'entre eux un fait portant atteinte à son honneur ou à sa considération; et cela, non parce qu'il s'agit de rapports de supérieur à inférieur, mais parce que nous ne pensons pas qu'un atelier qui n'est ouvert qu'aux ouvriers qui y sont employés puisse être regardé ni comme un lieu public ni comme une réunion publique. — Mais il en serait autrement si l'imputation avait lieu en public, sauf toujours aux tribunaux à vérifier si l'imputation a sa source dans le désir de nuire ou dans tout autre sentiment. — Nous ne pensons même pas que l'on puisse décider autrement dans le cas où les rapports habituels du supérieur et de l'inférieur ont lieu en public. — Ainsi, un chef d'orchestre qui, en présence du public, reprocherait à haute voix à un des artistes soumis à sa direction un fait portant atteinte à sa considération professionnelle devrait être condamné comme coupable de diffamation, à moins qu'il ne trouvât sa justification dans des circonstances particulières et exclusives de l'intention. — Si, au contraire, l'imputation avait eu lieu à la répétition, quelque nombreux que fussent les artistes présents, comme ce n'est pas là une réunion publique, nous croyons qu'en général il n'y aurait pas diffamation, quelle que fût l'intention, parce que d'ordinaire la publicité manquerait.

886. Même observation à l'égard des propos imputés au maître par le domestique. M. Grellet-Dumazeau, t. 1, p. 155, examine aussi cette hypothèse, et il décide que, lorsque des renseignements sont demandés au maître par des personnes qui veulent prendre un domestique à leur service, l'ancien maître peut sans délit s'expliquer catégoriquement sur le compte de son ancien serviteur sur des faits portant atteinte à son honneur ou à sa considération; mais cet auteur ajoute que l'état de la question serait sensiblement modifié si l'ancien maître prenant l'initiative allait de lui-même offrir des renseignements. — Cette distinction peut avoir son utilité relativement à l'injure, mais elle nous paraît sans portée relativement à la diffamation, parce que nous ne comprendrions pas que, pour justifier une imputation faite avec *publicité*, on pût invoquer la nécessité d'éclairer la personne à laquelle un domestique offre ses services. — Du reste, M. Grellet-Dumazeau fait lui-même remarquer que si le maître publiait par une voie quelconque des faits diffamatoires sur le compte de son domestique, celui-ci serait fondé à intenter contre lui une action en diffamation.

887. Il est, d'ailleurs, des situations exceptionnelles qui peuvent faire présumer que celui qui a publié un fait diffamatoire n'a pas eu l'intention de nuire à la personne que ce fait concerne. — Ainsi il a été décidé : 1° que c'est au plaignant à prouver la mauvaise foi de l'auteur de la publication du fait diffamatoire, quand celui-ci était obligé de révéler ce fait, à raison de la nature de ses fonctions (Crim. rej. 27 juin 1851, aff. Mermet, D. P. 51. 5. 416); — 2° Que l'on ne peut réputer dictées par l'intention de nuire les déclarations faites en justice par un témoin sur les interpellations précises du président (Crim. cass. 10 mai 1821, aff. Colonna d'Istria, V. n° 873-1°); — 3° Que la réquisition faite par un électeur de mentionner au procès-verbal un fait d'où résulterait la preuve que l'un des électeurs désignés dans cette mention se serait rendu coupable de manœuvres frauduleuses tendant à altérer la sincérité de l'élection, a pu, lorsqu'elle a été faite de bonne foi, et que l'auteur de la protestation n'a pas dépassé les limites du droit de réclamation réservé par l'art. 51 de la loi du 22 juin 1833, être déclarée exempte de diffamation (Crim. rej. 29 août 1846, aff. Faure, D. P. 46. 1. 382).

888. Mais il a été jugé aussi que, pour que des imputations adressées à un candidat au conseil municipal, dans un écrit publié lors de l'élection, aient un caractère diffamatoire, il suffit qu'elles aient eu lieu dans une intention malveillante, lors même que l'auteur de ces imputations aurait eu la conviction de la vérité des faits reprochés au candidat : les seules imputations non réputées diffamatoires sont celles qui sont dirigées contre le candidat, non pour satisfaire des sentiments d'animosité et de haine, mais dans l'unique but d'éclairer les électeurs (Rouen, 5 nov. 1846, aff. Déa, D. P. 46. 4. 416).

889. Au reste, en ce qui concerne les candidats, le droit d'éclairer les électeurs nous paraît devoir être déterminé à l'aide d'une distinction assez simple. — La publication de faits relatifs à la vie publique d'un candidat électoral n'est pas punissable, si ces faits sont vrais, ni même si, étant faux, ils ont été publiés sans mauvaise intention. — Que si les faits ne se rapportent qu'à la vie privée du candidat, il faut décider, avec M. Chassan, t. 1, p. 337, que, bien qu'il y ait diffamation dans l'imputation de ces faits, alors même qu'ils sont vrais, néanmoins la rigueur des principes doit fléchir un peu dans ce cas, et l'imputation doit facilement être considérée comme ayant été dictée, moins par l'intention de nuire au candidat que dans la vue d'éclairer les électeurs; d'autant plus que la candidature du plaignant était une sorte d'appel à la publicité des faits propres à faire connaître son caractère et sa vie. Mais si l'imputation était reconnue fausse, la loi devrait reprendre toute sa force.

---

de leur nature est présumée, de droit, faite avec une intention coupable; — Que c'est, dès lors, dans l'espèce, au prévenu à justifier de sa bonne foi et à établir qu'il a agi sans intention de nuire; — Qu'à la vérité, le gérant du journal soutient que, complétement étranger aux parties, il n'a pu avoir le dessein ni de les servir ni de leur préjudicier, et que son but aurait été seulement de publier un article qui lui paraissait pouvoir intéresser ses abonnés; — Considérant que cette explication, fût-elle admise, ne saurait justifier la publication de faits de leur nature dommageables, et qui, dès lors, ne pouvaient être publiés qu'en acceptant les conséquences de la publicité qui leur était donnée; — Qu'il résulte du débat que, les faits énoncés en l'article du Propagateur n'ayant pas été révélés par le plaignant Razurel, ces faits ne sont parvenus à la connaissance des rédacteurs de ce journal que par des communications indiscrètes, contraires à la loi qui prescrit le secret de l'instruction criminelle, et dont ils auraient ainsi abusé; — Que, d'ailleurs, l'article dont il s'agit ne se borne pas à énoncer qu'une plainte a été portée contre Hilaire Vernier, mais que de sa rédaction il résulte positivement que la culpabilité dudit Vernier serait établie par l'instruction qui avait été faite; — Emendant, etc.

Du 4 mars 1857.-C. de Paris.-MM. Jacquinot-Godard, pr.

890. Suivant le même auteur (t. 1, p. 27, 2e édit.), le juge et la partie poursuivante peuvent s'en rapporter à la déclaration qu'ils défèrent à l'inculpé, et si celui-ci affirme qu'il n'a pas eu l'intention de nuire à la partie plaignante, il doit être acquitté. — Assurément, nous sommes loin de penser que les juges doivent adopter comme une règle de conduite ce procédé rapide et péremptoire. Mais il est des circonstances particulières où, en l'absence de toute preuve propre à satisfaire leurs consciences, ils peuvent très-bien y recourir. Nous ne voyons rien ni dans les termes, ni dans l'esprit de la loi qui soit de nature à le leur interdire. — Ce qui, dans tous les cas, ne peut être l'objet du moindre doute, c'est que la partie diffamée a le droit d'interpeller sur ce point son adversaire et de faire dépendre l'issue du procès de sa déclaration.—Mais, en cas de refus, celui-ci devrait-il être *nécessairement* condamné?—Non, parce qu'il n'y a pour le juge d'autre règle que sa conviction, et que s'il demeurait persuadé que c'est par entêtement ou par un faux point d'honneur que le prévenu se refuse à toute explication son devoir serait encore d'acquitter.—A plus forte raison, et c'est aussi ce qui a été décidé, les juges peuvent apprécier l'intention du prévenu d'après ses explications et son affirmation, que ce n'est pas au plaignant que s'adressent les imputations présentées comme diffamatoires; qu'ainsi, lorsqu'un rédacteur de journal, après avoir imputé *à l'archevêque* d'un diocèse déterminé, divers faits portant atteinte à sa considération, a déclaré postérieurement que ce n'était point du prélat actuellement en fonctions qu'il avait voulu parler, mais d'un archevêque décédé, il peut être renvoyé de la plainte (Toulouse, 18 avr. 1826, aff. d'Aldéguier, V. n° 826).

891. La question des dommages-intérêts est, du reste, indépendante de celle de la culpabilité (V. *infrà*, n° 911).—Quelle qu'ait été l'intention qui a dirigé la publication de faits diffamatoires, il suffit qu'il en soit résulté un préjudice matériel, pour que l'auteur de l'imputation doive être condamné à le réparer. —V. toutefois, n° 1537.

892. Sur l'*intention* nécessaire pour constituer le délit de diffamation, V. Mundius, *De diffamationibus*, § 3, n° 31, p. 32; Brunnemann, *Comment. ad pandect.*, t. 2, p. 385; Perezius, *Prælect. in duod. lib. cod.*, t. 2, p. 206 et 207; Pfankuck, *Tract. de prohib. verb. injur. retors.*, p. 22; Voët, *Comment. ad pand. ad tit. injur. et fam. lib.*, n° 8; Gaill, *Practic. observ.*, obs. 99, p. 487; Carpzov, *Practic. nov. synop. quæst.* 97, p. 101; Schneidewinus, *Instit. comment. de injur.*, p. 421 et 432; Clarus, *Practic. crim.*, § Injur., n° 13, p. 391; Vinnius, *Comment. instit. de injur.*, p. 900; Corvinus, *Instit. cod. meth. enar. de inj.*, p. 768; V. aussi Rein, Droit criminel des Romains, p. 367; d'Argentré, Cout. de Bret., art. 637.

§ 4. — *Diffamation envers les corps constitués, les autorités ou administrations publiques.*

893. L'art. 15 de la loi du 17 mai 1819 portait que la diffamation ou l'injure envers les cours, tribunaux ou autres corps constitués serait punie d'un emprisonnement de quinze jours à deux ans, et d'une amende de 50 fr. à 4,000 fr. — Mais cette disposition a été remplacée par l'art. 5 de la loi du 25 mars 1822, lequel est ainsi conçu: « La diffamation ou l'injure, par l'un des mêmes moyens (ceux énoncés en l'art. 1 de la loi du 17 mai 1819), envers les cours, tribunaux, corps constitués, autorités ou administrations publiques, sera punie d'un emprisonnement de quinze jours à deux ans, et d'une amende de 150 fr. à 5,000 fr. » — Aux termes de l'art. 9 de la loi du 9 sept. 1835, *dans tous les cas de diffamation prévus par les lois*, les peines qui y sont portées pouvaient, suivant la gravité des circonstances, être élevées au double du maximum, soit pour l'emprisonnement, soit pour l'amende. Le coupable pouvait, en outre, être interdit, en tout ou en partie, des droits mentionnés dans l'art. 42 c. pén., pendant un temps égal à la durée de l'emprisonnement. — Mais on sait que cette loi est abrogée (V. n° 25). — Voyons maintenant ce qu'il faut entendre par *corps constitués, autorités publiques et administrations publiques.*

894. *Corps constitués.*—On est généralement d'accord qu'il faut entendre *par corps constitués* les corps auxquels la constitution ou les lois organiques qui en forment le complément, ont attribué une partie de l'autorité ou de l'administration publique (V. MM. Chassan, t. 1, p. 407; de Grattier, t. 2, p. 470; Grellet-Dumazeau, t. 1, p. 258; Bories et Bonassies, v° Diffamation, n° 175).

895. De ce que l'art. 4 de la loi du 26 mai 1819 veut que, dans le cas de diffamation ou d'injure contre les cours, tribunaux ou autres corps constitués, la poursuite n'ait lieu *qu'après une délibération de ces corps prise en assemblée générale*, on a aussi jugé avec raison qu'il n'y a de corps constitués, suivant la pensée de la loi, que ceux qui ont une existence permanente, dont la réunion est toujours possible (Rennes, 15 fév. 1838, aff. électeurs de Vannes, V. n° 897-5°).

896. D'après ces principes, sont corps constitués: le sénat, le corps législatif, le conseil d'État, les conseils généraux des départements, les conseils d'arrondissement, les conseils municipaux, les conseils de l'instruction publique, etc.—M. de Grattier (*loc. cit.*) range parmi les corps constitués les *chambres consultatives du commerce.* — Mais il nous paraît que ces assemblées ne rentrent pas dans la définition que donne cet auteur lui-même des corps constitués, puisque nous ne trouvons les chambres de commerce ni dans la constitution ni dans les lois organiques.

897. D'après les caractères ci-dessus indiqués des corps constitués, il a été jugé que l'on ne peut considérer comme tels: 1° une brigade de gendarmerie (Poitiers, 14 déc. 1830) (1). — La solution devrait être la même à l'égard de la gendarmerie envisagée comme force publique et dans son ensemble; — 2° La garde nationale; elle peut être considérée comme une classe de citoyens établie pour le maintien de la paix publique (Crim. cass. 29 avr. 1831, aff. Ragon, V. Garde nationale, n° 19), ou comme une réunion d'agents de l'autorité publique (Crim. cass. 24 fév. 1832, aff. Fontaneau, V. n° 1529; V. en ce sens MM. Parant, p. 92; Chassan, t. 2, p. 30, note 1; de Grattier, t. 1, p. 207); — 3° Une communauté d'avoués (Douai, 1er mars 1831, aff. avoués de Saint-Pol, V. n° 1405); — 4° Les chambres des notaires, en ce qu'elles ne sont chargées que d'une surveillance intérieure et ne sont pas dépositaires de l'autorité publique (Crim. rej. 9 sept. 1836, aff. Fournier-Verneuil, V. n° 1517). La décision serait nécessairement la même à l'égard des chambres des avoués, des huissiers, etc.; — 5° Un collége électoral, et à plus forte raison une minorité de ce collége (Rennes, 15 fév. 1838 (2), et sur pourvoi, Crim. rej. 25 mai 1838, n° 1528).

898. Mais un corps constitué cesse-t-il d'être protégé contre

(1) *Espèce:* — (C... *C.* Min. pub.) — Suivant un procès-verbal du brigadier de la gendarmerie de Plumartin, arrondissement de Châtellerault, du 24 sept. 1830, le sieur C..., médecin à Anglu, prenant de la bière au café avec un sieur B..., suppléant de la justice de paix de Plumartin, avait dit, à propos d'un procès-verbal rédigé contre lui C..., par un des gendarmes de cette brigade: « que les gendarmes ne se montraient pas toujours aussi sévères puisque, suivant ce que lui avait dit le sieur M..., un de ces gendarmes avait une fois reçu 5 fr. pour ne pas rédiger un procès-verbal de chasse. » — Sur ce procès-verbal, plainte en police correctionnelle contre le sieur C... comme s'étant rendu coupable d'avoir tenu des propos diffamatoires contre les gendarmes de la brigade de Plumartin.

Jugement du tribunal de Châtellerault, qui, considérant que ces propos (ceux qui étaient consignés au procès-verbal) tenus dans un lieu public étaient l'imputation d'un fait qui porte atteinte à l'honneur et à la considération de la brigade de gendarmerie de Plumartin, et constituaient une diffamation envers un corps constitué, avait fait au sieur C... l'application des art. 13 et 15 de la loi du 17 mai 1819 et l'avait condamné en quinze jours de prison et à 60 fr. d'amende. — Sur l'appel, la cour a réformé le jugement du tribunal de Châtellerault, a déclaré que le tribunal avait faussement appliqué la loi pénale au fait dénoncé, et, considérant que le propos constituait une diffamation répressible seulement par l'art. 16 de la loi du 9 mai 1819, a déchargé le sieur C... des quinze jours d'emprisonnement et ne l'a condamné qu'à une amende de 50 fr. et aux dépens.

Du 14 déc. 1830.-C. de Poitiers, ch. cor.-M. Parigot, pr.

(2) (Les électeurs de Vannes *C.* Mangin). — « LA COUR; — Sur le premier moyen d'incompétence: — Considérant qu'un collége électoral, et à plus forte raison une minorité de ce collége, n'est point un corps constitué, dans le sens attaché à cette dénomination par les lois répressives des délits

la diffamation, par l'art. 5 de la loi du 25 mars 1822, lorsque sa composition ou ses actes ne sont pas réguliers? — L'affirmative est inadmissible en ce que l'outrage fait à un corps constitué ne blesse pas moins l'ordre public, lorsqu'il a lieu à l'occasion d'un acte susceptible d'annulation et de réformation, que lorsqu'il est fait à l'occasion d'un acte inattaquable en la forme et au fond; dans tous les cas, l'outrage s'adresse à un corps constitué, c'est-à-dire à une collection d'individus, revêtus de fonctions publiques. — Aussi a-t-il été jugé que l'art. 5 de la loi du 25 mars 1822 s'applique à tout outrage envers un corps constitué, quand même ce corps n'aurait pas été composé du nombre de membres voulus par la loi, lorsqu'il a pris la délibération ou qu'il a fait l'acte qui a été l'occasion de l'outrage (Crim. rej. 28 avr. 1826, et sur renvoi Riom, 19 mars 1827) (1).

839. Toutefois, et c'est ce qui a été jugé, un tribunal, saisi d'une plainte en diffamation par la voie de la presse envers un corps constitué, n'excède pas ses pouvoirs en recherchant si les actes critiqués émanent véritablement de ce corps, s'ils sont

---

de la presse; — Qu'il résulte évidemment du rapprochement de l'art. 15 de la loi du 17 mai 1819 et de l'art. 4 de la loi du 26 du même mois que la qualification de corps *constitués*, employée dans ces articles, n'est applicable qu'à des corps dont l'existence est permanente, et dont la réunion, toujours licite, quoique spontanée, est toujours possible, pour prendre, en assemblée générale, la délibération sans laquelle la poursuite du délit de diffamation ne peut avoir lieu; que ces conditions d'existence permanente et de réunion spontanée et licite ne peuvent convenir à des colléges électoraux, qui ne peuvent se réunir qu'en vertu d'ordonnances royales, dont la réunion ne peut durer que quelques jours; qui, pendant ce temps, ne doivent s'occuper que d'élections, et auxquels toute délibération est interdite par l'art. 40 de la loi électorale; — Qu'ainsi, des électeurs qui, comme dans l'espèce de la cause, ont à se plaindre d'avoir été, dans cette qualité, diffamés et injuriés par la voie de la presse, après la clôture de leur session, qui ne trouvent dans la loi aucune disposition qui leur donne une action spéciale en leur qualité d'électeurs, qui ne peuvent être réputés corps constitué, et encore moins dépositaires ou agents de l'autorité publique, doivent agir et ne peuvent agir que comme simples particuliers; — Que le délit de diffamation ou injures envers des particuliers ne rentre point dans l'énumération limitative des délits politiques dont la connaissance est attribuée aux cours d'assises par les art. 6 et 7 de la loi du 8 oct. 1830; — Qu'il est au contraire expressément placé dans les attributions des tribunaux correctionnels par l'art. 2 de cette loi;

Sur le second moyen d'incompétence : — Considérant que, l'action directe par voie de police correctionnelle étant ouverte à toute personne lésée par un délit, le ministère public n'est pas obligé de poursuivre d'office la répression du délit qui ne porte atteinte qu'à l'intérêt privé; que, pour la poursuite des délits de la presse, il n'a pas été dérogé à ce principe; que l'art. 12 de la loi du 26 mai 1819 le confirme, au lieu d'y déroger; que cet article admet deux espèces de poursuites, l'une à la requête du ministère public, et l'autre à la requête de la partie plaignante; que, si, par cette dernière, le législateur avait entendu une poursuite faite par le ministère public à la requête ou demande du plaignant, c'est-à-dire sur une plainte, il était inutile d'en faire une espèce à part, puisqu'elle se confondait avec la première, qui ne peut avoir lieu que sur une plainte (art. 5 de la même loi); que dans la langue de la procédure criminelle, le mot poursuite s'applique tout aussi bien à l'action de la partie civile qu'à l'action publique (art. 359 C. inst. crim., § 4, et art. 165); que, puisque le législateur a admis deux espèces de poursuites, et leur a attaché des effets différents quant à la compétence, il n'est pas permis de les confondre; qu'il faut donc reconnaître que la poursuite à la requête de la partie plaignante est celle où cette partie prend l'initiative, et cite elle-même devant le tribunal; que, dans ce système, la règle de compétence différente pour des cas différents s'explique d'elle-même; que la partie plaignante qui se fait partie poursuivante a intérêt à poursuivre devant les juges de son domicile; mais que, lorsqu'elle se borne à porter plainte et veut rester hors de cause, l'action, rentrant tout entière dans le domaine du ministère public, doit suivre son cours ordinaire comme action publique, et la compétence exceptionnelle doit cesser là où sa cause vient à cesser; — Considérant, en fait, qu'il a été maintenu et non contesté que les formalités concernant le dépôt ont été remplies à Nantes, domicile du prévenu, et que le dépôt y a été opéré; — Considérant qu'il n'y a pas lieu à retenir la connaissance du fond lorsque l'incompétence est déclarée à raison du lieu du délit ou du domicile du prévenu, et que le jugement n'est pas réformé, ce qui se rencontre dans l'espèce; — Dit qu'il a été bien jugé par les premiers juges, en ce qu'ils se sont déclarés incompétents, et renvoie les parties devant le tribunal correctionnel de Nantes pour y être statué sur le fond.

Du 15 fév. 1858.-C. de Rennes.-Ch. corr.-M. Cadieu, pr.

Nota. Cet arrêt a été l'objet d'un double pourvoi, de la part de Mangin et du ministère public. A l'égard de celui de Mangin qui portait sur le premier chef, jugé par l'arrêt rapporté ci-dessus, il y a eu rejet. A l'égard du pourvoi du ministère public, qui se référait au deuxième chef, l'arrêt a été cassé. —V. l'arrêt du 25 mai 1858, *infrà*, nº 1528.

(1) (Min. pub. C. Descoutures.) — La cour (après dél. en ch. du cons.); — Sur le premier moyen de nullité présenté dans le mémoire du procureur général : — Attendu qu'en fait, le défendeur était prévenu de diffamation envers un corps constitué, dans un écrit imprimé dirigé contre des délibérations émanées du conseil municipal de la ville de Limoges; que dès lors la cour d'appel avait à juger : 1º s'il y avait eu diffamation par la voie de la presse; 2º s'il y avait eu diffamation d'un corps constitué; — Qu'en recherchant si les actes critiqués émanaient véritablement du conseil municipal de la ville de Limoges, la cour d'appel séant en cette ville n'a point excédé ses pouvoirs, puisqu'elle ne s'est point immiscée dans l'appréciation intrinsèque de ces actes et n'en a ni infirmé, ni confirmé, ni interprété les dispositions, et qu'elle s'est, sous ce rapport, bornée à examiner s'ils étaient l'ouvrage d'une réunion ou d'un corps reconnu comme constitué par la loi; — Sur les deuxième et cinquième moyens;... — Rejette ces trois moyens; — Sur les troisième et quatrième moyens de nullité : — Attendu que si la cour d'appel de Limoges était compétente pour décider si l'assemblée ou la réunion qui avait pris les délibérations dont il s'agissait au procès était en effet le conseil municipal de cette ville, et par conséquent un véritable corps constitué dans le sens de l'art. 5 de la loi du 25 mars 1822, il ne s'ensuivait pas qu'elle le fût pour rechercher si le conseil municipal était composé d'un nombre suffisant de membres présents lors de la délibération, ou si la présence des membres délibérants avait été suffisamment constatée; — Qu'une telle recherche excède le pouvoir des tribunaux, qui ne peuvent ni réformer ni annuler les actes des corps administratifs, ni s'immiscer dans leur examen d'une manière quelconque; — Que, d'ailleurs, elle serait contraire aux dispositions de la loi du 25 mars 1822, qui ont pour objet de protéger la dignité et la liberté des corps constitués; — Que ces corps doivent être réputés et considérés comme tels, non-seulement dans l'exercice de leurs fonctions, lorsqu'ils sont légalement réunis au nombre de trente fixé par la loi pour qu'ils puissent délibérer, mais encore en tout temps à cause de la qualité de leurs membres et des fonctions qui leur sont confiées en vertu des lois, et par la délégation, l'institution ou la nomination du roi, et indépendamment de la régularité ou de la valeur intrinsèque de leurs actes; — Qu'une offense qui leur est faite ne blesse pas moins l'ordre public lorsqu'elle a lieu à l'occasion d'un acte émané d'eux et susceptible d'annulation et de réformation, que lorsqu'elle leur est faite à l'occasion d'un acte inattaquable en la forme et au fond; — Que, de plus, on ne reconnait point en France de nullités de plein droit, et que les actes d'un corps constitué subsistent dans leur entier, quels que puissent être les vices qu'ils renferment, jusqu'à ce que l'annulation en ait été prononcée par l'autorité supérieure compétente; — Qu'en jugeant, en droit, dans l'espèce, que les délibérations des 21 fév., 17 et 25 mai 1824 n'émanaient pas d'un corps corps constitué, quoiqu'elles fussent émanées du conseil municipal de Limoges dûment autorisé à s'assembler, convoqué et réuni dans le lieu ordinaire de ses séances, parce qu'elles n'avaient pas été prises par un nombre suffisant de conseillers municipaux, et que, dès lors, l'art. 5 de la loi du 25 mars 1822 était inapplicable en droit, *et* en déclarant, par ce motif, le ministère public non recevable, la cour d'appel de Limoges, après avoir excédé ses pouvoirs, a expressément violé ledit article; — Que, dans toutes les suppositions, le rapporteur du conseil municipal, nommé régulièrement pour faire son rapport dans la séance du 21 fév. 1824, était incontestablement un fonctionnaire public, et que les injures qui lui auraient été adressées l'auraient été à l'occasion de son rapport, c'est-à-dire à l'occasion de ses fonctions et de sa qualité; — Qu'aux termes de l'art. 6 de la loi précitée du 25 mars 1822, l'outrage fait publiquement, d'une manière quelconque, à raison de ses fonctions ou de sa qualité, à un fonctionnaire public, est un délit, et qu'en refusant de faire à l'espèce présente l'application, en droit, des dispositions dudit article, la cour d'appel de Limoges l'a expressément violé; — En conséquence, et d'après les motifs ci-dessus, vidant le délibéré, et statuant sur le pourvoi du procureur général près la cour d'appel de Limoges, contre l'arrêt rendu, le 19 nov. 1825, par ladite cour, entre le ministère public appelant et Louis-Michel Descoutures, aux chefs dudit arrêt relatifs au maire et au premier adjoint du maire de Limoges : rejette le pourvoi; casse et annule ledit arrêt relatif au conseil municipal de ladite ville et au rapporteur de la commission dudit conseil.

Du 28 avril 1826.-C. C., ch. crim.-MM. Portalis, pr.-Brière rap.

Sur renvoi, le point de droit a été jugé dans le même sens que l'arrêt qui précède; mais, au fond, il a été décidé que l'imputation n'avait pas le caractère d'une diffamation.

Du 19 mars 1827.-C. de Riom. 1re ch. et ch. corr. réun.-M. Grenier, 1er pr.

l'ouvrage d'une réunion ou d'un corps reconnu comme constitué par la loi (même arrêt, Crim. c. 28 avr. 1826). — Mais il a été décidé aussi que ce tribunal est incompétent pour rechercher si un corps constitué, et, par exemple, un conseil municipal dont on attaque les actes, était composé d'un nombre suffisant de membres présents, ou si la présence de ses membres a été suffisamment constatée : le motif en est qu'une telle recherche excède le pouvoir des tribunaux, qui ne peuvent ni réformer, ni annuler les actes des corps administratifs, ni s'immiscer dans leur examen d'une manière quelconque (même arrêt). — V. n° 1401.

900. *Autorités publiques.* — On ne voit pas très-nettement, au premier aperçu, ce qu'il faut entendre par *autorités publiques*, et les auteurs ne s'accordent pas entièrement sur la signification légale de ces mots, comme on va le reconnaître par le simple rapprochement que nous allons faire de leurs opinions. — « En se servant du mot *autorités*, dit M. Chassan (t. 1, p. 405), elle (la loi) n'a pas voulu désigner le fonctionnaire public, considéré individuellement, car, pour la diffamation et l'injure le concernant, il existe des dispositions formelles. — Mais elle a entendu parler de l'autorité envisagée collectivement. Ainsi, la diffamation, dirigée contre le *ministère public* ou le *parquet* d'un tribunal devrait être réprimée par l'art. 5 précité, parce que c'est sur l'être moral, sur l'autorité publique, exerçant sous le nom de parquet ou de ministère public que la diffamation a porté... » — D'après M. de Grattier (t. 2, p. 48), les autorités publiques sont les pouvoirs établis *par la constitution, pour gouverner* ou *administrer*, comme *chacun des ministres*, le ministère public ou le parquet, les préfets, etc., considérés d'une manière générale et abstraction faite de la personne du fonctionnaire... » — Selon M. Grellet-Dumazeau (t. 1, p. 258), « par *autorités publiques*, il faut entendre *des agrégations* d'hommes revêtus de fonctions publiques, qui ne forment ni des corps constitués *parce qu'elles ne tiennent pas à l'ensemble du système constitutionnel*, ni des administrations publiques, parce qu'elles ne participent à la gestion d'aucune branche du service public. Les conseils d'administration, les conseils pour l'exécution de la loi sur le recrutement de l'armée, les commissions légalement organisées, les parquets des cours et tribunaux et peut-être les conseils de discipline des avocats, des notaires, huissiers, etc., *auxquels la loi délègue une autorité de discipline* (M. Jacquinot de Pampelune, séance du 27 janv. 1822), sont des autorités publiques. » — De ces trois définitions, nous adoptons la dernière qui nous parait mieux que les deux autres, en rapport avec l'esprit de la loi. — Mais à ne considérer les mots *autorités publiques* qu'isolément et abstraction faite de toute explication parlementaire, ils ne devraient s'appliquer qu'aux fonctionnaires qui représentent l'autorité publique, en ce qu'ils ont le droit de commandement, comme les magistrats de l'ordre administratif ou judiciaire.

901. *Administrations publiques.* — Par administrations publiques on entend la réunion hiérarchique des fonctionnaires chargés de l'administration d'une partie des intérêts de l'État. Ainsi les douanes, les contributions directes et indirectes, l'enregistrement, les postes forment des administrations publiques. — Les intendances sanitaires, l'administration de la police des villes, *les administrations dont la charité seule est le mobile et la récompense* sont également des administrations publiques (Rapp. de M. Chifflet à la ch. des députés, séance du 14 janv. 1822. — V. aussi MM. Chassan, t. 1, p. 406; de Grattier, t. 2, p. 48; Grellet-Dumazeau, t. 2, p. 258).

§ 5. — *Diffamation envers les dépositaires ou agents de l'autorité publique, pour des faits relatifs à leurs fonctions.*

902. Aux termes de l'art. 16 de la loi du 17 mai 1819, la diffamation envers tout dépositaire ou agent de l'autorité publique, pour des faits relatifs à ses fonctions, est punie d'un emprisonnement de huit jours à dix-huit mois, et d'une amende de 50 fr. à 3,000 fr. L'emprisonnement et l'amende peuvent, dans ce cas, être infligés cumulativement ou séparément, selon les circonstances. — Cette disposition a-t-elle été abrogée par l'art. 6 de la loi du 25 mars 1822, qui punit l'outrage fait publiquement, *d'une manière quelconque*, à un *fonctionnaire public*, *à raison de ses fonctions ou de sa qualité?* — La jurisprudence a changé sur ce point. — D'abord, il avait été décidé que l'art. 6 de la loi de 1822, avait remplacé l'art. 16 de celle de 1819, en ce qui touche la diffamation envers les fonctionnaires publics (Crim. rej. 18 juill. 1828, aff. Magnoncourt, V. n° 726; 10 juill. 1834, aff Llanta, V. *infrà*). — Et cette solution est conforme à la doctrine de presque tous les auteurs (V. MM. Parant, p. 91; Chassan, t. 1, p. 365 et 366; de Grattier, t. 1, p. 207; Chauveau et Hélie, t. 4, p. 360). — Mais postérieurement il a été jugé, au contraire, que l'art. 6 de la loi du 25 mars 1822 n'a point abrogé l'art. 16 de la loi du 17 mai 1819, relatif à la diffamation commise envers les fonctionnaires publics, et que ces deux dispositions n'ayant rien de contradictoire ou d'inconciliable, elles sont susceptibles d'une exécution simultanée (Crim. rej. 17 juill. 1845, aff. le journal l'Espérance, D. P. 45. 1. 346. — Conf. M. Grellet Dumazeau, t. 1, p. 264 et suiv.).

De ces deux solutions, la dernière paraît être celle qui ressort de la volonté des ministres. — Dans l'exposé des motifs de la loi de 1822, M. de Serre a dit, en effet, au sujet de l'art. 6 de cette loi; — « L'art. 6 a pour principal objet de *suppléer au silence* du code pénal *et de la loi du 17 mai*, et de protéger l'indépendance de *diverses personnes revêtues d'un caractère public.* » — Dans le cours de la discussion, le même orateur, en réponse à une observation de M. de Courvoisier a dit aussi : — « L'honorable préopinant est tombé dans une double confusion; *il confond l'outrage* dont parle l'article avec *la diffamation. Les dispositions de la loi de 1819 demeurent entières, il n'y est nullement dérogé par l'article proposé.* » — On peut encore citer dans ce sens les paroles suivantes du général Foy : « J'avais cru que la diffamation contre les fonctionnaires publics était comprise dans l'art. 6; M. le ministre des finances m'a fait remarquer que c'était de l'outrage contre les fonctionnaires publics qu'il s'agissait dans cet article » (Mon., séance de la ch. des dép., du 29 janv. 1822). — Il paraît donc certain que le législateur de 1822 a entendu maintenir l'art. 16 de la loi de 1819. On verra cependant, n° 910, que cela souffre une sérieuse difficulté.

903. Mais quelles personnes sont comprises sous la qualification de *dépositaires ou agents de l'autorité publique* qu'emploie la disposition de la loi de 1819? — Il résulte encore des explications de M. de Serre qu'il faut souvent citer puisqu'il a eu la plus grande part à la rédaction des lois de 1819 et de 1822, que cette expression *dépositaire ou agent de l'autorité publique* a le même sens que les mots *fonctionnaire public*, dans leur acception purement légale (V. Fonctionnaire public et Mise en jugement de fonctionnaires). — Voici à quelle occasion s'est produite l'observation que nous allons citer : — La loi du 26 mai 1819 (art. 20) porte ce qui suit : — « Nul ne sera admis à prouver la vérité des faits diffamatoires, si ce n'est dans le cas d'imputation contre des dépositaires ou agents de l'autorité, *ou contre toutes personnes ayant agi dans un caractère public*, de faits relatifs à leurs fonctions. » — Ces mots *ou contre toute personne ayant agi dans un caractère public* ont été introduits dans la disposition précitée, sur la demande de la commission dont le rapporteur demandait qu'ils fussent également ajoutés à l'art. 16 de la loi du 17 mai 1819. M. de Serre répondit : « La commission a pensé qu'il ne fallait pas seulement admettre la preuve des faits allégués *contre les fonctionnaires publics*, mais encore des faits allégués contre d'autres personnes, qui, n'étant pas fonctionnaires publics, auraient cependant agi dans un caractère public ». — Ainsi, les mots *fonctionnaires publics* ont la même signification que ceux-ci : *dépositaires ou agents de l'autorité publique*, puisque, voulant parler des dépositaires ou agents de l'autorité mentionnés dans l'art. 16 de la loi de 1819, M. de Serre les désigne sous la qualification *de fonctionnaires publics.* — Il a été jugé dans ce sens que ceux-là seuls doivent être considérés comme dépositaires ou agents de l'autorité publique qui, par délégation médiate ou immédiate du gouvernement, exercent, dans un intérêt public, une portion de son autorité, ou font exécuter ses ordres (Paris, 31 mars 1843, aff. Briet, n° 907).

904. Suivant une jurisprudence qui ne paraît pas s'être toujours inspirée de l'explication précitée, sont agents de l'autorité publique : 1° les préposés du trésorier colonial (Crim. cass. 6 août 1852, aff. Jusselain, D. P. 52. 5. 438); — 2° Les gardes établis par les concessionnaires d'un droit de péage pour assurer la perception de ce droit (Orléans, 12 mai 1845, aff. Quillier, D. P. 45. 2. 175); — 3° Les préposés à la perception des contributions indirectes (Colmar, 27 janv. 1836, arrêt cité par M. de Grattier, t. 1, p. 207); — 4° Les percepteurs des contributions directes (Crim. rej. 26 juill. 1821, aff. Mène, V. n° 741); — 5° Les inspecteurs et contrôleurs de la caisse de Poissy, créés par une loi pour la surveillance de la perception, le visa des bordereaux, etc. (Paris, 21 juin 1838, aff. Martin, V. Fonct. pub., n° 148); — 6° Les experts commis par un tribunal pour une plantation de bornes (trib. de Mantes, 21 oct. 1836, aff. N...); Le tribunal qui a rendu cette décision a sans doute pensé que les personnes qui agissent *dans un caractère public* doivent être regardées comme dépositaires ou agents de l'autorité (V. nos 907 et s., 1489); — 7° Les appariteurs ou agents de police, lorsqu'ils exercent la surveillance qui leur a été confiée par l'autorité municipale. Lorsqu'ils prêtent main-forte pour l'exécution des jugements ou des mandats de justice, ils sont agents de la force publique (V. n° 752; Conf. Crim. rej. 9 mars 1833) (1), V. aussi en ce sens MM. Parant, p. 9 et 157; Chassan, p. 382, nos 4 et 399; de Grattier, t. 1, p. 207; Chauveau et Hélie, t. 4, p. 361 et 372; Mangin, des Procès-verbaux, n° 76); — 8° Les gardes champêtres (Crim. cass. 9 sept. 1819, aff. Robardet, V. Garde champ., n° 54-1°; Metz, 4 déc. 1826, aff. Couturier, V. n° 710; 5 déc. 1825, aff. Nicolas-Pierre, *eod.*); — 9° Les gardes nationaux, lorsqu'ils font des actes relatifs à leur service (Crim. cass. 5 août 1831, aff. Savary, n° 1105-4°. — Conf. MM. Chassan, t. 1, p. 382; de Grattier, t. 1, p. 207, note; Chauveau et Hélie, t. 4, p. 361).

905. Mais il a été décidé que l'on ne doit point réputer dépositaires ou agents de l'autorité publique : 1° les membres des commissions administratives des hospices; ils sont gérants d'un établissement municipal (Crim. cass. 27 nov. 1840, aff. Clément, V. n° 1516); — 2° Les chirurgiens ou médecins d'un hôpital (Riom, 21 avril 1841, aff. Audiart, V. n° 1515; Conf. M. de Grattier, t. 1, p. 207); — 3° Un directeur et, à plus forte raison, une directrice d'un dépôt de mendicité (Bordeaux, 20 mars 1851, aff. Dugat, D. P. 53. 2. 159); — 4° Les électeurs; ils ne peuvent être considérés que comme des citoyens exerçant leurs droits politiques (Crim. rej. 25 mai 1838, aff. Mangin, V. n° 1528-1°; 28 fév. 1845, aff. Crestin, D. P. 45. 1. 352); — 5° Les avoués (Crim. cass. 14 avril 1831, aff. Fourdinier, V. n° 1405); — 6° Les notaires (Crim. cass. 9 sept. 1836, aff. Fournier-Verneuil, V. n° 1517; 27 nov. 1840, aff. Clément, V. n° 1516; V. aussi n° 938). — V. cependant *suprà*, n° 745, en ce qui touche l'application de l'art. 6 de la loi de 1822.

906. Les *huissiers* peuvent-ils être considérés comme agents ou dépositaires de l'autorité? — Il n'est pas douteux que, dans le sens général de ces mots, les huissiers ne soient agents de l'autorité, puisqu'ils sont chargés de l'exécution des jugements, et qu'ils ont le droit de requérir la force publique.

907. De ces dernières solutions, il résulte que, dans l'application de l'art. 16 de la loi du 17 mai 1819, il ne faut pas confondre *les personnes revêtues d'un caractère public* avec *les agents ou dépositaires de l'autorité publique.* — L'incident de la discussion de la loi de 1819 que nous venons de rappeler (n° 902) ne permet aucun doute à cet égard. — On a vu, en effet, que la commission chargée de l'examen de la loi du 26 mai 1819 voulait qu'il y eût un parallélisme parfait, sous ce rapport, entre l'art. 20 de cette dernière loi et l'art. 16 de celle du 17 mai de la même année; c'était là, du moins, ce qu'avait demandé M. Cassaignoles, son rapporteur. — Mais cet amendement fut rejeté sur les observations de M. de Serre qui, aux paroles que nous avons déjà citées, a ajouté : « Ce n'est pas en considération de ce qu'on pourra ou non admettre la preuve qu'une peine plus grave est prononcée contre la diffamation ou l'injure adressée *à un fonctionnaire public*, c'est uniquement en raison du caractère de ce fonctionnaire, parce que, dans ses fonctions, il est, à un certain point, le représentant de l'autorité qu'il exerce » (Mon., séance du 19 avril 1819). Il faut donc soigneusement distinguer le caractère public de la fonction publique. — Il a été jugé, en ce sens, que les ministres des cultes, soit attachés à une paroisse, soit placés près de l'administration d'une hospice, etc., n'exercent que des fonctions spirituelles, et n'agissent jamais comme agents du gouvernement; et que, dès lors, ils doivent, en ce qui concerne la diffamation commise envers eux, être considérés comme simples particuliers (Paris, 31 mars 1843) (2). — M. de

---

(1) (Pelleport C. min. pub.) — LA COUR; — En ce qui touche le premier moyen; — Attendu que les sergents de ville sont des agents de l'autorité publique, lorsque, sur les ordres de l'autorité municipale qui les a institués, ils exercent la surveillance et remplissent les fonctions que cette autorité leur a confiées; — Attendu que la circonstance qu'ils ne prêtent pas serment ne saurait empêcher qu'ils soient agents de l'autorité, puisque d'une part, l'autorité qui les a institués avait le droit de le faire, et que, d'autre part, la loi du 21 niv. an 8, n'est pas applicable à l'espèce actuelle et n'avait qu'une destination transitoire; — Attendu que, dès lors, il y a eu juste application des art. 16 et 19 de la loi du 17 mai 1819 (a); — En ce qui touche le 2e moyen, attendu que l'art. 20 de ladite loi du 17 mai 1819 ne s'applique qu'au cas où l'injure ne renfermerait pas l'imputation d'un vice déterminé ou bien ne serait pas publique; d'où il suit que dans le cas où l'injure est publique, elle est hors de l'application de l'article précité quelle que soit la nature des imputations qu'elle ait présentées; — Attendu que, dès lors, l'art. 19 a été justement appliqué, puisque le fait de l'injure dirigée contre des agents de l'autorité publique par une voie de publication, a été déclaré constant par le jury; — Rejette.

Du 9 mars 1833.-C. C., ch. crim.-MM. Bastard, rap.-Merilhou, rap.

(2) *Espèce :* — (Min. pub. C. Briet, etc.) — Jugement du tribunal correctionnel de Troyes ainsi conçu : — « Attendu qu'aux termes des art. 16, 17 et 18, de la loi du 17 mai 1819, le législateur distingue entre la diffamation concernant les dépositaires ou agents de l'autorité publique, les ambassadeurs et autres agents diplomatiques, et celle concernant les particuliers; — Attendu que, suivant l'art. 14 de la loi du 26 mai 1819, les délits de diffamation envers les particuliers sont de la compétence des tribunaux correctionnels; — Que seulement ceux concernant les dépositaires ou agents de l'autorité publique, et ceux concernant les ambassadeurs, doivent être déférés aux cours d'assises; — Attendu que les ministres du culte ne peuvent être considérés comme dépositaires ou agents de l'autorité publique, n'exerçant aucune fonction publique, ne prêtant aucun serment, n'agissant aucunement dans l'intérêt public, mais seulement dans celui de classes particulières; — Attendu que l'on ne peut non plus leur reconnaître le caractère public dont parle l'art. 20 de la loi du 26 mars 1819, puisque leurs actes ne peuvent obliger qu'une certaine classe de personnes; — Rejette l'exception proposée, se déclare compétent, ordonne qu'il sera plaidé au fond; et, à cet effet, sur la demande du prévenu, remet la cause au 7 fév. ». — Appel.

L'affaire est revenue au fond devant le tribunal le 7 fév., jour fixé par le premier jugement. — Le prévenu a soutenu que l'appel du jugement de compétence était suspensif; mais le ministère public a prétendu qu'aux termes de l'art. 26 de la loi du 9 sept. 1835, l'appel du jugement sur la compétence ne pouvant être interjeté qu'après le jugement sur le fond, il y avait lieu de passer outre.

Le tribunal statué en ces termes : — « Attendu qu'il est de principe, conformément aux art. 203 c. inst. crim. et 457 c. pr. civ., que l'appel de tout jugement contenant une disposition définitive est suspensif, surtout en matière d'incompétence; — Attendu qu'il ne pourrait y avoir d'exception à ce principe fondamental qu'autant qu'elle serait formellement exprimée par la loi; — Attendu que la disposition contenue dans l'art. 26 de la loi du 9 sept. 1835 ne concerne que les recours en cassation contre les arrêts rendus par les cours d'assises, ce qui ne se rencontre pas dans l'espèce; — Que les art. 24, 25 et 27 de la même loi, le démontrent de la manière la plus positive; qu'en matière criminelle, on ne peut raisonner par analogie; — Remet la cause, pour juger au fond, jusqu'à ce qu'il soit statué sur l'appel du jugement du 10 janv. interjeté par le prévenu ». — Appel par le ministère public de ce dernier jugement. — Arrêt.

LA COUR; — En ce qui touche l'appel de Briet et autres : — Considérant qu'aux termes des lois des 17 et 26 mai 1819 et 8 oct. 1830, les délits de diffamation par voie de publication commis envers les dépositaires et agents de l'autorité publique doivent être déférés aux cours d'assises, et que les mêmes délits commis envers des particuliers doivent être jugés par les tribunaux correctionnels;

Considérant que ceux-là seuls peuvent être considérés comme dépositaires ou agents de l'autorité publique, ou comme investis d'un caractère public, qui, par délégation médiate ou immédiate du gouvernement, exercent dans un intérêt public une portion de son autorité, ou font exécuter ses ordres;

Considérant que les ministres des différents cultes reconnus en France bien que salariés par le gouvernement, soit qu'ils aient été attachés à une paroisse, soit qu'ils aient été placés près de l'administration d'un hospice, n'exercent que des fonctions spirituelles; que le gouvernement

(a) Il a été condamné à un mois de prison, 100 fr. d'amende pour avoir publié et vendu un écrit contenant des expressions outrageantes et des termes de mépris envers des sergents de ville.

Grattier (t. 1, p. 213) pense cependant que les art. 16 de la loi du 17 mai et 20 de la loi du 26 mai 1819 sont corrélatifs, en ce sens qu'il faut protéger par la répression de l'art. 16 les personnes à l'égard desquelles la preuve est admise par l'art. 20.— Mais cette opinion nous paraît incompatible avec le commentaire irréfutable que l'art. 16 trouve dans le rejet de l'amendement dont nous venons de parler.

D'après le même auteur (t. 1, p. 214), l'art. 16 de la loi du 17 mai 1819 est applicable à la diffamation commise envers les personnes qui ne sont que momentanément revêtues d'un caractère public, et envers les agents de l'autorité qui ont cessé d'avoir ce caractère, pourvu que ce soit relativement à un acte de leurs fonctions. — Sur le premier point, les explications et les citations qui précèdent nous semblent rendre toute réfutation inutile.— Quant au second point, c'est-à-dire à l'applicabilité de la loi de 1819 (art. 16), au fonctionnaire qui a cessé ses fonctions à l'égard de l'imputation d'un fait relatif à ses fonctions, nous partageons l'opinion de M. de Grattier. Mais nous n'apercevons pas le lien qui unit les deux questions. — L'imputation dirigée contre un ancien fonctionnaire à raison de ses fonctions, rencontre nécessairement le caractère que la loi a voulu protéger. Mais il ne suit nullement de là que toute personne revêtue d'un caractère public doive nécessairement être comprise dans les prévisions de l'art. 16 de la loi de 1819.

908. Nous venons de voir quelles sont les personnes auxquelles s'applique l'art. 16 de la loi du 17 mai 1819; il faut maintenant déterminer les cas de *diffamation* qui restent soumis à cette disposition, et ceux de l'*outrage* qui sont régis par l'art. 6 de la loi de 1822. — Or, la discussion qui a précédé les lois de 1819 (V. n° 902) nous montre bien que le premier de ces articles doit continuer d'être observé, mais elle ne nous apprend pas à distinguer les faits qui sont du domaine de l'une ou de l'autre disposition : il faut suppléer à cette omission. — Pour y parvenir, la première question à résoudre est celle de savoir si les personnes protégées par l'art. 16 de la loi de 1819, sont les mêmes que celles que l'art. 6 de la loi de 1822 désigne par la qualification de fonctionnaires publics; et, à cet égard, on voit par le rapprochement des travaux préparatoires des deux lois, que la seule différence qu'il y ait entre elles, sous ce rapport, c'est que la loi de 1822 a un sens plus étendu que celle de 1819, et qu'elle comprend, non-seulement *tous les dépositaires ou agents de l'autorité*, désignés par l'art. 16 de la loi de 1819, mais un grand nombre de fonctionnaires ou individus qui, comme les *jurés* et les *témoins*, n'ont été que momentanément revêtus d'une mission publique, auxquels cette qualification était inapplicable. — En ce qui touche les personnes auxquelles s'étend la qualification de fonctionnaires publics suivant la loi de 1822, art. 6, V. plus haut, n° 709.

MM. de Grattier (t. 1, p. 207); Chauveau et Hélie (t. 4, p. 360), enseignent que l'art. 16 de la loi du 17 mai 1819 est plus particulièrement applicable aux agents ou dépositaires de l'autorité publique qui ne sont pas fonctionnaires publics.—Mais lorsqu'on cherche la pensée de la loi, non dans son texte, mais dans les développements donnés par ses auteurs, on n'aperçoit guères, en dehors de l'art. 6 de la loi de 1822, un seul agent de l'autorité publique qui ne puisse l'invoquer.

909. Quoique, depuis que les délits et contraventions commis par la voie de la presse et par tous autres moyen de publication ont été soustraits par l'art. 25 du décret organique des 17 et 23 fév. 1852 (à l'instar de ce qui avait été fait par l'art. 17 de la loi du 25 mars 1822) à la compétence des cours d'assises et déférés à la connaissance des tribunaux correctionnels, l'opinion publique soit moins préoccupée du point de savoir si l'art. 16 de la loi de 1819 a été virtuellement abrogée par l'art. 6 de la loi de 1822, la question ne cesse pas d'avoir de l'intérêt aux yeux des jurisconsultes. — D'abord, il est bien certain que le mot *outrage* dont se sert ce dernier article a une généralité d'expressions et une étendue dans lesquelles il est aisé de faire entrer les *diffamations* et *injures* par voie de presse des art. 16 et 19 de la loi de 1819. — Ensuite, il suffit de lire ces mots qui commencent l'art. 6 de la loi 1822 : « L'outrage fait publiquement, *d'une manière* QUELCONQUE, à raison de leurs fonctions ou de leur qualité, soit à un, etc., etc., » pour comprendre que rien ne semble plus difficile que de soustraire à cet article les *diffamations* et *injures* qui se commettent par la voie de la presse. — Ajoutons : 1° qu'il serait bizarre que la loi de 1822 eût entendu punir les diffamations ou injures par voie de *presse*, avec *moins* de sévérité que celles commises par la *parole* ou par d'autres *voies publiques*; 2° que dès que la compétence était ôtée aux cours d'assises, il n'y avait plus nécessité d'établir cette distinction; 3° que dès ce moment aussi les observations de M. de Serre (V. n° 902) avaient perdu toute leur utilité, ainsi d'ailleurs que cela s'induit de sa réponse à M. de Cassaignoles (V. n° 907); 4° qu'enfin il résulterait d'une interprétation contraire, que les personnes (non fonctionnaires) introduites dans l'art. 6 de la loi de 1822 resteraient soumises aux peines et à la compétence de cette loi même pour leurs diffamations et injures par voie de presse, tandis que les fonctionnaires seraient jugés par application des art. 16 et 19 de la loi de 1819. — Au reste, peut-être pourrait-on prétendre que la loi de 1822, sous le mot *outrage*, n'a eu en vue que des manifestations outrageantes, par paroles ou voies publiques autres que la presse, faites à un individu *présent*; mais les termes de la loi ne semblent pas permettre cette restriction. — Enfin, selon MM. Chauveau et Hélie, t. 4, p. 264 et 265, lorsque la diffamation se borne à l'imputation d'un fait précis, dégagée de toute expression outrageante et de toute invective, le délit est soumis à l'application de l'art. 16 de la loi de 1819. — Mais il paraît assez difficile de comprendre une diffamation dégagée de toute expression outrageante, puisque la diffamation ne peut exister qu'autant qu'elle constitue un outrage.

910. Aux termes de l'art. 75 du décret du 15 nov. 1811, si un *membre de l'Université* se rend coupable de diffamation, de calomnie envers un autre membre, il doit être puni par la suspension de ses fonctions, avec privation de traitement pendant trois mois, même par radiation du tableau de l'Université, avec affiche de l'ordonnance suivant la gravité des cas. — Cette disposition est-elle abrogée? — L'art. 76 de la loi du 15 mars 1850, sur l'enseignement contient cette banalité devenue trop fréquente, « sont abrogées toutes les dispositions des lois, décrets ou ordonnances contraires à la présente loi, » ce qui ne nous apprend rien et fait de la plupart des textes antérieurs un sujet de controverse.— Quoi qu'il en soit, il ne nous paraît pas qu'il y ait contrariété entre la disposition précitée du décret de 1811 et les lois postérieures. Nous croyons donc que cette disposition doit encore être observée. — Sur le point de savoir si les peines disciplinaires mettent obstacle à l'application des peines de droit commun, V. Chose jugée, n°s 521 et s.

911. On a vu (n° 891) que, lors même que le diffamateur n'a pas eu l'*intention* de nuire, il est néanmoins passible de *dommages-intérêts* envers la personne diffamée. Ce principe général doit nécessairement recevoir son application à l'égard des fonctionnaires publics. — Aussi a-t-il été jugé : 1° Qu'imputer faussement à un fonctionnaire public une violation volontaire de la loi; et, par exemple, dire faussement, dans un journal, d'un fonctionnaire public (d'un sous-préfet), « que sa volonté doit passer au-dessus de la loi, qu'il a enjoint à un individu de s'immiscer sans titre dans les fonctions de maire, de réunir le conseil municipal, de le présider bon gré mal gré, et de lui faire voter le budget, » constitue une diffamation qui rend le gérant, actionné devant la juridiction civile, passible des dommages-intérêts, nonobstant l'allégation de sa bonne foi et de son défaut d'intention de nuire (Douai, 10 juin 1844) (1); — 2° Qu'il en

ne leur a délégué aucune portion de son autorité; qu'il ne les a investis d'aucun caractère public; qu'ils n'agissent jamais comme agents du gouvernement; que sous le rapport temporel ils sont de simples particuliers, et que les délits de diffamation commis envers eux par voie de publication doivent être jugés par les tribunaux correctionnels; — Confirme; — En ce qui touche l'appel du ministère public : — Adoptant les motifs des premiers juges, confirme.

Du 31 mars 1843.–C. de Paris, ch. corr.-M. de Glos, f. f. de pr.

(1) *Espèce :* — (Degeorge C. de Verteillac.) — Le sieur Louchart, maire non réélu de la commune de Bomy, avait installé, le 30 juill. 1843, les membres du nouveau conseil municipal, mais ensuite, au lieu de se retirer, il avait continué l'exercice de ses fonctions de maire et d'officier de l'état civil. Ainsi, le lendemain 31 juillet, le sieur de Verteillac, sous-préfet de Saint-Omer, ayant par lettre adressée au maire

est de même de l'imputation dirigée contre un maire, dans un journal, d'avoir cherché à profiter de son autorité ou de son influence, pour faire prendre, dans le but de favoriser son intérêt personnel, une résolution préjudiciable à ceux de la commune, et, par exemple, d'avoir fait des acquisitions de terrains, pour y faire établir le débarcadère d'un chemin de fer, contrairement aux projets primitifs, et bien qu'il en dût résulter la ruine de la commune (Douai, 5 juin 1844) (1).

912. Suivant un arrêt qui a aujourd'hui peu d'intérêt pratique, le délit de diffamation envers un fonctionnaire public, à raison de ses fonctions, n'a pas été compris dans l'ordonnance d'amnistie du 2 août 1830, relative aux délits politiques de la presse. — L'art. 7 de la loi du 8 oct. 1830 spécifie les faits qui doivent être considérés comme délits politique de la presse, et le délit de diffamation envers un fonctionnaire public n'est pas de ce nombre (Crim. cass. 22 sept. 1832) (2).

---

de Bomy, sans désignation de nom, invité le maire à convoquer le conseil municipal pour lui soumettre le budget de 1844, le sieur Louchart, entre les mains duquel la lettre avait été remise par le facteur, procéda lui-même à cette convocation. Mais les membres du conseil, une fois réunis, considérant que la convocation était illégale, refusèrent de délibérer et levèrent la séance. — C'est dans ces circonstances, que le sieur Degeorge publia dans le numéro du Progrès, du 21 août, un article où il imputait, dans les termes que le sommaire ci-dessus et l'arrêt font connaître, aux ordres donnés par M. de Verteillac, dans sa lettre du 31 juillet, les illégalités commises par le sieur Louchart.—M. de Verteillac, se disant diffamé par ces imputations, intenta contre le sieur Degeorge une action civile en 5,000 fr. de dommages-intérêts. Le sieur Degeorge soutint que la lettre du 31 juillet démontrait la vérité des faits, et dans tous les cas, prouvait sa bonne foi, et l'absence chez lui, de toute intention de nuire. M. de Verteillac répondit d'une part que cette lettre écrite d'une manière générale au maire de Bomy et non pas nominativement au sieur Louchart, renfermait des ordres qui, adressés au maire quel qu'il fût, étaient revêtus de la plus parfaite légalité, et que d'autre part, en admettant la bonne foi du sieur Degeorge, il ne devait pas moins encourir la responsabilité civile de son imprudence ou de sa légèreté.

Un jugement du tribunal d'Arras, du 24 janv. 1844, condamna le sieur Degeorge à payer à M. de Verteillac 500 fr. de dommages-intérêts, dans les termes suivants : — « Considérant que, dans un pays régi par des institutions libres, l'obéissance n'est due qu'aux lois, et que le fonctionnaire public qui prétendrait leur substituer sa volonté serait indigne du respect des citoyens et de la confiance de l'autorité ; — Que dire, en conséquence, d'un sous-préfet, comme l'a fait le sieur Degeorge, dans l'article soumis à l'appréciation du tribunal, que sa volonté doit décidément passer au-dessus de la loi, qu'il a enjoint à un individu de s'immiscer, sans titre, dans les fonctions de maire, de réunir le conseil municipal, de le présider, bon gré mal gré et de lui faire voter le budget, qu'il a ainsi tenté un petit coup d'Etat qui le rend justiciable devant des tribunaux, c'est blesser ce fonctionnaire dans ses intérêts les plus précieux, c'est lui causer un dommage qui donne lieu à une réparation ; — Considérant que, dans notre organisation constitutionnelle, la vie publique des fonctionnaires appartient au public, et que les imputations, mêmes diffamatoires, dirigées contre eux, sont affranchies de toute responsabilité, pourvu que la vérité en soit juridiquement établie ; — Sur les preuves offertes : — Considérant que la preuve du fait imputé au sieur de Verteillac ne résulterait nullement de la lettre émanée de ce fonctionnaire, à la date du 31 juillet, puisqu'elle n'est pas adressée au sieur Louchart personnellement, mais au maire de Bomy, c'est-à-dire à celui qui, à cette époque, avait qualité pour en exercer les fonctions, soit comme titulaire, soi à défaut de celui-ci comme délégué, conformément à la loi ; — Considérant que les faits articulés ne sont pas pertinents ; que s'ils tendent à établir que l'ex-maire de Bomy s'est indûment perpétué dans ses anciennes fonctions, il ne serait pas moins constant que le sieur Louchart a mal compris les instructions du sieur de Verteillac ; et que ces faits, fussent-ils vérifiés, ne pourraient jamais avoir pour résultat de prouver que le sous-préfet eût connu la conduite irrégulière de l'ex-maire, ni encore moins qu'il l'eût ou conseillée ou prescrite ; — Considérant que cette preuve, en tant qu'elle serait offerte pour établir la bonne foi du sieur Degeorge, ne serait pas davantage admissible ; — Que les excuses résultant, soit de la bonne foi, soit de l'absence d'intention de nuire, bonnes sans doute, devant les tribunaux de répression, sont insuffisantes devant les tribunaux civils ; qu'en matière de presse, comme en toute autre, il y a lieu de distinguer entre l'intention propre à constituer un délit, au point de vue de l'action publique et le tort susceptible de réparation, au point de vue de l'action civile ; — Que les caractères de l'imprudence et de la légèreté, véritables bases de cette dernière action, ressortent éminemment tant de l'article attaqué que des circonstances de sa publication, etc ; — Considérant que, si la liberté de la presse a droit à l'appui de la justice, c'est lorsque, fidèle gardienne des droits dont elle est la plus haute expression, elle a pour but, en signalant consciencieusement les abus, de diriger les esprits dans la voie du progrès et de la civilisation ; mais qu'il n'en peut être ainsi quand, propageant au hasard des rumeurs sans fondement, elle a pour effet de susciter la défiance et l'irritation contre les dépositaires de l'autorité publique ; — Le tribunal, sans s'arrêter aux moyens et conclusions subsidiaires du défendeur, dans lesquels il est déclaré non recevable et mal fondé, dit qu'en publiant dans le numéro du journal le Progrès, du 21 août 1843, l'article commençant par ces mots : « La volonté de notre sous-préfet... » et finissant par ceux-ci : « Devant la justice du pays, » le sieur Degeorge a causé au sieur de Verteillac un dommage ; qu'il lui en doit la réparation ; condamne en conséquence ledit sieur Degeorge à payer audit sieur de Verteillac la somme de 500 fr., à titre de dommages-intérêts, avec intérêts à compter du jour de la demande ; ordonne l'insertion du jugement dans le Progrès et l'Eclaireur ; — Dit qu'il n'échet de prononcer la contrainte par corps, etc. » — Appel. — Arrêt.

La cour ; — Attendu que les faits articulés devant la cour, par l'appelant, dans ses conclusions subsidiaires, sont irrelevants ; qu'ils ne seraient pertinents qu'autant qu'il demanderait à prouver que les lettres écrites par le sous-préfet de Saint-Omer au maire de la commune de Bomy, l'auraient été, à une époque où il avait eu connaissance qu'après l'installation du conseil municipal, l'ex-maire Louchart avait cru devoir se perpétuer dans ses fonctions ; — Que cette preuve n'est pas offerte et qu'elle serait d'ailleurs en opposition formelle avec des faits dès à présent constants ; — Par ces motifs, confirme, etc.

Du 10 juin 1844.-C. de Douai, 1re ch.-MM. Leroux de Bretagne, pr.

(1) *Espèce :* — (Adam *C.* Herman et Delahodde).—Plusieurs articles publiés dans le journal la Colonne et l'Observateur, avaient imputé au sieur Adam, banquier et maire de la ville de Boulogne, d'avoir acquis de vastes terrains situés dans le fonds de Capécure, pour y faire établir le débarcadère du chemin de fer, dans des vues de spéculation privée, et quoique la réalisation d'un tel projet eût pu entraîner la ruine d'une partie de Boulogne. Les derniers articles portaient, en outre, que le sieur Adam, pour se justifier, avait obtenu le changement, après coup, du rapport de l'ingénieur Cubitt, qui plaçait le débarcadère dans cet endroit, et dont la publication, dans son état primitif, eût révélé la spéculation du sieur Adam.

Le sieur Adam demanda par action civile, 10,000 fr. de dommages-intérêts contre le sieur Hermann, directeur du journal, et contre le sieur Delahodde imprimeur, pour réparation du préjudice que lui causaient ces articles par lesquels il se disait diffamé ou, tout au moins, lésé d'une manière considérable. — Le tribunal de Boulogne ne reconnaissant, dans les articles en question, ni diffamation, ni préjudice pour le sieur Adam, déclara ce dernier mal fondé dans son action.

Appel. — Le ministère public conclut à la réformation du jugement. — A l'égard de l'imprimeur, il a établi qu'alors qu'il ne s'agissait que d'une simple action civile en dommages-intérêts fondée sur l'art. 1382, et non d'une action pénale, en matière de délit de presse devant les tribunaux de justice répressive, il retombait sous l'empire du droit commun aux termes duquel tout fait quelconque de l'homme, qui cause à autrui un préjudice oblige celui par la faute duquel il est arrivé à le réparer ; qu'en pareil cas, il suffit donc que l'imprimeur se soit, par le seul fait de l'impression, associé à la publication dommageable, pour qu'il se trouve engagé dans les liens du quasi-contrat qui l'oblige à réparer le préjudice causé, et qu'on ne saurait demander à la partie lésée la preuve de la complicité que l'art. 24 de la loi du 17 mai 1819, n'a imposée qu'au ministère public poursuivant la répression d'un délit de presse. — Arrêt.

La cour ; — Attendu que le journal la Colonne et l'Observateur a, dans quatre lettres insérées dans les numéros des 19 oct., 9 et 23 nov. 1843, et 11 fév. 1844, imputé sans motif, à Alexandre Adam, maire de Boulogne, le projet de placer le débarcadère du chemin de fer au milieu des terrains qu'il possède au fonds de Capécure, et d'avoir abusé de l'influence que lui donnait sa position, pour chercher à faire prévaloir, dans l'intérêt d'une spéculation privée et au préjudice des intérêts publics qu'il était spécialement chargé de défendre, ce projet, que l'auteur de ces lettres représente comme pouvant entraîner la ruine d'une partie de Boulogne ; — Que, malgré la publication du rapport de l'ingénieur nommé par le conseil municipal et par la chambre du commerce de cette ville, rapport qui aurait dû, si l'auteur de ces lettres n'avait agi que par erreur, le désabuser et le déterminer à se rétracter, il a persisté dans l'imputation d'une spéculation de la part d'Adam, sur les terrains de Capécure, et a supposé, sans aucune preuve, qu'à la demande du maire et pour la justification de ce dernier, l'ingénieur aurait modifié le rapport qu'il avait rédigé sur le point de placement du débarcadère ; — Que, par la publication de ces lettres, le gérant du journal la Colonne et l'Observateur a causé à Adam un dommage dont il lui doit la réparation aux termes des art. 1382 et 1383 c. civ. ; — Attendu, quant à Delahodde, qu'il n'a pas, en imprimant les numéros dont il s'agit, commis, dans les circonstances particulières de la cause, une faute de nature à engager sa responsabilité ; déclare l'appelant mal fondé dans ses conclusions contre Delahodde, condamne, etc.

Du 5 juin 1844.-C. de Douai, 1re ch.-M. Leroux de Bretagne, 1er pr.

(2) (Magnoncourt *C.* Raucourt.) — La cour ; — Au fond : — At-

§ 6. — *Diffamation envers les agents diplomatiques.*

913. Les motifs de prudence et de bienséance qui ont fait admettre dans la loi du 17 mai 1819 une disposition spéciale sur les offenses commises envers les *souverains étrangers* (V. nos 669 et suiv.), commandaient au législateur de ne pas laisser sous l'empire du droit commun, la diffamation commise envers les *agents diplomatiques* qui les représentent auprès de notre gouvernement. — C'est dans cette pensée que l'art. 17 de la loi du 17 mai 1819 a voulu que la diffamation envers les agents diplomatiques, accrédités auprès du chef de l'État, fût punie d'un emprisonnement de huit jours à dix-huit mois et d'une amende de 50 fr. à 3000 fr. ou de l'une de ces peines seulement, suivant les circonstances. — Cette disposition n'exige pas, pour l'application des peines qu'elle prononce, *que la diffamation soit relative aux fonctions de l'agent diplomatique.* — Faut-il supposer écrite dans l'art. 17 cette condition qui se trouve dans l'art. 16 de la loi du 17 mai 1819, en ce qui touche les fonctionnaires publics ?—Nous ne le pensons pas, et telle est aussi l'opinion professée par MM. Parant, p. 93, Chassan, t. 1, p. 403, de Grattier, t. 1, p. 215, Grellet-Dumazeau, t. 1, p. 259, Henri Celliez, p. 57.—Les raisons sur lesquelles repose cette solution sont, d'ailleurs, faciles à déduire.—D'abord, dans le texte de l'art. 17, il n'existe aucun lien avec l'article précédent qui concerne les dépositaires ou agents de l'autorité publique : rien, dans les termes de l'art. 17, ne peut donc conduire à cette interprétation. Il en est de même quant à l'esprit qui l'a dicté. Le législateur distingue, en effet, dans le fonctionnaire public, la personne publique de la personne privée, parce que c'est bien plutôt l'outrage fait à la fonction que celui qui s'adresse à la personne qu'il a voulu réprimer.— Mais, en ce qui concerne les agents diplomatiques, il s'agit d'écarter toute cause *directe* ou *indirecte* de mésintelligence ou de froideur de gouvernement à gouvernement. Or, la diffamation qui attaquerait un ambassadeur dans sa vie privée pourrait, comme celle qui l'atteindrait dans ses fonctions, exercer une fâcheuse influence sur les rapports des deux pays.

914. Dans la discussion de la loi de 1819, M. Bignon avait demandé que la disposition spéciale concernant les agents diplomatiques ne fût applicable qu'autant qu'il y aurait réciprocité dans la législation du pays auquel l'agent diplomatique diffamé appartiendrait. — Cet amendement fut rejeté sur l'observation de M. de Serre qui fit remarquer à ce sujet que tous les étrangers sont sous la protection de la loi commune ; et qu'en ce qui touche les ambassadeurs ou autres agents diplomatiques, le droit des gens, suivant lequel ils représentent leur souverain, prescrivait en leur faveur une protection spéciale. — Ainsi, il n'y a nullement à se préoccuper, dans l'application de la loi de 1819 aux agents diplomatiques étrangers, de ce que contiennent les législations de leurs pays, relativement à la diffamation envers les représentants de notre gouvernement.

915. L'art. 17 précité serait-il applicable à un ambassadeur, qui aurait cessé d'être accrédité auprès du gouvernement français, si l'imputation diffamatoire était relative à ses fonctions d'agent diplomatique en France? — La solution négative de cette question paraît indiquée par les motifs qui ont fait admettre cette disposition, motifs que nous venons de reproduire. — Il en résulte, en effet, que c'est leur caractère *actuel*, qui est l'objet de la sollicitude de la loi : il est donc naturel que son intérêt s'efface, lorsque ce caractère a cessé d'exister (V. en ce sens M. de Grattier, t. 1, p. 215). — Au premier aperçu, il peut sembler contradictoire de faire survivre le caractère public du fonctionnaire français à ses fonctions, relativement à la diffamation commise envers lui (V. no 908) et de suivre une règle opposée à l'égard des agents diplomatiques ; mais il ne faut pas perdre de vue que, pour le fonctionnaire, ainsi que nous venons de le faire observer, c'est la fonction considérée d'une manière abstraite ou absolue que la loi a voulu protéger. Or, la fonction doit être respectée, même après que la personne à qui elle était confiée a cessé de la remplir. — Quant à l'agent diplomatique, c'est le bon vouloir personnel de celui qui est en fonctions qu'elle a voulu conserver. Lorsqu'il a cessé d'être accrédité, le motif de décider n'est plus le même. — Il n'était pas de la dignité du législateur d'exprimer cette distinction, mais elle est conforme aux vues qu'on doit lui supposer, dans le silence qu'il a gardé sur ce sujet délicat.

916. Au reste, la loi ne distingue pas entre les divers agents diplomatiques : ils sont donc tous compris dans sa disposition quel que soit leur titre particulier. — V. en ce sens MM. Parant, p. 93 ; Chassan, t. 1, p. 403 ; de Grattier, t. 1, p. 216.

917. Il est à peine utile de faire remarquer aussi que la disposition précitée de la loi du 17 mai 1819 ne concerne que les agents diplomatiques étrangers. — Quant aux agents diplomatiques français, ils doivent être considérés comme dépositaires ou agents de l'autorité publique, et c'est l'art. 16 de la même loi qui leur est applicable.

ART. 2. — *De l'injure.*

918. Dans l'historique, nous avons décrit les phases diverses de la législation relativement à l'injure (V. nos 32 et suiv.). Il serait inutile d'y revenir. — Toutefois, pour donner aux divers monuments de jurisprudence la valeur qui leur est propre, il convient de préciser, en quelques mots, la portée des changements qui se sont accomplis, sous ce rapport, dans nos lois, depuis 1789.

Avant le code pénal de 1810, le législateur n'avait puni l'injure verbale que des peines de simple police (L. 19-22 juill. 1791 ; c. 3 brum. an 4, art. 605, no 7), et il n'en avait donné aucune définition. — La jurisprudence avait suppléé à cette omission, en décidant que, pour qu'il y ait délit d'injures verbales, il faut que les propos tendent à attaquer la probité, l'honneur, la réputation de quelqu'un ou à porter atteinte à son crédit et à la considération dont il jouit ; et qu'ainsi, ce n'est point se rendre coupable d'injure envers un ministre du culte que de lui dire : *Les ministres du culte sont fort experts à expliquer la bible, mais, au surplus, ils sont des ânes.* (Crim. cass., 8 sept. 1809) (1). — Il en serait autrement sous la législation actuelle (V. en ce sens, M. de Grattier, t. 1, p. 200, note, V. aussi *infrà*, nos 922 et s.

919. Il a encore été jugé sous la même législation, 1o que des expressions relatives à des éclaircissements qu'un vérificateur de l'enregistrement est obligé de prendre, ne peuvent pas être qualifiées injures verbales. (Crim. cass., 29 germ. an 9) (2). — 2o Qu'il en est de même du reproche public fait à un huissier

---

tendu que l'art. 7 de la loi du 8 oct. 1830, spécifie les faits qui doivent être considérés comme délits politiques de la presse ; que le délit de diffamation imputé au demandeur n'est pas de ce nombre ; que, dès lors, l'amnistie prononcée pour les délits politiques de la presse ne pouvait lui être appliquée ; — Attendu que de l'arrêt (de la cour de Lyon, du 4 avril 1832) il résulte que le demandeur n'a pris à l'audience aucunes conclusions où il se réservât de faire défaut au fond ; qu'au contraire, il s'est expressément défendu ; que, dès lors, sur cette partie de la cause, comme sur la compétence et l'exception préjudicielle, il a été régulièrement jugé ; — Rejette.

Du 22 sept. 1832.-C. C., ch. crim.-MM. Portalis, 1er pr.-Ollivier, rap.

(1) *Espèce :* — (Brentano C. Deitsch.) — Le maire Brentano s'étant permis de dire en parlant de Deitsch, ministre protestant, à propos d'une discussion sur un point contentieux et dans laquelle celui-ci ne se trouvait pas de l'avis de M. le maire, que les ministres des cultes pouvaient être fort experts à expliquer la Bible, mais que sur tout le reste ils n'étaient que des ânes ; pour ce propos Brentano avait été condamné à une amende et 20 fr. de dommages-intérêts. — Pourvoi. — Arrêt.

LA COUR ; — Attendu qu'en chargeant les tribunaux de police de connaître des délits d'injures verbales, le législateur ne les a point autorisés à transformer en injures les propos même grossiers, qui ne tendent point à attaquer la probité, l'honneur, la réputation de quelqu'un, ou à porter atteinte à son crédit ou à la considération dont il jouit ; — Que, dans l'espèce, le propos échappé à Pierre-Antoine Brentano, maire de la commune de Meissenhem, ne signifie autre chose, si ce n'est que le ministre du culte luthérien Dietsch ignorait des choses qui n'étaient pas relatives à son état ; que les notions relatives aux affaires contentieuses sont effectivement étrangères aux connaissances que doivent avoir les ecclésiastiques ; que ce propos ne pouvait, par conséquent, donner aucune atteinte à la considération dont il peut jouir ; — Qu'il en résulte que la plainte ne portant pas sur une véritable injure, la citation devait être rejetée par le tribunal de police, comme dénuée de motifs suffisants ; qu'en l'admettant, en y statuant, et en appliquant la disposition de l'art. 605 du code des délits et des peines, ce tribunal a méconnu sa compétence, faussement appliqué la disposition de cette loi, et commis un excès de pouvoir. — Par ces motifs, casse, etc.

Du 8 sept. 1809.-C. C., sect. crim.-MM. Barris, pr.-Oudot, rap.

(2) *Espèce :* — (Cornebise C. Hamel.) — Cornebise, vérificateur de

des irrégularités et nullités qu'il a réellement commises dans des actes (Crim. cass., 19 avr. 1810 (1). — V. en ce sens Merlin, Rép., v° Injure, § 8, n° 1; M. de Grattier, t. 1, p. 201, note). — 3° Que celui qui, après avoir rendu plainte en injures devant le tribunal de simple police, est en défaut de justifier sa plainte par des preuves suffisantes, ne peut, pour cela, être réputé lui-même avoir fait une injure (Crim. cass., 12 juill. 1810, aff. Quetel, V. Inst. crim. n° 547). — 4° Qu'une fausse déclaration faite dans une instruction criminelle ne peut pas donner lieu à l'action pour injures verbales, mais à l'accusation de faux témoignage (Crim. cass., 1er août 1806) (2). — 5° Que lorsque, après une dénonciation adressée à l'autorité supérieure contre un entrepreneur de travaux publics, l'auteur de cette dénonciation se permet d'en répéter verbalement le contenu devant plusieurs personnes, il commet une injure verbale qui le rend justiciable du tribunal de simple police (Crim. rej. 2 déc. 1808 (3). — V. en ce sens, quant à la législation actuelle, MM. Chassan, t. 1, p. 373; de Grattier, t. 1, p. 181); — 6° Que la qualification de *voleuse* constitue une injure, *lorsqu'il n'y a ni dénonciation ni poursuite contre la personne à qui cette qualification s'adresse* (Crim. cass., 26 avr. 1810, aff. Schmitt, V. chap. 10). — Cette décision est sans aucun rapport avec la législation actuelle. L'art. 25 de la loi du 26 mai 1819 autorise à surseoir au jugement sur la plainte en diffamation, lorsque les faits imputés sont punissables, selon la loi, ou que l'auteur de l'imputation a dénoncé ces faits. Mais cette disposition ne s'applique qu'à la diffamation.

920. Il avait été également jugé 1° que celui à qui l'on imputait des faits révolutionnaires sur lesquels la loi d'amnistie du 4 brum. an 4 avait imposé silence, pouvait néanmoins poursuivre la réparation de l'injure qui lui était faite par cette imputation (Cass. 22 mess. an 12) (4). V. Merlin, Quest. de dr., v[is] Réparations d'injures, § 2); — 2° Que peu importait le lieu

---

l'enregistrement à Beauvais, avait été condamné, par jugement du tribunal de police municipale de cette ville, à une amende équivalente à trois journées de travail, à 600 fr. de dommages-intérêts, et à une réparation d'honneur à l'audience, envers Jean Hamel, pour injures verbales. — Les faits déclarés constants par le jugement étaient relatifs aux éclaircissements et aux recherches que Cornebise était obligé de prendre et de faire en sa qualité de vérificateur. — Pourvoi pour incompétence et excès de pouvoir. — Arrêt.

Le tribunal; — Vu l'art. 65 et la sixième disposition de l'art. 546 c. des dél. et des peines portant, etc. — Considérant; 1° qu'il résulte des faits déclarés constants par le jugement du tribunal de police municipale de Beauvais, du 5 frimaire dernier, que les propos tenus par Cornebise, vers la fin de vendémiaire dernier, dans le bureau du receveur des droits d'enregistrement de ladite ville, ne constituent point une injure, qu'ils n'étaient relatifs qu'aux éclaircissements et aux recherches qu'il était obligé de prendre et de faire en sa qualité de vérificateur des droits du domaine national; d'où il suit que le tribunal de police municipale de Beauvais n'était pas compétent pour connaître d'un semblable fait, qui ne portait point le caractère d'une injure; qu'en conséquence, en qualifiant d'injurieuse une pareille déclaration, il a commis un excès de pouvoir, et a fait une fausse application de la septième disposition de l'art. 605 c. des dél. et des peines; — Considérant, 2° qu'en condamnant ledit Cornebise à faire, à l'audience, une réparation d'honneur audit Hamel, il a prononcé une peine d'amende honorable non prévue ni autorisée par le code pénal, ce qui caractérise un nouvel excès de pouvoir. — Par ces motifs, casse.

Du 29 germ. an 9.-C. C., sect. crim.-MM. Seignette pr.-Cochard, r.

(1) *Espèce:* —(Brunenghi *C.* Abenne.) — L'huissier Perendo avait été commis pour la notification d'un jugement par défaut obtenu par Brunenghi et pour son exécution. Toutefois par un motif quelconque, ce fut Abenne, huissier, qui instrumenta. Son nom même fut substitué, sans l'autorisation du tribunal, à celui de Perando; ce qui, dans la suite de la procédure, paraît avoir été considéré comme une nullité. Aussi, lorsque vint l'huissier Abenne, sur la place de Savone, demander à Brunenghi son salaire, celui-ci lui reprocha d'avoir commis une fausseté, une irrégularité dans la procédure. De là, plainte en diffamation par Abenne; puis jugement qui condamne Brunenghi à l'amende de trois journées de travail et 1,500 fr. de dommages-intérêts. — Pourvoi en cassation. — Arrêt.

La cour; — Vu le n° 7 de l'art. 605 c. des dél. et des peines; — Vu le n° 6 de l'art. 456 du même code; — Attendu qu'il résulte des faits et des circonstances qui les ont précédés, énoncés dans la plainte du 4 janv. dernier, ainsi que de ceux qui sont reconnus dans le jugement attaqué, que les propos qui ont donné lieu à la contestation ont été tenus à l'occasion d'une procédure faite par l'huissier Abenne, et à raison de la substitution de son nom à celui d'un autre huissier commis par le tribunal de Savone, sur l'expédition d'un jugement de ce tribunal, du 1er mai 1809, dans un moment où l'huissier Abenne demandait à Brunenghi les salaires d'une signification faite par lui, et sans qu'il paraisse résulter de la plainte ni du jugement, que l'huissier Abenne eût reçu pour cette signification, médiatement ni immédiatement, un mandat dudit Brunenghi; — Attendu que la substitution du nom d'Abenne existe réellement sur l'expédition dudit jugement, sans approbation; que, dans ces circonstances, les propos tenus par ledit Brunenghi audit huissier, sur sa réclamation de salaire, tels qu'ils sont articulés dans la plainte et dans le jugement attaqué, ne peuvent avoir le caractère de diffamation ou du délit d'injure dont l'art. 605 du code du 3 brumaire attribue la connaissance aux tribunaux de police; — Attendu que le tribunal de police de Savone a donc été mal saisi, et que l'instruction par lui faite, et le jugement par lui rendu, sont frappés d'excès de pouvoir et de nullité; — Casse.

Du 19 avril 1810.-C. C., sect. crim.-MM. Barris, pr.-Oudot, rap.

(2) *Espèce:* — (Piault *C.* Berthon.) — En l'an 11, Etienne Piault et le sieur Berthon exploitaient un bois taillis. — Maurice Lemoine, garde forestier du canton, crut remarquer un arbre coupé en délit, et dressa procès-verbal. — Si l'on en croit Piault, Berthon lui dit alors qu'il aurait dû tirer un coup de fusil sur le garde. — En l'an 13, ce garde reçut effectivement un coup de fusil dans les jambes. Il fut informé; et Piault, appelé en témoignage, déposa du propos qu'il prétendait lui avoir été tenu par Berthon. Celui-ci rendit plainte au juge de police du canton pour injure verbale; jugement intervint le 17 avril qui condamne Piault en une amende de la valeur de trois journées de travail, comme coupable d'injures verbales, par application de l'art. 605 c. brum. an 4. — Pourvoi. — Arrêt.

La cour; — Attendu qu'en supposant fausse la déclaration de Piault appelé comme témoin dans l'information faite relativement au délit commis envers la personne du sieur Lemoine, cette circonstance n'aurait pu donner lieu à l'action pour injures verbales, mais à l'accusation en faux témoignage, délit qui est essentiellement hors de la compétence des tribunaux de police; d'où il suit que le jugement du tribunal de police du canton d'Ancy-le-Franc contient excès de pouvoir et violation des règles de compétence; — Casse, etc.

Du 1er août 1806.-C. C., sect. crim.-MM. Barris, pr.-Vermeil, rap.

(3) *Espèce:* —(Didier *C.* Kræser.) — Didier, maître de poste, en présentant une pétition à l'empereur à son passage dans la commune de Winnweiler, avait tenu en sa présence des propos injurieux contre Kræser, puis après le départ de S. M. il avait encore proféré des injures dans une auberge contre la même personne. Le juge de paix du canton de Winnweiler, saisi de cette affaire, avait divisé les faits en deux catégories, 1° les injures dites devant l'empereur qu'il pensait rentrer dans le droit de pétition à sortir de la juridiction des tribunaux; 2° les injures dites dans l'auberge qui devenaient de sa compétence; à raison desquelles il avait prononcé contre Didier une condamnation en une amende et des dommages-intérêts envers le plaignant. — Pourvoi en cassation. — Il se fondait sur ce que les faits qu'il avait imputés à Kræser ne pouvaient être considérés comme injurieux, avant qu'il eût été statué sur la pétition présentée à l'empereur, dans laquelle les mêmes imputations se trouvaient insérées. — Arrêt.

La cour; — Considérant que le tribunal dont le jugement est attaqué s'est déclaré incompétent, quant au premier fait relatif aux réclamations portées à S. M. sur le mauvais état de la chaussée; — Que ce tribunal a respecté sur ce point les principes et les convenances; — Que ce tribunal s'est au contraire légalement déclaré compétent pour connaître des injures graves proférées verbalement à l'auberge; — Que ces injures étaient en effet indépendantes des réclamations portées devant S. M., et n'avaient point de connexité avec ces réclamations dont il fallait attendre le résultat dans un respectueux silence; — Que l'art. 262 c. pr. civ. est étranger à l'instruction des affaires de simple police; — Que le tribunal dont le jugement est attaqué a opéré régulièrement en s'étayant de la moralité et de la bonne réputation de quelques témoins, pour apprécier leurs dépositions; — Qu'il a été reconnu en fait par le tribunal dont le jugement est attaqué que le réclamant avait proféré à l'auberge des injures graves contre Kræser, et qu'il a été reconnu que ces injures avaient été proférées à dessein de porter atteinte à la réputation de Kræser; — Que, d'après ces faits invariablement fixés, la peine a été justement appliquée; — Rejette, etc.

Du 2 déc. 1808.-C. C., sect. crim.-MM. Barris, pr.-Vergès, rap.

(4) *Espèce:* — (Vigier *C.* Margerin.) — Les époux Margerin étaient en procès avec Vigier, l'administrateur des bains de ce nom. — Dans une de ses plaidoiries, leur avocat fit une sortie contre Vigier, et lui reprocha d'avoir fait en l'an 2 une dénonciation secrète contre le sieur Machet de Velye, et d'avoir par là poussé ce malheureux sous la hache révolutionnaire. — Cette injure était sanglante; Vigier prit, audience tenante, des conclusions tendantes à ce qu'il lui fût permis de se justifier de cette imputation calomnieuse. — Elles furent repoussées par application de la loi du 4 brum. an 4, qui impose aux citoyens le silence le plus absolu sur tous les faits relatifs à la révolution: — « Attendu que le

où les injures verbales avaient été proférées; l'art. 605 c. 3 brum. an 4, ne distinguant pas (Crim. rej. 10 sept. 1807) (1). — 3° Que le prévenu de propos injurieux tenus dans un endroit public, encourait la peine portée par la loi, que la personne sur le compte de qui étaient tenus les propos, fût présente ou absente (Crim. rej. 9 fév., 4 janv. 1810) (2).

921. Le code pénal de 1810 a introduit, relativement à l'injure, une distinction qui est devenue la base de notre législation actuelle.—Suivant l'art. 375 de ce code « toutes *injures* ou *expressions outrageantes* qui ne renferment l'*imputation d'aucun fait précis*, mais celle d'un vice déterminé, si elles ont été proférées dans des lieux ou réunions publics, ou insérées ou imprimées dans des écrits imprimés ou non, qui auraient été répandus et distribués, sont punies d'une amende de 16 fr. à 500 fr. » — « Toutes autres injures ou expressions outrageantes, ajoute l'art. 376, qui n'auraient pas ce double caractère de gravité et de publicité, ne donnent lieu qu'à des peines de simple police. » —La loi du 17 mai 1819 a à peu près littéralement reproduit ces dispositions.—Suivant l'art. 13 de cette loi, toute expression outrageante, terme de mépris ou invective qui ne renferme l'imputation d'aucun fait, est une injure. — D'après l'art. 19, l'injure contre les particuliers est punie d'une amende de 16 fr. à 500 fr.—Mais, aux termes de l'art. 20, l'injure qui ne renferme pas l'*imputation d'un vice déterminé ou qui n'est pas publique* continue d'être punie des peines de simple police.—Il y a donc, suivant la loi de 1819, comme d'après le code pénal, deux espèces d'injures : l'une qui constitue un *délit*, l'autre qui n'est qu'une simple *contravention* de police. — Dans les deux paragraphes suivants, nous allons parcourir les règles relatives à chacune de ces infractions. — Dans un troisième nous réunirons ce qui est relatif aux peines qu'elles font encourir, parce qu'il est quelques observations qui sont communes aux deux espèces d'injures.

§ 1. — *Du délit d'injure.*

922. Notre premier soin doit être de bien déterminer les caractères de l'injure qui va fixer ici notre attention.—Nous nous occuperons ensuite des dispositions spéciales relatives à l'injure envers les corps constitués, les autorités ou administrations publiques, les dépositaires ou agents de l'autorité publique et les agents diplomatiques.

923. *Caractères du délit d'injure.*— Ces caractères sont au nombre de trois, à savoir : 1° l'imputation d'un vice déterminé; 2° la publicité (V. *suprà*, nos 333 et s., et *infrà*, nos 932 et s.); 3° l'intention de nuire (V. *suprà*, nos 874 et s., et *infrà*, no 935). —Examinons-les séparément.

924. *Imputation d'un vice déterminé.*— Qu'est-ce d'abord qu'imputer? — A cet égard les explications dans lesquelles nous sommes entrés, au sujet de la diffamation, nous dispensent de nouveaux développements (V. nos 815 et s.).—Mais que faut-il entendre par *vice déterminé?* — La loi s'en est tenue à l'acception usuelle de ces mots, et n'a rien précisé à cet égard. Cette absence de règle a causé dans la jurisprudence des hésitations et même des erreurs dont on ne peut guère prévoir le terme.— Avant de la mettre sous les yeux du lecteur, cherchons à nous rendre compte du sens exact que présente l'expression dont s'est servi le législateur.

925. Il est, d'abord, à observer que des deux mots *vice déterminé*, le dernier n'ajoute rien au sens, à moins qu'il n'ait pour effet d'indiquer que, pour commettre le délit d'injure, il ne suffit pas de dire d'une manière vague à quelqu'un : *vous*

fait énoncé dans la plaidoirie, dit le jugement, est un fait de cette nature. »—Vigier fit signifier une requête en réparation de calomnie.—Les époux Margerin prirent des conclusions tendantes au rejet de cette requête; puis publièrent un mémoire justificatif, pour ainsi dire, de l'imputation faite à Vigier. — Nouvelles conclusions de la part de celui-ci en suppression de ce mémoire; et enfin, sur cet incident, jugement qui, reconnaissant comme constant le fait d'injure, ordonne la suppression des termes injurieux contenus dans le mémoire; déclare fausse et injurieuse l'imputation faite à Vigier, et condamne les époux Margerin à 10 fr. de dommages-intérêts.—Le tribunal n'ayant pas statué sur la demande en suppression de mémoire, ce fut un motif d'appel pour Vigier. — Et le 20 therm. an 11, arrêt de la cour de Paris, en ces termes : — « En ce qui touche l'appel interjeté par Vigier, du jugement du 15 prair. an 10; — Considérant que Margerin et sa femme rappelaient des faits qui avaient été l'objet ou l'occasion d'une plainte rendue en l'an 5, et sur laquelle la loi du 4 brum. an 4 avait imposé silence; et par les motifs exprimés audit jugement, met l'appellation au néant, ordonne que ledit jugement sera exécuté suivant sa forme et teneur.—En ce qui concerne les appels respectifs des parties du jugement du 14 fruct. an 10, aux chefs qui portent sur les demandes en réparation d'injures; — Attendu qu'il avait été statué par le jugement du 15 prair., sur ce qui était antérieur audit jugement; que Vigier n'avait pas le droit de faire revivre et rattacher à la cause une demande que le tribunal avait écartée; au surplus, par les motifs rappelés ci-dessus; — Met l'appellation et ce dont est appel au néant;—Emendant, décharge les parties des condamnations prononcées contre elles; faisant droit au principal, met les parties hors de cause, sur les demandes de Vigier, en réparation d'injures. »

Pourvoi pour fausse application de la loi d'amnistie du 4 brum. an 4. — Il ne s'agissait pas, disait le demandeur, d'un fait relatif à la révolution; mais bien de ce que, sans aucune autre raison que le désir de nuire, on l'avait publiquement outragé et calomnié. — La loi d'amnistie a imposé silence sur tous les faits antérieurs purement relatifs à la révolution. — Dans l'esprit de cette loi, le reproche d'un de ces faits rend donc punissable celui qui se le permet; la loi d'amnistie ne pouvait par conséquent servir à excuser ses adversaires de lui avoir imputé l'assassinat de Machet de Vélye. — Et par une conséquence ultérieure, la cour d'appel de Paris n'a pu se fonder sur la loi du 4 brum. an 4, pour rejeter sa demande en réparation d'injures.—Après le jugement du 15 prair., rendu sur les conclusions de Vigier, prises audience tenante, il est évident qu'il reste encore en son pouvoir la voie criminelle, pour arriver à la réparation de l'outrage des époux Margerin; — D'où la conséquence qu'il pouvait exercer cette action civilement; — D'où la conséquence encore qu'il a pu la rattacher à l'instance à laquelle elle était naturellement incidente. — Arrêt (après délib. en ch. du cons.).

La cour;—Vu la loi du 4 brum. an 4;—Attendu que le jugement du 15 prair. an 10, en ordonnant que le fait plaidé et la pièce lue seraient et demeureraient retranchés de la cause, et en l'ordonnant ainsi, sans égards aux conclusions de Vigier, tendantes à faire ordonner le dépôt de la pièce, dépôt qu'il avait demandé en se réservant d'intenter une action criminelle, le tribunal de première instance avait énoncé le motif suivant, « parce qu'il est un tribunal purement civil; »—Que le jugement ainsi motivé n'écartait absolument de l'instance que ce qui avait trait à l'action criminelle que Vigier annonçait vouloir intenter; — Qu'il n'en résultait nullement que le tribunal de première instance eût jugé que Vigier ne pouvait demander incidemment une réparation par la voie civile, et encore moins qu'il l'eût débouté de cette demande qui n'était pas formée; — Que d'ailleurs Vigier avait relevé appel du jugement du 15 prair. an 10, à l'effet de faire tomber les inductions qu'on tirait du jugement, en ce qu'il avait ordonné que le fait plaidé et la pièce lue seraient et demeureraient retranchés de la cause; — Que cet appel de Vigier ne pouvait être écarté par aucune fin de non-recevoir, Vigier ayant pris ses conclusions à fin de réparation civile, avant même de plaider, et ne pouvant être présumé y avoir renoncé, parce qu'avant de former sa demande il avait entendu la fin du plaidoyer de ses adversaires; en sorte qu'il n'y avait aucune conséquence à tirer du jugement du 15 prair. an 10, pour attaquer celui du 14 fruct. suivant; — Que, pour improuver ce jugement, on ne pouvait pas argumenter avec plus de fondement de l'amnistie prononcée par la loi du 4 brum. an 4, puisqu'au contraire ce seraient Margerin et sa femme qui eussent enfreint cette loi, en rappelant des faits antérieurs à sa publication, et qu'il serait contre le bon sens de prétendre que cette loi eût autorisé l'impunité des outrages relatifs à ces faits, et que ce ne fût qu'en faveur du provocateur qu'elle reçût son exécution; — Que d'ailleurs les injures dont Vigier demandait la réparation sont constatées par le jugement de première instance du 14 fruct. an 10, et que le jugement d'appel n'en a pas contesté le fait; mais qu'il en a seulement éludé la punition par des fins de non-recevoir qu'il faisait mal à propos résulter du jugement du 15 prair. an 10, et de la loi du 4 brum. an 4; — Casse.

Du 22 mess. an 12.-C. C., sect. civ.-MM. Maleville, pr.-Gandon, rap.-Merlin, pr. gén., c. conf.-Becquey-Beaupré et Leroy, av.

(1) (Renaudin.)—La cour;—...Attendu que l'art. 605 qui punit des peines de simple police les auteurs d'injures verbales, n'a point distingué les lieux où les injures auront été proférées; que, d'ailleurs, le jugement attaqué a déclaré que les propos injurieux dont il s'agit ont été tenus et répétés dans une auberge, et par conséquent dans un lieu public; — Attendu que l'action en injures appartenait soit au corps des pompiers, soit à chacun de ses membres, et que, dans le fait, la plainte a été rendue par deux des membres du corps; — Rejette.

Du 10 sept. 1807.-C. C., sect. crim.-M. Barris, pr.-Vasse, rap.

(2) 1re *Espèce :* — (Goebl.) — La cour; — Attendu que des propos injurieux tenus dans un endroit public sur le compte d'une personne présente ou absente, sont également punissables; — Rejette.

Du 9 fév. 1810.-C. C., sect. crim.-MM. Barris, pr.-Favard, rap.

2e *Espèce :*—(Lorquet.)—Du 4 janv. 1810.-Arrêt identique.-M. Lamarque, rap.

avez un vice, mais qu'il faut désigner le vice particulier qu'on lui impute. Tout se réduit donc, en réalité, à savoir ce qu'il faut entendre par un *vice*.—Dans le langage ordinaire, ce mot a une signification très-étendue que l'on doit restreindre, pour se conformer à la pensée de la loi. — Dans son acception primitive, il est, en effet, synonyme de *défaut* ou d'*imperfection*.— Or, il est facile de voir à quelles conséquences abusives et dérisoires on arriverait, si l'on supposait que le mot *vice* doit être ainsi entendu dans l'application de la loi pénale.—Mais il signifie, en outre, mauvaise qualité, disposition au mal et même habitude du mal. Mauvaise qualité nous semblerait encore trop vague.— Massillon a dit dans ce sens: *L'ambition est le vice et le malheur des grands*. — Or, il nous paraît que ce serait pousser trop loin la rigueur que de voir le *délit d'injure* dans l'imputation d'*être ambitieux*, avec d'autant plus de raison que, dans une certaine mesure, l'ambition, loin d'être un vice, est une qualité, puisque sans elle l'homme social tombe dans l'apathie et même dans la paresse d'où naissent la misère et quelquefois le crime. —Il faut donc s'en tenir à la *disposition au mal* et *à l'habitude du mal*. — Mais on s'aperçoit encore que cette définition laisse à désirer, et nous devons pousser plus loin notre recherche. Il y a tant de manières de faire le mal, et, par suite, le préjudice moral causé par l'imputation de faire le mal est si variable qu'il est impossible de trouver là la solution de la difficulté.—Voyons cependant si la loi de 1819 elle-même ne nous offre pas un point d'appui. Cette loi s'occupe, dans un même chapitre et souvent dans les mêmes dispositions, de la diffamation et de l'injure; et l'on voit par la définition qu'elle donne de la diffamation que ce qu'elle a voulu surtout protéger c'est l'honneur et la considération des personnes. Or, il nous paraît naturel d'admettre que c'est sous l'influence de cette pensée qu'elle a puni l'*imputation d'un vice déterminé*, et que dès lors cette imputation n'est punissable, suivant l'art. 19 de la loi de 1819, que lorsqu'elle est aussi de nature à porter atteinte à l'honneur ou à la considération de la personne injuriée. — Objectera-t-on que s'il fallait ainsi comprendre la loi, on ne s'expliquerait pas la grande différence qu'elle a mise dans la pénalité dont elle frappe la diffamation et l'injure, puisque, dans le premier cas, la peine peut être d'un emprisonnement d'un an et d'une amende de 2,000 fr., tandis que, dans le second, le maximum de la peine est une amende de 500 fr. sans emprisonnement. —Nous répondrons que le législateur a été frappé de la gravité que prend une imputation lorsqu'elle porte sur un fait précis qui semble être le cachet de la vérité même, et que c'est par ce motif qu'il a traité les deux infractions d'une manière si différente.—Du reste, on est forcé d'admettre quelle que soit la généralité du sens que l'on donne au mot *vice*, que lorsque l'imputation est de nature à porter atteinte à l'honneur ou à la considération, la peine ne peut jamais être que celle du délit d'injure. — Le défaut de proportion dans les pénalités, s'il existe, ne s'effacerait donc pas parce que l'on reconnaîtrait qu'il peut y avoir délit d'injure dans l'imputation d'un vice déterminé qui n'attaque ni l'honneur ni la considération.

926. Il a été jugé en ce sens que l'imputation d'être un fripon, adressée à un individu, renferme l'imputation d'un vice déterminé, et est, par suite, de la compétence du tribunal correctionnel (Crim. rej. 1er fév. 1851, aff. Rousseau, D. P. 51. 5. 421). — Mais il a été décidé que l'expression *canaille*, et par exemple le fait d'avoir dit d'un individu : « Voilà la plus grande canaille de cette localité, » ne contient l'imputation d'aucun vice déterminé, et par suite ne constitue qu'une injure simple et non le délit d'injure (Crim. cass. 20 août 1842) (1). — A notre sens, il y a pourtant peu de différence dans la pensée de celui qui profère cette injure entre la qualification de *canaille* et celle de *fripon*. Dans un certain langage qui, pour n'être pas académique, n'en est pas moins généralement compris, dire d'un homme : *c'est une canaille*, c'est certainement exprimer que cet individu est sans honneur, sans foi, sans probité. — Or, il nous semble difficile de ne pas trouver dans une pareille imputation, celle d'un vice déterminé dans le sens de la loi de 1819.

927. Il a été décidé aussi que ces mots : *vous êtes un mauvais citoyen, un homme suspect*, ne renferment pas l'imputation d'un vice déterminé dont le tribunal de police correctionnelle doive connaître, alors surtout qu'ils sont adressés par l'officier de la garde nationale à celui qui avait causé du tumulte dans une église pendant une bénédiction de drapeaux et qu'il avait été chargé de réprimer, les mots dont il s'agit, constituant une injure simple, de la compétence des tribunaux de simple police (Bordeaux, 13 janv. 1832, aff. Arnaud, V. no 1381-11o).— Les circonstances au milieu desquelles ces reproches ont été faits expliquent très-bien la solution qui précède; mais, en principe, nous croyons que dire à quelqu'un : vous êtes *un mauvais citoyen*, c'est lui imputer un vice déterminé : celui de manquer à ses devoirs envers la société, ce qui apparemment au point de vue de la loi surtout, doit porter atteinte à l'honneur ou à la considération. — Nous trouvons l'expression *homme suspect* moins caractérisée, parce qu'elle ne donne qu'imparfaitement à entendre de quoi l'on est soupçonné.

928. Il a été jugé encore : 1o Que la qualification de *lâche*, adressée à une personne dans un lieu public (une hôtellerie), renferme l'imputation d'un vice déterminé, et constitue un fait qui, par le double caractère de précision et de publicité, forme le délit d'injures dont la connaissance appartient aux tribunaux correctionnels (Bordeaux, 9 janv. 1839, aff. de Groc, V. no 958);— 2o Que l'imputation de sorcellerie est une injure grave qui peut nuire à la réputation, et quelquefois même à la sûreté personnelle de ceux auxquels elle est adressée (Crim. cass. 15 mars 1811 (2).

---

(1) (Philippe C. min. pub.) — La cour ; — Attendu, en droit, que l'art. 376 c. pén. portant : « toutes autres injures ou expressions outrageantes qui n'auront pas eu ce double caractère de gravité, l'imputation d'un vice déterminé, et de publicité, ne donneront lieu qu'à des peines de police, » n'a pas été abrogé, et se trouve par suite maintenu par l'art. 26 de la loi du 17 mai 1819 ; — Attendu que l'art. 20 de la même loi, en déclarant « que l'injure qui ne renfermerait pas l'imputation d'un vice déterminé, ou qui ne serait pas publique, continuerait d'être punie des peines de simple police, » n'a pas voulu innover et faire de la publicité seule un élément de délit ; — Que le tribunal de police est donc compétent, comme le serait le juge de paix s'il ne s'agissait que de l'action civile, aux termes du no 5 de l'art. 5 de la loi du 25 mai 1819, pour connaître des actions relatives à des injures publiques qui ne contiennent l'imputation d'aucun vice déterminé ; mais que le tribunal de police correctionnelle, statuant en appel, était également compétent, le prévenu n'ayant pas demandé son renvoi; — Attendu que, dans l'espèce, le prévenu n'a été déclaré convaincu par le jugement attaqué que d'une injure publique, consistant dans l'emploi de ces expressions : « Voilà la plus grande canaille de Nogent; » — Que ces mots, quelque violents qu'ils soient, ne contiennent l'imputation d'aucun vice déterminé ; que, s'il appartient, en certains cas, aux juges des lieux, de puiser, dans les circonstances du fait, dans l'état des personnes, et dans les allusions auxquelles certaines expressions pourraient se prêter, une qualification différente du sens apparent des paroles, il faut que ces juges le déclarent et spécifient eux-mêmes à quel vice le prévenu a voulu attacher l'expression dont il s'est servi, ce qui n'existe pas dans la cause :

D'où il suit que le tribunal de Chartres a fait au sieur Philippe une fausse application de la peine de l'art. 19 de la loi du 17 mai 1819, et a formellement violé les art. 20 de la même loi, 570 et 471, no 11 c. pén. ; — Par ces motifs, casse et annule le jugement rendu, le 5 juillet dernier, par le tribunal correctionnel de Chartres.

Du 20 août 1842.-C. C., ch. crim.-MM. Crouseilhes, f. f. pr.-Isambert, rap.-Delapalme, av. gén.-Gatine, av.

(2) *Espèce :* —(Intérêt de la loi.—Aff. Rasselay.)—Rasselay, Pinson, Moulin et Dupin rendirent plainte devant le tribunal de police du canton de l'Isle-sur-le-Serein contre Griffe, qui les avait accusés de sorcellerie et de communication avec le diable. — Le tribunal de police renvoya le prévenu de la plainte, considérant qu'une accusation de sortilége ne peut qu'occasionner en public du mépris et de la risée. — Pour que cette décision fût raisonnable et sage d'une manière absolue, disait le ministère public, il faudrait que la multitude fût sans préjugés, mais on ne peut se dissimuler que les vieux préjugés, fruits de l'ignorance et nourris par elle, ont de profondes racines dans l'esprit d'hommes d'une certaine condition. — Des faits journaliers viennent nous instruire des résultats funestes qu'ils peuvent avoir. Il nous suffit d'établir que beaucoup de personnes sont encore imbues de cette superstition, pour vous amener à penser que l'accusation de sorcellerie est injurieuse. — Elle repose sur un crime imaginaire, nous dit-on; mais qu'importe, il faut en voir le résultat. — Ce résultat est de signaler à la haine, au mépris, à la colère peut-être d'un grand nombre d'hommes, quelquefois de tous les habitants d'une localité ceux qui en sont l'objet; de là l'injure, injure qui est punissable, car elle a tous les caractères du délit que la loi a entendu punir. — Arrêt.

La cour ; — Vu l'art. 88 de la loi du 27 vent. an 8, et l'art. 442 c.

—V. en ce sens M. de Grattier, t. 1, p. 199; Carnot, sur l'art. 471 c. pén., t. 2, p. 568, n° 32, et sur l'art. 139 c. inst. crim., t. 1, p. 569, n° 10).—La première de ces qualifications (lâche) est, dans l'état de nos mœurs, un outrage des plus graves, et si l'on considère les suites funestes qu'une pareille imputation peut entraîner, on ne peut qu'approuver la décision qui l'a traitée avec sévérité. Mais est-ce bien là le point de vue du législateur? Nous hésitons à le penser (V. cependant *suprà*, nos observations sur l'honneur militaire).—Quant à la seconde des qualifications comprises dans les arrêts précités (sorcier), nous croyons, pour l'honneur de notre siècle, qu'elle ne saurait être prise au sérieux, et qu'elle constitue tout au plus une injure simple. — On objecte, il est vrai, qu'au milieu des populations ignorantes des campagnes, une pareille imputation est dangereuse. — Selon nous, ce ne peut être une raison de la considérer comme injurieuse et surtout comme portant atteinte à l'honneur ou à la considération. Pour apprécier en effet l'intention de la loi, on ne saurait prendre pour base ce qu'il y a de plus grossier et de plus inepte dans les superstitions des populations rurales.

929. Suivant un arrêt, lorsque deux litigants au sujet d'une usurpation de terrain s'étant transportés avec leurs défenseurs sur les lieux contentieux, l'un dit à l'autre, qu'il est un voleur de terrain, qu'il lui a volé son terrain, et qu'ensuite il intervient une transaction sur le fond du procès, les expressions de reproche employées par cette partie ne contiennent que la réclamation d'un droit fondé et le fait d'une usurpation reconnue, et ne constituent point une injure dans le sens de la loi (Crim. cass. 27 août 1825) (1). — En réalité, il y avait là, ce nous semble, plus qu'une injure, il y avait une diffamation, puisque l'une des parties imputait à l'autre de lui avoir volé son terrain, c'est-à-dire un fait précis portant atteinte à son honneur. — Mais les juges ont consulté, comme c'est d'ailleurs leur devoir en matière pénale, bien plus l'intention que le fait, et ils n'ont vu là sans doute qu'une expression impropre pour qualifier une usurpation.

930. Il a été décidé, en outre, que l'expression de *polisson*, adressée à un particulier, ne renferme pas l'imputation d'un vice déterminé dans le sens de la loi (Crim. cass. 16 avr. 1841 (2), et sur renvoi Nîmes, 3 juin 1841, M. Trinquelague, pr., arrêt qui se borne à adopter les motifs de l'arrêt de cassation). — Et, en effet, c'est là une qualification trop vague pour qu'on puisse y trouver l'imputation d'un vice déterminé. — Toutefois il a été décidé que le fait, de la part d'une partie, d'avoir traité de *drôle*, d'*insolent* et de *polisson* l'avocat de son adversaire, au sortir de l'audience, et dans la rue, constitue l'injure publique punissable des peines correctionnelles, aux termes des art. 13 et 19 de la loi du 17 mai 1819... surtout lorsque, dans sa plaidoirie, l'avocat n'est pas sorti des bornes de la modération... On dirait en vain qu'il n'y a pas là imputation d'un vice déterminé (Angers, 15 nov. 1828) (3). — Mais cette décision nous paraît contraire aux principes que nous avons développés ci-dessus, à moins toutefois qu'on ne regarde le mot *insolent* comme contraire à la considération professionnelle de l'avocat, en ce que c'est un grand défaut dans l'exercice de la profession du barreau que de s'écarter sans nécessité des égards que l'on doit à la partie adverse.

931. Au surplus, il a été jugé que s'il appartient, en certains cas, aux juges des lieux de puiser, dans les circonstances du fait, dans l'état des personnes et dans les allusions auxquelles certaines expressions pourraient se prêter, une qualification différente du sens apparent des paroles, il faut que ces juges le déclarent et spécifient eux-mêmes à quel vice le prévenu a voulu attacher l'expression dont il s'est servi (Crim. cass. 20 août 1842, aff. Philippe, V. n° 926).

932. *Publicité.* — Quant aux éléments constitutifs de la publicité, suivant la loi de 17 mai 1819, V. *suprà*, n° 533.—Nous nous bornerons ici à reproduire les décisions qui ont fait une application particulière des règles de la publicité en matière d'injures. — Il a été jugé: 1° que, pour qu'il y ait lieu à l'application de la peine prononcée par l'art. 19 de la loi du 17 mai 1819, il faut que les injures aient été proférées dans un lieu public (Crim. rej. 4 juill. 1823) (4). — ... On doit ajouter ou dans des réunions publiques,

---

inst. crim. et l'art. 471, n° 11, c. pén. de 1810; — Et attendu que l'imputation de sorcellerie faite à Louis Rasselay, Jean Pinson, Etienne Moulin et Jean Dupin, par Claude Griffe, formait une injure grave qui pouvait nuire à la réputation de ceux auxquels elle était adressée; que d'ailleurs cette imputation, en la laissant accréditer, pouvait égarer l'opinion du peuple, troubler l'ordre et la tranquillité publique et occasionner des résultats fâcheux, au préjudice de ceux qui en avaient été l'objet; que, dès lors, en refusant de prononcer sur une demande en réparation de pareils propos, le tribunal de police du canton de l'Isle-sur-le-Serein, département de l'Yonne, a violé l'art. 471 c. pr.; — Casse, etc.

Du 15 (et non du 17) mars 1811.-C. C. sect. crim. MM. Barris, pr.-Favart, rap.

(1) *Espèce* : — Catherine Margadat C. le ministère public.) — Une contestation s'était élevée entre la demoiselle Margadat et un sieur Briot, auquel elle reprochait d'avoir usurpé son terrain. Les parties, accompagnées de leurs conseils, s'étant transportées sur les lieux contentieux, là, la demoiselle Margadat dit au sieur Briot « qu'il était un voleur de terrain, qu'il lui avait volé son terrain. » Cependant il y eut, entre les parties, transaction qui mit fin à leurs discussions. — Postérieurement, Briot intenta, contre la demoiselle Margadat, une action en réparation d'injures; et par jugement du 18 juin dernier, le tribunal de police de Lunéville la condamna à un fr. d'amende, par application de l'art. 471, n° 11, c. pén., et à 25 fr. de dommages-intérêts, conformément aux art. 161 et 162 c. d'instr. crim. — Appel. — Jugement confirmatif. — Pourvoi, pour fausse application de l'art. 471 c. pén. — Arrêt.

LA COUR; — Attendu que les expressions reprochées à la demoiselle Margadat, telles qu'elles sont rapportées dans le jugement du tribunal correctionnel de Lunéville ne contiennent que la réclamation d'un droit fondé et le fait d'une usurpation reconnue depuis par les parties elles-mêmes, par suite d'une transaction postérieure; — Qu'ainsi ces expressions ne renferment point l'injure telle qu'elle est définie par la loi; — Que, dans cet état, il y a lieu, de la part du tribunal de Lunéville, fausse application de l'art. 471 c. pén.; — Par ces motifs, casse et annule le jugement du tribunal de Lunéville du 14 juill. dernier, rendu sur l'appel du jugement du tribunal de simple police de la même ville, etc.

Du 27 août 1825.-C. C., sect. crim.-MM. Portalis, pr.-Choppin, rap.

(2) (Courtel C. Félix). — LA COUR; — Vu les art. 19 et 20 de la loi du 17 mai 1819; 376, 471, n° 11, c. pén.; — Attendu que, d'après l'art. 376 c. pén., les injures qui n'ont pas le double caractère de gravité et de publicité déterminé par l'art. 375, c'est-à-dire qui ne renferme pas l'imputation d'un vice déterminé, et qui n'ont pas été proférées dans un endroit public, ne donnent lieu qu'à des peines de simple police; que ledit art. 376 n'a pas été abrogé par la loi du 17 mai 1819, ainsi que cela résulte de son art. 26; que, loin de là, sa disposition a été maintenue par l'art. 20 de cette loi, qui, en décidant que l'injure qui ne renferme pas l'imputation d'un vice déterminé, ou qui n'est pas publique, doit continuer d'être punie des peines de simple police, apporte à l'art. 19 précisément la même restriction que l'art. 376 c. pén. apportait à l'art. 375, lorsque celui-ci était encore en vigueur; — Et attendu, en fait, que l'injure publiquement proférée par le demandeur ne renferme pas l'imputation d'un vice déterminé; qu'ainsi elle devait être punie de peines de simple police; que cependant le jugement attaqué a prononcé contre le demandeur une condamnation correctionnelle; en quoi il y a eu fausse application de l'art. 19 de la loi du 17 mai 1819, et violation formelle de son art. 26, et des art. 376, 471, n° 11, c. pén.; — Attendu d'ailleurs que la juridiction correctionnelle était compétente pour prononcer les peines de simple police encourues, aux termes de l'art. 192. c. instr. crim., puisque le renvoi n'a pas été demandé; — Par ces motifs, casse.

Du 16 avr. 1841.-C. C., ch. crim.-MM. Bastard pr.-Vincens, rap.

(3) (Demonti C. Me Proust.) — LA COUR; — Attendu qu'il résulte des débats, et qu'il est avoué que le 19 juillet dernier, le sieur Demonti aborda dans la rue le sieur Proust, au moment où il sortait de l'audience du tribunal, et qu'il l'injuria en le traitant de drôle, d'insolent, de polisson; — Qu'en vain le prévenu allègue que le sieur Proust l'avait provoqué en lui disant des choses offensantes dans le cours de la plaidoirie; — Que cette excuse ne peut être admise, puisque si l'avocat était sorti des bornes de la modération, ce qui n'est pas établi, le sieur Demonti pouvait s'adresser au tribunal pour demander le rappel à l'ordre, mais ne devait pas se faire justice lui-même, par des moyens que la loi réprouve; — Attendu qu'il est également constant que le prévenu, armé d'une canne a menacé le sieur Proust de l'en frapper, qu'il en a fait le geste; — Mais, attendu qu'il n'est pas prouvé que le coup ait porté, que le plaignant a reconnu qu'il n'a rien ressenti; — Met au néant le jugement dont est appel, et, statuant par jugement nouveau. — Vu les art. 13 et 19 de la loi du 17 mai 1819, et l'art. 194, c. instr. crim., condamne le sieur Demonti à 500 fr. d'amende, 300 fr. de dommages-intérêts, et en tous les dépens.

Du 15 nov. 1828.-C. d'Angers, ch. corr.-M. Nibelle, av. gén., c. conf.

(4) (Min. pub. C. Héradier.) — LA COUR; — Attendu que le jugement attaqué, en refusant de prononcer les peines prononcées par l'article 19 de la loi du 17 mai 1819, sous le motif que les injures proférées par Héradier ne l'auraient point été dans un lieu public,

suivant l'art. 1 de la loi du 17 mai 1819; — 2° Que les injures verbales proférées dans un cabaret, mais dans un endroit retiré (la cuisine) et hors la présence de toute autre personne, n'ont pas le caractère de publicité suffisant pour les faire rentrer dans la compétence des tribunaux correctionnels (Limoges, 21 août 1838) (1); — 3° Que les injures proférées dans l'intérieur d'un dépôt de mendicité doivent être punies comme injures publiques (Bordeaux, 20 mars 1851, aff. Dugat, D. P. 53. 2. 159); —4° Que des injures proférées dans la salle d'audience d'un tribunal, en présence des juges, du substitut et des membres du barreau, ont pu être déclarées ne l'avoir pas été publiquement (Crim. rej. 4 août 1832, aff. Devolvé, V. n° 1391). — Cette décision est conforme à une théorie aujourd'hui bien comprise, qui reconnait que des injures peuvent manquer du caractère de publicité, bien que proférées dans un lieu public, si ce lieu se trouvait en ce moment désert;—5° Que l'injure est réputée proférée dans une réunion publique lorsqu'elle l'a été dans l'intérieur d'une maison, en présence d'ouvriers pris au hasard, jusque dans une allée donnant sur la voie publique (Paris, 8 avr. 1840, aff. Nativel, sous Crim. cass. 10 juill. 1840, n° 1581-8°).

933. Conformément au texte de l'art. 20 de la loi du 17 mai 1819, il a, du reste, été jugé que le concours des deux circonstances d'imputation d'un *vice déterminé* et de *publicité* est nécessaire pour constituer l'injure punie par l'art. 19 de la loi du 17 mai 1819 (Poitiers, 19 déc. 1820, aff. Champion, V. n° 861; 16 avr. 1841, aff. Courtel, V. n° 930; 20 août 1842, aff. Philippe, n° 926; V. aussi les nombreux arrêts cités n° 1581). — C'est là une solution à l'abri de toute controverse.

934. Il a été également décidé en ce sens que la diffamation, c'est-à-dire l'imputation d'un fait portant atteinte à l'honneur ou à la considération d'une personne, à défaut de publicité, n'est qu'une injure passible des peines de simple police, même lorsqu'elle résulte d'un écrit (Crim. cass. 10 nov. 1826; Crim. rej. 23 nov. 1843 (2); 20 juin 1817, aff. Dassieu, V. n° 1381-1°; V. MM. Chassan, t. 1, p. 371; de Grattier, t. 1, p. 221; Chauveau et Hélie, Théorie c. pén., t. 4, p. 358, et t. 8, p. 336);—Et, par suite, que deux lettres adressées à deux personnes différentes, et par lesquelles un artisan impute à un de ses compagnons de l'avoir volé et d'avoir prêté un faux serment constituent une simple injure punissable des peines de police (Colmar, 4 déc. 1821) (3). — V. aussi n° 792.

935. *Intention.* — Sur ce qui caractérise l'intention de nuire

---

a fait une juste application des art. 1 et 14 de ladite loi du 17 mai 1819; — Attendu, sur la violation de l'art. 222 c. pén., que cet article n'est applicable qu'aux outrages envers les magistrats de l'ordre administratif ou judiciaire dans l'exercice de leurs fonctions, et de nature à inculper leur honneur ou leur délicatesse; — Que, dans l'espèce, il n'a pas été relevé par le ministère public ni jugé par le tribunal que l'outrage par paroles commis envers le maire d'Amblinville dans l'exercice de ses fonctions pût inculper son honneur où sa délicatesse; que, dès lors, le jugement de ce tribunal ne peut être annulé pour violation dudit article 222; — Rejette le pourvoi formé contre le jugement du tribunal de Beauvais, du 5 juin dernier.

Du 4 juill. 1825.-C. C., sect. crim.-M. Barris, pr.-Louvot, rap.

(1) (Leyraud *C.* Lapeyronie.) — La cour; — Attendu que les propos injurieux qui auraient été proférés par le sieur Leyraud, curé de Ladignac, auraient un caractère d'autant plus grave qu'ils émaneraient d'un ecclésiastique; mais que, s'ils ont été proférés, ils l'ont été dans la cuisine du sieur Lapeyronie et hors la présence de toute autre personne; qu'à la vérité le domicile de Lapeyronie, cabaretier, est un lieu public, mais que la publicité est relative et dépend des circonstances; que les propos ayant été tenus un jour ouvrier, dans un bourg peu fréquenté (excepté les dimanches et jours de fête), dans le mois de février, entre sept et huit heures du matin, hors la présence de toute personne étrangère, par le sieur Leyraud, qui voyait qu'il n'y avait aucun témoin de la scène, on ne peut reconnaître de publicité dans ces faits; que ce n'est point en sortant de la maison que les propos continuèrent d'être proférés par le sieur Leyraud, mais en sortant de la cuisine, et passant dans le corridor; qu'ainsi le délit de publicité manque pour que les injures constituent un délit, et qu'elles aient pu saisir la police correctionnelle; — Attendu que le fait n'est qu'une contravention de police, et que la partie publique a demandé en première instance le renvoi de la cause devant le juge compétent; — Disant droit sur l'appel du sieur Jean-Joseph Leyraud;—Emendant, et faisant ce que les premiers juges auraient dû faire, dit que le tribunal de police correctionnelle était incompétent pour connaître de la contravention dont se serait rendu coupable ledit sieur Leyraud.

Du 21 août 1838.-C. de Limoges, 5e ch.-M. Talandier, pr.

(2) 1re *Espèce*: — (Demoiselle Cescaud *C.* min. pub.) — La cour; — Vu les art. 373, 375, 376 et 471, n° 11 c. pén.; les art. 159 et 192 c. inst. crim., et les art. 2, 18 et 20 de la loi du 17 mai 1819; — Attendu que les injures de quelque nature qu'elles soient, lorsqu'elles portent atteinte à l'honneur ou à la considération de ceux contre qui elles sont dirigées, sont aussi dangereuses et aussi répréhensibles que les simples injures verbales de même nature, et conséquemment également punissables; que l'injure écrite est même plus grave en ce qu'elle se perpétue, tandis que l'injure verbale ne se manifeste un moment que pour disparaître à jamais; que, d'ailleurs il ne saurait y avoir injure sans intention d'injurier, et que les magistrats appelés à prononcer sur les faits sont toujours les appréciateurs de cette intention; — Attendu qu'il a été reconnu, en fait que le mémoire adressé par la demoiselle Cescaud-de-Saint-Just au ministre des finances, le 25 mars 1825, contient des injures et expressions outrageantes contre le sieur Mouru-Lacotte, de nature à porter atteinte à son honneur et à sa réputation, ou à l'exposer au mépris, si les faits imputés étaient prouvés; — Attendu que l'art. 476, général dans ses expressions, comprend toutes les injures quelconques qui n'auraient pas les caractères de publicité et de gravité déterminés par les articles qui le précèdent, et que les injures écrites, comme les injures verbales, entre lesquelles cet article ne fait point de distinction, sont également comprises dans ses dispositions; — Attendu que l'art. 471, n° 11 c. pén., qui semble restreindre la contravention et la peine de simple police à ceux qui, sans avoir été provoqués, auront proféré contre quelqu'un des injures autres que celles prévues depuis l'art. 367 jusques et compris l'art. 378, n'est point en contradiction, et se concilie parfaitement, au contraire, avec l'art. 376, puisque les deux articles punissent des mêmes peines de simple police toutes les injures autres que celles prévues depuis l'art. 367 c. pén., et que lesdits art. 367 et suiv. sont relatifs aux injures écrites et aux injures verbales commises avec différents caractères de gravité et de publicité; — Attendu que des art. 15 et 20 de la loi du 17 mai 1819, il résulte encore évidemment que la loi punit de peines de simple police toute injure qui ne renfermerait pas l'imputation d'un vice déterminé, ou qui ne serait pas publique, par où il est bien établi que le législateur n'a pas voulu distinguer, en ce cas, entre l'injure écrite et l'injure verbale, et accorder à l'injure écrite une impunité que n'aurait point l'injure verbale;— Attendu que de la combinaison des art. 159 et 192 c. inst. crim. avec les articles du code pénal déjà cités, il suit que le tribunal de Bergerac, dont le jugement a été confirmé par celui de Périgueux, a procédé régulièrement et fait une juste application de ces divers articles dans la condamnation prononcée contre la demoiselle Cescaud-de-Saint-Just;— Rejette, etc.

Du 10 nov. 1826.-C. C., ch. crim.-MM. Portalis, pr.-Cardonnel, rap.

2e *Espèce*: — (Méliande *C.* Sauveroche.) — La cour; —Sur le premier moyen de cassation, tiré d'une prétendue violation des principes caractéristiques de la diffamation, et par suite, d'une fausse application de l'art. 1382 c. civ.: — Attendu que la diffamation est définie par la loi du 17 mai 1819, art. 13: « Toute allégation ou imputation d'un fait qui porte atteinte à l'honneur ou à la considération de la personne à laquelle le fait est imputé; » — Que, si elle s'aggrave par la publicité des faits diffamatoires, et si elle est dans ce cas punie de peines correctionnelles, une imputation de la nature de celle qui est spécifiée par l'art. 13 précité peut cependant se rencontrer dans une lettre ou dans un écrit non publié, et qu'elle rentre alors dans la catégorie des injures que l'art. 376 c. pén. punit des peines de simple police; que le jugement attaqué a donc pu déclarer Méliande coupable d'injures et de diffamation non publiques envers la femme Sauveroche, et qu'en punissant cette contravention d'une amende de 5 fr., il s'est conformé aux règles de la compétence; — Rejette.

Du 23 nov. 1843.-C. C., ch. crim.-MM. Crouseilhes, pr.-Bresson, r.

(3) Wintzel *C.* Hirlé.) — La cour; — Considérant qu'en combinant les différentes dispositions de la loi du 17 mai 1879, il est évident que le législateur n'a eu en vue que la diffamation publique commise par l'un des moyens énoncés en l'art. 1 de cette loi; et que quant aux injures et imputations calomnieuses qui n'auraient pas ce caractère de publicité, il s'est, par l'art. 20 de cette loi, référé aux dispositions du code pénal; qu'ainsi c'est à tort que les premiers juges ont appliqué l'art. 18 de la loi du 17 mai; — Que le fait imputé au prévenu Wintzel constitue une injure prévue et punie par les dispositions de l'art. 471, § 1, c. pén.; que la demande aurait dû être portée devant le tribunal de police simple désigné par la loi pour y statuer, mais que la cour étant saisie sur l'appel, et aucune des parties n'ayant demandé le renvoi devant le tribunal de police simple, il y a lieu, en conformité de l'art. 213 c. inst. crim., de statuer au fond; — Au fond: que par les deux lettres du 21 juin dernier, le prévenu Wintzel s'est permis des imputations gravement injurieuses et calomnieuses envers Joseph Hirlé, son ancien garçon tailleur, en écrivant qu'il l'avait volé et que de plus il avait prêté en justice un faux serment; qu'aucun fait antécédent n'avait provoqué ces graves imputations d'autant plus invraisemblables et répréhensibles à l'égard de Wintzel, que lors de la sortie de Hirlé de chez

en matière de diffamation, V. *suprà*, nos 874 s.—Les principes sont les mêmes quant à l'injure. — Toutefois, nous devons reproduire ici quelques décisions qui ont été rendues spécialement sur l'intention en matière d'injures. — Le lecteur remarquera que deux d'entre elles ont été rendues avant le code pénal de 1810; mais elles n'en peuvent pas moins être utilement consultées, parce que ni ce code ni la loi de 1819 n'ont rien précisé à cet égard, et que, dès lors, ainsi que la législation antérieure, ils ont laissé l'injure sous l'empire du droit commun. — Il a été jugé : 1° qu'il n'y a pas lieu à une action en injures lorsque les propos qui ont été tenus ne peuvent pas être imputés à un esprit de calomnie et de diffamation : qu'ainsi, le maître d'une maison, qui, retrouvant dans la paillasse du lit de ses servantes une somme d'argent perdue, exprime le soupçon que l'argent a été caché par elles, ne se rend pas coupable d'injures, surtout s'il a réparé, autant qu'il dépendait de lui, le préjudice que leur réputation pouvait en avoir éprouvé (Crim. cass. 30 janv. 1807) (1); — 2° Que l'imputation d'avoir la galle ou la teigne ne constitue pas une injure verbale, lorsqu'elle n'a pas été faite dans l'intention d'injurier celui auquel elle s'applique (Crim. cass. 15 janv. 1808) (2); — 3° Que celui qui, dans une dénonciation adressée à un magistrat de l'ordre administratif, impute à un individu des faits vrais, ne se rend pas coupable du délit de dénonciation calomnieuse, prévu et puni par les art. 373 et 374 c. pén., malgré les fausses conséquences qu'il a tirées de ces faits, s'il est déclaré que c'est par erreur et sans intention de nuire; et que, toutefois, si, postérieurement à la première dénonciation et devant l'officier de police, le dénonciateur insiste sur les faits imputés et sur les conséquences qu'il en tirait, cette insistance constitue l'injure prévue par l'art. 376 c. pén. (Crim. rej. 12 juin 1818) (3); — 4° Que celui qui se borne à raconter, sur la demande de plusieurs personnes, les injures par lui proiérées contre un individu dans un autre lieu, ne se rend point par là coupable du délit d'injures (Metz, 26 février 1821) (4).

926. *Corps constitués.* — Pour la définition des corps constitués, V. *suprà*, n° 894. — Nous n'avons maintenant que deux observations à faire en ce qui les concerne : la première, c'est que l'injure envers ces corps est punie de la même peine que la diffamation (L. 17 mai 1819, art. 15). — La seconde, c'est que la loi ne fait pas de distinction sur ce point entre l'imputation d'un vice déterminé et toute autre injure. — D'où il suit qu'une simple invective pourrait être traitée avec la même sévérité que la diffamation la plus grave. Heureusement les tribunaux trouvent dans la latitude qui leur est donnée entre le minimum et le maximum la facilité de proportionner la pénalité au degré de la culpabilité.

927. *Autorités ou administrations publiques.* — Pour la définition des autorités ou administrations publiques, V. aussi *suprà*, n° 900. — En réparant l'omission commise en ce qui les concerne dans la loi du 17 mai 1819, la loi du 25 mars

---

lui, où il était resté pendant sept années, Wintzel lui a délivré un certificat de bonne conduite; — Que ces faits ainsi calomnieux ont pu causer un préjudice à Hirlé, et non-seulement lui retirer la protection d'une personne qu'il avait intérêt de ménager, mais encore le faire renvoyer de chez le maître chez lequel il travaillait, et même l'empêcher d'en trouver un autre; — Par ces motifs, déclare le jugement dont est appel nul et incompétemment rendu, etc.

Du 4 déc. 1821.-C. de Colmar, ch. corr.-M. Poujol, pr.

(1) *Espèce :* — (Duval C. Hébert et l'Hernaud.) — Le sieur Duval, faisant la recherche dans sa maison d'une somme d'argent que sa belle-sœur assurait lui avoir été soustraite, la trouva dans la paillasse du lit de ses deux servantes à gages, avec d'autres effets qui y étaient cachés. — Au moment de cette découverte, il répondit à l'une d'elles qui demandait : qui a donc mis ces effets dans ma paillasse? *il faut bien que ce soit l'une des deux;* il dit à l'autre qui pleurait : *il faut bien que ce soit toi.* — Ces deux filles abandonnèrent le service des sieur et dame Duval, qui cependant les avaient engagées, avant toutes poursuites, à reprendre leur service, et leur avaient offert, si elles l'exigeaient, un certificat de bonnes mœurs.

Sur la plainte par elles rendue, le tribunal de police condamne le sieur Duval à 400 fr. de dommages-intérêts, et à une amende de trois journées de travail. — Pourvoi en cassation. — Arrêt.

La cour; — Vu l'art. 456 c. dél. et des pein., et l'art. 605 du même code; — Attendu que les faits énoncés dans la plainte portée par les filles Hébert et l'Hernaud contre Michel Duval ne présentaient point le caractère d'une injure ni d'une diffamation; que, lors de ces faits, les filles Hébert et l'Hernaud étaient domestiques à gages de Duval; que dans les circonstances de ces faits, celui-ci a pu raisonnablement les croire coupables du vol commis chez lui; qu'il en a pu émettre le soupçon sans se rendre coupable de calomnie; que lorsqu'il a été éclairé sur l'innocence desdites filles, il leur a offert un certificat de bonnes mœurs, de bonne conduite; qu'il a ainsi satisfait à tout ce que lui imposait la justice, et qu'il a réparé, autant qu'il dépendait de lui, le préjudice que leur réputation pouvait avoir éprouvé des circonstances extraordinaires qui avaient déposé contre elles; mais que la conduite et les reproches de Duval ne pouvant être imputés à un esprit de calomnie et de diffamation, il n'y avait pas lieu à une action en injures contre lui; — Qu'en accueillant la plainte des filles Hébert et l'Hernaud, et en rendant contre Duval un jugement de condamnation sur les faits qui en faisaient la matière, le tribunal de police du canton de Darnetal, arrondissement de Rouen a fait une fausse application des art. 155 et 605 c. des dél. et des pein., et par là a commis un excès de pouvoir; — D'après ces motifs, casse.

Du 30 janv. 1807.-C. C., sect. crim.-MM. Barris, pr.-Delacoste, r.

(2) *Espèce :* — (Deuster C. Weis.) — Pierre-Joseph Weis, négociant à Wittlich, fit citer au tribunal de simple police de cette ville la dame Éléonore Deuster, pour avoir dit devant un assez grand nombre de personnes que lui Weis et sa famille avaient la gale ou la teigne, et qu'il ne fallait pas avoir de communication avec eux. Le 19 sept. 1807, un jugement condamna la dame Éléonore Deuster à une amende de trois journées de travail, à 100 fr. de dommages-intérêts et aux dépens. — Pourvoi en cassation; la dame Deuster a soutenu, comme devant le tribunal de police, que ce qu'elle avait dit n'était point une injure; qu'elle avait pu prévenir ses enfants et ses amis d'éviter une maladie contagieuse dont le sieur Weis était atteint; qu'il ne résultait nullement des faits énoncés dans le jugement du 19 septembre qu'elle avait tenu ce propos avec intention de mortifier ou d'injurier le sieur Weis; d'où l'on tirait la conséquence que le jugement avait fait une fausse application du nombre 7 de l'art. 605 c. des dél. et des pein. — Arrêt.

La cour; — Vu les nombres 7 et 8 de l'art. 605 c. des dél. et des pein.; — Attendu que les propos énoncés dans la plainte du 12 septembre, et qui y ont donné lieu, ne constituent pas proprement une injure verbale; que les faits et les circonstances rapportées dans le jugement du 19 septembre pour motiver la condamnation d'Eléonore Deuster, n'établissent pas la preuve que ces propos aient été prononcés dans l'intention d'injurier Pierre-Joseph Weis, et ne caractérisent aucun des délits mentionnés dans le n° 8 de l'art. 605 c. des dél. et des pein.; — Qu'il en résulte que le tribunal de police du canton de Wittlich, département de la Sarre, était incompétent pour prononcer sur la plainte, qui devait être renvoyée au juge de paix ou au tribunal correctionnel, d'où il suit que ce tribunal de police a faussement appliqué le n° 7 de l'art. 605 cité, et méconnu les règles de sa compétence; — Casse, etc.

Du 15 janv. 1808.-C. C., sect. crim.-MM. Barris, pr.-Oudot, rap.

(3) (Min. pub. C. Cochard.) — La cour; — ... Attendu 2° que, par l'arrêt attaqué, il est déclaré que les faits extérieurs et matériels imputés par Cochard à Deficher, étaient vrais; que si Cochard s'était trompé dans les conséquences qu'il en avaient tirées sur les motifs de la conduite de Deficher, cette erreur avait été commise sans intention de nuire; que dans cet état des faits, en n'appliquant point à Cochard les art. 373 et 374 c. pén., l'arrêt attaqué n'a point violé les dispositions de la loi pénale; — Attendu 3° que par le même arrêt il est déclaré que, postérieurement à sa première dénonciation, et lors de l'accès du préfet de la Moselle sur les lieux, Cochard a constamment insisté sur les faits imputés par lui à Deficher et sur les conséquences qu'il en tirait; que de sa part cette insistance constituait envers Deficher une injure rentrant dans le cas prévu par l'art. 376 c. pén.; que, par conséquent, en prononçant contre Cochard la peine portée par cet article, l'arrêt attaqué a fait une juste application de la loi pénale; — Rejette le pourvoi contre l'arrêt de la cour de Metz, du 10 avr. 1818.

Du 12 juin 1818.-C. C., sect. crim.-MM. Barris, pr.-Ollivier, rap.

(4) (Gœury C. Poiré.) — La cour; — Vu le jugement...... lequel s'énonce ainsi : — « Attendu que, s'il est justifié par l'instruction et la déclaration des témoins à l'audience, que lors d'une vue et descente sur les lieux par le juge de paix de Gorze, au sujet d'une anticipation dont se plaignait Poiré contre Gœury, Poiré a dit que la femme Gœury était une escroqueuse, une voleuse, il est certain aussi que le juge de paix n'a point réservé aux parties par son jugement, à se pourvoir relativement à cette injure; qu'ainsi il y a fin de non-recevoir contre la plainte actuelle relativement à ce chef de prévention; — Attendu qu'en répétant les injures ci-dessus mentionnées chez Genson, il n'a fait que rendre compte de ce qu'il avait dit, ce fait ne constituant pas un délit, il en est renvoyé; — Attendu que la demande en dommages-intérêts ne se trouve pas fondée; c'est le cas d'en débouter le sieur Gœury; — Par ces motifs, etc..... » — Par es motifs exprimés au jugement dont est appel, confirme.

Du 26 fév. 1821.-C. de Metz, ch. corr.-M. Colchen, pr.

1822 (art. 5) les a assimilés aux corps constitués. — Nos observations précédentes trouvent donc ici leur application.

938. *Dépositaires ou agents de l'autorité publique.* — Sur ce qu'il faut entendre par dépositaires ou agents de l'autorité publique, V. *suprà*, n° 903. — Nous ferons cependant remarquer qu'à cet égard il a été jugé que les notaires ne sont ni dépositaires ni agents de l'autorité publique, mais agissent seulement dans un caractère public, qui les place, relativement à la répression des injures commises envers eux, dans la classe des simples particuliers; et que, par suite, ces injures tombent sous l'application de l'art. 19, 2e alinéa, de la loi du 17 mai 1819, et non sous celle du premier alinéa du même article (Riom, 13 nov. 1846, aff. Hyvert, D. P. 47. 2. 37; V. n° 905); — Mais que les chefs de station et agents de chemin de fer qui ont été désignés comme agents de surveillance par les concessionnaires, agréés en cette qualité par l'administration et assermentés devant les tribunaux, doivent être considérés comme des agents de l'autorité et de la force publique; que, par suite, les injures à eux adressées publiquement, à l'occasion et dans l'exercice de leurs fonctions, doivent être réprimées comme injures envers des dépositaires et agents de l'autorité, conformément au § 1 de l'art. 19 de la loi du 17 mai 1819, et non comme injures contre des particuliers, en vertu du dernier paragraphe du même article (Paris, 17 fév. 1855, aff. Regnier, D. P. 55. 2. 284).

939. Une question qui n'est pas sans gravité s'offre ici à notre examen : c'est celle de savoir si toute injure envers les dépositaires ou agents de l'autorité publique constitue un délit, bien qu'elle ne renferme pas l'imputation d'un vice déterminé. — Pour l'affirmative on dit : l'explication de l'art. 19 de la loi du 17 mai 1819 se trouve à cet égard dans l'incident qu'a fait naître cette disposition au sein de la chambre des députés. — La commission chargée de l'examen du projet avait cru, d'abord, devoir y introduire une addition de laquelle il résultait que l'injure envers les simples particuliers serait *seule*, à défaut de publicité, ou d'imputation d'un vice déterminé, réduite à une contravention de simple police, tandis que, même dans ces circonstances, les injures envers les fonctionnaires auraient constitué un délit. — Mais, dans la discussion, le rapporteur déclara ne pas insister sur cette addition qui ne fut pas adoptée. — D'où l'on conclut que l'injure envers les fonctionnaires publics qui ne présente pas les deux caractères mentionnés ci-dessus doit être réprimée de la même manière que si elle s'était adressée à un particulier, c'est-à-dire qu'elle ne peut être punie que des peines de simple police (V. M. Parant, p. 96). — Pour la négative, on répond : La commission n'a pas insisté sur l'addition qu'elle avait proposée, mais sans en expliquer le motif. — Or, la rédaction de l'art. 20 donne à penser qu'elle a pris ce parti, parce que la loi lui paraissait suffisamment claire dans le sens qu'elle avait voulu rendre plus évident. Cette disposition porte, en effet : « Néanmoins l'injure qui ne renfermerait pas l'imputation d'un vice déterminé, ou qui ne serait pas publique, *continuera* d'être punie des peines de simple police. — Or, ajoute-t-on, quelle était l'injure punie de ces peines avant la loi de 1819? — Uniquement celle adressée à des particuliers (c. pén. art. 375, 376). — Le mot *continuera*, qui se trouve dans l'art. 20 précité, rend donc évident que cet article ne s'applique pas aux injures envers les fonctionnaires publics. — Entre ces deux systèmes contraires, on a peine d'abord à faire un choix, parce que les raisons sur lesquelles ils s'appuient paraissent presque également solides. — Cependant, particulièrement frappés de la portée du mot *continuera* et des conséquences qu'on en a justement induites, nous adoptons la dernière de ces solutions.

Les décisions suivantes nous paraissent d'ailleurs rendues dans ce sens, car elles reconnaissent l'existence d'injures envers des dépositaires ou agents de l'autorité publique dans des cas où il n'y avait pas imputation d'un vice déterminé.

940. Ainsi, il a été jugé : 1° que des injures (indéterminées) adressées à un maire dans la rue, au moment où il affichait, en sa qualité, une nouvelle importante, et à raison de cette affiche, constituent le délit prévu et puni par les art. 16 et 19 de la loi du 17 mai 1819 (Crim. cass. 1er mars 1833) (1); — 2° Que le fait d'avoir dit à haute voix, sur un chemin public, en présence d'un grand nombre de personnes, à un maire décoré de son écharpe, qui conduisait au cimetière un mort, sur le refus du curé : « Venez voir un prêtre de nouvelle espèce, un f.... curé qui ne chante pas; qui, au lieu de marcher devant le convoi, marche derrière! un enterreur de bête, etc., » présente le caractère d'injure verbale contre un maire dans l'exercice de ses fonctions, qui rend le prévenu justiciable des tribunaux correctionnels, et non le caractère d'un outrage à un fonctionnaire public dans l'exercice de ses fonctions, qui rendrait le prévenu justiciable des cours d'assises (Crim. règl. de jug. 16 mars 1852) (2). — Pour la compétence, V. *infrà*, nos 1366 et s.; — 3° Que dire à un détachement de garde nationale se rendant d'une ville dans une autre, d'après les ordres de l'autorité, « gare, mauvais soldats ! » c'est commettre le délit d'injure envers des agents de l'autorité publique dans l'exercice de leurs fonctions, délit justiciable des tribunaux correctionnels, et non une simple contravention de police (Crim. rej. 17 mai 1832 (3). — Conf.

---

(1) (Min. pub. C. Gueguen.) — La cour ; — En ce qui touche le fait des injures qui auraient été adressées au maire de la commune de Bourg-l'Evêque par le sieur Gueguen, desservant de cette commune, dans la cour du presbytère, et à l'occasion de l'entrée dudit maire, qui venait pour faire des distributions de bois aux soldats qui étaient en cantonnement dans le village : — Attendu qu'en décidant que la cour du presbytère dont s'agit n'est pas un lieu public, bien que le bois destiné aux troupes y fût momentanément déposé, l'arrêt attaqué n'a violé aucune loi; — Rejette, quant à ce fait seulement; — En ce qui touche le fait des injures qui auraient été adressées au maire ci-dessus désigné, par ledit Gueguen, dans la rue, et à raison d'une affiche apposée par le maire : — Attendu que la publicité du lieu où ces injures auraient été adressées au magistrat, n'est pas méconnue; — Attendu qu'en faisant afficher ou en affichant lui-même un placard annonçant une nouvelle politique d'une haute importance, surtout dans cette contrée, le maire de Bourg-l'Evêque remplissait un devoir de sa place, qui était de calmer l'effervescence et de dissiper les illusions des partisans de la dynastie déchue; — Attendu qu'il importait peu que l'écrit affiché portât ou ne portât pas la signature du maire, puisqu'il n'est pas méconnu que c'est à l'occasion de cette affiche apposée par le maire ou par son ordre, dans l'intérêt public, que le sieur Gueguen aurait proféré les injures dont il s'agit; d'où il suit qu'en déclarant qu'il n'y avait lieu à suivre, à cet égard, contre le prévenu, l'arrêt attaqué a méconnu et violé les art. 16 et 19 de la loi du 17 mai 1819; — Casse l'arrêt de la cour d'Angers, chambres d'accusation, du 29 janv. 1833, au chef relatif aux injures adressées au maire à l'occasion de l'affiche ci-dessus désignée.

Du 1er mars 1833.-C. C., ch. crim.-MM. Bastard, pr.-Mérilhou, rap.

(2) (Min. pub. C. Grasset.) — La cour (après dél. en ch. du cons.); — ...Vu l'art. 19 du décret du 23 prair. an 12; — L'art. 14 de la loi du 26 mai 1819; — Les art. 1 et 2 de la loi du 8 oct. 1830; — Attendu que d'après les faits énoncés au procès-verbal et au jugement correctionnel de Mende, au moins implicitement reconnus par les arrêts susdatés, J. P. Grasset serait prévenu, le 17 juill. 1851, lorsque le sieur Byton, adjoint au maire de Bleymard, et décoré de son écharpe, procédait, sur le refus du curé de cette commune, à l'inhumation d'Agnès Folcher veuve Paul, d'avoir dit à haute voix, sur le chemin qui conduit au cimetière, et en présence d'un grand nombre de curieux ou d'assistants au convoi : « Venez voir un prêtre de nouvelle espèce, un joli curé, un f... curé, qui ne chante pas, qui au lieu de marcher devant le convoi, marche derrière; un enterreur de bête, etc.; » — Attendu que les faits de cette prévention ne caractérisent pas, à proprement parler, un outrage à la morale publique et religieuse, puisqu'il n'y a eu aucune opposition à l'inhumation ni injure proférée contre la personne à l'inhumation de laquelle on procédait; le mot *bête*, joint à celui d'*enterreur*, se rapportant évidemment au seul mode de cette inhumation, faite sans l'assistance d'un prêtre, et sans application à la personne inhumée; mais qu'ils présentent, dans la supposition qu'ils fussent prouvés, tous les caractères d'injures verbales proférées publiquement contre un adjoint de maire dans l'exercice et à l'occasion de l'exercice de ses fonctions, et dès lors, d'après les articles combinés 14 de la loi du 26 mai 1819, et 2 de la loi du 8 oct. 1830, de la compétence des tribunaux correctionnels; que les mots *contre toute personne*, mis en relation dans l'art. 14, avec ceux-ci : *contre les particuliers*, prouvent que les fonctionnaires publics sont nécessairement compris dans la première partie de cet article; — D'après ces motifs, vidant le délibéré, et statuant par règlement de juges, sans s'arrêter à l'arrêt de la chambre des appels de police correctionnelle de la cour d'appel de Nîmes, du 22 oct. 1851, qui sera aussi considéré comme non avenu; renvoie, etc.

Du 16 mars 1852.-C. C., ch. crim.-MM. Chantereyne, pr.-Brière, r.

(3) (Min. pub. C. Bertin.) — La cour; — Vu la requête....; — Vu les art. 525 et s. c. inst. crim.; — Vu les art. 15, 16 et 19 de la loi du 17 mai 1819; — Attendu que les faits dont est prévenu V. Bertin présentent

MM. Chassan, t. 1, p. 382, note 4; de Grattier, t. 1, p. 159, note 3; Chauveau et Hélie, t. 4, p. 361).

941. Au reste, comme c'est la personne publique et non la personne privée du dépositaire ou agent de l'autorité publique que la loi a voulu protéger, il paraît certain qu'il n'y a de délit d'injure envers eux qu'autant qu'il est commis à l'occasion de l'exercice de leurs fonctions. Le législateur s'en est formellement expliqué relativement à la diffamation, et s'il n'a pas renouvelé cette explication quant à l'injure, c'est parce qu'il renvoie à l'art. 16 de la loi de 1819 qui contient cette condition. — Aussi a-t-il été jugé que les injures verbales adressées à un maire non à l'occasion de ses fonctions, mais pour un fait tout personnel ne constituent que la contravention prévue par l'art. 471, n° 11 c. pén. (Crim. régl. de juges, 24 déc. 1819) (1). — Il suit du même principe, et c'est ce qui a été jugé, que lorsque le fonctionnaire public est déguisé, et que, d'après les circonstances il est vraisemblable que le prévenu ne l'a pas connu pour tel, l'injure est censée faite à un simple particulier (Crim. cass. 28 mars 1813, aff. N..., arrêt cité par Carnot, sur l'art. 139, c. inst. crim., t. 1er, p. 571, n° 11; V. aussi Legraverend, t. 2, ch. 3, p. 343, note 4).

942. Mais notons bien que l'art. 20 de la loi du 17 mai 1819 ne concerne que les injures proférées contre les simples particuliers. — Aussi a-t-il été jugé que les injures adressées publiquement à des gendarmes pour des faits relatifs à leurs fonctions doivent être punies des peines prononcées par l'art. 19 de la loi du 17 mai 1819 (Orléans, 10 juill. 1843, M. Boucher-d'Argis, aff. Min. pub. *C.* Isambert).

943. Quant à la *publicité*, il paraît incontestable qu'elle forme un élément essentiel du délit d'injure envers les dépositaires ou agents de l'autorité publique. C'est là, en effet, une règle générale pour tous les délits prévus par la loi du 17 mai 1819; et l'art. 14 de cette loi l'exprime formellement quant à l'injure en général. — A la vérité, l'art. 19 relatif aux injures envers les dépositaires ou agents de l'autorité publique ne fait pas mention de cette condition. Mais il n'est en réalité que la continuation ou le développement de l'art. 14 précité, comme l'indique le texte même de cette disposition ainsi conçue: « La diffamation et l'injure commises *par l'un des moyens énoncés en l'art. 1 de la présente loi* (les divers moyens de publication) seront punies *d'après les distinctions suivantes*). » — L'art. 15 fait donc partie des dispositions qui suivent, et il faut, en conséquence, le combiner avec elles dans leur application. Ce point ne paraît pas susceptible d'une controverse sérieuse.

944. Il a été jugé qu'une conversation en termes injurieux pour un fonctionnaire, tenue sur un chemin public, et surprise par des tiers qui l'ont rapportée, constitue le délit d'injures publiques puni par l'art. 17 de la loi du 17 mai 1819 (Bordeaux, 30 déc. 1847, aff. L..., D. P. 47. 4. 387). — Cette décision ne nous paraît pas conforme aux vrais principes en cette matière, parce que pour qu'un propos soit public dans le sens de la loi, il ne suffit pas que ce propos ait été tenu dans un lieu public. — L'art. 1 de la loi du 17 mai 1819 exige qu'il ait été *proféré*. — V. sur les caractères de la publicité, *suprà*, nos 333 et s.

945. Sous le code pénal de 1810, il a été décidé que l'habitation d'un juge de paix, dans le moment où ce juge n'est pas dans l'exercice de ses fonctions, n'est pas un lieu public, et que dès lors, les injures adressées au juge de paix, hors de l'exercice de ses fonctions, ne constituent qu'une simple contravention, de la compétence des tribunaux de simple police (Metz, 18 oct. 1817, aff. N..., V. n° 860). — Il en serait de même sous la loi de 1819.

946. *Injures envers les agents diplomatiques.* — L'art. 19 de la loi du 17 mai 1819 punit l'injure envers les agents diplomatiques sans s'expliquer sur le point de savoir si cette disposition n'est applicable qu'à la condition qu'il y aurait imputation d'un vice déterminé. — Il faut donc appliquer ici ce que nous avons dit plus haut (n° 940) de cette difficulté relativement aux dépositaires ou agents de l'autorité publique. — On ne doit pas d'ailleurs perdre de vue que, pour la diffamation, la loi n'exige pas, en ce qui concerne les agents diplomatiques, que l'imputation soit relative à leurs fonctions, et que l'art. 20 de la loi de 1819, relatif à l'injure, renvoyant à l'art. 17 sur la diffamation envers les agents diplomatiques, on ne peut exiger pour l'injure une condition dont la loi n'a pas parlé en ce qui touche la diffamation. — Quant à la publicité, V. les numéros précédents.

§ 2. — *De l'injure qui n'est qu'une contravention de police.*

947. Aux termes de l'art. 376 c. pén., et de l'art. 20 de la loi du 17 mai 1819, l'injure qui ne constitue qu'une contravention est celle qui ne renferme l'imputation d'aucun vice déterminé et qui n'est pas publique. — Il est donc facile de distinguer le délit d'injure de la contravention qui nous occupe actuellement. — Ce qui est moins aisé, c'est de déterminer quelles expressions doivent être réputées injurieuses. — La loi a bien dit (L. 1819, art. 13) que l'injure est toute expression outrageante, terme de mépris ou invective, et elle ne pouvait mieux la définir. — Néanmoins, dans les variétés infinies de la pratique, on se trouve quelquefois arrêté par le doute. — Il est des injures si profondément caractérisées qu'elles ne peuvent assurément le faire naître. Ainsi, *canaille, polisson, va-nu-pieds, manant*, sont évidemment des injures, bien qu'analysées, ces deux dernières expressions n'aient au fond rien de flétrissant. — Mais il en est d'autres qui puisent leur signification offensante dans certaines circonstances particulières auxquelles il faut être complétement initié pour les apprécier.

Une expression peut d'ailleurs être injurieuse par le sens que l'usage lui attribue dans chaque lieu, quoique elle n'ait point ce caractère d'après son sens propre et naturel (V. M. Chassan, t. 1, p. 365). *Verbis moribus injuriosis licet naturâ suâ talia non sint* (Lauterbach, *comp. de inj. et fam. lib.* p. 663). — Dans les mœurs de la Grèce ancienne, les expressions *batakaras* ou *tête penchée, homme d'un cheveu, homme de trois oboles, tête d'ognon*, étaient de graves injures (V. Aristophane, *Grenouilles*; Plutarque, Vie de Périclès, § 6; Erasme, Adag., chil. 3, cent. 2, n° 97). — Il en était de même suivant les mœurs de l'ancienne Rome des expressions *homme de trois lettres, d'un demi-as, acheteur de pois, nez de rhinocéros* (Cicéron, lettres à Atticus, liv. 5; Horace, Art poét., v. 252; Erasme, Adag., chil. 3, cent. 2, n° 80). — *Bonhomme* a longtemps été synonyme de mari trompé. *Tu es bonus homo, quæ verba communiter intelliguntur quod est cornutus* (Julius Clarus, *Sentent., lib.* 5, § *Injur.*, n° 1).

948. Dans notre langue et dans nos idées, la qualification de *mouchard* est injurieuse, et il est même un grand nombre de personnes qui se considéreraient comme insultées si on les appelait *agents de police*. — Toutefois, les tribunaux ne pourraient admettre cette opinion sans flétrir toute une classe d'hommes, utiles à ce point que c'est sur eux que repose, en

---

les caractères d'une injure envers des agents de l'autorité publique dans l'exercice de leurs fonctions, prévue par les articles ci-dessus cités, et de la compétence de la police correctionnelle; — Statuant par règlement de juges, sans s'arrêter à l'arrêt de la chambre des mises en accusation..., renvoie les pièces du procès et Bertin devant le tribunal de police correctionnelle de Poitiers, composé d'autres juges que ceux qui ont rendu l'ordonnance annulée par l'arrêt de la chambre des mises en accusation.

Du 17 mai 1832.-C. C., ch. crim.-MM. Ollivier, pr.-Brière, rap.

(1) (Min. pub. *C.* Léger.) — La cour; — Vu le réquisitoire...; — Attendu que, dans l'instruction, rien n'établit que les injures dont il s'agit aient été proférées contre le sieur Sénécal au moment où il était en exercice de ses fonctions; — Qu'il résulte, au contraire, d'après ce qui en a été la première cause, d'après la nature des propos, le lieu et les circonstances dans lesquels ils ont été tenus, que ce n'est que comme simple particulier et à raison d'un fait qui lui était pleinement personnel, que le sieur Sénécal a été insulté verbalement; — Que le tribunal correctionnel de Caen a donc jugé avec raison que le fait de la prévention ne présentant qu'une contravention prévue par l'art. 471 n° 11 c. pén. ne pouvait donner lieu qu'à des peines de simple police; — Qu'en jugeant le contraire et en se déclarant incompétent, le tribunal de police a faussement caractérisé le fait de la prévention, et méconnu les règles de compétence établies par la loi; — Par ces motifs; — Faisant droit sur le réquisitoire et statuant par règlement de juges, renvoie, etc.

Du 24 déc. 1819.-C. C., sect. crim.-MM. Barris, pr.-Rataud, rap.

très-grande partie, la sécurité publique, et que le jour où l'administration ne pourrait plus trouver des sujets honnêtes qui voulussent remplir leurs modestes et pénibles fonctions, inaugurerait le règne despotique de tout ce que la société renferme de plus dépravé et de plus dangereux.

949. On a même poussé la susceptibilité jusqu'à regarder comme une injure la qualification d'*agent d'affaires*; mais il a été jugé avec raison que cette qualité n'a rien d'injurieux lors même qu'on la donne à un avocat (Lyon, 26 août 1836) (1).

950. On a agité la question de savoir si c'est injurier une personne que de donner son nom à un chien, et il a été décidé que ce n'est pas là le délit d'injure tel qu'il est prévu par la loi (Trib. de la Seine, V. Gazette des trib., 19 mai 1844). — Sans doute ce ne peut être le *délit* d'injure, parce qu'il n'y a pas imputation d'un *vice déterminé*; mais il semble évident qu'il y a là une intention blessante qui doit être comprise dans la définition que la loi a rendue à dessein fort élastique. Il ne faut cependant pas perdre de vue qu'on donne de la meilleure foi du monde à des chiens les noms des plus grands hommes de l'antiquité, noms qui, d'ailleurs, peuvent être portés par des contemporains. — Ainsi, le nom de *César* est assez commun pour les chiens de certains pays. — Bien qu'il s'agisse ici de simple contravention, on doit à cet égard rechercher l'intention du prévenu.

951. Ni l'art. 376 c. pén. ni l'art. 20 de la loi du 17 mai 1819 ne distinguent entre l'injure *écrite* et l'injure *verbale*. — Il n'y a donc aucune distinction à faire à cet égard. — L'art. 471 c. pén. ne punit, il est vrai, que ceux qui ont *proféré* contre quelqu'un des injures; mais il ajoute *autres que celles prévues depuis l'art.* 367 *jusques et compris l'art.* 378. — Ce n'est donc pas en vertu de l'art. 471, mais d'après l'art. 376 c. pén. que l'injure écrite doit être punie. — Il a, du reste, été jugé : 1° que les injures écrites tombent, aussi bien que les injures verbales, sous l'application de l'art. 376 c. pén.; et qu'ainsi l'injure contenue dans une lettre missive est punissable de peines de police, quoique elle n'ait pas reçu de publicité (Crim. rej. 30 août 1851, aff. Allain, D. P. 51. 1. 303; V. en ce sens MM. Parant, p. 97; Chassan, t. 1, p. 370, 371; Carnot, sur l'art. 503 c. inst. crim., t. 3, p. 398, n° 6; Chauveau et Hélie, t. 4, p. 558); — 2° Que les injures écrites qui ne renferment pas l'imputation d'un vice déterminé ou qui ne sont pas publiques, ne constituent qu'une contravention; que l'art. 376 c. pén. n'a pas été abrogé par la loi du 17 mai 1819 (Crim. rej. 10 nov. 1826, aff. Cescaud, n° 934; Crim. cass. 29 avril 1846, aff. Sauvageot, D. P. 46. 1. 145; V. *suprà*, n° 921).

952. La loi de 1819 en déclarant (art. 14) qu'elle punit l'injure commise par l'un des moyens énoncés dans son art. 1, admet implicitement que l'injure peut avoir lieu par la voie des *dessins*, des *gravures*, des *peintures* ou des *emblèmes*; et bien qu'en général, les auteurs n'aient pas formellement examiné, quelle est à cet égard la portée de la loi, ils semblent par la généralité des principes qu'ils professent, reconnaître que l'injure peut avoir lieu par *tous* les moyens de publication. — Toutefois, il nous paraît difficile de concilier cette doctrine avec la définition de l'injure que nous avons rappelée ci-dessus, à savoir : toute expression outrageante, *terme* de mépris ou *invective*, ainsi qu'avec le mot *proférer* qui se trouve dans l'art. 471 c. pén. — M. Grellet-Dumazeau, t. 1, p. 181, fait observer à ce sujet que *l'invective* diffère de *l'expression outrageante* et du *terme de mépris*, en ce qu'elle n'implique pas nécessairement l'idée d'une *parole* émise. Cependant les dictionnaires définissent l'invective : *un discours* injurieux et violent. Il y a même dans l'invective (du latin *invectio*, *vehere in*), une idée d'emportement qui ne paraît pas compatible avec le calme des dessins, des gravures ou des emblèmes. Nous concevons la diffamation par ces moyens de publication, parce que dans les mots *imputation d'un fait*, nous ne voyons rien qui répugne à supposer que la loi ait entendu réprimer la diffamation par la voie du dessin. — Ainsi, on représentera une personne se livrant à un acte portant atteinte à son honneur ou à sa considération; nous croyons qu'il y aurait là une diffamation, et il n'y aurait plus qu'à examiner si le sens ou la ressemblance du dessin est assez clair pour qu'il ait pu y avoir diffamation. — Mais les mots *expression outrageante*, *terme*, *invective* peuvent embarrasser et faire hésiter à voir, sous ce rapport, dans un dessin injurieux, autre chose que le principe d'une action en dommages-intérêts, lorsqu'en fait, il peut y avoir un préjudice éprouvé (V. n° 415). Quant au fait de cracher au visage d'un simple particulier, nous pensons qu'il a été jugé avec raison qu'il constitue la contravention de violence légère réprimée par l'art. 605-8°, encore en vigueur, du code de brumaire an 4 (Crim. cass. 5 janv. 1855, aff. de Cheverry, D. P. 55. 1. 47).

§ 3. — *Des peines de l'injure.*

953. L'injure *publique*, renfermant *l'imputation d'un vice déterminé*, envers les particuliers, est punie d'une amende de 16 fr. à 500 fr. — L'injure envers les particuliers qui ne présente pas cette double circonstance, n'est punie que des peines de simple police; c'est-à-dire d'un emprisonnement d'un à cinq jours et d'une amende de 1 à 15 fr. (c. pén. 464, 465). — Toutefois, il a été jugé que l'injure ne peut être punie que d'une amende, quand elle n'a pas le double caractère de gravité et de publicité dont parle l'art. 375 c. pén., et que d'ailleurs le prévenu n'est point coupable de récidive; que l'injure, dans le cas dont il s'agit, n'est passible que de peines de simple police et qu'aux termes de l'art. 471, n° 11, ces peines ne consistent qu'en une amende de 1 fr. à 5 fr.; l'emprisonnement ne pouvant avoir lieu suivant l'art. 474 qu'en cas de récidive (Crim. cass. 13 déc. 1811) (2). — Sur l'application des peines de simple police et spécialement sur l'interprétation de l'art. 474 c. pén., V. v° Contravention, n°s 23 et s., 60 et s.

954. L'injure publique envers les cours, tribunaux, corps constitués, autorités ou administrations publiques est punie d'un emprisonnement de quinze jours à deux ans et d'une amende de 150 fr. à 5,000 fr. (L. 25 mars 1822, art. 5). — L'injure *publique*, envers les dépositaires ou agents de l'autorité publique ou envers les agents diplomatiques est punie d'un emprisonnement de cinq jours à un an et d'une amende de 25 fr. à 5,000 fr. ou

(1) (Ruby *C.* Marin dit Clairauson.) — Jugement qui statue en ces termes : — « En ce qui touche le moyen tiré de ce qu'on a donné à Antoine Ruby la qualité d'agent d'affaires au lieu de celle d'avocat qu'il prétend avoir : — Considérant que la profession d'agent d'affaires n'a rien de déshonorant si elle est exercée avec délicatesse et probité; — Qu'à l'audience d'hier et à l'occasion d'un procès qu'il soutient contre le sieur Girard, le sieur Ruby a déclaré positivement qu'il s'occupe de la négociation d'effets à ordre de 100 fr., 200 fr. et 500 fr.; qu'il fait des revirements de pareils effets, ce qui constitue l'agence générale d'affaires; — Qu'il a même cité, comme employés par lui dans ce trafic, les sieurs Marvelin et Chardon, ses intermédiaires; — Considérant, dès lors, qu'en désignant Ruby comme agent d'affaires, le poursuivant ne lui a donné que sa véritable qualité; — Que dans ses conclusions Ruby s'est réservé le droit d'attaquer toute décision; — Que cette réserve est injurieuse pour le tribunal; — Que, d'après l'art. 1036 c. pr. civ., les tribunaux, suivant la gravité des circonstances, peuvent, dans la cause dont ils sont saisis, prononcer, même d'office, des injonctions, supprimer des écrits, les déclarer calomnieux et ordonner l'impression et l'affiche de leurs jugements, etc. » — Appel. — Arrêt.

LA COUR; — Adoptant les motifs des premiers juges, confirme.

Du 26 août 1836.-C. de Lyon, 2e ch.-M. Achard-James, pr.

(2) (Bracci *C.* min. pub.) — LA COUR; — Vu les art. 376, 471, n° 11 et 474 c. pén.; — Attendu que, d'après l'art. 376, les injures ou expressions outrageantes proférées contre quelqu'un, lorsqu'elles ne portent pas le caractère de gravité et de publicité prévu par l'article précédent 375, ne sont punies que des peines de simple police; — Que la peine de simple police, prononcée par l'art. 471, n° 11, dans l'espèce d'injures ou expressions outrageantes sus-énoncées, est d'une amende depuis 1 fr. jusqu'à 5 fr., et que la peine d'emprisonnement, pendant trois jours au plus, suivant l'art. 474, ne peut avoir lieu qu'en cas de récidive; — Considérant que le tribunal correctionnel de Viterbe a déclaré que l'expression outrageante proférée par Marie-Anne Bracci contre le provicaire général du diocèse de Viterbe, ne portant pas le caractère de gravité ni de publicité prévu par l'art. 575, ne donnait lieu à l'application d'autre peine que celle de simple police, sans néanmoins qu'il apparaisse du jugement que ladite dame Bracci fût en cas de récidive; et que, dès lors, le susdit tribunal, en lui appliquant la peine de trois jours d'emprisonnement, a fait une fausse application de l'art. 376 c. pén. et a violé les art. 471, n° 11 et 474 du même code; — Casse, etc.

Du 13 déc. 1811.-C. C., sect. crim.-MM. Barris, pr.-Benvenutti, rap.

de l'une de ces deux peines seulement suivant les circonstances (L. 17 mai 1819, art. 19).

955. Indépendamment des dispositions pénales que nous venons de rappeler, il y a plusieurs lois spéciales que nous devons mentionner ici.— Ainsi, suivant l'art. 71 du décret du 15 nov.1811, entre les *membres de l'Université*, les injures verbales ou par écrit sont punies sur la plainte de la partie offensée par la réprimande ou la censure, suivant les cas (V. v° Organ. de l'instr. publ.).— Aux termes de l'art. 14 du tit. 13 de la loi du 22 août 1791, l'injure envers les préposés des *douanes* est punie d'une amende de 500 fr. : sur la question de savoir si ce texte est abrogé, V. n° 755. — L'art. 35 du décret du 25 juin 1806, punit d'une amende de 100 fr. toute *insulte* envers les préposés des *ponts à bascule*. Mais nous avons déjà fait remarquer que la loi du 30 mai 1851 (D. P. 51. 4. 82), en supprimant les ponts à bascule, a rendu cette disposition inapplicable.—D'après l'art. 28 du décret du 12 déc. 1806 le *pilote lamaneur* qui manque de *respect* au capitaine du bâtiment qu'il a entrepris de piloter, doit être condamné à la perte de son salaire, à un mois de prison et destitué en cas de récidive (V. Organ. marit.). — La loi du 13 juin 1851 sur la garde nationale dont le tit. 4 est maintenu par le décret du 11 janv. 1852, punit de la prison tout officier ou sous-officier, chef de poste ou de détachement, qui, étant de service, s'est rendu coupable de manque de respect, de propos offensants ou d'insultes envers les officiers d'un grade supérieur ou de propos outrageants envers un subordonné (V. Garde nationale, n°s 361 et s.).—Quant aux injures adressées par des militaires à leurs supérieurs, V. Organis. milit.

956. En général, lorsque le fait d'injures est constant, on doit appliquer les peines prononcées par la loi, dans les limites abandonnées à la discrétion des magistrats; s'il est reconnu que le fait n'est susceptible d'aucune peine portée par la loi, on ne peut prononcer une condamnation quelconque sans excès de pouvoir (Crim. cass. 20 niv. an 13) (1).

957. Il est aussi certain que, lorsque le fait d'injures est reconnu, il ne suffit pas qu'une peine soit prononcée, il faut, de plus, qu'elle soit du degré que la loi a déterminé.— Aussi a-t-il été jugé qu'il y a nullité dans l'arrêt qui ne prononce qu'une peine de simple police, au lieu d'une peine correctionnelle, dans le cas d'injures proférées publiquement contre un maire pour faits relatifs à ses fonctions : — « La cour; vu les art. 19 de la loi du 17 mai 1819 et 6 de la loi du 25 mars 1822; — Attendu qu'aux termes desdits articles, l'injure faite publiquement à un fonctionnaire public, à raison de ses fonctions, est punie de peines correctionnelles; que, dans l'espèce, il s'agissait d'injures proférées publiquement contre un maire, pour des faits relatifs à ses fonctions; que ce fait était passible de peines correctionnelles; d'où il suit, qu'en ne prononçant qu'une peine de simple police, l'arrêt attaqué a fait une fausse application de l'art. 471, n° 11 c. pén., et violé les art. 19 de la loi du 17 mai 1819 et 6 de la loi du 25 mars 1822; casse l'arrêt de la cour de Nancy, du 26 fév. dernier » (Crim. cass. 10 juin 1836, MM. Choppin, f. f. de pr., de Ricard, rap., aff. Hammert).

958. Mais, entre le minimum et le maximum de la peine fixée par la loi, les juges ont un pouvoir discrétionnaire dont l'exercice ne peut donner ouverture à cassation. — Aussi est-ce une cour d'appel qui a décidé que le délit d'injures commis envers un membre du barreau (un avocat) et à l'occasion de sa profession est une circonstance suffisante pour motiver l'application du maximum de l'amende prononcée par la loi (Bordeaux, 9 janv. 1839, aff. de Groc, V. *infrà*). — La difficulté n'était pas de nature à être soumise à la cour régulatrice.

959. On a vu (n° 806) que la *réparation d'honneur*, autorisée par l'art. 227 c. pén. en matière d'outrages, est une exception qui ne peut être étendue à d'autres cas. — On devrait donc, en général, décider aujourd'hui comme sous le code du 3 brum. an 4, que les juges ne peuvent pas ordonner une réparation d'honneur (Crim. cass. 29 germ. an 9, aff. Cornebise, V. n° 919-1°).—Toutefois, aux termes de l'art. 71 précité du décret du 15 nov. 1811 sur les injures entre les membres de l'université, il doit être fait à l'offensé telle *excuse* et *réparation* que le conseil estime convenable. — Mais c'est là encore une règle toute spéciale qui n'est susceptible d'aucune extension.

960. Il est d'ailleurs manifeste, et c'est ce qui a été décidé, que le juge qui réprime des injures, ne peut pas prendre des mesures de police pour en prévenir de nouvelles; et, par exemple, qu'il ne peut pas inviter les bons citoyens et le commissaire à surveiller à l'avenir le prévenu, et faire défense à ce dernier d'approcher du domicile du plaignant : ces injonctions constituent un excès de pouvoir. — Néanmoins, elles ne suffisent pas pour invalider le jugement au fond, si, d'ailleurs, il est, sous ce rapport, conforme à la loi (Crim. cass. 19 fév. 1807) (2).

961. Suivant l'art. 365 c. inst. crim., en cas de conviction *de plusieurs délits*, la peine la plus forte doit seule être prononcée. Sur l'application de cette disposition aux délits qui peuvent être commis par l'un des moyens de publication, V. n°s 1018 et s.), et v° Peines, n°s 122 et s.).—Mais les termes mêmes dans lesquels l'article précité est conçu prouvent qu'il ne peut être invoqué quant aux injures qui ne constituent qu'une contravention de police. — Quant aux *circonstances atténuantes*, V. également *infrà*, n°s 1028 et s.

CHAP. 3. — RÉIMPRESSION, VENTE OU DISTRIBUTION D'ÉCRITS, DE DESSINS OU GRAVURES DÉJA CONDAMNÉS.

962. Lorsqu'un ouvrage a été condamné comme contraire à la loi, il est certain, ou du moins il y a présomption légale qu'il renferme un délit. Le publier avec la connaissance de cette condamnation, c'est donc braver la loi et la justice. Ce degré de criminalité commandait au législateur de redoubler de sévérité. — Aussi l'art. 27 de la loi du 26 mai 1819 porte-t-il que quiconque, après la condamnation d'un écrit, de dessins ou gravures, les réimprimera, vendra ou distribuera, subira le maximum de la peine qu'aurait pu encourir l'auteur.

Mais comment s'assurer que celui qui a enfreint cet article avait connaissance de la condamnation qui avait frappé l'œuvre qu'il a reproduite ou publiée? — La loi y a pourvu à l'aide d'une mesure qui, si elle ne garantit pas toujours que le prévenu n'a pu être de bonne foi, témoigne de l'intention qu'a eue le législateur de prévenir toute surprise à cet égard.— L'art. 26 de la loi précitée, du 26 mai 1819, veut, en effet, que tout arrêt de condamnation contre les auteurs ou complices des crimes et délits par voie de publication soient rendus *publics* dans les mêmes formes que les jugements portant déclaration d'absence, c'est-à-dire par insertion au *Moniteur* (c. nap. 118) et c'est seulement lorsque cette insertion a eu lieu que la condamnation peut être prononcée contre celui qui a publié une œuvre déjà frappée par la justice. — La loi se sert du mot *arrêt* parce qu'elle suppose que le plus souvent les condamnations seront prononcées défini-

(1) (Buret C. min. pub.) — LA COUR; — Vu l'art. 606 c. des dél. et des peines; — Attendu que si le juge de paix de Vassy a reconnu qu'il y avait injure dans les propos tenus par Buret, il aurait dû appliquer les peines portées par l'art. 606 ci-dessus cité, qui ne pouvaient être au-dessous d'une amende d'une journée de travail ou d'un jour d'emprisonnement, et insérer dans le jugement les termes de la loi appliquée, ainsi qu'il est prescrit par l'art. 162 de la même loi; et que, dans le cas contraire, où le juge de paix reconnaissait que le fait n'était susceptible d'aucune des peines portées par la susdite loi, il ne pouvait prononcer aucune condamnation sans tomber dans l'arbitraire et excéder ses pouvoirs; — Casse le jugement rendu par le tribunal de police de Vassy.

Du 20 niv. an 13.-C. C., sect. crim.-MM. Vermeil, pr.-Audier, r.

(2) (Muzy C. Legrand.) — LA COUR; — Sur le troisième moyen, relatif aux deux dispositions, dont l'une fait défense à Muzy d'approcher du domicile de la femme Legrand, et soumet sa conduite à la surveillance du commissaire de police; l'autre invite les citoyens à prévenir soit le commissaire de police, soit le magistrat de sûreté, des atteintes que Muzy pourrait porter à la tranquillité des mariés Legrand; — Vu l'art. 456 c. des dél. et des peines; —Attendu que les tribunaux doivent, pour la répression des délits, se renfermer strictement dans les termes de la loi; que nulle loi n'autorise un tribunal de police à signaler comme suspect tel ou tel individu, et à provoquer contre lui la surveillance soit des autorités constituées, soit des simples citoyens; d'où il suit qu'en faisant défenses à Antoine Muzy d'approcher du domicile de la femme Legrand, et en invitant les bons citoyens et le commissaire de police à le surveiller, le tribunal de simple police a commis une usurpation de pouvoir; — Par ces motifs, casse et annule, en ces deux chefs seulement, etc.

Du 19 fév. 1807.-C. C., sect. crim.-MM. Barris, pr.-Lamarque, r.

tivement par les cours dont les décisions sont ainsi nommées; mais la même formalité doit être remplie lorsque la publication a été condamnée par un jugement devenu irrévocable, après l'expiration de tout délai de recours.

962. La réimpression, la vente ou la distribution d'un ouvrage condamné constituent-elles un délit ou une contravention? —Avant le décret du 17 fév. 1852 qui a introduit de nouvelles règles de compétence en cette matière (V. *infrà*, nos 1366 et s.), cette question avait plus d'importance qu'elle n'en a dans l'état actuel de la législation, parce que, de sa solution dépendait la compétence de la cour d'assises ou celle du tribunal correctionnel. Mais elle présente encore beaucoup de gravité, en ce que si l'on admet que le fait constitue une contravention, il en résulte que, quelles soient les circonstances au milieu desquelles il se produit, les juges doivent condamner, même avec la conviction que le prévenu a agi sans intention coupable. — MM. Parant, p. 272; Chassan, p. 470; Hélie, Journ. gén. des trib., sont d'avis que ce n'est là qu'une contravention, et leur opinion a été consacrée par deux arrêts (Douai, 26 mai 1837, aff. Baron; 1er sept. 1837, aff. Espany). — Nous pensons, au contraire, que ce fait constitue un délit qui ne peut exister sans intention coupable de la part de celui à qui on l'impute. A l'appui de cette opinion, nous ne saurions présenter des raisons plus solides que celles qui ont été développées par M. l'avocat général Hébert, sur les conclusions duquel ont été rendus trois des arrêts ci-après rapportés. — « Il n'est pas supposable, a dit M. l'avocat général, que la loi n'ait voulu faire qu'une contravention d'un fait puni d'une peine aussi grave et qu'elle ait entendu que la condamnation serait prononcée par le tribunal correctionnel sans examen des questions d'intention, d'excuse ou de moralité, et sur la simple constatation du fait matériel. — On conçoit que cette limite soit posée au pouvoir du juge, quand il s'agit de l'accomplissement des formalités qui doivent précéder ou accompagner la publication d'un journal, d'un ouvrage ou l'exercice de la profession d'imprimeur, de libraire ou la distribution d'écrits sur la voie publique; la loi a dû voir là de simples contraventions résidant dans l'infraction à ses ordres, et que ne peuvent faire disparaître ni l'ignorance du prévenu, ni sa bonne foi prétendue, ni l'absence de dommages allégués pour échapper à l'application de la loi pénale. — Mais en peut-il être de même du fait de réimpression et de publication d'un ouvrage condamné, qui peut n'être que l'usage d'une faculté naturelle, exempt de tout dommage à la société comme de toute intention mauvaise? — Un colporteur aura, parmi ses livres, tel ouvrage dans lequel se trouve un passage pris d'un autre livre condamné il y a dix ans; il ignore et la condamnation et l'origine du passage, et le juge n'aura pas la faculté de l'excuser, de dire qu'il n'est pas coupable! il devra forcément le punir de cinq ans de prison! La loi peut-elle le vouloir? — Bien plus, qu'un ouvrage ait été condamné il y a dix ans pour avoir développé une thèse réprouvée par la loi politique alors existante; qu'il ait soutenu, par exemple, qu'en France la royauté est une délégation primitive et perpétuelle émanée du vœu de la nation, et que la charte est le contrat sur lequel repose le droit du souverain : la condamnation aura été juste, elle n'aura été que l'application de la loi du 17 mai 1819 qui punissait l'*attaque contre les droits que le roi tient de sa naissance*. — Qu'aujourd'hui la même doctrine trouve place dans un journal, dans un ouvrage polémique, loin qu'elle puisse motiver une poursuite criminelle, chacun conviendra qu'elle n'est que l'expression des vérités fondamentales de notre droit public. Cela est si vrai que la loi du 8 oct. 1830 a expressément abrogé l'article de la loi de 1819 *qui punissait l'attaque contre les droits que le roi tient de sa naissance*, en y substituant le délit d'attaque *contre les droits que le roi tient du vœu de la nation*. — Or, comment serait-il possible de condamner, sous l'empire de la loi nouvelle, la réimpression d'un ouvrage qui, selon cette loi, ne contiendrait rien que de vrai et de juste et de frapper d'une peine infamante l'auteur de cette réimpression alors que, s'il eût pris les mêmes idées dans son propre fonds, l'ouvrage eût obtenu l'approbation générale? — Il n'est pas vrai que le juge doit inévitablement s'attacher au fait matériel. » — Ces raisons si graves et si décisives ont prévalu, et il a été jugé : 1° que l'infraction résultant de l'impression, vente ou distribution d'ouvrages déjà condamnés, n'a pas un caractère déterminé à l'avance; mais qu'elle constitue un crime, un délit ou une contravention, selon que la publication reproduite aura constitué par elle-même une contravention, un délit ou un crime, et qu'ainsi, la vente d'ouvrages déjà condamnés par la cour d'assises pour délit de presse, constitue un délit de la compétence des cours d'assises et non une simple contravention de la compétence des juges correctionnels (Crim. rej. 13 oct. 1837; Crim. cass. 8 déc. 1837) (1); — 2° Que la vente ou la réimpression d'un écrit condamné par arrêt de cour d'assises constitue, d'après les termes de l'art. 27

---

(1) 1re *Espèce* : — (Min. pub. C. Gombert.) — La cour (après dél. en ch. du cons.); — Vu l'art. 1 de la loi du 17 mai 1819, les art. 13, 14, 26 et 27 de celle du 26 du même mois, 1, 2 et 5 de celle du 8 oct. 1830; — Attendu qu'aux termes de l'art. 13 de la loi du 26 mai 1819, les crimes et délits commis par la voie de la presse, ou par tout autre moyen de publication, sont de la compétence des cours d'assises, et qu'il n'y est fait exception que pour les délits prévus par l'art. 14, lesquels doivent être jugés par les tribunaux de police correctionnelle; — Que la loi du 25 mars 1822, séparant les crimes des délits, avait attribué la connaissance de ces derniers aux tribunaux de police correctionnelle; mais qu'elle a été rendue aux cours d'assises par l'art 1 de la loi du 8 oct. 1830; — Que deux seules exceptions furent admises : l'une concernant, comme l'avait fait la loi du 26 mai 1819, les cas prévus par son art. 14, et l'autre les offenses envers les chambres, l'infidélité et la mauvaise foi dans le compte rendu de leurs séances, ainsi que des audiences des cours et tribunaux; — Qu'à la vérité, lors de la discussion de cette loi du 8 octobre, il fut reconnu que la juridiction des cours d'assises ne devait pas s'étendre aux infractions prévues par les lois des 9 juin 1819 et 18 juill. 1828, lesquelles ne pouvaient être considérées que comme des contraventions à la police de la presse; mais qu'il ne fut rien dit de l'art. 27 de la loi du 26 mai 1819; — Qu'il suit de ce qui précède, qu'à consulter le texte des lois qui viennent d'être citées, leur économie et la pensée qui s'y révèle, cet article reste sous l'empire de la règle commune, et ne doit pas prendre rang parmi les exceptions; — Attendu, d'ailleurs, que, par leur nature même, les infractions qu'il punit n'appartiennent pas aux contraventions de la compétence des tribunaux correctionnels; que ces infractions consistent dans la réimpression, la vente ou la distribution d'un écrit condamné par un premier jugement; — Que de tels actes ne se réduisent pas à des faits purement matériels; — Qu'il est impossible d'en exclure toute circonstance de moralité, et que, dès lors, on ne peut interdire tout examen d'intention ou de bonne foi; — Qu'enfin, la violation des prohibitions portées par une première condamnation réputée connue, devenant une cause aggravante qui entraîne une peine plus forte, l'appréciation de toutes ces circonstances de fait et de moralité est nécessairement dans les attributions du jury; — Attendu que la décision intervenue à raison d'un écrit publié par la voie de la presse, n'a pas, en cas de réimpression, vente ou distribution nouvelle, l'autorité de la chose jugée; — Que ces actes sont de nouveaux faits qui emportent une pénalité différente; — Que les parties ne sont plus les mêmes; — Que cette première décision ne fait donc point obstacle à ce que le même écrit puisse être l'objet d'un nouvel examen et de nouveaux débats; — Attendu que l'art. 27 de la loi du 26 mai 1819 se trouve nécessairement maintenu par l'art. 28 de celle du 9 sept. 1835; — Que toutes les parties de la législation qui régit la matière devant se concilier et tendre au même but, si l'on attachait à toutes les infractions prévues et punies par les art. 27 le caractère de contravention, il faudrait aussi le reconnaître dans la réimpression, vente ou distribution d'un écrit condamné comme contenant les provocations et attaques spécifiées dans les art. 1, 2 et 5 de la loi du 9 sept. 1835; — Que, cependant, la nature de la pénalité repousse cette qualification, en même temps qu'elle enlève le fait à la juridiction des tribunaux correctionnels; — Qu'il suit de là que les infractions dont parle l'art. 27 n'ont pas un caractère déterminé à l'avance; — Qu'elles peuvent se produire, selon les circonstances, soit comme crime, soit comme délit, soit comme simple contravention; — Qu'il résulte aussi de l'examen de ces lois, considérées dans leurs détails et dans leur ensemble, qu'en général, lorsque le législateur caractérise une contravention, il la désigne par cette qualification, et la range dans les attributions des tribunaux correctionnels; — Que les art. 20 et 21 de la loi du 21 oct. 1814, 6 et 12 de la loi du 9 juin 1819, 3 de celle du 18 juill. 1828, 6 et 7 de celle du 10 déc. 1830, 2 de celle du 16 fév. 1834, 10, 11, 16, 18 et 20 de la loi du 9 sept. 1835, en fournissent des exemples aussi nombreux qu'ils sont décisifs; — Et attendu, dans l'espèce, qu'en se déclarant incompétent pour connaître de la prévention élevée contre Xavier Gombert, poursuivi pour avoir vendu une brochure intitulée : Almanach populaire de la France, 1837, postérieurement à la condamnation de cet écrit, rendue publique dans les formes prescrites par la loi, le tribunal correctionnel de Saint-Omer, loin de violer les lois de la matière, en a fait une juste application; — Par ces motifs, rejette, etc.

de la loi du 26 mai 1819, un délit de presse, particulier et spécial, dont la connaissance appartient au jury et non à la juridiction correctionnelle; qu'il importerait peu que le nouveau délit eût été commis par l'individu précédemment condamné et que ce fût l'édition même dont la destruction avait été prononcée qui eût été de nouveau mise en vente (Crim. rej. 12 janv. 1839) (1).

964. L'art. 27 précité doit recevoir son application, non-seulement lorsque les écrits, dessins ou gravures condamnés ont été réellement vendus par un libraire, mais encore lorqu'ils ont été simplement exposés ou mis en vente par lui. — Le motif en est, qu'aux yeux de la loi, un négociant est présumé vendre, par cela seul qu'il expose ou met en vente sa marchandise. Cette présomption légale, applicable aux libraires, ressort de tout l'ensemble de la loi du 17 mai 1819. Si l'art. 27 de la loi du 26 mai parle simplement de la réimpression, de la vente ou de la distribution, c'est qu'il est général dans ses termes, c'est qu'il s'applique non-seulement aux libraires, mais *à tout particulier*. Or, à l'égard de ce dernier, il n'y a pas de doute que la vente seule peut constituer le délit. — Ainsi il a été jugé : 1° que la simple exposition ou mise en vente doit être assimilée à la vente réelle à l'égard de ceux qui font le commerce de la librairie (Crim. cass. 10 nov. 1826, aff. Deveaux, V. n° 190); — 2° Que l'exposition ou la mise en vente, dans un magasin de librairie ouvert au public, d'un écrit antérieurement condamné, tombe, comme la vente elle-même, sous l'application de l'art. 27 de la loi du 26 mai 1819 (Crim. rej. 10 oct. 1851, aff. Ollivier et Charbonnier, D. P. 53. 5. 369. — Conf. MM. de Grattier, t. 1, p. 510; Bories et Bonassies, v° Réimpression, n° 18). — Une semblable interprétation a été également adoptée à l'égard de la mise en vente de certains objets dont la vente seule est interdite d'une manière spéciale par le législateur (V. Médecine, n° 170 et s. 223; Poids et mesures, 100 et s.). — Mais il a été décidé d'un autre côté qu'un libraire ne peut pas être poursuivi à raison d'un livre prohibé dont on a trouvé quelques exemplaires dans un arrière-magasin, emballés dans des caisses en partie clouées, et lorsque rien n'établit qu'il l'ait vendu ou distribué, mis en vente ou exposé dans des lieux ou réunions publics (Amiens, 8 mars 1823, aff. Vermot, V. n° 970).

965. D'après un arrêt, la mention faite sur les registres d'un libraire, qu'il a vendu des livres condamnés, ne suffit pas, elle seule, pour établir le délit résultant de la vente de pareils livres (Paris, 14 janv. 1830, aff. Langlois, sous crim. rej. 23 avr. 1830, n° 1293-2°). Mais cette décision nous paraît évidemment erronée : il est de principe que les livres d'un négociant font foi contre lui. — Il est d'ailleurs impossible, ce nous semble, de trouver une preuve plus décisive du fait incriminé. Le libraire ne pourrait en empêcher les effets qu'en établissant que la mention de son livre est inexacte et qu'elle provient d'une méprise.

966. Selon M. Chassan (t. 1, p. 471) la réimpression de l'ouvrage condamné donne lieu à l'application de l'art. 27 de la loi du 26 mai 1819, sans qu'il y ait lieu d'examiner si la publi-

---

Du 15 oct. 1837.-C. C., ch. crim.-MM. de Bastard, pr.-Bresson, rap.-Hébert, av. gén., c. conf.-Augier, av.

2e *Espèce* : — (min. pub. C. Baron) Même arrêt, sur pourvoi formé contre un autre jugement du tribunal de Saint-Omer, jugement qui, sur une autre question peu intéressante, a été cassé.

3e *Espèce* : — (Spony C. min. pub.) — La cour; — Vu l'art. 1 de la loi du 17 mai 1819, les art. 13, 14, 26 et 27 de celle du 26 du même mois, 1, 2 et 5 de celle du 8 oct. 1830; — Vu pareillement les art. 408, 413 et 442 c. inst. crim.; — Attendu qu'aux termes de l'art. 13 de la loi du 26 mai 1819, les crimes et délits commis par la voie de la presse ou par tout autre moyen de publication, sont de la compétence des cours d'assises; — Que telle est la règle générale, et qu'il n'y est fait exception que pour les délits prévus par l'art. 14, lesquels doivent être jugés par les tribunaux de police correctionnelle; — Que la loi du 25 mars 1822, séparant les crimes des délits, avait, sans distinction, attribué la connaissance de ces derniers aux tribunaux correctionnels, mais qu'elle a été rendue aux cours d'assises, par l'art. 1 de la loi du 8 oct. 1830; — Que deux seules exceptions furent admises, l'une concernant, comme l'avait fait la loi du 26 mai 1819, les cas prévus par son art. 14, et l'autre, les offenses envers les chambres, l'infidélité et mauvaise foi dans le compte rendu de leurs séances, ainsi que des audiences des cours et tribunaux; — Qu'à la vérité, lors de la discussion de cette loi, il fut reconnu que la juridiction des cours d'assises ne devait pas s'étendre aux infractions prévues par les lois des 9 juin 1819 et 18 juill. 1828, qui ne pouvaient être considérées que comme des contraventions à la police de la presse; mais que, dans toute cette discussion, il ne fut rien dit de l'art. 27 de la loi du 26 mai; — Qu'il suit de ce qui précède qu'à consulter le texte des lois qui viennent d'être citées, leur économie et la pensée qui s'y révèle, cet article reste sous l'empire de la loi commune, et qu'il ne doit pas prendre rang parmi les exceptions; — Attendu d'ailleurs que par leur nature même les infractions qu'il punit n'appartiennent pas aux contraventions de la compétence des tribunaux correctionnels; — Que ces infractions consistent dans la réimpression, la vente ou la distribution d'un écrit condamné par un premier jugement; — Que de tels actes ne se réduisent pas à des faits purement matériels; — Qu'il est impossible d'en exclure toute circonstance de moralité, et que dès lors on ne peut interdire tout examen d'intention et de bonne foi; — Qu'enfin la violation des prohibitions portées par une première condamnation réputée connue, devenant une cause aggravante qui entraîne une peine plus forte, l'appréciation de toutes ces circonstances de fait et de moralité est nécessairement dans les attributions du jury; — Attendu que la décision intervenue à raison d'un écrit publié par la voie de la presse, n'a pas, en cas de réimpression, vente ou distribution nouvelle, l'autorité de la chose jugée; — Que ces actes constituent de nouveaux faits qui emportent une pénalité différente; — Que les parties ne sont plus les mêmes; — Que cette première décision ne fait donc point obstacle à ce que le même écrit puisse être l'objet d'un nouvel examen et de nouveaux débats; — Attendu que l'art. 27 de la loi du 26 mai 1819 se trouve nécessairement maintenu par l'art. 28 de celle du 9 sept. 1835; — Que toutes les parties de la législation qui régit la matière devant se concilier et tendre au même but, si l'on attachait à toutes les infractions prévues et punies par cet art. 27, le caractère de contravention, il faudrait aussi le reconnaître dans la réimpression, vente ou distribution d'un écrit qui aurait été condamné comme contenant les provocations et attaques spécifiées dans les art. 1, 2 et 5 de la loi du 9 sept. 1835; — Que cependant la nature de la pénalité repousse cette qualification, en même temps qu'elle enlève le fait à la juridiction des tribunaux correctionnels; — Qu'il suit de là que les infractions dont parle l'art. 27 n'ont pas un caractère déterminé à l'avance, et qu'elles peuvent se produire, selon les circonstances, soit comme crime, soit comme délit, soit comme simple contravention; — Qu'au surplus, il résulte de l'examen de ces lois considérées dans leurs détails et dans leur ensemble, qu'en général, et lorsque le législateur caractérise une contravention, il la désigne par cette qualification, et la range dans les attributions des tribunaux correctionnels; — Que les art. 20 et 21 de la loi du 21 oct. 1814, 6 et 12 de la loi du 9 juin 1819, 5 de celle du 18 juill. 1828, 6 et 7 de celle du 10 déc. 1830, 2 de celle du 16 fév. 1834, 10, 11, 16, 18 et 20 de la loi du 9 sept. 1835, en fournissent des exemples aussi nombreux qu'ils sont décisifs; — Et attendu, dans l'espèce, qu'en se déclarant, comme l'avait fait le tribunal de première instance de Cambrai, compétent pour connaître de la prévention élevée contre Jean Spony, relativement à la mise en vente d'écrits condamnés par arrêts de cours d'assises, et après que ces condamnations avaient été rendues publiques dans les formes prescrites par la loi, la cour d'appel de Douai, chambre correctionnelle, a expressément violé l'art. 13 de la loi du 26 mai 1819 et l'art 1 de celle du 8 oct. 1830; — Casse.

Du 8 déc. 1837.-C. C., ch. crim.-MM. de Choppin, f. f. de pr.-Bresson, rap.-Hébert, av. gén., c. conf.

(1) *Espèce* : — (Min. pub. C. Pagnerre et Lesage.) — En 1835, Pagnerre, libraire-éditeur à Paris, a publié deux volumes de chansons intitulées les Républicaines.—Poursuivi devant la cour d'assises, il a été condamné à six mois de prison, 500 fr. d'amende, pour offense envers la personne du roi : la destruction de l'ouvrage a été ordonnée. — En 1837, Lesage, commis de Pagnerre, a vendu de nouveau les chansons républicaines à un nommé Blanc, de Lyon. Il est à remarquer que les exemplaires saisis proviennent de l'édition de 1835; que l'envoi était accompagné d'un billet de Lesage, portant recommandation au destinataire de prendre toutes ses précautions, attendu que l'ouvrage avait déjà été poursuivi et condamné. — A raison de ces faits, Lesage et Pagnerre sont renvoyés devant la cour d'assises de la Seine par un arrêt de la chambre des mises en accusation, comme prévenus d'avoir vendu des exemplaires d'un ouvrage condamné pour offenses envers la personne du roi, délit prévu par l'art. 27 de la loi du 26 mai 1819. — Pourvoi du ministère public, en ce que la connaissance de ce délit ne doit pas appartenir à la cour d'assises, mais aux tribunaux correctionnels.—Arrêt.

La cour; — Attendu que l'art. 27 de la loi du 26 mai 1819 prévoit un délit particulier et spécial qui a sa base dans la condamnation précédente de l'écrit réimprimé ou vendu de nouveau; — Que c'est donc dans les termes de cet article que la prévention doit être soumise au jury; ce qui n'exclut pas de sa part l'examen des circonstances de fait et de moralité qui peuvent se rattacher au fait de la réimpression ou de la vente, et faire apprécier sa criminalité; — Qu'ainsi, la cour royale de Paris n'a, par l'arrêt attaqué, violé aucune loi, ni porté atteinte aux droits respectifs de l'accusation et de la défense; — Par ces motifs, rejette.

Du 12 janv. 1839.-C. C., ch. crim.-MM. de Bastard, pr.-Vincens, r.

cation, en soi, est ou n'est pas criminelle, parce que ce n'est pas l'œuvre elle-même que la loi punit, mais l'infraction à ses prescriptions et le mépris des avertissements de la justice. Cette opinion est conforme à la rigueur du droit. Mais il est impossible de se soustraire à l'influence des circonstances dans lesquelles la publication de l'œuvre condamnée a lieu, et cela à tel point que M. Chassan lui-même (*loc. cit.*), qui ne voit là qu'une contravention, c'est-à-dire un fait qui ne doit être apprécié que d'après sa matérialité, donne aux membres du parquet le conseil, fort sage d'ailleurs, de ne pas diriger des poursuites contre l'auteur de la réimpression ou de la vente lorsque les temps étant changés, le caractère de l'écrit réimprimé ne présente plus rien de répréhensible, et M. Chassan cite à ce propos le pamphlet de M. Cauchois-Lemaire, intitulé *Lettre au duc d'Orléans*, pamphlet pour lequel cet écrivain fut condamné sous la restauration et qui n'en a pas moins été réimprimé en 1835, sans qu'on ait eu même la pensée de le poursuivre.

967. Au surplus, si dans un ouvrage il y a seulement *quelques passages* condamnés, l'ouvrage peut être réimprimé, en supprimant ces passages (V. en ce sens MM. Parant, p. 116, t. 1, p. 472; de Grattier, t. 1, p. 510).—Dans la discussion de la loi du 26 mai 1819, un amendement avait été proposé, dans le but d'expliquer que lorsqu'une partie seulement d'un ouvrage aurait été condamnée, le reste de l'œuvre pourrait être publié sans qu'il y eût lieu d'appliquer l'art. 27.—M. Guizot, commissaire du gouvernement, repoussa cet amendement comme inutile, en ce que le mot *condamnation* de la disposition précitée exprime cette idée.—Ainsi point de doute possible à cet égard.

968. Il est, en outre, à remarquer que ce n'est pas faire une réimpression dans le sens de la loi de 1819, que de publier le réquisitoire du ministère public, le jugement ou l'arrêt contenant les passages condamnés, parce que, dans ce cas, la publicité des audiences justifie celle qui résulte de l'impression (V. en ce sens MM. Chassan, t. 1, p. 475; de Grattier, t. 1, p. 511).— A moins cependant que la reproduction du procès n'ait été interdite (V. le décret du 17 fév. 1852, art. 17, n°s 504 et s.) ce qui d'ailleurs ne peut s'étendre au jugement.

969. Il a, du reste, été décidé que le fait d'avoir publié textuellement et sans commentaire l'arrêt d'une chambre d'accusation contenant l'article pour l'insertion duquel le gérant d'un journal est renvoyé devant la cour d'assises, ne peut donner lieu à une seconde poursuite contre lui (Crim. rej. 3 nov. 1831) (1). Le motif, c'est qu'aucune loi n'interdit à la partie condamnée de rapporter les faits et la pièce qui ont servi à sa condamnation, alors surtout que l'arrêt lui a été légalement signifié.—V. cependant *infrà*, chap. 5.

970. Suivant un arrêt, l'annonce d'un ouvrage dans le journal de la librairie doit excuser la réimpression ou la vente de cet ouvrage, bien qu'il ait été condamné (Amiens, 8 mars 1825) (2). —Mais il est utile de faire observer que le journal de la librairie n'est plus qu'une entreprise particulière dont les erreurs ne sauraient dégager en rien la responsabilité résultant d'une telle publication. — V. en ce sens M. Sulpicy, Code annoté de la presse, p. 55, art. 27, n° 5.

971. M. de Grattier (t. 1, p. 513) fait remarquer que la réimpression d'une œuvre condamnée tomberait sous l'application de l'art. 27 précité de la loi de 1819, lors même qu'elle aurait lieu par la voie d'un journal.— C'est là un point de toute évidence, puisque la loi ne fait point de distinction à ce sujet.

972. Il est une autre question qui a une certaine connexité avec celles que nous venons d'examiner, bien qu'elle ne se rattache en rien à l'art. 27 de la loi de 1819; c'est celle de savoir si, dans le cas d'acquittement sur la poursuite à laquelle un ouvrage a donné lieu, l'impression, la vente ou distribution de cet ouvrage, peuvent ultérieurement servir de base à une condamnation. Pour les principes généraux en cette matière, V. v° Chose jugée, n°s 394 et s. — Nous ferons seulement remarquer ici qu'il a a été jugé qu'un livre doit être réputé condamné, bien que les prévenus poursuivis pour l'avoir publié aient été acquittés, lorsque la destruction de l'ouvrage a été ordonnée (trib. correct. de la Seine, 8 août 1829, aff. Langlois et Lebaillif, V. n° 1295-2°).

973. M. Chassan (t. 1, p. 152) enseigne qu'une édition nouvelle, une distribution sous un autre format, pourrait donner lieu à de nouvelles poursuites contre la personne acquittée.— Cette solution nous paraît rigoureuse, surtout dans le cas où l'édition nouvelle n'est qu'une réimpression exacte de celle qui a été jugée inoffensive. — Toutefois il peut arriver que l'ouvrage ait été déclaré contraire à la loi, bien que le prévenu ait été acquitté, en ce qu'on n'aurait pas prouvé qu'il en était l'auteur. —Il est manifeste qu'alors il ne peut se prévaloir de l'acquittement pour se soustraire à de nouvelles poursuites.

974. Au reste, il ne faut pas confondre la condamnation d'un écrit avec la *suppression* ou *destruction* d'un écrit.—Ainsi il a été décidé que lorsqu'un tribunal a d'office ordonné la destruction d'un ouvrage, le jugement ne doit pas être considéré comme renfermant une condamnation dans le sens de l'art. 27 de la loi du 26 mai 1819 (Paris, 14 janv. 1830, aff. Langlois, sous Crim. rej. 23 avril 1830, n° 1295-2°).

975. L'art. 26 de la loi du 26 mai 1819, porte : « Tout arrêt de condamnation contre les auteurs ou complices des crimes et délits commis par voie de publication, ordonnera la suppression ou la destruction des objets saisis, ou de tous ceux qui pourront l'être ultérieurement, en tout ou en partie, suivant qu'il y aura lieu pour l'effet de la condamnation. — V. *infrà*, n°s 1015 et s., en ce qui touche les peines qui peuvent être prononcées contre les auteurs d'une infraction aux lois sur les moyens de publication.

---

(1) *Espèce :* — (Min. pub. *C.* Robert.) — Robert, gérant de la gazette du Languedoc, fut poursuivi pour avoir imprimé dans son journal l'arrêt de mise en accusation intervenu sur une première poursuite dirigée contre lui à l'occasion d'une pièce de vers qu'il avait insérée dans son journal. Le ministère public soutenait que la publication de cet arrêt, dans lequel se trouvait inscrite la pièce incriminée, constituait le même délit que celui poursuivi. — Robert fut renvoyé de cette deuxième action, « attendu que l'arrêt rapporté est textuel, qu'il n'y a aucune réflexion sur son contenu..., et qu'aucune loi n'interdit à la partie condamné de rapporter les faits et les pièces qui ont servi à sa condamnation, alors surtout que l'arrêt lui a été légalement signifié. » — Pourvoi. — Arrêt (ap. dél. en ch. du cons.).

La cour; — Attendu que le premier arrêt de la chambre d'accusation de la cour royale de Toulouse, en date du 27 juin dernier, contenant la pièce incriminée devant cette cour, fut notifié au prévenu; que le deuxième arrêt de la chambre d'accusation de la même cour, actuellement attaqué, déclare que la copie du premier arrêt, imprimé dans le n° 25 de la gazette du Languedoc, est entièrement conforme au texte de l'original; qu'en imprimant ce premier arrêt et la pièce incriminée qu'il contient, le prévenu n'a enfreint aucune disposition de loi et n'a commis ni délit ni contravention, et qu'en fondant, sur ce motif, le renvoi des poursuites qu'il prononce en faveur du prévenu, l'arrêt attaqué n'a contrevenu à aucune loi; — Rejette, etc.

Du 3 nov. 1831.-C. C., ch. crim—MM. Ollivier, pr.-Chantereyne, r.

(2) (Vernot, etc. *C.* min. pub.) — La cour; — En ce qui touche la question de savoir si Vernot s'est rendu coupable de quelques-uns des délits prévus par les lois des 17 mai 1819 et 25 mars 1822, en exposant en vente l'Abrégé des Révolutions de l'ancien gouvernement français, par Thouret, et l'Abrégé de l'origine de tous les cultes, par Dupuis; — Considérant que le décret du 14 oct. 1811 et l'ordonnance royale du 24 oct. 1814, en autorisant la direction générale de la librairie à publier un journal dans lequel sont énoncées toutes les éditions d'ouvrages imprimés, ont voulu, comme l'expriment leurs motifs, donner aux libraires les moyens de distinguer les livres défendus de ceux dont le débit est autorisé, et empêcher qu'ils ne soient inquiétés pour la vente des derniers ouvrages; — Considérant, à l'égard de Thouret, que ce livre n'a point été défendu par l'autorité; — Que les nouvelles éditions qui ont été faites dans ces derniers temps ont toutes été annoncées dans le Journal de la librairie; ce qui suffit pour assurer aux libraires qui en font le débit une garantie légale;—Considérant, à l'égard de l'ouvrage de Dupuis, qu'il n'est pas justifié que les nouvelles éditions qui en ont été faites, aient été insérées dans le Journal général de la librairie, quoique ce livre soit compris dans les catalogues de plusieurs libraires de la capitale;

Mais que les dix-neuf exemplaires de cet ouvrage, qui ont été saisis à Laon, se trouvaient dans l'arrière-magasin de Vernot, et emballés, pour la plus grande partie, dans des caisses encore clouées; — Qu'il n'est pas établi que Vernot ait vendu ou distribué, mis en vente ou exposé dans des lieux ou réunions publics aucuns exemplaires de cet ouvrage.

Du 8 mars 1825.-C. d'Amiens, ch. civ. et ch. corr. réun.-M. Maleville, 1er pr.

Nota. — Cet arrêt a été cassé dans l'intérêt de la loi, mais à l'égard d'une autre question. — V. n° 205.

CHAP. 4. — PUBLICATION DE NOUVELLES FAUSSES, DE PIÈCES FALSIFIÉES OU ATTRIBUÉES A DES TIERS.

976. La disposition du décret du 17 fév. 1852 qui punit la publication ou la reproduction de fausses nouvelles est loin d'être une innovation législative. Conçu à peu près dans le même esprit de conservation, l'art. 8 de la loi du 9 nov. 1815 déclarait coupables d'actes séditieux toutes personnes qui répandraient ou accréditeraient soit des alarmes touchant l'inviolabilité des propriétés appelées nationales, soit des bruits d'un prétendu rétablissement des dîmes ou des droits féodaux, soit *des nouvelles* tendant à alarmer les citoyens sur le maintien de l'autorité légitime et à ébranler leur fidélité.—Mais il est manifeste que cette disposition, née au milieu de circonstances politiques que le temps a complétement effacées, est, depuis longtemps, tombée en désuétude, et que, par suite, on doit regarder comme dénué de tout intérêt juridique l'arrêt qui, sous l'empire de cette loi, a jugé qu'elle n'était pas applicable à l'envoi par la poste d'une lettre contenant des nouvelles alarmantes qui n'avaient pas été répandues (Crim. cass. 2 déc. 1816, aff. Redon, V. Lettres missives, nº 32-2º).

Dans tous les cas, la loi du 27 juill. 1849 aurait rendu celle du 9 nov. 1815 inutile sous ce rapport. — D'après l'art. 4 de la loi de 1849 la reproduction faite *de mauvaise foi de nouvelles fausses*, de pièces fabriquées, falsifiées ou mensongèrement attribuées à des tiers, *lorsque ces nouvelles ou pièces étaient de nature à troubler la paix publique*, était punie au maximum d'un emprisonnement d'un an et d'une amende de 1,000 fr. — Mais cette dernière disposition est elle-même abrogée par l'art. 15 du décret du 17 fév. 1852, parce que, d'une part, le décret de 1852 reproduit l'article précité de la loi de 1849, ce qui lui ôte sa raison d'être; et que, d'autre part, par une disposition ajoutée à celle que contenait la loi de 1849 et inconciliable avec le texte, l'auteur du décret de 1852 a manifesté l'intention de l'abroger à cet égard. — La différence d'où naît l'incompatibilité entre les deux dispositions est, d'ailleurs, facile à signaler. — Pour qu'il y eût lieu à l'application de l'art. 4 de la loi du 27 juill. 1849, deux conditions étaient nécessaires : la première que la publication ou reproduction eût lieu *de mauvaise foi;* la seconde qu'elle fût de nature à *troubler la paix publique.*—Or, suivant le § 1 de l'art. 15 du décret de 1852, au contraire, l'amende de 50 fr. à 1,000 fr. peut être prononcée, bien qu'aucune de ces conditions ne soit accomplie, et ce n'est que pour l'emprisonnement d'un mois à un an, et l'amende de 500 fr. à 1,000 fr. qu'elles sont exigées. — V. du reste à cet égard la circulaire du 27 mars 1852 (D. P. 52. 3. 11).

977. Aussi a-t-il été jugé, sous le décret de 1852, que la publication de nouvelles fausses et nuisibles tombe sous l'application de l'art. 17, § 1, du décret du 17 fév. 1852, quoiqu'elle ait été faite sans mauvaise foi (Crim. rej. 24 nov. 1853, aff. Delabique, D. P. 53. 5. 370).

978. Quoi qu'il en soit, on doit considérer comme n'ayant rien perdu de son autorité pour les cas où l'emprisonnement peut être prononcé, un arrêt qui, sous la loi de 1849, juge, et avec raison, que le fait d'avoir publié de mauvaise foi, dans un journal, une pièce fausse de nature à troubler la paix publique, tombe sous l'application de l'art. 4 de la loi du 27 juill. 1849, par cela seul que la mauvaise foi se rattache au fait de la publication, et qu'il n'est pas nécessaire qu'il soit constaté, en outre, que la mauvaise foi s'étendait à la circonstance que la pièce fausse était de nature à troubler la tranquillité publique (Crim. rej. 6 déc. 1850, aff. Nefftzer, D. P. 51. 1. 258).

979. Le décret du 17 fév. 1852 fait naître une autre question d'abrogation qui nous paraît beaucoup plus sérieuse que celle que nous venons d'examiner. C'est celle de savoir si les art. 419 et 420 c. pén., se trouvent rapportés en ce qui touche les fausses nouvelles. — Peu de mots suffiront pour faire bien saisir la difficulté.—Aux termes de l'art. 419 c. pén., tous ceux qui, pour des *faits faux* ou calomnieux, *semés à dessein dans le public*, ont opéré la hausse ou la baisse du prix des denrées ou marchandises, ou des papiers et effets publics au-dessus ou au-dessous des prix qu'aurait déterminés la concurrence naturelle et libre du commerce, sont punis d'un emprisonnement d'un mois au moins, d'un an au plus, et d'une amende de 500 fr. à 10,000 fr. — L'art. 420 du même code aggrave considérablement cette peine pour le cas où les manœuvres tendant à influencer les cours ont été pratiquées sur les substances alimentaires qu'il détermine.—Or l'art. 15 du décret du 17 fév. 1852 est aussi général que possible dans ses dispositions. — Dans l'une il punit *sans distinction* la publication ou reproduction de nouvelles fausses; dans l'autre il sévit contre la publication ou reproduction faite de *mauvaise foi*. — Or, dans leur généralité, ces prévisions semblent atteindre les nouvelles qui sont destinées à influencer le cours des marchandises et effets publics comme celles qui ont un tout autre but. — Néanmoins nous ne pensons pas qu'il en soit ainsi, et cela pour deux raisons : la première, c'est que les art. 419 et 420 précités ont leur place dans un code, qu'ils s'y trouvent coordonnés avec un ensemble auquel le législateur ne saurait être présumé avoir porté atteinte, lorsqu'il ne l'a pas exprimé; la seconde raison, c'est que le décret de 1852, rendu après une commotion politique, précédée elle-même d'une révolution qui avait gravement ébranlé l'ordre social, a eu en vue de raffermir la société, par des mesures empreintes de sévérité, et que si l'on admettait que le décret de 1852 a rapporté les dispositions précitées du code sous le rapport qui vient d'être indiqué, il en résulterait qu'à une amende qui peut être portée à 20,000 fr., à un emprisonnement qui peut être de deux ans, se trouveraient substitués, pour ce cas, une amende dont le maximum serait de 1,000 fr., et un emprisonnement dont la plus longue durée serait d'un an. — Ces résultats ne peuvent avoir été dans la pensée de l'auteur du décret. — Peu importe donc la généralité des termes dont il s'est servi. Elle doit nécessairement avoir pour limites sa volonté présumée. *Prior atque potentior est quam vox, mens dicentis* (L. 7, § 2, ff., *De supell. leg.*).

980. L'art. 15 du décret de 1852 ne s'explique pas sur le point de savoir à quels moyens de publication il s'applique. — De là, difficulté de décider s'il comprend tous les moyens de publication ou simplement la propagation de fausses nouvelles par la voie de la presse. — D'une part, on dit : l'art. 15 est général, il n'excepte aucun moyen de publication. Il n'y a donc pas plus de raison pour restreindre l'application de l'art. 15 précité à la presse qu'il n'y en a pour le restreindre à la parole à l'exclusion de la presse. — Il a été jugé dans ce sens que la publication ou reproduction de nouvelles fausses qu'a entendu punir l'art. 15 de la loi du 17 fév. 1852 sur la presse, est non pas seulement celle qui a lieu par la voie de la presse, mais toute publication faite par l'un des moyens qualifiés dans l'art. 1 de la loi du 17 mai 1819, notamment par l'annonce à haute voix dans un lieu public en présence de plusieurs personnes; — ...Et que c'est à tort qu'on considérerait ce dernier cas de publication de fausses nouvelles comme restant exclusivement soumis à l'art. 4 de la loi du 27 juill. 1849, lequel est abrogé par le décret du 17 fév. 1852 (Douai, 24 août 1853, aff. Chaumont, D. P. 53. 2. 257; Crim. cass. 28 avr. 1854, aff. Coum, D. P. 54. 1. 165; Crim. rej. 29 sept. 1854, aff. Baessler, D. P. 54. 1. 371);—Mais qu'en dehors de ces moyens de publication, la reproduction qui a été faite de fausses nouvelles n'est pas atteinte par la loi, notamment quand elle a eu lieu par la voie d'une simple conversation entre personnes de connaissance, même dans un lieu public, pourvu que cette conversation n'ait pu être entendue et n'ait pas été entendue par des tiers (Rej. 29 sept. 1854, aff. Baessler, D. P. 54. 1. 371); — ...Ou bien encore par la voie d'une simple conversation, dans un appartement, en présence de deux personnes (Orléans, 25 janv. 1854, aff. Fagot, D. P. 54. 5. 592).

981. D'autre part, on répond : pour faire une saine application de l'art. 15 du décret de 1852, comme de tout autre texte législatif, il ne faut pas le considérer isolément, mais l'interpréter par l'ensemble des dispositions dont il fait partie. *Incivile est nisi totâ lege perspectâ, unâ aliquâ ejus particulâ propositâ, judicare vel respondere.*—Or, en suivant cette règle, que voyons-nous? Que le décret de 1852 n'a pas eu pour objet de régler tous les moyens de publication, mais un seul, *la presse.* Aussi est-il intitulé : *Décret organique sur la presse.* La généralité des expressions de l'art. 15 se trouve donc naturellement limitée par ce titre. D'où il suit que les mots de l'art. 15 : *la publication ou la reproduction de nouvelles fausses* ne doivent s'entendre que de la publication ou reproduction *par la voie de la presse.*—Les circulaires des ministres de la justice et de la police (D. P. 52. 3. 11), ajoute-t-on, qui ont eu pour objet de guider les fonctionnaires soumis à leur autorité, dans l'application du décret précité, prouvent incontestablement que ces ministres qui ont dû participer à la rédaction du décret, l'ont entendu dans ce sens restrictif. — Assimiler la publication par la parole à la propagation par la voie de la presse, ce serait d'ailleurs effacer toute proportion entre l'infraction et la peine. On ne comprendrait pas, en effet, que le législateur eût voulu punir quelques paroles imprudentes prononcées dans un lieu public de la même manière qu'un article de journal qui se répand par milliers d'exemplaires dans toute l'étendue de la France. — D'après ces considérations, il a été jugé que le délit de publications de nouvelles fausses de nature à troubler la paix publique, puni par l'art. 15 du décret du 17 fév. 1852, n'existe qu'autant que cette publication a été faite au moyen de la presse périodique ou non périodique, c'est-à-dire au moyen de la distribution d'un écrit tiré en un certain nombre d'exemplaires, et spécialement que le fait de communiquer à plusieurs personnes un imprimé tiré en une seule épreuve, et portant l'indication d'une fausse nouvelle, de nature à troubler la paix publique, ne tombe pas sous l'application de l'art. 15 du décret du 17 fév. 1852, une telle communication devant être assimilée à la publication de fausses nouvelles faite au moyen d'un simple manuscrit qui serait présenté à lire sans être laissé aux lecteurs (Trib. corr. de Nancy, 26 mars 1853, aff. Brett, D. P. 53. 3. 48). — ... Et qu'il en est surtout ainsi lorsque cet imprimé, communiqué à un sourd-muet qui l'a ensuite fait voir à plusieurs autres personnes, n'a été employé, soit dans la communication faite à ce sourd-muet, soit dans celles qu'il a faites lui-même à d'autres, que comme l'équivalent de la parole qu'il ne pouvait entendre ou qui lui manquait, la publication pouvant même se réduire, en cas pareil, à une publication par la parole, complétement étrangère aux prévisions du décret de 1852 (même jugement).

982. De même que le tribunal de Nancy, de qui émane la dernière de ces décisions, nous reconnaissons qu'il y a une grande différence entre le mal superficiel qui naît d'un propos hasardé dans un lieu public, et l'atteinte profonde qui peut être portée à l'ordre par un article de journal. — Mais cet argument n'a rien de décisif, puisque la loi de 1819 range sur la même ligne et frappe des mêmes peines les infractions qui peuvent se commettre par la parole et par la presse.—D'un autre côté, est-il bien certain que le décret de 1852 soit *exclusivement* applicable à la presse? Ce qui permet d'en douter, c'est que l'art. 25 de ce texte porte : « Seront poursuivis devant les tribunaux de police correctionnelle, 1° les délits commis par la voie de la presse *ou tout autre moyen de publication mentionné dans l'art. 1 de la loi du 17 mai* 1819. Il n'est donc pas exact de dire que le décret de 1852 soit uniquement applicable à la presse. — Les circulaires interprétatives du décret ne nous paraissent pas non plus avoir le sens précis qu'on leur attribue. Elles prouvent bien sans doute, par les passages reproduits dans les motifs du jugement, que le décret s'applique principalement à la presse, ce qui, du reste, ressort du texte, et n'a pas besoin de démonstration; mais elles ne donnent nullement à penser que le décret de 1852 soit *exclusivement* applicable à la presse. —On peut même invoquer en sens contraire un passage de la circulaire adressée par le ministre de la justice aux procureurs généraux, le 27 mars 1852, pour l'exécution de ce décret (Voy. D. P. 53. 3. 11), passage où on lit : — « Vous remarquerez, au surplus, que les dispositions dont je viens de vous entretenir s'appliquent non-seulement aux journaux, mais à tout autre moyen de publication. »

983. Nous croyons, du reste, que la jurisprudence est définitivement fixée dans ce sens par un arrêt qui a jugé qu'il suffit, pour qu'il y ait publication ou reproduction d'une fausse nouvelle dans le sens de l'art. 15 du décret du 17 fév. 1852, que, d'une part, l'inculpé ait eu intention ou volonté de la publier sachant qu'elle était fausse, et que, d'autre part, il y ait eu publication réellement effectuée, par quelque mode que ce soit, et alors même que ce ne serait pas par la voie de la presse ou par l'un des moyens énoncés dans l'art. 1 de la loi du 17 mai 1819, nulle relation à cet article n'existant dans l'art. 15 du décret de 1852 (Ch. réun. rej. 13 mars 1855, aff. Bonneau, D. P. 55. 1. 65). — Un premier principe résulte de cette solution, c'est que la publication dont parle l'art. 15 du décret de 1852 est une publication telle quelle, opérée par toute voie et de quelque manière que ce soit, imperceptiblement et à de longs intervalles, dans un temps où nul effet ne saurait en résulter, comme au cas où elle peut produire une irruption soudaine, un dommage violent.... Or, nous ne croyons pas que tel soit le sens du mot *publication*, employé dans une loi sur la presse, en 1852, c'est-à-dire après trente-huit ans de vie constitutionnelle, sous un gouvernement qui appelle la discussion loyale (V. premier alinéa de l'article du Moniteur du 11 avr. 1855), et dans un temps où les mots *publication* et *reproduction* avaient une signification légalement fixée, depuis la promulgation des lois de mai 1819. — Il est bien vrai qu'en raison des dangers que peut produire la propagation de fausses nouvelles, sous l'impression encore vivace des tentatives audacieuses des partis et de l'affaiblissement inouï du pouvoir, qui avaient été le résultat des publications autorisées par les lois de 1819, l'esprit éprouve comme un besoin de protéger la société contre les effets de telles publications, alors surtout qu'elles ont été intentionnellement opérées et par quelque voie qu'elles l'aient été. — Mais ne perdons pas de vue que nous sommes ici dans le pur droit, et qu'une émission qui se ferait à petits bruits, lentement, et presque sous l'œil de l'autorité, ne serait guère digne de la forte répression qui a été créée par l'art. 15 du décret de 1852, lequel va jusqu'à punir de 1,000 fr. d'amende la publication ou reproduction de fausses nouvelles qui seraient faites même de bonne foi et sans nulle intention de troubler la paix publique. — La publication est donc ici le fait principal, unique, et les commérages privés, quel que soit le mobile qui leur a donné naissance, n'ont pas paru devoir appeler les sévérités de ce décret : c'est d'un autre domaine qu'ils relèvent. — Tout en applaudissant à la jurisprudence qui a refusé de restreindre l'art. 15 à la publication par la voie de la presse ou de l'affiche, nous croyons que cet article exige au moins la divulgation dans un lieu ou dans une réunion publics : si l'on veut un autre sens, c'est à un pouvoir autre que celui des tribunaux qu'on doit le demander; car, dans le doute ou dans le silence de la loi, ils doivent l'acquittement aux prévenus.

Le second principe, qui se puise, à notre avis, dans la solution précitée de l'arrêt solennel que nous venons de citer, c'est qu'il suffit qu'une fausse nouvelle exprimée par un individu, même dans une conversation privée, mais avec l'intention de la rendre publique, ait, en effet, obtenu cette publicité par un moyen quelconque, pour que cet individu soit passible des peines de l'art. 15 du décret de 1852, bien que la publication aurait été faite ensuite par d'autres agents et sans nulle participation nouvelle de sa part. — Or, nous croyons que c'est là aller au delà du vœu de cet article et en exagérer la portée, contrairement à l'esprit des lois pénales qui exigent tout à la fois, pour la culpabilité, et l'intention et le fait. — Et le fait punissable dans l'esprit du décret n'est autre, ce semble, que celui par lequel un individu répand lui-même la nouvelle, la propage, lui donne la publicité, ou par lequel il s'associe à celui ou à ceux qui opèrent cette publication, soit en les excitant, soit en les chargeant d'exécuter sa volonté, toutes circonstances qui le rendent complice et qu'il appartient aux juges de constater. — Ici une interprétation pareille semble d'autant plus admissible que l'art. 15 a traité les publicateurs de fausses nouvelles avec sévérité, mais aussi avec une sagesse de vues qui ne leur permet guère d'échapper à ses rigueurs. Qu'ils soient malintentionnés ou simplement imprudents, il y a une peine pour chaque hypothèse; et, dans l'un et l'autre cas, ce n'est qu'à l'auteur de la publication, à celui qui l'opère, c'est-à-dire à l'individu qui produit la publicité sans laquelle on ne s'expliquerait guère la sévérité du législateur, que l'art. 15 est applicable.—Mais encore une fois, il faut, de sa part ou avec son concours, la publication entière, complète, pour qu'il soit passible des peines établies par cet article.

Or, saisir une fausse nouvelle au moment où elle est racontée dans l'intimité à des individus qui depuis s'en sont faits les publicateurs exclusifs, et, lorsqu'on a les coupables sous la main, remonter à celui-là, sous prétexte qu'il est le véritable auteur du délit, c'est peut-être satisfaire au cri de la conscience et de la morale, mais ce n'est pas obéir au vœu des lois répressives. La publication est un fait qui peut, on l'accordera au moins par hypothèse, se composer de plusieurs éléments, mais il faut que chacun d'eux se soit accompli avec un certain éclat extérieur: on formerait mal la publication dont le législateur de 1852 a voulu parler, avec une série plus ou moins grande de conversations ou de causeries toutes tenues dans le domaine privé et insusceptibles de produire l'explosion que le décret a dû réprimer. Si la morale a pu écrire l'axiome *nescit vox missa reverti*, et si là loi civile a pu y trouver la cause d'une responsabilité, la loi pénale a d'autres règles, lorsqu'elle réprime les délits, et en particulier la publication des fausses nouvelles, faite de mauvaise foi : ici celui qui a émis volontairement des paroles fausses n'est punissable qu'autant qu'il l'a fait avec publicité, et l'art. 15 témoigne tellement que c'est là le vœu du décret, qu'il ne s'est préoccupé que de l'auteur de la publication ou reproduction (termes qui, pour le dire en passant, sont les mêmes qu'emploie la loi de 1849 où ils sont interprétés d'ailleurs par M. Amable Vente, Rev. crit. de jurispr., 1855, p. 14, dans le sens que nous croyons leur avoir été conservé par le décret de 1852; toutefois M. Vente enseigne sous le décret de 1852 une doctrine conforme à celle de l'arrêt précité); c'est sur le publicateur, en un mot, que ce décret appesantit toute sa sévérité; il le punit quelle que soit son intention et bien qu'il ne soit qu'imprudent.

Nous bornons ici ces observations; car, en pressant avec trop de rigueur la théorie de l'arrêt sur cette seconde partie de sa proposition, nous craindrions d'y rencontrer une publication qui, dès qu'il serait permis de prendre ses premiers éléments dans les conversations transportées par des tiers du foyer domestique, pourrait se compléter avec tous les bruits qui auraient circulé depuis et même avec ceux (pourquoi n'irions-nous pas jusque-là lorsque nous nous exposons à ouvrir toutes les portes à la délation?) que les témoins apporteraient jusque dans le sanctuaire de la justice. — Mais les autres motifs de l'arrêt et l'observation suivante nous apprennent combien la sagesse des chambres réunies est loin d'une pareille interprétation.

984. Il en résulte en effet que la circonstance qu'un individu aurait raconté mensongèrement une fausse nouvelle dans une maison tierce à trois concitoyens, par forme de conversation, et, par exemple, qu'il aurait dit, devant trois agriculteurs, qu'on avait offert à son père un certain prix d'une mesure de blé, et cela dans la vue d'en faire augmenter le prix, ne saurait constituer la publication dont il est parlé dans l'art. 15 du décret cité (Ch. réun. rej., 13 mars 1855, aff. Bonneau, D. P. 55. 1. 65). — Certes, quoique la Fontaine ait dit dans une de ses fables :

Le juge prétendait qu'à tort et à travers
On ne saurait manquer, condamnant un pervers,

ce n'est point une telle doctrine que les chambres réunies de la cour suprême ont entendu admettre dans leur haute et sévère impartialité. On le voit, si les motifs de leur arrêt ont pu faire redouter des déductions trop rigoureuses, elles les appliquent avec tant de réserve et avec une si parfaite intelligence des habitudes de la société, qu'on ne saurait appréhender qu'il en soit fait abus par les tribunaux. — Aussi, remarquez-le bien, ce n'est point au pouvoir discrétionnaire de tous les juges correctionnels de France que la cour suprême s'en rapporte sur ce point. Il s'agit d'un délit; c'est à elle dès lors, lorsque son pouvoir est mis en jeu, qu'il appartient d'en déterminer les caractères, et de déclarer s'ils se rencontrent dans les faits constatés à la charge du prévenu (V. sur ce point ce que nous disons, vº Cassation, nºs 1206 et suiv.). — Et ici la cour ne voit pas les caractères constitutifs de la publication punie par l'art. 15, dans une réunion de quatre particuliers, l'un débitant la fausse nouvelle, les trois autres recevant cette communication, quelque impression, qu'à raison de leur état de cultivateurs, elle puisse faire sur eux. — Ces trois personnes ne suffisent pas lorsque la nouvelle est exprimée dans l'intimité des entretiens particuliers : quel nombre faudra-t-il? — L'arrêt ne le dit point, pas plus que des décisions précédentes n'ont fait connaître ce qu'il faut de personnes pour composer un attroupement (V. vº Attroupements, nº 15, et Cassat., nºs 1745 et suiv.). — Mais on ne saurait qu'applaudir, suivant nous, à une telle réserve dès qu'on abandonne les limites dans lesquelles on était, depuis longues années, habitué à concentrer la publication; et il n'y a que la présomption qui aspirerait à combler, en matière si délicate, les lacunes que nos trop fugitives législatures laissent si fréquemment à leur suite (V. ce que nous avons dit à cet égard Dict. gén., Suppl., à l'introd., p. 3). — Dans l'espèce, trois personnes n'ont point été assimilées au public! — Et cependant ce nombre aurait certainement été déclaré suffisant si la nouvelle fausse avait été exprimée à haute voix dans une rue ou dans une réunion publique. En effet, l'élévation de la parole, l'intention d'opérer la diffusion et l'émotion publique, peuvent être telles et avoir une telle portée que les magistrats ne s'arrêteraient certes point devant le nombre ternaire qu'ici les chambres réunies ont jugé insusceptible de produire la publication punie par le décret de 1852. — Pourquoi cette différence? C'est qu'ici le public est ou peut être instruit, excité, alarmé, ce qui a suffi pour faire admettre la présomption de la loi, tandis qu'il n'est jamais censé assister aux causeries de l'intérieur ou de l'intimité, ce foyer créateur de l'esprit français. En un mot, les termes confidence et publication sont exclusifs l'un de l'autre, et il faudra, ce semble, un texte très-positif le jour où l'on pourra prétendre que, dans l'économie de notre droit pénal, celle-ci résulte virtuellement de celle-là.

985. Au surplus, si nous adoptons l'interprétation qui a pour effet de généraliser le sens des mots : *publication et reproduction*, il n'en peut être de même des mots *fausses nouvelles*, et, sous ce rapport, nous nous éloignons de l'entente que, dans ces motifs, le tribunal de Nancy, dans le jugement ci-dessus mentionné (nº 891), donne à l'article précité. — Non, il ne peut être vrai que toutes les nouvelles, quelque insignifiantes qu'elles soient, tombent, lorsqu'elles sont fausses, sous l'application de l'art. 15 du décret de 1852. La raison des juges les avertira assez que si la peine édictée par le décret peut être prononcée bien que la nouvelle ne soit pas répandue de mauvaise foi, et qu'elle ne soit pas de nature à troubler la paix publique, il faut au moins qu'elle soit d'un intérêt général et assez grave pour faire quelque impression sur l'opinion publique. Il y aurait, en effet, puérilité à penser que l'on peut être condamné conformément au décret pour avoir faussement publié, par exemple, que telle personne désignée va élever sa maison d'un étage, qu'elle a perdu son chien et cent autres billevesées que l'on ne pourrait déférer à un tribunal, sans manquer gravement au respect dû à la justice. — V. du reste, sur les diverses questions que fait naître l'application de l'art. 15 du décret de 1852, le réquisitoire fort remarquable de M. le premier avocat général Nicias-Gaillard (D. P. 53. 1. 138).

CHAP. 5.—Publication des actes d'accusation et des actes de procédure criminelle avant les débats.

986. Avant la loi du 27 juill. 1849, on s'était plaint souvent du grave inconvénient que présentait la publicité donnée avant l'ouverture des débats à l'acte dans lequel le ministère public groupe les charges qui servent de base à la poursuite. — C'était, en effet, donner à l'accusation un avantage évident sur la défense, puisque plusieurs mois s'écoulaient souvent à partir de cette publication, avant qu'un seul mot pût se produire en faveur de l'accusé. — Il en résultait qu'au jour du jugement, le jury se trouvait, même à son insu, imbu de préventions que tous les efforts de la défense ne parvenaient pas toujours à dissiper. — Ces considérations, souvent reproduites (V. d'ailleurs nº 988; V. aussi vº Instruct. crim., nº 1251), ont fait introduire dans la loi sur la presse du 27 juill. 1849, art. 10, une disposition ainsi conçue : « Il est interdit de publier les actes d'accusation et aucun acte de procédure criminelle avant qu'ils aient été lus en audience publique, sous peine d'une amende de 100 fr. à 2,000 fr. — En cas de récidive commise dans l'année, l'amende pourra être portée au double et le *coupable* condamné à un emprisonnement de dix jours à six mois. » — Cette disposition fait naître deux questions.

987. La première est de savoir si l'infraction qu'elle punit constitue un délit ou une contravention, en ce sens que, pour infliger la peine que cette disposition prononce, il n'y ait qu'à examiner le fait matériel, indépendamment de toute *intention* répréhensible. — Pour la résoudre il faut d'abord se reporter aux explications dans lesquelles nous sommes entrés (nºs 484 et s.) sur les caractères des contraventions. — Il nous suffira de rappeler ici que le caractère principal de la contravention, c'est que le fait ne soit puni par la loi, ni comme réprouvé par la morale, ni comme contraire à l'ordre politique établi. — On peut croire, au premier aperçu, qu'à ce double point de vue, la publication anticipée d'un acte d'accusation n'est qu'une contravention. — A notre sens, toutefois, il n'en est pas ainsi, et voici pourquoi.—Qu'est-ce, en réalité, que publier un acte d'accusation? C'est imputer un fait portant atteinte à l'honneur ou à la considération d'une personne. — Or, ce fait que la loi punit sous le nom de diffamation est réprouvé par la morale, abstraction faite de toute disposition législative. — Ce n'est donc pas une contravention. — A l'appui de cette déduction nous ferons remarquer que, d'après l'art. 25 de la loi du 27 juill. 1849, l'art. 463 c. pén., relatif aux circonstances atténuantes est applicable aux *délits* prévus par cette loi, et qu'il n'est fait aucune distinction relativement à la publication des actes d'accusation. — Or, les circonstances atténuantes ne sauraient être admissibles à l'égard des faits punis comme matériels et non comme intentionnels.

988. La deuxième question que fait naître l'art. 10 de la loi du 27 juill. 1849 a pour objet de décider si l'acte d'accusation peut être légalement publié avant les débats, soit par l'accusé lui-même, soit avec son autorisation.—Les motifs de la loi peuvent sembler renfermer la solution de cette question. Ils ont été ainsi exposés par M. Laborde qui avait lui-même proposé la disposition qu'il s'agit d'interpréter. — « On comprend, a dit ce député, les graves inconvénients qui résultent de ce qui se pratique maintenant. La publication anticipée des actes d'accusation nuit à la défense, parce qu'elle propage d'avance une espèce d'opinion commune qui, avant que le débat s'engage, flétrit les accusés et les désigne au jury comme étant coupables. » — C'est donc uniquement dans l'intérêt des accusés que la disposition dont il s'agit a été proposée et votée. — D'où il suit, peut-on dire, que de même qu'une personne ne pourrait être poursuivie en ce qu'elle se serait diffamée elle-même, de même on ne pourrait infliger aucune peine à l'accusé qui aurait lui-même donné de la publicité à l'acte d'accusation ou qui l'aurait autorisé. — Toutefois, la loi est générale et ce n'est point sur les termes d'ailleurs non limitatifs des orateurs, qu'on doit fonder une restriction semblable.

989. On vient de voir que la généralité des termes de l'art. 10 de la loi de 1849 ne permet pas de distinction entre les divers actes de procédure criminelle. Aussi a-t-il été jugé que cette disposition s'applique non-seulement aux actes de procédure portant sur des faits qualifiés crimes, mais encore à ceux qui concernent de simples délits, et notamment à l'arrêt qui, après exposé des faits, renvoie divers négociants devant la police correctionnelle, sous la prévention du délit de coalition (Crim. cass. 18 juin 1851, aff. Rives, D. P. 51. 1. 168).

Il a été jugé aussi, et avec raison, que l'interdiction, portée en l'art. 10 de la loi du 27 juill. 1849, de publier, avant leur lecture à l'audience, les actes d'accusation et aucun acte de procédure criminelle, s'applique même à une relation du contenu de ces actes, faite en forme de résumé, mais présentant une évidente similitude, le texte n'y fût-il reproduit que dans quelques passages (Crim. rej. 31 mars 1854, aff. Dayez, D. P. 54. 1. 166).

Il paraît, du reste, bien évident, et c'est ce qui a été jugé, que la publication dans les journaux et la distribution par la partie civile aux jurés de renvoi, du compte rendu, même inexact, des débats qui ont eu lieu devant la cour d'assises dont l'arrêt a été annulé, bien qu'elles soient téméraires et abusives, ne peuvent néanmoins vicier la procédure et l'arrêt qui a suivi (Crim. rej. 17 fév. 1843) (1). — V. Instr. crim., n° 1231.

CHAP. 6.—Comptes rendus infidèles des débats législatifs ou judiciaires.

990. On sait que l'art. 16 du décret du 17 fév. 1852 interdit de rendre compte des séances du sénat, autrement que par la reproduction des articles du journal officiel (V. nos 292, 293), et que l'art. 42 de la constitution de 1852 interdit également tout autre compte rendu des séances du corps législatif, que la reproduction du procès-verbal dressé par les soins du président (V. n° 294). — Il peut donc sembler, au premier aperçu, que ces dispositions rendent superflu de s'occuper des *comptes rendus infidèles* des débats législatifs. — Mais il ne faut pas perdre de vue que l'art. 18 du décret du 17 fév. 1852, prévoyant que cette double prohibition pourrait être enfreinte, a voulu que toute contravention aux dispositions qui l'établissent fût punie d'une amende de 50 fr. à 1,000 fr., *sans préjudice*, y est-il dit, *des peines prononcées par la loi, si le compte rendu est infidèle et de mauvaise foi*. — D'où il résulte que le décret de 1852 a entendu que l'art. 7 de la loi du 25 mars 1822, relatif aux comptes rendus infidèles ou de mauvaise foi des débats législatifs ou judiciaires recevrait son application. — Toutefois, il y a là une difficulté qui n'est pas sans gravité; la loi de 1822 s'occupe du compte rendu des séances *des chambres*, telles qu'elles étaient instituées sous les chartes de 1814 et de 1830. Or, ainsi que nous l'avons vu (n° 654), à l'occasion des *offenses* qui peuvent être commises envers ces assemblées, l'expression de la loi de 1822 ne s'est plus trouvée en rapport aussi intime avec toutes les institutions nées depuis la révolution de 1848. Et de là il pourra être conclu que la disposition de la loi de 1822, répressive des comptes rendus infidèles et de mauvaise foi des débats législatifs, une fois abrogée même implicitement et d'une manière générale par la substitution d'une constitution républicaine, n'a point été remise en vigueur par le décret de 1852; qu'en matière pénale, les textes doivent être formels et précis; que là on n'admet ni les analogies ni les suppositions plus ou moins spécieuses; qu'en un mot, il y a une lacune à remplir. — Mais il pourra être très-bien répondu, et d'après une raison déjà exprimée plus haut, et d'après cette considération que l'art. 18 de la loi de 1852 suppose que les comptes rendus infidèles et de mauvaise foi sont punis, que l'on doit interpréter l'article précité de la loi de 1822, comme étant encore en vigueur dans toutes ses parties. — Ce préliminaire exposé, nous allons successivement examiner les trois paragraphes distincts dont ce dernier article se compose.

991. Suivant le premier, « *l'infidélité* et la *mauvaise foi* dans le compte que rendent les journaux et écrits périodiques des séances des chambres et des audiences des cours et tribunaux, seront punis d'une amende de 1,000 fr. à 6,000 fr. » — Presque chaque mot de cette disposition exige des explications particulières. Nous allons chercher à les présenter avec ordre. — Remarquons d'abord, que le législateur a placé sur la même ligne les débats *législatifs* et les débats *judiciaires*. La peine de l'infidélité et de la mauvaise foi est la même pour les comptes rendus des séances des chambres, et pour ceux des audiences des tribunaux. — Toutefois, on aurait pu objecter que ce sont là des faits qui diffèrent sensiblement par leur degré de gravité. L'infidélité dans le compte rendu des débats législatifs, a généralement pour but et pour effet de fausser l'opinion publique sur les actes et les tendances du gouvernement et de porter atteinte d'une manière directe ou indirecte à l'ordre politique établi. — Au contraire, l'infidélité, en ce qui touche les débats judiciaires, est ordinairement étrangère à ce premier intérêt social. — Quoi qu'il en soit, il n'est pas permis d'introduire des distinctions, là où la loi n'en a point fait.

992. Observons aussi que l'art. 7 de la loi de 1822 ne s'appliquant qu'aux séances des chambres et aux audiences des cours et tribunaux, la reproduction des séances des autres corps constitués ou de toute autre assemblée délibérante ne pourrait donner lieu à l'application des peines portées par cet article. Il ne pourrait y avoir répression qu'autant que le compte rendu

(1) (Besson). — La cour; — Sur le moyen tiré de la prétendue violation de la chose jugée des art. 426, 341, 305 et 305 c. inst. crim., en ce que la partie civile a publié et fait distribuer aux jurés un compte rendu inexact des débats de Riom, en ce que le supplément d'instruction fait devant le juge d'instruction du Puy a été également publié et falsifié. — Attendu que les publications et les distributions dont se plaint le demandeur peuvent être téméraires et abusives, mais qu'elles ne sont pas le fait du ministère public; qu'aucun texte de loi ne les défend, et que la partie publique pourrait être facilement désarmée, que l'impunité pourrait être facilement assurée, si de tels actes extérieurs, extra-judiciaires, étaient de nature à vicier les procédures et les arrêts de la justice répressive; — Rejette.

Du 17 fév. 1843.-C. C., ch. crim.-MM. Crouseilhes, pr.-Romiguières, rap.-Dupin, pr. gén., c. conf.-Bechard et Morin, av.

présenterait une infraction prévue par une autre disposition. (V. M. de Grattier, t. 2, p. 80, n° 4).— Mais toutes les juridictions sont comprises sous la dénomination de *cours et tribunaux*. C'est ce que nous avons déjà vu (n° 774), au sujet des outrages prévus par le code pénal.

993. Nous venons de dire quelles sont les corps constitués que la loi protége. Un mot maintenant sur les écrits contre lesquels elle les défend.— M. de Grattier, t. 1, p. 230, fait remarquer à ce sujet que l'art. 7 précité ne s'applique qu'aux journaux qui, comme politiques, sont sujets au cautionnement. Cette observation nous semblerait juste, s'il ne s'agissait que de débats législatifs, puisque les journaux cautionnés peuvent, seuls, en rendre compte. Mais la loi s'applique aux *débats judiciaires*. Or, lorsqu'ils ne sont pas politiques, les journaux non sujets au cautionnement peuvent également en rendre compte; et nous ne saurions voir pourquoi ils se trouveraient, en cas d'infidélité, affranchis de la pénalité réservée à cette infraction.

994. Voyons maintenant ce qu'il faut entendre par *compte rendu*.— Rendre compte d'une séance, c'est la raconter. Jusque-là rien de plus simple.— Mais un récit de ce qui s'est passé dans une séance législative ou judiciaire doit-il toujours être regardé comme un compte rendu, quelles que soient la forme dans laquelle il est présenté ou les observations que le rédacteur juge à propos d'y introduire? — Oui. La jurisprudence, d'accord, sur ce point, avec l'esprit de la loi, voit un compte rendu dans toute reproduction générale ou partielle de ce qui s'est passé dans une assemblée législative ou dans une audience. — Ainsi, il a été jugé : 1° que le récit des débats d'un procès conserve la qualification de compte rendu, dans le sens de l'art. 7 de la loi du 25 mars 1822, quoiqu'il ait eu lieu sous la forme d'une appréciation raisonnée et critique, et non pas sous celle d'une reproduction pure et simple de l'audience, dégagée de toute réflexion (haute-cour de justice, 26 oct. 1849, aff. Tribune des peuples, D. P. 49. 1. 266); — 2° Que les observations ou réflexions mêlées au récit d'un débat judiciaire n'enlèvent pas à ce récit le caractère d'un compte rendu (Crim. rej. 2 août 1839, aff. Souillac, V. n° 1059); — 3° Qu'un article de discussion générale peut être qualifié compte rendu des débats d'une affaire jugée par une cour d'assises, lorsque les différentes phrases qui le composent ont pour objet ces débats (Crim. rej. 23 fév. 1837, aff. Brière, V. n° 1349); — 4° Qu'on doit considérer comme un compte rendu l'article d'un journal dans lequel se trouve, sous forme de réflexions et de critiques, le récit de quelques faits qui se sont passés à l'audience d'un tribunal ou d'une cour d'assises, encore bien que le même journal renferme, dans une autre partie, un récit détaillé de l'audience entière (C. d'ass. de la Seine, 20 mars 1833, aff. min. publ. C. Paulin; Crim. rej. 19 oct. 1833, aff. Paulin, V. n° 1446); — 5° Que peu importe que les faits soient rapportés d'une manière incomplète et inexacte, que la question soumise à la cour soit dénaturée, qu'en feignant de donner les motifs de l'arrêt on les supprime en réalité; que ces omissions, ces inexactitudes, ces altérations de la vérité, faites avec intention, afin d'égarer l'opinion publique, ne suffisent pas pour enlever à l'article son caractère de compte rendu (Rennes, 11 oct. 1850, aff. Mangin, D. P. 52. 5. 436); — 6° Que l'article d'un journal qui présente successivement un grand nombre de faits qui se sont passés à une cour d'assises, et se termine par ces mots : « Tel est sommairement le résultat de cette deuxième séance, » a pu être considéré comme un compte rendu dans le sens de l'art. 7 de la loi du 25 mars 1822, encore bien qu'il fût écrit en style ironique et burlesque (Crim. rej. 19 oct. 1833, aff. Cruchet, V. n° 1446.—Conf. M. de Grattier, t. 2, p. 79); — 7° Qu'un article de journal placé à la suite du compte rendu d'une audience, et qui se rattache à lui par une transition, par le mode de rédaction, et surtout par l'objet dont il s'occupe, doit être aussi considéré comme ayant le caractère de compte rendu d'une audience (Crim. rej. 6 juin 1834 (1). — Conf. MM. Chassan, t. 1, p. 410, n° 3; de Grattier, t. 2, p. 80, n° 2); — 8° Qu'on doit regarder comme un compte rendu la reproduction d'un incident qu'ont présenté les débats d'une affaire, incident qui a donné lieu à une ordonnance de renvoi à une autre session (même arrêt); — 9° Que les ordonnances rendues à l'audience par le président d'une cour d'assises dans les limites de ses pouvoirs particuliers, sont de véritables jugements, protégés comme tous les actes qui se passent à l'audience par les dispositions de l'art. 7 L. 25 mars 1822, en cas de compte rendu infidèle et de mauvaise foi (même arrêt. — Conf. MM. Parant, p. 143, n° 2, et Chassan, t. 1, p. 411, n° 4). — V. aussi n° 297.

995. Mais il a été jugé aussi qu'on ne peut voir un compte rendu dans l'article d'un journal qui, sans faire un nouveau récit des débats judiciaires consignés dans un article précédent, et sans reproduire en aucune sorte cet article, se borne à faire des réflexions sur son contenu, en assurant que les faits y sont présentés avec exactitude, et en invoquant le jugement de l'opinion publique sur un procès pour compte rendu infidèle dont le journaliste se dit menacé (Crim. cass. 2 août 1839, aff. Souilhac, V. n° 1059; V. en ce sens MM. Parant, p. 144; Chassan, t. 1, p. 410, n° 3; de Grattier, t. 2, p. 78, n° 2).

996. Au reste, il a été décidé encore que les caractères légaux d'un compte rendu d'audience, dans un article de journal, peuvent être appréciés par la cour de cassation (Crim. cass. 12 mai 1837, MM. Choppin, f. f. pr., Isambert, rap., aff. le Mémorial dieppois).— Et nous ne voyons, dans cette solution, rien qui ne soit conforme au principe de l'institution de la cour suprême.

997. Mais que faut-il entendre par l'*infidélité* qui constitue le délit prévu par l'art. 7 de la loi de 1822? — Dans la discussion de cette loi, M. Guizot, commissaire du roi, s'est exprimé, à cet égard, dans les termes suivants : « Il n'y a pas délit dans la publication de ce qui est public de droit. Donc, il n'y a pas délit dans la publication pure et simple des séances et des débats de la chambre. Voilà le principe. Mais une condition y est évidemment attachée, c'est la fidélité du journaliste. *Je ne parle pas ici d'une fidélité matérielle..., c'est évidemment d'une fidélité morale qu'il s'agit, c'est la seule qu'il soit équitable et possible de demander aux journalistes...* Si le porte-voix est infidèle, s'il porte jusqu'aux extrémités de la France d'autres paroles ou d'autres impressions que celles qui doivent résulter des débats de la chambre, alors il peut être poursuivi. »

(1) (Crépu C. min. pub.)—La cour; — ...Attendu que le second des articles incriminés, insérés dans le journal dit *le Dauphinois* du 8 mai 1834, et à raison duquel le sieur Alexandre Crépu, gérant de ce journal, était cité directement par le ministère public, devant la cour d'assises de l'Isère, n'a pas moins que le premier de ces articles le caractère de compte rendu d'une audience, puisqu'il y fait suite immédiatement dans le journal, et qu'il se rattache au premier article par une transition, par le mode de rédaction et surtout par l'objet dont il s'occupe; que par conséquent l'arrêt attaqué a pu, sans violer les règles de la compétence de cette matière, déclarer compétente la cour d'assises, pour connaître de l'un et l'autre article;

Sur le troisième moyen d'incompétence proposé, résultant de ce qu'il ne s'agit point au procès d'un compte rendu d'audience, dans le sens de l'art. 7, L. 25 mars 1822, mais bien du compte rendu d'une ordonnance du président de la cour d'assises, portant renvoi de la cause à une autre session des assises, et pour le prononcé de laquelle il était inutile de réunir la cour, le prévenu, ses défenseurs et le public; — Attendu qu'il est constant en fait, d'après l'arrêt attaqué, que l'ordonnance de renvoi de l'affaire du sieur Alexandre Crépu aux prochaines assises, prononcée par le président de la cour d'assises de l'Isère, le 6 mai 1834, l'a été en audience publique de cette cour, où siégeaient les magistrats qui la composaient, en présence du prévenu et de son défenseur; — Attendu que les articles incriminés par le ministère public, insérés dans le journal dit *le Dauphinois*, du 8 mai 1834, comme ayant le caractère de compte rendu infidèle, de mauvaise foi et injurieux d'une audience, portent le titre : Cour d'assises de Grenoble, audience du 6 mai, présidence de M. Nicolas; qu'ainsi lesdits articles, tant par leur nature que par la qualification même qui leur a été donnée dans leur titre, ont le caractère de compte rendu d'une audience; — Attendu, enfin, que les ordonnances que le président d'une cour d'assises rend à l'audience dans les limites de ses pouvoirs, pour lesquelles le concours des autres magistrats qui siégent près de lui n'est pas nécessaire, sont de véritables jugements, lesquels se trouvent protégés, comme tous les actes judiciaires qui se passent à l'audience, par les dispositions de l'art. 7 L. 25 mars 1822; — Attendu qu'il résulte de l'état des faits relevés par l'arrêt attaqué, et des principes ci-dessus établis, que la cour d'assises de l'Isère, en se déclarant compétente pour connaître de la prévention dirigée par le ministère public contre le sieur Alexandre Crépu, relativement aux articles dont il s'agit, considérés comme compte rendu d'une audience de cette cour, n'a point excédé les bornes de sa compétence; — Par ces motifs, rejette le pourvoi, etc.

Du 6 juin 1834.-C. C., ch. crim.-M. Dehaussy, rap.

998. Il faut observer, en outre, que, pour donner lieu aux poursuites, l'infidélité ne suffit pas. Elle n'est punissable qu'autant qu'elle naît de la mauvaise foi. C'est, d'abord, ce qui s'induit de la rédaction de l'article que nous examinons et où il est dit : « L'infidélité *et* la mauvaise foi... seront punies, etc. » — D'où il suit que le législateur a confondu dans sa pensée la mauvaise intention avec le fait matériel. — V. en ce sens, MM. Parant, p. 144; Chassan, t. 1, p. 230; de Grattier, t. 2, p. 230; Bories et Bonassies, v° Compte rendu, n° 8.

999. Suivant un arrêt, en cas de condamnation d'un journal pour avoir rendu compte avec infidélité d'un incident survenu en cour d'assises, la cour peut valablement ordonner l'insertion dans le journal, non-seulement de l'arrêt de condamnation, mais de l'arrêt rendu sur l'incident, en considérant ce dernier arrêt comme faisant partie des motifs de l'arrêt de condamnation (Crim. cass. 2 août 1839, Souilhac, V. n° 1059).—Dès l'instant où il est admis que les motifs de l'arrêt de condamnation se trouvent dans une autre décision à laquelle il renvoie, il est naturel que ces motifs soient insérés avec l'arrêt dont ils font réellement partie, bien qu'ils en soient matériellement séparés.

1000. Examinons maintenant le second paragraphe de l'art. 7 de la loi du 25 mars 1822 :« En cas de *récidive*, y est-il dit, ou lorsque le compte rendu sera *offensant* pour l'une ou l'autre des *chambres*, ou pour l'un des *pairs* ou des *députés*, ou injurieux pour la cour, le tribunal ou l'un des *magistrats*, des *jurés* ou des *témoins*, les éditeurs du journal seront en outre condamnés à un emprisonnement d'un mois à trois ans. » — Ici encore se retrouve un défaut de proportion assez remarquable entre des faits que le législateur a soumis à une pénalité identique; le compte rendu offensant pour un témoin est puni de la même manière que celui qui est injurieux pour l'une des chambres!—A la vérité, la latitude laissée aux juges, entre le minimum et le maximum de la peine, leur donne la faculté d'effacer jusqu'à un certain point cette antinomie. — Analysons maintenant la disposition dont nous venons de reproduire le texte.

1001. Elle prévoit deux cas distincts : celui de *récidive* et celui d'*offense* : examinons-les séparément. — D'abord, suivant l'art. 58 c. pén., il n'y a récidive qu'autant qu'une première condamnation a été prononcée au moins à un *emprisonnement* de plus d'une année. Mais l'art. 7 (§ 2) de la loi du 25 mars 1822 déroge à cette règle. En effet, d'après le premier paragraphe de cet article, l'amende de 1,000 à 6,000 fr. pouvant seule être prononcée dans le cas d'infidélité ou de mauvaise foi dans le compte que rendent les journaux et écrits périodiques des séances des chambres et des audiences des cours et tribunaux, on doit appliquer le mot *récidive* dont se sert le § 2 précité de l'art. 7 à la simple répétition qu'un journal se permettrait du fait que prévoit le § 1 : seulement cet état de récidive est en outre passible de la prison.

L'expression *récidive* qu'on lit dans le § 2 de l'art. 7 de la loi s'applique-t-elle également à la répétition du fait prévu par ce paragraphe, c'est-à-dire du compte rendu offensant, en telle sorte que lorsqu'une première condamnation a été prononcée pour ce dernier fait, il y ait récidive si le condamné commet une infidélité ou une nouvelle offense dans un compte rendu ? — La solution affirmative de cette question semble évidente, et pourtant il y a controverse à cet égard.—Suivant M. de Grattier, t. 2, p. 86, il est certain qu'une première condamnation pour offense ou pour injure par compte rendu infidèle et de mauvaise foi servira de base à la récidive, en cas de seconde condamnation pour compte rendu infidèle et de mauvaise foi. Mais une première condamnation pour compte infidèle et de mauvaise foi seulement ne peut devenir la base de la récidive, en cas de condamnation ultérieure pour offense ou pour injure par compte infidèle et de mauvaise foi.— M. Chassan (t. 1, p. 167) enseigne, au contraire, qu'il y a récidive si le premier délit a été une infraction de compte rendu infidèle seulement et le deuxième une infraction d'offense par compte rendu et *vice versâ*, parce que les deux infractions sont de même nature. Nous partageons entièrement cet avis.—Par la même raison, nous pensons aussi qu'il y a récidive lorsque la première condamnation a été prononcée pour une offense envers une autorité, et la deuxième poursuite dirigée à raison d'une offense envers une autre autorité. V. aussi M Chassan *loc. cit.*

1002. Mais il est un autre point sur lequel nous ne partageons pas l'opinion de M. Chassan. Peut-être est-ce parce que nous ne l'avons pas bien comprise. Voici, du reste, comment s'exprime cet auteur : « ...Dans le délit d'*offense* par le moyen d'un compte rendu, que faut-il entendre par le mot *récidive*?—Il n'en est pas de ce cas comme du cas d'infidélité pur et simple où le deuxième paragraphe de l'art. 7 prévoit la récidive et statue, à cet égard, une peine particulière, dérogatoire au droit commun et même au droit ordinaire de la presse. Ici le § 2 prévoit d'abord la récidive à raison du délit énoncé dans le § 1, ensuite il prévoit une autre infraction qu'il frappe des mêmes peines que celles qu'il applique à la récidive du délit du premier paragraphe. On ne saurait donc dire que la récidive spéciale prévue et réglée par les §§ 2 et 3 de l'art. 7 soit applicable à la récidive du délit d'offense par compte rendu. »

Ce qui rend pour nous cette solution obscure, c'est qu'elle ne nous paraît pas en harmonie avec celle que donne le même auteur à la fin du numéro précédent et que nous venons de citer. — D'une part, suivant M. Chassan, il y a récidive lorsque le premier délit a été une infraction de compte rendu infidèle seulement et le deuxième une infraction d'offense par compte rendu et *vice versâ*; d'autre part, la récidive prévue par le deuxième paragraphe est inapplicable *à la récidive du délit d'offense par compte rendu*. — Nous avons peine à distinguer les deux cas. La pensée de M. Chassan est-elle que lorsqu'il y a offense sur offense le deuxième paragraphe est inapplicable? — Nous ne l'adoptons pas, parce qu'il y a toujours répétition du délit prévu par le premier paragraphe, seulement avec l'aggravation de l'offense, ce qui ne peut être un motif pour écarter l'application de la disposition plus sévère du deuxième paragraphe. C'est, d'ailleurs ce qui va ressortir avec plus d'évidence de l'examen de la question suivante.

1003. Le compte rendu offensant peut-il être puni comme tel, en vertu de l'art. 7 de la loi de 1822, bien qu'il ne soit ni infidèle ni de mauvaise foi. M. Chassan (t. 1, p. 411) ne se prononce pas sur la question qu'il examine pourtant. Il se borne à faire remarquer qu'il voit des raisons puissantes pour la résoudre négativement : — 1° Dans la construction grammaticale du second paragraphe de l'article précité, parce que en disant : *en cas de récidive, ou lorsque le compte rendu sera offensant..., les éditeurs du journal seront*, en outre, *condamnés à un emprisonnement*, etc., le législateur a lié les deux pénalités (celles du premier et du deuxième paragraphe) et non les deux faits. M. Chassan pense que s'il en eût été autrement on aurait dit : *lorsque le compte rendu sera*, en outre, *offensant, les éditeurs seront condamnés*, etc.; — 2° Dans le rapport de M. Chifflet à la chambre des députés, où on lit ce qui suit :« La récidive fera joindre l'emprisonnement aux peines pécuniaires; ces peines sont aussi cumulées *en cas d'offense dans le compte rendu* contre les chambres ou les tribunaux... Cette disposition est dans l'esprit des articles analogues de la loi. Dans ces deux cas de récidive ou d'offense le journaliste ne mérite plus une confiance dont il abuse; »—3° Dans le rejet de l'amendement de M. Cornet d'Incourt qui demandait que l'article fût ainsi rédigé : « Lorsque le compte rendu avec infidélité et mauvaise foi sera, *en outre*, offensant... »

Suivant M. de Grattier (t. 2, p. 82, n° 9) au contraire, l'offense n'est qu'une circonstance aggravante du délit prévu par le premier paragraphe de l'art. 7 et ne constitue point un délit distinct (Conf. MM. Bories et Bonassies, v° Compte rendu offensant, n° 3).—Telle est aussi notre opinion et nous la fondons : 1° Sur la rédaction, à notre sens, fort claire de l'art. 7 qui, après avoir prévu le délit de compte rendu infidèle dans le premier paragraphe de cet article en suppose simplement l'aggravation dans le second paragraphe; — 2° Sur ce que le compte rendu offensant, indépendamment de l'infidélité et de la mauvaise foi ne serait autre chose qu'une offense ordinaire prévue par la loi de 1819 (V. n° 653), et qu'on ne verrait pas de raison pour que celle qui serait commise dans un compte rendu fidèle et de bonne foi fût punie autrement que celle qui résulterait d'un autre article de journal. — Quant aux objections qui n'ont pas permis à M. Chassan de fixer son opinion, elles ont de la gravité, sans doute, mais elles ne suffisent pas pour laisser la nôtre en suspens. — La construction grammaticale qui lui a paru avoir quelque portée, n'a rien de décisif et nous trouvons que l'enchaînement naturel des idées conduit à une solution contraire à celle vers laquelle il semble pencher. — Le rapport de M. Chifflet ne se prononce en aucune manière. — Enfin le rejet de l'amendement de M. Cornet d'Incourt qui fournirait, dans le sens opposé à celui que nous adoptons, l'argument le plus sérieux, peut très-bien avoir eu lieu parce que la rédaction de l'article n'a pas paru exiger l'éclaircissement proposé par ce député. D'où il suit que, dans le silence du Moniteur, sur les motif du rejet, il perd à peu près toute signification.

1004. Il n'est pas nécessaire pour l'application du second paragraphe de l'art. 7 de la loi de 1822, relativement au compte-rendu offensant, qu'il y ait précisément dans l'écrit incriminé diffamation ou injure. C'est ce qui ressort avec évidence du rejet de l'amendement que M. Laisné de Villévêque, avait proposé, dans la discussion de l'article précité, amendement qui avait d'ailleurs pour objet de faire préciser que le compte-rendu ne serait réputé offensant qu'autant qu'il contiendrait une injure ou une diffamation. — Pour qu'un compte rendu soit réputé offensant, il suffit donc qu'il s'écarte du respect dû aux corps constitués que le paragraphe dont il s'agit a eu pour objet de défendre contre de telles attaques. — V. en ce sens MM. Chassan, t. 1, p. 413; de Grattier, t. 2, p. 84; Bories et Bonassies, v^is Compte rendu offensant, n° 4.

1005. Au surplus, il a été décidé : 1° que les juges apprécient souverainement la question de savoir si un compte rendu des débats d'une cour d'assises, est injurieux pour les membres qui la composent (Crim. rej., 18 oct. 1855, aff. Paulin, V. n° 1446; 19 oct. 1855, aff. Cruchet, V. *eod.*); — 2° Que l'appréciation du caractère injurieux d'un article de journal rentre dans le domaine souverain des juges du fait, et conséquemment qu'il ne peut y avoir ouverture à cassation contre un arrêt parce qu'il décide que dire d'un président de cour d'assises qu'il abuse de son pouvoir discrétionnaire et qu'il entrave la défense, c'est commettre une offense envers ce magistrat; — Et que le gérant du journal qui la contient en est responsable, alors même que l'article incriminé présenterait l'imputation adressée au président comme venant de la rumeur publique, s'il y donne en même temps son approbation (Crim. cass., 2 août 1859, aff. Souilhac, V. n° 1059); — 3° Que l'art. 7 de la loi du 25 mars 1822 qui punit les comptes rendus infidèles, faits de mauvaise foi et injurieux pour les magistrats, ne détermine pas en quoi doit consister cette infidélité, cette mauvaise foi, ce ton injurieux, caractères laissés par suite à l'appréciation des juges du fait, et qu'en conséquence, l'arrêt qui applique les peines édictées par la loi du 25 mars 1822 contre le rédacteur d'un journal convaincu de compte rendu infidèle, de mauvaise foi et injurieux pour un magistrat tenant l'audience, est suffisamment motivé par le considérant qui exprime que « du rapprochement de l'article incriminé et des enquêtes diligentes à l'audience du 27 juillet dernier, il résulte qu'il y a infidélité et mauvaise foi dans ce compte rendu; qu'il en résulte encore qu'il est injurieux pour le magistrat tenant l'audience » (Crim. rej. 11 nov. 1843, MM. Crouseilhes, pr., Romiguières, rap., aff. Leleux). — Pour nous, bien que la loi n'ait pas déterminé les caractères du compte rendu *offensant*, nous ne verrions aucun obstacle à ce que, sans s'immiscer dans la constatation des faits qui n'est pas de son domaine, la cour de cassation vérifiât, dans ceux qui sont reconnus constants, s'il y a injure ou offense dans l'esprit de la loi qu'il lui appartient de fixer d'une manière souveraine.

1006. Il est bien entendu et c'est ce qui a été jugé, que la première condition de l'attribution faite aux cours et tribunaux de punir l'infidélité et la mauvaise foi des journaux dans le compte rendu de leurs audiences, c'est que l'article incriminé présente les caractères d'un compte rendu, et que, s'il ne remplit pas cette condition, il importe peu, sous ce rapport, qu'il renferme des opinions ordinaires plus ou moins justes, et des injures plus ou moins graves contre les magistrats. — « La cour, attendu que l'article incriminé ne porte pas le caractère d'un compte rendu; qu'il ne renferme que des opinions ordinaires plus ou moins justes, des injures plus ou moins graves contre les magistrats, et qui ne pourraient être soumises à la décision de la cour qu'autant qu'elles seraient contenues dans un compte rendu, se déclare incompétente; renvoie le prévenu des fins de l'action, sauf au ministère public à poursuivre devant les juges qui doivent en connaître, s'il le juge à propos, etc. » (C. d'ass. de la Seine, 26 mars 1833, M. Dubois d'Angers, pr., aff. Coste).

1007. Passons au § 3 de l'art. 7 de la loi de 1822 : — « *Dans les mêmes cas*, porte ce paragraphe, il pourra être *interdit* pour un temps limité ou pour toujours aux propriétaires et éditeurs du journal ou écrit périodique condamné, de rendre compte des débats législatifs ou judiciaires. — La violation de cette défense sera punie de *peines doubles* de celles portées au présent article. » — Quant aux débats législatifs, le paragraphe nous paraît peu en harmonie avec l'état actuel de la législation? — Quel est, en effet, le motif sur lequel est fondée cette disposition. — Il est exprimé dans le rapport précité de M. Chifflet à la chambre des députés. « *Dans ces deux cas de récidive et d'offense*, y est-il dit, *le journal ne mérite plus une confiance dont il abuse.* » — Or, le journal ne peut aujourd'hui abuser d'une confiance qui ne lui a pas été accordée, puisque, d'une part, il lui est interdit de rendre compte des délibérations du sénat, et que, de l'autre, il ne peut reproduire que le procès-verbal officiel des séances du corps législatif (décr. 17 fév. 1852, art. 17, Const. 1852, art. 42, V. n°s 291 et s.). — Pour accomplir jusqu'au bout notre tâche, nous devons néanmoins supposer que le 3e § de l'art. 7 de la loi de 1822 continue d'être en vigueur relativement aux débats législatifs comme pour les débats judiciaires. — Nous devons agir ainsi parce que l'abrogation de ce paragraphe, n'étant pas expressément prononcée, c'est là encore une question qui peut être diversement résolue.

1008. Avant la révolution de 1848, l'interdiction de rendre compte des débats législatifs de la chambre qui prononçait cette interdiction ne s'étendait pas aux débats législatifs de l'autre chambre. Cela avait été formellement reconnu à la chambre des pairs (séance du 3 mars 1822). — Sous le décret de 1852 (art. 16), la difficulté ne semble plus pouvoir se présenter, puisqu'ainsi que nous venons de le rappeler, il est interdit d'une manière absolue de rendre compte des séances du sénat autrement que par la reproduction des articles insérés au journal officiel, à moins que l'on ne considère cette reproduction comme un compte rendu dans le sens de la loi de 1822, ce qui ne nous semble pas admissible. — L'interdiction de rendre compte des débats législatifs d'une chambre ne s'étendait pas non plus aux débats judiciaires de la même chambre, et *vice versâ*. Du reste, la question ne pouvait s'élever qu'à l'égard de la chambre des pairs, car il n'y avait jamais de débats judiciaires proprement dits dans la chambre des députés (V. M. Chassan, t. 1, p. 232, et en sens contraire M. de Grattier, t. 2, p. 88, n° 21). — Aujourd'hui la question ne saurait se présenter ni à l'égard du sénat, ni à l'égard du corps législatif, puisque ni l'un ni l'autre de ces corps politiques n'est appelé par la constitution à se former en cour de justice. — De même c'est d'ailleurs ce qui a été jugé, la défense de rendre compte des débats judiciaires ne doit s'entendre que des débats ouverts devant la cour ou le tribunal dont les audiences ont été reproduites par le journaliste avec infidélité et mauvaise foi (Crim. rej. 14 déc. 1835) (1). — Décider qu'elle doit s'étendre aux débats de tous les tribunaux de France, ce serait donner à l'art. 7

(1) (Le National C. min. pub.) — La cour (ap. dél. en ch. du cons.); — Sur le pourvoi du 5 novembre contre l'arrêt rendu sur la compétence : — Attendu que l'interdiction de rendre compte des débats judiciaires qui peut, selon l'art. 7 de la loi du 25 mars 1832, être prononcée contre les éditeurs des journaux, ne doit s'entendre que des débats ouverts devant les cours et tribunaux des audiences desquels il avait été rendu un compte infidèle et de mauvaise foi; qu'on ne pourrait, sans donner à cette disposition pénale une extension que son esprit ne comporte pas, l'étendre aux débats judiciaires devant toutes les cours et tous les tribunaux du royaume; — Attendu que c'était pour avoir rendu un compte infidèle, de mauvaise foi et injurieux, des audiences de la cour d'assises de la Seine, que la cour d'assises de Seine-et-Oise, saisie par renvoi après cassation, a interdit au demandeur, pendant deux ans, de rendre compte des débats judiciaires; — Que cette interdiction ne pouvait porter que sur les débats devant la cour d'assises de la Seine, et qu'au nombre des articles qui ont donné lieu à la poursuite, il s'en trouve

précité de la loi de 1822 une extension que ne comportent ni ses termes, ni son esprit. Cette interprétation serait d'autant plus dangereuse, que la faculté accordée par l'art. 7 peut être exercée par tous les tribunaux de France, quel que soit leur degré dans la hiérarchie judiciaire; de sorte que, dans l'hypothèse où nous nous plaçons, un simple tribunal de police pourrait interdire aux propriétaires d'un journal de rendre compte des débats judiciaires de toutes les cours, de tous les tribunaux de l'Empire!!... Jamais un pouvoir aussi exorbitant, aussi en dehors des règles ordinaires de la pénalité n'a pu entrer dans l'esprit du législateur. — V. en ce sens M. Parant, p. 148.

1009. Mais il a été décidé que la défense de rendre compte des débats judiciaires s'applique même aux ordonnances que le président d'une cour d'assises rend à l'audience dans les limites de ses pouvoirs, et pour lesquelles le concours des autres magistrats n'est pas nécessaire (Crim. rej. 6 juin 1834, aff. N... arrêt cité par M. Parant). — Ces ordonnances étant rendues à l'audience, il n'y a, en effet, aucun motif pour les excepter de la prohibition.

1010. Il a été jugé aussi que l'effet de l'interdiction de rendre compte des débats judiciaires commence après l'arrêt qui rejette le pourvoi, et qu'il n'est pas nécessaire que cet arrêt ait été signifié (Crim. cass. 31 mai 1834, aff. le National, V. Jugement, n° 872.— Conf. M. de Grattier, t. 2, p. 127, n° 12).—V. à cet égard v° Cassation, n° 1993.

1011. La disposition finale de l'art. 18 du décret du 17 fév. 1852 fait naître une difficulté qui offre un assez grand intérêt : c'est celle de savoir si ces derniers mots de l'article précité *sans préjudice des peines prononcées par la loi, si le compte rendu est infidèle et de mauvaise foi*, doivent être entendus en ce sens que, dans ce cas, les peines de l'infidélité et de la mauvaise foi doivent seules être appliquées, ou si, au contraire, elles doivent être cumulées avec celles de la contravention à la défense de tout autre compte rendu que celui qu'autorise le décret.—Si les peines les plus graves étaient celles de la contravention, nous n'hésiterions pas à penser qu'elles doivent être cumulées; mais comme l'amende prononcée par le premier paragraphe de l'art. 7 de la loi de 1822 est plus élevée que celle édictée par l'art. 18 du décret de 1852, il est permis de supposer que la plus grave de ces peines suffit à la répression que le décret de 1852 a eue en vue, et que, dès lors, elle doit seule être appliquée. *In pœnalibus causis benigniùs interpretandum est* (L. 155, ff., *De div. reg. juris*).

1012. Il est à remarquer que la peine prononcée ne peut être moindre que le double du minimum, tant de l'amende que de l'emprisonnement, et qu'ainsi l'amende doit être de 2,000 fr. à 12,000 fr., et l'emprisonnement de deux mois à six ans (V. en ce sens M. Chassan, t. 1, p. 233). — Ce qui pourrait faire naître le doute à cet égard, c'est que l'art. 7 porte diverses peines, et qu'au lieu de parler de la dernière, il dit vaguement : « La violation de cette défense sera punie de *peines doubles de celles portées au présent article*. » — Toutefois, de la gradation que le législateur a établie dans la disposition précitée et du sens qui résulte naturellement de ce que le paragraphe où il est dit que les peines seront doubles vient après celui qui combine l'amende de 1,000 à 6,000 fr. avec l'emprisonnement d'un mois à trois ans, il nous paraît juste de conclure que l'amende peut être portée à 12,000 fr. et l'emprisonnement à six ans.

1013. La disposition précitée suivant laquelle la violation de la défense de rendre compte des débats sera punie des peines doubles de celles portées audit article, doit être entendue en ce sens que l'application de cette disposition n'est point facultative (V. en ce sens M. Chassan, t. 1, p. 233).—Cependant il convient de faire observer à ce sujet que la peine pouvant varier de 2,000 fr. à 12,000 fr. pour l'amende et de deux mois à six ans pour l'emprisonnement, lorsque le juge condamne à 3,000 fr. d'amende et à trois mois d'emprisonnement, par exemple, il n'est pas possible de reconnaître s'il a doublé la peine ou s'il a prononcé la peine simple, en vertu du second paragraphe de l'art. 7. D'où la conséquence que le seul effet de la disposition impérative dont il vient d'être parlé, c'est que, en cas de contravention à la prohibition de rendre compte des débats législatifs ou judiciaires, le minimum de l'amende est de 2,000 fr. et celui de l'emprisonnement de deux mois.

1014. Il a été décidé que lorsqu'il a été interdit à un journal de rendre compte des débats judiciaires, cette disposition ne doit pas s'étendre à un autre journal fondé par les propriétaires de celui qui a été condamné, lors même qu'il serait reconnu que cette seconde feuille a été créée par eux dans le but de se soustraire à la prohibition; et que la cour de cassation peut, sans sortir du cercle de ses attributions, juger le point de savoir s'il y a identité entre le journal condamné et celui qui a été nouvellement créé (Crim. cass. 4 avril 1834, aff. le National, n° 234). —Mais la cour de cassation appelée à se prononcer sur ce dernier point, en audience solennelle, a jugé que ce ne pouvait être là une question de droit, mais un point de fait entièrement livré à l'appréciation des juges du fond (ch. réun. rej. 6 août 1834, même aff., *eod.*). — De ces deux solutions nous préférons la première qui tend vers le but que le législateur s'est proposé en instituant la cour de cassation, à savoir l'unité de la jurisprudence.—Ainsi, de deux journalistes publicateurs de la *même* feuille, l'un ne pourrait, sans inconvénients, être déclaré avoir reproduit un journal condamné, alors que l'autre aurait été déclaré ne l'avoir point reproduit. C'est là, c'est dans cette reproduction de la même feuille que le délit réside virtuellement.

CHAP. 7. — Des peines.

1015. En expliquant les divers crimes ou délits dont on peut se rendre coupable par la voie de la presse ou par les autres moyens de publication énoncés en l'art. 1 de la loi du 17 mai 1819, nous avons fait connaître les peines dont le législateur a jugé nécessaire de frapper chacun de ces crimes ou délits; il suffit donc de nous en référer aux chapitres qui précèdent, quant à ces peines particulières. — Mais il y a des dispositions pénales qui sont communes à plusieurs des infractions que nous venons d'examiner. — Pour éviter des répétitions ou des renvois trop multipliés, nous avons dû les réunir sur un terrain neutre.—Tel est l'objet de ce chapitre.—Des principes qui vont nous occuper ici, les uns sont communs aux diverses infractions qui peuvent se commettre par *tous* les moyens de publication; les autres le sont seulement aux infractions qui se manifestent par la voie de la presse périodique. — Cette observation nous trace la division de ce chapitre en deux sections.

Sect. 1. — *Règles communes aux délits qui peuvent se commettre par les divers moyens de publication.*

1016. Ce titre fait comprendre que nous n'allons point développer ici les principes généraux du droit pénal. C'est au mot *Peine* que le lecteur en trouvera l'explication.—Nous ne devons nous occuper maintenant que des lois spéciales aux divers moyens de publication. — Nous ne croyons même pas qu'il soit de notre sujet de rechercher quel est le principe générateur des peines portées par les lois, parce que ce point se rattache à une théorie générale sur l'origine et la légitimité des lois pénales. — Il nous suffira de faire observer que, depuis la loi de 1819 jusqu'à celle du 9 sept. 1835, le besoin d'intimidation qui s'y fait sentir a suivi une progression ascendante. — Préparée par la presse périodique, la révolution de 1848 devait nécessairement conduire à une réaction, sous ce rapport, et, à leur tour, les abus du ré-

un que la prévention a qualifié de compte rendu des audiences de la cour d'assises de la Seine; — Attendu que si, par suite de l'arrêt de cassation du 11 mai dernier, qui a renvoyé le demandeur devant la cour d'assises de Seine-et-Oise, la cour d'assises de la Seine a été dessaisie de la connaissance du délit primitif de compte rendu infidèle, de mauvaise foi et injurieux de ses audiences, l'infraction à la défense portée par la cour d'assises, qui lui avait été substituée, est un autre délit dont l'appréciation est spécialement attribuée par les art. 7 et 16 combinés, de la loi du 25 mars 1852, au tribunal des audiences duquel il avait été rendu un compte infidèle et de mauvaise foi; d'où il suit que la cour d'assises de la Seine était seule compétente pour juger l'infraction à la défense de rendre compte de ses audiences; — Rejette le pourvoi du 5 novembre dernier contre l'arrêt du même jour rendu sur la compétence.

Du 14 déc. 1855.-C. C., ch. crim.-MM. de Bastard, pr.-Ricard, rap.

gime de la liberté absolue devaient bientôt ramener aux tendances momentanément abandonnées. — Dans l'historique et dans d'autres parties de ce travail, nous avons signalé ces phases diverses. Hâtons-nous d'arriver aux explications qu'embrasse le cadre de cet article. — Les règles communes aux infractions qui peuvent se commettre par les divers moyens de publication ont trait au principe *de la non-rétroactivité, au cumul des peines, aux suites de la récidive, à l'effet des circonstances atténuantes, à la suppression ou destruction des objets saisis, à l'impression ou affiche de la condamnation.* — Parcourons successivement ces divers sujets d'analyse.

1017. 1° *Non-rétroactivité.*—La loi n'a pas d'effet rétroactif. Rien n'est plus élémentaire (V. Loi nos 182 et suiv.). Cependant, par un sentiment louable, puisqu'il est généreux, on a fait fléchir cette règle, en matière pénale, dans l'intérêt de l'inculpé (V. *eod.*, n° 367; Peine, nos 111 et s.). C'est ainsi qu'il a été jugé conformément au décret du 2 juill. 1840 que le délit d'outrages et de violences commis hors de l'audience, envers un magistrat, avant la mise en vigueur du code pénal de 1810, mais jugé sous son empire, n'a été passible que des peines portées par ce code, comme étant plus douces que celles portées par le code pénal de 1791 (Crim. cass. 26 juill. 1811) (1).

1018. 2° *Cumul des peines.*—La règle fondamentale en cette matière se trouve dans l'art. 365 c. inst. crim., aux termes duquel, en cas de conviction de plusieurs crimes ou délits, la peine la plus forte doit seule être prononcée.—Sur la question générale de savoir si cette disposition doit être appliquée aux faits punis par les lois spéciales, V. v° Peines, n° 165 et suiv.—En ce qui touche les moyens de publication, avant la loi du 9 sept. 1835, la jurisprudence avait fini par admettre que l'art. 365 devait s'appliquer aux délits commis par la voie de la presse, principalement d'après ce motif qu'aux termes de l'art. 26 de la loi du 17 mai 1819, les dispositions du code d'inst. crim. auxquelles il n'a pas été dérogé par cette loi doivent continuer de recevoir leur exécution (Crim. rej., 3 oct. 1835, aff. le Réformateur, V. Peine, n° 159-4°. — Conf. MM. Parant, p. 432; Chassan, t. 1, p. 173; de Grattier, t. 2, p. 337).—Mais la loi du 9 sept. 1835 est venue porter une grave atteinte à ce principe en disposant (art. 12) que les peines prononcées par cette loi et par les lois précédentes sur la presse et autres moyens de publication ne se confondraient point entre elles et seraient toutes également subies, *lorsque les faits qui y donneraient lieu seraient postérieurs à la première poursuite.* — Et voici comment cette disposition a été expliquée dans le rapport fait au nom de la commission chargée par la chambre des députés d'examiner le projet de loi. — « Nous n'avons point admis d'une manière absolue, est-il dit dans ce rapport, le cumul des peines (que consacrait l'art. 7 du projet de loi); quand un prévenu est poursuivi simultanément pour plusieurs délits, il ne doit pas perdre à l'exercice divisé des actions du ministère public. Toutefois cette raison cesse quand les nouveaux délits sont postérieurs à la première poursuite : elle doit servir d'avertissement salutaire et il ne faut pas que la certitude d'avoir mérité déjà toute la sévérité de la juridiction pénale laisse jusqu'au jugement le prévenu sans frein et la société sans garantie. » — La loi du 9 sept. 1835 ayant été abrogée par le décret du 6 mars 1848, les délits commis par la voie de la publicité étaient, sous ce rapport, rentrés sous l'empire du droit commun. — Mais l'art. 9 de la loi du 16 juill. 1850 a rétabli en très-grande partie l'article précité de la loi du 9 sept. 1835. « Les peines *pécuniaires*, dit en effet la loi de 1850, prononcées pour crimes et délits par les lois sur la presse et autres moyens de publication, ne se confondront pas entre elles et seront toutes intégralement subies, *lorsque les faits qui y donneront lieu seront postérieurs à la première poursuite.* » — Suivant la circulaire ministérielle du 27 mars 1852, le décret du 17 février de la même année n'a nullement abrogé cette dernière disposition, et son argumentation sur ce point est aussi simple que péremptoire. — « La difficulté pourrait naître, dit la circulaire, de ce que l'art. 9 de la loi du 16 juill. 1850 est contraire à l'art. 365 c. inst. crim. (code dont le décret ordonne l'exécution *quant aux poursuites*); mais ce dernier article ne se trouve pas rétabli pour les crimes et délits de la presse, par la raison qu'il appartient au jugement et non à la poursuite. Il faut bien le remarquer, en effet, l'art. 365 c. inst. crim. est placé sous la rubrique du jugement et de l'exécution, tandis que l'art. 27 de la loi du 17 fév. est limité à la poursuite dont il change les *formes* et les *délais* réglés dans d'autres parties du code d'inst. crim. »

1019. Maintenant que l'existence de l'art. 9 de la loi du 16 juill. 1850 ne peut être contestée, deux observations sur son texte : la première, c'est que le cumul ne s'applique qu'aux peines *pécuniaires*; d'où la conséquence bien évidente que les peines corporelles restent soumises au principe de l'art. 365 c. inst. crim. La seconde observation, c'est que, sous la loi de 1850, comme sous celle du 9 sept. 1835, il n'y a dérogation à la règle générale que *lorsque les faits qui y donnent lieu sont postérieurs à la première poursuite.* — Et, sous ce dernier rapport, le meilleur commentaire de la loi se trouve dans l'interpellation adressée à ce sujet à la commission par un membre de l'Assemblée législative (M. Favreau) et dans la réponse qu'y a faite M. le ministre de la justice. — « Voici l'hypothèse que je prévois, a dit M. Favreau. Un premier délit est commis; dans tous les cas, un arrêt de mise en accusation est rendu contre un journaliste avant le jugement définitif; une nouvelle saisie a lieu; un nouvel arrêt de mise en accusation est rendu; les faits sont bien postérieurs à la première poursuite, cela est évident. Dans ce cas-là, les peines pécuniaires ne se confondront pas entre elles. Veut-on dire, je répète ici ma question, qu'il y aura autant d'amendes qu'il y aura de chefs de culpabilité reconnus constants par le jury? » — M. le ministre de la justice a répondu : « L'article me paraît d'une clarté incontestable; il me paraît répondre complétement à la question posée par M. Favreau. Quel est l'esprit de cette disposition législative qui est fréquente dans nos codes quoi qu'on en ait dit? Il faut qu'un premier avertissement soit donné à celui contre lequel on dirige des poursuites. Quand il est averti par une première poursuite, s'il commet un nouveau délit, alors la confusion des peines ne s'opérera pas; mais si, à propos d'une première poursuite, plusieurs articles sont incriminés, plusieurs délits sont reconnus, il est de toute évidence que la confusion s'opérera et que le maximum de l'amende sera seul appliqué. Pourquoi? Parce qu'il n'y aura pas, intermédiairement au délit, avertissement judiciaire. » — Ces paroles nous dispensent de tout autre développement. — Au surplus, il a été décidé que le prévenu d'un délit de presse, condamné par un premier arrêt au maximum de la peine portée par l'art. 4 de la loi du 25 mars 1822, puis condamné une seconde fois pour délit antérieur à la première condamnation, ne peut faire annuler cette dernière condamnation comme contraire à l'art. 365 c. inst. crim., qu'au moyen d'un pourvoi en cassation; qu'à défaut de pourvoi, ou en cas de désistement d'un pourvoi déjà formé, les deux condamnations doivent s'exécuter conjointement sans que le condamné puisse au moment de l'exécution opposer la prohibition du cumul des peines, « attendu qu'aux termes de l'art. 262 c. inst. crim. les arrêts de cour d'assises ne peuvent être attaqués que par la voie de cassation; que l'appelant s'étant désisté du pourvoi dont il avait fait déclaration, il en résulte que les arrêts dont il se plaint ne sont point susceptibles d'être réformés par

(1) (Hubert Renotte C. min. pub.) — La cour; — Vu l'art. 6 décr. 25 juill. 1810; — Considérant que l'art. 7, 4e sect., tit. 1, 2e part. c. pén. 1791, punissait d'une détention de deux ans les outrages faits à un fonctionnaire public dans l'exercice de ses fonctions, tandis que, d'après le code pénal de 1810, ce délit n'est punissable que d'un emprisonnement de deux à cinq ans; qu'il en résulte que la peine prononcée par le code de 1791 était infamante, et que celle portée par le nouveau code est purement correctionnelle; que, dans le concours d'une peine infamante et d'une peine correctionnelle, cette dernière était évidemment celle qui devait être appliquée; — Considérant que les outrages faits au juge de paix du quartier de l'ouest de la ville de Liége n'ont pas eu lieu à l'audience, mais pendant qu'il se trouvait chez un particulier pour y exercer ses fonctions; que, dès lors, le délit imputé à Renotte n'entraînait pas celle du carcan, d'après l'art. 228 du nouveau code pénal, mais bien un simple emprisonnement plus ou moins long; qu'ainsi, en condamnant Renotte à deux années de détention et à l'exposition au carcan, la cour d'assises du département de l'Ourthe a fait une fausse application du code pénal de 1791, et des art. 22 et 56 c. pén. 1810 et qu'elle a contrevenu à l'art. 6 décr. 25 juill. 1810; — Casse, etc.

Du 26 juill. 1811.—C. C., sect. crim.—M. Favard de Langlade, rap.

aucune voie légale » (Angers, 25 mai 1832, M. Desmazières, 1er pr., aff. Gazette d'Anjou.)

1020. 3° *Récidive.* — « Un premier crime, disait M. Treilhard, en exposant les motifs des articles du code pénal sur la récidive, ne suppose pas toujours nécessairement l'entière dépravation de celui qui s'en est rendu coupable ; mais la récidive annonce des habitudes vicieuses et un fond de perversité ou au moins de faiblesse, non moins dangereuse pour le corps social que la perversité. — Un second crime doit donc être puni plus sévèrement que le premier. » Des interprètes du droit romain ont dit aussi : *Consuetudo delinquendi est circumstantia aggravandi delictum et delinquentem acriùs puniendi* (V. Gothofred. et Farinac.). — Il est à observer cependant que le droit romain exigeait, pour qu'il y eût récidive, que les deux faits qui la constituaient fussent de même nature. *Consuetudinis delinquendi præsumptio tantùm in eodem vel simili genere mali, secùs si in diverso* (Farinaccius, quæst. 23, n° 30). — Cette condition n'est point admise par les art. 56, 57 et 58 c. pén. qui renferment, sous ce rapport, les principes de notre droit criminel. — Il nous paraît superflu de reproduire ici le texte de ces articles. — Nous nous bornerons à faire observer que, suivant la jurisprudence, leurs dispositions s'étendent aux délits déterminés par des lois particulières, lorsque ces lois n'ont pas établi de règles spéciales pour la récidive ; la raison en est que les art. 56, 57 et 58 c. pén. sont conçus en termes généraux et absolus ; que, par conséquent, on ne peut les restreindre aux crimes et délits exclusivement prévus par le code pénal (V. Peine, n° 292. — Conf. MM. Parant, p. 105 ; Chassan, t. 1, p. 154 ; de Grattier, t. 1, p. 288 ; Bories et Bonassies, v° Récidive, n° 2). — Mais on trouve dans la loi du 17 mai 1819 une disposition qui a modifié les articles précités du code pénal. Nous voulons parler de l'art. 25 de cette loi ainsi conçu : « En cas de récidive des crimes et délits prévus par la présente loi, *il pourra* y avoir lieu à l'aggravation des peines prononcées par le chap. 4, liv. 1 du code pénal. » — La différence qui existe entre le système du code pénal et celui de la loi du 17 mai 1819, c'est que, d'après le premier, l'aggravation de peine doit nécessairement avoir lieu lorsqu'il y a récidive, tandis que, d'après le second, cette aggravation de peine est facultative, c'est-à-dire qu'il dépend des juges de la prononcer ou de ne pas la prononcer (Crim. rej. 22 janv. 1824, aff. Bugeard, V. n° 1021).

1021. La loi du 25 mars 1822 ne contient aucune disposition spéciale sur la récidive, d'où, au premier abord, on semblerait devoir conclure que les art. 56, 57 et 58 c. pén. doivent recevoir leur exécution intégrale, relativement aux faits prévus par cette loi, et que l'aggravation de peine doit nécessairement être prononcée. — Néanmoins nous adoptons une opinion contraire ; nous pensons qu'en ce qui concerne les délits prévus par la loi du 25 mars 1822, comme en ce qui a rapport aux délits prévus par la loi du 17 mai 1819, l'aggravation de peine n'est que facultative. — Nos motifs sont que la loi du 25 mars 1822 n'est qu'une suite, une extension de celle du 17 mai 1819 ; qu'elle porte, comme elle, sur les délits commis par la voie de la presse ou par toute autre moyen de publication ; qu'elle participe donc à ses dispositions générales et leur demeure soumise (Conf. MM. Parant, n° 105 ; Chassan, t. 1, p. 155 ; de Grattier, t. 1, p. 288 ; Bories et Bonassies, v° Récidive, n° 8). — Il a été jugé en ce sens que les dispositions du code pénal sur la récidive s'étendent spécialement aux délits d'outrages envers la religion de l'État et d'excitation à la haine du gouvernement, prévus par la loi du 25 mars 1822 et que l'application des peines de la récidive est, relativement à ces délits, purement facultative (Crim. cass. 22 janv. 1824) (1).

1022. Du texte de l'art. 25 précité de la loi du 17 mai 1819, il suit que cet article n'est applicable que lorsque les deux faits qui constituent la récidive sont l'un et l'autre prévus par les lois sur les moyens de publication ; « en cas de *récidive*, y est-il dit, en effet, *des crimes et délits prévus par la présente loi.* » — S'il y a perpétration de délits de droit commun, il ne s'agit plus de *faits prévus par la loi de* 1819, et dès lors elle devient inapplicable. — Aussi a-t-il été jugé que l'aggravation de peine n'est plus facultative, et qu'il y a obligation pour les juges d'appliquer l'art. 58 c. pén., lorsque la première condamnation a été prononcée en vertu d'une disposition de ce code (Crim. cass. 12 sept. 1829, aff. Vallier, V. Peine, n° 337 ; 13 sept. 1832, aff. Clausel, V. Peine, n° 331). — Conf. M. Parant, p. 105 ; Chassan, t. 1, n° 226 ; de Grattier, t. 1, p. 289.

Mais en est-il de même dans l'hypothèse inverse, c'est-à-dire dans le cas où la seconde condamnation est prononcée pour délit de droit commun? — Selon nous, évidemment oui ; et cela par la raison très-simple que nous venons de donner, à savoir : l'inapplicabilité de l'art. 25 de la loi de 1819, lorsqu'il n'y a pas récidive de délits de publication. — Et il a été formellement jugé en ce sens que les peines de la récidive ne peuvent être prononcées en vertu de l'art. 25 de la loi du 17 mai 1819 que lorsque le premier et le second fait sont l'un et l'autre prévus par cette loi (Douai, 11 déc. 1829, aff. Ghémar, V. Peine, n° 338).

1023. MM. Chauveau et Hélie (Théor. du code pén., t. 1, p. 454) combattent vivement la doctrine, suivant eux, consacrée par la cour de cassation et qui consisterait à rendre les peines de la récidive portées par le code pénal *obligatoires* lorsque le fait qui a donné lieu à la première condamnation est un délit commun, *facultative* lorsque le premier fait est un délit de publication et le second un délit commun. — MM. Chauveau et Hélie font ainsi ressortir les conséquences vicieuses du système qu'ils combattent : « Si le délit commun, disent ces auteurs, est commis en dernier lieu, la peine peut être atténuée jusqu'aux extrémités de l'échelle pénale, en vertu de l'art. 463 c. pén. ; tandis que, dans l'ordre contraire, si le délit de la presse est postérieur au délit commun, la peine demeure inflexible, fixée au maximum de la loi. Étrange système qui punit les mêmes faits de peines différentes suivant l'ordre de leur date. » — Nous sommes portés à croire qu'il y a là malentendu, car la cour de cassation ne nous paraît pas avoir jugé la question dans le sens contre lequel s'élèvent MM. Chauveau et Hélie. — Les sommaires des arrêts ont dû, en retraçant les faits sur lesquels sont intervenues les décisions rapportées, faire sentir dans quelles circonstances elles avaient été rendues, et il y aurait eu peut-être imprudence à étendre la portée des arrêts au delà de ces faits. Mais, en réalité la cour régulatrice ne nous paraît pas s'être prononcée, à beaucoup près aussi formellement que le pensent MM. Chauveau et Hélie. — Dans l'espèce de l'arrêt du 12 sept. 1829 que voyons-

---

(1) (Int. de la loi. — Aff. Bugeard.) — La Cour (ap. dél. en ch. du cons.) ; — Vu les art. 56, 57 et 58 c. pén. qui composent le chap. 4, liv. 1er, sur la récidive des crimes et délits ; — Attendu que les dispositions de ces articles ne sont restreintes, par aucune de leurs expressions, aux crimes et délits spécifiés dans le code pénal ; — Qu'elles sont générales, absolues, et qu'ainsi elles s'étendent sur les crimes et délits déterminés par des lois particulières, lorsque ces lois n'ont pas établi des règles spéciales pour la récidive de ces délits et de ces crimes ; — Que la loi du 25 mars 1822 ne contient aucune disposition sur la récidive qui a été prévue par l'art. 58 c. pén. ; — Que si cette loi formait une loi indépendante et principale, la récidive des délits qui y sont déterminés devrait être jugée d'après les dispositions de cet article ; — Mais qu'elle n'est qu'une suite, une extension de celle du 17 mai 1819 ; qu'elle porte comme elle sur les délits commis par la voie de la presse ou par tout autre moyen de publication ; qu'elle participe donc à ses dispositions générales et leur demeure soumise ; — Que, par son art. 25, la loi du 17 mai 1819 a modifié, pour les crimes et délits qu'elle a prévus, les dispositions du susdit chap. 4 c. pén. ; — Qu'il résulte de cet article, soit d'après le véritable sens de ses expressions, soit d'après son rapprochement de l'art. 26, qu'il n'a compris aucun des articles du chap. 4, liv. 1 c. pén. parmi les articles de ce code qu'il déclare abrogés ; que si la récidive, telle qu'elle a été déterminée dans ce chapitre, se trouve dériver d'une condamnation prononcée pour crime ou délit spécifié dans ladite loi du 17 mai 1819, l'aggravation de peine prescrite d'une manière absolue dans ledit chap. 4 devient dans ce cas purement facultative.

Mais attendu que ce n'est pas d'après l'appréciation des circonstances du délit, et sur le fondement de la faculté conférée aux tribunaux par l'art. 25 de la loi du 17 mai 1819, que la cour royale de Besançon a réformé la disposition du jugement rendu en première instance, qui avait prononcé contre le prévenu, à raison de sa récidive, l'aggravation de la peine portée dans l'art. 58, chap. 4, liv. 1 c. pén. ; — Que cette cour a réformé cette disposition, sur le seul motif que ledit art. 58 n'était applicable qu'aux délits prévus par le code pénal ce qui a été une fausse interprétation et une violation de cet article ; — D'après ces motifs, casse et annule, dans l'intérêt de la loi, etc.

Du 22 janv. 1824.-C. C., sect. crim.-MM. Barris, pr.-Aumont, rap.

nous? — Que le sieur Voillier, déjà condamné à un an et un jour d'emprisonnement pour délit commun est de nouveau condamné pour diffamation. Mais le tribunal qui prononce la condamnation, refuse d'appliquer les peines de la récidive, parce que, d'une part, la loi de 1819 est inapplicable à ce cas, en ce qu'il n'y a pas deux condamnations pour délits de publication, et de l'autre, parce que les peines de la récidive édictées par le code pénal ne sont encourues que par la répétition des faits punis par ce code. — Demande en cassation dans l'intérêt de la loi. — Le procureur général expose que la question est de savoir *si la loi du 17 mai 1819 ne connaît de récidive que lorsque les deux faits sont au nombre de ceux qu'elle a prévus spécialement*; et le procureur général reconnaît que les expressions de l'art. 25 de cette loi paraissent *limitatives*.—Mais ce magistrat ajoute que dans un précédent arrêt du 22 janv. 1824 (V. nº 1021) la cour a jugé que par son art. 25, la loi de 1819 n'a fait que modifier les dispositions du code, et qu'il en résulte seulement que pour le cas qu'elle prévoit, il y a faculté d'aggraver la peine, de manière que lorsque le premier fait est hors de la loi spéciale, la faculté cesse et se présente alors la nécessité d'appliquer la règle générale du code pénal. — La cour adoptant ces motifs, casse.— Or, ce n'est qu'en appliquant rigoureusement à cet arrêt la règle si peu sûre des inclusions, qu'on lui fait juger que la loi du 17 mai 1819 est applicable lorsque le second fait est un délit commun. Mais il nous paraît certain que la cour eût moins encore, dans ce cas que dans l'autre, appliqué la loi du 17 mai 1819, puisque dans cette hypothèse les juges n'ont point à s'occuper de l'application des lois sur les moyens de publication. Dans l'arrêt du 13 sept. 1832, nous ne voyons rien non plus qui justifie les attaques de MM. Chauveau et Hélie. — Concluons donc sur cette question qui, nous en convenons, n'est pas exempte de difficultés, que la loi de 1819 n'est applicable que lorsqu'il s'agit de deux faits de même nature et que, dans les autres cas, c'est le code pénal, auquel il n'a pas été dérogé, qui doit être appliqué.

1024. En déterminant les éléments et les peines de la récidive, la loi ne s'occupe point de la juridiction qui a été appelée à prononcer soit la première, soit la seconde condamnation : on ne pourrait donc sans arbitraire distinguer à cet égard pour l'application de ses dispositions (V. Peine, nº 320).—Conf. MM. Bourguignon, sur l'art. 56 c. pén., Chassan, t. 1, p. 157; de Grattier, t. 1, p. 294; Bories et Bonassies, vº Récidive, nº 17.

1025. La première condamnation pourrait servir de base à la récidive, lors même qu'elle aurait été prononcée par un tribunal incompétent *ratione materiæ* (V. en ce sens M. de Grattier, t. 1, p. 293). — La condamnation qui n'a pas été réformée doit être présumée rendue conformément à l'ordre des juridictions ; et il n'entre point dans les attributions du tribunal saisi de la seconde poursuite d'examiner si la première condamnation a été rendue par un juge compétent.

1026. Mais bien qu'en général, pour donner lieu aux peines de la récidive, il suffise qu'une première condamnation ait été prononcée sans que l'on ait à s'occuper de la juridiction qui l'a prononcée, il nous paraît certain que si elle émanait d'un tribunal étranger, il ne devrait pas en être tenu compte, parce que, en général, les faits qui se passent hors du domaine de la loi française sont pour elle comme s'ils n'existaient pas. — Sans doute il y a de très-nombreuses exceptions à cette règle. Ainsi le Français qui s'est rendu coupable, hors du territoire de la France, d'un crime attentatoire à la sûreté de l'État, de contrefaction du sceau de l'État, des monnaies nationales, etc., peut être poursuivi et jugé en France, d'après les lois françaises (c. inst. crim., art. 5, V. Crimes contre la sûreté de l'État). Il en est de même à l'égard de l'étranger qui a commis les mêmes crimes hors du territoire français, lorsqu'il est arrêté en France ou que le gouvernement obtient son extradition (art. 6); le Français qui s'est rendu coupable d'un crime contre un Français peut même être poursuivi en France (art. 7). — Le mariage contracté à l'étranger produit la bigamie quand il est précédé ou suivi d'un autre mariage, comme s'il avait été contracté en France (V. Bigamie, nº 17). — Mais les jugements rendus en pays étrangers, même en matière civile, n'ont aucune autorité en France, tant qu'ils n'ont pas été révisés par les tribunaux français (V. Droit civ., nºs 417 et s.; Jugement, nºs 403 et s). — D'où il suit que les décisions de la justice étrangère ne sauraient avoir le même effet que les jugements rendus par les tribunaux français. Or la récidive ne peut résulter que de *condamnations*, c'est-à-dire de jugements. — Il ne paraît donc pas possible que celles qui sont prononcées par les tribunaux étrangers puissent la produire.

1027. Y a-t-il récidive lorsque le premier fait est une contravention? Non, parce que la loi de 1819 (art. 25) ne s'occupe de la récidive que pour les *crimes et délits* prévus par cette loi. — V. nº 1020.

1028. 4º *Circonstances atténuantes.* — On sait que, d'après l'art. 463 c. pén. de 1810, dans tous les cas où la peine d'emprisonnement est prononcée par ce code, si les circonstances paraissent atténuantes, les tribunaux sont autorisés à réduire l'emprisonnement même au-dessous de six jours et l'amende même au-dessous de 16 fr., et qu'ils peuvent aussi prononcer séparément l'une ou l'autre de ces peines. — La loi du 17 mai 1819 ne fait aucune mention de cet article. Était-ce oubli? Était-ce, au contraire, intention d'en éviter l'application aux délits qui se commettent par les moyens de publication? La question demeurait indécise. Et sous la loi de 1819, il avait été jugé que l'art. 463 c. pén. n'était pas applicable aux peines portées par les lois nouvelles contre les délits de la presse (Crim. cass. 5 janv. 1821, MM. Barris, pr., Chantereyne, rap., aff. Dunoyer). — L'art. 14 de la loi du 25 mars 1822 vint faire cesser le doute à cet égard, en décidant que, dans les cas de délits correctionnels prévus par les §§ 1, 2 et 4 de l'art. 6 (outrages envers les personnes revêtues d'un caractère public), par l'art. 8 (cris séditieux), et par le § 1 de l'art. 9 (enlèvement ou dégradation des signes publics de l'autorité royale), les tribunaux pourraient appliquer l'art. 463. — De cette disposition (l'art. 14 L. 1822), il suivait manifestement que le législateur faisait une exception de l'application de l'art. 463 aux délits commis par les moyens de publication et que, dès lors, le bénéfice des circonstances atténuantes ne pouvait être invoqué que dans les cas spécialement prévus par elle. — C'est aussi ce qui a été jugé d'après cette loi (V. Peine, nºs 562 et 565).

La révision du code pénal (en 1832) n'avait d'ailleurs amené aucun changement à cet égard. — Divers amendements avaient été proposés lors de la discussion relative à cette révision, dans le but d'étendre l'application de l'art. 463 aux délits qui se commettent à l'aide de la publicité, mais ils avaient été rejetés. — Lors de la discussion de l'art. 28 de la loi du 9 sept. 1835, article qui, sous le titre *Disposition générale*, porte que « les dispositions des lois antérieures qui ne sont pas contraires à la présente, continueront d'être exécutées selon leur forme et teneur, » un député, M. Laurence, avait demandé que l'art. 463 c. pén. fût expressément rappelé dans l'article, pour qu'il fût impossible de contester son application à la loi actuelle. — M. le rapporteur répondit : « Il y a dans la loi que vous venez de voter, des crimes et des délits ; quant aux crimes, l'application de l'art. 463 est de droit commun, d'après sa rédaction même, comme d'après celle de l'art. 341 c. inst. crim.; inutile donc de le répéter dans cette loi par une disposition expresse. Mais, en matière de délits, les circonstances atténuantes n'autorisent à descendre l'échelle de la pénalité que dans les cas prévus par le code pénal ; il faudrait donc étendre cette disposition par un article exprès; mais vous ne le pourriez pas sans vous mettre en contradiction avec la législation présente ; » et il ne fut pas donné suite à l'amendement de M. Laurence. — M. Lejoindre en présenta un autre dans le même sens, mais il fut rejeté.

1029. L'art. 8 de la loi du 11 août 1848 a voulu que l'art. 463 c. pén. fût applicable aux délits de la *presse*, et ne s'est pas expliqué sur les délits causés par les autres moyens de publication indiqués par l'art. 1 de la loi du 17 mai 1819. — Fallait-il en conclure que le législateur avait voulu priver ces délits du bénéfice des circonstances atténuantes? L'affirmative eût été conforme à la lettre de l'article précité ; mais c'eût été, ce semble, imputer au législateur un défaut de logique ; car les délits de la presse sont, de tous les faits qui rentrent dans les prévisions de la loi de 1819, ceux qui offrent le plus de gravité et qui font supposer le plus de préméditation. — D'après l'art. 23 de la loi du 27 juill. 1849, l'art. 463 c. pén. est applicable aux délits prévus par cette loi, et l'article précité de la loi de 1849 ajoute que, lorsqu'en matière de délits, le jury aura déclaré l'existence de circonstances atténuantes, la peine ne s'élèvera jamais au-dessus de moitié du maximum déterminé par la loi.

Ni le décret du 17 fév. 1852, ni la circulaire du 27 mars suivant, ne s'expliquent sur l'applicabilité de l'art. 463 aux délits qui peuvent se commettre par les divers moyens de publication. — Mais comme il n'y a nulle incompatibilité entre le décret de 1852 et l'article précité de la loi de 1849 sur l'admissibilité des circonstances atténuantes, nous pensons que cette loi doit, sous ce rapport, continuer d'être appliquée. — A la vérité, la circulaire du 27 mars 1852, limite au chap. 2 de la loi de 1849 celles de ses dispositions qui continuent d'être en vigueur, et l'art. 23 dont il s'agit se trouve dans le chap. 3. — Mais, d'abord, la circulaire ne peut qu'interpréter le décret et ne saurait y rien ajouter. — Or, il suffit, ce semble, que le décret de 1852 n'ait abrogé ni expressément ni tacitement l'art. 23 de la loi de 1849 pour que cet article doive toujours être observé. — D'ailleurs, la circulaire ne doit pas être prise à la lettre quant à la limitation cidessus indiquée, car il y a, en dehors du chap. 2 de la loi de 1849, plusieurs dispositions qu'évidemment le décret de 1852 n'a pu entendre rapporter. Nous citerons comme exemple la provocation adressée aux militaires des armées de terre et de mer, dans le but de les détourner de leurs devoirs militaires, provocation qui se trouve prévue par le chap. 1 de la loi de 184.. — V. n° 590. — Au reste, il a été jugé en ce sens : 1° que, bien que le décret du 17 fév. 1852, en élevant la pénalité en matière de délits de presse, ait gardé le silence sur l'admissibilité des circonstances atténuantes, on ne saurait le considérer comme ayant implicitement abrogé l'art. 8 du décret du 11 août 1848 qui a introduit en cette même matière le principe de l'atténuation de la peine (Crim. cass. 28 avr. 1854, aff. Marquet, D. P. 54. 1. 215; Crim. cass. 15 sept. 1854, aff. d'Ecquevilley, *eod.*, 375); — 2° Que l'art. 8 du décret du 11 août 1848, non abrogé par le décret du 17 fév. 1852, en déclarant « l'art. 463 c. pén. applicable aux délits de la presse, » a entendu disposer dans un sens général qui comprend à la fois les délits commis par la presse et par la parole; — ...Et que cet article ne saurait être restreint aux seuls délits de la parole et de la presse définis par la loi dont il fait partie; son application s'étend nécessairement aux délits semblables prévus par des lois postérieures, tant qu'il n'existe pas de disposition contraire (Crim. cass. 28 avr. 1854, aff. Marquet, D. P. 54. 1. 215).

1030. Maintenant, sur l'art. 23 de la loi de 1849, deux observations : la première, c'est que cette loi, n'admettant le bénéfice des circonstances atténuantes que pour les délits qu'elle prévoit, il semblerait conforme à cette disposition que les infractions commises par les divers moyens de publication que punissent les lois antérieures, ne pussent pas être protégées par cet article. — Toutefois, nous répugnons à admettre cette conséquence rigoureuse de la *lettre* de la loi, parce qu'elle ne nous paraît pas conforme à son esprit. Il serait difficile de comprendre pourquoi, par exemple, les circonstances atténuantes seraient admises à l'égard de l'attaque contre le respect dû aux lois et à l'inviolabilité des droits qu'elles ont consacrés (L. 1849, art. 3), tandis que l'art. 463 c. pén. ne serait pas applicable à la diffamation. — Nous pensons, d'après les vues manifestées par les auteurs des lois de 1848 et de 1849, vues éminemment généreuses, que les dispositions de ces lois sur les circonstances atténuantes doivent être considérées comme des règles générales applicables à tous les délits commis par les divers modes de publication. — Il a été jugé en ce sens que l'art. 23 de la loi du 27 juillet 1849 qui, complétant la disposition de l'art. 8 du décret du 11 août 1848 sur la faculté d'appliquer le bénéfice des circonstances atténuantes aux délits de presse, dispose qu'en cas d'admission de ces circonstances la peine ne pourra excéder la moitié du maximum déterminé par la loi, s'applique à tous les délits de presse, et non pas seulement à ceux prévus par cette loi; et que cet article, dont la disposition est plus favorable au prévenu que la législation antérieure, doit être appliqué aux délits de presse commis avant sa promulgation (Crim. cass. 14 sept. 1849, aff. Massard, D. P. 50. 5. 367).

1031. La seconde observation que suggère l'art. 23 de la loi de 1849, c'est que, bien que les règles de la compétence soient changées par le décret de 1852, et que relativement au jury cette disposition soit devenue inapplicable (V. n°s 1366 et s.), elle doit être observée par les tribunaux correctionnels, quant à l'interdiction d'élever la peine au-dessus de la moitié du minimum, lorsqu'il y a des circonstances atténuantes en faveur du prévenu. — Le seul changement de juridiction ne peut, en effet, modifier ni les éléments constitutifs des délits, ni les pénalités édictées en vue de leur répression.

1032. Suivant un arrêt dont la doctrine ne paraît pas contestable, la déclaration de circonstances atténuantes en faveur d'un prévenu de diffamation, ne l'innocente nullement, et par conséquent laisse subsister le délit, avec la peine réduite (Crim. rej. 23 mars 1844, aff. Delanney, V. n° 867-2°).

1033. 5° *Suppression ou destruction des objets saisis.*—Tout arrêt de condamnation contre les auteurs ou complices des crimes et délits commis par voie de publication, doit, suivant l'art. 26 de la loi du 26 mai 1819, ordonner la suppression ou la destruction des objets saisis ou de tous ceux qui pourront l'être ultérieurement. Le décret du 17 fév. 1852 n'a nullement modifié cette disposition (circul. du min. de la just. 27 mars 1852, D. P. 52. 3. 11). — Ainsi, les écrits, les imprimés, les dessins, les gravures, les peintures ou les emblèmes qui ont servi à commettre le délit doivent être supprimés ou détruits. — Remarquons cependant que l'article précité de la loi de 1819 porte que la destruction devra être opérée en *tout ou en partie*, suivant *qu'il y aura lieu pour l'effet de la condamnation.*—Cette addition, pleine de sagesse, fut introduite dans l'article sur un amendement proposé par M. de Chauvelin, qui fit observer qu'un ouvrage utile, recommandable même, pouvait, par des causes diverses, contenir un passage répréhensible ou dangereux, et qu'il y aurait injustice et quelquefois dommage pour le public à ordonner l'entière suppression de l'œuvre. — Cette observation fait voir aux juges dans quel sens *il y a lieu* d'ordonner la suppression totale ou partielle de l'ouvrage incriminé. — La destruction s'opère, suivant les cas, au moyen de *la mise en pâte de la composition*, du grattage total ou partiel *des clichés, planches ou pierres.* —C'est ce que fait aussi remarquer M. de Grattier, t. 1, p. 500.—Quant aux exemplaires imprimés ou gravés, il est bien entendu que c'est surtout leur destruction que la loi a eue en vue.

1034. De ce que l'art. 26 de la loi du 26 mai 1819 porte en termes impératifs que l'arrêt de condamnation *ordonnera la suppression*, etc., il résulte que ce n'est point pour les juges une simple faculté, mais un devoir. — Il en résulte aussi que pour qu'ils prononcent cette condamnation, il n'est nullement nécessaire qu'il y ait des conclusions ou des réquisitions dans ce sens. —C'est là une conséquence nécessaire de la condamnation principale. —V. en ce sens M. de Grattier, t. 1, p. 501. — La suppression ou destruction des objets saisis, peut être ordonnée, quand l'écrit est condamné, lors même qu'il n'y aurait pas de partie civile en cause. —V. en ce sens M. de Grattier, t. 1, p. 501.

1035. Cependant, la suppression d'un écrit condamné n'est pas toujours ordonnée comme une peine. Elle peut être prononcée aussi à titre de réparation civile. — C'est ainsi qu'il a été jugé que la cour d'assises, en prononçant contre le prévenu de diffamation, qui a été acquitté, des dommages-intérêts au profit de la partie lésée, peut ordonner la suppression de l'écrit comme complément de la réparation accordée (Crim. rej. 5 avril 1839, aff. Salmon et consorts, V. Compét. crim., n° 607).—A cet égard, et c'est ce qui a été également jugé, les tribunaux jouissent d'un pouvoir discrétionnaire : ainsi, ils peuvent se refuser à ordonner la suppression d'un mémoire comme injurieux si la partie qui la réclame a elle-même provoqué la partie adverse par des expressions également offensantes, dans ses écrits et dans sa plaidoirie (Rennes, 11 mars 1812) (1).

1036. MM. Chassan (t. 2, p. 290, note) et de Grattier (*loc.*

(1) (Gault C. Cassac.) — La cour; — A l'égard de la demande formée en cour d'appel de la part desdits Gault et Aché, qui a pour objet la suppression du mémoire imprimé et signifié pour Cassac, le 28 fév. dernier, et la radiation de certaines expressions dudit mémoire, signifié dans les conclusions déposées le 24 même mois; — Considérant que ce mémoire n'est autre chose que la plaidoirie même qui fut prononcée à

cit.) font remarquer que la suppression et la destruction ne peuvent être prononcées que par une juridiction proprement dite, et qu'ainsi elle n'est pas dans les attributions de la chambre du conseil et de la chambre d'accusation.— C'est là une vérité de toute évidence, puisqu'il s'agit de *condamnation* et que les chambres ne peuvent statuer que sur la mise en accusation. Au reste, le changement introduit dans les règles de la compétence, à cet égard, rendrait dans tous les cas cette observation superflue. — V. n°s 1366 et suiv.

1037. Il semble, d'ailleurs, évident, ainsi que l'a jugé un arrêt, que la saisie définitive et la destruction d'un ouvrage poursuivi soit comme condamnable, soit comme réimprimé après une condamnation (L. 17 mai 1819, 8; 26 mai 1819, 27), constituent une véritable confiscation spéciale (c. pén. 11), et que, par suite, cette saisie et destruction de l'ouvrage ne peut être ordonnée contre le propriétaire poursuivi, quelles que soient les considérations morales qu'on invoque, lorsqu'il a été acquitté par suite de la déclaration favorable du jury (c. pén. 4, 11, 286, 314, 318, 410; c. inst. crim. 163, 195, 369); que l'art. 477 c. pén. ne déroge pas à cette règle (Crim. cass. 20 juin 1840) (1).

---

l'audience du... par le défenseur de Cassac; — Considérant que la cour est bien éloignée d'écouter favorablement les défenseurs qui se permettent devant elles des termes injurieux ou offensants pour les parties; qu'elle est, au contraire, fermement résolue à leur rappeler sans cesse, et à leur faire garder dans leurs écrits comme dans leurs discours la décence, la modération et le respect qu'ils doivent à leur honorable ministère, d'observer dans le temple de la justice et en présence de ses premiers organes; — Considérant néanmoins que dans la cause présente les adversaires de Cassac ont, par différents actes, notamment par leur citation en bureau de paix, et par le libelle de leur assignation devant le premier tribunal, employé des termes plus injurieux et non moins déshonorants pour Cassac, si ce qu'ils expriment était vrai; — Que, d'ailleurs, en répliquant à l'audience de la cour, et lors même que les appelants poursuivaient la réparation des injures imprimées contre eux, on s'est servi, l'un d'eux présent, d'exclamations et de qualifications plus flétrissantes pour l'intimé que celles qu'ils blâmaient dans le mémoire; — Par ces considérations, etc.

Du 11 mars 1812.-C. de Rennes, 1re ch.

(1) *Espèce* : — (Delavigne et autres C. min. pub.) — En 1822, 1825 et 1827, plusieurs condamnations frappèrent le roman de Faublas, et furent insérées dans le Moniteur.—Par arrêt de 1840 émané de la cour d'appel de Paris, chambre des mises en accusation, les sieurs Delavigne, Mallet, Tilliard et Béthune ont été renvoyés en cour d'assises, comme coupables du délit prévu par l'art. 27 de la loi du 26 mai 1819, les uns pour avoir imprimé, les autres pour avoir vendu une édition complète du roman de Faublas, et plusieurs livraisons d'une autre édition du même ouvrage. — Il est déclaré par le jury que le livre contient un outrage aux bonnes mœurs, mais que les prévenus ne sont pas coupables. Par suite de cette déclaration négative d'un côté et affirmative de l'autre, ils sont acquittés; mais la saisie du livre est maintenue et la destruction ordonnée. — Pourvoi. — M. Hello, avocat général, a prononcé le réquisitoire suivant :

« En matière de presse, peut-on à la fois acquitter le prévenu et confisquer le livre? Cette question présente autant de rapports qu'il y a d'hypothèses dans la loi du 26 mai 1819 : l'hypothèse d'une première poursuite contre un livre non encore condamné, c'est le cas de l'art. 26; et l'hypothèse d'une seconde poursuite contre un livre déjà condamné, c'est le cas de l'art. 27. — Parlons d'abord de la première. — En général, la confiscation des objets saisis est accessoire à une peine principale, et suppose la condamnation d'un délinquant. On ne connaît que deux exceptions à ce principe, l'une en matière de douanes, où l'acquittement du prévenu n'empêche pas la confiscation de la marchandise prohibée, l'autre en matière de contrôle d'or et d'argent, où l'acquittement du prévenu n'empêche pas la confiscation des faux poinçons. Ces exceptions sont écrites dans deux textes formels; y en a-t-il en matière de presse? — Au contraire, la règle générale est rappelée par l'art. 26 : « Tout arrêt de condamnation contre les auteurs ou complices des crimes et délits commis par voie de publication, ordonnera la suppression ou la destruction des objets saisis... » de telle manière que le sort de la saisie est subordonné à celui de la poursuite principale, et l'article ajoute : « ou de tous ceux qui pourront l'être ultérieurement, en tout ou en partie, suivant qu'il y aura lieu pour l'effet de la condamnation. » D'où il suit que la condamnation n'est pas seulement la source, mais la mesure de la confiscation.

On fait cependant deux objections. On dit d'abord que la rétention du corps du délit n'est pas une confiscation proprement dite, et qu'elle n'a pas lieu à titre pénal : on retient la chose, en acquittant la personne, de même que, dans le cas d'un vol ou d'un assassinat déclaré constant, on ne restitue pas les pièces de conviction à l'accusé acquitté. — Je réponds qu'il n'y a jamais de bonne raison de retenir les pièces de conviction qui appartiennent à l'accusé acquitté; que l'art. 474 c. inst. crim. ordonne de les restituer, même quand il y a un coaccusé contumax, seul cas où cette restitution pourrait faire difficulté; que, si l'usage contraire se pratique, c'est que le plus souvent la fausse clef du voleur, le poignard de l'assassin, sont une propriété compromettante que personne ne réclame, que tout le monde renie, et que le greffe garde sans contestation. Mais lorsqu'il y a réclamation formelle, la question doit se résoudre, non plus par l'usage, mais par le droit strict. Or, l'art. 11 c. pén. dit en propres termes : La confiscation spéciale du corps du délit, quand la propriété en appartient au condamné, est une peine commune aux matières criminelles et correctionnelles. Il y a dans ce texte trois propositions fondamentales : 1° la rétention du corps du délit, quand il appartient au condamné, s'appelle confiscation : on peut changer le nom, on ne changera pas la chose; 2° la confiscation est une peine; 3° cette peine suppose un condamné. — C'est si bien une propriété que la loi spéciale de la presse entend saisir dans un livre, qu'on lui voit tous les scrupules que ne manque jamais de lui donner la dépossession d'un citoyen; elle prescrit une procédure sévère; elle la hérisse de nullités et de déchéances, et quand une de ces nullités arrête la procédure principale, elle conçoit si peu que la saisie subsiste seule, qu'elle la déclare périmée de plein droit : Tous les dépositaires des objets saisis, dit l'art. 11, sont tenus de les rendre au propriétaire.

On insiste et l'on dit en second lieu : Pourquoi n'en serait-il pas du livre saisi, comme des dommages-intérêts après l'acquittement? Parce qu'une analogie ne suffit pas pour appliquer une peine, et parce que d'ailleurs l'analogie est fausse; même après que le délit a disparu, on conçoit fort bien qu'il puisse encore rester un fait dommageable, dont une partie demande la réparation. Mais quand il n'y a pas de partie civile en cause, tout disparaît avec le délit, et tout se consomme par l'acquittement. C'est une assimilation forcée que celle de la société à une partie lésée qui demande des dommages-intérêts: « L'action civile, dit M. Mangin, Traité de l'action publique, t. 1, p. 1, est celle qui appartient à tout individu qui a souffert un dommage par suite d'un fait puni par la loi. Son objet est la réparation du préjudice causé par ce fait à des intérêts privés. » La société demande des expiations, jamais de dommages-intérêts.

Voilà pour la première hypothèse. Passons à la seconde, à celle de l'art. 27, qui suppose une nouvelle poursuite pour la réimpression, la vente ou la distribution d'un livre déjà condamné. — Et d'abord, il faut s'entendre sur le sens de l'art. 27. Qu'est-il par rapport à l'art. 26? Suppose-t-il que le livre est jugé une fois pour toutes, et que les éditions ultérieures sont irrévocablement condamnées dans la première, de telle sorte qu'il ne reste qu'à poursuivre sur celles-là l'exécution de la chose jugée contre celle-ci? En d'autres termes, fait-il de la réimpression du livre condamné une simple contravention? Dans ce cas, l'identité du livre une fois reconnue, il ne reste qu'à appliquer la loi; il ne s'agit que d'un fait matériel. Ou bien, l'article a-t-il en vue un cas nouveau, un délit moral, distinct du premier, mais de la même nature, et soumis, comme lui, à la juridiction des cours d'assises? Dans ce cas, tous les éléments du délit sont remis en question. — Or, la cour de cassation a fait son choix entre ces deux systèmes : elle a décidé, par ses arrêts des 30 janv. 1829, 15 oct. et 8 déc. 1837, et 12 janv. 1839 (V. n° 965, 1568), qu'il n'y a pas de chose jugée du premier cas au second, et qu'il faut voir dans celui-ci, non une simple contravention de police, mais un délit de la presse comme le premier, constituant un fait homogène et distinct; l'influence de la première condamnation sur la seconde poursuite n'est pas celle de la chose jugée, mais seulement d'une circonstance aggravante nécessitant l'application du maximum de la peine, c'est-à-dire qu'il n'y a de différence réelle que dans la pénalité. — C'est si bien ainsi que la cour d'assises de la Seine l'a entendu, qu'elle a posé une question relative à la moralité du livre, et qu'elle a maintenu la saisie nouvelle: toutes choses qui eussent été inutiles, si l'on eût procédé par voie d'exécution parée en vertu des anciens arrêts. — Cela étant, et la première condamnation n'ayant aucun droit de suite sur le livre, un dispositif nouveau est nécessaire contre celui-ci; ce dispositif a besoin du même fondement que le premier, à savoir d'une déclaration de culpabilité contre le prévenu; car la confiscation ne change pas de nature en passant du premier cas au second; elle reste ce qu'elle était, c'est-à-dire une peine; cette peine a elle-même besoin d'un texte, et ce texte, il faut, pour le trouver, remonter à l'art. 26, qui ne permet de la prononcer que dans un cas de condamnation. Ainsi, l'on se trouve renfermé dans le même cercle que la première fois.

Ce que nous venons de dire sur la seconde hypothèse implique l'existence d'une première condamnation; mais nous ne sommes entrés dans cette supposition que pour la plus grande satisfaction du principe; car, en réalité, cette première condamnation n'est pas constatée par le jury. Elle n'est énoncée que dans les quatre questions résolues négativement, et elle est par conséquent entraînée dans la même ruine que la culpabilité principale. En définitive, il n'y a de constant que la publication d'un livre renfermant un outrage aux bonnes mœurs, sans déclaration aucune d'une condamnation précédente.

En résultat, la confiscation du livre, malgré l'acquittement du prévenu,

1038. 4° *Impression ou affiche de la condamnation.* — L'impression ou l'affiche de l'arrêt de condamnation *peuvent* être ordonnées aux frais du condamné (L. 26 mai 1819, art. 26). — A cet égard, point de disposition impérative : le juge est donc libre de ne pas ordonner l'impression ou l'affiche de la condamnation. — Peuvent-ils l'ordonner d'office ? Il nous paraît que c'est là encore une conséquence de la condamnation et qu'il n'est pas besoin de réquisition expresse à cet égard. — V. en ce sens M. de Grattier, t. 1, p. 501.

Quoiqu'il en soit, il a été jugé qu'en matière d'outrages envers des fonctionnaires publics, la loi n'autorise pas les tribunaux à ordonner l'affiche de leurs jugements aux frais des prévenus (Metz, ch. corr., 21 juill. 1822, M. Pyrot, pr., aff. Sabouret). — Mais le texte de l'art. 1036 c. pr. nous semble en opposition directe avec cette décision.

1039. Lorsque l'action civile, pour fait de diffamation ou d'injure commis par la voie de la presse, est formée séparément de l'action publique, les juges civils ont le droit d'examiner s'il y a diffamation ou injure, et, en cas d'affirmative, ils peuvent ordonner la suppression de l'écrit et l'impression et l'affiche de leur jugement (Req. 29 janv. 1840, aff. Salmon, V. n° 1448).

1040. L'impression et l'affiche sont-elles deux mesures distinctes ou bien la loi n'a-t-elle entendu ordonner l'impression que pour qu'elle servit à l'affiche ? — M. de Grattier (t. 1, p. 502) est d'avis que l'impression et l'affiche peuvent être ordonnées simultanément ; d'où il suit que cet auteur voit là deux condamnations distinctes permises par la loi. Pour nous, nous ne croyons pas que la disjonctive *ou* dont s'est servi le législateur (l'impression *ou* l'affiche) autorise cette interprétation. Évidemment la conjonctive *et* et la disjonctive *ou* ne peuvent avoir la même signification. — Or l'opinion de M. de Grattier ne pourrait être différente si la loi disait : l'impression *et* l'affiche. Quant à nous, nous ne voyons là qu'une seule opération. Il nous paraît que la loi n'a dit *l'impression ou l'affiche* que parce que, dans sa pensée, il y avait synonymie, ou du moins parce que ce sont là deux parties d'une même opération. — Pourquoi, en effet, l'impression sans l'affiche ? — Pour faire insérer la condamnation dans un journal ? — Mais lorsque la loi a voulu qu'il y eût publication par la voie d'un journal, elle l'a dit d'une manière expresse (V. n° 1050). — Pour faire distribuer l'écrit sous forme de pamphlet ? — Mais c'est là une condamnation qui sortirait entièrement des habitudes judiciaires. Où, d'ailleurs, par qui, à quelles personnes se ferait cette distribution ? — Nous ne trouvons pas de réponses satisfaisantes à ces questions, parce que nous nous plaçons là dans l'inconnu, et que ni la loi, ni la pratique ne peuvent nous prêter leur appui. — Toutefois, il a été jugé dans un sens qui paraît contraire à cette solution, qu'en ordonnant la suppression d'un écrit, déclaré diffamatoire, les tribunaux doivent concilier les intérêts du diffamateur avec la réparation due aux personnes diffamées, et préférer l'insertion du jugement dans un journal, à l'impression et à l'affiche (Bordeaux, 17 août 1826) (1). — Mais il est à remarquer que cet arrêt tend à atténuer la peine prononcée

---

réunit en elle tous les caractères de réprobation qui peuvent se rencontrer dans une décision judiciaire sous notre droit public : c'est une peine que ne prononce aucun texte ; c'est une peine accessoire sans peine principale ; c'est une atteinte au droit de propriété, et elle pourrait, selon l'importance de la publication, ruiner celui qui est déclaré non coupable ; elle rétablit la censure, sinon avant, du moins après la publication ; elle crée une chose monstrueuse dans notre législation, un procès fait à un livre ; elle convertit le jury en une Sorbonne judiciaire et politique qui condamne les opinions sans les personnes. » — Arrêt (apr. délib. en ch. du cons.)

La cour ; — Sur le moyen tiré de la prescription invoquée en particulier par Joseph Delavigne, pour les vingt-six exemplaires de l'édition in-8° de l'Histoire de Faublas, publiée en 1834, et d'une prétendue violation de l'art. 29 de la loi du 26 mai 1819 ; — Attendu que, si la cour d'assises a pu maintenir la saisie et ordonner la destruction de toutes les éditions et de tous les exemplaires saisis ou à saisir des éditions du roman de Faublas, comprises dans la poursuite, elle n'a pas dû excepter les vingt-six exemplaires de l'édition de 1834 ; qu'à cet égard aucune prescription n'était acquise à Joseph Delavigne ; qu'il n'était pas prévenu d'avoir imprimé, mais d'avoir vendu, en 1839, une édition complète de l'Histoire du chevalier de Faublas ; que, pour ce fait de vente, qui n'était pas contesté, la prescription n'a pu courir que du jour de la mise en vente ; que, de ce jour à celui où la poursuite a commencé, on ne comptait pas six mois révolus ; qu'ainsi l'action publique n'était pas prescrite ;.....

Mais, sur le moyen de cassation de l'arrêt rendu à la suite de l'ordonnance d'acquittement des prévenus, et qui, en maintenant les saisies faites à leurs domiciles, ordonne la destruction des exemplaires saisis de tous ceux qui pourront l'être ultérieurement : — Attendu que, quelles que soient les considérations morales susceptibles d'expliquer sa décision, le juge ne peut prononcer une peine qui n'est pas formellement écrite dans la loi (art. 4 c. pén.) ; — Qu'en conséquence la prononciation de tout jugement de condamnation doit être précédée de la lecture du texte de la loi sur laquelle il est fondé (art. 163, 195 et 369 c. inst. cr.) ;

Que la confiscation spéciale du corps du délit, quand la propriété en appartient au condamné, est une peine (art. 11 c. pén.) ;

Que la saisie définitive et la destruction d'un ouvrage ayant donné lieu à une poursuite, soit en vertu de l'art. 8 de la loi du 17 mai 1819, soit en vertu de l'art. 26 de celle du 26 du même mois, ne sont autres qu'une confiscation spéciale ; — Que cette confiscation, cette saisie définitive, ne peuvent être que la suite de la condamnation du prévenu, propriétaire de la chose saisie (art. 11 précité et art. 26 de celle du 26 mai) ; — Que cette vérité ressort des dispositions des art. 286, 314, 318, 410 c. pén., qui, à l'occasion des écrits constituant un délit, des armes prohibées, des boissons falsifiées, des objets mobiliers servant aux maisons de jeux et aux loteries, subordonnent évidemment la confiscation de la chose à la condamnation de l'inculpé, sauf les mesures préventives de police à prendre dans un intérêt de sûreté et de salubrité, et qui appartiennent à un autre ordre d'attributions ;

Que l'art. 477 c. pén., qui dispose que les écrits ou gravures contraires aux mœurs seront mis sous le pilon, ne déroge point à ces règles pour le cas où le propriétaire des écrits et gravures, réputés contraires aux mœurs, est connu et a été poursuivi ; — Que cet article détermine les suites de la saisie et de la confiscation, sans en altérer le principe ; — Que rien dans la loi n'autorise à dépouiller d'une propriété, souvent d'une valeur considérable, le prévenu acquitté ; — Qu'ainsi l'arrêt qui contient une semblable disposition constitue un excès de pouvoir qui doit être réprimé, avec d'autant plus de raison qu'ici la question qui a provoqué la réponse sur laquelle a été fondée la confiscation, n'a dû être posée que dans l'intérêt bien entendu des demandeurs ; d'où il suit qu'elle ne saurait leur être funeste, quand, d'ailleurs, les réponses du jury sur les autres questions leur ont été favorables et ont décidé leur acquittement ; — Que cette réponse affirmative, mais isolée, et en présence des autres réponses toutes négatives, ne pouvait donner lieu à aucune condamnation ; — Casse.

Du 20 juin 1840. - C. C., ch. crim. - MM. de Bastard, pr. - Romiguières, rap. - Hello, av. gén. - Latruffe-Montmeylian, et Ledru-Rollin, av.

(1) (Gaye C. Ganivet et Monteilh.) — La cour ; — Attendu que Françoise Gaye a reconnu que c'est par son ordre et de son aveu qu'un premier mémoire, commençant par ces mots..., et finissant par ceux-ci..., a été imprimé, publié et distribué ; — Que ce mémoire contient, dans plusieurs passages, qui ont été incriminés dans la requête en plainte présentée au tribunal correctionnel d'Angoulême, le 26 avr. dernier, des imputations diffamatoires, contre Ganivet et Monteilh ; — Que, pour justifier des imputations aussi graves, Françoise Gaye est réduite à de vaines allégations et à de simples conjectures qui n'ont d'autre base que sa parole ; qu'elle ne rapporte aucune des preuves exigées par la loi ; que dès lors le tribunal d'Angoulême ne pouvait se dispenser de déclarer ledit mémoire diffamatoire, d'en ordonner la suppression dans les parties incriminées, et d'infliger à Françoise Gaye les peines qu'elle avait encourues à raison de la publicité de ce mémoire ; — Néanmoins, que le tribunal correctionnel, en ordonnant que son jugement serait imprimé et affiché au nombre de 500 exemplaires, a excédé les bornes d'une exacte justice, et que l'honneur et la réputation de Ganivet et Monteilh n'en obtiendront pas moins la juste réparation qui leur est due, en adoptant un mode de publicité qui soit en même temps conforme à la loi, et qui compromette moins les intérêts de Françoise Gaye ; — Attendu que, depuis que la cause est pendante en la cour, Françoise Gaye a fait publier un second mémoire... ; qu'elle a déclaré que l'impression et la distribution de ce nouveau mémoire avaient eu lieu par son fait et de son consentement ; que ce nouveau mémoire n'est, à peu de chose près, que la répétition du premier, qu'il contient les mêmes imputations diffamatoires contre Ganivet et Monteilh ; que ces imputations ne sont appuyées d'aucune preuve, et qu'il y a lieu par conséquent d'ordonner la suppression des passages où elles sont contenues ; — Émendant dans le chef qui ordonne que le jugement sera imprimé et affiché au nombre de 500 exemplaires, ordonne que ledit jugement, ainsi que le présent arrêt, seront insérés dans les journaux du département de la Charente, aux frais de Françoise Gaye ; que le surplus du jugement sera exécuté suivant sa forme et teneur ; ordonne, en outre, que le second mémoire publié en cause d'appel sera supprimé dans toutes les parties concernant Ganivet et Monteilh ; condamne Françoise Gaye aux dépens.

Du 17 août 1826. - C. de Bordeaux, 1re et 4me ch. réunies. - M. Duprat, pr.

par la loi et que c'est là un pouvoir pour lequel on doit se montrer facile.—V. nº 1280.

SECT. 2. — *Règles communes aux délits qui se commettent par la voie de la presse périodique.*

1041. Les règles communes aux infractions qui se commettent par la presse périodique sont relatives *au doublement des amendes, à la suspension du journal, à l'insertion de la condamnation dans le journal condamné.* — Reprenons successivement chacune de ces peines.

1042. *Doublement des amendes.* — Le législateur de 1819 éprouvait sans doute quelque regret de n'avoir fait dans la loi du 17 mai de cette année aucune distinction, quant aux pénalités, entre la presse périodique et les autres moyens de publication, car, quelques jours après, la loi du 9 juin est venue modifier sur ce point celle du 7 mai.—L'art. 10 de la loi du 9 juin 1819 veut, en effet, qu'en cas de condamnation des propriétaires, éditeurs ou rédacteurs d'un journal, les amendes puissent être élevées au double de ce qu'elles sont *pour tout autre moyen de publication*, et, en cas de récidive, au quadruple de ces peines, sans préjudice des peines de la récidive portées par le code pénal. — Suivant l'art. 14 de la loi du 18 juill. 1828, les amendes autres que celles portées par cette loi, qui auront été encourues pour délit de publication par la voie d'un journal ou écrit périodique, ne sont jamais moindres du double du minimum fixé par les lois relatives à la répression des délits de la presse.— La différence entre les deux articles est sensible. L'art. 10 de la loi du 9 juin 1819 donne aux juges *la faculté* de doubler l'amende en cas d'une première condamnation et de la quadrupler en cas de récidive; la loi de 1828 va plus loin: elle *ordonne* au juge de prononcer une amende qui ne peut être moindre du double du minimum.

Aux termes de l'art. 12 de la loi du 9 sept. 1835, les dispositions de l'art. 10 de la loi du 9 juin 1819 étaient applicables à tous les cas prévus par celle de 1835 qui gardait le silence sur l'art. 14 précité de la loi du 18 juill. 1828. — Suivait-il de cette omission que la loi de 1835 avait entendu abroger, sur ce point, la loi du 18 juill. 1828?—Un arrêt a résolu cette question affirmativement (Paris, 14 juill. 1836, aff. la Mode, sous crim. rej. 26 août 1836, nº 316-1º). — MM. Chassan, t. 1, p. 149, à la note et de Grattier, t. 2, p. 331, ont combattu cette solution par la raison qu'il n'y avait ni abrogation expresse, ni abrogation tacite de la loi de 1828 et que, d'ailleurs, la pensée de la loi de 1835 avait été d'enchérir sur la rigueur de la législation antérieure et non de l'adoucir (V. aussi dans ce sens MM. Bories et Bonassiès, vº Peines, nºs 25 et 26).— Ces raisons nous paraissent décisives et, en conséquence, nous ne croyons pas que l'arrêt précité doive être suivi. — Il semblerait, au premier aperçu, que l'abrogation de la loi de 1835 a ôté tout intérêt à cette difficulté; mais il est à remarquer que l'abrogation d'une loi abrogatrice ne fait pas revivre celle qui s'est trouvée rapportée par la première abrogation (V. Loi, nºs 561 et s.). — D'où la conséquence que si la loi de 1828 (art. 14) avait été implicitement abrogée par la loi de 1835, elle ne pourrait plus être invoquée aujourd'hui. — Au reste, la circulaire ministérielle du 27 mars 1852 (D. P. 52. 3. 11) dit d'une manière générale que les lois du 9 juin 1819 et celle du 18 juill. 1828 ne sont pas rapportées sans faire aucune distinction relativement à l'art. 14 de cette dernière loi. Cette circulaire est donc dans le sens de l'opinion que nous venons d'adopter.

1043. Conformément au texte précité de l'art. 14 de la loi du 18 juill. 1828, il a été jugé que l'insertion, dans un journal, d'un écrit diffamatoire envers un particulier, est passible d'une amende qui ne peut être moindre du double du minimum de celle fixée par l'art. 13 de la loi du 17 mai 1819 (Crim. cass. 6 juill. 1832) (1). — V. aussi nº 569.

1044. Suivant l'art. 10 de la loi du 9 juin 1819 l'élévation des amendes au double et en cas de récidive au quadruple, est facultative, puisque le texte précité dit seulement: « les amendes *pourront* être élevées, etc. » Mais il ajoute: « *sans préjudice des peines de la récidive prononcées par le code pénal.* » D'où il suit que le code pénal *peut* ou *doit* être appliqué. Mais c'est là un point sur lequel la loi ne s'est point expliqué. Aussi les auteurs sont-ils divisés à cet égard. MM. Carnot, sur les art. 56 et suiv. c. pén.; Parant, p. 124; Chauveau et Hélie, t. 1, p. 123 et 124; de Grattier, t. 1, p. 24, sont d'avis que l'application des peines portées par le code pénal est facultative comme l'élévation des amendes permises par l'art. 10 précité de la loi du 9 juin 1819. — M. Chassan, t. 1, p. 157 et 158 pense, au contraire, qu'il n'y a *faculté* pour les juges que relativement aux amendes, mais que l'art. 10 est impératif en ce qui touche l'application du code pénal. — Deux raisons principales sont données par ce dernier auteur à l'appui de son opinion: la première, c'est que le code pénal (art. 56 et suiv.) s'exprime en termes impératifs et que la loi de 1819 en renvoyant à ce code l'accepte nécessairement avec sa rédaction positive; la seconde raison, donnée par M. Chassan, c'est que la discussion de la chambre des députés prouve que le législateur a voulu faire sortir les journaux du droit commun, preuve qu'il induit principalement de ce qu'un député, M. Dumeilet, demandait qu'on appliquât aux journalistes les mêmes condamnations que celles relatives à la presse ordinaire, *sauf l'aggravation obligatoire des peines de la récidive prononcées par le code pénal*; mais qu'on a voulu faire à la presse périodique une position exceptionnelle qui résulte de ce que l'aggravation prononcée par le code pénal, en cas de récidive est applicable aux journalistes et qu'ils peuvent, en outre, être frappés du quadruple de l'amende. — Ces raisons nous semblent convaincantes et nous adoptons l'avis de M. Chassan.

1045. Au reste, l'art. 10 précité de la loi de 1819 renferme un principe général applicable à tous les délits de presse, quelle que soit la loi en vertu de laquelle ils sont réprimés.— Par suite, il a été jugé que cette disposition doit s'appliquer aux amendes prononcées par la loi du 27 juill. 1849 (Crim. cass. 6 déc. 1850, aff. Nefftzer, D. P. 51. 1. 238).

1046. *Suspension des journaux.* — L'art. 13 de la loi du 18 juill. 1828 est ainsi conçu: « En cas de récidive par le même gérant et *dans les cas prévus par l'art. 58 c. pén.*, indépendamment des dispositions de l'art. 10 de la loi du 9 juin 1819, les tribunaux pourront, suivant la gravité du délit, prononcer la suspension du journal ou écrit périodique pour un temps qui ne pourra excéder deux mois, ni être moindre de dix jours: pendant ce temps, le cautionnement continuera à demeurer en dépôt à la caisse des consignations et il ne pourra recevoir une autre destination. »— Le rapport fait à la chambre des députés sur la loi du 18 juill. 1828 explique ainsi cette disposition rigoureuse. — « Le gérant, qu'une première condamnation n'aurait pas corrigé, et qui se prêterait encore aux fureurs de la haine, de la malveillance et de la révolte, pour semer de toute part l'injure et la diffamation, déshonorer les familles et rompre le pacte sacré qui unit la France à un roi légitime, pourrait-il mériter quelques ménagements? » — Toutefois, l'art. 13 de la loi de 1828 était resté dans les limites du code pénal quant aux caractères de la récidive. Mais l'art. 12 de la loi du 9 sept. 1835 avait modifié l'article précité de la loi de 1828 ainsi qu'il suit: « *En cas de seconde ou ultérieure condamnation* contre le même gérant ou contre le même journal dans le cours d'une année, les cours et tribunaux pourront prononcer la suspension du journal pour un

(1) (Min. pub. *C.* Fourteau.) — LA COUR; — Statuant sur le pourvoi du ministère public près le tribunal correctionnel de Draguignan: — vu l'art. 18 de la loi du 17 mai 1819; l'art. 14 de la loi du 18 juill. 1828, sur les journaux et la presse périodique; —Attendu qu'aucun des articles de la loi du 18 juill. 1828 ne prononce d'amende pour fait de diffamation par la voie d'un journal; que conséquemment les amendes prononcées à raison de ce fait par les lois antérieures sont au nombre de celles qui, d'après l'art. 14 ci-dessus cité, ne doivent jamais être moindres du double du minimum fixé par les lois qui les établissent; — Et attendu que, dans l'espèce, Fourteau était reconnu coupable du délit de diffamation, en imprimant dans la Gazette du midi, dont il était éditeur responsable, un écrit diffamatoire envers un particulier; —Que, d'après l'art. 18 de la loi du 17 mai 1819, ce fait entraînait la peine d'une amende dont le minimum était de 25 fr.; que conséquemment cette amende ne pouvait être moindre de 50 fr., d'après l'art. 14 de la loi du 18 juill. 1828; — Que néanmoins le jugement attaqué n'a condamné Fourteau qu'à 25 fr. d'amende; en quoi il a violé l'art. 14 de la loi du 18 juin 1828;

Par ces motifs, casse et annule le jugement du tribunal correctionnel de Draguignan, du 17 juin dernier, qui condamne Fourteau à 25 fr. d'amende, etc.

Du 6 juill. 1832.-C. C., ch. crim.-MM. Bastard, pr.-Ollivier, rap.

temps qui n'excédera pas deux mois, suivant la loi du 18 juill. 1828. — Cette suspension pourra être portée à quatre mois si la condamnation a eu lieu pour crime. » — On sait que la loi de 1835 est abrogée. Mais la loi du 27 juill. 1849 a à peu près reproduit le texte de la disposition précitée en ajoutant même à sa rigueur, à la vérité, pour un cas très-grave et qui justifie pleinement cette innovation. Voici, en effet, le texte de l'art. 15 de cette loi : « La suspension autorisée par l'art. 15 de la loi du 18 juill. 1828 pourra être prononcée par les cours d'assises, toutes les fois *qu'une deuxième ou ultérieure condamnation* pour crime ou délit sera encourue dans la même année par le gérant ou par le même journal. — La suspension pourra être prononcée même par un premier arrêt de condamnation, lorsque cette condamnation sera encourue pour provocation à l'un des crimes prévus par les art. 87 et 91 c. pén. (crimes contre la sûreté de l'Etat). — Dans ce dernier cas, l'art. 28 de la loi du 26 mai 1819 cessera d'être applicable. »

On voit que suivant l'art. 15 de la loi du 27 juill. 1849, comme d'après l'art. 12 de la loi de 1835, il n'est pas nécessaire, pour qu'il y ait récidive, que les conditions prescrites par le code pénal soient remplies; c'est-à-dire que la première condamnation soit au moins d'une année d'emprisonnement. Il suffit qu'il y ait une deuxième ou ultérieure condamnation dans la même année (V. MM. Chassan, t. 1, p. 162; de Grattier, t. 2, p. 198, sur la loi de 1835).

1047. Dans le sens de l'art. 15 de la loi du 18 juill. 1828, il ne pouvait y avoir récidive que lorsque le second délit avait été commis par le même gérant dans le même journal, après une condamnation corporelle de plus d'une année. — Dans la discussion de la loi de 1828, M. Bourdeau, s'était, en effet, exprimé en ces termes, au sujet de l'art. 15 précité : « Il faut donc, pour que le cas de récidive se présente, qu'il y ait eu contre le *même gérant*, pour *délit dans le même journal*, une condamnation corporelle de plus d'une année. » — Mais il n'en est pas de même sous la loi de 1849 qui n'est pas rédigée dans les mêmes termes que la loi de 1828. — Il semblerait même que par la rédaction de la loi de 1849 on a voulu écarter l'explication précitée de M. Bourdeau, puisqu'il y est dit : toutes les fois qu'une deuxième ou ultérieure condamnation sera encourue par le même gérant *ou par le même journal*. — Peu importe donc le changement de gérant, il suffit que le journal ait été condamné. — Il est, d'ailleurs, bien évident que si le gérant avait été condamné pour tout autre fait que pour délit de presse, il n'y aurait pas lieu à l'application de la suspension (V. en ce sens MM. Duvergier sur l'art. 15 de la loi de 1828; de Grattier, t. 2, p. 199), parce qu'alors ce ne serait pas en réalité *le gérant* qui aurait été condamné.

1048. Lors de la discussion de la loi de 1828, la commission avait proposé de déclarer que, durant la suspension, les propriétaires du journal ne seraient point admis à établir un nouveau journal. — Mais cette proposition fut rejetée. — D'où il faut conclure que, nonobstant la condamnation, les propriétaires de la feuille condamnée peuvent fonder un nouveau journal, avec le même gérant, mais toutefois avec un autre cautionnement, parce que celui du journal suspendu doit demeurer déposé à la caisse des consignations. — V. M. Duvergier, Coll. de lois, année 1828, p. 232.

1049. Si le journal suspendu enfreint la suspension, quelle peine peut être prononcée contre lui? — La législation ne contient aucune disposition spéciale pour ce cas. — Quel moyen d'arrêter une telle publication? La saisie, suivant M. Parant, p. 274. — Ce moyen est certainement bien légitime, parce qu'il faut que force reste à la loi. — On pourrait, en outre, faire fermer les bureaux du journal et employer tous les moyens matériels propres à assurer l'exécution de la condamnation. — On pourrait même peut-être aller plus loin sous le décret du 17 fév. 1852. — Ce décret punit toute publication de journal ou écrit périodique, *sans autorisation préalable*, d'une amende de 100 fr. à 2,000 fr. pour chaque numéro ou livraison publié en contravention et d'un emprisonnement d'un mois à deux ans. Or, un journal suspendu par la justice est censé ne pas exister. On pourrait donc soutenir que le journal qui paraît dans ces conditions n'est pas autorisé, et que, dès lors, il encourt les amendes prononcées par la disposition précitée.

1050. *Insertion du jugement dans le journal.* — D'après l'art. 11 de la loi du 9 juin 1819, les éditeurs du journal ou écrit périodique sont tenus d'insérer dans l'une des feuilles ou des livraisons qui paraîtront dans le mois du jugement ou de l'arrêt intervenu contre eux, extrait contenant les motifs et le dispositif dudit jugement ou arrêt. — Est-il nécessaire que cette insertion soit ordonnée pour que le journal soit tenu de la faire? Non, car c'est au journal lui-même que la loi adresse directement son injonction. — C'est là une prescription légale qu'il doit exécuter comme toutes celles qui tiennent à la légalité de la publication, sans ordre spécial de la justice (V. en ce sens M. de Grattier, t. 2, p. 28). — M. Chassan, t. 2, p. 500, est cependant d'un avis contraire, mais, par la raison que nous venons d'en donner, son opinion sur ce point nous semble erronée. — La sanction de la volonté de la loi à cet égard se trouve dans l'art. 12 de la loi du 9 juin 1819 qui punit le défaut d'insertion dans le cas qui vient d'être indiqué d'une amende de 100 fr. à 1,000 fr.

1051. Suivant un arrêt, l'impression d'une condamnation pour délit de presse, dans un journal autre que celui qui renferme l'article délictueux, peut être ordonnée, si ce dernier journal est suspendu (Crim. rej. 30 nov. 1850, aff. Semac, D. P. 50. 5. 365). — Il nous semble pourtant que c'est ajouter à la loi. Les termes de sa disposition sont précis sur ce point. Ils n'admettent point d'équipollent : s'il n'y a plus de journal, par suite de la condamnation, il ne peut pas y avoir d'insertion. — Reconnaissons toutefois que l'arrêt précité s'est fondé, bien plus sur la loi du 26 mai 1819, qui permet aux tribunaux d'ordonner l'impression de leurs jugements (V. nº 1038) que sur l'art. 11 de la loi du 9 juin 1819, et qu'en conséquence il n'y a là, en réalité, qu'une équivoque de rédaction.

1052. Au surplus, il est bien évident, et c'est ce qui a été décidé, qu'un journaliste condamné à faire insérer l'arrêt de condamnation obtenu contre lui, dans son propre journal et dans trois autres journaux désignés, n'est pas responsable du refus d'insertion opposé par les gérants de ces journaux; qu'il n'est pas non plus responsable du même refus d'insertion émané du gérant qui lui a succédé dans son journal, alors que la vente est antérieure à l'arrêt de condamnation, et qu'il n'apparaît pas qu'elle ait eu pour but de le soustraire aux dispositions prévues par cet arrêt (Douai, 9 août 1843) (1). — Sur le premier point surtout, il est même difficile d'apercevoir une raison sérieuse de douter, parce qu'en matière criminelle les faits sont essentiellement personnels.

(1) (Vaxin C. Maniel.) — La cour; — Attendu que le 22 mars 1843, la cour, saisie d'une action civile en réparation du dommage causé à l'ingénieur des ponts et chaussées Maniel, par un article publié dans le numéro de l'Impartial du Nord du 5 juin 1842, et qui était de nature à porter atteinte à l'honneur et à la considération de ce fonctionnaire, a condamné Vaxin, entre autres réparations, à insérer et à faire insérer, à ses frais, l'arrêt qu'elle a rendu contre lui, dans le journal l'Impartial du Nord, dans l'Echo de la Frontière et dans le Courrier du Nord qui s'impriment à Valenciennes, ainsi que dans l'Echo du Nord qui s'imprime à Lille; qu'elle a ordonné en outre que ces insertions auraient lieu dans le délai d'un mois; — Que l'insertion prescrite a été faite dans l'Echo de la Frontière, mais que, nonobstant la signification de l'arrêt et l'expiration du délai, elle n'a point eu lieu dans les trois autres journaux; — Que, pour l'obtenir, Maniel s'est pourvu devant la cour, et qu'en effet ledit arrêt n'étant pas purement confirmatif, c'est aux magistrats qui l'ont rendu qu'il appartient de connaître des difficultés relatives à son exécution; — Attendu que Vaxin s'est adressé aux gérants de ces trois journaux pour obtenir l'insertion ordonnée sous l'offre d'en payer les frais; mais qu'ils s'y sont tous trois refusés, ainsi qu'il résulte de leurs réponses aux interpellations qui leur ont été faites par exploits des 15 et 17 juill. dernier; — Qu'il n'y a point de différence à établir relativement à cette insertion entre l'Impartial et les deux autres journaux; qu'en effet Vaxin n'est plus gérant de l'Impartial, qu'il avait cédé la propriété de ce journal à Delescluze, sans aucune réserve, dès le mois de janv. 1843, par conséquent antérieurement à l'arrêt de condamnation, et que cette cession paraît sérieuse; que, dès lors, Vaxin est, vis-à-vis du gérant qui lui a succédé, dans la même position que vis-à-vis du gérant d'un journal auquel il aurait toujours été étranger; — Attendu qu'en le condamnant à insérer et faire insérer à ses frais l'arrêt rendu à sa charge, dans ces trois journaux, la cour n'a pas entendu lui imposer l'obligation d'attraire en justice leurs gérants pour faire statuer sur le bien ou le mal fondé d'un refus qu'elle ne pouvait pas supposer; — Que l'y obliger aujourd'hui, sous peine de dommages-intérêts, ce ne serait pas faire exécuter, mais aggraver la condamnation prononcée contre lui,

Quant au second, il peut paraître un peu étrange au premier aperçu que le gérant du journal condamné n'ait pas à répondre du défaut d'insertion dans sa propre feuille; mais les circonstances du fait offrent à cet égard une explication décisive.

1053. Le délai dans lequel doit avoir lieu l'insertion prescrite par l'art. 11 court-il à compter de la condamnation ou de la notification qui en doit être faite au condamné? — En général les délais courent de la notification, et non de la condamnation. Toutefois, il y a dans la loi de nombreux exemples du contraire. Ainsi, en matière d'appel correctionnel, aux termes de l'art. 203 c. inst. crim., le délai court à partir du jour où le jugement a été prononcé. Le délai du pourvoi en cassation, en matière criminelle, correctionnelle ou de police court également du jour de la condamnation (V. Cassation, n° 572). Il n'y a donc pas excès de rigueur à suivre quant à l'insertion de la condamnation dans le journal qui est l'objet, *la lettre* de l'art. 11, qui veut qu'il en soit ainsi. — Toutefois, M. de Grattier, t. 2, p. 28, est d'un avis opposé. Mais pour le justifier, il se borne à dire qu'il ne faut pas entendre judaïquement les mots « *dans le mois* du jugement ou de l'arrêt. » — Ce n'est point assez pour nous ramener à son opinion.

CHAP. 8. — DES ACTIONS QUE FONT NAÎTRE LES CRIMES OU DÉLITS QUI PEUVENT SE COMMETTRE PAR LES DIVERS MOYENS DE PUBLICATION.

1054. Comme en toute matière, les crimes ou les délits qui peuvent se commettre par les divers moyens de publication, donnent lieu à une double action : *l'action publique* et *l'action civile* (c. inst. crim. 1; pour les principes généraux à cet égard, V. v° Instr. crim.). — Dans les deux premiers articles qui suivent, nous allons considérer séparément ces deux actions, et voir par qui et à quelles conditions elles peuvent être exercées. — Dans un troisième article, nous rechercherons *quelles personnes* peuvent être poursuivies comme auteurs ou complices des délits commis par voie de publication. — Dans un quatrième et dernier article, nous nous occuperons des *immunités* accordées par la loi.

SECT. 1. — *De l'action publique.*

1055. En général, l'action publique est complétement indépendante de la plainte de celui qui a souffert d'un crime ou d'un délit, parce que cette action a uniquement pour but de poursuivre la répression de l'atteinte à l'ordre public qui résulte de l'infraction à la loi pénale. Or, c'est là un intérêt purement social entièrement distinct de l'intérêt privé qui se révèle par la plainte, et auquel l'action publique ne pouvait être subordonnée. — Toutefois, en ce qui touche les délits qui se commettent par les divers moyens de publication, la loi du 26 mai 1819 a fait subir à cette règle de graves modifications. — D'après cette loi, dans les cas d'offense envers les *chambres*, la poursuite n'a lieu qu'autant que la chambre offensée l'a *autorisée* (art. 2). — De même la diffamation ou l'injure envers les *tribunaux* et autres *corps constitués* ne peuvent être poursuivies qu'après une *délibération* de ces corps, *autorisant les poursuites* (art. 4). — L'offense envers les *souverains étrangers*, la diffamation ou l'injure envers les *agents* ou *dépositaires de l'autorité publique*, les *agents diplomatiques* accrédités en France, ou contre *tout particulier*, ne peuvent non plus être déférés aux tribunaux par le ministère public que sur la *plainte* des personnes offensées (art. 3 et 5). — En présentant la loi du 26 mai 1819, M. de Serre a ainsi justifié ces dispositions exceptionnelles : « Nul, sans son *consentement*, ne doit être engagé dans des débats où la justice même et le triomphe ne sont pas toujours exempts d'inconvénients : si le maintien de la paix publique semble demander qu'aucun délit ne reste impuni, cette même paix gagne aussi à ce qu'on laisse se guérir d'elles-mêmes des blessures qui s'enveniment dès qu'on les touche. »

Mais nonobstant la sagesse de ces motifs, l'art. 17 de la loi du 25 mars 1822 vint bientôt donner plus de liberté à l'action publique. — Aux termes de cette disposition, pour les offenses envers les chambres, la diffamation ou l'injure envers les corps constitués et les fonctionnaires publics, *l'action du ministère public* pouvait être exercée *d'office*; elle n'était plus subordonnée à la *plainte* que pour les souverains étrangers, les agents diplomatiques accrédités en France et les particuliers. — Aussi, sous la loi du 25 mars 1822, a-t-il été jugé que le ministère public avait le droit de poursuivre d'office et sans y être autorisé par une plainte préalable, les outrages faits à un fonctionnaire public, et, par exemple, à un magistrat, à l'occasion de l'exercice de ses fonctions (Crim. cass. 2 fév. 1827, M. Bailly, pr., Cardonnel, rap., aff. Graff).

1056. Mais l'art. 5 de la loi du 8 oct. 1830 a formellement abrogé l'art. 17 de celle du 25 mars 1822. — Et il a été décidé que cette disposition (celle de la loi de 1830) a virtuellement remis en vigueur le mode de procéder établi par la loi du 26 mai 1819 (C. d'ass. de la Seine, 14 mars 1831 (1); Crim. rej. 5 août 1831, aff. Savary, V. n° 1105); notamment, en ce qui touche les outrages envers les dépositaires ou agents de l'autorité publique, et que, suivant l'art. 5 de la loi du 26 mai, l'action publique ne peut être mise en mouvement que sur leur plainte (Bourges, 22 avr. 1831 (2); Crim. cass. 22 oct. 1831, aff. Blanchet, V. n° 1104; 17 fév. 1832, aff. Passe, V. n° 1105-2°; 10 janv. 1833, aff. Godel, V. n° 1063).

Il est à remarquer que l'art. 4 de la loi de 1830 dit expressément que la poursuite des délits mentionnés dans l'art. 1 de cette loi, c'est-à-dire des délits commis par la voie de la presse ou tout autre moyen de publication, aura lieu d'office et à la requête du ministère public, *en se conformant aux lois des 26 mai et 9 juin 1819*. — Or, d'une part, l'abrogation de l'art. 17 de la loi de 1822, et, de l'autre, le rétablissement des formes prescrites par la loi du 26 mai 1819 ne permettent pas de douter un seul instant que le législateur a voulu de nouveau soumettre l'ac-

puisque ce serait l'entraîner dans des démarches et dans des frais qui ne sont point entrés dans les prévisions de l'arrêt du 22 mars; qu'il y a donc lieu de mettre cette obligation à la charge de Maniel, si mieux il n'aime accepter l'offre que Vaxin lui fait de payer le coût des insertions qui auront lieu dans trois autres journaux qui se publient dans le département du Nord, au choix dudit Maniel; — Attendu que Vaxin n'a pas fait notifier à Maniel le refus des gérants, et n'a fait qu'à l'audience les offres qui viennent d'être rappelées; qu'il a été cause de l'incident et doit en supporter les frais; — Par ces motifs, etc.

Du 9 août 1843.-C. de Douai, 1re ch.-M. Leroux de Bretagne, pr.

(1) *Espèce* : — (Dinocourt C. min. pub.) — Le sieur Dinocourt avait publié une brochure intitulée : *les Griefs*, qui avait paru renfermer plusieurs délits, et entre autres celui d'injures envers les tribunaux. — Traduit devant la cour d'assises, le ministère a demandé, à l'ouverture des débats, que la cour se déclarât incompétente à l'égard de ce chef de prévention, attendu que cette poursuite n'ayant pas été requise par les chambres assemblées, conformément à la loi du 26 mai 1819, elle en était illégalement saisie. — Arrêt.

La cour; — Considérant que l'art. 5 de la loi du 8 oct. 1830, en abrogeant l'art. 17 de la loi du 25 mars 1822, a remis en vigueur le mode de procéder établi par la loi du 26 mai 1819; qu'aux termes de l'art. 4 de cette loi, dans le cas de diffamation ou d'injures contre les cours, tribunaux ou autres corps constitués, la poursuite ne peut avoir lieu qu'après une délibération de ces corps, prise en assemblée et requérant les poursuites; — Que, dans l'espèce, aucune délibération n'a eu lieu; — Déclare qu'il n'y a lieu de s'occuper de ce délit.

Du 14 mars 1831.-C. d'ass. de Paris.-M. Aylies, subst., c. conf.

(2) (Vaillant C. min. pub.) — La cour; — Considérant que, par l'art. 5, L. 8 oct. 1830, la disposition de l'art. 17, L. 25 mars 1822, qui autorisait la poursuite d'office pour les injures publiques envers les dépositaires ou agents de l'autorité publique, a été abrogée; qu'ainsi ont été remis en vigueur les art. 4 et 5, L. 26 mai 1819, d'après lesquels la poursuite, en ce cas, ne peut avoir lieu que sur la plainte de la partie qui se prétend lésée; — Considérant que l'on ne peut entendre, par le mot de *plainte* que l'acte légal et authentique que la loi désigne par cette dénomination; que cet acte n'existe pas dans la cause; que des lettres écrites soit au sous-préfet, soit même au procureur du roi, ne peuvent en tenir lieu; — Que, dans le fait particulier de la cause, l'adjoint de la commune de Saint-Germain-des-Bois, qui aurait été sinon le seul, au moins le principal offensé, parce que lui seul était présent lorsque auraient été proférées des paroles grossières contre le maire et l'adjoint, s'est refusé à signer le procès-verbal que le maire avait rédigé sur son rapport, et ainsi n'a point porté plainte; et que même le maire, dans sa lettre au procureur du roi, paraît moins se plaindre d'une injure personnelle, ce qu'exigeait l'art. 6, L. 26 mai 1819, à peine de nullité, que céder à une impulsion étrangère; — Par ces motifs, déclare nuls et de nul effet la poursuite exercée et le jugement rendu contre Vaillant, etc.

Du 22 avr. 1831.-C. de Bourges.-M. Trottier, pr.

tion publique à la réserve que lui commandait la loi de 1819. — Et conformément à loi du 8 oct. 1830, il a été jugé que la plainte préalable du fonctionnaire public outragé est nécessaire, pour que le ministère public puisse exercer des poursuites, relativement aux outrages commis envers ce fonctionnaire : peu importe qu'il s'agisse de diffamation ou d'injure ; que l'injure ait été publique ou non publique ; l'art. 5 de la loi du 26 mai 1819 s'applique à tous les cas (Crim. rej. 5 août 1831, aff. Savary, V. n° 1105 ; 22 oct. 1831, aff. Blanchet, V. n° 1104 ; 17 fév. 1832, aff. Passe, V. n° 1105 ; V. MM. Parant, p. 204 ; Chassan, t. 2, n° 1107 ; de Grattier, t. 1, p. 306, note 2). — Cependant, postérieurement à la loi du 8 août 1830, il a été jugé que la plainte des corps constitués n'est pas nécessaire pour autoriser l'action publique relativement à la diffamation ou aux injures qui peuvent se commettre à leur égard (Douai, 1er mars 1831, aff. avoués de Saint-Pol, sous Cass. 14 avril 1831, n° 1405). — Mais c'est là une erreur évidente, et pour la réfutation de laquelle il suffit de citer les art. 4 et 5 de la loi du 8 oct. 1830. — Le deuxième rapport de M. de Siméon sur cette dernière loi porte, d'ailleurs, expressément que toutes les fois que les délits de diffamation ou d'injure intéressent les corps ou personnes désignés par la loi, le ministère public ne peut agir que de leur aveu. — V. M. Duvergier, Coll. de lois 1830, p. 204, sur l'art. 4 ; V. aussi MM. Chassan, t. 2, n° 1107 ; Mangin, t. 1, p. 316, n° 151.

1057. Le décret du 17 fév. 1852 a-t-il, à son tour, rapporté sur ce point la loi du 8 oct. 1830 ? — Ce qui prête quelque force à la solution affirmative de cette question, c'est que l'art. 27 déclare que les poursuites des délits de presse et sans doute des autres voies de publication (V. n° 982) auront lieu dans les formes et délais prescrits *par le code d'instruction criminelle*, et que, suivant ce code, l'action publique est complétement indépendante de la plainte de la partie lésée. — La circulaire interprétative du décret du 17 fév. 1852 ne s'explique pas d'une manière positive sur l'abrogation de la loi de 1830. Mais elle est conçue dans des termes qui font supposer cette abrogation. — On y lit, en effet, ce qui suit : « La loi du 26 mai 1819 intitulée *loi relative à la poursuite et au jugement des crimes et délits commis par la voie de la presse et par tout autre moyen de publication*, et le chap. 3 de la loi du 27 juill. 1849, intitulé *de la poursuite, formaient la législation antérieure.* — D'où il suit clairement que ces textes sans distinction ne forment pas la législation présente. — La même circulaire dit ensuite : « L'art. 27 de la loi du 17 février, en rétablissant le code d'instruction criminelle, a nécessairement abrogé tout ce que la loi du 26 mai avait établi de contraire à ce code *quant aux formes* et aux délais de la poursuite : *On doit donc conclure d'une manière générale que la loi du 26 mai est abrogée sous ce rapport.* » — Un arrêt a, du reste, formellement jugé que le décret du 17 fév. 1852 ayant rétabli les formes et délais du code d'instruction criminelle quant à la poursuite des délits qui se commettent par les voies de publication a nécessairement abrogé les dispositions antérieures qui exigeaient que l'action publique fût précédée d'une plainte de la partie lésée ; que, par suite, les injures adressées, dans un placard affiché sur une place publique, à un ancien procureur général, à un procureur général en fonctions et à un particulier, peuvent être poursuivies d'office par le ministère public (Limoges, 25 juin 1852, aff. Bardon, D. P. 53. 2. 7). — Néanmoins nous ne croyons pas que les modifications introduites par le décret de 1852 puissent aller jusque-là ; il s'agit ici non d'une question touchant simplement à la forme de la procédure, mais d'une difficulté qui pénètre en quelque sorte jusqu'à la racine du droit, la qualité de la personne qui veut se plaindre de la diffamation. — On sait tout ce que le principe ici en contestation a élevé de controverse au sein des chambres, et les hommes qui n'ont pas perdu le souvenir des luttes de la restauration, se rappellent la lettre de Lafayette déniant au ministère public le droit de poursuivre les diffamations dirigées par la presse contre ce défenseur de la liberté civile dans les deux mondes. On sait aussi combien fut vive l'impression de l'opinion et des légistes en 1819, lorsqu'au milieu des brillants débats portés à la tribune par les Royer-Colard, les de Serre, les Manuel et une foule d'autres, le principe qui exige la plainte de la partie diffamée prit enfin place dans notre droit public. — Or, nous doutons qu'il ait été dans l'intention du législateur de 1852, lorsqu'il a enlevé au jury l'attribution exceptionnelle en matière de délits qui lui était départie, de remettre en vigueur la législation antérieure à la période de 1819, et de rendre un rôle plus actif et plus indépendant au ministère public. — D'une part, en effet, rien n'indique dans le décret de 1852 qu'il ait été dans l'intention de son auteur de pousser jusque-là la modification qu'il faisait subir à la législation de 1819 et de 1830 ; d'autre part, ce n'est pas sur de simples présomptions puisées dans l'intention qu'on peut supposer au législateur, que l'abrogation si remarquable admise par l'arrêt qui est ici rapportée doit être étayée.

Au reste, il a été jugé en ce sens que le décret du 17 fév. 1852, en disposant que les délits commis par la voie de la presse ou tout autre moyen de publication seront poursuivis dans les formes et les délais prescrits par le code d'instruction criminelle, n'a point dérogé à la disposition de l'art. 5 de la loi du 26 mai 1819, portant que, dans les cas de diffamation et d'injure contre tout dépositaire ou agent de l'autorité publique, la poursuite n'aura lieu que sur la plainte de la partie qui se prétend lésée : ce décret a entendu seulement régler par là les formalités qui seraient observées à l'avenir (Montpellier, 3 déc. 1855, aff. Falgous, D. P. 56. 2. 73).

Quoi qu'il en soit, c'est là un point livré à la discussion, et tant que le législateur ne se sera pas expliqué d'une manière plus décisive, on ne saurait, dans un travail consacré à l'interprétation des lois sur les moyens de publication, passer sous silence les difficultés que présente, quant à l'indépendance de l'action publique, la loi du 26 mai 1819. — Aussi, raisonnant dans l'hypothèse où cette loi serait considérée comme en vigueur sous ce rapport, diviserons-nous cet article en deux paragraphes : l'un comprenant les cas où l'action publique est indépendante, l'autre ceux dans lesquels cette action ne peut être exercée d'office.

Art. 1. — *Des cas où l'action publique est indépendante de toute réquisition, plainte ou autorisation.*

1058. La loi du 26 mai 1819, qui a introduit de nombreuses restrictions à la spontanéité de l'action publique, pose elle-même en principe (art. 1) que la poursuite des crimes ou délits commis par la voie de la presse, ou par tout autre moyen de publication, a lieu *d'office* à la requête du ministère public. — Les cas dans lesquels l'action publique peut être librement exercée sont donc tous ceux qui n'ont pas été formellement exceptés par la loi (V. MM. Parant, p. 106 ; Chassan, t. 1, nos 1101 et suiv. ; Serrigny, t. 2, p. 225). — Ainsi, le délit d'offense envers l'empereur ou les membres de la famille impériale (c. pén. 86, L. 15 juin 1853), — l'excitation au mépris ou à la haine des citoyens les uns contre les autres (L. 11 août 1848, art. 7), peuvent être poursuivis d'office. — De même, les délits prévus par la loi du 25 mars 1822 et à l'égard desquels l'action du ministère public n'a pu être soumise par la loi du 26 mai 1819 aux conditions prescrites par cette loi, peuvent être poursuivis d'office. — C'est ce qui résulte de la loi du 8 oct. 1830, laquelle en abrogeant l'art. 17 de la loi du 25 mars 1822 qui avait rendu au ministère public une plus grande liberté d'action que celle que lui donnait la loi du 26 mai 1819, a voulu que la poursuite des délits commis par voie de publication, eût lieu conformément à cette dernière loi (V. en ce sens M. Chassan, t. 1, n° 1156). — Ainsi il a été jugé que l'action du ministère public peut être exercée d'office à l'égard d'un compte rendu infidèle ou de mauvaise foi des audiences d'un tribunal, parce que ce délit prévu par la loi du 25 mars 1822, n'est point de ceux que le législateur a soustraits à l'action spontanée du ministère public (Crim. cass. 11 mai 1833, aff. Paulin, V. n° 1081 ; crim. cass. 22 nov. 1833, aff. Blanc, V. n° 1554, et sur renvoi Colmar, 11 janv. 1834, M. Poujol, pr.).

1059. Il a même été décidé que lorsqu'à la prévention du compte rendu infidèle et de mauvaise foi de l'audience d'une cour ou d'un tribunal, se joint la prévention d'outrage commis dans ce compte rendu envers les magistrats, ce fait d'outrage doit être considéré comme une circonstance aggravante et accessoire du fait principal, qui est l'infidélité dans le compte rendu ; en telle sorte que les poursuites du ministère public pour ce fait d'outrage ne doivent pas, dans ce cas, comme dans les cas ordinaires, être provoquées dans une délibération préalable du corps outragé (Crim. cass. 2 août 1839) (1).—Conf. MM. Parant, p. 214; Chassan, t. 2, p. 41, nº 23; de Grattier, t. 2, p. 121, nº 6). — Dans tous les cas et en admettant que la poursuite ne pût avoir lieu d'office à l'égard de l'injure, rien n'empêcherait de la diviser et de poursuivre séparément la répression du compte rendu infidèle et de mauvaise foi, sans l'autorisation du tribunal injurié.

1060. Toutefois, il a été jugé : 1º que l'outrage fait publiquement à un magistrat de l'ordre administratif ou judiciaire à raison de ses fonctions et de sa qualité, lequel est prévu par l'art. 6 de la loi du 25 mars 1822, ne peut, à la différence de l'outrage fait au magistrat *dans l'exercice de ses fonctions*, lequel reste régi par l'art. 222 c. pén., être poursuivi que sur la plainte préalable du fonctionnaire outragé (Limoges, 29 juin 1850, aff. Dubreuil, D. P. 51. 1. 101, Poitiers, 26 oct. 1850, même affaire, *eod.*); — 2º Que le ministère public n'a pas qualité pour poursuivre d'office la répression de l'outrage public adressé à un ministre du culte, lorsque ce délit a été commis, non pas dans l'exercice de ses fonctions, mais seulement à raison desdites fonctions ou de leur exercice ; dans ce dernier cas, l'action publique doit être mise en mouvement par la plainte du ministre du culte offensé (Crim. cass. 25 juin 1846, aff. Destrez, D. P. 46. 1. 304). — Mais nous croyons que ces décisions sont en opposition avec le principe admis par l'art. 1 de la loi du 26 mai 1819, principe auquel on ne doit admettre d'autres dérogations que celles reconnues par la loi du 26 mai elle-même.

1061. Par la même raison, nous ne pouvons admettre la distinction que fait M. Parant (p. 212) et suivant laquelle, si le délit d'outrage est commis soit envers un fonctionnaire public, soit envers un juré ou un témoin dans l'exercice même de leurs fonctions, le ministère public n'a pas besoin de l'autorisation préalable pour poursuivre, parce que, d'après cet auteur, dans ce cas, l'ordre public est intéressé à la répression d'un pareil délit, tandis qu'il en est autrement si l'outrage a lieu seulement *à l'occasion* de l'exercice des fonctions, et nous pensons que, ainsi que l'a décidé un arrêt, le délit d'outrages commis envers des jurés *à raison de leurs fonctions*, peut être poursuivi d'office par le ministère public, sans plainte préalable de la part du juré outragé (Crim. cass. 8 fév. 1851, aff. Robert, D. P. 51. 1. 175, et sur renvoi, Nancy, 9 avril 1851, D. P. 51. 5. 439). —V. MM. Rauter, t. 2, p. 466; de Grattier, t. 1, p. 341.

1062. La *réquisition préalable* des autorités et des administrations publiques est-elle nécessaire pour autoriser l'action publique, à raison des diffamations ou injures commises envers elles ?—Ce délit est prévu par l'art. 5 de la loi du 25 mars 1822. Or, sous cette loi, la *plainte* n'était pas nécessaire : il n'y a donc pas, sous ce rapport, exception à la règle générale qui assure l'indépendance de l'action publique (V. M. Chassan, t. 2, nº 1134). — MM. Parant, p. 208 et 211, et de Grattier, t. 1, p. 334 sont d'un avis contraire. — Mais l'analogie qu'ils invoquent à l'appui de leur opinion ne nous paraît pas admissible en matière d'exception et de fin de non-recevoir. — Cependant il a été jugé qu'un chef d'administration a le droit de porter plainte des diffamations et injures commises contre les membres et agents de cette administration, lorsque ceux-ci ne sont ni nommés, ni formellement et individuellement désignés; qu'en conséquence, une plainte portée par le préfet de police pour des diffamations commises contre les agents de son administration, qui ne sont ni nommés ni désignés, peut servir de base légale aux poursuites du ministère public (Crim. rej. 16 juin 1832) (2). — V. en ce

(1) (Souilhac et Lafont *C.* min. pub.) — LA COUR ; — En ce qui concerne le pourvoi du sieur Souilhac : — Sur le premier moyen pris du défaut de provocation par la cour d'assises de l'action du ministère public : — Attendu, d'une part, que la disposition de l'art. 7 de la loi du 25 mars 1822, remise en vigueur par l'art. 5 de la loi du 8 oct. 1830, n'ayant pas subordonné la poursuite du délit de compte rendu infidèle et de mauvaise foi des audiences des cours et tribunaux à la nécessité d'une délibération préalable de ces corps, ce cas rentre dans le droit commun qui veut que l'action du ministère public, en matière de délits intéressant l'ordre public, soit libre et spontanée; d'autre part, que le caractère injurieux du compte rendu avec infidélité et de mauvaise foi, n'est qu'une circonstance aggravante du fait principal, qui ne saurait en être séparée, et doit être jugée accessoirement à ce fait;

Sur les second et troisième moyens tirés de la violation prétendue des art. 183, 315 et 514 c. inst. crim. ; — Attendu, en droit, que le vœu du premier de ces articles, auquel il y a lieu de se référer dans le silence de la loi spéciale, est suffisamment rempli quand le contenu de la citation ne laisse aucun doute sur l'objet de la poursuite, et n'omet rien de ce qui peut être nécessaire à l'exercice du droit de défense ; — Attendu, en fait, 1º que la citation, dans l'espèce, relate et transcrit le réquisitoire adressé par le ministère public au président des assises et dans lequel sont signalés les principaux passages des articles incriminés avec cette énonciation finale : *et autres expressions qui développent l'intention de commettre une offense ;* — 2º Qu'il résulte du procès-verbal d'audience qu'il a été donné lecture en entier et publiquement du procès-verbal antérieur, constatant l'incident dont il avait été rendu compte et de l'arrêt rendu sur cet incident ;

Sur le quatrième moyen pris de la fausse qualification du fait : — Attendu que les observations mêlées au récit d'un débat judiciaire n'enlèvent pas à ce récit le caractère d'un compte rendu;

Sur les cinquième et sixième moyens résultant de l'absence prétendue de toute expression injurieuse pour les magistrats dans les articles incriminés : — Attendu que ces deux moyens se rattachent à une appréciation qui était dans le domaine exclusif des juges du fait ; — Attendu, au surplus, que l'auteur du premier de ces articles, en reproduisant l'imputation qu'il disait avoir été dirigée au dehors, contre le président des assises, d'avoir entravé la défense et abusé de son pouvoir discrétionnaire, se l'est rendue propre par l'approbation directe qu'il lui a donnée, et que les faits déclarés mensongers sur lesquels cette imputation s'appuie suffiraient seuls pour constituer l'injure, puisque par eux-mêmes et indépendamment de toute expression outrageante, ils exposeraient à la déconsidération publique le magistrat auquel ils sont attribués;

... En ce qui touche le neuvième moyen pris de la violation prétendue de l'art. 11 de la loi du 9 juin 1819, en ce que l'arrêt attaqué a ordonné : 1º l'insertion dans le journal le Radical, non-seulement de son contexte, mais encore de l'arrêt incident du 17 mai ; 2º le dépôt au parquet du procureur du roi de cent exemplaires du numéro contenant ces deux décisions ; — Sur la première partie de ce moyen ; — Attendu que l'art. 11 précité prescrit l'insertion dans le journal condamné des motifs et du dispositif du jugement, et que l'arrêt attaqué a pu comprendre dans ses motifs l'arrêt du 17 mai, qui en fait partie intégrante ;

Sur la seconde partie du moyen : — Attendu que la cour d'assises du Lot, en déclarant que le dépôt de cent exemplaires de la feuille le Radical au parquet du procureur du roi avait pour objet de rendre public par les voies de droit l'arrêt de condamnation, s'est conformée à la disposition facultative de l'art. 26 de la loi du 26 mai mai 1819, qui l'autorisait à ordonner l'impression ou l'affiche dudit arrêt ; — Par ces motifs, rejette le pourvoi du sieur Souilhac et le condamne à l'amende ;

Mais en ce qui concerne le sieur Lafon : — Statuant sur le septième moyen du pourvoi : — Attendu que l'article inséré dans le nº 73 du journal le Radical ne contient ni aucun récit nouveau de faits, ni aucune reproduction entière ou partielle de la relation antérieure à laquelle il se rapporte ; que, si les réflexions dont il se compose étaient susceptibles d'être incriminées comme constituant un délit d'outrage envers les membres de la cour d'assises, elles ne présentaient en aucune sorte le caractère d'un compte rendu infidèle ou de mauvaise foi, et ne pouvaient, dès lors, être poursuivies à ce titre et en cette forme ; — Casse.

Du 2 août 1839.-C. C., ch. crim.-MM. de Bastard, pr.-Rocher, rap.

(2) *Espèce :* — (Pelleport *C.* min. pub.) — Mᵉ Pelleport avait adressé au rédacteur de la Tribune une lettre où il racontait qu'il avait vu un sergent de ville porter à un petit savoyard, qui demandait l'aumône en présentant des almanachs, un violent coup de canne qui l'avait renversé et avait fait jaillir son sang. — Cette lettre, qui contenait, en outre, quelques réflexions, fut insérée dans le nº du 14 fév. de la Tribune. — M. le préfet de police porta plainte en diffamation contre Mᵉ Pelleport et le gérant de la Tribune; tous deux furent, en conséquence, traduits devant la cour d'assises. — Les prévenus opposèrent d'abord deux fins de non-recevoir : la première, tirée de ce que la partie lésée ne se plaignant pas, le ministère public n'avait pu poursuivre, aux termes de l'art. 5 de la loi du 26 mai 1819 ; qu'on ne pouvait, en effet, considérer la plainte du préfet de police comme devant autoriser les poursuites, car il ne se trouve nullement intéressé dans l'article incriminé. La deuxième était tirée de ce qu'à supposer que la plainte du préfet de police fût suffisante pour que le ministère public pût poursuivre, cette preuve serait nulle, puisque la plainte n'articulait ni ne qualifiait les faits diffamatoires. — Le 27 mars 1832, la cour d'assises rejeta ces exceptions, par le motif que, si la loi ne permet de poursuivre la diffamation contre les agents de l'autorité que sur la plainte de la partie lésée, cette partie, lorsqu'elle n'est pas nominativement désignée, se trouve représentée par le chef du corps auquel elle appartient; qu'autrement, on pourrait impunément publier des allégations diffamatoires et des expressions outrageantes contre des agents de l'autorité, qui font partie d'un corps n'ayant pas droit de délibérer; — Qu'en second lieu, la plainte de M. le préfet de police articule et qualifie suffisamment les faits diffamatoires qu'il

sens MM. Chassan, t. 2, p. 50, n° 15; Parant, p. 110, n° 1; de Grattier, t. 1, p. 344, n° 7, Mangin, t. 1, n° 349, note 1.—M. Parant, p. 218, est d'avis que les chefs de corps de la garde nationale ont également ce droit relativement aux diffamations ou injures envers leur subordonnés.—Mais c'est là une tout autre question. —Dans la première, il s'agit de savoir si le ministère public peut agir d'*office* pour la répression de la diffamation ou de l'injure envers les administrations publiques, et l'on répond affirmativement parce qu'il n'y a pas, dans la loi, d'exception formelle à cet égard; — dans la dernière question, la difficulté est de décider si l'administration est représentée par son chef, relativement à la plainte. Mais la solution affirmative ou négative sur l'un de ces points n'implique en aucune manière la solution de l'autre. — Il n'y a entre les deux questions qu'une connexion apparente.

1063. Toujours d'après le principe qui veut que l'action publique soit libre, lorsqu'elle n'a pas été soumise par la loi à des restrictions expresses, les outrages punis par le code pénal peuvent être poursuivis indépendamment de toute réquisition ou plainte (V. MM. Chassan, t. 2, n° 1158; de Grattier, t. 1, p. 342, n° 4; Rauter, t. 2, n° 793 *bis*, p. 466).—Il a été jugé en ce sens: 1° que le ministère public a qualité pour poursuivre seul et sans qu'il y ait plainte par la partie offensée, les outrages adressés à un desservant dans l'exercice de ses fonctions (Crim. cass. 10 janv. 1833 (1); trib. des Sables d'Olonne, 30 mai 1840, aff. Herbreteau, D. P. 41. 1. 148);—2° Que l'outrage fait publiquement, par paroles, gestes ou menaces, à un fonctionnaire (un maire) dans l'exercice de ses fonctions, constitue le délit prévu par l'art. 222 c. pén.; qu'en conséquence, la poursuite de ce délit n'est pas subordonnée à la plainte du fonctionnaire outragé, et peut être exercée d'office par le ministère public (Crim. cass. 19 janv. 1850, aff. Boutel, D. P. 50. 1. 68).—Conf. MM. Parant, p. 242; de Grattier, p. 337, n° 5.

---

signale à M. le procureur général. — Ensuite, la cour, procédant au jugement du fond, condamna Me Pelleport en 100 fr. d'amende et un mois de prison, et renvoya le gérant de la Tribune de la plainte. — Pourvoi par Pelleport. — Arrêt (ap. dél. en ch. du cons.).

La cour; — Sur les moyens de nullité présentés contre l'arrêt du 27 mars dernier, par lequel Pelleport est déclaré non recevable dans ses exceptions préjudicielles: — Attendu que les chefs des administrations publiques représentent les membres et les agents de leurs administrations, lorsqu'ils portent plainte des diffamations et injures commises contre ces derniers, alors qu'ils ne sont ni nommés, ni formellement et individuellement désignés; qu'ainsi la plainte portée par le préfet de police, par suite des diffamations et injures dont les sergents de ville, ni nommés, ni individuellement désignés, ont été l'objet dans l'écrit incriminé, a servi de base légale aux poursuites du ministère public et à la traduction du demandeur devant la cour d'assises; d'où il suit qu'il a été fait, sous ce rapport, une juste application de l'art. 5 de la loi du 26 mai 1819; — Attendu que la plainte du préfet de police ne peut être séparée, dans la cause, du réquisitoire qu'elle a provoqué, et qu'il résulte de l'examen de ces deux pièces que les faits incriminés ont été articulés et qualifiés dans le sens fixé par l'art. 6 de la même loi, et l'art. 2 de celle du 8 avr. 1831; que, dès lors, le demandeur est également mal fondé sous ce deuxième rapport; — Rejette le pourvoi contre l'arrêt qui a statué sur les questions préjudicielles;

Sur les moyens proposés contre l'arrêt définitif: — Attendu que les sergents de ville sont des agents de l'autorité publique, lorsque, par les ordres de l'autorité municipale qui les a institués, ils exercent la surveillance et remplissent les fonctions que cette autorité leur a confiées; — Attendu que ces mots, *dans le même écrit*, employés dans la seconde question résolue affirmativement par le jury, se réfèrent nécessairement à l'écrit spécifié et qualifié, dans la première question, en ces termes: *par un écrit vendu et distribué en fév.* 1832, et établissent la publicité qui forme l'un des caractères constitutifs du délit; — Attendu qu'il est constaté, par le procès-verbal de la séance, que le président a lu le texte de la loi en prononçant l'arrêt rendu par la cour d'assises, et que cet arrêt contient la transcription des art. 16 et 19 de la loi du 17 mai 1819, dont l'application a été faite; que, dès lors, il a été suffisamment satisfait à ce qui est prescrit par l'art. 369 c. inst. crim., qui, d'ailleurs, n'est pas prescrit à peine de nullité; — Rejette ce moyen;

Mais, attendu que le réquisitoire du ministère public, sur lequel le demandeur a été traduit devant la cour d'assises, présentait deux chefs de prévention; que, sur le premier, la déclaration du jury ayant été négative, est acquise au prévenu; que, sur le deuxième, relatif aux expressions outrageantes et termes de mépris envers les sergents de ville, agents de l'autorité, pour des faits relatifs à leurs fonctions, cette dernière circonstance, *pour des faits relatifs à leurs fonctions*, n'a pas été soumise, comme elle aurait dû l'être, au jury; que, dès lors, sa déclaration affirmative sur le fait principal qui lui était soumis, n'a pas compris cette circonstance aggravante, et qu'en la décidant contre le prévenu, et en appliquant pour la pénalité l'art. 16 de la loi du 17 mai 1819, la cour d'assises a commis un excès de pouvoir, violé les règles de la compétence et lesdits articles, par la fausse application qu'elle en a faite; — Attendu, toutefois, que la prévention n'est pas purgée sur ce deuxième chef; — Casse la deuxième question soumise au jury et ce qui a suivi; — Renvoie.

Du 16 juin 1832.-C. C., ch. crim.-MM. de Bastard, pr.-Brière, rap.

Nota. Le même jour, arrêt semblable quant aux première, deuxième, troisième et cinquième questions, sur un pourvoi formé par la Quotidienne, dans un procès qui lui fut intenté pour avoir dit, dans son n° du 7 février, que deux agents de police s'étaient introduits chez une dame sous prétexte d'y chercher des personnes suspectes, avaient exercé contre elle les violences les plus graves, et s'étaient retirés en volant 15 fr.; publication pour laquelle le gérant fut condamné à un mois de prison et 100 fr. d'amende.

(1) 1re *Espèce*: — (Min. pub. C. Godet, etc.) — La cour; — Vu l'art. 262 c. pén., les art. 16 et 26 de la loi du 17 mai 1819, et l'art. 5 de celle du 26 du même mois; les art. 6 et 17 de la loi du 26 mars 1822, et les art. 4 et 5 de celle du 8 oct. 1830; — Attendu que le principe qui interdit au ministère public toute poursuite d'office à raison des faits de diffamation publique ou d'outrage public, dirigés contre des dépositaires ou agents de l'autorité publique, contre tout agent diplomatique accrédité près du roi, ou contre tout particulier, principe introduit par l'art. 5 de la loi du 26 mai 1819, aboli par l'art. 17 de celle du 25 mars 1822, a été remis en vigueur par la loi précitée du 8 oct. 1830, pour être entendu et appliqué comme il l'eût été, si l'art. 17 de la loi du 25 mars 1822 n'eût jamais existé; — Attendu que l'art. 5 de la loi du 26 mai 1819 n'a jamais pu avoir pour but d'interdire les poursuites d'office du ministère public, sans la plainte préalable de la partie offensée, lorsqu'il s'agirait d'un outrage public ou non public contre un ministre du culte dans ses fonctions, délit prévu par l'art. 262 c. pén.;

Attendu qu'en effet les lois des 17 et 26 mai 1819 sont inséparables, en ce que l'une fixe la procédure destinée à ramener à exécution le système de pénalité établi par l'autre; d'où il suit que les délits spécifiés par l'art. 262 c. pén. n'étant prévus par aucune des lois des 17 et 26 mai 1819, et ledit art. 262 c. pén. n'étant pas du nombre de ceux dont l'art. 26 de ladite loi du 17 mai prononce explicitement l'abrogation, cet art. 262 n'a pas cessé d'être en vigueur postérieurement à la promulgation des lois précitées de 1819; — Attendu que ledit article est encore en vigueur aujourd'hui sous l'empire de la loi du 8 oct. 1830, puisqu'il fait partie du code pénal révisé par la loi du 1er avr. 1832, sauf les modifications pénales introduites par l'art. 17 de la loi du 25 mars 1822, laquelle, en cette partie, conserve force et vigueur; — Attendu que le code d'instr. crim. de 1810, promulgué de nouveau après révision le 28 avr. 1832, se lie intimement aux dispositions du code pénal, et que, par ses art. 1 et 22 reproduits par l'art. 1er de la loi du 26 mai 1819, il confère en général au ministère public le droit de rechercher et de poursuivre les délits et les crimes sans exception; — Attendu que ces attributions forment le droit commun et ne sont limitées que par des dispositions exceptionnelles, comme celles de l'art. 5 de la loi du 26 mai 1819, et que ces exceptions doivent être restreintes à leur sens précis et rigoureux; — Attendu qu'on ne peut regarder un ministre du culte en fonctions comme un simple particulier dans le sens de l'art 5 de la loi du 26 mai précitée; qu'en effet, le mot fonctions exclut l'idée qu'au moment où il les remplit, le titulaire soit un simple particulier; que, d'ailleurs, le libre exercice de ces mêmes fonctions est protégé par les dispositions pénales de l'art. 261 c. pén., et que l'abus qui pourrait en être fait, est puni par les art. 199, 200, 201, 202, 203, 204, 205, 206 et 207 du même code; d'où il suit que les outrages qui seraient adressés à un ministre du culte au moment même de l'exercice de ses fonctions, étant une perturbation apportée à l'exercice de ces fonctions elles-mêmes, troublent l'ordre public et constituent un délit qui sort de la classe des délits purement privés; — Attendu que les diffamations, injures et outrages adressés à un ministre du culte, seulement à raison de ses fonctions et de sa qualité, délit prévu par l'art. 6 de la loi du 25 mars 1822, constituent un délit moins grave, qui n'intéresse que la personne outragée et dont la réparation peut, sans inconvénient, être subordonnée à la plainte qu'elle juge à propos de former;

Attendu que, dans l'espèce, l'ordonnance de mise en prévention et les citations données aux prévenus, articulent des injures adressées au desservant de Brézolette, dans l'exercice même de ses fonctions, et qu'en déclarant pour ce cas l'action du ministère public non recevable, à raison du silence dudit desservant de Brézolette, le jugement attaqué a fait une fausse application de l'art. 5 de la loi du 26 mai 1819, et violé l'art. 22 c. instr. crim.; — Casse le jugement du tribunal correctionnel d'appel d'Alençon, du 21 nov. dernier.

Du 10 janv. 1833.-C. C., ch. crim.-MM. Ollivier, pr.-Mérilhou, rap.

1064. Il a même été jugé que le ministère public a qualité pour poursuivre d'office tous les délits 1° de la presse sans exception, et spécialement ceux qui seraient commis de cette manière vis-à-vis des avoués d'un tribunal ou de quelques juges suppléants (Douai, 1er mars 1831, aff. Fourdinier, sous Cass. 14 avril 1831, V. n° 1405).—Mais nous croyons que cette décision doit être renfermée dans les limites qui viennent d'être indiquées.—V. n° 1058.

1065. Toutefois, il a été jugé en sens contraire que la loi du 17 mai 1819 relative aux délits d'outrages, a implicitement abrogé les art. 224, 225 c. pén.; et qu'en conséquence, le ministère public n'a pas le droit de poursuivre d'office la répression d'un tel délit (Crim. rej., 18 juill. 1821) (1). — Les raisons qui doivent faire rejeter cette solution, contredite d'ailleurs par les nombreux arrêts placés sous les yeux du lecteur (V. nos 1058 et suiv.), s'induisent trop naturellement de l'exposé qui précède pour qu'il soit nécessaire d'y revenir.

1066. Dans tous les cas, il est bien évident qu'on ne peut soumettre à la condition d'une plainte la répression d'un outrage qui constitue un trouble d'audience et que la loi permet de juger séance tenante (c. instr. crim., art. 505). — Ce serait la rendre inapplicable sous ce rapport. — Aussi a-t-il été jugé que le fait d'avoir outragé, à l'audience d'un tribunal, un magistrat à l'occasion de ses fonctions, peut être poursuivi, sans plainte préalable de ce magistrat; qu'ici ne s'applique pas le mode de procéder tracé par les lois de la presse (Crim. rej. 5 juin 1851, aff. Dubois, D. P. 52. 5. 443).

1067. Sous le code du 3 brum. an 4, le ministère public pouvait également poursuivre la répression d'une injure verbale bien qu'il n'y eût pas de plainte de la part de la personne injuriée (Crim. cass. 21 nov. 1806, MM. Barris, pr., Aumont, rap., aff. Lemire). — Mais il ne paraît pas qu'il puisse en être de même dans l'état actuel de la législation, parce que l'art. 5 de la loi du 26 mai 1819, dit d'une manière générale que dans les cas de diffamation ou d'injure contre tout dépositaire ou agent de l'autorité publique ou contre tout particulier, la poursuite n'aura lieu que sur la plainte de la partie qui se prétendra lésée. — Aussi a-t-il décidé, depuis la loi du 8 octobre 1830 qui a remis en vigueur celle du 26 mai 1819 relativement aux plaintes, que le ministère public est non-recevable à poursuivre la répression d'injures verbales envers un citoyen, lorsque celui-ci n'a pas porté plainte, et n'a fait aucune réquisition : — « La cour, attendu que l'art. 17 de la loi du 25 mars 1822 n'autorise le ministère public à poursuivre d'office la répression des injures verbales, que sur la plainte ou à la requête de celui qui en a été l'objet; que, dans l'espèce, il n'y a eu ni plainte, ni réquisition de poursuite, de la part de la personne injuriée; rejette » (Crim. rej. 13 mai 1831, MM. Ollivier, pr., Rives, rap., aff. Lebossé; V. aussi MM. Chassan, t. 2, p. 34, n° 12; de Grattier, t. 1, p. 348, n° 15; Mangin, t. 1, p. 320, n° 152). — Seulement la cour ne devait pas s'appuyer sur l'art. 17 de la loi du 25 mars 1822, puisque cette disposition a été formellement abrogée par la loi du 8 oct. 1830 (art. 5).

1068. Au reste, par suite de la réserve faite par l'art. 17 précité, la décision devait être la même, sous la loi de 1822 que sous celle de 1830. — En conséquence, sous la première de ces lois, il avait été également jugé que le ministère public n'a pas le droit de poursuivre un citoyen qui a proféré des injures verbales contre un autre citoyen, lorsque ce dernier n'exerce aucune action (Crim. rej. 1er juill. 1830 (2). Conf. cr. rej. 19 juin 1828, MM. Bailly, pr., Gary rap., aff. Laye).

1069. Mais il a été jugé et avec raison que les tapages injurieux appelés charivaris peuvent être poursuivis d'office par le ministère public, parce que ce genre d'outrage ne rentre pas dans la définition de l'injure qu'a eue en vue l'art. 5 de la loi du 26 mai 1819 (Crim. cass. 13 oct. 1836, aff. Goguet, V. Contravention, n° 471). — V. v° Tapage injurieux ou nocturne.

ART. 2. — *Des cas où l'action publique ne peut être exercée d'office ou sans autorisation.*

1070. L'art. 2 de la loi du 26 mai 1819 veut que, dans le cas d'offense envers les chambres ou l'une d'elles, par voie de publication, la poursuite n'ait lieu qu'autant que la chambre qui se croira offensée, l'aura autorisée. — Mais nous croyons avoir prouvé (V. n° 656) que les dispositions qui punissent ce genre d'offenses ne peuvent être invoquées à l'égard du sénat et du corps législatif, et que, dans l'état présent de la législation, ces deux assemblées, ne peuvent être considérés, au point de vue de la répression que comme des corps constitués ordinaires. — A la vérité, il a été jugé que l'art. 2 de la loi du 26 mai 1819, qui, en cas d'offense envers les chambres législatives, exige, préalablement à toutes poursuites, une autorisation de la chambre contre laquelle le délit a été commis, n'a été abrogé ni par les décrets du gouvernement provisoire, ni par l'institution d'une assemblée législative unique; que l'art. 1 de la loi du 27 juill. 1849 qui prescrit au ministère public de poursuivre d'office les délits commis contre le président de la République, prévus par cet article, est sans application à l'égard des délits commis contre l'assemblée nationale (Crim. cass. 15 nov. 1849, aff. Dufraisse, D. P. 49. 1. 300). — Mais cet arrêt n'est pas, *au fond*, en opposition avec la doctrine que nous émettons; car nous ne contestons pas que l'autorisation préalable soit nécessaire. Nous disons seulement que ce n'est pas, dans les cas prévus par l'art. 2 de la loi du 26 mai 1819, mais dans ceux compris dans l'art. 3 de la même loi, c'est-à-dire dans les cas de diffamation ou d'injure envers les corps constitués que l'autorisation est exigée, ou même possible, parce que les dispositions pénales qui s'appliquaient à l'offense envers *les chambres* ou envers *l'assemblée nationale* ne sauraient sans violation d'un principe élémentaire du droit criminel être invoquées en dehors de leur sens *littéral* et formel. — De cette observation, il résulte que trois articles de la loi du 26 mai 1819 doivent seuls nous occuper ici, à savoir : — L'art. 4 qui, dans les cas de diffamation ou d'injure contre les cours, tribunaux ou autres corps constitués, veut que la poursuite n'ait lieu qu'après *une délibération de ces corps en assemblée générale et requérant les poursuites*; et les art. 3 et 5 d'après lesquels les offenses envers les souverains étrangers ou les chefs des gouvernements étrangers, la diffamation ou l'injure contre tout dépositaire ou agent de l'autorité

---

(1) (Min. pub. C. Bonnefoy, Marie-Evin et autres); — LA COUR; — Considérant, sur le premier moyen, que les dispositions des art. 224 et 225 c. pén. relatives aux outrages par paroles, commis envers les agents dépositaires de la force publique ont été remplacées par celles des art. 16 et 19 de la loi du 17 mai 1819; que dès lors et aux termes de l'art. 5 de la loi du 26 du même mois, le ministère public ne peut poursuivre les auteurs desdits outrages que sur la plainte de la partie qui se prétendrait lésée; que, dans l'espèce, les gendarmes envers lesquels les prévenus étaient inculpés d'avoir commis des outrages par paroles, n'avaient point porté plainte, et qu'ainsi le refus qu'ont fait les tribunaux de première instance et d'appel de statuer sur l'action du ministère public à l'égard desdits outrages, est conforme à la loi. — Considérant sur le second moyen, que si les outrages par gestes ou menaces commis envers les agents désignés dans les art. 224 et 225 c. pén., sont demeurés soumis aux dispositions de ces articles, et qu'ainsi le ministère public en peut poursuivre d'office la punition, il est toutefois établi au procès que le ministère public n'a point poursuivi les prévenus devant le tribunal de première instance de Ploermel pour des outrages de cette nature; d'où il suit que le tribunal d'appel de Vannes ne devait point réformer le jugement de première instance sur un point dont celui-ci n'était point saisi, et dont conséquemment il n'avait eu à s'occuper...; — Rejette.

Du 18 juill. 1821.-C. C., sect. crim.-MM. Barris, pr.-Busschop, rap.

(2) *Espèce* : — (Min. pub. C. Filioux.) — Filioux de Lagrange fut cité devant le tribunal de simple police de Rennes, pour avoir injurié le sieur Suais dans un café. — « Le tribunal, — Attendu que les propos injurieux prononcé par Filioux de Lagrange au sieur Suais dans le café de Brevère, n'ont occasionné aucun tapage, aucune réunion, ni trouble; — Attendu que Suais ne demande pas réparation de l'injure à lui faite personnellement, et qu'à lui seul cette action compète, s'il croit devoir l'exercer; — Renvoie Filioux. » — Pourvoi par le ministère public. — Arrêt.

LA COUR; — Attendu que les lois des 26 mai 1819, 25 mars 1822, n'autorisent le ministère public à poursuivre d'office la répression des injures verbales, que sur la plainte ou à la requête de celui qui en a été l'objet, et qu'il n'y a eu, dans l'espèce, ni plainte ni réquisition de poursuite de la part de la personne injuriée; — Rejette.

Du 1er juill. 1830.-C. C., ch. crim.-MM. de Bastard, pr.-Rives, rap.

publique, tout agent diplomatique accrédité en France, ou contre tout particulier, ne peuvent être poursuivies que sur *la plainte* de la partie qui se prétend lésée. — Ainsi, une délibération requérant les poursuites, lorsqu'il s'agit des corps constitués, une plainte, dans tous les autres cas; telles sont les conditions d'où dépend l'action publique lorsqu'elle ne peut s'exercer d'office.— Chacune de ces conditions fera le sujet de l'un des deux paragraphes suivants. — Mais nous ne devons pas quitter ce terrain commun aux délibérations et aux plaintes sans examiner quelques questions qui les concernent également. — Parcourons les rapidement.

1071. L'action publique relative à une diffamation ou à une injure est nulle lorsqu'elle est exercée sans *réquisition* ou *plainte* dans les cas où ces préliminaires sont exigés. — C'est ce qui résulte des termes de la loi qui ne permet alors l'action publique qu'à la condition qu'ils seront observés. *La poursuite n'aura lieu qu'après une délibération*, etc.; *la poursuite n'aura lieu que sur la plainte*, disent, en effet, les art. 3 et suiv. de la loi du 26 mai 1819. — C'est donc là, ce semble, une condition indispensable de l'action publique. D'où la conséquence qu'il y a nullité dans la poursuite du ministère public, lorsque cette condition n'est pas remplie. Mais cette nullité est-elle d'ordre public, en telle sorte qu'elle ne puisse se couvrir par le silence du prévenu? C'est là qu'est réellement la difficulté. — A notre sens, c'est surtout dans des vues d'ordre public que la nécessité de la délibération et de la plainte a été établie; c'est parce que le mal que produit le délit de diffamation ou d'injure s'accroît presque toujours par la recrudescence de publicité qui naît de l'action en justice, et aussi par le genre de défense presque inévitablement adopté par les prévenus et qui consiste dans de nouvelles attaques. — Toutefois l'intérêt social qui commanderait, à ce point de vue, d'interdire toute poursuite, a dû concéder à l'intérêt privé la réparation du tort qui lui a été causé. De là l'action civile; mais le législateur a été plus loin, il a permis que, dans des cas qu'il a nécessairement livrés à l'appréciation du ministère public (V. n° 1073), son action pût s'exercer sur la réquisition ou la plainte des personnes offensées qui auraient ainsi à examiner s'il y avait pour elles plus d'avantage que d'inconvénient à ce que la poursuite eût lieu. Mais cette concession faite par l'ordre public en quelque sorte ne saurait y être étrangère (V. en ce sens M. Grellet-Dumazeau, t. 2, p. 150). — Dans tous les cas, ce n'est pas du tout dans l'intérêt du prévenu que la réquisition et la plainte ont été exigées : on ne voit donc pas comment la renonciation qui s'induit de son silence pourrait couvrir la nullité qu'entraîne leur omission.

1072. Les dispositions exceptionnelles qui soumettent l'action publique à la condition de la réquisition ou de la plainte doivent sans doute se renfermer dans les cas prévus par la loi. Mais partout où ces dispositions sont applicables elles doivent recevoir leur exécution. — Aussi a-t-il été décidé que lorsque les débats viennent à prouver que le plaignant s'est lui-même rendu coupable de diffamation ou d'injure envers le prévenu, le ministère public ne peut, à raison de ce fait, requérir aucune condamnation contre le plaignant, si le prévenu n'a pas lui-même rendu plainte (Crim. rej. 11 oct. 1827) (1).

1073. Le *ministère public* est-il tenu de *déférer*, soit à la *réquisition* délibérée en assemblée générale des corps constitués, soit à la plainte des parties qui se prétendent lésées? — En général, l'action du ministère public ne peut être forcée. Il ne relève que de sa conscience; ni la réquisition ni la plainte ne semblent donc devoir nécessairement l'engager dans la poursuite (V. v° Instruction crimin., n°s 63 et s., 192; V. aussi en ce sens MM. Chassan, t. 2, n° 118; Grellet-Dumazeau, t. 2, p. 151; de Grattier, Instr. crim. sur l'art. 47, Comment. sur les lois de la presse, t. 1, p. 307; V. encore Carnot, Inst. crim., t. 1, p. 295; Legraverend, Législat. crim., t. 1, p. 7; Bourguignon, t. 1, p. 166; Ortolan, Min. pub., p. 125; Serrigny, t. 2, p. 227). — M. Parant, p. 221, 222, semble pourtant distinguer à cet égard. Suivant cet auteur, l'action du ministère public ne serait libre qu'à l'égard des plaintes des particuliers. Nous comprenons parfaitement ce que cette distinction présente de grave dans ses motifs; il peut paraître, en effet, que c'est blesser les corps constitués dans leur dignité, que c'est même porter quelque atteinte à la considération des fonctionnaires que de leur refuser le concours du ministère public lorsqu'ils se plaignent de diffamation ou d'injure. Mais ces raisons nous semblent perdre toute leur importance lorsqu'on remarque combien serait fausse et difficile la position du ministère public, s'il était tenu de poursuivre contre sa conviction et de demander une condamnation que, dans sa conscience, il croirait injuste. Ce serait à peu près comme si l'on imposait aux juges l'obligation de condamner. — Au reste, ce qui tranche toute difficulté sur ce point, c'est qu'il n'a pas été dans la pensée du législateur que les officiers du parquet fussent engagés par les plaintes dont ils seraient saisis.

Dans son exposé des motifs de la loi du 26 mai 1819 (art. 4 et 5), le garde des sceaux s'est, en effet, exprimé ainsi : « Ce n'est pas à dire cependant qu'il suffira de la plainte d'une partie pour déterminer l'action publique. Toutes les fois que le délit de diffamation ou d'injure est plutôt une atteinte à l'intérêt privé qu'à celui de la société, *et c'est presque toujours le cas*, la partie publique laisse à la partie civile le soin d'obtenir elle-même réparation » (Mon., séance du 22 mars 1819). — Or, dans le langage juridique, les agents ou dépositaires de l'autorité, les corps constitués eux-mêmes ne sont pas moins *des parties* que les simples particuliers, lorsqu'il s'agit d'instances judiciaires. — Il paraît donc que les paroles du garde des sceaux de 1819 doivent s'appliquer aux diverses personnes comprises dans les art. 4 et 5 de la loi du 26 mai 1819.

1074. Mais la partie, sur la dénonciation de laquelle le procureur impérial a refusé de suivre, peut, en portant plainte et en se constituant partie civile devant le juge d'instruction, faire statuer sa dénonciation; car, s'il est interdit au juge d'instruction d'informer, ou de faire son rapport tant qu'il n'a pas été pris de réquisition par le procureur impérial, celui-ci du moins ne peut refuser ses conclusions, sur lesquelles prononce le juge d'instruction (V. MM. Parant, p. 226; de Grattier, t. 1, p. 311; de Berny, Concord. des lois sur la presse, p. 62, n° 238). — V. du reste, *infrà*, n°s 1366 et s., ce qui concerne les nouvelles règles de compétence.

Passons maintenant à l'examen distinct des *délibérations* et des *plaintes* qui font l'objet des deux premiers paragraphes suivants. Dans un troisième paragraphe, nous dirons quelques mots des *autorisations de poursuites*, qui n'ont avec notre sujet d'autre

(1) (Min. pub. C. Guichard et femme Mauget.) — La cour; — Vu les art. 182 c. inst. crim. et 17 de la loi du 25 mars 1822; — Attendu que le tribunal correctionnel d'Ancenis n'était saisi que d'une plainte en injures, portée par François Guichard contre la femme Mauget; que s'il est résulté de l'audition des témoins que Guichard avait, de son côté, injurié la femme Mauget, cette circonstance ne pouvait autoriser le ministère public à prendre à l'audience des réquisitions contre lui, et à le constituer ainsi en état de prévention; que les tribunaux correctionnels ne peuvent, aux termes de l'art. 182 c. inst. crim., être saisis de la connaissance d'un délit que par le renvoi qui leur est fait d'après les art. 130, 160, 230 du même code, ou par une citation directe; que, dans l'espèce, et aux termes de l'art. 17 de la loi du 25 mars 1822, le tribunal d'Ancenis ne pouvait connaître du délit d'injures dont Guichard se serait rendu coupable à l'égard de la femme Mauget, qu'autant que celle-ci aurait rendu plainte; que cette femme ne se plaignait pas; qu'aucune ordonnance de renvoi n'était intervenue contre Guichard; qu'ainsi le tribunal de Nantes, en confirmant le jugement du tribunal d'Ancenis, qui a rejeté les réquisitions du ministère public contre Guichard, s'est parfaitement conformé à la loi;

Attendu, à l'égard de la femme Mauget, que le tribunal correctionnel était régulièrement saisi, et que le jugement attaqué reconnaît en fait qu'elle a proféré des injures contre Guichard; mais que ce jugement constate en même temps que ce dernier l'avait, de son côté, injuriée, et que les torts étaient réciproques; — Que l'ordre public n'est essentiellement blessé par le délit d'injures entre particuliers, que quand ces injures n'ont pas été provoquées; que si la loi subordonne la poursuite du délit d'injures à la plainte de la partie lésée, elle subordonne, par voie de conséquence, la condamnation, dans l'intérêt de la vindicte publique, à la preuve que la plainte de cette partie est légitime; que cette plainte n'est pas légitime, si les injures qu'elle dénonce ont été provoquées par d'autres injures qu'elle s'est permises; que c'est ce qui a eu lieu dans l'espèce; qu'ainsi, en confirmant le jugement qui a renvoyé la femme Mauget de la plainte de Guichard, et des réquisitions du ministère public, le jugement attaqué s'est conformé à la loi; — Rejette le pourvoi contre le jugement du tribunal de Nantes.

Du 11 oct. 1825.-C. C., ch. crim.-MM. Ollivier, f. f. de pr.-Mangin, r.

rapport que celui qu'elles ont avec toutes les matières criminelles : aussi serons nous très-brefs sur ce point.

§ 1.—*Délibération des corps constitués requérant les poursuites.*

1075. Sur ce qu'il faut entendre par *corps constitués*, V. nº 894.— Des explications dans lesquelles nous sommes entrés, *loc. cit.*, il résulte, et c'est, d'ailleurs, ce qui a été jugé, que les *avoués* près d'un tribunal ne forment point un corps constitué dans le sens de l'art. 4 de la loi du 26 mai 1819, qui, en cas de diffamation ou d'injure, n'autorisait la poursuite qu'après une délibération prise par ces corps; qu'en conséquence, des avoués d'un tribunal ont qualité pour se plaindre individuellement des outrages adressés aux avoués attachés à ce tribunal (Douai, 1er mars 1831, aff. avoués de Saint-Pol, sous Cass. 14 avril 1831, nº 1405).

1076. Il est de la dignité des corps constitués qu'ils ne puissent, sans leur *consentement*, être traduits en jugement; car tout procès intenté dans l'intérêt d'un pouvoir, l'y traduit plus ou moins lui-même (V. M. Parant, p. 109). — D'un autre côté, ce consentement ne peut se manifester que par une délibération. —Tels sont les motifs de l'art. 4 de la loi du 26 mai 1819, suivant lequel dans le cas de diffamation ou d'injure contre les corps constitués, la poursuite ne peut avoir lieu qu'après une délibération de ces corps.

1077. Sous la charte de 1830, il a été jugé que le prévenu du délit d'excitation publique au mépris ou à la haine des citoyens contre les membres de la chambre des pairs ou ceux de la chambre des députés, ne peut pas être renvoyé devant la cour d'assises, sans que les poursuites aient été préalablement autorisées par la chambre offensée (Crim. cass., 13 janv. 1838) (1), — Conf., M. de Grattier, t. 1, p. 331). — Dans l'état de notre législation la solution ne pourrait être la même, à l'égard du sénat et du corps législatif, qu'autant que l'excitation à la haine contre ces assemblées revêtirait les caractères de la diffamation et de l'injure. — Mais il paraît manifeste que ce serait là le cas le plus ordinaire, car on ne conçoit guère qu'il soit possible de se rendre coupable d'une telle excitation, sans recourir à l'une de ces armes.

1078. L'offense envers la chambre des députés *dissoute* ne pouvait constituer aucun délit, parce que, dans ce cas, cette chambre avait cessé d'exister et qu'elle n'était plus qu'un souvenir auquel ne s'appliquait pas la disposition relative aux *chambres* (V. nº 664). — Par suite, il a été jugé que les tribunaux ne pouvant être saisis de la connaissance du délit d'offense envers les chambres ou l'une d'elles, qu'autant que l'action judiciaire a été autorisée par la chambre offensée, un tribunal saisi du délit d'offense envers une chambre *dissoute*, sur la seule réquisition du ministère public non autorisé à poursuivre, devait se borner à déclarer le ministère public non-recevable dans sa poursuite; et que son jugement encourrait la cassation si, au lieu de procéder ainsi, il appréciait l'offense, soit en fait, soit en droit. (Crim. cass., 7 déc. 1827) (2).

1079. Conformément au texte de l'art. 4 de la loi du 26 mai 1819, il a été jugé aussi : 1º que la poursuite du délit de diffamation commis contre un tribunal doit, à peine de non-recevabilité, être précédée d'une délibération, en assemblée générale, des membres de ce tribunal : une plainte collective de ces magistrats ne saurait suppléer à cette délibération (Crim. cass. 3 août 1850, aff. Prion, D. P. 50. 5. 386); — 2º Qu'en cas de plainte pour outrage, diffamation ou injure envers les tribunaux, ceux-ci ne peuvent procéder que par voie de délibération et non par voie de jugement (Crim. cass., 25 juill. 1839, aff. Pesnel, V. Instr. crim., nº 1079).

---

(1) *Espèce :* — (Le proc. gén.—Aff. Sers et Raissac.) — « Le procureur général à la cour de cassation expose qu'il est chargé par M. le garde des sceaux, ministre de la justice, de requérir, conformément à l'art. 441 c. inst. crim., l'annulation pour excès de pouvoir d'un arrêt de la chambre des mises en accusation de la cour d'appel de Poitiers rendu dans les circonstances suivantes : — Pierre-Edouard Sers, avoué, et Raissac, imprimeur à Marennes, furent poursuivis par le procureur du roi près le tribunal de ladite ville, à raison d'une brochure intitulée *un Baptême*, que Sers avait publiée et que Raissac, avait imprimée. — La chambre du conseil les déclare tous deux suffisamment prévenus de divers chefs d'accusation tendant au renversement du gouvernement, et, entre autres de trouble apporté à la paix publique en excitant la haine et le mépris des citoyens contre plusieurs classes de personnes et spécialement les juges, les pairs, les députés, etc. Cette affaire ayant été portée devant la chambre d'accusation de la cour d'appel de Poitiers, cette cour, sans admettre tous les chefs d'accusation, déclare, par arrêt du 24 avr. 1837, Sers suffisamment prévenu d'avoir cherché à troubler la paix publique en excitant le mépris ou la haine contre les membres de la chambre des députés, de la chambre des pairs, etc., et Raissac suffisamment prévenu de complicité desdits faits. — Cet arrêt renferme une violation de la loi du 26 mai 1819, art. 2; car la chambre d'accusation ne pouvait renvoyer le prévenu devant la cour d'assises pour offenses envers les chambres, sans autorisation préalable desdites chambres. De là s'est élevé un obstacle au cours de la justice, car il est impossible de scinder les dispositions de l'arrêt et d'attendre que les chambres soient réunies pour autoriser une poursuite qui a déjà été faite sans mandat de leur part, et qui, par conséquent, est déjà entachée de nullité. — Dans ces circonstances, vu, etc. *Signé* Dupin. » — Arrêt (après dél. en ch. du cons.).

LA COUR; — Vu le réquisitoire du procureur général en la cour; — Vu l'art. 2 de la loi du 26 mai 1819; l'art. 10 de la loi du 25 mars 1822; — Vu enfin l'art. 441 c. inst. crim.; — Attendu que les membres de la chambre des pairs et ceux de la chambre des députés, pris collectivement, ne peuvent pas être rangés parmi ces classes de personnes qui occupent dans la société une position commune, qui s'assimilent soit par leurs intérêts, soit par leurs fonction ou leurs professions; que ces chambres sont des pouvoirs de l'État; que chacune d'elles constitue un corps politique, et que les lois ont déterminé les formes particulières qui doivent être observées dans la poursuite des délits qui peuvent se commettre envers elles; — Attendu que le délit d'excitation publique au mépris ou à la haine des citoyens contre les membres de la chambre des pairs et ceux de la chambre des députés, renferme nécessairement une offense envers les chambres; que, dans ce cas, et aux termes de l'art. 2 de la loi du 56 mai 1819, la poursuite ne peut avoir lieu qu'autant que la chambre qui se croirait offensée l'aurait autorisée; — Qu'ainsi, en renvoyant, sans autorisation préalable, Sers et Raissac devant la cour d'assises, comme prévenus d'avoir, par l'un des moyens énoncés en l'art. 1 de la loi du 17 mai 1819, cherché à troubler la paix publique en excitant le mépris ou la haine des citoyens contre une ou plusieurs classes de personnes, et notamment les membres de la chambre des pairs et ceux de la chambre des députés, la cour d'appel de Poitiers a tout à la fois violé l'art. 2 de la loi du 26 mai 1819, et faussement appliqué l'art. 10 de celle du 25 mars 1822; — Attendu qu'à défaut d'autorisation, la poursuite ne pouvant avoir lieu, aucun renvoi ne doit être prononcé; — Casse.

Du 13 janv. 1838.-C. C., ch. crim.-MM. de Bastard, pr.-Bresson, rap.

(2) (Min. pub. C. Lardier.)— LA COUR; — Vu les art. 11 de la loi du 18 mai 1819, 2 et 29 de la loi du 26 mai 1819, et 15 de la loi du 25 mars 1822; — Attendu qu'il résulte de la combinaison des articles ci-dessus cités que les tribunaux ne peuvent être valablement saisis de la connaissance du délit d'offense envers les chambres ou l'une d'elles, et qu'ils n'ont de compétence, pour y statuer, qu'autant que la chambre contre laquelle l'offense est dirigée, a décidé qu'une réparation lui était nécessaire, et que, n'ayant pas jugé convenable d'ordonner que le prévenu sera traduit à sa barre, elle a autorisé contre lui l'action des tribunaux; — Qu'il suit de là que ce genre de délit est placé dans le domaine de la chambre qu'il concerne; qu'il n'en peut être tiré sans son consentement; que c'est à elle qu'il appartient d'apprécier si le délit existe, et s'il est assez grave pour exiger une répression; — Que, dans l'espèce, le tribunal de première instance et la cour d'appel n'ont été saisis que par le réquisitoire et l'opposition du ministère public; mais que le ministère public n'était point autorisé à provoquer leurs décisions sur l'écrit qu'il leur dénonçait; qu'ainsi ils auraient dû se borner à le déclarer non recevable dans ses poursuites; qu'au lieu de procéder ainsi, le tribunal de première instance a apprécié la brochure incriminée et décidé qu'elle ne renfermait aucune offense envers la chambre des députés de 1825; que la cour, sans examiner s'il existait ou non une offense, a décidé, en droit, que l'offense envers une chambre des députés dissoute ne pouvait constituer aucun délit, et ne nécessitait aucun genre de répression; que ces appréciations tant en fait qu'en droit, étaient, jusqu'à ce qu'elle s'en fût dessaisie, de la compétence de la chambre des députés; que, jusque-là, elle seule était appelée, par les lois précitées, à pourvoir aux mesures que pouvait exiger, dans l'intérêt de l'ordre public et de sa dignité, l'écrit incriminé; que les tribunaux ne pouvaient s'en occuper sans dépasser les limites de leurs attributions; — Casse l'arrêt de la cour d'appel de Paris, chambre des mises en accusation, du 19 oct. dernier, et déclare qu'il n'y a lieu à aucun renvoi.

Du 7 déc. 1827.-C. C., ch. crim.-MM. Portalis, pr.-Mangin, rap.

1080. Si l'infraction a été commise envers une *chambre* ou section d'un *tribunal* ou d'un autre *corps constitué*, la réquisition de poursuites n'en doit pas moins être *délibérée* en assemblée générale. La délibération de la fraction offensée ne suffirait pas. — De deux choses l'une, en effet, ou l'outrage est de nature à atteindre l'honneur du corps entier, ou il ne s'adresse qu'à quelques-uns de ses membres : si le corps entier se considère comme attaqué, évidemment il doit être appelé à délibérer en assemblée générale sur les poursuites à diriger ; si, au contraire, l'outrage est dirigé seulement contre une fraction déterminée de ce corps, il ne s'agit plus de diffamation ou d'injures contre *un corps constitué*. La poursuite doit être individuelle et non collective.—V. en ce sens M. Chassan, t. 2, p. 1178.—V. cependant M. Parant, p. 280.

1081. Au reste, l'exception qui oblige le *ministère public*, dans certains cas, à obtenir une *autorisation* préalable des personnes ou des corps que cela concerne pour poursuivre d'office un délit, doit être restreinte aux seuls cas expressément déterminés par la loi. — Aussi a-t-il été jugé : 1° qu'elle ne s'applique pas au cas d'infidélité ou de mauvaise foi du *compte rendu* des audiences d'un tribunal par les journaux (Crim. rej. 11 mai 1833, 24 mai 1833) (1) ; — 2° Que l'action du ministère public pour compte rendu infidèle et de mauvaise foi des audiences de justice n'est pas subordonnée à la formalité préalable d'une *délibération* du tribunal, quoique ce compte rendu présente un caractère injurieux pour le tribunal ; qu'ici ne s'applique pas l'art. 4 de la loi du 26 mai 1819, uniquement relative au cas de diffamation et d'injures dirigées contre les tribunaux (Orléans, 27 mai 1851, aff. Tavernier, D. P. 52. 2. 87).—La plupart des auteurs se prononcent en ce sens : V. MM. Chassan, t. 2, n° 2210 ; Foucher sur Carré, Organ, jud., t. 4, p. 203 ; de Grattier, Loi sur la presse, t. 1, p. 335, n° 4 ; Parant, p. 214 ; Le Sellyer, Droit crim., t. 2, 519).

1082. Les *juges suppléants* doivent-ils assister aux assemblées générales qui ont pour but de requérir des poursuites ? — L'art. 11 de la loi du 11 avril 1838 sur les tribunaux civils veut que, dans tous les cas où les tribunaux de première instance statuent en assemblée générale, les juges suppléants n'aient voix délibérative que lorsqu'ils remplacent un juge. Dans tous les autres cas, ils ont voix consultative. — V. Organisation judiciaire.

1083. La délibération n'est d'ailleurs assujettie à aucune forme particulière. Il faut seulement qu'il en résulte la preuve qu'elle a été prise en assemblée générale et qu'elle requiert les poursuites (Conf. M. de Grattier, t. 1, p. 338, n° 6).

1084. Avant la loi du 21 mars 1831, il a été jugé que la délibération d'un conseil municipal qui a pour objet de provoquer l'action de la justice contre des imputations qui blessent l'honneur de ce conseil, n'est point un *acte administratif* ; qu'elle doit être prise en assemblée générale du conseil municipal ; et que les adjoints du maire peuvent y concourir, parce qu'ils font partie de ce corps (Crim. cas. 10 nov. 1820, aff. Pujos, V. Commune, n° 1487). — Sous la loi du 21 mars 1831, la difficulté ne pouvait s'élever parce que, d'après l'art. 3 de cette loi, les adjoints devaient être choisis dans le conseil municipal. — Mais, aux termes de l'art. 8 de la loi du 7 juill. 1852, les adjoints peuvent être pris, comme les maires, en dehors du conseil municipal ; et lorsqu'ils ne sont pas membres de ce conseil, ils n'ont droit d'y siéger qu'avec voix consultative. — V. Organisation municipale.

1085. Quant aux injures envers la *garde nationale*, l'action publique n'est point subordonnée à une délibération requérant les poursuites, parce que la garde nationale n'est point un corps constitué. — V. M. Mangin, t. 1, p. 310, n° 151. — V. aussi *suprà*, n°s 894 et s.

§ 2. — *Des plaintes.*

1086. Une plainte est nécessaire pour mettre en mouvement l'action publique, à l'égard des offenses envers les souverains étrangers et de la diffamation ou de l'injure contre tout dépositaire ou agent de l'autorité publique, contre tout agent diplomatique étranger accrédité en France, ou contre tout particulier.—Commençons par celle qui concerne les particuliers comme présentant les cas les plus fréquents.

1087. *Quelles personnes peuvent porter plainte ?* — La plainte ne saurait appartenir qu'à ceux qui se trouvent personnellement atteints par la diffamation ou par l'injure qui y donne lieu (V. Instruct. crim., n°s 78 et s.). — Mais on a vu (n° 820) que ces infractions peuvent se commettre d'une manière oblique ou indirecte. Il peut se faire, par exemple, qu'on attaque le *mari* dans la personne de sa *femme*. — Dans ce cas, nul doute que le mari n'ait le droit de porter plainte. — Il a même été jugé dans ce sens que le *mari* peut, en son nom personnel, demander en justice la réparation des injures proférées contre la femme lorsque ces injures l'atteignent dans son honneur (Crim. cass. 14 germ. an 13, aff. Labat, V. Instr. crim., n° 98).

1088. Mais ne perdons pas de vue qu'il s'agit ici de *plainte* et non d'action en justice.—Or, dans le cas où l'attaque est exclusivement dirigée contre la *femme*, la plainte du mari suffit-elle pour régulariser l'action publique ? — La négative nous semble seule conforme à l'esprit de la loi. — C'est surtout, en effet, pour l'honneur d'une femme que sont justes ces paroles de l'exposé des motifs de la loi de 1819 : — « Nul, sans son consentement, ne doit être engagé dans les débats où la justice même et le triomphe ne sont pas toujours exempts d'inconvénients. » — Il faut donc que la femme soit appelée à examiner s'il lui convient de descendre dans l'arène judiciaire, et la preuve de cet examen ne peut résulter que de l'expression de son consentement.

1089. Mais lorsqu'elle est décidée à courir les chances de la lutte, a-t-elle besoin de l'*autorisation* de son mari pour rendre plainte ? — La question nous paraît délicate. En toute autre matière criminelle que celle qui nous occupe, elle serait fort simple, parce que la plainte, en général, ne change pas la position de celui qui la porte. Le ministère public peut, en effet, poursuivre l'auteur du crime ou du délit, indépendamment de toute démarche de la part de celui contre qui l'infraction a été commise. Il n'en est pas de même quant à la diffamation et à l'injure. Sans l'initiative du plaignant, le ministère public est désarmé. La plainte est donc pour la femme un acte d'une extrême gravité, pour lequel il nous paraît prudent d'exiger l'autorisation maritale. — M. de Grattier (t. 1, p. 343, note 2) fait remarquer à ce sujet que ce n'est point ester en jugement

(1) 1re *Espèce :* — (Paulin C. min. pub.) — La cour ; — Sur les quatrième, cinquième et sixième moyens, fondés sur de prétendues violations des art. 1, 4 et 17 de la loi du 26 mai 1819, 4 de la loi du 8 oct. 1830, et des §§ 1, 2 et 3 de l'art. 2 de la loi du 8 avr. 1831, et résultant 1° de ce que la citation donnée à Paulin ne lui avait point accordé un délai de dix jours ; 2° de ce qu'on ne lui avait pas notifié un réquisitoire articulant et qualifiant le délit, et une ordonnance du président de la cour d'assises fixant le jour de l'audience ; 3° de ce que le ministère public n'avait pas obtenu, avant d'intenter action, une autorisation spéciale de la cour d'assises ;—Attendu que les délais, formalités et autorisations prescrites en matière de délits de la presse, lorsque leurs auteurs sont traduits directement devant le jury par le ministère public, ne sont point applicables aux poursuites portées devant les tribunaux pour raison des comptes rendus de leurs audiences, et en exécution des art. 7 et 16 de la loi du 25 mars, et de l'art. 3 de celle du 8 octobre ; — Qu'en ce cas, les règles générales du droit criminel doivent seules être suivies ;— Et attendu que le délai de trois jours francs, accordé au demandeur par la citation du 14 mars, est celui fixé par l'art. 184 c. inst. crim. pour les ajournements en matière correctionnelle ;—Que cette citation est libellée, articule et spécifie le délit imputé au demandeur, et cite la loi pénale applicable à ce délit ; — Que, de droit commun, la poursuite d'office de tous les délits appartient au ministère public, qui n'est point assujetti à attendre la plainte ou l'autorisation préalable des personnes ou des corps que les délits concernent, à moins d'exception expresse établie par la loi ;—Que les art. 16 de la loi du 25 mars 1822, et 5 de la loi du 8 oct. 1830, en vertu desquels le demandeur a été traduit devant la cour d'assises, n'obligeaient point le ministère public à obtenir préalablement de ladite cour l'autorisation de poursuivre ;—Que, d'ailleurs, dans le cas d'infidélité ou de mauvaise foi du compte rendu des audiences d'un tribunal, le délit doit être poursuivi bien moins dans l'intérêt des magistrats qui peuvent être injuriés dans ce compte rendu, que dans l'intérêt de l'ordre public ;— Rejette.

Du 11 mai 1833.-C. C., ch. crim.-MM. de Bastard, pr.-Thil, rap.-Parant, av. gén.-Crémieux, av.

2e *Espèce :* — (Cruchet, gérant du Charivari.) — Du 24 mai 1833, arrêt ident.-MM. Thil, rap.-Parant, av. gén.

que de rendre plainte. Cela est incontestable. Mais ce ne serait pas trop, ce semble, du consentement des deux époux pour s'engager dans le débat dont la plainte devient le signal. Sans doute il peut arriver que le mari soit peu soucieux des intérêts de sa femme, ou même qu'il soit animé envers elle de sentiments hostiles, et, dans ce cas, il peut paraître fâcheux de subordonner la plainte à son assentiment. Mais alors, comme dans les cas ordinaires, la femme peut recourir à la justice pour se passer de son autorisation (c. nap. 218, 219).

1090. Quant au *mineur* et à l'*interdit*, nul doute que le *tuteur* n'ait le droit de porter plainte en leur nom. Dans ce cas, il ne peut être question du consentement des pupilles puisque la loi ne suppose pas qu'ils aient la capacité nécessaire pour discerner ce qui convient à leurs intérêts.

1091. Conformément au principe qui fait de la plainte un acte *personnel* à celui qui se trouve atteint par la diffamation ou par l'injure, il a été jugé qu'un fils n'a pas qualité pour porter, de lui-même, une plainte en diffamation, au nom de son père; qu'à défaut de mandat, cette plainte et ses conséquences (telles que la saisie des écrits diffamatoires) sont nulles; et que cette nullité n'est pas susceptible d'être couverte par la ratification du père (Agen, 9 mars 1845, aff. Cornéde Miramont, sous Rej. 16 nov. 1845, *infrà*). — V. MM. Legraverend, Législ. crim., t. 1, p. 193; Mangin, t. 1, n° 124; Chassan, t. 2, p. 44; de Grattier, t. 1, p. 342).

1092. Mais il paraît évident, et c'est ce qui a été également jugé, que de ce que la plainte primitivement formée par le fils, au nom de son père, est nulle et a annulé la saisie des écrits incriminés, il ne s'ensuit pas que cette nullité réagisse sur la plainte ultérieurement formée par le père, en son propre nom, et sur la plainte nouvelle, formée par les enfants, pour leur compte personnel : la cause n'est pas indivisible... sauf aux juges à ne point avoir égard aux procédures annulées (même arrêt). — V. Instruction crim., nos 93 et suiv.

1093. Le *gérant* d'un journal en est le représentant légal. —De même que c'est contre lui que sont dirigées les actions intentées contre la société qu'il représente, il paraît naturel qu'il ait le droit d'exercer les actions qui appartiennent à cette société. —V. en ce sens M. de Grattier, t. 1, p. 344 à la note; V. toutefois v° Société.

1094. La partie lésée peut-elle porter plainte, nonobstant une *transaction* intervenue entre elle et son adversaire sur l'*intérêt civil* résultant de l'infraction imputée à ce dernier? — La négative nous paraît seule conforme à la loyauté et, par suite, à l'équité qui, en l'absence de toute disposition expresse, doit toujours être la boussole du jurisconsulte. *In omnibus quidem, maximè tamen in jure, æquitas sputanda sit* (L. 90, ff., *De div. règ. jur.*).—Il est manifeste, en effet, qu'en transigeant avec la personne diffamée ou injuriée, ce que son adversaire a eu surtout en vue, c'est d'éviter la poursuite à naître de la plainte et que, quels que soient les termes de la transaction sur ce point, l'inculpé n'aurait pas transigé s'il eût cru que, nonobstant la renonciation de la partie lésée à le poursuivre, il pût avoir à essuyer les poursuites bien autrement fâcheuses du ministère public. — De cela seul qu'il y a transaction, celui qui dit avoir été lésé doit donc être considéré comme engagé de la même manière que s'il s'était expressément interdit le droit de porter plainte. — Or, comme c'est là un droit purement privé, nécessairement aliénable, on ne peut contester, ce semble, que la plainte serait dans ce cas inadmissible. — D'où il suit qu'elle ne l'est pas moins lors même que la transaction ne contient aucune clause expresse à ce sujet. — Telle est aussi la solution qu'embrasse sur ce point M. Grellet-Dumazeau (t. 2, p. 143), d'après d'autres considérations pleines de gravité, mais que nous nous dispenserons de reproduire ici parce que celles que nous venons d'indiquer nous semblent suffisantes pour justifier l'opinion que nous adoptons.

1095. *Forme de la plainte.* — A cet égard la loi n'a établi aucune règle particulière. — Il suffit donc que la partie qui se prétend lésée manifeste clairement l'*intention* de provoquer l'action publique (V. en ce sens MM. Parant, p. 219; Chassan, t. 2, p. 59, n° 7 et p. 60, n° 2; de Grattier, t. 1, p. 345, n° 10; Grellet-Desmazeau, t. 2, p. 147; Mangin, t. 1, p. 275, n° 132). —Aussi a-t-il été jugé : 1° qu'un *procès-verbal* dressé par un fonctionnaire public des injures qui lui ont été adressées peut être considéré comme constituant une *plainte* dans le sens de la loi, bien qu'il soit ultérieurement reconnu par suite des débats que les injures constatées par ce procès-verbal s'adressaient à la la personne privée et non au fonctionnaire (Crim. rej. 23 fév. 1832) (1); — 2° Qu'une plainte constatée par le procès-verbal d'un brigadier de gendarmerie envoyé au parquet, suffit pour mettre en mouvement l'action publique (Crim. cass. 29 mai 1845, aff. D. P. 45. 1);—3° Que signaler au maire d'une commune un placard injurieux pour soi, et lui *demander de faire cesser ce scandale*, c'est former une plainte dans le sens de la loi du 26 mai 1819; l'action du ministère public ne peut donc, dans ce cas, être déclarée non recevable sous prétexte qu'il n'y aurait pas eu de plainte préalable de la part de la personne injuriée (Limoges, 25 juin 1852, aff. Bardon, D. P. 53. 2. 7). — V. aussi v° Instruction crim., n° 189.

1096. Toutefois il a été jugé : 1° que la *plainte* ne peut s'entendre que de l'acte authentique et légal que la loi désigne par ce mot et que des lettres écrites au sous-préfet ou même au chef du parquet ne peuvent en tenir lieu (Bourges, 22 avril 1831, aff. Vaillant, V. n° 1056), décision trop restrictive, en ce qu'elle veut un acte authentique là où le législateur n'a exigé ni dû exiger rien de pareil; — 2° Que la plainte exigée par la loi pour mettre en mouvement l'action publique à l'égard des outrages adressés à un maire, ne peut être suppléée par une lettre missive non spéciale au délit et renfermant divers renseignements administratifs (Crim. rej. 25 sept. 1847, aff. Malin, D. P. 47. 4. 390), ce qui en l'absence soit de détails dans la lettre, soit de manifestation de l'intention de se porter plaignant contre un certain individu, nous semble parfaitement jugé.

1097. Il a été jugé aussi qu'il faut que la plainte en diffamation énonce les termes mêmes qui constituent le délit, et qu'il ne suffit pas d'imputer vaguement des propos diffamatoires au prévenu (Riom, 24 déc. 1829, aff. Berthon, V. n° 860), solution qui ne peut qu'être approuvée en thèse générale, parce qu'il faut avant tout que la plainte mette le ministère public à même de reconnaître les caractères du délit.

1098. Cette observation nous conduit à examiner une question qu'elle semble préjuger, celle de savoir si, lorsque la partie qui se prétend lésée a intenté une action en dommages-intérêts

---

(1) *Espèce* : — (Crocq C. min. pub.) — Crocq avait dit dans un lieu public, en parlant du lieutenant de la gendarmerie de Loches (le sieur Augereau) : Laissez-là cette canaille. Augereau dressa procès-verbal et le transmit au procureur du roi. Crocq fut alors cité en police correctionnelle et condamné à 100 fr. d'amende et aux dépens pour injure envers le sieur Augereau, proférée dans un lieu public : le jugement écarta la qualité de fonctionnaire public.

Pourvoi de la part de Crocq, pour violation de l'art. 5 de la loi du 26 mai 1819, en ce que le jugement attaqué n'avait pas déclaré l'action non recevable, sur le fondement qu'il n'y avait point de plainte portée par la partie lésée. — En effet, disait-il, le procès-verbal dressé par Augereau ne pouvait être considéré comme tel, puisqu'il a été déclaré, en fait, que ce n'est pas en sa qualité de fonctionnaire qu'il a été injurié, mais comme particulier, le procès-verbal n'étant réellement que la plainte de l'officier public. Or, l'officier public n'ayant pas été injurié, il ne restait plus de plainte pour le simple particulier. — Arrêt.

La cour; — Attendu qu'on ne permettant la poursuite des délits de diffamation ou d'injure contre tout dépositaire ou agent de la force publique ou contre tout particulier, que sur la plainte de la partie qui se prétendra lésée, l'art. 5 de la loi du 26 mai 1819, qui a été remis en vigueur par l'abrogation que la loi du 8 août 1830 a prononcée de l'art. 17 de celle du 25 mars 1822, n'a soumis cette plainte à aucune forme particulière; qu'il ne s'est pas non plus référé sur ce point aux art. 65 et 31 c. inst. crim.;

Qu'il appartient donc aux magistrats saisis de la poursuite de juger si l'action du ministère public a été suffisamment provoquée par la personne diffamée ou injuriée; d'où il suit qu'en considérant le procès-verbal en question et l'envoi qui en a été fait au procureur du roi, comme une plainte, et en condamnant le demandeur comme coupable d'injure par lui proférée dans un lieu public contre le sieur Augereau, le jugement attaqué n'a ni violé l'art. 5 de la loi du 26 mai 1819 ni faussement appliqué l'art. 19, § 2 de celle du 17 mai de la même année; — Rejette.

Du 23 fév. 1832.-C. C., ch. crim.-MM. de Bastard, pr.-Rives, rap.

devant le tribunal civil, le ministère public est autorisé à poursuivre la répression du fait qui donne lieu à cette action. — On peut sans doute, dans ce cas, avoir la pensée que les motifs qui ont fait priver l'*action publique* de sa liberté ordinaire (c'est-à-dire qui ont fait refuser au ministère public le droit d'agir directement) n'étant plus applicables, cette action redevient entièrement libre. En effet, le plaignant a déjà bravé les inconvénients de la publicité et de la défense de son adversaire; pourquoi, dès lors, l'action publique demeurerait-elle enchaînée? — Cependant cette considération ne nous paraît pas suffisante pour écarter l'application de la loi qui a voulu que *la poursuite n'eût lieu que sur la plainte de la partie qui se prétend lésée*. — Saisir un tribunal civil, ce n'est pas en effet provoquer l'action publique; c'est au contraire, dans ce cas, chercher à l'éviter. — On peut du moins supposer que telle est la pensée de celui qui, ayant devant lui la voie civile et la voie correctionnelle, a donné la préférence à la première. — V. en ce sens MM. de Grattier, t. 1, p. 347; Grellet-Dumazeau, t. 2, p. 145.

1099. Il est à peine utile de faire observer que la loi n'exige en aucune manière que la personne lésée se porte *partie civile*. La prudence du législateur n'a demandé autre chose que la plainte dont le but est d'empêcher un éclat contraire à la volonté et souvent à l'intérêt de la personne offensée.

1100. Non-seulement la plainte est *personnelle*, mais elle est spéciale, en ce sens qu'elle ne peut servir de base à l'action publique que pour les faits qu'elle comprend expressément (Arg. crim. cass. 13 janv. 1837, aff. Edeline, nos 1107, 1198).

1101. *Effets de la plainte.* — Le ministère public est-il tenu de poursuivre sur la plainte? — V. à cet égard no 1073.

1102. Quel est l'effet de la plainte, lorsqu'elle est retirée avant le commencement des poursuites? — MM. Chassan, t. 2, p. 53, 2e éd.; Grellet-Dumazeau, t. 2, p. 153, enseignent que ce retrait met obstacle à l'exercice de l'action publique. Et pourtant M. Grellet-Dumazeau, t. 2, p. 152, est d'avis que lorsque l'action publique est une fois mise en mouvement, il ne dépend plus du plaignant de l'arrêter. — Pourquoi cela? C'est, dit M. Grellet-Dumazeau (*loc. cit.*), parce qu'on est rentré dans les règles du droit commun et que le ministère public a repris la plénitude de ses attributions. — Mais qu'est-ce donc qui a produit ces effets? La plainte. — Pourquoi la plainte ne peut-elle être retirée après la citation, tandis qu'elle peut être annulée par la volonté du plaignant avant la citation? Nous n'en trouvons pas la raison dans le texte de la loi qui dit seulement : *la poursuite n'aura lieu que sur la plainte de la partie qui se prétendra lésée*. Il nous semble, dès lors, que si la partie reste libre d'empêcher les poursuites avant tout acte de la part du ministère public, elle doit avoir la même faculté, tant que l'affaire n'a pas reçu la publicité de l'audience, et que les choses ne sont pas moins entières au point de vue des motifs du législateur dans un cas que dans l'autre. — Si l'on admet que le retrait de la plainte paralyse l'action publique dans le premier cas, il nous semble donc qu'on doit également l'admettre dans l'autre. — Mais alors qu'arrive-t-il? C'est que le ministère public, dont la dignité doit aussi être respectée, se trouve entièrement à la merci du plaignant qui peut deux fois, trois fois dans la même semaine, produire et retirer sa plainte; c'est qu'il peut en résulter aussi pour l'État des frais inutiles, puisque les citations à la partie et aux témoins, l'indemnité due à ceux-ci, sont ou peuvent être les conséquences de la plainte. — Dira-t-on que c'est précisément parce qu'alors les choses ne sont plus entières, que la plainte ne peut plus être retirée? — Mais c'est écarter arbitrairement le motif qui a fait dépendre l'action publique de la plainte et substituer à la pensée de la loi des considérations qui y ont été étrangères. — Que le ministère public soit libre, dans tous les cas, de rendre sa plainte à la partie qui se prétend lésée, cela ne peut être l'objet d'un doute, puisqu'il est libre de ne pas poursuivre (V. no 1073), lors même qu'elle y persiste. — Mais lorsqu'il juge que les faits ont assez de gravité pour exiger une répression, la plainte une fois déposée, il doit être libre d'agir. — C'est à la partie qui se prétend lésée d'examiner mûrement avant de la déférer au parquet quelles en doivent être les conséquences. — Il a été jugé, en ce sens que si la plainte du fonctionnaire outragé ou injurié publiquement est nécessaire, dans certains cas, pour mettre en mouvement l'action publique, les poursuites sont valablement continuées, malgré le désistement de ce fonctionnaire (Crim. cass. 7 sept. 1850, aff. Siébert, D. P. 50. 5. 386). — V. aussi vo Instr. crim., no 194.

1103. *Plainte des souverains étrangers.* — La plainte doit être portée et l'action exercée, dit M. de Grattier (t. 1, p. 332), au nom du souverain offensé; il ne suffirait pas qu'elle le fût au nom de son ambassadeur ou chargé d'affaires. — Il y a lieu, suivant le même auteur, à fournir la caution *judicatum solvi*. — Que la plainte ait lieu au nom du souverain, rien de plus juste. — Mais elle peut naturellement avoir lieu par l'intermédiaire de son ambassadeur. — Quant à l'action, la pensée de la loi a été, d'après sa rédaction qui ne prête point à l'équivoque, qu'elle serait exercée par le ministère public, et dans ce cas, il ne peut être question de caution *judicatum solvi*. — Si cependant la poursuite avait lieu à la requête du souverain, ce qui semblerait peu conforme à sa dignité, et ce qui doit rarement se présenter, alors seulement la caution pourrait être demandée; car les souverains étrangers ne sont pas dispensés de la caution *judicatum solvi*. — V. en ce sens Merlin, Quest., vo Exception, § 1, no 4; Favard, t. 2, p. 456; Pigeau, liv. 2, tit. 1, ch. 1, sect. 5, art. 2; Boncenne, t. 3, p. 175; Boitard, t. 2, p. 8; Ponsot, Caution, no 390.

1104. *Plainte des dépositaires ou agents de l'autorité publique.* — Nous avons vu (no 903) que, par agents ou dépositaires de l'autorité publique, la loi avait entendu désigner les fonctionnaires publics, dans le sens vraiment juridique de ces mots. — C'est donc avec fondement qu'il a été jugé que la diffamation d'un fonctionnaire ne peut être poursuivie que sur la plainte de la partie lésée (Crim. rej. 22 oct. 1831) (1).

1105. Il a été décidé dans le même sens : 1o Que les injures et outrages publiquement adressées à un maire constituent un délit dont la répression d'office n'appartient pas au ministère public; il ne peut agir qu'en vertu d'une plainte du fonctionnaire offensé (Crim. rej., 25 sept. 1847, aff. Malin, D. P. 47. 4. 390). — 2o Que le ministère public est non-recevable à poursuivre d'office la réparation d'injures publiques ou non adressées à un maire dans des lettres et chansons, s'il n'y a eu ni plainte, ni réquisition de la part de la partie lésée (Crim. rej., 17 fév. 1832) (2). — 3o Qu'un citoyen, qui, appelé à déli-

(1) (Min. pub. C. Blanchet.) — La cour; — Attendu que, d'après les dispositions de la loi du 8 oct. 1830, la poursuite en diffamation d'un fonctionnaire public ne peut avoir lieu que sur la plainte de la partie lésée; que, dans l'espèce, il n'y avait point de plainte de la part du maire de Saint-Hilaire-la-Gravelle, à raison des propos diffamatoires dont le tribunal de Vendôme avait déclaré Blanchet coupable, et qu'en renvoyant ce dernier de la citation à lui donnée, le jugement attaqué s'est conformé à la loi — Par ces motifs, rejette, etc.

Du 22 oct. 1831.-C. C., ch. crim.-MM. de Bastard, pr.-Ricard, rap.

(2) *Espèce :* — (Min. pub. C. Passe.) — Le procureur du roi de Mamers requit le juge d'instruction de cette ville, d'informer contre Passe, présumé être l'auteur de lettres et chansons injurieuses et outrageantes envers le maire de Saint-Calez, et adressées à ce dernier. — L'information faite, la chambre du conseil, sur les conclusions conformes du ministère public, renvoya le prévenu devant le tribunal de simple police, attendu que les lettres et chansons n'avaient pas le caractère de publicité voulue par les lois des 17 mai 1819, 25 mars 1822 et 8 oct. 1830, pour rendre leur contenu justiciable du tribunal correctionnel. — Cité devant le tribunal de police de Mamers, Passe demanda à être renvoyé de l'action attendu qu'aux termes de l'art. 5 de la loi du 26 mai 1819, l'injure contre tout dépositaire ou agent de l'autorité publique, ou contre tout particulier, ne pouvait être poursuivie d'office, que sur la plainte de la partie lésée, et que, dans l'espèce, il n'existait pas de plainte du maire Saint-Calez. — Le 5 déc. 1831, jugement qui le décide ainsi.

Pourvoi par le ministère public qui prétendait que la loi des 17-26 mai 1819, 25 mars 1822 et 8 oct. 1830 étaient des lois spéciales qui ne pouvaient recevoir aucune application dans la cause; que c'étaient les art. 6, 9 et 11 c. inst. crim., et 376 et 471, no 11, c. pén., qui devaient servir de fondement à l'action, et que l'instruction devait se faire d'après l'art. 153 c. inst. crim. — Arrêt.

La cour; — Vu les art. 4 et 5 de la loi du 26 mai 1819; — Attendu que, d'après ces articles, la poursuite pour cause de diffamation ou d'injure contre les particuliers, ne peut avoir lieu que sur la plainte de la partie, qui se prétendra lésée; — Attendu que ces dispositions ne sont point limitées au cas où l'injure aurait été publique; qu'elles sont générales et absolues, et s'appliquent, dès lors, à toutes les sortes d'injures;

bérer avec le conseil municipal d'une commune sur un objet intéressant cette commune dit, en présence du conseil, que *l'adjoint a voulu le faire assassiner, l'a laissé assassiner, a commandé les assassins*, se rend coupable d'un délit qui ne peut être poursuivi que sur la plainte de cet adjoint (Crim. rej., 26 avr. 1833, aff. Veau, V. n° 1107). — 4° Que des gardes nationaux en exercice sont agents de l'autorité publique, et par suite les injures qui leur sont adressées publiquement, ne peuvent être poursuivies d'office par le ministère public : il est nécessaire qu'il y ait plainte préalable de leur part (Crim. rej. 5 août 1831 (1); Colmar, 22 fév. 1832, aff. N...). — Sur la qualification qui appartient sous ce rapport aux gardes nationaux, V. n° 939.

1106. Mais il a été décidé que le ministère public a qualité pour poursuivre d'office l'exposition de statuettes ou emblèmes offensants pour les personnes auxquels ils s'appliquent et spécialement pour un fonctionnaire public : en cas pareil, c'est la répression du délit d'exposition et non celle du délit distinct d'outrage, que le ministère public est réputé poursuivre (Douai, 12 août 1844) (2) — En ce qui touche les emblèmes, V. *suprà*, n° 415.

1107. Au reste, ainsi que nous l'avons vu (n° 1080) le droit de rendre plainte est inhérent à la personne outragée. Le fonctionnaire qui a été outragé peut seul, d'ailleurs, convenablement apprécier l'opportunité des poursuites. C'est donc à lui qu'il faut en laisser le soin. — Aussi a-t-il été décidé : 1° que le ministère public ne peut poursuivre la répression d'outrages faits publiquement au préfet d'un département à raison de ses fonctions, sur la plainte du doyen des conseillers de préfecture, délégué en l'absence du préfet, encore bien que, dans ces outrages, le préfet n'aurait été dénommé qu'en sa qualité d'administrateur ; et qu'en pareil cas, la plainte personnelle du préfet est nécessaire. (Crim. rej., 30 juil. 1835) (3). — Conf. MM. Chassan, t. 2, p. 45, n° 3; de Grattier, t. 1, p. 343, n° 7. — 2° Que le procès-verbal constatant des propos outrageants tenus contre un adjoint dressé par le maire, signé par tous les assistants, l'adjoint compris, consigné sur les registres des délibérations et adressé par le

---

— Attendu que, dans l'espèce, il n'existe ni plainte ni réquisition des personnes lésées; — Attendu, dès lors, que le jugement attaqué n'est point contrevenu à la loi ; — Par ces motifs, rejette le pourvoi du commissaire de police de Mamers.

Du 17 fév. 1832.-C. C., ch. crim.-MM. Bastard, pr.-Crouseilhes, r.

(1) *Espèce :* — (Min. pub. C. Savary.) — Savary, dentiste ambulant, entouré d'un grand nombre de curieux qu'il avait attirés sur la place publique de Marans, par le bruit d'une trompette, voyant passer des gardes nationaux qui revenaient de conduire des prisonniers, dit, sur le même ton qu'il débitait les annonces de ses élixirs, que ces gardes nationaux étaient des brigands, beaucoup plus brigands que ceux qu'ils avaient conduits, et qu'avant trois mois on saurait les mettre à la raison. — Il fut arrêté; une instruction fut dirigée contre lui, et, par ordonnance de la chambre du conseil du tribunal de la Rochelle, du 3 mai, il fut mis en prévention 1° du crime d'embauchage; 2° de cris séditieux; 3° d'injures contre des agents de l'autorité publique, à l'occasion de faits relatifs à leur service. — Devant la chambre d'accusation, le ministère public demanda la confirmation de l'ordonnance, purement et simplement.

Le 16 mai, arrêt de la chambre d'accusation de la cour de Poitiers, qui écarte les deux premiers chefs de prévention, par le motif qu'il n'existe pas d'indices suffisants de culpabilité; et, en ce qui regarde les offenses ou injures envers la garde nationale, attendu l'absence de plainte de la garde nationale outragée, ainsi que l'exige l'art. 5 de la loi du 26 mai 1819, déclare qu'il n'y a lieu à suivre quant à présent.

Pourvoi par le procureur général de la cour de Poitiers, pour fausse application des art, 16 et 19 de la loi du 17 mai 1819 et de l'art. 5 de la loi du 26 mai 1819. Il a soutenu que les gardes nationaux de Marans n'avaient pas été injuriés à l'occasion de leurs fonctions, qui avaient cessé au moment de l'outrage; qu'ils n'étaient pas non plus un corps constitué ni de simples citoyens, mais une classe de personnes; que, par suite, il n'était pas nécessaire de leur plainte pour punir l'outrage ; que c'est ce qu'avait décidé l'arrêt du 29 avr. 1831 (V. n° 595). — Arrêt.

La cour ; — Attendu, en fait, que la chambre du conseil du tribunal de la Rochelle, dans l'ordonnance de mise en prévention, a déclaré Savary, prévenu, entre autres choses, d'injures envers des agents de l'autorité publique à l'occasion de faits relatifs à leur service ; — Que le ministère public, dans son réquisitoire devant la cour, et la chambre d'accusation de la cour royale de Poitiers, n'ont point dépouillé ce chef de la prévention de ce caractère ; qu'ils l'ont implicitement confirmé; mais que la cour de Poitiers, chambre d'accusation, a déclaré n'y avoir lieu à suivre quant à présent, attendu le défaut de plainte de la part de la garde nationale outragée, conformément à l'art. 5 de la loi du 26 mai 1819;

Attendu, en droit, qu'en jugeant ainsi, la chambre d'accusation n'a point fait une fausse application des art. 16 et 19 de la loi du 17 mai 1819 et violé l'art. 10 de celle du 25 mars 1822; — Que, vainement, en effet, on objecte que le service à l'occasion duquel les gardes nationaux de Marans étaient injuriés, avait cessé, et qu'ils étaient devenus de simples particuliers ; — Que l'injure, objet de la poursuite, s'adressait bien aux gardes nationaux à l'occasion de faits relatifs à leur service; que la puissance publique était injuriée en leur personne, et qu'ainsi le fait dont la justice était saisie, rentrait dans l'application de l'art. 19, combiné avec l'art. 16 de la loi du 17 mai 1819; que le ministère public ne poursuivait point, à raison de ce fait, le délit de trouble à la paix publique, par excitation au mépris et à la haine d'une classe de citoyens, et qu'un délit exclut l'autre ; que la qualification donnée par le ministère public devant la chambre d'accusation et admise par elle, excluait aussi l'injure contre un corps constitué, délit prévu par l'art. 15 de la même loi de 1819, ou contre des particuliers, délit prévu par l'art. 19, deuxième alinéa de ladite loi; — Qu'ainsi la chambre d'accusation n'a violé ni ledit art. 10 de la loi de 1822, ni les art. 16 et 19 de la loi du 17 mai 1819 ; — Attendu, quant à la disposition de son arrêt, qui déclare n'y avoir lieu à suivre, quant à présent, sur ladite poursuite, faute de plainte; que, si l'art. 17 de la loi du 25 mars 1822 avait abrogé la disposition de l'art. 5 de celle du 26 mai 1819, qui défendait de poursuivre ce genre de délit autrement que sur la plainte de la partie qui se prétend lésée, et si l'art. 4 de la loi du 8 oct. 1830 dit que la poursuite des délits commis par les moyens indiqués en l'art. 1, ce qui se réfère à l'art. 1 de la loi du 17 mai, aura lieu d'office et à la requête du ministère public, cet article veut que, dans la poursuite, on se conforme aux dispositions des lois des 26 mai et 9 juin 1819 ; qu'il en résulte que l'art. 5 de ladite loi du 26 mai a été remis en vigueur; que, d'ailleurs, l'art. 17 de celle du 25 mars 1822 a été formellement abrogé, et d'une manière absolue, par l'art. 5 de la même loi du 8 oct. 1830 ; — Qu'ainsi la chambre d'accusation a fait une saine application de l'art. 5 de ladite loi du 26 mai 1819 ; — Par ces motifs, rejette, etc.

Du 5 août 1831.-C. C., ch. crim.-MM. de Bastard, pr.-Isambert, r.

(2) (Bion C. min. pub.) — La cour ; — Sur la fin de non-recevoir présentée à l'audience, tirée de ce que le jugement attaqué énonçant que l'emblème saisi était injurieux pour un fonctionnaire de l'arrondissement de Dunkerque, on ne pouvait poursuivre l'appelant que sur la plainte de ce fonctionnaire, conformément à l'art. 5 de la loi du 26 mai 1819 ; — Attendu que le délit prévu par l'art. 5 de la loi du 9 sept. 1835 est un délit distinct, qui peut être poursuivi séparément de celui qui s'y rattacherait ; — Rejette ladite fin de non-recevoir.

Du 12 août 1844.-C. de Douai, ch. corr.

(3) *Espèce ;* — (Min. pub. C. Vornier.) — Le ministère public avait, sur la plainte du doyen des conseillers de préfecture, délégué en l'absence du préfet, traduit devant le tribunal correctionnel de Lille, le sieur Vornier, officier de santé, pour avoir outragé publiquement le préfet du Nord, à raison de ses fonctions. — Les premiers juges et la cour royale de Douai renvoyèrent le prévenu de l'action : — « Attendu que, si l'outrage proféré par le prévenu se rattache évidemment à l'acte administratif réglant la répartition des portions ménagères du marais d'Annœulin, la plainte ne pouvait cependant en être portée que par l'administrateur même qui avait été injurié; que, dès lors, le conseiller de préfecture, délégué pour le préfet absent, étant sans qualité pour la porter. »

Pourvoi par le procureur général de la cour de Douai, qui soutient que les outrages ayant été adressés au préfet, à l'administrateur, et non à M. Mechin personnellement, toute personne chargée de l'administration avait qualité pour porter plainte. — Arrêt.

La cour ; — Attendu que la plainte sur laquelle la poursuite actuelle a été dirigée, n'a été portée que par le doyen des conseillers de préfecture, et non par le préfet du département du Nord, et qu'il résulte de l'arrêt attaqué que c'est ce dernier fonctionnaire seul qui aurait été l'objet des outrages qui ont donné lieu au procès ; — Attendu que le droit de rendre plainte pour le délit d'outrages dirigés contre un fonctionnaire, soit à raison d'un fait relatif à ses fonctions, soit à raison des faits appartenant à sa vie privée, ne peut appartenir qu'à ce fonctionnaire lui-même, et non à celui qui est appelé momentanément ou définitivement à exercer tout ou partie de ses attributions publiques ; — Attendu que, d'après l'art. 5 de la loi du 25 mai 1819, combiné avec l'art. 17 de la loi du 25 mars 1822, le droit de rendre plainte est un droit individuel de la personne outragée, qui est seule juge de son honneur, de la gravité des outrages qu'elle peut avoir reçus et de la convenance des réparations que la loi lui donne la faculté de réclamer dans son propre intérêt; — Attendu que, dès lors, l'arrêt attaqué, en décidant que le doyen des conseillers de préfecture du département du Nord n'avait pas qualité pour rende plainte à raison d'un outrage verbal dirigé contre le préfet du Nord, s'est conformé littéralement aux lois de la matière ; — Rejette.

Du 30 juill. 1835.-C. C., ch. cr.-MM. Choppin, f. f. de pr.-Mérilhou, r.

maire au procureur impérial ne peut être considérée comme une plainte suffisante (Crim. rej., 26 avr. 1833) (1). — 3° Que la diffamation envers les juges d'un concours pour une chaire de droit, ne peut être poursuivie sur la plainte de la Faculté de laquelle cette chaire dépend, lorsque ces juges étaient composés de professeurs et de magistrats et quelques-uns des membres de la Faculté seulement ont été appelés à ce concours, attendu que c'était là un tribunal formé d'éléments divers créé pour l'objet spécial de juger le concours, et qui constituait évidemment une réunion autre que la Faculté de droit (Toulouse, 31 juill. 1823, 1re ch. et ch. corr. réun., M. Hocquart, 1er pr., aff. Crivelli *C.* Faculté de droit de Toulouse).

Il est à remarquer aussi, et c'est ce qui a été décidé, que les juges ne peuvent retenir la connaissance de faits de diffamation ou d'injures envers un fonctionnaire public, qui se seraient passés postérieurement à la plainte qu'il aurait portée pour d'autres faits de même nature (Crim. cass., 13 janv. 1837 (2). — Conf. M. de Grattier, t. 1, p. 348). — De même un tribunal correctionnel ne peut retenir la connaissance d'injures faites à un fonctionnaire public, comme simple particulier, et renvoyer à qui de droit la connaissance des imputations relatives à l'exercice de ses fonctions, lorsque, dans sa plainte, ce fonctionnaire n'a dénoncé que ces dernières imputations sans aucune réserve, la juridiction compétente pour connaître de ces imputations ayant, d'ailleurs, pouvoir de prononcer sur les injures privées (même arrêt). — Conf. M. de Grattier, *eod.*

1108. *Plainte des agents diplomatiques accrédités en France.* — Nous avons fait remarquer ci-dessus n° 1103 que la plainte nécessaire pour l'exercice de l'action publique, ne constitue point celui qui la dépose demandeur en justice, et que, dès lors, on ne peut exiger que l'agent diplomatique étranger fournisse la caution *judicatum solvi*, par cela seul qu'il est plaignant. — Il en serait autrement s'il se portait partie civile.

§ 3. — *Des autorisations de poursuites des membres des corps législatifs.*

1109. L'art. 29 de la charte de 1830 voulait qu'aucun pair ne pût être arrêté que de l'autorité de la chambre et jugé que par elle en matière criminelle ; et d'après l'art. 44 de la même charte, aucun membre de la chambre des députés ne pouvait, pendant la durée de la session, être poursuivi, ni arrêté en matière criminelle, sauf le cas de flagrant délit, qu'après que la

---

(1) *Espèce :* — (Min. pub. *C.* Veau.) — Le 16 août 1832, le conseil municipal de Sigogne était réuni pour délibérer sur le changement du cimetière; on avait appelé pour cette délibération, outre les membres du conseil, dix habitants pris parmi les imposés; l'un de ces derniers, le sieur Veau, notaire, dit en entrant dans la salle, « que le sieur Ranson, adjoint, avait voulu le faire assassiner, qu'il l'avait laissé assassiner, qu'il avait commandé les assassins, et d'autres outrages. » — Sur-le-champ, le maire dressa procès-verbal de ces faits; ce procès-verbal fut en outre signé par tous les assistants, par Ranson lui-même, et porté sur le registre des délibérations. — Ensuite le maire en adressa une copie certifiée au procureur du roi de Cognac, qui fit citer Veau en police correctionnelle. — Celui-ci demanda d'abord à être renvoyé devant le tribunal de police, parce qu'il ne s'agissait que d'une simple injure; ensuite il plaida au fond et fut condamné à deux mois de prison. — Sur son appel, il soutint que l'action du ministère public n'était pas recevable parce qu'il n'y avait pas de plainte par la partie lésée. — Par jugement du 19 fév. 1833, le tribunal d'Angoulême accueillit ce moyen. — Pourvoi par le ministère public. — Arrêt.

La cour; — Attendu, en droit, que les injures verbales qui auraient été adressées par le sieur Veau au sieur Ranson, adjoint au maire de la commune de Sigogne, dans les circonstances posées par le jugement attaqué, n'ont pu être poursuivies d'office par le ministère public sans la plainte préalable dudit sieur Ranson; — Attendu, en fait, que la délibération prise, le 10 août 1832, par le conseil municipal de la commune de Sigogne, ne saurait constituer une plainte véritable de la part du sieur Ranson, puisque, d'une part, cette délibération est un acte collectif du conseil municipal et non un acte personnel du sieur Ranson, et que d'autre part rien n'indique dans cet acte la volonté individuelle du sieur Ranson qu'il soit formé une poursuite de la part du ministère public à raison des faits qui y sont exposés; d'où il suit que le jugement attaqué n'a violé aucune loi; — Rejette.

Du 26 avr. 1833.-C. C., ch. crim.-MM. Bastard, pr.-Mérilhou, rap.

(2) *Espèce :* — (Min. pub. *C.* Edeline.) — Edeline, ancien percepteur, fut traduit devant le tribunal correctionnel d'Avranches, pour avoir, les 16, 18, 22 et 25 sept. 1836, outragé publiquement, à raison de ses fonctions, le sieur Boudent, receveur des finances à Avranches, en lui imputant verbalement, sur les places publiques, d'avoir retenu et détourné des sommes d'argent au préjudice du trésor et d'autres personnes, et, en outre, pour avoir exercé la profession de crieur public sans autorisation. — Sur la demande du prévenu, le tribunal correctionnel d'Avranches a sursis à statuer sur ces faits, jusqu'à ce qu'il ait été statué sur la dénonciation faite par Edeline, à l'audience, contre Boudent, de quatre chefs d'imputation différents de ceux imputés au prévenu, et ordonné sa mise en liberté sous caution.

Sur l'appel du ministère public, le tribunal de Coutances, par jugement du 3 nov. 1836, croyant reconnaître dans les faits objets de la poursuite : 1° le délit de diffamation envers Boudent à raison de ses fonctions, par voie d'écrits distribués; 2° celui d'injures publiques envers Boudent, simple particulier; et considérant que le délit d'exercice de la profession de crieur public était connexe à la diffamation écrite, se déclara incompétent, à raison de ces deux délits, et renvoya le prévenu devant la chambre d'accusation de la cour de Caen, en retenant la connaissance des délits d'outrages et d'injures publiques, lesquels ne seraient toutefois jugés qu'après la décision sur la diffamation par écrit; il ordonna enfin la mise en liberté du prévenu, mais sous caution... Pourvoi par le ministère public et par le prévenu. Le ministère public a soutenu, en premier lieu, que le jugement attaqué devait être annulé, en ce qu'il ordonnait que le prévenu serait jugé pour des délits de diffamation écrite et d'injures publiques, non compris dans l'ordonnance de la chambre du conseil, ni dans le réquisitoire du ministère public, ni dans la plainte, ce qui constituait une usurpation de l'initiative, réservée par la loi à la partie lésée. — Il a soutenu, en second lieu, que ce jugement avait faussement appliqué les art. 114 et 195 c. inst. crim., en ce qu'il avait ordonné la mise en liberté provisoire du prévenu, droit réservé seulement à la chambre du conseil et en ce qu'il avait renvoyé à la chambre d'accusation la connaissance du délit d'exercice de la profession de crieur public sans autorisation, attribuée à la police correctionnelle et à l'égard duquel fait il y avait une ordonnance de la chambre du conseil, passée en force de chose jugée, qui le renvoyait à la police correctionnelle. — Il demandait, sur ce point, règlement de juges pour le cas où l'on croirait qu'il y a contradiction entre les deux décisions. — Edeline n'a produit aucun mémoire. — Arrêt.

La cour; — Vu l'art. 5 de la loi du 26 mai 1819; — Attendu que la plainte ou autorisation de poursuivre donnée par le sieur Boudent, partie prétendue lésée, est à la date du 25 septembre, et ne s'applique pas aux faits du 25 du même mois; qu'ainsi, c'est en infraction à l'article précité que, soit la chambre du conseil, soit le tribunal correctionnel d'Avranches, soit le tribunal de Coutances, jugeant sur appel, ont retenu la connaissance desdits faits; — En ce qui concerne le chef de prévention, relatif aux injures privées qui seraient résultées des écrits publiés les 16, 18 et 22 sept., contre Boudent, considéré comme simple particulier et non comme fonctionnaire public : — Attendu que, dans sa plainte du 25 septembre, Boudent n'a dénoncé à la justice que des imputations relatives à l'exercice de ses fonctions publiques, et n'a point réservé de poursuivre à part les injures qui auraient pu être émises en public, contre lui, comme particulier; — Attendu, d'ailleurs, que cette prévention d'injures privées serait une dépendance nécessaire et indivisible de la prévention de diffamation dirigée contre une personne publique, par la voie de la presse, qui résulterait des publications des 16, 18 et 22 septembre, puisqu'elle y serait elle-même contenue; que, d'après l'art. 365 c. inst. crim., en cas de conviction sur les deux genres de prévention, la peine la plus forte pourrait être prononcée; que, d'ailleurs, la compétence de la cour d'assises est générale; — Attendu que, d'après la loi du 8 oct. 1830, la prévention de diffamation par la voie de la presse, appartenait à la compétence de la cour d'assises, et qu'ainsi le jugement attaqué a dû, comme il l'a fait, déclarer le tribunal correctionnel incompétent à cet égard; que, par suite des motifs ci-dessus, ce même jugement, en retenant la connaissance de la prévention d'injures privées, a commis un excès de pouvoir; — En ce qui touche le chef du jugement attaqué qui, après avoir déclaré l'incompétence, a renvoyé devant la chambre d'accusation la prévention de diffamation commise par les publications des 16, 18 et 22 septembre : — Attendu que ce renvoi constitue un nouvel excès de pouvoir et empiète sur les droits de la vindicte publique, en saisissant la juridiction supérieure; — En ce qui touche enfin le chef relatif à la mise en liberté sous caution : — Attendu que si, d'après l'art. 114 c. inst. crim. combiné avec l'art. 28 de la loi du 26 mai 1819, la mise en liberté provisoire doit être accordée sous caution, en tout état de cause, le tribunal de Coutances n'a pu, dans l'espèce, l'accorder sur la demande d'Edeline, puisqu'il n'était légalement saisi, ni de la prévention de diffamation verbale, pour les publications du 25 septembre, ni du délit d'injures privées qui serait renfermé dans les publications antérieures; — Par ces motifs, casse le jugement du 3 nov. 1836; et statuant, sur la demande en règlement de juges..., renvoie devant la chambre d'accusation de la cour de Caen.

Du 13 janv. 1837.-C. C., ch. crim.-MM. Bastard, pr.-Isambert, rap.

chambre avait permis la poursuite.—L'art. 37 de la constitution de 1848 disait aussi : « Ils (les représentants du peuple) ne peuvent être arrêtés en matière criminelle, sauf le cas de flagrant délit, ni poursuivis qu'après que l'assemblée a permis la poursuite. — La constitution de 1852 n'a pas reproduit ces dérogations au droit commun.—Mais, aux termes du décret des 2-21 fév. 1852 sur l'élection des députés au corps législatif (art. 11). « Aucun membre du corps législatif ne peut, pendant la durée de la session, être poursuivi en matière criminelle, sauf le cas de flagrant délit, qu'après que le corps législatif a autorisé la poursuite. » — Cette disposition est nécessairement applicable aux infractions qu'un député pourrait commettre par les divers moyens de publication. — Quelles règles doivent être observées à cet égard? V. v° Souveraineté. — Nous nous bornerons ici à quelques observations succinctes qui sont de notre sujet.

Sous la charte de 1830, la chambre des députés pouvait accorder l'autorisation de traduire un de ses membres devant la chambre des pairs, en raison d'une offense faite à celle-ci. En effet, la loi de 1822, art. 15, conférait sans exception à la chambre des pairs le droit de punir les offenses qui lui étaient adressées ; et il n'y avait aucun motif d'établir une dérogation à cette règle pour le cas dont il s'agit. La faculté qu'avait la chambre des députés de refuser l'autorisation requise suffisait, du reste, pour prévenir les abus que la chambre des pairs aurait voulu faire de son droit (V. M. Chassan, t. 1, p. 62).

1110. Du reste, la qualité de député ne mettait point à l'abri des réquisitions du ministère public l'avocat qui commettait une infraction à l'audience d'un tribunal. Si l'infraction dégénérait en crime ou en délit, le ministère public, après que procès-verbal de l'infraction avait été dressé, requérait de la chambre des députés l'autorisation de poursuivre. Ce n'était qu'après cette autorisation obtenue que le prévenu pouvait être interrogé. S'il s'agissait d'un crime, l'avocat député pouvait être sur-le-champ incarcéré (c. inst. crim. 506); mais la poursuite était suspendue jusqu'après l'obtention de l'autorisation de la chambre de passer outre. — Quant aux simples infractions disciplinaires, elles pouvaient être réprimées sans autorisation préalable, laquelle n'était exigée par la charte qu'en matière criminelle. Il en serait de même aujourd'hui.

1111. En général, l'autorisation de poursuivre accordée par la chambre des députés n'implique point nécessairement approbation de la poursuite; elle n'est qu'une déclaration d'absence de motifs politiques de nature à la faire écarter; et il n'y a exception à cette règle que pour le cas où le délit commis par un député, en dehors de la chambre, serait un délit d'offenses envers celle-ci. Rien n'empêcherait la chambre de connaître de cette offense comme de toutes celles qui lui seraient faites par d'autres citoyens (V. M. Chassan, *loc. cit.*) —V. cependant n°s 655 et suiv.

1112. Suivant l'art. 75 de la constitution de l'an 8, les agents du gouvernement ne peuvent être poursuivis qu'en vertu d'une décision du conseil d'Etat. — V. Mise en jugement des fonctionnaires, n°s 33 et suiv.

1113. De plus, suivant l'art. 486 c. inst. crim., lorsqu'il s'agit d'un crime emportant la peine de forfaiture, et imputé, soit à un tribunal de première instance, soit à un membre d'une cour impériale, ce crime doit être dénoncé au ministre de la justice, qui donne, *s'il y a lieu*, ordre au procureur général près la cour de cassation de le poursuivre; et de ces mots, *s'il y a lieu*, il suit que le ministre de la justice a le droit absolu de donner ou de refuser l'ordre de poursuivre les magistrats qui sont l'objet de la dénonciation.—Par suite, il a été jugé qu'en cas de réponse négative du ministre, aucune autre autorité ne peut plus être saisie de la dénonciation, et qu'il n'y avait pas lieu à prononcer le sursis au jugement du délit de calomnie prescrit par l'art. 372 c. pén. (Crim. rej. 13 mars 1818) (1).

Sect. 2. — *De l'action civile ou privée des personnes diffamées ou injuriées.*

1114. L'action civile en réparation du dommage causé par les délits de la presse ou par tous autres moyens de publication, peut être exercée par toute personne qui a souffert de ce dommage. — On doit appliquer ici le droit commun, et notamment les art. 1 et suiv. c. inst. crim. (V. v^{is} Inst. crim., n°s 78 et suiv., et Responsab.). — Aussi a-t-il été jugé que tout individu injurié ou diffamé par la voie de la presse a le droit de citer directement l'auteur de ces diffamations et injures devant le tribunal correctionnel, sans l'agrément ni le concours du ministère public (Crim. rej. 25 fév. 1830 (2); Lyon, 4 janv. 1848, aff. journal le Peuple, D. P. 49. 2. 98. —Conf. MM. Chassan, t. 2, n° 1188; Hélie et Chauveau, t. 2, p. 266; de Grattier, t. 1, p. 213, et le Sellyer, t. 2, n° 531; V. cependant M. Carnot, Comment. des lois de la presse, p. 98).

1115. Mais lorsque l'imputation d'un fait de nature à porter atteinte à l'honneur ou à la considération d'une personne n'a pas été dictée par l'intention de nuire à cette personne, peut-elle néanmoins intenter devant les tribunaux civils, contre l'auteur de l'imputation, une action en réparation du dommage qui lui a été causé? — L'affirmative ne paraît pas douteuse, d'après les termes de l'art. 1382 c. nap. qui sans distinction aucune, veut que tout fait *quelconque* de l'homme qui cause un dommage à autrui oblige celui par la faute duquel il est arrivé, à le réparer. — V. Responsabilité.

1116. La diffamation par la voie de la presse a fait naître des questions plus difficiles à résoudre.—Ainsi, dans une affaire soumise à la cour de Paris, et portée ensuite devant la cour de cassation, il y avait lieu d'examiner : 1° si le personnage auquel il est attribué dans un ouvrage, et, par exemple, dans une histoire, un propos qu'il regarde comme portant atteinte à sa considération et à son honneur, est fondé à demander devant les tribunaux civils, en l'absence de toute intention criminelle de la part de l'auteur, la *rectification* de ce propos; — 2° De quelle manière cette *rectification* doit être opérée; si c'est par l'introduction d'un carton ou feuillet, dans l'ouvrage même, pour les exemplaires en magasin, et par insertion dans les journaux pour les ouvrages déjà vendus et distribués; — 3° Si, en cas pareil, la personne nommée à tort peut exiger la suppression entière du passage, ou dicter les termes de la rectification qu'elle exige;— 4° Enfin si la suppression de son nom dans les exemplaires restants, ou dans une nouvelle édition, serait une réparation suffisante, alors d'ailleurs que le fait est conservé.—Mais il a été jugé seulement qu'il suffit que le propos attribué à cette personne et

(1) (Selves.)—La cour (apr. dél. en ch. du cons.);—...Vu l'art. 486 c. inst. crim. et l'art. 372 c. pén.; — Considérant que des mots *s'il y a lieu*, dudit art. 486, il suit que le législateur s'en est rapporté au ministre de la justice qui peut dans sa sagesse donner, ou non, l'ordre de poursuivre sur la dénonciation; d'où la conséquence ultérieure qu'au cas de la négative, il n'y a aucune autorité chargée d'instruire sur la dénonciation, et que le sursis dont parle ledit art. 372 serait en l'état sans objet;

Et attendu en fait, d'une part, que sur la dénonciation faite par le sieur Selves au ministre de la justice, en la supposant régulièrement faite, il n'avait été donné aucun ordre de poursuivre ; d'autre part, que ledit sieur Selves n'a pas justifié qu'à l'époque, soit du 30 sept. 1817, soit du 18 nov. suivant, il ait saisi d'une dénonciation légale des faits qui étaient l'objet de la plainte en calomnie, aucune autorité qui fût tenue d'instruire sur icelle; – De tout quoi il résulte que la cour royale de Paris a pu, sans contrevenir à aucune loi, maintenir, par son arrêt du 18 nov. dernier qui est l'objet du pourvoi du sieur Selves, son arrêt par défaut du 30 sept. précédent par lequel, après avoir infirmé le jugement dont appel, elle a refusé le sursis que le jugement avait accordé ; — Rejette.

Du 13 mars 1818.-C. C., sect. crim.-MM. Barris, pr.-Audier, rap.

(2) (Constitutionnel C. gendarmes de Rodez.)— La cour (apr. dél. en ch. du cons.); — Attendu, sur le 1er moyen, que l'art. 17 de la loi du 25 mars 1822, en prohibant au ministère public la poursuite d'office de la diffamation envers les particuliers, et en n'autorisant la poursuite que sur la plainte du particulier qui se croit lésé, n'a pas obligé celui-ci à porter plainte, et ne lui a pas interdit de citer directement le prévenu devant le tribunal correctionnel; que le droit de citer directement résulte des principes généraux et des dispositions spéciales des art. 12 et 14 de la loi du 26 mai 1819; — Attendu, sur le 2e moyen, que les gendarmes réunis à Rodez, pour le service du chef-lieu du département, ne sont pas un corps constitué, et que l'outrage dirigé contre ces gendarmes, à raison de faits qui leur étaient personnels, n'atteignait pas le corps entier de la gendarmerie; qu'ils ont donc pu intenter leur action en leur nom direct et personnel; — Rejette.

Du 25 fév. 1830.-C. C., ch. crim.-MM. de Bastard, pr.-Ricard, rap.

présenté par elle devant la juridiction civile comme diffamatoire, ait été déclaré par le juge exempt de diffamation, pour que l'action en dommages-intérêts et en rectification, basée sur l'existence de ce caractère, ait été valablement et souverainement rejetée, sans que la cour ait eu à s'expliquer sur la demande en rectification (Req. 10 fév. 1845, aff. de Kergorlay, D. P. 45. 1. 182). — Passons à quelques observations sur les questions et la solution qui précèdent.

1117. En matière de presse périodique, le mode de réparation est certain ; la loi de 1822 l'indique. La personne désignée dans un journal a le droit d'y faire insérer une réponse rectificative ou explicative. C'est la juridiction correctionnelle qui connaît des débats qui peuvent s'élever sur ce point, ce qui n'est pas absolument exclusif à nos yeux de la voie civile, pour statuer sur l'action en dommages-intérêts qui serait fondée sur le refus d'insertion. — Pour les matières ordinaires, la loi a créé le délit de diffamation et elle a ouvert à l'individu diffamé la voie correctionnelle, pour obtenir la réparation qui lui est due, sans préjudice du droit de recourir, s'il l'aime mieux, devant la juridiction civile, dans le cas où le fait qui lui est imputé lui cause un préjudice. — Dans ces deux hypothèses, la loi et la jurisprudence supposent une intention coupable à l'auteur de la diffamation. Cependant, il peut être manifeste qu'une intention semblable n'a point existé. C'est ce qui se vérifie surtout lorsque la publication est sérieuse, comme serait une histoire ; que l'individu désigné est inconnu à l'écrivain, ou qu'il apparaît, comme dans l'espèce de l'arrêt précité, que ce dernier était animé de sentiments de bienveillance plutôt que de haine ou d'animosité à son égard. Dans tous ces cas, il peut y avoir imprudence, légèreté, mais il n'y a pas diffamation dans le sens des lois de la presse. — Et de là que suit-il ? C'est que l'écrivain a commis un fait dommageable dans le sens de l'art. 1382 c. nap., et qu'il est tenu de le réparer. — *De le réparer* ? Mais quel sera le mode de réparation admissible en cette matière ? Ce mode est-il unique et consiste-t-il uniquement dans la prestation ou le payement d'une somme d'argent ? La nécessité des choses ne commande-t-elle pas, au contraire, d'admettre tous les modes qui conduiront plus efficacement et plus convenablement à la réparation demandée ? Nous inclinons vers l'interprétation qui multipliera les moyens de réparer le mal involontairement causé. — Mais l'emploi de ces moyens n'est pas abandonné à l'arbitraire du juge ; c'est aux parties de les proposer ou de les discuter : le juge adoptera ceux qui lui paraîtront le plus équitables, sans que, toutefois, il lui soit permis de les prescrire d'office. — Des conclusions doivent être posées à cet égard, conclusions que le juge peut réduire, mais qu'il ne lui est permis, ce semble, ni de changer ni d'augmenter, à moins que ce pouvoir ne résulte des termes dans lesquels il a été conçu ou défendu par les parties. — Or, en présence du débat purement civil qui avait eu lieu dans l'espèce, il est peut-être permis de dire que les conclusions prises par le demandeur devant la cour d'appel manquaient de la précision désirable. Il résulte, en effet, de ces conclusions, qui sont retracées dans l'arrêt de la cour de cassation, que le demandeur avait signalé les passages de l'écrit qui avait donné lieu à son action qu'il regardait comme *diffamatoires et portant atteinte à son honneur*, et qu'il se fondait sur ce caractère de l'écrit pour obtenir les réparations ou rectifications par lui demandées.

Certainement, il y avait quelque irrégularité dans un tel libellé ; mais en prenant la voie civile et en n'élevant aucun nuage sur les intentions de l'auteur de l'écrit, le demandeur ne caractérisait-il pas le sens dans lequel il entendait employer le mot *diffamation* ? N'en résultait-il pas, dans sa pensée, la simple allégation de faits qui lui portaient préjudice et dont il avait intérêt à demander la rectification ? — La cour d'appel ne l'a point cru : en jugeant le passage signalé insusceptible de porter atteinte à la considération du demandeur, elle a écarté ses prétentions de la même manière qu'elle l'eût fait si elle avait été appelée à apprécier au correctionnel les caractères de la diffamation. Il est possible qu'en procédant ainsi, la cour d'appel ait été appréciatrice fidèle de la lettre des conclusions : on doit même croire que son appréciation a été judicieuse, puisqu'elle a obtenu la sanction de la cour suprême ; mais on ne peut s'empêcher d'y voir une rigueur de déductions que l'ampleur des conclusions du demandeur semble faire mieux encore ressortir. — Au reste, dans une matière où les précédents manquent d'une manière si complète, et en présence de conclusions qui, il faut le dire, n'étaient pas exemptes de quelque vague, il n'est pas étonnant que la cour d'appel, saisissant ce que ces conclusions semblaient présenter de principal, s'y soit attachée d'une manière rigoureuse, ne fût-ce qu'en souvenir du vieux brocard *sententia debet esse conformis libello*, et que, négligeant l'interprétation plus relâchée que semblait autoriser le choix de la juridiction civile, elle ait frappé tous les chefs accessoires de la demande du même coup qui en abattait le chef principal.

1118. Un dernier mot sur la portée de la décision précitée de la cour de cassation. — On a vu (n° 837) que, suivant sa jurisprudence, cette cour a le droit de déterminer les caractères légaux des faits présentés comme diffamatoires. — Dans les motifs de l'arrêt que nous venons d'indiquer, elle semble abdiquer ce droit, en déclarant que *la cour de Paris a été souveraine pour rechercher si le récit de Crétineau-Joly était en lui-même exempt de diffamation*. — Si le sens de ce motif est que la cour de Paris a pu souverainement apprécier l'*intention* qui forme l'un des éléments constitutifs de la diffamation, rien n'est plus juste ; mais il ne saurait en être ainsi du point de savoir s'il y a imputation d'un fait qui porte atteinte à l'honneur ou à la considération de la personne qui se prétend diffamée. — V. à cet égard *suprà*, *loc. cit.*, et v° Cassation, n°s 1206 et suiv.

1119. Quant aux actions en diffamation concernant les incapables, la loi n'ayant fait aucune exception en ce qui concerne ces actions, il faut se conformer, sous ce rapport, aux principes généraux. — V. en conséquence v° Instruct. crim., n° 80.

1120. Constatons seulement qu'il a été jugé : 1° que le mari a qualité pour poursuivre la réparation des injures commises envers sa femme (Crim. rej. 25 pluv. an 13, MM. Viellart, pr., Liborel, rap., aff. Bucaille ; V. en ce sens MM. Bourguignon, t. 1, p. 171 ; Carré, le Droit français dans ses rapports avec les justices de paix, t. 2, p. 567. — V. en sens contraire M. Chassan, t. 2, p. 73 ; — V. encore Merlin, Rép., v° Injures, § 5, n° 2 ; Legraverend, t. 1, p. 196) ; — 2° Qu'un mari peut poursuivre, sans le concours de sa femme, la réparation des injures qui, bien qu'elles n'aient été adressées qu'à cette dernière, intéressent pourtant son propre honneur (Crim. rej. 20 oct. 1820 (1) ; 14 germ. an 13, aff. Labat, V. Instr. crim., n° 98) ; V. en ce sens MM. Rauter, Dr. crim., t. 2, p. 636 ; Zachariæ, t. 3, § 446, note 4). — V. Instruct. crim., n° 98.

1121. Suivant le droit romain, le mari, le père, le maître avaient une action en réparation de l'injure faite à la femme, à l'enfant, à l'esclave (V. *suprà*, n° 843, et v° Instruction criminelle, n° 93), en vertu de leur droit de propriété ; mais notre législation et nos mœurs repoussent ce principe (V. en ce sens M. Chassan, t. 2, p. 74). — Néanmoins, MM. Rauter, t. 2, p. 636, Zachariæ, t. 3, § 446, note 4, enseignent que les parents ont une action en réparation des injures adressées à leurs enfants. — Mais il paraît manifeste qu'ils ne peuvent exercer cette action qu'au nom et dans l'intérêt de leurs enfants mineurs, à moins qu'ils ne se trouvent personnellement atteints par les propos injurieux ou diffamatoires. — V. Instr. crim., n° 93.

Cependant il a été jugé que, lorsque des imputations calomnieuses sont dirigées contre une fille même majeure, qui habite la maison paternelle, le père a qualité pour se porter partie civile, par le motif que l'honneur du père et l'honneur de sa fille, vivant

(1) (Feissolle.) — La cour ; — Sur le premier moyen de la réclamante résultant de ce que les époux Corrand et Fromage auraient, sans prendre qualité au nom de leurs épouses injuriées et sans les faire intervenir, formé une action en leur nom et non en celui de leurs épouses : — Attendu que les époux Corrand et Fromage ont eu qualité pour poursuivre la réparation d'injures qui rejaillissaient sur eux-mêmes ; que d'ailleurs, à la deuxième audience de la cause, les épouses Corrand et Fromage se sont présentées elles-mêmes et ont assisté au procès ; — .... Sur le cinquième moyen : — Attendu que la comparution volontaire et sans citation des épouses Corrand et Fromage, dans une cause qui les intéressait et dans laquelle leurs époux sistaient avec elles, n'a rien d'irrégulier et de contraire aux lois ; — Rejette le pourvoi contre le tribunal de police de Marseille.

Du 20 oct. 1820. — C. C., sect. crim. — MM. Barris, pr. — Chantereyne, rap.

dans la maison paternelle, ne peuvent être séparés, et que le père venge son propre honneur, en poursuivant la réparation de l'outrage fait à sa fille (Liége, 24 mai 1823, aff. B..., V. n° 867-3°); —2° Que l'estime et la considération qui s'attachent à la conduite irréprochable des père et mère et de leurs enfants étant un patrimoine commun de la famille, dont la garde est spécialement confiée à la sollicitude et à la surveillance paternelles, il s'ensuit qu'un père blessé dans sa considération par une imputation diffamatoire dirigée contre sa fille, même majeure, et portant atteinte à l'honneur de celle-ci, peut et doit s'adresser à la justice pour demander la réparation de ce délit, par exemple, en portant plainte et se constituant partie civile tant en son nom personnel qu'en celui de sa fille (Montpellier, 12 nov. 1855, aff. Chavernac, D. P. 56. 2. 141).—Cette solution ne nous paraît pourtant pas exempte de difficulté. La majorité de la fille a fait cesser son incapacité d'ester en justice autrement que sous le nom de son tuteur ou de son père. — Il semble donc que ce n'est que dans les cas où l'on peut réellement soutenir que la diffamation dirigée contre la fille atteint son père dans son honneur ou dans sa considération, que l'action peut être exercée au nom de ce dernier, et exclusivement pour ce qui le concerne personnellement.

1122. Sur les actions qui appartiennent en général aux *établissements religieux*, V. v° Culte, n°s 617 et s.—Notons seulement ici qu'il a été jugé qu'une congrégation religieuse, bien que non autorisée, a qualité pour former une action en diffamation... sans que la fin de non-recevoir tirée de l'illégalité de son existence soit admissible (Angers, 24 mars 1842) (1).

1123. Quant aux réunions de personnes, il faut se conformer aux règles générales sur les actions (V. v^is Action, sect. 3, Instr. crim., n°s 187 et s.).—Si la réunion forme un être moral reconnu par la loi, l'action peut être intentée en son nom.—Ainsi, les actions concernant les administrations publiques peuvent être exercées au nom des administrateurs à qui ce soin est confié.—De même les actions en diffamation ou injures concernant les établissements publics, tels que les colléges, les hospices, peuvent être intentées au nom de leurs administrateurs.—Lorsqu'une fraction seulement d'un corps reconnu par la loi a été diffamée, l'action doit s'exercer individuellement par ceux qui ont été attaqués. — Aussi, a-t-il été jugé que lorsqu'une imputation diffamatoire a été adressée aux gendarmes d'une telle ville, les individus composant cette réunion peuvent intenter une action en réparation, en leur nom direct et personnel (Crim. rej. 25 fév. 1830, aff. le Constitutionnel, V. n° 1114; V. en ce sens M. de Grattier, t. 1, p. 344).

1124. Les *électeurs* forment une partie très-notable de la nation, mais ils ne constituent pas un corps distinct et organisé qui ait le droit d'agir en justice. — En conséquence, il a été décidé que des électeurs qui se prétendent diffamés comme tels ne peuvent exercer qu'une action individuelle en réparation de ce délit (Rennes, 15 fév. 1838, aff. Electeurs de Vannes, V. n° 897-5°).

1125. Lorsque la partie qui se prétend diffamée est une *société civile* (une société d'assurances mutuelles), l'action en diffamation ne peut s'exercer que par les membres de cette société agissant en leur nom personnel, et non par le directeur (Crim. cass. 21 juill. 1854, aff. Gerson-Lévy, D. P. 55. 1. 41).—Au contraire, lorsque cette partie est une société anonyme, l'action est valablement exercée par le directeur; ...Pourvu toutefois qu'il soit justifié que la société jouit d'une existence légale par suite d'une autorisation préalable du gouvernement (même arrêt).

1126. D'après les principes du droit romain suivis sous l'ancienne jurisprudence française (V. L. 13, ff., *De injuriis et famosis libellis*; Domat, liv. 3, tit. 11, n° 7; Dareau, Traité des injures, p. 317; Répert., v° Injure, § 6, n° 2), lorsque l'action en réparation d'injures avait été introduite par une partie

---

(1) (Le Précurseur de l'Ouest C. les dames du Bon Pasteur.) — La cour; — Vidant son délibéré; — Considérant que les articles du Précurseur, dont se plaignent les intimées, contiennent deux parties distinctes, l'une exprimant le blâme contre le défaut d'autorisation de l'établissement religieux dit du bon Pasteur; l'autre des faits spéciaux imputés aux religieuses de cet établissement, et particulièrement désignées sous le nom de Nonnes; — Considérant, à l'égard de ces articles et des fins de non-recevoir proposées contre la plainte, que la question soulevée à l'occasion de l'illégalité de l'établissement du Bon Pasteur, est un fait distinct et indépendant de l'action en diffamation intentée par les dames de cette maison contre le Précurseur de l'Ouest; — Que le droit, pour tout citoyen, de se plaindre de tout préjudice causé à sa réputation et à son honneur est un droit naturel qui ne saurait lui être refusé ou ravi, en tout état que ce soit; — Que la circonstance de vivre en réunion, communauté ou congrégation quelconque, même illégale, ne saurait y porter atteinte; — Que s'il est vrai que le législateur, dans un esprit de haute politique et de sage prévoyance, a disposé que l'établissement de toute congrégation religieuse sera soumis à une autorisation préalable; que s'il peut être dangereux de laisser s'établir des associations religieuses ou autres au mépris des lois existantes, il est non moins incontestable, en présence des monuments de jurisprudence les plus respectables, que le droit de dissoudre les agrégations formées sans autorisation rentre essentiellement dans les attributions du pouvoir exécutif, et reste soumis à son appréciation gouvernementale; — Qu'ainsi, c'est un fait en dehors de l'action des cours et tribunaux, et qui, en tant qu'il se réfère à l'établissement du Bon Pasteur de la ville d'Angers, dépourvu, ainsi qu'il est constaté, d'existence légale, laisse les magistrats sans attribution pour statuer à ce sujet;

Attendu, d'autre part, que si les infractions envers les lois peuvent, à juste titre, provoquer la presse à en réclamer la répression, à dénoncer certains abus, à solliciter d'utiles réformes; ce droit, quel qu'il soit, ne saurait, dans sa faculté même la plus étendue, s'exercer par des imputations d'une nature injurieuse et diffamatoire; — Qu'en effet, le droit d'accuser des faits ou des abus répréhensibles ne saurait légitimement procéder, qu'en se renfermant constamment dans les limites assignées par la loi, et avouées d'ailleurs par le véritable intérêt social, qui réclame, avant tout autre intérêt, le respect des personnes; —Qu'en toute matière de diffamation, chacun qui s'y livre ne le fait qu'à ses risques et périls, et ne saurait le faire que sous cette condition, dont l'effet salutaire peut seul garantir à chacun l'indispensable protection de la vie privée et des faits qui la composent;

En ce qui touche particulièrement l'espèce: — Attendu que les articles du Précurseur de l'Ouest, en date des 23 et 26 fév. 1842, dont se plaignent les intimées, ne contiennent pas seulement des censures plus ou moins fondées contre l'illégalité de l'existence du monastère du Bon Pasteur, mais qu'ils signalent à l'opinion des faits que le journaliste énumère, et déclare imputables aux nonnes du Bon Pasteur, faits qui sont déférés à la police correctionnelle, comme portant atteinde à l'honneur et à la considération des personnes qui en sont l'objet; — Attendu que les intimées, quoique faisant partie d'une congrégation non autorisée, n'en demeurent pas moins sous la sauve garde de la loi, et que le fait de leur association ne saurait, en ce qui concerne les tribunaux, et vis-à-vis d'eux, altérer la jouissance de droits qui sont purement personnels, et priver les plaignantes du bénéfice des lois communes, lorsqu'elles viennent l'invoquer à titre privé, et non comme existence collective, et ce, ainsi qu'il résulte des termes de l'action qu'elles ont introduite; d'où il suit que la fin de non-recevoir résultant de la non-autorisation de la communauté du Bon Pasteur, ne saurait leur être moralement ni légalement opposée; sauf aux magistrats saisis de la connaissance du fond du litige, à examiner et décider si les faits dénoncés et qualifiés en l'assignation du 28 février dernier constituent le délit de diffamation, et si les poursuivantes sont suffisamment désignées sous le nom de Nonnes et autres expressions qui se rencontrent dans les articles incriminés;

Attendu qu'aux termes de l'art. 13 de la loi du 19 mai 1819, il n'est pas nécessaire que l'imputation porte sur un fait faux, pour que la diffamation existe; qu'il suffit que le fait, vrai ou faux, soit de nature à porter atteinte à l'honneur ou à la considération; — Qu'en conséquence de ce principe, l'art. 20 de la loi du 26 mai 1819 porte en termes formels que nul ne sera admis à prouver la vérité des faits diffamatoires, si ce n'est dans le cas d'imputation contre les dépositaires ou agents de l'autorité publique; — Que vainement on prétendrait, ainsi qu'on l'a fait, que cette disposition si formelle ne saurait être applicable aux organes de la presse, qui ont la mission de recueillir et de publier tout ce que révèle la notoriété ou clameur générale; qu'en effet, un pareil privilége serait aussi dangereux qu'exorbitant, et qu'il ne leur est d'ailleurs concédé par aucun texte de loi; qu'ils demeurent, au contraire, justement soumis à l'application des mêmes dispositions et des mêmes peines que celle qui atteignent les simples particuliers; — Attendu que si des faits punissables suivant la loi ont été commis, il est facultatif à tous les citoyens qui se plaignent de leur impunité, d'user courageusement de la voie de dénonciation judiciaire ouverte à quiconque est poursuivi comme diffamateur; — Que l'exercice de cette faculté emporte sursis au jugement; — Mais attendu que l'appelant ne justifie pas avoir usé du droit que lui confère l'art. 25 de la loi du 26 mai 1819; que la dénonciation est à l'état de projet; qu'ainsi il n'y a lieu de statuer à cet égard, non plus que sur la prétention élevée pour obtenir communication de l'instruction édifiée par la partie publique; — Par ces motifs, et adoptant au surplus ceux des premiers juges, confirme le jugement dont est appel, et condamne l'appelant en tous les dépens.

Du 24 mars 1842.-C. d'Angers, ch. corr.-M. Giraud, pr.

avant son décès, cette action passait à ses *héritiers*. — Il en est de même sous la législation actuelle. — En conséquence, il a été décidé que l'action en réparation d'injures, déjà intentée par la personne injuriée, passe aux enfants, bien que, à l'époque où les injures ont été proférées, les père et mère injuriés ne fussent pas mariés et n'eussent point d'enfants (Montpellier, 22 déc. 1825 (1). — Conf. MM. Mangin, t. 1, p. 268, nº 127; Chassan, t. 2, p. 75, nº 5; de Grattier, t. 1, p. 345, nº 9; V. aussi Voët, *Ad. pandect.*, lib. 47, tit. 10, nº 22; Domat, liv. 3, tit. 11, nº 7; Nouveau Denisart, t. 1, p. 108; Jousse, t. 1, p. 589; Dareau, Traité des injures p. 317; Merlin, Rép., vº Injure, § 6, nº 2).

1127. Mais l'héritier de celui qui a été diffamé ou injurié peut-il intenter une action civile à raison de ce fait, lorsque son auteur ne l'a pas exercée de son vivant? Suivant M. Mangin (t. 1, p. 267), il faut distinguer : ou l'action est essentiellement personnelle au défunt; ou elle est de nature à se transmettre.—Dans le premier cas, les héritiers sont inadmissibles à l'intenter; dans le second, au contraire, ils ont ce droit; les héritiers, s'ils sont proches parents, doivent même, suivant M. Mangin, être considérés comme ayant à cette action un *intérêt personnel*. — M. Chassan, t. 2, p. 75, n'admet pas cette distinction. Il pense que, dans tous les cas, l'action en réparation de la diffamation ou de l'injure qui n'a point été exercée par le défunt s'éteint avec lui. Suivant cet auteur les héritiers ne peuvent agir en justice à raison de ce fait, qu'autant qu'il y a pour eux *dommage direct, particulier et réel, damnum absque injuriâ*. Nous partageons entièrement cette opinion, par le motif que la plainte exigée par la loi, pour mettre en mouvement l'action publique, fait voir que, dans sa pensée, l'action en réparation de la diffamation ou de l'injure doit être considérée comme exclusivement personnelle à celui qu'elle concerne. L'héritier continue sans doute, en général, la personne du défunt, mais non pour les droits que celui-ci peut être présumé avoir abdiqués. — Or, lorsque de son vivant la personne diffamée ou injuriée n'a pas porté plainte, on peut présumer qu'elle a voulu couvrir de son oubli ou de son pardon le fait qui lui ouvrait une action en réparation. Et c'est la crainte d'aller contre ses intentions, d'appeler une imprudente et dangereuse publicité sur des actes personnels au défunt, publicité qu'il avait sans doute voulu éviter à en juger par son silence, c'est cette crainte, disons-nous, qui doit faire écarter l'action des héritiers. —V. aussi vº Instruct. crim. nº 102.

1128. De ces développements il suit aussi que la diffamation contre la mémoire d'une personne morte ne peut donner lieu à une action pénale. Par qui cette action serait-elle exercée? Par le ministère public? mais il ne peut agir que sur la plainte de la personne diffamée. Par l'héritier? mais on suppose qu'il n'est pas lui-même offensé; et la fiction qui le fait considérer comme le continuateur de la personne du défunt, quant à la possession des biens laissés par celui-ci, ne saurait aller jusqu'à lui conférer une action pénale dont la loi restreint formellement l'exercice à l'individu réellement et personnellement attaqué. — D'ailleurs où est la loi qui prévoit la diffamation envers la mémoire des morts, et quelles peines prononce-t-elle? — Bien entendu que si la diffamation, quoique exclusivement dirigée contre la mémoire du défunt, occasionne un dommage à sa famille, l'action civile est ouverte à celle-ci (c. civ 1382). — Bien entendu encore que si l'offense, dirigée en apparence contre le défunt, l'a été réellement contre les parents ou l'héritier, il appartient à ces derniers de porter plainte en leur nom et de leur chef devant la juridiction criminelle (V. en ce sens MM. Chassan, t. 1, p. 350; de Grattier, t. 1, p. 196). — Conformément à cette doctrine, il a été jugé que « les faits diffamatoires, imputés à une personne décédée, donnent à ses représentants le droit d'en demander la réparation, lorsque ces faits sont de nature à porter atteinte à leur honneur et à leur considération et qu'ils ont été publiés dans cette intention » (Paris, 11 juill. 1836) (2).—V. aussi vº Instr. crim., nºs 103 et suiv.

1129. Quoi qu'il en soit, au surplus, de la protection accordée ou non à la mémoire des morts, cette protection ne peut jamais aller, lorsqu'il s'agit d'un homme qui a joué un rôle public, jusqu'à soustraire sa vie à l'examen de ses contemporains et à porter atteinte à l'indépendance de la critique historique.

1130. Il paraît évident, et c'est ce qui a été jugé, que les lois qui répriment la diffamation et l'injure sont applicables aux faits de cette nature qui sont commis en France par des étrangers contre des étrangers (Crim. cass. 22 juin 1826, aff. Wilson, V. Lois, nº 451.—Conf. MM. Chassan, t. 1, p. 404, nº 2; Mangin, t. 1, p. 105, nº 60). —Ce qui doit dissiper tous les doutes à cet

(1) *Espèce* : — (Demoiselle Audouy C. fille Bosc.) — En 1825, Marie Tisseyre forme une action en injures contre la fille Bosc. — 15 déc. 1823, jugement qui admet la preuve des faits articulés. — Le 31, décès de la plaignante; l'instance est reprise par Jean Audouy, tuteur de sa fille mineure. — La fille Bosc soutient que l'action de la plaignante n'a pas passé à son héritière. — 19 janv. 1824, jugement de Limoux qui accueille cette exception, attendu que Marie Tisseyre n'était pas mariée à l'époque où elle prétend avoir reçu des injures de la demoiselle Bosc; que, dès lors, ces injures ne constituent qu'une action personnelle à ladite Tisseyre, femme Audouy, que ni ses enfants ni son mari n'ont à venger.—Appel par le tuteur.—Arrêt.

La cour; — Attendu qu'il est de principe consacré par la loi 13, ff. *De injuriis*, et par la doctrine des auteurs, que l'action pour réparation d'injures, déjà intentée par la personne injuriée, passe à ses héritiers; — Attendu que, dans l'espèce, Marie Tisseyre avait déjà introduit son action sur laquelle un jugement interlocutoire avait été déjà rendu; que quoique Marie Tisseyre ne fût pas encore mariée lors des injures qu'elle prétendait lui avoir été proférées, néanmoins sa fille trouvait dans la loi, comme dans la nature, le droit de continuer les poursuites commencées par sa mère, dans la vue de venger son honneur et de réhabiliter sa mémoire; — Par ces motifs, met l'appellation et ce dont est appel au néant; et émendant, déclare que l'instance déjà introduite par Marie Tisseyre a été valablement et régulièrement portée devant le tribunal civil de Limoux.

Du 22 déc. 1825.-C. de Montpellier.-M. de Boussairolles, pr.

(2) *Espèce* : — (Fournier-Verneuil C. hérit. de Tourzel.) — Les héritiers de la duchesse de Tourzel portent plainte en diffamation contre le sieur Fournier-Verneuil, pour avoir inséré, dans le Censeur judiciaire, plusieurs articles dans lesquels la mémoire de la duchesse de Tourzel se trouve outragée. — Ce dernier oppose à cette action une fin de non-recevoir tirée du décès de ladite dame de Tourzel.

5 juin 1836, jugement du tribunal correctionnel de la Seine, qui rejette cette exception en ces termes : — « Attendu que toute personne qui se prétend lésée par un délit commis par la voie de la presse peut suivant les dispositions de l'art. 5 de la loi du 26 mai 1819, en rendre plainte; que les termes généraux dans lesquels cet article est conçu ne permettent pas de douter que les tribunaux ne soient investis du pouvoir d'apprécier et de décider si des faits injurieux et diffamatoires imputés à une personne décédée atteignent ses descendants, et constituent, d'après le caractère qui leur est propre, une diffamation et des injures dont ils puissent demander la réparation comme attaquant l'honneur et la considération de la famille à laquelle ils appartiennent et qu'ils ont intérêt de défendre ; — Attendu que le sieur Fournier-Verneuil, rédacteur gérant du journal le Censeur judiciaire et financier, a publié divers articles dont plusieurs passages contiennent, contre madame la duchesse de Tourzel, madame la duchesse de Charost, et madame la comtesse de Béarn, des imputations de faits de nature à porter atteinte à leur honneur et à leur considération, et des expressions outrageantes; que conséquemment leur publication constitue les délits de diffamation et d'injures publiques; — Attendu que les faits injurieux et diffamatoires imputés à madame la duchesse de Tourzel, décédée, portent atteinte à l'honneur et à la considération de sa famille; qu'ainsi ses descendants ont droit et qualité pour demander aux tribunaux la réparation du préjudice qu'ils en éprouvent; qu'il résulte même d'une lettre du sieur Fournier-Verneuil, produite au procès, et par lui adressée à l'un des plaignants, que ces faits injurieux et diffamatoires ont été publiés dans le but unique et avoué d'atteindre la famille entière de Tourzel; —Le tribunal déclare Fournier-Verneuil coupable de diffamation et d'injures publiques envers les plaignants, etc. » — Appel. — Arrêt.

La cour; — Considérant que l'action en diffamation appartient à tous ceux qui sont attaqués, soit directement soit indirectement, dans des écrits imprimés et publiés; — Que les faits diffamatoires imputés à la mémoire d'une personne décédée donnent à ses représentants le droit d'en demander la réparation, lorsque ces faits sont de nature à porter atteinte à leur honneur et à leur considération, et qu'ils ont été publiés dans cette intention; que les écrits formant l'objet de la plainte ont été dans le but de diffamer les membres actuels de la famille de madame la duchesse de Tourzel; qu'ils contiennent d'odieuses imputations contre la mémoire de ladite dame de Tourzel; que notamment ils leur attribuent une spoliation coupable, et présentent ses héritiers comme détenant illégalement une fortune acquise par des moyens honteux et criminels; — Adoptant, au surplus, les motifs des premiers juges, — Confirme.

Du 11 (ou 9) juill. 1836.-C. de Paris.-M. Jacquinot-Godard, rap.

égard, c'est qu'au sujet de l'art. 17 de la loi du 17 mai 1819, relatif aux agents diplomatiques, M. de Serre a dit d'une manière générale que « *tous les étrangers* doivent trouver en France protection et sûreté à l'ombre des lois. »

Sect. 3. — *Quelles personnes peuvent être poursuivies comme auteurs ou complices des délits commis par les divers moyens de publication.—Auteurs, gérants, imprimeurs, rédacteurs, etc.*

1131. En général, l'auteur principal d'un crime ou d'un délit est celui qui accomplit matériellement le fait réprouvé par la loi. — Les complices sont ceux qui ont provoqué à cette action, qui ont donné des instructions pour la commettre, ceux qui ont, avec connaissance, aidé l'auteur de l'action dans les faits qui l'ont préparée, facilitée ou consommée. — Cette définition, qui est la reproduction succincte de l'art. 60 c. pén., est du reste conçue dans le même esprit que la disposition de la loi romaine sur le même sujet, bien qu'elle ne soit pas dans les mêmes termes. —*Aut facta puniuntur, ut furta cædesque : aut dicta, ut convicia et infidæ advocationes ; aut scripta, ut falsa, et famosi libelli : aut consilia ut conjurationes et latronum conscientia : quosque alios suadendo juvisse sceleris est instar* (L. 16, ff. *De pœnis*).— Dans la matière dont nous traitons, c'est la publication que la loi punit : c'est donc le publicateur qui est l'auteur principal. — Ceux qui ont préparé le délit, qui ont donné les moyens de le commettre, sont ses complices. — Et ici encore se retrouve une assez grande analogie entre les principes de notre législation et les lois romaines.—*Fecisse convicium*, dit la loi 15, § 8, ff., *De injur. et fam. lib., non tantum is videtur qui* vociferatus *est : verum is quoque qui comitavit ad* vociferationem *alios, vel qui summisit ut* vociferentur.

1132. Du principe que nous venons d'énoncer il suit que, dans les crimes et les délits commis par les voies de publication, *les auteurs principaux* sont : 1° ceux qui profèrent des discours, des cris ou des menaces renfermant ces crimes ou délits ;—2° Ceux qui vendent ou distribuent, mettent en vente ou exposent dans des lieux ou réunions publics des écrits, des imprimés, des dessins, des gravures, des peintures ou emblèmes contraires aux lois sur les moyens de publication. — Les *complices* sont tous ceux qui ont concouru sciemment au fait incriminé en le préparant ou le facilitant. — On peut penser, au premier aperçu, que cette distinction entre les auteurs principaux et les complices a peu d'utilité dans la pratique, d'abord parce que les complices sont punis de la même peine que les auteurs principaux (c. pén. 59) et que, dès lors, il paraît sans intérêt que ce soit pour l'une ou l'autre qualification que la peine soit encourue ;—En second lieu, parce que, suivant une jurisprudence constante (V. v° Complice, n°s 54 et suiv.), on peut être puni comme complice, bien qu'il n'y ait pas de condamnation prononcée contre l'auteur principal du fait pour lequel la complicité existe. Il a, d'ailleurs, été jugé qu'il en est ainsi en matière de presse, comme en toute autre matière (Crim. rej. 30 août 1839, aff. Martinet, V. Complice, n° 55.—Conf. MM. Merlin, v° Suppression de titres; Chauveau et Hélie, t. 2, p. 120). Et spécialement il a été décidé : 1° que le rédacteur en chef d'un journal peut être déclaré coupable comme auteur d'un article diffamatoire, et condamné comme tel, bien que le gérant ait été acquitté du même fait (Crim. rej. 8 sept. 1837) (1); —2° Que l'auteur d'un article diffamatoire publié dans un journal peut être condamné comme coupable de diffamation et passible de dommages-intérêts envers le plaignant, bien que, par suite du *désistement* de ce dernier, envers le propriétaire du journal, ce propriétaire, auteur principal du délit, ait été mis hors de cause (Paris, 26 août 1828) (2); —3° Qu'un imprimeur peut être condamné comme *complice* de l'auteur dont l'écrit est reconnu criminel, s'il l'a imprimé sciemment, et cela, encore que l'auteur, qui est connu, ne soit pas poursuivi (Crim. rej. 15 oct. 1825) (3); — 4° Que le distributeur d'écrits injurieux et diffamatoires peut être condamné avant le jugement des auteurs

---

(1) *Espèce :* — (Laurent *C.* min. pub.) — Le gérant de la gazette du Haut et Bas-Limousin, et M. Laurent, rédacteur en chef de ce journal, furent traduits devant la cour d'assises de la Haute-Vienne, pour diffamation contenue dans un numéro de ce journal, envers le sieur Chaveyron, député et président du tribunal de Bellac. — Le 10 mai 1837, le gérant du journal fut acquitté sur la réponse négative du jury ; mais le sieur Laurent fut condamné à quatre mois de prison, 2,000 fr. d'amende et 4,000 de dommages-intérêts envers le sieur Chaveyron, qui les avait réclamés. — Pourvoi par le sieur Laurent. — ...4° Violation de l'art. 59 et 60 c. pén., en ce que la cour d'assises, après avoir acquitté l'accusé principal, le gérant du journal, le seul qui pût être coupable d'une manière légale, a néanmoins condamné une autre personne, pour le fait ainsi acquitté. — Tous les criminalistes, et la cour de cassation elle-même, décident que, lorsqu'il n'y a ni accusé principal déclaré coupable ni déclaration explicite ou implicite d'un fait principal criminel, il ne peut y avoir de déclaration légale de complicité (V. arrêts des 14 janv. et 29 sept. 1825). Or, dans la cause, le gérant du journal ayant été déclaré coupable de diffamation et d'outrages envers M. Chaveyron, en faisant imprimer dans son journal du 26 sept. 1836, un article commençant par ces mots : *On nous écrit*, et finissant par ceux-ci : *pour lui et les siens*, le rédacteur en chef de ce journal ne pouvait être condamné pour ce même fait comme coupable de diffamation et d'outrages.— Arrêt.

La cour ; — Attendu... sur le quatrième moyen, que la réponse négative sur la culpabilité de l'éditeur responsable, n'a détruit ni l'existence du fait incriminé, ni la culpabilité de ce fait ; que l'existence et la culpabilité de ce même fait résultent au contraire textuellement de la réponse relative au réclamant ; que, dès lors, la déclaration de non-culpabilité du gérant responsable n'entraînait nullement la nécessité d'une déclaration semblable à l'égard du réclamant ; — Rejette.

Du 8 sept. 1837.-C. C., ch. crim.-MM. de Bastard, pr.-Fréteau, rap.

(2) (Grandjean et veuve Volland *C.* Buret de Longchamps.) — La cour ; — Considérant que l'article incriminé du n° 852 du Journal de l'Aube, publié le 5 fév. 1828, contient une grave diffamation contre la veuve Volland et Grandjean, son beau-père ;—Que si l'éditeur du Journal de l'Aube, auteur matériel de la diffamation, par la publication qu'il lui a donnée, ne peut être maintenant poursuivi par suite du désistement des parties de Barthe (Grandjean et la veuve Volland), ce n'est pas un motif pour que Buret de Longchamps, auteur de l'article et complice de cette publication, ne doive pas être poursuivi à raison de la solidarité réservée contre lui par l'art. 2 L. 9 juin 1819 ; — Que les parties de Barthe, en donnant ce désistement, ont fait toutes réserves de poursuivre Buret de Longchamps ; — Considérant, d'autre part, que le ministère public n'est point appelant, et qu'ainsi il n'y a pas lieu à application de peine ; — En ce qui touche l'appel en garantie de Buret de Longchamps contre Belliard, rédacteur du Journal de l'Aube ; — Attendu qu'il n'en est pas justifié, faisant droit sur les conclusions des parties de Barthe, met l'appellation et ce dont est appel au néant ; — Emendant, décharge les appelants des condamnations contre eux prononcées ; — Au principal, déclare Buret de Longchamps coupable de diffamation publique envers les parties de Barthe ; — Et, faisant application des art. 2 L. 9 juin 1819 et 13 et 18 L. 17 mai précédent ; — Condamne Buret de Longchamps à 3,000 fr. de dommages-intérêts envers les parties de Barthe ; — Autorise lesdites parties à faire imprimer et afficher le présent arrêt au nombre de dix exemplaires, et à le faire insérer dans les journaux de l'Aube et de la Haute-Marne ; le tout aux frais de Buret de Longchamps, etc.

Du 26 août 1828.-C. de Paris, aud. solen.-M. Séguier, 1er pr.

(3) *Espèce :* — (Catineau *C.* min. pub.) — Le pourvoi était fondé... 3° Sur ce que les poursuites auraient dû être dirigées contre l'auteur de l'article (le sieur de l'Apparent fils), qui avait offert d'en prendre sur lui la responsabilité, et que le sieur Catineau, comme imprimeur, ne pouvait être privé du bénéfice que la loi lui accorde ;...— 5° Sur ce que cet écrit ne portait pas les caractères d'outrage à la morale publique, ni d'attaque à l'inviolabilité de la personne du roi ; et, se fondant sur un arrêt de la cour de cassation, du 27 août 1825 (V. n° 929), en matière d'injure, il s'attachait à démontrer que cette cour peut elle-même apprécier les caractères qui constituent les deux espèces de délits ci-dessus énoncés. — Arrêt.

La cour ; — Attendu, sur le 3e moyen, qu'il suit de l'art. 24 de la loi du 17 mai 1819, qu'un imprimeur peut être condamné comme complice de l'auteur dont l'écrit est reconnu criminel, s'il l'a imprimé, et s'il l'a imprimé sciemment, et que, dans l'espèce, l'arrêt attaqué a reconnu l'existence de ces deux circonstances ;...—Attendu, sur le 5e moyen, que les explications en fait données devant la cour, et qui tendent à l'interprétation favorable de l'écrit incriminé, ne pouvaient être présentées utilement par le demandeur que devant les premiers juges et ceux d'appel ; qu'elles sont inconcluantes devant la cour de cassation qui, en matière criminelle ordinaire, n'est point appréciatrice des faits, et ne l'est pas davantage du sens et de l'interprétation des écrits dénoncés, lorsqu'il s'agit de délits de la presse ; que la cour de cassation ne peut rechercher si la loi a été violée dans la qualification des crimes ou délits que dans le cas où la loi détermine les éléments constitutifs et nécessaires de ces crimes ou délits ; que, dans tous les autres cas, la qualification en est abandonnée à la prudence et aux lumières des ma-

ou signataires de ces écrits; spécialement que l'avoué qui a distribué aux juges, pour son client, un mémoire que celui-ci a seul signé, peut être actionné avant même que le signataire du mémoire ait été attaqué (Req. 25 mai 1807) (1).

1133. Quoi qu'il en soit, il importe de distinguer les caractères de la *complicité*, afin de bien déterminer quels sont ceux qui, sans avoir personnellement commis un délit par voie de publication, peuvent cependant être poursuivis pour y avoir participé. Nous nous attacherons à faire ressortir ces caractères en examinant les applications diverses du principe qui forme la base de cet article, à savoir, que dans les crimes et délits commis par les voies de publications, le *publicateur* est l'auteur principal.—Les difficultés que nous avons à résoudre à cet égard concernent les écrits périodiques, les imprimeurs, les vendeurs, distributeurs, crieurs et afficheurs. — Parcourons successivement ces divers sujets d'observation.

1134. *Ecrits périodiques.*—Nous venons d'indiquer (n° 1132) que le gérant d'un journal doit être considéré comme l'*auteur principal* des crimes ou délits qui se commettent par la voie de la feuille dont il a la direction. — C'est, en effet, ce qui résulte de l'art. 8 de la loi du 18 juill. 1828 aux termes duquel : 1° chaque numéro de l'écrit périodique doit être *signé* par le propriétaire s'il est unique ; par l'un des *gérants responsables*, si l'écrit périodique est publié par une société en nom collectif ou en commandite;—2° Les signataires de chaque feuille ou livraison sont *responsables* de son contenu et passibles de toutes les peines portées par la loi, à raison de la publication des articles ou passages incriminés, sans préjudice de la poursuite contre l'auteur ou les auteurs desdits articles ou passages, *comme complices*. — Ainsi, point de doute à cet égard, les gérants signataires d'un journal sont les *auteurs principaux* des délits qu'il peut renfermer, les auteurs ou rédacteurs de ces articles en sont les *complices*. — Ce n'est donc pas comme *auteur présumé* des articles d'un journal que le gérant en répond, c'est comme publicateur, et, par suite, peu importe la source à laquelle il les a puisés.

1135. Aussi a-t-il été jugé que l'éditeur ou le gérant d'un journal qui répète un article publié dans un autre journal, se rend lui-même publicateur de cet article; qu'il devient, dès lors, responsable de son contenu, et passible, comme auteur principal, de toutes les peines portées par la loi (Crim. cass. 21 oct. 1831; aff. Gazette de Bretagne, V. n° 567).

1136. On a n'a pas perdu de vue (V. n° 249) que c'est sur le gérant ou propriétaire signataire que pèse la *responsabilité* principale (L. 18 juill. 1828, art. 8). — Mais si le journal n'est pas *signé*, qui doit être déclaré responsable? M. de Grattier enseigne (t. 2, p. 175) que la responsabilité incombe alors à tous les gérants ou propriétaires, parce que, aux termes de l'art. 8 de la loi du 18 juill. 1828, tous les gérants responsables sont chargés de surveiller la rédaction du journal, et qu'elle ne devient spéciale à l'un des propriétaires ou gérants responsables que lorsque la signature du journal lui a été particulièrement confiée.—Cette solution nous paraît juste. Il ne faut pas que les garanties exigées des journaux deviennent illusoires, et c'est ce qui ne saurait manquer d'arriver si l'on admettait que le défaut de signature d'un écrit périodique suffit pour affranchir ses propriétaires ou gérants de toute responsabilité. — Toutefois il a été jugé que le rédacteur gérant d'un journal qui s'est fait momentanément remplacer, à cause d'absence, par un tiers qui a signé le journal, ne peut être déclaré passible de peines à raison des articles insérés pendant son absence; que la peine doit peser sur le signataire qui, dans ce cas, au reste, ne peut être poursuivi que selon les règles du droit commun..., sauf, toutefois, l'action civile des tiers contre le gérant responsable, à raison de sa responsabilité (Douai, 24 mai 1831) (2).—Cette décision, on le voit, met la responsabilité pé-

---

gistrats composant les tribunaux qui en connaissent; — Que, dans l'espèce, aucune loi ne définit l'outrage à la morale publique, ni l'art. 2 de la loi du 25 mars 1822 ne spécifie les caractères de l'attaque à l'inviolabilité de la personne du roi; — Que, d'ailleurs, si, dans toute matière de police correctionnelle, les juges remplissent à la fois les fonctions de juges et de jurés, en matière de délits de la presse, ils remplissent plus spécialement encore les fonctions de jurés auxquels ils ont été substitués par la loi du 25 mars 1822; — Qu'il leur appartient, dès lors, de prononcer d'une manière irréfragable sur le sens des écrits dénoncés et l'intention de leur auteur; — D'où il suit que l'arrêt attaqué n'a violé ni les règles établies pour la composition des tribunaux, ni l'art. 24 de la loi du 17 mai 1819, ni l'art. 11 de la charte constitutionnelle, ni l'art. 2 de la loi du 25 mars 1822; — Par ces motifs, rejette, etc.

Du 15 oct. 1825.-C. C., sect. crim.-MM. Portalis, pr.-de Bernard, rap.

(1) *Espèce :* — Poulain *C.* Poulletier.) — M. Poulletier, président du tribunal de Compiègne, avait été arbitre dans une contestation entre la dame Meurine et d'autres individus; et il paraît qu'il s'était constamment montré favorable à ces derniers.—La dame Meurine le récusa dans une affaire dont le tribunal de Compiègne était saisi. — Elle répandit un mémoire contenant des allégations injurieuses à M. Poulletier. Elle le signa seule; l'avoué Poulain ne voulut point y apposer son nom; mais il paraît qu'il le distribua avec profusion, même plusieurs jours après le déport déclaré du juge récusé. M. Poulletier rendit plainte contre le sieur Poulain devant le directeur du jury. — Il fut procédé à une information, et, par ordonnance du 22 vent. an 12, les parties furent renvoyées à fins civiles. — Le sieur Poulain soutenait qu'il n'avait pris aucune part à la rédaction du mémoire de la dame Meurine; que même il l'avait improuvé, puisqu'il avait refusé d'y apposer sa signature; que cet écrit n'était signé que de la dame Meurine qui, comme signataire, devait en être réputée auteur, et exposée seule à toutes les suites qui pourraient en résulter; que s'il avait distribué les mémoires de sa cliente, c'était un usage reçu parmi les avoués de faire circuler les mémoires des parties, lors même qu'ils ne les approuveraient pas; qu'ainsi les réclamations de M. Poulletier ne devaient pas l'atteindre. — 20 mars 1806, arrêt par lequel la cour déclare injurieux et diffamatoire l'écrit imprimé contre M. Poulletier, et condamne Poulain. — Pourvoi pour violation de l'art. 10 de la loi du 28 germ. an 4. — Arrêt.

La cour; — Attendu que, dès qu'il est constant au procès que la distribution du mémoire contenant les inculpations les plus graves contre le président du tribunal, ce qui n'est point dénié, a été faite à l'audience du 5 pluviôse plusieurs jours après le déport effectué du juge récusé, il est bien évident, ainsi que l'a décidé la cour d'appel, que le fait particulier de cette distribution n'a eu et n'a pu avoir de la part de l'avoué distributeur d'autre motif que celui de nuire, injurier et diffamer; que de là il en est résulté, comme s'en est plaint le juge président, un délit particulier et personnel audit avoué; délit absolument distinct et indépendant de cet autre délit relatif à la composition, rédaction dudit mémoire, commun à la partie et audit avoué; qu'ainsi la cour d'appel a donc pu ne considérer que ce délit particulier et condamner, comme il est dit dans le dispositif de l'arrêt, l'avoué Poulain pour le fait de cette distribution, à des dommages-intérêts, à l'impression et à l'affiche, et qu'en cela elle n'a contrevenu à aucune loi; — Rejette, etc.

Du 25 mai 1807.-C. C., sect. req.-MM Henrion, pr.-Sieyes, rap.

(2) (Min. pub. *C.* Degeorge.) — La cour; — Vu le réquisitoire du procureur général du roi, dont la teneur suit : — « Attendu que les deux articles incriminés du journal le Propagateur contiennent des outrages faits publiquement, à raison de ses fonctions ou de sa qualité, à un fonctionnaire public, délit prévu par les art. 6 de la loi du 25 mars 1822, et 14 de la loi du 18 juill. 1828; — Attendu que le sieur Frédéric Degeorge, quoique gérant responsable du journal, ayant cessé momentanément d'en remplir les fonctions, ne peut être mis en prévention pour les délits que renferment les deux numéros de ce journal, déjà indiqués, puisqu'étant absent, il ne les a pas signés; qu'il n'a coopéré ni à la rédaction ni à l'insertion des articles incriminés, et qu'aux termes de l'art. 8 de la loi du 18 juill. 1828, c'est le signataire de chaque feuille ou livraison qui est responsable de son contenu, et passible de toutes les peines portées par la loi, à raison de la publication des articles incriminés, sans préjudice aux poursuites qui peuvent être dirigées contre l'auteur comme complice; — Attendu que, bien que ledit Frédéric Degeorge ait déclaré, dans son interrogatoire, accepter la responsabilité des articles dénoncés par le président Fourdinier, il ne peut, par l'effet de son consentement, assumer sur lui une responsabilité qui pèse sur un autre, ni se soumettre à des peines qu'il n'a pas encourues; qu'ainsi, à son égard, il n'y a pas prévention suffisante, sauf au sieur Fourdinier à exercer contre ledit sieur Frédéric Degeorge telle action qu'il appartiendra, à raison de sa qualité de gérant responsable; — Attendu, quant au sieur Jean Degeorge, qu'il avait reçu du sieur Frédéric Degeorge la mission de le remplacer en son absence, de faire insérer dans le Propagateur, et distribuer ultérieurement tels articles qu'il jugerait à propos; qu'il avoue avoir pris inspection, avant leur distribution, des articles incriminés, et qu'il convient également de les avoir fait distribuer;

» Attendu que, si le sieur Jean Degeorge ne peut être assimilé au gérant responsable, parce qu'il ne réunit pas les conditions prescrites par les art. 4 et 5 de la loi du 18 juill. 1828, il se trouve au moins dans la position de tout individu qui a fait imprimer et distribuer des écrits de nature à porter atteinte à l'honneur et à la considération d'autrui, et droit répondre des conséquences du fait qui lui est propre; qu'ainsi il y

nale à la charge de l'auteur réel de la publication, et fait peser la responsabilité civile sur le gérant titulaire.—Nous croyons que ce n'est point assez. Au reste, il ne s'agit point ici de contravention, et il est impossible de se soustraire à l'influence des circonstances qui déterminent le degré de culpabilité. Quelque absolus que soient les principes, comme en matière criminelle ils ne peuvent recevoir leur application qu'à la condition que les juges reconnaîtront l'intention que la loi punit, les décisions peuvent être fort différentes à cet égard sans se contredire en aucune façon.

1137. Les journaux non sujets à *cautionnement* ne peuvent être légalement représentés par des gérants, parce que ces gérants n'étant soumis à aucune condition de solvabilité, il n'y aurait pas de responsabilité réelle. — Par suite, il a été jugé que la responsabilité d'articles déclarés diffamatoires insérés dans des journaux non politiques, et par conséquent non sujets à cautionnement, atteint le propriétaire du journal et non l'individu qui signe la feuille en qualité de gérant ou d'éditeur-gérant (Crim. rej. 29 juin 1844) (1).

1138. Néanmoins il a été décidé que lorsqu'il ne paraît pas que tous les propriétaires d'un journal ou écrit périodique exempté du cautionnement, aient participé à la rédaction d'un article répréhensible, il n'y a lieu de diriger des poursuites, et, par suite, de prononcer des peines que contre celui ou ceux qui s'en reconnaissent auteurs (Trib. de Niort, 11 déc. 1829) (2).— Bien que cette solution paraisse conforme à l'équité, elle ne nous semble pas devoir être suivie, et cela par deux raisons : — La première, c'est qu'à l'égard des écrits périodiques, la loi ne reconnaissant d'autre responsabilité que celle des propriétaires, ils doivent être responsables de la même manière que les gérants sans distinction entre les écrits dont ils sont ou ne sont pas les auteurs. — La seconde raison, c'est que la propriété collective du journal peut seule offrir quelque garantie, soit pour le payement des amendes encourues, soit pour les réparations pécuniaires. Diviser cette responsabilité, ce serait la faire complétement évanouir dans un très-grand nombre de cas, parce qu'il pourrait arriver fréquemment que celui des propriétaires qui se reconnaîtrait l'auteur de l'article incriminé serait à peu près insolvable. — Que la distinction admise par la décision que nous rapportons ait lieu pour l'application des peines corporelles, rien de plus juste, mais sa portée ne doit pas s'étendre au delà de cette limite.

1139. Les *auteurs* ou *rédacteurs* des écrits publiés dans les journaux sont réputés *complices* du fait de publication et doivent être punis comme tels. — Le dernier paragraphe de l'art. 8 de la loi du 18 juill. 1828 dit en effet : — « Les signataires de chaque feuille ou livraison seront responsables de son contenu et passibles de toutes les peines portées par la loi..., *sans préjudice de la poursuite contre l'auteur ou les auteurs desdits articles ou passages comme complices.* — Toutefois le texte de l'art. 8 précité de la loi de 1828 semble faire de la poursuite une faculté pour le ministère public et non un devoir, puisque, suivant cette disposition, les poursuites judiciaires *pourront* être dirigées tant contre les signataires des feuilles ou livraisons que contre les auteurs des passages incriminés, si ces auteurs peuvent être connus ou mis en cause. — Mais le mot *pourront*, qui n'existait pas dans la rédaction primitive et qui a été substitué par la chambre des députés au mot *seront*, signifie seulement que la loi n'a pas entendu faire de la poursuite une obligation absolue pour le ministère public, en ce sens que, quelle que fût son opinion sur le degré de culpabilité de l'auteur sur sa participation au fait de publication, il dût diriger des poursuites contre lui. En cette matière comme en toute autre, il ne doit poursuivre que suivant les inspirations de sa conscience. — V. en ce sens MM. Chassan, t. 1, p. 141 ; de Grattier, t. 2, p. 175.

1140. M. de Grattier (*ubi suprà*) se demande si lorsque le délit est une fois reconnu, il s'ensuit que la peine doive être judaïquement appliquée, et que la moralité du fait ne puisse pas être appréciée, et il invoque la discussion de la chambre des députés et le rapport de M. le comte Siméon à la chambre des pairs, pour prouver que les juges ont la faculté de graduer les peines ou même d'acquitter suivant les circonstances. — Nous croyons que c'est là un point de toute évidence, et qui, par conséquent, peut se passer de démonstration. — Dès qu'il s'agit de *délit*,

---

a prévention suffisante à son égard ; — Attendu que les délits ci-dessus qualifiés sont de la compétence de la cour d'assises, aux termes des art. 13 de la loi du 26 mai 1819, et 1 de la loi du 8 oct. 1830 ; — Nous requérons que la cour déclare qu'il n'y a pas lieu à suivre contre le sieur Frédéric Degeorge, et qu'il y a lieu à prévention contre le sieur Jean Degeorge... » — Adoptant les motifs énoncés au réquisitoire, déclare qu'il n'y a lieu à suivre contre Frédéric Degeorge, rédacteur gérant du journal le Propagateur, et renvoie J. Degeorge devant la cour d'assises du Pas-de-Calais, qui tiendra ses séances à Saint-Omer, pour être jugé suivant la loi.

Du 24 mai 1831.-C. de Douai.-Ch. crim. réun.

(1) *Espèce :* — (Martin *C.* Dollivier.) — Un article que le sieur Dollivier considéra comme diffamatoire à son égard, avait été inséré dans le journal l'Office de publicité. Le sieur Dollivier cita en police correctionnelle le sieur Martin, propriétaire de ce journal, comme responsable de l'article qui lui portait préjudice. Celui-ci déclina cette responsabilité prétendant en faire porter le poids sur la personne du gérant ou de l'éditeur gérant du journal. Mais le sieur Dollivier repoussa cette exception en soutenant que la qualité de gérant n'entraînait une responsabilité personnelle que pour les journaux où cette qualité donnait lieu à un cautionnement, et que l'Office de publicité étant un journal non politique, le gérant de cette feuille n'était que le simple préposé du propriétaire qui gardait, dès lors, toute la responsabilité. — Jugement du tribunal de police correctionnelle qui adopte le système. — Sur l'appel, arrêt confirmatif de la cour royale de Paris, du 26 avril 1844, ainsi motivé : — « Considérant que les journaux dispensés de la formalité du cautionnement n'ont pas de gérant responsable ; que dès lors la responsabilité des articles qui y sont publiés doit nécessairement peser sur le propriétaire ; — Que ce dernier ne peut se soustraire à cette responsabilité en faisant signer sa feuille par une personne qui pourrait ne pas présenter de garanties sérieuses ; — Considérant que c'est dans ce but que l'art. 6 de la loi du 18 juill. 1828 a exigé qu'aucun journal ne pût être publié sans que, au préalable, ait été faite la déclaration au nom de tous les propriétaires ; — Considérant, en fait, que le journal l'Office de publicité n'est pas soumis à la garantie du cautionnement ; — Que Martin a reconnu qu'il en était seul propriétaire à l'époque où les articles incriminés ont été publiés ; — Adoptant au surplus les motifs des premiers juges ; — Confirme. » — Pourvoi du sieur Martin. — Arrêt.

LA COUR ; — Sur le moyen tiré d'une prétendue fausse application et d'une prétendue violation de l'art. 8 de la loi du 18 juill. 1828, et des art. 59 et 60 c. pén., ainsi que d'une fausse application de la peine ; — Attendu qu'il résultait des aveux du prévenu, ainsi que du jugement du tribunal correctionnel de la Seine, et qu'il résulte, de l'arrêt attaqué, qu'à l'époque de la publication des articles incriminés, Martin était seul propriétaire du journal l'Office de publicité, dans lequel ont été insérés lesdits articles ; — Attendu que ce journal est exempté du cautionnement ; — Attendu, dès lors, qu'aux termes de l'art. 8 de la loi du 18 juillet 1828, chaque numéro dudit journal devait être signé par ledit Martin, qui, dès lors, et par suite des dispositions des art. 1, 6, 8 et 15 de la même loi, était responsable des faits dudit journal ; — Qu'il n'a donc pu dépendre de Martin de rejeter cette responsabilité sur un tiers, en lui faisant signer ledit journal, au lieu de le signer lui-même, en lui faisant prendre la qualité de gérant ou d'éditeur gérant, en se substituant ainsi à son choix un individu qui pourrait n'offrir aucune des garanties exigées des gérants responsables pour les journaux soumis à un cautionnement ; — Que, par suite, l'arrêt attaqué, loin de violer les règles de la matière, en a fait une saine application, en fesant peser sur ledit Martin la responsabilité des articles incriminés, et dont l'un a été déclaré diffamatoire ; — Par ces motifs ; — Rejette.

Du 29 juin 1844.-C. C., ch. crim.-MM. Laplagne, pr.-Romiguières, r.

(2) (Min. pub. *C.* Lasalle et Proust.) — LE TRIBUNAL ; — Attendu que la législation ne contient pas de règle spéciale sur la responsabilité des journaux qui, comme La Sentinelle, ne paraissent qu'une fois par mois, et qu'il y a lieu de suivre le principe général, en vertu duquel sont responsables, outre les auteurs, tous ceux qui ont participé sciemment à la publication des passages coupables ; que les prévenus se sont déclarés tous également propriétaires dudit journal, mais que nul n'en a pris plus particulièrement la direction ou la rédaction, et qu'en fait il ne paraît pas qu'aucun d'eux ait participé à la publication du numéro 11, qui fait l'objet de la plainte, autrement que par l'insertion des articles qu'il avait composés ; que les sieurs Clercq Lasalle et François-Noël Proust se reconnaissent auteurs, le premier de l'article ayant pour titre *Des listes électorales*, et le second des deux autres retenus par le présent jugement ; vu les art. 6 de la loi du 17 mai 1819, et 26 de celle du 26 mai 1819, 4 et 6 de la loi du 25 mars 1822, 14 de la loi du 18 juillet 1828 et 463 c. pén. ; déclare Clercq Lasalle et François-Noël Proust coupables, etc.

Du 11 déc. 1829.-Trib. corr. de Niort.-M. Avrain, pr.

l'intention domine complétement le fait, et c'est uniquement d'après la pensée de l'inculpé qu'il doit être jugé. — Ainsi, lorsque l'auteur parvient à prouver qu'il ne destinait pas son œuvre à la publicité, et que c'est à son insu ou malgré lui qu'elle a été publiée, nul doute qu'il ne doive être acquitté. — « Si le manuscrit d'un auteur, dit M. Carnot (Comment. sur le code pénal, t. 1, p. 282, n° 3), lui avait été enlevé, et que l'on eût abusé de cet enlèvement pour le faire imprimer et le rendre public par toute autre voie, la peine de la loi devrait retomber uniquement sur celui qui aurait donné cette publicité à l'ouvrage. » — Mais la présomption naturelle est qu'il a eu la publicité en vue, et si aucune circonstance contraire ne vient détruire cette présomption, il pourra, devra même être condamné (V. M. Chassan, t. 1, p. 141).— Du reste, il a été jugé que le seul fait d'être l'auteur d'un écrit poursuivi comme contraire aux lois sur la presse périodique, suffit pour caractériser légalement le délit de complicité de publication de cet écrit, sans qu'il soit besoin de constater l'intention coupable de l'auteur (Crim. rej. 29 mars 1844) (1).

1141. Il a même été jugé que l'auteur d'un article diffamatoire, condamné comme tel à des dommages-intérêts, ne peut exercer un recours contre l'éditeur du journal qui l'a publié, pour la répétition de ces dommages, sous prétexte que l'article qui a donné lieu à la condamnation n'avait été communiqué au journal qu'à titre de correspondance bénévole, et que c'est la publication qui seule a déterminé les poursuites dont l'écrit diffamatoire a été l'objet (Paris, 10 mai 1830) (2). — Cette solution ne peut, d'ailleurs, qu'être approuvée. De cela seul que l'auteur d'un article de journal est condamné, il suit que le jugement de condamnation l'a explicitement ou implicitement déclaré complice de la publication, et, dès lors, il ne peut, à aucun titre, demander devant les tribunaux civils à être relevé des conséquences d'un fait auquel il a participé. — A plus forte raison, le gérant d'un journal condamné ne pourrait exercer aucun recours contre l'auteur de l'article qu'il aurait publié, puisque, en sa qualité de publicateur, il aurait à s'imputer le fait principal qui a donné lieu à sa condamnation. — V. sur ce dernier point et en ce sens M. de Grattier, t. 2, p. 176.

1142. Une question assez grave s'est élevée au sujet du procès intenté par M. Jules Janin au Corsaire-Satan; c'est celle de savoir si, lorsque l'auteur d'un article incriminé s'est fait connaître, le *rédacteur en chef* peut être néanmoins poursuivi avec cet auteur et le gérant, comme coupable de complicité. — Cette question a été discutée par M. Emile de Girardin dans le n° 3998 de la Presse, onzième année, avec la lucidité qui lui est propre.— Nous allons reproduire les principaux passages de cette discussion qui nous paraissent la résumer. — Il ne sera pas sans intérêt pour le lecteur d'avoir sur ce point l'opinion d'un écrivain qui a, en quelque sorte, identifié son existence avec celle de la presse périodique, et qui a l'entente, pour ainsi dire, innée de l'esprit de la législation qui la régit ou qui doit la régir. — « La loi, dit M. de Girardin, ne connaît point le personnage que nous appelons le rédacteur en chef d'un journal; et il ne peut être évidemment ni poursuivi ni puni en cette qualité. Mais on nierait aussi tous les principes, en disant que la poursuite du gérant et de l'auteur épuise tous les droits de l'action publique ou de l'action privée; et qu'à aucun titre le rédacteur en chef ne peut être appelé, comme eux et avec eux, devant les tribunaux. Toute l'économie de la loi est dans cette distinction fondamentale... — Cependant il est des cas où le rédacteur en chef peut être poursuivi et condamné, comme le gérant et comme l'auteur de l'article incriminé. Les lois de la presse n'ont pas limité la complicité, en cette matière, à l'imprimeur et au rédacteur de l'article. C'est là une complicité particulière, régie par des principes spéciaux. Mais l'art. 7 de la loi du 17 mai 1819 réserve expressément l'application des lois qui répriment la complicité de droit commun, c'est-à-dire l'application du code pénal. Personne n'a jamais réclamé contre ces principes, qui sont dans la nature des choses; car la raison indique que les délits de la presse, comme tous les autres délits, peuvent être l'œuvre collective de plusieurs agents qui se sont distribués les rôles. Celui-là est le provocateur du délit; il a subjugué par son influence, séduit par ses promesses ou par son or; tel autre a fourni les renseignements pour la diffamation; un troisième a tenu la plume et rédigé le libelle; l'imprimeur s'est associé volontairement à l'œuvre de la calomnie : tous ont concouru au même délit, chacun par des actes différents; et la loi devait se réserver le droit de les punir tous, selon le degré de leur culpabilité. Les tribunaux ont été nombre de fois appelés à réprimer des faits de cette nature; et nous avons sous les yeux un arrêt récent de la cour de Paris, qui condamne un individu pour avoir fourni les documents avec lesquels avait été composé un article diffamatoire. — Cette pénalité atteint évidemment le rédacteur en chef, comme tout le monde; et l'on peut même dire que la nature de ses fonctions disposera toujours le juge à l'aggraver à son égard, plutôt qu'à l'atténuer... — La réponse à la question posée par le Corsaire-Satan est dans cette distinction fondamentale. Le rédacteur en chef peut être appelé, comme le gérant et comme l'auteur, devant les tribunaux; mais il faut qu'on prouve sa complicité, la loi pénale à la main. Toute poursuite, toute condamnation basée sur ses fonctions seules, sur une vague présomption de concours dans le délit, à raison de son autorité de fait, serait une violation flagrante de la loi. » — Cette doctrine nous paraît fondée sur une saine interprétation de la loi sous un gouvernement de liberté de la presse et sur une exacte appréciation de la situation spéciale du rédacteur en chef.

1143. *Des imprimeurs.* — L'agent qui concourt à la reproduction d'un écrit contraire à la loi pénale, avec la connais-

(1) (De Léon C. min. pub.) — La cour; — Sur le premier moyen pris du défaut de mention dans les questions soumises au jury, de l'intention coupable nécessaire pour caractériser légalement la complicité du fait de publication : — Attendu que la participation à ce fait, telle qu'elle a été déclarée à la charge du demandeur, constitue un mode de complicité prévu par une disposition spéciale de la législation sur la matière; — Qu'aux termes de l'art. 8 de la loi du 18 juill. 1828, les auteurs d'articles de journaux et autres écrits périodiques dont la publication donne lieu à une poursuite judiciaire contre les signataires des feuilles ou livraisons, peuvent être poursuivis eux-mêmes comme complices;

Attendu que cette qualification a, dès lors, une base légale dans l'énonciation de la qualité d'auteur de laquelle elle dérive; — Et attendu, dans l'espèce, que la qualité d'auteur de l'article incriminé, ainsi que l'apposition de la signature du sieur de Léon au bas de cet article, ont été mentionnées d'une manière expresse dans celle des questions soumises au jury qui, par sa corrélation avec la question affirmativement résolue, a déterminé l'application de la peine; — Rejette.

Du 29 mars 1844.-C. C., ch. crim.-MM. Laplagne-Barris, pr.-Rocher, rap.

(2) *Espèce* : — (Buret de Longchamps C. Béliard.) — M. Buret de Longchamps avait envoyé au Journal de l'Aube un article où il était prétendu que M. Volland, receveur de l'enregistrement à Brienne, s'était suicidé après trois mois de mariage, parce que l'état de grossesse de sa femme se trouvait beaucoup trop avancé d'après ses calculs. Cet article fut publié dans le journal qui vient d'être nommé. — Il est à remarquer que la fausseté de l'imputation dirigée contre l'honneur de Madame Volland était d'autant plus évidente qu'elle ne se trouvait pas enceinte au décès de son mari. — Plainte en diffamation de sa part tant contre le gérant du journal que contre l'auteur de l'article incriminé. Puis, par suite du désistement de Madame Volland à l'égard de M. Béliard, gérant, celui-ci fut mis hors de cause. — Un arrêt de la cour de Paris, du 26 août 1828 condamna M. Buret de Longchamps à 5,000 fr. de dommages-intérêts, ordonna de plus à ses frais, l'impression et l'affiche de l'arrêt et son insertion, dans les journaux de l'Aube et de la Haute-Marne.

Après l'exécution de cette condamnation, M. Buret de Longchamps a exercé un recours contre M. Béliard, éditeur du journal de l'Aube, prétendant que c'était par le fait de ce dernier, c'est-à-dire par la publication que le dommage avait été causé et que conséquemment il devait relever M. Buret de Longchamps des condamnations qu'il avait subies. — Jugement du tribunal de Troyes ainsi conçu : « — Attendu que les dommages-intérêts auxquels le sieur Buret de Longchamps a été condamné par arrêt de la cour d'appel, forment la réparation de la part qu'il a prise personnellement, soit à la publication soit à la rédaction de l'article injurieux dont s'est plainte la famille Volland; — Attendu que s'il est vrai de dire que la conduite du sieur Béliard dans cette affaire, a pu l'exposer à des réparations civiles, les parties ont été libres soit de transiger à l'amiable avec lui, soit de lui faire remise des dommages-intérêt qu'il aurait encourus; déterminé par ces motifs, déclare Buret de Longchamps non recevable en sa demande, et le condamne aux dépens. » — Appel de M. Buret de Longchamps. — Arrêt.

La cour; — Adoptant les motifs des premiers juges, confirme.

Du 10 mai 1830.-C. de Paris.-M. Séguier, 1er pr.

sance de l'infraction qu'il renferme, n'est pas moins coupable que l'auteur même de l'écrit. — Aussi la loi romaine punissait-elle de la même peine le scribe qui avait transcrit un libelle et celui qui l'avait composé. *Si quis ad infamiam alicujus pertinentem scripserit, composuerit...* (L. 5, § 9, ff., *De inj. et fam. lib.*).— L'ordonnance de Moulins, art. 77, réputait aussi l'imprimeur coauteur des écrits punissables. *Au fond*, conforme à ces précédents, notre législation est cependant conçue dans *des termes* plus favorables aux imprimeurs.—D'après l'art. 24 de la loi du 17 mai 1819, les imprimeurs d'écrits dont les auteurs sont mis en jugement et qui ont rempli les obligations prescrites par le tit. 2 de la loi du 21 oct. 1814 (V. nos 212 et suiv.), ne peuvent être recherchés pour le seul fait d'impression de ces écrits, à moins qu'ils n'aient agi *sciemment*, ainsi qu'il est dit à l'art. 60 c. pén., qui définit la complicité. — Mais on comprend quelle latitude indéfinie laisse aux tribunaux le mot *sciemment* qui se trouve dans l'art. 24 précité de la loi de 1819, soit en faveur de l'imprimeur, soit contre lui. — Aussi cette disposition ne fut-elle pas adoptée sans difficulté : M. Benjamin Constant avait proposé de déclarer que les imprimeurs ne pourraient être punis comme complices lorsque les auteurs seraient connus. Mais M. de Serre objecta que « ce n'était plus une garantie que l'on demandait, mais bien un privilége pour la culpabilité, le droit de commettre impunément un délit; qu'enfin l'imprimeur pouvait se rendre réellement complice par le seul fait de l'impression de l'ouvrage qui renfermait le délit. » — Quoi qu'il en soit, il reste à se rendre compte de la portée du mot *sciemment*. — Pour que l'imprimeur soit censé avoir sciemment concouru au délit que renferme l'écrit sorti de ses presses, suffira-t-il qu'il l'ait lu? — Mais s'il en est ainsi, la complicité de l'imprimeur sera la règle, et non l'exception, car il est obligé, pour vérifier l'exactitude de l'impression, de corriger les épreuves, conséquemment de lire l'ouvrage. — Ce n'est donc pas assez pour constituer sa complicité.— Il faut, pour faire prononcer sa condamnation, que le ministère public prouve par les circonstances particulières de la cause que l'imprimeur n'a point été un instrument passif, et qu'il a entendu prêter son concours à une œuvre contraire aux lois (V. en ce sens MM. Chassan, t. 1, p. 138; de Grattier, t. 2, p. 282). — Les formalités prescrites par la loi de 1814 semblent exclure, en effet, toute culpabilité de la part de l'imprimeur qui, par la déclaration et le dépôt de ce qu'il imprime, appelle la surveillance de l'autorité sur tout ce qu'il livre à ses presses. — Ce qui prouve, du reste, que c'est bien dans ce sens que la loi est entendue et appliquée par les tribunaux, c'est que, ainsi que le fait observer M. Chassan (*loc. cit.*), bien que les imprimeurs soient presque toujours mis en cause, il est fort rare qu'ils soient condamnés; et à cette occasion le même auteur, dont les avis empruntent de sa situation passée une autorité particulière, exprime l'opinion que ces poursuites multipliées, ordinairement suivies de l'abandon de la prévention, sont peu conformes à la dignité du ministère public. Nous partageons cette manière de voir.

1144. Dans le sens de l'interprétation qui vient d'être donnée à l'art. 24 de la loi du 17 mai 1819, il a été jugé qu'il ne suffit pas que l'imprimeur d'un journal ait eu matériellement connaissance d'un article inséré dans ce journal et par lequel un tiers prétend avoir été diffamé, pour que cet imprimeur puisse être réputé complice du délit de diffamation, si, d'ailleurs, il est établi qu'il a agi sans intention criminelle. — « Attendu qu'il est constaté par l'instruction que le prévenu Pérol était absent de la ville de Clermont lors de l'impression et de la publication du premier article engageant la polémique qui a donné lieu plus tard à une double plainte en diffamation... attendu que, si l'instruction établit que le prévenu a eu la connaissance matérielle de la plupart des articles... déférés à la justice, les nouvelles explications données par lui à l'audience, réunies aux autres éléments de l'information, semblent exclure l'intention de se rendre complice d'un délit de diffamation, et que, dès lors, il ne résulte pas suffisamment de l'instruction que le prévenu ait imprimé lesdits articles, avec la connaissance coupable incriminée par les dispositions des art. 24 de la loi du 17 mai 1819 et 60 c. pén. (Riom, 3 mai 1843, aff. Pérol *C.* Poncillon; conf. M. de Grattier, t. 1, p. 282.)

1145. Il a été également décidé conformément au texte de la disposition précitée : 1° que la responsabilité encourue par le gérant d'un journal pour l'insertion d'un article diffamatoire, ne s'étend pas à l'imprimeur de ce journal, s'il n'a coopéré à la publication que par l'impression du journal (Douai, 5 juin 1844, aff. Adam, V. n° 911-2°);— 2° Que l'imprimeur d'un journal ne peut être recherché pour le simple fait de l'impression d'articles dans ce journal, s'il n'est point reconnu avoir agi *sciemment et de complicité* avec les auteurs de ces articles (Crim. rej. 17 mai 1825) (1).

1146. Au surplus, il a encore été jugé, et ce point ne peut être contesté, que la loi n'ayant pas distingué entre l'impression des journaux et celle des autres écrits, l'imprimeur d'un journal peut être poursuivi comme complice des délits qu'il renferme (Crim. cass. 20 oct. 1832, aff. Lecrêne, V. Complicité, n° 85), à la condition, bien entendu, qu'il aura agi sciemment.

1147. Il a été décidé aussi que le même individu peut être déclaré coupable d'un délit de presse, tant comme auteur principal, en qualité de gérant du journal dans lequel ce délit a été commis, que comme complice, en qualité d'imprimeur du même journal; ces deux déclarations de culpabilité, portant sur des faits distincts, ne sont pas contradictoires (Crim. rej. 20 juin 1851, aff. Larcher, D. P. 51. 5. 425).

1148. Lorsqu'en vertu d'un contrat dont l'exécution a été demandée en justice, l'imprimeur a été condamné à reproduire un ouvrage, pourrait-il être poursuivi à raison des délits que révèlerait l'impression? — L'affirmative nous paraît certaine. — On ne peut déroger par des conventions particulières aux lois qui intéressent l'ordre public (c. nap., art. 6). — Le contrat était donc sans valeur; et la décision rendue par les juges civils sur la validité d'une telle convention, ne saurait certainement lier le ministère public ou la partie civile qui y sont demeurés étrangers. — V. en ce sens M. de Grattier, t. 1, p. 283; V. aussi *suprà*, n° 183.

1149. Au reste, la disposition exceptionnelle de l'art. 24 de la loi de 1819 ne nous paraît pas susceptible d'application à d'autres qu'aux imprimeurs.— M. Carnot pense toutefois que le bénéfice peut en être également invoqué par les *libraires*.— « La loi du 17 mai 1819, dit cet auteur, ne s'est pas occupée des libraires d'une manière particulière, ce qui peut faire croire que la législation a entendu les soustraire, ainsi que les imprimeurs, à l'action de la justice, lorsqu'on n'aurait d'autre reproche à leur faire que d'avoir vendu l'ouvrage incriminé; que les libraires ne sont pas plus que les imprimeurs établis censeurs des écrits et qu'on ne peut exiger d'eux qu'avant de mettre en vente les livres de leurs magasins, ils commencent par en prendre une lecture assez réfléchie pour s'assurer qu'ils ne contiennent aucune provocation directe ou indirecte. » —Nous n'admettons pas cette manière d'interpréter le silence du législateur. — Elle conduirait aux résultats les plus illogiques et les moins juridiques. Nous croyons au contraire, avec M. de Grattier, t. 1, p. 285, que précisément parce que le législateur n'a pas fait mention des libraires dans l'art. 24 de la loi de 1819, cette disposition leur est inapplicable. — Du reste, le devoir imposé aux tribunaux de ne condamner que lorsque l'intention criminelle leur est démontrée, nous rassure entièrement sur la position des libraires; si ni le

(1) (Selves *C.* min. pub.) — La cour (après dél. en ch. du cons.); — Vu l'art. 24 de la loi du 17 mai 1819; — Et attendu que d'après les dispositions du susdit article les imprimeurs qui ont rempli les obligations prescrites par la loi du 21 oct. 1814, ne peuvent être recherchés pour le simple fait de l'impression des écrits sortis de leurs presses, à moins qu'ils n'aient sciemment pris au délit de leur publication une part qui présente quelques-uns des caractères de complicité spécifiés dans ledit art. 60 c. pén.;

Et attendu que, dans l'espèce, les imprimeurs des journaux de l'Etoile et de la Gazette de France ont rempli les obligations que leur imposait la loi, et qu'à l'égard des articles insérés dans ces journaux et qui sont l'objet de poursuites dirigées contre eux comme imprimeurs, il a été reconnu et déclaré par la cour d'appel qu'ils n'ont point agi sciemment et de complicité avec les auteurs de ces articles; — Que dans cet état des faits, l'arrêt attaqué (de la cour d'appel de Paris, du 20 mars 1822) n'a point violé l'art. 24 de la loi du 17 mai 1819 et qu'il en a fait une juste application ; — Rejette.

Du 17 mai 1825.-C. C., sect. crim.-MM. Bailly, pr.-Chantereyne, r.

titre de l'ouvrage, ni le nom de l'auteur, ni aucune circonstance décisive n'ont pu faire soupçonner au libraire que l'œuvre qu'il mettait en vente était contraire à la loi, s'il a rempli les formalités qui lui sont prescrites, si, d'ailleurs, la vente de l'ouvrage incriminé n'a été entourée d'aucun mystère, il ne nous semble pas possible que sa bonne foi soit méconnue et que, dès lors, il y ait condamnation.

1150. Mais lors même que l'imprimeur n'a pas agi sciemment et qu'ainsi il n'encourt aucune peine, se trouve-t-il également à l'abri de l'action civile résultant du préjudice que peut avoir causé l'œuvre sortie de ses presses? — Nous ne le pensons pas. L'art. 24 de la loi du 17 mai 1819 qui établit une présomption de non-culpabilité en faveur des imprimeurs est principalement fondé, comme l'indique son texte, sur ce que l'imprimeur a rempli les formalités prescrites par la loi de 1814, pour mettre l'autorité à même d'apprécier la moralité ou la légalité des écrits qui vont être livrés à la publicité. — Mais l'autorité n'a pas pour mission de veiller aux intérêts privés. Elle a si peu ce devoir, en ce qui concerne la diffamation ou l'injure, qu'ainsi qu'on l'a vu (nos 1088 et s.), la poursuite ne peut avoir lieu que sur la plainte de la partie qui se prétend lésée. — Il n'y a, d'ailleurs, rien de contradictoire, on le conçoit aisément, à déclarer, d'une part, l'imprimeur affranchi de toute pénalité parce qu'il n'a pas eu d'intention criminelle, tandis que d'autre part, on déciderait que le fait matériel et préjudiciable de l'impression doit donner lieu de sa part à des réparations civiles. — Rien n'est plus conforme aux principes du droit civil.

1151. Au surplus, sous l'empire des lois de 1793, il a été jugé que bien que l'imprimeur d'un journal qui contenait contre un tiers un article outrageant, ne pût être poursuivi par la voie correctionnelle lorsqu'il faisait connaître l'auteur de l'article, cependant il pouvait être poursuivi et condamné par la voie civile à des dommages-intérêts; il aurait soutenu en vain que cette action ne pouvait avoir lieu sans poursuite par voie correctionnelle (Req. 27 pluv. an 7) (1).

1152. *Vendeurs, distributeurs, crieurs et afficheurs.* — La loi romaine punissait non-seulement la vente, mais même l'*achat* des libelles ou des épigrammes. *Item qui emendum vendendumve curaverit* (L. 5, § 10, ff., *De inj. et fam. lib.*). Cette rigueur à l'égard des acheteurs peut paraître logique, car s'il n'y avait pas d'acheteurs il n'y aurait pas de vendeurs. Et la loi sur la chasse, du 3 mai 1844, est entrée dans cette voie en punissant de la même peine la vente et l'achat du gibier dans le temps où la chasse est prohibée (V. vo Chasse, nos 208 et suiv.) — Il est facile de voir toutefois la différence qui distingue le cas prévu par la loi romaine précitée, de celui auquel s'applique la loi de 1844. — A la seule inspection du gibier on reconnaît, en effet, qu'il s'agit d'une marchandise prohibée, tandis que pour juger le contenu d'un écrit il faut le lire, et on ne le lit qu'après l'avoir acheté. La disposition du droit romain sur ce point ne nous semble point devoir être imitée. — L'ordonnance de Moulins (art. 77) punissait les vendeurs de la même manière que les auteurs, mais elle ne s'occupait pas des *acheteurs*.

Suivant la législation qui nous régit, les vendeurs, distributeurs, crieurs et afficheurs d'écrits, de dessins ou d'emblèmes, doivent être considérés comme auteurs principaux des délits qui résultent de la publication dont ils se font les agents, parce que c'est par eux que se commet le fait principal que la loi punit. — Toutefois, cette théorie fort simple ne paraît pas avoir dirigé les rédacteurs du code pénal. Mais la loi du 17 mai 1819 a-t-elle abrogé, à cet égard, les art. 285 et suiv. de ce code? — Nous nous sommes déjà expliqués à cet égard (V. no 627). — Nous devons cependant rappeler ici que, suivant l'art. 285 c. pén., les crieurs, afficheurs, vendeurs et distributeurs d'un écrit imprimé contenant quelque provocation à des crimes ou délits sont punis comme *complices* des provocations, à moins qu'ils n'aient fait connaître ceux dont ils tiennent l'écrit contenant la provocation; que, d'après l'art. 287 du même code, toute exposition ou prohibition de chansons, pamphlets, figures ou images contraires aux bonnes mœurs est punie d'une amende de 16 fr. à 500 fr. et d'un emprisonnement d'un mois, et que la loi n'inflige que des peines de simple police aux crieurs, vendeurs ou distributeurs qui ont fait connaître la personne qui leur a remis l'objet du délit. — La législation anglaise est loin d'être empreinte d'une telle douceur à l'égard des vendeurs ou distributeurs. — Suivant cette législation, le simple *news vender* ou marchand de journaux qui répand des feuilles contenant des *libels*, c'est-à-dire des diffamations écrites, est puni, pour le fait matériel de la vente, avec la même sévérité que l'auteur même de l'article diffamatoire; et la Gazette des tribunaux, du 28 juin 1834, a rendu compte d'un procès intenté par un *attorney* ou avoué-notaire (les attorneys tiennent en effet des deux professions) à un *news vender* pour avoir vendu un journal qui contenait un *libel* contre lui. — V. au surplus ce qui est dit *suprà*, nos 471 et suiv., à l'égard des art. 285 et suiv. c. pén.

1153. M. Chassan (t. 1, p. 128) enseigne que le libraire et le vendeur, en général, d'un ouvrage imprimé dont l'auteur et l'imprimeur sont connus ne sont pas punissables. — Mais il n'indique pas le texte sur lequel se fonde son opinion à cet égard. — Au surplus nous aurions peine à concevoir pourquoi le libraire qui met en vente un ouvrage contraire aux lois, qui, par conséquent, est auteur principal du délit de publication que la loi punit, échapperait cependant à toute répression.

Sect. 4. — *Des immunités accordées par la loi.*

1154. C'est une suite inévitable de l'état de société que l'intérêt public et l'intérêt privé y soient constamment en présence et souvent en lutte. — Dans ce conflit, la préférence doit naturellement appartenir à l'intérêt social qui est celui du plus grand nombre. Toutefois, le devoir du législateur est de ne sacrifier l'intérêt privé que dans la mesure exacte de ce que commande l'avantage de la société. Nos lois, comme celles de tous les peuples civilisés, offrent de nombreux exemples de la solution de ce problème. Mais nous n'avons à nous occuper ici que des immunités que l'intérêt public a fait établir quant aux délits qui peuvent se commettre par les voies de la publication. — Sous les chartes de 1814 et de 1830, nous aurions trouvé, en première ligne, parmi les immunités, celle résultant de l'inviolabilité du roi, inviolabilité qui ne permettait pas qu'il fût traduit devant les tribunaux de répression. La constitution de 1852 n'a pas consacré ce principe; elle déclare même le chef de l'État responsable (art. 5). — Mais il est facile de concevoir que le jour où l'on verrait le souverain s'asseoir sur le banc des accusés, c'en serait fait de la monarchie. La responsabilité du monarque, à ce point de vue, nous paraît donc une pure abstraction qui n'est pas destinée à passer dans le domaine des faits. Aussi nous semble-t-il superflu de déduire ici les conséquences de ce principe nouveau, étranger, du reste, à notre sujet, puisque nous nous occupons d'*immunités*. — Celles qui doivent ici fixer notre attention, s'appliquent : — 1o aux discours tenus dans le sein des assemblées politiques et aux pièces imprimées par ordre de ces assemblées; — 2o aux discours prononcés et aux écrits produits devant les tribunaux. — Elles nous indiquent deux ordres d'idées distincts et la division naturelle de cette section en deux articles : l'un relatif aux assemblées politiques, l'autre concernant les tribunaux.

(1) (Michel Chausse-Blanche C. Morus.) — Le tribunal; — Attendu que la jurisprudence de tous les peuples et notamment l'ancien droit français permettent à l'individu outragé dans son honneur ou calomnié d'intenter une action civile en réparation d'injure; — Attendu que l'on doit suivre les anciennes lois jusqu'à ce que le législateur les ait successivement abrogées par des lois nouvelles; — Attendu que l'action civile en réparation de dommages-intérêts ne peut être ôtée à celui qui les a soufferts; que cette action civile peut être poursuivie indépendamment de l'action publique, et que les tribunaux qui ont rendu les jugements attaqués, ne sont pas sortis des bornes de leurs attributions puisqu'ils n'ont prononcé ni peine ni amende; — Et considérant que l'art. 353 de l'acte constitutionnel, bien loin de porter atteinte au droit qu'ont les tribunaux civils de prononcer sur de pareilles matières, à la requête des parties, établit au contraire, en principe, que l'on est responsable de ce que l'on a écrit et publié; d'où résulte la conséquence que les règles de l'ancien droit ont suffisamment motivé les jugements attaqués, dès qu'elles ne sont pas encore abrogées par une loi nouvelle et positive; — Rejette.

Du 27 pluv. an 7.-C. C., sect. req.-MM. Chasle, pr.-Barré, rap.

ART. 1. — *De l'immunité accordée aux membres des assemblées politiques.*

1155. Si celui qui est appelé à défendre les intérêts du pays dans les assemblées politiques pouvait être dominé par la crainte de s'exposer à des poursuites, en faisant entendre des vérités qu'il croit utiles le plus souvent, il n'aurait garde de les exprimer. Non parce qu'il manquerait du courage nécessaire pour braver les conséquences de ce qu'il regarderait comme l'accomplissement d'un devoir; mais par suite de l'appréhension naturelle qu'éprouve un citoyen honnête d'enfreindre les lois de son pays. — D'un autre côté, la discussion à laquelle se livrent les assemblées politiques est inséparable d'une certaine animation, au milieu de laquelle il est trop facile de perdre de vue la limite exacte du devoir; en telle sorte qu'il y aurait injustice à ne pas faire une large part d'indulgence à une telle situation. — Ces vérités nous semblent avoir une telle autorité que, si l'immunité dont nous parlons n'existait pas dans la loi, elle devrait nécessairement être consacrée par la jurisprudence, comme résultant de la nature des choses. — C'est, d'ailleurs, ce qui peut s'induire des paroles suivantes prononcées par M. Royer-Collard, à l'occasion de la disposition de la loi du 17 mai 1819 dont nous allons bientôt parler. — «La discussion, a dit M. Royer-Collard (séance de la ch. des députés du 20 avr. 1819), est le moyen de délibération. Si donc les discours tenus dans les chambres étaient soumis à une action extérieure quelconque, *la délibération des chambres ne serait pas indépendante. Or, l'entière et parfaite indépendance des chambres est la condition de leur existence.* C'est pourquoi c'est un axiome du gouvernement représentatif que la tribune n'est justiciable que de la chambre. » — Ces considérations nous semblent rendre sensible qu'il ne s'agit pas là d'un privilége qui ne peut exister que par la volonté expresse du législateur; mais d'une *condition d'existence* qui repousse nécessairement toute solution incompatible avec elle.

1156. En Angleterre, l'immunité dont nous nous occupons est née à peu près avec le pouvoir parlementaire; et, comme cela est arrivé souvent dans tous les pays, le principe établi dans des vues d'intérêt public, s'était peu à peu transformé en un privilége personnel qui, d'abus en abus, avait fini par devenir tyrannique. — Ainsi, on lit dans un ouvrage de lord John Russell (De la Constitution anglaise, chap. 5), qu'un individu fut déclaré coupable d'avoir violé le privilége de l'amiral Griffiths, membre du parlement, parce qu'il avait pêché dans une pièce d'eau appartenant à un député, et que, par suite, il fut condamné à entendre à genoux une réprimande. — Le statut 2 de la première année du règne de Guillaume et Marie (chap. 2) a rendu au privilége parlementaire son véritable caractère. Il y est dit : — « La liberté des discours, des débats et de la conduite, en parlement ne peut donner lieu à aucune poursuite ou accusation, si ce n'est devant le parlement. »

1157. L'institution des assemblées politiques en France a bientôt fait sentir aussi la nécessité d'une semblable immunité. On en trouve la preuve dans la constitution du 24 juin 1793, et dans celle du 5 fruct. an 3. — L'art. 43 de la première était ainsi conçu : « Les députés ne pourront être recherchés, accusés ni jugés en aucun temps, pour les opinions qu'ils ont énoncées dans le sein du corps législatif. » — L'art. 100 de la constitution du 5 fruct. an 3 était à peu près conçu dans les mêmes termes. — Les constitutions ultérieures gardèrent le silence à cet égard, mais le principe n'en existait pas moins comme inhérent à l'existence même des assemblées parlementaires, et il a reparu dans la loi du 17 mai 1819. — L'art. 21 de cette loi porte que « les discours tenus dans le sein de l'une des deux chambres, ainsi que les rapports ou toutes autres pièces imprimés par leur ordre, ne donneront ouverture à aucune action devant les tribunaux. »

1158. Les observations qui précèdent nous dispensent d'examiner une question qu'elles ont résolues d'avance, celle de savoir si l'article précité de la loi de 1819, qui avait pour objet d'assurer l'indépendance de la chambre des pairs et de la chambre des députés peut s'appliquer au sénat et au corps législatif. — Il est manifeste, en effet, que l'immunité des corps politiques, en ce qui touche les discours ou les écrits qui tiennent à l'accomplissement de leur mandat, étant essentielle à leur existence (V. nº 1155), elle doit leur appartenir en vertu de leur institution même. D'ailleurs l'art. 9 du décret du 2 fév. 1852 sur l'élection des députés, proclame de nouveau le principe en reproduisant textuellement l'art. 43 précité de la constitution de 1793.

1159. Le privilége de l'inviolabilité fut réclamé par M. Lainé pour les opinions écrites qui n'auraient pu être prononcées à la tribune et que leurs auteurs auraient fait imprimer et distribuer. Cette proposition fut repoussée sur les observations de M. de Serre : « Rien ne serait, dit ce dernier orateur, plus inconstitutionnel que de donner à un citoyen, quel que fût d'ailleurs son rang dans l'État, le privilége de braver les lois et d'être coupable impunément. Si donc un député fait imprimer son opinion, il rentre dans le droit commun. Dès lors ce député ne parle plus à la chambre, il ne veut plus agir sur elle, mais sur la multitude, et alors, citoyen ordinaire, il passe sous les lois communes à tous les citoyens. » — « Nos paroles, dit aussi M. Royer-Collard dans le même sens, sont soumises à votre juridiction, mais les écrits ne le sont pas. Ne les entendant pas, vous ne pouvez pas les juger, s'ils sont coupables. La chambre répond, sous certains rapports, de ce que nous avons dit devant elle, et c'est parce qu'elle en répond que nous n'en répondons à personne; mais elle ne peut pas répondre, sous les mêmes rapports, de nos écrits, parce qu'elle n'est pas obligée de nous lire, comme elle est obligée de nous entendre. — Cela posé, la conséquence de l'amendement de M. Lainé serait que, relativement à la diffamation, le député qui n'est pas irresponsable quand il parle, qui peut être puni par la chambre, s'il abuse de la parole, serait affranchi de toute responsabilité, s'il écrivait au lieu de parler. A cette condition, il aurait le privilége de la diffamation; il serait inviolable. Privilége insolent que nous devrions nous empresser d'abdiquer, si nous avions le malheur d'en être revêtus. » — Conformément à ces opinions qui fixent le sens de la loi, il a été jugé qu'un pair de France qui, dans un écrit rendu public, et qui, d'ailleurs, n'a pas été lu à la chambre, a excité à la haine du gouvernement, est punissable comme tout autre, quoique cet écrit ait pour objet de justifier son opinion ou sa conduite de pair, et, par exemple, son refus de prêter serment (ch. des pairs, 24 nov. 1839, aff. de Kergorlay).

1160. De ce que la loi ne couvre de l'inviolabilité que les discours tenus dans les chambres et les rapports imprimés par leur ordre, on a conclu qu'il y aurait action publique ou privée contre le pair ou le député, ou contre le tiers qui reproduirait hors de l'enceinte des chambres, et sans l'ordre de celles-ci, les discours qui y auraient été prononcés (MM. Parant, p. 98; Chassan, t. 1, p. 57). M. de Serre a dit en effet : « Le discours livré tout seul à l'impression parcourra tout seul le royaume : cependant il n'a pas été proféré seul. S'il contient des offenses, il a pu y être répondu, à l'instant même, dans la chambre. Voilà l'avantage de vos délibérations, c'est qu'elles sont complètes, c'est que si le mal est dit, il peut être réparé à l'instant. » — Il est à remarquer aussi que M. Manuel avait proposé un sous-amendement qui consistait à déclarer que les *discours dont la chambre aurait ordonné l'impression* ne pourraient donner lieu à aucune action; et ce sous-amendement fut rejeté. — D'où M. de Grattier, t. 1, p. 225, conclut avec raison, ce nous semble, que, pour les discours imprimés par ordre de la chambre, il pourra néanmoins y avoir des poursuites si la reproduction de ces discours n'est pas fidèle. — On peut dire, d'ailleurs, avec fondement, qu'une reproduction infidèle n'est pas celle que la chambre a ordonnée, et que, dès lors, si c'est dans la partie infidèlement rendue que se trouve l'infraction, la poursuite peut évidemment avoir lieu.

1161. MM. Carnot et de Grattier (t. 1, p. 228) pensent aussi que l'art. 21 ne s'appliquant qu'aux discours tenus dans le sein des deux chambres et aux rapports ou toutes autres pièces imprimées, par ordre de l'une des deux chambres, des pièces lues dans une séance publique ne rentreraient pas dans l'application de cette disposition. — Nous ne croyons pas cette solution conforme à l'esprit de l'article précité. — La chambre a entendu ce qui a été lu devant elle. Il n'en faut pas davantage pour qu'il ne puisse y avoir d'autre juge qu'elle de la convenance ou de la légalité de la lecture qui lui a été faite (V. nº 1159). — Au reste, avec une pareille entente de l'art. 21 précité, on arriverait à faire des distinctions entre les discours écrits et les paroles improvisées, distinctions qui amèneraient souvent des difficultés dans l'application de la loi, et que, d'ailleurs, son texte ne justifie en aucune manière.

1162. Le principe qu'un sénateur ou un député ne peut être poursuivi par action publique ou privée, à raison des discours par lui tenus au sein du parlement, ne fait pas obstacle à ce qu'il soit puni par la chambre elle-même à laquelle il appartient, quand il abuse de la parole. — M. Guizot, commissaire du roi, lors de la discussion de l'art. 21 de la loi du 17 mai 1819, a d'ailleurs fait remarquer, et c'est ce qui résulte de l'ensemble de la discussion, que le député ne peut être traduit devant les tribunaux, à raison des discours qu'il prononce dans la chambre, que parce qu'il est soumis à la juridiction de la chambre. Mais, dans l'état actuel de la législation, les peines que les chambres peuvent infliger à leurs membres sont très-légères et déterminées par les règlements respectifs de ces chambres. Pour que des peines plus graves, comme l'emprisonnement ou l'expulsion, pussent être appliquées, il faudrait qu'elles fussent prononcées par une loi. — Il en était autrement, suivant la constitution du 3 sept. 1791 (tit. 3, chap. 3, sect. 1, art. 4). D'après ce texte, le corps législatif avait le droit de discipline sur ses membres, et il pouvait prononcer contre eux la censure, les arrêts pour huit jours ou la prison pour trois jours. — La chambre des communes d'Angleterre exerce aussi sur ses membres un pouvoir disciplinaire fort étendu. Elle peut leur infliger des amendes, l'emprisonnement, et même l'expulsion, comme le prouve l'histoire. Ainsi, et pour ne citer que quelques exemples, Arthur Hall, sir Richard Steele, Wilkes, ont été expulsés de la chambre des communes, le premier, en 1581; le second, en 1714; le troisième, en 1764; tous les trois pour avoir publié des pamphlets ou libelles contre les ministres ou contre la chambre (Hallam, Hist. const. d'Angl., trad., t. 5, p. 97).—Nous n'avons en France, à notre connaissance, qu'un seul exemple d'une telle anomalie; c'est l'expulsion de Manuel de la chambre des députés, sur la proposition de M. de la Bourdonnaye. Ce fait, si souvent rappelé, si souvent reproché au parti légitimiste, a excité une telle réprobation qu'il ne paraît pas de nature à se reproduire. — Toutefois, et après avoir uni notre voix à celle de tous les hommes impartiaux pour flétrir la violence dont ce député fut l'objet, nous croyons devoir ajouter que de même que tous les principes, l'inviolabilité du député doit avoir ses limites. Ainsi, s'il se trouvait parmi les représentants du pays un homme qui systématiquement ou autrement se fît une habitude de troubler les séances du corps politique auquel il appartiendrait, par la violence de son langage, par l'inconvenance de ses interruptions; on comprend que la dignité de cette assemblée et la nécessité d'accomplir sa mission lui imposerait le devoir de mettre un terme définitif à cette violation de ses droits, et que si son règlement était insuffisant à cet égard, il faudrait bien y suppléer.

1163. D'après l'opinion de M. de Grattier (t. 1, p. 226), les personnes appelées devant les chambres pour y fournir des explications, et même les commissaires du gouvernement, chargés de soutenir la discussion des projets de loi, ne pourraient invoquer l'art. 21 de la loi de 1819. Il ne nous paraît pas que cette disposition doive être ainsi entendue. La loi dit d'une manière générale les *discours tenus dans le sein de l'une des deux chambres*; elle n'exige pas que les discours soient tenus par les membres de ces chambres, et c'est probablement à dessein; car il y a même raison de décider à l'égard des commissaires du gouvernement que pour les membres des chambres. — Quant aux personnes qui pourraient être appelées par elles pour fournir des explications, ce qui est très-rare, nous pensons que, comme c'est aussi dans un intérêt public qu'elles viennent se conformer au vœu de l'assemblée, elles doivent jouir d'une entière indépendance. — Il serait assez difficile de comprendre, en effet, pourquoi ces personnes ne jouiraient pas de la même liberté que les témoins qui viennent déposer en justice (V. *infrà*, n° 1191).

1164. Mais les pétitions ne peuvent, à aucun titre, jouir de l'immunité consacrée par l'art. 21 précité, lors même qu'elles seraient signées par l'un des membres de la chambre à laquelle elles seraient adressées (V. en ce sens M. de Grattier, t. 1, p. 227). — Ce ne sont là ni des discours tenus ni des écrits imprimés d'après l'ordre d'une assemblée politique dans le sens de la loi de 1819. — Les membres d'une telle assemblée ont reçu de leurs concitoyens ou du chef de l'Etat un mandat dans l'intérêt public. Les pétitionnaires, au contraire, n'ont qu'un caractère privé. — Ce qui doit, du reste, lever tous les doutes à cet égard, c'est que M. Manuel avait proposé à la chambre des députés un amendement d'après lequel les pétitions auraient joui du privilége accordé aux discours des députés, et que cet amendement ne fut pas adopté. — La signature d'un membre de la chambre ne peut d'ailleurs modifier en rien cette solution, parce que c'est là un acte complétement en dehors de son mandat politique. — Au reste, il n'est pas inutile de rappeler ici qu'aux termes de l'art. 45 de la constitution du 14 janv. 1852, le droit de pétition s'exerce auprès du sénat, et qu'aucune pétition ne peut être adressée au corps législatif.—V. Pétition.

1165. Ce que nous avons dit des pétitions s'applique nécessairement aux *protestations* adressées à une chambre.—Aussi est-ce avec raison qu'il a été jugé que les imputations ou allégations diffamatoires, contenues dans la protestation contre l'élection d'un député, adressée à la chambre par un électeur, peuvent donner lieu à une action en diffamation contre cet électeur : une protestation de ce genre ne rentre pas dans le cas d'immunité prévu par l'art. 21 de la loi du 17 mai 1819; qu'ainsi, l'électeur qui, dans une protestation lithographiée et adressée à la chambre des députés contre l'élection d'un candidat, allègue qu'il tient d'un tiers que celui-ci a reçu de ce candidat une somme d'argent pour lui avoir des électeurs, impute à ce candidat un fait de corruption électorale, c'est-à-dire un fait portant atteinte à son honneur et à sa considération, et se rend passible des peines de la diffamation, alors surtout que, sommé à l'audience de se porter régulièrement dénonciateur du fait allégué, il a gardé le silence (trib. de Vendôme, 10 oct. 1846, ff. Dessaique, D. P. 46. 3. 165; Orléans, 31 mai 1847, aff. Renou-Ruet, D. P. 47. 2. 161).

1166. A plus forte raison, et c'est aussi ce qui a été jugé, des écrits ou libelles publiés pendant les élections ou à leur occasion, ne jouissent pas de l'immunité accordée par les art. 21 et 22 de la loi du 17 mai 1819 : les imputations diffamatoires qu'ils contiennent sont, en conséquence, sujettes à répression (Crim. rej. 16 nov. 1843, aff. Cornède-Miramont, V, n° 1470).

1167. En admettant qu'il y ait publicité suivant la loi (V. n° 536) dans les séances des *conseils généraux*, des *conseils d'arrondissement* et des *conseils municipaux*, les discours tenus au sein de ces conseils, les rapports et autres pièces imprimés d'après leurs ordres, peuvent-ils donner lieu à des poursuites? — Au commencement de cet article, nous avons insisté sur les motifs qui ont fait établir l'immunité énoncée dans l'art. 21 de la loi du 17 mai 1819, et cela dans le but de prouver qu'il ne s'agissait pas là d'une exception qui dût être renfermée dans les termes de la loi, mais bien d'un principe qui domine la loi elle-même. — Nous remarquons que ce point de vue n'a pas échappé non plus à M. Chassan. — Voici, du reste, comment s'exprime cet auteur à ce sujet, t. 1, p. 66 : « La liberté de la parole, dit-il, est sans doute *intimement liée à la nature d'une assemblée représentative; elle n'a besoin pour se soutenir d'aucune loi spéciale*. Mais elle peut appeler à son aide le droit positif lui-même. »

1168. De ces prémisses, il nous paraît résulter que, dans toutes les assemblées composées de mandataires légaux ayant pour mission de défendre ou de gérer les intérêts publics, l'immunité consacrée par la loi de 1819 à l'égard des membres des deux chambres peut également être invoquée.

1169. Toutefois, il a été jugé : 1° que la liberté de discussion des conseils municipaux n'exclut pas la répression des actes ou paroles qui en constituent l'abus et non le légitime usage, et, par exemple, qu'elle ne va pas jusqu'à affranchir de répression les expressions qui présenteraient le caractère d'outrages par paroles envers un fonctionnaire dans l'exercice de ses fonctions (Crim. rej. 22 août 1840, aff. Boubée, V. Fonct. pub., n° 138-2°); — 2° Que la répression des délits qui peuvent être commis dans l'intérieur des conseils municipaux, tels que celui d'outrage ou de diffamation, peut être poursuivie sans porter atteinte à l'indépendance du pouvoir administratif ou à la liberté des discussions (Crim. rej. 17 mai 1843, aff. de Rhéville, D. P. 45. 1.

347). — Mais ces décisions qui font de l'immunité une exception et non un principe, ne nous paraissent pas conformes à la seule doctrine admissible en cette matière.

1170. Du reste, il a été jugé aussi que les personnes qui se prétendent diffamées par la délibération d'un conseil municipal ne peuvent exercer aucune action en diffamation contre ce conseil, et qu'elles doivent, conformément à la loi des 14-22 déc. 1789, exposer leurs sujets de plainte à l'autorité administrative supérieure (cons. d'Ét. 9 déc. 1842 (1); Conf. cons. d'Ét. 11 fév. 1842, M. d'Haubersaert, rap., aff. Dessaux; 29 juin 1847, M. Claparède, rap., aff. fabr. d'Agonac). — Et que cette autorité supérieure, c'est-à-dire, le préfet doit censurer s'il y a lieu les énonciations diffamatoires de la délibération qui lui est déférée, et ordonner la transcription de son arrêté sur le registre des délibérations du conseil municipal (cons. d'Ét. 27 juin 1850, aff. Vivié).

Art. 2. — *Des discours tenus et des écrits produits devant les tribunaux.*

1171. La vérité est le premier besoin de la justice; et les juges ne peuvent la connaître tout entière qu'en laissant une très-grande latitude à la défense des parties. — De là l'immunité qui va nous occuper ici. — Toutefois, il ne paraît pas que nos maîtres en l'art du bon et du juste (*Ut eleganter Celsus definit, ars boni et æqui*) y aient donné autant d'étendue que notre législation moderne. Le code (loi 6, § 1, *de Postulando*) reconnaît bien aux avocats le droit de dire tout ce qu'exige la *défense* des parties; mais c'est en faisant suivre l'autorisation qui leur est donnée, sous ce rapport, de menaces pour le cas où ils s'écarteraient de la modération qui leur est prescrite. — L'ancienne jurisprudence française, sans avoir admis les principes qui nous régissent aujourd'hui, accordait cependant une juste protection à la défense des parties (V. Dareau, Traité des injures, t. 2, p. 24 et suiv.). — Aussi, bien que le code du 3 brum. an 4 ne contînt aucune disposition précise à cet égard, a-t-il été jugé sous ce code et par l'influence des anciens principes : 1° que les discours injurieux pour l'une des parties tenus à l'audience d'un tribunal ne pouvaient donner lieu qu'à une demande incidente devant le tribunal saisi et non à une action séparée devant un autre tribunal (Crim. cass. 5 mess. an 10, MM. Viellart, pr., Sieyes, rap., aff. Jaubert *C.* Beaucour; 18 mess. an 12, aff. Lecerf, V. Avocat n° 362; 16 avr. (ou août) 1806 (ou 1807), MM. Barris, pr., Delacoste, rap., aff. Desperriers *C.* Dusseré; Rouen, 2e sect., 25 mars 1807, aff. Rivière *C.* Bellaut); — 2° Que c'était par voie de demande incidente qu'un avoué injurié ou calomnié, soit par des discours tenus, soit par des écrits produits devant les tribunaux, devait se pourvoir (Civ. cass. 3 brum. an 10, MM. Maleville, pr., Riolz, rap., aff. D... *C.* Granjean).

1172. Le code pénal de 1810 avait, en partie, réparé l'omission que nous venons de signaler. — Aux termes de l'art. 377, les juges saisis d'une contestation pouvaient, en jugeant la cause, ou prononcer la suppression des injures ou des écrits injurieux, ou faire des injonctions aux auteurs du délit, les suspendre de leurs fonctions et statuer sur les dommages-intérêts. — Mais il a été jugé que l'art. 377 c. pén. n'accorde aux tribunaux qu'une juridiction facultative pour la répression du délit d'injures, soit verbales, soit par écrit, commis devant eux; s'ils n'y ont pas statué, ce délit peut être poursuivi devant les tribunaux compétents et suivant les règles ordinaires de juridiction, pourvu, toutefois, qu'il en ait été rédigé procès-verbal, ou qu'il en ait été acquis une toute autre preuve légale qui en ait fixé le fait et les circonstances (Crim. rej. 18 fév. 1819, MM. Barris, pr., Giraud, rap., aff. Fortin). — Il a même été décidé que les calomnies commises par l'une des parties envers l'autre, dans des plaidoiries ou des mémoires, ne peuvent être jugées par le tribunal saisi de la contestation qui donne lieu à ces discours ou à ces écrits (Bruxelles, 3e ch., 3 janv. 1827, aff. D... *C.* de B...). — Remarquez qu'en Belgique, l'art. 377 c. pén. est encore en vigueur.

1173. Cependant, en vertu de la même disposition il a été jugé en sens contraire que les discours prononcés et les écrits produits devant les tribunaux sont essentiellement soumis à leur appréciation; que la répression des délits commis par l'un de ces moyens leur appartient, de telle sorte qu'ils n'en peuvent être dessaisis que dans le cas où la gravité du délit appelant une peine plus forte que leurs attributions ordinaires ne leur donnent le droit d'en prononcer, ils ordonnent le renvoi devant le tribunal compétent, ou font réserve à la partie lésée d'une action à cet effet (Crim. cass., 18 fév. 1810, MM. Barris, pr., Giraud, rap., aff. Ricard). — Au reste, le même article ajoutait (c'est là ce qui explique la dernière partie de la solution qui précède) : « Si les injures ou écrits injurieux portent le caractère de calomnie grave, et que les juges saisis de la contestation ne puissent connaître du délit, ils ne pourront prononcer contre les prévenus qu'une suspension provisoire de leurs fonctions et les renverront pour le jugement du délit devant les juges compétents. »

1174. Cette disposition était insuffisante; on n'y trouvait pas la distinction si naturelle et si sage entre les faits diffamatoires qui se rapportent à la cause et peuvent être excusés par le besoin de la défense, et les faits étrangers auxquels manque ce moyen d'atténuation et d'excuse. Cette distinction est faite par la loi du 17 mai 1819 dont l'art. 26 abroge l'art. 377 c. pén., et renferme toute l'économie de notre législation nouvelle. — Voici le texte de cette disposition : « Ne donneront lieu à aucune action en diffamation ou injure, les discours prononcés ou les écrits produits devant les tribunaux; pourront néanmoins les juges saisis de la cause, en statuant sur le fond, prononcer la suppression des écrits injurieux ou diffamatoires, et condamner qui il appartiendra en des dommages-intérêts. — Les juges pourront aussi, dans le même cas, faire des injonctions aux avocats et officiers ministériels, ou même les suspendre de leurs fonctions. — La durée de cette suspension ne pourra excéder six mois; en cas de récidive, elle sera d'un an au moins et de cinq ans au plus. — Pourront toutefois, les faits diffamatoires étrangers à la cause donner ouverture, soit à l'action publique, soit à l'action civile des parties, lorsqu'elle leur aura été réservée par les tribunaux, et, dans tous les cas, à l'action civile des tiers (art. 23.) »

1175. Remarquons, d'abord, que par *tribunaux*, la loi a entendu comprendre toutes les juridictions et cela résulte, d'une part, de ce qu'elle ne fait aucune distinction à cet égard; et, de l'autre, de ce que partout où s'agitent devant des juges, des intérêts et des passions contraires, il y a même raison de décider. — Ainsi le bénéfice de l'art. 23 de la loi du 17 mai 1819 peut être invoqué pour les discours tenus et les écrits produits devant les juges de paix, les conseils de prud'hommes, les tribunaux de commerce (V. en ce sens M. de Grattier, t. 1, p. 232).

1176. Mais le bureau de conciliation peut-il être regardé comme un tribunal dans le sens de la loi précitée? — Il a été décidé, dans le sens de la négative, que l'art. 23 de la loi du 17 mai 1819, d'après lequel l'action en diffamation ou injure, pour

(1) (Mouret.) — Louis-Philippe, etc.; — Vu les lois des 14-22 déc. 1789, 16-24 août 1790, 16 fruct. an 3, les ordonn. des 1er juin 1828 et 12 mars 1831; — Vu l'art. 55 du règlement du 29 juin 1840; — Considérant que les maire et conseillers municipaux d'Abeilhan sont poursuivis devant la cour royal de Montpellier, jugeant correctionnellement à la requête du sieur Mouret, comme prévenus de diffamation, en tant qu'ils auraient pris part à une délibération du conseil municipal de ladite commune, qualifiée par ledit sieur Mouret de diffamatoire; — Considérant qu'aux termes de l'ord. du 1er juin 1828, il y a lieu d'élever le conflit en matière correctionnelle toutes les fois que la répression du délit est attribuée à l'autorité administrative par une disposition législative;

Considérant qu'il résulte de l'art. 60 de la loi du 14-22 sept. 1789, que tout citoyen qui serait lésé par un acte quelconque d'un corps municipal ne peut qu'exposer ses sujets de plainte à l'autorité administrative supérieure, laquelle y fait droit, s'il y a lieu, après vérification des faits; — Considérant, d'ailleurs, que la revendication faite par l'arrêté de conflit est conforme au principe de la séparation du pouvoir administratif et du pouvoir judicaire consacré par toute la législation; — Art. 1. Est confirmé l'arrêté de conflit pris par le préfet de l'Hérault, le 24 juin 1842. — Art. 2. Sont considérés comme non avenus, 1° l'assignation en date du 28 avr. 1841; 2° la déclaration d'appel des 12 et 19 avr. 1842; 3° le jugement du tribunal correctionnel de Béziers, du 5 mars 1842, et les arrêts de la cour royale de Montpellier des 9 mai et 15 juin 1842.

Du 9 déc. 1842.-Ord. cons. d'Ét.-M. Germain, rap.

discours prononcés ou écrits produits devant les *tribunaux*, ne peut être intentée qu'autant qu'elle a été réservée, est inapplicable aux discours prononcés ou écrits produits devant le juge de paix, tenant son bureau de conciliation (Aix, 30 avr. 1845, aff. Charabot, D. P. 46. 4. 413).—Nous croyons cette solution fort contestable. Le préliminaire de la conciliation est forcé. Si donc une partie doit nécessairement, par la nature même de la cause, faire entendre de dures vérités à son adversaire, il faut qu'elle ait cette faculté dès cette première phase de la contestation, car souvent, on pourrait se prévaloir ultérieurement, du silence qu'elle aurait gardé devant le juge conciliateur (V. du reste, *infrà*, nº 1214).—On objecte que le juge de paix siégeant au bureau de conciliation est sans pouvoir comme juge et que, dès lors, il ne peut ni donner acte des réserves, ni déclarer les faits étrangers à la cause, ni accorder des dommages-intérêts. — A cette objection nous répondrons : de deux choses l'une, ou les parties se concilient, ou elles ne se concilient pas. Si elles se concilient, l'injure doit être confondue dans l'arrangement qui termine la contestation; si elles ne se concilient pas, elles comparaîtront devant un tribunal investi des pouvoirs qui manquent au juge de paix. Seulement, pour mettre ce tribunal à même de statuer sur ce point, le juge de paix, en dressant procès-verbal des dires des parties, devra nécessairement constater les propos injurieux ou diffamatoires.

1177. Il a été jugé que les conseils de préfecture sont des tribunaux dans le sens de l'art. 23 de la loi du 17 mai 1819, et, qu'en conséquence, les mémoires produits devant ces conseils ne donnent lieu à aucune action en diffamation ou en injure (Crim. cass. 21 juill. 1838, aff. Mottet, V. nº 1221-3º). — La décision devrait être la même relativement au conseil d'État ou à la cour des comptes.—V. en ce sens M. de Grattier, t. 1, p. 232.

1178. Toutefois, suivant deux arrêts, l'art. 23 de la loi de 1819 est inapplicable aux tribunaux qui n'admettent ni la publicité, ni le débat et, par exemple, à la chambre des mises en accusation (Crim. cass. 18 oct. 1821 (1); 7 déc. 1821, aff. Merlino, V. Inst. crim., nº 1048).— Conf. M. Mangin, t. 1, p. 325, nº 153; de Grattier, t. 1, p. 242.

1179. Mais il résulte d'un autre arrêt que la chambre d'accusation n'admettant pas de débats, il ne peut y avoir devant elle d'explication sur le caractère diffamatoire ou injurieux des mémoires qui lui sont soumis, et que la cour d'assises est seule compétente à cet égard (Bastia, 27 déc. 1834, aff. Biadelli, V. Compétence crim., nº 622-2º). — Conf. M. Chassan, t. 1, p. 87.

1180. Lorsque la chambre d'accusation déclare qu'il n'y a lieu de poursuivre, soit parce qu'il n'y a point de charges suffisantes contre l'inculpé, soit parce que le fait incriminé ne constitue ni crime, ni délit, ni contravention, aucun tribunal ne devant être saisi, après cette chambre, du fait qui lui était déféré, elle doit elle-même ordonner la suppression des écrits; mais elle ne pourrait prononcer de dommages-intérêts, parce que les parties n'étant pas en présence, il ne peut être régulièrement pris de conclusions à ce sujet (V. en ce sens M. Grellet-Dumazeau, t. 2, p. 201). — Quant à l'action ultérieure en diffamation, elle ne pourrait, ce semble, dans aucun cas, appartenir à la personne offensée par un mémoire produit seulement devant la chambre des mises en accusation, parce que cette production ne nous paraît pas constituer la publicité exigée par la loi. — La solution paraît devoir être la même en ce qui touche les mémoires qui seraient produits devant la chambre du conseil (c. inst. crim. 128 et suiv.).

1181. Les *arbitres* constituent-ils un tribunal dans le sens de la loi de 1819 (art. 23)? — L'affirmative nous semble pouvoir s'appuyer sur la généralité des termes de l'art. 23, ainsi que sur les motifs de la loi que nous avons déjà indiqués et qui, d'ailleurs, sont faciles à comprendre. — Pour soutenir la négative, on se fonde sur ce que les arbitres ne tenant leurs pouvoirs que des parties ne sont point des juges dans le sens légal de ce mot : *Privatorum consensus judicem non facit eum qui nulli præest judicio* (L. 3, C. *de jurisd.*).—A notre sens, cette raison est insuffisante pour faire écarter l'application de l'art. 23 de la loi de 1819. La pensée qui domine, en effet, dans cette disposition, c'est celle de protéger la défense des parties et de ne pas confondre celui qui, dans le seul dessein de nuire, porte atteinte à l'honneur ou à la considération d'une personne, avec la partie qui, vivement préoccupée de sa défense, se trouve entraînée à employer comme auxiliaires la diffamation ou l'injure. — Or, les parties n'ont pas moins à se défendre devant les arbitres que devant les tribunaux de droit commun; le succès à obtenir n'a pas moins d'importance parce qu'il dépend de la décision des arbitres, et les débats se ressentent nécessairement de cette parité. — D'après ces considérations, nous pensons que l'art. 23 de la loi de 1819 est applicable aux discours tenus et aux écrits produits devant les arbitres. — Mais nous devons faire observer ici que cette question est à nos yeux parfaitement distincte de celle de savoir si les arbitres peuvent ordonner la suppression des écrits produits devant eux.—A cet égard, V. *infrà*, nº 1271. — Du reste, les discussions devant la juridiction arbitrale manquent de l'un des caractères essentiels de la diffamation, la *publicité* : on ne voit donc pas comment les discours tenus ou les écrits produits devant les arbitres pourraient constituer une diffamation.

1182. L'immunité accordée par l'art. 23 de la loi de 1819 peut être invoquée non-seulement par les parties ou leurs défenseurs, mais aussi par les magistrats que leurs fonctions appellent à parler ou écrire sur les procès soumis aux tribunaux. — M. de Grattier (t. 1, p. 232) est d'avis que l'immunité dont jouissent les magistrats dérive du caractère même dont ils sont revêtus et non de l'art. 23 de la loi de 1819. — M. Chassan (t. 1, p. 97 et suiv.) la fait résulter plus de l'art. 367 c. pén. que de l'art. 23 précité de la loi de 1819 : « La protection qui leur est accordée, dit ce dernier auteur, au sujet des magistrats, ne repose pas précisément sur l'art. 23 de la loi du 17 mai 1819, quoique l'esprit de la première disposition du premier alinéa dudit article leur soit applicable. Cette protection résulte surtout du principe énoncé dans cette disposition de la dernière partie de l'art. 367 c. pén. : La présente disposition n'est point applicable aux faits dont la loi autorise la publicité, ni à ceux que l'auteur de l'imputation était, par la nature de ses fonctions ou de ses devoirs, obligé de révéler ou de réprimer. » — Pour nous, nous ne voyons rien dans l'art. 23 de la loi de 1819 qui soit de nature à le rendre inapplicable aux *magistrats*. Les termes de la première disposition de cet article se prêtent, au contraire, ce nous semble, à une extension indéfinie : « Ne donneront lieu à aucune action en diffamation ou en injures, y est-il dit, *les discours prononcés ou les écrits produits devant les tribunaux...* » A la vérité, ainsi que le fait remarquer M. de Grattier, les magistrats tirent leur immunité de leurs fonctions. Mais on pourrait dire aussi que les défenseurs tirent leur immunité de leur mission tant qu'ils se renferment dans les bornes de la cause : *agunt quod causa desiderat.* — En général, les lois, fondées sur la raison, sont plutôt déclaratives qu'attributives des droits; ce qu'elles ordonnent, les juges devraient presque toujours, dans le silence des lois, l'ordonner eux-mêmes. Il n'y a donc rien à conclure de ce que l'immunité des magistrats, dans l'exercice de leurs fonctions, peut résulter d'autres principes que de celui que consacre l'art. 23 de la loi de 1819.

1183. Nous reconnaissons, du reste, avec M. Chassan (t. 1, p. 97), qu'une grande latitude doit être accordée à la parole et aux écrits émanés des magistrats dans l'exercice de leurs fonctions : *Quæ jure potestatis à magistratu fiunt, ad injuriarum actionem non pertinent* (L. 13, § 7, D., *De inj. et fam. lib.*) Une application remarquable du principe dont il s'agit a été faite par

(1) (Richard C. Lemasson.) — La cour; — Attendu que la cour d'appel de Rouen n'a pas fait une fausse application de l'art. 13 L. 17 mai 1819, en reconnaissant un délit de diffamation dans les mémoires produits par Richard et répandus par lui dans le public, sans utilité et sur des plaintes qui étaient encore soumises à une instruction secrète; que la chambre d'accusation saisie des plaintes qui avaient donné lieu à ces mémoires eût été sans caractère pour statuer sur la diffamation qu'ils pouvaient contenir; qu'il n'y a en effet dans cette chambre ni instruction publique ni instruction contradictoire; que les tribunaux correctionnels étaient donc compétents pour en connaître, et que les condamnations par eux prononcées n'ont pas été une violation de l'art. 23 L. 17 mai; — Rejette, etc.

Du 18 octobre 1821.-C. C., sect. crim.-MM. Barris, pr.-Hua, rap.

un arrêt de la cour de cassation du 22 fév. 1825, rapporté vº Prise à partie. — Nous ajouterons que la preuve de la culpabilité de l'intention doit être plus évidente quand le délit est imputé à des magistrats que quand il est imputé à de simples particuliers.—V. sur ce point Voët, *Comment. ad Pandect.*, lib. 47. tit. 10, nº 2.

1184. Par suite, et c'est ce qui a été jugé, les tiers eux-mêmes n'ont point d'action à raison de la diffamation ou des injures que contiendrait, soit un acte d'accusation, soit un réquisitoire, lorsqu'il n'y a ni mauvaise foi ni dessein de nuire de la part de l'officier du ministère public à qui elles sont imputées (Crim. cass. 24 déc. 1822, aff. Laffitte, V. Instr. crim., nº 1193. — Conf. Carnot, sur l'art. 241 c. inst. crim., t. 2, p. 273, nº 5.

1185. Et, comme conséquence du même principe, il a été jugé : 1º que le tribunal devant lequel des paroles injurieuses ou diffamatoires sont prononcées par l'organe du ministère public ne doit point en *donner acte* à cette partie ni ordonner le *dépôt au greffe* du réquisitoire (même arrêt) ;—2º Que l'art. 23 de la loi du 17 mai 1819 qui permet au juge de réserver aux parties une *action civile* à raison des imputations injurieuses ou diffamatoires dirigées contre elle, n'autorise pas cette réserve pour les imputations dirigées contre une partie par les membres du ministère public, dans leurs conclusions (Crim. rej. 11 janv. 1851, aff. Bachelet, D. P. 51. 5. 407) ; — 3º Et d'une manière absolue que les paroles prononcées par les officiers du ministère public, dans l'exercice de leurs fonctions, n'ouvrent point une action en diffamation ou en injure à la partie qui se prétend lésée par ces paroles (Crim. cass. 20 oct. 1835, aff. Blavot, V. Discipline, nº 213-2º). — Cette solution se fonderait sur la loi 13, § 1, ff., *De inj. et fam. lib. Juris executio non habet injuriam.* — Mais il s'agit précisément de savoir jusqu'où s'étend l'exercice légitime du droit en cette matière, et il paraît manifeste que lorsque les bornes assignées au ministère public par les exigences de ses fonctions ont été dépassées, lors surtout que l'intention de nuire a dicté des paroles envenimées, le magistrat qui les a prononcées doit en subir la responsabilité.

1186. En effet, la loi n'a point entendu assurer l'impunité aux magistrats (soit juges, soit officiers du ministère public) qui abuseraient méchamment de leurs fonctions pour porter atteinte à l'honneur des citoyens. *Injuriam faciunt*, dit Lauterbach, *omnes doli capaces, etiam magistratus officio suo abutens.* La responsabilité des magistrats qui se laisseraient ainsi égarer par la passion est écrite dans la disposition générale de l'art 1382 c. nap. Et la cour de cassation n'a pas hésité à reconnaître que « si les motifs d'un jugement étaient de nature à constituer un véritable délit, la partie lésée aurait une action contre les magistrats qui l'auraient commis » (Req. 29 janv. 1824, aff. Forbin-Janson, V. vº Cassation, nº 69).

1187. Quant à la voie à prendre pour la réparation du délit, elle varie suivant que l'action est intentée par la partie lésée ou par le ministère public. Dans le premier cas, cette voie est celle de la prise à partie contre le tribunal ou le magistrat qui a commis le délit (c. pr. 505, nº 1, V. Prise à partie) ; dans le second, c'est la voie criminelle. Il est loisible, dans cette dernière hypothèse, à la partie lésée d'*intervenir* dans l'instance introduite par la partie publique.

1188. Du reste, une remarque essentielle à faire, c'est que si le délit résulte d'un acte émané d'un tribunal composé de plusieurs membres, la partie lésée peut, par la voie *civile* de la prise à partie, obtenir la condamnation de tous les membres du tribunal indistinctement ; tandis que l'action intentée au criminel par le ministère public ne peut, d'après la maxime que les délits sont personnels, être dirigée que contre les auteurs mêmes du délit, nonobstant la difficulté qu'il y aura souvent à les connaître. — V. en ce sens Chassan, t. 1, p. 109.

1189. Dans tous les cas, il est évident qu'il n'y a pas diffamation de la part de celui qui, pour obéir aux lois ou à ses devoirs, dénonce à l'autorité les faits parvenus à sa connaissance. — V. vº Dénonciat. calomn., nºs 11 et s. ; Instr. crim., nºs 437 et s.

1190. A l'égard des procès-verbaux des officiers de police judiciaire ou autres agents de l'autorité, V. *suprà*, nº 887.

1191. La déposition d'un témoin ne peut non plus motiver une plainte en *diffamation*, mais bien, s'il y a lieu, une plainte en *faux témoignage* ; dans ce cas, c'est le parjure seul qui est poursuivi (V. *suprà*, nº 887, et vº Témoin). — Il en est de même des rapports d'*experts*. — V. en ce sens MM. Chassan, t. 1, p. 110 ; de Grattier, t. 1, p. 234.

1192. Nous allons maintenant, dans les trois premiers paragraphes qui suivent, examiner les trois hypothèses diverses prévues par l'art. 23 de la loi de 1819, à savoir : 1º les *discours tenus* et les *écrits produits* devant les tribunaux sont injurieux pour l'une des parties, mais relatifs à la cause ; — 2º Ces discours ou écrits sont injurieux pour l'une des *parties* et *étrangers à la cause* ; — 3º Ces discours ou écrits sont injurieux pour des *tiers*. —Dans un quatrième paragraphe nous analyserons le mode particulier de répression autorisé par la disposition précitée.

§ 1. — *Discours et écrits relatifs à la cause.*

1193. La liberté de la défense doit, comme tous les principes, être renfermée dans de justes limites. Or, c'eût été les dépasser que d'accorder aux parties ou à leurs défenseurs le droit d'injure et de diffamation, même dans des digressions étrangères à la cause. Le législateur n'a point voulu qu'il en fût ainsi. — Pour mieux saisir et développer sa pensée sur ce point, il convient de traiter séparément des discours et des écrits.

1194. *Quels discours sont réputés relatifs à la cause.*—Ce sont tous ceux qui signalent des faits, ou renferment des arguments tendant à justifier les conclusions de la partie qui les invoque.—Aussi a-t-il été jugé qu'il n'y a pas diffamation de la part du prévenu de ce délit, qui ne désavoue pas les imputations diffamatoires dirigées par son défenseur contre le plaignant, lorsque ces imputations sont justement celles qui ont donné lieu à la plainte (Lyon, 16 fév. 1826) (1). —Peu importe, d'ailleurs, la forme sous laquelle se produit la diffamation ou l'injure ; c'est-à-dire qu'elle

---

(1) *Espèce* : — (Bœuf C. min. pub.) — Le sieur Bœuf avait été cité par l'adjoint de la commune de Lymas, devant le tribunal de simple police de Villefranche, à raison de certains travaux exécutés par le sieur Bœuf sur un chemin vicinal. — Dans la défense, il imputa à l'adjoint d'avoir détourné une somme d'argent faisant partie du traitement du secrétaire de la commune. — A raison de cette imputation, le sieur Bœuf fut poursuivi par le ministère public devant le tribunal de police correctionnelle ; le défenseur du sieur Bœuf crut devoir chercher à justifier son client en affirmant et en s'efforçant de prouver que l'imputation qui faisait l'objet de la prévention était vraie. — Le sieur Bœuf ne protesta point contre ce système de défense qu'il parut ainsi approuver. — Le 17 déc. 1825, jugement par lequel le tribunal de Villefranche, — « Considérant qu'une discussion a eu lieu devant M. le juge de paix de Villefranche entre le sieur Bœuf et l'adjoint de la commune de Lymas ; que les débats ne fournissaient point la preuve suffisante que les propos tenus par le sieur Bœuf eussent le caractère de l'outrage et de la diffamation ; mais qu'ils ont pris ce caractère par la défense même du prévenu à l'audience, dans laquelle on a cherché à le justifier, en prétendant qu'il existait une preuve légale que l'adjoint de Lymas s'était approprié un traitement sur lequel Bœuf avait des droits ; que les pièces par lesquelles on a prétendu justifier cette imputation prouvent le contraire, et que tous autres moyens par lesquels on a cherché à établir l'existence d'une preuve légale, ne sont pas admissibles, que l'outrage porte sur un fait précis, et constitue le délit réprimé par l'art. 16 L. 17 mai 1819 ; — Condamne Bœuf à un mois de prison et 100 fr. d'amende, comme coupable de diffamation. » — Appel. — Arrêt.

La cour ; — Attendu, ainsi que les premiers juges l'ont reconnu, qu'il n'y a eu ni diffamation ni injures dans les propos qui ont été proférés à l'audience du juge de paix, par Bœuf et Bouneray ; et qu'aucun appel n'a été interjeté de la disposition qui l'a ainsi prononcé ; — Attendu que les faits diffamatoires qui auraient été articulés par l'avocat de Bœuf à l'audience du tribunal de la police correctionnelle, et qui ont seuls donné lieu à la condamnation de ce dernier, ne sont pas étrangers à la cause ; qu'ainsi ils ne sauraient constituer un délit d'après les termes de l'art. 23 L. 17 mai 1817 ; — Attendu qu'il a été mal jugé en ce qu'il a été prononcé des condamnations contre Pierre Bœuf, par application de l'art. 16 L. 17 mai 1819, pour les faits diffamatoires non étrangers à la cause, qui auraient été prononcés dans ses plaidoiries à l'audience du tribunal de la police correctionnelle de Villefranche, du 17 déc. 1825 ; — Émendant, le décharge desdites condamnations, et le renvoie de toutes poursuites, etc. »

Du 16 fév. 1826.-C. de Lyon, 4e ch.-M. Nugue, pr.

résulte de *plaidoiries* ou de simples *observations* soit des *avocats, avoués* et agréés, soit des *parties* elles-mêmes (V. en ce sens M. de Grattier, t. 1, p. 232). — Suivant la loi de 1819, le mot *discours* est, en effet, un terme générique qui doit s'entendre du plus simple propos. C'est ce qui s'induit de l'art 1 de cette loi où il est dit : « Quiconque, soit par *des discours*... aura provoqué l'auteur ou les auteurs de toute action qualifiée crime ou délit à la commettre, etc. » — Dans cette disposition, en effet, le législateur a évidemment désigné tous les genres de propos et non des discours méthodiques, tels qu'une plaidoirie, et lorsque ce mot se retrouve dans l'art. 23, il est naturel de le prendre dans cette acception générale.

1195. M. de Grattier (t. 1, p. 233) pense que lorsque les causes se jugent sur mémoires et non sur plaidoiries, dans les matières d'*enregistrement*, par exemple, les discours ne doivent pas jouir de l'immunité accordée par la loi. — Cette distinction nous semble peu fondée. — Que les affaires doivent ou non se juger sur plaidoiries, lorsque les discours ont été *tenus devant un tribunal* pour la défense d'une cause, nous croyons que *la lettre* et *l'esprit* de la loi doivent soustraire l'infraction à l'application des règles ordinaires. — V. cependant *infrà*, n° 1215, en ce qui concerne les écrits produits devant les cours d'assises.

1196. Mais les discours ne peuvent être considérés comme *tenus devant les tribunaux*, que lorsqu'ils sont proférés en présence des juges, parce que ce n'est que dans ce cas qu'ils se rattachent à la défense des parties (Conf. MM. Mangin, t. 1, p. 323; de Grattier, t. 1, p. 271; Grellet-Dumazeau, t. 2, p. 195). — En conséquence, il a été jugé : 1° que des injures proférées par un plaideur contre son adversaire dans la salle d'audience, en présence du barreau et du public, mais pendant que les juges délibéraient, ne peuvent pas être considérées comme des injures prononcées dans un discours ou plaidoyer, lesquelles ne donnent lieu à aucune action, et qui peuvent être seulement supprimées par les juges, mais bien comme des injures ordinaires, réprimées par les art. 13 et 19 de la loi du 17 mai 1819 (Crim. rej. 19 nov. 1829) (1); — 2° Que lorsque l'expression outrageante contre l'une des parties n'a pas été prononcée pendant la plaidoirie, mais après la décision du juge de paix, on ne peut invoquer l'exception de l'art. 23 de la loi du 17 mai 1819 (Grenoble, 9 mai 1834, aff. Piot, V. n° 682-2°); — 3° Que lorsque les propos injurieux dont se plaint une partie n'ont pas été tenus à l'audience, elle peut exercer son action civile, quoiqu'elle ne lui ait pas été réservée par le juge : elle ne se trouve pas alors dans le cas prévu par l'art. 23 de la loi de 1819 (Crim. cass. 7 juill. 1827) (2).

1197. Du reste, il ne faut pas perdre de vue que l'immunité qu'accorde la loi ne s'applique qu'à la *diffamation ou à l'injure*, comme le porte textuellement l'art. 23 de la loi de 1819, et non aux autres infractions. — Par suite, il a été jugé : 1° que des paroles prononcées dans sa défense par un individu prévenu d'un délit de la presse, peuvent constituer un crime ou un délit distinct de celui à raison duquel il est traduit devant la cour d'assises, et qu'il appartient à la cour d'assises de décider si ces paroles ne sont que le développement et la reproduction de l'écrit qui a donné lieu à la poursuite, ou si elles constituent un délit distinct (Crim. rej. 27 fév. 1832, aff. Raspail, V. n° 1433); — 2° Que le prévenu d'un délit de la presse (le délit d'attaque aux droits que le roi tient du vœu de la nation française), qui, loin de se disculper des faits qu'on lui impute, reproduit dans un discours écrit prononcé à l'audience, les doctrines pour lesquelles il est poursuivi, et y en ajoute de nouvelles contraires à l'ordre établi, commet un nouveau délit donnant lieu à des poursuites nouvelles (Lyon, 18 juin 1832) (3); — 3° Que dire dans une défense présentée devant un conseil de discipline de la garde nationale, *que*

(1) (Mestivier C. Mestivier.) — La cour; — Sur le moyen présenté par le demandeur : — Attendu qu'il est constaté, par l'arrêt attaqué qui a adopté les motifs, en fait, du jugement correctionnel de première instance, que les injures proférées par P. Mestivier contre E. Mestivier, son oncle, l'ont été dans la salle d'audience, en présence du barreau et du public, pendant que les juges étaient en délibéré; que, dès lors, elles ne peuvent être comprises dans les discours et plaidoyers, à l'égard desquels l'art. 25 de la loi du 17 mai 1819, a établi une exception; que, par suite, et pour la répression desdites injures, il y avait lieu à l'application légale, contre P. Mestivier, des art. 15, § 2, et 19 de ladite loi; — Rejette.

Du 19 nov. 1829.-C. C., ch. crim.-MM. Ollivier, pr.-Brière, rap.

(2) (Chatel C. Moinot.) — La cour; — Attendu, sur le premier moyen, qu'il résulte du jugement attaqué que les propos injurieux attribués à Chatel n'ont pas été tenus devant le juge de paix, et que ce juge n'a pu, dès lors, réserver à la partie injuriée l'action civile qui pouvait lui compéter à raison de ces injures, et ce, conformément à l'art 25 de la loi du 17 mai 1819; — D'où il suit que le jugement attaqué a régulièrement statué sur l'action en réparation civile portée devant lui; — Rejette ce moyen, et, par suite, le pourvoi du demandeur envers la partie du jugement qui le condamne à 25 fr. de dommages envers Moinot. — Mais attendu, sur le second moyen, que, lorsqu'un tribunal d'appel de police correctionnelle n'est saisi que par l'appel de la partie civile ou du condamné et non par l'appel du ministère public, il ne peut prononcer aucune peine ni aggraver en aucune manière les condamnations prononcées dans l'intérêt de la vindicte publique; — Par ces motifs, casse et annule la disposition du jugement du tribunal correctionnel de Saint-Mihiel, du 21 mai dernier, qui condamne Claude Chatel à quinze jours d'emprisonnement et à 25 fr. d'amende; — Et attendu qu'il n'y avait point d'appel émis ni d'action exercée dans l'intérêt de la vindicte publique, et que la partie civile est hors de cause; — Vu l'art. 429 c. inst. crim., déclare qu'il n'échoit de prononcer aucun renvoi.

Du 7 juill. 1827.-C. C., ch. crim.-MM. Portalis, pr.-Ollivier, rap.

(3) (Bœuf.) — La cour; — En fait : — Attendu que le prévenu dans sa défense a articulé que « de toutes les prétentions la plus bouffonne était de dire que le roi tenait ses droits du vœu de la nation française; » — Qu'il a soutenu que « les députés de 1830 n'avaient ni pouvoir ni mandat constituant; qu'élus en vertu des lois qui se rattachent à un pouvoir et une charte imposés par l'étranger en 1814, ils n'ont même jamais été investis d'aucun pouvoir régulier; qu'ainsi les députés qui ont élevé au trône Louis-Philippe d'Orléans ont volé au peuple ce qu'il a de plus cher, sa souveraineté; » — Attendu qu'il a qualifié de « misérable jonglerie appuyée seulement par les acclamations des bandes de solliciteurs et repoussée par le reste de la France, » l'acte qui appelait au trône la branche d'Orléans; — Attendu qu'au sujet des derniers événements qui ont ensanglanté Paris, le prévenu, assimilant le pouvoir agissant pour le maintien des lois et la répression des factieux, au pouvoir qui, en 1830, s'efforçait de renverser les lois par la force, a prétendu que « les mêmes faits qui avaient mérité à Charles X les épithètes de *parjure* et d'*assassin*, valaient à Philippe des adresses de félicitations; » — Attendu que le prévenu, loin de chercher à se disculper des délits qui lui étaient imputés, s'est attaché à développer systématiquement dans un discours écrit les doctrines les plus subversives, non-seulement de l'ordre établi, mais de toute espèce d'ordre, représentant la classe des *prolétaires* comme avilie, tyrannisée, dépouillée par les riches, qu'il appelle la classe des *privilégiés*; — Que, non content de reproduire dans sa plaidoirie les principes et les outrages contenus dans la brochure incriminée, il a pris texte des derniers événements de Paris, pour déverser sur le roi de nouveaux outrages, et attaquer ses droits à la souveraineté; — Attendu que le prévenu a désavoué son conseil, qui s'efforçait de faire considérer cette défense comme le résultat d'une irritation qui ne permettait pas à son client de se maîtriser; — Attendu que le président a vainement cherché à obtenir une rétractation du prévenu, en analysant successivement les principaux points des plaidoiries, et lui demandant s'il entendait y persister; — En droit : — Attendu que l'ensemble de ces faits constitue : 1° un nouveau délit d'attaque aux droits que le roi tient du vœu de la nation française exprimé dans la déclaration du 7 août 1830, et de la charte par lui jurée le 9 août suivant, délit prévu par l'art. 1 de la loi du 29 nov. 1830; — 2° Un nouveau délit d'offense commis publiquement envers la personne du roi, délit prévu par l'art. 9 de la loi du 17 mai 1819, et par l'art. 86 c. pén.; — Attendu qu'indépendamment des règles ordinaires relatives à la poursuite et à la répression des crimes ou délits, les art. 181, 504 et 505 c. inst. crim. ont investi les cours d'assises d'une juridiction exceptionnelle et d'une compétence particulière pour connaître de tous les crimes et délits commis dans l'enceinte et pendant la durée de l'audience, et y statuer immédiatement et sans désemparer; — Attendu que les lois subséquentes qui ont attribué au jury la connaissance des délits politiques, auparavant attribuée aux cours et tribunaux, ont innové quant à la compétence ordinaire, mais n'ont pas aboli la compétence exceptionnelle qui résulte des articles précités; — Attendu que ces principes, consacrés par l'arrêt de la cour de cassation rendu dans l'affaire Raspail le 27 février dernier, ont reçu depuis une nouvelle consécration par la loi modificative de toute notre législation pénale, qui n'a point aboli ni changé les art. 181, 504 et 505 c. inst. crim., bien que la discussion de l'affaire Raspail, soit devant la cour d'appel, soit devant la cour de cassation, eût averti le législateur de l'usage qu'on pouvait faire desdits articles; — Attendu que la loi, en armant les magistrats de ce pouvoir exceptionnel, a voulu par là qu'ils pussent maintenir la dignité de la justice et empêcher qu'elle ne fût impunément profanée jusque dans son sanctuaire; que, dès lors, c'est un devoir pour les magistrats de

l'ordre de choses actuel paraît funeste à la France; qu'on ne doit pas lui prêter volontairement appui; qu'en cas de guerre civile, on se réunira aux partisans de la branche aînée des Bourbons, c'est faire abus du droit de la défense et commettre le délit prévu par l'art. 1 de la loi du 29 nov. 1830 (Crim. rej. 7 juin 1832) (1).

Quoi qu'il en soit, et c'est ce qui a été jugé, dans le cas où la cour de cassation n'est saisie d'une question d'*outrage* envers un magistrat, commis par un avoué dans un acte de procédure, que sur une demande en règlement de juges formée par le ministère public à l'occasion d'un conflit négatif, cette cour n'est pas compétente pour statuer *de plano* sur l'exception du prévenu, présentée devant elle, et tendant à ce que le fait à lui imputé soit déclaré à l'abri de l'action publique, aux termes de l'art. 23 de la loi du 17 mai 1819, relatif aux écrits diffamatoires produits devant les tribunaux (Crim. rej. 21 sept. 1838) (2).

1198. *Quels écrits sont réputés relatifs à la cause?* — Le mot *écrits*, dans le sens de la loi de 1819, ne peut avoir moins de généralité que le mot *discours*, dont nous venons de fixer la signification (V. n° 1194). — Nous croyons donc qu'il doit s'appliquer à tous les actes, *mémoires*, *observations*, *manuscrits* ou *imprimés* qui tendent à justifier les conclusions des parties. — M. Mangin, t. 1, p. 327, n° 153, dit aussi à ce sujet : « Ce n'est pas seulement aux actes de procédure que la loi étend les garanties qu'elle établit; elle couvre de sa protection les écrits produits devant les tribunaux, et quand le législateur s'est exprimé ainsi, il avait certainement en vue tous les écrits que les besoins de la défense, que les usages du barreau font éclore, et les différents modes de production qui ont été adoptés. » — V. aussi MM. Parant, p. 101; de Grattier, t. 1, p. 238, n° 12; Grellet-Dumazeau, t. 2, p. 195. — Il a, d'ailleurs, été jugé que le mot *écrit*, dans le sens de l'art. 23 de la loi du 17 mai 1819, comprend les écrits imprimés comme ceux qui ne le sont pas (Crim. rej. 3 juin 1825) (3).

1199. Mais n'oublions pas que, pour être à l'abri de toute

---

ne pas rester spectateurs impassibles des crimes ou délits qui se commettent en leur présence; — Vu l'art. 1 de la loi du 29 nov. 1830; — Vu l'art. 9 de la loi du 17 mai 1819; — Et l'art. 368 c. inst. crim.; — Ouï le ministère public en ses réquisitions, et l'accusé en sa défense présentée par lui-même et par l'organe de Me Chanay, son conseil; — Déclare Joseph Bœuf coupable : 1° du délit d'attaque aux droits que le roi tient du vœu de la nation française exprimé dans la déclaration du 7 août 1830 et de la charte par lui jurée le 9 août suivant; 2° du délit d'offense commis publiquement envers la personne du roi, et, en conséquence, condamne ledit Joseph Bœuf à six mois de prison, 1,000 fr. d'amende et aux frais.

Du 18 juin 1832.-C. d'ass. du Rhône.-M. d'Angeville, pr.

(1) *Espèce* : — (De Savignac C. min. publ.) — De Savignac, cité devant le conseil de discipline du 2e bataillon de la garde nationale de Caen, prononça, le 17 déc. 1831, pour sa défense, un discours où il disait, entre autres choses : « que l'ordre de choses actuel lui paraissant, sous tous les rapports, funeste à sa patrie, il regardait comme un devoir de ne pas lui prêter volontairement son appui; que tout en déplorant la guerre civile, si jamais une lutte sanglante devait s'engager entre les défenseurs du gouvernement et les hommes restés dévoués à la branche aînée des Bourbons, sa conscience lui prescrivait de se réunir à ces derniers, et que, dans le désir de ne pas être accusé plus tard de trahison, il se croyait obligé de faire connaître, dès à présent, les sentiments dont il était animé. » — Aucun procès-verbal ne fut dressé par le conseil de discipline à l'occasion de ce discours; il fut entendu jusqu'au bout sans interruption; cependant de Savignac fut traduit, à la requête du ministère public, devant la cour d'assises, après une information où furent entendus des membres du conseil de discipline et quelques auditeurs, sous la prévention d'attaque contre la dignité royale, et l'ordre de successibilité au trône, etc. — Déclaré coupable par le jury, il fut condamné, par arrêt de la cour d'assises du Calvados, du 25 fév. 1832, à trois mois de prison et 3,000 fr. d'amende.

Pourvoi pour violation du droit de défense. — Aux termes de l'art. 23 de la loi du 17 mai 1819, a-t-on dit pour lui, les discours prononcés et les écrits produits devant les tribunaux, ne peuvent donner lieu à aucune poursuite; cependant les faits diffamatoires, *étrangers à la cause*, peuvent donner ouverture, soit à l'action publique, soit à l'action civile des parties, lorsqu'elle leur aura été réservée par les tribunaux.

Pourquoi les actions, publique ou civile, en pareil cas, ne peuvent-elles être exercées qu'autant qu'elles auront été réservées par les tribunaux saisis de l'affaire principale? C'est évidemment parce que ces tribunaux peuvent seuls reconnaître si les faits prétendus diffamatoires sont étrangers à la cause, circonstance sans laquelle le délit ne saurait exister; il y a même raison de décider toutes les fois qu'il est allégué qu'un délit a été commis dans le cours d'une défense, puisque, avant tout, il s'agit de reconnaître si la proposition, d'où résulterait le prétendu délit, était ou non commandée par la défense, si elle se rattachait à la cause, ou si elle lui était étrangère. En effet, que pourrait faire le jury auquel la phrase incriminée serait présentée isolément? Il pourrait bien juger si cette phrase est ou non répréhensible en elle-même; mais cette phrase, coupable en apparence, ne serait-elle pas justifiée par les circonstances dans lesquelles elle aurait été prononcée? C'est ce que le jury ignorerait complètement. On ne peut lui montrer qu'une partie de la cause; comment donc aurait-il qualité pour prononcer une condamnation? Il faut, de toute nécessité, que si, dans une instance, il a été prononcé une défense paraissant constituer quelque délit, le juge saisi de la cause commence par dresser procès-verbal du fait; qu'il fasse connaître que le délit prétendu n'était pas nécessaire pour la défense; l'obligation lui en est imposée par les art. 181, 505, 506 et 507 c. inst. crim., et 117 de la loi du 22 mars 1831.

Eh bien! dans la cause, ces principes ont été méconnus, puisque de Savignac a été traduit devant la cour d'assises pour une plaidoirie, une défense prononcée devant un conseil de discipline, sans qu'il y ait eu de réserves faites, sans qu'il y ait eu de procès-verbal dressé; bien plus, le conseil de discipline ne lui avait pas adressé le moindre avertissement. — Arrêt.

La cour; — Attendu que l'exception résultant de ce qu'il n'aura pas été dressé de procès-verbal par les membres du conseil de discipline devant lequel ont été prononcées les paroles qui ont ultérieurement donné lieu à la décision attaquée, constituerait, si on pouvait la considérer comme fondée, une nullité de poursuite; — Attendu que cette nullité serait couverte par le caractère définitif qu'a imprimé à l'arrêt de la chambre des mises en accusation le défaut de pourvoi du demandeur; — Attendu que la cour d'assises étant ainsi compétemment saisie, il n'y a plus lieu que d'examiner si elle a appliqué, au fait déclaré constant par le jury, la peine prononcée par la loi; — Attendu que les paroles attribuées au demandeur, et dont l'existence a été reconnue par le jury, constituent, aux termes de sa réponse affirmative, le délit prévu par l'art. 1 de la loi du 29 oct. 1830, se référant à l'art. 1 de celle du 17 mai 1819, et qu'un délit de cette nature peut résulter de l'abus fait par un prévenu du droit de défense; — Rejette.

Du 7 juin 1832.-C. C., ch. crim.-MM. Ollivier, pr.-Rocher, rap.

(2) (Vialle.) — La cour; — En ce qui touche les exceptions invoquées par l'intervenant dans ses conclusions, et ayant pour but d'établir que le fait imputé à Me Vialle ne pouvait donner lieu à l'action publique à fin de répression, parce qu'il se trouvait rentrer dans les cas prévus par l'art. 23 de la loi du 17 mai 1819; — Attendu que la cour de cassation saisie seulement par le ministère public d'une demande en règlement de juges, portant sur des décisions qui ont acquis la force de chose jugée, n'est pas compétente pour statuer sur les exceptions que l'intervenant produit prématurément devant elle, et qui ne pourront être appréciées que par le juge qui sera reconnu compétent pour connaître du fond du procès; que, par conséquent, il n'y a lieu de s'arrêter auxdites exceptions....

Du 21 sept. 1838.-C. C., ch. crim.-MM. Bastard, pr.-Dehaussy, rap.

(3) *Espèce* : — (Valade C. Chapoulaud.) — Les époux Rignon, à l'occasion d'une contestation pendante, devant la cour de Limoges, entre eux et le sieur Valade, font imprimer un mémoire et le font distribuer aux conseillers. — Ce mémoire ne fut point signifié; il n'était signé ni par l'avocat ni par l'avoué des époux Rignon. — Valade attaque en calomnie, devant le tribunal correctionnel, Chapoulaud, imprimeur du mémoire, se fondant notamment sur ce que dans ce mémoire on lui imputé une violation de dépôt. L'imprimeur oppose un déclinatoire tiré de l'art. 23 de la loi du 17 mai 1819, d'après lequel les tribunaux civils sont seuls compétents pour réprimer les injures ou diffamations contenues dans les écrits produits devant eux. — Le tribunal de police correctionnelle se déclare compétent, et ordonne que les mariés Rignon seront mis en cause. — Appel. — Arrêt de la cour de Limoges, qui décide que Valade ne pouvait s'adresser qu'à la chambre civile, saisie de la contestation existante entre lui et les époux Rignon, pour obtenir la répression du délit dont il se plaignait. — Pourvoi par Valade. — 1° Fausse application de l'art. 23 de la loi du 17 mai 1819, en ce que l'attribution, conférée aux tribunaux civils par cet article, n'est relative qu'aux écrits et non aux imprimés. — La distinction entre les écrits et les imprimés résulte de l'art. 1 de la loi du 17 mai 1819, comme elle résultait, avant cette loi, des dispositions des art. 367, 375 et 377 c. pén.; — 2° Violation de l'art. 13 de la loi du 17 mai 1819 qui définit la diffamation, et fausse application de l'art. 23 de la même loi, en ce que l'arrêt attaqué a jugé qu'il appartient aux tribunaux civils de réprimer la calomnie contenue dans un mémoire, tandis que l'art. 23 ne statue que pour le cas de diffamation ou d'injure. — 3° Fausse application de l'art. 23 de la loi du 17 mai 1819, lequel n'est applicable qu'aux écrits produits devant les tribunaux; et, cependant, l'arrêt attaqué en a fait l'application à un mémoire, qui n'avait point été produit dans le pro-

action en diffamation ou en injure, les écrits doivent être *produits* (L. 1819, art. 23), parce que ce n'est que lorsqu'ils remplissent cette condition qu'ils peuvent être réputés relatifs à la cause.—Or qu'est-ce que *produire* un écrit? — A cet égard, il faut consulter, non pas seulement la signification étymologique, mais le sens juridique du mot. — Produire un acte, une pièce, dans le langage de la procédure, c'est les faire servir à la défense de l'une des parties; c'est conséquemment les placer sous les yeux des magistrats. — Il a été jugé en ce sens : 1° que pour qu'il y ait production d'écrits diffamatoires, suivant l'art. 23 de la loi du 17 mai 1819, il n'est pas nécessaire que ces écrits aient été produits *comme pièces du procès*; il suffit qu'ils aient été produits, en réalité, durant le cours de l'instance : le mot *produit* doit être entendu dans son sens usuel, c'est-à-dire d'un écrit dont il a été donné connaissance aux magistrats, par un moyen quelconque (Crim. cass. 6 fév. 1829, aff. Thirion, V. n° 1221-5°; Bastia, 27 déc. 1834, aff. Biadelli, V. Comp. crim., n° 622. — Conf. M. Pardessus, p. 100 et suiv.);—2° Que les droits ou prérogatives de la défense ne vont pas jusque-là, qu'un prévenu puisse publier, par la voie de la presse ou des journaux l'interrogatoire qu'il a subi devant le juge d'instruction, interrogatoire dans lequel se trouve le délit d'attaque envers les droits que le roi tient de la constitution : un tel délit a pu être justement poursuivi devant la cour d'assises et puni, s'il a été déclaré constant (Crim. rej. 19 mai 1832 (1), V. d'ailleurs *suprà*, n° 1197); — 3° Qu'un mémoire injurieux fourni, dans le cours d'un procès, au juge rapporteur, par l'une des parties, est réputé, à raison de la connaissance que ce juge a dû en donner aux autres membres du tribunal, et encore qu'il n'aurait pas été probablement signifié à l'autre partie, avoir été produit dans le sens de l'art. 23 de la loi du 17 mai 1819, et ne peut, dès lors, donner lieu à des dommages-intérêts contre son auteur (Req. 30 déc. 1851, aff. du Martray, D. P. 52. 1. 154).

1200. Par une conséquence du même principe, et c'est ce qui a été jugé, pour qu'un écrit judiciaire soit réputé produit dans le sens de l'art. 23 précité de la loi de 1819, il n'est point nécessaire que cet écrit ait été signifié (Cr. rej. 3 juin 1825, aff. Valade, V. n° 1198; Crim. cass. 6 fév. 1829, aff. Thirion, V. n° 1221-3°; Bastia, 27 déc. 1834, aff. Biadelli, V. Compét. crim., n° 622. Conf. MM. Parant, p. 101; Chassan, t. 1, p. 85 et suiv.; de Grattier, t. 1, p. 237 et 238; Grellet-Dumazeau, t. 2, p. 196)... ni qu'il porte la signature d'un avocat attaché au barreau du tribunal appelé à connaître de la contestation; et, par exemple, un mémoire peut être réputé produit devant la cour de cassation, quoiqu'il soit signé par un avocat non attaché à cette cour (Crim. rej. 12 sept. 1829, aff. Michel, V. n° 1202-1°) ...ou même qu'il ne soit signé ni par un avocat ni par un avoué (Crim. rej. 3 juin 1825, aff. Valade, V. n° 1198). — Conf. MM. Chassan, t. 1, p. 85; de Grattier, t. 1, p. 238; Mangin, t. 1, p. 327, n° 153; Grellet-Dumazeau, t. 2, p. 196.

1201. Ce qui est nécessaire, c'est qu'il ait été remis d'une manière quelconque, à l'occasion d'un procès, aux magistrats saisis de la cause (Bastia, 27 déc. 1834, aff. Biadelli, V. Compét. crim., n° 622; Agen, 23 déc. 1851, aff. Benech, D. P. 52. 2. 117). —Cependant, il a été décidé en sens contraire qu'un factum ou mémoire imprimé, distribué durant l'instance, par une partie, contenant des injures ou diffamations contre l'autre partie, mais ne portant point de signature d'avoué, et n'ayant point été notifié, ne peut être considéré comme une pièce du procès; de telle sorte que les tribunaux sont incompétents pour statuer sur la demande en dommages formée incidemment par la partie plaignante, et ordonner la suppression de cet imprimé qui ne peut donner matière qu'à une action ordinaire (Rennes, 6 déc. 1834, aff. Leguével, V. Mise en jugement, n° 54-6°). — Nous pensons que les décisions rendues dans le sens opposé sont plus conformes à la pensée de la loi. La distribution *aux magistrats* est nécessairement une production suivant l'esprit de l'art. 23 précité.

1202. Toutefois, il a été décidé encore : 1° qu'un écrit destiné à être produit en justice peut être déclaré non produit au procès, dans le sens de la loi de 1819, quoiqu'il ait été imprimé et qu'un exemplaire soit tombé entre les mains du ministère public, si d'ailleurs il n'a reçu aucune publication (Crim. rej. 12 sept. 1829) (2); — 2° Qu'un écrit, bien qu'il ait été imprimé dans le cours des débats portés devant une

---

légal, puisqu'il n'était point signé par un avoué et n'avait point été signifié. — Arrêt.

La cour; — Reçoit Chapoulaud en son intervention, et y statuant, ainsi que sur le pourvoi de Valade; — Attendu, sur le premier moyen, que le mot *écrit* est générique, et comprend tant les écrits imprimés que ceux qui ne le sont pas; — Attendu, sur le deuxième moyen, que l'art. 15 de la loi du 17 mai 1819 remplace l'art. 377 c. pén., et que les tribunaux peuvent statuer sur les allégations et imputations qui constituent la diffamation, comme ils statuaient à l'égard des imputations et des injures contenues dans les écrits relatifs à la défense des parties; — Attendu, sur le troisième moyen, que si les dispositions de l'art. 23 de la loi du 17 mai 1819 ne sont applicables qu'aux écrits produits devant les tribunaux, il résulte, des faits de la cause, que l'écrit dont il s'agit a été distribué aux juges comme un document nécessaire à son instruction, et qu'ils rentrent, dès lors, dans les dispositions de la loi; — Rejette.

Du 3 juin 1825.-C. C., ch. crim.-MM. Portalis, pr.-Ollivier, rap.

(1) (Leduc et Genoude C. min. pub.) — La cour; — Sur le premier moyen : — Attendu que, d'après le renvoi ordonné par la chambre d'accusation, les demandeurs ont été régulièrement traduits devant la cour d'assises, sur la prévention de faits qualifiés d'attaque envers les droits que le roi tient du vœu de la nation; qu'après l'audition de leurs défenseurs et l'observation des formes substantielles aux débats, les faits imputés ont été déclarés constants par le jury; que ces faits rentrant dans l'application des lois des 17 mai 1819 et 29 nov. 1830, la peine portée par ces lois a été justement prononcée;—Qu'ainsi, sous aucun rapport, il n'a été porté d'atteinte à la défense des demandeurs (*a*), ni fait de fausse application des lois des 17 mai 1819 et 29 nov. 1830;

Attendu, sur le deuxième moyen, que les incompatibilités sont de droit étroit; que les hautes fonctions conférées aux pairs de France par la charte, se concilient et se cumulent légalement avec les places, grades et dignités dans l'administration, l'armée, et les cours et tribunaux ordinaires; que, dès lors, les pairs de France ne sont pas des juges dans le sens de l'art. 384 c. inst. crim.;—Attendu, d'ailleurs, qu'aucune loi spéciale n'a déclaré que les fonctions de pair de France fussent, par leur nature, incompatibles avec celles de juré, et qu'il n'est pas possible de reconnaître comme existante une incompatibilité non-légalement établie; — Que, dès lors, le concours d'un pair de France dans le nombre des jurés qui ont prononcé sur la prévention, n'a pu constituer d'irrégularité; — Rejette, etc.

Du 19 mai 1832.-C. C., ch. crim.-MM. Choppin, pr.-Ollivier, rap.

(*a*) Ils étaient poursuivis pour avoir publié dans leurs feuilles (la Gazette et le Courrier de l'Europe), l'interrogatoire qu'avait subi, devant un juge d'instruction, Thouret, gérant du journal la Révolution de 1830. Ils soutenaient, à l'appui du moyen de cassation dont il s'agit, que la cour d'assises avait porté atteinte au droit sacré de la défense, en les condamnant pour avoir publié cet interrogatoire. Ils citaient un arrêt de la cour, du 3 nov. 1831, rendu dans l'affaire de la Gazette du Languedoc.

(2) *Espèce* :—(Min. pub. C. Michel.) — Victimes d'exactions qui avaient absorbé une fortune de plus d'un million, MM. Gras de Preigne dénoncèrent avec indignation, des avoués, des juges, un membre du ministère public à qui ils reprochaient leur ruine. — Dans leurs efforts pour obtenir justice, ils furent assistés de Me Michel, avocat de Tarascon. — Avant d'arriver au but de ses efforts, Me Michel fut rayé du tableau des avocats de Tarascon, forcé de fuir et de cacher sa retraite. — Dans le courant de 1826, il avait publié pour MM. de Preigne deux mémoires signés de lui et d'une des parties. Il en fit imprimer un troisième qui fut déposé à la direction de la librairie, le 5 fév. 1827. — Le ministère public, par une plainte en date du 11 août 1827, le cite en police correctionnelle, à raison de prétendues diffamations contenues dans ces trois mémoires. — Pendant cette instance, Me Michel imprima un quatrième mémoire, qu'il destinait à éclairer ses juges; mais il s'abstint de le publier : aucune distribution n'en fut faite. Cependant un exemplaire en tomba entre les mains du ministère public, qui en fit l'objet de conclusions additionnelles. — En cet état, et le 29 nov. 1828, le tribunal de Toulouse, saisi de la cause par suite de renvoi de la cour de cassation, renvoya le prévenu de tous les chefs de la plainte.

Appel. — 10 avr. 1829, arrêt de la cour de Toulouse, chambres réunies, qui confirme en ces termes :— « Attendu que les trois premiers mémoires incriminés, rédigés et signés par le sieur Michel en sa qualité d'avocat, d'après les instructions du sieur Ferdinand de Preigne, qui les a aussi signés, ont été produits devant la cour de cassation, à l'appui des demandes en renvoi pour cause de suspicion légitime, formées par le sieur de Preigne; — Attendu que les deux premiers mémoires ont été publiés en 1826; que la déclaration et le dépôt à la direction générale ont eu lieu en octobre de cette même année, tandis que la plainte n'a été portée que le 11 août 1827; que dès lors l'action du ministère public est prescrite aux termes de l'art. 29 de la loi du 26 mai 1819;

cour d'appel, et que divers passages aient été signalés comme diffamatoires et discutés devant elle par les avocats, a pu être déclaré n'avoir pas été produit au procès; et qu'en conséquence, l'action en diffamation, intentée par suite de la publication ultérieure de ce mémoire, a pu être reçue, encore bien qu'elle n'aurait pas été réservée par la cour d'appel, laquelle d'ailleurs avait refusé de statuer sur l'action en suppression du mémoire, en se fondant sur ce que la distribution n'était pas constante (Crim. rej. 24 déc. 1830 (1). — Conf. M. Mangin, t. 1, p. 526, n° 155). Le *fait de distribution* n'étant pas constant, il devait être considéré comme n'existant pas, et dès lors il n'y avait pas de production; — 3° Qu'on ne doit pas répuler *produi;*

— Attendu qu'il n'a pas été établi que le troisième mémoire ait été déposé et publié avant le 5 fév. 1827, et que la prescription soit acquise à cet égard; — Mais, attendu qu'il résulte de l'art. 25 de la loi du 17 mai 1819, que les juges, nantis du fonds, peuvent seuls prononcer la suppression des mémoires produits devant eux, et que les faits diffamatoires, étrangers à la cause, sont les seuls qui donnent ouverture à l'action du ministère public, lorsqu'elle lui a été expressément réservée; — Attendu que le ministère public près la cour de cassation, qui prit connaissance des mémoires incriminés, n'en réclama point la suppression, ne fit aucunes réserves, et que la cour elle-même ne lui réserva aucune action; que, par voie de suite, celle exercée aujourd'hui serait donc non recevable; — Attendu, d'ailleurs, que le sieur de Preigne récusait, pour cause de suspicion légitime, non-seulement le tribunal de Tarascon et la cour d'appel d'Aix, mais encore les cours d'appel voisines de la Provence; — Que les mémoires incriminés étaient produits devant la cour de cassation, pour prouver le mérite de la récusation; que de pareilles demandes ne peuvent être justifiées que par l'articulation d'une foule de faits propres à démontrer la nécessité du renvoi; qu'il est, dans l'état actuel, impossible d'apprécier si les passages incriminés, et les faits qu'ils renferment, sont ou non étrangers à la contestation, et si les plaintes du sieur de Preigne et les expressions de ses mémoires ne rentraient point dans le droit de la légitime défense; que le silence de la cour suprême et du ministère public fortifie cette opinion; — Qu'en effet, si elle n'avait pas été enchaînée par le respect pour le droit sacré de la défense et la nature du procès, elle n'aurait pas manqué de faire au moins des réserves au ministère public, lorsque c'était une cour d'appel entière qui était attaquée; que, quelque affligeant que puisse être ce débat, il ne peut donner lieu à aucune poursuite, dès qu'il devient nécessaire ou utile au procès. — En ce qui touche le quatrième mémoire imprimé à Toulouse, et signé par le sieur Michel; — Attendu qu'il est résulté des faits de la cause, que ce mémoire n'a reçu aucune publication, et n'a pas été produit au procès; que, dès lors, il ne peut y avoir lieu de statuer à cet égard sur les conclusions du ministère public; d'où il suit que l'appel du ministère public est mal fondé. C'est le cas de l'en démettre. »

Pourvoi du procureur général de la cour de Toulouse. — M. Voysin de Gartempe fils, avocat général, a conclu au rejet du pourvoi; mais, néanmoins, sans partager l'opinion de M. Dalloz, défenseur de Me Michel, relativement à la nécessité des réserves de la part du ministère public. — Arrêt (ap. un long délibéré).

LA COUR; — Attendu, sur le premier moyen, que la cour d'appel de Toulouse a décidé, en fait, que le troisième mémoire incriminé avait été produit aux tribunaux, et était relatif à la défense des parties; qu'en cet état, elle a fait une juste application de l'art. 25 de la loi du 17 mai 1819; — Attendu, sur le deuxième moyen, que le ministère public ne peut exercer le droit de poursuivre que lorsque les faits diffamatoires sont étrangers à la cause; et attendu que la cour de Toulouse n'a point déclaré que ces faits fussent tels; qu'ainsi elle a, en l'état, par ce second motif, fait une juste application du § 4 de l'art. 25 de la loi précitée; — Attendu, sur le troisième moyen, que le quatrième mémoire de Michel ne pouvait être poursuivi par le ministère public, dans les limites de cet art. 25, que s'il avait été produit au procès, et que la cour d'appel de Toulouse a décidé, en fait, que ce mémoire n'avait reçu aucune publication; — Rejette.

Du 12 sept. 1829.-C. C., ch. crim.-MM. Bastard, pr.-Ollivier, rap.

(1) *Espèce :* — (Lacroix, etc. C. Lacourade.) — Un procès commercial, relatif à l'exécution de conventions concernant l'industrie de la fabrication des papiers, existait entre les sieurs Lacourade, d'une part, et Gaillot, Lacroix et autres, d'autre part, devant le tribunal de commerce d'Angoulême. Le jugement de ce tribunal fut frappé d'appel devant la cour de Bordeaux. Les sieurs Gaillot, Lacroix et consorts firent imprimer un mémoire, et en distribuèrent des exemplaires dans le public. Au moment de plaider sur l'appel, Lacourade demanda la suppression du mémoire, avec des dommages-intérêts. Après des pourparlers entre les avocats, il fut convenu que le mémoire ne serait pas distribué aux magistrats; il se trouvait entre les mains de l'avocat de Lacourade. Les imputations qui y étaient contenues furent débattues dans les plaidoiries.

Le 6 janv. 1829, arrêt qui réforma le jugement du tribunal de commerce d'Angoulême. Quant à la demande en suppression d'un mémoire : — « Attendu qu'il n'avait pas été signifié au procès; qu'il n'avait pas non plus été distribué devant la cour, et qu'elle n'avait eu aucun moyen de constater qu'une distribution quelconque en avait été faite; que, néanmoins, il convenait de réserver aux parties leurs actions et exceptions à raison de la publication dudit mémoire; la cour dit n'y avoir lieu de procéder sur la demande en suppression du mémoire, sans préjudice au sieur Lacourade de se pourvoir, s'il y avait lieu, à raison dudit écrit, devant qui il appartiendrait, les actions et exceptions des parties leur demeurant réservées. »

Lacourade porta plainte en diffamation; et, le 5 avr. 1829, le tribunal correctionnel d'Angoulême prononça le jugement suivant : — « Considérant que l'écrit incriminé intitulé : Mémoire présenté à la cour d'appel de Bordeaux a été rédigé par les sieurs fabricants de papier, dans l'intérêt de la défense; qu'il a été produit dans l'instance civile pendante en appel devant ladite cour de Bordeaux entre lesdits fabricants et le sieur Lacourade; — Considérant que, pour constater cette production, il n'était pas nécessaire que le mémoire fût signifié; qu'il suffisait qu'il fût publié : qu'il est constant que le mémoire dont il s'agit, et surtout les passages incriminés, ont été discutés par les avocats des parties; qu'enfin un des chefs des conclusions prises par le sieur Lacourade avait pour objet la suppression du mémoire dont il s'agit, ou de lui donner acte de ses réserves; — Considérant que la cour de Bordeaux, en statuant sur ce chef de conclusions par son arrêt du 6 janv. 1829, et en donnant acte au sieur Lacourade de ses réserves, n'a pas déclaré que les faits contenus dans le mémoire publié étaient étrangers à la cause; que, dès lors, ce mémoire rentre dans la classe des écrits que l'art. 25 de la loi du 17 mai 1819 déclare ne pouvoir donner lieu à l'action en diffamation, etc. »

Appel; et le 22 mai 1830, arrêt infirmatif de la cour de Bordeaux, en ces termes : — « Attendu que le mémoire dont il s'agit n'avait pas été produit dans l'instance jugée entre les parties par la première chambre de la cour; qu'il est vrai que Lacourade y avait pris des conclusions en suppression d'un écrit dont il se plaignait; mais qu'il fut reconnu, en fait, par l'arrêt du 6 janv. 1829, que cet écrit n'avait pas été signifié au procès; qu'il n'avait pas non plus été distribué devant la cour, et qu'elle n'avait eu aucun moyen de constater qu'une distribution quelconque en eût été faite; que la cour, se trouvant ainsi dans l'impossibilité d'apprécier un mémoire qui n'était pas produit, n'avait pu, aux termes de la loi du 17 mai 1819, en ordonner la suppression, ni même vérifier s'il renfermait des faits diffamatoires relatifs ou étrangers à la cause; que cet article n'est donc pas applicable au mémoire sur lequel Henri Lacourade a fondé son action en diffamation; — Attendu qu'il est constant que les prévenus ont signé cet écrit; qu'ils l'ont fait imprimer, et qu'il a été distribué; que Lacourade en rapporte deux exemplaires; que, loin d'en avoir désavoué la publication devant les premiers juges, Lacroix, Senne et consorts se sont efforcés de le justifier, et que leur allégation devant la cour qu'il n'en a circulé que quelques exemplaires soustraits chez l'imprimeur par l'infidélité de ses ouvriers, ne mérite aucune confiance; — Attendu que cet écrit renferme notamment aux p. 1, 2, etc., des expressions outrageantes et des imputations de nature à porter atteinte à l'honneur et à la considération de Lacourade, et qu'il est du devoir de la justice de réprimer ces injures et cette diffamation, et que la réparation ne doit pas avoir moins de publicité que l'offense; condamne Lacroix et consorts à 2,000 fr. de dommages-intérêts. »

Pourvoi : 1° violation de l'art. 25, § 1, de la loi du 17 mai 1819, en ce que la cour de Bordeaux a admis une action en diffamation fondée sur un écrit produit devant les tribunaux. Dans l'espèce, le mémoire avait été produit; car, suivant la jurisprudence, il n'est pas nécessaire d'une production dans le sens technique du mot, d'une notification régulière; il suffit que les écrits aient été remis de la main à la main, suivant l'usage constamment observé. Ainsi jugé par les arrêts des 6 fév. et 12 sept. 1829, rendus par la cour de cassation; — 2° Violation du § 4 de l'art. 25 de la même loi, qui ne permet d'intenter une action en diffamation contenue en un écrit publié à l'occasion d'un procès, qu'autant que le droit en a été réservé par le tribunal saisi de l'action principale, avec déclaration que les faits diffamatoires étaient étrangers à la cause. Or l'arrêt de la cour de Bordeaux qui a statué sur le procès civil a bien réservé l'action en diffamation, mais sans déclarer que les faits incriminés fussent étrangers au débat; l'action en diffamation n'était donc pas recevable. — Arrêt.

LA COUR; — Donne acte au défendeur de son intervention; et y statuant ainsi que sur le pourvoi formé contre l'arrêt de la cour d'appel de Bordeaux, du 22 mai 1830; — Attendu qu'il résulte des termes de l'arrêt de la même cour, en date du 6 janv. 1829, que le mémoire qui a donné lieu à l'action en diffamation, intentée par Lacourade devant le tribunal correctionnel d'Angoulême n'avait pas été distribué devant elle, et qu'elle n'avait eu aucun moyen de constater qu'une distribution quelconque en eût été faite; — Attendu que l'arrêt attaqué, se fondant sur cette déclaration, a décidé, en fait, que le mémoire dont il s'agit n'avait

un écrit imprimé relatif à un procès, mais qui n'a pas été remis aux magistrats (Colmar, 3e ch., 27 juin 1836, M. Chassan, av. gén., c. conf., aff. Lacroix C. Benner. — V. MM. Chassan, t. 1, p. 86; de Grattier, t. 1, p. 238, no 4).

1203. Suivant M. Chassan (t. 1, p. 41 et 86), la remise d'un *seul* exemplaire aux magistrats ne suffit pas pour constituer la production. — Nous ne partageons pas cet avis parce que la loi n'a nullement fait dépendre l'immunité du nombre des exemplaires de l'écrit placé sous les yeux des magistrats, mais de sa *production*. Or il paraît manifeste que la pièce qui serait remise au juge rapporteur dans une affaire en délibéré où qui doit se juger sur instruction par écrit, serait *produite* dans le sens de la loi. — Il en serait autrement, toutefois, s'il était déclaré en fait que le mémoire a été confié à un juge, moins en vue de l'éclairer comme juge, qu'en raison de relations d'amitié ou de parenté, ou enfin dans un but tout autre que celui d'instruire le magistrat touchant l'affaire sur laquelle il doit statuer.

1204. Le but que s'est proposé le législateur fait comprendre aussi dans quelles limites doit être renfermée la distribution d'un écrit pour qu'il ait droit de jouir de l'immunité; et c'est par une juste appréciation de ces limites qu'il a été jugé que la disposition de l'art. 23 de la loi du 17 mai 1819 est une disposition exceptionnelle qui doit être restreinte dans l'intérêt de la défense légitime des parties, en ce sens que si un mémoire produit en justice a été distribué, sans utilité pour la cause, à d'autres personnes qu'aux juges, l'auteur du mémoire ne pourra pas invoquer le bénéfice de cet article (Crim. rej. 14 déc. 1838, aff. Bernage, V. no 211.—Conf. M. Grellet-Dumazeau, t. 2, p. 196, 197).

1205. Néanmoins, M. Grellet-Dumazeau, t. 2, p. 198, n'irait pas jusqu'à priver de l'immunité une partie qui, sans mauvais dessein, en aurait distribué, soit à d'autres membres du tribunal saisi que ceux qui doivent connaître de la cause, soit à des membres du bureau. — Mais pour aller jusque-là, il faudrait des considérations particulières qui, en réalité, iraient jusqu'à démontrer qu'une partie n'a eu ni pu avoir aucune idée de nuire d'une façon quelconque à la réputation de son adversaire.

1206. Au reste, il a été jugé qu'un mémoire relatif à une contestation soumise à un tribunal et adressé au chef de l'Etat ne peut donner lieu à des poursuites en diffamation, lorsque ce mémoire rapporte exactement les mêmes faits que ceux qui ont été présentés aux juges saisis (Paris, 15 déc. 1825) (1). — On peut même, à la rigueur, invoquer, en faveur de cette solution, la fiction suivant laquelle toute justice émane du souverain; et l'on ne doit pas oublier que la publicité est une condition essentielle de la diffamation; qu'elle ne saurait dès lors résulter du seul fait de la remise d'un mémoire au chef de l'Etat. — Mais lorsqu'il est évident que cette remise a été faite sans nulle précaution propre à prévenir la publicité, ou que même on a voulu donner de l'éclat aux faits que le mémoire fait connaître, il nous paraît qu'il y a lieu d'appliquer la loi pénale.

1207. Au surplus, et dans l'espèce qui vient d'être retracée, il a été jugé qu'on ne peut poursuivre, avant le jugement de la contestation et l'appréciation du mémoire dans ses rapports avec l'art. 23 de la loi de 1819, une personne étrangère au procès qui aurait participé à la rédaction d'un tel mémoire, signé d'ailleurs de la partie elle-même (même arrêt).

1208. Quant à la *participation* à la rédaction du mémoire par une personne étrangère au procès, il est manifeste qu'elle ne peut être atteinte par les dispositions qui punissent la diffamation, qu'autant que ce mémoire ne remplirait pas les conditions exigées par l'art. 23 précité. — Il n'y a pas de complicité sans un fait principal qui tombe sous l'application de la loi pénale.

1209. Mais si une personne étrangère à une contestation publie ou distribue un mémoire relatif à ce procès, étant seule auteur du fait de diffamation, elle ne peut, à aucun titre, invoquer le bénéfice de l'art. 23 de la loi de 1819. — C'est dans ce sens qu'il a été jugé que l'art. 23 de la loi du 17 mai 1819 ne protége que les écrits produits dans une cause où le prévenu aurait été partie, et non celui qui aurait été produit dans un procès que le demandeur avait eu avec un tiers (Crim. rej. 23 mars 1844, aff. Delanney).

1210. Il a été jugé, à plus forte raison, 1o que l'art. 23 de la loi du 17 mai 1819 ne peut s'étendre au fait de la réimpression par un tiers étranger au procès, éteint depuis longues années, de mémoires ou écrits anciens, pour reproduire contre l'une des parties les imputations diffamatoires qu'ils renferment (Crim. rej. 16 nov. 1843, aff. Cornède-Miramont, V. no 1470-2o). — 2o Qu'un citoyen qui publie, dans les journaux, un article relatif à un procès qu'il a soutenu, peut être poursuivi à raison des faits contenus dans cet article, par action en diffamation; qu'en un tel cas, on ne peut considérer cet article comme un discours prononcé ou un mémoire publié pour sa défense, et appliquer l'art. 23 de la loi du 17 mai 1819, (Crim. rej. 25 juin 1831, aff. Bergé, V. no 1491-2o. — Conf. MM. Parant, p. 101; de Grattier, t. 1, p. 238, no 4; Mangin, t. 1, p. 325 et 326);—3o Que l'immunité dont la loi du 17 mai 1819 protége les écrits produits en justice dans l'intérêt de la légitime défense des parties, est forcément restreinte aux nécessités du procès; en sorte que le procès terminé, la distribution de ces mêmes écrits, faite à des tiers, peut régulièrement devenir l'objet d'une plainte en diffamation (Crim. rej. 15 juin 1854, aff. de Colmant, D. P. 54. 1. 261).

1211. Mais il a été décidé que, bien que des imputations soient contenues dans un acte extrajudiciaire signifié à un tiers non partie au procès, l'action en diffamation n'est pas ouverte à ce dernier, s'il est déclaré que cet acte extrajudiciaire contenait des faits non étrangers à la cause (Cr. rej., 14 déc. 1838) (2). — C'est ici, on le voit, un cas tout différent de celui où un tiers

---

pas été produit devant les juges nantis de l'action principale;—Attendu que, dès lors, cet arrêt échappe à la censure de la cour; — Rejette.

Du 24 déc. 1830.-C. C., ch. crim.-MM. de Bastard, pr.-Rocher, rap.

(1) *Espèce* : — (De Bordeaux C. veuve Fourmentin et Tanchon.) — La septième chambre du tribunal de première instance de Paris, jugeant correctionnellement, a rendu le jugement suivant : — « Attendu qu'aux termes de l'art. 23 L. 17 mai 1819, les écrits produits devant les tribunaux ne peuvent, pendant le cours de l'instance, donner lieu à aucune action en diffamation ou injure; que les juges, saisis de la cause, peuvent, en statuant sur le fond, prononcer la suppression de ces écrits, et condamner qui il appartiendra à des dommages-intérêts; que les faits diffamatoires, étrangers à la cause, peuvent donner ouverture à une action devant les tribunaux de police correctionnelle seulement, lorsqu'elle leur a été réservée au civil; — Attendu qu'il en résulte que, tant que les parties sont en instance, aucune plainte relative aux écrits qui s'y rattachent, ne peut être portée devant les tribunaux de police correctionnelle;

» Attendu que de Bordeaux et la veuve Fourmentin sont en instance sur l'inscription de faux incident civil; que les mémoires attaqués étaient relatifs à la question de savoir si l'inscription de faux incident serait admise; qu'en effet, le premier mémoire a été distribué avant l'arrêt du 13 juin 1825; que le second, qui n'est que la répétition du premier, l'a été avant l'arrêt du 13 juin 1825; que ce n'est que lorsqu'il sera statué au fond que de Bordeaux pourra se plaindre des passages contenus dans ces mémoires qu'il prétend diffamatoires; que c'est à tort qu'on se fonde sur ce qu'il a été adressé un mémoire au roi, puisque ce mémoire rapporte identiquement les mêmes faits que ceux présentés à la cour d'appel; que c'est également à tort qu'on prétend établir la compétence du tribunal de police correctionnelle, en disant que la femme Tanchon, qui n'est pas en nom dans l'instance, aurait participé à la rédaction du mémoire, et pourrait être poursuivie en diffamation; qu'en effet, la veuve Fourmentin, en signant les mémoires, en a pris sur elle toute la responsabilité, et que, ne pouvant statuer maintenant contre l'auteur du délit, le tribunal ne pourrait statuer sur la responsabilité;—Déclare de Bordeaux non recevable dans la plainte, et le condamne aux dépens. »—Appel.—Arrêt.

La cour;—Adoptant les motifs des premiers juges;—Confirme.

Du 15 déc. 1825.-C. de Paris, aud. sol.-M. Séguier, 1er pr.

(2) *Espèce* : — (Bernage, Dumoulin C. min. publ.) — Dans le cours d'un procès civil contre Lireux, le sieur Dumoulin avait publié un mémoire qui contenait des imputations contre les nommés Bernage et Cheronnet, non parties au procès, mais que Dumoulin croyait avoir été les complices de la fraude qu'il reprochait à son adversaire. — Avant d'attendre l'issue du procès civil, Bernage et Cheronnet citent Dumoulin en police correctionnelle pour diffamation. — Ce dernier décline la compétence de ce tribunal et demande son renvoi devant les juges saisis du procès civil. — 9 mars 1838, jugement par défaut du tribunal de police correctionnelle de la Seine, qui, rejetant l'exception, condamne Dumoulin à un mois de prison et 6,000 fr. de dommages-intérêts. — Opposition de la part de Dumoulin. — 20 avr. 1838, nouveau jugement par défaut de débouté d'opposition. — Appel du 10 mai, dans les dix jours, non du prononcé, mais de la signification de ce jugement. — Dans l'intervalle, un acte extrajudiciaire signifié, à la requête de Dumoulin,

produit ou répand des écrits relatifs à une contestation dans laquelle il n'est point partie. — L'acte extrajudiciaire, bien que signifié à un tiers, émane d'une partie au procès. On doit supposer que cette partie le considère comme utile à sa défense, et que, par ce motif, il est destiné à passer sous les yeux des juges. — Dans ces circonstances un acte judiciaire peut donc être considéré comme un écrit produit devant les tribunaux.

1212. Mais on ne doit pas réputer écrit produit en justice, dans le sens de l'art. 23 de la loi du 17 mai 1819, une plainte injurieuse pour un individu, déposée dans un greffe, sans qu'il y ait procès antérieur entre le plaignant et cet individu, et sur laquelle a été rendue une ordonnance non contradictoire, qui déclare n'y avoir lieu à suivre sur la plainte;... et, par suite, il a été jugé qu'une telle plainte peut être l'objet d'une action ultérieure en diffamation de la part de ce dernier, quoique cette action n'aurait pas été réservée par l'ordonnance (Douai, 22 août 1828, aff. Clin, V. n° 857).—C'est, en effet, à la défense que l'immunité a été accordée. — Or, lorsqu'il n'y a pas de procès, il ne saurait y avoir de défense. — Toutefois, dans l'espèce de l'arrêt précité, il semble que ce serait plutôt l'action en dénonciation calomnieuse que l'action en diffamation qui serait ouverte à la partie lésée.

1213. Toujours, d'après les mêmes principes, il a été jugé aussi : 1° que la poursuite de faits diffamatoires contenus dans un mémoire publié à l'occasion d'un procès, dans l'intervalle du jugement de première instance à l'appel, peut avoir lieu devant la juridiction correctionnelle, alors surtout que cette action est intentée par une personne étrangère au procès; l'art. 23 de la loi du 17 mai 1819, disposant que nul mémoire produit sur un procès ne peut donner lieu à des poursuites en diffamation, n'est pas applicable à cette hypothèque; d'abord, parce qu'il s'agit d'un tiers auquel l'art. 23 réserve dans tous les cas son action civile; ensuite, parce qu'il s'agit d'une production qui, ayant eu lieu lorsque le tribunal de première instance n'était plus saisi et que le tribunal d'appel ne l'était pas encore, n'a pas réellement été faite devant un tribunal (Crim. rej., 21 juill. 1832 (1).—V. en ce sens MM. Parant, p. 101; de Grattier, t. 1, p. 258; Mangin, t. 1, p. 326, n° 153); — 2° Qu'un écrit en ré-

---

à Cheronnet et Bernage, donna lieu, de la part de ces derniers, à une nouvelle plainte en diffamation.

12 juin 1838, jugement qui condamne Dumoulin à un mois de prison et 6,000 fr. de dommages-intérêts. — Appel. — 18 juill. 1838, arrêt de la cour d'appel de Paris (ch. des appels de police corr.), qui joint cet appel à celui des jugements des 9 mars et 20 avr. 1838.—Des fins de non-recevoir sont élevées par toutes les parties. Bernage prétend que l'appel de Dumoulin, contre le jugement du 20 avril de débouté d'opposition, est non recevable, faute d'avoir été interjeté dans les dix jours. — Dumoulin reproduit l'exception d'incompétence tirée de ce qu'aux termes de l'art. 23 de la loi du 17 mai 1819, il n'appartient qu'aux juges devant lesquels un mémoire a été produit de décider si ce mémoire est ou non diffamatoire.

Sur ces conclusions respectives, 21 juill. 1838, arrêt qui statue en ces termes : — « La cour, attendu que le jugement rendu sur l'opposition est un jugement par défaut; qu'ainsi les délais de l'appel, aux termes de l'art. 203 c. inst. crim., ne courent que du jour de la signification de ce jugement; — Attendu que l'appel interjeté par Dumoulin l'a été dans ledit délai, déclare l'appel recevable, et ordonne qu'il sera plaidé au fond; — Statuant sur l'appel du jugement du 20 avril dernier : en ce qui touche l'appel interjeté par Dumoulin, adoptant les motifs des premiers juges; — Considérant, en outre, que les faits imputés à Bernage et Cheronnet, dans le mémoire dont il s'agit, ne sont point entièrement étrangers à la cause qui s'agitait entre les parties; mais qu'en distribuant ledit mémoire à d'autres qu'à ses juges, sans utilité pour sa cause, Dumoulin s'est placé hors de l'exception admise uniquement dans l'intérêt de la défense, par l'art. 23 de la loi du 17 mai 1819. »

Pourvoi de la part de toutes les parties : par Bernage, pour 1° violation des art. 187, 188, 203 c. inst. crim., en ce que, dès que l'art. 188 déclare que, si l'opposant à un jugement correctionnel rendu par défaut ne comparait pas, son opposition devra être réputée non avenue, et, par conséquent, le jugement susceptible seulement d'appel et non plus d'opposition, il fallait en conclure, aux termes de l'art. 203, que le délai de l'appel à l'égard de ce jugement courait non du jour de la signification, mais de celui du prononcé. — En d'autres termes, le délai pour former oppositien aux jugements correctionnels par défaut n'empêche pas de courir celui de l'appel (V. Dict., v° Appel correctionnel, n°s 115 et suiv., Berriat Saint-Prix, Droit crim., p. 122, note 19). — 2° Violation des art. 13, 18, 19 et 20, et fausse application de l'art. 23 de la loi du 17 mai 1819, en ce que l'arrêt a refusé de voir dans un acte extrajudiciaire signifié à une partie non en cause le caractère d'écrit diffamatoire public, autorisant l'action en diffamation. — Pourvoi de la part de Dumoulin : 1° Violation de l'art. 23 de la loi du 17 mai 1819, en ce que la loi, en réservant, dans tous les cas, l'action civile des tiers, déclare positivement que lorsque les faits de diffamation ne seront pas étrangers à la cause, comme dans le cas particulier, la connaissance devra en appartenir aux juges saisis du procès originaire, les seuls, en effet, en position d'apprécier jusqu'à quel point les parties se sont écartées des bornes d'une légitime défense. Ainsi, dès qu'un fait prétendu diffamatoire est jugé non étranger à la cause, il ne peut donner, même au profit des tiers, ouverture à aucune plainte en diffamation devant les tribunaux correctionnels. — 2° Violation, sous un autre point de vue, du même article 23 de la loi du 17 mai 1819, en ce que l'arrêt attaqué, en décidant que le mémoire, bien que ne contenant que des faits relatifs au procès, n'aurait pas dû être distribué à d'autres personnes qu'aux juges de la cause, a créé arbitrairement une distinction qui n'existe ni dans l'esprit ni dans la lettre de la loi. Comment, en effet, dans nos mœurs et en présence d'une loi destinée à régir la presse, aurait-on pu songer à limiter ainsi d'une manière aussi étroite la publication d'un mémoire, permise aux parties pour la défense de leur cause devant les tribunaux? — Arrêt.

La cour; — Joint les pourvois et y statuant; — En ce qui touche le pourvoi de Bernage; — Sur le premier moyen, pris de la violation des art. 187, 188 et 203 c. inst. crim., en ce que la cour d'appel a réformé le jugement par défaut, du 9 mars 1838, quoiqu'il fût devenu définitif, faute par Dumoulin d'avoir comparu sur son opposition; — Attendu que tous les jugements de débouté d'opposition produisent les mêmes effets; qu'ils interviennent faute par l'opposant de se présenter pour soutenir son opposition, ou qu'ils soient rendus après un nouveau débat; qu'un tel jugement se confond avec le jugement par défaut, et que l'appel qui en est interjeté remet tout en question; — Sur le deuxième moyen, pris de la violation des art. 13, 18, 19 et 20 de la loi du 17 mai 1819, et de la fausse application de l'art. 23 de la même loi, en ce que la cour d'appel a refusé d'admettre l'action en diffamation et injure dirigée contre Dumoulin à raison des imputations contenues dans un acte extrajudiciaire signifié par lui au demandeur, à l'occasion d'un procès qu'il soutient contre le sieur Lireux, et dans lequel ledit demandeur n'était point partie : — Attendu que l'art. 23 de la loi du 17 mai 1819 interdit, par sa première disposition, toute action en diffamation ou injures pour les discours prononcés ou les écrits produits devant les tribunaux; que sa dernière disposition n'autorise exceptionnellement cette action, même de la part des tiers, que pour les faits étrangers à la cause; et qu'il a été formellement déclaré, dans l'arrêt attaqué, que l'acte extrajudiciaire à raison duquel Dumoulin était poursuivi était un acte du procès existant entre Lireux et lui, et ne contenait que des faits non étrangers à la cause; — En ce qui touche le pourvoi de Dumoulin; — Sur le premier moyen, tiré de l'incompétence; — Attendu que l'action des tiers, lorsqu'elle leur est ouverte aux termes de l'art. 23 de la loi du 17 mai, appartient à la juridiction correctionnelle, et que ces tiers ne peuvent être tenus d'attendre, pour poursuivre la répression des diffamations dont ils auraient à se plaindre, le jugement définitif du procès à l'occasion duquel ils auraient été diffamés; — Sur le deuxième moyen, pris de la violation de l'art. 23 de ladite loi du 17 mai 1819, en ce que la cour d'appel a condamné le demandeur pour un mémoire produit dans son procès avec le sieur Lireux : — Attendu que ledit art. 23 ne protège les écrits produits en justice que dans l'intérêt de la défense légitime des parties; que sa disposition est une exception au droit commun qui doit être renfermée dans les cas pour lesquels elle a été introduite; que la cour d'appel ayant déclaré, en fait, que le mémoire dont il s'agit avait été distribué par le demandeur à d'autres que ses juges, sans utilité pour sa cause et dans le seul but de nuire à Bernage, n'a point violé ledit art. 23 par la condamnation qu'elle a prononcée; — Par ces motifs, — Rejette.

Du 14 déc. 1838.-C. C., ch. crim.-MM. Choppin, pr.-Vincens, rap.

(1) *Espèce :* — (Ricard C. Mignot, etc.) — Ricard avait fait imprimer un mémoire relatif à un procès qu'il avait soutenu contre un sieur Riquet, au moment où ce procès venait d'être jugé en première instance, et avant qu'il en eût été appelé. Les sieurs Mignot et Deschamps, prétendant que ce mémoire contenait des faits diffamatoires contre eux, citèrent Ricard en police correctionnelle. — Celui-ci soutint que cette juridiction était incompétente; qu'aux termes de l'art. 23 de la loi du 17 mai 1819, nul mémoire produit sur un procès ne pouvait donner lieu à des poursuites en diffamation, à moins qu'il ne contînt des imputations étrangères à la cause dans l'intérêt de laquelle il est parlé, ce qui ne se rencontrait pas dans l'espèce; — Que l'on devait considérer comme produit sur procès le mémoire publié dans l'intervalle obligé qui sépare tout jugement de première instance de l'appel qui peut en être interjeté; que, si la loi a défendu à la partie qui succombe de former appel avant le délai de huitaine, cette prohibition ne regarde que l'exploit d'appel et

ponse à une pétition renvoyée par la chambre des députés au ministère de l'intérieur, ne doit point être considéré comme un écrit produit devant les tribunaux, et peut, en conséquence, donner lieu à une action en diffamation devant la juridiction correctionnelle, sans qu'il soit besoin de se pourvoir devant le ministre saisi de la pétition et de la réponse (Crim. cass. 2 août 1821) (1). — V. en ce sens M. Mangin, t. 1, p. 324.

1214. Le bureau de conciliation n'est point un tribunal, dans le sens exact de ce mot. Mais il forme en quelque sorte le portique du temple de la justice, dans lequel, sauf les exceptions admises par la loi, on ne peut avoir accès sans traverser cette galerie extérieure. — Aussi avons-nous déjà énoncé (V. n° 1176) que, suivant la loi de 1819, le bureau de conciliation doit être regardé comme un tribunal ; il a été jugé dans ce sens que l'on doit considérer comme un écrit produit devant un tribunal, une citation en conciliation, lue à l'audience de la justice de paix (Bordeaux, 8 août 1833 (2). — Conf. MM. Chassan, t. 1, p. 86 ; de Grattier, t. 1, p. 236, note 2e).

1215. Suivant un arrêt approuvé par les auteurs qui ont écrit sur la matière, la défense orale étant seule admise devant les cours d'assises, les mémoires produits devant cette juridiction, pour la défense d'un accusé, ne jouissent pas de l'immunité accordée par la loi de 1819 aux écrits produits devant les tribunaux. — D'où il suit que les témoins qui se prétendent diffamés dans un mémoire produit par un accusé pour sa défense peuvent exercer contre lui une action en diffamation à raison de ce mémoire (Cr. cass. 11 août 1820, aff. Cabet, V. Défense, n° 125 ; V. en ce sens MM. Parant, p. 101 ; Chassan, t. 1, p. 87 et 94 ; de Grattier, t. 1, p. 241 ; Carnot, sur l'art. 319 c. inst. crim., t. 2, p. 505, n° 2 ; Bourguignon, t. 2, p. 45 et 46, n° 11 ; Mangin, t. 1, p. 322, n° 153). — Nous avouerons pourtant que cette solution nous paraît rigoureuse. — Un mémoire produit devant une cour d'assises est certainement un *écrit produit devant un tribunal*. Le sens littéral de la loi est donc favorable au prévenu, et, dans le doute, il convient bien plutôt de l'étendre que de le restreindre. *Rapienda occasio est quæ præbet benignius responsum* (L. 168 ff. *de div. reg. juris*). — Il est, d'ailleurs, des cas où l'on ne pourrait rejeter une défense écrite sans manquer ouvertement à l'équité; celui, par exemple, où un sourd-muet serait traduit en cour d'assises. — Ce serait, en effet, placer cet accusé dans une condition beaucoup moins favorable que les inculpés jouissant de toutes leurs facultés physiques, que de le priver d'expliquer lui-même par écrit, puisqu'il ne peut le faire autrement, les circonstances qu'il croit propres à le justifier ou à intéresser ses juges en sa faveur ; ce n'est pas d'ailleurs ainsi que la loi l'a entendu (V. c. instr. crim. 333). Il peut arriver aussi que, sans

---

nullement les actes d'instruction qui peuvent être préparés à l'avance. — Nonobstant cette défense, le tribunal correctionnel de Rouen, et après lui la cour d'appel de cette ville, chambre des appels de police correctionnelle, par arrêt du 15 janv. 1852, ont retenu la cause et l'ont jugée au fond.

Pourvoi par Ricard. — 1° Violation de l'art. 25, fausse application des art. 13 et 18 de la loi du 17 mai 1819; — En ce que la cour de Rouen a jugé la cause, lorsqu'en tout cas les sieurs Deschamps et Mignot, qui, à la vérité, n'étaient que tiers à l'égard du procès, ne pouvaient avoir qu'une action civile, et non une action correctionnelle, et a prononcé des condamnations, sans qu'il ait même été déclaré que les faits incriminés étaient étrangers au procès. — 2° Violation de l'art. 7 de la loi du 20 avr. 1810, en ce que l'arrêt attaqué a rejeté, sans en donner de motifs, la demande de Ricard tendant à être admis à prouver que le mémoire par lui publié n'était que la reproduction textuelle des plaidoiries prononcées devant le tribunal de première instance, ce qui faisait disparaître toute espèce de culpabilité. — Arrêt.

La cour ; — Attendu, sur le premier moyen, que, d'après l'arrêt attaqué, le mémoire incriminé fut publié par Ricard le 19 avr., après le jugement de son procès avec Riquet, rendu le 6 du même mois, et avant l'appel de Ricard, du 1er mai suivant; que, dès lors, cette production eut lieu lorsque le tribunal de première instance n'était plus saisi, et que le tribunal d'appel ne l'était pas encore, et, par conséquent, ne fut pas faite devant un tribunal ; que, suivant le même arrêt, Mignot et Deschamps n'étaient point parties au procès de Ricard et de Riquet; que, dans cette position, c'était devant le tribunal correctionnel que Mignot et Deschamps devaient porter leur action en diffamation à raison du mémoire publié par Ricard; et, qu'en le décidant ainsi, l'arrêt attaqué, loin d'avoir contrevenu à l'art. 25 de la loi du 17 mai 1819, s'y est, au contraire, exactement conformé; — Attendu, sur le second moyen, que la demande de prouver que les faits du mémoire n'étaient que la reproduction de ceux de la plaidoirie, était subordonnée au cas où ce fait serait dénié; que la dénégation n'ayant pas eu lieu, il n'y avait plus à s'occuper de la demande; — Rejette.

Du 21 juill. 1852.- C. C., ch. crim.-MM. de Bastard, pr.-Ollivier, r.

(1) (Bergeras C. Labarthe.) — La cour ; — Vu l'art. 25 de la loi du 17 mai 1819; — Attendu que l'écrit imprimé, qui a donné lieu à l'action en diffamation intentée devant le tribunal de police correctionnelle d'Orthez par Titon-Bergeras contre le maire et l'adjoint de la commune de Salies, est intitulé : « Réponse à la dénonciation faite à la chambre des députés par des habitants de Salies et à tout ce qui a été imprimé dans le Moniteur du 20 avr. 1820 ; » que ce n'est donc point un de ces écrits produits devant les tribunaux qui, d'après l'article cité de la loi du 17 mai 1819, ne peuvent donner lieu à une action particulière et principale en diffamation ou en injure ; que, la diffamation étant un délit, ce n'est que devant le pouvoir judiciaire que la répression peut en être poursuivie; que c'était sans doute au ministre de l'intérieur, à qui la pétition des habitants de la commune de Salies avait été renvoyée, qu'appartenait l'appréciation des faits qui étaient imputés aux maire et adjoint de cette commune dans l'exercice de leurs fonctions administratives, et que ce ministre pouvait, d'après cette appréciation, soit rejeter la dénonciation, si les faits qu'elle contenait lui paraissaient faux, soit exercer sur les fonctionnaires publics dénoncés son autorité administrative suprême, si les faits étaient vérifiés, et même renvoyer, dans ce cas, devant les tribunaux, s'il y avait lieu ; mais que, si la réponse à la pétition dont il s'agit renfermait des faits relatifs à la vie privée de Titon-Bergeras, et capables de porter atteinte à son honneur ou à sa considération, l'art. 14 de la loi du 26 mai 1819 lui ouvrait, pour obtenir la réparation qui pouvait lui être due, une action qui devait être intentée devant la juridiction correctionnelle; que l'art. 25 de la loi du 17 du même mois ne mettait aucun obstacle à l'exercice de cette action, dès que l'écrit qui en était l'objet n'avait pas été produit dans une instance pendante devant un tribunal ; que la cour d'appel de Pau a faussement appliqué et violé cet article en le donnant pour fondement à la réformation qu'elle a prononcée du jugement obtenu par Titon-Bergeras au tribunal correctionnel d'Orthez, et en déclarant qu'il n'y avait lieu de statuer sur les demandes par lui formées contre l'adjoint de la commune de Salies; — Casse.

Du 2 août 1821.-C. C., sect. crim.-MM. Barris, pr.-Aumont, rap.

(2) Marichon C. Courbin.) — La cour; — Attendu que l'art. 25 de la loi du 17 mai 1819 porte ce qui suit : « Ne donneront lieu à aucune action en diffamation ou injure les discours prononcés ou les écrits produits devant les tribunaux ; » — Attendu, en fait, que Courbin père fit citer, le 15 avr. 1833, Baleste-Marichon devant le juge de paix du canton d'Audenge, en conciliation sur la demande tendante à faire annuler une vente privée du 22 mai 1827, que ce dernier, suivant le libellé de l'acte, aurait fabriquée en abusant d'un blanc-seing; que, Marichon ayant répondu à ladite demande le 18 avril, jour de la comparution, Courbin fils, fondé de pouvoir du citant, déclara que la réponse du cité n'était que le plus noir des mensonges ; que Marichon a été assigné le 18 juin devant le tribunal civil, dans l'objet susexpliqué de la citation; — Attendu que, dix jours avant, et le 8 du même mois, l'imputation contenue dans la citation et devenue publique par la connaissance qui a été donnée de la citation elle-même à l'audience, et le propos ci-dessus de Courbin fils, ont été le sujet et le texte d'une action correctionnelle que Marichon a intentée; — Attendu qu'aux termes de la loi précitée, on doit qualifier la citation du 15 avril d'écrit produit, et le propos de Courbin fils de discours prononcé devant les tribunaux ; qu'une citation en bureau de paix est impérativement exigée par l'art. 48 c. proc., pour toute demande principale et introductive d'instance ; que dès lors elle constitue un acte nécessaire, indispensable; que l'ajournement se rattache à la citation en bureau de paix; qu'il doit fournir la preuve que la conciliation a été vainement tentée; que, l'ajournement étant un écrit produit devant le tribunal, la citation suit le même sort; qu'au surplus, un juge de paix, alors qu'il ne prononce que comme conciliateur, n'en forme pas moins un tribunal devant lequel les parties exposent, expliquent leurs demandes respectives; que, lorsqu'elles se permettent devant ce magistrat une diffamation écrite ou orale, elles restent passibles de l'exercice de la faculté qui appartient aux juges saisis de la cause et statuant sur le fond, quand on leur apporte la preuve légale d'un fait diffamatoire ou injurieux; qu'il suit de là que Courbin est fondé à se retrancher dans la loi du 17 mai 1819 ; que Courbin fils peut également l'invoquer, puisque la prévention dont il est l'objet est de même nature; que, bien qu'il n'y ait d'instance engagée qu'entre Courbin père et Marichon, ce dernier n'est pas déchu de la faculté d'agir contre Courbin fils personnellement; que par conséquent il pourra en juger s'il le ju e convenable ; — Met au néant l'appel que Baleste-Marichon a interjeté du gement rendu par le tribunal correctionnel de Bordeaux, le 26 juin dernier, etc. »

Du 8 août 1833.-C. de Bordeaux, ch. corr.-M. Poumeyrol, pr

être absolument muet, un individu éprouve une très-grande difficulté à s'énoncer. Ne convient-il pas dans ce cas de lui accorder la faculté de se faire comprendre autrement que par la parole qui est pour lui un moyen de communication insuffisant? Il est difficile ce semble, de résoudre négativement cette question. — Mais, s'il en est ainsi, les écrits n'ont rien qui soit en opposition absolue avec la défense devant les cours d'assises, et dès lors, lorsqu'ils sont réellement *produits*, lorsqu'ils ont la défense pour objet, nous inclinons à penser qu'ils doivent être protégés par l'art. 23 de la loi de 1819. — M. Grellet-Dumazeau (t. 2, p. 200) fait, du reste, à cet égard, une distinction qui n'est pas sans intérêt. — Suivant cet auteur, s'il s'agit de l'objet de l'accusation déférée au jury, le débat devant être nécessairement oral, les écrits ne doivent jouir d'aucune immunité. S'il s'agit, au contraire, d'un incident qui doive être jugé par la cour d'assises, sans l'assistance de jurés, les mémoires sont autorisés et l'on peut, à leur égard, invoquer le bénéfice de l'art. 23 de la loi de 1819. — Mais les raisons que nous venons de déduire nous déterminent à écarter cette distinction.

§ 2. — *Discours et écrits étrangers à la cause.—Réserves.*

1216. Nous avons dit (no 1194) que les discours et les écrits relatifs à la cause, sont ceux qui tendent à justifier les conclusions des parties; ceux qui sont inutiles à cette justification doivent donc être réputés étrangers à la cause. — Ainsi, dans un procès où il s'agit de nullité de testament pour cause d'extranéité de l'un des témoins, ou bien d'action possessoire, l'une des parties reprochera à l'autre des prêts usuraires, une escroquerie, un abus de confiance, etc., il est manifeste que de tels faits n'ont aucun rapport avec l'objet de la contestation, et que dès lors ils doivent être traités comme étrangers à la cause.— Il a été jugé dans ce sens qu'imputer un faux à l'une des parties, sans que cette imputation puisse être considéré comme relative à la cause, c'est de la part du défenseur commettre une diffamation (Crim. cass. 21 mai 1836, aff. Durand-Vaugaron, V. no 1223).— Mais si, au contraire, il s'agit dans le procès d'un fait d'usure qui ne serait pas complétement établi, et que, dans le but de le rendre vraisemblable, on invoque d'autres faits de même nature qui se trouveraient judiciairement constatés, on ne pourrait considérer ces dernières imputations comme étrangères à la cause. —Au surplus, c'est là, on le conçoit, une question d'appréciation assez délicate, en ce que toutes les imputations qui tendent à jeter de la défaveur sur un adversaire, ont pour but et souvent pour effet de disposer les juges à rejeter ses prétentions.— Jusqu'à quel point cette tactique est-elle permise? — Il est à peu près impossible de poser à cet égard une règle certaine; mais on ne doit pas perdre de vue qu'une grande indulgence est due aux écarts de la défense, parce qu'ils sont souvent l'effet d'un entraînement ou d'une préoccupation qui a sa source dans une prétention fort légitime. L'immunité consacrée par la loi comme une règle prouve, d'ailleurs, que cette indulgence est dans les vues du législateur.— V. M. Chassan, t. 1, p. 96.

1217. Du reste, l'avocat poursuivi pour injure ou diffamation n'est pas recevable à se réfugier dans le mandat qu'il aurait reçu de son client pour échapper aux conséquences de sa faute, sauf aux juges à apprécier également la bonne foi de l'avocat (V. Avocat, nos 360 et suiv.; V. aussi *cod.*, no 357). — Avant le décret de 1810, il avait été jugé d'une manière absolue qu'un avoué ou défenseur officieux ne doit pas, même de l'ordre de son client, se charger de diffamation (Crim. rej. 27 brum. an 11, MM. Viellart, pr., Sieyes, rap., aff. Fercoq).—Sur les limites du droit de la défense, V. du reste, vo Défense, nos 119 et s.

1218. Il a été jugé également : 1o que des poursuites en diffamation peuvent être dirigées contre le client, qui a fait plaider par son avocat des faits diffamatoires étrangers à la cause (Rouen, 7 mars 1835, aff. Maubert, V. Avocat, no 357; V. MM. Chassan, t. 1, p. 91; de Grattier, t. 1, p. 244); — 2o Que la partie qui souffre que son avocat, en sa présence et sans opposition de sa part, articule dans sa plaidoirie des imputations injurieuses et diffamatoires contre son adversaire, telles que celles d'être un usurier de profession et d'avoir une réputation des plus déshonorantes, devient personnellement passible de dommages-intérêts, alors d'ailleurs que ces imputations sont étrangères à la cause (Bordeaux, 7 août 1844, aff. Ballanger, D. P. 45. 2. 85).—Mais ces solutions ne nous semblent pas devoir être suivies. — On sait qu'aux termes du décret du 14 déc. 1810 (art. 37, V. vo Avocat, no 48), l'avocat ne doit jamais avancer, dans ses plaidoiries, des faits contraires à l'honneur des parties, sans en avoir reçu charge expresse, et *par écrit* de son client ou de l'avoué de celui-ci.—De cette disposition il nous semble résulter que la responsabilité ne peut, *dans aucun cas*, peser sur le client qu'autant qu'il a expressément autorisé la diffamation; son silence à l'audience ne saurait, en bonne justice, lui être reproché comme une approbation. Ce ne peut être, en effet, au client à juger si un fait est ou n'est pas étranger à la cause. Même parmi les plaideurs les plus éclairés, il en est un grand nombre qui ne seraient pas en état de faire cette distinction assez difficile.— D'un autre côté, le client peut craindre de manquer aux bienséances judiciaires, soit en interrompant son avocat, soit même en prenant la parole après lui. — Ce qui nous paraît juste, en pareil cas, c'est de demander à l'avocat qui se livre à des imputations diffamatoires la preuve de son mandat à cet égard; s'il ne la produit pas, seul il doit être responsable.

1219. Et, lors même qu'il la produit, l'avocat doit partager la responsabilité du client, si les faits sont étrangers à la cause.

1220. Avant la loi de 1819 et même avant le code pénal de 1810, on jugeait que lorsque des injures avaient été adressées à l'une des parties devant un tribunal, elles ne donnaient lieu à aucune action ultérieure, s'il n'y avait eu à cet égard ni conclusions ni réserves (Crim. cass. 29 mai 1806, MM. Barris, pr., Lamarque, rap., aff. Chapelle *C.* Grouchy). — La loi du 17 mai 1819 a été plus loin : non-seulement il faut, suivant son art. 23, que les *réserves* aient été faites par la partie; mais il faut qu'elles aient été accueillies par le tribunal devant lequel les propos et les écrits diffamatoires ou injurieux ont été tenus ou produits. — Tel est le sens parfaitement clair de la disposition précitée, et conformément à ce texte il a été jugé que les discours tenus devant un juge de paix procédant à une vérification de lieux ne peuvent donner lieu à une action en diffamation ou en injure, lorsque le juge ne l'a pas formellement réservée (Metz, 26 fév. 1821, aff. Gœury, V. no 935-3o).

1221. Et comme ce n'est, aux termes de l'art. 23 de la loi de 1819, qu'autant que les imputations diffamatoires sont *étrangères à la cause*, que l'action en diffamation peut être ultérieurement intentée à raison de ces diffamations, il a, en outre, été jugé : 1o qu'il ne peut être donné acte des réserves faites par une partie d'imputations qu'elle prétend diffamatoires, que dans le cas où ces faits sont étrangers à la cause (Lyon, 2e ch., 25 mai 1836, aff. Chollet *C.* Bonnaud, etc.); — 2o Que pour que l'action civile de la partie qui se prétend diffamée soit recevable, il est nécessaire que le tribunal non-seulement lui ait donné acte de ses réserves de poursuivre ultérieurement la condamnation des faits diffamatoires contenus dans les écrits ou dans les discours de l'adversaire, mais encore que le tribunal ait déclaré que ces faits étaient étrangers à la cause, et qu'en l'absence de cette déclaration l'action en diffamation ne pourrait être ultérieurement intentée, parce que rien ne constate l'existence des conditions rigoureusement prescrites par l'art. 23 de la loi du 17 mai 1819 (Crim. cass. 6 fév. 1829, aff. Thirion, V. *infrà*, 5o). — ...Et qu'aucune condamnation ne peut être prononcée sans cette déclaration préalable (Crim. cass. 23 nov. 1835, aff. Magnoncourt, V. no 1249-2o); — 3o Qu'il en est des écrits produits devant les conseils de préfecture comme de ceux produits devant les tribunaux ordinaires : pour qu'ils puissent donner lieu à une action en diffamation, il faut que les faits diffamatoires aient été déclarés étrangers à la cause et que l'action en diffamation ait été réservée par les juges administratifs (Crim. rej. 21 juill. 1838) (1), V. *suprà*, no 1177; — 4o Que le plaignant ne peut poursuivre le prévenu sur les nouvelles diffamations

(1) (Mottet *C.* Grandjean.) — La cour; — Attendu que les mémoires produits devant les conseils de préfecture pour la défense des parties sont comme les mémoires produits devant les tribunaux ordinaires, et ne donnent lieu, aux termes de l'art. 23 de la loi du 17 mai 1819, à

prononcées à l'audience, s'il n'a pas fait déclarer par le juge que ces diffamations sont étrangères à la cause, et s'il n'a demandé acte de sa réserve d'en poursuivre la répression devant les juges compétents (Nîmes, 25 janv. 1839) (1); — 5° Que si, au sujet d'écrits publiés pendant le cours d'une instance civile, et déposés entre les mains du procureur du roi et du juge d'instruction, il a été donné à l'adversaire, par l'arrêt qui a jugé le procès civil, acte des réserves de ce dernier, à raison des faits diffamatoires contenus dans ces écrits, mais sans que l'arrêt ait en même temps déclaré que les faits diffamatoires étaient étrangers à la cause, l'action en diffamation, intentée ultérieurement, à l'occasion de ces faits, n'est pas recevable... On dirait en vain que l'arrêt qui a admis cette action, sans déclarer non plus que les faits étaient étrangers à la cause, a reconnu, en fait, que les écrits n'avaient pas été produits (Crim. cass. 6 fév. 1829) (2); — 6° Qu'un arrêt de la chambre des mises en accusation qui renvoie un prévenu devant le tribunal de police correctionnelle, sous l'inculpation de diffamation commise dans des mémoires produits devant cette chambre, doit, à peine de nullité, constater que les imputations signalées comme diffamatoires étaient étrangères à la cause (Crim. cass. 2 avril 1825, aff. Thirion, V. n° 1249-3°. — Conf. MM. Chassan, t. 1, p. 88; de Grattier, t. 1, p. 274; Mangin, t. 1, p. 335); — 7° Que des réserves générales faites par la cour d'assises qui délaisse l'accusé à

---

aucune action en diffamation, à moins que les juges saisis de la cause n'aient, en déclarant étrangers au procès les faits diffamatoires, réservé l'action des parties devant les juges qui doivent en connaître; — Qu'en effet cet article a pour but de protéger la liberté de la défense, qui doit être tout aussi entière et aussi complète devant les tribunaux d'exception que devant les autres; que, d'ailleurs, c'est au tribunal saisi du fond qu'il appartient d'apprécier quelle est la relation entre les procès et les moyens de défense contradictoirement employés; — D'où il suit que Mottet, en portant directement devant le tribunal de police correctionnelle la plainte en diffamation au sujet d'une réponse produite par Grandjean dans une instance alors pendante au conseil de préfecture de la Seine, a été justement déclaré, quant à présent, non recevable dans cette action; — Rejette, etc.

Du 21 juill. 1838.-C. C., ch. crim.-MM. Bastard, pr.-Gartempe fils, r.

(1) (Nicolas C. Balmes.) — LA COUR; — Attendu que Balmes avait cité la femme Nicolas devant le tribunal de simple police de Saint-Ambroix, pour injures verbales et diffamation non publique; — Que la femme Nicolas, dans sa défense devant ce tribunal, a non-seulement convenu desdites injures et diffamations à elle imputées, mais qu'elle paraît même les avoir répétées à l'audience en termes plus vifs et moins mesurés, en alléguant pour sa justification qu'elle avait été portée à maltraiter ainsi le sieur Balmes, à raison des injures et des diffamations par lesquelles celui-ci l'avait provoquée elle-même; — Attendu qu'aux termes de l'art. 25 de la loi du 17 mai 1819, il appartenait à M. le juge de paix, dans le cas où la défense de la femme Nicolas aurait excédé les bornes légitimes et eût présenté le caractère d'offenses envers le sieur Balmes, d'accorder à celui-ci sur sa demande des dommages-intérêts convenables; qu'aux termes du même article de loi, dans le cas où les faits imputés à Balmes sur l'audience, par la femme Nicolas, auraient dû être considérés comme étrangers à la cause, c'était le cas pour le sieur Balmes de le faire déclarer par M. le juge de paix, et d'en demander acte en se réservant de poursuivre son adversaire devant qui de droit; — Que, dans tous les cas, M. le juge de paix était compétent pour statuer sur la plainte du sieur Balmes, et qu'il n'aurait pas dû délaisser les parties à se pourvoir devant une autre juridiction; — Attendu que la citation donnée à la requête de Balmes, à la femme Nicolas, pour comparaître devant le tribunal d'Alais, est basée, 1° sur les faits qui avaient été énumérés dans la citation en simple police devant M. le juge de paix de Saint-Ambroix, et constituant des contraventions d'injures ou de diffamation non publique, etc...; 2° sur les faits qui se seraient passés en l'audience de ce magistrat, et qui seraient imputés à la prévenue comme s'en étant rendue coupable dans sa défense ou à l'occasion de sa défense; — Que le tribunal correctionnel d'Alais ainsi saisi était incompétent pour connaître de la plainte formée par le sieur Balmes, en ce que, sous le rapport des premiers griefs, ils constituaient une contravention du ressort de la simple police, et sous le rapport des seconds, s'ils se rattachaient à la défense de la femme Nicolas, ils devaient être réprimés et punis par M. le juge de paix saisi, et, s'ils étaient étrangers à la cause, il eût fallu le faire déclarer par ce magistrat, et demander acte des réserves que Balmes faisait d'en poursuivre la répression devant qui de droit, faute de quoi toute action à cet égard lui demeurait interdite; — Attendu que la cour n'a point à s'occuper en l'état de la plainte au fond du sieur Balmes, en ce qu'elle imputerait à la femme Nicolas des injures et des diffamations non publiques qui seraient de la compétence des tribunaux de simple police; que sous ce rapport la cause ne serait pas inscrite, et qu'il n'a pas été pris à cet égard de conclusions par Balmes avant l'arrêt; — Par ces motifs, disant droit à l'appel, déclare le sieur Balmes non recevable dans sa demande, etc.

Du 25 janv. 1839.-C. de Nîmes, 3e ch.-M. Fajon, pr.

(2) *Espèce* : — (Thirion C. Carbonnier.) — Une instance civile existait entre le sieur Thirion et le sieur Carbonnier, devant la cour de Rouen. Le premier se plaignait de dol, de spoliation. — Pendant l'instance et le 9 oct. 1825, il dépose entre les mains de M. le procureur du roi et de M. le juge d'instruction, un écrit intitulé : *Crimes qui n'ont pas d'exemple*, contenant plainte contre son adversaire, à raison des faits litigieux. Le 15 nov. suivant, il dépose un autre écrit ayant pour titre : *Cri de l'honneur outragé*. — Le 27 nov. 1824, arrêt de la cour de Rouen qui, statuant sur le procès civil, donne acte à Carbonnier de ses réserves de poursuivre Thirion à raison des faits diffamatoires contenus dans ces deux écrits. — Il est à remarquer que cet arrêt n'a point en même temps déclaré que ces faits fussent étrangers à la cause plaidée devant la cour. — En vertu de ces réserves, Carbonnier poursuit Thirion en diffamation, et conclut à 10,000 fr. de dommages-intérêts. — Thirion soutient que l'action n'est pas recevable; que les deux écrits incriminés ont été publiés et produits dans l'instance civile qui a existé entre lui et Carbonnier; que, par conséquent, aux termes de l'art. 25 de la loi du 17 mai 1819, ces faits ne pouvaient donner lieu à une action en diffamation.

25 août 1825, jugement qui rejette cette exception, attendu que les écrits n'ont pas été produits par Thirion comme défense dans le procès civil qui a existé entre les parties; que jamais ces écrits n'ont fait partie du procès; condamne Thirion comme diffamateur en 1,000 fr. de dommages-intérêts, etc. — Appel. — 20 oct. 1825, arrêt de la cour de Rouen qui confirme, « Attendu que les écrits et mémoires ont bien été distribués dans le public par Thirion, lors du procès civil; mais qu'ils n'ont jamais été signifiés ni produits comme pièces du procès. »

Pourvoi de Thirion pour violation de l'art. 25 de la loi du 17 mai 1819; il soutient que cet article a garanti la plus grande latitude dans l'exercice du droit de la défense; que soumettre les mémoires litigieux à des formalités surannées, et qui ont disparu de notre législation, ce serait rendre inutile le bienfait d'une loi protectrice des droits les plus précieux; que les écrits ont été réellement produits dans l'instance civile; que le mot *produit* doit être entendu dans son sens usuel, c'est-à-dire d'un écrit dont il a été donné connaissance aux magistrats; qu'il n'est pas nécessaire qu'ils aient été signifiés; que, d'ailleurs, l'arrêt qui a donné acte à Carbonnier de ses réserves aurait dû déclarer que les faits prétendus diffamatoires étaient étrangers à la cause. — Le défendeur s'est attaché à établir que la cour d'appel, ayant déclaré en fait que ces écrits n'avaient pas été produits, son arrêt sur ce point était irréfragable. — Il a demandé, en outre, la suppression, comme diffamatoire, d'un mémoire publié devant la cour par le sieur Thirion. — Arrêt (ap. délib. en ch. du cons.).

LA COUR; — 1° En ce qui concerne le pourvoi de Thirion contre l'arrêt de la cour d'appel de Rouen, du 20 oct. 1825 : — Vu l'art. 25 de la loi du 17 mai 1819; — Attendu qu'il est justifié que les deux écrits distribués par Thirion, intitulés, l'un : *Crimes qui n'ont point d'exemple*; l'autre, *Cri de l'honneur outragé*, ont été produits dans l'instance civile existante entre Thirion et Carbonnier aîné; — Que, pour constituer cette production, il n'était pas nécessaire que ces écrits fussent signifiés comme défenses ou comme pièces du procès; que l'arrêt du 27 nov. 1824, en donnant à Carbonnier aîné et consorts acte de la réserve de leur action, à raison de la publication de ces écrits, n'a pas déclaré que les faits y énoncés fussent étrangers à la cause; — Que cette déclaration n'a pas non plus été faite dans l'arrêt attaqué ni dans le jugement dont il adopte les motifs; — Que, dès lors, ces écrits rentrent dans la classe de ceux que l'art. 25 de la loi du 17 mai 1819, déclare ne pouvoir donner lieu à l'action en diffamation; — Que, d'après ces faits, l'arrêt de la cour d'appel de Rouen, du 20 oct. 1825, en confirmant le jugement du tribunal correctionnel de Rouen, qui déclarait le demandeur coupable de diffamation par la publication de ces écrits, et le condamnait à 1,000 fr. de dommages-intérêts et à 100 fr. d'amende, a violé l'art. 25 précité; — Attendu que le fait imputé ne constitue ni délit ni contravention, et ne peut donner lieu à aucune poursuite de la part de la partie civile; — 2° Sur les conclusions de Carbonnier, tendantes à la suppression des passages énoncés aux p. 13, 16, 17, 18, 19, 23, 25, 26, 28 du mémoire produit devant la cour, dans la cause actuelle par Thirion, commençant par ces mots : *je n'abuserai pas*, etc., et finissant par ceux-ci : *que d'après leur conscience*; — Attendu que les faits énoncés dans les pages précitées sont diffamatoires et étrangers à la cause portée devant la cour; — Casse... l'arrêt de la cour d'appel de Rouen précité, déclare qu'il n'y a lieu d'ordonner aucun renvoi; supprime les passages contenus dans les pages ci-dessus du mémoire précité, produit devant la cour par Thirion dans la cause actuelle.

Du 6 fév. 1829.-C. C., ch. crim.-MM. Bailly, pr.-Ollivier, rap.-Mangin, f. f. d'av. gén., c. conf.-Parrot et Vallon, av.

se pourvoir ainsi qu'il aviserait contre le plaignant, en raison des mémoires produits contre lui, ne sont point suffisantes pour donner action en dommages-intérêts devant les tribunaux ordinaires, et que cette action ne compéterait à l'accusé qu'autant que la cour d'assises saisie de l'affaire dans laquelle les mémoires ont été produits, aurait déclaré qu'ils sont diffamatoires et que les faits diffamatoires sont étrangers à la cause (Bastia, 27 déc. 1834, aff. Bladelli, V. Compét. crim., n° 622). — M. de Grattier (t. 1, p. 271) enseigne que la réserve n'est point nécessaire en pareil cas, parce que l'instruction étant essentiellement orale, le mémoire est censé n'avoir pas été produit. —V. sur ce point nos observations, n° 1215.

1222. En outre, il a été jugé que des écrits produits devant un tribunal ne peuvent donner ouverture à une action en diffamation, de la part de l'une des parties, devant un autre tribunal, si le premier, juge du fond, n'a précisé les faits diffamatoires et étrangers à la cause pour lesquels il réserve l'action de cette partie (Agen, 23 déc. 1851, aff. Benech, D. P. 52. 2. 117).

1223. Toutefois, il a été jugé en sens contraire que lorsqu'un jugement réserve à la partie qui se prétend diffamée, l'action correctionnelle, il décide virtuellement que l'imputation qui donne lieu à cette réserve est diffamatoire et étrangère à la cause (Crim. rej. 21 mai 1836 (1).—Conf. M. Grellet-Dumazeau, t. 2, p. 205).—Cette dernière solution peut paraître rationnelle, sans doute, puisque, si les faits étaient *relatifs à la cause*, il ne pourrait y avoir ni action ultérieure, ni réserve, par conséquent. Néanmoins, nous donnons la préférence aux décisions opposées, parce que, en obligeant le juge à constater que les faits sont *étrangers à la cause*, elles l'empêchent de perdre de vue que telle est la condition imposée par la loi pour que la réserve soit accordée (V. aussi M. Chassan, t. 1, p. 96, 2e édit.).—M. Mangin (t. 1, p. 331) exige même davantage; il pense qu'en réservant l'action à raison des faits étrangers à la cause, le juge doit les déclarer diffamatoires. — M. de Grattier (t. 1, p. 279) n'admet point cette opinion, par la raison décisive que si le juge du fond de la contestation qualifiait ainsi les faits, il n'y aurait plus rien à juger entre les parties, sous ce rapport, et la réserve serait inutile. Nous sommes entièrement de cet avis, tout en reconnaissant que la réserve constitue nécessairement un préjugé dans le sens de la diffamation.

1224. Mais s'il paraît incontestable que le juge qui n'a pas à prononcer sur l'action résultant des imputations diffamatoires, n'est point obligé de les qualifier, il doit du moins constater les faits qui lui sont signalés comme présentant les caractères de la diffamation, de manière à éviter les difficultés qui ne manqueraient pas de s'élever ultérieurement sur la réalité et la portée de ces faits.—Nous croyons même par ce motif qu'une réserve qui ne s'appliquerait pas à des énonciations précises devrait être considérée comme inefficace.—Que signifierait, en effet, une réserve ainsi conçue : Déclare réserver à *telle partie* son action civile contre *telle autre partie*, à raison des imputations étrangères à la cause dirigées contre elle et par lesquelles elle se prétend lésée. »—Évidemment le vague d'une telle disposition la rendrait inutile, puisqu'elle laisserait à prouver : 1° quelles sont les imputations émanées de l'inculpé qui ont donné lieu à la réserve; et 2° que ces imputations sont étrangères à la cause. — M. de Grattier (t. 1, p. 278) est d'avis que si les faits n'étaient pas constatés par le jugement qui admettrait les réserves, ils pourraient être prouvés par les moyens ordinaires. — Nous croyons cette doctrine erronée, et les explications qui précèdent nous dispensent, ce nous semble, de toute réfutation à cet égard. — Quand il y a un moyen aussi simple que celui que nous venons d'indiquer d'éviter aux parties les incertitudes, les embarras, les frais d'une preuve et les débats qu'elle entraîne, on ne saurait tolérer que les juges aient la faculté de le négliger. — S'il y a omission de leur part de constater les faits, ils doivent donc être censés avoir omis la réserve elle-même, et les parties n'ont plus de ressources que dans les voies de recours ordinaires, car la jurisprudence n'admet point la rectification d'un jugement par les juges qui l'ont rendu (V. v° Jugement, n° 337), bien que, dans la pratique, il y ait d'assez nombreux exemples de ce mode de réformation.

1225. La réserve exigée par l'art. 23 de la loi de 1819 est-elle nécessaire pour l'action publique aussi bien que pour l'action privée?—Le dernier paragraphe de l'art. 23 de la loi de 1819 porte ce qui suit : «Pourront toutefois les faits diffamatoires... donner ouverture soit à l'action publique, soit à l'*action civile des parties*, lorsqu'elle *leur* a été réservée par les tribunaux... » — Suivant le sens grammatical de cette disposition, il paraît certain que la nécessité de la réserve ne s'applique qu'à l'action des parties. — Mais quelques instants de réflexion suffisent pour convaincre que cette entente littérale de la loi ferait de l'art. 23 un non-sens inexplicable.—Laissons, du reste, parler à ce sujet M. Mangin. «Cette interprétation, dit cet auteur (t. 1, p. 329, n° 134), conduirait à une combinaison si absurde, qu'il est impossible de la supposer au législateur. Comment comprendre qu'il soit entré dans sa pensée d'ouvrir l'action publique indéfiniment et de soumettre à des entraves l'exercice de l'action civile, dans une matière où le ministère public ne peut poursuivre que sur la plainte de la partie offensée, parce que le délit tire toute sa gravité du dommage que cette partie a éprouvé dans son honneur, dans sa réputation. Quelque répréhensibles que soient les imputations de la nature de celles-ci, le législateur a pensé avec raison qu'il était possible qu'elles eussent été provoquées, que conséquemment elles pouvaient être excusables. C'est pour cela qu'il a laissé aux juges la faculté de leur ôter le caractère d'un délit. »—MM. Parant (p. 100), Chassan (t. 1, p. 88), embrassent cette opinion.

1226. M. de Grattier est d'un avis contraire. Suivant ce dernier auteur, l'action publique étant, en général, indépendante de l'autorisation on ne peut admettre un système qui ferait dépendre l'action publique d'une réserve facultative pour le juge. Il paraît facile de répondre. — En effet, l'art. 23 de la loi de 1819 admet en principe que les discours tenus et les écrits produits devant les tribunaux ne peuvent donner lieu à *aucune action*, et certainement cette disposition s'applique *à fortiori* à l'action publique, qui, dans cette matière spéciale, n'est en quelque sorte que le satellite de l'action privée. Dès lors, quoi de plus naturel que de ne voir l'action publique s'exercer que dans des cas exceptionnels et suivant des conditions particulières déterminées par le législateur.—M. Grellet-Dumazeau (t. 2, p. 207) embrasse aussi l'opinion de M. de Grattier, et il la défend par les arguments puisés dans les travaux préparatoires de la loi de 1819, ce qui leur donne, au premier aperçu, une grande autorité. Voici, du reste, le résumé de ses observations sur ce point.—Il fait d'abord remarquer que le dernier alinéa de l'art. 21 (devenu l'art. 23) du projet de la loi du 17 mai 1819 était ainsi conçu : «Pourront toutefois les faits diffamatoires non pertinents ou étrangers à la cause, donner ouverture soit à l'action publique, soit à l'action des tiers. »—Puis, comme commentaire de cette disposition, M. Grellet-Dumazeau cite le rapport fait au nom de la commission à la chambre des

(1) (Durand-Vaugaron C. Arché.) — La cour; — Sur le premier moyen, pris de la violation prétendue de l'art. 5, L. 17 mai 1819, et la fausse application de l'art. 18 même loi; — Attendu que l'arrêt attaqué qui, en adoptant les motifs du jugement du tribunal de Rennes, a précisé et complété la déclaration de fait insérée dans ce jugement, constate que Durand-Vaugaron a formellement et publiquement accusé le sieur Arché du crime de faux en écriture authentique et publique, sans que cette imputation fût nécessaire à sa défense; — Attendu que le fait ainsi déclaré constant réunit tous les caractères du délit de diffamation prévu et puni par les dispositions de loi précitées;

Sur le second moyen, tiré de ce que l'arrêt du 6 fév. 1835 se serait borné à une déclaration générale d'incompétence, et n'aurait pas expressément énoncé que les faits qualifiés diffamatoires étaient étrangers à la cause : — Attendu, au contraire, qu'il résulte des considérants de cet arrêt que la plainte en faux principal du sieur Durand-Vaugaron ne portait pas sur des pièces dont dût dépendre le sort du procès civil, et qu'en admettant la partie des conclusions du sieur Arché, tendantes à ce qu'il lui fût donné acte de ses réserves à fin de poursuite correctionnelle, dans le cas où elle ne se croirait pas appelée à statuer elle-même sur la diffamation, la cour d'appel de Rennes a virtuellement décidé, d'une part, que les faits étaient étrangers à la cause, d'autre part, qu'ils avaient le caractère de faits diffamatoires; — Rejette.

Du 21 mai 1836.-C. C., ch. crim.-M. Rocher, rap.

députés, rapport où on lit le passage suivant : «L'art. 21 du projet ne donne ouverture qu'à l'*action publique et à l'action civile des tiers* contre les faits diffamatoires non pertinents ou étrangers à la cause. Il confond, dès lors, relativement aux intérêts privés *des parties présentes au procès* l'injure et la diffamation. C'est au juge saisi de la cause qu'elles doivent exclusivement adresser leurs demandes en dommages-intérêts; elles ne pourraient en saisir un autre juge ; l'*action n'est réservée qu'au ministère public, pour l'application de la peine*, si le délit lui semble assez grave pour devenir l'objet d'une poursuite. » — « Tout cela, dit M. Grellet-Dumazeau, est parfaitement clair : l'action publique n'est soumise à aucune restriction, *à la formalité d'aucune réquisition*; bien au contraire cette action est réservée par le législateur lui-même. »

1227. Nous répondons à M. Grellet-Dumazeau : D'abord il n'a pu être dans la pensée du rapporteur de dire que l'action publique était indépendante de la plainte de la partie, parce que c'eût été méconnaître entièrement le sens général du projet qui n'était pas l'œuvre de la commission.—Du reste, ces paroles du rapporteur ont été prononcées avant que le projet eût subi la transformation que présente aujourd'hui l'art. 23.—Dans l'état primitif de cette disposition, les parties en cause n'avaient, *dans aucun cas*, l'action diffamatoire, et l'on peut concevoir, dans cet état de choses, l'utilité de réserver l'exercice de l'action du ministère public, pour le cas où, saisi de la plainte de la partie, il jugerait qu'elle avait assez de gravité pour nécessiter des poursuites; c'était là un tempérament à une disposition trop absolue. Mais le projet a subi une grave modification dont aucun raisonnement ne peut atténuer la portée. D'après ce changement, les parties en cause peuvent exercer l'action en diffamation, *lorsqu'elle leur a été réservée*. D'où il suit que, suivant le projet expliqué par le rapporteur, le ministère public était seul juge du point de savoir s'il y avait lieu de poursuivre sur la plainte; et que la disposition définitive de la loi précitée a voulu faire dépendre la poursuite de la réserve accordée par les juges saisis de la cause. C'est là une situation entièrement nouvelle à laquelle ne sauraient s'appliquer les paroles du rapporteur. — En conséquence, nonobstant l'argumentation de M. Grellet-Dumazeau, nous persistons à penser que l'action publique comme l'action privée dépend essentiellement de la réserve que le tribunal saisi de la cause peut accorder ou refuser.

1228. Au reste, il a été jugé dans ce sens : 1° sur notre plaidoirie, que la nécessité des réserves, dont parle l'art. 23, § 4, de la loi du 17 mai 1819, s'applique à l'action du ministère public, comme à l'action civile des parties (Toulouse, 10 avril 1829, aff. Michel, sous Crim. rej. 12 sept. 1829, n° 1202-1°).—A moins qu'il n'y ait plainte d'un tiers (V. *infrà*, n°s 1252 et s.);—2° Que la cour qui refuse de donner acte au ministère public des réserves qu'il a faites, n'a fait qu'user de la faculté qui est accordée aux tribunaux par cette loi, et, par exemple, qu'elle a pu, lorsqu'elle ordonnait la suppression d'un mémoire, comme diffamatoire, refuser de donner acte au ministère public de ses réserves d'en poursuivre l'auteur (Crim. rej. 5 juin 1828) (1); — 3° Que le ministère public n'ayant, de même que les parties, le droit de poursuivre des faits diffamatoires contenus dans un écrit produit en justice, qu'autant que ces faits sont étrangers à la cause, il suffit qu'il soit déclaré qu'on ne peut plus vérifier si ces faits sont étrangers ou non à la cause, pour que l'action (d'ailleurs non réservée) du ministère public, ne soit pas recevable (Crim. rej. 12 sept. 1829, aff. Michel, V. n° 1202-1°) :—4° Qu'un plaidoyer prononcé devant un tribunal ne peut motiver une action en diffamation devant un autre, ni pour la partie civile, ni pour la partie publique, si le premier tribunal s'est borné à réserver à l'une ou à l'autre une action à raison des faits prétendus diffamatoires, sans déclarer expressément ces faits étrangers à la cause dont il était saisi (Crim. rej. 3 mars 1837 (2); Bastia, 27 déc. 1834, aff. Biadelli, V. Compét. crim., n° 622).

1229. Il est d'ailleurs bien entendu que le tribunal devant

---

(1) (Min. pub. C. Peyrard.) — LA COUR; — Sur le moyen de cassation de ce qu'il a été omis de statuer sur un réquisitoire du ministère public, tendant à obtenir les réserves mentionnées au § 4 de l'art. 25 de la loi du 17 mai 1819 ; — Attendu que, dans le résumé de l'affaire, fait par le ministère public, et dans les dernières conclusions par lui prises à l'audience du 20 mars, qui précéda immédiatement l'arrêt de la cour royale de Grenoble, le ministère public ne répéta point les conclusions qu'il avait précédemment prises, tendantes à ce qu'il lui fût donné acte des réserves d'agir en répression des faits diffamatoires, et qu'il se résuma et se borna à demander que le mémoire imprimé à Lyon fût supprimé, avec dommages, frais, affiches et impression de l'arrêt; — Attendu que, lors même que les réserves précédemment faites par le ministère public auraient été renouvelées dans les dernières conclusions ce qui n'a pas été, la cour royale de Grenoble, en refusant de donner acte au procureur général de ses réserves, n'a fait qu'user d'une faculté qui lui était attribuée par l'art. 23 de la loi du 17 mai 1819 ;—Attendu que la cour royale, en jugeant que, vu la suppression par elle ordonnée du mémoire imprimé, il n'y avait pas lieu de statuer autrement sur cet objet; que, par les considérants qu'elle a développés à l'appui de cette décision, elle l'a suffisamment motivée; qu'en statuant ainsi, l'arrêt n'a violé ni l'art. 25 de la loi du 17 mai 1819, ni l'art. 408 c. inst. crim., ni l'art. 7 de la loi du 20 avril 1810 ;— Rejette.

Du 5 juin 1828.-C. C., ch. crim.-MM. Bailly, pr.-Cardonnel, rap.

(2) *Espèce* : — (Min. pub.—Aff. Beaurin C. Villin.) — Dans une instance engagée devant le juge de paix de Marle, entre le sieur Beaurin et le sieur Villin père, le sieur Villin fils avait lu un discours qui contenait, suivant Beaurin, des expressions diffamatoires à son égard; il prit en conséquence des conclusions tendant à ce que ce discours écrit fût inséré en entier dans le jugement, pour en être fait par lui l'usage qu'il jugerait à propos. — Le juge de paix donna acte à Beaurin de ses réserves et ordonna l'insertion au jugement du plaidoyer. — Beaurin cita ensuite Villin fils devant le tribunal correctionnel de Laon, pour se voir condamner en 500 fr. de dommages-intérêts, à l'affiche du jugement, etc., sous la réserve expresse des réquisitions du ministère public, dont l'intervention serait au besoin réclamée. Le ministère public intervint en effet. — Villin soutint l'action non recevable, à raison de ce que le juge de paix n'avait pas déclaré étrangers à la cause jugée par lui, les faits compris dans les réserves dont il avait été donné acte à Beaurin. — Le tribunal correctionnel de Laon, par un premier jugement rejeta cette exception, et, par une seconde décision, condamna Villin fils à 25 fr. d'amende, 100 fr. de dommages-intérêts et à l'affiche du jugement. — Sur l'appel, arrêt de la cour d'Amiens, du 2 janv. 1837, qui accueille l'exception de Villin fils, et le décharge de toutes condamnations, attendu qu'aux termes de l'art. 23 de la loi du 17 mai 1819, les discours prononcés ou les écrits produits devant les tribunaux ne peuvent donner lieu à aucune action en diffamation, sauf aux juges saisis de la cause à prononcer la suppression des écrits et à condamner qui il appartient en des dommages-intérêts; qu'il n'y a d'exception à cette règle générale que pour les écrits et discours qui contiendraient des faits diffamatoires étrangers à la cause; — Attendu qu'il résulte de l'ensemble des dispositions de cet article et de la nature même des choses que c'est le tribunal devant lequel la cause est portée, qui est seul compétent pour déclarer si les faits que l'une des parties prétend être diffamatoires, y sont ou non étrangers, et qu'il ne peut y avoir d'action civile en raison de ces faits qu'autant que préalablement il a été reconnu par ce tribunal qu'ils sont étrangers à la cause; qu'il en est de même de l'action publique, laquelle, aux termes de l'art. 5 de la loi du 26 mai 1819, dérogatoire en cela au droit commun, ne peut être exercée que sur la plainte de la partie lésée; d'où la conséquence que, si la partie est déclarée non recevable dans sa plainte, cette plainte n'a pu servir de base soit à l'action, soit aux réquisitions du ministère public, et que les condamnations qu'il a obtenues doivent s'évanouir avec l'action qui leur servait de fondement; — Attendu que, dans l'espèce, le juge de paix de Marle n'a point déclaré dans son jugement, du 1er juill. dernier, que les faits prétendus diffamatoires par Beaurin fussent étrangers à la cause, et qu'il était indispensable que le jugement le dît en termes exprès. » — Pourvoi par le ministère public pour fausse application de l'art. 25 de la loi du 17 mai 1819 et l'art, 5 de celle du 26 du même mois, en ce que la cour d'appel avait appliqué à l'action publique des principes qui ne concernent que l'action civile. — Arrêt (après dél. en ch. du cons.).

LA COUR ; — Attendu qu'aux termes de l'art. 25 de la loi du 17 mai 1819, pour que les écrits produits ou les discours prononcés devant un tribunal puissent donner lieu à l'action en diffamation au profit de l'une des parties au procès, il est nécessaire que ce tribunal déclare les faits prétendus diffamatoires étrangers à la cause, et réserve cette action par une disposition expresse et motivée; — Attendu qu'en matière de diffamation, le ministère public ne peut agir, d'après l'art. 5 de la loi du 26 mai 1819, que sur la plainte de la partie qui se prétend lésée; que, s'il ne résulte pas de cette disposition que cette partie doive prendre la qualité de partie civile pour que l'action soit recevable, il faut au moins qu'elle ait conservé le libre exercice de son droit, mais que les fins de non-recevoir qui l'empêcheraient d'introduire valablement une action civile, opposent le même obstacle à l'action publique; — Et

lequel l'organe du ministère public conclut à ce que son action soit réservée, à raison des diffamations ou des injures qu'il précise, doit nécessairement statuer sur ces conclusions, comme sur toutes les demandes qui lui sont déférées. — Les juges peuvent, suivant leurs lumières et leur conscience, admettre ou rejeter les conclusions prises devant eux; mais ils doivent nécessairement prononcer. —V. Jugement, n° 166.

1230. Par application de ce principe, il a été jugé que le tribunal de simple police doit, à peine de nullité, prononcer sur les conclusions de l'officier du ministère public par lesquelles il demande acte de ses réserves de poursuivre le prévenu, à raison des imputations diffamatoires qu'il se serait permises contre le magistrat remplissant ce ministère (Crim. cass. 3 oct. 1820, aff. Léger, V. Commune, n° 889).

1231. De cela seul que la loi ne permet de réserver l'action civile et l'action publique qu'autant qu'il s'agit de faits étrangers à la cause, et que le juge saisi du fond de la contestation doit constater l'extranéité de ces faits, il suit nécessairement que c'est au juge qui accorde la réserve à décider s'ils sont réellement étrangers à la contestation. Cette question ne peut donc être déférée au tribunal de répression saisi de l'action, par suite de la réserve (V. en ce sens MM. Mangin, t. 1, p. 351; de Grattier, t. 1, p. 274). — Sur quels points portera le débat devant ce tribunal? D'abord sur la qualification des faits, et puis sur l'intention de la partie à qui ils sont imputés.—Mais ni la réalité des discours ou des écrits par lesquels se prétend lésé celui qui intente l'action, ni la question de savoir si les imputations à raison desquelles l'action a été intentée sont étrangères à la cause, ne peuvent être discutées devant le juge saisi de cette action.

1232. Mais admettons que les réserves n'ont point été accordées à la partie qui se plaint de diffamations ou d'injures dont elle a été l'objet dans une contestation jugée, que néanmoins elle intente l'action en diffamation et que son adversaire y défende sans opposer la fin de non-recevoir résultant du défaut de réserve. — Celui-ci pourra-t-il, avant le jugement ou même en appel, invoquer cette exception?—Non, parce qu'il ne s'agit pas là d'une exception d'ordre public (pour les exceptions qui sont d'ordre public, V. v° Exception, n°s 251, 330 et suiv.).

1233. Aussi a-t-il été jugé que l'obligation imposée par l'art. 23 de la loi du 17 mai 1819 à celui qui veut demander la réparation civile des injures proférées contre lui devant les tribunaux, de se faire réserver cette action, n'a été introduite que dans un intérêt privé; et que, par suite, si la partie qui se croit injuriée a formé son action, sans que cette réserve ait été requise ou obtenue, et que le défendeur, au lieu d'opposer une fin de non-recevoir, réponde à cette action, et forme même une demande reconventionnelle, il ne peut, après avoir succombé devant le premier degré de juridiction, exciper pour la première fois en appel de ce défaut de réserve, et prétendre que des motifs d'ordre public faisaient un devoir pour les juges de repousser l'action formée par le demandeur sans y avoir été autorisé (Req. 7 août 1844) (1).

1234. Il est important de faire observer que lorsque les faits sont étrangers à la cause, l'action en diffamation ou en injures *peut* être exercée séparément; mais que ce n'est là qu'une faculté accordée soit à la partie qui se prétend lésée, soit au ministère public; le ministère public et la partie ont également le droit de faire prononcer par les juges saisis de la contestation principale qui, d'ailleurs, peuvent eux-mêmes statuer d'office, conformément à l'art. 1036 c. pr. (V. en ce sens MM. Parant, p. 100; Chassan, t. 1, p. 87). — Ce n'est même qu'à l'égard de la diffamation que la faculté d'exercer une action séparée est accordée par le § 4 de l'art. 23 de la loi de 1819. A l'égard des injures, la répression doit être immédiate parce qu'elles constituent une irrévérence envers les magistrats eux-mêmes. — V. en ce sens MM. Parant, p. 100 et 101; Chassan, t. 1, p. 89; de Grattier, t. 1, p. 258; Grellet-Dumazeau, t. 2, p. 204.

1235. « S'il n'a point été fait de réserves aux parties ou aux personnes qui leur sont assimilées, dit M. de Grattier (t. 1, p. 266), il ne s'ensuit pas que le délit doive nécessairement demeurer sans répression. Ce n'est alors que leur action civile qui est non recevable; mais elles peuvent porter plainte, aux termes de la loi du 26 mai 1819. » — Cette opinion est le corollaire de celle suivant laquelle l'action publique est indépendante des réserves prononcées par les juges saisis de la contestation dans laquelle se produit la diffamation. —Mais comme nous n'admettons pas le principe (V. n° 1225), nous devons en rejeter les conséquences.

1236. Ce n'est qu'après les débats sur le fond de la contestation que le tribunal qui en est saisi peut apprécier, en connaissance de cause, si les imputations diffamatoires reprochées à l'une des parties étaient utiles à sa défense : ce n'est donc qu'en statuant sur le fond qu'il peut accorder ou refuser des réserves à cet égard. — Par suite, il a été jugé que lorsqu'un mémoire produit devant un conseil de préfecture renferme des imputations diffamatoires, l'action publique ne peut être intentée à raison de ces imputations, avant qu'il ait été statué sur le fond de la contestation (motifs Crim. rej. 21 juill. 1838, aff. Mottel, n° 1221. —Conf. M. de Grattier, t. 1, p. 278).

1237. Le tribunal saisi d'un incident peut-il réserver l'action en diffamation?—Il semble, au premier aperçu, que la réponse à cette question se trouve dans la solution précédente, puisque le juge *du fond* peut seul accorder la réserve. Telle est aussi l'opinion de M. de Grattier (t. 1, p. 278); mais nous pensons que le *fond* doit ici s'entendre par opposition à la diffamation. Chaque point du litige a, en effet, ses exigences particulières. Il peut se faire que, pour défendre sur un incident, une imputation contraire à l'honneur de l'une des parties devienne nécessaire, et l'on ne peut accorder à d'autres juges que ceux qui sont saisis de la connaissance du débat à cet égard, le droit de déterminer ce qui était nécessaire ou étranger à la cause. — Ainsi, dans une demande en renvoi pour cause de parenté ou d'alliance (c. pr. 368), le demandeur prétendrait que non-seulement il peut invoquer les causes légales de renvoi, mais qu'il est à sa connaissance que son adversaire a fait avec l'un des juges un pacte d'après lequel, en cas de succès, ce juge doit recevoir une somme déterminée. Il nous semble que, dans ce cas, c'est au juge de l'incident et non au juge du fond à déclarer si une telle imputation est étrangère à la cause; et, dès lors, que c'est au tribunal saisi de la contestation à réserver l'action en diffamation. Il est à peine nécessaire de faire remarquer que le fait de corruption que nous citons comme exemple n'est pas moins contraire à l'honneur de la partie à qui on l'impute qu'à celui du magistrat qu'elle outrage.

1238. Nous devons rappeler, en terminant, que l'art. 23 n'est applicable qu'à la diffamation et à l'injure, et non à tout autre délit (V. n° 1197). — Par suite, il a été jugé qu'un garde national, condamné par une cour d'assises pour attaque contre la dignité royale dans une plaidoirie prononcée devant un conseil de discipline, est non recevable à se faire un moyen de cassation contre l'arrêt qui le condamne, de ce que le conseil de discipline n'aurait pas dressé de procès-verbal des paroles incriminées, ni réservé l'action publique, lorsqu'il ne s'est pas pourvu contre

---

attendu, en fait, que le juge de paix de Marle, à l'audience duquel ont été prononcés les discours qui font l'objet de la poursuite, n'a point déclaré, dans son jugement, que les faits prétendus diffamatoires fussent étrangers à la cause; qu'il s'est borné à donner acte des réserves faites devant lui; que, dans cet état des faits, la cour d'appel d'Amiens, en déclarant l'action de la partie civile et celle du ministère public non recevables, n'a violé aucune loi et a fait, au contraire, une saine application de l'art. 23 de la loi du 17 mai 1819, et de l'art. 5 de celle du 26 mai 1819; — Rejette.

Du 3 mars 1857.-C. C., ch. crim.-MM. Choppin, f. f. pr.-Vincens, r.

(1) (Jacques C. Paul Sainson.) — La cour; — Attendu, en droit, que l'art. 23 de la loi du 17 mai 1819, en autorisant les parties à exercer une action civile pour réparation des injures proférées devant les tribunaux, lorsque l'action aura été réservée, n'a été introduit que dans l'intérêt privé; — Attendu, en fait, que le tribunal civil d'Orléans a considéré que le sieur Jacques, demandeur, non-seulement n'avait pas invoqué l'exception portée dans l'art. 23 de la loi précitée, mais avait défendu au fond, et avait même formé une demande reconventionnelle, circonstance d'où ce tribunal a tiré la conséquence que l'exception tirée du défaut de réserve ne pouvait plus être invoquée; — Attendu que cette déclaration de fait est souveraine, et ne peut dès lors être soumise à la censure de la cour de cassation; — Rejette.

Du 7 août 1844.-C. C., ch. req.-MM. Zangiacomi, pr.-Jaubert, rap.-Delangle, av. gén., c. conf.-De Verdière, av.

l'arrêt de mise en accusation (Crim. rej. 7 juin 1852, aff. de Savignac, V. n° 1197-3°).

1239. Il est, du reste, bien certain, et c'est ce qui a été jugé, que lorsque l'auteur d'une diffamation ou d'une injure ne se trouve pas dans le cas d'exception prévu par l'art. 23 de la loi de 1819, la publicité donnée à des mémoires produits en justice et qui la renferment suffit pour former l'un des caractères de ce délit (Agen, 23 déc. 1851, aff. Benech, D. P. 52. 2. 117).

§ 3. — *Droits des tiers.*

1240. Trois difficultés principales se présentent ici, à savoir : 1° quelles personnes doivent être considérées comme des *tiers*; dans le sens de l'art. 23 de la loi du 17 mai 1819; — 2° les faits diffamatoires à l'égard des tiers ne peuvent-ils donner lieu, soit à l'action publique, soit à l'action civile, qu'autant qu'ils sont étrangers à la cause? — 3° est-il nécessaire, pour que l'action publique et l'action privée puissent être exercées, qu'elles aient été réservées? — Examinons successivement ces trois difficultés.

1241. *Quelles personnes doivent être considérées comme des tiers?* — En général, relativement à une instance et au jugement qui la termine, les *tiers* (c'est là un point purement élémentaire) sont ceux qui n'y ont pas été parties, et comme, en droit, il y a réellement autant de personnes distinctes qu'il y a de qualités différentes (V. v° Chose jugée, nos 281 et suiv.), celui qui a figuré dans une instance en une qualité déterminée est censé n'y avoir point été partie en une autre qualité. — En matière de diffamation, toutefois, ces principes généraux souffrent, dans leur application, quelque modification. — Ainsi, l'avocat et l'officier ministériel, occupant au procès, ne peuvent être considérés comme des tiers dans le sens de l'art. 23 de la loi de 1819; les diffamations dirigées contre eux doivent être réprimées à l'instant, d'office ou sur leur réquisition : leur silence et celui des juges affranchirait de toute poursuite l'auteur de l'imputation (Conf. M. de Grattier, t. 1, p. 271).

1242. Avant la loi de 1819, et dans une espèce où il s'agissait d'injures adressées par une partie à l'avocat de son adversaire pendant sa plaidoirie, il a été jugé que la répression des injures qui sont prononcées à l'audience d'un tribunal appartient à la police de son audience; que la plainte doit être formée sur-le-champ devant lui, afin qu'il y statue selon les circonstances; mais que si ce tribunal n'en a point été saisi, et qu'elle soit portée plus tard devant un autre tribunal, il y a présomption de droit qu'il n'y a pas eu délit, et que le plaignant n'a pas été offensé ou qu'il a fait remise de la plainte (Crim. cass. 16 août 1806, MM. Barris, pr., Delacoste, rap., aff. Desperiés C. Dusseré).

1243. Cependant, il a été décidé, et avec raison, que l'on doit considérer comme un tiers, dans le sens de la disposition précitée, celui qui a été le conseil de l'une des parties en cause, mais qui ne la défend pas (Nîmes, 20 fév. 1823, aff. Richard-Crémieux, V. n° 1253-2°).

1244. Il a été jugé aussi que des témoins ne sont pas des tiers dans le sens de l'art. 23 de la loi de 1819 (Crim. cass. 6 nov. 1823, aff. Leprêtre, V. n° 1249-4°; Nîmes, 27 mai 1841, aff. Marnas, V. n° 1254-2°. — Conf. M. Chassan, t. 1, p. 101, 103). — Nous ne croyons pas cette doctrine admissible, parce que le témoin n'est nullement lié à la cause, que sa présence n'y est requise qu'au moment où il dépose et que, de fait, il n'y a aucun intérêt. — V. aussi en ce sens, M. Grellet-Dumazeau, t. 2, p. 211, et *infrà*, n° 1253-3°. — Quoi qu'il en soit, et c'est ce qui a été jugé, le témoin assigné pour déposer dans une cause soumise, par exemple, au tribunal de simple police, mais dont le juge a renoncé à entendre la déposition, ne peut, à raison des injures ou diffamations qui lui ont été adressées publiquement à l'audience, spécialement par le prévenu, au sujet de cette même déposition, être considéré comme partie dans l'affaire dans le sens de l'art. 23 de la loi du 17 mai 1819; en conséquence, il est non recevable à exercer, en cette qualité, l'action civile dont parle cet article (Montpellier, 2 avril 1855, aff. Berge; les motifs de l'arrêt se réduisent à la proposition qui précède). — V. aussi n° 1254.

1245. Mais l'art. 6 de la loi du 25 mars 1822, qui punit sans distinction l'outrage fait à un témoin, à raison de sa déposition a-t-il abrogé l'art. 23 de la loi du 17 mai 1819, en telle sorte que, *dans tous les cas*, la diffamation envers un témoin, puisse donner lieu à l'action publique et à l'action civile? — Non sans doute, l'art. 23 précité tire sa source du droit de défense, du besoin qu'éprouve la justice de savoir la vérité sur tout ce qui tend à l'éclairer. On ne peut donc supposer que le législateur ait eu la pensée d'abroger la loi de 1819 sur ce point. — Les deux lois peuvent, d'ailleurs, facilement se concilier, dans leur application. — A la loi de 1819, la diffamation dans les discours tenus et les écrits produits devant les tribunaux; à la loi de 1822, tous les autres outrages adressés aux témoins, à raison de leur déposition. — Toutefois, il a été formellement jugé que l'art. 23 de la loi du 17 mai 1819 est, sous ce rapport, abrogé par l'art. 6 de la loi du 25 mars 1822; et qu'en conséquence, c'est cette dernière disposition qui doit seule être appliquée aux outrages faits publiquement à un témoin, à l'audience d'un tribunal à raison de sa déposition (Crim. cass. 6 nov. 1823, aff. Leprêtre, V. n° 1249-4°). — Mais cette décision, pour toute démonstration à cet égard, se borne à affirmer l'abrogation de la loi de 1819.

1246. Quoi qu'il en soit, des experts, et c'est ce qui a été jugé, doivent être considérés comme des tiers étrangers à l'instance pour l'instruction de laquelle leur ministère a été requis, et, par conséquent, s'il a été produit dans cette instance des mémoires injurieux pour eux, ils n'ont, comme tous autres tiers, pour en faire prononcer la suppression, que la voie de l'action principale et non la voie de l'intervention (Grenoble, 28 juin 1832, aff. Bois, V. Intervention, n° 31). — Conf. M. de Grattier, t. 1, p. 272. — V. aussi *infrà*, nos 1346 et s., en ce qui concerne l'intervention.

1247. Les magistrats qui font un acte de leurs fonctions, dans une affaire soumise à un tribunal doivent-ils être regardés comme des tiers? — L'affirmative ne nous paraît pas douteuse, parce qu'ils n'ont point de conclusions à prendre dans l'instance, en leur nom personnel (V. d'ailleurs *infrà*, nos 1422 et s.). — Il faut aussi considérer la position du magistrat d'un autre point de vue. — Comme représentant de l'autorité dans sa plus haute expression, il a dû être armé d'un pouvoir suffisant pour réprimer lui-même toute atteinte portée au respect qui lui est dû : *omnibus magistratibus... secundum jus potestatis suo concessum est jurisdictionem suam defendere pœnali judicio* (L. un., ff., *si quis jus dic. non obtemp.*). — V. à cet égard les art. 181, 506 et suiv. c. inst. crim.; l'art. 5 de la loi du 25 mars 1822; l'art. 103 du décr., 30 mars 1808 et *suprà*, nos 730 et suiv., ce qui concerne les outrages envers les magistrats.

1248. Faut-il que les faits diffamatoires articulés contre un tiers *soient étrangers à la cause*. — Un tiers peut être diffamé par des imputations étrangères à la cause, aussi bien que par des faits qui y sont relatifs; et, comme il n'a pas plus le droit d'intervenir dans un cas que dans l'autre, pour obtenir la réserve de son action civile, il faut décider, par une raison invincible de similitude, que cette action lui demeure réservée dans les deux hypothèses. — Jugé en ce sens 1° que la signification d'actes dans lesquels il est articulé que des témoins ont été empêchés par menaces de déposer dans une enquête, ou que leurs déclarations ont été faussement rapportées, peut, sur l'action du juge commis à l'enquête, être considérée comme contenant à son égard des faits diffamatoires étrangers à la cause, dans le sens du dernier alinéa de l'art. 23 de la loi du 17 mai 1819 (Riom, 20 déc. 1826, aff. de Pruns, V. n° 1256-2°. — Conf. M. de Grattier, t. 1, p. 272); — 2° Que des imputations dirigées dans un mémoire produit à l'appui de la défense d'un prévenu, contre une personne non partie dans la poursuite, ont pu être considérées comme diffamatoires, sans déclaration expresse que les faits imputés étaient étrangers à la cause (Crim. rej. 8 juill. 1852, aff. Maillard, D. P. 52. 5. 438).

1249. Mais il a été jugé en sens contraire : 1° que bien que des imputations soient contenues dans un acte extrajudiciaire signifié à un tiers non partie au procès, l'action en diffamation n'est pas ouverte à ce dernier s'il est déclaré que cet acte extrajudiciaire contenait des faits non étrangers à la cause (Crim. rej. 14 déc. 1838, aff. Bernage, V. n° 1211); — 2° Que les tribunaux saisis d'une action en diffamation intentée par un tiers, à raison d'écrits produits dans une instance engagée entre l'auteur de ces écrits et une autre partie, ne peuvent condamner le prévenu de diffamation à des dommages-intérêts, s'ils n'ont préalablement déclaré que les imputations contenues dans les écrits incriminés étaient étrangers à la cause (Civ. cass. 23 nov. 1835) (1); — 3° Que les écrits produits par une partie devant un tribunal, dans l'intérêt de sa défense, ne peuvent donner lieu à une action en diffamation, même de la part des tiers, qu'autant qu'ils contiendraient des faits diffamatoires étrangers à la cause; et qu'ainsi, l'arrêt qui, sur la plainte d'un tiers, renvoie cette partie devant le tribunal correctionnel, comme prévenue de diffamation, est susceptible d'être annulé, s'il n'a pas déclaré que les imputations dont se plaint le tiers se rapportent à des faits étrangers à la cause (Crim. cass. 2 avr. 1825 (2). — Conf. MM. Chassan, t. 1, p. 88; de Grattier, t. 1, p. 273, 274). — M. Mangin, t. 1, p. 337, fait à cet égard une distinction. — D'après l'opinion de cet auteur, les tiers ont une action, à raison des faits relatifs à la cause pour obtenir réparation d'un quasi-délit, mais non comme réparation d'un délit (V. aussi en ce sens M. Grellet-Dumazeau, t. 2, p. 210). — Il est difficile de se rendre compte des motifs de cette distinction, bien qu'ils soient expliqués par M. Mangin. — D'après lui, la loi de 1819 étant une loi de répression, elle ne s'est point occupée des dommages civils qui peuvent être dus, indépendamment de tout délit; et conséquemment, elle n'a pu avoir la pensée d'interdire aux tiers, pour des faits relatifs à la cause, l'action civile en réparation du préjudice qu'ils ont éprouvé. — Mais ce raisonnement ne s'appliquerait pas moins aux parties qu'aux tiers; en telle sorte qu'à l'aide de la distinction de M. Mangin on éluderait l'application de l'art. 23 de la loi de 1819 *aux faits relatifs à la cause*; d'où résulterait, en très-grande partie, la suppression de l'immunité que, dans des vues de haute équité, la loi a voulu établir. La distinction de M. Mangin n'est donc pas admissible.

1250. Dans tous les cas, et c'est ce qui a été jugé, l'action en diffamation, à raison de faits étrangers à la cause, ne peut être déclarée non recevable à l'égard d'un tiers, par cela seul que le tribunal, devant lequel a été produit l'écrit diffamatoire qui y donne lieu, a refusé d'en ordonner le dépôt : ce refus ne saurait avoir l'autorité de la chose jugée relativement à l'action en diffamation (Nîmes, 20 fév. 1823, aff. Richard-Crémieux, V. n° 1253-2°).

1251. A l'égard des discours ou des écrits qui ont pour objet la défense des parties devant les tribunaux, l'action publique et l'action civile se trouvent suspendues jusqu'au jugement du fond (L. 17 mai 1819, art. 23). — V. M. Chassan, t. 1, n° 1153. —Ajoutons qu'il a été jugé : 1° qu'en admettant que l'action civile des tiers à raison des injures ou diffamations qui leur ont été adressées publiquement devant un tribunal, puisse être soumise à la juridiction correctionnelle, elle doit ouvrir l'instance; et que le ministère public ne peut, en pareil cas, agir d'office dans l'intérêt de la société (Montpellier, 2 avril 1855, aff. Berge, D. P. 55. 5. 343); — 2° Que l'action civile que l'art. 23 de la loi du 17 mai 1819 ouvre aux tiers à raison des faits diffamatoires dont ils ont pu être l'objet devant les tribunaux, ne saurait être considérée comme introduite en justice, par cela seul que ces faits ont été constatés dans un procès-verbal sur la réquisition de ces tiers, ou par ces derniers eux-mêmes, s'ils ont qualité à cet effet (par exemple, si ce sont des gendarmes) (même arrêt).

1252. *Réserve de l'action des tiers.* — Les tiers ne devaient point être soumis aux mêmes règles que les parties en cause, relativement à la réserve de l'action en diffamation. — Etrangers à l'instance, ils n'ont pas le droit d'y prendre des conclusions. — Presque toujours, d'ailleurs, absents au moment des débats, ils ne peuvent ni réclamer ni protester contre les imputations qui tendent à flétrir leur réputation. Aussi le § 4 de l'art. 23 de la loi de 1819 porte-t-il que, *dans tous les cas*, les faits diffamatoires donneront lieu à l'action civile des tiers; c'est dire soit qu'elle ait été réservée, soit qu'elle ne l'ait pas été. — Par suite, il a été jugé que l'écrit diffamatoire pour un tiers, produit en cour d'assises, peut, sur la plainte de ce tiers, donner lieu aux poursuites du ministère public, quoique celui-ci n'ait fait aucune

---

(1) (Magnoncourt C. Dejoux.) — La cour (après délib. en ch. du cons.); — En ce qui touche le troisième moyen : — Considérant que les arrêts attaqués ont déclaré que des faits incriminés par le sieur Dejoux, deux seuls pouvaient motiver la plainte du sieur Magnoncourt; que tous les autres étaient inexacts ou supposés, et que leur imputation était évidemment mensongère et calomnieuse; — Qu'il résulte de cette déclaration dont l'exactitude ne peut être contestée devant la cour de cassation, que le demandeur avait imputé au défendeur d'autres faits injurieux que les deux dont l'exactitude matérielle avait été justifiée par le demandeur (a); — Considérant que les imputations injurieuses qui motivaient l'action du sieur Dejoux étaient indiquées, tant dans la demande que dans le jugement du 27 juill. 1830; qu'il y était dit notamment que le demandeur accusait le défendeur d'avoir foulé aux pieds les devoirs les plus sacrés d'un magistrat, de s'être rendu coupable de concussion et de forfaiture; qu'il n'a pas été indispensable que ces imputations fussent de nouveau transcrites dans l'arrêt du 16 août 1831 : — Considérant que le précis distribué, sur l'appel, par le demandeur, contenant les mêmes imputations que les écrits et imprimés précédents, sa suppression est suffisamment motivée par les raisons qui précèdent cette disposition, sans qu'il ait été nécessaire de répéter ces motifs dans la disposition particulière à la suppression de ce précis; — Rejette le pourvoi contre l'arrêt du 26 juill. 1831; — En ce qui touche le quatrième moyen : — Considérant que, d'après l'art. 23 de la loi du 17 mai 1819, l'action en diffamation, à raison d'écrits produits devant les tribunaux, ne peut être intentée, même par les tiers, que dans le cas où les faits diffamatoires sont étrangers à la cause dans laquelle ils ont été énoncés; qu'ainsi, les juges saisis d'une pareille action sont dans la nécessité de déclarer si les imputations, à raison desquelles elle a été intentée, étaient étrangères à l'instance; — Considérant que l'arrêt du 16 août 1831 ne contient aucune déclaration sur ce point; qu'ainsi, la condition nécessaire pour constater la diffamation répréhensible aux yeux de la loi n'a pas été remplie; d'où résultent la violation et la fausse application de l'art. 23 de la loi du 17 mai 1819; — Casse.

Du 23 nov. 1835.-C. C., ch. civ.-MM. Boyer, pr.-Tripier, rap.-Laplagne-Barris, 1er av. gén., c. conf.-Parrot et Dalloz, av.

(2) *Espèce* : — (Thirion C. min. pub.) — Le sieur Thirion, engagé dans une instance en nullité de sa faillite, avec le sieur Carbonnier aîné, avait porté plainte en spoliation contre celui-ci, et publié à l'appui, un mémoire contenant des imputations graves tant contre lui que contre M. Carbonnier jeune, son frère, conseiller à la cour de Rouen. — Ce dernier a rendu plainte en diffamation. — Le 9 déc. 1824, la chambre du conseil du tribunal de Rouen a décidé « que Thirion, suffisamment prévenu du délit de diffamation, lequel est prévu par les art. 1, 13 et 18 de la loi du 17 mai 1819, sera traduit devant le tribunal correctionnel ». — Opposition de la part de Thirion. — Le 22 déc. 1824, arrêt de la cour de Rouen qui confirme. — Pourvoi. — Arrêt.

La cour; — Attendu qu'il est reconnu, par l'arrêt attaqué, que l'écrit dont il s'agit avait été composé par le demandeur dans l'intérêt de sa défense, dans le procès actuellement pendant devant la cour d'appel de Rouen; — Qu'aux termes de l'art. 23 de la loi du 17 mai 1819, les écrits produits devant les tribunaux ne pourront donner lieu à aucune action en diffamation, sauf aux juges saisis de la cause de prononcer la suppression des écrits diffamatoires et de condamner qui il appartiendra à des dommages-intérêts; — Qu'il n'y a d'exception à cette règle générale, établie dans l'intérêt même de la légitime défense, que pour les écrits de cette nature qui contiendraient des faits diffamatoires étrangers à la cause; — Que, dans l'espèce, l'arrêt attaqué n'a point déclaré que les imputations prétendues diffamatoires qui ont motivé la plainte étaient étrangères à la cause; qu'il était indispensable que cet arrêt le dît en termes exprès, et qu'on ne saurait interpréter son silence par le renvoi qu'il a fait du demandeur devant le tribunal de police correctionnelle, et en conclure qu'il a considéré les imputations dont il s'agit comme se rapportant à des faits étrangers à la cause, puisqu'en matière criminelle, rien ne saurait suppléer aux déclarations en fait qui, aux termes des lois, peuvent seules servir de base à l'accusation ou au jugement; qu'il ne suit pas nécessairement de ce que les allégations prétendues diffamatoires ont été dirigées contre des tiers, que les faits allégués fussent étrangers à la cause, puisque la loi n'admet l'action civile, de la part des tiers, que dans le cas où les faits diffamatoires seraient étrangers à la cause, ce qui suppose qu'ils peuvent quelquefois n'y être pas étrangers, et qu'il faut que les juges prononcent sur cette question; —Par ces motifs, sans avoir besoin de s'expliquer sur les autres moyens, casse.

Du 2 avr. 1825.-C. C., sect. crim.-MM. Portalis, pr.-Ollivier, rap.-De Vatimesnil, av. gén., c. conf.-Guillemin, av.

(a) L'arrêt de la cour de Besançon contre lequel le pourvoi était dirigé, après avoir établi que deux des faits incriminés comme diffamatoires pouvaient motiver les plaintes de Magnoncourt (auteur du libelle), mais qu'ils ne lui avaient causé aucun préjudice, dit que tous les autres faits sont inexacts et supposés ; que leur imputation est évidemment mensongère et calomnieuse; qu'elle était aussi préjudiciable à celui contre lequel les imputations calomnieuses étaient dirigées ; que c'est avec raison que les premiers juges, reconnaissant l'inexactitude de ces faits, ont déclaré Magnoncourt passible de dommages-intérêts.

réserve devant la cour (Crim. rej. 7 nov. 1834, aff. Legenvre, V. nº 1412. — Conf. M. de Grattier. t. 1, p. 239, 261). — Il est, d'ailleurs, à observer que, dans l'espèce de cet arrêt, il s'agissait d'un mémoire produit devant une cour d'assises, juridiction qui n'admet que le débat oral, ce qui pouvait, d'après divers arrêts et l'opinion de plusieurs auteurs, faire écarter l'application de l'art. 23 de la loi de 1819. — V. *suprà*, nº 1215.

1253. Il a été également jugé : 1º que l'action civile réservée par le § 3 de l'art. 23 de la loi du 17 mai 1819, pour diffamation ou injures commises devant les tribunaux, peut être exercée par les tiers, lors même que le jugement de l'affaire qui a donné lieu à la diffamation ne contiendrait aucune réserve à leur égard (Crim. rej. 17 juin 1842) (1); — 2º Que l'action de celui qui a été le conseil de l'une des parties, à raison de la diffamation dirigée contre lui dans les plaidoiries de la cause, est recevable bien que cette action ne lui ait pas été réservée... peu importe qu'il fût présent au moment où les discours diffamatoires ont été tenus (Nîmes, 20 fév. 1823) (2); — 3º Qu'un témoin est aussi recevable à intenter une action en diffamation, à raison des imputations dirigées contre lui, par un accusé, bien que cette action ne lui ait pas été réservée (Caen, 15 juin 1844 (3). —Conf. MM. Parant, p. 102; Chassan, t. 1, p. 92, 93; de Grattier, t. 1, p. 272); — 4º Que celui qui ne s'est point porté partie civile dans l'instance correctionnelle poursuivie par le ministère public, à raison d'un outrage commis à son égard (dans l'exercice de ses fonctions), doit être considérée comme un tiers dans le sens de l'art. 23 de la loi du 17 mai 1819, et, par suite, les faits diffamatoires étrangers à la cause qui ont été articulés contre lui peuvent donner lieu à une action à son profit, sans qu'il soit besoin que cette action ait été réservée; et que cette action peut être portée en même temps et devant les mêmes juges que l'action publique (Crim. rej. 5 juill. 1851, aff. Maillard, D. P. 51. 5. 408).

1254. Toutefois il a été jugé en sens contraire : 1º que les discours tenus en cour d'assises par l'accusé contre un témoin, à l'occasion de sa déposition, ne peuvent être ultérieurement l'objet d'une action principale en diffamation qu'autant que cette action a été réservée par la cour d'assises; et qu'à défaut d'une pareille réserve, il y a présomption que l'accusé n'est pas sorti des bornes d'une légitime défense (Crim. cass. 23 août 1838) (4);

---

(1) (Auberton C. Qublin.) — La cour; — En ce qui touche le moyen de cassation tiré de ce que le sieur Auberton, demandeur et partie civile, ne pouvait se pourvoir que devant la juridiction civile : — Vu l'art. 25 de la loi du 17 mai 1819; — Attendu que le dernier paragraphe dudit article, en réservant dans tous les cas, aux tiers, leur action civile, doit s'entendre en ce sens que les tiers qui se prétendraient diffamés par un moyen quelconque de publication, dans une affaire où ils n'étaient pas parties, sont, à l'égard de ces publications diffamatoires, sous l'empire du droit commun, et peuvent par conséquent intenter leur action en réparation à leur choix, soit devant les tribunaux de répression, soit devant la juridiction civile; — Attendu qu'à l'égard des tiers, aucune réserve n'est nécessaire dans le jugement de l'affaire à l'occasion de laquelle ont été publiées les diffamations dont ils croient devoir se plaindre, puisque ce jugement ne peut nuire par son silence ni par ses dispositions, à ceux qui n'étaient pas parties dans l'instance; — Attendu que, dans l'espèce, Auberton n'ayant pas été partie dans l'instance civile où a été publié le mémoire dont il se plaint, a pu légalement, d'après les art. 3 et 182 c. inst. crim., porter son action en réparation devant la juridiction répressive par voie de citation directe, indépendamment de toute réserve dans le jugement de l'affaire civile précédente; — Rejette.

Du 17 juin 1842.-C. C., ch. crim.-M. Mérilhou, rap.

(2) (Richard-Crémieux C. Saint-Martin.) — La cour; — Attendu que les qualités du jugement rendu par le tribunal de commerce de Nîmes, le 28 oct. 1822, entre Moussier et Saint-Martin, constatent que Richard-Crémieux n'était point partie ni défenseur, et n'avait aucun intérêt personnel en ladite instance dans laquelle auraient été proférés par Saint-Martin les prétendus faits diffamatoires étrangers à la cause dont se plaint Richard-Crémieux; que celui-ci était donc un tiers dans le sens de l'art. 23 L. 17 mai 1819; que sa présence à l'audience où il prétend avoir été diffamé ne change pas sa qualité de tiers ni ne modifie ses droits, la loi n'ayant pas distingué les tiers absents des présents; que si, par l'organe du défenseur de Moussier, Richard-Crémieux a demandé au tribunal de commerce le dépôt de l'écrit diffamatoire lu à l'audience, à l'effet d'en poursuivre l'auteur, il n'a saisi ni voulu saisir ledit tribunal de sa plainte en diffamation, mais seulement il a cherché à s'assurer une preuve matérielle du fait, pour s'en servir devant qui de droit; qu'enfin le refus non motivé du tribunal d'ordonner le dépôt demandé n'est et ne peut être regardé comme un jugement ayant statué sur l'action compétant à Crémieux; — Attendu qu'une fois reconnu que Richard-Crémieux est un tiers, et qu'il n'y a pas chose jugée à son préjudice, on ne saurait lui contester le droit de se pourvoir devant le tribunal correctionnel; que l'art. 25 L. 17 mai 1819, ne peut être entendu d'une autre manière, 1º parce qu'il serait absurde de penser que le législateur, en donnant ouverture à l'action publique à l'égard des faits diffamatoires contre les parties en instance, l'ait refusé aux tiers diffamés, au moins tout aussi favorables que les parties elles-mêmes; 2º parce que la nécessité de la réserve de la part du tribunal devant qui la diffamation a eu lieu, ne concerne que l'action civile des parties, l'action publique, qui n'est relative qu'à l'application de la peine, appartenant seulement au fonctionnaire chargé à cet effet par la loi (art. 1, c. inst. crim.); 3º parce que, d'après l'art. 3, même code, l'action civile pour la réparation du dommage appartenant seule à la partie lésée par un délit, peut être intentée conjointement avec l'action publique devant les tribunaux correctionnels, ou séparément devant les tribunaux civils, et que le tiers, auquel l'action civile est accordée dans tous les cas, est nécessairement maintenu dans la plénitude de ses droits, aucune disposition expresse ne l'ayant borné à prendre la voie civile; — Attendu que l'incident élevé devant les premiers juges, et sur lequel il a été seulement statué par le jugement dont est appel, était la non-recevabilité de la plainte en diffamation de Richard-Crémieux contre Saint-Martin; que le silence gardé par le ministère public à l'égard du jugement qui a admis ladite fin de non-recevoir n'est d'aucune importance, la question étant encore toute dans l'intérêt du plaignant, vu qu'en matière de diffamation le ministère public n'agit pas d'office par action principale, mais par voie de réquisition, comme partie jointe en suite de la plainte de la partie lésée (art. 5 L. 26 mai 1819); que dès lors les tribunaux correctionnels sont toujours compétents pour connaître de la plainte, si le jugement qui l'a rejetée comme inadmissible est réformé sur l'appel du plaignant : — Par ces motifs, — A mis l'appellation et ce dont est appel au néant; — Emendant, — Ordonne qu'il sera procédé outre sur la plainte en diffamation de Richard-Crémieux; — Renvoie à cet effet le procès et les parties devant le tribunal correctionnel de Nîmes, autre section et autres juges que ceux qui ont rendu le jugement réformé, etc.

Du 20 fév. 1823.-C. de Nîmes.-M. Colonna d'Istria, pr.

(3) (Bessin C. Lepetit.) — La cour; ... — Considérant que dans tout notre système de législation, on n'a jamais regardé comme parties que ceux qui ont constitué le procès, qui y défendent, qui y interviennent ou qui y sont appelés, en d'autres termes, ceux qui ont le droit d'y prendre des conclusions et contre qui on peut en prendre, relativement à l'intérêt qui se débat; que telle n'est pas la position d'un témoin, puisqu'il a été étranger au fait constitutif de la cause pour laquelle il est appelé par ceux qu'elle intéresse particulièrement; que si des circonstances fortuites l'ont mis à portée d'en connaître, c'est seulement en qualité de tiers, dans le sens légal et ordinaire attaché à cette qualité; que l'on doit d'autant plus ranger le témoin dans la classe des tiers non obligés à réserves, qu'il peut bien ne pas toujours être présent à toutes les phases de la cause; qu'il n'est pas même nécessairement présent devant toutes les juridictions où l'affaire est portée, et que ne lui accorder d'action qu'autant qu'il lui en aurait été réservé, ce serait le plus ordinairement le mettre dans l'impossibilité d'obtenir la réparation de faits diffamatoires dont il aurait été la victime, etc.

Du 15 juin 1844.-C. de Caen, ch. corr.-M. Pigeon de Saint-Pair, pr.

(4) (Delormel C. Martin.) — La cour; — Vu les art. 23 de la loi du 17 mai 1819, et 319 c. inst. crim.; — Attendu que l'art. 23 de la loi du 17 mai 1819 doit être combiné avec l'art. 319 c. inst. crim.; — Que, d'après ce dernier article, l'accusé a le droit de dire tant contre la personne du témoin que contre sa déposition, tout ce qui peut être utile à sa défense; — Que, s'il sort, en usant de ce droit, des bornes d'une défense légitime, il appartient au président de l'y faire rentrer; — Que, si ses paroles prennent le caractère d'un délit, la cour d'assises a le droit, en vertu de l'art. 181 c. inst. crim., de prononcer, soit sur la réquisition du ministère public, soit sur celle du témoin outragé, les peines et les dommages-intérêts qui peuvent être encourus; — Qu'à défaut de répression immédiate par la cour d'assises, le tribunal correctionnel ne pourrait en connaître plus tard qu'autant que cette cour, juge naturel de la question de savoir si les discours tenus par l'accusé portaient sur des faits étrangers à la cause, et s'ils n'étaient pas nécessaires dans l'intérêt de la défense, aurait réservé l'action; — Que, lorsque la cour d'assises n'a ni réprimé ces discours, ni réservé l'action, il y a présomption que l'accusé n'est pas sorti des bornes de la défense légitime; — Attendu, en fait, que l'action en diffamation dirigée contre le demandeur portait sur des discours qu'il aurait tenus à l'audience de la cour d'assises de l'Oise, devant laquelle il comparaissait comme accusé du crime d'incendie, et à l'occasion de la déposition de l'intervenant appelé comme témoin; que cette cour n'avait donné acte d'aucune réserve; que cependant le tribunal correctionnel de Beauvais a reçu l'action de l'intervenant,

—2° Qu'en conséquence, lorsque, devant le tribunal de police, le prévenu a traité de *faux témoin* une personne qui a déposé contre lui, si l'action de ce témoin, à raison de cet outrage, n'a pas été réservée par le juge, le témoin est non recevable à l'intenter ultérieurement (Nîmes, 27 mai 1841) (1). — Sous le code du 3 brum. an 4 (art. 275), il a été jugé aussi qu'un témoin attaqué par le défenseur d'un accusé ne pouvait former contre lui une action principale en diffamation; qu'il n'avait d'autre droit que celui de former à l'instant une demande incidente devant les juges saisis du procès criminel en réparation du dommage qui lui était causé (Crim. cass. 26 flor. an 7, MM. Barris, pr., Rupéron, rap., aff. Duronceray C. Chauvin).

1255. Dans tous les cas, il est bien entendu que si un écrit distribué à l'occasion d'une défense, n'a été à l'audience l'objet d'aucune discussion, et n'y a point été lu, le témoin diffamé dans cet écrit aura le droit de se plaindre par la voie ordinaire (V. M. Parant, p. 102). — Suivant M. Chassan, t. 1, p. 95, au contraire, il suffit que l'écrit contenant une diffamation contre un témoin ait été légalement produit en justice, quoiqu'il n'ait pas été lu ou débattu à l'audience, pour que cet écrit sur le contenu duquel il n'a rien été statué ni requis, ne puisse être ultérieurement, de la part du témoin diffamé, la base d'une action en réparation par la voie ordinaire. — Mais cette opinion, qui serait fondée à l'égard des parties en cause, nous paraît inadmissible à l'égard des témoins qui peuvent à peine être censés connaître ce qui se dit et se lit publiquement. — Le juge peut, du reste, d'office réprimer les injures ou diffamations dirigées contre un témoin, sans utilité pour la défense. — V. *suprà*, n° 1250.

1256. Il a été jugé aussi dans le sens de l'inutilité de la réserve : 1° que lorsque la plainte en faux contre un magistrat, signée par un avocat au nom de son client et jointe au dossier de ce dernier, pour valoir comme moyen de cassation, a été remplacée par une requête en faux, signée du client lui-même et seule soumise à l'examen de la cour suprême, l'absence de toute réserve, dans ce cas, soit de la part de cette cour, soit de la part du ministère public, ne rend pas irrecevable l'action disciplinaire intentée plus tard contre l'avocat, à raison de sa dénonciation qualifiée calomnieuse (Req. 21 fév. 1838, aff. Provins, V. Avocat, n° 416); — 2° Que le juge-commissaire qui a été diffamé par l'une des parties dans des actes signifiés dans une enquête, a contre elle une action particulière en dommages-intérêts indépendante de toute répression réclamée d'office par le ministère public, et cette action est recevable, encore bien que le jugement sur la réquisition du ministère public et sur le fond du procès n'aurait pas encore été rendu, et qu'ainsi des réserves n'auraient pas été faites (Riom, 20 déc. 1826) (2).

---

sous le prétexte qu'il devait être assimilé aux tiers qui, aux termes de l'art. 23 de la loi du 17 mai 1819, peuvent agir sans avoir besoin que leur action leur ait été réservée; — Qu'en jugeant ainsi, ce tribunal a faussement appliqué ledit art. 23, et en même temps violé l'art. 519 c. inst. crim. et les règles de la compétence; — Casse.

Du 23 août 1838.-C. C., ch. crim.-MM. Crouseilhes, pr.-Vincens, rap.

(1) (Marnas C. demoiselle Valentin.) — LA COUR; — Attendu que les intérêts sociaux exigent que la défense ait toute la latitude qu'une sage administration de la justice peut permettre; — Que, par conséquent, les prévenus doivent être autorisés à dire tant contre les dépositions qui les chargent que contre les témoins eux-mêmes tout ce qui peut leur être utile; — Que, s'ils arrivaient, dans leurs assertions, jusques à des outrages, sortant des bornes d'une légitime défense, ce serait alors au juge témoin du délit commis alors par eux, ou de le punir lui-même ou du moins de le constater en accordant des réserves pour les poursuivre, parce que ce magistrat pourrait mieux que tout autre en apprécier la gravité par la connaissance exacte des circonstances qui l'auraient produit; — Attendu, en fait, que Marnas, en donnant la qualification de *faux témoin* à la demoiselle Valentin sur la déposition qu'elle faisait contre lui à l'audience du juge de paix, n'a commis ce fait que pour affaiblir cette déposition, et par conséquent pour l'utilité de sa défense; — Attendu que la demoiselle Valentin, qui s'est depuis prétendue outragée par ces propos, n'en a point demandé la réparation au juge qui, étant le témoin de ce qui s'est passé à cette occasion, pouvait apprécier justement la culpabilité de Marnas; — Qu'elle n'a même demandé aucune réserve pour le poursuivre; — Que, dès lors, elle doit être repoussée dans l'action en diffamation qu'elle a tardivement introduite contre lui; — Par ces motifs, relaxe Marnas.

Du 27 mai 1841.-C. de Nîmes.- M. de Trinquelague, pr.

(2) *Espèce* : — (De Pruns C. Vigier.) — Par un interlocutoire, le tribunal d'Aurillac a, le 19 juin 1823, dans un procès entre Delrieu et de Pruns, admis ce dernier à la preuve de certains faits, et commis M. Vigier, son président, pour procéder aux enquêtes. — Les enquêtes eurent lieu. — De Pruns, profitant de ce que quelques-uns des procès-verbaux n'étaient signés ni de lui, ni de son avoué, fit signifier à celui-ci, le 24 oct. 1824, un acte extrajudiciaire par lequel il déclarait s'opposer à ce qu'il signât ces procès-verbaux hors sa présence, parce qu'il entendait ne les signer que sous des réserves fondées, 1° sur ce qu'il n'avait pas été donné lecture à plusieurs témoins de leurs dépositions, et sur ce que la mention contraire énoncée dans les procès-verbaux était inexacte; 2° sur ce que plusieurs témoins avaient été injuriés, intimidés, de manière qu'ils n'avaient pas dit tout ce qu'ils savaient; 3° que les menaces avaient été faites avec tant de véhémence, que les témoins, qui n'avaient pas encore déposé et qui attendaient leur tour dans le voisinage, avaient été également intimidés et n'avaient pas dit tout ce qui était à leur connaissance; 4° que les déclarations des témoins n'avaient pas été rendues avec toute l'exactitude convenable. — Le 8 mai 1826, dans ses conclusions signifiées, de Pruns reproduisit ces allégations, en substituant à ces expressions, *toute mention contraire était inexacte*, celles-ci, *était un faux*. — Il paraît que les mêmes faits furent reproduits à l'audience du 17 mai. — Le ministère public conclut d'office à ce qu'ils fussent déclarés diffamatoires, que les actes qui les contenaient fussent supprimés, que le jugement fût affiché. — La cause fut remise à huitaine. — Le 19 mai, M. Vigier, qui s'était abstenu de connaître de l'affaire, a fait assigner de Pruns à bref délai pour faire déclarer les faits diffamatoires; que les écrits soient supprimés, et faire condamner de Pruns à 20,000 fr. de dommages-intérêts, applicables aux hospices d'Aurillac.

22 mai, jugement du tribunal civil d'Aurillac, qui accueille ces conclusions. — Opposition. — Avant le jugement sur cette opposition, et le 1er juin, il en est rendu un second qui fait droit aux conclusions du ministère public. — Enfin, le 27 juin 1826, le même tribunal civil, statuant sur l'opposition de de Pruns, rend un jugement dans lequel on lit : Que si la loi donne au juge saisi d'une cause le droit de réprimer, en statuant sur le fond, les faits diffamatoires contenus dans les écrits produits dans l'instance, cet article, loin d'interdire toute action, soit aux parties, soit au ministère public, soit aux tiers, la leur réserve expressément dans son dernier paragraphe; que, dès que des faits étrangers à la cause des sieurs de Pruns et Delrieu ont été insérés dans des actes de cette nature et ont été rendus publics à l'audience, M. Vigier, contre qui ils étaient dirigés, et qui était visiblement un tiers dans cette cause, puisqu'il s'était abstenu de sa connaissance après l'enquête, a eu le droit, aux termes de l'art. 23 de la loi du 17 mai 1819, de l'art. 3 c. inst. crim., et de l'art. 1382 c. civ., de former une demande en réparation civile de la diffamation dont il était victime; que, pour exercer cette action, M. Vigier n'était nullement tenu d'attendre que les faits qu'il considérait comme diffamatoires eussent été déclarés tels par le tribunal saisi du fond de la cause, parce qu'aucune loi ne lui commandait ce délai, incompatible d'ailleurs avec son honneur;..... que les faits sont diffamatoires;..... que des dommages et intérêts sont dus à M. Vigier, d'un côté, eu égard à l'offense grave dont il a été la victime par suite des faits diffamatoires et injurieux avancés contre lui par le sieur de Pruns, et de l'autre, eu égard à la fortune dudit sieur de Pruns; — Que, s'il est vrai de dire que, par ses qualités morales, M. Vigier, président, est bien au-dessus de tout ce que la méchanceté et la calomnie peuvent avancer contre lui, néanmoins il n'est pas moins vrai de dire que des dommages et intérêts lui sont dus; — Attendu que, par la publicité donnée à ces faits diffamatoires aux audiences du tribunal des 10 et 17 mai dernier, M. Vigier a été bien fondé à former sa demande en suppression de ces mêmes faits, et à provoquer les réparations de l'offense dont il a été victime; que c'est ce qu'il a fait par sa requête du 19 mai dernier, antérieure au jugement du 1er de ce mois; qu'ainsi, en statuant sur l'opposition formée par ledit sieur Leygonie de Pruns au jugement par défaut qui a accueilli la demande de M. Vigier, il est évident que le tribunal ne fait que rendre à ce vénérable magistrat la justice qui lui est due, et qu'on ne peut, sous aucun point de vue, opposer l'axiome *non bis in idem*; — Déboute, et réduit néanmoins à la somme de 12,000 fr. les dommages et intérêts adjugés à M. Vigier. — Appel par de Pruns. — Il soutient, 1° que l'acte du 14 oct. 1824 et les conclusions du 8 mai 1826 appartiennent à la cause d'entre lui et Delrieu, puisqu'ils constituent les moyens tendant à prouver la nullité des enquêtes; que c'était là leur seule destination; que, fussent-ils diffamatoires, c'était, d'après l'art. 23 de la loi du 17 mai 1819, au tribunal d'Aurillac à statuer d'office sur le sort de ces actes en même temps que sur le fond; que le magistrat injurié n'avait point d'action directe et particulière pour la répression de cette espèce de délit contre la police de l'audience et le respect dû aux magistrats; qu'enfin, cette action existât-elle, elle ne serait recevable qu'autant qu'un jugement préalable aurait déclaré les faits diffamatoires. — Au fond, l'appelant

1257. Mais il a été jugé en sens contraire : 1° que le fonctionnaire, et, par exemple, le maire qui, dans le pourvoi qu'il forme contre un jugement de police, signale la conduite du juge comme annonçant une extrême partialité, et l'intention où il était d'acquitter le prévenu, se rend coupable d'atteinte à la dignité, à l'honneur et à l'indépendance du tribunal, et qu'il y a lieu, en conséquence, à réserver au ministère public son action pour venger cette atteinte portée à la dignité, à l'honneur et à l'indépendance du tribunal (Crim. cass. 28 avr. 1827, MM. Portalis, pr., Gary, rap., aff. maire de Berre *C.* Gourel); — 2° Que c'est à la cour de cassation seule qu'il appartient de réprimer les énonciations irrespectueuses pour les magistrats qui peuvent se rencontrer dans une requête en renvoi pour suspicion légitime; et que, si elle a gardé le silence, ces énonciations ne peuvent être l'objet d'une action correctionnelle et d'office de la part du ministère public (Grenoble, 3 janv. 1827) (1); — 3° Que la cour de cassation a pu blâmer l'auteur d'un mémoire à elle adressé et distribué aux conseillers, dans lequel il était renfermé des outrages à la magistrature en général; qu'elle a pu ordonner, en outre, que le mémoire serait retenu à son greffe, *toute action, soit publique, soit privée, réservée* (Crim. cass. 10 avr. 1818 (2); 10 therm. an 10, MM. Viellart, pr., Rataud, rap., aff. Rocolle; 28 fév. 1807, aff. Chazot, V. Cassation, n° 1278).

§ 4. — *Mode de répression. — Dommages-intérêts.*

1258. En interdisant, en général, l'action en diffamation ou en injure, en réservant l'action publique et l'action privée dans les cas qu'il détermine, l'art. 23 de la loi du 17 mai 1819 n'a point voulu que les juges fussent désarmés devant les écarts que les défenseurs et les parties peuvent se permettre dans leurs discours ou leurs écrits. Même pour les imputations diffamatoires relatives à la cause, une juste satisfaction devait être donnée à la majesté de la justice et à l'intérêt des parties offensées, lorsque ces imputations dépassent les bornes d'une légitime défense. — C'est dans cette pensée que l'art. 23 de la loi du 17 mai 1819 autorise les juges saisis de la cause : 1° à prononcer la suppression des écrits injurieux ou diffamatoires, en statuant sur le fond ; — 2° A faire des injonctions aux avocats et officiers ministériels et à les suspendre de leurs fonctions ; — 3° A condamner

---

soutient que les faits n'ont pas ce caractère; que d'ailleurs personne n'y est désigné. — Arrêt.

La cour; — Considérant qu'il est dans la nature de repousser une offense, et que, suivant la législation civile et criminelle, la voie du recours à l'autorité légitime est ouverte à tous les citoyens; que nul n'est privé de ce droit, et même que l'exercice d'icelui peut souvent devenir un devoir, ou au moins une indispensable nécessité; — Que ces principes sont fondés sur l'art. 1er c. inst. crim., et qu'ils sont maintenus par la loi du 17 mai 1819, laquelle dispose, par l'art. 23, qu'après les droits du ministère public, toute action est réservée aux tiers absents des débats; — Considérant qu'il est très-vrai qu'un outrage fait à un administrateur de justice quelconque, à un juge, et surtout au président d'un tribunal établi dans le chef-lieu d'un département, à l'occasion de ses fonctions, présente un fait très-grave qui devient d'un intérêt général, et que, de sa nature, il doit animer tout le zèle du ministère public; — Considérant néanmoins, qu'induire et conclure de cette vérité, et en porter même l'extension jusqu'au point de soutenir que la partie ainsi blessée doit surmonter à la fois l'inspiration de la nature et l'indication du droit que présente toute une législation, pour attendre, dans un état de calme et de silence, les résultats du déploiement des efforts auxquels se livrera l'officier public pour appeler une salutaire rigueur, c'est une véritable abstraction, une perfection idéale que la majesté des lois repousse, puisqu'elles ne prononcent ni exception, ni interdiction d'agir personnellement et directement au magistrat attaqué, pour demander la répression d'un écart aussi attentatoire au bon ordre qu'à la dignité dont il est dépositaire, et qui est confiée à sa fidélité. Ce serait d'ailleurs, suivant l'expression du chancelier de l'Hospital, renoncer à la *tuition* de soi-même; — Considérant que s'il est très-licite de former des demandes en nullité d'actes judiciaires, ces démarches juridiques, assujetties à la publicité dans leur essence, ne doivent jamais être désunies de ces égards et de cette circonspection qui ont reçu ici tant d'opposition par les outrages dont la partie de Vissac s'est trouvée la victime; — Considérant que le premier jugement du tribunal d'Aurillac ne présentait rien de complet et de définitif; que son exécution était dépendante des vouloirs des deux parties litigantes, étrangères au président d'Aurillac, qui, placé sous le poids d'une diffamation éclatante, ne pouvait être arrêté dans sa marche ultérieure par ces circonstances indépendantes de sa volonté; — Considérant que le texte des lois, les art. 11 et 91 c. proc., et la jurisprudence des arrêts invoqués par la partie de Bayle, pour échapper aux plus justes rigueurs, ne sont pas applicables à la cause présente, puisqu'elle offre des faits diffamatoires, des faits publics, et qui se sont cependant passés hors de la présence du président, qui se trouvait dans l'impossibilité, au milieu de ces conjonctures, de dresser des procès-verbaux et de se constituer juge.

En ce qui touche la fin de non-recevoir, tirée du défaut de publicité, considérant qu'il est impossible de ne pas reconnaître cette publicité, telle que l'entend la loi du 17 mai 1819, dans des faits diffamatoires insérés dans des conclusions signifiées à deux avoués, lues à l'audience, déposées au greffe, et amplement paraphrasées ensuite dans une requête de 1826.

En ce qui touche la troisième fin de non-recevoir, tirée de ce que cet écrit, même diffamatoire, rentrerait dans le procès et serait une suite de défense, considérant qu'il serait inutile de revenir sur les bornes et les règles d'une défense pour avoir le caractère de légitime, dont rien n'est plus éloigné que la fureur et le mépris de toute règle; — Considérant néanmoins que si la modération, et même une empreinte de douceur, doivent le plus souvent accompagner les actes émanés de la justice, le président du tribunal d'Aurillac, par ses conclusions et ses explications diverses, a laissé une ample latitude à tous les avisements et au mis en œuvre de ces dispositions; d'ailleurs, la fixation des dommages et intérêts pécuniaires n'a pas pour but principal d'apprécier le degré de l'offense reçue par le magistrat offensé, et la satisfaction due à la partie de Vissac doit se trouver plus spécialement dans la réparation publique et solennelle qu'elle a demandée, mais avec ce caractère de sagesse séant au magistrat; — Considérant, sur le fond, que l'outrage fait à la partie de Vissac, à l'occasion de ses fonctions, est pleinement établi; que c'est une explosion de fureur d'autant plus coupable qu'il y a persistance, augmentation, même publicité, en un mot, tout ce qui peut porter atteinte à cette puissance d'inertie qui produit tant de bien, et dont on ne peut calculer les heureux effets; — Dit que le président du tribunal d'Aurillac a été recevable dans ses plaintes et demandes, et qu'il n'y a que trop lieu de les accueillir, et, sans s'arrêter ni avoir égard aux fins de non-recevoir présentées par la partie de Bayle, faisant droit au fond, et renouvelant les défenses de récidiver faites à ladite partie de Bayle, y ajoutant même l'injonction formelle d'être plus circonspect et mieux avisé, par les motifs exprimés au jugement dont est appel, dit qu'il a été bien jugé, mal et sans cause appelé; réduit néanmoins la condamnation aux dommages et intérêts à celle de 3,000 fr. dont dispensation et distribution sera faite par la partie Vissac, ainsi et comme elle avisera.....

Du 20 déc. 1826.-C. de Riom.-M. Tiolier, pr.

(1) *Espèce :* — (Min. pub. C. B...) — Poursuivi pour usure devant le tribunal de Saint-Marcellin, le sieur B... demande à la cour de cassation son renvoi pour suspicion légitime. — Rejet de sa demande. — Le ministère public, pensant que la requête en renvoi contient des termes injurieux pour le tribunal de Saint-Marcellin, poursuit le sieur B... devant ce tribunal. Jugement qui renvoie B... de l'action. — Appel par les deux parties. — Arrêt.

La cour; — Attendu que la demande en renvoi d'un tribunal à un autre, pour cause de suspicion légitime, n'est que l'emploi d'un moyen légal, non injurieux par lui-même; — Que, si l'acte de cette demande contient des énonciations irrespectueuses pour les magistrats de Saint-Marcellin, c'était à la cour de cassation à les réprimer; — Que, d'autre part, cet acte n'est pas connu de la cour; — Réforme et met B..... hors de cour et de procès sur la plainte du ministère public, etc.

Du 3 janv. 1827.-C. de Grenoble, ch. corr.-M. Duboys, pr.

(2) (Min. pub. *C.* Rey.) — La cour; — Statuant sur les réquisitions prises à l'audience par l'avocat général : — Attendu qu'il a été produit au greffe, pour être joint aux pièces de la procédure, un mémoire imprimé, intitulé *Mémoire pour Gérard Debie,* contenant vingt-deux pages, signé à la main Rey, et en écriture imprimée Joseph Rey (de Grenoble), avocat à la cour royale de Paris, à la suite duquel est écrit à la main une note supplémentaire également signée Rey; — Que des exemplaires de ce mémoire ont été distribués aux conseillers de la cour; — Que ce mémoire contient des imputations calomnieuses envers les magistrats en général; — La cour le blâme; — Et vu que ledit mémoire renferme aussi, envers les magistrats de la cour d'assises du département de la Seine, devant laquelle ont eu lieu les débats contre Gérard Debie, des imputations graves, desquelles il pourrait résulter contre leur auteur des poursuites ultérieures, sur lesquelles tout demeure réservé, soit relativement à l'action publique, soit relativement à l'action privée, ordonne que l'exemplaire dudit mémoire joint à la procédure et signé à la main Rey, demeurera déposé à son greffe, après avoir été signé et parafé à son commencement et à sa fin par le conseiller rapporteur, pour en être donné toute communication qui pourra être autorisée par un permis du président de la cour.

Du 10 avr. 1818.-C. C., sect. crim.-MM. Barris, pr.-Gaillard, rap.

qui il appartiendra à des dommages-intérêts. — Analysons ces trois dispositions.

1259. 1° *Suppression des écrits.*—Et d'abord quels écrits sont de nature à être supprimés, et dans quels cas la suppression peut-elle en être ordonnée?—Les tribunaux peuvent ordonner la suppression de *tous les écrits injurieux ou diffamatoires* produits devant eux, sans distinction entre les écrits relatifs à la cause et ceux qui y sont étrangers.—C'est ce qui résulte de l'économie de l'art. 23 précité. — On voit, en effet, dans les trois premiers paragraphes de cet article que le législateur dispose d'une manière générale, *pour tous les écrits*, et que ce n'est que dans le § 4 qu'il est dit : « Pourront toutefois *les faits diffamatoires étrangers à la cause*, donner ouverture soit à l'action publique, soit à l'action civile des parties, lorsque, etc. » — Là seulement commence la distinction. Quant aux trois premières dispositions qui concernent la suppression des écrits et les peines disciplinaires il ne nous semble pas permis de distinguer : Elles s'appliquent donc aux écrits relatifs à la cause de même qu'à ceux qui y sont étrangers, aux écrits concernant les parties en cause, de même qu'à ceux qui offensent les tiers. — Et il a été jugé dans ce sens que, dans le cas où une cour rejette une demande en suppression de mémoire pour prétendus faits diffamatoires, il n'est pas nécessaire qu'elle s'explique sur le point de savoir si ces faits sont ou non étrangers à la cause (Crim. rej. 29 avr. 1826, aff. Casteleyn, V. Jugement, n° 1101-3°).

1260. Quant aux caractères qui distinguent les écrits comme injurieux ou diffamatoires, la loi ayant pris le soin de définir l'injure et la diffamation, il suffit de se reporter à ses définitions pour résoudre les difficultés qui peuvent se présenter à cet égard (V. du reste, pour ces caractères, *suprà*, n°s 814 et suiv., 918 et suiv.). — Nous nous bornerons à faire remarquer ici que, suivant un arrêt, on doit considérer comme injurieuse la réserve faite par l'une des parties, dans ses écrits, de se pourvoir contre toute décision devant la juridiction supérieure; et, par suite, la suppression de tels écrits peut être ordonnée (Lyon, 26 août 1836, aff. Ruby, V. n° 949). — Mais n'est-ce point là l'effet d'une susceptibilité exagérée? La réserve d'une faculté accordée par la loi peut être une superfétation, mais n'est point une injure. — Il est des cas, d'ailleurs, où la réserve est nécessaire pour empêcher certains actes d'être considérés comme une renonciation anticipée à l'appel (V. v° Appel civil, n°s 282, 286). — Ces raisons nous semblent plus que suffisantes pour rendre inadmissible la solution qui précède.

1261. On a vu (n° 1200) que les écrits sont considérés comme *produits* lorsqu'ils ont été distribués, bien qu'ils n'aient pas été signifiés et qu'ils ne soient signés ni d'un avocat ni d'un avoué. — Or, dans les mêmes conditions, par cela seul qu'ils ont été produits, ils doivent pouvoir être supprimés. — Aussi a-t-il été jugé : 1° qu'une cour d'appel peut, dans une cause dont elle est saisie, prononcer immédiatement et avec dommages-intérêts, sur une demande en suppression d'un mémoire non produit ni signifié, mais qui a été distribué (Req. 22 nov. 1809) (1); — 2° Que, pour qu'une partie obtienne la suppression d'un écrit produit contre elle, il n'est pas nécessaire qu'il soit signé de l'avocat ou de l'avoué de la partie qui l'a produit : « Attendu, porte l'arrêt, que Sureau a distribué aux magistrats de la cour un mémoire imprimé, et que ce mémoire qui a servi en partie de fondement à la défense, doit être considéré comme pièce de la procédure; que Landreau est par conséquent recevable à en demander la suppression à la cour; attendu qu'il est fondé, puisque les deux premières pages de ce mémoire contiennent des imputations injurieuses contre lui » (Bordeaux, 1re ch., 27 mars 1833, aff. Sureau *C.* Landreau); — 3° Qu'on peut ordonner la suppression d'un mémoire comme injurieux pour le ministère public, bien que non signé par avoué ou par avocat, et bien qu'il n'ait été produit qu'après les conclusions du ministère public (Rennes, 26 janv. 1835, aff. Desmortiers, V. Défense, n° 239).

1262. Mais, par une juste conséquence du même principe, il a été décidé que la suppression d'un mémoire ne peut être demandée incidemment à une instance principale, lorsque ce mémoire n'a pas été distribué aux membres du tribunal, et qu'il ne fait point partie des pièces du procès (Rouen, 7 mars 1835, aff. Maubert, V. Avocat, n° 357).

1263. En supposant que la plaidoirie d'un avocat fût écrite, on ne pourrait, ce semble, en ordonner la suppression, parce que ce n'est pas là un écrit produit, puisqu'il n'est pas distribué matériellement aux juges comme un mémoire. — Résoudre autrement cette difficulté ce serait, à notre sens, soumettre le barreau à une inquisition intolérable et qui consisterait à vérifier jusqu'à quel point une plaidoirie est préparée, à distinguer de simples notes destinées à aider la mémoire d'un discours complet.—Il a, du reste, été jugé 1° qu'une partie qui se croit offensée par la plaidoirie d'un avocat, ne peut exiger que cette plaidoirie soit déposée au greffe du tribunal devant lequel elle a été prononcée; qu'une telle prétention est contraire à tous les usages; qu'elle est injurieuse à la dignité des avocats et tendrait à restreindre leur indépendance (Bordeaux, 18 nov. 1828, aff. Milhac, V. Défense, n° 236); —2° Que le dépôt ne peut, d'après les mêmes considérations, être exigé par le ministère public qui croit découvrir dans la plaidoirie de l'avocat un délit d'outrage ou de toute autre nature (Aix, ... déc. 1833).

1264. La suppression des écrits injurieux et diffamatoires est autorisée par la loi dans des vues d'ordre public, aussi bien que dans l'intérêt des parties : les parties, le ministère public doivent donc avoir également le droit de la demander. — Et dans ce cas, l'initiative de la personne diffamée n'est point exigée, parce que loin qu'il s'agisse d'appeler une publicité fâcheuse sur des faits portant atteinte à son honneur ou à sa considération, les conclusions du ministère public tendent à étouffer un scandale.—Par suite, il a été jugé que lorsqu'un mémoire produit en réponse aux conclusions du ministère public, contient des termes diffamatoires pour un avocat de la cause, le ministère public peut demander la suppression de ce mémoire, bien que l'avocat diffamé n'ait pris aucunes conclusions à cet égard (Rennes, 2e ch., 12 juin 1834, aff. Bourdonnay *C.* Charpentier, etc.). — M. Chassan (t. 1, p. 80) s'exprime ainsi à ce sujet : « Cet arrêt, qui n'est nullement motivé n'en est pas moins fondé en droit ; les tribunaux, en effet, ont la police de leur audience ; ils sont revêtus d'un pouvoir coercitif pour se faire respecter et pour faire maintenir l'ordre et la décence dans le lieu de leur réunion (V. aussi en ce sens M. de Grattier, t. 1, p. 241, n° 15), ces motifs complètent ceux que nous venons d'indiquer.

1265. L'art. 1036 c. pr. autorise les juges à supprimer les écrits calomnieux même d'office, et il a été jugé, conformément à cette disposition, que lorsqu'un mémoire présenté à la cour de cassation contient contre l'arrêt attaqué des expressions irrévérentielles, et contre l'adversaire des imputations injurieuses, la cour de cassation peut en prononcer la suppression d'office (Req. 17 mars 1808, aff. Meunier, V. Cassation, n° 1118).—Rien n'indique du reste, que l'art. 23 de la loi du 17 mai 1819, doive avoir pour effet de diminuer le pouvoir des juges à cet égard.

1266. Il semble naturel, et c'est, du reste, ce qui a été jugé, que lorsqu'un fonctionnaire (dans l'espèce, un maire), est poursuivi à raison de ses fonctions, d'après une autorisation du conseil d'État, il ne soit pas besoin d'une nouvelle autorisation pour obtenir contre lui les condamnations accessoires auxquelles donnent lieu les discours tenus ou les écrits produits en son nom devant le tribunal saisi de la poursuite (Crim. cass. 12 mars 1829, aff. Charpin, V. Mise en jugement des fonctionn., n° 177;

(1) (Henrion-Magnoncourt *C.* Froissard, etc.) — La cour; — Attendu que la cour d'appel a reconnu que, depuis l'opposition formée par le demandeur à l'arrêt par défaut, le mémoire dont il s'agit, quoique déjà connu du public, avait été distribué ; que les sieurs Froissard et Magny avaient, depuis cette opposition, demandé la suppression du mémoire ; que le procureur général près cette cour avait aussi requis la suppression du mémoire, et le sieur Magny avait, de plus, conclu à une condamnation de 20,000 fr. de dommages-intérêts ; — Qu'en prononçant, dans ces circonstances, la suppression du mémoire, la cour d'appel s'est conformée à l'art. 1036 c. pr. civ. ; et qu'en condamnant le demandeur à 5,000 fr. de dommages-intérêts, cette cour a statué sur un accessoire de la cause principale, qui tenait essentiellement à la défense des sieurs Froissard et Magny, et sur un préjudice à eux causé pendant l'appel ; — Rejette.

Du 22 nov. 1809.-C. C., sect. req.-MM. Oudard, rap.-Jourde, subst., c. conf.

V. en ce sens M. de Grattier, t. 1, p. 281). —V. au surplus vº Mise en jug. de fonctionn., nº 154.

1267. Suivant l'opinion de M. de Grattier (t. 1, p. 250), nonobstant le désistement d'une demande injurieuse ou diffamatoire, la partie contre laquelle elle a été formée peut obtenir la suppression des écrits qui la constatent et des dommages-intérêts. — Sans doute, tant que le désistement n'a pas été accepté, les droits de la partie contre laquelle la demande injurieuse a été formée restent entiers à cet égard. — Mais on peut se demander si l'offre du désistement ne rend pas la suppression superflue, et si ce n'est pas là en réalité la meilleure suppression que la partie offensée puisse obtenir.— Sans doute, le désistement n'a d'autre effet que de remettre les choses, de part et d'autre, dans l'état où elles étaient avant la demande (c. pr. 403); en telle sorte que rien ne s'oppose à ce que cette demande soit renouvelée (V. vº Désistement, nºs 163 et suiv.). Mais la suppression de l'écrit, sans autre décision, relativement au rejet de la demande injurieuse, aurait-elle des conséquences plus favorables? Nous ne le pensons pas, la suppression d'un écrit n'est pas, en effet, le rejet de la demande. Cette suppression ne peut s'appliquer qu'à l'écrit, tel qu'il a été produit; un autre écrit tendant aux mêmes fins, mais sous une date nouvelle et revêtu d'autres signatures, ne pourrait être considéré comme ayant été l'objet de la suppression ordonnée.—En résumé sur ce point, le défendeur à une demande injurieuse ou diffamatoire peut accepter ou refuser le désistement qui lui est proposé; mais il paraît évident que son acceptation ne pourrait avoir lieu sous la condition que l'exploit contenant la demande serait supprimé.

1268. Au surplus, ainsi que l'a jugé un arrêt, le pouvoir accordé aux tribunaux d'ordonner la suppression des écrits injurieux ou diffamatoires produits devant eux dans les procès dont ils sont saisis, n'est pas, à la différence du cas où il s'agit de l'exercice de l'action en diffamation, subordonné à la condition que les faits articulés dans ces écrits soient étrangers au procès: il suffit qu'il soit déclaré qu'ils étaient injurieux ou diffamatoires (Req. 14 juin 1854, aff. Deschamps, D. P. 54. 1. 389).

1269. Quels juges peuvent ordonner la suppression?—Les juges saisis de la cause peuvent prononcer la suppression des mémoires, *en statuant sur le fond*. D'où il semble résulter que le juge qui n'aurait à statuer que sur une question de compétence ou sur un incident, ne pourrait ordonner la suppression d'un écrit produit devant lui. Toutefois, nous avons déjà fait remarquer (nº 1239), en ce qui touche la réserve de l'action, quant aux faits étrangers à la cause, que le fond devait s'entendre ici de ce qui fait l'objet de la contestation, indépendamment de la diffamation et de l'injure. — S'il en était autrement, il en résulterait que la cour de cassation qui ne connaît jamais *du fond* des affaires ne pourrait ordonner la suppression des mémoires produits devant elle. Or, rien ne serait moins conforme aux vues du législateur et à la dignité de cette cour, que de la priver de ce moyen de répression qui est à la disposition de tous les tribunaux. — Au reste, la jurisprudence de la cour régulatrice est entièrement contraire à une telle interprétation. — Pour ne pas multiplier les exemples sur un point aussi évident, nous n'en citerons qu'un seul.—Dans une affaire qui a eu quelque retentissement, celle du général Donnadieu, la cour de cassation a ordonné la suppression d'un mémoire dans les termes suivants: « Attendu que dans l'adhésion signée Berryer fils, qui est à la suite de la consultation produite par le demandeur à l'appui de son pourvoi, et qui a été produite avec elle devant la cour, il se trouve un passage commençant par ces mots, *il est évident*, et finissant par ceux-ci, *les fauteurs et complices*, qui contient des expressions diffamatoires et injurieuses pour des magistrats de la cour royale de Paris; — Vu l'art. 23 de la loi du 17 mai 1819, supprime ledit passage » (Crim. cass. 26 août 1837, MM. de Crouseilhes, pr., Vincens, rap., Hébert, av. gén., c. conf., Mandaroux, av., aff. Donnadieu). — Sous la loi du 22 juill. 1791, il a été également jugé que la cour de cassation pouvait ordonner la suppression d'un mémoire en défense à elle adressé, s'il contenait des propos injurieux contre un fonctionnaire public (Crim. cass. 10 therm. an 10, MM. Viellart, pr., Rataud, rap., aff. Rocolle *C.* min. pub.

1270. La suppression des mémoires peut, d'ailleurs, être prononcée par tous les tribunaux civils ou criminels, ordinaires ou d'exception; car les termes de l'art. 23 de la loi de 1819 sont généraux et sans exception. — Un arrêt de la cour de Rennes, du 20 juin 1810, cité par Carré (L. de la proc., t. 3, p. 501), a reconnu aux tribunaux de commerce le droit de statuer, dans le cas dont il s'agit, sur les dommages-intérêts (V. aussi en ce sens MM. Parant et Chassan, t. 1, p. 72). — La cour des pairs, quoique simple tribunal d'attribution, avait les mêmes droits que les autres tribunaux, relativement à la suppression des écrits et à la condamnation à des dommages-intérêts, et la haute cour de justice est nécessairement investie des mêmes attributions. —V. vº Organisation judiciaire.

1271. Sur le point de savoir si la chambre d'accusation peut ordonner la suppression d'un mémoire ou de tout autre écrit produit devant elle, V. *suprà*, nº 1179.

1272. Les arbitres peuvent-ils eux-mêmes statuer sur cette contestation? La négative se fonde sur ce qu'ils sont des juges exceptionnels, des espèces de jurés, comme les qualifie l'avis du conseil d'État du 29 prair. an 8. D'où il est conclu qu'on ne peut leur appliquer l'art. 23 de la loi du 17 mai 1819, lequel ne paraît fait que pour les juridictions ordinaires. Telle est aussi l'opinion de M. Chassan. Cet auteur établit, dans une discussion étendue, t. 1, p. 73 et s., que les arbitres, même forcés, n'ont pas le droit de juridiction ni même la qualité de juges; qu'ils ne sont que de simples commissaires désignés pour une affaire spéciale, dans laquelle ils doivent strictement se renfermer; et qu'ils ne peuvent, en conséquence, prononcer ni la suppression des écrits produits devant eux, ni la condamnation à des dommages-intérêts à raison de ces écrits; il leur appartient seulement de donner acte aux parties de ce qui s'est passé devant eux et des réserves faites par celles-ci (V. aussi M. de Grattier, t. 1, p. 243 et suiv.).—On peut ajouter: 1º que la suppression d'un écrit a le caractère d'une pénalité, légère sans doute, mais qui toutefois ne saurait être prononcée que par le juge qui seul tient de la loi le droit de prononcer des peines (V. Arbitrage, nº 1008 s.); — 2º Que les arbitres doivent strictement se renfermer dans les termes du mandat qu'ils ont reçu des parties et de la justice, et que tout ce qu'ils ordonnent en dehors de ces limites légales doit demeurer sans effet (V. Arbitrage, nºs 1303 et suiv.; V. aussi, dans le sens de la solution qui précède, M. Grellet-Dumazeau, t. 2, p. 201). — Enfin, il a été jugé en ce sens que la partie qui prétend avoir à se plaindre d'un mémoire produit par son adversaire, devant les arbitres, juges de leur contestation, ne peut demander la suppression qu'à la juridiction ordinaire, et seulement après le jugement du fond de la contestation par les arbitres juges (Paris, 25 juin 1825) (1).—Néanmoins, on est ici uniquement dans l'ordre des intérêts *civils* et il nous a paru que les arbitres avaient compétence pour statuer sur la demande en dommages-intérêts ou en suppression d'écrits qui étaient un accessoire *virtuel* du litige qui leur est déféré (V. Arbitrage, nºs 465 s., 978, 1006), compétence, au reste, qui doit être restreinte plutôt qu'étendue (V. *eodem* et nºs 981 et suiv., 1034 et suiv.).

(1) *Espèce*: — (Descourtils C. Chapeau.) — Chapeau, auteur du mémoire prétendu injurieux par Descourtils, soutenait, devant le tribunal de police correctionnelle, où celui-ci l'avait traduit, que le mémoire ne contenait que les faits nécessaires à la défense du sieur Traverse, dont il était le mandataire; que le mémoire devait être apprécié par les juges saisis; qu'en aucun cas, d'ailleurs, il ne pouvait être statué à cet égard qu'après le jugement de l'affaire dans laquelle il avait été produit, comme cela résultait de l'art. 23 de la loi du 17 mai 1819.—Jugement du tribunal correctionnel, qui déclare Descourtils non recevable quant à présent. — Il paraît que les motifs du jugement donnaient lieu de croire que les arbitres pouvaient statuer sur l'injure contenue au mémoire. — Appel par Descourtils. — Selon lui, les arbitres ou juges commerciaux n'étant que des espèces de jurés, comme les qualifie l'avis du conseil d'État du 29 prair. an 8, l'art. 23 de la loi de 1819 ne leur est pas applicable, et dès lors ils ne peuvent juger une demande exorbitante en suppression de mémoire injurieux. — M. Jaubert, avocat général, a admis ce principe, mais il a dit que c'était avec raison que le tribunal avait sursis à statuer jusqu'après le jugement du fond. — Arrêt.

La cour; — Considérant que les parties sont en instance devant les arbitres-juges, et qu'avant de prononcer sur la plainte au sujet de prétendues injures contenues en des mémoires, il est nécessaire que lesdits arbitres aient statué sur le fond de la contestation; — Démet de l'appel, etc.

Du 25 juin 1825.-C. de Paris, ch. réun.

1273. Comment doit être motivé le refus des juges d'ordonner la suppression? — En cette matière, comme en toute autre, les motifs *implicites* suffisent à l'accomplissement du vœu de la loi (V. à cet égard v° Jugem., n°s 1094 et suiv.). — Rappelons seulement ici qu'il a été jugé que rejeter une demande en suppression de mémoire dirigée contre un avocat, c'est rejeter implicitement et nécessairement les réserves faites par le ministère public contre cet avocat à raison de ce mémoire (Crim. rej. 29 avril 1826, aff. Casteleyn, V. Jugement, n° 1101-3°).

1274. Au surplus, avant la loi du 17 mai 1819, il a été décidé que l'appréciation des faits calomnieux que renferment les écrits produits devant les tribunaux et les condamnations accessoires qui sont la suite de cette appréciation, telles que la suppression des écrits calomnieux, l'affiche ou l'impression de leurs jugements, sont dans les limites du pouvoir discrétionnaire des juges du fond (Crim. cass. 17 juin 1817, aff. com. d'Haplincourt, V. Commune, n° 1770) : mais cette doctrine ne nous semble pas juridique. Il s'agit ici d'un délit, et le pouvoir de la cour de cassation, lorsqu'il y a lieu d'en reconnaître les caractères, ne saurait être enchaîné par les appréciations des juges du fond. — Pour les principes relativement aux limites du pouvoir des juges du fond, V. v° Cassation, n°s 1208 et suiv.

1275. Que faut-il entendre par la *suppression* des écrits injurieux ou diffamatoires? Comment cette mesure doit-elle s'exécuter? — Ni la loi, ni la jurisprudence, ni la doctrine ne s'expliquent à cet égard. — L'art. 1036, on le sait, permet aussi la suppression des écrits. Mais les motifs de ce code gardent également le silence sous ce rapport. — Faut-il entendre le mot *suppression* comme synonyme de destruction? — L'art. 26 de la loi du 26 mai 1819 semble appuyer l'affirmative. Il y est dit, en effet : « Tout arrêt de condamnation contre les auteurs ou complices des crimes ou délits commis par voie de publication, ordonnera la *suppression ou la destruction des objets saisis*... » La suppression est donc l'équivalent de la destruction. Toutefois, nous pensons que, dans le sens de l'art. 1036 c. procéd. comme dans celui de l'art. 23 de la loi du 17 mai 1819, il s'agit, non d'une destruction matérielle, mais d'une simple suppression des actes de la cause. La destruction ordonnée par l'art. 26 de la loi de 1819 s'explique aisément : il s'agit surtout d'empêcher la propagation du mal qui peut résulter d'un imprimé, d'une gravure, etc. — Si les planches n'étaient détruites, elles pourraient bientôt servir à la reproduction de la pensée que la justice a déclarée coupable. — Mais dans les cas prévus par les art. 1036 c. pr. et 23 de la loi de 1819, les écrits à supprimer sont presque toujours des actes du procès. Créés pour la cause, ils ne sont nullement destinés à être reproduits. La suppression *matérielle* paraît donc superflue. — Ici la suppression nous paraît devoir être entendue dans le sens d'un blâme infligé par le juge, et non autrement. — Toutefois, sous le code de procédure, il a été jugé que les tribunaux peuvent ordonner la radiation des termes contraires au respect et à l'obéissance qui leur est due, insérés dans des actes signifiés (Paris, 7 août 1810) (1). — La radiation est un acte purement matériel. Mais il ne se trouve pas en rapport avec les termes de la loi.

1276. *Injonctions et suspension.* — Les peines disciplinaires qu'autorise l'art. 23 de la loi de 1819 sont des *injonctions* aux avocats et aux officiers ministériels et la *suspension* de leurs fonctions. — Par *injonctions*, puisque la loi ne s'est pas autrement expliquée, il faut entendre celles d'être plus exact ou plus circonspect à l'avenir, conformément aux lois relatives à la discipline judiciaire (V. notamment le décret du 30 mars 1808, art. 102). — Pour la première infraction, la suspension ne peut excéder six mois; en cas de récidive, elle doit être d'un an au moins et de cinq ans au plus. — Mais les peines portées par l'art. 23 de la loi de 1819, ne s'appliquent qu'au cas de diffamation envers les parties en cause; les autres infractions qui seraient commises à l'audience par les avocats, pourraient entraîner des peines plus sévères. — Il a été jugé en ce sens que l'art. 23 de la loi des 17 mai 1819 ne s'applique point aux infractions que les avocats peuvent commettre, en s'écartant du respect qu'ils doivent aux tribunaux et aux autorités publiques; et que les peines disciplinaires, qui peuvent leur être infligées dans ce cas sont celles que prononcent les art. 18 et 43 de l'ordonnance du 20 nov. 1822 et non celles qui sont autorisées par l'art. 23 de la loi de 1819 (Crim. rej. 25 janv. 1834, aff. Michel, V. v° Avocat, n° 352. — Conf. MM. Parant, p. 102; Chassan, t. 1, p. 81 et 82). — Lorsqu'il s'agit, non d'une faute disciplinaire, mais d'un délit de la part de l'avocat ou de la partie, il faut distinguer : ou le délit est commis envers le tribunal ou l'un des magistrats de l'audience, et alors ce tribunal, quel qu'il soit, a la faculté de punir le délinquant, soit sur-le-champ, soit en suivant les formes ordinaires (c. inst. crim. 505). — Ou bien, au contraire, le délit est étranger au tribunal, et, dans ce cas, il est du devoir du tribunal devant lequel l'infraction est commise, de prononcer contre le délinquant, et sans désemparer, telle peine qu'il appartient, conformément à l'art. 181 c. inst. crim., pourvu toutefois que ce tribunal soit de la classe de ceux désignés par ledit article, c'est-à-dire pourvu que ce soit un tribunal civil d'arrondissement, ou un tribunal correctionnel ou une cour impériale, ou une cour d'assises. Quant aux juges de paix, aux tribunaux de simple police, aux tribunaux de commerce, ou autres n'exerçant point une juridiction générale, ils doivent se borner à dresser procès-verbal du délit. — Cette règle s'appliquait même à la cour des Pairs, qui n'était qu'un tribunal d'attribution. Aussi est-ce incompétemment que, dans la célèbre affaire des accusés d'avril, cette cour a condamné l'accusé Reverchon, pour offense au roi commise durant les débats. — V. M. Chassan, t. 1, p. 82 et suiv.

1277. Quel est l'effet de la suppression? — Nous avons dit que la suppression est une peine; mais elle est trop légère pour donner, dans tous les cas, satisfaction à la vindicte publique. Elle peut encore moins satisfaire à l'intérêt de la partie lésée. Aussi ne met-elle aucun obstacle soit à l'action publique, soit à l'action privée, lorsque, d'ailleurs, elles peuvent être exercées conformément aux règles qui viennent d'être rappelées (V. en ce sens M. Grellet-Dumazeau, t. 2, p. 218). — Sous le code pénal de 1810, il a, du reste, été jugé que le droit attribué aux magistrats par l'art 377 de ce code, de prononcer la suppression des écrits ou mémoires produits devant eux et contenant des imputations calomnieuses, n'exclut pas l'action des parties de déférer ultérieurement ces mêmes écrits aux tribunaux compétents (Crim. rej. 27 fév. 1818) (2).

---

(1) *Espèce* : — (Joubert.) — Dans une instance en séparation de corps tentée par la dame Joubert contre son mari, un jugement avait admis la demanderesse à la preuve des faits par elle articulés. — Sur l'appel, un arrêt rendu contre le sieur Joubert lui ayant été signifié, il déclara par une réponse où il déduisait ses griefs qu'il n'obéirait pas. Cette réponse fut dénoncée à la cour par le ministère public comme irrévérencieuse et attentatoire à l'autorité de la justice. — Arrêt.

La cour; — Faisant droit sur le réquisitoire du procureur général; — Vu la réponse de M. Joubert au commandement à lui fait, le 12 juillet dernier, en vertu de l'arrêt de la cour, du 27 juin précédent, commençant par ces mots : « Qu'il ne peut ni ne doit déférer, » et finissant par ceux-ci : « Contre et ainsi qu'il appartiendra, » et signée Joubert, a ordonné que ladite réponse sera, comme irrévérencielle et attentatoire à l'autorité de la justice et de la cour, bâtonnée, tant sur l'original que sur la copie dudit commandement, par Lepeigneux, huissier de service, que la cour commet, et qu'en marge d'iceux, mention sera faite du présent arrêt; — Ordonne qu'à la diligence du procureur général, le présent arrêt sera, quant à cette dernière disposition, imprimé et affiché au nombre de cent exemplaires, tant à Paris qu'à Versailles; le tout aux frais dudit Michel Joubert.

Du 7 août 1810.-C. de Paris, aud. sol.

(2) (Cosme C. veuve Dupuy.) — La cour; — Attendu que l'art. 181 c. inst. crim., qui ne dispose que pour les délits correctionnels commis dans l'enceinte et pendant la durée de l'audience est inapplicable à l'espèce de la cause; — Attendu que l'art. 377 du code, en donnant à tous les juges le pouvoir de prononcer la suppression des écrits et mémoires produits devant eux contenant des imputations calomnieuses, et de faire des injonctions aux auteurs de ces délits, ne leur a pas conféré une attribution exclusive qui fasse cesser la compétence des tribunaux correctionnels sur les plaintes en écrits calomnieux; — Que les dames Savin et de Corbie ont donc été autorisées à déférer à la juridiction correctionnelle l'écrit déclaré calomnieux qui a formé la matière de la plainte, et que le tribunal correctionnel qui en a été saisi a eu caractère pour y instruire et prononcer; — Rejette.

Du 27 fév. 1818.-C. C., sect. crim.-MM. Barris, pr.-Audier-Massillon, rap.

1278. En général, les avocats, les officiers ministériels ne sauraient répondre du fait de la partie : on ne peut donc leur infliger des peines pour les fautes qu'elle commet personnellement. Toutefois, s'il est justifié que l'avocat ou l'avoué a été l'instigateur du fait de son client ou même s'il a pu l'empêcher par un moyen quelconque et l'a laissé s'accomplir, il encourt des peines disciplinaires proportionnées à la gravité de sa participation. — Il a même été jugé d'une manière absolue qu'un avoué est personnellement responsable d'un mémoire injurieux pour un magistrat, bien que ce mémoire ne porte d'autre signature que celle de la partie (Crim. cass. 25 mai 1807, aff. Poulain, V. nº 1152). — Dans ces termes cette solution nous paraît entièrement inadmissible, parce que dans un grand nombre de cas elle pourrait conduire à une flagrante injustice. La responsabilité de l'avoué ne peut être légitime qu'autant qu'il l'a encourue par sa participation à un fait répréhensible.

1279. La loi dit d'une manière générale : *les juges saisis de la cause* pourront prononcer la suppression... Les juges pourront aussi dans le même cas, faire des injonctions aux avocats et officiers ministériels ou même les suspendre. — Suit-il de la généralité de cette expression que *tous les tribunaux* sont investis de ce droit, et qu'ainsi un juge de paix, un tribunal de commerce pourait prononcer les peines disciplinaires édictées par l'art. 23 de la loi de 1819 contre les avocats ou les avoués qui se présenteraient devant eux pour y défendre les parties?—Nous croyons que ce droit ne peut leur appartenir parce que les avocats, et les officiers ministériels surtout ne sont réellement pas dans l'exercice de leur profession devant ces juridictions exceptionnelles (V. en ce sens MM. Chassan, t. 1, p. 72; Grellet-Dumazeau, t. 2, p. 203, nº 919). — Il en était autrement de la cour des pairs à laquelle ce droit avait été formellement reconnu par l'ordonnance du 30 mars 1835. — Le même droit devrait-il appartenir à la haute cour de justice? — La nécessité qui avait fait naître une disposition expresse et spéciale pour la cour des pairs donnerait à penser que, dans le silence de la loi et des règlements, la haute cour de justice doit être privée de l'exercice du pouvoir disciplinaire. — Toutefois, en étudiant les éléments dont se compose cette cour, exclusivement formée de magistrats de la cour de cassation (V. Sénatus-consulte du 10 juill. 1852 et vº Organisation judiciaire), du moins quant à la partie de la cour de justice qui est investie du droit de prononcer des peines; en considérant aussi la mission que les avocats viennent remplir devant elle et qu'ils ne peuvent accomplir qu'en leur qualité, nous pensons que le pouvoir, qu'on ne peut à cet égard contester aux cour d'assises, doit nécessairement être reconnu à la haute cour de justice.

1280. Les injonctions et la suspension peuvent être prononcées d'office par les juges, parce que ce sont des peines dont les parties n'ont pas le droit de requérir l'application et que le juge est autorisé à prononcer comme accessoires de la décision principale. — Telle est, d'ailleurs, la disposition formelle de l'art. 1036 c. pr., et il a même été jugé que les règles relatives à la punition des crimes et délits commis par la voie de la presse sont inapplicables aux injures contenues dans des *imprimés produits* à l'occasion d'un procès civil; ces injures sont réprimées par l'art. 1036 c. pr. (Req. 30 avr. 1839) (1). — Décision qui tendrait à faire de cet article la règle unique de la matière; mais il paraît manifeste qu'il y a ici un malentendu qui pourrait s'expliquer peut-être par la date erronée qui avait été donnée à la loi invoquée à l'appui du pourvoi. La loi du 26 *mai* 1819 y était seule citée, et la cour a pu dire avec raison que les art. 6, 23 et 26 de la loi du 26 mai 1819 étaient inapplicables à la cause; mais il n'en pouvait être ainsi de l'art. 23 de la loi du 17 mai 1819, qui est formel à cet égard. — Nous avons même peine à comprendre comment cette inadvertance a pu échapper au savant rapporteur.

1281. Suivant un arrêt, lorsqu'un tribunal prononce la suppression d'un écrit diffamatoire produit devant lui, dans un procès dont il est saisi, l'impression de son jugement qu'il est libre d'ordonner avec ou sans affiche, en vertu de l'art. 1036 c. pr., doit être faite dans les journaux, s'il a été décidé qu'elle aurait lieu sans affiche, cette impression ne pouvant avoir d'autre but, en cas pareil, que de rendre public le jugement (Req. 14 juin 1854, aff. Deschamps, D. P. 54. 1. 389).—V. cependant, nº 1040.

1282. Quant au droit d'appréciation des faits auxquels s'appliquent les peines disciplinaires, nous croyons qu'il faut suivre les règles ordinaires, c'est-à-dire que les juges du fond constatent souverainement le point de fait, mais qu'il appartient toujours à la cour de cassation de l'examiner dans ses rapports avec la loi.—M. de Grattier, t. 1, p. 236, est cependant d'avis que l'appréciation des juges du fond est souveraine en cette matière. Le lecteur trouvera au mot Cassation, nº 1208 et suiv., l'explication des motifs qui nous empêchent d'adopter cette opinion.

1283. *Dommages-intérêts.*— Les peines disciplinaires ont pour but de faire respecter la justice et les droits d'autrui; mais elles sont pour l'intérêt privé une satisfaction purement stérile. Dans le dessein de lui en assurer une vraiment utile, l'art. 23 de la loi de 1819 permet aussi aux tribunaux de prononcer des *dommages-intérêts*. — Contre quelles personnes? — *Contre qui il appartiendra*, dit la disposition précitée; c'est-à-dire contre le véritable auteur de la diffamation ou de l'injure; ce qui s'applique non-seulement aux parties, mais à tous ceux qui tiennent des discours ou produisent des écrits devant les tribunaux.— Les avocats et les avoués *peuvent* donc être condamnés à des dommages-intérêts. — Mais dans quels cas cette condamnation peut-elle les atteindre. — Est-ce seulement lorsque les faits diffamatoires qu'ils ont imputés sont étrangers à la cause? — Non, car l'art. 23 autorise la condamnation aux dommages-intérêts dans son premier paragraphe qui, ainsi que nous l'avons fait remarquer (nº 1259), est relatif à toutes les imputations diffamatoires et à toutes les injures. — Les *avocats et les avoués*, comme les parties, peuvent donc être condamnés à des dommages-intérêts même pour des imputations relatives à la cause, lorsque, sans nécessité, ils s'écartent de la modération que la bienséance et les devoirs de leurs professions leur imposent. — Vainement, en pareil cas, penseraient-ils pouvoir trouver leur justification dans le mandat de leur client; la loi ne reconnait pas le mandat d'injurier.—*Si mandato meo facta sit alicui injuria, plerique aiunt, tam me qui mandavi, quam eum qui suscepit, injuriarum teneri* (L. 11, § 3, ff., *De inj. et fam. lib.*).—Mais, par un juste retour, les avocats ou les avoués contre lesquels seraient tenus des discours ou produits des écrits diffamatoires, ont le droit de réclamer des dommages-intérêts contre les auteurs du délit (Conf. MM. Parant, p. 100; Chassan, t. 1, p. 88; Grattier, t. 1, p. 243; Merlin, Rép., vº Injures, § 6, nº 5; Carnot, sur l'art. 139 c. inst. crim., t. 1, p. 584, nº 23); c'est-à-dire qu'ils ont le droit de faire prononcer les dommages-intérêts par les juges saisis de la cause. C'est là, en effet, le seul point qui mérite d'être signalé, puisque le droit de demander réparation d'une diffamation ou d'une injure appartient à tous les citoyens.

1284. Des dommages-intérêts peuvent également être réclamés par les témoins et par les experts contre lesquels auraient été dirigées des imputations diffamatoires ou injurieuses que ne comportait pas la défense (V. en ce sens M. de Grattier, t. 1, p. 243. V. cependant l'art. 319 c. inst. crim. et *suprà*, nº 721). — Quant aux magistrats, ils ont évidemment les mêmes droits. M. de Grattier, *loc. cit.*, pense que des raisons de bienséance devraient les détourner de former une semblable demande. — Magistrat lui-même, cet auteur a, sur ce point, une manière de sentir qui l'honore; mais nous n'examinons ici qu'un point de droit qui ne peut être douteux. Nous ajouterons cependant que, comme partie

(1) *Espèce* :—(Ancillon C. Navelle.)— Le pourvoi était fondé, entre autres moyens, sur la violation des art. 6, 23 et 26 de la loi du 26 mai 1819, en ce que l'arrêt attaqué avait ordonné la suppression d'une note imprimée du demandeur, comme contenant des faits injurieux et diffamatoires, sans préciser ces faits, et avait, en outre, autorisé l'affiche dans un cas où la loi refuse cette faculté. — Arrêt.

LA COUR; — ...Sur le moyen tiré de la violation des art. 6, 23 et 26 de la loi du 26 mai 1819 : — Attendu que ces articles ne regardent que les crimes et délits commis par la voie de la presse, et nullement les injures renfermées dans des imprimés, à l'occasion d'un procès civil, réprimées par l'art. 1036 c. pr. civ.; — De tout quoi il suit que les articles invoqués par le demandeur en cassation étant tous inapplicables à l'espèce, n'ont pas été violés par l'arrêt attaqué, et qu'ainsi les quatre derniers moyens ne sont pas fondés;— Rejette le pourvoi formé contre l'arrêt de la cour de Grenoble.

Du 30 avr. 1839.-C. C., ch. req.-MM. Zangiacomi, pr.-Lasagni, rap.

lésée, le magistrat n'a point de conclusions à prendre, s'il ne réclame des dommages-intérêts, du moins à l'égard des discours, car pour les écrits il peut en demander la suppression, et que les règles de bienséance dont parle M. de Grattier auraient pour effet de placer les magistrats dans une situation très-défavorable. — Au reste, le même auteur ne fait aucune difficulté de reconnaître aux jurés diffamés ou injuriés le droit de demander la réparation civile du dommage que ces infractions lui feraient éprouver. — M. de Grattier fait cependant observer qu'il conviendrait que cette demande ne fût formée qu'après la déclaration du jury, et il n'est point arrêté par les scrupules ou les sentiments qui lui font penser que le magistrat doit s'abstenir de telles demandes. Sans doute, le juré investi passagèrement du droit de prononcer sur l'honneur et sur la vie de ses concitoyens, n'est point un magistrat et n'a point les mêmes bienséances à garder, à certains égards; mais il n'en est pas moins juge dans le moment où il accomplit sa mission; en cette qualité, il doit offrir les garanties les plus complètes d'impartialité, et l'on aurait quelque peine à les trouver dans un juré qui, attaqué dans son honneur, s'est si peu élevé au-dessus de cette atteinte, qu'il en réclame la réparation pécuniaire. Pour nous, nous ne comprendrions une demande en dommages-intérêts de la part d'un juré, en pareil cas, qu'autant qu'il se récuserait, qu'un nouveau jury serait constitué et que de nouveaux débats seraient ouverts. Mais un juge ou un juré qui resterait sur son siége avec le ressentiment d'une injure et avec la réserve intérieure d'en demander plus tard satisfaction, nous paraîtrait manquer gravement au plus essentiel de ses devoirs. — Par cela seul qu'il conserve sa position de juge, il renonce donc à toute action ultérieure; et c'est là une fin de non-recevoir, qui, pour n'être pas écrite dans la loi, n'en sera pas moins insurmontable devant la conscience de tous les hommes.

1285. Les auteurs font, en général, remarquer que les dommages-intérêts ne peuvent être accordés d'office par le juge. C'est là une vérité de toute évidence. Quant aux intérêts civils, les juges ne peuvent rien allouer au delà de la demande des parties, *ultrà petita*. A plus forte raison, ne peuvent-ils rien accorder lorsque aucune demande n'est formée devant eux.

1286. Sur le point de savoir si la chambre des mises en accusation peut accorder des dommages-intérêts à raison des écrits diffamatoires produits devant elle, V. *suprà*, n° 1179.

Sect. 5. — *Des exceptions. — Prescription, chose jugée, excuse, renonciation à l'action, etc.*

1287. Bien qu'intentées dans les cas prévus par la loi, l'action publique et l'action civile résultant des délits qui se commettent par les divers moyens de publication, peuvent cependant être déclarées inadmissibles, par suite des exceptions opposées par l'inculpé. —A ce point de vue, les exceptions tiennent à l'action elle-même, en ce sens que l'action ne peut être prudemment intentée que lorsqu'on a pesé les exceptions qui peuvent y être opposées. Tel est le motif qui nous détermine à en parler dans le chapitre relatif aux actions. Mais ce motif ne s'applique pas aux exceptions qui tiennent à la forme : aussi ne nous occuperons-nous de celles de cette dernière espèce que lorsque nous expliquerons les règles de la procédure, en ce qui touche les délits de publication. Nous nous plaçons ici dans l'hypothèse où l'action n'est point encore intentée, et nous vérifions les obstacles qu'elle pourra rencontrer dans la défense de l'inculpé. — Parmi les exceptions que nous allons analyser, il en est qui sont communes aux délits qui peuvent se commettre par les divers moyens de publication; il en est d'autres qui sont spéciales à la diffamation et à l'injure. — De là la division de cette section en deux articles, dont chacun embrassera l'une de ces catégories.

Art. 1. — *Des exceptions communes aux délits qui peuvent se commettre par les divers moyens de publication.*

1288. Pour les exceptions en général, V. v° Exception. — Nous ne nous occupons ici que de celles qui nous paraissent offrir des difficultés spéciales aux divers moyens de publication. — Ces exceptions sont : — 1° La prescription; — 2° La chose jugée; — 3° Les causes d'excuse.

§ 1. — *De la prescription.*

1289. Chez tous les peuples d'une civilisation avancée, le législateur a reconnu la nécessité de circonscrire l'action publique et l'action civile résultant de crimes ou de délits dans une période déterminée, parce que souvent le temps qui s'écoule, en effaçant les preuves de l'infraction, emporte aussi les moyens de défense de l'inculpé (pour l'historique et les principes généraux en cette matière, V. vis Prescription et Prescript. crim.). Les crimes et les délits qui font l'objet de notre travail n'ont point échappé à cette règle commune. — Suivant le droit romain, l'action en injures se prescrivait par un an : *Cum injuriarum actio annuo tempore præscripta sit* (L. 5, C., *De inj.*). — C'était par vingt ans que se prescrivait l'action *ob libellum famosum* (V. Goth. sur cette loi et Voët, *lib.* 47, tit. 10, n° 21). — Suivant l'ancien droit français, l'action en injures verbales se prescrivait aussi par un an. La prescription était de cinq à six ans pour les injures écrites. — Toutefois les injures graves, par paroles ou par écrit, ne se prescrivaient que par vingt ans, lorsqu'elles étaient susceptibles d'être poursuivies par le ministère public (V. Dareau, Traité des injures, p. 435 et suiv.). — D'après le droit anglais, l'action à intenter à raison de propos injurieux se prescrit par deux ans. — L'action *per quod* et l'action pour *libel* (pour ce qu'il faut entendre par ces actions, V. *suprà*, nos 68 s.) se prescrivent par six ans (V. Christ. sur Blackston, liv. 3, ch. 8, nos 1, 5). — Aux termes de l'art. 12 de la loi belge, du 20 juill. 1831, la poursuite des délits qui se commettent par les voies de la publicité se prescrit en général par l'expiration d'une année, à partir du jour où le délit a été commis ou de celui du dernier acte de poursuite. La prescription a lieu par le laps de trois mois à raison de : 1° l'excitation à la désobéissance aux lois; 2° l'attaque contre les droits du roi, de sa dynastie ou contre l'autorité des chambres; 3° la calomnie ou l'injure contre les fonctionnaires publics.

1290. L'art. 29 de la loi du 26 mai 1819 soumettait l'action publique contre les crimes et les délits commis par la voie de la presse ou par tout autre moyen de publication à une très-courte prescription (six mois, à compter du fait de la publication). — Cette disposition qui, dans un très-grand nombre de cas, assurait l'impunité à des faits gravement répréhensibles, a été abrogée par l'art. 27 du décret du 17 fév. 1852, aux termes duquel les poursuites doivent avoir lieu dans les formes et *délais* prescrits par le code d'instruction criminelle. — Dans les délais, en effet, se trouvent nécessairement compris non-seulement ceux des diverses formalités qui doivent être accomplies, mais celui de l'action elle-même, c'est-à-dire la prescription. — C'est, d'ailleurs, dans ce sens que s'exprime la circulaire ministérielle du 27 mars 1852 (D. P. 52. 3. 11), où il est dit formellement : « La prescription de droit commun se trouve ainsi rétablie, et l'art. 29 de la loi du 26 mai 1819 est abrogé. » — Il suit de là que les difficultés qui s'étaient souvent élevées sur le point de savoir si c'était la prescription de six mois ou la prescription ordinaire du code d'instruction criminelle qui devait être appliquée, dans certains cas déterminés, se trouvent définitivement résolues par l'art. 27 du décret du 17 fév. 1852; et qu'ainsi les décisions qui, antérieurement au décret, ont été rendues sur ces difficultés sont aujourd'hui dénuées d'intérêt. — Il serait donc superflu de les rapporter textuellement. Nous nous contenterons de rappeler qu'il a été jugé avant la loi de 1852 : 1° que la prescription de trois ans est seule applicable aux outrages faits publiquement aux fonctionnaires publics, à défaut d'une disposition spéciale dans la loi du 25 mars 1822 qui réprime ces outrages (Metz, 21 juill. 1822, ch. corr., M. Pyrot, pr., aff. Sabouret); — 2° Et en sens contraire, que l'action publique à raison de l'outrage fait publiquement à un ministre du culte, prévu et réprimé aussi par la loi du 25 mars 1822, se prescrit par six mois révolus, conformément à la loi du 26 mai 1819 et non d'après les règles du code d'instruction criminelle (Crim. rej. 16 avr. 1829, M. Mangin, av. gén., c. conf., aff. Piétri C. Callemaud); — 3° Que la prescription de six mois est inapplicable aux poursuites dirigées contre des écrits ou la reproduction d'écrits qui ont été l'objet de condamnations passées en force de chose jugée (Crim. rej. 19 nov. 1852, aff. Barba, D. P. 52. 5. 444); — 4° Que cette prescription n'est pas applicable aux injures simples soumises à la prescription d'un an, conformément à l'art. 640 c. inst. crim. (Crim. rej. 18 août 1838, MM. Crouseilhes, pr., Isambert, rap., Hello, av. gén., c. conf., aff. Percheron C. Percebois).

1291. Mais il est aussi un grand nombre de décisions relatives à la prescription, qui, bien que rendues avant le décret de 1852, conservent toute leur valeur, sous cet acte législatif, parce qu'elles résolvent, non des questions relatives au temps nécessaire pour prescrire, mais des difficultés sur lesquelles le décret précité n'a point statué. — Ainsi, 1° quel est le point de départ de la prescription? — 2° Par quels actes est-elle interrompue; — 3° Quand est-elle suspendue? — 4° Quand peut-elle être invoquée? Tels sont les points principaux à l'égard desquels le décret de 1852 ne s'est pas prononcée. Reprenons-les successivement.

1292. *Point de départ de la prescription.*— Suivant le code d'instruction criminelle (art. 637 et 638), qui, ainsi qu'on vient de le voir, règle maintenant la prescription, en matière de crimes ou de délits commis par l'un des moyens de publication, la prescription commence à courir *du jour où le crime ou le délit a été commis.* — Or, quand un crime ou un délit, dont la publicité forme un élément essentiel, doit-il être réputé commis? — Evidemment du jour de la publication, puisque sans publication il n'y a pas de délit. — Il a été jugé dans ce sens : 1° que ce n'est que du jour de la publication, précédée du dépôt et de la déclaration, et non à dater du dépôt seul de l'ouvrage, que court la prescription à l'égard de la poursuite des crimes ou délits commis par la voie de la presse (Crim. cass. 18 sept. 1829, aff. Vivès, V. n° 620); — 2° Que la déclaration et le dépôt d'un écrit imprimé sont insuffisants, en l'absence de publication réelle, pour faire courir la prescription de l'action publique contre cet écrit (Crim. rej. 18 déc. 1835) (1); — 3° Que le dépôt à la direction de la librairie ne constitue pas nécessairement la publication; et que c'est aux juges à déterminer, d'après les circonstances, le moment de la publication; que si la publication d'un ouvrage n'est pas licite avant le dépôt à la direction de la librairie du nombre déterminé d'exemplaires, il ne s'ensuit pas que le dépôt constitue la publication : cette publication gît en fait, ainsi que le dit expressément la loi; ce fait peut se produire de diverses manières, et il appartient, par conséquent, aux juges de le déterminer (Crim. rej. 8 sept. 1824 (2). — Conf. MM. Mangin, t. 2, n° 312; de Grattier, *loc. cit.*, p. 535; Serrigny, t. 2, p. 285); — 4° Que la délivrance du récépissé contre le dépôt d'un ouvrage ne peut être considérée comme une approbation de l'ouvrage capable d'arrêter les poursuites du ministère public; que l'action publique, dans ce cas, n'est éteinte que par la prescription de trois ans révolue depuis la publication (Crim. rej. 31 juill. 1818) (3); — 5° Que la prescription du délit résultant de la vente d'un ouvrage im-

---

(1) (Pagnerre C. min. pub.) — La cour (ap. dél. en ch. du cons.); — Vu l'art. 29 de la loi du 26 mai 1819; — Attendu que de ces dispositions il résulte que la déclaration et le dépôt sont des formalités distinctes de la publication, et qu'il ne faut pas confondre avec elle; qu'elles doivent la précéder, mais ne la constituent pas: qu'elles sont des conditions nécessaires pour faire courir la prescription, mais que seules elles ne produisent pas cet effet, lequel n'est attaché par la loi qu'au fait même de publication qui a donné lieu à la poursuite; — Attendu que le demandeur, soutenant que l'action publique contre le délit pour lequel il a subi condamnation était prescrite, fonde cette exception, en fait, sur ce qu'il aurait publié en 1834 une édition du recueil intitulé : Les Républicaines, contenant les passages incriminés en 1835, à l'égard de laquelle les formalités de la déclaration et du dépôt auraient été remplies, et qui n'auraient donné lieu à aucune poursuite; en droit, sur ce qu'une nouvelle édition d'un ouvrage précédemment publié ne peut être considérée comme un fait de publication qui fasse revivre l'action publique;

Mais attendu qu'il ne résulte ni de l'arrêt de renvoi, ni de l'arrêt de la cour d'assises, ni d'aucun acte authentique ou document légal, qu'une édition du recueil dont il s'agit, donnée en 1834 et conforme à celle de 1835, ait été suivie d'un fait de publication qui ait fait courir la prescription; qu'il suit de là que l'exception de prescription n'ayant pas été justifiée sous ce premier rapport et devant être écartée du procès, il n'y a lieu, dans cet état de la cause, d'examiner si une édition nouvelle est un fait de publication qui donne ouverture à l'action du ministère public; — Rejette.

Du 18 déc. 1835.-C. C., ch. crim.-MM. Choppin, pr.-Bresson, rap.

(2) *Espèce :* — (Corréard et Barthélemy.) — Les libraires Corréard et Barthélemy, condamnés pour un fait de publication contraire aux lois, proposaient quatre moyens de cassation contre l'arrêt de la cour royale. — Le premier résultait de ce que les parties n'auraient fait que comparaître à l'audience et décliner leurs noms, profession, demeure et lieu de naissance, sans se défendre; que, dès lors, elles ne pouvaient être jugées contradictoirement. Mais il était constant, en fait, que les prévenus, qui auraient pu garder le silence, avaient proposé des moyens de défense. — Le deuxième était tiré de ce que le ministère public n'aurait pas articulé et qualifié les provocations, attaques, outrages, etc., à raison desquels la poursuite était intentée, et de ce que, d'ailleurs, le jugement de la chambre du conseil ayant été annulé, le même réquisitoire n'avait pu servir pour de nouvelles poursuites. — Un troisième moyen consistait à prétendre que la saisie était périmée; — Enfin, les demandeurs faisaient valoir un quatrième moyen, la prescription : plus de six mois s'étaient écoulés depuis le dépôt du nombre d'exemplaires déterminé par la loi. — Arrêt.

La cour; — Attendu sur le premier des moyens proposés par les demandeurs, que si la simple comparution des prévenus à l'audience, et leurs réponses aux questions du président, sur leurs noms, prénoms, âge, profession, demeure et lieu de naissance, ne lient point l'instance lorsqu'ils ne prennent point de conclusions et ne se défendent pas, il en est autrement, quand ces prévenus, qui pouvaient garder le silence, ont, au contraire, comme dans l'espèce actuelle, quels qu'aient pu être d'ailleurs leurs motifs, proposé des moyens de défense, et qu'en ce cas, non-seulement l'instance est liée, mais qu'elle est contradictoire; d'où il s'ensuit que l'arrêt attaqué n'a violé ni l'art. 186, ni l'art. 208 c. inst. crim.; — Sur le second moyen, attendu que le ministère public, en indiquant dans ses premiers réquisitoires, les articles des lois de 1819 et de 1822 qui caractérisaient les délits, et les pages de l'ouvrage poursuivi où se trouvaient les passages incriminés, avait suffisamment articulé et qualifié, conformément au vœu de l'art. 6 de la loi du 26 mai 1819, les provocations, attaques, offenses et outrages à raison desquels la poursuite était intentée; — Que, par l'art. 15 de la loi précitée, les jugements des chambres du conseil et les arrêts des chambres d'accusation qui ne contiennent pas lesdites qualifications et articulations, sont déclarés nuls; mais que la nullité ne frappe que ces jugements ou arrêts et les actes qui s'en seraient suivis, et non ceux qui, étant réguliers et conformes à la loi, les auraient préparés : que les réquisitoires du ministère public qui, dans l'espèce, avaient précédé le jugement de la chambre du conseil, subsistaient donc toujours, malgré l'annulation de ce jugement; — Attendu, sur le troisième moyen, que s'il y a eu, dans la cause, ordre de saisir, il n'y a eu ni saisie, ni procès-verbal de saisie; qu'il y a eu seulement perquisition; en vertu d'ordre de saisir et procès-verbal de perquisition, qu'aux termes de l'art. 7 de ladite loi du 26 mai 1819, il n'y a de notification obligée de l'ordre de saisir que conjointement avec le procès-verbal de saisie, et par conséquent lorsqu'il y a eu saisie; que ce n'est qu'à dater de cette notification que, d'après l'art. 8, les délais commencent à courir; que, dans l'espèce, aucune saisie n'ayant été faite, la notification ordonnée, sous peine de nullité, par l'art. 7, n'a pu avoir lieu, et que l'arrêt attaqué n'a violé ni pu violer les dispositions de la loi sur la péremption de la saisie; — Sur le quatrième et dernier moyen, attendu que l'art. 29 de la loi du 26 mai 1819 déclare l'action publique contre les crimes et délits commis par la voie de la presse prescrite par six mois révolus, à compter du fait de publication qui a donné lieu à la poursuite; que si la publication d'un ouvrage n'est pas licite avant le dépôt à la direction de la police du nombre déterminé d'exemplaires, il ne s'ensuit pas que le dépôt constitue la publication; que la publication gît en fait, ainsi que le dit expressément la loi; que ce fait peut se produire de diverses manières, et qu'il appartient aux juges de le déterminer; que l'arrêt attaqué, appréciant les circonstances de la cause, a déclaré quel était le fait qui, dans l'espèce, avait constitué la publication, et qu'il ne s'était pas écoulé six mois entre cette publication et les nouvelles poursuites du ministère public; qu'en jugeant ainsi, la cour royale a usé de son pouvoir, et qu'elle n'a pu violer les dispositions de l'art. 29 de la loi du 26 mai 1819; — Attendu enfin que l'arrêt dénoncé est régulier dans sa forme; — D'après ces motifs, rejette.

Du 8 sept. 1824.-C. C., sect. crim.-MM. Portalis, pr.-Aumont, rap.

(3) (Crevel.) — La cour (apr. dél. en ch. du cons.); — Attendu, sur les trois premiers moyens de cassation proposés par le demandeur, qui se rattachent tous les trois aux mêmes principes et aux mêmes fins de non-recevoir; — Que la délivrance du récépissé de la police sur le dépôt d'un ouvrage, ne saurait être considérée comme une approbation administrative de cet ouvrage; — Que la publication que peut avoir eue cet ouvrage d'après le récépissé, ne saurait non plus supposer cette approbation; — Que l'action du ministère public devant les tribunaux n'est d'ailleurs soumise qu'aux règles fixées par la loi pour la procédure criminelle; qu'elle ne peut être éteinte que par la prescription qui, dans l'espèce, au moment de l'exercice de l'action, n'était pas acquise; — Attendu, sur le quatrieme moyen, que la condamnation du demandeur n'a pas été prononcée sur le titre de son ouvrage; qu'elle a eu pour base son ensemble, ainsi que les passages particuliers qui en ont été relevés

moral ne court que du jour de la mise en vente (Crim. cass. 20 juin 1840, aff. Delavigne, V. n° 1037); — 6° Que la prescription d'un délit de presse a pour point de départ le jour de la publication de l'écrit même qui est incriminé; que, par suite, lorsqu'il s'agit d'une publication nouvelle, ou d'une réimpression, la prescription ne remonte pas au jour de la publication primitive, mais court seulement à partir du jour de chacune des publications nouvelles ou de la réimpression (Crim. rej. 13 déc. 1855, aff. Roussel, D. P. 56. 1. 159).

1293. L'art. 29 de la loi du 26 mai 1819 voulait que, pour faire courir la prescription, la publication d'un écrit fût précédée du dépôt et de la déclaration que l'éditeur entendait le publier. — Le dépôt et la déclaration énoncée dans cette disposition sont nécessairement ceux dont il est fait mention dans les art. 14, 15 et 16 de la loi du 21 oct. 1814 (V. MM. Mangin, t. 2, n° 311; Rauter, t. 2, n° 859; Parant, p. 339; Chassan, t. 2, p. 81; de Grattier, t. 1, p. 334). — Mais il est à remarquer que la déclaration et le dépôt ne constituent point le fait de publication et ne peuvent, par conséquent, servir de point de départ à la prescription (V. MM. Mangin, t. 2, n° 311; Chassan, t. 1, p. 81; de Grattier, t. 1, p. 335; Pégat, Code de la presse, p. 92). L'art. 29 de la loi du 26 mai 1819 ne faisait mention de ces formalités que pour indiquer que la prescription ne pouvait commencer à courir qu'autant qu'elles avaient été remplies. — Et il a été jugé dans ce sens que la prescription de l'art. 29 de la loi du 26 mai 1819, pour les délits commis par la voie de la presse, ne court, à partir du fait de la publication, qu'autant que la publication de l'ouvrage incriminé a été précédée de la déclaration et du dépôt (Crim. cass. 13 mai 1843) (1).

1294. En est-il de même sous le décret de 1852? Nous ne le pensons pas. Ces conditions n'avaient été imposées par l'article précité de la loi de 1819 que comme un tempérament à la rigueur du délai auquel l'action publique se trouvait soumise. Mais le décret de 1852 ayant fait rentrer dans le droit commun les délits commis par les diverses voies de publication, il n'y a plus de motif pour maintenir cette condition exceptionnelle, qui n'est, d'ailleurs, prescrite que par une disposition abrogée. S'il en était autrement, il se trouverait que les délits de publication qui n'ont pas été précédés de la déclaration et du dépôt ne peuvent jamais se couvrir par la prescription, ce qui est tout à fait inadmissible.

1295. D'après M. Legraverend (t. 1. p. 93), lorsque le temps voulu pour la prescription s'est écoulé sans que l'édition d'un écrit contraire à la loi ait été poursuivie, les éditions ultérieures du même ouvrage doivent être également couvertes par la prescription. — Mais il paraît hors de doute, au contraire, que chaque édition nouvelle constitue un nouveau fait de publication qui donne lieu à une action particulière, et que, par conséquent, la prescription ne peut courir qu'à partir de chacun de ces faits (Conf. MM. Mangin, t. 2, p. 147 et suiv., n° 312; Chassan, t. 2, p. 82). — Il a été jugé en ce sens : 1° que la réimpression d'un écrit diffamatoire constitue un renouvellement de délit qui peut donner lieu à une poursuite correctionnelle de la part de l'individu offensé, encore que le temps fixé pour la prescription se soit écoulé depuis la première publication (Toulouse, 30 déc. 1836) (2); — 2° Qu'encore bien que plus de six mois se fussent écoulés sans poursuites, entre le dépôt ou publication de l'édition d'un ouvrage, et l'époque où cet ouvrage a été condamné

---

dans le jugement de première instance; — Attendu, sur le cinquième moyen, que l'ouvrage ayant été déféré aux tribunaux, a dû être saisi conformément au n° 3 de l'art. 15 du tit. 2 de la loi du 21 oct. 1814; que si l'art. 18 du même titre ordonne, après le payement des amendes, la restitution des ouvrages saisis, ce n'est que dans le seul cas où ils l'ont été pour simple contravention à cette loi; que, par conséquent, dans l'espèce où l'ouvrage était saisi comme déféré aux tribunaux, la restitution ordonnée par cet article n'étant pas applicable, la maintenue définitive de la saisie a dû entraîner la confiscation;

Attendu, sur le septième moyen, que le nouvel écrit injurieux au ministère public, dénommé dans le jugement de première instance, Supplément à la brochure intitulée *le Cri de la nation*, ayant été publié à l'occasion de l'instance sur la plainte principale, le tribunal a eu caractère pour en connaître dans cette instance; — Attendu, sur le huitième moyen, que si l'écrit dénommé Supplément à la brochure intitulée le Cri de la nation, a été déclaré par le jugement de première instance calomnieux vis-à-vis le ministère public, sans que ce jugement ait déterminé le caractère particulier de la calomnie qu'il reconnaissait dans cet écrit, ni énoncé les passages qui pouvaient renfermer les imputations qui la constituaient; si même les art. 367 et 371 c. pén. ont été cités et transcrits dans ledit jugement, il ne saurait néanmoins, d'après le principe de l'art. 411 c. inst. crim., résulter de ces circonstances d'ouverture en cassation contre l'arrêt qui l'a confirmé; qu'il n'est point dit, en effet, dans ce jugement, que la peine soit prononcée sur le délit de calomnie, ni même aggravée d'après ce délit; que les art. 5, 9 et 10 de la loi du 9 nov. 1815 y sont cités et transcrits, et que la condamnation qui n'a point dépassé ni même atteint le maximum de la peine fixée par ces articles, est justifiée par leurs dispositions; — Que le demandeur a été, en effet, déclaré coupable d'avoir composé et publié un écrit qui tendait à affaiblir et à déconsidérer l'autorité royale, et alarmer les citoyens sur le maintien du gouvernement, et à désobéir au roi et à la charte; — Que, sur cette déclaration, il y a eu juste application de la loi pénale; — Rejette le pourvoi contre l'arrêt de la cour de Paris, chambre des appels de police correctionnelle, du 2 mai 1818.

Du 31 juill. 1818.-C. C., sect. crim.-MM. Barris, pr.-Ollivier, rap.

(1) (Terry *C.* min. pub.) — LA COUR; — Sur le moyen tiré de la prescription : — Attendu qu'il résulte de la combinaison des deux premiers paragraphes de l'art. 29 de la loi du 26 mai 1819, que si l'action publique contre les délits commis par la voie de la presse, se prescrit par six mois révolus, à compter du fait de publication qui a donné lieu à la poursuite, il faut, pour donner cours à cette prescription de six mois, que la publication de l'ouvrage incriminé ait été précédée du dépôt et de la déclaration que l'éditeur entendait le publier; — Attendu qu'il n'est nullement justifié que la déclaration et le dépôt de l'ouvrage, dont la publication a été poursuivie et condamnée, aient jamais eu lieu, et qu'ainsi la condition nécessaire pour faire courir la prescription n'avait pas été remplie; — Rejette.

Du 13 mai 1843.-C. C., ch. crim.-MM. de Ricard, pr.-Bresson, rap.

(2) (Xur... *C.* de F...) — LA COUR; — En ce qui touche la prescription de l'action publique : — Attendu que si le *Tourneur de chaises* a été publié en 1835 dans la Revue de Paris, il est reconnu qu'il a été réimprimé en 1836; qu'une réimpression est un renouvellement de délit qui s'aggrave en augmentant l'offense par une publicité plus étendue; que toute édition nouvelle est une véritable publication à laquelle s'appliquent les dispositions des art. 14 et 16 de la loi du 19 oct. 1814, qui soumettent l'imprimeur à la déclaration et au dépôt; que c'est donc ce dernier fait qui est le point de départ de la prescription que l'art. 29 de la loi du 26 mai fait courir du jour de la publication; — Attendu, d'ailleurs, que le Tourneur de chaises a été publié en 1836 sous une autre forme, comme faisant partie d'une collection plus considérable, avec l'addition d'une dédicace dont le ton suffit pour donner un caractère particulier à l'écrit; que c'est donc une nouvelle œuvre; que X..., ayant porté plainte avant l'expiration des six mois qui ont suivi la publication, a pu saisir la juridiction correctionnelle; que l'action publique a pu s'exercer aussi contre le délit signalé; — Attendu, en fait, que C. de F..., etc.; que l'imputation de ces faits porte l'atteinte la plus grave à la considération et à l'honneur de X...; qu'ils sont donc diffamatoires; — Attendu que la législation sur la presse contient un code spécial; qu'il ne faut donc pas appliquer aux délits qu'elle prévoit les règles communes du droit relatives à la bonne foi; que l'écrivain est, au contraire, présumé de droit avoir agi avec mauvaise intention, quand il a offensé soit la société soit les particuliers; — Qu'il doit, en effet, connaître la portée de l'ouvrage qu'il compose; qu'il ne peut pas ignorer le mal que feront ses outrages; qu'en particulier l'on ne saurait dire qu'il a diffamé avec bonne foi, ces idées contradictoires s'excluant nécessairement; — Que, s'il fallait admettre que la bonne foi peut être prouvée dans des circonstances extraordinaires, elles n'existeraient pas dans le cas particulier; — Qu'il est bien vrai que dans le livre intitulé les *Mémoires de tous*, a été imprimé, en 1835, le rapport fait à la chambre des mises en accusation de la cour, par le conseiller qui avait fait l'instruction contre les assassins du général R...; que quelques passages de cet écrit signalent X... comme ayant formé le rassemblement d'où partit le coup mortel; mais que l'auteur du Tourneur de chaises ne pouvait se servir ni du rapport ni d'aucune autre pièce de la procédure, en supposant qu'il l'ait connue, pour imputer audit X... une participation à cet assassinat; — Qu'un écrivain politique doit moins qu'un autre citoyen ignorer les lois de son pays, particulièrement celles qui régissent la presse; que C. de F... savait donc que, si celle du 26 mai 1819, dans l'intérêt de la liberté, a permis de prouver la vérité des faits imputés aux agents de l'autorité dans l'exercice de leurs fonctions, elle a couvert d'une impénétrable égide les particuliers, en défendant, d'une manière absolue, la preuve des faits diffamatoires qui leur sont attribués; que cette protection s'étend à tous les actes de leur vie qui est toujours la vie privée; qu'elle se passe dans la famille ou sur la place publique; qu'ainsi C. de F..., hors des cas où le besoin de sa défense l'aurait exigé, n'aurait pu imputer sans délit à X.. même des faits constatés par un jugement; —

comme contraire aux mœurs, cependant la vente des exemplaires de cette même édition, faite depuis la condamnation prononcée et insérée au Moniteur, constitue le délit spécial prévu par l'art. 27 de la loi du 26 mai 1819, délit dont la prescription ne pourrait commencer à courir que depuis cette vente (Crim. rej. 23 avril 1830) (1).

1296. Suivant un arrêt, l'action à raison de la diffamation commise par la voie d'un journal envers une personne qui habite l'une des colonies françaises, ne court que du jour où ce journal y est publié, et non de celui où il paraît dans la métropole (Paris, 2 juin 1835, arrêt cité par M. Chassan, t. 2, p. 83. —Conf. M. de Grattier, t. 1, p. 535).—Il y a lieu, ce nous semble, de s'expliquer à cet égard. — Si le journal est expédié dans la colonie par son administration, que l'on voie là un fait particulier de publication, nous n'y trouvons rien que de naturel. Mais si le journal publié en France était apporté et publié dans la colonie sans la participation de l'administration du journal, la prescription devrait courir, à son égard, uniquement à partir de la publication dans la métropole.

1297. *Interruption de la prescription.* — Aux termes des art. 637 et 638 c. inst. crim., lorsqu'il a été fait des poursuites à raison d'un crime ou d'un délit, le délai de la prescription doit se compter à partir du dernier acte. — Quant à ce qu'il faut entendre par *actes de poursuites* ou *d'instruction*, V. v° Prescript. crim., nos 106 et suiv.—Notons seulement ici que, pour que des actes puissent interrompre la prescription, il faut qu'ils soient faits par un magistrat ou un officier *ayant caractère* pour instruire ou poursuivre *sur le fait du délit*, car si ce caractère manque, l'acte d'instruction ou de poursuite est censé ne pas exister (Note 281 de M. le président Barris). — V. *eod.*, nos 142 et suiv.

1298. Néanmoins, et c'est ce qui a été jugé, les actes de poursuites interrompent la prescription, bien qu'ils aient été faits devant un juge incompétent (V. *eod.*, nos 145 et suiv.) — Nous devons aussi remarquer que la plainte qui est insuffisante pour interrompre la prescription de l'action publique, parce qu'elle n'émane que de la partie qui se prétend lésée, interrompt la prescription de l'action civile (V. en ce sens MM. Legraverend, t. 1, p. 78; Mangin, de l'Action publique, t. 2, p. 243, V. *eod.*, n° 116). — A plus forte raison, et c'est ce qui a été jugé, le plaignant n'est pas déchu de l'action civile, malgré la révolution de trois années à compter du fait de la publication, si, dans cet inter-

---

Que, d'ailleurs, le rapport du conseiller instructeur a eu pour objet de préparer l'arrêt de la cour qui résume la procédure, en déterminant les charges qui en résultaient contre les divers inculpés; que la plus vulgaire prudence faisait un devoir à C. de F... de consulter celui qui a été rendu le 8 mars 1817; qu'il a déclaré qu'il n'y avait lieu à suivre contre X...; que celui-ci a donc pour lui l'autorité de la chose jugée qui est censée être la vérité; que cette présomption de vérité est une déclaration de son innocence: que l'auteur qui l'a connue ou dû la connaître ne peut donc pas se prévaloir de sa bonne foi, dont, au besoin, il aurait lui-même détruit l'allégation, en disant à l'audience qu'il avait voulu individualiser dans les personnes qu'il a signalées, les masses qui avaient commis les excès de la réaction de 1815 dans le Midi; qu'ainsi C. de F... s'est rendu coupable du délit de diffamation; — Mais attendu qu'il résulte de ses explications qu'il ne connaissait point X...; qu'il n'a donc pas écrit sous l'impression de la haine ou de la vengeance; qu'il a sans doute aggravé, en les reproduisant, les imputations contenues dans le rapport du conseiller-instructeur; mais que la publicité qu'avait déjà reçue ce document rend moins grave le préjudice résultant pour le plaignant de la publication du Tourneur de chaises; que ces circonstances, qui ne peuvent pas faire disparaître le délit, sont de nature à provoquer l'indulgence et à faire atténuer la peine; que c'est donc le cas de le condamner à l'amende;... — Par ces motifs, réformant, déclare diffamatoires les passages du Tourneur de chaises incriminés dans la plainte; en réparation de quoi condamne C. de F... en 25 fr. d'amende.

Du 30 déc. 1836.-C. de Toulouse, ch. corr.-M. Martin, pr.

(1) *Espèce :* — (Langlois, etc., *C.* min. pub.) — Les sieurs Lebailly et Langlois, libraires à Paris, furent poursuivis correctionnellement pour avoir vendu les Aventures de Faublas, la Pucelle et la Guerre des Dieux. La prévention se fondait sur ce que, dans des ballots envoyés par les prévenus à la douane, on avait trouvé un exemplaire de ces ouvrages, et sur ce que les livres-brouillards de ces libraires mentionnaient qu'ils avaient vendu la Guerre des Dieux à un libraire d'Aix.—Les prévenus répondaient: 1° quant à la Pucelle, que ce livre n'avait jamais été condamné; 2° quant à la Guerre des Dieux, que la vente n'en était pas prouvée; 3° quant à Faublas, que ce livre avait été imprimé et déposé en 1820 et 1821, et qu'il y avait, dès lors, prescription. En effet, disait-on, quel était l'état des choses avant la charte et les lois répressives des abus de la presse? La veuve Louvet était évidemment propriétaire des éditions de Faublas publiées sous Louis XVI avec privilége du roi, et sous la République et l'empire, conformément aux règlements du temps. C'était une propriété sacrée, qui n'a pu assurément recevoir aucune atteinte de la Charte et des lois qui l'ont suivie. Ce n'était point, en effet, des lois de rétroactivité et de confiscation et abolition des contrats passés, des droits et intérêts acquis, que la charte annonçait dans son art. 8, mais des lois de répression des abus qui pourraient résulter de la liberté qu'elle rendait à la presse. Or, pour donner naissance à ces abus, relativement aux anciens ouvrages qui étaient dans le commerce, il fallait le fait de la reproduction par la presse. Le délit ne pouvait dater que de la réimpression, et ne résulter que des faits de publication des exemplaires réimprimés. Supposons que nulle réimpression ne fût intervenue depuis la charte, quelle action le ministère public aurait-il eue contre la vente et distribution de l'édition de Faublas, publiée avec privilége de Louis XVI? Evidemment aucune. — Rien ne s'opposerait donc à la vente de l'ancienne édition. A l'égard des réimpressions postérieures à la charte, elles ont dû être, d'après la loi de 1819, poursuivies dans les six mois. Or l'édition actuelle, réimprimée en 1820 et 1821, n'a été l'objet d'aucune poursuite dans ce délai; elle n'a donc pu être atteinte par les condamnations prononcées en 1825.

8 août 1829, jugement en ces termes: — « Attendu que l'ouvrage ayant pour titre les Aventures du chevalier de Faublas, avait été condamné comme contraire à la morale publique et religieuse, par jugement du 16 déc. 1825, inséré au Moniteur le 9 fév. 1826, conformément à la loi; qu'il était établi par l'instruction et les aveux des prévenus qu'ils avaient vendu ledit ouvrage; — Qu'il était également constant que lesdits Langlois et Lebailly avaient vendu et expédié à Aubin, libraire à Aix, treize exemplaires de l'ouvrage intitulé la Guerre des Dieux, et que cet ouvrage aurait été condamné par jugement du 31 mai 1826, inséré au Moniteur le 6 août de la même année; qu'ainsi les deux prévenus avaient enfreint les dispositions de l'art. 27 de la loi du 26 mai 1819; — Que si, par arrêt en date du 21 déc. 1822, inséré au Moniteur le 26 mai 1825, ces deux prévenus avaient été renvoyés de la prévention, eu égard à des circonstances atténuantes relativement à la vente du poëme de la Pucelle, cet arrêt, en jugeant que cet ouvrage était contraire aux bonnes mœurs, en avait ordonné la destruction, et que toute vente ou publication de ce poëme, depuis ledit arrêt, était une infraction à l'art. 27 précité; que les deux prévenus convenaient avoir vendu cet ouvrage; — Par ces motifs, le tribunal condamne les deux prévenus chacun à une année d'emprisonnement, à 500 fr. d'amende, etc. »

Appel. Les prévenus ont soutenu que s'étant écoulé plus de six mois depuis la publication de ces ouvrages, le délit était prescrit, etc. — Le 14 janv. 1830, arrêt de la cour de Paris, en ces termes: — « Sur l'appel de Langlois, le décharge des condamnations; — A l'égard de l'appel de Lebailly: 1° au chef de la publication de l'ouvrage, le Chevalier de Faublas; — Considérant que cet ouvrage a été condamné par sentence du tribunal de Paris, du 16 déc. 1825, insérée au Moniteur du 9 fév. 1826, laquelle sentence est passée en force de chose jugée; — Que Lebailly a vendu ledit ouvrage depuis la condamnation précitée, et que la poursuite du délit a eu lieu dans les six mois de la vente; que, par conséquent, dans l'espèce, la prescription n'était pas acquise; — 2° Au chef de la publication du poëme de la Guerre des Dieux: — Considérant que l'inscription de l'envoi dudit ouvrage sur le livre-journal de Lebailly n'est pas une preuve que la vente ait été réellement opérée; — En ce qui touche le poëme de la Pucelle d'Orléans: — Considérant que la destruction d'exemplaires d'ouvrages, ordonnée d'office et sans opposition de la partie saisie, ne peut avoir l'effet d'une condamnation légale; — Met au néant les chefs relatifs aux ouvrages de la Guerre des Dieux et de la Pucelle; au résidu, confirme à l'égard de Lebailly. — Pourvoi pour violation de la loi du 26 mai 1819, en ce que la cour n'a pas déclaré prescrit le fait, lorsque cependant il était constant qu'il y avait plus de six mois que l'ouvrage avait été publié lors de la saisie. — Arrêt (ap. dél. en ch. du cons.).

La cour; — Attendu que, d'après l'art. 27 de la loi du 26 mai 1819, la vente d'un ouvrage, déjà condamné, constitue un délit spécial, dont la prescription ne peut commencer à courir qu'à dater du jour de cette vente; — Attendu que, dans l'espèce, l'ouvrage intitulé Faublas avait été condamné par jugement du tribunal de la Seine, du 16 déc. 1825, inscrit au Moniteur du 9 fév. 1826; — Qu'il a été saisi sur le demandeur le 19 nov. 1828; — Que le jugement rendu contre lui, le 8 août 1829, avait été précédé de poursuites remontant au mois de décembre précédent; — Que, dans cet état des faits, l'arrêt attaqué, en déclarant que le délit n'était pas prescrit, et en confirmant les condamnations prononcées contre le demandeur par le tribunal de première instance, a fait une juste application de l'art. 27, et n'a pas violé l'art. 27 de la loi du 26 mai 1819; — Par ces motifs, rejette.

Du 23 avr. 1830.-C. C., ch. crim.-MM. Ollivier, pr.-Ricard, rap.

valle, il a porté plainte du délit devant le tribunal compétent, et si, dans le cours de la poursuite qui a donné lieu à de nombreux incidents il a fait, dans les trois années, des actes interruptifs de la prescription (Crim. rej. 20 mai 1842) (1).

(1) *Espèce* : — (Laurent et Vacherie C. Charreyron et min. pub.)— Poursuivi devant la cour d'assises de la Haute-Vienne, à raison d'un fait de diffamation envers M. Charreyron, président du tribunal de Bellac, le sieur Laurent, alors rédacteur de la Gazette du Haut et Bas-Limousin, publia, la veille de l'audience, le 15 janv. 1837, un article qui, sous une forme légère, renfermait d'autres attaques contre M. Charreyron.— La cause ayant été renvoyée au 2 fév. 1837, Laurent allégua publiquement, à cette audience, que Charreyron avait commis des faux dans l'exercice de ses fonctions, en rédigeant des jugements contrairement au prononcé de l'audience, etc. A cette même audience, le même Laurent fit par écrit au ministère public et déposa entre ses mains une dénonciation dans laquelle il déclare que, dans son article du 15 janv., il a entendu imputer le fait ci-dessus à M. Charreyron ; une instruction qui eut lieu contre Charreyron à raison des faits de faux énoncés, aboutit à un arrêt de non-lieu, du 20 avr. 1837.—Par suite d'une plainte portée par M. Charreyron, une ordonnance de la chambre du conseil du tribunal de Limoges renvoya devant le tribunal correctionnel, Laurent comme prévenu de diffamation verbale publique et de dénonciation calomnieuse faite par écrit en crime de faux contre le sieur Charreyron, et en outre le sieur Vacherie, avocat à Bellac, comme prévenu de complicité de ce double délit.

15 déc. 1837, jugement de ce tribunal rendu par défaut contre Laurent et Vacherie qui les condamne à un mois de prison, 50 fr. d'amende et 500 fr. de dommages-intérêts. — Sur l'opposition des prévenus, la cause ayant été fixée au 25 janv. 1838, les prévenus arguèrent ce jour-là d'abord d'une prétendue incompétence; mais le tribunal se déclara compétent par jugement de ce jour, lequel a été confirmé par les arrêts des 28 avr. 1838 de la cour de Limoges, et 29 juin 1838 de la cour de cassation (Cr. rej.). Les prévenus opposèrent ensuite une autre exception tirée de l'art. 25 de la loi du 17 mai 1819 à l'action intentée contre eux, exception qui fut accueillie par le tribunal, mais repoussée par les arrêts des 26 juill. de la cour de Limoges, et 16 fév. 1839 de la cour de cassation.

Le jugement du 25 janv. 1838, après avoir écarté la fin de non-recevoir opposée par les prévenus, statua sur leur opposition au jugement du 15 déc. 1837, et les relaxa de la plainte. — On voit qu'il ne restait donc rien à juger sur cette opposition qui avait produit tout son effet légal. Mais le ministère public et Charreyron interjetèrent appel de ce jugement qui avait relaxé les prévenus. Le jugement desdits appels sur le fond s'est trouvé suspendu par les diverses exceptions dont nous venons de retracer la marche.—Depuis l'arrêt de cassation du 16 fév. 1839 jusqu'aux 19 juin et 1er août 1840, c'est-à-dire dans un espace de plus de seize mois, aucunes poursuites, soit du ministère public, soit de la partie civile, n'ont été exercées contre Laurent et Vacherie. Ce n'est qu'à cette époque que ces derniers ont été assignés devant la cour de Limoges pour voir statuer sur les appels du ministère public et de la partie civile du jugement correctionnel du 25 janv. 1838.

5 mars 1841, arrêt de cette cour par défaut contre Laurent, et contradictoire contre Vacherie qui déclare prescrite à leur égard l'action publique contre le délit de diffamation verbale publique, et, quant à l'action civile, déclare Laurent coupable de ce délit envers Charreyron, Vacherie coupable de complicité de ce délit pour avoir fourni les moyens de le commettre, sachant qu'ils devaient y servir, déclare, tant sur l'action publique que sur l'action civile, Laurent coupable du délit de dénonciation calomnieuse, relaxe Vacherie de la complicité de ce délit, les condamne chacun en 1,000 fr. de dommages-intérêts envers la partie civile, relativement au délit de diffamation verbale publique, et Laurent, en ce qui concerne le délit de dénonciation calomnieuse, à un mois d'emprisonnement, 100 fr. d'amende et 1,000 fr. de dommages-intérêts envers la partie civile.

Pourvoi du procureur général près la cour de Limoges contre la disposition de cet arrêt, qui a déclaré l'action publique prescrite. Double pourvoi de Laurent et Vacherie en défense contre celui de M. le procureur général et en cassation de l'arrêt dans les dispositions qui les condamnent.

Laurent a déclaré se désister de son pourvoi contre le chef de l'arrêt qui le condamne comme coupable de dénonciation calomnieuse.

Pour établir son pourvoi, le procureur général près la cour de Limoges soutient que la véritable question n'est pas de savoir si l'action publique est prescrite, mais si elle n'a pas été conservée par l'action civile. Ramenée ainsi à ses véritables termes, la question ne paraît pas douteuse en ce sens au demandeur. — L'action publique et l'action civile sont en effet connexes (c. inst. crim. 3). Sous le rapport de la prescription, elles sont même confondues. Aussi la loi (637, 658), en parlant de la prescription et des actes interruptifs de la prescription, n'a pas distingué entre les deux actions qui peuvent dès lors se conserver l'une par l'autre. — Du reste, la règle est la même en matière correctionnelle qu'en matière criminelle, ainsi que l'a reconnu un arrêt (Crim. rej. 18 janv. 1822). — La loi spéciale du 26 mai 1819 a-t-elle dérogé à ces principes généraux? Nullement. La cour a déjà appliqué ces principes dans une matière spéciale (Crim. cass. 15 avr. 1826). — Le demandeur invoque l'opinion de Favard, t. 4, p. 428; Legraverend, t. 1, p. 78; Carnot, sur l'art. 637; Mangin, Traité de l'act. pub., nos 351, 354.

L'avocat de Laurent et Vacherie s'est attaché d'abord à combattre le pourvoi de M. le procureur général de Limoges. Nous n'analyserons pas les arguments qu'il a présentés, car ils se trouvent en partie reproduits dans l'arrêt de la cour.—A l'appui du pourvoi que Laurent et Vacherie ont formé contre les chefs de l'arrêt qui les condamnait, l'avocat a développé ainsi le premier moyen.

Violation de l'art. 3 c. inst. crim., en ce que la cour d'appel de Limoges, ayant déclaré l'action publique prescrite à l'égard du délit de diffamation verbale publique, n'était plus compétente pour juger de l'action civile. En principe, dit Me Béchard, le tribunal criminel est incompétent pour juger une action civile, et il ne devient compétent qu'autant qu'il est saisi de l'action publique dont l'action civile n'est qu'une dépendance et un accessoire. Ce principe n'est qu'une application de cet autre plus général, que l'accessoire suit le principal. Tel est le vœu de l'art. 3 c. inst. crim.; tel est le sens que la jurisprudence lui a constamment donné. — L'action publique s'éteint : 1° par la mort du prévenu ; 2° par la prescription. Dans l'un comme dans l'autre cas, l'action civile ne peut plus être l'accessoire d'une autre action qui n'existe plus ; il n'y a plus de délit à constater, de peine à appliquer : il ne reste qu'un fait dommageable que les tribunaux civils sont seuls compétents pour apprécier. —La loi de 1819, continue l'avocat, a-t-elle établi sur la matière, ainsi que le prétend la cour royale, des règles spéciales, en attribuant aux tribunaux correctionnels les délits de diffamation verbale contre toutes personnes? En leur faisant cette attribution, cette loi ne décide nulle part que l'action civile pourra être portée devant des tribunaux correctionnels, quand l'action publique n'existera plus. Elle a maintenu à cet égard le droit commun, ainsi que l'a reconnu la cour de cassation, par son arrêt du 29 janv. 1840 (aff. Parquin). — S'il en était autrement, il faudrait dire que, lorsque l'action publique est éteinte avant qu'aucune action eût été intentée, on serait obligé de saisir directement de l'action civile, soit le tribunal correctionnel, soit la cour d'assises; que l'art. 3 c. inst. crim. ne s'applique pas aux délits prévus par la loi de 1819 ; que jamais, en pareil cas, l'action civile ne peut être séparée de l'action publique. Que devient alors la jurisprudence de la cour de cassation qui permet aux fonctionnaires publics de porter leur action devant les tribunaux civils, lors même que l'action publique existe dans toute sa plénitude? — Arrêt (ap. délib. en ch. du cons.).

LA COUR ; — Donne acte à Me Béchard de la déclaration par lui faite à l'audience de ce que ledit Laurent se désiste purement et simplement de son pourvoi contre le chef de l'arrêt de la cour royale de Limoges, du 5 mars 1841, qui le condamne pour dénonciation calomnieuse à un mois de prison, à l'amende de 100 fr. et à 1,000 fr. de dommages-intérêts ; — Et attendu que le procureur général du roi près la cour royale de Limoges s'est aussi pourvu, le 7 mars 1841, contre le même arrêt, en ce que cet arrêt a déclaré prescrite tant contre Laurent que contre Vacherie, l'action publique contre le délit de diffamation verbale publique, et que ce pourvoi a une étroite connexité avec ceux formés par Laurent et Vacherie ; que, dès lors, il y a lieu de joindre lesdits pourvois; — Ordonne que lesdits pourvois sont et demeurent joints et qu'il sera statué sur iceux par un seul et même arrêt;

En ce qui touche le pourvoi du procureur général du roi près la cour royale de Limoges :

Sur le moyen tiré de la violation prétendue des art. 637 et 638 c. inst. crim. et de la fausse application de l'art. 29 de la loi du 26 mai 1819, en ce que l'arrêt attaqué a déclaré l'action publique prescrite, quoique l'action civile continuât d'exister; — Attendu que les principes généraux posés par les art. 637 et 638 c. inst. crim. ne s'appliquent qu'à des prescriptions dont la durée est la même, tant pour l'action publique que pour l'action civile, mais qu'ils ne sauraient régir les prescriptions spéciales établies pour les délits de la presse par l'art. 29 de la loi du 26 mai 1819, et dont la durée est beaucoup plus longue pour l'action civile que pour l'action publique, puisque ledit article fixe à trois ans, à compter du fait de la publication, la prescription de l'action civile, et à un an seulement, à partir du dernier acte de poursuite ou d'instruction, la prescription de l'action publique ;—Attendu qu'il en résulte que ces deux actions ne peuvent se prêter un mutuel appui, qu'autant que l'une d'elles ne se trouve pas éteinte par la prescription qui lui est propre, ou par toute autre cause de déchéance ; qu'il suit de là que l'action civile ne peut avoir cet effet de relever l'action publique de la déchéance dans laquelle celle-ci serait tombée par la prescription résultant du défaut d'actes interruptifs pendant une année ; — Attendu que l'arrêt attaqué a constaté, *en fait*, qu'il s'est écoulé plus de seize mois depuis les derniers actes de poursuite ou d'instruction de la part du ministère public contre Laurent et Vacherie, et qu'en jugeant, en droit, que la prescription de *l'action publique* était acquise aux prévenus, à l'égard du

1299. D'après l'art. 29 de la loi du 26 mai 1819, si, dans l'intervalle de six mois, il avait été fait un acte de poursuite ou d'instruction, l'action publique ne se prescrivait que par un an, à compter du dernier acte.—Et, sous cette loi, il a été jugé : 1° que s'il arrive qu'en matière de délits de la presse entre particuliers, plus d'une année se soit écoulée, à compter du dernier acte de poursuite ou d'instruction, l'action publique est prescrite, sans aucun préjudice, néanmoins, pour l'action civile, laquelle ne se prescrit (comme sous la législation actuelle) que par la révolution de trois années, à compter du fait de la publication (Crim. cass. 22 sept. 1832, MM. Portalis, pr., Ollivier, rap., aff. Magnoncourt C. Raucourt);—2° Que l'action publique contre un délit commis par la voie de la presse est prescrite après l'expiration d'un an, à compter du dernier acte de poursuite ou d'instruction, bien que l'action civile continue d'exister (Crim. rej., 20 mai 1842, aff. Laurent et Vacherie, V. n° 1298).—On sait que depuis le décret du 27 fév. 1852, l'action publique et l'action civile sont soumises à la même prescription.

1300. *Suspension de la prescription.*—Le principe d'après lequel la prescription ne court pas contre celui qui ne peut agir est applicable en matière criminelle (V. Prescript. crim., n° 153).—Aussi, aux termes de l'art. 29 de la loi du 26 mai 1819, dans le cas d'o ense envers les chambres, la prescription ne courait pas dans l'intervalle de leurs sessions.—M. de Grattier (t. 1, p. 338) pensait même que cette disposition devait s'étendre aux comptes rendus infidèles et de mauvaise foi; et, en effet, il y avait même raison de décider dans l'un et dans l'autre cas.

1301. En doit-il être de même aujourd'hui, non plus en vertu de la disposition précitée de la loi de 1819 puisqu'elle est abrogée, mais en vertu du principe qui vient d'être rappelé?—L'affirmative nous paraît certaine. Mais il est peu probable maintenant que les assemblées politiques aient à se prévaloir de la suspension de la prescription, parce que le délai accordé pour l'action, en ce qui les concerne, est assez étendu pour leur donner toute latitude à cet égard.

1302. *Quand la prescription peut-elle être invoquée?* — En matière criminelle la prescription est d'ordre public (V. v° Prescrip. crim., n°s 19, 176 et suiv.).—Aussi a-t-il été jugé : 1° qu'elle peut être invoquée en tout état de cause devant la cour d'appel et même devant la cour de cassation (Lyon, 10 août 1848, aff. Ponsony, D. P. 49. 2. 241); — 2° Qu'elle doit même être suppléée d'office par les juges; et qu'en conséquence la prescription de six mois établie par la loi du 26 mai 1819, à l'égard des délits qui peuvent se commettre par les moyens de publication, a dû être suppléée par les juges, bien que l'inculpé eût formellement déclaré qu'il n'entendait pas s'en prévaloir (trib. corr. de Melun, 5 juill. 18.., M. Sevestre, p., aff. Chamblain C. Ambert.—Conf. MM. Parant, p. 338; de Grattier, t. 1, p. 530).

§ 2. — *De la chose jugée.*

1303. Quant aux principes relativement à la chose jugée en matière criminelle et à l'explication de la règle *non bis in idem*, V. v° Chose jugée, chap. 3. — Pour éviter d'inutiles répétitions, nous devons nous borner à rappeler ici qu'en ce qui touche la matière spéciale qui nous occupe, il a été jugé : 1° Que lorsque, à raison de faits irrévérentiels envers les magistrats et le ministère public composant une cour d'assises, cette cour a rendu, contre un avocat, après débat contradictoire avec le ministère public, un arrêt portant avertissement d'être plus circonspect à l'avenir, l'avocat ne peut pas être poursuivi et jugé devant un autre tribunal pour la même plaidoirie; ce serait violer la maxime *non bis in idem*; et que si l'arrêt de la cour d'assises ne fait mention d'aucune nouvelle faute, il y a présomption nécessaire et légale qu'en combattant le réquisitoire du ministère public contre lui, l'avocat n'est pas sorti des bornes d'une légitime défense (Crim. cass. 5 oct. 1815) (1); — 2° Que la maxime *non bis in idem* n'est pas applicable au cas où le même écrit attaqué par le ministère public, comme un délit contenant

---

délit de *diffamation verbale publique*, l'un des objets de la plainte du ministère public, ledit arrêt n'a pas violé les art. 637 et 638 c. inst. crim., et a fait au contraire une juste application de l'art. 29 de la loi du 26 mai 1819; — Rejette le pourvoi du procureur général du roi près la cour royale de Limoges.

En ce qui touche les pourvois de Laurent et Vacherie : — Sur le premier moyen tiré de la violation prétendue de l'art. 3 c. inst. crim., en ce que l'arrêt attaqué ayant déclaré l'*action publique prescrite* à l'égard du délit de diffamation verbale publique imputé à Laurent et à Vacherie, aurait violé et méconnu les règles de la compétence en prononçant sur l'*action civile* dont la connaissance ne pouvait plus appartenir à la juridiction correctionnelle dès que l'action publique se trouvait éteinte; — Attendu que, dans l'espèce dont il s'agit, l'*action publique* et l'*action civile* ont été exercées simultanément devant la juridiction correctionnelle; qu'elles y ont eu leur cours jusque devant la chambre des appels de police correctionnelle de la cour royale de Limoges où elles ont été portées par les appels respectifs des parties; — Attendu que si, devant ladite cour, le ministère public, après de nombreux incidents de procédure, est resté plus de seize mois sans faire aucun acte de poursuite ou d'instruction contre les prévenus Laurent et Vacherie, et a ainsi laissé tomber en déchéance vis-à-vis d'eux l'action publique, par l'effet de la prescription, la juridiction correctionnelle n'a pas cessé, par ce fait, d'être compétente pour continuer de procéder au jugement de l'action civile, pour déclarer les prévenus auteurs du fait à eux imputé, et pour statuer sur les dommages-intérêts demandés par la partie civile; — Qu'en effet, les art. 3, 145 et 182 c. inst. crim. donnant à la partie civile le droit de citer directement l'inculpé devant les tribunaux de répression, elle ne peut, par le fait du ministère public qui a laissé prescrire l'action publique, être privée des avantages qu'offre la juridiction de ces tribunaux, soit par la rapidité de leur marche, soit par la nature des preuves qu'ils comportent;—Attendu que la prescription de l'action publique ne peut être assimilée au cas où cette action se trouve éteinte par le décès de l'inculpé, survenu depuis que l'action civile a été intentée, parce que, dans cette dernière situation, la partie civile ne se trouve plus en présence de la personne même de l'inculpé, mais qu'elle a désormais pour adversaires, quant à ses intérêts civils, les héritiers ou représentants de cet inculpé; tandis que dans le cas où l'action publique est éteinte seulement par la prescription, il ne s'opère pas de changement dans la personne contre laquelle la partie civile a, dès le principe, intenté légalement son action, et que par conséquent cette dernière doit continuer de procéder devant la juridiction correctionnelle qui demeure compétente;

Sur le deuxième moyen... (manque en fait);—Sur le troisième moyen tiré de la violation et de la fausse application de l'art. 29 de la loi du 26 mai 1819, en ce que l'arrêt attaqué a déclaré que l'action civile ne se prescrit que par trois années à partir du dernier acte de poursuite ou d'instruction, tandis que cet article fait courir la prescription par la révolution de trois années à compter du fait de la publication, ce qui devait entraîner la prescription de l'action civile, puisque depuis la publication de l'art. du 15 janv. 1837, qui a donné lieu à la plainte, jusqu'au 16 juin 1840, date de l'ajournement sur lequel est intervenu l'arrêt attaqué, il s'était écoulé trois ans cinq mois et un jour; — Attendu qu'il résulte des faits relevés par l'arrêt attaqué que le sieur Charreyron, partie civile, n'a point laissé écouler un délai de trois années, à partir de la publication de l'article du 15 janv. 1837, sans porter plainte des faits de diffamation verbale publique et de dénonciation calomnieuse imputés aux prévenus et sans actionner ces derniers devant la juridiction correctionnelle compétente pour en connaître; — Que dans le cours de la poursuite à laquelle cette plainte a donné lieu, il n'a pas non plus laissé écouler un intervalle de trois années sans faire des actes interruptifs de la prescription, d'où il suit que la prescription établie par l'art. 29 de la loi du 26 mai 1819 ne pouvait être appliquée à l'action civile exercée par ledit sieur Charreyron, et qu'en le jugeant ainsi, l'arrêt attaqué n'a ni violé ni faussement appliqué ledit article; — Sur le quatrième moyen, particulier à Vacherie... (manque en fait); — Rejette.

Du 20 mai 1842.-C. C., ch. crim.-MM. de Bastard, pr.-Dehaussy, rap.-Delapalme, av. gén., c. conf.-Béchard, av.

(1) *Espèce :* — (Viguier C. min. pub.) — A l'audience publique de la cour d'assises du département de l'Aude, du 26 avr. 1815, le procureur du roi dénonça des faits d'irrévérence et d'indiscipline commis par M. Viguier, le 24 du même mois, en présence de ladite cour, dans la chambre du conseil, et dont il avait été dressé procès-verbal; il a requis, en conséquence, l'application de l'une des peines portées par l'art. 25 du décret du 14 déc. 1810. — Viguier, présent à l'audience, proposa des moyens de défense; et sur les débats contradictoires entre le ministère public et lui, la cour d'assises rendit un arrêt portant avertissement à l'avocat Viguier d'être plus circonspect à l'avenir. — Quelques jours après, Viguier fut cité devant la cour royale de Montpellier, à la requête du procureur général, pour injures et calomnies par lui répandues publiquement à l'audience de ladite cour d'assises du 26 avril, contre le procureur du roi, et à raison de ses fonctions. — Viguier fut condamné à des réparations publiques à l'audience, à deux ans d'emprisonnement, à 1,000 fr. d'amende et à cinq ans d'interdiction des droits mentionnés en l'art. 42

une attaque aux droits que le roi tient des vœux de la nation, est attaqué ensuite comme contenant un deuxième délit (celui d'excitation à la haine et au mépris du gouvernement), lorsque d'ailleurs la deuxième poursuite a eu lieu avant le jugement de la première, aucune loi ne défendant au ministère public de signaler séparément deux délits dans un même jugement (Crim. rej. 8 mars 1833) (1). — *Conf.* M. de Grattier, t. 2, p. 275, n° 5.

1304. Il a été jugé aussi que lorsqu'un aubergiste est accusé dans des lieux publics d'*avoir volé* une somme d'argent, le jugement qui a ordonné, sur une instance purement civile, la remise de différents objets retenus pour dépenses faites dans une auberge, ne met point obstacle à ce que cet aubergiste porte plainte en calomnie devant le tribunal correctionnel contre celui qui, ayant obtenu la remise de ses effets, prétend faussement avoir été volé; que ce sont là deux actions absolument distinctes (Crim. rej. 12 oct. 1816, MM. Barris, pr., Aumont, rap. aff. Quétel).— V. aussi Crim. cass. 4 nov. 1824, aff. Faisan-Monségu, v° Chose jugée, n° 402.

§ 3. — *Des causes d'excuse.*

1305. Parmi les causes d'excuse, figure en première ligne la *bonne foi*. Mais est-elle admissible dans la matière qui nous occupe? — A cet égard, il a été jugé : 1° qu'en fait de délits commis par la voie de la presse, et particulièrement dans le cas d'un délit de diffamation, l'excuse de la bonne foi ne peut être admise (Toulouse, 30 déc. 1836, aff. Xur..., V. n° 1293-1°); — 2° Que la bonne foi du prévenu ne peut, en matière de diffamation publique, être présentée devant la cour de cassation comme excuse du fait qui lui est reproché, alors d'ailleurs que ce fait a été déclaré répréhensible par les tribunaux (Crim. rej. 28 avr. 1843, aff. Schwartz, V. n° 857-7°). — Cette doctrine, que nous trouvons rigoureuse, se fonde plus spécialement sur ce que les lumières présumées du prévenu ne lui permettent pas d'ignorer le mal qu'il peut occasionner. On conçoit, en effet, et surtout lorsque la diffamation s'exerce par la voie de la presse, qu'il arrivera rarement que le gérant ou le rédacteur qui admet dans ses colonnes une imputation, un bruit diffamatoire, contre un particulier, se trompe sur sa portée et sur les conséquences qui peuvent en résulter; que s'il est permis d'user quelquefois d'indulgence pour les écarts de la presse, c'est lorsque ces écarts ont lieu dans la discussion des matières d'un intérêt général, ou que des faits relatifs à des fonctionnaires ont été rapportés dans l'intention ou de provoquer une amélioration, ou de signaler un abus et d'empêcher qu'il ne se renouvelle; mais que l'indulgence n'a pas le même motif lorsque ces publications n'ont pour but que de satisfaire une vaine et stérile curiosité et pour résultat de mettre au jour des faits particuliers qui devraient rester ignorés dans l'intérêt de la société et des familles. Toutefois, nous croyons *qu'en principe*, l'excuse tirée de la bonne foi doit être admise. —V. du reste, ce qui est dit plus haut, n°s 875 et suiv.

1306. Mais dans quels cas l'inculpé devra-t-il être réputé de bonne foi? — Il est bien difficile d'établir, sous ce rapport, une théorie qui présente quelque certitude. Le degré d'intelligence et d'éducation de l'inculpé, les circonstances particulières qui ont précédé ou accompagné le fait incriminé; tels sont, dans chaque affaire, les principaux éléments de solution. Mais trop d'indulgence sous ce rapport conduirait à la violation de la loi; et l'on va voir que la jurisprudence a soigneusement évité cet écueil.

1307. Il a été jugé : 1° que l'insertion dans un journal, d'un article contenant un délit politique, ne peut être excusée sur ce que l'article incriminé aurait été extrait d'un autre journal non poursuivi par le ministère public, circonstance qui constituerait la bonne foi du propriétaire ou du gérant qui a fait l'inser-

---

c. pén. — Pourvoi en cassation pour violation de l'art. 377 dudit code et de la règle *non bis in idem*. — Arrêt.

La cour; — Vu les art. 415 et 408 c. inst. crim.; — Vu aussi l'art. 377 c. pén.; — Attendu qu'à l'audience du 26 avril dernier, tenue par la cour d'assises du département de l'Aude, le ministère public requit, contre l'avocat Viguier, l'application de l'une des peines portées à l'art. 25 du décret du 14 déc. 1810, à raison des faits irrévérenciels qu'il était prévenu de s'être permis vis-à-vis les magistrats et le ministère public de la cour d'assises, dans la séance de la chambre du conseil du 24 du même mois, et dont procès-verbal avait été dressé; — Que, sur ces réquisitions, l'avocat Viguier fut entendu dans ses moyens de défense; — Que, d'après ce débat entre le ministère public et le prévenu, la cour d'assises rendit un arrêt portant avertissement à l'avocat Viguier d'être plus circonspect à l'avenir; — Que la cour d'assises, lors de cet arrêt, n'était pas entièrement composée des mêmes juges qui avaient été présents à la séance du 24 et qui avaient dressé procès-verbal de la conduite de Viguier; — Que cet arrêt fut donc le résultat d'une délibération prise le 26, sur les réquisitions du ministère public, appuyées du procès-verbal du 24, et sur la défense de Viguier; — Qu'il n'est pourtant pas énoncé dans cet arrêt que Viguier, dans sa plaidoirie, soit sorti des bornes d'une défense légitime; — Qu'il n'y est fait mention d'aucune réquisition, d'aucune réclamation du ministère public à cet égard; qu'il en résulte la présomption nécessaire et légale, ou que Viguier ne s'était rien permis de répréhensible dans sa plaidoirie, ou que, s'il s'y était écarté du respect qu'il devait à la cour d'assises et au ministère public, ses écarts, qui n'étaient qu'une aggravation de la faute par lui commise le 24, avaient paru à la cour d'assises suffisamment réprimés par l'avertissement qu'elle prononçait contre lui, et, par conséquent, que la plaidoirie de l'avocat Viguier avait été définitivement jugée, et que ledit Viguier ne pouvait être poursuivi et jugé de nouveau sur cette plaidoirie par aucun autre tribunal, sans qu'il fût contrevenu au principe de la maxime *non bis in idem*; — Que la cour d'assises avait, en effet, caractère, d'après l'art. 377 c. pén. ci-dessus cité, pour juger si, dans une plaidoirie prononcée devant elle, cet avocat avait franchi les limites d'une défense légitime, et pour punir par des peines de discipline, et même par des peines correctionnelles fixées par la loi, s'il y avait lieu, les imputations, les injures et les calomnies qu'il aurait pu se permettre; — Que les cours d'assises ont une juridiction générale, et que, d'après l'art. 565 c. inst. crim., elles peuvent prononcer des peines correctionnelles dans les affaires dont elles sont légalement saisies; — Que les expressions, les gestes et le caractère moral d'une plaidoirie fugitive, peuvent être mieux appréciés et plus sainement jugés par le tribunal devant lequel elle a été prononcée; que c'est aussi à ce tribunal que l'art. 377 du code confère le droit de leur faire l'application des peines de discipline qui y sont énoncées; — Que, si ces peines lui paraissent insuffisantes, à raison de la gravité du délit, et s'il est incompétent pour en prononcer de plus sévères, le tribunal doit dresser procès-verbal pour constater le caractère injurieux et répréhensible de la plaidoirie, et renvoyer devant qui de droit; mais que s'il n'a manifesté aucune improbation ni dressé aucun procès-verbal, s'il n'y a eu surtout, comme dans l'espèce actuelle, aucune réclamation de la part de la personne qui, étant présente à l'audience, ne s'est que postérieurement prétendue outragée, il serait contre tous les principes d'autoriser une action quelconque sur des plaidoiries dont il n'est resté aucune trace, et que toutes les présomptions légales doivent faire réputer n'avoir eu rien de répréhensible;

Et attendu que l'avocat Viguier n'a été poursuivi devant la cour royale de Montpellier, et condamné par cette cour, que pour fait d'outrage et de calomnie envers le ministère public, dans son plaidoyer du 26, devant la cour d'assises du département de l'Aude; — Que cette poursuite et cette condamnation n'ont donc porté que sur des faits précédemment et définitivement jugés par une cour compétente; — Qu'elles ont donc été tout à la fois une violation de la maxime *non bis in idem* et une infraction aux règles de compétence établies par la loi, spécialement par les art. 377 c. pén. et 365 c. inst. crim.; — Cassé, etc.

Du 5 oct. 1815.-C. C., sect. crim.-MM. Barris, pr.-Audier, rap.

(1) (Pinondel *C.* min. pub.) — La cour; — Sur le premier moyen : — Attendu que la maxime *non bis in idem* n'est applicable qu'au cas où un fait déféré à la justice, et par elle souverainement apprécié, est de nouveau mis en question et l'objet d'une nouvelle décision judiciaire; que le réquisitoire du ministère public, qui incriminait, dans l'espèce, le fait de publication résultant du n° 97 de la Gazette de Franche-Comté, n'avait nullement le caractère d'un jugement sur sa culpabilité; — Attendu qu'aucune loi ne défend au ministère public, qui, dans un premier réquisitoire, en vertu de la loi du 8 avr. 1831, a signalé l'existence d'un délit prévu par les lois de la presse, dans la publication d'un article de journal, de déférer à la cour d'assises le même article comme renfermant un deuxième délit; — Attendu, dans l'espèce, que le jury a été consulté et a répondu distinctement sur ces préventions, qu'il a déclaré le demandeur coupable sur les deux chefs, dont le premier, d'ailleurs, a servi légalement de base à l'application de la peine contre lui prononcée, d'après l'art. 365 c. inst. crim.; — Sur le deuxième moyen : — Attendu que le deuxième article incriminé dans la Gazette de Franche-Comté, n° 98, a été désigné par son commencement et sa fin; que le ministère public a déclaré que le délit prévu par l'art. 4 de la loi du 25 mars 1822 résultait de l'ensemble de cet article; que, par cette déclaration et cette désignation, le fait a été suffisamment qualifié, et qu'ainsi l'art. 2 de la loi du 8 avr. 1831 a été observé; — Rejette.

Du 8 mars 1833.-C. C., ch. cr.-MM. Chantereyne, pr.-Isambert, r.

tion; que les gérants sont frappés d'une responsabilité générale et absolue par les lois des 9 juin 1819 (art. 2, 9 et 10) et 18 juill. 1828 (art. 8); que les tribunaux peuvent seulement, suivant les circonstances, graduer les peines, en se renfermant toutefois dans les limites tracées par le législateur (Crim. cass. 22 avr. 1824 (1). —Conf. cour d'assises de Maine-et-Loire, 17 août 1831, aff. Gazette d'Anjou;—V. aussi MM. Parant, p. 116; Chassan, t. 1, nº 188; de Grattier, t. 1, p. 524);—2º Qu'en admettant que le rédacteur d'un journal de département puisse faire valoir, comme excuse, sa bonne foi, fondée sur ce que les journaux de la capitale auraient dit avant lui les mêmes choses, sans que le ministère public les eût poursuivis pour ce fait, il cesse de pouvoir se prévaloir de cette circonstance, si, dans un article postérieur à son interrogatoire, il a déclaré persister dans les motifs qui l'avaient engagé à publier l'écrit incriminé (Bordeaux, 25 janv. 1830, aff. Min. pub. *C.* Coudert);—3º Que lorsqu'il a été publié dans un journal un compte rendu infidèle d'une audience, le gérant ne peut, pour échapper aux poursuites qui peuvent être dirigées contre lui, ni se prévaloir de celles dirigées contre l'auteur de l'article incriminé, ni invoquer l'impossibilité où il se trouvait, en raison de la distance, de vérifier l'exactitude du compte rendu envoyé par son correspondant (Rennes, 11 oct. 1850, aff. Mangin, D. P. 52. 5. 436).

1308. De même on a jugé, 1º que celui qui est poursuivi pour avoir distribué des écrits séditieux, et punissables d'après les art. 1, 2 et 3 de la loi du 17 mai 1819, ne peut opposer le défaut de poursuites contre les auteurs de l'écrit, pour faire dépendre du jugement principal contre ces derniers la décision de sa cause (Colmar, 20 nov. 1823, M. Millet de Chevers, 1er pr., aff. Zickel,); — 2º Qu'un imprimeur qui a imprimé un ouvrage excitant à la haine contre le gouvernement est punissable, encore que ce soit l'ouvrage d'un pair de France; que vainement il dirait que la haute dignité de l'auteur a dû éloigner toute défiance (C. des pairs 24 nov. 1830, aff. Kergorlay);—3º Que si la bonne foi de l'imprimeur le rend excusable lorsque ce n'est pas *sciemment* qu'il a publié des faits diffamatoires, il en est autrement lorsqu'il est prouvé qu'il a eu l'intention coupable que la loi punit (Orléans, 15 déc. 1843) (2).—V. *suprà*, nº 1143.

1309. Il a été jugé aussi : 1º qu'à chaque réimpression, un ouvrage peut être poursuivi pour outrage à la morale publique, encore que les premières éditions n'aient été l'objet d'aucune poursuite (Paris, 15 janv. 1825) (3); — 2º Que, toutefois, le

---

(1) 1re *Espèce :* — (Int. de la loi. — Aff. le Journal de Cambrai.) — Hurez, imprimeur-libraire et responsable du journal intitulé *Feuille de Cambrai*, fut cité devant le tribunal correctionnel comme prévenu d'avoir excité à la haine et au mépris du gouvernement du roi, en publiant certains articles dans les nos 395, 396, 398, 401, 403 et 404. — Par jugement du 14 août 1823, Hurez fut condamné à un mois d'emprisonnement, à 1,500 fr. d'amende et aux frais, et, en outre, à insérer un extrait du jugement. — Appel par le prévenu et par le ministère public. — Le 1er mars 1824, arrêt de la cour de Douai, qui, « au fond, considérant que les articles incriminés sont extraits de plusieurs journaux imprimés à Paris, et que, ces journaux n'ayant été ni saisis ni poursuivis, Hurez a pu les copier de bonne foi, bien qu'ils soient répréhensibles; qu'il résulte de ce qui précède qu'il n'y a lieu d'appliquer l'art. 4 de la loi du 25 mars 1822; — Renvoie Hurez, éditeur du Journal de Cambrai, des poursuites dirigées contre lui, sans frais. » — Pourvoi du procureur général dans l'intérêt de la loi. — Arrêt (apr. dél. en ch. du cons.).

La cour; — Statuant sur le réquisitoire du procureur général, présenté de l'ordre formel de Mgr le garde des sceaux, ministre de la justice, consigné dans sa lettre du 12 de ce mois, ledit réquisitoire tendant à l'annulation, dans l'intérêt de la loi, d'un arrêt rendu le 1er mars dernier, par la cour royale de Douai, en faveur du sieur Hurez, éditeur responsable du journal intitulé *Feuille de Cambrai ;* — Vu l'expédition de l'arrêt attaqué; — Vu l'art. 441 c. inst. crim.; — Vu les art. 2 et 10 de la loi du 9 juin 1819, sur la publication des journaux ou écrits périodiques; — Vu aussi l'art. 24 de la loi du 17 mai précédent, sur la répression des crimes et délits commis par la voie de la presse, ou par tout autre moyen de publication; — Attendu, en droit, que les lois sur la répression des délits commis par la voie de la presse ou par tout autre moyen de publication, forment une législation spéciale qui doit être réglée, dans son application, par les dispositions qui y sont formellement contenues ou qui en dérivent virtuellement; que les principes admis dans le droit commun n'y peuvent être invoqués, et qu'ils perdent tout caractère d'autorité lorsqu'ils ne peuvent pas être conciliés avec ces dispositions; — Que l'exception de bonne foi, fondée sur les principes du droit commun, a été maintenue par l'art. 24 de la loi du 17 mai 1819, en faveur des imprimeurs qui, après avoir satisfait aux obligations qui leur sont prescrites par les lois sur la police de la presse, ont imprimé, sans avoir agi sciemment, des écrits punissables; — Mais que cette exception n'a été ni renouvelée ni reconnue, en faveur des éditeurs responsables, par aucune des dispositions des lois qui les concernent; que son exclusion résulte même nécessairement, à leur égard, du texte et de l'esprit de ces lois; qu'en effet, l'art. 2 de la loi du 9 juin 1819 leur a imposé la responsabilité générale et absolue de tous les articles insérés dans le journal ou écrit périodique, pour lequel ils ont été déclarés, sans distinguer s'ils ont participé à leur rédaction ou s'ils y sont demeurés étrangers, si même ils en ont eu connaissance, et que, d'après les art. 9 et 10 de cette même loi, cette responsabilité les soumet aux peines qu'auraient pu encourir les auteurs ou rédacteurs de ces articles; que cette responsabilité indéfinie est évidemment inconciliable avec toute espèce d'exception de bonne foi; qu'elle interdit donc aux tribunaux le droit d'en admettre aucune; que l'art. 10 de la loi du 9 juin 1819 a fixé la limite du pouvoir discrétionnaire que les juges peuvent exercer dans l'appréciation des circonstances; que, d'après cet article, ils sont investis du droit d'étendre les peines, conformément à ses dispositions, contre les éditeurs responsables, si les faits leur paraissent mériter cette aggravation; mais qu'il ne les autorise pas à réduire en leur faveur les peines ordinaires qui ont été portées contre les publications criminelles; — Que, d'ailleurs, la loi n'ayant permis, à l'égard de ces éditeurs responsables, aucune vérification, aucun examen, lorsqu'ils sont déclarés à l'administration; que ne les ayant chargés d'aucune obligation de résidence ni de surveillance relativement aux journaux ou écrits périodiques dont ils devaient répondre, il a été nécessairement aussi dans son esprit comme dans son texte, que cette responsabilité ne pût être modifiée par aucune circonstance de bonne foi; que dans tous les cas de poursuites, en effet, ces éditeurs auraient eu à faire valoir des moyens de cette nature, et que les dispositions pénales ordonnées contre eux seraient ainsi devenues illusoires;

Et attendu, en fait, que sur l'appel relevé par le sieur Hurez, éditeur responsable du journal intitulé *Feuille de Cambrai*, du jugement du tribunal de première instance qui l'avait condamné à raison des articles insérés dans ce journal qui avaient été reconnus exciter au mépris et à la haine du gouvernement du roi, la cour d'appel de Douai, après avoir prononcé l'annulation de ce jugement pour vice dans la composition du tribunal qui l'avait rendu, a statué sur le fond, et a renvoyé ledit Hurez des poursuites dirigées contre lui, sur le motif « que les articles incriminés sont extraits de plusieurs journaux imprimés à Paris, et que, ces journaux n'ayant été ni saisis ni poursuivis, Hurez a pu les copier de bonne foi, bien qu'ils soient répréhensibles; » — Que, sans examiner si cette exception de bonne foi, accueillie par cette cour royale, et considérée d'après le fait particulier sur lequel elle a été fondée, n'aurait pas été, en droit commun, contraire aux règles de la saine raison, puisqu'il n'était pas établi que l'action du ministère public fût éteinte à Paris par la prescription lors de la publication, faite à Cambrai par Hurez, des articles qui faisaient l'objet des poursuites, et que, d'ailleurs, une publication peut être nuisible à l'ordre public dans un lieu, quoiqu'elle n'ait pas paru l'être dans un autre, il demeure constant que l'arrêt dénoncé a admis dans la matière spéciale des délits commis par voie de publication, en faveur d'un éditeur responsable, un moyen de défense et un genre d'exception dont l'exclusion résulte virtuellement et nécessairement des lois sur cette matière, et qu'il y a eu donc, dans cet arrêt, violation de ces lois; — Casse, etc.

Du 22 avr. 1824.-C. C., sect. crim.-MM. Bailly, pr.-Brière, rap.

(2) (Piche *C.* Maire de Villevable.) — La cour; — « Attendu, quant à la responsabilité de l'imprimeur, que, d'après les termes de l'art. 24 de la loi du 17 mai 1819, la bonne foi de l'imprimeur peut servir d'excuse à son acte lorsque ce n'est pas sciemment qu'il a publié les faits diffamatoires;

Qu'en fait, dans la cause actuelle, Piche s'est approprié le libelle de Joubert sans laisser à celui-ci la responsabilité principale qui serait résultée de sa signature au bas de l'imprimé; que cet imprimé renferme diverses insertions évidemment diffamatoires, et qui ont dû avertir Piche de la gravité de son acte; — Qu'ainsi c'est volontairement qu'il a engagé sa responsabilité; que c'est avec connaissance qu'il a concouru à la diffamation qui lui est reprochée, et qu'il ne pourrait repousser qu'en prouvant la réalité des faits allégués;

Du 15 déc. 1843.-C. d'Orléans.-M. Abatucci, pr.

(3) *Espèce :* — (Barba *C.* min. pub.) — Le roman de M. Pigault, intitulé *M. de Roberville*, fut publié il y a dix-huit ans. — En 1818, il a été réimprimé par le libraire Barba; il l'a été de nouveau en 1824, en 4 vol.; mais cette fois, le ministère public l'a fait saisir et a poursuivi Barba. — Celui-ci a soutenu que le roman n'était point dangereux; qu'il était même moral dans son but, et qu'on ne pouvait lui appliquer l'art. 8 de la loi de 1819; qu'en tout cas, le long silence du ministère public devait faire écarter son action, et que lui, Barba, devait être

libraire qui réimprime un ouvrage contraire à la morale publique, qu'il avait imprimé plusieurs années auparavant, et qui, plus anciennement encore, avait été publié, sans jamais avoir été poursuivi, peut être exempté de la prison et de l'amende en raison de sa bonne foi (même arrêt).

1310. Néanmoins, et dans ce cas, les tribunaux peuvent ordonner la suppression de l'écrit reconnu dangereux (même arrêt).

1311. Il a été jugé, avec plus d'indulgence, qu'aucune condamnation ne doit être prononcée contre celui qui chante dans un lieu public (un café) des chansons séditieuses, en les accompagnant d'un costume et de gestes propres à rappeler le chef d'un gouvernement déchu, lorsque le prévenu a cédé à une contrainte morale résultant des instances des assistants ainsi que des injonctions du maître du lieu, et que, d'ailleurs, d'autres chants qu'il a librement fait entendre s'accordent avec ses antécédents pour témoigner de son dévouement au gouvernement établi (trib. de Tournon, 18 nov. 1829, M. Soubeyran, pr., aff. min. pub. *C.* Bastion).—Le tribunal qui a rendu cette décision a été frappé de la situation dans laquelle s'était trouvé l'inculpé. Il lui a paru peut-être que les vrais coupables étaient ceux qui l'avaient si vivement pressé de satisfaire à leur caprice, au risque de compromettre gravement la liberté du malheureux jouet de leur fantaisie. — Nous croyons son appréciation parfaitement équitable. Mais elle prouve à quel point les théories juridiques peuvent quelquefois être vaines en présence des faits, surtout en matière criminelle.

1312. Aux termes du § 2 de l'art. 367 c. pén., aucune peine ne pouvait être prononcée contre celui qui avait publié des faits dont la loi autorise la publication, ou que la nature de ses fonctions ou de ses devoirs l'obligeait de révéler ou de réprimer. — L'art. 367 a été abrogé par la loi du 17 mai 1819 (art. 26), et cette disposition n'a pas été reproduite. Pour quel motif? C'est ce que le législateur de 1819 n'a point expliqué. — Quoi qu'il en soit, ainsi que le fait remarquer M. Parant (p. 88, nº 6), ce principe « est du nombre de ces vérités qui n'ont pas besoin d'être accréditées par une disposition expresse. » — Bien que non écrit dans la loi, il doit donc toujours être observé.

1313. Mais il a été jugé, et c'est une vérité qu'il est à peine utile d'exprimer, que la gravité de la peine n'est pas une cause d'excuse (Crim. cass. 3 avril 1835, aff. Bourgoin, V. Garde nat., nº 323).

1314. Il a été décidé aussi, avec non moins de raison, que les outrages proférés publiquement contre des gendarmes conduisant un réquisitionnaire, ne peuvent être excusés sous prétexte que l'inculpé n'aurait agi que par humanité: — « Le tribunal, vu les art. 19 et 20, L. 19 juill. 1791; et attendu qu'il était constant et reconnu au procès que le citoyen Thibal avait injurié les gendarmes nationaux dans l'exercice de leurs fonctions, et que, néanmoins, les juges du tribunal criminel des Pyrénées-Orientales, en confirmant le jugement du tribunal de police correctionnelle, qui avait relaxé ledit citoyen Thibal des conclusions contre lui prises pour contravention aux articles de la loi ci-devant cités, et ce, sous des prétextes qui ne peuvent faire exception aux dispositions de ladite loi, qui sont précises et générales, ces juges sont contrevenus à ladite loi; casse » (Crim. cass. 1er pluv. an 7, M. Pepin, rap., aff. Thibal).

1315. La colère et l'ivresse ne sont pas des excuses légales; cependant on ne peut se dissimuler que le trouble momentané qu'elles causent dans les facultés intellectuelles peut, suivant les circonstances, ôter à la volonté la liberté ou la lucidité nécessaire pour faire peser sur l'auteur d'un fait répréhensible l'entière responsabilité de cet acte. — Aussi en ce qui touche la colère, a-t-on étendu aux délits l'application de la règle du droit romain suivant laquelle tout ce qui se fait ou se dit dans cet état, est censé n'avoir jamais existé, si l'on n'y persiste point. — *Quidquid in calore iracundiæ, vel fit vel dicitur, non prius ratum est quam si perseverantiâ apparuit judicium animi fuisse* (L. 48, ff. *De rej. juris*). — D'après ce principe, MM. Chassan, (t. 1, p. 376) et de Grattier (t. 1, p. 195) enseignent que la rétractation immédiate d'un propos diffamatoire ou injurieux devant les personnes qui ont été témoins de l'offense, efface le délit. Nous croyons que l'on doit étendre cette doctrine à tous les délits qui se commettent par la parole, ou par le geste, parce qu'il y a même raison de décider (V. cependant en ce qui touche la diffamation Gallius, lib. 2, Observ., art. 106, nos 8 et suiv.; Julius Clarus, lib. 5, § *inj.*, nº 16). — Il a même été jugé que le demandeur en cassation qui a employé *dans ses écrits* des expressions injurieuses et diffamatoires contre la magistrature et le barreau de son département, peut être admis à les désavouer et à les rétracter, et la cour de cassation peut, dans ce cas, usant d'indulgence, se borner à lui donner acte de sa déclaration et ne pas statuer plus amplement sur la réparation des injures (Crim. rej. 13 mai 1808, MM. Barris, pr., Guyeu, rap., aff. Fontan *C.* min. pub.).

1316. En ce qui touche l'état d'ivresse, il a été jugé aussi, que bien que cet état n'efface pas le délit, il en diminue beaucoup la gravité; et que, par suite, un tribunal, et spécialement un tribunal de police ne peut, sans excès de pouvoir, refuser d'admettre la partie civile à prouver que le prévenu n'était pas en état d'ivresse au moment du délit (Crim. cass. 10 flor. an 10, MM. Seignette, pr., Sieyès, rap., aff. Min. pub. *C.* Mauny).

1317. Au surplus, l'art. 66 c. pén., aux termes duquel lorsque l'accusé a moins de seize ans, s'il est décidé qu'il a agi sans discernement, il doit être acquitté, s'applique nécessairement aux délits commis par les divers moyens de publication. — V. M. Chassan, t. 1, nº 92.

Art. 2. — *Des exceptions spéciales à l'action en diffamation et en injure. — Renonciation, compensation, sursis, etc.*

1318. Les exceptions spéciales à l'action en diffamation ou en injure dont nous avons à nous occuper ici peuvent être tirées: — 1º De ce que le plaignant a renoncé à son action; — 2º De ce qu'il y a eu provocation ou torts réciproques; — 3º De ce qu'il y a lieu de surseoir à la poursuite.

§ 1. — *De la renonciation à l'action.*

1319. La renonciation peut être expresse ou tacite. La renonciation expresse, cela est évident, résulte de tous les actes qui manifestent formellement la volonté du plaignant à ce sujet. — Mais si cette volonté n'avait été exprimée que verbalement, la preuve testimoniale serait-elle admissible? — Dans les limites tracées par les règles du droit civil, pas de difficulté à cet égard, c'est-à-dire que si le plaignant évaluait le préjudice souffert par lui à 150 fr. ou au-dessous la preuve testimoniale devrait être admise; mais hors de ces limites, il ne paraît pas que la preuve par témoins pût être reçue, parce qu'il s'agit d'un contrat sur un intérêt civil, à l'égard duquel les règles du droit civil nous paraissent devoir conserver leur empire. Il ne faut pas confondre, en effet, le fait qui constitue l'infraction avec la renonciation à l'action qui en dérive. — Quant au fait de diffamation ou d'injure la preuve de l'infraction peut être faite suivant les règles du droit criminel (V. *infrà*, nos 1536 s.); mais il n'en peut être de même quant à la renonciation à l'action. — V. vº Obligation (preuve).

1320. De quels actes la renonciation tacite peut-elle résulter? — De tous ceux d'où l'on peut induire que la partie qui se

---

renvoyé, en considération de sa bonne foi. — Le ministère public a répondu qu'il n'y avait nulle induction à tirer du silence qu'il avait gardé; que c'était un point constant que chaque réimpression d'un écrit condamnable donnait lieu à une action pénale, et que le roman dont il s'agit se trouvait dans ce cas. — Jugement qui condamne Barba à un mois de prison, 500 fr. d'amende. — Appel. — Arrêt.

La cour; — Considérant que l'ouvrage intitulé : M. de Roberville, contient, dans divers passages, des outrages à la morale publique; — Considérant toutefois que Barba, par l'édition et la vente publique faite en 1818, de l'ouvrage dont est question, a pu être induit en erreur pour la publication d'une édition subséquente; — Met l'appellation et ce dont est appel au néant; émendant décharge Barba des condamnations contre lui prononcées; au principal, le renvoie de la plainte; et néanmoins ordonne que les exemplaires saisis de l'ouvrage intitulé : M. de Roberville, et tous ceux de cet ouvrage qui seront trouvés par la suite, seront supprimés et mis au pilon.

Du 15 janv. 1825.-C. de Paris, ch. civ. et corr.-MM. Séguier, 1er pr.-Jaubert, av. gén., c. conf.-Dupin jeune, av.

prétend lésée a renoncé à son action. — Les auteurs rangent généralement dans cette catégorie tous les actes qui font présumer le pardon de l'offense. Ainsi, lorsque les parties ont mangé, bu, joué ou conversé ensemble, lorsqu'elles se sont pris la main, l'une de l'autre, en signe de familiarité, il y a présomption de renonciation (V. Carpzovius, pars 2, quæst. 97, n°s 49 et 50; Schæpfer, Synop, lib, 47, t. 10, n°s 77 et seq.). — Toutefois, les auteurs admettent aussi que si les deux adversaires n'avaient bu et mangé ensemble que par suite d'une invitation commune qu'ils auraient reçue d'un tiers, ce fait devrait être considéré comme sans portée: *Tunc enim per ejus modi actus non intelligitur remissa injuria quum injuriatus ex quâdam honestatis necessitate hoc fecerit.* — V. Carpzovius, *ubi suprà*; Lauterb., comp. 668; V. aussi à cet égard MM. Chassan, t. 1, p. 378; de Grattier, t. 1, p. 193.

Nous croyons pourtant que cette solution n'est pas exempte de difficultés; et voici les objections dont elle nous paraît susceptible: considérer les faits qui impliquent le pardon de l'injure comme opérant une renonciation tacite à l'action accordée à la partie offensée, c'est, ce nous semble, supposer que cette action n'est qu'une satisfaction donnée à un désir de vengeance. A notre sens, il n'en est point ainsi. — En ouvrant une action à la partie offensée, le législateur paraît avoir uniquement entendu donner à la partie lésée le moyen d'obtenir la réparation du préjudice qu'elle a éprouvé. — Or, de ce que celui qui a été diffamé pardonne chrétiennement à son diffamateur, il ne s'ensuit pas nécessairement, ce nous semble, qu'il ait entendu renoncer à la réparation matérielle qui lui est due. A nos yeux, la réparation dont le diffamateur est tenu constitue simplement une dette; et jamais on n'a supposé qu'un créancier doive être considéré comme ayant renoncé à sa créance, parce qu'il aura bu ou mangé avec son débiteur, ou parce que, de toute autre manière, il aurait donné à penser qu'il n'avait point de haine contre lui.

1321. Aussi la renonciation ne doit-elle point trop facilement se présumer, et il a été jugé que la qualité de témoin d'une personne, son sexe, son inexpérience, ne peuvent faire considérer son défaut de réclamation devant les tribunaux civils comme une renonciation à son action (Crim. rej. 27 brum. an 11) (1). — V. du reste v^{is} Prescrip. civ., n°s 47 et s., et Prescrip. crim., n°s 19, 179.

1322. Mais il a été jugé aussi, avec plus d'indulgence que de raison, que les injures qui ont été proférées dans une plaidoirie à l'audience d'un tribunal correctionnel de la part d'un défenseur contre l'une des parties, et qui n'ont été ni relevées par la personne injuriée et présente, ni réprimées par le tribunal à cette audience même, ne peuvent plus être poursuivies par action principale devant un autre tribunal; qu'il y a présomption de droit que le plaignant n'a pas été offensé ou qu'il a fait remise de la plainte (Crim. cass. 5 mess. an 10, MM. Viellart, pr., Sieyès, rap., aff. Jaubert *C.* Beaucour).

1323. Lorsque la renonciation est établie met-elle obstacle à l'exercice de l'action publique? — A cet égard, nous croyons qu'il faut distinguer: si la plainte a été déposée avant la renonciation, la condition exigée par la loi pour mettre en mouvement l'action publique se trouve remplie; il ne peut dépendre de la partie civile qui se prétend lésée d'en anéantir les effets. Si, au contraire, la plainte n'a pas été déposée, comme la renonciation est incompatible avec la faculté d'en saisir ultérieurement le ministère public, nous pensons que la plainte devrait, dans ce cas, être réputée ne pas exister, et que, par conséquent, elle ne pourrait servir de base à l'action. — V. *suprà*, n° 1102, quant au droit de la partie de retirer sa plainte.

§ 2. — *Provocation ou torts réciproques.*

1324. Pour apprécier un fait, il faut nécessairement tenir compte des circonstances au milieu desquelles il se produit, parce que, seules, elles peuvent en déterminer le caractère et la moralité. Le même acte, en effet, peut être honorable ou criminel, suivant la situation de celui qui en est l'auteur. — Ainsi, le soldat qui, au milieu du feu d'une bataille renverse et passe au fil de l'épée un grand nombre d'ennemis, pourra être cité et récompensé comme un héros; mais si, après le combat, il attente aux jours d'un seul des prisonniers que le sort des armes a fait tomber entre ses mains, il n'est plus qu'un indigne meurtrier. — Dans la spécialité de notre sujet, il est facile de comprendre que si la diffamation et l'injure ne peuvent jamais s'élever à la dignité d'un acte honorable, elles peuvent, du moins être sensiblement atténuées, ou perdre toute gravité, suivant les circonstances qui les ont accompagnées. — Aussi la maxime *paria delicta mutua compensatione tolluntur* est applicable en matière de diffamation ou d'injure, car ce sont là des délits privés; or la compensation est toujours admissible quand il s'agit de torts ayant ce caractère (V. M. Chassan, t. 1, p. 377). — Il a été jugé en ce sens: 1° que la condamnation pour injures verbales n'oblige pas le juge à accorder des dommages-intérêts au plaignant, et qu'il peut les lui refuser, s'il y a eu réciprocité d'injures (Crim. rej. 7 mai 1808, aff. Brisset, V. n° 1326); — 2° Et même que la femme et le mari sont réputés une seule et même personne; et les injures proférées contre la femme sont de nature à être compensées avec celles que le mari a proférées contre celui qui a injurié sa femme (Crim. rej. 10 nov. 1829, MM. Portalis, pr., Ollivier, rap., aff. Gigun).

1325. Mais il a été décidé aussi qu'une partie civile ne peut se faire un moyen de cassation de ce qu'on l'aurait condamnée à une indemnité à raison d'outrages envers une autre partie, quoique ces outrages eussent été provoqués par des faits de même nature de la part de celle-ci, l'appréciation de tels faits étant de la compétence exclusive des juges du fond (Crim. rej. 5 déc. 1836, MM. de Bastard, pr., Vincent, rap., aff. Demiannay et autres). — Toutefois, il nous paraît manifeste qu'il y a là une question de droit aussi bien qu'une question de fait à juger, et que le pouvoir des juges du fond ne peut être souverain que relativement à la constatation du fait.

1326. Il est d'ailleurs, à observer que la compensation est sans effet à l'égard de la partie publique, qui n'en doit pas moins requérir une peine lorsque les faits que les parties s'imputent réciproquement ont porté atteinte à l'ordre public, alors du moins que la plainte de la partie qui se prétend lésée rend l'action publique admissible. — Il a, du reste, été jugé aussi avant le code pénal de 1810 que le demandeur sur sa propre action en injures peut être condamné à l'amende comme le défendeur, s'il résulte de l'enquête que les parties se sont permis, l'une envers l'autre, des propos injurieux (Crim. rej., 7 mai 1808) (2).

1327. La provocation est évidemment un *tort* de l'une des parties, et, à ce titre, elle rentre dans les observations qui précèdent. — Du reste, la loi ne l'a pas définie et la doctrine des auteurs n'a pas suppléé à son silence. — En l'absence de tout élément précis de solution, nous pensons qu'il faut entendre par ce mot tout acte, toute parole de nature à blesser une personne dans ses intérêts, dans son honneur ou même dans son amour-propre et que celui à qui on l'impute n'avait pas le droit de faire ou de prononcer.

1328. Au reste, il a été jugé que la loi, n'ayant pas défini les caractères de la provocation, c'est aux tribunaux qu'il appartient de décider souverainement si cette provocation a eu lieu ou non (Crim. rej., 9 nov. 1820) (3). — Sur les pouvoirs des juges

---

(1) (Fercoq); — Le tribunal; — Attendu que la qualité de témoin de la fille Petit, son sexe, son inexpérience ne peuvent faire considérer son défaut de réclamation devant le tribunal de première instance, à l'égard des propos diffamatoires dont il s'agit, comme une renonciation à son action; que les tribunaux de police sont compétent pour connaître des injures verbales; — Rejette.

Du 27 brum. an 11.-C. C., sect. crim.-MM. Viellart, pr.-Sieyès, r.

(2) (Brisset *C.* femme René.) — La cour; — Attendu 1° que le jugement attaqué en ne prononçant en faveur du plaignant aucune condamnation de dommages-intérêts contre la réclamante et motivant cette décision sur la réciprocité des injures a suffisamment satisfait à ce que prescrit le § 4 de l'art. 456 c. des dél. et des peines; 2° que ce même jugement, en condamnant le demandeur lui-même, ou son épouse et la défenderesse chacune à une amende pour s'être permis l'une envers l'autre les propos constatés par l'enquête et en graduant cette peine d'après les circonstances n'a pas excédé les pouvoirs qui lui sont donnés par l'art. 606 du même code; — Rejette.

Du 7 mai 1808.-C. C., sect. crim.-MM. Barris, pr.-Delacoste, rap.

(3) (Min. pub. *C.* Millon.) — La cour; — Considérant que d'après les dispositions de l'art. 471 n° 11 c. pén., les injures verbales ne sont punissables que lorsqu'elles ont été proférées sans provocation; — Que la loi n'ayant point déterminé les caractères de la provocation en ma-

du fond de déterminer les caractères légaux des faits constatés par eux, V. v° Cassation, n° 1208 et suiv. — Notons cependant ici qu'il a été jugé que le fait des parties injuriées d'avoir arraché une haie sèche sur un terrain litigieux a pu être considéré comme n'ayant pas un caractère légal de provocation capable d'excuser les auteurs de l'injure (Crim. rej. 4 juill. 1812) (1).

1329. Sous l'ancien droit, la provocation était généralement considérée comme une justification suffisante de l'injure, conformément à la maxime *Injuriæ mutuâ pensatione tolluntur* (V. Dareau, Traité des injures, t. 2, p. 402). — Cependant les canonistes n'admettaient point cette maxime par le motif qu'il ne peut être permis de se faire soi-même justice (V. Carpzovius, Pract. nov., quæst. 99, p. 107. — Mais V. aussi Schæpfer, Synop. jur. priv. rom. et for. 47, 10, n° 72; Lauterbach, Compend., p. 670). — L'art. 471 c. pén. de 1810 a consacré la première de ces doctrines, en ce qui touche les injures verbales. — Et c'est en vertu de cette disposition qu'il a été jugé: 1° que le fait d'injures simples n'est pas punissable, lorsqu'elles ont été provoquées par le fait ou la conduite de celui auquel elles ont été adressées (Crim. rej., 9 nov. 1820, aff. Millon, V. n° 1328; Bordeaux, 13 janv. 1832, aff. Arnaud, V. n° 1381-11°). — 2° Qu'il n'y a pas délit d'injures de la part d'un particulier contre un autre, lorsque ce dernier a lui-même provoqué les injures, et qu'ainsi il y a eu torts réciproques (Crim. rej., 11 oct. 1827, aff. Guichard, V. n° 1072). — V. aussi n° 1037, *in fine*.

1330. Il a même été décidé que la provocation rend l'injure verbale excusable, quel que soit l'intervalle qui s'est écoulé entre cette provocation et l'injure (Crim. rej., 18 août 1836, aff. Brousse, V. Peine, n° 470-2°), et cela par le motif que d'une part la loi n'a fixé aucun intervalle après lequel la provocation serait réputée non avenue et que d'autre part la différence des faits et des caractères doivent nécessairement influer sur le délai.

1331. Les peines de l'art. 471 c. pén. n'étant applicables qu'à ceux qui, sans avoir été *provoqués*, ont proféré des injures, il en résulte, suivant un arrêt, que, s'il y a incertitude sur celui des deux individus qui a provoqué l'autre par ses injures, il ne peut être prononcé de peines contre aucun, et qu'il y a lieu de casser le jugement qui, dans ce cas, prononce des peines contre les deux prévenus (Crim. cass. 1er sept. 1826) (2). — Peut-être serait-il plus logique de décider que l'infraction étant prouvée, et les prévenus ne justifiant pas du fait de provocation dans lequel ils prétendent trouver leur excuse, il y a lieu de les condamner l'un et l'autre; mais nous comprenons que la réciprocité des torts, en pareille matière, rende les juges indulgents.

1332. Il est, d'ailleurs, à remarquer que l'art. 471 (n° 11) c. pén. ne s'applique qu'aux injures *autres que celles prévues depuis l'art.* 367 *jusques et compris l'art.* 378 *du même code*, dispositions aujourd'hui remplacées par les art. 13 et suivants de la loi du 17 mai 1819, et que, aux termes de l'art. 65 c. pén., nul crime ou délit ne peut être excusé, ni la peine mitigée que dans les cas et dans les circonstances où la loi déclare le fait excusable ou permet de lui appliquer une peine moins rigoureuse. — M. de Grattier (t. 1, p. 190) est cependant d'avis que l'excuse résultant de la provocation doit être admise non-seulement en matière d'injures publiques et renfermant l'imputation d'un vice déterminé, mais aussi en matière de diffamation, et il invoque à cet égard le sentiment de Carpzovius (*Rerum crimin., part.* 2, *quæst.* 97, nos 42, 43, 44, 45), de Godefroy (*in leg.* 18 *de inj. et fam. lib.*), de Schæffer (*Syn. jur. priv. rom. et for.* 47, 10, n° 72), de Dareau (Traité des injures, p. 456, 458). — Ces autorités sont fort imposantes, sans doute, mais elles ne sauraient être d'aucune influence pour fixer le sens de l'art. 471 c. pén. — Or cette disposition nous paraît avoir tranché la difficulté en déclarant que l'excuse de la provocation ne s'appliquerait qu'aux injures *autres que celles prévues par les art.* 367 *et suiv. c. pén.* — V. en ce sens M. Grellet-Dumazeau, t. 1, p. 193, 194.

1333. Aussi a-t-il été jugé: 1° que l'excuse de provocation, ou de réciprocité de torts, qui est admissible en matière d'injures simples, ne l'est pas à l'égard des injures prévues par les art. 13 et 19 de la loi du 17 mai 1819, et qui constituent un délit correctionnel (Crim. cass. 25 mars 1847, aff. Marlet, D. P. 47. 1. 344); — 2° Que l'excuse tirée de la provocation n'est pas admise en matière de délit de la presse (Crim. rej. 4 nov. 1842) (3); — 3° Que l'art. 6 de la loi du 25 mars 1822, qui punit l'outrage fait publiquement à un fonctionnaire public, n'admettant aucune excuse résultant de la provocation, c'est en violation de l'art. 65 c. pén. qu'un arrêt déclare qu'un tel délit n'existe pas, parce qu'il a été provoqué par les injures de ce fonctionnaire (Crim. cass. 19 août 1842) (4); — 4° Qu'une injure prononcée par un fonctionnaire public, dans l'exercice de ses fonctions, ne saurait excuser les outrages et encore moins les voies de fait dont la personne injuriée se rend coupable envers lui; et qu'ainsi, bien qu'à une observation de l'un de ses administrés un maire ait répondu: *vous ne savez ce que vous dites*, la personne à qui s'adresse cette réponse ne saurait avoir le droit d'outrager le maire et de se livrer contre lui à des violences (Crim. cass. 9 sept. 1837, aff. Meilheurat, V. Fonctionn. public, n° 153); — 5° Que si la provocation peut excuser l'injure proférée

---

-tières d'injures, a par cela même laissé à l'arbitrage et à la conscience des juges de décider, d'après l'instruction et les débats si cette provocation a eu lieu. — Que le tribunal de police d'Issoudum a donc légalement décidé, d'après l'instruction et les débats qui ont eu lieu devant lui, qu'il y avait eu provocation de la part de la partie injuriée, que dans ces circonstances le renvoi des prévenus a donc été une juste application dudit art. 471 n° 11 c. pén.; — Rejette.

Du 9 nov. 1820.-C. C., sect. crim.-MM. Barris, pr.-Busschop, rap.

(1) (Min. pub. *C.* Carama.) — La cour; — ..... Attendu sur le deuxième moyen qu'en jugeant que l'acte par lequel les parties injuriées avaient arraché une haie sèche, sur un terrain litigieux n'avait point le caractère légal de provocation capable d'excuser les auteurs de l'injure, le tribunal de police n'a violé aucune loi; — Rejette.

Du 4 juill. 1812.-C. C., sect. crim.-MM. Barris, pr.-Lamarque, rap.

(2) (Min publ. *C.* Conard.) — La cour; — Attendu que, d'après les faits déclarés constants par le jugement, ni l'ordre public, ni la tranquillité des habitants n'ont été troublés par la discussion accompagnée d'injures qui ont eu lieu entre les époux Conard et la veuve Liétaud; d'où il suit qu'il n'y avait lieu à l'application de l'art. 479, n° 8 c. pén.; — Rejette le pourvoi du commissaire de police. Et faisant droit sur les réquisitions du procureur général du roi, tendantes à l'annulation, dans l'intérêt de la loi, de la disposition du jugement qui condamne les époux Conard et la veuve Liétaud, chacun en 1 fr. d'amende pour injures respectivement proférées les uns contre les autres; — Attendu que les peines prononcées par l'art. 471, n° 11, c. pén., ne sont applicables qu'à ceux qui, sans avoir été provoqués, auront proféré contre quelqu'un des injures; — Attendu que le jugement établit, en fait, que la justice n'est point éclairée sur le fait de la provocation, soit de la part des époux Conard, soit de la part de la veuve Liétaud; d'où il suit que le juge n'a pu reconnaître celle des parties qui, sans provocation, a proféré des injures contre l'autre, et que dès lors il n'y avait, aux termes de l'article précité, aucune peine à prononcer; — Casse dans l'intérêt de la loi.

Du 1er sept. 1826.-C. C., ch. crim.-MM. Portalis, pr.-Gary, rap.

(3) (Bissette *C.* min. publ.) — La cour; — Sur le premier moyen: — Attendu que, d'après l'art. 65 c. pén., nul crime ou délit ne peut être excusé, ni la peine mitigée, que dans les cas où la loi déclare le fait excusable, et que l'art. 471, § 11 c. pén. ne s'applique qu'aux injures verbales, dont la répression appartient aux tribunaux de simple police; — Attendu qu'en matière de délit de la presse, aucune disposition de la loi n'autorise les tribunaux à admettre l'excuse qui résulterait de la provocation; que, dès lors, la cour royale de Paris, en rejetant le moyen de défense que Bissette tirait d'une provocation qu'il imputait à Granier de Cassagnac, n'a violé aucune loi; — Rejette.

Du 4 nov. 1842.-C. C., ch. crim.-MM. de Bastard, pr.-Brière, rap.

(4) (Min. publ. *C.* Germigney.) — La cour; — Vu l'art. 65 c. pén., et l'art. 6 de la loi du 25 mars 1822: — Attendu que, d'après l'art. 65 c. pén., nul crime ou délit ne peut être excusé que dans les cas et dans les circonstances où la loi déclare le fait excusable; — Attendu que l'art. 6 de la loi du 25 mars 1822, qui punit l'outrage fait publiquement d'une manière quelconque à un fonctionnaire public, n'admet aucune excuse à ce délit, résultant de la provocation par injure d'un fonctionnaire public outragé; — Et attendu que l'arrêt attaqué reconnaît en fait que le 4 déc. 1841, le marquis de Germigney a adressé des injures au receveur de l'enregistrement de Gondricourt dans son bureau; que, cependant, au lieu de lui appliquer la peine encourue par ce délit, elle a décidé que le délit n'existait pas, parce qu'il avait été provoqué par des injures; — Attendu qu'en admettant une excuse que la loi n'admet pas, la cour royale de Nancy a commis un excès de pouvoir et formellement violé l'art. 65 c. pén.; qu'elle a de plus violé, en refusant de l'appliquer, l'art. 6 de la loi du 25 mars 1822; — Casse.

Du 19 août 1842.-C. C., ch. crim.-MM. Crouseilhes, pr.-Brière, rap.

contre un particulier, il n'en est pas ainsi quand l'injure est adressée à un fonctionnaire public agissant dans l'exercice de ses fonctions; qu'ainsi l'injure verbale adressée à un garde champêtre dans l'exercice de ses fonctions constitue un délit que le fait de la provocation de ce fonctionnaire est insuffisant pour effacer (Rouen, 11 janv. 1844) (1);—Indépendamment du motif tiré de l'art. 65 précité c. pén., ces dernières décisions trouvent leur justification dans la nécessité de couvrir les dépositaires d'une fraction, si petite qu'elle soit, de la puissance publique, d'une protection qui ne doit rien perdre de son inviolabilité, à raison de la faute même dont les agents peuvent s'être rendus coupables. Des arrêts ont même poussé le sentiment de protection bien plus loin que ne l'a fait la cour de Rouen dans l'arrêt ci-dessus, en décidant que la provocation pouvait excuser le meurtre commis par l'agent de l'autorité publique, tandis que ce même fait de provocation ne pouvait être invoqué comme excuse du meurtre d'un agent de l'autorité publique (V. Peine, nos 479 s.). Au premier abord le principe peut paraître, dans ces dernières décisions, empreint d'exagération; mais si l'on réfléchit davantage, on ne tarde pas à reconnaître que ces décisions ne sont qu'un hommage, rigoureux sans doute, mais nécessaire, à l'institution des pouvoirs publics, c'est-à-dire à l'institution dont le respect fait la force et la garantie de notre organisation constitutionnelle. Car, pour l'agent de l'autorité qui a commis un meurtre sur provocation, il n'y a qu'un délit appréciable d'après le droit commun; pour le citoyen qui a commis un meurtre sur l'agent de l'autorité publique qui l'a provoqué, il y a d'abord atteinte à l'ordre social politique, puis attentat à la personne d'un citoyen.

1334. Toutefois, et suivant un arrêt, les injures adressées à un agent de l'autorité (un garde champêtre) dans l'exercice de ses fonctions ne sont point punissables lorsque celui-ci les a provoquées en se permettant le premier des injures : « Attendu qu'en matière d'injures verbales, celui qui ne fait qu'user de représailles ne peut être passible d'aucune peine » (Grenoble, ch. corr. 21 avr. 1825, M. Paganon, pr., aff. Charmeil). — Mais les raisons qui viennent d'être développées nous semblent rendre cette solution inadmissible.

1335. Celui qui, sur une interpellation précise fait une réponse de nature à porter atteinte à l'honneur ou à la considération de la personne qui la lui adresse, peut-il être considéré comme coupable de diffamation, lorsque d'ailleurs la réponse est corrélative à la demande? — La négative nous paraît devoir être adoptée. Faire une question sur un fait, c'est demander à celui à qui on l'adresse de déclarer ce qu'il sait ou ce qu'il croit; que si la réponse n'est pas conforme au désir de celui qui l'a provoquée, il ne doit s'en prendre qu'à lui-même des suites de son imprudence; mais il ne paraît pas possible d'assimiler un témoignage ainsi rendu à la diffamation purement spontanée que la loi a voulu punir (Conf. Paris, ch. corr., 23 janv. 1830, M. Frasans, pr., aff. Chevalier *C.* Oyex). — Toutefois, il ne serait pas impossible de trouver des cas où la réponse, bien que provoquée, pût, en raison soit de la bienveillance de la provocation, soit de l'éducation et des rapports des parties, soit et surtout de l'intention malveillante de la personne provoquée, être considérée comme présentant une diffamation.

1336. Aussi, a-t-il été jugé que la circonstance que des propos diffamatoires auraient été tenus en répondant à une interpellation faite au diffamateur, ou que d'autres individus auraient déjà tenu ces propos auparavant, ne saurait être considérée comme une excuse : que la réponse formelle à une interpellation précise est plutôt une aggravation qu'une excuse, et qu'il y a lieu de casser le jugement qui voit là une excuse de la diffamation (Crim. cass. 4 nov. 1851) (2). — Il est bien entendu, du reste, que, dans notre opinion, l'interpellation ne doit avoir pour effet d'effacer le délit qu'autant qu'elle émane de celui que concerne personnellement le fait qui en est l'objet. Sans cette restriction, il serait trop facile d'assurer l'impunité d'une imputation diffamatoire au moyen de la connivence d'un tiers.

§ 5. — *Du sursis aux poursuites.*

1337. Quoique la loi prohibe avec raison la preuve même authentique des faits diffamatoires contre les particuliers, cette règle ne s'applique qu'aux faits déjà réprimés par une condamnation. La justice étant satisfaite, il importe à la société qu'un voile soit jeté sur les fautes passées, afin que le coupable rentre dans son sein et puisse, à l'ombre de son repentir, reconquérir l'estime publique. Mais, lorsque le crime ou le délit n'est pas puni, la voix des accusateurs ne doit pas être étouffée. D'ailleurs la loi ne semblerait-elle pas inconséquente avec elle-même si le coupable et l'accusateur pouvaient se succéder sur le même banc, l'un pour avoir commis le crime, l'autre pour l'avoir fait connaître? — Mais on comprend aussi que ce serait favoriser le désordre dans la société que de tolérer, sans restriction, toute imputation de nature à porter atteinte à l'honneur d'une personne par cela seul que le fait imputé n'aurait donné lieu à aucune condamnation. — Pour échapper à ce double danger, le législateur a dû établir des règles ayant pour objet de renfermer le droit d'imputation dans de sages limites. — Ces règles sont, d'ailleurs, tellement nécessaires que, avant qu'il se fût formellement expliqué à cet égard, la jurisprudence avait dû suppléer à son silence, et que, comme cela est presque toujours arrivé, elle avait préparé et facilité sa tâche. — Ainsi, sous le code du 3 brum. an 4, qui ne contenait pas de disposition expresse sur ce point, il avait été jugé : 1° que la poursuite, à raison d'une imputation injurieuse ou diffamatoire, ne pouvait être arrêtée que par la plainte ou la dénonciation des faits compris dans l'imputation, l'offre de prouver ces faits ne pouvant arrêter les poursuites (Crim. cass. 20 fév. 1806, MM. Vielart, pr., Bazire, rap., aff. Min. pub. *C.* Demoly); — 2° Que celui qui avait tenu des propos qui se rapportaient à un crime dénoncé au ministère public, ne pouvait pas, avant le résultat de l'instruc-

---

(1) (Min. publ. *C.* Godalier.) — LA COUR; — Attendu qu'il résulte de l'instruction et du débat que Godalier, le 6 nov. dernier, s'est rendu coupable d'outrages par paroles envers le garde champêtre de la commune de Varengeville dans l'exercice de ses fonctions, en le traitant de canaille, en disant qu'il se f.... de son procès-verbal; — Que lors même qu'il serait établi que cet outrage aurait été provoqué par des injures proférées par le garde champêtre contre Godalier, cette circonstance pourrait atténuer le délit d'outrages, mais non l'anéantir; — Qu'en effet, aux termes de l'art. 65 c. pén., nul crime ou délit ne peut être excusé que dans les cas et dans les circonstances où la loi déclare le fait excusable; — Que si la loi, par l'art. 471, no 11 c. pén., a déclaré excusable l'injure qui a été provoquée, elle ne dispose ainsi que lorsqu'il s'agit d'une simple contravention de police pour injures entre particuliers; qu'aucune disposition semblable n'existe pour le cas où une provocation injurieuse aurait précédé l'outrage commis envers un fonctionnaire public; — Qu'en effet, c'est moins la personne de l'officier public que la loi a voulu protéger que le caractère dont il est revêtu, et la puissance publique dont une partie lui est déléguée; que la faute commise par ce fonctionnaire, faute dont la répression peut, d'ailleurs, être poursuivie devant l'autorité compétente, ne peut faire perdre les garanties dont la loi, dans un but d'intérêt public, a voulu que l'exercice de son ministère fût constamment environné; — Réforme le jugement du tribunal correctionnel de Rouen qui a délié Godalier des fins de la plainte, le condamne, vu l'admission des circonstances atténuantes, à 5 fr. d'amende et aux frais par application des art. 224 et 463 c. pén.

Du 11 janv. 1844.-C. de Rouen, ch. correct.-MM. Gesbert, pr.-Blanche, av. gén., c. conf.

(2) (Min. pub. *C.* la femme Lion.) — LA COUR; — Vu l'art. 20 de la loi du 17 mai 1819, les art. 65 et 576 c. pén., et l'art. 161 c. inst. crim.; — Attendu que, dans les motifs de son jugement, le tribunal de police de Louviers a reconnu que la femme Lion avait tenu les propos diffamatoires, objets de la poursuite; — Attendu qu'en décidant que ces propos ne constituaient pas une contravention, parce que la femme Lion les aurait tenus en répondant à une interpellation à elle faite, et parce que d'autres individus les auraient tenus avant elle, ce tribunal a créé une excuse que la loi n'établit pas : d'autant que la considération admise comme excuse, constituerait plutôt une aggravation des faits de diffamation, puisque les propos diffamatoires ont un caractère plus grave, alors qu'ils consistent dans une réponse catégorique et formelle, faite à une interpellation relative à ces faits; — Attendu qu'en admettant cette excuse, et en ne prononçant pas la peine portée par la loi, le tribunal de police de Louviers a violé l'art. 20 de la loi du 17 mai 1819, l'art. 161 c. inst. crim. et l'art. 65 c. pén. — Par ces motifs, casse le jugement du tribunal de police de Louviers, du 19 août dernier.

Du 4 nov. 1851.-C. C., ch. crim.-MM. Ollivier, f. f. de pr.-de Crouseilhes, rap.

tion, être poursuivi comme coupable d'injures verbales, attendu que ces propos pouvaient servir d'indices aux recherches de la justice, et que leur véritable caractère ne pouvait, d'ailleurs, être déterminé, qu'après la poursuite et le jugement du crime auquel ils se référaient (Crim. cass. 24 frim. an 13, MM. Vermeil, pr., Aumont, rap., aff. Vinet); — 3° Que lorsque des propos diffamatoires se rapportent à des faits en raison desquels l'individu qui se prétend diffamé est poursuivi devant les tribunaux par une tierce personne, l'effet de la plainte en diffamation doit être suspendu jusqu'après la décision à intervenir sur cette poursuite, et si les faits sont reconnus constants, la plainte en diffamation doit être rejetée (Crim. cass. 24 oct. 1806, MM. Barris, pr., Aumont, rap., aff. Delaleau C. Huet). — On voit donc que déjà, sous le code de l'an 4, l'action en calomnie ou en diffamation se trouvait suspendue par la poursuite relative aux faits imputés au plaignant.—Le code pénal de 1810 a confirmé cette règle en disposant (art. 372) que lorsque les faits imputés seraient punissables suivant la loi, et que l'auteur de l'imputation les aurait dénoncés, il serait, durant l'instruction de ces faits, *sursis* à la poursuite et au jugement du délit de calomnie. — De cet article, il suivait, et c'est ce qui a été jugé, qu'il ne devait point être sursis au jugement d'une plainte en diffamation, lorsque l'imputation s'appliquait à des faits qui n'étaient point punissables (Crim. cass. 28 fév. 1812, aff. Aublin, V. ci-dessous, n° 1578). — L'art. 25 de la loi du 26 mai 1819, en appliquant à la diffamation le principe consacré par l'art. 372 c. pén., relativement à la calomnie, n'y a d'ailleurs introduit qu'une modification qui résulte de ce que l'action en diffamation est suspendue, non-seulement par la dénonciation de l'auteur de l'imputation prétendue calomnieuse, mais aussi *par les poursuites commencées par le ministère public*.—Mais suivant l'art. 25 de la loi de 1819, comme d'après l'art. 372 c. pén., le sursis dépend de deux conditions : la première, c'est que les faits imputés soient punissables; — La seconde, c'est qu'il y ait des poursuites commencées à la requête du ministère public, ou que l'auteur de l'imputation ait dénoncé les faits qui en sont l'objet.

C'est la plus récente de ces dispositions que nous avons à interpréter ici. — Pour en fixer le sens, nous devons examiner : — 1° de quelle manière doivent être entendues les deux conditions desquelles dépend l'obtention du sursis;—2° Si, lorsqu'elles sont remplies, le sursis doit être nécessairement accordé;— 3° A quelle phase de la procédure le sursis peut être demandé; — 4° Quelles sont les conséquences du sursis; — 5° S'il est des cas où l'art. 25 de la loi de 1819 n'est pas applicable.— Reprenons chacune de ces propositions.

1338. *Conditions du sursis.* — Première condition. Il faut que les faits soient punissables; c'est-à-dire qu'il doit exister une disposition pénale applicable au fait imputé. — Ainsi, quelque grave, quelque odieuse que soit l'imputation, lorsque le fait qu'elle comprend n'est pas formellement prévu par la loi pénale, il ne peut y avoir lieu de surseoir, et cela par la raison fort simple que le sursis ne pourrait être suivi d'aucun résultat. — Pourquoi en effet, le sursis est-il ordonné? c'est afin d'attendre le jugement sur le fait reproché au plaignant en diffamation et de statuer ensuite sur l'imputation diffamatoire avec indulgence ou sévérité suivant que le plaignant en diffamation aura été ou n'aura pas été condamné. —Or, lorsque, d'après l'état de la législation, il ne peut y avoir de condamnation, le sursis est inutile.—Aussi a-t-il été jugé : 1° que le sursis autorisé par l'art. 25 de la loi du 26 mai 1819 ne peut être prononcé en faveur du prévenu de diffamation, si le fait qu'il a dénoncé, quelque immoral qu'il puisse être, tel par exemple que l'imputation dirigée contre un père d'avoir livré sa fille à prix d'argent, ne constitue pas un délit (Crim. cass., 18 sept. 1845, aff. Dupuy, D. P. 45. 1. 398); — 2° Qu'il n'y a lieu au sursis du jugement de l'action en diffamation, conformément à l'art. 25 de la loi du 26 mai 1819, qu'autant que le fait dénoncé est personnel au plaignant et qu'il tombe sous l'application de la loi pénale (Orléans, 31 mai 1847, aff. Renou-Ruet, D. P. 47. 2. 161).

1339. Doit-on réputer *punissables*, dans le sens de la loi de 1819, les faits qui ne sont passibles que de peines disciplinaires? — La généralité du terme dont la loi se sert ne semble se prêter à aucune distinction. — Sous ce rapport, l'art. 25 de la loi précitée serait donc applicable. Mais il est à considérer que le pouvoir disciplinaire s'étend à des actes que la loi n'a ni définis ni qualifiés; en telle sorte que, pour déclarer le fait punissable, le juge n'aurait presque jamais de texte positif à mettre en regard de l'imputation qui donne lieu à la plainte en diffamation, pour vérifier si le fait est réellement punissable. — De plus, les décisions du pouvoir disciplinaire, en général, ne sont point destinées à la publicité; et le sursis amènerait nécessairement à rendre ultérieurement publique la condamnation prononcée disciplinairement contre le plaignant en diffamation. — Il a, du reste, été formellement jugé que les faits qui ne peuvent donner lieu qu'à une peine disciplinaire ne sont point *punissables* dans le sens de l'art. 25 de la loi du 26 mai 1819 (Cass. 28 sept. 1815, aff. Selves, V. Except., n° 185. — Conf. MM. de Grattier, t. 1, p. 489; Grellet-Dumazeau, t. 2, p. 85).

1340. Il est, d'ailleurs, à observer que diverses circonstances peuvent mettre l'auteur des faits qui font l'objet de l'imputation diffamatoire à l'abri de toute condamnation, et que, lorsqu'il en est ainsi, le sursis ne pouvant amener aucun résultat, il ne doit pas être prononcé. — Par suite, il est évident, et c'est ce qui a été jugé, que lorsque celui à qui les faits diffamatoires étaient imputés est décédé, il n'y a plus lieu à surseoir sur l'action en diffamation (Crim. cass. 21 mai 1836, aff. Durand-Vaugaron, V. n° 1348).

1341. En est-il de même lorsque les faits compris dans l'imputation diffamatoire sont couverts par la prescription ou par une amnistie? — La question est controversée. — MM. Chassan, t. 2, p. 374; Mangin, t. 1, p. 362; le Sellyer, t. 4, p. 377, enseignent que le tribunal auquel le sursis est demandé a le droit de vérifier si les faits compris dans l'imputation qui donne lieu à la plainte en diffamation sont à l'abri des poursuites par l'effet de la prescription ou d'une amnistie.—M. Grellet-Dumazeau, t. 2, p. 382, est d'un avis contraire et les motifs de son opinion nous paraissent mériter un examen attentif. « En décidant qu'une dénonciation porte sur un fait prescrit ou amnistié, dit cet auteur (*loc. cit.*), le tribunal ne juge pas seulement le caractère extérieur de ce fait, il juge la valeur de cette dénonciation qui n'est aucunement soumise à son appréciation. Juger, en présence du ministère public et peut-être contre son avis, que le vol dénoncé est couvert quant à la peine par un laps de trois années révolues, sans aucun acte d'instruction ni de poursuites, c'est nécessairement s'arroger le droit d'examiner le caractère du vol, ainsi que toutes les circonstances qui s'y rattachent, d'apprécier la portée juridique des actes de poursuite allégués... » — Rien n'est plus vrai; mais l'objection de M. Grellet-Dumazeau pourrait s'appliquer même au cas où le prévenu de diffamation se borne à soutenir que le fait est punissable. Pour apprécier ce fait dans ses rapports avec la loi pénale, il faut nécessairement en déterminer les caractères, il faut le juger et il peut arriver que l'appréciation du juge saisi de la demande en sursis ne se trouve d'accord ni avec les conclusions du ministère public, ni avec la décision ultérieurement rendue par le tribunal saisi de la connaissance des faits compris dans l'imputation qui a donné lieu à la plainte; et pourtant il faut bien reconnaître que le tribunal auquel est demandé le sursis a le droit de prononcer sur les caractères légaux des faits, puisque tel est le vœu formel de la loi. — Aussi, sans nous dissimuler ce qu'il y a de sérieux dans les difficultés signalées par M. Grellet-Dumazeau, embrassons-nous l'opinion contraire à la sienne.—Ajoutons qu'il a été jugé, dans le sens que nous adoptons, que le tribunal saisi d'un délit de diffamation ne peut, en cas de dénonciation des faits imputés au plaignant, se dispenser de surseoir durant l'instruction, sous prétexte que ces faits, qualifiés de délits par l'auteur de la dénonciation, seraient atteints par la prescription, si cette qualification est erronée, et que les faits dénoncés constituent en réalité des crimes non encore prescrits (Crim. cass. 9 mai 1845, aff. Bousquet, D. P. 46. 4. 413). — Le motif de cette décision, en effet, ce n'est pas que les juges du fond n'avaient pas le droit de vérifier si les faits étaient couverts par la prescription, mais qu'ils s'étaient trompés dans la supputation du temps requis pour prescrire. Or, si la cour de cassation avait pensé que le juge saisi d'une action en diffamation, n'a pas le droit de vérifier si les faits imputés au plaignant sont couverts par la prescription, elle n'eût pas manqué de casser, par ce motif beaucoup plus péremptoire, l'arrêt qui lui était déféré. — Au surplus, il a été décidé qu'il ne peut y avoir lieu à surseoir au jugement du délit de calomnie, lorsque par un arrêt passé en force de chose jugée, la chambre des mises en accusation a déclaré que les faits imputés sont éteints par la prescription (Bruxelles, 23 mai 1829, aff. Adrien V..., V. nº 1347), ce qui ne pouvait faire difficulté.

1342. Sous le code pénal de 1810, il a été également jugé que lorsque des poursuites avaient été commencées par le ministère public, le tribunal saisi de la plainte en calomnie n'était point libre de refuser le sursis par le motif que les faits formant l'objet de l'imputation n'étaient point punissables (Crim. cass. 17 avril 1817, aff. N... *C.* N...). — Nous pensons que la solution devrait être la même sous la loi de 1819 dont l'art. 25, on l'a vu, n'est que la reproduction à peu près littérale de l'art. 372 c. pén.— Lorsqu'un tribunal est déjà saisi de l'action publique relativement aux faits imputés au plaignant, la prudence la plus ordinaire commande aux juges d'attendre que ce tribunal ait prononcé, afin d'éviter la contrariété de décisions qui pourrait résulter de leur jugement anticipé.—V. en ce sens, MM. Mangin, t. 1, p. 564, nº 233; Chassan, t. 2, p. 418, nº 19; Grellet-Dumazeau, t. 2, p. 82.

1343. Dans tous les cas, lorsque les faits sont punissables selon la loi, le tribunal saisi de la demande en sursis ne peut, à aucun titre, s'immiscer dans la connaissance du fond et rejeter cette demande, parce qu'il ne croirait pas l'imputation fondée, et cela par le double motif que le jugement des faits ne lui est point déféré, et qu'il ne saurait avoir, d'ailleurs, les éléments de conviction nécessaires pour statuer en connaissance de cause.— Aussi, avant la loi de 1819, a-t-il été jugé que lorsque le prévenu de calomnie a imputé au plaignant un faux témoignage, et qu'il a régulièrement dénoncé ce fait, il doit être sursis au jugement sur la plainte en calomnie (aujourd'hui diffamation) jusqu'à ce qu'il ait été statué sur l'accusation de faux témoignage, sans que le tribunal saisi de la demande en sursis ait le droit d'examiner si cette accusation est vraisemblable (Crim. cass. 6 mars 1812) (1).

1344. Une autre difficulté peut se présenter. Il peut arriver que, parmi les faits imputés au plaignant, il s'en trouve de punissables et de non punissables. Et il a été jugé que, dans ce cas, les faits punissables doivent être réputés les faits principaux, et que les autres n'étant qu'accessoires, ils doivent subir le sort des imputations principales; et, par conséquent, être compris dans le sursis (Crim. cass. 26 juill. 1821, aff. Mène, V. nº 741). — Nous croyons que cette décision doit être suivie (V. aussi en ce sens MM. Mangin, t. 1, p. 563; Chassan, t. 2, p. 419; de Grattier, t. 1, p. 489).—Une distinction nous paraît pourtant nécessaire. Lorsque les faits punissables et les faits non punissables n'ont entre eux aucune connexité, nous ne voyons aucun motif pour ne pas les disjoindre et ne pas statuer en ce qui concerne les faits non punissables sans attendre le jugement sur les faits punissables.—V. en ce sens M. Grellet-Dumazeau, t. 2, p. 84.

1345. Deuxième condition. — Poursuites commencées ou dénonciation. — Les poursuites doivent être réputées commencées de la part du ministère public, lorsque le juge d'instruction est saisi par lui de la connaissance des faits, ou lorsqu'il a fait directement citer le prévenu. — A l'égard des fonctionnaires publics qui, aux termes de l'art. 75 de la constitution du 22 frim. an 8, ne peuvent être poursuivis, pour des faits relatifs à leurs fonctions, qu'en vertu d'une décision du conseil d'État (V. Mise en jugement, nºs 53 et suiv.), on peut toutefois se demander si la plainte remise au juge d'instruction peut suffire pour autoriser le sursis, et s'il ne faut pas pour que cette plainte puisse, dans ce cas, être considérée comme un commencement de poursuites, qu'elle ait été précédée de l'autorisation du conseil d'État. — M. Grellet-Dumazeau (t. 2, p. 86) pense que, bien que pour être valables les actes de poursuites doivent être précédés de l'autorisation du conseil d'État, le juge d'instruction peut être régulièrement saisi de la plainte, parce que l'on ne doit considérer comme actes de poursuites dans le sens de l'art. 75 de la constitution de l'an 8 que ceux qui portent atteinte à la liberté de l'inculpé. — Quoi qu'il en soit du mérite de cette interprétation, sur laquelle nous n'avons pas à nous expliquer ici (V. Mise en jugement, nºs 164 et suiv.), nous croyons que la simple demande en autorisation de poursuites doit équivaloir au commencement des poursuites, parce qu'elle en forme un préliminaire indispensable qui suspend l'action publique, et qu'elle manifeste de la manière la plus certaine l'intention du ministère public de diriger des poursuites contre le fonctionnaire qui se prétend diffamé.

1346. Nous passons à la *dénonciation* émanée du prévenu de diffamation. Constatons, d'abord, que cette dénonciation n'est soumise à aucune forme particulière; et que, par cette raison même, il paraît naturel de se conformer à cet égard à l'art. 31 c. inst. crim. qui est général dans sa disposition, et qui d'ailleurs ne prescrit rien que de très-simple et de fort rationnel (V. vis Dénonc. calomn., nºs 45 et suiv.; Instr. crim., nºs 457 s.).—Il est, en outre, à remarquer que, pour qu'il y ait dénonciation dans le sens de la loi, il faut qu'elle soit faite au procureur impérial ou du moins à l'un des officiers de police judiciaire auxiliaires du ministère public, parce qu'adressée à toute autre personne elle ne tend pas *directement* à appeler des poursuites sur la personne dénoncée. — Par suite, il a été jugé que lorsqu'une imputation diffamatoire est dirigée contre un employé des droits réunis, la dénonciation à cette administration des faits imputés est insuffisante pour autoriser le sursis (Crim. cass. 15 juin 1815) (2). —Conf. MM. Mangin, t. 1, p. 490; Parant, p. 337; Chassan, t. 2, p. 417; de Grattier, t. 1, p. 490; Grellet-Dumazeau, t. 2, p. 83; Pegat, p. 84 et 85). — Par suite aussi, la dénonciation faite par des conclusions incidentes prises à l'audience ne peut être considérée comme régulière et de nature à faire prononcer le sursis autorisé par l'art. 25 de la loi de 1819.—V. en ce sens M. Chassan, t. 2, nº 1740.

1347. Du même principe, il résulte que le sursis ne peut être ordonné lorsque le prévenu de diffamation s'est borné à s'inscrire en faux contre l'acte qui a donné lieu à l'imputation par laquelle le plaignant en diffamation se prétend lésé, parce que l'inscription de faux ne présente point les caractères de la dénonciation (V. en ce sens M. Grellet-Dumazeau, t. 2, p. 88). — De même, et c'est ce qui a été jugé, une simple action civile ne suffirait pas pour donner lieu au sursis (Bruxelles, 23 mai 1829 (3). — Conf. M. Grellet-Dumazeau, t. 2, p. 88). — Il n'y a là en effet ni poursuites criminelles ni dénonciation. —

(1) (Pepin *C.* Vivier.) — La cour; — Vu l'art. 372 c. pén.; — Attendu que, dans l'espèce, le fait imputé était punissable suivant la loi, et que les auteurs de l'imputation l'avaient dénoncé; que ce fait consistant dans un faux témoignage, la connaissance en appartenait aux cours d'assises; que les tribunaux correctionnels ne pouvaient pas se permettre d'en connaître, sous quelque rapport que ce fût; qu'ils ne pouvaient, pour refuser le sursis demandé, examiner ni juger si l'imputation de ce fait de faux témoignage était fondée ou vraisemblable; que, dans cet état de choses, le tribunal de première instance séant à Coutances n'a pu, sans violer l'article ci-dessus cité, refuser le sursis demandé et dont il s'agit; — Par ces motifs, casse, etc.

Du 6 mars 1812.-C. C., sect. crim.-MM. Barris, pr.-Bauchau, rap.

(2) (Vallée, etc., *C.* Guérin.) — La cour; — Attendu que pour que les tribunaux eussent été tenus de surseoir à la poursuite et au jugement de la plainte d'après l'art. 372 c. pén., il aurait fallu que les auteurs de ces imputations eussent dénoncé les faits punissables selon la loi, à l'autorité compétente pour instruire et juger sur leur dénonciation; qu'il a été reconnu que les prévenus n'avaient jamais dénoncé à l'autorité judiciaire les faits par eux imputés à Guérin; — Rejette, etc.

Du 15 juin 1815.-C. C., sect. crim.-M. Audier-Massillon, rap.

(3) (Adrieu V... *C.* A...) — La cour; — Attendu que la demande de sursis est uniquement fondée sur les dispositions de l'art. 372 c. pén.; — Que cet article, en disant que, lorsque les faits imputés seront punissables suivant la loi et que l'auteur de l'imputation les aura dénoncés, il sera, durant l'instruction sur ces faits, sursis à la poursuite et au jugement du délit de calomnie, ne peut être censé avoir voulu parler d'aucune autre instruction que d'une instruction criminelle ou correctionnelle, de sorte qu'une poursuite civile ne peut être réputée comprise dans les termes de cet article; — Attendu que, dans l'espèce, le prévenu n'invoque qu'une poursuite ou procès civil, et non une instruction criminelle ou correctionnelle; — Qu'en ce qui concerne l'instruction criminelle ou correctionnelle, elle ne peut même plus avoir lieu, vu que l'arrêt de la chambre des mises en accusation qui a statué sur cette instruction, et qui a déclaré qu'il y avait prescription, est passé en

Par suite, il a été également décidé que l'action civile en responsabilité intentée par un voyageur contre un aubergiste ou hôtelier, à raison d'objets déposés, ne donne pas lieu à renvoi au civil, ni au sursis à statuer sur la plainte en calomnie portée par l'aubergiste... Il n'y a lieu à sursis que dans le cas où le voyageur aurait dénoncé l'aubergiste comme auteur ou complice du vol des objets (Crim. rej. 24 avril 1818) (1). — A plus forte raison, et c'est encore ce qui a été décidé, l'action portée devant un tribunal étranger, à raison des faits compris dans l'imputation diffamatoire, ne peut donner lieu au sursis (Crim. cass. 7 mars 1817 (2). — Conf. MM. Parant, p. 537; Chassan, t. 2, p. 417, nº 16; Mangin, t. 1, p. 365, nº 233. — Mais V. Carnot, sur l'art. 372, c. pén., t. 2, p. 224, nº 2);

1348. Une autre condition évidente de la validité de la dénonciation relativement au sursis, c'est qu'il y ait *identité* entre les faits imputés au plaignant en diffamation et ceux qui font l'objet de la dénonciation. — Aussi a-t-il été décidé : 1º qu'il ne doit point être sursis au jugement d'une plainte en calomnie ou en diffamation lorsqu'il n'y a pas identité entre les faits imputés au plaignant et ceux dénoncés par le prévenu de diffamation (Crim. cass. 21 mai 1836 (3); 28 fév. 1812, aff. Aublin, V. nº 1575; 9 juin 1815, aff. Selves. — Conf. MM. Merlin, Répert., vº Injure, § 5, nº 4; Legraverend, t. 2, chap. 3, nº 378; Mangin, t. 1, p. 363, nº 232; de Grattier, t. 1, p. 490; Grellet-Dumazeau, t. 2, p. 85); — 2º Que les faits diffamatoires dont la preuve est offerte et admissible, ou qui sont dénoncés à la justice, doivent être identiquement les mêmes que ceux qui font l'objet de l'imputation; et spécialement que, lorsqu'un prévenu de diffamation envers un magistrat, en ce qu'il aurait allégué « qu'il était un juge à cadeaux; qu'à l'occasion de son procès avec un tel, ce juge en avait sans doute reçu; que c'était un procès de poulets, » offre de prouver ces faits, et en a dénoncé d'autres de corruption qui auraient eu lieu envers plusieurs particuliers, ces derniers faits ne doivent pas être réputés avoir un rapport direct avec celui du procès susénoncé, si celui-ci n'est pas rapporté dans la dénonciation; et, par suite, il n'y a pas lieu de surseoir au jugement de la plainte en diffamation jusqu'à ce qu'il ait été statué sur cette dénonciation (Crim. cass. 9 nov. 1839) (4); — 3º Que, dans le cas où les poursuites seraient collectivement exercées par plusieurs membres d'une même famille

---

force de chose jugée, et que c'est aussi pour ce motif que le prévenu, à l'aide d'autres personnes, a eu recours à une poursuite civile qu'il oppose devant la cour; — Par ces motifs, rejette la demande en sursis.

Du 23 mai 1829.-C. sup. de Bruxelles, 4e ch.-M. Duvigneaud, subst.

(1) (Guenier.) — LA COUR; — Attendu sur le premier moyen, que la plainte des mariés Esnault portait sur un fait de calomnie, délit correctionnel de la compétence des tribunaux de police correctionnelle; — Que, par sa nature et son objet, cette plainte principale était entièrement distincte et absolument indépendante de l'action civile établie par les art. 1952 et 1953 du c. civ., contre les aubergistes ou hôteliers à raison des objets déposés chez eux; — Que cette dernière action, eût-elle été exercée par Guenier contre les mariés Esnault, n'aurait nécessité ni le sursis à statuer sur leur plainte, ni le renvoi au civil, parce qu'elle n'aurait porté que sur une responsabilité purement civile dont l'appréciation ne pouvait influer en rien sur celle du fait de calomnie; — Que le sursis ne serait devenu indispensable que dans le cas où Guenier eût formellement dénoncé les mariés Esnault comme auteurs ou complices du vol de la valise : dénonciation rentrant alors dans la disposition de l'art. 372 c. pén.; mais qu'ici nulle dénonciation de ce genre n'a été faite par Guenier;... — Rejette.

Du 24 avr. 1818.-C. C., sect. crim.-MM. Barris, pr.-Ollivier, rap.

(2) *Espèce* : — (Mendyri C. Galarza.) — Mendyri avait porté plainte en calomnie contre Galarza qui avait publié, comme avocat de Guidotti, Espagnol, avec lequel Mendyri était en procès devant le tribunal de Bayonne, un mémoire contenant des imputations injurieuses. — En première instance et en appel, Galarza opposa avec succès que les faits imputés à Mendyri étaient punissables par la loi, que son client les avait dénoncés aux tribunaux espagnols (la cour majeure de Pampelune) et qu'on devait surseoir jusqu'à l'arrêt à intervenir sur cette dénonciation, art. 372 c. pén. — Pourvoi. — Arrêt.

LA COUR; — Vu les 370 et 372 c. pén., l'art. 121 de l'ord. de 1629, l'art. 2123 c. civ., et les art. 1 et 2 du décret du 23 oct. 1811; — Attendu que si l'art. 372 c. pén. ordonne qu'il sera sursis à la poursuite et au jugement du délit de calomnie, lorsque les faits imputés seront punissables suivant la loi, et que l'auteur de l'imputation les aura dénoncés, cet article suppose nécessairement que le jugement à rendre sur cette dénonciation pourra former une preuve légale des faits imputés; — Que, dans l'espèce, en admettant que la requête présentée par Guidotti à la cour majeure de Pampelune constituât une dénonciation sur laquelle un jugement dût statuer, ce jugement rendu en pays étranger, et par une cour étrangère, n'aurait pu avoir en France le caractère d'un acte authentique formant la preuve légale des faits imputés; d'où il suit que la dénonciation ne pouvait non plus avoir l'effet d'autoriser le sursis à l'instruction et au jugement du délit de calomnie; que c'est néanmoins cette dénonciation que l'arrêt de la cour d'appel de Pau a donnée pour base au sursis du jugement de l'action en calomnie intentée par Mendyri, en quoi elle a violé les art. 370 et 372 c. pén., et contrevenu à l'art. 121 de l'ord. de 1629, et au décret du 25 oct. 1811; — Casse.

Du 7 mars 1817.-C. C., sect. crim.-MM. Barris, pr.-Ollivier, rap.

(3) (Durand Vaugaron C. Arché.) — LA COUR; — Sur le troisième moyen, pris de ce que le demandeur ayant dénoncé plusieurs faits dans lesquels le sieur Arché était impliqué, la cour d'appel d'Angers devait surseoir jusqu'à ce qu'il eût été statué sur ces faits par la juridiction qui en était saisie; — Attendu que cette dénonciation, portant sur des faits différents de celui au sujet duquel Arché avait exercé la poursuite en diffamation, était étrangère au jugement à intervenir sur cette poursuite; que d'ailleurs le décès d'Arché ayant mis un terme à l'exercice de toute action publique contre lui, il ne pouvait y avoir lieu à sursis, et que la circonstance qu'il aurait eu des complices non jugés n'empêchant pas qu'à son égard l'action ne fût éteinte, le sursis aurait été sans objet; — Sur le quatrième moyen, résultant du même refus de surseoir dans un jugement du tribunal de Rennes, antérieur à celui sur l'appel duquel est intervenu l'arrêt attaqué : — Attendu que le demandeur ne justifie nullement qu'à l'époque où a été rendu ce jugement préparatoire, et qui n'a statué que sur une demande en communication de pièces, il existât une plainte relative au fait qui a donné lieu à l'instance en diffamation;

Sur le cinquième moyen, consistant en ce que, par suite du décès de la partie qui se prétend diffamée, la réparation du préjudice ne pouvant plus être poursuivie que devant les juges civils, c'est devant eux que le prévenu en diffamation doit être admis à faire la preuve qui atténue la gravité de ce délit : — Attendu que, lorsque l'action en diffamation n'est plus retardée par le seul obstacle qui eût pu en suspendre le cours, savoir, l'exercice de l'action publique contre le plaignant, il doit être immédiatement procédé au jugement de la plainte; — Sur le sixième moyen tiré de ce que l'arrêt attaqué aurait omis dans son dispositif d'énoncer les faits constitutifs du délit de diffamation, et en outre de citer le texte de plusieurs dispositions de loi dont il a fait application : — Attendu, sur le premier point, que l'arrêt s'est référé au jugement qu'il confirme; que le dispositif devait seulement déclarer le délit, et que, quant aux circonstances de fait qui le constituaient, il suffisait qu'elles fussent énoncées dans les motifs; — Attendu, sur le second point, qu'alors même que l'omission signalée existerait dans l'espèce, elle n'entraînerait qu'une peine d'amende contre le greffier; — Sur le septième et dernier moyen, pris de la violation prétendue de l'art. 5, § 1., règlem. 18 juin 1811 : — Attendu que la liquidation des frais a été légalement faite par l'arrêt; que du moment que la partie civile s'est servie du ministère d'un avoué, comme elle y était fondée, la distraction prononcée en faveur de cet officier ministériel était une conséquence de ce droit; — Attendu, au surplus, la régularité de la procédure et la légale application de la peine; — Rejette, etc.

Du 21 mai 1836.-C. C., ch. crim.-M. Rocher, rap.

(4) (Min. pub. C. Reynaud.) — LA COUR (ap. dél. en ch. du cons.); — Vu les art. 20, 21, 23 et 25 de la loi du 26 mai 1819; — Attendu en droit, qu'il résulte de la combinaison de ces articles que celui qui a imputé à autrui des faits de nature à porter atteinte à l'honneur et à la considération, en doit offrir la preuve, si cette preuve est admissible, ou justifier, avant le jugement de la plainte en diffamation, et dans le cas où ces faits sont punissables, qu'il les a dénoncés à la justice, ou que ces faits sont l'objet d'une instruction; — Que, dans le premier cas, aux termes de l'art. 21 de la loi précitée, le prévenu de diffamation n'est admis à prouver que les faits dont la justice a été saisie par la poursuite; — Que, dans le second cas, aux termes de l'art. 25 de la même loi, il n'y a lieu d'ordonner le sursis au jugement de la plainte qu'au sujet des faits objet de l'imputation; — Que, s'il en était autrement, et si l'on pouvait admettre la preuve ou le sursis sur dénonciation de faits étrangers à la diffamation, même sous prétexte de connexité avec des injures et outrages qui auraient accompagné la diffamation, on autoriserait indirectement le prévenu à faire entendre des témoins contre la moralité du plaignant, ce qui est formellement interdit part l'art. 25 de la même loi; — D'où il suit que les faits dont la preuve est offerte et admissible, ou qui sont dénoncés à la justice, doivent être identiquement les mêmes que ceux objet de l'imputation; — Et, attendu que, dans l'espèce, sur la plainte portée par le juge de paix de Roybon contre Reynaud, la chambre du conseil du tribunal de Saint-Marcelin avait relevé à la charge dudit Reynaud divers propos qui, s'ils étaient prouvés, constitueraient, les uns, des injures ayant le caractère d'outrages à raison de la qualité de la personne à laquelle elles étaient adressées, et au sujet desquels

pour des causes distinctement relatives à chacun des plaignants, le sursis réclamé sur la dénonciation d'un fait applicable à l'un des plaignants, ne peut non plus être obtenu, quant aux autres plaignants dont la plainte et les griefs demeurent encore subsistants (Crim. cass. 18 sept. 1845, aff. Dupuy, D. P. 45. 1. 398). —Il est néanmoins à observer que lorsque la dénonciation s'applique à la fois à des faits compris dans l'imputation et à d'autres faits qui y sont étrangers, les faits étrangers à l'imputation ne mettent point obstacle au sursis. Seulement, le jugement qui intervient ensuite sur ces faits, doit naturellement rester sans influence sur la décision relative à la diffamation.

1349. Le sursis ne peut-il être prononcé qu'autant que la dénonciation est antérieure à la plainte? — Pour l'affirmative on pourrait dire que lorsque la dénonciation suit la plainte en diffamation, elle peut n'être inspirée que par le besoin du prévenu de se soustraire aux poursuites auxquelles il est ou il va être en butte, et que, faite avant la plainte, elle offre plus de garanties de sincérité. Mais il ne faut pas perdre de vue que la loi ne fait pas de distinction et qu'on ne saurait sans arbitraire en admettre une qui n'est pas clairement indiquée par le but dans lequel a été conçue la disposition à interpréter. — Aussi a-t-il été jugé que lorsque les faits diffamatoires sont punissables selon la loi et qu'ils sont l'objet d'une poursuite ou d'une dénonciation, il doit être sursis à la poursuite et au jugement du délit de diffamation, peu importe que la dénonciation ait précédé ou suivi la plainte en calomnie: l'art. 25 de la loi du 26 mai 1819 ne fait pas cette distinction, d'où la conséquence qu'il s'applique à tous les cas (Crim. rej., 26 juill. 1821, aff. Mène, v. n° 741). —Conf. MM. Parant, p. 336; Chassan, t. 2, p. 416 et 420; de Grattier, t. 1, p. 497. — Un arrêt a été cité comme ayant jugé qu'il n'y a pas lieu au sursis, lorsque la publication des faits punissables a suivi et non précédé la poursuite ou la dénonciation; que la publication alors devenait inutile; et que l'action en diffamation doit suivre, dans ce cas, son cours ordinaire (Crim. cass., 27 juin 1811, MM. Barris, pr., Busschop, rap., aff. Min. pub. *C.* Royer). — Conf. MM. Barris, note 13; Mangin, t. 1, p. 368; de Grattier, t. 1, p. 495). Mais cet arrêt rendu avant la loi de 1819 se borne à décider que l'art. 372, dans sa disposition relative au sursis, ne concerne que la poursuite des injures faites à des particuliers et non à celle des outrages par paroles faits à des fonctionnaires publics dans l'exercice de leurs fonctions ou à l'occasion de cet exercice, et qu'il n'y a pas lieu non plus d'ordonner ce sursis, lorsque les injures ne portent pas sur l'imputation des faits précis qui ont fondé la dénonciation, mais bien sur l'imputation de vices déterminés (même arrêt), il est vrai que dans l'espèce la diffamation avait eu lieu après la dénonciation; mais on ne voit pas que le moyen ait été soulevé. — En tout cas, nous croyons la première de ces décisions plus conforme au texte de la loi et aux règles ordinaires d'interprétation. Nous comprenons très-bien que l'on traite avec rigueur celui qui répand inutilement la diffamation; mais il nous paraît que celui qui la commet après la dénonciation ne mérite pas plus de faveur que celui qui s'y livre avant d'avoir dénoncé les faits imputés. — Dans l'un et l'autre cas, il y a au moins imprudence ou légèreté, lorsqu'il n'y a pas intention de nuire. — Pour admettre que celui qui publie des faits diffamatoires avant de les avoir dénoncés mérite plus d'indulgence que celui qui les publie après la dénonciation, il faut supposer que le premier ignore à quelle autorité il doit s'adresser pour appeler la vigilance des magistrats sur des faits qui troublent l'ordre social et qu'il agit uniquement dans des vues d'intérêt public. — Or, cette supposition nous paraît très-peu vraisemblable, et, dans le doute, nous aimons mieux ne pas admettre une distinction qui ne se trouve pas dans la loi.

1350. Celui qui a répété les faits dénoncés peut-il invoquer le bénéfice de la dénonciation? — Non, parce que, dans ses termes, comme dans son esprit, la loi ne s'applique qu'à *l'auteur de l'imputation qui a dénoncé les faits.* — La dénonciation émanée de toute autre personne que du prévenu de diffamation ne peut autoriser le sursis qu'autant qu'elle a donné lieu à des poursuites de la part du ministère public, tandis que la simple dénonciation du prévenu suffit pour produire cet effet. — V. MM. de Grattier, t. 1, p. 488, 489, 495; Grellet-Dumazeau, t. 2, p. 87.

1351. *Lorsque les conditions du sursis sont remplies, ce sursis doit-il nécessairement être accordé?* — Remarquons, d'abord, à cet égard, que l'art. 25 de la loi de 1819 s'exprime d'une manière impérative. — Il y est dit : « Lorsque les faits imputés seront punissables et qu'il y aura des poursuites commencées..., ou que l'auteur de l'imputation aura dénoncé ces faits, il *sera*, durant l'instruction, *sursis* à la poursuite et au jugement du délit de diffamation. » —Toutefois, la question que nous avons à examiner ne peut être séparée d'une autre difficulté sur laquelle la loi ne s'explique pas et qui doit être préalablement résolue.—Nous voulons parler de la question de savoir si le ministère public est tenu de poursuivre, sur la dénonciation du prévenu de diffamation, les faits imputés au plaignant, lorsque, d'ailleurs, ils sont punissables. La connexité entre les deux difficultés résulte de ce que ce serait bien vainement que le sursis serait ordonné sur la dénonciation, s'il ne devait pas y avoir ultérieurement des poursuites sur les faits reprochés au plaignant; en telle sorte que le tribunal ne devrait surseoir qu'autant que le ministère public aurait commencé des poursuites ou annoncerait son intention d'en diriger contre le plaignant en diffamation. — Or, le but de la loi, qui a été manifestement de favoriser la défense du prévenu et de lui assurer l'indulgence de la justice, dans le cas où il lui aurait fait connaître des faits graves et punissables, les termes impératifs dont elle s'est servie et que nous venons de rappeler, termes qui seraient dénués de sens s'il dépendait du ministère public d'enlever au prévenu le bénéfice du sursis; ces motifs, disons-nous, nous paraissent rendre évident que, dans ce cas, l'action du ministère public n'est point indépendante.

1352. Il a d'ailleurs été jugé dans ce sens, que le refus du ministère public de poursuivre sur la dénonciation des faits imputés, ne peut priver le prévenu qui les a dénoncés du bénéfice de l'art. 25 de la loi du 26 mai 1819 (Crim. cass. 8 déc. 1837, aff. Chalicarne, V. Denonc. calomn., n° 44. — Conf. MM. Chassan, t. 2, n° 1742 (2e éd.), le Sellyer, t. 4, n° 1585); — 2° Que le sursis obtenu par le prévenu d'un délit de diffamation, sur la justification de la dénonciation exigée par la loi de 1819, impose au ministère public l'obligation de poursuivre sur cette dénonciation (Montpellier, 22 nov. 1841 (1); Conf. Bordeaux, ch. cor. 2 juill. 1846, M. Gerbaud, pr., aff. Rambaud *C.* Bignon); — 3° Que lorsque, sur la plainte en diffamation portée par un fonctionnaire public (un

---

aucune preuve n'est admise par la loi; — Les autres, une diffamation caractérisée à l'occasion de l'exercice des fonctions du juge de paix dont il s'agit; — Qu'il faut évidemment ranger dans cette sesonde catégorie l'allégation que ce magistrat était un juge à cadeaux; qu'à l'occasion de son procès avec Collet, ce juge en avait sans doute reçu; que c'était un procès de poulets; que lui Reynaud pourrait prouver que son père même lui en avait porté; — Que les autres propos injurieux et outrageants ne sont que l'accessoire de ces deux chefs de diffamation; — Attendu qu'à la vérité, devant le tribunal de Saint-Marcellin, Reynaud a demandé à être reçu à la preuve des faits diffamatoires; qu'il a renouvelé cette offre devant la cour royale, et a formellement dénoncé des faits de corruption qui auraient eu lieu à l'égard de cinq particuliers; — Mais attendu que, dans la désignation de ces particuliers et des faits qui les concernent, ne sont compris ni le fait relatif au père du prévenu ni moins encore celui du procès de Reynaud avec Collet; qu'au contraire l'arrêt attaqué reconnaît lui-même que le fait relatif à Collet n'a point été rapporté dans la dénonciation; — Qu'en ordonnant donc sursis au jugement de la plainte en diffamation, jusqu'à ce qu'il ait été statué sur ladite dénonciation, par le motif que les faits dénoncés avaient un rapport direct avec celui de Collet, la cour royale de Grenoble a admis en réalité l'audition de témoins contre la moralité du plaignant, faussement appliqué l'art. 25 de la loi du 26 mai 1819, et à commis un excès de pouvoir; — Casse.

Du 9 nov. 1839.-C. C., ch. crim.-MM. Crouseilhes, pr.-Isambert, r.

(1) (Min. pub. *C.* Balestrier.) — La cour; — Attendu que si, dans les cas ordinaires, on doit reconnaître au ministère public la faculté de laisser sans poursuites, sous sa responsabilité, les plaintes et les dénonciations qu'il estime ne pas présenter un caractère de gravité ou de vraisemblance suffisant pour motiver son action et engager l'Etat dans les frais de poursuite, l'exercice de cette faculté, qui n'est exigé en droit absolu par aucune disposition de la loi, et qui ne dérive que d'une règle d'administration intérieure et d'économie, ne peut être entièrement discrétionnaire, qu'autant que le ministère public est sans intérêt, et que son inaction ne porterait atteinte à aucun droit légitime, ni à aucune disposition spéciale de la loi, ou de décision judiciaire ayant force de loi; — Que lorsque, comme dans l'espèce, un individu inculpé de diffama-

maire), le prévenu demande un sursis pour faire preuve des faits diffamatoires, le tribunal, dans le cas où il reconnaît que les faits articulés peuvent être punissables, est tenu, nonobstant le refus du ministère public de requérir une information sur la dénonciation, d'accorder le sursis demandé (Crim. rej. 5 juill. 1844) (1).

Le principe de ces solutions est combattu par MM. de Grattier, t. 1, p. 495 et Grellet-Dumazeau, t. 1, p. 90, par les motifs qu'on ne saurait voir dans l'art. 25 une dérogation à la règle qui consacre l'indépendance de l'action publique, et que ces mots : *il sera, durant l'instruction, sursis à la poursuite*, ne doivent s'entendre que de l'instruction que le ministère public a le pouvoir de provoquer, ou de celle faite sur la plainte directement portée devant le juge d'instruction par la partie lésée. — Quelque sérieux que soient ces motifs, on ne peut se dissimuler que la solution à laquelle ils servent de base change entièrement l'économie de la loi. L'art. 25 de la loi du 26 mai 1819 prévoit, en effet, deux cas distincts dans lesquels le sursis doit être prononcé, à savoir : 1° lorsque les poursuites sont commencées par le ministère public; 2° lorsqu'il y a dénonciation de la part de l'auteur de l'imputation. — D'où il suit, ce semble, que dans la pensée du législateur, la dénonciation est l'équivalent des poursuites commencées par le ministère public; c'est-à-dire qu'elles engagent l'action publique. En décidant que le ministère public est libre de ne pas donner suite à la dénonciation, on réduit en réalité à un seul les deux cas distincts prévus par la loi. — On doit d'ailleurs considérer que le sursis ne peut avoir lieu qu'autant que les faits imputés sont *punissables* suivant la loi, ce qui est une garantie pour le ministère public. — Ainsi, d'une part, un texte de loi invoqué, de l'autre, un fait précis qui rentre dans l'application de ce texte; voilà ce que la dénonciation doit offrir au ministère public. Or, dans ces conditions, on ne voit guère en quoi son indépendance peut avoir à souffrir de ce qu'il serait tenu de poursuivre. — Sans doute, le ministère public peut être d'avance convaincu de l'innocence de l'inculpé; mais ce peut être une conviction prématurée lorsqu'il n'y a eu encore aucun acte d'instruction. — On peut aussi très-bien admettre que, pour se conformer à la loi, le ministère public devra poursuivre; mais qu'il ne devra prendre d'autres conclusions que celles que sa conscience lui dictera. Nous devons ajouter que, dans les cas prévus par les art. 20 et suiv. de la loi de 1819, la dénonciation

---

tion, se prévaut de la dénonciation des faits, prétendus diffamatoires, et invoque le bénéfice de l'art. 25 de la loi du 26 mai 1819, un double intérêt est lié à l'appréciation juridique de sa dénonciation : 1° l'intérêt du prévenu de diffamation qui ne peut, sans doute, être complétement justifié par la vérité des faits, suivant le principe établi par l'art. 20 de la loi précitée, mais dont la culpabilité et la peine peuvent être singulièrement atténuées ou aggravées, selon que l'imputation se trouvera vraie ou fausse; — 2° L'intérêt du plaignant en diffamation, dont l'honneur et la considération n'obtiennent qu'une réparation imparfaite, lorsque la condamnation du diffamateur intervient, abstraction faite de la vérité ou de la fausseté des faits diffamatoires et qui ne peut être complétement lavé des imputations dont il se plaint que par la démonstration préalable de la fausseté; — Que, de ce double intérêt dérive la nécessité d'une décision juridique, sur le mérite de la dénonciation invoquée par le prévenu à l'appui de sa défense ; — Attendu qu'en matière de procédure criminelle, on ne peut reconnaître comme ayant le caractère de décisions juridiques, que les ordoncances rendues par le juge d'instruction dans le cercle de ses attributions, les ordonnances de non-lieu, ou de mise en prévention émanées de la chambre du conseil, les arrêts de non-lieu, de relaxe, de renvoi en simple police, en police correctionnelle ou aux assises, émanés de la chambre d'accusation, les jugements et arrêts rendus en première instance et en appel, en matière correctionnelle, et les condamnations, absolutions ou relaxes prononcés en cour d'assises ; — Que les déterminations prises par les officiers du ministère public, dans le cercle de leur pouvoir administratif, ne sont pas des décisions juridiques, et ne peuvent produire des effets analogues à ceux d'un jugement rendu après vérification et débat; — Qu'il est de l'essence de toute décision judiciaire de laisser aux parties qui croient en souffrir, une voie de recours, sauf les cas exceptionnels, où la loi leur donne un caractère souverain; — Qu'aucun recours n'est praticable, suivant l'ordre ordinaire de la procédure criminelle, contre les déterminations des officiers du ministère public, qui ne sont soumises à aucune forme, et restent souvent ignorées des parties, ou ne sont portées à leur connaissance que par une communication officieuse; — D'où il suit que, dans la matière spéciale dont il s'agit, le sort des actions en diffamation serait entièrement abandonné à la discrétion du ministère public; — Attendu que la disposition de l'art. 25 de la loi du 26 mai 1819 est absolue et impérative; qu'en ordonnant qu'il sera sursis à la poursuite et au jugement du délit de diffamation, durant l'instruction sur les faits imputés, lorsqu'ils sont punissables et dénoncés, la loi commande implicitement cette instruction ; — Qu'ainsi, en supposant que, dans les cas ordinaires, le ministère public eût un libre arbitre et pût à son gré poursuivre ou s'abstenir de poursuivre, la disposition spéciale précitée lui impose l'obligation de requérir l'instruction, lorsque, comme dans l'espèce, le dénonciateur n'a pas qualité pour y faire procéder de son chef; — Que cette obligation ne porte, d'ailleurs, aucune atteinte à sa liberté d'opinion et d'appréciation; — Qu'il n'est obligé qu'à requérir les actes de procédure nécessaires pour amener une décision, sauf à conclure à la déclaration de non-lieu ou au relaxe ; — Attendu, enfin, que le jugement qui avait ordonné le sursis n'ayant point été attaqué, le tribunal devant lequel était, pour la seconde fois, portée l'action en diffamation n'avait pu y statuer sans se réformer lui-même, et sans porter atteinte à l'autorité de la chose jugée; — Qu'il ne pouvait qu'ordonner de plus fort l'exécution de son premier jugement; — Que, dans l'espèce, cette exécution ne pouvait appartenir qu'au ministère public; — Que Balestrier n'était que dénonciateur, et les faits dénoncés n'ayant point été commis à son préjudice, il n'avait point qualité pour se porter partie civile et diriger les poursuites de son chef; — D'où il suit qu'il n'existait pour lui aucune obligation de consigner préalablement les frais de poursuites, et que le tribunal n'avait nullement besoin, pour motiver sa décision, de s'appuyer sur l'offre qu'il avait faite d'y pourvoir; — Par ces motifs, a démis et démet le procureur du roi près le tribunal de première instance de l'arrondissement de Rodez de son appel, et ordonne l'exécution du jugement attaqué.

Du 22 nov. 1841.-C. de Montpellier, 2e ch.-M. Claparède, pr.

(1) *Espèce :* — (Min. pub. C. Lambert.) — Le 21 fév. 1844, le sieur Muret, maire de la commune de Camaret, avait formé contre le sieur Lambert, membre du conseil municipal de la même commune, une plainte en diffamation fondée sur ce que ce dernier lui avait publiquement imputé de s'être rendu coupable de concussion, dans l'exercice de ses fonctions de maire. — Cité, par suite de cette plainte, devant le tribunal correctionnel d'Orange, le sieur Lambert déposa au parquet une lettre dans laquelle il dénonça le sieur Muret, comme ayant commis des actes de concussion, articula des sommes dépendant des fonds et revenus communaux que le maire se serait appropriées pendant son administration, et désigna des témoins qui pouvaient déposer des faits dénoncés. Puis, il conclut devant le tribunal à ce qu'il fût sursis à statuer sur la plainte jusqu'à la décision à rendre sur sa dénonciation, conformément à l'art. 25 de la loi du 26 mai 1819. — Le procureur du roi s'opposa au sursis par le motif que la dénonciation du sieur Lambert ne lui paraissait pas justifiée; que le ministère public avait seul la direction de l'action publique, et que, en conséquence, il refusait de donner suite à cette dénonciation.

Un jugement du 21 mars 1844, et le tribunal supérieur de Carpentras, par jugement confirmatif du 23 mai suivant, accordèrent le sursis réclamé, attendu que la dénonciation contenait des faits qui pouvaient être punissables et dont la preuve était offerte par témoins. — Pourvoi du ministère public pour fausse application de l'art. 25 de la loi du 26 mai 1819. — Arrêt.

La cour; — Attendu que, sur la plainte en diffamation portée le 21 fév. 1844, par François Muret, maire de la commune de Camaret, contre Lambert, membre du conseil municipal et propriétaire, celui-ci a dénoncé à l'autorité judiciaire, par une lettre du 13 mars suivant, reçue au parquet d'Orange, huit chefs de dilapidations des deniers communaux, qu'il imputait au maire, et qu'il a qualifiés tantôt de soustractions, tantôt de concussions, et qui pourraient être des soustractions de deniers publics, commises par un fonctionnaire public, prévues par les art. 169 et autres du code pénal; que cette dénonciation se réfère aux imputations verbales dont se plaignait le maire de Camaret, puisqu'elle n'était que la répétition d'une dénonciation antérieure à laquelle il n'avait pas été donné suite, ainsi que Muret le déclara dans son acte du 21 février; — Attendu que le jugement attaqué a reconnu dans la dénonciation *des faits qui pouvaient être punissables*, et à l'appui desquels Lambert indiquait à la justice les témoins qui pouvaient en déposer; — Attendu, dès lors, que cette dénonciation avait les caractères apparents voulus par les art. 31 et 6[illegible] c. inst. crim.; et que le tribunal saisi de la poursuite en diffamation a dû en faire état conformément à l'art. 25 de la loi du 26 mai 1819; — Attendu qu'en ordonnant le sursis au jugement de la diffamation, sur le vu de cette dénonciation, nonobstant la déclaration du ministère public qu'il n'entendait pas y donner suite, le tribunal de Carpentras, loin de violer l'art. 25 précité, s'y est parfaitement conformé ; — Attendu que, en effet, l'instruction sur cette dénonciation est un moyen de défense pour le prévenu, et un moyen pour les juges d'apprécier la poursuite en diffamation; que, d'ailleurs, la disposition de la loi est conçue en termes impératifs et absolus; et que le refus du procureur du roi d'Orange de requérir une information sur la dénonciation n'a pu dispenser la juridiction correctionnelle de prononcer le sursis prescrit par la loi; — Rejette.

Du 5 juill. 1844.-C. C., ch. crim.-MM. Laplagne, pr.-Isambert, rap.

entre manifestement dans les moyens de défense du prévenu ; car, ainsi que l'a jugé un arrêt (Montpellier, 22 nov. 1841, V. ci-dessus au présent nº 2º), la preuve des faits diffamatoires tend à atténuer la criminalité de la diffamation, et il faut qu'il en soit ainsi pour que les articles indiqués aient un objet utile. Comment pourrait-on alors faire dépendre du ministère public, par cela seul qu'il entre dans ses attributions de mettre en mouvement l'action publique, de priver le prévenu de ce moyen de relief? Cela ne peut pas être. Il semble qu'en cette matière toute spéciale, l'action publique doit s'exercer aux risques du prévenu auquel les conclusions du ministère public ne viendront pas nécessairement en aide : l'application de la peine sera requise, comme de coutume, pour le cas où la dénonciation serait établie, et rien ne paraît s'opposer à ce qu'après cette réquisition, le ministère public puisse, s'il le juge convenable, prendre des conclusions favorables au dénoncé.

1353. Toutefois, il a été jugé que lorsque, conformément aux art. 479 et 483 c. inst. crim., les personnes diffamées ne peuvent être jugées que par la cour d'appel et sur la plainte du procureur général, si ce magistrat refuse de poursuivre malgré la dénonciation, il n'y a pas lieu de surseoir au jugement de la plainte en diffamation (Crim. cass. 11 nov. 1842, aff. Lafond, V. Dénonc. calomn., nº 92). — Mais dans les articles précités du code d'instruction criminelle, il s'agit de personnes que la loi a voulu couvrir d'une protection particulière, et l'on comprend que la décision ne soit pas la même que lorsqu'il s'agit de l'application des règles ordinaires. Il y a là, en effet, un intérêt public qui doit l'emporter sur l'intérêt particulier du prévenu de diffamation. —C'est une exception qui n'affaiblit point le principe suivant lequel le ministère public est tenu de poursuivre sur la dénonciation.

1354. Mais si, *en fait*, il ne poursuit pas; si, déjà un temps assez long s'est écoulé sans qu'il y ait aucun acte d'instruction, la dénonciation doit-elle néanmoins obliger le tribunal saisi de l'action en diffamation à surseoir? — Nous pensons que, dès l'instant où il est reconnu que la dénonciation engage l'action publique, elle doit nécessairement avoir pour effet de faire prononcer le sursis, parce que le prévenu de diffamation ne saurait avoir à souffrir d'un retard auquel il est étranger.

1355. Toutefois il a été jugé que la dénonciation sur laquelle il aurait été définitivement statué par les tribunaux, ou à laquelle la partie ni le ministère public n'aurait donné aucune suite, ne devrait pas donner lieu à un sursis (Crim. rej. 2 oct. 1817 (1). — V. MM. Mangin, t. 1, p. 568; Chassan, t. 2, p. 418, nº 20). — Lorsque l'on peut induire des actes du prévenu de diffamation qu'il a renoncé à la dénonciation, pas de difficulté; mais, à notre sens, il en doit être autrement lorsque rien n'indique qu'il n'ait pas l'intention d'y persévérer.

1356. Il est d'ailleurs sans importance à cet égard, et c'est ce qui a été jugé, que le prévenu dénonciateur ne se soit pas porté partie civile, quant aux faits dénoncés (Bordeaux, ch. corr., 2 juill. 1846, M. Gerbaud, pr., aff. Rambaud C. Bignon)..., ou qu'il n'ait point consigné préalablement les frais de poursuites auxquelles donne lieu sa dénonciation, lors surtout qu'il n'a pas le droit de se porter partie civile, en ce que les faits dénoncés par lui n'ont pas été commis à son préjudice (Montpellier, 22 nov. 1841, aff. Balestrier, V. nº 1352-2º). — Ce sont là des conditions qui ne sont pas dans la loi et qu'on ne peut y introduire arbitrairement.

1357. Le sursis peut être ordonné sur la réquisition du ministère public ou du prévenu, et même d'office. Mais s'il n'a pas été requis, il ne peut résulter de nullité de ce qu'il n'aurait pas été prononcé d'office (V. M. de Grattier, t. 1, p. 498).—Il s'agit là, en effet, d'une exception qui tient plutôt à l'intérêt privé qu'à l'intérêt public, et bien que les juges puissent d'office suppléer les moyens de droit, surtout en matière criminelle, leurs décisions ne sauraient être cassées par le motif qu'ils n'ont pas été au-devant d'une difficulté qu'en *point de fait* ils pouvaient ignorer.

1358. Au reste, il paraît naturel d'appliquer ici la règle suivant laquelle, en matière criminelle, le partage des voix emporte décision en faveur du prévenu. — V. en ce sens vº Jugement, nº 768.

1359. *A quelle phase de la procédure le sursis peut-il être demandé?* — La demande en sursis peut être accueillie en tout état de cause, même en appel.—Aussi, avant le décret du 17 fév. 1852, les auteurs enseignaient-ils dans ce sens que la demande d'un sursis fondée sur ce que le fait reproché au prévenu n'était qu'une dénonciation de sa part contre la personne outragée, diffamée ou injuriée, devait être accueillie, bien qu'elle n'eût lieu qu'après l'arrêt de renvoi (V. en ce sens MM. Mangin, t. 1, nº 133; Parant, p. 336; Chassan, t. 2, p. 416; Pégat, p. 85).—Le décret précité a changé les règles de la compétence à cet égard (V. *infrà*, nºs 1366 et s.), et cette opinion n'a de valeur que pour le principe dont elle est l'application.

1360. *Suites du sursis.* — La condamnation du plaignant à raison des faits dénoncés n'entraîne pas nécessairement l'acquittement du prévenu de diffamation. Il n'en est ainsi qu'à l'égard des faits de la vie publique dont le prévenu a fait la preuve, conformément à l'art. 20 de la loi du 26 mai 1819 (V. en ce sens M. de Grattier, t. 1, p. 498). — Mais, ainsi que l'a décidé un arrêt, si la circonstance qu'un prévenu de diffamation aurait fait condamner, sur dénonciation, l'individu diffamé, conformément à l'art. 25 de la loi du 26 mai 1819, ne détruit pas complétement la criminalité aux yeux des juges, elle tend au moins à l'atténuer (Montpellier, 22 nov. 1841, aff. Balestrier, V. nº 1352-2º). —Ainsi, acquittement lorsqu'il s'agit de faits imputés à un agent ou dépositaire de l'autorité à raison de ses fonctions; atténuation lorsqu'il s'agit de faits imputés à un particulier; telles sont les conséquences que peut produire le sursis en faveur du prévenu de diffamation, lorsque le plaignant vient à être condamné comme coupable des faits qu'il lui a imputés; mais si, au contraire, l'instruction à laquelle il est procédé sur la dénonciation du prévenu ne sert qu'à rendre plus évidente sa méchanceté et sa mauvaise foi, sa persévérance dans la voie dangereuse où il est entré ne peut qu'appeler sur lui toute la rigueur de la justice.

Quant aux effets du sursis, relativement à l'admissibilité de la preuve devant les juges saisis de l'action en diffamation fondée sur la plainte d'un dépositaire de l'autorité, V. *infrà*, nºs 1524 et s., en ce qui touche la preuve des faits diffamatoires.

1361. *Des cas où l'art. 25 de la loi du 26 mai n'est point applicable.* — Cette disposition ne prévoit que les cas de diffamation; et comme elle constitue une dérogation au droit commun, elle ne doit pas être étendue au delà des prévisions du législateur.—Aussi, lorsque la diffamation prend le nom d'outrage à cause des personnes auxquelles elle s'adresse et des circonstances dans lesquelles elle se produit, il paraît certain que le sursis ne doit pas être prononcé. — Sans doute, avant la loi de 1819, il a été jugé qu'il devait être sursis à statuer sur la plainte d'un fonctionnaire public à raison d'une imputation constituant un outrage dans l'exercice de ses fonctions, lorsque cette imputation avait été faite par écrit et que le prévenu avait dénoncé les faits imputés (15 oct. 1812, C. C., sect. crim., aff. N..... C. Min. publ.). — Toutefois, il avait été jugé aussi que la vérité des imputations injurieuses adressées à un fonctionnaire public, à l'occasion de l'exercice de ses fonctions, ne justifiait pas ces imputations (Crim. rej. 6 mars 1812, MM. Barris, pr., Busschop, rap., aff. Crumenauer). — Et avant la loi du 25 mars 1822, il a été également jugé que l'art. 25 de la loi du 26 mai 1819 était applicable sans distinction à la plainte en diffamation formée par un fonctionnaire public aussi bien qu'à la plainte portée par un particulier (Crim. cass. 21 avr. 1821, MM. Barris, pr., Ollivier, rap., aff. Galeypi C. Oudet); et que, par suite, lorsque les faits imputés à un fonctionnaire étaient punissables selon la loi, il y

---

(1) *Espèce* : — (Ferrets C. Minier.) — Pourvoi en cassation du sieur Ferrets contre un jugement ainsi conçu : — « Considérant qu'une dénonciation à laquelle Ferrets (condamné pour calomnie) n'a donné aucune suite, et que le ministère public n'a pas cru devoir poursuivre, n'est point un motif de surséance; autrement, toute personne accusée de calomnie pourrait paralyser l'action de la justice, sous prétexte d'une simple dénonciation qu'elle abandonnerait. » — Arrêt.

La cour; — Attendu que le jugement attaqué ne viole aucune loi; — Rejette, etc.

Du 2 oct. 1817.-C. C., sect. crim.

avait lieu de surseoir au jugement de la diffamation (Crim. rej. 26 juill. 1821, aff. Mène, V. n° 741). — V. aussi crim. cass. 27 juin 1811, n° 1349.

1362. Mais la loi du 25 mars 1822, en introduisant une disposition spéciale pour les outrages faits *d'une manière quelconque* aux fonctionnaires publics, etc., *à raison de leurs fonctions ou de leur qualité*, n'a-t-elle pas modifié sur ce point la loi de 1819? — L'affirmative nous paraît certaine. Les attaques dont un fonctionnaire est l'objet *à raison de ses fonctions* ne sont susceptibles d'aucune atténuation puisée dans la vérité des faits qui lui sont imputés, parce que c'est la fonction même, bien plus que le fonctionnaire que la loi a voulu protéger, et que la fonction, considérée d'une manière abstraite, ne peut faillir : le sursis ne semblerait donc pas justifié, toutes les fois que la diffamation prend les caractères d'un outrage envers un fonctionnaire public, à raison de ses fonctions. — Par suite, il a été jugé que le sursis ne doit pas être ordonné, bien que l'auteur d'une imputation diffamatoire contre un fonctionnaire public ait dénoncé les faits imputés, lorsque l'imputation s'est produite avec le caractère d'un outrage, la criminalité de l'outrage étant indépendante de la preuve des allégations du prévenu (Crim. rej. 3 août 1850, aff. Prion, D. P. 50. 5. 380).

1363. A plus forte raison, le sursis ne peut être accordé lorsque l'imputation constitue un outrage dans l'exercice des fonctions. — V. en ce sens, M. Grellet-Dumazeau, t. 2, p. 85.

1364. Mais nous ne saurions admettre avec cet auteur t. 1, p. 371, que l'art. 25 de la loi du 26 mai 1819 n'est pas applicable à la diffamation envers les particuliers, parce que le texte de cette disposition ne nous paraît nullement comporter une telle limitation. — Cependant les motifs de son opinion méritent d'être examinés, puisque c'est aux sources de la loi qu'il les puise, et nous ne les passerons pas sous silence. — Voici quel est, en substance, le raisonnement de M. Grellet-Dumazeau. — L'art. 25 de la loi de 1819 n'est, suivant lui, qu'un moyen d'arriver à la preuve. Ce qui démontre qu'il en est ainsi, c'est, d'abord, que l'art. 372 c. pén. qui a évidemment inspiré l'art. 25 de la loi de 1819 n'avait lui-même d'autre but que d'arriver à la preuve des faits imputés, comme l'attestent, selon le même auteur, les paroles suivantes prononcées au conseil d'Etat par M. Faure, au sujet de l'art. 372, dans la discussion qui a précédé l'adoption de cette disposition. « Si cependant, a dit M. Faure (séance du 7 fév. 1810, V. Locré sur l'article précité), l'auteur de l'imputation dénonce les faits, les juges doivent surseoir au jugement du délit de calomnie, jusqu'à ce qu'il soit décidé si la personne à qui ces faits sont imputés est réellement coupable; car si elle était condamnée, *on ne pourrait raisonnablement condamner le dénonciateur.* » — A la chambre des députés, continue M. Grellet-Dumazeau, le rapporteur de la commission nommée pour l'examen de la loi du 26 mai 1819, s'est également exprimé ainsi : — « La preuve admise (art. 20), il était nécessaire de régler la manière de la produire et de la combattre, et tel est l'objet des *cinq* articles suivants, » dans lesquels se trouve évidemment l'art. 25. Donc cette disposition se rattache uniquement à la preuve, et toutes les fois qu'elle est inadmissible, l'art. 25 est nécessairement inapplicable.

A cette argumentation voici notre réponse : — D'abord, il n'y a rien à induire, ce nous semble, en faveur du système de M. Grellet-Dumazeau, des paroles de M. Faure, puisqu'elles contiennent précisément dans un sens contraire à ce système. M. Grellet-Dumazeau veut, en effet, que le sursis soit limité et ces paroles le rendent illimité. D'ailleurs M. Grellet-Dumazeau fait lui-même remarquer que le code et la loi de 1819 partent de deux principes opposés; on ne peut donc, à cet égard, expliquer cette loi par le code. — Passons à l'extrait du rapport fait à la chambre des députés. Le raisonnement de M. Dumazeau repose, à cet égard, sur une base bien fragile, sur un seul mot (*cinq*), dont le sens n'est pas développé et qui ne trouve point d'écho dans la discussion qui a suivi ce rapport. — Nous trouvons que ce n'est point assez pour ôter à l'art. 25 sa signification naturelle, protectrice de la défense du prévenu et pour en réduire l'applicabilité à des cas assez rares (ceux de la diffamation envers les agents de l'autorité, *qui ne constitue point un outrage*), tandis que, d'après sa rédaction, la disposition précitée est destinée à régir la généralité des cas de diffamation (V. aussi M. Chassan, t. 2, p. 368).

1365. Au reste, il a été formellement jugé, depuis le nouveau décret de 1852, que le tribunal correctionnel, saisi d'une plainte en diffamation, pour imputation de faits punissables doit, si ces faits ont été dénoncés par le prévenu, surseoir durant l'instruction, conformément à l'art. 25 de la loi du 26 mai 1819 : on objecterait vainement que l'art. 28 du décret du 17 fév. 1852, qui prohibe d'une manière absolue la preuve par témoins des faits injurieux ou diffamatoires, ne permet pas au prévenu de diffamation d'exciper, pour se disculper, d'une preuve de cette nature établie dans un procès correctionnel ou criminel, le décret de 1852 ne s'appliquant pas au cas prévu par l'art. 25 de la loi du 26 mai 1819, qui reste toujours en vigueur (Crim. cass. 19 janv. 1855, aff. Carles, D. P. 55. 1. 48, et sur renvoi, Orléans, 26 fév. 1855, D. P. 55. 2. 292; Crim. rej. 1er juin 1855, aff. Roux, D. P. 55. 5. 346). — Cette décision a de l'intérêt. Elle détermine la portée de l'art. 28 du décret du 17 fév. 1852, qui interdit la preuve testimoniale des faits injurieux ou diffamatoires. — Faut-il, en effet, conclure de ce décret que le prévenu de diffamation ne pourra pas se défendre, en excipant de la vérité des faits imputés, même quand ces faits auront un caractère punissable, et que, en conséquence, il ne jouit plus du bénéfice du sursis autorisé par l'art. 25 de la loi du 26 mai 1819, pour le cas où les faits imputés seraient dénoncés et poursuivis? Evidemment non. Le décret n'a entendu s'occuper que des faits non punissables, et en prohibant la preuve testimoniale d'une manière absolue, il a voulu simplement replacer dans le droit commun les fonctionnaires publics, à l'égard desquels cette preuve, quoiqu'il s'agît de faits non punissables, était exceptionnement admise par l'art. 20 de la loi de 1819. Ce dernier article a donc seul été abrogé, et non l'art. 25, dont la disposition est, d'ailleurs, à la différence de celle de l'art. 20, une disposition de droit commun, puisque le sursis qu'il ordonne était déjà prescrit par l'art. 372 c. pén. de 1810.

Dans tous les cas, et c'est ce qui a été jugé aussi, la prohibition de faire preuve de faits diffamatoires ne s'applique pas au ministère public qui dénonce et poursuit des faits punissables selon la loi. Ainsi, lorsque, sur la plainte en diffamation d'un individu, le ministère public rend plainte contre le plaignant lui-même, à raison des faits que celui-ci prétend diffamatoires, il y a lieu de surseoir au jugement de la plainte en diffamation (Crim. cass. 18 juin 1824, aff. Guyard, V. n° 1522).

CHAP. 9. — DE LA COMPÉTENCE.

1366. Les règles de compétence relatives à l'action publique et celles qui concernent l'action civile sont identiques sous plusieurs rapports; mais il est aussi divers points sur lesquels elles diffèrent. — Pour éviter toute confusion à cet égard, nous croyons devoir considérer séparément l'action publique et l'action civile.

SECT. 1. — *De la compétence en ce qui touche l'action publique.*

1367. Cette compétence doit être examinée sous trois rapports principaux : — 1° La nature des faits incriminés; — 2° La qualité de l'inculpé; — 3° La circonscription territoriale de la juridiction à saisir. — Cette donnée divise naturellement notre section en trois articles, dont chacun sera consacré à l'un des rapports qui viennent d'être indiqués. Mais le lecteur ne devra pas perdre de vue que les principes de la matière se trouvent exposés v° Compét. crim., et qu'il ne s'agit ici que d'une application toute spéciale de ces principes. — Dans un quatrième article, nous nous occuperons des règles particulières de compétence, en matière d'offense envers les chambres, de délits d'audience et de comptes rendus des débats parlementaires ou judiciaires.

ART. 1. — *De la compétence fondée sur la nature des faits incriminés.*

1368. En matière criminelle, on le sait, la compétence diffère suivant qu'il s'agit de contraventions, de délits ou de crimes (V. Compét. crim., chap. 3). — C'est dans l'ordre de ces infractions que nous avons traité de la compétence criminelle d'une manière générale (*loc. cit.*), c'est-à-dire que nous nous sommes occupés : 1° des tribunaux de simple police qui connaissent des contraventions; — 2° Des tribunaux correctionnels auxquels doivent être déférés les délits; — 3° Des cours d'assises qui connaissent des crimes; — 4° *De la haute cour de justice* à laquelle doit être soumise une nature spéciale de crimes. Tel est aussi l'ordre que nous allons suivre dans cet article.

1369. 1° *Compétence des tribunaux de simple police.* — Nous avons dit, v° Compét. crim., n° 241, que, d'après les art. 139 et 140 c. inst. crim., c'est au tribunal de police qu'est attribuée la connaissance des injures verbales. — Nous avons même rapporté (*loc. cit.* et numéros suivants) quelques-unes des décisions qui ont interprété ces dispositions sous ce rapport. — Nous n'avons plus maintenant qu'à compléter le tableau de la jurisprudence à cet égard.

1370. Sous le code du 3 brum. an 4, il a été jugé : 1° que les tribunaux de police étaient seuls compétents pour statuer sur les actions en injures (Crim. rej. 20 oct. 1808, MM. Vermeil, pr., Dutocq, rap., aff. Weingart); — 2° Que le tribunal de police était compétent pour connaître des injures verbales, qu'elles fussent proférées en présence ou en l'absence des personnes à qui elles s'adressaient (Crim. rej. 16 vend. an 4, M. Sieyès, rap., aff. Tyran); — 3° Que les demandes en rétractation d'injures verbales était dans les attributions des tribunaux de police municipale (Crim. cass. 10 juill. 1807, MM. Vermeil, pr., Minier, rap., aff. Min. pub. *C.* Maresol). — Ces décisions nous paraissent devoir être suivies sous la législation actuelle, avec cette seule restriction, d'ailleurs évidente et applicable seulement au premier des arrêts précités (20 oct. 1808), à savoir que, sous la loi du 17 mai 1819, on ne peut poser en principe que les tribunaux de police soient compétents pour connaître des injures *d'une manière générale*, puisque cette loi (art. 20) déclare implicitement, mais très-clairement, que l'injure qui ne renferme pas l'imputation d'un vice déterminé ou qui n'est pas publique est punie de peines correctionnelles. — V., du reste *infra*, n°s 1387 et s.

1371. Aux termes de l'instruction du 18 vent. an 6, relative à la tenue des assemblées primaires et communales, ces assemblées pouvaient seules connaître des injures verbales proférées pendant leurs séances; le tribunal de police était incompétent à cet égard (Crim. cass. 14 prair. an 7, M. Roux, rap., aff. min. pub. *C.* N...). — Mais ni la loi du 19 avr. 1831 ni celle des 15-18 mars 1849, ni le décret organique des 2-21 fév. 1852 ne contiennent aucune disposition à cet égard, et il y a lieu de penser que, dans l'état actuel de la législation, les injures proférées dans une réunion électorale devraient être jugées conformément aux règles ordinaires de la compétence.

1372. Sous le code d'instruction criminelle, et c'est ce qui a été jugé, 1° les maires ne peuvent connaître d'une action en réparation d'injures verbales : ce délit est de la compétence exclusive des juges de paix. En effet, la juridiction des maires, comme juges de police, est spécialement déterminée et restreinte par l'art. 166 c. inst. crim., qui leur défend expressément de connaître des contraventions dont la connaissance est exclusivement attribuée aux juges de paix par l'art. 139 : or les injures verbales sont dans cette catégorie (Crim. cass. 18 déc. 1812) (1); — 2° Le maire qui prend connaissance d'un délit d'injures verbales, qui statue sans que le ministère public ait été entendu, et se borne à prononcer, contre les prévenus convaincus, une simple condamnation aux frais de la procédure, viole les art. 139, 153 et 161 c. inst. crim. (Crim. cass. 1er avr. 1813, aff. Bressiano, v° Chose jugée, n° 445). — V. Compét. crim., n°s 262 et suiv.

1373. Sous le code du 3 brum. an 4, il a été jugé : 1° que le tribunal de simple police était incompétent pour statuer sur le délit d'injures *écrites* (Crim. cass. 17 therm. an 5, MM. Seignette, pr., Brillat, rap., aff. Marre; 2 complém. an 5, MM. Seignette, pr., Wicka, rap., aff. Ricard; 15 vend. an 7, M. Chasle, rap., aff. Voidet; 6 brum. an 7, M. Balland, rap., aff. Daubian; 29 mess. an 9, M. Barris, rap., aff. Jean Neurochs; Req. 11 niv. an 10, aff. Saget, V. Mise en jug., n° 73-3°; Crim. cass. 21 germ. an 13, MM. Viellart, pr., Vermeil, rap., aff. Lefebvre de Sancy; 22 mai 1807, MM. Barris, pr., Lamarque, rap., aff. Bober; 14 juill. 1808, M. Vermeil, rap., aff. Chaumont); — 2° Et que, par conséquent, les injures imprimées dans un journal n'étaient pas de la compétence du tribunal de police (Crim. cass. 9 pluv. an 5, MM. Brun, pr., Boucher, rap., aff. Brouilhiet et Meilhac; 19 mai 1809, MM. Barris, pr., Vasse, rap., aff. Betger).

1374. On ne peut, non plus, dans le sens de cette jurisprudence, considérer comme injures verbales, 1° celle qui est consignée dans une lettre missive (Crim. cass. 22 therm. an 13, MM. Vermeil, pr. d'âge, Minier, rap., aff. Schmitz); — 2° les injures consignées dans un avis donné par écrit à l'administration centrale (Crim. cass. 24 flor. an 6, MM. Gohier, pr., Seignette, rap., aff. Rougeot); — 3° une protestation par exploit d'huissier contre des lettres de change et des quittances qu'un individu prétend lui avoir été arrachées par violence : ces injures étant consignées dans un acte public, sont nécessairement écrites, et, par conséquent, excèdent la compétence des tribunaux de simple police (Crim. cass. 11 vend. an 14, M. Babille, rap. int. de la loi, aff. Devris); — 4° une injure contenue dans un cahier de dépositions (Crim. cass. 29 therm. an 4, MM. Brun, pr., Lemaire, rap., aff. N...); — 5° Les injures consignées sur la feuille d'audience d'un tribunal de simple police, à la réquisition du mari dont la femme était prévenue d'injures verbales (Rouen, 29 prair. an 13, aff. Osmont *C.* Destainières).

1375. Toutefois, sous la même législation, il a été jugé : 1° que les injures adressées à des experts chargés d'estimer le dommage fait à des arbres ne peuvent être considérées comme des injures par écrit, bien qu'elles aient été consignées dans le procès-verbal, et qu'elles aient été proférées par l'une des parties qui a signé le procès-verbal, et que ce procès-verbal eût été lu (Req. 14 niv. an 10, MM. Muraire, pr., Minier, rap., aff. Piquot-Larné); — 2° Que les injures proférées à l'audience du tribunal de police, mais qui ne sont que la répétition des injures écrites, objet de la plainte, portée à tort devant ce tribunal, ne peuvent être considérées comme un nouveau délit qui puisse être séparé de la plainte en injures écrites, attribuées au tribunal correctionnel (Crim. cass. 23 prair. an 6, MM. Pajon, pr., Mourre, rap., aff. X...).

1376. Au reste, il est à remarquer, et c'est ce qui a été jugé, 1° que, sous le code du 3 brum. an 4 et la loi des 19-22 juill. 1791, les injures écrites ne sont prévues par aucune disposition pénale; et que, dès lors, on ne peut en obtenir la réparation que par la voie civile (Crim. cass. 20 vent. an 11, M. Dutocq, rap., aff. Adam Flechs), — 2° Que, par suite, le tribunal de police qui a prononcé sur des injures écrites, a méconnu sa compétence et encouru la cassation, encore bien que le jugement ait en même temps statué sur des injures verbales (Crim. cass. 18 nov. 1808, aff. Corny).

1377. Cependant, il a été jugé que la compétence du tribunal de police, relativement à des injures verbales, n'est pas suspendue par cette circonstance qu'il y avait eu en même temps

(1) (Int. de la loi.—Aff. Vandenbrooch.) — LA COUR; — Vu l'art. 44 c. inst. crim.; — Vu aussi les art. 139 et 165 du même code; — Attendu : 1° que l'action intentée par Jean contre Antoine Vandenbrooch n'avait pour objet qu'une réparation d'injures verbales; — Et que, conséquemment, le juge de paix pouvait seul en connaître, d'après le § 5 de l'art. 139 c. inst. crim. ci-dessus cité; — Que la juridiction des maires, comme juges de police, est spécialement déterminée et restreinte par l'art. 166 du même code, qui leur défend expressément de connaître des contraventions dont la connaissance est exclusivement attribuée aux juges de paix par l'art. 139; — Qu'il suit de là que le maire de la commune de Buuren, en prononçant sur cette même action, et en condamnant Vandenbrooch à une amende et à des dommages-intérêts, a violé les règles de compétence par contravention formelle à l'art. 139, § 5, c. inst. crim.; — Attendu, 2° que le jugement définitif de condamnation ne contient point l'insertion des termes de la loi appliquée; — D'où il suit qu'il y a eu violation d'une disposition de l'art. 165 du même code, qui porte la peine de nullité;

D'après ces motifs, faisant droit sur le réquisitoire de M. le procureur général, casse et annule, dans l'intérêt de la loi, et sans préjudice de l'exécution dans l'intérêt des parties, le jugement du 28 août dernier, par lequel le maire de Buuren, département de l'Issel-Supérieur, a pour injures verbales, condamné Antoine Vandenbrooch à une amende de 2 fr., et à 2 fr. 25 c. de dommages-intérêts.

Du 18 déc. 1812.-C. C., sect. crim.-MM. Barris, pr.-Lamarque, rap.

injure par écrit (Crim. rej. 23 juin 1808, MM. Barris, pr., Rataud, rap., aff. Bancalari).

1378. Quoi qu'il en soit, sous le code du 3 brum. an 4, il a été également jugé que les injures *verbales* entre particuliers, quelle que fût, d'ailleurs, leur gravité, par exemple l'accusation d'avoir commis un assassinat sur une route, n'était pas de la compétence des tribunaux correctionnels, encore bien qu'il y eût eu commencement de poursuites par la voie criminelle; cette exception ne s'appliquait qu'aux fonctionnaires publics (Crim. cass. 21 pluv. an 11, M. Carnot, rap., aff. Jal *C.* Moine).

1379. Enfin, sous le même code, et d'après un arrêt, si les injures verbales ont été accompagnées de violences, ces violences déterminent l'incompétence du tribunal de simple police (Crim. cass. 27 niv. an 10, MM. Seignette, pr., Barris, rap., aff. min. pub. *C.* Thuron; 10 oct. 1809, MM. Barris, pr., Brillat, rap., min. pub. *C.* Castagnot). — Quant aux effets de la connexité sous la législation actuelle, V. Compét. crim., nos 146 et suiv.

1380. Le code pénal de 1810 a introduit à cet égard un droit nouveau. — Aux termes de l'art. 139 c. inst. crim., les juges de paix connaissaient des injures *verbales*, expression qui excluait, comme l'avait fait la jurisprudence qui s'était établie sous le code du 3 brum. an 4, les injures *écrites*. — Mais l'art. 376 c. pén. est venu donner, sous ce rapport, une autre base à la détermination de la compétence des tribunaux de police. — Suivant l'art. 375 c. pén., les injures ou expressions outrageantes qui ne renferment l'imputation d'aucun fait précis, mais celle d'un vice déterminé, si elles ont été proférées dans des lieux ou réunions publics ou insérées dans des écrits imprimés ou non qui auraient été répandus, sont punies d'une peine correctionnelle (de 16 à 500 fr.). — Et l'art. 376 du même code ajoute : « *Toutes autres* injures ou expressions outrageantes qui n'auront pas eu ce caractère de gravité et de publicité, *ne donneront lieu qu'à des peines de simple police.* » Or ces peines, on le sait, sont le signe de la compétence des tribunaux de police. — L'art. 20 de la loi du 17 mai 1819 dit aussi : « L'injure qui ne renfermerait pas l'imputation d'un vice déterminé, *ou* qui ne serait pas publique, continuera d'être punie des peines de simple police. » — On voit que, d'après ces dispositions, ce ne sont plus les injures *verbales* qui sont punies de peines de simple police, mais (sans distinction entre les paroles et les écrits) celles qui ne renferment pas l'imputation d'un vice déterminé *ou* qui ne sont pas publiques.

1381. Aussi a-t-il été jugé : 1° Que les tribunaux de police sont compétents pour connaître de toutes les injures, même écrites, qui ne réunissent pas le double caractère de gravité et de publicité (Cr. rej. 20 juin 1817 (1), V. aussi les arrêts cités plus haut, nos 934, 951; — Conf. MM. Parant, p. 95; Chassan, t. 1, p. 363, 369; de Grattier, t. 1, p. 220); — 2° Que l'injure qui ne renferme pas l'imputation d'un vice déterminé, ou qui n'est pas publique, est de la compétence exclusive des tribunaux de simple police (Crim. cass. 3 janv. 1822 (2); 2 août 1816, aff. Duchesne, V. no 859; 2 déc. 1819, MM. Barris, pr., Aumont, rap., aff. Gourainceur *C.* Mareschal; 27 août 1821, MM. Barris, pr.; Ollivier, rap., aff. Gilles *C.* Hutin. Conf. M. Parant, p. 95 et 268); — 3° Que l'injure qui ne renferme point l'imputation d'un vice déterminé, et qui n'a pas été proférée dans un lieu public, ne cesse point, quelle que soit sa gravité, d'être de la compétence du tribunal de simple police (Crim. règl. des juges, 11 sept. 1828, MM. Bailly, f. f. de pr.; Brière, rap., aff. min. pub. *C.* Cabanis, etc.); — 4° Que dire, entre particuliers et dans un lieu non public, qu'une femme est une voleuse; qu'elle a volé soit les écus, soit le blé et le bois de certains individus (désignés); qu'elle est une p...., et même désigner l'individu avec lequel elle entretiendrait des relations adultérines, ce n'est point là imputer un vice déterminé constituant une injure dont la connaissance appartient aux tribunaux de police correctionnelle, mais exprimer une simple injure sans publicité et dans un lieu non public, de la compétence du tribunal de simple police (Crim. règl. de jug. 11 juin 1829) (3); — 5° Que

(1) (Dassieu *C.* Laferre.) — La cour; — Attendu, sur les deux moyens proposés par le demandeur : — 1° Que si l'art. 139 c. inst. crim. n'avait attribué aux tribunaux de police la connaissance des injures que dans le cas où elles avaient été proférées verbalement, cette attribution a été étendue par l'art. 376 c. pén.; — Que cet article est général dans ses expressions; qu'il rend les tribunaux de police compétents pour connaître de toutes les injures ou expressions outrageantes qui n'ont pas le double caractère de gravité et de publicité déterminé dans les articles qui le précèdent; — Que cette attribution comprend les injures écrites et les injures verbales; — 2° Qu'une lettre injurieuse est une offense pour celui à qui elle est écrite et adressée; qu'elle peut, par conséquent, servir de base à une action d'injures; — 3° Que, dans l'espèce, la lettre écrite par le sieur Bertrand Dassieu au sieur Laferre a été déclarée par le tribunal correctionnel de Saint-Gaudens contenir des expressions et des imputations outrageantes; — Que ce tribunal n'a donc pas violé les lois en reconnaissant la compétence du tribunal de police qui avait prononcé sur l'action en injures intentée devant lui par ledit sieur Laferre contre ledit sieur Dassieu, et en confirmant la condamnation portée dans son jugement; — Attendu, d'ailleurs, que le jugement attaqué est régulier dans la forme; — Rejette.

Du 20 juin 1817.-C. C., sect. crim.-MM. Barris, pr.-Audier, rap.

(2) *Espèce :* — (Dubreuil *C.* Guérineau.) — Sur la plainte de Guérineau, Dubreuil avait été condamné à 50 fr. de dommages-intérêts et 5 fr. d'amende pour le délit d'injures, et en vertu de l'art. 471, no 11 c. pén. En appel, le tribunal de police correctionnelle de Fontainebleau, voyant dans les faits qui étaient reprochés à Guérineau le délit de diffamation et d'injure, prévu par les art. 13 et 14, loi du 17 mai 1819, avait annulé le jugement de police, et, retenant la cause, avait fait à Dubreuil application des articles susdits. — Pourvoi en cassation. — Arrêt (ap. dél. en ch. du cons.).

La cour; — Vu les art. 1, 13 et 14 de la loi du 17 mai 1819, aux termes desquels des discours ne peuvent constituer le délit de diffamation ou d'injure qu'autant qu'ils ont été tenus *dans des lieux ou réunions publics;* — Vu l'avis du conseil d'État du 25 oct. 1806, approuvé par le chef du gouvernement le 2 novembre suivant; — Vu enfin les art. 408 et 413 c. inst. crim., d'après lesquels la cour de cassation annule les arrêts et les jugements en dernier ressort qui contiennent la violation des règles de compétence : — Attendu, 1° qu'aux termes des dispositions des art. 1, 13 et 14 de la loi du 17 mai 1819, la publicité est, comme elle l'était d'après le code pénal, l'un des caractères constitutifs du délit de diffamation ou d'injure, et que ce délit n'existe pas si les discours prétendus diffamatoires ou injurieux n'ont pas été tenus dans des lieux ou réunions publics; — Que de là il s'ensuit que, pour déterminer la compétence de la juridiction correctionnelle en matière de diffamation ou d'injure, il faut nécessairement que la publicité des discours dénoncés soit déclarée en fait par les juges; — Que le tribunal de police correctionnelle de Fontainebleau, saisi de l'appel du jugement du tribunal de police de Moret rendu contre Dubreuil sur la plainte de Guérineau, a annulé ce jugement pour incompétence, et a retenu la cause pour la juger comme affaire correctionnelle, sans avoir déclaré aucun fait duquel il puisse résulter que les discours imputés au prévenu ont été tenus ou dans un lieu public, ou dans une réunion publique; qu'en s'attribuant ainsi la connaissance d'une plainte fondée sur des discours qui n'étaient pas déclarés avoir eu la publicité requise pour leur donner le caractère du délit de diffamation ou d'injure, le tribunal correctionnel de Fontainebleau a fait une fausse application des dispositions citées des lois des 17 et 26 mai 1819, et violé les règles de compétence; — Attendu, 2° qu'il n'y a eu de réclamation contre le jugement du tribunal de police de Moret, que de la part du prévenu, qu'il condamnait à l'amende et à des dommages-intérêts; que le ministère public n'en a pas relevé appel; qu'il y a conséquemment acquiescé, et qu'il a jugé que la vindicte publique était satisfaite; — Que le tribunal correctionnel de Fontainebleau ne pouvait être saisi par l'appel de Dubreuil, que des questions agitées par celui-ci devant le tribunal de police, celle de savoir s'il avait pu être légalement traduit en justice sans l'autorisation du conseil d'État, et s'il fallait ou lui faire l'application de l'art. 471, no 11, c. pén., ou le renvoyer de la plainte portée contre lui; que sa position ne pouvait pas être aggravée sur son appel, et qu'elle l'a été nécessairement par un jugement qui l'a mis en prévention de délit, et l'a ainsi exposé à subir des condamnations correctionnelles, lorsqu'il n'avait été dénoncé que comme prévenu de contravention, et n'était condamné qu'à une peine de police; — Qu'en aggravant le sort de Dubreuil contre l'objet de son appel, et en jugeant une question de compétence dont il n'eût pu être légalement saisi que par un appel du ministère public, le tribunal correctionnel de Fontainebleau s'est mis en opposition formelle avec les principes consacrés par l'avis du conseil d'État du 25 oct. 1806, et a excédé manifestement les bornes de ses attributions; — Casse.

Du 3 janv. 1822.-C. C., sect. crim.-MM. Barris, pr.-Aumont, rap.

(3) (Min. pub. *C.* Moret et Oger.) — La cour; — Statuant sur la demande en règlement de juges formée par le procureur général près la cour royale d'Amiens : — Attendu qu'Alexandre Moret, et Marie-Marguerite-Nathalie Crossen, sa femme, avaient fait citer devant le tribunal de police du canton de Guise, Louis Oger en dommages-intérêts pour réparations d'injures adressées sans provocation à ladite femme Moret, détaillées tant dans la citation que dans le jugement du 25 janvier dernier, par lequel le tribunal s'est déclaré incompétent par le mo-

l'injure qui renferme l'imputation d'un vice déterminé n'est pas, pour cela, de la compétence du tribunal correctionnel; il faut qu'elle soit publique (Poitiers, 19 déc. 1820, aff. Champion, V. n° 861); — 6° Que la diffamation de même que l'injure, lorsqu'elles ne sont pas publiques, sont de la compétence du tribunal de simple police (Crim. rej. 10 juill. 1834, aff. Lhabitant. V. Appel crim., n° 80); — 7° Que le tribunal de simple police, seul compétent pour connaître d'une plainte en injure ou en diffamation non publique, et des nouvelles diffamations prononcées, dans sa défense, à l'audience par le prévenu, ne peut, en se déclarant incompétent, se dépouiller de la connaissance de cette plainte, et l'attribuer au tribunal correctionnel, ce dernier tribunal étant incompétent *ratione materiæ* (Nîmes, 25 janv. 1839, aff. Nicolas, V. 1221-4°); — 8° Que l'injure envers un particulier ne constitue un délit de la compétence des tribunaux correctionnels, qu'autant qu'elle est proférée publiquement et qu'elle renferme en outre l'imputation d'un vice déterminé; que, si elle manque d'un de ces caractères, l'injure n'est qu'une contravention de simple police (Crim. cass. 10 juill. 1840 (1). — Conf. Crim. cass. 16 avr. 1841, aff. Courtet, V. n° 930); —

tif que les injures renfermaient la qualification de faits graves qui, s'ils étaient prouvés, exposeraient ladite femme Moret à des peines criminelles ou correctionnelles (a); que, quoique ces propos n'aient pas été tenus dans un lieu public, l'injure prend le caractère de la diffamation et exposerait la femme Moret à la haine et au mépris de ses concitoyens; — Attendu que, sur l'action en police correctionnelle formée par les mariés Moret devant le tribunal de première instance de Vervins, ce tribunal s'est pareillement déclaré incompétent par jugement du 28 février suivant, d'après la combinaison des art. 14 et 20 de la loi du 19 mai 1819, et par le motif que les qualifications injurieuses et les imputations diffamatoires n'avaient pas été proférées publiquement, et a renvoyé les parties à procéder devant le tribunal de simple police de Sains, dernière disposition dudit jugement, réformée par le tribunal correctionnel de Laon sur l'appel interjeté, et réduit à ce dernier chef par le procureur général près la cour royale d'Amiens; — Attendu que le jugement du tribunal de simple police de Guise susdaté, et le jugement correctionnel de Vervins, quant à la déclaration d'incompétence, ont acquis l'un et l'autre l'autorité de la chose jugée; que le cours de la justice est interrompu, et qu'il importe de le rétablir; — Vu les art. 525 et suiv. c. inst. crim. relatifs aux règlements de juges; — Vu ce qui résulte des art. 14 et 20 de la loi du 17 mai 1819; — Et attendu que les injures dont il s'agit pour leur répression, ne contiennent point l'imputation d'un vice déterminé; qu'elles ont été proférées entre particuliers et non dans un lieu public; — Sans s'arrêter au jugement du tribunal de simple police du canton de Guise;... renvoie les pièces et les parties devant le tribunal de simple police de Sains, pour être procédé et statué comme et ainsi qu'il appartiendra, sur l'action des mariés Moret.

Du 11 juin 1829.-C. C., ch. crim.-MM. Bailly, f. f. pr.-Brière, r.

(1) 1re *Espèce*: —(Nativel C. dame Lecorsonnais.)—Le sieur Nativel, joaillier à Paris, locataire de la dame Lecorsonnais, a été condamné par arrêt de la cour de Paris, chambre des appels de police correctionnelle, du 8 avril 1848, à 200 fr. d'amende et 580 fr. de réparations civiles, par application de l'art. 19 de la loi du 17 mai 1819. —Voici comment s'exprime cet arrêt: « Considérant qu'il est établi, d'après les dépositions des témoins, que, dans le courant de novembre dernier, Nativel a tenu contre la dame Lecorsonnais divers propos, entre autres qu'il lui a reproché *de prendre l'argent des gens, et de venir chez eux*; qu'il a ajouté qu'elle était *une marchande de chansons, et qu'il y avait un long cahier sur son compte*; — Que ces propos ne contiennent pas l'imputation d'un fait portant atteinte à l'honneur et à la considération de la dame Lecorsonnais, mais qu'ils constituent des propos injurieux; — Qu'ils ont été proférés en présence d'ouvriers pris au hasard jusque (en descendant l'escalier de sa maison) dans une allée donnant sur la rue où le public passait; qu'ils ont été entendus des personnes d'une maison voisine du lieu où la scène se passait; —Qu'il en résulte que Nativel s'est rendu coupable d'un délit d'injures proférées dans une réunion publique. »

Pourvoi pour fausse application de l'art. 19 de la loi du 17 mai 1819, ainsi que des art. 1 et 15 de cette loi et violation de l'art. 20. — Son avocat s'est attaché à combattre l'erreur vulgaire, qui consiste à croire que toute injure est un délit correctionnel, s'il y a eu publicité par l'un des moyens énumérés dans l'art. 1 de la loi du 17 mai 1819. Il a soutenu que cela n'était indistinctement vrai, que lorsque l'injurié était un fonctionnaire public, dont la qualité rendait grave toute injure publiquement proférée, parce qu'alors l'injure était un *outrage*, suivant les prévisions de l'art. 6 de la loi du 25 mars 1822. — La théorie sur les injures adressées à des particuliers a été celle-ci: Suivant les lois modernes, a dit l'avocat, il y a trois espèces d'injures: celle qui renferme l'allégation d'un fait précis pouvant porter atteinte à l'honneur ou à la considération d'une personne, laquelle était qualifiée calomnie par le code pénal, art. 375, et est désormais réputée diffamation, parce que la preuve n'en est pas permise. Elle tombe sous le coup des art. 14 et suivants, s'il y a eu publicité.—Quant à l'injure, qui n'est qu'un *terme de mépris*, qu'une invective ou *expression outrageante*, il faut, pour qu'elle soit un délit, non-seulement qu'elle ait été publiquement proférée, mais aussi qu'elle ait la gravité résultant de l'*imputation d'un vice déterminé*. Autrement, et en l'absence de l'un ou de l'autre de ces deux éléments, l'injure ne serait qu'une contravention de police passible d'une amende de 1 à 5 fr. Cela résulte de la combinaison des art. 375, 376 et 471 c. pén. avec les art. 13, 14, 19 et 20 de la loi du 17 mai 1819, dont le dernier porte: « Néanmoins, l'injure qui ne contiendrait pas imputation d'un vice déterminé ou qui ne serait pas publique, continuera d'être punie des peines de simple police. » Cette théorie est, à la vérité, contraire à deux arrêts de cassation, l'un du 24 avril 1828, l'autre de 1835, qui décident que toute injure publique est un délit; mais elle a pour elle la raison et l'autorité des commentateurs des lois de 1819 et 1822. — Or, qu'est-ce que l'*imputation d'un vice déterminé*? *Imputer*, c'est *affirmer*, suivant l'explication donnée dans la discussion de la loi de 1819: c'est donc quelque chose de plus qu'une vague invective. Un *vice déterminé*, c'est une habitude vicieuse qui tombe sous le mépris public, sans constituer un fait punissable. L'ivrognerie, la luxure, voilà des vices déterminés. Accuser d'incontinence une femme honnête, ce serait l'imputation d'un certain vice, suivant l'exemple donné par Blackstone, dans son commentaire sur l'injure d'après les lois anglaises. —Dans l'espèce, où était l'imputation d'un vice déterminé? Appeler *marchande de chansons* une dame d'un certain rang social, c'est sans doute l'offenser, surtout quand le propos vient d'un homme qui lui-même occupe une position distinguée; mais cette expression, échappée à l'impatience d'un locataire qui croit être maître chez lui en payant ses loyers, peut-elle donc constituer un fait criminel qui oblige de s'asseoir sur les bancs de la police correctionnelle! — L'avocat soutenait enfin qu'il n'y avait pas publicité, car les propos n'ont pas eu lieu sur la voie publique. Il a cité à cet égard les arrêts des 27 août 1831, 15 mars 1832, 7 nov. 1832. — M. l'avocat général Pascalis a combattu la théorie du pourvoi et subsidiairement soutenu que les faits avaient été souverainement appréciés.—Arrêt.

La cour; — Sur le moyen tiré de la violation de l'art. 20 de la loi du 17 mai 1829, en ce que l'arrêt attaqué a appliqué au demandeur une peine correctionnelle de 200 fr. d'amende, quoique cet arrêt n'ait déclaré le demandeur coupable que de propos injurieux proférés contre la plaignante dans une réunion publique, et que ces propos injurieux ne renfermassent pas l'imputation d'un vice déterminé: —Vu les art. 20 de la loi du 17 mai 1819 et 14 de la loi du 26 mai de la même année; — Attendu, en droit, que l'art. 14 de la loi du 26 mai 1819, attribue à la juridiction des tribunaux de police correctionnelle la connaissance des délits de diffamation verbale ou d'injure verbale contre toute personne; et ceux de diffamation et d'injure par une voie de publication quelconque contre des particuliers, mais qu'il a formellement excepté de cette règle les cas attribués aux tribunaux de simple police; — Attendu que l'art. 376 c. pén. ne prononçait que des peines de simple police contre les injures ou expressions outrageantes qui n'avaient pas le double caractère de gravité et de publicité spécifié en l'art. 375 du même code, c'est-à-dire qui ne renfermaient pas l'imputation publique d'un fait précis ou d'un vice déterminé; — Attendu que l'art. 20 de la loi du 17 mai 1819 a porté une restriction à la disposition du deuxième alinéa de l'art. 17 de cette loi; qu'il a ainsi reproduit la distinction établie par les art. 375 et 376 c. pén., puisque ledit art. 20 porte textuellement: « Néanmoins l'injure qui ne renfermerait pas l'imputation d'un vice déterminé ou qui ne serait pas publique, continuera d'être punie des peines de simple police; » — Que la forme alternative dans laquelle cet article est conçu ne doit donc pas le faire interpréter dans ce sens qu'il suffirait que l'injure eût été publique, pour qu'elle entraînât une peine correctionnelle; qu'autrement ledit article n'eût pas rappelé, ainsi qu'il l'a fait, le caractère aggravant d'imputation d'un vice déterminé; d'où il résulte que les expressions dont il s'est servi doivent être entendues, non dans un sens alternatif, mais bien dans un sens cumulatif, conformément à l'art. 376 c. pén.; — Attendu, en fait, que les propos injurieux imputés au demandeur, tels qu'ils ont été relatés et qualifiés par l'arrêt attaqué, ne renferment pas l'imputation d'un vice déterminé; que, par conséquent, ils manquent d'un des caractères essentiels exigés par la loi pour constituer le délit d'injure prévu par les art. 1, 13 et 19 de la loi du 17 mai 1819, et pour être passibles de peines correctionnelles; qu'ils ne constituaient, dans l'état des faits déclarés constants par l'arrêt attaqué, qu'une simple injure prévue et réprimée par le n° 11 de l'art. 471 c. pén.; —Attendu, néanmoins, que, devant la juridiction

(a) Dans l'espèce, Oger aurait dit que la femme Moret était une voleuse; qu'elle avait volé les écus de Daubenton et de bien d'autres, volé du blé dans le grenier de Noël Lebeau, volé du bois;... qu'elle était une p...., en désignant même l'individu avec lequel elle se livrait au libertinage.

9° Que l'injure qui manque du caractère de gravité, c'est-à-dire qui ne contient pas l'imputation d'un vice déterminé, doit, bien que publique, être déférée au tribunal de police et non au tribunal correctionnel : que, sous ce rapport, l'art. 376 c. pén. est encore en vigueur, et que l'art. 20 de la loi du 17 mai 1819 n'a pas entendu innover et faire de la publicité seule un élément de délit (Crim. cass. 20 août 1842, aff. Philippe, V. n° 926); —10° Que des termes de mépris ou des invectives qui ne contiennent pas l'imputation d'un vice déterminé, sont de la compétence du tribunal de simple police, bien que ces injures aient été publiées dans les journaux (Crim. cass. 11 nov. 1843, MM. Crouseilhes, pr., Barennes, rap., aff. Moynier); — 11° Que ces mots : Vous êtes un *mauvais citoyen*, un homme *suspect*, ne renferment pas l'imputation d'un vice déterminé dont le tribunal de police correctionnelle doive connaître, alors surtout qu'ils sont adressés par l'officier de la garde nationale à celui qui avait causé du tumulte dans une église pendant une bénédiction de drapeau, et qu'il avait été chargé de réprimer (Bordeaux, 15 janv. 1832) (1).

1382. Toutefois, il a été jugé, en sens contraire, que, par cela seul qu'elles ont été proférées publiquement, les injures, quelles qu'elles soient, et même celles qui ne renfermeraient pas l'imputation d'un vice déterminé, constituent un délit de la compétence du tribunal de police correctionnelle (Lyon, 5 janv. 1825) (2).

---

correctionnelle, la partie civile, ni la partie publique, n'a demandé le renvoi de la prévention au tribunal de simple police; que par conséquent la juridiction correctionnelle a pu valablement y statuer, aux termes de l'art. 172 c. inst. crim., mais que la peine correctionnelle de 200 fr. d'amende prononcée par l'arrêt attaqué contre le demandeur, constitue une violation formelle de l'art. 20 de la loi du 17 mai 1819; — Casse.

Du 10 juillet 1840.-C. C., ch. crim.-MM. Crouseilhes, pr.-Dehaussy, r.

(1) (Arnaud C. Laporterie.) — LA COUR; — Attendu, 1° que la loi du 26 mai 1819 déclare, dans son art. 14, qu'il est des cas où les faits d'injures verbales par voie de publication, restent dans les attributions des tribunaux de simple police; — Attendu que ces cas semblent être ceux où l'injure ne renferme pas l'imputation d'un vice déterminé; que l'art. 20 de la loi du 17 mai 1819 paraît devoir être entendu en ce sens, que si l'injure manque ou du caractère de précision que cet article indique, ou de celui de publicité, c'est un tribunal de simple police qui doit continuer à en connaître; qu'à cet égard, la législation établie par le susdit art. 20 n'aurait fait que reproduire ce qu'avait exigé l'art. 375 c. pén., pour que l'injure fût de la compétence correctionnelle; qu'aux termes de ce dernier article, elle devait renfermer l'imputation d'un vice déterminé, et être publique; que l'art. 20 de la loi du 17 mai ne semble pas avoir voulu exprimer autre chose; que si, au lieu de se servir, dans l'art. 20 précité, de la disjonctive *ou*, le législateur y avait employé la conjonctive *et*, on aurait pu en conclure qu'il n'y avait que les injures qui, tout à la fois, ne renfermaient pas l'imputation d'un vice déterminé, *et* qui n'étaient pas publiques, qu'on dût continuer de punir des peines de simple police; que telle n'a pas été son intention, puisque les injures non publiques, alors même qu'elles renferment l'imputation d'un vice déterminé, n'en doivent pas moins être déférées aux tribunaux de simple police; que même une injure, quelle que soit sa gravité, est, à moins qu'elle ne soit publique, de la compétence de ces derniers tribunaux; — Attendu que si, en donnant la définition de l'injure dans son art. 13, la loi du 17 mai a dit que toute expression outrageante, terme de mépris ou invective, qui ne renferme pas l'imputation d'un fait précis, est une injure, elle a désigné l'espèce d'injure publique qu'elle soumettait à la répression, par voie correctionnelle, en énonçant, dans l'art. 20, que c'était celle renfermant l'imputation d'un vice déterminé; — Attendu qu'en l'absence d'une disposition formelle sur ce point, on ne pourrait admettre que, quelle que soit la nature des injures proférées, et ne s'agît-il que de celles que l'art. 471, n° 11, a prévues, la seule circonstance de la publicité, est suffisante pour que les tribunaux correctionnels en soient saisis; — Attendu, au surplus, qu'en partant de cette interprétation rigoureuse, il faudrait du moins que l'injure dénoncée dans l'espèce actuelle, reposât réellement sur des expressions outrageantes, termes de mépris ou invectives; mais qu'il est douteux qu'une de ces qualifications convînt aux propos rappelés ci-après qui ont été l'objet de poursuites correctionnelles; — Attendu, 2° qu'il est résulté de l'instruction et des débats qui ont eu lieu, sur la citation donnée par le sieur Arnaud au sieur Laporterie devant le tribunal de la Réole, que, le 28 nov. 1830, ce dernier s'adressant au premier, lui dit, dans le cimetière de Saint-Pierre-de-Bat : Vous êtes un mauvais citoyen, un homme suspect; — Attendu qu'un pareil propos ne paraissant pas, d'après les observations ci-dessus, rentrer dans la classe des injures dont la connaissance est attribuée aux tribunaux de police correctionnelle, par les lois de 1819, le tribunal de la Réole, qui l'a ainsi décidé, a justement interprété les susdites lois; — Attendu, 3° néanmoins qu'en supposant, comme ce tribunal l'a fait, qu'il pût y avoir lieu à l'application d'une peine de police, il ne devait pas se déclarer incompétent, puisque ni le ministère public ni la partie civile n'avaient demandé le renvoi; que ce n'était que sur la demande soit du ministère public, soit de la partie civile que ce renvoi pouvait être prononcé, aux termes de l'art. 192 c. inst. crim., rédigé dans ce sens restrictif; que ce serait ajouter à cet article que d'admettre qu'il a entendu conférer aussi au prévenu une faculté de demande en renvoi, qui n'a été exprimée que pour le ministère public et la partie civile; — Attendu que la loi a voulu pourvoir à la plus prompte expédition des affaires correctionnelles et de simple police; qu'elle a manifesté cette intention dans plusieurs dispositions du code d'instruction criminelle; et notamment dans l'art. 213 du code, suivant lequel : « lorsqu'un jugement est annulé pour violation ou omission non réparée de formes prescrites par la loi à peine de nullité, la cour doit prononcer sur le fond de la prévention; — Attendu, d'ailleurs, qu'il est, en général, de l'intérêt d'un prévenu d'être jugé le plus tôt possible; que, dans tous les cas, il doit profiter de l'insuffisance de l'état des preuves produites par une première instruction; — Attendu que le prévenu n'étant ni l'auteur ni le provocateur de la procédure faite devant un tribunal correctionnel, on conçoit que la loi n'ait pas voulu qu'il dépendît de lui d'en éluder le résultat, en faisant prononcer son renvoi devant le tribunal de simple police, tandis que le ministère public, ou la partie civile dont cette procédure est l'ouvrage, ont pu être laissés libres d'opter entre la juridiction correctionnelle et celle de police; — Attendu que, lors même que le vrai motif de la loi ne paraîtrait pas de nature à justifier sa disposition, il suffit qu'elle soit claire; que lorsqu'elle a dit que, dans le cas où ni le ministère public ni la partie civile ne demanderaient le renvoi, la cour statuera, elle a disposé en termes impératifs; que ne pas obéir scrupuleusement à son texte, ce serait le violer; que la cour a déjà adopté une jurisprudence conforme à la disposition littérale de l'art. 192 c. inst. crim.; qu'elle est d'autant plus portée à y persister, que la cour de cassation paraît s'être prononcée dans le même sens par un arrêt du 24 avr. 1829; — Attendu, 4° qu'il a été constaté en fait, que, le 28 nov. 1830, sur les ordres du maire de la commune de Saint-Pierre-de-Bat, la garde nationale de cette commune s'étant réunie, se rendit avec les autorités locales dans l'église pour la bénédiction du drapeau; que cette cérémonie terminée, le sieur Arnaud, qui était aussi dans l'église, éleva la voix; qu'il s'en suivit un léger tumulte; que, malgré les défenses réitérées du maire, Arnaud insista pour prendre la parole; que le maire voyant ses ordres méprisés, ordonna à Laporterie, lieutenant dans la garde nationale, d'empêcher le sieur Arnaud de continuer de parler et de troubler ainsi la tranquillité publique; qu'après qu'on fut sorti de l'église, et comme on était sur le cimetière, Laporterie blâma Arnaud d'avoir agi ainsi qu'il l'avait fait; que ce fut dans ce même moment que Laporterie proféra aussi les propos rappelés plus haut; — Attendu que, du reste, il ne paraît pas que Laporterie ait prononcé les susdits propos avec l'intention nécessaire pour établir une culpabilité de sa part; — Attendu que, dans tous les cas, et en admettant que les paroles échappées à Laporterie fussent injurieuses pour Arnaud, elles constitueraient, non une injure qualifiée, mais une injure simple du même genre que celles sur lesquelles il a été statué par le numéro 11 de l'art. 471 c. pén.; qu'en effet, il est à remarquer que Laporterie aurait été provoqué, et qu'il n'aurait point adressé des propos dont il s'agit à Arnaud, sans la conduite extraordinaire que ce dernier a tenue, en voulant débiter un discours qu'aucune mission, aucun caractère quelconque ne l'autorisait à prononcer, sans l'espèce de rumeur dont il a été cause, sans le mépris qu'il a fait des ordres de l'autorité, sans le refus d'obéir à Laporterie, requis, en sa qualité, d'en procurer l'exécution; — Attendu, enfin, que les propos ci-dessus ne peuvent être isolés des circonstances qui les ont précédés, et auxquelles ils se rattachent nécessairement; au résultat de ce rapprochement, ils ne présentent plus l'infraction que les lois punissent de peine de police; — Statuant sur l'appel que Pierre Arnaud a interjeté du jugement rendu par le tribunal correctionnel de la Réole, annule ce jugement; statuant au fond et faisant ce que les premiers juges auraient dû faire, renvoie Laporterie des fins et conclusions prises contre lui par Arnaud.

Du 15 janv. 1832.-C. de Bordeaux, ch. corr.-M. Poumeyrol, pr.

(2) (Min. pub. C. Boissieux.) — LA COUR; — Attendu que la prévenue a proféré des injures à la plaignante dans un lieu public; que ce fait constitue un délit prévu et puni par les art. 1, 13, 14 et 19 L. 17 mai 1819; — Attendu que ce fait ne saurait être de la compétence des tribunaux de simple police, puisque, d'une part, aux termes de l'art. 466 c. pén., ces tribunaux ne peuvent prononcer des amendes excédant 15 fr., et que le minimum de celle prononcée par l'art. 19 L. 17 mai est de 16 fr., et que, d'autre part, l'art. 20, dite loi, n'attribue juridiction aux tribunaux de simple police que pour l'injure qui ne renfermerait pas l'imputation d'un vice déterminé, ou qui ne serait pas publique; d'où il suit qu'aux termes de cette loi toutes injures, quelles qu'elles soient, proférées publiquement, constituent un délit de la compétence des tribunaux correctionnels; — Annule le jugement dont est appel, etc.

Du 5 janv. 1825.-C. de Lyon.-M. de Montviol, pr.

1383. La cour régulatrice paraît avoir elle-même interprété d'abord la loi en ce sens, en décidant que les tribunaux correctionnels étaient compétents (à l'exclusion des tribunaux de simple police), par cela seul que l'injure était publique, quelle que fût d'ailleurs la gravité de cette injure (Crim. cass. 15 fév. 1828, MM. Bailly, pr., Mangin, rap., int. de la loi, aff. Delogé; 24 avr. 1828) (1). Dans l'espèce de l'arrêt du 24 avr. 1828, on ne connaissait même pas les termes de l'injure. — Mais on vient de voir qu'elle n'a pas persisté dans cette jurisprudence.

1384. Il a été jugé aussi que des reproches injurieux contre un témoin consignés dans un procès-verbal d'enquête rédigé par le juge de paix et signés par la partie qui les a faits, ne peuvent être considérés que comme injures *verbales*, dont la connaissance est attribuée au tribunal de simple police (Liége, 25 juin 1813, aff. Docquier, V. n° 869-8°). — Solution qui tend à reproduire la distinction que faisait la jurisprudence sous le code du 3 brum. an 4 entre les injures *verbales* et les injures *écrites*; mais on vient de voir que cette distinction n'est pas en rapport avec la législation existante.

1385. Au reste, la compétence se règle par la demande et non par le résultat de la preuve (V. Compét. crim. n°s 290 et s.). — Aussi a-t-il été jugé qu'encore que, de l'instruction faite devant un tribunal de simple police, il résulte que le prévenu ne s'est rendu coupable que d'injures verbales, si la plainte avait pour objet non-seulement des injures, mais des coups portés, le tribunal de simple police n'a pas pu en connaître (Crim. cass. 6 juin 1811) (2).

1386. Mais il ne peut dépendre du prévenu de modifier la compétence du tribunal saisi de la prévention, à l'aide d'imputations dirigées contre le plaignant. — Par suite, il a été jugé que, devant le tribunal de police, les récriminations du prévenu contre le plaignant, en ce que par exemple il l'accuse de lui avoir volé des cerises et lancé des pierres, n'empêche pas que le tribunal soit compétent pour statuer sur les injures verbales, objet de la prévention (Crim. rej. 9 oct. 1806) (3).

1387. *Compétence des tribunaux correctionnels.* — Les difficultés relatives à la compétence des tribunaux correctionnels peuvent provenir de ce qu'elle est incertaine entre ces tribunaux, d'une part, et, de l'autre, les tribunaux de police, ou les cours d'assises, ou les tribunaux civils, ou les tribunaux administratifs. — Le sujet qui nous occupe ici doit être envisagé sous ces divers rapports, et nous allons les parcourir successivement.

1388. *Démarcation de la compétence entre les tribunaux correctionnels et les tribunaux de police.* — Avant le code pénal, tous les outrages envers les fonctionnaires publics dans l'exercice de leurs fonctions, étaient de la compétence des tribunaux correctionnels. Cette règle avait son application, soit que l'outrage constituât une calomnie, soit qu'il se réduisît à une simple injure (L. 3 brum. an 4, art. 21 et 600; L. du 22 juill. 1791, art. 18 et 19; Crim. cass. 10 therm. an 10, MM. Vieillart, pr., Rataud, rap., aff. Rocolle; 9 nov. 1810, MM. Barris, pr., Vasse, rap., aff. Dumoutier). — Aussi, sous la loi du 22 juill. 1791 (art. 18 et 19) et le code du 3 brum. an 4 (art. 21 et 600), a-t-il été jugé : 1° que le tribunal de police est, par la nature même du délit, incompétent pour connaître des outrages ou menaces par paroles ou par gestes faits aux fonctionnaires dans l'exercice de leurs fonctions, quoiqu'il ne prononce pas une peine excédant sa compétence (Crim. cass. 13 fruct. an 6, MM. Barris, pr., Dar, rap., aff. Brousse); — 2° Que les outrages envers des gardes nationaux sous les armes constituent un délit de la compétence exclusive des tribunaux correctionnels (Crim. cass. 26 fruct. an 7, MM. Méaulle, pr., Larré, rap., aff. Lebé); — 3° Que l'injure faite à un agent municipal par un commissaire du gouvernement près l'administration municipale, à l'occasion et pendant l'exercice de ses fonctions, n'est pas de la compétence du tribunal de simple police, mais bien de celle du tribunal de police correctionnelle (Crim. cass. 1er pluv. an 8, MM. Rous, pr., Beaulaton, rap., aff. Dauré); — 4° Que les tribunaux de police ne peuvent pas connaître des injures verbales, violences et voies de fait, lorsque ces injures ont été proférées et ces violences et voies de fait commises contre des agents de la force publique, sous les armes ou dans un poste de service (Crim. cass. 9 frim. an 13, MM. Méaulle, pr., Larzé, rap., aff. Min. pub. *C.* Lébé); — 5° Qu'un tribunal de police ne peut, même du consentement des parties intéressées, connaître d'un outrage fait par paroles aux fonctionnaires publics dans l'exercice de leurs fonctions, c'est-à-dire d'un délit correctionnel, encore qu'au fait de ces outrages se trouve joint un autre délit qui est de sa compétence; que toutefois il peut prononcer sur ce dernier délit, mais en se déclarant incompétent pour le premier (Crim. cass. 7 oct. 1809, MM. Barris, pr., Vergès, rap., aff. Malvernat; même jour, arrêt semblable, aff. Colson).

1389. Sous la législation actuelle, les injures proférées contre des dépositaires ou agents de l'autorité publique, sont toujours, et quelle que soit leur gravité, de la compétence des tribunaux correctionnels, car il résulte, soit des art. 222 et suiv. c. pén., soit de l'art. 19 de la loi du 17 mai 1819, soit de l'art. 6 de la loi du 25 mars 1822, qu'elles doivent être punies de peines correctionnelles; — Aussi a-t-il jugé : 1° que le tribunal de simple police est incompétent pour statuer sur une injure adressée à un gendarme par un citoyen; et que la cause doit être renvoyée devant le tribunal de police correctionnelle (Crim. cass. 13 mars 1825) (4); — 2° Que le délit d'outrages faits à un huissier dans

---

(1) *Espèce :* — (Intérêt de la loi. — Aff. Laneizolle.) — Par exploit du 9 nov. 1827, le sieur Martin, propriétaire à Saint-Etienne, fait citer Laneizolle devant le tribunal de simple police, pour s'entendre condamner à lui faire publiquement réparation d'honneur, pour avoir terni sa réputation par des injures et propos calomnieux proférés à diverses reprises dans des lieux publics, et à lui payer 500 fr. de dommages-intérêts. — Sur cette citation, jugement ainsi conçu : — « Attendu que le sieur Laneizolle convient avoir proféré, en public, sans y être provoqué, des injures autres que celles prévues depuis l'art. 367 c. pén., jusques et compris l'art. 378 du même code; — Vu l'art. 371 dudit code; — Attendu que les faits sont suffisamment convenus et avoués. — D'après tous ces motifs, condamne Laneizolle à faire réparation d'honneur, en audience publique, au sieur Martin, et à 100 fr. d'amende. »

Pourvoi dans l'intérêt de la loi. — Ce jugement, a dit M. le procureur général, ne nous donne pas une connaissance spéciale des injures. La plainte elle-même se borne à dénoncer des *injures et propos calomnieux proférés dans des lieux publics.* — Mais la circonstance seule de la publicité indiquait un délit prévu par l'art. 19 de la loi du 17 mai 1819, et punissable d'une amende de 16 à 500 fr. — Le tribunal de simple police était donc incompétent; — Et, en lui supposant juridiction, il aurait excédé ses pouvoirs en condamnant Laneizolle à faire réparation d'honneur en audience publique, ce qui est arbitraire, ce qui est une aggravation de peine. Une pareille condamnation doit être expressément autorisée par la loi (art. 226 c. pén.; — Arrêt de cassation du 8 juill. 1813). — Arrêt.

La cour; — Statuant sur le réquisitoire du procureur général du roi, et en adoptant les motifs; — Casse, dans l'intérêt de la loi.

Du 24 avr. 1828.-C. C., ch. crim.-MM. Bailly, pr.-Gary, rap.

(2) (Rambaudon *C.* Malefaud.) — La cour; — Vu l'art. 88 L. 27 vent. an 8, et l'art. 456, § 6, c. 3 brum. an 4; — Attendu que, dans sa plainte, la femme Marty avait exposé qu'Anne Rambaudon, non-seulement l'avait injuriée, mais lui avait encore porté des coups; — Que, d'après l'art. 13, tit. 2 L. 22 juill. 1791, et le n° 8 de l'art. 605 c. des dél. et des p., le tribunal ne pouvait connaître de toute affaire pour rixe dans laquelle il était articulé qu'une personne avait été frappée, et que la connaissance en appartenait au tribunal correctionnel; — Que les attributions des tribunaux sont de droit public; que leur compétence doit être réglée par la nature de la demande portée devant eux, et non par le résultat des preuves auxquelles a pu donner lieu l'instruction faite sur cette demande; qu'ainsi, la plainte de la femme Marty, ayant eu pour objet des coups portés, il en résulte que le tribunal de police de Mareuil ne pouvait pas en connaître; — Vu, en second lieu, les art. 1424 et 1384 c. civ.; — Et attendu qu'en considérant Anne Rambaudon comme l'épouse, ou comme la domestique de Joseph Mennier, dans les deux cas, ce dernier ne pouvait pas être passible des condamnations prononcées contre cette femme; qu'ainsi, les jugements attaqués ont violé les art. 1384 et 1424 c. civ.; — Casse, etc.

Du 6 juin 1811.-C.-C., sect. crim.-MM. Barris, pr.-Favard, rap.

(3) (Pato dit Trille.) — La cour; — Considérant, sur le deuxième moyen, que le réclamant n'a point proposé de déclinatoire devant le juge de paix; que, d'ailleurs, l'affaire était de sa compétence, puisqu'il n'avait à statuer que sur des injures verbales et que c'était seulement par voie d'exception que Trille accusait à l'audience Marie Gourtanet de lui avoir volé des cerises et lancé des pierres, ce qui n'était de sa part qu'une récrimination qui n'a point été justifiée; — Rejette.

Du 9 oct. 1806.-C. C., sect. crim.-MM. Barris, pr.-Ménier, rap.

(4) *Espèce :* — (Int. de la loi. — Aff. Balthazard.) — Le 26 déc. 1822, Pierre Balthazard, cocher de fiacre, ayant été traduit devant le

l'exercice de ses fonctions, passible d'une amende de 16 à 200 fr., aux termes de l'art. 224 c. pén., auquel il n'a pas été dérogé par la loi du 17 mai 1819, est de la compétence du tribunal correctionnel et non de celui de simple police (Crim. règl. de juges 19 mai 1827 (1), V. *suprà*, n° 743); — 3° Que l'injure proférée contre un agent de police, dans l'exercice de ses fonctions, constitue le délit prévu soit par l'art. 224 c. pén., soit par l'art. 19, § 1, de la loi du 17 mai 1819; et que, dès lors, un tribunal de simple police n'est pas compétent pour en connaître (Crim. cass. 15 fév. 1828, aff. Delogé, V. n° 1383); — 4° Que le délit d'injures proférées par un garde national contre un de ses officiers dans l'exercice de ses fonctions, est de la compétence des tribunaux correctionnels (Caen, 15 mars 1834) (2); — 5° Que la loi du 22 mars 1831 sur la garde nationale n'a apporté aucune modification aux lois générales sur les crimes, délits ou contraventions, notamment à celles sur la diffamation et sur l'injure; et qu'en conséquence, les gardes nationaux qui ont commis le délit de diffamation ou d'injures publiques envers un officier de la garde nationale, dans l'exercice et à l'occasion de l'exercice de ses fonctions, sont justiciables du tribunal correctionnel et non du conseil de discipline (Paris, ch. cor., 19 avr. 1843, M. de Glos, pr., aff. Penot, V. Garde nat., n°s 317, 428 et s.; — 6° Que les tribunaux correctionnels sont compétents pour connaître des injures publiques dirigées contre des agents de l'autorité, encore que ces injures ne renfermeraient pas l'imputation d'un vice déterminé : de telles injures ne sont de la compétence du tribunal de simple police que lorsqu'elles sont adressées à des particuliers (Crim. cass. 6 août 1852, aff. Jusselain, D. P. 52. 5. 438). — Jusque-là, rien que d'évidemment juste.

1390. Mais lorsque l'injure n'est adressée au fonctionnaire ni dans l'exercice de ses fonctions, ni à l'occasion de l'exercice de ses fonctions, elle doit être considérée comme dirigée contre un simple particulier. — Et il a été jugé 1°, sous la loi de 1791, que les tribunaux correctionnels ne sont pas compétents pour connaître des injures et calomnies commises par écrit envers les fonctionnaires publics, *hors l'exercice de leurs fonctions*, et que l'art. 19, tit. 2 de la loi des 19-22 juill. 1791, qui prononce la peine de l'amende et de l'emprisonnement pour les injures ou menaces par paroles ou par gestes adressées à un fonctionnaire public, n'est applicable qu'au cas où il a été injurié *dans l'exercice de ses fonctions* (Crim. cass. 19 oct. 1792, MM. Thouret, pr., Maleville, rap., aff. Boyer); — 2° Sous le code pénal, qu'encore bien que des injures auraient été proférées contre un maire, les tribunaux de police sont compétents pour en connaître, lorsqu'elles n'ont pas été publiques, qu'elles ne renferment l'imputation d'aucun vice déterminé, et n'ont pas été proférées contre un maire, dans l'exercice ou à l'occasion de l'exercice de ses fonctions (Crim. rej. 18 août 1832) (3).

1391. Il a même été décidé qu'un tribunal de police est compétent pour connaître des injures proférées contre un maire *à l'occasion de ses fonctions*, lorsqu'elles ne l'ont pas été publiquement, et ne contiennent pas l'imputation d'un vice déterminé (Crim. rej. 4 août 1832) (4).

1392. Mais ceci a besoin d'explication. Aux termes de

---

tribunal de simple police de Paris, pour avoir insulté des gendarmes en les appelant polissons, ce tribunal le condamna à 2 fr. d'amende et aux frais, etc., en vertu de l'art. 471, n° 11, c. pén. Ce jugement viole évidemment les règles de sa compétence. — Les injures contre les agents de l'autorité publique n'appartiennent point à la classe des injures contre les simples particuliers.

La loi leur assigne une catégorie spéciale. — Et la raison nous enseigne hautement que cette distinction est juste et nécessaire. — Le code pénal de 1810 l'admettait. — La seule difficulté, d'après ce code, serait de savoir si une injure quelconque contre un dépositaire de la force publique est toujours un outrage. — La raison de douter est que l'art. 222 a déterminé le caractère de l'outrage, en le considérant nominativement comme une atteinte portée à l'honneur ou à la délicatesse. — Si la solution de cette difficulté était indispensable, on pourrait répondre affirmativement, 1° parce que toute injure qui ternit ou qui déprime le caractère d'un officier public, blesse nécessairement sa délicatesse; — 2° Parce qu'à défaut de cette solution, il faudrait aller chercher la peine de l'injure dans l'art. 471, qui appartient aux injures contre les simples particuliers. — Mais ces explications sont inutiles. — Il faut nous porter maintenant à la loi du 17 mai 1819. — Cette loi, après avoir déterminé les caractères de la diffamation et ceux de l'injure, et après avoir prescrit les peines applicables à la première, s'occupe dans son art. 19 des peines à appliquer à la seconde, en admettant toutefois une différence dans ces peines en tant que l'injure a été proférée ou envers des fonctionnaires ou envers de simples particuliers. — L'injure contre tout dépositaire ou agent de l'autorité publique doit donc être distinguée de l'injure contre les simples particuliers. — Si elle a eu lieu par l'un des moyens énoncés dans l'art. 1 de la loi du 17 mai 1819, elle doit être punie suivant l'art. 19 de cette loi. — Dans le cas contraire, elle reste soumise à la disposition de l'art. 224 c. pén. — Dans tous les cas, la peine est du ressort du tribunal correctionnel. — Ce considéré, il plaise à la cour casser et annuler, etc. *Signé* Mourre. — Arrêt.

La cour; — Vu le réquisitoire du procureur général en la cour, tendant à l'annulation, dans l'intérêt de la loi, du jugement rendu le 26 déc. 1822, par le tribunal de simple police de Paris, qui condamne Pierre Balthazard à 2 fr. d'amende et aux frais; — Statuant sur les fins dudit réquisitoire, et adoptant les motifs qui y sont développés; — Casse.

Du 13 mars 1823.-C. C., sect crim.-MM. Bailly, pr.-Ollivier, rap.

(1) (Min. pub. C. veuve Maréchal.) — Statuant sur la demande en règlement de juges, formée par le procureur général près la cour d'appel de Poitiers : — Attendu que le tribunal correctionnel de Montmorillon s'est déclaré, par jugement du 14 août dernier, incompétent pour connaître de la prévention du délit d'outrages faits par la nommée Lochon, veuve Maréchal, à un huissier dans l'exercice de ses fonctions, et a renvoyé la prévenue devant le tribunal de simple police de Chavigny; — Attendu que ce tribunal de simple police, par jugement du 2 janvier, s'est déclaré incompétent pour connaître de la prévention; — Attendu que la loi du 17 mai 1819 a laissé subsister l'art. 224 c. pén., qui punit tous outrages par paroles, gestes ou menaces envers les officiers ministériels, d'une amende de 16 à 200 fr.; qu'ainsi ce délit est de la compétence du tribunal correctionnel; — Que le jugement du tribunal correctionnel de Montmorillon et celui de simple police de Chavigny, tous les deux passés en dernier ressort, étant contraires, et le cours de la justice, étant interrompu, il importe de le rétablir; — Que, dans l'espèce, les faits dont est prévenue la veuve Maréchal, sont prévus par l'art. 224 c. pén., et emportent une peine correctionnelle; — Sans s'arrêter au jugement rendu, le 14 août dernier, par le tribunal de Montmorillon qui est considéré comme non avenu, renvoie la veuve Maréchal devant le tribunal correctionnel de Poitiers.

Du 19 mai 1827.-C. C., ch. crim.-MM. Portalis, pr.-Bernard, rap.

(2) (Min. pub. C. Formage.) — La cour; — Considérant que le délit d'outrages par paroles envers un commandant de la force publique dans l'exercice de ses fonctions, prévu par l'art. 225 c. pén., est de la compétence des tribunaux correctionnels; — Qu'aucune loi n'a soustrait à la juridiction ordinaire les gardes nationaux qui se rendraient coupables de ce délit envers leurs chefs; — Qu'à la vérité l'art. 87 de la loi du 22 mars 1831 punit seulement de peines de discipline les officiers qui se seraient permis des propos outrageants, soit envers leurs supérieurs, soit envers leurs subordonnés, mais que cette disposition de loi ne concernant que les officiers, il s'ensuit que les simples gardes nationaux sont restés soumis au droit commun; — Dit à tort l'exception d'incompétence.

Du 15 mars 1834.-C. de Caen.

(3) Bernardini C. min. pub.) — La cour; — Attendu sur le premier moyen proposé par le demandeur qu'il résulte du jugement attaqué que les injures proférées par lui contre Antoine Olivieri, adjoint de Tomino, n'ont pas été publiques et qu'elles ne renferment l'imputation d'aucun vice déterminé, et que, bien que proférées envers un homme revêtu d'un caractère public, elles ne l'avaient été ni dans l'exercice, ni à l'occasion de l'exercice de ses fonctions. — Attendu, sur le second moyen, que le jugement attaqué a décidé en fait que Bernardini a vomi dans cette circonstance des injures, sans y avoir été en aucune sorte provoqué par celui-ci, qu'en le condamnant dès lors à 2 fr. d'amende le tribunal de police n'a en aucune sorte violé l'art. 471, § 11 c. pén.

Du 18 août 1832.-C. C. sect., crim.-MM. Ollivier, pr.-Meyronnet, r.

(4) *Espèce* : — (Min. pub. C. Devolvé.) — Devolvé, juge d'instruction au tribunal de Pamiers, fut traduit devant le tribunal de simple police, pour s'être livré, dans la salle de l'audience, en présence des juges, du substitut du procureur du roi et des membres du barreau, à des diatribes injurieuses contre l'autorité municipale, et notamment contre le maire de Pamiers, à l'occasion de logements militaires, et ce, sur la plainte de l'adjoint faisant les fonctions de maire. Le tribunal de police de Mirepoix saisi de l'affaire, en suite de cassation d'un premier jugement, a condamné Devolvé par défaut, à 4 fr. d'amende et aux frais, par le motif que de l'instruction de l'affaire il était suffisamment prouvé que, le 15 déc. 1831, ce dernier s'était permis des propos injurieux et indécents contre Pujol, adjoint, à raison de l'exécution de ses fonctions, propos qui néanmoins ne renfermaient l'imputation d'aucun vice déterminé, et manquaient du caractère de publicité. — Pourvoi par le minis-

l'art. 222 c. pén., lorsqu'un ou plusieurs magistrats de l'ordre administratif ou judiciaire ont reçu *dans l'exercice de leurs fonctions, ou à l'occasion de cet exercice*, quelque outrage par paroles *tendant à inculper leur honneur ou leur délicatesse*, celui qui les a ainsi outragés est puni d'un emprisonnement d'un mois à deux ans. — Pour rendre cette peine correctionnelle applicable, il n'est pas nécessaire, on le voit, que l'outrage ait été *public* ou qu'il renferme l'imputation d'un *vice déterminé*, mais bien qu'il ait été commis *dans l'exercice ou à l'occasion de l'exercice des fonctions du magistrat* outragé et qu'il soit de nature à inculper son honneur ou sa délicatesse. — En décidant que le tribunal correctionnel n'était pas compétent, par cela seul que l'injure dont il s'agissait n'était pas publique et qu'elle ne renfermait pas l'imputation d'un vice déterminé, l'arrêt précité nous paraît avoir méconnu le sens de l'art. 222 c. pén. qui, seul, devait être invoqué, puisqu'il s'agissait dans l'espèce d'un *outrage envers un magistrat de l'ordre administratif*, à moins toutefois qu'on ne décide que la présence du fonctionnaire outragé est nécessaire pour constituer l'*outrage* dans le sens purement légal de ce mot, doctrine qui nous paraît parfaitement juridique (V. *suprà*, nos 678 et 698), mais que n'admet point la jurisprudence de la cour suprême, ce qui ne permet pas de supposer qu'elle ait été déterminée par ce motif.

1393. Suivant l'art. 192 c. inst. crim., si le fait déféré à un tribunal correctionnel n'est qu'une contravention de police, et si *la partie publique* ou *la partie civile* n'a pas demandé le renvoi, le tribunal doit appliquer la peine et statuer, s'il y a lieu, sur les dommages-intérêts. — D'où il résulte que l'incompétence des tribunaux de police correctionnelle, pour connaître des contraventions de police, est si peu absolue que, suivant la jurisprudence la plus générale, le prévenu lui-même ne peut proposer le déclinatoire, parce que l'article précité n'accorde ce droit qu'à la *partie publique et à la partie civile* (V. du reste vo Compét. crim., nos 534 et suiv.). — Aussi a-t-il été jugé : 1o qu'un tribunal correctionnel saisi d'un délit de sa compétence doit apprécier les faits de provocation opposés par le prévenu et se rattachant au délit, bien que ces faits fussent des injures qui, prises isolément, seraient de la compétence du tribunal de simple police (Crim. rej. 27 juill. 1810) (1); — 2o Que lorsqu'un tribunal correctionnel se trouve saisi de la connaissance d'une injure qui manque du double caractère de gravité et de publicité nécessaires pour rendre le prévenu passible de peines correctionnelles, ce tribunal est compétent pour prononcer les peines de simple police, si le prévenu n'a pas conclu au renvoi (Crim. cass. 16 avr. 1831, aff. Courtel, V. no 930).

1394. Mais l'art. 192 c. inst. crim., qui porte que, dans ce cas, le jugement du tribunal correctionnel sera en *dernier ressort*, ne doit pas être pris à la lettre; en telle sorte que si le tribunal correctionnel s'est trompé dans la qualification des faits, et s'il a réduit un délit à une simple contravention, sa décision doit être réformée (V. Appel crim. no 82). — Aussi a-t-il été jugé que, dans le cas où un tribunal correctionnel saisi d'une plainte pour outrage public envers un fonctionnaire n'a reconnu dans les faits articulés que de simples injures passibles des peines portées en l'art. 471, no 11, c. pén., dont il a fait l'application en dernier ressort, les juges d'appel peuvent déterminer leur compétence d'après une nouvelle appréciation des faits et décider, par exemple, que le fait imputé ayant le caractère de publicité à raison du lieu où les propos avaient été tenus constituait le délit de diffamation à raison duquel la décision des premiers juges était susceptible d'appel (Crim. rej. 4 août 1826) (2).

1395. *Démarcation de la compétence entre les tribunaux correctionnels et les cours d'assises.* — Avant la loi du 26 mai 1819, les *délits* qui se commettaient par les voies de *publication* étaient, suivant les règles ordinaires, déférés aux tribunaux correctionnels. — Dans des vues libérales que l'expérience n'a pas toujours justifiées, l'art. 13 de cette loi voulut que tous les crimes et délits commis par la voie de la presse ou tout autre moyen de publication, *à l'exception de ceux désignés dans l'article suivant*, fussent renvoyés par la chambre des mises en accusation de la cour d'appel devant la cour d'assises, pour être jugés à la plus prochaine session. — Suivant l'art. 14 de la même loi, les délits de diffamation verbale ou d'injure verbale contre toute personne et ceux de diffamation ou d'injure par une voie de publication quelconque contre des particuliers devaient seuls être jugés par les tribunaux de police correctionnelle, sauf les cas attribués aux tribunaux de simple police. — Il suivait de là, qu'*à moins d'exception formelle*, tous les délits commis par la voie de la presse ou par tout autre moyen de publication, étaient de la compétence exclusive des cours d'assises. L'intention des législateurs, en attribuant au jury la connaissance de ce genre de délits, fut de donner à la liberté de la presse une garantie contre l'excessive sévérité des tribunaux, qui gênait quelquefois son allure franche et indépendante. — Conformément à ce principe, il a été jugé : 1o qu'aux termes de l'art. 5 de la loi du 17 mai 1819, les cris séditieux proférés publiquement constituaient un délit de la compétence des cours d'assises, ... alors même que le délit aurait été commis antérieurement à cette loi (Crim. régl. de juges, 27 août 1819, MM. Barris, pr., Rataud, rap., aff. Bunel); — 2o Que le délit d'offense envers la personne du roi, et d'attaque contre les droits qu'il tient de la nation, délit commis par la voie de la presse, est de la compétence des cours d'assises (Crim. rej. 31 mars 1832, aff. Roi de la Chaise, V. Appel crimin., no 339).

---

tère public, qui a prétendu, 1o que le tribunal de police était incompétent pour connaître d'injures proférées contre des agents de l'autorité publique, surtout lorsque ces injures avaient été proférées dans un lieu public; 2o que le juge de paix, malgré les conclusions du ministère public, s'était refusé à tort de renvoyer l'audience pour entendre M. Viguier, témoin dans cette affaire qui, quoique légalement cité, n'avait pas comparu; 3o que les injures avaient été publiques. — Arrêt.

La cour; — Attendu, sur les premier et troisième moyens, que le jugement attaqué a déclaré que les injures proférées ne contenaient pas l'imputation d'un vice déterminé, et qu'elles n'étaient pas publiques; que cette déclaration avait été faite dans l'ordre des attributions du tribunal et que, sur les faits tels que le jugement les énonçait, la loi pénale avait été justement appliquée; — Attendu, sur le deuxième moyen, qu'en ordonnant l'ouverture des débats, malgré l'absence du témoin Viguier, substitut du procureur du roi, et en autorisant ensuite, sur la demande du ministère public, la lecture de la déclaration de ce témoin absent, le tribunal a agi d'une manière conforme à la loi et à ses attributions; — Rejette.

Du 4 août 1832.-C. C., ch. crim.-MM. Chantereyne, pr.-Ollivier, r.

(1) (Grumet C. veuve Périchon.) — La cour; — Attendu qu'en examinant les faits de la plainte de la veuve Périchon, le tribunal correctionnel de Bellay, et par suite, la cour de justice criminelle de l'Ain, ont dû apprécier les faits de provocation opposés par les accusés, quoique les faits ne fussent que des injures qui, prises isolément auraient été de la compétence de la police simple, mais qui, dans l'espèce, se rattachaient nécessairement au délit principal dont le tribunal correctionnel se trouvait régulièrement saisi; qu'ainsi l'arrêt attaqué n'a violé aucune loi; — Rejette.

Du 27 juill. 1810.-C. C., sect. crim.-MM. Barris, pr.-Favard, rap.

(2) *Espèce* : — (Duvert C. le sous-préfet de Melle.) — La cour; — Attendu, sur le premier moyen, que, par l'appel porté devant lui, le tribunal correctionnel d'appel est saisi du droit d'apprécier de nouveau les faits de la plainte et, par conséquent, de déterminer sa compétence d'après cette nouvelle appréciation, sans s'arrêter à celle que le tribunal correctionnel de première instance aurait déclaré; — Et attendu que, suivant la plainte, le fait imputé consistait à avoir tenu des propos outrageants contre le sous-préfet de Melle ou contre d'autres fonctionnaires administratifs ou judiciaires, dans les bureaux de la sous-préfecture de Melle formant un lieu public; — Qu'à la vérité, le tribunal correctionnel de Melle, considérant que les bureaux de la sous-préfecture n'étaient pas un lieu public, n'a reconnu dans le fait imputé qu'une simple injure passible d'une peine de police et a prononcé en dernier ressort, mais que sur l'appel le tribunal correctionnel de Niort, reconnaissant au contraire le caractère de publicité, là où le tribunal de Melle l'avait méconnu, a déclaré que le fait imputé constituait un délit de diffamation à raison duquel l'appel du jugement du tribunal correctionnel de Melle était recevable; — Qu'en le décidant ainsi loin d'avoir violé les art. 172, 177 et 192 c. inst. crim. il a exercé le droit dont l'appel du jugement de première instance l'avait légalement saisi.

Attendu sur le deuxième moyen que les bureaux de sous-préfecture sont en effet des lieux publics, parce qu'ils sont de leur nature accessibles au public; et qu'en reconnaissant cette publicité, et en prononçant en conséquence la peine de six mois d'emprisonnement et de 200 fr. d'amende le jugement attaqué n'a point fait une fausse application de l'art. 6 de la loi du 25 mars 1822; — Rejette.

Du 4 août 1826.-C. C., ch. crim.-MM Bailly, f. f de pr.-Ollivier, r.

1396. Mais on ne tarda pas à s'apercevoir que la compétence attribuée au jury pouvait, par suite de son extrême indulgence dans les matières qui touchent à la politique, devenir un écueil pour le pouvoir.— Et la loi du 25 mars 1822, par son art. 17, rendit aux tribunaux correctionnels la connaissance des délits commis par la voie de la presse et par tout autre moyen de publication, délits qui, auparavant, étaient attribués aux cours d'assises. Cependant, comme pour consoler la presse des garanties vitales qu'elle perdait, ce même article de la loi de 1822 statua que les appels des jugements rendus par les tribunaux correctionnels sur les délits commis par des écrits imprimés par un procédé quelconque, seraient portés directement, sans distinction de la situation locale desdits tribunaux, aux cours d'appel pour y être jugés par la première chambre civile et la chambre correctionnelle réunies, dérogeant, quant à ce, aux art. 200 et 201 c. inst crim. — Les appels des jugements rendus par les mêmes tribunaux sur tous les autres délits prévus par cette loi et par celle du 17 mai 1819, devaient être jugés dans la forme ordinaire fixée par le code pour les délits correctionnels.

1397. L'une des promesses de la charte de 1830 fut de rendre au jury la connaissance des délits de la presse, et cette promesse fut réalisée par la loi du 8 octobre 1830.— Aux termes de l'art. 1 de cette loi, la compétence du jury fut rétablie pour tous les délits commis, soit par la voie de la presse, soit par tous les autres moyens de publication énoncés en l'art. 1 de la loi du 26 mai 1819, en exceptant toutefois de cette règle, ainsi que l'avait fait l'art. 13 de la loi du 26 mai 1819, les cas prévus par l'art. 14 de cette loi (V. *suprà*, nº 1395). — L'art. 3 de la loi du 8 oct. 1830 excepta également de la compétence du jury les cas où les chambres jugeraient à propos d'user des droits qui leur sont attribués par l'art. 15 de la loi 25 mars 1822, aux termes duquel, dans le cas d'offenses envers les chambres ou l'une d'elles, la chambre offensée peut ordonner que le prévenu sera traduit à sa barre, et par l'art. 16 de la même loi, d'après lequel les chambres et les tribunaux peuvent appliquer les peines portées par la loi contre les comptes rendus infidèles de leurs séances. — Il a été décidé par application de cette loi : 1º que le délit d'outrage public par paroles envers un fonctionnaire public, est, de même que le délit de diffamation ou d'injures publiques envers les particuliers, de la compétence du tribunal correctionnel et non de la cour d'assises (Crim. rej. 10 juill. 1834) (1);— 2º Que la diffamation verbale, même envers un fonctionnaire public, dans l'exercice de ses fonctions, est de la compétence des tribunaux correctionnels (Crim. rej. 7 déc. 1837) (2).

1398. Sous la loi de 1830, on avait agité la question de savoir si les fonctionnaires diffamés à raison de leurs fonctions, avaient le droit de porter leur action en dommages-intérêts devant la juridiction civile, et d'éviter ainsi la juridiction de la cour d'assises qui seule, aux termes de la loi précitée, pouvait connaître de l'action publique. La jurisprudence s'était fixée dans le sens de l'affirmative (Crim. rej. 29 janv. 1840, aff. Salmon, V. *infrà*, nº 1448; 4 août 1841, MM. Zangiacomi, pr., Joubert, rap., aff. Le Pays; Limoges, 28 et 31 déc. 1841, M. Talandier, pr., aff. Bourdeau et sur pourvoi, Req. 21 fév. 1843, MM. Zangiacomi, pr., Joubert, rap.; Douai, 7 janv. 1842, M. Petit, pr., aff. feuille de Cambrai; Bourges, 14 mai 1842, M. Aupetit Durand, aff. l'Association *C.* Avril; Crim. rej. 23 juin 1846, aff. Adam, D. P. 46. 1. 225, V. la note, *eod.*; 8 mai 1847, aff. Marrast, D. P. 47. 1. 113; 25 nov. 1847, aff. Vanderest, D. P. 47. 4. 385, V. aussi nº 1448). Mais le décret du gouvernement provisoire, du 22 mars 1848, a eu pour but de priver les fonctionnaires du bénéfice de cette jurisprudence, en attribuant formellement aux cours d'assises la connaissance des actions en dommages-intérêts résultant des délits de presse commis contre eux.

1399. La contre-révolution du 2 décembre nous a ramenés au point de départ de la législation que nous venons d'analyser. — Le décret des 31 déc. 1851-3 janv. 1852 (D. P. 52. 4. 21) a déféré aux tribunaux de police correctionnelle la connaissance de tous les délits prévus par les lois sur la presse et commis au moyen de la parole.—Et il a été jugé que l'art. 3 de ce décret qui soumet la poursuite des délits de presse aux règles prescrites par le code d'instruction criminelle pour la juridiction correctionnelle, s'applique, non-seulement aux délits à venir, mais même à ceux qui ont été déjà l'objet de poursuites en exécution des lois spéciales, quel que soit le degré auquel est parvenue l'instruction, pourvu qu'ils n'aient pas été jugés contradictoirement, et, par exemple, encore bien qu'une ordonnance de la chambre du conseil, après avoir établi la prévention, aurait renvoyé la procédure au procureur général pour être soumise à la chambre d'accusation, et même qu'un arrêt de cette chambre aurait renvoyé le prévenu devant les assises (Paris, 13 janv. 1852, aff. Sédenio, D. P. 51. 5. 389). — Le décret du 17 fév. 1852 (D. P. 52. 4. 56) a généralisé les dispositions de celui du 31 décembre précédent.—Aux termes de l'art. 25 du dernier de ces décrets, doivent être poursuivis devant les tribunaux de police correctionnelle : 1º les délits commis par la voie de la presse ou par tout autre moyen de publication mentionné dans l'art. 1 de la loi du 17 mai 1819, et qui avaient été attribués par les lois antérieures à la compétence des cours d'assises; — 2º les contraventions sur la presse prévues par les lois antérieures; — 3º les délits et contraventions prévus par le décret de 1852. — Ainsi, depuis ce décret, les *délits* commis par la voie de la presse et les autres moyens de publication sont rentrés sous l'empire du droit commun, et dès lors se sont évanouies toutes les difficultés que pouvait faire naître à cet égard la démarcation de la compétence entre les tribunaux correctionnels et les cours d'assises. — Aujourd'hui la cour d'assises ne peut plus connaître que des *crimes* auxquels il a été participé par l'une des voies de publication.

Ainsi, de ce côté, la compétence des tribunaux correctionnels est facile à déterminer, puisqu'elle embrasse *tous les délits* de publication. — Il ne nous reste plus qu'à vérifier la démarcation qui sépare cette juridiction des tribunaux civils et des tribunaux administratifs.

1400. *Démarcation de la compétence entre les tribunaux correctionnels et les tribunaux civils.* — Avant la loi du 24 avril

---

(1) *Espèce :* — (Llanta *C.* min. pub.) — Llanta père, traduit devant le tribunal correctionnel de Ceret pour s'être avancé d'un air menaçant devant le procureur du roi, qui avait fait arrêter Llanta fils, et lui avoir demandé insolemment pourquoi il l'avait fait arrêter, disant qu'il avait commis une injustice criante; qu'il se plaindrait de ses actes arbitraires, a demandé son renvoi devant la cour d'assises. Son exception a été accueillie en première instance, mais rejeté en appel.—Pourvoi.—Arrêt.

LA COUR; — Attendu que le délit d'outrage, prévu par l'art. 6 de la loi du 25 mars 1822, s'identifie avec celui de diffamation et d'injure défini et caractérisé par les art. 13 et 14 de la loi du 17 mai 1819; — Attendu que l'art. 2 de la loi du 8 oct. 1830 se réfère, quant à la compétence, à l'art. 14 de la loi du 26 mai 1819, et que cet article, dans ses termes, ne fait pas de distinction entre la diffamation et l'injure publique envers les fonctionnaires et les mêmes délits, commis envers les particuliers; — Attendu que, dès lors, les uns et les autres restent dans les attributions de la juridiction correctionnelle; — Attendu que le tribunal de Perpignan, en se déclarant compétent pour connaître du délit d'outrage imputé au demandeur, n'a fait qu'une juste application des règles de compétence; — Rejette.

Du 10 juill. 1834.-C. C., ch. crim.-MM. Choppin, pr.-Isambert, rap.

(2) (Andrieu *C.* min. pub.) — LA COUR; — Sur le deuxième moyen, résultant d'une prétendue incompétence de la juridiction correctionnelle; — Attendu qu'il existe une différence essentielle entre la diffamation verbale et la diffamation par écrit; que la première, alors même qu'un fonctionnaire public en est l'objet, a été formellement exceptée par l'art. 14 de la loi du 26 mai 1819 de la compétence des cours d'assises, et que l'art. 2 de la loi du 8 oct. 1830 a reproduit cette disposition en termes non moins généraux et non moins absolus; — Attendu, dès lors, que, loin qu'il ait été dérogé aux règles de la compétence en matière d'outrages par paroles contre les fonctionnaires publics, la législation spéciale les a expressément maintenues;

Sur le quatrième moyen, relatif à l'application de la peine : — Attendu, d'une part, que le jugement attaqué a déclaré le demandeur coupable du délit de diffamation prévu et puni par les art. 15 et 16 de la loi du 17 mai 1819; — Attendu, d'autre part, que cette diffamation verbale ayant eu pour objet un fonctionnaire public dans l'exercice de ses fonctions, a pris le caractère d'outrages prévu par l'art. 222 c. pén., et qu'en appliquant au fait reconnu constant les dispositions plus rigoureuses de ce dernier article, le jugement attaqué a tout à la fois légalement qualifié ledit fait et s'est conformé au principe consacré par l'art. 365 c. inst. crim.; — Par ces motifs, rejette ces moyens.

Du 7 déc. 1837.-C. C., ch. crim.-MM. de Bastard, pr.-Rocher, rap.

1806 (V. Voirie), il avait été jugé : 1° Que le tribunal correctionnel était seul compétent pour prononcer sur la plainte en injures verbales proférées contre le percepteur de la taxe pour l'entretien des routes; que c'était bien à tort qu'on prétendrait que les contraventions en matière de taxe d'entretien des routes n'étant justiciables que des tribunaux civils, les injures proférées contre les percepteurs de cette taxe devaient être portées devant ces derniers tribunaux (Req. 25 vent. an 11, M. Delacoste, rap., aff. Riverieux; Crim rej. 7 niv. an 13, MM. Viellart, pr., Seignette, rap., aff. Lafon);—2° Que le juge de paix était incompétent pour connaître d'une action en injures proférées contre les percepteurs des droits d'entretien des routes, et même pour statuer sur la question de savoir si la renonciation faite devant lui, par les percepteurs, à toute indemnité, pouvait dispenser de prononcer l'amende (Civ. cass. 1er mess. an 7; M. Riolz rap., aff. N...) Mais ces décisions n'offrent plus d'intérêt aujourd'hui parce que la loi précitée du 24 avril 1806 a supprimé les barrières et la taxe d'entretien des routes.

Quant à la démarcation qui distingue la compétence des tribunaux correctionnels de celle des tribunaux civils, V. au surplus *infra*, nos 1448 et s.

1401. *Démarcation de la compétence entre les tribunaux correctionnels et les tribunaux administratifs.*—Toute appréciation des actes administratifs est interdite aux tribunaux (V. Comp. adm., nos 69 et s.).—D'où il semble naturel de conclure que lorsqu'il est prétendu qu'un acte administratif renferme un délit, l'autorité administrative doit être appelée à vérifier si ce délit existe.—Aussi a-t-il été décidé 1° que l'enquête faite par un employé supérieur des postes, et par ordre de son administration, ne peut donner lieu à une plainte en injure qui puisse être portée devant les tribunaux de l'ordre judiciaire, ce fait ayant un caractère administratif (Crim. cass. 16 prair. an 9) (1); — 2° Qu'un tribunal auquel est déférée une plainte en diffamation par la voie de la presse envers un conseil municipal n'est pas compétent pour apprécier les vices de forme de la délibération qui a donné lieu à la diffamation (Crim. cass. 28 avr. 1826, aff. Descoutures, V. n° 898 et sur renvoi, Riom, 19 mars 1827, M. Grenier, 1er pr.); — 3° Que celui qui se prétend diffamé par la délibération d'un conseil municipal, doit se pourvoir par voie administrative et non par voie correctionnelle contre le maire qui a pris part à la délibération (Cons. d'Etat, 6 sept. 1842) (2); — 4° Que les expresssions diffamatoires contenues dans la délibération d'un conseil municipal ne peuvent donner lieu à une action en diffamation devant les tribunaux, de la part du membre auquel ces expressions s'appliquent : l'individu lesé par cette délibération doit en poursuivre l'annulation devant l'autorité administrative (Nancy, 17 juillet 1846, aff. Mayeur, D. P. 46. 2. 236).

1402. *Compétence des cours d'assises.* Aux nos 1395 et suiv., nous avons rappelé les vicissitudes qu'ont subies les règles relatives à la compétence des cours d'assises, dans la juridiction desquelles le législateur avait fait entrer un grand nombre de délits de publication, qui, d'après les dispositions du code d'inst. crim., doivent appartenir aux tribunaux correctionnels. On y a vu aussi que le décret du 17 févr. 1852 a remis ces dispositions en vigueur; en telle sorte que les *crimes* commis par les voies de publication doivent seuls êtres jugés par les cours d'assises. Nous n'avons rien à ajouter ici aux explications dans lesquelles nous sommes entrés à cet égard.

1403. *Compétence de la haute cour de justice.* Suivant l'art. 54 de la constitution de 1852, une haute cour de justice juge, sans appel, ni recours en cassation, toutes personnes qui auront été renvoyées devant elle, comme prévenues de crimes, attentats ou complots contre le président de la république, aujourd'hui l'Empereur, et contre la sûreté intérieure ou extérieure de l'Etat. (Quant à l'organisation de cette cour, V. Org. jud.).— De cette disposition il suit que tous ceux qui, à l'aide de l'un des moyens de publication désignés par la loi du 17 mai 1819, ont participé à un attentat ou à un complot contre la sûreté intérieure ou extérieure de l'Etat peuvent être traduits devant la haute cour de justice. — Quant aux caractères constitutifs de ces crimes, V. Crimes contre la sûreté de l'Etat et Souveraineté.

ART. 2. — *Compétence fondée sur la qualité de l'inculpé.*

1404. Pour les règles générales à cet égard, V. v° Compétence crim., nos 218 et s. — Il nous suffira de rappeler ici que sous la charte de 1814 et sous celle de 1830, les pairs de France ne pouvaient être jugés que par la chambre des pairs (V. Compét. crim., n° 221). — Aussi avait-il été jugé que la cour des pairs était seule compétente pour juger tous les prévenus d'un même délit de presse, quand parmi eux s'en trouvait un qui appartenait à la chambre des pairs. (C. des pairs, 24 nov. 1830, aff. Kergorlay; conf. M. Parant, p. 252). — La constitution de 1852 ne donne à cet égard aucun privilége aux sénateurs.

---

(1) *Espèce :* — (D'Abadie C. Sequinotte.) — L'administration des postes avait envoyé, en 1793, un employé supérieur à Pau, pour y faire une sorte d'enquête sur un fait dont on lui avait donné connaissance, et qui compromettait la probité de ses employés : c'était le sieur d'Abadie. —Il prit toutes les informations possibles et fit faire les recherches qu'il crut nécessaires.— Sequinotte, contrôleur des postes, prétendit que ces démarches étaient injurieuses pour lui, porta plainte, le 2 pluv. an 2, contre d'Abadie.—Cette plainte impoursuivie pendant près d'un an ne fut reprise que le 1er niv. an 3, puis encore abandonnée, puis reprise deux ans après seulement, en l'an 5.— Enfin ce ne fut qu'en l'an 8 que des poursuites effectives eurent lieu, et une citation fut donnée à d'Abadie, qui se contenta de proposer l'incompétence du tribunal et la prescription annale.—Toutefois il fut condamné par trois jugements, du 15 germ. an 8, du 5 prair. même année, et enfin du 9 vent. an 9. — Pourvoi. — Jugement.

LE TRIBUNAL; —Vu l'art. 13 du tit. 2 de la loi du 24 août 1790;— Considérant que d'après le principe établi dans la loi ci-dessus rapportée, et celles des 16 et 24 fruct an 3, et les arrêts du gouvernement, les tribunaux de justice ne peuvent s'immiscer dans la connaissance des discussions et des altercations qui peuvent s'élever entre les employés des administrations, relativement à leurs fonctions.— Considérant que la plainte présentée par Sequinotte, ci-devant contrôleur des postes au bureau de Pau, en pluv. an 2, contre Jacques d'Abadie, pour lors inspecteur des postes, et aujourd'hui chef de la comptabilité de cette administration à Paris, est relative aux recherches et vérifications que ce dernier avait été chargé de faire au sujet de la disparition de quatre paquets chargés à la poste. — Considérant que cet employé ne pouvait se dispenser de se conformer dans ses recherches et vérifications au mode pour lors établi à la fin de 1793, en traitant et discutant publiquement cet objet avec les nombreuses autorités alors existantes à Pau; que de ce mode il pouvait s'ensuivre des soupçons et des plaintes ou propos injurieux, qui, dans l'affaire dont il s'agit, sont la base de l'action de Sequinotte contre l'employé supérieur, sans qu'on puisse en inférer que celui-ci soit sorti des limites de ses fonctions. — Considérant qu'en dépouillant le fait imputé à d'Abadie du caractère administratif, et en le considérant en lui-même, l'action de Sequinotte se trouvait soumise à la prescription; que l'action pour injures verbales, telle qu'elle existait à cette époque, et qui seule compétait à Sequinotte le jeune, était soumise à la prescription générale d'un an, et particulièrement dans le département des Basses-Pyrénées; qu'à partir de la date de la plainte du 2 pluv. an 2, instance était restée impoursuivie depuis le 8 pluv. an 2, jusqu'au 1er niv. de l'an 3; qu'abandonnée une seconde fois devant le juge de paix depuis le 23 niv. de l'an 3, par l'audition du dernier témoin, elle n'avait été reprise que le 8 niv. de l'an 5, ce qui avait amené la prescription de l'action en elle-même; que les tribunaux, en s'appuyant sur la loi du 4 brum. an 4, rendue postérieurement au fait et à l'action qui y avait donné lieu, ne pouvaient donner à cette loi un effet rétroactif, et opérer une extension incompatible avec notre législation.— Par ces motifs, casse.

Du 16 prairial an 9.-C. C., sect. crim.-MM. Seignette, pr.-Sieyès, rap.

(2) (Saint-Paul.) — LOUIS-PHILIPPE, etc.; — Considérant que le maire de Château-Renard est poursuivi devant le tribunal de police correctionnelle de Tarascon, à la requête du sieur marquis de Saint-Paul, comme prévenu de diffamation, en tant qu'il aurait pris part à une délibération du conseil municipal de ladite commune qualifiée de diffamatoire, et qu'il aurait signé ladite délibération; — Considérant que, aux termes de l'ordonnance ci-dessus visée du 1er juin 1828, il y a lieu d'élever le conflit en matière correctionnelle toutes les fois que la répression est attribuée à l'autorité supérieure par l'autorité législative; — Considérant qu'il résulte de l'art. 60 de la loi pareillement visée du 14-22 déc. 1789, que tout citoyen qui se croit lésé par un acte quelconque d'un corps municipal ne peut qu'exposer ses sujets de plainte à l'autorité administrative supérieure, laquelle y fait droit, s'il y a lieu, après vérification des faits.

Du 6 sept. 1842.-Cons. d'Etat.

Elle n'en accorde pas non plus aux membres du corps législatif. — Au reste sous les chartes de 1814 et 1830, les députés étaient soumis à la juridiction du droit commun, dans le cas où un délit de la parole ou de la presse était commis par un député, en dehors de la chambre, il n'appartenait point à la chambre de connaître de ce délit; elle ne pouvait qu'autoriser des poursuites si elle en était requise.

1405. Aux termes du code d'instr. crim. (art. 479), lorsque les juges de paix, les membres des tribunaux de 1re instance, les officiers du ministère public, sont prévenus d'avoir commis un délit hors de leurs fonctions, ils doivent être jugés par la cour impériale. — Mais, sous la loi du 8 oct. 1830, les délits de la presse commis par des magistrats ou des officiers de police judiciaire étaient soumis à la juridiction de la cour d'assises, et non à celle des cours royales. Cela résultait clairement de la discussion qui eut lieu lors de la présentation de la loi du 8 oct. 1830 à la chambre des députés. (V. M. Parant, p. 256). — Et il a été jugé en ce sens : — 1° Que la loi du 8 oct. 1830, qui attribuait aux cours d'assises la connaissance de tous les délits de la presse (à l'exception de ceux commis entre particuliers), et des délits politiques, avait établi une compétence nouvelle et générale qui n'admettait aucune distinction pour le cas où le délit avait été commis par un magistrat ou par toute autre personne; et qu'à cet égard, les art. 479 et 483 C. instr. crim., qui ont établi la juridiction privilégiée des cours royales en faveur des magistrats, étaient abrogés par la loi de 1830 (Crim. rej. 14 avr. 1831) (1); — 2° Que néanmoins, à l'égard des délits de la presse commis par un magistrat, non contre des fonc-

(1) *Espèce :* — (Fourdinier C. avoués de Saint-Pol.) — Une plainte en diffamation et outrages fut portée contre M. Fourdinier, président du tribunal de Saint-Pol, par deux avoués de ce tribunal, en même temps juges suppléants, qui se portèrent partie civile. — Après l'instruction qui fut faite, devant la chambre d'accusation, par un conseiller délégué, M. le procureur général, à raison de la gravité des circonstances, requit la réunion des chambres d'accusation et de police correctionnelle. — Voici les termes du réquisitoire de ce magistrat, lesquels ont été adoptés par la cour :

« 1° Attendu que les écrits dénoncés contiennent, dans les divers passages incriminés, des allégations ou imputations de faits dont quelques-uns seraient passibles de peines graves, des expressions outrageantes, termes de mépris et invectives susceptibles de porter atteinte à l'honneur et à la considération des plaignants, et qui les outragent publiquement à raison, soit de leurs fonctions d'avoués, soit de leur qualité de juges suppléants; — Attendu que les sieurs Gressent et Lefebvre ont évidemment qualité pour se plaindre, non-seulement des outrages publics dirigés contre eux personnellement, mais encore de ceux qui, s'adressant aux avoués attachés au tribunal de Saint-Pol, les atteignent à ce titre pour leur part; que la réunion des avoués exerçant près d'un tribunal quelconque ne pouvant être considérée comme un corps constitué, une délibération prise en assemblée générale n'est point nécessaire pour autoriser le ministère public à poursuivre les auteurs des outrages dont ils ont été l'objet; que d'ailleurs l'art. 4 de la loi du 26 mai 1819, déjà abrogé antérieurement par l'art. 17 de la loi du 25 mars 1822, l'est encore aujourd'hui par l'art. 4 de la loi du 8 oct. 1830, qui donne au ministère public la faculté de poursuivre d'office tous les délits de la presse sans exception;

» 2° Attendu qu'un avoué est un fonctionnaire public, puisqu'il est nommé par le roi, qu'il prête serment avant d'entrer en fonctions; que sa nomination lui confère un caractère public, une capacité et des attributions spéciales; qu'il participe à la distribution de la justice pour laquelle son ministère est tellement obligé, qu'aucune action ne peut être introduite devant les tribunaux, si ce n'est par son intermédiaire; que ce ministère appartient au public à tel point que l'avoué ne peut le refuser sans s'exposer à recevoir l'injonction de le prêter, qu'il est désigné par le titre de fonctionnaire dans l'art. 91 de la loi du 28 avr. 1816; que d'après ces principes et ces considérations il a été décidé que l'on réputerait démissionnaires les avoués qui ne prêteraient pas le serment imposé par la loi du 31 août 1830 aux seuls fonctionnaires publics (V. circ. minist. du 8 janv. 1831); qu'enfin il est puni comme concussionnaire lorsqu'il commet une exaction (Carnot, c. pr., art. 174); — Attendu qu'un juge suppléant est à bien plus forte raison un fonctionnaire public, puisqu'il est nommé par le roi, qu'il prête serment avant d'entrer en fonctions, qu'il a le titre inamovible de magistrat, et qu'il est ou peut être chaque jour appelé à rendre la justice en cette qualité; — Attendu que l'art. 6 de la loi du 25 mars 1822 a été substitué, en ce qui touche les fonctionnaires publics, aux art. 13, 16 et 19 de la loi du 17 mai 1819, et qu'il confond dans l'expression générique *outrage* la diffamation, l'injure et toute insulte humiliante faite publiquement d'une manière quelconque (arr. de cass. 18 juill. 1828);

» 3° Attendu que ledit sieur Fourdinier ne saurait être admis, quant à présent, à prouver la vérité des faits diffamatoires et outrageants imputés par lui aux plaignants, ni obtenir par ce moyen sa mise hors de prévention, puisque cette preuve ne peut en aucun cas être faite que par-devant la cour d'assises; qu'elle est subordonnée même alors à certaines conditions qui ne peuvent commencer à s'accomplir qu'après la notification de l'arrêt de renvoi par-devant la cour d'assises, et que la suffisance de cette preuve est, comme l'excuse en matière criminelle, exclusivement réservée à l'appréciation du jury (L. du 26 mai 1819, art. 20 et 21); — Qu'enfin l'outrage pouvant exister et existant dans l'espèce, en certains passages qui ne contiennent aucune imputation de faits, il serait impossible de le justifier devant la cour d'assises par une preuve, quelle qu'elle soit;

» 4° Attendu, sur la compétence, que l'art. 1 de la loi du 8 oct. 1830, en attribuant aux cours d'assises la connaissance de tous les délits commis, soit par la voie de la presse, soit par tous les moyens de publication énoncés en l'art. 1 de la loi du 17 mai 1819, sans distinction de la qualité des prévenus ou des plaignants, a, par la généralité de ses expressions, abrogé les art. 479 et 483 c. inst. crim.; et que le législateur, en n'établissant de dérogation à ce principe que dans les cas prévus par les art. 2 et 3 de la même loi du 8 oct. 1830, a par cela même rendu inadmissible toute autre exception, d'après la maxime *exclusio unius est inclusio alterius*; — Attendu que, s'il pouvait exister quelques doutes sur ce point, ils seraient entièrement dissipés par la discussion élevée devant la chambre des députés sur l'art. 6 de la même loi du 8 oct. 1830 (Monit., deuxième suppl. au n° 279, du mercredi 6 oct. 1830 p. 1245); qu'il en résulte, en effet, que la commission chargée de l'examen du projet de loi, sentant bien que les termes de l'art. 6 s'appliqueraient aux magistrats comme aux simples particuliers, avait cru nécessaire, pour les soustraire à la loi commune, de proposer une autre rédaction, qui les plaçait dans un cas d'exception, mais que cette rédaction fut rejetée, et qu'il fut formellement déclaré que, par celle qu'on adoptait, on entendait abroger les art. 479 et 483 c. inst. crim.; — Attendu que le législateur a si bien pensé, comme la commission l'avait senti, que les magistrats ne pouvaient échapper à la disposition générale de l'art. 6, que, malgré son intention hautement annoncée et sa volonté clairement exprimée dans la discussion, d'abroger les art. 479 et 483 c. inst. crim., il a regardé comme inutile de prononcer cette abrogation par une disposition expresse, convaincu qu'il était que la force et l'étendue des expressions de l'art. 6 atteignaient suffisamment ce but;

Attendu que les termes de l'art. 1 de la loi précitée doivent avoir au moins la même portée que ceux de l'art. 6, puisqu'ils sont identiquement les mêmes, qu'ils sont encore fortifiés, s'il est possible, dans l'art. 1, par le mot *tous*, qui ne se trouve pas dans l'art. 6, et que l'on remarque dans ce dernier le mot *pareillement*, qui se rapporte évidemment à l'art. 1, et qui établit entre eux une corrélation nécessaire, une similitude, une analogie parfaite, quant aux effets qui doivent en résulter, quant à la généralité de l'attribution établie par l'un comme par l'autre; — Attendu, dès lors, que l'existence des art. 479 et 483 c. inst. crim., n'est pas plus compatible avec l'art. 1 de la loi du 8 oct. 1830, qu'avec l'art. 6 de la même loi, et qu'il y aurait inconséquence à argumenter du défaut d'abrogation expresse à la suite de l'art. 1, lorsque l'on est forcé de reconnaître que le législateur a regardé comme superflue la mention de cette abrogation à la suite de l'art. 6; — Attendu qu'en restreignant à deux cas seulement la dérogation à la règle générale établie par l'art. 1, et repoussant toute exception au principe absolu posé dans l'art. 6, le législateur s'est conformé au vœu du § 1 de la charte constitutionnelle, qui tendait à soumettre au jugement du pays tous les délits de la presse, comme tous les délits politiques, en les renvoyant devant le jury;

» Attendu que, de tout ce qui précède, il résulte que le sieur Fourdinier est suffisamment prévenu de s'être rendu coupable, dans les mois de nov. et déc. 1830, soit par un discours prononcé dans un lieu public, soit par des écrits rendus publics par la voie de la presse, d'outrages faits publiquement à raison de leurs fonctions ou de leur qualité, aux sieurs Gressent et Lefebvre, tous deux juges suppléants et avoués au tribunal de première instance de Saint-Pol, et, à ce double titre, fonctionnaires publics, nous requérons que la cour déclare qu'il y a lieu à prévention, etc. »

1er mars 1831, arrêt de la cour de Douai en ces termes : — « Attendu que les écrits et discours incriminés contiennent, dans les passages indiqués, des allégations ou imputations de faits dont quelques-uns seraient passibles de peines graves, notamment ceux d'exaction, dont la répression rentre dans les dispositions de l'art. 174 c. pén., des expressions outrageantes, des termes de mépris ou invectives, des insultes humiliantes qui portent atteinte à l'honneur et à la considération des plaignants, et qui les outragent publiquement, à raison, soit de leurs fonctions d'avoués, soit de leur qualité de juges suppléants; — Attendu que ledit Fourdinier ne peut, quant à présent, être admis à prouver la vérité des faits diffamatoires par lui imputés, puisque l'examen de la preuve est exclusivement réservé aux cours d'assises par les art. 20 et

tionnaires publics, et à l'occasion de l'exercice de leurs fonctions; mais contre des particuliers, les art. 479 et 483 c. inst. crim. conservaient leur effet, et le magistrat était fondé à réclamer la juridiction privilégiée établie par ces articles (même arrêt).

1406. Mais il résulte du décret du 17 fév. 1852 (art. 25, 26, 27) que l'intention de son auteur a été de rétablir les règles du code d'instr. crim., quant à la compétence et à la poursuite; d'où il paraît naturel d'induire que les art. 479 et suiv. de ce code doivent être observés. — Aussi la circulaire du ministre de la justice du 27 mars 1852 (ch. 3, § 2) dit-elle expressément que l'attribution aux tribunaux correctionnels des délits de presse ne déroge pas aux art. 479 et suiv. c. inst. crim. (D. P. 52. 3. 11).

1407. D'après le décret du 15 nov. 1811 (art. 77) le membre de l'université qui se rend coupable de diffamation ou de calomnie envers un autre membre, doit être jugé et puni par le conseil de l'université. Suivant M. Parant (p. 259), cette juridiction exceptionnelle ne peut plus être admise aujourd'hui. — Mais nous pensons avec MM. Chassan, t. 3, p. 202, et Grellet-Dumazeau, t. 1, p. 509, que c'est là une juridiction purement disciplinaire entièrement indépendante des tribunaux ordinaires, en ce sens que les décisions rendues par ces derniers ne l'engagent point, et que, réciproquement, les peines prononcées par le conseil de l'université ne mettent point obstacle à l'action publique ou privée devant la juridiction de droit commun. — Sur les changements introduits dans le régime universitaire, V. Organ. de l'inst. publ.

1408. C'est aussi devant les tribunaux militaires, et non devant la juridiction ordinaire, que doit être poursuivi le militaire qui s'est rendu coupable d'un délit de la presse, à moins qu'il ait un complice non justiciable de ces tribunaux. (V. en ce sens MM. Parant, p. 255; Chassan, t. 3, p. 198).

Art. 3. — *De la compétence territoriale.*

1409. Sur ce qu'il faut entendre, en général, par *compétence territoriale*, V. v° Compét. crim., n°s 65 et suiv. Ce que nous avons à en dire ici se borne à peu près exclusivement à l'interprétation de l'art. 12 de la loi du 26 mai 1819 dont voici le texte : — « Dans le cas où les formalités prescrites par les lois et règlements *concernant le dépôt* auront été remplies, *les poursuites à la requête du ministère public* pourront être faites soit devant les juges du lieu où le dépôt aura été opéré, ou de celui de la résidence du prévenu, soit dans les lieux où les écrits et autres instruments de publication auront été saisis. — *Dans tous les cas, la poursuite à la requête de la partie plaignante* pourra être portée devant les juges de son domicile, lorsque la publication y aura été effectuée. » — Cet article, on le voit, établit des règles différentes pour l'action *publique* et pour l'action de la *partie plaignante*: on va parler de celle-là, et à la sect. 2, il sera parlé de celle-ci.

1410. Des deux premiers paragraphes de l'article qu'on vient de citer, il résulte que la compétence varie, quant à l'*action publique*, suivant qu'il s'agit de délit commis par les voies de publication qui sont ou ne sont pas assujetties au *dépôt*. — Ainsi, lorsque le *dépôt* a été effectué, les poursuites à la requête du ministère public ne peuvent être faites que devant les juges du lieu *où le dépôt a été opéré* ou de celui de *la résidence du prévenu*. — Conformément à cette disposition, il a été jugé : 1° qu'en matière de presse, les poursuites du ministère public doivent être portées devant les juges de la résidence du prévenu ou du lieu où le dépôt de l'écrit a été opéré (Rennes, 15 fév. 1838, aff. électeurs de Vannes, V. n° 897-5°); — 2° Que le tribunal compétent pour statuer sur un délit commis par la voie d'un journal est celui du lieu du dépôt de ce journal ou de la résidence du prévenu; et qu'à cet égard l'art. 12 de la loi du 26 mai 1819 n'a été abrogé, ni par l'art. 17 de la loi du 25 mars 1822, ni par l'art. 8 de la loi du 18 juill. 1828 (trib. correct. de Verdun, 5 sept. 1829) (1); — 3° Que l'art. 12 de la loi du 26 mai 1819 déroge à la règle générale de compétence établie par l'art. 23 c. inst., en faveur du juge du lieu de l'arrestation; que si le prévenu (un colporteur) n'a pas de résidence fixe, les pour-

---

21 de la loi du 26 mai 1819; — Attendu que, de ces faits, il résulte que Fourdinier est suffisamment prévenu de s'être rendu coupable d'outrages publics envers des fonctionnaires publics, à raison de leurs fonctions et qualités; — Attendu que ces délits sont prévus par l'art. 6 de la loi du 25 mars 1822, et qu'ils sont de la compétence des cours d'assises, aux termes de l'art. 1 de la loi du 8 oct. 1830; — Adoptant, au surplus, les motifs énoncés au réquisitoire; — Déclare qu'il y a lieu à prévention contre Louis-Marie-Augustin Fourdinier; le renvoie devant la cour d'assises du département du Pas-de-Calais, pour y être jugé suivant la loi. »

Pourvoi pour violation des art. 479 et 483 c. instr. crim., et fausse application de la loi de 1830. — Arrêt (apr. dél. en ch. du cons.).

La cour; — Sur le premier moyen : — Attendu que la loi du 8 oct. 1830, ayant, aux termes de la charte, attribué aux cours d'assises la connaissance de tous les délits de la presse et des délits politiques, a établi une compétence nouvelle et générale, qui n'admet aucune des distinctions applicables au jugement des délits soumis à la juridiction correctionnelle; que la garantie du jury et de toutes les formalités qui le précèdent et l'accompagnent, appartient à tous ceux qui sont prévenus des délits dont il doit connaître, et que les art. 479 et 483 c. instr. crim., n'étant relatifs qu'au cas où le fait est de la juridiction correctionnelle, ne peuvent être invoqués lorsqu'il s'agit d'un fait dont la connaissance est attribuée aux cours d'assises; — Par ces motifs, rejette le premier moyen;

Mais, sur le 2e moyen : — Vu l'art. 14 de la loi du 26 mai 1819; — Vu également les art. 1 et 2 de la loi du 8 oct. 1830; — Attendu que, selon l'art. 2 de la loi du 8 oct. 1830, ci-dessus cité, les cas de diffamation ou d'injure par une voie de publication quelconque, contre des particuliers, restent soumis à la juridiction correctionnelle; que, pour que les diffamations ou injures commises par la voie de la presse soient de la compétence des cours d'assises, il faut qu'elles aient été dirigées contre des fonctionnaires publics, et pour des faits relatifs à leurs fonctions ou à leur qualité, aux termes des art. 16 de la loi du 17 mai 1819 et 6 de la loi du 25 mars 1822; — Attendu que des avoués ne sont pas des fonctionnaires publics, dans le sens des lois précitées, ni de celles qui établissent certaines garanties en faveur des fonctionnaires publics, puisqu'ils n'exercent aucune portion de l'autorité publique; — Que, si des juges suppléants sont des fonctionnaires publics, lorsqu'ils exercent leurs fonctions, il faut, pour que les diffamations ou injures dont ils se plaignent soient de la compétence des cours d'assises, qu'elles leur aient été adressées à raison de leurs fonctions ou de leur qualité, ainsi qu'il vient d'être dit; — Attendu que des passsages incriminés, transcrits dans l'arrêt attaqué, et qui lui ont servi de base, il ne résulte pas que les diffamations dont se plaignent les sieurs Cressent et Lefebvre leur aient été adressées à raison de leurs fonctions ou de leur qualité de juges suppléants : que cette qualité n'y est rappelée que pour exprimer le regret que deux avoués qui étaient en même temps juges suppléants eussent mérité des reproches dans l'exercice de leurs fonctions d'avoués; que l'arrêt attaqué a donc mal apprécié les écrits incriminés, en y voyant une diffammation envers les sieurs Cressent et Lefebvre, en leur qualité de juges suppléants; — Attendu que cette diffamation, n'ayant pour objet que la conduite des plaignants comme avoués, rentrait dans les dispositions des art. 14 de la loi du 26 mai 1819, et 2 de la loi du 8 oct. 1830, et était, par conséquent, de la compétence de la juridiction correctionnelle, en se conformant aux art. 479 et 483 c. instr. crim., à raison de la qualité du prévenu; d'où il suit qu'en renvoyant le prévenu devant la cour d'assises, l'arrêt attaqué a violé les deux articles précités; — Casse.

Du 14 avr. 1831.-C. C., ch. crim.-MM. Chantereyne, f. f. de pr.-de Ricard, rap.-Dupin, proc. gén., c. conf.-Rochelle, av.

(1) *Espèce* : — (Min. pub. C. Parisot.) — Le journal de la Meuse, qui s'imprime à Bar-le-Duc, publia un article dans lequel le ministère public crut voir une atteinte à la considération de la municipalité et de la police de Verdun : — En conséquence, M. Parisot, gérant de ce journal, fut traduit, à la requête du ministère public, devant le tribunal de police correctionnelle de Verdun, comme prévenu de diffamation. — Mais il est à remarquer que Bar-le-Duc n'était ni le lieu du dépôt du journal, ni celui de la résidence du prévenu : — Aussi l'incompétence fut-elle proposée.

Pour établir la compétence du tribunal de Verdun, le ministère public invoquait deux arguments; — Suivant le premier, l'art. 12 de la loi du 26 mai 1819 est connexe avec l'art. 24 de la même loi, qui est abrogé par l'art. 17 de la loi du 25 mars 1822, lequel a déféré aux tribunaux correctionnels les jugements des délits de la presse que l'art. 24 avait attribué au jury; le deuxième argument consistait à soutenir que cet art. 12 est transcrit dans l'art. 8 de la loi du 18 juill. 1828, quant à la nécessité du dépôt, mais que cet art. 8 n'attache pas au dépôt la faveur de déterminer la compétence. On ajoutait : les premiers articles de la loi du 26 mai 1819 ne permettaient presque jamais au ministère public de poursuivre que sur la plainte de la partie offensée; mais l'art. 17 de la

suites ne peuvent être portées que devant la cour d'assises (aujourd'hui le tribunal correctionnel) du lieu du dépôt; et qu'en conséquence, la cour d'assises du lieu de l'arrestation du prévenu est incompétente soit pour connaître des poursuites dirigées contre ce prévenu, soit pour juger ses complices par voie de connexité (Crim. cass. 14 sept. 18‹›, aff. Durand, D. P. 49. 1. 303).

1411. D'après le projet de la loi du 26 mai 1819, il n'y avait de juge compétent pour prononcer sur les délits de presse que celui du lieu où le dépôt avait été opéré : c'est sur la proposition de la commission de la chambre des députés qu'a été adoptée la disposition qui permet que, dans le cas même où le dépôt a eu lieu, les poursuites à la requête du ministère public puissent être faites devant le juge du lieu de la résidence du prévenu; ce qui est, d'ailleurs, conforme à la règle ordinaire. — V. *infrà*, nº 1416.

1412. Suivant un arrêt, l'appréciation des faits constitutifs de la résidence relativement aux poursuites qui peuvent être dirigées contre une personne à raison d'un délit de diffamation commis par la voie de la presse, appartient souverainement aux juges du fait; et, spécialement, un tribunal a pu considérer la prison qui se trouve dans son ressort comme étant le lieu de la résidence d'une personne qui s'y trouve détenue, et, par suite, se déclarer compétent pour connaître d'une plainte en diffamation intentée contre cette personne (Crim. rej. 7 nov. 1834) (1). — Mais cette solution, contraire aux conclusions de M. Parant, est justement combattue par M. de Grattier, t. 1, p. 390. La cour suprême nous paraît avoir considéré à tort la question comme ayant dû être souverainement jugée par les juges du fond.—V. nos observations, vº Cassation, nºs 1208 et suiv.; V. cependant M. Grellet-Dumazeau, t. 1, p. 221, qui approuve l'arrêt précité.

1413. L'art. 12 de la loi du 26 mai 1819 ne fait, d'ailleurs, aucune distinction entre les divers imprimés. Et ce qui prouve qu'il n'est pas permis de distinguer à l'égard des écrits périodiques, c'est qu'un amendement proposé par M. Jacquinot de Pampelune avait pour objet de faire déclarer, relativement aux journaux, que la poursuite ne pourrait avoir lieu, à la requête du ministère public, que devant le juge du siége de leur établissement; et que cet amendement ne fut pas adopté.

1414. Lorsque le dépôt n'a pas eu lieu, il faut distinguer le cas où il était ordonné par la loi de celui où il n'était pas prescrit. — Dans le premier cas, les poursuites peuvent être faites, soit devant le juge de la résidence, soit dans les lieux où les écrits et autres *instruments de publication* ont été saisis. — Mais que faut-il entendre par instruments de publication? — Suivant MM. Parant (p. 278); Chassan (t. 2, p. 114); Grellet-Dumazeau (t. 2, p. 221), les instruments de publication sont les objets qui doivent être déposés, tels que les imprimés, les gravures, etc. — Selon M. de Grattier (t. 1, p. 392), il faut en outre y comprendre les caractères trouvés *en formes* chez l'imprimeur, les presses sous lesquelles ces formes se sont trouvées au moment de la saisie, les planches, les pierres et autres objets préparés pour la reproduction de l'ouvrage. — De ces opinions nous n'admettons que la première, par la raison que la loi, en donnant les *écrits* comme exemples des instruments de publication dont elle entendait parler, a prouvé que c'est l'œuvre elle-même et non les ustensiles à l'aide desquels elle se produit qu'elle entendait désigner.

1415. Est-il nécessaire, pour fixer la compétence du juge du lieu *de la saisie*, que cette saisie ait été faite conformément à l'art. 7 de la loi du 26 mai 1819, ou suffit-il qu'il y ait eu une saisie quelconque opérée par un officier de police judiciaire? — Il semble que le seul objet que la loi a eu ici en vue, à défaut du dépôt, c'est de constater la publication. Or, pour ce résultat, les formalités prescrites par les art. 7 et suiv. de la loi du 26 mai sont inutiles (V. en ce sens MM. Chassan, t. 2, p. 115; de Grattier, t. 1, p. 392).— Vainement objecterait-on que l'art. 12 venant à la suite des dispositions relatives à la saisie prescrite par l'art. 7, il est naturel d'interpréter l'art. 12 par les articles qui le précèdent; rien n'indique, en effet dans la contexture de l'art. 12, le lien avec les dispositions précédentes qu'il faudrait prouver pour faire admettre la thèse contraire à celle que nous soutenons.— Au reste, il paraît manifeste que la saisie est le seul moyen admis par la loi de justifier de la publication dans le lieu où l'action est portée (V. M. Chassan, t. 2, p. 116), puisqu'elle n'en a pas indiqué d'autre et que la doctrine des équipollents est peu admissible en matière criminelle, surtout dans un sens défavorable à l'inculpé. — On ne peut se dissimuler cependant que les paroles du rapporteur à la chambre des députés, au sujet de l'art. 12 de la loi du 26 mai 1819, ne soient de nature à faire admettre une solution contraire.— « Lorsqu'il n'y a pas eu dépôt, a dit en effet le rapporteur, la poursuite du ministère public peut avoir lieu partout où il y a *eu publication* » (Mon., séance du 17 avril 1819), ce qui semble indiquer que le fait de publication est le seul que la loi exige pour déterminer

---

loi du 25 mars 1822, par une réforme radicale, lui a concédé, presque pour tous les cas, le droit de poursuite d'office. Dès lors, succédant au pouvoir de former et de soutenir la plainte, il a aussi recueilli le droit de la porter devant les juges de la personne outragée comme celle-ci en aurait eu la faculté, si elle-même avait demandé la réparation; ou, en d'autres termes, le ministère public jouit alors de la faveur exceptionnelle écrite dans la disposition finale de l'art. 12, que l'on suppose encore en vigueur.— Jugement.

Le tribunal; — Attendu que l'art. 25 c. inst. crim. n'est point applicable en matière de délit de la presse; attendu qu'en pareille matière la compétence est exclusivement réglée par l'art. 12 de la loi du 26 mai 1819, et qu'il est prouvé, dans la cause actuelle, que le dépôt de la feuille incriminée a été effectué au parquet du procureur du roi près le tribunal de Bar-le-Duc; le tribunal se déclare incompétent, et délaisse le ministère public à se pourvoir par-devant qui de droit.

Du 5 sept. 1829.-Trib. corr. de Verdun (Meuse).-M. Pérard, pr.

(1) *Espèce* : — (Legenvre C. min. pub.)—Le sieur Legenvre, ancien notaire, traduit devant le tribunal correctionnel d'Alençon, sur la plainte du sieur Blondel, avoué, à raison d'un écrit produit devant la cour d'assises de l'Orne, soutint que ce tribunal était incompétent, attendu que l'écrit avait été déposé à Paris, et que l'auteur n'était pas domicilié dans le ressort du tribunal, circonstances qui seules, aux termes de l'art. 12 de la loi du 26 mai 1819, peuvent rendre compétent un tribunal. Ces moyens furent accueillis; mais, sur l'appel du ministère public, la cour de Caen a infirmé cette décision par arrêt du 21 août 1834, dont les motifs seront suffisamment retracés soit dans les moyens de cassation, qu'on va indiquer, soit dans l'arrêt de la cour suprême.

Pourvoi par Legenvre.—1º Violation de l'art. 25 de la loi du 17 mai 1819, en ce que la cour de Caen a décidé que l'action publique contre un écrit produit dans une instance, pouvait être poursuivie, lorsque le tribunal devant lequel avait été produit cet écrit n'avait réservé aucune action;

2º Violation de l'art. 12 de la loi du 26 mai 1819, en ce que l'arrêt attaqué a déclaré que le tribunal correctionnel d'Alençon était compétent pour connaître de l'action du ministère public, lorsque le dépôt de l'écrit avait eu lieu dans le ressort d'un autre tribunal, et que le prévenu avait également son domicile dans le ressort d'un autre tribunal; cependant, aux termes de cet article, il n'y a que l'une ou l'autre de ces circonstances qui rendent le tribunal compétent pour connaître d'un délit commis par la voie de la presse.—Arrêt (ap. dél. en ch. du cons.).

La cour; —Sur le premier moyen, pris d'une prétendue violation de l'art. 25 de la loi du 17 mai 1819, en ce que l'écrit imprimé, objet de la poursuite, ayant été produit devant la cour d'assises de l'Orne, l'action publique ne pouvait être ultérieurement intentée, puisque le ministère public n'avait pas fait de réserves devant cette cour, à raison dudit écrit : —Attendu qu'il s'agit, dans l'espèce, d'une plainte en diffamation, formée par un particulier contre L.-F.-J.-F. Legenvre; que, quel que soit le caractère de l'écrit imprimé, publié, à raison duquel la plainte en diffamation était dirigée, le sieur Blondel, plaignant et partie civile, n'ayant figuré en aucune qualité dans le procès devant la cour d'assises du département de l'Orne, était un tiers auquel l'art. 23 de la loi du 17 mai 1819 réservait tous ses droits, et dès lors, et en conséquence réservait l'action du ministère public; — Sur le deuxième moyen, pris d'une prétendue violation de l'art. 12 de la loi du 26 mai 1819, en ce que l'arrêt attaqué a déclaré que le tribunal de police correctionnelle d'Alençon était compétent pour connaître de la poursuite en diffamation intentée contre Legenvre, en considérant la prison de la ville d'Alençon, où ledit Legenvre était détenu, comme étant le lieu de sa résidence : — Attendu que la résidence se détermine par l'appréciation des faits qui la constituent, et que cette appréciation appartenait irréfragablement à la cour d'appel; d'où il suit que la cour d'appel de Caen, en déclarant que le tribunal de première instance d'Alençon, jugeant en police correctionnelle, avait été légalement saisi de la plainte en diffamation portée contre Legenvre, n'a violé aucune loi; — Rejette.

Du 7 nov. 1834.-C. C., ch. crim.-MM. Brière, f. f. de pr.-Dehaussy, rap.-Parant, av. gén., c. contr.-Crémieux, av.

la compétence, indépendamment des moyens de l'établir.—Mais on ne saurait faire prévaloir les paroles du rapporteur sur le texte formel et précis de la loi. Il faut donc reconnaître, soit que le rapporteur ne s'était pas assez pénétré du véritable sens de l'art. 12 précité, soit qu'il n'a parlé du fait de publication qu'en le considérant comme inséparable de la saisie destinée à le prouver.

1416. Au surplus, nous ne devons pas perdre de vue que les deux premiers paragraphes de l'art. 12 de la loi du 26 mai sont exclusivement applicables aux moyens de publication compatibles avec le dépôt prescrit par la loi (V. ci-dessus n° 1409), ils ne comprennent donc point les délits commis seulement à l'aide de la parole, de l'écriture, de la peinture, etc. (V. MM. Chassan, t. 2, p. 109; de Grattier, t. 1, p. 389; Grellet-Dumazeau, t. 2, p. 224); d'où la conséquence que les infractions qui se commettent par ces dernières voies sont soumises aux règles du droit commun; c'est-à-dire que, conformément au code d'instruction criminelle (art. 23, 63, 69), les juges qui peuvent être saisis de la connaissance de ces infractions sont: 1° ceux du lieu où elles ont été commises (*forum delicti commissi*); — 2° Ceux du lieu de la résidence de l'auteur présumé du fait (*forum personale domicilii*); — 3° Ceux du lieu de son arrestation (*forum deprehensionis*). — Quant aux principes à cet égard, V. Compét. crim., n°s 65 et suiv.

1417. Une autre règle générale qu'il est utile de rappeler est celle que contient l'art. 7 c. inst. crim. Aux termes de cette disposition tout Français qui s'est rendu coupable, hors du territoire du royaume, *d'un crime* contre un Français, peut, à son retour en France, y être poursuivi et jugé s'il n'a pas été poursuivi et jugé en *pays étranger*.—Mais cette disposition ne s'applique pas aux simples délits (V. Compétence crim., n° 127).— Aussi a-t-il été jugé que l'outrage commis en pays étranger envers un fonctionnaire public français n'est point punissable en France (Douai, 18 mai 1837) (1).—Il en est autrement, et c'est ce qui a été jugé, de la diffamation commise en France par un étranger qui y réside, contre un autre étranger, même non résidant, en France (Crim. rej. 22 juin 1826, aff. Wilson, V. Lois, n° 451).

1418. L'art. 12 de la loi du 26 mai 1819 n'exige point, pour donner compétence en matière de diffamation ou d'injures, au juge du domicile de la partie plaignante, qu'elle se soit constituée partie civile (Crim. cass. 25 mai 1838, aff. Mangin, V. n° 1328-1°).

1419. Ainsi, toutes les fois que le ministère public exerce des poursuites en diffamation contre un journal, sur la plainte des particuliers diffamés, c'est devant le tribunal du domicile de ces derniers, quand le journal y a été distribué, et non devant le tribunal du lieu du dépôt de ce journal ou de la résidence du prévenu, que l'action doit être portée : l'attribution de compétence au juge du dépôt du journal n'est applicable qu'au cas où le ministère public agit d'office (même arrêt).

Art. 4. — *Règles spéciales aux offenses envers les chambres législatives, aux infractions commises à l'audience et aux comptes rendus des séances parlementaires et judiciaires.*

1420. La justice est la reine des vertus. *Justitia est omnium domina et regina virtutum* (Cic., *De off.*), et c'est surtout à l'égard du juge que cette vérité a toute l'évidence dont elle est susceptible. Or une des conditions essentielles de la justice, c'est l'impartialité. Le législateur l'en a considérée comme inséparable, à tel point que, sans craindre d'abaisser la dignité du magistrat, il a permis aux plaideurs de le récuser toutes les fois que l'on peut supposer que le juge sera animé, dans l'accomplissement de son devoir, d'un autre sentiment que du désir d'attribuer à chacun ce qui lui est dû (*jus suum cuique tribuendi*). Ainsi un intérêt direct ou indirect dans la contestation à juger, la possibilité d'un mouvement de haine ou de vengeance, ou même la bienveillance que fait supposer un repas accepté de l'une des parties; ce sont là, suivant le code de pr. (art. 378), des motifs suffisants pour le faire récuser. — Mais, au-dessus de l'intérêt des justiciables, s'élève l'intérêt général de la société qui exige avant tout que les pouvoirs publics soient respectés. C'est pour y satisfaire que la loi a voulu : — 1° que les chambres législatives eussent le droit de juger les offenses dirigées contre elles; — 2° Que les juges pussent réprimer à l'instant les outrages qui leur seraient faits dans l'exercice de leurs fonctions, ainsi que les autres infractions commises en leur présence; — 3° Que les chambres législatives et les tribunaux pussent également juger le délit d'infidélité et de mauvaise foi dans le compte rendu de leurs séances. — De là, trois exceptions principales aux règles ordinaires de la compétence. Nous allons les parcourir.

1421. *Offenses envers les chambres législatives.* — En Angleterre, les chambres du parlement sont investies du droit de punir elles-mêmes les offenses dirigées contre elles. Cette juridiction est fondée sur la loi, la coutume et la nécessité (positive law, custom and necessity, V. Birnbaum, *Dispositions du droit anglais relativement aux délits de la presse*). — L'offense contre les membres du parlement pris individuellement peut même être poursuivie devant cette juridiction et, chose étrange! sans que cette poursuite mette obstacle à celle qui peut être intentée devant les tribunaux de droit commun. La première de ces attributions, celle qui concerne l'offense envers les chambre, a seule été imitée par l'art. 15 de notre loi du 25 mars 1822, qui est ainsi conçu : — « Dans le cas d'offense envers les chambres ou l'une d'elles par l'un des moyens énoncés en la loi du 17 mai 1819, la chambre offensée, sur la simple réclamation d'un de ses membres, pourra, si mieux elle n'aime autoriser les poursuites par la voie ordinaire, ordonner que le prévenu sera traduit à sa barre. Après qu'il aura été entendu ou dûment appelé, elle le condamnera, s'il y a lieu, aux peines portées par les lois. La décision sera exécutée sur l'ordre du président de la chambre. » — Et cette disposition a été expressément maintenue par l'art. 3 de la loi du 8 oct. 1830. — Nous avons déjà exprimé les doutes que nous font éprouver les transformations successives opérées dans notre organisation politique, quant à l'applicabilité au sénat et au corps législatif des dispositions pénales édictées sous les chartes de 1814 et de 1830, en vue *des deux chambres* instituées par ces chartes. — Mais il s'agit ici d'une loi de compétence susceptible d'une extension que ne comportent pas les lois pénales. Les raisons de douter ne sont donc pas les mêmes. — On peut, d'ailleurs, à l'appui de la compétence du sénat et du corps législatif, invoquer la nécessité qui est la première des lois. C'est dans ce sens que s'exprimenta cet égard les jurisconsultes anglais (V. *suprà*, même n°) et c'est aussi ce qui résulte des paroles suivantes prononcées par M. de Serre, au sujet de l'art. 15 de la loi de 1822. — « Cette attribution, a-t-il dit, ajoutera à l'indépendance et la dignité des chambres. Nous pensons d'ailleurs, que c'est, dans nos mœurs, *le seul moyen d'obtenir*

(1) *Espèce :* — (Min. pub. C. Degauge.) — Le sieur Degauge, journalier à Vieux-Condé (France), étant allé en Belgique, y rencontra le maire de sa commune contre lequel il avait des sujets d'animosité. Il profita de la circonstance que la rencontre avait lieu en pays étranger, pour se rendre coupable envers lui du délit d'outrages et de menaces. Mais quand il fut de retour à Vieux-Condé, le maire déposa une plainte sur laquelle Degauge fut traduit devant le tribunal de Valenciennes qui le renvoya des fins de l'action.

Appel. — Arrêt.

La cour; — En ce qui concerne le délit d'outrages publics envers un fonctionnaire public : — Considérant qu'aux termes de l'art. 7 c. inst. crim., c'est le *crime* seul qui peut être puni par la justice française, lorsqu'il a été commis en pays étranger contre un Français; que l'intention du législateur est d'autant plus constante à cet égard qu'il a écarté de la loi le mot *délit* qui se trouvait dans le projet; que s'il l'a laissé subsister dans l'art. 24, ce n'a pu être que par inadvertance, et parce qu'alors il avait perdu de vue la modification qu'il avait fait subir à l'art. 7 précité;

Considérant que les dispositions pénales ne doivent jamais être étendues; qu'elles peuvent l'être d'autant moins dans la cause que ce n'est que par exception au principe général que la justice française est appelée à connaître des crimes commis hors du territoire;

En ce qui concerne les menaces sous condition : — Adoptant les motifs des premiers juges, met l'appellation au néant; ordonne que ce dont est appel sortira effet sans frais.

Du 18 mai 1837.-C. de Douai, ch. corr.

la répression de ce genre d'offenses. Les chambres ne soumettaient qu'avec répugnance leurs plaintes aux tribunaux : ces plaintes accueillies, l'autorité de la chambre offensée paraîtrait avoir jeté un trop grand poids dans la balance de la justice; dans le cas contraire, la dignité de la chambre semblerait en souffrir et lui interdire toute plainte ultérieure » (Mon., 4 déc. 1821, séance de la chambre des députés). — De ces raisons, nous concluons que les dispositions pénales qui, dans l'état actuel de la législation, punissent les offenses envers le sénat et le corps législatif, peuvent être appliquées par ces corps politiques eux-mêmes, conformément à la loi de 1822.

1422. *Infractions commises à l'audience.* — Pour accomplir dignement la haute mission qui lui est confiée, le magistrat a besoin d'une entière liberté d'esprit et de la plus complète sécurité. Or, les outrages qui viennent l'atteindre dans l'exercice de son ministère ne sauraient le laisser absolument impassible. D'un autre côté, le juge sur son siége est l'image du souverain qui l'a directement ou indirectement délégué pour rendre la justice; en telle sorte que toute atteinte à la dignité du juge blesse la majesté du souverain. Telles sont les raisons qui, à peu près dans tous les pays civilisés, ont fait permettre au juge de venger lui-même, en pareil cas, son honneur offensé. — Plusieurs textes prouvent qu'il en était ainsi suivant la législation romaine. — *Omnibus magistratibus*, porte la loi 1, ff. lib. 2, tit. 3 (*Si quis jus dicenti non obtemperaverit*), *non tamen duumviris, secundùm jus potestatis suæ concessum est juridictionem suam defendere pœnali judicio.* — Les duumvirs, qui étaient les juges extraordinaires nommés par le peuple (V. Nieupoort, Coutumes et cérémonies des Romains, p. 130) sont exceptés par la loi précitée parce qu'ils n'avaient pas le droit de requérir la force armée pour faire exécuter leurs décisions (V. Cujas, *Observ. lib.* 24, *cap.* 25, *paratit. in tit. si quis jus dicenti non obtemp.*, Zoëtius, *Comment. in Pand., eod. tit.*), ce qui tend à prouver que la loi précitée ne s'appliquait pas exactement au cas qui nous occupe et que ce n'est que par une extension déterminée par la raison et la nécessité qu'elle a été appliquée aux outrages envers les magistrats. — On peut, du reste, invoquer aussi la loi 5 ff. *De officio ejus cui mandata est jurisdictio*, où on lit : *Jurisdictio sine modicâ coercitione nulla est.* — Notre ancienne jurisprudence avait, d'ailleurs, adopté sur ce point les principes du droit romain qu'elle avait interprétés dans le sens du pouvoir accordé au juge de réprimer immédiatement tout outrage qui lui était fait dans l'exercice de ses fonctions (V. Domat, Lois civiles, 2e part., p. 205; Jousse, De la justice crim., t. 1, 2e part., tit. 2, p. 457; Denisart, vo Audience). — Le code du 3 brum. an 4 (art. 557) donnait aussi aux juges le droit de punir ceux qui les injuriaient dans leurs fonctions.

En *Angleterre* le même droit est accordé aux juges; mais il y a ceci de remarquable, c'est que, suivant le droit anglais, le juge peut lui-même punir l'outrage fait à sa dignité, bien que ce soit hors de son prétoire et de sa présence qu'elle ait été attaquée (Blackstone, Comment., liv. 4, chap. 20). — Aux *Etats-Unis*, où l'on suit en très-grande partie la législation anglaise, les tribunaux principaux qui ont un greffe (*courts of record*) ont seuls le droit de punir les outrages dirigés contre eux. Il n'en est pas de même des tribunaux qui n'ont pas de greffe (*courts of not record*), tels que les conseils de guerre (*courts martial*), les juges de paix, etc. — V. le prince Achille Murat, Esquisses morales et politiques des Etats-Unis.

1423. Plusieurs dispositions de notre législation moderne ont conféré le même droit aux juges et l'ont même sensiblement étendu. —Suivant l'art. 10 c. pr., les parties qui manquent au respect dû au juge de paix peuvent, en cas de récidive, être condamnées à une amende qui n'excède pas 10 fr. avec affiche du jugement.— Dans le cas d'insulte ou irrévérence grave envers le juge de paix, celui-ci doit, d'après l'article suivant, en dresser procès-verbal, et il peut condamner le délinquant à un emprisonnement de trois jours au plus. — Aux termes de l'art. 91 c. pr., ceux qui outragent ou menacent les juges *ou les officiers de justice*, dans l'exercice de leurs fonctions, sont, de l'ordonnance du président, du juge-commissaire ou du procureur impérial, chacun dans le lieu dont la police lui appartient, saisis et déposés à l'instant dans la maison d'arrêt, interrogés dans les vingt-quatre heures, et condamnés par le tribunal, sur le vu du procès-verbal constatant le délit à une détention qui ne peut excéder le mois et à une amende qui ne peut être moindre de 25 fr. ni excéder 300 fr.— Suivant l'art. 181 c. inst. crim., s'il se commet un délit correctionnel dans l'enceinte et pendant la durée de l'audience, le président doit dresser procès-verbal du fait, entendre le prévenu et les témoins, et le tribunal doit appliquer *sans désemparer* les peines prononcées par la loi.—Cette disposition reçoit son exécution pour les délits correctionnels commis dans l'enceinte et pendant la durée des audiences des cours et des tribunaux civils, sans préjudice de l'appel de droit des jugements rendus dans ces cas par les tribunaux civils ou correctionnels. — D'après l'art. 504 c. inst. crim., lorsqu'à l'audience ou en tout autre lieu où se fait *publiquement* une instruction judiciaire, l'un ou plusieurs des assistants donnent des signes publics, soit d'approbation, soit d'improbation, ou excitent du tumulte, de quelque manière que ce soit, le président ou le juge doit les faire expulser; s'ils résistent à ses ordres ou s'ils rentrent, le président ou le juge ordonne de les arrêter et de les conduire dans la maison d'arrêt. — Les perturbateurs doivent y être reçus et retenus pendant vingt-quatre heures.—L'art. 505 c. inst. crim. ajoute : « Lorsque le tumulte aura été accompagné d'injures ou voies de fait donnant lieu à l'application ultérieure de peines correctionnelles ou de police, ces peines *peuvent* être prononcées séance tenante et immédiatement après que les faits auront été constatés. » — Enfin, suivant l'art. 507 du même code, à l'égard des *voies de fait* qui auraient dégénéré en *crime*, ou de tous autres crimes *flagrants* et commis à l'audience de la cour de cassation, d'une cour impériale ou d'une cour d'assises, la cour doit procéder au jugement de suite et sans désemparer.

Le rapprochement de ces dispositions donne lieu à plusieurs observations. — Nous voyons d'abord que le pouvoir qui avait été accordé aux juges par le code de procédure, relativement aux délits d'audience, a été sensiblement étendu par le code d'instruction criminelle, puisque, d'après le premier de ces codes, ils ne pouvaient réprimer immédiatement que les outrages ou les menaces adressés soit à eux, soit aux officiers de justice (art. 91), et que, d'après le code d'instruction criminelle, ils peuvent punir à l'instant, suivant les distinctions faites par le législateur, tous les délits et les crimes commis en leur présence. — Mais ce pouvoir, qu'ils peuvent exercer quant aux délits commis en leur présence, s'étend-il aux outrages dirigés contre les juges eux-mêmes, ou bien doivent-ils se renfermer à cet égard dans les limites qui leur sont assignées par le code de procédure? Le texte des articles précités du code d'instruction criminelle ne s'explique point sur cette question, et, d'après le silence qu'il garde, on pourrait penser que le législateur, préoccupé des sentiments qui pourraient animer le juge dans sa propre cause, n'a pas voulu, sous ce rapport, ajouter aux dispositions du code de procédure. — Mais les motifs du code d'instruction criminelle (liv. 2, tit. 4, chap. 1 à 5), présentés par M. Berlier, dans la séance du 1er déc. 1808, ne permettent pas cette interprétation: « Je dois rendre compte maintenant, a dit cet orateur du gouvernement, de celles (des vues) qui ont dicté le chap. 4 intitulé : Des crimes et des délits contraires au respect dû aux autorités constituées.... Si l'on jette un coup d'œil sur la législation actuelle, il sera aisé de se convaincre *qu'elle n'est point assez répressive, et que les magistrats ne sont pas armés d'un pouvoir suffisant pour se faire respecter.* » — Ainsi, il s'agissait précisément d'accroître le pouvoir donné aux magistrats pour se faire respecter. — Les dispositions du code d'instruction criminelle qui viennent d'être rappelées sont donc surtout applicables aux faits qui les concernent personnellement. — De là, une conséquence fort grave : c'est que les peines qui peuvent être infligées par les juges, dans les circonstances prévues par le code de procédure, ne sont pas seulement celles portées par ce code (art. 10, 11 et 91), mais bien celles *prononcées par la loi* (c. inst. 181, 505), quelque rigoureuses qu'elles soient.

1424. Il faut pourtant distinguer à cet égard s'il s'agit d'un juge procédant isolément, d'un juge de paix, par exemple, ou d'un juge-commissaire; les pénalités qui dépassent le pouvoir qui leur est conféré par les art. 10, 11 et 91 c. pr. ne peuvent être prononcées que moyennant deux conditions : la première c'est que l'acte de ses fonctions troublé par une injure ou une voie de fait ait eu lieu *publiquement*; la seconde, c'est qu'il y ait eu *tumulte* accompagné d'injures ou voies de fait. — Mais lorsque ces conditions sont remplies, il n'est pas douteux, d'après les termes formels de l'art. 505 c. inst. crim., que, dans le cas prévu par l'art. 222 c. pén., par exemple, un juge de paix, à l'audience duquel serait proféré *un outrage par paroles, tendant à inculper son honneur ou sa délicatesse* et accompagné de tumulte, aurait le droit d'infliger aux délinquants un emprisonnement de deux à cinq ans ou tout au moins d'un mois à deux ans (V. en ce sens MM. Legraverend, t. 1, p. 570; Bourguignon, sur l'art. 505, t. 2, p. 455, n° 1; Carré, Organisation judiciaire, t. 4, p. 147, n° 275; Chassan, t. 3, p. 51; de Grattier, t. 2, p. 7). — Aussi a-t-il été jugé que l'art. 505 c. inst. crim. qui, prévoyant le cas où un trouble d'audience a été accompagné d'injures ou de voies de fait donnant lieu à des peines correctionnelles ou de police, dispose que la peine sera appliquée séance tenante par le tribunal ou par le juge même dont l'audience a été troublée, et abroge ainsi l'art. 91 c. pr., lequel n'accordait qu'au tribunal le pouvoir de prononcer la peine, après arrestation et interrogatoire du prévenu dans les vingt-quatre heures, doit être étendu à la juridiction du juge de paix (Ch. réun. cass. 25 juin 1835, aff. Colonnier, D. P. 35. 1. 430; Crim. cass. 26 janv. 1834, aff. Dumoulin, *eod.*, 431); qu'en conséquence, ce juge, alors même qu'il siége comme juge civil, a le droit de prononcer, séance tenante, les peines correctionnelles ou de police auxquelles peuvent donner lieu les faits qui ont troublé son audience (arrêt précité du 25 juin 1835); ...Et qu'il a même compétence pour prononcer la peine édictée par l'art. 222 c. pén., lorsque l'injure commise envers lui constitue un outrage de nature à porter atteinte à son honneur ou à sa délicatesse (même arrêt; V. *loc. cit.* nos observations sur ces solutions).—S'il s'agit d'un tribunal civil, d'un tribunal correctionnel ou d'une cour, aucune des conditions prescrites par l'art. 505 c. inst. crim. n'est exigée; les peines *prononcées par la loi* peuvent toujours, aux termes de l'art. 181 c. inst. crim., être infligées par les juges.

1425. Bien que l'art. 181 c. inst. crim. ne fasse mention que des délits correctionnels, il paraît incontestable que les tribunaux auxquels cet article donne le pouvoir de les juger auraient à plus forte raison le droit de statuer sur une simple contravention : *In eo quod plus sit semper inest et minus*, L. 110, ff., *De reg. juris* (V. en ce sens MM. Carnot, t. 2, p. 14 sur l'art. 181; Legraverend, t. 1, p. 573; Bourguignon, t. 1, p. 413). — Suivant MM. Carnot et Legraverend (*loc. cit.*), le tribunal de simple police aurait le même droit. Nous ne voyons assurément aucun inconvénient à ce qu'il en soit ainsi, et s'il s'agissait de voter une disposition en ce sens, nous y donnerions pleinement notre assentiment; mais il s'agit simplement de l'application d'une disposition dès longtemps adoptée. Or cette disposition, qui est exceptionnelle et pour un cas tout spécial, ne fait aucune mention des tribunaux de simple police. Aussi ne croyons-nous pas qu'elle leur soit applicable.

1426. Au reste, il ne faut pas s'y tromper, les art. 10, 11 et 91 c. pr. ne sont pas abrogés par le code d'instruction criminelle. Ils trouvent leur application dans les cas où il y a irrévérence grave (art. 11), outrage ou menace (art. 91), sans *publicité* et *sans tumulte* (c. inst. crim. 504, 505), soit envers un juge, soit envers le procureur impérial, soit envers les officiers de justice, dans l'exercice de leurs fonctions.

1427. Et, *par officiers de justice*, il faut entendre les *avocats*, les *avoués* et les *huissiers*, lorsqu'ils remplissent leurs fonctions auprès des magistrats (V. MM. Carré et Chauveau, quest. 430; Chassan, t. 3, p. 51; Grellet-Dumazeau, t. 2, p. 304).

1428. Lorsque, conformément à l'art. 91 c. pr. *l'inculpé* a été *saisi* et *déposé* dans la *maison d'arrêt*, quel est le tribunal qui doit le juger? — A notre sens la question ne peut être douteuse. C'est celui auquel appartient le magistrat qui a donné l'ordre d'arrestation, parce que c'est le tribunal que ce magistrat représente et qui eût prononcé si le fait se fût passé en sa présence.—Voilà pour ce qui regarde la compétence territoriale. — Mais quant au point de savoir si c'est le tribunal civil ou le tribunal correctionnel qui doit statuer, la difficulté ne nous paraît pas non plus très-sérieuse; lorsque le fait qui donne lieu à la poursuite ne s'est point passé à l'audience d'une chambre civile, mais seulement devant un juge ou devant le procureur impérial, l'autorité et la dignité de cette chambre se trouvent complétement désintéressées dans la poursuite, et l'on ne voit pas à quel titre elle serait saisie d'un fait qui, de sa nature, appartient à la chambre correctionnelle.

1429. M. Chassan (t. 3, p. 52) estime que le tribunal correctionnel est compétent, lors même que l'infraction aurait été commise à l'audience d'un tribunal civil, si le délinquant n'est pas jugé à l'instant ou, au plus tard, dans les vingt-quatre heures. — Nous admettons aussi cette opinion. Seulement nous ne voyons guère dans quels cas elle peut être applicable, parce que l'art. 181 c. inst. crim. nous paraît, quant aux audiences des tribunaux civils, absorber l'art. 91 c. pr.; et voici dans quel sens. — L'art. 181 c. inst. crim., on vient de le voir, comprend tous les cas où il se commet un délit correctionnel dans l'enceinte et pendant la durée de l'audience d'un tribunal civil ou correctionnel ou d'une cour. — Or qu'est-ce qu'un délit? — C'est l'infraction que les lois punissent de peines correctionnelles (c. pén. art. 1); et les peines correctionnelles sont l'emprisonnement de six jours à cinq ans (c. pén. 40), l'amende au-dessus de 15 fr. (c. pén. 7, 466). — La peine d'un mois d'emprisonnement et de 300 fr. d'amende portée par l'art. 91 c. pr. est donc correctionnelle, et par conséquent l'outrage qu'elle est destinée à réprimer est un délit. — D'où il suit que toutes les fois que les faits prévus par l'art. 91 c. pr. se produisent à l'audience d'un tribunal, il doit, conformément à l'art. 181 c. inst. crim., prononcer lui-même immédiatement la peine portée par l'art. 91 c. pr., lorsqu'aucune autre pénalité n'est encourue, et que, dès lors, la difficulté dont s'occupe M. Chassan ne paraît pas de nature à se présenter relativement à l'audience d'un tribunal.

1430. Notons toutefois que l'art. 181 c. inst. crim. ne désigne que les tribunaux *civils*, les tribunaux correctionnels et les cours. — Or on peut se demander si les *tribunaux de commerce*, qui, par opposition aux tribunaux criminels, sont aussi des *tribunaux civils*, se trouvent compris dans cette disposition.— Nous pensons que c'est dans ce sens général que la disposition précitée doit être entendue. — Les tribunaux de commerce ne sont en réalité qu'un démembrement des tribunaux civils, et même dans un très-grand nombre d'arrondissements les deux juridictions continuent d'être réunies. Il n'y a donc pas de raison pour les exclure de l'application de l'art. 181 c. inst. crim.

1431. Les art. 504 et 505 c. inst. crim. dans leur généralité comprennent, du reste, toutes les branches du pouvoir judiciaire : ils comprennent donc les juges de commerce, les conseils de guerre, la cour de cassation, dont les attributions ne lui confèrent pas cependant le droit de prononcer des peines (V. M. Chassan, t. 1, p. 51).—Ils comprennent aussi nécessairement les tribunaux de police. — Et il a été jugé en ce sens que les tribunaux de police ont le pouvoir de réprimer les injures ou outrages adressés, dans le cours de leurs audiences, aux magistrats qui en font partie, et notamment au commissaire de police remplissant les fonctions du ministère public (Crim. cass. 8 déc. 1849, aff. Millet-Margain, D. P. 50, 1. 252).

1432. Les art. 504 et 505 précités sont-ils également applicables à la cour des comptes? — Cette cour est une autorité administrative et non une autorité judiciaire : les termes des dispositions précitées du code d'instruction criminelle ne lui sont donc pas applicables (V. en ce sens M. Carnot, t. 3, p. 398; V. toutefois M. Legraverend, t. 1, p. 367).— Quoi qu'il en soit, il ne faut pas perdre de vue que les art. 504 et 505 ne sont applicables qu'autant qu'il y a *publicité* et *tumulte*.

1433. En ce qui touche les cours d'assises on a soulevé une difficulté, qui, bien qu'elle ait aujourd'hui perdu tout intérêt politique, n'en doit pas moins être examinée : c'est celle de savoir si, dans les cas prévus par les art. 181 et 505 c. inst. crim., la cour d'assises doit, pour connaître des infractions commises à l'audience, être composée de la même manière que pour juger les crimes qui lui sont déférés, conformément au code d'instruction criminelle. — Plusieurs raisons nous déterminent à penser que l'assistance du jury est inutile dans ce cas. — La première. c'est que, suivant le code d'instruction criminelle qu'il s'agit précisément d'interpréter, le jury n'est appelé à connaître que des faits qualifiés *crimes* par le code pénal (c. inst. crim. 133, 217), et que, dès lors, il n'est nullement vraisemblable que le législateur l'ait eu en vue dans les art. 181 et 505 c. inst. crim. qui s'appliquent aux délits. — La seconde raison, c'est que le jury est institué pour constater le fait déféré à la cour d'assises et que, dans les cas d'infraction commise à l'audience, le fait est en général à l'abri de toute contestation. — La troisième raison, c'est que, suivant l'art. 1 et 2 de la loi du 1er mars 1831 (V. Org. jud.) les cours d'assises se composent : 1° des magistrats appelés à juger; 2° du procureur du roi (aujourd'hui procureur impérial); — 3° du greffier du tribunal, ou de l'un de ses commis assermentés. — D'où il suit que le jury assiste mais ne compose pas la cour d'assises. — Aussi a-t-il été jugé que si un outrage a été commis à l'audience d'une cour d'assises envers les magistrats qui la composent, cette cour doit statuer sur ce fait de suite, et sans l'intervention du jury (Crim. rej. 27 fév. 1832) (1).

1434. Du mot *publiquement* qui se trouve dans l'art. 504, il nous semble bien clairement résulter que les faits qui se passent à une audience à *huis clos* ne sauraient tomber sous l'application de cette disposition. — Telle est aussi l'opinion de M. Chassan (t. 3, p. 17). Toutefois en rappelant sur ce point l'avis de M. Carnot qui est d'un sentiment contraire, M. Chassan semble fondre son opinion avec celle de cet auteur à tel point qu'il devient difficile de saisir ce qui lui demeure en propre. — Quant à nous, nous pensons que quel que soit le nombre des personnes dont une affaire jugée à *huis clos* peut rendre la présence nécessaire, il y a entre ces mots *huis clos* et la *publicité* dont parle l'art 504 c. inst. crim. une opposition tellement tranchée qu'il ne nous paraît pas possible d'appliquer cette disposition dans un cas qu'elle a formellement exclu.

1435. Pour que le juge conserve la compétence qui lui est attribuée par les art. 181 et 505 c. inst. crim., est-il nécessaire qu'il suspende l'acte auquel il procédait au moment où l'infraction a été commise, ou bien peut-il le continuer, sauf à procéder au jugement de l'injure avant la clôture de la séance? — Il semble plus conforme au sens de la loi que le juge passe immédiatement au jugement de l'infraction commise à son audience. — Ce que la loi veut, en effet, dans ces dispositions précitées du code d'instruction criminelle relatives aux délits d'audience, c'est que la répression soit aussi prompte que l'infraction. — Il faut que

---

(1) (Raspail et autres C. min. pub.) — La cour (après délib. en ch. du cons.); — En ce qui touche François-Guillaume Gervais : — Attendu qu'il ne produit ni la quittance de la consignation d'amende, ni les pièces qui peuvent en tenir lieu, ni la preuve qu'il est en état, conformément aux art. 419, 420 et 421 c. inst. crim. ; — déclare François-Guillaume Gervais non recevable en son pourvoi, et condamne ledit Gervais en l'amende de 150 fr. envers le trésor public; — En ce qui touche le pourvoi formé par Henri Bonias contre l'arrêt du 10 janvier dernier : — Attendu la connexité, la cour joint ce pourvoi à celui qui a été déclaré par le même Henri Bonias, François-Vincent Raspail, Louis-Auguste Blanqui et Vincent Antony-Thouret, contre l'arrêt du 12 du même mois, et statuant sur le tout:

Sur la première partie du premier moyen : — Attendu, en fait, que la retraite des défenseurs a été volontaire et n'est pas le fait de la cour d'assises, ni de son président; que la suspension de Me Allier, l'un d'eux, n'a été que l'application légale et légitime du pouvoir conféré à cette cour par l'art. 23 de la loi du 17 mai 1819; que le prévenu Boniasa été défendu par Me Dupont, avocat, à l'audience du 10 janvier, jour auquel il a été une première fois condamné; que le même Bonias, Raspail, Blanqui et Thouret étaient également assistés de leurs défenseurs, lorsque les paroles incriminées ont été proférées; que le président de la cour d'assises, avant d'ouvrir le débat sur ces paroles, a nommé un avocat d'office pour défendre les demandeurs sur ces nouveaux délits; qu'ils ne se sont pas plaints de l'insuffisance de cette nomination; qu'ils ont, au contraire, formellement repoussé ce défenseur, qui a été obligé de s'abstenir par suite de leur refus; — Attendu, en droit, que les art. 294 et 507 c. inst. crim., qui prescrivent la nomination d'un défenseur d'office, ne sont applicables qu'aux accusés de crimes et non aux prévenus de délits ou de contraventions;

Sur la seconde partie du premier moyen : — Attendu que le procès-verbal des débats constate que Raspail, Blanqui, Bonias et Thouret ont été mis à portée de rétracter les paroles par eux prononcées à l'occasion de leur défense, et qui ont été incriminées par le ministère public; et qu'au lieu d'attribuer ces paroles à la chaleur de la défense, les prévenus y ont persisté; — Que, notamment, Raspail a délaré que le ministère public les avait atténuées, et Blanqui, qu'il remerciait le ministère public d'avoir donné de la publicité à son système d'économie politique; qu'ainsi le droit de la défense n'a pas été méconnu;

Sur la troisième partie du premier moyen et la première partie du deuxième moyen : — Attendu que les faits qui ont servi de base à la condamnation prononcée contre Thouret, et à une partie de celle prononcée contre Bonias, sont étrangers à leur défense; — Attendu, d'un autre côté, qu'il résulte suffisamment du procès-verbal des débats et de l'arrêt attaqué, que les faits dont Raspail, Bonias et Blanqui sont déclarés coupables à l'occasion de leur défense, n'étaient ni la reproduction ni le développement des écrits incriminés; — Que la cour d'assises a donc pu les considérer comme constitutifs de délits nouveaux différant de ceux de la poursuite, bien qu'ils fussent de même nature; — Qu'en appliquant à ces faits la disposition des lois qui les ont prévus et punis, elle n'a violé ni la liberté de la défense, ni l'art. 23 de la loi du 17 mai 1819; que, d'ailleurs, cet article est inapplicable à l'espèce, puisqu'il ne concerne que la diffamation ou l'injure, résultant envers les parties ou les tiers des discours prononcés ou des écrits respectivement produits devant les cours et tribunaux; — Attendu que l'art. 15 de la même loi du 17 mai et l'art. 5 de celle du 25 mars 1822 ne s'appliquent qu'à la diffamation ou à l'injure, commises par la voie de la presse, ou par tout autre moyen de publication, contre des cours ou tribunaux, pour des faits relatifs à leurs fonctions; qu'ils n'ont donc pas dérogé à l'art. 222 c. pén., qui prévoit et punit les outrages par paroles que les magistrats de l'ordre administratif ou judiciaire auront reçus dans l'exercice de leurs fonctions, et spécialement l'outrage qui a eu lieu à l'audience d'une cour ou d'un tribunal; — Attendu, d'ailleurs, que l'art. 4 de la loi du 26 mai 1819 n'est pas applicable au délit contre un tribunal à son audience; que, dès lors, les arrêts attaqués ne contiennent aucune violation des dispositions précitées;

Sur la seconde partie du deuxième moyen et sur le troisième moyen : — Attendu que l'art. 181 c. inst. crim. donne aux cours en général, et conséquemment aux cours d'assises, le droit de juger et punir les crimes et délits commis dans l'enceinte et pendant la durée de leurs audiences; — Que, d'après l'art. 1er de la loi du 4 mars 1831, les cours d'assises se composent des magistrats désignés pour en faire partie, du ministère public et du greffier; — Qu'elles existent indépendamment des jurés, dont le concours n'a lieu que pour prononcer sur les faits qui leur ont été déférés dans les formes prescrites par la loi; qu'elles prononcent sur les incidents de l'audience, appliquent la peine, statuent sur les dommages-intérêts, et jugent les contumaces; — Que les dispositions combinées des art. 507 et 508 dudit code repoussent l'idée que l'intervention des jurés présents à la perpétration flagrante même d'un crime, soit nécessaire pour le constater; — Qu'en effet, les jurés présents au délit ou au crime commis à l'audience, soit qu'il l'ait été à l'occasion du fait de l'accusation, soit qu'il provienne d'un fait entièrement étranger, n'en sont pas moins sans qualité et sans juridiction pour en connaître, parce que leur pouvoir est circonscrit dans le fait unique pour lequel ils ont été désignés par le sort, et acceptés par l'accusé comme juges; — Qu'obligée de procéder au jugement de suite et sans désemparer, en vertu de la disposition impérative de l'art. 181, la cour d'assises doit donc constater seule et punir les délits flagrants qui sont commis à son audience; — Que la charte de 1830 et la loi du 8 octobre de la même année, en ce qui concerne les délits correctionnels dont elles attribuent la connaissance au jury, n'ont nullement modifié la juridiction exceptionnelle et d'ordre public établie par ledit art. 181; — Attendu qu'il est inutile de rechercher quelle peut être, sur le jugement des crimes commis à l'audience, l'influence de la loi du 4 mars 1831, qui réduit à trois le nombre des juges des cours d'assises, puisqu'il ne s'agit, dans la cause, que de délits correctionnels pour la répression desquels la simple majorité des juges suffit; d'où il suit que l'arrêt attaqué n'a commis ni l'excès de pouvoir, ni la violation de lois qui lui sont reprochés;

En ce qui touche particulièrement Blanqui : — Attendu qu'exciter le mépris ou la haine des citoyens contre une portion d'entre eux, en les désignant par un nom générique, c'est chercher à troubler la paix publique dans le sens et le véritable esprit de l'art. 10 de la loi du 25 mars 1822; que les faits dont l'arrêt attaqué déclare le demandeur coupable constituent donc ce délit, et que, dès lors, la disposition de cet article lui a été justement appliquée;...- En ce qui concerne Raspail : — Attendu qu'aux faits déclarés constants à son égard, par l'arrêt du 12 janvier, et d'après la qualification qui leur appartenait, il a été fait une juste application des art. 1 et 9 de la loi du 17 mai 1819, combinés avec l'art. 87 c. pén.; — Attendu, enfin, à l'égard de tous les demandeurs, que les deux arrêts attaqués ont été rendus publiquement, après la constatation des faits, l'aveu et l'audition des prévenus et les réquisitions du ministère public; que ces arrêts sont réguliers dans leurs formes; — Rejette, etc.

Du 27 fév. 1832.-C. C., ch. crim.-MM. de Bastard, pr.-Isambert rap.-Dupin, pr. gén., c. conf.-Crémieux, av.

les assistants trouvent dans l'énergie du juge et dans la punition immédiate du coupable un exemple propre à prévenir la reproduction de semblables faits. — Tous les retards qui tendent à faire traîner la répression en longueur s'écartent de l'esprit de la loi. — D'ailleurs les témoins du fait dont l'audition va devenir nécessaire pour le prouver et l'éclaircir, peuvent sortir de l'audience. — Nous croyons donc que l'affaire soumise à l'attention du juge doit être immédiatement suspendue. Telle est aussi l'opinion de M. Legraverend, t. 1, p. 568, 569. — Mais, dans le cas où le juge continuerait l'affaire qui l'occupait au moment de l'infraction commise en sa présence, y aurait-il là une violation de la loi qui dût entraîner l'annulation de la décision sur l'incident? — M. Legraverend (*loc. cit.*) résout cette question affirmativement. — Pour nous, nous croyons que c'est pousser trop loin la rigueur et que les termes du code d'instruction criminelle ne justifient pas cette solution. — Que dit, en effet, l'art. 181? — Que le tribunal appliquera *sans désemparer* les peines prononcées par la loi. — Et l'art. 505 dit aussi que les peines pourront être prononcées *séance tenante* et immédiatement après que les faits auront été constatés. D'où il suit, à notre sens, que pourvu que ce soit *sans désemparer ou séance tenante* que l'infraction commise à l'audience ait été jugée, il n'y a pas *contravention expresse à la loi*, et que dès lors la cassation ne doit pas être prononcée (V. en ce sens MM. Carnot et Bourguignon sur les art. 504 et suiv. c. inst. crim. et M. Chassan, t. 3, p. 34).

Mais les motifs qui ont fait permettre aux juges de venger eux-mêmes les outrages qu'ils ont reçus (V. n° 1422) cessent d'être applicables lorsque ces outrages ne sont point jugés *séance tenante*. — Alors les règles ordinaires doivent nécessairement reprendre leur empire et, par suite, le juge outragé est sujet à récusation, ce qui indique aussi que lorsque plusieurs magistrats d'un même tribunal se prétendent outragés, il peut y avoir lieu à demande en renvoi pour cause de suspicion légitime (V. Récusation et Renvoi). — Aussi a-t-il été jugé qu'en cas de plainte portée par trois juges d'un tribunal contre un individu qui a publié contre eux un mémoire injurieux, le tribunal, dont ces juges font partie, ne doit pas en connaître; il y a nécessité de renvoi à un autre tribunal (Ch. crim. 13 août 1829) (1). — Il a d'ailleurs été jugé que la délibération prise par un tribunal pour requérir le ministère public de poursuivre des injures qui ont été dirigées comme ses membres dans un placard exposé aux yeux du public, n'a point pour effet de faire cesser sa compétence, relativement à la connaissance de ce délit; en cas pareil, le prévenu ne peut faire dessaisir le tribunal que par la voie d'un pourvoi en cassation pour cause de suspicion légitime (Limoges, 25 juin 1852, aff. Bardou, D. P. 53. 2. 7). — Dans ce cas, en effet, le défaut d'action soit en récusation, soit en renvoi pour cause de suspicion légitime, laissait au tribunal toute latitude pour le jugement; car la singulière exception d'incompétence qu'on avait cru devoir soulever dans l'espèce ne pouvait être considérée, dans le cas où elle aurait été proposée devant les premiers juges, comme l'équivalent d'une demande en renvoi pour cause de suspicion légitime, demande qui, on le sait, est soumise à des formalités qui ne se trouveraient pas accomplies par la simple formule d'une exception d'incompétence. — V. v° Renvoi.

1436. Avant le code d'instruction criminelle, il a été jugé : 1° que l'art. 91 c. pr. n'est applicable qu'au cas où l'injure est faite au juge sur son tribunal, et que cet article n'a point révoqué l'art. 19 de la loi du 22 juill. 1791 qu'on devait continuer d'appliquer au cas d'outrage envers les fonctionnaires hors le lieu de leur séance quoique dans l'exercice de leurs fonctions (Cr. rej. 7 nov. 1808, MM. Barris, pr., Carnot, rap., aff. Gaulard); — 2° Que l'outrage commis envers un président dans l'exercice de ses fonctions hors de son tribunal est un délit de la compétence du tribunal correctionnel (même arrêt). — Ces solutions doivent encore être suivies en ce sens que l'application de l'art. 91 c. pr. doit se renfermer dans les cas d'outrage à l'audience, et que lorsque c'est dans l'exercice de ses fonctions, mais hors de l'audience, que le magistrat est outragé, il faut suivre les règles ordinaires de la compétence, sauf toutefois l'application de l'art. 505 c. inst. lorsqu'en un autre lieu que l'audience il se fait une instruction judiciaire avec publicité et qu'il y a tumulte avec injures ou voies de fait.

1437. Le rapprochement des art. 181 et 505 c. inst. crim. a donné lieu à une observation qui doit être rappelée, c'est que l'art. 181 est conçu en termes impératifs, tandis que l'art. 505 donne seulement aux magistrats la *faculté* de prononcer les peines portées par la loi. — M. Chassan (t. 3, p. 36) conclut de cette différence que dans le cas prévu par l'art. 181, la juridiction est forcée et que les tribunaux à l'audience desquels se commet un délit sont *exclusivement* compétents pour en connaître. — Nous avons peine à admettre qu'il en soit ainsi, et cela par une raison qui ne nous paraît pas sans gravité, c'est que la condition de la compétence du tribunal est, dans le cas prévu par l'art. 181, qu'il appliquera *sans désemparer* les peines prononcées par la loi. Or, quelle serait la conséquence de la doctrine professée par M. Chassan? C'est que, si, par l'effet d'une préoccupation, d'un malentendu, d'une cause quelconque, le président levait l'audience sans qu'il eût été statué sur le délit, le prévenu jouirait pour toujours de l'impunité! — Un résultat aussi étrange ne peut, ce nous semble, avoir été dans la pensée de la loi. Aussi nous paraît-il juridique d'admettre que malgré la différence de rédaction qui vient d'être signalée, lorsqu'il n'a pas été statué sur le délit *sans désemparer*, il faut simplement se conformer pour le jugement de cette infraction aux règles de droit commun. — V. MM. Parant, p. 208; Massabiau, Manuel du proc. du roi, t. 1, n° 213).

1438. Si, dans le cas prévu par l'art. 505, le délinquant ne peut être saisi, doit-il être jugé par défaut? L'article précité ne s'explique pas à cet égard. Mais comme dans aucun cas il ne peut dépendre d'un prévenu d'interrompre le cours de la justice, nous pensons qu'il faut se conformer à l'art. 91 c. pr. et que le juge doit prononcer par défaut la condamnation du prévenu, si les faits qui y donnent lieu lui semblent suffisamment justifiés. — V. en ce sens M. Chassan, t. 3, p. 35.

1439. Mais une question fort grave nous reste à examiner ici. On a vu (nos 1404 et s.) que la qualité du prévenu peut déterminer une compétence spéciale, et qu'ainsi, sous les chartes de 1814 et de 1830, les pairs de France n'étaient justiciables que de la chambre des pairs; que suivant les art. 479 et suiv. c. inst. crim., les juges des tribunaux de première instance, les officiers chargés du ministère public près ces tribunaux ne peuvent être jugés que par la cour impériale, pour les délits commis, soit dans leurs fonctions, soit hors de leurs fonctions. — On sait aussi que les députés ne peuvent être poursuivis qu'autant que les poursuites ont été autorisées par le corps législatif. — La difficulté est de savoir si ces règles particulières doivent prévaloir sur les art. 181 et 504 c. inst. crim.; en telle sorte que si un juge était prévenu d'outrage commis à l'audience envers les magistrats sur leur siége, la répression immédiate autorisée par ces dispositions dût s'arrêter devant la qualité de l'inculpé. — Les raisons de douter semblent contre-balancer les raisons de décider : aussi M. Chassan, dans le même ouvrage (même édition) a-t-il successivement embrassé la négative et l'affirmative. — En se décidant dans ce dernier sens M. Chassan ne se dissimule pas que les priviléges dont jouissent les magistrats et les députés tiennent à l'ordre politique. Mais voici les motifs qui le déterminent à les faire passer sous le niveau de la loi commune. — « Contre le privilége, dit cet auteur (*loc. cit.*), on doit soutenir que la dignité de la justice est aussi une loi constitutionnelle et qu'il importe à l'état de cette dignité que les atteintes, qui lui sont portées soient à l'instant réprimées, quelle que soit la qualité du délinquant; c'est ici une compétence particulière à laquelle la

(1) (Min. pub. *C.* Cavalier.) — La cour; — Vu la requête du procureur général de la cour royale de Montpellier, tendante au renvoi pour cause de suspicion légitime de la plainte de trois magistrats du tribunal de première instance de Lodève, contre le sieur Cavalier, et les pièces jointes; — Vu les art. 542 et suiv. c. inst. crim., relatifs aux renvois d'un tribunal à un autre; — Attendu qu'il y a causes suffisantes de suspicion légitime et même nécessité de renvoi; — Statuant sur la requête du procureur général près la cour royale de Montpellier; — Renvoie la plainte devant le juge d'instruction de Montpellier.

Du 13 août 1829. — C. C., ch. crim. — MM. Bastard, pr. — Brière, rap.

loi politique n'a pas plus entendu déroger qu'elle ne l'a voulu, en ce qui concerne les délits de publication et ceux dits *politiques*. Ces derniers délits, en effet, bien qu'attribués par la charte au jury, sont laissés à la décision du juge de l'audience, lorsqu'ils ont été commis en sa présence et dans l'enceinte même de l'audience. »

Ces raisons, qui ont leur gravité, ne sont pas cependant celles qui nous déterminent à nous ranger à son avis, et cet auteur aurait pu, ce nous semble, en donner une plus décisive, particulièrement en ce qui concerne les députés. — L'art. 44 de la charte de 1830, sous laquelle cet auteur a écrit, disait en effet : — « Aucun membre de la chambre ne peut, pendant la durée de la session, être poursuivi ni arrêté en matière criminelle, *sauf le cas de flagrant délit*, qu'après que la chambre a permis sa poursuite. » — Le cas de flagrant délit était donc excepté, et lorsqu'il se réalisait, rien ne s'opposait à ce que le député fût poursuivi et arrêté. — L'art. 11 du décret des 2-21 fév. 1852 porte aussi : — « Aucun membre du corps législatif ne peut, pendant la durée de la session, être poursuivi en matière criminelle, *sauf le cas de flagrant délit*, qu'après que le corps législatif a autorisé la poursuite. » — Or qu'est-ce que le flagrant délit? — C'est celui qui se commet actuellement ou qui vient de se commettre (c. inst. crim. 41). — Un député arrêté à l'instant où il vient de commettre un outrage envers un magistrat, à l'audience, est donc en état de flagrant délit, et dès lors le privilége qu'il tient des textes précités n'est plus applicable. — Obligés de reconnaître, que le député qui est membre de l'un des grands corps de l'État, qui tient de ses concitoyens un mandat dont l'accomplissement intéresse la société tout entière, est obligé de s'incliner devant la justice qu'il a outragée et de subir la loi commune, nous ne pouvons que trouver naturel que les magistrats et les officiers de police judiciaire désignés dans les art. 479 et suiv., dont la liberté est moins précieuse pour la société que celle des députés, soient également sujets aux règles de compétence relatives aux infractions d'audience. — Ainsi point de privilége, et par suite point d'exception à la règle qui soumet la connaissance des délits d'audience au juge en présence duquel ils ont été commis.

Ajoutons, et c'est d'ailleurs ce qui a été jugé, que l'autorité judiciaire est compétente pour réprimer les délits d'outrages commis à l'audience par des *prévenus ou par des accusés*, envers elle, dans l'exercice de ses fonctions : l'art. 222 c. pén. n'a été abrogé ni par les art. 23 et 26 de la loi du 17 mai 1829, ni par l'art. 6 de la loi du 25 mars 1822, ni par la loi du 8 oct. 1830 (Crim. rej. 27 fév. 1832, aff. Raspail, V. n° 1433). — Il n'y a pas non plus d'exception pour ce cas.

1440. Enfin il a été également décidé et avec raison que les délits commis par les militaires aux audiences des tribunaux ordinaires ne peuvent être revendiqués au nom de la juridiction militaire, et que c'est par les tribunaux ordinaires, devant lesquels les faits se sont passés, qu'ils doivent être jugés : « Attendu que la juridiction de la cour sur les crimes et délits commis en sa présence, fondée sur le droit qui lui appartient d'assurer la police de ses audiences et le respect dû à la dignité de la justice, est une juridiction exceptionnelle applicable à toutes les personnes présentes à l'audience sans distinction; que, d'ailleurs, la qualité que se donne l'inculpé est celle de militaire en congé, et qu'aux termes de la jurisprudence, les militaires en congé, pour les délits communs, sont justiciables des tribunaux ordinaires » (C. d'assises du Rhône, 15 déc. 1846, M. Durien, pr., aff. Col).

1441. *Comptes rendus des séances parlementaires et judiciaires.* — Aux termes de l'art. 16 de la loi du 25 mars 1822, les chambres doivent appliquer elles-mêmes, conformément à l'article précédent, les dispositions de l'art. 7 relatives au *compte rendu* par les journaux de leurs séances. Les dispositions du même art. 7, relatives au compte rendu des audiences des cours et tribunaux, doivent être aussi appliquées directement par les cours et tribunaux qui ont tenu ces audiences. — C'est là une dérogation nécessaire à la loi commune, car, ainsi que l'a fait remarquer M. de Serre, en exposant les motifs de la loi du 25 mars 1822, telle est la nature du délit de compte rendu *infidèle* et de *mauvaise foi* que son existence ne peut être bien constatée que par les chambres elles-mêmes, ou par les tribunaux dont les séances ont été infidèlement rapportées. C'est là une vérité si évidente que la loi du 8 oct. 1830, votée sous l'influence d'une révolution opérée par la presse, tout en attribuant aux cours d'assises la connaissance des délits commis par cette voie de publication, avait formellement excepté de cette juridiction les cas où les chambres, cours ou tribunaux, jugeraient à propos d'user des droits qui leur sont attribués par les art. 15 et 16 de la loi du 25 mars 1822. — Ainsi, la compétence des chambres et des cours et tribunaux pour statuer sur le compte infidèle de leurs séances, ne pouvait être révoquée en doute, puisqu'elle était établie en termes exprès par l'art. 16 de la loi du 25 mars 1822, et confirmée par l'art. 3 de la loi du 8 oct. 1830 ; mais on a soutenu que cette dernière loi était inconstitutionnelle et contraire à la charte de 1830; que par conséquent elle ne pouvait obliger les tribunaux, qui devaient se déclarer incompétents, et renvoyer au jury la connaissance du délit dont il s'agit. — Cette prétention avait été repoussée avec raison par la cour régulatrice, attendu, 1° que cette loi du 18 oct. 1830 n'était pas contraire à la charte qui, par son art. 69, s'était contentée de déclarer « qu'il serait pourvu, dans le plus court délai possible, à l'application du jury aux délits de la presse, » sans qu'elle eût modifié au reste la législation antérieure qui, provisoirement, conservait toute sa force; — 2° Que cette loi du 8 oct. 1830, délibérée et promulguée dans la forme constitutionnelle prescrite par la charte, faisait la règle des tribunaux et ne pouvait être attaquée devant eux pour cause d'inconstitutionnalité (Crim. cass. 11 et 24 mai 1833, aff. Paulin et aff. Cruchet, V. Lois, n° 527-2°). — La même difficulté s'est reproduite sous la constitution de 1848, dont l'art. 83 déférait exclusivement au jury la connaissance des délits commis par la voie de la presse, et il a été jugé aussi que cet article n'a point abrogé l'art. 16 de la loi du 25 mars 1822, qui attribue aux cours et tribunaux le droit de connaître du délit de compte rendu infidèle et de mauvaise foi de leurs audiences (Crim. rej. 19 avr. 1850, aff. Dusautoir, D. P. 50. 1. 70; Orléans, 27 mai 1851, aff. Tavernier, D. P. 52. 2. 87). — Et spécialement que la haute cour de justice créée par l'art. 92 de la constitution était compétente pour connaître du délit de compte rendu infidèle et de mauvaise foi d'une de ses audiences (Haute cour de justice 26 oct. 1849, aff. Trib. des peuples, D. P. 49. 1. 266). — Toutefois il a été jugé, au contraire, que les délits de compte rendu infidèle et de mauvaise foi des audiences des cours et tribunaux, étaient de la compétence exclusive du jury (Douai, 4 déc. 1849, aff. Messager du Nord, D. P. 53. 5. 369). — Aujourd'hui ces difficultés sont aplanies. — En ce qui touche le *compte rendu des débats parlementaires*, l'art. 42 de la constitution de 1852 porte que le compte rendu des séances du corps législatif par les journaux ou tout autre moyen de publication, ne doit consister que dans la reproduction du procès-verbal dressé à l'issue de chaque séance par les soins du président du corps législatif. — Aux termes de l'art. 16 du décret du 17 fév. 1852, il est interdit de rendre compte des séances du sénat autrement que par la reproduction des articles insérés au journal officiel. Et l'on a vu (n°s 990 et suiv.) que l'infraction à ces dispositions est sévèrement punie. — Il est donc peu vraisemblable qu'il y ait lieu d'appliquer les peines relatives aux comptes rendus des séances des chambres. — V. du reste *suprà*, n°s 634 et suiv., 991, nos observations touchant l'applicabilité au sénat et au corps législatif des dispositions concernant le compte rendu des séances *des chambres*.

1442. Quant à la disposition de l'art. 16 de la loi de 1822, relative aux *audiences* des tribunaux, il est à remarquer que, suivant l'art. 25 du décret du 17 fév. 1852, les *tribunaux correctionnels* sont seuls compétents pour connaître des délits commis par la voie de la presse ou par tout autre moyen de publication : le doute ne peut donc plus s'élever, et, par suite, il n'y a plus de motif sérieux pour contester la compétence des tribunaux quant au délit d'infidélité et de mauvaise foi dans le compte rendu de leurs audiences, telle qu'elle est établie par l'art. 16 de la loi de 1822. — Notons, du reste, que la règle de compétence que contient cette disposition s'applique sans distinction à *tous les tribunaux civils ou criminels*, entre les tribunaux qui ont la plénitude de la juridiction et les tribunaux d'exception, et que, par suite, un juge de paix, un tribunal de commerce, un tribunal de police peuvent exercer le droit conféré aux tribunaux par l'art.

16 de la loi du 25 mars 1822.—V. MM. Legraverend, t. 2, p. 585; Chassan, t. 3, p. 130; de Grattier, t. 2, p. 120.

1443. L'*accessoire* suit le sort du *principal.* —Aussi est-ce une règle généralement observée qu'un tribunal régulièrement saisi, à l'égard d'une question principale, est compétent pour prononcer sur toutes les questions accessoires qui s'y rattachent. — Cette règle reçoit naturellement son application en matière de compte rendu infidèle (V. MM. de Grattier, t. 2, p. 118; Sulpicy, p. 61, n° 8). — Mais si le tribunal saisi reconnait qu'il n'y a ni infidélité ni mauvaise foi, il doit se déclarer incompétent pour les autres délits que renfermerait l'article incriminé, sauf, bien entendu, au ministère public à saisir la juridiction compétente. — V. encore M. de Grattier, *loc. cit.*

1444. Le motif principal qui sert de base à la compétence en matière de compte rendu, c'est, on le sait, que les juges qui ont pris part au jugement de l'affaire rapportée par un journal peuvent seuls apprécier avec certitude la fidélité du compte rendu. Mais il ne faut pas que ce motif arrête le cours de la justice, et que, dans le cas où l'on ne pourrait composer le tribunal des mêmes juges que ceux qui ont connu du procès infidèlement rapporté, l'impunité soit assurée au coupable. — Aussi a-t-il été jugé : 1° qu'un tribunal est compétent pour juger une prévention de délit de compte rendu infidèle et de mauvaise foi, bien qu'il ne soit pas composé des mêmes juges que ceux qui siégeaient à l'audience dont le compte rendu est inculpé (Crim. cass. 6 mars 1823, aff. Gatineau, V. n° 1554; Crim. rej. 18 oct. 1833, aff. Paulin, V. n° 1446; 19 oct. 1833, aff. Cruchet, *eod.*; Crim. cass. 23 fév. 1837, aff. Brière, V. n° 1549-2°. — Conf. M. de Grattier, t. 2, p. 120); — 2° Que, *à fortiori*, une cour d'assises est compétente pour connaître du compte rendu infidèle et de mauvaise foi de ses audiences, bien que l'un de ses membres soit remplacé par un magistrat supplémentaire que cette cour s'était adjoint pour suppléer celui de ses membres qui ne pouvait continuer à siéger (Crim. rej. 11, 24 mai 1833 (1).—Conf. M. de Grattier, t. 2, p. 120).

Lorsque le tribunal n'est pas permanent, comme une cour d'assises qui ne siége qu'à des termes périodiques, c'est, après la cessation des travaux du tribunal dont les audiences ont été infidèlement rapportées, au tribunal constitué à la période suivante qu'il appartient de connaître de ce délit. S'il s'agissait d'une chambre temporaire, la poursuite, après la suppression de cette chambre, devrait être portée devant les juges appelés à connaître des affaires déléguées antérieurement à la chambre temporaire (V. M. de Grattier, t. 2, p. 121).

1445. Le juge civil appelé à punir l'infidélité et la mauvaise foi du compte rendu d'une de ses audiences doit être saisi comme juridiction civile, et non comme juridiction correctionnelle. Par suite, il a été jugé que l'auteur d'un compte rendu de l'audience civile d'un tribunal ne peut être cité devant ce tribunal, jugeant correctionnellement, et au jour fixé pour les audiences correctionnelles; et que le tribunal correctionnel supérieur, saisi de l'appel du jugement intervenu, ne peut, en infirmant ce jugement pour cause d'incompétence, se livrer lui-même à l'appréciation du compte rendu (Crim. cass. 24 juill. 1846, aff. Bernès, D. P. 46. 4. 409).

1446. Il est à remarquer aussi, et c'est ce qui a été également jugé, que les art. 16 de la loi du 25 mars 1822 et 3 de la loi du 8 oct. 1830, qui ont attribué directement aux cours et tribunaux le droit de juger les comptes rendus de leurs audiences par les journaux, n'ayant rien dit des pourvois qui pourraient frapper leurs décisions à cet égard, ont laissé ces pourvois soumis au droit commun; que, dès lors, l'arrêt de cassation qui, après avoir annulé une condamnation contre un compte rendu infidèle et de mauvaise foi, a renvoyé devant une cour d'assises autre que celle qui avait tenu l'audience, est attributif de juridiction; et que, par conséquent, il n'est pas exact de prétendre que le tribunal, dont les débats ont été infidèlement rendus, soit seul et exclusivement compétent pour connaître des poursuites (Crim. rej. 18, 19 oct. 1833) (2).

1447. Passons à un autre ordre d'idées. — Par suite d'*in-*

(1) 1re *Espèce :* — (Paulin C. min. publ.) — La cour; — Sur le troisième moyen, résultant de la prétendue violation de l'art. 16 de la loi du 25 mars 1822, en ce que M. Portalis n'avait point tenu l'audience du 15 mars, puisqu'alors la cour d'assises était composée de MM. Duboys, de Chaudry et de la Rachée; — Attendu que le 18 mars, et lorsque Paulin a comparu, sur la citation du 14 du même mois, devant la cour d'assises, M. de la Rachée, légitimement empêché, a été remplacé par M. Portalis qui avait assisté à tous les débats, en exécution de l'arrêt du 11 mars déjà cité, et, dès lors, siégé à l'audience du 15 mars, dont Paulin était prévenu d'avoir rendu un compte infidèle et de mauvaise foi; — Qu'à l'instant où le remplacement de M. de la Rachée par M. Portalis est devenu nécessaire et a été opéré, celui-ci a dû être considéré comme ayant toujours fait partie de la cour d'assises pendant les débats de l'affaire de Bergeron et Benoît, et conséquemment comme ayant tenu l'audience du 15 mars; d'où il suit que, le 18 mars, la cour d'assises (de la Seine) était régulièrement composée et a pu, sans violer l'art. 16 de la loi du 25 mars, connaître de l'action dirigée contre Paulin; — Rejette.

Du 11 mai 1833.-C. C., ch. crim.-MM. Bastard, pr.-Thil, rap.

2e *Espèce :* — (Cruchet). — 24 mai 1833, arrêt identique.-M. Thil, r.

(2) 1re *Espèce :* — (Paulin C. min. pub) — Le sieur Paulin, gérant du National, avait été condamné par la cour d'assises de la Seine, comme ayant rendu un compte infidèle et de mauvaise foi des débats de l'affaire du coup de pistolet tiré sur le roi. — Sur son pourvoi, cet arrêt fut cassé et l'affaire renvoyée devant la cour d'assises de Versailles. — Devant cette cour, le sieur Paulin soutint : 1° que l'article incriminé n'était pas un compte rendu, puisqu'il se trouvait dans le journal à une place autre que celle destinée aux comptes rendus; 2° que les magistrats de Versailles étaient, d'ailleurs, incompétents en ce qu'ils n'avaient pas tenu l'audience dont les débats avaient été racontés, et que le renvoi prononcé par la cour de cassation n'avait pu les saisir. — Toutefois, la cour d'assises de Versailles se déclara compétente. Elle jugea que, pour savoir si un article est un compte rendu, il ne s'agit pas de voir la place qu'il occupe, ni la rubrique sous laquelle il est écrit, mais la nature des faits qu'il rapporte; qu'en matière de compte rendu, il fallait, dans le silence de la loi spéciale, appliquer le droit commun et admettre le renvoi prononcé par la cour de cassation, puisqu'aucune loi ne dispensait de le prononcer. — La cour d'assises de Versailles maintint, en conséquence, la condamnation prononcée par celle de Paris.

Nouveau pourvoi qui a été soutenu par les moyens dont voici l'analyse : 1° incompétence à raison des personnes. — On a soutenu que le renvoi n'était pas attributif de juridiction, et qu'aux termes de l'art. 7 de la loi du 25 mars 1822, les magistrats qui avaient tenu l'audience étaient seuls compétents pour juger de la fidélité du compte qui en avait été rendu; que cette juridiction même étant exceptionnelle, il serait odieux d'en agrandir le cercle. — On invoquait, à l'appui de cette doctrine, l'arrêt suivant rendu par la cour d'Amiens dans l'affaire du Courrier français : — « Considérant que toute l'économie de la loi du 25 mars 1822 se renferme dans ces deux points capitaux, savoir : 1° que le jugement sur l'infidélité et la mauvaise foi des journaux soit porté par les mêmes juges que ceux qui ont siégé aux audiences dont il a été rendu compte, et qu'en ce cas leurs arrêts souverains soient irrévocables et tels que ceux que pourrait rendre la chambre en pareille matière; — 2° Que la loi a laissé aux magistrats seuls qui ont tenu ces audiences le soin de puiser leur conviction dans leurs souvenirs et leurs consciences; — Qu'il y a une incompétence morale et légale pour que la cour ne soit pas saisie; — La cour se déclare incompétente. »

Aux termes de l'arrêt qui avait renvoyé devant la cour d'Amiens, continuait-on, le procès-verbal dressé par les juges insultés doit faire preuve légale devant le nouveau tribunal. Or voici les conséquences de cette doctrine : s'il n'y a pas eu de procès-verbal, il faudra bien que les juges soient éclairés; il faudra donc entendre des témoins. Alors le président d'une cour d'assises sera traîné devant un tribunal; sa déclaration y sera combattue par les témoins que produira la défense. Quelle position pour la magistrature!... Tout cela est absurde. — Si, au contraire, il y a procès-verbal, ce sera une vérité légale, et cette vérité sera l'œuvre des juges outragés! Ceci est encore absurde. — Il faut donc le reconnaître, la doctrine de la cour d'Amiens est préférable à celle de la cour suprême; il y avait une incompétence morale et légale pour que la cour de Versailles ne fût pas saisie. — 2° Incompétence à raison de la matière.

M. Parant, avocat général, concluait au rejet. — Sur le premier moyen, il disait : la cour de Versailles aurait pu le repousser par une exception de chose jugée, tirée de l'arrêt de renvoi. Toutefois, elle a donné des motifs différents; elle a reconnu que les jugements et arrêts en matière de comptes infidèlement rendus étaient soumis à l'appel et au recours en cassation. Il résulte, en effet, de l'art. 16 de la loi du 25 mars 1822 que les décisions d'un tribunal de première instance sont attaquables par appel. Eh bien! ne trouvera-t-on pas, dans le deuxième degré, des juges autres que ceux qui ont tenu l'audience? Dira-t-on qu'ils sont incompétents? Il y aurait alors un appel qui paralyserait la sentence des premiers juges, et, en appel, des juges incompétents! Ce système ne peut être admis, ou la loi serait inutile et inexécutable. Ce qu'on est forcé de reconnaître vrai devant les juges d'appel d'un pareil délit, doit être également vrai pour le cas d'un renvoi prononcé par suite de cassation. —

fidélité et de *mauvaise foi* dans un compte rendu, il a été interdit à un journal de rendre compte des débats judiciaires portés devant ce tribunal. Le journal viole cette défense.— Par qui sera jugée l'infraction?—Le législateur ne s'est pas expliqué pas très-clairement à ce sujet. Mais il résulte pourtant de la combinaison des art. 7 et 16 de la loi du 25 mars 1822 que le seul tribunal compétent, en pareil cas, est celui qui a prononcé la condamnation.—L'art. 16 dit, en effet : « Les dispositions du même art. 7, relatives au compte rendu des audiences et tribunaux, seront appliquées directement *par les cours et tribunaux qui auront tenu les audiences*. » — Or, parmi *ces dispositions* se trouve celle qui est relative à l'interdiction de rendre compte des débats judiciaires. — D'où la conséquence que les tribunaux qui ont prononcé l'interdiction sont juges du point de savoir si elle a été violée. — Aussi a-t-il été jugé : 1° que la violation de la défense faite à un journal, de rendre compte des débats législatifs et judiciaires, doit être jugée par le tribunal des audiences duquel il a été rendu un compte infidèle et de mauvaise foi, et sans adjonction du jury, s'il s'agit d'une cour d'assises (Crim. rej. 14 déc. 1833 (1). — Conf. MM. Parant, p. 138 et 275 ; Victor Foucher, Add. au traité de l'org. jud. de Carré, t. 4, p. 222 ; Chassan, t. 3, p. 156) ; — 2° Et que, dans ce cas, la cour d'assises est exclusivement compétente, encore bien que, sur renvoi de la cour de cassation, l'interdiction aurait été prononcée par une autre cour d'assises (Crim. rej. 8 fév. 1834) (2) ; — 3° Que la cour d'assises, qui a prononcé contre un journal (le National) l'interdiction de rendre compte des débats judiciaires pendant un temps limité, est compétente pour connaître de l'infraction, et que cette disposition doit être suivie, encore que le gérant du journal poursuivi (le National de 1834) prétende que ce second journal est indépendant du premier, lequel a cessé de paraître, qu'il a un titre différent, et que son établissement a été précédé de toutes les formalités prescrites par la loi du 28 juill. 1828 pour la création des journaux (Paris, 14 janv. 1834, aff. le National, V. Gaz. des trib., n° 2626). — Le motif de cette décision, c'est qu'il ne s'agit point de statuer sur la régularité des déclarations exigées par l'art. 6 de la loi précitée de 1828, mais uniquement de savoir si le National de 1834 est la continuation pure et simple du National. Or, l'examen de cette question est dans les attributions de la cour d'assises, puisqu'elle se lie au délit reproché au gérant du National de 1834, et que de

---

M. l'avocat général combattait ensuite les inconvénients qui, dans le système du demandeur, résulteraient de l'audition des témoins si elle devenait nécessaire. Il ajoutait que, d'ailleurs, ces inconvénients se présenteraient aussi, si les poursuites étaient portées devant le jury; que, dès lors, puisque les inconvénients étaient les mêmes dans les deux systèmes, il fallait, autant que possible, se rapprocher de l'exécution de la loi spéciale, en la combinant avec le droit commun.

Quant au deuxième moyen, M. l'avocat général faisait observer que la loi n'avait pu définir les caractères d'un compte rendu, puisque la forme de ces narrations pouvait varier à l'infini suivant la nature des faits qu'elles rapportent; qu'il était, dès lors, laissé à la conscience des magistrats de prononcer à cet égard. — Arrêt (apr. dél. en ch. du cons.).

La cour; — Vu l'art. 429 c. inst. crim., les art. 7 et 16 de la loi du 25 mars 1822 et l'art. 5 de la loi du 8 oct. 1830; — Sur le premier moyen, tiré de l'incompétence prétendue de la cour d'assises de Seine-et-Oise, résultant, suivant le demandeur en cassation, de ce que les magistrats qui composaient cette cour n'étaient pas ceux qui avaient tenu l'audience dont le compte rendu était attaqué, et conséquemment n'étaient pas ceux qui étaient appelés, par l'art. 16 de la loi du 25 mars 1822, à statuer sur cette prévention : — Attendu que les mesures exceptionnelles ordonnées par loi doivent être strictement restreintes aux objets pour lesquels elles ont été instituées; que la loi du 25 mars 1822, en attribuant directement aux cours et tribunaux, par son art. 16, le droit de juger les comptes rendus de leurs audiences, n'a rien dit des pourvois qui pourraient frapper leurs décisions à cet égard, et conséquemment a laissé ces pourvois soumis aux règles du droit commun; que l'art. 5 de la loi du 8 oct. 1830, en confirmant cet art. 16 de la loi du 25 mars 1822, n'a rien ajouté à ses dispositions; que, dès lors, la cour d'assises de Seine-et-Oise a été régulièrement saisie par l'arrêt de la cour du 10 août 1833, et se trouvait compétente pour statuer au fond; — Sur le deuxième moyen, tiré de l'incompétence prétendue de la cour d'assises, résultant, suivant le demandeur en cassation, de ce que l'article incriminé n'était point un compte rendu dans le sens de l'art. 7 de la loi du 25 mars 1822; — Attendu que c'est la contexture même de l'article incriminé qui doit fixer l'opinion des magistrats sur sa nature, et non pas la place que cet article occupe dans les colonnes du journal, ni la manière dont il est rédigé; — Attendu qu'un article de journal qui présente des faits plus ou moins nombreux comme s'étant passés à l'audience d'une cour d'assises, peut être considéré comme un compte rendu de cette audience, quelle que soit la place que cet article occupe dans les colonnes du journal, bien qu'il soit accompagné de réflexions, et quoiqu'il se trouve dans la même feuille un récit plus étendu de cette même audience; — Attendu que l'article incriminé présente ce caractère et rentre, par conséquent, dans les prévisions de l'art. 7 de la loi du 25 mars 1822; — Sur le troisième moyen : — Attendu qu'en décidant, en fait, que l'article incriminé est infidèle et de mauvaise foi, et qu'il est injurieux envers la cour d'assises de la Seine, et notamment envers deux de ses membres, la cour d'assises de Seine-et-Oise n'a violé, par l'arrêt attaqué, aucune disposition de la loi, et est restée dans les limites de ses attributions; — Rejette.

Du 18 oct. 1833.-C. C., ch. crim.-MM. de Bastard, pr.-Fréteau, rap.

2e *Espèce* : — (Cruchet C. min. pub.) — Le sieur Cruchet, gérant du journal le Charivari, s'est pourvu contre un arrêt de la cour d'assises de Versailles, qui, dans des circonstances entièrement semblables à celles de la première espèce, s'était déclarée compétente pour juger de la fidélité du compte rendu des débats de la cour d'assises de la Seine. — Le sieur Cruchet invoquait les mêmes moyens. Seulement le deuxième était fondé sur ce que le Charivari, par sa nature même, ne peut pas publier un compte rendu, puisque, depuis le premier jusqu'au dernier mot de ses articles, rien n'est l'expression sérieuse de ce qui s'est passé à une séance judiciaire ou législative. — M. Parant, avocat général, a conclu au rejet en se fondant sur ce que l'art. 7 de la loi de 1822 s'applique à tous les journaux ou écrits périodiques sans distinction. — Arrêt (apr. dél. en ch. du cons.).

La cour; — Sur le premier moyen (les motifs sont les mêmes que dans l'arrêt qui précède)...

Sur le deuxième moyen, tiré de l'incompétence prétendue de la cour d'assises résultant, suivant le demandeur en cassation, de ce que les articles incriminés n'étaient pas des comptes rendus dans le sens de l'art. 7 de la loi du 25 mars 1822 : — Attendu que les articles incriminés du journal le Charivari, qui présentent successivement un grand nombre de faits qui se seraient passés à une audience de cour d'assises, et dont le deuxième se termine par ces mots : « Tel est sommairement le résultat de cette deuxième séance, » bien qu'écrits dans un style burlesque et ironique, ont pu être considérés par la cour d'assises comme un compte rendu dans le sens de l'art. 7 de la loi du 25 mars 1822; qu'ainsi la cour d'assises était compétente pour juger l'affaire dont il s'agit; — Rejette.

Du 19 oct. 1833.-C. C., ch. crim.-MM. de Bastard, pr.-Fréteau, rap.

(1) (Le National C. min. publ.) — La cour (apr. dél. en ch. du cons.); — Sur le pourvoi du 5 nov. contre l'arrêt rendu sur la compétence : — Attendu que l'interdiction de rendre compte des débats judiciaires qui peut, selon l'art. 7 de la loi du 25 mars 1832, être prononcée contre les éditeurs des journaux, ne doit s'entendre que des débats ouverts devant les cours et tribunaux des audiences desquels il avait été rendu un compte infidèle et de mauvaise foi; qu'on ne pourrait, sans donner à cette disposition pénale une extension que son esprit ne comporte pas, l'étendre aux débats judiciaires devant toutes les cours et tous les tribunaux du royaume; — Attendu que c'était pour avoir rendu un compte infidèle, de mauvaise foi et injurieux, des audiences de la cour d'assises de la Seine, que la cour d'assises de Seine-et-Oise, saisie par renvoi après cassation, a interdit au demandeur, pendant deux ans, de rendre compte des débats judiciaires; — Que cette interdiction ne pouvait porter que sur les débats devant la cour d'assises de la Seine, et qu'au nombre des articles qui ont donné lieu à la poursuite, il s'en trouve un que la prévention a qualifié de compte rendu des audiences de la cour d'assises de la Seine; — Attendu que si, par suite de l'arrêt de cassation du 11 mai dernier, qui a renvoyé le demandeur devant la cour d'assises de Seine-et-Oise, la cour d'assises de la Seine a été dessaisie de la connaissance du délit primitif de compte rendu infidèle, de mauvaise foi et injurieux de ses audiences, l'infraction à la défense portée par la cour d'assises, qui lui avait été substituée, est un autre délit dont l'appréciation est spécialement attribuée par les art. 7 et 16 combinés, de la loi du 25 mars 1832, au tribunal des audiences duquel il avait été rendu un compte infidèle et de mauvaise foi; d'où il suit que la cour d'assises de la Seine était seule compétente pour juger l'infraction à la défense de rendre compte de ses audiences; — Rejette.

Du 14 déc. 1833.-C. C., ch. crim.-MM. de Bastard, pr.-Ricard, rap.-Dupin, proc. gén., c. conf.-Crémieux, av.

(2) (Carrel C. min. publ.) — La cour; — Attendu que la cour d'assises du département de la Seine est exclusivement compétente pour assurer l'interdiction de rendre compte des débats judiciaires prononcée le 10 août 1833 par la cour d'assises du département de Seine-et-Oise; — Que l'action dirigée par le ministère public contre Armand Carrel se rattache à l'exécution de l'interdiction dont il s'agit; — Que, dès lors, en déclarant purement et simplement sa compétence, sans rien préjuger au fond, l'arrêt attaqué n'a violé aucun des articles de loi invoqués par le demandeur; — Rejette.

Du 8 fév. 1834.-C. C., ch. crim.-MM. de Bastard, pr.-Thil, rap

sa solution dépend même l'existence ou la non-existence du délit dont il s'agit (Conf. M. de Grattier, t. 2, p. 118).

Sect. 2. — *De la compétence relative à l'action civile et à la partie plaignante.*

1448. Aux termes de l'art. 3 c. inst. crim., l'action civile peut être poursuivie en même temps, et devant les mêmes juges, que l'action publique. — Elle peut l'être aussi séparément. Dans ce cas l'exercice en est suspendu tant qu'il n'a pas été prononcé définitivement sur l'action publique intentée avant ou pendant la poursuite de l'action civile. — Cette disposition est-elle applicable aux infractions qui se commettent par la voie de la presse ou tout autre moyen de publication? — Il a été jugé : 1° qu'en matière de délits de la presse, comme en toute autre, l'action civile peut être portée devant le tribunal civil, séparément de l'action publique (Req. 29 janv. 1840 (1); 4 août 1841, MM. Zangiacomi, pr., Joubert, rap., aff. Vié *C.* Bocher); — 2° Que l'action civile résultant d'une diffamation commise par la voie de la presse, peut être intentée séparément de l'action criminelle et portée devant la juridiction civile (Orléans, 13 déc. 1843, M. Abbatucci, pr., aff. Piche *C.* maire de Villevable; Paris, 1re ch., 22 janv. 1844, M. Séguier, 1er pr., aff. Masson *C.* M...); — 3° Que la règle de droit commun qui autorise celui qui veut obtenir la réparation d'un délit à opter entre la voie criminelle et la voie civile, est applicable à la répression des délits de la presse, nonobstant la législation spéciale qui les régit (C. inst., art. 3; L. 26 mai 1819, art. 29). Que par suite, la juridiction civile est compétente pour connaître de l'action civile formée par un fonctionnaire public pour réparation du préjudice qui lui est causée par diffamation commise dans un journal ou écrit périodique (Req. 23 juin 1846, aff. Peauger, D. P. 46. 1. 225); — 4° Que les tribunaux civils, compétents pour connaître de cette action, sont pareillement compétents pour apprécier et qualifier l'écrit incriminé, sans être tenus de surseoir jusqu'à ce que cette qualification ait été faite par la cour d'assises (même arrêt). — Cette jurisprudence, à laquelle la chambre des députés a donné son assentiment, se fonde sur ce qu'aux termes de l'art. 3 c. inst. crim., l'action civile peut être poursuivie en même temps, et devant les mêmes juges, que l'action publique, et qu'elle peut aussi l'être séparément; — qu'il doit en être de même à l'égard des actions régies par les lois relatives aux délits de la presse, à moins d'une déro-

(1) 1re *Espèce* : —(Salmon, etc. *C.* hér. Parquin.) — Me Parquin avait attaqué correctionnellement les sieurs Salmon, Blessebois et Richomme comme ayant publié un écrit diffamatoire contre lui, à l'occasion des fonctions d'arbitre-juge, en matière commerciale, qu'il avait remplies. — Pendant l'instance correctionnelle, une nouvelle lettre publiée par Salmon et autres à l'occasion des élections législatives auxquelles Parquin s'était porté candidat, fut attaquée par lui devant la juridiction civile. Il demandait la suppression de la lettre comme diffamatoire et calomnieuse, et, pour la réparation du préjudice causé, la condamnation solidaire de Salmon et consorts à 20,000 fr. de dommages-intérêts, avec impression du jugement à 1,200 exemplaires, et insertion dans tous les journaux. — Les défendeurs ont opposé l'incompétence du tribunal civil, et, en outre, l'exception de litispendance fondée sur ce que le fait de diffamation à eux reproché serait le même que celui qui avait déjà été dénoncé aux tribunaux criminels. — 3 nov. 1837, jugement qui rejette ces exceptions. — Appel. — 19 déc. 1837, arrêt de la cour de Paris, qui confirme. — Pourvoi. — 1° Incompétence, fausse application de l'art. 3 c. inst. crim., violation des lois des 17 et 26 mai 1819, en ce que l'arrêt attaqué a jugé qu'en matière de délits de la presse, l'action civile peut être intentée devant les tribunaux civils, séparément de l'action publique. — 2° Violation de l'art. 3 c. inst. crim., en ce que l'arrêt attaqué a refusé de suspendre le jugement de l'action civile, jusqu'à ce qu'il aurait été prononcé sur l'action publique déjà pendante à raison du même fait de diffamation. — Arrêt.

La cour; — Statuant sur le premier moyen : — Attendu qu'aux termes de l'art. 3 c. inst. crim., l'action civile peut être poursuivie en même temps et devant les mêmes juges que l'action publique, et qu'elle peut aussi l'être séparément; — Attendu qu'il doit en être de même à l'égard des actions régies par les lois relatives aux délits de la presse, à moins d'une dérogation expresse, et que les lois des 17 et 26 mai 1819 ne contiennent dans leurs dispositions aucune dérogation au principe général; — Sur le dexième moyen : — Attendu que l'art 3 c. inst. crim., qui veut que l'exercice de l'action civile, intentée séparément de l'action publique, soit suspendu, tant qu'il n'a pas été prononcé définitivement sur l'action publique, était inapplicable à la contestation, et n'a pu dès lors être violé, puisque l'arrêt attaqué constate que le fait imputé aux demandeurs était un fait nouveau qui n'avait point donné lieu à une action publique; — Rejette.

Du 29 janv. 1840.-C. C., ch. req.-MM. Lasagni, pr.-Jaubert, rap.

2e *Espèce* : —(Salmon, etc. *C.* hér. Parquin.)—Après que l'exception d'incompétence qui a donné lieu à l'arrêt précédent a été définitivement rejetée par la cour d'appel de Paris, Me Parquin a poursuivi l'audience. — 24 janv. 1838, jugement du tribunal civil de la Seine qui ordonne la suppression de l'écrit, et condamne Richomme, Salmon et de Blessebois, solidairement et par corps, à payer à Parquin la somme de 9,000 fr. à titre de dommages-intérêts; fixe à un an la durée de la contrainte par corps; ordonne que le présent jugement sera inséré à leurs frais dans les journaux du Commerce, des Débats et la Gazette des Tribunaux; condamne les défendeurs aux dépens. — Appel par Salmon et consorts, qui demandent, par des conclusions nouvelles, à prouver les erreurs de calcul qu'ils prétendent exister dans la sentence arbitrale. — 30 avr. 1838, arrêt de la cour de Paris qui, sans s'arrêter à ces conclusions, confirme, en adoptant les motifs des premiers juges.

Pourvoi. — 1° Incompétence, fausse application de l'art. 3 c. inst. crim., violation des lois des 17 et 26 mai 1819, en ce que la cour d'appel aurait dû déclarer son incompétence, pour statuer sur une action civile qui dépendait de l'appréciation de la criminalité d'un écrit, appréciation qui rentrait dans les attributions exclusives du jury. — Ce moyen est la reproduction de celui qui a été présenté dans la première espèce. Seulement, pour faire ressortir davantage l'incompétence des juges civils, on appelait l'attention de la cour sur les motifs adoptés par l'arrêt attaqué, où l'écrit incriminé a été qualifié d'après la loi criminelle : ce qui prouve, disait-on, qu'en matière de délits de la presse, il y a indivisibilité entre l'action criminelle et l'action civile.

2° Violation de l'art. 7 de la loi du 20 avr. 1810, en ce que la cour royale n'a pas motivé le rejet des conclusions nouvelles prises devant elle, quoiqu'elles touchassent au droit de la défense.

3° Fausse application de l'art. 55 c. pén., violation de l'art. 1202 c. civ., en ce que l'arrêt attaqué, qui n'avait à statuer que sur une action civile, ne pouvait condamner les demandeurs solidairement au payement des dommages-intérêts obtenus par leur adversaire; que l'art. 55 c. pén., sur lequel il s'est fondé, ne concerne que les matières criminelles, et ne peut être appliqué que par des juges criminels; que, pour justifier sa décision, il faudrait donc trouver, dans la loi civile, un texte qui autorise la solidarité pour le cas de l'espèce, mais que, loin qu'il en existe aucun, l'art. 1202 c. civ. est tout à fait contraire à cette décision; qu'ainsi la cour d'appel aurait dû se borner à prononcer la contrainte par corps conformément à l'art. 126 c. pr. civ.; — Violation des lois des 17 et 26 mai 1819, en ce que l'arrêt attaqué a ordonné la suppression d'un écrit comme injurieux, et l'insertion de la condamnation dans trois journaux, suppression et insertion qui ne pouvaient être ordonnées par des juges civils, parce qu'elles constituent de véritables peines dans le sens des lois sur la presse qui régissaient la cause. — Arrêt.

La cour; — Statuant sur le premier moyen... — (Ici l'on reproduit l'arrêt qui précède, dans son entier, c'est-à-dire tant sur le premier que sur le deuxième moyen.)

Sur le deuxième moyen : — Attendu, en droit, que toutes les fois que les motifs des premiers juges réfutent péremptoirement les conclusions présentées comme nouvelles devant la cour d'appel, quand elle déclare adopter ces mêmes motifs, elle a satisfait aux dispositions de la loi; — Attendu, en fait, qu'on lit dans le jugement confirmé par la cour d'appel, que les demandeurs ne sauraient trouver une excuse dans les erreurs qu'ils prétendent exister dans la sentence arbitrale, et que ces erreurs, fussent-elles justifiées, ce n'était pas un motif d'injurier les arbitres; — Attendu qu'en adoptant ces motifs, la cour d'appel a suffisamment motivé le rejet des conclusions développées devant elle par les demandeurs, et qui tendaient à l'admission en preuve de ces prétendues erreurs;

Sur le troisième moyen : — Attendu, en droit, que du rapprochement des art. 1202, 1212, 1218 et 1222 c. civ., et des art. 126 et 1036 c. pr., il résulte 1° que, si la solidarité doit être expressément stipulée dans les contrats, il ne peut en être de même dans les cas où elle dérive soit de la nature de l'obligation, soit du délit ou quasi-délit de l'obligé; 2° Que la contrainte par corps peut être prononcée par le juge en matière civile pour dommages-intérêts au-dessus de 300 fr.; 3° Enfin que, même au civil, les juges peuvent, selon la gravité des circonstances, dans les causes dont ils sont saisis par les parties, supprimer des écrits, les déclarer injurieux, et ordonner l'impression et l'affiche de leurs jugements; — Et. attendu, en fait, que les juges ont reconnu que la lettre dont il s'agissait au procès, par les termes injurieux qu'elle contient, portait atteinte à l'honneur de Me Parquin; — Attendu que, d'après ces faits ainsi constatés par le juge qui en était le souverain appréciateur, la cour d'appel, en prononçant la solidarité, la contrainte par corps, et en ordonnant l'insertion, dans trois journaux, du jugement qu'elle a confirmé, n'a contrevenu à aucune loi; — Rejette.

Du 29 janv. 1840.-C. C., ch. req.-MM. Lasagni, pr.-Jaubert, rap.

gation expresse, et que les lois des 17 et 26 mai 1819 ne contiennent dans leurs dispositions aucune dérogation au principe général; — que ces lois embrassent les délits commis par la voie de la presse et ceux commis par les autres moyens de publication, et qu'elles ne font pas d'exception pour ceux-là; — qu'à défaut par le ministère public de poursuivre sur la plainte d'un fonctionnaire, celui-ci ne doit pas être mis dans l'impuissance d'exercer son action civile; — que cette action ne se prescrit que par trois ans, tandis que le délit se prescrit par six mois (avant le décret du 17 fév. 1852); — qu'enfin le délinquant peut être acquitté à raison de sa bonne foi ou de toute autre circonstance, et avoir causé cependant, par son imprudence ou sa légèreté, un tort extrêmement grave au fonctionnaire calomnié. » — Mais nous avons déjà fait remarquer que le décret du 22 mars 1848 (D. P. 48. 4. 61) ne permet pas que l'action civile des fonctionnaires, pour cause de diffamation, soit séparée de l'action publique, et que dès lors la juridiction civile n'est plus compétente pour en connaître.

1449. Avant le décret du 31 décembre 1851 (D. P. 52. 4. 21), les délits de diffamation écrite, commis envers les fonctionnaires publics, devaient être déférés à la cour d'assises, tandis que les délits de diffamation verbale restaient dans les attributions du juge correctionnel (V. Crim. rej. 17 août 1850, D. P. 50, 1. 280, et la note). — De là la question de savoir si la disposition du décret du 22 mars 1848, prohibitive de l'exercice séparé de l'action civile, concernait les seconds comme les premiers, ou si elle devait être restreinte au cas où il s'agissait d'un délit mettant en mouvement la juridiction des cours d'assises. Rien, dans les termes du décret, n'implique l'existence d'une telle restriction. — Aujourd'hui, et depuis le décret du 17 fév. 1852, tous les délits commis par la voie de la presse ou au moyen de la parole sont indistinctement placés dans les attributions des tribunaux correctionnels. La distinction qu'on tenterait d'établir, sous ce rapport, ne pourrait donc plus être soutenue, et d'ailleurs, elle n'aboutirait à rien moins qu'à l'abrogation complète du décret de 1848, puisque la juridiction correctionnelle, à laquelle ne s'appliquerait pas, suivant cette distinction, la prohibition de la poursuite séparée de l'action civile, est désormais la seule juridiction compétente en matière de délits de presse. — Aussi a-t-il été jugé : 1° que le décret du 22 mars 1848, qui dispose que l'action civile résultant des délits commis contre un fonctionnaire public, par la voie de la presse ou par tout autre moyen de publication, ne pourra être poursuivie séparément de l'action publique, s'applique au cas où ces délits sont de la compétence des tribunaux correctionnels; et que, par suite, l'action civile résultant d'une simple diffamation verbale, commise contre un fonctionnaire public avec les caractères de publicité déterminés par l'art. 1 de la loi du 17 mai 1819, est incompétemment portée devant le juge de paix (Req. 29 mai 1854, aff. Labarthe, D. P. 55. 1. 64); — 2° Que le décret du 22 mars 1848, qui déclare les tribunaux civils incompétents pour connaître des diffamations ou injures dirigées par la voie de la presse contre des fonctionnaires publics, doit recevoir son application même dans le cas où la citation en conciliation préalable à l'introduction de l'instance civile avait été donnée antérieurement à la promulgation de ce décret, si l'exploit d'ajournement n'a été lui-même signifié que depuis cette promulgation (Bordeaux, 31 mars 1849, aff. Brachet, D. P. 55. 2. 162); — 3° Que sous l'empire de la charte de 1830, qui avait en cela modifié la loi du 26 mai 1819, l'action civile, en matière de diffamation commise par la voie de la presse contre des fonctionnaires publics, était subordonnée à l'exercice de l'action publique, et assujettie dès lors à la même prescription que cette dernière action; et que le décret du 22 mars 1848, qui a proclamé ce principe, n'est pas, à cet égard, introductif d'un droit nouveau, mais simplement interprétatif d'un droit préexistant (même arrêt).

1450. Quoi qu'il en soit, en général, la partie qui se prétend lésée par un délit de la presse ou de tout autre moyen de publication a la *faculté* de saisir la juridiction civile, mais ce ne peut être pour elle une obligation. — Aussi ne doit-on pas entendre dans un sens littéral et restrictif l'art. 23 de loi du 17 mai 1819 suivant lequel, dans tous les cas, les faits diffamatoires qui se produisent dans la défense des parties devant les tribunaux donnent lieu à *l'action civile* des tiers. — Quelle que soit, en effet, la juridiction saisie, il ne peut s'agir pour la partie lésée que d'une action civile. — Aussi a-t-il été jugé : 1° que l'art. 23 de la loi du 17 mai 1819 ne met pas obstacle à ce qu'en pareil cas les tiers saisissent la juridiction correctionnelle (Paris, 8 sept. 18...) (1); — 2° Que le tiers diffamé peut, à son choix, porter son action civile, soit devant le tribunal civil, soit devant le tribunal correctionnel (Nîmes, 20 fév. 1823, aff. Richard-Crémieux, V. n° 1253-2°); — 3° Que l'action en diffamation que la loi du 17 mai 1819 réserve aux tiers qui n'ont pas été parties au procès civil à l'occasion duquel ils ont été diffamés, est de la compétence de la juridiction correctionnelle; qu'elle peut être intentée avant le jugement du procès qui y a donné lieu (Crim. rej. 14 déc. 1838, aff. Bernage et autres, V. n° 1211); — 4° Qu'un tribunal correctionnel ne peut se déclarer incompétent pour connaître des imputations diffamatoires dont un témoin a été l'objet à raison de sa déposition devant un tribunal de commerce, sous le prétexte que les témoins sont des tiers qui, aux termes de l'art. 23 de loi du 17 mai 1819, n'ont qu'une action civile devant les tribunaux civils; que c'est aux tribunaux correctionnels que, d'après l'art. 6 de la loi du 25 mars 1822, cette connaissance est attribuée (Crim. cass. 6 nov. 1823) (2). — Il paraît donc incontestable que la partie qui se prétend lésée par un délit commis par la voie de la presse ou par tout autre moyen de publication, peut suivre, à son choix, la voie criminelle ou la voie civile.

---

(1) (Auberton C. Poulain et Magloire Jacquemard.) — La cour; — « Considérant qu'il résulte de l'instruction qu'au mois de juin 1841, Poulain et Griblin ont fait imprimer et distribuer un mémoire dans lequel sont imputés à Auberton des faits qu'il soutient être diffamatoires et à raison desquels il a porté plainte en justice; — Qu'Auberton était étranger à l'instance pendante entre les époux Poulain et Magloire Jacquemard, instance dans laquelle a été produit le mémoire dont il s'agit, et qu'il doit être considéré comme un tiers; — Considérant que la réserve faite par l'art. 23 de la loi du 17 mai 1819, des droits des tiers, d'intenter une action civile en réparation du dommage par eux éprouvé, n'a pas eu pour but de restreindre, mais de maintenir les droits appartenant aux individus offensés par un mémoire injurieux, comme à toute autre personne de porter devant les tribunaux de répression leur plainte en diffamation; — Considérant, toutefois, que le passage inséré à la page 6 dudit mémoire contient contre Auberton des imputations qui se rapportent à l'exercice de ses fonctions publiques comme maire et que la cour est incompétente pour en connaître; — Considérant que les autres passages incriminés par Auberton ne s'adressent qu'à sa vie privée et que c'est à tort que le tribunal de Provins s'est déclaré incompétent pour en connaître; — Met l'appelation et ce dont est appel au néant; émendant et statuant par jugement nouveau sur le procès en diffamation résultant des énonciations contenues à la page 6, se déclare incompétente; — Sur les autres faits, retient le fond, conformément à l'art. 215 c. inst. crim. et, pour y être statué, remet la cause à quinzaine. »

Du 8 sept. 18...-C. de Paris, ch. corr.-M. Sylvestre de Chanteloup, pr.

(2) (Min. publ. et les époux Leprêtre C. Guilleman et Colombier.) — La cour; — Vu l'art. 182 c. inst. crim. qui porte : « Le tribunal est saisi, en matière correctionnelle, de la connaissance des délits de sa compétence, par la citation donnée directement au prévenu par la partie civile. » — L'art. 6 de la loi du 25 mars 1822, qui fixe les peines qui doivent être infligées à ceux qui outragent publiquement un témoin à raison de sa déposition, et qui, par la nature de ces peines, donne à ce fait le caractère de délit; l'art. 17 de la même loi qui renvoie la connaissance de ce délit devant les tribunaux correctionnels; — Attendu que ces dispositions de ladite loi du 25 mars 1822 n'ont été modifiées par aucune loi postérieure; qu'elles sont absolues et précises; qu'elles doivent donc prévaloir sur les inductions qui pourraient être tirées de dispositions générales de lois antérieures; qu'elles doivent être exécutées, même en faveur des témoins publiquement outragés à l'audience d'un tribunal, à raison de leurs dépositions; que, dans ce cas, si ce tribunal est investi du droit de prononcer des peines correctionnelles, il doit statuer sur la plainte du témoin outragé et appliquer, s'il y a lieu, les peines dudit art. 6 de ladite loi du 25 mars; que si ce tribunal est incompétent pour prononcer des peines de cette nature, ou si l'outrage ayant été fait au témoin, hors de sa présence, il n'a pas pu saisir de sa plainte le tribunal devant qui l'outrage lui a été fait et qui avait le caractère pour prononcer des peines correctionnelles, les droits du témoin, dans ces deux cas, n'en demeurent pas moins entiers, et il peut exercer son action conformément aux règles de l'art. 17 de ladite loi du 25 mars; — Et attendu que Célestin Leprêtre et Pétronille Dubois, sa femme, avaient porté plainte

1451. Mais, dans l'un ou l'autre cas, à quel tribunal doit-elle s'adresser? — Il faut distinguer à cet égard entre la voie criminelle et la voie civile. — Si la partie plaignante prend la voie criminelle, elle doit suivre les règles que nous avons ci-dessus rappelées en parlant de la compétence relative à l'action publique (V. nos 1367 et s.). — Ajoutons seulement, d'après deux arrêts dont la doctrine nous paraît devoir être suivie, 1° que nonobstant le décès du plaignant, le tribunal correctionnel reste compétent pour connaître de la plainte (Crim. cass. 31 mai 1836, aff. Durand-Vaugaron, V. n° 1348); — 2° Que la déchéance de l'action publique, non par le décès de l'inculpé, mais par prescription, ne fait pas non plus un obstacle à ce que le tribunal de répression soit toujours compétent pour statuer sur l'action civile, alors que les deux actions ont été exercées et poursuivies simultanément devant ce tribunal jusqu'à l'époque de l'extinction de l'action publique (Crim. rej. 20 mai 1842, aff. Laurent et Vacherie, V. n° 1298).

1452. Si la partie plaignante prend la voie civile, elle doit se conformer aux règles de compétence que nous avons développées, v° Compét. civ. — Nous devons pourtant y ajouter aussi quelques observations.

1453. Avant la loi du 25 mai 1838, il a été décidé que le juge de paix est compétent pour prononcer sur une action en réparation d'injures *verbales* intentée devant lui à fin civile : que l'action civile est indépendante de l'action criminelle, et qu'elle peut isolément être intentée devant d'autres juges que ceux appelés à connaître de l'action criminelle (Civ. rej. 13 therm. an 13, aff. Barbé; Civ. cass. 6 déc. 1808, MM. Liborel, pr., Rousseau, rap., aff. Duhem; 11 mai 1813, aff. Remy, V. Degrés de jurid., n° 380). — Aux termes de l'art. 5 de la loi du 25 mai 1838, les juges de paix connaissent des actions civiles pour diffamation verbales et pour injures publiques ou non publiques, verbales ou par écrit, autrement que par la voie de la presse, *lorsque les parties ne sont pas pourvues par la voie criminelle* (V. du reste v° Compét. civ. des trib. de paix, nos 185 et suiv.). — Conformément à cet article il a été jugé que l'action civile en dommages-intérêts formée par une institutrice communale, contre le desservant par lequel elle prétend avoir été diffamée dans l'intérieur des familles que cet ecclésiastique visitait, doit être portée devant le juge de paix, de tels faits étant étrangers au culte (Pau, 18 mars 1845, aff. C..., D. P. 45. 4. 413).

1454. Les derniers mots de l'article précité : *lorsque les parties ne se sont pas pourvues par la voie criminelle* ont donné lieu à un malentendu qui demande un mot d'explication. — On a supposé que lorsque la juridiction correctionnelle avait été saisie mal à propos, en ce que, par exemple, des faits qui lui étaient déférés comme diffamatoires, n'avaient pas ce caractère, la partie plaignante devait être considérée comme s'étant pourvue par la voie criminelle, dans le sens de l'art. 5 de la loi de 1838, et que dès lors le juge de paix n'était plus compétent. — C'est là une erreur évidente. La loi de 1838, en exceptant le cas où les parties se sont pourvues par la voie criminelle, suppose que la juridiction criminelle est ou a été régulièrement saisie ; mais lorsqu'elle s'est elle-même déclarée incompétente, le motif de la loi qui était de n'ouvrir qu'une seule action pour un même fait est inapplicable, et dès lors, si la partie qui se prétend lésée veut se pourvoir par la voie civile, elle ne peut porter son action pour diffamation verbale et pour injures publiques ou non publiques verbales ou par écrit (la voie de la presse exceptée) que devant le juge de paix. — Aussi a-t-il été jugé que l'action civile en dommages-intérêts pour diffamation verbale est du ressort de la justice de paix, bien qu'une action pour les mêmes faits ait déjà été portée devant un tribunal correctionnel, lorsque ce tribunal s'est déclaré incompétent (Paris, 11 mai 1840) (1). En matière de douanes, les juges de paix ont aussi compétence pour statuer sur les actions intentées par l'administration des douanes, relativement aux injures ou mauvais traitements envers ses employés et pour prononcer l'amende de 500 fr. édictée par la loi du 22 août 1791, tit. 13, art. 14. — V. Douanes, n° 906.

1455. Il est, d'ailleurs, à observer que ce n'est pas la qualification donnée originairement au fait de la prévention qui devient la base de la demande en réparation, et cette demande conserve son fondement dans le fait lui-même et dans le préjudice qui a pu en résulter, quelque qualification que l'on donne d'ailleurs à ce fait. — Aussi a-t-il été jugé que lorsque, sur une action en calomnie, le plaignant a déclaré se porter partie civile et a demandé des dommages-intérêts, le tribunal ne peut pas, s'il reconnaît qu'il n'y a pas calomnie, mais seulement injure dans les faits imputés au prévenu, s'abstenir de prononcer sur les dommages-intérêts réclamés par le plaignant, sous prétexte que la demande en a été formée pour cause de calomnie, et que cette demande n'a pas été renouvelée pour réparation d'injures (Crim. rej. 22 oct. 1819) (2).

---

devant le tribunal correctionnel de l'arrondissement de Saint-Omer, contre Colombier et Guilleman, pour imputations diffamatoires par eux faites à ladite Pétronille Dubois, devant le tribunal de commerce du même arrondissement, après sa déposition comme témoin devant ce tribunal et à raison de sa déposition ; que, sur cette plainte, le tribunal correctionnel se déclara incompétent pour en connaître ; que son jugement a été confirmé par la cour d'appel de Douai, sur le motif que des témoins sont des tiers, et que, d'après le dernier paragraphe de l'art. 23 de la loi du 17 mai 1819, les discours diffamatoires étrangers à la cause et prononcés devant les tribunaux, ne peuvent donner lieu, en faveur des tiers, qu'à une action civile qui doit être portée devant les tribunaux civils ; — En quoi cette cour a faussement appliqué ledit art. 23 de ladite loi du 17 mai 1819 et a violé les art. 6 et 17 de celle du 25 mars 1822 ; statuant sur le pourvoi du procureur général de la cour royale de Douai ; — Casse l'arrêt de cette cour du 21 août dernier.

Du 6 nov. 1825.-C. C., sect. crim.-MM. Barris, pr.-Brière, rap.

(1) *Espèce* : — (Thibault C. Porain.) — M. Thibault, doreur à Paris, prétendait que, dans une réunion des membres du conseil municipal de Charny, au sujet de la répartition des contributions foncières, M. Porain, propriétaire à Charny, avait tenu des propos qui portaient atteinte à l'honneur et à la considération de lui M. Thibault, et il avait cité M. Porain en police correctionnelle devant le tribunal de Meaux. — Jugement de ce tribunal qui décide qu'en supposant que les propos eussent été tenus, ils n'auraient pas constitué une diffamation publique, et M. Porain a été renvoyé de la plainte. M. Thibault a alors intenté une action en dommages-intérêts devant le tribunal civil de Meaux, qui a rendu un jugement ainsi conçu : — « Considérant qu'aux termes de l'art. 4, § 5 de la loi du 25 mai 1838, les juges de paix connaissent des actions civiles pour diffamation verbale ou pour injures publiques ou non publiques, verbales ou par écrit, autrement que par la voie de la presse ; que les faits dont se plaint Thibault, s'ils étaient prouvés, seraient de nature à être considérés comme diffamatoires, se déclare incompétent. » — Appel. — Arrêt.

La cour ; — Adoptant les motifs des premiers juges, confirme.

Du 11 mai 1840.-C. de Paris, 1re ch.-M. Simonneau, pr.

(2) (Devilliers C. Routhier.) — La cour ; — Vu les art. 2, 3, 161, 408 et 413 c. inst. crim. ; — Attendu que, sur l'action du ministère public contre Louis-Benoît Routhier, à raison du fait de calomnie dont il était prévenu, le sieur Devilliers, contre lequel les propos qui avaient été l'objet de la plainte avaient été tenus, a déclaré, lors de l'instruction qui a eu lieu en première instance devant le tribunal correctionnel de Réthel, se rendre partie civile, et a en conséquence pris des conclusions tendantes à ce que le prévenu fût condamné envers lui à des dommages-intérêts ; que le tribunal, après avoir déclaré Routhier coupable de calomnie, l'a condamné à 150 fr. d'amende, à un mois d'emprisonnement et à 150 fr. de dommages-intérêts envers Devilliers ; que, sur l'appel de ce jugement par Routhier, le sieur Devilliers a, devant le tribunal correctionnel de Charleville, saisi par ledit appel, formellement conclu à ce que le jugement fût confirmé ; que, par ces conclusions, sa demande en dommages-intérêts se trouvait reproduite d'une manière claire et positive ; que cependant le tribunal correctionnel de Charleville, après avoir jugé, conformément aux réquisitions du ministère public, que les imputations dont il s'agissait, n'ayant point été faites dans un lieu public, n'avaient point un des caractères nécessaires pour opérer le délit de calomnie et ne pouvaient être considérées que comme de simples injures passibles seulement de peines de police, a annulé le jugement de première instance, condamné Routhier à 1 fr. d'amende, et, relativement aux dommages-intérêts de la partie civile, a déclaré qu'il n'y avait lieu de lui en adjuger, sur le seul motif que la demande avait été faite pour fait de calomnie, et qu'il aurait dû être pris des conclusions particulières et spéciales à raison du fait de simples injures ;

Attendu que, lorsque la partie civile qui se prétend lésée soit dans sa fortune, soit dans sa personne ou dans son honneur, par un fait quelconque, a formé une demande en dommages-intérêts, elle exerce un droit que la loi donne ; que ce n'est pas la qualification donnée originairement au fait de la prévention qui devient la base de la demande en

1456. Lorsque les juges civils sont saisis par action séparée, ils peuvent, si le fait de diffamation a été commis par plusieurs, les condamner solidairement à des dommages-intérêts et prononcer contre eux la contrainte par corps : on dirait vainement que ce sont là des peines criminelles dans le sens des lois sur les délits de la presse (Req. 29 janv. 1840, aff. Salmon, V. nº 1448).

1457. Nous passons maintenant à des observations qui ne nous paraissent pas moins s'appliquer à la voie civile qu'à la voie criminelle. — La disposition finale de l'art. 12 de la loi du 26 mai 1819 accorde à la partie plaignante une faveur qui constitue une grave dérogation aux principes en matière de compétence : elle lui donne le droit de porter la poursuite devant les juges du lieu de son propre domicile, lorsque la publication par laquelle elle se prétend lésée y a été effectuée. — Ainsi, l'auteur d'un écrit outrageant pour un individu fonctionnaire public ou simple particulier, est obligé d'aller répondre à l'action en injures partout où elle lui est intentée. Cette sévérité de la loi s'explique par l'intérêt qu'a la personne injuriée ou diffamée de détruire dans le lieu de son habitation les préventions défavorables qui pouvaient en résulter contre elle. Mais une objection sérieuse aurait pu être faite contre cette disposition, c'est qu'elle ne se justifie qu'autant qu'on admet *à priori* la culpabilité du prévenu, tandis que, jusqu'à la condamnation, c'est au contraire la présomption d'innocence qui doit inspirer le législateur comme le juge. Quoi qu'il en soit, la loi existe; nous devons donc nous attacher à l'appliquer conformément à son esprit. *Quod quidem perquàm durum est, sed ità lex scripta est.*

1458. Par *partie plaignante* il faut entendre non-seulement celles qui peuvent porter plainte, aux termes des art. 3 et 5 de la loi du 26 mai 1819, mais encore les autres parties qui peuvent, suivant la même loi, *requérir, autoriser* ou *permettre* des poursuites (V. nºˢ 1075 et s.—Conf. M. de Grattier, t. 1, p. 398). — M. Benjamin Constant avait proposé un amendement d'après lequel les fonctionnaires publics auraient été privés du bénéfice du dernier paragraphe de l'art. 12, c'est-à-dire qu'ils n'auraient pas eu le droit de traduire le prévenu de diffamation à leur égard devant le tribunal de leur domicile.—Cet amendement fut rejeté, et, selon nous, avec raison.

1459. Pour que le troisième paragraphe de l'art. 12 de la loi du 26 mai soit applicable, il faut que les poursuites aient lieu à *la requête de la partie plaignante*. Tels sont, en effet, les termes formels de la loi de 1819.—Toutefois, il a été jugé que l'art. 12 précité n'exige point, pour donner compétence en matière de diffamation ou d'injures, au juge du domicile de la partie plaignante, qu'elle se soit constituée partie civile; que, par suite, toutes les fois que le ministère public exerce des poursuites en diffamation contre un journal, sur la plainte des particuliers diffamés, son action peut être portée devant le tribunal du domicile de ces derniers, quand le journal y a été distribué, aussi bien que devant le tribunal du lieu du dépôt de ce journal ou de la résidence du prévenu. L'attribution exclusive de compétence au juge du dépôt du journal n'est applicable qu'au cas où le ministère public agit d'office (Crim. cass. 25 mai 1838, aff. Mangin, V. nº 1328-1º. Conf. MM. de Grattier, t. 1, p. 396; le Sellyer, t. 4, nº 1616). — Cette décision nous paraît en opposition avec le texte formel de l'art. 12, et les motifs sur lesquels elle repose ne nous semblent nullement effacer cette contradiction.—Du reste, un incident de la discussion qui a eu lieu à la chambre des députés sur cette disposition de la loi du 26 mai, ne nous paraît pas permettre le moindre doute sur son véritable sens. — M. Jacquinot de Pampelune avait, en effet, proposé un amendement dont l'objet était de substituer à ces mots : *la poursuite à la requête de la partie plaignante*, ceux-ci : *la poursuite sur la plainte de la partie lésée*. Mais le rapporteur objecta que « ce serait donner à la disposition de l'article une extension trop forte, » et l'amendement ne fut pas adopté (Mon. séance du 22 avril 1819). — Or cet amendement tendait précisément, comme l'indique clairement les termes dans lesquels il était conçu, à dispenser la partie plaignante de se porter partie civile, pour jouir du bénéfice qui lui est accordé par l'art. 12 : on ne saurait donc admettre que le plaignant puisse user de la faculté que lui donne cette disposition, lorsqu'il ne s'est pas porté partie civile. —V. en ce sens M. Grellet-Dumazeau, t. 2, p. 227.

Suivant M. Carnot (p. 122) le dernier paragraphe de l'art. 12 ne s'appliquerait même qu'au cas où la partie plaignante a saisi elle-même le tribunal civil de son action. Mais le texte du paragraphe précité, loin de se prêter à cette interprétation, la repousse au contraire, puisqu'il y est dit : *la poursuite à la requête de la partie plaignante, etc.,* » Or, le mot *poursuite* s'applique bien plutôt à une action criminelle ou correctionnelle qu'à une action civile : la distinction faite par M. Carnot ne semble donc pas admissible.—V. M. de Grattier, t. 1, p. 393.

1460. Dans tous les cas, et c'est ce qui a été jugé, le tribunal civil du domicile du plaignant est compétent pour statuer sur l'action civile en dommages-intérêts intentée séparément de l'action publique, à raison d'un délit de diffamation par la voie de la presse.—L'art. 12 de la loi du 26 mai 1819 qui autorise la partie plaignante à porter son action devant *les juges de son domicile*, lorsque la publication y aura été effectuée, comprend les juges civils aussi bien que le tribunal correctionnel (Paris, 31 mars 1855) (1).—V. en ce sens, MM. Chassan, t. 2, p. 255; de Grattier, t. 1, p. 393.

1461. Il est à remarquer que tandis que la loi permet de citer le prévenu devant le juge de *sa résidence*, elle autorise à porter la poursuite qui se fait à la requête de la partie plaignante devant le juge du *domicile* de cette dernière, et que les deux expressions *résidence et domicile* ayant une signification fort différente, on ne peut supposer qu'elles expriment la même pensée. On doit donc reconnaître que le prévenu ne peut, dans le cas prévu par l'art. 12 de la loi de 1819, être cité que devant le tribunal du *domicile* du plaignant et non devant le juge de la résidence de ce dernier (V. aussi MM. de Grattier, t. 1, p. 397; Grellet-Dumazeau, t. 2, p. 225).

---

réparation; que cette demande a et conserve son fondement dans le fait lui-même et dans le préjudice qui a pu en résulter; que si, par suite de l'instruction, ce fait éprouve une modification dans son caractère, son plus ou moins de gravité est bien pour les juges un motif de régler les dommages-intérêts dans une proportion plus ou moins forte, et même de déclarer qu'il n'y a point lieu d'en accorder; mais que lorsqu'une demande en dommages-intérêts leur a été régulièrement soumise, ils ne peuvent se dispenser d'en apprécier le mérite au fond; qu'en déclarant qu'il n'y avait pas lieu d'adjuger des dommages-intérêts à la partie civile, sur le seul motif qu'elle n'en avait pas demandé d'une manière spéciale pour le fait de simples injures reconnu, et à raison duquel le prévenu a été condamné, c'est avoir refusé, dans l'espèce, de statuer sur une demande qui avait été faite, et avoir violé les articles ci-dessus cités du code d'instruction criminelle; — Par ces motifs, casse et annule le jugement rendu par le tribunal correctionnel de Charleville, le 30 août dernier, dans la disposition relative aux dommages-intérêts qui avaient été demandés par Devilliers, partie civile.

Du 22 octobre 1819.-C. C., sect. crim.-MM. Bailly, pr.-Rataud, rap.

(1) *Espèce :* — (Cicéron C. Boitel.) — Le 29 oct. 1854, jugement du tribunal de la Seine ainsi conçu : — « Attendu qu'il s'agit, dans la cause, d'une action civile en dommages-intérêts pour diffamation commise par la voie de la presse ; — Attendu que le mode de procéder en pareille matière est encore aujourd'hui régi par les dispositions toutes spéciales de la loi du 26 mai 1819; — Qu'il résulte aussi bien des principes qui ont présidé à la rédaction de cette loi que du texte et de la combinaison de ses articles que l'action de la partie plaignante peut toujours être portée devant le tribunal de son propre domicile, lorsque la publication y été effectuée, c'est-à-dire, en d'autres termes, devant le juge du lieu où le délit a été commis; qu'en vain on prétend établir une différence entre le cas où il s'agit de l'action publique et celui où la demande n'a plus uniquement pour objet qu'une réparation civile; que la raison de décider est la même, et que, loin d'avoir créé une pareille distinction, on voit clairement, par le rapprochement des dispositions finales des art. 12 et 29, même loi, qu'elle a voulu appliquer la même règle à tous les cas; — Attendu d'ailleurs, en fait, qu'il est allégué et non contesté que le mémoire par lequel le défendeur aurait été diffamé a reçu sa publication à Paris, lieu de son domicile; que dès lors le tribunal est compétent pour connaître de sa demande; — Sans s'arrêter ni avoir égard au déclinatoire proposé dans lequel le demandeur est déclaré non recevable et mal fondé, se déclare compétent, retient en conséquence la cause. » — Appel. — Arrêt.

La Cour; — Adoptant les motifs, etc., confirme.

Du 31 mars 1855.-C. de Paris, 1ʳᵉ ch.-M. Miller, pr.

1462. La loi ne s'explique pas, dans le dernier paragraphe de l'art. 12 de la loi du 26 mai 1819 sur la *preuve* du fait de publication qui autorise la partie plaignante à porter son action devant le tribunal de son domicile. Il en résulte, ce semble, que l'on demeure, sous ce rapport, dans les termes du droit commun. — Suivant M. Chassan (t. 2, p. 122), il suffirait au poursuivant pour justifier du fait de publication dans le lieu de son domicile, de représenter un exemplaire de l'ouvrage incriminé, et, dans le cas où le prévenu prétendrait que c'est le plaignant lui-même qui a fait parvenir cet exemplaire dans le lieu où il est produit, ce serait au prévenu à prouver son allégation sur ce point. — Cette doctrine ne nous paraît pas admissible. — Il est élémentaire, en effet, que le prévenu n'a en général rien à prouver. C'est au ministère public et à la partie plaignante à établir les faits qui servent de base à leur action. — Si l'on pense que la saisie n'est pas nécessaire pour établir le fait de publication, il faut au moins la remplacer par une preuve qui soit de nature à satisfaire la raison et la conscience des juges, et nous ne pensons pas que la simple production d'un exemplaire de l'ouvrage inculpé remplisse cette condition.

1463. Avant la loi du 26 mai 1819, il a été jugé que lorsqu'un ouvrage ou écrit prétendu calomnieux a été distribué et vendu en différents endroits, le tribunal correctionnel d'un arrondissement où l'ouvrage est parvenu et a été distribué et vendu par le fait d'un libraire ou de toute personne autre que l'auteur, n'est pas compétent pour connaître de l'action en calomnie intentée contre celui-ci (Cr. cass., 18 sept. 1818) (1). — Et lors de la discussion de la loi du 26 mai 1819, M. Jacquinot de Pampelune avait encore proposé un amendement dans le sens de cette décision, en telle sorte que le tribunal du lieu de la distribution d'un écrit n'aurait été compétent à l'égard de l'auteur de l'écrit qu'autant que celui-ci aurait coopéré à cette distribution. Mais cet amendement fut rejeté sur les observations de M. Lainé (V. Mon., séance du 22 avr. 1819). — D'où il paraît clairement résulter que, pour donner compétence au tribunal du domicile du plaignant, il n'est nullement nécessaire de prouver que le plaignant a participé à la publication dans ce lieu.

1464. On ne doit pas, d'ailleurs, perdre de vue que, d'après les termes, comme d'après l'esprit de la loi, c'est pour la partie plaignante une faculté et non une obligation que de citer le prévenu devant le tribunal de son domicile (celui du plaignant). — Dans tous les cas, dit en effet l'art. 12 de la loi précitée, la poursuite.... *pourra* être portée devant les juges de son domicile (V. MM. Chassan, t. 2, p. 120; Grellet-Dumazeau, t. 2, p. 225).

CHAP. 10. — DE LA PROCÉDURE.

1465. Les formes de l'instruction sont nécessairement appropriées à la juridiction saisie: aussi allons-nous retrouver dans cette partie de notre travail à peu près les mêmes vicissitudes législatives que celles que nous avons déjà signalées à l'occasion de la compétence. — Avant la loi du 26 mai 1819, la législation ne faisait aucune distinction quant à la procédure qui devait être suivie pour les délits qui peuvent se commettre par les voies de publication. — On devait se conformer à cet égard aux règles établies par le code d'instruction criminelle. — En les soumettant au jury, la loi du 26 mai 1819 prescrivit des formalités en rapport avec cette compétence nouvelle. — Aussi dès les premiers pas de la procédure, le juge d'instruction devait-il être saisi du réquisitoire du ministère public ou de la plainte de la partie qui se prétendait lésée (art. 7). — *Dans les huit jours* de la notification faite au prévenu de la saisie des instruments de publication qui avaient servi à commettre le délit, le juge d'instruction devait faire son *rapport* à la chambre du conseil. — Dans le cas de *pourvoi* du *ministère public* ou de la *partie civile* contre la décision de la chambre du conseil, les *pièces* devaient être *transmises sans délai* au procureur général près la cour d'appel, qui était tenue, dans les cinq jours de la réception, de faire son *rapport* à la *chambre des mises en accusation*, laquelle était tenue de prononcer *dans les trois jours* de ce rapport (art. 10). — A défaut par la chambre du conseil d'avoir prononcé

---

(1) (Dunoyer C. Béchu.) — LA COUR (après dél. en ch. du cons.); — Vu les art. 23, 63 et 69 c. inst. crim. d'après lesquels la compétence pour connaître d'un crime ou d'un délit, appartient concurremment au juge du lieu du crime ou du délit, à celui de la résidence du prévenu et à celui du lieu de sa capture; — Vu aussi l'art. 367 c. pén.; — Attendu qu'il résulte de cet article du code pénal que relativement aux imputations calomnieuses consignées dans des écrits qui ne sont pas des actes authentiques et publics, c'est l'affiche, la vente ou la distribution de ces écrits, qui donnent à ces imputations le caractère de criminalité, et consomment le délit de calomnie; que c'est donc le lieu où cette affiche, cette vente ou cette distribution ont été faites qui devient le lieu du délit, et que c'est conséquemment au juge de ce lieu qu'est dévolue la compétence attribuée par la loi au juge du lieu où le délit a été commis; que si, par la volonté et par le fait de l'auteur de l'écrit, la vente ou la distribution en sont faites en plusieurs lieux, soit simultanément, soit successivement, le délit de calomnie se forme ou se renouvelle dans tous ces différents lieux, et peut y être également poursuivi; mais que si l'écrit, après avoir été vendu ou distribué dans un lieu, par celui qui en est l'auteur, se vend ensuite, ou se distribue dans d'autres lieux, sans sa participation, ces ventes, ou ces distributions successives, quoiqu'elles aient été la suite de la première vente en première distribution qui a constitué un délit, ne forment pas, néanmoins, un délit nouveau, elles ne renouvellent pas non plus le premier délit et ne peuvent pas, par conséquent, attribuer une nouvelle compétence; — Qu'un délit, en effet, ne peut naître que de faits positifs et personnels à celui qui en est prévenu; qu'un délit consommé ne peut se renouveler que par des faits propres à son auteur; que si celui qui s'est rendu coupable du délit de calomnie par la vente ou la distribution qu'il a faite d'un écrit où il avait inséré des imputations calomnieuses, peut être responsable des ventes ou distributions nouvelles qui se sont opérées sans son fait et par suite de celle qu'il a faite lui-même, cette responsabilité, ni le préjudice dont elle dérive ne peuvent se confondre avec le délit; qu'ils n'en sont pas le fait constitutif; qu'ils en sont seulement le résultat; que tout ce qu'ils doivent produire, c'est une action civile qui peut être poursuivie devant les tribunaux civils, qui peut l'être aussi devant le tribunal correctionnel compétent pour connaître du délit de calomnie qu'a formé et consommé la vente faite par l'auteur de l'écrit calomnieux, s'il n'a pas encore été statué par ce tribunal sur ce délit; — Et attendu, dans l'espèce, qu'il est reconnu que le sixième volume du Censeur européen avait été imprimé, vendu et distribué à Paris; que si cet écrit renferme des imputations calomnieuses, le délit de calomnie avait donc été consommé à Paris, et que c'était aux tribunaux de cette ville qu'appartenait la compétence que la loi confère au juge du lieu du délit; que si le même écrit a été postérieurement vendu et distribué à Rennes, cette vente et cette distribution n'ont pu y renouveler le délit de calomnie, et produire ainsi une nouvelle compétence en faveur des tribunaux de cette ville, qu'autant qu'il serait constant qu'elles y auraient été faites par l'ordre ou par le fait personnel des prévenus; mais qu'à cet égard il a été seulement dit, dans l'arrêt attaqué, que «l'ouvrage dont il s'agit, étant imprimé à Paris, au bureau du Censeur européen, chacun des libraires qui le vendent et distribuent dans les départements, ne peut s'en procurer des exemplaires qu'à ce bureau, dirigé par l'auteur, et les tient conséquemment de lui, au moins indirectement; d'où résulte que la vente et distribution, loin de lui être étrangères comme il le prétend, est son propre fait.» Que de ce dire, qui, d'ailleurs, est tout en présomptions et nullement en preuves, il résulte seulement qu'il a paru à la cour d'appel, que les libraires qui avaient vendu l'ouvrage à Rennes devaient s'en être procuré les exemplaires à Paris, au bureau du Censeur, et que, ce bureau étant dirigé par les prévenus, ceux-ci devaient être réputés les leur avoir livrés, au moins indirectement; que, par cette conséquence ainsi déduite, les prévenus sont seulement reconnus auteurs présumés d'une vente et d'une distribution faite à Paris, aux libraires de Rennes; mais que la cour d'appel n'ayant pas déclaré qu'ils eussent fait cette vente avec ordre, ou du moins consentement exprès, que les exemplaires par eux livrés fussent revendus à Rennes, il s'ensuit qu'il n'existe contre eux aucune déclaration de participation directe à cette vente; — Que, d'ailleurs, la loi ayant déterminé les faits particuliers d'après lesquels la compétence doit être réglée, elle ne peut être prononcée que d'après la preuve de l'existence de ces faits; que les tribunaux de Rennes ne pouvaient être compétents contre les prévenus étrangers à leur juridiction par leur résidence, qu'autant que ceux-ci auraient participé à la vente faite à Rennes, de l'ouvrage sur lequel ont été fondées les poursuites en délit de calomnie; qu'il ne suffit donc pas que cette participation puisse être présumée; qu'il faut qu'elle soit prouvée; qu'en reconnaissant, dans l'état de la cause, la compétence du tribunal correctionnel de Rennes; et en confirmant le jugement qui l'avait déclarée, la cour d'appel de cette ville a donc violé les règles de compétence établies par la loi; — D'après ces motifs, et vu les art. 408 et 416 c. inst crim.; — Casse.

Du 18 sept. 1818.-C. C., sect. crim.-MM. Barris, pr.-Rataud, rap.-Mourre, pr. gén., c. contr. Barrot, av.

dans les dix jours de la notification du procès-verbal de saisie, cette *saisie* était de plein droit *périmée*.— Elle l'était également à défaut par la cour d'appel d'avoir prononcé sur cette même saisie dans les dix jours du dépôt en son greffe de la *requête* que le prévenu était autorisé à présenter, à l'appui de son pourvoi contre l'ordonnance de la chambre du conseil. — Tous les dépositaires des *objets saisis* étaient tenus de les rendre au propriétaire sur la simple exhibition du *certificat des greffiers* respectifs constatant qu'il n'y avait pas eu d'ordonnance ou d'arrêt dans les délais ci-dessus prescrits. — Les *greffiers* étaient tenus de délivrer ce *certificat* à la première réquisition, sous peine d'une *amende* de 300 fr., sans préjudice des *dommages-intérêts*, s'il y avait lieu.—Toutes les fois qu'il ne s'agissait que d'un simple délit, la *péremption* de la *saisie* entraînait celle de l'*action publique* (art. 11).— Les crimes et délits commis par la voie de la presse ou par tout autre moyen de publication, à l'exception des *délits de diffamation verbale ou d'injure verbale contre toute personne et ceux de diffamation ou d'injure par une voie de publication quelconque contre des particuliers*, devaient être renvoyés par la *chambre des mises en accusation* devant la *cour d'assises*, pour être jugés à la prochaine session. — Suivant l'art. 9 de la loi du 9 juin 1819, les *propriétaires*, *éditeurs* ou *rédacteurs de journaux* prévenus de *crimes* ou *délits* pour fait de publication devaient être poursuivis et jugés dans les *formes* et suivant les distinctions prescrites à l'égard de toutes les autres publications.

1466. L'art. 17 de la loi du 25 mars 1822 avait rendu aux tribunaux correctionnels la connaissance des délits commis par les voies de publication, et cette disposition avait nécessairement abrogé celles de la loi de 1819 qui étaient relatives à la procédure devant les cours d'assises, du moins en ce qui touche les simples délits.

1467. Mais la loi du 8 oct. 1830, en rétablissant la compétence des cours d'assises pour les délits commis, soit par la voie de la presse, soit par tous les autres moyens de publication énoncés en l'art. 1 de la loi du 17 mai 1819, voulut, comme une conséquence naturelle de cette attribution de juridiction, que la poursuite de ces délits eût lieu, en se conformant aux dispositions des lois précitées des 26 mai et 9 juin 1819.

1468. La loi du 8 avr. 1831 vint modifier assez gravement celle du 8 oct. précédent.—Toutefois ces deux lois ne s'excluaient pas l'une l'autre; seulement elles constituaient deux modes divers de procéder, et le ministère public pouvait à son choix adopter l'un ou l'autre de ces modes.—En vertu du premier (celui établi par la loi du 26 mai 1819), le ministère public était astreint à observer la plupart des formalités prescrites par le code d'instruction criminelle : il ne pouvait notamment traduire le prévenu devant la cour d'assises, que lorsque l'instance avait suivi son cours ordinaire; c'est-à-dire lorsque la chambre du conseil et la chambre des mises en accusation avaient statué. — En vertu du second mode de procéder (celui établi par la loi du 8 avr. 1831), le ministère public avait la faculté de *citer directement* le prévenu devant la cour d'assises. — Il devait alors observer les formalités prescrites par cette loi du 8 avr. 1831. — La plupart de ces formalités avaient, du reste, été empruntées à la loi du 26 mai 1819.

Mais la loi du 8 avril 1831, relativement à la citation directe, avait été modifiée par l'article suivant de la loi du 9 sept. 1835 : « Le *ministère public* aura la *faculté* de faire citer directement, à *trois jours*, les prévenus devant la *cour d'assises*, même lorsqu'il y aura eu saisie préalable des écrits, dessins, gravures, lithographies, médailles ou emblèmes. Néanmoins, la *citation* ne pourra être donnée, dans ce dernier cas, qu'après signification au prévenu du procès-verbal de saisie» (art. 24). — Et sous l'empire de la loi du 9 sept. 1835, il a été jugé qu'en matière de délit de la presse, le ministère public conserve la faculté de citer directement le prévenu devant la cour d'assises, même après les actes d'instruction qui auraient suivi la saisie, et spécialement après l'interrogatoire du prévenu (Crim. cass. 17 sept. 1836, MM. de Bastard, pr., Vincens, rap., aff. Aubry). — De même que la loi du 8 avr. 1831, celle du 27 juill. 1849 avait voulu que le ministère public eût la faculté de faire citer directement les prévenus à trois jours outre un jour par 5 myriamètres de distance, devant la cour d'assises, même après qu'il y aurait eu saisie (art. 16).

Suivant le même article, la citation devait contenir l'indication précise de l'écrit ou des écrits, des imprimés, placards, dessins, gravures, peintures, médailles ou emblèmes incriminés, ainsi que l'articulation et la qualification des délits qui ont donné lieu à la poursuite. — Dans le cas où une saisie était ordonnée ou exécutée, copie de l'ordonnance du procès-verbal de cette saisie devait être notifiée au prévenu en tête de la citation, à peine de nullité.

1469. Comme les lois antérieures, le décret du 17 fév. 1852 a maintenu le parallélisme qui doit nécessairement exister entre la compétence et la procédure; c'est-à-dire qu'en rendant aux dispositions du code d'instruction criminelle leur autorité, quant à la compétence, il les a également remises en vigueur relativement à la procédure. D'où il suit que les lois antérieures qui se trouvent incompatibles avec ce code, sont implicitement abrogées.

Les conséquences de cette abrogation sont du reste très-nettement déduites dans la circulaire ministérielle du 27 mars 1852 (D. P. 52. 3. 11), où il est formellement exprimé que l'art. 27 de la loi du 17 fév., en rétablissant, quant au mode de poursuite, le code d'instruction criminelle, abroge toutes les dispositions contraires de la loi du 26 mai 1819, et, par exemple, les art. 6 et 15, qui soumettaient les plaintes, les réquisitions, les citations, les ordonnances de la chambre du conseil, et même les arrêts, à des formes autres que celles tracées par le code d'instruction criminelle; les art. 7, 8 et 11, qui assujettissaient la saisie à des formalités exceptionnelles; les art. 9, 10, 13, qui ne peuvent rester applicables qu'aux crimes; les art. 20, 21, 22, 23, 24 et 25 sur l'admission de la preuve testimoniale; l'art. 28 sur la mise en liberté provisoire, moyennant caution, laquelle reste facultative; enfin l'art. 29, qui limitait à six mois l'exercice de l'action publique (Circ., ch. 3, § 2 *bis* et *ter*). — Le même art. 27, d'après la même circulaire, ne laisse subsister, par l'effet du changement de juridiction, aucune des dispositions du ch. 3 de la loi du 27 juill. 1849, laquelle, avec la loi du 26 mai 1819, formait la législation ancienne sur la poursuite des délits de presse. — Ainsi s'évanouissent les difficultés inhérentes à la *compétence* des *cours d'assises*, et, par exemple, celles qui étaient relatives à la qualification des faits par les décisions de la chambre du conseil et de celle des mises en accusation, à la notification de la liste des jurés, etc. — Aussi nous paraît-il superflu de rapporter ici les monuments de jurisprudence qui ont résolu ces difficultés. — Des questions jugées sous la législation abrogée par le décret du 17 fév. 1852, nous ne rappellerons que celles qui sont de nature à se présenter sous la législation qui nous régit aujourd'hui.

Du reste, le lecteur ne doit pas oublier que la procédure concernant les délits de publication est maintenant soumise au droit commun, c'est-à-dire aux principes que nous avons exposés v° Instruct. crim., et qui se trouvent aujourd'hui modifiés par la loi du 13 juin 1856, sur les appels des jugements des tribunaux correctionnels (D. P. 56. 4. 63).

Quoi qu'il en soit, pour éviter toute confusion dans les observations détachées que nous avons à présenter, nous y suivrons la division qui nous paraît la plus naturelle. — Ainsi, nous parlerons : 1° des formalités antérieures à la comparution de l'inculpé en justice; — 2° De la comparution des parties en justice; — 3° De la preuve; — 4° Des incidents qui peuvent survenir; — 5° Du jugement; — 6° Des voies de recours; — 7° De l'exécution du jugement.

Sect. 1. — *Des formalités antérieures à la comparution en justice.*

1470. La plainte, le réquisitoire, la saisie, la citation qui, sous les lois de 1819 et de 1849, étaient soumis à des formalités particulières, ne sont plus assujettis qu'aux règles ordinaires. Sous ce rapport point de difficulté. — Cependant, il est utile de rappeler qu'il a été jugé : 1° que si l'expression *d'outrage* n'est pas rigoureusement synonyme de celle *d'injure*, celui qui, dans la citation, qualifie d'outrages les injures dont il demande la réparation, a satisfait au vœu de la loi, quant à la qualification du fait d'injure, surtout lorsque l'expression d'outrages se réfère à des faits précédemment articulés (Bordeaux, 9 janv.

1839) (1), et qu'il n'est pas indispensable de rappeler dans la citation les articles de la loi qui s'appliquent au délit (même arrêt); — 2° Qu'en matière de délit de la presse, le ministère public n'est tenu d'articuler et de qualifier dans son réquisitoire les faits diffamatoires qui sont l'objet des poursuites, qu'autant que les poursuites ont été directement introduites par action publique, et non lorsque l'action a été formée par la partie diffamée, alors d'ailleurs que la citation donnée à la requête de celle-ci contient l'articulation et la qualification des faits (Crim. rej. 16 nov. 1843) (2); — 3° Que, dans un procès de presse, lorsque

---

(1) (De Groc C. Castera-Larrière.) — La cour; — En ce qui touche la nullité qui est prise de l'inobservation, dans l'assignation donnée à de Groc, de l'une des formalités exigées par l'art. 6 de la loi du 26 mai 1819 : — Attendu qu'en règle générale, les nullités d'exploits constituent des exceptions préjudicielles qui se couvrent lorsqu'elles ne sont pas présentées avant toute défense au fond; — Que cette règle paraît devoir être appliquée même aux matières spéciales et correctionnelles, que le législateur n'en a pas formellement exceptées; — Attendu, en fait, que devant le tribunal correctionnel de Bazas, le débat s'est engagé contradictoirement sur le fond, sans que ni l'inculpé ni le ministère public aient excipé de l'irrégularité de la citation; — Qu'on n'est pas dès lors recevable à la proposer pour la première fois en cause d'appel;

Attendu d'ailleurs que Castera-Larrière, après avoir précisé et articulé les propos reprochés à de Groc, ajoute immédiatement ces mots : «C'est pour avoir réparation de ces voies de fait et des outrages que le requérant a assigné le sieur Groc en justice; » — Que, si, dans le langage rigoureux du droit, l'expression d'*outrage* n'est pas absolument synonymique de celle d'*injure*, néanmoins, et dans l'espèce, elle se réfère à l'articulation des faits qui précèdent et qui sont constitutifs du délit d'injure que l'art. 15 de la loi du 17 mai définit : toute expression *outrageante*, terme de mépris ou invective qui ne renferme l'imputation d'aucun fait; qu'ainsi, Castera-Larrière avait suffisamment satisfait aux prescriptions de l'art. 6 de la loi du 26 mai 1819, quant à la qualification du fait d'injure; — Qu'il n'était pas non plus indispensable de rappeler, dans la citation, les articles de la loi qui s'appliquent au délit;

Au fond, attendu qu'il a été établi, par l'instruction et le débat, que, le 15 oct. dernier, Me Castera-Larrière s'entretenait avec l'un des témoins, dans l'hôtel tenu à Bazas par les demoiselles Laforgue, lorsque de Groc s'approcha de lui pour lui demander une explication sur ce qu'il avait dit à l'audience, deux mois auparavant, que de Groc, son fils, avait fait une déposition de complaisance; — Que Castera-Larrière ayant répondu qu'il n'avait pas à lui rendre compte de ce qui touchait à l'accomplissement des devoirs de sa profession, de Groc, sans aucune provocation, lui adressa ces paroles : *Vous êtes un drôle, un gredin, un polisson, un lâche, un mauvais sujet;* — Attendu que ces injures ont été proférées dans un lieu public (l'hôtellerie des demoiselles Laforgue); — Que la qualification de *lâche* renferme l'imputation d'un vice déterminé; — Qu'ainsi le fait se trouvant réunir le double caractère de précision et de publicité exigé par l'art. 20 de la loi du 17 mai 1819, ne constitue pas seulement une contravention passible d'une peine de simple police, mais qu'il rentre dans la classe des injures dont la connaissance est attribuée aux tribunaux correctionnels, d'après l'art. 19 de la loi précitée; — Attendu que le délit dont de Groc est convaincu a été commis envers un membre du barreau (un avocat) et à l'occasion de l'exercice d'une profession qui se lie essentiellement aux intérêts et à la dignité de la justice; — Que cette considération et les autres circonstances de la cause ont dû déterminer l'application du maximum de l'amende prononcée par la loi; — Sans s'arrêter au moyen de nullité dans la forme relevé par le ministère public contre l'assignation donnée par Castera-Larrière, lequel est déclaré non recevable et mal fondé, démet Auguste de Groc de l'appel.

Du 9 janv. 1839.-C. de Bordeaux, 4e ch.-M. Gerbeaud, pr.

(2) *Espèce* : — (Cornède-Miramont C. min. pub.) — Premier arrêt de la cour d'Agen, du 9 mars 1843, ainsi conçu : — Attendu que, d'après l'art. 5 de la loi du 26 mai 1819, les délits de presse envers les particuliers ne peuvent être poursuivis d'office par le ministère public, sans qu'il n'y ait été provoqué par une plainte ou une dénonciation; qu'il faut nécessairement admettre que s'il faut une plainte de la part de l'individu diffamé, il faut essentiellement que cette plainte soit prouvée émaner de sa volonté, à l'instant où elle a lieu; — Attendu que, dans l'espèce, la plainte du 15 juin fut portée par le fils, au nom de son père, sans être accompagnée d'un pouvoir, conformément au proscrit des art. 31 et 65 c. inst. crim.; d'où il suit qu'un fils n'ayant pas les actions de son père, il n'exista jamais de plainte légale du père au parquet de la Seine, ou, ce qui est la même chose, que la plainte du 15 juin fut radicalement nulle; — Attendu que la prétendue ratification de cette plainte par le père, dans sa propre plainte du 19 du même mois, n'a pu, dans aucun cas, valider celle du 15 juin, qui était infectée d'une nullité irritante par défaut de pouvoir, sans que cette ratification, étrangère au sieur Cornède pût lui enlever sans son consentement le bénéfice d'une nullité qui lui fut acquise dès le jour même de cette plainte; — Attendu qu'il suit de ce qui précède que n'y ayant pas eu de plainte valide le 15 juin au parquet de la Seine, il n'y a pas lieu d'examiner le second moyen de nullité proposé, sur l'omission des formalités intrinsèques de cette plainte, d'après l'art. 6 de ladite loi du 26 mai 1819, examen qui ne serait nécessaire que tout autant que cette pièce aurait une existence légale; — Attendu que la nullité radicale de cette plainte entraîne bien la nullité de tous les actes de poursuite et de procédure qui ont été faits à Paris, même la saisie de cinq cent quatre-vingt-dix-huit exemplaires du mémoire incriminé, opérée en vertu de l'ordonnance du juge d'instruction du tribunal de la Seine, sous la date du 17 juin; mais qu'il n'en est pas de même de la procédure faite à Cahors; — Attendu que c'est en vain que le sieur Cornède prétend que la nullité dont il s'agit doit influer sur la procédure faite à Cahors, parce que celle-ci ne fut que la suite et le complément de celle commencée au tribunal de la Seine; d'où il tire la conséquence que tout fut indivisible; — Mais attendu que cette indivisibilité ne peut exister quant aux enfants Boudousquié qui ne sont pour rien dans la plainte du 15 juin au parquet de la Seine, qui ne concernait que le père, et lesquels ont porté leur plainte à Cahors le 7 novembre seulement, à l'occasion de l'écrit intitulé Réflexions générales, le seul qui les concerne, et qui est tout autre que l'écrit dénoncé dans l'intérêt du père seul par la plainte du 15 juin; — Attendu que cette indivisibilité n'existe pas davantage quant au père Boudousquié, parce que, n'y eût-il que cette raison que la plainte du 15 juin était nulle, il aurait pu en porter une seconde valable, et que la plainte du 19 juin portée au parquet de Cahors fut véritablement une plainte nouvelle, puisqu'elle est la première qui accuse le sieur Cornède (celle du 15 juin n'incriminant que le sieur Beaudouin), et que la procédure sur cette nouvelle plainte a été commencée, suivie et complétée à Cahors; — Attendu qu'il suit de tout ce dessus que le sieur Cornède peut seulement se plaindre de ce que le tribunal de Cahors a raisonné dans son jugement de cette procédure nulle faite au tribunal de la Seine, et que, lorsque les parties plaideront au fond, elles devront s'abstenir d'en faire usage et se renfermer uniquement dans la procédure instruite à Cahors sur les deux plaintes des 19 juin et 7 novembre dernier : — Par ces motifs, disant droit de l'appel du sieur Cornède envers le jugement du 6 janvier, déclare nulle la plainte du 15 juin, portée au parquet de la Seine, ainsi que tous les actes de poursuite ou de procédure qui ont été faits à Paris par suite de ladite plainte, même la saisie des cinq cent quatre-vingt-dix-huit exemplaires faite au préjudice du sieur Cornède le 18 du même mois; ordonne en conséquence que les débats auront lieu au fond sur les deux plaintes portées au parquet de Cahors les 19 juin et 7 novembre suivant, sans qu'on puisse opposer au sieur Cornède les actes de poursuite et de procédure qui ont été faits à Paris à la suite de la plainte du 15 juin; condamne M. Boudousquié fils aîné, député, à tous les frais de la procédure faite à Paris, etc. — Par un deuxième arrêt, du 15 mars suivant, la même cour jugeant au fond, a condamné le sieur Cornède Miramont à 300 fr. d'amende et 1,000 fr. de dommages-intérêts. — Pourvoi du sieur Cornède Miramont contre ces deux arrêts. — Arrêt.

La cour; — ... A l'égard du deuxième moyen de cassation, tiré de la violation prétendue de l'art. 6 de la loi du 26 mai 1819 et de l'art. 2 de celle du 8 avr. 1831 : — Attendu que la loi du 8 avr. 1831 ne dispose que pour le cas où le ministère public introduit directement l'intance en répression d'un délit de la presse devant la cour d'assises, ce qui n'est pas le cas du procès actuel; — Attendu que la plainte de Boudousquié père, du 19 juin 1842, celle de Boudousquié fils, du 7 nov. 1842 et les conclusions des autres enfants de Boudousquié, comme parties civiles, contiennent l'articulation et la qualification des faits diffamatoires dont ils entendaient se plaindre, et qu'ainsi, il a été satisfait au vœu de l'art. 6 de la loi du 26 mai 1819;

A l'égard du troisième moyen, tirée de la violation prétendue des art. 7, 8 et 11 de la loi du 26 mai 1819, en ce que «la saisie, faite à Paris, étant périmée, faute de notification au prévenu de la décision de la chambre du conseil, la cour d'Agen aurait dû déclarer l'action publique périmée, conformément à l'art. 11 précité : » — Attendu que la procédure faite à Paris par suite de la plainte de Boudousquié fils, du 15 juin 1842 et de la saisie qui en a été la conséquence, a été complétement écartée du procès par l'arrêt du 9 mars, et que l'arrêt de condamnation du 15 du même mois n'a pour base que les plaintes portées à Cahors par la famille Boudousquié et la procédure qui s'en est suivie; — Attendu que la saisie préalable, autorisée par l'art. 7 de la loi du 26 mai 1819, est une faculté et non pas une nécessité; qu'aucune loi n'interdit aux plaignants en diffamation de procéder sans saisie préalable, laquelle peut, en certains cas, être plus ou moins difficile et même impossible, et que l'art. 31 de ladite loi du 26 mai maintient tous les articles du code d'instruction criminelle, auxquels il n'est pas formellement dérogé; — Attendu que, dans le cas où le plaignant croit devoir procéder par les voies ordinaires du code d'instruction criminelle, on ne peut lui opposer ni le défaut de la saisie, ni la péremption de la saisie, dont il avait le droit de s'abstenir d'après ledit art. 31 de la loi du 26 mai; — Attendu d'ailleurs que ladite loi du 26 mai, art. 7, exige seulement la notification de l'ordre de saisie et de la saisie elle-même; et ce, dans le délai de trois jours, et, en outre, que la chambre du conseil statue

le ministère public s'est borné à joindre à la procédure des numéros du journal poursuivi, sans incriminer spécialement dans la citation, tels ou tels des articles qu'ils renferment, chacun de ces numéros peut et doit être considéré dans toutes ses parties comme base de la poursuite (Crim. cass. 1er juill. 1854, aff. Gaz. des aff. indust., D. P. 54. 1. 289); — 4° Que toute personne diffamée ou injuriée peut citer directement le prévenu devant le tribunal correctionnel (V. n° 1113).

1471. Y a-t-il lieu à l'arrestation préventive des inculpés, en matière de délit de publication? — Il a été jugé que les écrivains ou journalistes, quoiqu'ils aient fourni un *cautionnement*, peuvent être préventivement arrêtés pour délit de la presse en vertu d'un mandat d'amener ou de dépôt émané du juge d'instruction (Paris, 25 mars 1852) (1). — La thèse contraire avait été soutenue devant la cour d'assises de la Seine par MM. Carrel et Odilon Barrot (Voy. D. P. 32. 2. 99 et s.); mais la doctrine de la cour de Paris nous semble ne pouvoir être contestée qu'à l'aide de considérations impuissantes pour affaiblir la règle générale.

1472. Sous le décret du 17 fév. 1852, la liberté sous caution peut-elle être obtenue seulement dans les cas prévus par le code d'instruction criminelle? — Nous pensons que cette question doit être résolue dans un sens favorable à l'inculpé, c'est-à-dire qu'il doit provisoirement obtenir sa liberté, quand il remplit les conditions prescrites par la loi, et qu'il ne dépend pas de l'autorité judiciaire de le priver de cette faculté. — Mais il est nécessaire de préciser ce qui fait naître la difficulté sur ce point. — Suivant l'art. 115 c. inst. crim., la liberté provisoire ne peut jamais être accordée à l'inculpé, lorsque le titre de l'accusation emporte une peine afflictive ou infamante. D'après l'article suivant, si le fait n'emporte pas une peine afflictive ou infamante, mais seulement une peine correctionnelle, la chambre du conseil *peut*, sur la demande du prévenu, et sur les conclusions du procureur impérial, ordonner que le prévenu sera mis provisoirement en liberté, moyennant caution solvable de se représenter à tous les actes de la procédure et pour l'exécution du jugement, aussitôt qu'il en sera requis (V. v° Instr. crim., n° 697). — Aux termes de l'art. 28 de la loi du 26 mai 1819, toute personne inculpée d'un délit commis par la voie de la presse, ou par tout autre moyen de publication contre laquelle il a été décerné un mandat de dépôt ou d'arrêt, *obtiendra sa mise en liberté provisoire, moyennant caution*. La caution à exiger de l'inculpé ne peut être supérieure au double du maximum de l'amende prononcée par la loi contre le délit qui lui est imputé. — D'après l'art. 15 de la loi du 27 juill. 1849, l'art. 28 de la loi du 26 mai 1819 cesse d'être applicable, lorsque la prévention est fondée sur une provocation à l'un des crimes prévus par les art. 87 et 91 c. pén. Lors de la discussion de la loi de 1849, M. Baroche a ainsi expliqué la portée de ce paragraphe. « L'art. 28 de la loi de 1819 établissant un droit absolu de la liberté sous caution, dans tous les cas d'inculpation de délit de la presse, nous demandons, dans le dernier paragraphe de l'art. 12 de la loi en discussion, de mettre l'écrivain dans les cas prévus par les art. 87 et 91 c. pén., c'est-à-dire dans le cas d'attentat pour changer la forme du gouvernement ou d'excitation à la guerre civile, ce qui ne veut pas dire que la détention sera nécessaire, ni que la mise en liberté sous caution ne sera pas possible, mais cela veut dire que l'écrivain sera soumis à la loi commune, et que les tribunaux accorderont ou n'accorderont pas la mise en liberté sous caution. » — Maintenant il est à observer que le décret du 17 fév. 1852 n'a point *expressément* abrogé les lois de 1819 et de 1849 : l'abrogation existe seulement pour celles de leurs dispositions qui se trouvent incompatibles avec le décret. — Or, que dit à cet égard l'art. 27 de cet acte législatif? — Que les poursuites auront lieu *dans les formes et délais* prescrits par le code d'instruction criminelle; et la faculté d'obtenir la liberté moyennant certaines conditions est un droit complétement indépendant *des formes et des délais*. — D'où la conséquence que la difficulté qui nous occupe est étrangère à l'article précité du décret de 1852. — Aussi la circulaire ministérielle précitée du 27 mars 1852, dans l'énumération qu'elle fait des dispositions abrogées des lois des 26 mai 1819 et 27 juill. 1849 ne comprend-elle nullement les art. 28 de la loi du 26 mai 1819 et 15 de la loi du 27 juill. 1849 relatifs à la liberté sous caution. — D'après ces considérations nous croyons que la liberté sous caution est pour l'inculpé d'un délit de publication, un droit dont les tribunaux ne peuvent le priver, à moins qu'il ne se trouve dans le cas exceptionnel prévu par l'art. 15 de la loi du 27 juill. 1849. — Nous devons pourtant faire remarquer que la circulaire ministérielle du 27 mars 1852 se prononce dans un sens contraire à notre solution; mais quelque grave que soit cette autorité, elle ne nous semble pas devoir l'emporter sur les motifs que nous venons de déduire.

1473. Ce n'est que lorsqu'il y a eu contravention à la loi du 21 oct. 1814, qu'après le payement des amendes, on doit restituer les exemplaires saisis de l'ouvrage. Mais il a été jugé que, dans le cas où l'ouvrage contient des crimes (excitation des citoyens à s'armer contre l'autorité du souverain, par exemple), la confiscation doit être maintenue (Crim. rej. 31 juill. 1818, aff. Crevel, V. n° 1292-4°).

1474. Les lois des 21 oct. 1814 et 28 fév. 1817, ne fixant aucun délai pour la saisie d'un ouvrage, dans le cas, par exemple, où il est déféré aux tribunaux pour son contenu (art. 15, loi de 1814), la nullité d'une première saisie ne fait pas obstacle à ce qu'il soit procédé à une seconde (Crim. rej. 20 nov. 1817) (2).

---

dans les dix jours de la notification; que, dans l'espèce, la saisie est du 18 juin, la notification est du 20, et la décision de la chambre du conseil est du 24; et qu'aucune loi n'exige, en outre, la notification de la décision de la chambre du conseil;

A l'égard du quatrième moyen, tirée de la violation prétendue de l'art. 25 de la loi du 17 mai 1819, en ce que « l'écrit à raison duquel la condamnation a été prononcée n'aurait été que la réimpression d'un mémoire précédemment produit devant un tribunal : » — Attendu que la disposition de l'art. 25 précité ne s'applique qu'aux discours prononcés ou aux écrits produits devant les tribunaux pour la défense d'une cause pendante devant eux, et pour l'instruction des magistrats appelés à la juger; que lorsque la cause est jugée d'une manière définitive et irrévocable, l'immunité établie par l'art. 25 cesse complétement, puisqu'il n'y a plus ni nécessité d'éclairer les magistrats, ni intérêt légitime dans la publication; — Attendu que, dès lors, et dans l'espèce, le demandeur ayant été étranger par lui-même et par ses auteurs au procès dans lequel a été publié le mémoire de Lacoste Glandières dont il s'agit, et ce procès étant éteint depuis plus de trente ans, la réimpression du mémoire dont il est question ne saurait être couverte par l'art. 25 de la loi précitée, qui reste sans application au procès actuel;

A l'égard du cinquième moyen, tiré de la prétendue violation des art. 21 et 22 de la loi du 17 mai 1819, en ce que « les électeurs, discutant les titres du candidat qui se présente à leurs suffrages, doivent jouir de la même inviolabilité que les discours prononcés dans le sein des chambres : » — Attendu qu'aucune loi n'étend aux écrits publiés pendant les élections ou à leur occasion, au sujet d'un candidat ou de quelqu'un de sa famille, l'immunité établie par les articles précités en faveur des discours prononcés dans le sein des chambres; — Rejette.

Du 16 nov. 1845.-C. C., ch. crim.-MM. de Crouseilhes, f. f. pr.-Mérilhou, rap.-Delapalme, av. gén.-Decamps, av.

(1) (Blondeau.) — La cour; — Considérant que le mandat d'amener n'est pas une simple invitation de se présenter devant le juge, et qu'il doit nécessairement être exécuté par les agents de l'autorité, sous la surveillance desquels l'individu amené doit rester jusqu'après l'interrogatoire que le juge doit lui faire subir; — Considérant que Blondeau a été interrogé quelques heures après son arrivée au palais; que, s'il a été retenu provisoirement jusqu'au lendemain, cela n'a eu lieu que de son consentement, expressément consigné dans les pièces de la procédure signées de lui, et pour éviter le mandat de dépôt, qu'immédiatement après avoir interrogé Blondeau, le juge d'instruction aurait pu décerner contre lui, mandat qu'il aurait pu révoquer; d'où il résulte que mal à propos Blondeau se plaint à cet égard; — Considérant qu'aucun article de loi n'interdit aux juges d'instruction la faculté de décerner des mandats d'amener et même de dépôt dans les délits de la presse; qu'au contraire, l'art. 28 de la loi du 26 mai 1819 suppose l'existence de cette faculté, puisqu'il autorise toute personne contre qui il aurait été décerné un pareil mandat, à obtenir sa mise en liberté provisoire moyennant caution; — Considérant que, depuis, rien n'a été innové à cet égard; que la loi du 8 avril 1831, invoquée par Blondeau, n'a aucune application à la question, puisqu'elle n'a pour but que de donner au ministère public la faculté de saisir directement la cour d'assises des délits de la presse par des citations à jour fixe, et de régler les formes de cette procédure particulière. — Par ces motifs, dit qu'il n'y a lieu à suivre sur la plainte de Blondeau, etc.

Du 25 mars 1852.-C. de Paris, ch. d'accusation.

(2) (Comte et Dunoyer.) — La cour; — Vidant son délibéré; — Attendu, sur le premier moyen, que la loi du 21 oct. 1814, art. 15, auto-

Au reste, il a été jugé, et avec raison, que la saisie préalable de l'écrit incriminé autorisée par l'art. 7 de la loi du 26 mai 1819, est purement facultative et nullement obligatoire; qu'il ne résulte, par suite, aucune irrégularité de ce que la partie civile procéderait en diffamation sans exercer de saisie, ou, ce qui revient au même, sur saisie périmée ou annulée; et qu'en cas de saisie préalable de l'écrit incriminé, il suffit de notifier au prévenu l'ordre de saisie et la saisie elle-même; la loi n'exige pas qu'on notifie, en outre, la décision de la chambre du conseil rendue sur cette saisie (L. 26 mai 1819, art. 7; Crim. rej. 16 nov. 1843, aff. Cornède-Miramont, V. nº 1470).

1475. Suivant l'art. 24 de la loi du 26 mai 1819, le plaignant était tenu, immédiatement après l'arrêt de renvoi, d'élire domicile près la cour d'assises, et de notifier cette élection au prévenu et au ministère public; à défaut de quoi, toutes significations étaient faites valablement au plaignant au greffe de la cour. Lorsque le prévenu était en état d'arrestation, toutes notifications, pour être valables, devaient lui être faites à personne.— Cette disposition est aujourd'hui sans objet, ainsi que toutes celles des lois sur les moyens de publication qui sont relatives à la procédure devant la cour d'assises, puisque, d'une part, les cours d'assises ne sont plus compétentes pour statuer sur les délits de publication (V. nº 1402), et que, d'autre part, les règles établies par le code d'instruction criminelle doivent seules être observées (décr. 17 fév. 1852, art. 27).

Sect. 2. — *De la comparution en justice.*

1476. Se présenter devant les juges lorsqu'on est traduit devant eux est un devoir évident, puisque c'est aux juges qu'est confié le soin de terminer tous les différends, qu'ils sont les organes de la loi et que, fuir leur prétoire, c'est en réalité se soustraire à la loi elle-même. — Cependant, en matière civile, non-seulement la partie citée a la faculté de se faire *représenter* par un *mandataire*, mais, devant les tribunaux civils de première instance, devant les cours impériales et devant la cour de cassation, c'est pour elle une obligation. — Il n'en pouvait être de même en matière criminelle. — Le droit romain qui, en général, n'admettait pas cette faculté, en matière criminelle l'accordait cependant dans les cas d'injures, non-seulement à l'accusateur, mais aussi à l'accusé. *Licere autem illustri accusatori*, portait la loi 11 *cod. de injuriis, vel reo, vel uxori, vel liberis masculini sexûs, seu filiæ itidem illustris superstitis, causam injuriarum in quocumque judicio competenti per procuratorem criminaliter suscipere vel movere.* Sur l'interprétation de ce texte, V. Voët, *Comment. ad pand. lib.* 47, *tit.* 10, *de inj. et fam. lib.*; Carpzovius, *Rer. crim. pars*, 2, *quæst.* 95; Brunnemann, *Comment. in cod. lib.* 9, *tit.* 35, *in pandect. lib.* 47, *tit.* 10 *de inj. et fam. lib.*; Schneidewinus, *Instit. comment. lib.* 4 *de injuriis.* — Il paraît qu'il existe aussi en Angleterre une dérogation au principe général pour les délits de presse, car on voit dans le barreau anglais (t. 2, p. 239) que Thomas Payne, qui fut traduit devant le jury par suite de la publication d'un écrit *sur les droits de l'homme*, fut défendu par le célèbre Erskine, bien qu'il se fût réfugié en France.

1477. Aux termes de l'art. 185 c. inst. crim., *dans les affaires relatives à des délits qui n'entraînent pas la peine d'emprisonnement*, le prévenu peut se faire représenter par un *avoué*; le tribunal peut néanmoins ordonner sa *comparution en personne*. Mais lorsque le délit imputé au prévenu entraîne la peine d'emprisonnement, sa comparution personnelle est *forcée*. — D'après l'art. 19 de la loi du 26 mai 1819, au contraire, le prévenu d'un délit de publication était admis sans distinction à se faire représenter, devant la cour d'assises, par un fondé de pouvoirs.— Ce dernier texte dérogeait donc à l'art. 185 c. inst. crim. — Aussi a-t-il été jugé : 1º que l'art. 19 de la loi du 26 mai 1819 ne doit pas être entendu dans le même sens que l'art. 185 c. inst. crim. et que le prévenu a la faculté de se faire représenter par un mandataire, devant la cour d'assises, bien que le fait qui lui est imputé soit de nature à entraîner la peine d'emprisonnement (C. d'assises de la Seine, 22 mai 1835) (1); — 2º Que l'art. 19 de la loi du 26 mai 1819 a abrogé, en cette matière, les dispositions du code d'instruction criminelle, et spécialement celle de l'art. 185 qui autorise les tribunaux à ordonner la comparution en personne du prévenu; de sorte que la cour d'assises peut, malgré la demande d'un prévenu, se refuser à ordonner la comparution de son coprévenu représenté par un fondé de pouvoirs et que non-seulement elle le peut, mais encore que c'est pour elle un devoir (Crim. rej. 19 déc. 1835) (2); — Que d'ailleurs le prévenu qui a accepté le mandataire de son coprévenu en concourant avec lui aux récusations des jurés, et en ne demandant pas que l'on procédât par défaut, s'est rendu par là non recevable à se plaindre de ce que ce mandataire n'aurait point de pouvoir spécial (même arrêt). — La

---

rise la saisie d'un ouvrage déféré aux tribunaux pour son contenu; que la loi du 28 fév. 1817 ne contient aucune disposition d'où l'on puisse induire que la nullité de la première saisie soit un obstacle à une seconde; que de droit commun, le corps du délit est saisissable en tout temps et partout où il se trouve;—Que la loi du mois d'octobre 1814, ni celle du mois de février 1817, n'ont fixé aucun délai pour faire une première saisie, ni pour en faire une deuxième;—Qu'ainsi, sous ce rapport, le droit de poursuivre autorisé par ces deux lois n'a éprouvé aucune restriction par le vice de la première saisie dont la nullité n'a pu éteindre l'action du ministère public;—Rejette.

Du 20 nov. 1817.-C. C., sect. crim.-MM. Barris, pr.-Lecoutour, rap.

(1) *Espèce :* —(Min. pub. *C.* gérant de la Tribune.)—Le sieur Germain Sarrut, rédacteur en chef du journal la Tribune, se présentait devant la cour d'assises de la Seine, comme fondé de pouvoir et représentant du sieur Bichat, gérant de cette feuille. Le ministère public fit observer que le délit poursuivi entraînait la peine de l'emprisonnement, et qu'en conséquence le prévenu devait se présenter en personne; il ajoutait, qu'à la vérité, d'après l'art. 19 de la loi du 26 mai 1819, le prévenu, en matière de presse, peut se faire représenter par un fondé de pouvoir; mais qu'il en était de cet article comme de l'art. 185 c. inst. crim., lequel n'est applicable que lorsque le délit n'entraîne pas la peine de l'emprisonnement.—Arrêt.

La cour; — Vu le mandat donné par André-Antoine-Hector Bichat à Germain Sarrut, pour le représenter devant la cour d'assises du département de la Seine, dans le procès à lui intenté en qualité de gérant du journal de la Tribune;—Vu l'art. 19 de la loi du 26 mai 1819, portant: «... Faute par le prévenu de remplir les formalités mises à sa charge par le présent article, ou de comparaître par lui-même ou par un fondé de pouvoir, l'arrêt sera définitif;» — Considérant que, s'il peut exister des doutes sur la faculté de se faire représenter par un mandataire devant la cour d'assises, lorsqu'il s'agit de délits de la presse passibles de la peine d'emprisonnement, les doutes devraient s'interpréter dans le sens le plus favorable aux prévenus; — Considérant que la loi du 26 mai 1819 a eu pour objet de régler les formes de poursuites et de jugement pour les délits résultant de la loi du 17 mai 1819; mais que toutes les infractions résultant de cette dernière loi, et dont la connaissance appartient au jury, étant punies de l'emprisonnement, il suit que l'art. 19 précité doit être appliqué aux prévenus de délits commis par la voie de la presse, qui peuvent, dès lors, se faire représenter par un fondé de pouvoir devant la cour d'assises;—Par ces motifs, ordonne qu'il sera passé outre au jugement du fond, et admet Germain Sarrut à remplacer Bichat.

Du 22 mai 1835.-C. d'ass. de la Seine.-M. Ferey, pr.

(2) (Sarrans jeune *C.* min. pub.)—La cour;—Vu les art. 17 et 19, L. 26 mai 1819, et 185 et 408 c. inst. crim.;—Sur le premier moyen de nullité, pris de ce que la cour d'assises de la Seine a rejeté les conclusions principales du demandeur, tendant à faire ordonner la comparution en personne du sieur Latapie, prévenu, sans examiner si cette comparution était nécessaire, mais par le seul motif qu'elle n'avait pas le droit de l'ordonner; — Attendu que les art. 17 et 19 L. 26 mai 1819, autorisent expressément tout prévenu d'un délit commis par la voie de la presse à se faire représenter par un fondé de pouvoirs; que leurs dispositions, comparées à celles du code d'instruction criminelle sur la comparution des prévenus, montrent que l'intention du législateur a été de donner, en matière de délits de la presse, de plus grandes facilités à la défense; qu'on doit donc, pour suivre l'esprit de cette loi, considérer comme abrogées les restrictions du code d'instruction criminelle qui ne s'y trouvent pas reproduites, et particulièrement la disposition de l'art. 185 de ce code, qui réserve aux tribunaux correctionnels le droit d'ordonner dans tous les cas la comparution du prévenu en personne, d'où il suit que la cour d'assises de la Seine, loin d'interpréter faussement les susdits art. 17 et 19, L. 26 mai 1819, et de violer par suite l'art. 185 c. inst. crim., en a fait une juste application.

Sur le deuxième moyen de nullité, pris de ce que ladite cour d'assises a omis de statuer sur les conclusions subsidiaires du demandeur, tendant à faire ordonner, même par corps, la comparution du sieur Latapie comme témoin, ou du moins de ce qu'elle n'en a point motivé le rejet; —Attendu que la cour d'assises, en déclarant qu'il n'y avait pas lieu de

doctrine des auteurs avait, d'ailleurs, reconnu que ce n'était pas seulement sur l'opposition formée à un arrêt par défaut, mais aussi sur la première citation que le prévenu avait la faculté de se faire représenter par un fondé de pouvoirs (V. MM. Parant, p. 326; Chassan, t. 2, p. 386; de Grattier, t. 1, p. 443, n° 4, et p. 454, n° 3. Henri Celliez, C. ann. de la presse, p. 45, n° 2).— Il paraît également évident que bien que la cour d'assises fût seule désignée dans l'article précité de la loi de 1819, l'application de cette disposition devait s'étendre aux tribunaux correctionnels parce que les motifs qui avaient dicté cette dérogation au code d'instruction criminelle étaient applicables dans les deux cas. — On voit en effet dans la discussion de la loi du 26 mai 1819 que M. Mounier Buisson avait demandé la suppression de cette disposition, comme contraire aux art. 185 et 190 c. inst. crim. et que le rapporteur de la commission répondit : — « La justice et la raison réclament cette nouvelle dérogation à la règle générale de la procédure. La chambre, en rejetant les amendements proposés sur l'art. 12, a décidé que l'auteur d'une diffamation ou d'une injure pourrait être poursuivi devant le juge du domicile de la partie plaignante. C'est dans les journaux surtout que la diffamation est à craindre; c'est à Paris surtout qu'on les imprime; les auteurs et éditeurs pourront donc avoir à comparaître au loin sur une plainte en diffamation. Or, la nécessité de comparaître en personne serait une forte aggravation de peine....» (Mon., séance du 23 avr. 1819).— M. de Serre, garde des sceaux, s'est exprimé dans le même sens (même séance). — L'art. 12 cité par le rapporteur de la commission n'est pas moins applicable aux tribunaux correctionnels qu'aux cours d'assises.—Il n'y avait donc aucun motif pour distinguer à cet égard.

1478. Par suite, sous la loi de 1819, il ne paraît pas douteux que le prévenu traduit en police correctionnelle devait avoir la faculté de se faire représenter par un mandataire. — La loi du 8 avril 1831 (art. 2 et 4), au contraire, l'avait obligé à se présenter en personne; mais il était généralement reconnu que l'art. 25 de la loi du 9 sept. 1835 lui avait rendu le droit de se faire représenter (V. notamment MM. Parant, p. 449, et de Grattier, t. 2, p. 394), bien qu'en réalité cette dernière disposition ne soit nullement explicite à cet égard. — Quoi qu'il en soit, sous la loi de 1835, il a été jugé que l'auteur d'un article poursuivi devant la cour des pairs peut, en cas d'empêchement (une grave maladie) être admis à comparaître par fondé de pouvoir (C. des pairs, 8 mars 1841, aff. le National, V. la discussion à laquelle cette affaire a donné lieu, D. P. 41. 3. 164).

1479. Mais le décret du gouvernement provisoire du 6 mars 1848 a abrogé la loi du 9 sept. 1835 et a voulu que les lois antérieures en matière de presse fussent exécutées, disposition qui nous a replacés sous l'empire de la loi du 8 avril 1831. — Postérieurement, la loi du 27 juill. 1849, sans s'expliquer catégoriquement sur la difficulté à résoudre, porte cependant (art. 17) que si, à l'audience où il doit être statué sur l'opposition, *le prévenu n'est pas présent*, le nouvel arrêt rendu par la cour sera définitif.

1480. L'art. 27 du décret du 17 fév. 1852, on le sait, veut que les poursuites aient lieu *dans les formes et délais prescrits par le code d'inst. crim.* — Et il a été jugé que depuis le décret du 17 fév. 1852, les prévenus de délits de presse ne peuvent plus se dispenser de la comparution en personne que dans les affaires qui n'entraînent pas la peine d'emprisonnement (Crim. rej. 25 août 1854, aff. Couet de Lorry, D. P. 54. 1. 295). — A la vérité, on pourrait soutenir que le droit de se faire représenter en justice est étranger *aux formes* dont parle le décret de 1852. — Mais ce qui ôte tout intérêt à cette objection, c'est qu'ainsi qu'on vient de le voir, le dernier état de la législation ramène aussi, sous ce rapport, à l'observation du code d'instruction criminelle.

1481. Au reste, même sous la loi du 8 avril 1831, il a été jugé, et avec raison, que le prévenu d'un délit emportant la peine de l'emprisonnement n'est pas obligé de se présenter en personne lorsqu'il ne veut qu'opposer l'incompétence du tribunal devant lequel il est traduit (Crim. rej. 15 oct. 1831) (1).

SECT. 3.— *De la preuve.*

1482. Nous devons distinguer trois espèces de preuves, à savoir : — 1° la preuve de l'infraction imputée à l'inculpé; — 2° La preuve qu'il offre pour se justifier; — 3° La preuve opposée par le plaignant aux allégations de l'inculpé. — Examinons-les séparément.

ART. 1. — *Preuve de l'infraction imputée à l'inculpé.*

1483. Cette preuve doit se faire conformément aux règles ordinaires et nous ne pouvons guères que renvoyer à cet égard aux développements dans lesquels nous sommes entrés, v[is] Inst. crim., Preuve, Procès-verbal.—Nous devons cependant rapporter ici quelques décisions, qui, par leur spécialité, y trouvent natu

---

statuer conformément aux conclusions du demandeur, a prononcé explicitement leur rejet; qu'à ce sujet se rapporte clairement le premier considérant de son arrêt;—Attendu d'ailleurs que ces conclusions, ayant pour objet de transformer un prévenu en témoin et de confondre deux qualités aussi essentiellement distinctes, ne peuvent être considérées comme l'exercice d'une faculté ou d'un droit accordé par la loi; d'où il suit que l'omission même d'y statuer ne pourrait entraîner aucune nullité.

Sur le troisième moyen, pris de ce qu'on aurait dû procéder par défaut contre le sieur Latapie, l'avocat qui s'est présenté pour lui n'ayant pas de pouvoir spécial pour le représenter;—Attendu que le sieur Latapie serait seul recevable à contester le mandat, en vertu duquel il a été représenté devant la cour d'assises de la Seine; que d'ailleurs le demandeur a accepté le mandataire qui s'est présenté pour son coprévenu en concourant avec lui aux récusations exercées lors de la formation du tableau et en ne demandant pas que l'on procédât par défaut à l'égard du sieur Latapie;—Par ces motifs, rejette le pourvoi.

Du 19 déc. 1835.-C. C., ch. crim.-M. Vincens Saint-Laurens, rap.

(1) *Espèce :* — (Min. pub. C. la Feuille du commerce de Marseille.) — La Feuille du commerce de Marseille avait désigné dans un de ses numéros, le sieur Arnavon comme fauteur du monopole des soudes et comme protégeant ce monopole par l'influence de sa position et de son autorité en qualité de colonel de la garde nationale.—Arnavon a porté plainte en diffamation contre le gérant de ce journal. — Traduit devant la cour d'assises d'Aix, le gérant opposa, par le ministère d'un avoué, l'incompétence de la cour d'assises qui se déclara en effet incompétente, attendu qu'Arnavon ne pouvait pas avoir été diffamé en sa qualité de fonctionnaire, ou pour des faits relatifs à ses fonctions.—Pourvoi. —Arrêt.

LA COUR; — Attendu, sur le premier moyen, que l'obligation de se représenter en personne, imposée par l'art. 185 au prévenu de délit emportant la peine d'emprisonnement, n'est relative qu'au jugement du fond et ne s'applique pas au jugement de la compétence ou des autres exceptions préjudicielles pour lequel le prévenu non comparaissant peut se faire représenter par son avoué; que l'art. 2 de la loi du 18 avr. 1831 n'a rien innové dans cette forme de procéder; — Attendu, sur le deuxième moyen, que l'arrêt attaqué a été rendu après l'audition des conclusions, plaidoiries, répliques des parties et du ministère public, ainsi que d'après l'appréciation, sous le rapport de la compétence, du passage de l'écrit incriminé formant l'objet de la prévention; qu'ainsi les dispositions de l'art. 190 c. inst. crim., pour statuer en connaissance de cause, ont été observées;

Attendu, sur le troisième moyen, que, pour statuer sur la compétence, il fallait connaître en quelle qualité le plaignant avait été diffamé dans le journal incriminé; que le journal joint au dossier a été, sous ce rapport, analysé dans les conclusions du prévenu, discuté dans celle du plaignant et du ministère public, examiné et apprécié dans les considérants de l'arrêt attaqué; et qu'en suivant cette forme de procéder pour prononcer en connaissance de cause, aucune des dispositions des art. 1 et 2 de la loi du 18 avr. 1831 n'a été violée;—Attendu, sur le quatrième moyen, que la cour d'assises saisie du droit d'apprécier la prévention sous le rapport de la compétence, avait, par conséquent, celui d'examiner en quelle qualité le plaignant avait été diffamé; d'où la solution de la question de compétence dépendait; que cette attribution n'a pas été enlevée à la cour d'assises par la loi du 8 avr. 1831, qui, ne disposant que pour la forme de procéder, ne change rien aux règles de compétence établies par l'art. 2 de la loi du 8 oct. 1830, ni par conséquent au droit conservé par cet article aux tribunaux correctionnels, de connaître des diffamations contre de simples particuliers;—Attendu, sur le cinquième moyen, qu'en s'expliquant sur la qualité du plaignant, la cour d'assises a prononcé sur le fait dont la question de compétence nécessitait l'appréciation; qu'elle a rendu cette décision d'après l'audition des parties, l'examen de l'article du journal incriminé; que sous ces divers rapports elle s'est entièrement conformée à la nature de ses attributions et aux règles de procédure établies par la loi; — Rejette.

Du 15 oct. 1831.-C. C. ch. crim.-MM. de Bastard, pr.-Ollivier, rap.

rellement leur place. — Nous rappellerons donc qu'il a été jugé : — 1° que le tribunal de police ne peut condamner à la réparation de prétendues injures, sans en ordonner la preuve, lorsqu'elles sont déniées, et que l'agent municipal, faisant les fonctions du ministère public, en a requis la preuve (Crim. cass., 16 flor. an 11, M. Liborel, rap. int. de la loi, aff. Mariette); — 2° Qu'en matière de délit de la presse, comme en toute autre matière, les preuves de l'intention criminelle peuvent être recherchées par le ministère public, ailleurs que dans le fait même qui donne lieu aux poursuites; et, par exemple, que le ministère public peut, pour démontrer cette intention, et malgré l'opposition de l'accusé, citer et analyser des articles autres que ceux qui sont incriminés (Crim. rej., 25 nov. 1831, aff. l'Ami des lois, V. Peine, n° 183);—3° Que, de ce que les délibérations des conseils municipaux sont secrètes, il ne s'ensuit pas que l'on ne puisse rechercher dans les dépositions de leurs membres, la preuve des délits commis dans leur sein (Crim. rej., 17 mai 1845, aff. De Rheville. D. P., 45. 1. 347); — 4° Que la preuve que c'est à raison de ses fonctions qu'un gendarme est injurié peut résulter des explications du prévenu à l'audience (Limoges, 23 nov. 1851, aff. B... D. P. 51. 2. 247).

1484. Ajoutons que lorsque les expressions du discours ou de l'écrit incriminé ne sont pas absolument et évidemment répréhensibles, la preuve de la culpabilité de l'intention du prévenu est à la charge de la partie poursuivante. Cette preuve peut être puisée, soit dans l'ensemble du discours ou de l'écrit, soit dans les circonstances qui ont accompagné sa publication, soit même dans des faits antérieurs ou postérieurs personnels à l'accusé. (V. M. Chassan, t. 1, p. 21 et s.).

1485. Le juge ou la partie civile peuvent, d'ailleurs, s'ils ont foi en la loyauté du prévenu, s'en référer à sa déclaration touchant l'intention dans laquelle il a agi. C'est ainsi que, en 1835, dans l'affaire de M. de Conny, le ministère public près la cour de Paris, après s'être déclaré prêt à se désister des poursuites si le prévenu reniait l'intention qui paraissait résulter de son écrit, se désista, en effet, sur la déclaration de M. de Conny que l'imputation incriminée comme une offense au roi ne s'adressait point à celui-ci (V. M. Chassan, t. 1, p. 26).

1486. Il a été décidé aussi : 1° que, lorsque, par suite du tumulte élevé dans l'auditoire, les juges se sont retirés dans la chambre du conseil pour constater les outrages commis envers les membres du tribunal, ils n'en conservent pas moins dans la rédaction du procès-verbal qui a cette constatation pour objet, le caractère public nécessaire pour son efficacité (Crim. rej. 31 déc. 1812) (1); — 2° Que lorsqu'il se commet un délit correctionnel dans l'enceinte et pendant la durée de l'audience, il suffit que le président du tribunal constate le délit dans le jugement, sans qu'il soit nécessaire d'en dresser un procès-verbal séparé, surtout lorsque les injures qui caractérisent ce délit, forment le seul objet sur lequel le tribunal avait à prononcer (Crim. cass., 10 avr. 1817, aff. Savin, V. n° 972-1°); — Et que le jugement qui constate les injures n'est pas moins *authentique* que le procès-verbal particulier qui en aurait été dressé (même arrêt); — 3° Que les cours et tribunaux qui sont investis, par la loi du 25 mars 1822, du droit de juger les délits commis à leur audience, sont, par cela même, dispensés d'entendre des témoins sur les faits qui se sont passés sous leurs yeux (Crim. rej. 26 août 1831, aff. Valentin-Lapelouze, V. ci-après au présent n°, 10°);—4° Que le tribunal dont les séances ont été infidèlement rapportées dans un journal, peut, s'il s'agit de faits qui se soient passés en sa présence, rejeter ou admettre la preuve testimoniale offerte par le prévenu, suivant qu'il juge être ou n'être pas suffisamment éclairé par ses souvenirs : on ne peut le contraindre à admettre cette preuve, lorsqu'il la juge inutile; car il n'a pas été dans la volonté de la loi de faire violence à la conviction des juges et de la faire fléchir devant des dépositions de témoins (Crim. cass. 7 déc. 1822 (2); Conf. M. Parant, p. 158); — 5° Que si le tribunal refuse l'admission de la preuve testimoniale, il doit, conformé-

(1) (B... C. min. pub.) — La cour; — Attendu, sur le premier moyen du demandeur, que, de l'arrêt de la cour impériale de Rouen et même de la défense de B..., il résulte que ce fut par suite de bruits tumultueux élevés dans l'auditoire que l'instance fut levée et que fut rédigé à la chambre du conseil le procès-verbal des propos outrageants que ledit B... s'était permis contre le président et les juges de la cour d'assises;—Que, dans cette circonstance, les juges de cette cour avaient conservé le caractère public nécessaire pour sa légalité et son authenticité; — Attendu, sur le deuxième moyen, que l'art. 154 c. inst. crim. n'autorise la preuve contraire aux procès-verbaux qui ne peuvent faire foi jusqu'à inscription de faux, que dans le cas où les tribunaux jugent à propos d'admettre cette preuve; — Que ce refus d'admission d'une preuve qui est abandonnée par la loi à la sagesse et à la discrétion des tribunaux ne peut jamais produire une ouverture à cassation; — Attendu que la demande en inscription de faux formée par B... devant la cour ne porte ni sur les formes matérielles d'aucun des arrêts attaqués, ni sur les formes substantielles à leur régularité; — Qu'elle est rédigée contre un procès-verbal qui n'est qu'un acte de la procédure et de l'instruction définitivement et souverainement jugé par le dernier desdits arrêts; — Qu'elle est donc absolument non recevable; — Rejette le pourvoi du demandeur, et le déclare non recevable dans son inscription de faux, etc.

Du 31 déc. 1812.-C. C., sect. crim.-MM. Barris, pr.-Aumont, rap.-Merlin, pr. gén., c. conf.

(2) (Constitutionnel C. min. pub.)—La cour (ap. dél. en ch. du cons.); — Sur le premier moyen, pris de ce que l'arrêt du 12 sept. aurait jugé que le ministère public n'était point tenu, dans la poursuite des délits prévus par l'art. 7 de la loi du 25 mars 1822, de faire connaître aux prévenus, antérieurement à l'audience, les faits ou les parties de discours dont il prétendrait qu'ils auraient publié un compte infidèle et de mauvaise foi, ou injurieux pour la cour, le tribunal, ou l'un des magistrats, des jurés et des témoins; — Vu l'art. 183 c. inst. crim.; — Vu aussi l'art. 6 de la loi du 26 mai 1819; — Attendu que l'obligation imposée à la partie poursuivante par l'art. 183 c. inst. crim., d'articuler les faits sur lesquels ses poursuites sont fondées, et à laquelle l'art. 6 de la loi du 26 mai 1819 a ajouté, relativement aux délits qui doivent être jugés en vertu de cette loi, l'obligation de qualifier aussi ces faits, n'est que l'application d'un principe de raison et de justice commun à toutes les matières civiles et criminelles; — Que ce principe n'a pas été créé par la loi, mais seulement reconnu et proclamé par elle; — Qu'il est nécessaire à l'exercice du droit de défense; qu'il lui est donc substantiel; — Que la poursuite ne peut être légitime que sous la condition du droit de défense; — Que ce qui est un droit pour la défense est donc une obligation pour la poursuite; — Que cette obligation est surtout rigoureuse et sacrée dans les procès criminels et correctionnels; — Que la partie poursuivante n'en pourrait être affranchie que par une disposition claire et formelle d'une loi; — Qu'aucune disposition formelle, ni même aucune disposition d'induction dans la loi du 25 mars 1822, n'a dispensé la partie qui forme des poursuites sur les délits de l'art. 7 de cette loi, de faire connaître au prévenu, lorsqu'elle l'appelle devant la justice, sur quels faits, sur quels discours elle l'inculpe d'inexactitude, de mauvaise foi et d'injures; — Que la partie poursuivante est donc demeurée astreinte, à l'égard de ce délit, aux énonciations et articulations de faits auxquelles elle est obligée par la loi naturelle et la loi positive, relativement à tous les autres délits; — Que la cour d'assises du département de la Seine a donc ouvertement violé l'art. 183 c. inst. crim., et faussement interprété la loi du 25 mars 1822, en jugeant, par son arrêt du 12 sept., que, dans la poursuite des délits de l'art. 7 de cette loi, le ministère public n'était obligé à aucune articulation ou notification antérieure à l'audience.

Sur le deuxième moyen fondé, 1° sur ce que la cour d'assises aurait prononcé sur des faits qui se seraient passés ou des discours qui auraient été tenus hors de sa présence et pendant qu'elle délibérait à la chambre du conseil, d'après la simple assertion de la partie poursuivante, et sans qu'elle eût entendu des témoins sur ces faits ou ces discours; — 2° Sur ce qu'elle aurait statué sur des réflexions qui étaient l'opinion des journalistes et n'étaient pas le récit des faits ou des discours de l'audience; — 3° Sur ce qu'elle aurait refusé d'admettre les prévenus à la preuve testimoniale de la fidélité du compte par eux rendu de ce qui avait été dit ou de ce qui avait été fait en sa présence; — Attendu, 1° qu'il ne résulte pas des arrêts attaqués que les faits passés ou les discours tenus hors de la présence de la cour d'assises soient entrés comme éléments dans sa délibération ni dans la condamnation qui en a été la suite; — Attendu, 2° Qu'il est établi par l'arrêt du 13 sept., que la condamnation n'a été prononcée que pour infidélité, mauvaise foi et injures dans le compte rendu des audiences dont il s'agit; que rien dans cet arrêt n'est relatif à des réflexions particulières que les journaux incriminés pourraient s'être permises, ni à des faits étrangers aux dites audiences; — Attendu, relativement aux faits ou aux discours passés ou tenus en présence de la cour, en droit : qu'il n'a pas été dans la volonté de la loi de faire violence à la conviction des juges et de la faire fléchir devant des dépositions de témoins; qu'une instruction orale doit sans doute être admise et même ordonnée d'office, lorsque les souvenirs des juges ne suffisent pas à leur conviction, mais que lorsque ces souvenirs n'ont besoin d'être ni éclairés ni raffermis, ils doivent être la base de la délibération et la règle du jugement; — Mais qu'alors, et conformément aux dispositions analogues de l'art. 11 c. pr. civ., et des art. 504,

ment aux dispositions analogues de l'art. 11 c. pr. civ. et des art. 504, 505, 506 et 509 c. inst. crim., déclarer dans un procès-verbal séparé de son jugement les faits et les discours tels qu'il reconnaît qu'ils se sont passés devant lui; et cela pour le cas de nullité dont l'effet serait d'anéantir ce jugement et de lui enlever toute force probante (même arrêt); — 6° Que si le tribunal n'a pas dressé ce procès-verbal, il ne résulte pas de cette omission une ouverture à cassation; mais seulement que, devant le tribunal de renvoi, le ministère public sera tenu de recourir à la preuve testimoniale pour justifier sa poursuite (même arrêt); — 7° Qu'il

505, 506 et 509 c. inst. crim., la cour ou le tribunal doit déclarer dans son arrêt ou dans son jugement, ou plutôt dans un procès-verbal séparé, au cas d'une nullité qui pût faire anéantir l'arrêt ou le jugement et lui ôter toute force de preuve, les faits ou les discours tels qu'il reconnaît qu'ils se sont passés ou ont été tenus en sa présence; — Que son arrêt ou jugement demeurant soumis à la faculté du recours en cassation ou de l'appel, par cela seul qu'aucune loi ne l'en a affranchi, ce procès-verbal serait, dans l'instance de renvoi ou d'appel, une preuve légale de la matérialité des faits, et la preuve par témoins ne deviendrait pas nécessaire dans un cas où il est dans l'esprit de la loi qu'elle ne soit pas admise; — Qu'il ne pourrait pas être suppléé à ce procès-verbal par une déclaration même collective, et délibérée par la cour ou le tribunal postérieurement à son arrêt ou jugement; que, dessaisis de l'affaire quand ils y ont prononcé définitivement, les juges n'auraient plus de caractère pour en constater judiciairement les faits; — Qu'il ne pourrait pas y être suppléé non plus par l'audition, en cause d'appel, ou devant la cour ou le tribunal de renvoi, des juges qui auraient concouru à l'arrêt ou au jugement; que leurs déclarations ne seraient que de simples dépositions soumises à tous les droits qui appartiennent à la défense dans les instructions par témoins; — Attendu, en fait, que des arrêts attaqués il résulte que la cour d'assises a jugé que sa conscience était suffisamment éclairée par ses souvenirs, et que sa conviction n'avait pas besoin d'autres preuves; — Qu'elle s'est donc conformée à la loi en refusant d'accueillir la demande des prévenus en audition de témoins; — Que si elle n'a pas dressé procès-verbal des faits ou des discours qu'elle a reconnu avoir été publiés avec infidélité, et si elle ne les a pas ainsi constatés tels qu'ils s'étaient passés et avaient été tenus, cette omission ne peut produire une ouverture à cassation, parce qu'elle n'est la violation directe d'aucune loi; qu'il s'ensuivra seulement que, devant la cour à laquelle sera fait le renvoi, la partie publique sera privée d'un moyen de preuve qui lui eût suffi pour la matérialité des faits; et que, pour justifier ses poursuites, elle devra employer les formes de la procédure ordinaire; — Que le second moyen des demandeurs ne peut donc être admis dans aucune de ses parties.

Sur le troisième moyen, dirigé contre l'arrêt du 12 sept., en ce qu'il a déclaré la cause liée contradictoirement sur le fond, quoique les prévenus n'eussent comparu que pour prendre des conclusions préjudicielles, et qu'ils se fussent retirés sans défendre ni conclure sur le fond, après le rejet de ces conclusions; — Et aussi contre l'arrêt du 26 du même mois, en ce qu'il a déclaré les prévenus non recevables dans leur opposition à l'arrêt du 15 sur le fond, quoique cet arrêt eût été rendu en leur absence, et sans qu'il eût été présenté de défenses ni pris de conclusions pour eux; — Vu les art. 186 et 208 c. inst. crim.; — Attendu qu'un arrêt ou jugement a le caractère d'arrêt ou de jugement par défaut, soit qu'il ait été rendu contre un individu qui ne s'est pas présenté sur la licitation qui lui a été notifiée, soit qu'il ait été rendu contre un individu, qui s'étant présenté n'a proposé aucunes défenses ni pris aucunes conclusions sur ce qui a été jugé; — Qu'en effet celui qui a comparu, mais pour qui il n'y a eu ni défenses ni conclusions, est légalement réputé n'avoir pas comparu; — Et attendu que les demandeurs, en comparaissant sur la citation qui leur avait été donnée, avaient formellement restreint leur comparution aux conclusions préjudicielles qu'ils présentaient; qu'ils avaient déclaré qu'au cas de rejet de ces conclusions, ils ne plaideraient ni ne concluraient sur le fond; que la cause n'était donc liée contradictoirement que sur lesdites conclusions; — Que cependant la cour d'assises, dans son arrêt du 12 sept., méconnaissant le sens légal du mot *comparaître*, employé dans l'art. 186 c. inst. crim., et resserrant cette expression dans une acception littérale contraire à celle qu'elle a toujours eue dans la rédaction des lois et dans la jurisprudence, a conclu de cet article, par un argument inverse, que, par cela seul que les demandeurs avaient comparu sur la citation qui leur avait été donnée, la cause était liée contradictoirement, non-seulement sur les conclusions préjudicielles qui étaient l'objet unique de leur comparution, mais encore sur le fond, à l'égard duquel ils déclaraient ne vouloir défendre ni conclure; — Qu'en jugeant ainsi, la cour d'assises a faussement interprété l'art. 186 c. inst. crim., et violé l'art. 208 de ce code:

Relativement à la partie du moyen qui porte sur l'arrêt du 26 sept.: — Attendu que les demandeurs ont été déclarés, par cet arrêt, non recevables dans leur opposition à celui du 15 qui avait prononcé sur le fond, sur le motif qu'il avait déjà été jugé par l'arrêt du 12, que la cause était liée contradictoirement avec eux sur le fond comme sur les conclusions préjudicielles; — Que, sous le rapport de ce motif, l'arrêt du 26 se confondrait avec celui du 12, et que la cassation de celui-ci devrait entraîner, sans autre examen, la cassation de celui-là, s'il n'avait pas été particulièrement appuyé sur un autre motif d'un intérêt grave, et sur lequel il importe d'autant plus qu'il soit statué que, s'il était jugé bien fondé, il devrait, non-seulement faire maintenir l'arrêt du 26 sept. et ceux qui l'ont précédé, en faisant tomber les moyens qui leur sont opposés, mais encore qu'il réduirait la juridiction de la cour sur ces arrêts, ainsi que sur tous les jugements qui pourraient être rendus sur les délits de l'art. 7 de la loi du 25 mars 1822, à la simple appréciation de l'application de la loi pénale; — Que ce motif est pris des art. 15 et 16 de cette loi, et que la cour d'assises a dit « que ces articles, en assimilant aux chambres les corps judiciaires pour l'application directe de l'art. 7, donnent aux cours et aux tribunaux eux-mêmes le pouvoir de statuer en dernier ressort, sans être assujettis, non plus que les chambres, à des délais et à des formes déterminés; qu'aux termes de l'art. 15 de ladite loi, les éditeurs responsables des journaux traduits à la barre des corps judiciaires, juges souverains en cette matière comme les chambres, doivent comparaître sur le premier ordre, à l'effet d'y répondre à toutes fins, sous peine de subir les conséquences d'une condamnation contradictoire, soit que, dûment appelés, ils ne se soient pas présentés, soit qu'après avoir déféré à cet ordre ils se soient retirés sans avoir fourni leurs moyens de défense. »

Que si ces conséquences que la cour d'assises a cru devoir déduire des art. 15 et 16 de la loi du 25 mars 1822 étaient justes; que s'il était vrai que, pour la poursuite et le jugement des délits de l'art. 7 de cette loi, tous les tribunaux sans exception eussent été investis par ces articles de cette puissance souveraine, indépendante de toutes les règles et de toutes les formes du droit commun, qui n'a jamais appartenu qu'à la suprématie des premiers corps politiques; il faudrait reconnaître et respecter cette concession de la loi; mais qu'elle ne ressort ni explicitement ni implicitement desdits articles, soit qu'on les considère dans leur combinaison, soit qu'on les examine séparément; qu'en effet l'art. 15 porte : « que dans le cas d'offense envers les chambres ou l'une d'elles... la chambre offensée pourra, si mieux elle n'aime autoriser les poursuites par la voie ordinaire, ordonner que le prévenu sera traduit à sa barre. Après qu'il aura été entendu, ou dûment appelé, elle le condamnera, s'il y a lieu, aux peines portées par les lois. La décision sera exécutée sur l'ordre du président de la chambre. » Que rien dans cet article ne se rapporte aux tribunaux; que les voies ordinaires y sont au contraire expressément réservées à la volonté des chambres; que la puissance indépendante des formes du droit commun qui leur appartient y est mise en alternative avec la juridiction des tribunaux; que cette juridiction n'y est donc pas déliée, quand il peut y avoir lieu à son exercice, des règles auxquelles elle est soumise; que l'art. 16 se compose de deux paragraphes, dont chacun forme une disposition particulière; que, dans le premier, il est dit : « que les chambres appliqueront elle-même, conformément à l'article précédent, les dispositions de l'art. 7, relatives au compte rendu par les journaux de leurs séances. » — Que ce paragraphe est lié par ces expressions à l'art. 15, mais qu'il ne dispose que pour les chambres. — Que le second paragraphe est ainsi conçu : « Les dispositions du même art. 7, relatives au compte rendu des audiences des cours et des tribunaux, seront appliquées directement par les cours et tribunaux qui auront tenu ces audiences. » — Qu'on ne retrouve pas dans ce second paragraphe les expressions conformément à l'art. 15, qui sont dans le premier; qu'il ne présente qu'une disposition absolument isolée, qui n'est rattachée par rien, ni au premier paragraphe, ni audit art. 15; — Qu'il ne se prête donc à aucune combinaison dont on puisse induire, en faveur des cours et tribunaux, une assimilation aux chambres pour le jugement des délits de l'art. 7 de la loi du 25 mars, et une association à leur indépendance; — Que de ce paragraphe il suit seulement qu'ainsi que les chambres sont investies, par le paragraphe précédent, du droit de prononcer elles-mêmes les peines de l'art. 7, contre ceux qui ont rendu de leurs séances un compte infidèle et de mauvaise foi ou offensant; de même les cours et les tribunaux dont les audiences auraient été l'objet d'un compte rendu avec infidélité et mauvaise foi ou avec injures, ont caractère pour prononcer sur ces délits les peines du même article; — Que, par ce paragraphe, il est dérogé aux règles ordinaires de compétence; mais que d'une dérogation aux règles de la compétence on ne peut pas déduire une dérogation aux règles de la procédure ni la suppression des degrés de juridiction; — Que le motif puisé par la cour d'assises, dans les art. 15 et 16 de la loi du 25 mars 1822, loin donc de justifier son arrêt du 26 sept., en a aggravé les vices et les nullités.

Attendu que les violations de la loi qui viennent d'être relevées dispensent d'entrer dans l'examen du quatrième moyen de cassation présenté par les demandeurs; — D'après ces motifs, et sans rien préjuger sur ce quatrième moyen, la cour casse et annule les arrêts rendus par la cour d'assises du département de la Seine, les 12, 15 et 26 sept. dernier, et renvoie devant la cour d'assises d'Amiens.

Du 7 déc. 1822.-C. C., sect. crim.-MM. Barris, pr.-Aumont, rap.

ne pourrait pas être suppléé à ce procès-verbal par une déclaration, même collective, et délibérée par la cour ou le tribunal postérieurement à son arrêt ou jugement : dessaisis de l'affaire quand ils ont prononcé définitivement, les juges n'auraient plus de caractère pour en constater judiciairement les faits (même arrêt); —8° Qu'il ne pourrait pas y être suppléé non plus par l'audition, en cause d'appel ou devant la cour ou le tribunal de renvoi, des juges qui auraient concouru à l'arrêt ou au jugement; leurs déclarations ne seraient que de simples dépositions, soumises à tous les droits qui appartiennent à la défense dans les instructions par témoins (même arrêt). — 9° Que si les faits d'outrage reprochés à un avocat, ont été constatés par le tribunal dans un procès-verbal, dressé à l'instant même où ils ont eu lieu, l'avocat inculpé ne peut pas être admis plus tard à les modifier ou à en affaiblir la gravité au moyen de la preuve testimoniale; qu'il y a nécessité pour lui de recourir à la voie de l'inscription de faux, en ce qu'il s'agit ici d'un acte authentique, dressé par une autorité compétente (Grenoble, 26 déc. 1828, aff. M... P..., V. Avocat, n° 446); — 10° Qu'une cour d'assises de l'audience de laquelle il a été rendu, par les journaux, un *compte* inexact et infidèle, peut réprimer cette infidélité, quoiqu'elle n'ait pas dressé un *procès-verbal* des faits, ou quoiqu'elle n'en ait dressé procès-verbal que quelques jours après; en un tel cas, la cour ne serait pas même obligée de dresser un procès-verbal (Crim. rej. 26 août 1831) (1).

1487. Suivant un autre arrêt, la mention, faite sur les registres d'un libraire, qu'il a vendu des livres condamnés, ne suffit pas, elle seule, pour établir le délit résultant de la vente de pareils livres (Paris, 14 janv. 1830, sous crim. rej. 23 avr. 1830, aff. Langlois, V. n° 1295-2°). — Mais V. ce qui est dit sur ce point, n° 965.

1488. Il est à peu près impossible d'établir à cet égard des règles certaines, parce que la loi s'en est remis, quant aux preuves, à la conscience des juges. Tout ce qu'elle exige, en général, c'est qu'ils ne prononcent point sans être convaincus. — Mais lorsque leur conviction existe, elle ne leur demande pas compte des moyens à l'aide desquels elle s'est formée. — V. Preuve, n° 89.

ART. 2. — *De la preuve offerte par l'inculpé pour sa justification.*

1489. En général, la loi laisse la plus grande latitude à la défense et le prévenu est admis à prouver tout ce qui tend à le justifier. Mais, relativement à l'injure et à la diffamation, la législation a souvent varié et hésité en quelque sorte, parce que le principe de la liberté de la défense rencontre dans son application un obstacle dérivant de la nécessité de garantir la tranquillité des citoyens contre des attaques souvent injustes, et presque toujours uniquement inspirées par de mauvais sentiments. — Ce qui aggrave encore la difficulté, c'est que l'intérêt public semble devoir protéger des révélations qui, bien que présentées sous une forme blessante pour celui qu'elles atteignent dans son honneur, n'en peuvent pas moins servir à avertir et à diriger les magistrats chargés de veiller à l'ordre public. — Le problème, on le voit, est fort complexe. — Voyons, en quelques mots, comment il a été résolu par les législations les plus connues.

Suivant une loi de Solon, le diffamateur qui ne prouvait pas la vérité de son imputation devait être puni. *Qui de alio detraxerit ni probârit verum esse quod objicit probrum mulctetur* (V. Sam. Petit, *Leg. attic.*, p. 641). — D'où il résultait que celui qui faisait cette preuve était à l'abri de toute peine. Telle était aussi le sens de la loi 18 ff., *De injuriis et famosis lib. Eum qui nocentem infamavit, non esse bonum æquum ob eam rem condemnari, peccata enim nocentium nota esse et oportere et expedire.* — Mais la constitution de Constantin (C. Théod., L. 1, *De fam. lib.*) voulait que l'auteur d'un libelle diffamatoire fût livré au supplice, bien qu'il eût prouvé la vérité de son imputation. *Si quando famosi libelli reperiantur nullas exinde calumnias patiantur ii quorum de factis vel nominibus aliquid continebunt; sed scriptionis auctor potius requiratur, et repertus cum omni vigore cogatur his de rebus quas proponendas credidit comprobare : nec tamen supplicio, etiamsi aliquid ostenderit, subtrahatur.* — Toutefois, une distinction avait été admise par les interprètes du droit romain entre le cas où le propos diffamatoire avait été tenu dans l'intérêt public et celui où il n'avait été dicté que par un sentiment d'animosité. Dans ce dernier cas, d'après leur opinion, la loi précitée (*eum nocentem*) ne devait pas recevoir son application (V. notamment Vinnius, *Instit. imper. comment.*, p. 900; Bartole, *Comment. ad legem eum qui nocentem;* Cujas, *eod.*; Voët, *Comment. ad pand.*, lib. 47, tit. 10, n° 9; Carpzovius, *Rer. crim., pract. nova.*, *pars* 2, *quæst.* 96; Brunnemann, *in pand.*, *lib.* 47, *tit.* 10, *ad legem eum qui nocentem*); c'est de cette distinction qu'est née la maxime si souvent invoquée et si longtemps suivie comme règle générale : *Veritas convicii non excusat.* — C'était cette maxime qui avait prévalu sous l'ancienne jurisprudence française; et par suite il était généralement admis que, nonobstant la vérité des propos injurieux ou diffamatoires, l'auteur de l'imputation était punissable, comme l'attestent Denisart, v° *Injure* et Merlin, Rép. *eod. v°.* — Sous le code du 3 brum. an 4 qui ne contenait pas de disposition précise à cet égard, on avait continué d'appliquer les principes de l'ancienne jurisprudence (V. Merlin, Rép. *loc. cit.*). — Ainsi, on décidait : 1° que lorsqu'une injure avait été faite ailleurs qu'en justice et dans le dessein d'offenser, elle était punissable, quelque vraie qu'elle fût d'ailleurs, et encore qu'elle fît connaître un délit dont il conviendrait de tirer vengeance pour l'intérêt public (Crim. cass. 20 fév. 1806, MM. Viellart, pr., Basile, rap., aff. Demoly); — 2° Que lorsqu'une personne traitée de voleuse portait plainte en injures verbales, le tribunal de simple police ne devait pas admettre comme excuse la preuve d'un vol commis par la plaignante; que si l'allégation en justice du vol pouvait être prise pour une dénonciation, ce tribunal pouvait seulement suspendre l'instruction sur l'injure (Cr. cass. 26 avr. 1810) (2).

(1) (Valentin Lapelouse *C.* min. pub.) — LA COUR (après un long délibéré); — ... Sur le deuxième moyen : — Attendu que le droit conféré aux chambres législatives comme aux cours et tribunaux par les art. 15 et 16 de la loi du 25 mars 1822, de réprimer le compte infidèle et rendu de mauvaise foi de leurs séances, leur donne nécessairement celui de prononcer, sans audition de témoins, sur les faits qui se sont passés sous leurs yeux, dont ils connaissent la matérialité, et dont ils peuvent apprécier la moralité par eux-mêmes, et indépendamment de tout témoignage; — Sur le troisième moyen : — Attendu que le procès-verbal qui précède l'arrêt attaqué n'a été dressé par les juges que pour constater les faits qui s'étaient passés à l'audience; mais que l'arrêt attaqué renferme les motifs qui lui ont servi de base et qui n'avaient pas besoin de l'appui du procès-verbal; — Attendu, d'ailleurs, la régularité de la procédure et la juste application de la loi pénale; — Rejette.

Du 26 août 1831.-C. C., ch. crim.-MM. Bastard, pr.-Gilbert, rap.-Dupin, pr. gén., c. conf.-Crémieux, av.

(2) *Espèce :* — (Schmitt *C.* Rentz.) — Anne Rentz avait publiquement traité Ursule Schmitt de voleuse. — Citée devant le tribunal de simple police, Anne Rentz ne contesta point le fait; mais elle prétendit se justifier, en soutenant qu'elle avait vu réellement la fille Schmitt commettre un vol rural, et en offrant d'en faire la preuve. — Le tribuna admit l'excuse, et, après avoir entendu des témoins, non sur le fait de l'injure, mais sur celui du vol, il rejeta la demande d'Ursule Schmitt, et la condamna elle-même, sur la dénonciation d'Anne Rentz, à une amende de trois journées de travail et aux dépens. — Pourvoi en cassation. — Arrêt.

LA COUR; — Vu l'art. 456 c. du 3 brum. an 4, et l'art. 162 du même code; — Les art. 605 et 606, et l'art. 34 du tit. 3 de la loi du 28 sept.-6 oct. 1791; — Attendu 1° que, dès qu'il était avoué par Marie-Anne Rentz, partie citée, qu'elle avait adressé publiquement à Ursule Schmitt la qualification de voleuse, sans qu'il y eût, relativement au prétendu vol, ni poursuite, ni plainte, ni aucune sorte de dénonciation, le propos de Marie Rentz constituait le délit d'injure verbale prévu par la loi; — Que le tribunal ne pouvait, sans déni de justice, et conséquemment sans excès de pouvoir, refuser de faire droit sur l'action intentée à raison de ce délit;

Attendu 2° Qu'en supposant que le vol qu'Anne Rentz attribuait à Ursule Schmitt eût été réellement commis par cette dernière, ce délit rentrait dans la classe de ceux qui ont été prévus par l'art. 34 de la loi du 28 sept. et 6 oct. 1791 ci-dessus cité, et pouvait, aux termes de cet article, donner lieu à une amende égale au dédommagement dû au propriétaire des objets volés, dédommagement qui, dans cer-

— Suivant les principes de la législation anglaise la preuve de la vérité d'une imputation diffamatoire n'est point admise, par la raison qu'en a donné lord Mansfield, à savoir, que *plus il y a de vérité, plus le libelle est grave* (Blackstone, liv. 4, chap. 11). — Mais, en fait, le jury prononce presque toujours l'acquittement de l'inculpé qui prouve la réalité des faits imputés au plaignant. — Aux États-Unis, ainsi que nous avons eu l'occasion de le faire remarquer, on suit en général la jurisprudence anglaise (V. le prince Achille Murat, Esquisses morales et politiques des États-Unis).

1490. Le code pénal de 1810 avait consacré d'autres principes. Suivant l'art. 370 de ce code, lorsque le fait imputé était légalement prouvé vrai, l'auteur de l'imputation était à l'abri de toute peine. Mais il n'admettait sur ce point d'autre preuve que celle qui résultait d'un jugement ou de tout autre acte authentique. —Nous avons déjà signalé (V. n° 47) les graves inconvénients que faisait naître cette disposition. —Frappé du danger qu'elle présentait pour la morale et le repos de la société, le législateur de 1819 est entré dans une voie entièrement opposée. Il a voulu que, suivant l'expression remarquable de M. Royer-Collard, *la vie privée fût murée*, et il a érigé en principe l'inadmissibité de la preuve. — D'après l'art. 20 de la loi de 1819 : « *Nul n'est admis à prouver la vérité des faits diffamatoires*, si ce n'est dans le cas d'imputation contre des dépositaires ou agents de l'autorité, ou contre toutes personnes ayant un caractère public, de faits relatifs à leurs fonctions. » Et l'article ajoute : « La preuve des faits met l'auteur de l'imputation à l'abri de toute peine, sans préjudice des peines prononcées contre toute injure qui ne serait pas dépendante des mêmes faits. »

Ainsi, ce n'est que par exception que la preuve est admise, dans l'intérêt public, quant aux imputations dirigées contre les fonctionnaires à raison de leurs fonctions, et les motifs de cette exception méritent d'être soigneusement retenus.

« La vie *privée* des fonctionnaires, a dit M. de Serre, garde des sceaux, n'appartient qu'à eux-mêmes ; leur vie *publique* appartient à tous ; c'est le droit, c'est souvent le devoir de chacun de leurs concitoyens de leur reprocher publiquement leurs torts et leurs fautes publiques : l'admission de preuves est alors indispensable. » — C'est l'application aux fonctionnaires civils de ce texte de l'écriture : *peccantes presbyteros coram omnibus argue, ut et cæteri timorem habeant.*

1491. Cependant l'art. 18 de la loi du 25 mars 1822 avait sensiblement restreint l'application de l'art. 20 de la loi de 1819. — Aux termes de cet art. 18 de la loi de 1822, la preuve *testimoniale* n'était point admise pour établir la vérité des faits diffamatoires. — Mais les art. 4 et 5 de la loi du 8 oct. 1830 avaient remis en vigueur la loi de 1819 qui a continué de s'exécuter jusqu'au décret du 17 fév. 1852. L'art. 28 de ce décret a reproduit dans les termes suivants la disposition précitée de la loi de 1822 : « En aucun cas la preuve *par témoins* ne sera admise pour établir la réalité des faits injurieux ou diffamatoires. » Cet article forme sur ce point le dernier état de la législation. — Il est donc important d'en bien déterminer la portée. — Or, nous lisons dans la circulaire ministérielle du 27 mars 1852 : « Les art. 20, 21, 22, 23, 24, 25 (de la loi du 26 mai 1819) sont sans objet et nécessairement abrogés, puisque l'art. 28 de la loi du 17 février n'admet, dans aucun cas, la preuve par témoins pour établir la réalité des faits injurieux ou diffamatoires. »

1492. A l'égard de l'art. 20 de la loi de 1819, cette déduction nous paraît trop absolue. — Cet article s'applique, en effet, *à la preuve en général* et non exclusivement à la preuve par témoins que proscrit seule l'art. 28 du décret de 1852. — Aussi croyons-nous que, nonobstant la circulaire précitée qui n'a pu modifier le décret qu'elle a interprété, l'art. 20 de la loi du 26 mai 1819 doit continuer d'être appliqué, avec cette différence, d'ailleurs très-grave, que la *preuve écrite* est seule admise. Mais cette dernière preuve du moins nous semble devoir être autorisée dans les cas où l'art. 20 de la loi de 1819 admet la preuve d'une manière générale. — Pour qu'il en fût autrement, il faudrait que l'art. 28 du décret du 17 fév. 1852 pût se suffire indépendamment de l'art. 20, et c'est ce qui ne paraît pas admissible. — Que résulterait-il, en effet, de cette application isolée de l'art. 28 du décret de 1852? — Il s'ensuivrait que la preuve écrite serait recevable, *dans tous les cas*, à l'égard des particuliers, comme à l'égard des fonctionnaires, ce qui constituerait un retour complet au système proscrit par la loi de 1819. — Si l'auteur du décret de 1852 avait eu une telle pensée, il l'eût exprimée clairement et n'eût pas livré l'exécution d'une intention aussi grave à l'incertitude des inductions et des interprétations. — D'ailleurs, comme la circulaire précitée le reconnaît, la loi de 1819 n'est point abrogée dans l'ensemble de ses dispositions ; elle ne l'est qu'implicitement à l'égard de celles qui sont incompatibles avec le décret de 1852. — Or, les seules dispositions de l'art. 20 de la loi de 1819 qui soient inconciliables avec le décret de 1852, sont : 1° celle qui admet la preuve d'une manière générale, sans distinction entre la preuve testimoniale et la preuve par écrit : elle doit être réduite à cette dernière preuve ; 2° celle qui porte que les faits pourront être prouvés *devant la cour d'assises*; le décret de 1852 veut expressément que tous les délits qui se commettent par la voie de la presse ou par les autres voies de publication soient déférés aux tribunaux correctionnels (art. 25). Mais rien ne s'oppose à ce que la preuve qui devait se faire devant les cours d'assises soit admise par les tribunaux correctionnels, dans les limites tracées par le décret de 1852.

Au reste, même avant le décret du 17 fév. 1852, il a été jugé que l'individu traduit devant la juridiction correctionnelle comme prévenu de diffamation verbale envers un fonctionnaire, est admis à prouver la vérité des faits diffamatoires, et que cette preuve n'est pas seulement admissible devant la cour d'assises (Bordeaux, 13 avr. 1848, aff. Delacourt, D. P. 48. 2. 159. — Conf. M. de Grattier, t. 1, p. 469).

Mais avant et depuis il a été jugé, en sens contraire, que les faits diffamatoires ne peuvent être prouvés qu'en cas de diffamation écrite ; qu'en conséquence, la preuve des faits diffamatoires, n'est pas admissible, en matière de diffamation verbale contre un fonctionnaire public (Paris, 12 sept. 1842, aff. Bazin, D. P. 48. 5. 299 ; Crim. cass. 11 mai 1844, aff. Douanes, D. P. 48. 5. 299 ; Crim. rej. 11 déc. 1847, aff. Petit, D. P. 48. 1. 191 ; Crim. cass. 9 mars 1850, aff. Tessié de Lamotte, D. P. 50. 1. 139 ; 17 août 1850, aff. Delbert, D. P. 51. 1. 280). — Mais cette dernière jurisprudence qui se fondait sur ce qu'à la cour d'assises seule appartenait le droit d'apprécier la preuve des faits diffamatoires, manque de base aujourd'hui, puisque cette juridiction ne peut, dans aucun cas, connaître du délit de diffamation, exclusivement déféré aux tribunaux correctionnels.

1493. En résumé, sur ce point, des dispositions combinées de l'art. 20 de la loi du 26 mai 1819 et de l'art. 28 du décret de 1852, il suit : 1° que la preuve de la réalité des faits injurieux ou diffamatoires continue d'être interdite en principe ; — 2° Qu'elle n'est admise qu'à l'égard de la diffamation contre les dépositaires ou agents de l'autorité ou les personnes ayant agi dans un caractère public et pour des faits relatifs à leurs fonctions ; — 3° Que, dans ce cas même, la preuve ne peut être faite par témoins et que conséquemment elle doit être écrite ; — 4° Que cette preuve met l'auteur de l'imputation injurieuse ou diffamatoire à l'abri de toute peine. — Reprenons ces points divers.

---

tains cas, s'élèverait au-dessus de la valeur de trois journées de travail, et conséquemment hors de la compétence des tribunaux de simple police ; — Que, si l'allégation d'Anne Rentz contre Ursule Schmitt pouvait être prise pour dénonciation du vol qu'elle lui imputait, et s'il paraissait au tribunal de police que la vérité de cette imputation (dans l'hypothèse où elle serait judiciairement reconnue) pouvait lui ôter le caractère criminel, il suffisait qu'à raison de ce vol, la peine pût excéder l'amende de trois journées de travail, pour que le tribunal dût reconnaître son incompétence, et en suspendant l'instruction sur le fait de l'injure, renvoyer devant qui de droit sur la dénonciation du vol ; — D'où il suit qu'en rejetant d'une manière absolue l'action intentée par Ursule Schmitt, sur l'injure verbale qu'elle prétendait avoir reçue, et en la condamnant elle-même pour le fait du vol, par application de l'art. 34 du tit. 2 de la loi du 6 oct. 1791, sur la police rurale, et de l'art. 2 de la loi du 25 therm. an 4, relative à la répression des délits ruraux et forestiers, ce tribunal a contrevenu aux règles de compétence, et commis une usurpation de pouvoir ; — Par ces motifs, casse, etc.

Du 26 avr. 1810.-C. C., sect. crim.-MM Barris, pr.-Lamarque, rap.

§ 1. — *La preuve de la réalité des faits injurieux ou diffamatoires continue d'être interdite en principe.*

1494. En vertu de ce principe, on devrait juger aujourd'hui comme on l'a décidé sous la loi de 1819, qu'on ne peut se faire un moyen de cassation du refus d'admettre cette preuve (Crim. rej. 25 juin 1831, aff. Bergé, V. n° 1317-2°).—Il paraît d'ailleurs bien certain, et c'est aussi ce qui a été jugé, que la prohibition de faire preuve des faits diffamatoires ne s'applique pas au ministère public, qui dénonce et poursuit les faits punissables selon la loi (Crim. cass. 18 juin 1824) (1).—Ce droit de poursuite et de preuve appartient aux officiers du ministère public, en vertu des art. 3, 4 et 22 c. inst. crim.; il leur a été conféré dans l'intérêt de la société et de la vindicte publique, et se trouve rappelé dans l'art. 25 de la loi du 26 mai 1819, qui prescrit de surseoir au jugement de la plainte en diffamation, lorsque les faits imputés sont dénoncés ou poursuivis par le ministère public, comme punissables selon la loi; enfin, il n'a pas été abrogé par les art. 20 de cette même loi du 26 mai 1819, et 18 de celle du 25 mars 1822, qui ne prohibent la preuve des faits diffamatoires à l'égard des particuliers, que respectivement au prévenu, et nullement en ce qui concerne le ministère public, qui juge à propos de poursuivre les faits, comme punissables selon la loi.

§ 2. — *La preuve n'est admise qu'à l'égard des faits injurieux ou diffamatoires imputés à des dépositaires ou agents de l'autorité ou à des personnes ayant agi dans un caractère public.*

1495. Cette proposition offre à notre analyse trois points bien distincts; examinons-les séparément et voyons : 1° ce qu'il faut entendre par les *faits injurieux ou diffamatoires* à prouver; —2° Quelles personnes sont *agents* ou *dépositaires de l'autorité*; —3° Quelles personnes sont réputées avoir agi dans un *caractère public*.

1496. *Faits injurieux ou diffamatoires à prouver.*—L'art. 20 de la loi du 26 mai 1819 autorise le prévenu, dans les cas qu'il détermine, à prouver la vérité des faits *diffamatoires*, et de cette expression on avait conclu qu'à l'égard de l'injure, il n'y avait pas lieu d'admettre la preuve, parce que le législateur n'avait pu considérer le mot *diffamatoire* comme générique et s'appliquant aussi bien à l'injure qu'à la diffamation. — On faisait aussi remarquer que cette distinction se trouvait confirmée par la disposition finale de l'article précité où il est dit : « La preuve des faits imputés met l'auteur de l'imputation à l'abri de toute peine, sans préjudice des peines prononcées contre *toute injure* qui ne serait pas nécessairement dépendante des mêmes faits » (V. à cet égard MM. Chassan, t. 3, p. 441; de Grattier, t. 1, p. 464). Mais l'argumentation fondée sur le texte de l'art. 20 a perdu, sur ce point, toute sa valeur depuis le décret du 17 fév. 1852, dont l'art. 28 que nous avons déjà cité porte ce qui suit : « En aucun cas la preuve par témoins ne sera admise pour établir la réalité des faits *injurieux* ou diffamatoires. » — Cette disposition met donc les faits injurieux sur la même ligne que les faits diffamatoires et la distinction dont nous venons de parler n'est plus admissible. — Mais quelles sont donc les injures à l'égard desquelles la preuve pourrait être rapportée?—Evidemment celles seulement qui contiennent une imputation susceptible de preuve. — Ainsi, un fonctionnaire public aura été traité de concussionnaire; l'auteur de l'injure devra être à l'abri de toute peine s'il rapporte la preuve écrite d'une concussion commise

(1) *Espèce :* — (Min publ. C. Guyard.) — Le 25 fév. 1824, Guyard, clerc tonsuré, porta une plainte en diffamation contre Renaud, curé de Saint-Nicolas-du-Chardonnet. — Le ministère public, de son côté, porta plainte contre Guyard, à raison des faits que celui-ci prétendait diffamatoires. — Un jugement du tribunal correctionnel de la Seine, du 10 mars, donna acte au ministère public de sa plainte, et, attendu qu'il n'était plus possible de prononcer sur la plainte de Guyard, avant qu'il eût été instruit sur les faits que le ministère public entendait imputer à Guyard, renvoya les deux plaintes devant le juge d'instruction.

Appel par Guyard; et, le 26 avril, arrêt de la cour de Paris, qui, considérant qu'aux termes des art. 62 et 182 c. inst. crim., toute partie lésée peut s'adresser au tribunal correctionnel et y citer les témoins à l'appui de sa plainte; que, dans cet état de choses, le tribunal ne peut refuser d'entendre les témoins, soit en audience publique, soit à huis clos, sauf, après cette audition, à renvoyer, s'il y a lieu, devant le juge d'instruction, pour une plus ample information sur le délit imputé au prévenu; que d'après la loi du 25 mars 1822, en matière de délit et de diffamation, l'art. 18 de cette loi défend la preuve par témoins pour établir la réalité des faits injurieux ou diffamatoires, et que le tribunal, en ordonnant la jonction de la plainte du ministère public contre Guyard, plaignant en diffamation, donnerait lieu à la preuve des faits relatifs à une plainte en diffamation, ce qui est contraire à la loi. — Disjoint les causes, renvoie celle relative à la plainte de Guyard devant le tribunal correctionnel, pour y être procédé aux débats, sauf au ministère public à se pourvoir, ainsi qu'il avisera, sur sa plainte contre Guyard. — Pourvoi en cassation de la part du ministère public. — Arrêt.

LA COUR (ap. dél. en la ch. du cons.); — Sur le premier moyen de nullité proposé par le procureur général, près la cour d'appel de Paris, dans le mémoire produit à l'appui de son pourvoi; — Attendu que la chambre des appels de police correctionnelle en jugeant par l'arrêt attaqué que le tribunal de police correctionnelle saisi par la citation donnée directement au prévenu par la partie civile, aux termes de l'art. 182 c. inst. crim., ne pouvait renvoyer devant le juge d'instruction, pour être procédé conformément à la loi, avant que d'avoir entendu les témoins assignés par la partie civile, lorsque, d'après le libellé de la plainte, il apparaissait aux juges qu'une instruction préalable était nécessaire pour éclairer leur religion, et, quoique, de son côté, le ministère public eût rendu plainte sur les faits contenus dans la citation, et eût requis une instruction contre le demandeur à raison desdits faits, la cour d'appel de Paris a donné à l'art. 182 c. inst. crim. une extension qu'il ne comporte pas pour son exécution dans l'intérêt de la justice, et a fait, dès lors, une fausse application dudit article.

Sur le deuxième moyen de nullité : —Vu les art. 20 de la loi du 26 mai 1819, 18 de la loi du 25 mars 1822 et 25 de la loi du 26 mai 1819; — Attendu que l'art. 20 de la loi du 26 mai 1819, en prohibant, dans des termes généraux, la preuve des faits diffamatoires, l'autorisait néanmoins en certains cas et à l'égard de certaines personnes, et que ce fut pour faire cesser cette exception à la prohibition générale, que l'art. 18 de la loi du 25 mars 1822 disposa qu'en aucun cas la preuve des faits injurieux ou diffamatoires ne serait admise; mais que, par cette disposition, il ne fut aucunement dérogé à celle de l'art. 25 de la loi du 26 mai 1819, qui prescrit de surseoir au jugement de la plainte en diffamation, lorsque les faits imputés sont dénoncés ou poursuivis par le ministère public comme punissables selon la loi; — Qu'en effet, l'art. 18 de la loi du 25 mars 1822, comme l'art. 20 de la loi du 26 mai 1819, ne disposait que respectivement au prévenu et à la partie plaignante quant à la diffamation, mais que ni l'un ni l'autre de ces articles n'avait de rapport à la répression provoquée par le ministère public, pour les faits dénoncés et punissables selon la loi; — Attendu que la mesure prescrite par l'art. 25 de la loi du 26 mai 1819 n'était que le remplacement presque littéral de l'art. 372 c. pén., abrogé par l'art. 26 et dernier de la loi du 17 mai 1819; que, d'ailleurs, le droit dont le ministère public est investi pour la poursuite des délits est au nombre des attributions générales qui lui sont conférées par les art. 1, 3, 4 et 22 c. inst. crim., dans l'intérêt de la société et de la vindicte publique, droit auquel l'art. 18 de la loi du 25 mars 1822 n'a apporté ni dû apporter aucune dérogation; que par conséquent, lorsque les faits diffamatoires sont dénoncés par le ministère public comme punissables selon la loi, il y a lieu pour les tribunaux de se conformer à l'art. 25 de la loi du 26 mai 1819, et, dès lors, de surseoir au jugement de la diffamation pour instruire sur les faits dénoncés.

Et attendu que, dans l'espèce et d'après la nature des faits sur lesquels le sieur Guyard fondait son action en diffamation contre le sieur Renaud, le ministère public a rendu plainte contre Guyard sur les faits élémentaires de la diffamation, et que le tribunal correctionnel du département de la Seine a renvoyé devant le juge d'instruction, pour procéder, conformément à la loi, sur les plaintes tant de Guyard que du ministère public; que, néanmoins, sur l'appel de ce jugement interjeté par Guyard, la cour royale de Paris l'a réformé; qu'elle a ordonné, par l'arrêt attaqué, que les causes seraient disjointes, et a renvoyé celle relative à la plainte de Guyard devant les juges du tribunal de police correctionnelle, pour y être procédé aux débats sur ladite plainte, sauf au ministère public à se pourvoir ainsi qu'il aviserait sur sa plainte contre Guyard; qu'il s'est fondé sur ce que l'art. 18 de la loi du 25 mars 1822 défend impérativement la preuve par témoins des faits injurieux et diffamatoires, preuve à laquelle donnerait lieu la jonction de la plainte du ministère public contre Guyard, plaignant en diffamation, à celle dudit Guyard; en quoi cet arrêt a fait une fausse application de l'art. 18 de la loi du 25 mars 1822, violé l'art. 25 de la loi du 26 mai 1819, et fait en outre une fausse application de l'art. 182 c. inst. crim. — D'après ces motifs, faisant droit sur le pourvoi du procureur général près la cour royale de Paris, et sans avoir égard à l'intervention du sieur Guyard, qui en est débouté; — Casse.

Du 18 juin 1824.-C. C., sect. crim. MM. Ollivier, pr.-Brière, rap.

par la personne injuriée, et, par exemple, un reçu émané de ce fonctionnaire et prouvant qu'il a perçu ce qu'il savait n'être pas dû (c. pén. 174).

1497. Par suite, il ne nous paraît pas que, sous le décret de 1852, on dût juger, comme on l'a antérieurement décidé, que la qualification de *diffamatoire* donnée à un écrit incriminé par une cour d'appel saisie de l'action civile en réparation d'un préjudice causé par la voie de la presse, est insuffisante pour rendre obligatoire l'admission à la preuve des imputations articulées dans l'écrit poursuivi, si, dans les débats, les imputations ayant perdu de leur gravité ont dû être considérées comme de simples injures (Req. 23 juin 1846, aff. Peauger, D. P. 46. 1. 225).

1498. Sous le code pénal de 1810 et sous la loi du 26 mai 1819, il a été jugé que la preuve des faits diffamatoires cesse d'être permise lorsqu'il s'agit de diffamation ou d'injures verbales (Crim. rej. 26 nov. 1812, aff. Siblot, V. n° 1505; 11 avril 1822, aff. Cenac, V. n° 683). — Le motif en est que ce délit de diffamation ou d'injures est de la compétence des tribunaux correctionnels, et nullement des cours d'assises. Or, il résulte de l'art. 20 de la loi du 26 mai 1819, ainsi que des articles qui le suivent, que le droit de preuve accordé aux prévenus par cet art. 20 était restreint aux délits de diffamation ou d'injures qui (selon les moyens par lesquels ils avaient été commis, et les personnes qui en avaient été l'objet) devaient être jugés par les cours d'assises. — Ce raisonnement est sans force sous le décret de 1852; car, aux termes de ce texte (art. 25), les tribunaux correctionnels sont seuls compétents pour connaître des délits commis par la voie de la presse, ou par tous autres moyens de publication, et cependant l'art. 28 du même décret déclare implicitement que la preuve *écrite* est admissible, puisqu'il n'interdit que la preuve par témoins. — La preuve *écrite* peut donc être rapportée devant les tribunaux correctionnels; car s'il en était autrement, l'art. 28 précité serait dénué de sens.

1499. Néanmoins, dans l'état actuel de la législation, nous ne croyons pas que la preuve écrite des injures et diffamations *verbales* soit admissible, non par les raisons tirées du texte de l'art. 20 de la loi du 26 mai 1819, puisqu'elles sont aujourd'hui sans autorité, mais parce que nous ne pensons pas qu'il ait été dans la pensée de l'auteur du décret de 1852 d'étendre la faculté de prouver les faits injurieux ou diffamatoires, et que, dès lors, c'est seulement dans les cas où la preuve en général était admise que la preuve écrite doit être reçue.

1500. Lorsque la fausseté d'une imputation diffamatoire se trouve elle-même prouvée par une décision judiciaire, peut-on admettre néanmoins la preuve écrite de la réalité du fait imputé? — La question est délicate. En principe, l'autorité de la chose jugée ne peut être invoquée que contre ceux qui ont été parties dans la décision judiciaire dont on veut se prévaloir, et ici l'on suppose que le diffamateur n'a pas été partie au jugement. — Pour lui, il n'y a donc pas chose jugée (V. toutefois v° Chose jugée, n°s 506 et s.). Cependant, on ne peut se dissimuler qu'il n'y ait de graves inconvénients à remettre en question devant la justice ce qui a été définitivement jugé par elle, parce que c'est en réalité porter atteinte au respect dû à l'autorité judiciaire. Comment concilier ces deux raisons contraires? — Il nous paraît impossible d'y parvenir d'une manière complétement satisfaisante, et, dans la nécessité de faire un choix entre les deux intérêts opposés, nous pensons que toutes les fois qu'une imputation se trouve formellement contredite par une décision définitive, la preuve ne saurait être admise, et qu'il en doit être autrement lorsque la preuve n'est pas inconciliable avec la décision invoquée. — Ainsi, on imputera à un agent du gouvernement d'avoir pris un intérêt dans tel acte ou entreprise dont il avait la surveillance, si un jugement définitif a précédemment acquitté le fonctionnaire sur le fait précis qui lui est reproché, nous ne croyons pas que l'auteur de la diffamation puisse être admis à faire la preuve de son imputation autrement que dans l'ordre civil. — Mais, lorsque la décision présentée comme contraire à la preuve ne juge rien en réalité, au fond, lorsqu'elle laisse la possibilité de poursuites ultérieures, nous croyons qu'elle ne peut s'opposer à l'admissibilité de la preuve.

1501. Toutefois, il a été jugé que des faits diffamatoires qui, sur dénonciation calomnieuse contre un fonctionnaire, ont donné lieu à une ordonnance de non-lieu en faveur de ce dernier, ne peuvent plus être établis dans un procès en diffamation contre le dénonciateur ni être prouvés par témoins; et que le jugement qui fait défense à ceux-ci de déposer de ces faits, en tant qu'ils tendraient à incriminer le fonctionnaire public, ne contrevient pas à l'art. 13 de la loi du 17 mai 1819 (Crim. rej. 2 mai 1854) (1).

1502. Mais il est bien entendu, et c'est ce qui a été jugé, que les seules imputations diffamatoires dont la preuve soit admissible, lorsqu'elles sont dirigées contre un fonctionnaire public, sont celles qui sont expressément articulées dans les passages incriminés; toute autre preuve, étant irrelevante, est interdite (Crim. rej. 23 juin 1847, aff. Boullenois, D. P. 47. 4. 386).

1503. Il a été jugé aussi, avec raison, que lorsque l'articulation des faits dont le défendeur demande à faire la preuve manque de précision en telle sorte que le fonctionnaire public ne peut y trouver les indications suffisantes pour faire la preuve con-

---

(1) *Espèce* : — (Coudray C. min. pub.) — Coudray, notaire, avait porté contre Neveu, receveur de l'enregistrement, une dénonciation qui se termina par une ordonnance de non-lieu. — Plus tard, Coudray fut poursuivi par le ministère public, sur la plainte de Neveu, pour avoir tenu, sur le compte de celui-ci, en public, des propos calomnieux et diffamatoires. — Pendant les débats de l'affaire, il s'éleva des incidents sur le point de savoir si les témoins à entendre déposeraient seulement sur la matérialité du fait de diffamation, ou s'ils pourraient être entendus sur des circonstances de nature à ôter au fait son caractère de criminalité. Par jugements des 3 et 4 nov. 1853, le tribunal correctionnel de Mortagne décida qu'il n'y avait pas lieu à faire, à deux témoins, certaines questions proposées.

Sur l'appel, le tribunal correctionnel d'Alençon, par jugement du 18 déc. 1853, permit à Coudray de faire entendre tous les témoins à décharge qu'il avait assignés, sur tous les faits propres à établir la bonne foi ou l'erreur dans laquelle il aurait été en portant sa dénonciation contre Neveu, et de s'aider des diverses pièces du procès pour la même fin, mais sans pouvoir faire déposer les témoins, ou les interpeller sur des faits de nature à impliquer nécessairement la culpabilité dudit Neveu, ou la vérité des faits dénoncés. — « Attendu que l'ordonnance de non-lieu, intervenue sur la dénonciation de Coudray et portée en faveur de Neveu, aura tout consommé relativement au délit de diffamation, s'il vient, en définitive, à être bien constaté dans la cause, car, à moins de circonstances extraordinaires, celui qui se permet publiquement l'allégation ou l'imputation d'un fait non prouvé, qui porte atteinte à l'honneur ou à la considération d'une personne, agit nécessairement avec la connaissance que la publicité qu'il donnera à ce fait, sera préjudiciable à la personne à laquelle il est imputé. »

Pourvoi par Coudray pour violation des droits de la défense; violation de l'art. 190 c. inst. crim., en ce qui concerne l'audition des témoins, et fausse interprétation de l'art. 13 de la loi du 17 mai 1819. — Arrêt.

LA COUR; — En ce qui touche le premier moyen, tiré de la violation du droit de la défense et de l'art. 190 c. inst. crim. : — Attendu que, si l'art. 190 précité ordonne d'entendre les témoins pour et contre, ainsi que la défense des prévenus, cette disposition, quelque impérative qu'elle soit, doit être limitée dans son application par le droit et le devoir qu'ont nécessairement les juges, saisis de la cause, d'empêcher que la défense du prévenu et les déclarations des témoins portent sur des faits sur lesquels le débat ne peut pas être établi; — Attendu que rien n'établit, dans la cause actuelle, que le sieur Coudray, demandeur en cassation, ait été gêné dans sa défense, telle que la comportait la nature de la prévention, ni que les témoins, cités à sa requête, n'aient pas été entendus sur les faits qui pouvaient être discutés à la décharge du prévenu; — En ce qui touche le second moyen de cassation, tiré de la fausse interprétation de l'art. 13 de la loi du 17 mai 1819 : — Attendu que la culpabilité du sieur Neveu, à raison des faits qui faisaient l'objet de la dénonciation qui avait été faite contre lui, et appréciés à son égard par l'ordonnance de la chambre du conseil, ne pouvait plus être discutée devant le tribunal de police correctionnelle de Mortagne, saisi de la prévention dirigée contre le sieur Coudray; — Attendu que, dans cet état de la procédure nouvelle, le sieur Coudray, prévenu de dénonciation calomnieuse, n'avait plus qu'à se défendre sur la question intentionnelle; d'où il suit qu'en laissant aux témoins cités toute latitude sur ce point, et en n'interdisant à leur égard les interpellations que sur les faits qui ne pouvaient plus être débattus, le jugement attaqué n'a violé aucune loi; — Attendu qu'en réservant le droit d'ordonner un nouveau sursis, s'il y avait lieu, en cas de charges nouvelles, le jugement attaqué s'est conformé aux règles constitutives des attributions des tribunaux de police correctionnelle; — Rejette, etc.

Du 2 mai 1854.-C. C., ch. crim.-MM. de Bastard, pr.-Mérilhou, r.

traire, le tribunal peut déclarer la preuve inadmissible (Orléans, 13 déc. 1843, aff. Piche, V. n° 1508 ; V. aussi Civ. rej. 3 mai 1847, aff. Marrast, D. P. 47. 1. 113). — Suivant un autre arrêt dont la doctrine nous semble également devoir être suivie, les imputations contenues dans des rapports, procès-verbaux et déclarations faits ou produits devant le conseil privé, participant à l'exercice des pouvoirs extraordinaires du gouverneur de la colonie, aux termes de l'art. 9 de l'ordonnance du 9 fév. 1827, ne sont pas susceptibles de preuve : ces rapports, procès-verbaux et déclarations sont secrets de leur nature, et le silence est imposé, comme un devoir, aux membres du conseil privé (Guadeloupe, 15 déc. 1829, aff. Turpin, V. Organ. des colonies.

1504. Au reste, on ne doit jamais oublier que la preuve n'est admise que par exception, et que, par conséquent, elle ne doit pas être reçue hors des cas expressément prévus par la loi : *Quod contrà rationem juris receptum est*, etc. — Or les propos *injurieux* ou *diffamatoires* sont seuls énoncés dans les dispositions relatives à la preuve (V. n° 1496); il en résulte que les délits commis par les voies de publication, auxquels ne peuvent s'appliquer ces expressions, dans leur sens *strictement juridique*, ne sauraient être compris dans leur application. — Il faut remarquer aussi que ce n'est que pour les imputations *injurieuses* ou *diffamatoires* qu'il est exprimé dans la loi (26 mai 1819, art. 20) que la preuve met l'auteur de l'imputation à l'abri de toute peine. — Pour les autres délits, la preuve serait superflue, en ce qu'elle ne pourrait affranchir le prévenu des peines qu'il a encourues. — Ainsi, la preuve de la réalité des faits allégués ne saurait être admise relativement aux outrages, aux offenses, à l'excitation à la haine contre le gouvernement ni à l'excitation à la haine des citoyens contre une ou plusieurs classes de personnes (V. en ce sens MM. Parant, p. 350; Chassan, t. 2, p. 445 et suiv. ; de Grattier, t. 1, p. 464 et suiv. ; Celliez, p. 46), parce qu'aucun de ces délits ne rentre dans l'acception purement juridique des mots *injures et diffamation*, et que la preuve serait irrelevante en ce qui les concerne.

1505. Il a été jugé dans ce sens, avant la loi de 1819 : 1° que les injures verbales adressées à un fonctionnaire public dans l'exercice ou à l'occasion de ses fonctions, constituant toujours un délit, la preuve des injures ne le rend pas excusable. Il suit aussi de là qu'il ne peut pas y avoir lieu au sursis de l'action, en vertu de l'art. 372 c. pén. (Crim. rej. 26 nov. 1812) (1); — 2° Que le délit de calomnie commis envers des magistrats est distinct de celui d'outrage par paroles, gestes ou menaces, et qu'ainsi lorsque l'auteur d'une imputation calomnieuse en rapporte la preuve légale, il n'encourt aucune peine, *à la différence de l'auteur de l'outrage*, et s'il a dénoncé sa plainte à l'autorité compétente, il doit être sursis au jugement (Crim. rej. 15 oct. 1812, MM. Barris, pr., Oudart, rap., aff. min. pub. *C.* Stohr).

1506. Et, depuis la loi de 1819, il a été décidé : 1° que dans les délits d'offense envers la personne du roi, les prévenus ne peuvent être admis à prouver la vérité des faits diffamatoires qui leur sont imputés; et que l'art. 20 de la loi du 26 mai 1819, qui permet cette preuve dans le cas de diffamation envers les agents de l'autorité, était d'ailleurs inconciliable avec la disposition de la charte, qui déclarait inviolable la personne du roi (Crim. rej. 20 juill. 1832) (2); — 2° Que la preuve des faits diffamatoires ne peut être admise lorsqu'il s'agit d'imputations diffamatoires adressées à des magistrats dans l'exercice de leurs fonctions (Nancy, 20 août 1855 (3); Conf. M. Parant, p. 348); — 3° Qu'en matière d'offense envers le souverain, la preuve ne peut être admise, bien que les faits allégués par le prévenu et à raison desquels il est poursuivi ne soient pas personnels au monarque, mais tendent seulement à prouver l'animadversion qu'il inspire; qu'ainsi un journaliste qui allègue qu'un étranger (un baronnet anglais) a été obligé de quitter la France, parce que sa *ressemblance fâcheuse* avec le roi l'exposait à des avanies de tout genre, ne peut faire la preuve de ces faits (C. d'assises de la Seine, 4 avr. 1836, V. Gazette des trib. du 5 avril); — 4° Que, dans les délits d'offense envers la personne du roi, le prévenu n'est pas admis à faire preuve de faits dont l'imputation peut être blessante pour la dignité de la personne du roi, qu'ils datent ou non de temps antérieurs à son avénement au trône, le principe de l'inviolabilité royale couvrant les actes du prince à toute époque (C. d'assises de l'Isère, 29 nov. 1841) (4); — 5° Que, dans le cas où le fonctionnaire diffamé se-

---

(1) (Siblot *C.* min. pub.) — La cour; — Considérant que Siblot a reproché publiquement à Gachot d'avoir fait une fausse signature dans un acte de mariage; qu'il a conséquemment été fait audit Gachot une imputation outrageante à l'occasion de ses fonctions de maire; que Siblot était donc passible de la peine portée en l'art. 222 c. pén., et que l'art. 376 de ce code était évidemment sans application à la cause; qu'il n'y avait pas lieu non plus de prononcer le sursis dont parle l'art. 392 du même code; que cet article, placé dans la sect. 7 dudit code, n'est relatif qu'aux calomnies et aux injures dont des individus sans caractère public sont l'objet; que les outrages et les violences envers les dépositaires de l'autorité et de la force publique, sont la matière d'une autre section, de la sect. 4, dans laquelle sont spécialement prévus et punis les outrages reçus par les magistrats de l'ordre administratif et judiciaire dans l'exercice de leurs fonctions et à l'occasion de cet exercice; qu'il ne devait y avoir et qu'il n'y a dans cette section aucune disposition semblable à celle de l'art. 372, parce qu'il importe au maintien de l'ordre public, essentiellement lié au respect des dépositaires de l'autorité, que des faits outrageants, même vrais, ne puissent pas leur être imputés dans un esprit d'injure et autrement que par la voie légale de la dénonciation et de la plainte; qu'il s'en suit de ces observations qu'il a été fait, dans l'espèce, une légale et juste application de la loi pénale; — Rejette.

Du 26 nov. 1812.-C. C., sect. crim.-MM. Barris, pr.-Aumont, rap.

(2) (La Tribune *C.* min. pub.) — La cour; — Sur le moyen, tiré du refus qu'a fait la cour d'assises d'admettre les témoins que les demandeurs voulaient faire entendre : — Attendu que le principe posé dans l'art. 20 de la loi du 26 mai 1819, lorsqu'il s'agit d'imputation contre les dépositaires et agents de l'autorité, est incompatible avec les dispositions de l'art. 12 de la charte, qui déclare la personne du roi inviolable et sacrée; — Attendu que la cour d'assises, en appliquant l'art. 9 de la loi du 17 mai 1819 aux offenses envers la personne du roi, dont les demandeurs ont été déclarés coupables par le jury, s'est conformée aux principes de la matière; — Rejette.

Du 20 juill. 1832.-C. C., ch. crim.-MM. de Bastard, pr.-Gilbert, r.

(3) *Espèce* : — (Brice.) — Les maires de plusieurs communes des Vosges se trouvant réunis pour procéder à la réception des bois d'affouage, le sieur Brice, commis de l'adjudicataire, reprocha publiquement à deux de ces maires d'avoir, l'année précédente, offert de fermer les yeux sur l'insuffisance des bois, sous la condition que l'adjudicataire les gratifierait chacun de deux cordes. — Brice, traduit, à raison de cette imputation, devant le tribunal correctionnel d'Epinal, est autorisé à prouver par témoins la vérité des faits par lui reprochés. — Appel. — Arrêt.

La cour; — Considérant que si, en règle générale, la preuve des faits diffamatoires, en ce qui concerne toutes personnes ayant agi dans un caractère public et pour faits relatifs à leurs fonctions, est recevable d'après la disposition de l'art. 5 de la loi du 8 oct. 1830, qui a remis en vigueur l'art. 20 de la loi du 26 mai 1819 qu'avait abrogé l'art. 18 de la loi du 25 mars 1822, cette preuve ne saurait pourtant être admise lorsqu'il s'agit d'imputations diffamatoires adressées à des magistrats dans l'exercice de leurs fonctions; qu'en effet, ce dernier cas se distingue des autres en ce qu'il renferme un double délit, l'un s'appliquant à la personne du magistrat, l'autre à la loi, dont le magistrat, lorsqu'il agit en cette qualité, est la personnification vivante; que si des deux intérêts qui se trouvent alors engagés dans la poursuite, l'un personnel, l'autre d'ordre public, le premier peut être sacrifié à la preuve acquise des faits diffamatoires, l'autre n'en doit pas moins conserver toute son inviolabilité, et qu'on ne saurait concevoir que l'impunité de l'outrage fait aux personnes pût empêcher la répression de l'outrage fait à l'autorité publique, la loi n'ayant ni à répondre ni à souffrir des torts de ceux qui sont constitués ses agents; — Et attendu les circonstances atténuantes, condamne Brice à 100 fr. d'amende et aux dépens.

Du 20 août 1855.-C. de Nancy, ch. corr.-M. Fabvier, pr. gén., c. conf.

(4) (Min. pub. *C.* la Gazette du Dauphiné.) — La cour; — Vu l'art. 12 de la charte, portant que la personne du roi est inviolable et sacrée; — Vu l'art. 9 de la loi du 17 mai 1819; — Attendu que ces dispositions ont pour objet non-seulement de mettre le roi au-dessus de toute responsabilité, quant aux actes de son gouvernement, mais encore de protéger, dans l'intérêt du pays, l'institution royale contre toute imputation qui, en attaquant même la vie privée, pourrait blesser la dignité de la personne du roi, affaiblir le respect dont elle doit être entourée, et compromettre ainsi l'un des fondements de notre état politique; — Attendu que l'admissibilité d'une preuve tendant à établir la vérité des imputations faites à la personne du roi, supposerait un doute et amènerait des discussions contraires à la dignité royale; que, d'ailleurs, nul tribunal ne serait compétent pour prononcer sur des faits dans lesquels l'honneur de la royauté serait intéressé; que les imputations faites à la personne du roi ont été rangées, par la loi de 1819, dans une classe à part, sous la dénomination particulière d'offense, dans le but clairement exprimé par le législateur d'empêcher que la faculté de prouver, accordée à l'é-

rait un juge et que l'auteur de la diffamation demanderait à livrer à la discussion les jugements émanés de ce juge, pour en faire ressortir la vérité d'une de ses imputations, et, par exemple, pour démontrer l'insuffisance du juge, le respect dû à l'autorité des jugements et à l'ordre des juridictions s'oppose à l'admissibilité d'une telle preuve (Civ. rej. 5 mai 1847, aff. Marrast, D. P. 47. 1. 115); — 6° Qu'en cas de poursuites pour délit d'excitation à la haine ou au mépris du gouvernement, la preuve des faits allégués par le prévenu n'est pas admissible (C. d'assises de la Seine, 7 avr. 1849, aff. Duchêne, D. P. 49. 2. 179); — 7° Que la preuve autorisé par l'art. 20 de la loi du 26 mai 1819, est inapplicable à l'outrage fait à un fonctionnaire public dans l'exercice de ses fonctions, un tel outrage tombant sous l'empire de l'art. 222 c. pén., et la répression devant être poursuivie conformément au code d'instruction criminelle; — Et que le bénéfice de l'art. 20 de la loi du 26 mai 1819 ne s'applique pas davantage à la diffamation ou à l'outrage verbalement commis envers le président du bureau d'une assemblée électorale, dans l'exercice de ses fonctions, bien que la connaissance de ce fait fût attribuée à la cour d'assises par l'art. 117 de la loi du 15 mars 1849 (Crim. cass. 9 mars 1850, aff. Tessié de la Motte, D. P. 50. 1. 139); — 8° Que le prévenu d'excitation à la haine et au mépris du gouvernement n'est pas autorisé à prouver la vérité des faits diffamatoires qu'il a, dans le même article, imputés à des fonctionnaires publics, cette preuve n'étant point de nature à faire disparaître le délit sur lequel porte la prévention (Crim. rej. 28 déc. 1850, aff. Vié, D. P. 51. 1. 80).

1507. Il est à remarquer, en outre, que, pour que la preuve soit admissible, il faut qu'il y ait plainte de la part de la personne qui se prétend lésée. — Parce que c'est par cette plainte qu'elle appelle la discussion sur sa conduite. — Aussi a-t-il été jugé : 1° que lorsque la loi autorise la preuve des faits en matière de diffamation, elle ne le fait qu'autant que la poursuite a lieu sur la plainte de personnes déterminées (C. d'assises de la Seine, 7 avr. 1849, aff. Duchêne, D. P. 49. 2. 179); — 2° Que la preuve de la vérité des faits diffamatoires imputés à un fonctionnaire public n'est admise qu'au cas où la poursuite a lieu sur la plainte de ce fonctionnaire : elle ne peut être faite lorsque la poursuite est exercée d'office par le ministère public (Crim. rej. 28 déc. 1850, aff. Vié et Treilhard, D. P. 51. 1. 80).

1508. Enfin, il a été jugé que la preuve des faits diffamatoires est recevable lorsqu'ils sont imputés à un fonctionnaire public pour des faits relatifs à ses fonctions, aussi bien devant la juridiction civile que devant les juges de répression (Orléans, 13 déc. 1845 (1); Civ. rej. 5 mai 1847, aff. Marrast, D. P. 47. 1. 115).—Mais pour que les tribunaux civils, saisis d'une action civile motivée sur un fait de diffamation, soient tenus d'admettre la preuve des faits articulés par l'auteur de l'écrit incriminé, il faut que cet écrit renferme, non pas de simples injures, mais une véritable diffamation relative aux fonctions du plaignant et attentatoire à son caractère public (Req. 23 juin 1846, aff. Peauger, D. P. 46. 1. 225).

1509. *Quelles personnes sont agents ou dépositaires de l'autorité?* — A cet égard les explications dans lesquelles nous sommes entrés, n°s 902 et suiv., dispensent de nouveaux développements. — Ajoutons seulement que les dépositaires et agents de l'autorité dont parle l'art. 20 de la loi de 1819 sont nécessairement les *fonctionnaires français*, et que cette disposition ne saurait s'appliquer aux fonctionnaires *étrangers*, parce que ceux-ci n'ont pas le caractère public dont elle s'est occupée. La pensée de la loi se révèle, du reste, avec une évidence parfaite par les paroles de M. de Serre que nous avons ci-dessus rappelées (n° 1490). — On y voit, en effet, que la preuve est admise parce que *la vie publique des fonctionnaires appartient à tous.* — Or, la portée de cette expression doit nécessairement se limiter à la société ou au pays dans l'intérêt duquel les fonctionnaires ont été investis d'une portion de la puissance publique. — Aux yeux de la loi française, les fonctionnaires étrangers sont des personnes privées. — Mais, à l'égard des *agents diplomatiques* accrédités en France, cette solution est moins évidente. — Ces agents sont revêtus d'un caractère public, dans notre pays, puisque c'est en vertu de ce caractère qu'ils ont des relations officielles avec notre gouvernement. — Toutefois, plusieurs raisons semblent devoir faire écarter l'application de l'art. 20 de la loi du 26 mai 1819 en ce qui les concerne. — La première et la plus décisive selon nous, c'est que ces mots, *dépositaires ou agents de l'autorité,* dans une loi française, ne peuvent naturellement s'entendre que des dépositaires ou agents de l'autorité *française,* et que les agents diplomatiques ne représentent qu'une autorité étrangère. — Le rapprochement des art. 16 et 17 de la loi du 17 mai 1819 doit lever jusqu'au moindre doute à cet égard. Le premier de ces articles comprend expressément les dépositaires ou agents de l'autorité; le second, les agents diplomatiques. Or, si les agents diplomatiques étaient compris dans les dépositaires ou agents de l'autorité, l'art. 17 était inutile, avec d'autant plus de raison que la peine portée par les deux articles est la même. — Dans le langage de la loi, un agent diplomatique *étranger* n'est donc pas un dépositaire ou agent de l'autorité. — La deuxième raison, c'est que la bonne harmonie qu'on doit s'efforcer de maintenir entre la France et les nations étrangères pourrait avoir à souffrir de l'irritation qu'éprouverait souvent l'agent diplomatique qui verrait son rôle de plaignant se transformer devant nos tribunaux en celui d'inculpé. — La troisième raison c'est qu'un ambassadeur ou ministre étranger est, dans le pays où il est accrédité, l'image de son souverain (V. Agent dipl., n° 88), et que la dignité du chef d'un État paraît peu compatible avec la discussion et la preuve qui tendent à le flétrir.—Toutefois, il a été jugé que les agents diplomatiques accrédités près du souverain, sont toujours censés revêtus du ca-

---

gard des fonctionnaires publics, ne soit étendue aux imputations dont la personne du roi serait l'objet, imputations que la loi répute fausses, par cela seul qu'elles sont offensantes; — Attendu qu'il importe peu que ces imputations aient rapport à des faits qui seraient antérieurs à l'avénement au trône; que la distinction faite par la défense entre la vie du roi et la vie du duc d'Orléans est inadmissible, parce que les actions du duc d'Orléans et celles du roi appartenant à la même personne, les imputations faites au prince, en supposant une intention blessante, offensent nécessairement le roi, et rentrent par là même dans la disposition de l'art. 9 de la loi précité; — Attendu que cette distinction est, dès lors, évidemment contraire à l'esprit comme au texte de l'art. 12 de la charte constitutionnelle, et que l'art. 311 c. inst. crim. ne permet pas qu'elle soit plaidée; — Attendu que les articles soumis au jury ne sont point incriminés à raison de ce qu'il y serait dit que Didier a conspiré pour élever au trône le duc d'Orléans, sans que le prince ait eu connaissance du complot, mais parce qu'il y serait énoncé que le duc d'Orléans aurait connu la conspiration et y aurait pris part; que, dès lors, il est sans utilité pour la défense d'établir que le complot dont il s'agit avait, à l'insu de ce prince, le but qu'elle lui suppose; que, d'un autre côté, cette preuve doit être interdite, puisqu'elle serait un moyen de parvenir à une autre preuve contraire aux principes ci-dessus établis; — Attendu que la lettre de Simon Didier appartient à la cause, puisqu'elle a été poursuivie sous la même inculpation que les articles incriminés, et qu'un arrêt l'a déclarée non-coupable; — Par ces motifs, dit n'y avoir lieu de maintenir la parole au conseil du prévenu, tant pour établir une distinction entre le roi et le duc d'Orléans, sous le rapport de l'inviolabilité, que pour discuter et prouver les deux points indiqués dans les conclusions; — Autorise la lecture de la lettre de Simon Didier.

Du 29 nov. 1841.-C. d'assises de l'Isère.-M. Nicollet, pr.

(1) (Piche C. maire de Villevable.) — La cour; — Attendu, quant à la preuve offerte, que le droit donné aux citoyens de prouver les faits diffamatoires imputés à une garantie que le fonctionnaire diffamé ne peut leur enlever en choisissant la juridiction civile; que le droit est le même pour les deux actions; qu'autrement, et si l'option du plaignant pouvait désarmer le prévenu et lui enlever un moyen légal de défense, le droit conféré aux citoyens de dénoncer les abus des fonctionnaires, sous la condition d'en fournir la preuve, serait purement illusoire et dépendant de la volonté même du fonctionnaire diffamé, devenu ainsi juge dans sa propre cause; qu'un pareil système, aussi contraire à l'esprit de la loi spéciale qu'aux principes généraux, ne saurait être admis; — Attendu que Piche, poursuivi comme imprimeur responsable d'un écrit anonyme et diffamatoire, peut, comme l'auteur même de l'article, exciper de son droit de fournir la preuve des faits diffamatoires, et trouver dans cette preuve celle de l'exercice d'un droit et la justification du fait qui lui est reproché; — Mais attendu que l'articulation est vague et indéterminée; que Moreau ne peut y puiser les indications suffisantes pour fournir la preuve contraire; que Piche ne précise ni le nom des personnes soumises à l'amende ni l'époque où ces faits auraient eu lieu; qu'ainsi la preuve offerte est inadmissible en raison de la non-précision des faits.

Du 13 déc. 1845.-C. d'Orléans.-M. Abbatucci, pr.

ractère de fonctionnaire public, quant aux diffamations dont ils pourraient être l'objet; et que, dès lors, la cour d'assises est seule compétente pour connaître de l'action en diffamation intentée par ces agents, sans qu'il soit besoin de distinguer si la diffamation s'adressait à l'ambassadeur homme public, ou à l'ambassadeur personne privée (Crim. cass. 27 janv. 1845, aff. Barrachin, V. Agent diplom., n° 94). — Quant au point de savoir si les agents diplomatiques sont des fonctionnaires publics, suivant l'art. 20 de la loi du 26 mai 1819, nous croyons avoir déjà prouvé la négative. — Mais, relativement à la portée réelle de la décision qui précède, pour la question qui nous occupe, nous devons faire remarquer que les règles qui déterminent la compétence ne sont pas les mêmes que celles qui fixent l'admissibilité de la preuve; et la plupart des délits à l'égard desquels la cour d'assises était compétente, aux termes de l'art. 13 de la loi du 26 mai 1819, étaient étrangers à l'application de l'art. 20 de la même loi relatif à la preuve (V. *suprà*, nos 1489 et s., quant aux principes qui régissent la preuve). — On peut donc très-bien admettre qu'avant le décret du 17 fév. 1852, la cour d'assises fût compétente pour connaître de la diffamation envers un agent diplomatique, et que cependant la preuve des faits diffamatoires imputés à cet agent ne fût pas recevable.

1520. *Quelles personnes sont réputées avoir agi dans un caractère public.* — Les mots *ou contre toute personne ayant agi dans un caractère public* qui se trouvent dans l'art. 20 de la loi du 26 mai 1819 ont donné lieu à des interprétations fort diverses. — M. Chassan (t. 2, p. 454) les réduit à deux systèmes. M. Grellet-Dumazeau, (t. 1, p. 383 et suiv.) en distingue quatre : il nous paraît superflu de reproduire ici cette classification. — Ces systèmes viendront naturellement prendre leur place parmi les objections que rencontre la solution que nous adoptons nous-mêmes.

Mais pour asseoir d'abord notre opinion, examinons de nouveau le texte de la loi. «Nul, dit l'art. 20 de la loi du 26 mai 1819, ne sera admis à prouver la vérité des faits diffamatoires, si ce n'est dans les cas d'imputation contre des dépositaires ou agents de l'autorité, *ou contre toute personne ayant agi dans un caractère public*...» — Une première observation frappe ici notre attention, c'est que *les personnes ayant agi dans un caractère public* dont parle cette disposition ne doivent pas être les mêmes que *les dépositaires ou agents de l'autorité publique*; car s'il en était autrement, c'est-à-dire si les dépositaires ou agents de l'autorité comprenaient les personnes ayant agi dans un caractère public, la rédaction de l'article serait vicieuse, puisqu'elle offrirait une superfétation dénuée de sens. — Pour que la disposition soit rationnellement rédigée (ce qu'on doit supposer, quand on songe surtout aux hommes éminents qui ont concouru à la confection de la loi), il faut trouver, en dehors de la catégorie des dépositaires ou agents de l'autorité, une classe de personnes ayant un caractère public. — Or, rien n'est plus facile puisque les officiers ministériels, par exemple, qui forment une classe très-nombreuse, ont un caractère public et cependant ne sont pas des dépositaires ou agents de l'autorité (V. cependant n° 1517; V. aussi v° Fonct. publ.). — Cette interprétation de l'article précité se trouve, d'ailleurs, en harmonie parfaite avec le sens qu'ont voulu y donner les auteurs de la disposition particulière dont il s'agit de déterminer la portée.

Voici, en effet, ce que nous apprennent les travaux préparatoires de la loi du 26 mai 1819. — Les mots *ou toutes personne ayant agi dans un caractère public* ne se trouvaient pas dans le projet. Ils y ont été ajoutés sur la proposition de la commission de la chambre des députés. Or voici dans quels termes le rapporteur de la commission a expliqué cet amendement. — «*La commission* vous propose un amendement qui tend à rendre commune à toute personne ayant agi dans un caractère public, la disposition relative aux dépositaires ou agents de l'autorité. Il lui a paru que *les mêmes motifs de décider s'appliquaient aux uns et aux autres.*» (Mon. séance du 17 avril 1819). — M. Royer-Collard a dit aussi dans le sens de cette modification au projet « Ces personnes sortent de la vie privée et n'en peuvent point réclamer le privilége; il est de l'intérêt général qu'on puisse dire et prouver ce qu'un homme a réellement dit en public et fait avec un caractère public; *il y a là, même raison que pour les agents de l'autorité.*» — Donc ces personnes *qui agissent dans un caractère public* ne sont pas les agents de l'autorité.

A ces citations, nous devons ajouter qu'un député avait proposé un amendement d'après lequel l'art. 16 de la loi du 17 mai 1819 aurait exprimé que la diffamation commise envers les personnes ayant agi dans un caractère public serait punie de la même peine que celle qui aurait lieu envers les dépositaires ou agents de l'autorité. M. de Serre demanda le rejet de cet amendement, et voici dans quels termes il s'exprima à ce sujet. « L'origine de cet amendement, dit M. de Serre, vient de ce que, dans l'examen de la seconde loi (la loi du 26 mai), la commission a pensé qu'il ne fallait pas seulement admettre la preuve des faits allégués contre les fonctionnaires publics, mais encore des faits allégués contre d'autres personnes qui, *n'étant pas fontionnaires, auraient cependant agi dans un caractère public*, de professeur, par exemple; je disais que l'article tel qu'il est conçu ne préjuge rien. *Ce n'est pas en considération de ce qu'on pourra ou non admettre la preuve*, qu'une peine plus grave est prononcée contre la diffamation ou l'injure adressée à un fonctionnaire public, c'est uniquement en raison du caractère de ce fonctionnaire, parce que, dans ses fonctions, il est, à un certain point, le représentant de l'autorité qu'il exerce. » L'art. 20 de la loi du 26 mai 1819 s'applique donc bien évidemment à des personnes qui, sans être fonctionnaires publics, sont cependant revêtues d'un *caractère public*.

A cette déduction fondée sur la lettre de la loi et sur l'interprétation qu'elle a reçue de ses auteurs, on oppose toutefois trois objections principales. — Parcourons-les rapidement.

Première objection. — Pour interpréter sainement une loi émanée de deux assemblées, ce n'est point assez que de s'attacher au vœu de l'une d'elles. Il faut nécessairement combiner leurs volontés pour saisir la pensée du pouvoir législatif. Or, le rapport fait à la chambre des pairs est loin de s'accorder avec celui de la commission de la chambre des députés, quant à l'amendement dont nous nous occupons. Voici, en effet, comment s'est exprimé à ce sujet M. de Catelan, au nom de la commission nommée par la chambre des pairs. — « L'art. 20, a dit M. de Catelan, étend ces mêmes dispositions (les dispositions relatives à la preuve) à *toute personne ayant agi dans un caractère public. Le fonctionnaire rentrant dans la vie privée va redevenir irresponsable; mais, quant aux faits commis pendant qu'il agissait dans un caractère public*, le droit de se plaindre reste à l'offensé, au particulier qu'il a lésé ou opprimé pendant qu'il était en place. Une destitution officieuse ou une démission donnée à propos ne doivent pas étouffer la plainte pour des faits antérieurs» (séance du 19 mai 1819). — Voilà, dit-on, quelles sont les personnes qui, suivant la commission de la chambre des pairs, doivent être considérées *comme ayant agi dans un caractère public*. — Or, ajoute-t-on, la chambre des pairs n'a voté la loi que dans ce sens restrictif : l'étendre à d'autres personnes, c'est aller contre sa volonté, c'est-à-dire contre celle de la loi elle-même.

Réponse. — Les rapports faits aux deux chambres sont différents, mais ils ne sont nullement contradictoires. Pour répondre au vœu de l'une et de l'autre assemblées, il suffit d'admettre la double interprétation qu'appuient les opinions exprimées par les deux rapporteurs, et telle est précisément la solution que nous adoptons. — Ainsi, nous reconnaissons que l'auteur d'une imputation diffamatoire envers un ancien dépositaire ou agent de l'autorité peut être admis à prouver les faits qu'il lui a imputés, relativement à ses fonctions, bien que ce dépositaire ou agent ait cessé de les exercer. — Mais nous maintenons qu'ainsi que l'a entendu la commission de la chambre des députés, la preuve est également admissible à l'égard des personnes qui, sans être dépositaires ou agents de l'autorité, ont cependant un caractère public. — Ce n'est que dans cette combinaison que se trouvent renfermées la pensée de la chambre des députés et celle de la chambre des pairs. C'est donc là seulement que peut être l'interprétation fidèle de la loi.

Deuxième objection. — La loi du 17 mai 1819 et celle du 26 du même mois ne forment en réalité qu'un même texte, puisqu'elles ont, l'une et l'autre, pour objet la répression des crimes et délits qui se commettent par les voies de publication, et qu'elles ont été votées à peu près en même temps. Pour bien comprendre le sens de ces deux lois, il ne faut donc pas les isoler, mais au contraire les interpréter l'une par l'autre.—Suivons cette indication, et nous verrons que les personnes ayant agi dans un caractère public ne peuvent être autres que les dépositaires ou agents de l'autorité.—L'art. 16 de la loi du 17 mai 1819 porte, en effet : — « La diffamation envers *tout dépositaire ou agent de l'autorité publique pour des faits relatifs à ses fonctions* sera punie d'un emprisonnement. » — Or, la protection accordée par cette disposition aux dépositaires ou agents de l'autorité publique dépend, suivant l'art. 20 de la loi du 26 mai, d'une condition, à savoir que le diffamateur aura le droit de prouver le fait qu'il a imputé au fonctionnaire relativement à ses fonctions. — Voilà donc deux dispositions qui se complètent l'une par l'autre; qui forment un système complet et que l'on ne saurait séparer sans mutiler la loi, sans en altérer arbitrairement la portée. —Mais, ajoute-t-on, dans cette application simultanée des deux textes, il ne faut pas perdre de vue l'un des principes les plus certains du droit criminel, à savoir qu'il ne peut y avoir de peines infligées par le juge que celles qui sont prononcées par la loi pour un fait précis, déterminé d'avance par le législateur. — D'où il suit qu'on ne saurait appliquer l'art. 16 de la loi du 17 mai 1819 à la diffamation envers les personnes qui sont revêtues d'un caractère public, lorsqu'elles ne sont pas *dépositaires ou agents de l'autorité*, parce que la disposition pénale précitée n'est applicable qu'à la diffamation envers cette dernière classe de personnes. — Or, continue-t-on, si les personnes simplement revêtues d'un caractère public ne se trouvent pas dans l'art. 16 de la loi du 17 mai, elles ne peuvent être non plus dans l'art. 20 de la loi du 26 mai. Les y placer, ce serait imaginer un effet sans cause, une condition indépendante de tout droit; ce serait introduire dans ces dispositions législatives une injustice évidente, puisque les personnes revêtues seulement d'un caractère public ne seraient que de simples particuliers, quand il s'agirait de les couvrir de l'égide de la loi, et qu'ils ne seraient placés au rang des agents de l'autorité que pour subir la discussion publique de leurs actes et les incertitudes de la preuve.—De telles conséquences ne sauraient être conformes à l'intention du législateur.

Réponse. — En matière d'interprétation législative, les raisonnements les plus péremptoires doivent nécessairement être sans force, lorsqu'ils sont en opposition avec la volonté indubitable des auteurs de la loi à interpréter. — Or, les paroles du rapporteur de la commission nommée par la chambre des députés, celles de M. Royer-Collard, celles de M. de Serre, que nous avons citées plus haut, prouvent d'une manière irréfutable que les personnes qui, sans être agents de l'autorité, sont revêtues d'un caractère public, ont été comprises dans l'art. 20 de la loi du 26 mai. — Au reste, si les personnes simplement revêtues d'un caractère public ne trouvent pas dans la loi la même protection que les agents de l'autorité, les droits résultant en leur faveur de leur caractère peuvent paraître une compensation très-suffisante à l'obligation où elles sont de subir la discussion publique de leurs actes.—« Ces personnes, comme l'a dit M. Royer-Collard, sortent de la vie privée et n'en peuvent réclamer le privilége. »

Troisième objection. — Cette objection n'est pas prise dans le même ordre d'idées que les deux précédentes. Mais le système qu'elle résume tend à une autre solution que celle que nous adoptons et conséquemment forme pour nous une objection. Voici, du reste, comment nous la trouvons formulée dans le réquisitoire de M. l'avocat général, aff. Fournier-Verneuil (D. P. 36. 1. 350). — L'art. 20, spécial pour le cas d'admissibilité de la preuve, ne doit pas seulement se référer aux dispositions de l'art. 16, mais encore aux art. 15 et 17 de la loi du 17 mai, puisque ces articles punissent les délits de diffamation contre des personnes ayant agi dans un caractère public et qui ne sont pas cependant des agents ou dépositaires de l'autorité publique. Il était donc de toute nécessité que cet art. 20 comprît dans la généralité de ses expressions les personnes dénommées aux art. 15, 16 et 17 de la loi du 17 mai (les corps constitués, les agents de l'autorité, les agents diplomatiques), et, dès lors aussi, qu'après ces expressions, agents ou dépositaires de l'autorité, il ajoutât : ou toute personne ayant agi dans un caractère public, ces derniers mots se rapportant aux art. 15 et 17, comme les premiers à l'art. 16.

Réponse. — Nous avons déjà prouvé (nº 1508) que l'art. 20 de la loi du 26 mai 1819 ne pouvait s'appliquer aux *agents diplomatiques*; notre démonstration à cet égard est une réponse anticipée à l'objection, en ce qui concerne ces agents. — Relativement aux cours, aux tribunaux et autres corps constitués, on peut trouver illogique que la preuve soit admissible à l'égard de chacun des éléments qui les composent et que, cependant, elle ne puisse pas être rapportée contre la réunion de ces éléments. Mais il est à observer qu'indépendamment des arguments que l'on pourrait faire valoir, à un point de vue purement philosophique, à l'appui d'une distinction à cet égard, nous trouvons, dans les documents relatifs à l'élaboration des lois de 1819, la preuve que cette distinction est conforme à la pensée du législateur. — D'une part, en effet, M. de Serre, auteur des projets de ces lois, a expressément déclaré que, dans sa pensée, la loi du 26 mai ne permettait pas la preuve, en ce qui touche la diffamation envers les corps constitués; et, d'autre part, le projet n'a subi aucune modification dans un sens contraire à l'intention déclarée par M. de Serre. D'où il suit que sa déclaration sur ce point a l'autorité de la loi elle-même. — Voici, du reste, ce que le Moniteur apprend à ce sujet : M. de Courvoisier, rapporteur, avait proposé de remplacer les mots *diffamation et injure* dans la disposition relative aux cours et tribunaux par le mot *offense*. « ...En statuant ainsi, avait dit M. de Courvoisier, vous ne préjugez rien sur la grande question d'admission de la preuve qui sera débattue lors de la discussion du second projet. » — A cette occasion, M. de Serre, garde des sceaux, s'exprima ainsi : « Le projet de loi est d'accord avec ce qu'a dit M. le rapporteur : *il n'admet la preuve qu'à l'égard des fonctionnaires publics*. Ce n'est pas le moment de discuter cette question » (Mon., année 1819, p. 482). — Or, le projet dont le sens était ainsi clairement déterminé n'a point été amendé sur ce point. — Il y a mieux : un amendement avait été proposé dans le but de rendre la preuve admissible quant aux corps constitués, et il n'a été donné aucune suite à cette proposition. Pour cet amendement, V. le discours de M. Favard de Langlade, Moniteur, année 1819, p. 458. On peut donc affirmer, sans crainte d'erreur, que la loi du 26 mai 1819 repousse la preuve, en ce qui touche les corps constitués. — D'où il suit que ce ne peut être non plus un corps que l'art. 20 désigne par cette locution : *toute personne ayant agi dans un caractère public*.

1511. Mais il ne suffit pas de procéder par voie d'exclusion et de dire ce que ne sont pas les personnes ayant un caractère public, il faut préciser ce qu'elles sont. — Pour déterminer avec justesse le sens des mots *personnes ayant un caractère public*, il suffit de jeter un regard sur les discussions qui ont précédé la promulgation des lois de la presse de 1819, et sur l'esprit politique dans lequel elles ont été conçues. Que voulait-on alors? A quel besoin de l'opinion faisait-on droit? Que demandait la presse? Elle gémissait de ne pas pouvoir livrer à la publicité les actes des agents de l'autorité qui lui paraissaient abusifs; elle voulait pouvoir signaler les faits illégaux et attentatoires aux droits politiques des citoyens, et elle se sentait paralysée dans ses vœux par les dispositions du code pénal, qui étaient un obstacle invincible pour elle. Telle est le besoin auquel on a voulu pourvoir; tel est le seul but que le législateur a voulu atteindre. — On doit donc considérer comme *personnes revêtues d'un caractère public* celles qui, sans être *dépositaires* ou *agents de l'autorité* publique, dans le sens des art. 16 de la loi du 17 mai 1819 et 20 de la loi du 26 mai 1819 tiennent du gouvernement un *emploi* institué *dans un intérêt public*. — Ainsi nous pensons que l'on doit ranger dans cette catégorie les chefs, sous-chefs et employés de toutes les administrations publiques. — V. aussi dans ce sens M. Grellet-Dumazeau, t. 1, p. 393.

Toutefois, il a été décidé que la diffamation commise par la voie de la presse contre un *secrétaire du sous-préfet*, même à raison de son emploi, est réputée commise envers un particulier, et doit être déférée aux tribunaux correctionnels (Crim. rej. 22 août 1851, aff. Capo de Feuillide, D. P. 51. 5. 419). — Et, dans l'espèce de cet arrêt, il est à remarquer que le secrétaire, ainsi que cela arrive souvent, du reste, était employé des bureaux de la sous-préfecture. Qu'en sa qualité de secrétaire il n'eût point paru agir dans un caractère public, nous l'aurions parfaitement compris, parce qu'on pouvait le considérer comme attaché à la personne du sous-préfet et comme lui rendant des services particuliers; mais sa qualité d'employé de la sous-préfecture excluait ce mode d'appréciation.

1512. Il a été jugé aussi qu'à supposer qu'un *architecte-voyer* doive être réputé agent du gouvernement, on ne peut regarder comme se rattachant à cette qualité, et par suite comme justiciable de la cour d'assises, la diffamation par écrit dirigée contre cet individu, et prise de ce que, dans les travaux dont il a été chargé pour l'administration, comme architecte, il aurait commis des actes frauduleux, en ce que, par exemple, il aurait constaté un emploi de papiers peints plus considérable que celui qui a eu lieu en effet; qu'une telle imputation doit être regardée comme une diffamation envers un particulier, et étrangère à sa qualité d'agent de l'autorité; et que, par suite, le tribunal est compétent pour en connaître (Bourges, ch. corr., 5 mai 1831, M. Trottier, pr., aff. Pol).—Mais la pensée de la cour de Bourges nous paraît assez difficile à saisir. Elle refuse d'examiner le point de savoir si, pour ce qui tient à l'exercice de ses fonctions, un architecte-voyer doit être réputé agir dans un caractère public, et cependant elle déclare que les travaux dirigés, par l'architecte plaignant, à la préfecture de Nevers ou à la cathédrale de Saint-Cyr, n'étaient pas plus empreints d'un caractère public que s'ils eussent été faits par toute autre personne travaillant pour le compte du gouvernement. — Or, c'est là, ce nous semble, résoudre négativement la question que la cour de Bourges a voulu écarter, car les travaux désignés se rattachaient nécessairement à la qualité d'architecte du département. — Ainsi analysée, la doctrine de l'arrêt précité ne nous semble pas conforme à l'esprit de l'art. 20 de la loi du 26 mai, parce que la nomination de l'architecte par le pouvoir et la nature des travaux dont il est chargé nous semblent constituer le caractère public exigé par cette disposition et expliqué par les discussions qui en ont précédé l'adoption.

1513. A l'égard des *professeurs* à la nomination du pouvoir, le doute ne paraît pas possible; car c'est précisément l'exemple que M. de Serre a choisi, dans la discussion de la loi du 26 mai 1819, pour expliquer ce que l'on devait entendre par *personnes ayant agi dans un caractère public* (V. n° 1510).—Néanmoins il a été jugé que le délit de diffamation commis contre un professeur de l'université, à l'occasion d'*écrits* publiés par lui, et présentés par le libelle comme étant un sujet de scandale et de dépravation pour le pays, est réputé commis envers un simple particulier, et non envers un fonctionnaire public à l'occasion de ses fonctions, encore bien que, parmi les écrits dont il s'agit, se trouve la reproduction des leçons orales du professeur, cette publication étant, par sa nature, en dehors de la mission confiée à ce professeur par le chef de l'université (Crim. rej. 8 nov. 1844, aff. l'Univers, D. P. 45. 1. 28). — Comme on le voit, ce n'était pas seulement aux leçons *écrites* du professeur qu'avait été adressée l'imputation diffamatoire; le reproche de dépravation et de scandale s'étendait aussi à d'autres écrits publiés par le professeur, et qui étaient sans relation avec son enseignement. Mais l'arrêt précité de la chambre criminelle ne paraît avoir eu aucun égard à la nature des écrits attaqués; qu'ils fussent ou non relatifs à l'enseignement du professeur, par cela seul que la diffamation ne concernait pas directement l'office du professorat, c'est-à-dire la communication en chaire du délégué de l'université avec ses auditeurs, la diffamation ne pouvait être réputée adressée à un fonctionnaire à l'occasion de ses fonctions, et donner droit au prévenu de réclamer le bénéfice de la preuve des faits diffamatoires. — Ainsi, cet arrêt reconnaît que les professeurs sont revêtus d'un caractère public, dans le sens de la loi du 26 mai 1819, mais il restreint les effets de ce caractère aux actes qu'ils ne peuvent faire qu'en qualité de professeur, ce qui semble juste. — Il est pourtant un argument que l'on a fait valoir dans la discussion, au profit du demandeur en cassation et auquel l'arrêt précité n'a pas répondu : c'est celui qui était tiré de ce que l'imputation s'adressait non à la reproduction *écrite* des leçons, mais aux *leçons elles-mêmes*; la reproduction imprimée n'était, suivant le demandeur, que la preuve littérale du fait qu'il articulait, et l'on ne pouvait la considérer comme étant elle-même l'objet de l'attaque qui avait donné lieu à la plainte. — On ne peut se dissimuler que cette distinction était fondée. Mais ce qui en réalité lui ôtait tout intérêt pour la défense du prévenu, c'est qu'il avait encouru la condamnation prononcée contre lui pour des imputations évidemment étrangères à la mission du professeur, et que la preuve qu'il voulait rapporter ne l'aurait pas relevé de cette condamnation.

1514. Les *proviseurs*, *censeurs* des colléges à la nomination immédiate ou médiate du pouvoir, les aumôniers, médecins, sages-femmes et pharmaciens rétribués par l'Etat, comme chargés d'un service dans un établissement public, doivent également être considérés comme revêtus d'un caractère public (V. M. Grellet-Dumazeau, t. 1, p. 396). — C'est ce qui a été jugé notamment à l'égard des *médecins* et *internes* attachés au service d'un établissement public (Orléans, 16 août 1836) (1). — Et à cet égard deux observations : la première, c'est que l'arrêt cité décide que, dans ce cas, les *officiers de santé* ne doivent point être réputés agents de l'autorité, ce qui n'implique nullement qu'ils ne soient pas revêtus du caractère public qui est en ce moment l'unique objet de notre examen; la seconde, c'est que l'officier de santé qui est seulement nommé expert n'a qu'une mission momentanée et toute spéciale qui ne paraît offrir aucune analogie avec les emplois publics établissant un lien quelconque entre le gouvernement et ceux qui occupent ces emplois.

1515. Mais il a été jugé aussi que l'officier de santé, chargé comme expert par la justice d'autopsies de cadavres et d'autres vérifications de son art, n'est point, à ce titre, agent de l'autorité publique (Riom, 21 avril 1841) (2).

---

(1) *Espèce* : — (Groubental C. Beaussier et Egret.) — Les sieurs Beaussier et Egret, le premier médecin, le second élève interne de l'hospice de Blois, se prétendant diffamés par un article du journal le Constitutionnel de Loir-et-Cher, assignent le sieur Groubental, gérant de ce journal, devant le tribunal correctionnel de Blois. — Celui-ci décline la compétence du tribunal, et demande son renvoi devant la cour d'assises. —Jugement qui rejette le déclinatoire.—Appel.—Arrêt.

LA COUR; — Considérant qu'aux termes de l'art. 1 de la loi du 10 oct. 1830, tous les délits de presse doivent être jugés par la cour d'assises, sauf l'exception portée en l'art. 14 de la loi du 26 mai 1819, relatif aux délits de diffamation verbale et aux délits de diffamation par voie de publication contre les particuliers;—Considérant que les sieurs Beaussier et Egret ne se trouvent pas dans l'exception, puisque l'article du journal ne les attaque point comme simples particuliers, mais comme membres du corps médical attachés à un établissement public; que si les fonctions de chirurgien d'un hôpital ne donnent pas à celui qui les exerce le titre de fonctionnaire ou d'agent de l'autorité, elles donnent incontestablement à ses actes un caractère public qui rend applicable la disposition de l'art. 20 de la même loi de 1819; qu'ainsi la juridiction correctionnelle est frappée d'incompétence; — Par ces motifs, rejette la fin de non-recevoir opposée par les parties de Desportes; donne acte au procureur général de l'appel par lui interjeté; faisant ce que les premiers juges auraient dû faire, se déclare incompétente; renvoie la cause et les parties devant les juges qui doivent en connaître, et condamne les intimés aux dépens de première instance et d'appel.

Du 16 août 1836.-C. d'Orléans.-M. Boyard, pr.

(2) *Espèce* : — (Audiart et Clet C. Borie.) — Le sieur Borie, docteur en médecine, avait cité en police correctionnelle les sieurs Audiart et Clet, comme prévenus d'outrages et de diffamations envers lui dans deux écrits intitulés Bluette dramatique, en deux tableaux, chronique locale et suite de la Bluette dramatique, troisième tableau, chronique locale, l'un et l'autre vendus et distribués publiquement dans la ville du Puy.— Les prévenus considérant que le fait dont ils étaient accusés, aurait été adressé à un médecin délégué par justice pour l'éclairer dans l'instruction des causes criminelles, et à l'occasion de l'accomplissement de ce mandat, ils doivent être réputés coupables de diffamation envers une personne revêtue d'un caractère public, délit de la compétence de la cour d'assises, demandent en conséquence leur renvoi devant cette juridiction.

28 nov. 1840, jugement par lequel le tribunal correctionnel du Puy rejette l'exception dans les termes suivants : — « Attendu que lorsqu'il s'élève des difficultés sur la compétence, il importe avant tout de consulter les termes de la demande et de se pénétrer de son véritable objet; — Attendu que le sieur Borie prétend avoir été injurié et diffamé comme médecin employé par la justice dans diverses circonstances; qu'il ne s'agit plus que d'examiner si la plainte réduite à ces simples termes, a été régulièrement et valablement portée devant le tribunal correctionnel, ou

1516. Un décret du 14 juill. 1812 (V. Mise en jugement, n° 77), décide que les *administrateurs* des hospices doivent être considérés comme des fonctionnaires publics.— Mais il a été jugé aussi que les membres des commissions administratives des hospices, quoique nommés par l'autorité administrative, ne sont pas dépositaires ou agents de l'autorité publique, dans le sens de la loi de 1819, en sorte que les diffamations par voie de publication dirigées contre eux ne le sont que contre de simples particuliers; et qu'il en est de même du notaire diffamé pour avoir prêté son ministère à l'administration des hospices : on dirait en vain qu'il se trouve alors dépositaire d'une partie de l'autorité publique (Crim. rej. 27 nov. 1840) (1).

1517. Les *officiers ministériels* ne sont pas revêtus d'un caractère public, dans le sens de l'art. 20 de la loi du 26 mai 1819 (V. en ce sens M. Chassan, t. 2, p. 460). Les raisons politiques qui ont donné naissance à cette disposition (V. n° 1510) leur sont, en effet, complétement étrangères, et jamais la presse n'a songé à étendre le privilége que la loi lui a accordé jusqu'à la censure ou à l'examen des actes des avoués, des notaires, etc. Ces actes ont pour base des intérêts privés, pour lesquels la publicité n'est pas chose désirable. Les intérêts privés, d'ailleurs, savent fort bien se défendre eux-mêmes; leur vigilance est grande et les garanties légales ne leur manquent pas. Quel motif puissant pouvait donc engager le législateur à donner à ces intérêts des garanties nouvelles, si tant est qu'on puisse donner ce nom à la publicité qu'on réclame.— On ne saurait le découvrir.—Il a été jugé en ce sens : 1°, sur notre plaidoirie, que les *avoués* et les *notaires* ne peuvent être considérés comme dépositaires ou agents de l'autorité publique, dans le sens de l'art. 20 de la loi du 26 mai 1819 ; et, par suite, que la preuve des faits diffamatoires à eux imputés, à raison de leurs fonctions, ne peut être admise (Crim. rej. 9 sept. 1836; Paris, 19 nov. 1836) (2).— Conf. MM. Chas-

---

si, au contraire, comme l'ont soutenu les défendeurs, elle devrait être déférée à la cour d'assises; — Attendu que si, aux termes de l'art. 1 de la loi du 8 oct. 1830, les délits de la presse ou ceux commis par toute autre voie de publication, énoncés en la loi du 17 mai 1819, sont, en principe général, justiciables des cours d'assises, néanmoins, par l'art. 2 de la même loi, sont exceptés tous les cas spécifiés en l'art. 14 de la loi du 26 mai 1819; —Attendu que ce dernier article, conçu en des termes clairs et précis, porte formellement que les délits de diffamation verbale contre toute personne, et ceux de diffamation ou d'injure par voie de publication quelconque contre des particuliers, seront jugés par les tribunaux de police correctionnelle, sauf les cas attribués aux tribunaux de simple police; — Attendu que le sieur Borie n'est investi d'aucun titre qui puisse le faire considérer comme dépositaire ou agent de l'autorité publique; que si, parfois, appelé par la justice à donner comme homme de l'art son opinion sur des faits qu'elle a intérêt de connaître et pouvant donner lieu à des poursuites criminelles, les rapports qu'il a dû faire ou déposer dans l'instruction ne sauraient être considérés, aux yeux de la loi, que comme de simples avis que l'on peut prendre en considération ou négliger; que, dans tous les cas, toute partie intéressée peut discuter et combattre, mais jamais comme des actes émanant d'un fonctionnaire participant directement ou par délégation à la puissance publique et faisant pleine foi par eux-mêmes;—Attendu que c'est en vain qu'on a excipé de l'art. 20 de la loi du 26 mai 1819, cet article évidemment n'est point attributif de juridiction et ne porte aucune dérogation aux articles précédents qui avaient réglé la compétence de divers tribunaux; et si après ces mots : *Dépositaire et agent de l'autorité*, le législateur a ajouté ceux-ci : *Ou contre toute personne ayant agi dans un caractère public*, c'est qu'ils étaient nécessaires pour rendre son intention plus patente, exclure toute argumentation et accorder la preuve testimoniale contre les personnes comprises dans l'art. 17 de la loi du 17 mai 1819, ou contre celles qui, ayant cessé leurs fonctions ou perdu leur qualité, ne se trouveraient plus, dans leur position actuelle, comprise dans les expressions de dépositaires ou agents de l'autorité, employées au commencement de cet art. 20; — Attendu dès lors que d'après l'esprit, comme d'après la lettre des lois de 1819 et de 1830, le sieur Borie, médecin, quoique employé en cette qualité plus ou moins souvent par la justice pour des autopsies ou d'autres opérations de son art, ne peut et ne doit être regardé que comme un simple particulier; d'où il suit que la plainte en diffamation qu'il a dirigée contre les sieurs Audiart et Clet, et portée devant le tribunal, l'a été devant la seule juridiction compétente;...» — Appel par les sieurs Audiart et Clet.—Arrêt.

La cour; — Adoptant les motifs; — Démet de l'appel.

Du 21 avr. 1841.-C. de Riom, ch. corr.-M. Bassin, cons. pr.

(1) *Espèce* : —(Clément C. Parmentelot et autres.) — Les sieurs Noël, notaire, Parmentelot, membre de la commission d'administration de l'hospice de Remiremont, et Durand, adjudicataire d'un immeuble appartenant à cet hospice, se sont plaints conjointement d'avoir été diffamés par le sieur Clément, dans un almanach imprimé ayant pour titre Etrennes à mes amis, et l'ont traduit devant le tribunal correctionnel de Remiremont. — Le prévenu a décliné la compétence de ce tribunal et a demandé son renvoi devant la cour d'assises, par le motif que les plaignants devaient être considérés comme des fonctionnaires publics. — Jugement par lequel le tribunal de première instance et celui d'appel se déclarent compétents.— Pourvoi.— Le demandeur a soutenu, à l'égard du notaire, que, dans le cas où il agit en vertu d'une délégation spéciale du pouvoir judiciaire, lorsque, par exemple, un tribunal a renvoyé devant lui la vente des biens d'un mineur ou même de majeurs, il est dépositaire d'un partie de l'autorité publique. Ainsi jugé pour les arbitres forcés (aff. Parquin, V. n° 1521).— Or, dans l'espèce, le notaire procédait à la vente d'un immeuble appartenant à un hospice, c'est-à-dire, à un établissement public, à un mineur. Il ne pouvait procéder que suivant des formes spéciales prescrites par la loi; il agissait en présence d'un représentant de l'hospice; il était, pour cet acte, un délégué de l'administration, n'agissant donc pas dans des intérêts privés. — L'arrêt cass. 9 sept. 1836 (V. l'arrêt qui suit) qui a décidé que les notaires ne peuvent être considérés comme dépositaires ou agents de l'autorité publique, ne peut être appliqué à l'espèce, puisqu'il n'a considéré les notaires que dans les cas ordinaires de leurs attributions, c'est-à-dire dans ceux où ils agissent pour des intérêts privés.—Arrêt.

La cour; — Vu les art. 16 et 18 de la loi du 17 mai 1819; 5 et 20 de la loi du 26 mai 1819, et 6 de la loi du 25 mars 1822; —Vu les lois des 17 oct. 1796, 4 juill. 1799, 11 fév. 1791, l'art. 15, tit. 2 de la loi du 5 nov. 1790; — Vu le décret du 12 août 1807; — Attendu que les membres des commissions administratives des hospices ne sont que les gérants des intérêts privés d'un établissement municipal; mais que cette attribution spéciale ne les constitue pas dépositaires ou agents de l'autorité publique dans le sens des lois précitées; — Attendu que l'intervention de l'autorité administrative dans la nomination des membres de ces commissions ne saurait empêcher les fonctions qui leur sont conférées d'être applicables à des intérêts purement privés et ne leur donne aucun droit sur les simples citoyens; — Attendu que le notaire qui prête son ministère à l'administration des hospices ne fait qu'un acte de ses fonctions notariales de la même nature que les actes qu'il est appelé à faire entre des particuliers ; que ces actes n'ont trait qu'à la gestion d'intérêts purement privés, quoique ces intérêts touchent un établissement de charité, et que les fonctions de notaire, quoique conférées par le gouvernement, ne lui donnent aucune autorité sur les citoyens, et, par conséquent, ne le constituent ni dépositaire, ni agent de l'autorité publique; — Attendu, dès lors, que le tribunal correctionnel d'Epinal, en se déclarant compétent pour statuer sur l'action dirigée contre le demandeur en cassation par les sieurs Parmentelot, Noël et Durand, n'a violé aucune loi, et n'a commis aucun excès de pouvoir; — Rejette.

Du 27 nov. 1840.-C. C., ch. crim.-MM. Bastard, pr.-Mérilhou, rap.

(2) *Espèce* : — (Fournier-Verneuil C. Hocmelle et autres.) — Le sieur Fournier-Verneuil, traduit en police correctionnelle pour diffamation envers la chambre des notaires de Paris, Me Hocmelle, avoué et Me Clausse, notaire, déclinent la compétence du tribunal. — Jugement qui accueille le déclinatoire. — Sur l'appel, le sieur Fournier-Verneuil soutient le bien-jugé du tribunal de première instance et conclut subsidiairement à son renvoi de l'action, dans le cas où la cour se déclarerait compétente.— 23 juin 1836, arrêt par lequel la cour se déclare compétente. Le sieur Fournier-Verneuil se retire alors, en déclarant qu'il fait défaut.— Second arrêt qui déclare ce dernier coupable du délit de diffamation et le condamne à l'amende et à l'emprisonnement. — Pourvoi dirigé par Fournier-Verneuil contre l'arrêt qui statue sur la compétence. —Arrêt (ap. un long. délib. en ch. du cons.).

La cour; — Et en ce qui touche le pourvoi : — Attendu que la loi du 17 mai 1819, qui prévoit et punit les délits de diffamation et d'injures publiques, en distingue de plusieurs sortes dans les art. 15, 16, 17 et 18, selon les personnes envers lesquelles ils sont commis;—Qu'après s'être occupée, dans les trois premiers de ces articles, des cours, tribunaux ou autres corps constitués, des dépositaires ou agents de l'autorité publique, et des agents diplomatiques accrédités près du roi, elle fixe, dans l'art. 18, des peines moindres contre les diffamations et injures publiques envers les particuliers; que ce dernier article doit donc comprendre tous les cas qui ne rentrent point dans les précédents; — Attendu que les art. 13 et 14 de la loi du 26 mai 1819, remis en vigueur par la loi du 8 oct. 1830, dans le partage qu'ils font entre les cours d'assises et les tribunaux correctionnels quant à la connaissance des délits commis par la voie de la presse ou par tout autre moyen de publication, attribuent à la juridiction correctionnelle toutes les diffamations contre des particuliers; — Que cette disposition doit s'entendre conformément à la distinction entre les divers délits de diffamation spécifiés par les articles ci-dessus cités de la loi du 17 mai 1819, en sorte que la cour d'assises connaisse des délits prévus par les art. 15, 16 et 17 de cette loi, et le tribunal correctionnel des délits prévus par l'art. 18; — Que

san, t. 1, p. 382, note 3; de Grattier, t. 1, p. 208, note 1 et p. 419, note 1); —2° Que dire, dans un journal, qu'un *huissier* a instrumenté en exécution d'actes publics matériellement faux, est une diffamation envers un simple particulier, et non envers un fonctionnaire public dans l'exercice de ses fonctions, ou à l'occasion de ses fonctions; qu'en conséquence, un tel délit est de la compétence des tribunaux correctionnels, et non des cours d'assises (Crim. rej. 25 juin 1831) (1).

1518. Toutefois, il a été jugé en sens contraire que les huissiers, lorsqu'ils font des actes d'exécution agissant dans un caractère public, la preuve de faits diffamatoires qui leur sont imputés à raison d'actes de leur ministère, peut être faite par tous les moyens ordinaires (Crim. rej. 31 déc. 1835) (2). — Il nous semble difficile d'admettre que l'huissier, même lorsqu'il exécute un mandat de justice, ait, avec le pouvoir, le lien politique que le législateur de 1819 a eu en vue, parce que, ainsi

---

l'art. 20 de la loi du 26 mai qui déclare la preuve des faits diffamatoires admissible, non-seulement à l'égard des dépositaires ou agents de l'autorité, mais aussi à l'égard de *toute personne* ayant *agi dans un caractère public*, n'ajoute rien aux dispositions ci-dessus sur la compétence; qu'en effet, ces dernières expressions n'ont pour objet que d'étendre la disposition de cet article à ceux qui auraient cessé leurs fonctions à l'époque des poursuites ou qui, sans être revêtus d'une manière permanente de la qualité de dépositaire ou agent de l'autorité publique, auraient agi cependant en cette qualité temporairement ou pour quelque affaire spéciale; — Que, d'après l'esprit général et le but de la législation en cette matière, c'est au caractère de dépositaire ou agent de l'autorité chez la personne qui se prétend diffamée qu'est attachée la compétence de la cour d'assises; — Attendu qu'il s'agit, dans l'espèce, d'une diffamation qui aurait été commise par la voie de la presse contre un avoué pour des faits relatifs à ses fonctions; — Que les avoués ne peuvent être considérés comme dépositaires ou agents de l'autorité publique dans le sens des lois précitées, puisqu'ils ne sont chargés d'aucune partie de l'administration publique, et n'exercent leurs fonctions que dans des intérêts privés; qu'ainsi les dispositions de l'art. 16 de la loi du 17 mai 1819 ne les concernent point; — Que celles des art. 15 et 17 de la même loi ne leur sont pas moins étrangères; — Qu'ils ne peuvent donc invoquer que l'art. 18 pour la répression des diffamations dont ils sont l'objet et que, par suite, la compétence doit être réglée par l'art. 14 de la loi du 26 mai 1819; — Attendu que, d'après ces principes, la cour royale de Paris s'est conformée à la loi en retenant, par l'arrêt attaqué, la connaissance de la plainte portée par Me Hocmelle; — Par ces motifs, rejette le pourvoi et condamne le demandeur à l'amende de 150 fr.

Sur le pourvoi contre l'arrêt rendu dans l'affaire de Me Clausse, notaire : — Attendu qu'il s'agit dans l'espèce d'une diffamation qui aurait été commise par la voie de la presse contre un notaire, pour des faits relatifs à ses fonctions; que les notaires ne peuvent être considérés comme dépositaires ou agents de l'autorité publique dans le sens des lois précitées; — Rejette, etc., etc.

Enfin, sur le pourvoi contre l'arrêt rendu au profit de la chambre des notaires : — Attendu que les mots *corps constitués* de l'art. 15 de la loi du 17 mai 1879 ne peuvent s'entendre que des corps qui sont dépositaires d'une partie de l'autorité publique; que ce caractère ne se rencontre point dans les chambres des notaires, qui ne sont instituées que pour la discipline intérieure et qui ne procèdent que sous forme d'avis, toutes les fois que la mesure de discipline à prendre touche l'état du notaire ou que des tiers y sont intéressés; — Rejette le pourvoi et condamne le demandeur à 150 fr. d'amende.

Du 9 sept. 1836.-C. C., ch. crim.-MM. de Bastard, pr.-Vincens, rap.-Frank-Carré, av. gén., c. conf.-Gatine, Dalloz et Verdière, av.

Après le rejet de son pourvoi, le sieur Fournier-Verneuil forme opposition à l'arrêt (de la cour de Paris) intervenu sur le fond. — Mais on soutient que son opposition est non recevable, attendu qu'ayant pris des conclusions sur le fond, cet arrêt doit être réputé contradictoire. – Arrêt.

La cour; — Considérant qu'en matière correctionnelle, le prévenu qui excipe de l'incompétence du tribunal et dont le déclinatoire est rejeté, conserve la faculté de faire défaut sur le fond; — Considérant qu'à l'audience du 25 juin 1836, Fournier-Verneuil soutint le bien-jugé du jugement de première instance, qui avait admis le moyen d'incompétence par lui proposé; qu'à la vérité, il conclut subsidiairement à son renvoi de l'action, dans le cas où la cour se déclarerait compétente, sans s'expliquer en aucune manière sur le fond qui resta intact; qu'aussi la cour, après avoir infirmé le jugement de première instance et rejeté l'exception d'incompétence, déclara évoquer le fond, en vertu de l'art. 215 c. inst. crim. et ordonna qu'il serait passé outre aux débats; que, dans cet état, Fournier-Verneuil n'était pas lié par les conclusions qu'il avait prises subsidiairement afin d'être renvoyé de l'action; que cette formalité que la loi ne prescrit pas en matière criminelle ne saurait être considérée comme une défense que tout prévenu a le droit de proposer aux termes des art. 190 et 210 c. inst. crim.; qu'il suit de là que Fournier-Verneuil a pu, comme il l'a fait, se retirer sans s'expliquer sur les faits qui étaient l'objet de la plainte, et que l'arrêt qui est intervenu sur le fond est nécessairement par défaut, et susceptible d'opposition; reçoit Fournier-Verneuil opposant et dit qu'il sera passé outre aux débats.

Du 18 nov. 1836.-C. de Paris, ch. corr.

Après le jugement de cette question préjudicielle, le sieur Fournier-Verneuil demande à établir, par témoins, la preuve des faits diffamatoires par lui imputés à Me Hocmelle et à Me Clausse. Il soutient que les notaires et les avoués ayant un caractère public, tombent sous l'application de l'art. 20 de la loi du 26 mai 1819 qui autorise la preuve testimoniale des faits diffamatoires « contre toutes personnes ayant agi dans un caractère public et pour faits relatifs à leurs fonctions. » — Il invoque, sur ce point, un arrêt de la cour de cassation du 31 déc. 1835, qui décide que la preuve testimoniale de la vérité des faits diffamatoires imputés à un huissier doit être accueillie. — Arrêt.

La cour; — En ce qui touche la demande de Fournier-Verneuil, tendant à la preuve des faits articulés dans le passage incriminé par la plainte d'Hocmelle : — Considérant qu'aux termes de l'art. 20 de la loi du 26 mai 1819, nul n'est admis à prouver la vérité des faits diffamatoires, si ce n'est quand il s'agit d'imputations contre les dépositaires ou agents de l'autorité publique et contre toutes personnes ayant agi dans un caractère public, et de faits relatifs à leurs fonctions; — Que Hocmelle, avoué près le tribunal de première instance de la Seine, ne peut être considéré comme dépositaire ou agent de l'autorité publique ou comme ayant agi dans un caractère public, ainsi qu'il résulte de l'ensemble des lois sur la presse; ce qui, d'ailleurs, a été jugé par l'arrêt de la cour de cassation en date du 9 sept. 1836; d'où il suit que la preuve des faits diffamatoires est inadmissible; — En ce qui touche le fond, persistant dans les motifs de l'arrêt de défaut, du 25 juin; — Maintient ladite condamnation, etc.

Du 19 nov. 1836.-C. de Paris, ch. corr.-M. Jacquinot-Godard, pr.

Nota. Le même jour, la cour rejeta dans les mêmes termes la preuve testimoniale offerte dans l'affaire Clausse, et maintint la condamnation prononcée par l'arrêt du 25 juin.

(1) *Espèce* : — (Me Bergé C. Min. pub.). — Me Bergé fut traduit devant le tribunal correctionnel de la Seine par Valade, pour diffamation envers lui par la voie de la presse (dans un article inséré au numéro du 17 oct. 1830 de la Gazette des tribunaux). Il fut condamné par le tribunal correctionnel et par la cour d'appel, la chambre des appels de police correctionnelle. — Pourvoi de la part de Bergé : 1° Pour violation de l'art. 1 de la loi du 8 oct. 1830, en ce que s'agissant d'un délit commis par la voie de la presse, la cour d'assises était seule compétente pour en connaître. — Comme il ne s'agissait pas d'une injure verbale ou de diffamation envers un particulier, mais bien d'une prétendue diffamation envers un fonctionnaire public et à l'occasion de ses fonctions (Bergé avait dit que Valade avait instrumenté en vertu d'acte matériellement faux), l'affaire ne rentrait pas dans la disposition exceptionnelle de l'art. 14 de la loi du 26 mai 1819; — 2° Violation de l'art. 17 de la loi du 25 mars 1822. Dans le cas où la juridiction correctionnelle aurait été compétente, a-t-on dit, l'affaire aurait dû être jugée en appel, conformément à cette loi, par la première chambre civile et la chambre correctionnelle réunies, ce qui n'a pas eu lieu; ce qui est, par suite, une cause de nullité évidente; — 3° Au fond; — 4° Violation de l'art. 18 de la loi du 25 mars 1822, en ce que la cour a refusé d'admettre la preuve du fait que l'on a considéré comme diffamatoire; — 5° Violation de l'art. 23 de la loi du 17 mai 1819, qui veut que les discours prononcés ou les écrits produits devant les tribunaux, ne puissent donner lieu à aucune action en diffamation; — En ce qu'on a condamné Me Bergé pour un écrit publié à l'occasion de sa défense devant le tribunal de la Seine où il avait comparu en contradiction avec Valade. — Arrêt (après délib. en ch. du cons.).

La cour; — Sur le premier moyen pris de la prétendue violation de l'art. 1 de la loi du 8 oct. 1830 : — Attendu, en fait, qu'il s'agit, dans l'espèce, non d'un des délits dont cet article attribue la connaissance aux cours d'assises, mais d'un délit de diffamation envers un particulier, et que, dès lors, l'arrêt attaqué a été compétemment rendu. — Sur le deuxième moyen, tiré de la prétendue violation de l'art. 17 de la loi du 25 mars 1822; — Attendu que cet article a été abrogé par l'art. 5 de la loi précitée du 8 oct. 1830. — Sur les moyens du fond :... — Attendu 2° que l'art. 18 de la loi du 25 mars 1822 a été abrogé par l'art. 5 de ladite loi du 8 oct. 1830, et que l'art. 20 de la loi du 26 mai 1819 n'admet aucune sorte de preuve de faits diffamatoires contre les particuliers; — Attendu 3° que le jugement dont l'arrêt attaqué s'est approprié les motifs en le confirmant, a fait résulter le délit de diffamation dont il déclare le demandeur coupable envers Valade, non pas des discours ou écrits du demandeur pour sa défense, mais seulement de l'article incriminé qui fut publié par la Gazette des tribunaux dans son numéro du 17 oct. 1830, et dont ledit demandeur s'est reconnu l'auteur; que l'art. 23 de la loi du 17 mai 1819 n'a donc point été violé. — Rejette.

Du 25 juin 1831.-C. C., ch. crim.-MM. de Bastard, pr.-Rives, rap.

(2) (Min. pub. C. Villaubreil.) — La cour (après délib. en ch. du cons.); — Attendu que celui qui est prévenu d'un délit de diffamation,

que nous venons de le faire remarquer, son ministère n'embrasse que des intérêts privés.

1519. *A fortiori*, ce nous semble, les avocats inscrits au tableau sont-ils dépourvus du caractère public exigé par l'art. 20 de la loi du 26 mai 1819. — Nous disons *à fortiori*, parce que les officiers ministériels tiennent leur investiture du pouvoir, que, soumis pour la plupart à la révocation, ils sont loin d'exercer une profession aussi indépendante que les avocats. Mais dans l'un et l'autre ministère, nous ne voyons que la protection et la défense des intérêts privés, et non celles de l'intérêt public qui est le signe principal du caractère que nous recherchons.—Telle est aussi l'opinion professée par M. Chassan (t. 2, p. 460).— M. Grellet-Dumazeau (t. 1, p. 402) est d'un avis contraire. «L'avocat n'est-il qu'un simple particulier, dit ce dernier auteur?— Non, car les simples particuliers ne sont pas admis à la plaidoirie.—Ne doit-il qu'à son diplôme de licencié le droit de plaider? — Non, car ce diplôme n'établit que son aptitude classique. Exerce-t-il une profession libre? — Non, car elle est incompatible avec plusieurs autres professions. » — Ces raisons et plusieurs autres qu'invoque M. Grellet-Dumazeau, nous paraissant peu décisives.—Nous disons à notre tour: l'avocat est-il chargé d'un service public?—Est-il salarié par le pouvoir?—Lui doit-il obéissance à un autre titre que comme simple citoyen?— Non, évidemment: l'avocat n'est donc pas revêtu d'un caractère public.

1520. Il est toutefois bien entendu que lorsqu'un avocat est appelé à *suppléer les juges* ou les officiers du ministère public, il revêt momentanément un caractère public, et que, dès lors, l'imputation qui l'atteindrait dans son honneur, en cette qualité, donnerait lieu à l'admission de la preuve. — Même observation à l'égard des avoués et des notaires, lorsqu'ils sont appelés à suppléer les juges.—V. n° 711-4°.

1521. La solution doit-elle être la même à l'égard des *arbitres forcés*, qui, dans un autre ordre de faits, sont des délégués de la justice et remplacent aussi les juges.— Il a été jugé qu'ils sont réputés agir dans un caractère public, alors même qu'ils ont été nommés amiables compositeurs (Ch. réun. rej. 15 mai 1838, aff. Pargnin, v° Arbitrage, n°s 106 et s.—Conf. M. Grellet-Dumazeau, t. 1, p. 398.—*Contrà*, MM. de Grattier, t. 1, p. 421 et s., Chassan, t. 2, p. 186).—La loi récente de 1856, qui a supprimé l'arbitrage forcé, ôte pour l'avenir tout intérêt à cette question.

1522. Les *jurés* sont investis d'une véritable magistrature. Ils sont appelés à prononcer, non sur des intérêts privés, mais sur des causes qui concernent la société tout entière. Il y a cela de remarquable aussi que la liste du jury est formée par l'administration qui confère ainsi aux jurés le droit aux fonctions qu'ils sont appelés à remplir par la voie du sort, et qu'à ces points de vue divers, ils doivent être considérés comme ayant un caractère public. — V. en ce sens M. Chassan, t. 2, p. 459.

1523. Il a été jugé cependant que l'outrage par paroles, commis publiquement envers des jurés à raison de leurs fonctions, est de la compétence du tribunal de police correctionnelle et non de la cour d'assises (Orléans, ch. corr., 18 fév. 1834, aff. de Malmussé et autres), décision qui implique que les jurés ne sont ni agents ni dépositaires de l'autorité publique, mais qui ne préjuge rien quant à leur caractère public, relativement à la preuve.

1524. A l'égard des *témoins*, ils ne décident rien, et leur position ne les approche pas de celle des personnes désignées dans les travaux préparatoires des lois de 1819, et notamment dans le discours de M. de Serre (V. n° 1509), comme ayant un caractère public (V. en ce sens MM. Chassan, t. 2, p. 460; Grellet-Dumazeau, t. 1, p. 404). — Toutefois, suivant un arrêt, un témoin est revêtu d'un caractère public et doit être assimilé à un dépositaire de l'autorité (Lyon, 5 juin 1834) (1). — Par le motif qui vient d'être énoncé, cette décision nous semble erronée.

1525. Les prêtres ne sont pas des fonctionnaires publics dans le sens des lois de la presse (V. Crim. cass. 22 fév. 1845, aff. le Patriote de la Meurthe, D. P. 45. 1. 169; Crim. rej. 23 août 1850, aff. Legall, D. P. 50. 5. 379, V. Fonct. publ., n° 51). — Et il a été jugé aussi que les ministres des cultes, bien que salariés par le gouvernement, ne sont pas investis d'un caractère public dans le sens de la loi du 26 mai 1819, etc... Qu'il en est ainsi même du prêtre remplissant les fonctions d'*économe* d'un hospice (Paris, 31 mars 1843, aff. Briet, V. n° 907) proposition que nous ne croyons pas exacte en ce qui a trait à l'économe. En effet, la nomination directe ou indirecte par le pouvoir à un emploi institué dans un intérêt public, nous paraît les signes du caractère public, et nous les trouvons dans l'économat d'un hospice.

1526. Les *députés*, les membres des *conseils généraux*, ceux des conseils d'*arrondissement*, les *conseillers municipaux* doivent-ils être réputés agir dans un caractère public, quant à l'exercice de leurs fonctions? — L'affirmative ne nous paraît pas susceptible d'un doute sérieux. — Dans la loi politique de 1819, on n'a pu entendre, en effet, que ceux qui sont investis par la nation ou par une fraction de la nation, d'un mandat ayant pour objet des intérêts publics, pourraient porter plainte et cependant se dispenser de se défendre et de se justifier, lorsqu'on leur impute des faits tendant à prouver qu'ils ont trahi le mandat qu'ils ont reçu. — La question a été discutée, en ce qui concerne les conseillers municipaux, dans une affaire portée devant la cour de Paris (13 mars 1847, aff. Paya, D. P. 47. 2. 41). — Elle n'a pas été résolue. — Mais, postérieurement, il a été jugé qu'un conseiller municipal doit, en ce qui concerne l'exercice de ses fonctions, être considéré comme revêtu d'un caractère public (Trib. corr. 15 janv. 1848, aff. Robert, D. P. 48. 3. 16). — Conf. MM. Chassan, t. 2, n° 1381; Grellet-Dumazeau, t. 1, p. 396).

1527. Quant aux *candidats* aux fonctions de députés, de membres des conseils généraux, des conseils d'arrondissement, des conseils municipaux, ils n'ont d'autre mission que celle qu'ils se donnent eux-mêmes; ils aspirent à avoir un caractère public, mais ils n'en sont point revêtus. — Il a été jugé en ce sens :

---

peut se défendre par tous les moyens établis par la loi ; — Attendu qu'en l'espèce, l'huissier Mahé avait agi dans un caractère public pour l'exécution d'un mandat de justice; que, dès lors, aux termes de l'art. 20 de la loi du 26 mai 1819, le prévenu du délit de diffamation contre cet huissier, étant autorisé à faire la preuve des faits diffamatoires, ne pouvait en être privé, par le motif que cette preuve serait contraire aux faits constatés par un acte authentique; que cette exception, n'étant pas comprise dans la loi, ne peut être opposée au prévenu; — Rejette le pourvoi formé contre le jugement du tribunal de Saint-Brieuc.

Du 31 déc. 1855.-C. C., ch. crim.-MM. Crouseilhes, pr.-Ricard, r.

(1) (Pitrat et Jomard.) — La cour; — Attendu que, par l'art. 1 de la loi du 8 oct. 1830, la connaissance de tous les délits commis par la voie de la presse se trouve attribuée aux cours d'assises, et que l'art. 2 de la même loi n'a excepté de cette règle générale d'attribution de juridiction que les délits de ce genre qu'avait prévus l'art. 14 de la loi du 26 mai 1819, délits qui sont ceux de diffamation ou d'injure commis contre des particuliers, et lesquels, conformément à cet article, doivent continuer d'être jugés par le tribunal de police correctionnelle,—Attendu qu'ici il s'agit d'un délit d'outrage commis par la voie de la presse envers un témoin, à raison de sa déposition; et que, pour comprendre un tel délit dans l'exception portée par l'art. 2 de la loi du 8 oct. 1830, c'est-à-dire pour en attribuer la connaissance au tribunal de police correctionnelle, et non à la cour d'assises, il faudrait qu'on dût considérer le témoin ainsi outragé, comme n'ayant été qu'un simple particulier pour le fait de sa déposition, à raison de laquelle l'outrage a eu lieu; mais que c'est là une supposition inadmissible; — Attendu, en effet, que le témoin qui vient déposer sous la foi du serment en matière criminelle, quoiqu'on ne puisse aucunement voir en lui les caractères d'un fonctionnaire public, fait en cela, non point l'acte privé d'un simple particulier, mais l'acte public qui lui est commandé par la loi dans l'intérêt général, que, dès lors, l'outrage commis publiquement envers lui à raison de son témoignage, est absolument de même nature que ceux qui peuvent avoir lieu envers un juré ou envers tout fonctionnaire public, à raison de leurs fonctions; qu'aussi leur est-il assimilé par l'art. 6 de la loi du 25 mars 1822, lequel concerne d'une manière spéciale ces sortes d'outrages, contre lesquels le témoin a besoin d'une protection non moins puissante que celle assurée à un juré ou à tout fonctionnaire public, quel qu'il soit; d'où il suit, en dernière analyse, que le délit d'outrage public qui a été commis par la voie de la presse contre Duperret, à raison de son témoignage, ne peut être réputé compris dans l'exception portée par l'art. 2 de la loi du 8 oct. 1830, pour les délits de diffamation ou d'injure commis par une voie de publication quelconque contre des particuliers, lesquels délits continuent à être de la compétence des tribunaux correctionnels; mais qu'il s'agit d'un délit de presse qui, se trouvant hors de ladite exception, ne peut qu'être jugé par la cour d'assises, conformément à la règle générale posée en l'art. 1 de ladite loi; — Par ces motifs annule l'ordonnance des premiers juges, etc.

Du 5 juin 1834.-C. de Lyon, ch. d'acc.-M. Reyre, pr.

1° qu'un candidat à la députation ne peut être considéré comme revêtu, par l'effet de cette candidature, d'un caractère public (trib. corr. de Vendôme, 10 oct. 1846, aff. Dessaigne, D. P. 46. 3. 165; Orléans, 31 mai 1847, aff. Renou-Ruet, D. P. 47. 2. 161; Paris, 23 nov. 1849, aff. Tregent, D. P. 50. 5. 376); — — 2° Qu'un candidat au conseil municipal n'est pas investi d'un caractère public; et que, par suite, la preuve des faits diffamatoires qui lui sont imputés, dans un écrit publié au moment de l'élection, est inadmissible (Rouen, 5 nov. 1846, aff. Déa, D. P. 46. 4. 415). — M. Hébert, ancien procureur général à la cour de Paris, ancien garde des sceaux, a pourtant exprimé une opinion contraire, à la chambre des députés dont il était membre. « Ou il s'agit d'attaques dirigées contre la vie privée, a dit M. Hébert (Mon. du 29 août 1846), et vous ne pouvez pas empêcher celui qui s'en plaint d'en demander réparation, ou bien il s'agit d'attaques à raison de la vie publique, d'attaques dirigées contre lui, à l'occasion de ce qu'il a fait pendant sa candidature, alors qu'il recherchait véritablement une fonction publique; et alors, je n'hésite pas à le dire, car c'est mon opinion, qui peut n'être pas celle de tous les tribunaux, mais que je soutiendrais en toute occasion, celui qu'il attaque a droit de prouver les faits qu'il a allégués, et là ne doivent point s'appliquer les dispositions qui interdisent la preuve en matière de diffamation. Ce n'est pas seulement, en effet, à l'égard des fonctionnaires publics que la preuve du fait diffamatoire est admise : on est toujours préoccupé de cette idée que la preuve n'est admise qu'à l'égard des fonctionnaires publics; pour moi, j'admets une faculté plus étendue. La loi dit : à l'égard de toute personne ayant agi dans un caractère public. Voilà ce que dit la loi. Eh bien! je mets en fait, et les tribunaux l'ont jugé maintes fois, que le député est réputé agir dans un caractère public... — *Plusieurs voix:* Mais le candidat. — *D'autres voix :* Le candidat aussi. — *M. Hébert :* Vous ne devez pas blâmer cette théorie... » — Cette théorie, émise par un homme qui, à la tribune comme devant les tribunaux, a toujours fait preuve d'une grande sagacité, nous paraît une erreur échappée à la rapidité de l'improvisation, car elle confond le candidat avec le député, le solliciteur avec le fonctionnaire, ce qui n'est point admissible. — Qu'une loi conçue dans cet esprit ne fût très-morale, nous ne le contestons en aucune manière. Mais ce n'est point à ce point de vue qu'il faut se placer pour interpréter une disposition existante. Les candidats ont-ils reçu un caractère public, agissent-ils en vertu d'un tel caractère? Telle est la seule question à examiner, et il suffit, en vérité, de la poser pour la résoudre.

1528. La difficulté est plus sérieuse en ce qui concerne les électeurs. — D'une part, en effet, c'est des électeurs qu'émane le caractère public incontestable des députés, des membres des conseils généraux, des conseils d'arrondissement, des conseils municipaux, et, au premier aperçu, il ne paraît pas naturel d'admettre que le caractère public puisse être conféré par des personnes qui n'ont elles-mêmes qu'un caractère privé. — D'autre part, il paraît manifeste qu'en exerçant leur droit électoral, ils font acte de la vie publique et non de la vie privée. — Mais il est aussi à considérer que le caractère public résulte d'une délégation, d'un mandat, et que les électeurs sont eux-mêmes les mandants. — On peut ajouter que, suivant les principes de notre droit constitutionnel, il s'agit là d'un acte de souveraineté, et que le pouvoir souverain est à peu près incompatible avec la discussion des actes qui en constituent l'exercice. — Du reste, il a été jugé : 1° que les électeurs ne sont ni dépositaires ni agents de l'autorité, et qu'ils n'agissent pas non plus dans un caractère public (Crim. cass. 25 mai 1838) (1); — 2° Que la juridiction correctionnelle est seule compétente pour connaître de la diffamation commise par la voie de la presse envers un fonctionnaire public, en sa qualité d'électeur et à raison de faits électoraux et pour statuer sur l'action en dommages-intérêts résultant de cette diffamation, ...Encore que les faits imputés à ce fonctionnaire, et, par exemple, une distribution d'argent destinée à influencer les électeurs fussent justiciables de la cour d'assises (Crim. cass. 23 fév. 1850, aff. Maynard, D. P. 50. 1. 93); — 3° Que le collége électoral n'a pas un autre caractère que celui des électeurs, et qu'il ne peut être considéré comme un corps constitué dans le sens des lois des 17 et 26 mai 1819 (arrêt précité, Crim. cass. 25 mai 1838). — Sans doute, si une loi déclarait que la preuve est admissible pour tous les faits électoraux, nous y applaudirions; mais il s'agit uniquement de déduire les conséquences du principe que nous trouvons écrit dans la loi et expliqué par ses auteurs. — M. Grellet-Dumazeau, t. 1, p. 397, embrasse toutefois une opinion contraire. « Dans notre système de gouvernement, dit-il, les droits

---

(1) *Espèce :* — (Min. pub. *C.* Mangin.) — L'élection de M. Vigier, par le collége de Vannes, fut annoncée dans le National de l'Ouest, qui se publie à Nantes, avec des réflexions qui parurent blessantes pour la majorité des électeurs. — Sur la plainte de trente-six d'entre eux, le ministère public assigna le sieur Mangin, rédacteur en chef de ce journal, devant le tribunal correctionnel de Vannes. — Là, le prévenu proposa deux exceptions; il soutint, 1° qu'un collége électoral étant un corps constitué, la diffamation dont il peut être l'objet est de la compétence du jury; 2° que les poursuites étant dirigées à la requête du ministère public, sans que les plaignants se soient constitués parties civiles, les juges du lieu du dépôt du journal peuvent seuls en connaître, aux termes de l'art. 12 de la loi du 26 mai 1819. — Un jugement a accueilli l'une et l'autre de ces exceptions. — Sur l'appel du ministère public, la cour de Rennes, par arrêt du 15 fév. 1838, a infirmé sur la première exception, et confirmé sur la deuxième (V. n° 897-5°); en conséquence, le prévenu a été renvoyé devant le tribunal correctionnel de Nantes, lieu du dépôt du journal. — Double pourvoi du procureur général contre le chef confirmatif, et du sieur Mangin contre le chef affirmatif de cet arrêt. — Arrêt.

La cour joint les pourvois; — En ce qui touche le pourvoi de Victor Mangin : Attendu que, d'après l'art. 14 de la loi du 26 mai 1819 qui déroge à l'art. 13 de la même loi, les délits de diffamation par voie de publication quelconque envers les particuliers sont de la compétence des tribunaux correctionnels; — Que les électeurs ne sont ni les dépositaires ni les agents de l'autorité publique; — Qu'ils prennent part à l'élection en vertu de droits qui leur sont propres et personnels; — Que les actes qui constituent l'exercice des droits politiques ne sont point nécessairement des actes faits dans un caractère public; — Que, pour agir en qualité de citoyens, les électeurs n'en agissent pas moins comme simples particuliers; — Qu'un collége électoral ne peut avoir un autre caractère que celui des individus qui le composent, ni dès lors être considéré comme un corps constitué dans le sens des lois des 17 et 26 mai 1819; — Que, d'ailleurs le demandeur n'était pas poursuivi comme coupable de diffamation envers un collége électoral, mais bien envers des électeurs qui avaient individuellement porté plainte contre lui; — Qu'ainsi la cour de Rennes, en déclarant la juridiction correctionnelle compétente, n'a point violé l'art. 13 de la loi du 26 mai 1819; — Rejette le pourvoi de Mangin.

En ce qui touche le pourvoi du procureur-général; — Vu l'art. 12 de la loi du 26 mai 1819; — Vu aussi l'art. 215 c. inst. crim.; — Attendu que l'art. 12 de la loi du 26 mai 1819, d'après son texte même, n'exige point, pour donner compétence en matière de diffamation ou d'injure, au juge du domicile de la partie plaignante, qu'elle se soit constituée partie civile; — Que, dans cette loi, le législateur ne s'est point occupé de la procédure par citation directe, autorisée par l'art. 182 c. inst. crim., qu'il a laissée sous l'empire des règles déjà existantes; — Qu'il n'a disposé que pour le cas où l'on suivrait, soit afin de s'assurer l'avantage d'une saisie préalable soit par tout autre motif, la procédure nouvelle qu'il établissait; - Que l'art. 12 distingue donc, quant à la compétence, non pas entre cette procédure nouvelle où le ministère public est toujours l'agent principal de la poursuite, et la procédure par citation directe, mais bien entre le cas où le ministère public seul intéressé agit d'office, et celui où il agit sur la plainte ou la réquisition de la partie lésée; — Que la compétence du juge du domicile de la personne diffamée a été établie afin que la réparation pût être obtenue là où le préjudice avait été réellement causé; — Que ce motif est également applicable, quelle que soit la forme employée pour demander cette réparation à la justice; — Que l'interprétation contraire aurait pour résultat de priver du bénéfice de cette disposition tous les dépositaires et agents de l'autorité publique diffamés, qui ne peuvent agir par voie de citation directe, puisque cette forme de procéder n'est point admise devant la cour d'assises, seule compétente pour connaître des diffamations dont ils peuvent avoir à se plaindre; — Attendu que, dès lors, la poursuite dirigée par le ministère public, sur la plainte de parties domiciliées dans l'arrondissement de Vannes, pour des diffamations contenues dans des journaux distribués à Vannes, avait été compétemment portée devant le tribunal correctionnel de Vannes; — Que la cour de Rennes, en infirmant sur un autre motif le jugement par lequel ce tribunal s'est déclaré incompétent, devait donc retenir la cause et y faire droit, en exécution de l'art. 215 c. inst. crim.; — Qu'en refusant de le faire sous le prétexte qu'il s'agissait d'une poursuite à la requête du ministère public, elle a violé tant ledit art. 215 que l'art. 12 ci-dessus cité de la loi du 26 mai 1819; — Par ces motifs, casse en ce que la cour royale n'a point retenu le fond et l'a renvoyé devant le tribunal correctionnel de Nantes.

Du 25 mai 1838.-C. C., ch. crim.-MM. Choppin, f. f. de pr.-Vincens, rap.-Hébert, av.-gén., c. conf.-Nachet, av.

politiques sont déterminés et conférés par les lois constitutionnelles, et ceux qui les exercent remplissent une véritable fonction, qui, plus que toute autre, doit créer des devoirs et une responsabilité. » — Sans doute. Mais il est facile de prouver, à l'aide de la doctrine professée par M. Grellet-Dumazeau, que le devoir et la responsabilité ne sont nullement les signes à l'aide desquels on peut reconnaître si la preuve est ou n'est pas admissible. — Les cours, les tribunaux, les corps constitués ont nécessairement des devoirs à remplir, et ils subissent la responsabilité qui en est la conséquence. — Toutefois, M. Grellet-Dumazeau, t. 1, p. 419, pense, et avec raison, que la preuve est inadmissible en ce qui les concerne. Ce n'est donc pas dans le devoir ou la responsabilité qu'il faut chercher la solution de la difficulté, mais bien dans la délégation d'un pouvoir, et cette condition manque relativement aux électeurs. — Au reste, il ne faut pas trop s'effrayer de voir des actes politiques qui peuvent être l'objet d'une imputation diffamatoire échapper ainsi à la discussion; car, de deux choses l'une, ou il s'agit de faits punissables, ou l'imputation comprend, au contraire, des faits non punissables. — Dans le premier cas, la dénonciation, le sursis, la poursuite, qui en sont la conséquence (V. nos 1337 et s.), doivent pleinement rassurer sur les inconvénients de la théorie que nous adoptons. Dans le second cas, c'est-à-dire lorsque les faits ne sont pas légalement punissables, le danger pour la société ne saurait être très-grand, puisque le législateur n'a pas cru devoir réprimer le fait imputé.

1529. Il a été jugé que les gardes nationaux d'une localité considérés dans l'exercice de leurs fonctions, forment, sinon un corps constitué, au moins une réunion d'agents de l'autorité publique, et partant, qu'ils sont personnes publiques et non de simples particuliers (Crim. rej. 24 fév. 1832) (1). — Nous croyons que cette décision doit être suivie, et que par conséquent la preuve devrait être admise quant aux faits imputés à des gardes nationaux *relativement à leur service*. — V. du reste *suprà*, n° 941.

1530. M. de Grattier (t. 1, p. 463) examine la question de savoir si la preuve des faits diffamatoires devrait être admise à l'égard de celui qui aurait usurpé des fonctions publiques, et cet auteur résout affirmativement la question. « En usurpant un droit que la loi lui avait refusé, dit M. de Grattier (*loc. cit.*), il (celui qui a usurpé des fonctions publiques) n'en a pas moins *revêtu un caractère public* dont il s'est servi pour se livrer aux actes qui font l'objet de cette imputation, et cette usurpation, qui peut être par elle-même un délit, ne doit point devenir pour lui un moyen de repousser la preuve testimoniale. » — Ce qui nous détermine à embrasser l'opinion de M. de Grattier, c'est que pour admettre la preuve, la loi ne demande pas que celui qui a été diffamé soit *revêtu d'un caractère public*, ce qui pourrait impliquer qu'il en a été légalement investi, mais simplement qu'*il ait agi dans un caractère public*, expression qui n'exclut nullement l'hypothèse prévue par M. de Grattier.

1531. Au surplus, la loi dit expressément que la preuve n'est admise que pour *des faits relatifs aux fonctions* du plaignant revêtu d'un caractère public. — Aussi a-t-il été jugé : 1° que les diffamations envers un fonctionnaire public ne sont de la compétence de la cour d'assises qu'autant que les faits diffamatoires articulés ont un rapport direct et immédiat avec les fonctions du plaignant (Paris, 13 mars 1847, aff. Paya, D. P. 47. 2. 41); — 2° Que s'il n'est pas nécessaire, pour que la diffamation envers un fonctionnaire public soit justiciable de la cour d'assises, que l'écrit incriminé énonce expressément que l'individu diffamé a agi comme homme public dans les faits reprochés, il faut du moins que ces faits soient nécessairement relatifs à ses fonctions, et que l'on ne peut considérer comme tels des faits résultant de rapports quelconques entre un député et les ministres ou chefs de l'administration publique (Crim. rej. 4 mai 1839, aff. Delaroche, V. n° 668); — 3° Qu'on ne peut regarder comme faits relatifs aux fonctions d'une personne publique, que ceux qui se rattachent à l'exercice de ses fonctions; qu'ainsi l'imputation injurieuse faite à un député d'avoir sollicité un emploi, n'est un fait relatif à ses fonctions qu'autant qu'il peut se rattacher à un acte de participation à l'exercice du pouvoir législatif (Crim. rej. 25 nov. 1843) (2). —

(1) *Espèce :* — (Fontaneau, etc. C. l'Ami de l'ordre et la Quotidienne.) — Le colonel, le chef de bataillon et autres officiers, sous-officiers et soldats de la garde nationale de Niort, se prétendant injuriés par un article inséré dans l'Ami de l'ordre et la Quotidienne, dans lequel il était dit que la garde nationale de Niort avait refusé un service d'ordre et de sûreté, ont cité les gérants de ces journaux devant le tribunal correctionnel de Niort. Les prévenus ont demandé leur renvoi devant la cour d'assises, attendu que l'injure ou la diffamation qu'on leur imputait aurait été dirigée contre un corps constitué, une réunion d'agents de l'autorité publique et non contre des particuliers. — Jugement, et sur appel, arrêt de la cour de Poitiers, du 20 août 1830, qui accueille ce système.

Pourvoi pour violation de l'art. 14 de la loi du 26 mai 1819 et fausse application de l'art. 1er de la loi du 8 oct. 1830. — Arrêt

LA COUR; — Attendu que la cour royale de Poitiers, chambre des appels de police correctionnelle, a jugé, en fait, d'après les actes de la procédure, et notamment de la plainte des demandeurs, que ceux-ci se sont toujours identifiés avec la garde nationale de Niort; que c'est dans leur qualité de colonel, chef de bataillon, chirurgien-major, officiers, sous-officiers et soldats de cette garde, qu'ils ont poursuivi la réparation de l'injure qu'ils prétendent leur avoir été faite; qu'en effet, dans les deux articles incriminés, aucun d'eux n'est nommé, ni désigné particulièrement; que la cour de Poitiers a donc pu et dû en conclure que l'injure ou la diffamation n'était particulière à aucun des membres de la garde nationale de Niort; et qu'ainsi les demandeurs n'étaient pas fondés à invoquer les dispositions de l'art. 14 de la loi du 26 mai 1819, relatif aux délits de diffamation ou d'injure verbale, et à ceux de diffamation ou d'injure par une voie de publication quelconque, contre des particuliers; — Que, si les gardes nationaux d'une localité ne forment pas en cette qualité un corps constitué, ils sont, quant à l'exercice de leurs fonctions, une réunion d'agents de l'autorité publique; qu'ainsi ils sont des personnes publiques et non de simples particuliers; — Attendu, en droit, que, d'après l'art. 1er de la loi du 8 oct. 1830, la connaissance de tous les délits commis soit par la voie de la presse, soit par tous les autres moyens de publication énoncés en l'art. 1er de la loi du 17 mai 1819, est formellement attribuée, en exécution de la charte de 1830, aux cours d'assises, à l'exclusion des tribunaux correctionnels; que les demandeurs ne se trouvent pas dans les cas d'exception prévus par ladite loi; — Rejette.

Du 24 fév. 1832.-C. C., ch. crim.-MM. Bastard, pr.-Isambert, rap.

(2) *Espèce :* — (Peyrot C. min. pub.) — M. de l'Espée, membre de la chambre des députés, avait cité le gérant du National devant le tribunal de police correctionnelle, comme prévenu de s'être rendu coupable envers lui d'injure et de diffamation, en publiant dans les numéros de son journal des 17 et 18 mai 1843, des articles où il lui imputait, en termes injurieux pour sa personne, de solliciter un emploi du gouvernement, occupé par un de ses amis, celui de directeur des eaux et forêts. — Le gérant déclina la compétence de la juridiction correctionnelle, par le motif que la diffamation (si le délit existe), ayant été commise envers une personne investie de fonctions publiques et à raison de l'exercice de ses fonctions, la cour d'assises était seule compétente pour en connaître. — Le tribunal correctionnel de la Seine s'est déclaré compétent. — Appel par le sieur Peyrot. — Le gérant du National pose des conclusions dans lesquelles il oppose de nouveau l'incompétence des tribunaux correctionnels en se fondant sur ce que les faits, fussent-ils de nature à être considérés comme simplement injurieux, il suffisait qu'ils eussent été commis par la voie de la presse, pour que la cour d'assises fût seule compétente pour en connaître. — Le 28 juin 1843, arrêt de la cour de Paris, qui confirme le jugement avec adoption pure et simple des motifs des premiers juges.

Pourvoi du sieur Peyrot, 1° défaut de motifs, en ce que l'arrêt attaqué rejette, sans en donner de motifs, un nouveau moyen d'incompétence, qui n'avait été présenté qu'en cause d'appel et sur lequel par conséquent, n'avait pu statuer le tribunal correctionnel. — 2° Violation de l'art. 20 de la loi du 26 mai 1819, et de l'art. 1 de la loi du 8 oct. 1830, et fausse application de l'art. 14 de la loi du 26 mai 1819. — Arrêt (apr. délib. en ch. du cons.).

LA COUR; — Sur le moyen pris de la fausse application de l'art. 20 de la loi du 26 mai 1819, en ce que l'arrêt attaqué, après avoir reconnu dans la personne du plaignant la qualité d'homme public, comme député, a refusé d'assimiler à un fait de fonctions, la sollicitation d'emploi; 2° de la violation de l'art. 1 de la loi du 8 oct. 1830, et de la fausse application de l'art. 14 de celle du 26 mai 1819, en ce que l'arrêt attaqué a compris dans l'exception restreinte aux seuls particuliers, les députés, que leur caractère d'hommes publics place dans une catégorie distincte : — Attendu que l'art. 1 de la loi du 8 oct. 1830 attribue aux cours d'assises la connaissance de tous les délits commis par la voie de la presse, ou par tous les autres moyens de publication énoncés dans l'art. 1 de la loi du 17 mai 1819; — Que l'art. 2 de cette même loi excepte de cette attribution générale les cas prévus par l'art. 14 de celle du 26 mai 1819, aux termes duquel les délits de diffamation ou d'injures par une voie de publication quelconque contre des particuliers doivent être jugés par les tribunaux de police correctionnelle; sauf les cas attribués aux tribunaux de simple police; — Que, par cette exception à la juridiction commune, le législateur a entendu ranger dans des ca-

pour faire rentrer l'imputation du fait incriminé dans le cas de diffamation commise envers une personne publique à l'occasion de ses fonctions de député, on disait que la promotion d'un député à une fonction publique était un fait politique (Charte de 1830); que l'acceptation de cette fonction emportait la démission du député; que les conséquences de cette acceptation se trouvaient aussi réglées par la loi spéciale du 12 sept. 1830; qu'il en résultait que cette nomination dans la personne d'un député entraînait avec elle la présomption légale d'abus de l'influence donnée par les fonctions de député; que la *sollicitation avait par suite le caractère de la tentative*; que le fait de la sollicitation se rattachait donc à la vie publique du député. — Mais, quelque spécieuse que fût cette argumentation, elle ne pouvait prévaloir sur les termes de la loi qui exige que les faits imputés soient *relatifs aux fonctions*. Or les fonctions de député ne consistent pas à solliciter des emplois.

1532. Il a été jugé aussi : 1° que le magistrat qui sollicite de l'avancement n'agissant point, à cet égard, dans un caractère public, les imputations diffamatoires dont cette demande a été le prétexte ne peuvent être regardées comme relatives à ses fonctions, et en conséquence que c'est aux tribunaux correctionnels qu'il appartient d'en connaître (Crim. rej. 28 fév. 1845, aff. Crestin, D. P. 45. 1. 352); — 2° Que la diffamation commise par la voie de la presse envers un fonctionnaire public, à l'occasion de faits se rattachant à ses fonctions, mais qui n'ont été appréciés dans l'article diffamatoire qu'au point de vue de la position privée ou de famille du fonctionnaire, n'est point réputée relative à ses fonctions dans le sens de la loi; et qu'ainsi l'imputation faite à un aide de camp du président de la république d'avoir, en cette qualité, porté au préfet de police l'ordre d'enlever des arbres de la liberté, et notamment celui qui avait été planté au lieu où le père de cet aide de camp (le maréchal Ney) avait reçu la mort, imputation accompagnée de cette réflexion qu'il eût été du devoir personnel de cet aide de camp de faire excepter ce dernier arbre de la mesure prescrite est réputée s'adresser à l'homme privé et non au fonctionnaire (Crim. rej. 19 sept. 1850, aff. Bareste, D. P. 50. 5. 378). — Mais il a été décidé avec raison que l'imputation dirigée contre un préfet de s'être, dans une partie de chasse, hautement couvert de son titre de préfet pour résister aux injonctions des gardes forestiers, constitue une attaque contre un fonctionnaire, à raison de sa vie publique, et, dès lors, la plainte en diffamation portée par le fonctionnaire auquel cette imputation est faite, est de la compétence exclusive du jury (Crim. cass. 17 janv. 1851, aff. le Courrier républicain de la Côte-d'Or, D. P. 51. 1. 107.)

1533. Lorsque les faits imputés sont tout à la fois relatifs à la vie publique et à la vie privée du plaignant, la preuve doit nécessairement être restreinte aux premiers de ces faits.—Avant le décret du 17 fév. 1852, qui déclare (art. 25) que les tribunaux correctionnels sont compétents pour connaître de tous les délits commis par la voie de la presse et autres moyens de publication, il a été décidé en ce sens : — 1° que les tribunaux correctionnels étaient compétents pour connaître de la plainte en diffamation formée par un fonctionnaire public, à raison de faits relatifs à sa vie privée; et qu'il en était ainsi, encore que l'article incriminé renfermât également des imputations se rapportant aux fonctions du plaignant, si celui-ci ne les avait compris ni dans sa plainte ni dans ses conclusions (Crim. rej. 19 avr. 1849, aff. Faurès, D. P. 49. 5. 321); — 2° Que du principe que le délit de diffamation et d'injure ne peut être poursuivi que sur la plainte de l'offensé, qu'il soit fonctionnaire public ou simple particulier, il résulte pour cet offensé, s'il est à la fois offensé dans un journal en sa qualité privée d'avocat, et sa qualité publique de fonctionnaire ou d'officier municipal, le droit de restreindre sa plainte aux faits diffamatoires concernant seulement sa personne privée..., et par suite d'en saisir les tribunaux correctionnels et même les cours d'assises..., sauf toutefois le cas d'indivisibilité absolue des inculpations, objet de la plainte (Crim. rej. 15 fév. 1834, aff. Roux, V. n° 355); — 3° Que le fonctionnaire diffamé dans sa vie publique et dans sa vie privée ne pouvait exercer son droit d'option entre la poursuite devant le tribunal correctionnel ou devant le jury, qu'à la charge de le déclarer dans sa plainte en la restreignant aux faits dont la connaissance appartenait à l'une ou à l'autre de ces juridictions (Crim. cass. 17 janv. 1851, aff. le Courrier républicain de la Côte-d'Or, D. P. 51. 1. 107).

1534. S'il y a *indivisibilité*, l'intérêt social qui a fait admettre la preuve relativement aux fonctions du plaignant doit, ce semble, l'emporter sur les considérations qui ont fait protéger la vie privée contre des investigations indiscrètes : la preuve doit donc être admise pour le tout. — Il a été jugé en ce sens : 1° que si la plainte se rapporte sans distinction aux attaques dirigées contre la vie publique et la vie privée du plaignant, elle doit être déférée au jury, seul compétent en matière de diffamation contre les fonctionnaires, encore que, dans une lettre postérieure, adressée, par exemple, au ministère public après l'arrêt de la chambre d'accusation, le plaignant, dans le but de soumettre le prévenu à la juridiction correctionnelle, réduit sa plainte aux faits relatifs à sa vie privée (Crim. cass. 17 janv. 1851, aff. le Courrier républicain de la Côte-d'Or, D. P. 51. 1. 107); — — 2° Que l'individu diffamé dans un journal, tant en sa personne publique qu'en sa personne privée, ne peut saisir de sa plainte les tribunaux correctionnels, qu'en limitant cette plainte aux imputations relatives à sa vie privée; que par suite, le tribunal correctionnel auquel est déféré, d'une manière générale, un article renfermant des imputations relatives à la vie publique et à la vie privée du plaignant, doit se déclarer incompétent, et renvoyer le prévenu devant la cour d'assises qui a plénitude de juridiction pour apprécier l'ensemble de ces imputations. (Paris 13 fév. 1847, aff. Solar, D. P. 47. 2. 71); — 3° Que le fonctionnaire public diffamé par la voie de la presse, dans sa vie publique et dans sa vie privée, ne peut restreindre la poursuite aux faits diffamatoires concernant sa vie privée, et en saisir la juridiction correctionnelle, s'il n'y a pas divisibilité entre les deux ordres d'imputation (Crim. rej. 4 juill. 1851, aff. Séguin. D. P. 51. 1. 250).

1535. Il a été également jugé que, lorsqu'aux actes d'un fonctionnaire se lient plus ou moins des faits de la vie privée qui ont donné lieu à un outrage commis contre lui, et qui peu-

---

tégories entièrement distinctes, sous le rapport de la compétence, les délits de diffamation ou d'injures commis envers des particuliers, et ces mêmes délits commis envers des agents ou dépositaires de l'autorité;— Qu'aux termes des art. 16 et 18 de la loi du 17 mai 1819 et de l'art. 20 de celle du 26 du même mois, le caractère public de la personne diffamée ou injuriée ne suffit pas pour déterminer la compétence des cours d'assises, si les faits injurieux ou diffamatoires ne sont pas *relatifs aux fonctions*;—D'où il suit que lorsque la condition de la personne ne concourt pas avec la nature des faits incriminés, la diffamation ou l'injure ne constitue qu'un délit envers un particulier; — Attendu que c'est sans fondement que le demandeur a prétendu faire ressortir des expressions de l'art. 20 de la loi du 26 mai 1819, une classe à part de *personnes publiques*, telles que les députés, et qui seraient placées en dehors des règles relatives aux agents ou dépositaires de l'autorité; — Que si l'article précité, après avoir énoncé les diffamations dirigées contre les agents ou dépositaires de l'autorité, ajoute ces mots : « *ou contre toute personne ayant agi dans un caractère public,* » ces dernières expressions, liées à ce qui précède, et placées dans le même membre de phrase, sont comprises sous la condition générale que l'imputation doit porter sur un *fait relatif aux fonctions*;— Que cette distinction, qui formait la deuxième branche du moyen de cassation proposé, étant écartée, les deux parties de ce moyen peuvent être appréciées par les mêmes motifs; — Qu'il y a d'autant plus lieu de les réunir, que les faits incriminés comme diffamatoires et injurieux sont contenus dans des articles qui réunissent dans un seul contexte les éléments de la prévention à l'égard de laquelle il s'agissait de déterminer la compétence, et qui doivent être ainsi soumis à la même juridiction, aux termes de la disposition finale de l'art. 20;— Attendu que le moyen sur lequel s'appuie le pourvoi se résume en définitive à cette unique proposition : que toute demande d'emploi de la part d'un député constitue un fait relatif à ses fonctions; — Que la demande d'un emploi par un député n'est un fait relatif à ses fonctions qu'autant qu'elle se rattache à un acte de participation à l'exercice du pouvoir législatif;— Que les dispositions qui soumettent à la réélection un député promu à un emploi, ne peuvent avoir pour résultat de dénaturer le caractère des faits et de changer les règles de la compétence;— Et attendu, en *fait*, que les articles incriminés ne présentent pas le caractère qui devrait en faire attribuer la connaissance à la cour d'assises; — Qu'il suit de là que l'arrêt attaqué en retenant la connaissance du délit imputé au demandeur, n'a violé aucune loi, et en a fait au contraire une juste application;—Rejette, etc.

Du 25 nov. 1843.-C. C., ch. cr.-MM. Crouseilhes, pr.-De Barennes, rap.-Quénault, av. gén., c. conf.-Martin, av.

vent influer sur la culpabilité du prévenu d'outrage, ces faits peuvent être prouvés par témoins; et spécialement que l'individu accusé d'avoir outragé publiquement un fonctionnaire public dans l'exercice de ses fonctions peut être admis, par la cour d'assises, à faire interpeller les témoins sur le fait de savoir si ce fonctionnaire n'était pas dans un état d'ivresse au moment où il a été outragé (C. d'assises du Cantal, 26 nov. 1853) (1).

§ 3. — *De quelle manière la preuve peut être faite.*

1536. L'art. 20 de la loi du 26 mai 1819 avait été restreint par l'art. 18 de la loi du 25 mars 1822, qui statuait « qu'en aucun cas la preuve par témoins ne serait admise pour établir la réalité des faits injurieux ou diffamatoires; » mais cette restriction avait disparu à son tour par l'effet de la loi du 8 oct. 1830 qui, par son art. 5, avait prononcé l'abrogation formelle de l'art. 18 de la loi de 1822, et rendu toute sa force à l'art. 20 de la loi de 1819. On a vu (nº 1491) que le décret du 17 fév. 1852 (art. 28) a reproduit la disposition précitée de la loi de 1822, et qu'il interdit la preuve *par témoins* des faits injurieux ou diffamatoires.—Mais cette preuve par témoins peut-elle être faite lorsque le plaignant, au lieu de porter son action devant le tribunal correctionnel, en a saisi le tribunal civil? — Sous la loi du 26 mai 1819, M. de Grattier, t. 1, p. 467, enseignait que, dans ce cas, la preuve par témoins devait être admise *même à l'égard des particuliers*.— « Lorsque la partie s'est adressée aux tribunaux civils, dit cet auteur (*loc. cit.*), pour demander la réparation du dommage qu'elle a souffert, ces tribunaux, dans l'appréciation et la preuve des faits ne sont soumis qu'aux règles du droit commun qui leur sont propres; d'après les principes généraux du droit civil, et ils ne peuvent être liés par les dispositions d'une loi de procédure criminelle. Dans ce cas, *la preuve de la vérité des faits diffamatoires est toujours admise*, sauf la preuve contraire. Elle peut être faite même par témoins, aux termes de l'art. 1348 c. civ. » — Si cette doctrine avait été fondée sous la loi de 1819, elle le serait encore sous le décret du 17 fév. 1852; car ce décret est aussi, pour celles de ses dispositions qui touchent à l'instruction, une loi de procédure criminelle qui, sans une dérogation formelle, ne devrait point porter atteinte aux règles du droit civil. — Mais cette doctrine était-elle vraie sous la loi de 1819? — Nous ne le pensons pas (V. aussi en ce sens M. Grellet-Dumazeau, t. 1, p. 125), et voici par quels motifs : — Il est d'abord à remarquer que le droit de prouver tient beaucoup plus au droit pris abstractivement qu'à la procédure. —Aussi est-ce dans le code civil et non dans le code de procédure que se trouvent les dispositions relatives à la preuve.—En second lieu, lorsque la loi de 1819 adoptant et étendant la maxime *veritas convicii non excusat*, a interdit la preuve comme contraire au bon ordre et à la morale, elle n'a pu entendre que cette preuve, qui serait dangereuse devant les tribunaux de répression, n'offrirait point d'inconvénients devant les tribunaux civils, parce que les conséquences du principe seraient nécessairement les mêmes devant les deux juridictions. — Pour faire écarter la preuve devant la juridiction civile on pourrait, d'ailleurs, se fonder sur une règle du droit civil dont l'application ne peut être contestée, c'est que la preuve est toujours inadmissible quand elle est irrélevante. *Frustrà probatur quod probatum non relevat.*—Or, loin de diminuer le préjudice causé par l'imputation, la preuve du fait imputé l'accroît dans une proportion très-notable; elle ne pourrait donc amener qu'un résultat contraire à la défense. — Du reste, la loi du 26 mai 1819 n'a jamais été entendue dans le sens restreint que lui prête M. de Grattier, et ce qui le prouve, c'est que, sous cette loi, les dépositaires ou agents de l'autorité qui voulaient éviter la preuve portaient leur action devant les tribunaux civils, et que c'était même une question controversée que de savoir si, devant ces tribunaux, la preuve pouvait être rapportée en ce qui les concerne. — Mais nous ne croyons pas qu'on ait jamais sérieusement prétendu que, devant les tribunaux civils, la preuve était admissible, même à l'égard des particuliers. — Au surplus, nous reconnaissons que la difficulté est de savoir comment la loi doit être interprétée et non comment elle a été entendue. — Mais nous avons commencé par donner les raisons qui appuient l'interprétation que nous adoptons.

§ 4. — *Effet de la preuve.*

1537. La preuve des faits imputés, dit l'art. 20 de la loi du 26 mai 1819, met l'auteur de l'imputation à l'abri de toute peine, « sans préjudice des peines prononcées *contre toute injure* qui ne serait pas nécessairement dépendante des mêmes faits. » —Nous avons déjà vu (nº 1497) que, sous le décret de 1852, la preuve doit être admise à l'égard des agents de l'autorité et des personnes ayant agi dans un caractère public, non-seulement pour les imputations diffamatoires, mais aussi pour les imputations *injurieuses* dirigées contre eux relativement à leurs fonctions.— Nous n'avons donc pas à expliquer ici comment les derniers mots de l'article précité doivent être entendus. — Mais une question qui n'est pas sans gravité et sur laquelle l'article précité garde le silence est celle de savoir si, nonobstant la preuve rapportée par le prévenu de la vérité de son imputation, des dommages-intérêts peuvent être accordés au plaignant. — Pour la résoudre il ne faut pas, selon nous, se laisser diriger par l'analogie que paraît présenter l'art. 366 c. inst. crim., aux termes duquel, *dans le cas d'absolution, comme dans celui d'acquittement* ou de condamnation, la cour (d'assises) statuera *sur les dommages-intérêts prétendus par la partie civile* ou par l'accusé. » — Cette disposition est fondée sur ce que ni l'absolution ni l'acquittement n'excluent non-seulement la matérialité du fait qui donne lieu à la poursuite, mais même *la faute* de l'inculpé. Ce qui résulte légalement de la déclaration de non-culpabilité, c'est uniquement qu'il n'y a pas eu intention coupable de la part de l'inculpé.—Or, ce verdict, qui fait rejeter l'action publique, laisse intacts les droits de la partie civile, puisqu'aux termes de l'art. 1382 c. nap., « tout fait quelconque de l'homme qui cause à autrui un dommage, oblige celui par *la faute* duquel il est arrivé à le réparer; » et que, bien qu'il n'y ait pas intention criminelle, il peut y avoir imprudence ou maladresse de la part de l'inculpé, ce qui suffit pour le rendre passible des dommages-intérêts.— Mais ces principes ne sauraient être appliqués en matière de diffamation contre les fonctionnaires publics, et la raison en est simple. — Le prévenu qui, dans ce cas, rapporte la preuve de son allégation, non-seulement n'a pas de *faute* à s'imputer, mais il a mérité des éloges. C'est ce qui résulte de la discussion qui a préparé la loi du 26 mai 1819, notamment des paroles précitées de M. de Serre : « C'est le dro... c'est souvent le devoir de leurs concitoyens (ceux des fonctionnaires) de leur repro-

(1) *Espèce :* — (Min. pub. C. Brelat et autres.) — Les sieurs Brelat, Husse et autres, traduits devant la cour d'assises pour avoir outragé publiquement un commissaire de police dans l'exercice de ses fonctions, demandèrent qu'un témoin fût interpellé de déclarer si ce fonctionnaire public n'était pas dans un état d'ivresse, au moment où il donna les ordres illégaux, suivant eux, qui causèrent leur irritation. — Sur l'opposition du ministère public qui soutenait que l'état d'ivresse où se serait trouvé un officier de police judiciaire ne pouvait autoriser ni désobéissance à ses ordres ni des outrages quelconques, intervint l'arrêt suivant : — Arrêt.

LA COUR ; — Attendu que, s'il est de principe que les actes isolés de la vie privée, de quelque nature qu'ils soient, doivent être respectés, et que la preuve ne peut en être admise, il faut reconnaître, néanmoins, qu'il n'en est pas de même toutes les fois que quelques-uns de ces actes se lient plus ou moins à des actes émanant de fonctionnaires publics dans l'exercice de leurs fonctions, et peuvent influer, plus ou moins, sur la culpabilité commise dans la critique de ces derniers actes; — Attendu que, lorsqu'un fait qualifié crime est soumis à l'appréciation du jury, la loi impose au président de la cour d'assises l'obligation, à peine de nullité, de faire observer aux jurés que, s'il existe des circonstances atténuantes, ils doivent le déclarer; — Que, s'il n'en est pas de même lorsqu'il s'agit d'un fait constituant un simple délit, les juges n'en sont pas moins autorisés, en vertu de l'art. 463 c. pén., à réduire la peine, si toutefois les circonstances de la cause paraissent atténuantes; — Attendu que, dans la cause, s'il était possible que le fait dont les prévenus demandent à faire preuve, fût établi, il pourrait en résulter peut-être, en cas de culpabilité de tous les prévenus ou de quelques-uns d'entre eux, des circonstances plus ou moins atténuantes, quant à la moralité de la culpabilité reconnue; — Par ces motifs, ordonne que le fait allégué par les prévenus sera mis en preuve, et qu'il sera fait à cet égard toute interpellation.

Du 26 nov. 1853.-C. d'assises du Cantal.-M. Domingon, pr.

cher leurs torts et leurs fautes publiques. » C'est aussi ce qu'a exprimé M. Bignon en des termes que nous devons rappeler ici. — « Il faut bien nous convaincre, a dit cet orateur, que si la révélation de vérités prises dans la vie privée d'un fonctionnaire, et qui lui serait nuisible sans être utile à l'Etat, est une diffamation condamnable et odieuse, la révélation de vérités prises dans la vie publique de ce fonctionnaire, utile à l'Etat, quoique nuisible au fonctionnaire démasqué est, sous ce titre devenu légal de diffamation, *une action patriotique et généreuse.* » —Ainsi ce sont des louanges et presque des couronnes qui attendent ceux qui dévoilent les écarts des fonctionnaires, lorsque l'imputation est prouvée vraie. — Il est donc manifeste qu'on ne peut leur imputer aucune faute, quel que soit le préjudice souffert par le dépositaire de l'autorité qui, d'ailleurs, n'est pas censé en éprouver, parce qu'il ne peut l'imputer qu'à lui-même. *Quod quid ex suâ culpâ damnum sentit non intelligitur damnum sentire* (L. 203, ff., *De div. reg. jur.*). — C'est aussi en ce sens que la législation anglaise est entendue et appliquée, non-seulement aux fonctionnaires, mais aux simples particuliers. « Quoiqu'il puisse résulter de l'imputation un dommage notable, dit Blackstone (t. 4, p. 208, trad. de Chompré), néanmoins si le fait est vrai, il y a *damnum absque injuriâ*, et lorsqu'il n'y a pas d'injure, la loi n'accorde pas de réparation. » — Ces principes n'ont pas été d'abord adoptés par la jurisprudence française, et il a été jugé : 1° que le prévenu de diffamation envers un fonctionnaire public, par la voie de la presse, peut être condamné à des dommages-intérêts envers la partie civile, nonobstant le verdict de non-culpabilité rendu en sa faveur (Crim. rej. 27 fév. 1835, aff. Pelissier, V. Instr. crim., n° 3765; 23 fév. 1837, MM. Bastard, pr., Debaussy, rap., aff. Brière *C.* min. pub.; 5 avril 1839, aff. Salmon, V. Compét. crim., n° 607; 30 août 1839, aff. Martinet, V. Inst. crim., n° 3766); — 2° Que le prévenu de diffamation envers un fonctionnaire public pouvait, bien qu'acquitté par le jury, être condamné par la cour d'assises aux frais avancés par la partie civile (c. inst. crim. 368), ...et aux dommages-intérêts, alors d'ailleurs qu'il n'y a pas de contradiction entre la déclaration du jury et celle de la cour d'assises (Crim. rej. 3 mars 1842) (1); ...et dans ce cas la cour d'assises peut, à titre de dommages-intérêts, ordonner la suppression des mémoires diffamatoires (même arrêt et Crim. rej. 5 avril 1839, aff. Salmon, V. Compét. crim., n° 607). — Conf. M. de Grattier, t. 1, p. 507).

1538. Mais il a été jugé en sens contraire que des imputations dirigées contre la vie publique et les actes publics d'un fonctionnaire ne peuvent, si la vérité vient à en être prouvée, pas plus donner lieu à des condamnations civiles qu'à des condamnations pénales (Civ. rej. 5 mai 1847, aff. Marrast, D. P. 47. 1. 113.—Conf. M. Grellet-Dumazeau, t. 2, p. 118).—V. aussi M. Chassan, t. 2, p. 494.

1539. Dans tous les cas, et c'est ce qui a été jugé, l'auteur d'écrits attaqués comme diffamatoires, dont quelques faits sont reconnus matériellement vrais, mais n'ayant pour résultat de causer aucun préjudice, a pu néanmoins être condamné à des dommages-intérêts, si tous les autres faits contenus dans ces écrits ont été déclarés faux, injurieux et calomnieux (Civ. cass., 23 nov. 1833, aff. Magnoncourt, n° 1249-2°).

1540. Au reste, ne perdons pas de vue que les décisions précitées qui ont jugé que les dommages-intérêts peuvent être accordés, nonobstant l'acquittement de l'inculpé, sont relatives aux cours d'assises et que, en ce qui concerne les tribunaux correctionnels, seuls compétents aujourd'hui pour connaître des délits commis par la voie de la presse, elles ont peu d'autorité.—D'abord parce que les articles du code d'inst. crim. qui autorisent les tribunaux de police et les tribunaux correctionnels à prononcer des dommages-intérêts (art. 159, 161, 191, 192, 212, 213) ne semblent nullement donner à ces tribunaux la faculté accordée aux cours d'assises par l'art. 366 du même code;—En second lieu, parce que le motif principal sur lequel sont fondées les décisions précitées n'est point applicable aux jugements des tribunaux. Ce motif, en effet, c'est que le verdict de non-culpabilité n'établit nullement que la preuve ait été faite, parce qu'il peut être basé sur le défaut d'intention criminelle de la part du prévenu ou sur d'autres circonstances. — Or cet argument est entièrement inapplicable aux tribunaux dont les jugements sont motivés, en telle sorte qu'il est toujours facile de voir si c'est parce que le prévenu a rapporté la preuve de la vérité de non-imputation que son acquittement est prononcé.

Art. 3. — *Preuve opposée par le plaignant aux allégations de l'inculpé.*

1541. Aux termes de l'art. 23 de la loi du 26 mai 1819, le plaignant en diffamation ou injure pouvait faire entendre des témoins pour attester sa moralité; les noms, professions et demeures de ces témoins devaient être notifiés au prévenu ou à son domicile, un jour au moins avant l'audition. — Le prévenu n'était point admis à faire entendre des témoins contre la moralité du plaignant. — Mais sous la loi du 25 mars 1822 (art. 18), qui défendait de prouver par témoins la vérité des faits diffamatoires imputés à un fonctionnaire public, le plaignant lui-même ne pouvait être admis à prouver par témoins la fausseté des faits diffamatoires, car il entrait dans l'esprit du législateur de n'autoriser cette dernière preuve que comme défense à la première, et dans le cas où celle-ci était permise (L. 26 mai 1819, art. 20). — En conséquence, sous la loi de 1822, il a été jugé que le fonctionnaire public qui se plaignait de diffamation ne pouvait être admis à faire entendre des témoins que pour attester sa moralité (Crim. rej. 2 fév. 1827) (2). — Conf. M. Parant, p. 354 et 355.

1542. Depuis la loi du 8 oct. 1830 qui a remis en vigueur

(1) (Héral.) — La cour; — Attendu, sur le quatrième moyen, que les demandeurs ont succombé à l'égard des parties civiles, et qu'ainsi la cour d'assises s'est conformée à l'art. 368 c. inst. crim. en les condamnant aux frais qu'elles avaient avancés; — Attendu, sur les cinquième et septième moyens, que les dispositions de ce code, suivant lesquelles les cours d'assises ont le pouvoir de condamner à des dommages-intérêts envers la partie civile, le prévenu même acquitté, sont applicables aux délits de la presse comme à tous autres, d'après l'art. 31 de la loi du 26 mai 1819; que le droit accordé par l'art. 20 de la même loi, aux prévenus de diffamation envers les fonctionnaires publics, de faire preuve des faits diffamatoires, ne fait pas cesser ce pouvoir; qu'en effet la déclaration négative du jury, qui n'est pas motivée, n'implique pas nécessairement que ces faits ont été prouvés, et peut avoir pour fondement toutes autres circonstances de fait et d'intention qui, en ôtant à l'imputation le caractère de délit, lui laissent celui d'une faute dommageable; — Que, dans l'espèce, il n'y a, d'ailleurs, aucune contradiction réelle entre la déclaration négative du jury et la déclaration affirmative de la cour d'assises, puisque, dans la première, le fait a été présenté avec tous les caractères légaux du délit de diffamation, qui ne sont pas reproduits dans la seconde; — Attendu, sur le sixième moyen, que la cour d'assises étant autorisée à accorder des dommages-intérêts, a pu, à ce titre, ordonner la suppression de l'écrit qu'elle jugeait préjudiciable aux parties civiles; qu'il n'y a là aucune violation de l'art. 26 de la loi du 26 mai 1819, qui ordonne cette même suppression à titre de peine pour les cas de condamnation; — Rejette.

Du 3 mars 1842.-C. C., ch. crim.-MM. de Bastard, pr.-Vincens, rap.

(2) (Bieil *C.* le maire de Boulogne.) — La cour; — Attendu que, d'après l'art. 20 de la loi du 26 mai 1819, nul n'est admis à prouver la vérité des faits diffamatoires, si ce n'est en cas d'imputation à des fonctionnaires publics, etc.; — Que l'art. 18 de la loi du 25 mars 1822 a supprimé cette exception et a rendu la prohibition de prouver, par témoins, la vérité des faits diffamatoires, générale et absolue; — Que, dès lors, la preuve de la fausseté de ces faits, qui n'aurait été que la preuve contraire de celle de leur vérité, devenait inutile et sans objet; — Que, par ce motif, l'art. 20 de la loi du 26 mai 1819 n'a autorisé cette preuve contraire que dans le cas où il avait permis la preuve directe de la vérité des faits diffamatoires; — Que, dans les autres cas, ni cette loi ni celle du 25 mars 1822 ne l'ont autorisée; — Que, si l'art. 23 de la loi du 26 mai 1819 permet au plaignant de faire entendre des témoins sur sa moralité, c'est à cet unique objet qu'il limite la preuve testimoniale; — Que, par sa nature, cette exception doit être restreinte au seul cas pour lequel l'art. 23 précité l'a établie; — Que, dès lors, en décidant que le demandeur plaignant en diffamation pourrait produire des témoins attestant sa moralité et en lui refusant la faculté d'en faire entendre sur la fausseté des faits diffamatoires, l'arrêt attaqué, loin de violer les dispositions des lois des 26 mai 1819 et 25 mars 1822, s'y est exactement conformé; — Rejette le pourvoi de Jean Bieil contre l'arrêt de la cour d'appel de Bordeaux du 10 nov. 1826.

Du 2 fév. 1827.-C. C., ch. crim.-MM. Bailly, pr.-Ollivier, rap.

celle du 26 mai 1819, il a été jugé que bien que, sur la plainte en diffamation d'un fonctionnaire public, le prévenu n'exerce pas le droit qu'il a de prouver les faits par lui publiés, le ministère public peut faire citer des témoins sur le fait même de diffamation : « La cour ; — Vu les art. 1, 20, 21, 22 de la loi du 26 mai 1819 ; attendu qu'aucune disposition de la loi du 26 mai 1819 ; n'interdit au ministère public de faire assigner des témoins sur une action en diffamation publique, par lui régulièrement introduite sur la plainte de la partie lésée ; rejette » (Crim. rej. 8 nov. 1833, MM. Chantereyne, pr., Mérilhou, rap., aff. Gazette de France C. Chichon). — Voici, à cet égard, ce qui a fait naître la difficulté. — Dans l'espèce de l'arrêt précité, le prévenu reconnaissait son erreur ; il admettait d'avance la fausseté des faits qu'il avait imputés au plaignant, et néanmoins le ministère public insistait pour prouver cette fausseté. A notre avis, cette preuve était superflue ; néanmoins elle a été ordonnée, et le pourvoi contre la décision qui avait ainsi jugé a été rejeté parce qu'aucune loi n'avait été violée. Néanmoins nous ne pensons pas qu'une telle solution doive être suivie, parce que si elle ne contrevient pas expressément à la lettre de la loi, elle l'enfreint dans son esprit.

1543. Mais que faudrait-il décider sous la législation actuelle relativement à la preuve à administrer par le plaignant ? — Le décret du 17 fév. 1852 interdit la preuve *par témoins* des faits injurieux ou diffamatoires. Il ne s'explique pas sur le droit du plaignant d'opposer une preuve contraire à la preuve écrite du prévenu. — Ce silence signifie-t-il que l'art. 23 de la loi du 26 mai 1819 continue sur ce point d'être en vigueur, en telle sorte que le plaignant peut faire entendre des témoins qui attesteraient sa moralité ? — Nous pensons à cet égard que le décret de 1852 ayant reproduit les dispositions de la loi du 25 mars 1822 (art. 18) relativement à la preuve, on doit décider sous ce décret, comme sous la loi précitée (V. n° 1541), que la preuve *par témoins* de la fausseté des faits diffamatoires est inadmissible. — Quant à la preuve que le plaignant pouvait faire de sa moralité, elle nous semble inutile dans l'état d'une législation qui n'admet que la preuve *écrite* des faits imputés. La certitude d'une telle preuve ôte tout l'intérêt, ce nous semble, à la présomption qui naîtrait de la moralité de la personne diffamée.

Sect. 4. — *Des incidents.*

1544. Les incidents qui peuvent se présenter dans le cours des poursuites relatives aux infractions commises par les divers moyens de publication, sont les mêmes que ceux qui sont susceptibles de se produire dans tout procès criminel ou correctionnel. Nous ne pouvons donc que renvoyer, quant aux règles générales, v° Inst. crim. ; il nous suffira de mentionner ici quelques décisions spéciales qui doivent nécessairement y avoir leur place. Elles sont relatives : 1° à la jonction des procédures ; 2° à l'intervention et même au désistement, quoiqu'en général, et lorsqu'il est accepté, il termine la procédure.

1545. *Jonction.* — Suivant l'art. 226 c. inst. crim., la cour d'assises doit statuer par un seul et même arrêt sur les délits connexes dont les pièces se trouvent en même temps produites devant elles ; mais pour qu'il en soit ainsi, il faut que la jonction ait été préalablement ordonnée, et c'est là, pour les deux procédures, un incident. — Jugé que le gérant du journal qui a publié un article incriminé, et le gérant de celui qui l'a reproduit, peuvent être compris dans la même poursuite et renvoyés devant la cour d'assises pour y être jugés simultanément (Crim. rej. 4 déc. 1846, aff. Gazette de France, D. P. 47. 1. 299). — Sur le point de savoir comment doit être entendu l'art. 227 c. inst. crim, relativement à la connexité, V. vis Avocat, n° 494 ; Compét. crim., nos 146 et suiv. ; Inst. crim., nos 1350 et suiv. ; Exception, n° 581.

1546. *Intervention.* — Sur les principes quant à l'intervention, V. ce mot. — Notons seulement ici qu'il a été jugé : 1° que l'avocat de l'une des parties peut intervenir dans la cause, pour demander la répression des injures dirigées contre lui dans des mémoires imprimés et signifiés par l'autre partie (Rouen, 25 mars 1808) (1) ; — 2° Que toute personne injuriée ou diffamée dans un procès entre d'autres particuliers, peut y intervenir (V. Interv., nos 31 et suiv., et 165 et suiv.) ; — 3° Que les tiers ont qualité pour intervenir dans un procès, à raison des faits diffamatoires relatifs à la cause et contenus dans un écrit produit à ce procès, afin de faire ordonner par le juge saisi de l'instance principale, la réparation du préjudice résultant de la diffamation, avec insertion dans un journal du chef de l'arrêt qui prononce cette réparation (Crim. rej. 19 juill. 1851, aff. Recesson, D. P. 51. 5. 417).

1547. En sens contraire, il a été jugé : 1° que des tiers sont non recevables à intervenir en appel pour demander la suppression d'un mémoire par lequel ils se prétendent injuriés (Orléans, 5 août 1815, aff. Bruley, V. Intervention, n° 72) ; — 2° Que les tiers doivent se pourvoir par action séparée pour demander la suppression des écrits produits devant un tribunal par lesquels ils se prétendent diffamés ou injuriés (Grenoble, 9 août 1828, aff. N... C. N...) ; — 3° Qu'un notaire n'est pas recevable à intervenir en appel pour demander que les motifs d'un jugement, portant atteinte à son honneur, soient supprimés ou réformés (Paris, 21 déc. 1840, aff. Lellèvre, V. Intervention, n° 71).

1548. *Désistement.* — Il a été jugé : 1° que le désistement de celui qui a porté une plainte en injures ou en calomnie, désistement accepté par l'adversaire, met fin à la poursuite (C. d'assises de Gand, 5 mai 1834) (2) ; — 2° Qu'en matière de diffamation par la voie de la presse, le plaignant qui se désiste ne peut être condamné aux frais, lorsqu'il ne s'est pas porté partie civile (Crim. rej. 4 mars 1847, aff. Honorein, D. P. 47. 1. 95) ; — 3° Que si, en matière de diffamation, l'exercice de l'action publique est subor-

(1) *Espèce :* — (Bellant C. Rivière.) — Bellant, dans une affaire qu'il plaidait pour lui-même, tint des propos outrageants contre l'avocat de la partie adverse ; celui-ci demandait à prendre dans la cause des conclusions tendantes à une réparation personnelle. — Le sieur Bellant répondait que c'était là une action en injures indépendante de la cause pour laquelle les parties étaient en présence et qu'elle devait subir un degré de juridiction. — Les parties étaient en appel.

La cour ; — Considérant en la forme, sur la demande personnelle de l'avocat de Rivière, d'une part, que Frondière a un intérêt majeur dans son intervention ; qu'il y a de la connexité entre l'objet de sa demande et les conclusions des parties sur le fait des injures, et que, s'il ne réclamait pas de son chef, son silence pourrait lui être dommageable et l'obliger de revenir par tierce opposition ; — D'autre part, que l'avocat doit trouver sûreté et protection dans le tribunal où il exerce ses fonctions ; que les injures qu'on lui adresse dans les causes qu'il défend sont une atteinte à la considération du barreau et un acte d'irrévérence envers la magistrature ; que, sous ce point de vue, elles constituent un délit prétorial, dont la répression, quant aux peines de haute police, appartient au tribunal devant lequel il a été commis et qu'on ne peut raisonnablement contester à l'offensé le droit naturel d'intervenir et d'en provoquer lui-même l'application pour lui valoir de réparation civile ; — Considérant au fond que le mémoire de Bellant, imprimé sur l'appel et par lui distribué dans la cause, commençant par ces mots : « la cause de M. Bellant » et finissant par ceux-ci : « des preuves évidentes consignées au présent », contient, notamment aux pages 12 et 13 les imputations les plus outrageantes, des injures atroces manifestement dirigées contre Frondière, remplissant la fonction de défenseur de Rivière et de son épouse ; — Considérant que les injures sont taxatives et qu'elles ne peuvent se compenser contre les méprisables sarcasmes que les parties s'étaient respectivement lancés dans leurs précédents écrits ; — Considérant qu'elles sont d'autant plus répréhensibles, que Bellant, étant revêtu de la qualité d'avocat, devait savoir que c'est en violer les premiers devoirs que de prendre occasion d'un procès personnel pour outrager et diffamer l'avocat de la partie contre laquelle on plaide, et vu ce qui résulte de l'art. 1036 c. p. civ. ; — Statuant sur le tout, dit que, par le jugement dont est appel, il a été mal jugé, bien appelé ; réformant, prononce à bonne cause le congé signifié et l'action intentée par Bellant ; déclare nulle la signature Félix Rivière, apposée au bas de l'acte du 25 vend. an 13, etc.

Du 25 mars 1808. — C. de Rouen.

(2) (V... frères C. Messager de Gand.) — La cour ; — Vu les art. 10 décr. 20 juill. 1851 ; 66 c. inst. crim. et 368, 52 et 55 c. pr. ; — Considérant que, d'après l'art. 10 décr. précité, les délits d'injure ou de calomnie commis par la voie de la presse envers les particuliers, ne peuvent être poursuivis que sur la plainte de la partie calomniée ou injuriée ; d'où il suit que, lorsque la plainte vient à disparaître et est à considérer comme si elle n'avait pas existé par suite d'un désistement fait d'une part et accepté de l'autre, la poursuite ne peut plus être continuée ; — Décrète le désistement ; — Par suite, relâche les accusés des poursuites dirigées à leur charge, et condamne la partie civile par corps aux frais. »

Du 5 mai 1834. — C. d'ass. de la Flandre-Orientale (Gand).

donné à la plainte de la personne offensée, les poursuites engagées après cette plainte sont valablement continuées nonobstant le désistement du plaignant (Crim. cass. 28 mai 1852, aff. min. pub. *C.* Tomasi, D. P. 52. 1. 144).

SECT. 5. — *Des jugements.*

1549. — Sur les caractères et les formes constitutives des jugements V. v° Jugement. — Faisons seulement remarquer ici qu'il a été jugé : 1° que lorsque le prévenu d'injures verbales tient à l'audience des propos outrageants contre la même personne, si le ministère public prend de nouvelles conclusions à raison de ces propos, le tribunal de police, en déclarant les premières injures non suffisamment établies, ne peut pas se dispenser de statuer sur le second fait, objet des conclusions de la partie publique (Crim. cass. 18 prair. an 11, M. Vermeil, rap., aff. Labrouche; 29 mai 1806, MM. Barris, pr., Lamarque, rap., aff. Chapelle; 16 août 1806, MM. Barris, pr., Delacoste, rap., aff. Desperiés; 3 juill. 1807, MM. Barris, pr., Babille, rap., aff. Lanen); — 2° Que dans le jugement d'une plainte en diffamation, la présence et l'audition du *ministère public* sont prescrites à peine de nullité; mais que le jugement n'est pas nul, quoiqu'il n'ait donné ses *conclusions* que sur la compétence et non sur le fond du procès; l'art. 190 c. inst. crim. portant : « Le procureur du roi résumera l'affaire et donnera ses conclusions, » n'y a pas été prescrit *à peine du nullité*, et son entière exécution n'est point substantielle à l'instruction criminelle (Crim. rej. 12 mai 1820, aff. Masson, V. inst. crim., n° 885); — 3° Que le magistrat outragé à l'audience peut concourir à la décision qui réprime immédiatement cet outrage (Crim. rej. 10 janv. 1852, aff. Candolle, D. P. 52. 5. 40); — 4° Que, de ce que la cour d'assises qui connaît du compte rendu des débats d'une affaire dénoncé comme infidèle, se trouve composée d'un membre qui n'avait pas assisté aux débats de cette affaire, il ne saurait en résulter une nullité (Crim. rej. 25 fév. 1837) (1). — V. n°s 1444, 1554 et suiv.

1550. Il y a déni de justice de la part d'un tribunal de police qui, bien que saisi d'une plainte en injures verbales et en voies de fait, ne prononce que sur la voie de fait et acquitte le prévenu sans rien décider sur le délit d'injures verbales (Crim. cass. 10 therm. an 11 (2). V. du reste v° Déni de justice, n° 12).

1551. Il a été jugé encore : 1° qu'aux juges appartient l'appréciation des circonstances d'après lesquelles les faits imputés doivent être jugés avoir porté atteinte à l'honneur et à la considération de la personne qui a été l'objet des imputations; et que leurs décisions ne peuvent pas être attaquées pour défaut de motifs, lorsqu'ils se sont bornés à prononcer qu'il n'est pas suffisamment établi que les faits imputés ont porté atteinte à l'honneur et à la considération du plaignant. (Crim. rej., 12 mai 1820, aff. Masson, V. Instr. crim. n° 885, V. aussi Jugement n° 1101); — 2° Qu'en matière de diffamation, la saisie et la suppression de l'écrit diffamatoire, l'impression et l'affiche du jugement qui a reconnu la diffamation et les condamnations pécuniaires, sont le but principal de l'action de la partie civile; que l'omission que présente un jugement ou un arrêt, qui déclare un écrit diffamatoire, de prononcer expressément sur une demande en dommages-intérêts ou en suppression de l'écrit, formée par la partie civile qui a porté plainte en diffamation, donne ouverture à cassation; que les tribunaux ne peuvent rejeter ces demandes *formâ negandi*. (Crim. cass., 11 juill. 1823) (3); — 3° Que lorsque les juges de la cour d'assises ont appliqué le texte de la loi relative aux outrages contre les

---

(1) *Espèce* : — (Brière *C.* min. publ.) — Le gérant du Journal de Rouen, acquitté, par la cour d'assises de la Seine-Inférieure, d'une action pour délit de presse, fit le lendemain, sur ce procès, un long article qui fut la cause d'une nouvelle action fondée sur ce qu'il avait rendu un compte infidèle des débats de la première affaire. Condamné pour ce fait à deux mois d'emprisonnement et 3,000 fr. d'amende, le sieur Brière s'est pourvu en cassation. — Arrêt.

LA COUR; — Sur le deuxième moyen, tiré de ce que l'un des conseillers qui ont rendu l'arrêt attaqué n'avait pas participé aux débats dont il était prétendu que le Journal de Rouen avait rendu un compte infidèle et de mauvaise foi : — Attendu que la loi n'ordonne pas que la cour d'assises, appelée à juger une inculpation du délit de compte-rendu infidèle et de mauvaise foi, soit composée des mêmes juges que ceux qui siégeaient à l'audience dont le compte rendu est incriminé; qu'en effet, si la conviction des magistrats en cette matière a souvent pour base les souvenirs plus ou moins complets qu'ils peuvent avoir conservés des débats dont le compte rendu est soumis à leur jugement, elle se forme également par la comparaison de l'article poursuivi avec les faits constatés, soit par le procès-verbal de l'audience, soit par l'arrêt intervenu dans le procès qui a été l'objet du compte rendu, soit, enfin, par tous les autres moyens d'instruction dont la cour d'assises croit devoir faire usage;

Sur le troisième et dernier moyen, tiré de ce que l'article incriminé n'était pas un compte rendu des débats et que, par conséquent, il ne rentrait pas dans la prévision de l'art. 7 de la loi du 25 mars 1822 et ne se trouvait pas soumis à la juridiction correctionnelle créée par cet article : — Attendu que, du rapprochement fait par l'arrêt attaqué des nombreux paragraphes qui composent l'article incriminé avec toutes les phases des débats qui ont donné lieu audit article, il résulte évidemment que cet article avait le caractère de compte rendu; que, dès lors, il appartenait à la juridiction correctionnelle de la cour d'assises d'en connaître, aux termes de l'art. 7 de la loi du 25 mars 1822 et de juger la fidélité, la bonne ou mauvaise foi de ce compte rendu, et, qu'en le faisant, elle n'a ni violé les règles de la compétence, ni commis un excès de pouvoir; — Rejette.

Du 25 fév. 1837.-C. C., ch. crim.-MM. de Bastard, pr.-Dehaussy, r.

(2) (Louis Tailliez *C.* Vagret.) — LE TRIBUNAL; — Vu l'art. 456, n° 6, L. 3 brum. an 4; — Considérant que la plainte de Louis Tailliez portait, d'une part, sur des injures verbales proférées contre le plaignant par Charles Vagret, à diverses époques et en divers lieux; que, de l'autre, il se plaignait d'une voie de fait sur sa personne, arrivée le 9 frimaire au pont de la Redoute; — Que, quoique ces deux délits eussent été l'objet très-distinct des déclarations des témoins et de toute l'instruction, cependant le tribunal, dans le jugement, n'avait point statué sur celui des injures proférées, en prononçant seulement sur celui qui consistait en la voie de fait ou attentat sur la personne du plaignant, qui avait eu lieu le 9 frimaire au pont de la Redoute; qu'il renvoyait de la plainte sur ce que ce dernier fait ne lui paraissait pas suffisamment prouvé, sans rien décider sur le délit des injures verbales, ce qui est un véritable déni de justice et usurpation de pouvoirs; — Par ces motifs, casse.

Du 10 therm. an 11.-C. C., sect. crim.-M. Sieyes, rap.

(3) (Gémond *C.* Garat et autres.) — LA COUR; — Statuant, en premier lieu, sur le pourvoi du sieur Gémond, en ce qui concerne le comte Garat père; — Attendu, sur les moyens présentés contre l'arrêt de la cour d'appel de Paris, du 20 février dernier, qui se réfèrent à ce défendeur; 1° que si son nom n'est pas porté dans les qualités de cet arrêt comme défendeur et intimé sur la plainte dudit Gémond, il est porté dans les mêmes qualités relativement à la plainte par lui présentée conjointement avec son fils, contre ledit Gémond; qu'il y est dit avoir comparu en personne; que les deux plaintes avaient été jointes; qu'il y a été statué tant en première instance qu'en cause d'appel sur le même débat, par le même jugement et après les dires et déclarations respectifs des parties; que ledit arrêt du 20 février a donc été régulièrement rendu avec ledit Garat père, et que l'omission de son nom dans une des parties des qualités n'est qu'une inexactitude de rédaction qui ne peut produire une ouverture à cassation; 2° que si, dans le jugement de première instance qui se confond avec l'arrêt qui en a adopté les motifs et l'a confirmé purement et simplement, les injures que ledit Gémond a été reconnu avoir proférées contre ledit Garat père n'ont pas été déclarées avoir les caractères de publicité et d'imputation de vice déterminé, nécessaires pour établir la compétence de la juridiction correctionnelle, celles qu'il a été aussi reconnu avoir proférées contre le sieur Garat fils, ont été exprimées avec les circonstances suffisantes pour leur imprimer ces deux caractères; qu'elles justifient donc les condamnations qui ont été prononcées contre le sieur Gémond, et que dès lors il est irrecevable à exciper de l'insuffisance des déclarations à l'égard de Garat père. — Attendu d'ailleurs que le sieur Garat a été renvoyé des poursuites du sieur Gémond, et qu'ainsi les autres moyens employés dans le pourvoi lui sont inapplicables; — Rejette le pourvoi dudit Gémond relativement audit comte Garat père, mais attendu que ce pourvoi a été formé vis-à-vis de lui par le sieur Gémond, non-seulement en qualité de partie civile sur sa propre plainte, mais encore en celle de condamné sur la plainte dudit Garat père et son fils, déclare qu'il n'y a lieu à prononcer l'indemnité ordonnée par l'art. 436 c. inst. crim.

Statuant, en second lieu, sur le même pourvoi, en ce qui concerne ledit Guyard : — Attendu que si le nom de ce défendeur n'est énoncé dans aucune des parties de l'arrêt de la cour d'appel de Paris, il ne peut résulter de ce défaut d'énonciation aucun moyen de nullité envers ledit arrêt; qu'il s'ensuit seulement que cet arrêt peut être considéré comme n'ayant pas été rendu avec lui; attendu, d'ailleurs, que, par le jugement de première instance, ledit Guyard avait été renvoyé des poursuites dudit sieur Gémond; rejette le pourvoi pareillement sans indemnité.

Statuant, en troisième lieu, sur ledit pourvoi, respectivement aux sieurs Garat, etc. : — Vu la première disposition du § 2 de l'art. 408 c. inst.

agents de l'autorité, dans l'exercice de leurs fonctions, tandis que la déclaration affirmative du jury n'a porté que sur la question du fait en lui-même, non accompagné de cette circonstance aggravante, l'arrêt est nul (Crim. rej., 16 juin 1832, aff. Pelleport, V. nº 1062); — 4° Qu'aucune condamnation pénale ne peut être prononcée par suite d'une déclaration du jury, si la question à lui posée et sa réponse affirmative n'énoncent formellement les circonstances qui, en fait et en droit, sont de nature à constituer un délit; — Que spécialement, le délit d'adhésion publique à une forme de gouvernement autre que celle établie par la charte de 1830, prévu par l'art. 7 de la loi du 9 sept. 1835, n'est légalement constaté, et ne peut donner lieu à l'application de la peine portée dans cet article, qu'autant que la question soumise au jury, et affirmativement résolue par lui, mentionne : 1° en fait, les paragraphes et passages de l'écrit qui servent de base à l'accusation; 2° en droit, celui des modes de perpétration du délit, énumérés dans ledit art. 7, auquel se rapporte l'écrit incriminé; — Qu'en conséquence, le délit prévu par l'art. 7 de la loi de sept. 1835, ne résulte pas légalement de la réponse affirmative du jury, et ne peut, par suite, être frappé d'aucune peine, lorsque la question exprime seulement si l'accusé s'est rendu coupable du délit d'adhésion à une autre forme de gouvernement que celle qui nous régit, dans un écrit que cette question ne désigne que par sa première et sa dernière phrase sans énoncer d'une part les passages spécialement incriminés, ni d'autre part les éléments constitutifs du délit d'adhésion (Crim. cass. 29 mars 1844, MM. Laplagne-Barris, pr., Rocher, rap., aff. de Léon); — 5° Qu'en condamnant un journal, en matière de délit de presse, à insérer l'arrêt de condamnation dans ses colonnes, les juges peuvent valablement ordonner qu'un certain nombre d'exemplaires du numéro contenant cette insertion sera déposé au parquet du procureur impérial, afin de rendre public par les voies de droit l'arrêt de condamnation (Crim. rej. 2 août 1839, aff. Souilhac, V. nº 1059); — 6° Que le jugement qui déclare le prévenu coupable d'avoir, au moyen d'un écrit publié, commis le délit de diffamation, fait connaître suffisamment que la publication de cet écrit est imputable à ce prévenu (Crim. rej. 15 mars 1850, aff. Abaunza. D. P. 50. 5. 373); — 7° Que le juge saisi d'une plainte en diffamation résultant de divers passages d'un écrit, articulés dans la citation, peut motiver la condamnation, en ajoutant aux passages signalés d'autres portions du même écrit (Crim. rej., 8 juill. 1852, aff. Maillard, D. P. 52. 5. 437); — 8° Que la condamnation prononcée contre l'auteur d'un écrit diffamatoire et motivée tant sur l'ensemble que sur les détails de cet écrit, n'offre aucune contradiction avec l'arrêt interlocutoire qui a rejeté la preuve de certains faits (Rej. 5 mai 1847, aff. Marrast, D. P. 47. 1. 114); — 9° Qu'aux termes de l'arrêté du 27 niv. an 5, un tribunal qui reconnaissait constante la culpabilité d'un prévenu, ne pouvait s'empêcher de prononcer les peines portées par la loi, pour la répression du délit reconnu; il ne lui suffisait pas d'allouer des dommages-intérêts à la partie civile (Crim. cass. 9 fév. 1809, aff. Goubaux, V. Mise en jugem., nº 75-4°).

1552. Sous la constitution de 1848, qui déférait au jury la connaissance des délits commis par la voie de la presse, et voulait qu'il statuât seul sur les dommages-intérêts réclamés pour faits de presse, il a été jugé : 1° que le jury saisi d'un délit de presse contre un fonctionnaire public, pouvait répondre par une seule déclaration sur le fait de la prévention et sur les dommages-intérêts réclamés par la partie civile, si l'affaire était en état quant à ce double chef (Crim. cass. 28 juill. 1849, aff. De Richemond, D. P. 49. 1. 222); — 2° Que le jury devait statuer à la simple majorité et non pas à la majorité de plus de sept voix, sur les questions de dommages-intérêts qui lui étaient attribuées, en matière de délits de presse commis contre des fonctionnaires publics; qu'en conséquence, la décision du jury était nulle, s'il était constaté qu'elle a été rendue à la majorité de plus de sept voix (même arrêt); — 3° Que la décision du jury rendue par défaut sur les dommages-intérêts réclamés pour délits de presse, est susceptible d'opposition (Const. de 1848, art. 84; Crim. rej. 7 déc. 1850, aff. Vivié, D. P. 51. 5. 455); — 4° Que la décision du jury rendue, après renvoi par suite de cassation, sur des dommages-intérêts réclamés pour faits ou délits de presse, est réputée par défaut, quoique des conclusions aient été respectivement prises à cet égard devant la première cour de renvoi, si ces conclusions n'ont point été renouvelées devant la cour de renvoi (Crim. rej. 7 déc. 1850, aff. Vivié, D. P. 51. 5. 435).

1553. Au surplus, et c'est ce qui a été jugé, le tribunal correctionnel, quoique saisi par la citation donnée directement au prévenu par la partie civile, peut renvoyer devant le juge d'instruction, pour être procédé conformément à la loi, avant d'avoir entendu les témoins assignés par la partie civile, lorsque, d'après le libellé de la plainte, il apparaît aux juges qu'une instruction préalable est nécessaire, et lorsque, d'ailleurs, le ministère public a, de son côté, rendu plainte sur les faits contenus dans la citation, et a requis une instruction sur ces faits (Crim. cass. 18 juin 1824, aff. Guyard, V. nº 1494).

SECT. 6. — *Des voies de recours.*

1554. Les voies de recours contre les décisions rendues sur des infractions commises par les voies de publication sont celles que la loi a établies en toute matière, c'est-à-dire que les jugements peuvent être attaqués par les voies de l'opposition, de l'appel et du pourvoi en cassation. — Le législateur n'a, d'ail-

---

crim.; d'après laquelle la cour de cassation doit annuler les jugements en dernier ressort qui ont violé les règles de compétence, et les art. 1 et 2 du même code, desquels il résulte que l'action publique a pour objet l'application de la peine, et l'action civile la réparation du dommage; — Attendu, en droit, 1° que les tribunaux chargés par la loi de statuer sur les poursuites du ministère public et des parties civiles, violent les règles de leur compétence en refusant l'exercice, lorsque, ayant été saisis d'une action publique ou civile, ils s'abstiennent d'y statuer; — 2° Que l'action civile se compose de tout ce qui tend à réparer le préjudice souffert; qu'en matière de diffamation, particulièrement, la saisie et la suppression de l'écrit diffamatoire, l'impression et l'affiche du jugement qui a reconnu la diffamation et les condamnations pécuniaires sont, comme moyens les plus efficaces de la réparation du dommage, les éléments principaux et le but direct de cette action; — Que la demande qui peut en être faite par la partie civile ne peut être réputée accessoire de celle qui a pour objet le caractère et la qualification de l'écrit; que celle-ci n'est qu'un moyen de preuve du préjudice causé, et que les conclusions prises pour la réparation de ce préjudice forment toujours la demande principale; — Que les tribunaux sont, sans doute, les appréciateurs de l'atteinte qui peut avoir été portée à l'honneur, à la considération et au crédit d'un individu par l'imputation de faits publiés par écrit ou verbalement; qu'ils sont aussi les appréciateurs de la réparation qui peut en être due, et que, hors les cas où la loi a prescrit un mode particulier de réparation, ils ont le droit d'admettre, de modifier ou de rejeter, d'après les circonstances et leur conscience, les demandes de la partie civile; mais qu'ils doivent toujours y prononcer, et qu'à défaut de disposition dans leur jugement sur ces demandes, il y a omission ou refus de statuer sur l'action;

Et attendu, en fait, que, devant le tribunal correctionnel du département de la Seine, le sieur Gémond, plaignant et partie civile à l'occasion de la publication et distribution d'un écrit qu'il soutenait être diffamatoire envers lui, avait conclu à une condamnation pécuniaire de 20,000 fr., à la suppression de l'écrit, avec autorisation de le faire saisir partout où il pourrait se trouver, à l'impression et à l'affiche du jugement à intervenir et aux dépens; que le tribunal correctionnel, par son jugement du 15 octobre dernier, reconnut que l'écrit dénoncé contenait l'imputation de faits portant atteinte à l'honneur et à la considération dudit Gémond; qu'il reconnut aussi que les sieurs Dibarrart, Garat fils et Piton avaient participé, comme auteurs ou comme complices, à sa publication ou à sa distribution; qu'en conséquence, il les condamna à une peine d'amende et, vis-à-vis du sieur Gémond, au remboursement des frais du procès; mais qu'il ne statua point sur les demandes principales formées par lui dans l'exercice de son action civile, pour la réparation pécuniaire, la saisie et la suppression de l'écrit, l'impression et l'affiche du jugement; qu'ainsi, relativement à l'action civile, il ne fut prononcé que sur la demande accessoire, et que, par conséquent, il y eut déni de justice et violation des règles de compétence; — Que, sur l'appel du sieur Gémond, il paraît, d'après l'expédition jointe aux pièces de l'arrêt intervenu le 20 février dernier, qu'il borna ses conclusions principales à la demande de 20,000 fr. pour ses dommages-intérêts; mais qu'il n'y fut pas non plus prononcé, et que la cour d'appel, adoptant les motifs du jugement de première instance, ordonna seulement que le jugement sortirait son plein et entier effet; en quoi cette cour a violé aussi les attributions de sa juridiction et les règles de sa compétence; — D'après ces motifs, casse.

Du 11 juill. 1825.-C. C., sect. crim.-MM. Barris, pr.-De Cardonnel, r.

leurs, fait aucune exception relativement aux *comptes rendus* infidèles et de mauvaise foi. D'où il suit que, dans ce cas aussi, les voies de recours ordinaires sont admissibles. Une objection qui n'est pas sans gravité peut cependant se tirer de ce que les juges, dont les audiences ont été infidèlement reproduites, sont seuls à même de bien apprécier le *compte rendu* des faits qui se sont passés sous leurs yeux. Mais cette objection ne saurait prévaloir contre le défaut de dérogation expresse à la règle générale, ni contre le danger de l'omnipotence qu'une telle dérogation conférerait aux tribunaux inférieurs. — Aussi a-t-il été jugé que la loi du 25 mars 1822 n'assimile pas les tribunaux aux chambres législatives, et ne les dispense point, comme il dispense ces dernières, de l'obligation d'observer les formes judiciaires, quand ils ont à prononcer sur le délit d'infidélité ou de mauvaise foi dans le compte rendu de leurs séances; qu'ainsi leurs jugements sont susceptibles d'être attaqués par les voies légales de l'opposition, de l'appel et du pourvoi en cassation (Crim. cass. 6 mars 1825; 22 nov. 1833; Colmar, 11 janv. 1834 (1); 7 déc. 1822, aff. le Constitutionnel, V. nº 1486-4º). — V. en ce sens M. Parant, p. 156.—V. nºs 1444, 1549.

1555. Cependant il a été décidé en sens contraire que les jugements rendus par les tribunaux contre des journalistes, pour

---

(1) 1re *Espèce* :—(Catineau *C.* min. pub.)—LA COUR;—Vu l'art. 16 de la loi du 25 mars 1822;—Attendu que la cour d'assises du département de la Vienne s'est déclarée incompétente pour statuer sur l'opposition formée par Gatineau, par exploit du 29 novembre dernier, envers l'arrêt rendu contre lui, par défaut, le 14 septembre précédent, par la cour d'assises dudit département, à lui notifié seulement le 23 du mois de novembre, et a jugé qu'en tout cas il n'y avait pas lieu à statuer sur ladite opposition; — Que cette cour a fondé son incompétence et son refus de statuer, sur ce que l'arrêt contre lequel l'opposition était dirigée, avait été rendu conformément à l'attribution portée dans le second paragraphe de l'art. 16 ci-dessus cité de ladite loi du 25 mars 1822, et sur le délit de l'art. 7 de cette loi; qu'il est dans la nature des jugements ainsi rendus sur ce délit de n'être soumis à aucun recours, ni à aucune révision; que les juges, sur l'appel ou sur l'opposition, ne pourraient jamais prononcer en connaissance de cause, et que par conséquent ils ne peuvent être appelés à statuer; que la formalité d'un procès-verbal ne pourrait leur fournir des éléments suffisants de jugement; que cette formalité, d'ailleurs, serait impraticable; que, d'après le premier paragraphe du susdit art. 16, les chambres législatives doivent seules statuer sur l'infidélité et la mauvaise foi des comptes qui pourraient être publiés de leurs séances; que l'attribution accordée aux cours et aux tribunaux par le second paragraphe du même article, doit de même être réputée exclusive: que le même mode de procéder doit être adopté à leur égard, parce que la même nécessité doit motiver la même disposition, et que ce mode est le seul qui puisse amener la répression du délit dont il s'agit;—Mais que ces motifs, qui reposent tous sur des assertions ou des conséquences fausses, ne peuvent justifier l'arrêt de la cour d'assises du département de la Vienne; qu'en effet, si les jugements rendus sur le délit de l'art. 7 de la loi du 25 mars 1822 étaient affranchis de toute réformation par voie d'opposition, d'appel ou de recours en cassation, il s'ensuivrait que, dans la poursuite et le jugement de ce délit, les juges seraient aussi affranchis de toutes formes et de toutes règles; qu'il est néanmoins de l'essence de leurs attributions d'être soumis à des formes et à des règles; que les droits que leur confèrent ces attributions sont inséparables des obligations que les lois de la procédure imposent à leur exercice; qu'aucune conséquence ne peut être déduite, dans aucun cas, du pouvoir des chambres législatives en faveur du pouvoir des tribunaux; que lorsque ces chambres exercent des fonctions judiciaires, ces fonctions, qui ne sont qu'accidentelles à leurs attributions, ne les dépouillent pas du pouvoir législatif et politique qui forme leur caractère substantiel; que ce caractère leur demeure toujours inhérent, et s'attache à tous leurs actes, quels qu'en soient la nature et l'objet; que, dans l'exercice de ces fonctions, elles ne peuvent donc être soumises qu'aux formes qu'elles s'imposent elles-mêmes; mais que les tribunaux, qui ne sont investis que d'un pouvoir rigoureusement circonscrit dans des attributions judiciaires, sont essentiellement assujettis aux règles que la loi a prescrites pour l'exercice de ces attributions; que, sur aucun fait particulier, ils ne peuvent être dégagés de l'observation de ces règles que par une disposition législative et formelle; qu'aucune disposition de cette nature n'existe pour la poursuite et le jugement du délit de l'art. 7 de la loi du 25 mars 1822; que le second paragraphe de l'art. 16 de cette loi a seulement dérogé aux règles ordinaires de la compétence, en attribuant aux cours et aux tribunaux, des audiences desquelles il aurait été publié un compte dans un ouvrage périodique, le droit de connaître de l'infidélité et de la mauvaise foi de ce compte, quel que soit le lieu de sa publication et celui du domicile de son auteur; — Qu'il a voulu, en outre, que ces cours et tribunaux en connussent *directement*; mais que de cette expression il ne suit nullement qu'il ait voulu aussi qu'aucune autre cour ou aucun autre tribunal ne pût en connaître par voie d'opposition, d'appel ou de recours en cassation; que le sens légal de cette expression, *directement*, était depuis longtemps fixé, relativement à la compétence des tribunaux, par l'art. 182 c. inst. crim.; que, d'après cet article, cette expression signifie seulement que les cours et tribunaux connaîtront du délit dont il s'agit, sans qu'il soit besoin qu'ils en soient saisis par les ordonnances de renvoi, prescrites par les art. 130 et 160 de ce code, et par l'art. 10 de la loi du 26 mai 1819, sur la poursuite des délits de la presse;

Qu'il ne peut pas même avoir été dans l'esprit du législateur de conférer aux seuls juges qui auraient tenu l'audience dont il aurait été rendu compte, l'attribution exclusive de prononcer sur l'infidélité et la mauvaise foi de ce compte, parce qu'on ne peut pas supposer qu'en ordonnant la répression d'un délit, la loi ait voulu adopter, pour cette répression, une forme qui la rendrait souvent impossible; qu'en effet, il arriverait fréquemment que, par suite de décès, d'abstention, de récusations légales ou d'autres causes, lorsqu'il s'agirait de statuer sur un compte qui aurait été publié d'une audience, la cour ou le tribunal qui aurait tenu cette audience ne pourrait plus se trouver composé des mêmes juges; que par conséquent, s'il était vrai que les juges qui ont vu ou entendu les faits ou les discours d'une audience, eussent seuls caractère pour connaître du compte qui en aurait été publié, l'impunité serait alors le résultat nécessaire de cette nouvelle et étrange doctrine; que ce résultat serait, pour la dignité de la loi et pour son exécution, d'une importance bien plus grave que la difficulté que l'on paraît craindre, pour l'appréciation des faits, devant de nouveaux juges et dans les formes du droit commun; que cette difficulté d'ailleurs n'est que supposée, que dans des cas semblables, ou du moins analogues, elle n'a point été reconnue par la législation antérieure à la loi du 25 mars 1822; que des faits de tumulte dans une audience, d'offenses, d'outrages, d'irrévérences envers des juges sur leurs siéges, sont aussi susceptibles de signes, de gestes, de réticences, d'airs de mépris ou de menace, en un mot d'autant de nuances difficiles à exprimer par écrit, que l'infidélité du compte d'une audience, que cependant, pour des faits de cette nature, les art. 11 et 91 c. pr. civ., les art. 504, 505, 506 et suiv. c. inst. crim., ordonnent aux juges d'en dresser des procès-verbaux, et que, dans les poursuites qu'ils prescrivent sur ces procès-verbaux, ils n'ont point exclu le droit d'opposition, d'appel ou de cassation; que même dans l'espèce, ce qui n'est remarqué que surabondamment, l'arrêt contre lequel était dirigée l'opposition du demandeur, énonçait les deux faits d'infidélité, de mauvaise foi et d'injures qui avaient été reconnus constants par la cour d'assises, dans le compte qui formait l'objet des poursuites; que cette énonciation, qui équivalait à un procès-verbal de constatation, ne laissait plus à juger, dans l'instance d'opposition, que les moyens justificatifs de l'opposant, contre ces faits qui étaient ainsi irrévocablement fixés et reconnus; que la cour d'assises, saisie de l'opposition, était donc encore moins fondée à faire, dans cette instance, l'application des principes erronés sur lesquels elle s'est appuyée pour refuser d'y prononcer; — D'après ces motifs, casse.

Du 6 mars 1825.-C. C., sect. crim.-MM. Barris, pr.-Gaillard, rap.-Marchangy, av. gén., c. conf.-Isambert, av.

2e *Espèce* : —(Min. pub. *C.* Blanc.) — LA COUR (apr. délib. en ch. du cons.); — Vu les art. 413 et 199 c. inst. crim.; les art. 7 et 16 de la loi du 25 mars 1822, et l'art. 3 de la loi du 8 oct. 1830; — Sur le moyen résultant de ce que, par l'arrêt attaqué, la cour royale de Metz a déclaré le ministère public non recevable dans son appel du jugement du jugement du tribunal de police correctionnelle de Metz, en date du 9 août 1833, en se fondant sur ce que ledit jugement était en dernier ressort; — Attendu, en droit, que, dans tous les cas où la loi n'a pas attribué formellement à une juridiction le pouvoir de juger en dernier ressort, la faculté de l'appel subsiste à l'égard de ses décisions et peut être utilement exercée; que l'art. 16 de la loi du 25 mars 1822, qui attribue aux cours et tribunaux le droit d'appliquer directement les dispositions de l'art. 7 de ladite loi au compte rendu infidèle et de mauvaise foi ou injurieux de leurs audiences, n'a point dérogé à ce principe; que les jugements intervenus, en vertu de cette attribution spéciale, restent donc régis par les dispositions générales du droit commun; qu'ils sont conséquemment susceptibles d'être attaqués par la voie de l'appel; qu'ils ne sauraient, dès lors, être rendus en dernier ressort; d'où il suit qu'en décidant le contraire et en déclarant, par suite, que l'appel interjeté dans l'espèce n'était pas recevable, l'arrêt dénoncé a commis un excès de pouvoir, fait une fausse application desdits art. 7 et 16, et violé tant les règles de la compétence que l'art. 199 c. inst. crim.; — Par ces motifs, casse l'arrêt de la cour de Metz, du 19 sept. 1833.

Du 22 nov. 1833.-C. C., ch. crim.-MM. Chantereyne, f. f. de pr.-Dehaussy, rap.-Dupin, pr. gén., c. conf.-Parrot, av.

Nota. Sur renvoi, arrêt conforme 11 janv. 1834.-C. de Colmar, ch. corr.-M. Poujol, pr.

infidélité et mauvaise foi dans le compte rendu de leurs débats, sont souverains et irrévocables; qu'ils ne peuvent être attaqués par la voie d'appel ni par la voie de cassation, soit en ce que les tribunaux doivent être assimilés aux chambres parlementaires, dans l'exercice de la juridiction extraordinaire contre les journalistes; soit en ce qu'il n'y a pas de moyen possible pour fournir aux juges d'appel ou de renvoi après cassation, les éléments nécessaires pour apprécier le délit (C. d'assises d'Amiens, 30 déc. 1822, MM. Ailhaud, pr., Morgan de Béthune, av. gén., c. conf., aff. min. pub. *C.* Constit. Arrêt rendu sur le renvoi prononcé par l'arrêt de cassation du 7 déc. 1822, nº 1486-4º). — Si cet arrêt avait été déféré à la censure de la cour de cassation, il est d'autant plus probable qu'il aurait été cassé, que la cour suprême a persisté depuis dans sa jurisprudence. — Passons à quelques observations spéciales sur l'opposition, l'appel et le pourvoi.

Art. 1. — *De l'opposition.*

1556. Aux termes de l'art. 18 de la loi du 26 mai 1819, le prévenu pouvait former opposition à l'arrêt par défaut rendu contre lui, dans les dix jours de la notification qui lui en avait été faite ou à son domicile, à charge de notifier son opposition tant au ministère public qu'à la partie civile. — Suivant l'art. 19 de la même loi, dans les cinq jours de la notification de l'opposition le prévenu devait déposer au greffe une requête tendant à obtenir du président de la cour d'assises une ordonnance fixant le jour du jugement de l'opposition; et, faute par le prévenu de remplir les formalités qui lui étaient prescrites, ou de comparaître en personne ou par un fondé de pouvoir, au jour fixé par l'ordonnance, l'opposition était réputée non avenue et l'arrêt par défaut était définitif. — D'après l'art. 3 de la loi du 8 avril 1831, le prévenu pouvait former opposition à l'arrêt par défaut dans les cinq jours de la notification qui en avait été faite à sa personne ou à son domicile, à charge de notifier son opposition tant au ministère public qu'à la partie civile. — L'art. 25 de la loi du 9 sept. 1835 voulait aussi que l'opposition, envers l'arrêt par défaut rendu contre le prévenu, fût formée dans les cinq jours de la signification, à peine de nullité. — Suivant la même disposition, l'opposition emportait de plein droit citation à la première audience. — Cette dernière disposition ajoutait que lorsque le tirage au sort des jurés avait commencé en présence du prévenu, l'arrêt à intervenir sur le fond était définitif et non susceptible d'opposition, quand même il se retirait de l'audience après le tirage du jury ou durant le cours des débats.

On sait que le décret du 6 mars 1848 avait abrogé la loi du 9 sept. 1835 et remis en vigueur celles des dispositions antérieures sur la même matière, qui ne se trouvaient pas en opposition avec les décrets du gouvernement provisoire. — La loi du 27 juill. 1849 (art. 17) avait reproduit sur ce point la disposition précitée de la loi de 1835, en ce sens du moins qu'elle voulait que l'opposition emportât de plein droit citation à la première audience, mais elle avait réduit le délai de l'opposition à trois jours. — L'art. 27 du décret du 17 fév. 1852 veut, au contraire, qu'en matière de délits de publication, les poursuites aient lieu dans les formes et les délais prescrits par le code d'instruction criminelle. C'est donc uniquement dans ce code qu'il faut chercher les règles de l'opposition. D'où il résulte que les décisions qui ont eu pour objet d'interpréter les lois antérieures ont nécessairement perdu leur autorité : aussi croyons-nous superflu de les rapporter. — Il en est cependant qui, bien que rendues sous les lois spéciales que nous venons d'énoncer, se trouvent en rapport avec le code d'instruction criminelle, et qui, par suite, nous semblent avoir encore toute leur valeur. Nous croyons, en conséquence, devoir les conserver. — Ainsi, nous rappellerons qu'il a été jugé : 1º que pour qu'un jugement soit contradictoire en matière de délits de la presse, comme en toute matière correctionnelle, il suffit que le défendeur ait proposé des moyens de défense, peu importe qu'il ait ultérieurement déclaré faire défaut (Crim. cass. 8 sept. 1824, aff. Corréard et Barthelemy, V. nº 1292-3º); — 2º Que le jugement est par défaut, si le prévenu se retire après avoir fait valoir un moyen préjudiciel (Crim. cass. 7 déc. 1822, aff. le Constitutionnel, nº 1486-4º, V. Jug. par défaut, nº 453-3º); — 3º Que celui qui se borne, sur l'interpellation du président, à décliner ses nom, prénoms, profession et demeure, peut se retirer et faire défaut (Crim. cass. 8 sept. 1824, aff. Corréard, V. nº 1292-3º); — 4º Qu'il suffit qu'il soit reconnu que le bureau d'un journal est le siége même de l'établissement de ce journal, pour que la notification d'un arrêt par défaut en matière de presse, y ait été valablement faite au gérant, encore bien qu'il aurait ailleurs un domicile (Crim. rej. 28 août 1834) (1); — 5º Que le prévenu d'un délit de presse peut être relevé de la déchéance par lui encourue par suite du défaut d'opposition dans le délai fixé par la loi, lorsqu'il est établi qu'il avait fait en temps utile les démarches nécessaires, et que le retard est l'effet d'une erreur de bonne foi (C. d'assises de la Seine, 22 mai 1832, M. Agier, pr., aff. Gaussuron, etc.). — V. aussi Jug. par défaut, nº 474.

Art. 2. — *De l'appel.*

1557. Quels jugements sont susceptibles d'appel? — Pour les principes, V. Appel crim. — En ce qui touche la matière spéciale de cet article, il a été décidé : 1º que le jugement correctionnel qui reconnaît qu'un fait, qualifié diffamatoire, n'est qu'une simple injure est en dernier ressort, alors qu'on n'a pas opposé l'incompétence du juge correctionnel (Riom, 24 déc. 1829, aff. Berthon, V. nº 860); — 2º Que lorsque sur une poursuite en calomnie, le tribunal correctionnel n'a appliqué qu'une peine de simple police pour fait d'injures simples, sans qu'aucun renvoi ait été demandé, un jugement est en dernier ressort, quoique le débat n'ait porté que sur un délit correctionnel (C. cass. de Belgique, 29 nov. 1835, aff. fille V... *C.* dame K...); — 3º Qu'un tribunal d'appel peut apprécier les faits d'une plainte, sans qu'il soit lié par la qualification que leur ont donnée les premiers juges; et par exemple, quoique ceux-ci aient reconnu que les faits constituent une contravention de simple police jugée en dernier ressort, le tribunal d'appel peut recevoir l'appel, en décidant que les faits constituent un délit (Crim. rej. 4 août 1826, aff. Duverd. V. Appel criminel, nº 82).

1558. Il est, en outre, quelques cas particuliers sur lesquels nous devons nous expliquer ici. — Ainsi, aux termes de l'art. 11 c. pr., dans le cas d'insulte ou irrévérence grave envers le juge de paix, il doit en dresser procès-verbal et peut condamner à un emprisonnement de trois jours au plus. — Cette condamnation est-elle susceptible d'appel? — L'affirmative nous paraît certaine d'après les termes de l'art. 12 c. pr., ainsi conçu : — « Les jugements, dans les cas prévus par les précédents articles *seront exécutoires par provision.* » L'exécution provisoire implique nécessairement la faculté de l'opposition ou celle de l'appel. Or, comme dans l'hypothèse prévue par le législateur, celle d'irrévérence envers le juge, la partie est nécessairement présente, il n'est nullement probable qu'il ait prévu le cas d'opposition; c'est donc à l'appel que se rapporte l'exécution provisoire dont parle l'art. 12 précité. — Telle est aussi l'opinion de MM. Carré (lois de la procédure sur ce dernier article) et Chassan (t. 1, p. 74). Ce dernier auteur fait cependant remarquer qu'il est difficile de concilier l'appel avec l'exécution provisoire d'une condamnation à trois jours au plus d'emprisonnement, en ce sens que la condamnation sera toujours subie lorsque le juge de l'appel rendra sa décision. Mais il ne faut pas perdre de vue que toute condamnation prononcée pour une infraction volontaire à la loi, atteint toujours, dans une certaine mesure, l'honneur de celui qui la subit. Aussi, dans l'hypothèse que nous examinons, faut-il beaucoup moins se préoccuper de l'emprisonnement de trois jours que de la tache que la condamnation imprime à la considération de celui qui l'a encourue. — Or, la réformation de la sentence du premier juge doit avoir pour effet de l'effacer.

1559. Suivant l'art. 91 c. pr., ceux qui outragent ou menacent les juges ou les officiers de justice, dans l'exercice de

(1) (Laroze *C.* min. pub.) — La cour (apr. délib. en ch. du cons.); — Attendu, sur le troisième moyen, que la cour d'assises a déclaré, en fait, que le lieu où la signification de l'arrêt par défaut a été faite, est le siége même de l'établissement de la Gazette du Maine, et qu'en jugeant par suite que cette signification était régulière, l'arrêt dont il s'agit n'a violé aucune loi; — Rejette.

Du 28 août 1834.-C. C., ch. crim.-MM. de Bastard, pr.-Rives, rap.

leurs fonctions, peuvent être condamnés, sur le vu du procès-verbal qui constate le délit à une détention qui ne peut exéder le mois et à une amende qui ne peut être moinde de 25 fr. ni exécéder 300 fr. — Cette peine déjà assez grave ne permettait pas de croire que le législateur eût eu la pensée de priver le condamné du droit d'appel; mais son intention devient plus évidente en présence de l'art. 222 c. pén., qui porte que si l'outrage envers les magistrats a eu lieu à l'audience d'une cour ou d'un tribunal, l'emprisonnement sera de deux à cinq ans. — Évidemment le législateur n'a pu entendre que les tribunaux inférieurs pourraient sans contrôle exercer un pouvoir aussi étendu (V. en ce sens M. Chassan, t. 1, p. 76).

1560. On a vu (n° 1422) que, suivant l'art. 504 c. inst. crim., lorsqu'à l'audience ou en tout autre lieu où se fait publiquement une instruction judiciaire, l'un ou plusieurs des assistants donnent des signes publics, soit d'approbation, soit d'improbation ou excitent du tumulte de quelque manière que ce soit, les perturbateurs peuvent, sur l'ordre du président ou du juge dont l'audience est ainsi troublée, être détenus dans la maison d'arrêt pendant vingt-quatre heures. — Cet ordre doit-il être considéré comme un jugement, et peut-il donner lieu à l'appel? — L'affirmative ne paraît pas admissible. Il s'agit là d'une mesure d'ordre et non d'une décision judiciaire; et ce qui fait évanouir, ce nous semble, la possibilité d'un abus d'autorité, en pareil cas, c'est que l'incarcération ne peut être ordonnée que lorsque l'auteur du trouble résiste à l'injonction qui lui est faite de sortir, ou lorsqu'il rentre dans le lieu de la séance, après en avoir été expulsé (V. en ce sens M. Chassan, t. 3, p. 69). — Du reste, il ne faut pas confondre le cas prévu par l'art. 504 avec celui réglé par l'art. 505 c. inst. crim. — Dans cette dernière disposition, le législateur suppose que le tumulte est accompagné d'injures ou voies de fait donnant lieu à l'application ultérieure de peines correctionnelles ou de police, et il veut qu'alors les peines soient prononcées séance tenante, savoir : — Celles de simple police sans appel, de quelque tribunal ou juge qu'elles émanent, et celles de police correctionnelle à la charge de l'appel, si la condamnation a été portée par un tribunal sujet à l'appel ou par un juge seul.

1561. L'art. 23 de la loi du 17 mai 1819 autorise les juges à faire des injonctions aux avocats et officiers ministériels, ou même à les suspendre de leurs fonctions pour six mois au plus, et, en cas de récidive, pour un an au moins et cinq ans au plus. — Il n'est pas douteux que ces condamnations sont susceptibles des voies de recours permises par l'art. 103 du décret du 30 mars 1808 (V. vis Appel civil, nos 346 et s.; Discipline, nos 278 et suiv.). — Au reste, les condamnations accessoires auxquelles donnent lieu les discours tenus ou les écrits produits devant les tribunaux, aux termes de la disposition précitée, sont en premier ou en dernier ressort, suivant que la décision sur le fond de la contestation est ou n'est pas susceptible d'appel. — Il en est de même relativement à la réserve qui peut être accordée à raison des faits diffamatoires étrangers à la cause. — V. M. de Grattier, t. 1, p. 280.

1562. Qui peut interjeter appel? — En matière de diffamation ou d'injure, le *ministère public* ne peut agir que sur la plainte de la partie lésée (V. nos 1070 et s.). — Suit-il de là qu'il ne peut interjeter appel qu'avec le concours ou l'assentiment de cette partie? — Nous ne le pensons pas, le motif qui a fait exiger la plainte pour mettre en mouvement l'action publique est, en effet, inapplicable en ce qui concerne l'appel. — Ce motif, on l'a vu, c'est la crainte d'augmenter le mal produit par la diffamation en lui donnant pour auxiliaire la publicité de l'audience. — Or, lorsque l'action a été intentée, que les plaidoiries ont divulgué tout ce que la partie attaquée pouvait avoir intérêt à laisser dans l'ombre, on ne voit point ce que l'instance d'appel pourrait y ajouter. — D'ailleurs, restreindre ainsi l'action publique, ce serait ajouter à la disposition exceptionnelle qui la régit dans ce cas. — Aussitôt que le ministère public est saisi par la plainte, son action rentre sous la règle ordinaire, et il doit dépendre des officiers qui le représentent d'arrêter ou de continuer les poursuites suivant les inspirations de leur conscience. — Aussi a-t-il été jugé qu'en matière de diffamation ou d'injures publiques, le ministère public a qualité pour interjeter appel, bien que la partie civile n'ait pas appelé (Crim. cass. 13 avril 1820, aff. Rivière, V. n° 1563). — Conf. M. Legraverend, t. 1, p. 55). — Toutefois, il a été aussi jugé en sens contraire qu'en matière de diffamation ou d'injures publiques, le ministère public n'a pas plus qualité pour interjeter appel d'un jugement dont la partie civile n'a pas appelé, qu'il ne l'a pour intenter l'action d'office (Bourges, 26 août 1830; Paris, 24 juin 1831) (1).

1563. Quoi qu'il en soit, et c'est ce qui a été jugé, lorsque, sur une plainte en injures, les juges de première instance ont renvoyé le prévenu de sa plainte, et qu'appel de cette décision a été émis seulement par la partie civile, les juges d'appel ne peuvent statuer que sur les intérêts de cette partie civile, et ne peuvent appliquer aucune disposition pénale; le ministère public, par cela seul qu'il n'a pas appelé de la décision des premiers juges, est présumé y avoir acquiescé (Cr. cass., 13 avr. 1820) (2).

---

(1) 1re *Espèce* : — (Peny C. Magnien.) — LA COUR; — Considérant qu'il s'agit, dans la cause, d'injures publiques; que l'action a été formée par la partie qui s'est prétendue injuriée; que cette action a été rejetée par le jugement du tribunal correctionnel de Nevers, et que la partie plaignante n'en est point appelante; que, d'après la disposition formelle de l'art. 5 de la loi du 26 mai 1819, la poursuite, en pareille matière, ne peut avoir lieu que sur la plainte de la partie qui se prétend lésée; d'où il suit que, si la partie qui a, d'abord, porté plainte dans un premier moment d'irritation, vient à la retirer, la poursuite ne peut être continuée; que, par la même raison, si la plainte est rejetée, la partie seule peut attaquer ce jugement; que la loi a voulu que la partie lésée fût seule juge de la convenance et de l'opportunité de la poursuite, et qu'elle fût toujours maîtresse d'y renoncer, si elle craignait de supporter les frais auxquels elle pouvait donner lieu, ou si elle avait lieu de redouter qu'une discussion publique n'entraînât un scandale pire que l'injure, objet de la plainte; — Déclare l'action du ministère public non recevable.

Du 26 août 1830.-C. de Bourges, ch. corr.-M. Trottier, pr.

2e *Espèce* : — (Min. pub. C. Lacroix.) — LA COUR; — En ce qui touche la fin de non-recevoir résultant de l'art. 5 de la loi du 26 mai 1819; — Considérant qu'aux termes dudit article, nulle poursuite en diffamation ne peut être intentée que par la partie lésée, et qu'elle ne peut l'être d'office à la requête du ministère public; qu'il suit de là que le ministère public est non recevable à relever, par la voie de l'appel, une action en diffamation qui ne l'a pas été par la partie intéressée.

Du 24 juin 1831.-C. de Paris, ch. corr.-M. Dehaussy, pr.

(2) (Int. de la loi. — Aff. Rivière.) — LA COUR; — Vu l'art. 1, § 1, c. inst. crim.; — Vu aussi les art. 18 et 26 de la loi du 17 mai 1819, et l'art. 5 de celle du 26 du même mois; — Attendu, 1° que, par le jugement rendu en première instance par le tribunal correctionnel de Civray, la femme Rivière avait été renvoyée de la plainte portée contre elle par Dervaux; que le ministère public ne s'était point rendu appelant de ce jugement; que Dervaux seul en avait appelé; que la cour d'appel de Poitiers n'était donc saisie de la plainte que dans l'intérêt de la partie civile, et pour les réparations civiles par elle réclamées; que le ministère public, à qui l'art. 1, § 1, c. inst. crim., réserve exclusivement le droit de poursuivre des condamnations à des peines, avait renoncé, en acquiesçant au jugement, à toute action à cet égard; que si, d'après l'art. 5 de la loi du 26 mai 1819, la poursuite des délits de diffamation ou d'injure envers des particuliers ne peut avoir lieu que sur la plainte de la partie qui se prétend lésée, cette disposition dérogatoire au droit commun qui attribue au ministère public le droit de poursuivre tout délit directement et d'office, ne peut être étendue au delà de ses expressions; qu'elle interdit seulement au ministère public d'exercer son action avant qu'il en ait reçu l'impulsion par une plainte de la partie lésée; mais que, lorsque cette plainte a été portée, il rentre dans la plénitude de ses attributions; que son action est dégagée de toute entrave, et qu'il peut y appeler du jugement qui y a statué, comme faire tous actes de poursuites autorisés par la loi; que le défaut d'appel du ministère public avait donc dans l'espèce été volontaire; qu'il avait donc produit acquiescement au jugement du tribunal de Civray, et renonciation à toute action pour la vindicte publique; que cette renonciation était d'autant plus certaine dans les faits de la cause, qu'il y avait eu appel de la part de la partie plaignante, et que dès lors la disposition de l'art. 5 de la loi du 26 mai 1819 n'aurait pas pu servir même de prétexte au défaut d'appel du ministère public; que cependant la cour royale de Poitiers a prononcé une peine d'amende contre la femme Rivière; qu'elle a donc prononcé sur une action dont elle n'était pas saisie, et qui avait même cessé d'exister; qu'elle a donc violé les règles de sa compétence, ainsi que l'art. 1, § 1, c. inst. crim.; — Attendu, 2° que le délit que l'art. 367 c. pén. avait qualifié de calomnie a été retranché de ce code par la loi du 17 mai 1819, qui l'a qualifié de diffamation, et qui en a réglé la peine dans la combinaison du dommage qu'il peut avoir causé, et des

1564. De même il a été jugé que lorsque l'affiche du jugement intervenu sur une plainte en injures n'est ordonnée que sur les conclusions de la partie plaignante et par forme de réparation de l'outrage qui lui avait été fait, l'appel interjeté seulement par le ministère public de cette partie du dispositif n'a pu donner juridiction à la cour d'appel (Crim. cass. 22 oct. 1812) (1).

1565. Mais il a été décidé aussi qu'après l'infirmation d'un jugement qui a déclaré la partie civile non recevable dans une plainte en diffamation, l'action reprend son cours ordinaire, quoique de son côté le ministère public n'ait pas appelé, et le tribunal correctionnel reste toujours compétent pour connaître de la plainte (Nîmes, 20 fév. 1823, aff. Richard-Crémieux, V. n° 1253-2°).

1566. Sur les fins de *non-recevoir* qui peuvent s'élever contre l'appel, V. v° Exception.—Nous ferons seulement remarquer ici qu'il a été jugé que l'exécution par le gérant du jugement qui a ordonné l'insertion d'une réponse, ne peut être considérée comme un *acquiescement* à ce jugement et élever une fin de non-recevoir contre l'appel interjeté par ce gérant après l'insertion (Douai, 16 juin 1845, aff. Dayez, D. P. 48. 2. 11). — V. aussi v° Acquiescement, n°s 276 et suiv.

1567. *Délai de l'appel.* — Pas de difficulté sur ce point; c'est le délai fixé par le code d'instruction criminelle (V. le décret du 17 fév. 1852, art. 27 et v° Appel en mat. cr.). — Au reste, suivant les principes de ce code, il a été jugé que le délai de l'appel d'un jugement correctionnel, même après un jugement de débouté d'opposition, également par défaut, ne court qu'à partir du jour de la signification et non à partir du jour du prononcé du jugement (Cr. rej. 14 déc. 1838, aff. Bernage et autres, V. n° 1211).

1568. Devant quels juges doit être porté l'appel? — Aux termes de l'art. 17 de la loi du 25 mars 1822, les appels des jugements rendus par les tribunaux correctionnels sur les délits commis par des écrits imprimés par un procédé quelconque, devaient être portés directement, sans distinction de la situation locale de ces tribunaux, aux cours d'appel pour y être jugés par la première chambre civile et la chambre correctionnelle réunies, dérogeant, quant à ce, aux art. 200 et 201 c. instr. crim. — Et, sous cette loi, il a été jugé que les appels de jugements en matière de délit, résultant d'écrits imprimés, devaient toujours être portés à une cour d'appel, première chambre et chambre correctionnelle réunies, encore qu'il ne s'agirait que de prononcer sur le fait d'avoir étalé et mis en vente un livre ou écrit imprimé déjà condamné : il n'y avait pas lieu à distinguer à cet égard (Cr. rej. 30 janv. 1829, MM. Bailly, pr., Brière, rap., aff. min. pub. *C.* Leclerc). — Mais la législation postérieure, en attribuant au jury la connaissance de tous les délits commis par la voie de la presse, avait nécessairement abrogé la disposition précitée.—Aujourd'hui, la loi en vigueur à cet égard est le décret du 17 fév. 1852, dont l'art. 26 veut que les appels des jugements rendus par les tribunaux correctionnels, sur les délits commis par la voie de la presse, soient portés directement, sans distinction de la situation locale de ces tribunaux, devant la chambre correctionnelle de la cour d'appel.— Ajoutons que la loi du 13 juin 1856 (D. P. 56. 4. 63) a érigé cette exception en règle générale pour toutes les affaires correctionnelles.—Mais il est bien entendu qu'elle n'est applicable qu'aux jugements rendus par les tribunaux correctionnels, et que, lorsqu'il s'agit de décisions émanées des tribunaux civils, il faut suivre les règles de compétence relatives aux affaires civiles même sur des faits qui auraient pu être déférés à la juridiction criminelle avant la loi précitée du 13 juin 1856. — V. Compétence criminelle, n° 448.

1569. Par application de l'art. 26 précité du décret de 1852 il a été jugé : 1° que cet article ne s'applique qu'aux délits de presse proprement dits; qu'il ne s'étend pas aux délits de la parole (Crim. rej. 3 déc. 1852, aff. Lavedan, D. P. 52. 1. 334); ...ni aux injures ou diffamations crayonnées à la main sur un mur (Crim. cass. 26 mai 1854, aff. Jacquemart, D. P. 54. 1. 408); —2° Que le délit de diffamation résultant de la distribution d'un mémoire imprimé, même relatif à un procès, rentre sous la qualification de «délit commis par la voie de la presse,» dans le sens notamment de l'art. 26 du décret du 17 fév. 1852; ...on prétendrait à tort restreindre l'application de cette disposition aux seuls délits de la presse proprement dits, à l'exclusion des délits de droit commun commis au moyen de l'impression (Crim. rej. 15 mars 1855, aff. Vincent, D. P. 55. 1. 126).—La loi récente du 13 juin 1856 (D. P. 56. 4. 63) a exigé cette exception en règle générale pour toutes les affaires correctionnelles. Ces décisions ont donc déjà perdu leur intérêt.

1570. *Effet de l'appel.* — L'appel d'un jugement contenant une disposition définitive est suspensif, même en matière de presse, alors surtout qu'il s'agit d'incompétence. C'est ce qui a été jugé, même sous la loi de 1835, dont l'art. 28 ne concernait que les recours en cassation contre les arrêts rendus par les cours d'assises (Paris, 31 mars 1843, min. pub. *C.* aff. Briet, V. n° 907).—Quant aux dépens, V. Frais, n° 1038.

Ajoutons qu'il a été jugé que lorsqu'il est reconnu, en appel que des outrages n'ont pas le caractère de gravité et de publicité suffisantes pour motiver l'application de peines correctionnelles, la cour ou le tribunal d'appel ne peuvent, en réformant le jugement de première instance, se dispenser de prononcer des peines de simple police (Crim. cass. 2 oct. 1813) (2).

---

circonstances atténuantes qui ont pu en modifier la gravité; que cette loi ne l'a point soumis d'une manière absolue à la peine de l'emprisonnement; que sa disposition à cet égard est facultative et relative aux faits dont elle a laissé l'appréciation à la conscience des juges; qu'elle n'a pas non plus prescrit une amende fixe; que, pour cette peine, elle a de même accordé une juste latitude au pouvoir discrétionnaire des tribunaux; qu'elle a ainsi rempli, pour le délit de diffamation, l'objet de l'art. 463 c. pén.; que cet article, dont la disposition est d'ailleurs restreinte formellement au cas où la peine d'emprisonnement est portée par ce code, ne peut donc, sous aucun rapport, recevoir d'application à ce délit; que la cour royale de Poitiers s'est néanmoins fondée sur cet article pour réduire la peine qu'avait encourue la femme Rivière pour un délit de diffamation commis postérieurement à la publication de ladite loi du 17 mai 1819; qu'elle a donc violé l'art. 18 de cette loi; qu'elle l'a encore violé, ainsi que l'art. 26, en statuant sur ce délit d'après les art. 367 et 371 c. pén. que cet art. 26 déclare expressément être abrogés; — Casse.

Du 15 avr. 1820.-C. C., sect. crim.-MM. Barris, pr.-Aumont, rap.

(1) (Gerber *C.* Min. pub.)—LA COUR; — Vu l'art. 413 c. inst. crim.; — Vu aussi l'art. 408 du même code, qui autorise l'annulation des arrêts criminels pour violation des règles de compétence établies par la loi; — Attendu que le sieur Gerber, injurié, avait conclu devant les premiers juges à l'impression et à l'affiche du jugement à intervenir, par forme de réparation, de l'outrage qui lui avait été fait par le sieur Maire, prévenu, et à titre de dédommagement; que c'était à ce titre que l'affiche du jugement de 1re instance avait été ordonnée; que, dans cet état, cette disposition du jugement n'avait aucun caractère pénal; qu'elle était un complément des réparations civiles, qui n'était réprouvé par aucune loi; qu'il n'y avait point eu appel de la partie condamnée, ni de la partie poursuivante; que la cour de Colmar n'avait été saisie que par l'appel du ministère public; que cet appel, essentiellement étranger aux intérêts civils des parties, n'avait pu donner juridiction à ladite cour sur les réparations civiles, à l'égard desquelles il y avait aquiescement des parties intéressées; qu'en annulant la disposition du jugement de 1re instance, relative à une affiche prononcée à titre de complément des dommages et intérêts, ladite cour a donc violé les règles de sa compétence, tout comme elle a faussement appliqué celles de la loi pénale; — Casse, etc.

Du 22 oct. 1812.-C. C., sect. crim.-MM. Barris, pr.-Bauchau, rap.

(2) (Min. pub. *C.* Lehuby.)—LA COUR; — Vu l'art. 376 c. pén.; — Vu également l'art. 213 c. inst. crim. — Et attendu que, dans l'espèce, la cour de la Haye, chambre des appels de police correctionnelle, a annulé le jugement de première instance, sur le seul motif que le mémoire adressé par le nommé Lehuby, au directeur général de la police, en Hollande, n'était pas un acte authentique et public; qu'il n'avait pas été affiché, vendu ou distribué; et qu'ainsi l'appelant ne s'était pas rendu coupable d'un délit prévu par l'art. 367 c. pén.; mais que, si ce mémoire ne rentrait pas dans l'application des art. 367 et 375 dudit code, il n'est pas moins constant qu'il renfermait des injures et des expressions outrageantes insérées dans un écrit; que, dès lors, la cour de la Haye, d'après l'art. 213 c. inst. crim., devait statuer sur ces injures et expressions outrageantes, et les punir conformément audit art. 376; que le renvoi des poursuites ordonné par la cour, en faveur dudit Lehuby, a donc été une violation des susdits art. 213 c. inst. crim. et 376 c. pén.; —D'après ces motifs, casse.

Du 2 oct. 1813.-C. C., sect. crim.-MM. Barris, pr.-Vautoulon, rap.

Art. 3. — *Du pourvoi en cassation.*

1571. En ce qui touche le pourvoi en cassation, en général, V. v° Cassation; mais en matière de délits de publication, quelles décisions peuvent être attaquées, quels moyens peuvent être proposés? — Il a été jugé: 1° que les tribunaux, en reconnaissant l'existence de l'imputation d'un fait injurieux, ne peuvent admettre le défaut de mauvaise intention, qu'en énonçant les faits justificatifs sur lesquels ils basent cette décision, et sauf à la cour de cassation, en cas de pourvoi, à juger si la disposition de l'art. 13 de la loi du 17 mai 1819 n'a pas été violée (Crim. cass. 15 mars 1821) (1); — 2° Qu'en ce qui concerne les délits résultant d'un écrit, soit imprimé, soit manuscrit, il appartient à la cour de cassation d'apprécier et d'interpréter le sens de cet écrit; qu'elle peut, dès lors, contrairement à la décision qui lui est déférée, décider que l'écrit incriminé renferme le délit signalé par le ministère public (Crim. cass. 19 juill. 1838, aff. Tramecourt, V. n° 629); — 3° Que la qualification des écrits incriminés, en matière de presse, appartient à la cour de cassation qui n'est nullement liée à cet égard par les arrêts des chambres d'accusation, toutes les fois qu'il s'agit de faits déclarés ou non méconnus par les juges (Crim. cass. 10 juill. 1841, aff. la Feuille de Douai, V. n° 553-1°); — 4° Qu'en matière de délits de presse, la cour de cassation a le pouvoir de réviser la qualification des écrits sur lesquels sont intervenues les décisions qui lui sont déférées, et notamment de décider si ces écrits renferment ou non des expressions constituant le délit d'excitation à la haine et au mépris du gouvernement (Crim. cass. 15 déc. 1848, aff. Lemoy, D. P. 51. 5. 409).

1572. Mais il a été décidé 1° que l'indication insuffisante du jour et du lieu où les injures ont été proférées n'est point une cause de nullité du jugement (Crim. rej. 4 avr. 1811, M. Liborel, rap. aff. N...); — 2° Que la loi n'ayant pas déterminé les caractères distinctifs des propos outrageants ou simplement injurieux, la décision des tribunaux, sur ces caractères, ne peut donner ouverture à cassation (Crim. rej. 4 fév. 1823, MM. Barris, pr., Busschop, rap., aff. min. publ. *C.* Dessalles); — 3° Que l'appréciation des dommages-intérêts réclamés par la partie civile, est dans le pouvoir discrétionnaire du juge, en ce sens qu'elle n'est pas fondée à se faire un moyen de cassation de ce que ces dommages-intérêts ne seraient pas proportionnés à son rang (prince étranger) (Crim. rej. 18 oct. 1834) (2); — 4° Que lorsque, sur réclamation du ministère public, les chambres d'instruction et d'accusation ont donné à un fait la qualification de délit d'injure envers des agents de l'autorité à l'occasion de l'exercice de leurs fonctions, cette décision est irrévocable, en ce sens que la cour de cassation ne peut, sur les conclusions du ministère public, déclarer que le fait constitue une injure envers une classe de citoyens, n'ayant pas trait aux fonctions, et qui peut être poursuivie d'office par le ministère public (Crim. rej. 5 août 1831, aff. Savary, V. n° 1105-4°); — 5° Qu'en matière de presse, la déclaration d'une chambre d'accusation qu'un article incriminé ne

---

(1) (Augé.) — La cour, (après délib. en ch. du cons.); — Vu l'art. 13 de la loi du 17 mai 1819; — Vu aussi l'art. 7 de la loi du 20 avr. 1810; — Attendu que celui qui se permet publiquement l'allégation ou l'imputation d'un fait qui porte atteinte à l'honneur ou à la considération d'une personne, agit nécessairement avec la connaissance que la publicité qu'il donnera à ce fait sera préjudiciable à la personne à laquelle il est imputé; — Que cette allégation ou imputation doit donc être réputée de droit faite avec intention de nuire; — Qu'elle constitue donc, par elle-même, une diffamation; — Que c'est ainsi qu'elle a été caractérisée par l'art. 13 de la loi du 17 mai qui, n'ayant pas spécifié la circonstance de mauvaise intention, a reconnu qu'elle y existait de droit; — Que si, dans des circonstances extraordinaires, cette présomption naturelle et légale pouvait être combattue par des faits particuliers, ces faits formeraient, en faveur du prévenu, une exception qu'il devrait prouver; mais que cette exception tendant à détruire la présomption de la saine raison et celle de la loi, il formerait un fait principal qui rentrerait dans la disposition de l'art. 7 de la loi du 20 avr. 1810; que les tribunaux correctionnels ne pourraient l'accueillir qu'en énonçant les faits justifiés qui leur auraient servi de motifs pour l'admettre; et qu'il resterait à juger, sur le pourvoi en cassation, si, d'après ces motifs, la disposition absolue de l'art. 13 de la loi du 17 mai pourrait être considérée comme n'ayant pas été violée; — Et attendu, en fait, que le sieur Augé, chirurgien, avait porté plainte en diffamation contre le sieur Hondrat; — Que le tribunal correctionnel de Montpellier avait rendu sur cette plainte un jugement dans lequel il avait déclaré qu'il résultait de l'instruction qu'une lettre anonyme, dans laquelle le sieur Augé était inculpé d'avoir empoisonné le sieur Achille, à l'aide d'un poison minéral, était parvenue dans les mains du sieur Hondrat; — Que celui-ci avait transmis cette lettre au juge de paix; et qu'en la lui envoyant, il lui avait écrit que la rumeur publique paraissait confirmer son contenu; — Qu'en conséquence, des poursuites avaient été faites; mais qu'il n'en était rien résulté qui pût faire croire que le sieur Achille fût mort empoisonné, et qu'une ordonnance de la chambre du conseil avait prononcé qu'il n'y avait pas lieu à suivre; — Que le sieur Hondrat ne s'était pas borné à exciter ainsi les poursuites de la justice; qu'il avait répandu la lettre anonyme dans le public; qu'il l'avait particulièrement communiquée à plusieurs personnes dans le marché aux grains de la ville de Pézenas: — Que d'après ces faits, dans lesquels le tribunal correctionnel de Montpellier avait reconnu que le sieur Hondrat ne pouvait avoir agi que par des motifs d'animosité et de haine, il avait prononcé contre lui une condamnation fondée sur les art. 13 et 18 de la loi du 17 mai 1819; — Que, sur l'appel de son jugement, la cour royale de Montpellier l'a réformé, a rejeté la plainte d'Augé, et déchargé Hondrat de toute condamnation; — Que cependant cette cour n'a pas fait une nouvelle instruction; qu'elle n'a pas déclaré que les faits reconnus par le tribunal de première instance eussent été par lui mal déduits de celle qu'il avait faite: — Que son arrêt a été uniquement fondé sur ce que « les faits imputés au sieur Hondrat ne portent aucun caractère de calomnie, et que, dans tout ce qu'il a fait, on ne peut voir l'intention de nuire à la réputation du sieur Augé; — Que cet arrêt doit donc être apprécié d'après les faits reconnus constants par le premier jugement; — Mais qu'aucune raison légitime n'avait pu autoriser Hondrat à répandre dans le public une lettre anonyme, qui devait porter une atteinte funeste à l'honneur, à la considération, à l'état du chirurgien Augé; que la publicité par lui donnée au fait d'inculpation porté dans cette lettre était une allégation publique de ce fait; que l'intention criminelle lui était inhérente; qu'elle constituait donc le délit de diffamation prévu par l'art. 13 de la loi du 17 mai; — Que la cour d'appel de Montpellier, en déclarant que les faits imputés à Hondrat ne portaient aucun caractère de calomnie, a donc violé cet article; — Qu'en déclarant encore, par une disposition vague, dénuée de tout motif qui pût détruire la présomption contraire de la loi, que, dans tout ce qu'avait fait le sieur Hondrat, on ne pouvait voir l'intention de nuire au sieur Augé, cette cour a fait une déclaration arbitraire, de laquelle résulte violation de l'art. 7 de la loi du 20 avr. 1810; — Par ces motifs, casse.

Du 15 mars 1821.-C. C., sect. crim.-MM. Barris, pr.-Ollivier, rap.

(2) *Espèce:* — (Duc de Brunswick *C.* Chaltas.) — Le duc de Brunswick s'est pourvu en cassation d'un arrêt de la cour de Paris qui, dans une action en diffamation par la voie de la presse, dirigée contre Chaltas, auteur des écrits incriminés, avait reçu Chaltas opposant à un premier arrêt par défaut, avait considéré le plaignant, duc de Brunswick, comme simple particulier, quoique prince étranger et personne publique sous ce rapport, et lui avait refusé des dommages-intérêts proportionnés à son rang. — Il a fait résulter de ces trois circonstances de l'arrêt trois moyens de cassation que l'arrêt suivant a fait suffisamment connaître. — Arrêt (ap. dél. en ch. du cons.).

La cour; — Sur le pourvoi contre le premier arrêt, en date du 11 septembre dernier, qui a admis l'opposition de Chaltas: — Attendu que cet arrêt a reconnu, en fait, que la signification de la partie civile n'avait pas été faite au vrai domicile ou demeure de Chaltas, et qu'en validant, par suite, l'opposition formée par ledit Chaltas à l'arrêt par défaut contre lui rendu, il n'a pas violé les art. 187 et 208 c. inst. crim.; — Rejette ce premier pourvoi;

Sur le pourvoi formé contre le deuxième arrêt, à la date du 12 septembre: — Attendu, sur le premier moyen, que cet arrêt n'a pas violé l'autorité de la chose jugée puisque, par l'effet du rejet du précédent pourvoi, l'arrêt du 15 mai était révoqué par l'effet d'une opposition légalement formée; — Sur le deuxième moyen pris de la violation des art. 12, 13, 14, 15 et 16 de la loi du 17 mai 1819, et des art. 1382 et 1383 c. civ.; — Attendu, en ce qui concerne les griefs pris de la qualité publique prétendue par le duc de Brunswick, que, par un arrêt de la chambre d'accusation du 19 fév. 1833, passée en force de chose jugée, la prévention d'offense publique envers la personne d'un souverain étranger a été définitivement écartée, et la poursuite restreinte à l'appréciation d'un délit de diffamation privée; qu'ainsi les art. 12, 15 et 16 de la loi du 17 mai ne pouvaient plus être invoqués ni devant la cour d'appel ni devant la cour de cassation; — Sur le grief tiré de la violation des art. 13 et 14 de la loi du 17 mai et des art. 1382 et 1383 c. civ.; — Attendu que l'arrêt attaqué a confirmé la condamnation prononcée par M. Chaltas, comme convaincu de diffamation envers la partie civile, et qu'elle a adjugé à celle-ci des réparations dont il lui appartenait de fixer la quotité; qu'ainsi il a justement appliqué les art. 13 et 14 de la loi du 17 mai, et les art. 1382 et 1383 c. civ.; — Rejette.

Du 18 oct. 1834.-C. C., ch. crim.-MM. de Bastard, pr.-Isambert, rap.

renferme pas le délit d'excitation au mépris et à la haine du gouvernement, en ce que ses expressions ne désignent point clairement le gouvernement du roi, ne donne pas ouverture à cassation (ch. réun., rej. 4 nov. 1834) (1). — V. du reste v° Cassation, n°s 1208 et suiv. 1747, 1781.

1573. D'après l'art. 416 c. instr. crim. le recours en cassation contre les arrêts préparatoires et d'instruction ou les jugements en dernier ressort de cette qualité n'est ouvert qu'après l'arrêt ou jugement définitif : l'exécution volontaire de tels arrêts ne peut, en aucun cas, être opposée comme fin de non-recevoir. — Il a été jugé que n'est pas seulement préparatoire et peut être attaqué immédiatement par la voie de cassation le jugement rendu par un tribunal d'appel en matière de police correctionnelle, lorsqu'en infirmant le jugement de première instance qui prononçait sur un délit de calomnie, le tribunal d'appel ordonne qu'il sera sursis à statuer pendant l'instruction sur la dénonciation des faits imputés au plaignant (Crim. cass. 28 fév. 1812) (2). Mais cette disposition n'est point applicable aux arrêts ou jugements rendus sur la compétence. — Du reste, elle avait été modifiée, en ce qui touche les délits de la presse, d'abord, par l'art. 26 de la loi du 9 sept. 1835 suivant lequel le pourvoi en cassation contre les arrêts qui ont statué tant sur les questions de compétence que sur des incidents, ne devait être formé qu'après l'arrêt définitif et en même temps que le pourvoi contre cet arrêt, et puis, dans le même sens, par l'art. 20 de la loi du 27 juill. 1849 (D. P. 49. 4. 118). — Sous cette dernière loi, il a été jugé : 1° que l'arrêt d'une cour d'assises qui déclare non recevable l'offre, par le prévenu de diffamation envers un fonctionnaire public, de prouver la vérité des faits diffamatoires, est réputé rendu sur un incident de procédure dans le sens de l'art. 20 de la loi du 27 juill. 1849, et, par suite, ne peut être déféré à la cour de cassation, qu'après l'arrêt définitif : et que le pourvoi formé contre cet arrêt avant l'arrêt définitif ne doit pas, dès lors, suspendre le jugement du fond (Crim. rej. 28 déc. 1850, aff. Vié, D. P. 51. 1. 80); — 2° Que l'art. 20 de la loi du 27 juill. 1849 qui, en matière de délit de presse, n'autorise le recours en cassation contre les arrêts rendus sur des demandes en renvoi ou sur des incidents de procédure qu'après l'arrêt définitif, et en même temps que le pourvoi contre cet arrêt ne devait pas être étendu aux arrêts rendus pour délits électoraux (Crim. cass. 9 mars 1850, aff. Tessié de Lamotte, D. P. 50. 1. 139); — 3° Que l'arrêt qui admet la preuve de la vérité de faits diffamatoires imputés à un fonctionnaire public, dans un cas où la recevabilité de cette preuve est contestée, ne constitue pas une décision purement préparatoire ou d'instruction, mais préjuge le fond et peut être, dès lors, frappé de pourvoi en cassation avant l'arrêt définitif (même arrêt). — Mais il est à remarquer que l'art. 27 du décret du 17 fév. 1852 veut que les poursuites aient lieu dans les formes et délais prescrits par le code d'instruction criminelle, ce qui paraît devoir s'entendre même de la faculté de se pourvoir en cassation. L'art. 416 c. instr. crim. semble donc devoir seul être observé aujourd'hui à l'égard des délits de publication.

1574. Il est évident, du reste, et c'est ce qui a été jugé, que l'exception prise de ce que l'action publique en matière d'outrages (dans l'espèce envers un ministre du culte) n'était recevable que sur la plainte de la partie lésée, ne peut être invoquée devant la cour de cassation alors que, proposée aussi devant les juges du fond, elle a été repoussée par un jugement non frappé d'appel. (Crim. rej. 14 nov. 1840) (3); — Mais il a été jugé aussi que le moyen de cassation tiré de ce qu'un arrêt a admis la preuve de faits diffamatoires imputés à un fonctionnaire public en dehors des cas déterminés par la loi, peut être proposé pour la première fois devant la cour de cassation; et que la partie civile a qualité pour se pourvoir contre cet arrêt, malgré le silence du ministère public. (Crim. cass. 9 mars 1850, aff. Tessié de Lamotte, D. P. 50. 1. 139).

1575. *Délai du pourvoi.* — V. à cet égard v° Cassation,

---

(1) (Min. pub. *C.* Gazette de Metz.) — La cour (après délib. en ch. du cons.); — Attendu qu'en appréciant les termes du passage incriminé dans la Gazette de Metz, la chambre d'accusation de la cour royale de Nancy a déclaré, en fait, d'après les circonstances, que cet article ne désignait point clairement le gouvernement du roi, et qu'en décidant par suite qu'il ne renfermait pas le délit d'excitation au mépris et à la haine du gouvernement, elle n'a violé aucune loi; — Rejette, etc.

Du 4 nov. 1834.-C. C., ch. réun.-MM. Portalis, 1er pr.-Rupérou, rap.-Dupin, pr. gén., c. conf.-Lucas, av.

(2) (Aublin *C.* Brion.) — La cour (ap. délib. en ch. du cons.); — Statuant sur la fin de non-recevoir proposée par Brion, attendu que le jugement rendu par le tribunal de Charleville, le 19 déc. 1811, ne peut pas être regardé comme un jugement préparatoire et d'instruction, puisqu'il prononce l'annulation du jugement du tribunal de Sedan, du 7 novembre précédent, qui avait statué définitivement sur la plainte en calomnie dirigée contre Brion; — Que si le jugement du tribunal de Charleville ne termine pas les différends qui se sont élevés entre les parties, il juge définitivement que le tribunal de police correctionnelle ne peut pas connaître de la plainte en calomnie portée par Aublin contre Brion, jusqu'à ce qu'il ait été statué sur la dénonciation faite par Brion contre Aublin; et que, sous ce rapport, ce jugement pût être regardé comme statuant sur la compétence, et par conséquent susceptible du recours en cassation, d'après l'art. 416 du code d'instruction criminelle : — Rejette la fin de non-recevoir;

Et statuant sur la demande en cassation : vu l'art. 572 c. pén.; — Attendu que, pour qu'il y ait lieu à surseoir sur la plainte en calomnie, il faut le concours de deux circonstances : 1° que les faits imputés soient punissables suivant la loi; 2° Que ces faits aient été dénoncés par celui qui est accusé de calomnie; — Attendu que l'imprimé intitulé : *Notice sur Jean-Baptiste Aublin*, qui fait seul la matière de la plainte en calomnie dont il s'agit, ne contient que des injures graves et des expressions outrageantes, présentant l'imputation de toutes sortes de défauts et de vices; mais que dans aucune de ces imputations, pas même dans celles qui sont relatives à la conduite d'Aublin, en sa qualité de président de l'assemblée électorale d'une section de canton, on ne trouve l'articulation précise d'aucun fait punissable suivant la loi; — Que l'écrit intitulé : Rapport fait à M. le préfet, que Brion a envoyé à M. le procureur impérial, pour en faire la base d'une dénonciation en justice et arrêter les poursuites en calomnie dirigées contre lui, ne contient encore que des reproches vagues d'inconduite et d'irrégularité dans l'assemblée électorale présidée par ledit Aublin, dont ledit Brion rend compte au préfet, à l'effet de faire annuler les opérations de cette assemblée; — Que si, dans la lettre d'envoi de cet écrit à M. le procureur impérial de Sedan, ledit Brion y a ajouté les reproches d'avoir falsifié des billets, d'en avoir soustrait de la masse, et d'avoir changé des noms sur les billets, ces imputations, quoique beaucoup plus graves, n'auraient pas pu faire la matière d'une dénonciation en justice, puisque l'art. 111 c. pén. ne permet la recherche de ce délit que dans le cas où celui qui, étant chargé du dépouillement des billets contenant les suffrages des citoyens, sera surpris falsifiant les billets, ce qui ne peut s'appliquer à des imputations qui ne sont venues que graduellement et plusieurs mois après la tenue de l'assemblée électorale; — Attendu que le véritable caractère de ces dénonciations avait bien été reconnu et jugé par le tribunal de Sedan, dans son jugement du 14 novembre, qui a déclaré qu'il n'y a lieu à aucune poursuite judiciaire sur ces dénonciations; d'où il suit que le tribunal de Charleville, en suspendant la poursuite de la plainte en calomnie, a fait une fausse application de l'art. 572 c. pén. — Cassé, etc.

Du 28 fév. 1812.-C. C., sect. crim.-MM. Vasse, pr.-Audier, pr.-Lecoutour, av. gén., c. conf.

(3) (Herbreteau et autres *C.* min. pub.) — La cour (ap. dél. en ch. du cons.); — Attendu que le moyen invoqué par les demandeurs contre le jugement qu'ils attaquent, est pris de ce que les faits d'outrage à raison desquels ils ont été condamnés ne pouvaient être poursuivis que sur la plainte de la partie outragée; — Que cette même exception a été opposée par eux au ministère public devant le tribunal correctionnel des Sables d'Olonne; qu'elle a été rejetée par un jugement du 30 mai dernier; que les demandeurs n'ont point appelé de ce jugement, qui a même été confirmé par le juge supérieur sur l'appel qu'en avait relevé sous un autre rapport le procureur du roi; — Qu'ainsi il a été souverainement jugé avec les demandeurs que l'action publique était recevable, quoiqu'il n'y eût point de plainte; que cette exception qu'ils ont reproduite lors du jugement du fond devait être écartée par l'autorité de la chose jugée, et qu'elle ne peut pas davantage être admise aujourd'hui comme moyen de cassation; — Que les demandeurs ne peuvent, pour échapper à ces conséquences du défaut d'appel de leur part, se prévaloir de ce que les faits n'ont pas été qualifiés par le jugement définitif comme ils l'avaient été par l'arrêt de mise en prévention, parce qu'ils ont dû, à l'appui de leur exception, faire valoir tous les moyens qui pouvaient servir à la faire triompher, et spécialement attaquer la qualification de l'arrêt de renvoi, si elle faisait obstacle au succès de leurs conclusions; — Que, d'ailleurs, le jugement du 30 mai, fondé sur des motifs de droit applicables également aux deux qualifications que les faits ont successivement reçues à la même autorité pour l'une et pour l'autre; — Rejette.

Du 14 nov. 1840.-C. C., ch. crim.-MM. Bastard, pr.-Vincens, rap.

chap. 5. — Sous la législation antérieure au décret de 1852, qui attribue aux tribunaux correctionnels la connaissance des délits commis par la voie de la presse, c'était une question que de savoir dans quel délai devait être formé le pourvoi contre l'arrêt de renvoi rendu en matière de délits de presse, et il avait été jugé : — 1° que le pourvoi devait, à peine de déchéance, être formé dans les trois jours de la notification de cet arrêt, conformément à l'art. 373 c. inst. : et qu'ici ne s'appliquait pas l'art. 296 c. inst. (Crim. rej., 16 août 1849, aff. Angladé, D. P. 50. 5. 365); — 2° Que l'art. 296 c. inst., qui fait courir du jour de l'interrogatoire de l'accusé dans la maison de justice le délai du recours en cassation contre l'arrêt de renvoi, ne s'appliquait qu'aux accusations portant sur des crimes de nature à entraîner des peines afflictives ou infamantes; et qu'en conséquence cet article n'était point applicable en matière de délits de presse (Crim. rej. 19 juin 1851, aff. Paul Coq, D. P. 51 5. 409); 3° Que le délai dans lequel le prévenu d'un délit de presse devait exercer le recours en cassation contre l'arrêt de renvoi, courait à dater de la notification de cet arrêt, et conséquemment se confondait dans le délai de dix jours fixé pour la comparution devant la cour d'assises (Crim. rej. 15 juin 1850, aff. Guillon D. P. 50. 5. 366); — 4° Que si un arrêt de la chambre d'accusation qui, après avoir écarté la prévention d'offense publique (par exemple envers un souverain étranger), avait restreint la poursuite à l'appréciation d'un délit de diffamation privée, était passé en force de chose jugée, en ce qu'il n'avait pas été attaqué dans les cinq jours, on n'était plus recevable à se prévaloir, devant la cour de cassation, des dispositions de la loi qui punissent les offenses contre les personnes publiques (Crim. rej. 18 oct. 1834, aff. Brunswick, V. n° 1572-3°).

1576. Il avait été jugé, en outre, que l'art. 21 de la loi du 27 juill. 1849, qui déterminait le délai dans lequel devait être formé le pourvoi en cassation contre les arrêts incidents rendus en matière de délits de presse, s'appliquait non-seulement au cas où la poursuite avait été introduite par citation directe devant la cour d'assises, mais encore à celui où elle avait eu lieu après instruction (Crim. rej. 27 avr. 1850, aff. Desplès, D. P. 50. 5. 366); — Sous le décret de 1852, (art. 27) les délais fixés par le code d'inst. crim. doivent seuls être observés.

1577. *Effet du pourvoi.* — Quant à l'effet du pourvoi, en général, V. v° Cassation chap. 9. — Relativement à la spécialité qui nous occupe, V. *eod.* n°s 168 et 200.

1578. Au surplus, et c'est ce qui a été jugé, la législation qui attribue aux cours d'appel, en audience solennelle, les renvois après cassation d'un arrêt, n'est applicable qu'aux arrêts rendus en matière civile, et non en matière correctionnelle : ainsi, treize magistrats seulement, composant les chambres civile et de police correctionnelle réunies, ont pu juger, sur renvoi après cassation, un délit de diffamation envers un fonctionnaire public. « Attendu, 2° que les dispositions du décret du 30 mars 1808, sur les audiences solennelles tenues par deux chambres composées de quatorze juges, ne sont relatives qu'aux affaires civiles; qu'ainsi, on ne pouvait les appliquer au jugement des affaires correctionnelles, ni par conséquent à celui du procès actuel (Crim. rej. 22 sept. 1832, MM. Portalis, pr., Ollivier, rap., aff. Magnoncourt *C.* de Raucourt).

Sect. 7. — *De l'exécution des jugements.*

1579. Pour les règles relatives à l'exécution des jugements en matière criminelle, en général, V. v°s Instr. crim., Jugement. — Nous devons nous borner à faire remarquer, quant à notre spécialité, que, suivant les termes de l'art. 6 de la loi du 16 juill. 1850, dans les trois jours de tout arrêt de condamnation pour crime ou délit de presse, le gérant du journal doit acquitter le montant des condamnations qu'il a encourues. — En cas de pourvoi en cassation, le montant des condamnations doit, d'après cet article, être consigné dans le même délai. — Aux termes de l'art. 7 de la même loi, le payement doit être constaté par une quittance délivrée en duplicata par le receveur des domaines. — Cette quittance doit, le quatrième jour au plus tard de la condamnation, être remise au chef du parquet, qui doit en donner récépissé.

1580. L'art. 29 du décret du 17 fév. 1852 veut également que, dans les trois jours de tout jugement ou arrêt définitif de contravention de presse, le gérant du journal acquitte le montant des condamnations qu'il a encourues ou dont il est responsable; et qu'en cas de pourvoi en cassation le montant des condamnations soit consigné dans le même délai. — Avant ce décret il avait été jugé que l'art. 6 de la loi du 16 juill. 1850, qui réduit à trois jours le délai de quinze jours accordé par la loi du 9 juin 1819 aux propriétaires de journaux, à partir de la notification de l'arrêt, pour acquitter les condamnations qu'ils ont encourues, ne s'applique qu'aux condamnations prononcées par les cours d'assises; et que ce délai de quinze jours reste en vigueur pour les condamnations en matière de presse prononcées par les tribunaux correctionnels (Crim. cass. 22 mars 1851, aff. Rons, D. P. 51. 5. 426). — Mais l'art. 29 du décret de 1852 a levé toute difficulté à cet égard, en déclarant que la consignation aurait lieu pour les condamnations prononcées à raison des contraventions de presse. — Des motifs tirés du plus grand avantage de la comptabilité publique ont amené une modification à la loi précitée de 1850. — L'art. 1 du décret des 5-17 janv. 1853 (D. P. 53. 4. 1) veut que les amendes à acquitter en exécution du § 1 de l'art. 6 de la loi 16 juill. 1850 et de l'art. 29 du décret du 17 fév. 1852 soient versées à l'avenir à la caisse des consignations à Paris, à celle de ses préposés dans les départements, et qu'elles y restent déposées pendant trois mois avec leur affectation spéciale au profit du trésor. — A l'expiration du délai de trois mois, si le droit de grâce n'a pas été exercé, les sommes consignées sont irrévocablement acquises à l'État, et elles sont versées par la caisse des consignations au bureau du receveur de l'enregistrement chargé de la recette des amendes et frais de justice dans la ville où se publiait le journal (même décr., art. 2). — Le décret de 1853 n'exprime pas que la quittance doit être délivrée en duplicata par la caisse des consignations; mais il est bien entendu que la loi de 1850 doit, sur ce point, recevoir son exécution, afin que le gérant du journal condamné puisse justifier du versement au parquet.

Il paraît, du reste, incontestable que la loi du 16 juill. 1850 n'ayant fait aucune distinction entre les condamnations prononcées contre le gérant pour des faits qui lui sont personnellement imputables et celles qui ont pour cause des infractions commises par des personnes dont le gérant doit répondre, la consignation doit avoir lieu, dans l'un et l'autre cas, conformément à cette loi.

1581. Aussi a-t-il été jugé que l'art. 6 de la loi du 16 juill. 1850, qui astreint le gérant d'un journal condamné pour crime ou délit de presse, à acquitter, ou, en cas de pourvoi, à consigner, dans les trois jours du jugement ou de l'arrêt, le montant de la condamnation, lui impose cette obligation, non-seulement quand la condamnation est personnellement prononcée contre lui, mais encore lorsqu'elle frappe exclusivement les auteurs ou signataires des articles insérés dans le journal (Crim. rej. 5 avr. 1851, aff. Pierrot, D. P. 51. 1. 277).

1582. Au surplus, et c'est ce qui a été également décidé, l'art. 8 de la loi du 16 juill. 1850 sur la presse, qui disposait que, faute par le gérant d'un journal condamné d'avoir remis au ministère public la quittance du receveur des domaines constatant le payement du montant des condamnations au plus tard le quatrième jour qui suivrait ces condamnations, le journal cesserait de paraître, entendait parler, non d'une suppression absolue du journal, mais d'une suspension qui devrait durer seulement jusqu'à ce que la libération eût été opérée. — La preuve du payement des condamnations prononcées contre un journal qui, aux termes de l'art. 8 de la loi du 16 juill. 1850, devait résulter de la remise entre les mains du ministère public de la quittance du receveur des domaines, n'a pu, sous l'empire de cette loi, être suppléée par aucun équipollent; et, par exemple, on n'a pu voir un équivalent de ce payement dans le versement opéré par le gérant condamné, d'un cautionnement affecté à la création d'un nouveau journal (Orléans, 9 nov. 1850, aff. Groubental, D. P. 55. 2. 200).

Table sommaire des matières.

Table des articles des codes d'instruction criminelle et pénal et des lois commentées au mot Presse-outrage.

Table chronologique des lois, arrêts, etc.

PRESSOIR. — V. Biens, n° 86; Impôt direct, n°s 38, 277; Impôt indirect, n°s 43 et s.

PRESTATION.—Mot qui exprime soit l'action de fournir une chose, soit la chose fournie elle-même. Il s'emploie surtout pour indiquer les redevances en rente, en argent ou en nature. V. Droit polit., n°s 143 et s.; Droit rural, n° 14-3°; Impôt, n° 6; Impôt direct, n°s 8, 348, 417; Industrie, n° 100; Louage, n°s 314, 327; Louage à domicile congéable, n°s 12, 15; Mines, n°s 289, 680.

PRESTATION DE SERMENT. — V. Serment; V. aussi Appel civil, n° 917.

PRÉSUCCESSION.—V. Émigré, n°s 151 et s., 185, p. 446, 463; Succession.

PRÊT. — **1.** Aux termes de l'art. 1874 c. nap.: « Il y a deux sortes de prêts; celui des choses dont on peut user sans les détruire, et celui des choses qui se consomment par l'usage qu'on en fait. La première espèce s'appelle *prêt à usage* ou *commodat*. La deuxième s'appelle *prêt de consommation*, ou simplement *prêt*. » — Ils sont l'un et l'autre susceptibles d'intérêts, lesquels seront l'objet d'un article particulier intitulé : *Prêt à intérêts et à usure*. — V. n° 7.

Division.

SECT. 1. — HISTORIQUE ET LÉGISLATION. — DROIT COMPARÉ.

2. La division du contrat de prêt en prêt à usage et prêt de consommation a dû être consacrée par toutes les législations. Le droit romain en faisait deux contrats distincts : au premier, c'est-à-dire au prêt à usage, il donnait le nom de *commodatum*; au second celui de *mutuum*. Ces deux contrats, auxquels viennent se joindre le *depositum* et le *pignus*, constituent, suivant les Institutes de Justinien, les seuls contrats désignés par la loi romaine comme se formant par la chose (*qui re contrahuntur*), c'est-à-dire par la simple tradition, contrats qui, plus tard, ont reçu le nom de contrats réels. — A l'origine, et lorsque la mancipation, souvenir symbolique du temps où la monnaie n'existait pas, pouvait seule donner naissance aux obligations civiles, les contrats réels ont dû comme les autres être assujettis à cette forme solennelle; ce n'est qu'avec le temps qu'ils purent s'en affranchir et que la tradition devint suffisante pour les constituer.

3. Par les mots *mutuum*, *commodatum*, les Romains entendaient la chose prêtée et non le contrat que l'on désignait par les expressions *mutui datio*, *commodati datio*.—Une expression plus générale *credere* (confier) embrassait tous les cas où l'on se fiait à la foi d'autrui pour recevoir quelque chose en vertu du contrat : *Nam cuicunque rei adsentiamur, alienam fidem secuti, mox recepturi quid ex hoc contractu* credere *dicimur* (Ulpien, liv. 1. D. *De reb. cred.*). — Aussi, sous ce titre *De rebus creditis*, le préteur traitait-il, dans son édit, du *mutuum*, du commodat et du gage. Toutefois, l'expression *res credita* était employée plus particulièrement pour désigner le *mutuum* (V. au Digeste le titre *De rebus creditis*). — Au contrat de *mutuum* se rattache la disposition du sénatus-consulte macédonien par lequel il fut décidé que quiconque prêterait de l'argent à un fils de famille n'aurait aucune action pour se le faire rendre : *qui filio familias contra interdictum amplissimi ordinis pecuniam mutuam crediderit, post mortem patris ex eo quod vivo patre credidit, cum eo agere non potest* (Paul, Sent., liv. 2, tit. 10, V. aussi Instit., liv. 4, tit. 7, § 7, et M. Ortolan, t. 2, p. 588). — Les Romains connaissaient encore un contrat de prêt particulier désigné sous le nom de *precarium*. Il ne diffère du commodat qu'en ce que la chose prêtée sans fixation de délai peut être réclamée à la volonté du prêteur; ce contrat est-il encore admis dans notre droit? — V. n° 29.

4. Le *mutuum* était un contrat de droit strict; par suite il ne pouvait en aucun cas faire courir les intérêts, pas même par suite d'une mise en demeure (Muhlembruch, liv. 2, § 376, note 3). Un pacte ajouté au *mutuum* n'eût même pas eu cette puissance, *si pactum nudum de præstandis usuris interpositum sit, nullius est momenti* (Paul, Sent., liv. 2, tit. 14, § 1); on sait qu'à Rome les pactes, au moins en thèse générale, ne produisaient pas le lien de droit : *ex nudo enim pacto inter cives romanos actio non nascitur* (*eod.*). Pour que les intérêts fussent dus à l'occasion du *mutuum*, il fallait un second contrat rendu valable par les formes solennelles de la stipulation (V. MM. Ortolan, t. 2, p. 126; Étienne, Instit., t. 2, p. 52).— Du reste, sur le prêt à intérêts, V. ce mot.

5. Une autre variété du *mutuum*, modifié par une convention aléatoire, était le prêt connu sous le nom de *trajectitia pecunia*, *nautica pecunia*, qui se rapprochait de ce que nous nommons aujourd'hui prêt à la grosse aventure. Les risques qu'entraînait ce genre de prêt avaient fait tolérer l'élévation indéterminée du taux de l'intérêt. *Trajectitia pecunia*, dit Paul, Sent., liv. 2, tit. 14, § 3, *propter periculum creditoris, quamdiu navigat navis, infinitas usuras recipere potest*. A raison de l'utilité de ce contrat, on était moins rigoureux sur la forme; un simple pacte suffisait pour lui donner naissance : *In his autem omnibus et pactum sine stipulatione ad augendam obligationem prodest* (L. 5, § 1, D., *De nautico fœnore*).

6. Les règles de détail que le droit romain a posées sur toutes ces matières sont l'expression même des lois que la raison enseigne. Aussi sont-elles presque toutes passées dans l'ancien droit français et de là dans nos codes modernes. Elles sont l'objet du commentaire qui va suivre et dans lequel les dispositions de la loi française seront rapprochées des textes du droit romain dans lesquelles elles ont été puisées.

7. Le projet du tit. 10, liv. 3, c. nap., a été présenté au corps législatif par M. le conseiller d'Etat Galli, qui a exposé les motifs dans la séance du 11 vent. an 12. Le rapport a été fait au tribunat par le tribun Boutteville, le 16 vent. an 12. Enfin le vœu du tribunat fut présenté au corps législatif par le tribun Albisson, le 18 vent. an 12 (1). Dans la même séance, fut dé-

---

(1) Voici les textes de ces divers actes :

1° *Exposé des motifs de la loi relative au prêt, par le conseiller d'Etat Gally* (séance du 11 ventôse an 12).

1. Législateurs, le gouvernement vous a présenté, ces jours passés, les titres de *la Vente*, de *l'Echange* et *du Louage*. — On ne peut pas toujours acheter, échanger ou louer pour avoir certaines choses dont nous manquons et dont nous avons besoin. Ce fut donc une suite de notre liaison, de notre humanité, de nous accommoder les uns avec les autres, et de nous aider mutuellement par divers moyens, notamment par celui du *prêt* (Domat, Lois civiles, liv. 1er, tit. 5).—C'est la matière du projet de loi qui vous est soumis aujourd'hui : il est divisé en trois chapitres. Le premier traite *du prêt à usage*, ou *commodat;* le second *du prêt de consommation* ou *simple prêt;* la troisième *du prêt à intérêt.*

2. L'art. 1875 nous donne la définition du prêt à usage ou commodat (V.

crété ce titre composé de trois chapitres dont les textes sont rapportés ici en entier, bien que le troisième chapitre, se com-

p. 780). — Le prêt à usage n'est pas un contrat commutatif; il est entièrement lucratif vis-à-vis de l'emprunteur (Pothier, t. 2, du Prêt à usage, p. 701, édition d'Orléans, 1781). — Aussi les jurisconsultes placent-ils le prêt à usage parmi les contrats de bienfaisance, étant de son essence d'être gratuit (*Idem*, p. 669 et 671; Puffendorff, liv. 5, chap. 4, § 6, du Droit de la nature et des gens). — Notez bien ces dernières paroles, *à la charge de rendre après s'en être servi;* autrement ce serait, non pas un prêt à usage, non pas un commodat, mais *un précaire.* — *Precarium est, quòd precibus petenti utendum conceditur tamdiù quamdiù is qui concessit patitur* (L. 1, ff., *De Prec.*; L. 2, § ult., Cod.).

3. L'art. 1876 nous dit que « ce prêt est essentiellement gratuit. » Et, en effet, s'il y avait un prix, ce serait un louage, § 2, Inst. : *Quid. mod. re const. oblig.* Ibi : *Commodat res, tunc propriè intelligitur, si nullâ mercede acceptâ vel constitutâ res utenda data est... Gratuitum enim debet esse commodatum.*—L'art. 1885 porte que « l'emprunteur ne peut pas retenir la chose par compensation de ce que le prêteur lui doit. » *Pretextu debiti restitutio commodati non probabiliter excusatur* (L. ult., Cod., *Commodati*).

4. L'art. 1888 s'exprime ainsi : « Le prêteur ne peut retirer la chose prêtée qu'après le terme convenu, ou, à défaut de convention, qu'après qu'elle a servi à l'usage pour lequel elle a été empruntée. » — C'est aussi la doctrine du texte dans la loi 17, § 3, ff., *Commodati*, où cette opinion est confirmée par l'exemple du mandat. *Ibi : Voluntatis est suscipere mandatum, necessitatis consummare.* C'est une suite du principe général : *Quæ sunt ab initio nudæ voluntatis, sæpius fiunt postea necessitatis* (L. 17, § 3, ff., *Commodati*). — Néanmoins, dit l'art. 1889, « si pendant ce délai, ou avant que le besoin de l'emprunteur ait cessé, il survient au prêteur un besoin pressant et imprévu de sa chose, le juge peut, suivant les circonstances, obliger l'emprunteur à la lui rendre. » — C'est ici une disposition pleine d'équité. Elle présume, s'il survient au prêteur un besoin pressant et imprévu, la condition tacite de pouvoir résoudre le *commodat*, et demander que la chose lui soit rendue, quoique avant l'expiration du temps pour lequel il l'a prêtée, ou avant que le besoin de l'emprunteur ait cessé. — Observez, en outre, que cette faculté n'est pas absolue en faveur du prêteur; elle dépend du juge, par qui elle peut être accordée ou refusée, suivant les circonstances qu'il doit peser. — On n'ignore pas l'aphorisme de Bacon : *Optima est lex quæ minimùm relinquit arbitrio judicis : optimus judex qui minimùm sibi* (*De dignitate et augmentis scientiarium*, aphor. 46). — Mais cela n'empêche aucunement de laisser cette affaire à la discrétion du juge; c'est-à-dire rien n'empêche de donner au juge quelque degré de latitude, pour qu'il puisse délibérer dans sa sagesse s'il doit ou non obliger l'emprunteur à rendre la chose avant le terme convenu ou avant que le besoin de l'emprunteur ait cessé.

5. L'art. 1892 définit le prêt de consommation; on ne peut prêter à usage les choses qui se consomment par l'usage, comme du blé, du vin, de l'huile, et autres denrées : *Non potest commodari id quod consumitur* (L. 3, § ult., ff., *Commod.*, Domat., p. 45, art. 4, et p. 56, art. 6). — A l'art. 1899, il est dit que « le prêteur ne peut pas redemander les choses prêtées avant le terme convenu. » — « S'il n'a pas été, dit l'art. 1900, fixé de terme pour la restitution, le juge peut accorder à l'emprunteur un délai, suivant les circonstances. — Et l'art. 1901 ajoute que « s'il a été seulement convenu que l'emprunteur payerait quand il le pourrait, ou quand il en aurait les moyens, le juge lui fixera un terme de payement suivant les circonstances. » — Voilà d'autres latitudes bien sagement confiées à la prudence du juge, ainsi que je l'ai déjà observé à l'égard de l'art. 1889.

6. Le prêt à intérêt est l'objet des art. 1905 et suivants, « il est permis, art. 1905, de stipuler des intérêts pour simple prêt, soit d'argent, soit de denrées ou autres choses mobilières. » — Puffendorf dit (t. 2, liv. 5, chap. 8, du Droit de la nature et des gens) qu'il était défendu de prêter à usure de juif à juif, pour deux raisons politiques, l'une tirée du naturel de ce peuple, l'autre de la constitution du gouvernement; mais qu'il leur était permis de mettre en usage toute leur adresse dans le commerce à l'égard des étrangers... D'ailleurs, en ce temps-là, tous les revenus des Israélites se tiraient du bétail, de l'agriculture ou du travail des artisans. Le commerce y était aussi fort simple et fort petit, les secrets du négoce et l'usage de la navigation ne leur étant pas encore connus, comme ils l'étaient de la plupart des nations voisines. — Dans un pays où les choses sont sur ce pied, tous ceux qui empruntent ne le font que parce que la nécessité et l'indigence les y réduisent. — Le même auteur ajoute que c'est en vain qu'on objecte que la monnaie étant de sa nature une chose stérile qui ne sert de rien aux besoins de la vie, on ne doit rien exiger pour l'usage d'un argent prêté, car, dit-il, quoique une pièce de monnaie n'en produise pas par elle-même physiquement une autre semblable, néanmoins depuis que l'on a attaché à la monnaie *un prix éminent*, l'industrie humaine rend l'argent très-fécond, puisqu'il sert à acquérir bien des choses qui produisent ou *des fruits naturels* ou *des fruits civils* (*a*); et c'est au rang de ces derniers qu'il met les intérêts qu'un débiteur paye à son créancier.

Par suite de ce sentiment, un auteur célèbre d'une fameuse contrée d'Italie (Antoine Genovesi, de Naples, *Lezioni di commercio*, t. 2, p. 184, édition de Bassano, 1769) nous observe que l'intérêt ne s'exige pas comme un fruit de l'argent, mais bien comme le prix de la commodité et de l'avantage qui en résulte à celui qui prend l'argent à prêt. — Effectivement, l'on a considéré l'intérêt comme une indemnité juste des bénéfices que le prêteur aurait pu tirer de son argent s'il s'en était réservé l'usage (Procès-verbaux, séance du conseil d'État, du 7 pluv. an 12, du Prêt, p. 272). — Le même auteur italien, Antoine Genovesi, voudrait cependant que le taux de l'intérêt fût modique, parce que cette modicité invite et engage plusieurs personnes à emprunter de l'argent pour le verser ensuite dans des ouvrages d'industrie, dans la culture des champs, dans l'éducation des animaux, dans des manufactures, dans le commerce (Genovesi, p. 184).

7. L'art. 1907 est d'une extrême sagesse; il porte : « L'intérêt est légal ou conventionnel : l'intérêt légal est fixé par la loi; l'intérêt conventionnel peut excéder celui de la loi toutes les fois que la loi ne le prohibe pas. » — Oui, il appartient à la loi de fixer l'intérêt légal, et il lui appartient également de prohiber l'intérêt conventionnel si les circonstances permettent une telle prohibitio — A l'égard de l'intérêt conventionnel, on doit considérer que celui qui stipule des intérêts les évalue d'après les bénéfices ordinaires qui peuvent lui donner les moyens d'emploi qui existent (*b*). Mais les circonstances faisant varier l'espoir de ces bénéfices, la loi ne peut les prendre pour base d'une règle générale sur la fixation de l'intérêt. Et c'est de là qu'il faut conclure que la loi devant se régler sur sur les circonstances qui changent et qui varient, elle ne peut être invariable (V. le procès-verbal, p. 617 et 618).

Locke, dans ses Lettres sur la monnaie, croyait que le taux de l'intérêt ne devait jamais être déterminé par des lois particulières; mais devait être abandonné à l'estimation, au vœu et à la volonté publique (V. aussi Genovesi, t. 2, p. 168). — Quoi qu'il en soit de son opinion, la disposition de notre code n'est pas moins bonne et moins juste : c'est ce qu'ont fait d'autres nations, c'est ce qui fut fait en Piémont par le manifeste du ci-devant sénat, du 24 avril 1767. — Et d'ailleurs Tite-Live avait dit (lib. 34, cap. 3), *Nulla lex satis commoda omnibus est; id modo quæritur si majori parti et in summum prodest.*

8. L'art. 1913 porte « que le capital de la rente constituée en perpétuel devient aussi exigible en cas de faillite ou de déconfiture du débiteur. » — C'est une disposition très-juste, et basée d'après les principes reçus en France et partout ailleurs. — Quant à l'art. 1914, qui est le dernier du titre, il y est dit que « les règles concernant les rentes viagères sont établies au titre des Contrats aléatoires. » — La compilation du code civil touche à sa fin, le temps de sa publication s'approche : c'est aux soins du gouvernement que la France en sera redevable; c'est à la sollicitude paternelle du premier magistrat que nous devons ce bénéfice; c'est lui qui, autant par son activité que par ses mûres réflexions, l'a porté à ce point de bonté et de sagesse où il est parvenu; c'est son zèle qui lui a fait accélérer un ouvrage qui fera à jamais la félicité du peuple et la gloire du gouvernement.

2° *Rapport fait au tribunat par le tribun Boutteville, au nom de la section de législation, sur la loi relative au prêt.* (séance du 16 vent. an 12).

9. Tribuns, Le projet de loi dont nous sommes chargés par la section de législation de vous rendre compte, a pour objet le prêt en général, ses différentes espèces et les engagements qui en résultent. — Dans l'ordre des idées, des contrats, et des titres du code civil, la loi sur le prêt devait suivre celles plus étendues et plus importantes sur la vente et le louage. — Deux idées s'attachent naturellement au prêt : l'une, que celui qui consent à aider de sa chose un concitoyen, un ami, exerce envers lui un acte de générosité, d'amitié ou de bienfaisance; l'autre qu'il ne se dessaisit que pour un temps, et ne se dépouille pas de sa propriété. — S'il fallait rigoureusement s'en tenir à ces deux idées, et si la gratuité, le désintéressement absolu du prêteur, et de sa part la conservation de sa propriété, étaient deux éléments inséparables du prêt, appartenaient à son essence, le prêt se trouverait renfermé dans un cercle fort étroit. — Le propriétaire d'un vêtement, d'un meuble, d'un animal propre au service domestique, peut s'en priver momentanément et en conserver la propriété; il peut aussi en céder l'usage ou la jouissance pour un temps et pour un prix : ce serait alors non un prêt, mais un louage. — Il est au contraire impossible de faire un plein et entier usage des denrées, des marchandises et de l'argent, sans avoir aussi le droit de les consommer, ou au moins de s'en dépouiller irrévocablement, sans en être réellement propriétaire. — Celui qui possède des denrées, des marchandises ou de l'argent, n'aurait donc relativement aux denrées que la seule faculté de les donner ou de les vendre, et relativement à l'argent que celle d'en disposer en pur don, si, à l'idée du louage, toujours fortement et justement repoussée, il n'en pouvait être substitué aucune autre, et s'il n'était pas permis de les prêter gratuitement ou à intérêt.

Il suit donc de la nature des choses, d'abord que celles dont on peut user sans les consommer ni les détruire, et dont le propriétaire peut céder gratuitement l'usage et conserver la propriété, sont les seules qui puissent être l'objet du prêt à usage ou commodat; que celles au contraire dont on ne peut user sans les consommer, et dont il faut nécessairement céder à la fois et l'usage et la propriété, ne peuvent être l'objet que du prêt de consommation; — Qu'il y a nécessairement deux sortes de prêts de consommation, l'un fait à titre purement gratuit, l'autre à intérêt. — Le projet devait donc traiter et traite en effet dans un premier chapitre du prêt à usage ou commodat; — Dans un second, du prêt de consommation ou simplement prêt; — Dans un troisième, du prêt à intérêt.

10. Dans les trois chapitres est développée la nature particulière de ces trois sortes de prêts : et déjà vous le remarquerez sans doute, le prêt à usage et le prêt de consommation diffèrent entre eux en raison de la différente nature des choses qui en sont l'objet; tandis que la différence entre le prêt de consommation ou simple prêt, et le prêt à intérêt, résulte de la volonté des parties, et des conditions que le prêteur fait à l'emprunteur. — Le prêt à usage, dit l'art. 1875, est un contrat par lequel l'une des parties livre une chose à l'autre pour s'en servir, à la charge par le prêteur de la rendre après s'en être servi. — D'après cette définition et les développements qu'y donnent les cinq dispositions suivantes, ce qui caractérise particulièrement le prêt à usage ou commodat, c'est que toutes les choses qui sont dans le commerce et dont on peut user sans les consommer ou les détruire, en sont nécessairement les véritables et seuls objets; que la chose prêtée n'est confiée à l'emprunteur que pour en faire usage, et la rendre après s'en être servi; que le prêteur conserve la propriété de sa chose; que dans ce contrat, comme dans tous autres, le prêteur et l'emprunteur stipulent pour eux et pour leurs héritiers, à moins qu'il n'apparaisse que le prêt n'a eu lieu qu'en considération et en faveur de l'emprunteur personnellement, et qu'enfin ce prêt est essentiellement gratuit.

11. De ces différents caractères du prêt à usage, mais surtout de sa gratuité et du désintéressement absolu du prêteur, il suit : — Que l'emprunteur doit veiller, en bon père de famille, à la conservation de la chose prêtée; — Qu'il n'en doit user que le temps convenu suivant la destination naturelle de la chose ou l'intention connue du prêteur; — Que quand il peut également garantir ou sauver d'un péril sa propre chose ou celle qui lui est prêtée, il doit à l'homme généreux qui l'oblige, de ne pas sacrifier la chose du prêteur pour garantir ou sauver la sienne; — Qu'enfin, si le prêteur a voulu que sa chose fût estimée, il doit être présumé qu'il a

(*a*) V. Pothier, t. 2, p. 765, 766, 768 et 769 §§ 118, 119, 124 et 126, où il est fait mention des intérêts, *ratione AUT damni emergentis, AUT lucri cessantis, AUT periculi sortis a mutuante suscepti.* — En Piémont, il s'est introduit depuis longtemps la présomption du *DAMNUM EMERGENS* et du *LUCRUM CESSANS*, *ne lites ex litibus fiant ut contingeret si lucri cessantis, vel damni emergentis specifica et præcisa exigeretur probatio.* C'est le ci-devant sénat de Piémont qui parle dans sa décision du 10 déc. 1744, *referente Honorato.*

(*b*) C'est par cette raison qu'autrefois la législation fixait à 5 p. 100 l'intérêt de l'argent, parce que c'était le bénéfice ordinaire de tout emploi des fonds, Procès-verbaux, p. 275).

binant avec d'autres articles du code ou des lois, ait son commentaire dans deux traités distincts intitulés l'un *Prêt à intérêts*

pris cette précaution pour s'assurer de la restitution de la chose ou de son prix. — Quelques jurisconsultes respectables ont, sur ce dernier point, professé une doctrine contraire. A coup sûr ils auraient embrassé l'opinion consacrée par le projet, si, au lieu de s'opiniâtrer à vouloir expliquer le texte obscur et embarrassant d'une loi romaine, ils s'étaient bornés à consulter les lumières de la raison. — Au surplus, c'est toujours un bien que de fixer un point controversé; et, sur une question au moins difficile, il est aussi naturel que juste de décider en faveur du prêteur.

12. Des autres dispositions relatives aux obligations de l'emprunteur, la seule à remarquer est celle qui très-justement soumet plusieurs personnes qui empruntent conjointement une chose à l'obligation solidaire d'en répondre et de la rendre. — Quant aux obligations du prêteur, on sent qu'elles ne peuvent être que d'équité, et qu'elles sont les suites et le complément nécessaire du service qu'il a voulu rendre. — Il ne doit donc pas inopportunément réclamer sa chose avant le terme convenu, ou, à défaut de convention, avant que l'usage qu'il en a permis ait pu en être fait. — Si, avant ce temps, il en a lui-même un besoin pressant et imprévu, et que l'emprunteur prétexte un besoin semblable, et la refuse, le prêteur doit recourir au juge, qui décidera d'après les circonstances, lequel des deux besoins doit le céder à l'autre. — Si l'emprunteur est obligé de faire, pour la conservation de la chose, une dépense extraordinaire, et tellement urgente qu'il n'ait pu en prévenir le prêteur, ce dernier ne doit pas moins la lui rembourser. Son refus s'allierait mal avec le sentiment généreux qui a dû seul le déterminer à prêter. — Nous disons le sentiment généreux : car quel nom donner à l'homme qui prêterait une chose qu'il saurait ne pouvoir être employée sans compromettre la vie, la santé ou la fortune de celui qui en ferait usage? La réparation du mal pourrait n'être pas toujours une punition suffisante de l'odieuse perfidie qui ose prendre le masque de la bienfaisance.

13. Des caractères du prêt de consommation que nous avons déjà suffisamment fait connaître, et dont pour cette raison nous ne reprenons pas la définition, il suit encore que les choses prêtées y devenant la propriété de l'emprunteur, les risques en sont aussi nécessairement à sa charge, et que les pertes et profits sont à son compte, si les choses viennent à périr, augmenter ou décroître. — S'il s'agit d'un prêt d'argent, les pièces fournies ne sont donc pas identiquement celles prêtées et celles à rendre, mais pareille somme que celle énoncée au contrat, en espèces ayant cours au jour convenu pour la restitution, quelques variations que les espèces aient éprouvées entre l'époque du prêt et celle du payement. — Si le prêt consiste en denrées ou marchandises, ou même en métaux encore en nature, en lingots, la restitution à faire, quelque différence qui ait pu survenir dans leur prix, est celle d'une quantité de denrées ou de marchandises, de lingots, de même espèce et de même qualité. — Si les parties sont convenues du lieu et du temps où cette restitution doit être faite, l'emprunteur en paye la valeur au prix du temps et du lieu fixés par la convention; s'il n'y a pas de temps et de lieu convenus au prix du temps et du lieu où l'emprunt a été fait. — Dans tout ce que les deux espèces de prêt ont au surplus de semblable, les obligations du prêteur et de l'emprunteur sont les mêmes, et réglées de la même manière. La loi s'en réfère encore à la sagesse des juges sur le moment de la restitution, si les parties ont négligé de le fixer, ou s'il y a dureté dans la poursuite du prêteur, mauvaise volonté ou injustice dans le refus de l'emprunteur.

14. Si nous avons, citoyens tribuns, développé avec quelque soin et quelques détails les différents caractères qui distinguent les trois sortes de prêt, notre objet, nous l'avouerons, a été surtout de faire pressentir à l'avance les motifs qui ont présidé à la rédaction des dispositions du projet sur le prêt à intérêt. — Aucune réclamation, aucune voix ne s'élèvent contre la disposition de l'art. 1905, portant : — « Il est permis de stipuler des intérêts pour simple prêt, soit d'argent, soit de denrées ou autres marchandises. » — Mais l'art. 1907 ajoute : « L'intérêt est légal ou conventionnel : l'intérêt légal est fixé par la loi; l'intérêt conventionnel peut excéder celui de la loi toutes les fois que la loi ne le prohibe pas. » — Quelques personnes, citoyens législateurs (et pourquoi le dissimulerions-nous, puisque le plus pur amour du bien public, des sentiments dignes de tous nos respects ont causé leurs alarmes?) n'ont pu s'en défendre à la lecture de cette disposition. — Si la loi, ont-elles dit, déclare solennellement aux prêteurs qu'ils peuvent porter aussi haut qu'ils le voudront l'intérêt des capitaux qui leur seront demandés, qui les empêchera d'abuser des embarras, des besoins, de l'infortune de l'emprunteur, et de stipuler un intérêt de 30, de 50 et de 100 p. 100, lorsque la position de ce dernier le réduira à la cruelle nécessité d'y souscrire? — Et si des conventions aussi scandaleuses, d'aussi énormes, d'aussi effrayantes usures ne craignent pas de se produire devant les tribunaux, les juges ne seront-ils pas forcés par la loi même, ne liront-ils pas dans ses dispositions le devoir de maintenir et de faire exécuter ces coupables stipulations? Eh! quels débordements ne seront pas ceux de l'usure! quelles plaies ne portera-t-elle pas et à la morale et à la fortune publique, du moment qu'elle se sentira autorisée par de tels exemples, par la loi même? — Ah! que nous honorons, que nous respectons la source de ces inquiétudes, de ces alarmes, et qu'elles tarderaient peu à nous être communes si, pour les concevoir, il suffisait de partager les sentiments qui les font naître! — Mais que les hommes estimables qui les expriment, et que nous n'en honorons que davantage, daignent donc aussi peser les motifs qui nous rassurent, et qui ont vaincu avant nous un gouvernement dont l'amour du bien et de la morale publics suffirait d'ailleurs pour nous rassurer encore davantage. — Qu'eux-mêmes au moins nous disent si, avec les hommes les plus justes, les plus amis de la morale, ils ont refusé leur assentiment à la loi de l'assemblée constituante, qui a déclaré erronée la doctrine qui regardait l'aliénation du capital comme la condition à défaut de laquelle toute stipulation d'intérêts était usuraire, et qui l'a permise dans les obligations exigibles et payables à terme déterminé. — Mais les hommes effrayés par l'art. 1907 ne le sont pas par l'art. 1905 qui permet la stipulation d'intérêt pour tout prêt d'argent, de denrées ou marchandises. — Nous espérons leur démontrer que la dernière des deux dispositions est d'une profonde sagesse, et qu'elle n'est que la conséquence de la première.

15. Mais, avant d'aller plus loin, qu'on veuille bien ne pas négliger d'observer la sage précaution prise par le même art. 1907. — Le taux de l'intérêt conventionnel, dit l'article, doit être fixé par écrit. — Ah! les vampires qui abusent de la misère, de l'infortune, ce n'est pas au grand jour qu'ils destinent les honteuses stipulations par lesquelles ils préparent la ruine de leurs victimes; ce n'est pas à la face des tribunaux qu'ils réclament le payement des scandaleuses, des effrayantes usures qu'ils ne rougissent pas de se permettre : c'est dans l'ombre et loin des yeux du public qu'ils consomment leurs iniquités et s'en assurent les fruits. — Oui, citoyens législateurs, indépendamment des puissants motifs qui justifient, qui réclament la disposition, cette seule précaution de la loi serait une garantie suffisante pour la morale publique, contre les débordements, les ravages de l'usure qu'on appréhende. — Nous disons les motifs qui réclament cette disposition : nous sommes loin de nous promettre, ni même d'entreprendre de donner à cette vérité et le développement et la démonstration dont nous la croyons susceptible. — Mais que la proclamation de quelques vérités aujourd'hui bien connues et en quelque sorte élémentaires nous suffise.

16. Sans doute l'élévation du taux de l'intérêt est un mal, un grand mal. Le taux peu élevé ou très-bas de l'intérêt est en quelque sorte le vrai garant de la prospérité publique. — Mais qu'on nous permette ces observations. — Un gouvernement aussi sage que le nôtre ignore-t-il les grands et importants ressorts à employer pour atteindre un but aussi désirable? Serait-ce, par des lois prohibitives qu'il s'en approcherait? Mais en supposant que la sagesse de l'administration ne soit pas le vrai, le seul ressort auquel il faille recourir, et qu'il soit possible de concourir utilement au même but par une loi qui fixerait un taux au delà duquel la stipulation de l'intérêt serait défendue, n'est-il pas très-constant que cette fixation dépend de la situation actuelle d'un État; que la fixation ne pouvant être que relative à l'époque où elle serait faite, une loi de cette nature est comme toutes celles qui appartiennent à la science de l'administration et au génie de l'administrateur; que le seul soin du code civil, dans lequel une telle loi ne peut trouver sa place, est de poser le principe; que c'est à l'œil de l'administrateur à suivre de moment en moment l'état du corps politique dont le bonheur lui est confié, à juger de l'influence possible du remède et du moment où il peut être utilement et sagement employé. — Jusque-là reposons-nous avec confiance dans le soin du gouvernement, dont la sagesse sur ce point, comme sur tant d'autres, est notre véritable et meilleure garantie. — Et jusque-là l'intérêt légal continuera d'être celui qui résultera des condamnations judiciaires, et qui restera le même, à 5 p. 100, tant qu'il n'existera point de loi qui l'ait expressément changé.

17. De toutes les dispositions du projet qui rappellent et déterminent, conformément à la législation existante, la nature de la rente perpétuelle, de celle de la rente viagère (en renvoyant celle-ci aux contrats aléatoires), la seule à observer comme disposition nouvelle est celle qui autorise le créancier à exiger le remboursement de son capital, si le débiteur cesse de remplir ses obligations deux années, ou s'il manqu de fournir au prêteur les sûretés qu'il lui a promises par le contrat. — Votre commission, qui n'a rien vu que de sage dans cette innovation et dans toutes les autres dispositions du projet, m'a chargé de vous en proposer l'adoption.

5° *Discours prononcé au corps législatif, par le tribun Albisson, l'un des orateurs chargés de présenter le vœu du tribunat, sur la loi relative au prêt* (séance du 18 vent. an 12).

18. Législateurs, le tribunat a voté l'adoption du projet de loi relatif au prêt, que vous lui avez transmis le 11 de ce mois; nous venons en son nom vous exposer ses motifs. — Ce projet, qui formera le tit. 10 du liv. 3 c. civ., porte, ainsi que tous ceux que vous avez déjà sanctionnés par vos suffrages, l'empreinte de la sagesse et de la prévoyance du gouvernement; il respire le même respect pour la propriété et pour les convenances sociales. — Si chacun avait tout ce qu'il pourrait désirer pour la conservation, la commodité, l'agrément de son existence, il n'y aurait point de société entre les hommes. La société ne s'est formée et ne subsiste que par la réciprocité des besoins et l'échange continuel des services. L'inégalité, jointe à l'insuffisance des moyens individuels, en est le ressort le plus actif; et la bienveillance, la commisération, la bienfaisance, la fidélité, dont la Providence qui gouverne le monde a déposé les germes précieux au fond de nos cœurs, en sont le plus ferme soutien et le plus glorieux ornement. — Parmi les différentes manières dont les hommes peuvent s'entr'aider et subvenir à leurs besoins réciproques, le prêt doit attirer singulièrement l'attention du législateur, comme un des plus propres à faciliter entre eux la communication bénévole de ce qu'ils possèdent respectivement, et dont il importe, par conséquent, de prévenir les abus que la cupidité, la mauvaise foi, la négligence ou l'insouciance pourraient en faire : et tel est, citoyens législateurs, le but du projet soumis à votre délibération.

19. Généralement parlant, prêter une chose, c'est se priver momentanément de la possession de cette chose pour en transmettre l'usage à autrui. — Mais on peut prêter des choses dont celui à qui on les prête pourra user sans les détruire, et d'autres dont il n'usera qu'en les consommant. — De là, une première distinction entre le *prêt à usage* et le *prêt de consommation*; celui-là obligeant à rendre *la chose même qui a été prêtée*, celui-ci ne pouvant obliger à rendre que *des choses de même nature et qualité que celles qui ont été prêtées*; d'où une différence essentielle entre l'un et l'autre, en ce que le *prêt à usage* obligeant à rendre la chose prêtée telle qu'elle a été reçue, n'en transfère pas la propriété à l'emprunteur, au lieu que le *prêt de consommation* lui transfère nécessairement cette propriété, puisqu'il ne peut user de la chose prêtée qu'en la consommant. — On peut encore prêter gratuitement et sans aucun retour de la part de l'emprunteur, et prêter à charge de retour. — De là une seconde distinction entre le *prêt gratuit* et le *prêt à intérêt*; distinction que n'admet pas le *prêt à usage*, qui est essentiellement gratuit, et que la stipulation d'un retour quelconque dénaturerait entièrement en le transformant en contrat de louage. — Il n'en est pas de même du *prêt de consommation*, qui peut être gratuit ou intéressé sans changer de nature, la stipulation d'un retour n'en étant qu'un accessoire accidentel. — Ainsi, division générale du prêt en *prêt à usage* et *prêt de consommation*; et sous-division de celui-ci en *prêt gratuit* et *prêt à intérêt*. C'est sur ce double pivot que roule en entier le projet de loi sur lequel, citoyens législateurs, vous avez à prononcer. — Je vais parcourir par ordre les trois chapitres qui le composent; et, après les notions générales que je viens de vous présenter, j'espère pouvoir le faire assez rapidement pour ne pas abuser de vos moments si précieux à la chose publique, sans néanmoins rien négliger de ce que je dois à la mission dont je suis honoré.

20. Le projet est divisé en trois chapitres. Les deux premiers, sous-divisés en sections, traitent, l'un, *du prêt à usage* ou *commodat*; l'autre, *du prêt de consommation* ou *simple prêt*; le troisième est intitulé *du prêt à intérêt*. — Les trois sections des deux premiers sont employées, dans chacun, à déterminer la nature du prêt qui fait la matière du chapitre, et les engagements ou obligations du prêteur et de l'emprunteur dans chaque espèce. — L'art. 1875 définit *le prêt à usage* ou *commodat* un contrat par lequel l'une des parties livre une chose à l'autre pour s'en servir, à la charge par le preneur de la rendre après s'en être servi. — Il suit de cette

et à usure (V. le traité qui suit celui-ci), l'autre *Rente* ou *Rente constituée* qu'on trouvera dans le tome 39; la promulgation en eut lieu le 28 du même mois (1).

8. Les lois étrangères ne diffèrent du droit français et du droit romain que dans quelques détails. Voyons d'abord les dispositions relatives au commodat : nous ne signalerons que celles

---

définition : 1° que le prêteur demeure propriétaire de la chose prêtée; — 2° Que l'emprunteur est tenu de veiller en bon père de famille à sa conservation, et ne peut s'en servir qu'à l'usage déterminé par sa nature ou par la convention ; — 3° Que s'il emploie la chose à un autre usage, ou pour un temps plus long qu'il ne le devait, il est tenu de la perte arrivée même par cas fortuit; — 4° Que si la chose se détériore par le seul effet de l'usage pour lequel elle a été empruntée, et sans aucune faute de la part de l'emprunteur, il n'est pas tenu du cas fortuit, à moins de convention contraire; — 5° Que si, pour user de la chose, l'emprunteur a fait quelque dépense, il ne peut pas la répéter; — 6° Que le prêteur ne peut retirer la chose prêtée qu'après le terme convenu, ou, à défaut de convention, qu'après qu'elle a servi à l'usage pour lequel elle a été empruntée; — 7° Que si, pendant la durée du prêt, l'emprunteur a été obligé, pour la conservation de la chose, à quelque dépense extraordinaire, nécessaire et tellement urgente qu'il n'ait pas pu en prévenir le prêteur, celui-ci sera tenu de la lui rembourser. — Telles sont, en effet, les dispositions textuelles des art. 1877, 1880, 1881, 1884, 1886, 1888 et 1890 : elles se déduisent naturellement, comme vous voyez, de la seule définition contenue dans l'art. 1875, et ne sont, d'ailleurs, que la juste application des maximes générales établies dans la loi sur les contrats, et de quelques règles du droit romain extrêmement familières.

21. Les autres articles du premier chapitre, qui se déduisent moins directement de la définition, ne sont ni moins justes, ni moins en harmonie avec des principes déjà consacrés par la nouvelle législation, ou par des règles du droit romain dictées par la raison, et généralement adoptées. — L'art. 1879 porte que les engagements qui se forment par le commodat passent aux héritiers du prêteur et de l'emprunteur, à moins que le prêt n'ait été fait qu'en considération de l'emprunteur, et à lui personnellement, ce qui n'est qu'une application formelle de l'art. 1122 sur les contrats : L'art. 1882, que « si la chose périt par cas fortuit dont l'emprunteur aurait pu la garantir en employant la sienne propre, ou si, ne pouvant conserver que l'une des deux, il a préféré la sienne, il est tenu de la perte de l'autre; » ce qui n'est que l'expression d'un texte précis du droit romain, qui rend, dans une foule d'autres passages, l'emprunteur responsable de la faute la plus légère (*Si incendio vel ruinâ aliquid contigit, vel aliquod damnum fatale, non tenebitur; nisi fortè, cum posset res commodatas salvas facere, suas prætulit.* Leg. 5, § 4, ff., *Commod.*). — L'art. 1883 déclare que, « si la chose a été estimée en la prêtant, la perte qui arrive, même par cas fortuit, est pour l'emprunteur, s'il n'y a convention contraire : » principe appliqué, dans la loi sur le contrat de mariage, aux effets mobiliers, constitués en dot avec estimation (Art. 165. *Æstimatio periculum facit ejus qui suscepit : aut igitur ipsam rem debebit incorruptam reddere, aut æstimationem de quâ convenit.* Leg. 5, § 2, ff., *Æstimatoria*). — L'art. 1885, que « l'emprunteur ne peut pas retenir la chose par compensation de ce que le prêteur lui doit ; » disposition déjà consignée dans l'art. 1293 sur les contrats. — L'art. 1887, que « si plusieurs ont conjointement emprunté la même chose, ils en sont solidairement responsables envers le prêteur, » cas particulier où la solidarité est présumée de plein droit : ce que la loi seule peut faire d'après l'art. 1202 sur les contrats. — L'art. 1889, que « s'il survient au prêteur un besoin pressant et imprévu de sa chose, » avant que le terme convenu pour la restitution soit échu, « ou avant que le besoin de l'emprunteur ait cessé, le juge peut, suivant les circonstances, obliger l'emprunteur à la lui rendre; » disposition avouée par la raison, qui ne permet pas de penser que le prêteur eût consenti à se priver de la chose qui lui était demandée, s'il eût pu prévoir qu'avant l'échéance du terme convenu pour sa restitution, il en aurait pour lui-même un besoin indispensable (*Officium suum nemini debet esse damnosum.* Leg. 5, ff., *Test. quemadmod. aper.*). — Enfin l'art. 1891, que « lorsque la chose prêtée a des défauts tels qu'elle puisse causer du préjudice à celui qui s'en sert, le prêteur est responsable, s'il connaissait les défauts, et n'en a pas averti l'emprunteur (*Adjuvari nos, non decipi beneficio oportet.* Leg. 17, § 3, ff., *Commod.* — *Qui sciens vasa vitiosa commodavit, si ibi infusum vinum vel oleum corruptum effusumve est, condemnandus eo nomine est.* Leg. 18, § 3, *Cod.*).

22. Le deuxième chapitre débute, comme le premier, par la définition du prêt de consommation, qui est « un contrat par lequel l'une des parties livre à l'autre une certaine quantité de choses qui se consomment par l'usage, à la charge, par ce dernier, de lui en rendre autant de même espèce et qualité. » — D'où il suit, en premier lieu, que l'emprunteur devient le propriétaire de la chose prêtée, et que c'est pour lui qu'elle périt, de quelque manière que cette perte arrive. — Secondement, qu'on ne peut donner à titre de prêt de consommation des choses qui, quoique de même espèce, diffèrent dans l'individu, comme les animaux; car alors ce serait un prêt à usage.

23. Les art. 1898 et 1899 se bornent à rendre communes au prêt de consommation les dispositions des art. 1888 et 1891 sous le chapitre du prêt à usage. — Les art. 1900 et 1901 ont trait au cas où il n'a pas été fixé de terme pour la restitution et à celui où le prêteur a eu la facilité de laisser à l'emprunteur la liberté de fixer ce terme; et, dans ces deux cas, ils s'en rapportent sagement à l'arbitrage du juge. — L'art. 1902 oblige l'emprunteur à rendre les choses prêtées, en même quantité et qualité et au terme convenu ; et l'art. 1903 porte que « s'il est dans l'impossibilité d'y satisfaire, il doit en payer la valeur, eu égard au temps et au lieu où la chose doit être rendue d'après la convention; » et enfin que « si ce temps et ce lieu n'ont pas été réglés, le payement se fait au prix du temps et du lieu où l'emprunt a été fait. » — Ici vient se placer, comme exception à l'art. 1902, qui veut que les choses prêtées soient rendues en même quantité et qualité, et à l'art. 1892, qui soumet l'emprunteur à l'obligation de rendre autant en même espèce et qualité, la disposition de l'art. 1895, qui porte que « l'obligation qui résulte d'un prêt en argent n'est toujours que de la somme numérique énoncée au contrat, » et que « s'il y a eu augmentation ou diminution d'espèces avant l'époque du payement, le débiteur doit rendre la somme numérique prêtée et ne doit rendre que cette somme dans les espèces ayant cours au moment du payement. » — Le cas supposé par cet article avait donné lieu à quelques distinctions plus subtiles que solides, quoique revêtues d'une apparence d'équité (*a*); mais sa disposition est conforme à la jurisprudence reçue et au droit romain sur lequel elle était fondée (*b*). — Le chapitre 2 se termine enfin par une disposition déjà consacrée par l'art. 1153 sur les contrats; savoir, que « l'emprunteur qui ne rend pas les choses prêtées ou leur valeur, au terme convenu, en doit l'intérêt du jour de la demande en justice. »

24. Jusqu'ici, le projet n'a considéré le prêt que comme gratuit, soit sous le rapport du prêt à usage, soit sous celui du prêt de consommation. Mais j'ai remarqué que ce dernier pouvait être intéressé; et c'est dans ce second point de vue qu'il va être considéré dans le chap. 3, intitulé *du prêt à intérêt*, qui, dans un autre système d'organisation du projet, aurait pu ne former qu'une branche du chap. 2. — « Il est permis, » dit l'art. 1905, le premier de ce chap. 3, « il est permis de stipuler des intérêts pour simple prêt, soit d'argent, soit de denrées ou autres choses mobilières. » — Ce sera ici la seconde loi française qui aura consacré la permission de stipuler des intérêts pour un simple prêt; et elle sera, comme celle du 3 oct. 1789, l'expression de la volonté nationale, munie, de plus, de l'adhésion de toutes les autorités constituées de l'État qui ont coopéré à la formation de notre nouveau code civil. — Il ne sera donc plus permis de remettre en question la légitimité de cette stipulation si longtemps débattue et si impolitiquement proscrite sur un simple mal entendu. — On convenait que l'argent est le signe des valeurs. — On convenait encore que les valeurs peuvent être louées et on ne voulait ou on ne pouvait pas convenir que leur signe pût l'être de même. — Et pourquoi ? je m'abstiens, par respect pour des noms que je me fais un devoir et un honneur de révérer, de détailler les fondements d'une inconséquence si palpable et qui n'est d'ailleurs que le produit d'une bien louable intention. C'est la juste haine de l'usure qui a fait condamner l'intérêt : mais, autant l'une est coupable, autant l'autre est innocent; autant l'une peut faire de malheureux, autant l'autre peut en soulager; autant l'usure peut nuire au commerce, autant un intérêt modéré peut contribuer à sa prospérité. Voulez-vous multiplier les usuriers ? proscrivez indéfiniment l'intérêt. Voulez-vous paralyser l'industrie qui manque de moyens ? fermez-lui toutes les bourses qui pourraient l'aider; car ce serait en fermer le plus grand nombre que de ne leur permettre de s'ouvrir que gratuitement. Je ne pousse pas plus loin ce parallèle. Grâce aux progrès de la raison dans la distinction entre ce que la religion et l'honnêteté conseillent et ce qu'elles défendent, je ne pense pas que la proscription indéfinie de l'intérêt puisse trouver désormais des partisans bien chauds et bien éclairés, et je termine par cette réflexion de notre immortel Montesquieu : « Que tous les moyens honnêtes de prêter et d'emprunter soient abolis et une usure affreuse s'établira..... Les lois extrêmes dans le bien font naître le mal extrême. Il faudra payer pour le prêt de l'argent et pour le danger des peines de la loi (Esprit des lois, liv. 22, chap. 21). »

25. Mais, s'il est permis de stipuler des intérêts, à plus forte raison doit-il être permis de retenir à ce titre ceux qui auraient été payés sans stipulation; et c'est aussi ce que déclare l'art. 1906, qui porte que « l'emprunteur qui a payé des intérêts qui n'étaient pas stipulés, ne peut ni les répéter, ni les imputer sur le capital; » doctrine d'ailleurs reçue jusqu'ici dans les provinces régies par le droit écrit, d'après la maxime *usuræ solutæ non repetuntur*, puisée dans la loi 3, au code *De usuris*; et cela, dans le temps même où la stipulation d'intérêts y était défendue.

26. La loi doit cependant, en la permettant, la renfermer dans des bornes qu'elle ne puisse pas franchir ; car une permission indéfinie ouvrirait une trop large porte à la cupidité, que la honte ne contiendrait pas toujours. — Le projet distingue donc l'*intérêt légal* de l'*intérêt conventionnel*. — Le premier est fixé par la loi ; son taux ne pourra être excédé dans les intérêts appelés moratoires, c'est-à-dire produits par une mise légale en demeure, ni dans ceux qui sont dus *ex natura rei*, et en vertu d'une loi spéciale. — Le second, qui est celui dont les parties peuvent convenir dans leurs transactions, peut excéder le taux du premier ; mais la loi s'en réserve d'en fixer la mesure, et l'on sent que cette mesure peut varier suivant le plus ou le moins d'activité du commerce, de facilité dans l'emploi de l'industrie, et selon les autres convenances sociales qui ne peut être bien appréciées que par le gouvernement, leur perpétuel explorateur et le plus intéressé à les mettre en harmonie avec les besoins plus ou moins urgents et les ressources plus ou moins abondantes de la société. — Le projet y pourvoit par l'art. 1907. — La cupidité est néanmoins si intrépide lorsqu'elle peut espérer de cacher ses excès, qu'il fallait essayer de la contenir par le frein de la honte; et c'est dans cette vue que le projet ajoute : « Le taux de l'intérêt conventionnel doit être fixé par écrit. »

27. Les art. 1909 et suivants traitent du prêt appelé *constitution de rente*, qui se divise en perpétuel et en viager. — Ce qui est dit du premier dans les art. 1911, 1912 et 1913, relativement à la faculté essentielle de rachat, et au cas où le débiteur de la rente peut être contraint au rachat, ne fait que sanctionner des points de jurisprudence universellement reçus. — L'art. 1911 n'y ajoute qu'une disposition qui abroge une des conditions des extravagantes *regimini* reçues dans toute la France, laquelle autorisait le débiteur à racheter la rente à sa volonté ; en permettant au contraire aux parties « de convenir que le rachat ne sera pas fait avant un délai qui ne peut excéder dix ans ou sans avoir averti le créancier au terme d'avance qu'elles auront déterminé. » — L'article dernier du projet ne parle que des rentes constituées en viager que pour renvoyer au titre *des contrats aléatoires*, sur lequel le vote du tribunat, qui sera émis aujourd'hui, vous sera apporté demain.

(*a*) Puffendorf, Droit de la nature et des gens, liv. 5, chap. 7, §§ 6 et 7; et Barbeyrac, dans ses notes sur cet endroit.

(*b*) Leg. 1, ff. *De contrah. empt.*; Leg. 94, § 1, ff. *De solut.*

(1) Voici le texte de ce titre qui est le 10ᵉ du code civil et à la date des 18-28 vent. an 12 (9-19 mars 1804) : à la suite de chaque article du code sont indiqués les passages de l'exposé, du rapport et des discours des tribuns qui s'y réfèrent.

TIT. 10. — DU PRÊT.

1874. Il y a deux sortes de prêt : — Celui des choses dont on peut user sans les détruire, et celui des choses qui se consomment par l'usage qu'on en fait. — La première espèce s'appelle *prêt à usage* ou *commodat ;* — La deuxième s'appelle *prêt de consommation* ou simplement *prêt.* — V. exposé des motifs et rapports, nᵒˢ 9, 19.

CHAP. 1. — *Du prêt à usage ou commodat.*

SECT. 1. — *De la nature du prêt à usage.*

1875. Le prêt à usage ou commodat, est un contrat par lequel l'une des parties livre une chose à l'autre pour s'en servir, à la charge, par

qui s'éloigneront du droit français. — Suivant le *droit commun allemand* (V. sur ce droit M. Anthoine de Saint-Joseph, Concord. des codes civils, 2e éd., t. 1, Aperçu histor., no 25, et Notice prélimin., p. 142), lorque la chose a été estimée, l'emprunteur, en cas de perte arrivée par sa faute, peut restituer le prix d'estimation et n'est pas tenu des cas fortuits (art. 1134).—Le code *autrichien* distingue expressément le contrat de prêt de la promesse de prêter (art. 971, V. no 11); il admet le contrat de précaire (art. 974, V. no 29); il met en cas de contestation la preuve à la charge de l'emprunteur (art. 975); il ne permet pas au prêteur de réclamer la chose prêtée avant le terme convenu, même dans le cas où elle lui serait indispensable (art. 976); mais la réclamation peut avoir lieu si l'emprunteur fait de la chose un usage autre que celui qui a été stipulé, ou s'il la prête à un tiers (art. 978). — Enfin l'action en recours quant à l'abus ou à l'usure excessive ou même aux frais extraordinaires faits pour la chose est prescrite trente jours après la restitution (art. 982). — Le code *bavarois*, comme la loi romaine, reconnait quatre contrats réels : le prêt, le commodat, le dépôt et le gage (liv. 4, ch. 2, art. 2) : la tradition, dit cet article, est essentielle dans ces contrats ; cependant si le contrat est parfait moins la tradition, cette tradition peut être demandée par action isolée et principale. — Ce code admet aussi le précaire (art. 31).

9. A l'égard du prêt de consommation, nous voyons peu de dispositions à signaler. Ce qu'il y a de plus remarquable, ce sont les règles du code sarde et du code autrichien relatives à la restitution du prêt fait en monnaies d'or ou d'argent; le code sarde reproduit d'abord dans son art. 1916 la disposi-

---

le preneur, de la rendre après s'en être servi. — V. nos 2, 10, 20.

1876. Ce prêt est essentiellement gratuit. — V. nos 2 s., 10.

1877. Le prêteur demeure propriétaire de la chose prêtée.—V. nos 10, 20.

1878. Tout ce qui est dans le commerce, et qui ne se consomme pas par l'usage, peut être l'objet de cette convention. —V. no 10.

1879. Les engagements qui se forment par le commodat, passent aux héritiers de celui qui prête, et aux héritiers qui empruntent.—Mais si l'on n'a prêté qu'en considération de l'emprunteur, et à lui personnellement, alors ses héritiers ne peuvent continuer de jouir de la chose prêtée. —V. nos 10, 21.

SECT. 2. — *Des engagements de l'emprunteur.*

1880. L'emprunteur est tenu de veiller, en bon père de famille, à la garde et à la conservation de la chose prêtée. Il ne peut s'en servir qu'à l'usage déterminé par sa nature ou par la convention ; le tout à peine de dommages-intérêts, s'il y a lieu. — V. nos 11, 20.

1881. Si l'emprunteur emploie la chose à un autre usage, ou pour un temps plus long qu'il ne le devait, il sera tenu de la perte arrivée, même par cas fortuit. — V. nos 11, 20.

1882. Si la chose prêtée périt par cas fortuit dont l'emprunteur aurait pu la garantir en employant la sienne propre, ou si, ne pouvant conserver que l'une des deux, il a préféré la sienne, il est tenu de la perte de l'autre. — V. nos 11, 21.

1883. Si la chose a été estimée en la prêtant, la perte qui arrive, même par cas fortuit, est pour l'emprunteur, s'il n'y a convention contraire. — V. nos 11, 21.

1884. Si la chose se détériore par le seul effet de l'usage pour lequel elle a été empruntée, et sans aucune faute de la part de l'emprunteur, il n'est pas tenu de la détérioration. — V. no 20.

1885. L'emprunteur ne peut pas retenir la chose par compensation de ce que le prêteur lui doit. — V. nos 5, 21.

1886. Si, pour user de la chose, l'emprunteur a fait quelque dépense, il ne peut pas la répéter. — V. no 20.

1887. Si plusieurs ont conjointement emprunté la même chose, ils en sont solidairement responsables envers le prêteur. — V. nos 12, 21.

SECT. 3. — *Des engagements de celui qui prête à usage.*

1888. Le prêteur ne peut retirer la chose prêtée qu'après le terme convenu, ou, à défaut de convention, qu'après qu'elle a servi à l'usage pour lequel elle a été empruntée. — V. nos 4, 12, 20.

1889. Néanmoins, si, pendant ce délai, ou avant que le besoin de l'emprunteur ait cessé, il survient au prêteur un besoin pressant et imprévu de sa chose, le juge peut, suivant les circonstances, obliger l'emprunteur à la lui rendre. — V. nos 4, 12, 21.

1890. Si, pendant la durée du prêt, l'emprunteur a été obligé, pour la conservation de la chose, à quelque dépense extraordinairee, nécessaire, et tellement urgente qu'il n'ait pas pu en prévenir le prêteur, celui-ci sera tenu de la lui rembourser. — V. nos 12, 20.

1891. Lorsque la chose prêtée a des défauts tels, qu'elle puisse causer du préjudice à celui qui s'en sert, le prêteur est responsable, s'il connaissait les défauts et n'en a pas averti l'emprunteur.—V. nos 12, 21.

CHAP. 2. — *Du prêt de consommation ou simple prêt.*

SECT. 1. — *De la nature du prêt de consommation.*

1892. Le prêt de consommation est un contrat par lequel l'une des parties livre à l'autre une certaine quantité de choses qui se consomment par l'usage, à la charge par cette dernière de lui en rendre autant de même espèce et qualité. — V. nos 5, 13, 22.

1893. Par l'effet de ce prêt, l'emprunteur devient le propriétaire de la chose prêtée; et c'est pour lui qu'elle périt, de quelque manière que cette perte arrive. — V. nos 13, 22.

1894. On ne peut pas donner à titre de prêt de consommation, des choses qui, quoique de même espèce, diffèrent dans l'individu, comme les animaux : alors c'est un prêt à usage. — V. no 22.

1895. L'obligation qui résulte d'un prêt en argent, n'est toujours que de la somme numérique énoncée au contrat. — S'il y a eu augmentation ou diminution d'espèces avant l'époque du payement, le débiteur doit rendre la somme numérique prêtée, et ne doit rendre que cette somme dans les espèces ayant cours au moment du payement.—V. nos 15, 23.

1896. La règle portée en l'article précédent n'a pas lieu, si le prêt a été fait en lingots. — V. no 15.

1897. Si ce sont des lingots ou des denrées qui ont été prêtés, quelle que soit l'augmentation ou la diminution de leur prix, le débiteur doit toujours rendre la même quantité et qualité, et ne doit rendre que cela. — V. no 15.

SECT. 2. — *Des obligations du prêteur.*

1898. Dans le prêt de consommation, le prêter est tenu de la responsabilité établie par l'art. 1891 pour le prêt à usage. — V. no 23.

1899. Le prêteur ne peut pas redemander les choses prêtées, avant le terme convenu. — V. nos 5, 13, 23.

1900. S'il n'a pas été fixé de terme pour la restitution, le juge peut accorder à l'emprunteur un délai suivant les circonstances. — V. nos 5, 15, 23.

1901. S'il a été seulement convenu que l'emprunteur payerait quand il le pourrait, ou quand il en aurait les moyens, le juge lui fixera un terme de payement, suivant les circonstances. — V. nos 5, 13, 23.

SECT. 3. — *Des engagements de l'emprunteur.*

1902. L'emprunteur est tenu de rendre les choses prêtées, en même quantité et qualité, et au terme convenu. — V. no 23.

1903. S'il est dans l'impossibilité d'y satisfaire, il est tenu d'en payer la valeur eu égard au temps et au lieu où la chose devait être rendue d'après la convention. — Si ce temps et ce lieu n'ont pas été réglés, le payement se fait au prix du temps et du lieu où l'emprunt a été fait.— V. no 23.

1904. Si l'emprunteur ne rend pas les choses prêtées ou leur valeur au terme convenu, il en doit l'intérêt du jour de la demande en justice. — V. no 23.

CHAP. 3. — *Du prêt à intérêt* (a).

1905. Il est permis de stipuler des intérêts pour simple prêt soit d'argent soit de denrées ou autres choses mobilières. — V. nos 5, 14, 24.

1906. L'emprunteur qui a payé des intérêts qui n'étaient pas stipulés, ne peut ni les répéter ni les imputer sur le capital. — V. no 25.

1907. L'intérêt est légal ou conventionnel. L'intérêt légal est fixé par la loi. L'intérêt conventionnel peut excéder celui de la loi toutes les fois que la loi ne le prohibe pas. — Le taux de l'intérêt conventionnel doit être fixé par écrit. — V. nos 7, 14 s., 26.

1908. La quittance du capital donnée sans réserve des ntérêts, en fait présumer le payement, et en opère la libération.

1909. On peut stipuler un intérêt moyennant un capital que le prêteur s'interdit d'exiger. — Dans ce cas, le prêt prend le nom de *constitution de rente*. — V. no 27.

1910. Cette rente peut être constituée de deux manières, en perpétuel ou en viager.

1911. La rente constituée en perpétuel est essentiellement rachetable. —Les parties peuvent seulement convenir que le rachat ne sera pas fait avant un délai qui ne pourra excéder dix ans, ou sans avoir averti le créancier au terme d'avance qu'elles auront déterminé. — V. no 27.

1912. Le débiteur d'une rente constituée en perpétuel peut être contraint au rachat : 1o s'il cesse de remplir ses obligations pendant deux années ; 2o s'il manque à fournir au prêteur les sûretés promises par le contrat. — V. no 17.

1913. Le capital de la rente constituée en perpétuel devient aussi exigible en cas de faillite ou de déconfiture du débiteur. — V. no 8.

1914. Les règles concernant les rentes viagères sont établies au titre des Contrats aléatoires. — V. no 27.

(a) Ce qui a trait aux intérêts est l'objet d'un traité particulier et distinct intitulé : *Prêt à intérêt et à usure*.

tion de l'art. 1895 de notre code, puis il ajoute que la règle portée par cet article ne doit pas être suivie lorsqu'il y a eu stipulation de rendre la somme prêtée en monnaies d'or ou d'argent dans les mêmes espèces et dans la même quantité. S'il y a eu altération dans la valeur intrinsèque de ces monnaies, ou qu'on ne puisse s'en procurer, ou qu'elles soient hors de cours, on doit rendre l'équivalent de la valeur intrinsèque qu'elles avaient au temps où le prêt a été effectué (art. 1917). Suivant le code autrichien, le remboursement doit se faire en cas de stipulation en la monnaie prêtée (art. 987); les changements introduits par la loi dans les monnaies sans en altérer le titre sont pour le compte du prêteur; mais si la valeur intrinsèque a été modifiée, le payement sera effectué proportionnellement à la valeur intrinsèque de la monnaie lors du prêt; si à l'époque du remboursement les espèces de monnaies prêtées n'ont plus cours dans le pays, le payement s'opérera en valeurs analogues, de manière à ce que le créancier reçoive une valeur égale à celle qu'avaient les espèces prêtées lors du prêt (art. 989). —Enfin nous signalerons encore une section du code sarde consacrée au *prêt fait au fils de famille* dans laquelle on retrouve l'esprit du sénatus-consulte macédonien à Rome (V. n° 3). Les dispositions du code sarde roulent sur ces principes : 1° que le prêt fait à un fils de famille même majeur sans la participation de celui sous la puissance duquel il se trouve est nul, et que le prêteur ne peut en exiger le remboursement, même de l'emprunteur après son émancipation;—2° Que si le remboursement a été effectué, il n'y a pas lieu à répétition;—3° Que l'obligation peut être ratifiée soit expressément, soit tacitement par l'ascendant ou par le fils de famille après la cessation de la puissance paternelle (art. 1919) (V. du reste sur tous ces points la concordance du code civil de M. Antoine de Saint-Joseph, 2e éd., t. 1, p. 180 et suiv.).—La nouvelle édition des Codes de M. de Saint-Joseph, beaucoup plus complète que la première, fait connaître la législation de presque toutes les nations civilisées du globe; il ne peut entrer dans notre plan de donner une analyse même abrégée de ces législations, qui du reste reproduisent en général les principes du droit romain. Ces principes, dérivant de la nature même des choses, ne sont pas susceptibles de modifications notables : il nous suffit de renvoyer aux remarquables travaux de M. de Saint-Joseph, les plus complets qui aient jamais été entrepris sur la législation comparée.

SECT. 2. — DU PRÊT A USAGE OU COMMODAT.

10. L'art. 1875 c. nap., définit ainsi, d'après Pothier (du prêt à usage), le contrat de *commodat* : « Le prêt à usage ou *commodat* est un contrat par lequel l'une des parties *livre* une chose à l'autre pour s'en servir, à la charge par le preneur de la rendre après s'en être servi. »

ART. 1. — *Nature et caractère du prêt à usage.*

11. Suit-il de la définition que donne l'art. 1875 du prêt à usage qu'il soit un contrat *réel*, qui ne se forme que par la *tradition* de la chose? — Oui, selon Pothier, Prêt à usage, n° 6; Delvincourt, t. 3, p. 119; MM. Duranton, t. 17, n° 485 et 486, et Troplong, du Prêt, n° 6. — En effet, l'obligation de l'emprunteur naît de la réception de la chose dont la livraison lui est faite. Cette obligation, qui consiste à rendre, ne commence que dès l'instant où la chose a été mise entre ses mains; de telle sorte qu'il est impossible de concevoir un contrat de prêt, tant que la chose qui doit être rendue n'a pas été livrée préalablement. — Mais cette doctrine est contraire à celle de Toullier, t. 6, n° 17, de M. Rolland de Villargues, v° Prêt à usage, et de M. Duvergier, du Prêt à usage, nos 25 et 26.—Elle n'est, dit M. Duvergier, qu'une réminiscence de la législation romaine, où la livraison de la chose était un élément *essentiel* de l'existence du contrat de prêt, où la simple promesse de prêter, non accompagnée de stipulation n'était pas obligatoire. Mais, dans une législation qui considère d'une manière absolue le consentement des parties comme suffisant pour rendre obligatoire toute convention intervenue entre elles, il est bien certain que la simple promesse de prêter à usage ne doit pas être, comme sous le régime des lois romaines, dénuée de tout effet jusqu'à la livraison de la chose prêtée. C'est, au surplus, ce que reconnaît M. Troplong, *loc. cit.* — Or, quel est l'effet de cette promesse? — D'après les auteurs qui regardent la tradition comme essentielle pour la formation du contrat de prêt, elle se résout toujours en dommages-intérêts si l'auteur de la promesse refuse de la mettre à exécution; l'emprunteur ne peut jamais contraindre le prêteur à lui faire remise de la chose qu'il s'est engagé à prêter. M. Duvergier pense, au contraire, et nous croyons son opinion la meilleure, que si la chose prêtée à usage est une chose certaine et déterminée qui se trouve entre les mains de l'auteur de la promesse, les tribunaux doivent en ordonner la saisie et la remise à l'emprunteur. — Ainsi, selon nous, quoiqu'il soit vrai de dire que l'obligation principale de l'emprunteur, celle de rendre, ne prend naissance qu'en vertu de la délivrance de la chose prêtée, ce n'est qu'à ce point de vue qu'on peut appliquer au contrat de commodat la dénomination de contrat *réel*. Sous tous autres rapports, le simple consentement des parties suffit pour les obliger. — Le code autrichien distingue expressément le contrat de la promesse de prêter. « La promesse sans la remise de la chose, porte l'art. 971 de ce code, quoique obligatoire ne constitue pas le contrat de prêt. » — V. aussi n° 8, la disposition analogue du code bavarois.

12. Conformément à cette interprétation de la loi, il a été jugé que la promesse de livrer un local, pour l'affecter à un usage déterminé et licite, et par exemple, à un service de transport, constitue, lorsqu'elle a été consentie sans stipulation de prix, une promesse de commodat, qui doit recevoir son exécution conformément à l'intention des parties; qu'elle n'a pas, d'ailleurs, le caractère d'une obligation de faire, qui, en cas d'inexécution, puisse se résoudre en dommages-intérêts (Colmar, 8 mai 1845, aff. Fellmann, D. P. 46. 2. 219).

13. Du reste, quoique selon nous, l'emprunteur puisse contraindre le prêteur à lui livrer la chose qui fait l'objet de la convention lorsqu'elle est un corps certain, nous pensons que le prêteur peut se refuser à effectuer cette livraison toutes les fois qu'un besoin imprévu de cette chose lui est survenu depuis qu'il s'est engagé. L'art. 1889 c. nap. nous paraît parfaitement applicable (Conf. M. Duvergier, n° 27) — V. n° 106.

14. Il n'est pas toujours nécessaire que la tradition *réelle* de la chose s'effectue pour que le contrat soit parfait. Ainsi, dit Pothier, n° 6, il suffit, lorsque l'objet qu'on veut prêter est déjà dans les mains de l'emprunteur à quelque autre titre, à titre de dépôt, par exemple, que le maître consente à ce qu'il s'en serve à titre de commodat (Conf. M. Duranton, n° 488).

15. La chose peut être remise à l'emprunteur lui-même, ou à quelqu'un désigné par lui, par exemple à son associé (Conf. M. Duranton, *eod.*), ce qui ne saurait faire doute.

16. Le prêteur peut la remettre lui-même ou donner à un tiers l'ordre de la délivrer (Conf. M. Duranton, *eod.*)

17. La tradition réelle ou feinte ne prive le prêteur ni de la propriété (c. nap. 1877), ni même de la simple possession de la chose : *rei commodatæ et possessionem et proprietatem retinemus* (L. 8, ff., *commod. vel cont.*). L'emprunteur n'a qu'une simple détention. — C'est ce qu'enseignent aussi Pothier, n° 4, et MM. Duranton, n° 489, et Troplong, n° 16. V. n° 125.

18. On appelle *usage* le droit qu'a l'emprunteur sur la chose prêtée. Cet usage diffère néanmoins de la *servitude* d'usage, droit réel, qui est susceptible de possession (V. Servitude). — Dans le prêt à usage ou commodat, l'emprunteur n'a qu'un droit personnel contre le prêteur (M. Troplong, n° 17).

19. Il n'importe pour quel usage la chose est prêtée, pourvu qu'il ne soit contraire ni aux lois ni aux bonnes mœurs : le contrat serait valable, quand même la chose serait prêtée pour tout autre usage que celui qui lui est propre, comme, par exemple, dit Pothier, n° 2, si l'emprunteur était autorisé à la donner en gage à l'un de ses créanciers (L. 5, § 12, ff., *commodat;* et l. 2, C. *De commodat.*). — Pothier, nos 93 et suiv., considère comme de l'essence du contrat de commodat que la chose soit prêtée pour un usage *déterminé*. Ainsi, il n'y aurait pas prêt à usage, si une chose était confiée à quelqu'un pour la voir, l'examiner, l'essayer ou l'estimer. C'est aussi ce qu'enseignent MM. Duranton, nos 496 et suiv., et Duvergier, nos 22 et suiv. — De même, il n'y a point prêt à usage dans la convention par laquelle lorsque je marchande un cheval, par exemple, il est dit que je pourrai l'essayer pendant un délai déterminé : c'est simplement un moyen pour conduire à la conclusion d'un marché projeté; et ce moyen est dans l'intérêt des deux parties, puisque je n'achèterai point le cheval sans l'essai préalable (Conf. MM. Delvincourt, t. 3, p. 405, note 1; Duranton, nº 496).

20. Enfin, disent ces auteurs, il n'y a point commodat dans la convention par laquelle on me confie quelque chose pour que je puisse en connaître la valeur (L. 1, § 1, ff., *De præscrib. verb.*).

21. Mais l'usage du commodataire n'est pas déterminé dans des limites aussi précises que celui de l'usager. Ce dernier *peut*, en effet, d'après la loi, employer la chose à ses *besoins* et jusqu'à concurrence de ce qui lui est nécessaire pour les satisfaire (V. Usufr.).—*L'étendue* du droit du commodataire *dépend* de la *convention*, de la *destination* naturelle de la *chose* prêtée, du *but* que les parties se sont proposé et de cette considération que l'emprunteur ne doit jamais perdre de vue qu'exiger de la chose prêtée des services aussi larges que ceux de l'usager serait *abuser* d'un bienfait passager qu'a voulu lui faire le prêteur (M. Troplong, nº 18).

22. Aux termes de l'art. 1876, le contrat de prêt à usage est essentiellement *gratuit*. C'est un contrat de pure bienfaisance. L'intervention d'un *prix* transformerait l'essence de la convention et en ferait un autre contrat. *Si nulla mercede*, disait le droit romain (Inst. *Quib. modis re contrah.*), *accepta vel constituta res tibi utenda data est*. Si le prix convenu était en argent, la convention deviendrait un *louage*; elle serait un *contrat innomé*, si le prix consistait en toute autre chose que de l'argent (Conf. Pothier, nºs 2 et 5; Delvincourt, t. 3, p. 405, note 2; MM. Duranton, nº 491, et Troplong, nº 22). — Quoique le contrat de commodat soit essentiellement gratuit, il n'est pas impossible néanmoins qu'il ait lieu, en certains cas, pour l'avantage de l'un et de l'autre contractants; les lois romaines nous en donnent quelques exemples : *Hæc ita*, porte la L. 18 *præm*, ff., *si duntaxat accipientis gratiâ commodata sit res : at, si utriusque, veluti si communem amicum ad cœnam invitaverimus, tuque ejus rei curam suscepisses, et ego tibi argentum commodaverim...*, etc. — La loi 5, § 10, ff., suppose des cas où le prêt a été principalement fait pour l'avantage du prêteur, et les jurisconsultes français (MM. Duranton, nº 495, et Troplong, nº 22), admettent aussi qu'il ne répugne pas à l'essence du prêt à usage que cette libéralité ait pour mobile l'*intérêt* du *prêteur*.

23. Le prêt à usage tient de la *donation* en ce qu'il confère un avantage à l'emprunteur; il en diffère en ce que par la donation la *propriété* même de la chose est transmise au donataire, tandis que, par le commodat, le prêteur ne transmet à l'emprunteur que l'*usage* de la chose; il en retient pour lui la propriété et la possession, comme on l'a vu, nº 17. C'est aussi la doctrine de Pothier, nº 9, et de M. Troplong, nº 24 : « C'est pourquoi, dit ce dernier auteur, si, voulant faire don à un ami de quelques beaux fruits produits par un arbre de mon verger, je l'autorise à les faire cueillir, on ne dira pas que je lui prête cet arbre; ma libéralité porte exclusivement sur les fruits; ce sont les fruits seuls que j'entends lui donner et que je lui donne en effet. » Cela ne saurait faire doute, à notre sens.

24. Le commodat présente aussi des analogies et des différences avec le droit d'*usufruit*. Ainsi, d'une part, il donne, comme l'usufruit, l'usage et la jouissance de choses qui appartiennent à un autre. Mais, d'autre part, il ne confère qu'un droit *personnel* au profit de l'emprunteur, à la différence de l'usufruit, qui est un droit *réel* (Conf. M. Troplong, nº 25).

25. Le prêt à usage a aussi de l'analogie avec le *prêt de consommation* qu'on nomme *mutuum* : ils renferment l'un et l'autre un bienfait au profit de l'emprunteur, mais ils diffèrent en ce que, dans le prêt à usage, le prêteur conserve la propriété de la chose prêtée, tandis que dans le prêt de consommation, il transmet cette propriété à l'emprunteur qui n'est obligé de lui rendre qu'une somme ou une quantité égale à celle prêtée (c. nap. 1893).

26. Le commodat se rapproche du *louage* en ce que ces deux contrats donnent à l'une des parties l'usage de la chose dont l'autre retient la propriété. Mais le louage n'existe qu'à la condition d'un *prix*, tandis que le commodat perd son caractère lorsqu'il n'est pas *gratuit* (V. nº 22; V. aussi vº Louage, nº 93). — De là, dit M. Troplong, nº 27, découlent de très-graves différences dans les obligations qu'engendrent ces deux contrats. Ainsi, l'emprunteur qui reçoit un bienfait ne saurait être aussi exigeant que le locataire qui paye sa jouissance. C'est pourquoi le locataire a le droit de demander au bailleur de le faire jouir, tandis que l'emprunteur ne peut réclamer du prêteur que la garantie de ses faits personnels. C'est aussi ce qu'enseigne Pothier, nº 79.—Une autre conséquence, signalée par M. Troplong, nº 28, est que le preneur dont le bail a une date certaine peut réclamer l'exécution de son contrat vis-à-vis des tiers acquéreurs, tandis que l'emprunteur ne peut agir contre les tiers.—V. nº 104.

27. On ne doit pas confondre le prêt à usage avec les contrats *sans nom*; il en diffère sous plusieurs rapports, et principalement par la gratuité qui est de son essence (Pothier, nº 11; M. Duranton, nº 491).

28. Le commodat diffère du *dépôt* en ce que celui-ci a lieu uniquement dans l'intérêt du déposant. Aussi a-t-il été très-bien jugé que la communication d'un titre, faite à celui que ce titre oblige, sur sa demande et à la condition expresse ou tacite d'une restitution immédiate, ne présente pas les caractères constitutifs du dépôt mais ceux d'un prêt (Cass. 15 mai 1834, aff. Gonnier, vº Dépôt, nº 141).—Il diffère aussi du nantissement (V. ce mot, nº 54).

29. Dans les principes du droit romain, admis par notre ancien droit français, on connaissait, sous la dénomination de *précaire*, une espèce de commodat qui différait du prêt à usage ordinaire, en ce que, dans celui-ci, le prêt avait pour objet l'usage d'une chose pendant un temps déterminé, tandis que, dans le précaire, le prêteur demeurait maître de redemander sa chose quand il le voudrait (V. exposé des motifs, *suprà*, p. 778, nº 2). Aussi Pothier, nºs 86 et suiv., consacra-t-il un chapitre entier à traiter du précaire. — Le code ne fait plus cette distinction, et embrasse évidemment le contrat de précaire dans ses dispositions sur le prêt à usage qui peut être fait avec ou sans fixation de terme. — C'est ce qu'enseignent également MM. Duranton, nº 495; Troplong, nº 28, et Duvergier, nºs 119 et suiv. — En droit romain, les différences entre les deux conventions étaient plus marquées. Ainsi, le commodat était un contrat nommé, le précaire ne l'était pas. Le premier était protégé par une action civile, tandis que le second ne donnait lieu qu'à l'action *præscriptis verbis* ou à l'interdit *de precario* (L. 14, ff., *De precario*).

30. Du reste, suivant un arrêt, dans le cas où la durée de l'engagement serait restée indéterminée, c'est aux tribunaux qu'il appartient de la fixer (Colmar, 8 mai 1845, aff. Felman, D. P. 46. 2. 219). L'art. 1900 qui le décide ainsi en matière de prêt de consommation nous paraît parfaitement applicable.

31. Suivant l'art. 1879, «Les engagements qui se forment par le commodat, passent aux *héritiers* de celui qui emprunte. — Mais si l'on n'a prêté qu'en considération de l'emprunteur et à lui *personnellement*, alors ses héritiers ne peuvent continuer de jouir de la chose prêtée. » — Ainsi, dit M. Troplong, nº 44, qui emprunte l'exemple à la loi 17, § 3, ff., *Commod.*, Paul prête une pièce de bois à Pierre pour soutenir son édifice qui menace ruine et qu'il va faire réparer. Si Pierre meurt avant la fin des travaux de réparation, Paul ne sera pas fondé à se prévaloir de cette circonstance pour obliger l'héritier du défunt à lui rendre prématurément la chose prêtée. — Mais si je prête ma *villa* à Pierre pour qu'il y rétablisse sa santé altérée par les fatigues du travail, le décès de Pierre mettra fin au contrat, et ses héritiers ne pourront pas continuer à se servir de la chose prêtée. —Lorsque les circonstances du fait et la nature de la chose prêtée ne démontreront pas clairement à l'héritier que c'est à son auteur seulement que le prêteur a entendu prêter la chose, il sera excusable, dit très-bien M. Duranton, nº 500, de s'en être servi pour le même usage tant que le prêteur ne lui aura pas fait connaître une volonté contraire. Mais il est toujours plus convenable, en pareil cas, que l'héritier consulte à cet égard le prêteur.

32. Les dispositions de l'art. 1879 ne sont pas applicables au précaire. Ce contrat prend fin par la mort de l'emprunteur (L. 2, § 1, ff., *De precario*; Sent. de Paul, *lib.* 5, tit. 6, § 17; Pothier, Pand. t. 3, p. 242, nº 16, et M. Troplong, nº 46).— Ce dernier auteur examine la question de savoir si le précaire est dissous par la mort du prêteur? — Et il le résout par la négative avec la loi romaine (L. 8, § 2, *De precario*). — En principe, en effet, le précaire est censé durer jusqu'à ce qu'il ait été révoqué, et, logiquement, la mort du cédant ne le révoque pas; il faut une volonté exprimée par ses héritiers pour y mettre fin. — Domat, Prêt à usage, nº 13, s'est cependant prononcé pour la dissolution par la mort du prêteur. Il invoque la loi 4, ff., *Loc. cond.* qui décide que la mort du concédant met fin à la concession faite pour durer *tant qu'il plaira au prêteur*. Mais ce dernier texte n'est qu'une exception à la règle générale posée dans la loi 8 *De precario*, exception qui se justifie d'ailleurs par la différence qu'il y a entre l'hypothèse de la loi 4 *Loc. cond.* et celle de l'autre loi (Conf. M. Troplong, nº 47).

ART. 2. — *Des choses qui peuvent être la matière du prêt à usage ou commodat.*

33. D'après l'art. 1878 c. nap. « tout ce qui est dans le commerce *et qui ne se consomme point par l'usage qu'on en fait*, peut être l'objet du prêt à usage. » — Ainsi, deux conditions sont exigées par notre article. Il faut que la chose soit dans le *commerce*, et qu'elle ne soit pas de celles qui se consomment par l'*usage*. C'est aussi ce qu'enseignait Pothier, nº 16, d'après la loi 6, C., *De pactis*.

34. De la généralité des expressions de l'art. 1878, il faut conclure que le commodat ou prêt à usage s'applique non-seulement aux *meubles*, mais encore aux *immeubles*. Ainsi, rien n'empêche que je prête à un ami ma cave, mon grenier, ma maison ou un appartement dans ma maison. C'est ce que décidait la loi romaine (L. 1, § 1, ff., *Comm. vel contrà*; L. 17, *eod.*, *De præscript. verbis*; Conf. Pothier, nº 16; MM. Duranton, nº 501 et Troplong, nº 36). — Remarquons néanmoins, après M. Troplong, nº 37, que les jurisconsultes romains se servaient d'une expression particulière pour désigner d'une manière plus spéciale le prêt des meubles. Ils appelaient *commodatum* le prêt des meubles, les mots *utendum datum* étant employés pour désigner le prêt des meubles et des immeubles. Mais le mot *commodare* fût étendu plus tard au prêt de toutes choses : il avait déjà cette signification au temps de Cicéron (L. 1, ff., *Commod. vel contrà*; Cicéron, *Ad Herennium*, IV, 31).

35. Les choses qui se consomment par l'usage, comme le blé, le vin, l'argent, ne peuvent régulièrement être l'objet d'un commodat : le motif en est que, dans ce contrat, la chose même doit être restituée *in individuo* et que cette restitution est impossible là où l'emprunteur ne peut se servir de la chose sans la consommer naturellement ou civilement (Pothier, nº 17; Delvincourt, p. 405, note 3; Duranton, nº 502 et Troplong, nº 35). — Ajoutons, avec ce dernier auteur, que le prêt à usage doit laisser la propriété reposer sur la tête du prêteur, condition qui ne se rencontrerait pas si le prêt à usage portait sur des choses dont on ne saurait user naturellement qu'en les absorbant et en faisant acte de propriétaire. — Toutefois, le principe ci-dessus reçoit exception, lorsque la chose qui se consomme par l'usage a seulement été prêtée *ad ostentationem*: tel est le cas où je prête des deniers à un caissier dont la caisse doit prochainement être inspectée, non pas pour qu'il en devienne propriétaire comme dans le prêt de consommation, mais seulement pour montrer qu'il est en règle, en entendant que ce soit les espèces même que je lui livre qui me soient rendues aussitôt que sa caisse aura été inspectée. — La loi romaine le décidait ainsi : *Non potest*, disait la loi 3, § 6, ff., *Comm.*, *commodari id quod usu consumitur, nisi forte ad pompam vel ostentationem quis accipiat*; — *Sæpè etiam*, portait la loi 4, *eod.*, *ad hoc commodantur pecuniæ, ut dicis gratiâ numerationis loco intercedant.* Pothier, nº 17; Domat, Prêt à usage, sect. 1, nº 6; MM. Duranton, nº 503, et Troplong, nº 35, ne font aucune difficulté d'appliquer cette règle au droit français.

36. Les choses dont les lois ont prohibé l'aliénation et le commerce par motif de sûreté ou d'honnêteté publique, ne peuvent être la matière d'un prêt à usage valable : par exemple, des stylets, des livres immoraux, des images licencieuses (L. 6, C. *De pactis*; Pothier, nº 16; Duranton, nº 504 et Troplong, nº 32). — En conséquence, le prêteur d'une pareille chose n'aurait pas d'action en justice pour se la faire rendre (L. 5, ff., *De condict. ob turpem causam*). — Toutefois, disons avec MM. Pothier et Troplong, qu'on peut valablement prêter un mauvais livre lorsqu'on est dirigé par une intention honnête, par exemple, lorsqu'on le prête à un tiers pour le réfuter.

37. Même des choses qui sont dans le commerce ne peuvent être l'objet d'un commodat valable, si elles sont remises sciemment pour servir à un *mauvais usage* : par exemple, si Paul prêtait à Pierre une échelle pour l'aider à commettre un vol, ou un fusil pour commettre un meurtre, ce ne serait point un contrat de prêt à usage, mais une complicité de crime (Conf. MM. Duranton, nº 505 et Troplong, nº 34).

38. Suivant M. Troplong, *eod.*, il ne saurait y avoir lieu, dans ce cas, à l'*action* du contrat de prêt, soit pour faire condamner celui à qui la chose a été remise aux dommages-intérêts pour non-restitution de cette chose qui aurait *péri* par sa faute ou qui aurait été confisquée et détruite par ordre de la justice, soit même pour se la faire rendre, dans le cas où elle existerait encore; car, dit la loi 3, ff., *De condict. ob turpem causam*, « *quando utriusque contrahentium turpitudo versatur, melior est causa possidentis.* » — La rétention de l'emprunteur, dit M. Troplong, Cont. aléat., nº 173, se fonde sur le défaut de droit de celui qui demande. Or peut-on consentir à ouvrir le sanctuaire de la justice à celui qui, au lieu d'alléguer son bon droit, ne peut invoquer que sa mauvaise action et sa propre turpitude? Non. L'équité et l'ordre public y résistent. Que les parties restent donc dans l'état où le fait les a mises! Qu'elles soient régies par le fait et non par le droit qu'elles ont foulé aux pieds. — M. Duvergier, nº 32, enseigne, au contraire, que, quand la chose existe encore dans les mains de l'emprunteur, ce serait exagérer la répression et outre-passer le but de la loi que de refuser à celui qui a coopéré à des conventions illicites ou déshonnêtes le droit de la revendiquer. Non-seulement, dit cet auteur, on infligerait par ce moyen au prêteur une peine que la loi n'a pas prononcée, mais encore on permettrait au coupable, à celui qui a emprunté la chose pour un usage illicite et déshonnête, de s'enrichir aux dépens d'autrui. — Au reste, sans nous prononcer sur l'opinion de M. Troplong qui sera examinée, vº Obligation, ne pourrait-on pas admettre une exception à son système? Ainsi, pour peu que l'objet prêté ait une valeur comme objet d'art ou qu'il ait de l'utilité dans l'exercice d'une industrie ou d'une profession, ne devrait-il pas être restitué? La cause du prêt, l'âge des personnes, leur sexe, etc., etc., tout cela ne devrait-il pas aussi être pris en grande considération?

39. Il n'est pas nécessaire d'être *propriétaire* de la chose pour pouvoir valablement en faire un prêt à usage; il suffit de la *détenir* à un titre quelconque, celui, par exemple, d'usufruitier, de locataire, de fermier (Conf. Pothier, nºs 18 et 514; Delvincourt sur l'art. 1878; MM. Duranton, nº 405 et Troplong, nº 38). — Mais remarquons, avec ce dernier auteur, qu'il n'est question ici que des rapports du prêteur et de l'emprunteur et que l'intérêt du vrai propriétaire est réservé contre l'auteur de l'abus.

40. De ce qu'il suffit d'avoir la détention d'une chose pour pouvoir la prêter à usage, il suit que le possesseur de *mauvaise foi* qui prête la chose qu'il savait appartenir à autrui, même la *chose volée*, aura action contre l'emprunteur pour se faire restituer cette chose (L. 16, ff., *Commod.*; Cujas, cité par M. Troplong, nº 38). — Conf. Pothier, MM. Delvincourt, Duranton, *loc. cit.*, Duvergier, nºs 33 et 34. — V. nº 123.

41. Mais nous pensons, avec les mêmes auteurs, que, dans ce cas, on doit appliquer par analogie, la disposition de l'art. 1938 c. nap. — Ainsi, si l'emprunteur a découvert que la chose a été *volée*, il doit donner avis du prêt au véritable propriétaire et le sommer de réclamer la chose dans un délai donné. S'il néglige de donner cet avertissement, il sera responsable de la restitution qu'il aura faite à l'auteur du vol. Et, réciproquement, si le propriétaire dûment averti ne réclame pas dans le délai indiqué, la restitution faite à l'auteur du vol ne sera pas sujette à critique. — V. nº 124.

42. Puisque l'emprunteur est obligé par le prêt d'une chose volée, à plus forte raison en est-il de même lorsque la chose prêtée était simplement indisponible et incessible entre les mains du prêteur. Celui qui a un droit d'habitation peut prêter la chambre à laquelle il a droit, bien qu'il ne puisse ni louer ni céder son droit (L. 1, § 1, ff., *Commod. vel contrà*; M. Troplong, nº 39).

43. Il ne peut être prêté à quelqu'un sa propre chose : *commodatum rei suæ esse non potest.* Mais cette règle souffre exception, lorsque c'est celui qui a le droit de la posséder ou d'en jouir, qui la prête au propriétaire.— Par exemple, si Paul, usufruitier d'une chose, dont Pierre est propriétaire, la prête à ce dernier, il lui procure un avantage dont il ne pouvait jouir à cause de l'usufruit qui grevait sa propriété (Conf. Pothier, n° 19 et Troplong, n° 41).

Art. 3. — *Des personnes entre lesquelles peut avoir lieu le contrat de prêt à usage.*

44. Le contrat de prêt à usage, comme les autres, ne peut avoir lieu, en général, qu'entre personnes *capables* de contracter; mais comme il n'emporte point aliénation de la chose, l'incapacité de le former est généralement moins étendue que pour la donation, la vente, l'échange et autres contrats de cette nature. — C'est ce que reconnaissent tous les auteurs, notamment Pothier, n° 13; Duranton, n° 506 et Troplong, n°s 49 et suiv.

45. D'abord, nul doute que les mineurs eux-mêmes, non autorisés de leurs tuteurs, les interdits et les femmes mariées non autorisées de leur mari, ne puissent très-bien *recevoir* une chose à prêt à usage, puisqu'ils peuvent toujours faire leur condition meilleure et que le prêt à usage est tout dans l'intérêt de celui qui reçoit la chose.—Les prêteurs capables de s'engager ne peuvent, aux termes de l'art. 1125 c. nap., opposer l'incapacité du mineur, de l'interdit ou de la femme mariée, avec qui ils ont contracté : d'où il suit que, dans tous ces cas, le contrat sera obligatoire par rapport au prêteur, lequel ne pourra, sous le prétexte que le contrat ne serait pas valable, redemander la chose prêtée avant l'expiration du terme fixé par les parties contractantes.—Mais le mineur, l'interdit, la femme mariée ou leurs représentants qui ont stipulé comme prêteurs, auront la faculté de faire cesser le contrat quand ils le jugeront convenable, puisqu'ils ne sont retenus par aucun lien.

46. L'incapable sera-t-il dispensé de rendre la chose prêtée? — La négative est certaine pour le cas où la chose existe dans les mains de l'emprunteur. La raison en est que nul ne peut, d'après les règles de l'équité, s'enrichir aux dépens d'autrui. A défaut du commodat qu'on ne peut opposer à l'incapable, la bonne foi est ici la source de l'action (L. 2, ff., *Commod. vel contrà*, MM. Duranton, n° 507, et Troplong, n° 50). — Si l'incapable a vendu la chose prêtée et en a retiré un prix qui lui a profité, il sera également tenu de restituer le prix jusqu'à concurrence de ce profit. C'est ce que décide la loi 3, ff., *Commod. vel contrà*, et ce qu'approuve M. Troplong, n° 51.—Mais, dans tous les cas où la chose n'existe plus entre les mains de l'incapable, le prêteur qui agit en restitution doit être repoussé par l'exception de nullité. En d'autres termes, l'incapable n'est pas tenu des fautes qu'il peut avoir commises dans la garde de l'objet prêté (MM. Duranton, n° 507; Duvergier, n° 39, et Troplong, n° 52).—Néanmoins, si un mineur déjà doué de discernement, *capax doli*, ou une femme mariée à qui un prêt a été fait sans l'autorisation du tuteur ou du mari, commettaient une véritable fraude relativement à la chose prêtée, par exemple en détruisant malicieusement soit cette chose, soit le prix qu'ils auraient reçu dans le cas où ils l'auraient vendue, le prêteur aurait une action contre eux à raison de leur *dol*, quand même ils ne se seraient pas enrichis du prix provenant de la vente, et à plus forte raison s'ils en avaient profité : *Dolo aliquid fecit minor*, porte la loi 9, § 2, ff., *De minorib.*, *in re deposita vel commodata, an ei subveniatur, si nihil ad eum pervenit? Et placet in delictis minoribus non subveniri.* —V. aussi L. 1, § 15, ff., *Depos. vel contr.* — Conf. Toullier, t. 7, n° 587; MM. Duranton, n° 508; Duvergier, n° 41, et Troplong, n° 53.

47. Que décider dans le cas où le mineur devenu majeur, ayant conservé la chose, la laisse périr par sa faute? — MM. Delvincourt, t. 3, notes, p. 404, Duvergier, n° 41, et Troplong, n° 54, décident sans hésiter qu'alors l'emprunteur est tenu comme les commodataires majeurs. — On opposerait vainement la loi 1, § 2, ff., *Commod. vel contrà* qui refuse l'action de commodat dans cette hypothèse, parce que le droit français n'étant pas soumis à la rigueur des formules d'action, on doit reconnaître une action née d'un prêt ratifié en majorité.

48. Le mineur *émancipé* est capable d'emprunter à usage, car il est apte à faire des actes d'administration (M. Troplong, n° 55). — Il est vrai que l'art. 483 c. nap. lui interdit tout acte d'emprunt sans une autorisation du conseil de famille, dûment homologuée. Mais cette disposition ne s'applique évidemment qu'au prêt à intérêt, le seul qui soit dangereux pour les mineurs. Puisque le mineur émancipé peut louer la chose à prix d'argent, il peut, à plus forte raison, la recevoir gratuitement à commodat.

49. La femme séparée de biens peut aussi emprunter à commodat, puisque, d'une part, elle est capable d'administrer, et que, d'autre part, elle peut aliéner son mobilier (Conf. M. Troplong, n° 56).

50. Même solution à l'égard des personnes pourvues d'un conseil judiciaire (Conf. M. Troplong, *eod.*). Les raisons qui militent en faveur du mineur émancipé reçoivent ici leur entière application.

51. Passons aux prêts *consentis* par des incapables. — Si un *mineur* en tutelle a prêté avec l'autorisation de son tuteur, la validité du prêt est incontestable; c'est un commodat ordinaire qui produira les obligations réciproques, tout comme si c'était le mineur lui-même qui eût fait le prêt (Conf. M. Duranton, n° 509). — S'il a été fait par un mineur *non émancipé* et non *autorisé* de son tuteur, l'emprunteur est assujetti aux obligations ordinaires de ce contrat, soit quant à la restitution de la chose, soit quant à la responsabilité des fautes; mais, comme le contrat n'est point obligatoire pour le mineur, il s'ensuit que la chose peut être redemandée avant le temps convenu ou avant que l'emprunteur s'en soit servi pour l'usage auquel elle était destinée (Conf. MM. Duranton, n° 509, et Duvergier, n° 43).—V. Oblig.

52. Si l'emprunteur a fait des dépenses nécessaires à la conservation de la chose, il n'a pas, il est vrai, l'action *commodati contraria* pour en obtenir le remboursement, puisque, par rapport au mineur, le contrat n'est point parfait; mais il a l'action *negotiorum gestorum*, qui a lieu aussi bien contre les mineurs que contre les majeurs, lorsque l'affaire leur a réellement profité (Conf. MM. Duranton, n° 509, et Duvergier, n° 43). — V. Oblig.

53. Si le mineur était *émancipé* lorsqu'il a fait le prêt, il y aurait commodat obligatoire de part et d'autre, quoique le mineur eût agi sans l'assistance de son curateur. La raison en est, suivant MM. Duranton, n° 510, et Troplong, n° 55, qu'un mineur qui est capable d'affermer ses domaines, de toucher ses revenus et d'en donner décharge, sans l'assistance de son curateur, doit bien pouvoir prêter efficacement sa chose à son ami. — Remarquons, toutefois, que si le mineur émancipé avait, sous prétexte de commodat, fait une donation indirecte, l'acte serait nul. — M. Duvergier, n° 46, enseigne que le mineur émancipé ne peut prêter à commodat, en se fondant sur ce qu'il ne peut faire aucun autre acte que ceux de pure administration.

54. Le prêt fait par celui qui est placé sous l'assistance d'un conseil judiciaire est-il valable, quoique consenti sans l'assistance de ce conseil? Oui, disent MM. Duranton, n° 511, et Troplong, n° 55. — M. Duvergier, n° 48, se prononce en sens contraire.—Mais le prêteur ne serait fondé, suivant nous, à réclamer, avant le temps convenu, la chose prêtée qu'autant qu'elle présenterait assez d'importance pour qu'il pût en ressortir un préjudice réel.—V. Interdiction, n° 308.

55. A plus forte raison, cette décision s'applique-t-elle à la *femme séparée* de biens qui prête un objet mobilier sans l'autorisation de son mari, puisqu'elle a la libre disposition de son mobilier, et qu'elle peut l'aliéner, sans avoir besoin, pour cela, d'être autorisée (c. nap. 1449).— La même chose a lieu à l'égard du prêt d'un objet paraphernal, consenti par une femme mariée sous le régime dotal proprement dit (Conf. MM. Duranton, n° 514 et Duvergier, n° 47).

56. Quant à *l'interdit*, il est clair qu'il ne peut valablement faire un prêt quelconque, puisqu'il ne peut aucunement contracter (c. nap. 502); d'où il suit que, s'il en a fait un, le tuteur peut redemander de suite chose. — Mais celui qui l'a reçue, n'est pas moins tenu de toutes les obligations d'un véritable commodataire, puisqu'il ne peut alléguer l'incapacité de l'interdit avec lequel il a contracté (Conf. M. Duranton, n° 515).

ART. 4. — *Forme et preuve du prêt à usage.*

57. Le prêt à usage se forme, comme tous les autres contrats, verbalement ou par écrit, par *acte authentique* ou par *acte sous seing privé.*

58. Si l'on fait un écrit sous seing privé pour constater le prêt, il n'est pas nécessaire de le faire en *double original.* L'art. 1325 n'est point applicable à ce cas; car, bien que le prêteur puisse avoir à rembourser quelque chose à l'emprunteur pour des dépenses faites pour la conservation de la chose (c. nap. 1890), néanmoins, le contrat n'est pas, pour cela, parfaitement *synallagmatique* (Conf. Voet, *ad Pand., De reb. cred.*, nº 2; MM. Duranton, nº 499; Troplong, nº 7. — *Contrà*, Toullier, t. 6, nº 19). — Mais il faudrait observer la disposition de l'art. 1326, sur la nécessité du *bon* ou *approuvé*, sauf les cas d'exception qui y sont prévus (Conf. M. Duranton, nº 499). — V. Obligation.

59. Quels sont les genres de *preuve* admis en matière de prêt à usage? — Suivant Pothier, nº 8, dont l'opinion est reproduite par Toullier, t. 9, nº 30; MM. Duranton, nº 498 et Duvergier, nº 51, la preuve du prêt à usage est soumise aux règles du droit commun: en conséquence, la preuve par témoins, non appuyée d'un *commencement de preuve par écrit*, n'est pas recevable, si la valeur de l'objet réclamé excède 150 fr., à moins que le prêt n'ait eu lieu dans une circonstance particulière où il n'aurait pas été possible de le constater par écrit. — Il a été jugé, toutefois, que le fait d'avoir reçu gratuitement dans sa cave quelques pièces de vin appartenant à un tiers, et que celui-ci a continué de faire soigner par son propre tonnelier, ne constitue qu'*un simple prêt à usage* de la part du propriétaire de la cave, et non point un dépôt de la part du propriétaire des vins; qu'en conséquence, celui-ci, en cas de saisie des biens du prêteur de la cave, est recevable, quelle que soit la valeur des vins et lors même qu'elle s'élèverait à plus de 150 fr., à prouver par témoins contre le saisissant, à quel titre ces vins se trouvent dans la cave du saisi (Colmar, 18 avr. 1806) (1).

60. Il avait aussi été jugé, sous notre ancien droit qu'il y avait lieu d'admettre la *preuve testimoniale* d'un prêt à usage ayant pour objet un collier de perles de 500 écus (Parlement de Paris, mars 1624, arrêt cité par Danty, sur Boiceau, 2ᵉ part. add. sur le ch. 7, nº 5, p. 527). — Danty cite un autre arrêt du même parlement rendu dans le même sens, le 11 avr. 1574. — Il se prononce lui-même dans le sens de ces arrêts, en se fondant sur ce qu'il serait injuste de refuser la preuve par témoins au prêteur à commodat, sous prétexte que le prêt à commodat étant un contrat, doit être compris dans les prohibitions de l'ordonnance de Moulins, car ce contrat ne s'accomplit que par la tradition, qui est un fait susceptible d'être prouvé par témoins. — M. Troplong, nºˢ 58 et suiv., examine la question avec étendue. Suivant cet auteur, il y a lieu de distinguer entre l'hypothèse où le commodat a pour objet des immeubles et celle où il est relatif à des meubles. Dans le premier cas, la preuve testimoniale doit être admise: elle doit être rejetée dans le second. En effet, lorsque quelqu'un prête sa maison de campagne à un ami, il n'a pas besoin d'un écrit pour établir la position respective de l'emprunteur et de lui. Si l'emprunteur osait se dire propriétaire de la chose, il serait poursuivi par une action en revendication; et le prêteur établirait son droit tant par titres que par témoins, car il est de principe que la propriété et ses titres à la revendication s'établissent par tous moyens de preuves. — Mais il n'en est pas de même en ce qui concerne le prêt à usage de meubles, car il est de principe « qu'en fait de meubles possession vaut titre; » d'où il suit que l'action en revendication du véritable propriétaire peut être repoussée par la possession du défendeur. Pour triompher, le demandeur est donc tenu de prouver que son adversaire s'est engagé envers lui comme emprunteur. Or, il ne peut faire cette preuve par témoins, à moins que la valeur de la chose prêtée ne dépasse pas 150 fr. ou qu'on prétende que le prêt a été déterminé par dol ou fraude de la part de l'emprunteur (c. nap. 1109, 1341, 1348, 1353, 1371, 1376 et s., 1383). — V. Obligat. (Preuve).

61. Dans les cas où la preuve testimoniale est admise vis-à-vis de l'emprunteur, elle l'est également à l'égard de ses représentants et *ayants cause* (Conf. M. Troplong, nº 66), ce qui ne saurait être douteux. — V. Oblig.

62. L'emprunteur est quelquefois intéressé à prouver l'existence du prêt contre des *tiers*. Ce cas se présente, dit M. Troplong, nº 67, quand le prêt est d'un immeuble, et que l'emprunteur y a apporté des meubles à lui appartenant, dont on lui conteste la propriété à cause de leur situation chez autrui. L'arrêt ci-dessus rapporté de la cour de Colmar, du 18 avril 1806, en est un exemple. Dans l'espèce, la cour a admis l'emprunteur à établir par témoins qu'il avait reçu en commodat la *cave* de son ami (un immeuble, par conséquent), et que les objets mobiliers qu'il y avait déposés étaient sa propriété. La preuve de ce dernier point était recevable, car l'emprunteur étant en possession de la cave était censé en possession des objets qu'elle renfermait (Conf. M. Troplong, nº 68).

ART. 5. — *Des engagements de l'emprunteur.*

63. L'emprunteur contracte des engagements de deux sortes: d'abord celui de *conserver* la chose et de ne l'*employer qu'à l'usage* auquel elle était destinée; en second lieu, celui de *restituer* la *chose prêtée.*

---

(1) *Espèce*: — (Agent du trésor *C.* Sitter.) — Faillite du sieur Briffault, payeur des dépenses diverses à Colmar. — Saisie de ses meubles à la requête de l'agent du trésor public. — Le sieur Sitter réclame deux pièces d'eau-de-vie comprises dans la saisie. — Instance. — 5 mess. an 13, Briffault reconnaît, à l'audience, que les eaux-de-vie appartiennent réellement au réclamant. — Sitter est, en conséquence, admis à prouver qu'il les avait en effet achetées pour son compte, fait conduire à ses frais chez Briffault, et fait soigner depuis par son propre tonnelier. — Jugement qui ordonne la distraction des deux pièces d'eau-de-vie. — Appel des deux jugements. — L'agent du trésor soutient que s'agissant d'un dépôt volontaire qui ne peut jamais être prouvé par témoins, Sitter n'eût pas dû être admis à la preuve des faits par lui allégués. — Arrêt.

LA COUR; — Considérant que, pour se décider sur l'appel de l'interlocutoire, il y a lieu de vérifier la nature du fait posé en première instance par l'intimé; — Considérant que ce fait était que l'intimé a acheté les eaux-de-vie à Gueberschwir pour son compte; qu'il les a fait conduire et encaver à ses frais chez le sieur Briffault, et fait soigner jusqu'à présent par son propre tonnelier; — Considérant que le sieur Briffault, mis en cause, a déclaré sur le barreau que réellement ces eaux-de-vie appartiennent à l'intimé: tels sont les faits que Sitter a été admis à prouver; ainsi, ils ne présentent nulle idée d'un dépôt volontaire; aussi l'appelant n'a-t-il pas songé lors de l'interlocutoire à exciper, comme il l'aurait pu, s'il eût cru que le placement des eaux-de-vie dans la cave de Briffault eût caractérisé un pareil dépôt, puisqu'en effet la loi n'en admet pas la preuve par témoins; — Considérant qu'on ne saurait voir au cas particulier, dans le fait en question, qu'un prêt à usage ou commodat. Briffaut a prêté sa cave gratuitement à l'intimé pour y conserver ces eaux-de-vie en une année où la vendange avait été si abondante que personne n'a su, pour ainsi dire, loger tous ses liquides chez soi. Si les eaux-de-vie eussent péri, la perte eût été pour le compte de l'intimé, au lieu que, dans le cas d'un dépôt volontaire, le dépositaire est responsable de la perte de la chose déposée; — Considérant que les jurisconsultes rangent le prêt à usage parmi les contrats de bienfaisance; que le législateur qui défend la preuve par témoins du dépôt volontaire, sans l'avoir prohibée dans le cas du prêt à usage, a regardé la facilité de confier quelque chose à un ami, qui nous le demande, comme un fait plutôt que comme une convention; et c'est d'un fait que les juges *à quo* ont permis à l'intimé de faire la preuve par témoins; c'est-à-dire que les eaux-de-vie lui appartiennent, et que Briffault n'a fait que lui confier sa cave; cette confiance dans ce cas et autres semblables est fréquente dans la société, et fondée sur les premiers sentiments de l'humanité: ce serait la détruire que d'exiger un écrit et si on ôtait la liberté de prouver le fait par des témoins; — Considérant, d'ailleurs, qu'au cas particulier, l'agent judiciaire du trésor n'est qu'un tiers; qu'en supposant même qu'il s'agisse d'un dépôt volontaire, et qu'il fût dénié, Briffault eût pu être tenu d'affirmer: or celui-ci, loin de nier ce fait, a déclaré au contraire que les eaux-de-vie appartenaient à l'intimé; et l'agent qui n'avait pas résisté en première instance à l'admissibilité de la preuve n'a pas fait d'enquête pour établir le contraire, sans doute parce qu'il n'a pas cru pouvoir y réussir; — Considérant dès lors que l'appel de l'interlocutoire n'est nullement proposable; — Considérant, quant à l'appel du jugement définitif, qu'il n'est pas mieux fondé, puisque l'intimé a, par son enquête, fait complétement la preuve des faits par lui avancés; il y a donc lieu de confirmer l'un et l'autre de ces jugements; — Confirme.

Du 18 avr. 1806. — C. de Colmar.

§ 1. — *Obligation de conserver la chose et de ne l'employer qu'à l'usage auquel elle était destinée.—Responsabilité.*

64. Aux termes de l'art. 1880 c. nap. «l'emprunteur est tenu de veiller *en bon père* de famille à la garde et à la conservation de la chose prêtée. Il ne peut s'en servir qu'à l'usage déterminé par sa nature ou par la convention; le tout à peine de *dommages-intérêts*, s'il y a lieu.»

65. Dans les principes du droit romain, l'emprunteur était *tenu* d'apporter à la garde de la chose prêtée le soin le plus exact : *Exactissimam diligentiam*, porte la loi 1, § 4, ff., *De obligationibus et actionibus, custodiendæ rei præstare compellitur.—In rebus commodatis*, ajoute la loi 18, ff., *Comm.*, *talis diligentia præstanda est qualem quisque diligentissimus paterfamilias suis rebus adhibet.*— Les rédacteurs du code Napoléon ont-ils entendu reproduire ce système et rendre le commodataire *responsable* de la *faute très-légère?*—M. Troplong, nos 77 et suiv., enseigne la négative. Cet auteur se fonde sur ce que l'art. 1880 diffère essentiellement du passage de Pothier relatif à la responsabilité du commodataire.—«Il ne suffit pas, dit Pothier, no 48, que l'emprunteur apporte un soin ordinaire, tel que les pères de famille ont coutume d'apporter aux choses qui leur appartiennent; il doit y apporter tout le soin possible, c'est-à-dire celui qu'apportent à leurs affaires les personnes les plus soigneuses.» Or, dit M. Troplong, l'art. 1880 ne contient rien de semblable. Il veut que l'emprunteur soit tenu de veiller *en bon père de famille*, etc. Il lui suffit d'avoir le soin, la prudence, l'attention du bon père de famille, de ce modèle formé sur les vertus moyennes du commun des hommes.— Mais Delvincourt, t. 3, notes, p. 403; Toullier, t. 6, nos 230 et suiv.; MM. Duranton, t. 17, no 521, et Duvergier, no 53, enseignent qu'en général l'emprunteur est responsable de la perte si, avec plus de vigilance, il avait pu la prévenir. Et c'est bien là le système qui paraît résulter de l'art. 1882 aux termes duquel « si la chose prêtée périt par cas fortuit dont l'emprunteur aurait pu la garantir en employant la sienne propre, ou si, ne pouvant conserver que l'une des deux, il a préféré la sienne, il est tenu de la perte de l'autre. » — V. en ce sens le rapport du tribun Albisson, *suprà*, p. 780, no 21.

66. Deux exceptions sont faites à la règle que l'emprunteur est tenu de la faute très-légère. La première a lieu lorsque le prêt n'a pas été fait pour l'intérêt seul de l'emprunteur; mais qu'il a eu lieu aussi pour la convenance ou l'utilité du prêteur. Dans ce cas, le commodataire ne répond pas de la faute très-légère, de celle qui pourrait échapper même à un père de famille très-diligent. Il répond de la faute moyenne, *de levi culpâ*, c'est-à-dire de cette faute que ne commet pas ordinairement un bon père de famille (L. 18, ff., *Commod.*; Pothier, no 51, et M. Duranton, no 522).—Il ne répond même que de son dol si le prêt a été fait dans le seul intérêt du prêteur (Pothier, *loc. cit.*).

67. La seconde exception se présente lorsqu'il a été convenu entre les parties contractantes que l'emprunteur ne serait tenu que d'*un soin ordinaire*. Dans ce cas, il ne répond que de la faute moyenne, *de levi culpâ*. Et même s'il a été convenu qu'*il ne serait obligé à rien pour la conservation de la chose prêtée*, on ne peut exiger de lui que de la bonne foi. — C'est ce que portait la L. 5, § 10, ff., *Commod.*, et ce qu'enseignent Pothier, no 50, et M. Duranton, no 523.

68. Despeisses prétend que si le prêteur a prêté la chose avant d'en être prié, l'emprunteur ne sera tenu que *de dolo et latâ culpâ*.—C'est une erreur; le bienfait que je reçois du prêteur, lorsqu'il me prête la chose dont il sait que j'ai besoin, sans attendre que je l'en prie, en devient plus grand en raison de cette circonstance, et il n'est pas juste que la grandeur du bienfait diminue l'obligation où je suis d'apporter à la chose prêtée tout le soin possible (Conf. Pothier, no 52).

69. Mais quand le prêt est dans l'intérêt seul de l'emprunteur, comme cela a lieu généralement, il répond de toute espèce de faute, même *de levissimâ culpâ*.—Il ne serait pas recevable à dire qu'il était incapable de cette exacte surveillance, qu'il a fait tout ce qui était en son pouvoir pour la conservation de la chose. On lui répondrait, avec raison, dit Pothier, no 49, que c'était à lui à connaître la mesure de ses forces, et à ne point contracter une obligation qu'il était dans l'impossibilité de remplir; le prêteur ne peut être victime de sa négligence.

70. Toutefois les tribunaux doivent avoir égard à la condition de l'emprunteur pour régler l'étendue de sa responsabilité. Ainsi on n'exige pas le même soin d'un écolier à qui on a prêté un cheval, que d'un écuyer ou d'un maréchal (Dumoulin, *Tract. de eo quod inter.*, no 185; Pothier, no 49; MM. Troplong, no 82, et Duvergier, no 57).

71. Celui qui a emprunté une chose est tenu d'apporter tout le soin possible, non-seulement à cette chose, mais encore à ses accessoires; par exemple, si c'est une jument qui a un jeune poulain qui la suit encore, l'emprunteur doit veiller à ce qu'il n'éprouve aucun dommage.—Telle était la prescription de la L. 5, § 9, ff., *commod.* (Conf. Pothier, no 54, et M. Duranton, no 524).

72. Si l'emprunteur détourne la chose prêtée, s'il la vend, par exemple, il est passible de dommages-intérêts (art. 1880).—Mais ne devient-il pas coupable du délit d'abus de confiance, prévu par l'art. 408 c. pén.? — La négative est passée en jurisprudence aujourd'hui. — V. Abus de confiance, nos 106 et suiv.

73. L'emprunteur ne répond que du *défaut de soins*. On ne doit pas lui imputer la *force majeure* et la vétusté : *Quod verò*, dit la L. 5, § 4, ff., *Commod.*, *senectute contigit, vel morbo, vel vi latronum ereptum est, aut quid simile accidit dicendum est nihil eorum esse imputandum ei qui commodatum accepit, nisi aliqua culpa interveniat.*— Ainsi, lorsque la chose prêtée a péri ou a été détériorée par quelque accident que l'emprunteur n'a pu ni prévoir ni empêcher, et qui aurait également causé la perte ou la détérioration de la chose, quand même elle n'aurait pas été prêtée et serait restée chez le prêteur (comme si le cheval que vous m'avez prêté est mort de maladie, sans qu'on ait pu y apporter remède), personne ne doute que celui à qui la chose a été prêtée, n'est pas tenu de cette perte, puisque ce n'est pas le prêt qui y a donné lieu (Conf. Pothier, no 55, et M. Troplong, no 89).

74. Mais la question devient plus grave lorsque c'est le prêt qui a donné lieu à l'accident auquel, sans cela, la chose prêtée n'aurait pas été exposée : par exemple, si vous m'avez prêté votre cheval pour faire un voyage, et que des voleurs m'aient attaqué dans une forêt et l'aient tué ou emmené, serai-je obligé de vous payer le prix de votre cheval qui n'aurait point été perdu, si vous ne me l'aviez point prêté? — Non, car il est constant que, dans le prêt à usage, le prêteur demeure propriétaire de la chose prêtée (c. nap., 1877); or, il est de principe, d'une part, que *res perit domino*, et de l'autre, que *omnes debitores rei certæ interitu rei liberantur*. Le code a adopté ce système dans les art. 1881 et suiv.; car il ne rend l'emprunteur responsable des pertes survenues par cas fortuit, que dans certains cas exceptionnels qu'il a la précaution d'énumérer (Conf. Pothier, no 55; Delvincourt, t. 3, p. 196 et p. 406, note 6; MM. Duranton, no 519, et Troplong, no 89).

75. Toutes les fois d'ailleurs que la force majeure n'a eu lieu que par un défaut de soins qu'on peut reprocher à l'emprunteur, il en est responsable. — La loi romaine décidait ainsi que l'emprunteur était responsable du vol de la chose prêtée toutes les fois que le vol avait été causé par un défaut de soins de sa part (L. 21, § 1, ff., *Commod.*). — Conf. M. Troplong, no 84. — V. *infrà*, nos 83 et s.

76. L'emprunteur est encore responsable de la perte ou de la détérioration de la chose prêtée, survenue par cas fortuit, lorsqu'il y a eu quelque faute de sa part sans laquelle l'événement n'aurait probablement pas eu lieu: par exemple, si un cheval a été prêté pour faire un voyage, que l'emprunteur ait voyagé de nuit ou ait pris des routes de traverse qu'il pouvait éviter, et qu'il ait été attaqué par des voleurs qui ont emmené le cheval, il est tenu de la perte: dans ce cas, il a contrevenu à l'obligation qui lui est imposée par l'art. 1880 de veiller en bon père de famille à la garde et à la conservation de la chose prêtée (Conf. Pothier, no 57; Delvincourt, p. 197 et 406, note 1, et M. Duranton, no 528).

77. On a vu plus haut en quoi devait consister cette surveillance et de quelles fautes l'emprunteur était responsable; nous jugeons superflu d'y revenir.

78. C'est à l'emprunteur qu'incombe la preuve de la force majeure; il doit établir que la chose a péri entre ses mains par une cause qui ne lui est pas imputable, car il est débiteur de la chose et tenu de la représenter (M. Troplong, n° 83).

79. A qui incombe la *preuve* du défaut de soins? — L'emprunteur est-il à l'abri de toute responsabilité lorsqu'il a établi le fait de force majeure, si le prêteur ne prouve pas, de son côté, que la faute du commodataire a causé la force majeure? — M. Troplong, n° 87, enseigne, et avec toute raison, selon nous, qu'il n'y a démonstration de la force majeure par l'emprunteur qu'autant qu'il prouve que ses précautions ont été sages et prudentes, et que malgré tous ses soins elles ont été déçues. — Jusque-là, le prêteur est fondé à imputer la perte de la chose au commodataire.

80. Mais cette preuve ainsi faite décharge l'emprunteur, sauf ce que nous dirons aux n°s 82 et s. en expliquant les art. 1881 et 1882.

81. Dans le cas où le prêteur retrouve la chose après avoir été indemnisé de sa perte, il doit restituer à l'emprunteur ou la chose ou le prix (L. 17, § 5, ff., *commod.* — Conf. Pothier, n° 85, et M. Troplong, n° 94). — Mais si c'est l'emprunteur qui la retrouve, il ne peut obliger le prêteur à la reprendre et à lui rendre ton argent (Conf. Pothier, n° 68, et M. Troplong, *loc. cit.*).

82. L'art. 1881 c. nap. dispose ainsi: « Si l'emprunteur emploie la chose à un *autre usage*, ou pour un *temps plus long* qu'il ne le devait, il sera *tenu* de la *perte* arrivée, même par cas *fortuit.* » — Quand le commodataire emploie la chose à un usage autre que celui auquel elle est destinée naturellement ou par la convention, il commet une faute; il méconnaît les conditions auxquelles le prêt lui avait été consenti. Sa responsabilité est engagée (Pothier, n°s 58 et 60; Delvincourt, t. 3, p. 196, et p. 406, note 6, et M. Duranton, n°s 516 et 517).

83. De même lorsque l'emprunteur excède le temps d'usage qui lui a été accordé, il est en faute. Les lois romaines le réputaient *voleur*, quant à l'usage de la chose prêtée (L. 1, § fin., ff., *De furtis*; L. 40 *eod.*; L. 5, § 8, ff., *Commod.* et Gaïus, Instit. comm. 3, § 197). Le code Napoléon se borne à le déclarer passible de la perte arrivée même par cas *fortuit*. Il est en outre tenu à des *dommages-intérêts* (V. n° 72). — Mais si la perte fût également arrivée chez le prêteur, quand même le prêt n'aurait pas eu lieu, et par conséquent quand même l'emprunteur n'aurait pas employé la chose pour un autre usage ou pour un temps plus long qu'il ne le devait, par exemple, si le cheval prêté venait à périr d'une mort naturelle, nous pensons que l'emprunteur ne devrait pas supporter cette perte; elle demeurerait à la charge exclusive du prêteur: le motif en est que la disposition de l'art. 1881, conforme à la loi 18 ff., *commod.*, est restreinte aux pertes survenues *par cas fortuit*. Or, le cas de mort naturelle d'un cheval ne doit pas être rangé au nombre des cas fortuits. D'autre part, la disposition de l'art. 1302 c. nap. est générale et s'applique à tous les débiteurs de corps certains. (MM. Delvincourt, t. 3, notes, p. 406; Duranton, n° 520; Duvergier, n°s 62 et suiv., et Troplong, n° 192, se prononcent dans le même sens).

84. Pothier, n° 21, fait exception au principe reproduit par l'art. 1881, pour le cas où l'emprunteur qui s'est servi de la chose pendant un temps plus long qu'il ne le devait, a pu naturellement croire, à raison de ses liaisons avec le prêteur, que ce dernier aurait consenti à ce surcroît d'usage, s'il avait pu prévoir qu'il serait nécessaire à l'emprunteur. Mais cette décision, dont le fondement est une pure supposition, a paru à M. Duranton, n° 518, susceptible de graves difficultés sous l'empire du code, dont l'art. 1881 est conçu en termes généraux et absolus. — M. Troplong, n° 98, n'hésite cependant pas à l'admettre, en s'appuyant sur les lois romaines et sur l'équité: *Commodati an teneatur*, porte la loi 76, ff., *De furtis*, *in culpâ æstimatio erit, id est, an non debuerit æxistimare id dominum permissurum.* — L'équité est conforme à cette décision, car l'appréciation de l'intention des parties permet de connaître si elles ont tacitement convenu d'un usage autre que celui qui était stipulé. — M. Duvergier, n° 64, émet une opinion conforme.

85. Aux termes de l'art. 1882, « si la chose prêtée périt par un cas fortuit dont l'emprunteur aurait pu la garantir en employant la sienne propre, ou si, ne pouvant conserver que l'une des deux, il a préféré la sienne, il est tenu de la perte de l'autre. » — La double obligation que cet article impose à l'emprunteur d'employer sa propre chose pour sauver la chose prêtée, et de la sacrifier même si cela est nécessaire, découle de ce principe qu'il doit apporter encore plus de soins à la conservation de la chose prêtée qu'à celle de sa chose propre (V. le rapport du tribun Albisson, *suprà*, p. 780, n° 21). — Pothier, n° 59, donne pour exemple de la première hypothèse le cas où j'aurais emprunté une chose d'une personne pour ne pas exposer la mienne, en taisant au prêteur que j'en avais une qui pouvait me servir pour le même usage, et en lui taisant aussi le danger que sa chose pouvait courir par quelque circonstance particulière. — Ainsi, d'après cet auteur, l'emprunteur n'est tenu de la perte que lorsqu'il a prévu le danger auquel il voulait exposer la chose prêtée, et lorsqu'il a dissimulé au prêteur qu'il avait une chose propre au même usage que la sienne. — Mais cette dernière circonstance, qui caractérise une espèce de dol, n'est pas nécessaire pour l'application de l'art. 1882.—Il suffit aujourd'hui que l'emprunteur ait prévu le danger qu'il allait faire courir à la chose pour que sa responsabilité soit engagée. M. Duvergier, n° 65, se prononce dans le même sens. — Disons aussi, avec le même auteur, que la perte seule, arrivée par cas fortuit pendant que l'emprunteur employait de bonne foi la chose prêtée à son usage naturel, n'est pas suffisante pour que l'emprunteur soit engagé. Il est encore nécessaire qu'il ait prévu la perte et fait courir volontairement à la chose du prêteur des risques auxquels il a soustrait la sienne.

86. Dans le cas prévu par la seconde partie de l'art. 1882, doit-on mettre la perte à la charge de l'emprunteur, quelle que soit la différence de valeur entre la chose prêtée et celle de l'emprunteur? Pothier, n° 56, n'admet aucune distinction; il déclare toujours l'emprunteur responsable, alors même que sa propre chose, qu'il aurait sauvée de préférence à celle du prêteur, vaudrait beaucoup plus. — Cette théorie est aussi celle de M. Duranton (n° 527), qui pense toutefois, mais contrairement à Pothier, que si, dans un incendie, l'emprunteur n'avait laissé périr la chose prêtée, laquelle était de peu de valeur, que pour sauver ses papiers ou des objets de prix, il ne répondrait pas de la perte, car il n'aurait pas eu le choix. — L'art. 1882 est rédigé en termes trop généraux pour souffrir une pareille distinction, et nous préférons le sentiment de Pothier. — A plus forte raison ne saurions-nous admettre, avec M. Duvergier, n°s 66 et 67, qu'en toute circonstance, lorsque la chose appartenant à l'emprunteur est d'une valeur supérieure à celle qui a été prêtée, il soit raisonnable d'exonérer l'emprunteur de toute responsabilité. En sauvant sa propre chose, qui est d'un prix supérieur, il fait un bénéfice; par exemple il sauve sa propre chose, qui est du prix de 3,000 fr., et il laisse périr l'objet prêté, lequel ne valait que 1,000 fr. Cette option peut même, suivant les circonstances et lorsqu'aucun prix d'affection ne s'attachait à la chose qu'on a laissé périr, être fort sage. Mais n'est-ce point assez pour l'emprunteur d'avoir ainsi opéré un bénéfice en sauvant sa propre chose? N'est-il pas juste qu'il indemnise le prêteur en payant à celui-ci la valeur de l'objet perdu?

87. Au surplus, lorsque, au cas de perte arrivée dans un incendie, le tumulte a été si grand, qu'il n'a pas été possible de faire aucun choix des effets qui étaient dans la maison incendiée, et qu'on n'ait pu sauver qu'à la hâte quelques effets au hasard et comme ils se sont présentés sous la main, l'emprunteur ne sera pas tenu de la perte des choses qui lui ont été prêtées; car il y a eu impossibilité de sa part de les sauver (Conf. Pothier, n° 56, MM. Duranton, n° 527, et Duvergier, n° 69).

88. Le principe de l'art. 1882 cesserait de recevoir son application si le contrat avait eu lieu dans l'intérêt des deux parties, parce que, en pareil cas, l'emprunteur n'étant responsable que de la faute moyenne, *levi culpâ*, il n'est pas obligé d'apporter à la conservation de la chose prêtée plus de soin qu'à la conservation de ses propres choses, s'il n'a pas d'ailleurs pris sur lui l'obligation particulière d'y apporter le soin le plus exact, et si en outre il y a mis tous les soins d'un bon père de famille.— C'est ce qu'enseigne aussi M. Duranton, n° 526.

89. Aux termes de la loi 1, C., *De commod.*, l'emprunteur est tenu des accidents de *force majeure* qui ont causé la perte ou la détérioration de la chose prêtée, lorsqu'il s'y est volontairement soumis et que le prêt a été fait expressément à cette condition. — Pothier, n° 61; Delvincourt, p. 197 et 406, note 2, et M. Duranton, n° 532, pensent qu'il y a lieu d'appliquer la même règle en droit français. Une telle convention ne présente, en effet, rien de contraire à l'équité; le prêteur n'étant pas obligé de prêter la chose, ni, par conséquent, de l'exposer aux risques auxquels le prêt donne lieu, peut très-licitement ne l'exposer à ces risques qu'à la charge que l'emprunteur l'en indemnisera : d'un autre côté, si l'emprunteur se charge de ce risque, il en reçoit le prix par l'usage de la chose qui lui est accordée.

90. D'après l'art. 1883, « si la chose a été *estimée* en la prêtant, la perte qui arrive, même par *cas fortuit*, est pour l'emprunteur, s'il n'y a convention contraire. » — La loi 5, § 3, ff., *Commod. vel contrà*, portait aussi : *Et si fortè res æstimata data sit omne periculum præstandum ab eo qui æstimationem se præstaturum recepit.* — Suivant quelques interprètes, Accurse, Bartole, Domat, ce texte prévoyait le cas de perte arrivé par *force majeure*. Mais Pothier, n° 62, et plusieurs autres commentateurs qu'il cite, pensaient, au contraire, que la loi romaine n'a prévu que le cas de perte arrivée par une *faute*. — M. Troplong, n° 120, après le président Favre, fait remarquer que dans l'hypothèse prévue, l'emprunteur n'avait pas seulement reçu la chose avec estimation, mais qu'il s'était engagé à rendre l'estimation, et non la chose, c'est-à-dire que, dans l'espèce, la propriété de la chose étant passée sur la tête de l'emprunteur, il est naturel que la perte soit supportée par lui, qu'elle arrive avec ou sans faute de sa part. Mais c'était là une exception dont l'art. 1883 c. nap. a fait une règle générale. — Cette solution est-elle fondée? M. Troplong, n° 121, ne le croit pas. « En thèse ordinaire, dit cet auteur, la chose périt pour le maître, et il faut une convention bien claire pour faire passer sur un autre que lui la responsabilité des accidents de force majeure auxquels elle est exposée. Or, la seule estimation donnée à la chose prêtée contient-elle virtuellement cette convention exorbitante?... Non, certes... L'estimation n'entraîne des résultats si excessifs que lorsqu'elle ne peut pas s'expliquer autrement. Mais lorsque l'estimation trouve sa raison dans d'autres motifs, lorsqu'on peut supposer que les parties n'ont eu en vue que de fixer la somme à payer dans le cas de détérioration ou de perte par la faute de l'emprunteur, pourquoi donner tant d'empire à une règle qui heurte la nature du contrat de prêt? » — Le même auteur cite plusieurs lois romaines qui ont décidé que l'estimation, à moins d'une volonté manifeste contraire, n'a pas pour effet de mettre les risques de force majeure sur celui qui s'oblige à rendre une chose qu'il reçoit. L'art. 1805 c. nap. contient une disposition semblable en matière de cheptel. « L'estimation, dit cet article, donnée au cheptel dans le bail n'en transporte pas la propriété au preneur; elle n'a d'autre objet que de fixer la perte ou le profit qui pourra se trouver à l'expiration du bail. » — Néanmoins, comme l'art. 1883 est formel, toutes les fois que l'emprunteur ne veut pas se charger des cas fortuits, alors qu'il reçoit une chose avec estimation, il doit s'en expliquer dans le contrat, afin d'échapper à cette disposition rigoureuse. — V. sur l'art. 1883 les discours des orateurs, *suprà*, p. 778, 779, n°s 11, 20.

91. Lorsque la convention contraire dont parle l'art. 1883 existe, l'estimation est censée avoir eu lieu pour servir de base à la fixation des dommages-intérêts, pour le cas où la chose viendrait à périr ou à subir des détériorations par la faute de l'emprunteur (Conf. M. Duranton, *loc. cit.*).

92. Mais, disent très-bien Delvincourt, *loc. cit.*, et M. Duranton, n° 533, soit que cette convention existe, soit qu'elle n'existe pas, l'estimation donnée à la chose n'a pas pour objet de conférer la propriété à l'emprunteur; elle a seulement pour objet, comme il vient d'être dit, de servir de base à la fixation des dommages-intérêts qui pourraient être dus par lui, dans le cas de perte ou de dégradation de la chose prêtée.

93. L'obligation n'est pas même pour cela devenue *alternative*; d'où il suit que l'emprunteur ne pourrait pas retenir la chose, en offrant le montant de l'estimation; comme, en sens inverse le prêteur ne pourrait pas le forcer à la garder moyennant cette estimation, quand même elle serait détériorée par la faute de l'emprunteur : seulement, dans ce cas, celui-ci serait condamné aux dommages-intérêts en raison de la détérioration (c. nap. 1136 et s., 1142 et s.; V. aussi Obligat.). — MM. Delvincourt, t. 3, notes, p. 407; Duranton, *eod.*; Duvergier, n° 72, et Troplong, n° 121, enseignent la même doctrine. — V. cependant ce qui est dit au n° 96.

94. Suivant l'art. 1884, « si la chose se détériore par le seul effet de l'usage pour lequel elle a été empruntée, et sans aucune faute de la part de l'emprunteur, il n'est pas tenu de la détérioration. » — En consentant à ce que l'emprunteur fit usage de la chose, le prêteur est censé, ainsi que le fait observer Pothier, n° 39, avoir consenti à courir le risque des détériorations ou dégradations que ces usages pourraient occasionner. L'emprunteur est donc libéré quand il rend la chose dans l'état où elle se trouve naturellement. — Si, par exemple, on a prêté un cheval pour un voyage long et pénible, on ne pourra pas se plaindre de ce que l'emprunteur ramènera ce cheval fatigué, pourvu, toutefois, qu'il ait donné au cheval tous les soins convenables. — Par application de cet article il a été jugé qu'on doit considérer comme exempt de faute, et par suite exonérer de toute responsabilité celui qui, ayant emprunté des chevaux, ne les a employés qu'à des travaux auxquels ils étaient habituellement occupés, lorsque d'ailleurs ces travaux n'étaient pas excessifs et que l'emprunteur nourrissait et soignait les chevaux empruntés comme les siens (Rennes, 3 déc. 1813) (1).

95. Mais il faut que l'usage fait par l'emprunteur soit l'usage déterminé par la convention ou par la nature de la chose. Il faut en outre que ce soit un usage *ordinaire*, tel qu'un bon père de famille ferait de sa chose propre; autrement l'emprunteur est tenu du dommage. C'est aussi l'opinion admise par Delvincourt, p. 407, n° 4.

96. Si la chose est *détériorée* par le fait de l'emprunteur, le prêteur peut-il en demander le prix avec *dommages-intérêts*, en offrant d'abandonner la chose à l'emprunteur? ou est-il tenu de la reprendre dans l'état où elle est, en se faisant tenir compte seulement de la moins-value? — Il faut distinguer : si la chose, quoique détériorée, est encore susceptible d'être employée à son usage ordinaire, le prêteur peut seulement se faire tenir compte de la moins-value. — Mais si la détérioration est tellement considérable que le prêteur ne puisse plus se servir commodément de la chose prêtée, par exemple si le cheval qui était l'objet du prêt est devenu aveugle ou borgne par la faute de l'emprunteur, dans ce cas

(1) (Esnault C. Lefebvre.) — La cour; — Considérant qu'il est reconnu qu'Esnault prêta au mois de mai 1812 trois chevaux et une charrette à Lefebvre; — Considérant que les conditions de ce prêt n'ayant point été réglées par écrit, ce sont les dispositions du code civil qui doivent faire la règle entre eux; — Considérant que l'art. 1880 dispose que l'emprunteur est tenu de veiller, en bon père de famille, à la garde et à la conservation de la chose prêtée, et ne peut s'en servir qu'à l'usage déterminé par sa nature, ou par la convention, à peine de dommages et intérêts, s'il y a lieu; que l'art. 1884 porte que si la chose se détériore par le seul effet de l'usage pour lequel elle a été empruntée, et sans aucune faute de la part de l'emprunteur, celui-ci n'est pas tenu de la détérioration; — Considérant qu'il n'est point justifié que Lefebvre ait employé les chevaux d'Esnault à d'autres travaux que ceux auxquels ces animaux sont habituellement occupés; que s'il les a fait conduire de la pierre sur la grande route, il n'y a en cela rien d'extraordinaire; que pareils charrois se font journellement par des chevaux de fermiers; qu'il est appris par les dépositions des témoins que Lefebvre, aussitôt qu'il eut acheté des chevaux, en attelait toujours quelques-uns avec ceux d'Esnault; que le travail qu'on leur faisait faire n'était pas excessif, les courses n'étant pas éloignées; qu'il est justifié qu'il les nourrissait comme les siens; que ses domestiques ont affirmé qu'ils leur donnaient du foin, du son et quelquefois de l'avoine; — Considérant que si les chevaux d'Esnault ont couché dans les champs, ceux de Lefebvre y ont couché aussi pendant longtemps; que les habitants de la campagne sont dans l'usage d'en agir ainsi pendant la belle saison; que si ceux d'Esnault ont continué d'y coucher pendant les temps froids, Lefebvre est excusable de ne les avoir pas mis dans son écurie, attendu qu'il les soupçonnait ainsi que presque tous ceux qui les avaient vus, d'être atteints de la morve; qu'il est constaté qu'un d'eux est effectivement mort de cette maladie; que la crainte qu'il avait que ses écuries ne se ressentissent des effets de la contagion, s'il y mettait ces chevaux, était fondée sur ce qu'on avait refusé de les laisser entrer dans les écuries des auberges sur les routes, etc.

Du 3 déc. 1813.-C. de Rennes, 2e ch.

le prêteur peut exiger en entier le prix de la chose, en la laissant et l'abandonnant à l'emprunteur.—Ces solutions, conformes au sentiment de Pothier, n° 70, et de Delvincourt, p. 407, n° 4, sont en harmonie avec l'art. 1636 c. nap. qui ne permet à l'acquéreur évincé d'une partie de la chose de faire résilier la vente qu'autant que cette partie est de telle conséquence, relativement au tout, que l'acquéreur n'eût point acheté sans la partie dont il a été évincé.—V. Obligat. et Vente.

97. « Si plusieurs ont conjointement emprunté la même chose, ils en sont *solidairement* responsables envers le prêteur.» —Cette disposition de l'art. 1887 c. nap. est empruntée à la L. 15, § 5, ff., *Commodat*. La loi 21, § 1, porte toutefois une solution contraire. Mais dans l'hypothèse de cette dernière loi, il faut supposer que chacun ne s'était obligé que pour sa part (Voët, *Ad pand.*, tit. *Commodat.*, n° 3, et Pothier, n° 65; Delvincourt, p. 409, n° 10, et Duranton, n° 540). — V. Obligat.

98. La solidarité n'existe pas lorsque le prêt a été fait à une seule personne qui a laissé plusieurs héritiers. Il y a lieu d'appliquer alors l'art. 1221 c. nap. dans ses dispositions relatives aux obligations divisibles qui ont un corps certain pour objet. C'est ce qu'enseignent Pothier, n° 66; Voët, n° 3; Toullier, t. 6, n° 750, et M. Troplong, n° 140.—V. Obligat. (solidarité).

§ 2.—*Obligation de rendre la chose prêtée.*

99. Nous examinerons : 1° A quelle époque l'emprunteur est tenu de rendre la chose prêtée;—2° A qui il doit la rendre;—3° Où et en quel état il doit la rendre;—4° Quels moyens il peut employer pour se dispenser de la rendre.

100. 1° *A quelle époque l'emprunteur doit-il rendre la chose.*—Aux termes de l'art. 1888 c. nap. «le prêteur ne peut *retirer* la chose prêtée qu'après le *terme convenu*, ou, à défaut de convention, qu'après qu'elle a servi à l'usage pour lequel elle a été empruntée.»—Ainsi, en principe, l'emprunteur n'est tenu de *rendre* la chose qu'au terme convenu ou à la fin de l'opération pour laquelle elle a été empruntée.— Par exemple, dit M. Troplong, n° 147, vous me prêtez votre pressoir pour faire mon vin ou mon cidre, il est sous-entendu que vous ne m'en enlèverez pas l'usage avant la fin de l'opération.

101. Si le temps convenu était écoulé avant que l'emprunteur eût fait usage de la chose, pourrait-il exiger que ce temps fût *prolongé?*—La négative n'est pas douteuse, car le prêteur ne peut être responsable du fait qui a affecté l'emprunteur. C'est ce qu'enseigne également M. Troplong, n° 148, qui invoque Bartole et le président Favre.

102. Toutefois, selon Pothier, n° 28, quoique régulièrement celui à qui la chose a été prêtée ne puisse pas la retenir après le temps pour lequel elle a été prêtée, néanmoins s'il avait besoin encore de quelques jours pour achever de s'en servir à l'usage pour lequel elle lui a été prêtée, et que le prêteur ne souffrît aucun préjudice du retard, le prêteur devrait lui laisser encore la chose pendant ce temps.—Cet auteur va plus loin encore, car, d'après lui, quand même le prêteur souffrirait quelque préjudice du retard, si celui que souffrirait l'emprunteur en rendant immédiatement la chose prêtée était beaucoup plus grand, on devrait encore, en ce cas, lui laisser la chose, à la charge par lui d'indemniser le prêteur du préjudice qu'il souffre de ce retard; les devoirs de l'amitié qui ont porté le prêteur à faire le prêt, exigent de lui ces tempéraments. Mais nous ne pensons pas qu'en présence de l'art. 1888 c. nap. il soit permis d'accepter une pareille solution, également rejetée par M. Troplong, n° 149.

103. Quand l'emprunteur a fini de se servir de la chose avant l'expiration du délai fixé par la convention, il ne peut retenir la chose jusqu'à ce terme, car l'obligation du prêteur n'a plus de cause (Conf. Pothier, n° 26 et M. Troplong, n° 150).

104. Remarquons, du reste, que le prêteur ne répond que de son fait; qu'il n'engage que lui ou ses héritiers quant à l'obligation de ne pas troubler la jouissance de l'emprunteur. A l'égard des troubles qui seraient causés par des tiers, le prêteur n'en est pas responsable. «C'est en quoi, dit M. Troplong, n° 154, le commodat diffère du louage qui impose au locateur l'obligation de garantir le preneur de tous troubles et évictions » (Conf. M. Duranton, n° 547). La raison de cette différence c'est, dit très-bien Pothier, n° 79, que le louage est un contrat intéressé de part et d'autre qui doit en conséquence assujettir le bailleur à des obligations étroites de garantie, tandis que le commodat ne profitant qu'à l'emprunteur, le prêteur est considéré comme ayant prêté sa chose telle qu'elle est. — V. n° 26.

105. Le commodat est à son tour plus rigoureux que le précaire, car il ne permet pas, comme ce dernier contrat, au prêteur de reprendre sa chose à volonté (Pothier, n° 89, et M. Troplong, n° 155).—V. n° 29.

106. Il y a des cas où l'emprunteur est tenu de *rendre* la chose avant l'expiration du terme fixé quoiqu'il n'en ait pas encore fait usage. Ainsi l'art. 1889 c. nap. dispose que « si, pendant ce délai (celui stipulé pour la durée du commodat), ou avant que le besoin de l'emprunteur ait cessé, il survient au prêteur un besoin *pressant et imprévu* de sa chose, le juge peut, suivant les circonstances, obliger l'emprunteur à la lui rendre.» —M. Duranton, n° 545, critique cet article comme affaiblissant le lien conventionnel qui obligerait les parties.—Mais il est conforme à la doctrine de Puffendorf, liv. 5, chap. 4, § 6, et de Pothier, n° 25. Le motif de cette décision, c'est que le prêteur n'aurait probablement pas fait le prêt s'il avait prévu qu'il aurait lui-même un pressant besoin de la chose, et qu'il n'est pas juste que son désir d'obliger l'emprunteur lui soit nuisible : *Beneficium suum cuique non damnosum esse debet.*

107. Pour que la disposition de l'art. 1889 soit applicable, il faut que le besoin du prêteur soit réellement urgent, et de plus qu'il n'ait pu raisonnablement le prévoir lorsqu'il a fait le prêt; car s'il a pu le prévoir et qu'il n'ait point fait de réserve, c'est une preuve qu'il a entendu préférer l'avantage du prêteur au sien, et il ne doit pas être admis à revenir contre ce qu'il a fait librement (Conf. Pothier, *eod.*, MM. Duranton, n°s 535 et 544, et Troplong, n° 152).—Le besoin du prêteur ne serait pas urgent, s'il pouvait le satisfaire en employant quelque autre chose de même espèce qui serait à sa disposition (M. Duranton, *loc. cit.*). —Nous estimons, avec M. Duranton, n° 546, que, dans le cas où le prêteur aurait ce besoin pressant et imprévu dont parle l'art. 1889, si l'emprunteur ne voulait pas lui rendre la chose, comme la matière requiert célérité, le prêteur pourrait l'assigner en référé devant le président du tribunal, lequel rendrait une ordonnance portant que l'emprunteur sera tenu de remettre de suite la chose au prêteur, et autoriserait celui-ci, en cas de refus, à la faire saisir et à se la faire remettre *manu militari*. — Pothier, n° 68, se prononce dans le même sens. — Mais il faut dire, avec Pothier, n° 25, et M. Duranton, n° 546, que si la restitution ne pouvait se faire de suite sans un grand dommage pour l'emprunteur, celui-ci pourrait être reçu à remplir son obligation par équivalent, en fournissant à ses dépens au prêteur une chose semblable, jusqu'à ce qu'il pût lui rendre la sienne.

108. Au surplus, l'art. 1889 étant une dérogation aux principes généraux du droit, et devant par conséquent être restreint dans ses justes limites, il s'ensuit que l'emprunteur ne devrait aucune indemnité au prêteur dans le cas où ce dernier aurait été contraint de louer une chose semblable à la sienne, soit parce que le besoin pressant qui lui est survenu ne lui a pas donné le temps de réclamer la chose par lui prêtée, soit parce que cette chose n'était pas sur les lieux en ce moment, l'emprunteur l'ayant emmené en voyage pour la faire servir à l'usage convenu : le prêteur n'a d'action que pour se faire rendre la chose dans le cas où cette restitution doit avoir lieu et où elle est possible (Conf. M. Duranton, n° 545).

109. Si l'on n'a prêté qu'en considération de l'emprunteur, et à lui *personnellement*, alors ses *héritiers* ne peuvent continuer à jouir de la chose prêtée. — Telle est la disposition de l'art. 1879, qui présente par là un nouveau cas dans lequel le prêteur peut demander la restitution de la chose prêtée avant le terme convenu. Mais cette dérogation se restreint à l'hypothèse où le prêt a été fait en considération de la personne de l'emprunteur.

110. Enfin, il est un autre cas où l'emprunteur peut être obligé de rendre la chose avant l'expiration du terme convenu ; c'est lorsque cette chose n'appartient pas au prêteur et qu'elle se trouve revendiquée par le véritable propriétaire (Conf. Duranton, n° 547). — Dans ce cas, il faudra distinguer : si le prêteur était de bonne foi au moment du contrat, il ne devra aucuns dommages-intérêts à l'emprunteur pour le préjudice que lui cause la restitution anticipée de la chose; car il n'est pas juste que le bienfait devienne préjudiciable au bienfaiteur. —Mais s'il y avait eu mauvaise foi ou même imprudence grave de la part du prêteur, qui savait que la chose pourrait être demandée à l'emprunteur avant l'expiration du temps convenu, et qui ne l'a point averti, il pourra être condamné envers lui à des dommages-intérêts. — C'est la distinction faite par Pothier, nos 79 et 80, et reproduite par M. Duranton, no 547.

111. L'emprunteur qui s'est obligé de rendre la chose à un jour convenu est en demeure de la rendre au jour dit. Le prêt, dit M. Duranton, no 550, est censé fait avec la condition que, sans qu'il soit besoin d'acte et par la seule expiration du temps convenu, l'emprunteur sera constitué *en demeure* (c. nap. 1139; V. Obligat.). — En conséquence, à compter de ce jour l'emprunteur répond même des *cas fortuits* (V. nos 83 et suiv.).

112. 2o *A qui la chose prêtée doit être rendue.* — La chose prêtée doit être rendue au prêteur, ou à celui qui avait pouvoir de la recevoir pour lui. *Quod jussu alterius solvitur*, porte la L. 180, ff., *De reg. jur.*, *pro eo est, quasi ipsi solutum esset.* —La chose est censée rendue au prêteur, lorsqu'elle est rendue à celui qui avait qualité pour la recevoir. Ainsi, elle est valablement rendue au tuteur du mineur qui l'avait prêtée ou au mari de la femme qui avait fait le prêt (Pothier, no 31). — Si le prêteur est décédé, la chose doit être rendue à ses *héritiers.* S'il a éprouvé un changement d'état, c'est à celui sous la puissance duquel il se trouve qu'elle doit être restituée (Pothier, nos 32 et suiv.). — Toutefois, s'il s'agit d'un mineur, l'emprunteur peut valablement lui rendre la chose qui était à l'usage de ce mineur; mais il n'en est pas de même de la chose qui n'était pas à l'usage du mineur, alors même que le prêt aurait été fait par ce dernier (Pothier, no 35).

113. La restitution de la chose peut être faite par le *mandataire* de l'emprunteur aussi bien que par ce dernier. — Mais que décider lorsque la chose périt dans les mains du mandataire chargé de la remettre au prêteur? La perte est-elle pour le prêteur? — Pothier décide l'affirmative dans l'hypothèse où il n'y a eu de la part de l'emprunteur aucune faute ou négligence (no 33), quand le mandataire était une personne très-connue pour sa fidélité.—Cependant, M. Duvergier, nos 84 et suiv., se prononce en sens contraire. Il invoque l'art. 1384 c. nap., d'après lequel « on est responsable non-seulement du dommage que l'on cause par son propre fait, mais encore de celui qui est causé par le fait des personnes dont on doit répondre, ou des choses que l'on a sous sa garde. »—Mais cette disposition ne nous paraît nullement contrarier le système de Pothier qui suppose, *in fine*, que la chose a péri entre les mains du mandataire de l'emprunteur, par force majeure. Or, si elle avait ainsi péri dans les mains de l'emprunteur lui-même, il ne serait pas responsable de la perte. Il ne saurait donc l'être parce que c'est chez son mandataire que la perte est arrivée, si d'ailleurs, nous le supposons, celui-ci avait reçu la chose pour la rendre et n'a commis aucune faute. Du reste, M. Duvergier accepte lui-même la théorie de Pothier, car il veut faire supporter au prêteur la perte arrivée par cas fortuit.

114. 3o *Où et dans quel état la chose prêtée doit être rendue.* — Quand il y a convention sur l'endroit où la chose prêtée doit être rendue, c'est là que l'emprunteur doit se libérer (Pothier, no 36; M. Duranton, no 551). — Mais lorsque les parties n'ont rien stipulé à cet égard, quel est le *lieu* où doit se faire la restitution? — D'après Pothier, *eod.*, la chose doit être rendue au prêteur en sa maison, à moins que, par la destination du prêteur, la chose n'eût coutume d'être dans un autre lieu. — Toutefois cette doctrine est condamnée par Merlin, Rép., vo Prêt, § 2, no 12; Voët, no 20; MM. Duranton, no 531; Duvergier, no 87 et Troplong, nos 276 et suiv., d'après lesquels on doit faire le remboursement au lieu où la chose a été livrée à l'emprunteur. On oppose, il est vrai, à cette solution l'art. 1247 c. nap., qui veut que le payement, lorsqu'il s'agit d'un corps certain et déterminé, soit fait dans le lieu où était, au temps de l'obligation, la chose qui en est l'objet. — Mais il nous semble, ainsi qu'à M. Troplong, que cet article n'est applicable qu'au prêt à intérêt, le mode de payement qu'il indique pouvant être souvent inique pour le prêteur. Si, par exemple, le prêteur a fourni à Paris à l'emprunteur un objet qui se trouvait à Bordeaux au moment du prêt, il y aurait injustice à décider que la restitution doit se faire dans cette dernière ville, car l'objet reçu à Bordeaux par le prêteur vaudrait moins pour lui que s'il lui était livré à Paris. Aussi estimons-nous avec M. Troplong, no 279, et les auteurs précités, que le lieu où la livraison a été faite est celui où doit s'opérer la restitution.— C'est d'ailleurs ce que présuppose l'art. 1903 lorsqu'il dit qu'en cas d'impossibilité pour l'emprunteur de rendre la chose prêtée, il en doit l'estimation d'après sa valeur au lieu où l'emprunt a été fait.

115. Quand la restitution doit être faite au *domicile* du prêteur, si celui-ci change de domicile et que le dernier domicile soit très-éloigné du premier, l'emprunteur n'est pas obligé de lui rendre la chose prêtée ailleurs qu'au lieu où était la demeure du prêteur au moment du contrat; car ce n'est que là qu'il a entendu s'obliger à la rendre (Conf. Pothier, no 37, et M. Duvergier, no 87). — Mais il en est autrement toutes les fois que la distance entre le nouveau domicile et l'ancien est de peu d'importance. — Celui qui a reçu un bienfait ne doit pas être écouté à soulever de vaines chicanes contre son bienfaiteur (Pothier, *eod.*).

116. La chose prêtée doit être rendue en l'*état* où elle se trouve conformément à l'art. 1884. — V. nos 94 et s.

117. 4o *Moyens que l'emprunteur peut opposer pour se dispenser de rendre la chose.* — Suivant l'art. 1890 dont il sera parlé nos 135 et suiv., le prêteur est tenu de rembourser à l'emprunteur les dépenses urgentes faites par celui-ci pour la conservation de la chose prêtée.

118. L'emprunteur est-il autorisé à *retenir* la chose jusqu'à ce que ce remboursement soit effectué? — Pothier, no 43, est de l'avis de l'affirmative : « L'emprunteur, dit-il, a cela de commun avec tous ceux qui ont fait des impenses pour la conservation d'une chose qui se trouve en leur possession. Cette chose est censée obligée par lesdites impenses, *veluti quodam pignoris jure.* »—M. Duranton, après Voët, *Ad pandect.*, *Commod.*, no 20, émet une opinion contraire, t. 12, no 450, et t. 17, no 538 : « Le code, dit-il, autorise bien le dépositaire à retenir la chose déposée jusqu'à ce qu'il ait été remboursé des dépenses qu'il a faites pour la conservation de cette chose (c. nap. 1948); mais il ne contient aucune disposition semblable à l'égard d'un emprunteur à usage; et comme celui-ci reçoit un service, tandis que le dépositaire en rend un, l'analogie n'existe pas; et dès lors il n'y a pas de raison suffisante d'appliquer au cas de commodat ce qui est décidé à cet égard en matière de dépôt. » — L'opinion de Pothier paraît préférable : il nous semble que la chose prêtée devient une espèce de gage pour l'emprunteur, lorsqu'elle se trouve conservée ou améliorée par les travaux ou les avances de ce dernier; nous appliquons dès lors par analogie la disposition des art. 1948 et 2082 c. nap. (L. 15, § 2, ff., *De furtis*). — C'est l'opinion qu'ont suivie Vinnius, *Quæst. selectæ*, lib. 1, c. 5; Donneau, *L. ultima*, au C., *Commod.*, nos 128 et 161. — V. no 137.

119. L'action *contraria commodati* appartient à l'emprunteur contre le prêteur qui refuse le remboursement. Et le prêteur ne peut se *décharger* de son obligation en abandonnant la chose (Pothier, no 83, et M. Troplong, nos 160 et 162).

120. Dans tous les cas, l'emprunteur ne peut pas *retenir* la chose par *compensation* de ce que le prêteur lui doit pour autre cause que les impenses dont il vient d'être parlé sous les numéros précédents : il serait inconvenant qu'il pût abuser ainsi de la confiance que le prêteur a eue en lui. D'ailleurs la compensation d'un corps certain, telle qu'est généralement l'objet d'un prêt à usage, n'a pas lieu même avec une somme ou toute autre créance de choses fongibles. — Aussi l'art. 1885 c. nap. dispose-t-il que « l'emprunteur ne peut pas retenir la chose par compensation de ce que le prêteur lui doit. » — L'art. 1293 porte également que la compensation n'a pas lieu dans le cas de la demande en restitution d'un prêt à usage. — V. Obligat.

121. Mais lorsque la chose a péri par la faute de l'emprunteur qui est de son côté créancier du prêteur d'une somme également exigible, rien ne s'oppose à ce qu'il fasse valoir la compensation pour la somme qu'il a été condamné de payer au prêteur à titre de dommages-intérêts; car par là il exécute le jugement comme s'il payait réellement cette somme, le prêteur étant obligé de la lui rendre de suite pour satisfaire à sa propre obligation (Conf. Donneau, sur la loi dernière, au C., *De commod.*; Pothier, n° 44; Toullier, t. 7, n° 383; MM. Duranton, t. 12, n° 448, t. 17, n° 537; Troplong, n° 131; Duvergier, *eod.*, et Zachariæ, *loc. cit.*; Marcadé, t. 4, sur l'art. 1293, n° 3). — Delvincourt (t. 2, p. 178, notes; t. 3, p. 408 et 409, notes) est d'un avis contraire. — V. du reste sur ce point le commentaire de l'art. 1293, v° Obligat.

122. Néanmoins, il faut dire avec M. Duvergier, n° 93, que s'il est établi que l'emprunteur a détruit la chose prêtée, pour se constituer débiteur de dommages-intérêts et parvenir ainsi à se payer par voie de compensation des sommes qui lui sont dues par le prêteur, les tribunaux refuseront d'admettre la compensation.

123. L'emprunteur ne peut pas, pour se dispenser de rendre la chose prêtée, opposer au prêteur qu'elle ne lui appartient pas, car tant qu'elle n'est pas réclamée par un tiers entre les mains de l'emprunteur, le prêteur est en droit de la répéter, quand même il l'aurait volée. — C'est ce que porte la L. 16, ff., *Commod.*, et ce qu'enseignent aussi Pothier, n°s 18 et 46; MM. Duranton, n° 514; Duvergier, n° 88 et Troplong, n°s 38 et 106. — Toutefois, si un tiers fait *saisir-arrêter* la chose dans les mains de l'emprunteur en prétendant qu'il en est propriétaire ou seulement qu'il est créancier du prêteur, l'emprunteur doit dénoncer la saisie-arrêt au prêteur et ne rendre la chose que lorsque le prêteur aura obtenu mainlevée (Pothier, n° 46). — V. n° 40.

124. Alors même qu'il n'y a pas saisie-arrêt, l'emprunteur qui découvre que la chose a été *volée*, doit donner avis du prêt au véritable propriétaire, conformément à l'art. 1938 (Conf. Pothier, *eod.*, et M. Troplong, n° 106). — V. n° 41.

125. Enfin, l'emprunteur et ses héritiers ne peuvent opposer aucune prescription de temps pour se dispenser de rendre la chose prêtée, lorsqu'elle se trouve en leur possession, quand même il y aurait plus de trente ans que le prêt eût été fait : car la possession en laquelle quelqu'un est d'une chose, est toujours censée continuer au même titre auquel elle a commencé, suivant la règle, *nemo potest ipse sibi mutare causam possessionis* (C. nap. 2231). — L'emprunteur ayant une fois commencé à avoir la possession, *à titre d'emprunt*, lui et ses héritiers sont donc censés avoir toujours possédé à ce titre. Dès lors, c'est le cas d'appliquer le principe des art. 2236 et 2237 c. nap., d'après lesquels ceux qui possèdent à titre précaire, ne prescrivent par aucun laps de temps, quel qu'il soit (Conf. Pothier, n° 47, et MM. Duranton, n° 542, et Duvergier, n° 96). — Mais, disent très-bien ces mêmes auteurs, si la chose n'existe plus dans la main de l'emprunteur ou de ses héritiers, qui l'ont même fait périr par leur faute, l'action en restitution ou en dommages-intérêts est éteinte par la prescription trentenaire, comme toutes les autres actions, sans préjudice des interruptions et suspensions telles que de droit.

126. Nous inclinons à penser avec M. Duranton, n° 542, que le prêteur pourrait prouver son droit de propriété sur la chose, par l'acte qui constatait le prêt. A la vérité, l'effet de cet acte est éteint par la prescription, en ce qui concerne les obligations qui résultaient du contrat de prêt. Mais il ne s'agit pas de ces obligations, elles sont prescrites; il s'agit de la propriété de l'objet, et l'acte peut encore servir à constater cette propriété dans la main du prêteur, comme un simple fait de reconnaissance de ce droit par l'emprunteur, lequel est censé avoir continué de posséder au même titre, jusqu'à preuve du contraire.

ART. 6. — *Des engagements de celui qui prête à usage.*

127. Les obligations du prêteur à usage sont : 1° de prévenir l'emprunteur des défauts cachés de la chose; — 2° de n'apporter aucun trouble à la jouissance de l'emprunteur; — 3° De rembourser à l'emprunteur certaines impenses.

128. 1° *Obligation de prévenir l'emprunteur des défauts cachés de la chose.* — Aux termes de l'art. 1891 c. nap. : « Lorsque la chose prêtée a des *défauts* tels qu'elle puisse causer du préjudice à celui qui s'en sert, le prêteur est *responsable*, s'il connaissait les défauts, et n'en a pas averti l'emprunteur. » — Dans ce cas, disent Pothier, n° 84; Delvincourt, t. 3, p. 410, note 2, et M. Duranton, n° 549, il y a dol de la part du prêteur ou faute lourde assimilée au dol. — Mais, disent très-bien les mêmes auteurs, si le prêteur ignorait les vices de la chose prêtée, il ne serait tenu d'aucuns dommages-intérêts; car le contrat étant de pure bienfaisance de sa part, il ne serait pas juste qu'il tournât à son préjudice, alors qu'il a agi de bonne foi et en vue seulement d'obliger l'emprunteur. — V. aussi n°s 179 et s.

129. Suivant M. Troplong, n° 165, le prêteur n'est même pas obligé de rechercher si la chose qu'on lui demande est propre à l'usage qu'on veut en faire. Il n'est répréhensible que lorsqu'il se rend coupable d'un dol caractérisé en livrant sciemment une chose malfaisante. — V. toutefois Pothier, n° 84.

130. Quand le prêteur a prévenu l'emprunteur du vice de la chose, il est à l'abri de tout reproche quant à ce vice. — Ajoutons, avec Delvincourt, t. 3, notes, p. 410, et M. Troplong, n° 168, que lorsque le vice de la chose est connu de l'emprunteur, ou qu'il est assez apparent pour ne pas échapper à l'inspection, on ne peut faire au prêteur aucun reproche pour n'avoir pas donné à l'emprunteur un avertissement spécial.

131. 2° *Obligation de n'apporter aucun trouble à la jouissance de l'emprunteur et de ne retirer la chose prêtée qu'au terme convenu.* — Le prêteur ne contracte pas à la vérité une obligation formelle et positive de faire jouir l'emprunteur de la chose prêtée, telle qu'un locateur en contracte envers le conducteur de le faire jouir de la chose qui lui a été louée (V. n°s 26, 104); mais au moins le prêteur contracte envers l'emprunteur une obligation négative, de n'apporter de sa part ni de celle de son héritier aucun *trouble* ni *empêchement* à l'usage que l'emprunteur doit avoir de la chose qu'il lui a prêtée, pendant tout le temps pour lequel il la lui a prêtée. Cette obligation naît du consentement que le prêteur a donné, en prêtant la chose, à ce que l'emprunteur s'en servît à l'usage et pendant tout le temps pour lequel il la lui a prêtée, et de la bonne foi qui ne permet pas qu'il puisse rétracter un consentement qu'il a donné volontairement (Conf. Pothier, n° 76). — Les art. 1888 et 1889 c. nap. sont une conséquence naturelle de ce principe. — Ces articles sont expliqués plus haut, n°s 100 et s.

132. Le prêteur et ses héritiers ne sont responsables du trouble apporté à la jouissance de l'emprunteur, qu'autant que ce trouble provient *de leur fait personnel*. Ils ne seraient assujettis à aucune responsabilité si le trouble arrivait de la part *d'un tiers* (V. n° 104). — Il en serait autrement si le prêteur était de *mauvaise foi*, c'est-à-dire si, au moment du contrat, il savait que la chose ne lui appartenait point, et qu'elle serait bientôt réclamée par le véritable propriétaire : dans ce cas il serait, suivant les cas, passible de dommages-intérêts envers l'emprunteur (Conf. Pothier, n° 79; M. Duranton, n° 547).

133. 3° *Obligation de rembourser à l'emprunteur certaines impenses.* — Suivant l'art. 1886 c. nap., « si, pour user de la chose, l'emprunteur a fait quelque dépense, il ne peut pas la répéter » : par exemple, si je vous ai prêté mon cheval pour faire un voyage, vous êtes obligé de le nourrir et de l'entretenir de fers à vos dépens, cette dépense ordinaire étant une charge de la jouissance que vous en avez (Conf. Pothier, n° 81; MM. Duranton, n° 530, et Troplong, n° 133). — M. Troplong, n° 134, fait très-bien remarquer qu'il ne faudrait pas, en abusant des termes de l'art. 1886, prétendre qu'il n'a en vue que le cas *spécial* où l'emprunteur a déboursé la dépense, laissant indécis le cas où il s'est abstenu de la payer. — On verra bientôt, en effet, que l'art. 1890 autorise l'emprunteur à répéter les dépenses extraordinaires et urgentes, indiquant ainsi bien nettement qu'il n'est pas tenu de ces dépenses, tandis qu'il est obligé aux autres.

134. C'est aux tribunaux qu'il appartient de déterminer si les dépenses faites par l'emprunteur l'ont été pour l'usage de la chose, ou si ce sont des dépenses extraordinaires. Pour faire cette appréciation, ils doivent considérer que le prêteur est tenu de pourvoir aux dépenses qui s'appliquent plutôt à la conservation de la propriété qu'à l'exercice de l'usage de la chose prêtée, tandis que l'emprunteur est tenu des dernières. — C'est ce que dit aussi M. Troplong, nº 136, qui invoque la loi 18, § 2, ff., *Commod.*

135. « Si, pendant la durée du prêt, porte l'art. 1890 c. nap., l'emprunteur a été obligé, pour la conservation de la chose, à quelque *dépense extraordinaire*, nécessaire et tellement urgente, qu'il n'ait pas pu en prévenir le prêteur, celui-ci sera tenu de la lui rembourser. » — Cet article s'occupe des dépenses attachées à la propriété de la chose prêtée. La chose continuant d'appartenir au prêteur et d'être à ses risques, c'est lui qui doit supporter ces impenses : par exemple, si le cheval que je vous ai prêté pour faire un voyage vient à tomber malade en route, sans qu'il y ait faute de votre part, vous pouvez répéter contre moi les dépenses que vous aurez faites pour le faire soigner (Conf. Pothier, nº 81 ; MM. Duranton, nº 548, et Troplong, nº 159). — Cette répétition pourra avoir lieu contre le prêteur, quand même la chose prêtée pour laquelle l'emprunteur a fait des dépenses extraordinaires, viendrait à *périr* soit naturellement, soit par quelque accident de force majeure, pourvu qu'il n'y ait pas faute de la part de l'emprunteur : la raison en est que cette circonstance, très-malheureuse pour le prêteur, ne peut néanmoins changer la nature des dépenses faites par l'emprunteur, et par conséquent altérer la créance de ce dernier (Conf. Pothier, nº 83; Delvincourt, t. 3, p. 410, nº 1, et M. Duranton, *loc. cit.*).

136. Pothier, nº 83, dit très-bien que le prêteur ne peut pas abandonner la chose pour se décharger de l'obligation de rembourser à l'emprunteur ses impenses. — V. *suprà*, nº 119.

137. L'emprunteur a-t-il le droit de *rétention* jusqu'au parfait remboursement de ses impenses? (V. nº 118, et Rétention.) — Mais il y a lieu de décider, conformément à la loi romaine (L. 18, § 4, ff., *Commod.*) et à l'opinion de Pothier, que la restitution volontaire que l'emprunteur aurait faite au prêteur, sans exiger pour lors de lui le remboursement de ses impenses, n'opère, en faveur du prêteur, aucune fin de non-recevoir contre l'action qu'a l'emprunteur pour s'en faire rembourser.

SECT. 3. — DU PRÊT DE CONSOMMATION OU SIMPLE PRÊT.

138. Aux termes de l'art. 1892 c. nap. (expliqué par les motifs et le rapport, V. p. 778 s., nºs 5, 13, 22), « le prêt de consommation est un contrat par lequel l'une des parties livre à l'autre une certaine quantité de choses qui se consomment par l'usage, à la charge par cette dernière de lui en rendre autant de même espèce et qualité. » — En droit romain, on appelait ce contrat *mutuum*. — Cujas (XI, observ. 37) en donne cette définition : *Mutuum est creditum quantitatis datæ ea lege, ut eadem ipsa quantitas reddatur in genere, non in specie eadem.* » — Il va être parlé : 1º de la nature du prêt de consommation, des choses qui en sont susceptibles et des personnes entre lesquelles il peut se former; — 2º des obligations du prêteur; — 3º des engagements de l'emprunteur.

ART. 1. — *Nature et caractères du prêt de consommation; choses qui en sont susceptibles; personnes entre lesquelles il peut se former.*

139. 1º *Nature et caractères essentiels ou prêt de consommation.* — Il est de l'essence du prêt de consommation : 1º qu'il y ait ou une somme d'argent, ou une certaine quantité d'autres choses qui se consomment par l'usage, qui en soit la matière, et qu'elle soit prêtée pour être consommée; 2º que la délivrance en soit faite à l'emprunteur; 3º que la propriété lui en soit transférée; 4º qu'il s'oblige d'en rendre autant; 5º enfin que le consentement des parties intervienne sur toutes choses.

140. *Il faut qu'il y ait une chose qui soit la matière du contrat et qui soit prêtée pour être consommée.* — Il est évident qu'il ne peut y avoir de prêt de consommation, s'il n'y a une certaine quantité de choses susceptibles de ce contrat qui soit prêtée par le prêteur à l'emprunteur et qui soit la matière du contrat (Pothier, nº 2). — On verra plus bas quelles sont les choses qui peuvent être la matière de ce contrat. — Il est aussi de l'essence de ce contrat que ces choses soient prêtées pour être consommées : car si elles étaient prêtées seulement pour la montre, *ad ostentationem*, ce ne serait plus le contrat de prêt de consommation, *mutuum* ; ce serait le contrat de prêt à usage, *commodatum*, comme on l'a vu plus haut. — V. Exposé et rapports *suprà*, p. 778, 780, nºs 9, 22.

141. *Délivrance de la chose prêtée.* — Le prêt de consommation ne peut se former que par la tradition de la chose qui en fait l'objet; c'est ce qu'enseignent tous les auteurs (Pothier, nºs 3 et 20 ; Delvincourt, t. 3, p. 198 et 410, nº 1 ; MM. Duranton, nº 556; Rolland de Villargues, vº Prêt de consommation ; Duvergier, nº 144, et Troplong, nº 182). — Et disons avec ces mêmes auteurs, que tant que la tradition n'a pas eu lieu, il peut bien y avoir promesse de prêter, mais non prêt proprement dit.

142. Résulte-t-il de là que le prêt de consommation soit un contrat *réel* comme l'était le *mutuum* en droit romain? — Assurément non. A Rome, celui qui avait promis de prêter n'était pas lié par sa seule promesse; la tradition était requise pour rendre son obligation parfaite. Or, personne ne conteste que, dans notre droit, la *promesse de prêter* puisse donner lieu à des dommages-intérêts de la part de celui qui l'a faite (Pothier, *ib.*, et M. Duranton, *loc. cit.*). — Mais ne doit-on pas aller plus loin et décider que l'emprunteur peut exiger que le prêteur lui fasse la délivrance promise? — M. Duvergier, nº 144, enseigne l'affirmative. Il nous paraît aussi qu'en cas de promesse de prêter un corps certain et déterminé, l'emprunteur peut faire saisir cet objet s'il est dans les mains du prêteur. M. Duvergier, nº 146, enseigne même que le contrat qui intervient entre celui qui promet de livrer une chose, à titre de prêt de consommation, et celui à qui est faite cette promesse, doit être régi par l'art. 1138 c. nap.; qu'en conséquence la responsabilité des risques est à la charge de l'emprunteur, qui est tenu de la perte du jour où la promesse a été faite.

143. L'opinion de M. Duvergier est combattue par MM. Duranton, nº 556, et Troplong, nº 184, qui font très-bien remarquer que l'art. 1138 ne concerne que l'obligation résultant d'un de ces contrats qui transfèrent la propriété par le seul effet du consentement sans que la tradition soit nécessaire. Or la convention de prêt ne déplace pas par elle-même la propriété. La tradition est nécessaire pour produire cet effet. C'est donc du moment qu'elle a eu lieu que la perte est pour l'emprunteur.

144. Pour qu'il y ait prêt, il n'est pas nécessaire que ce soit le prêteur lui-même qui remette la chose prêtée à l'emprunteur, ni que ce soit ce dernier qui la reçoive personnellement : ainsi il y a prêt lorsque, sur votre demande, je donne ordre à Paul mon débiteur de vous compter telle somme que vous voulez emprunter de moi, et qu'il la compte en effet à vous, ou à la personne que vous avez désignée pour la recevoir. Paul est libéré envers moi et vous êtes mon débiteur à titre de prêt (L. 15, ff., *De reb. cred.*) — Conf. Pothier, nºs 28 et suiv.; MM. Duranton, nºs 557 et 558; Duvergier, nºs 180 et suiv., et Troplong, nºs 192 et suiv.

145. Il ne serait pas même nécessaire que Paul fût mon débiteur (L. 9, § 8, ff., *De reb. credit.*); car je puis lui donner mandat de vous compter une certaine somme, ou bien emprunter de lui cette somme pour que je puisse vous la prêter à mon tour. La question de savoir si, à l'égard de Paul, j'ai contracté un mandat ou un prêt, dépend de la volonté des parties contractantes (V. Mandat, nºs 9 et s.); mais, dans tous les cas, il est évident que vous serez obligé à mon égard en vertu du contrat de prêt. C'est ce qu'enseignent aussi Pothier, nº 31, et M. Duranton, *loc. cit.*

146. Bien mieux, si en votre absence et à votre insu, je compte mes deniers à Jean comme étant les vôtres, lui faisant ainsi un prêt en votre nom, l'action de prêt vous est acquise contre lui aussitôt que vous avez ratifié ce que j'ai fait (L. 9, § 8, ff., *De reb. cred.*); car c'est alors disent, avec raison, Pothier, nº 32 et M. Duranton, nº 558, comme si vous m'aviez donné mandat de faire ce prêt en votre nom, d'après la règle *ratihabitio mandato æquiparatur.*

147. A plus forte raison y a-t-il prêt lorsque, détenteur de deniers que vous m'avez confiés à titre de *dépôt*, nous convenons que j'en serai désormais débiteur à titre de *prêt*, par la permission que vous me donnez de les employer pour mes besoins avec ou sans intérêt, n'importe : cette convention renferme une espèce de tradition feinte connue sous le nom de *traditio brevis manûs*, et qui suffit pour transférer la propriété et pour opérer par conséquent le prêt de la somme, sans qu'il soit besoin d'aucune tradition réelle (L. 9, § 9, *De reb. cred.*; L. 34, ff., *Mandati, vel cont.*). — Tel est aussi le sentiment de Pothier, nº 3; MM. Duranton, nº 559 et Duvergier, nº 186 (V. aussi des exemples d'analogie entre le prêt et le dépôt, ou la société en participation ou le bail, vis Dépôt, nº 18-2º, Enreg., nº 391, Société). — Il a été jugé qu'un acte, bien que qualifié par les parties acte de vente à réméré, peut être déclaré ne constituer qu'un prêt pour sûreté duquel les immeubles prétendus aliénés ont été donnés en gage (Cass. 31 janv. 1837, aff. Bobée, V. Cont. de mar., nº 3571).

148. Mais, disent très-bien Pothier, nº 3; MM. Duranton, nº 559 et Duvergier, nº 180, *si*, lorsque vous m'avez fait le dépôt de deniers, vous m'aviez permis de les employer pour mes besoins, *si cela me convenait*, à la charge de vous en rendre autant, il n'y aurait eu prêt que du moment où je me serais servi des deniers, et ce n'eût été que de ce moment qu'ils auraient été à ma charge. La raison en est simple : c'était une pure faculté que vous m'aviez accordée de me servir des deniers; jusqu'à ce que j'eusse usé de cette faculté, le contrat fait entre nous conservait donc sa nature de contrat de dépôt; et dans le dépôt les risques sont à la charge du déposant (L. 10, ff., *De reb. cred.*).

149. Il a été décidé aussi, que le notaire qui a touché pour le compte de son client, et de son consentement, le prix d'une vente passée devant lui, doit être considéré comme ayant reçu ce prix par suite de ses fonctions, et non à titre d'emprunt, bien qu'après en avoir disposé, il se soit soumis à en payer les intérêts; en conséquence, il est passible de contrainte par corps pour la restitution de ce prix (Bourges, 11 déc. 1839, aff. A..., V. Cont. par corps, nº 182).

150. Il y a prêt également dans le cas où étant débiteur envers vous, à titre de *mandat*, de sommes que j'ai reçues de vos débiteurs, nous sommes convenus que je vous devrai désormais ces sommes à titre de *prêt*, avec ou sans intérêt, n'importe; car cette convention renferme aussi une tradition feinte, *traditio brevis manûs*. — Telle est la décision de la loi 15, ff., *De reb. cred.*, qui est approuvée par M. Duranton, nº 561. Toutefois, on peut citer en sens contraire la loi 34, ff., *Mandati*.

151. Enfin il y a prêt, lorsque vous me demandez de l'argent à emprunter et que n'en ayant pas, je vous livre, par exemple, des couverts d'argent pour les vendre, et garder à titre de *prêt* le prix qui en proviendra; c'est comme si vous m'aviez remis le prix de la vente, et que je vous eusse à mon tour remis les deniers pour vous en faire un prêt. C'est ce que porte la loi 11, ff., *De reb. cred.*, et ce qu'enseigne M. Duranton, nº 562.— Mais la loi 34, précitée, ne voit pas un prêt dans ce cas.

152. 3º *Translation de propriété.* — Suivant l'art. 1893 : « Par l'effet du prêt de consommation, l'emprunteur devient *propriétaire* de la chose prêtée; et c'est pour lui qu'elle périt, de quelque manière que cette perte arrive. » Cette translation de propriété est de l'essence du prêt de consommation : *mutuum est species alienationis*, disait Cujas sur la loi 2, ff., *De reb. cred.*. — « Il ne suffit pas, ajoute Pothier, nº 4, qu'il ait été fait à l'emprunteur une tradition réelle de la chose, si cette tradition ne lui en a pas transféré la propriété. » — C'est là ce qui distingue le *mutuum* du *prêt à usage*, et c'est de là que lui vient le nom de *mutuum*; car, comme dit Paul, *appelata est mutui datio ab eo quod de meo tuum fit; et ideo si non fit tuum, non nascitur obligatio* (L. 2, § 2, ff., *De reb. cred.*). — C'est aussi ce qui le sépare du *louage*. Dans ce dernier contrat, le preneur se sert d'une chose qui est à un autre, tandis que dans le *mutuum* l'emprunteur se sert de sa propre chose (Conf. M. Troplong, nº 186).

153. Puisque le prêteur doit conférer à l'emprunteur la propriété des choses prêtées, il suit de là que celui qui n'en est pas propriétaire ne peut régulièrement en faire prêt, à moins qu'il n'ait reçu du propriétaire ou de la loi pouvoir à cet effet : *in mutui datione oportet dominum esse dantem* (L. 2, § 4, ff., *De reb. cred.*).—Telle est la doctrine de Pothier, *loc. cit.*, et de M. Duranton, nº 563.—Il suit de là qu'un associé qui n'a pas reçu pouvoir à cet effet de ses coassociés ne fait pas valablement un prêt des deniers communs, si ce n'est pour sa part (L. 16, ff., *De reb. cred.*—Conf. M. Duranton, *ib.*).—Mais, dit très-bien M. Duranton, nº 564, si le propriétaire des choses données à prêt par un autre et en son nom, sans autorisation de sa part, a ensuite approuvé ce qui a été fait, le prêt est devenu par là valable. —V. nº 146.

154. De plus, lors même que le propriétaire des deniers ou des choses prêtées sans son aveu n'a pas *ratifié* le prêt, néanmoins si celui qui les a reçus à prêt a consommé *de bonne foi*, le prêt par là est devenu valable et l'action du prêt appartient à celui qui l'a fait, sauf au propriétaire son recours contre lui pour avoir disposé de sa chose sans son aveu : *bonæ fidei consumptio reconciliavit mutuum*, disent les interprètes (Pothier, nºs 5 et 6; MM. Duranton, nº 565; Delvincourt, p. 410, note 1; et Troplong, nº 187). — La loi 13, pr., ff., *De reb. cred.*, portait aussi : *Nam et si fur nummos tibi credendi animo dedit, accipientis non facit : sed consumptis eis, nascitur condictio.*—On peut invoquer l'art. 1238 c. nap. dans le même sens.

155. Bien plus, comme dans notre droit il est de principe *qu'en fait de meubles la possession vaut titre* (2279 c. nap.), et que la revendication n'est donnée qu'à celui qui a perdu le meuble ou auquel il a été volé, on peut soutenir que si un prêt a été fait, hors ces cas de perte ou de vol, par celui qui n'était pas propriétaire des choses prêtées, le prêt est valable dès le principe, pourvu que celui qui l'a reçu fût de bonne foi en le recevant (1141 c. nap.). On peut conclure de là que l'emprunteur est à l'abri de l'éviction de la chose, quand même il ne l'aurait pas encore consommée. C'est, en effet, ce qu'enseignent Delvincourt *loc. cit.*; MM. Duranton, nº 566, et Troplong, nº 187.

156. Si, dans les cas prévus sous les deux numéros précédents, l'emprunteur était de *mauvaise foi* en recevant la chose ou en la consommant, c'est-à-dire s'il avait *connaissance* qu'elle n'appartenait point au prêteur, mais à un tiers, il serait tenu de *restituer* cette chose à ce tiers si elle était encore en sa possession, et, s'il l'avait consommée ou aliénée, de lui en payer la valeur avec tels dommages-intérêts que de droit (Conf. Pothier, nº 7, et M. Troplong, *eod.*).

157. Quoique le prêteur soit propriétaire de la chose qu'il prête, il faut encore, pour que le prêt soit valable, qu'il ait le droit de l'aliéner : c'est pourquoi, dit Pothier, nº 4, un prêt qui serait fait par un *mineur* ou par un *interdit* ne serait pas valable. En conséquence, les choses, tant qu'elles existent dans la main de celui qui les a reçues, peuvent être revendiquées contre lui par celui qui administre les biens de l'incapable (Conf. MM. Duranton, *eod.*, et Troplong, nº 188).

158. Nous disons *tant qu'elles existent dans la main de celui qui les a reçues*, parce qu'en effet si elles avaient passé dans les mains d'un tiers, elles ne pourraient, dans notre droit, être revendiquées contre le tiers (du moins en général), à cause de notre règle *en fait de meubles la possession vaut titre* (2279 c. nap.); au lieu qu'en droit romain, l'on disait, en pareil cas, que les espèces pouvaient être revendiquées *sic ubi extent* (§ 2, Instit. *quib. alien. licet vel non*).

159. Bien plus, on doit admettre, avec M. Duranton, *eod.*, que si l'emprunteur a reçu et consommé les choses *de bonne foi*, croyant que celui qui lui faisait le prêt était majeur, le prêt en devient valable par cette consommation; et en conséquence l'emprunteur ne s'est soumis, dans ce cas, qu'à l'action ordinaire du prêt, sans pouvoir être contraint de rendre avant le terme convenu, et sans pouvoir être condamné à aucuns dommages-intérêts.

160. Quoiqu'en principe l'*incapable*, en faisant un prêt, n'ait pas conféré à l'emprunteur la propriété des choses prêtées; néanmoins il ne faut pas tirer de là la conséquence, que si ces choses étaient venues à périr par cas fortuit chez ce dernier, la perte serait supportée par l'incapable : elle serait supportée au contraire par celui qui a reçu les choses, de quelque manière qu'elle fût arrivée. Le motif en est que, d'après l'art. 1125 c. nap., « les personnes capables de s'engager ne peuvent opposer l'incapacité du mineur, de l'interdit ou de la femme mariée avec qui elles ont contracté, » d'où il suit que le contrat est valable *quant à l'emprunteur* et doit produire tous ses effets, notamment en ce qui concerne la responsabilité de la perte mise à sa charge par l'art. 1893. — MM. Duranton, nº 568; Toullier, t. 7, nº 6; Duvergier, nº 154, et Troplong, nº 202, enseignent la même doctrine.

161. 4º *Obligation de rendre autant.* — Pothier, nº 13, enseigne, d'après les lois romaines, qu'il est de l'essence du prêt de consommation, que celui qui reçoit la chose prêtée, s'oblige, en la recevant, à en rendre autant. — On verra, nºs 195 et suiv., en quoi consiste cette obligation, reproduite par l'art. 1902.

162. L'emprunteur ne doit pas s'obliger à rendre les mêmes choses *in individuo* qui lui ont été prêtées; car le prêt lui en étant fait pour s'en servir, et ces choses étant de nature à se consommer par l'usage qu'on en fait, il n'est pas possible qu'il les rende *in individuo*; mais il doit s'obliger à en *rendre autant*, c'est-à-dire une pareille *quantité* de choses de la même espèce que celles qu'il a reçues. *Mutuum damus*, dit la L. 2, ff., *De reb. cred.*, *recepturi non eamdem speciem, quam dedimus* (*alioquin commodatum erit aut depositum*), *sed idem genus*.

163. Si l'emprunteur s'obligeait de rendre une chose d'une autre espèce que celle qu'il a reçue, comme par exemple si ayant reçu du vin, il s'obligeait de rendre du blé ou de l'argent, alors ce ne serait plus un prêt, mais un échange ou une vente : *Nam si aliud genus, veluti ut pro tritico vinum recipiamus, non erit mutuum* (L. 2, ff., *De reb. cred.*). — C'est ce que Pothier, *loc. cit.*, et M. Duranton, nº 553, expliquent très-bien.

164. Il faut que ce que l'emprunteur s'oblige de rendre soit précisément *autant* que ce qu'il a reçu.—S'il s'obligeait à rendre *plus*, le contrat pourrait en certains cas être réputé usuraire (V. Prêt à intérêts). — S'il s'obligeait à rendre *moins*, le contrat renfermerait à la fois un prêt et une donation (Conf. Pothier, nº 14).

165. 5º Le *consentement* est de l'essence du *mutuum* comme il est de l'essence de tous les contrats (art. 1108 c. nap.). — « Il est de l'essence du prêt de consommation, disait Pothier, nº 16, que le consentement des parties contractantes intervienne sur tout ce qui a formé la substance du contrat, c'est-à-dire sur la chose prêtée, sur la translation de la propriété de cette chose, et sur l'obligation d'en rendre autant. — En conséquence, si je crois vous faire un *dépôt* et que vous pensiez recevoir la chose à titre de *prêt*, il n'y a réellement pas de prêt, et il n'y a pas davantage de *dépôt*; car il n'y a pas non plus concours de nos volontés pour former ce contrat. Il en est de même si je crois vous faire un prêt de consommation, *mutuum*, tandis que vous pensez recevoir simplement un commodat *ad ostentationem* : il n'y a ni prêt ni commodat. » — C'est ce que porte la loi 18, § 1, ff., *De reb. cred.*, et ce que reconnaissent MM. Duranton, *eod.*, et Duvergier, nº 138.

166. Mais, suivant la même loi, si, dans l'un ou l'autre cas, les espèces ont été consommées, la consommation que vous en avez faite *reconciliat mutuum* : elle nous met l'un et l'autre au même état que si la propriété de l'argent vous avait été transférée, et elle me donne la même action contre vous, que m'eût donnée le contrat de prêt pour vous faire rendre la somme que je vous ai comptée (Conf. Pothier, *ib.*, et M. Duranton, *loc. cit.*).

167. Aux termes de la même loi, suivie encore par Pothier, nº 17, et M. Duranton, nº 570, si je vous ai compté une somme dans l'*intention* de vous en faire *don*, mais que vous l'ayez reçue dans la pensée d'un *emprunt*, il n'y aura ni prêt ni donation, puisque le consentement des deux parties n'est intervenu sur aucun de ces deux contrats. La propriété des espèces ne vous ayant pas été conférée, puisque vous les avez reçues dans une autre intention que celle que j'avais en vous les livrant, il s'ensuit que je puis les revendiquer si elles existent encore entre vos mains. Mais si vous les avez consommées et que j'exerce contre vous l'action personnelle pour que vous soyez tenu de m'en rendre autant, vous pourrez me repousser par l'exception de mauvaise foi, parce que c'est d'après votre volonté que j'ai employé ces deniers.

168. Contrairement à la décision qui précède, la L. 36, ff., *De acq. rer. domin.*, porte que, malgré le désaccord existant entre les parties, il intervient entre elles un contrat de prêt. MM. Troplong, nº 195, et Duvergier, nºs 139 et suiv., se prononcent dans ce dernier sens. — Il semble, en effet, que celui qui consent à donner sa chose d'une manière irrévocable, consent à plus forte raison à la donner sous la condition qu'il lui en sera rendu une de mêmes quantité et qualité. En conséquence, il est vrai de dire qu'il y a eu consentement émis de part et d'autre pour rendre propriétaire celui qui a reçu la chose. Il y a donc prêt, et l'emprunteur ne sera tenu de rendre qu'à l'époque qui aurait été fixée dans sa pensée.

169. La convention portant que l'emprunteur en hypothéquant ses biens à son créancier convient que celui-ci en deviendra propriétaire à défaut de payement à l'échéance fixée, est-elle un prêt ou une vente? — V. Nantissement, nºs 274 et suiv.

Enfin, on a pu considérer comme prêt, l'acte de dépôt dans lequel les espèces de monnaies qui composaient la somme déposée n'ont pas été spécifiées (Besançon, 13 nov. 1811, aff. Arcelin, V. Dépôt, nº 24). — Sur les nuances qui distinguent le prêt du dépôt, V. ce mot, nºs 17 et suiv.

170. 2º *A quelle classe de contrats appartient le prêt de consommation.*—C'est un contrat du *droit des gens*, régi par les règles du droit naturel (Pothier, nº 18, et M. Troplong, nº 197). —Est-il un contrat réel, dans le sens attaché par le droit romain à ces mots? (V. nº 142.)

171. Le prêt de consommation est un contrat *unilatéral*, car il ne produit d'obligation que d'un côté, le prêteur ne contractant aucune obligation envers l'emprunteur (Pothier, nº 20, et M. Troplong, nº 198). — On peut opposer à ce que nous disons l'intitulé de la section du chapitre du code qui nous occupe, qui porte : « Des obligations du prêteur. » Mais remarquons, avec M. Troplong, que dans cette section il ne s'agit pas d'une obligation naissant de la nature du contrat, mais des devoirs inhérents à l'exécution de bonne foi que doit recevoir le prêt de consommation. — V. nºs 178 et s.

172. De même que le commodat, le *mutuum* est un contrat de bienfaisance. Il renferme un bienfait que le prêteur fait à l'emprunteur, en lui accordant gratuitement la faculté de se servir de ce qu'il lui prête, sans que le prêteur retire aucune utilité du contrat (Pothier, nº 19).

173. 3º *Quelles choses sont susceptibles du prêt de consommation.*—Aux termes de la L. 2, § 1, ff., *De reb. cred.*, toutes les choses fongibles, c'est-à-dire qui se consomment par l'usage qu'on en fait, peuvent être la matière du prêt de consommation. L'art. 1892 c. nap., porte également que les choses qui se consomment par l'usage peuvent faire l'objet d'un prêt de consommation. — Ces choses peuvent se consommer ou *naturellement*, comme du blé, du vin, du bois à brûler, qui cessent d'exister par l'usage qu'on en fait; ou *civilement*, comme du numéraire qui se consomme pour la personne qui le dépense par l'emploi qu'elle en fait, ou comme du papier qu'on emploie pour écrire ou pour imprimer un ouvrage; ou elles se consomment enfin *par le changement de forme*, comme du drap, de la toile, dont on fait des vêtements ou du linge. — C'est ce que font aussi remarquer Pothier, nº 22; MM. Duranton, nº 551; Duvergier, nº 145 et Troplong, nº 174 et suiv.

174. On peut aussi prêter des animaux, en les considérant non dans l'individu, mais comme quantité et à raison de l'espèce : par exemple, si un boucher prête à son confrère six moutons pour servir ses pratiques, à la charge que celui-ci lui en rendra *autant, de même qualité*, c'est un véritable prêt de consommation, un *mutuum* proprement dit. — Mais lorsque ce sont les *mêmes individus* qui doivent être rendus, parce que telle a été l'intention des parties, alors ce n'est plus un prêt de consommation, mais un prêt à usage. — Tel est le sens de l'art. 1894 c. nap., portant « qu'on ne peut pas donner à titre de prêt de consommation des choses qui, quoique de même espèce, diffèrent dans l'individu comme les animaux : alors c'est un prêt à usage. » — Conf. MM. Duranton, nº 554; Ducaurroy, Instit. t. 2, nº 949; Duvergier, du prêt à usage, nº 19 et Troplong, nº 177).

175. De là, suivant les mêmes auteurs, si je prête à quelqu'un mon exemplaire du code nap., ce sera un prêt à usage, parce que j'entends bien que ce sera *ce même exemplaire* qui devra m'être rendu; au lieu que si un libraire à qui l'on demande un certain nombre d'exemplaires du code, de telle édition, qu'il n'a pas dans son magasin, les emprunte à son confrère, c'est un prêt de consommation, parce que la vente qu'il en a faite est une consommation de la chose, une consommation civile (si l'on peut s'exprimer ainsi), et que ce qu'il doit rendre, c'est non pas les exemplaires mêmes qu'il a empruntés, mais des exemplaires *semblables*, c'est-à-dire *du même ouvrage et de la même édition*.

176. En résumé, tout ce qui est prêté comme *quantité* et seulement en considérant la classe, l'espèce à laquelle appartient la chose, forme l'objet d'un prêt de consommation; mais ce qui est prêté comme *individu*, comme corps certain, forme l'objet d'un prêt à usage. — Dans le premier cas, ce ne sont pas les objets eux-mêmes qui doivent être restitués, quoiqu'on puisse les faire servire au payement s'ils ne sont pas détériorés; c'est une pareille quantité de mêmes choses, et de pareille qualité ou bonté. Dans le second cas, au contraire, ce sont les objets mêmes qui ont été prêtés que l'on doit rendre, et non pas de semblables, ni même de meilleurs dans la même classe ou espèce.

177. 4° *Personnes entre lesquelles peut avoir lieu le prêt de consommation.*—Le prêt de consommation renfermant une véritable aliénation de la propriété (V. n° 152), il en résulte, disent fort bien Pothier, n° 21 ; MM. Duranton, n° 563; Duvergier, n° 149 et Troplong, n°s 201 et suiv., que ce contrat ne peut avoir lieu qu'entre personnes *capables* de contracter et d'aliéner. — Ainsi, ajoute Pothier, les *mineurs*, les *interdits*, les *femmes* mariées ne peuvent sans l'autorisation de leur tuteur et mari, consentir un prêt de consommation (V. n°s 157 et s.). — Ainsi pour consentir un contrat de cette nature, il faut être propriétaire de l'objet que l'on veut prêter (Pothier, n° 21; V. n° 1531).

ART. 2. — *Des obligations du prêteur.*

178. Quoique le contrat de prêt, de sa nature, soit purement *unilatéral*, et ne produise, en conséquence, des obligations que d'un seul côté; néanmoins, les rédacteurs du code ont cru devoir établir quelques règles, d'après lesquelles le prêteur aussi aurait des obligations à remplir. Mais en réalité, ces obligations ne dérivent pas du contrat de prêt; elles dérivent de la bonne foi qui doit régner dans tous les contrats. — C'est ce que font remarquer Pothier, n° 51 et après lui, MM. Duranton, n° 578 et Troplong, n°s 244 et suiv. — M. Duvergier, n°s 191 et suiv., s'est toutefois attaché à justifier les mots *obligations du prêteur* employés par les rédacteurs du code. Il fait remarquer que les obligations du prêteur dérivent bien du contrat de prêt, puisque sans ce contrat, elle n'existeraient pas.

179. La première obligation du prêteur est *d'avertir* l'emprunteur des défauts de la chose prêtée. L'art. 1898 c. nap. porte, à cet égard : « Dans le prêt de consommation, le prêteur est tenu de la *responsabilité* établie par l'art. 1891 pour le prêt à usage. » — V. n° 128.

180. « Suivant ces principes, dit Pothier, n° 51, si vous avez prêté une certaine quantité de mauvaise huile à quelqu'un qui ne s'y connaissait pas, à la charge de lui en rendre autant, et que vous la lui ayez prêtée comme bonne, ou même que, sans assurer expressément qu'elle était bonne, vous lui en ayez dissimulé le vice, non-seulement l'emprunteur ne sera pas obligé de vous rendre de bonne huile, n'étant obligé de vous en rendre que de la même qualité que celle qu'il a reçue, mais si l'usage qu'il a fait de cette huile, dont vous lui avez dissimulé le vice, lui a causé quelque préjudice, vous devez être tenu de dommages-intérêts. » — M. Duranton, n° 580, émet cependant une opinion contraire. D'après lui, le prêteur ne saurait être responsable des vices de la chose prêtée, même de ceux dont il aurait connaissance, que dans le cas où ces vices seraient tellement cachés que l'emprunteur fût dans l'impossibilité de les connaître. Or, c'est ce qui n'a pas lieu dans l'exemple choisi par Pothier, puisque l'emprunteur pouvait goûter l'huile ou la faire goûter par quelqu'un de plus expérimenté que lui en cette matière.

181. Quoi qu'il en soit, il faut admettre, avec Pothier, n° 51, que si vous avez prêté de *bonne foi* cette mauvaise huile que vous croyiez bonne, l'emprunteur ne sera, à la vérité, obligé de vous en rendre que de même qualité; mais vous ne serez tenu d'aucuns dommages-intérêts pour le préjudice que l'usage qu'il a fait de cette huile lui a causé, car vous n'êtes obligé à rien autre chose qu'à apporter la bonne foi au contrat.

182. Par application du même principe, Pothier ajoute: « Si vous m'avez prêté une certaine quantité de choses *fongibles* que vous saviez ne pas vous appartenir, et que vous m'avez prêtées comme choses à vous appartenant, et qu'après que j'ai fait des préparatifs pour l'usage que j'en voulais faire, lesquels m'ont constitué en dépense, ces choses que je n'avais pas encore employées, aient été saisies et arrêtées sur moi par le propriétaire à qui j'ai été obligé de les laisser, vous serez tenu des dommages-intérêts que j'ai soufferts de cette éviction... » — M. Duranton se prononce, toutefois, en sens contraire. Suivant cet auteur, il faut, pour que le prêteur soit responsable du préjudice que les vices de la chose prêtée ont pu causer à l'emprunteur, faute par lui de les avoir déclarés, quand il les connaissait, que l'emprunteur n'ait pu les connaître lui-même. Mais la simple ignorance de l'emprunteur ne serait pas suffisante pour qu'il pût réclamer des dommages-intérêts.

183. Du reste, si les choses avaient été prêtées de bonne foi par le prêteur qui croyait qu'elles lui appartenaient, il ne serait alors tenu à aucuns dommages-intérêts envers l'empruteur (Conf. Pothier, *eod.*).

184. Une seconde obligation du prêteur est, d'après l'art. 1899, de ne pas redemander les choses prêtées avant le terme convenu. — Suivant M. Duranton, n° 581, c'est là pour le prêteur bien moins une obligation que l'absence d'un droit; et, en effet, dans le prêt de *consommation*, la chose prêtée n'est plus au prêteur, elle appartient à l'emprunteur; le prêteur n'est qu'un simple créancier qui, ayant accordé un terme, ne peut agir avant son expiration, non pas à cause d'une obligation de sa part, car il n'est réellement point obligé, mais à raison de l'absence du droit pour lui de pouvoir agir plus tôt. Dans le cas de prêt *à usage*, le prêteur ne peut non plus redemander la chose avant le terme convenu; mais c'est là pour lui une véritable obligation résultant du contrat de prêt, car, sans elle, il pourrait réclamer la chose quand bon lui semblerait, puisqu'elle demeure sa propriété. — Mais cette distinction de M. Duranton ne présente-t-elle pas une véritable subtilité? — Disons qu'elle est repoussée par M. Troplong, n° 254, qui établit très-bien qu'il y a obligation toutes les fois qu'une personne est empêchée d'agir en vertu d'un contrat dont la nullité donnerait sur-le-champ naissance à une action. — V. Obligat.

185. Quant il s'agit du prêt *à usage*, le législateur permet au prêteur de réclamer la chose avant le *terme* convenu, s'il lui survient quelque besoin pressant et imprévu de cette chose (V. n° 106). La même disposition n'a pas été répétée pour le prêt de *consommation*. Cette différence entre deux contrats également de bienfaisance ne peut tenir qu'à ce que dans l'un le prêteur est propriétaire de la chose prêtée, tandis que dans l'autre il n'est qu'un simple créancier ordinaire (Conf. MM. Duranton, n° 581, et Troplong, n° 258).

186. Comme en toute autre obligation, les causes qui privent le débiteur du bénéfice du terme sont applicables. En conséquence, si l'emprunteur tombe en faillite ou en déconfiture, le prêteur peut, de suite, réclamer la restitution des choses prêtées (Conf. MM. Duranton, n° 582, et Troplong, n° 259).

187. De même, si l'emprunteur a, par son fait, *diminué* les *sûretés* qu'il aurait données par le contrat au prêteur, ou, ce qui revient au même, s'il ne donne pas celles qu'il a promises, il est privé du bénéfice du terme, par application des art. 1188 et 1977 combinés (Conf. M. Duranton, *eod.*)

188. Aux termes de l'art. 1900 : « S'il n'a pas été fixé de terme pour la restitution, le juge peut accorder à l'emprunteur un délai suivant les circonstances. » — Dans une pareille hypothèse, le prêteur serait difficilement reçu à exiger son remboursement sur-le-champ (M. Troplong, n° 260). — Néanmoins, on doit considérer comme *facultative* la disposition de l'art. 1900; de telle sorte que le juge pourrait, s'il le trouvait convenable, ordonner la restitution immédiate de la chose. Il doit se déterminer d'après l'intention préalable des parties au moment du contrat et d'après les ressources actuelles de l'emprunteur. C'est aussi ce qu'enseigne M. Duranton, n° 583.

189. Nous pensons, avec M. Duranton, n° 583 que, si la solvabilité de l'emprunteur a notablement diminué depuis le prêt, le juge peut, sur la demande du prêteur, ordonner que l'emprunteur auquel il accorde un délai, sera tenu de fournir une caution.

190. Par application de l'art. 1244, le juge peut aussi, dans le cas où il a été fixé un terme à l'emprunteur et que ce terme est échu, accorder des délais modérés pour le payement, en prenant en considération la position du débiteur et en usant de ce pouvoir avec une grande réserve.

191. Suivant l'art. 1901 : « S'il a seulement été convenu que l'emprunteur payerait *quand il le pourrait*, ou quand il en aurait le moyen, le juge lui fixera un terme de payement suivant les circonstances. » — Il a été jugé : 1° que si l'obligation est payable sur les *premiers fonds dont la compagnie pourra disposer*, c'est le cas d'appliquer l'art. 1901, qui oblige le juge à fixer un délai pour le payement (Bordeaux, 22 juin 1835, aff. Pompignan, V. Acte de commerce, n° 280); — 2° Qu'une obligation avec promesse par le débiteur de payer lorsque ses moyens le lui permettraient, donne droit au créancier d'obtenir du juge la fixation d'un terme pour le payement (Bordeaux, 7 avril 1838) (1). — Il est, en effet, facultatif au juge, d'accorder, mais non de refuser la fixation d'un terme de payement, dès que le créancier en forme la demande.

192. Si les parties ont convenu que l'emprunteur rendra quand *il le voudra*, que devra-t-on décider? — Il a été jugé à cet égard, que l'obligation payable à la volonté du souscripteur n'est point une constitution de rente, mais bien un simple prêt qui devient exigible par la mort de l'emprunteur (Toulouse, 20 mars 1835) (2).

193. Pareillement, il a été jugé que lorsque l'emprunteur s'est engagé à restituer les choses empruntées, à la volonté du créancier, et que celui-ci s'est réservé la faculté d'exiger cette restitution en prévenant trois mois d'avance, une telle convention constitue un prêt bien que qualifiée de constitution de rente (Rennes, 2e ch., 12 juin 1821, aff. Lannux *C.* Leconte).

ART. 3. — *Des obligations de l'emprunteur.*

194. Les engagements de l'emprunteur dérivent principalement de la réception de la chose qui a été prêtée. Il sera question : 1° de la manière dont la restitution des choses prêtées doit être faite; 2° du lieu où la restitution doit être faite; 3° de l'époque à laquelle elle doit avoir lieu; 4° de l'impossibilité où serait l'emprunteur de satisfaire à la restitution; 5° des conséquences du retard apporté par l'emprunteur dans l'exécution de ses obligations.

§ 1. — *De quelle manière la restitution des choses prêtées doit être faite.*

195. Aux termes de l'art. 1902 c. nap., « l'emprunteur est tenu de rendre les choses prêtées, en *même quantité* et *qualité*, et au *terme* convenu. »

196. L'obligation de rendre n'est pas effacée pour l'emprunteur, comme en matière de commodat, alors même que la chose a *péri* par force majeure. La raison en est que l'emprunteur devient propriétaire par le fait même de la livraison et qu'il est de règle que *res perit domino.* — Il a même été jugé que lorsqu'après acte d'emprunt, avec hypothèque, contracté devant un notaire, le prêteur a remis les fonds à celui-ci, pour ne les délivrer à l'emprunteur qu'après justification de la déclaration hypothécaire, la perte des fonds, par suite de la déconfiture du notaire, survenue depuis cette justification et après exécution pure et simple des clauses de l'emprunt, par l'emprunteur, doit être supportée par ce dernier, et non par le prêteur (Req. 7 mars 1842, aff. Grevin, V. Mandat, n° 413-3°). — Le notaire a été considéré, dans ce cas, comme mandataire de l'emprunteur (V. aussi v° Dépôt, n° 18).

197. La loi romaine présente un cas où la perte est également pour l'emprunteur quoique la chose ait péri entre ses mains, bien qu'il n'en fût pas propriétaire. Ce cas est puisé dans la L. 11, ff., *De reb. cred.* Une personne vient, d'après cette loi, emprunter une somme d'argent. Celui à qui elle s'adresse n'ayant pas la somme demandée lui remet un plat d'argent pour que l'emprunteur le vende et emploie le prix à ses besoins. Le plat vient à périr avant d'être vendu. Qui doit en supporter la perte. C'est l'emprunteur, dit la loi précitée, si le plat en question n'était pas, dans l'intention du prêteur, destiné à être vendu.

198. On s'est demandé comment on peut concilier cette solution avec la règle suivant laquelle le débiteur est déchargé alors que la chose a péri sans sa faute. — Donneau, sur la L. 11, *De reb. cred.*, et sur la L. 4, établit très-bien que, dans le *mutuum*, où il est de règle que la perte de la chose prêtée est toujours pour l'emprunteur, il faut se préoccuper de cette règle décisive plutôt que des principes qui gouvernent certaines conventions accessoires ou intermédiaires par lesquelles le contrat de prêt peut passer, avant de devenir définitif. « C'est donc, ajoute M. Troplong, n° 267, dans les règles du prêt qu'on doit se renfermer, et la raison et l'équité obligent à dire que la chose livrée en vue d'un *mutuum* à intervenir par son moyen est assimilée à la chose réellement prêtée. » — Domat, liv. 1, tit. 6, sect. 1, nos 11 et 12 se prononce dans le sens donné par Donneau à la loi romaine; mais Pothier, Dépôt, nos 92 et suiv., ne voit dans cette loi qu'une simple responsabilité de la faute, et non la responsabilité de la force majeure. — Quelle est celle de ces deux opinions que le code Napoléon a voulu suivre? MM. Duvergier, nos 188 et 190, et Troplong, n° 269, estiment que c'est celle de Pothier. Ils en donnent pour preuve l'art. 1929 du code dont les termes ne laissent pas douter qu'en *aucun cas* le dépositaire ne saurait être responsable de la perte arrivée par cas

(1) *Espèce :* — (Garnier *C.* Duquesnel et Sauvey.) — Duquesnel et Sauvey contractent à l'égard de Garnier une obligation, avec clause de payer quand leurs moyens le permettraient. Sauvey, considérant cette obligation, comme une obligation sans terme, demande l'application de l'art. 1901 c. civ. — Les débiteurs répondent qu'ils n'ont entendu contracter qu'une obligation conditionnelle, et que leur obligation rentrera dans la classe de celles dont s'occupe l'art. 1901 c. civ., lorsque le sieur Sauvey aura fait la preuve de l'événement de la condition c'est-à-dire, de la possibilité de payer acquise par ses obligés. — Arrêt.

LA COUR; — Attendu que la veuve Duquesnel et Sauvey reconnaissent qu'ils ont promis de payer à Garnier 2,005 fr. 50 c., lorsque leurs moyens le leur permettraient; qu'une telle promesse rentre identiquement dans l'art. 1901, c. civ. qui, en pareil cas, laisse à arbitrage du juge la fixation d'un terme de payement; qu'il s'agit d'adopter un tempérament entre la trop grande exigence du créancier et le trop long retard du débiteur; que, par l'octroi du délai ci-après, les intérêts respectifs sont conciliés; — Reçoit la veuve Duquesnel et Sauvey opposants pour la forme seulement envers l'arrêt par défaut du 16 février dernier; ordonne l'exécution de cet arrêt; toutefois accorde le délai d'un an, à partir de la date du présent arrêt, pour le payement de la somme ci-dessus.

Du 7 avr. 1838.-C. de Bordeaux, 2e ch.-M. Poumeyrol, pr.

(2) (Falier et Caubire *C.* Séguin.) — LA COUR; — Attendu qu'il résulte des dispositions des art. 1909, 1910 et 1911 c. civ., que le prêt à rente constituée ne peut résulter, 1° que d'un contrat intervenu entre le prêteur et l'emprunteur; 2° d'une stipulation de la part du premier de ne point exiger la restitution du capital qu'il livre; — Attendu qu'en fait, les titres sur lesquels les appelants et les intimés fondent leurs demandes et exceptions, sont destitués de ces deux caractères; ce sont, en effet, deux actes unilatéraux, de simples billets par lesquels l'auteur des intimés, en reconnaissant avoir reçu de celui des appelants un capital exprimé, s'oblige à lui en payer l'intérêt, sans que celui-ci reconnaisse avoir à jamais aliéné ce capital; — Attendu que c'est sans fondement que les intimés prétendent faire résulter cette aliénation de cette circonstance: que le capital n'était remboursable qu'à la volonté du souscripteur, leur auteur, puisque, d'après les lois romaines sainement entendues, et qui, dans le silence sur ce cas de notre droit, doivent servir à décider la question, ces expressions n'excluaient pas l'obligation du remboursement, quoiqu'elles en rendissent l'époque incertaine pendant toute la vie du souscripteur; d'où suit que les premiers juges ont méconnu ces principes en induisant de la circonstance ci-dessus rapportée, qu'il y avait eu aliénation du capital, et qu'il était intervenu entre le prêteur et l'emprunteur, un contrat de rente constituée; — Attendu que, d'après les lois précitées, l'incertitude sur l'époque du remboursement du capital prêté ayant pris fin par le décès de l'emprunteur, il y a lieu de condamner les intimés, ses héritiers, à le payer aux appelants, ainsi que les intérêts de ce capital pour lesquels il n'existe pas de quittance, à la charge néanmoins par les appelants d'affirmer par-devant la cour et à l'audience, sous la religion du serment, que ces intérêts n'ont point été payés; — Vidant le renvoi au conseil, réformant, condamne les intimés à payer aux appelants, 1° le capital des deux obligations, etc.

Du 20 mars 1835.-C. de Toulouse, 3e ch.-M. Garrisson, pr.

fortuit, contrairement à ce que portait la L. 4, ff., *De reb. cred.* pour le cas où un individu voulant acheter un immeuble demande à emprunter une somme dans cet objet, mais la reçoit en dépôt jusqu'au jour où il aura acheté l'immeuble qu'il a en vue. — « Or, dit M. Troplong, si la force majeure retombe sur le prêteur dans le cas où le prêt a pour préliminaire un dépôt pendant lequel elle périt, elle doit, par une raison toute-puissante de parité, retomber également à sa charge quand le prêt se prépare par un mandat de vendre la chose, laquelle, avant la vente, vient à périr par force majeure. »

199. L'emprunteur doit rendre la chose *en même quantité et qualité* (art. 1902). Il résulte de cette obligation que l'emprunteur rendra souvent une valeur différente de celle qu'il aura reçue, car rien n'est variable comme le prix des denrées. C'est afin d'éviter les difficultés d'appréciation à l'époque du prêt et à celle de la restitution qu'on a ainsi décidé (Conf. M. Duvergier, n° 168).

200. Suffit-il que la quantité et la bonté soient égales? Ne faut-il pas aussi que, sous tous les autres rapports, il y ait égalité de qualité? — Disons d'abord que l'emprunteur ne serait pas admis à rendre une chose d'une qualité inférieure (L. 3, ff., *De rebus cred.*; le président Favre, sur cette loi, et M. Troplong, n° 226).

201. Mais peut-il restituer une chose d'une qualité supérieure à celle qu'il a reçue? — Non, dit Accurse, sur la loi 3 précitée. — Le président Favre, *loc. cit.*, pense toutefois que c'est pousser trop loin le scrupule de l'égalité; que nul n'est blâmable lorsque, volontairement, il paye plus qu'il ne doit. — M. Troplong, *loc. cit.*, n'est de cet avis qu'autant que le prêteur gagne à cette substitution, et nous croyons aussi qu'il ne peut être permis à l'emprunteur, sous prétexte de donner au prêteur une chose meilleure que celle qu'il lui doit, de lui faire accepter un objet d'une qualité autre que celui qu'il a prêté. — L'art. 1902 a d'ailleurs son explication dans les art. 1895 et 1897, en ce qui concerne la restitution en même *quantité et qualité*. Le premier de ces derniers articles s'occupe de l'hypothèse où les choses prêtées consistent en argent, le second de celle où les choses prêtées sont des choses fongibles.

202. « L'obligation qui résulte d'un prêt *en argent* n'est toujours, suivant l'article 1895, que de la somme numérique énoncée au contrat. — S'il y a eu augmentation ou diminution d'espèces avant l'époque du payement, le débiteur doit rendre la somme numérique prêtée, et ne doit rendre que cette somme dans les espèces ayant cours au moment du payement. » — Pour justifier une semblable disposition, on dit que ce que l'on considère dans les monnaies, c'est la valeur que la loi y attache, c'est la somme et non les espèces, en sorte qu'en rendant une somme égale, l'emprunteur est censé rendre autant de pièces ou d'espèces qu'il en a reçues (Pothier, n° 35; Delvincourt, t. 3, p. 411, note 4; MM. Duranton, t. 17, n° 575, et Troplong, n° 236). — Pourtant, disent Pothier et M. Duranton, si depuis le prêt il y a eu *augmentation* légale dans la valeur des *monnaies prêtées*, et que l'emprunteur rembourse en cette monnaie, le prêteur éprouvera réellement une perte : d'abord il aurait profité de l'augmentation s'il n'eût pas fait le prêt et qu'il eût gardé les espèces; ensuite comme le prix des salaires, des denrées et autres choses nécessaires à la vie augmente en raison de l'augmentation de valeur légale qu'éprouvent les monnaies, il s'ensuit que l'emprunteur ne peut plus se procurer avec ce qui lui est rendu la même quantité de choses qu'il pouvait avoir, au temps du prêt, avec ce qu'il a livré. Aussi beaucoup d'auteurs pensaient que l'emprunteur devait rendre la somme prêtée, suivant le cours qu'avait, au temps du prêt, la monnaie avec laquelle il en fait le remboursement. Mais on a décidé autrement : la chance de gain ou de perte est pour l'un comme pour l'autre, selon qu'il y aura augmentation ou diminution de valeur dans les espèces. — V. discours des orateurs, *suprà*, p. 780, n° 23). — Il a été jugé que s'il a été prêté 15,000 patacons d'Aix-la-Chapelle, d'une valeur de 72 marcs, le débiteur satisfera pleinement à ses obligations en payant la quantité de patacons que porte chaque annuité d'arrérages, sur le pied de 72 marcs chacun, en monnaies ayant cours, et d'après la valeur du cours au moment du payement (Bruxelles, 27 nov. 1809) (1).

203. Si le cours de la valeur numérique des pièces d'argent prêtées vient à changer entre l'époque du contrat et celle du payement, les contestations à ce sujet doivent être résolues d'après la disposition de l'art. 1895, c'est-à-dire que la somme *numérique prêtée* devra être rendue, mais avec les espèces ayant cours au moment du payement. Le prêteur pourrait-il convenir que si la valeur légale de la monnaie vient à être augmentée par le fait du prince, il sera indemnisé de la perte qu'un remboursement fait avec ces espèces lui occasionnera? Des auteurs considèrent une telle clause comme contraire à l'ordre public (Dumoulin, Sommaire des contrats, etc., n° 294; Pothier, n° 37; Merlin, Rép., v° Prêt, n° 7; M. Troplong, n° 240; M. Duvergier, n° 177). — M. Duranton, n° 577, estime, toutefois, et avec raison, suivant nous (V. aussi Dict. gén., v° Prêt, n° 181), qu'en prêtant une somme d'argent, l'on pourrait valablement stipuler qu'au moment de la restitution les parties se tiendront respectivement compte de l'augmentation ou de la diminution qui a pu survenir dans la valeur des espèces durant le cours du prêt, de telle sorte qu'aucune des parties ne profite, au préjudice de l'autre, de cette augmentation ou de cette diminution. Cette convention, reposant sur un intérêt purement privé, n'offre rien d'illicite.

204. Au surplus, il nous paraît contraire à l'intérêt public qu'un prêteur puisse être autorisé à refuser la monnaie pour sa valeur légale (V. l'arrêt précité de Bruxelles, n° 203). — Le code sarde contient une disposition expressément contraire. — V. n° 9.

205. Si l'emprunteur était en demeure de rendre la somme prêtée lorsque les espèces ont augmenté de valeur légale, il doit être tenu de dommages-intérêts envers le prêteur pour la perte que ce retard lui a causée. — Il en est de même dans le cas où les espèces qu'il rendrait auraient subi, depuis la mise en demeure, une altération dans le poids ou dans le titre, en conservant d'ailleurs leur valeur numérique. — Dans ces deux hypothèses, l'emprunteur rendant en réalité une valeur moindre pour le prêteur que celle qu'il aurait eue si la restitution lui eût été faite en temps utile, il est juste qu'il répare le préjudice qu'il a causé. — M. Duranton, n° 575, se prononce dans le même sens. — V. aussi Req. 3 juin 1830, aff. Jagon, n° 211.

206. La règle que l'obligation qui résulte d'un prêt d'argent n'est toujours que de la somme numérique énoncée au contrat, et que, par conséquent, l'emprunteur ne doit rendre que cette somme dans les espèces ayant cours au moment du payement, soit qu'il y ait eu augmentation ou diminution de valeur dans les espèces, cette règle, disons-nous, n'est point applicable si le prêt a été fait en lingots : quelle que soit l'augmentation ou la diminution de leur prix, le débiteur doit toujours rendre la même quantité et qualité, et ne doit rendre que cela. C'est ce que portent les art. 1896 et 1897 c. nap. — « La règle portée en l'article précédent, dit l'art. 1896, n'a pas lieu, si le prêt a été fait en lingots. » — « Si ce sont des lingots ou des denrées qui ont

(1) *Espèce* : — (Hoensbrouk C. hér. Wesprin.) — Un prêt de 15,000 patacons à 72 marcs, valeur d'Aix-la-Chapelle avait été fait par la dame Wesprin. Les intérêts de cette somme devaient être payés en même valeur. — Arrêt.

LA COUR; — Attendu que c'était un point très-controversé entre les interprètes du droit, de savoir si l'argent prêté devait être rendu sur le pied qu'il valait au temps du payement, ou sur celui qu'il valait au temps du contrat; mais que cette incertitude dans la jurisprudence a cessé depuis que l'art. 1895 du code civil, a décidé que le débiteur devait rendre la somme numérique prêtée, et ne devait rendre que cette somme dans les espèces ayant cours au moment du payement; — Attendu qu'il y a d'autant moins de difficulté d'appliquer ces principes du code civil à l'espèce, qu'il ne s'agit point du remboursement du capital, mais seulement des arrérages, et que la rente ayant été créée en patacons de 72 marcs, valeur d'Aix-la-Chapelle, il ne peut y avoir de doute que l'appelant satisfait pleinement à ses obligations, en payant la quantité de patacons que porte chaque annuité, sur le pied de 72 marcs chacun; — Par ces motifs, met l'appellation et ce dont est appel au néant; — Emendant, décharge l'appelant des condamnations contre lui prononcées; — Au principal, déclare les offres faites par l'appelant de payer les intérêts échus en monnaie ayant présentement cours à Aix-la-Chapelle, et d'après la valeur du cours actuel, suffisantes, etc.

Du 27 nov. 1809.-C. d'app. de Bruxelles, 1re sect.

été prêtés, dit l'art. 1897, quelle que soit l'augmentation ou la diminution de leur prix, le débiteur doit toujours rendre la même quantité et qualité, et ne doit rendre que cela. » — La L. 3, ff., *De reb. cred.*, contenait une disposition semblable.

207. Ainsi, d'après l'art. 1897, lorsque le prêt n'est pas d'une somme d'argent, mais d'une certaine quantité de *choses fongibles*, par exemple, lorsque je vous ai prêté un tonneau de vin, à la charge que vous m'en rendriez un de pareille qualité; quoique depuis le prêt le prix des vins soit considérablement augmenté ou diminué, et que le tonneau de vin qui ne valait que 50 fr., lorsque je vous l'ai prêté, en vaille 100 lorsque vous me le rendez, néanmoins vous me rendez autant, et rien de plus ni de moins que ce que je vous ai prêté; car il n'y a que le prêt d'une somme d'argent qui ait pour objet une valeur numérique dont la monnaie est le signe; les prêts des autres choses fongibles au contraire n'ont pour objet que la *quantité* de la chose prêtée et non sa *valeur numérique* (Conf. Pothier, nos 15, 39 et suiv., et Delvincourt, p. 199).

§ 2. — *Du lieu où la restitution doit être faite.*

208. Le code ne s'explique pas positivement sur le lieu où doit se faire la restitution; mais il est certain que c'est au lieu convenu entre les parties, s'il y a eu convention à ce sujet. — A défaut de conventions, Voët, *ad Pand.*, *De reb. cred.*, n° 19, décide que le remboursement doit se faire régulièrement *au lieu* où la chose a été livrée à l'emprunteur. — Mais Pothier, nos 43 et 46, n'accepte pas cette manière de voir. Il distingue entre le prêt de sommes d'argent et celui de choses fongibles. D'après cet auteur, lorsqu'on a prêté une somme d'*argent*, si les parties ne se sont pas expliquées sur le lieu où elle serait rendue, c'est au lieu de son domicile que le débiteur qui l'a empruntée doit la payer.—Les choses *fongibles* au contraire doivent être restituées par l'emprunteur au lieu où il les a reçues. Il ne peut pas offrir de les rendre dans le lieu de son domicile, et le créancier ne peut pas exiger que ce soit dans ce lieu que la restitution lui soit faite; car la valeur des choses prêtées pourrait être fort différente de ce qu'elle serait dans le lieu où le prêt a été effectué; d'où suit qu'en réalité l'emprunteur rendrait plus ou moins qu'il n'a reçu, ce qui est contraire à l'essence du prêt de consommation.—Merlin, Rép., v° Prêt, § 2, n° 12, repousse la distinction de Pothier, et pense que les rédacteurs du code ont entendu se référer à la règle qu'ils avaient posée dans l'art. 1247, et voulu que le payement se fit au domicile du débiteur. — M. Troplong, n° 276, au contraire, adopte l'opinion de Voët et veut que le payement soit fait, sauf les clauses contraires des parties, au lieu où la chose a été livrée à l'emprunteur. D'après cet auteur, l'art. 1247 c. nap. n'est applicable que dans le cas de prêt à intérêt. Telle est aussi notre manière de voir. La gratuité du prêt et le sentiment de bienfaisance qui a dicté ce contrat ne permettent pas d'adopter un mode de payement qui tantôt grève le prêteur et tantôt devient inique pour l'emprunteur (V. ce qui a été dit, nos 114 et s., au sujet du commodat).

§ 3. — *Quand doit être faite la restitution.*

209. Le payement doit être fait au *terme fixé*, ainsi que le prescrit l'art. 1902. — Si le contrat n'indique pas de *délai* pour le remboursement, le juge désigne ce délai, conformément à ce qui a été dit n° 188.

210. Quand le terme a été fixé dans l'intérêt de l'emprunteur, ce qui arrive presque toujours en matière de prêt de consommation, l'emprunteur peut devancer le délai (Conf. Voët, n° 20, et M. Troplong, n° 275).—Il n'en est pas de même quand le terme a été stipulé dans l'intérêt du prêteur. C'est ce qu'enseignent aussi les mêmes auteurs.—V. Prêt à intérêt.

§ 4. — *De l'impossibilité où peut se trouver l'emprunteur de faire la restitution.*

211. L'art. 1903 c. nap. est ainsi conçu : « S'il (l'emprunteur) est dans l'*impossibilité* de rendre les choses prêtées (en même quantité et qualité, au temps et au lieu convenus), il est tenu d'en payer la valeur eu égard au temps et au lieu où la chose devait être rendue, d'après la convention. — Si ce temps et ce lieu n'ont pas été réglés, le payement se fait au prix du temps et du lieu où l'emprunt a été fait. » — Quelle est l'impossibilité prévue par notre article? Est-il nécessaire qu'elle soit radicale et absolue? — Il nous paraît certain, tout d'abord, que l'emprunteur serait mal fondé à prétendre qu'il a l'*option* entre une restitution en nature et une restitution en espèces : d'abord ce système d'option semble repoussé par les termes mêmes de l'art. 1903; ensuite il serait contraire à l'équité, puisque le prêteur que l'on rembourserait en espèces serait obligé, dans une foule de cas, de racheter en nature l'équivalent de la chose par lui prêtée. Or, il est beaucoup plus naturel que ce soit l'emprunteur qui se donne ces soins. — Mais il ne suit pas de là que le mot *impossibilité* doive être entendu dans la rigueur littérale. Il nous paraît, ainsi qu'à M. Troplong, n° 284, que l'estimation peut être substituée au payement en nature, toutes les fois qu'il y a pour l'emprunteur un préjudice trop considérable. Il doit suffire, en conséquence, qu'il fasse la preuve d'une difficulté grave et onéreuse (Conf. Donneau, sur la L. 22, ff., *De reb. cred.*, n° 4, et Cujas, sur la même loi). — Jugé que les choses qui font l'objet d'un prêt de consommation (des actions de chemins de fer) ne sont plus restituables en même quantité et qualité, après le terme fixé par la convention, si la valeur qu'elles avaient lors de l'échéance de ce terme a subi une dépréciation; que, par suite, l'emprunteur se trouvant, en cas pareil, dans l'impossibilité de restituer en nature la chose prêtée, est tenu, conformément à l'art. 1903 c. civ., d'en payer la valeur eu égard au temps et au lieu où elle devait être rendue; et qu'il en est ainsi, quelle que soit l'époque où l'emprunteur a été mis en demeure de restituer, cette mise en demeure n'étant nécessaire que pour faire courir les intérêts (Req. 3 juin 1850, aff. Jagon, D. P. 50. 1. 201).

212. Si l'emprunteur refusait de rendre les choses prêtées en même quantité et qualité, et qu'il se contentât d'en offrir la valeur, alors qu'il n'établirait pas l'impossibilité par lui alléguée, on devrait, attendu que, *nemo potest precisè cogi ad factum*, le condamner, suivant les cas, à des dommages-intérêts envers le prêteur, par application de l'art. 1142 c. nap. — Et il a été décidé, avec raison, que l'emprunteur qui, condamné à restituer la chose prêtée, si mieux il n'aime sa valeur, a laissé passer le délai à lui accordé à cet égard pour faire son option, est déchu du droit d'opter, et peut être, par conséquent, condamné à payer la *valeur* de la chose empruntée (Req. 24 déc. 1828) (1). Dans l'espèce, en effet, l'alternative offerte au débiteur a cessé à l'expiration du délai qui lui était imparti.—V. Obligat.

213. Sur quelle base se fait l'*estimation* de la chose que l'art. 1903 permet de mettre, en certains cas, à la place de la chose? — Cet article distingue : ou la convention détermine le temps et le lieu de la restitution, ou elle ne dit rien à cet égard. —Dans le premier cas, l'estimation se fait au temps et dans le lieu qu'indique le contrat. Au second cas, au contraire, l'art. 1903 porte qu'on fait l'estimation en se reportant au temps et au lieu où le contrat a été fait.— Cette disposition fixe un point de droit qui avait donné lieu aux plus graves controverses sous l'empire de l'ancien droit. M. Troplong, nos 286 et suiv., en fait le résumé.

§ 5. — *Conséquences du retard apporté par l'emprunteur dans l'exécution de ses obligations.*

214. L'art. 1904 dispose : « Si l'emprunteur ne *rend* pas

(1) (Besson C. veuve Besson.) — LA COUR; — Attendu qu'aux termes de l'art. 1902 c. civ., l'emprunteur est obligé de rendre la chose empruntée au terme convenu; — Attendu que, dans le fait, les demandeurs, au lieu de rendre le tierçon d'eau-de-vie qui leur avait été prêté, ou, si mieux ils n'aimaient, sa valeur, dans le délai qui leur avait été accordé par le jugement du 22 mars 1819 et par l'arrêt confirmatif du 29 août 1821, ont laissé passer le terme sans faire leur option; — Et qu'ainsi, l'arrêt attaqué en les déclarant non recevables à réclamer le bénéfice d'une option dont ils étaient déchus, et en les condamnant, en conséquence, à payer la valeur de la chose empruntée, loin de violer l'art. 1902 c. civ., ni aucun autre, en a fait une juste application; — Rejette.

Du 24 déc 1828.-C. C., ch. req.-MM. Favard, pr.-Lagarde, rap.

les choses prêtées ou leur valeur au terme convenu, il en doit l'intérêt du jour de la demande en justice. » — Cet article est-il applicable en toute hypothèse, dans le cas, par exemple, où la chose prêtée consiste en une chose *fongible* autre qu'une somme d'argent? — M. Troplong, n° 301, enseigne l'affirmative. Que la chose prêtée soit une somme d'argent, ou consiste en denrées, l'emprunteur, en retard de rendre, ne peut être condamné pour tous dommages-intérêts, qu'à payer l'intérêt légal du jour de la demande formée par le prêteur.

215. Mais cette opinion est contredite, avec raison, selon nous, par Zachariæ, t. 3, § 395, et par M. Duranton, n° 590. — Il faut, ce nous semble, dans l'application de l'art. 1904, distinguer trois cas : 1° celui où la chose prêtée consiste en une somme d'argent; 2° celui où elle consiste en une chose fongible que l'emprunteur était dans l'impossibilité de rendre en nature; 3° celui où elle consiste en une chose fongible que l'emprunteur pouvait rendre de cette manière.

216. 1° Si la chose prêtée consiste en une somme *d'argent*, l'on devra appliquer purement et simplement l'art. 1904 précité : c'est-à-dire que l'emprunteur qui n'aura pas rendu la somme au terme convenu, en payera l'intérêt du jour de la demande en justice. — Le prêteur serait mal fondé à prétendre que le retard de l'emprunteur à remplir son obligation lui a causé un préjudice plus considérable et dont il doit être indemnisé. On lui répondrait avec l'art. 1153, dont l'art. 1904 est la conséquence, que « dans les obligations qui se bornent au payement d'une certaine somme, les dommages-intérêts résultant du retard dans l'exécution *ne consistent jamais que dans la condamnation aux intérêts fixés par la loi*, etc. »

217. 2° Si la chose prêtée consiste en une chose fongible que l'emprunteur était dans l'*impossibilité* de rendre *en nature*, on devra appliquer également l'art. 1904; car l'obligation de l'emprunteur se réduit, dans ce cas, à une somme d'argent (c. nap. 1903). Le prêteur ne pourra donc prétendre qu'aux intérêts qui auront couru du jour de la demande en justice, sans pouvoir alléguer qu'il a souffert un plus grand dommage et qu'il lui est dû une plus forte réparation.

218. 3° Enfin, si la chose prêtée consiste en une chose fongible que l'emprunteur était dans *la possibilité* de rendre *en nature*, nous pensons qu'il sera tenu envers le prêteur non-seulement des intérêts à compter du jour de la demande, mais encore de tous autres dommages que son retard aura pu causer : le motif en est que les dommages-intérêts dus au créancier sont, en général, de la perte qu'il a faite et du gain dont il a été privé (c. nap. 1149). — On ne peut invoquer ici l'application de l'art. 1153, car, dans le prêt de choses fongibles, les obligations de l'emprunteur ne se bornent pas au payement d'une certaine somme. Elles ont pour objet la restitution des choses prêtées *en même quantité et qualité* (c. nap. 1902). Ce n'est que lorsqu'il y a impossibilité de la part de l'emprunteur de se libérer de cette manière, qu'il est admis à le faire en *espèces*. — M. Duranton, n° 590, se prononce dans le même sens.

219. Pour que la décision que nous venons de donner sous le numéro précédent soit applicable, il suffit que la possibilité de rendre la chose en nature ait existé *à l'époque à laquelle cette restitution devait avoir lieu, d'après la convention*. — Il importerait peu que, *depuis* la mise en demeure de l'emprunteur, la restitution en nature fût devenue impossible ; car ce fait, étranger au prêteur, ne peut altérer l'obligation de l'emprunteur et diminuer les dommages-intérêts auxquels il s'est soumis en n'exécutant pas la convention; les art. 1142, 1146 et 1149 c. nap. demeurent toujours applicables.

220. Si le contrat ne contient point de temps fixé pour la restitution et que le juge accorde un délai à l'emprunteur suivant les circonstances, comme l'y autorise l'art. 1900 c. nap., il peut bien le faire à la charge de l'intérêt; mais s'il l'a accordé purement et simplement, les intérêts n'ont pas dû courir jusqu'à l'expiration de ce délai, parce que l'emprunteur alors n'est point, à proprement parler, en demeure : le juge interprète quelle a pu être l'intention des parties touchant la durée du temps pendant lequel il aurait à jouir des choses prêtées (Conf. MM. Duranton, n° 592, et Troplong, n° 303).

221. A plus forte raison en est-il ainsi du cas où le contrat porte que l'emprunteur payera *quand il le pourra* ou *quand il en aura les moyens*; car alors le juge doit lui accorder et lui fixer un délai, qui est censé faire partie du contrat dont il est l'interprète. — Nous pensons même que, dans ce cas, le juge ne peut pas fixer le délai à la charge de l'intérêt, sauf à lui à le régler suivant les circonstances, ainsi que l'art. 1901 lui en donne le pouvoir. — M. Duranton, *eod.*, émet une opinion conforme.

Table sommaire des matières.

Table des articles du code Napoléon.

Art. 1874. 1.	—1879. 31 s.	—1883. 90 s.	—1887. 97.	—1890. 58, 117, 131, 135 s.	—1893. 152 s.	—1897. 206 s.	—1901. 191 s.
—1875. 10 s.	—1880. 64 s.	—1884. 94 s., 116.	—1888. 100 s.	—1891. 128 s.	—1894. 174 s.	—1898. 179 s.	—1902. 195 s.
—1876. 22 s.	—1881. 82 s.	—1885. 120 s.	—1889. 15, 106 s., 131.	—1892. 138 s., 173.	—1895. 202 s.	—1899. 184 s.	—1903. 211 s.
—1877. 17, 74.	—1882. 85 s.	—1886. 133 s.			—1896. 206 s.	—1900. 30, 188 s.	—1904. 214 s.
—1878. 33 s.							

Table chronologique des lois, arrêts, etc.

1806. 18 avr. 59.	1813. 3 déc. 94.	1833. 22 juin 191-1° c.	1834. 15 mai 28 c.	1837. 31 janv. 147 c.	1839. 11 déc. 149 c.	1843. 8 mai 12 c., 50 c.	1850. 3 juin 205 c., 211 c.
1809. 27 nov. 202.	1821. 12 juin 193 c.		1835. 20 mars 192.	1838. 7 avr. 191-2°.	1840. 6 mars 169 c.		

PRÊT A INTÉRÊTS ET A USURE.—**1.**—Quand on ajoute un prix à un prêt de consommation ou *mutuum*, on fait du contrat un prêt à intérêt. Le profit tiré périodiquement d'un capital constitue ce qu'on appelle *l'intérêt* ou les intérêts. — Comme l'argent ou les capitaux sont improductifs de leur nature, le code désigne sous le nom de *fruits civils* les bénéfices qu'il permet d'en retirer (V. Propriété). — Les arrérages des rentes sont aussi des fruits civils, mais d'un capital aliéné (V. Rente). — Les rédacteurs du code ont considéré le prêt à intérêt sous un triple point de vue : 1° comme un prêt ordinaire; 2° comme un contrat de constitution de rente, suivant que le capital est de droit commun exigible ou non, et dont il sera parlé v° Rente; 3° comme un délit ou un acte illicite qu'il punit sous le nom d'usure.

Au commentaire des art. 1905 à 1908 c. nap. relatifs au prêt à intérêt, on joindra, dans le présent traité, l'explication 1° des art. 1153, 1154 et 1155 même code qui règlent les dommages-intérêts en cas d'inexécution d'obligations se bornant au payement de sommes d'argent; 2° des lois qui sont relatives à *l'usure*. — Ces matières ont entre elles de telles analogies qu'il serait difficile de les scinder sans être obligé à de fréquentes redites.

Division.

SECT. 1. — HISTORIQUE ET LÉGISLATION.

2. On trouve dans le Deutéronome, ch. 23, v. 19 et 20, la défense faite aux *Juifs* de percevoir des intérêts ou des fruits pour prêts faits à des Juifs : *Non fœnerabis fratri tuo ad usuram pecuniam, nec fruges nec quam libet aliam rem...*—On lit aussi dans le Lévitique, ch. 25, v. 36 et 37 : *Ne accipias usuras ab eo, nec amplius quam dedisti... pecuniam tuam non dabis ei ad usuram, et frugum superabundantiam non exiges.* — Mais Moïse permettait aux Juifs d'exiger des intérêts vis-à-vis des étrangers : *Non fœnerabis fratris tuo ad usuram,...* SED ALIENO, porte le passage précité du Deutéronome. — Nous voyons ensuite les prophètes renouveler constamment la défense de prêter à usure (David, psaumes 14, 54 et 71; Ezéchiel, ch. 18). — Les *Phéniciens*. nation commerçante, étaient, à l'opposé des Hébreux, célèbres par leur goût pour le prêt à intérêt. Les Syriens, leurs successeurs, continuèrent la pratique des opérations commerciales (Sidon. Apollinaris, 1, epist. 8; Saumaise, *De trapezit.* 41, 50, 97, 370; Thomassin, de l'Usure, p. 356, et M. Troplong, du Prêt, préf., p. 4). — En *Grèce*, on retirait de l'argent des profits illimités. Les lois de Solon laissaient à cet égard une entière liberté (Saumaise, *De modo usur.*, ch. 4, p. 132; Voyage du jeune Anacharsis, ch. 58). — Le taux de 12 p. 100 était le plus bas intérêt (*ib.*). Il s'élevait habituellement à 18 p. 100 et souvent à 24, 36 ou 48 (M. Troplong, *ib.*, p. 9).

3. Les *Romains* reconnurent qu'il était légitime qu'on retirât un intérêt de son argent. C'est pourquoi la loi des Douze Tables en permit la stipulation (Tacite, 6, Annal. 16, et Caton, *de re rusticâ*, proœm.). Toutefois, cette loi renferma le taux de l'intérêt dans des limites fixes et punit de la peine du quadruple le prêteur qui les dépasserait (mêmes auteurs). — Mais quel était le taux de l'intérêt fixé par la loi des Douze Tables? — Suivant Coquille, cout. du Nivernais, des Cheptels, 21, art. 15, c'était le douzième de l'as par mois, ou 100 p. 100 par an. Cette opinion est aujourd'hui abandonnée. — Hotman, *De usur. et verborum significat.*; Forcellini, v° *Uncia*, et M. Michelet, Hist. rom., t. 1, p. 154, ont soutenu que l'intérêt était réglé à 12 p. 100 par an. — Un grand nombre de jurisconsultes ont enseigné qu'il était de 1 p. 100 par an. Parmi eux nous citerons Brisson, *lib.* 3, *select. antiq.*, C. 1; Dumoulin, *De usuris*; Cujas, *Quæst. pap.* sur la loi, ff., *De usuris*; Heineccius, *Antiq.*, t. 4, p. 428; Noodt, *De fœnore*, lib. 2, c. 2; Pothier, Pandect., t. 1, et Merlin, Rép., v° Intérêt; Saumaise, *De fœnore trapez.*, a fait une longue dissertation pour en établir le fondement. — Enfin, une quatrième opinion veut que l'intérêt fût le denier 12 par an ou 8 un tiers pour 100 par an de 10 mois, c'est-à-dire de 10 p. 100 par an de douze mois. MM. Niebuhr, t. 5, p. 80, et Troplong, p. 24, s'en sont rendus les interprètes. C'est celle qui nous paraît la meilleure (V. M. Troplong, *loc. cit.*). — En 377, les rigueurs des créanciers envers leurs débiteurs ayant excité une révolte, on suspendit les poursuites; mais peu de temps après les patriciens redoublèrent de dureté. Pour relever le peuple de son abattement, on porta la loi Licinia par laquelle il fut décidé qu'on imputerait sur le sort principal les intérêts perçus, et que le payement du surplus se ferait sans intérêts en trois payements annuels (Tite-Live, 6, 35). Cette loi n'ayant pas été exécutée, Duillius et Mænius, tribuns du peuple, en proposèrent une autre, dix ans plus tard, par laquelle fut renouvelée la disposition de la loi des Douze-Tables (Tite-Live, 7, 16). — En 408, une nouvelle loi réduisit de moitié ce taux d'intérêt. Les séditions ayant éclaté de nouveau en 411, une loi Genucia abolit complétement l'intérêt des dettes (Tite-Live, 7, 42, et Tacite, 6, annal. 16). Comme ce plébiscite fut d'abord restreint au territoire de Rome et n'eut pas lieu dans le reste du pays latin, il ne reçut pas d'exécution; car un Romain qui avait prêté de l'argent à un de ses concitoyens transportait sa dette à un Latin qui lui en payait l'intérêt et qui, de son côté, exigeait l'intérêt du débiteur. C'est pour remédier à cette fraude qu'en 560 la loi Sempronia établit que les alliés et les Latins seraient gouvernés par le droit romain sur les dettes (Tite-Live, 23, 7). — Comme en définitive le taux de 5 p. 100 n'était pas en rapport avec l'état de la société, un sénatus-consulte du temps de Cicéron (en 703) fixa désormais l'intérêt à 12 p. 100 par an (Cicéron. *Ad attic.* 5, *epist. ult.* et 21). — Ce taux était en vigueur sous Néron, ainsi que l'atteste Sénèque, 7, *De* *benef.*, 10; sous Trajan (Pline, épist. 10, 62) et sous Dioclétien (L. 8, C., *Si cert. petat.*). — Quelque élevé que fût ce taux d'intérêt, beaucoup d'usuriers ne le trouvaient pas suffisant et craignaient d'autant moins de stipuler des intérêts exorbitants, qu'aucune peine n'était prononcée contre ceux qui faisaient une pareille stipulation (Paul, *Sentent.*, lib. 2, tit. 14, § 2). On se bornait à imputer sur le capital les intérêts excessifs qui avaient été payés (*eod.*). La répétition fut autorisée dans le cas où le principal était soldé en entier (L. 18, C., *De usuris*).

4. Les empereurs chrétiens continuèrent d'autoriser le prêt à intérêts. Ainsi, Constantin régla le taux de l'intérêt à 12 p. 100 par an (L. 26, C. Théod., *De usuris*). — Théodose le maintint en 386 (L. 2, C. Théod., *De usuris*). — Justinien, tout en reconnaissant la légitimité d'une stipulation d'intérêt, en fixa le taux à 4 p. 100 à l'égard des prêts faits par des personnes illustres, à 8 p. 100 pour ceux que feraient les commerçants et à 6 p. 100 pour ceux que feraient les autres personnes (L. 26, C. Just., *De usuris*). — Remarquons aussi que la loi romaine bornait l'usure au double du capital, c'est-à-dire qu'elle défendait de la continuer quand les intérêts dus avaient doublé le capital. Toutefois, les intérêts payés aux échéances ne s'imputaient pas, dans le principe, sur ceux qui devaient doubler le sort principal; il n'y avait d'imputables que les intérêts dus à l'instant du payement. Justinien est le premier qui ait exigé cette imputation des intérêts payés peu à peu et par intervalle (LL. 10, 27 et 29, C., *De usuris*). — Cédant à des scrupules religieux, l'empereur Basile qui régnait en Orient, en 867, entreprit d'interdire absolument les usures (V. sa constitution dans Saumaise, *De usuris*). — Toutefois, son fils, Léon le Philosophe, fut obligé d'en revenir aux lois de Justinien (V. *eod.*). Bossuet fait une confusion lorsque, dans son Traité de l'usure, 5e proposit., il loue ce dernier empereur d'avoir interdit toute stipulation d'intérêts.

5. Mais la loi évangélique a-t-elle condamné le prêt à intérêt? Les théologiens catholiques (V. nº 6), et plusieurs jurisconsultes, notamment Alciat, lib. C., *Parerg.*, c., 201; Domat, lois civ., lib. 1, t. 6; le prés. Favre, *De errorib. pragmat.*, p. 1, *decad.* 10, *error* 1, nº 1; Pothier, Traité de l'usure, nos 57 et suiv., et Gratius, *De jure pacis*, c. 12, nº 20, ont soutenu l'affirmative, en se fondant sur les versets 34 et 35 du chap. 6 de l'Évangile de saint Luc, où Jésus-Christ, s'adressant à ses disciples et au peuple, dit : *Si mutuum dederitis his à quibus speratis recipere, quæ vobis est gratia? Nam et peccatores peccatoribus fœnerantur, ut recipiant æqualia : verum tamen diligite inimicos vestros, benefacite et mutuum date, nihil inde sperantes.* — Mais cette interprétation a été combattue par Saumaise, *De usuris*, c. 21; Noodt, *De fœnore*, lib. 1, c. 11; Doneau, sur le titre *De usuris*, au Code et par beaucoup d'autres. — Ces derniers ont établi que Jésus-Christ donne ici un conseil de charité fervente qu'il ne faut pas confondre avec les préceptes d'une loi positive. Cela ressort de ce que le Sauveur frappe de sa réprobation aussi bien la demande en restitution de la chose prêtée que la demande d'un intérêt. «Il veut, dit très-bien M. Troplong, p. 249, que la charité du chrétien soit inépuisable, soit en ce qui concerne les fruits, soit en ce qui concerne le sort principal. » Tout cela, du reste, est en harmonie avec ce passage du *Pater*, *et dimitte nobis debita nostra sicut et nos dimittimus debitoribus nostris*, passage qui serait, en effet, le plus complet symbole de socialisme s'il n'était accepté dans le sens figuré. — Enfin, la parabole des talents d'argent (V. saint Mathieu, ch. 25, vers. 14 et suiv.; saint Luc, ch. 19, vers. 13) confirme cette interprétation. On y voit, en effet, que le Christ appelle serviteur méchant et paresseux celui à qui son maître avait confié un talent, et qui au lieu de le faire valoir et de le rapporter avec l'intérêt (*cum usurâ*, dit saint Luc), l'a enfoui en terre; tandis qu'il loue comme serviteur bon et fidèle, celui qui, ayant reçu cinq talents les a fait profiter en doublant le capital de son maître.

6. Au surplus, dès que l'Église latine put faire sentir son influence dans les conseils des princes, elle se prononça contre le prêt à intérêt. Toutefois, elle n'étendit d'abord ses défenses qu'aux seuls clercs (44e canon des apôtres; canon 17 du concile de Nicée). — Mais elle ne tarda pas à l'interdire à toute personne. Les pères de l'Église s'élevèrent contre l'usure et cherchèrent à ramener les laïques à la gratuité du prêt (V. saint Basile, sur le Psaume 14, et 14e lettre canonique; saint Grégoire de Nysse, *In ecclesiast.*, homél. 2; saint Grégoire de Naziance, *orat.* 15; saint Chrysostome, homél. 56 et 62; saint Ambroise, *de Tobiâ*, et *Epist.* 70, saint Jérôme, *in Ezéchiel*, c. 18; et saint Augustin, *De verbis dom.*, *sermo* 35). — Le concile de Carthage, canon 13, déclare l'usure faite par les laïcs contraire à la parole de Dieu. Le pape saint Léon, dans une lettre décrétale de 445, ordonne de réprimer avec sévérité les prêts à intérêt et de couper dans sa racine cette occasion de pécher. Les mêmes défenses sont faites par les conciles de Tours, tenu en 461, canon 13; de Northumberland, tenu en 787, canon 17; de Reims, de Mayence, de Châlons, tenus en 812; par celui d'Aix-la-Chapelle, tenu en 816; par celui de Paris, de l'an 829; celui de Meaux, de l'an 845, canon 55; celui de Pavie, de l'an 850, canon 21; par le second concile de Latran, du douzième siècle, canon 13. — V. aussi vº Banquier, nº 12.

7. La législation civile vint sanctionner les prohibitions canoniques. En France notamment, toute usure, quelque modique qu'elle fût, était défendue par les ordonnances, avec cette seule différence qu'il n'y avait que les usures énormes qui donnassent lieu à la poursuite criminelle. Par une déclaration du 8 déc. 1312, Philippe le Bel s'exprime ainsi : «Pour ce que nous plus âprement poursuivons les plus griêves usures... Nul homme de sain entendement ne devoit entendre que voulsissions souffrir que nous avons réprimé et défendu expressément; mais à ce que ne se donne lieu de doute à aucuns simples, ou malicieux, nous déclarons que nous avons réprimé et défendu, et encore réprimons et défendons toutes manières d'usures, de quelque quantité qu'elles soient causées, comme étant de Dieu et de saints pères défendues... » — L'ordonnance de Blois, de 1579, art. 202 renouvela les défenses de l'usure. — On peut citer encore dans le même sens : ordon. de Melun, de 1211; de Saint-Louis, de 1254, de Philippe III, en 1273; de Philippe le Bel, en 1311; de Philippe de Valois, en 1349; de Louis XII, en 1510; de Charles IX, en 1567; de Henri III, en 1576, en 1580, en 1581 et 1582; de Henri IV, en 1605; de Louis XIII, en 1629; de Louis XIV, en 1675. — Par exception à ces règles sévères, les Juifs et les Lombards obtenaient, à prix d'argent payé aux princes, le droit de faire le commerce de l'argent et de prêter à intérêt. En Italie, en Belgique, en Espagne, en Angleterre, en France, on trouve plusieurs exemples de telles concessions (V. Banquier, nos 14 et s.). Quoique saint Louis eût refusé d'autoriser des établissements de prêts et ordonné l'expulsion des juifs faisant l'usure, ses successeurs se montrèrent moins rigoureux. Ainsi, dès 1327, Charles le Bel enjoignait aux Italiens et *oultramontains*, *préteurs et casseniers*, de fréquenter les foires de Champagne à peine d'expulsion du royaume (ord. du Louvre, t. 1, p. 800). — Le quatrième concile de Latran, tenu en 1215, ne défend chez les Juifs que les usures trop fortes (Thomassin, de l'Usure, p. 363 et 427; M. Troplong, Préface, p. 122). — Les ord. des 6 août 1349, art. 19, 5 mars 1462, 1584; juill. 1601, mars 1634; les édits de 1665 et 1679 confirmèrent ces exceptions. Le besoin de sortir d'une fausse situation économique amena l'invention de nouvelles combinaisons. « C'est de ces efforts, dit M. Troplong, p. 137, tentés dans des directions diverses, qu'est venue l'impulsion donnée au contrat de change, au contrat d'assurance, au contrat de constitution de rente, à la rente viagère, aux monts-de-piété, aux sociétés en commandite, etc. » — Les constitutions de rentes devinrent le moyen le plus fréquent de faire valoir les capitaux (Dumoulin, des Usures, nos 80 et 81). — Leur taux resta longtemps fixé à 10 p. 100 par an (Thomassin, p. 477, nº 7; Coquille, Quest. et rép., chap. 125; Bulle de Martin V, de 1425 et cout. de Nivernais de 1490). — V. vº Rente.

Tel était l'état de l'ancienne législation. Mais la réalité des choses s'en écartait singulièrement, et Turgot a pu dire avec raison en 1769 : « C'est une chose notoire qu'il n'y a pas sur la terre une place de commerce où la plus grande partie du commerce ne roule sur l'argent emprunté sans aliénation du capital, et où les intérêts ne soient réglés par la seule convention, d'après l'abondance plus ou moins grande de l'argent sur la place et la solvabilité plus ou moins sûre de l'emprunteur. La rigidité des lois a cédé à la force des choses; il a fallu que la jurisprudence modérât dans la pratique ses principes spéculatifs, et l'on en est venu à tolérer ouvertement le prêt par billet, l'escompte et toute espèce de négociation d'argent entre commerçants. Il en sera toujours ainsi toutes les fois que la loi défendra ce que la nature des choses rend nécessaire. » — En effet, à Lyon, on exerçait publiquement le prêt à intérêt (Henrys, t. 2, liv. 4, quest. 110). Il en était de même à Nantes (Dissert. théol., p. 176 et 177), dans le ressort du parlement de Grenoble, dans celui du conseil souverain de l'Alsace, dans les pays de Bresse, Bugey, Gex, Valromey; dans le ressort du parlement de Navarre, dans la Lorraine et le Barrois; dans les ressorts du parlement d'Aix (Rép., v° Intérêt, § 3; Riston, cout. de Lorraine, p. 319; Boniface, t. 2, liv. 4, et t. 4, chap. 8, Despeisses, v° Prêt, et Brodeau sur Louet, t. 1, p. 396). — Et il a été jugé que, sous l'empire des lois normandes qui proscrivaient le prêt d'argent avec intérêts, à peine de pouvoir imputer sur le capital ceux qui auraient été payés, les intérêts d'une somme prêtée pouvaient cependant être exigés s'il était constant qu'elle fût le prix d'un immeuble produisant des fruits (Req. 29 avr. 1818, aff. Duchatel, v° Rente). — Parmi les parlements qui autorisaient le prêt à intérêt dans leur ressort, quelques-uns appliquaient la loi romaine qui ne permettait pas que les intérêts pussent dépasser le montant du capital. — Ainsi jugé: 1° que, dans le ressort du parlement de Grenoble, les intérêts moratoires ne pouvaient excéder le montant du capital (Req. 26 juill. 1820, MM. Henrion, pr., Lasagni, rap., aff. N...; Grenoble, 1re ch., 20 déc. 1820, M. Chenavaz, pr., aff. Lacroix *C.* Saint-Germain). — Dans le ressort du parlement de Bordeaux, la stipulation directe d'intérêts n'était pas admise et il était de jurisprudence que l'obligation pour simple prêt d'argent ne pouvait porter intérêt (Bordeaux, 2e ch., 22 août 1832, M. Duprat, pr., aff. Valez *C.* Trias). — Mais ce parlement faisait courir les intérêts en vertu d'un simple commandement ou d'une sommation, sans qu'il fût nécessaire d'une demande judiciaire (Lapeyrière, Déc. som. du palais, lett. 1, n° 44; Denisart, v° Intér., n° 22 et Merlin, Rép., v° Intérêt, § 5). — Il a été jugé, du reste, avec raison, que la défense portée par la loi 27 ne s'appliquait qu'aux intérêts échus au moment de la demande; et que, par suite, ceux échus pendant l'instance pouvaient être accordés lors même que réunis à ceux précédemment échus, ils dépassaient la somme principale: « Attendu, porte l'arrêt, que la loi 27, C. *usuris*, ne s'applique qu'aux intérêts dus à l'instant des demandes et non à ceux qui sont la suite et l'effet de la durée des contestations des parties; rejette » (Req. 27 niv. an 6, MM. Gauthier, pr., Boyer, rap., aff. Carde).

Par la loi du 3-12 oct. 1789 (1) l'assemblée constituante consacra enfin la légitimité du prêt à intérêt. Seulement, elle réserva à l'État le droit de fixer le taux de l'intérêt.

8. Il serait superflu aujourd'hui de traiter longuement la question de savoir si les conventions d'intérêts sont raisonnables et légitimes. Quelques mots cependant à cet égard. — Les théologiens et les juristes cités nos 5 et suiv. ont attaqué le prêt à intérêt comme contraire à la loi divine (V. n° 5 la réfutation de cet argument) et à la loi naturelle. On ne peut pas, disent-ils, exiger légitimement un prix pour l'argent qu'on prête, puisque cet argent doit être rendu; on ne peut pas davantage réclamer un prix pour l'usage de cet argent, puisque le prêt de consommation rend l'emprunteur propriétaire et que, l'usage se confondant ici avec la propriété, on exigerait un prix pour ce qui n'existe pas (Pothier, de l'Usure, n° 55 et suiv., Bossuet, Traité de l'usure). « Ne vous ayant donné qu'une somme d'argent, et rien de plus, dit Pothier, je ne puis donc exiger de vous rien de plus que cette somme, sans violer la règle de l'équité qui, dans tous les contrats, ne permet pas à l'une des parties d'exiger plus de l'autre que ce qu'elle lui a, de son côté, donné, ou s'est obligée de lui donner. » On ajoute d'ailleurs (Domat, Lois civ., liv. 1, tit. 6) que l'usure est mère des séditions et des discordes, qu'elle ruine les fondements de l'ordre social; qu'elle engendre la paresse et la servitude. — A ces raisons, on répond victorieusement: que les révolutions romaines furent causées par les excès de l'usure abominable qu'exerçaient les patriciens et non par l'exercice d'un intérêt modéré (Pline, 33, c. 14 et 47); que si l'usure mérite d'être flétrie, il n'en est pas de même de la perception d'un taux modéré fixé par le législateur; que, loin de renverser l'ordre social, le prêt à intérêt fait circuler avec abondance les capitaux qui fécondent l'agriculture, le commerce, l'industrie; qu'il décuple ainsi l'activité humaine au lieu d'engendrer la paresse, et qu'il aide à acquérir la fortune au lieu de faire naître la servitude. — Le côté dogmatique de l'argumentation des adversaires du prêt à intérêt n'est pas mieux établi. Ainsi, la raison se refuse à comprendre pourquoi il n'est pas légitime de stipuler un intérêt pour une somme d'argent, ou toute autre chose fongible, alors qu'on peut retirer un profit équitable des choses non fongibles. « La raison dit, fait remarquer M. Troplong, n° 325, que de même qu'en introduisant dans le commodat un élément nouveau, le prix, on arrive à un contrat licite, appelé louage, de même il est permis, en ajoutant au *mutuum* un prix raisonnable, d'en faire un autre contrat appelé *fœnus*, tout aussi respectable que l'autre. » — En vain on objecte que les choses fongibles ne sauraient être louées, par le motif qu'elles se consomment par l'usage, car l'intérêt stipulé n'est pas le prix de l'usage de la chose prêtée; c'est, comme le dit très-bien M. Troplong, n° 327, le corrélatif du droit d'abuser, dont l'emprunteur a été investi. Or, il est incontestable que si dans le louage il est juste et légitime de faire payer l'usage seul, dans le prêt à intérêt il est juste et légitime, à plus forte raison, d'exiger une récompense pour le droit d'user et d'abuser, qui est bien plus large pour le preneur et qui entraîne bien plus de péril pour le prêteur. — En vain encore on dit que l'argent n'est pas frugifère de sa nature car tout ce qui est fécondé par le travail de l'homme ou utilisé par des besoins qui payent pour se satisfaire est susceptible de donner des produits. La terre elle-même ne produit que par le travail: une maison ne donnera aucun revenu s'il n'existait pas d'autres personnes que le propriétaire qui fussent dans nécessité de se loger. Ajoutons d'ailleurs que les ennemis les plus prononcés du prêt à intérêt reconnaissent la légitimité du contrat de rente constituée, d'après lequel un capital est susceptible de produire des revenus, ce qui suffit pour réfuter ce dernier argument. — Quant à ce que dit Pothier, que le prêteur ne peut exiger un intérêt sans demander plus que ce qu'il a donné, ce qui serait contraire à l'équité, cela est inexact, car l'emprunteur qui reçoit aujourd'hui et qui ne restituera que dans un an payera en réalité moins qu'il n'a reçu, s'il ne rend que le principal, puisqu'il est de maxime que *minus solvit qui tardius solvit* (L. 12, ff., *De verbor. signif.*, Montesquieu, Espr. des lois, liv. 22, ch. 22, Grotius, *De jure pacis*, lib. 2, C. 11, n° 20 et M. Troplong, n° 338). — V. aussi v° Économie politique, nos 103, 112 et suiv.

9. Afin d'empêcher le discrédit des assignats, la Convention nationale déclara, par un décret des 11-16 avr. 1793 qu'il ne pourrait plus être fait commerce de l'argent, et prononça la peine de six ans de fer contre quiconque en ferait usage dans les ventes, traités, transactions et conventions quelconques. Ce décret n'a donc pas, comme on l'a souvent prétendu (Proudhon, notamment, Domaine de propriété, t. 1, n° 235), déclaré que l'argent est une marchandise. — C'est ce que font remarquer également MM. Troplong, n° 347 et Duvergier, du prêt à intérêt, n° 242. — Mais le 6 floréal an 3 (25 avril 1795) la Convention rapporta l'art. 1 du décret précédent et déclara ainsi que l'or et l'argent étaient une marchandise. — Il est vrai aussi que, le 2 prair. suivant (21 mai 1795), elle abrogea le décret du 6 floréal et ordonna l'exécution des lois antérieures prohibant le commerce des monnaies métalliques. — Une loi du 28 vend. an 4 (V. Bourse de comm. n° 29) régla la vente et l'achat des espèces et matières d'or et d'argent, exigeant que cela eût lieu à la bourse et à haute voix. — Enfin, le 5 therm. an 4 (V. Papier-monnaie, p. 5) une loi proclama qu'à l'avenir chaque citoyen serait libre p. 5) de contracter comme bon lui semblerait, et que les obligations qu'il aurait souscrites seraient exécutées dans les termes et valeurs stipulées.

10. Du reste, l'ancienne jurisprudence, malgré la répulsion qu'elle témoignait contre le prêt à intérêt, avait admis que dans le cas de retard de payement, les juges pouvaient adjuger les intérêts de la somme due à titre d'indemnité, contradiction assez

(1) 3-12 oct. 1789. — Décret concernant le prêt à intérêt.
L'assemblée nationale a décrété que tous les particuliers, corps, communautés et gens de mainmorte pourront à l'avenir prêter l'argent à terme fixe, avec stipulation d'intérêt, suivant le taux déterminé par la loi, sans entendre rien innover aux usages du commerce.

bizarre qui forçait les parties à obtenir jugement sans qu'elles en pussent éviter les frais par une convention. L'assemblée constituante ayant fait disparaître les traces des anciens préjugés, le code Napoléon n'avait plus qu'à organiser le nouveau principe et à poser les règles qui en étaient la conséquence. C'est ce qu'il fit, d'une part, dans les art. 1153, 1154 et 1155 relatifs aux dommages-intérêts dus en cas d'inexécution d'une convention ayant pour objet le payement d'une somme; et, d'autre part, dans les art. 1905 et suiv. qui concernent le prêt à intérêt. — Les exposé des motifs et rapports qui se réfèrent à ces derniers articles ont été recueillis v° Prêt, p. 777. Quant aux discours des orateurs qui donnent l'explication des art. 1153 et suivants, on les trouvera v° Obligation; il nous a paru préférable de ne pas scinder l'ensemble de ces documents pour ne pas en affaiblir l'intérêt.

11. L'art. 34 du projet du code Napoléon, relatif au prêt à intérêt, était ainsi conçu : « Le taux de l'intérêt est déterminé par des lois particulières. L'intérêt qui aura été stipulé à un taux plus fort sera réduit conformément à la loi. Si l'intérêt a été payé au-dessus du taux légitime, l'excédant sera imputé, année par année, sur le capital qui sera réduit d'autant. Ces dispositions ne s'appliquent pas aux négociations commerciales » (V. Fenet, t. 14, n° 429). — Lors de la discussion devant le conseil d'Etat, Regnaud (de St-Jean d'Angély) s'éleva contre l'intervention du législateur dans le règlement des intérêts, mais le conseil pensa que le droit de prohiber un intérêt conventionnel plus fort que l'intérêt légal pourrait être exercé si les circonstances l'exigeaient; et il adopta la rédaction nouvelle qui est passée dans l'art. 1907 du code portant : « L'intérêt conventionnel peut excéder celui de la loi toutes les fois qu'elle ne le prohibe pas. » — Les circonstances que le conseil d'Etat avait prévues ne tardèrent pas à se présenter. De nombreux abus s'étaient produits; l'usure dévorait les emprunteurs et scandalisait les mœurs publiques (V. Mont-de-piété, n° 12). En 1807, le gouvernement présenta un projet de loi ayant pour objet de régler le taux de l'intérêt et d'édicter des peines sévères contre les usuriers. Jaubert en présenta les motifs, dans la séance du 25 août 1807 (1). — Ces motifs, *aussi sages que lumineux*

---

(1) Voici le texte de cet *Exposé des motifs de la loi du 25 août* 1807, tel qu'il a été présenté au corps législatif par M. le conseiller d'Etat Jaubert.

Messieurs, vous le savez, cette matière est intimement liée au maintien de l'ordre social, à la restauration de la morale publique, à la conservation des propriétés, à la sûreté du commerce. — Dans tous les temps les nations civilisées se sont occupées de l'intérêt de l'argent. Leur législation a dû varier. Chaque pays, en effet, a ses mœurs, ses habitudes, qui tiennent au caractère national, qui tiennent aussi à l'étendue du territoire, au numéraire circulant, comparé à la population et au commerce.

En France, avant l'assemblée constituante, on ne connaissait en matière civile, que l'intérêt légal, qui courait du jour de la demande en justice. — Les lois ne permettaient pas de stipuler des intérêts pour un simple prêt. — Cependant dans la pratique on avait imaginé divers moyens détournés de faire produire intérêt à cette espèce de contrat. — La plupart des parlements avaient aussi introduit cette maxime : que les intérêts payés ne pouvaient être répétés. — En matière de prêt commercial, l'usage avait consacré les stipulations d'intérêt.

Tel était l'état des choses, lorsque l'assemblée constituante décréta, le 3 oct. 1789, que tout particulier, corps, communautés et gens de mainmorte, pourraient, à l'avenir, prêter l'argent à terme fixe, avec stipulation d'intérêt suivant le taux déterminé par la loi, sans entendre rien innover aux usages du commerce. Ainsi, la législation était bien fixée; l'intérêt légal était de 5 p. 100, sauf la retenue. En matière civile, l'intérêt conventionnel pouvait être stipulé jusqu'à 5 p. 100. Mais encore, alors, la retenue était de droit. Ce ne fut que le 23 nov. 1790 que l'assemblée constituante permit la stipulation de la non-retenue. — A l'égard du commerce les usages faisaient la règle. En général c'était 6 p. 100 ou 1/2 p. 100 par mois.

Ces règles ne purent résister à la création du papier-monnaie. — Le mal s'accrut par la loi du 11 avril 1793, qui déclara expressément que l'argent était marchandise. — La loi du 6 flor. an 2 rapporta celle du 11 avril; mais les conséquences du principe qui avait été proclamé ne s'en faisaient pas moins sentir dans la plupart des affaires qu'on traitait alors. — L'élévation des intérêts n'était plus qu'une spéculation ordinaire. — De là ces excès auxquels on se livra pendant le cours de ces temps désastreux. — De là aussi les incertitudes des tribunaux, dont les uns auraient voulu élever un mur contre l'usure, tandis que les autres semblaient se déguiser tous les maux qu'elle entraînait.

Le 18 brumaire fut l'époque du retour à l'ordre. Les grands principes d'organisation furent remis en action. — Enfin, le code civil vint poser les bases de la législation civile et statua sur l'intérêt légal et conventionnel. — L'art. 1907 s'exprime ainsi : « L'intérêt est légal ou conventionnel. L'intérêt légal est fixé par la loi. L'intérêt conventionnel peut excéder celui de la loi toutes les fois que la loi ne le prohibe pas. » — Le code laissait donc toute liberté dans les stipulations. — Seulement il déclarait que la fixation de l'intérêt restait dans le domaine du législateur. — Cette sage circonspection s'explique par les circonstances où nous étions alors.

Sans doute, le germe de toute amélioration existait depuis le 18 brumaire. Mais toutes les traces des anciens malheurs n'avaient encore pu être effacées. La fortune publique était assurée; mais les fortunes particulières se ressentaient encore de cette commotion qui les avait frappées, soit par la création du papier-monnaie, soit par d'autres événements auxquels nous ne devons plus nous arrêter que pour bénir la main qui nous a retirés du précipice. Le code civil a donc fait tout ce qui était possible dans les circonstances où il a paru. — Ajoutons que ce code, qui ne doit contenir que des règles éternelles, ne pouvait pas non plus fixer le taux de l'intérêt, qui est variable de sa nature, et qu'il suffisait de le laisser dans le domaine de la loi.

Le temps est venu, messieurs, où il s'agit d'examiner si cette fixation est nécessaire. Il suffit, pour le décider, de jeter les yeux sur les maux qu'a produits et que produit encore l'arbitraire dans les stipulations. — Il est reconnu que le taux excessif de l'argent attaque la propriété dans ses fondements; qu'il mine l'agriculture; qu'il empêche les propriétaires de faire des améliorations utiles; qu'il corrompt les véritables sources de l'industrie; que, par sa pernicieuse facilité de se procurer des gains considérables, il détourne les citoyens des professions utiles et modestes; enfin, qu'il tend à ruiner des familles entières et à y porter le désespoir. — Le commerce lui-même est bien loin de réclamer une exception à ces principes. Les négociants honnêtes savent que cette source féconde de la prospérité des nations n'est utile qu'autant qu'elle porte sur des opérations naturelles. Si le commerce se livre à des spéculations d'intérêt, il s'écarte de sa route et finit par arrêter les progrès de l'industrie. Sans doute des capitalistes doivent profiter de la circulation et de l'emploi de leurs fonds; mais il importe aussi de ramener parmi les classes laborieuses ceux que leur état y appelle. Quelles circonstances pourraient être plus favorables pour remédier à tous ces maux? Voyez cette marche assurée du trésor public dont l'influence est si grande? Voyez comme tout se ressent de cet esprit d'ordre que le gouvernement a établi! Plus de ces opérations qui n'annonçaient que le besoin; plus de ces marchés qui dévoraient une partie de la fortune publique, en même temps qu'ils donnaient lieu à des associations qui finissaient par entraîner la ruine de tant de familles. Considérez surtout comment la société se recompose. Chaque profession reprend la considération qui lui est propre.

Nous ne l'ignorons pas, messieurs, cette matière peut donner lieu à de grandes dissertations. Mais ici les raisonnements abstraits ne pourraient que nous égarer. Le principe qui domine tout c'est celui de la conservation de l'ordre social. Toutes les fois qu'un objet a un rapport direct et immédiat avec la société, il faut que la loi empêche que le corps social ne soit troublé par les actes des particuliers. Nous en avons déjà un grand exemple dans les transactions sur les immeubles. La rescision pour cause de lésion a été rétablie. Sans doute la propriété est un droit sacré; mais l'exercice de ce droit est soumis à la loi (*a*). A côté du principe qui veut que chacun puisse user de sa chose, il y en a un autre non moins vrai, c'est qu'il importe à l'Etat que les fortunes ne soient pas dilapidées, que les familles ne soient pas dépouillées et que le besoin d'un moment n'autorise pas un homme adroit à s'emparer d'une propriété à vil prix.

En vain dirait-on que le taux ne doit dépendre que de la position respective du prêteur et de l'emprunteur; du prêteur qui pourrait trouver ailleurs un emploi plus utile ou du moins plus solide; de l'emprunteur, qui peut rendre sa condition meilleure par les profits qu'il fera, même en payant un intérêt élevé. Tout cela rentre dans des applications de détail. Il faut, sans égard à quelques faits particuliers qui pourraient se justifier, pourvoir à l'intérêt général; car, enfin, il ne suffit pas de dire que le contrat de prêt à intérêt est autorisé, il faut entrer, avec la loi, dans les vues qui ont fait introduire ce contrat. Les prêts ne se font ordinairement que relativement à des propriétés foncières qu'on veut acquérir ou libérer, ou à quelque genre d'industrie pour lequel on cherche des moyens de l'étendre ou de le soutenir. De là il suit que le taux de l'intérêt, pour que la société n'en souffre pas, doit être en rapport avec les produits des propriétés foncières et avec ceux qu'une honnête industrie doit procurer. Détruisez cet équilibre et tout sera confondu.

Dirait-on aussi que la fixation de l'intérêt pourrait empêcher beaucoup de gens de trouver à emprunter? Quand bien même cela devrait arriver, le législateur aurait peu à s'en occuper. Mais la question n'est pas là; car s'il y a des personnes qui ont besoin d'emprunter, il y en a d'autres qui ont besoin de prêter. Il y aura toujours en France une grande abondance de numéraire, et ce numéraire tendra toujours à la circulation.

Voudrait-on dire que la baisse de l'intérêt s'étant déjà généralement opérée, on n'a pas besoin de loi, et qu'il faut tout attendre des événements, qui ne peuvent que procurer des améliorations successives? — Cette opinion serait dangereuse. — Car s'il est vrai que dans les lieux où les affaires se traitent loyalement, l'intérêt est réellement diminué, il y a encore beaucoup de personnes qui abusent, dans ces mêmes lieux, de la latitude de la loi actuelle — Et vous, messieurs, qui connaissez si bien la situation et les intérêts des départements, ne savez-vous pas combien l'intérêt excessif ronge encore les citoyens? — N'avez-vous pas vu naguère encore, au grand scandale des mœurs, des tourbes d'hommes, jadis voués aux travaux de l'agriculture, aux arts, aux professions libérales, aux métiers, se précipiter avec fureur dans les gouffres de l'agiotage? N'avez-vous pas vu, dans des pays où le commerce est extrêmement borné, des individus de la dernière classe du peuple se livrer à des spéculations exagérées, et finir par des banqueroutes qui sont devenues des calamités publiques? Aussi une de vos plus chères espérances n'était-elle pas que le gouvernement délivrerait l'intérieur de la France des horreurs de l'usure? Que des hommes sages et modérés doutassent s'il ne conviendrait pas mieux de laisser les choses dans l'arbitraire des transactions individuelles, il ne faudrait pas s'en étonner. Ils ne consultent que leur conscience qui est droite; ils ne voient que leurs affaires qui sont honorables; ils ne songent qu'à leurs opérations qui sont naturelles. Mais ce n'est pas ainsi que le législateur d'un grand royaume doit considérer les rapports de la société.

Enfin, voudrait-on se retrancher à dire que si la fixation de l'intérêt conventionnel est utile en soi, il est à craindre que la loi ne soit pas exécutée. On pourrait d'abord demander si, lorsque la nécessité d'une loi est reconnue, on doit s'abstenir de la faire, sous prétexte que quelques individus pourront échapper à son exécution. Avec ces principes, que deviendrait l'ordre public? Mais on peut assurer que la loi sera exécutée. Elle le sera par les hommes qui sont toujours empressés d'exécuter les lois de l'Etat, et c'est le plus grand nombre; elle le sera même par ceux qui ont cru jusqu'à présent pouvoir profiter de la latitude laissée par les lois précédentes, et qui ne seraient pas capables de s'élever contre un règlement d'ordre public; la loi sera exécutée par ceux qui craindraient d'être soupçonnés de la vio-

(*a*) *Jus utendi et abutendi, quatenus juris ratio patitur* (note de l'auteur).

(expressions de Merlin, Rép. v° Intérêts, § 6), ont dicté la loi du 3 sept. 1807 (1) qui nous régit encore aujourd'hui. — Cette loi a mis en action le droit que le législateur s'était réservé, ainsi que le faisait remarquer l'orateur du tribunat (Fenet, t. 14, p. 473).

12. La loi du 3 sept. 1807 fut suspendue dans son application par deux décrets des 15 et 18 janv. 1814 (2), jusqu'au 1er janv. 1815, et il a été jugé que ces décrets avaient force de loi (Rej. 16 mai 1838, aff. Prat, V. n° 233-1°). — Mais depuis le 1er janv. 1815, la loi de 1807 n'a pas cessé d'être en vigueur en France. C'est en vain qu'à diverses époques on en a proposé l'abrogation et demandé de permettre toutes stipulations relatives aux intérêts (V. notamment, dans le Monit. du 10 mars 1836, la proposition de M. Lherbette).—Du reste, la loi de 1807 n'est pas applicable dans nos possessions d'outre-mer (V. Organisation des colonies). Dans ces localités, la rareté du numéraire exige qu'on ait recours à un intérêt plus élevé. Aux colonies l'argent n'est pas limité dans ses produits; en Algérie, l'intérêt légal est fixé à 10 p. 100, et l'intérêt conventionnel pouvait s'élever au-dessus (Ord. du 7 déc. 1835, V. Organ. de l'Algérie), jusqu'à la promulgation d'un arrêté rendu par le chef du pouvoir exécutif, à la date du 4 nov. 1848 (D. P. 48. 4. 192) et dont l'art. 2 est ainsi conçu : « L'intérêt conventionnel ne pourra, en aucun cas, excéder le taux légal, sous les peines portées par les art. 3 et 4 de la loi du 3 sept. 1807... »

13. La loi de 1807, en même temps qu'elle détermine le chiffre de l'intérêt légal et conventionnel, contient des dispositions pénales contre ceux qui en violent les prescriptions. L'art. 4 considère l'usure comme un délit, lorsqu'au fait d'usure se joint l'habitude, et prononce contre l'individu reconnu coupable une amende qui ne peut excéder la moitié des capitaux prêtés. Le même article veut que l'usurier soit, outre l'amende, condamné à un emprisonnement qui ne peut excéder deux ans, mais seulement lorsqu'à l'usure se réunit l'escroquerie. — La loi des 19-27 déc. 1850 (D. P. 51. 4. 11) a modifié extrêmement, sous ce rapport, la loi de 1807. Le législateur signale les effets désastreux de l'usure surtout dans les campagnes, et il ajoute à l'amende un emprisonnement de six jours à six mois.—Et au cas d'escroquerie réunie à l'usure, le coupable, aux termes de l'art. 4, est passible des peines prononcées par l'art. 405 c. pén., c'est-à-dire à cinq ans d'emprisonnement. Ainsi le législateur qui a adouci la sévérité des lois pénales, pour les crimes ordinaires, ajoute à la gravité de la peine en ce qui concerne l'usure. Ce qui ne prouve pas en faveur de l'amélioration des transactions sociales et de la probité qui devrait y présider. — V. *loc. cit.* les rapports et la discussion qui ont précédé cette loi.

14. Les départements et les communes sont soumis à une tutelle administrative, et ne peuvent s'obliger sans autorisation (V. Commune, nos 2363 et s., Organ. admin.). — D'un autre côté, aucun impôt ne peut être établi sans le consentement du pouvoir législatif; en conséquence, lorsqu'une commune ou un département veut contracter un emprunt, ils doivent obtenir l'autorisation du pouvoir législatif, qui fixe la quotité de l'emprunt et le taux auquel il peut être fait. Ce taux est ordinairement inférieur à 5 p. 100. Toutefois, les circonstances exercent, comme on le conçoit, une grande influence sur ce point. Et le gouvernement provisoire a dû rendre, le 18 mars 1848 (D. P. 48. 4. 53), un décret qui autorise les départements

---

ler; elle le sera par ceux qui craindront d'être convaincus. Tout homme public qui se mêle des transactions des citoyens, s'il était assez peu délicat pour se prêter à des traités illicites, sera forcé à les maintenir dans les règles par la crainte de perdre son état.

Si le prêteur a excédé le taux, le tribunal réduira ; si le prêteur se livre habituellement à l'usure, il pourra être condamné à une amende de la moitié du capital; si l'affaire présente des caractères d'escroquerie, le prévenu sera soumis, outre l'amende, à un emprisonnement qui pourra être de deux années. Enfin, si l'on disait qu'on ne pourra peut-être prévenir toutes les fraudes, il faut du moins convenir qu'on aura attaqué le mal dans sa racine. Si on abuse par des moyens indirects, la justice punira. A mesure que nous nous éloignerons des anciens souvenirs, la loi parviendra à former entièrement l'habitude nationale.

Ainsi il nous a paru démontré : 1° que la fixation de l'intérêt conventionnel est dans le domaine du législateur; 2° que l'expérience du passé commande cette fixation; 3° que les circonstances ne peuvent être plus favorables.

Il reste peu de chose à dire sur le taux à déterminer. Parlons d'abord de l'intérêt civil ou entre non-marchands. La nation avait exprimé son vœu dans les assemblées bailliagères. L'assemblée constituante l'avait converti en loi, en autorisant la stipulation de 5 p. 100. Le projet actuel diffère seulement des décrets de l'assemblée constituante, en ce que, d'après les décrets, la retenue avait lieu si l'exemption n'était pas stipulée; au lieu que, d'après le projet, les 5 p. 100 sont de droit libres et affranchis de toute retenue, sauf la convention contraire. Ce taux est rapproché du revenu des terres.

A l'égard du commerce, on a trouvé juste de fixer l'intérêt pour prêt à 1/2 p. 100 par mois. Dans beaucoup de places, l'intérêt est au-dessous de 6 p. 100. Mais le législateur a dû laisser une certaine latitude. Le commerce aura tout ce qu'il peut désirer pour ses opérations. Celui qui prête à un intérêt plus fort s'éloigne de la marche des affaires ordinaires. Celui qui emprunte à un taux plus élevé a déjà dans sa maison le germe de sa destruction. Montesquieu l'avait dit : « Pour que le commerce puisse se bien faire, il faut que l'argent ait un prix, mais que ce prix soit peu considérable; s'il est trop haut, le négociant, qui voit qu'il lui en coûterait plus en intérêts qu'il ne pourrait gagner dans son commerce, n'entreprend rien. » Le taux de 6 p. 100 remplit donc tous les vœux du commerce. Et dans quelles circonstances cette fixation a-t-elle lieu? Lorsque l'escompte est au-dessous à Paris ainsi que dans la plupart des autres grandes places de commerce; et lorsque tout annonce qu'il doit s'améliorer partout.

Les sages mesures que le gouvernement a prises, et dont le ministre de l'intérieur vous a fait part hier, messieurs, dans son exposé de l'état de la France, doivent nécessairement y contribuer. La banque de France aura aussi la gloire d'y concourir. Si les ressources qu'elle offre au commerce paraissent spécialement se distribuer à Paris, le bien qu'elle opère circule de proche en proche. L'augmentation de ses moyens réels doit nécessairement multiplier pour elle les occasions d'être utile; elle saura les employer pour continuer de mériter la protection du gouvernement sans jamais s'éloigner du but de son institution, de la nature de ses affaires, et sans compromettre l'intérêt des actionnaires qui ont au contraire le droit d'exiger que leur propriété soit améliorée.

Nous n'aurions pas besoin d'avertir, messieurs, que la loi nouvelle ne doit point avoir d'effet rétroactif. Il aurait suffi de se référer à l'article du code civil qui porte que la loi ne rétroagit point. Mais pour éviter toute interprétation indiscrète et prévenir toutes les alarmes, le projet contient un article qui déclare qu'il n'est rien innové aux stipulations d'intérêt par contrat ou autres actes antérieurs.

En ce qui concerne l'intérêt légal, le projet dit qu'il ne pourra excéder 5 p. 100. Dans l'état présent, la retenue a lieu. Mais on a pensé que le débiteur qui se laissait poursuivre en justice devait au moins être condamné à payer un intérêt légal à celui qu'il est permis de stipuler. Cette innovation a paru utile, en ce qu'elle empêchera le débiteur de mauvaise foi de créer des incidents pour gagner un cinquième au préjudice du créancier. Tels sont, messieurs, les motifs que nous avons cru devoir exposer pour soutenir un projet auquel le gouvernement attache le plus grand prix. Nous vous les présentons avec la conviction intime qu'il ne peut causer aucune commotion dans les transactions; que le commerce, loin d'en éprouver une gêne, en sentira un plus grand avantage, et que surtout l'ordre social y gagnera beaucoup. Nous vous l'avouons aussi, nous espérons trouver un grand appui dans l'expérience que vous avez des maux que le projet doit faire cesser, et dans la satisfaction que vous devrez trouver à sanctionner, par votre approbation, une mesure aussi conforme à la morale publique.

(1) 3-15 sept. 1807.—Loi sur le taux de l'intérêt de l'argent.

Art. 1. L'intérêt conventionnel ne pourra excéder, en matière civile, 5 p. 100, ni en matière de commerce, 6 p. 100, le tout sans retenue.

2. L'intérêt légal sera, en matière civile, de 5 p. 100; et en matière de commerce, de 6 p. 100 aussi sans retenue.

3. Lorsqu'il sera prouvé que le prêt conventionnel a été fait à un taux excédant celui qui est fixé par l'art. 1, le prêteur sera condamné, par le tribunal saisi de la contestation, à restituer cet excédant, s'il l'a reçu, ou à souffrir la réduction sur le principal de la créance, et pourra même être renvoyé, s'il y a lieu, devant le tribunal correctionnel, pour y être jugé conformément à l'article suivant.

4. Tout individu qui sera prévenu de se livrer habituellement à l'usure sera traduit devant le tribunal correctionnel, et, en cas de conviction, condamné à une amende qui ne pourra excéder la moitié des capitaux qu'il aura prêtés à usure.—S'il résulte de la procédure qu'il y a eu escroquerie de la part du prêteur, il sera condamné, outre l'amende ci-dessus, à un emprisonnement qui ne pourra excéder deux ans.

5. Il n'est rien innové aux stipulations d'intérêt par contrats ou autres actes faits jusqu'au jour de la publication de la présente loi.

(2) 15 janv. 1814. — Décret portant que, jusqu'au 1er janv. 1815, les prêts sur dépôt de marchandises pourront être faits par toute personne, avec entière liberté aux prêteurs et emprunteurs de déterminer la quotité de l'intérêt.

Art. 1. Les prêts sur dépôt de marchandises pourront, par exception à la disposition de la loi du 3 sept. 1807, qui a fixé l'intérêt en matière de commerce, à 6 p. 100 par an, être faits jusqu'au 1er janv. 1815, par toute personne faisant ou non le commerce, avec entière liberté aux prêteurs et emprunteurs de déterminer la quotité de l'intérêt.

2. Les actes publics ou sous seing privé de prêts sur dépôt de marchandises, qui auront lieu en exécution de l'art. 1, ne seront, jusqu'à la même époque du 1er janv. 1815, assujettis qu'à un droit fixe de 3 fr. pour enregistrement.

18 janv. 1814. — Décret portant suspension, jusqu'au 1er janv. 1815, de la disposition de la loi du 3 sept. 1807 qui fixe l'intérêt de l'argent en matière civile et de commerce.

La disposition de la loi du 3 sept. 1807, qui fixe l'intérêt de l'argent, en matière civile, à 5 p. 100, et, en matière de commerce, à 6 p. 100, sera suspendue, à compter de la publication du présent décret, jusqu'au 1er janv. 1815. — Les prêteurs et les emprunteurs auront, pendant cet espace de temps, la liberté de déterminer, par les contrats ou autres actes, la quotité de l'intérêt.

et les communes à élever au taux de 5 p. 100 les emprunts qu'ils avaient été autorisés à contracter à un taux inférieur.

15. *Droit comparé.*—Le droit commun allemand (art. 1154), le code sarde (art. 1933), le code du canton de Vaud (art. 1390), le code autrichien (art. 984), disent, comme l'art. 1905 c. nap. et dans des termes presque identiques, qu'il est permis de stipuler des intérêts pour simple prêt soit d'argent, soit de denrées ou autres choses mobilières. — Le code bavarois ne renferme aucune disposition sur le prêt à intérêt. — Le droit commun allemand (art. 1155), à la différence de l'art. 1906 c. nap., admet le droit de répétition et l'imputation sur le capital. — Le code sarde, le code autrichien et le code bavarois ne contiennent aucune disposition à cet égard, et dans ce cas il semble qu'on doit retomber dans le droit commun, c'est-à-dire, que l'emprunteur a une action en répétition pour le payement de l'indû. — Le code du canton de Vaud (art. 1390 à 1393) est conforme au c. nap. — Le droit commun allemand (art. 1156), le code du canton de Vaud (art. 1390 à 1393), distinguent, comme le c. nap. (art 1907), l'intérêt légal de l'intérêt conventionnel. — Le code sarde (art. 1936) n'admet que l'intérêt légal. — Le code autrichien admet un intérêt conventionnel de 5 et 6 p. 100 (art. 994), mais l'intérêt légal n'est que de 4 p. 100 (M. de Saint-Joseph, introd.). — En Portugal le dixième des sommes prêtées appartient à l'État; à cet effet on est tenu de communiquer à l'administration appelée *du décime* les actes portant conventions d'intérêts (M. de Saint-Joseph, 2e éd., introd., p. 83). On comprend de suite combien cette disposition doit entraver toutes les opérations. C'est la dîme sur les capitaux, dîme qui existait chez nous sur les récoltes avant 1789. — Il n'existe pas de code civil dans les États pontificaux; le droit qui les régit est le droit romain. C'est donc à ses dispositions qu'il faut se reporter pour le caractère et la validité des prêts, ainsi que pour le chiffre de l'intérêt (V. néanmoins M. de Saint-Joseph, dans ses observations sur le haut tribunal de la *rota* qui ont force de loi en certaines matières, t. 2, p. 171). — L'Espagne n'a point encore de code; la Sicile a un code qui a infiniment de rapport avec le code Napoléon, mais M. de Saint-Joseph ne signale aucune de ses dispositions sur le prêt à intérêt. — La Suisse a, dans ses divers cantons, des ordonnances qui ont force de loi et qui équivalent à des codes. Nous signalons ici l'ord. de 1719, qui régit le canton de Bâle, et qui contient sur le prêt à intérêt la disposition suivante : « Art. 319. Celui qui prête de l'argent ou autre chose, sans avoir rien reçu en nantissement peut stipuler par écrit ou verbalement qu'on lui payera au plus 6 p. 100 par an » — Mais à Berne le taux, règle générale, est de 4 p. 100. — Il en est ainsi en Norwége. — Dans l'Amérique du Sud, les lois sur le prêt sont en général en rapport avec le code Napoléon; l'intérêt est de 6 p. 100. L'art. 176 contient une disposition digne d'être remarquée. « Un prêt ne peut se faire à personne, avec la condition de rembourser quand l'emprunteur se mariera ou héritera, sous peine de nullité de l'obligation principale et des cautions. » — Le législateur ne veut pas que l'emprunteur engage son avenir, et celui de son épouse future. — Dans toutes les législations dont nous venons de parcourir rapidement les dispositions sur le prêt, nous avons vu que l'intérêt ne dépasse pas 6 p. 100; il en est de même en Suède et en Russie, mais dans la Louisiane il est de 8 p. 100; à Venezuela de 9 p. 100; en Serbie de 12 p. 100; en Bolivie de 24 p. 100. — V. du reste M. de Saint-Joseph, t. 1, introd., p. 83.

Nous venons de signaler la législation de presque tous les grands peuples de l'Europe en matière de prêt, et, chose extraordinaire nous avons gardé le silence sur l'Angleterre; c'est que cette nation, sous ce rapport de la codification, est aussi arriérée que l'Espagne : on n'a pu avoir une idée étendue et juste des lois anglaises que depuis un travail fait par M. Blaxland, attorney à Londres, sous le titre de *Codex legum anglicanarum*, mais qui ne contient sur le prêt qu'un seul article. — Art. 864. « Il est permis de stipuler des intérêts à un taux qui n'excède pas 5 p. 100 par an, pour un prêt d'argent ou pour le prix des choses données par prêt de consommation. » — Les contrats destinés à déguiser un prêt usuraire sont nuls; toutefois, par des statuts récents, si la somme excède 10 liv. sterl. (250 fr.), il est permis de stipuler des intérêts à un taux qui excède 5 p. 100 par an, quand la créance n'est pas privilégiée sur des immeubles. — Le code de M. Blaxland étant fait par un simple particulier n'a aucun caractère officiel.

En ce qui concerne l'usure, nous trouvons dans Blackstone les renseignements suivants. — Celui qui a prêté à un plus haut intérêt que l'intérêt légal est condamné à une amende du triple de l'argent prêté; moitié de l'amende revient au poursuivant, moitié au roi. Il n'est pas nécessaire, pour qu'il y ait usure, que de l'argent ait été effectivement prêté; il suffit d'un moyen quelconque, d'un prétexte pour gagner au delà d'un intérêt légal, lorsque les parties ont l'intention de contracter pour un prêt. C'est aux jurés à déterminer, d'après les circonstances, et sauf nouvel examen, s'il y a lieu, quelle est la nature du contrat, s'il est loyal et légitime, ou s'il a pour but de déguiser un prêt usuraire.

Les banquiers et autres qui escomptent des billets peuvent prendre, outre 5 p. 100, une somme raisonnable pour leurs peines et risques. Ce sont les jurés qui décident si cette addition est raisonnable ou usuraire. On suit ce principe généralement pour toutes les opérations d'escompte. Escompter n'est point une usure, bien qu'on retire plus de 5 1/4 p. 100; mais il y a usure si l'on perçoit l'intérêt au commencement de l'année ou du temps pour lequel le prêt est fait.

Si un notaire ou courtier prend plus de 5 p. 100 de commission, ou plus d'un schelling pour faire une obligation, il doit payer 20 livres d'amende outre les frais, et subir six mois de prison. Prendre plus de 10 schell. p. 100 pour faire prêter de l'argent sur une annuité à vie, c'est un délit punissable par l'amende et l'emprisonnement. Il en est de même du fait de déterminer ou solliciter un mineur pour qu'il fasse la concession d'une annuité à vie, ou qu'il promette ou prenne l'engagement de la ratifier à sa majorité (Blackstone, liv. 4, chap. 12).

SECT. 2. — DES DIFFÉRENTES ESPÈCES D'INTÉRÊTS.

16. Il y a des intérêts qui sont dus en vertu d'une *convention*, d'autres qui sont dus *sans convention*, en vertu d'une *mise en demeure*, soit judiciaire, soit extrajudiciaire; enfin, il en est qui courent de *plein droit*, en vertu d'un privilége attaché à la créance.

ART. 1. — *Des intérêts conventionnels. Règles générales.*

17. Aux termes de l'art. 1153 c. civ., (dont les motifs sont développés dans les discours des orateurs, vo Oblig.), « les intérêts ne sont dus que du jour de la demande, excepté dans le cas où la loi les fait courir de plein droit. » — Cette disposition suppose, ainsi que le font remarquer Toullier, t. 6, no 270, et M. Duranton, t. 10, no 492, que les parties n'ont pas stipulé spécialement sur les intérêts, car elles peuvent convenir que la demande ne sera point nécessaire pour les faire courir. — L'art. 1905 dit, de son côté, que l'intérêt peut être *conventionnel*; et l'art. 1154 reconnaît à la convention l'effet de faire courir les *intérêts* des *intérêts*, moins favorables que ceux du capital. — Aux termes de l'art. 1905 dont les motifs sont retracés plus haut, V. Prêt, p. 778 : « Il est permis de stipuler des intérêts pour simple prêt, soit d'argent, soit de denrées, *ou autres choses mobilières.* » — Ces derniers mots sembleraient faire supposer qu'il peut être stipulé des intérêts pour un prêt *à usage*, si l'on ne réfléchissait qu'indépendamment de l'argent et des denrées, il y a d'autres choses mobilières qui se consomment également par l'usage, et qui doivent, dès lors, être regardées comme fongibles. Telles sont les choses qui deviennent absolument impropres à leur usage ordinaire par l'usage qu'on en a fait, comme, par exemple, le papier sur lequel on a écrit. C'est à ces choses que se réfèrent évidemment les derniers mots de l'art. 1905.

18. L'intérêt des sommes d'argent, des denrées et autres choses mobilières, peut être stipulé soit en argent, soit en denrées (Conf. M. Troplong, no 361). — On verra *infrà*, nos 211 et s., comment doit être fixé cet intérêt lorsqu'il consiste en denrées, et s'il est des cas où il est réputé usuraire.

19. On doit suivre, pour déterminer les effets d'un contrat de prêt, la loi du lieu où le contrat a été passé. En conséquence, il a été jugé que si le contrat a été passé dans un pays où le prêt à intérêt est permis, le tiers détenteur de l'immeuble hypothéqué à la sûreté de l'obligation, qui s'est chargé de payer en l'acquit du débiteur, ne peut pas demander l'imputation des intérêts sur le capital, sous prétexte que le prêt à intérêt est défendu par la loi du pays où est situé l'immeuble grevé (Req. 14 mess. an 13, aff. Vanderlinden, V. Privil. et hypoth.).

20. Pour qu'un prêt soit productif d'intérêts, il ne suffit pas, dit fort bien M. Cotelle (Des intérêts, n° 75) que la chose prêtée ait été remise à l'emprunteur. Il résulte des termes mêmes de l'art. 1905 précité, qu'il faut que les intérêts aient été *stipulés*. — Ainsi il a été jugé que l'on ne peut réclamer les intérêts d'une somme dont le payement est réservé par une transaction, lorsqu'ils ne sont pas mentionnés dans cette transaction : « La cour ; considérant, sur les intérêts, que la réserve stipulée dans la transaction dont on a parlé, ne faisant nulle mention de ces intérêts, il n'y a pas lieu de les adjuger. » (Rennes, 1re ch. 13 janv. 1820, aff. Peron).

21. D'après l'art. 1907, « le taux de l'intérêt conventionnel doit être *fixé* par *écrit*. » — Il en résulte que toute stipulation d'intérêts devant être *écrite*, la *preuve par témoins* d'une convention verbale d'intérêts est inadmissible, même quand il s'agirait d'une valeur au-dessous de 150 fr. (Conf. MM. Delvincourt, t. 3, p. 641 ; Duranton, t. 17, n° 598 ; Duvergier, n° 255 ; Troplong, n° 409). — « Bien mieux, dit M. Duranton, il n'y aurait pas même lieu à *déférer le serment* ni à faire interroger le débiteur sur le fait de cette promesse d'intérêts : la loi voulait qu'elle fût rédigée par *écrit*, afin de prévenir toute difficulté à ce sujet. On peut considérer la promesse non rédigée par écrit comme en droit romain on considérait la promesse d'intérêts qui, dans un contrat de prêt, n'était point faite en la forme de la stipulation, mais du simple prêt, promesse qui ne produisait aucune action. »

22. Il a été jugé conformément à cette interprétation, 1° que la stipulation d'intérêt ne peut être *prouvée* par *témoins* ni par les livres et registres du créancier, même en matière commerciale ; la loi ne fait à cet égard aucune différence entre les négociants et les simples particuliers (Rennes, 19 avr. 1811) (1) ; — 2° Que l'intérêt conventionnel ne peut être établi que par écrit ou qu'avec un commencement de preuve écrite, à moins qu'il n'y ait eu impossibilité de se procurer une preuve littérale ; qu'en conséquence, un débiteur ne peut être condamné à payer des intérêts conventionnels, sous prétexte qu'il aurait eu connaissance qu'un codébiteur solidaire se serait engagé à en servir, ou que son mandataire aurait demandé au créancier le compte du capital et des intérêts à lui dus, ou que la stipulation d'intérêts conventionnels serait justifiée par l'ensemble des faits ou documents de la cause, de telles circonstances n'ayant que la valeur de présomptions simples, insuffisantes pour suppléer à la preuve littérale exigée par la loi (Cass. 22 juin 1853, aff. de Comeau, D. P. 53. 1. 211).

23. Mais, suivant Merlin, Rép., v° Prêt, n° 3 ; Delvincourt, t. 3, p. 411, note 2, et M. Duranton, n° 598, l'art. 1907 qui veut que le taux de l'intérêt conventionnel soit fixé *par écrit*, ne doit pas être entendu en ce sens que la stipulation d'intérêts soit nulle lorsqu'elle a été déguisée et fondue dans un acte avec le capital ; elle ne serait nulle, ou plutôt réductible, qu'autant qu'elle serait excessive. Le motif en est que les parties sont admises à faire, par un moyen indirect, ce que la loi leur permet de faire directement. — Il a été décidé, toutefois, que lorsqu'il n'est point dit expressément, dans le contrat, sur quel taux les intérêts ont été stipulés, et qu'ils y sont cumulés avec le capital, de manière à ne former avec lui qu'un seul tout, le taux de ces intérêts ne se trouve point fixé par écrit, dans le sens de l'art. 1907 (Agen, 17 août 1809, aff. Garat *C.* Dortigau ; V. aussi n° 173-2°). — Mais cette doctrine absolue a été repoussée par la cour de cassation qui ne déclare la convention annulable que dans le cas où la confusion du capital et des intérêts laisse de l'incertitude sur le taux auquel l'intérêt a été stipulé (Cass. 29 janv. 1812, même aff., V. Loi, n° 266-2°), ce qui nous paraît fort juste.

24. Si le prêt a été fait avec stipulation d'intérêts, mais sans *désignation du taux* auquel ces intérêts seraient fixés, cette stipulation n'est point nulle ; car il est constant que le prêt a été fait sous la condition des intérêts et que cette condition doit être exécutée. Seulement, nous estimons, avec M. Cotelle, n° 86, que les parties seront *censées* s'en être référées à l'intérêt légal, et cet intérêt pourra être exigé par le créancier, à moins qu'il ne résulte des circonstances de la cause et notamment des divers payements qui ont déjà été faits, que les parties ont entendu stipuler un intérêt d'un taux inférieur à celui de l'intérêt légal. Dans ce dernier cas, la convention ainsi interprétée devrait recevoir son exécution. — Il a été jugé en ce sens qu'à défaut de preuve d'une convention relative au taux de l'intérêt d'un capital, il y a présomption qu'il n'a pas été dérogé au taux légal, et les tribunaux peuvent surtout admettre cette présomption lorsqu'elle est fortifiée par les documents de la cause (Lyon, 26 juin 1851, aff. Thounérieux, D. P. 54. 5. 445).

25. Le décret du 18 janv. 1814, qui permettait d'élever les intérêts conventionnels à un taux supérieur à celui fixé par la loi de 1807 (V. nos 12, 171), n'était applicable qu'autant que le taux de l'intérêt avait été expressément désigné et *stipulé* (Rej. 16 mai 1838, aff. Prat, V. n° 233-1°).

26. Il faut que l'*intention* des parties résulte bien clairement de la *stipulation*. Dans le doute, le débiteur ne devrait pas être *présumé* s'être engagé à payer les intérêts sans avoir été *mis en demeure* par la demande. — Il a été très-bien jugé, par exemple, 1° que lorsqu'un acte d'obligation qui accorde au débiteur un terme, contient la clause, *sans intérêts pendant ce temps*, les intérêts ne courent pas de plein droit après l'échéance ; et que, pour les faire courir, il faut que le créancier mette son débiteur en *demeure* par une sommation judiciaire (Agen, 19 juin 1824) (2) ; — 2° Que la clause, dans un acte d'obligation, por-

(1) (Riou-Kerallet *C.* Perrin.) — LA COUR ; — Considérant que l'art. 1907 c. nap. ne reconnaît d'intérêt conventionnel que celui qui est fixé par écrit ; que cet article embrasse dans sa généralité toutes espèces d'opérations, sans faire d'exception pour les négociations commerciales ; — Considérant que Riou-Kerallet ne justifie point d'une stipulation d'intérêt quelconque, pour la somme qu'il a avancée à Perrin ; que celui-ci dénie formellement qu'il y ait eu entre eux convention d'intérêt à 12 p. 100 ; — Considérant que Riou-Kerallet, en sa qualité de bailleur de fonds, doit s'imputer de n'avoir pas fait par écrit une convention portant stipulation du taux de l'intérêt des sommes qu'il avançait à Perrin, s'il prétendait en exiger l'intérêt ; — Considérant que son offre de prouver, par la représentation de ses livres, qu'à l'époque où il ouvrit un crédit à Perrin, l'intérêt réciproque fut convenu au taux de la place, est insignifiante, parce que Riou-Kerallet a été le maître de porter sur ses livres tout ce qui lui a plu, et que, quand ils apprendraient que son intention a été d'exiger de Perrin les intérêts de ses créances au taux de la place, on ne pourrait y trouver la preuve que Perrin en a contracté l'obligation ; que l'offre de prouver par témoins la convention est encore moins raisonnable, parce qu'il ne serait pas possible d'admettre la preuve d'une pareille convention sans violer l'art. 1907 c. nap., qui veut que l'intérêt conventionnel soit fixé par écrit ; qu'ainsi les premiers juges ont dû rejeter des comptes d'entre les sieurs Riou et Perrin, les articles concernant les intérêts ; — Considérant que Perrin, par la remise du titre de la créance qu'il portait sur la marine, et d'un transfert de cette créance aux mains de Riou-Kerallet, s'est entièrement livré à sa foi ; que d'ailleurs l'acte de transfert énonce la somme pour laquelle la créance a été transportée : Perrin ne dénie pas sa signature apposée au pied de cet acte ; qu'il ne précise aucuns faits de dol, de fraude et de surprise, dont Riou aurait usé pour obtenir cet acte de transfert ; que le jugement dont est appel atteste l'usage de ces sortes d'actes dans le commerce pour des créances de pareille nature ; — Par ces motifs, confirme.

Du 19 avril 1811.-C. de Rennes.

(2) *Espèce* : — (Carsalade-Dupont *C.* la comtesse d'Antras.) — Le 17 germ. an 12, la dame Kéarney, comtesse d'Antras, souscrit un billet de 11,200 fr. au profit du sieur Loubens. Sur les poursuites exercées contre la dame d'Antras, il intervient un acte public qui fixe à 12,807 fr. 27 cent. la somme que la dame d'Antras promet de payer le 24 juin 1808, sans intérêts pendant ce temps. — Le 22 mars 1811, cession par Loubens à Carsalade-Dupont, de cette créance, avec les intérêts à partir du 24 juin suivant. — Le 21 mars 1816, commandement par le cessionnaire à la dame d'Antras. — Opposition ; le 28 mars 1817, jugement qui en déboute la dame d'Antras. Le 27 avril 1818, règlement entre celle-ci et Carsalade ; on y fait entrer les intérêts depuis le commandement, et il est convenu que le résidu de la créance sera payé dans deux ans, avec l'intérêt légal. En recevant ce résidu, Carsalade réserve les intérêts qu'il prétend avoir dû courir, depuis le 24 juin 1807 jusqu'au commandement fait en 1816. — Refus de payer ces intérêts ; nouveau commandement : nouvelle opposition. — Le 12 fév. 1824, jugement qui décide que les intérêts n'ont couru que du jour du premier commandement ; — Attendu que l'obligation primitive consentie par la dame d'Antras, en faveur du sieur Loubens, par l'acte privé du 7 germ. an 12, n'était pas productive d'intérêt ; que l'obligation publique du 24 juin

tant que le payement n'en sera fait qu'à la mort du débiteur, et sans intérêts jusqu'à cette époque, ne fait pas courir de plein droit les intérêts à partir de ce décès (Agen, 19 mars 1833) (1); —3° Que ces mots : *sans intérêts jusqu'alors*, insérés dans une obligation, ne doivent point, vis-à-vis des tiers, être *interprétés* comme une stipulation d'intérêts, devant courir après l'échéance de ce terme (Bourges, 28 mai 1827) (2).

27. Toutefois il a été jugé, 1° que les intérêts courent à compter du jour de l'obligation, quoiqu'il n'y ait pas stipulation d'intérêts dans le contrat, si telle a été à cet égard l'*intention* des parties (Req. 30 brum. an 13) (3);—2° Que lorsqu'une partie s'engage à payer une somme à telle époque, sans intérêt jusque-là, elle doit, à défaut de payement, l'intérêt légal à partir de cette époque, encore qu'il n'y ait pas eu demande judiciaire (Bourges, 11 juin 1825; Toulouse, 19 janv. 1844) (4);—3° Que la convention portant que la somme prêtée est payable dans un

---

1807, fut composée de la somme portée par la première, des frais des actes judiciaires faits à ce sujet, et des intérêts courus depuis la date de ses actes, et qu'il ne fut pas stipulé dans l'obligation qu'elle en serait productive; — « Attendu qu'il est de principe, dans le droit et dans la jurisprudence, que, lorsque l'intérêt n'a pas été stipulé dans une obligation qui n'en produit pas par sa nature, le débiteur ne peut être tenu d'en payer que du jour de la demande judiciaire qui lui en a été faite; —Attendu que la clause portant que la dame d'Antras s'obligeait de payer le montant de ladite obligation, le 24 juin 1808, sans intérêts pendant ce temps, ne peut pas signifier que ces sommes porteraient intérêt après ce terme, puisqu'après l'échéance de ce terme, il dépendait dudit Loubens d'exiger le payement de ladite obligation, et d'en faire courir l'intérêt par une demande judiciaire, sans que pour cela il eût besoin d'aucune stipulation; que, dans cette hypothèse, les mots *sans intérêts pendant ce temps* se trouvent à la vérité inutiles dans l'obligation; mais que cette circonstance ne peut établir, pour une partie, un droit qui ne s'établit que par une convention formelle; le doute, dans une stipulation, doit toujours s'interpréter en faveur du débiteur contre le créancier qui doit s'imputer de n'avoir pas clairement expliqué ses intentions; — Attendu que le sieur Dupont, devenu cessionnaire du sieur Loubens par un acte privé du 22 mars 1811, ayant fait faire un commandement à la dame d'Antras, par exploit du 21 mars 1816, et cette dernière ayant été démise d'une opposition qu'elle avait formée contre ce commandement, par un jugement du 28 mars 1817, et condamnée aux dépens, il est convenu entre parties que, le 27 avril 1818, elles fixèrent le payement de ce qui était dû de ladite obligation, aux termes de 2,000 fr. par an, avec l'intérêt depuis le 24 de ce même mois seulement, sans rien stipuler pour les intérêts antérieurs à la date dudit commandement : d'où l'on peut induire qu'il reconnut qu'il ne lui était pas dû avant cette époque, ou qu'il les abandonna, puisqu'il n'est pas ordinaire qu'un créancier reçoive, et encore moins stipule le payement pour les intérêts à venir, sans parler des intérêts échus longtemps auparavant; qu'à la vérité les parties convinrent en même temps que les payements qui pouvaient être faits avant cette époque, seraient imputés sur les frais et les intérêts; mais que cette convention, à l'égard des intérêts, devait se porter naturellement sur les intérêts échus depuis ledit commandement. »

Appel de la part de Carsalade. Le sens naturel de l'acte que l'on refuse d'exécuter, disait-il, c'est que, passé le délai pendant lequel il est fait grâce des intérêts, les intérêts, suspendus par cette stipulation, reprendront leur cours; ainsi deux époques distinctes, à partir de l'engagement notarié: la première ne produit aucun intérêt: *sans intérêts pendant ce temps*; la seconde, qui commence à l'échéance, doit porter intérêt; c'est dans ce but que la division du temps a été ainsi établie. Ajoutez à cela que le cédant a donné lui-même l'interprétation la plus sûre de l'acte qu'il avait fait, en déclarant à son cessionnaire que les intérêts de la créance couraient précisément à partir du 24 juin.—L'intimée répondait: toute la question est dans l'acte notarié; il faut en apprécier les termes. Or la clause *sans intérêts pendant ce temps* ne peut équivaloir à l'obligation de payer les intérêts après le terme; elle ne s'étend pas au delà du terme; les parties n'ont eu en vue que cette première période. Un pareil engagement ne se présume pas; il doit être prouvé; l'induire, pour l'avenir, dans la clause négative pour le passé, c'est ajouter au contrat et aggraver la position du débiteur contre les principes du droit commun auxquels on ne déroge que par une disposition expresse.—Ainsi, avant l'échéance, point d'intérêts; après l'échéance, il n'y a intérêts produits, aux termes de la loi générale, que du jour d'une interpellation judiciaire, c'est-à-dire, dans l'espèce, depuis le commencement de 1816.—Arrêt.

La cour;—Adoptant les motifs des premiers juges, confirme.

Du 19 juin 1824.-C. d'Agen, ch. correct.

(1) (Guchens C. Malet.) — La cour; — Attendu, quant aux intérêts échus avant la demande, que, quoique l'obligation porte sans intérêts jusqu'au décès, cette limitation du terme ne peut avoir néanmoins l'effet de faire courir les intérêts depuis le décès, parce qu'il n'est pas dit positivement qu'ils courront à partir de cette époque, et qu'alors ce n'est que par l'interpellation judiciaire qu'ils peuvent être dus; — Par ces motifs, etc.

Du 19 mars 1833.-C. d'Agen, 1re ch.-MM. Brada et Base, av.

(2) (Rotinat C. Lesueur.) — La cour; —...Considérant, sur la troisième question, que l'intérêt ne peut courir que par l'effet de la convention, ou d'une demande judiciaire, et qu'ici on ne trouve aucune stipulation d'intérêt, dans l'obligation consentie à Lesueur par les époux Pigeois, et qu'aucune action en justice ne les a demandés; — Que, si la question s'agitait entre le créancier et le débiteur, on pourrait peut-être rechercher, rapprocher les circonstances et les faits, d'où résulterait entre eux une convention d'intérêt; mais qu'ici cette affaire intéresse des tiers, et que la cour ne peut voir qu'un défaut de conventions ou de poursuites à cet égard.

Du 28 mai 1827.-C. d'appel de Bourges.-M. Sallé, 1er pr.

(3) (Vitto C. Parent.) — La cour; — Attendu que les juges ont pu adjuger les intérêts des capitaux à partir du jour des obligations, puisqu'il est résulté des débats des parties qu'elles étaient convenues de les faire courir de ces mêmes époques; — Rejette, etc.

Du 30 brum. an 13 (et non an 12).-C. C., sect. req.-MM. Muraire, 1er pr.-Chasle, rap.

(4) 1re *Espèce* : — (Nettement C. ép. Lebœuf.) — En 1806, obligation de la part des époux Lebœuf, au profit du sieur Delatte, montant à 50,000 fr., exigible le 18 avr. 1808, sans intérêts, jusque-là seulement, à peine de tous dépens, etc. — En 1810, Delatte cède à Nettement 25,000 fr. à prendre sur les 50,000 fr. à lui dus par les mariés Lebœuf. Il est dit, dans la cession, que cette somme a été stipulée payable le 18 avr. 1808, sans intérêt jusque-là seulement. Delatte subroge Nettement dans tous ses droits sur ces 25,000 fr. cédés. — En 1822, Nettement actionne les époux Lebœuf, en payement du capital de 25,000 fr. et des intérêts échus depuis 1808. — Les époux Lebœuf, cessionnaires d'une créance de 30,000 fr. sur Nettement, opposent la compensation et prétendent ne devoir aucun intérêt, attendu qu'ils n'ont pas été mis en demeure. — Le prêt est gratuit de sa nature (ont-ils dit, c. civ. 1892). Pour que l'argent produise intérêt, il faut que la convention en soit claire (1907), et que le taux de cet intérêt soit fixé; sans cette fixation, il n'y avait rien de réglé pour l'intérêt; et, dans ce cas, l'emprunteur ne le doit que du jour de la demande (1904, 1139 et 1153). Or comme, suivant l'art. 1162, dans le doute, la convention s'interprète contre celui qui a stipulé, et en faveur de celui qui a contracté l'obligation, il ne sera pas dû d'intérêt, en vertu de l'obligation de 1806, qui n'en contient pas de stipulation expresse, et qui n'en fixe pas le taux; il résulte seulement de cette clause que, pendant deux ans, il ne sera pas dû d'intérêts, et qu'après ce temps il pourra en être demandé. — Jugement qui accueille ces conclusions. — Appel. — Arrêt.

La cour; — Considérant que, par acte notarié du 18 avr. 1806, les sieur et dame Lebœuf reconnurent devoir et s'obligèrent de payer au sieur Delatte, le 18 avr. 1808, la somme de 50,000 fr.; — Considérant que, le 8 janv. 1810, le sieur Delatte céda au sieur Nettement 25,000 fr. à prendre sur cette somme; — Que, dès le 19 juin 1815, le sieur Nettement avait fait commandement aux sieur et dame Lebœuf de lui payer les 25,000 fr. dont il était devenu créancier; — Considérant que la somme entière était encore due lorsque, le 8 fév. 1821, les sieurs Lefebvre et comp. cédèrent aux sieur et dame Lebœuf 30,000 fr. qui leur étaient dus par le sieur Nettement; — Que, le 10 du même mois de février, les sieur et dame Lebœuf notifièrent ce transport au sieur Nettement, à son ancien domicile à Paris, qu'il n'habitait plus; que, le 21, ils renouvelèrent cette notification au domicile par lui élu chez le sieur Quenisset, alors avoué à Clamecy, avec déclaration, dans les deux actes, qu'ils entendaient compenser, jusqu'à due concurrence, les 30,000 fr. que leur devait le sieur Nettement, avec les 25,000 fr. que lui avait cédés le sieur Delatte; — Considérant que, dans cet état de choses, la question si le sieur Nettement a, contre les sieur et dame Lebœuf, une créance propre à autoriser les poursuites qu'il a exercées contre eux, dépend de celle de savoir s'il est fondé à exiger l'intérêt des 25,000 fr. qui lui sont dus; — Attendu, sur cette question, que, dans l'obligation du 18 avr. 1806, il est dit que « le payement des 50,000 fr. écherra et sera exigible le 18 avr. 1808, et sans intérêts, jusque-là seulement, à peine de toutes pertes, dommages et intérêts; » — Considérant que, suivant les sieur et dame Lebœuf, il n'y a dans cette clause qu'un principe d'intérêts; que, pour les faire courir, il fallait, après l'échéance du terme, en former la demande; — Attendu que non-seulement l'intention, dans les clauses obscures, doit être consultée, mais que la rédaction elle-même est claire; — Que, dans son acte, le sieur Delatte a formellement renoncé à exiger des intérêts jusqu'au 18 avr. 1808, et que les sieur et dame Lebœuf se sont formellement obligés à le payer, s'ils ne se libéraient pas aux termes qu'ils avaient demandés; que les obligations respectivement consenties doivent être littéralement observées, et qu'une partie ne peut rien ajouter à celles sous lesquelles son adversaire a traité; — Considérant que les sieur et dame Lebœuf, pour se soustraire au payement des intérêts, font diverses objections : ils

délai fixé, *sans intérêts jusqu'à ce terme seulement*, fait courir les intérêts de plein droit à l'échéance de ce terme, si la somme n'est pas payée (Bordeaux, 28 mai 1832) (1); —4° Que l'obligation exprimant que la somme dont elle est l'objet sera payable dans deux ans, *et sans intérêts jusqu'à cette époque*, doit être interprétée en ce sens que les intérêts courront immédiatement après le temps déterminé (Bordeaux, 11 avr. 1839) (2).—V. aussi vº Cautionnem., nº 97. M. Duvergier, du Prêt à intérêt, nº 257, se prononce dans le sens de ces arrêts.

28. Merlin, Rép., vº Intér., § 3, nº 12, et Quest., vº Inscrip. hypoth., § 1, examine la question de savoir si lorsqu'en empruntant une somme d'argent, on s'est obligé de la rembourser dans un certain temps et d'en payer l'intérêt jusqu'à cette époque, l'intérêt continue à courir à défaut de remboursement, après l'expiration du terme convenu, et il la résout par l'affirmative. — MM. Rolland de Villargues, vº Intérêts, nº 151, Duvergier, *loc. cit.*, ont suivi ce sentiment.—Décidé ainsi, 1º que quand la convention porte que les intérêts courront du jour du prêt jusqu'au remboursement du capital, les juges peuvent, si le remboursement n'a pas eu lieu à l'époque fixée par le contrat, allouer les intérêts depuis cette dernière époque jusqu'au remboursement effectif, sans qu'il ait été besoin d'une mise en demeure pour cette seconde période (Req. 10 mai 1837) (3);—2º Qu'il en est de même encore, bien qu'à l'échéance du terme le créancier ait accordé un délai à son débiteur, et qu'il faudrait une convention expresse pour qu'il en fût autrement (Bourges, 4 mars 1815) (4). —Il faut supposer, en effet, que la convention s'est maintenue entre les parties dans les termes où elle avait été formée, c'est-à-dire avec la stipulation que les intérêts se payeraient, que les clauses principales ou accessoires continueraient de s'exécuter de la même manière qu'elles se trouvaient énoncées dans le contrat. Il est bien vrai que les intérêts des sommes prêtées ne sont dus qu'autant qu'il y a eu stipulation formelle, d'où l'on conclut que le droit commun doit être compris en ce sens qu'il faut toujours une convention à cet égard pour que les intérêts puissent être exigés, et que par l'échéance du délai, les parties se trouvent reportées dans la même situation où elles étaient au moment où le prêt a été formé.—Mais là se trouve une méprise évidente, ce n'est pas seulement à l'égard des intérêts que le contrat doit s'expliquer : il est beaucoup d'autres points à l'égard desquels il faut une stipulation formelle pour que le débiteur soit tenu de les observer. Or qui oserait prétendre que le contrat se continuant malgré l'échéance, il n'y a que l'obligation de rendre proprement dite qui se soit perpétuée entre les parties?

29. Mais il a été jugé, en sens contraire, 1º que la stipulation qu'un billet sera payable après un certain délai, *avec intérêts jusqu'à cette époque*, ne fait pas courir de plein droit les intérêts à partir de l'expiration du terme..., et cela, encore bien

---

soutiennent d'abord que le sieur Delatte, en cédant au sieur Nettement 25,000 fr. à prendre dans l'obligation du 18 avr. 1806, ne lui a pas cédé d'intérêts; que le sieur Nettement lui-même n'en a pas réclamé dans le commandement qu'il leur a fait faire le 19 juin 1813; que, s'il était vrai qu'on eût voulu stipuler l'intérêt dans l'obligation du 18 avr. 1806, cette stipulation serait nulle, parce que l'intérêt conventionnel ne peut être exigé si le taux n'en a pas été convenu; — Attendu, sur la première objection, qu'en cédant au sieur Nettement partie de la somme qui lui était due par les sieur et dame Lebœuf, le sieur Delatte l'a subrogé dans tous ses droits, actions et hypothèques; et qu'au nombre de ces droits se trouvait celui de recevoir l'intérêt, si, au temps fixé, le principal n'était pas acquitté; — Sur la deuxième objection : — Attendu que, dans le commandement du 19 juin 1813, l'huissier n'a pas effectivement exprimé la somme d'intérêts dus alors, parce que la liquidation n'en était pas faite, mais qu'il a formellement exprimé que le principal était réclamé, sans préjudice des intérêts et frais, lesquels intérêts sont dus depuis la cession du 8 janv. 1810; — Sur la troisième objection : — Attendu qu'une stipulation d'intérêts, dans un acte, n'est pas nulle, parce que le taux n'en a pas été fixé; qu'en ce cas, le législateur a réglé le sort des parties, et que le créancier ne peut exiger que l'intérêt légal; — Emendant, ordonne que les poursuites encommencées seront continuées pour le principal et les intérêts, à les compter du 8 janv. 1810; les droits des mariés Lebœuf réservés pour opposer la compensation de ce qui pourrait leur être dû.

Du 11 juin 1825.-C. de Bourges, 2e ch.-M. Delaméthérie, pr.

2e *Espèce :* — (Pérès *C.* Pérès.) — LA COUR; — Attendu que, s'il s'agissait d'une matière ordinaire, il faudrait dire que les intérêts ne sont dus qu'en vertu d'une stipulation; mais que cette convention existe dans la cause; qu'accorder, en effet, qu'ils ne seront point payés jusqu'à une époque déterminée, c'est déclarer qu'ils sont dus, mais que leur perception est suspendue tant que le délai fixé n'est point expiré; mais qu'aussi, par le seul effet de l'échéance du terme, ils doivent être fournis, sans qu'il soit besoin d'une mise en demeure ou d'un traité spécial, puisqu'en disant qu'une chose ne sera pas due avant l'événement d'une condition, on dit assez que, dès que la condition est accomplie, l'obligation existe et doit produire son effet; — Qu'en vain on se prévaut pour dire que le décès du père, qui était le fait avant lequel il ne sera pas payé d'intérêts, étant l'époque où le capital pourrait être réclamé, le créancier ne pouvait pas avoir voulu stipuler ces intérêts pour le moment où il devait rentrer dans son dû; qu'il suffit de répondre que les intérêts sont le dédommagement accordé à celui qui est privé de son argent, qu'il est fondé à les exiger aussi bien pour le retard que met le débiteur après l'échéance que pour le temps qui lui a été donné pour sa libération; que, dès lors, le concours de l'exigibilité avec celle jusqu'à laquelle les débiteurs de Vincent Pérès devaient être dispensés du service des intérêts ne fait pas obstacle à ce que celui-ci les réclame, puisque le retard qui a eu lieu a dû entrer dans ses prévisions; — Attendu, d'ailleurs, que dans la cause, les intérêts couraient de plein droit; qu'en vendant à Palenc, en effet, Pérès le père et ses deux fils avaient agi comme faisant les affaires de Vincent; que, par l'effet de la ratification donnée par celui-ci à la vente, ils doivent être considérés comme ses mandataires, et, dès lors, tenus des intérêts des sommes reçues, puisqu'elles ont été utilisées à leur profit; que notamment elles ont servi à payer les dettes de Pérès le père.

Du 19 janv. 1844.-C. de Toulouse.

(1) (Sou *C.* Jadot, etc.) — LA COUR; — Attendu qu'une stipulation d'intérêts, pour être valable, n'a pas besoin d'être explicite; que la loi n'exige qu'elle soit expresse, que lorsqu'il s'agit de faire produire intérêts des intérêts, stipulation pour laquelle les lois ont toujours montré une répugnance particulière; qu'en tout autre cas, la convention peut n'être qu'implicite, et qu'il suffit que l'intention des parties résulte clairement de l'acte; qu'ici l'intention des contractants est suffisamment indiquée par ces mots : « *sans intérêts jusqu'à ce terme seulement;* » que ces expressions, et surtout la dernière, montrent que leur pensée s'est portée au delà du terme fixé, et qu'ils ont entendu qu'après ce terme la créance fût productive d'intérêts.

Du 28 mai 1832.-C. de Bordeaux, 2e ch.-M. Duprat, pr.

(2) (Lafon *C.* hér. Larguey.) — LA COUR; — En ce qui touche le jugement du 2 juin 1838; — Attendu que les parties, en l'obligation du 21 sept. 1810, ayant exprimé qu'elle serait payable dans deux ans à compter de ce jour, et sans intérêts, jusqu'à ladite époque seulement, ont par cela même voulu que lesdits intérêts fussent dus pour le temps immédiatement postérieur auxdits deux ans; — Attendu qu'alloués qu'ils soient à Lafon, sa dette se réduit à la somme de 412 fr. 90 c.;—Que, d'après le résultat des comptes respectifs, il n'y a lieu, du moins quant à présent, à l'admission de l'action en résolution; — Emendant, etc.

Du 11 avr. 1839.-C. de Bordeaux, 2e ch.-M. Poumeyrol, pr.

(3) *Espèce :*—(Municipalité de Saint-Pierre *C.* Thounens.)—Pourvoi contre un arrêt de la cour de la Martinique, du 5 fév. 1833, pour violation de l'art. 1153 c. civ., en ce que l'arrêt attaqué avait alloué les intérêts depuis le jour du prêt, sans interruption, quoique le débiteur n'eût pas été mis en demeure, comme il devait l'être, à partir de 1824, dernier terme fixé par la convention pour le remboursement du capital.— Arrêt.

LA COUR;—Attendu que, d'après le titre même du défendeur, la somme prêtée devait porter des intérêts à 6 p. 100, à dater du jour du prêt ou versement du capital dans la caisse municipale; d'où suit l'inapplication de l'art. 1153 c. civ. que n'a pu violer l'arrêt, en se renfermant dans les termes de la convention qui exprimait la volonté des parties et caractérisait leurs obligations; — Rejette.

Du 10 mai 1837.-C. C., ch. req.-MM. Zangiacomi, pr.-Voysin de Gartempe père, rap.-Hervé, av. gén., c. conf.-Moreau, av.

(4) (Delafaye *C.* Joully de Varennes.) — LA COUR; — Considérant que, suivant l'art. 2151 c. civ., le créancier inscrit pour un capital produisant intérêt a droit d'être colloqué pour deux années; que Delafaye, ayant demandé ces deux années dans son inscription, on n'a pu les lui refuser, et qu'à tort le jugement dont est appel a réformé en ce point la collocation provisoire faite par le juge commissaire; — Considérant que l'objection qu'on fait résulter de ce que le titre de Delafaye n'est pas productif d'intérêt porte sur un fait évidemment faux;—Qu'en effet l'obligation de 5,000 fr. qui lui fut consentie le 27 frim. an 14 porte qu'elle sera payable dans un an avec intérêt, à raison de 5 p. 100; qu'à la vérité, à l'expiration de l'année il n'a pas formé d'action pour demander l'intérêt de son capital; mais qu'ayant accordé un délai à son débiteur, il s'est formé entre eux une convention tacite qui a perpétué la première; et qu'il eût fallu, pour faire cesser l'intérêt, une stipulation expresse, à laquelle Delafaye n'eût pas consenti, puisqu'il était maître de contraindre son débiteur à s'acquitter; — Emendant, ordonne que Delafaye sera colloqué pour deux années d'intérêt, etc.

Du 4 mars 1815.-C. de Bourges, 2e ch.-M. Delaméthérie, pr.

qu'il y ait présomption que, dans l'intention des parties, les intérêts ont dû continuer de courir jusqu'au payement, la présomption, quelle qu'elle puisse être, ne pouvant, dans cette matière, suppléer la convention exigée par la loi (Bourges, 25 avr. 1826) (1); — 2° Que lorsqu'un débiteur a promis de rembourser une somme en un certain nombre d'années (deux ans) avec l'intérêt à la fin de chaque année, il est besoin d'une demande pour faire courir les intérêts à partir de ces deux années...; qu'il en était ainsi sous la jurisprudence du parlement de Bordeaux, d'après laquelle les intérêts ne couraient pas de plein droit (Bordeaux, 2 mai 1826) (2); — 3° Que la clause d'un contrat de prêt par laquelle le débiteur promet de payer le capital avec l'intérêt au denier vingt, dans un délai de deux ans, à compter du jour du contrat, ledit intérêt payable de six mois et à échéance, ne fait pas courir de plein droit les intérêts après l'expiration des termes (Bordeaux, 1er mars 1832, aff. Naviceau, V. Prescription, n° 1057-2°).

30. On devrait, à plus forte raison, décider que les intérêts ne courent pas à partir du terme convenu pour le payement, si la convention par laquelle ils avaient été stipulés jusqu'à l'échéance avait eu lieu sous l'empire d'une loi qui interdisait toute stipulation d'intérêts (Cass. 10 sept. 1811) (3). C'est dans ce sens restreint, comme le fait remarquer Merlin, *eod.*, que l'on doit entendre cet arrêt et non dans le sens général qui lui est souvent attribué, et qui serait contraire à la doctrine soutenue par le célèbre jurisconsulte. — V. n° 28.

31. Au surplus, comme la loi n'exige pas que les clauses relatives aux intérêts soient *écrites* en termes *sacramentels*, il a été très-bien jugé : 1° que lorsqu'un arrêté de compte se termine ainsi : « Je reconnais devoir telle somme, ainsi qu'il en résulte par mon compte... arrêté le..., à valoir *tant pour le capital qu'intérêts*, » ce mot *intérêts* doit être entendu des *intérêts à échoir*, si les intérêts n'avaient pas été comptés ni convertis dans le compte; qu'une telle interprétation d'acte ne tombe pas sous la censure de la cour de cassation (Req. 5 avril 1816) (4); — 2° Que lorsqu'il n'est allégué aucune erreur contre un arrêté de compte, les intérêts courus depuis sa date jusqu'au payement peuvent être accordés, s'il apparait d'une de ses clauses que le débiteur a voulu s'engager à les payer (même arrêt); — 3° Que bien que l'interprétation d'une créance doive être faite dans le sens favorable au débiteur lorsque le sens en est douteux, cependant les intérêts qu'elle mentionne doivent être mis à la charge du débiteur s'ils

---

(1) (Gorand C. Martin.) — LA COUR; — Considérant que le billet du 2 mai 1806 était payable dans trois ans, avec l'intérêt; — Qu'il est bien présumable que, dans l'intention des parties, si le principal n'était pas payé au terme, l'intérêt continuerait jusqu'au payement; — Mais que, hors le cas où l'intérêt est de droit, il ne peut courir que d'après les conventions, ou par l'effet d'une demande judiciaire; — Que la présomption, quelle qu'elle puisse être, ne peut suppléer la convention exigée par la loi, et qu'il n'y a eu demande judiciaire que par l'exploit du 5 fév. 1815, introductif de la présente instance; — Qu'ainsi, aucun intérêt ne peut être dû depuis le 2 mai 1809, qui était l'échéance du billet, jusqu'au jour de l'action; — Infirme; condamne Martin à payer à Gorand 2,182 fr. et intérêts échus au jour de l'action, etc.

Du 25 avr. 1826.-C. de Bourges, 1re ch.-M. Sallé, 1er pr.

(2) *Espèce* : — (Dame Lavau C. hér. de Brezets.) — En 1799, acte notarié par lequel Sylvestre de Brezets promet de rembourser à son frère une somme de 10,000 fr. dans deux ans, avec l'intérêt au denier vingt, sans retenue à la fin de chaque année. — La dette n'est pas payée à l'échéance, et il n'est pas fait de poursuite. — Plus de vingt ans après, un ordre s'étant ouvert pour distribuer le prix des biens de Sylvestre, les héritiers de son frère y ont été colloqués, 1° pour les 10,000 fr.; 2° pour les cinq dernières années d'intérêts. — Appel de la dame Lavau, créancière, fondé sur ce que la créance n'a pu porter intérêt que pendant les deux années du terme accordé pour le payement du capital, puisqu'il n'est rien stipulé pour le temps ultérieur, et que la créance n'est pas productive d'intérêts de plein droit. — Les intimés répondent que la convention, touchant les intérêts, écrite au contrat, est faite et doit s'entendre pour tout le temps que le débiteur aura le capital. — Arrêt.

LA COUR; — Attendu, quant à l'appel de la dame de Lavau, que par l'acte public du 12 fév. 1799 (24 pluv. an 7), Sylvestre de Brezets, en se reconnaissant débiteur envers son frère Nicolas-Antoine d'une somme capitale de 10,000 fr., promit de la payer dans le délai de deux ans, avec l'intérêt au denier vingt, à la fin de chaque année, sans retenue; que les intérêts n'étaient pas, dans l'espèce, dus de plein droit, suivant la jurisprudence du parlement de Bordeaux; qu'ils ne furent, par la convention, stipulés que pour deux ans; qu'à l'expiration de ce terme, Sylvestre de Brezets ne fut pas mis en demeure; que, dès lors, il n'aurait pas dû être accordé d'intérêts pour le temps postérieur aux deux ans; — Emendant, ordonne que les héritiers de Nicolas-Antoine, baron de Brezets, ne seront colloqués à la date du capital des 10,000 fr. sur le prix des biens de Sylvestre de Brezets, que pour deux années d'intérêts seulement, courus jusqu'au 25 pluv. an 9.

Du 2 mai 1826.-C. de Bordeaux, 1re ch.-M. de Saget, pr.

(3) *Espèce* : — (Hér. Lucas C. la Roussière.) — En 1781, le sieur Lucas avait emprunté du sieur la Roussière 8,000 liv., payables dans un an avec intérêts à 5 p. 100. — En 1788, Lucas ayant remboursé les intérêts échus et 2,000 liv. sur le capital, il lui fut accordé un an pour le payement des 6,000 fr. restants, avec stipulation de 300 liv. d'intérêts. — En 1789, Lucas paya les 300 liv. d'intérêts. Peu après, la Roussière et sa famille quittèrent la France, et ils en furent absents pendant plusieurs années. — La Roussière et Lucas étant morts, le fils de la Roussière a demandé aux héritiers Lucas le payement des 6,000 liv. avec intérêts depuis 1789. — Le 16 mai 1810, arrêt de la cour de Riom qui prononce toutes les condamnations demandées. — Pourvoi. — Arrêt.

LA COUR; — Vu les art. 60 ord. Orléans et 1155 c. civ.; — Considérant que, dans l'espèce, la créance ne produisait pas des intérêts de droit, et qu'il n'y avait pas eu de stipulation pour le temps postérieur à 1789, en sorte que, lors même que l'origine de la créance aurait quelque rapport éloigné avec des affaires de commerce, la cour de Riom n'aurait pu adjuger plus de vingt années d'intérêts sans contrevenir aux lois citées; — Casse et annule l'arrêt de Riom, en ce qu'il a adjugé des intérêts antérieurs à la demande en justice, etc.

Du 10 sept. 1811.-C. C., sect. civ.-MM. Delacoste, pr.-Gandon, rap.

(4) *Espèce* : — (Petit-Jean C. Charpentier.) — Arrêté de compte entre Charpentier et Petit-Jean qui se termine ainsi : — « Je soussigné, décompte fait avec Charpentier, tous billets et acquits d'icelles faits par lui pour mon compte annulés, je reconnais lui devoir 14,676 livres, espèces au cours de France, ainsi qu'il en résulte par mon compte sur ses livres arrêté entre moi et lui, aujourd'hui 11 sept. 1791, à valoir tant pour le capital qu'intérêts. » — Sur la demande de Charpentier, jugement et arrêt de la cour de Nancy qui condamne, en vertu de ce titre, Petit-Jean à payer le capital avec dix-huit années d'intérêts.

Pourvoi. — Violation; 1° des art. 1156, 1163, 1134 c. civ., en ce que la cour a accordé des intérêts que le titre ne comportait pas, puisque ce titre n'était pas un prêt; — 2° Des art. 1110 et 1155 c. civ., en ce que la cour a accordé des intérêts pour un compte, lorsqu'il ne peut en être accordé à cause des erreurs et omissions ou doubles emplois qui s'y glissent d'habitude; — 3° et 4° Des art. 1157, 1158, 1161, 1162, 1272, 1557 c. civ., en ce que la cour a interprété un contrat dans le sens favorable au créancier, tandis qu'il devait l'être dans celui du débiteur; — 5° Des art. 1187 et 2277 c. civ., en ce que la cour a accordé des intérêts pour un temps antérieur à la demande en justice, lorsqu'ils ne devaient courir que dès cette époque. — Arrêt.

LA COUR; — Attendu, sur le premier moyen, que soit que l'acte du 12 sept. 1791 fût considéré comme contenant prêt ou liquidation, ce qu'il entrait dans les attributions de la cour de Nancy de déterminer, il n'a pu en résulter un moyen de cassation; — Attendu, sur le deuxième moyen, qu'il n'a été allégué aucune erreur de calcul contre l'arrêté de compte dont il s'agit, et qu'il a pu y être inséré une stipulation d'intérêts soit d'après les lois et usages particuliers de la Lorraine, soit sous le rapport des lois générales du royaume à l'époque où l'acte a été fait; — Attendu, sur le troisième moyen, que l'arrêt attaqué constate en fait qu'en Lorraine les intérêts pouvaient être stipulés soit par acte authentique, soit par acte sous seing privé, et que d'ailleurs les lois en vigueur en 1791, date de l'acte dont il s'agit, avaient fait disparaître quant à cette stipulation toute différence entre les actes sous seing privé et les actes authentiques; — Et attendu, sur le quatrième moyen, qu'en décidant que les expressions du même acte à valoir tant pour capital qu'intérêts devaient s'entendre dans le sens d'une stipulation d'intérêts pour l'avenir, attendu que les intérêts n'avaient pas été comptés pour le passé et n'avaient pas été convertis dans l'acte avec le capital, lequel droit reste tel qu'il était dû originairement, l'arrêt attaqué n'a fait qu'interpréter l'acte et la volonté des parties, et qu'il n'entre pas dans les attributions de la cour de censurer une semblable décision; — Attendu, sur le cinquième moyen, qu'il reproduit le précédent sous une autre forme, en ce qu'il porte sur l'obscurité de la clause de l'acte de 1791, quant à la stipulation des intérêts pour l'avenir, ce qui dispense de toute nouvelle explication, d'après les principes relatifs à l'interprétation des actes, et que, sous le rapport de la prescription de cinq ans pour les mêmes intérêts, d'après les dispositions du code civil, l'arrêt attaqué s'y est conformé, quant aux intérêts échus depuis la publication, et qu'à l'égard des intérêts échus antérieurement, l'arrêt s'est conformé aux lois générales et aux usages particuliers de la Lorraine qui n'admettaient pas cette même prescription de cinq ans pour les intérêts des simples arrêts; — Rejette.

Du 5 avril 1816.-C. C., sect. req.-MM. Henrion, pr.-Dunoyer, rap.

ne peuvent s'entendre que des intérêts à échoir (même arrêt) ; — 4° Qu'il suffit que, dans un acte de vente sous seing privé, il soit convenu que les intérêts du prix commenceront à courir d'un jour déterminé pour la réalisation de la vente devant notaire, pour que l'acquéreur qui a été mis en possession de l'immeuble ce jour-là même, puisse être condamné à payer les intérêts à compter de cette époque, quoique l'acte de vente n'ait jamais été réalisé (Req. 21 janv. 1834, aff. Beaucé, V. Obligation). Dans l'espèce, les parties étaient convenues que les intérêts courraient du 25 mars 1829 (jour auquel la délivrance fut effectuée) et avaient fixé cette date pour la signature du contrat notarié. La cour suprême a donc sagement décidé que le cours des intérêts commencerait du jour fixé par cette convention. Mais il en serait autrement si les parties s'étaient bornées à dire que les intérêts seraient dus à compter de la passation de l'acte authentique, car cette clause s'entendrait raisonnablement en ce sens que le vendeur a voulu affranchir son acquéreur de tout payement d'intérêts jusqu'au jour de la signature du contrat notarié. — V. Vente.

32. Il a été décidé encore : 1° que l'obligation par laquelle un débiteur s'est engagé à payer ce qu'il doit, *avec les intérêts*, lorsque ses moyens le lui permettront, ou sur le plus clair de ses biens, en cas de décès, produit de plein droit intérêt à compter du jour de l'acte (Bordeaux, 2e ch., 19 mars 1841, M. Poumeyrol, pr., aff. Chatry *C.* Manan) ; — 2° Que la clause portant que le débiteur *continuera* de payer les intérêts à 6 pour 100 par an, établit suffisamment la preuve de la stipulation antérieure de ces intérêts (Rennes, 28 oct. 1816, aff. Rosy, V. Vente publ.).

33. Les intérêts conventionnels peuvent être stipulés dans toute espèce de contrats, dans les donations, les legs, etc. C'est ce que dit aussi M. Rolland de Villargues, n° 65. — Il a été jugé en conséquence que, quoique les intérêts ne courent que lorsqu'il y a prêt, cependant les tribunaux peuvent les accorder encore que le titre en vertu duquel ils seraient réclamés serait un arrêté de compte (Req. 3 avril 1816, aff. Petitjean, V. n° 31). Mais des stipulations de cette nature ne se suppléent pas, et doivent être expresses.

34. Toutes les clauses sur les intérêts conventionnels sont valables, pourvu qu'elles n'aient rien d'usuraire. C'est ce qu'enseignent également Toullier, *loc. cit.*, et M. Duranton, t. 10, n° 492. — Ainsi, les parties peuvent convenir que les intérêts courront, ou du jour du contrat, ou d'une époque fixée, ou à l'échéance du terme, ou si tel événement arrive ; et les tribunaux sont chargés d'*interpréter* les clauses de cette nature comme celles de tous autres contrats.

35. Lorsque, dans un contrat, il est stipulé que le prix d'une cession d'office, montant à 23,000 fr., sera payable 13,000 fr. dans cinq ans, et le surplus dans dix ans, *le tout avec l'intérêt sur le pied de 5 pour* 100 *par an*, on doit l'entendre en ce sens que les intérêts seront exigibles à l'échéance de chaque année, et non pas qu'ils se cumuleront, pour ne l'être qu'en même temps que le capital au fur et à mesure (Angers, 1er fév. 1840) (1). — Toutefois, il a été jugé que les intérêts non stipulés payables par année ne sont exigibles qu'avec le principal : « La cour ; attendu que les intérêts n'ayant pas été stipulés payables par année, ne pourront devenir exigibles qu'aux époques fixées pour le payement du capital, et qu'ainsi aucune partie de la créance n'était échue au temps où la dame Lacour a formé sa demande » (Lyon, 24 juill. 1835, M. de Belbeuf, 1er pr., aff. Lacour *C.* Chavot).

36. On peut stipuler que la cessation du payement des intérêts sera une cause de résiliation du contrat, ou qu'elle fera déchoir le débiteur du bénéfice du terme. — Ainsi, il a été jugé : 1° qu'on ne doit pas considérer comme purement *comminatoire* la clause d'un acte notarié portant que le défaut de payement des intérêts dans un délai fixé rendra la créance exigible de plein droit (Paris, 23 avr. 1831) (2) ; — 2° Qu'en matière de prêt, la stipulation d'une échéance plus rapprochée dans un cas déterminé

---

(1) *Espèce :* — (Grasset *C.* Gérôme.) — Par acte notarié du 9 juill. 1838, Grasset cède à Gérôme son office de notaire au May, pour la somme et avec la clause ci-dessus énoncées ; — Sur la réclamation des premiers intérêts échus, le cessionnaire soutient qu'il ne sera tenu de les payer qu'aux mêmes termes et dans les mêmes proportions que le capital. Il invoque un arrêt de la cour de Lyon, du 24 juill. 1835 (D. P. 56. 2. 175). — Jugement du tribunal de Beaupréau qui lui donne gain de cause — ; « Attendu... qu'en présence des dispositions des actes..., il ne peut se placer aucune question d'interprétation ni de novation, puisque, d'une part, les termes sont clairs et sans équivoque, et que, de l'autre, les termes sans lesquels toute novation est impossible manquent au contrat ; — Attendu au surplus que la coexistence d'un acte sous signatures privées, dont l'acte notarié s'est approprié les dispositions, a pu, comme de fait, y en ajouter de nouvelles au gré des parties ; — Qu'enfin les conventions légalement formées tiennent lieu de loi à ceux qui les ont faites. » — Appel par Grasset. — Il se prévaut de la bonne foi, de l'usage général, de l'intention manifeste des parties. On ne saurait admettre consciencieusement qu'il eût consenti à capitaliser, sans leur faire porter d'intérêts, ceux qui étaient destinés à ses dépenses annuelles, qui formaient son revenu unique ou presque unique. — S'il y avait eu convention d'un atermoiement aussi insolite, aussi extraordinaire, on n'aurait pas manqué de s'en expliquer expressément dans le traité, à la rédaction duquel concourent quatre notaires. — Arrêt.

LA COUR ; — Attendu qu'il est d'un usage constant que les intérêts du prix d'un objet qui produit des fruits soient payés d'année en année ; — Que cet usage est surtout connu des personnes qui, par état, comme les notaires, font les affaires des autres ; — Que, pour y déroger, il faudrait une stipulation expresse, laquelle ne se trouve point dans l'acte ; — Qu'il résulte même des documents de la cause que Gérôme, en offrant le prix qui a été stipulé et en demandant du délai pour payer le principal, annonçait qu'il payerait, comme de raison, les intérêts de 5 p. 100 par an. — Par ces motifs, met le jugement dont est appel au néant ; — Statuant par décision nouvelle, dit que les intérêts dus par Gérôme sont payables, chaque année, le 9 juill. ; en conséquence, le condamne à payer ceux déjà courus, soit à Guibault, pour le montant de sa délégation, soit à Grasset pour le surplus du prix.

Du 1er fév. 1840.-C. d'Angers.-M. Desmazières, 1er pr.

(2) *Espèce :* — (Allart *C.* Bocquet.) — Le 8 sept. 1830, intervient entre le sieur Allart et le sieur Bocquet, son débiteur, un contrat par lequel celui-ci, après avoir payé une partie de sa dette (74,000 fr.), obtient, pour le payement du surplus (montant à 110,000 fr.), un délai dont le terme est fixé au 1er janv. 1832. Cet acte, où se trouvent, d'ailleurs, stipulées, au profit du créancier, des sûretés et hypothèques, exprime, en outre, « qu'à défaut du payement du semestre des intérêts échus, et quinzaine après le commandement, la créance deviendra exigible de plein droit, sans qu'il soit besoin de le faire prononcer en justice. » — En janvier 1831, Bocquet se trouve en retard de quelques jours de payer les intérêts échus. Commandement lui est fait de s'acquitter, dans le délai de quinzaine. Le lendemain de l'expiration de ce délai, les intérêts offerts par Bocquet sont refusés. Allart veut le remboursement de sa créance, conformément à la clause insérée en l'acte de 1830. — 19 fév. 1831, jugement du tribunal de Paris, en ces termes : — « En ce qui touche la demande de Bocquet, en validité d'offres réelles : — Attendu qu'il n'a offert que les intérêts dus, et que le capital était exigible aux termes d'une clause de l'acte notarié du 8 sept. 1830 ; — En ce qui touche la demande subsidiaire de Bocquet en prorogation de délai pour l'exécution de ladite obligation : — Attendu, en droit, que, bien qu'il s'agisse d'acte notarié, les premiers juges n'ont pas moins la faculté d'en suspendre l'exécution, puisque les termes mêmes de l'art. 1244 c. civ., qui accorde aux tribunaux cette faculté, démontrent que le législateur supposait nécessairement la préexistence d'actes exécutoires ; — Attendu, en fait, qu'Allart n'a point établi que son débiteur fût dans aucun des cas prévus par l'art. 124 c. pr. ; qu'il résulte, au contraire, des documents de la cause que Bocquet n'a diminué en rien les sûretés données à son créancier ; que ce dernier demeure avec un nantissement et des garanties personnelles et hypothécaires telles, que sa créance ne saurait, en aucune manière, péricliter ; — Que, dans l'espèce, les embarras qu'ont éprouvés les opérations commerciales et industrielles de Bocquet, ainsi que son empressement à offrir réellement les intérêts échus, doivent être pris en considération ; qu'enfin les garanties de toute espèce données par le contrat au créancier subsistent entières, ou du moins sont encore supérieures à la créance d'Allart, et le mettent à l'abri de tout événement qui pourrait frapper son débiteur ; — Le tribunal déclare nulles, comme insuffisantes, les offres de Bocquet, et lui accorde, pour l'exécution de son obligation notariée, un délai de six mois ; — Fait défense à Allart de passer outre, avant l'expiration dudit délai, à aucun acte d'exécution, pour raison du capital de ladite créance, toutes choses demeurant en état. »

Les parties interjettent respectivement appel de ce jugement. — Allart soutient que les premiers juges n'ont pu, sans tomber dans une contradiction, accorder un délai de grâce, après avoir reconnu l'exigibilité de la dette ; qu'il était hors de leurs attributions de suspendre l'exécution d'un titre exécutoire, parce qu'un pareil titre doit être assimilé, pour l'exécution, à un véritable jugement, et que l'art. 122 c. pr. interdit aux juges d'accorder des délais après le jugement rendu ; qu'il ré-

(c'est-à-dire l'exigibilité immédiate du capital à défaut de payement des intérêts), ne peut être classée parmi les conditions résolutoires relatives à l'aliénation d'un capital (art. 1912), ni par conséquent assujettie aux mêmes règles » (Paris, 1re ch., 24 janv. 1815, MM. Séguier, 1er pr., aff. Leblond *C.* Surcouf).—Mais les tribunaux, tout en déclarant exigible une telle créance, peuvent suspendre pour un certain temps, par application de l'art. 1244 c. nap., l'exécution des poursuites exercées par le créancier (même arrêt, du 23 avril 1831).

Toutefois, il a été décidé que la stipulation d'un contrat de prêt, par laquelle les parties conviennent qu'à défaut de payement des intérêts aux échéances ou au plus dans les six semaines après, les emprunteurs seront tenus de rembourser le capital, n'emporte pas de plein droit la déchéance du terme; que cette déchéance doit être prononcée par le juge : « La cour; attendu que dans le contrat dont il s'agit, les parties n'ont pas stipulé que la commise était encourue, sans qu'il soit besoin d'acte, et par la seule échéance du terme (c. nap. 1139), d'où il résulte que dans ce cas, l'intimé (le prêteur) n'a pu procéder à l'expropriation forcée pour obtenir le remboursement qu'après avoir fait déclarer la commise par le juge » (Bruxelles, 2e sect., 24 mai 1809, aff. Powis *C.* Dewalsche).

37. Les parties ne peuvent, du reste, porter atteinte aux droits des *tiers*. On suit ici les règles ordinaires en matière de contrats (V. Obligat.). — La clause d'un acte de vente, par laquelle l'acquéreur n'est pas tenu de payer les intérêts, est-elle opposable aux créanciers hypothécaires du vendeur? — V. Privilége et hypothèque.

38. Le versement opéré dans une maison de commerce par un père, dans l'intérêt de ses fils, et pour leur servir de mise sociale, avec stipulation : 1° qu'il se réserve la propriété des fonds versés; 2° que l'intérêt lui en sera servi directement, à 5 p. 100; 3° qu'il ne pourra en obtenir le remboursement avant l'expiration de la société, constitue un prêt fait à la maison de commerce et non aux enfants sociétaires eux-mêmes; et c'est à tort que, sous couleur d'interprétation, une cour d'appel y verrait un prêt fait aux enfants, à l'effet de former leur mise sociale, et mettrait à la charge exclusive de ceux-ci l'insolvabilité de la maison commanditée..., alors surtout que, dans la liquidation de la succession du père de famille, cette mise figure dans son intégralité comme créance active de la succession, et que, dans le partage, elle a été divisée entre tous les cohéritiers, avec clause de garantie réciproque pour le cas où la maison débitrice viendrait à être insolvable (Cass. 24 avr. 1844) (1).

Art. 2. — *Des intérêts judiciaires ou moratoires.*

39. Quand il n'y a pas eu stipulation d'intérêts et qu'aucune disposition légale ne les déclare dus de plein droit, une mise en demeure est nécessaire pour les faire courir. La mise en demeure à cet égard consiste, en général, dans une demande judiciaire. Il y a des cas cependant où un acte extrajudiciaire est suffisant pour faire courir les intérêts. — On appelle ces intérêts *judiciaires*, parce que, n'étant pas de droit ou ne résultant pas d'une convention, ils ne peuvent être accordés que par le juge. — Ils sont dits *moratoires* (de *mora*, retard), parce qu'ils sont fondés sur le retard mis par le débiteur dans l'acquittement de sa dette, ou *compensatoires*, comme étant le dédommagement d'un préjudice éprouvé. — On va parler des uns et des autres.

40. 1° *Intérêts moratoires.* — En règle générale, les intérêts dus pour simple retard ne courent qu'en vertu d'une *demande judiciaire*.

41. Aux termes de l'art. 1153 c. nap., « les intérêts ne sont dus que du *jour de la demande*, excepté dans le cas où la loi les fait courir de *plein droit*. » — Ainsi, c'est la *date* de la demande qui fixe celle de l'exigibilité des intérêts, à moins que les parties ne soient convenues d'une autre époque; cette dérogation ne se présumerait pas facilement. — Mais V. n° 85, ce qui est dit à l'égard des intérêts compensatoires.

42. Par application de la disposition que nous venons de rappeler, il a été jugé : 1° que, lorsque, dans une obligation sous seing privé, il est stipulé que les intérêts de la somme qui en fait l'objet, courront du jour où l'obligation sera rédigée en acte authentique, ces intérêts peuvent être réclamés du jour de la de-

---

sulte de la discussion du conseil d'État que le législateur n'a pas voulu laisser au juge la faculté d'accorder des délais dans le cas où le contrat contiendrait, à cet égard, une disposition contraire; qu'enfin, telle est l'opinion de MM. Toullier et Maleville.

Bocquet, de son côté, prétend que le tribunal s'est, mal à propos, considéré comme obligé de prononcer, en vertu d'une clause qui n'est en réalité que comminatoire, l'exigibilité de la créance dont il s'agit; que la disposition de l'art. 1244, dictée par un juste sentiment d'humanité, doit être étendue aux dettes quelconques, qui donnent lieu à des poursuites d'une rigueur excessive; qu'il n'existe pas d'analogie entre les jugements, dont l'art. 122 c. pr. interdit de suspendre l'exécution et les conventions des parties qui demeurent toujours soumises à l'interprétation et à la sanction des tribunaux; qu'il s'agit, au surplus, dans l'espèce, d'une déchéance de terme, par conséquent d'une clause pénale; or la peine peut être modifiée, dit l'art. 1231 c. civ., lorsque, comme dans l'espèce, l'obligation principale a été exécutée en partie. — Arrêt (ap. un long délib.).

La cour; — Adoptant les motifs, etc., met les appels au néant.

Du 23 avr. 1831.-C. de Paris, 3e ch.-M. Lepoitevin, pr.

(1) (Combe-Sieyes *C.* Combe et Tissot.) — La cour (ap. délib. en ch. du cons.); — ...Vu les art. 1134, 1158, 1892, 1895 et 2015 c. c.;—Attendu que, s'il appartient aux cours royales d'apprécier les faits et d'interpréter souverainement le sens et la lettre des conventions, il entre dans les attributions essentielles de la cour de cassation d'examiner si, dans l'exercice de ce pouvoir, les cours royales n'ont pas méconnu les caractères de la convention dans ses rapports avec la loi qui en a défini les éléments constitutifs; — Attendu que l'arrêt attaqué constate, en fait, que Georges-Combe père, en faisant entrer successivement et à deux titres différents ses deux fils du second lit (Julien-Combe et Combe-Sieyes), dans la maison Robin-Grandin et en s'engageant à verser pour eux dans cette maison de commerce un capital de 400,000 fr., a formellement stipulé, dans les actes des 22 nov. 1817 et 17 août 1818, entre autres conditions: 1° qu'il se réservait la propriété des fonds versés; 2° que l'intérêt lui en serait servi sur le pied de 5 p. 100 par la maison Robin-Grandin; 3° que le remboursement des capitaux ne pourrait lui être fait par ladite maison en tout ou en partie, avant l'expiration de la société;

Attendu que de l'ensemble de ces stipulations, déterminées par la confiance que Georges-Combe avait dans la maison Robin-Grandin et par l'intérêt qu'il portait à ses enfants, il n'a pu résulter qu'un prêt fait par lui à la maison Robin-Grandin, pour assurer le développement et le succès des opérations commerciales, aux bénéfices desquelles ses deux fils devaient prendre part; — Qu'en effet, c'est dans la caisse de la société qu'il doit reprendre les capitaux, dont il se réserve la propriété tant que l'association durera; c'est la société qui doit en payer l'intérêt tous les six mois, alors même que les fonds resteraient improductifs, et c'est dans l'intérêt de la société que le remboursement est différé jusqu'à l'époque de sa dissolution; — Que, d'autre part, aucun engagement personnel n'a été contracté par Julien-Combe et Combe-Sieyes vis-à-vis de leur père, soit pour la restitution du capital à un terme quelconque, soit pour le service des intérêts;—Qu'enfin les fonds ont été délivrés, non pas à Julien-Combe et à Combe-Sieyes, mais directement à la société, des caisses de laquelle ces mêmes fonds devaient sortir au moment de la dissolution pour retourner directement aux mains du prêteur;

Attendu que, d'un contrat, dont les éléments sont ainsi définis par l'arrêt attaqué, il ne pouvait sortir aucune action utile au profit de Georges-Combe contre ses deux fils, soit pour la restitution du prêt, soit pour le service des intérêts; — Qu'il en résulte évidemment, au contraire, que Georges-Combe a entendu suivre exclusivement la foi de la maison Robin-Grandin, à ce point que, si le service de l'intérêt avait été interrompu de son vivant, il n'aurait pu agir que contre la société pour en obtenir le payement; — Attendu qu'au moment de sa mort, toutes les parties se sont accordées à interpréter dans ce sens les actes de 1817 et 1818, puisque la créance de 400,000 fr. contre la maison Robin-Grandin a été portée, dans l'inventaire, à l'actif de la succession, et qu'elle est entrée, à ce titre, dans la liquidation et le partage auxquels il a été procédé en 1825, d'autorité de justice, entre tous les enfants; — Attendu, cependant, que l'arrêt attaqué a substitué aux engagements de la maison Robin-Grandin une obligation directe et personnelle de Julien Combe et Combe-Sieyes au remboursement des fonds versés en 1817 et 1818 et qu'en décidant ainsi la cour royale n'a pas seulement usé du droit d'interpréter les conventions, mais qu'elle en a méconnu le caractère légal et créé une obligation en l'absence des éléments qui, seuls, auraient pu la constituer; — Que par là elle a commis un excès de pouvoirs, violé les art. 1134, 1892, 1893 c. civ. et faussement appliqué les art. 1158 et 2015 du même code; — Sans qu'il soit besoin de statuer sur les autres moyens, casse.

Du 24 avr. 1844.-C. C., ch. civ.-MM. Teste, pr.-Duplan, rap.-Boissieu, av. g., c. conf.-Œillet-Desmurs, Moreau, Boguin, Béchard, Roger, av.

mande, encore que l'acte authentique n'ait pas eu lieu (Cass. 23 nov. 1812) (1); — 2° Qu'en cas de résiliation du contrat de vente, les intérêts des loyaux-coûts du contrat et des améliorations sont dus à l'acquéreur du jour de la demande et non du jour de la vente (Bourges, 13 avr. 1833, aff. Parnajon, v° Vente); — 3° Que les intérêts, lorsqu'ils n'ont pas été stipulés dans un concordat où de nouvelles échéances sont accordées au débiteur, ne courent que du jour de la demande en justice (Aix, 4 déc. 1837) (2); — 4° Que les intérêts des billets et des comptes successifs faits pour fournitures par la femme commune, sans autorisation maritale, ne sont dus par le mari que du jour de la demande en justice; ceux qui sont échus antérieurement ne peuvent être exigés par les créanciers, qui doivent s'imputer de n'avoir pas réclamé plus tôt du mari le payement de ces fournitures (Pau, 19 juill. 1823, aff. Caubotte, sous Rej. 14 fév. 1826, v° Contrat de mariage, n° 1012); — 5° Que le créancier qui, en vertu d'un bordereau de collocation prononcée par un jugement d'ordre non attaqué, a reçu une somme d'argent de l'acquéreur des biens dont les deniers sont à distribuer, est censé avoir reçu de bonne foi; et qu'en conséquence si, plus tard, la restitution de la somme reçue est ordonnée, il ne doit les intérêts que du jour de la demande, et non du jour du payement qui lui a été fait (Cass. 2 juill. 1827 (3); Colmar, 31 août 1811, aff. Stuppher, V. Contrat de mar., n° 1837); — 6° Que les intérêts des fruits échus, et dont la restitution a été ordonnée, doivent être accordés du jour de la demande, comme les intérêts résultant des capitaux (Pau, 10 mai 1839) (4); — 7° Qu'en cas de retour conventionnel, les intérêts de la somme formant l'objet de la donation ne sont dus que du jour de l'exercice de l'action en retour et non de celui du décès du donataire qui en a ouvert le droit : « Attendu que les appelants n'exerçant qu'un retour conventionnel et non un retour légal, les intérêts ne doivent être adjugés que du jour de la demande » (Nîmes, 27 janv. 1812, aff. Beaumelon C. Lescure). — V. encore des applications de l'art. 1153, v[is] Assur. terr., n° 233; Cautionn., n° 100; Contrat de mar., n° 4267; Disposit. entre-vifs, n° 1382; Droit marit., n° 195; Marais, n°s 33, 48; Minorité, n° 119, et Req. 30 nov. 1829, aff. Savoye, v° Usufruit.

48. Il a été décidé, en matière administrative : 1° que les intérêts des sommes réclamées devant les tribunaux administratifs doivent, entre particuliers, être accordés à compter du jour de la demande (cons. d'Ét. 30 nov. 1841) (5); — 2° Que si le retard de payement éprouvé par un entrepreneur provient du fait

---

(1) *Espèce :* — (Delatour, etc. *C.* Beauchamp.) — Le 17 oct. 1785, la dame Guenon-Saint-Sevrin, veuve et légataire universelle de Pierre Delatour, et les héritiers de celui-ci firent une transaction sous seing privé portant que la dame Delatour reconnait devoir auxdits héritiers pour leur tenir lieu des deux tiers qu'ils ont à prétendre en la succession dudit sieur Delatour, la somme de 16,240 liv., laquelle somme elle s'oblige de leur payer dans six ans de ce jour, à leur domicile, avec le juste intérêt qui commencera à courir du jour de la date de la transaction qu'ils s'obligent les uns et les autres de passer, pour l'effet de l'écrit sous seing privé, et qui courra jusqu'à final payement. — L'acte devant notaire ne fut jamais passé. En l'an 12, les héritiers Delatour ont assigné au tribunal de Saintes les représentants de la dame Guénon-Saint-Sevrin. Ils ont conclu au payement de 16,240 liv. et des intérêts depuis 1785. Leur demande est accueillie par les premiers juges. — Appel, et le 21 déc. 1809, arrêt de la cour de Poitiers, qui infirme, attendu qu'aux termes de de l'écrit sous seing privé, les intérêts stipulés ne devaient commencer à courir qu'à compter de la transaction qui devait être faite ; que n'y ayant point eu d'acte passé devant notaire, la condition sous laquelle les intérêts devaient prendre cours n'avait pas eu lieu ; que lesdits intérêts n'étaient donc pas exigibles. — Pourvoi. — Arrêt.

LA COUR ; — Vu la dernière disposition de l'art. 1153 c. civ. ; — Considérant qu'étant avoué et jugé entre les parties que le capital de 16,240 liv. était véritablement exigible, aucune clause du traité sous seing privé ne s'opposait à l'application du dit article ; — D'où il suit que la cour d'appel, en infirmant le jugement du tribunal de Saintes, même quant au payement de l'intérêt dudit capital, à compter du jour de la demande judiciaire, a méconnu et ouvertement violé l'art. 1153 précité du code ; — Par ce motif, donne défaut, et, pour le profit, casse.

Du 23 nov. 1812.-C. C., sect. civ.-MM. Muraire, 1er pr.-Reuvens, rap.

(2) *Espèce :* — (Peyron *C.* Pezzes). — Par le concordat que les frères Peyron ont obtenu de leurs créanciers en 1815, il leur a été accordé cinq ans pour se libérer, à charge de payer chaque année 20 p. 100 du capital. — Ce concordat fut homologué par le consul de France, à Smyrne. — Les sieurs Pezzes, créanciers signataires à qui il est dû encore environ 6,000 piastres dites du Grand-Seigneur, réclament ce reliquat ainsi que les intérêts courus depuis la signature du concordat. Ils les capitalisent chaque année, au taux de 10 p. 100. — 23 juil. 1835, jugement du tribunal du consulat de Smyrne qui condamne les frères Peyron au payement : 1° de 6,115 piastres en capital ; 2° de 9,741 piastres en intérêts à raison de 10 p. 100. — Appel. — Les sieurs Pezzes, intimés, soutiennent qu'un délai pour se libérer a été seulement accordé aux débiteurs concordataires; qu'il ne leur a été fait aucune remise ni sur le capital ni sur les intérêts; que le concordat n'est qu'une espèce d'arrêté de compte qui n'arrête pas le cours des intérêts. — Quant au taux de 10 p. 100, c'est le taux le plus modique à Smyrne, où la valeur intrinsèque de la piastre turque a subi une grande diminution.

LA COUR ; — Attendu que les droits des parties doivent être réglés par le concordat dont la résolution n'a été ni demandée ni prononcée ; — Que cet acte ne contient aucune stipulation d'intérêts pour le cas où le débiteur ne payerait pas aux nouvelles échéances qui lui avaient été consenties ; — Qu'il suit de là que les intérêts n'ont pu courir contre lui qu'à partir du jour de la demande en justice ; — Qu'en admettant que les usages et les besoins du commerce du Levant autorisent une stipulation d'intérêts conventionnels jusqu'à 10 p. 100, ce taux ne saurait être néanmoins dépassé ; — Qu'en effet, en l'absence d'une convention expresse, lorsqu'il s'agit d'intérêts moratoires, le taux ne peut en être déterminé que par la loi seule ; — Infirme, etc.

Du 4 déc. 1837.-C. d'Aix, 1re ch.-M. Pataille, pr.

(3) (Rillardon *C.* veuve Blanchet.) — LA COUR (apr. dél. en ch. du cons.); — Vu les art. 1378 et 1153, c. nap. ; — Attendu, en fait, que Rillardon n'a touché de l'acquéreur Chopy la somme de 2,297 fr. 8 c., montant de la collocation prononcée à son profit par le jugement d'ordre du 18 juin 1808, qu'en vertu d'un bordereau à lui délivré en exécution de ce jugement, bordereau qui, aux termes de l'art. 771 c. pr., était exécutoire contre cet acquéreur ; — Que ce dernier, lui-même, n'a dû, aux termes des art. 548, 549 et 550 c. pr., faire ce payement à Rillardon que sur le certificat de l'avoué de Dumont, poursuivant ordre, certificat contenant la date de la signification de ce jugement faite au domicile de la veuve Blanchet, partie saisie, et sur l'attestation du greffier du tribunal, constatant qu'il n'existait, contre ce jugement, ni opposition ni appel ; — Qu'ayant ainsi reçu, en vertu d'un jugement non attaqué, Rillardon a nécessairement reçu de bonne foi ; — Attendu, en droit, que suivant l'art. 1378 c. civ., dont la doctrine est conforme à celle des art. 549 et 550 du même code, la restitution du capital et des intérêts, ou des fruits, du jour du payement, ne peut être prononcée que contre celui qui a reçu de mauvaise foi ; — Que, suivant l'art. 1153, les intérêts à titre de dommages-intérêts ne sont dus que du jour de la demande, excepté dans le cas où la loi les fait courir de plein droit ; — Que, de la combinaison de ces diverses dispositions du code, il résulte qu'en condamnant Rillardon à restituer à la veuve Blanchet la somme par lui reçue avec les intérêts à partir du 26 déc. 1811, jour du payement, la cour royale de Limoges (arrêt du 19 mai 1824) a formellement violé les articles précités ; — Donne défaut contre la veuve Blanchet, et, pour le profit, sans qu'il soit besoin de statuer sur les quatre premiers moyens proposés par Rillardon ; — Casse.

Du 2 juil. 1827.-C. C., ch. civ.-MM. Brisson, pr.-Quéquet, rap.-Joubert, av. gén., c. conf.-Bruzard, av.

(4) (Lenac *C.* la ville de Lourdes.) — LA COUR ; — En ce qui touche la question de savoir si les intérêts sont dus depuis le jour de la demande : — Attendu qu'il est de principe, posé dans les art. 1154 et 1155 c. civ. ; — Que les intérêts des intérêts échus, ainsi que ceux des restitutions de fruits, sont dus à partir du jour où la demande en a été faite en justice d'une manière expresse ; — Qu'en fait, la ville de Lourdes a fait signifier, le 20 mars 1837, des conclusions formelles, tendant à obtenir les intérêts des restitutions de fruits qu'elle avait le droit de réclamer, et qui avaient déjà été appréciés par les experts ; — Qu'il suit de là que les intérêts doivent courir à son profit à compter de ce jour, avec d'autant plus de raison qu'il s'agit de fruits échus depuis plusieurs années ; — Confirme le jugement dont est appel, etc.

Du 10 mai 1839.-C. de Pau, ch. civ.-M. Dartigaux, pr.

(5) (Mercier la Vendée *C.* Gois.) — LOUIS-PHILIPPE, etc. ; — Vu la loi du 28 pluv. an 8, celle du 16 sept. 1807, art. 55 ; — ...En ce qui touche l'évaluation du prix des matériaux : — Considérant qu'il est établi par l'instruction que l'entrepreneur a extrait de la carrière une quantité de 570 mètres cubes de pierre, et que le prix doit en être fixé à la somme de 8 cent. le mètre cube ; — Que, dès lors, il y a lieu d'allouer aux requérants, en outre de l'indemnité pour dommage causé à leur terrain, une somme de 45 fr. 60 c. pour la valeur des matériaux pris dans leur fonds, et ce avec les intérêts à dater du 24 juillet 1838, jour où ils ont formé leur demande d'indemnité : — Art. 1. L'arrêté du conseil de préfecture de Maine-et-Loire, du 27 janv. 1840, est réformé, en tant qu'il refuse d'allouer aux sieur et dame Mercier la Vendée le prix des matériaux extraits de leur fonds. — Art. 2. Le sieur Gois sera tenu de payer aux sieur et dame Mercier la Vendée la somme de 45 fr. 60 c. pour la valeur desdits matériaux.

Du 30 nov. 1841.-Ord. cons. d'Ét.-M. du Martroy, rap.

de l'administration qui l'a employé, les intérêts doivent lui être alloués du jour de sa demande (ord. cons. d'Et. 22 nov. 1835) (1); — 3° Que les entrepreneurs d'un chemin vicinal de grande communication, qui n'ont pas reçu, à l'époque de l'exigibilité, le contingent mis à la charge d'une des communes intéressées, n'ont droit aux intérêts moratoires, à partir de cette époque, qu'autant qu'il a été inséré à cet égard une stipulation expresse, soit dans le cahier des charges de l'entreprise, soit dans l'arrêté préfectoral portant fixation du contingent à fournir par la commune (cons. d'Et. 9 mars 1854, aff. ville de Cambrai, D. P. 54. 3. 44; 11 mai 1854, aff. ch. de fer du Nord, *eod.*, 58; 4 mai 1854, aff. Fougeron, *eod.*, 88).—V. aussi Marchés de fournit., nos 120 et suiv.; cons. d'Et. 21 déc. 1849, aff. de Rély, D. P. 50. 3. 19.

44. D'après Merlin, Rép., vo Délai, dont le sentiment est partagé par M. Poujol, sur l'art. 1154, no 13, le jour de la demande doit être compté dans le calcul des intérêts. — V. Délai, no 25.

45. Pour faire courir les intérêts, il faut une demande; une simple sommation ne suffirait pas, sauf certaines exceptions (V. nos 75 et s.). — Jugé : 1° qu'un simple commandement ne constitue pas une demande judiciaire qui puisse faire courir les intérêts (Req. 3 juill. 1828 (2), et 16 nov. 1826, aff. Vignon, V. no 132-2°); — 2° Que le commandement de payer le capital d'une créance échue, ne fait pas courir les intérêts, lorsqu'il n'en est fait aucune mention dans la copie, et qu'il n'y a aucune demande, même extrajudiciaire, à cet égard (Riom, 17 mai 1830) (3); — 3° Qu'un commandement non suivi de poursuites ne fait pas courir les intérêts moratoires, et, par suite, n'a pas pour résultat de convertir en intérêt moratoire, calculé au taux légal, un intérêt conventionnel inférieur à ce taux (Rej. 15 avr. 1846, aff. faillite Moisson, D. P. 52. 1. 119).

46. Il a été jugé qu'en matière de douanes, les contraintes décernées par l'administration pour payement des droits, ne constituent point des demandes judiciaires; qu'en conséquence de tels actes ne peuvent faire courir les intérêts de plein droit du jour qu'ils sont signifiés (Bordeaux, 4 juill. 1832, aff. Perrens, V. Effets de comm., no 911).

47. D'après l'art. 57 c. pr. la citation en conciliation fait courir les intérêts, pourvu qu'elle ait été suivie, dans le mois, d'une demande en justice (V. Conciliation, no 376). — Jugé aussi qu'avant le code de procédure, la citation en conciliation faisait courir les intérêts, lors même qu'elle n'avait pas été suivie d'assignation dans le mois (Req. 12 juill. 1808, M. Oudart, rap., aff. Morin *C.* N....)

48. Du reste, la demande qui fait courir les intérêts doit s'entendre de celle sur laquelle est intervenue la condamnation au payement, et non pas d'une demande qui aurait été formée dans une instance différente et ayant un autre but. — Il a été très-bien jugé, en conséquence, que la demande formée sur l'appel d'une sentence ordonnant l'envoi d'un créancier en possession pignorative d'un immeuble de son débiteur ne peut, quand l'instance d'appel a été abandonnée, et remplacée par une nouvelle instance tendant à la restitution des jouissances indûment perçues par l'antichrésiste, servir de point de départ aux intérêts des restitutions ordonnées, mais bien et seulement la nouvelle demande relative à ces restitutions (Cass. 5 janv. 1839, aff. Constant, vo Obligation).

49. On a élevé la question de savoir si la demande nécessaire pour faire courir les intérêts est la demande du capital ou la demande spéciale des intérêts? — Delvincourt, t. 2, p. 534, notes, pense qu'il faut entendre, par la demande, celle du principal, et qu'il n'est pas nécessaire que les intérêts soient demandés. — Il a été jugé ainsi que les intérêts dus pour retard dans l'exécution d'une obligation courent à partir de la demande en payement du capital; qu'il n'est pas besoin que ces intérêts soient l'objet d'une demande spéciale (Req. 20 nov. 1848, aff. Albrecht, D. P. 48. 1. 235). — Mais Toullier, t. 6, no 272; Merlin, § 4, no 16; Rolland de Villargues, vo Intérêts, no 78; MM. Duvergier, sur Toullier, *loc. cit.*, note *a*; Marcadé, art. 1153, no 3 MM. Aubry et Rau, sur Zachariæ, t. 2, § 308-1°, enseignent, au contraire, qu'on ne peut rapporter qu'aux intérêts la demande dont parle l'art. 1153, ce qui devient plus manifeste encore par l'art. 1207 qui parle de la *demande d'intérêts* contre les débiteurs solidaires.

50. Conformément à cette manière de voir, qui est aussi la nôtre, il a été jugé que pour faire courir les intérêts, il ne suffit pas de former la demande du principal, il faut conclure formellement aux intérêts (Liége, 15 juin 1818 (4). — Conf. Limoges, 4 fév. 1847, aff. Grand, D. P. 47. 4. 306; Bordeaux, 6 mai 1847, aff. Casenave, *eod.*).

51. Delvincourt dit qu'il ne suffirait pas de demander les intérêts, si l'on ne demandait en même temps le capital, et il invoque, à cet égard, l'opinion de Ricard. Nous croyons aussi que la dette des intérêts n'existe point par elle-même, et qu'elle ne se soutient que comme *accessoire* de celle du principal, d'où la conséquence que les intérêts ne peuvent être réclamés qu'autant que la dette du principal est reconnue. Mais s'ensuit-il qu'on ne peut les demander sans exiger en même temps le capital?—Nous ne le pensons pas. L'art. 1207, dont nous avons déjà parlé, suppose, au contraire, que l'on peut faire des intérêts seuls l'objet d'une demande. — De deux choses l'une : ou le débiteur recon-

---

(1) (Vautier *C.* la ville de Paris). — Louis-Philippe, etc.; — En ce qui touche les intérêts réclamés à l'égard des sommes restant dues sur les travaux exécutés par le requérant : — Considérant que le retard de payement par lui éprouvé provient du fait de la ville de Paris; que, dès lors, il y a lieu de lui allouer les intérêts qu'il réclame à dater du jour où ils ont été demandés, et que la demande remonte au 8 nov. 1830.

Du 22 nov. 1835.-Ordonn. cons. d'Et.-M. Jauffret, rap.

(2) (Garde *C.* Chopard). — La cour; —...Attendu que la suffisance des offres étant justifiée par les motifs de l'arrêt attaqué, le reproche de contravention à l'art. 1258 c. civ. se trouve réfuté; — Que le moyen de cassation ne peut pas davantage être appuyé sur le refus d'accorder les intérêts des intérêts par application de l'art. 1154 c. civ., puisque cet article exige, pour les faire courir, une demande judiciaire, comme convention spéciale; qu'aucune convention n'est alléguée; qu'aucune demande judiciaire n'est justifiée, parce que ce caractère n'appartient à aucun des actes datés et énoncés dans la requête; les deux premiers étant de simples commandements, dans l'un desquels il y a en même temps une citation donnée devant un juge incompétent et qui s'est déclaré tel, et les quatre autres, si même ils renferment une demande de cette nature (ce qui est équivoque) étant postérieurs en date au premier exploit d'offres réelles déclarées valables; — Rejette.

Du 3 juil. 1828.-C. C., ch. req.-MM. Henrion, pr.-Borel, rap.

(3) (Chardonnet *C.* veuve Salvy.) — La cour; — Sur les intérêts relatifs aux deux premiers termes : — Attendu que la demande a été judiciairement formée de ces intérêts, par l'exploit du 6 mars 1815, et que, si les saisies-arrêts ont fait alors obstacle à ce que le débiteur payât, entre les mains du saisi ou des saisissants, il a pu le faire par une remise à la caisse des consignations, qui, en le libérant, aurait assuré aux saisis et saisissants les intérêts que cette caisse fait de tous les versements qu'elle reçoit; qu'ayant préféré, sans doute pour son avantage, conserver les deniers en ses mains, avec la charge de la demande judiciaire des intérêts qui en était faite, il devient comptable de ces intérêts; — Quant aux intérêts des derniers termes : — Attendu que l'exploit du 18 sept. 1818, portant commandement de payer le principal, n'est pas une demande judiciaire des intérêts; que la copie de ce commandement, rapportée par l'appelante, et qui tient lieu d'original à son égard, ne fait même aucune mention desdits intérêts; qu'ainsi, il n'y a eu aucune demande, même extrajudiciaire, à ce sujet; — Par ces motifs, dit qu'il a été mal jugé quant au premier chef, mal jugé quant au deuxième chef, etc.

Du 17 mai 1830.-C. de Riom, 3e ch.-M. Prévérant, pr.

(4) *Espèce* : — (Renson *C.* Delhaye.) — Le 10 oct. 1816, Delhaye demande à Renson la délivrance du legs d'une pièce de terre avec les fruits perçus depuis le décès du testateur. Le 7 décembre suivant, il le fait assigner devant le tribunal de Huy pour se voir condamner à délivrer ladite pièce de terre, à restituer les fruits perçus avec les intérêts légaux depuis le 10 octobre. Le 30 juill. 1817, jugement qui lui adjuge toutes ses demandes. — Appel par Renson. — Il soutient que Delhaye n'ayant pas demandé les intérêts dans l'exploit du 10 oct. 1816, et n'ayant conclu à cet égard que dans l'exploit introductif d'instance du 7 décembre suivant, il ne pouvait demander les intérêts qu'à dater de cette dernière époque.—Arrêt.

La cour; — Attendu qu'aux termes de l'art. 1153 c. civ., les intérêts ne sont dus que du jour de la demande, excepté dans les cas où la loi les fait courir de plein droit; — Attendu que la demande en justice de la restitution des fruits perçus et des intérêts, n'a été faite que par l'exploit introductif d'instance du 7 déc. 1816; qu'ainsi, les premiers juges n'auraient dû condamner aux intérêts que depuis cette époque; — Infirme, en ce que les premiers juges ont condamné l'appelant aux intérêts des fruits perçus à dater du 10 oct. 1816; émendant quant à ce, etc.

Du 15 juin 1818.-C. de Liége.

naîtra l'obligation principale, et le retard qu'il a mis à l'exécuter; il ne sera point intéressé à contester la demande des intérêts seuls, et rien ne s'oppose à ce que le créancier se restreigne à cette action. Si, sur la demande des intérêts, il conteste la dette, le créancier, en concluant au principal, et en faisant rejeter la défense, obtiendra jugement portant sur le capital, et par suite sur les intérêts.—Telle est aussi l'opinion de M. Rolland, nos 72 et 87.

52. La demande judiciaire suffit pour faire courir les intérêts. Il n'est pas nécessaire d'une *mise en demeure spéciale* du débiteur, ou plutôt, la demande est ici la formalité qui remplace la mise en demeure habituelle. C'est ce qui résulte de la combinaison des art. 1139 et 1153. — Il a été jugé aussi, qu'il n'est pas nécessaire que le créancier ait mis préalablement son débiteur en demeure de payer les intérêts de la somme à lui due, pour que ces intérêts soient dus à compter du jour de la demande qui en est faite (Bordeaux, 3 avr. 1830) (1).

53. Il suit de là, ainsi qu'il a été jugé, que la demande judiciaire des intérêts est valablement formée dans de simples conclusions signifiées au débiteur pendant le cours de l'instance (Pau, 10 mai 1839, aff. Lenac, V. no 42-6o).

54. Toutefois, il a été décidé, mais à tort, selon nous, que les intérêts des arrérages d'une rente dus par les héritiers d'un émigré ne courent pas du jour de la demande, si ces héritiers n'ont pas été mis en demeure; qu'ils ont pu être déclarés ne concourir que du jour du règlement de compte à faire à cet égard (Req. 6 mai 1823, aff. David, V. Rente).

55. Pour faire courir les intérêts, la demande doit être *judiciaire*, c'est-à-dire intentée devant un juge qui ait le pouvoir de prononcer sur cette demande.

56. Néanmoins, il a été jugé que, dans un partage de succession on doit réputer judiciaire la demande faite par un cohéritier devant le notaire commis à la liquidation, et que pareille demande suffit pour faire courir les intérêts du jour où elle est formée (Cass. 22 fév. 1813) (2).

57. Il a même été jugé que l'*intention* d'un créancier est aussi bien manifestée par la constitution d'un arbitrage que par une assignation devant les tribunaux ordinaires, à l'effet de faire courir les intérêts (Req. 31 déc. 1845, aff. Cureau, D. P. 47. 4. 307).

58. Mais on a refusé le caractère de demande à une requête à fin de collocation d'une créance dans un ordre, et il a été jugé : 1o qu'une telle requête au sujet d'une créance non productive d'intérêts, et particulièrement d'arrérages, n'est pas une demande judiciaire suffisante pour faire courir les intérêts (Paris, 17 nov. 1815) (3), la demande pour faire courir les intérêts devant être formée contre le débiteur (Paris, 1re ch., 27 mars 1824, M. Séguier, 1er pr., aff. Rabier *C.* Delahaye); — 2o Que la collocation

---

(1) *Espèce :* —(Maignol *C.* Gauthier et comp.)—Maignol avait souscrit un billet de 3,000 fr., dont les sieurs Gauthier et comp. se trouvèrent porteurs. Ce billet ne fut pas payé à l'échéance.—De là assignation en payement donnée par les sieurs Gauthier et comp., aux héritiers du souscripteur. — Ils demandèrent, en outre, les intérêts échus depuis l'échéance jusqu'au jour de la demande, et ceux à courir depuis la demande jusqu'au payement effectif. — Les héritiers Maignol répondirent que les intérêts ne pouvaient leur être réclamés depuis le jour de l'échéance, puisque le billet ne produisait pas d'intérêts de sa nature; quant aux intérêts depuis le jour de la demande jusqu'au payement effectif, ils ne les devaient pas davantage, attendu que les sieurs Gauthier et comp. ne les avaient pas préalablement mis en demeure de payer ces intérêts.— 21 août 1829, jugement qui accueille la demande des sieurs Gauthier, quant aux intérêts depuis le jour de la demande jusqu'au payement effectif, et les juge non recevables dans leur demande en payement des intérêts depuis le jour de l'échéance.—Appel par les héritiers Maignol.—Arrêt.

LA COUR; —Attendu que le sieur Maignol de Mataplane ne conteste point la créance des sieurs Gauthier et comp., et qu'il reconnait qu'ils sont légitimes possesseurs du billet de 3,000 fr. du 27 mars 1811 dont s'agit au procès;—Attendu que ce billet échu depuis longtemps ne produisant pas des intérêts de sa nature, les sieurs Gauthier, voulant les faire courir, ne pouvaient se dispenser d'en former la demande en justice, aux termes de l'art. 1153 c. civ.; —Attendu que, pour échapper à cette demande, le sieur Maignol de Mataplane a fait une fausse application des art. 1138 et 1139 du même code;

Attendu, en effet, que si ces articles paraissaient exiger une sommation préalable au débiteur pour le mettre en demeure, ce n'est que dans le cas où l'on a contracté l'obligation de donner, ou de livrer une chose, ainsi que s'en expliquent ces articles; ce qui n'a aucun rapport avec la cause actuelle, où il s'agit non de l'obligation de donner ou de livrer une chose qu'on a donnée, mais de l'obligation d'acquitter un billet qu'on a souscrit;—Par ces motifs, et par ceux des premiers juges que la cour adopte;—Met l'appel au néant.

Du 3 avril 1830.-C. de Bordeaux, 2e ch.-M. Duprat, pr.

(2) (Pinon *C.* Cauclaux, etc.)—LA COUR;—Vu les art. 1153 c. civ, et 977 c. pr.; —Et attendu qu'il est justifié qu'à la séance du 16 mai 1809, ainsi qu'il résulte du procès-verbal dressé par le notaire Duchesne, les demandeurs ayant formellement conclu au payement des intérêts de la créance par eux réclamée à partir du jour du décès de la dame Nadailbac, on ne peut disconvenir que c'était une véritable demande judiciaire de leur part, tendant à les obtenir au moins à compter du jour qu'elle était formée, puisque l'art. 977 ci-dessus cité c. pr. porte qu'il ne sera fait aucune sommation à l'effet de comparaître, soit devant le juge, soit à l'audience; ce qui suppose nécessairement que les dires et réquisitions des parties, consignés au procès-verbal, sont de véritables demandes judiciaires;—D'où résulte que si l'arrêt attaqué n'a violé aucune loi, en décidant, d'après les motifs qui y sont énoncés, que la créance réclamée n'était point productive d'intérêts de droit, il ne peut être maintenu en ce qu'il a refusé d'adjuger ceux qui avaient couru depuis l'époque du 16 mai 1809, sans contrevenir à l'art. 1153 c. civ.;—Casse.

Du 22 fév. 1813.-C. C., sect. civ.-MM. Muraire, 1er pr.-Pajon, rap.

(3) *Espèce :* —(Pichelin *C.* Boivin.)—En l'an 11 les héritiers Pichelin, ayant hypothèque sur un immeuble adjugé à Me Boivin, avoué, furent colloqués dans l'ordre, 1o pour un capital de 12,345 fr.; 2o pour des arrérages échus montant à 2,548 fr. 55 cent.—Le 9 fév. suivant, ils firent signifier leur bordereau de collocation à l'adjudicataire, mais sans commandement d'en acquitter le montant. — Ce ne fut que le 24 mai 1814 qu'un mandataire des héritiers Pichelin vint demander à Me Boivin le payement des sommes dues. Il y faisait entrer les intérêts des 2,548 fr. 55 cent. compris dans le bordereau de collocation pour arrérages échus. —Me Boivin refusa ces intérêts, se fondant sur ce qu'il n'avait été formé aucune demande qui pût les faire courir;

Le 23 août 1814, jugement du tribunal de la Seine qui n'accorde les intérêts qu'à partir de la demande du 24 mai 1814 : « Attendu, en fait, que la somme de 2,548 fr. 55 c., pour laquelle il a été délivré aux héritiers Pichelin bordereau de collocation sur Me Boivin, a pour cause des intérêts échus; qu'une pareille créance ne produit d'intérêts, si ce n'est du jour de la demande; qu'un bordereau de collocation délivré à un créancier, est déclaratif de la somme que ce créancier colloqué a droit de répéter de l'acquéreur sur lequel est délivré le bordereau; mais qu'il ne fait pas courir les intérêts, lorsque la créance colloquée n'en produit pas, à moins que l'acquéreur n'ait été mis en demeure de payer, auquel cas il est débiteur des intérêts moratoires;—Attendu qu'un bordereau de collocation n'est autre chose qu'une indication de payement sur l'acquéreur, qu'on ne peut pas dire qu'un pareil bordereau soit une délégation et ait l'effet de libérer le débiteur délégant; que, malgré la délivrance du bordereau de collocation, le débiteur ne reste pas moins débiteur; que, quand le bordereau serait une véritable délégation, elle n'aurait pour objet que de donner au créancier le droit de se faire payer de la créance telle qu'elle est due par l'acquéreur délégué, mais sans rien changer à la créance en elle-même; qu'une délégation, même parfaite, ne change pas la créance du créancier, ne lui donne pas une créance à la place d'une autre, mais donne au créancier un autre débiteur à la place de l'ancien; que, dans le cas d'une délégation, même parfaite, le débiteur délégué ne doit au créancier délégataire que la créance déléguée; qu'il doit payer au créancier délégataire le montant de sa créance, et rien au delà; que si surplus il y a, ce surplus appartient au délégant qui ne l'a pas délégué; que le créancier utilement colloqué doit s'imputer de n'avoir pas usé de son bordereau de collocation, et ne peut, par son fait, rendre pire le sort des autres créanciers; que, dans l'espèce, les intérêts dus par Boivin pour le prix de son acquisition, n'ont été employés, en faveur des créanciers colloqués, que jusqu'au 11 mess. an 11, et que les intérêts échus postérieurement des sommes restées entre ses mains, ont été attribués aux créanciers sur qui les fonds ont manqué; que c'est ainsi qu'on a opéré même avec les héritiers Pichelin, de leur consentement, dans la liquidation du prix dû par Me Boivin, suivant le cahier des charges, en date du 15 thermidor; que par conséquent les héritiers Pichelin ne sont ni recevables ni fondés à réclamer les intérêts de 2,548 fr. 55 cent. depuis le jour de l'adjudication faite à Me Boivin; mais, attendu que la demande du 24 mai dernier est suffisante pour leur procurer les intérêts de cette somme, à compter dudit jour 24 mai dernier; par ces motifs, le tribunal ordonne que ladite somme de 2,548 fr. 55 cent. produira aux héritiers Pichelin intérêts à 5 p. 100, à compter dudit jour 24 mai 1814 jusqu'au payement définitif à faire par ledit sieur Me Boivin. »—Appel.—Arrêt.

LA COUR; —Adoptant les motifs des premiers juges, confirme.

Du 17 nov. 1815.-C. de Paris, 1re ch.-M. Amy, pr.

obtenue par ce créancier n'est qu'une indication de payement qui ne le rend point propriétaire de la somme déléguée; qu'en conséquence, il ne peut prétendre que les intérêts lui sont dus à compter du jour de sa collocation, attendu que la somme à lui déléguée faisait partie d'un prix qui produisait des intérêts de plein droit (même arrêt de Paris, du 17 nov. 1815).

59. Cependant il a été décidé en sens contraire : 1° que la demande en collocation formée dans un ordre a le caractère d'une demande judiciaire productive d'intérêts (Toulouse, 26 janv. 1833; Req. 2 avr. 1833 (1); Amiens, 23 fév. 1821, M. de Maleville, pr., aff. Delunel *C.* hér. Mancy); — 2° Que, par l'effet de la collocation dans un ordre ou une distribution et la délivrance du bordereau, les intérêts de la somme portée au bordereau courent de plein droit au profit du créancier colloqué, ... Et cela, sans qu'il soit nécessaire de procéder à une nouvelle distribution des intérêts postérieurs à la collocation; la distribution se fait proportionnellement à la créance de chaque créancier colloqué (Req. 14 avr. 1836) (2), ... et que ces règles s'appliquent à la caisse des dépôts et consignations, mais en ce sens toutefois que les sommes versées dans cette caisse et mises en distribution ne produisent intérêts, à partir de la délivrance du bordereau, que sur le taux auquel ils sont dus par la caisse (trib. d'Yvetot, 19 mars 1835, même aff.); — 3° Que lorsque, par son acte de production à l'ordre ouvert sur son débiteur failli, un créancier demande à être colloqué pour le capital et les intérêts de sa créance stipulée par contrat non productive d'intérêts, cette demande est une demande judiciaire dans le sens de l'art. 1153 c. nap., qui fait courir les intérêts du jour de la production à l'ordre; et, en un tel cas, les tribunaux ont pu ordonner que ces intérêts moratoires seraient colloqués au même rang que le capital de la créance (arrêt précité du 2 avr. 1833). — C'est cette dernière interprétation, suivie par Merlin, Rép., v° Intér., § 4, n° 14, et par Carré et son annotat. (M. Chauveau), quest. 2604, que nous croyons la meilleure. Il résulte, en effet, de l'art. 754 c. pr. et de l'art. 133 du tarif, que l'acte du produit à l'ordre constitue une véritable demande judiciaire. — V. Ordre.

60. En matière administrative, il a aussi été jugé que les intérêts ne sont dus que du jour où ils ont été demandés dans les formes légales; une demande officieuse par lettre missive adressée au préfet est insuffisante (cons. d'Et. 9 mars 1854, aff. ville de Cambrai, D. P. 54. 2. 44; 4 mai 1854, aff. Fougeron, *eod.* 88; 11 mai 1854, aff. chem. de fer du Nord, *eod.* 88).

61. La demande portée devant un juge *incompétent* fait-elle courir les intérêts? — Jugé dans le sens de la négative « que les intérêts ne peuvent courir qu'à compter de la mise en demeure par une demande régulière, et qu'une demande formée devant un tribunal incompétent étant nulle ne peut produire d'autre effet que d'interrompre la prescription, la loi étant précise à cet égard » (Paris, 2e ch., 5 janv. 1837, M. Monmerqué, pr., aff. Lainné *C.* l'Union. — Conf. Cass. 11 janv. 1847, aff. Castellane, D. P. 47. 1. 76; Agen, 5 mars 1849, même affaire, D. P. 49. 2. 137; V. aussi les décisions administratives citées au numéro précédent). — Il a été décidé, au contraire, que la demande portée devant un tribunal incompétent suffit pour faire courir les intérêts (Orléans, 6 avr. 1838 (3); Paris, 2e ch., 27 juin 1816, aff. Rubot *C.* Mures). — En faveur de ces dernières solutions on invoque

---

(1) 1re *Espèce* : — (Gisbert *C.* Gisbert.) — LA COUR ; — Attendu que, d'après les anciens principes, les intérêts des reprises de la femme n'étaient pas prescriptibles par cinq ans; que ce droit a été introduit seulement par l'art. 2277 c. civ., sans qu'il puisse porter atteinte aux droits déjà acquis; — Attendu que la production dans l'ordre fait courir les intérêts de plein droit; — Par ces motifs, etc.

Du 26 janv. 1833.-C. de Toulouse, 2e ch.-M. Pech, pr.

2e *Espèce* : — (Faillite Julienne *C.* Cavelan.) — En 1824 et 1825, le sieur Julienne aîné avait souscrit, au profit de Cavelan, deux obligations notariées de 120,000 fr. chacune, sans intérêts; des inscriptions furent prises en conséquence. Le sieur Julienne tomba, plus tard, en état de faillite; ses biens furent vendus judiciairement; le sieur Cavelan, par acte de produit du 19 mai 1830, demanda à être colloqué dans l'ordre, non-seulement pour le capital, mais encore pour les intérêts à partir de l'échéance des deux obligations. — Le tribunal de Rouen admit ses conclusions, et la cour d'appel, par arrêt du 22 déc. 1831, tout en considérant que les intérêts réclamés n'étaient point dus en vertu de la convention et n'avaient pu courir de plein droit, pensa qu'ils devaient être adjugés comme intérêts moratoires, dus à partir de la demande en collocation, et confirma la décision des premiers juges.

Pourvoi du sieur Bezelin, ès-noms, pour violation des art. 1139, 1146, 1153, 2115, 2116, 2123, 2148, 2151 et 2166 c. civ. — On a dit qu'en supposant que la faillite eût pu devenir débitrice d'intérêts moratoires, il aurait fallu au moins une mise en demeure préalable à la demande, aux termes des art. 1146 et 1153, et dans la forme prescrite par l'art. 1139; que, même en ce cas, les intérêts accordés n'étant le résultat, ni d'une convention avec stipulation d'hypothèque, ni d'une condamnation, ne pouvaient prendre le caractère d'hypothécaires; que le sieur Cavelan n'ayant, en vertu de son titre, non plus qu'en vertu d'un jugement, droit à aucuns intérêts au moment de la faillite, et la masse des créanciers chirographaires étant définitivement fixée par le fait de son ouverture, il n'y avait pas possibilité de la mettre en demeure; que l'arrêt attaqué créait lui-même le droit, et qu'en lui accordant l'effet qu'il aurait eu, s'il eût été inscrit avant que l'impossibilité de la loi ne fût survenue, il violait les art. 2148, 2251 et 2166 c. civ. — Arrêt.

LA COUR ; — Attendu, en fait, qu'il résulte de l'arrêt attaqué : 1° que l'hypothèque, au profit de Cavelan a été stipulée et régulièrement inscrite antérieurement à la faillite de Julienne aîné, et aux dix jours qui ont précédé l'ouverture de cette faillite; — 2° Que, par son acte de produit à l'ordre du 19 mai 1830, Cavelan a demandé collocation non-seulement pour son capital, mais encore et spécialement pour intérêts de ce capital à partir de l'échéance de chacun des quarante-huit billets compris dans les obligations des 14 avril 1824 et 16 fév. 1825; — 3° Que, dans ses conclusions devant la cour royale de Rouen, Cavelan a reproduit la même demande et a demandé subsidiairement à être colloqué pour les intérêts, à partir de la dénonciation de la saisie immobilière et plus subsidiairement à partir du jour de l'adjudication définitive; — Attendu, en droit, 1° que des principes généraux en matière hypothécaire, comme aussi et spécialement des art. 539, 541, 542 et 545 c. comm., il résulte que la survenance de la faillite ne change rien, relativement au prix de l'immeuble hypothéqué, aux droits que la loi assure, à cet égard, au créancier hypothécaire, en cette qualité; — 2° Qu'il résulte de l'art. 754 c. pr. et de l'art. 133 du tarif que l'acte de produit à l'ordre constitue une véritable demande judiciaire, et que si, en vue d'éviter les frais, la loi a approprié la forme spéciale de cette demande à la procédure dont il s'agit, cette demande n'en a pas moins, dans l'ordre, l'effet attribué aux demandes judiciaires par l'art. 1153 c. civ., de faire produire des intérêts moratoires à une obligation exigible qui n'en produirait pas de conventionnels; — 3° Que, de la combinaison des art. 757, 767 et 770 c. pr., il résulte que le créancier hypothécaire a droit de venir au même rang que pour son capital, pour les intérêts échus depuis l'adjudication; que, comme accessoires légaux de la créance, les intérêts dont il s'agit prennent place dans la collocation hypothécaire par l'effet de l'inscription et de la collocation du capital, et en dehors des limitations portées en l'art. 2151 c. civ. — De quoi il résulte que l'arrêt attaqué, en reconnaissant que Cavelan n'avait pas droit à être colloqué pour des intérêts conventionnels, et en ordonnant néanmoins qu'il serait colloqué pour intérêts moratoires à partir de son acte de produit à l'ordre ouvert sur le prix de l'immeuble vendu sur Julienne aîné, n'a pas encouru le reproche qui lui est fait par le syndic des créanciers de ce failli, d'avoir violé les art. 1139, 1146, 1153, 2115, 2116, 2123, 2148, 2151 et 2166 c. civ.; — Rejette.

Du 2 avril 1833.-C. C., ch. req.-MM. Zangiacomi, pr.-Broé, rap.

(2) (Caisse des dépôts *C.* Jourdain.) — LA COUR ; — Sur le premier moyen : — Attendu que, par l'effet de la collocation faite au profit des défendeurs éventuels de partie de la somme distribuée, et, par suite, de la délivrance du bordereau dont ils sont porteurs, les intérêts de la somme colloquée à leur profit ont couru de plein droit, et qu'il était, dès lors, inutile de procéder à une distribution nouvelle des intérêts postérieurs à la collocation; — Qu'en le décidant ainsi, le tribunal n'a violé ni la disposition de l'art. 665 c. pr. civ. ni aucun autre texte de la loi; — Rejette le pourvoi contre le jugement du tribunal d'Yvetot.

Du 14 avr. 1836.-C. C., ch. req.-MM. Zangiacomi, pr.-Viger, rap.

(3) (De Mondreville *C.* hér. de Contades.) — LA COUR ; — En ce qui touche la fin de non-recevoir tirée des termes de la demande qui tendait à obtenir les intérêts tels que de droit : — Considérant qu'en concluant ainsi, tant devant le tribunal de Chinon que devant la cour, les demandeurs ont virtuellement fait connaître leur intention d'obtenir les intérêts à partir de la première demande formée devant le tribunal de la Seine;

Au fond : — Considérant que la demande de de Mondreville et autres contre les héritiers de Contades à la date des 21, 25 et 27 avril 1851, n'a pas été annulée, mais seulement déclarée incompétemment formée et renvoyée devant qui de droit; — Que, dès lors, elle a suffi pour constituer le débiteur en demeure, et, ainsi, pour faire courir les intérêts;

Déclare insuffisante la consignation faite par les héritiers de Contades, à la date du 12 déc. 1857, de la somme de 93,207 fr. 28 c., comme ne comprenant pas les intérêts du principal à partir de la demande précitée.

Du 6 avr. 1858.-C. d'Orléans.-M. Travers de Beauvert, pr.

l'art. 2246 c. nap. qui déclare que « la citation en justice, *donnée même devant un juge incompétent*, interrompt la prescription, » et cela sans distinguer entre la prescription du principal et celle des intérêts. Or, dit-on, il serait étrange qu'une telle demande ne fût pas suffisante pour faire courir les intérêts qu'elle pourrait empêcher de prescrire.—M. Duranton, t. 21, p. 434, se prononce cependant et avec raison dans le sens qu'a suivi l'arrêt du 5 janv. 1857. « La première citation ne tient, dit cet auteur; c'est une pièce étrangère au procès porté devant le tribunal actuellement saisi, et qui n'a pu l'être que par une nouvelle assignation. »—On objecte que la première citation ne tient pas davantage en ce qui concerne l'interruption de prescription, et que cependant la loi lui fait produire à cet égard les effets d'une citation devant un juge compétent, ne voulant pas punir le demandeur qui a pu ignorer devant quel tribunal il devait agir, et qui, par sa diligence, a prouvé suffisamment son intention de maintenir son droit. Or, il y a même raison de tenir compte de cette diligence au créancier qui a manifesté son intention de réclamer des intérêts, et dont l'ignorance est aussi excusable à cet égard qu'en matière d'interruption de prescription. On ajoute que l'art. 57 c. pr. donne pour effet à la demande en conciliation de faire courir les intérêts; d'où il suit qu'il en doit être ainsi, à plus forte raison, de la demande elle-même, quoique portée devant un tribunal incompétent, car elle est un avertissement de l'intention du créancier. — Tout cela suppose une analogie qui n'existe pas. Que la loi, par exception, donne effet à une citation devant un juge incompétent pour empêcher un droit de s'éteindre, cela se conçoit : l'intérêt dans ce cas est assez grave pour autoriser une dérogation aux règles générales. Mais lorsque ce droit n'existe pas encore et qu'il s'agit de lui donner naissance au moyen d'une citation, il nous paraît évident qu'un pareil effet ne peut s'obtenir qu'autant que cette citation sera valable sous tous les rapports : aucun droit n'est ici en péril; les intérêts demandés ne sont toujours que d'une modique valeur, au moins relativement; rien, en un mot, n'autorise l'extension de la règle exceptionnelle posée par l'art. 2246 c. nap.— Il a été jugé encore qu'un tribunal auquel on demande la condamnation à des intérêts moratoires, en vertu d'un acte de mise en demeure, peut donner effet à cet acte, encore que ce soit une assignation devant un autre tribunal, et demeurée impoursuivie (Rej. 17 nov. 1807, aff. Daubusson, V. n° 65).—Mais, dans cette espèce, il ne paraît pas qu'on ait argumenté de l'incompétence du premier tribunal.

62. Quant à la demande viciée de *nullité*, elle ne produit aucun effet (c. nap. 2247); cela n'est pas susceptible de difficulté. —V. Nullité.

63. La demeure du débiteur est purgée si le créancier a laissé *périmer* sa demande; il suit de là que les intérêts ne courent pas en vertu d'une demande périmée : elle est censée non avenue (c. nap. 2247; V. Péremption, n° 305).

64. La demande formée contre l'un des débiteurs fait-elle courir les intérêts à l'égard des autres? — V. Oblig. (solid., divis. ou indivisibilité).

65. La loi n'exige qu'une demande pour faire courir les intérêts : elle n'ordonne plus que cette demande ait été suivie de condamnation. Il y avait sous l'ancienne jurisprudence quelque dissidence sur cette proposition; mais les lois actuelles ne paraissent pas permettre de doute sérieux. En effet, le code Napoléon porte que les dommages-intérêts sont dus lorsque le débiteur est en demeure (art. 1146) : le débiteur est mis en demeure par une simple sommation (art. 1139); lorsqu'il s'agit de la demeure de payer une somme, les intérêts courent du jour d'une citation en conciliation (c. pr. 57); à plus forte raison, la demande doit-elle suffire par elle-même. On lit, il est vrai, dans l'art. 1153 : les dommages-intérêts ne consistent que dans la condamnation aux intérêts fixés par la loi; mais la loi n'a entendu dire autre chose sinon que les tribunaux ne pourraient rien adjuger au delà de l'intérêt légal. S'il en était autrement, l'article serait en contradiction avec sa disposition finale, qui porte que les intérêts ne sont dus que du jour de la demande, et avec l'art. 1154, statuant que les intérêts échus produisent des intérêts par une demande judiciaire. — Qu'on ne dise pas que la demande constitue une prétention, non un droit. En effet, si le débiteur ne conteste pas la demande, s'il acquiesce, il reconnaît la justice de la réclamation, ce qui équivaut à un jugement : s'il ne soumet pas à la demande, c'est à lui de proposer des exceptions; si elles sont rejetées, il en résultera la preuve que, dès le principe, la demande était fondée. — Il a été jugé en ce sens que les intérêts moratoires sont dus à *partir du jour* de la demande, encore que cette demande ne soit pas suivie de condamnation (Rej. 17 nov. 1807) (1). — M. Rolland, n°s 72 et 90, se prononce toutefois en sens contraire.

66. Si le débiteur avait été empêché de rembourser ses créanciers, parce que, par exemple, une opposition aurait été pratiquée entre ses mains, la demande ferait-elle courir les intérêts contre lui? — L'affirmative ne nous paraît pas douteuse, non plus qu'à MM. Cotelle, des Intérêts, n° 90, et Rolland, n° 89; car le débiteur a pu, au moyen d'offres réelles, et, à défaut d'acceptation de ces offres, par une consignation, se libérer de son obligation. — V. n° 197.

67. Pour que la demande fasse courir les intérêts est-il né-

(1) *Espèce :* — (Daubusson C. Perret et Mabit.) — Daubusson, négociant, avait souscrit, au profit de Mabit, un billet à ordre de 15,500 fr., payable le 20 mars 1790. Avant et depuis l'échéance, Prince, créancier de Mabit, forma des saisies-arrêts entre les mains de Daubusson. Le 18 juin 1791, Mabit assigne Daubusson devant le tribunal de commerce de Mont-Ferrand, en payement du billet; mais sur cette assignation, il n'y eut ni jugement ni même contestations en cause. En août 1795, Daubusson fit des offres réelles à Mabit et à Prince de la somme de 15,500 fr., montant du billet.—5 et 14 nov. même année, jugements du tribunal d'Aurillac qui déclarent les offres valables et autorisent la consignation, qui est effectuée le 24. En l'an 10, Mabit demande, devant le même tribunal, la nullité de cette consignation comme insuffisante, en ce qu'elle ne comprenait pas les intérêts échus en 1795.—24 therm. an 11, jugement qui l'annule en effet, et par ce motif.—Appel par Daubusson; et le 29 prair. an 13, arrêt de la cour de Riom qui, attendu que les offres faites par Daubusson se trouvaient insuffisantes en ce qu'il était débiteur des intérêts du capital de 15,500 fr. depuis la demande formée contre lui qui l'avait constitué en demeure, et que Daubusson n'avait rien offert ni consigné par ces intérêts, etc., confirme.

Pourvoi pour violation ou fausse application des lois sur la compétence, et de celles qui règlent les intérêts *ex mora et officio judicis*. L'arrêt attaqué, a-t-il dit, basé sur l'assignation du 18 juin 1791, donnée devant le tribunal de commerce, est demeurée impoursuivie, mais il n'appartenait pas à la cour de Riom de connaître de cette assignation, et d'en déterminer les effets; en supposant qu'elle ait eu le droit d'apprécier cette assignation, a-t-elle pu décider qu'elle était suffisante pour faire courir les intérêts? Évidemment non; car une demande, non suivie de condamnation, ne constitue qu'un état de prétention, qui peut s'évanouir devant toutes les exceptions qui sont dans le domaine de la défense. Elle ne constitue point un droit acquis. Le demandeur invoquait la L. 49, ff., *De act. empt. et vend.*, la L. 4, ff., *loc. cond.*, l'art. 60 de l'ord. d'Orléans; trois actes de notoriété du Châtelet de Paris, des 28 avr. 1677, 25 juin 1688 et 19 juin 1708.

Le défendeur a observé qu'il n'y avait pas, dans l'arrêt attaqué, décision sur l'assignation de 1791; qu'il avait seulement décidé qu'une assignation reconnue légale était suffisante pour faire courir les intérêts. — Quant au second moyen, il a soutenu que la contestation en cause, nécessaire dans le droit romain pour faire courir les intérêts, ne l'était pas d'après nos lois; parce que, comme le dit l'annotateur de Domat, dans le droit romain, le défendeur ignorait souvent ce que son adversaire lui demandait. Tandis que, d'après nos ordonnances, le demandeur étant obligé de libeller sa demande, il est juste que cette demande mette en demeure le défendeur qui, connaissant ce qu'on lui demande et n'y satisfaisant point, doit la peine de son retardement (V. Domat, Bourjon et Pothier, de l'Oblig., n° 170). — Arrêt (ap. délib. en ch. du cons.).

LA COUR; — Attendu que la cour d'appel de Riom, ayant à prononcer sur la suffisance de la consignation, a pu prendre connaissance de l'action du 18 juin 1791, de laquelle argumentait Mabit, pour prétendre qu'étaient dus les intérêts du capital dont il avait formé la demande; que Daubusson ne s'est même pas opposé à ce que la cour de Riom appréciât l'effet de cette action; que l'exploit étant représenté en due forme, et n'étant pas inscrit de faux, a dû être pris pour constant; et qu'en jugeant que cette demande avait fait courir les intérêts, encore bien qu'elle n'eût pas été suivie d'une condamnation, l'arrêt entrepris n'est contrevenu à aucune loi, parce qu'aucune loi n'a exigé qu'une condamnation intervînt pour acquérir les intérêts, et que sur la nécessité de cette condamnation, la jurisprudence n'était pas uniforme; — Rejette.

Du 17 nov. 1807.-C. C., sect. civ.-MM. Viellart, pr.-Gandon, rap.-Giraud, subst., c. conf.-Gayral, Duprat et Gaschon, av.

cessaire que les sommes dues soient *liquides?* — La négative a été jugée à l'égard des intérêts des loyers, revenus et arrérages réclamés en vertu de l'art. 1155 c. nap. (V. nos 155 et s.). — Et il a été jugé dans le même sens que les intérêts de l'indemnité à laquelle une compagnie d'assurances mutuelles contre l'incendie a été condamnée envers un assuré, pour la réparation d'un sinistre, ont pu être accordés à partir du jour de l'action en payement de cette indemnité, quoique la créance ne dût être liquidée qu'ultérieurement : il n'est pas nécessaire qu'une créance soit liquide pour que les intérêts en soient alloués au créancier (Rej. 19 juill. 1852, aff. assur. du Mans, D. P. 52. 1. 299). — ... Et cela, alors même que les statuts de la compagnie d'assurances porteraient la clause que l'indemnité résultant d'un sinistre n'est due que quinze jours après que son chiffre a été déterminé, soit par le conseil d'administration, soit par un jugement, cette clause ayant pu être interprétée en ce sens qu'elle régit le seul cas où le débat a pour objet la quotité de cette indemnité, et non celui où le droit à l'indemnité elle-même est contesté (même arrêt). M. Massé, Dr. comm., t. 4, no 2541, enseigne aussi que les intérêts courent à partir de la demande bien que la créance ne soit pas liquide.

68. Toutefois, il a été jugé que les intérêts d'une somme d'argent dont le payement n'a été demandé que sous la réserve d'en fixer le chiffre dans des conclusions ultérieures, courent non à partir de la demande, mais à compter de la signification de ces conclusions. (Req. 30 mars 1852, aff. Blond, D. P. 52. 1. 110). — On conçoit que la solution soit ici différente; car, dans l'espèce, le demandeur devait s'imputer à lui-même, le défaut de liquidité de sa créance.

69. On suit une règle différente en matière de marchés administratifs quant aux sommes dues par l'État, par les départements ou par les communes (V. Marché de fournit. no 122, où sont rapportées quelques décisions en ce sens). — Il a encore été jugé à l'égard de marchés administratifs : 1o que lorsqu'il a été décidé par arrêt du conseil qu'il serait procédé, sur de nouvelles bases, à la liquidation de l'indemnité attribuée à un entrepreneur de travaux publics, pour résiliation de son marché, et que les intérêts de la somme qui lui serait allouée ne courraient qu'à partir de cette liquidation, il n'y a pas lieu à lui en accorder si la somme allouée lui a été immédiatement payée après la liquidation (Cons. d'Ét. 28 mars 1838) (1). — 2o Que lorsque le recours au conseil d'État par un ministre suspend le payement de l'indemnité accordée par l'arrêté attaqué, il y a lieu, par le conseil d'État, d'y ajouter les intérêts de la somme liquidée jusqu'au payement (Cons. d'Ét., 20 juill. 1836, aff. Klein-Leharivel, vo Trav. publ.).

70. En matière d'enregistrement, il est de jurisprudence qu'on ne peut condamner la régie aux intérêts des sommes indûment perçues, parce qu'elle ne peut elle-même demander d'intérêts pour le retard dans le payement des droits (V. Enregistr. no 5432). — Conformément aux décisions rapportées *loc. cit.*, il a été jugé encore que les impôts ne pouvant éprouver ni diminution ni augmentation, il ne doit pas être accordé des intérêts judiciaires contre la régie de l'enregistrement, encore qu'elle soit condamnée à la restitution d'une somme perçue en trop (Cass. 18 juin 1810, MM. Liborel, pr., Gandon, rap., aff. Enreg. *C.* Ramus; 6 nov. 1827, MM. Brisson, pr., Boyer, rap., aff. Enreg. *C.* Imbault; 21 janv. 1840, aff. Mangis, V. Enreg., no 6027).

71. Par suite du même principe, il a été jugé encore : 1o que, dans le cas où les lois et règlements autorisent le pourvoi en restitution des amendes indûment exigées ou retenues, les intérêts des sommes à restituer ne sauraient être réclamés (Cons. d'Ét. 28 janv. 1835) (2). — 2o Qu'un étranger qui, pour plaider contre un Français, a consigné une somme, ne peut, lorsqu'il a obtenu gain de cause, exiger de son adversaire les intérêts de cette somme, qui ne sont pas payés par l'État (Pau, 9 fév. 1851, sous Cass. 21 août 1832, aff. Rancés, vo Transaction).

72. Si le jugement de condamnation ne porte pas que les intérêts de la somme due seront payés à compter du jour de la demande ou de celui de la prononciation, ils ne courent que du jour de la mise en demeure par un commandement ou une sommation. — « Attendu, porte l'arrêt, que les premiers juges, en condamnant Boirac, par le jugement du 26 août 1822, à payer à Catherine Nestier la somme de 62 fr. 50 c., pour le quartier de loyer échu le 1er mai 1822, n'ont pas ordonné que cette somme portât intérêt *ipso facto*; que dès lors l'intérêt n'a dû courir que, conformément au droit commun, c'est-à-dire du jour de la mise en demeure par la signification du jugement » (Bordeaux, 12 mai 1826, 4e ch. M. Duprat, pr., aff. Boirac *C.* Nestier). — C'est au juge qui a prononcé une condamnation aux intérêts du jour de la demande à interpréter sa décision, et s'il y a contestation, à fixer le jour de cette demande (V. Jugement, no 335-4o).

73. Lorsqu'un arrêt ordonne la restitution en principal et *intérêts* des sommes qui auraient pu être touchées en vertu d'une collocation annulée par suite de la réformation d'un règlement d'ordre, les mots *et intérêts* doivent s'entendre en ce sens que les seuls intérêts à restituer sont ceux que le créancier aurait touchés, et non en ce sens que celui-ci est tenu de payer les intérêts des sommes reçues : c'est donc à tort qu'on demanderait la cassation de cet arrêt en ce qu'il aurait violé l'art. 1153 c. nap. (Cass., 13 juill. 1842, aff. Lemaitre, vis Priv. et hypoth.).

74. Bien que le dispositif d'un arrêt ne porte que la condamnation expresse du payement d'un capital, il doit être réputé comprendre implicitement la condamnation aux intérêts, s'il est constaté en fait, dans les motifs, que la dette portait intérêts...; alors, d'ailleurs, que la partie condamnée a reconnu la condamnation aux intérêts, en souffrant que le créancier fût colloqué dans un ordre ouvert sur ses biens pour le montant de la condamnation en capital et intérêts (Rej., 2 août 1843, aff. Troplong, vo Société).

75. *Intérêts qui courent en vertu d'actes extrajudiciaires.* — Il est fait exception, en certains cas, à la règle qui veut que les intérêts ne soient dûs qu'à compter de la demande judiciaire. — Ainsi, il est des cas, en petit nombre, où les intérêts courent

---

(1) (Court *C.* min. de la guerre.) — Louis-Philippe, etc. ; — En ce qui touche les intérêts de la somme de 18,211 fr. 7 c., à laquelle a été liquidée l'indemnité allouée au sieur Court, pour résiliation de son marché : — Considérant que les conclusions du sieur Court, relatives à l'indemnité dont il s'agit, ont été rejetées par notre ord. du 1er juin 1836, et que, en renvoyant ledit sieur Court par-devant notre ministre de la guerre pour faire procéder à la liquidation sur de nouvelles bases de ladite indemnité, notre ordonnance a décidé que les intérêts de la somme qui serait en définitive allouée à l'entrepreneur ne devaient courir qu'à partir de la fin de ladite liquidation ; — Considérant que la somme allouée à l'entrepreneur lui a été immédiatement payée après la liquidation, et que, dès lors, il n'y a pas lieu de lui allouer des intérêts pour ladite somme ;

En ce qui touche les intérêts de la somme de 50,508 fr. 77 c., représentant la valeur des matériaux dont la reprise a été opérée par le département de la guerre, conformément aux prescriptions de notre ord. du 1er juin 1836 ; — Considérant qu'il résulte de l'instruction que les retards apportés à la reprise des matériaux approvisionnés par le sieur Court proviennent du fait de l'administration de la guerre ; d'où il suit que les intérêts de la somme dont il s'agit doivent être alloués à l'entrepreneur, à partir de la mise en demeure de l'administration de la guerre de reprendre en compte les matériaux dont il s'agit; — Considérant que cette mise en demeure résulte de la lettre adressée par le sieur Court au chef de bataillon du génie, à Rennes, le 29 juin 1835, et que, dès lors, il y a lieu de faire courir les intérêts à partir dudit jour.

Art. 1. Les intérêts de la somme de 50,508 fr. 77 c. sont alloués au sieur Court, à partir du 19 juin 1835.

Du 28 mars 1838.-Ord. cons. d'État.-M. Humann, rap.

(2) (Messageries royales *C.* Min. des fin.) — Louis-Philippe, etc.; — Vu les lois des 6 prair. an 7, 29 flor. an 10 et 27 vent. an 12, le décret du 23 juin 1806; les ord. des 22 nov. 1820 et 16 juill. 1828, et la loi du 28 juin 1829; — Vu notre ord. du 8 nov. 1830; — Considérant qu'il résulte de l'instruction, que les sommes dont la restitution est demandée, n'avaient été versées qu'à titre de consignation; qu'ainsi, elles n'étaient pas définitivement acquises à l'État au moment de la promulgation de notre ordonnance du 8 nov. 1830; d'où il suit que la restitution doit en être prononcée en vertu de ladite ordonnance; — En ce qui touche les intérêts des sommes réclamées : — Considérant que les lois et règlements qui autorisent le pourvoi en restitution des amendes indûment exigées ou retenues, n'allouent, dans aucun cas, les intérêts des sommes à restituer; — Art. 1er. La décision de notre ministre des finances, du 27 juin 1831, est annulée.

Du 28 janv. 1835.-Ord. cons. d'Ét.-M. de Felcourt, rap.

en vertu d'une sommation. Tel est d'abord celui prévu par l'art. 474 c. nap., aux termes duquel les intérêts de ce qui est dû au tuteur par le mineur courent du jour de la sommation de payer qui a suivi la clôture du compte (V. Minorité-tutelle, nos 637 s.). — D'après l'art. 1652 c. civ., l'acheteur, quand la *chose vendue* ne produit pas de fruits, doit l'intérêt de son prix, du jour de la *sommation* qui lui a été faite de payer (V. Vente).—Dans les deux hypothèses qui précèdent, à la différence de la demande, une pareille sommation n'a pas besoin du préliminaire de la *conciliation*, ni des formes des *ajournements*. — Ces formalités ne sont exigées, en effet, que comme préliminaires à une contestation judiciaire; il n'est donc pas besoin d'y recourir alors qu'il n'y a pas lieu à l'organisation d'une instance.

76. Aux termes de l'art. 2176 c. nap., les fruits de l'immeuble hypothéqué sont dûs par le tiers détenteur à compter du jour de la *sommation* de payer ou de délaisser. — De l'art. 2184 il résulte aussi qu'à partir de la notification que le tiers détenteur fait de son titre aux créanciers inscrits, il doit les intérêts de son prix (V. Priv. et hypoth.).

77. Les intérêts des sommes que le *dépositaire* et le *mandataire* doivent compter, courent dès que ces personnes sont mises en demeure de restituer ou de payer (C. nap. 1936, 1996; V. Dépôt, no 78; Mandat, nos 275 et suiv.). — Par application de l'art. 1936 c. nap. il a été décidé qu'un officier ministériel, un notaire, dépositaire du prix d'une vente publique à laquelle il a procédé, et qui ne consigne pas ce prix à la caisse des dépôts et consignations, quand il en est requis par un des créanciers, doit les intérêts à compter du jour de la sommation qui lui en a été faite (Req. 12 déc. 1826, aff. Butin, V. Obligat.).—Un commissaire-priseur n'étant assujetti par aucune loi à verser les deniers provenant des ventes qu'il opère, dans une caisse publique, il s'ensuit qu'il doit les intérêts de ces sommes du jour seulement de la mise en demeure, et non du jour de la vente (Rennes, 30 nov. 1812, aff. Alexandre, V. Compét. civ., no 86). — V. vo Marché de fourn., no 125-3o).

78. La *gestion d'affaires* soumet celui qui s'en est chargé à la même responsabilité que le mandataire (c. nap. 1372). — Il a été très-bien jugé, en conséquence, 1o qu'un cohéritier ne peut être condamné à restituer avec intérêts les sommes recouvrées gratuitement pour le compte de la succession, qu'à dater du jour où il est mis en demeure de faire cette restitution, à moins qu'il ne soit établi que les sommes perçues ont été employées à son profit (Cass. 3 mai 1841, aff. Bizouard, D. P. 48. 1.156); — 2o Que celui qui, sans être curateur à un militaire absent se constitue gérant bénévole des sommes à lui échues, est tenue de leurs intérêts seulement à dater du jour de la demande, alors qu'il n'est point prouvé qu'il les ait employées à son usage, ou qu'il ait commis une faute lourde en ne les plaçant pas d'une manière productive (Nancy, 31 janv. 1833, aff. Baradel, V. Absence, no 669).

79. Lorsqu'une donation est révoquée par survenance d'enfant, les intérêts de la somme donnée courent du jour de la notification de la naissance de cet enfant, lors même que la demande de ces intérêts n'aurait été formée que postérieurement (c. nap. 962). — V. Disposit. entre-vifs et test., nos 1929 et s.

80. Les intérêts d'une lettre de change ou d'un billet à ordre courent du jour du protêt, quoique non demandés en justice (c. com. 184, 187; V. Effets de com., nos 802 et suiv.).—Toutefois il a été jugé que pour que les intérêts soient dus au porteur, il faut que le protêt soit suivi de poursuites et d'un jugement (Metz, 12 janv. 1819) (1). — L'ord. de 1673 voulait également que le protêt fît courir les intérêts, mais cela n'av[illegible]t lieu qu'à l'égard des lettre de change; quant aux billets à ordre, les intérêts ne couraient qu'à partir de la demande (V. Effets de com., nos 805 *in fine*; Conf. Bourges, 2e ch., 26 mars 1813, M. Laurent, pr., aff. Fromenteau *C.* Augineau).—V. encore sur le point de départ des intérêts en matière de lettres de change, vo Effets de com., nos 515, 624.

81. Sous l'ancienne jurisprudence (celle, par exemple, du parlement de Pau), les dépens prononcés contre une partie produisaient intérêts du jour d'une simple mise en demeure. Il a été décidé ainsi, que lorsqu'une condamnation aux dépens, et le commandement qui a mis en demeure de les payer, sont d'une date antérieure au code Napoléon, le débiteur ne peut invoquer le bénéfice des art. 1153 à 1155 c. nap., et prétendre qu'une demande en justice est nécessaire; l'arrêt qui le condamne au payement des intérêts ne saurait donc être cassé (Cass. 17 fév. 1836) (2).

82. Il n'en serait plus ainsi sous le code. Ainsi, il a été jugé que les frais et les dépens d'instance auxquels une partie a été condamnée ne produisent d'intérêt qu'à compter de la demande qui en est faite par la partie à laquelle ils ont été adjugés (Toulouse, 16 juin 1818 (3); 24 août 1820, M. d'Aldeguier, pr., aff. Maurette *C.* de Luppé; Bordeaux, 10 avr. 1845, aff. Bonnefond, D. P. 45. 4.324).—V. aussi vo Frais et Dépens, no 948.

83. Toutefois, il a été décidé que, dans le cas où des dépens, adjugés à un créancier par des jugements ou arrêts, ont été liquidés, ils produisent des intérêts à son profit, à partir du moment où il a fait signifier à son débiteur le commandement de les payer : « Attendu, porte l'arrêt, que le sieur Boué doit obtenir les intérêts des frais par lui exposés dans les comptes de liquidation débattus devant les premiers juges, dans le cas où la liquidation en aura été faite, et qu'il ait fait commandement de les payer, les intérêts devant dans ce cas être payés du jour du commandement » (Toulouse, 3e ch., 22 janv. 1829, aff. Boué *C.* Geraud).

84. Un arrêt du parlement de Paris, du 11 août 1738, a jugé que les créanciers qui ont formé opposition aux scellés apposés après le décès de leur débiteur, et qui ont requis les intérêts dans cet acte, doivent les recevoir à compter du jour où cet acte a été signifié, quoiqu'ils ne les aient pas demandés; les créanciers n'ayant pu connaître les héritiers du défunt, n'ont pu, par conséquent, former une demande contre eux. M. Rolland, no 86, estime qu'on doit décider dans le même sens sous le code. Tel est aussi notre sentiment.

85. 2o *Intérêts compensatoires.* — Par exception au principe d'après lequel les intérêts judiciaires ne courent qu'à compter de la demande, quand ils sont dus à titre de dommages-intérêts, on les fait remonter au jour où le préjudice a été causé; ils sont alors compensatoires, et naissent, *non ex morâ, sed antè*

---

(1) (Carry *C.* Brincourt). — LA COUR; — Attendu que si le protêt fait courir les intérêts à partir de sa date, ce n'est que lorsqu'on y a donné suite en obtenant jugement, qu'au cas particulier, la maison Brincourt a entièrement abandonné le protêt du 23 fév. 1815; que ce n'est que le 20 déc. 1817, qu'elle profita du nouveau domicile de Joseph Carry à Réthel, pour former contre lui au tribunal de cette ville une demande dans laquelle elle ne rappelle seulement pas ce protêt; qu'aussi dans l'exploit libellé dudit jour, n'a-t-elle demandé les intérêts qu'à partir du jour de la demande, etc.

Du 12 janv. 1819.-C. de Metz.-M. Colchen, pr.

(2) (Dumoret *C.* Lafitte). — LA COUR (ap. dél. en ch. du cons.). — En ce qui touche le 4e moyen, fondé sur la violation des art. 1153, 1154 et 1155 c. civ. : — Attendu que la condamnation aux dépens dont il s'agit, ainsi que les commandements qui ont mis en demeure de les payer, sont antérieurs au code civil; que, dès lors, l'arrêt attaqué (de la C. de Pau du 11 janv. 1833) a dû recourir à l'ancienne jurisprudence, pour décider s'ils avaient produit intérêts; que, dans la juridiction du parlement de Pau, les dépens produisaient intérêts du jour de la mise en demeure, ainsi que l'attestent l'arrêt attaqué et les monuments de la jurisprudence; qu'au surplus, il n'est pas contesté que les parties fussent soumises à la juridiction de ce parlement; — Rejette.

Du 17 fév. 1836.-C. C., ch. civ.-MM. Dunoyer, f. f. de pr.-Chardel, rap.-Tarbé, av. gén., c. conf.-Béguin-Billecoq et Lacoste, av.

(3) (Sirgand-Lacampagne *C.* Pagès et Galy-Pradal). — « LA COUR; — Attendu que, suivant la jurisprudence du parlement de Toulouse, les intérêts des dépens ne pouvaient être exigés, ainsi que l'atteste Vedel en ses Observations, liv. 5, chap. 10, et qu'il n'a pas été formellement dérogé à cette jurisprudence par la législation nouvelle; que les intérêts desdits dépens ne peuvent courir qu'en vertu d'une interpellation judiciaire *ad hoc*; — Par ces motifs, — Déclare le sieur Sirgand comptable envers lesdits Pagès et Galy-Pradal, mariés, des frais et dépens par eux exposés contre ladite Fors-Lartigue dans l'instance par elle engagée en annulation du jugement contre elle rendu en faveur de ladite Pagès par le jugement du tribunal de première instance de Saint-Girons en séance de commerce, le 2 therm. an 11; — Déclare pareillement que les intérêts desdits frais et dépens ne sont pas dus auxdits Pagès et Galy-Pradal, mariés, etc.

Du 16 juin 1818.-C. de Toulouse.-M. Cardonnel, pr.

moram. — En d'autres termes, l'art. 1153 ne reçoit d'application qu'en matière d'obligations qui se bornent au payement d'une certaine somme due par l'effet d'une convention et non aux intérêts dus à titre de dommages-intérêts (Conf. MM. Toullier, n° 269, Rolland nos 95 et suiv. et Duvergier, sur Toullier, *loc. cit.*, note 2. — V. aussi Mandat, nos 266 et suiv.). — La jurisprudence a fait de fréquentes applications de cette règle. — Il a été jugé : 1° que l'art. 1153 c. nap., portant que les dommages-intérêts ne sont dus que du *jour de la demande*, ne s'applique pas aux intérêts d'une indemnité accordée, à un propriétaire incendié, à titre de dédommagement (Req. 6 août 1822) (1); — 2° Que les juges peuvent faire courir les intérêts à partir d'une époque antérieure à la demande, s'il est constaté que le créancier a été mis dans l'impossibilité, par le fait de son débiteur, de réclamer plutôt le payement de la somme due (Req. 5 août 1823, aff. Thèze, V. Droit marit., n° 1466); — 3° Que l'huissier qui a reçu le prix provenant de la vente des biens d'une succession vacante, et qui a remis ce prix à l'un des créanciers privilégiés, au lieu de le déposer à la caisse des consignations, peut être condamné à payer les intérêts de la somme reçue, du jour de la réception (Req. 21 juin 1825, aff. Masson, V. Succession, n° 993); — 4° Qu'un individu condamné, envers un autre, au remboursement, à titre de garantie, d'une somme principale, peut être condamné au payement des intérêts, à partir non-seulement du jour de la demande, mais du jour où le droit à la garantie a existé (Rej. 21 juin 1825) (2); — 5° Qu'en condamnant un individu (la direction des domaines, par exemple), par forme de réparation civile d'un fait dommageable dont cet individu est l'auteur, à rendre un garant indemne des dommages-intérêts prononcés contre lui au profit d'un garanti, les tribunaux doivent accorder les intérêts des sommes payées par le garant, à partir du jour du payement au garant, et non pas seulement à compter du jour de la demande contre l'auteur du fait, les art. 1153 et 1904 c. civ. n'étant pas ici applicables (Rej. 30 janv. 1826) (3); — 6° Que le jugement qui ordonne le remboursement du prix d'un objet illégalement vendu, peut accorder les intérêts à partir de la vente, encore bien qu'ils n'aient été demandés que postérieurement et seulement à l'audience; ici ne s'applique pas l'art. 1153 c. civ (Req. 31 juill. 1832) (4); 7° Que ce n'est que dans les obligations qui se bornent au payement d'une certaine somme, que les intérêts sont dus du jour où ils sont demandés; qu'une cour qui alloue une indemnité pour préjudice causé peut en accorder les intérêts du jour de la demande principale, ces intérêts n'étant pas moratoires, mais compensatoires, et devant être considérés comme faisant partie intégrante de l'indemnité (Req. 8 août 1832) (5); — 8° Que l'individu condamné à rendre indemne un tiers, a pu être condamné à payer des intérêts antérieurs au jour de la demande formée contre lui (Rej. 5 nov. 1834) (6). — V. aussi v° Commissionn., n° 407.

86. Il a encore été jugé : 1° que les juges peuvent faire courir les intérêts d'une indemnité accordée pour défaut de dé-

---

(1) (Ville d'Oloron *C.* Lanusse). — La cour; — Attendu qu'en accordant au sieur Lanusse des dommages-intérêts, du jour de l'incendie, qui étaient, pour lui, une indemnité des loyers qui avaient cessé de courir depuis cette époque, l'art. 1153 c. civ., était sans application à l'espèce, ledit article ne concernant que les intérêts résultant des obligations; — Rejette le pourvoi contre l'arrêt de la cour de Pau du 9 juin 1821.

Du 6 août 1822.-C. C., sect. req.-MM. Lasaudade, pr.-Lecoutour, r.

(2) (Ouvrard, etc. *C.* Séguin.) — La cour; — Sur le troisième moyen, pris de la violation de l'art. 7 de la loi du 20 avril 1810, et de l'art. 1153 c. civ., attendu que l'arrêt (de la cour de Paris, du 27 fév. 1823) condamne Ouvrard et Vanlerberghe à payer à Séguin les sommes par lui demandées en principal et intérêts à titre de garantie, ce qui motive et justifie tout à la fois cette condamnation conforme à l'art. 2028 c. civ.; — Rejette.

Du 21 juin 1825.-C. C., sect. civ.-MM. Brisson, pr.-Poriquet, rap.-De Marchangy, av. gén., c. conf.-Scribe et Petit de Gatines, av.

(3) *Espèce :* — (Dom. *C.* Teutsch). — Dans le règlement d'un décompte relatif à la vente d'un domaine national, le directeur des domaines de Strasbourg rejette une somme de 2,492 fr. payée en tiers consolidé le 10 flor. an 9 par Teutsch, pour le compte de l'adjudicataire. Ce rejet est prononcé sous le prétexte que la loi du 9 vend. an 6, qui permettait aux acquéreurs de domaines nationaux adjugés postérieurement à sa publication à se libérer en tiers consolidés, n'avait pas encore été publiée dans le département du Bas-Rhin au moment de l'adjudication. Le directeur des domaines constitue l'adjudicataire débiteur de 4,459 fr. avec intérêts. — A la suite d'une longue procédure, Teutsch est obligé de rembourser cette somme à l'adjudicataire plus 1,971 fr. de dommages-intérêts. — Il réclame auprès de l'administration qui reconnait l'erreur du directeur de Strasbourg et qui rembourse l'excédant indûment payé par Teutsch. — Celui-ci forme alors une demande contre la direction générale en remboursement des dépens, frais et dommages-intérêts par lui payés à l'adjudicataire.

Le 17 mai 1821, jugement en ces termes : — « Considérant que la régie, par sa négligence à s'assurer de la véritable date de la publication de la loi du 9 vend. an 6, est la cause directe de tous les procès qui ont été la suite de son décompte fautif et erroné, et du préjudice qui est résulté à Teutsch de ces mêmes procès, la condamne à tenir ce dernier quitte et indemne de toutes les condamnations de dépens, dommages-intérêts et frais prononcés contre lui, au profit de Lorentz, par jugements et arrêts, au remboursement du montant des frais et dépens que les quatre instances ont occasionnés à Teutsch, d'après mémoires taxés, aux intérêts des sommes par lui déboursées, et aux dépens de la nouvelle instance. »

Appel. — 15 fév. 1822, arrêt de la cour de Colmar qui adopte ces motifs. — Pourvoi pour contravention aux art. 1153 et 1904 c. civ., 57 c. pr. — Arrêt (ap. dél. en ch. du cons.)

La cour; — Attendu que l'arrêt attaqué en décidant que la direction générale des domaines, civilement responsable du fait de son préposé, devait à Teutsch la réparation de tout le dommage à lui causé par suite de ce même fait par les condamnations contre lui prononcées au profit de Lorentz, la réparation n'eût pas été complète, si, dans son montant, l'arrêt n'eût pas compris l'intérêt des sommes payées par Teutsch à Lorentz, à compter du jour où Teutsch les avait déboursées; qu'en statuant ainsi, loin d'avoir violé les articles cités, la cour d'appel de Colmar a fait la plus juste application de l'art. 1382 c. civ.; — Rejette.

Du 30 janv. 1826.-C. C., sect. civ.-MM. Brisson, pr.-Quéquet, rap.-Cahier, av. gén., c. conf.-Teste-Lebeau et Huard, av.

(4) (Cardonnel *C.* Delfau.) — La cour; — ...Attendu, en droit, que ce n'est que dans les obligations, qui se bornent au payement d'une certaine somme, que les intérêts sont dûs seulement du jour de la demande (art. 1153 c. civ.); — Et attendu, en fait, que les intérêts dont il s'agit ont été alloués par l'arrêt attaqué du jour de la vente, comme formant partie du prix représentant les bestiaux indûment vendus par C..., et comme indemnité de la spoliation soufferte par les créanciers engagistes; qu'il s'agit ainsi d'intérêts, non pas simplement moratoires, mais compensatoires; — Que, d'après cela, l'art. 1153, invoqué par le demandeur, était inapplicable à l'espèce; — Rejette le pourvoi contre l'arrêt de la cour de Montpellier, du 10 juin 1831.

Du 31 juill. 1832.-C. C., ch. req.-MM. Zangiacomi, pr.-Lasagni rap.-Tarbé, av. gén., c. conf.-Dalloz, av.

(5) (Préf. du Jura *C.* com. de Champagnole, etc.) — La cour; — ...Sur le second moyen : — Attendu, en droit, que ce n'est que dans les obligations qui se bornent au payement d'une certaine somme, que les intérêts sont dus du jour de la demande (art. 1153 c. civ.); et attendu, en fait, que c'est comme partie intégrante de l'indemnité due aux sept communes à cause de la vente des chablis en question, que l'arrêt attaqué (de la cour de Besançon, du 16 mai 1831) leur a alloué les intérêts du jour de la demande principale; que, s'agissant aussi d'intérêts, non pas simplement moratoires, mais compensatoires, l'arrêt attaqué a fait une juste application des art. 1142 et 1382 c. civ., sans violer l'art. 1153 du même code, étranger à l'espèce; — Rejette.

Du 8 août 1832.-C. C., ch. req.-MM. Zangiacomi, pr.-Lasagni, rap.

(6) *Espèce :* — (Goubert *C.* mont-de-piété de Strasbourg.) — Pourvoi contre un arrêt de la cour de Colmar, du 14 août 1833, pour violation des art. 1153 c. civ. et 7 de la loi du 20 avr. 1810, en ce que l'arrêt attaqué a condamné le demandeur et ses garants à payer des intérêts à partir du 1er janv. 1830, tandis que la première demande n'a été formée qu'à la date du 18 fév. 1830. — Arrêt.

La cour...; — Sur le troisième moyen : — Considérant que ce n'est que dans les obligations qui se bornent au payement d'une certaine somme, que les intérêts sont dus, seulement à compter du jour de la demande, conformément à l'art. 1153 c. civ.; — Et que l'arrêt attaqué constate que l'obligation de Goubert ne se bornait pas au payement d'une somme déterminée, mais consistait à rendre le mont-de-piété indemne du préjudice causé par des évaluations trop élevées; que, par suite, la cour royale a pu condamner Goubert, pour réparation du dommage par lui causé, à payer des intérêts à partir d'une époque antérieure à celle de la demande; — Considérant que les motifs de cette disposition sont exprimés dans l'arrêt attaqué, qui porte qu'on ne peut reprocher à la commission du mont-de-piété d'avoir gardé le silence jusqu'en 1831, puisqu'on l'a vu agir avec vigueur dès le commencement de 1830; que, dès lors, il n'y a pas eu violation de l'art. 7 de la loi du 20 avril 1810; — Rejette.

Du 5 nov. 1834.-C. C., ch. req.-MM. Zangiacomi, pr.-Valigny, rap.

livrance d'un immeuble productif de fruits, du jour du préjudice éprouvé par le créancier (Toulouse, 29 nov. 1834) (1); —2° Qu'il en est de même au cas d'inexécution d'un mandat, et que l'appréciation de ces dommages-intérêts rentre exclusivement dans les attributions de la cour d'appel (Req. 23 juill. 1835 (2); Rej. 21 août 1837, aff. Campana, V. Mandat, n° 314-3°); —3° Que les intérêts de l'objet recélé par un cohéritier, étant alloués comme réparation d'un préjudice causé par un détournement frauduleux, ont pu être accordés, à compter, non pas seulement du jour de la demande, mais du jour du détournement (Req. 10 déc. 1835, aff. Deschamp, V. Succession, n° 1216); — 4° Qu'un arrêt portant condamnation à des dommages-intérêts peut allouer, en outre, les intérêts de ces dommages-intérêts à partir d'une époque antérieure à la demande, sans qu'il en résulte une ouverture à cassation (Req. 1er mars 1842) (3); —5° Que l'art. 1153 c. nap. est inapplicable en matière de quasi-délit; et spécialement, que le gérant d'une société commerciale, qui a dissipé des valeurs sociales, peut être condamné à les restituer avec intérêts, à dater du jour où les comptes ont été arrêtés (Req. 28 déc. 1853, aff. Clément, D. P. 54. 1. 143).

87. Mais, puisque l'art. 1153 ne reçoit pas d'application dans l'hypothèse qui nous occupe, et que les intérêts alloués en pareil cas, sont considérés comme partie intégrante des dommages intérêts, les juges ne sont pas tenus de les allouer à compter du jour où le fait qui y donne lieu s'est produit. Il a très-bien pu être jugé, par suite, que les intérêts des sommes dues en réparation d'un dommage causé, peuvent n'être accordés qu'à partir du jour où le débiteur a pu connaître la nature et le montant de ce dont il est débiteur, et non à partir de la demande; qu'il n'en est pas de ce cas comme de celui où des sommes sont dues en vertu d'une convention, qu'en conséquence, si l'évaluation du préjudice a été faite par expertise, les juges peuvent décider que les intérêts de la somme accordée pour sa réparation ne courent qu'à partir de la signification de l'expertise à la partie condamnée (Rej. 15 fév. 1837) (4). — V. encore comme application du même principe Rej. 27 avr. 1839, aff. Espinasse, v° Vente.

88. Jugé aussi que les intérêts du prix des matériaux, à la reprise desquels l'administration de la guerre a été condamnée, par suite de la résiliation du marché avec l'entrepreneur, doivent être alloués à ce dernier à partir de la mise en demeure de l'administration, et que cette mise en demeure peut résulter d'une lettre adressée par l'entrepreneur au chef de bataillon du génie, pour l'avertir que les matériaux sont à la disposition du département de la guerre (cons. d'Ét. 28 mars 1838, aff. Court, V. n° 69).

Art. 3. — *Intérêts qui courent de plein droit.*

89. Dans un grand nombre de circonstances, la loi fait courir les intérêts de plein droit, et détermine l'époque où ils commencent à courir. Cela a lieu soit à raison de l'usage, du bénéfice tiré de la chose, soit à raison de la qualité des personnes.

90. *Intérêts dus de plein droit à raison du bénéfice de la chose.* — Aux termes de l'art. 1652, si la chose vendue produit des *fruits naturels* ou *civils*, l'acheteur doit les intérêts du prix, de plein droit, du jour de la délivrance. — L'acheteur profitant des fruits que produit la chose vendue, il serait injuste qu'il perçût en même temps les intérêts du prix dont il est débiteur. —Le commentaire de l'art. 1652 est présenté v° Vente.

91. Aux termes de l'art. 4 du décret du 22 oct. 1808, concernant les décomptes d'acquéreurs de *domaines nationaux*, toute somme résultant d'un décompte définitif produira un intérêt de 5 p. 100, lequel ne commencera à courir que depuis le mois qui suivra la notification de ce décompte jusqu'au jour du payement définitif. — Ainsi, à compter de cette notification, l'acquéreur doit les intérêts de plein droit (V. cons. d'Ét. 12 avr. 1832, aff. Adam, v° Vente admin.).

92. En général, ceux qui *détournent* les deniers d'autrui pour les employer à leur profit, en doivent l'intérêt de plein droit du jour du détournement, comme une peine de leur injustice et de leur mauvaise foi.—Ainsi, aux termes de l'art. 1846 c. nap., l'associé qui a pris des sommes dans la caisse sociale en doit les intérêts, à compter du jour où il les en a tirées pour les employer à son profit particulier. — Domat, liv. 3, t. 5, sect. 1, n° 8, avait déjà émis la même doctrine.—V. Société.

93. D'après l'art. 1996 c. nap. le *mandataire* doit l'intérêt des sommes qu'il a employées à son *usage*, à dater du jour de cet emploi.—Jugé, en conséquence, que c'est à partir du jour où un caissier a fait servir les fonds à son usage personnel qu'il doit les intérêts, et non pas seulement à partir de la demande (Req. 26 août 1835, aff. Périssé, V. Oblig. [preuve test.]).—V. du reste, v° Mandat, nos 266 et suiv., où se trouvent réunies les décisions de la jurisprudence sur ce point (V. aussi d'au-

---

(1) (Hérit. Groc *C.* le sieur Gayraud.) — La cour; — Attendu que si les principes du droit ne permettent pas d'accorder des intérêts pour un temps antérieur à celui où ils ont été demandés, on ne doit en faire l'application qu'aux intérêts moratoires; mais qu'il ne saurait en être de même, ainsi que l'a formellement décidé la cour de cassation, le 30 janv. 1826 (V. *suprà*, n° 85-5°), à l'égard des intérêts compensatoires qui forment un tout identique avec l'indemnité accordée; qu'il appartient, dès lors, aux juges de les faire courir du jour du préjudice éprouvé, quoiqu'ils n'aient pas été formellement réclamés lors de la première demande; — Attendu qu'en fait ceux accordés par les premiers juges étaient de cette espèce, puisque l'indemnité avait été accordée à défaut de délivrance d'un immeuble producteur de fruits; — Par ces motifs, etc.

Du 29 nov. 1834.-C. de Toulouse.-M. Garrisson, pr.

(2) (Rochoux *C.* hérit. Jonas.) — La cour; — ...Sur le troisième moyen, fondé sur la violation de l'art. 1153 c. civ., sur les intérêts moratoires : — Attendu que l'art. 1153 c. civ. est applicable aux dommages-intérêts résultant du retard apporté dans l'exécution des obligations qui se bornent au payement d'une certaine somme; mais que, s'agissant, dans l'espèce, de dommages-intérêts dus par un mandataire, pour réparation des torts que l'inaccomplissement du mandat a fait éprouver aux mandants, l'appréciation de ces dommages-intérêts entrait dans les attributions de la cour d'appel, et que, sous ce rapport, l'arrêt attaqué ne peut être soumis à la censure de la cour de cassation; — Rejette.

Du 23 juill. 1835.-C. C., ch. req.-MM. Borel, f. f. pr.-Moreau, rap.

(3) *Espèce* : — (De Rochechouart *C.* hosp. de Saint-Pierre.) — En 1836, l'hospice de Saint-Pierre-de-Châtillon-sur-Seine a actionné le comte de Rochechouart et sa femme en réparation du préjudice que lui avaient causé les eaux d'une de leurs usines en inondant annuellement une prairie de l'hospice située dans le voisinage de ces eaux. — Après expertise, un jugement du 1er mars 1839 a condamné les sieurs et dame de Rochechouart à payer à l'hospice une indemnité à raison de 200 fr. par année, à partir du 2 fév. 1830. — Sur l'appel principal des sieur et dame de Rochechouart, l'hospice a interjeté appel incident et s'est plaint que le jugement ne lui avait pas accordé une réparation suffisante des diverses causes de préjudice signalées par les experts. — Par arrêt de défaut du 29 avril 1840, maintenu sur opposition par arrêt contradictoire du 15 juill. suivant, la cour royale de Dijon, faisant droit à cet appel incident, a porté à 309 fr. par an l'indemnité due à l'hospice pour privation de revenus provenant des inondations et a condamné les époux de Rochechouart à payer ladite somme à l'hospice pendant tout le temps écoulé depuis et y compris 1830 jusques et y compris 1839, avec intérêts de chaque annuité à partir de l'expiration de chaque année...

Pourvoi des époux de Rochechouart. —... 3° Violation de l'art. 1153 c. civ., en ce que l'arrêt attaqué a fait courir les intérêts des dommages-intérêts par lui accordés à partir de 1830, c'est-à-dire à compter d'une époque antérieure à la demande introductive d'instance qui avait été formée en 1836, et en ce que, par le fait, il a accordé des intérêts d'intérêts. — Arrêt.

La cour; — Sur le troisième moyen : — Attendu que les intérêts accordés font partie de l'indemnité que la cour d'appel a jugé être due à l'hospice, et qu'à ce titre ils sont à l'abri de la censure de la cour; — ...Rejette.

Du 1er mars 1842.-C. C., ch. req.-MM. Zangiacomi, pr.-Joubert, rap.-Delangle, av. gén., c. conf.-Scribe, av.

(4) (Hér. Hubert *C.* Rousseau.) — La cour; — Sur le moyen, tiré de la violation de l'art. 1153 c. civ. : — Attendu qu'il ne s'agissait pas de sommes dues par l'effet d'une convention; mais qu'il s'agissait seulement de dommages-intérêts évalués par les experts à raison d'un préjudice éprouvé par les demandeurs et déclaré dans ladite évaluation, comprendre le présent, le passé et l'avenir; qu'ainsi l'arrêt (de la cour de Paris, du 5 déc. 1835) n'a pas violé cet article, en ne faisant pas remonter les intérêts au jour de la demande, vu l'ignorance où étaient les défendeurs de la nature et du montant de ce qu'ils pouvaient devoir; — Rejette.

Du 15 fév. 1837.-C. C., ch. civ.-MM. Boyer, pr.-Faure, rap.-Tarbé, av. gén., c. conf.-Ripault et Gatine, av.

tres applications de cet article v^is Commission., n°s 247, 261; Droit marit., n°s 199, 2111; Faillite, n° 519). — Quant aux sommes dont il est reliquataire, le mandataire en doit les intérêts du jour où il est mis en demeure (art. 1996. —V. Mandat, n°s 275 et suiv.; V. aussi v^o Marché de fourn., n° 128).

94. Le *dépositaire* volontaire qui s'est servi des deniers qui lui ont été confiés, en doit l'intérêt du jour où il en fait usage. Cela résulte de ce que la loi lui interdit formellement cet usage, et de ce qu'il est un véritable mandataire chargé de rendre au déposant la chose qu'il en a reçue. C'est ce qu'enseigne aussi Merlin, Rép., v^o Intérêts, § 4, n° 15.—V. Dépôt, n°s 65,72, 80.

95. De la combinaison des art. 549 et 550 c. nap., il résulte que le *possesseur de mauvaise foi* doit rendre les fruits de la chose du jour où les vices de sa possession lui ont été connus.—V. Propriété; V. aussi v^o Contrat de mar., n° 4075.

96. Aux termes de l'art. 1378, celui qui a reçu de *mauvaise foi* est tenu de restituer tant le capital que les intérêts ou les fruits du jour du payement. — Jugé, par application de cet article : 1° que l'individu qui est reconnu avoir reçu de mauvaise foi plus qu'il ne lui était dû, peut être condamné à payer les intérêts des sommes qu'il doit restituer, depuis le jour où il les a reçues (Rej. 23 mars 1831, aff. Lœwel, V. Chose jugée, n° 160); —2° Que les intérêts des sommes dont la restitution a été ordonnée pour fait d'usure, sont dus, non pas à partir du jour de la demande, mais du jour où ces sommes ont été payées (Montpellier, 20 déc. 1841 (1); V. n° 252). — V. aussi v^o Faillite, n° 321, et Angers, 10 déc. 1853, aff. Boulay, D. P. 54. 2. 149).

97. Par application du même article, on doit reconnaître à l'individu injustement poursuivi et forcé de payer ce qu'il ne devait pas, le droit de réclamer les intérêts de la somme à partir du payement (Conf. Merlin, § 4, n° 5, et M. Rolland, n° 99; V. n° 85-5°).—Mais il n'en est pas de même, dit fort bien ce dernier auteur, du payement volontaire fait par erreur à une personne de bonne foi, l'intérêt ne lui est dû que du jour de la demande.

98. D'après le principe posé dans l'art. 1378 c. nap., les intérêts des sommes payées par un *failli, en fraude* des créanciers, doivent être rapportés à la masse, du jour du payement. — V. Faillite, n° 321.

99. On a demandé de quel jour courent les intérêts des sommes payées en vertu d'un arrêt qui, plus tard, a été cassé? Nous avons pensé, et c'est aussi l'opinion qui a été adoptée par la cour de cassation, que les intérêts ne pouvaient courir qu'à dater de la signification de l'arrêt d'admission (V. Cassation, n°s 2019 et suiv., où sont rapportés les arrêts qui ont statué sur ce point; V. dans le même sens, Req. 12 juill. 1848, aff. Marjeline, D. P. 48. 5. 248; V. toutefois, Orléans, 4 juill. 1846, aff. assur. contre l'incendie, D. P. 46. 2. 138).

100. *Intérêts dus de plein droit à raison de la qualité des personnes.* — D'après l'art. 455 c. nap., le *tuteur* doit, de plein droit, l'intérêt des sommes qu'il n'a pas employées, à partir du jour où la somme qu'il était tenu d'employer dans les six mois a été complétée.—Et suivant l'art. 456, il doit les intérêts de toute somme non employée, quelque modique qu'elle soit, s'il n'a pas fait déterminer par le conseil de famille la somme à laquelle doit commencer l'emploi (V. l'explication de ces articles v^o Minorité-Tutelle, n°s 461 et suiv.) Mais il n'en est pas de même du curateur nommé à un absent (V. Absence, n°s 115 et s.).

101. On lit aussi dans l'art. 474 c. nap. : « La somme à laquelle s'élève le reliquat du compte de tutelle dû au mineur par le tuteur, porte intérêts, sans demande, à compter de la clôture du compte » (V. *eod.*, n°s 627 et suiv.). — Par application de cette règle, il a été jugé que les intérêts du reliquat d'un compte de tutelle courent de plein droit du jour de la clôture du compte, bien que, dans l'apurement de ce compte, on ait compris les valeurs mobilières d'une succession échue au mineur, et les sommes que le tuteur a touchées par suite de la prolongation de la gestion, postérieurement à l'époque de la majorité (Req. 14 janv. 1836) (2). — Malgré la disposition de l'art. 474 qui veut que le reliquat du compte de tutelle produise des intérêts au profit du pupille du jour de la clôture de ce compte, il a été jugé que les sommes dont le tuteur est reconnu débiteur sur une demande en rectification du compte de tutelle, ne produisent intérêt, s'il est de bonne foi, que du jour de la demande et non du jour du compte (Douai, 19 juin 1835) (3). — Cette solution nous paraît juste, car, dans l'espèce, il ne s'agit pas du reliquat d'un compte de tutelle, cas prévu par l'art. 474, mais d'une demande en rectification de compte qui n'a fixé la dette et opéré la mise en demeure qu'à partir du jour où elle a été introduite.

102. Si le reliquat du compte est en faveur du tuteur, les intérêts ne courent, à son profit, que du jour de la sommation de payer qui aura suivi la clôture du compte (V. Minorité-tutelle, n°s 627, 657 et suiv.). — Sous l'ancienne jurisprudence il n'en était pas ainsi : le tuteur avait droit aux intérêts des avances par lui faites pour son pupille (Civ. rej. 11 nov. 1851, aff. Roquelaure, D. P. 51. 1. 317).

103. Suivant les art. 1440 et 1548 c. nap., les intérêts des sommes données en *dot* ou en considération d'un mariage à l'un des époux, courent de plein droit du jour du mariage contre ceux qui les ont promises, encore qu'il y ait terme pour le payement, pourvu qu'il n'existe pas stipulation contraire. — V. Contrat de mariage, n°s 1254 et suiv. et 3293 et suiv.

104. « Si le mariage, porte l'art. 1570, est dissous par la mort de la femme, l'intérêt et les fruits de la dot à restituer courent de plein droit, au profit de ses héritiers, depuis le jour de la dissolution » (V. Contrat de mar., n°s 4185 et suiv., 4202 et suiv.). — Il faut, toutefois, combiner cette disposition avec celle de l'art. 584 c. nap. qui accorde au survivant les intérêts

---

(1) (Boyer *C.* Rouquairol.) — LA COUR; — Attendu qu'aux termes de l'art. 1376 c. civ., celui qui reçoit par erreur ou sciemment ce qui ne lui est pas dû, est obligé à le restituer à celui de qui il l'a indûment reçu, et d'après l'art. 1378 du même code, s'il y a eu mauvaise foi dans la réception, il est tenu de restituer tant le capital que les intérêts ou les fruits du jour du payement; — Attendu que la perception d'intérêts usuraires est toujours nécessairement de mauvaise foi, puisqu'elle est faite en contravention à une loi prohibitive et d'ordre public; — Attendu que la disposition de l'art. 1378 est générale et s'applique à tous les cas où une action en répétition est ouverte au débiteur; — Que l'art. 5 de la loi du 3 sept. 1807 ne crée pas un droit exceptionnel régi par d'autres principes que ceux de la loi civile ordinaire, qu'il ne fait que confirmer les dispositions générales des art. 1235 et 1376 c. civ.; — Que cette loi elle-même n'est pas une loi d'exception qui échappe à l'application des principes généraux du code, qu'elle a été au contraire rendue en exécution et comme complément des diverses règles émises dans le code sur les intérêts et notamment des art. 1153 et 1907; — D'où il suit que l'art. 1378 est pleinement applicable à la répétition exercée en vertu de l'art. 5 de cette loi, et que Boyer doit être condamné au payement de l'intérêt des sommes dont la restitution est due aux frères Rouquairol, à partir du 6 juin 1829; — Par ces motifs, démet l'appel, etc.

Du 20 déc. 1841.-C. de Montpellier, 2e ch.-MM. Claparède, pr.-Thomas-Latour, subst., c. conf.-Albinet et Glizes, av.

(2) (Charrier *C.* enreg.) — LA COUR; — Sur le quatrième moyen, tiré de la violation de l'art. 1996 c. civ., et fausse application de l'art. 474 c. civ. : — Attendu qu'il s'agissait d'un compte de deniers pupillaires, et que les intérêts du reliquat couraient de droit du jour de la clôture; — Rejette le pourvoi contre l'arrêt de la cour de Besançon, du 7 juin 1834.

Du 14 janv. 1836.-C. C., ch. req.-MM. Borel de Bretizel, f. f. pr.-Hua, rap.-Nicod, av. gén.-Beguin-Billecoq, av.

(3) (Desclé *C.* Desclé.) — LA COUR; — En ce qui concerne la somme de 7,107 fr. 14 c. portée au compte du tuteur, comme payée par lui à la maison Vandenbaer de Baest : — Considérant qu'il résulte des registres de cette maison, de la quittance délivrée par elle, en 1809, à la veuve de Philippe Desclé, du bordereau fourni par celle-ci, ainsi que des autres documents du procès, que cette somme a été payée le 20 nov. 1807, peu de jours, il est vrai, avant l'ouverture de la tutelle, mais néanmoins et nécessairement des deniers de François Desclé; d'où il suit qu'elle a été, par erreur, admise au compte de tutelle; — En ce qui concerne les intérêts réclamés : — Considérant que les circonstances de la cause ne permettent pas d'assimiler ici le tuteur à un détenteur négligent ni de mauvaise foi des deniers pupillaires; qu'il ne peut être fait par suite application au cas particulier de l'art. 456 c. civ.; — Qu'il en est de même de l'art. 474 dudit code, puisqu'il ne s'agit aucunement ici de reliquat de compte, de somme déterminée dont le tuteur ait été constitué débiteur envers ses pupilles, mais d'une demande en rectification de compte qui n'a fixé la dette et opéré la mise en demeure qu'à partir du jour où elle a été introduite; — Qu'ainsi les intérêts de la somme objet de la condamnation ne peuvent être alloués qu'à compter de la demande, etc.

Du 19 juin 1835.-C. de Douai, 2e ch.-M. Delattre, pr.

ou les fruits des biens appartenant aux enfants communs n'ayant pas encore atteint leur dix-huitième année.

105. Aucune disposition légale n'attribue au mari ou à ses héritiers les intérêts de plein droit des biens qui doivent leur revenir à la dissolution du mariage. Aussi faut-il appliquer l'art. 1153 en ce qui concerne ces biens, et ne faire courir les intérêts qu'en vertu d'une demande judiciaire. Et il a été très-bien jugé, par suite, que la femme commune qui, à la dissolution de la communauté, est restée en possession des valeurs mobilières qui la composaient, ne doit pas, de plein droit, les intérêts de ces valeurs, quoique, formant l'objet d'un commerce, elles fussent par cela même susceptibles de produire des fruits (Rej. 18 mars 1835) (1).

106. Tout ce que se doivent des cohéritiers à l'occasion de la *succession* qui leur est échue, produit des intérêts de plein droit, à partir du jour de l'ouverture de la succession. — Dès ce moment, en effet, chaque cohéritier a droit aux fruits de sa portion héréditaire; il ne doit donc pas profiter en même temps des intérêts des autres biens de la succession. Ainsi, l'héritier donataire assujetti à rapport, doit l'intérêt des sommes rapportables du jour où la succession s'est ouverte (c. nap. 856; V. Succession, n°s 1219 et suiv., 1231 et suiv., 1274, 1283, 1809; V. aussi Dispos. entre-vifs, n°s 1268, 1270, et Merlin. Rép., v° Intér., § 2, n° 3; Toullier, t. 6, n° 269, et M. Rolland, n° 44). — Mais il a été jugé 1° que le cohéritier qui réclame à ses cohéritiers le payement d'une somme, non à titre de rapport, ou de prélèvement équivalant à rapport, mais à titre de dette, ne peut exiger les intérêts du jour de l'ouverture de la succession, d'après l'art. 856 c. nap., mais seulement du jour où ils ont été demandés (Nancy, 1re ch., 14 août 1845, M. Moreau, 1er pr., aff. Moisset C. Mouginet; Extrait de M. Garnier, Jurisp. de Nancy, v° Intérêts, n° 2); — 2° Que le cohéritier constitué gardien et dépositaire des effets mobiliers inventoriés dépendant de la succession, n'est pas obligé de tenir compte jusqu'au jour de la restitution, des intérêts de la valeur de ce mobilier, alors surtout qu'il s'agit d'effets mobiliers ne produisant aucuns fruits naturels, industriels ou civils (Cass. 4 fév. 1852, aff. Boutarel, D. P. 54. 5. 445; V. aussi v^{is} Dépôt, n° 12-4°; Disp. entre-vifs et test., n° 1382).

107. Les intérêts des *legs* sont dus au légataire, à partir du jour de la demande en délivrance, ou du jour où la délivrance lui a été volontairement consentie. Toutefois, les intérêts courent à son profit de plein droit, et sans qu'il soit besoin d'une demande en justice : 1° lorsque le testateur l'a ainsi ordonné; 2° lorsqu'une rente viagère ou une pension a été léguée à titre d'aliments (c. nap. 1014, 1015). — V. Disposit. entre-vifs et test., n°s 3814 et suiv., 3840 et suiv.

108. Mais un héritier ne peut réclamer les intérêts de plein droit afférents à sa portion héréditaire, que vis-à-vis de ses cohéritiers; vis-à-vis de tous autres il rentre dans la loi commune. — Jugé, par suite, que la somme accordée par provision au demandeur en pétition d'hérédité ne produit pas des intérêts de plein droit, même vis-à-vis des tiers détenteurs des biens de la succession avec lesquels la condamnation est déclarée commune (Req. 29 avril 1840) (2).

109. Autrefois, les intérêts des sommes avancées par le *ne-*

---

(1) *Espèce* : — (Collignon C. veuve Danel.) — En 1828, le sieur Danel, marchand de nouveautés, décède, laissant un testament par lequel il lègue à sa femme l'usufruit de la plus grande partie de ses biens, et institue la dame Collignon, sa fille, son héritière. — Après inventaire dressé avec estimation, la veuve Danel reste en possession de tous les effets de la succession, et continue le commerce de son mari. — En 1829, décès sans enfants de la dame Collignon. Elle a institué son époux légataire universel de tous ses biens, sauf une somme de 20,000 fr. dont elle ne lui a légué que l'usufruit sans caution; léguant la nue propriété de cette somme à sa mère, pour tous droits dans sa succession, si mieux n'aimait cette dernière s'en tenir à sa réserve légale. — La veuve Danel ayant opté pour le legs de 20,000 fr., le sieur Collignon provoque contre elle le partage tant de la succession du sieur Danel que de la communauté qui a existé entre lui et sa femme. — Il demande d'abord que la veuve Danel soit tenue de fournir caution à raison de l'usufruit qui lui a légué son mari; il soutient ensuite qu'elle doit rapporter à la masse de la communauté, à partir de sa dissolution, les intérêts du prix d'estimation des meubles et marchandises dont elle est restée en possession, attendu que les marchandises ont produit des fruits au moyen du commerce dont elles ont été l'objet. — 16 août 1831, jugement qui rejette cette dernière prétention, en se fondant sur ce que les valeurs mobilières en meubles et marchandises ne peuvent être considérées comme produisant des fruits ou revenus. — Quant à la demande de caution, le tribunal l'accueille, mais il ordonne qu'on imputera, sur le cautionnement à fournir par la dame Danel, la somme de 20,000 fr., détenue à titre d'usufruit par Collignon, et dont elle est nue-propriétaire. — Sur l'appel, la cour d'appel de Metz, par arrêt du 25 fév. 1832, confirme ce jugement en adoptant ses motifs.

Pourvoi. — 1° Violation des art. 1153, 1154 et 1155 c. civ. — On soutient qu'il suffisait que les valeurs mobilières laissées dans les mains de la défenderesse eussent produit des fruits à son profit, pour qu'elle dût rapporter à la communauté les intérêts du prix représentatif de ces valeurs. — On invoque, par analogie, la disposition de l'art. 856 c. civ., qui met à la charge des héritiers détenteurs, à compter de l'ouverture de la succession, les fruits et intérêts des choses sujettes à rapport.

2° Violation des art. 601 et 1134 c. civ., en ce que le jugement confirmé par l'arrêt attaqué, tout en reconnaissant que la veuve Danel devait fournir caution, l'affranchit indirectement de cette obligation. — Les 20,000 fr. dont la défenderesse n'a que la nue propriété, le demandeur, dit-on, les détient comme usufruitier avec dispense de caution. Quoi que fasse la dame Danel, elle ne peut empêcher que cette somme reste dans les mains du demandeur. Dès lors, elle n'offre réellement pas la garantie que le cautionnement a pour but de fournir. Au contraire, elle est frappée de stérilité entre les mains du demandeur, en tant qu'affectée au cautionnement de la dame Danel; d'où il suit que la cour d'appel a transformé la position respective des parties en grevant d'une charge l'usufruit du demandeur qui en était affranchi, et en affranchissant l'usufruit de la défenderesse qui était soumis à caution.

On répond, sur ce dernier moyen, que, si les 20,000 fr. dont il s'agit étaient placés chez un banquier, et que le sieur Collignon en touchât seulement les intérêts, évidemment la dame Danel aurait le droit de les affecter à son cautionnement; qu'on doit le décider de même, dans l'espèce, avec d'autant plus de raison que la somme, en restant dans les mains du demandeur, lui présente encore plus de garanties. Quant au premier moyen, on le réfute en reproduisant les motifs de l'arrêt que voici : — Arrêt (apr. délib. en ch. du cons.).

LA COUR; — Sur le premier moyen : — Attendu que, dans l'espèce, il n'y avait pas stipulation d'intérêts convenue entre les parties; — Qu'il n'y avait pas lieu, non plus, à l'intérêt légal, puisqu'aucun texte de loi ne dispose que des intérêts sont dus, dans les cas de la nature de celui qui se présentait dans la cause; — Qu'à défaut de stipulation d'intérêts et de disposition de loi qui les prescrive, la cour a dû juger qu'il n'en était pas dû par la défenderesse au demandeur;

Sur le deuxième moyen : — Attendu qu'après avoir reconnu qu'il était dû caution par la veuve, la cour a accordé ce cautionnement, mais qu'elle a décidé que la somme de 20,000 fr. appartenant à la veuve Danel, et qui restait entre les mains du demandeur, était une caution suffisante; — Qu'en faisant cette appréciation plus ou moins exacte, et en affectant, comme gage spécial, au demandeur, cette somme dont il était détenteur, la cour d'appel est demeurée dans les limites de ses droits, et n'est contrevenue à aucune loi; — Rejette.

Du 18 mars 1835.-C. C., ch. civ.-MM. Portalis, 1er pr.-Bonnet, rap.-Gartempe fils, av. gén., c. contr.-Ad. Chauveau et Crémieux, av.

(2) *Espèce* : — (Freydier-Lafont C. Grand.) — Les successions des époux de Rouchol étaient détenues, depuis plusieurs années, par le sieur de Rouchol-Desribes, l'un des enfants des défunts, lorsque les héritiers Freydier-Lafont, agissant par représentation d'un autre enfant des époux de Rouchol, demandèrent le partage de leur hérédité, avec restitution de fruits. — Le 21 janv. 1828, un jugement par défaut contre Desribes ordonna l'estimation des biens, et accorda aux demandeurs une provision de 40,000 fr., sans dire que cette somme produirait des intérêts. — Sur l'opposition de Desribes, ce jugement fut maintenu par un second du 4 juillet suivant. — Appel par Desribes. — Pendant l'instance d'appel, l'appelant vendit au sieur Grand une partie des biens dépendant des deux successions à partager. Par suite, les intimés mirent cet acquéreur en cause, et conclurent à ce que l'arrêt à intervenir fût déclaré commun avec lui. — Ces conclusions furent accueillies par arrêt du 28 mars 1832, qui confirme en même temps les jugements frappés d'appel. — Depuis, Grand a acquiescé à cet arrêt, et l'a exécuté en payant divers à-compte sur la provision de 40,000 fr. — Le 10 janv. 1838, les héritiers Freydier-Lafont lui firent commandement de payer 6,214 fr. 20 cent., restant dus tant pour le capital que pour les intérêts de ladite provision, sous peine de saisie-exécution. — Opposition par Grand, qui prétend qu'il ne doit pas d'intérêts.

12 mars 1838, jugement du tribunal de Tournon qui annule tant le commandement que la saisie-exécution dont il avait été suivi, par divers motifs pris les uns de ce qu'aucune condamnation aux intérêts n'avait été prononcée, et qu'il n'avait été notifié aucun acte de nature à les faire

gotiorum gestor couraient de plein droit (L. 18, C., *De negot. gest.*) — Mais il a été jugé : 1° que, sous le code Napoléon, ces intérêts ne courent plus d'office du jour où les avances ont été faites (Rej. 7 nov. 1825 (1); V. aussi cass. 9 déc. 1839, aff. Robert, v° Propriété); — 2° Que dans le cas où une obligation est acquittée par un tiers au nom du débiteur, si le mandat n'est pas justifié, les intérêts courent à dater du jour de la demande et non de celui de l'avance (Paris, 4 nov. 1838) (2); — 3° Que les intérêts ne courent pas de plein droit au profit de l'exécuteur testamentaire qui a payé, de ses propres deniers, des sommes dues à la succession; ni au profit de l'usufruitier qui a payé des dettes grevant la propriété dont il a l'usufruit (Nancy, 1re ch., 11 juill. 1833, M. De Metz, 1er pr., aff. Mandel *C.* Poirson, Extrait de M. Garnier, Jurisp. de Nancy, v° Intérêt, n° 1); — 4° Que la somme payée par un tiers comme *negotiorum gestor* ne produit pas, à l'instar de celle avancée comme mandataire, des intérêts à dater du jour du payement, encore bien que la créance éteinte serait productive d'intérêts (Lyon, 13 janv. 1849, aff. Bas, D. P. 49. 2. 218); — 5° Que les avances faites pour le compte du débiteur d'une rente viagère ne produisent pas intérêt de plein droit au préjudice de celui-ci, mais seulement à dater du jugement de condamnation (Bordeaux, 21 mars 1846, aff. Laurent, D. P. 49. 2. 108).

110. M. Duranton, t. 10, n° 493, estime, toutefois, que si la gestion est utile, on doit accorder au gérant d'affaires le même droit qu'au mandataire.—Et il a été jugé, dans ce sens, 1° qu'un avoué a droit à l'intérêt des avances qu'il a faites comme *negotiorum gestor*, du jour des avances contractées (Cass. 23 mars 1819, aff. Wuilley, V. Avoué, n° 125); — 2° Que le possesseur de bonne foi qui a fait des réparations aux immeubles qu'il est condamné à restituer ainsi que les jouissances qu'il a perçues, a droit aux intérêts des sommes avancées; que ce n'est pas le cas d'appliquer l'art. 1153 c. nap. (Poitiers, 14 nov. 1822, aff. Sergent, V. Minorité-tutelle, n° 549-4°). — Mais cette doctrine nous paraît contraire au principe général d'après lequel les intérêts ne courent que du jour de la demande, sauf les exceptions prévues solennellement par les lois et parmi lesquelles ne rentre pas la créance pour avances faites par un *negotiorum gestor*. — V. aussi v° Contrat de mar., n° 2657.

111. De même, l'intérêt n'est plus dû au curateur pour ses avances, qu'à partir du jour de la demande (Rej. 7 nov. 1825, aff. Daguerre, V. n° 109-1°).

---

courir; les autres, de ce que Grand, en sa qualité de tiers détenteur, ne pouvait être soumis à des poursuites personnelles.—Appel. — 15 janv. 1839, arrêt de la cour de Nîmes, qui confirme en adoptant les motifs des premiers juges.

Pourvoi.—Violation des art. 1155, 1207 et 2168 c. civ., en ce que l'arrêt attaqué a décidé qu'une somme accordée par provision ne pouvait porter intérêt, à l'égard d'un tiers détenteur obligé au payement de la dette, que par l'effet d'une demande qui serait personnellement dirigée contre lui.—Une provision, dit-on, est la somme à laquelle le juge évalue provisoirement le montant des condamnations qu'il doit prononcer, et dont il ne peut préciser encore le chiffre définitif, parce que les éléments lui manquent pour arrêter le compte à faire entre les parties. En tant que remplaçant la condamnation, la provision doit donc jouir des mêmes avantages, et, par suite, produire des intérêts du jour de la demande (1153 c. civ.). — Il faut remarquer, d'ailleurs, que, dans l'espèce, la provision était mise à la charge d'un tiers détenteur des biens immeubles, et qu'elle était accordée à des héritiers, copropriétaires de ces biens: or, comme ces immeubles produisent des fruits naturels, il s'ensuit que la provision devait produire des intérêts de plein droit.—Arrêt.

La cour; — Attendu qu'il est constant, en fait, que l'arrêt de la cour royale de Nîmes du 28 mars 1832, confirmatif des jugements des 21 janv. et 4 juill. 1828, n'accorde au sieur Freydier-Lafont et à ses cohéritiers, qu'une provision de 40,000 fr. payable par le sieur Desribes, détenteur des biens de la succession à partager, sans s'expliquer sur les intérêts de ladite somme capitale; — Attendu que la cour royale de Nîmes déclare également, en fait, que le sieur Grand, contre qui les jugements et arrêt précités avaient été déclarés communs et exécutoires, n'avait reçu aucune interpellation judiciaire ou extrajudiciaire, aucun acte de mise en demeure qui pût faire courir les intérêts de ladite somme capitale de 40,000 fr., et que, si un commandement avait été fait au sieur Desribes lui-même le 16 fév. 1828, ledit commandement ne portait que sur un terme exigible de ladite provision, sans qu'il renfermât une demande d'intérêts; — Attendu que, dans de pareilles circonstances de fait, la cour royale de Nîmes a pu déclarer, comme elle l'a fait, que le sieur Grand n'était obligé qu'au payement du capital de ladite provision; que les intérêts d'icelle n'étaient point dus par lui, et qu'ainsi la saisie-exécution dirigée contre lui à raison desdits intérêts devait être annulée comme faite pour sommes non dues; qu'en le déclarant ainsi, ladite cour a fait une juste application de l'art. 1153 c. civ. et n'a violé ni l'art. 1207 ni l'art. 2168 du même code; — Rejette.

Du 29 avril 1840.-C. C., ch. req.-MM. Zangiacomi, pr.-Faure, rap.

(1) *Espèce* : — (Daguerre *C.* Cubihandy.) — Pourvoi contre un arrêt de la cour de Pau, du 8 fév. 1822, pour 1° Violation de l'art. 2 du code civil, fausse application de l'art. 474 du même code et de la loi du 30 vent. an 12. — Suivant la loi 3, §§ 1 et 4, ff., *De contrar. et utili act. tutel.*, et suivant la loi 18, C., *De negot. gest.*, ont-ils dit, l'intérêt des avances faites par le *negotiorum gestor* et par le curateur, courait de plein droit en leur faveur, du jour où ils les avaient faites; en jugeant que cet intérêt avait cessé de courir depuis le code civil, la cour royale a donné à ce code un effet rétroactif, et violé l'art. 2. Il n'est pas juste de soutenir que le code civil a pu faire cesser cet intérêt, parce qu'il était purement légal; l'intérêt résulte, dans ce cas, des quasi-contrats de curatelle et de gestion d'affaires, qui n'auraient pas eu lieu sans l'assurance d'être remboursé de l'intérêt des avances; et ces quasi-contrats sont irrévocables comme une convention expresse. — 2° Contravention aux lois 18, C., *De negot. gest.*, et 55, ff., *loc. cond.*, et autres lois romaines, suivant lesquelles le fermier devait toucher l'intérêt de ses avances du jour où elles avaient été faites, parce qu'en cette partie il doit être considéré comme *negotiorum gestor*. — Le défendeur a répondu à ce moyen, qu'aucune loi romaine ne donnait de plein droit au fermier l'intérêt de ses avances, et que le fermier ne peut être assimilé, à cet égard, au *negotiorum gestor*, parce que celui-ci agit dans l'intérêt du maître, tandis que le fermier agit dans son intérêt personnel et profite de ses avances. — 3° Violation de l'art. 1290 c. civ., en ce que l'arrêt a refusé de reconnaître que les intérêts s'étaient compensés, dans leur intégralité et sans réduction, avec les jouissances du fermier.—Arrêt.

La cour; — Attendu, 1° qu'il appartient à la loi de déroger à la loi antérieure et de régir les faits qui se passent sous son empire; qu'elle peut, par conséquent, sans pour cela rétroagir, faire cesser le cours des intérêts que la loi antérieure faisait courir d'office, et ne les accorder, pour l'avenir, que sous les conditions prescrites par le droit commun, ou qu'elle trouve juste d'introduire; — Que les intérêts que la loi romaine accordait au *negotiorum gestor* et au curateur, à raison de leurs avances du jour qu'elles étaient faites, étaient véritablement légaux, puisqu'ils n'étaient pas proprement l'effet de la convention, ni du quasi-contrat, mais de la loi qui les faisait courir d'office; qu'ils n'étaient, d'ailleurs, acquis qu'à mesure qu'ils étaient échus; que, par une suite, la loi postérieure a pu, sans effet rétroactif, dérogeant à la loi qui les faisait courir, les faire cesser pour l'avenir et ne peut plus les accorder que sous les conditions prescrites; — Que le code civil n'autorise plus le cours de ces intérêts d'office; qu'au contraire, l'art. 474 ne les accorde au tuteur que du jour de la sommation qui a suivi la clôture du compte, et l'art. 7 de la loi du 30 vent. an 12 dispose qu'à compter de la publication du même code, les lois romaines cesseront d'avoir force de loi sur les matières qui font l'objet de ce code; et, dans le fait, Daguerre n'a rempli aucune des conditions requises pour faire courir ceux de ses avances à partir de cette publication; que, conséquemment, en décidant qu'ils ne lui sont point dus à partir de cette époque, l'arrêt, loin de violer l'art. 2, n'a fait qu'une juste application de l'art. 474 c. civ. et de l'art. 7 de la loi du 30 vent. an 12;

Attendu, 2° qu'en jugeant que l'intérêt n'a pas couru, de plein droit, à raison des avances faites par Daguerre pendant le bail à ferme, l'arrêt n'a violé aucune disposition expresse de la loi; — Attendu, enfin, que les jouissances dues par Daguerre n'étaient pas liquides; qu'elles n'ont été liquidées, et que la compensation, avec les intérêts, n'en a été demandée que depuis que la réduction de ces intérêts a été ordonnée par la loi et a été acquise au débiteur; qu'ainsi, en prononçant cette réduction, l'arrêt, loin de violer l'art. 1290 c. civ., relatif à la compensation, n'a fait que se conformer à l'art. 3 de la loi du 26 brum. an 6, concernant la réduction; — Rejette.

Du 7 nov. 1825.-C. C., sect. civ.-MM. Desèze, 1er pr.-Cassaigne, rap.-De Marchangy, av. gén., c. contr.-Barrot et Nicod, av.

(2) *Espèce* : — (Daix *C.* Lenfant.) — Le sieur Daix, au profit de qui le sieur Lenfant a acquitté une somme de 1,000 fr., est condamné au payement des intérêts, à compter du jour de l'avance constatée, sur le motif d'un mandat tacite intervenu entre eux.—Appel.—Arrêt.

La cour; — Considérant que le mandat n'est nullement justifié; — Que, ne s'agissant ainsi que du remboursement d'une somme payée conformément aux dispositions de l'art. 1236 c. civ., les intérêts n'ont commencé à courir qu'à compter du jour où le remboursement a été demandé, et le débiteur mis en demeure; — Infirme, quant aux intérêts, qui ne seront exigibles qu'à partir du jour de la demande.

Du 4 nov. 1838. C. de Paris, 3e ch. M. Jacquinot Godard, rap.

112. A l'égard du *mandataire*, l'art. 2001 c. nap. dispose: « L'intérêt des avances faites par le mandataire lui est dû par le mandant, à dater du jour des avances constatées » (V. Mandat, nos 349 et suiv.). —Il a été jugé qu'il en était ainsi avant le code nap. (Req. 26 avr. 1815, aff. d'Houchin, V. no 200; Cass. 17 mars 1824, aff. Belin, 127-1o). — Mais il est à remarquer que, sur ce point, aucune règle fixe n'était établie avant la promulgation du code Napoléon; que les lois romaines laissaient au juge un pouvoir discrétionnaire pour déterminer, selon les circonstances, l'époque à compter de laquelle les intérêts pouvaient être exigés par le mandataire contre son mandant (L. 1, ff., et L. 12, 39, *Mandati vel contrà*); et qu'en ce qui concerne le droit coutumier, la jurisprudence n'avait rien de fixe et de certain sur ce point (V. Mandat, no 355).

113. Il a été décidé, conformément à l'art. 2001 : 1o que le mandataire chargé du recouvrement de certaines créances a droit aux intérêts des frais qu'il a déboursés pour obtenir ce recouvrement (Bordeaux, 9 août 1840, aff. Changeur, V. Compte courant, no 74); — 2o Que l'administrateur d'une succession chargé, dans son compte de recettes, des intérêts des sommes par lui reçues, à compter du jour de la réception, a droit aux intérêts des sommes par lui payées pour le compte de la succession, à partir du jour du payement, de tels payements constituant de véritables avances, dans le sens de l'art. 2001 c. nap. (Cass. 4 fév. 1852, aff. Boutarel, D. P. 54. 5. 446; V. aussi vo Commissionn., no 96, 261. — Mais V. vo Compte, no 90).

114. Les *officiers ministériels*, notaires, avoués, huissiers, etc., sont les mandataires de leurs clients. —Aussi nul doute qu'ils peuvent invoquer l'art. 2001, toutes les fois qu'ils ont, à ce titre, fait des avances pour un client relativement aux affaires dont celui-ci les avait chargés. — Il a été jugé aussi : 1o que les intérêts des avances qu'un avoué a faites en qualité de *procurator ad negotia* courent à partir du jour où elles ont eu lieu (C. cass. de Belgique, 25 avr. 1845, aff. Delmagdeleine, D. P. 2. 209); — 2o Qu'un notaire, chargé par son client de payer ses créanciers, peut réclamer l'intérêt des sommes mises à la disposition du client, à cet effet, du jour de leur exigibilité (Req. 31 déc. 1845, aff. Cureau, D. P. 47. 4. 307). —V. aussi vo Avoué, nos 126 et suiv.; Mandat, no 357.

115. Mais doit-on considérer comme avances faites par un mandataire les déboursés que fait un notaire pour son client lorsqu'il acquitte les droits d'enregistrement, d'inscription et de transcription des contrats? — Dans le sens de l'affirmative, il a été jugé que le notaire qui a fait, à l'occasion des actes par lui reçus, l'avance des droits d'enregistrement, a droit à l'intérêt de ces avances (Grenoble, 14 juill. 1838 (1). — Conf. Riom, 8 déc. 1838, aff. B..., V. Mandat, no 374).

116. Mais, la loi de l'an 7 ayant mis à la charge personnelle des notaires l'acquittement des droits dus à la régie, il en résulte qu'ils agissent en leur propre nom et non comme mandataires des parties; dès lors ils ne peuvent réclamer le bénéfice de l'art. 2001 c. nap. (V. Avoué, nos 125 et suiv.; Enregist., no 5112, où se trouve recueilli un rapport de M. Troplong, qui développe cette doctrine; Mandat, no 357). — C'est en ce sens que la jurisprudence se prononce : ainsi il a été jugé : 1o que le notaire qui a payé de ses deniers les droits d'enregistrement des actes passés devant lui, est fondé à réclamer l'intérêt de ses avances, non à compter du jour où il les a faites, ainsi que l'art. 2001 c. nap. en donne le droit à un mandataire ordinaire, mais seulement à partir de la demande en justice (Rej. 30 mars 1850 (2); Rej. 11 nov. 1833, aff. Holder, V. Notaire, no 503; Caen, 7 juin 1837, aff. Hébert, V. Vente; Req. 24 juin 1840, aff. Coste, V. Enreg. no 5112; trib. de Lombez, 18 mars 1842, aff. N..., D. P. 46. 3. 128; Cass. 18 mars 1850, aff. Garson, D. P. 50. 1. 101); — 2o Que l'allocation de ces intérêts dans un compte arrêté entre le notaire et son client, doit être considérée comme le résultat d'une erreur, qui permet la révision du compte et la répétition de la somme indûment payée (même arrêt du 18 mars 1850).

117. La question est encore moins douteuse pour les avances de procédure faites par les officiers ministériels autres que les notaires, car ils ne sont pas *procuratores ad negotia* par cela seul qu'on les a chargés de faire des actes de leur ministère; en conséquence, lorsqu'ils font les avances de frais de procédure, c'est comme gérants d'affaires qu'ils agissent, d'où il suit qu'ils n'ont droit à l'intérêt de telles avances que du jour de la demande en justice (V. Avoué, no 125).

118. Toutefois, il a été jugé que lorsque l'exécutoire est délivré au nom de la partie gagnante à laquelle le perdant paye les dépens auxquels il a été condamné, il est juste que cette partie ne bénéficie pas des intérêts des avances faites par l'avoué; qu'en conséquence celui-ci a droit de répéter ses intérêts à

---

(1) *Espèce :* — (Me Dorey *C.* Blachon et autres.) — Le tribunal civil de Valence avait statué sur le règlement des créances dues à Me Dorey, notaire à Montmirail, pour avances de droits d'enregistrement de divers actes reçus par lui et par son prédécesseur, et sur la demande formée par Me Dorey des intérêts de ces avances. — Appel. — Arrêt.

La cour; — Attendu que le notaire chargé de recevoir et constater dans des actes publics les volontés et obligations des parties qui se présentent devant lui est un véritable mandataire, ayant vis-à-vis d'elles tous les droits dérivant du mandat; — Que c'est ainsi que la jurisprudence, par application de l'art. 2002 c. civ., lui a toujours accordé la solidarité envers toutes les parties contractantes pour le remboursement de ses honoraires et avances; — Que, dans une situation semblable, on ne saurait concevoir comment un mandataire, ayant, en cette qualité, droit à la solidarité, ne pourrait invoquer l'application de l'art. 2001, qui accorde, de plein droit, au mandataire l'intérêt des avances par lui faites pour le compte des parties qui lui ont confié le mandat; — Qu'on ne pourrait se prévaloir, pour lui disputer le bénéfice de l'art. 2001, des dispositions de l'art. 29 de la loi du 22 frim. an 7, qui décide que les droits à acquitter le seront par les notaires pour les actes par eux reçus, ni de l'art. 30, qui leur permet, pour leur remboursement, de prendre exécutoire du juge de paix; — Que, dans le premier de ces articles, ils sont considérés comme mandataires forcés, obligés de payer pour des tiers, par cela seul que ces tiers ont eu confiance en eux; — Que, si, dans le second de ces articles, on voit qu'ils peuvent obtenir du juge de paix exécutoire pour le remboursement de ce qu'ils ont payé, et cela afin de faciliter le remboursement, on conçoit combien serait pénible la position de l'officier public qui userait de ce mode pour rentrer dans les fonds par lui avancés, obligé, s'il agit, de sévir contre ses clients, et de perdre par suite leur clientelle, et, s'il n'agit pas, de perdre l'intérêt de ses avances; — Que des considérations morales viennent se joindre aux dispositions de l'art. 2001 c. civ., postérieur à la loi du 22 frim. an 7, pour faire accorder au notaire l'intérêt des avances par lui faites pour ses clients; — Qu'en effet, le notaire qui contractera pour des clients qui ne pourront de suite débourser les frais d'enregistrement, dans le cas où l'art. 2001 ne lui sera pas applicable, se fera consentir des billets pour son remboursement; il les fera faire avec stipulation d'intérêts, et fera comprendre dans les billets, non-seulement le montant des avances, mais même des honoraires; et, afin de soustraire ces obligations à toute espèce d'examen et de critique, il leur fera attribuer une cause; on l'exposera, enfin, à des fraudes qui eussent été évitées, si on eût accordé au notaire ce que la loi, le considérant comme mandataire, lui accorde, l'intérêt de ses avances; — Par ces motifs, etc.

Du 14 juill. 1838.-C. de Grenoble, 2e ch.-M. de Noaille, pr.

(2) (Savoye *C.* hér. Reynaud.) — La cour (ap. délib. en ch. du cons.);—Attendu que, si le notaire peut être considéré comme le mandataire des parties, en tant qu'il est chargé par elles de rédiger et de convertir en acte public leurs conventions privées, c'est en vertu d'une obligation spéciale qui lui est imposée par une loi fiscale, et dans l'intérêt unique de la perception de l'impôt qu'il paye le droit d'enregistrement dû pour les actes qui ont reçu de lui le caractère d'actes publics et authentiques;

Que c'est dans la loi qui impose au notaire cette obligation, qu'il faut en rechercher les conséquences; — Que si l'art. 29 de la loi du 22 frim. an 7, pour assurer invariablement la rentrée des droits qu'elle établit au profit de l'État, soumet les notaires à en faire l'avance, l'art. 30 de la même loi leur en assure le remboursement par une voie expéditive et à peu de frais, en disposant qu'ils pourront prendre exécutoire du juge de paix de leur canton, contre les parties en faveur desquelles ils ont fait l'avance du droit;—Que cette loi, en indiquant cette voie de procéder, ne contient aucune disposition qui accorde des intérêts de plein droit, et que, dès lors, les intérêts des sommes payées ne doivent commencer à courir que du jour de la demande judiciaire, demande rendue si facile par la loi qui veut qu'elle suive presque immédiatement l'avance faite, et qu'en refusant au notaire Savoye des intérêts qui ne lui étaient dus, ni en vertu de convention, ni en vertu d'une demande en justice, ni en vertu d'une disposition de la loi, le tribunal de Valence n'a violé ni pu violer les articles cités du code civil; — Donnant défaut contre les héritiers Reynaud, non comparants; — Rejette.

Du 30 mars 1850.-C. C., ch. civ.-MM. Portalis, pr.-Quéquet, rap.-Joubert, 1er av. gén., c. conf.-Dalloz, av.

compter du jour où les frais ont été perçus et non pas seulement à partir de la demande qu'il en a faite (Nîmes, 25 fév. 1852) (1). — Cette solution nous paraît faire une juste application de la règle qui ne permet pas de s'enrichir aux dépens d'autrui.

119. Au surplus, il est hors de doute que lorsqu'il s'agit simplement d'honoraires et de frais d'expéditions, un notaire, ou tout autre officier ministériel, n'a droit aux intérêts que du jour de la demande en justice. C'est ce qui a été jugé à l'égard des notaires (Rej. 11 nov. 1833, aff. Holder, V. Notaire, n° 374; Cass. 18 mars 1850, aff. Garson, D. P. 50. 1. 101. — Conf. M. Serret, *loc. cit.*, V. Honoraires). — Et réciproquement, s'il a perçu de trop forts honoraires, il ne doit les intérêts que du jour de la demande : il ne peut être considéré comme débiteur de mauvaise foi (Amiens, 21 nov. 1823, aff. Portebois, sous Rej. 19 janv. 1831, v° Notaire, n° 514-2°).

120. Des *codébiteurs solidaires* sont, quant aux avances qu'ils font, considérés entre eux comme mandataires les uns des autres : jugé, en conséquence que les intérêts des sommes avancées par le débiteur solidaire pour libérer ses codébiteurs, même des intérêts de leur part et portion dans la dette, lui sont dus à compter du jour qu'il les a payés (Bordeaux, 16 juill. 1830 (2); V. Obligation). — Mais un débiteur solidaire n'est tenu que du jour de la demande au payement des intérêts d'une obligation qui n'en porte pas; si l'un des codébiteurs s'est personnellement engagé de les payer avant cette demande, c'est là une obligation nouvelle qui ne peut pas aggraver la position des autres (Rennes, 16 janv. 1818) (3).

121. On ne saurait considérer le *fermier* ou le *locataire* comme mandataire de son propriétaire. Aussi a-t-il été jugé, avec raison, que l'intérêt des avances faites par un fermier pendant son bail, ne court pas de plein droit (Rej. 7 nov. 1825, aff. Daguerre, V. n° 109-1°).

122. L'art. 2028 c. nap. accorde à la *caution*, qui a payé, son recours contre le débiteur, tant pour le principal que pour les *intérêts* et les frais. M. Duranton, t. 10, n° 493, voit, avec raison, dans cet article, une exception à la règle qui exige une demande afin de faire courir les intérêts. — V. Cautionnement, n°s 241 et suiv.

123. Aux termes de l'art. 1846, « l'*associé* qui devait apporter une somme dans la société et qui ne l'a point fait, devient de plein droit, et sans demande, débiteur des intérêts de cette somme, à compter du jour où elle devait être payée. » — V. Société.

124. En *matière commerciale*, l'acheteur *commerçant* doit les intérêts de plein droit des marchandises qu'il a achetées, à compter du jour de la vente. « On ne distingue point, dans le commerce, dit M. Pardessus, n° 289, si, ou non, les choses vendues sont par elles-mêmes susceptibles de produire des fruits, parce qu'il est de la nature de toute marchandise d'être, entre les mains de l'acheteur, un moyen de se procurer des bénéfices par la revente. » — Il a été jugé, toutefois : 1° que sous la loi du 3-12 oct. 1789, et en l'absence de preuves d'un usage contraire, les intérêts des avances entre négociants ne couraient qu'autant qu'il y avait stipulation à cet égard : « Attendu que la loi du 12 oct. 1789 a autorisé la stipulation des intérêts pour simple prêt à terme fixe, mais qu'elle n'a rien décidé pour les cas où les intérêts sont dus sans stipulation; que lorsque cette loi a déclaré ne vouloir rien innover aux usages du commerce, il résulte seulement de cette disposition qu'on ne peut pas se prévaloir de cette loi pour combattre des usages autorisés par le commerce, mais non qu'elle ait voulu donner à ces usages un caractère et une autorité différents de ceux qu'ils auraient eu auparavant, encore moins qu'elle ait voulu en régler ou déterminer l'application; que l'usage de la place de Dunkerque d'allouer les intérêts sans stipulation et sans demande en justice pour les avances faites entre négociants n'est pas établi au procès, et que la violation d'un usage qui n'a été fixé et reconnu par aucune loi ne serait pas un motif suffisant pour autoriser la cassation; rejette » (5 vend. an 11, sect. civ., M. Audier-Massillon, rap., aff. Boubert *C.* hérit. Desfontaines); — 2° Qu'il est de principe en matière de commerce, comme en matière civile, que l'intérêt n'a pas lieu de plein droit, qu'il ne peut être exigé que lorsqu'il y a convention, excepté dans les cas déterminé par la loi (Poitiers, 15 mai 1822, aff. Dufour, V. Société); — 3° Que les avances de fonds et livraisons de marchandises ne produisent intérêt qu'autant qu'il y a stipulation à cet égard (Colmar, 12 juill. 1824, aff. Bucher, V. Oblig.); — 4° Que les fournitures de marchandises faites même de marchand à marchand ne produisent pas des intérêts de plein droit (Bourges, 16 mai 1845, aff. Quinquenet, D. P. 47. 2. 32). La cour de Bourges a été déterminée à juger ainsi, dans l'espèce, par cette considération qu'antérieurement, et dans des comptes de même nature entre les mêmes parties, il n'avait pas été ques-

---

(1) *Espèce* : — (Gibert *C.* le domaine.) — Le domaine ayant pour avoué Me Gibert, gagna devant la cour de Nîmes son procès contre les fermiers des salines de Saint-Jean, qui furent condamnés aux dépens. — Exécutoire au nom du domaine et signification avec commandement de payer la taxe. — Les fermiers payent. — En cet état, le trésor a prétendu que, pour rendre les dépens qu'il avait reçus, les honoraires de l'avocat, ainsi que divers autres frais exposés au nom de l'administration, sur une instance en opposition à l'exécutoire dirigée par les fermiers, dont Me Gibert avait fait l'avance, une nouvelle taxe était nécessaire, et que, pour y procéder, il fallait qu'aux termes de l'art. 9 du décret du 16 fév. 1807, Me Gibert assignât l'administration des domaines pour contredire, si elle le jugeait utile dans ses intérêts. — Une assignation eut donc lieu; mais, en réclamant le principal, Me Gibert demanda aussi que l'administration fût tenue de lui rembourser les intérêts des sommes que les fermiers des salines avaient versés dans la caisse du trésor, le domaine ne pouvant raisonnablement profiter d'un intérêt produit par une somme qu'il avait lui-même avancée. — M. Enjalric, avocat général, a dit que les intérêts réclamés par Me Gibert ne pouvaient courir à son profit qu'à dater du jour de l'interpellation judiciaire faite à l'administration des domaines (art. 1154 c. civ.); et comme le surplus des demandes n'était pas contesté par l'administration, il a demandé que Me Gibert fût condamné aux dépens. — Arrêt.

La cour; — Attendu, sur le premier chef des réclamations de Me Gibert, que les dépens dont s'agit ont déjà été liquidés par le conseiller taxateur; qu'un exécutoire a été délivré et un commandement a eu lieu en vertu d'icelui; que les intérêts courant contre les fermiers en faveur de l'administration, elle ne saurait en profiter au préjudice de son avoué qui a fait l'avance de tous les frais; qu'il est donc juste qu'elle les supporte de son côté à l'égard de ce dernier; — Attendu que le surplus des demandes n'était point contesté, et qu'elles sont d'ailleurs justifiées, il y a également lieu de les accueillir; — Par ces motifs, condamne l'administration des domaines à payer à Me Gibert, 1° la somme de 418 fr. 70 c. pour les dépens qu'il a exposés au nom de ladite administration contre les fermiers des salines de Saint-Jean, liquidés par l'exécutoire du 1er mai 1827; 2° les intérêts de cette somme, à partir du 10 du même mois, date du commandement que fit signifier Me Gibert au nom de l'administration aux parties condamnées, etc.

Du 25 fév. 1852.-C. de Nîmes.

(2) (Ducarpe *C.* Couillaud.) — La cour; — Attendu que la veuve d'Alphonse avait fait, le 10 mars 1814, aux héritiers Couillaud, commandement de payer la totalité des intérêts échus du prix de la vente dont leur père était débiteur solidaire avec Jérôme Ducarpe; qu'aux termes des art. 1213, 1216 et 2028 c. civ., l'obligation contractée solidairement avec le créancier se divise de plein droit entre les débiteurs; que chacun d'eux n'est considéré que comme caution des autres pour ce qui excède sa part et portion, et que la caution qui a payé, a son recours contre le débiteur pour le principal, les intérêts, les frais et les dommages-intérêts, s'il y a lieu; — Qu'ainsi les intérêts des sommes avancées par le débiteur solidaire pour libérer ses codébiteurs, même des intérêts de leur part et portion dans la dette, lui sont dus à compter du jour qu'il les a payés, parce qu'à son égard cette avance est un capital; qu'enfin les enfants Ducarpe sont d'autant moins fondés à se plaindre d'avoir été condamnés aux intérêts des 12,776 fr. payés par les héritiers Couillaud, à la décharge de Jérôme Ducarpe, et pour solde des intérêts de sa part de la dette solidaire envers la veuve d'Alphonse, que les intérêts de ces 12,776 fr. n'ont été adjugés aux héritiers Couillaud, qu'à compter du jour de leur demande en remboursement de ladite somme et pour les cinq années antérieures; — Ordonne, quant à ce, que le jugement sortira effet.

Du 16 juill. 1830.-C. de Bordeaux, 1re ch.-M. Ravez, pr.

(3) (N... *C.* N...) — La cour; — Attendu que, lorsqu'une obligation ne porte pas d'intérêts, ils ne peuvent être acquis que par une demande judiciaire ou par une nouvelle convention spéciale; que, si le créancier n'a formé contre quelques-uns de ses débiteurs de demande judiciaire à cet égard qu'à telle époque, ceux-ci ne peuvent pas être soumis à les payer antérieurement à cette demande; que l'engagement particulier que quelques-uns de leurs débiteurs solidaires ont pu prendre de les payer depuis une autre époque, est une nouvelle obligation personnelle à ceux qui l'ont souscrite, ou qui y ont acquiescé, mais qu'elle ne doit pas aggraver celle des autres débiteurs; — Dit, etc.

Du 16 janv. 1818.-C. de Rennes, 2e ch.

tion d'intérêts ; — 3° Que les sommes dues à un marchand, pour vente d'objets de son commerce et même pour des remises en espèces faites accidentellement à un commerçant et en dehors de toute opération de banque, ne portent intérêts qu'à partir d'une mise en demeure, c'est-à-dire, en cette matière, à partir, par exemple, d'une demande par lettre de régler en espèces ou valeurs négociables le compte dont on transmet le relevé (Colmar, 29 avril 1850, aff. Buller, D. P. 52. 5. 326; V. aussi v° Compte courant, n° 77).

125. Mais il a été jugé : 1° que l'obligation de crédit passée entre deux négociants comprend, outre le capital, les intérêts au taux du commerce et les droits de commission, au cas où ils sont dus ; qu'en conséquence, l'hypothèque attachée à cette obligation garantit ces différentes créances (Bourges, 5 juin 1839, aff. Roger, v° Banquier, n° 46; V. aussi, *eod.*, n°s 39 et suiv.); — 2° Que la créance qui, provenant d'une lettre de change protestée, devient l'objet de diverses reconnaissances, et même d'un payement partiel, ne cesse pas d'avoir pour principe une opération commerciale, et produit, en conséquence, des intérêts, même antérieurement à la demande ; alors, d'ailleurs, qu'elle était entrée dans un compte courant (Req. 6 nov. 1832) (1).

126. Les avances faites par un *compte courant* sont aussi

---

(1) *Espèce* : — (Dupuy C. Puthod.) — En l'an 5, Girardot et comp. payent, par intervention, une traite de 5,000 liv., tirée par Dupuy sur Fould. — Le 19 fruct. de la même année, Dupuy crédite les intervenants pour compte de 5,094 liv. 9 s. — Le 9 vend. an 6, il leur remet 2,411 liv. en une traite, à valoir sur les 5,094 liv. déjà créditées, avec promesse de solder incessamment ce dont il restait débiteur. — Le 17 prair. an 7, Dupuy écrit encore à Girardot et comp. pour leur demander des délais pour le payement du solde. — Faillite de Girardot et comp. — Par acte du 24 sept. 1828, Lenoble devient cessionnaire de tout l'actif restant à rentrer de la faillite Girardot, qui, par acte du même jour, subroge à tous ses droits la dame de Puthod. Celle-ci demande contre Dupuy le payement d'une somme de 3,405 fr. 40 c., avec les intérêts depuis le 8 sept. 1799, résultant du solde dû par Dupuy sur le compte de retour ci-dessus mentionné, et d'une somme de 757 liv. dont Dupuy paraît débiteur sur les livres de Girardot, pour commissions, courtage, etc.

Dupuy oppose la prescription de cinq ans, établie par l'art. 21, tit. 5, de l'ord. de 1673, à l'égard des actions en payement de lettres de change, et aussi la prescription trentenaire. — Le 22 janv. 1831, jugement du tribunal de commerce de Bordeaux, qui condamne, par corps, Dupuy à payer à la dame Puthod la somme de 2,649 fr. 92 c., avec les intérêts depuis le 8 sept. 1799. — Le tribunal se fonde, quant à la prescription quinquennale, sur ce que Dupuy, en créditant les payeurs par intervention de la somme par eux payée, en remettant des à-compte et en réclamant des délais, était devenu, de débiteur d'une lettre de change qu'il était, débiteur par compte. — Quant à la prescription trentenaire que le défendeur faisait courir de la lettre du 17 prair. an 7, mentionnée plus haut, il est à remarquer que, le 16 mars 1829, un acte avait été signifié à Dupuy par le mandataire de Lenoble, à la requête de celui-ci, qui était alors décédé. Le tribunal, pour repousser la prescription opposée, reconnaît l'acte du 16 mars 1829 valable, comme ayant été signifié de bonne foi par le mandataire, dans l'ignorance du décès du mandant; jurisprudence, dit le jugement, qui est d'accord avec les principes de droit posés par l'art. 2008 c. civ., et qui a pour elle l'autorité de plusieurs arrêts.

Appel par Dupuy. — Outre les moyens de prescription, il oppose, pour la première fois en appel, qu'il est déjà intervenu un jugement, le 9 brum. an 6, sur la contestation soumise à la cour; enfin il conclut à ce que la prescription frappe du moins la partie d'intérêts non réclamés depuis la promulgation du code civil, jusqu'aux cinq dernières années de la demande.

Le 24 août 1831, arrêt de la cour de Bordeaux, qui, faisant droit à la réclamation de l'appelant, relativement aux intérêts, confirme le jugement dont est appel, en ce qu'il a rejeté les prescriptions quinquennale et trentenaire opposées par l'appelant, et les griefs tirés de ce qu'il y avait déjà eu jugement sur la contestation soumise à la cour. Les motifs de l'arrêt sont : — « Attendu qu'entre le 9 niv. an 6, date du dernier acte d'exécution du jugement, en date du 9 brum. précédent, et l'assignation du 16 mars 1829, il s'est écoulé plus de trente ans; que l'existence du jugement est restée ignorée des premiers juges, malgré la production qui a été faite devant eux de la lettre de Dupuy, du 17 prair. an 7, qui n'a été considérée que comme une simple reconnaissance de la dette; qu'elle n'a pas interrompu la prescription du jugement; que cette prescription n'a pas été interrompue par les divers actes de première instance, puisque ce n'est que dans des conclusions signifiées en la cour, du 18 juin dernier, qu'on s'est prévalu du jugement; — Attendu qu'étant vérifié que le jugement du 9 brum. an 6 est prescrit, et la dame de Puthod, à laquelle on l'oppose, l'écartant par la prescription, on ne peut invoquer contre elle ce jugement; qu'on le doit d'autant moins, qu'on aurait été en droit d'en paralyser l'effet, s'il était devenu l'unique base des poursuites exercées par elle; — Qu'il suit de là que la dame de Puthod avait intérêt à introduire une action judiciaire, en vertu de la créance elle-même, que la lettre du 17 prair. an 7 soustrait à la prescription; — Attendu qu'en admettant que le jugement de l'an 6 formait un titre encore efficace au 16 mars 1829, jour où il a été introduit une demande dont l'objet est identiquement celui du jugement susdaté, cette demande ne peut être écartée par l'exception tardive qu'on y puise; — Attendu que cette exception ayant pour but d'établir que la dame de Puthod aurait méconnu la force d'un titre exécutoire déjà obtenu, et agi frustratoirement pour s'en procurer un nouveau, attaque le mode d'exercice du droit, et non le droit lui-même; que, par conséquent, elle rentre dans la classe de celles qui doivent être proposées avant la discussion sur le fond; qu'on ne peut la présenter, pour la première fois, en cause d'appel; — Attendu, au surplus, que des frais inutiles n'ont point été mis à la charge de Dupuy; qu'il n'a fait aucune offre sur l'assignation du 16 mars 1829 ni dans le cours de la procédure; qu'à la vérité, il dit ne s'être rappelé le jugement de l'an 6 que lors des débats devant la cour; mais que son oubli à cet égard ne doit pas influer sur les résultats de l'action intentée par la dame de Puthod, etc. »

Pourvoi. — 1° L'action avait déjà été jugée par le jugement de l'an 6; elle ne pouvait pas l'être de nouveau; il ne pouvait plus y avoir d'instance sur l'action, mais seulement sur l'exécution du jugement qui l'avait appréciée et accueillie. Or, ce jugement, sous la date du 9 brum. an 6, et dont le dernier acte d'exécution était du 9 niv. suivant, se trouvait prescrit le 17 août 1829, date de la demande, et avec lui l'action tombait également. Cette exception, tirée de la prescription de l'action par celle du jugement, n'était point du nombre des exceptions que le code de procédure veut qu'on propose *in limine litis*; elle tenait au fond du droit, et pouvait, dès lors, être proposée en tout état de cause. La cour d'appel, en l'écartant comme tardivement opposée, ne l'ayant pas été en première instance, a, sous ce premier rapport, faussement appliqué les art. 166 et suiv. c. pr., concernant les exceptions dilatoires, et violé les principes, qui condamnent les actions frustratoires.

2° Mais, en admettant que la cour d'appel ait pu juger que l'action de madame de Puthod n'était point frustratoire, en ce qu'elle ne s'appuyait point sur le jugement de l'an 6, mais sur la reconnaissance du 17 prair. an 7, qui aurait fait revivre les droits du sieur Girardot, voyons, disait-on pour le demandeur, de quelle valeur est cette prétendue reconnaissance. Or, elle s'appliquait à une créance résultant d'une lettre de change, et toute créance de cette nature se prescrivait, sous l'ord. de 1673 (art. 21), par le laps de cinq ans. Mais, répond l'arrêt, il ne s'agissait plus d'une lettre de change; il y avait eu compte courant entre le sieur Dupuy et le sieur Girardot; il s'était opéré une novation; à l'ancienne créance il en avait été substitué une nouvelle, et, conséquemment la prescription de cinq ans était inapplicable. Cette prétention de la cour d'appel est inadmissible, soutenait-on, car la novation ne se présume pas; il faut qu'elle soit expresse, et certainement la lettre du 17 prair. an 7 ne pouvait être considérée comme opérant novation à la lettre de change de l'an 5 : rien dans ses expressions n'indiquait que telle eût été la volonté du sieur Dupuy; il n'avait fait que réclamer des délais qui lui avaient été accordés. La créance était donc restée la même; elle n'avait pas cessé de s'appuyer sur le titre primitif, la lettre de change. Il y avait donc lieu à l'application de l'art. 21 de l'ord. de 1673, et, en jugeant le contraire, sous le prétexte d'une prétendue novation, l'arrêt a violé l'art. 1273 c. civ.

3° Violation de l'art. 2262 c. civ., en ce que l'assignation du 16 mars 1829 n'avait pas été déclarée nulle, bien que donnée par un individu décédé. Violation de l'art. 1153 c. civ., en ce que l'arrêt avait accordé des intérêts antérieurs à la demande. — Cette condamnation n'était pas même justifiée, disait-on, par le motif pris de ce que la dette était commerciale. On invoquait l'arrêt du 3 brum. an 8, cour de cassation. — Arrêt.

LA COUR; — Sur le moyen tiré de la violation de l'art. 21 du tit. 5 de l'ord. de 1673, de l'art. 1273 c. civ., et des règles sur les frais frustratoires : — Attendu, 1° que la cour de Bordeaux, en prenant pour base de l'action de la dame Puthod, la lettre du 17 prair. an 7, par suite de la prescription du jugement de l'an 6, n'a point encouru le reproche d'avoir jugé de nouveau une action déjà appréciée par la justice, et d'avoir ainsi autorisé des frais frustratoires; 2° que cette cour a reconnu, en point de fait, qu'il y avait eu, de la part du demandeur, reconnaissance de la dette en prair. an 7; qu'elle a pu, dès lors, valablement juger que cette reconnaissance, portant novation, était soumise, non à la prescription de cinq ans, mais à celle de trente ans;

Sur le moyen tiré de la violation de l'art. 2262 c. civ., et des anciens principes en matière de prescription trentenaire, moyen qui porte aussi sur ce motif qu'une citation donnée à la requête d'un individu décédé, a été jugée valable par l'arrêt; et, enfin, sur ce motif que la personne qui introduisit, par cette citation, une action nouvelle, n'avait plus aucun droit de la former, ayant transmis ses droits à un autre : — Attendu, 1° qu'il a été reconnu par le demandeur, et jugé par l'arrêt, que trente années ne s'étaient pas écoulées depuis la reconnaissance de la dette; 2° que, suivant les principes, un acte signifié par un mandataire de

productives d'intérêts de plein droit du jour de leur date. C'est là un usage constant du commerce, qui se justifie d'ailleurs par le motif que les parties agissent en cette matière comme mandataires l'une de l'autre (V. Compte courant, nos 71 et suiv.). — Il a été jugé, notamment, que la règle que les intérêts ne sont dus que du jour de la demande, n'est point applicable aux comptes courants entre commerçants (Rej. 24 mai 1854, aff. Rousseau, D. P. 54. 1. 179).

127. Le solde d'un compte courant produit également des intérêts du jour où il a été arrêté entre les parties (V. Compte courant, nos 89 et suiv.).—Il a été jugé qu'avant le code Napoléon, comme aujourd'hui, le solde d'un compte courant produisait intérêt sans stipulation spéciale, et cela nonobstant la déclaration du 3 déc. 1312 et l'art. 12 de l'ordonnance de Blois, qui défendaient de percevoir des intérêts pour prêts de deniers (Cass. 17 mars 1824 (1).—Conf. M. Rolland, n° 62).

SECT. 3. — INTÉRÊTS DES INTÉRÊTS.

128. La production d'intérêts nouveaux par un capital formé d'anciens intérêts, connue sous le nom d'*anatocisme* (de *ανα*, *de rechef*, et τοκος, production), était expressément défendue à Rome, et punie sévèrement (LL. 26, § 1, ff., *De condict. indeb.*; 20, C., *Ex quib. caus. inf. irrog.*, et 8, *eod.*, *De usuris*). — Dans notre ancien droit, l'anatocisme était également prohibé par les lois canoniques et civiles (Ord. de Philippe le Bel de 1311; arrêt de règlem. du parlement de Besançon, du 8 janv. 1707, V. Denisart, v° Anatocisme, n° 3). — L'ordonnance du commerce de 1673 l'avait proscrit, même dans les conventions commerciales (tit. 6, art. 1 et 2). — Il a été très-bien jugé, en conséquence, que l'allocation faite par un jugement dans un compte, de l'intérêt des intérêts d'une créance échue sous l'ancienne législation, est illégale... et qu'elle emporte la nullité du compte dans son entier, si la liquidation en a été faite par une disposition unique (Cass. 20 août 1844) (2).

129. Aucune loi du régime républicain ne vint réformer à cet égard les dispositions de l'ord. de 1673. — Jugé, en conséquence, que la prohibition de l'anatocisme avait été maintenue par la législation postérieure à 1789 (Cass. 8 frim. an 12 (3), V. toutefois Cass. 16 nov. 1813, aff. Charrier, n° 130).

130. Le code civil ayant permis, art. 1907, de stipuler un intérêt supérieur à l'intérêt légal, un prêt d'argent ne pouvait être réduit pour cause d'anatocisme, avant la loi du 3 sept. 1807 (c. nap. 2). — Jugé, dans ce sens, que les obligations pour prêt d'argent, souscrites avant le code Napoléon ou même depuis ce code, mais antérieurement à la promulgation de la loi du 3 sept. 1807 qui fixe le taux de l'intérêt de l'argent, ne peuvent être réduites pour cause d'anatocisme et d'usure (Cass. 16 nov. 1813) (4). — V. nos 170 et s.

131. Le code Napoléon autorise l'anatocisme, mais avec res-

---

bonne foi, dans l'ignorance du décès du mandant, est valable; que rien n'ayant établi la mauvaise foi du mandataire, la cour a pu juger que l'assignation donnée le 16 mars 1829 était valable et avait interrompu la prescription de trente ans;

Sur le moyen tiré de la violation de l'art. 1153 c. civ. : — Attendu qu'ayant été jugé, par l'arrêt attaqué, que la somme due par le demandeur provenait d'un engagement commercial, la cour d'appel a dû accorder les intérêts réclamés par le créancier; — Rejette.

Du 6 nov. 1832.-C. C., ch. req.-MM. Zangiacomi, pr.-Jaubert, rap.-Tarbé, av. gén., c. conf.-Jouhaud, av.

(1) (Hér. Belin *C.* Valès.) — LA COUR (ap. délib. en ch. du cons.); — Attendu, sur le premier moyen, que l'ordonnance de Blois et la déclaration du 8 déc. 1312 sont inapplicables à des avances faites par un mandataire au profit de son commettant; — Que, sur ce point, l'art. 2001 c. civ. n'a fait que consacrer les principes établis en cette matière par les lois romaines et la jurisprudence; — Attendu, quant à la somme de 23,703 fr. 15 c., qu'il résulte du rapport des arbitres, que cette somme était due au sieur Leygue, en vertu d'opérations commerciales faites et réglées par compte courant; — Que, d'après les usages constamment observés dans le commerce, des créances pareilles produisent des intérêts de plein droit; — Rejette.

Du 17 mars 1824.-C. C., sect. civ.-MM. Brisson, pr.-Vergès, rap.-Cahier, av. gén., c. conf.-Nicod et Guibout, av.

(2) (Périer *C.* Mollet.) — LA COUR (apr. dél. en ch. du cons.); — Vu la loi 3 au code, *De usuris rei judicatæ,* et les art. 1154 et 1155 c. civ.; — Attendu, sur le premier moyen, que, sous l'ancienne législation, qui régissait les pays de droit écrit, et notamment dans le ressort de l'ancien parlement de Provence, l'anatocisme c'est-à-dire la production d'intérêts nouveaux par un capital formé d'intérêts anciens, n'était pas permis; qu'il était même expressément interdit par les dispositions de la loi 3 au code *De usuris rei judicatæ* qui prononçait une prohibition des plus absolues, *usurarum usuras penitùs esse delendas;* — Attendu que, si quelques exceptions étaient admises et, spécialement à raison des intérêts d'intérêts des droits légitimaires, encore fallait-il qu'il y eût, à cet égard, ou bien une convention, ou bien une condamnation judiciaire portant l'allocation ou la condamnation aux intérêts à venir, ce qui n'est pas établi dans l'espèce; — Qu'ainsi, en décidant que les intérêts des créances Autran et Maurice qui étaient échues au moment des sentences rendues par le juge de Réanville, en 1786 et 1787, étaient devenues de véritables capitaux, qui ont eux-mêmes produit des intérêts, et en allouant des intérêts de cette espèce, sans qu'ils eussent été demandés ni adjugés par lesdites sentences, l'arrêt attaqué a ouvertement violé les textes ci-dessus visés ou cités; — Et attendu que l'arrêt attaqué a statué par une disposition unique portant liquidation des créances à 60,296 fr.; — Sans qu'il soit besoin de statuer sur les autres moyens; — Casse l'arrêt de la cour de Grenoble, du 5 juill. 1841.

Du 20 août 1844.-C. C., ch. civ.-M. Duplan, rap.

(3) (Métais *C.* Hommet.) — LE TRIBUNAL; — Vu l'ord. de mars 1673, tit. 6 : — Art. 1... — Art. 2... — Considérant que le défendeur est convenu dans son interrogatoire sur faits et articles, devant les premiers juges, qu'il avait stipulé l'intérêt d'abord à 5 et ensuite à 12 p. 100; qu'il avait cumulé cet intérêt avec le capital, et qu'il s'était fait consentir du tout reconnaissance portant aussi intérêts, desquels était résultée l'obligation du 25 messidor an 7; — Considérant que le tribunal de première instance avait expressément permis au défendeur de donner suite à son commandement pour contraindre Jean-Guillaume Métais au payement, même avec l'intérêt de cette obligation définitive, qui déjà était un composé de capital, d'intérêts et d'intérêts d'intérêts; et que ça été contre l'évidence du sens et des termes, et seulement pour chercher quelque moyen plausible de justifier ce premier jugement, que le tribunal d'appel lui avait donné une interprétation contraire, au lieu de le réformer comme il le devait; — Considérant qu'il n'existe aucune loi du nouveau régime qui ait réformé à cet égard les dispositions de l'ord. de 1673; — Par ces motifs, casse.

Du 8 frim. an 12.-C. C., sect. civ.-M. Vasse, rap.

(4) *Espèce :* — (Charrier *C.* Lyonnard.) — Les 5 compl. an 11, 29 therm. an 12, 5 fruct. an 13, 28 brum. an 14, 16 fév. et 10 avr. 1806, Lyonnard père et fils, cultivateurs, ont souscrit, au profit de la veuve Charrier, diverses obligations et billets, s'élevant ensemble à plus de 9,000 fr. — Après plusieurs condamnations, il y eut vente forcée des immeubles des débiteurs. Ceux-ci demandèrent à prouver que les créances n'étaient que de 4,075 fr. 84 c., et que le surplus était le résultat de l'anatocisme et de l'usure. Un jugement rejette cette demande. — Appel. — 6 avr. 1811 arrêt de la cour de Lyon qui prononce la réduction des créances : — « Attendu que les lois existantes au moment de la révolution avaient déterminé le taux de l'intérêt conventionnel, et qu'il n'était pas permis de l'excéder sans usure; — Que l'assemblée constituante, en permettant (ce qui, jusqu'alors, avait été prohibé) de stipuler l'intérêt dans les engagements pour simple prêt, avait restreint cet intérêt à la quotité fixée par les lois; — Que le décret qui a déclaré l'argent marchandise, n'a subsisté qu'environ quinze jours, et que ce n'est pas dans cet intervalle qu'a été créée la dette dont il s'agit; — Que les décrets qui ont statué sur la manière de stipuler les différents engagements dans les valeurs que voudraient indiquer les parties, n'ont aucun rapport au taux de l'intérêt; — Que M. de Maleville, dans la séance du cons. d'État du 7 pluv. an 12, sur la discussion de l'art. 1907 c. civ., a soutenu que, dans le moment actuel même, la loi qui fixait l'intérêt à 5 p. 100 était en pleine vigueur, et qu'on ne pouvait la révoquer qu'en en portant une autre qui donnât un nouveau taux à l'intérêt; — Qu'en permettant, par les art. 1905 et 1907, de stipuler des intérêts, le code civil a voulu que les intérêts au-dessus du taux de la loi fussent fixés par une convention; — Que cette disposition, loin de tolérer l'excès de l'intérêt, est au contraire une mesure sage pour la modérer; — Que la loi du 3 sept. 1807 contient des mesures répressives de l'usure : — Que ce délit subversif de tous les principes de la morale, de la législation et du commerce, a fixé l'attention du gouvernement qui, en prenant les précautions les plus sévères contre les juifs usuriers, ne paraît pas avoir eu en vue de frapper une nation ou une religion, mais de réprimer les usuriers de quelque nation et de quelque religion qu'ils fussent; — Que la veuve Charrier a avoué que, lorsqu'elle a prêté son argent Lyonnard, il fut convenu avec lui d'un intérêt à 2 p. 100 par mois; — Que la manière dont ces engagements ont été renouvelés ne laisse point de doute sur l'anatocisme, et que ces opérations, faites ordinairement avec ruse et secret, surtout lorsqu'elles frappent un malheureux cultivateur, ne per-

triction. — Aux termes de l'art. 1154, « les intérêts *échus* des capitaux peuvent produire des intérêts, ou par une demande judiciaire, ou par une convention spéciale, pourvu que, soit dans la demande, soit dans la convention, il s'agisse d'intérêts *dûs au moins pour une année entière*. »

132. Ainsi, les intérêts d'intérêts sont dus, soit en vertu d'une *demande judiciaire*, soit en vertu d'une *convention spéciale*; d'où il suit, suivant ce que fait remarquer M. Duranton, t. 10, n° 497, qu'une sommation, ou tout autre acte qui ne serait ni une convention ni une demande judiciaire, ne ferait pas produire intérêts à des intérêts dus même pour une année entière. —Il a été jugé ainsi, 1° que l'on doit extraire d'un compte les intérêts d'intérêts précédemment calculés, alors qu'ils ne sont pas dus en vertu d'une convention spéciale, et qu'il n'y a pas eu demande judiciaire (Rennes, 7 mai 1816, aff. Bisson, V. Obligat.);—2° Qu'un commandement n'étant pas un acte judiciaire, mais un acte extrajudiciaire, ne constitue pas une demande en justice, et ne suffit pas, dès lors, pour faire courir les intérêts des intérêts (Req. 16 nov. 1826 (1); V. aussi Req. 3 juill. 1828, aff. Garde, n° 45-1°). — Toutefois, il a été jugé que la demande que des héritiers forment devant un notaire chargé par le tribunal de procéder à la liquidation et au partage de l'hérédité, doit être considérée comme une demande judiciaire, dans le sens de l'art. 1154 c. nap. (Caen, 23 déc. 1848, aff. Beauquet, D. P. 50. 2. 177).

133. De ce que la loi fait, dans certains cas, courir les intérêts de plein droit, s'ensuit-il que les intérêts de ces intérêts doivent également courir de plein droit?—Nous ne le pensons pas : la prohibition de l'anatocisme forme la règle générale : ce n'est que par exception, et seulement dans les limites déterminées d'une manière précise par la loi elle-même, que l'intérêt des intérêts peut être accordé. Or, l'art. 1154 ne permettant la capitalisation des intérêts qu'à partir de la demande, et ne contenant aucune exception pour les intérêts qui sont dus de plein droit, ainsi que le fait l'art. 1153, il en résulte que les dispositions spéciales qui dérogeant à l'art. 1153 ne peuvent être considérés comme dérogeant aussi à l'art. 1154. — C'est en ce sens que paraît se prononcer un arrêt (Req. 24 déc. 1838, aff. Boulay, V. n° 163). — V. toutefois en matière de vente de domaines nationaux ordonnance du conseil d'État du 12 avril 1832, aff. Adam, v° Vente admin.; V. toutefois ce qui est dit sur ce point v° Domaine de l'État, n° 138.

134. Toullier, t. 6, n° 272, MM. Duranton, t. 10, n° 503, et Paillet, Encycl. du dr., v° Anatocisme, n° 9, font très-bien remarquer que dans la demande il faut nécessairement conclure aux intérêts des intérêts, et que la demande des intérêts du capital primitif ne suffirait pas pour faire courir les intérêts des intérêts. Cela s'induit des termes mêmes de l'art. 1154, qui n'ont trait qu'à la demande des intérêts d'intérêts. — Décidé ainsi que des juges prononcent *ultrà petita*, lorsque, sur la demande en remboursement d'un effet, avec intérêts et frais, ils ordonnent en outre que les intérêts de l'effet, à dater du protêt, seront capitalisés avec le principal, et produiront des intérêts à partir de la demande (Rennes, 22 avr. 1839, aff. Fillias, V. Effets de comm., n° 812. — Conf. Req. 13 fév. 1812) (2).

135. Toutefois il a été jugé que, lorsqu'il est dû des intérêts de plein droit, le débiteur (et par exemple l'acquéreur d'un immeuble productif de fruits) peut être condamné aux intérêts des intérêts, bien que les intérêts seuls aient été demandés (Req. 24 juill. 1828, aff. Dallemagne, V. Obligation).

136. Mais on doit admettre, avec un arrêt, qu'une demande en capitalisation des intérêts produits depuis le jugement peut être proposée pour la première fois en appel (C. pr. 464 ; cass. 7 févr. 1843, aff. Cisterne, v° Demande nouvelle, n° 127),... lorsqu'ils sont dus au moins pour une année entière. (Lyon, 29 juill. 1852, aff. Chirat, D. P. 54. 2. 101).

137. L'art. 1154 en exigeant que les intérêts soient dus *pour* une année au moins, pour qu'ils puissent produire intérêts, doit être entendu en ce sens que lorsque ces intérêts sont dus pour moins d'une année, ils ne sont pas productifs d'intérêts, alors même qu'ils seraient dus *depuis plus d'une année* (Conf. MM. Duranton, n° 502 ; Paillet, n° 10).

138. Lorsqu'il y a plus d'une année d'intérêts échus, la convention ou la demande peut-elle faire courir les intérêts des intérêts dus pour l'année non encore accomplie aussi bien que ceux des intérêts dus pour l'année échue?—Dans le sens de l'affirmative, il a été décidé qu'il suffit qu'il soit dû *au moins une année d'intérêts*, pour qu'on soit admis à capitaliser, en sus de l'année échue, une fraction de l'année suivante ; que l'art. 1154 c. nap., ne doit pas être entendu en ce sens qu'il n'autorise la capitalisation que pour les intérêts d'années entières et révolues (Bordeaux, 17 déc. 1841) (3). — Cette opinion nous paraît conforme au texte et à l'esprit de la loi. Le texte autorise la capita-

---

mettent pas de prendre des bases fixes pour séparer ce que les engagements contiennent de licite, d'avec les intérêts usuraires et les intérêts des intérêts ». — Pourvoi pour violation des art. 1 et 3 de la loi du 5 therm. an 4, de l'art. 5 de la loi du 15 therm. an 5, des art. 1154 et 1907 c. civ., et de l'art. 5 de la loi du 3 sept. 1807. — Arrêt.

La cour ; — Vu les articles 1 et 3 de la loi du 5 thermidor an 4, l'art. 5 de de celle du 15 fruct. an 5, de l'art. 1907 c. civ., l'art. 5 de la loi du 3 sept. 1807, et l'art. 1154 c. civ.; — Attendu qu'il résulte de toutes ces lois qu'aux époques où les obligations dont il s'agit ont été souscrites les parties avaient une liberté illimitée de faire toutes les stipulations, en matière d'intérêts, qu'elles jugeaient convenables; — Attendu, quant aux obligations postérieures à la promulgation du code civil, que la cour d'appel de Lyon n'a donné aucune explication et n'a point déclaré que lesdites obligations fussent contraires à l'art. 1154 dudit code; d'où il suit que la cour d'appel a fait une fausse application des lois anciennes, et violé les lois nouvelles, en réduisant l'intérêt au-dessous de celui dont les parties étaient convenues; — Casse.

Du 16 nov. (et non 5 oct.) 1813.-C. C., sect. civ.-MM. Mourre, pr.-Avemann, rap.

(1) *Espèce :* — (Vignon C. Dumas.) — Pourvoi contre un arrêt de la cour de Grenoble, du 9 mars 1825, pour fausse interprétation et violation de l'art. 1154 c. civ., en ce que l'arrêt a refusé à un commandement, en vertu de titres exécutoires, le caractère de demande judiciaire capable de faire courir les intérêts.—Qu'est-ce, a-t-il dit, qu'une demande judiciaire? C'est l'acte par lequel le débiteur est mis en demeure de payer d'après les formes que la loi indique. Or, ces formes varient selon la nature du titre du créancier. Il faut une assignation devant le tribunal, quand le titre est verbal ou sous seing privé ; il faut un commandement avec signification du titre, lorsque le titre est un jugement ou un acte notarié. — D'ailleurs, les mots *demande judiciaire* de l'art. 1154 sont génériques; ils s'appliquent à tous actes faits conformément aux lois : l'art. 1154 ne se sert pas des mots limitatifs *ajournement, citation en justice*, comme il l'a fait en l'art. 2244. — Arrêt.

La cour ; — Attendu qu'aux termes de l'art. 1154 c. civ., les intérêts échus des capitaux ne peuvent produire d'autre intérêts dans les cas prévus par l'article qu'autant qu'ils sont demandés en justice, ou stipulés par une convention spéciale; que, dans l'idiome du palais, un simple commandement est un acte extrajudiciaire, et ne constitue point une demande en justice; que l'art. 1904 n'assujettit également le débiteur aux intérêts de la chose prêtée ou de sa valeur que du jour de la demande en justice après l'échéance du capital; que, dans l'espèce, il n'y a ni demande en justice, ni action proprement dite; qu'ainsi l'arrêt attaqué, en jugeant comme il l'a fait, loin de contrevenir à la loi, s'est conformé à son texte; — Rejette.

Du 16 nov. 1826.-C. C., ch. req.-MM. Henrion, pr.-Rousseau, rap.-Lebeau, av. gén., c. conf.-Buchot, av.

(2) (Cauvet de Longrais C. Cauvet-Nerval.) — La cour ; — Attendu qu'une somme payée pour des intérêts accumulés ne produit elle-même d'intérêts que quand, sur la demande du créancier, un jugement l'a ordonné; qu'en conséquence, l'arrêt a dû passer en compte isolément le capital remboursé à l'abbé Fouet, et productif d'intérêts, et compter séparément la somme payée au même créancier pour intérêts du capital prêté, et écarter les sommes exigées pour intérêts de ces intérêts, dont il n'avait été fait aucune demande; — Rejette le pourvoi formé contre l'arrêt de la cour de Caen, du 14 août 1810.

Du 13 fév. 1812.-C. C., sect. req.-MM. Henrion, pr.-Lefessier, rap.

(3) *Espèce :* — (Braud C. Chevalier-d'Arbec.) — La dame Braud, créancière de la dame Chevalier-d'Arbec de diverses sommes résultant d'un arrêté de compte fait entre les parties, le 12 fév. 1837, en a poursuivi le payement devant le tribunal civil de Bordeaux, par un exploit du 23 janv. 1840, portant que l'ensemble des sommes réclamées se montait à 3,515 fr. 65 c., tandis que l'arrêté de compte constatait au profit de la dame Braud une créance de 6,515 fr. 65 c. La dame Braud rectifia cette erreur matérielle par des conclusions prises à l'audience même, et où elle demanda la somme énoncée à l'arrêté de compte, en présence de l'avoué de la défenderesse, et sans opposition de sa part. Sur cette demande, ainsi que sur celle en capitalisation des intérêts, de ces sommes, pour produire eux-mêmes des intérêts, intervint, le

lisation des intérêts dus au moins pour une année ; or, dans notre hypothèse, il y a dette d'intérêts pour plus d'une année. Le but de la loi a été d'empêcher que, par une dangereuse cupidité, le créancier écrasât son débiteur en réclamant des intérêts d'intérêts dus pour moins d'une année; mais ce danger n'existe plus dans l'esprit de l'art. 1154, lorsque le débiteur doit plus d'une année d'intérêts : on ne saurait donc alors proscrire l'anatocisme.

139. Le créancier et le débiteur peuvent-ils convenir *à l'avance* qu'à mesure qu'il sera dû une année d'intérêt, le débiteur pourra les retenir, en payant les intérêts, et à la charge de rembourser le tout au terme fixé? — Le doute peut naître de ce que la loi parle d'intérêts échus, et que, dans l'espèce, ils ne sont pas échus au moment du contrat. — Jugé dans ce sens que l'art. 1154 c. nap., d'après lequel les intérêts peuvent produire des intérêts, s'applique aux intérêts échus et non à ceux à échoir; qu'ainsi, est nulle la stipulation faite d'avance, qu'à défaut de payement des intérêts, ces intérêts se capitaliseront à chaque échéance, et porteront eux-mêmes intérêt au même taux jusqu'à la libération (Nîmes, 9 fév. 1827) (1).

140. Mais il a été décidé, au contraire, que la stipulation consentie dans une obligation de sommes, de capitaliser les intérêts échus à la fin de chaque annuité, et jusqu'à la libération du débiteur, constitue un traité sur choses futures, pour la validité duquel il suffit que les intérêts qui en font l'objet soient dus au moins pour une année entière, comme l'exige l'art. 1154 c. nap. ; on dirait en vain que cette stipulation implique la renonciation à l'avance à la prescription de l'art. 2277 c. nap., contrairement au vœu de l'art. 2220 c. nap. (Rej., 11 déc. 1844, aff. St-Albin, D. P. 45. 1. 125). — C'est cette dernière interprétation qui nous paraît vraie. Le législateur a voulu que les intérêts ne pussent produire eux-mêmes intérêts que s'ils sont dus pour une année entière. Or, il est de principe que les choses futures peuvent former la matière d'un engagement; et puisque dans l'hypothèse prévue, quand une année se sera écoulée les intérêts seront échus, l'obligation du débiteur, quant aux intérêts réunira les caractères exigés par l'art. 1154 (Conf. Toullier, t. 6, nº 271; Delvincourt, t. 2, nº 556, notes; MM. Duranton, t. 10, nº 499; Paillet, nº 6; Rolland, nº 103).

141. Du reste Toullier, *loc. cit.* et M. Rolland, nºs 104 et 105, font très-bien remarquer qu'après une pareille convention ou une demande judiciaire où l'on a conclu aux mêmes fins pour des intérêts échus, les tribunaux doivent condamner le débiteur aux intérêts de l'année et du nouveau capital formé par les intérêts échus. Mais la condamnation ne pourra être prononcée que pour les intérêts des intérêts échus, et non pour les intérêts de ceux à échoir, faute de payement à leur échéance.

142. Si la somme est prêtée à intérêt pour moins d'un an, on ne peut d'avance convenir que le débiteur gardera le capital et les intérêts pour former un nouveau capital produisant intérêts. — Mais en sera-t-il de même, si la convention a lieu à l'échéance, alors que les intérêts sont déjà exigibles? Delvincourt pense que ce serait un moyen facile d'éluder la loi ; qu'au lieu de prêter pour six mois, on prêterait pour trois mois, pour un, et qu'on parviendrait à l'agglomération d'intérêts la plus illégale. M. Duranton, nº 500, croit la convention valable, lorsque les intérêts sont exigibles à l'échéance, qu'importe que le débiteur, au lieu de les payer en empruntant peut-être, les garde par devers lui, comme si c'était une nouvelle somme à lui prêtée à intérêts? S'il ne lui convient pas de garder les intérêts échus, qu'il paye au lieu de faire un nouveau contrat. Si la loi prohibait cette convention, il serait facile de l'éluder; le créancier recevrait les intérêts échus, et aussitôt ferait à son débiteur un nouveau prêt égal au capital joint à ces intérêts. — Nous ne regardons pas la stipulation dont il s'agit comme essentiellement contraire à l'art. 1154; mais nous ne pensons pas non plus qu'elle doive être maintenue dans tous les cas ; c'est aux tribunaux à juger, d'après les actes et les circonstances, si le nouveau prêt n'a eu pour but que d'éviter les frais au débiteur, de lui épargner la nécessité d'un emprunt à un autre créancier ; ou si, par une série de renouvellements, le créancier n'a voulu qu'opprimer son débiteur, abuser de sa position et lui extorquer par une voie détournée ce qui n'aurait pu être ouvertement exigé.

143. Peut-on stipuler pour le passé une capitalisation d'intérêts afin de leur faire produire à eux-mêmes des intérêts, à partir d'une époque antérieure à la convention? — La négative a été jugée (Req. 24 mars 1841, aff. Robles, vº Obligations). — Et c'est avec raison, selon nous, car il résulte des termes de l'art. 1154, que la demande et la convention sont, quant à la production d'intérêts, placées sur la même ligne et considérées comme ne pouvant produire que les mêmes effets. Or, la demande judiciaire ne peut jamais faire produire des intérêts antérieurs au jour où elle est signifiée, puisque l'art. 57 c. pr. dispose que la citation en conciliation ne fait courir les intérêts qu'autant qu'elle est suivie de la demande en justice formée dans le mois. La convention ne peut, en conséquence, rétroagir sur le passé.

144. Du principe que la demande ne fait courir les intérêts des intérêts qu'autant qu'il s'agit des intérêts *échus*, il suit, ainsi que cela a été jugé, que le créancier qui réclame l'exécution d'une

---

20 juill. 1840, un jugement ainsi conçu : — « Attendu que la demande est justifiée et non contestée, soit quant aux sommes, soit quant aux intérêts de ces mêmes sommes, qui tous ont plus d'un an de cours avant l'assignation, le tribunal condamne la dame d'Arbec à payer la somme de 6,315 fr. 65 c., ensemble les intérêts de ladite somme à partir du 12 fév. 1837 jusqu'au 25 janv. 1840, jour de la demande, s'élevant à 940 fr.; capitalise cette somme pour lui faire produire intérêts ; plus les intérêts de ces deux sommes à partir dudit jour 25 janv. 1840, jusqu'au remboursement effectif ».

Appel fondé sur ce que la capitalisation d'intérêts faite par le tribunal comprenait non-seulement ceux courus du 12 fév. 1837 au 12 fév. 1839, formant deux années échues, mais encore ceux du 12 fév. 1839 au 25 janv. 1840, jour de la demande, et par conséquent des intérêts d'une fraction d'année, quoique l'art. 1154 c. civ., d'après sa véritable interprétation, doive être réputé n'avoir entendu capitaliser que les intérêts d'une ou de plusieurs années entièrement révolues. — Arrêt.

La cour ; — Attendu que l'art. 1154 c. civ. dispose que les intérêts échus des capitaux peuvent produire des intérêts, ou par une demande judiciaire, ou par une convention spéciale, pourvu que, soit dans la demande, soit dans la convention, il s'agisse d'intérêts dus au moins pour une année entière ; — Que le tribunal de Bordeaux a fait une juste application de cet article, en ne se bornant pas à capitaliser les intérêts d'une année révolue, mais en capitalisant aussi les intérêts échus depuis l'expiration de cette année et avant l'expiration de l'année suivante ; — Confirme.

Du 17 déc. 1841.-C. de Bordeaux, 2e ch.-M. Prévot-Leygonie, pr.

(1) (Maurin C. Robert.) — La cour ; — Attendu que, par la législation antérieure au code civil, et notamment la loi 28, cod. *De usuris*, qui porte *nullo modo usuræ usurarum a debitoribus exigantur*, toute perception d'intérêts des intérêts était prohibée sous le nom d'anatocisme, et réputée usure ; que si l'art. 1154 c. civ. a fait un nouveau droit à cet égard, il y a mis des limites qui doivent être religieusement observées ; que cet article n'autorisant la convention que pour des intérêts d'un an dus et échus, il s'ensuit que cette convention, placée sur la même ligne que la demande judiciaire, ne peut, comme elle, avoir lieu qu'après l'échéance d'un an d'intérêts, et que toute stipulation sur des intérêts non échus reste sous la prohibition générale des lois antérieures; qu'on allègue en vain que, dans l'espèce, la convention n'a eu lieu d'avance que pour l'intérêt d'un an qui serait échu à l'époque où le nouvel intérêt devait commencer à courir; que, malgré cette circonstance il n'en reste pas moins vrai que cette convention anticipée est intervenue hors des termes de l'art. 1154, et un an avant toute échéance et que, par conséquent, elle ne peut trouver grâce devant la justice; que s'il en était autrement, un débiteur imprudent et malheureux, s'endormant sur la foi de la convention, pourrait indéfiniment laisser accumuler des intérêts sur des intérêts successivement grossis, et ne se réveiller qu'au moment où sa ruine serait consommée ; qu'il est du devoir des tribunaux de prévenir de pareilles conséquences, en renfermant strictement la convention dans les limites que la loi a posées; de tout quoi il suit que le tribunal a justement décidé qu'il y avait, dans l'acte du 24 fév. 1816, une stipulation d'intérêts hors du cas où elle est autorisée par la loi; que ce point reconnu, y ayant d'ailleurs dans la cause de fortes présomptions que, dans une suite de longues négociations qui ont eu lieu entre parties, l'appelant a exigé des intérêts excessifs, le tribunal a dû admettre l'intimé à la preuve des sommes par lui payées, afin d'en venir à une liquidation définitive ; — Par ces motifs, confirme.

Du 9 fév. 1827.-C. de Nîmes, 1re ch.

obligation et en outre des intérêts moratoires, ne peut en même temps demander les intérêts de ces intérêts, à partir de la même demande, à mesure des échéances et année par année (Cass. 14 juin 1837, aff. Monettier, V. Prescr. civ., n° 566-1°). —Décidé de même que la capitalisation d'intérêts ne peut être prononcée que pour les intérêts échus au jour de la demande, et non pour ceux courus depuis cette époque jusqu'à celle du jugement (Riom, 21 juill. 1840) (1). — Dans l'espèce de l'arrêt du 14 juin 1837, on cherchait à éviter la cassation en soutenant que si, d'après l'art. 1154, les intérêts *échus* peuvent en produire eux-mêmes par une demande judiciaire, cet article doit s'appliquer aux intérêts courus depuis la demande, puisqu'ils étaient *échus au moment de la condamnation*. Mais c'est là une véritable logomachie : en parlant d'intérêts échus, l'art. 1154 ne parle évidemment que d'intérêts échus *avant la demande*.

143. La cour suprême s'est bien gardée de poser cet autre principe invoqué par le demandeur dans la même espèce, que les intérêts moratoires ne sont dus qu'en vertu du jugement de condamnation. Une telle règle amènerait forcément cette conséquence, que les intérêts moratoires ne seraient susceptibles de produire eux-mêmes des intérêts qu'à partir de la demande qui en serait formée *postérieurement à la condamnation*, ce qui ne serait pas exact. Du moment en effet où les intérêts courent, que ce soit en vertu d'une convention, ou d'une demande judiciaire, ils sont susceptibles d'être capitalisés, aussitôt que les conditions prescrites par l'art. 1154 sont remplies; il importe peu que la quotité de l'obligation qui leur donne naissance, ou son existence même soit contestée. — De là il suit que dans le cours même de l'instance on peut, à mesure des échéances année par année, demander la capitalisation des intérêts courus en vertu de la citation introductive. — C'est en ce sens qu'il a été décidé que pour que des intérêts (moratoires) puissent être capitalisés, il n'est pas nécessaire que les capitaux d'où ils dérivent soient définitivement liquidés au moment de la demande; il suffit que ces intérêts soient échus et dus depuis plus d'une année; et spécialement que la partie qui a obtenu une condamnation pécuniaire contre son adversaire, en première instance, avec intérêts du jour de la demande, peut, si cette demande remonte à plus d'une année, et que les intérêts soient dus et échus, par suite, depuis plus d'un an, demander que ces intérêts soient capitalisés pour produire eux-mêmes des intérêts à partir de cette nouvelle action, encore bien qu'il y aurait appel du jugement de condamnation; que dans ce cas, si le jugement vient à être confirmé au fond, la créance serait-elle d'ailleurs réduite et le point de départ des intérêts fixé à une époque postérieure à celle déterminée par le tribunal, la demande en capitalisation n'en doit pas moins produire son effet du jour où elle a été formée (Req. 10 déc. 1838) (2).

---

(1) *Espèce :* — (Béal C. Dumoulin-Dufraisse.) — Les sieurs Béal, demandeurs en partage d'une succession détenue par le sieur Dumoulin-Dufraisse, avaient conclu de plus à la restitution des fruits ainsi qu'aux intérêts desdites restitutions, et intérêts depuis tel temps que de droit. Sur cette demande, formée le 24 juill. 1823, intervint, seulement le 28 mars 1832, un jugement du tribunal d'Issingeaux qui ordonna indépendamment du rapport à la masse des fruits échus depuis l'ouverture de la succession, la capitalisation de tous les fruits et intérêts depuis la demande. Mais le mode de capitalisation de ces intérêts fit l'objet d'une contestation devant le notaire commis pour procéder aux opérations du partage. Le sieur Béal prétendait qu'on devait ajouter les intérêts des intérêts de toutes restitutions de fruits, calculés année par année, depuis le 24 juill. 1823, date de la demande, jusqu'au 24 nov. 1837, jour de l'opération actuelle. Le sieur Dumoulin-Dufraisse soutenait au contraire que les seuls intérêts dont la capitalisation avait pu être prononcée étaient ceux échus à l'époque de la demande, c'est-à-dire le 24 juill. 1823, et non ceux échus dans les années suivantes.

Le tribunal d'Issingeaux, saisi de la difficulté, accueillit ce dernier système, par jugement du 10 mai 1839, conçu dans les termes suivants : — « Considérant que le jugement rendu le 28 mars 1832 ne peut être invoqué comme ayant décidé la question, puisque le dispositif de ce jugement porte seulement ces mots : « Le tout avec intérêts, fruits et revenus, depuis le temps de droit, et intérêts des intérêts de tous les fruits depuis la demande » ; qu'il ne dit pas que les intérêts des intérêts seront dus pour chaque année depuis 1823, ni pour les années futures, jusqu'au payement, comme le demande le sieur Béal ; qu'il ne dit autre chose, si ce n'est que les intérêts échus seraient, du jour de la demande considérés comme des capitaux, et produiraient des intérêts, puisqu'il y avait demande sur ce chef; que la question, restant entière, doit être décidée d'après les principes énoncés dans les art. 1154 et 1155 c. civ.; —Considérant que la loi, en permettant de capitaliser des intérêts pour leur faire produire des intérêts, n'a donné cette autorisation, contraire aux anciens principes, que sous certaines conditions et restrictions qu'il n'est pas permis de repousser en invoquant la règle ; que ces conditions sont : 1° que les intérêts soient échus ; 2° qu'ils soient dus au moins pour une année entière, sauf les cas prévus par l'art. 1155 ; 3° et enfin qu'ils soient demandés; — Considérant que, si une des susdites conditions manque, il n'y a pas lieu à capitaliser les intérêts, parce que les intérêts des intérêts n'étant qu'une indemnité du retard apporté à l'exécution de l'obligation, elle ne peut comme peine être prononcée que sur une demande formelle ;—Considérant qu'accorder des intérêts échus, mais non demandés, ce serait faire faire reconnaître par la justice un retard et une faute de la part du débiteur, qui n'existent pas, puisque le créancier a gardé le silence et n'a rien réclamé ; qu'on ne peut punir le débiteur parce que son créancier n'a pas voulu user de son droit ;—Considérant que capitaliser des intérêts à échoir serait violer les dispositions de l'art. 1154, qui ne le permet que pour des intérêts échus : c'est ce qui a été décidé par arrêt de la cour de cassation du 14 juin 1837 ; — Considérant que, le sieur Béal n'ayant pas chaque année, depuis 1823 jusqu'au jugement de 1832, demandé les intérêts des intérêts échus, le tribunal, en 1832, ne pouvait pas prononcer que ceux non échus produiraient des intérêts, que dès lors la prétention dudit Béal est mal fondée ; — Par ces motifs, prononce qu'il n'y a pas lieu d'accorder au sieur Béal les intérêts des intérêts échus depuis 1823 jusqu'à ce jour, mais seulement ceux qui lui ont été alloués par le jugement de 1832, c'est-à-dire ceux réclamés dans la demande de 1823... » — Appel. — Arrêt.

LA COUR ; — Adoptant les motifs exprimés au jugement du 10 mai 1839 ; — Et considérant d'ailleurs, qu'en fait, l'exploit du 4 juill. 1823 ne renfermant aucune demande des intérêts des jouissances à échoir, le jugement du 28 mars 1832 n'a pu ni voulu accorder ce qui n'était pas demandé;—Considérant que les appelants ne peuvent exciper ni de l'autorité la chose jugée, ni d'un acquiescement résultant du silence gardé au procès-verbal de compte, puisqu'au contraire les intimés se sont fait réserve expresse de tous leurs droits relativement aux points sur lesquels ils n'auraient pas cru devoir s'expliquer alors ; — Dit qu'il a été bien jugé, etc.

Du 21 juill. 1840.-C. de Riom, 1re ch.-M. Maignol, pr.

(2) *Espèce :* — (Boucher C. dame et hérit. Hennet.) — Par arrêté de compte authentique du 18 mars 1819, la dame Hennet, au nom et comme tutrice de son fils mineur d'un premier lit, avait reconnu le sieur Boucher, créancier de la succession de son premier mari pour une somme considérable dont il se trouvait toutefois payé en partie. — Le mineur est décédé, laissant pour héritiers sa mère et deux frères utérins. — Bientôt après, et par exploit du 14 mars 1825, la dame Hennet et ses enfants ont attaqué l'acte du 18 mars 1819 pour cause de lésion, et ont assigné Boucher et le sieur Riondel, son cessionnaire, en restitution d'une somme de 319,251 fr. 75 c., comme provenant de créances nulles ou éteintes, et d'erreurs de compte commises dans le règlement précité. — 16 déc. 1831, jugement du tribunal de Bourges, saisi de la cause par suite de l'infirmation d'un premier jugement du tribunal de Nevers, qui condamne solidairement Boucher et Riondel au remboursement de 253,910 fr. 62 c., pour reliquat de compte réglé, et aux intérêts de cette somme à partir du 18 mars 1819.

Appel. — Pendant l'instance d'appel, et le 7 déc. 1832, la dame et les héritiers Hennet font signifier le jugement de Bourges et assignent Boucher et Riondel devant le tribunal de Nevers, pour, aux termes de l'art. 1154 c. civ., obtenir la capitalisation des intérêts du montant de la condamnation principale, échus depuis le 18 mars 1819 jusqu'au jour de cette nouvelle demande, et pour faire condamner solidairement les débiteurs au payement immédiat de ces mêmes intérêts. — Le tribunal de Nevers a sursis à statuer jusqu'au jugement de l'appel.

29 mars 1836, arrêt de la cour d'appel de Bourges qui réduit à 144,707 fr. 54 c. la condamnation de 253,910 fr. 62 c., et condamne Boucher et Riondel aux intérêts, non pas à partir du 18 mars 1819, date de l'arrêté de compte primitif, mais seulement à compter du 4 mars 1825, date de la demande en redressement de compte.

Après cet arrêt, la dame et les héritiers Hennet ont repris leur demande en capitalisation des intérêts. — 10 janv. 1837, jugement du tribunal de Nevers, qui accueille leur système.

Boucher interjette appel de ce jugement. Il soutient que le tribunal était incompétent pour statuer sur une demande qui n'était, à l'époque de son introduction, que l'accessoire ou la conséquence d'une autre demande principale dont la cour d'appel se trouvait déjà saisie. Il prétend en outre qu'il y avait impossibilité d'appliquer la disposition de l'art. 1154 c. civ. à des intérêts non exigibles et encore incertains dans le principe même de leur existence, au moment de la demande en capitalisation, laquelle n'était alors elle-même qu'une action prématurée et sans objet.

146. Il a encore été décidé en vertu du même principe que les intérêts des intérêts doivent être alloués à partir de la demande judiciaire, sous la seule condition qu'il s'agisse d'intérêts dus au moins depuis une année entière, quoique ces intérêts n'aient point été liquidés et qu'ils ne puissent l'être qu'à la suite d'un compte non encore réglé et dont un arrêt a ordonné la rectification (Cass. 11 nov. 1851, aff. Roquelaure, D. P. 51. 1. 317).

147. Lorsque le retard de payer provient du fait du créancier, il ne serait pas juste que le débiteur en subisse les conséquences; aussi a-t-il été jugé que les intérêts des intérêts produits par le capital ne peuvent être accordés, lorsqu'il n'y a pas convention à cet égard, qu'autant que le retard apporté au payement du capital provient de la faute du débiteur; et qu'il n'y a point de faute imputable au débiteur, lorsque son retard de se libérer provient de ce que le créancier n'a point satisfait à la condition de lui fournir un compte au résultat duquel étaient même subordonnées l'existence et la quotité de la dette (Rej. 25 août 1845, aff. Pellegrino, D. P. 45. 1. 380; Rej. 18 mai 1846, aff. Dreux, D. P. 46. 1. 199; 11 nov. 1851, aff. Roquelaure, D. P. 51. 1. 317).

148. La défense de l'art. 1154 n'est faite qu'en faveur du débiteur. Si, pour payer un capital que je dois, je délègue à mon créancier six mois d'intérêts qui me sont dus, la demande contre le délégué ne fera pas courir les intérêts des intérêts délégués; ils ne forment un capital qu'à l'égard du créancier. Toutefois, si la délégation était parfaite, il y aurait novation, la dette des intérêts deviendrait celle d'un capital (Conf. MM. Duranton, t. 10, n° 501, et Delvincourt, t. 2, p. 536, note).—En sens inverse, si, pour payer six mois d'intérêts à mon créancier, je lui délègue un capital dont l'échéance arrivera un mois après, le créancier, quoique son débiteur primitif ne lui dût que moins d'une année d'intérêts, peut réclamer les intérêts contre le délégué; car c'est un capital que doit ce dernier.

149. Il a même été jugé que la capitalisation des intérêts échus d'une créance ne peut être demandée qu'à l'encontre du débiteur même; et spécialement, que le créancier ne peut conclure à cette capitalisation contre le tiers saisi passible des intérêts des sommes qu'il a déclaré avoir entre ses mains pour l'exécution des causes de la saisie (Cass. 24 nov. 1846, aff. Tabouillot, D. P. 47. 4. 305). — Mais il a été décidé que celui qui, par une saisie-arrêt mal fondée, a empêché le payement des intérêts échus d'un capital, est responsable des intérêts de ces intérêts, et doit être condamné à les payer, mais seulement à partir du jour de la demande (Metz, 10 juin 1812, M. Colchen, pr., aff. Tornacot C. Vandernoot).—V. Saisie-arrêt.

150. Les intérêts des intérêts peuvent-ils être réclamés contre une succession bénéficiaire? — D'une part, il a été décidé que la condamnation au payement des intérêts des intérêts, n'étant autorisée qu'à titre de dommages-intérêts ou pour cause d'un retard volontaire apporté à l'exécution d'une obligation, ne peut être prononcée là où nul n'est personnellement obligé; qu'en conséquence, elle ne peut l'être contre une succession bénéficiaire (Paris, 14 mai 1819, aff. duc d'Orléans, V. Succession, n° 928). — Et d'autre part : 1° que la condamnation au payement des intérêts des intérêts peut être prononcée contre une succession bénéficiaire, si, à l'époque de la demande, il n'y avait pas de créanciers opposants (Req. 5 août 1824)(1); — 2° Que les intérêts des

---

5 fév. 1838, arrêt confirmatif de la cour de Bourrges, qui repousse l'exception d'incompétence; au fond, capitalise les intérêts échus et les déclare productifs d'intérêts nouveaux, à partir du 7 déc. 1832, jour de la demande en capitalisation. — Voici comment l'arrêt justifie cette dernière disposition : « Considérant, sur la deuxième question, que la demande en capitalisation, formée par les intimés, se trouvait exactement, au moment où ils l'ont introduite, dans les conditions exigées par l'art. 1154 c. civ.; — Qu'il s'y agissait d'intérêts échus et dus depuis plus d'une année; — Qu'à cet égard, l'arrêt de la cour du 29 mars 1836, qui n'a pu créer de droits, mais qui les a purement et simplement déclarés, décide souverainement que les intérêts sont dus à partir du 14 mars 1825, bien antérieurement alors à la demande; — Qu'on objecte en vain qu'en vertu de l'appel du jugement du tribunal de Bourges, du 16 déc. 1831, tout était neutralisé et rentré dans l'incertitude, le titre originaire et les intérêts; — Que, si, en effet et de droit, l'appel est suspensif de l'exécution, il ne préjuge rien sur la réalité des droits reconnus par le tribunal du premier degré, et que l'autorité de son jugement ne cesse entièrement que dans le cas où il serait infirmé; — Que, d'autre part, la demande en capitalisation n'est pas une exécution du jugement; — Qu'elle ne préjuge rien non plus sur le sort du titre originaire et des intérêts remis en question, mais qu'elle s'y trouve naturellement associée; — Que, s'il était anéanti, elle serait anéantie aussi comme lui; et que, s'il est au contraire reconnu par l'arrêt à intervenir, elle en recueille justement la conséquence et l'avantage; — Que ce serait une erreur en droit de prétendre que la fixation du point de départ des intérêts, à une époque plus ou moins antérieure à l'arrêt, serait une mesure rétroactive; — Qu'ils ne sont ainsi reconnus que parce que le cours en existait; et qu'aussi, dans l'espèce, ils étaient bien dus, et depuis plus d'un an, à l'époque de la demande... »

Pourvoi de Boucher, pour violation de l'art. 1153 et fausse application de l'art. 1154 c. civ., en ce que la cour d'appel a condamné le demandeur à la capitalisation d'intérêts inexigibles et encore incertains, même quant au principe de leur existence, à l'époque où la demande en était faite. — L'application de l'art. 1154 c. civ., dont les dispositions sont de droit strict, puisqu'elles autorisent dans certains cas l'anatocisme, qui était si formellement prohibé par l'ord. de 1675, est subordonnée à plusieurs conditions : il faut notamment, pour que les intérêts des capitaux puissent produire des intérêts, ou par demande judiciaire, ou par convention spéciale, qu'ils soient échus et dus au moins pour une année entière. Qu'entend la loi par intérêts échus et dus, etc.? Évidemment, des intérêts exigibles au moment de la demande ou de la convention. En effet, la capitalisation est la peine ou l'indemnité du retard que met le débiteur à se libérer d'intérêts qui pourraient devenir un capital nouveau, productif lui-même d'intérêts entre les mains du créancier. Il faut donc qu'il y ait exigibilité actuelle de ces intérêts. — D'un autre côté, il faut que le retard du débiteur soit volontaire et que sa mise en demeure fût valable; car s'il n'a pas eu tort de ne pas payer, il serait injuste qu'on lui fît supporter une aggravation d'intérêts, une peine qu'il ne pouvait éviter. C'est par application de ces principes que la cour d'appel de Paris, attribuant à la capitalisation le même caractère qu'aux dommages-intérêts, a décidé qu'on ne peut la prononcer que contre le débiteur qui est en faute. — Dans l'espèce, la demande en capitalisation n'était faite qu'en vertu d'un jugement d'appel; par cet appel, l'existence même de la créance était mise en question. Pouvait-on dire, dans cet état, que la demande comprenait des intérêts échus et actuellement exigibles? Nullement; et aussi le tribunal de Nevers s'est borné d'abord à surseoir à son jugement. Bien plus, cette demande n'avait pas même le caractère d'une demande judiciaire, telle que l'entend la loi; car, pour cela, elle aurait dû reposer sur une base réelle et certaine; elle ne pouvait être considérée que comme une mesure conservatoire, ne pouvant avoir plus d'effet qu'un simple commandement. — Remarquez, d'ailleurs, que l'arrêt du 29 mars 1836, à la différence du jugement de première instance, n'a accordé d'intérêts que du jour de la demande originaire, à raison de la bonne foi du sieur Boucher. Or, les intérêts qui courent pendant l'instance qu'on appelle moratoire ou judiciaire, doivent être insusceptibles d'être capitalisés avant la fin de l'instance, par une demande en justice, par la même raison qui les a fait déclarer imprescriptibles pendant la litispendance. — On cite, à l'appui de ce système, un arrêt du 14 juin 1837 rapporté plus bas, qui a décidé qu'une cour d'appel n'a pas pu accueillir la demande tendant à la capitalisation des intérêts échus dans le cours du procès, à mesure des échéances, et année par année. Enfin, on fait ressortir les conséquences ruineuses qu'entraînerait, pour les parties condamnés, la doctrine de l'arrêt attaqué. — Arrêt.

La cour; — Attendu que l'arrêt constate avec raison que la demande en capitalisation se trouvait exactement dans les conditions exigées par l'art. 1154 c. civ., puisque, d'une part, il y avait demande en justice, et que, d'autre part, il s'agissait d'intérêts échus et dus depuis plus d'une année; — Attendu, au surplus, que la circonstance que les capitaux dus n'étaient pas encore liquides, ne formait pas obstacle à la capitalisation; — Qu'ainsi, la cour d'appel n'a ni violé ni faussement appliqué la loi; — Rejette.

Du 10 déc. 1838.-C. C., ch. req.-MM. Zangiacomi, pr.-Duplan, r.

(1) *Espèce* : — (Dame Remigny C. Durand.) — Le 7 fruct. an 12, Madame de Remigny, en qualité de tutrice de son fils mineur, souscrivit au profit des sieur et dame Morisot, une obligation de 400 fr. avec intérêt. — Durand, cessionnaire de cette obligation, le devint aussi du bénéfice de deux jugements des 17 mai et 6 août 1810, qui condamnaient la dame de Remigny et son second mari à restituer deux prés avec la jouissance depuis 1792. — Le fils Remigny décéda; sa mère et ses sœurs utérines, enfants du second mari, M. Hennet, furent ses héritiers; ils acceptèrent sous bénéfice d'inventaire. Durand assigna la dame de Remigny en sa double qualité d'héritière et de tutrice (le second mari étant mort), pour voir dire qu'elle serait condamnée : 1° à payer les intérêts échus et à échoir depuis le 20 nov. 1820, de la somme de 520 fr. pour seize années d'intérêts des 400 fr.; 2° à payer les in-

fruits ou intérêts produits par une légitime sont dus au légitimaire, à partir de la demande, soit par l'héritier pur et simple, soit même par l'héritier bénéficiaire mis en possession (Rej. 16 août 1825, aff. Saint-Priest-Saint-Mur, v° Dispos. entre-vifs, n° 1268). — Ces deux dernières solutions nous paraissent bien rendues. L'art. 1154 ne fait, en effet, aucune distinction entre les intérêts des capitaux dus par des héritiers purs et simples et ceux des capitaux dus par des héritiers bénéficiaires. Remarquons d'ailleurs qu'en définitive c'est la succession et non l'héritier bénéficiaire qui doivent les intérêts moratoires, et que le bénéficiaire ne contribue au payement des charges que jusqu'à concurrence du bénéfice que lui procure la succession. MM. Vazeille, Successions, art. 804, n° 4, et Paillet, *loc. cit.*, n° 5, se prononcent dans le même sens.— V. Success., n° 928.

151. On a vu (n° 100) que le tuteur doit les intérêts des sommes qu'il a reçues pour son pupille et dont il devait faire emploi (c. nap. 455 et 456) : il n'y a pas lieu de distinguer si ces intérêts sont dus pour une année ou pour moins d'une année, car ils forment de véritables capitaux dans les mains du tuteur (V. Minorité-tutelle, n°s 470 et suiv.). — Et le mandataire du tuteur chargé de recevoir et de garder les deniers pupillaires est tenu comme le tuteur lui-même de payer les intérêts des intérêts qu'il reçoit pour le compte du mineur (V. Mandat, n° 267). — Jugé aussi qu'un exécuteur testamentaire qui a accepté la charge de faire valoir une somme léguée à des enfants du testateur peut être condamné, comme le serait un tuteur, aux intérêts des intérêts, faute d'emploi (Req. 22 avr. 1808, aff. Viard, V. Dispos. entre-vifs et test., n° 4100-4°).

152. Les intérêts que doit l'acquéreur d'un immeuble, autorisé à en garder le prix jusqu'à mainlevée des inscriptions dont il est grevé, peuvent, par la demande qui en est faite, produire un capital productif lui-même d'intérêts (Rouen, 11 mai 1812, aff. Lefié, V. Vente).

153. Il a été jugé que la caisse des dépôts et consignations ne doit pas les intérêts des intérêts (trib. d'Yvetot, 19 mars 1835, aff. Jourdain, sous l'arrêt de rejet du 14 avr. 1836, v° Distrib. par contrib., n° 192). — V. sur ce point v° Oblig.

154. La disposition de l'art. 1154 qui prohibe la capitalisation d'intérêts dus pour moins d'une année s'applique-t-elle en matière commerciale?—La jurisprudence penche assez fortement vers la négative (V. Banquier, n° 46, Compte courant, n°s 95 et suiv. et *infrà*, n°s 241 et s.). — En tout cas, l'usage de capitaliser les intérêts dans un compte courant ne peut être invoqué par un notaire. — V. Compte, n° 90.

155. L'art. 1155 C. civ. porte : «Néanmoins les revenus échus tels que fermages, loyers, arrérages de rentes perpétuelles ou viagères, produisent intérêt du jour de la demande ou de la convention. — La même règle s'applique aux restitutions de fruits, et aux intérêts payés par un tiers au créancier en acquit du débiteur.» — Ainsi, les revenus échus, tels que fermages, loyers, arrérages de rentes perpétuelles ou viagères, sont considérés comme des capitaux; ils produisent intérêt du jour de la demande ou de la convention : à cet égard, l'art. 1155 eût pu paraître inutile, s'il n'avait eu pour objet de permettre expressément la demande ou la stipulation d'intérêts, lors même que les revenus seraient dus pour moins d'une année. C'est aussi ce que font remarquer Toullier, t. 6, n° 274; MM. Duranton, t. 10, n° 494; Rolland, n° 109, et Cotelle, Des intérêts, n° 102.—Il en était de même sous l'ancien droit. «Ces sortes de revenus, disait Domat, liv. 3, tit. 5, sect. 1, n° 10, sont différents des intérêts en ce que les intérêts ne sont pas un revenu naturel (L. 62, ff. *De rei vindic.*), et ne sont de la part du débiteur qu'une peine que la loi lui impose pour son retardement, et de la part du créancier qu'un dédommagement de la perte qu'il souffre pour n'être pas payé; au lieu que le prix des fruits et des loyers est un revenu naturel qui de la part du débiteur est la valeur d'une jouissance dont il a profité, et, de la part du créancier, un bien effectif qui, dans ses mains, fait un capital comme tout autre bien. Ainsi, le débiteur du prix d'un bail à ferme ou des loyers d'une maison en doit justement les intérêts depuis la demande.» — Il a été décidé en ce sens avant le code que ce n'était qu'à l'égard des intérêts d'un capital constitué en argent que la prohibition d'en percevoir les intérêts subsistait; mais que les arrérages échus et non payés d'une rente foncière ne peuvent être assimilés aux intérêts d'un tel capital; qu'en conséquence, ces arrérages étaient susceptibles de produire des intérêts lorsqu'ils étaient échus et demandés en justice (Req. 30 avril 1806; MM. Henrion, pr., Cochard, rap., aff. Craipain C. her. Chabonneau).

156. Les intérêts des objets compris dans l'art. 1155 ne peuvent, de même que les intérêts des intérêts échus, être adjugés que lorsqu'ils sont demandés (V. n°s 152 et s.).—Conf. Toullier, t. 6, n° 272, et M. Duranton, t. 10, n° 503.

157. Une demande ou une stipulation est nécessaire pour faire courir les intérêts des fermages et arrérages de rente, lors même que la rente dont les intérêts sont en litige a été constituée pour prix d'un immeuble. On opposerait en vain l'art. 1652 d'après lequel les intérêts du prix de vente d'une chose qui produit des fruits sont dus de plein droit, car l'art. 1155 est spécial et déroge à la disposition générale de l'art. 1652.—Il a été jugé en ce sens que les arrérages d'une rente viagère constituée pour prix de vente d'immeubles ne produisent pas d'intérêt de plein droit; ils n'en produisent que du jour de la demande ou de la convention (Paris, 14 août 1823) (1). — Jugé de même pour les arrérages d'une rente viagère constituée pour prix de vente d'un meuble (Toulouse, 14 août 1818, aff. Moncuquet, V. Obligat.).

158. L'art. 1155 comprend les arrérages de rentes foncières aussi bien que ceux qui sont dus pour toute autre rente.—Jugé, par suite, que le débiteur d'une rente foncière peut valablement être condamné aux intérêts des arrérages de cette rente, à partir

---

térêts échus du montant des condamnations prononcées par les jugements de 1810 pour la portion à la charge du mineur de Remigny, le font avec dépens. La veuve a soutenu qu'en qualité d'héritière bénéficiaire, elle ne pouvait être tenue de payer les intérêts des intérêts. — Jugement du 9 avr. 1821, du tribunal de Nevers : «Attendu que les art. 1154 et 1155 c. civ. autorisent, le premier la demande des intérêts d'intérêts échus; le deuxième la demande d'intérêts de capitaux non productibles encore d'intérêts; que ces articles ne font aucune distinction entre les capitaux des intérêts dus par des héritiers purs et simples, et ceux dus par des héritiers bénéficiaires; — Attendu que la demande est dirigée contre la succession bénéficiaire et non contre l'héritier personnellement; que c'est la succession qui doit les intérêts moratoires et que l'héritier n'en sera tenu que jusqu'à concurrence du bénéfice que lui procure la succession; condamne à payer les intérêts de la somme de 520 fr., montant des intérêts échus jusqu'à la demande». — Sur l'appel, arrêt de la cour de Bourges du 18 fév. 1825, en ces termes :— «Considérant que l'intérêt des intérêts échus est l'indemnité de la perte qu'éprouve le créancier par le non-payement, qu'en vain on oppose l'art. 2146 c. civ., qui n'a pour objet que d'assurer l'égalité des droits des créanciers de cette succession, au moment où elle s'ouvre; mais non de les priver, après l'acquittement des dettes, de l'indemnité que la loi les autorise à réclamer; — Adoptant au surplus les motifs des premiers juges». — Pourvoi pour fausse application des art. 1154 et 1155 c. civ. — Arrêt.

LA COUR; — Attendu que, dans l'espèce, il n'apparaît pas que la demanderesse fût, en sa qualité, dans le cas du § 1 de l'art. 808 c. civ.; que dès lors l'arrêt, en jugeant ainsi qu'il a jugé, n'a pu choquer, et n'a réellement choqué aucune des lois invoquées ni aucune autre; — Rejette.

Du 5 août 1824.-C. C., sect. req.-MM. Lasaudade, pr.-Vallée, rap.

(1) *Espèce* : — (Drouin de Saint-Leu, etc. C. Desvalières, etc.) — Desvalières, Caylus et Lorans achètent des dames Drouin de Saint-Leu et Cormier trois maisons dont le prix, fixé à 150,000 fr., est converti en une rente viagère de 16,165 fr. A la suite de quelques contestations, les acquéreurs consignent les arrérages de la rente, échus depuis leur prise de possession. Les venderesses attaquent cette consignation, parce qu'elle ne comprend pas les intérêts des arrérages de la rente. Que ces arrérages forment le prix de la vente, et qu'aux termes de l'art. 1652 c. civ., l'intérêt du prix d'une vente court de plein droit, si la chose vendue produit des fruits ou revenus, ce qui se rencontre dans l'espèce. Desvalières a soutenu que cet article ne s'appliquait point à l'espèce, qui était régie par l'art. 1155. 30 janv. 1822, jugement du tribunal civil de Paris qui déboute les dames Saint-Leu et Cormier de leur demande : «Attendu que si, aux termes de l'art. 1652 du code, l'acheteur doit l'intérêt du prix de la vente jusqu'au capital, toutes les fois que la chose vendue produit des fruits ou autres revenus; l'art. 1155 du même code, seul applicable à l'espèce, dispose formellement que les arrérages des rentes viagères ne produisent intérêt que du jour de la demande ou de la convention». — Appel. — ARRÊT.

LA COUR; — Adoptant les motifs des premiers juges, confirme.

Du 14 août 1823.-C. de Paris, 2e ch.

de la demande, sans qu'une telle condamnation constitue un anatocisme (Req. 15 fév. 1842, aff. Beaux, V. Cassation nº 1824).

159. Les intérêts des loyers, arrérages ou autres revenus sont-ils dus du jour de la demande, lors même que la créance ne serait pas encore liquidée au moment de cette demande?—On a dit pour la négative : Une créance non liquidée ne saurait produire intérêt (arrêt parlem. de Paris, du 9 fév. 1715; Ferrière, vº Intérêt). Le débiteur n'est point en retard de payer quand la dette n'est pas liquide, car il ne sait et il ne peut savoir ce qu'il doit. Mais l'art. 1155, qui ne contient aucune distinction entre les revenus liquides et ceux qui ne le sont pas, répond à ce système, condamné par la cour de cassation. — Jugé ainsi : 1º qu'aucune loi ancienne ni nouvelle ne s'oppose à ce que des intérêts dus pour loyers échus soient adjugés du jour de la demande, qu'ils soient liquidés ou à liquider; qu'ainsi, lorsque le bailleur d'un immeuble à antichrèse a réclamé contre le preneur, les loyers sont productifs d'intérêts du jour de la demande, quoiqu'ils n'aient pas encore été liquidés (Req. 21 novembre 1820, aff. Giuliani, V. Expertise, nº 182-3º); — 2º Qu'une créance non liquide, mais exigible, pouvant produire des intérêts par l'effet d'une demande judiciaire formée après l'époque de son exigibilité, il s'ensuit que, quoique le jugement portant condamnation au payement de loyers échus, avec intérêts tels que de droit, ait reconnu que le montant de ces loyers n'était pas déterminé, et ait ordonné, à cet égard, un compte entre les parties, néanmoins les intérêts des loyers sont dus au créancier du jour de sa demande en justice (Paris, 26 mars 1831) (1). — Mais, en cas de condamnation au payement de loyers échus et à échoir, avec les intérêts tels que de droit, on ne peut interpréter ce jugement en ce sens qu'il fasse courir les intérêts des loyers non échus du jour de la demande et avant l'échéance de chaque terme : les mots *intérêts de droit* ne doivent s'appliquer qu'aux loyers échus lors du jugement (même arrêt).

160. L'art. 1155 considère aussi comme capitaux produisant intérêts les restitutions de fruits, et les intérêts payés par un tiers en acquit du débiteur. Mais le payement des intérêts par un tiers ne doit point nuire au débiteur, et il faut, pour que l'art. 1155 soit applicable, que le payement soit fait en l'acquit du débiteur. Ainsi, cet article ne pourrait être invoqué par un créancier qui aurait payé, non en acquit du débiteur, mais pour obtenir subrogation contre lui (Conf. Delvincourt, t. 2, p. 335, note; et M. Duranton, t. 10, nº 494).

161. M. Rolland estime que l'article pourrait être invoqué par la caution qui aurait payé pour le débiteur principal. Il a été décidé ainsi que la prime accordée pour l'affectation d'une inscription de rente au cautionnement d'un journal, doit être considérée, non comme un produit industriel, mais bien comme un revenu de la rente, susceptible d'être capitalisé et de produire des

---

(1) *Espèce :* — (Boucheseiche C. Driois.) — En l'an 6, les époux Lhéritier cédèrent à Driois les loyers qui leur seraient dus par Michalon, auquel ils avaient sous-loué une maison. — 26 therm. an 10 et 14 flor. an 12, jugements qui, sur la demande de Driois, condamnent Michalon au payement de onze termes de loyers.—Sur l'appel, arrêt du 24 brum. an 13, qui décharge Michalon de ce payement et condamne les époux Lhéritier à garantir Driois en principal, intérêts et frais. — Après le décès des époux Lhéritier et la liquidation entre les divers ayants droit de leur succession, acceptée sous bénéfice d'inventaire, des poursuites exercées en vertu de l'arrêt ci-dessus resté longtemps sans exécution, sont dirigées par Driois contre la dame Boucheseiche représentant le sieur Lhéritier, son père. Celle-ci prétend que l'arrêt ne prononce de condamnation contre son auteur que relativement aux dépens. Mais, le 25 juill. 1829, arrêt interprétatif portant, au contraire « qu'il résulte des termes de l'arrêt du 24 brum. an 13, que le recours de garantie accordé à Driois contre Lhéritier et sa femme ne se borne pas aux dépens, mais s'étend à tous les loyers dont la cession a été faite à Driois, ainsi qu'aux intérêts et frais. En conséquence, à l'effet de régler et liquider les sommes à lui dues pour lesdits loyers, tant en principal qu'en intérêts et frais, la cour renvoie les parties à compter devant le greffier ». —Lors des débats de ce compte, la dame Boucheseiche prétend, 1º que s'agissant d'une dette non liquide, et ne pouvant dès lors y avoir eu lieu à des offres réelles, il n'est pas dû d'intérêts; 2º qu'en tous cas, ces intérêts ne sauraient être dus qu'à compter de l'expiration de chaque terme, et non du jour de la demande originaire formée à Driois en l'an 6, ainsi qu'il le prétend par suite d'une interprétation abusive des jugements qui prononcent, en sa faveur, une condamnation générale pour les loyers échus et à échoir, avec les intérêts tels que de droit; 3º que Driois n'a droit qu'à cinq années d'intérêts des loyers, aux termes de l'art. 2277 c. civ.; 4º qu'il y a lieu à la retenue du cinquième sur les intérêts des loyers échus avant la loi du 3 sept. 1806; 5º enfin la dame Boucheseiche soutient que n'étant héritière que d'un quart des biens de la succession, elle n'est égalemcet tenue d'acquitter que le quart des dettes dont cette succession est grevée, et ne peut être poursuivie pour la totalité, comme le prétend Driois, sous le prétexte que l'héritier bénéficiaire est le mandataire des créanciers et est chargé de les payer, sauf son recours contre ses cohéritiers. — Arrêt.

LA COUR; — En ce qui touche les intérêts des loyers : — « Considérant sur la fin de non-recevoir opposée par les défendeurs contre toute prétention d'intérêts, sur le motif que, la créance n'étant pas liquide, ils ne pouvaient être considérés en demeure de se libérer : — 1º Qu'encore bien que la quotité des loyers qui forment le principal de la créance dont il s'agit ne se trouve fixée définitivement que par le présent arrêt la position antérieure des débiteurs n'était cependant pas telle qu'ils n'eussent pu faire acte de libération, par des offres réelles, du montant des sommes de loyers qu'ils estimaient devoir, puisque la somme de chaque terme était déterminée, sauf toutefois la chance ordinaire et respective de la validité ou invalidité des offres qu'ils auraient faites; — 2º Que si l'arrêt du 24 brum. an 13, qui a déclaré les cédants de Driois garants et tenus du payement des loyers, n'a point prononcé la condamnation d'une somme déterminée, qui pût autoriser des poursuites d'exécution actuelle contre eux, il ne résulte pas de là qu'ils fussent dans l'impossibilité de faire les offres réelles dont on vient de parler, et qui auraient pu seules faire cesser les intérêts à leur charge; — 3º Qu'au surplus, les défendeurs n'auraient pu s'affranchir des intérêts de leur dette envers Driois par la contestation qu'ils ont élevée sur sa quotité, d'autant plus que, en général, une créance non liquide, mais exigible, serait néanmoins, susceptible de produire des intérêts par l'effet d'une demande judiciaire formée après l'époque de son exigibilité;

Considérant, sur les époques à compter desquelles lesdits intérêts ont commencé à courir, que les jugements des 26 therm. an 10 et 14 flor. an 12 ont prononcé la condamnation au payement des loyers réclamés par Driois, ensemble de ceux des termes échus et à échoir depuis sa demande, avec les intérêts tels que de droit; — Que ces intérêts de droit ne doivent s'appliquer légalement qu'aux loyers échus lors du jugement de l'an 10, et à partir des échéances opérées entre la date de la demande et celle du jugement; car des intérêts moratoires ne peuvent être dus qu'à raison du défaut de payement d'une dette exigible, et dont le payement aurait été demandé par une action judiciaire antérieure au jugement qui les aurait accordés;

Considérant, sur la retenue des contributions auxquelles partie des intérêts ci-dessus peut être assujettie, que la loi de 1807, relative à la fixation du taux des intérêts, ne pouvant avoir un effet rétroactif, il y a lieu à la retenue des anciennes contributions, sur les intérêts échus jusqu'à l'époque de la promulgation de cette loi;

Considérant, sur la prescription de cinq ans contre les intérêts, que cette prescription, établie par l'art. 2277 c. civ., n'est applicable qu'aux intérêts payables par année ou à des termes périodiques plus courts, et non à des intérêts moratoires et judiciaires, payables en même temps que le principal dont ils sont l'accessoire, et qui ne sont, par conséquent, soumis qu'à la même prescription que ce principal;

En ce qui touche la quotité des portions dont chaque défendeur est tenu dans la dette ci-dessus : — Considérant, quant à la veuve Boucheseiche, en sa qualité d'héritière bénéficiaire, 1º que la disposition principale de la loi, relativement à l'obligation des héritiers pour le payement des dettes de leurs auteurs, porte qu'ils y contribuent entre eux, chacun dans la proportion de la part qu'il prend dans la succession (art. 870 c. civ.); — 2º Que l'effet du bénéfice d'inventaire étant pour l'héritier bénéficiaire de n'être tenu des dettes de la succession que jusqu'à concurrence des biens qu'il a recueillis pour sa portion héréditaire, cela ne peut s'entendre raisonnablement (quand il y a d'autres héritiers) que relativement à sa portion virile des dettes à sa charge, en sorte que l'héritier bénéficiaire, pour un quart ou moitié, n'est tenu d'acquitter que le quart ou la moitié des dettes de la succession, sauf le bénéfice d'inventaire en cas d'insuffisance de sa portion des biens mobiliers, et sauf aussi les droits des créanciers hypothécaires sur les immeubles compris dans sa portion; — 3º Que, s'il pouvait en être autrement, la condition de l'héritier bénéficiaire, auquel la loi veut accorder un avantage, se trouverait, au contraire, plus désavantageuse que celle de l'héritier pur et simple; — 4º Que, d'après le principe ci-dessus, dans l'espèce, la portion à la charge des parties est d'un quart pour la veuve Boucheseiche, et d'un autre quart pour la veuve et le fils Leduc, sauf les droits de Driois pour l'autre moitié contre les héritiers de la femme Lhéritier; —Déboute les défendeurs de leurs fins de non-recevoir, exceptions de prescription et autres; en conséquence, fixe les sommes dues dans les proportions suivantes, etc...; au payement desquelles sommes la veuve Boucheseiche, la veuve Leduc et son fils sont condamnés chacun un quart, etc.

Du 26 mars 1831.-C. de Paris, 3e ch.-M. Lepoitevin, pr.

intérêts (Req. 10 déc. 1835, aff. Deschamps, V. Succes., n° 1216). Les termes de l'art. 2028 c. civ. exigent, ce semble, qu'on décide ainsi. — V. n° 168.

162. Il a été jugé que les intérêts échus des restitutions de fruits ne sont pas susceptibles, comme les intérêts échus des capitaux, de produire eux-mêmes des intérêts par une demande judiciaire (Cass. 15 janv. 1839, aff. Constant, V. Oblig.). Mais l'art 1155 ne nous paraît pas comporter une telle restriction.

163. C'est du jour de la demande que sont dus les intérêts des fruits dont s'occupe l'art. 1155. — Jugé ainsi : 1° que les intérêts des fruits échus, et dont la restitution a été ordonnée, doivent être accordés du jour de la demande, comme les intérêts résultant des capitaux (Pau, 10 mai 1839, aff. Lenac, V. n° 42-6°); — 2° Que les restitutions de fruits par suite d'annulation d'une vente, ne produisent pas des intérêts de plein droit, mais seulement à partir de la demande : ici s'applique l'art. 1155 c. civ., qui est formel à cet égard et non l'art. 1652 (Req. 24 déc. 1838) (1).

SECT. 4. — Taux des intérêts; — Dommages-intérêts au taux légal; — Questions transitoires

164. Les intérêts se comptent à tant pour cent ou au denier tant, c'est-à-dire que l'on retire du capital autant de fois l'intérêt désigné par le *tant*, que le nombre 100 est contenu dans ce capital, ou que l'on en retire autant de fois un que le denier est contenu dans le capital; l'intérêt est compté par années. — Et il a été jugé que l'année d'après laquelle doit être calculé l'intérêt des capitaux est une période de trois cent soixante-cinq jours, conformément au calendrier grégorien, nonobstant l'usage où sont les banquiers de fixer cette année à trois cent soixante jours dans leurs comptes courants; que cet usage n'est obligatoire que pour ceux qui l'ont expressément accepté (Rouen, 19 juin 1847, aff. Prével, D. P. 48. 2. 120; Cass. 20 juin 1848, aff. Fuzier, D. P. 48. 1. 221; V. aussi Crim. cass. 14 mai 1852, aff. Mallet, D. P. 52. 1. 309).

165. Les nécessités sociales ont amené le législateur à limiter le taux de l'intérêt de l'argent. On a vu (n°s 3 et 7) que la législation romaine avait des règles à cet égard et que notre ancien droit français, adoptant le même principe, avait déterminé un taux que les parties ne pouvaient pas dépasser dans les contrats par lesquels on avait suppléé à l'interdiction du prêt à intérêt. Le droit intermédiaire avait, à la vérité, modifié cet état de choses, et autorisé toute convention à cet égard. Mais les rédacteurs du code Napoléon, tout en maintenant le principe de la liberté des transactions en matière de prêts d'argent, avaient réservé formellement le droit du législateur de déterminer un taux d'intérêt qu'on ne pourrait pas dépasser (V. n° 11). — Ainsi, l'art. 1153 porte que les dommages-intérêts en cas d'inexécution des conventions ou de retard dans le payement des obligations de sommes d'argent ne consistent jamais que dans la condamnation à *l'intérêt légal*, à compter du jour de la demande, et d'autre part l'art. 1907 dit : « L'intérêt conventionnel peut excéder l'*intérêt légal*, lorsque la loi ne le prohibe pas. »

Il a été jugé par application de l'art. 1153 : 1° qu'à défaut de stipulation sur le taux des intérêts du prix d'un fonds dotal, l'acquéreur les doit d'après le taux légal, et non sur le pied du revenu de ce fonds (Caen, 18 déc. 1837, aff. Boulay, V. Contrat de mariage, n° 4019-1°); — 2° Qu'à défaut de convention expresse, le taux des intérêts moratoires ne peut dépasser le taux légal, quel que soit l'usage qui existe (Aix, 4 déc. 1837, aff. Peyron, n° 42-3°); — 3° Que si, par suite d'une condamnation en dommages-intérêts, fondée uniquement sur le retard d'une partie à se libérer, il a été accordé à l'autre partie des intérêts judiciaires ou moratoires, il ne peut encore être accordé des dommages-intérêts (Cass. 2 mars 1831, aff. Milscent, V. Compte, n° 156); — 4° Que le retard apporté dans l'exécution de la condamnation qui consiste à payer une certaine somme, rend le débiteur passible du payement des intérêts, mais ne peut, même en matière de commerce, le soumettre en outre à des dommages-intérêts (Cass. 11 juin 1845, aff. Lorentz, D. P. 45. 1. 362); — 5° Qu'un entrepreneur de remplacement, qui n'a point payé à son échéance la somme due au remplaçant engagé par lui, ne peut pas, outre les intérêts, être condamné à des dommages-intérêts pour retard dans le payement (Aix, 21 août 1829) (2).

166. Si l'intérêt a été fixé à un taux inférieur à l'intérêt légal, le défaut de payement à l'échéance permet au créancier de

---

(1) *Espèce* : — (Boulay C. Dutrésor.) — Le 1er avril 1816, Dutrésor se rend adjudicataire au-dessous de la mise à prix, et moyennant 10,100 fr., d'un domaine appartenant à Boulay, tombé en faillite. — Le jugement qui avait ordonné l'adjudication n'ayant pas été précédé de l'autorisation du juge-commissaire de vendre au-dessous de l'estimation, Boulay et ses créanciers l'attaquèrent en nullité. Un jugement confirmé sur l'appel rejeta cette demande. — Mais, sur le pourvoi en cassation, l'arrêt de la cour de Caen (10 juin 1824), fut cassé par arrêt du 21 nov. 1827, et les parties renvoyées devant la cour de Rouen.

20 janv. 1832, arrêt de cette cour qui déclare nulles les adjudications des 1er et 15 avril, et ordonne que les héritiers Dutrésor délaisseront les propriété et jouissance du domaine.

C'est l'exécution de cet arrêt qui a donné lieu au procès actuel. En effet, après une nouvelle expertise du domaine, Boulay ou ses créanciers ont répété contre les héritiers Dutrésor les intérêts des fruits et les intérêts de ces intérêts à partir du 21 août 1818, jusqu'à la dépossession.

5 mars 1834, jugement du canton de Coutances qui accueille cette prétention en vertu de l'art. 1154 c. civ. — Appel par les héritiers Dutrésor. — 15 nov. 1837, arrêt de la cour de Caen, qui infirme dans les termes suivants : — « Considérant, en ce qui touche les intérêts de ces fruits et les intérêts de ces intérêts à partir du commencement de la contestation, que, si l'art. 1155 c. civ., le seul applicable à l'espèce, met dans sa première partie les restitutions de fruits au nombre des capitaux produisant intérêts, il dispose formellement dans sa seconde partie que ces intérêts ne sont pas dus de plein droit, mais seulement quand ils sont demandés et du jour de la demande; — Qu'il en est de même des intérêts de ces intérêts, lesquels ne doivent jamais être accordés qu'autant qu'ils sont demandés et à partir du jour où la demande en a été formée... »

Pourvoi par Boulay, pour violation de l'art. 1652 et fausse application des art. 1154 et 1155 c. civ. Dans un grand nombre de cas, a-t-on dit en faveur du demandeur, la loi fait courir les intérêts de plein droit et détermine elle-même l'époque à laquelle ils commencent à courir. Ainsi, pour ne parler que du cas exactement applicable à l'espèce, l'art. 1652 c. civ. fait courir les intérêts du capital de la chose vendue, si cette chose produit des fruits et revenus, à partir de la jouissance de l'acquéreur. C'est un principe sur lequel tous les auteurs sont d'accord (V. Toullier, t. 6, n° 269; Duranton, t. 10, n° 495, D. A. 10, p. 492, n° 1). — Or ici il y a concours de toutes les circonstances qui font courir les intérêts de plein droit; il y a vente; il s'agit d'un immeuble produisant des fruits et dont l'acquéreur a eu l'entière et libre jouissance.

Quant aux intérêts des intérêts, la question ne doit pas se résoudre uniquement par les art. 1154 et 1155 c. civ., mais par leur combinaison avec l'art. 1652. Du principe, en effet, que l'intérêt représente le produit de la chose, les art. 1154 et 1155 ont été conduits à regarder les revenus échus comme des capitaux produisant intérêts. — Or, comme ces articles n'ont voulu faire courir les intérêts primitifs et les intérêts de ceux-ci qu'à dater de la demande, à défaut de conventions contraires, il faut en conclure que, lorqu'il y a exception à ce principe, comme dans le cas de l'art. 1652, c'est-à-dire quand les intérêt courent de plein droit, les intérêts de ces intérêts doivent nécessairement jouir de la même faveur, puisqu'ils forment eux-mêmes un capital (V. Toullier, *eod.*, n° 274; Duranton, *eod.*, n° 494. — Arrêt.

LA COUR; — Considérant qué, pour rejeter la demande du sieur Boulay tendante à ce que les héritiers Dutrésor fussent condamnés à payer les intérêts de fruits à restituer, et les intérêts de ces intérêts, à partir de l'époque fixée par ledit Boulay, l'arrêt, en combinant les art. 1154 et 1155 c. civ. et en appliquant la partie finale de l'art. 1155, s'y est conformé et n'a pas violé les articles de lois invoqués; — Rejette.

Du 24 déc. 1838.-C. C., ch. req.-MM. Zangiacomi, pr.-Lebeau, rap.-Hervé, av. gén.-Chevalier, av.

(2) *Espèce* : — (Olivier C. Raineri.) — Un jugement du tribunal de commerce d'Aix avait condamné le sieur Olivier, entrepreneur de remplacement, à payer au sieur Raineri, remplaçant, une somme de 900 fr. avec intérêts; plus 500 fr., à titre de dommages-intérêts pour retard dans le payement. — Appel. — Arrêt.

LA COUR; — Attendu que, la compétence du tribunal de commerce n'est pas contestée, et que toute la difficulté porte sur la somme de 500 fr., qui a été allouée à titre de dommages-intérêts; — Attendu que, suivant l'art. 1153 c. civ., dans les obligations qui se bornent au payement d'une certaine somme, les dommages-intérêts résultant du retard dans l'exécution ne consistent jamais que dans les condamnations aux intérêts fixés par la loi; qu'à la vérité, l'article ajoute : Sauf les règles particulières au commerce; mais que, par là, le législateur n'a eu en vue que ce qui est relatif au protêt et au rechange, ce qui ne se rencontre pas dans l'espèce actuelle; — Attendu, qu'en cet état de

demander, conformément à l'art. 1153, des intérêts moratoires qui devront courir à partir de la demande judiciaire et qui ne peuvent être autres que l'intérêt légal. Le débiteur ne peut évidemment plus se prévaloir de la convention puisqu'il ne l'a pas exécutée. — C'est en ce sens qu'il a été jugé que les intérêts moratoires d'une somme prêtée et non payée à l'échéance, courus depuis la demande en justice, doivent être fixés au taux légal, encore bien que, dans l'acte d'emprunt, l'intérêt conventionnel eût été stipulé à un taux inférieur (Paris, 17 mai 1836) (1).

167. Il a été jugé que l'amende d'un vingtième, prononcée par l'arrêté du 27 frimaire an 11 (V. Forêts, n° 90), contre les débiteurs de l'Etat retardataires, ne tient pas lieu des intérêts des sommes dues; qu'ainsi, l'adjudicataire d'une coupe de bois appartenant à l'Etat, qui donne des lettres de change en payement de son prix, doit à la fois, en cas de non-payement de ces traites, et les intérêts, à partir du jour du protêt, et l'amende du vingtième (Rouen, 5 juin 1824, aff. dom. *C.* Carel; V. Effets de comm., n° 802. *Nota*, un pourvoi formé contre cet arrêt a été rejeté le 26 juill. 1825, mais relativement à d'autres questions). — Cette solution, à supposer qu'elle fût exacte, avant la publication du code forestier, ne serait plus suivie aujourd'hui: les adjudicataires en retard de payement ne sont tenus, aux termes du cahier des charges (art. 15), que des intérêts à 5 p. 100 à partir du jour de l'exigibilité des sommes dues (V. Forêts, n° 1038 et p. 158).

168. L'art. 1153 fait exception à la règle qu'il pose pour les matières commerciales et pour le cautionnement. — Il a été jugé que cet article, en faisant exception pour les affaires commerciales, a eu en vue le non-payement des effets de commerce, dans lesquels, outre l'intérêt, le créancier peut exiger le rechange (c. com. 177 et s.; V. motifs, Aix, 21 août 1829, aff. Raineri, n° 155). Il ne suit pas de là que les négociants puissent stipuler toute espèce d'intérêts usuraires; l'élévation de l'intérêt licite dépendait des circonstances appréciées par les tribunaux. — Quant aux usages du commerce, V. ce qui est dit plus loin nos 262 et s. — A l'égard du cautionnement, l'art. 2028 confirme l'exception en autorisant la caution à réclamer, indépendamment des intérêts des sommes qu'elle a déboursées pour le débiteur principal, des dommages-intérêts, s'il y a lieu (V. Cautionn., nos 250 et s.). — Une autre exception doit encore être ajoutée: c'est celle qui est écrite dans l'art. 1846, aux termes duquel « l'associé qui devait apporter une somme dans la société, et qui ne l'a point fait, devient débiteur des intérêts de cette somme, ...*sans préjudice de plus amples dommages-intérêts s'il y a lieu* » (V. Société). — Et il a été jugé que l'associé qui n'a pas versé la mise de fonds promise dans l'acte de société peut être condamné pour cette mise à des intérêts au-dessus du taux fixé par la loi de 1807, si à l'époque de l'acte de société aucune loi n'en fixait le taux (Req. 22 mars 1814, aff. Fontan, V. Arbitrage, n° 455).

169. De ces termes absolus de l'art. 1153, « les dommages-intérêts pour retard dans l'obligation du payement d'une somme *ne consistent jamais* que dans l'intérêt légal, » il semble résulter que les juges ne peuvent les réduire au-dessous du taux légal. — Nul doute à cet égard quand il y a convention. — Mais lorsqu'il n'a rien été stipulé, les juges peuvent-ils allouer moins que l'intérêt déterminé par la loi? La question paraît embarrassante. — Il été jugé que les intérêts moratoires dont la condamnation est prononcée à titre de dommages-intérêts peuvent être réduits au-dessous du taux légal; qu'ainsi l'arrêt qui, en condamnant le débiteur à payer les intérêts de la somme réclamée, l'autorise à en déduire les impositions, ne contrevient point aux lois sur les intérêts: « attendu, se borne à dire l'arrêt, que la condamnation des intérêts a été prononcée par voie de dommages-intérêts; rejette » (Req. 18 mars 1817, MM. Henrion, pr., Ménerville, rap., aff. Letondal *C.* Milscent). — Mais c'est là, ce nous semble, donner à l'art. 1153 une interprétation extensive que ses termes n'autorisent pas: le législateur a créé par cet article une sorte de forfait qui ne permet ni le moins ni le plus. Telle était déjà l'opinion de Pothier, des Obligat., n° 170, qui disait: « Comme ces dommages varient à l'infini, et qu'il est aussi difficile de les prévoir que de les justifier, il a été nécessaire de les régler *comme par une espèce de forfait* et à quelque chose de fixe. C'est ce qu'on a fait en les fixant aux intérêts de la somme, au taux de l'ordonnance » (Conf. M. Marcadé, art. 1153, n° 1).

Du reste, il a été décidé: 1° que les intérêts moratoires dus à un créancier ayant privilége sur un cautionnement déposé à la caisse des consignations, ne peuvent être que les intérêts légaux à 5 p. 100 sans retenue, et non ceux de 4 p. 100, que paye la caisse des consignations (Req. 14 juill. 1829, aff. Ragoullaux, v° Bourse de commerce, n° 595; V. aussi Mandat, n° 269); — 2° Que le bailleur de fonds pour le cautionnement d'un receveur général, par exemple, doit être réputé avoir traité *à forfait* pour le taux des intérêts stipulé dans l'acte de prêt. En conséquence, s'il arrive que la caisse d'amortissement réduise le taux primitif des intérêts par elle payés sur les cautionnements, cette réduction sera à la charge du titulaire (Req. 14 mai 1829) (2).

170. La faculté de déroger par convention à la fixation du taux légal, faculté laissée par l'art. 1907, a cessé depuis la loi du 3 sept. 1807, qui limite à 5 p. 100 par an, *sans retenue*, en matière civile, et à 6 en matière commerciale, l'intérêt de l'argent. Depuis cette loi, l'intérêt conventionnel ne diffère plus de l'intérêt légal. — Les mots *sans retenue* se rapportent au droit qu'avaient autrefois les débiteurs de rentes et d'intérêts de retenir les vingtièmes établis ou à établir par la loi, retenue qui était de droit (Pothier, Constit. de rente, nos 13 et 80). — Jugé ainsi, avant la loi de 1807, qu'à moins de stipulation contraire, les intérêts d'une dette commerciale étaient sujets à la retenue légale du cinquième pour l'impôt (Nîmes, 21 flor. an 13, M. Meynaud, pr., aff. Chambon-Beaumont *C.* Bigot). — Mais il a été décidé, d'un autre côté, que l'édit de mai 1749, l'art. 7 de la loi du 22 nov. 1790 et l'art. 98 de la loi du 3 frim. an 7, qui permettaient aux débiteurs de faire la retenue de la contribution foncière sur les intérêts des sommes par eux dues, ne s'appliquaient pas à des intérêts provenant de dettes commerciales (Rej. 17 mars 1824, MM. Brisson, pr., Vergès, rap., Cahier, av. gén., c. conf., aff. hérit. Belin *C.* Valès).

---

choses, les premiers juges n'auraient pas dû accorder une somme de 500 fr. pour tenir lieu de dommages-intérêts; qu'ils ne pouvaient accorder que les intérêts du jour de la demande; — A mis et met l'appellation et ce dont est appel au néant; émendant, etc.

Du 21 août 1829.-C. d'Aix, 1re ch.-MM. Delachèze-Murel, pr.

(1) *Espèce*: — (Trésor pub. *C.* Leprince et Poulain.) — En 1830, le trésor public prête aux sieurs Leprince et Poulain deux sommes de 50,000 fr. avec l'intérêt à raison de 4 p. 100. Ces derniers n'ayant pas remboursé le montant de ces sommes à l'époque fixée par l'acte d'emprunt, le trésor public les assigne devant le tribunal de commerce. — Jugement qui condamne les sieurs Leprince et Poulain au payement des sommes prêtées avec les intérêts à 4 p. 100. — Appel du trésor public, qui soutient que l'intérêt de 4 p. 100 n'avait été fixé que jusqu'au jour de l'échéance, et que les intérêts moratoires, courus du jour de la demande en justice, doivent être fixés selon le taux légal, c'est-à-dire à 6 p. 100, attendu qu'il s'agit d'un prêt commercial. — Arrêt.

La cour; — En ce qui touche le taux des intérêts moratoires: — Considérant que si les intérêts ont été fixés par le titre à raison de 4 p. 100 jusqu'au jour de l'échéance, Leprince et Poulain n'ayant pas rempli leurs obligations sont rentrés de plein droit dans la position ordinaire des emprunteurs; — Infirme; condamne Leprince et Poulain au payement des intérêts à 6 p. 100 envers le trésor, à compter du jour de la demande, etc.

Du 17 mai 1836.-C. de Paris, 1re ch.

(2) *Espèce*: — (Bernier *C.* dame Forestier). — La dame Forestier (bailleur de fonds), disait le demandeur en cassation, ayant expressément déterminé l'emploi et la destination de l'argent par elle prêté, en un cautionnement sur l'Etat, sans qu'il fût permis à l'emprunteur *de l'utiliser autrement*, elle s'était par cela même soumise à toutes les réductions et éventualités qu'un pareil emploi pouvait amener avec lui. Or, s'il arrive, comme cela a eu lieu, que la caisse d'amortissement ne vienne plus à payer que 4 p. 100 au lieu de 5, c'est là évidemment un cas de force majeure; c'est là une déduction qui, ne provenant pas du fait de l'emprunteur, ne pouvait être mise à sa charge. — Arrêt.

La cour; — ...Sur le moyen que le demandeur fait résulter de la violation des art. 1502, 1305, 1892 c. civ. — Attendu qu'à la date du traité (entre les parties), l'intérêt du cautionnement payé par la caisse d'amortissement était fixé à 5 p. 100; que la réduction survenue depuis à 4 p. 100 ne doit avoir aucune influence au préjudice de la dame Forestier, qui avait stipulé ses droits à titre de forfait; — Rejette le pourvoi contre l'arrêt de la cour de Paris du 24 avril 1828.

Du 14 mai 1829.-C. C., ch. req.-MM. Borel, pr.-Liger, rap.

171. La limitation de l'intérêt, posée par la loi de 1807, a été momentanément suspendue par le décret du 18 janv. 1814, dont l'effet devait cesser au 1er janv. 1815. Cet acte éphémère, a été déclaré avoir eu force de loi (Rej. 16 mai 1838, aff. Prat, V. nº 233-1º).—Ainsi, il a été jugé que l'on ne peut attaquer pour impignoration un contrat de vente passé sous le décret du 18 janv. 1814 (Limoges, 26 mai 1838, aff. Thevenot, V. Obligat.). —Mais il a été décidé que, pour que ce décret fût applicable, il fallait que le taux de l'intérêt fût expressément désigné et stipulé dans la convention (même arrêt, du 16 mai 1838).

172. De ces changements de législation vient la nécessité de donner une solution différente, selon les époques, à la question de savoir si le créancier peut stipuler une somme supérieure à l'intérêt légal. — D'abord, et par application de la loi du 3 oct. 1789, il a été jugé que, loin qu'on puisse conclure de ce que cette loi a maintenu les usages du commerce, que les négociants entre eux ont la faculté de stipuler des intérêts usuraires, il s'ensuit seulement qu'entre commerçants les intérêts pour prêts à terme doivent se régler sur le taux avoué à la bourse et admis par les négociants les plus accrédités, ou mieux sur l'usage avec toutes ses variations, résultant du plus ou moins de rareté de l'argent, des besoins et des diverses causes qui peuvent déterminer la confiance des prêteurs, et que toute stipulation d'intérêts à longues années doit être proscrite (Dijon, 11 niv. an 11) (1).

173. Ensuite, et sous l'empire de l'art. 1907 c. nap., on déclarait valable la convention qui avait pour objet de porter l'intérêt conventionnel au-dessus de celui de la loi. — Ainsi, il a été jugé : 1º qu'avant la loi du 3 sept. 1807, un créancier pouvait stipuler des intérêts à quelque taux que ce fût : — « Attendu, porte l'arrêt, quant à la première obligation du 30 frim. an 11, que la légalité n'est point contestée, et qu'aucune loi à cette époque ne déterminait le taux des intérêts » (Paris, 3e sect., 26 déc. 1810, M. Try, av. gén., c. conf., aff. Gerbé, etc. *C.* Lefrançois); — 2º Que, lorsque dans une obligation constituée avant la loi du 3 sept. 1807, l'intérêt a été stipulé au taux légal, mais qu'un excédant d'intérêt a été déguisé par une augmentation du capital de l'obligation, cette stipulation est valable et remplit le vœu de l'art. 1907 c. nap. qui ordonne que le taux de l'intérêt conventionnel soit fixé par écrit (Req. 25 janv. 1815) (2).

174. Depuis la loi de 1807, dans les obligations de sommes consenties pour prêt ou autre cause, on ne peut plus ni convenir que le débiteur payera une indemnité plus forte que l'intérêt légal, ni stipuler une clause pénale excédant cet intérêt, à moins qu'il n'y eut un dommage certain à prévenir ou à garantir (V. nº 225); une telle convention serait un moyen facile d'éluder la loi qui a voulu poser une limite fixe au taux de l'intérêt. En pareil cas, disent Toullier, t. 6, nº 266; Delvincourt, t. 2, p. 533, notes; MM. Duranton, t. 10, nos 487 et 488 et Rolland, vº Intérêts, § 6, le juge est autorisé à réduire la somme promise : la loi de 1807 nécessite cette exception à la règle énoncée dans les articles 1152 et 1231, à l'égard des dommages-intérêts convenus entre les parties.

175. L'art. 5 de la loi du 3 sept. 1807 porte qu'il n'est rien innové aux stipulations d'intérêts par contrats ou actes faits jusqu'au jour de sa promulgation. — Cette disposition n'est qu'une application de la règle d'après laquelle la loi n'a pas d'effet rétroactif. — Il suit de là, dit très-bien M. Rolland, nº 123, qu'il n'est pas permis de réduire les intérêts stipulés avant la loi de 1807, lors même qu'ils excèdent le taux fixé par cette loi et qu'ils échoient postérieurement à sa promulgation. — C'est aussi l'opinion de M. Duranton, nº 602.—V. de nombreuses applications de l'art. 5 de la loi de 1807, vº Loi, nº 266. — D'autres arrêts ont encore décidé : 1º qu'une rente constituée en l'an 7 moyennant une somme d'argent, n'a pu être réduite au taux de l'intérêt légal fixé par la loi de 1807, sur le motif que les redevances en nature qui ont été stipulées excédaient ce taux, les parties ayant eu à cette époque toute liberté de faire les stipulations qu'elles jugeaient convenables en matière d'intérêts (Cass. 3 mai 1809) (3); — 2º Que les intérêts à 6 pour 100, stipulés avant la loi du 3 sept. 1807, doivent encore aujourd'hui être payés au taux convenu (Bruxelles, 24 mai 1809, aff. Powis *C.* Dewalsche); — 3º Que lorsque le débiteur par acte antérieur à la loi du 3 sept. 1807, portant stipulation d'intérêts supérieurs à 5 p. 100, a été condamné avec réserve pour le créancier de *tout ce que de droit* à l'égard des intérêts, l'arrêt confirmatif ne viole aucunement l'art. 2 de cette loi relatif au taux de l'intérêt (Req. 7 fév. 1811 (4). V. dans le même sens Cass. 16 nov. 1813, aff. Charier, *suprà*, nº 130); — 4º Que des intérêts à 10 pour 100, stipulés dans un acte passé

---

(1) (Audifret *C.* Clayeux.)—Le tribunal;—Considérant que, s'agissant d'une convention entre négociants, toutes les lois relatives au prêt à intérêts entre particuliers sont sans application à l'espèce; que toujours, en effet, ces sortes de négociations ont fait exception à la règle générale, exception consacrée par différentes lois, notamment par celle du 3 oct. 1789, la dernière sur cette matière, laquelle porte que la fixation d'intérêts qu'elle contient est sans entendre rien innover aux usages du commerce; que, ce principe posé, il reste à déterminer le véritable sens de cette disposition; qu'en maintenant les usages du commerce, c'est-à-dire en laissant aux commerçants une latitude interdite aux particuliers, on ne doit pas en conclure qu'ils puissent faire impunément des stipulations usuraires; que l'usure, proscrite par la saine morale, comme fléau du commerce, ne peut avoir été l'objet de la protection du législateur. Mais qu'il s'ensuit seulement que, entre commerçants, les intérêts pour prêts à terme doivent se régler sur l'usage, c'est-à-dire sur le taux avoué à la bourse et admis parmi les négociants accrédités; qu'au surplus cet usage, qui doit servir de règle entre commerçants, et que le législateur a consacré, n'est pas précisément l'usage qui avait lieu au moment de la loi, mais l'usage avec toutes ses variations, résultant du plus ou moins de rareté de l'argent, des besoins et des diverses causes qui peuvent déterminer la confiance des prêteurs; qu'en principe, c'est donc sur l'usage du commerce que doivent, entre négociants, se régler les stipulations d'intérêts; mais que celles faites au taux inférieur ne soient licites, non qu'elles ne doivent même être maintenues, mais en ce sens qu'il n'est pas permis d'excéder, et que le cas arrivant, il y a nécessairement lieu à réduction; que du même principe il suit encore que toute stipulation d'intérêts à longues années doit être proscrite; car, dans le commerce, les prêts sont à courts termes et tout au plus annuels, et que, admettre des prêts à longues années stipulés dans un moment où le taux de l'argent est avantageux au prêteur, ce serait ouvrir la porte à l'usure; qu'en appliquant ces principes à l'espèce, il suit que la stipulation d'intérêt dont se plaint Clayeux est nécessairement vicieuse; qu'elle l'est, en ce que, ayant lieu pour une suite d'années non limitée, elle excède sous ce rapport les usages du commerce; qu'elle l'est encore en ce que le taux stipulé, en le supposant conforme à l'usage, au moment de la convention, excède visiblement cet usage pour toutes les années suivantes; que, par ces motifs, il y a donc lieu à modifier cette stipulation, non en la réduisant au taux uniforme de 5 p. 100 par an, ainsi que l'ont fait les premiers juges, dont la sentence sur ce point doit être réformée; mais en prononçant une réduction annuelle, calquée pour chacune des années pendant lesquelles les intérêts auront cours sur le taux moyen de la bourse de la ville de Lyon, place de commerce la plus voisine du domicile des parties; — Réformant, etc.

Du 11 niv. an 11.-Trib. d'appel de Dijon.

(2) (Vautier *C.* Beeby.)— La cour; — Attendu qu'il s'agit, dans l'espèce, de conventions régies par l'art. 1907 c. civ.; que cet article, en ne mettant aucune borne à l'intérêt conventionnel, exige seulement que cet intérêt soit fixé par écrit; — Attendu que l'arrêt dénoncé a pu, sans violer cette loi et sur l'appréciation des clauses consignées dans les conventions écrites dont il s'agit, y voir la stipulation de l'intérêt à 10 p. 100, et sanctionner cette stipulation, d'autant plus qu'elle avait été pleinement exécutée de la part du demandeur, d'après les faits que le même arrêt a déclarés constants;—Rejette le pourvoi contre l'arrêt de la cour de Caen.

Du 25 janv. 1815.-C. C., sect. req.-MM. Lombard, pr.-Botton, rap.

(3) (Provost *C.* Daniel). — La cour; — Vu les art. 1er et 3 L. 5 therm. an 4; 5, 6 et 7 L. 15 fruct. an 5; 6 L. 11 frim. an 6; 1907 c. nap.; et enfin l'art. 5 L. 3 sept. 1807; — Considérant qu'il résulte de ces lois que les parties avaient, le 19 fruct. an 7, toute liberté de faire les stipulations qu'elles jugeaient convenables en matière d'intérêts; — Que l'intérêt conventionnel a pu excéder celui de la loi jusqu'à la loi du 3 sept. 1807, et que celle-ci a encore déclaré ne rien innover aux stipulations d'intérêts faites antérieurement par contrats ou autres actes; d'où il suit que l'arrêt du 20 juill. 1807 a fait une fausse application des lois anciennes, et a contrevenu aux lois citées; — Cassé, etc.

Du 3 mai 1809.-C. C., sect. civ.-M. Gandon, rap.

(4) (Berteau *C.* Caron.) — La cour; — Attendu qu'on lit dans le jugement de Bernay du 7 mars 1809 cette disposition : « Réserve les Caron à tout ce que de droit pour les intérêts du capital énoncé au contrat de transport du 16 janv. 1806; » — Que ce jugement n'ayant rien prononcé sur la quotité des intérêts dus aux Caron, l'arrêt qui le confirme ne saurait avoir contrevenu aux dispositions de la loi du 3 sept. 1807 sur le taux de l'intérêt de l'argent; — Rejette.

Du 7 fév. 1811.-C. C., sect. req.-MM. Henrion, pr.-Aumont, rap.

avant la loi du 3 sept. 1807, ne peuvent être réduits à 6 pour 100, même pour ceux courus depuis cette loi (Cass. 5 mars 1834) (1); — 5° Que les intérêts à 12 pour 100, relativement aux avances que les associés ont faites pour le compte de la société, stipulés dans une des clauses d'un acte de société antérieur à la loi de 1807, doivent continuer d'être payés au même taux, depuis cette loi (Req. 15 nov. 1836) (2); — 6° Que des effets de commerce, dont le montant se compose d'une somme capitale, d'intérêts excessifs de 50 p. 100 par an, et d'intérêts d'intérêts, sont affranchis de toute réduction, s'ils sont antérieurs à la publication de la loi qui a fixé le taux de l'intérêt (Cass. 20 fév. 1810, MM. Liborel, pr., Rousseau, rap., aff. Gauthier *C.* Bertrand); — 7° Qu'une stipulation d'intérêts à 10 p. 100, faite avant la loi du 3 sept. 1807, doit continuer à recevoir son exécution après la promulgation de cette loi, en ce sens du moins que le débiteur actionné en payement du capital, n'est pas fondé à prétendre qu'il s'est acquitté de ce capital jusqu'à concurrence des annuités d'intérêts excédant le taux légal qu'il a payé à son créancier (Poitiers, 2e ch., 8 fév. 1825, M. Barbault de la Motte, pr., aff. Colet *C.* Guerouille); — 8° Que les intérêts dus pour des sommes représentées par des négociations et traités antérieures à la loi du 3 sept. 1807, peuvent être calculés au-dessus du taux fixé par cette loi (Rej. 21 juin 1825) (3); — 9° Que, par suite, les tribunaux doivent rejeter comme frustratoire l'offre de preuve de faits d'usure présentés par un débiteur, quand ces faits remontent à une époque antérieure au 3 sept. 1807 (Agen, 29 août 1811, M. Bergognié, pr., aff. Lacoste *C.* Andoury).

176. Toutefois, il a été décidé que des intérêts stipulés par acte antérieur à la loi du 3 sept. 1807 et sous l'empire de l'art. 1907 c. nap., peuvent être réduits pour cause d'usure; et que cette réduction peut être prononcée, alors même que les obligations ne font nulle mention du taux des intérêts, lorsque ce taux est avoué par le créancier (Riom, aud. sol., 24 avril 1815, M. Redon, 1er pr., aff. Charrier *C.* Lyonnard). — *Nota.* Cet arrêt a été rendu sur renvoi après cassation prononcée par l'arrêt du 16 nov. 1813, V. n° 130.

177. Que décider pour l'hypothèse où les parties, dans les contrats antérieurs à la loi de 1807, n'avaient pas stipulé le taux de l'intérêt et avaient, par conséquent, accepté le taux légal? — Il avait été jugé, dans l'ancien droit, que les intérêts doivent se payer conformément aux lois intervenues jusqu'au payement (Arrêt du parlement de Pau, du 4 déc. 1734). — Et il a été décidé pareillement: 1° que la loi de 1807 s'applique aux intérêts échus depuis sa publication, lors même qu'ils résulteraient d'une cause antérieure, lorsque ces intérêts n'ont pas été fixés par une convention particulière (Req. 22 mars 1820) (4). — V. dans le même sens, v° Loi, n° 267-2°). — Mais cette doctrine enseignée par Favard, v° Intérêts, § 6, nous paraît contraire aux principes. Elle est condamnée par Merlin, Rép., v° Intérêts, § 6, et par M. Duranton, t. 17, n° 602.

178. Du reste, comme le code exige que le taux de l'intérêt conventionnel soit fixé par écrit (V. n° 21), il a été très-bien jugé: 1° que l'art. 5 de la loi du 3 sept. 1807 ne s'applique qu'aux intérêts stipulés par écrit et non à ceux qui auraient été perçus par *conventions verbales*, alors surtout que cette convention dérogerait à une stipulation par écrit antérieure: « Attendu, porte l'arrêt, que cette cour (celle de Rennes, dont l'arrêt est du 23 mai 1810), en ordonnant sur le principal l'imputation d'intérêts perçus au delà de ceux stipulés par écrit, s'est conformé à l'art. 5 de la loi du 3 sept. 1807; rejette » (Req. 27 juin 1811, MM. Henrion, pr., Lombard, rap., aff. Sebert *C.* Mahé); — 2° Que des intérêts stipulés *verbalement* avant le code et la loi de 1807, à un taux supérieur au taux actuel, ont pu, depuis cette dernière loi, n'être perçus qu'au taux qu'elle détermine (Montpellier, 1er mars 1833, aff. Sérignol *C.* Aurel).

179. Ce que nous venons de dire sur les effets de la convention ou de la loi, quant au taux des intérêts, ne doit s'entendre qu'avec cette restriction que la convention ou la loi ne saurait régir les parties au delà du terme prévu par elles pour l'exigibilité de l'obligation. Ainsi, lorsqu'une personne a promis de payer une somme avec intérêts, soit que le taux de ces intérêts ait été convenu, soit que celui de la loi ait été adopté, elle sera tenue du payement de ces intérêts au taux de la loi ancienne jusqu'au moment de l'exigibilité de son obligation, nonobstant toute modification intervenue dans la législation depuis le contrat; mais une fois l'exigibilité arrivée, la loi nouvelle vient régir son obligation. Cela résulte de ce que, à partir de ce moment, il intervient entre les parties une nouvelle obligation, que gouverne nécessairement la loi nouvelle. — Il a été jugé dans ce sens: 1° que, dans le cas où un jugement portant condamnation en payement d'un capital avec les intérêts stipulés (12 p. 100), accorde un délai pour payer, si le créancier laisse expirer le délai sans poursuivre l'exécution de la condamnation, les intérêts, à partir de l'expiration du délai fixé, ne pourront plus être exigés qu'au taux légal (Req. 27 août 1811) (5); — 2° Que les intérêts moratoires stipulés au delà de 5 p. 100, avant

---

(1) (Veuve Mermet *C.* veuve Dornier.) — LA COUR (apr. délib. en ch. du cons.); — Vu l'art. 5 de la loi du 3 sept. 1807, l'art. 2 c. civ. et l'art. 7 de la loi du 20 avr. 1810. — Attendu que l'acte par lequel le sieur Dornier s'était engagé à rembourser au sieur Mermet, en cas de non-payement de la part de Rossigneux, une somme capitale avec intérêts au 10 p. 100, a été passé à une époque où la législation n'apportait aucune limite à la stipulation des intérêts conventionnels; — Que la loi du 3 sept. 1807, qui réduit le taux de l'intérêt, en matière de commerce, à 6 p. 100, n'a pas eu d'effet rétroactif, ainsi qu'elle le dispose elle-même dans son art. 5, d'où il suit que cette loi n'a pu atteindre une stipulation antérieure; — Attendu, d'ailleurs, que l'arrêt attaqué, en ne donnant aucun motif de cette réduction d'intérêts, a violé l'art. 7 de la loi du 20 avr. 1810, et qu'il a violé le même article en décidant, également sans en donner de motifs, que ces intérêts ne seraient alloués à la dame Mermet que jusqu'au jour de la cession de biens faite par Rossigneux et depuis seulement la demande en justice, et en refusant de les allouer pendant le temps intermédiaire, c'est-à-dire pendant l'espace de onze années; — Casse.

Du 5 mars 1834. — C. C., ch. civ. — MM. Portalis, 1er pr. — Bérenger, rap. — Laplagne-Barris, 1er av. gén., c. conf. — Piet et Cotelle, av.

(2) (Collin *C.* synd. de la faill. Joumard.) — LA COUR; — Attendu que l'intérêt de 12 p. 100 pour les avances que les associés se trouveraient avoir faites par le résultat du compte, avait été ainsi fixé par l'acte constitutif de leur société, en date de l'an 13, à une époque où l'intérêt était purement facultatif, et que non-seulement la loi du 3 sept. 1807 n'a pas dérogé aux stipulations précédemment consenties, mais qu'elle a, au contraire, disposé, par son art. 5, qu'il n'y avait rien d'innové à cet égard, et que les conventions antérieures continueraient à être exécutées; attendu, d'ailleurs, que rien ne prouve que le demandeur ait voulu se prévaloir, devant les premiers juges, ou devant la cour d'appel, de la prescription de cinq ans prononcée par l'art. 2277; — Rejette le pourvoi contre l'arrêt de la cour de Nancy, du 25 mai 1835.

Du 15 nov. 1836. — C. C., ch. req. — MM. Zangiacomi, pr. — Joubert, rap. — Nicod, av. gén., c. conf. — Arronsshon, av.

(3) (Ouvrard, etc. *C.* Séguin.) — LA COUR; — Sur le quatrième moyen, tiré de la violation de la loi du 3 sept. 1807, en ce que les intérêts ont été calculés au-dessus du taux légal; — Attendu qu'il est jugé, en fait, qu'il s'agit de négociations et traités antérieurs à la promulgation de la loi du 3 sept. 1807, et que l'art. 5 de cette loi porte qu'il n'est rien innové aux stipulations d'intérêts dus par les contrats et autres actes faits jusqu'à l'époque de la publication de la loi; — Rejette le pourvoi contre l'arrêt de la cour de Paris, du 27 fév. 1823.

Du 21 juin 1825. — C. C., sect. civ. — MM. Brisson, pr. — Poriquet, rap. — Marchangy, av. gén., c. conf. — Scribe et Petit de Gatines, av.

(4) (Langlois *C.* hosp. de Saint-Rambert.) — LA COUR; — Attendu qu'aucune convention particulière n'ayant fixé la quotité de l'intérêt du capital resté toujours exigible, et la demande en justice dirigée contre le demandeur pour en obtenir le payement étant sous la date du 2 juin 1808, c'est-à-dire postérieure à la loi du 3 sept. 1807, qui dispose que « l'intérêt légal sera, en matière civile, de 5 p. 100 sans retenue, » la cour royale de Lyon n'a contrevenu à aucune loi en fixant cet intérêt à 5 p. 100 sans retenue, depuis la promulgation de la loi du 3 sept. 1807; — Rejette, etc.

Du 22 mars 1820. — C. C., sect. req. — M. Ligèr-Verdigny, rap.

(5) (Veuve Lamberti *C.* Gilardi.) — LA COUR; — Attendu qu'après l'expiration du délai de cinquante jours, accordé par le jugement du 1er frim. an 14, la demanderesse avait le droit de contraindre le sieur Gilardi au payement du principal et des intérêts qui lui étaient dus par le sieur Adami Bergolo; qu'ayant négligé, ainsi qu'il est constaté par l'arrêt dénoncé, d'exercer les poursuites nécessaires pour contraindre le sieur Gilardi au payement, ou lui ayant accordé de nouveaux délais, il ne serait plus juste qu'à compter de l'expiration des cinquante jours depuis le jugement, elle eût le droit de réclamer, soit contre le sieur Gilardi, soit contre le sieur Adami, les intérêts au taux de 12 p. 100, sui-

la loi de 1807, ne peuvent être exigés depuis la promulgation de cette loi, en ce sens que le débiteur qui s'est engagé à payer 5 p. 100 du capital qui lui a été prêté, et à défaut de payement à l'échéance 4 p. 100 par an d'intérêts, en sus des intérêts à 5 p. 100, ne peut être forcé à les payer depuis l'expiration du terme stipulé dans le contrat primitif (Req. 21 mars 1822) (1);—3° Que lorsque, dans un contrat de vente antérieur à la loi du 3 sept. 1807, les parties déterminent l'époque où le prix devra être payé, et stipulent que l'acquéreur payera les intérêts de ce prix à raison de 10 p. 100, cette stipulation n'est faite et ne peut avoir d'effet que jusqu'à l'époque des échéances fixées par le contrat; et les intérêts moratoires, résultant du non-payement aux échéances, qui viendraient à courir postérieurement à la loi de 1807, seront régis d'après le taux de cette loi; que l'arrêt qui le décide ainsi, par l'appréciation des actes et de l'intention des parties, échappe à la censure de la cour de cassation (Req. 13 juill. 1829) (2);—4° Que la stipulation d'intérêts à 10 p. 100, renfermée dans un contrat antérieur à la loi du 3 sept. 1807, mais échu seulement depuis cette loi, cesse de produire effet à compter de l'échéance, et les intérêts courus depuis ne peuvent plus être exigés qu'à raison de 5 p. 100, surtout si la stipulation à 10 p. 100 a été limitée par le contrat aux intérêts à échoir jusqu'au terme convenu : on dirait en vain que le défaut de payement à l'échéance a prorogé de plein droit les effets de la stipulation (Bordeaux, 1re ch., 13 août 1829, M. de Saget, pr., aff. Lagarélie C. Ducouget); — 5° Que les intérêts, excédant le taux légal, perçus depuis la loi du 3 sept. 1807, en exécution de conventions antérieures à cette loi, doivent être remboursés ou précomptés sur le capital, lorsque les termes, stipulés pour le payement de ce capital, sont échus avant cette loi (Montpellier, 30 janv. 1832, M. Trinquelague, pr., aff. Ritouret C. Mouly).

180. Quant au payement des intérêts et arrérages de rente courus pendant la circulation du *papier-monnaie*, V. ce mot nos 50 et suiv., où se trouve rapportée la jurisprudence relative à ce sujet. —Il a encore été jugé, sur ce point, qu'un créancier de sommes produisant des intérêts, qui a joui des immeubles de son débiteur, et qui n'a pas fait liquider ses jouissances, ni opposé la compensation avant la loi du 26 brum. an 6, qui ordonne la réduction des intérêts d'après l'échelle de dépréciation, ne peut exiger que les intérêts à lui dus soient compensés, sans réduction, avec les jouissances qu'il a eues (Rej. 7 nov. 1825, aff. Daguerre, V. no 109-1°).

181. En principe, c'est la loi du lieu où un contrat a pris naissance qui détermine les effets de cet acte (V. Lois, nos 441 et suiv.).—En conséquence, c'est par la loi du lieu où la créance a été formée que se détermine l'élévation des intérêts qu'il est permis de stipuler (Conf. Merlin, Quest., vo Inscription hypothécaire, § 1; Proudhon, Droit civ., t. 1, p. 153; M. Rolland, no 126 et nos 69, 70), ce qui est conforme aux lois 1, pr., et 37, D., *De usur*.—Blackstone, t. 3, p. 383, dit aussi que les tribunaux doivent, en pareil cas, faire exécuter le contrat formé en pays étranger, et c'est ainsi qu'on le juge dans les trois royaumes. —Jugé ainsi : 1° que lorsqu'une obligation souscrite en pays étranger et payable, dans ce pays, au profit d'un étranger, contient stipulation d'un intérêt permis dans ce lieu, mais qui excède le taux fixé par la loi française, les tribunaux français peuvent condamner le débiteur à payer l'intérêt échu avant la demande, d'après le taux stipulé dans l'obligation (Aix, 14 janv. 1825, aff. Koutloumousiano, V. Droit civil, no 247); mais à l'égard de l'intérêt couru depuis la demande, il ne doit être alloué qu'au taux légal (même arrêt, V. no 179); — 2° Que la stipulation légalement faite en pays étranger d'intérêts excédant le taux fixé par la loi du 3 sept. 1807, doit continuer d'avoir son effet en France, jusqu'au payement de l'obligation (Bordeaux, 26 janv. 1831, aff. Dufau, V. Contrat de mar., no 1923). — Toutefois, M. Garnier, no 73, est d'avis qu'on doit réduire l'intérêt au taux légal de la France, fût-ce même entre étrangers, car nos juges ne doivent connaître que la loi française : mais on conçoit que ce dernier point fait plus de difficultés.

182. Une autre question est celle de savoir si la disposition qui permettait de dépasser le taux de l'intérêt légal s'appliquait aux prêts à intérêts passés dans des pays réunis où de pareilles stipulations se trouvaient défendues au moment de la publication du code.—Il a été jugé dans le Piémont, dans le sens de la négative, que de ces mots de l'art. 1907, « lorsque la loi ne le prohibe pas, » on doit conclure qu'en matière d'intérêts le législateur n'avait point entendu innover, ni porter atteinte aux lois existant dans les pays réunis à la France; qu'en conséquence, il y avait lieu d'imputer sur le capital les intérêts fixés à 2 p. 100 par mois, alors même que, depuis le code Napoléon, l'emprunteur aurait payé ces intérêts excessifs (Turin, 2 mai 1807, aff. Terroglio C. Cambiano; 12 janv. 1808, aff. Fileppi C. Verrona). — Mais il a été décidé, en sens contraire, que la loi du 30 vent. an 12 ayant aboli toutes les lois, coutumes, statuts alors existants sur les matières réglées par le nouveau code Napoléon, la fixation des intérêts conventionnels était arbitraire dans tous les pays soumis au code (Bruxelles, 10 janv. 1810, aff. Stefani C. Custer). C'est cette dernière interprétation qui est préférable, se-

---

vant la convention primitive, lorsque le sieur Adami ne pouvait les répéter contre le sieur Gilardi qu'au taux de 5 1/2 pour 100; que l'arrêt dénoncé, en décidant que la demanderesse n'avait pu, par son propre fait, nuire au sieur Adami, et devait être censée avoir volontairement laissé ses fonds, moyennant l'intérêt légal, dans les mains du sieur Gilardi, a fait une juste application des principes de la matière, et n'a violé ni pu violer ni l'autorité de la chose jugée par le jugement du 1er frim. an 14, ni les lois relatives à l'intérêt conventionnel, ni celles relatives à l'imputation des payements;—Rejette.

Du 27 août 1811.-C. C., sect. req.-MM. Pajon, pr.-Chabot, rap.

(1) *Espèce* : — (Caulier C. Durour.)— Le 2 avr. 1807, Caulier prête à Durour 60,000 fr. avec intérêt à 5 p. 100, mais sous la condition que si, à l'échéance fixée au 2 avr. 1809, il ne le remboursait pas, il lui payerait, en outre, 4 p. 100 d'intérêt. — A cette époque un nouveau délai lui est accordé jusqu'en 1811, et successivement à chaque terme en 1811, 1813 et 1814, sous les mêmes conditions qu'au 2 avr. 1807. — Le 2 avr. 1815, refus de payer les intérêts 4 p. 100 fixés en sus des 5 p. 100.

Jugement qui le condamne au payement de tous les intérêts par le motif que le contrat est antérieur à la loi du 3 sept. 1807; que les diverses prorogations accordées par le créancier, loin d'avoir consacré une novation du contrat, en ont au contraire fait la réserve expresse.—Appel. —Le 17 mai 1820, arrêt infirmatif de la cour de Paris par le motif que l'indemnité de 4 pour 100 stipulée en cas de non-payement doit être regardée comme un intérêt prohibé depuis la loi de 1807.

Pourvoi.—Violation de la loi du 3 sept. 1807, et de l'art. 2 c. civ., en ce que la cour a refusé à une obligation l'effet que la loi sous l'empire de laquelle elle avait été souscrite lui assurait, bien que la loi de 1807 ne pût avoir un effet rétroactif.— Arrêt.

La cour; — Attendu qu'aux termes de l'art. 1153 c. civ., « dans les obligations qui se bornent au payement d'une certaine somme, les dommages-intérêts résultant du retard du payement ne doivent jamais consister que dans les intérêts fixés par la loi; » et que la stipulation d'une somme déterminée au delà du capital, pour le cas de non-payement au terme, ne peut avoir, quelque nom qui lui soit donné, que les caractères d'un intérêt moratoire; — Attendu que si avant la promulgation de la loi du 3 sept. 1807 il n'était pas interdit, d'après l'art. 1907 c. civ., de fixer arbitrairement le taux desdits intérêts, ou la quotité desdites indemnités, une stipulation de cette sorte n'a plus été permise depuis ladite loi, au delà des limites de 5 p. 100;— Attendu que l'arrêt dénoncé a ordonné l'exécution de l'acte du 2 avr. 1807 jusqu'à l'échéance du terme de remboursement, quoique postérieur à la loi du 3 sept. 1807; qu'il a donc respecté dans sa plus grande latitude le principe de non-rétroactivité; que cet arrêt s'est borné à réduire les nouvelles stipulations d'indemnité, en ce qu'elles excédaient le taux légal, souscrites les 3 mai 1809, 8 avr. 1811, 2 avr. 1813 et 8 oct. 1814;—Qu'ainsi, loin d'avoir violé la loi précitée, il s'est exactement conformé à ses dispositions et à l'art. 1153 c. civ.;— Rejette.

Du 21 mars 1822.-C. C., sect. req.-MM. Lasaudade, pr.-Pardessus, r.

(2) (Dupaty C. Arnud.)— La cour; — Sur le moyen tiré de l'art. 5 de la loi du 3 sept. 1807;—Attendu qu'il résulte de l'arrêt attaqué que la stipulation d'intérêts à 10 p. 100, portée par l'acte du 20 déc. 1806, n'a été faite que jusqu'à l'échéance des termes fixés par les parties pour le payement du prix de la vente, et que, dans l'intervalle de cette échéance, est intervenue la loi du 3 sept. 1807, qui a fixé à 5 p. 100 les intérêts des capitaux; que, dès lors, les intérêts postérieurs à l'arrêté de compte fait entre les parties, le 29 mars 1810, n'ont pu avoir cours que d'après le taux fixé par la loi de 1807; qu'en jugeant ainsi, la cour royale s'est déterminée par une appréciation d'actes qui était dans ses attributions;—Rejette, etc.

Du 13 juill. 1829.-C. C., ch. req.-MM. Favard, pr.-Chilhaud, rap.-Barrot, av.

lon nous.—Mais une telle jurisprudence ne s'appliquerait pas aux stipulations illégales faites avant la publication du code. C'est, dit fort bien M. Duranton (t. 10, n° 492), la loi en vigueur au jour du contrat qu'il faut suivre en ce qui concerne les intérêts.

183. Revenons au taux légal qu'il n'est pas permis de dépasser depuis la loi de 1807. Cette loi ayant fixé le taux de l'intérêt à 5 p. 100 en matière civile et 6 p. 100 en matière commerciale, il y a lieu de déterminer ce qui distingue les matières civiles des matières de commerce.

Il est généralement reconnu que le taux de 6 pour 100 n'exige pas, pour être stipulé, que le créancier et le débiteur aient fait l'un et l'autre une opération commerciale. Ainsi, on n'hésite pas d'admettre que lorsqu'un négociant retire des fonds de son commerce pour les prêter, même à un non-négociant, l'intérêt peut être fixé à 6 pour 100 (M. Troplong, n° 362).—Il a été jugé en ce sens : 1° qu'il suffit, pour qu'une femme qui s'est engagée à payer une dette de son mari, soit obligée à en payer les intérêts à 6 pour 100, qu'il soit reconnu que la dette était commerciale (Bordeaux, 22 nov. 1832, aff. Benquarel, V. Cont. de mar., n° 3705); — 2° Que les intérêts des avances faites par le mandataire sont dus par le mandant, quoique non négociant, à raison de 6 pour 100, lorsque le mandat a pour objet une opération de commerce à laquelle le mandataire se livre habituellement (Req. 18 fév. 1836) (1); — 3° Que les avances faites par un négociant-commissionnaire, sur des vins à lui expédiés par un commettant non marchand, constituent une créance commerciale et doivent être remboursées avec l'intérêt à 6 pour 100 (Bordeaux, 17 janv. 1839) (2); — 4° Que le prêt de deniers fait par un commerçant pour construire une usine, peut être valablement stipulé productif d'intérêts à 6 pour 100 par an (Rouen, 4 avr. 1843) (3); —5° Que lorsqu'il est constant qu'une vente est commerciale en raison de sa nature et des parties qui y ont figuré, l'arrêt qui refuse d'allouer au vendeur les intérêts de son prix à raison de 6 pour 100 doit être cassé comme violant la loi de 1807 (Cass. 28 janv. 1846, aff. Labussière, D. P. 56, 3e part., v° Intérêts); — 6° Que l'achat, même par un non-commerçant, de marchandises destinées à être transportées par terre ou par mer pour être revendues, constitue un acte de commerce, et, dès lors, l'intérêt de la créance du vendeur, a pu être fixé au taux de l'intérêt commercial (Cass. 21 avr. 1852, aff. Lecoat, D. P. 54. 5. 447); — 7° Que le cautionnement fourni par un entrepreneur et destiné à garantir l'exécution d'une entreprise de travaux et fournitures (la construction d'un pont) a pu, comme se rattachant à une opération commerciale en ce qui concerne l'entrepreneur, être stipulé productif en sa faveur d'un intérêt de 6 pour 100 par année (Rej. 29 juin 1853, aff. Boulland, D. P. 54. 1. 288; V. aussi v° Banquier, n° 27); —8° Que le négociant qui fait un prêt commercial, et, par exemple, le banquier qui ouvre un crédit en compte courant à un particulier, peut stipuler l'intérêt au taux du commerce, sans qu'une telle stipulation soit usuraire, encore bien que l'emprunteur ne serait pas commerçant (Bourges, 14 fév. 1854, aff. Canuet, D. P. 52. 2. 271).

Toutefois, il a été décidé que le prêteur, bien qu'il soit commerçant, ne peut exiger le taux commercial, si l'emprunteur n'est pas commerçant (Bourges, 3 mars 1854, aff. L..., D. P. 55. 2. 79). Les considérants de cet arrêt sont fort bien motivés; mais si cette décision était fondée en point de droit strict, on ne pourrait s'empêcher de reconnaître que l'on entraverait extrêmement les opérations de prêt pour les non-négociants.

184. La question est plus difficile quand le prêt est fait par un particulier à un négociant pour son commerce. — Il a été jugé, d'une part, qu'on doit réduire à 5 pour 100 les intérêts stipulés d'un commerçant à 6 pour 100 par des prêteurs non commerçants (Rennes, 28 oct. 1816, aff. Rozy, v° Privilége et hypoth.).—Mais il a été décidé, d'autre part : 1° que l'intérêt d'une somme prêtée par une ville, pour la construction ou réparation d'une salle de spectacle, peut être légalement stipulé à raison de 6 pour 100 comme s'appliquant à une opération de commerce :—« La cour; attendu que la stipulation des intérêts de 6 pour 100 du capital des actions souscrites par l'administration municipale n'avait rien que de légal, puisque le prêt avait pour but une entreprise rangée elle-même par le code de commerce dans la catégorie des opérations dites commerciales; rejette le pourvoi contre l'arrêt de la cour de la Martinique, du 5 fév. 1835 » (Req. 10 mai 1837, MM. Zangiacomi, pr., De Gartempe, père, rap., Hervé, av. gén. c. conf., aff. municipalité de Saint-Pierre *C.* Thounens); — 2° Que le particulier qui prête à un commerçant des fonds pour son commerce, peut stipuler l'intérêt de 6 pour 100 (Liége, 24 nov. 1825, aff. Bertrand, V. Faillite, n° 613-10°); — 3° Que si le mandataire auquel un propriétaire a expédié le produit de ses terres (des denrées coloniales), avec charge de les vendre, emploie à son usage personnel les sommes qui proviennent de la vente, il en doit les intérêts à son mandant au taux de 6 pour 100 par an (Cass. 7 mai 1845, aff. Levasseur, D. P. 45. 1. 305). — M. Troplong, n° 362, approuve cette jurisprudence qui nous paraît également conforme à l'esprit de la loi. Remarquons, en effet, avec cet auteur, que, dans l'ancien régime, on appelait *prêt de commerce* celui qui était fait par un particulier à un négociant (Pothier, n° 68); que les fonds livrés au commerce rapportent à l'emprunteur négociant plus que ceux qui sont prêtés à un non négociant; d'où il suit qu'il y a équité à faire profiter le prêteur de cette différence, d'autant plus qu'il est exposé à des chances plus périlleuses que celui qui a prêté à un non-commerçant. On doit, à plus forte

(1) *Espèce* :—(Godoï, prince de la Paix, *C.* dame Boselli.)—En 1804, le sieur Godoï, prince de la Paix, charge la dame Boselli, de Paris, de lui faire confectionner une pendule, d'après un plan qu'il fournit lui-même. L'exécution de ce travail devait coûter 80,000 fr., sur lesquels la dame Boselli reçoit immédiatement 40,000 fr.—Survient en Espagne la révolution de 1808, qui force le prince de la Paix à se retirer dans les Etats romains. — La dame Boselli veut livrer la pendule et demande à son mandant le remboursement des 40,000 fr., complément du prix convenu, qu'elle a avancés. Mais le prince résiste à toutes ses réclamations. — En 1830, le sieur Godoï étant venu se fixer à Paris, les héritiers de la dame Boselli, décédée dans l'intervalle, renouvellent leur demande et assignent leur débiteur devant le tribunal de la Seine en payement des 40,000 fr. avancés, avec les intérêts de droit. — Jugement qui ordonne un règlement de compte et décide qu'on devra y faire entrer les intérêts à 6 p. 100 des avances de la dame Boselli, à compter du jour où elles ont été faites :—« Attendu, porte ce jugement, qu'il résulte des documents émanés tant du prince ou de ses agents reconnus que de la dame Boselli, que le prix ne devait représenter que les avances faites par la dame Boselli, celle-ci ne prétendant pas gagner sur cette opération et ne s'y livrant que pour reconnaître les bons offices qu'elle avait reçus du prince;—Attendu que cette convention constituant un véritable mandat commercial, puisque la dame Boselli se livrait habituellement à des opérations de commerce de même nature, mais gratuit, puisqu'elle l'accepta à cette condition, il en résulte pour les héritiers Boselli l'obligation de rendre compte, et pour le prince de la Paix, celle de rembourser toutes les avances faites par la dame Boselli, avec les intérêts à 6 p. 100. » — Appel par le prince de la Paix, qui a prétendu, 1° que les intérêts n'étaient dus que sur le pied de 5 p. 100. — 8 août 1834, arrêt confirmatif de la cour de Paris.

Pourvoi du prince de la Paix.—Violation des art. 1907, 2001 c. civ. et de la loi du 3 sept. 1807, qui fixe à 5 p. 100 le taux de l'intérêt légal. — Arrêt.

La cour; — Sur le premier moyen du fond, tiré de la violation des art. 1907 et 2001 c. civ. et de la loi du 3 sept. 1807, sur le taux légal de l'intérêt en matière civile : — Attendu que le tribunal de première instance et la cour d'appel, en appréciant les circonstances et les documents du procès, ont reconnu dans le mandat donné par le prince de la Paix à la dame Boselli les caractères d'un mandat commercial, et qu'en se fondant sur ce motif pour fixer à 6 p. 100 le taux des intérêts, la cour d'appel, loin de violer les lois citées, n'en a fait qu'une juste application; — Rejette.

Du 18 fév. 1836.-C. C., ch. req.-MM. Zangiacomi, pr.-Moreau, rap.

(2) (De Pommiers *C.* Fontimoins.)—La cour;—Attendu qu'il s'agit d'une créance commerciale, puisque celle dont le payement est réclamé repose sur des avances faites par un négociant-commissionnaire, sur des vins expédiés pour être vendus pour le compte du commettant; — Que, par conséquent, un intérêt de 6 p. 100 était dû pour l'intérêt desdites avances; — Qu'il pouvait être adjugé par un tribunal civil; — Confirme, etc.

Du 17 janv. 1839 -C. de Bordeaux, 2e ch.-M. Poumeyrol, pr.

(3) (Darpentigny *C.* Blaise, etc.) — La cour; — Attendu que Darpentigny, bailleur de fonds, était commerçant; que la somme par lui prêtée à Blaise devait être employée à hâter et assurer la mise en activité d'une usine qui devenait la base des opérations industrielles de Darpentigny; — Qu'il était donc permis aux parties de stipuler l'intérêt du commerce; et qu'à tort les premiers juges ont réduit le taux de cet intérêt; — Emendant, etc.

Du 4 avr. 1843.-C. de Rouen, 1re ch.-M. Legris de la Chaise, pr.

raison, reconnaître, avec un arrêt, que le prêteur non commerçant a pu stipuler un intérêt de 6 p. 100 de son emprunteur négociant lorsqu'il est engagé dans l'opération commerciale, objet du prêt (Rej. 18 fév. 1844.—*Nota*. Cet arrêt n'est cité que par M. Troplong, nº 362, qui, du reste, lui donne une fausse date; il n'y a pas eu d'audience ce jour-là).

185. Puisque c'est en raison de la matière objet du contrat que le taux des intérêts est fixé à 5 ou à 6 p. 100, et non à raison des juridictions qui les allouent, il a été très-bien jugé que les tribunaux civils peuvent, dans les matières commerciales, accorder l'intérêt à 6 p. 100 des sommes réclamées (Req. 16 juill. 1817, aff. Layné, V. Contrainte par corps, nº 642).

186. Quand les parties ne sont commerçantes ni l'une ni l'autre, ou que l'opération pour laquelle les intérêts sont dus n'est pas commerciale de sa nature, le taux de l'intérêt ne peut s'élever à plus de 5 p. 100. — Et il a été décidé : 1º qu'en matière d'assurances terrestres, les intérêts judiciaires entre les assureurs et les assurés ne sont dus qu'au taux de 5 p. 100, et non au taux commercial (Paris, 5 janv. 1837, aff. Lainné, D. P. 47. 4. 308); — 2º Que les sommes dues par l'État, par suite de marchés administratifs, ne produisent d'intérêt qu'au taux de 5 et non de 6 p. 100 (cons. d'Ét. 6 fév. 1831, aff. Moreau, V. Marché de fournit., nº 122-1º);—3º Que les intérêts des condamnations prononcées à titre de dommages-intérêts ne sont dus qu'au taux de 5 p. 100, bien que le préjudice ait été éprouvé par la masse des créanciers d'une faillite, et que les dommages-intérêts aient été fixés au marc le franc des créances de ceux qui avaient causé ce préjudice, lesquelles créances étaient commerciales (Paris, 15 juill. 1837) (1).

En matière administrative, le taux de l'intérêt est de 5 p. 100 (V. Marché de fournit., nº 118).—A l'égard des cautionnements de fonctionnaires déposés au trésor, le taux n'est que de 3 p. 100 (V. Cautionnem. de fonct., nº 45); mais ce taux n'est pas applicable au créancier qui a privilége sur le cautionnement (V. *eod.*, nº 49).

187. La loi du 3 sept. 1807 n'ayant pas été promulguée dans nos possessions d'outre-mer, les règles qu'elle contient sur les conventions d'intérêts n'y sont pas applicables. — V. Organis. des colonies.

188. Toute convention qui aurait pour objet de porter, par des voies détournées, l'intérêt conventionnel au-dessus de celui de la loi, serait entaché d'usure, et à ce titre sujette à réduction (V. nºs 202 et s.).—Et la preuve testimoniale serait admise (V. nº 259).—Quant aux stipulations qui, ajoutées à l'intérêt légal, forment, dans le commerce, des actes usuraires, V. nº 226 et s.—Au reste, il a été jugé que le versement de sommes dans une société, fait par un commanditaire, bien qu'il provienne du prix de vente des immeubles propres à la femme de celui-ci, a pu être considéré, d'après l'appréciation des faits, comme un apport social, susceptible d'un prélèvement excédant le taux légal, et non comme un emploi ou remploi au profit de la femme constituant un prêt usuraire, sans que cette décision tombe sous la censure de la cour de cassation (Req. 21 juin 1842, aff. Revel, vº Société).

SECT. 5. — CESSATION ET RÉPÉTITION DES INTÉRÊTS.

189. Le code Napoléon n'a formellement prévu qu'un seul cas de cessation des intérêts, celui qui est réglé par l'art. 1908, ainsi conçu : « La quittance du capital, donnée sans réserve des intérêts, en fait présumer le payement, et en opère la libération.» Cette disposition découle, dit M. Duranton, nº 604, de celle de l'art. 1254 qui veut que le créancier impute d'abord sur les intérêts, s'il lui en est dû, ce qui est payé par le débiteur. — Il a été jugé que l'art. 1908 ne s'applique, en cas de payement partiel, qu'aux intérêts de la portion de capital payée : la présomption de payement ne doit pas être étendue aux intérêts, même alors échus, de la portion de capital non payée (Req. 8 mai 1855, aff. Roquefeuil, D. P 55. 1. 244).—Ce point n'est pas sans difficulté (V. nos observations, *eod.*, note 4).—Remarquons, avec Merlin, Rép., vº Intérêts, § 7, que cette disposition s'applique à toutes sortes d'intérêts, tant légaux que conventionnels et judiciaires, et, avec MM. Duranton, t 17, nº 606; Duvergier, du Prêt à intérêt, nº 260, et Cotelle, nº 212, que la présomption qu'elle contient n'est pas de la nature de celles qui excluent la preuve contraire. Cette preuve contraire, dit M. Duranton, pourrait très-bien résulter, par exemple, d'un acte ou d'une lettre où le débiteur reconnaîtrait qu'il doit encore les intérêts, et que c'est à raison de telle ou telle circonstance qu'il a demandé et que le créancier lui a donné une quittance sans faire la réserve des intérêts. L'aveu du débiteur détruirait aussi l'effet de la présomption, et le serment pourrait lui être déféré par le créancier.—MM. Zachariæ, t. 3, p. 95, note 4, et Troplong, nº 414, enseignent toutefois que la présomption de l'art. 1908 est une présomption *juris et de jure* contre laquelle aucune autre preuve n'est admise.—M. Duranton fait remarquer avec raison, nº 605, que la règle posée par l'art. 1908, bien qu'elle soit placée au titre du prêt à intérêt au lieu de l'être à celui des *contrats et des obligations conventionnelles en général*, s'applique aussi aux autres dettes produisant intérêts ou arrérages, nonobstant le principe que les présomptions légales ne doivent pas facilement s'étendre d'un cas à un autre; car la raison est absolument la même dans les autres dettes.

190. En général, les intérêts ne cessent de courir qu'autant que la créance cesse d'exister. — C'est ce que fait remarquer aussi M. Rolland, nº 140. — Ainsi, disent très-bien Toullier, t. 10, nº 270; Merlin, Rép., vº Intérêts, et M. Rolland, nº 142, celui qui a été condamné à payer une somme dans un temps fixé, avec les intérêts, doit ces intérêts jusqu'au jour du payement, et pas seulement jusqu'à l'échéance du délai; et cela sans qu'il soit nécessaire de former une nouvelle demande, ni d'obtenir une nouvelle condamnation. A plus forte raison, ajoute ce dernier auteur, nº 143, si la condamnation n'accorde aucun délai, les intérêts sont-ils dus jusqu'au payement effectif.

191. A la règle que les intérêts courent jusqu'à l'extinction de l'obligation principale, il est fait exception en ce qui concerne les sommes prêtées au mont-de-piété pour lequel d'ailleurs il existe des règlements particuliers (V. règl. 8 therm. an 13, art. 102 et suiv., vº Mont-de-piété, p. 400). — Jugé ainsi que les sommes prêtées au mont-de-piété ne sont productives d'intérêts que pendant l'année du prêt, et jusqu'à concurrence du billet au porteur que délivre l'administration pour les intérêts de la somme prêtée, conformément à l'art. 104 du décret du 8 therm. an 13 (Paris, 4 fév. 1836, M. Hardouin, pr., aff. Bennitot).

192. Quand l'intérêt a été l'objet d'une stipulation particulière, il est difficile que la bonne foi du débiteur suffise pour faire cesser son obligation. Mais, s'il s'agit d'intérêts courant de plein droit on conçoit que le débiteur soit amené, par les circonstances, à se croire libéré, surtout si la conduite de son créancier l'a confirmé dans cette erreur dont il ne doit pas souffrir, car les conventions s'exécutent de bonne foi. — Jugé, en ce sens, que l'obligation de payer les intérêts cesse, pour le débiteur, lorsqu'il a cru de bonne foi qu'il était entièrement libéré, et que le créancier a partagé cette opinion ou a agi de manière à y confirmer le premier; spécialement, que le débiteur du prix d'un immeuble, qui, sous l'empire de la loi du 25 mess. an 3, s'est libéré en papier-monnaie, et qui, par suite de l'art. 5 de cette loi, est reconnu ne l'être pas entièrement, ne doit pas les intérêts de la différence dont il est tenu, comme ceux du prix lui-même, du jour de la vente, mais seulement du jour de la demande en justice, surtout si un jugement passé en force de chose jugée a déclaré le créancier non recevable à poursuivre son remboursement par voie d'exécution en vertu de son contrat (Rej. 12 mars 1817) (2).

(1) (Poussin C. syndics Maisonneuve.) — LA COUR; — Considérant que les condamnations prononcées par l'arrêt du 6 juin 1828 ont eu pour objet d'indemniser la masse de la faillite Maisonneuve des pertes qui lui ont été occasionnées par la saisie-arrêt et autres poursuites indûment exercées contre Maisonneuve par les appelants; qu'elles sont basées sur l'application de l'art. 1382 c. civ.; que, dès lors, les réparations et indemnités ne résultant pas d'un fait ou d'un engagement de commerce ne constituaient pas une dette commerciale, et qu'en condamnant au payement des intérêts à partir du jour de la demande, la cour d'appel de Bordeaux n'a condamné au payement des intérêts que suivant le taux légal en matière civile; — Infirme au principal; — Déclare les offres réelles de Poussin bonnes et valables.

Du 15 juill. 1837.-C. de Paris, 5e ch.-M. Simonneau, pr.

(2) (Toussaint C. Collin.) — LA COUR; — Vu les art 1134 et 1652

193. Quand la convention porte que la somme prêtée portera intérêts jusqu'à l'échéance, ces intérêts prennent-ils fin à cette époque, bien que le capital ne soit pas remboursé et que l'obligation principale continue de subsister. Et la convention peut, à cet égard, être expresse ou tacite.—V. n° 28 et suiv.

194. Du reste, les causes d'extinction des intérêts sont les mêmes que celles qui anéantissent les obligations en général. — Ainsi, les intérêts peuvent se trouver éteints par la compensation, conformément aux art. 1289 et suiv. Quand, par exemple, le débiteur d'un capital productif d'intérêts devient créancier de la personne à laquelle il doit ce capital, il compense, tant pour le capital que pour les intérêts échus, jusqu'à concurrence de la somme dont il est lui-même débiteur, que sa créance soit ou non productive d'intérêts. On suit, dans ce cas, la règle de l'art. 1254 (V. Obligat.; Conf. Merlin, Rép., *loc. cit.*, n° 2, et M. Cotelle, n° 113). — Mais il a été jugé qu'il ne suffit pas que le mandant, qui doit une somme productive d'intérêts à son mandataire, signifie à ce dernier de compenser avec ce qui lui est dû les valeurs qu'il a recouvrées au nom du mandant, mais dont il n'a pas encore rendu compte, pour que la dette de celui-ci cesse, à due concurrence, d'être productive d'intérêts (Bordeaux, 12 mars 1834, aff. Dufau, V. Disposit. entre-vifs, n° 1134).

Lorsque le créancier ou le débiteur d'un capital produisant des intérêts devient héritier de son débiteur ou de son créancier, il s'opère une confusion qui éteint la dette tant en capital qu'intérêts (V. Obligation). Si le créancier ou le débiteur n'est pas le seul héritier du défunt, la confusion n'a lieu que pour la part dont il est héritier (V. *eod.*). Et si le créancier ou le débiteur, héritier du défunt, n'acceptait sa succession que sous bénéfice d'inventaire, la confusion ne s'opérant pas, cet héritier serait autorisé à rendre compte de la succession aux créanciers du défunt, pour n'être pas tenu de ses dettes au delà de ce qu'il a reçu. Quand le compte est rendu par lui, et qu'il est lui-même créancier, il fait figurer sa créance avec intérêts dans son compte; s'il est débiteur, il doit également porter sur son compte sa dette avec intérêts (Conf. Merlin, Rép., *loc. cit.*, n° 3).

195. La prescription fait aussi cesser le cours des intérêts; mais elle est soumise à des règles particulières qui sont exposées v° Prescription, n°s 1072 et suiv.

196. Aux termes de l'art. 767 c. pr. les intérêts et arrérages des créances utilement colloquées cessent du moment où le juge-commissaire a arrêté définitivement l'ordre (V. Ordre). — Ils cessent aussi de courir en matière de distribution par contribution (V. ce mot, n° 190), et en cas de faillite (V. ce mot, n°s 262 et s.).

197. De simples offres, régulièrement faites par le débiteur, suffisent-elles pour arrêter le cours des intérêts, lorsque, n'étant pas acceptées, elles ne sont pas suivies d'une consignation en forme?—Toullier, t. 7, n°s 225 et suiv., a enseigné l'affirmative, mais il a été combattu par Merlin, *loc. cit.*, n° 4, qui prouve très-bien que la consignation seule peut libérer le débiteur, lorsque le créancier a refusé les offres.— V. Obligations [offres].

A plus forte raison, doit-on reconnaître qu'une saisie-arrêt pratiquée entre les mains du débiteur ne suffit pas pour arrêter le cours des intérêts. Ces derniers continuent à courir jusqu'à la consignation régulièrement faite par le débiteur de tout ce qu'il doit en principal, intérêts et frais (V. Saisie-arrêt). — Il a été également bien jugé que la disposition par laquelle un testateur lègue l'usufruit de ses biens, à la charge de payer annuellement une somme aux créanciers de la succession, jusqu'à extinction de toutes les dettes, sans répétition contre l'héritier nu-propriétaire, ne dispense pas l'usufruitier du payement des intérêts aux créanciers (le testateur ne pouvant affranchir l'usufruitier de cette charge, puisqu'il n'y a de biens que dettes déduites); et qu'au surplus, un créancier, porteur de titres exécutoires, ne peut se pourvoir, par voie d'action ordinaire, contre l'héritier pour le faire condamner au payement des intérêts du capital de sa créance (Montpellier, 12 janv. 1832) (1). — V. Succession.

198. L'art. 1653 autorise l'acheteur qui est troublé ou qui a juste sujet de craindre d'être troublé par une action, soit hypothécaire, soit en revendication, à suspendre le payement de son prix jusqu'à la cessation du trouble ou jusqu'à ce que le vendeur lui ait fourni caution. — Cette disposition dispense-t-elle l'acheteur, qui a crainte d'être évincé, de servir les intérêts? — V. Vente.

199. Quand la demande a été régulièrement formée, et tant qu'elle n'est point périmée, les intérêts courent, les tribunaux doivent les adjuger, quel qu'en soit le montant, et alors même qu'ils excéderaient le capital. On a vu (n° 7) que la loi romaine renfermait une disposition contraire; mais elle n'était pas suivie en France. Aujourd'hui aucune loi ne limite la somme à laquelle peuvent s'élever les intérêts légitimement dus pour retard du débiteur. — Jugé ainsi qu'on peut exiger les intérêts, encore qu'ils s'élèvent à une somme plus forte que le capital. — « Attendu que les lois *De usuris*, citées par la demanderesse, n'ont pas été reçues en France; que, suivant le droit français, les intérêts des capitaux ont dû courir pendant tout le cours de l'instance, et qu'ainsi les tribunaux ont dû les adjuger; rejette » (Req. 6 mess. an 13, M. Muraire, 1er prés., Chasle, rap., aff. Pajoulz *C.* Tavernier).

200. Quant à la répétition, c'est un principe de droit et d'équité que lorsque des intérêts ont été volontairement payés sans être dus, ils ne peuvent plus être répétés. *Usuræ solutæ non repetuntur*. L'art. 1906 c. nap. dit aussi : « L'emprunteur qui a

---

c. civ; — Vu les art. 1 et 5 de la loi du 25 mess. an 3; — Attendu que si la cour d'appel de Nancy a décidé que le demandeur avait constitué son débiteur dans un état de sécurité et de bonne foi, relativement à sa délibération, en n'usant qu'après le laps de quatorze années de la faculté qu'il tenait de la loi du 25 mess. an 3, elle s'est déterminée par l'appréciation de toutes les circonstances de la cause; — Attendu qu'il est reconnu entre les parties, par l'acquiescement qu'elles ont donné au jugement du 6 mars 1811, que la libération du débiteur avait subsisté en entier jusqu'au moment où la réduction de la quittance du 1er vend. an 4 a été prononcée, puisque ce jugement a décidé que le contrat de vente n'était plus entre les mains du demandeur un titre suffisant pour agir par voie d'exécution contre le défendeur; d'où il suit qu'on ne peut faire remonter à la date du contrat les intérêts d'une comme qui n'a été adjugée que pour base postérieurement au demandeur; — Attendu qu'en prenant ces faits pour base de son arrêt, la cour d'appel de Nancy (arrêt du 22 nov. 1813) n'a violé aucune loi, commis aucun excès de pouvoir, ni fait aucune fausse application de l'autorité de la chose jugée; — Rejette.

Du 12 mars 1817.-C. C., sect. civ.-MM. Brisson, pr.-Portalis, rap.-Jourde, av. gén., c. conf.-Leroy et Guichard, av.

(1) *Espèce :* — (Julien *C.* Maurin et Maymard.) — Etienne Maurin avait, par testament du 5 déc. 1814, légué à Etienne Maymard, l'usufruit de tous ses biens, à la charge de payer annuellement, pendant la durée de l'usufruit, 300 fr. aux créanciers du testateur, sans aucune répétition du capital contre son héritier en la propriété, le payement de ces 300 fr. devant cesser après l'extinction de toutes les dettes. — Le testateur décéda en 1815, et Maymard fut exact à payer annuellement les 300 fr. En 1819, Julien, créancier de la succession, appelle tout à la fois devant les tribunaux l'héritier et l'usufruitier, pour les faire condamner au payement du capital et des intérêts qui lui étaient dus.

Un jugement du tribunal de Milhau, du 11 juin 1830, déclara Julien mal fondé contre Maymard, parce que celui-ci aurait plus que rempli les obligations qui lui avaient été imposées dans le testament, et qu'au moyen de l'exécution de ces obligations, il avait été affranchi du payement des intérêts aux créanciers de la succession. Le même jugement déclara l'action de Julien contre l'héritier non recevable, sur le motif que Julien avait déjà un titre qu'il pouvait ramener à exécution.—Appel par Julien.—Arrêt.

La cour; — Attendu, quant à l'usufruitier Maymard, qu'en décidant que le testament de son oncle le dispensait de payer au sieur Julien les intérêts de la somme à lui due, le tribunal de première instance a inféré un véritable grief audit sieur Julien, puisque ce testament ne dispensait pas dans le fait et ne pouvait pas dispenser dans le droit ledit Maymard d'une charge inhérente à sa qualité, et résultant des dispositions de la loi; — Attendu, quant au sieur Maurin, nu-propriétaire, que mal à propos le sieur Julien l'a assigné devant le tribunal; qu'en effet, il avait contre lui des titres exécutoires en vertu desquels il pouvait se livrer aux poursuites autorisées par la loi; — Par ces motifs, disant quant à ce droit en l'appel, et réformant le jugement en ce qui concerne Maymard, le condamne à payer au sieur Julien les intérêts des sommes à lui dues, et ce, depuis le décès du sieur Etienne Maurin oncle; — Ordonne, en ce qui concerne Maurin, l'exécution du jugement dont est appel.

Du 12 janv. 1832.-C. de Montpellier, ch. corr.-MM. de Ginestet, pr.

payé des intérêts qui n'étaient pas stipulés ne peut ni les répéter ni les imputer sur le capital. » — Il est censé, disent Merlin, Rép., v° Prêt, n° 1, et M. Duranton, n° 599, avoir voulu reconnaître le service qui lui a été rendu ; il a acquitté une sorte d'obligation naturelle. Or celui qui acquitte *volontairement* une dette de cette nature, ne peut répéter ce qu'il a payé (C. nap. 1235).— Par application de ce principe, il a été jugé que les intérêts payés volontairement sous une législation qui en prohibait la stipulation, ne sont pas sujets à restitution ; le payement volontaire des intérêts sous une législation qui les autorise fait présume l'engagement tacite de les servir (Req. 26 avr. 1815) (1).

Quoique les intérêts qui ont été payés sans être stipulés ne puissent être répétés par le débiteur, il ne faut pas croire néanmoins que ces payements successifs puissent créer un titre en faveur du créancier, de telle sorte que celui-ci soit fondé à réclamer à l'avenir ces mêmes intérêts. Cette prétention serait contraire au principe, que la stipulation d'intérêt doit être *écrite* (Conf. M. Cotelle, n° 84). — M. Troplong, n° 413, semble cependant penser le contraire. — M. Cotelle, *loc. cit.*, enseigne que, dans ce cas et à défaut de payement des intérêts, le prêteur peut faire résoudre le contrat, ce qui ne nous semble pas admissible ; car outre que la convention de payer des intérêts jusqu'à un certain temps a pu être verbale, on ne doit pas oublier que le prêt peut être gratuit. — Mais il faut combiner la règle qui précède avec celle d'après laquelle celui qui a reçu une chose indue est tenu de la restituer et aussi avec la disposition qui porte que celui qui a reçu de mauvaise foi plus qu'il ne lui était dû, doit les intérêts des sommes indues, du jour où il les a touchées (V. n° 96). — Ainsi, dit très-bien M. Duranton, n° 600, la répétition serait admise, s'il était bien démontré que ce n'est que par erreur que le débiteur a payé des intérêts non stipulés, ou des intérêts plus élevés que ceux convenus entre les parties. — A plus forte raison la répétition serait-elle admise s'il y avait dol et fraude de la part du créancier, par exemple s'il avait induit en erreur le débiteur ou ses héritiers, et si, par ce moyen, il avait perçu indûment des intérêts.—Quant aux intérêts usuraires, ils peuvent toujours être répétés ou imputés sur le capital. — V. n°s 248 et s.

SECT. 6. — DE L'USURE.

201. L'usure est le profit illégal qu'on retire d'une somme d'argent qu'on a prêtée. Ce profit est illégal par un double motif : d'abord parce qu'il constitue un intérêt supérieur à celui fixé par la loi civile ; en second lieu parce que ce profit, s'il se renouvelle, constitue une habitude contre laquelle la loi prononce des peines qui placent dans ce cas l'usure dans la classe des délits. Il y a donc deux sortes d'usure : l'usure qui n'est qu'une violation de la loi civile, l'usure qui renferme une violation de la loi pénale. — Ce serait à tort qu'on prétendrait qu'il n'y a réellement usure que lorsqu'elle acquiert le caractère de délit, car pour que le délit existe, c'est-à-dire l'habitude, il faut qu'un premier fait se produise, c'est-à-dire un premier prêt. Or si ce premier fait n'était pas une usure, sa reproduction ne pourrait pas l'être, et par conséquent ne serait pas criminelle. Il faut donc admettre qu'il y a prêt à usure en matière civile, mais prêt qui ne se transformer en délit que par sa répétition. — On va parler dans les deux articles suivants : 1° de l'usure en matière civile et commerciale ; — 2° Du délit d'habitude d'usure.

ART. 1. — *De l'usure en matière civile et commerciale.*

§ 1. — *Caractère de l'usure en matière civile.*

202. On a vu, n° 170, qu'aux termes de l'art. 1, de la loi du 3 sept. 1807 l'intérêt conventionnel ne peut excéder, en matière civile, 5 pour 100, et en matière commerciale, 6 pour 100. —Mais s'il n'est pas permis de dépasser ce taux, il est licite aux parties de le diminuer, leur convention fait loi en moins, mais non en plus (Conf. M. Petit, Tr. de l'usure, p. 30). — L'usure consistant dans des actes et dans des combinaisons de dol et de fraude se déguise sous mille formes diverses, et emprunte les noms de presque tous les contrats à l'aide desquels elle espère n'être pas découverte ; nous la suivrons dans ses transformations diverses.

203. *Ventes à réméré.* — Les usuriers ont souvent recours aux ventes de ce genre, pour tâcher de dérober à la connaissance de la justice les contrats usuraires. — Dans l'ancien droit, on regardait la vente avec faculté de rachat comme se prêtant facilement à couvrir la fraude : les circonstances principales de la simulation étaient, et sont encore aujourd'hui, la vilité du prix de vente, la relocation en faveur du vendeur (V. Nantissem., n°s 293 et s.). — Il a été jugé : 1° qu'il appartient aux tribunaux, d'après la disposition de l'art. 1156, de rechercher dans les conventions la commune intention des parties plutôt que de s'arrêter au sens littéral des termes ; qu'en conséquence le contrat qui, bien que qualifié de vente avec pacte de rachat, n'est en réalité qu'un prêt usuraire déguisé, doit être déclaré nul ; qu'on dirait en vain qu'un contrat de vente, revêtu d'ailleurs d'une forme authentique, ne peut être attaqué que par les motifs indiqués par la loi, c'est-à-dire en nullité, en rescision, ou par l'exercice de la faculté de rachat (Riom, 1er ch., 20 mars 1822, M. Thevenin, pr., aff. Labourier C. Deval) ; — 2° Qu'il appartient aux tribunaux de rechercher dans les ventes à réméré, comme dans les actes contenant cession de ces droits, l'intention dans laquelle les parties ont contracté, et, d'après cette intention reconnue, de déterminer le véritable caractère des actes, et l'arrêt qui le décide ainsi est à l'abri de toute censure (Req. 22 juin 1850, aff. Dublan, v° Vente) ; — 3° Qu'une cour peut, lorsqu'il existe des présomptions graves, et sans que son arrêt soit sujet à cassation annuler, comme n'étant en réalité que des contrats pignoratifs renfermant des stipulations usuraires, deux actes simulés, l'un sous la couleur d'une vente à réméré, l'autre sous celle de la prorogation du délai du réméré (Req. 3 mars 1825) (2) ; — 4° Que la nullité d'un acte de vente à réméré peut être opposée au tiers acquéreur de bonne foi (Colmar, 12 fév. 1831, aff. Durck, V. Vente). Ce tiers acquéreur est en effet l'ayant cause du créancier acquéreur qui a consenti et stipulé l'acte entaché d'usure.

204. *Vente de marchandises.* — Des ventes de ce genre peuvent être aussi considérées comme déguisant des prêts usuraires (Crim. rej. 21 août 1829) (3). — Dès qu'il y a fraude, dissimulation prouvée, il rentre dans le pouvoir judiciaire d'apprécier et de caractériser les faits, même en présence des actes de

(1) (D'Houchin C. Carpentier.) — LA COUR ; — Attendu, sur le premier moyen, que s'il est vrai que les lois antérieures à celle du 2 oct. 1789, défendaient aux prêteurs de stipuler des intérêts pour les simples prêts, il est vrai aussi qu'aucune de ces lois n'empêchait le débiteur de payer volontairement les intérêts qui n'avaient point été stipulés, et au payement desquels le débiteur ne pouvait nullement être contraint, et que, l'ayant ainsi jugé, l'arrêt attaqué n'a point violé lesdites lois ; — Sur le second moyen : — Attendu qu'il a été reconnu, en fait, que les intérêts dont il s'agit dans ce moyen étaient des avances qu'un mandataire avait faites au profit de ses mandants ; — Et attendu, en droit, que les lois en vigueur, après celle du 2 oct. 1789, accordaient elles-mêmes les intérêts de ces avances ; — Attendu, au surplus, qu'il a été également reconnu, en fait, que la stipulation au moins faite de ces intérêts résultait des faits et circonstances du procès, et particulièrement des comptes passés entre les parties ; — Rejette le pourvoi contre l'arrêt de la cour de Douai, du 8 juin 1814.

Du 26 (et non 6) avr. 1815.-C. C., sect. req.-MM. Henrion, pr.-Lasagni, rap.

(2) (Bernard C. Devaux.) — LA COUR ; — Attendu qu'aux termes de l'art. 1353 c. civ., les présomptions graves, précises et concordantes dont l'appréciation appartient aux juges, peuvent être admises contre les actes dans les cas de fraude et de dol qui font exception aux règles ordinaires ; — Que l'arrêt attaqué (de Paris) a été rendu dans cette espèce, où le prétendu acte de vente à réméré et celui de prorogation de délai pour l'exercice de ce réméré, ont été déclarés n'avoir que l'apparence de la vente et être en réalité des contrats pignoratifs, renfermant des stipulations usuraires ; qu'en annulant ces actes, l'arrêt s'est conformé aux principes ; — Rejette.

Du 3 mars 1825.-C. C., sect. req.-MM. Botton, pr.-Hua, rap.

(3) (Humbert C. minist. pub.) — LA COUR ; — Attendu que la Cour royale (de Paris) a énuméré plusieurs faits de vente, qu'elle a déclaré dissimuler des prêts usuraires ; qu'elle établit, dans ses motifs, que, de l'instruction et des débats, est résulté, pour elle, la preuve qu'Humbert se livre habituellement à ces prêts usuraires ; qu'il est presque impossible, pour établir l'usure, de rapporter des actes qui stipuleraient des intérêts supérieurs aux intérêts légaux, l'usurier dissimulant toujours

ventes, fussent-ils authentiques (V. Cassation, nos 1663, 1746). — Il a été jugé : 1° qu'une vente d'objets mobiliers imposée comme condition d'un prêt usuraire, et dans la vue de masquer l'usure, sans que le prix en ait été débattu, doit être annulée, et il n'y a pas seulement lieu de réduire la vente à la valeur des objets mobiliers (Paris, 7 fév. 1835) (1); — 2° Que les tribunaux peuvent déclarer que des prêts usuraires ont été dissimulés sous la forme de ventes de marchandises, et condamner en conséquence le prétendu vendeur aux peines portées contre l'habitude d'usure : — « Attendu qu'il appartient aux tribunaux de rechercher et de constater l'usure sous quelque forme apparente qu'on cherche à la déguiser » (Paris, ch. corr., 27 nov. 1844, MM. Moreau, pr. aff. Grisard, *C.* min. pub.).

205. *Transaction.* — L'usure est un véritable dol; en conséquence, s'il y a usure dans la transaction elle-même qui a pour objet de couvrir ce vice dans un acte qui en était infesté, la transaction doit être annulée (Req. 22 juin 1830, aff. Dublan, V. Vente). — Mais la transaction est valable si les parties ont exprimé librement leur volonté formelle en ce qui touche les usures passées et consommées, et si elle dégage le débiteur de toute stipulation usuraire pour l'avenir (Conf. Dumoulin, Usure, n° 8; Louet, lettre 1, somme 6; M. Troplong, du Prêt, n° 404). — Il a été jugé en ce sens, que la transaction qui a lieu sur des intérêts usuraires est valable : 1° alors qu'elle ne laisse pas subsister la cause de l'usure (Rej. 21 nov. 1832, aff. Joly, V. Transaction); — 2° Alors même qu'elle a été souscrite avant que le débiteur ne se fût complétement libéré, et à une époque où il était sous le coup des poursuites de son créancier, pourvu, toutefois, qu'elle ne renferme pour l'avenir aucune stipulation usuraire (Rej. 9 fév. 1836) (2); — 3° Alors même qu'au moment où elle intervient, le débiteur n'est pas encore libéré, si elle est librement consentie, et qu'elle ait pour objet, non de consacrer et de maintenir le contrat usuraire, mais d'en réparer les effets, au moyen, par exemple, de la remise d'une partie de la dette de la part du créancier, et d'opérer elle-même la complète libération du débiteur (Limoges, 29 déc. 1854, aff. Fontanilhes, D. P. 55. 2. 145). — V. *eod.*, notre observat. sur cet arrêt; V. Transact.

206. *Donation.* — La donation faite en sus de la reconnaissance du prêt a toujours été aussi regardée comme suspecte (Pothier, de l'Usure, n° 59). Un acte de ce genre peut, suivant les circonstances, être annulé comme infesté d'une usure déguisée. On présume, avec raison, que le débiteur n'a pas agi librement. *Debitor servus est fœneratoris. Egestas excludit voluntarium.* — Jugé conformément à ces principes que la donation qualifiée rémunératoire, qui, d'après les circonstances, paraît être la condition d'un prêt antérieur, est nulle lorsque le montant de cette donation excède l'intérêt légal de la somme prêtée (Pau, 17 janv. 1824; Bordeaux, 17 déc. 1827) (3).

207. *Contrat de mariage.* — Il a été jugé qu'on peut, sans qu'il y ait usure, stipuler dans un contrat de mariage des inté-

---

ses manœuvres coupables; — Attendu que l'usure, que la loi entend réprimer, est presque toujours une usure déguisée par des opérations que les juges, dans leur conscience, sont appelés à apprécier; — Attendu que cette appréciation, dont les éléments se trouvent souvent dans les débats publics et dans l'instruction orale de la cause, ne peut être soumise à la cour de cassation; — Qu'ainsi, dans l'état des faits, la Cour royale n'a violé aucune loi; — Rejette.

Du 21 août 1829.-C. C., ch. crim.-MM. Bastard, pr.-Olivier, rap.

(1) (Princesse de la Paix *C.* Darrac, etc.) — LA COUR; — Considérant qu'il résulte des faits et circonstances de la cause et des documents du procès, que, sur les 110,000 fr., montant de l'obligation souscrite au profit de Gaumont par la princesse de la Paix, cette dernière n'a reçu réellement qu'une somme de 50,000 fr.; — Que le surplus des 110,000 fr. se compose du prix donné par le prêteur lui-même à une certaine quantité de meubles, restés dans ses magasins, et mis à la disposition de la princesse de la Paix, laquelle devait les faire vendre à ses risques et périls, pour le prix être remis à Gaumont en déduction de sa créance; — Que cette obligation imposée à la princesse de la Paix était la condition expresse du prêt des 50,000 fr.; — Que ce n'était donc point une vente sérieuse et à prix débattu, mais seulement un moyen d'obtenir et de dissimuler les intérêts usuraires que Gaumont voulait tirer des 50,000 fr. prêtés; — Considérant que les premiers juges, en déclarant usuraire l'obligation du 18 octobre, auraient dû, par une conséquence nécessaire, et conformément à la loi, la réduire à la somme qui avait été réellement prêtée, et annuler toutes les conventions relatives aux meubles, puisque c'étaient ces conventions mêmes qui constituaient l'usure, et en étaient les éléments et le moyen; — Infirme; au principal, réduit l'obligation de 110,000 fr. à la somme de 50,000 fr. qui a été réellement prêtée, sur laquelle somme les parties reconnaissent que la princesse de la Paix a remboursé celle de 20,000 fr.; en conséquence, la condamne, suivant ses offres, à payer à Gaumont la somme de 10,000 fr., avec les intérêts; au moyen de quoi, déclare nuls les billets souscrits par la princesse de la Paix; déclare également nulles et de nul effet toutes conventions intervenues entre les parties relativement aux meubles en question, etc.

Du 7 fév. 1835.-C. de Paris, 3e ch.-M. Lepoitevin, pr.

(2) (Gaffet *C.* Fayez-Bouthon.) — LA COUR; — Attendu que l'acte notarié du 17 oct. 1816 a été considéré, par la cour royale d'Amiens, non pas seulement comme un arrêté de compte, mais comme une transaction; — Qu'on ne peut, en réalité, lui refuser ce caractère, puisqu'il est intervenu sur un jugement par défaut, obtenu contre Gaffet père et fils, et qu'il porte mainlevée de l'opposition faite par ceux-ci, ce qui, aux termes de l'art. 2044 c. civ., éteignait le procès sur cette matière; — Attendu qu'envisagé comme tel, l'acte dont il s'agit a, d'après les dispositions de l'art. 2052 du même code, l'autorité de la chose jugée entre les parties; — Attendu que le défendeur, qui avait d'abord réclamé contre des intérêts usuraires, lesquels, selon lui, auraient été exigés depuis 1810 jusqu'au 31 août 1827, avait restreint sa prétention aux intérêts courus depuis 1810 jusqu'à la fin de 1815; d'où il résulte que, d'après son propre aveu le litige ne portait que sur les intérêts exigés avant la transaction, laquelle ne renfermait elle-même, pour l'avenir, aucune stipulation usuraire; — Attendu, quant aux intérêts sur lesquels il a été transigé, qu'une telle transaction a pu être consentie sans violer aucune loi, puisque, en admettant qu'il y eût usure, les parties peuvent toujours, aux termes de l'art. 2046 c. civ., transiger sur l'intérêt civil qui résulte d'un délit; — Attendu que, dès lors, il devient inutile d'examiner si, ou non, il a y eu prescription et si l'exécution donnée par le demandeur à l'acte du 17 octobre 1816, établit, ou non, une fin de non-recevoir contre l'exercice de son action; — Rejette.

Du 9 fév. 1836.-C. C., ch. civ.-MM. Dunoyer, pr.-Bérenger, rap.-Laplagne, 1er av. gén., conf.-Dalloz et Gatine, av.

(3) *Espèce :* — (Maze *C.* Gentien.) — Gentien était inquiété par ses créanciers; — Le 12 déc. 1808, il écrivit à Maze, l'un d'eux, la lettre suivante : « J'ai demandé à un ami de me procurer 25,000 fr. sur contrat, payables dans 6 ans, avec l'intérêt de 5 pour 100, et que je passerai en même temps, en faveur du prêteur, une donation de 20,000 fr., payables à mon décès, sans intérêts... Si vous vouliez, monsieur, me prêter ces 25,000 fr., vous me feriez plaisir, et j'aimerais mieux que ma donation qui s'ensuivrait versât en votre faveur... » — Cette proposition est agréée. — Le prêt des 25,000 fr. est établi par contrat du 28 janv. 1809. — Le 4 fév. suivant, second contrat par lequel Gentien déclare « qu'ayant reçu depuis longtemps de M. J.-B. Maze, présent et acceptant, de bons, constants et loyaux services, par lesquels ledit M. Maze l'a aidé dans ses affaires de commerce et à y faire des profits considérables; étant d'ailleurs porté d'une singulière amitié pour lui, et voulant lui en donner une preuve, il lui fait, par le présent acte, donation entre-vifs et à jamais irrévocable, d'une somme de 20,000 fr., à prendre, à son décès, sur le plus clair et le plus liquide de ses biens actuels, qui y demeureront affectés... » — Deux ans après, Gentien rembourse les 25,000 fr. à Maze, avec intérêts à 5 pour 100, échus jusqu'alors. — Par suite de ce remboursement, on traita sur la donation, qui fut convertie, le 6 nov. 1811, en une obligation de 6,000 fr., payable dans 18 mois; toutefois, il fut stipulé qu'à défaut de payement de cette obligation à l'échéance, la donation reprendrait son effet. — Ces 6,000 fr. ne furent en effet point payés. — En 1817, les héritiers de Maze poursuivirent Gentien-Baillon, héritier du donateur en payement des 20,000 fr. portés dans la donation de 1809. — Celui-ci prétendit que cette donation n'avait été qu'un moyen détourné pour couvrir l'usure dont était entaché le prêt des 25,000 fr., et qu'en conséquence elle était frauduleuse et nulle. — Jugement qui le décide ainsi. — Appel. — Le 17 janv. 1824, arrêt de la cour de Pau confirmatif du jugement de première instance. — Mais cet arrêt, incompétemment rendu par la chambre des appels de police correctionnelle (qui ne peut connaître que des affaires sommaires) a été cassé par arrêt du 27 avr. 1827. — L'affaire fut, en conséquence, renvoyée à la cour de Bordeaux. — Arrêt.

LA COUR; — Attendu que, par le traité du 6 nov. 1811, P. Gentien et J.-B. Maze, ne transigèrent point sur l'usure dont on prétend qu'est vicié l'acte du 4 fév. 1809, mais sur le montant et l'époque de l'exigibilité des sommes portées par ledit acte, que les parties qualifiaient de donation rémunératoire; que deux des lettres écrites par Gentien-Baillon, sont antérieures à la date où s'est ouverte à son profit, par le décès de P. Gentien, son oncle, l'action qu'il a exercée en nullité de la donation dont il s'agit, pour cause d'usure; qu'il ne résulte ni de ces deux lettres, ni de la troisième, postérieure de très-peu de jours au décès de P. Gentien, que son héritier connût alors les vices qu'il impute aujourd'hui tant à la donation de 1809 qu'au traité de 1811; que si des moyens in-

rêts au-dessus du taux légal (Riom, 12 mars 1828) (1). — Dans l'espèce, une dot de 5,000 fr. est constituée par un père à sa fille, payable dans un an avec intérêts de 5 pour 100, et avec intérêts à 10 pour 100 passé cette époque. — L'arrêt, pour justifier cette stipulation (antérieure du reste à la loi de 1807), dit qu'il a été admis en principe, dans tous les temps, que les intérêts des dots ont pu être stipulés au-dessus du taux légal, faute de payement aux termes convenus. — Cet arrêt, en définitive, a bien jugé, parce qu'il s'agit de stipulations antérieures à la loi de 1807 (V. nos 175 et s.); mais, sous l'empire du code, ce système serait contraire à la loi, car, dans sa généralité, elle ne fait aucune exception pour les stipulations contractuelles entre parents, et l'on ne peut révoquer en doute que l'usure ne puisse se glisser dans un contrat de mariage, quoiqu'il soit naturel de présumer que cela arrivera plus rarement. Toutefois, dès que cette stipulation est certaine, on doit la frapper de la même réprobation : c'est l'ordre public qui le veut ainsi.—D'ailleurs, s'il est un cas où la loi prohibitive des conventions usuraires, loi si conforme à l'état actuel de nos mœurs, doive être appliquée, c'est bien celui où un père s'est placé dans la nécessité de subir une condition ruineuse qu'il aurait imprudemment stipulée envers ses enfants.

208. *Antichrèse.* — L'usure peut être recherchée dans l'antichrèse comme dans les autres contrats. — On en a douté un instant parce que l'art. 2089 c. nap. autorise à stipuler que les fruits se compenseront avec les intérêts, ce qui annonce que la convention reposerait sur une chance aléatoire; mais au moment de la promulgation du titre sur l'antichrèse, la loi de 1807 n'existait pas, le taux de l'intérêt était libre. L'art. 2089 se trouve donc modifié dans ce qu'il aurait de trop absolu par la loi de 1807 (V. Nantissement, nos 259 et suiv.).—Il a été jugé dans ce sens que l'art. 2089 c. nap. a été modifié par la loi du 3 sept. 1807, en ce sens que, quoiqu'il ait été stipulé, dans un bail à antichrèse, que les fruits se compenseraient totalement avec les intérêts, cependant, si ces fruits excèdent l'intérêt des sommes prêtées, l'excédant doit être imputé sur le capital dû au créancier (Montpellier, 21 nov. 1829 (2); Toulouse, 2e ch., 28 mai 1819, M. de Faydel, pr., aff. Monereau *C.* Penent; Bastia, 9 janv. 1839, aff. Colonna, V. Nantissement, no 260).

209. *Rentes sur l'Etat.* — Un prêt en argent consenti par une femme mariée sous le régime dotal et dont la vente d'une rente sur l'Etat faisant partie de sa dot a fourni les fonds, n'est point entaché d'usure en ce que le mari, d'accord avec l'emprunteur, aurait retenu une certaine somme sur le montant du prêt, si cette somme n'est que la représentation de la portion échue, mais non encore exigible, des intérêts de la rente, intérêts auxquels le mari avait droit comme usufruitier de la dot, et dont il se trouvait privé par l'effet du transfert de la rente avant l'expiration du semestre courant: en conséquence, il n'y a lieu à restitution ni de la part de la femme qui a figuré seule, comme prêteur au contrat, ni contre le mari (Rej. 15 mars 1854, aff. Barreau, D. P. 54. 1. 119, V. notre observation sur cet arrêt, *eod.*) : on conçoit cependant que la somme payée aurait pu déguiser une usure soit à son profit, soit au profit de sa femme, mais il aurait fallu que cela fût reconnu par le juge du fait. — Lorsque ce n'est pas le *capital* variable d'une rente sur l'Etat, mais l'*inscription* de la rente elle-même qui a été prêtée et que l'emprunteur s'est engagé à restituer *en nature*, si des intérêts usuraires ont été perçus, la demande en réduction ne peut porter que sur les intérêts dépassant le taux légal, et non sur le capital de l'inscription de rente (Req. 21 juin 1842, aff. Revel, V. Société).

210. *Rentes constituées.* — La loi du 3 sept. 1807 est-elle applicable aux rentes constituées? — Il est évident que, lorsque l'acte constitutif de la rente est antérieur à la loi de 1807, il ne peut y avoir de question. Quel que soit le taux fixé pour les intérêts, la convention doit recevoir son exécution, puisque l'art. 5 de la loi dispose qu'il n'est rien innové aux stipulations d'intérêts antérieurs au jour de la loi (V. no 175). — La question ne pourrait donc s'élever que pour les constitutions de rentes postérieures à la loi de 1807. — Favard, Rép., vo Intérêts, no 7, a émis l'opinion que cette loi ne s'appliquait pas aux rentes con-

---

directs ont été employés pour couvrir une fraude de P. Gentien, ils ne pourraient en empêcher ni la poursuite ni la répressien ; — Qu'ainsi les fins de non-recevoir proposées par les héritiers Maze contre l'action de Gentien-Baillon ne sont point justifiées ; — Attendu que la loi du 3 sept. 1807, limite à 5 pour 100 l'intérêt conventionnel du prêt en matière civile; que toute stipulation tendante à excéder ce taux, sous quelque forme qu'on la déguise, est usuraire et nulle; que dans l'espèce, l'obligation de 25,000 fr., faite par J.-B. Maze à P. Gentien, le 28 janv. 1809, ne stipule l'intérêt de ladite somme qu'à 5 pour 100 ; mais que la donation de 20,000 fr., qualifiée de rémunératoire et consentie le 4 fév. suivant par l'emprunteur au profit du prêteur, est le résultat de la même convention ; que les deux contrats, malgré l'intervalle de sept jours qui existe entre les deux dates, ne font ensemble qu'un seul et même acte; qu'en effet les lettres même produites par les héritiers Maze, prouvent que Gentien offrait à Maze, pour le prêt de 25,000 fr. ou un contrat de 45,000 fr. avec intérêts, dont 20,000 fr. en lettres de change, qu'au même instant il lui rendrait acquittées, une obligation de 25,000 fr. avec intérêts et une donation de 20,000 fr. sans intérêts jusqu'à sa mort; que la même proposition avait été faite par Gentien à une tierce personne, ce qui achèverait d'exclure toute idée que la donation fût la suite de son attachement et de sa reconnaissance pour J.-B. Maze ; — Qu'il importe peu que l'emprunteur ait offert lui-même cette condition, puisque la loi défendait au prêteur d'accepter aucune somme ou obligation qui excédât le capital et l'intérêt légal du prêt; que cependant la donation ajouterait à ce capital et à l'intérêt une somme égale aux quatre cinquièmes de celle qui avait été prêtée ; que ladite donation est donc un acte usuraire et nul, et que le traité de 1811 en renferme tous les vices; — Attendu que les commandements des héritiers Maze participent de la nullité de la donation, en vertu de laquelle ils ont été faits ; — Met l'appel au néant, etc.

Du 17 dec. 1827.-C. de Bordeaux, 1re et 2e ch. réunies.-M. Ravez, 1er p.

(1) *Espèce :* — (Cheminat *C.* Mosnier.) — En 1806, contrat de mariage du sieur Cheminat avec la demoiselle Mosnier ; une dot de 5,000 fr. est constituée à la demoiselle Mosnier par son père, payable dans un an, avec intérêts à 5 p. 100 jusqu'à cette époque, et avec intérêts à 10 p. 100 passé cette époque, la dot étant alors considérée comme prêt d'argent. —En 1827, commandement du sieur Cheminat au sieur Mosnier, pour avoir à payer, outre les 5,000 fr., 9,250 fr. pour les intérêts courus jusqu'alors à raison de 10 p. 100. Opposition fondée sur ce que les intérêts courus depuis la loi du 5 sept. 1807, ne sont dus qu'à raison de 5 p. 100. — Jugement qui accueille ce moyen. — Appel de la part du sieur Cheminat. — Arrêt.

LA COUR ; — Attendu que, dans les principes généraux, et de tous les temps, les intérêts des dots, faute de payement, ont pu être stipulés au-dessus du taux légal établi pour les créances ordinaires ; que la validité de la stipulation prend son effet dans la nature et le privilége d'une constitution dotale, parce que les intérêts stipulés, à quelque taux que ce soit, deviennent partie de la constitution dotale même ; — Attendu que ce cas doit être comparé à celui d'une stipulation d'intérêts à un taux quelconque en matière de vente, parce que cette stipulation devient une condition de la vente, et prend la nature du prix même, comme, dans le cas du mariage, la stipulation d'intérêts à un taux quelconque devient une condition du mariage ; — Attendu que la circonstance qu'il y a des intérêts réclamés qui sont échus postérieurement au terme stipulé dans le contrat de mariage, et que ces intérêts ont couru sous l'empire de la loi du 3 sept. 1807, ne saurait être un motif pour s'écarter de ce principe, parce que le taux de l'intérêt à 10 p. 100, même après l'échéance du terme, tire sa légitimité de la clause stipulée dans le contrat de mariage, qui a été légale, et qu'il n'a dépendu que du débiteur de se libérer à l'échéance du terme; que ne l'ayant point fait, il a entendu approuver le cours des intérêts tel qu'il avait été stipulé ; — Attendu, d'ailleurs, qu'il serait injuste d'exiger d'un enfant ou d'un gendre qu'il poursuivît un père ou un beau-père pour le remboursement du capital, sous peine d'être privé de l'effet d'une clause sous la foi de laquelle un mariage a été contracté;

Attendu que, dans les principes, on ne peut trouver une novation dans le changement d'intérêts qui a dû avoir lieu à l'échéance du terme, et dans le silence sur ce changement; que le cours des intérêts dans tous les temps a dû avoir pour règle la stipulation de la clause portée au contrat de mariage; — Dit qu'il a été mal jugé; — Emendant, déboute Mosnier de son opposition au commandement de payer.

Du 12 mars 1828.-C. de Riom, 2e ch.-M. Grenier, 1er pr.

(2) (Coulougnon *C.* Rouvier.) — LA COUR ; — Attendu que, depuis la loi du 3 sept. 1807, lorsque la perception des fruits, stipulée dans un bail d'antichrèse, excède de beaucoup la valeur de l'intérêt légal des capitaux prêtés, il y a lieu d'en imputer l'excédant sur lesdits capitaux ; —Attendu que l'art. 2089 a été modifié dans ce qu'il a de contraire à la loi du 3 sept. 1807 ; — Attendu que, sous aucun rapport, le bail à antichrèse ne peut être considéré comme un contrat aléatoire ; — Attendu, en fait, qu'il faut connaître la valeur des fruits perçus, pour savoir si cette valeur dépasse notablement celle des intérêts dont ils étaient la représentation; — Par ces motifs, réformant avant dire droit; — Ordonne, etc.

Du 21 nov. 1829.-C. de Montpellier.-M. de Ginestet, pr.

stituées, et ne pouvait, dès lors, atteindre les arrérages stipulés à un taux plus élevé que l'intérêt légal; et il se fonde principalement sur ce que la loi ne parle que du prêt à intérêt proprement dit et non du contrat de constitution où le capital est aliéné. Il cite à l'appui de son opinion l'édit du mois de fév. 1770, qui, en fixant les intérêts au denier 20, a ajouté : « N'entendons rien innover aux contrats de constitutions; » et, suivant le même auteur, le code Napoléon a confirmé cette distinction en classant à part ces deux contrats par les art. 1905, 1907 et 1908. — Mais on a répondu avec raison à M. Favard que le code regarde, au contraire, comme un prêt le contrat de constitution de rente (art. 1909 et 1912), et que cet article est placé sous le chapitre du prêt à intérêt. Or, dans le contrat de constitution comme dans le prêt ordinaire, il y a un intérêt stipulé; on ne comprend donc pas sur quoi pourrait reposer logiquement la différence qu'on veut établir. — Le mot *arrérages* dont se sert le code pour les rentes constituées ne change pas la nature des choses. Des arrérages sont, en définitive, des intérêts. — La circonstance que le prêteur s'interdit d'exiger le remboursement est tout à fait indifférent en ce qui concerne l'usure (Conf. MM. Petit, Traité de l'usure, p. 98; Duranton, t. 17, n° 603; Troplong, n° 361). — Il a été jugé, conformément à ces principes, que la prohibition de placer de l'argent au delà du taux légal, n'est pas restreinte au contrat de prêt; qu'elle s'applique à tout autre contrat, et notamment à la constitution de rente perpétuelle, lorsqu'il apparaît que les parties ont dissimulé l'usure sous cette forme (Req. 26 août 1846, aff. Bourdeix, D. P. 46. 1. 357); qu'en conséquence le débiteur qui a payé ainsi des intérêts supérieurs au taux légal est admis à imputer sur le capital l'excédant ou à en demander le remboursement (Crim. cass. 31 mars 1813, aff. Crouzat, V. n° 210; Toulouse, 3e ch., 26 avr. 1839, M. Dyeau, pr., aff. Dallens *C.* Groé; Req. 26 août 1846, aff. Bourdeix, D. P. 46. 1. 357).

211. *Rente stipulée en grains ou denrées.* — En général, l'intérêt d'un prêt d'argent est stipulé en argent; s'il l'a été en denrées, on pourra l'exiger en nature, mais, dans ce cas, devra-t-on le réduire à l'équivalent de l'intérêt légal déterminé d'après les mercuriales? — L'affirmative est enseignée par Dumoulin, quest. 21, n° 220; MM. Cotelle, Tr. de l'intérêt, n° 79; Chardon, n° 15; Duranton, nos 487, 488.

M. Garnier, n° 12, distingue : « S'il a été stipulé, dit-il, que les intérêts fixés à 5 ou 6 pour 100 seront acquittés en denrées, l'estimation d'après les mercuriales devient indispensable; mais si les intérêts sont d'une certaine quantité de denrées positivement fixée, nous croyons que la condition doit s'exécuter et que la stipulation est aléatoire. » — Cette distinction nous paraît devoir être admise en ce sens, toutefois, que les juges devront apprécier la convention et réduire la redevance, s'il leur paraît que les parties n'ont eu d'autre but que d'éluder l'application de la loi de 1807 et de déguiser l'usure sous l'apparence d'un contrat aléatoire. Il a été jugé en ce sens : 1° que la loi de 1807 s'applique indistinctement à l'intérêt stipulé pour un capital exigible et à celui stipulé pour un capital constitué en rente perpétuelle, alors même que la rente est en nature, par exemple en grains (Cass. 31 mars 1813) (1); — 2° Qu'une constitution de rente a pu être réputée dissimuler un prêt usuraire, lorsque les arrérages stipulés payables en denrées, excèdent, comparaison faite de leur prix avec les mercuriales, le taux de l'intérêt fixé par la loi de 1807, et, par conséquent, lorsqu'ils dépassent 9 p. 100 (Req. 26 août 1846, aff. Bourdeix, D. P. 46. 1. 357); — 3° Que la constitution d'une rente en grains, moyennant un capital reçu, emportant la présomption d'un prêt usuraire, l'obligation du débiteur peut, sur sa demande, être convertie en une rente en argent aux 5 p. 100 du capital fourni, et cette rente est rachetable pour le remboursement du capital, quoiqu'il soit stipulé dans l'acte que le rachat ne pourra avoir lieu que par la livraison d'une quantité de grains égale à vingt prestations annuelles (Paris, 2 mai 1823, aff. Cordier, V. n° 262).

212. *Prêt fait en denrées.* — La loi de 1807 ne prévoit pas ce cas; en sorte, dit M. Garnier, n° 9, que la plus grande latitude continue de subsister à cet égard dans les stipulations; la raison, c'est que l'argent a une valeur fixe, tandis que la valeur des objets mobiliers et des marchandises est sujette à des variations fréquentes. Tel qui emprunte lorsque les denrées sont à un haut prix, rendra peut-être dans un temps où elles seront à bon marché : rien donc d'illicite dans la stipulation qui obligerait l'emprunteur de cent mesures de pommes à en rendre cent ou davantage l'année suivante. Il peut arriver que les cent mesures valent moins que les cent qu'il a reçues l'année précédente. Les parties ont une égale chance de gain ou de perte, qui dépend d'un événement incertain. Cette doctrine semble exacte, sauf le cas où il serait reconnu que le prêt ainsi fait déguise intentionnellement un intérêt usuraire (Conf. MM. Favard, v° Intérêts; Petit, p. 52; Troplong, n° 361). — Le droit romain autorisait aussi un intérêt plus fort en denrées qu'en argent. L'édit de nov. 1565 autorisait le denier 12 pour les rentes en blé, tandis que le taux des rentes en argent était le denier 20.

213. *Contrat de rente viagère.* — D'après l'art. 1976 c. nap. la rente viagère, en raison de son caractère aléatoire, peut être constituée au taux qu'il plaît aux parties contractantes de fixer (V. Rente viagère). — Toutefois ce principe général ne met pas le contrat de rente viagère à l'abri de toute atteinte. — C'est ainsi qu'il a été jugé : 1° qu'un contrat de rente viagère peut lui-même être déclaré déguiser un prêt usuraire, sans que cette décision tombe sous la censure de la cour de cassation (Rej. 31 déc. 1833) (2); — 2° Que la faculté illimitée, accordée aux parties par l'art. 1976 c. nap., de constituer des rentes viagères au taux qu'il leur plaît, ne s'oppose pas à ce que la nullité de contrats de rente viagère soit prononcée, lorsqu'il est établi qu'ils ont été surpris par dol, ou qu'ils dissimulent des contrats usuraires, en ce que, par

---

(1) *Espèce* : — (Crouzat *C.* Rigaud.) — En 1782, François Crouzat constitue au profit de Rigaud une rente de 6 rases de froment, moyennant un capital de 180 fr.; en 1785, il en constitue une autre de pareille quantité de grains, moyennant 300 fr. — Plus tard, les enfants du débiteur ayant cessé le service de la rente pendant plus de deux ans, Rigaud les a assignés en payement des arrérages et en remboursement du capital. — Les enfants Crouzat ont soutenu qu'aux termes de l'édit du mois de nov. 1565, les contrats de rente dont il s'agit étaient nuls comme usuraires; qu'ainsi, loin de pouvoir exiger d'eux le payement des arrérages, Rigaud devait, au contraire, leur restituer les annuités qu'il avait perçues, montant à 552 fr.; ou plutôt, que cette somme devait se compenser avec les capitaux des rentes dont le payement était demandé.

3 avr. 1811, jugement qui réduit à 23 fr. la rente due à Rigaud, condamne les enfants Crouzat à lui payer cette somme pour la rente échue en 1806, et pareille somme pour chacune des années postérieures; le même jugement déclare qu'il n'y a pas lieu d'ordonner la restitution des arrérages déjà payés.

Pourvoi pour violation de l'édit du mois de nov. 1565 et de la loi 18, au Code, *De usuris*. — Arrêt.

LA COUR; — Vu les dispositions de l'édit du mois de nov. 1565 et la loi 18, au Code, *De usuris*; — Attendu, 1° qu'il résulte de la première de ces deux lois que toute rente constituée en grains doit être réduite au taux de l'intérêt légal, sur la demande du débiteur; qu'il n'importe, à cet égard, que cette demande ne soit formée qu'au moment même de l'action du créancier contre le débiteur, puisque, d'après la loi romaine ci-dessus citée, qui régissait le territoire du ci-devant parlement de Toulouse, l'action en répétition d'intérêts usuraires était accordée au débiteur, lors même qu'il ne les avait payés qu'après le remboursement du capital; — Attendu, 2° que la maxime énoncée dans ce jugement, *usuræ solutæ non repetuntur*, laquelle est tirée de la loi 3, au Code, *De usuris*, n'est applicable qu'au cas d'intérêts qui ne dérivaient ni de la loi ni de la stipulation, mais qui n'étaient point prohibés, et non point à celui où, comme dans l'espèce, la loi les déclare usuraires; d'où il résulte que ce jugement a non-seulement fait une fausse application de cette maxime, mais a, en outre, formellement contrevenu, tant à l'édit de 1565 qu'à la loi romaine ci-dessus citée, en refusant aux demandeurs l'imputation d'arrérages par eux réclamés sur les deux capitaux de rente dont il s'agissait; — Casse, etc.

Du 31 mars 1813.-C. C., sect. civ.-MM. Muraire, pr.-Pajon, rap.

(2) (Havas *C.* Capey.) — LA COUR; — Sur le moyen pris de la violation de l'art. 1976 c. civ. : — Attendu que l'arrêt (de la cour de Caen du 26 mai 1829) ne porte aucune atteinte à la liberté des stipulations sur les rentes viagères; qu'il juge seulement que, dans l'espèce, un contrat de prêt avait été déguisé sous l'apparence d'un contrat de rente viagère, dans l'objet d'éluder la loi qui prohibe toute stipulation d'intérêt usuraire; — Qu'il était dans les attributions de la cour royale de rechercher ce qui s'était réellement passé entre les parties, et qu'après avoir reconnu que leur convention était un prêt à intérêt, cette cour a dû réduire, comme elle l'a fait, l'intérêt au taux légal; — Rejette.

Du 31 déc. 1833.-C. C., ch. civ.-MM. Portalis, 1er pr.-Delpit, rap.

exemple, les intérêts de plusieurs années ont été payés par anticipation, et qu'il a été stipulé qu'en cas de retard dans le payement le capital serait exigible sur-le-champ et les intérêts échus acquis au crédi-rentier à titre d'indemnité (Req. 26 juin 1845, aff. Leroux de la Roulière, D. P. 45. 1. 369).

Mais la clause par laquelle le débiteur d'une rente viagère consent que, dans le cas où il ne la servirait pas exactement, le créancier se mette en possession de certains immeubles, et s'en attribue le revenu à titre de dommages-intérêts, n'est ni usuraire ni illicite : « Attendu que la stipulation portée au contrat n'a rien de contraire aux lois ni aux bonnes mœurs, et que, si elle peut paraître onéreuse au sieur Guichard, il dépend de lui de s'y soustraire en payant exactement comme il le doit » (Bordeaux, 23 août 1814, aff. Guichard C. Bressy). — Il y a dans ce cas une stipulation très-légale et qui repose sur le préjudice que peut éprouver le créancier par suite du retard et de l'inexactitude dans le service de la rente : c'est une clause pénale (V. n° 225). Néanmoins là peut se trouver aussi le déguisement d'un intérêt usuraire, c'est ce que les juges doivent reconnaître, et à cet égard ils se déterminent d'après les chances du contrat et l'élévation de l'intérêt perçu.

214. *Prêt d'objets mobiliers.* — Si l'intérêt consiste en objets mobiliers non susceptibles d'évaluation d'après les mercuriales ou le cours de la bourse, ils doivent être estimés par l'acte de prêt. Mais si l'acte ne les a point estimés, ils pourront l'être par les tribunaux ou par des experts ; et si leur valeur excède le taux légal, il y aura lieu à réduction ou restitution (V. n°s 248 et s.). — Si une chose était donnée en gage, et qu'elle fut susceptible de location, comme une voiture, des chevaux, il ne serait pas interdit non plus de stipuler que le créancier aura le droit d'en faire usage pour les intérêts, sauf encore la question d'usure. — On appliquerait ces règles au cas où le prêteur exigerait quelques travaux ou services appréciables en argent (M. Chardon, n° 12 et 14).

215. *Bail à loyer.* — La loi de 1807 n'ayant pour objet que le prêt de sommes d'argent ou autres choses fongibles, il a été très-bien jugé qu'elle n'est pas applicable au prix d'un *bail à loyer*, quelque élevé qu'il soit relativement à la valeur des immeubles loués : — « La cour ; attendu que, dans l'espèce, il ne s'agit point d'un prêt à intérêts, mais d'un prix d'un bail à loyer, fait sans dol ni fraude ; qu'ainsi la loi du 3 sept. 1807 n'a point d'application à la cause ; rejette » (Req. 20 mars 1816, MM. Henrion, pr., Lasaudade, rap., aff. Lamarre C. Hiron).

216. *Compte.* — Un compte peut être rectifié et redressé même après apurement, dans le but d'en opérer le retranchement d'intérêts usuraires illégalement perçus : ce n'est pas là une révision de compte, dans le sens de l'art. 541 c. pr. (Rej. 24 avril 1849, aff. Echalié, D. P. 49. 1. 241). — Jugé dans le même sens que la réduction du droit de commission compris dans un compte peut être demandée, pour cause d'usure, même après l'apurement et le solde de ce compte, cette demande ayant pour objet la réparation du dommage résultant d'un délit, et non un redressement de compte défendu hors des cas prévus par l'art. 541 c. pr. (Req. 21 juill. 1847, aff. Alexandre, D. P. 47. 1. 312).

217. *Mandat, salaire.* — Le salaire accordé par un débiteur à son créancier, pour prix du mandat qu'il a donné à celui-ci de vendre ses immeubles, ne peut être considéré comme déguisant des intérêts usuraires, surtout lorsque le mandat est sérieux et a reçu un commencement d'exécution (Bordeaux, 14 fév. 1840, aff. Delavergne, V. Mandat, n° 445-2°).

218. *Cautionnement.* — Le cautionnement n'est pas, de sa nature, un contrat nécessairement gratuit. Les parties peuvent donc lui assigner un prix qui représente le risque que peut courir la caution, et qui n'a pas, en thèse générale, le caractère d'une stipulation usuraire. C'est ainsi qu'il a été jugé que l'acte par lequel un individu s'engage à déposer et dépose en effet une inscription de rente sur l'État, pour tenir lieu du cautionnement d'un employé, et consent à ce qu'elle serve de garantie de la gestion de ce dernier, constituant plutôt un cautionnement qu'un prêt, il s'ensuit qu'il a pu être stipulé que le propriétaire de la rente recevra, outre les intérêts de cette rente, un intérêt de 5 p. 100 du capital moyennant lequel la rente a été achetée, sans que cette dernière stipulation doive être regardée comme usuraire (Rouen, 4 déc. 1827) (1).

219. *Cession de créance.* — Il y a usure, lorsqu'un individu cède une créance pour un prix inférieur à la somme cédée, et garantit néanmoins le payement intégral de la créance ; dans ce cas le cessionnaire doit restituer au cédant ce qu'il a reçu du débiteur cédé au delà du prix réel de la cession (Agen, 28 janv. 1824) (2).

220. *Courtage, banque.* — Il a été jugé qu'en matière de prêts civils, tout individu qui, bien qu'étranger aux fonds prêtés, reçoit sciemment une partie d'une perception supérieure à l'intérêt légal, se rend coauteur d'un fait d'usure ; qu'ainsi, la perception d'un droit de commission en sus de l'intérêt légal, à l'occasion d'un prêt civil, est usuraire, alors même que celui qui l'a exigé est un simple intermédiaire (par exemple, un courtier)

---

(1) Feval C. Philippe.) — LA COUR ; — Attendu que l'acte authentique, du 19 sept. 1812, n'est point un contrat de prêt auquel puissent s'appliquer les dispositions de la loi du 3 sept. 1807 ; qu'il est, au contraire, dans sa substance, comme dans sa dénomination, un véritable contrat de cautionnement, et plus spécialement encore un acte par lequel, dans l'espèce de la cause, Feval s'est obligé de fournir et a fourni réellement le cautionnement que Philippe était obligé de verser au trésor public pour la garantie de l'exercice de son emploi ; — Attendu qu'il n'est point de la nature d'un pareil acte d'être gratuit ; que les parties peuvent donc licitement lui assigner un prix ; que Feval, qui faisait le fonds du cautionnement, pouvait, à son choix, le verser en numéraire ou en rentes sur l'État ; qu'il n'y a rien à conclure contre lui de ce qu'il a préféré consigner une inscription sur le grand livre au lieu de numéraire ; que s'il n'avait pas déposé au trésor une rente de 200 fr. par lui achetée à cet effet à 84 p. 100, il n'en aurait pas moins touché l'intérêt, et en aurait conservé la libre disposition, de manière à pouvoir la revendre avec bénéfice quand l'occasion s'en serait présentée ; qu'on ne doit donc pa cumuler l'intérêt de sa rente avec celui qu'il a exigé de Philippe, dans l'acte du 19 novembre ; que l'intérêt de 5 p. 100, auquel Philippe s'est particulièrement obligé, n'est que le prix du risque du cautionnement et de l'interdiction que s'imposait Feval de la libre disposition du capital de la rente, et qu'une semblable stipulation n'était prohibée par aucune loi ; — Attendu, sur les conclusions subsidiaires, que la correspondance n'offre pas de reconnaissance positive : que Feval ne peut exiger d'autres arrérages ou intérêts que les cinq années antérieures à la première action portée devant le tribunal de la Seine, avec les arrérages échus depuis ; — Confirme.

Du 4 déc. 1827.-C. de Rouen, 1re ch.-M. Eude, pr.

(2) *Espèce* : — (Garrigues C. Lachoux.) — Jugement du 2 juill. 1823, ainsi conçu : — « Attendu que l'art. 1964, c. civ., définit le contrat aléatoire une convention réciproque dont les effets dépendent d'un événement incertain ; que dans l'espèce il n'y aurait rien d'incertain pour Garrigues puisqu'il recevait un bordereau d'une somme de 3,378 fr. sur le prix d'une maison que Sarrat avait achetée 5,000 fr. ; que d'ailleurs l'acte de cession portait garantie de la part de Lachoux en faveur de Garrigues, ce qui doublait pour Garrigues la certitude d'être payé du montant du bordereau ; — Qu'à la vérité il résulte de l'art. 1694 c. civ., que les créances peuvent être cédées pour une somme moindre que la somme cédée, et qu'ainsi il y aurait peu de difficulté si le contrat portait que la cession a été faite pour le prix seulement de 1,600 fr., ainsi que l'a prétendu Lachoux ;

» Mais attendu que le contrat de cession porte : « Outre la somme de 1,600 fr. portée dans l'acte, Lachoux y déclare avoir reçu avant ces présentes, la somme de 1,778 fr. ; » qu'il est à remarquer que si la stipulation de la cession avait été faite pour la somme de 1,600 fr. seulement, la garantie que Lachoux donnait à Garrigues ne se serait pas étendue d'après le même art. 1694 au delà de la somme de 1,600 fr. ; tandis que d'après la stipulation portée par l'acte, la garantie s'est étendue jusqu'à la somme de 3,378 fr., c'est-à-dire que d'après Lachoux, 1,600 fr. auraient produit à Garrigues dans un temps plus ou moins long une somme de 1,778 fr., outre l'intérêt légal de la somme de 3,378 fr. portée dans le bordereau ; — Et au fond en ce qui concerne la preuve ; — Attendu que Lachoux articule, en général, qu'il a été usuré dans cette transaction par Garrigues ; que bien que l'art. 1341, c. civ., défende la preuve par témoins, lorsqu'il s'agit d'une somme de 150 fr., cette règle reçoit cependant exception d'après l'art. 1348, lorsqu'il s'agit de délits ou quasi-délits, comme serait l'usure ; qu'en outre, le sieur Lachoux argue l'acte de fraude et de dol, et que de l'art. 1353 il s'induit que dans ces matières la preuve testimoniale doit être admise ; que la preuve demandée par Lachoux est donc admissible sous ces deux points de vue. » — Appel ; — Arrêt.

LA COUR ; — Adoptant les motifs des premiers juges ; — Confirme.

Du 28 janv. 1824.-C. d'Agen, ch. corr.

prêtant les fonds d'autrui; il importerait peu, d'ailleurs, que le prêt civil eût été déguisé sous la forme d'une opération de change (Agen, 19 juill. 1854, aff. Jumin, D. P. 55. 2. 164).— Conf. Agen, 12 mai 1853, aff. de Saint-Amans, D. P. 54. 2. 181, V. notre observ. sur cet arrêt, observation de laquelle il résulte qu'il peut se présenter des cas, où le tiers qui a procuré des fonds n'a rempli qu'un mandat salarié pour lequel on lui alloue un droit de commission ou une indemnité quelconque pour ses soins et démarches, et qui ne peut rentrer dans l'usure.

221. *Caisse hypothécaire. — Prêt.* — Nous nous bornons ici à retracer l'état de la jurisprudence, la caisse hypothécaire ayant cessé d'exister. — Il a été jugé 1° que les chances aléatoires que présentent les opérations auxquelles se livre la caisse hypothécaire, en se conformant toutefois à ses statuts, enlèvent à ces opérations le caractère de prêt proprement dit, et leur rendent inapplicables, par conséquent, les dispositions de la loi du 3 sept. 1807, sur les intérêts (Cass. 30 juill. 1834, aff. Durand, V. v° Notaire, n° 386). Mais qu'il n'en est point ainsi de la stipulation par laquelle, en cas d'expropriation forcée du débiteur avant le terme de l'obligation, la caisse hypothécaire doit avoir droit, à titre d'indemnité, au payement de deux annuités en sus de celles souscrites pour le remboursement de l'emprunt; qu'une telle stipulation excède la mesure fixée par l'art. 1153 c. nap., en ce qu'elle autorise une perception en dehors des règles tracées par les statuts de la société; qu'en conséquence, l'arrêt qui ne l'a point déclaré ainsi a encouru la cassation (même arrêt, V. *eod.*);—2° Que les chances aléatoires que présentent les opérations auxquelles se livre la caisse hypothécaire, en se conformant à ces statuts, enlèvent à ces opérations le caractère de prêt proprement dit, et leur rendent inapplicables les dispositions de la loi du 3 sept. 1807, sur les intérêts (Cass. 21 mai 1834 (1); et, sur renvoi, Lyon, 4 mars 1836, M. Reyre, pr.; Conf. Riom, 11 mars 1830, aff. Caisse hypoth. *C.* Chirac);— 3° Que les opérations de la caisse hypothécaire conformes à ses statuts légalement approuvés, ne sont pas soumises aux dispositions de la loi de 1807 sur le taux de l'intérêt légal, ces opérations contenant un contrat spécial distinct du prêt ordinaire, à raison tant de l'extinction graduelle de la dette qui résulte du remboursement composé et annuel du capital et des intérêts, que du caractère aléatoire qui s'y rencontre, par l'effet des primes accordées aux emprunteurs; — Et que les conventions particulières suivant lesquelles la caisse ne serait tenue de remettre les obligations par elle souscrites en exécution du crédit ouvert et de les réaliser en espèces, escompte déduit, qu'en échange des certificats de radiation de toutes inscriptions grevant les immeubles hypothéqués pour sûreté, ne peuvent donner à la convention principale le caractère d'un prêt ordinaire qu'elle n'a pas par elle-même, et la rendre passible de l'application de la loi de 1807 (Cass. 24 juill. 1848, aff. Caisse hypothécaire, D. P. 52. 1. 114, V. *eod.*, notre observ. sur cet arrêt); — 4° Que les opérations de la caisse hypothécaire faites conformément à ses statuts dûment autorisés, constituent un contrat spécial qui, à raison du système de primes avec lequel se combine le remboursement annuel du capital prêté et des intérêts, est empreint d'un caractère aléatoire exclusif de l'application de la loi de 1807 sur le taux de l'intérêt légal; et que ces primes, quoiqu'elles soient acquises aux emprunteurs par la voie du tirage au sort des obligations à eux remises par la caisse, n'ont pas davantage le caractère d'une loterie prohibée (Req. 10 nov. 1851, aff. Gilles Lagrange, D. P. 52. 1. 94); — 5° Mais que l'opération cesse d'être protégée par les statuts, et tombe sous l'application de la loi répressive de l'usure, lorsque l'emprunteur, assujetti par l'acte d'emprunt à faire un emploi déterminé du montant du crédit, par exemple, à payer des créanciers privilégiés ou premiers inscrits, avec subrogation au profit de la caisse, a été ainsi mis dans la nécessité de se dessaisir immédiatement, en les escomptant, des obligations que la caisse lui avait remises, et s'est trouvé, dès lors, forcément privé des chances de gain résultant du tirage au sort avec prime, de ces obligations (Bordeaux, 16 août 1850, même aff., *eod.*); — 6° Que dans le cas, au contraire, où l'escompte des obligations est purement facultatif, le contrat conserve sa nature particulière, encore qu'il aurait été stipulé que si l'emprunteur usait de cette faculté, deux de ses créanciers seraient présents à la réalisation du crédit en espèces, soit pour recevoir le montant de leur créance, soit seulement pour consentir la radiation de leurs inscriptions ou céder à la caisse leur rang de propriété (même arrêt du 10 nov. 1851); — 7° Que les opérations de la caisse hypothécaire faites conformément à ses statuts constituent un contrat spécial qui, à raison du système de primes avec lequel se combine le remboursement annuel du capital prêté et des intérêts, est empreint d'un caractère aléatoire exclusif de l'application de la loi de 1807 sur le taux de l'intérêt légal; et peu importe que l'emprunteur se soit dessaisi immédiatement après l'emprunt des obligations que la caisse lui avait remises, et se soit trouvé, dès lors, privé des chances de gain résultant du tirage au sort, avec prime, de ces obligations, si, d'ailleurs, l'escompte était pour lui purement facultatif (Cass. 1er déc. 1852, aff. Caisse hypoth. *C.* Rangon, D. P. 52. 1. 320, V. nos observ. sur cet arrêt, *eod.*—Conf. Req. 19 juin 1854, aff. Dascols, D. P. 54. 1. 317);—8° Que peu importe que, par suite de conventions passées entre l'emprunteur et un tiers, le payement des annuités dues au moment de la convention ait été mis à la charge de ce tiers, par exemple comme condition d'une vente, surtout s'il est établi que ce dernier engagement était lui-même aléatoire, et qu'il aurait été avantageux pour le tiers qui l'a contracté s'il se fût libéré en temps opportun (Req. 19 juin 1854, aff. Dascols, D. P. 54. 1. 317, V. pour plus de détails sur les opérations auxquelles se livrait la caisse hypothécaire, v° Banque, n°s 208 et suiv.).

222. *Terme accordé, stipulation d'intérêts.* — Le créancier qui, en accordant terme à ses débiteurs, stipule des intérêts à un taux excédant celui qui est fixé par la loi, encourt les condamnations prononcées par la loi du 3 sept. 1807 (Crim. rej. 15 avril 1826) (2)... A moins que la prorogation n'ait porté un préjudice

(1) (Caisse hypoth. C. Courhy.) — La cour (après dél. en ch. du cons.); — Vu les art. 1 et 5 de la loi du 3 sept. 1807, l'art. 37 c. com., l'ord. du 12 juill. 1820, et l'art. 1964 c. civ.; — Attendu que les opérations auxquelles se livre la caisse hypothécaire, conformément à ses statuts légalement approuvés, ne constituent pas le prêt proprement dit, dont il est question dans les art. 1 et 5 de la loi du 3 sept. 1807; — Que ces opérations constituent, au contraire, un contrat spécial, dans lequel la caisse hypothécaire et les emprunteurs conviennent d'un remboursement composé et annuel du principal et des intérêts; — Que cette espèce de convention, à raison de l'extinction graduelle de la dette, se compose d'autres éléments que le contrat de prêt ordinaire; — Attendu que le crédit par l'administration de la caisse hypothécaire doit, en outre, être combiné avec les primes qu'elle accorde, et que, sous ce rapport, le contrat se trouve mêlé de chances aléatoires; — Que, dès lors, en appliquant purement et simplement à la cause les art. 1 et 5 de la loi du 3 sept. 1807, la cour d'appel de Riom (arrêt du 25 avr. 1833) a fait une fausse application de cette loi, et commis une contravention formelle aux lois et à l'ordonnance royale précitées; — Casse.

Du 21 mai 1834.-C. C., ch. civ.-MM. Portalis, 1er pr.-Vergès, rap.-De Gartempe, av. gén., c. conf.-Moreau et Crémieux, av.

(2) (D... *C.* min. pub.) — La cour; — Attendu que le créancier, en accordant au débiteur une prorogation de délai, ne peut stipuler des intérêts à un taux excédant celui qui est fixé par la loi, sans encourir les condamnations prononcées par les art. 3 et 4 de la loi du 3 sept. 1807; qu'une telle stipulation ne saurait être assimilée au contrat commercial d'escompte, qui est proprement une négociation de créance à prix de endu, et le plus souvent au cours public et variable des valeurs escomptées, puisque cette stipulation ne constitue que la continuation du prêt d'une somme d'argent déterminée à des conditions usuraires, et imposées par une sorte de contrainte morale à celui qui les consent; — Qu'elle ne peut pas davantage être assimilée à une condition pénale; car ces conditions, autant qu'elles sont licites, s'appliquent à un événement futur et non à un événement passé, et sont potestatives de leur nature; tandis que, dans l'espèce, il s'agit d'une stipulation qui n'aurait rien de conditionnel, et qui serait la peine non d'un événement que les parties intéressées peuvent toujours empêcher de se réaliser, mais d'un événement déjà consommé, le défaut de payement à l'échéance fixée. D'où il suit que le jugement attaqué a fait à l'espèce une juste application de la loi du 3 sept. 1807; — Attendu que les circonstances déclarées constantes par les juges du fait ne peuvent être révoquées en doute devant la cour de cassation, et qu'aucune preuve contre la décision irréfragable de ces juges ne saurait être admise devant la cour; — Rejette le pourvoi.

Du 15 avr. 1826.-C. C., ch. crim.-MM. Portalis, pr.-Ollivier, rap.

au prêteur, et que la somme qu'il a reçue n'en soit une juste compensation (Pothier, nº 90).

223. *Intérêts retenus en dedans ou réunis au capital.* — L'usure peut être déguisée sous une stipulation d'intérêt légal, mais reportée à une époque antérieure au prêt. Soit que les intérêts aient été retenus d'avance par le prêteur, soit qu'ils aient été réunis à la somme portée dans l'acte, comme cela se pratique quelquefois pour mieux dissimuler l'usure, il suffira de prouver que l'intérêt a excédé le taux légal, pour qu'on doive décider qu'il y a eu usure (V. en ce sens Pothier, nºs 29, 30; Chardon, nºs 485, 486; Duvergier, nº 299; Rolland de Villargue, vº Prêt à intérêts, nº 26; Bedarride, Dol et Fraude, nº 1153; Paignon, Opérat. de banque, nº 282). — Jugé, par application de ces principes: 1º que l'intérêt est usuraire par cela seul qu'il a été pris en dedans, c'est-à-dire retenu sur le capital au moment du prêt (Agen, 12 mai 1853, aff. Saint-Amans, D. P. 54. 2. 181; 19 juill. 1854, aff. Jumin, D. P. 55. 2. 164), même lorsque l'intérêt en dedans est appliqué à la perception de l'intérêt légal (Crim. rej. 28 avril 1855, aff. Chevalier, D. P. 55. 1. 264; Dijon, 17 fév. 1855, même affaire, *eod.*, rés. impl.); — 2º Et qu'il en serait ainsi même en matière commerciale (Agen, 12 mai 1853, aff. Saint-Amans, D. P. 54. 2. 181), ce qui est évident, puisqu'alors l'intérêt dépasserait 6 p. 100.

224. Toutefois, il en serait autrement si, dans la convention, il existait des conditions ayant un caractère aléatoire. C'est ainsi qu'il a été jugé que le prêt consenti à des conditions aléatoires qui exposent le prêteur à un préjudice éventuel, rend licite la stipulation à son profit, outre l'intérêt légal, d'avantages particuliers tels que la concession d'actions sociales destinée à compenser les pertes qu'il peut subir et le gain légitime dont il peut être privé: on ne saurait voir dans un pacte semblable un prêt usuraire déguisé (Req. 13 août 1845, aff. Vrau, D. P. 46. 1. 35).

225. *Clause pénale.* — Au principe général que les parties ne peuvent convenir d'un intérêt plus fort que l'intérêt légal, ne doit-il pas être fait exception pour l'hypothèse où le débiteur s'est porté garant de certains faits, lorsque, par exemple, il a souscrit une clause pénale pour le cas où il ne rembourserait pas au terme fixé, de manière à assurer au créancier l'exercice d'un réméré, à prévenir une contrainte par corps, ou toute autre circonstance contre laquelle le créancier avait intérêt à être prémuni? — Delvincourt (p. 833, note) semble repousser toute convention de ce genre, qui lui paraît ouvrir une trop large part aux chicanes et aux fraudes. — Il a été jugé, en ce sens, que, dans une obligation qui se borne au payement d'une certaine somme, il ne peut être stipulé, par une clause pénale, que, faute de payement au terme fixé, le débiteur payera au créancier une somme supérieure à l'intérêt légal (Liége, 9 mars 1826) (1). — Toullier (t. 6, nº 267) pense, au contraire, que la stipulation reconnue valable par Domat et Pothier, nº 172, est conforme aux lois, parce que le débiteur, qui a connu l'événement garanti, est en faute de n'avoir pas payé au terme convenu. M. Duranton, t. 10, nº 488, penche aussi pour la validité de pareilles conventions; toutefois il ajoute, avec une sage circonspection, que ces stipulations, pouvant facilement être usuraires, les tribunaux doivent chercher, dans les circonstances, la preuve que la somme ou la peine stipulée a réellement eu pour objet un dommage prévu, et non l'augmentation de l'intérêt. — V. Obligat. (cause).

§ 2. — *Caractère de l'usure en matière commerciale.*

226. Les dispositions des art. 1 et 2 de la loi de 1807 (V. p. 805) démontrent que la loi n'est pas moins rigoureuse en matière commerciale qu'en matière civile; tout ce qui excède 6 p. 100 est usuraire. De même que l'usure peut se manifester dans presque toutes les transactions civiles, on peut aussi en suivre et saisir les traces dans toutes les transactions commerciales particulièrement dans les escomptes, change, provisions ou commissions, ouvertures de crédit, comptes courants. — Nous allons examiner successivement ces divers modes de procéder.

227. *Escompte, change.* — La question de savoir quand l'escompte a un caractère légal ou usuraire présente assez souvent des difficultés. — Cependant on est généralement d'accord pour admettre la légalité de l'escompte, lorsqu'il se renferme dans les usages admis par le commerce. — Ainsi, lorsqu'un banquier fournit les fonds avant l'échéance d'un billet souscrit *par un tiers*, et passé à l'ordre du banquier par le porteur de ce billet, et prélève pour cette avance une somme supérieure au taux légal, il ne peut pas y avoir là un intérêt usuraire, puisque ce qui excède le taux légal, ne constitue que le salaire dû au banquier pour ses soins, écritures et faux frais, lorsque ce salaire est conforme aux usages admis dans le commerce. — Pothier a dit (Traité du prêt, nº 128): « Il y a une très-grande ressemblance entre l'escompte et l'intérêt »; mais il y a aussi une très-grande différence entre le prêteur et le banquier qui escompte. — Le prêteur consent réellement à confier son argent à l'emprunteur pour un temps déterminé. — Le banquier qui escompte un billet achète au contraire une créance sur un tiers, et comme 20,000 fr., payables dans un an, ne valent pas 20,000 fr. payables actuellement, il ne consent à remettre l'argent en échange du billet qu'en donnant un prix inférieur à la valeur nominale de ce billet. — Le banquier calcule avec raison, le temps que le billet aura à courir, le degré de solvabilité du souscripteur; et l'escompte variera ou diminuera suivant cette solvabilité plus ou moins assurée. — Il est donc juste que l'emprunteur qui cède le billet au banquier qui l'achète, compense, par une remise sur le chiffre du billet, le délai qui doit courir avant l'échéance, et couvre ce banquier des dangers d'un recouvrement toujours incertain (Conf. Scaccia, § 1, q. 1, nºs 431, 433; q. 7, p. 1, nº 8; § 1, q. 1, nº 432). — «Dans tous les cas, ajoute M. Troplong (Traité du prêt, nº 371), le porteur du billet qui vend sa créance, ne contracte pas l'obligation de rendre, caractéristique du prêt.» — Le banquier, dit encore avec raison le même auteur (*eod.*) devient propriétaire de l'effet au même titre que s'il eût acheté tout autre meuble, il l'utilise comme il l'entend, et il n'a plus affaire avec le cédant qu'autant qu'il y a matière à garantie. — En résumé, sur ce point délicat et dans les cas que nous venons de signaler, l'escompte n'est plus un simple prêt, mais une vente, une cession de créance; les parties sont libres d'en fixer le prix eu égard au temps qui doit s'écouler jusqu'à l'échéance, aux chances de non-payement par le souscripteur et par l'endosseur garant solidaire, au cours présent de la valeur de l'argent et enfin au cours présumé de cette valeur, pour l'époque de l'échéance: l'escompte n'est pas ici un payement d'intérêts, mais la différence entre la valeur nominale de l'effet négocié et sa valeur réelle. Ainsi, en un tel cas, l'application de la loi de 1807 n'aurait plus de base et doit être repoussée. — Si le banquier, disent avec beaucoup de sens M. Bédarride (Traité du dol et de la fraude, t. 2, p. 461, et M. Troplong, Prêt, nº 382), étaient obligés de distraire des 6 p. 100 d'intérêt, l'indemnité de ses frais de loyer, de bureau, de correspondance, de salaire de ses commis, il ne profiterait pas en réalité des 6 p. 100 auxquels on reconnaît qu'il a droit. — Dans l'hypothèse que nous signalons ici pas un seul capitaliste certainement ne consentirait à être banquier.

Toutefois des auteurs très-estimés ont contesté la légitimité des escomptes, en tant que leur taux dépasserait celui de l'intérêt légal. — La commission, l'escompte, le change, ont-ils dit,

(1) (N... C. N...) — LA COUR; — Attendu que, suivant l'art. 1153 c. civ., les dommages-intérêts, résultant du retard dans l'exécution des obligations qui se bornent au payement d'une certaine somme, ne consistent jamais que dans la condamnation aux intérêts légaux; — Attendu que cette règle, conçue en termes généraux, et insérée sous le titre des contrats ou des obligations conventionnelles en général, est applicable aux diverses espèces de conventions, à moins que la loi n'y ait expressément dérogé pour l'une d'elles;

Attendu que l'article 2047 du code Napoléon, qui permet d'ajouter à une transaction la stipulation d'une peine contre celui qui manquera de l'exécuter, ne renferme rien dont on puisse induire cette dérogation expresse, dans le cas où une transaction impose l'obligation de payer une certaine somme, et ne contient une peine que contre l'inexécution de cette obligation; — Attendu que, dans l'espèce, la stipulation d'une clause pénale de 300 fr. a pour objet les dommages-intérêts à résulter du retard dans l'exécution de l'obligation de payer une somme de 758 fr. dont l'intimé s'était, en outre, stipulé les intérêts légaux; — Attendu qu'une pareille clause est évidemment contraire à l'art. 1153; — Émendant, etc.

Du 9 mars 1826.-C. sup. de Liége.

ne constituent qu'un intérêt conventionnel; ils ne peuvent donc dans aucun cas atteindre à des proportions autres que celles fixées par la loi de 1807 : en tolérer d'autres, c'est autoriser l'usure (MM. Chardon, t. 3, n° 389; Duvergier, n° 293; Frémery, Etudes sur le droit comm., p. 80); mais nous ne pensons pas qu'on doive s'arrêter à l'opinion trop rigide de ces jurisconsultes, opinion d'ailleurs peu en harmonie avec les besoins journaliers du commerce et de l'industrie.

228. Il y a également escompte licite d'après les usages du commerce, lorsque le créancier fait une remise au débiteur en faveur du payement anticipé qu'il reçoit, par exemple dans le cas où un marchand en détail ou même un simple particulier vient acheter chez un fabricant une marchandise qu'il paye comptant, lorsqu'il pouvait ne la payer qu'à terme. — Le créancier vendeur bénéficie de l'intérêt de trois mois, de six mois de terme qu'il eût accordé, et cependant évidemment il n'y a pas ici un prêt et surtout un prêt usuraire (V. Banquier, n° 28-3°).

229. Enfin, il n'y a pas non plus intérêt usuraire, lorsqu'il y a change, c'est-à-dire lorsque le banquier verse à Paris, par exemple, le prix d'un billet qui n'est payable qu'à Londres. La différence entre la valeur nominale de l'effet et la somme que donne le banquier, est, comme dans le cas précédent, le prix de la négociation de l'effet, d'une place de commerce sur une autre place. Il y a cession de créance, il n'y a pas intérêt (V. Banquier, n°s 29 et suiv.).

230. C'est par application des principes ci-dessus exposés qu'il a été jugé : 1° que les droits perçus par le banquier, en sus des intérêts légaux, pour des opérations de banque, tels que escompte, commission de banque, commission de change, etc., ne sont soumis à aucune autre limitation qu'à celle résultant des usages de commerce, et ils ne sauraient être considérés comme usuraires qu'autant que ces opérations seraient fictives et couvriraient un intérêt excédant le taux légal (Crim. cass. 8 avr. 1825, aff. Després, V. n° 274; 26 août 1825, aff. Désir, V. *eod.*; 16 août 1828, aff. Lebègue, V. *eod.*; Toulouse, 25 juin 1829, aff. Brugnières *C.* Couly; Grenoble, 16 fév. 1836, aff. Charbelet, V. Banquier, n° 46; Crim. rej. 10 avr. 1840, aff. Lesueur, V. n° 232; Bordeaux, 16 janv. 1845, aff. Rullier, D. P. 45. 4. 46); — 2° Que la perception d'un escompte de 10 p. 100 sur le capital prêté n'est pas entachée d'usure, alors que cet escompte est facultatif pour l'emprunteur, et n'a rien de contraire aux statuts (Req. 10 nov. 1851, aff. Gilles-Lagrange, D. P. 52. 1. 94).

231. En ce qui concerne le change, on a jugé : 1° que la loi du 3 sept. 1807 n'étant applicable qu'aux prêts d'argent, l'on ne peut considérer comme intérêt usuraire le droit de change, stipulé au delà de l'intérêt légal, sur des négociations de papiers de commerce et des escomptes de traites, entre deux maisons de commerce, surtout quand la sincérité et la réalité de ces opérations n'est pas contestée (Rej. 4 fév. 1828) (1); — 2° Que l'on ne peut regarder comme perceptions usuraires les frais de change et de rechange excédant l'intérêt légal, payés au preneur de lettres de change, contenant supposition du lieu, par le souscripteur, pour la négociation de ces lettres, alors que cette négociation a eu lieu au profit de ce dernier. En vain dirait-il que ces traites, par la simulation, ont dégénéré en simples promesses (Req. 8 nov. 1825) (2). — Il est à remarquer que, dans cette dernière espèce, malgré la supposition de lieu, il y avait encore eu remise de place en place. — V. encore v° Banquier, n° 35.

232. Lorsque l'escompte est fait, non plus au profit d'un tiers porteur, mais au profit du souscripteur du billet escompté, la solution ne doit plus être la même. Ce n'est là en réalité qu'un prêt commercial (V. Banquier, n° 34). — Il suit de là qu'un pareil escompte ne peut excéder 6 p. 100. On dit, il est vrai, que l'argent est ici une marchandise vendue plus ou moins cher au souscripteur du billet suivant que le prêteur court des chances plus ou moins certaines d'en recevoir ou de n'en pas recevoir le prix dans la suite, suivant même les avantages commerciaux que pourra en tirer l'emprunteur. — On ajoute qu'il entre aussi dans l'escompte une sorte de composition particulière (Pardessus, t. 2, n° 471) contenant indemnité pour l'escompteur des frais généraux de sa profession. — Mais la loi ne permet pas au prêteur de fixer une prime en raison des chances qu'il court ou des avantages que l'emprunteur pourra recueillir. Elle a regardé cette faculté comme pouvant être l'occasion de graves abus, comme dangereuse, et elle l'a proscrite. — Quant à l'argument qu'on prétend tirer des frais particuliers auxquels le banquier est exposé par suite de sa profession, on peut répondre que la loi ne protége pas plus le banquier que le simple particulier. Elle lui concède pour les prêts qu'il fait la faveur du taux commercial, c'est tout ce qu'elle a voulu faire pour lui (Conf. Duvergier, du Prêt, n° 296; Fremery, Etudes sur le droit commercial, p. 79 et suiv.). — Ainsi on décide que le banquier qui fournit les fonds, non aux endosseurs,

---

(1) (Dufay *C.* Dubuisson.). — La cour; — Sur le moyen concernant l'arrêt du 12 mai 1824 (de la cour de Caen); — Attendu qu'il est jugé, en fait, dans l'espèce, et reconnu même par le demandeur, que les opérations intervenues entre les deux maisons de commerce Crepin et Dubuisson n'ont pas eu pour objet un prêt d'argent, mais des négociations de papiers et des escomptes de traites sur Paris, et quelquefois sur Rouen; — Qu'en accordant, par suite, un droit de change sur ces négociations indépendamment de l'intérêt commercial, l'arrêt attaqué n'a nullement violé la loi du 5 sept. 1807, qui n'est point applicable à ces sortes de négociations, surtout quand la sincérité et la réalité ne sont pas même révoquées en doute; — Sans qu'il soit besoin de s'arrêter à l'interlocutoire demandé; — Rejette.

Du 4 fév. 1828.-C. C., ch. civ.-MM. Brisson, pr.-Legonidec, rap.-Cahier, av. gén., c. conf.-Bruzard et Nicod, av.

(2) *Espèce :* — (Paraize *C.* Roussier.) — En 1817, 1818, 1819 et 1820, Paraize, d'Avignon, a tiré plusieurs lettres de change datées de Marseille, sur Blavet, d'Avignon, et à l'ordre de Roussier, de Marseille, à qui Paraize envoyait ces effets. — En 1820, lors de la liquidation des comptes entre Roussier et Paraize, celui-ci a prétendu que Roussier avait exigé, pour la négociation des traites, un intérêt excessif et usuraire, sous la couleur d'un change et rechange qui n'était pas dû. En conséquence, il a demandé contre lui la restitution de 3,555 fr., montant des sommes payées au delà de 6 p. 100; il s'est fondé en outre sur ce que les traites ne contenaient aucune remise de place en place; qu'elles avaient été tirées d'Avignon et non de Marseille, et que Blavet n'avait servi qu'à masquer une opération usuraire. — Le 21 juin 1821, jugement du tribunal de commerce de Marseille qui, considérant qu'à la vérité il y a eu supposition de lieu dans les traites souscrites par Paraize, qui les datait de Marseille, tandis qu'il demeurait à Avignon; mais que ces effets étaient par lui envoyés à Marseille où ils devaient être négociés par Roussier; qu'ainsi ces effets, à cause de la supposition de lieu, dégénéraient en mandats, dont la négociation, faite sur place tierce, donnait également lieu à la perception du change; qu'il suffit, en règle générale, que la négociation de l'effet soit faite sur place tierce et qu'il y ait remise d'argent de place en place, pour que le contrat de change subsiste, et qu'il y ait par conséquent lieu à change; — Que, d'autre part, le change n'a pas de cours fixe et réglé; qu'il varie suivant le lieu, l'abondance du papier, les signatures dont il est revêtu, etc.; — Enfin que, sur le tout, Paraize était instruit, avant chaque opération, de la perte que ces effets allaient supporter à la négociation; qu'il y a consenti et qu'il ne peut s'en plaindre; — Rejette sa demande.

Appel. — Le 6 mai 1823, arrêt confirmatif de la cour d'Aix.

Pourvoi par Paraize pour violation de l'art. 112 c. com., des art. 1874, 1895 c. civ., et de la loi du 3 sept. 1807. — Dans l'espèce, a-t-il dit, la supposition de lieu est reconnue; les lettres de change étaient donc de simples promesses, aux termes de l'art. 112 c. com. Dès lors les conventions qu'elles expriment n'avaient plus le caractère commercial; c'étaient des obligations purement civiles, des prêts tels qu'ils sont autorisés par l'art. 1874 c. civ. Or, la loi du 3 sept. 1807, sur l'usure, ne permet pas que les sommes prêtées produisent un intérêt au-dessus de 5 p. 100; tout ce qui a été perçu au delà devait être restitué. — Quant à la considération que les lettres de change auraient été négociées sur place tierce et à l'assimilation qui en a été faite à un mandat, on sent que c'est là violer les principes, donner des effets à la simulation et favoriser l'usure, en dénaturant l'intention des parties qui, dans la souscription de ces lettres, n'ont pu voir que la garantie d'un prêt commercial. — Arrêt.

La cour; — Attendu qu'il résultait des faits de la cause et de la correspondance entre les parties qu'il avait existé entre elles une négociation d'effets, d'où étaient nées diverses opérations de change, courtage et rechange, dont les frais (à la charge du demandeur, tireur ou souscripteur originaire, des effets créés pour son profit et dans son intérêt), ne pouvaient être assimilés à des intérêts prétendus usuraires ni être restitués après compte fait entre les parties, sous le vain prétexte de l'imperfection de ces effets qui n'étaient plus dans le commerce; d'où il suit que la cour d'appel n'a pu, dans l'arrêt attaqué, ni méconnaître l'art. 112 c. com. ni violer les art. 1874, 1895 c. civ., et la loi du 3 sept. 1807, articles et loi entièrement inapplicables à la question jugée sainement dans l'arrêt attaqué; — Rejette.

Du 8 nov. 1825.-C. C., sect. req.-MM. Henrion, pr.-De Gartempe, r.

mais aux souscripteurs eux-mêmes, des effets qu'ils veulent faire escompter, qui n'ignore pas que les tiers sont des endosseurs de complaisance, qui se prête au renouvellement successif des effets pour lesquels il prend un nouveau droit de commission et exige des hypothèques pour sûreté des crédits qu'il ouvre sur sa caisse, ne se rend pas, dans ces circonstances, coupable du délit d'usure, pourvu que ces opérations n'aient pas eu pour but de déguiser des prêts usuraires (Crim. rej. 10 avr. 1840) (1).

232. Mais, il a été décidé en sens contraire : 1° que de simples contrats de prêt et non des opérations de change, ont pu être déclarés résulter de ce que, entre deux commerçants en compte courant, dont l'un avait ouvert un crédit à l'autre, le créditeur, au lieu de recevoir en payement des valeurs ou remises sur des tiers présentant quelques chances aléatoires, se bornait à retirer de la circulation les effets souscrits par le crédité, acquittait les traites payables à son propre domicile, et recevait pour règlement de ces avances un billet à ordre souscrit par le crédité, payable au domicile de celui-ci, billet qui n'était pas mis en circulation, mais formait le débet du compte courant... et, par suite, l'arrêt qui refuse au créditeur, sur de telles opérations, l'allocation des droits d'escompte ou de commission et ne lui attribue que l'intérêt légal du commerce, ne saurait tomber sous la censure de la cour de cassation (Rej. 16 mai 1838) (2); — 2° Que l'escompte est réputé usuraire, et, par suite, sujet à répétition, lorsqu'il a été exigé du souscripteur d'un effet négociable, indépendamment de

(1) *Espèce :* — (Min. pub. *C.* Lesueur.) — Le sieur Lesueur, ex-huissier et aujourd'hui banquier à Rochefort, est prévenu d'usure dans les opérations diverses auxquelles il s'est livré. Plusieurs faillites s'étant déclarées dans l'arrondissement, et Lesueur y figurant comme créancier de sommes importantes, le ministère public provoque une instruction à l'effet de vérifier les faits qui lui sont imputés. — A la suite de cette instruction, Lesueur est traduit devant le tribunal correctionnel comme contrevenant aux dispositions de la loi du 3 sept. 1807.

Jugement qui condamne le prévenu à 12,000 fr. d'amende.

Appel de la part de Lesueur et appel *a minimâ* de la part du ministère public. — 31 janv. 1840, jugement du tribunal de Saintes qui renvoie le prévenu des fins de la plainte, en ces termes : — « Attendu qu'en supposant que Lesueur, banquier, ait fourni des fonds non aux endosseurs (le jugement d'appel répond point par point aux motifs du jugement qu'il infirme), mais aux souscripteurs de certains billets; que ces billets aient été payables à son domicile; qu'il sût que les tiers n'étaient que des endosseurs de complaisance; qu'il se soit prêté au renouvellement successif de billets pour lesquels il exigeait un nouveau droit de commission; qu'enfin il ait parfois exigé des affectations hypothécaires pour sûreté des crédits qu'il ouvrait sur sa caisse; — Tous ces faits pouvant légitimement rentrer dans le cercle des opérations commerciales, ne sauraient par eux-mêmes, et, indépendamment de toute autre preuve, faire présumer l'usure; — Attendu qu'il ne résulte pas des débats que les nombreuses opérations auxquelles s'est livré Lesueur, en sa qualité de banquier, aient eu pour but de déguiser des prêts usuraires... »

Pourvoi. — Le demandeur soutient que, lorsqu'il s'agit d'un billet transmis par voie d'endossement à un tiers qui veut ensuite le convertir en argent chez un banquier, celui-ci est maître d'en arbitrer la valeur commerciale, mais qu'il n'en saurait être de même dans le cas où c'est le souscripteur même qui reçoit les fonds du banquier. Ce dernier consent alors un véritable prêt pour lequel la loi ne lui permet pas d'imposer des conditions rigoureuses jusqu'à l'abus.

On a répondu d'abord pour le défendeur que le jugement attaqué écartant, en fait, le reproche d'usure comme non prouvé, comme ne devant pas même être présumé en l'absence de toute preuve, la cour de cassation ne saurait être saisie de cette déclaration. On a soutenu ensuite que les droits de commission perçus par le banquier, outre l'intérêt légal, sont parfaitement licites toutes les fois qu'il est constant, comme dans l'espèce, que ces perceptions ne sont pas usuraires. — Arrêt.

LA COUR; — Attendu que, d'après la déclaration du jugement attaqué, il n'est point résulté des débats que les nombreuses opérations auxquelles s'est livré Lesueur, en sa qualité de banquier, aient eu pour but de déguiser des prêts usuraires; — Qu'en cet état des faits, le tribunal supérieur de Saintes, en renvoyant ledit Lesueur des poursuites du ministère public, n'a point violé les dispositions de la loi du 3 sept. 1807; — Rejette.

Du 10 avr. 1840.-C. C., ch. crim.-MM. Crouseilhes, pr.-Vincens, r.

(2) *Espèce :* — (Prat *C.* Prades et fils.) — En 1809, un crédit fut ouvert aux sieurs Prades établis à la Bruguière, près de Castres, par la maison Prat aîné, de Castres, laquelle recevait en payement, soit des effets à échéance, soit des fonds, soit des lettres de change qu'elle encaissait. — De temps à autre, le compte courant était réglé entre les parties, et le débet établi à la charge des sieurs Prades était couvert par leur billet; le billet n'était pas mis en circulation; il servait à commencer le compte courant. — En 1814, la maison Prades suspendit ses payements, et obtint un concordat de ses créanciers : le sieur Prat aîné était du nombre. Le 17 mars de la même année, il se fit souscrire par le sieur Prades l'engagement d'acquitter la totalité de sa créance. — En 1818, Prat aîné père mourut. — Son fils aîné continua avec la maison Prades la série d'opérations commencées avec la maison de son père, dont il avait été l'associé, toujours sous la raison sociale Prat aîné. — Un premier compte courant fut réglé le 27 nov. 1819, l'autre le 20 fév. 1826. Le dernier arrêté constituait les sieurs Prades débiteurs d'une somme de 3,958 fr. — C'est par suite de cet arrêté de compte que toutes les opérations des deux maisons furent remises en question. Les sieurs Prades s'étant refusés au payement de ce reliquat de compte, une instance s'engagea, d'abord sur la question de savoir à partir de quelle époque les comptes devaient être vérifiés; soit depuis 1818, selon Prat aîné, époque à laquelle son père était mort et la société dissoute; soit, selon les sieurs Prades, à partir de 1809, puisque Prat aîné fils avait continué sous la même raison sociale les mêmes opérations. — 9 mars 1827, jugement qui accueille la prétention de Prat aîné. — Appel des sieurs Prades. — 7 mai 1829, arrêt interlocutoire qui ordonne la vérification de tous les comptes depuis 1809 jusqu'en 1826, sous la raison Prat aîné. — Ces comptes embrassaient plusieurs périodes : 1° les opérations comprises jusqu'à la faillite de 1814. — Sur ce point, les sieurs Prades réclamaient la répétition d'intérêts usuraires perçus par Prat aîné, lequel prétendait que ces opérations constituaient des contrats de change dont les différences n'étaient pas réglées par la loi du 3 sept. 1807; — 2° Les opérations de 1814 à 1818. — Pour faire comprendre dans son compte les intérêts excédant 5 p. 100, le sieur Prat invoquait le décret du 18 janv. 1814 qui permettait de stipuler des intérêts excédant le taux fixé par la loi de 1807; — 3° Les opérations de 1818 à 1826. — Le sieur Prat aîné ne stipulait pour ses avances qu'un intérêt de 6 p. 100, mais il se créditait d'un quart de commission sur le montant de la somme qui formait le solde des comptes arrêtés. — Préalablement, il repoussait les demandes reconventionnelles des sieurs Prades, depuis 1809 jusqu'en 1818, 1° en ce que la société de 1809 avait cessé d'exister en 1818 par le décès de Prat aîné son père; 2° en ce qu'ils avaient acquiescé au mode d'opérer dont ils repoussaient les conséquences. — Enfin il opposait la prescription tirée de l'art. 189 c. com., pour toutes les opérations accomplies cinq ans avant la demande en reddition de compte.

16 janv. 1835, arrêt définitif de la cour d'appel de Toulouse, qui déclare que c'est sans droit qu'Henri Prat ou son auteur se sont crédités depuis 1809 jusqu'en 1826 pour les sommes dont ils étaient en avance, ou qu'ils prêtaient aux appelants, d'intérêts supérieurs, savoir pour les sommes dues à l'auteur de l'intimé pour complément de sa créance d'après les accords du 17 mars 1814 au taux de 5 p. 100, et pour tout le reste à celui de 6 p. 100.

Les motifs de cet arrêt sont ainsi conçus : — « Attendu que, s'il est constant que les demandes des appelants portent sur des opérations ou des arrêtés de compte faits avec la société dont le principal intéressé était Prat aîné décédé en 1818, non-seulement il n'est pas justifié que cet événement, qui devait amener la dissolution de la société, ait été dénoncé aux tiers qui traitaient avec elle, mais les actes du procès prouvent que la même raison sociale a depuis cette époque continué à désigner cette maison; que si Henri Prat, intimé, qui prétend aujourd'hui être devenu le chef de la nouvelle maison qui, après le décès du père commun, fut formée entre ses enfants, a signé quelques lettres missives ou comptes, il consacrait autant qu'il était possible l'existence de l'ancienne maison en faisant précéder sa signature de ces mots : *par procuration de Prat aîné;* qu'enfin à cette masse imposante de faits vient se joindre l'autorité irréfragable de la chose jugée; car il résulte en termes exprès de l'arrêt rendu entre les parties le 7 mai 1829 que la maison Prat aîné a seule été constamment depuis 1809 jusqu'en 1826 en relation d'affaires avec les appelants; — Attendu que les appelants demandant la restitution des sommes ou des valeurs indûment payées ou remises à l'intimé, la durée de leur action n'a d'autre limite que celle que les principes généraux du droit accordent aux actions ordinaires; que cette demande n'est d'ailleurs formée que par voie d'exception; qu'ainsi les dispositions de l'art. 189 c. com., ne sauraient la faire proscrire; qu'il en est de même du motif tiré du prétendu acquiescement donné par les appelants au mode d'opérer de la raison Prat aîné, puisque, ainsi qu'il sera dit ci-après, l'acquiescement ou le silence ne pourrait produire ce résultat; et qu'ainsi le règlement du 7 nov. 1818 ne saurait constituer une fin de non-recevoir;

» Attendu, au fond, qu'il résulte des vingt-deux comptes produit et qui embrassent les opérations faites entre les appelants et la société Prat aîné depuis 1809 jusqu'en 1814, 1° que Prat aîné s'y est constamment crédité pour les sommes dont il était en avance, d'un intérêt constamment supérieur à 6 pour 100, et presque toujours porté à 9 pour 100 : — 2° Qu'en fait, le solde en faveur dudit Prat était toujours balancé par un bon à son ordre souscrit par les appelants : — 3° Que cet effet, quoique négociable, demeurait dans les mains du premier, puisqu'il for-

l'intérêt au taux légal, par le créancier au profit de qui l'effet a été directement souscrit et qui a remis les fonds, encore bien que le souscripteur se livrerait à des spéculations industrielles, et qu'on dirait que l'escompte prélevé doit être considéré comme faisant partie des frais de l'entreprise; et que l'on doit regarder comme souscrit directement au créancier le billet qui a été endossé à son ordre par l'associé du souscripteur au profit duquel celui-ci l'avait créé, dans le but de simuler une négociation préalable (Cass. 27 nov. 1843) (1).

Cette jurisprudence établit fort bien la distinction entre l'es-

---

mait toujours le commencement du débet du compte suivant; — Attendu que la seule induction que l'on puisse tirer de ces deux dernières circonstances est que, respectivement aux appelants, Prat aîné n'était qu'un bailleur de fonds qui, d'après l'art. 2 de la loi du 3 sept. 1807, ne pouvait jamais avoir droit à un intérêt supérieur à 6 pour 100; — Attendu que, pour soustraire ce mode de liquidation à cette circonstance, l'intimé objecte vainement soit que toutes ses opérations avec les appelants n'ont été que des contrats de change qui ne tombent pas sous le coup des prohibitions de la loi du 3 sept. 1807, puisqu'en admettant cette assertion comme principe judiciaire, il est impossible de reconnaître un semblable caractère à ces opérations; mandataire ou *negociorum gestor* des appelants, Prat aîné retirait de la circulation les traites émises par les premiers, ou acquittait celles dans lesquelles les tireurs appelants avaient indiqué chez lui leur domicile: ceux-ci devaient donc lui rembourser et le principal des sommes payées pour eux et l'intérêt de ce principal à partir du jour où, pour leur utilité seule, Prat aîné s'était dessaisi de ses propres fonds; que, pour qu'un contrat de change eût pu résulter de ces opérations, il eût été nécessaire que les appelants s'en fussent libérés en remises ou valeurs dont le recouvrement pût présenter quelque chance aléatoire; mais qu'il est impossible d'attribuer aux bons payables à leur domicile ou au domicile de Prat aîné un pareil caractère; — Que l'approbation successive donnée à ces divers comptes s'oppose à de semblables réclamations, puisque la perception d'intérêts usuraires étant une violation d'une disposition prohibitive de la loi, ne peut jamais être couverte par le silence ou l'acquiescement, et que d'ailleurs la loi du 3 sept. 1807 ne libère pas seulement le débiteur des engagements par lesquels il s'est soumis à payer des intérêts usuraires, mais l'autorise à répéter ceux qu'il a payés (Suit l'appréciation des comptes depuis 1814 jusqu'en 1818); — Et attendu, que, dans les comptes renfermés dans cette période, l'intimé s'y crédite constamment d'intérêts calculés soit à 7 et demi soit à 8 pour 100; que ce taux est évidemment excessif, puisqu'une partie de la dette des appelants, celle représentant ce qui, indépendamment des dividendes, devait revenir à Prat aîné pour former le complément intégral de sa créance, n'était, d'après l'accord même du 17 mars 1814, qui lui avait garanti le complément possible, que de l'intérêt de 5 pour 100, et que le surplus formant une dette commerciale n'en comportait qu'au taux de 6 pour 100;

» Attendu que, pour soustraire ses opérations à l'empire de ces principes, l'intimé invoque vainement les dispositions du décret du 18 janvier 1814; car en admettant que cet acte éphémère, et dont l'inconstitutionnalité n'a point été couverte par une application usuelle dont il a toujours été dépourvu, pût être considéré comme ayant légalement pris place dans la législation judiciaire, il ne serait pour eux d'aucun secours; car 1° pour pouvoir s'en prévaloir, il fallait, d'après le § 2 de son art. 1, une stipulation expresse d'intérêts conventionnels, et aucune justification n'a été faite sous ce rapport par l'intimé; — 2° Son effet devait cesser au 1er janv. 1815, et le premier règlement fait entre les parties le 19 juill. 1816 soumet à l'intérêt de 7 et demi pour 100 le temps postérieur à la première de ces époques; —Attendu que les parties ayant, dans les premiers jours de l'année 1820, réglé et déterminé, ainsi que le prouve la lettre du 20 février, le droit de l'intimé à raison du crédit qu'il ouvrait aux appelants, les comptes courants qui en sont le résultat doivent être appréciés d'après ces bases; qu'ainsi, c'est avec raison que le premier y bonifie ses avances d'un intérêt de 6 pour 100, et qu'il n'encaisse les valeurs fournies par les seconds, et n'en crédite ceux-ci que quinze ou vingt jours après leur échéance; mais que c'est sans motif qu'il se crédite encore à titre de commission d'un quart sur le montant de la somme faisant le solde du compte d'agio, soit parce qu'aucune convention n'était à cet égard intervenue entre les parties; soit parce que, fût-elle intervenue, elle serait illicite, puisque, d'après les usages généralement adoptés dans le commerce, la prolongation du délai pour l'encaissement tenant lieu du droit de commission, son concours avec le premier mode ne serait évidemment qu'un moyen détourné pour éluder les dispositions de la loi prohibitive de tout intérêt usuraire.»

Pourvoi de Prat aîné. — 1°... 2°... Violation des art. 1844 et 1865 c. civ., contravention à l'art. 46 c. com., et, par suite, violation de l'art. 1289 c. civ.; — En ce que l'arrêt attaqué a décidé qu'une société commerciale dont la durée n'avait pas été fixée par l'acte social, avait continué d'exister même après le décès de l'un des associés, et par suite a mis à la charge d'une seule raison sociale des obligations distinctes de la société dissoute et de celle reconstituée, par le motif que la mort de l'associé n'avait pas été notifiée aux tiers, et qu'ils avaient dû ignorer le changement survenu dans l'acte de société... — A quoi l'on répondait qu'il ne s'agissait pas de savoir si les publications prescrites par l'art. 46 c. com. étaient ou non obligatoires, mais que la cour avait simplement à décider une question de bonne foi, à savoir que le demandeur avait continué sous la même raison sociale les opérations commencées par son père, et que, par conséquent, les défendeurs avaient été autorisés à croire la même raison sociale responsable de toutes ses œuvres.

3° Violation du décret du 18 janv. 1814, qui suspend la loi de 1807 relative à l'intérêt légal de l'argent.

4° Fausse application et violation de la loi du 3 sept. 1807; — En ce que l'arrêt attaqué a considéré comme intérêt usuraire un droit de commission pris par le demandeur pour ses opérations de banque et considéré celui-ci comme un simple bailleur de fonds qui n'avait droit qu'à un intérêt de 6 pour 100, tandis que ce droit de commission résultait de la nature même des opérations, puisque le demandeur escomptait tous les billets des défendeurs et qu'il était motivé sur la perte du papier contre l'argent, sur la perte résultant du temps à courir avant l'échéance ou le payement, et sur les frais que pouvait entraîner le recouvrement. — Arrêt.

La cour; — Attendu, sur les premier et deuxième moyens, que, si la première société, sous la raison Prat aîné, a fini, aux termes de l'art. 1865 c. civ., par la mort naturelle de Prat père, qui en était le chef, il n'est pas besoin d'examiner si, d'après l'art. 46 c. com., la dissolution, ainsi opérée, de cette société, a dû être soumise aux formalités prescrites pour que les tiers en aient connaissance, lorsque la cour royale déclare qu'il résulte des faits et circonstances de la cause, que Henri Prat, demandeur en cassation, qui a établi la seconde société sous la même raison Prat aîné, a tout fait pour retenir les tiers dans la persuasion qu'elle était la continuation de la première société; d'où la conséquence qu'en refusant au demandeur en cassation le droit de se prévaloir de cette dissolution, la cour royale n'a fait que juger une question de bonne foi;

Attendu, sur le troisième moyen, que le décret du 18 janv. 1814, qui avait force de loi, exige qu'il y ait stipulation expresse d'un intérêt supérieur au taux légal fixé par la loi du 3 sept. 1807, et que la cour royale déclare, en fait, qu'il n'est pas prouvé que cette stipulation ait eu lieu;

Attendu, sur le quatrième moyen, que, par une convention du 17 mars 1814, les parties ont consenti à la réduction de l'intérêt à 5 pour 100; — Que, si le demandeur en cassation prétend que cette convention a cessé d'exister par une convention ultérieure, la cour royale reconnaît et déclare le contraire; — Qu'elle reconnaît et déclare également qu'il n'y a eu entre les parties que des contrats de prêt, que le sieur Prat n'a été qu'un simple bailleur de fonds, et que les billets que lui ont fournis le sieurs Prades, pour solde de leurs règlements de comptes, ne présentaient point de remise de place en place, et n'ont jamais été mis en circulation; — Attendu que cette appréciation (d'après l'ensemble des faits et circonstances de la cause) des opérations intervenues entre le demandeur et les défendeurs en cassation, appartenait exclusivement à la cour royale; — Qu'il suit de ce qui précède, qu'en déclarant que c'est sans droit ni qualité que Henri Prat ou son auteur se sont crédités dans leurs divers comptes, pour les sommes dont ils étaient en avance, ou qu'ils prêtaient aux Prades, d'intérêts supérieurs, savoir: pour les sommes dues à Prat père, d'après les accords du 17 mars 1814, au taux de 5 pour 100, et pour tout le reste à celui de 6 pour 100, l'arrêt attaqué n'a pas violé les art. 1865, 1866 c. civ., l'art. 46 c. com., l'art. 1289 c. civ., le décret du 18 janv. 1814, la loi du 3 sept. 1807, et n'a pas faussement appliqué cette dernière loi; — Rejette.

Du 16 mai 1838.-C. C., ch. civ.-MM. Portalis, pr. prés.-Ruperou, rap.-Laplagne, 1er av. gén., c. conf.-Mandaroux et Galisset, av.

(1) *Espèce*: — (Noël et Leramberg C. Ravel et comp.) — Dans les années 1821, 1822 et 1823, les sieurs Noël et Leramberg, s'étant livrés à des entreprises de constructions, eurent recours aux sieurs David, Ravel et comp., banquiers à Paris, pour obtenir les fonds qui leur étaient nécessaires. Ces fonds leur furent ainsi prêtés: le sieur Noël souscrivit des billets à ordre au sieur Leramberg, et ce dernier les transmit par voie d'endossement à la maison Ravel. Vers 1825, les sieurs Ravel et comp. se trouvaient porteurs de billets Noël et Leramberg, échus et non payés, pour une somme de 115,500 fr.; les affaires des emprunteurs allant en déclinant, les banquiers exigèrent des sûretés hypothécaires. A cet effet, les sieur et dame Noël et le sieur Leramberg se reconnurent débiteurs des sieurs Ravel et comp. par acte passé devant Me Narjot, notaire, le 29 mars 1825, d'une somme de 150,000 fr. et leur conférèrent hypothèque sur une maison en partie construite avec les deniers empruntés, située rue Richer, nos 3 et 5 *bis*. Un acte sous-seing privé explique que la somme alors réellement due n'était que de 115,500 fr. (elle s'accrut postérieurement jusqu'au chiffre de 150,000 fr.). Néanmoins, d'après l'allégation des sieurs Noël et Leramberg, il paraît que la maison Ravel fut intégralement remboursée des 150,000 fr., sur la distribution

compte et l'intérêt du prêt conventionnel, laissant celui-là dans le domaine de la libre convention, tandis qu'elle oblige celui-ci à rester dans les limites posées par la loi du 3 sept. 1807. Ce ne serait qu'en cherchant à équivoquer sur ce qu'on doit entendre par escompte que l'on pourrait faire rentrer dans cette catégorie l'opération spéciale dont il s'agit ici, et que les arrêts précités en excluent formellement. La difficulté consiste donc à reconnaître si la négociation litigieuse comporte ou non l'escompte. Or l'escompte ne peut être légitime, comme on l'a vu, nos 227 et s., qu'à l'occasion de trois opérations distinctes : 1° l'escompte d'un billet souscrit par un tiers et dont le banquier fournit les fonds avant l'échéance, ce qui, dans la réalité, ne constitue qu'une cession de créance (V. n° 227);—L'escompte au profit du débiteur qui paye par anticipation (V. n° 228);—Enfin, 3° le droit de change (V. n° 229).—Si l'on rapproche ces notions de l'espèce particulière dont nous nous occupons en ce moment, on voit que l'escompte a été perçu *sur le souscripteur* par le créancier *à qui l'effet a été souscrit.* —Y avait-il ici *vente*, négociation de cet effet? Non évidemment. Qu'a fait le créancier pour tâcher de dissimuler son usure et chercher à couvrir son opération de l'apparence de la négociation où l'escompte est licite? Il a fait intervenir un tiers, et s'est fait transmettre les billets par ce tiers sur lequel il a opéré l'escompte; mais ce tiers n'était autre, en définitive, que le souscripteur, puisqu'il était son associé, et que le prêt était fait pour la spéculation sociale.

234. *Droit de commission.* — Ce droit est régi par les principes du mandat salarié (V. Banquier, n° 32, où nous examinons tout ce qui concerne ce droit, et les cas dans lesquels il peut être dû). — Il est évident que si le banquier ne justifie d'aucuns soins, d'aucuns travaux, d'aucunes démarches, ce droit ne peut lui être alloué (Req. 12 nov. 1834, V. Banquier, n° 33) et dans ce cas, suivant les circonstances, l'allocation pourrait prendre le caractère d'un intérêt usuraire. Dans le cas contraire le droit est évidemment dû. — En ce qui concerne le droit de commission, il a été jugé 1° qu'un commerçant qui fait, pour un autre commerçant, des négociations et recouvrements de papier, peut exiger de lui, en sus du taux légal des intérêts pour les sommes qu'il avance, un droit de commission proportionnel, par exemple, trois quarts pour cent par mois, sans qu'il résulte de là une perception usuraire (Req. 19 déc. 1827, aff. Thery, V. Acte de com., n° 336); — 2° Que la stipulation faite par un prêteur, d'un droit de commission (de 10 p. 100), indépendamment de l'intérêt légal, comme salaire des soins que la négociation de l'emprunt a nécessités, n'est point entachée d'usure (Rej. 7 mai 1844, aff. Charles, D. P. 51. 5. 536); — 3° Que la stipulation faite par le prêteur, dans un acte d'ouverture de crédit, d'une certaine rémunération au delà de l'intérêt légal, comme prix de démarches qu'il s'engage à faire pour l'emprunteur, ou comme compensation des risques auxquels il s'expose, n'a pas un caractère usuraire (Req. 8 juill. 1851, aff. Dougnac, D. P. 51. 1. 240).—Mais il a été jugé que la quotité du droit de commission perçu dans des opérations de banque peut être réduite par les tribunaux au-dessous du taux réglé par la commission, s'il est établi que ce droit est entaché d'usure, en ce que par exemple il excède les limites des transactions ordinaires de la place (Req. 21 juill. 1847, aff. Alexandre, D. P. 47. 1. 312; Conf. Montpellier, 13 août 1853, M. Calmètes, pr., aff. N... B...).

235. D'un autre côté, il a été jugé que la perception d'un droit de commission, en sus de l'intérêt légal, est usuraire s'il s'agit d'un prêt d'argent purement civil, et cela alors même que le prêteur, simple intermédiaire, aurait opéré avec des fonds appartenant à des tiers : il importerait peu d'ailleurs que le prêt eût été déguisé sous la forme d'une opération de change ou d'escompte; les tribunaux ont un pouvoir d'appréciation souverain pour décider si de telles opérations présentent un caractère sérieux (Agen, 12 mai 1853, aff. Saint-Amans, D. P. 54. 2. 181; Crim. rej. 28 avril 1855, aff. Chevalier, D. P. 55. 1. 264 ; Montpellier, 13 août 1853, M. Calmètes, pr., aff. N... B...).— Il importe peu aussi que le prêteur justifie être imposé à la patente de banquier, cette circonstance, alors surtout qu'elle a été calculée, ne pouvant autoriser des perceptions autres que celles que comporte le caractère même de l'opération (même arrêt Chevalier).—Conf. M. Paignon, Théorie des opérations de banque, n° 3.— V. ce que nous avons dit sur ce point v[is] Banquier, n° 33, et Compte courant, n° 92.

236. En rejetant du compte le droit de commission on peut adjuger au banquier des intérêts au taux de 6 p. 100, bien qu'il n'ait été convenu que d'intérêts à 5 p. 100 (Grenoble, 6 mars

du prix de l'immeuble qui lui avait été hypothéqué. — Les sieurs Ravel et comp. restaient encore porteurs d'un titre de 3,000 fr. contre les époux Noël et le sieur Leramberg, et des poursuites ayant été exercées pour en obtenir le payement, les emprunteurs prétendirent que des intérêts usuraires, qui s'élevaient à des sommes considérables, avaient été illégalement perçus à leur égard, et ils en demandèrent la restitution. — La maison David répondit qu'indépendamment de l'intérêt légal, elle avait effectivement prélevé un droit d'escompte sur les billets qui lui avaient été négociés par les sieurs Noël et Leramberg; mais elle soutint que cette perception constamment usitée dans le commerce, n'avait rien de contraire aux dispositions de la loi sur le taux de l'intérêt en matière de prêt ordinaire. — Ce système fut accueilli par le jugement du tribunal de la Seine du 9 août 1838, confirmé sur appel par arrêt de la cour de Paris, du 18 janv. 1839.

Pourvoi pour violation de la loi du 2 sept. 1807 (art. 1 et 2), en ce que l'arrêt attaqué a décidé que la retenue faite sur des billets à ordre remis au preneur, non par un tiers qui les négocie, mais par le souscripteur lui-même, constitue, quel qu'en soit le taux, un escompte licite, bien que, dans ce cas, il n'y ait point réellement une négociation comportant un véritable escompte, mais un pur contrat de prêt dont l'intérêt ne peut excéder le taux légal. — Arrêt.

La cour; — Vu les art. 1, 2 et 3 de la loi du 3 sept. 1807; — Attendu qu'il est constaté par les qualités de l'arrêt attaqué que Noël et Leramberg se sont livrés, à la fin de l'année 1821 et pendant les années 1822 et 1823, à des constructions sur un terrain qui leur appartenait dans la ville de Paris; qu'ils s'adressèrent à la maison Ravel et comp. de la même ville, pour se procurer les fonds dont ils avaient besoin; — Que celle-ci, vers la fin de mars 1823, se trouvant leur créancière de 115,500 fr., montant des effets que Noël lui avait remis, exigea une affectation hypothécaire, et qu'en conséquence, par acte authentique des 26, 28 et 29 du même mois, produit devant la cour, Noël et Leramberg reconnurent lui devoir 150,000 fr. pour prêt de pareille somme qu'ils déclarèrent en avoir reçue précédemment, et avoir employée à bâtir une maison qu'ils hypothéquèrent par le même acte, au payement de cette dette; — Attendu qu'il résulte clairement de ces faits que les rapports qui ont existé entre les demandeurs et la maison Ravel et comp., n'ont donné lieu qu'à des prêts conventionnels de la part de celle-ci envers les premiers, dans le but de leur fournir les sommes qui leur étaient nécessaires pour l'achèvement de leur œuvre commune; — Et que l'arrêt attaqué, dans l'appréciation qu'il a faite de ces rapports, n'a pas déclaré que les conventions qui en avaient été la conséquence avaient un autre objet; — Attendu, dès lors, que Noël et Leramberg, en leur qualité d'emprunteurs, avaient, aux termes de l'art. 3 de la loi du 3 sept. 1807, le droit d'obtenir de la maison Ravel et comp., leur prêteur, la restitution de l'excédant qu'ils prouveraient lui avoir payé au delà du taux des intérêts déterminé par cette loi, pour prêt en matière commerciale; — Attendu cependant que l'arrêt attaqué leur a dénié ce droit, sous le prétexte qu'il importait peu qu'un effet fût signé par celui qui le négocie, ou par un tiers « qu'il suffit que cet effet soit négociable, pour qu'il puisse être pris au taux de sa valeur commerciale; que cette valeur comme celle des marchandises en général, n'étant tarifée par aucune loi, ceux qui ont accepté les conditions qui leur ont été faites, pour sa transmission, doivent les subir, et que Noël et Leramberg avaient dû comprendre dans les frais de leur entreprise de constructions les droits d'escompte qu'ils ont payés en sus des intérêts légaux; »

Mais, attendu que si par cela seul qu'un effet est négociable, le signataire pouvait être obligé à payer à celui en faveur de qui il l'a souscrit et qui lui en a remis les fonds, des droits d'escompte, indépendamment des intérêts fixés par la loi, les règles qu'elle a imposées ne pourraient être appliquées au prêt conventionnel, constaté par un billet à ordre et, que, si l'on admettait la doctrine de l'arrêt attaqué, qui décide que la valeur d'un effet de commerce, intervenu directement de débiteur à créancier, est essentiellement variable entre eux, il faudrait en conclure nécessairement qu'en matière de prêt, le prix de l'argent ne peut recevoir d'autres limites que celles que les parties consentent à lui donner, ce qui serait évidemment le renversement total de la loi du 3 sept. 1807; — Attendu enfin que, si les entreprises de constructions des demandeurs ont déterminé les prêts conventionnels, qui leur ont été faits par la maison Ravel et comp., cette circonstance n'a rien pu changer à la nature et aux effets de ces stipulations; — Attendu qu'il suit de ce qui précède qu'en statuant comme elle l'a fait, la cour d'appel de Paris a méconnu les conséquences légales des conventions consenties par les parties, et violé, par suite, les dispositions de la loi ci-dessus citées; — Casse.

Du 27 nov. 1843.-Ch. civ.-MM. Portalis, 1er pr.-Bryon, rap.-Laplagne-Barris, 1er av. gén., c. conf.-Coffinières et Chevrier.

1840, aff. P..., V. Banquier, nº 34). — Il a même été jugé que la perception d'intérêts excédant 6 p. 100, ne peut être admise en compte entre négociants, encore que cet excédant se compenserait par la perception d'un droit de commission inférieur au taux que l'usage autorise (Cass. 20 juin 1848, aff. Fuzier, D. P. 48. 1. 106).

237. Une prime accordée à un prêteur en matière commerciale, à raison de chacune des obligations créées à son profit, n'est usuraire qu'autant que cette prime, répartie sur l'intervalle de temps qui sépare le prêt du remboursement, et ajoutée à l'intérêt de 5 p. 100 stipulé dans l'acte de prêt, excède le taux légal de 6 p. 100 (Rej. 7 mai 1844, aff. Charles, D. P. 51. 5. 336).

238. *L'ouverture de crédit,* quoiqu'elle diffère de l'escompte et du change, doit cependant être soumise aux mêmes règles.— « Le crédit ouvert n'est pas encore un prêt, dit M. Troplong (Traité du prêt, nº 218), il n'y a rien de livré. Tout se réduit à une promesse obligatoire du côté du banquier. Si le voyageur ou celui qui veut user du crédit, en fait usage, alors il y aura un prêt. » — Le banquier de Paris, qui ouvre un crédit au profit d'un de ses clients sur un banquier de Londres, cautionne ainsi son client. — Or, cette ouverture de crédit, les faux frais et les chances aléatoires qui en sont la suite, rentrent tout à fait dans les conditions par nous signalées sur l'escompte et le change. — En ce qui concerne l'ouverture d'un crédit, il a été jugé que le crédit ouvert par un banquier à un négociant avec stipulation d'un droit de commission en sus de l'intérêt légal, et capitalisation d'intérêts à chaque règlement semestriel, à raison des usages du commerce, est réputé constituer une convention licite et obligatoire (Req. 14 août 1845, aff. Gaduel, D. P. 45. 4. 54; V. aussi les arrêts cités vº Banquier, nºs 39, 46).

239. De même, la stipulation faite par le prêteur, dans un acte d'ouverture de crédit, d'une certaine rémunération au delà de l'intérêt légal, comme prix de démarches qu'il s'engage à faire pour l'emprunteur, ou comme compensation de risques auxquels il s'expose, n'a pas un caractère usuraire, et doit recevoir son exécution. — Ainsi, le capitaliste qui s'oblige à procurer à un filateur les sommes nécessaires à l'acquisition des machines et des cotons destinés à l'exploitation de sa filature, a pu stipuler et percevoir, outre un intérêt de 6 p. 100, une prime fixe (de 10 cent. par exemple) sur chaque kilogramme de coton entré dans l'usine, s'il résulte des circonstances que ces cotons ont toujours été achetés par son intermédiaire et par ses soins, qu'il s'est constitué le débiteur direct des vendeurs en négociant notamment à ces derniers, à l'égard desquels il était le seul et unique acquéreur, les effets souscrits par le crédité, et qu'enfin, il n'a jamais manqué de tenir à la disposition du crédité des cotons en quantité suffisante pour l'alimentation de son établissement (Req. 8 juill. 1851, aff. Dougnac, D. P. 51. 1. 240).

240. Ainsi, et en résumant les règles qui viennent d'être posées, il est admis que les droits d'escompte, de change, de commission, de droits perçus à l'occasion d'ouverture de crédit, ne constituent pas en eux-mêmes des intérêts usuraires; mais, comme l'usure est un dol, et même quelquefois un dol caractérisé qui devient un délit, et que le dol et la fraude sont en dehors des principes, quant à la preuve du fait (V. nº 259), si les tribunaux viennent à découvrir que l'escompte, le change, le droit de commission cachent un prêt usuraire, ils ont tout pouvoir pour décider que ces prêts constituent l'usure, et même, suivant les cas, l'habitude d'usure. — C'est ainsi qu'il a été jugé que la question de savoir si des opérations commerciales faites entre deux négociants, sont des opérations d'escompte et de commission, ou bien ne sont que des contrats de prêt, et si les droits d'escompte et de commission ne déguisaient pas des intérêts usuraires proscrits par la loi du 3 sept. 1807, est appréciée souverainement par les cours d'appel (Rej. 16 mai 1838, aff. Prat, V. nº 235). —Cette opinion a été sanctionnée par une jurisprudence constante de laquelle il résulte que l'escompte à un taux supérieur au taux légal fixé pour les intérêts est licite toutes les fois qu'il se rattache à une véritable opération de banque et ne sert point à déguiser des perceptions d'intérêts faites en vertu de prêts conventionnels, auquel cas il deviendrait usuraire (V. nºs 227 et s., 275).—Dans l'ordre d'idées de cette jurisprudence, tout vient donc se référer, ainsi que le remarque M. Troplong, nº 370, à ce point unique: est-ce une opération de banque qui a été faite, ou bien, sous l'apparence d'une opération de banque, n'y a-t-il qu'un prêt dissimulé? Cette question peut être quelquefois délicate en point de fait; mais du moment où il y a certitude que l'opération n'est qu'une opération de banque, le droit n'est pas douteux et le taux de l'escompte est facultatif.

241. *Comptes courants, intérêts des intérêts.*—Malgré quelques divergences dans l'opinion des jurisconsultes et des tribunaux, la capitalisation des intérêts soit tous les six mois, soit même tous les trois mois, était généralement admise en faveur des banquiers (V. les arrêts rapportés vis Banquier, nº 46, et Compte courant, nºs 95 et suiv.). — Aux arrêts cités *loc. cit.* on doit en ajouter un autre qui décide que lorsqu'un négociant envoie à son correspondant des arrêtés de compte courant, ces arrêtés suffisent pour capitaliser les intérêts, lors même qu'ils ne seraient point expressément acceptés par le correspondant; qu'une telle capitalisation n'a rien d'illégal, encore qu'elle se renouvelle plusieurs fois dans une année (Req. 19 déc. 1827, aff. Théry, vº Acte de commerce, nº 336). — Cette opinion, que soutiennent MM. Goujet et Merger, vº Anatocisme, nº 4, et qui est fondée sur les usages du commerce, est contredite par MM. Chardon, de l'Usure, nº 487, et Delamarre et Lepoitevin, Droit de commission.

242. Toutefois, la capitalisation des intérêts ne peut avoir lieu qu'autant que les comptes courants sont régulièrement arrêtés.—Ainsi il a été décidé que les intérêts des sommes portées en comptes courants ne peuvent être capitalisés à des intervalles de temps moindres d'une année, à moins que le compte ne soit arrêté et réglé à chaque période pour la capitalisation; qu'ainsi les capitalisations trimestrielles convenues entre les parties ne peuvent se prolonger au delà de l'époque où les comptes courants ont cessé d'être fournis et arrêtés tous les trois mois, nonobstant la continuation des opérations de crédit qui ont donné lieu à ces comptes courants (Cass. 14 mai 1850, aff. Jardin, D. P. 50. 1. 157). — Cette décision, qui est conforme aux conclusions de M. l'avocat général Nicias-Gaillard, nous paraît renfermer le droit résultant des comptes courants dans une sage limite; et, à supposer que les capitalisations trimestrielles ou semestrielles, aujourd'hui généralement admises avec l'assentiment de l'autorité publique, laquelle cependant aurait le droit de les réprimer comme constitutives du délit d'habitude d'usure, à supposer, disons nous, que ces capitalisations ne puissent plus être réprimées, il faut espérer que le ministère public ne les laissera pas descendre à des limites plus brèves, et, par exemple, à des règlements de compte arrêtés par mois ou même par quinzaine. Il y aurait là, en effet, tous les moyens d'arriver aux usures les plus déplorables, alors même qu'on aurait soin d'arrêter rigoureusement le compte aux époques prévues. C'est donc à l'autorité d'ouvrir les yeux sur les pratiques de la banque et d'empêcher les usages de s'établir; car les usages, on le sait, imposent des pratiques, c'est-à-dire des lois qu'on ne pourrait parfois réprimer sans de cruelles injustices.

243. Au surplus, ce n'est qu'autant qu'il s'agit de matières commerciales que la capitalisation est autorisée dans les comptes courants, en dehors des prescriptions de l'art. 1154 c. nap.; en matière purement civile, cet article doit recevoir une application rigoureuse.—En conséquence, il a été décidé que les capitalisations d'intérêts dans des comptes entre non-négociants et pour causes non commerciales, ne peuvent être faites qu'annuellement (Lyon, 23 juill. 1839) (1); que, par suite, l'excédant d'intérêts

(1) *Espèce* : — (Granger-Veyron C. Clayaux.) — Jugement du tribunal civil de Lyon, du 30 août 1838, par lequel : — « Considérant, sur la première question, relative au payement des intérêts cumulés, qu'ils ne doivent être capitalisés que par année, et non par semestre; — Considérant, à l'égard du magasinage, que les conditions primitives doivent servir de base aux règlements de comptes des parties, à défaut de conventions contraires; qu'il résulte de l'inspection des livres de Granger-Veyron aîné que sur les comptes de vente par lui précédemment remis il n'a point été porté de frais de magasinage; qu'ainsi sa demande sur ce point ne doit point être accueillie; — Sur la demi-commission réclamée par Granger-Veyron aîné sur les marchandises qui avaient été consignées et vendues par autorité de justice : — Considérant que les mar-

provenant de capitalisations semestrielles est sujet à répétition (Cass. 18 mars 1850, aff. Garson, D. P. 50. 1. 101). Dans cette dernière affaire il s'agissait d'un compte courant entre un notaire et son client.

244. Si la jurisprudence a consacré l'usage commercial de capitaliser les intérêts dans les comptes courants, il n'en est plus de même alors qu'il s'agit de perceptions d'une autre nature et qui aurait pour effet de porter l'intérêt à un chiffre supérieur à celui déterminé par la loi de 1807.—C'est ainsi qu'on a décidé: 1° que les perceptions d'intérêts excédant le taux légal, dans des comptes courants formés par suite de crédits ouverts par des banquiers à des commerçants, ont le caractère de perceptions usuraires susceptibles de constituer le délit d'habitude d'usure, encore qu'elles auraient eu lieu conformément aux usages en vigueur sur les places de commerce où se trouvent établis ces banquiers et ces commerçants (Cass. 14 mai 1852, aff. Mallet, D. P. 52. 1. 309);—2° Que l'on peut considérer comme usuraires, dans des comptes courants, les perceptions opérées soit par l'effet d'une capitalisation trimestrielle d'intérêts sur une année réduite à trois cent soixante jours (même arrêt);—...Soit à titre de primes fixées d'avance à un chiffre invariable sur une somme formant le montant de l'adjudication de travaux à faire par le crédité, et dépassant de beaucoup l'importance du crédit ouvert: une telle prime ne saurait se confondre avec un droit de commission qui se mesure sur des prestations de fonds ou des services de même nature, alors, d'ailleurs, que le créditeur n'a point apporté dans l'opération un concours qui lui aurait imprimé la qualité d'associé (même arrêt); — ...Et l'avantage ainsi stipulé prend le caractère d'un délit d'usure, quoiqu'il ait sa source dans un engagement unique, cet avantage s'étendant sur des prêts nombreux dont le résultat est de multiplier la perception usuraire qu'il renferme et de la faire dégénérer en habitude d'usure dans le sens de la loi de 1807 (même arrêt); — ...Soit à l'aide d'un mode de calcul suivant lequel les intérêts produiraient des intérêts dans la période de temps adopté pour les règlements de compte, c'est-à-dire à partir du premier jour où ces intérêts ont commencé à courir, et non pas seulement après chaque règlement de compte (même arrêt); — ...Soit à titre de retenue faite pour passe de sac sur le pied de 25 cent. par 1,000 fr., et non pas seulement de 15 cent. (même arrêt);—...Soit à titre de commission, lorsque ce droit de commission est perçu non pas seulement sur les capitaux prêtés, mais encore sur les intérêts capitalisés, et même sur les précédents droits de commission qui ont été ajoutés aux sommes dues au créditeur à chaque arrêté de compte (même arrêt).

245. Pourrait-on convenir que, dans le compte courant, les intérêts courront à partir d'époques différentes pour chacune des parties?—V. sur ce point, v° Compte courant, nos 80 et s. —Du reste, il a été jugé que lorsque les avances faites par un commerçant produisent des intérêts à partir du jour où elles ont eu lieu, il en doit être de même des payements à compte qu'il a reçus (Bordeaux, 10 août 1838, aff. Viard, V. n° 247). Cela ne paraît pas contestable.

246. *Société commerciale.* — L'usure peut se glisser dans ces sociétés comme dans les contrats civils. Il a été jugé que la stipulation par laquelle celui qui fait un prêt à une société, se réserve, indépendamment de l'intérêt légal de la somme prêtée, une part dans les bénéfices sociaux, laquelle est réglée immédiatement, sans néanmoins verser le capital dans la mise sociale, est nulle comme entachée d'usure; et qu'une pareille convention ne saurait être maintenue, sous le prétexte d'une association relative aux bénéfices qui résulteraient de l'emploi de la somme prêtée, et dont la fixation de part, à l'égard du prêteur, constituait un règlement à forfait (Cass. 17 avr. 1837) (1).

247. *Contrat à la grosse.*—La loi de 1807 n'est pas applicable en matière de contrat à la grosse (V. Droit marit., nos 1237, 1348). —La chance aléatoire que court le créancier dans cette sorte de conventions est une cause suffisante d'intérêts supérieurs au taux ordinaire (Conf. M. Troplong, nos 394 et s.).—Il a été jugé qu'une cour peut, sans qu'il y ait violation de la loi du 3 sept. 1807, accorder 200 p. 100 d'intérêts aux affréteurs d'un navire pour prêt d'une somme de 2,000 fr. fait par eux à son capitaine, si ce dernier s'est engagé à leur payer cette somme avec ces intérêts sans aucune diminution, et si ce prêt peut être considéré comme prêt à grosse aventure (Req. 25 mai 1813) (2).—Mais, d'après un autre arrêt, la convention par laquelle des avances faites à un capitaine pour l'armement du navire dont il est propriétaire produiront des intérêts à raison de 6 p. 100 par voyage est illégale s'il est constant que le navire faisait plus d'un voyage par an; en conséquence, l'intérêt doit être réduit à 6 p. 100 par an: on dirait à tort que c'est là un contrat à la grosse (Bordeaux, 10 août 1838) (3).

---

chandises consignées à la vente constituent un mandat salarié par sa nature; que, si celles dont il s'agit n'ont pas été vendues par Granger-Veyron aîné, c'est par des causes indépendantes de sa volonté; qu'il n'a point fait de démarches alors qu'il y était autorisé pour tenter cette vente; qu'il avait avancé des capitaux dont il a été longtemps privé; qu'il a eu l'embarras de recevoir et garder longtemps en magasin, sans aucune compensation, pas même les frais de magasinage; qu'en pareil cas, l'usage du commerce et la jurisprudence, en cela conformes à la saine raison et à l'équité, ont admis l'allocation d'une demi-commission; — Considérant que, sur ses précédents comptes de vente, Granger-Veyron aîné a perçu 3 p. 100 pour commission et ducroire, soit 2 p. 100 pour commission, et 1 p. 100 pour la garantie de l'acheteur; que là où il n'y a pas de vente il n'y a pas de débiteur; qu'ainsi il y a lieu d'allouer 1 p. 100 pour la demi-commission. » — Appel. — Arrêt.

La cour; — Attendu qu'en droit, et suivant les usages du commerce, le droit d'emmagasinage réclamé par le sieur Granger-Veyron, appelant, doit lui être alloué sans difficultés, indépendamment du droit de commission à lui alloué par le jugement dont est appel; mais qu'au lieu d'être porté à 25 c. par quintal, ce droit doit être réduit à 20 c., taux dont lui-même s'était d'abord contenté, suivant la première demande par lui formée aux intimés; — Dit qu'il a été mal jugé, etc., etc.

Du 25 juill. 1859.-C. de Lyon, 4e ch.-M. de Reyre, pr.

(1) (Société Ardaillan *C.* Massilian.)—La cour; —Statuant au fond: — Vu les art. 1 et 3 de la loi du 3 sept. 1807, l'art. 18 c. comm. et les art. 1832, 1833 et 1855 c. civ.; — Attendu que, loin de constater l'existence d'une association dans laquelle la somme de 60,000 fr. serait entrée comme mise sociale, avec les chances de pertes et de gains qui sont inhérentes à toute association, l'arrêt attaqué constate lui-même que Massilian n'a jamais été que prêteur de ce capital; — Que l'arrêt constate, en outre, que les six billets, de 3,600 fr. chacun, n'ont été que le résultat direct et immédiat du prêt conventionnel des 60,000 fr., pour lesquels, de plus, un intérêt de 6 p. 100 par an a été stipulé, d'après l'arrêt lui-même; qu'ainsi le fait, tel qu'il est déclaré, constitue un prêt conventionnel, avec intérêts excédant le taux fixé par une loi d'ordre public, à laquelle ni les parties, ni les tribunaux ne peuvent déroger sous le prétexte du règlement à forfait d'une part de bénéfices dans une association qui n'aurait existé ni de fait ni de droit; — Attendu qu'en ordonnant, sous ce prétexte, le payement intégral des sommes qui formaient l'objet de la demande de Massilian, l'arrêt attaqué a violé la fois les articles ci-dessus visés de la loi du 3 sept. 1807, du code de commerce et du code civil; — Casse l'arrêt de la cour de Paris du 10 mai 1834.

Du 17 avr. 1837.-C. C., ch. civ.-MM. Portalis, 1er pr.-de Broé, rap.

(2) (Lavezzari *C.* Rouvier.) — La cour; — Attendu, sur l'ouverture relative aux intérêts prétendus usuraires dont se compose la somme de 6,000 fr. aussi portée en déduction, qu'il résulte d'une lettre missive du demandeur, transcrite dans l'arrêt, qu'il avait formellement consenti de payer cette somme aux affréteurs, sans aucune diminution, et que les 2,000 fr. de capital dont il s'agit ont pu être considérés par la cour impériale comme un contrat de prêt à grosse aventure, cas où l'art. 3 de la loi du 3 sept. 1807 est inapplicable; — Rejette.

Du 25 mai 1813.-C. C., sect. req.-MM. Lasaudade, pr.-Genevois, r.

(3) (Viard, etc. *C.* Loirat.) — La cour; — Attendu, en ce qui concerne les intérêts des avances faites par les appelants au capitaine Loirat, qu'il résulte des conventions verbales arrêtées entre les parties le 4 fév. 1824, qu'il fut stipulé, au profit des sieurs Viard et Chaigneau, non une prime, mais des intérêts; que, si l'on comptait par voyages, comme les appelants le demandent, on arriverait à des résultats entachés d'usure, puisque l'intérêt exigible pourrait s'élever jusqu'à 18 et 20 p. 100; que la loyauté des appelants repousserait cette conséquence, et que les lois ne permettent pas de l'admettre; qu'ainsi le tribunal de commerce a bien statué sur ce chef des contestations;....

Attendu, à l'égard des intérêts réclamés par la dame Loirat, que ces intérêts doivent être alloués, parce que, si les sommes appartenant au capitaine Loirat et encaissées par les appelants restaient improductives d'intérêts, tandis que celles à eux dues par Loirat continuaient à en produire, non-seulement les règles de l'équité, mais encore tous les principes en matière de compensation seraient violés; qu'en effet le système plaidé dans l'intérêt de Viard et Chaigneau aboutirait à cette conséquence bien étrange, que les payements faits par Loirat ne lui profite-

§ 3.—*De l'action devant les tribunaux civils en matière d'usure.* —*Répétition; imputation.*

248. L'art. 3 de la loi de 1807 porte : « Lorsqu'il sera prouvé que le prêt conventionnel a été fait à un taux excédant celui qui est fixé par l'art. 1, le prêteur sera condamné par le tribunal saisi de la contestation à restituer cet excédant, s'il l'a reçu, ou à souffrir la réduction sur le principal de la créance, et pourra même être renvoyé devant le tribunal correctionnel pour y être jugé conformément à la loi. » — Il résulte de cette disposition que la personne lésée par un prêt usuraire a l'action civile en restitution ou réduction, qu'elle peut exercer devant les tribunaux civils par action principale, quoiqu'en déclarant que la condamnation sera prononcée par le tribunal *saisi* de la contestation, l'art. 3 ait pu induire à penser qu'elle n'est accordée au débiteur que par voie d'exception. — Mais ce serait une erreur de penser ainsi : le débiteur peut repousser le créancier en invoquant la disposition de la loi de 1807, et alors il agit par voie d'exception ; mais il peut aussi agir par voie principale, puisque la loi dit : *lorsqu'il sera prouvé* que le prêt a été fait à un taux usuraire. Le débiteur qui se prétend victime de l'usure a donc le droit de se présenter devant les tribunaux et de faire la preuve réclamée. — M. Petit (p. 108) fait observer avec raison que la rédaction de l'art. 3 est peu satisfaisante, et qu'il eût été mieux de ne pas confondre deux actions dans un même article, l'action publique et l'action privée, parce qu'elles sont tout à fait distinctes. — La demande en restitution d'intérêts usuraires formée par action principale, est valablement portée devant les tribunaux civils, lorsque l'obligation, civile par sa nature, n'a pris un caractère commercial que par la forme dont elle était revêtue (Toulouse, 26 déc. 1840, aff. Arroui, V. Compét. com., n° 367).

249. Le tribunal, aux termes du même article, a le droit de renvoyer le prévenu devant le tribunal correctionnel ; mais ce renvoi est sans résultat quant au délit, si le ministère public ne saisit pas la police correctionnelle : lui seul a ce droit. — V. plus loin, n°s 303 et s.

250. L'usure n'est plus, comme autrefois (Pothier, n° 111), une cause de nullité radicale des obligations ; elle ne donne lieu qu'à restitution ou imputation sur le principal, à moins que les intérêts n'aient fait l'objet d'un acte distinct et séparé, auquel cas cet acte pourra être annulé (M. Chardon, n°s 34, 35). — C'est ce qui résulte de l'art. 3 de la loi de 1807. — Il a été jugé en ce sens qu'une obligation entachée du vice usuraire n'est pas nulle mais seulement réductible ; qu'en conséquence, la bonne foi des cessionnaires les affranchit des conséquences attachées à ce vice, et qu'il ne peut leur être fait application de ce principe de droit, que nul ne peut transporter à autrui plus de droit qu'il n'en a lui-même ; qu'il en serait autrement s'il s'agissait d'un acte affecté de nullité (Poitiers, 2 juill. 1850, aff. Cognaud, D. P. 50. 2. 133).

251. Lorsqu'une vente est annulée, comme déguisant un contrat de prêt usuraire, l'acquéreur n'a droit qu'au remboursement de son capital, avec intérêts au taux de la loi, et, si les sommes qu'il a reçues pour fermage excèdent l'intérêt légal du prix de vente, elles doivent être imputées sur le capital (Montpellier, 23 août 1829, aff. Montagnol, V. Nantissem., n° 298-2°).

252. Le débiteur qui obtient du tribunal le remboursement ou l'imputation sur le capital de l'excédant d'intérêt qu'il a payé, n'a-t-il pas droit aux intérêts de cet excédant, à partir du jour où cet excédant a été touché illégalement par l'emprunteur ? — Il semblerait que, comme il s'agit d'un acte frauduleux, le législateur de 1807 eût dû admettre, à partir du jour même des versements partiels, la compensation et l'imputation d'abord sur les intérêts, ensuite sur le capital. — Mais la loi dit seulement que le prêteur sera *condamné* à restituer cet excédant. Rien de plus. Par conséquent, l'intérêt de cet excédant ne devait, sous l'empire de cette loi, courir qu'à partir de la demande ou de l'exception. — Il a été jugé, en effet, que le prêteur qui a reçu des intérêts usuraires n'est passible de la réduction sur le principal de la créance, dont parle l'art. 3 de la loi du 3 sept. 1807, qu'à qu'à compter de la demande formée à ce sujet par le débiteur ou ses ayants droit ; que, par suite, aucune compensation, à raison de l'excédant des intérêts au-dessus du taux légal, n'a pu s'opérer de droit avec le principal, avant cette demande : on dirait en vain que chaque payement d'intérêts usuraires constituant une créance en faveur du débiteur, la compensation légale résultant de l'art. 1290 c. nap., a dû faire décroître, chaque fois, proportionnellement le capital de la créance principale (Rej. 9 nov. 1836 (1) ; Caen, 18 janv. 1816, aff. Cardone *C.* Moulson ; Cass. 16 janv. 1837, MM. Boyer, pr., Legonidec, rap., aff. Serignol *C.* hérit. Aurel ; Toulouse, 3e ch., 26 avr. 1839, M. Dejean, pr., aff. Dallens *C.* Groë ; Caen, 2e ch., 18 août 1844, M. Dupont-Longrais, pr., aff. Rochebrune *C.* Dethan), ...alors surtout que les payements d'intérêts excessifs, ayant pour cause une convention antérieure à la loi de 1807, et n'étant pas nul de plein droit, la créance purement facultative qui en résulte ne peut être ni certaine, ni liquide, et, par suite, opérer une compensation légale, avant la répétition exercée par l'emprunteur (même arrêt du 9 nov. 1836). — Toutefois il a été décidé, en sens contraire, que les intérêts des sommes perçues usurairement et dont la restitution est ordonnée, sont dus non pas seulement du jour de la demande en justice, mais du jour où ces sommes ont été payées (Montpellier, 20 déc. 1841, aff. Boyer, V. n° 96). — Du reste, la cour de cassation, sans contredire d'une manière précise le principe qu'elle avait posé dans les arrêts précités de 1836 et 1839, avait jugé, contrairement à l'avis de M. l'avocat général Nicias-Gaillard, que les intérêts produits par des intérêts usurairement capitalisés dans un compte courant, sont sujets à restitution aussi bien que l'intérêt capitalisé, alors même qu'ils ne dépassent pas le taux légal (Rej. 24 avril 1849, aff. Échalié, D. P. 49. 1. 241).

253. Mais la loi des 19-27 déc. 1850 a tranché la difficulté qui naissait de la rédaction de la loi de 1807. — L'art. 1 porte : « Lorsque dans une instance civile ou commerciale, il sera prouvé que le prêt conventionnel a été fait à un taux supérieur à celui fixé par la loi, les perceptions excessives seront imputées de plein droit aux époques où elles auront eu lieu sur les intérêts légaux alors échus, et subsidiairement sur le capital de

---

raient en aucune manière, du moins à l'égard des intérêts, qu'on ne porterait pas au crédit de son compte ; qu'il est impossible d'admettre de semblables calculs, parce qu'ils léseraient trop évidemment l'une des parties au profit de l'autre ; — Attendu qu'il est plus juste d'ordonner que toutes les sommes portées tant au débit qu'au crédit des deux comptes ont produit des intérêts réciproques même avant le 1er août 1829 ; — Attendu que la décision qui précède est parfaitement conforme aux principes sur la compensation des dettes, et repousse comme sans objet les conclusions sudsidiaires des sieurs Viard et Chaigneau ; — Confirme.

Du 10 août 1838.-C. de Bordeaux, 4e ch.-M. Dégranges, pr.

(1) (Batailler, etc., *C.* Pothier.) — LA COUR ; — En ce qui touche la violation des art. 1289 et 1290 c. civ. : — Attendu que l'art. 3 de la loi du 3 sept. 1807, qui dispose, pour le cas où le prêt conventionnel a été fixé à un taux excédant celui qui est fixé par l'art. 1 de cette loi, ordonne que le prêteur sera condamné, par le tribunal saisi de la contestation, à restituer cet excédant ou à souffrir la réduction sur le principal de la créance ; que cette disposition manifeste clairement que la restitution ou la réduction n'est due qu'en vertu de la condamnation, et par suite de la demande formée par le débiteur, et, conséquemment, que cet excédant n'est pas susceptible de compensation avec le principal avant cette demande ; — Attendu que la loi n'autorise pas la compensation partielle de chaque partie de cet excédant à l'époque de chaque payement, mais la restitution ou la réduction faite sur le principal, à l'époque de la condamnation ou de la demande de l'excédant total ; — Attendu que la loi n'accorde pas les intérêts de cet excédant, antérieurs à la demande du débiteur ; qu'ainsi le prêteur qui est condamné à le restituer n'est pas tenu de payer les intérêts à partir de chaque payement qu'il a reçu ; que la condition du prêteur, qui est condamné à souffrir la réduction sur le capital, doit être la même ; qu'il ne peut être passible d'intérêts antérieurs à la demande ; que la cour royale, en appliquant à la cause le principe de droit qui n'accorde les intérêts qu'à partir de la demande judiciaire, n'a violé aucune loi ; — Attendu d'ailleurs que, dans l'espèce, les payements effectués volontairement par les époux Beaubois, conformément à une convention qui était antérieure à la loi du 3 sept. 1807, n'étaient pas nuls de plein droit ; que la créance purement facultative, résultant de ces intérêts excessifs payés par les débiteurs, n'était ni certaine ni liquide avant la répétition exercée par eux ou par leurs ayants droit, et que la compensation légale ne pouvait s'opérer avant cette demande ; — Rejette le pourvoi contre l'arrêt de la cour de Bourges, du 30 mars 1833.

Du 9 nov. 1836.-C. C., ch. civ.-MM. Boyer, 1er pr.-Tripier, rap.-...gén., c. conf.-Morin et Scribe, av.

la créance. — Si la créance est éteinte en capital et intérêts, le prêteur sera condamné à la restitution des sommes indûment perçues, avec intérêt du jour où elles lui auront été payées.» — Ainsi la compensation, au moyen de l'imputation qui a lieu de plein droit, s'établit immédiatement entre les intérêts illégaux et les intérêts légaux. Et ensuite si les intérêts légaux sont couverts en entier par les versements usuraires, la compensation a lieu de plein droit sur le capital jusqu'à due concurrence des payements successifs.

254. L'action du débiteur à fin de restitution des intérêts perçus illégalement est-elle soumise aux fins de non-recevoir résultant de la ratification?—V. sur ce point, v° Obligat.

255. Que doit-on décider si une transaction a lieu entre les parties; V. n° 204.

256. Lorsqu'un jugement, passé en force de chose jugée, a condamné le débiteur au payement d'une obligation sans que la question d'usure ait été agitée, cette obligation peut-elle ensuite être attaquée pour cause d'usure? — L'affirmative nous a paru devoir être admise (V. Chose jugée, n° 203, où sont rapportés des arrêts qui ont jugé la question en sens divers; V. aussi en sens contraire à l'opinion que nous avons adoptée, Bordeaux, 8 août 1850, aff. Lamarque, D. P. 55. 2. 232). — En tout cas, il a été décidé que si le débiteur solidaire contre lequel il a été rendu un jugement passé en force de chose jugée qui l'a condamné à payer une créance, est non recevable à demander la réduction de cette créance pour fait d'usure, il appartient encore à ses codébiteurs solidaires, contre qui le créancier n'a point obtenu de condamnation directe, d'exciper de ce moyen (Toulouse, 26 déc. 1840) (1).

257. On ne saurait non plus, suivant un arrêt, se faire un moyen contre le débiteur usuré, soit pour obtenir contre lui des dommages-intérêts, soit à titre de fin de non-recevoir, de ce qu'il aurait, par son consentement aux déguisements de l'usure, contribué à donner à l'acte une apparence de légalité qui aurait induit le cessionnaire en erreur; ce consentement ne peut lui être imputé, puisqu'il n'a pas été libre (Cass. 2 mai 1853, aff. Chapot, D. P. 53. 1. 144).—Cette question ne peut faire aucun doute, V. notre observ., *eod.*

258. L'arrêt qui juge qu'il y a usure, ne peut pas repousser la demande en réduction par le motif que rien ne constate le montant de l'excédant usuraire, et, par suite, à quel taux la dette doit être réduite; c'est le devoir du juge de se fixer à cet égard, à l'aide des moyens ordinaires d'instruction, et les bases mêmes sur lesquelles il se fonde pour reconnaître l'usure doivent lui servir à en déterminer le montant (même arrêt): décider autrement ce serait commettre un déni de justice (V. notre observation, *eod.*).

259. Comment l'emprunteur parviendra-t-il à faire la preuve qu'il y a lieu à restitution de ce qu'il a payé ou de ce qu'il est exposé à payer au-dessus du taux légal? — Sans doute si l'acte lui-même offrait la preuve de l'intérêt usuraire, rien ne serait plus facile. Mais presque toujours l'acte contient à cet égard des dispositions mensongères. Ainsi, par exemp e, en apparence et dans les termes, l'intérêt stipulé est celui permis par la loi, tandis que l'intérêt usuraire est souvent compris et fondu dans le capital énoncé dont il augmente frauduleusement le chiffre. Ce qui n'empêche pas le prêteur de stipuler en outre l'intérêt légal. — Alors il n'existe pas de titre, la plupart du temps, il n'existera même pas de commencement de preuve par écrit, le prêteur ne verra-t-il pas son action repoussée par les art. 1341 et suiv. c. nap.? Non il ne faut pas oublier qu'aux termes de l'art. 1353, les cas de dol, de fraude font exception aux règles sur la preuve testimoniale. Ainsi, dans le silence de l'acte, de témoins peuvent être entendus pour arriver à la preuve de l'usure, lors même qu'il s'agit d'une somme de plus de 150 fr. — C'est par application de ces principes qu'il a été jugé: 1° que l'usure peut être prouvée, même contre le contenu en un acte authentique (Paris, 2 mai 1823, aff. Cordier, V. n° 262); — 2° Que lorsqu'un débiteur attaque un contrat notarié comme usuraire, la loi présume qu'il y a défaut de liberté de sa part, et dol et fraude de la part du prêteur, et autorise, en conséquence, les juges à admettre de simples présomptions, ou la preuve par témoins, pour établir l'usure (Crim. cass. 2 déc. 1813; Req. 3 avril 1824) (2); — 3° Qu'un fait unique d'usure, encore bien qu'il soit insuffisant pour constituer le délit d'habitude d'usure, peut être considéré comme un fait de dol ou de fraude,

(1) (Arroui C. Monferran.) — LA COUR; — En ce qui touche la fin de non-recevoir : — Attendu que par la partie qui, poursuivie en payement d'une dette, s'est laissé condamner définitivement à en payer le montant, n'est pas admissible à prétendre plus tard qu'une partie de la somme était composée d'intérêts usuraires; que ce n'est pas une nouvelle demande ou une demande fondée sur une cause nouvelle qu'il produit en ce cas, mais qu'il ne fait qu'opposer les moyens de l'exception qu'il aurait pu faire valoir contre l'action qui a été dirigée contre lui; qu'il est hors de doute qu'il ne pourrait pas, après jugement, alléguer des moyens de dol; que l'exaction usuraire n'est pourtant qu'un dol; qu'ainsi il n'est pas nécessaire qu'il ait opposé cette prétention, sans la faire accueillir, pour qu'on puisse le repousser par l'autorité de la chose jugée; — Que, de ce que la loi du 3 septembre 1807 autorise une partie à revenir contre un payement volontairement fait pour cause d'usure, on ne peut, sans méconnaître l'esprit de cette disposition, en étendre l'effet au cas d'une condamnation judiciaire; que dans la première supposition, en effet, tant que les parties ont été seules en présence, la présomption est que le débiteur n'avait pas cessé d'être sous l'influence oppressive du créancier; mais qu'aussitôt que la justice a été appelée à régler leur différend, il a trouvé en elle une protection qui faisait disparaître l'état de dépendance où il était; que dès que, rendu à l'état de liberté, il n'a pas fait valoir le moyen pris de l'usure dont il dit plus tard avoir été la victime, son silence doit être considéré comme une adhésion qui, étant devenue la base d'un jugement inattaquable, a donné naissance à la plus énergique des fins de non-recevoir; — Qu'Arroui prétend que l'autorité de la chose jugée résulte de la condamnation prononcée par le jugement du 4 sept. 1835 contre Ricaud, puisque si on veut l'envisager comme caution, le créancier puise dans le droit qu'il a d'agir contre lui celui de poursuivre le débiteur principal; que si on le considère comme débiteur solidaire, l'effet de la condamnation portée contre lui est d'atteindre Monferran, son coobligé, qui par la dation en payement, y a d'ailleurs acquiescé;

Attendu que si Ricaud devait être traité comme caution, il ne pourrait être forcé au payement, aux termes de l'art. 2037 c. civ., qu'autant qu'il serait subrogé aux droits, hypothèques et priviléges du créancier; que, dès lors, si celui-ci voyait réduire le montant de ce qu'il demande au débiteur principal, la dette de la caution se réduirait dans la même proportion; que, dans l'espèce donc, Ricaud ne pouvant être tenu que de ce pour quoi sera obligé Monferran, c'est, en définitive, la dette de celui-ci qui déterminera le *quantùm* pour lequel Ricaud pourra être poursuivi; qu'ainsi, quand même on pourrait croire qu'il a agi comme caution, ce n'est pas dans l'action qui pourrait être intentée contre lui qu'Arroui trouverait la mesure de celle à laquelle est soumis Monferran; — Mais attendu que ce n'est pas comme caution, mais en qualité de codébiteur solidaire, que Ricaud, endosseur d'une lettre de change, était tenu et a été condamné; que quand on admettrait qu'une condamnation prononcée contre un débiteur solidaire atteint les autres, ceux-ci auraient toujours le droit d'opposer les exceptions qui leur sont personnelles; qu'ainsi Monferran aurait pu exciper de l'exaction usuraire qu'il dit avoir été commise à son préjudice; — Attendu, d'ailleurs, que le jugement invoqué, en même temps qu'il contient une disposition définitive contre Ricaud, ne dispose que préparatoirement à l'égard de Monferran; que cette différence dans la situation faite à chacune des parties empêche que le second ne soit lié au sort de l'autre; et qu'il est hors de toute contestation que si les choses étaient restées en cet état, Monferran ne devrait, aux termes de cette décision, quel que puisse être son effet relativement à Ricaud, que comparaître avec Arroui devant le juge de qui elle émane; — Qu'il est bien vrai qu'ultérieurement il s'est reconnu débiteur de la totalité de la somme qui lui était demandée, quand il a cédé son immeuble à son créancier, pour éteindre son obligation, mais qu'alors que celui qui a fait un règlement suivi de payement peut demander pour cause d'usure la restitution de ce qu'il a payé, cette reconnaissance ne peut pas rendre l'action actuelle de Montferran irrecevable, à moins qu'elle n'ait été faite en exécution de la chose jugée; — Attendu que lorsqu'il existait de sa part un engagement qu'il contestait, mais sur lequel il n'était pas intervenu de condamnation contre lui, tandis qu'elle avait été prononcée contre son débiteur solidaire, s'il a rempli l'obligation, on doit dire qu'il a voulu seulement lever les obstacles qu'il avait mis à l'accomplissement de sa promesse, non se soumettre au jugement qui a atteint son codébiteur; qu'ainsi la dation en payement a été seulement une convention contre laquelle Monferran peut être restitué, s'il prouve qu'elle n'a point fait disparaître l'usure dont il pouvait avoir à se plaindre; — Confirme.

Du 26 déc. 1840.-C. de Toulouse, 3e ch.-M. Martin, pr.

(2) 1re *Espèce :* — (Courbé C. min. pub.) — LA COUR; — Relativement au chef de l'arrêt (de la cour de Colmar, du 18 août 1815), qui a

suffisant pour obtenir la restitution des intérêts usuraires, et pour faire admettre au civil la preuve testimoniale de l'usure employée envers le débiteur (Req. 18 fév. 1829) (1); — 4° Que l'usure peut être prouvée par témoins, au civil comme au criminel, quoique la somme qu'on prétend avoir été illégalement perçue excède 150 fr. (Angers, 27 mars 1829, aff. Fortin *C.* Lebreton). — 5° Qu'on peut prouver par témoins devant les tribunaux civils, et sans qu'il soit besoin de recourir à l'inscription de faux, qu'un contrat portant constitution de rente est usuraire, quoiqu'il n'existe aucun commencement de preuve par écrit de cette allégation, et que l'acte énonce que le capital en a été payé comptant, en espèces d'or, devant notaire et témoins (Req. 28 juin 1821 (2); Caen 25 juill. 1827, aff. Vasconcelles, V. n° 265; même cour, 12 janv. 1828, aff. Lefèvre; Bourges, 2 juin 1831, aff. Morache, V. Chose-jugée, n° 547-2°). — Et cette preuve est admissible, quoiqu'il ne s'agisse que d'un fait isolé d'usure, et que l'affaire soit entièrement civile (même arrêt du 28 juin 1821).

260. En tout cas, l'arrêt qui rejette la preuve testimoniale contre un acte attaqué pour usure, en se fondant sur ce *qu'en droit* cette preuve n'est pas admissible, mais, en outre, sur ce que les faits dont la preuve est demandée ne sont pas pertinents, échappe à la censure de la cour de cassation; car si le premier motif est erroné et présente une violation des principes sur la preuve testimoniale en matière d'usure, le second motif suffit pour justifier cet arrêt (Rej. 22 mars 1824) (3).

261. Mais la preuve d'habitude d'usure, laquelle constitue un délit, n'est pas admissible en matière civile (Bordeaux, 10 janv. 1826, aff. Bourrut-Florimont, sous Req. 18 fév. 1829, n° 259-3°). — Cette preuve ne peut être faite en effet qu'à la

---

pour objet le délit d'habitude d'usure, qui était le sujet principal de la plainte du procureur général et de ses poursuites contre Ignace Courbé, intervenant : — Vu l'art. 4 de la loi du 3 sept. 1807; — Vu aussi l'art. 1353 c. civ.; — Attendu, 1° que, dudit art. 4 de la loi du 3 sept. 1807, il résulte que l'habitude d'usure est un délit, et que les tribunaux correctionnels doivent en connaître, sur la poursuite directe du ministère public, tout comme ils peuvent en être saisis, d'après l'art. 5 de la même loi, par le renvoi qui leur en aurait été fait par les tribunaux civils; — Attendu, 2° que ce délit ne porte pas sur des faits extrinsèques à des contrats; qu'il ne suppose pas, comme le délit de violation de dépôt, la préexistence d'une convention; qu'il se forme dans les actes mêmes de prêt; qu'il est inséparable du prêt et se confond avec lui; que, dès lors, tout délit étant susceptible de toute espèce de preuve, les stipulations d'intérêts usuraires dont peut se composer l'habitude d'usure, et qui sont présentées comme constituant le délit de cette habitude, doivent être soumises à la preuve testimoniale, quoiqu'elles se rattachent à des contrats civils, et que les clauses portées dans un contrat puissent se trouver en contradiction avec le résultat de la preuve testimoniale; — Que la loi, en donnant à l'habitude d'usure le caractère de délit, a consacré la présomption légale qu'il y avait fraude et dol dans tout acte, dans toute convention de prêt où il avait été stipulé un intérêt excédant celui qu'elle autorise; qu'elle a supposé qu'en consentant à un intérêt usuraire, l'emprunteur n'avait point agi librement, et que le prêteur, en l'exigeant, avait agi avec fraude; — Que les actes et conventions de prêt avec un intérêt usuraire étant ainsi frappés de la présomption légale du dol ou de la fraude, entrent nécessairement dans les dispositions de l'art. 1353 c. civ.; — Qu'il résulte de cet article que la loi assimile aux preuves testimoniales les présomptions non établies par elle, et que c'est par suite de cette assimilation qu'elle prohibe les présomptions qu'elle n'a pas établies, dans toutes les matières où les preuves testimoniales sont prohibées; — Qu'ainsi, en admettant les présomptions non établies par la loi toutes les fois qu'un acte est attaqué pour cause de fraude ou de dol, l'art. 1353 est censé admettre la preuve testimoniale dans le même cas; que dès lors il ne peut y avoir aucun doute que les fraudes d'intérêts usuraires qui peuvent avoir été les éléments d'un délit d'habitude d'usure, ne puissent, dans la poursuite du délit, être prouvées par témoins; — Que la cour royale de Colmar, en déclarant l'action du ministère public non recevable, quant à présent, sur la prévention du délit d'habitude d'usure imputé à Ignace Courbé, sur le fondement que les actes de prêt consentis par lui n'avaient pas encore été déclarés par un tribunal civil, avoir été faits sous un intérêt excédant celui de la loi, et qu'il ne pouvait être établi par témoins, devant la juridiction correctionnelle, que ces actes ou conventions de prêt continssent des stipulations d'intérêt usuraire, a violé les art. 4 de la loi du 3 sept. 1807 et 1353 c. civ.; — Casse, etc.

Du 2 déc. 1813.-C. C., sect. crim.-MM. Barris, pr.-Massillon, rap.

2e *Espèce* : — (Kr... *C.* N...) — La cour; — Attendu que la loi du 3 sept. 1807, en fixant le taux de l'intérêt, a par cela seul déclaré illicite toute perception d'intérêt qui excéderait le taux légal; — Que lors même que cette perception ne constituerait pas une habitude d'usure donnant lieu à des peines correctionnelles, elle est néanmoins une perception prohibée; qu'elle constitue dol et fraude; que le dol et la fraude faisant exception à toutes les lois, l'art. 1353 c. civ. permet aux juges de s'aider pour les reconnaître et annuler les actes qui en sont le fruit, de simples présomptions dont l'appréciation est laissée à leur conscience; — Que ce n'est donc pas le cas d'appliquer les art. 1341, 1347 et 1348 du même code que l'on cite, et que la cour de Douai n'a pas violés, et qu'au contraire elle a légalement usé du droit que lui donne ledit art. 1353; — Rejette.

Du 5 avr. 1824.-C. C., sect. req.

(1) *Espèce* : — (Bourrut-Florimont *C.* veuve Charles.) — Le 10 janv. 1826, arrêt de la cour de Bordeaux, qui statue dans les termes suivants : — « Attendu que si l'art. 1353 c. civ. n'autorise à admettre les présomptions non établies par la loi que dans le cas où elle admet la preuve testimoniale, il en excepte formellement ceux où l'acte est attaqué pour cause de dol ou de fraude, d'où il résulte que le dol ou la fraude pouvant être prouvés par de simples présomptions, peuvent, à plus forte raison, l'être aussi par témoins; — Attendu qu'un prêteur qui perçoit des intérêts usuraires viole la prohibition portée par l'art. 2 de la loi du 3 sept. 1807 et commet une fraude à la loi au préjudice de l'emprunteur; que cette fraude et la simulation qui aurait été pratiquée pour la couvrir rentrent nécessairement dans la disposition de l'art. précité du code civil et que la preuve testimoniale en est également admissible; — Attendu que le premier fait, dont la preuve a été ordonnée par le tribunal de Barbezieux, est pertinent, puisqu'il tend à établir le taux et la durée de la perception d'intérêts usuraires imputés à Bourrut-Florimont par la veuve Charles; que le second aurait pour but de faire constater contre lui une habitude d'usure que la loi qualifie de délit, dont la poursuite appartient exclusivement au ministère public et qui est du ressort de la police correctionnelle; que, par conséquent, ce fait n'est pas susceptible d'être prouvé en matière civile, et qu'il n'est ni pertinent, ni concluant pour le cas particulier dont il s'agit au procès. » — Pourvoi. — Arrêt.

La cour; — Sur le moyen tiré de la fausse application de l'art. 1353 c. civ., et violation de l'art. 1341 du même code; — Attendu que l'art. 1341 c. civ., autorise la preuve testimoniale contre tout acte attaqué pour cause de dol ou de fraude, et qu'il abandonne aux lumières et à la prudence des magistrats d'apprécier les faits articulés pour établir le dol et la fraude; — Attendu que, la loi de 1807 prohibant l'usure, les défendeurs éventuels étaient autorisés à offrir la preuve que des intérêts usuraires avaient été reçus par le demandeur, et qu'il appartenait à la cour royale de juger si les faits articulés étaient pertinents; que, dès lors, en admettant la preuve, l'arrêt attaqué a fait une juste application de la loi; — Rejette.

Du 18 fév. 1829.-C. C., ch. req.-MM. Favard, pr.-La Rigaudie, rap.

(2) (Philippe *C.* Godefroy.) — La cour; — Attendu que, d'après les lois, l'usure peut être établie par la preuve vocale; que, par conséquent, l'arrêt attaqué ne se trouve point avoir contrevenu à l'art. 1341 c. civ.; — Attendu que tous les faits, dont la preuve a été admise, sont pertinents et ne contrarient en rien le fait de numération d'espèces attesté dans l'acte du notaire, qui a pu rester étranger à la simulation des choses qui se passaient devant lui; — Attendu que le décès de Philippe, qualifié d'usurier habituel, rendait bien le tribunal de police correctionnelle incompétent, mais que l'action qui résultait de l'usure reprochée n'en subsistait pas moins, et a pu être légitimement poursuivie devant les tribunaux ordinaires, et les preuves légalement ordonnées par témoins, ainsi qu'il résulte de l'esprit de la loi du 3 sept. 1807; — Rejette le pourvoi contre l'arrêt de la cour de Caen du 29 juill. 1819.

Du 28 juin 1821.-C. C., sect. req.-MM. Henrion, pr.-Rousseau, rap.-Lebeau, av. gén., c. conf.-Loiseau, av.

(3) (Pruès-Latour *C.* Menet.) — La cour (apr. dél. en ch. du cons.); — Attendu qu'aux termes de l'art. 253 c. pr., la preuve testimoniale ne peut être ordonnée, même dans les cas où elle est permise par la loi, qu'autant que les faits articulés sont admissibles; — Attendu qu'ils ne sont admissibles qu'autant qu'ils sont pertinents et concluants, et que leur appréciation, sous ce rapport, appartient aux tribunaux et aux cours; — Attendu que, dans la cause, le tribunal de première instance a déclaré que les faits d'usure, articulés par le demandeur contre le défendeur, et dont il a offert la preuve vocale, ne sont point pertinents, et que ce motif est l'un de ceux par lesquels il a refusé d'ordonner la preuve; — Attendu que la cour royale de Pau (arrêt du 17 mars 1821), en adoptant les motifs de décision des premiers juges, a aussi adopté le motif fondé sur la non-pertinence des faits, et qu'il suffit pour justifier l'arrêt; — D'où il suit que cette cour n'a ni faussement appliqué l'art. 1341 c. civ., ni violé les art. 1348 et 1353 du même code, et qu'elle n'a pas violé non plus l'art. 3 de la loi du 3 sept. 1807; — Rejette.

Du 22 mars 1824.-C. C., sect. civ.-MM. Gandon, pr. d'âge.-Henri Larivière, rap.-Jourde, av. gén., c. conf.-Nicod et Leroy, av.

requête du ministère public et devant la police correctionnelle (V. nos 285 et suiv.). Ainsi un débiteur offrirait en vain de prouver devant la justice civile que le prêteur se livre habituellement à l'usure, il faut qu'il prouve le fait sur lequel la demande repose : c'est la seule justification qu'il ait à faire.

§ 4. — *De la prescription de l'action civile en matière d'usure.*

262. Nous avons dit (V. no 248) que la personne victime d'un prêt usuraire a l'action civile en restitution ou en réduction, qu'elle peut exercer devant les tribunaux civils par action principale, si elle le juge nécessaire, ou par conclusions incidentes, si elle est poursuivie en payement de la dette usuraire. — Mais cette action de l'emprunteur ou cette défense à l'action du prêteur ne peut-elle pas être écartée par la prescription? Oui, évidemment, et, en cas pareil, que l'usure soit *formelle*, c'est-à-dire stipulée dans l'acte même de prêt, ou qu'elle soit *palliée*, c'est-à-dire cachée sous une forme licite en apparence, cette prescription dure trente ans : c'était déjà ce qui se pratiquait sous l'ord. de 1510 : on n'admettait pas la prescription de dix ans établie par l'art. 46 et reproduite par l'art. 1304 c. nap. au sujet des actions en nullité ou rescision des contrats. Dumoulin disait déjà : *Qui condicens indebitum non dicitur venire contrà pacta et conventa, nec petere illa rescindi.* — Il a été jugé en ce sens : 1° que l'action qui a pour but de faire réduire des obligations usuraires au taux légal ne se prescrit que par trente ans ; qu'ici ne s'applique pas l'art. 1304 c. nap. (Paris, 2 mai 1825 (1); Montpellier, 1er mars 1835, aff. Serignol C. hérit. Aurel); — 2° Que, quoique l'obligation contenant déguisement d'intérêts usuraires ait plus de dix ans, l'action en restitution du débiteur n'est pas prescrite : en un tel cas, ce n'est pas la nullité d'obligation qui est demandée, c'est seulement la restitution des intérêts qui est exercée (Bourges, 2 juin 1831, aff. Morache, V. Chose jugée, no 547-2°). — V. au surplus sur ces questions diverses vo Prescription.

263. Toutefois M. Chardon, no 81, restreint à dix ans l'action lorsque l'usure est palliée. — Il a été jugé, en ce sens, 1° que l'action en nullité d'une obligation pour cause d'usure se prescrit par dix ans (Toulouse, 18 nov. 1836, aff. Julian, V. Prescript. civile, no 855. — Conf. Caen, 29 avr. 1835, aff. Bruley C. Miquelard); — 2° Que si, pour faire la preuve de l'usure, le demandeur usuré était obligé d'établir que le titre n'est pas sincère dans les faits qu'il constate, et que la somme représentée comme faisant l'objet du prêt était, en réalité, de beaucoup inférieure, alors il y aurait nécessité de porter atteinte au titre même, et dans ce cas l'art. 1304 serait applicable (Toulouse, 18 nov. 1836, aff. Julian, V. Prescript., no 855). — Mais M. Troplong, no 401, repousse avec raison ce système. « Vainement objectera-t-on, dit-il, que, d'après l'art. 1304, un contrat nul ne peut être attaqué que pendant dix ans, et que, pour obtenir la restitution, le débiteur doit avant tout faire tomber le contrat qui a été cause du payement : je réponds que cet article n'est pas applicable. L'emprunteur n'a pas besoin d'attaquer le contrat; il lui suffit de s'en prendre au fait, et de dire : j'ai trop payé, car j'ai payé 10 au lieu de 5 p. 100. Loin d'attaquer le contrat pour le faire tomber, il s'en empare pour prouver l'injustice dont il a été victime » (V. Obligat.). — M. Troplong présente en ce sens sur la prescription de l'usure (Traité du prêt, p. 359, no 398) des observations qu'il est utile de signaler : « De deux choses l'une, dit-il : ou l'emprunteur demande pour l'avenir la réduction du contrat qui le soumet à des prestations usuraires; ou bien il demande la restitution de ce qu'il a payé pour le passé. — Au premier cas, il est évident que, quand même le débiteur aurait subi pendant trente ans la loi d'un créancier livré à l'usure, il pourrait toujours réclamer le retour au droit commun qui le protége. Que le créancier soit demandeur ou défendeur, peu importe. Demandeur, il sera arrêté par une exception insurmontable tirée de la loi de 1807 : *Quæ temporalia sunt ad agendum, ad excipiendum fiunt perpetua.* D'ailleurs que serait-ce que sa demande, si ce n'est une requête à fin de continuer l'usure, *De continuandâ usurâ*, comme dit Dumoulin? Quel tribunal lui donnera accès? Défendeur, il succombera devant la puissance d'une loi d'ordre public qui ne souffre pas que le laps de temps paralyse ses effets, et autorise le cours d'intérêts usuraires. — Ou bien il s'agit d'une demande en restitution de ce qui a été payé indûment, et alors l'action intentée par le débiteur se prescrit par trente ans. »

264. On a soutenu que l'on pouvait invoquer contre l'action civile en restitution, fondée sur l'exercice de l'usure, la prescription de trois ans fixée pour les délits en général. Mais c'était là confondre l'action civile avec l'action criminelle.

265. Aussi a-t-il été jugé, 1° que l'on ne doit pas appliquer à l'action civile pour faits d'usure la prescription de trois ans, applicable aux délits d'habitude d'usure (Caen, 25 juill. 1827 (2); 12 janv. 1828, aff. Lefèvre, arrêt conforme; Rennes, 20 juin 1817, aff. N. C. N.); — 2° Que la réduction d'un prêt, en tant qu'affecté d'usure, peut être demandée devant les juges civils, bien qu'il se soit écoulé plus de trois ans depuis ce prêt... alors, bien entendu, que le fait usuraire est insuffisant pour constituer l'habitude d'usure, c'est-à-dire un délit, et, par suite, pour soumettre cette prétention, comme action civile, à la prescription triennale des art. 637 et 638 c. inst. crim. (Paris, 11 déc. 1851, aff. Combe-Denise, D. P. 54. 2. 223).

---

(1) *Espèce* : — (Cordier C. hér. Baudot.) — 8 janv. 1825, jugement du tribunal d'Auxerre ainsi conçu : — « Considérant que l'action des demandeurs a pour but de faire réduire au taux légal les obligations que leur impose l'acte du 12 avr. 1809; que cette action, instituée par la loi du 3 sept. 1807, n'ayant été limitée par aucun laps de temps particulier, se place de droit dans la catégorie générale des actions qui ne se prescrivent que par trente ans, et non dans celle particulière créée par l'art. 1304 c. civ., qui n'embrasse que les actions en nullité ou en rescision; qu'il en était de même sous l'empire des anciennes lois; que, tandis que les ordonnances, et notamment celle de 1510, art. 46, contenaient la même disposition que l'art. 1304, les actions en conversion ou réduction des obligations usuraires étaient admises non-seulement pendant trente ans, qu'elles l'étaient même indéfiniment quand il s'agissait de servir à l'avenir une rente usuraire, quelque antique que fût sa constitution, ainsi que l'attestent les jurisconsultes les plus recommandables, notamment Dumoulin, dans son Traité des contrats usuraires, par la raison décisive que, par quelque temps que la fraude à la loi ait eu lieu, le droit de continuer l'offense ne peut pas être acquis; qu'ainsi, si au fond il est prouvé que, par l'acte du 12 avr. 1809, Cordier a fait l'usure, il serait intolérable de prétendre que, parce qu'il l'a faite alors, et pendant plus de dix ans, il doit obtenir l'autorisation de la faire toujours;

Considérant que le sieur Cordier, défendeur, entendu en personne, avoue avoir acheté de l'auteur des héritiers Baudot, moyennant 1000 fr., le 1 avr. 1809, par acte privé, les héritages qu'il lui a revendus le 12 du même mois, par acte authentique, moyennant une rente de grains, remboursable en valeur de grains; qu'ainsi il est évident que la vente du 12 avr. 1809 n'est qu'une voie indirecte imaginée par le défendeur, à l'effet d'obtenir à son profit une rente en grains en ne fournissant que de l'argent pour capital; que, par cela seul, la rente devrait être convertie en argent; qu'en effet, l'édit de 1566 défend de constituer une rente de grains pour un capital en argent, à peine, par les constituants, d'être poursuivis comme usuriers; que cette prohibition est renouvelée, implicitement, il est vrai, mais nécessairement par la loi de 1807, qui a interdit toute autre stipulation d'intérêt conventionnel qu'au taux de 5 pour 100 du capital, ce qui suppose un revenu fixe et en numéraire, et est inconciliable avec un intérêt, consistant en denrées dont le prix varie sans cesse; — Considérant, en outre que, indépendamment de cette première violation de la loi, le contrat du 12 avr. 1809 a créé une énorme usure, le capital fourni par Cordier n'étant que de 1000 fr. et devant lui produire, au lieu de 50 fr., seize bichets de blés, à raison, en tout temps, de 6 fr. 12 cent. le bichet, indépendamment de ce que le capital à rembourser est lui-même fixé en grains, en sorte qu'il y a double usure; — Par ces motifs, etc. » — Appel. — Arrêt.

LA COUR; — Adoptant les motifs des premiers juges; — Confirme.

Du 2 mai 1825.-C. de Paris.-M. Séguier 1er pr.

(2) (Vasconcelles C. Ménager.) — LA COUR; — Considérant, relativement à la fin de non-recevoir, proposée par Me Ménager, contre l'action de Vasconcelles et sa sœur, qu'on doit distinguer entre l'action qui a pour objet l'habitude d'usure et celle qui a pour objet un fait d'usure particulier; que la première, étant de la compétence des tribunaux correctionnels, ne peut être intentée que par le ministère public, et se prescrit à la vérité par trois années; mais que la seconde, ne caractérisant qu'un acte frauduleux et dolosif, punissable par des dommages-intérêts, est de la compétence des tribunaux civils, et par conséquent soumise à la prescription ordinaire; que, dès lors, la fin de non-recevoir proposée est sans fondement.

Du 25 juill. 1827.-C. de Caen, 1re ch.-M. Delhorme, 1er pr.

266. De quelle époque court l'action du débiteur en répétition des sommes usurées? — M. Chardon, n° 530, enseigne que la prescription de l'action civile ne commence à courir qu'à partir du jour où s'est effectué le dernier payement usuraire; mais M. Troplong (Tr. du prêt, p. 341, n° 402), répond avec raison que « quelque défaveur que mérite l'usure, il ne faut pas exagérer les sévérités de la loi. L'action court du moment où l'indû payement a été fait. » — V. Obligat.

ART. 2. — *Du délit d'habitude d'usure.*

§ 1. — *De l'habitude d'usure comme élément constitutif du délit.*

267. «Tout individu, dit l'art. 4 de la loi de 1807, prévenu de se livrer *habituellement* à l'usure sera condamné, etc. ; » — Ainsi, c'est l'habitude qui constitue le délit. De là il suit que ce délit est complexe, qu'il se compose de faits divers, et qu'un seul prêt serait insuffisant pour lui donner l'être.—Il a été jugé, conformément à ces principes incontestés, qu'un fait isolé d'usure ne suffit pas pour justifier une condamnation correctionnelle; il faut qu'il y ait *habitude* d'usure (Cr. cass. 22 nov. 1811) (1).

268. La perception successive, mensuelle ou annuelle, des intérêts usuraires stipulés pour un certain temps, à l'occasion d'un seul prêt, ne suffirait pas toujours pour caractériser ce délit; il faut qu'il y ait plusieurs prêts ou des renouvellements successifs d'un prêt.— V. n°s 270 et suiv.

269. Il suffit que des prêts usuraires aient été faits à deux personnes, pour que le prêteur puisse être condamné comme coupable d'habitude d'usure: « Attendu, porte l'arrêt, que les faits d'habitude d'usure reconnus, par l'arrêt, concernaient au moins deux personnes, ce qui dispense d'examiner si l'habitude d'usure ne peut être établie que vis-à-vis de plusieurs personnes; rejette » (Crim. rej. 24 déc. 1825, MM. Portalis, pr., Ollivier, rap., aff. Gosselin *C.* Troude, etc.). — M. Petit, p. 144, paraît disposé à ne reconnaître l'habitude que là où il existe au moins *quatre* prêts constatés; mais nous ne pensons pas qu'on doive s'arrêter à cette opinion, car deux prêts, par leur importance et par leur succession, peuvent, on le sent très-bien, constituer l'habitude.

270. M. Legraverend (t. 1, p. 11) n'hésite pas à décider que deux perceptions d'un intérêt excessif doivent constituer l'habitude, quand même les deux prêts auraient été faits au même individu (Conf, M. Petit, *eod.*, sur ce dernier point).—C'est ainsi qu'il a été jugé que pour qu'il y ait habitude d'usure, il suffit qu'il soit reconnu qu'il a été fait successivement divers prêts conventionnels à un taux excédant celui fixé par la loi, encore que les prêts aient été faits à la même personne (Crim. cass. 4 mars 1826) (2).

271. Mais lorsqu'il n'y a qu'un seul prêt, et que ce prêt unique a été renouvelé plusieurs fois, ces renouvellements ne doivent-ils être considérés que comme une suite, une modification dans les termes stipulés lors du premier contrat, ou bien se forme-t-il alors autant de prêts qu'il y a de renouvellements successifs : en un mot, un renouvellement est-il un prêt nouveau? — Le prêteur m'avait donné un an pour acquitter un billet de 5,000 fr. ; je me présente la veille de l'échéance; je lui demande un nouveau délai de six mois; il me l'accorde aux mêmes conditions que le premier. — Y a-t-il là un nouveau prêt, ou seulement une prorogation de délai du premier ?—On peut soutenir qu'il n'y a là qu'un délai prorogé sans convention nouvelle. — Mais on répond que le terme étant arrivé, le créancier est libre de rentrer dans son capital, qu'il en a le droit; que si au contraire il laisse les fonds entre les mains de l'emprunteur, il les lui prête réellement de nouveau ; c'est une nouvelle convention qui intervient, tant pour le terme nouveau accordé que pour les intérêts, quoique la convention repose sur les mêmes bases. Le mode de concession de délai serait toujours employé par les usuriers, si, sous cette forme, ils pouvaient échapper à toutes poursuites.— Il a été jugé constamment dans ce sens 1° qu'il n'est pas nécessaire que des prêts aient été faits à plusieurs personnes, ni même qu'il y ait plusieurs prêts usuraires à la même personne ; qu'un seul prêt usuraire au même individu, suivi de deux renouvellements usuraires, peut être jugé suffisant pour constituer l'habitude (Paris, 21 juill. 1826) (3);

---

(1) (Geoffroy *C.* min. pub.) — LA COUR; — Vu l'art. 4 de la loi du 3 sept. 1807 ;— Attendu que le fait isolé de la perception d'un intérêt excessif n'est pas ce qui caractérise le délit d'usure punissable de peines correctionnelles, puisque la loi du 3 sept. 1807 ne soumet à ces peines que les individus convaincus de se livrer habituellement à l'usure ;—Que le tribunal de Genève s'étant borné à parler de billets faits à Geoffroy, et dans lesquels un intérêt de 10 à 12 p. 100 était ajouté à quelques-uns des capitaux, sans le déclarer dans l'habitude de se faire consentir des obligations de cette nature, n'a pu le déclarer coupable du délit d'usure, et lui infliger la peine de l'amende, qu'en faisant une fausse application de la loi du 3 sept. 1807 ;— Casse.

Du 22 nov. 1811.-C. C., sect. crim.-M. Aumont, rap.

(2) *Espèce* : —(Thirion-Montauban *C.* Osmont-d'Omilly.)—Thirion-Montauban est condamné par le tribunal correctionnel de la Seine comme prévenu de s'être livré habituellement à l'usure à l'égard d'Osmont-d'Omilly. Le tribunal avait reçu Osmont-d'Osmilly partie intervenante, quoique Thirion soutînt qu'Osmont ne pouvait se porter partie civile.— Sur l'appel de Thirion, arrêt de la cour de Paris, du 26 déc. 1825, qui confirme. — Pourvoi : 1° pour fausse application de la loi du 3 sept 1807 et violation de l'art. 191 c. inst. crim.; — 2° Pour violation des art. 1, 3, 50 et 63 c. inst. crim. et 10, 51 et 484 c. pén.; en ce que le tribunal a reçu partie intervenante le sieur Osmont. — Arrêt.

LA COUR ; — Attendu, sur le premier moyen, qu'aux termes de l'art. 3 de la loi du 3 sept. 1807, il y a usure, lorsqu'il y a prêt conventionnel, portant intérêt au-dessus de 5 p. 100 en matière civile, et de 6 p. 100 en matière de commerce ; — Que, pour qu'un individu puisse être prévenu de se livrer habituellement à l'usure, il suffit qu'il soit reconnu et constaté qu'il a fait successivement divers prêts conventionnels à un taux excédant celui qui est fixé par la loi ; — Qu'il suit de là que si la perception successive des intérêts usuraires d'un seul prêt ne constitue pas l'habitude d'usure, il en est autrement d'une succession de prêts usuraires faits à la même personne ; — Que c'est, en effet, de la répétition de ce même acte que résulte l'habitude de le faire, comme c'est de sa nature que résulte sa criminalité, et que cette habitude de faire un acte illicite, soit qu'on le fasse successivement à l'égard d'une seule personne ou de personnes diverses, puisque, dans l'un et l'autre cas, il y a répétition successive d'un fait dont la répétition habituelle est réputée délit par la loi ; — Rejette ce moyen

Mais attendu, sur le deuxième moyen, que les tribunaux criminels qui ne peuvent connaître des réparations civiles que lorsqu'ils y statuent accessoirement à un délit, sont sans attributions pour pronononcer sur la réparation civile à laquelle un fait particulier d'usure peut donner lieu ;

Que le fait général d'habitude d'usure, quoique constituant un délit, ne peut jamais produire une action en réparation civile, parce que ce fait est moral et complexe ; qu'il ne peut résulter que de l'ensemble de plusieurs faits particuliers ; qu'il ne peut être conséquemment rattaché à aucun de ces faits spécialement ; et que, néanmoins, ce n'est que pour les faits particuliers qu'il peut y avoir eu dommage ou préjudice dont les tribunaux civils peuvent seuls connaître ; — Casse.

Du 4 mars 1826.-C. C., ch. crim.-MM. Portalis, pr.-Ollivier, rap.

(3) (Albert *C.* Lecerf.) — LA COUR (ap. délib.) ; —Attendu que, si la loi du 3 sept. 1807 n'a prévu que le délit résultant de l'habitude de l'usure, cette loi a laissé aux magistrats le droit d'apprécier les faits caractéristiques qui constituent cette habitude ;— Attendu que cette habitude peut résulter d'actes successifs d'usure, commis au préjudice d'une seule et même personne, comme elle peut être constituée par une réunion de faits isolés d'usure, commis au préjudice de plusieurs individus, lesquels n'auraient été ainsi lésés qu'une seule fois : — Qu'il suit de là que, pour décider s'il existe à la charge d'un inculpé un délit d'usure habituelle, il faut avoir égard au nombre des actes marqués du caractère de l'usure, plutôt qu'au nombre même des individus victimes de stipulations usuraires ;

Attendu que l'opération primitive de Lecerf était usuraire ; — Que le premier renouvellement a eu pour résultat : 1° de donner une nouvelle période à l'usure originaire dont le terme était expiré ; 2° de créer, à l'égard des intérêts, une stipulation usuraire tout à fait nouvelle ; — Attendu que le second renouvellement a été à la fois la renaissance de conventions déjà marquées du sceau de l'usure et le point de départ d'une nouvelle usure exercée pour les intérêts ;— Attendu que l'ensemble de ces faits, leur analogie et leur complication établissent contre Lecerf charges suffisantes de s'être, en 1824 et 1825, rendu coupable du délit d'usure habituelle, délit prévu par l'art. 4 de la loi du 3 sept. 1807 ;—Annule l'ordonnance et renvoie Lecerf devant le tribunal correctionnel, etc.

Du 21 juill. 1826.-C. de Paris, ch. d'acc.-M. Dehaussy, pr.

— 2° Que chaque renouvellement d'un prêt usuraire doit être assimilé à un nouveau prêt usuraire (Cr. rej. 15 avril 1826 (1); 31 mars 1837, aff. Lesage, V. n° 286; 23 mars 1838, aff. Hémon, *eod.*);—3° Que des renouvellements même tacites d'anciens prêts usuraires peuvent être regardés comme éléments du délit d'habitude d'usure, lorsqu'en vertu de ces renouvellements il y a eu stipulation d'intérêts extra-légaux et perception de ces intérêts; que dès lors, de telles conventions formant des prêts nouveaux, ces prêts peuvent entrer dans la fixation de la quotité de l'amende (Crim. rej. 3 juin 1826, aff. Mas, V. n° 272).

272. Encore que les actes constatant des prêts usuraires soient antérieurs à la loi du 3 sept. 1807, cependant, s'il y a eu, depuis cette loi, convention tacite de renouvellement de ces prêts et perception d'intérêts usuraires, ces prêts deviennent des éléments légaux du délit d'habitude d'usure; il n'y a là nul effet rétroactif (Crim. rej. 3 juin 1826) (2). — V. cependant n° 286, la difficulté qui s'élève, en cas de renouvellement, quant au calcul de l'amende.

273. En thèse générale, les escomptes en matière commerciale n'ont pas par eux-mêmes le caractère de prêts usuraires (V. n°s 227 et s.); mais il en serait autrement si ces escomptes cachaient des prêts faits habituellement à usure. C'est ainsi qu'il a été jugé 1° que peuvent être considérées comme constituant le délit d'habitude d'usure des opérations d'escomptes faites en vue de déguiser des prêts usuraires (Crim. cass. 8 avr. 1825, aff. Després, V. n° 274; 26 août 1825, aff. Desr, *eod.*; Crim. rej. 24 déc. 1825, MM. Portalis, pr., Ollivier, rap., aff. Gosselin C. Troude; Bordeaux, 5 janv. 1842, aff. Lebègue, V. n° 284; Crim. rej. 27 déc. 1845, aff. Beauvais, D. P. 46. 4. 505); — 2° Que les escomptes lorsqu'ils ne sont que des moyens employés pour déguiser des prêts conventionnels usuraires, doivent être réputés constituer le délit d'habitude d'usure; et si l'arrêt qui condamne l'individu prévenu de ce délit n'a pas pris en considération les escomptes faits à un taux n'excédant pas 7 p. 100, cet individu est sans qualité pour se faire un moyen de cassation de ce que pourrait avoir d'illégal cette disposition (Crim. rej. 8 nov. 1839) (3).

274. Par suite, pour que des escomptes perçus à raison de

---

(1) (D... C. Min. pub.) — La cour; — Attendu que le créancier, en accordant au débiteur une prorogation de délai, ne peut stipuler des intérêts à un taux excédant celui qui est fixé par la loi, sans encourir les condamnations prononcées par les art. 3 et 4 de la loi du 3 sept. 1807; qu'une telle stipulation ne saurait être assimilée au contrat commercial d'escompte, qui est proprement une négociation de créance à prix défendu, et, le plus souvent, au cours public et variable des valeurs escomptées, puisque cette stipulation ne constitue que la continuation du prêt d'une somme d'argent déterminée, à des conditions usuraires et imposées par une sorte de contrainte morale, à celui qui les consent; — Qu'elle ne peut pas davantage être assimilée à une condition pénale; car ces conditions, autant qu'elles sont licites, s'appliquent à un événement futur et non à un événement passé et sont potestatives de leur nature; tandis que dans l'espèce il s'agit d'une stipulation qui n'aurait rien de conditionnel et qui serait la peine non d'un événement que les parties intéressées peuvent toujours empêcher de se réaliser, mais d'un événement déjà consommé, le défaut de payement à l'échéance fixée. D'où il suit que le jugement attaqué a fait à l'espèce une juste application de la loi du 3 sept. 1807; — Attendu que les circonstances déclarées constantes par les juges du fait ne peuvent être révoquées en doute devant la cour de cassation, et qu'aucune preuve contre la décision irréfragable de ces juges ne saurait être admise devant la cour; — Rejette.

Du 15 avr. 1826.-C. C., ch. crim.-MM. Portalis, pr.-Ollivier, rap.

(2) *Espèce:* — (Mas C. min. pub.) — Pourvoi contre un arrêt de la cour de Nîmes, du 27 janv. 1826, 1°...; — 2° Violation de l'art. 5 de la loi du 3 sept. 1807, en ce que la cour de Nîmes a fait entrer des prêts antérieurs à la loi de 1807 dans le nombre de ceux reprochés aux accusés, sous le prétexte que chaque perception d'intérêts devait être censée une convention nouvelle faite depuis la loi. — Si, depuis cette loi, disaient-ils, les prêts antérieurs avaient été renouvelés expressément par de nouveaux actes, peut-être le système de la cour aurait-il quelque apparence de solidité; mais dire que chaque perception d'intérêts est censée une nouvelle convention, c'est une erreur grave; car un acte, une fois fait, ne peut être atteint par des lois postérieures, ni dans son principe ni dans son exécution; — 3° Excès de pouvoirs et fausse interprétation de l'art. 4, § 1, de la loi de 1807, en ce que la cour a condamné le sieur Mas à une amende qui excède la moitié des capitaux prêtés, seule peine prescrite par cet article. — Au lieu de compter seulement les capitaux réellement prêtés pour fixer l'amende, elle a supposé autant de prêts qu'il y a eu de prorogations de délais. — Cette fixation arbitraire est intolérable, car il n'y a pas nouveau prêt à l'échéance du terme fixé, lorsque le débiteur ne paye pas et obtient un délai.—Il y a bien contrat tacite, si l'on veut; mais ce contrat ne porte que sur le terme, et ne change en rien les précédentes conventions; c'est en vertu de ces anciennes conventions que l'on agira.—Arrêt (ap. délib. en ch. du cons.).

La cour;—Sur le moyen de cassation, pris de la violation de l'art. 5 de la loi du 3 sept. 1807, en ce que l'arrêt attaqué aurait, par un effet rétroactif, fait revivre des prêts antérieurs à ladite loi, lesquels étaient éteints et hors de toute poursuite;—Attendu que la cour royale de Nîmes, en déclarant que, dans la supputation des sommes prêtées à usure, «elle devait faire entrer celles provenant de renouvellements de prêts usuraires, parce que, à l'époque de ces renouvellements, il y a eu nouvelles conventions usuraires et perception d'intérêts excédant le taux légal, et que le délit d'usure était établi par le seul fait de cette nouvelle convention usuraire, » n'a fait que consacrer les principes de la matière établie par la loi du 3 sept. 1807; qu'en effet le délit d'usure se composant de faits successifs qui se lient et se rattachent les uns aux autres, la stipulation et la perception d'intérêts usuraires, provenant de prêts ou de renouvellements de prêts antérieurs, sont des éléments légaux du délit d'usure; qu'ainsi l'arrêt attaqué ne contient point l'effet rétroactif qui lui est imputé, et qu'il n'a contrevenu en aucune manière aux dispositions de l'art. 5 de la loi du 3 sept. 1807;

Sur le troisième moyen, pris d'un excès de pouvoirs et de la violation de l'art. 4 de la loi du 3 sept. 1807, en ce que l'arrêt aurait fait entrer, dans la supputation des capitaux prêtés à usure, des sommes provenant de simples renouvellements tacites d'anciens prêts dont les termes auraient été seulement prorogés, et aurait, par suite de cette supputation exagérée, prononcé une amende plus forte que la moitié des sommes réellement prêtées à usure; — Attendu que la cour royale de Nîmes, après avoir reconnu que, dans la supputation des sommes prêtées à usure, ne devaient point entrer les sommes retenues sur l'escompte de certains effets de commerce ni le montant des cessions à pacte de rachat, reconnut en même temps que, dans la supputation des sommes réellement prêtées à usure devaient entrer les sommes provenant de renouvellements de prêts faits à usure, lorsque, par suite de ces renouvellements, il y aurait eu nouvelles conventions usuraires et nouvelle réception d'intérêts excédant le taux légal; que, quoique l'obligation usuraire primitive remontât à une époque antérieure à la loi du 3 sept. 1807, il y avait délit toutes les fois que, postérieurement à cette loi et après l'échéance du terme stipulé, il y avait eu perceptions d'intérêts usuraires, parce que, dans ce cas, il y a eu toutes les fois conventions et perceptions nouvelles d'intérêts usuraires; — Attendu que cette décision n'est nullement contraire aux principes de la matière; qu'en effet, après l'échéance des termes d'un premier prêt usuraire, le prêteur reprend la disponibilité de ses fonds, qu'il est le maître de les prêter de nouveau, soit aux mêmes emprunteurs, soit à d'autres; et que, quoique par une nouvelle convention il laisse aux mêmes emprunteurs les sommes antérieurement prêtées à usure, il n'existe pas moins un prêt nouveau, lequel, étant fait à usure, à quelques individus que ce soit, forme une convention usuraire; — Attendu d'ailleurs que, dans l'espèce particulière, la cour de Nîmes, après avoir apprécié elle-même les différents prêts usuraires imputés à Pierre Mas, a déclaré, en fait, que les sommes réellement prêtées à usure par Pierre Mas se portaient à 141,955 fr.. et que l'arrêt ayant expressément reconnu que les prêts usuraires faits par Pierre Mas à soixante et onze différents individus dénommés dans cet arrêt, lequel contient également le détail des sommes prêtées à chacun d'eux, et le taux des intérêts auxquels elles ont été prêtées, doit faire foi relativement à la supputation de ces sommes; — Attendu que les sommes prêtées à usure par Pierre Mas ayant été fixées à 141,955 fr., l'amende encourue par Pierre Mas aurait pu être portée à 70,900 fr. pour la moitié de cette somme, tandis qu'elle n'a été portée qu'à 51,500 fr., et que conséquemment cette amende est loin d'avoir été exagérée, eu égard à la masse des capitaux réellement prêtés à usure; que, dès lors, il n'y a eu, dans l'arrêt attaqué, ni erreur ou exagération de principes, ni excès de pouvoirs, ni violation de l'art. 4 de la loi du 3 sept. 1807, ni d'aucune autre loi de la matière; — Rejette.

Du 3 juin 1826.-C. C., ch. crim.-MM. Bailly, pr.-De Cardonnel, r.

(3) (Vincent C. Min. pub.) — Arrêt. — La cour; —Sur le deuxième moyen, pris de la violation du même art. 1 de la loi de 1807 et d'un excès de pouvoir, en ce que l'arrêt attaqué a déclaré légitime les escomptes faits sous un intérêt de 7 p. 100 et usuraires les escomptes faits au-dessus de ce taux; — Attendu que tous les escomptes qui ont servi à la condamnation prononcée contre le demandeur n'ont été, d'après l'arrêt, que des moyens employés pour déguiser des prêts conventionnels; — Qu'ayant été faits à un taux supérieur à 7 p. 100, ils ont incontestablement le caractère de prêts usuraires; et que le demandeur est sans qualité pour se plaindre de ce que pourrait avoir d'illégal la décision par laquelle la cour de Bourges a refusé de prendre en considération les escomptes faits à un taux n'excédant pas 7 p. 100; — Rejette.

Du 8 nov. 1839.-C. C., ch. crim.-MM. Crouseilhes, pr.-Vincens, r.

payements anticipés puissent former les éléments constitutifs du délit d'habitude d'usure, il faut nécessairement qu'il ait été déclaré par le jugement que ces escomptes ont été employés pour déguiser des perceptions d'intérêts usuraires, faites en vertu de prêts conventionnels. Dès lors, et à défaut de cette déclaration, un individu ne peut être condamné pour délit d'habitude d'usure, par le seul motif qu'il aurait escompté des effets à un taux excédant celui de l'intérêt conventionnel (Crim. cass. 8 avril 1825 (1); 26 août 1825, MM. Portalis, pr., Choppin, rap., aff. Désir C. min. pub.).—Et, par exemple, si, sur la prévention d'escompte de deux billets au-dessus du taux légal, le jugement a omis de déclarer que l'un des escomptes a eu pour objet de déguiser une perception d'intérêts usuraires, en vertu de prêts conventionnels; la perception usuraire, se trouvant ainsi restreinte à un seul fait, ne saurait constituer le délit d'habitude d'usure (Crim. cass. 16 août 1828) (2).

275. Du reste, la décision qui constate que l'escompte et le droit de commission ont servi à déguiser l'usure contient une appréciation de faits qui échappe à la censure de la cour de cassation (Crim. rej. 27 déc. 1845, aff. Beauvais, D. P. 46. 4. 505).

276. Il y a usure par la stipulation d'intérêts usuraires au-dessus du taux légal, encore bien que les intérêts usuraires n'aient pas encore été perçus, ou même que depuis les poursuites, ils aient été réduits par le créancier, soit volontairement, soit forcément, par l'effet de la faillite du débiteur (Crim. rej. 8 mai 1829, aff. Delvincourt, V. nº 277).

277. L'usure est consommée par la signature des emprunteurs au bas des billets par eux remis au créancier, qui, dans ces billets, a stipulé un intérêt illégal : celui-ci se trouvant, dès lors, possesseur de titres à l'exécution desquels les débiteurs ne peuvent se soustraire (Crim. rej. 8 mai 1829) (3).

278. Toutefois l'écrit n'est pas nécessaire pour constituer le délit d'usure. Aussi a-t-il été jugé que lorsqu'il s'agit de décider s'il y a délit d'habitude d'usure, une stipulation *verbale* d'intérêts usuraires peut, aussi bien qu'une stipulation *écrite*, servir d'élément à ce délit (Crim. cass. 14 juillet 1827, aff. de Saint-Nicolas, V. nº 500-2º).

279. Si les prêts usuraires ont été déguisés sous la forme de billets négociables, le tribunal correctionnel peut se livrer à l'investigation de ces actes, et induire l'habitude d'usure de leur simulation (Crim. rej. 4 août 1820) (4). — Il a été jugé aussi qu'un jugement correctionnel caractérise suffisamment, et d'une manière irréfragable, et le délit d'habitude d'usure et la perception des intérêts usuraires, lorsqu'il dit que des prêts faits sur simples billets de complaisance, ou traites souscrites par l'emprunteur pour les besoins de son commerce, bien connus du prêteur, l'ont été à raison d'un pour cent par mois, outre un droit de commission, et que ces opérations de banque simulaient des prêts conventionnels excédant le taux légal (Crim. rej. 19 fév. 1830, aff. Delon, V. Peine, nº 94).

280. Lorsque des lettres de change ont été employées pour couvrir des prêts usuraires, le prêteur peut être condamné comme coupable du délit d'habitude d'usure : il importe peu qu'il soit banquier et patenté (Crim. rej. 24 déc. 1825, aff. Duclos, V. nº 515-1º).

281. Les faits usuraires, antérieurs à une première condamnation pour délit d'habitude d'usure, peuvent-ils être considérés comme des faits nouveaux, et être l'objet d'une nouvelle poursuite, alors qu'ils n'ont pas été compris dans la première? La négative nous a paru devoir être adoptée (V. Chose jugée, nº 465, V. en ce sens, Crim. rej. 25 août 1836, aff. Taisand, vº Peine, nº 171. — *Contrà*, Crim. rej. 5 août 1826, aff. Martin, V. Chose jugée, nº 465). — Mais il est à remarquer qu'aux termes de l'art. 3 de la loi nouvelle de 1850, un seul fait postérieur à la condamnation suffit pour autoriser de nouvelles poursuites (V. nº 291).

§ 2. — *De la peine en matière d'usure. — Preuve, Récidive, Complicité, Escroquerie.*

282. L'art. 4 de la loi du 5 sept 1807 porte : « Tout individu qui sera prévenu de se livrer habituellement à l'usure, sera traduit devant le tribunal correctionnel et, *en cas de conviction, condamné à une amende* qui ne pourra excéder la moitié des capitaux qu'il aura prêtés à usure. Puis, l'art. 2 de la loi du 19 déc. 1850 ajoute à cette peine, un emprisonnement de 6 jours à 6 mois.

283. *En cas de conviction*, dit d'abord l'art. 4, qu'est-ce à dire? il ne peut pas y avoir de condamnation, si, dans sa conscience,

---

(1) (Desprès-Eglée C. Min. pub.)—LA COUR; —Attendu que, d'après le jugement attaqué, les sommes exigées par le demandeur, à raison desquelles il a été condamné à l'amende de 2,000 fr. pour délit d'habitude d'usure, provenaient d'escomptes perçus lors des payements par lui anticipés de billets qu'il escomptait, et non d'intérêts de prêts conventionnels; —Que le jugement attaqué a décidé que les escomptes ainsi perçus pouvaient, comme les intérêts du prêt conventionnel, former les éléments constitutifs du délit d'habitude d'usure; — Mais qu'il n'a point déclaré que ces escomptes eussent été employés pour déguiser des perceptions d'intérêts usuraires faites en vertu de prêts conventionnels; que, dans cet état des faits reconnus, la déclaration de culpabilité du délit d'habitude d'usure et la condamnation à l'amende de 2,000 fr. ont été une fausse application de l'art. 4 de la loi du 3 septembre 1807; —Casse, etc.

Du 8 avr. 1825.-C. C., sect. crim.-MM. Portalis, pr.-Ollivier, rap.

(2) (Lebègue C. Min. pub.) —LA COUR (apr. dél. en ch. du cons.); —Attendu que, suivant la loi du 3 sept. 1807, la perception d'intérêts au-dessus du taux légal ne constitue un fait d'usure que lorsqu'elle a été faite en vertu d'un prêt conventionnel; —Attendu que, par sa nature, l'escompte n'est pas dans la catégorie des prêts conventionnels; que, dès lors, le taux de l'escompte, fixé au-dessus de l'intérêt légal, ne peut constituer un fait d'usure, qu'autant qu'on a reconnu et déclaré qu'il a eu pour objet de déguiser des perceptions d'intérêts usuraires faites en vertu de prêts conventionnels; — Et attendu que, dans l'espèce, le jugement attaqué a déduit les faits d'usure de la réunion de deux escomptes, l'un fait le 10 mai 1826, à Lebègue neveu, d'un billet de 1,000 fr., exigible le 20 sept. 1850; l'autre, d'un billet de 1,000 fr., escompté à Bérenger le 15 janv. 1825; —Qu'à l'égard de l'escompte du billet de 1,000 fr. à Lebègue neveu, il n'a pas déclaré que cet escompte eût pour objet de déguiser un prêt conventionnel pour percevoir des intérêts usuraires; —Qu'à défaut de cette déclaration, cet escompte ne pouvait constituer un fait d'usure; que, dès lors, sur les deux faits de la réunion desquels le jugement attaqué déduisait la culpabilité d'habitude d'usure, un seul aurait pu subsister, celui de l'escompte du billet de 1,000 fr. à Bérenger; qu'ainsi, la déclaration de culpabilité d'habitude d'usure manquerait de l'une des deux bases dont ce jugement reconnaissait la réunion indispensable pour la motiver; —Que conséquemment, en la prononçant dans cet état des faits, et en condamnant le demandeur à l'amende de 800 fr., ce jugement a faussement appliqué les dispositions de la loi du 3 septembre 1807; — Par ces motifs, casse le jugement du tribunal correctionnel d'Angoulême, du 19 mai dernier.

Du 16 août 1828.-C. C., ch. crim.-MM. Bailly, f. f. de pr.-Ollivier, r.

(3) (Delvincourt C. minist. pub.) — LA COUR (apr. dél. en ch. du cons.); —Attendu, sur le sixième moyen qu'en décidant que l'usure était consommée par la signature des emprunteurs au bas des billets par eux remis au demandeur, qui avait ainsi des titres, à l'exécution desquels ses débiteurs ne pouvaient se soustraire, l'arrêt attaqué n'a point fait une fausse application de la loi du 5 sept. 1807; — Attendu sur le septième moyen, que la réduction de la dette de l'un des emprunteurs, consentie par le demandeur après le commencement des poursuites, n'a pu empêcher qu'à cette époque, l'usure ne fût consommée pour la totalité du prêt; Que, par conséquent, en confirmant cette décision du jugement de première instance, l'arrêt attaqué n'a point faussement appliqué la loi du 5 sept. 1807; —Attendu, sur le huitième moyen, que les réductions consenties par le demandeur sur la dette de Sallandre, par l'effet de la banqueroute de ce débiteur, n'empêchaient pas que le fait d'usure n'existât originairement pour la somme de 15,000 fr. à laquelle l'arrêt attaqué de la cour de Paris du 27 déc. 1828 a fixé le montant du prêt. —Rejette.

Du 8 mai 1829.-C. C., ch. crim.-MM. Bailly, f. f. pr.-Ollivier. rap.

(4) (Redaud C. min. pub.) — LA COUR; — Attendu, sur le troisième moyen, que le tribunal correctionnel avait droit d'apprécier la nature des faits et des pièces qui prouvent le délit d'habitude d'usure; que, par conséquent, il pouvait examiner et déclarer le caractère des billets négociables produits dans l'instruction, et y reconnaître, s'il le croyait ainsi, des prêts usuraires déguisés, et, de l'ensemble de ces faits, déduire également la preuve de l'habitude d'usure; — Attendu que, sur ce délit d'habitude d'usure ainsi reconnu et déclaré, il a été fait une juste application de la loi du 5 sept. 1807, et que la procédure est régulière; — Rejette, etc. »

Du 4 août 1820.-C. C., sect. crim.-MM. Barris, pr.-Ollivier, rap

le juge ne reconnait pas un coupable. Toutefois, il est à remarquer qu'en cette matière, le juge n'est arrêté dans les moyens de former cette conviction, par aucune des règles ordinaires du droit civil. Il est libre de n'avoir aucun égard aux titres représentés par le prévenu, lors même que ces titres seraient des actes authentiques et que les sommes prêtées excéderaient 150 fr. Ainsi le juge, pour s'éclairer, a le droit, comme dans les autres matières criminelles, d'entendre des témoins, sans avoir égard aux principes généraux du droit sur la preuve testimoniale. — La question, du reste, s'est élevée ; il avait été jugé par la cour de Colmar que les actes représentés devant les tribunaux correctionnels sont hors de toute atteinte et conservent la foi qui leur est due, tant que les tribunaux civils n'ont pas statué sur les actes, que par conséquent, il n'y a pas lieu jusque-là à statuer sur l'action du ministère public, et à procéder à l'audition des témoins. Mais, sur le pourvoi formé contre cet arrêt, il a été jugé que les tribunaux correctionnels peuvent, sur la poursuite du ministère public, admettre la preuve par témoins pour constater le délit d'habitude d'usure, lors même que le résultat qu'elle doit avoir peut se trouver en contradiction avec des actes authentiques (Crim. cass. 2 déc. 1813, aff. Courbé, V. nº 259-2º). — Jugé de même que lorsque, dans une affaire d'usure, des faits usuraires, remontant à moins de trois années, ont été constatés d'après la déposition de témoins entendus à l'audience, cette déclaration ne peut être détruite par les preuves que le demandeur en cassation voudrait induire des dates des différents actes usuraires qui ont servi de base à la condamnation (Crim. rej. 23 juill. 1825) (1).

284. Il résulte de là que le ministère public a le droit de faire entendre comme témoins, même les parties signataires des actes qu'elles prétendent viciées d'usure, mais c'est là une nécessité rigoureuse qui doit disposer les magistrats à mesurer avec une grande réserve le degré de confiance qu'il convient d'accorder dans ce cas aux dépositions. — Il a été jugé en ce sens, que la preuve du délit d'habitude d'usure peut être établie par la déposition de ceux qui ont été victimes (Bordeaux, 5 janv. 1842) (2).

285. D'après l'art. 4 de la loi de 1807, comme d'après l'art. 2 de la loi de 1850, l'amende ne peut excéder la moitié des capitaux prêtés à usure. — Toutefois si l'amende pour délit d'usure ne peut excéder la moitié des capitaux prêtés, il n'y a cependant pas obligation pour les tribunaux de l'élever à ce chiffre ; ils peuvent la réduire à une somme moindre (Bordeaux, 5 janv. 1842, aff. Lebègue, V. nº 284). — Cela n'a pas besoin d'être démontré, puisque la loi de 1807 dit : Elle ne *peut* excéder, etc.

286. Les renouvellements d'un même prêt usuraire doivent-ils compter pour le calcul de l'amende ? En d'autres termes, les renouvellements doivent-ils être compris dans le total des capitaux prêtés pour déterminer le chiffre de l'amende ? — On comprend que si chaque renouvellement constitue un prêt nouveau, comme nous l'avons vu nº 271, le chiffre des capitaux peut s'élever à des sommes très-considérables, et l'amende pourra excéder de beaucoup la moitié des capitaux prêtés, puisque si je fais un prêt de 10,000 fr. renouvelé cinq fois, au total 50,000 fr., je n'aurai prêté réellement que 10,000 fr., et l'amende pourra alors être de 25,000 fr. — Il a été jugé que les renouvellements itératifs d'un même prêt usuraire, par suite desquels sont intervenues de nouvelles perceptions usuraires, doivent entrer dans la supputation de l'amende, comme ils concourent à caractériser l'habitude du délit d'usure (Crim. rej. 31 mars 1837 (3) ; Crim. rej. 25 mars 1838, MM. Bastard, pr., Rocher, rap., aff. Hémon ; Agen, 19 juill. 1854, aff. Jumin, D. P. 55. 2.

(1) (Bremond C. min. pub.) — La cour ; — Attendu, d'un côté, que le tribunal d'appel de Draguignan, en reconnaissant, dans le droit, que le délit d'habitude d'usure se compose de faits usuraires successifs, et que les faits récents et qui remontent à moins de trois années avant les poursuites, se joignant aux faits antérieurs à ces trois années, font revivre les faits anciens, à l'effet d'établir le délit et de déterminer l'amende qui doit lui être appliquée, ne s'est écarté ni de la lettre ni de l'esprit de la loi, et qu'il n'a fait, au contraire, que consacrer les vrais principes de la matière ;

Attendu, d'un autre côté, que le tribunal de Draguignan ayant reconnu en fait, qu'indépendamment du prêt usuraire fait à Maillet, et qui remonte à moins de trois années, il en existe d'autres, ayant aussi moins de trois ans, ce qui résulte de la déposition des témoins entendus à l'audience, cette déclaration ne saurait être détruite par les preuves que le demandeur voudrait induire des dates des différents actes usuraires qui ont servi de base à la condamnation, et que demeurant cette déclaration, la prescription invoquée par le demandeur ne saurait effacer son délit ; que le tribunal de Draguignan, en décidant que les faits récents réunis aux faits plus anciens, tous bien prouvés, établissaient le délit d'habitude d'usure imputé au prévenu, n'a fait qu'une juste application de l'art 638 c. inst. crim., et n'a nullement contrevenu à ses dispositions ; que, par suite, il a fait aussi une juste application de l'art. 4 de la loi du 3 sept. 1807 ; — Rejette, etc.

Du 23 juill. 1825. — C. C., sect. crim. — MM. Portalis, pr. — Cardonnel, r.

(2) (Min. pub. C. Lebègue.) — La cour ; — Attendu que l'art. 4 de la loi du 3 sept. 1807 dispose que tout individu convaincu de se livrer habituellement à l'usure sera condamné à une amende dont il détermine la limite ; — Attendu que l'habitude se forme de la répétition des prêts usuraires ; — Que la preuve légale de ce délit complexe peut être établie par les dépositions de ceux qui en ont été victimes ou par simples présomptions ; — Attendu que si l'escompte que perçoit un banquier à un taux excédant celui de la loi, sur des effets négociables et à terme, ne constitue pas un fait d'usure, par cette raison que l'escompteur acquiert un recouvrement dont il assume les chances et l'éventualité, il en est autrement toutes les fois qu'il est démontré que cette voie a été employée pour déguiser des prêts usuraires directs ou par intervention ; — Attendu qu'il résulte des dépositions de mademoiselle Pointaud, de Dumontel, de Blanchet et de Blanchard, que les sommes prêtées par Lebègue à ces témoins à un taux usuraire, soit directement, soit par intervention de tierces personnes agissant comme prête-nom, soit sous la forme d'escompte, s'élèvent à un total de 5,023 fr. ; — Attendu, en ce qui touche l'amende, que si la loi défend aux tribunaux de la porter au-dessus de la moitié des capitaux prêtés à usure, elle ne leur impose pas non plus l'obligation de l'élever à ce chiffre ; — Vidant le renvoi à elle fait par l'arrêt de la cour de cassation du 13 mai 1841, met au néant l'appel *a minimâ* que le procureur du roi de Ruffec a interjeté du jugement rendu par le tribunal correctionnel de la même ville, le 1er juill. 1840, et faisant droit de l'appel que Lebègue fils a lui-même interjeté de ce jugement, mais seulement quant à la quotité de l'amende prononcée ; émendant quant à ce, la réduit à la somme de 2,000 fr.

Du 5 janv. 1842. — C. de Bordeaux, ch. correct. — M. Gerheaud, pr.

(3) *Espèce :* — (Lesage-Dollu C. min. pub.) — Par arrêt de la cour de Paris, du 2 fév. 1837, le sieur Lesage-Dollu a été déclaré convaincu du délit d'habitude d'usure, et condamné à l'amende, calculée tant d'après les prêts que d'après les renouvellements usuraires.

Pourvoi pour contravention à la loi du 3 sept. 1807. On soutient que l'amende n'aurait dû être calculée que sur le montant des capitaux réellement prêtés. — L'affaire portée à une première audience, M. l'avocat général Parant, après la plaidoirie de Me Gatine, avocat du demandeur, a conclu à la cassation de l'arrêt attaqué ; mais la cour s'est déclarée partagée. En conséquence, cinq nouveaux conseillers ont été appelés pour vider ce partage. — M. Dupin, procureur général, qui, cette fois, a porté la parole, a conclu également à la cassation.

Ce magistrat a reconnu que les renouvellements consentis successivement peuvent être considérés comme faits constitutifs du délit d'usure, et que l'habitude, prévue et punie par la loi de 1807, peut résulter des divers renouvellements. — « Mais, a-t-il dit, ces renouvellements peuvent-ils être pris pour base de l'amende ? Telle est la question. Il est nécessaire ici de faire une distinction entre la convention nouvelle, le prêt nouveau, et la somme prêtée réellement. — Sans doute, le renouvellement peut avoir le caractère d'un prêt nouveau et d'une nouvelle convention ; mais on n'y voit pas le déboursement d'un capital nouveau. — Or, il faut remarquer que la loi n'a pris pour base de la fixation de l'amende que le capital réellement prêté, déboursé, sorti de la main du prêteur pour entrer dans celle de l'emprunteur, la certaine quantité qui a été prêtée, et qui doit être rendue. — Quel que soit le nombre des renouvellements, si le capital réellement prêté est resté le même ; s'il a, comme l'arrêt attaqué le constate dans l'espèce, été laissé dans les mains de l'emprunteur, c'est ce capital seul qui devra servir de base. — J'ai trouvé, dit M. le procureur général, dans le Lexicon de Calvini, une définition précieuse de ce qu'on doit entendre par le capital : *Sors summa est sive capitale, hoc est prima pecunia quæ confertur in societatem ut inde lucrum fiat.* — On le voit, cette définition, qui nous semble juste, confirme notre opinion. — La loi, remarquons-le, a eu le double but de retrancher les intérêts usuraires, d'isoler le capital, et de rendre le prêteur passible de la perte de la moitié de ce capital. Or, je vous le demande, par le système de computation des renouvellements, n'arriverait-on pas à priver l'usurier non-seulement de la moitié, mais de tout son capital, du double et du triple même ? — Un tel résultat serait contraire au texte et à l'esprit de la loi. Non que je m'arrête à l'objection faite par le demandeur, qui dit que ce serait une véritable confiscation, car une telle peine n'existe que lorsque la condamnation a lieu à titre universel, suivant la maxime : qui confisque le corps confisque le bien. — Mais sans arriver à la confiscation, on arriverait à une injustice flagrante, puis-

164; Dijon, 17 fév. 1855, aff. Chevalier, D. P. 55. 1. 264; Montpellier, 13 août 1853, M. Calmètes, pr., aff. N... B...).— Il a été jugé néanmoins que les renouvellements ou prorogations de délai n'équivalent pas à de nouveaux prêts, et par suite ne comptent pas dans les capitaux dont le montant sert à déterminer le maximum de l'amende encourue pour délit d'habitude d'usure (Caen, 30 mars 1841) (1).—Il est à remarquer que plusieurs des arrêts ci-dessus sont postérieurs à la loi de 1850. On pouvait croire que le législateur ayant ajouté au délit d'usure une peine d'emprisonnement, n'avait pas la pensée que l'amende pût en outre s'élever au delà du capital versé; mais la jurisprudence se prononce nettement contre tout adoucissement dans le chiffre de l'amende. — Toutefois, si l'on remarque que l'arrêt précité du 31 mars a été rendu après partage et contrairement aux conclusions tant de M. l'avocat général Parant que de M. le procureur général Dupin, on comprendra combien la solution qu'il consacre est susceptible de controverses. En effet, quelque coupable que soit l'usurier, il semble, peut-on dire, qu'on ne devrait pas pouvoir, à l'aide du calcul progressif des amendes, s'emparer de toute sa fortune au profit du fisc; ce qui serait une véritable confiscation (V. aussi arg. du n° 252). — Mais le texte de l'art. 4 de la loi de 1807 est tout à fait favorable à la jurisprudence.

287. Chaque membre d'une société coupable d'usure doit être puni d'une amende distincte : la solidarité contre tous les associés ne suffit pas (Crim. cass. 14 déc. 1838, aff. Maissiat, V. Peine, n° 787).

288. Mais les amendes prononcées conjointement contre plusieurs individus, pour délit d'habitude d'usure commis en commun par ces individus, ne peuvent excéder la moitié des capitaux prêtés à usure (Crim. rej. 17 mai 1851, aff. Lamarque, D. P. 51. 1. 303).—Quel que soit le nombre des individus reconnus coupables, cette proportion doit être maintenue. Ainsi les tribunaux doivent calculer l'amende de manière que chaque condamnation distincte et personnelle ne dépasse pas, en les réunissant, la limite du maximum de l'amende.

289. Toutefois, lors même qu'un tribunal méconnaîtrait cette règle, cela ne donnerait pas prise à cassation. Il a, en effet, été jugé que la condamnation prononcée pour délit d'usure contre plusieurs individus, au maximun de l'amende, par voie d'amende unique appliquée solidairement à tous les condamnés, et non par fractions déterminées et distinctes pour chacun d'eux, ne peut être critiquée, quoiqu'elle méconnaisse la règle qui veut que les peines soient distinctes et personnelles, une telle condamnation ne causant de griefs ni au ministère public, puisque l'amende a été élevée au maximum, ni aux condamnés, qui eussent été tenus solidairement même des amendes que le juge leur aurait séparément appliquées (Crim. rej. 18 nov. 1853, aff. Delusse, D. P. 53. 5. 464).

290. L'art. 3. de la loi des 19-27 déc. 1850 (D. P. 51. 4. 16) prévoit le cas de récidive : «En cas de nouveau délit d'usure, le coupable sera condamné au maximum des peines prononcées par l'article précédent, et elles pourront être élevées jusqu'au double, sans préjudice des cas généraux de récidive prévus par les art. 57 et 58 c. pén. » — Ainsi dans ce cas l'amende pourra être égale au chiffre total des sommes prêtées et l'emprisonnement pourra être d'une année. Cette disposition a donné lieu à une discussion intéressante à la chambre.—V. le rapport de M. Paillet et la discussion, D. P. 51. 4. 16.

291. Mais lorsqu'après une première condamnation pour habitude d'usure, le même individu est poursuivi comme récidiviste, le ministère public est-il encore obligé de faire preuve de l'habitude de l'usure, ou suffit-il d'un seul fait pour donner un caractère criminel à l'usure. — Le même art. 3, dans sa dernière partie, a prévu ce cas; il décide : «Après une première condamnation pour habitude d'usure, le nouveau délit résultera d'un fait postérieur, même unique, s'il s'est accompli dans les cinq ans à partir du jugement ou de l'arrêt de condamnation. » — Il est évident que cet article est en opposition avec l'art. 1 de la loi de 1807 qui ne voit le délit que dans l'habitude. Or cette habitude a été punie par la première condamnation; elle ne peut donc servir d'élément pour une seconde condamnation; la chambre a été entraînée à violer les principes pour sauvegarder la société contre l'usure qui fait tant de victimes (V. la discussion, D. P. 51. 4. 16), elle a voulu arriver à une répression efficace de l'usure, et, sous ce rapport, la disposition ne peut qu'être approuvée.— Toutefois elle fixe un délai de cinq ans pour que le fait unique puisse être la base d'une condamnation. Ce délai passé, on rentre dans le droit commun, c'est-à-dire que l'habitude devient de nouveau nécessaire pour constituer le délit (V. le rapport, *eod.*).

292. Il a été jugé que pour rendre la loi du 19 déc. 1850 applicable au délit d'habitude d'usure, il suffit qu'un seul des faits

---

qu'on pourrait ruiner complétement un homme, que cependant la loi ne veut punir que par la privation des intérêts usuraires et de la moitié de son capital.— En vain dirait-on que la fixation de l'amende étant livrée à l'appréciation du juge, ce juge aura soin de modérer la peine, suivant les circonstances. Il suffit que l'abus soit possible, pour que la cour de cassation ne laisse pas subsister une interprétation qui pourrait y conduire et le motiver. — Dans tous les cas, et alors même qu'il y aurait doute sur l'interprétation à donner à la loi de 1807, le doute devrait se résoudre dans le sens le plus favorable au condamné. N'oubliez pas, messieurs, que le système de l'arrêt attaqué ne repose que sur une fiction, celle qui tend à faire considérer les renouvellements comme des prêts nouveaux. Or, en matière pénale surtout, il ne faut s'attacher aux fictions que lorsqu'elles sont écrites dans la loi. Mais la loi de 1807 est muette à cet égard : elle ne dit pas que les renouvellements doivent être considérés comme des prêts nouveaux, que les renouvellements serviront de base à la fixation de l'amende. Restons donc dans le texte et dans l'esprit de la loi. La cour n'hésitera pas à prononcer la cassation de l'arrêt qui lui est soumis. »—Arrêt (ap. part. et délib. en ch. du cons.).

LA COUR; — En ce qui touche la seconde partie de la décision de la cour, contenant déclaration de partage : — Attendu qu'il est de principe général que toute peine doit être proportionnée à la gravité du fait auquel elle s'applique; — Attendu qu'en matière d'usure, la peine n'est autre qu'une amende; — Attendu que l'art. 4 de la loi du 3 sept. 1807, en limitant à un maximum qui ne peut excéder la moitié des capitaux prêtés à usure la quotité de cette amende, n'a pas dérogé au principe ci-dessus rappelé, d'après lequel toute exploitation illégale de ces capitaux, propre à établir l'habitude qui constitue ce délit, entraîne, par cela seul, une peine proportionnée;

Attendu, en effet, que ce qui sert d'élément au délit, doit servir d'élément à la peine; — Qu'il résulte de là que les renouvellements d'un même prêt entrent nécessairement dans la supputation de l'amende, comme ils concourent à caractériser le fait que cette amende a pour objet de réprimer; — Qu'il en est de cette sorte d'actes comme des prêts successivement faits de la même somme à diverses personnes, puisqu'après chaque renouvellement le prêteur reprend la libre disposition de son capital, qu'il peut, à son gré, ou le laisser au même emprunteur, ou le prêter à d'autres, et que, dans l'un comme dans l'autre cas, il forme un contrat nouveau qui, s'il est entaché d'usure, présente le même caractère d'immoralité et de dommage; qu'ainsi, en décidant que, dans le calcul des capitaux prêtés à usure, il devait être tenu compte du montant des renouvellements itératifs, par suite desquels étaient intervenues de nouvelles conventions usuraires et de nouvelles perceptions d'intérêts excédant le taux légal, la cour d'appel de Paris, loin de violer l'art. 4 de la loi du 3 sept. 1807, en a fait une juste application; — Rejette.

Du 31 mars 1837.-C. crim.-MM. Portalis, pr.-Rocher, rap.-Dupin, proc. gén., c. contr.-Gatine, av.

(1) (T... *C.* min. pub.) — LA COUR; — Attendu que le premier juge, en portant à 30,706 fr. les prêts usuraires faits par T..., a compris dans cette somme 5,077 fr. 50 c., qui s'appliquent à des renouvellements du même prêt, savoir;... — Attendu que, suivant les termes de la loi, l'amende ne peut excéder la moitié des capitaux prêtés; — Attendu que compter, pour arriver à déterminer l'amende, les renouvellements ou prorogations de délai comme autant de nouveaux capitaux mis en circulation, pourrait conduire à faire perdre au coupable, non plus la moitié du capital par lui prêté, mais bien, après un simple renouvellement, la totalité de ce capital, et le double de ce capital, seulement après trois renouvellements successifs; — Attendu que donner à la loi cette interprétation ce serait en tirer des conséquences exagérées et injustes; —Attendu qu'il convient, dès lors, de ne pas tenir compte des renouvellements pour fixer le montant des sommes prêtées à intérêt usuraire, et qu'il y a lieu de retrancher 5,077 fr. 50 c. de 30,706 fr.; ce qui réduit le capital prêté à 25,628 fr. 50 c.; —Attendu qu'il convient encore de déduire de cette dernière somme de 25,628 fr. 50 c. celle de 600 fr. non suffisamment justifiée relativement à Ernoult, ce qui réduit, en définitive, le capital à 25,028 fr. 50 c.; — Attendu que tous les autres chefs de prévention sont de véritables prêts usuraires et non des renouvellements ni des opérations sincères d'escompte, ainsi que le prétend T... relativement à quelques-uns, et qu'ils sont suffisamment justifiés; — Par ces motifs, émendant le jugement du 8 février dernier, réduit à 25,028 fr. 50 c. la somme générale des prêts usuraires fixée dans le jugement à 30,706 fr., etc.

Du 30 mars 1841.-C. de Caen, ch. correct.-M. Pigeon de Saint-Pair, pr.

servant à constituer le délit se soit accompli sous l'empire de cette loi (Agen, 19 juill. 1854, aff. Jumin, D. P. 55. 2. 164). — V. notre observ. sur cet arrêt.

293. Des usages contraires à la loi, la bonne foi du prévenu, qui a agi conformément à ces usages, peuvent-ils permettre au juge de ne pas prononcer les peines portées par la loi en matière d'usure? Non.—Il a été jugé en effet : 1° que la perception d'un intérêt supérieur à 5 p. 100 au moment d'un prêt non commercial, ne saurait échapper aux peines portées par la loi contre le délit d'habitude d'usure, sur le motif que ce prêt serait constaté par une lettre de change, ou qu'un usage universel consacrerait une semblable perception (Bordeaux, 8 août 1850, aff. Lamarque, D. P. 55. 2. 232.—Conf. Bourges, 3 mars 1854, aff. Chevalier, D. P. 55. 2. 79);— 2° Que des perceptions usuraires, telles que la retenue des intérêts au moment du prêt, ou la perception d'un droit de commission en sus de l'intérêt légal, ne peuvent échapper aux peines portées par la loi contre le délit d'habitude d'usure, ni sous le prétexte de la bonne foi du prévenu, ni à raison de ce qu'elles sembleraient consacrées par l'usage (Agen, 12 mai 1853, aff. Saint-Amans, D. P. 54. 2. 181; 19 juill. 1854, aff. Jumin, D. P. 55. 2. 164),... ni à raison de la fréquence des faits semblables et de la rareté des poursuites (Agen, 12 mai 1853, aff. de Saint-Amans, D. P. 54. 2. 181. — Cependant il s'agit ici, non d'une simple contravention punissable, abstraction faite de l'intention ou de la bonne foi, mais d'un délit qui, ce semble, doit échapper à la peine dès qu'il est constant que, par l'effet d'un usage qui n'a jamais donné lieu à des poursuites, ou par toute cause, autre que l'ignorance de la loi, le prêteur était manifestement de bonne foi, et qu'il n'a jamais eu l'intention d'enfreindre en rien des défenses législatives. C'est l'intention qui constitue le délit. — V. Peine, nos 369 et s.

294. De ce que la loi de 1807 ne s'explique pas sur les coauteurs et les complices de l'usure, on a voulu en tirer la conséquence qu'aucune peine ne leur était applicable. Mais il était évident que, dans le silence de la loi, on retombait dans le droit commun sur la complicité, et que nulle loi ne s'oppose à ce qu'il y ait plusieurs coauteurs, comme plusieurs complices de ce délit. — Aussi a-t-il été jugé : 1° que nulle loi n'interdit aux tribunaux appelés à réprimer l'usure, de reconnaître et de punir des coauteurs de ce délit; dès lors il n'y a point là motif à cassation (Crim. rej. 8 mars 1828) (1); — 2° Que la femme en puissance de mari, qui a assisté son mari dans le délit d'habitude d'usure, peut être condamnée comme sa complice, les art. 217, 1421, 1388, 1350 et 1352 c. nap., relatifs à la constitution civile de la société conjugale, ne s'appliquant pas aux matières criminelles et à la responsabilité que les époux peuvent encourir, comme individus, pour crimes et délits (Crim. cass. 14 oct. 1826, aff. Thevenin, V. Complicité, n° 122); — 3° Que celui qui remet des fonds à un tiers, avec la condition arrêtée à l'avance que ces fonds seront livrés à l'usure, et les bénéfices illicites partagés, se rend par là même coauteur du délit d'usure, et ne peut, dès lors, se prévaloir de la prescription, qu'autant que ce tiers serait lui-même fondé à l'invoquer (Bordeaux, 8 août 1850, aff. Lamarque, D. P. 55. 2. 232). — V. aussi v° Complicité, n° 84.

295. Il est sans difficulté qu'un notaire peut, comme tout autre individu, devenir complice du délit d'habitude d'usure : et cette complicité existerait, si, au lieu de se borner à être le rédacteur des actes usuraires, il les avait conseillés; s'il en avait indiqué ou choisi la forme, afin de mieux dérober à la justice le pacte illicite, et surtout s'il était dans l'usage de se livrer à ce genre d'industrie. Ainsi jugé par le tribunal de Charleville. — M. Rolland de Villargues, v° Usure, n° 2, remarque, avec raison, que, pour qu'il y eût complicité, il faudrait deux circonstances : 1° que les actes usuraires eussent été passés en faveur du même individu, 2° qu'ils fussent assez nombreux pour constituer l'habitude : la complicité n'existerait pas, si des faits isolés en faveur de plusieurs individus avaient eu lieu. Dans ce dernier cas, le notaire n'encourrait que des peines disciplinaires, car l'ordonnance de 1510, qui interdisait « à tous notaires de recevoir aucuns contrats usuraires, sous peine de privation de leur état et d'amende arbitraire, » a été abrogée virtuellement, soit par les lois qui, avant 1807, autorisaient la libre stipulation d'intérêts, soit par l'ensemble de notre système législatif qui a fait cesser toutes peines arbitraires.

296. Peut-on cependant considérer comme coauteur celui qui n'a pas du tout participé au fait? Ainsi, par exemple, Pierre fait avec Paul trois actes usuraires au préjudice de Jean; Paul en fait trois autres, seul au préjudice de Jacques; Pierre pourra-t-il être condamné pour les six? Evidemment non, s'il n'y a aucune association entre Pierre et Paul pour faire l'usure. Mais si l'on démontre qu'il y a entre eux société afin de pratiquer l'usure, c'est avec raison qu'il seront considérés comme coauteurs de tous les faits. — Jugé, dans ce sens, que des individus associés pour employer leurs capitaux dans des opérations usuraires que chacun d'eux est autorisé à faire pour le compte commun, sont coauteurs de ces opérations auxquelles ils n'ont pas participé, que par suite, le délit d'habitude d'usure peut résulter, à l'égard de chacun d'eux, de l'ensemble des opérations ainsi faites à profit commun (Crim. rej. 17 mai 1851, aff. Lamarque, D. P. 51. 1. 303), pourvu, bien entendu, qu'ils aient connu ces faits.

297. Peut-on, indépendamment de la condamnation à la restitution de l'intérêt extra-légal (V. nos 248 et s.), condamner l'emprunteur à des *dommages-intérêts?* Il a été jugé que le prêteur à usure peut être condamné par les tribunaux correctionnels à payer à l'emprunteur, partie civile, des dommages-intérêts excédant l'intérêt extra-légal qui a été perçu (Crim. rej. 24 déc. 1825) (2), ce que ne pourrait faire le tribunal civil (motif du même arrêt)—Mais il a été jugé en sens contraire qu'un tribunal correctionnel, bien qu'il reconnaisse comme constant le délit d'habitude d'usure, et condamne à l'amende celui qui s'en est rendu coupable, est néanmoins incompétent pour prononcer une condamnation à des dommages-intérêts en faveur de la partie civile, à raison du fait particulier d'usure dont elle a à se plaindre (Bordeaux, 12 juill. 1837) (3).—Cette décision est conforme à la juris-

(1) (Loisel C. min. pub.) — LA COUR; — Attendu, sur le troisième moyen, que ni la loi du 3 sept. 1807 ni aucune autre disposition législative n'ont interdit aux tribunaux correctionnels la faculté de reconnaître des coauteurs dans la perpétration du délit d'habitude d'usure; — Qu'en déclarant le demandeur coauteur de ce délit, le tribunal de Saint-Omer n'a point excédé les bornes de ses attributions, et qu'en prononçant, d'après la déclaration des faits portant les capitaux prêtés à 25,000 fr., la condamnation à 10,000 fr. d'amende, ce jugement n'a pas dépassé la proportion établie par l'art. 4 de la loi du 3 sept. 1807; — Rejette.

Du 8 mars 1828.-C. C., ch. crim.-MM. Bailly, pr.-Ollivier, rap.

(2) (Gosselin C. Troude.) — LA COUR; — Attendu que l'art. 3 de la loi du sept. 1807 ne statue que sur le cas où la contestation s'élève devant les tribunaux civils, et non sur celui où il y a lieu à une poursuite correctionnelle; que si, dans la première hypothèse, les dommages-intérêts sont limités à la restitution de l'excédant du taux légal de l'intérêt, ou à une réduction équivalente sur le principal de la créance, aucune limite n'est posée par la loi aux dommages qui ont été adjugés par les tribunaux correctionnels; — Rejette le pourvoi contre l'arrêt de la cour de Paris du 7 oct. 1825.

Du 24 déc. 1825.-C. C., sect. crim.-MM. Portalis, pr.-Ollivier, rap.

(3) (Min. pub. et Adam C. Maille.) — LA COUR; — Attendu qu'il est prouvé, par l'instruction et les débats, que du mois de janvier 1830 au mois de janvier dernier, époque où Maille a été soumis à des poursuites correctionnelles pour le délit d'habitude d'usure, il a successivement prêté à Adam diverses sommes qui dépassent 5,000 fr., moyennant un intérêt de 1 1/2 pour 100 par mois; — Qu'il a été établi, en outre, que, dans le même intervalle de temps, il avait perçu des intérêts illégaux pour d'autres prêts faits à beaucoup d'autres personnes; que Maille est ainsi convaincu du délit sus-énoncé : — Attendu que l'amende de 1,500 fr., à laquelle Maille a été condamné, et qui n'excède pas la moitié des capitaux qu'il a prêtés usurairement, est en rapport avec la très-grande fréquence de ses prêts de même nature; — Attendu qu'il n'y a délit en matière d'usure, qu'autant qu'il y a habitude de s'y livrer; — Qu'on ne peut, dès lors, reconnaître, constater l'existence d'un délit de ce genre, qu'en vérifiant, réunissant, qu'en appréciant dans leur ensemble un certain nombre de faits particuliers d'usure; — Qu'il est donc positif que le délit d'habitude d'usure ne peut être constitué par aucun de ces faits séparément; — Que, cependant, lorsqu'il s'agit de prononcer sur l'action en réparation du dommage causé par un fait, ce fait doit être examiné en lui-même, et le préjudice qui en a été la suite être estimé; mais alors se manifeste l'incompétence de la juridiction correctionnelle pour un tel examen ou une telle évaluation; — Que ne pouvant connaître des réparations civiles, que lorsqu'elle y statue accessoirement à un délit, elle est sans attribution pour statuer sur l'action en réparation du dommage à laquelle un fait particulier d'usure peut donner

prudence de la cour suprême qui n'admet pas que l'individu lésé par un prêt usuraire puisse se porter partie civile dans l'instance correctionnelle (V. nos 305 et s.).

298. Mais que devrait-on décider si l'action était portée devant les tribunaux civils? Dans ce cas, les dommages-intérêts ne doivent-ils pas être bornés à ce qui excède l'intérêt légal? Cette question semble n'en être plus une depuis la loi de 1850, puisque, depuis cette loi, l'imputation a lieu de plein droit sur les intérêts légaux et sur le capital. — L'emprunteur ne peut avoir d'autre indemnité à réclamer.

299. Aux termes de l'art. 4 de la loi du 3 sept. 1807, l'individu déclaré coupable en même temps d'usure habituelle et d'escroquerie est passible de la double peine de l'amende et de l'emprisonnement, peines qui doivent être appliquées l'une et l'autre sans qu'il y ait violation du principe de la non-cumulation des peines, consacré par l'art. 365 c. inst. crim. C'est ce qui ressort de plusieurs arrêts indiqués ou rapportés vo Peine, nos 170-1o et 2o, 189-2o.—Et en ce sens on a jugé aussi : 1o que l'escroquerie dont l'habitude d'usure est accompagnée n'est pas une circonstance aggravante du délit d'usure, puisque la loi de 1807 la punit d'une peine distincte et différente (Crim. rej. 6 janv. 1837, aff. Jeannin, vo Chose jugée, no 421); — 2o Qu'en un mot, l'escroquerie, lorsqu'elle se joint au délit d'habitude d'usure, s'identifie avec ce dernier délit en ce sens qu'il suffit que les faits d'escroquerie se soient décelés dans l'instruction ou dans les débats sur l'usure, pour qu'ils aient pu motiver la prison, outre l'amende, quoiqu'ils n'aient été articulés ni dans la citation ni dans l'ordonnance de la chambre du conseil; qu'ici ne s'applique pas l'art. 182 c. inst. crim. (Crim. rej. 22 août 1844) (1).

300. Peut-on recourir à l'art. 405 du code pénal, qui définit ce qu'on doit entendre par escroquerie, lorsqu'il s'agit d'appliquer l'art. 4 de la loi du 3 sept. 1807, antérieure de trois ans au code pénal, l'escroquerie n'étant en 1807 régie que par la loi du 22 juill. 1791, art. 35? — Il a été jugé, 1o que la loi en vigueur sur l'escroquerie en 1807 était celle du 22 juill. 1791, que le code pénal de 1810 n'existant pas alors, ce n'est pas dans l'art. 405 de ce code, mais dans l'art. 35 c. de 1791, qu'il faut chercher les caractères de l'escroquerie (Crim cass. 5 août 1826, aff. Martin, V. Chose jugée, no 465);— 2o Que les dispositions de la loi du 22 juill. 1791, relatives au délit complexe d'usure habituelle et d'escroquerie, n'ont pas été abrogées par l'art. 405 c. pén. (Crim. cass. 14 juill. 1827) (2).

301. Mais il a été décidé en sens contraire, 1o que la loi qui punit de l'emprisonnement l'usure lorsqu'il y a eu escroquerie, n'ayant pas défini ce qu'on devait entendre par escroquerie, on

---

lieu; — Qu'au surplus, et indépendamment du motif ci-dessus, puisé dans la nature complexe du délit dont il s'agit, le texte de l'art. 3 de la loi du 3 sept. 1807 indique, qu'en fait de prêt conventionnel, le prêteur ne peut être tenu que par la voie civile à réparer le préjudice causé, soit en restituant l'excédant de l'intérêt illicite, s'il a reçu cet excédant soit en souffrant la réduction sur le principal de la créance : — Par ces motifs, rejette les appels que le procureur du roi et Auguste Adam ont interjetés du jugement correctionnel de Bordeaux, en date du 1er juin; recevant appel de Pierre Maille, au chef du même jugement qui le condamne à payer, pour réparation civile, à Adam, 2,000 fr., réforme ledit chef.

Du 12 juill. 1837.-C. de Bordeaux, ch. corr.-M. Poumeyrol, pr.

(1) *Espèce :* — (Lourtès *C.* min. publ.)— Dans l'espèce, et sur l'appel, le sieur Lourtès condamné à 3,000 fr. d'amende et à trois mois de prison, pour usure et pour escroquerie, quoique ce dernier fait n'eût été articulé ni dans l'ordonnance de la chambre du conseil ni dans la citation, a invoqué subsidiairement la prescription du délit d'escroquerie, ce délit remontant à plus de trois ans. Mais le 3 mai 1844, la cour, après en avoir délibéré, a écarté cette nouvelle fin de non-recevoir, et, quant au fond, a confirmé le jugement avec adoption de motifs. Cet arrêt a motivé ainsi le rejet de la fin de non-recevoir : — « Attendu que l'escroquerie est résultée de l'instruction et des débats de l'affaire; qu'elle dérive d'un des faits qui établissent l'habitude d'usure; qu'elle s'y identifie tellement qu'on trouve dans le même fait la preuve de l'un et de l'autre; qu'ils sont deux éléments d'un même délit prévu et puni par un seul et même article de loi; —Attendu que le délit d'escroquerie ainsi réuni à celui d'habitude d'usure, ne peut en être séparé; — Que, commis simultanément, ils doivent subir les mêmes conséquences; — Qu'on ne peut invoquer pour l'un une prescription qui n'atteindrait pas l'autre; — Que les expressions de la loi le prouvent, puisqu'elle prévoit la découverte de l'escroquerie dans l'instruction de la procédure, sans indiquer une époque d'où il faudrait partir pour pouvoir la poursuivre et la réprimer, ce qui indique suffisamment qu'elle doit nécessairement suivre la condition du délit d'habitude d'usure, auquel elle se rattache, et en éprouver, quant aux poursuites, toutes les conséquences. »

Pourvoi du sieur Lourtès : — 1o Fausse application de l'art. 4 de la loi du 3 sept. 1807, et, par suite, violation des art. 182, 183, 408 et 413 c. inst. crim., en ce que l'arrêt attaqué a prononcé une peine contre le demandeur, relativement à un délit qui ne lui était déféré ni par ordonnance de renvoi, ni par citation directe. — La cour se fonde sur ce que, dans l'espèce, l'escroquerie jointe à l'usure, étant une circonstance (aggravante) de ce dernier délit, la citation ou le renvoi en police correctionnelle pour la répression du fait usuraire renfermait virtuellement renvoi ou citation pour le délit d'escroquerie. C'est là une erreur. La loi de 1807 laisse à l'escroquerie concomitante son individualité et sa définition, comme sa peine. L'escroquerie n'est point une circonstance aggravante de l'habitude d'usure : la cour de cassation l'a positivement décidé, dans un arrêt du 6 janv. 1837, et, par ce motif, elle a admis toute personne qui prétendrait avoir été victime de l'escroquerie, à se porter partie civile pour obtenir la réparation du préjudice qu'elle en aurait éprouvé. Si donc l'escroquerie n'est point un fait identique à l'usure, si en droit elle constitue un délit différent, la répression en a été à tort prononcée sur de simples réquisitions d'audience, et, en la confirmant, l'arrêt attaqué a violé et faussement appliqué les articles précités; — 2o Violation de l'art. 631 c. inst. crim., en ce que le délit d'escroquerie étant, d'après ce qui précède, complètement isolé de l'habitude d'usure, était séparément prescriptible, et devait être déclaré prescrit dans l'espèce, où il remontait à plus de trois années lors des premières poursuites. — Arrêt.

LA COUR; —Sur les premier et deuxième moyens tirés de la violation des art. 182 et 183 c. inst. crim., en ce que les faits d'escroquerie qui ont servi de base à la condamnation du demandeur, cumulativement avec les faits d'habitude d'usure, n'ont été articulés ni dans l'ordonnance de la chambre du conseil, ni dans la citation; — Et de la violation de l'art. 638 du même code, en ce que l'arrêt attaqué a refusé d'accueillir le moyen de prescription puisé dans le laps de plus de trois années qui se serait écoulé entre la poursuite et la perpétration des faits d'escroquerie; — Attendu que l'arrêt attaqué a déclaré en point de fait que l'escroquerie imputée au demandeur s'identifiait avec l'habitude d'usure dont la juridiction correctionnelle avait été saisie par l'ordonnance de mise en prévention et par la citation; —Qu'on trouverait dans le même fait la preuve de l'un et l'autre chef de poursuite; — Que les faits reprochés au demandeur à cet égard sont les éléments d'un même délit, prévu et puni par un seul et même article de loi (l'art. 4 de la loi du 3 sept. 1807); que commis simultanément, on ne pouvait invoquer pour l'un une prescription qui n'atteindrait pas l'autre; — Attendu dès lors : 1o qu'aux termes de l'art. 4 précité de la loi de 1807, s'il résulte de la procédure relative à la poursuite du délit d'habitude d'usure, qu'il y a eu escroquerie de la part du prêteur, il doit être condamné par le même jugement, outre l'amende, à un emprisonnement; — Qu'ainsi le ministère public n'est pas tenu, comme dans une poursuite ordinaire, d'articuler les faits d'escroquerie, qui peuvent ne résulter que des débats: d'où il suit que la règle tracée par les art. 182 et 183 c. inst. crim. n'était pas obligatoire pour la poursuite, et qu'elle n'a pu être violée, ni donner ouverture à cassation; — Attendu, 2o que les faits d'escroquerie étant identifiés avec ceux d'usure, et ne formant qu'une circonstance aggravante du délit spécialement prévu par la loi de 1807, ne pouvaient être soumis à une prescription différente, ce qui écarte l'application, à ce cas particulier, de l'art. 638 du code précité; —Rejette.

Du 22 août 1844.-C. C., ch. crim.-MM. Laplagne, pr.-Isambert, rap.

(2) *Espèce :* — (De Saint-Nicolas *C.* min. pub.) — De Saint-Nicolas fut traduit en police correctionnelle, sous la double prévention du délit d'habitude d'usure et d'escroquerie. — Le tribunal de Nogent-le-Rotrou le condamna par défaut à 9,228 fr. d'amende, à six mois d'emprisonnement et aux dépens, quoique le ministère public eût requis seulement une condamnation de 5,000 fr. d'amende, et de trois mois d'emprisonnement. — Appel par de Saint-Nicolas; le ministère public n'appela pas. — Cependant, le tribunal de Chartres lui fit l'application de la loi de 1791, et de la loi de 1807, déclarant l'art. 405 mal appliqué par les premiers juges, et le condamna à 5,000 fr. d'amende pour usure, treize mois d'emprisonnement pour escroquerie, et aux dépens avec contrainte par corps pour condamnations pécuniaires.

Pourvoi de la part de Saint-Nicolas; 1o pour incompétence, excès de pouvoir, violation de l'autorité de la chose jugée et des art. 1, 202, 203 et 205 c. inst. crim.; — En ce que le tribunal d'appel de Chartres avait augmenté la peine prononcée par les premiers juges, dans un cas où le ministère public n'avait pas appelé. — 2o Fausse application de l'art. 35, tit. 2 de la loi du 22 juill. 1791, et violation de l'art. 405 c. pén. — Ce n'était pas la loi de 1791 qu'on devait appliquer, mais l'art. 405. — Or l'art. 405 ne s'applique que lorsqu'il y a des manœuvres frauduleuses pour se faire remettre des fonds, ce qui ne se rencontrait pas dans l'espèce. — 3o Violation de l'art. 3 de la loi du 3 sept. 1807; — En ce que le jugement n'a pas constaté à quel taux les prêts usuraires

a dû se référer à cet égard, avant le code pénal, à l'art. 35 de la loi du 22 juill. 1791, et, depuis ce code, à son art. 405, qui qualifie l'escroquerie d'une manière moins large (Crim. rej. 4 mai 1839; Crim. cass. 11 mai 1839 (1); Bordeaux, 8 août 1850, aff. Lamarque, D. P. 55. 2. 252). — Conf. MM. Garnier, p. 90, Chardon, p 38. — *Contrà*, M. Petit qui, malgré les deux derniers arrêts de cassation, persiste à penser que l'art. 35 de la loi de 1791 est toujours applicable. — Du reste cette question ne fait plus doute depuis la loi du 19-27 déc. 1850. L'art 4 tranche la difficulté.

302. Y aura-t-il également lieu au cumul des peines si, au lieu d'être accompagné de l'escroquerie, l'usure est liée à un autre délit, par exemple, à un abus de confiance? — L'affirmative se fonde sur ce que l'exception établie par l'art. 4 de la loi de 1807, au principe prohibitif du cumul des peines ne doit pas s'entendre seulement de l'escroquerie proprement dite, mais de tous les délits à l'aide desquels on sera parvenu à frauder les emprunteurs; que cela résulte de la pensée du législateur. En 1807, l'escroquerie avait un caractère général, une étendue de signification qui a été restreinte par le code pénal de 1810, art. 405; mais cette modification dans le sens légal du mot ne peut porter atteinte à la loi de 1807 ni à l'esprit du législateur de cette époque.—Il a été jugé, conformément à ce système, 1° que l'art. 4 de la loi du 5 sept. 1807, qui, dans le cas où l'usure est mélangée d'escroquerie, autorise le cumul des peines dont sont passibles ces deux délits, ne s'applique pas seulement à l'escroquerie, mais à tous les délits consistant dans les fraudes pratiquées envers les emprunteurs, et notamment à l'abus de confiance envers un mineur, qui se rattache à un prêt usuraire (Cr. cass. 13 nov. 1840, aff. Vigné, V. Abus de conf., n° 16; Ch. réun., cass. 26 nov. 1841, même aff., V. Peine, n° 170.—Conf. Crim. cass. 10 mai 1851, aff. Aubril, D. 51. 5. 391);—2° Que l'individu déclaré coupable d'avoir tenu une maison de prêt sur gages non autorisée, et d'avoir aussi commis le délit d'usure, peut être cumulativement condamné à l'emprisonnement pour le premier délit, et à l'amende pour le second (Crim. rej. 15 juin 1821, aff. Pernier, V. n° 315).

303. Dans le cas où une poursuite, dirigée contre un prévenu à la fois pour délit d'habitude d'usure et pour abus de confiance, a abouti à une condamnation unique, appliquée par le juge aux deux délits, l'affiche du jugement, bien qu'elle ne soit prononcée par la loi qu'à raison du premier de ces délits, a pu néanmoins être ordonnée pour la totalité (Crim. rej. 18 août 1854, aff. Perrot, D. P. 54. 5. 772).

304. Au reste, et comme conséquence du principe posé par les numéros qui précèdent, on a jugé que la cour, saisie sur renvoi après cassation de poursuites dirigées contre un individu pour faits d'usure habituelle, peut également connaître des faits d'escroquerie compris dans la même prévention, en vertu de l'art. 4 de la loi du 5 sept. 1807, quoique l'arrêt cassé qui déclarait ces faits d'escroquerie non suffisamment établis n'ait pas été attaqué, quant à ce chef, devant la cour de cassation, le délit d'escroquerie qui accompagne un délit d'habitude d'usure formant avec ce dernier un délit complexe, soumis d'une manière indivisible à l'appréciation de la cour de renvoi (Crim. rej. 26 mars 1852, aff. Lamarque, D. P. 53. 5. 464).

---

avaient été faits, et en ce qu'on avait considéré comme usuraires de simples stipulations verbales alléguées et déniées; — 4° Violation des art. 52 et 484 c. pén.; — En ce que le tribunal de Chartres avait condamné par corps le sieur de Saint-Nicolas à payer les frais et autres condamnations pécuniaires. — Le demandeur se plaignait, en outre, à la cour, de ce qu'il avait été arrêté et mis en prison à la requête du ministère public, au mépris du pourvoi exercé par lui; — Il prétendait, 1° que le procureur du roi, de Chartres, à la requête de qui il avait été arrêté à Nogent-le-Rotrou, n'avait pas ce pouvoir; — 2° Que le pourvoi était suspensif en matière correctionnelle, aux termes de l'art. 82 de la loi du 27 vent. an 8; il requérait, en outre, le renvoi du procureur du roi devant la chambre des requêtes, se réservant de le prendre à partie. — Arrêt.

La cour; — Vu les art. 1er, 202, 203, 205, 373, 421, 485, 494 c. inst. crim.; — Attendu, sur le deuxième moyen, que l'art. 4 de la loi du 3 sept. 1807 punit d'une peine d'emprisonnement le délit d'escroquerie, joint au délit d'habitude d'usure; que l'escroquerie dont parle cet article est nécessairement celle dont les caractères sont définis par l'art. 35 de la loi du 22 juill. 1791, alors en vigueur; — Que le tribunal de Nogent-le-Rotrou ayant faussement appliqué l'art. 405 c. pén., qui n'a été promulgué qu'en 1810, dans la condamnation par lui prononcée contre de Saint-Nicolas, le tribunal de Chartres, encore bien qu'il n'y eût pas d'appel de la part du ministère public, a régulièrement rectifié cette erreur des premiers juges, puisque cette rectification ne porte que sur la citation du texte de la loi; — Attendu, d'ailleurs, qu'en appréciant, d'après l'une où l'autre de ces lois, les faits déclarés constants par le jugement attaqué, ces faits constituent le délit d'escroquerie, et que ce délit devait être réprimé;

Attendu, sur le troisième moyen, que le jugement attaqué a suffisamment satisfait au vœu de l'art. 3 de la loi du 3 sept. 1807, en déclarant que la plupart des prêts faits par le demandeur avaient eu lieu, à un taux excédant le taux légal; qu'il n'était pas nécessaire que ce jugement précisât les sommes exigées à titre d'intérêts; — Attendu qu'une stipulation verbale d'intérêts usuraires peut, aussi bien qu'une stipulation écrite, servir d'élément au délit d'habitude d'usure;

Attendu, sur le quatrième moyen, que le jugement attaqué a pu, sans qu'il y eût appel du ministère public, ordonner que le demandeur serait tenu par corps au payement de l'amende prononcée contre lui; que si cette disposition ne se rencontre pas dans le jugement du tribunal de Nogent-le-Rotrou, l'amende prononcée par ce jugement n'emportait pas moins la contrainte par corps, parce qu'aux termes de l'art. 41 de la loi du 22 juill. 1791, et de l'art. 52 c. pén., la contrainte par corps a lieu de plein droit en cette matière; — Rejette ces trois moyens;

Mais, attendu, sur le premier moyen, que le tribunal de Nogent-le-Rotrou, en déclarant le demandeur coupable du délit d'escroquerie, ne l'avait condamné qu'à un emprisonnement de six mois; que le ministère public n'avait point appelé de cette disposition; qu'elle avait acquis l'autorité de la chose jugée; que cependant le jugement attaqué a élevé à treize mois cette peine d'emprisonnement; qu'en cela, et quant au chef du délit d'escroquerie, ce jugement doit être cassé pour violation des articles 1, 202, 203, 205 du code d'instruction criminelle; — Casse.

Du 14 juill. 1827.-C. C., ch. crim.-MM. Portalis, pr.-Mangin, rap.

(1) 1re *Espèce* : — (Min. publ. *C.* Pailharey.) — La cour (ap. dél. en ch. du cons.); — En ce qui concerne le pourvoi du procureur général : — Attendu que les faits doivent être punis d'après les lois en vigueur au moment où ils sont commis; — Que l'art. 4 de la loi du 3 sept. 1807, d'après lequel celui qui se livre habituellement à l'usure et encourt ainsi l'amende qui forme la répression ordinaire de ce délit, doit être puni en outre de la peine d'emprisonnement toutes les fois qu'il résulte de la procédure qu'il y a eu escroquerie de sa part, ne définit pas ce qu'il faut entendre par escroquerie; — Qu'il faut donc se référer à la définition de ce délit, telle qu'elle existe dans la législation actuelle; — Que l'art. 35 de la loi du 22 juill. 1791, qui qualifiait l'escroquerie d'une manière plus large que ne le fait l'art. 405 c. pén., a été abrogé par la promulgation de ce code, et qu'on ne peut aujourd'hui y recourir pour y chercher les éléments de ce délit; — Que la cour royale de Grenoble (arrêt du 7 mars 1839) en déclarant, par suite de ces principes, qu'il n'y avait pas d'escroquerie de la part de Pailharey dans trois des prêts usuraires à lui imputés, et en infirmant, sous ce rapport, la décision des premiers juges, n'a violé aucune loi; — Rejette.

Du 4 mai 1839.-C. C., ch. crim.-MM. Bastard, pr.-Vincens, rap.

2e *Espèce* : — (Grippon *C.* min. publ.) — La cour; — Vu l'art. 405 c. pén.; — Attendu 1° que les faits doivent être punis, d'après la loi en vigueur, au moment où ils sont commis; que l'art. 4 de la loi du 3 sept. 1807, qui prévoit le cas où l'escroquerie est jointe à l'usure, ne définit pas ce qu'il faut entendre par escroquerie; que, depuis la promulgation de cette loi jusqu'à celle du code pénal, on a dû, pour son application, se référer à la définition que donnait de ce délit l'art. 35 de la loi du 22 juill. 1791, alors en vigueur; mais que depuis la promulgation de ce code, il faut se référer à la définition contenue dans son art. 405, qui a abrogé ledit art. 35; — Attendu 2° que le jugement attaqué constate bien que le demandeur s'est fait remettre par Blefve et Dubos des sommes qu'ils ne lui devaient pas, en leur faisant accroire que certains billets par eux souscrits avaient été protestés et qu'il avait été obligé de faire des courses pour arrêter les poursuites; comme aussi qu'il s'est fait remettre par Bauché, qui lui avait précédemment souscrit un billet de 80 fr., un autre billet de la même somme en lui faisant accroire que le premier était égaré; mais que ledit jugement ne constate nullement que, pour tromper ainsi Blefve, Dubos ou Bauché, le demandeur ait fait usage de faux noms ou de fausses qualités, ou qu'il ait employé des manœuvres frauduleuses, comme l'exige l'art. 405 c. pén.; — Que la condamnation à l'emprisonnement prononcée par lui, que l'art. 35 de la loi du 22 juill. 1791, aujourd'hui abrogé, ne peut justifier, est donc une fausse application dudit art. 405; — Attendu, d'ailleurs, que la disposition du même jugement qui le déclare coupable d'usure habituelle et le condamne à l'amende, n'est de sa part l'objet d'aucune critique; qu'elle est régulière en la forme et ne lui fait point grief au fond; — Casse.

Du 11 mai 1839.-C. C., ch. crim.-MM. Bastard, pr.-Vincens, rap.

§ 3. — *De l'action publique pour délit d'habitude d'usure.*

305. Tout crime, tout délit donne naissance à l'action du ministère public. — Or, l'art. 4 de la loi du 3 septembre 1807, classant parmi les délits le fait de celui qui se livre habituellement à l'usure, il en résulte que le ministère public a le droit de poursuivre tout individu qui lui est signalé comme usurier d'habitude. — Mais ici s'élève une question très-controversée. L'individu qui se prétend victime de faits d'usure habituelle a-t-il le droit d'agir lui-même devant les tribunaux correctionnels comme il le pourrait faire pour un délit commun, et de se porter partie civile ou partie intervenante sur l'action du procureur impérial? — D'abord on reconnaît, en principe, que le fait d'usure, lors même que par l'habitude il devient constitutif d'un délit, ne permet pas à l'emprunteur lésé d'agir directement devant les tribunaux de répression, parce que ce fait est complexe, qu'il ne peut résulter que de l'ensemble de plusieurs faits particuliers, qu'il ne peut dès lors être rattaché à aucun de ces faits séparément. Lors même que Paul serait fondé à se plaindre d'un fait d'usure de la part de Pierre, et articulerait qu'il est dans l'habitude d'agir ainsi, cela ne prouve pas que cette habitude existe à l'égard de Jacques, de Jean, et autres qu'il signale comme étant également victimes de cette usure : Paul ne peut agir que pour lui-même, il est sans pouvoir, sans droit pour faire la preuve de faits qui lui sont étangers; son action civile devant les tribunaux correctionnels n'aura donc aucun résultat efficace, puisqu'il ne pourra prouver un ensemble de faits suffisants pour constituer l'habitude. En un mot, l'action de chacun des individus lésés se restreignant à son seul intérêt, nul n'a qualité pour poursuivre la répression d'un délit qui se compose de divers faits distincts et géminés (Conf. Chardon, de l'Usure, n° 36; Garnier, *eod.*, p. 82). — Il a été jugé dans ce sens : 1° que la poursuite du délit d'usure ne peut être exercée que par le ministère public, et non par les particuliers lésés (Crim. cass. 3 fév. 1809; Crim. rej. 5 nov. 1813 (1); Crim. cass. 4 mars 1826, aff. Thirion, V. n° 270; Crim. rej. 19 fév. 1830, aff. Delon, V. Peine, n° 94; Crim. cass. 8 mars 1838, aff. Poiriers-Desfontaines, V. n° 306; 5 sept. 1840, aff. Horliac, *eod.*); — 2° Que les tribunaux correctionnels ne peuvent connaître directement, et à la requête de la partie qui se prétend lésée, du délit d'usure, soit que cette usure ait été pratiquée par des voies ordinaires, soit qu'il y ait eu escroquerie de la part du prêteur (Paris, 2 avril 1812) (2).

306. Mais en serait-il de même si le plaignant, au lieu d'intenter une action directe, intervenait dans l'instance engagée par le ministère public? La question fait plus de difficulté. Ainsi, MM. Chauveau et Faustin Hélie, Journal du Droit crim., vol. 38, p. 62, admettent que s'il est vrai de dire que celui qui ne peut se plaindre que d'un fait ne peut se porter partie civile, il peut cependant intervenir lorsque le ministère public a formé son action. Telle est aussi l'opinion exprimée par M. le procureur général Dupin devant les chambres réunies (V. ci-dessous l'arrêt du 4 nov. 1839). — Toutefois, la cour suprême n'a pas partagé cet avis, et malgré l'opposition qu'elle a rencontrée dans les cours d'appel, elle a décidé que la partie qui a été victime d'un fait isolé d'usure n'a pas qualité pour se porter partie civile dans la poursuite pour habitude d'usure dirigée contre l'usurier par le ministère public (Crim. cass. 8 mars 1838; ch. réun. cass. 4 nov. 1839: crim. cass. 5 sept. 1840; ch. réun. cass. 21 juill. 1841 (3). — Conf. crim. cass. 3 fév. 1809, aff. Dujardin, sous le n° 305).

---

(1) 1re *Espèce :* — (Dujardin C. Ameline.) — La cour (après délib. en ch. du cons.); — Vu l'art. 6 du code du 3 brum. an 4, et l'art. 4 de la loi du 3 sept. 1807 : — Et attendu que c'est seulement l'habitude de l'usure que l'art. 4 de la loi du 3 sept. 1807 range dans la classe des délits, par l'attribution qu'elle confère sur ce fait à la juridiction correctionnelle, et par la peine qu'elle y inflige; que l'habitude de l'usure est un fait général et moral qui se compose de faits particuliers dont l'appréciation est soumise sans doute aux tribunaux correctionnels pour en déduire leur conviction sur le fait moral d'habitude d'usure, dont ces faits particuliers sont les éléments, mais que ces faits particuliers, considérés séparément et en eux-mêmes, n'ont pas le caractère individuel de délit; — Que les tribunaux correctionnels, qui ne peuvent connaître des réparations civiles que lorsqu'ils y statuent accessoirement à un délit, sont donc sans attribution pour prononcer sur la réparation civile à laquelle un fait particulier d'usure peut donner lieu ; — Que le fait général d'habitude d'usure, quoique constituant un délit, ne peut jamais produire une action en réparation civile, parce que ce fait est moral et complexe; qu'il ne peut résulter que de l'ensemble de plusieurs faits particuliers; qu'il ne peut être conséquemment rattaché à aucun de ces faits séparément, et que néanmoins ce n'est que par les faits particuliers qu'il peut y avoir eu dommage ou préjudice; — Que, dans la poursuite du délit d'habitude d'usure, une partie civile qui ne peut agir, ainsi que le consacre l'art. 6 du code du 3 brumaire an 4, que pour la réparation du dommage par elle souffert, serait donc sans intérêt et par conséquent sans qualité; — Qu'il suit de là que les tribunaux correctionnels ne peuvent, dans aucun cas, être saisis de la connaissance de ce délit par la poursuite de la partie plaignante; qu'ils ne pourraient même pas accueillir son intervention dans une procédure régulièrement commencée sur l'action du ministère public; — Que l'instruction doit être faite et le jugement rendu sur la poursuite de la partie publique, agissant d'après le renvoi autorisé par l'art. 8 de la loi du 3 sept. 1807, ou d'office, sur une dénonciation civique, ou sur des renseignements personnels; — Que la partie lésée par un ou plusieurs faits d'usure doit agir, pour la réparation du dommage par elle souffert, devant les tribunaux civils, conformément à l'art. 3 de la loi du 3 septembre; — Que la cour de justice criminelle du département de la Manche, en déclarant légitime et valable l'action correctionnellement intentée par Ameline contre Dujardin, sur un délit prétendu d'habitude d'usure, et en renvoyant ledit Ameline devant le tribunal correctionnel de Coutances, pour suivre les fins de sa plainte, a donc violé les règles de compétence établies par la loi, et a faussement appliqué les art. 94 et 95 du code du 3 brum. an 4, et l'art. 4 de la loi du 3 sept. 1807; — Casse, etc.

Du 3 fév. 1809.-C. C., crim. cass.-MM. Barris, pr.-Brillat, rap.

2e *Espèce :* — (Osmond C. Bourdon.) — La cour; — Attendu que les tribunaux correctionnels, qui ne peuvent connaître des réparations civiles que lorsqu'ils y statuent accessoirement à un délit, sont sans attribution pour prononcer sur la réparation civile à laquelle un fait particulier d'usure peut donner lieu; que le fait général d'habitude d'usure, quoique constituant un délit, ne peut jamais produire une action en réparation civile, parce que ce fait est moral et complexe, qu'il ne peut résulter que de l'ensemble de plusieurs faits particuliers, qu'il ne peut par conséquent être attaché à chacun de ces faits séparément, et que néanmoins ce n'est que par les faits particuliers qu'il peut y avoir eu dommage ou préjudice, dont les tribunaux civils peuvent connaître; — Qu'il n'en est pas de même du délit d'escroquerie; qu'il se rattache à un fait particulier, punissable d'après la loi pénale; que dès lors les tribunaux correctionnels, saisis de la connaissance du délit, sont compétents pour prononcer sur la demande en réparation du dommage; — Que conséquemment, dans l'espèce, la cour de Rouen a fait une juste application des règles de la matière; — Rejette.

Du 5 nov. 1813.-C. C., crim. cass.-M. Vantoulon, rap.

(2) *Espèce :* — (Boyve et Pannifex C. Bistolli.) — Des prêts considérables avaient été faits par la maison Boyve et Pannifex à Bistolli sur un dépôt de diamants, d'abord engagés par lui au mont-de-piété. Divers effets avaient été successivement souscrits. Lors du règlement de compte, Bistolli traduit ses créanciers en police correctionnelle. Il prétend que dans les billets qu'il a souscrits, il a été compris à son préjudice un intérêt usuraire de 56 et 55 p. 100. Il demande à prouver que ses adversaires se livrent habituellement à l'usure. — Ceux-ci opposent l'incompétence des tribunaux correctionnels pour statuer en pareille matière sur la plainte d'un particulier. — 14 mars 1812, jugement qui condamne les sieurs Boyve et Pannifex en un mois de prison, 2,000 fr. d'amende, et renvoie les parties, relativement à leurs prétentions civiles, devant la juridiction civile. — Appel. — Arrêt.

La cour; — Considérant que les tribunaux de police correctionnelle ne peuvent, d'après les dispositions de la loi du 3 sept. 1807, connaître directement du délit d'usure, soit que cette usure ait été exercée par les voies ordinaires, soit qu'il y eût escroquerie de la part du prêteur, la différence dans les deux cas ne consistant que dans la nature de la peine que ces tribunaux peuvent infliger; — Considérant que les faits d'usure dénoncés par Bistolli, dans la citation qu'il a fait dénoncer à Boyve et à Pannifex le 16 janvier dernier, sont des faits particuliers audit Bistolli, qui ne qualifient point le délit d'usure habituelle prévu par l'art. 4, loi du 3 sept. 1807, et dont la poursuite n'appartiendrait qu'au ministère public, et que, par conséquent, les premiers juges ont fait une fausse application dudit article; — Emendant, décharge lesdits Boyve et Pannifex des condamnations contre eux prononcées.

Du 2 avril 1812.-C. de Paris, ch. corr.-MM. Berryer et Thevenin, av.

(3) 1re *Espèce :* — (Poiriers-Desfontaines C. Desmarbeufs.) — Plainte par Desmarbeufs contre Poiriers-Desfontaines, marchand lampiste, pour faits d'usure dissimulés sous la forme de droit de commission, ventes, etc. — Jugement correctionnel qui constate que celui-ci aurait fait souscrire au plaignant une lettre de change de 12,000 fr. pour un prêt de 8,000, et le condamne à 3,000 fr. d'amende et 5,261 fr. de restitution envers

din, V. n° 308; crim. rej. 5 nov. 1813, aff. Osmond, V. n° 305; 4 mars 1826, aff. Thirion, V. n° 270).

307. Mais si le plaignant offre de prouver que le créancier prêteur lui a fait successivement plusieurs prêts usuraires, ou qu'il y a eu à son égard plusieurs renouvellements successifs, ce qui, suivant la jurisprudence, constitue l'habitude du délit d'usure

---

Desmarbeufs. — Appel par Poiriers-Desfontaines; — Il soutient que l'habitude d'usure seule constitue un délit; — Que le plaignant n'a pu se plaindre correctionnellement ni se porter partie civile, qu'à raison d'un délit et non à raison d'un simple fait d'usure susceptible seulement d'une action en réduction devant les juges civils compétents pour apprécier les actes prétendus frauduleux qui ne sont pas des délits.

Le 15 déc. 1837, arrêt de la cour de Paris, ch. corr., qui admet l'intervention en ces termes : « Considérant que les art. 1, 3 et 63 c. inst. crim. autorisent sans distinction toute partie ayant souffert un dommage par suite d'un crime ou délit à se constituer partie civile pour en demander la réparation; — Que la loi du 3 sept. 1807 ne fait point exception à ce principe général; — Que vainement, pour exclure celui qui veut se constituer partie civile en matière d'usure, on objecte que ce sont des prêts particuliers qui ont occasionné le dommage dont on pourrait demander réparation, et que la loi ne punit pas des faits particuliers, mais seulement l'habitude de ces faits, qui serait un être moral et complexe et distinct de ces faits; — Que la loi ne punit pas une pure abstraction n'ayant causé préjudice à personne; — Que ce qu'elle a voulu atteindre, c'est la série des faits immoraux et dommageables qui caractérisent l'habitude de prêter à usure; — Que, si le législateur a jugé convenable de ne punir les faits d'usure que quand l'habitude leur donnait un caractère particulier de gravité, il n'en est pas moins vrai que la loi ne prononce la peine, quand l'habitude est établie, qu'en conséquence et en proportion des faits particuliers qui ont révélé l'habitude, et qui l'ont rendue préjudiciable, faits que la loi elle-même permet de prendre individuellement en considération pour la déclaration de culpabilité et la détermination de la peine, en ordonnant de fixer l'amende en proportion des capitaux prêtés à usure; — Que l'on doit considérer comme ayant souffert du délit d'habitude d'usure, et ayant en conséquence le droit de se constituer partie civile, sur la plainte en habitude d'usure, ceux à qui un préjudice a été causé par les faits qui caractérisent cette habitude et qui servent de base à la déclaration de culpabilité et à l'application de la peine; — Que l'action civile a toujours sans difficulté été admise en matière d'habitude de corruption de mineurs, quoique la loi, dans ce cas, ne punisse aussi que l'habitude; — Que, Desmarbeufs signalant à la charge de Poiriers-Desfontaines une série de faits suffisante pour constituer le délit d'usure, et un dommage par lui éprouvé par suite de l'un des faits constitutifs du délit, il y a lieu d'admettre son intervention comme partie civile; etc. »

Pourvoi. — Arrêt de la chambre criminelle du 8 mars 1838 qui casse (MM. Bastard, pr., Isambert, rap.). — Sur le renvoi, arrêt de la cour de Rouen du 25 avr. 1838 conforme à celui de la cour de Paris.

Nouveau pourvoi. Dans l'intérêt du demandeur, on invoquait l'opinion de MM. Chardon, du Dol, n° 496; Merlin, Répertoire, v° Usure, n° 2; Favard de Langlade, Répertoire, v° Usure, n° 5; Bourguignon, sur l'art. 3, n° 1, c. inst. crim.; Mars, Corps de droit crim., t. 2, p. 675; Carnot, Comm. c. inst. crim., t. 1, p. 72 et 504 (dernière édition); Rauter, Tr. de droit crim., t. 1, p. 588; Mangin, Tr. de l'act. publ.; Vazeilles, Tr. des prescript., n° 658.

M. le procureur général Dupin a combattu la jurisprudence de la cour. Il a soutenu que les actions civiles pour cause de crime ou de délit n'étaient pas, de leur nature, attribuées aux tribunaux civils; que les art. 1, 3, 63 c. inst. crim., au contraire, les a attribuées, et avec raison, à la juridiction criminelle ou correctionnelle, et cela dans l'intérêt des justiciables eux-mêmes, pour ne pas multiplier les actions et les procédures, dans l'intérêt aussi de la bonne administration de la justice, les tribunaux correctionnels ou criminels étant plus aptes à bien juger les conséquences pécuniaires d'un délit ou d'un crime, que les tribunaux civils. — Ainsi, le principe a été nettement posé par la loi : « Tout individu lésé par un délit peut se porter partie civile devant la juridiction correctionnelle investie de la connaissance de ce délit. » Or celui qui a été victime d'un fait isolé d'usure peut-il être réputé victime d'un délit? Les auteurs et la jurisprudence répondent non. — M. le procureur général établit que l'habitude d'usure se compose de faits particuliers d'usure, et que lorsqu'un individu est condamné pour habitude d'usure, il est nécessairement condamné pour chacun de ces faits particuliers; que, dès lors, on ne peut concevoir comment un fait qui a donné lieu à une condamnation correctionnelle soit un délit par sa réunion avec d'autres faits, et qu'il cesse de l'être quand il s'agit de prononcer la réparation civile. — Puisqu'il fait une portion du délit, il faut donc dire que la partie civile qui se plaint d'un fait qui a le caractère de délit, se trouve dans les conditions de la loi pour réclamer à la juridiction correctionnelle les dommages-intérêts auxquels elle prétend. — M. le procureur général cite à l'appui de son raisonnement l'art. 334 c. pén., qui ne punit que l'habitude de corruption de mineurs. « Dans ce cas, dit-il, lorsque l'accusé est poursuivi pour cette habitude, et qu'un père se plaint d'un fait particulier relatif à sa fille, il doit être admis à réclamer, au moment de cette poursuite, ses dommages-intérêts; autrement, il devrait porter de nouveau la honte de sa fille et ses chagrins devant un autre tribunal, et avoir deux procès, quand un seul a dû suffir à ses peines. Cela est impossible. Le fait particulier, qui fait partie du délit pour lequel il y a condamnation, participe du délit lui-même, et dès lors l'action civile en réparation des dommages est recevable devant les tribunaux qui statuent sur ce délit. » — Conclusions au rejet. — Arrêt (apr. dél. en ch. du cons.).

LA COUR; — Vu les art. 1, 3 et 63 c. inst. crim.; — Vu aussi l'art. 182 du même code; — Vu les art. 3 et 4 de la loi du 3 sept. 1807; — Attendu que l'action civile en réparation du dommage causé par tout fait quelconque de l'homme est, de sa nature, dans les attributions des tribunaux civils; — Que ce n'est que par exception à l'ordre général des juridictions que la loi criminelle a autorisé facultativement l'exercice de l'action d'intérêt privé devant les juges qui ont pour mission spéciale de réprimer, dans l'intérêt de la société, les crimes, délits et contraventions;

Attendu qu'en réglant l'exercice de cette faculté, les articles précités du code d'instruction criminelle (conformes au principe antérieurement établi), ne permettent de transporter l'action civile devant les tribunaux correctionnels, soit accessoirement à l'action publique, soit par citation directe, qu'à celui qui se prétend lésé par un délit, et qui réclame la réparation du dommage causé par ce délit; — Qu'il faut donc que le fait sur lequel cette action se fonde constitue par lui-même un délit;

Attendu qu'en introduisant un principe nouveau relativement au prêt d'argent et à l'intérêt conventionnel, la loi spéciale du 3 sept. 1807 a fixé les limites de la répression à laquelle elle a voulu pourvoir; — Qu'en ouvrant la voie civile pour la réparation du fait particulier d'usure, elle n'a ouvert la juridiction correctionnelle et établi la répression pénale que contre celui qui se livre habituellement à l'usure; — Qu'ainsi et devant la juridiction correctionnelle, le fait particulier d'exaction usuraire qui a été exercé à l'égard de tel individu, n'est que l'un des éléments dont la réunion composera le délit complexe d'habitude d'usure, mais ne constitue par lui-même ni la cause de l'action publique ni la base de la condamnation pénale, ni par conséquent le délit; — D'où il suit que le dommage qui a pu résulter de ce fait particulier n'ayant pas été causé par un délit, l'action civile en réparation de ce dommage ne peut pas être portée devant les tribunaux correctionnels, mais seulement devant les tribunaux civils; — Et qu'en jugeant le contraire, l'arrêt attaqué a formellement violé tant les art. 1, 3 et 63 c. inst. crim., que les art. 3 et 4 de la loi du 3 sept. 1807; — Donnant défaut à l'égard de Desmarbeufs, non comparant, — Casse.

Du 4 nov. 1839.-C. C., ch. réun.-MM. Portalis, 1er pr.-de Broé, rap.-Dupin, pr. gén., c. contr.-Gueny, av.

2e *Espèce* : — (Horliac C. Sain et Faye.)—Le ministère public ayant traduit Horliac devant le tribunal correctionnel de Bernay, comme prévenu du délit d'habitude d'usure, les sieurs Sain, Faye et Marchal, sont intervenus pour se constituer parties civiles et ont conclu ensemble à la restitution de 6,105 fr. d'intérêts usuraires et à 3,000 fr. de dommages-intérêts. — Un jugement a déclaré Horliac convaincu du délit à lui imputé, en faisant résulter la preuve de l'habitude de l'usure de divers prêts usuraires faits aux sieurs Sain, Faye, Marchal et à un sieur Meyer non intervenant. En conséquence, il a condamné Horliac à une amende de 10,000 fr.; — Puis, statuant sur les interventions, il a rejeté celle de Marchal pour défaut de forme et a fait droit à celles de Sain et de Faye, en condamnant Horliac à 6,000 fr. de restitution envers eux et à 3,000 fr. de dommages-intérêts. Cette dernière condamnation était motivée sur ce que Sain et Faye avaient articulé une série d'actes usuraires commis à leur préjudice et dont la réunion établissait l'habitude d'usure. — Sur l'appel, ce jugement a été confirmé par arrêt de la cour de Paris, du 19 juin 1840, qui a été cassé sur le pourvoi d'Horliac, le 5 sept. 1840 (MM. Crouseilhes, f. f. pr., Vincens, rap.); — Sur renvoi, la cour de Rouen a rendu à son tour un arrêt confirmatif qui a été cassé pour vice de forme avec renvoi devant la cour royale d'Amiens. — Le 10 mars 1841, cette dernière cour a confirmé encore le jugement du tribunal de Bernay. —Troisième pourvoi d'Horliac. — Arrêt.

LA COUR; — Vu les art. 3 et 63 c. inst. crim.; — Vu aussi les art. 3 et 4 de la loi du 3 sept. 1807; — Attendu que l'action civile en réparation d'un dommage causé par un fait quelconque de l'homme est de sa nature dans les attributions des tribunaux civils; que ce n'est que par exception à l'ordre général des juridictions, que la loi criminelle a autorisé facultativement l'exercice de l'action d'intérêts privés devant les juges qui ont pour mission spéciale de réprimer, dans l'intérêt de la société, les crimes, délits et contraventions; — Attendu que le délit d'habitude d'usure n'est pas du nombre des délits ordinaires qui sont prévus par la législation générale, mais qu'il forme une espèce toute particulière de délit dont le caractère et la pénalité sont déterminés par une loi toute spéciale qui ne permet pas de confondre ni de réunir l'action

(V. nº 286), il semble alors que l'action civile devrait être admise devant le tribunal correctionnel. C'est en ce sens que se prononcent MM. Chauveau et Hélie, Journal de Dr. crim., t. 38, p. 62. — En faveur de cette opinion on pourrait tirer un argument de l'arrêt précité des chambres réunies du 4 nov. 1839, qui déclare que le plaignant est sans qualité pour se porter partie civile, *lorsqu'il n'articule qu'un fait isolé d'usure*; de là on pourrait conclure que la décision aurait peut-être été différente s'il eût existé plusieurs faits usuraires commis par le même prêteur au regard du même emprunteur, ou bien plusieurs renouvellements successifs du même fait; mais les nombreux arrêts de la cour suprême ne permettent pas, à raison de leur généralité, de s'arrêter à cette opinion (V. notamment crim. cass. 4 mars 1826, aff. Thirion, nº 270). — On peut encore citer dans un sens analogue un arrêt qui a jugé que l'action civile, en matière d'usure, ne peut être admise accessoirement à l'action publique, *alors même qu'elle est formée simultanément par plusieurs emprunteurs*, et qu'il est déclaré par les juges que la réunion des prêts usuraires dont ils ont été victimes constitue le délit d'habitude d'usure (Ch. réun. cass. 21 juill. 1841, aff. Horliac, V. nº 506).

308. Si au délit d'usure se joignait une prévention d'escroquerie, conformément à l'art. 4 de la loi de 1807, y aurait-il lieu d'admettre l'action civile relativement à ce dernier délit? — L'affirmative résulte d'un arrêt suivant lequel le délit d'escroquerie se rattachant à un fait particulier, punissable d'après la loi pénale, les tribunaux correctionnels sont compétents pour prononcer sur la demande en réparation de dommage formée devant eux par la partie lésée (Crim. rej. 5 nov. 1813, aff. Osmond, V. nº 305; 6 janv. 1837, aff. Jeannin, V. Chose jugée, nº 421. — *Contrà*, Paris, 2 avril 1812, aff. Boyvo, V. nº 303).

309. L'individu prévenu d'avoir exercé l'usure, non-seulement dans l'arrondissement de son domicile, mais encore dans deux autres, peut indifféremment être poursuivi devant le tribunal correctionnel de l'un de ces deux arrondissements, dans le cas où les faits qui lui sont imputés suffiraient, s'ils étaient prouvés, pour établir l'habitude d'usure dans celui des arrondissements où le prévenu est traduit (Crim. rej. 15 oct. 1818) (1).

310. Il n'est pas nécessaire, à peine de nullité, que le jugement qui constate des prêts usuraires déclare le taux auquel l'argent a été prêté (Crim. rej. 24 déc. 1825, MM. Portalis, pr., Ollivier, rap., aff. Gosselin *C.* Troude). — Il suffit qu'il déclare que la plupart des prêts faits ont eu lieu à un taux qui excède le taux légal (Crim. cass. 14 juill. 1827, aff. de Saint-Nicolas, V. nº 501). — Il a été jugé de même que la déclaration des tribunaux que certains actes, tels que ventes, ne sont en réalité que des prêts usuraires, échappe à la censure de la cour de cassation, encore bien que le taux des intérêts usuraires ne serait pas déterminé (Crim. rej. 21 août 1829, aff. Humbert, V. nº 203).

311. Mais si les tribunaux ne sont pas obligés de déclarer le taux auquel l'argent a été prêté, il est indispensable qu'ils fixent le chiffre auquel s'élèvent les prêts usuraires. Cela est nécessaire pour apprécier si l'amende a été fixée régulièrement (L. 3 sept. art. 4). — Il a été jugé en ce sens que dans les jugements ou arrêts de condamnation pour délit d'habitude d'usure, toutes les sommes dont le prêt est reconnu usuraire doivent être énoncées, à peine d'encourir la cassation (Crim. cass. 7 mai 1824 (2); Crim. cass. 12 nov. 1819, M. Aumont, rap., aff. Lafresnie [motifs identiques]).

312. Toutefois il n'est pas de rigueur que le tribunal énonce chacune des sommes prêtées, il suffit qu'il en détermine le total. Cela suffit pour remplir le vœu de l'art. 4. — Jugé dans ce sens qu'il n'est pas nécessaire qu'un jugement de condamnation pour

---

publique et l'action privée auxquelles cette nature de délit peut donner ouverture; — Qu'en effet, aux termes de l'art. 3 de la loi du 3 sept. 1807, les actions en réparation du tort causé par la perception d'intérêts usuraires sont exclusivement attribuées aux tribunaux civils, tandis qu'aux termes de l'art. 4, l'action publique qui a pour objet la répression du délit d'habitude d'usure et l'application de la peine infligée à ce délit, est attribuée aux tribunaux correctionnels; — Attendu que cette distinction est la conséquence nécessaire de la différence qui existe entre le délit d'habitude d'usure et les délits ordinaires; — Qu'en matière de délits ordinaires, la loi ne permet de transporter l'action civile devant les tribunaux correctionnels, soit accessoirement à l'action publique, soit par citation directe, qu'à celui qui se prétend lésé par un délit et qui réclame la réparation du dommage causé par ce délit; qu'il faut donc que le fait sur lequel se fonde cette action constitue par lui-même un délit; — Qu'en matière d'usure, la loi, en ouvrant l'action civile pour la réparation des faits particuliers d'usure, n'a établi la répression pénale que contre celui qui s'est livré habituellement à l'usure; — Qu'il suit de là que si l'on prend séparément chacun des faits imputés au prévenu, ils ne peuvent pas seuls constituer le délit d'habitude d'usure; et que, si l'on considère le délit complexe tel qu'il est déterminé par la loi, le dommage causé à chacune des parties lésées ne résulte pas du délit d'habitude d'usure qui n'a d'existence que par l'ensemble des faits qui constitue cette habitude; — Qu'ainsi, et sous ces différents rapports, les conditions exigées par les articles précités du code d'instruction criminelle ne peuvent se trouver remplies en matière du délit spécial d'habitude d'usure;

Attendu, en fait, qu'il est constaté par l'arrêt attaqué, que, sur une plainte rendue par le ministère public contre Louis-Mathias Horliac, comme prévenu du délit d'habitude d'usure, trois individus, Sain, Faye et Marchal, sont intervenus, se sont constitués parties civiles et ont conclu à la restitution des sommes exigées d'eux par Horliac, pour intérêts excédant le taux légal; que par le jugement du tribunal correctionnel de la Seine, du 15 août 1840, Horliac a été déclaré coupable du délit à lui imputé, pour avoir fait des prêts usuraires tant auxdits Sain, Faye et Marchal, qu'à un nommé Meyer, qui n'était pas partie au procès, et que, conformément à la loi, Horliac a été condamné à une amende de 10,000 fr.; que ce jugement, après avoir rejeté pour vice de forme l'intervention de Marchal, et statuant sur celle de Sain et Faye, a condamné Horliac envers ces derniers à la restitution d'une somme de 6,000 fr. et à 3,000 fr. de dommages-intérêts; — Que de ces faits ainsi constatés, il résulte qu'il y avait d'autant moins lieu, dans l'espèce, de statuer simultanément sur l'application de la peine et sur l'action civile, que le délit à raison duquel la peine a été prononcée se composait en partie d'éléments étrangers aux individus qui s'étaient constitués parties civiles; — Qu'ainsi, en confirmant le jugement du tribunal correctionnel du département de la Seine dans la disposition qui a prononcé des condamnations civiles en faveur de Sain et Faye, l'arrêt attaqué a fait une fausse application des art. 3 et 63 c. inst. crim. et a formellement violé les art. 3 et 4 de la loi du 3 sept. 1807; — Casse.

Du 21 juill. 1841.-C. C., ch. réun.-MM. Portalis, 1er pr.-Moreau, rap.-Laplagne-Barris, 1er av. gén., c. conf.-Ledru-Rollin, av.

(1) *Espèce*: — (Debosque *C.* min. pub.) — Pierre Debosque, domicilié dans l'arrondissement de Limoux, traduit devant le tribunal de Carcassonne comme prévenu du délit d'usure, demande son renvoi devant le juge d'instruction du tribunal de son domicile. — Ce déclinatoire est rejeté successivement par la chambre du conseil et par arrêt de la cour royale de Montpellier, chambre d'accusation, en date du 29 juill. 1818. — Pourvoi pour violation des règles de compétence. — On a soutenu que pour déterminer cette compétence il fallait, dans l'espèce, s'attacher au domicile du prévenu: le lieu de la perpétration du délit ne pouvait servir de règle à cet égard, dès que le délit était un fait général et moral qui se composait essentiellement de tous les faits particuliers et matériels commis dans plusieurs arrondissements. — Arrêt.

La cour; — Considérant que le délit d'habitude d'usure se forme de plusieurs actes particuliers d'usure; que le juge du lieu de ce délit est donc celui dans le ressort duquel un individu est prévenu d'avoir successivement exercé des actes particuliers d'usure suffisants pour en constituer une habitude; que la chambre du conseil de Carcassonne, par son ord. du 7 juill. 1818, confirmé par arrêt de la cour royale de Montpellier du 29 du même mois, a déclaré en fait, d'après l'instruction, que les actes particuliers d'usure que Pierre Debosque est prévenu d'avoir exercés dans l'arrondissement dudit tribunal suffiraient, s'ils étaient prouvés, pour établir l'habitude d'usure; d'où il suit, d'après les dispositions 23 et 63 c. inst. crim., que le juge d'instruction près le tribunal civil de Carcassonne a été légalement saisi de l'instruction et de la poursuite dudit délit; — Attendu du reste la régularité de la procédure et de l'arrêt dénoncé; — Rejette.

Du 15 oct. 1818.-C. C., sect. crim.-MM. Barris, pr.-Buschop, rap.

(2) (Bonnouvrier *C.* min. pub.) — La cour; — Vu la loi du 3 sept. 1807, art. 4; — Attendu qu'aux termes de la loi du 3 sept. 1807, la peine de l'usure habituelle, quand il n'y a pas eu escroquerie de la part du prêteur, consiste dans une amende qui ne peut pas excéder la moitié des capitaux prêtés à usure; — Qu'il s'ensuit de cette disposition que, dans les jugements ou dans les arrêts de condamnation pour délit d'habitude d'usure, toutes les sommes dont le prêt est reconnu usuraire doivent être énoncées, puisque, si elles ne le sont pas, il est impossible, lorsque ces arrêts ou jugements sont l'objet d'un pourvoi en cassation, de juger si l'amende prononcée n'excède pas le taux au-dessus duquel il n'est pas permis de la porter, et s'il n'y a pas ainsi fausse application de la loi pénale; — Attendu que, dans l'espèce, ni le jugement du tribunal correctionnel, ni l'arrêt de la cour royale de Paris, chambre de police correctionnelle, qui l'a confirmé, ne font connaître les sommes

délit d'habitude d'usure fixe le nombre des personnes, et spécifie chacune des sommes prêtées ; il suffit que le jugement déclare que le prévenu a exercé habituellement l'usure sur différents particuliers pour diverses sommes dont le total se monte au principal de.... Il n'appartient pas à la cour de cassation d'apprécier les éléments sur lesquels cette déclaration a été formée (Crim. rej. 2 déc. 1824) (1).

313. Lorsqu'un jugement passé en force de chose jugée a décidé qu'il n'y avait pas usure, ou lorsque le débiteur a payé sans se plaindre de l'usure, le ministère public est-il toujours recevable dans son action?—Oui, sans aucun doute; car c'est une règle incontestable, qu'aucune fin de non-recevoir résultant des actes des parties intéressées ne peut arrêter l'action du ministère public. — Il a été jugé en ce sens que le jugement d'un tribunal civil qui décide qu'une vente à réméré ne déguise point un prêt usuraire, ne peut pas être opposé à l'action du ministère public pour délit d'habitude d'usure, comme établissant sur cette action l'autorité de la chose jugée (Crim. cass. 25 juill. 1823, aff. Zaeffel, V. Chose jugée, nº 536-2°. Conf. Bordeaux, 8 août 1850, aff. Lamarque, D. P. 55. 2. 232).

§ 4. — *De la prescription en ce qui concerne le délit d'habitude d'usure.*

314. Le délit d'habitude d'usure est, comme tous les délits, soumis à une prescription. Mais quelle est cette prescription?— La loi de 1807 spéciale sur l'usure ne s'expliquant pas à cet égard, on doit nécessairement se baser sur les règles du droit commun. — Or, tous les délits se prescrivant par trois ans (art. 638 c. inst. crim.), il en résulte que le délit d'habitude d'usure se prescrira aussi par ce laps de temps.

315. Ce délit résultant non d'un fait unique, mais de l'habitude du fait, qui ne devient criminel que par cette habitude même, on est amené naturellement à se demander quand la prescription commencera-t-elle? On doit décider que si le prêteur n'a pas prêté à usure depuis trois ans, la prescription lui est acquise, mais si l'usurier a fait un prêt qui remonte à moins de trois ans, ce nouveau prêt a interrompu la prescription de tous les anciens faits, même de ceux qui remontent à plus de trois ans à partir du fait récent, sans quoi le délit d'usure n'existerait presque jamais, puisqu'il deviendrait impossible d'en saisir les éléments épars, et, à l'aide de ces éléments, de parvenir à constater l'habitude. — C'est par application de ces principes qu'il a été jugé 1° que le délit d'habitude d'usure se composant de faits usuraires successifs, les faits récents, et qui remontent à moins de trois années avant les poursuites, se joignent aux faits antérieurs à ces trois années, et font revivre les anciens faits pour concourir à établir le délit et l'amende qui doit lui être appliquée (Crim. rej. 15 juin 1821 ; 24 déc. 1825 (2); 4 août 1820, MM. Barris, pr., Ollivier, rap., aff. Redaud; Crim. cass.

---

qui sont jugées avoir été prêtées à usure; que la déclaration de culpabilité des prévenus a donc été incomplète et insuffisante ; qu'elle n'a pas été une base légale de leur condamnation à l'amende, et que cette condamnation n'a pu être prononcée sans qu'il y ait eu fausse application et violation de l'art 4 de la loi du 3 sept. 1807; — Casse, etc.

Du 7 mai 1824.-C. C., sect. crim.-M. Aumont, rap.

(1) *Espèce* : —(Hornus C. min. pub.) — Pourvoi contre un jugement du tribunal correctionnel de Strasbourg pour fausse application de l'art. 4 de la loi du 3 sept. 1807, en ce que le tribunal s'est borné à déclarer « qu'il résulte de l'instruction qui a eu lieu à une audience, et de l'information faite en première instance, ainsi que des notes tenues par le greffier, que ledit Hornus, depuis environ six ans, a exercé habituellement l'usure sur différents particuliers, pour diverses sommes dont le total, bien connu et vérifié, se monte au principal de 5,970 fr. » — Le jugement, continuait-il, aurait dû préciser les faits et énumérer les différentes sommes prêtées, ainsi que cela est nécessaire pour vérifier si l'amende n'a point été excessive.—Arrêt.

LA COUR ; — Attendu, sur le deuxième moyen, que, par son jugement du 2 octobre dernier, la chambre correctionnelle de Strasbourg a déclaré que le demandeur était convaincu du délit d'habitude d'usure ; qu'elle a déterminé la somme qu'elle avait reconnue avoir été prêtée à usure; que ces déclarations sont irréfragables ; que la cour de cassation n'est point appelée à apprécier les éléments sur lesquels elles ont été formées; — Attendu que le demandeur a été condamné à une amende au-dessous de la moitié de la somme que le jugement a déclaré avoir été prêtée à usure; qu'ainsi l'art. 4 de la loi du 4 septembre 1807 a été justement appliqué ;—Rejette.

Du 2 déc. 1824.-C. C., sect. crim.-MM. Portalis, pr.-De Bernard, rap.

(2) 1re *espèce* : —(Pernier C. min. pub.) — 27 fév. 1821, jugement du tribunal de police correctionnelle de la Seine, qui condamne Pernier à un mois d'emprisonnement et à 20,000 fr. d'amende, formant le quart des sommes par lui prêtées, comme coupable 1° d'avoir tenu sans autorisation légale une maison de prêt sur gages et nantissements; 2° de s'être livré habituellement à l'usure ; délits prévus, savoir, le premier par l'art. 411 c. pén., et le second par l'art. 4 de la loi du 3 sept. 1807. — 14 avr. suivant, arrêt de la cour de Paris, qui confirme ce jugement. — Pourvoi. — ... 2° Fausse application de l'art. 4 de la loi du 3 sept. 1807, et violation de l'art. 638 c. inst. crim., en ce que la cour de Paris a rejeté le moyen de prescription proposé par le demandeur contre les prétendus faits d'usure antérieurs de plus de trois ans à la poursuite du ministère public. — 3° Fausse application de l'art. 411 c. pén., violation de l'art. 1659 c. civ., en ce que le demandeur avait acheté avec faculté de rachat les diverses marchandises trouvées dans son domicile, et que la vente à rachat a toujours été permise. Pour pouvoir appliquer l'art. 411 c. pén., il faut que le prévenu soit convaincu d'avoir tenu sans autorisation une maison de prêt sur gages ou nantissements. Or la tenue d'une pareille maison était incompatible avec la profession de répétiteur à l'université qu'exerçait le demandeur. — 4° Violation de l'art. 365, nº 2 c. inst. crim., aux termes duquel, « en cas de conviction de plusieurs crimes ou délits, la peine la plus forte sera seule prononcée, » en ce que la cour royale a infligé deux peines à Pernier, 1° la peine d'un mois d'emprisonnement, pour prêts clandestins; 2° la peine de l'amende, pour faits d'usure. D'après l'article cité, la peine de l'emprisonnement devait seule être prononcée, comme la plus grave. — Arrêt.

LA COUR ; — Attendu, sur le second moyen, que les faits particuliers d'exaction d'intérêts usuraires ne constituent point un délit; que chacun d'eux ne forme qu'un des éléments de la réunion desquels résulte le délit d'habitude d'usure; que, dès lors, aucun de ces faits particuliers ne peut être soumis à la prescription qui n'est applicable qu'au délit constitué par le fait complexe d'habitude d'usure ; qu'ainsi ceux d'entre les faits particuliers d'exaction d'intérêts usuraires qui seraient antérieurs de plus de trois ans aux premières poursuites, peuvent être réunis aux faits postérieurs auxquels ils se rattachent, soit pour constituer le délit d'habitude d'usure, soit pour évaluer l'amende dont ce délit est passible; — Attendu, sur le troisième moyen, 1° en ce qui concerne la fausse application de l'art. 411 c. pén., que le jugement attaqué a déclaré, en fait, que Pernier avait tenu une maison de prêt sans autorisation ; que dès lors, il ne saurait être question devant la cour d'examiner si ce fait était inconciliable avec la qualité de répétiteur que prenait ce prévenu ; que, d'ailleurs, rien n'empêchait qu'avec cette qualité il n'eût tenu à Charonne, lieu de son domicile, une maison de prêt; 2° en ce qui concerne la violation de l'art. 1659 c. civ.: — Attendu que, par l'arrêt attaqué, il est déclaré que les ventes à retrait alléguées par Pernier n'étaient qu'une tournure imaginée pour déguiser le prêt sur gages ; que, dès lors, l'art. 1659 c. civ. ne pouvait recevoir aucune application à ces ventes simulées; — Attendu, sur le quatrième moyen, que l'art. 365 c. inst. crim. est inséré dans ce code sous le titre de l'examen et du jugement particulier aux cours d'assises et aux arrêts que ces cours doivent rendre dans l'exercice de leur juridiction criminelle ; que, d'ailleurs, les peines pécuniaires sont distinctes des peines personnelles, et que dudit art. 365 il ne résulte nullement que, dans le cas de la conviction de plusieurs délits dont l'un n'emporte que la peine d'une amende, cette amende ne puisse être cumulée avec la peine d'emprisonnement encourue par les autres délits ; — Attendu, d'ailleurs, la régularité de la procédure ; — Rejette.

Du 15 juin 1821.-C. C., sect. crim.-MM. Barris, pr.-Ollivier, rap.

2e *Espèce* : — (Duclos C. le min. pub.) — Pourvoi contre un jugement du tribunal de Périgueux — 1° Violation de l'art. 658 c. inst. cr., en ce que le juge aurait compris pour la fixation des sommes prêtées des faits remontant à 1814 et 1815, sans exprimer que, depuis ces époques, il n'y avait pas eu interruption de trois ans dans les faits usuraires et avait par là puni des faits couverts par la prescription.

2° Violation de la loi du 3 sept. 1807, en ce que des escomptes ou droits de commission prélevés par un banquier, patenté, auraient été assimilés à des prêts usuraires. — Arrêt.

LA COUR ; — ...Sur le deuxième moyen, pris de la violation de l'art. 658 c. inst. cr., relativement à la prescription ; — Attendu qu'il résulte de l'exposé des faits, qui est en tête du jugement du tribunal de Bergerac, que les prêts usuraires, dont est prévenu le sieur Duclos, ont eu lieu depuis 1807 jusqu'en 1824, sans interruption ; que, pendant chacune des années qui se sont écoulées dans cet intervalle, des faits successifs d'usure lui ont été imputés, et que la prescription dont il est question dans l'art. 638 ne pouvait point être invoquée; que, d'un autre côté, le jugement attaqué, en décidant que le délit d'usure se formant par des prêts successifs, la prescription ne peut commencer à courir qu'à compter

29 mai 1824, MM. Bailly, pr., Ollivier, rap., aff. Marseron; Crim. rej. 23 juill. 1825, aff. Brémond, V. nº nº 283); — 2º Que les nouveaux prêts à usure font revivre non-seulement les prêts antérieurs de plus de trois ans à la poursuite du ministère public, mais ceux même de ces anciens prêts qui seraient séparés des nouveaux par un intervalle de plus de trois années, pendant lesquelles le prévenu se serait abstenu de toute usure (Crim. rej. 25 fév. 1826, aff. Briandet, V. nº 517); — 3º Qu'en matière de délit d'habitude d'usure, la prescription ne commence à courir qu'à compter du dernier fait d'usure, en sorte que, tant que le délit n'est point prescrit, tous les prêts usuraires, même antérieurs de trois ans à ceux pour lesquels le prévenu est poursuivi, s'il n'est pas déclaré que, par leur nature ou par leur ancienneté, ils ne peuvent concourir à établir l'habitude, doivent être comptés comme éléments du délit et concourir à l'évaluation de l'amende (Crim. cass. 21 oct. 1841) (1); —4º Que lorsque des faits usuraires antérieurs de trois ans aux poursuites ont été suivis d'autres faits de même nature dans l'intervalle des trois années, aucun de ces faits n'est couvert par la prescription, et tous, au contraire, doivent être pris en considération, soit pour établir le délit d'habitude d'usure, dont ils ne sont que les éléments multiples, soit pour déterminer le chiffre des sommes prêtées (Agen, 19 juill. 1854, aff. Jumin, D. P. 55. 2. 164. — Conf. Crim. rej. 30 déc. 1853, aff. Lamarque, D. P. 55. 5. 461).

216. La réception d'intérêts usuraires constitue-t-elle seule un fait d'usure, de manière que la prescription ne doive commencer à courir que du payement et non du jour du prêt? —M. Chardon qui, dans son ouvrage sur le dol, a traité de l'usure et de la prescription en ce qui la concerne, soutient que la prescription ne commence à courir que du jour où le prêteur a reçu la dernière somme produite par les prêts usuraires, de sorte que jusqu'au payement intégral le délit n'est en quelque sorte qu'en perspective; il ne se réalise légalement qu'au jour de ce payement. Il résulte de là que la prescription ne court qu'à partir du dernier payement effectué. — « De deux choses l'une, répond M. Petit (Traité de l'usure, p. 162), si c'est le payement et non le prêt qui constitue le fait d'usure, on est irréprochable jusqu'au payement; si, au contraire, c'est le prêt qui est répréhensible, si c'est le prêt qui est la contravention à la loi, c'est du jour du prêt que doit courir la prescription. » — Or, que défend la loi de 1807? C'est de *prêter* à un taux usuraire. Le payement usuraire effectué postérieurement, c'est le produit du crime : or, comment peut-on imaginer de soutenir que celui-là ne se rend coupable de vol que lorsqu'il a touché le prix de l'objet volé? — Le système de M. Petit est peut-être plus logique, mais l'esprit de la loi et l'intérêt social ne permettent pas de l'adopter. — On peut d'ailleurs soutenir que le prêt et le payement se tiennent étroitement, que le payement est le complément et l'exécution du prêt, et que dès lors il peut servir de point de départ pour la prescription, sans quoi il serait presque impossible de constater l'habitude.

217. Au reste, il semble qu'on peut invoquer en ce sens un arrêt qui a jugé que l'on peut regarder comme un nouveau fait d'usure propre à faire revivre d'anciens faits prescrits, l'action de percevoir l'intérêt extra-légal qui a été convenu, ou de recevoir le remboursement d'une obligation ancienne, pour laquelle un intérêt usuraire a été stipulé et réuni au capital; que du moins, l'arrêt qui le décide ainsi échappe à la censure de la cour de cassation (Crim. rej. 25 fév. 1826) (2). — Dans cette cause, M. l'avocat général Barris a soutenu que l'usure ne consis-

---

du dernier fait d'usure, et que le délit n'étant point prescrit, toutes les sommes prêtées à usure, même celles qui l'ont été plus de trois ans avant les poursuites, doivent concourir à l'évaluation de l'amende, a fait une juste application des principes de la matière;

Sur le troisième moyen, pris de la violation de la loi du 3 sept. 1807, en ce que le jugement attaqué aurait confondu des négociations commerciales, des droits de commission, des opérations de banque et de change avec des prêts usuraires; — Attendu que, par le jugement attaqué, il a été reconnu en fait, et comme résultant des débats que, quoique certains prêts faits par Duclos, le fussent sous la forme de lettres de change, il s'agissait cependant, entre les parties, de véritables contrats de prêts, et que les lettres de change n'avaient ici d'autre objet que de donner au prêteur une plus forte garantie, et de couvrir d'un autre nom des prêts essentiellement usuraires; que, par le jugement du tribunal de Périgueux, il a été expressément déclaré et reconnu que l'amende à laquelle a été condamné Duclos est bien inférieure à la moitié des capitaux par lui prêtés à usure; qu'il suit de là que Duclos a été condamné pour s'être livré à des prêts usuraires, et que, dès lors, il n'y a pas eu violation de la loi de 3 sept. 1807; — Rejette.

Du 24 déc. 1825.-C. C., sect. crim.-MM. Portalis, pr.-Cardonnel, r.

(1) (Min. pub. *C.* Fontas.) — La cour; — Vu l'art. 4 de la loi du 3 sept. 1807, les art. 638, 408, 410 et 413 du c. inst. crim.; — Attendu qu'il résulte des dispositions de l'art. 638 que tout délit et l'action publique qu'il provoque, sont prescrits par le laps de trois ans accomplis, sans poursuites de la part du ministère public; — Que lorsqu'un délit n'existe que par la réunion de plusieurs faits qui forment ainsi un élément moral et complexe constituant ce délit, la prescription n'est applicable qu'à cet élément moral et complexe qui seul peut servir de base à l'exrcice de l'action publique; qu'elle ne l'est point séparément à chacun ou à quelques-uns des faits dont la réunion seule fait le délit; — Que c'est ainsi qu'il a été constamment reconnu qu'en matière de délit d'habitude d'usure, délit qui ne peut résulter que de l'enchaînement de prêts successifs et usuraires, la prescription ne peut commencer à courir qu'à compter du dernier fait d'usure, et que, le délit n'étant point prescrit, toutes les sommes prêtées à usure doivent concourir à l'évaluation de l'amende; — Qu'une conséquence de ce principe est qu'il ne faut point s'arrêter à la date des divers faits, des divers prêts, pour écarter nécessairement celui ou ceux qui seraient séparés des faits postérieurs par un intervalle de plus de trois ans; que, s'il en était autrement, il en résulterait que la prescription serait applicable, non au délit, mais, et isolément, à divers des faits susceptibles de constituer l'habitude d'usure; — Attendu néanmoins qu'il est décidé par le jugement attaqué que, lorsque la série des faits usuraires prouvés contre le prévenu présente une lacune de plus de trois ans, les prêts qui ont précédé cette interruption, ne doivent pas être comptés comme éléments du délit, ni servir à la fixation de l'amende; — Que, par là, et en ne se bornant point à déclarer que tels ou tels faits, par leur nature ou par leur ancienneté, ne pourraient pas concourir à établir l'habitude, en refusant indistinctement à l'action publique l'effet d'atteindre tous les faits usuraires propres à manifester l'habitude, n'importe leur date, en décidant comme principe absolu que la prescription des délits introduite par l'art. 638 c. inst. crim., protége les faits antérieurs de trois ans aux faits postérieurs, le jugement attaqué a fait fausse application dudit art. 638 et violé l'art. 4 de la loi du 3 sept. 1807; — Casse.

Du 21 oct. 1841.-C. C., ch. cr.-MM. Bastard, pr.-Romiguières, rap.

(2) *Espèce* :—(Briandet *C.* min. pub.)—Dans l'intervalle de l'année 1812 au mois de janv. 1821, Briandet avait fait, à cinq particuliers, différents prêts usuraires qui, réunis, s'élevaient à la somme de 12,000 fr. environ. Il avait notamment prêté à Maréchal, en 1812 et 1818, suivant deux actes notariés, une somme de 4,000 fr. à 12 p. 100, les actes ne portaient l'intérêt qu'à 5 p. 100; l'intérêt extra-légal avait été joint au capital. — Le 15 déc. 1824, c'est-à-dire plus de trois ans après le dernier prêt à usure qu'aurait fait Briandet en 1821, il reçut le remboursement intégral des obligations que celui-ci lui avait souscrites. — Le ministère public, informé de ce payement par les plaintes du débiteur, a traduit Briandet devant le tribunal correctionnel de Dijon, comme prévenu d'habitude d'usure.—Briandet a opposé la prescription; il a soutenu que le payement qu'il avait reçu le 15 déc. 1824, ne pouvait faire revivre les prêts auxquels il se rattachait, non plus que les autres prêts qui lui étaient imputés, et qui, tous antérieurs de plus de trois ans aux poursuites du ministère public, se trouvaient effacés par la prescription triennale portée en l'art. 638 c. inst. crim.

Ce système de défense a été successivement écarté par le tribunal correctionnel et par arrêt de la cour royale de Dijon, du 25 nov. 1825, qui ont condamné Briandet à une amende de 4,455 fr. comme coupable d'habitude d'usure : « Attendu, portent ce jugement et cet arrêt, que l'habitude d'usure est un délit successif et complexe qui se compose de plusieurs faits, et que les prêts usuraires qui datent de moins de trois ans avant la poursuite, font revivre les prêts antérieurs de plus de trois ans, soit pour caractériser le délit d'habitude d'usure, soit pour déterminer le montant de l'amende, ainsi que la cour de cassation l'a décidé par ses arrêts des 15 juin 1821, 4 août 1820 et 23 juill. 1825; — Attendu, en fait, que, dès l'année 1812, jusqu'au mois de janvier 1821, Briandet a prêté aux cinq individus ci-dessus dénommés plusieurs sommes à des intérêts de 12, 15, 18 et 25 p. 100; que les prêts usuraires faits au sieur Maréchel, l'un de ces emprunteurs, dans les années 1812 et 1818, ont subsisté jusqu'au 15 déc. 1824, jour de la libération intégrale dudit Maréchal; qu'ainsi, il est constant que l'habitude d'usure contractée, dès l'année 1812, par Briandet, a continué sans interruption depuis cette année jusqu'au 15 déc. 1824; que, dès lors, Briandet n'est pas fondé dans son exception de prescription, etc.

Pourvoi. — 1º Violation de l'art. 3 de la loi du 3 sept. 1807, en ce que la cour de Dijon a regardé comme un fait d'usure l'action de recevoir des intérêts usuraires précédemment stipulés. — 2º Contravention à

tait pas uniquement dans la convention du prêt usuraire, mais encore dans le payement de l'intérêt, quoique la réunion de ces deux faits ne soit pas nécessaire pour constituer le délit.

318. De même la prescription du délit d'habitude d'usure ne commence à courir qu'à partir de la date du fait usuraire le plus récent, et dans le cas même où tous les contrats entachés d'usure sont antérieurs de plus de trois ans aux poursuites, la perception, faite postérieurement, des intérêts usuraires stipulés dans ces contrats, suffit pour empêcher le cours de la prescription (Bordeaux, 8 août 1850, aff. Lamarque, D. P. 55. 2. 232).

319. Enfin des prêts usuraires antérieurs de trois ans aux poursuites, doivent être comptés comme éléments constitutifs du délit d'habitude d'usure, si, dans l'intervalle de ces trois années, de nouveaux prêts ont eu lieu, et si la perception des intérêts usuraires stipulés dans les contrats antérieurs s'est continuée (Crim. rej. 17 mai 1851, aff. Lamarque. D. P. 51. 1. 303, Conf. crim. rej. 19 juillet 1851, aff. Recepon, D. P. 51. 5. 537).

320. Le délit d'escroquerie réunie à l'usure ne forme pas un délit distinct de celle-ci, et par suite ne se prescrit qu'avec celle-ci (Crim. rej. 22 août 1844, aff. Lourtès, V. n° 304; Agen, 19 juill. 1854, aff. Jumin, D. P. 55. 2. 164. — V. Prescription crim., n° 74).

---

l'art. 4 de la loi du 3 sept. 1807 et à l'art. 638 c. inst. crim., en supposant que le payement reçu par Briandet, le 15 déc. 1824, puisse être considéré comme un acte d'usure dans le sens de la loi, il aurait sans doute, d'après la jurisprudence de la cour suprême, fait revivre d'anciens prêts antérieurs de plus de trois ans aux poursuites du ministère public; mais il n'aurait pu produire cet effet qu'à l'égard de ceux de ces prêts dont ce remboursement lui-même ne serait pas séparé par l'intervalle de trois ans. Or, dans l'espèce, plus de trois années s'étaient écoulées au 15 déc. 1824, dès les derniers prêts rappelés dans l'arrêt dénoncé, quoique ces derniers prêts avaient eu lieu en 1821; cette circonstance remarquable écartait l'application des arrêts dont la cour royale de Dijon a cru pouvoir invoquer l'autorité à l'appui de sa décision.

M. l'avocat général Laplagne-Barris a d'abord fait observer que les termes dans lesquels étaient conçus les motifs de l'arrêt dénoncé, pouvaient, à la rigueur, dispenser la cour de se livrer à l'examen des moyens proposés par le demandeur. Entrant néanmoins dans la discussion de ces moyens, M. l'avocat général a pensé, sur le premier, que l'usure ne consistait pas uniquement dans la convention de prêt usuraire; mais encore dans le payement qu'il recevait de cet intérêt. Ce n'est pas cependant que la réunion de ces deux faits soit nécessaire pour caractériser le délit; chacun d'eux constitue par lui-même un fait d'usure.—Sur le deuxième moyen, M. l'avocat général a été d'avis qu'un seul acte d'usure suffisait pour faire renaître des faits prescrits, quel que fût l'espace de temps écoulé entre ces anciens prêts et le prêt nouveau. — Arrêt (après un très-long délib. en ch. du cons.).

La cour; — Sur les moyens de cassation proposés par le demandeur et pris de la violation de l'art. 638 c. inst. crim. et des art. 3 et 4 de la loi du 3 sept. 1807, en ce que le délit d'usure aurait été prescrit par le laps de temps de plus de trois années depuis le dernier prêt usuraire imputé à Briandet, lequel remonte à l'année 1818, sans que, depuis cette époque, aucun autre prêt usuraire lui ait même été imputé; le payement par lui reçu des sommes prêtées en ladite année 1818 ne pouvant être considéré comme un fait usuraire et faire revivre le délit d'habitude d'usure déjà éteint;—Attendu que, par l'arrêt attaqué, il a été expressément déclaré que, depuis l'année 1812 jusqu'à l'année 1821, Briandet a prêté, à divers emprunteurs y dénommés, plusieurs sommes à des intérêts de 12, 15, 18 et 25 p. 100 excédant le taux légal;—Qu'il a été notamment reconnu et déclaré que les prêts usuraires faits par Briandet à Maréchal, un des emprunteurs, dans les années 1812 et 1818, ont subsisté jusqu'au 15 déc. 1821, jour de la libération intégrale dudit Maréchal, et qu'il est constant que l'habitude d'usure, contractée par Briandet dès l'année 1812, a continué sans interruption depuis cette année jusqu'au 15 déc. 1824;—Attendu que cette déclaration, en fait, étant irréfragable, il en résulte que la prescription de trois années portée par l'art. 638 n'a pas pu être acquise à Briandet, puisque les poursuites dirigées contre celui-ci pour délit d'habitude d'usure ont eu lieu moins de huit mois avant (a) le dernier fait de Briandet déclaré usuraire par la cour royale de Dijon, à laquelle il appartenait d'apprécier, d'après les faits, les caractères du délit d'habitude d'usure imputé au prévenu;—Attendu que, d'après les faits déclarés constants par cette cour, il n'a point été commis de violation de l'art. 638 c. inst. crim., ni des art. 3 et 4 de la loi du 3 sept. 1807, et que, d'ailleurs, la procédure est régulière;—Rejette.

Du 25 fév. 1826.-C. C., ch. crim.-MM. le comte Portalis, pr.-Cardonnel, rap.-Laplagne-Barris, av. gén., c. conf.-Dalloz, av.

(a) C'est *après* qu'il faut lire; le *lapsus* est évident; mais nous avons dû conserver fidèlement le texte de l'arrêt, et le présenter mot pour mot tel qu'il est écrit sur la minute.

Table sommaire des matières.

Table des articles du code Napoléon, des lois du 13 sept. 1807 et du 19 déc. 1850.

Table chronologique des lois, décrets, arrêts, etc.

PRÊT A LA GROSSE. — V. Droit maritime, nos 1235 et s.

PRÊT A USAGE. — V. Prêt; V. aussi Nantissement, no 54.

PRÊT NATIONAL OU PUBLIC. — Sur ce qui a trait, soit aux emprunts que contractent les États, les départements ou les communes, soit aux prêts opérés par eux, V. vis Organ. fin. et Trésor public.

PRÊT SUR GAGES (MAISON DE). — **1.** Prohibées dans l'ancienne jurisprudence par le même motif qui faisait réprouver l'antichrèse et le contrat pignoratif, les maisons de prêt sur gages ne commencèrent à s'ouvrir qu'après que la loi du 3 octobre 1789 (V. Prêt à int., no 7) eut autorisé d'une manière absolue le prêt à intérêt. Mais d'énormes abus se manifestèrent bientôt dans ces nouveaux établissements (V. Mont-de-piété, no 15). C'est pour y mettre fin qu'une loi du 16 pluv. an 12 déclara qu'à l'avenir les maisons de prêt sur nantissement ne pourraient être établies qu'au profit des pauvres, et avec autorisation (V. cette loi, *eod.*, p. 397).

2. Ce n'est pas le prêt sur gages en lui-même que la loi prohibe, car il eût été déraisonnable de priver un citoyen possesseur de valeurs mobilières du droit d'en user pour son crédit, aussi bien que le propriétaire d'immeubles. Ce que la loi défend, c'est cette spéculation coupable et sans contrôle, abusant des besoins du pauvre que la facilité du prêt séduit, et qui le dépouille à l'aide d'intérêts grossis outre mesure. M. Regnauld de Saint-Jean d'Angely, dans son exposé des motifs de la loi du 16 pluv. an 12, expose avec netteté le but que le législateur s'est proposé. — « Notre législation actuelle, dit-il, diffère essentiellement de ce qu'elle fut autrefois. On peut stipuler légalement dans tous les contrats l'intérêt d'une somme prêtée.... Si du contrat de simple prêt on passe au contrat de prêt sur nantissement, on trouve qu'il n'est pas moins licite; et l'ord. du commerce, tit. 6, art. 8 et 9 l'autorise formellement. Mais, en recherchant toutes les conséquences des principes, il est facile de reconnaître quelle différence il y a entre autoriser deux particuliers à passer un contrat solennel et public de prêt sur gages, et permettre l'*ouverture publique* d'une maison de dépôt, où, sur la foi d'un simple individu, sans garantie, sans autre surveillance que celle qui résulte de l'action ordinaire de la police, une foule de citoyens poussés par le besoin, appelés par une *indication expresse*, vont déposer sur un récépissé non authentique une portion souvent considérable de leur propriété. — Il est facile de sentir que si, en général, toutes les transactions sociales doivent être libres, il en est auxquelles l'intérêt commun prescrit de donner des règles spéciales plus sévères, dans lesquelles l'autorité protectrice doit en quelque sorte intervenir pour garantir la faiblesse de l'oppression, l'ignorance de l'erreur, pour soutraire le besoin à la cupidité, et la misère à la spoliation. »

3. La loi du 16 pluv. an 12 frappait d'une amende de 500 à 3,000 fr. tout individu tenant une maison de prêt non autorisée et prononçait en outre la confiscation des objets donnés en nantissement. Ces dispositions ont été modifiées par l'art. 411 c. pén. qui porte : « Ceux qui auront établi ou tenu des maisons de prêt sur gages ou nantissement sans autorisation légale, ou qui, ayant une autorisation, n'auront pas tenu un registre conforme aux règlements, contenant de suite, sans aucun blanc ni interligne, les sommes ou objets prêtés, les noms, domicile et profession des emprunteurs, la nature, la qualité, la valeur des objets mis en nantissement, seront punis d'un emprisonnement de quinze jours au moins, de trois mois au plus et d'une amende de 100 à 2000 fr. » — Les discours des orateurs du gouvernement sont presque muets sur cette disposition. « Nous passerons sous silence, lit-on dans l'exposé des motifs, les modifications faites à la loi... du 16 pluv. an 12 sur les maisons de prêt. Les dispositions principales de cette loi ont été placées dans le nouveau code. » — Le rapport de M. Louvet sur le chap. 2 du tit. 2 du liv. 3 du code pénal est encore plus laconique; à peine fait-il mention des maisons de prêt, pour dire qu'il ne se permet ici aucun détail. — Du reste, il faut reconnaître que les dispositions de l'art. 411 ont donné lieu à fort peu de difficultés.

4. L'article 411 prévoit deux contraventions distinctes : 1° l'ouverture d'une maison de prêt sur gages sans autorisation; — 2° Les irrégularités ou omissions de la part des maisons autorisées, dans la tenue des registres prescrits par les règlements. — A l'époque où fut rendue la loi du 16 pluv. an 12, plusieurs maisons particulières furent autorisées à prêter sur gages; mais ces maisons furent successivement supprimées et aujourd'hui les seules maisons de ce genre pourvues d'autorisation sont les monts-de-piété. — Il ne peut donc plus exister d'établissement particulier de prêt sur nantissement qui ne soit en contravention à la prohibition de l'art. 411.

5. A quels caractères reconnaître une maison de prêts sur gages? Faut-il plusieurs faits répétés, habitude de la part du prêteur? Sans aucun doute; car un fait isolé et accidentel de prêt sur gages est un acte licite, autrement le contrat de nantissement ne serait plus qu'un vain mot. Ce que la loi poursuit, c'est le métier, le trafic illégal : le nom de maison de prêt s'explique par lui-même; il ne peut s'entendre que d'un établissement en quelque sorte permanent et dont la destination habituelle est le prêt sur gages (Conf. MM. Chauveau et Hélie, t. 8, p. 427). — Toutefois, il ne faut pas exiger avec rigueur une habitude constante et non interrompue; car il deviendrait trop facile d'éluder la prescription de la loi. Quelques faits de prêt sur gages pourront donc suffire parfois pour autoriser l'application des peines de l'art. 411 : ce n'est pas l'importance, la multiplicité des affaires que la loi veut punir, mais le fait seul d'ouvrir une maison de prêt, bien que, pour assurer la clandestinité, le prêteur ne se livre qu'à des opérations peu fréquentes. — C'est en ce sens qu'il faut entendre un arrêt qui décide que celui qui, sans autorisation légale, a prêté sur gages et à un intérêt usuraire à différentes personnes, est passible des peines de l'art. 411 c. pén., encore bien que sa maison ne soit pas connue publiquement pour une maison de prêt, et qu'il ne fasse pas de ce trafic sa profession habituelle (Bruxelles, 24 juill. 1817) (1).

6. Il est certain, ainsi que le décide cet arrêt, que la publi-

(1) *Espèce :* — (Min. pub. C. Becq et Slaes.) — Becq et Slaes sont poursuivis devant le tribunal correctionnel de Malines, pour avoir tenu une maison de prêt sur gages dans la ville de Lierre, sans autorisation légale, délit prévu par l'art. 411 c. pén. — Il résulte de l'instruction que plusieurs fois on s'était présenté chez les prévenus pour emprunter de l'argent sur gages; que chaque fois ils en avaient prêté à un intérêt de plus de 150 p. 100; qu'ils avaient déclaré aux personnes qui se présentaient chez eux, qu'ils ne prêtaient que sur des bijoux et sur des effets d'or et d'argent. — Sur cette preuve, jugement qui condamne les prévenus aux peines prononcées par la loi. — Appel. — Jugement du tribunal d'Anvers qui infirme par les motifs suivants : — « Attendu que, quoiqu'il soit prouvé au procès que les appelants ont prêté sur gages ou nantissement, il n'est cependant aucunement constaté qu'ils aient établi une maison de prêt sur gages dans la ville de Lierre et que leur maison soit reconnue pour telle, ni qu'ils se soient livrés habituellement à prêter sur gages, au point de s'en faire un trafic; — Attendu qu'aux termes de l'art. 1905 c. civ. il est permis de stipuler des intérêts pour simple prêt, soit d'argent, soit de denrées ou autres choses mobilières. » — Pourvoi en cassation par le ministère public.

LA COUR; — Attendu que le jugement attaqué ne juge pas en fait que les prévenus n'avaient pas établi ou tenu une maison de prêt sur gages, mais qu'il a reconnu que des actes de prêt avaient eu lieu, et a jugé par

cité n'est pas nécessaire pour constituer le délit prévu par l'art. 411; au contraire la clandestinité des prêts sera presque toujours une des preuves du délit (V. l'arrêt de la cour de Paris, sous Crim. rej., 25 nov. 1837, aff. Phetu, nº 9).

7. Du reste, on conçoit combien il est difficile de déterminer d'une manière précise tous les caractères d'une maison de prêt sur gages, les particuliers qui se livrent à de semblables opérations cherchant toujours, pour éviter les poursuites judiciaires, à s'entourer de trompeuses apparences. C'est donc par appréciation des faits, et en les dépouillant de leur frauduleuse enveloppe, que les tribunaux pourront leur restituer leur véritable nature. — Ainsi il a été jugé : 1º Que lorsqu'un individu, poursuivi comme tenant une maison de prêt sur nantissement, en contravention à la loi du 16 pluv. an 12, argue pour sa défense de plusieurs actes de vente à réméré desquels il résulterait qu'il est propriétaire de tous les objets saisis dans sa maison, les juges peuvent, en déclarant qu'il est démontré par toutes les circonstances de la cause que ces diverses ventes sont frauduleuses, prononcer contre le prévenu les peines infligées par la loi précitée à ceux qui tiennent des maisons de prêt clandestines : une telle décision est à l'abri de la cassation (Crim. rej., 9 déc. 1808) (1). —2º Que la double circonstance que le prévenu aurait acheté avec faculté de rachat les diverses marchandises qui ont été trouvées à son domicile, et qu'il serait répétiteur à l'université, ne suffit pas pour écarter l'idée qu'il a tenu, sans autorisation, une maison de prêt sur gages, et qu'il s'est rendu, en outre, coupable du délit d'usure, s'il est reconnu que les ventes à retrait n'étaient qu'une tournure imaginée pour déguiser le prêt sur gages (Crim. rej., 15 juin 1821, aff. Pernier, V. Prêt à intérets, nº 315).

8. Les intérêts usuraires peuvent servir à compléter la preuve du délit; mais ils n'en sont pas un élément. Celui qui tient une maison de prêt sur gages, sans autorisation, est passible des peines de l'art. 411, alors même qu'il ne percevrait que de faibles intérêts, ou même que ses prêts seraient gratuits.

9. Du pouvoir d'appréciation accordé aux tribunaux, il suit encore, suivant un arrêt, qu'à supposer que les faits, dont un arrêt déclare coupable un prévenu de prêt sur gages ne soient pas constitutifs du délit prévu par l'art. 411 c. pén., il suffit que cet arrêt, se fondant en outre sur les circonstances de la cause, déclare ce délit constant, pour que la décision soit légale, bien qu'elle ne spécifie pas les circonstances qu'il leur appartenait d'apprécier (Crim. rej. 25 nov. 1837) (2).

10. Toutefois, il ne suffit pas qu'un arrêt déclare que le prévenu a tenu une *maison de prêt* sans autorisation, il faut qu'il soit constaté que c'est une maison de prêt sur *gages* ou *nantissement* : c'est là le fait essentiel et caractéristique du délit (Cass. 9 mars 1819 (3); Conf. MM. Carnot, t. 2, p. 353; Chauveau et Hélie, t. 5, p. 427).

11. La seconde contravention, prévue par l'art. 411 se réfère aux maisons autorisés. Elle est relative aux irrégularités et omissions dans la tenue des registres prescrits par les règlements. Cette disposition est nécessaire pour donner au public, aussi bien qu'au gouvernement, la garantie que les conditions de l'autorisation sont strictement observées (V. Mont-de-piété,

---

les motifs que leur maison n'était pas publiquement connue pour maison de prêt, et que les prévenus ne faisaient pas de ce trafic une profession habituelle, que l'établissement d'une maison de prêt, tel que le suppose la loi pénale, n'existait pas, ce qui ne constitue que la conclusion d'un raisonnement; — Attendu que l'art. 411 c. pén., reçoit son application au fait déclaré constant, sans le concours de l'une ou de l'autre des circonstances que le tribunal d'Anvers a exigées; que par suite celui-ci a négligé d'en faire une juste application. — Casse, etc.

Du 24 juill. 1817.–C. sup. de Bruxelles.–MM. Wautelée, 1er pr.

(1) *Espèce :* — (Rousset *C.* min. pub.) — A la suite d'un procès-verbal de saisie, dressé par un commissaire de police contre un sieur Rousset, celui-ci est poursuivi correctionnellement comme ayant tenu, sans autorisation, une maison de prêt sur gage. — 26 août 1808, jugement qui renvoie Rousset de la plainte, attendu qu'il résulte des papiers trouvés dans ses malles, qu'il est propriétaire, en vertu de plusieurs contrats, des objets saisis chez lui. — Sur l'appel, arrêt du 14 octobre, par lequel la cour de Paris infirme, et condamne Rousset aux peines prononcées par la loi du 16 pluv. an 12 contre ceux qui tiennent des maisons de prêt sur nantissement, sans autorisation : « Attendu qu'il résulte de l'instruction et notamment du procès-verbal dressé le 28 juin dernier que Rousset, en contravention à la loi du 16 pluv an 12, a tenu une maison de prêt clandestine; qu'il a été saisi dans son domicile une grande quantité d'objets, tels que bijoux, argenterie, etc;... qu'à la vérité, Rousset a excipé d'actes sous signatures privées desquels il résulterait que ces objets lui auraient été vendus par divers particuliers, moyennant les sommes déterminées, avec faculté de la part des vendeurs, dans les délais déterminés, de les retirer en remboursant les prix de vente; et que, le délai passé, tous les objets appartiendraient audit Rousset; mais que la multiplicité de ces actes, qui presque tous contiennent les mêmes conditions, la nature et la qualité des objets saisis, prouvent que ces actes mêmes n'ont été imaginés que pour masquer une maison de prêt clandestine; que ce qui vient à l'appui de ce fait, c'est la multiplicité des reconnaissances de mont-de-piété, trouvées dans le domicile dudit sieur Rousset, et supposées également acquises par lui de divers particuliers, avec la même faculté de réméré; qu'il aurait pareillement acquis aux mêmes conditions des vins et liqueurs; attendu enfin que, si les contrats doivent être respectés, il en est autrement lorsque, comme dans l'espèce, il est démontré que ces actes n'ont été imaginés que pour éviter l'exécution de la loi qui défend les maisons de prêt clandestines; que, si des actes de cette nature pouvaient lier la justice, il n'y aurait plus de moyen d'assurer l'exécution de la loi du 16 pluv. an 12, et d'arrêter les abus dont l'intérêt public exige la répression. » Pourvoi. — Arrêt.

La cour ; — Attendu qu'il a été dans les attributions de la cour de justice criminelle du département de la Seine, de conclure de l'instruction et du procès-verbal du commissaire de police, que les actes à titre de réméré passés par Rousset a différents particuliers, ont eu pour objet d'éluder les dispositions de la loi du 16 pluv. an 12, et établissaient la preuve de l'ouverture d'une maison de prêt en fraude de cette loi; que l'appréciation de la dissimulation et de la fraude qui tendent à tromper la prévoyance du législateur, est livrée à la conscience et à la sagacité des tribunaux; que la condamnation déclarée contre Rousset, d'après l'appréciation des faits et des circonstances de la cause, n'a été que l'exécution de ladite loi du 16 pluv. an 12; — Rejette.

Du 9 déc. 1808.–C. C., sect. crim.–M. Dutorq, rap.

(2) *Espèce :* — (Phétu *C.* min. pub.) — Phétu a été condamné à quinze jours de prison et 500 fr. d'amende pour prêt sur gages sans autorisation, par arrêt de la cour de Paris, ainsi conçu : — « Attendu qu'il n'est pas nécessaire que le contrevenant ait annoncé publiquement l'existence de l'établissement d'une maison de prêt sur gages; qu'il suffit qu'il soit établi qu'il s'est livré à des opérations de cette nature, et que la désobéissance à la loi consiste essentiellement dans la clandestinité du fai ; qu'ainsi il résulte des faits ci-dessus et des autres documents de la cause, la preuve que Phétu s'est rendu coupable du délit prévu et puni par l'art. 411 c. pén. ». — Pourvoi fondé sur ce qu'il ne suffisait pas de deux faits pour constituer le délit de l'art. 411 c. pén. —Arrêt.

La cour ; — Attendu que, pour déclarer le demandeur coupable du délit prévu par l'art. 411 c. pén. la cour d'appel de Paris ne s'est pas fondée seulement sur les trois faits particuliers de prêt sur gages que signale son arrêt, mais encore sur les autres circonstances de la cause qu'il lui appartenait d'apprécier, et qu'elle n'était point tenue de spécifier dans les motifs de sa décision; qu'ainsi il n'y avait pas eu fausse application dudit article ; — Rejette.

Du 25 nov. 1837.–C. C., ch. crim.–MM. Choppin, pr.–Vincens, rap.

(3) (Chapsal C. min. pub.) — La cour ; — Vu l'art. 410 c. inst. crim., d'après lequel la cour de cassation doit annuler les arrêts et jugements en dernier ressort qui ont fait une fausse application de la loi pénale ; — Vu l'art. 195 même code, d'après lequel le dispositif de tout jugement de condamnation en matière correctionnelle doit énoncer les faits dont les personnes citées seront jugées coupables ou responsables; — Vu les art. 177 et 178 et 179 c. pén.; — Attendu que ce n'est que ce n'est que sur les faits énoncés dans le dispositif du jugement de condamnation, et lorsque ces faits rentrent dans l'application de la loi pénale, que la peine doit être prononcée; — Attendu que l'arrêt attaqué, appliquant à la recourante, 1º l'art. 411, sur la tenue des maisons de prêts sur gages ou nantissements sans autorisation ; 2º l'art. 177 même code, sur la tentative de corruption, restée sans effet, des agents d'une administration publique, pour obtenir un acte de leur ministère, l'a condamnée à la peine prononcée par ces articles; — Mais attendu que, sur le premier chef de prévention, il l'a simplement déclarée convaincue d'avoir tenu une maison de prêt sans autorisation, et qu'il n'a pas déclaré constant le fait substantiel et caractéristique de la criminalité, que cette maison de prêt était sur gages ou nantissements ; — Attendu que, sur le second chef, le même arrêt a simplement déclaré la recourante convaincue d'avoir tenté de corrompre les agents d'une administration publique, mais qu'il n'a pas déclaré constant le fait substantiel et caractéristique de la criminalité, que cette tentative avait eu pour objet d'obtenir un acte de leur ministère; — Qu'ainsi, des deux chefs de prévention d'après les faits qui ont été reconnus d'après l'arrêt attaqué, le premier ne rentrait pas dans l'application de l'art. 411, ni le second dans celle de l'art. 179 c. pén.; d'où il résulte qu'en condamnant la recourante à la peine portée par ces articles, cet arrêt a fait une fausse application de la loi pénale ; — Casse et annule, etc.

Du 9 mars 1819.–C. C., sect. crim.–MM. Barris, pr.–Ollivier, rap.

nº 42). Mais aujourd'hui que les seules maisons autorisées son des établissements publics placés sous la surveillance de l'autorité locale, l'art. 411 sera rarement appliqué sur ce point.

12. Si le règlement d'une maison de prêt diffère dans les énonciations à insérer sur les registres de celles prescrites par l'art. 411 c. pén., y aura-t-il contravention de la part du directeur de cette maison qui se conforme au règlement plutôt qu'à ce dernier article ?—Il a été jugé en faveur de la négative, que la tenue des registres d'un mont-de-piété par le directeur d'une manière irrégulière et contraire à l'art. 411 c. pén. (par exemple si la valeur des gages n'était pas inscrite), a pu n'être pas considérée comme constituant le délit prévu par cet article, si le mode adopté jusque-là et suivi par le directeur a dû paraître suffisant et régulier, par suite de l'approbation administrative (Req. 4 fév. 1832, aff. Ballet, V Mont-de-piété, nº 51).—Cette jurisprudence nous paraît reposer sur les vrais principes et seule conciliable avec les règles de tutelle administrative qui régissent les monts-de-piété. En effet, ces établissements étant placés sous la surveillance administrative, cette tutelle est surtout capable d'apprécier quelles sont les conditions nécessaires pour la bonne tenue des registres. Il faut donc penser que la loi a eu en vue dès lors d'armer l'administration d'une sanction pour assurer l'exécution de ses décisions à cet égard, mais qu'elle n'a pas voulu substituer un système exclusif et immuable aux améliorations que peut introduire chaque jour l'expérience administrative.

13. Les deux contraventions prévues par l'art. 411 sont punissables, abstraction faite de la pensée du contrevenant; le défaut d'autorisation, les irrégularités ou omissions dans la tenue des registres, sont des contraventions matérielles qui suffisent pour justifier la peine alors même que le contrevenant a agi sans fraude; sa bonne foi, disent aussi MM. Chauveau et Hélie, t. 5, p. 427, peut atténuer l'infraction, mais ne la fait pas disparaître.

14. Les règlements des monts-de-piété prescrivent à ces établissements de ne prêter qu'à des personnes connues et domiciliées, ou accompagnées d'un répondant. Lorsqu'ils négligent de se conformer à cette disposition, ils sont déclarés responsables vis-à-vis du véritable propriétaire si l'objet déposé a été perdu ou volé. A Paris, une ordonnance de police, du 14 therm. an 13, reproduit à l'égard des prêteurs sur nantissement la disposition d'une ord. du 8 nov. 1780, qui soumettait à la même obligation les marchands et négociants qui achètent à des particuliers, l'ord. de 1780 frappait les contrevenants d'une amende de 400 liv.; mais comme elle n'était pas applicable aux prêteurs sur nantissement, ceux-ci ne sont passibles que d'une peine de simple police; c'est ce qui a été jugé (trib. corr. de la Seine, 31 oct. 1821, aff. Laborey, V. Mont-de-piété, nº 82).

Table sommaire des matières.

Table chronologique des lois, arrêts, etc.

PRÊTE-NOM. — Celui qui comparait dans un acte à la place du contractant véritable. — V. Mandat, nº 25; V. aussi Action, nº 121; Aliéné, nº 106; Avoué, nºs 100, 124; Bourse de commerce, nºs 107, 157, 494, 510; Contr. par corps, nºs 724 et suiv.; Discipline, nº 294: Disp. entre vifs, nº 479; Enquête, nº 586; Enregistrement, nºs 2565 et suiv., 2622, 3532; Faillite, nºs 609, 1483; Faux, nº 196; Intervention, nº 68; Médecin, nº 186; Notaire, nºs 356, 427 et suiv.; Obligation, Propriétaire apparent, Surenchère, nº 58.

PRÉTENTION. — V. Expropr. pub., nºs 408, 490.

PRÉTÉRITION. — V. Disp. entre-vifs, nº 3420.

PRÊTRE. — V. Culte, nºs 320 et suiv., 344, 428, 597; V. aussi vis Adoption, nº 99; Arbitrage, nº 338; Attentat aux mœurs, nº 99; Avocat, nº 168; Certificat de vie, nº 3-1º; Chasse, nº 151; Commune, nºs 207, 220, 225; Compét. crim., nº 26; Consuls, nº 68; Contr. par corps, nº 323; Délit politique, nºs 19, 22; Dépôt, nº 43; Disp. entre-vifs, nºs 72, 311, 383 et suiv.; Domicile, nº 101; Droit civil, nº 34; Droit politique, nº 415; Effets de commerce, nº 162; Émigré, nºs 1, 156, 161, p. 426, 446, 453; Enquête, nº 261; Faux, nº 179; Fonct. pub., nº 51; Greffier, nº 32-9º; Huissier, nº 4; Impôt, nº 33; Impôt direct, nºs 177, 179, 307; Inst. crim., nº 1451; Majorat, nº 5; Mariage, nº 15; Médecine, nº 51; Paternité, nº 461; Pension, nºs 14, 23 et suiv., 104, Succession, nº 29.

PRÊTRE DÉPORTÉ. — V. Culte, Émigré, Peine, nº 604.

PREUVE. — **1.** Si l'on envisage la preuve d'une manière générale, on peut dire avec Domat (lois civ., liv. 3, tit. 6.), que c'est ce qui persuade l'esprit d'une vérité. — Accurse disait également: *Probatio est rei dubiæ per argumenta ostensio.* — D'autres auteurs, se plaçant à un point de vue plus juridique, ont restreint la généralité de ces définitions. Suivant Balde, *Probatio est fides veri legitimis modis et temporibus facta.* — Mascardus, *De probat.*, quest. 2, nº 8, donne une définition semblable, mais en la précisant davantage : *Probatio*, dit-il, *est ostensio rei dubiæ, per legitimos modos judici facienda in causis apud ipsum judicem controversis.* — Cujas, plus précis encore, cherche la définition de la preuve dans les éléments mêmes dont elle se compose : — *Probationes*, dit-il, *sunt testimonia vel instrumenta quibus fides veri constat*, définition qui ne serait pas exacte, si le mot *testimonia* devait être pris dans le sens étroit de *preuve par témoins*, ce que pourrait, à la rigueur, faire supposer le mot *instrumenta* qui le suit, car elle ne comprendrait pas l'aveu et le serment qui sont aussi des modes de preuves (V. nº 9). — Dans un sens plus restreint encore, la preuve est le mode d'établir l'existence d'un fait. C'est en se plaçant à ce point de vue que Danty, De la preuve par témoins, nº 4, disait que la preuve est une conséquence légitime qui résulte d'un fait évident dont la certitude fait conclure qu'un autre fait dont on ignorait la vérité est véritable ou ne l'est pas.—Pour terminer cette série des définitions du mot preuve, nous ne devons pas omettre celle de M. Mittermaïer, De la preuve en mat. crim., p. 63, suivant lequel « la somme des motifs producteurs de la certitude se nomme preuve. »

2. On distingue les preuves de fait et les preuves de droit. — Prouver le fait, c'est établir un fait affirmé par une partie et nié par l'autre. Prouver le droit, c'est décider, lorsque le fait est déclaré constant, quelle est la loi applicable (V. aussi M. Bonnier, nº 2). Lorsqu'en général on parle des preuves, c'est de la preuve du fait seulement que l'on entend parler. La preuve de droit n'est autre chose que l'interprétation de la loi elle-même, c'est la science du jurisconsulte, dont les nombreux développements remplissent les colonnes de notre Répertoire. — C'est au résumé de la théorie générale des preuves, en matière civile et criminelle, que se borne le présent travail. — A l'égard de certains autres modes de preuve et à la manière dont elles sont présentées, on en parle pour les *matières civiles*, nº 9, et pour les *matières criminelles*, nº 97).

Division.

§ 1. — *Historique. — Notions générales.*

3. Dans plusieurs de nos traités nous avons déjà eu l'occasion de présenter sur la preuve quelques notions historiques qui nous dispensent d'entrer ici dans de grands détails. — Le droit romain admettait la preuve par témoins en toutes matières (V. Enquête, nº 3; Obligat.); ce ne fut que sous les empereurs que l'usage se répandit de faire constater les conventions par écrit devant un fonctionnaire public désigné à cet effet (V. Notaire, nº 5). — Après l'invasion des Francs dans les Gaules, les usages du droit romain disparurent devant les coutumes barbares. A la preuve testimoniale qui continua à être reçue sous nos premiers rois, succédèrent bientôt la preuve par serment (V. Duel, nºs 5, 7, 10; Enquête, nº 4); puis les épreuves judiciaires appelées aussi Ordalies (V. Action, nº 58; Défense, nº 9; Inst. crim., nº 9); puis enfin le combat judiciaire (V. Action, nº 58; Appel civ. nºs 38 et suiv.; Défense, nº 9; Inst. crim., nº 10; V. surtout, vº Duel, nºs 4 et suiv., où l'on s'est livré à cet égard à d'assez longs développements). — Cette dernière coutume, qui démontre au plus haut point le désordre qui régnait dans les institutions de ces époques, fut abolie par saint Louis (V. Appel civ., nº 48; Défense, nº 9; Duel, nº 16; Enquête, nº 2). La preuve testimoniale fut de nouveau mise en vigueur (V. Enquête, nºs 4 et suiv.). —Néanmoins l'usage de faire constater les conventions par écrit ne paraît pas s'être complétement perdu pendant ces temps de barbarie (V. Notaire, nº 6); mais on accordait généralement moins de foi à ce mode de preuve qu'à la preuve par témoins (V. Enquête, nº 4; V. aussi M. Bonnier, nº 104). Plus tard les inconvénients inséparables de la preuve par témoins la firent peu à peu reléguer au second plan; des notaires furent institués (V. Notaire, nº 7), et les actes passés devant eux prévalurent sur les témoignages (V. Enquête, nº 5). — Cette révolution, accomplie lentement, se consolida avec l'organisation de plus en plus régulière de la société, et la maxime *lettres passent témoins*, consacrée pour la première fois dans l'art. 54 de l'ord. de Moulins, de 1566 (V. Enquête, nº 5), puis dans l'ord. de 1667, devint une partie essentielle de la législation civile. Elle est aujourd'hui dominante dans nos codes.

4. La preuve par témoins n'est admise en effet en matière civile qu'avec la plus grande circonspection, et ce n'est pas à tort; car il faut l'avouer, l'infidélité, la mauvaise foi des témoins est devenue proverbiale. On connaît ce vieil adage : « qui mieux abreuve, mieux preuve. » — Entre autres faits qui démontrent le peu de foi que méritent les enquêtes, nous citerons une anecdote que racontait M. Boncenne et que nous venons de lire dans une publication récente (Les petites causes célèbres, par M. Frédéric Thomas). M. Boncenne avait plaidé dans un procès dans lequel il s'agissait de savoir si la fenêtre d'une tour en ruine avait été ouverte depuis plus ou depuis moins d'un an et un jour. Sur vingt-quatre témoins, douze soutiennent qu'elle a été ouverte, douze qu'elle ne l'a pas été. Ce sont les premiers qui l'emportent. — Plus tard, M. Boncenne, se trouvant par hasard auprès de la masure qui avait donné lieu au procès, causait avec un paysan des circonstances de l'enquête. Douze témoins, disait-il, ayant affirmé ce que les douze autres niaient, il y a eu nécessairement douze menteurs. — Douze, répéta le paysan, vous pouvez bien dire vingt-quatre. — Vingt-quatre! répéta l'avocat abasourdi. — Oui, monsieur, vingt-quatre, puisque la tour était alors telle qu'elle était à présent, et qu'elle n'a pas de fenêtre, comme vous voyez.

5. En matière criminelle, un autre genre de preuve, la torture, triste legs des législations antiques, a longtemps flétri notre procédure judiciaire (V. Instr. crim., nºs 5, 13 et suiv.). Tombée en désuétude dans les premiers temps de la monarchie française, elle reparut au 13e siècle sous l'influence de l'étude des lois romaines, et devint une partie essentielle de l'instruction criminelle (V. *eod.*, nº 13, M. F. Hélie, Instr. crim., t. 1, p. 545). Ce n'est que vers la fin du 18e siècle que cette coutume odieuse et barbare disparut de nos lois (V. *eod.*, nº 14, V. aussi sur ce point M. F. Hélie, Instr. crim., t. 1, p. 25 et s., 541 et s.). — V. aussi pour compléter l'historique des preuves en matière criminelle, outre les renvois déjà indiqués ci-dessus, vº Témoins; V. encore ce qui est dit ci-dessous nºs 75 et suiv. relativement à la preuve légale.

6. La théorie des preuves est toute philosophique. C'est à une profonde connaissance des lois de la pensée qu'il faut demander la solution de ces questions fondamentales : qu'est-ce qu'une preuve? qu'est-ce que la certitude? qu'est-ce que l'évidence? quels sont les moyens légitimes d'apprécier la force des preuves? quelles sont les causes des erreurs, de l'ignorance? quels sont les moyens de découvrir l'erreur? L'examen de ces hauts problèmes entraînerait à des discussions trop longues, et qui pourraient, quoique à tort, paraître étrangères à un ouvrage de jurisprudence. Nous nous bornerons donc à un résumé extrêmement succinct des doctrines philosophiques relatives à la preuve. Si l'on veut connaître plus particulièrement ces doctrines, on peut, sans être obligé de recourir aux travaux approfondis des philosophes, consulter avec fruit l'analyse sommaire qui en a donnée par Toullier, t. 8, nº 2, et surtout les travaux remarquables de M. Solon, dans l'édition qu'il a publiée de l'Essai sur la nature, les différentes espèces et les divers degrés de preuve par M. Gabriel, de M. Bonnier, Traité des preuves, nºs 5 et s., de M. Hélie, Instr. crim., t. 5, p. 399 et s. — Un jeune philosophe, enlevé trop tôt à la science, M. Javary, a publié aussi sur la *certitude* un ouvrage remarquable qui a été couronné par l'institut et qui présente de l'intérêt, même pour le jurisconsulte. — V. M. Bonnier, préface, p. 3.

7. Les philosophes distinguent l'évidence interne et l'évidence externe. — La première que l'esprit le plus sceptique ne peut contester est ce sentiment intime que tout homme possède de sa propre existence; elle arrive à notre conscience directement et sans intermédiaire; elle est intuitive. — L'évidence externe est moins sûre; car ce sont les sens, causes fréquentes d'erreur, qui la transmettent à l'intelligence. — Les faits que l'on peut ainsi percevoir directement soit par intuition immédiate, soit par l'organe des sens, sont bien bornés; presque toujours il faut recourir au raisonnement et à la démonstration pour obtenir la vérité : on part du connu pour arriver à l'inconnu. La logique nous offre ici deux méthodes : la déduction et l'induction. La déduction est l'opération par laquelle on dégage d'un principe donné la conséquence qui y est implicitement comprise, *non speciem novam facit sed quæ est detegit.* L'induction procède aussi du connu à l'inconnu; mais elle conclut de certains faits particuliers à de certaines lois générales, physiques ou morales. — La déduction joue un grand rôle dans la science du droit, mais en tant seulement qu'elle se rattache à la preuve du droit lui-même. Quant à la preuve de fait, la déduction est rarement applicable, car si la logique nous révèle les conséquences des faits, elle ne peut jamais nous faire connaître les faits eux-mêmes. — L'induction au contraire est le vaste champ qui fournit au juge ses convictions, soit qu'il la tire de la permanence des lois de l'ordre physique, soit qu'il l'appuye sur la plus importante des lois de la nature morale, c'est-à-dire sur la foi au témoignage de l'homme. — Sauf l'évidence interne, toutes les notions transmises par les sens ou démontrées par l'intelligence sont loin d'être infaillibles. Combien de fois, en effet, l'erreur a-t-elle été l'objet de la certitude, et la vérité l'objet du doute (M. Hélie, Instr. crim., p. 401)! Cependant ce sont là les seuls éléments des décisions judiciaires. Mais, quelles que soient les chances d'erreur auxquelles le juge est assujetti, il ne peut abdiquer son rôle. Il doit se contenter d'une certitude relative. Tout ce qu'il peut faire c'est de suivre ce que sa conscience lui inspire et de réagir autant qu'il le peut contre les causes d'erreur qu'il trouve soit en lui-même, soit dans les faits extérieurs. — « La plupart des vérités, dit d'Aguesseau, t. 2, p. 538, qui sont la matière des questions de fait, ne sont pas des vérités naturelles et immuables, mais des vérités arbitraires, dépendantes de l'inconstance de la volonté des hommes; et comme elles sont incertaines par leur nature, les preuves sur lesquelles elles sont fondées ne peuvent jamais avoir ce caractère de fermeté et d'évidence capable de produire une conviction entière, et de former une démonstration parfaite. Tout l'art de l'esprit humain, toute la prudence des juges consiste à tirer d'un fait connu une conséquence certaine qui fasse arriver à la connaissance d'un fait douteux. »

8. L'induction n'aboutit quelquefois qu'à de simples *indices* plus ou moins graves, mais qui généralement ont moins de force que le témoignage de l'homme. — En matière criminelle, des indices seuls ne pourraient suffire à asseoir une condamnation, ils peuvent seulement autoriser des poursuites (C. inst. crim. 16, 40, 229; V. Inst. crim., nºs 303, 357, 611 et suiv., 814 et suiv., 1060 et suiv.). — Les simples indices, en matière civile, reçoivent le nom de *présomptions*. On réserve le nom de *preuve* aux modes de démonstration qui s'appuient sur la foi aux témoignages, soit écrits, soit oraux. Quand les présomptions sont graves, précises et concordantes, elles équivalent quelquefois à une preuve (C. nap. 1353). — Il est une multitude de cas où le juge ne peut se décider d'après de simples présomptions, il faut une preuve écrite (V. Absence, nº 721; Mariage, nºs 410 et s.; Paternité, nºs 203 et s., 485 et s.; Obligat. (preuve). — D'autres fois, une certitude morale est suffisante (V. Droit marit., nºs 1809 et suiv.).

§ 2. — *De la preuve en matière civile.*

9. Les modes généraux de preuve établis par la loi civile sont : 1º la preuve littérale, 2º la preuve testimoniale dans certains cas et suivant certaines règles, 3° l'aveu, 4° le serment, et 5° les présomptions (V., pour l'examen des dispositions qui se rattachent spécialement à ces divers genres de preuve, v° Obligation, où le commentaire complet des art. 1315 et suiv. sera présenté). — On admet encore, dans certaines matières déterminées, la preuve par commune renommée, qui n'est qu'une variante de la preuve testimoniale (c. nap. 1415, 1442, 1504, V. Contr. de mar., n°s 940 et s., 1592 et suiv., 2627, 2742), et la simple affirmation (c. nap. 1781, 1924; V. Dépôt, n° 138; Louage d'ind., n°s 31 et suiv.; V. aussi v° Droit marit., n° 636). Ces dernières dispositions sont tout exceptionnelles et ne doivent pas être étendues : aussi décide-t-on que l'art. 1781 n'est pas applicable au contrat d'apprentissage (V. Industrie, n° 59). — Le code de procédure présente encore, comme mode de preuve, la comparution personnelle (c. pr. 119), la descente sur les lieux (c. pr. 295 et suiv.), l'expertise (c. pr. 302 et suiv.), l'interrogatoire sur faits et articles (c. pr. 324 et suiv.). — V., sur ces différentes matières, v^is Instr. civile, Descente, Expertise, Interrog. sur faits et articles.

10. M. Bonnier, n° 31, fait une classification logique des divers modes de preuves qui nous paraît fort exacte. Il les divise en trois catégories : 1° celles qui se rapportent à l'expérience personnelle du juge, — 2° le témoignage ou preuves proprement dites, — 3° les présomptions. — Dans la première, M. Bonnier range la *descente sur les lieux*, et, par voie de rapprochement, l'*expertise*. — La seconde catégorie (preuves proprement dites), comprend les *preuves simples* et les *preuves légales*. Par *preuves simples*, on entend : 1° celles qui sont reçues en justice dans leur forme ordinaire, ce sont la preuve *orale* ou preuve par témoins et par *commune renommée*; 2° l'*aveu* judiciaire et extrajudiciaire auquel M. Bonnier rattache le *serment décisoire* qu'il appelle un aveu tacite. Dans cette subdivision, M. Bonnier fait entrer l'*interrogatoire* sur faits et articles et la *comparution* des parties en *matière civile*, ainsi que l'*interrogatoire* du prévenu ou accusé en *matière criminelle*, qui ne sont autre chose qu'une *provocation* à l'aveu; et 3° la *déclaration* du demandeur (principal ou en exception), à laquelle se rattache le *serment supplétif*. — Les *preuves légales*, que M. Bonnier appelle aussi *preuves préconstituées*, renferment celles qui sont entourées de certaines conditions impérieusement exigées pour leur validité, comme les *actes authentiques*, les *écritures privées*, les *livres des marchands*. — Enfin, la troisième catégorie renferme les *présomptions* qui sont *simples* ou *légales*, selon qu'elles admettent ou repoussent la preuve contraire. — Il est à remarquer que l'expression *preuve légale* est encore employée par les jurisconsultes et par M. Bonnier lui-même dans un sens bien plus restreint. On entend par ce mot les preuves dont la loi précise la nature, les éléments et les caractères, ainsi que la foi qui leur est due et qui commandent la conviction du juge. Le système des preuves légales en matière criminelle a une haute importance : on en parlera n°s 74 et s.

11. L'existence d'un droit est indépendante de la preuve qui sert à le constater. Ainsi, lorsque la loi exige que les conventions soient justifiées par écrit, cela ne veut pas dire que cet écrit constitue le contrat : il en est simplement la preuve (V. Assur. ter., n° 149; Commission, n° 309; Droit marit., n° 1460; Succes., n° 1621, et surtout v° Oblig.), d'où la conséquence qu'à défaut d'acte, les conventions peuvent encore être prouvées, soit par la preuve testimoniale dans les cas où la loi admet ce mode de prouver, soit par l'aveu, soit par le serment. Et, à supposer même que ces divers modes de preuve viennent à faire défaut, le droit dont on ne peut plus poursuivre l'exécution peut cependant exister encore abstractivement. C'est ce qu'exprime fort bien la loi romaine : *Duo sunt Titii*, disait Paul (L. 30, D., *De test. tut.*), *pater et filius; datus est tutor Titius, nec apparet de quo sensit testator; quæro quid sit juris? Respondit is datus est quem dare se testator sensit. Si id non apparet*, non jus deficit sed probatio. — Toutefois, il est certains contrats dans lesquels la preuve forme une condition essentielle du droit lui-même : tels sont les contrats que pour cette raison l'on nomme solennels, par exemple, le contrat de mariage, la donation, l'hypothèque dont la loi ne reconnaît l'existence qu'autant qu'ils sont constatés dans des actes authentiques. — V. Contr. de mar., n°s 214 s.; Disposit. entre-vifs et test., n° 1400; Privil. et Hypoth.

12. Il est de principe que les règles sur la preuve sont d'ordre public et l'on ne peut y déroger (V. Contr. de mar., n° 132).

13. Les différentes espèces de preuves employées devant les tribunaux ont été l'objet de la part des théoriciens de distinctions qui ont peu d'utilité pratique, mais que l'on ne peut se dispenser de faire connaître. — D'abord, on distingue : 1° les preuves auxquelles les magistrats sont tenus de se rendre, sous peine de voir leurs jugements subir la censure : tels sont les écrits qui constatent légalement les conventions des parties : «Les actes authentiques, dit M. Bonnier, n° 97, peuvent être considérés comme une sorte de preuve légale, puisque le juge est astreint à ne pas sortir de cette seule nature de preuve : *Ad unam probationis speciem alligatur* » (V. aussi Cass. 18 avr. 1826, aff. Delavigne, v° Oblig.). — Les présomptions contre lesquelles la preuve contraire n'est pas admise, comme par exemple la chose jugée, sont aussi des *preuves légales* qui commandent irrésistiblement la conviction du juge; — 2° Les preuves dont l'effet est abandonné à la prudence des juges. Ainsi, lorsque la preuve d'un fait dépend d'un témoignage oral, les juges doivent peser et non compter les dépositions. Ils apprécient dans leur sagesse la confiance que méritent les témoins et leur témoignage; ils ne sont plus, à cet égard, astreints à aucune règle fixe (V. Oblig. [preuve testim.]).

14. Une autre distinction, contestée par Cujas (*in tit. cod. ad leg. jul. majes.*), Merlin, Rép., v° Preuve, sect. 3, et maintenue par Toullier, t. 8, n°s 7 et 8; MM. Solon, Essai sur les différentes espèces de preuves, n° 42, et Duranton, Dr. civ., t. 13, n°s 11 et 12, et celle des preuves *pleines* et preuves moins pleines et *semi-pleines*. — Cujas dit : *Ut veritas, ita probatio scindi non potest. Quæ non est plena veritas, est plena falsitas; non semi-veritas. Sic quæ non est plena probatio, plane nulla probatio est. Romani non noverunt ullam probationem semi-plenam.* — M. Toullier (t. 8, n° 8) fait observer avec beaucoup de justesse que Cujas et Merlin ont confondu la vérité avec la preuve de la vérité. Sans doute il n'y a pas de semi-vérité, mais il peut y avoir des semi-preuves. Les philosophes ont même pensé qu'on pouvait soumettre au calcul les différents degrés de probabilités (S'Gravesande, Introduct. à la philosophie, liv. 2, chap. 17; Encyclopédie, v° Probabilité; Condorcet, Essai sur le calcul des probabilités, enfin le célèbre mathématicien Poisson a fait un travail spécial sur le calcul des probabilités). A part les travaux des philosophes à cet égard, et en nous renfermant avec soin dans le droit, nous nous bornons à dire que s'il n'y a pas de demi-vérité, il peut y avoir des demi-persuasions comme des persuasions pleines et entières. — La loi justifie elle-même nos observations à cet égard. — V. c. nap. art. 1367.

15. Les preuves sont encore *directes*, lorsqu'elles prouvent précisément le fait dont il s'agit; *indirectes*, quand elles établissent un fait de la certitude duquel on peut induire la vérité de celui dont il s'agit (M. Toullier, n° 9). — Ainsi la preuve est directe et infaillible, lorsque Pierre auquel on oppose une reconnaissance signée au profit de Paul, à Paris, le 1er janvier, prouve que ce jour même il était à Saint-Pétersbourg. — Elle est indirecte, lorsque l'induction ne repose que sur la vraisemblance.

16. Depuis Aristote, les rhéteurs et les jurisconsultes ont maintenu la distinction, peu utile dans l'application, entre les preuves *artificielles* et les preuves *inartificielles*. Les premières appartiennent plus particulièrement à l'art oratoire, et sont livrées à l'habileté de l'avocat. Elles se fondent soit sur ce que la rhétorique appelle lieux communs, tirés des circonstances de la personne ou de la chose, soit sur des présomptions (V. sur l'emploi des lieux communs dans les affaires judiciaires, M. Solon, n°s 198 à 223). On cite comme preuve artificielle le jugement de Salomon. — Les preuves inartificielles sont celles qui ne dépendent pas du talent de l'orateur, mais qui se trouvent toutes faites, et n'ont besoin que d'être mises en œuvre par le raisonnement.

17. Quelques règles générales dominent l'emploi de toutes les preuves destinées à constater l'existence des obligations, ou leur extinction. — En thèse générale, tout fait allégué en justice doit être prouvé. Toutefois, il n'est pas nécessaire de prouver les faits naturellement certains, ou dont la vérité est présumée, si le contraire n'est pas prouvé; ainsi, celui qui réclame l'effet d'un testament qu'il produit n'a pas besoin de prouver que le testateur jouissait de sa raison (V. n° 36). On ne reconnaît plus de faits notoires, et la dispense de prouver n'existe plus que pour celui en faveur duquel y a une présomption légale (Toullier, t. 8, nos 12, 13 et 14).

18. La preuve des faits physiquement impossibles ne doit pas être reçue par le juge. Mais il ne faut pas confondre les faits impossibles avec ceux qui, bien que déviant de l'ordre naturel des choses, ne présentent qu'une grande improbabilité; la preuve de tels faits ne doit pas être rejetée sans examen. Mais le juge ne devra l'admettre qu'avec circonspection (V. M. Bonnier, nos 25, 54).—Ainsi, les juges peuvent refuser la preuve, lorsque les faits à prouver sont tellement invraisemblables que cette invraisemblance doit équipoller à une impossibilité de prouver (V. Paternité, no 285).—V. no 57.

19. Il est des faits dont la loi n'autorise jamais la preuve, quelque vrais qu'ils soient d'ailleurs : tels sont la recherche de la *filiation incestueuse* ou *adultérine* (V. Paternité, no 712), celle de la *paternité naturelle* (V. *eod.*, no 598). — Il en est d'autres qui ne peuvent être constatées qu'au moyen de certaines preuves que la loi détermine elle-même, par exemple en matière criminelle, *l'adultère* du mari, la complicité de *l'adultère* de la femme (V. Adultère, nos 72, 96 s.).—V. sur ce point M. Bonnier, no 55 et plus bas, no 90.

20. A qui incombe la charge de prouver?—A celui qui veut innover, qui veut détruire la position acquise de son adversaire (V. M. Bonnier, no 35).— Ainsi, en thèse générale, c'est sur le demandeur que retombe la charge de la preuve (*actori incumbit onus probandi*), puisque c'est lui qui innove, qui trouble le défendeur dans sa position acquise.— Le défendeur est, en effet, protégé contre l'action du demandeur, par une présomption qui dérive de la nature même des choses. En matière réelle, il a une possession positive qui fait supposer la propriété jusqu'à preuve contraire; en matière personnelle, il a en sa faveur cette sorte de possession de sa liberté où se trouve placé tout homme dont l'assujettissement envers autrui n'est pas constaté (V. M. Bonnier, nos 38, 42). — Cette règle est consacrée par l'art. 1315 c. nap., qui veut que celui qui réclame l'exécution d'une obligation en fournisse la preuve.—Par application de cet article, il a été jugé 1° que le défendeur qui possède et qui a un titre conforme à sa possession ne doit rien prouver; le demandeur seul est chargé de la preuve : si donc celui-ci prétend que le titre du défendeur a été soumis à certaine condition pour sa perfection, c'est à lui de prouver que cette condition n'a pas été remplie (Req. 21 nov. 1826) (1);—2° Que le demandeur en destruction de constructions faites sur un fonds qu'il prétend lui appartenir, mais que le défendeur soutient être une voie publique, doit être déclaré

(1) *Espèce :* —(Baillon, etc. *C.* Declerc-Wissocq.)—Au dix-septième siècle, Cobergher ayant desséché deux marais connus sous le nom de *Moeres*, obtint, pour prix de ses travaux, la propriété de la moitié des terres desséchées, dont il vendit ensuite des portions, notamment aux auteurs du sieur Declerque-Wissocq.— En 1746, les Moëres, inondées de nouveau, redevinrent des marais. — En 1746, une nouvelle concession eut lieu en faveur du comte d'Herouville, sous la condition de quelques opérations pour la conservation des droits des tiers. — Le 19 oct. 1754, ordonnance de M. de Beaumont, intendant de Flandre, qui enjoint aux prétendants droit sur les Moëres de produire leurs titres au greffe de la subdélégation de Bergues, dans le délai de trois mois, à peine de décheance de tous droits. — Le 15 juill. 1757, ordonnance de M. de Caumartin, qui donne acte aux produisants, et prononce la décheance contre les non-produisants. — Le desséchement est terminé en 1766. — Dès lors, le comte d'Hérouville entre en possession des terres, et, par acte du 30 janv. 1767 (après partage avec les ayants droit), il transmet à chaque copartageant la propriété des terres affectées à son lot. — Ici rien n'établit que les auteurs de Wissocq aient été au nombre des copartageants. — En 1769 et 1771, les propriétaires des Moëres réunissent leurs terres en communauté indivise; mais, manquant de fonds, ils les rétrocèdent au sieur Vandermey, et cette rétrocession est confirmée par lettres patentes du 19 déc. 1779, portant que « les terres qui auront appartenu à des particuliers pendant le desséchement fait par Cobergher, et dont ils auraient produit les titres de propriété au vœu de l'ordonn. du 19 oct. 1754, seront possédées pendant vingt ans par le sieur Vandermey, après lequel temps ceux qui auront justifié de leur propriété d'aucune portion desdites terres en reprendront la libre disposition. » — Vandermey, s'étant ruiné, vendit ses biens. Le 12 prair. an 13, il vend aux époux Debuyser tous les bâtiments, ustensiles, digues, canaux, fossés existant sur une partie des Moëres. Il déclare que cette partie des Moëres appartient à Wissocq; qu'elle était comprise dans la concession faite pour vingt ans à lui Vandermey, laquelle était expirée le 16 fév. 1800; et Debuyser s'oblige, au cas où Vissocq veuille rentrer en possession, de lui céder les objets vendus, à dire d'experts. — Le 13 therm. an 13, Wissocq afferme à Debuyser les terres dont il s'agit.

Cependant Vandermey était mort, laissant une succession vacante. Baillon et consorts, curateurs, ont poursuivi la vente des immeubles qui en dépendaient, y compris ceux affermés par Wissocq. — Celui-ci, prenant cette annonce pour un trouble à sa possession, cite les curateurs au possessoire. — Le 7 nov. 1820, jugement qui maintient Wissocq en possession. — Alors les curateurs demandent contre Wissocq la restitution des terres, ainsi que des fruits depuis l'indue possession, prétendant que, conformément aux lettres patentes portant concession des Moëres, les terres dont Wissocq a pris possession ne peuvent lui appartenir qu'autant qu'il justifiera que ses auteurs ont produit leurs titres dans le délai de l'ordonn. du 19 oct. 1754; que d'ailleurs Vandermey était propriétaire de ces terres par prescription, puisqu'en réunissant sa possession à celle de ses auteurs, il avait joui sans trouble pendant 38 ans, à l'époque du bail consenti par Wissocq. — Wissocq répond qu'ayant un ancien titre et une possession conforme, c'est aux demandeurs à prouver qu'il a encouru la décheance à défaut de production, d'autant plus qu'il a en sa faveur la déclaration de Vandermey lui-même, dans l'acte du 12 prair. an 13, et que la preuve demandée a été perdue pendant la révolution. Quant à la prescription, il soutient que Vandermey n'a pu joindre à sa possession celle de ses auteurs, parce que la rétrocession de 1779 a anéanti les concessions antérieures et ce qui en a été la suite. —Le 5 avr. 1824, jugement qui accueille en tous points les prétentions de Wissocq.—Appel.—Le 5 janv. 1825, arrêt confirmatif de la cour de Douai.

Pourvoi pour violation des principes en matière de preuve, ainsi que de l'ordonnance de l'intendant de Beaumont du 19 oct. 1754, et de l'art. 5 des lettres patentes du 19 déc. 1779, en ce que la cour d'appel a imposé aux demandeurs l'obligation de prouver que Wissocq ou ses auteurs n'avaient pas produit leurs titres. — D'abord, a-t-on dit, c'est un principe élémentaire que, de même que tout demandeur doit prouver son action, tout défendeur est tenu de justifier son exception, *reus excipiendo fit actor, et hinc ei incumbit onus probandi* (c. c., 1315). Or, la cour d'appel a méconnu ce principe dans l'espèce, puisqu'elle a assujetti les demandeurs à prouver l'allégation du défendeur, qu'il avait produit ses titres, tandis qu'il suffisait aux demandeurs, comme ils l'avaient fait, d'établir qu'ils étaient aux droits des anciens cessionnaires des Moëres, ce fait justifiant entièrement leur réclamation. — En outre, par la disposition qui condamne les demandeurs en cassation à prouver la non-production de titres par le défendeur ou ses auteurs, la cour d'appel s'est mise en opposition avec le principe qu'on ne peut imposer l'obligation de prouver un fait négatif : *ei incumbit probatio qui dicit, non ei qui negat.* — En vain la cour d'appel se fonde sur les anciens titres et sur la possession actuelle de Wissocq, pour en tirer la conséquence qu'il n'est tenu à aucune preuve. En effet, ce n'est pas seulement à l'existence des titres que les ordonnances et lettres patentes avaient attaché la propriété des terres; c'est en outre à la production de ces titres dans un délai déterminé; quant à la possession, son résultat eût été seulement de dispenser de produire des titres, si les demandeurs n'en avaient eu aucun à opposer. — Arrêt.

LA COUR; — Sur la première partie du premier moyen; — Attendu, en droit, que celui qui possède et qui a en sa faveur un titre conforme à sa possession, ne doit rien prouver, et que le demandeur qui l'attaque est seul chargé du poids de la preuve; — Et attendu qu'il est constant et reconnu, en fait, 1° que, par jugement du 7 nov. 1820, passé en force de chose jugée, il a été décidé que Declercque-Wissocq était en possession paisible de toutes les terres dont il s'agit; — 2° Que ses auteurs avaient, depuis plus d'un siècle, acquis la propriété de ces mêmes terres; — 3° Enfin, que Baillon et consorts revendiquaient, en qualité de demandeurs, cette propriété, en soutenant que les auteurs de Declercque-Wissocq étaient déchus, pour ne pas avoir fait, en 1754, la production des titres prescrite par l'ordonnance de l'intendant de Flandre et d'Artois; — Que, dans ces circonstances, en décidant que Baillon et consorts devaient seuls prouver que la production dont il s'agit n'avait pas eu lieu, l'arrêt attaqué a fait une juste application de la loi; — Sur la deuxième partie du moyen; — Attendu, en droit, d'une part, que l'impossibilité même de prouver ne dénature point les qualités des parties, et ne fait pas tomber sur le défendeur l'obligation d'une preuve qui, formant la base de la demande, est essentiellement à la charge du demandeur. *frustrà veremini ne ab eo qui lite pulsatur, probatio exigatur* (L. 8, cod. *De probat.*). — Et attendu, de l'autre, que la preuve négative est réputée affirmative toutes les fois qu'environnée et circonscrite par des faits positifs de temps et de lieu, elle résulte elle-même parfaite et complète de la seule preuve de ces faits; — Et attendu qu'il est constant, au procès, que la production dont il s'agit devait être faite dans un délai déterminé, c'est-à-dire dans trois mois, et dans un lieu déterminé, c'est-à-dire dans le greffe de la subdélégation de Bergues; — Que, dans ces circonstances, en décidant que la preuve relative à cette production devait et pouvait être faite par les demendeurs, l'arrêt ne s'est mis en contradiction avec aucune loi; — Rejetté.

Du 21 nov. 1826.-C. C., ch. req.-MM. Henrion, pr.-Lasagni, rap.

mal fondé dans sa demande, s'il ne prouve pas sa propriété du terrain : en un tel cas, le défendeur n'a rien à prouver, et on prétendrait en vain qu'il doit mettre la commune en cause (Req. 14 fév. 1831) (1); — 3° Que celui qui se constitue demandeur au pétitoire, contracte par là l'obligation de justifier son droit de propriété, et que si cette justification n'est pas faite, la demande doit être repoussée (Req. 1er avril 1835) (2). — V. encore des applications de cette règle, vis Disp. entre-vifs, n° 3994; Domaines échangés, nos 21, 39; Droit marit., nos 2056 et suiv.; Mandat, nos 271, 331; Propriété.

21. L'action possessoire a précisément pour but de faire acquérir cette position si favorable de défendeur; car celui qui obtient la possession devient défendeur dans l'action pétitoire, et reporte sur son adversaire la charge de prouver (V. Action poss., nos 825 et suiv.; Prescription, n° 263). — C'est ce qui s'est présenté dans l'espèce recueillie au n° 20-1°.

22. C'est par une conséquence de la nécessité où est le demandeur de prouver la réalité de sa créance, que la loi veut que, même dans le cas où le défendeur fait défaut, ses conclusions ne lui soient adjugées qu'autant qu'elles paraissent au tribunal justes et bien vérifiées (c. pr. 150).

23. Mais lorsque le demandeur a établi légalement son droit, la présomption se tourne en sa faveur, et la preuve contraire retombe à la charge du défendeur. C'est à lui à détruire la nouvelle position acquise par l'adversaire, en opposant soit sa libération, soit la prescription, etc. Par là, les rôles changent, le défendeur devient demandeur dans ses exceptions (*reus in excipiendo fit actor*), il est donc soumis aussi bien que le demandeur principal à la règle *onus probandi incumbit actori* (V. Action, nos 259 et s.). — C'est par application de ce principe, que l'art. 1315 c. nap. veut que celui qui se prétend libéré justifie le payement ou le fait qui a produit l'extinction de son obligation. — En conséquence, il a été jugé que lorsque, au sujet d'une question de propriété, le défendeur n'ayant aucun titre, demande à prouver qu'il a prescrit l'immeuble litigieux par une possession trentenaire, il prend le rôle de demandeur et doit perdre son procès du moment qu'il ne fait pas la preuve par lui offerte (Req. 23 nov. 1840) (3). — V. de nombreuses applications de cette règle, vis Action poss., nos 669, 830; Compét. com. n° 356; Conciliation, nos 68, 386; Cons. d'Et., n° 206; Contr. de mar., n° 917; Douanes, n° 177-3°; Droit marit., nos 2096 et suiv.; Mandat, n° 468; Manufacture, n° 145; Médecine, n° 187, et Obligation.

24. Mais, quoique sur une action au pétitoire, le défendeur, au lieu de se borner à exiger que le demandeur justifie de sa qualité et de ses titres à la propriété, ait lui-même produit ses titres, au nombre desquels se trouvait un acte de vente nationale, pour l'interprétation duquel un arrêt a renvoyé les parties devant l'autorité administrative, on a pu justement induire de là que le demandeur au pétitoire n'a pas été dispensé de faire la preuve que sa qualité imposait; c'est en vain qu'on objecterait que, par la production de ses titres, le défendeur au pétitoire doit être censé avoir abandonné les avantages de sa position, et avoir consenti à ce que le débat s'engageât exclusivement sur ses titres (Req. 11 avr. 1832) (4).

25. C'est au défendeur qui excipe d'un moyen de *prescription*, à prouver que cette prescription s'est accomplie : il devient demandeur dans son exception (V. n° 23); mais si le demandeur principal oppose que la prescription n'a pas couru contre lui, c'est à lui à justifier son allégation (V. Prescript., n° 617). En effet, « celui en faveur duquel court un délai, ayant en sa faveur le bénéfice de la loi, n'a point à justifier que la partie adverse n'est pas dans l'un des cas d'exceptions, lorsque la loi en a établi » (Motif, Besançon, 1er mars 1827, aff. Petel, v. Oblig.). — Toutefois, en matière de désaveu, on décide que c'est aux adversaires du mari à prouver que le délai accordé au mari par l'art.

---

(1) (Quenisset C. Vincent.) — LA COUR; — Attendu que le sieur Quenisset, étant demandeur devant les juges du fond, était tenu de justifier de son droit de propriété au terrain sur lequel il prétendait que le défendeur avait mal à propos bâti et ouvert des vues; — Que n'ayant pas fait cette justification, il a pu et dû être sur-le-champ déclaré non recevable dans sa demande, sans que le défendeur fût astreint à prouver que ce terrain était une voie publique, et à cet effet, à se faire assister par le maire de la commune; d'où il suit qu'en prononçant cette fin de non-recevoir, l'arrêt attaqué (de la cour de Bourges du 27 fév. 1829) n'a violé aucune des lois ni des principes invoqués à l'appui du pourvoi; — Rejette, etc.

Du 14 fév. 1831.-C. C., ch. req.-MM. Favard, pr.-de Maleville, r.-Lebeau, av. gén., c. conf.-Crémieux, av.

(2) (Com. d'Esserval-Tartre C. Dom.). — LA COUR; — Attendu qu'il est reconnu que les communes ont été autorisées à se pourvoir par la voie pétitoire; que, soit dans l'acte introductif d'instance, soit dans leurs conclusions, elles ont constamment demandé à être maintenues dans leur propriété; que, dès lors, c'était à celles qu'incombait l'obligation de justifier de cette propriété par des titres; et que l'arrêt (de la cour de Besançon du 6 mars 1834), en le décidant ainsi et en jugeant que cette justification n'avait pas été faite, n'a violé ni les principes en matière de preuve, ni la loi du 29 sept. 1791; — Rejette.

Du 1er avr. 1835.-C. C., ch. req.-MM. Zangiacomi, pr.-Bayeux, rap.-Nicod, av. gén., c. conf.-Parrot, av.

(3) *Espèce:* — (Com. de Sinceny C. Caron.) — Les époux Caron se prétendant propriétaires d'un sentier, actionnèrent la commune de Sinceny pour voir reconnaître leurs droits de propriété. — Sur cette demande, la commune offrit de prouver que ses habitants s'étaient constamment servis du sentier, et notamment pendant plus de 30 ans, pour communiquer entre les deux voies publiques auxquelles il aboutissait. Elle conclut à ce qu'elle en fût déclarée propriétaire en vertu de la prescription. — 31 janv. 1838, jugement définitif qui déclare la veuve Caron mal fondée dans sa demande, et adjuge à la commune la propriété du sentier litigieux.

Appel de la part de Caron. — 31 août 1838, arrêt infirmatif de la cour d'appel d'Amiens, qui considère que les titres de l'appelante, dont plusieurs sont anciens, comprennent le sentier litigieux dans les limites de sa propriété; que dans les titres des autres propriétaires adjacents, ce sentier n'est pas regardé comme une voie publique; — Que la commune ne justifie d'aucun titre à la propriété de ce sentier; que le passage qui y a été exercé est insuffisant, en l'absence de tout autre document, pour établir un droit de propriété, parce qu'il a pu être le résultat de la tolérance, comme cela a lieu souvent autour des héritages ruraux; — Que, pour réclamer, à défaut de la propriété, une servitude de passage, il faudrait que la commune prouvât une possession de 40 ans avant l'émission du code civil, ce qu'elle ne fait pas; — Qu'il n'est pas suffisamment établi que la commune ait fait réparer le sentier, et y ait exercé sans opposition les autres actes de possession, *animo domini*, par elle allégués.

Pourvoi pour violation des principes généraux en matière de preuves et spécialement de l'art. 1315 c. civ., en ce que la cour d'Amiens a condamné la commune pour n'avoir pas justifié de ses titres de propriété, tandis que, en sa qualité de défenderesse, elle n'avait aucune preuve à faire. — Arrêt.

LA COUR; — Sur le 1er moyen pris de la violation alléguée de l'art. 1315 c. civ.; — Attendu qu'il résulte de l'arrêt attaqué que la commune de Sinceny n'avait aucun titre de propriété relatif au chemin qu'elle réclamait et qu'elle n'en avait pas non plus la possession; que dans cet état de choses, c'était à elle, demanderesse, à prouver les droits qu'elle prétendait; et que dès lors, la cour d'Amiens, loin d'avoir violé en cette occasion l'art. 1315 c. civ., et les principes de la matière, en a fait au contraire une juste application; — Rejette.

Du 23 nov. 1840.-C. C., ch. req.-MM. Zangiacomi, pr.-de Gaujal, rap.-Delangle, av. gén., c. conf.-Galisset, av.

(4) *Espèce:* — (Gaignard C. Emond, etc.) — Gaignard a acquis en 1819, du sieur Budan, un domaine adjugé nationalement à celui-ci en 1791. — Peu après, la veuve Emond et autres revendiquent contre Gaignard la propriété de Landes faisant partie de ce domaine. — Expertise est ordonnée. — Les parties produisent respectivement leurs titres. Gaignard rapporte l'adjudication de 1791 passée à son auteur. — Le tribunal de Baugé, considérant que la seule question à juger est celle de savoir quelle est la limite que l'autorité administrative a entendu donner au fonds litigieux, renvoie devant cette autorité pour l'interprétation des titres.

Appel par le sieur Gaignard. — 4 avr. 1829, arrêt de la cour d'Angers qui confirme. — Pourvoi de Gaignard. — Arrêt.

LA COUR; — Sur le 2e moyen, considérant que le demandeur en cassation a volontairement produit l'adjudication de 1791, faite au sieur Budan, son vendeur, comme titre de son droit de propriété; que le débat s'est engagé sur l'appréciation des titres respectivement produits; que la cour ayant conservé des doutes sur leur application, a pu renvoyer à l'autorité administrative, compétente pour interpréter l'adjudication de 1791 et le procès-verbal d'estimation du 28 déc. 1790; que les veuve et héritiers Emond ne sont pas dispensés par l'arrêt de justifier que l'objet contentieux fait partie de leur propriété, obligation qui leur est imposée par leur qualité de demandeurs; — Rejette.

Du 11 avr. 1832.-C. C., ch. req.-MM. Zangiacomi, pr.-Tripier, rap.-Lebeau, av. gén., c. conf.-de Tourville, av.

316 est expiré, en d'autres termes que c'est à eux de prouver à quelle époque remonte la découverte de la fraude (V. Paternité, n° 128). — Mais cette dernière solution est controversée.

26. Il résulte nécessairement de ces prémisses que si le défendeur (principal ou sur exception) se borne à une simple *dénégation*, il n'est point tenu de prouver; tel est le cas où, sur votre demande de vous payer une somme, je réponds que je ne vous dois rien : *Actore non probante, qui convenitur, licet ipse nihil præstet, obtinebit* (L. 4, C. *de edendo*). La loi 23, C., *de probat.* dit dans le même sens : *Actor quod asseverat, probare se non posse profitendo, reum necessitate monstrandi contrarium non astringit : cùm per rerum naturam* factum negantis probatio nulla sit. C'est ainsi que doit être entendue la célèbre maxime : *onus probandi incumbit ei qui dicit, non ei qui negat* (V. n° 47, V. aussi MM. Bonnier, n° 43; Boileux, sur l'art. 1315). — Ainsi, lorsque le défendeur se borne à une dénégation, il n'est pas obligé de communiquer ses pièces, à moins qu'elles ne soient communes, par exemple celles d'une société, d'une succession, etc. (Toullier, nos 20 et 21). — Il a été jugé en ce sens que lorsqu'une vente a été consentie par acte sous-seing privé, et que l'acquéreur, demandant contre le vendeur l'exécution de cette vente qu'il prétend avoir été pure et simple ne représente pas le double qui lui a été remis, le vendeur qui soutient que la vente n'a été que conditionnelle n'est pas obligé de produire le sien (Req. 15 fév. 1821) (1).

27. Dans le doute, on prononce contre le demandeur et en faveur de la libération. — Il a été jugé, en effet : 1° que la demande formée par un maire en payement de droits d'octroi, doit être rejetée, s'il ne produit, pour la justifier, qu'une pièce sur une feuille volante, certifiée conforme aux registres seulement par le contrôleur de l'octroi, et signée par le directeur; une pareille pièce ne peut faire la même foi que les registres de l'octroi (Rej. 4 août 1828) (2); — 2° Que lorsque les titres produits, soit par le demandeur, soit par le défendeur au pétitoire, ne paraissent pas suffisants au juge, il peut et doit même, après que le possessoire a été définitivement jugé, prendre pour base de sa décision l'état de possession antérieurement et souverainement reconnu (Req. 13 fév. 1834, aff. Lemoine, V. Propriété); — 3° Qu'en l'absence de titres probants, une question de propriété peut valablement être résolue en faveur de la partie qui était en possession au moment du litige (Rej. 26 août 1839 (3); V. aussi les arrêts cités ci-dessus n° 20; V. toutefois Req. 29 janv. 1840, aff. Hunot, v° Propriété). — Bentham, Preuves jud., édit. de Dumont, t. 2, liv. 2, ch. 2, veut, au contraire, qu'entre le demandeur et le défendeur, la présomption soit en faveur du premier, parce que, dit-il, les causes gagnées par le demandeur sont bien supérieures à celles des causes gagnées par les défendeurs. Mais ce n'est là qu'un de ces paradoxes que l'éminent publiciste aimait trop à soutenir. — V. aussi M. Bonnier, n° 47.

28. Si les preuves fournies par le demandeur, quoique insuffisantes pour établir d'une manière complète le bien fondé de l'action, présentent cependant une certaine gravité, le juge est autorisé à compléter la preuve à l'aide du serment supplétoire (c. nap. 1367).

29. Le principe, consacré par la loi romaine, que le partage d'opinions doit faire juger en faveur du défendeur ne doit plus être suivie. La règle que la demande non prouvée doit être rejetée ne souffre pas exception pour certaines classes de personnes ou de causes, ni, à plus forte raison, pour les affections personnelles du juge (Toullier, t. 8, n° 43; Rolland, v° Preuve, nos 134, 135). — On a vu, v° Jugement, nos 98 et s., la marche que le droit français impose aux tribunaux en cas de partage d'opinions.

30. Ce principe incontestable et incontesté une fois posé que c'est sur le demandeur que retombe la charge de la preuve, il convient d'en suivre l'application et d'examiner l'étendue de l'obligation imposée ainsi au demandeur. — D'abord il est certain que c'est à celui qui réclame l'exercice d'un droit à prouver l'existence de ce droit (V. Absence, nos 213, 429 et suiv.; Disposit. entre-vifs, n° 2257; Obligat.). Et, par exemple, celui qui réclame un droit fondé sur son état civil doit prouver sa qualité (V. Acte de l'état civil, n° 173). — C'est là l'application pure et simple du principe, car une telle réclamation démontre suffisamment que celui qui la fait n'a pas la possession du droit qu'il prétend exercer. Comme tout demandeur, il porte atteinte à la possession acquise de son adversaire, c'est donc sur lui que doit retomber la charge de la preuve. — Il suit encore de ces principes, et c'est la loi elle-même qui pose cette conséquence, que celui qui réclame un droit échu à un individu dont l'existence n'est pas reconnue, est tenu de prouver que cet individu existait au moment où le droit a été ouvert (c. nap. 135, 136; V. le commentaire de ces articles v° Absent, nos 476 et suiv., 654 et suiv.; V. aussi v° Contumace, n° 78).

31. Mais, lorsque le demandeur a établi un fait duquel résulte une *présomption naturelle* en sa faveur, là se borne son obligation; ce n'est pas à lui à prouver que ce fait est arrivé suivant les règles ordinaires de la nature, c'est à la partie adverse à détruire cette présomption par la preuve contraire. — Ainsi, par exemple, le mari qui *désavoue* un enfant né avant le cent quatre-vingtième jour du mariage n'a pas à prouver qu'il n'est pas le père de cet enfant; car la présomption naturelle est que cet enfant n'a pas été conçu pendant le mariage; c'est à ses adversaires qui élèvent la prétention contraire et qui veulent user du bénéfice de l'art. 314 à prouver les faits desquels la loi induit la paternité du mari (V. Paternité, nos 71 et suiv.). — Ainsi encore, celui qui prétend exercer un droit du chef d'un enfant mort, peu de temps après sa naissance, n'a à prouver que le fait de l'accouchement; il n'est pas tenu de prouver que l'enfant était né viable : la *viabilité* se présume et c'est à celui qui la conteste à faire la preuve (V. Succession, n° 89). — Et de même, le mari étant chef de la communauté et administrateur des biens de la femme, il

---

(1) (Saint-Mont *C.* Bobée.) — La cour; — Attendu, en droit, 1° que c'était au demandeur à justifier de l'acte de vente parfaite qu'il alléguait à l'appui de sa demande, suivant la maxime de droit *ei incumbit probatio qui dicit, non qui negat*; — Attendu en fait, qu'il est jugé par l'arrêt attaqué que rien ne prouvait que l'acte non représenté par le demandeur contenait une vente parfaite, qu'elle ait existé, et quelles en étaient les clauses et conditions; qu'ainsi il n'y avait pas lieu à l'application des articles cités du code civil; — Rejette le pourvoi formé contre l'arrêt de la cour d'Amiens, du 1er déc. 1819.

Du 15 fév. 1821.-C. C., sect. req.-MM. Henrion, pr.-Rousseau, rap.

(2) *Espèce* : — (Maire de Carcassonne *C.* Cazanave.) — Pourvoi contre un jugement du tribunal de Carcassonne du 28 juin 1826 pour violation des art. 1315 et 1317 c. civ. — La loi du 17 mai 1809, a-t-on dit, spéciale pour les octrois, veut (art. 157 et 158) qu'il soit tenu des registres et qu'il en soit délivré des expéditions; et ces expéditions doivent faire foi, au moins jusqu'à preuve contraire. — Le jugement attaqué a mis les dispositions de la loi dans une singulière contradiction. En effet, l'extrait des registres qu'il a écarté est le même que celui qui a servi de base à la contrainte décernée en 1814; de sorte qu'il a eu la force d'entraîner le payement provisoire du droit d'octroi, et qu'en définitive il ne peut pas même servir de commencement de preuve part écrit. — Le motif tiré de ce que les registres n'ont pas été produits n'es d'aucun poids, puisqu'il est de principe qu'une copie délivrée sur l'original par les officiers compétents vaut comme l'original (art. 1335 c. civ.). — Arrêt.

La cour; — Attendu, sur le premier moyen, que la pièce produite par le demandeur, pour établir légalement son action, n'a pas pu faire en justice la même foi que les registres, s'ils avaient été représentés; qu'elle n'a aucun caractère d'authenticité; qu'elle n'est pas même certifiée conforme aux registres par des personnes ayant qualité pour cela; qu'elle n'est qu'une feuille volante; et qu'en la rejetant comme insuffisante, et renvoyant le défendeur de l'action du demandeur, comme non légalement justifiée, le tribunal civil de Carcassonne n'a pas violé les art. 1315 et 1317 c. civ.; qu'il s'est, au contraire, conformé à leurs dispositions; — Rejette.

Du 4 août 1828.-C. C., ch. civ.-MM. Brisson, pr.-Larivière, rap.-Cahier, av. gén., c. conf.-Granger *et* Odilon Barrot, av.

(3) (Com. de Serres *C.* hér. Lafont.) — La cour; — Attendu que, dans l'absence de titres, la possession suffit seule pour justifier la propriété; — Que, par conséquent la cour de Toulouse (arrêt du 5 janv. 1836) a pu, dans l'absence de titres probants, adjuger la propriété contestée de la forêt de Baloussière à celle des parties qui, originairement, en était en jouissance; — Attendu que, dans l'espèce, le temps écoulé depuis le commencement du procès a pu, vu les circonstances de la cause, faire écarter la preuve testimoniale, et qu'*ainsi* l'arrêt attaqué a dû chercher la preuve de la possession *originaire* dans les actes respectivement produits, et que les juges *du fait* étaient souverains dans l'appréciation qu'ils en ont *faite*; — Rejette.

Du 26 *août* 1839.-C. C., ch. civ.-MM. Portalis, 1er pr.-Chardel, rap.-Tarbé, av. gén., c. conf.-Victor Augier et Ledru-Rollin, av.

en résulte que s'il prétend que la communauté a reçu le prix d'un immeuble qui lui était propre, c'est à lui à prouver cette réception; la présomption est contre lui, car il lui était aisé de se procurer la preuve du versement du prix dans la caisse de la communauté. — Au contraire la femme qui élèverait la même prétention n'aurait aucune preuve à faire, car, du moment qu'elle a établi que l'immeuble a été vendu, il est présumable qu'elle n'en a pu toucher les fonds, puisqu'elle n'avait pas l'administration de ses biens, sauf la preuve contraire de la part du mari (V. Contr. de mar., nos 1501 et suiv.)—Il en est encore de même en matière d'assurances maritimes; lorsque les assureurs ont établi que les marchandises avariées étaient atteintes d'un vice propre qui fait présumer que l'avarie résulte de ce vice même, c'est à l'assuré à prouver que l'avarie provient d'une fortune de mer (Droit marit., no 1916). — V. encore une application de la même règle, *eod.*, no 1771; V. aussi vo Prescript. civ., no 932.

32. Certains faits peuvent également donner naissance à des *présomptions morales* qui mettent la preuve à la charge de celui qui conteste ces présomptions; par exemple, lorsqu'un individu agit comme mandataire, il est à présumer qu'il a donné connaissance aux tiers de ses pouvoirs, c'est donc à ceux-ci à prouver que cette connaissance ne leur a pas été donnée (V. Mandat, no 308). — De même, lorsque des tiers ont traité avec un mandataire, dont le mandat était révoqué, et à qui seul la notification de la révocation avait été faite, les tiers sont présumés n'avoir pas connu la révocation (c. nap. 2005); en conséquence c'est au mandant à prouver que les tiers ont eu cette connaissance (V. Mandat, no 450). — De même encore, en matière de louage, l'immeuble loué est présumé avoir été livré en bon état de réparations locatives; en conséquence, et à défaut d'un état de lieu, c'est, en thèse générale, au preneur à prouver la cause des dégradations (V. Louage, nos 289, 342), mais il en serait autrement dans le cas où il s'agirait de réparations d'entretien (V. *eod.*, no 291).

33. Il est des cas où les présomptions contraires se combattent avec tant de force, qu'il est assez difficile de déterminer à qui du demandeur ou du défendeur appartient la charge de prouver. Les questions qui s'élèvent dans de telles hypothèses se résolvent généralement par les principes mêmes de la matière spéciale qui leur donnent naissance. — V. notamment vis Douanes, no 472; Droit marit., nos 1838 et suiv.

34. Un acte constitue une présomption en faveur de celui qui le produit : c'est donc à celui qui en demande l'annulation à prouver le vice dont il le prétend entaché. — Ainsi celui qui attaque un acte en apparence à titre onéreux comme contenant une donation déguisée, est tenu de faire la preuve de la simulation (V. Disp. entre-vifs, no 436). — Ainsi encore, en matière de brevet d'invention, c'est à celui qui invoque la nullité ou la déchéance du brevet à en faire la preuve. — V. Brevet d'inv., nos 285, 359.

35. De même, il est présumable que l'acte a été consenti par les parties avec connaissance de cause; c'est donc à celui qui veut faire annuler un contrat pour cause d'*erreur*, à prouver cette erreur (arg. c. nap. 1313, V. Oblig. [preuve litt.]). — Mais si l'acte présenté ne contient pas l'expression de la *cause* de l'obligation, cette irrégularité met à la charge de la partie qui invoque cet acte la preuve que cette cause existe (V. Effets de commerce, no 181.). — V. du reste vo Obligation, et où l'on examine la question de savoir qui, du débiteur ou du créancier, doit prouver qu'une obligation a une cause réelle, ou que la cause exprimée est la véritable, ou que la cause est licite.

36. Si l'acte est attaqué pour cause d'*incapacité*, c'est à la partie qui allègue cette cause de nullité à justifier son allégation : car les présomptions sont toujours en faveur de la capacité. — Mais la preuve de l'incapacité une fois fournie, c'est à la partie incapable à prouver que les formalités requises par la loi pour les conventions consenties au nom des incapables ont été remplies (V. Minorité, no 555; Obligation). — Par la même raison, celui qui attaque pour cause de *démence* le testament d'un individu non interdit est tenu de la prouver. — V. Dispos. entre-vifs, no 209.

37. S'il s'agit d'un acte passé par un *interdit* et dont la date est antérieure à l'interdiction, mais non certaine, à qui appartiendra-t-il de prouver la vérité ou la fausseté de la date? — La question est controversée. — V. Interdiction, nos 221 et suiv.

38. Le *dol* et la *fraude* ne se présument jamais : en conséquence celui qui allègue le dol de la partie avec laquelle il a contracté, doit en faire la preuve (C. nap. 1116, V. Obligat.; V. aussi Prescription civile, no 931). — Ainsi, en matière de mariage putatif, c'est sur celui qui allègue la mauvaise foi des époux que retombe la charge de la prouver (V. Mariage, no 593). — De même, si un mandant, réclame de son mandataire les intérêts de deniers qu'il prétend que celui-ci a employé à son profit, c'est à lui à prouver cet emploi (V. Mandat, no 271, V. aussi vo Droit marit., nos 1806 et suiv.). — De même encore, si la régie prétend qu'un pharmacien se livre au débit des boissons, c'est à elle à en faire la preuve, car il existe en faveur du pharmacien la présomption qu'il n'a pas transgressé les devoirs de sa profession. — V. Médecine, no 192.

39. En règle générale, la faute, pas plus que le dol ou l'erreur, n'est présumable. — Ainsi en matière d'assurances maritimes, c'est à l'assureur qui allègue que le sinistre est arrivé par le fait de l'assuré ou de ses préposés à prouver son allégation (V. Droit marit., no 1869; V. aussi *eod.*, no 1837).—Ainsi, encore, lorsqu'un édifice a péri sans que la cause de sa ruine soit connue, c'est au propriétaire à prouver contre l'architecte que cette perte a eu pour cause le vice du sol ou un vice de construction.—V. Louage d'industrie, no 149.

40. Toutefois, il est des cas où la nature du contrat modifie cette règle. C'est ce qui a lieu notamment en matière de dépôt ou de contrat de commission. — Ainsi, lorsqu'une chose s'est détériorée chez le dépositaire ou le commissionnaire qui en avait la garde, c'est à lui à prouver que cette détérioration a eu lieu sans sa faute (V. Commissionn., no 54; Dépôt., no 61). —V. des décisions semblables à l'égard, 1o des voituriers, vis Commissionn., no 338, Mandat, no 233; 2o des capitaines de navire, vo Droit marit., no 338.

41. La *force majeure* est une exception à l'ordre naturel des choses, c'est donc à celui qui l'allègue à la prouver (C. nap. 1302, § 3, V. Commissionn., nos 119, 338; Douanes, no 324; Droit marit. nos 970, 1838 et s.; Force maj., no 14; Mandat, no 201; Obligation). — Si la force majeure n'exclut pas la possibilité d'une faute, est-ce à celui qui allègue cette force majeure à prouver qu'il n'est pas en faute, ou au contraire à son adversaire à prouver la faute? — V. Vente où l'on expose la controverse qui s'est élevée à l'égard de cette question entre MM. Duvergier et Troplong.

42. Les règles que l'on vient de poser en ce qui concerne les présomptions naturelles qui existent en faveur de l'une des parties sont également applicables lorsque c'est la loi elle-même qui a créé ces présomptions. La partie en faveur de laquelle elles sont établies n'a rien autre chose à prouver que le fait qui leur donne naissance. Si elles sont de nature à pouvoir être détruites par la preuve contraire, c'est à la partie adverse à fournir cette preuve. —Ainsi, la loi ayant établi en faveur des communes une présomption de propriété sur les terres vaines et vagues, une commune n'a à prouver que la nature des fonds qu'elle revendique, c'est sur celui qui veut repousser cette prétention que retombe la preuve de sa propriété (V. Commune, nos 1844 et s. 2095). — Ainsi encore la commune qui réclame un terrain comme faisant partie de la voie publique, n'est pas tenue d'en faire la preuve, c'est à son adversaire à prouver sa propriété (V. Commune, no 1831). — Il a été jugé en ce sens 1o que c'est à l'individu qui a usurpé un chemin vicinal, réputé tel de temps immémorial, et non à la commune qui se plaint de l'usurpation, que doit être imposée la charge de prouver qu'il a la propriété de ce chemin (Cass. 25 sept. 1835, aff. Moreau, V. Appel crim., no 77); —2o Que la voie publique n'étant pas susceptible de prescription, l'exception de la possession annale n'a pas pour effet de mettre à la charge de la commune la preuve de la propriété (Douai, 15 juin 1839, aff. Objois, V. Domaine publ., no 47-1o).

43. Du principe énoncé no 42, il résulte encore, 1o que toute obligation entre commerçants étant de droit présumé commerciale, c'est au défendeur qu'incombe la charge de détruire cette présomption (V. Acte de com., nos 18, 305, 308, 361 et s., 369 386; Compét. com., nos 108, 135, 139);—2o Qu'en matière de servitudes militaires, la preuve qu'une construction est antérieure à la création des servitudes est toujours à la charge du propriétaire (V. Place de guerre, n° 89).—Ces espèces, on le comprend sont seulement prises à titre d'exemples : il est inutile de relever les cas si nombreux dans lesquels la loi établit des présomptions contre lesquelles la preuve contraire est admissible : la règle ne peut souffrir aucune difficulté dans son application. — V. Notamment v[is] Contr. de mar., n°s 722 et suiv., 2017 et suiv., 2030 et suiv., 2370; 4180; Droit marit., n°s 390, 489, 2044 et suiv.; Mines 621 et suiv., etc., et surtout, v° Obligat. (présomption).

44. La présomption en faveur d'une partie résulte quelquefois de l'accomplissement de certaines formalités que la loi lui impose. Il est évident que si les formalités sont régulièrement constatées, cette partie est dispensée de toute autre preuve. Par exemple, si la visite d'un navire avant son départ est régulièrement constatée par procès-verbal conformément à l'art. 225 cod. com., il y a présomption en faveur du bon état du navire, et c'est sur les assureurs que retombe la charge de prouver l'innavigabilité. — Mais si la visite n'a pas eu lieu, la preuve que le navire a péri par fortune de mer doit être fournie par l'assuré (V. Droit marit., n°s 989, 2064 et suiv., 2224). — De même aussi le défaut d'accomplissement de ces formalités met à la charge du capitaine qui a négligé de les remplir la preuve que le sinistre est arrivé sans sa faute (V. *eod.*, n° 390. — V. Aussi une décision analogue *eod.*, n° 489).

45. Dans d'autres cas la loi détermine elle-même la partie sur laquelle la preuve doit retomber. — V. notamment en matière de bail à cheptel C. nap. 1808, v° Louage à cheptel, n° 21.

46. Enfin, à l'égard des *présomptions légales*, que l'on nomme *juris et de jure*, c'est également à celui qui les invoque à prouver le fait qui leur donne naissance. Mais ce qui les distingue des présomptions simples, c'est qu'elles n'admettent pas la preuve contraire : aucune difficulté ne peut donc s'élever à leur égard, quant au point qu'on examine en ce moment. — On trouvera v° Obligation (présomption), l'énumération des cas peu nombreux dans lesquels la loi a établi de semblables présomptions.

47. Des dernières expressions de la loi 23 C. *de probat. factum negantis probatio nulla sit*, isolées de ce qui les précède (V. n° 26), et de cette autre maxime du droit romain, *ei qui dicit non ei qui negat incumbit onus probandi*, les interprètes avaient conclu que la preuve d'un fait *négatif* n'était pas admissible, proposition que sa trop grande généralité rend évidemment fausse. Pour renfermer la proposition dans des limites plus étroites, les docteurs et le droit canonique se réduisaient à décider qu'une négative ne peut jamais être prouvée qu'indirectement. A ce sujet, on multiplia les distinctions. D'abord, négative de droit, qui peut et doit se prouver, par exemple, la preuve qu'un acte n'est pas valable; négative d'une qualité de droit commun; elle peut se prouver : ainsi telle personne n'est pas saine d'esprit, n'est pas enfant légitime. Quant à la négative d'un fait, on distinguait entre celle d'un fait défini, par exemple, celui de ne pas s'être trouvé tel jour dans tel endroit, et celle d'un fait indéfini, par exemple, de n'avoir jamais prêté une somme à un individu; la première, disait-on, se prouve indirectement; la seconde ne peut se prouver ni directement ni indirectement. Ces subtilités ont été rejetées, dans l'ancien droit, par Bartole, Mascardus, Cocceïus; et sous le code Napoléon par MM. Toullier, n°s 17 s., Solon, n°s 229 s., Bonnier, n°s 38 s., Marcadé, sur l'art. 1315. —Nous croyons aussi que la règle qui déclare impossible la preuve directe d'une négative, n'est pas exacte; toute négative contient une affirmative qui peut être établie; ainsi, je prouve que je n'étais pas à Paris tel jour, en prouvant que j'étais à Saint-Pétersbourg. Lorsque la négative est indéfinie, par exemple, je n'ai jamais dû à un tel, la preuve peut être difficile, dans certains cas même impossible; mais cela tient à la généralité de la proposition, non à sa qualité de négative, car il peut être également difficile et quelquefois impossible de démontrer une affirmative indéfinie; tel serait le cas où je nierais une dette qui serait réclamée contre moi sans que l'on fit connaître le temps, le lieu où la somme a été donnée : *si negativa indefinita probari non potest*, dit Cocceïus, *id non inde est quia negativa, sed quia indefinita; nec affirmativa indefinita potest.*— Concluons de cette discussion qu'il faut maintenir le principe que celui qui appuie sa prétention sur une négative ou une affirmative doit toujours en faire la preuve, et que l'on doit rejetter complétement cette ancienne maxime : *magis creditur duobus testibus affirmantibus quam mille negantibus.* — Beaumanoir, cout. de Beauvoisis, chap. 39, n° 50, disait déjà : « Tout soit ce que la négative ne se puist prover, c'est à entendre quant ele est mise avant tout simplement. Mes on i pot bien tel coze ajouster qui quiet en proeve, par lequele proeve li appert que le negative que li deffenderes me avant, est vraie.... Si comme se uns hons me demande vingt livres, et je li ni que je ne li dois pas, car je li ai paiés, ou il me les a quités : en un tel cas, et en sanllavles fes je le negative prains d'une affirmative; car se je proeve le paiement, donques ai-je bien prové que je ne li devoie pas. »

48. Il a été jugé, conformément à ces règles que la preuve négative est réputée affirmative toutes les fois qu'environnée et circonscrite par des faits positifs de temps et de lieu, elle résulte elle-même, parfaite et complète, de la seule preuve des faits; que tel est le cas où une ordonnance ayant prescrit, à peine de déchéance, le dépôt de titres dans un délai (trois mois) et dans un lieu déterminé (certain greffe), une partie prétendrait que son adversaire est déchu de son droit pour n'avoir pas rempli ces conditions; la preuve de ce défaut de production peut être imposée à la partie qui l'allègue; elle opposerait en vain la maxime *ei incumbit probatio qui dicit, non ei qui negat* (Req. 21 nov. 1826, aff. Baillon, V. n°20-1°). — Par la même raison, c'est au mandataire qui a agi en vertu de son mandat, après le décès du mandant à prouver son ignorance de ce droit (V. Mandat, n° 468).

49. Mais le mari qui veut désavouer un enfant n'est pas tenu de prouver son ignorance de la naissance de cet enfant; car c'est là un fait négatif indéfini : il lui suffit d'établir qu'on a voulu lui cacher la naissance (V. Paternité, n° 52).—De même, celui qui demande des aliments, n'est pas obligé, quoique demandeur, de fournir la preuve qu'il y a droit par son état d'indigence : ce serait là la preuve d'un fait négatif non susceptible de se transformer en affirmation d'un fait positif contraire (V. Mariage, n° 660). — V. encore un exemple d'un fait négatif qui ne peut être prouvé, v° Droit marit., n° 2095.

50. A Rome, il existait un cas particulier où la partie qui alléguait un fait négatif, pouvait rejeter la preuve sur son adversaire; cela arrivait lorsque le défendeur invoquait l'exception *non numeratæ pecuniæ*, mais, c'était là une règle toute spéciale au droit romain et qui depuis longtemps a été rejetée en France. «Exception d'argent non nombrée n'a point de lieu,» dit Loisel (Inst. cout., liv. 3, tit. 2, § 6). — V. M. Bonnier, n° 45.

51. On s'est proposé cette question : Comment un propriétaire, agissant comme demandeur, peut-il prouver qu'il n'existe pas de servitude sur le fonds qu'il possède? — C'est là, a-t-on dit, une négative indéfinie qui échappe à la démonstration : on résout alors la difficulté à l'aide d'un tempérament qui consiste à obliger le défendeur, non pas à prouver son droit, ce qui serait une violation de la maxime *actori incumbit onus probandi*, mais à alléguer le titre en vertu duquel il le rattache. Par là, la preuve se trouve circonscrite, et le demandeur doit prouver que ce titre n'existe pas (M. Bonnier, n° 44), c'est-à-dire, si nous comprenons bien ce système, que le défendeur auquel on conteste un droit de servitude n'aura qu'à dire : Je possède cette servitude en vertu d'un testament, d'une donation ou d'une vente, etc., sans être tenu d'énoncer le temps, le lieu où l'acte a été passé, ni aucune des circonstances qui pourraient servir à en démontrer l'existence; car autrement ce ne serait plus une simple allégation, mais une preuve ou au moins une partie de la preuve qu'on mettrait à la charge du défendeur. Puis, cette allégation faite, le demandeur serait tenu de prouver qu'il n'existe pas de testament, de donation, de vente, etc., ou qu'en tout cas, ces actes ne sont pas attributifs de droits. — Sans parler de la subtilité de cette distinction entre la preuve du droit et l'allégation du titre en vertu duquel on l'exerce, ne voit-on pas qu'on change la difficulté de place, mais qu'on ne la détruit pas? A une négative, on substitue une autre négative tout aussi indéfinie. Au lieu d'obliger le demandeur à prouver qu'il n'existe pas de servitude sur son fonds, on veut le forcer de prouver qu'il n'existe pas de donation, de vente, de testament, etc., qui l'ait constituée. La preuve est-elle plus aisée dans un cas que dans l'autre? Nous ne le pensons pas. Aussi croyons-nous devoir rejeter ce système.

Il nous semble que, dans le cas particulier, c'est au défendeur à justifier de son droit à la servitude qu'il prétend exercer sur le fonds du demandeur, et cela, non pas parce que le demandeur aurait à faire la preuve d'une négative indéfinie, mais en vertu de ce principe dont on a vu nos 31 et suiv. de nombreuses applications, que lorsque le demandeur se trouve protégé par une présomption, soit naturelle soit légale, il n'a qu'à prouver le fait d'où naît cette présomption, sauf la preuve contraire de la part du défendeur. Dans l'espèce, cette présomption existe, car toute propriété est de droit présumée libre entre les mains de celui qui la possède (Conf. Grenoble, 14 juill. 1832, aff. d'Argoud, V. Servitude; M. Marcadé, sur l'art. 1315). — Il suffit donc au demandeur de produire ses titres de propriété : s'ils constatent que le fonds lui a été transmis sans démembrement, ce sera alors au défendeur à détruire la présomption queee titre fait naître en justifiant de quelle manière le droit qu'il prétend exercer a été constitué à son profit. Ce ne sera pas assez d'une simple *allégation*, il faudra une preuve complète.

52. Il y a plus de difficulté, lorsque le titre constitutif de la servitude étant représenté, le propriétaire soutient qu'elle est éteinte par le non-usage pendant trente ans. — Est-ce à lui à prouver l'extinction, ou à son adversaire à prouver soit la continuité de l'exercice de la servitude, soit que le non-usage n'a pas duré trente ans. — M. Delangle, lors de l'arrêt du 15 fév. 1842, rapporté ci-après, a soutenu que conformément aux principes généraux, c'est au propriétaire à faire la preuve de son allégation. La prescription est une exception, a-t-il dit; le défendeur qui l'allègue devient demandeur et doit prouver, *reus in excipiendo fit actor*; c'est là une simple application de la règle générale posée par l'art. 1315, qui met à la charge de celui qui se prétend libéré la preuve du fait qui a produit l'extinction de son obligation. — Mais cette doctrine n'a pas été admise par la cour de cassation qui a constamment décidé que celui qui réclame, en qualité de demandeur, en vertu d'un titre ancien et d'une possession ancienne, le maintien d'une servitude dont il n'a pas la possession *actuelle* au moment de l'instance, doit prouver qu'il a exercé, depuis moins de trente ans, cette servitude, de manière à en empêcher l'extinction par le non-usage : quant au défendeur qui oppose la prescription, dans ce cas, il n'a rien à prouver et doit être déclaré libéré de la servitude, par cela seul que sa non-extinction n'est pas justifiée par le demandeur (Req. 15 fév. 1842 (1); 6 fév. 1833, aff. Sirey,

(1) *Espèce* : — (Duvivier C. Poulet et consorts.) — Par acte du 10 juill. 1729, M. de Boissac, représenté aujourd'hui par le marquis Duvivier, donna, à titre d'albergement, à Joseph Mollard deux pièces de terre, moyennant une redevance annuelle, et, en outre, sous l'obligation contractée par l'albergataire de *maintenir une allée* qui traversait l'une des deux pièces albergées et de remplacer les arbres qui viendraient à périr. — Par exploit du 16 fév. 1805, le sieur Duvivier et la veuve de Boissac assignèrent les sieurs Poulet, Thevenet et autres, tiers détenteurs des pièces albergées, pour les faire condamner au payement de la redevance et à l'entretien de l'allée. Les défendeurs ayant opposé qu'ils s'étaient affranchis de cette dernière obligation par l'effet de la prescription trentenaire, les demandeurs offrirent de prouver, tant par titres que par témoins, que, depuis moins de trente ans, les albergataires avaient fait des travaux pour entretenir l'allée et pour remplacer les arbres qui avaient péri. — Sur quoi, un jugement du tribunal de Bourgoin, du 6 mai 1807, déclara que la redevance était due par les albergataires, et, quant au maintien de l'allée, ordonna, avant faire droit, la preuve offerte par le sieur Duvivier et la dame de Boissac. — L'instance en cet état est demeurée impoursuivie jusqu'en 1857, époque à laquelle elle a été reprise par le sieur Duvivier. — Un jugement du 1er août 1858 a ordonné de nouveau la preuve prescrite par le jugement de 1807, ainsi que la vérification par un expert des lieux contentieux.

Après le dépôt des enquêtes et du rapport de l'expert, jugement définitif, en date du 8 août 1839, qui déclare Duvivier non recevable et mal fondé dans sa demande, par les motifs suivants : — « Attendu, que, par l'acte du 10 juill. 1729, contenant albergement de la part de M. de Boissac en faveur de Joseph Mollard, ce dernier demeura chargé, entre autres conditions, d'entretenir l'allée nouvellement faite dans le milieu de l'une des deux pièces albergées et d'y planter les arbres nécessaires dans le même alignement et à la même distance; que cette clause ne peut être considérée comme une réserve de la propriété du sol de l'allée, en faveur de l'albergateur, mais seulement comme une servitude personnelle imposée à l'albergataire qui était tenu d'entretenir la plantation d'arbres formant l'allée et, en même temps, comme une servitude imposée au fonds qui restait assujetti à l'exercice du droit de passage; — Attendu que, dans l'instance liée dès 1805, la veuve de Boissac et le sieur Duvivier demandaient que les tiers détenteurs représentant les albergataires fussent condamnés à rétablir l'allée d'arbres énoncée dans l'albergement de 1729 dans le même alignement qu'elle avait à cette dernière époque; que le jugement du 6 mai 1807 leur permit de prouver que, depuis moins de trente ans avant la demande introductive d'instance qui remontait au 16 fév. 1805, les défendeurs ou leurs auteurs auraient fait des travaux, tant pour le maintien de l'allée que pour le remplacement des arbres qui avaient péri; — Attendu que le jugement du 1er août 1858 a ordonné de nouveau, avant dire droit, la preuve des faits retenus dans le jugement de 1807, et nommé un expert pour vérifier, entre autres choses, quelle devait être la largeur de l'allée qui fait l'objet de la contestation;

» Attendu que, par l'enquête à laquelle il a été procédé, le sieur Duvivier n'a nullement prouvé que, depuis moins de trente ans avant la demande, les défendeurs ou leurs auteurs avaient fait des travaux pour le maintien de l'allée et le rétablissement des arbres qui avaient péri; qu'ainsi les défendeurs se trouvent affranchis de l'obligation personnelle qui leur était imposée par l'albergement de 1729... »

Appel. — 15 juillet 1840, arrêt confirmatif de la cour d'appel de Grenoble qui adopte les motifs des premiers juges.

Pourvoi : — 1° Violation de l'art. 1552 c. civ., en ce que l'arrêt attaqué s'est fondé sur de simples présomptions pour attribuer aux albergataires la propriété du sol de l'allée, tandis qu'il aurait dû reconnaître que, l'acte d'albergement gardant sur ce point le plus complet silence, il en résultait que l'albergateur s'était réservé cette propriété.

2° Violation de l'art. 1315 et fausse application de l'art. 706 c. civ., en ce que la cour de Grenoble a déchargé les albergataires de l'obligation qu'ils avaient contractée d'entretenir l'allée, par cela seul que l'albergateur ne prouvait pas que cette espèce de servitude ne s'était pas éteinte par le non-usage pendant trente ans, tandis qu'elle aurait dû décider que c'était aux albergataires, qui se prétendaient libérés, à prouver leur exception. — D'après l'art. 1315, dit-on, celui qui réclame l'exécution d'une obligation doit la prouver; et réciproquement, celui qui se prétend libéré doit justifier le payement ou le fait qui a produit l'extinction de son obligation. Cet article n'est que la reproduction des règles du droit romain suivies de tout temps : *Semper necessitas probandi incumbit illi qui agit* L. 21, ff., *De probation.*). *In exceptionibus dicendum est reum partibus actoris fungi oportere, ipsumque exceptionem velut intentionem implere : ut putà si pacti conventi exceptione utatur, docere debet pactum conventum factum esse* (L. 19, ff., *De probat.*). *Nam reus in exceptione actor est* (L. 1, ff., *De except. præscript. et præjud.*). — Dans l'espèce, le sieur Duvivier justifiait tout ce qu'il avait à prouver en produisant l'acte de 1729, qui établissait l'obligation dont il demandait l'exécution : c'était aux défendeurs à prouver le fait par eux allégué de l'extinction de cette obligation par non-usage pendant trente ans. En mettant à la charge du créancier la preuve de la non-extinction de l'obligation, l'arrêt attaqué a ouvertement violé l'art. 1315.

M. le conseiller rapporteur Lasagni a fait, sur ce second moyen, les observations suivantes : — « Rien de plus certain, a dit M. le conseiller rapporteur, que ce principe général, à savoir que le défendeur, sans rien prouver, obtient gain de cause par cela seul que le demandeur ne prouve pas ce qu'il avance : *Reo sufficit vincere per non jus actoris.* Il est tout aussi certain que la difficulté de la preuve, quelle qu'elle soit, n'en dispense pas le demandeur et ne change pas les rôles des parties (art. 1315 c. civ. V. *suprà*, nos 20, 47) : enfin, il n'est pas moins certain que la négative elle-même demeure à la charge du demandeur (*Vinnius, Select. quæst, lib. 2, cap.* 12); qu'il est même souvent aussi facile de prouver la négative que de prouver l'affirmative; et souvent des faits, soit précédents, soit concomitants, soit subséquents, peuvent, (pour nous servir des termes du barreau) coarcter le fait négatif, et quant à la preuve, la négative devient l'affirmative (V. *suprà*, no 47). — Doit-il en être de même, lorsqu'il s'agit de prouver l'extinction d'une servitude par le non-usage pendant trente ans? — Cette question paraît devoir être résolue d'après une distinction applicable à toute autre matière; elle dépend, en effet, du point de savoir laquelle des deux parties était en possession du droit au moment du procès ou, en d'autres termes, laquelle des parties était demanderesse, laquelle était défenderesse. Ainsi, même pour l'espèce, la charge de la preuve rentre dans la disposition du droit commun. Cette distinction, développée par Merlin, (Quest. de droit, vo Usage, § 9, no 5) et par M. Pardessus (des Servit., vol. 2, no 508, p. 169 et suiv.), a été consacrée par plusieurs de vos arrêts, que nous aurons l'honneur de mettre sous vos yeux, lors de la discussion, si vous le croyez à propos. — Le demandeur lui-même a rendu hommage à ce principe de droit commun, en le reconnaissant applicable à l'espèce. Il a, par des conclusions formelles, offert de prouver que, depuis moins de trente ans avant sa demande introductive d'instance, Poulet et consorts, ou leurs auteurs, avaient fait des travaux, tant pour le maintien de l'allée que pour le remplacement des arbres qui avaient péri. Deux jugements, des 6 mai 1807 et 1er août 1858, ont admis le demandeur à cette preuve; ils ont, en outre, ordonné une expertise, et les juges, appréciateurs souverains de ces moyens, ont décidé que le demandeur n'avait point fourni la preuve par lui offerte. — Si vous ap-

V. Prescript., nº 313; 3 avr. 1833, aff. préf de l'Aude, V. Usage; 11 juin 1834, aff. comm. de Sainte-Marguerite, V. *eod.*; 3 juin 1835, aff. préf. de l'Ariége, *eod.*). — Et c'est en ce sens que la question nous paraît devoir être résolue : les principes généraux mêmes, quoi qu'en dise M. Delangle, le veulent ainsi. Supposons qu'il s'agisse d'une obligation personnelle dont le créancier demande l'exécution. Le demandeur qui oppose la prescription qu'a-t-il à prouver? Rien autre chose que le délai qui s'est écoulé entre la date du titre et la demande. Le créancier répond que le débiteur n'a pas cessé d'exécuter son obligation en en payant les intérêts, en un mot, qu'il y a eu interruption de la prescription, n'est-il pas constant que c'est à lui à prouver cette allégation? Pourquoi en serait-il autrement lorsqu'il s'agit d'une action réelle? Lorsque le demandeur n'est pas en possession actuelle de la servitude qu'il réclame, l'exception de prescription est suffisamment prouvé par la date du titre invoqué. Le demandeur oppose que les derniers actes d'exécution remontent à moins de trente ans, c'est bien là soutenir que la prescription a été interrompue. Celui qui allègue cette interruption est tenu de la prouver, car il devient demandeur sur ce point, il cherche évidemment à détruire la position acquise de son adversaire, ce ne peut donc être au propriétaire à prouver le non-usage de la servitude.

53. Celui qui se targue d'avoir des demandes à former contre un tiers, peut-il être contraint de produire ses titres?—V. Action, nº 213.

54. C'est son droit que chaque partie est obligé d'établir; elle ne saurait être obligée de prouver rien qui lui soit défavorable : *Nemo tenetur edere contra se.*—Toutefois, cette maxime cesse d'être applicable en matière commerciale, et surtout quand une décision de justice passée en force de chose jugée, a enjoint à l'une des parties de représenter ses livres de commerce (Paris, 29 mai 1832, aff. Thorel, V. Appel civ., nº 900).

55. En principe, nul ne peut se créer un titre à soi-même; mais une exception a été admise à l'égard des livres des commerçants.—V. Commerçant, nºs 243 et suiv.; V. aussi vis Obligat., Prescript., nºs 605 et suiv.

56. Le défendeur doit être admis à prouver le contraire de ce qu'allègue le demandeur; ainsi, lorsqu'une preuve est ordonnée, la preuve contraire est de droit.—V. Enquête, nº 114; Faux incid., nº 226.

57. Les faits dont les parties demandent à faire la preuve doivent être pertinents et concluants (c. pr. 254) : *Frustrà probatur quod probatum non relevat* (V. Enquête, nºs 51 et s.; Faux incident, nº 75; V. aussi M. Bonnier, nº 32). — Il a été jugé que si les faits qu'on offre de prouver ne sont pas *relevants*, la preuve doit être rejetée, bien qu'il s'agisse de prouver un délit de postulation (Req. 13 janv. 1835, aff. avoués de Castelnaudary, V. Avoué,

---

prouvez le principe de droit, pouvez-vous réformer une appréciation pareille? »

M. l'avocat général Delangle, après avoir écarté le premier moyen, par le motif que l'arrêt attaqué, en attribuant la propriété de l'allée aux défendeurs éventuels, n'avait fait qu'apprécier les actes et les faits, a dit sur le deuxième moyen : — Si la question se présentait dégagée des objections qui naissent de la procédure, elle serait grave et mériterait sans doute un examen contradictoire. — N'est-il pas, en effet, contraire aux principes du droit, que celui qui réclame l'exercice d'une servitude constituée par acte authentique soit tenu, si la prescription est opposée par le détenteur du fonds grevé, de prouver que la prescription n'est pas acquise, et que, par des faits constants, accomplis il y a moins de trente ans, il a conservé son droit? N'est-ce pas, au contraire, à celui qui invoque la prescription à justifier son exception? — Lorsqu'un titre existe régulier, légal, il en résulte un droit qu' ne peut cesser qu'autant que, par un des moyens qu'indiquent les lois, il a perdu toute force. La prescription est un de ces moyens : elle entraîne, quand elle est accomplie, la libération du débiteur; elle a les mêmes effets que le payement, la novation, la remise, etc. — Or, quelle est la règle? L'art. 1315 c. civ. impose à celui qui se prétend libéré l'obligation de justifier le payement ou le fait qui a produit l'extinction de son obligation. — C'est donc à celui qui cherche dans la prescription sa libération à prouver qu'en effet la prescription existe, et s'il s'agit de servitude, que pendant trente années elle n'a pas été exercée. — La prescription est une exception; le défendeur qui l'allègue devient demandeur, et doit prouver : *Reus excipiendo fit actor.* Il le faut d'autant mieux soumettre à cette obligation que la prescription ne peut être suppléée d'office. Elle doit être opposée nettement, positivement. Or, l'allégation n'est rien; la prescription est le résultat ou de faits, ou d'omissions; il faut donc établir, selon les cas, ou les faits, ou la négligence du créancier.

On ne comprend pas que le porteur d'un titre authentique soit, par cela que la date du titre se reporte à plus de trente ans, provisoirement dépouillé de son droit; que, s'il ne soutient pas la preuve de l'exécution, il doive demeurer sans effet. La production du titre suffit à établir le droit, et c'est à celui qui le conteste d'en démontrer l'extinction. — S'il s'agissait d'une créance, il est évident qu'il faudrait établir contre le créancier encore nanti du titre, le payement ou la prescription. Pourquoi en serait-il autrement, quand il s'agit de servitude?—On en donne ce motif, que certains auteurs ont accepté, que le possesseur n'a rien à prouver; qu'attaqué, il a nécessairement le rôle de défendeur, et que le défendeur est exempt de toute preuve. — La dernière partie de l'objection est réfutée par ce qui précède. Quant à la première, elle a l'inconvénient de déplacer l'application de règles d'ailleurs incontestables. — Est-ce qu'en effet, quand il s'agit d'une servitude de passage, le propriétaire du fonds grevé n'en a pas la possession? Est-ce que cette possession n'embrasse pas toutes les parties de son fonds, celles même sur lesquelles s'exerce le passage? La possession qui, dans les cas ordinaires, est le symbole de la propriété, et qui s'rt à trancher la lutte entre les prétendants, est, en matière de servitude, un fait indifférent; car elle existe également, soit que la servitude s'exerce, soit qu'on ne l'exerce pas. La possession est l'état habituel, normal, accessoire du propriétaire du fonds grevé. — C'est donc à lui, s'il allègue la prescription, de l'établir : la possession n'a pas d'influence sur les droits de servitude avec lesquels elle se concilie dans son plein exercice. — Ainsi appréciée en elle-même, la question est sérieuse et grave; mais y a-t-il nécessité de la résoudre? — Ici M. l'avocat général établit que, par jugement ayant l'autorité de chose jugée, le demandeur en cassation a été condamné à faire la preuve des faits qui, avant l'expiration des trente années, auraient interrompu la prescription; — Qu'ayant accepté cette interversion des rôles, il en doit subir la conséquence; — Qu'une décision interlocutoire librement et volontairement exécutée peut devenir, dans le cas même où la mesure ordonnée contrarie la loi, la base de condamnations inattaquables; — Que telle est la jurisprudence de la cour; — Le demandeur en cassation, en se laissant imposer une preuve qu'il pouvait rejeter sur son adversaire, s'est fait une position qui ne peut être ultérieurement modifiée. — M. l'avocat général conclut en conséquence au rejet. — Arrêt.

LA COUR; — Sur le premier moyen : — Attendu, en droit, que, pour fixer le sens des clauses d'un contrat et la volonté des contractants, la loi s'en rapporte exclusivement aux lumières et à la conscience des juges; — Et attendu, en fait, que l'arrêt attaqué a déclaré que la clause en question insérée dans l'acte d'albergement du 10 juill. 1729 ne pouvait être considérée comme une réserve de la propriété du sol de l'allée en faveur de l'albergateur, mais seulement comme une servitude personnelle imposée à l'albergataire qui était tenu d'entretenir la plantation d'arbres formant l'allée; — Qu'en cela l'arrêt attaqué n'a fait qu'interpréter la clause du contrat et la volonté des contractants, sans se mettre en contradiction avec aucune loi;

Sur le deuxième moyen : — Attendu, en droit, que la servitude est éteinte par le non-usage pendant trente ans (art. 706 c. civ.); — Attendu que la partie qui, en qualité de demanderesse, réclame, en vertu d'un ancien titre et d'une possession ancienne, la servitude, sans en avoir la possession actuelle, à l'époque de l'introduction de sa demande, est seule dans l'obligation de prouver que, dans les trente années antérieures à cette époque, elle a exercé la servitude, de manière à en avoir interrompu la prescription; qu'en effet, dans l'impossibilité où cette partie demanderesse se trouve de joindre la possession actuelle à la possession ancienne, elle ne peut s'aider de la présomption légale que l'ancienne possession se soit continuée dans le temps intermédiaire; d'où la conséquence que le titre demeuré ainsi sans exécution, au moins pendant les trente années antérieures à l'introduction de la demande, est réduit à non titre; et qu'à la partie intimée, sans rien prouver, *sufficit vincere per non jus actoris*; — Et attendu qu'il est constant et reconnu, en fait, par l'arrêt attaqué que c'est en qualité de demandeur que Duvivier, dès l'année 1805, a réclamé, entre autres choses, la servitude dont il s'agit; et qu'à cet effet il a, comme il le devait, offert par des conclusions formelles de prouver que, depuis moins de trente ans avant sa demande introductive d'instance, Poulet et consorts, ou leurs auteurs, avaient fait des travaux tant pour le maintien de l'allée que pour le remplacement des arbres qui avaient péri; qu'à la suite des jugements des 6 mai 1807 et 1er août 1838, des enquêtes, contre-enquêtes et une expertise eurent lieu; qu'enfin, les juges qui en étaient les appréciateurs souverains ont déclaré que Duvivier n'avait point fourni la preuve offerte; — Que, d'après ces faits, en décidant que Poulet et consorts se trouvaient affranchis de l'obligation personnelle qui leur était imposée par l'albergement de 1729, l'arrêt attaqué, loin de violer les art. 1315 et 706 c. civ., en a fait une juste application; — Rejette.

Du 15 fév. 1842.-C. C., ch. req.-MM. Zangiacomi, pr.-Lasagni, rap.

n° 207). — Ils doivent encore être vraisemblables. — V. n° 18 et Enquête, n° 61.

58. Les tribunaux ont un pouvoir discrétionnaire pour apprécier les faits allégués et pour juger de leur pertinence ou de leur vraisemblance (Req. 6 fév. 1845 (1); 20 nov. 1839, aff. com. de Beignon, V. Mandat, n° 249-3°; 13 avril 1841, aff. Fauchery, V. Industrie, n° 330; V. aussi v[is] Cassation, n°s 1662, 1697 et suiv.; Enquête, n° 52; Jugem, n°s 1008 et suiv.; Interdict., n° 216-2°; Propriété). — En conséquence, la décision par laquelle ils rejettent l'offre de prouver l'immixtion des associés commanditaires, par le motif que les faits ne sont ni précis ni pertinents, ne tombe pas sous la censure de la cour de cassation (même arrêt du 6 fév. 1845). — Jugé de même que les juges *peuvent*, mais ne sont nullement obligés d'ordonner la représentation des registres, lors même que ces registres doivent être tenus, et qu'ils sont réellement tenus par quelques-unes des parties (Req. 25 nov. 1829 (2); V. aussi v° Prescr., n° 376-3° et 4°).

59. Ainsi, les juges peuvent se dispenser d'ordonner la preuve, soit lorsqu'ils ne trouvent pas dans les faits dont la preuve est offerte des éléments propres à former leur décision (V. Action poss., n° 759), soit lorsque les faits leur paraissent constants (V. Action poss., n° 457; Paternité, n° 286). — Ils ne sont pas non plus obligés de recourir à une expertise, s'ils trouvent dans la cause des éléments suffisants de décision (V. Droit marit., n° 1146; Expertise, n° 33). — Mais lorsqu'une partie articule des faits et demande à en faire preuve, les tribunaux ne peuvent point rejeter cette preuve, sans déclarer les faits non pertinents ni admissibles. — Jugé spécialement que lorsqu'un héritier demande à prouver que son cohéritier a été avantagé par l'auteur commun, une cour ne peut rejeter la preuve offerte, par le seul motif que la somme formant cet avantage serait comprise dans celle que le même cohéritier aurait été condamné précédemment à restituer, comme coupable de spoliation de la même succession (Cass. 14 fév. 1825) (3). — Et l'arrêt qui rejette une preuve en se bornant à dire qu'elle n'est pas admissible, doit être annulé pour défaut de motifs. — V. Jugement, n° 983-3°.

60. Lorsque le défendeur avoue des faits allégués par le demandeur, le tribunal doit donner acte à celui-ci de cet aveu, et il n'y a pas lieu d'ordonner la preuve des faits avoués. (Bordeaux, 3 août 1841, Chastin-Amiaud, Notaire, n° 288-1°).

61. Le juge apprécie aussi souverainement la question de savoir si une preuve est ou non frustratoire (Req. 13 août

---

(1) *Espèce*; — (Imbault *C.* Reneufve, etc.) — Les actionnaires d'une société en commandite étaient poursuivis par les créanciers de cette société, pour cause d'immixtion, qu'on faisait résulter, entre autres circonstances, de leur participation à la délibération par laquelle la démission d'un gérant avait été acceptée, et un nouveau gérant nommé; de ce que cette délibération n'avait accordé à ce gérant que des pouvoirs provisoires et révocables; de ce qu'une autre délibération avait prorogé ces mêmes pouvoirs, en leur conservant leur même caractère de révocabilité. — Le 30 déc. 1840, un jugement du tribunal de commerce rejeta la demande des créanciers, en déclarant que de telles délibérations, prises, d'ailleurs, dans les termes des statuts, ne constituaient pas des actes d'immixtion. — Appel par les créanciers. — Ils reprirent devant la cour d'appel leurs premières conclusions, et en outre articulèrent certains faits desquels ils prétendaient tirer la preuve que les actionnaires intimés avaient pris une part plus ou moins directe à l'administration sociale. — Le 14 août 1841, arrêt confirmatif de la cour de Paris, qui décide qu'en admettant que les libérations attaquées constituassent des actes d'immixtion, ces délibérations n'étant pas représentées, il n'est pas établi que les intimés fussent passibles d'aucune responsabilité; et quant aux faits articulés, en rejette la preuve, attendu qu'ils ne sont ni précis, ni pertinents.

Pourvoi, pour violation des art. 28 c. com., 1348 c. civ., et 253 c. pr., en ce que l'arrêt attaqué, en reconnaissant que les délibérations auraient été des actes d'immixtion, a néanmoins rejeté la preuve de faits tendant à établir, soit la participation des actionnaires à ces délibérations, soit leur concours à d'autres actes d'administration, sous le prétexte non justifié que ces faits n'étaient ni précis, ni pertinents, bien qu'ils tendissent exclusivement au but que se proposaient les demandeurs, c'est-à-dire de prouver l'immixtion. — Arrêt.

LA COUR; — Attendu que le rejet des conclusions principales prises par le demandeur en cassation, est fondé sur des faits dont l'appréciation souveraine appartenait à la cour royale; — Attendu que l'arrêt attaqué écarte les conclusions subsidiaires des demandeurs tendant à être admis à la preuve de faits d'immixtion, par ce motif que lesdits faits n'étaient ni précis, ni pertinents; qu'en statuant ainsi la cour royale, loin de violer aucune loi, n'a fait qu'user du pouvoir discrétionnaire qu'ont les tribunaux de juger de la vraisemblance, de la pertinence des faits allégués, en un mot, de l'opportunité de la preuve offerte; — Rejette.

Du 6 fév. 1845.-C. C., ch. req.-MM. Zangiacomi, pr.-Hardoin, rap.-Delangle, av. gén., c. conf.-Chevrier, av.

(2) (Schirmer *C.* Reibell.) — LA COUR; —...Attendu, en droit, que les juges peuvent, mais qu'ils ne sont nullement obligés d'ordonner la représentation des registres, lors même que ces registres doivent être tenus, et qu'ils sont réellement tenus par quelques-unes des parties; — Attendu, en outre, qu'il est constant et reconnu, en fait, par l'arrêt attaqué, d'une part, que Reibell a soutenu n'avoir conservé aucun registre, et que, de l'autre, Schirmer n'avait intenté son action contre Reibell que dix ans après la cessation de son service; — Que Reibell n'est pas du nombre des fonctionnaires, dans les minutes desquels un compulsoire ou des recherches peuvent être autorisés par justice; — Que l'allégation de la part de Schirmer, d'être dépourvu de tous documents pour étayer sa demande, ne se concilie aucunement avec le fait d'avoir conservé ceux regardant un service plus ancien; — Que, d'après cela, en décidant que Schirmer, demandeur, ne pouvait être recevable à se prévaloir de la non-représentation des registres de l'intimé, et qu'il ne justifiait qu'un service de 4 mois, l'arrêt attaqué, sans se mettre en contradiction avec aucune loi, n'a fait qu'apprécier les faits, pièces, actes et circonstances de la cause, appréciation que la loi abandonne entièrement aux lumières et à la conscience des juges; — Rejette.

Du 25 nov. 1829.-C. C., ch. req.-MM. Favard, pr.-Lasagni, rap.

(3) *Espèce* : — (Josan *C.* hér. Arsac.) — Le 22 août 1816, décès de la veuve Arsac, laissant quatre enfants, du nombre desquels sont Paul et Elisabeth, femme Josan. — La dame Josan était instituée héritière par sa mère. Elle actionna Paul, son frère, en payement de 40,000 fr. pour spoliations commises dans la succession de la mère. — Paul, de son côté, demanda 36,000 fr. à la dame Josan pour le même objet. — Le 26 août 1819, jugement, et, sur l'appel, arrêt de la cour de Nîmes, du 24 mai 1820, qui condamne Paul à payer à sa sœur la somme de 10,000 fr. à laquelle sont évalués les objets mobiliers *qu'il a évidemment soustraits*. — Ce point vidé, les parties procèdent au partage des biens maternels. La dame Josan réclame le rapport de divers biens. Elle offre de prouver qu'une somme de 4,000 fr. due à sa mère par un sieur Mandajors avait été acquittée, huit ans avant la mort de la créancière, au moyen de la cession d'un pré faite par Manjadors à Paul Arsac, et que cette libéralité déguisée n'avait point été dispensée du rapport par la veuve Arsac. — Paul ou ses enfants répondent que la somme de 4,000 fr. a été comprise dans celle de 10,000 fr. à laquelle Paul a été condamné pour spoliations. — Le 22 août 1821, jugement du tribunal d'Alais, qui a rejeté la demande en rapport : « Attendu, sur l'article de 4,000 fr. porté en consistance comme dû à la succession de la veuve Arsac par le sieur Mandajors, que cet article n'était pas établi; mais qu'en supposant qu'il eût été dû à la succession cette somme par Mandajors, étant certain qu'Elisabeth Arsac s'étant plainte de spoliation dans cette succession, et lui ayant accordé, à raison de ce, une somme de 10,000 fr., il s'ensuivrait que le titre qui aurait établi cette créance, se trouverait compris dans les objets spoliés, puisqu'il n'était pas rapporté, il ne serait pas juste qu'Elisabeth Arsac profitât à la fois et des 10,000 fr. accordés à cause des spoliations, et, en outre, de la valeur de chaque objet qui aurait été spolié, ce qui, nécessairement, formerait un double emploi. — Appel. — 28 mars 1822, arrêt de la cour de Nîmes, qui adopte les motifs du jugement. — Pourvoi : 1° pour fausse application des art. 1350 et 1351 c. civ.; 2° pour violation de l'art. 843 c. civ. — Arrêt (apr. dél. en ch. du cons.).

LA COUR; — Vu les art. 1350, 1351 et 843 c. civ.; — Attendu, en fait, qu'il était articulé par la demanderesse que la dame Dumas, femme Arsac, mère commune, avait prêté au sieur de Mandajors une somme de 4,000 fr., dont il s'était libéré en tenant quitte de pareille somme Pierre-Paul Arsac, sur le prix d'un pré à lui vendu par ledit sieur de Mandajors; que, par ce moyen, Pierre-Paul Arsac avait été avantagé par la défunte de cette somme de 4,000 fr.; — Que la cour royale de Nîmes a refusé d'admettre la demanderesse à la preuve des faits articulés, sans que lesdits faits aient été déclarés non pertinents ou inadmissibles; mais, par des motifs, lesquels ne concernant que la spoliation de la succession de la mère par ledit Pierre-Paul, n'ont aucun rapport à l'avantage indirect que la demanderesse prétend avoir été obtenu par lui, et dont elle offrait de faire la preuve; — Qu'il suit de là que, d'une part, la cour royale a fait une fausse application de la chose jugée par l'arrêt du 24 mai 1820, qui avait condamné ledit feu Pierre-Paul à payer la somme de 10,000 fr., et que, d'autre part, cet arrêt a violé l'art. 843 c. civ., en dispensant ainsi, sans en donner de motifs suffisants, les héritiers dudit Pierre-Paul Arsac, de rapporter les 4,000 fr. dont il était articulé que sa mère l'avait avantagé; — Casse.

Du 14 fév. 1825.-C. C., sect. civ.-MM. Brisson, pr.-Piet, rap.-Cahier, av. gén., c. contr.-Nicod et Odilon Barrot, av.

1833 (1); V. Cassation, nº 1701; Commerçant, nº 264; Droit marit., nº 2097; Enquête, nº 61; Except., nºs 492 et suiv.).

62. L'appréciation des preuves recueillies par les juges, est de leur domaine exclusif et ne donne pas ouverture à cassation (Req. 4 janv. 1808, aff. Detoy, V. Obligation). — Il a été décidé que le jugement qui écarte, comme non justifiée, une fin de non-recevoir fondée sur un arrêt qui n'est pas représenté, mais qui est énoncé seulement dans une requête signifiée, est une décision en fait qui ne peut donner prise à la censure de la cour de cassation : « La cour ; — Attendu qu'en décidant que la fin de non-recevoir opposée par les demandeurs en cassation, et prise de ce que Lavialle de Saint-Avit aurait été admis, en 1764, au bénéfice de la cession de biens n'était pas justifiée ; que même l'arrêt d'où ils voulaient faire résulter cette prétendue cession, n'était point rapporté, les juges n'ont fait que constater des faits ; constatation que la loi abandonne à leur conscience et à leurs lumières ; rejette le pourvoi contre l'arrêt de la cour de Bordeaux du 11 août 1825. » (Req. 14 nov. 1826, MM. Henrion, pr., Lasagni, rap., aff. hér. Fouignet *C.* hér. Dupuy). — V. aussi vº Commissionn., nº 411 ; Droit marit., nº 2091.

63. Toutefois, lorsqu'il s'agit d'une preuve légale, comme un acte authentique, le juge est tenu de s'y soumettre (V. nº 15). — Un acte de notoriété n'a pas le caractère de preuve légale (V. Acte de notor., nº 4). — Une lettre du ministre de la guerre portant liquidation d'une créance sur l'Etat, est une preuve légale (V. Compét. adm., nº 130). — D'un autre côté, il est certains modes de preuve qui ne peuvent être admis que dans les cas où la loi les autorise, notamment la preuve testimoniale (V. Oblig. [Preuve test.]) ; d'autres fois, enfin, la loi énumère restrictivement les preuves qui peuvent être reçues pour établir certains faits (V. Actes de l'état civil, nºs 113 et s. ; Mariage, nºs 410 et s. ; Paternité, nºs 203 et s., 483 et s.).

64. Il est des cas où le juge peut trouver, dans les débats qui ont lieu devant lui, la justification d'un fait que la loi des parties voulait qu'on ne pût faire résulter que d'un acte légal, sans que sa décision, à cet égard, puisse être atteinte par la censure (V. Req. 31 janv. 1837, aff. Rochetin, vº Octroi).

65. Une transmission ou abandon de propriété peut-elle, même vis-à-vis des tiers, être déclarée résulter de plusieurs actes dont aucun, pris isolément, n'aurait le caractère de preuve complète ? L'affirmative peut s'induire d'un arrêt (Req. 12 juin 1838, aff. Rogère-Préban, V. Oblig. [preuve litt.]). — Mais cette solution ne nous paraît pas légale ; le système suivi dans l'ancien droit, de fractions de preuves qui réunies servaient à former une preuve complète, ne serait plus admissible aujourd'hui. Toutefois, il ne faut pas oublier que les juges du fond apprécient souverainement les preuves qui sont produites devant eux (V. nº 62), et c'est en effet sur ce principe que l'arrêt précité s'est fondé.

66. Un juge peut-il suivre la connaissance personnelle qu'il a d'un fait, plutôt que le résultat des preuves acquises pendant la procédure ? MM. Toullier, nº 59 ; Bonnier, nº 71 ; Duranton, p. 15, nº 9, répondent negativement, et avec raison (V. Obligation ; — *Contrà*, M. Solon, nºs 248 et s.). — V. ce qui est dit sur ce point, vis Instr. crim., nº 897 ; Jugement, nº 35.

67. Il ne suffit pas de prouver l'existence d'un acte, pour en déduire les effets que la loi y attache, il faut encore que l'original soit produit pour en démontrer la régularité (V. Exploit, nºs 31 et suiv., 37). — Toutefois, lorsqu'il s'agit de prouver la réalité d'une créance, les titres qui ne peuvent plus être représentés par suite de leur adirement, sont suffisamment suppléés par des actes authentiques qui en constatent l'existence (Aix, 28 mars 1832, aff. Vidal, V. Oblig. ; V. aussi dans le même sens, Cass., 29 janv. 1836, aff. Beaumier, *eod.*).

68. En matière d'enregistrement, la régie n'a pas à sa disposition tous les moyens de preuve établis par la loi civile (V. Enregist., nºs 122, 2182 et suiv., V. toutefois *eod.*, nº 5054). — Les présomptions sont quelquefois admises ; mais elles sont soigneusement déterminées par la loi fiscale (V. *eod.*, nºs 2062 et suiv.) ; et elles peuvent être combattues par la preuve contraire (V. *eod.*, nºs 2201 et suiv., 2261).

69. Les pièces d'une instruction criminelle peuvent-elles servir de preuves dans un procès civil ? — V. sur cette question, vis Arbit., nº 47 ; Cassat., 1484 ; Chose jugée, 382, 394 et s. ; Inst. crim., nº 200. — Aux arrêts cités *loc. cit.*, il convient d'ajouter deux décisions desquelles il résulte : 1º Qu'aucune loi ne défend aux juges civils de puiser des éléments de conviction dans les documents d'une procédure criminelle dirigée contre l'une des parties ; mais aucune loi ne leur en impose non plus l'obligation (Req. 20 mai 1840) (2). — 2º Qu'une cour d'appel ayant à statuer sur une contestation purement civile subordonnée au point de savoir si un individu, mort de mort violente, a été victime d'un crime ou s'est suicidé, a pu valablement décider que la mort était le résultat d'un suicide, en se fondant sur les documents d'une procédure criminelle et sur les circonstances de la cause, sans qu'une pareille décision puisse être soumise à la censure sous le prétexte qu'elle méconnaît les principes relatifs aux preuves en matière civile. — « La cour ; — Attendu que la cour d'appel de Bourges (arrêt du 24 juin 1839), en déclarant qu'il résulte de la manière la plus formelle des pièces à elles soumises et de toutes les circonstances de la cause, qu'en effet le sieur Cussy s'était volontairement donné la mort, et qu'une enquête sur ce fait ne se justifierait par aucun doute raisonnable, a usé d'un pouvoir discrétionnaire qui lui appartenait souverainement, et qui ne peut être soumis à la censure de la cour ; rejette. » (Req. 4 janv. 1841, MM. Zangiacomi, pr., Faure, rap., Delangle, av. gén., c. conf., aff. Charbonneau *C.* Comp. de l'Union). — V. aussi Bordeaux, 21 juill. 1851, aff. Séné, D. P. 52. 2. 223.

70. C'est en jugement que la preuve doit être faite : notre droit ne reconnaît plus les enquêtes *à futuro* (V. Enquête, nºs 14, 151). — Une demande de preuve est valablement formée, sans signification, sur simple conclusion contenant les faits (Cass. 21 juin 1837, aff. Delepine, V. Enquête, nº 37). — Une preuve of-

---

(1) (Luzet *C.* Boulard-Deslandes.) — La cour ; — Sur le troisième moyen, tiré de la violation des art. 1129, 1302 et 1614 c. civ., et de l'art. 15 c. com. : — Attendu, en fait, que l'arrêt attaqué, en adoptant les motifs des premiers juges, déclare, 1º que les soixante-dix neuf pièces de vins dont Luzet avait refusé la livraison, ont été reconnues par les experts, porter les marques et les numéros annoncés, et être de la qualité voulue ; 2º que ces vins sont bien ceux qui ont été expédiés de Bordeaux et Pourteyron, à Boulard-Deslandes, et vendus à Luzet par ce dernier, qui en a payé le prix, et avait seul qualité pour les vendre ; et 3º que la demande de Luzet de prouver que ces vins pouvaient appartenir à un tiers, et ses autres conclusions n'avaient pour but que de prolonger le procès ; qu'en rejetant, par ces motifs, la demande en preuve de Luzet et celle en représentation des livres de Boulard-Deslandes, l'arrêt attaqué n'a violé aucune loi, puisqu'il est constant, en droit, 1º que lorsque les faits sont suffisamment établis pour le juge, et que la preuve demandée n'est que frustratoire, il lui appartient, et il est même de son devoir de la refuser ; et 2º que la disposition de l'art. 15 c. com., relative à la représentation des livres de commerce est facultative ; d'où il suit que le juge peut refuser d'ordonner cette représentation, quand elle lui paraît inutile d'après la nature et l'état du procès ; — Rejette le pourvoi contre l'arrêt de la cour d'Orléans du 18 nov. 1831.

Du 15 août 1833.-C. C., ch. req.-MM. Zangiacomi, pr.-Broé, rap.

(2) (Lanlaud *C.* Vincent.) — La cour ; — Sur le premier moyen : — Attendu, en droit, que, si nulle loi ne défend aux juges civils de puiser des éléments de conviction dans les errements d'une procédure criminelle, nulle loi ne leur en impose non plus l'obligation ; — Et attendu qu'il est constant et reconnu, en fait, par le jugement attaqué (du trib. de Loudun), 1º que c'aurait été à l'occasion d'un procès criminel contre le demandeur en cassation que les frères et sœur Vincent auraient donné des réponses à l'interrogatoire sur faits et articles, desquelles le même demandeur prétendait tirer un commencement de preuve par écrit pour établir le payement de la somme dont il s'était avoué le débiteur envers lesdits frères et sœur Vincent ; 2º que ces derniers n'avaient point été parties audit procès criminel ; — Que, dans ces circonstances, en décidant que ces prétendues réponses ne fournissaient aucun commencement de preuve par écrit, pour établir au civil le payement de la dette en question, le jugement attaqué n'a violé ni l'art. 1347 c. civ. invoqué par le demandeur, ni aucune autre loi ; — Sur le deuxième moyen : — Attendu que, pour le décider ainsi, les juges ayant expressément considéré que les prétendues réponses des frères et sœur Vincent auraient été faites à l'occasion d'un procès criminel, auquel ils n'avaient pas été parties, ont par là motivé leur jugement, et le vœu de la loi a été rempli ; — Rejette.

Du 20 mai 1840.-C. C., ch. req.-MM. Zangiacomi, pr.-Lasagni, rap.

ferte après les plaidoiries ne peut être déclarée tardive, tant qu'il n'y a eu aucune mise en délibération (Cass. 24 juin 1835, aff. Gaillat, V. Procès-verbal). — Une partie peut encore faire une preuve, bien qu'elle ait été déclarée non-recevable, faute de l'avoir faite. — V. Jugement, nº 321-1º.

71. La preuve peut être offerte pour la première fois en appel (V. Demande nouvelle, nºs 159 et s. 204 et s.). — On est même admis à articuler en appel des faits nouveaux et à en offrir la preuve (V. vº Dem. nouv., nºs 159 et s.). — Mais lorsque des faits ont été reconnus par une partie, elle ne peut plus les contester et en demander la preuve. — V. Appel civ., nºs 1294 et s., Dem. nouv., nº 89; Droit marit., nº 2098, V. aussi Req. 21 mai 1838, aff. Lemoine, vº Oblig.

72. La question de savoir si une espèce de preuve est ou n'est pas admissible en droit, doit être jugée selon les lois existantes à l'époque où s'est formé le droit des parties (Conf. MM. Toullier, t. 9, nº 44; Rolland, nº 156; Bonnier, nº 814; V. Lois, nºs 248 et s., 334; Obligat. (preuve test.); Paternité, nº 205). — Quant aux formes de procéder, c'est la loi nouvelle qu'il faut suivre. — V. Lois, nº 339 et M. Bonnier, nº 815.

§ 3. — *De la preuve en matière criminelle.*

73. S'il est de principe élémentaire en matière civile que toute demande qui n'est pas appuyée de preuves suffisantes doit être repoussée (*actore non probante reus absolvitur*), à plus forte raison, en matière criminelle, cette règle doit-elle être considérée comme sacrée. Un tribunal ne peut prononcer de condamnation qu'autant qu'il a la conviction intime de la culpabilité du prévenu : tant qu'il reste l'ombre d'un doute, il n'y pas de certitude possible pour le juge (V. M. Mittermayer, p. 60). — N'allons pas trop loin cependant et ne demandons pas une certitude absolue que l'imperfection humaine ne comporte pas : « L'esprit n'en demeurera pas moins satisfait, dit M. Mittermayer, p. 79, quand des motifs suffisants étayeront la certitude, quand toutes les hypothèses raisonnables auront été soulevées et rejetées après mûr examen; le juge alors croira certes être en possession de la vérité, seul objet de ses recherches; et d'ailleurs, c'est bien à cette certitude de raison que le législateur a voulu donner d'être la base du jugement. » — C'est ce qu'exprime en termes fort précis l'ordonnance criminelle de Prusse, § 393 : « Le juge a une certitude suffisante quand il existe des motifs pleinement convaincants de la vérité du fait et quand, d'après le cours ordinaire des choses, il serait difficile d'imaginer un motif grave du contraire. »

74. Mais par quels moyens se formera la conviction du juge, comment s'établira cette certitude qui doit faire impression sur son esprit? — Ici nous touchons à une des questions les plus élevées de la théorie du droit criminel, et qui, principalement en Allemagne et en Italie, a occupé la plume, non pas seulement des jurisconsultes, mais aussi des publicistes et des philosophes les plus éminents (V. M. Mittermayer, p. 20 et s., 26, 30 et s. — Deux systèmes sont en présence : l'un qui s'en remet à la conscience du juge et qui ne lui demande aucun compte des moyens par lesquels sa conviction s'est formée; l'autre qui énumère et précise les preuves qui doivent être reçues et qui leur attribue une valeur fixe et déterminée dont le juge ne peut s'écarter.

75. Suivant M. Mittermayer, p. 32 et suiv., il existe dans l'histoire de la procédure criminelle deux formes fondamentales distinctes qui se rattachent essentiellement à l'organisation de la société politique et auxquelles correspondent les deux systèmes de preuves dont on vient de parler. La première, dans l'ordre historique, est la forme de l'accusation qui domine là où règne la démocratie. Dans ce système, la poursuite des infractions à la loi sociale appartient aux citoyens eux-mêmes et non aux magistrats qui juges impassibles, n'ont d'autre mission que d'apprécier équitablement et suivant leur conscience, les preuves offertes par chacune des parties. Là, il ne pouvait être question de réglementer la preuve et de déterminer la valeur des témoignages, car la procédure d'accusation ne comporte aucune écriture, elle est tout entière orale et publique, et le tribunal qui se compose de juges émanés du peuple, trouve la règle de ses devoirs dans le contrôle puissant de l'opinion publique.

76. Un autre mode de procéder, la forme inquisitoriale a succédé à l'accusation privée. Cette forme appartient aux États monarchiques et entraîne avec elle le système de la preuve légale. Là, en effet, sont des juges institués par le pouvoir, et dont les décisions n'ont plus dans les masses la même autorité que celle du juge populaire. La recherche, la poursuite et les jugements des crimes sont confiés aux magistrats; l'un d'eux est chargé de l'instruction : pour être efficace, elle doit être secrète; elle doit encore être écrite, car elle est mise sous les yeux du tribunal qui prononce la sentence au fond; c'est même le principal élément de sa décision : il n'y a plus comme dans l'accusation privée, de lutte entre un accusateur et un accusé, celui-ci est seul devant ses juges. — Dans un tel système, la loi est amenée forcément à assujettir le juge à des règles fixes et précises qui servent de protection à l'accusé. En se donnant la recherche de la vérité matérielle pour mission exclusive, elle a dû établir certaines bases de preuves que l'expérience a depuis longtemps constatées comme source plus sûre de la certitude, et auxquelles le juge doit soumettre sa conviction.

77. Telle est la théorie exposée par M. Mittermayer; trop systématique peut-être et trop absolue, elle trouve cependant sa raison d'être dans l'histoire. — A Athènes et à Rome, où dominait la forme de l'accusation privée, le système des preuves légales était entièrement inconnu. Si l'on voit sous les empereurs, la preuve entourée de certaines conditions (V. M. Hélie, t. 5, p. 409), il paraît certain que ces conditions laissaient toujours intact le droit du juge d'apprécier les dépositions et de se laisser guider par sa conviction personnelle (V. *eod.*). — On trouve le premier germe du système des preuves légales dans les pratiques grossières du moyen âge : le serment des conjurateurs, les épreuves, le combat judiciaire commandent la conviction du juge. Plus tard, à ces coutumes barbares vient se substituer peu à peu la procédure inquisitoriale, qui trouve dans l'institution des épreuves l'usage d'attribuer à chaque preuve une valeur fixe et déterminée et qui s'en empare. Déjà, sous saint Louis, on voit admises ces règles, que deux témoins font preuve des faits qu'ils affirment; que la partie qui ne produit pas ses témoins dans un délai déterminé perd son droit de prouver; que c'est la partie qui produit un plus grand nombre de témoins qui doit gagner sa cause (V. Beaumanoir, ch. 34, nºs 5 et 40; ch. 29, nº 21; ch. 40, nº 35; Ass. de Jérusalem, c. 205 et 259). — A partir de ce moment, la théorie de la preuve légale fait constamment des progrès auxquels contribuent beaucoup les juges ecclésiastiques. Les docteurs de droit canon, dit M. Mittermayer, p. 15, guidés aveuglément par la doctrine scolastique alors dominante, érigent une multitude de règles et bâtissent tout un système en les combinant avec les expressions mêmes des livres bibliques et de certains passages des jurisconsultes romains. » — En Allemagne, l'ord. de 1532, de Charles-Quint, à laquelle on a donné le nom de la Caroline, et en France, l'ord. de 1539 de François Ier, sont empreintes du caractère des théories régnantes. Les criminalistes du seizième et dix-septième siècle, Jul. Clarus, Farinacius, Imbert, etc., suivent la même route et à l'aide de profonds travaux d'analyse créent une théorie complète de la preuve légale.

78. On distinguait alors les preuves *pleines*, *semi-pleines*, les preuves *manifestes*, *considérables* et *imparfaites*, les preuves *concluantes* et *démonstratives*, *réelles* ou *présomptives*, *affirmatives* ou *négatives*, la preuve *vocale*, *testimoniale*, *conjecturale*, les indices *violents*, *graves* ou *légers*, les indices *antérieurs*, *concomitants* ou *postérieurs*, etc., etc. (V. M. Hélie, t. 1, p. 647 et suiv.). La mission du juge ne consistait plus à chercher les éléments de sa conviction personnelle, il n'était, selon l'expression de M. Hélie, t. 5, p. 414, « qu'un instrument impassible, chargé de vérifier chaque élément, chaque circonstance du fait et d'évaluer suivant des prescriptions doctrinales, sa force probante : c'était une opération toute mathématique, un tarif à appliquer. » — Les vestiges matériels que pouvaient laisser le délit après lui avait encore amené, dans l'ancienne jurisprudence, une distinction entre les délits de *fait permanent* (*facti permanentis*), dont il reste des traces physiques, comme l'homicide, l'effraction, l'incendie et les délits de *fait passager ou transitoire* (*facti transeuntis*) qui ne laissaient aucune trace, comme les injures verbales, l'adultère, etc. — V. Jousse, t. 1, p. 9, nº 11, et M. Ortolan, des Délits continus, Revue critique, 1854, t. 4, p. 325.

79. M. Bonnier, p. 99, présente comme le beau idéal du système de la preuve légale un récit que fait Dumont (note sur le liv. 1, ch. 5, des preuves de Bentham), d'un incident dont il fut témoin à la cour du banc du roi en Angleterre. « Le célèbre Wilkes, après s'être soustrait quelque temps à la sentence qui l'attendait, vint se présenter à l'improviste pour la recevoir. La forme voulait non qu'il vînt de lui-même, mais qu'il parût envoyé par le shérif ; or, cette forme manquant, l'embarras de la justice était une vraie comédie. Enfin, un des juges lui dit : « Monsieur, je veux bien croire en mon particulier que vous êtes là, puisque vous le dites et que je le vois ; mais, il n'y a point d'exemple que la cour en pareille affaire ait cru devoir se fier à ses propres yeux : aussi, n'a-t-elle rien à vous dire. » — Ainsi pratiquée, ajoute M. Bonnier, la justice devient, suivant la plaisante définition de Bentham, l'art d'ignorer méthodiquement ce qui est connu de tout le monde.

80. Les seuls indices, quelque graves qu'ils fussent, étaient insuffisants pour motiver une condamnation, mais ils autorisaient la torture. « Singulier scrupule, dit M. Bonnier, n° 719, qui pour ne pas condamner trop facilement un coupable, courait risque de faire subir à un innocent un mode d'instruction qui était un véritable supplice ! » — La torture purgeait l'accusation, à moins qu'il n'y eût réserve de preuves, ce que l'on considérait comme une peine plus rigoureuse que celle des galères (Ord. 1670, tit. 25, art. 13).

81. La science subtile et étroite des criminalistes, battue en brèche par la philosophie du dix-huitième siècle (V. entre autres Beccaria, ch. 7 et 8 ; Filangieri, liv. 3, ch. 15) disparut en France dans le grand mouvement de 1789. Bien que la forme inquisitoriale continuât de rester dominante dans la procédure criminelle, les preuves légales furent reconnues et déclarées incompatibles avec l'institution du jury et avec la publicité des débats (V. l'art. 24 du tit. 6 de la loi des 16-29 sept. 1791, v° Instruction crim., p. 25). — « C'est particulièrement, dit l'instr. du 29 sept. 1791, sur les dépositions et le débat qui ont eu lieu en leur présence, que les jurés doivent asseoir leur conviction personnelle ; c'est de leur conviction personnelle qu'il s'agit ici ; c'est elle que la loi leur commande d'énoncer ; c'est à elle que la société, que l'accusé s'en rapportent. » Cette pensée, reproduite dans l'art. 372 circ. 3 brum. an 4, est exprimée avec encore plus d'énergie et de précision dans l'art. 342 c. inst. crim. — C'était la condamnation absolue du système si longtemps suivi de la preuve légale.

82. L'Allemagne ne nous a pas suivis dans cette voie nouvelle. Chez elle, le système des preuves légales n'a pas cessé d'être en vigueur ; mais modifié, adouci dans ses exagérations sous l'influence des idées philosophiques. Des lois nouvelles, tout en conservant le principe de la réglementation de la preuve, ont, dans quelques Etats de l'Allemagne, affranchi les juges des principales servitudes du système (L. de Wurtemberg, de Bade et de Bavière, V. M. Mittermayer, p. 24 et s.).

83. La lutte entre les deux systèmes de preuves que l'on vient de faire connaître est ardente et vive en Allemagne ; tandis que chez nous, elle existe à peine. C'est que dans ce pays les passions politiques sont mêlées au débat. Suivant les idées systématiques allemandes, le système de preuves légales se lie essentiellement au maintien des juges permanents, le système de la preuve morale n'est compatible qu'avec l'institution du jury (V. M. Mittermayer, p. 101, note, 153 et suiv.) ; et cette institution, les gouvernements la repoussent comme n'étant qu'une émanation du principe démocratique. Après les événements de 1848, le jury avait été établi en Autriche ; mais il paraît que depuis il a disparu dans le mouvement réactionnaire qui a suivi (V. Lett. pat. 31 déc. 1851, art. 29 et suiv. ; M. Bonnier, p. 41, note ; Kœnigswarter, Revue crit., 1855, t. 7, p. 318 et suiv.) et avec lui le système de la preuve morale (V. sur le système des preuves légales admise dans le nouveau code autrichien, l'excellent article de M. Kœnigswarter, Etude de législation comparée, publié par la Revue critique, 1855, t. 7, p. 349 et suiv.). — M. Mittermayer préconise le système de la preuve légale, mais en dégageant le principe de ses conséquences les plus périlleuses. Les règles qui, suivant lui, devraient gouverner les preuves paraissent plutôt destinées à sauvegarder l'accusé des erreurs du juge qu'à guider celui-ci dans la recherche de la vérité (V. M. Mittermayer, p. 96 et suiv.) ; ce sont aussi celles qui ont été admises dans le nouveau code autrichien (V. l'article cité de M. Kœnigswarter). Il critique assez vivement la grande latitude laissée en France aux jurés pour former leur conviction (V. p. 118). — Il n'en pouvait être autrement sous l'influence des idées qui le dominent ; mais en France, où l'on est plus à même d'apprécier le système suivi et d'en voir les inconvénients et les avantages, nous ne connaissons aucun jurisconsulte qui demande la restriction des pouvoirs des jurés sur ce point ; et, dans les réformes qu'a subies le code d'instruction criminelle, aucune voix ne s'est encore élevée pour demander la modification de l'art. 342.

84. La procédure criminelle de l'Angleterre présente un système mixte dans lequel domine la forme de l'accusation privée ; les débats criminels sont oraux et publics et l'institution du jury y fonctionne depuis des siècles. A ces divers titres, et suivant les théories de M. Mittermayer, les preuves légales devraient y être inconnues. Néanmoins, et quoique l'on ne retrouve dans les lois anglaises rien de semblable aux preuves légales telles que l'entendait l'ancienne jurisprudence française, on voit dans la *common law* (loi commune, respectée à l'égal de la *statute law*, statuts) un grand nombre de règles et de prescriptions relatives aux preuves, lesquelles servent de guide aux juges et aux jurés (V. MM. F. Hélie, t. 5, p. 438 ; Mittermayer, p. 40) ; mais ce sont là des règles destinées à éclairer le juge, à l'empêcher de s'égarer, plutôt que des préceptes revêtus d'un caractère absolu.

85. Un grand principe qui domine la forme de l'accusation privée, c'est que le juge doit écouter impassiblement les débats qui s'agitent devant lui sans jamais y intervenir d'une manière active : il lui est interdit de faire des questions à l'accusé. Tel était le système encore suivi en Angleterre au dix-huitième siècle ; M. Bonnier en cite un exemple remarquable : Un prêtre catholique était accusé d'avoir célébré la messe en Angleterre, fait puni de mort à cette époque. La preuve du fait avait été fournie par l'accusateur qui croyait la condamnation inévitable. A sa grande surprise l'accusé fut absous, attendu qu'on avait bien prouvé qu'il avait dit la messe, mais qu'on n'avait pas prouvé qu'il fût prêtre, ce dont on n'aurait pu s'assurer qu'en l'interrogeant. — C'est encore aujourd'hui la tendance de la jurisprudence anglaise et de celle des Etats-Unis : « Dans aucune cause criminelle, dit la constitution américaine, l'accusé ne pourra être forcé à rendre témoignage contre lui-même. »

86. Aucune condamnation, avons-nous dit, ne peut intervenir s'il y a doute sur la culpabilité de l'accusé. Ce principe, qui nous paraît aujourd'hui inviolable et sacré, ne pouvait être reçu d'une manière absolue par l'ancienne jurisprudence. En effet, la certitude légale étant alors différente de la certitude morale, il en résultait que les preuves qui, suivant la loi, devaient être considérées comme douteuses et qui ne permettaient pas de prononcer une condamnation, pouvaient encore être de telle nature qu'elles produisissent dans l'esprit des juges la conviction intime de la culpabilité. Un acquittement eût été déplorable dans un tel cas ; aussi avait-on imaginé la *peine extraordinaire*, laquelle était prononcée, lorsque l'accusation prouvée à l'aide seulement d'indices et de présomptions, ne pouvait, quelque graves et indubitables qu'ils fussent, entraîner la vraie et dernière peine (V. Papon, Recueil d'arrêts, liv. 24, tit. 8, n° 1). — Par là, le système accusait au plus haut degré ses vices et son impuissance ; et ce qu'il y avait de plus déplorable, c'est que la loi ne pouvant, sans se contredire, admettre en dehors de la certitude légale, une certitude d'une autre nature, et ne reconnaissant que des preuves et des présomptions, laissait, après avoir tracé une réglementation rigoureuse et savante de la preuve, le juge se démêler arbitrairement et sans guide dans le dédale des présomptions et des indices : d'un côté, protection exagérée de l'accusé ; de l'autre, abandon complet de ses intérêts. Peut-on penser sans frémir à ces nombreuses condamnations prononcées contre des accusés non pas déclarés coupables, mais *présumés* coupables ! Ces abus révoltants avaient déjà dans l'ancien droit été réprouvés énergiquement par d'Aguesseau (Lett. 4 janv. 1739 au prévôt de la maréchaussée de la Franche-Comté). Mais ces abus étaient inhérents au système. Partout où nous voyons en vigueur le système de la preuve légale, partout nous voyons régner la peine extraordinaire ; elle existe dans le code de Prusse, et l'on peut citer un jugement du tribunal suprême de Berlin du 28 mai 1842 qui a condamné un individu accusé d'empoisonnement à six années de détention, comme étant *véhémentement suspect* (V. Gaz. des trib. 3 juill. 1842). — Si la peine extraordinaire tend à disparaître aujourd'hui de l'Allemagne, c'est que le système de la preuve légale est lui-même fortement atteint, et qu'il tend à une transformation complète (V. sur la peine extraordinaire, M. Bonnier, nº 48 ; Mittermayer, ch. 69).

87. D'autres abus régnaient encore dans l'ancienne jurisprudence. C'étaient d'une part, les jugements de *plus amplement informé* par lesquels les juges pouvaient quelquefois prononcer un sursis indéfini, ce qui plaçait l'accusé dans un état perpétuel d'accusation, et d'autre part, la mise hors de cour ou *absolutio ab instantia*, sans décharge morale de l'accusation, et que les anciens criminalistes appelaient infamante de fait : elle avait lieu lorsque l'innocence de l'accusé n'était pas pleinement justifiée, et que l'accusation, quoique non prouvée, n'avait pas néanmoins été intentée sans quelque fondement (V. Muyart de Vouglans, liv. 2, t. 4, ch. 5, nº 1). Cette dernière mesure, qui est encore une des conséquences de la preuve légale, existe partout où ce système est en vigueur. Ainsi, supprimée en Autriche par suite de l'introduction du jury, elle a repris vigueur depuis que le jury a cessé d'exister. — V. sur ces différents points M. Bonnier, nºs 19, 720 ; Mittermayer, p. 482 et suiv.; Kœnigswarter, Revue crit., 1855, t. 7, p. 337 et suiv., 351 et suiv.

88. Tous ces fruits d'une procédure que l'on peut appeler barbare ont disparu en France avec la nouvelle organisation de la justice criminelle. Il n'y a plus, chez nous, de terme moyen entre la culpabilité et l'innocence, et si quelquefois on a vu des jurys déclarer, à défaut de preuves suffisantes, l'accusé coupable, mais avec des circonstances atténuantes, ce sont là des transactions de conscience que la loi repousse (V. Kœnigswarter, Revue critique, t. 7, p. 345 et suiv.). — Aussi a-t-il été décidé que le jugement qui condamnerait des prévenus acquittés à supporter la moitié des dépens, comme n'ayant pas détruit d'une manière suffisante les imputations qui leur avaient été faites par la plainte, doit être cassé (Crim. cass. 18 germ. an 10, aff. Ruffel, V. Jugement, nº 857-3º; V. aussi vº Frais, nºs 975 et s.).—Mais l'arrêt de non-lieu rendu à raison de l'insuffisance des preuves ne met pas obstacle à ce que le prévenu soit repris s'il survient de nouvelles charges (c. inst. crim. 246; V. Inst. crim., nºs 1165 et s.).

89. L'art. 342 c. inst. crim., qui consacre le système de la preuve morale, doit, bien que spécial pour les jurés, être suivi également par les juges appartenant à l'ordre judiciaire, par la cour d'assises, lorsqu'elle juge sans l'assistance du jury, par les tribunaux correctionnels et par les tribunaux de simple police. Une jurisprudence constante met ce point hors de doute.—Ainsi il a été jugé : 1º que la loi ne soumet la conviction des juges à aucun genre de preuves particulier : hors le cas où des lois spéciales donnent à des procès-verbaux foi jusqu'à inscription de faux, les tribunaux doivent prononcer d'après le sentiment intérieur de conviction que l'instruction a pu produire (Crim. cass. 4 sept. 1813, aff. Goertz, V. Vol) ; — 2º Que les juges correctionnels ont, comme les jurés, un pouvoir discrétionnaire pour former leur conviction (V. Crim. cass. 9 vend. an 7, aff. Valet, vº Peine, nº 104-2º; 22 mai 1812, aff. Gélis, vº Jugement, nº 1085; et les arrêts cités vis Cassation, nº 1747-2º; Compét. crim., nº 416 ; Délit, nº 25 ; Jugement, nº 1059) ; — 3º Que, de même que les jurés, ils ne sont pas obligés de s'attacher uniquement aux preuves fournies par les procès-verbaux, rapports et témoignages (Crim. rej. 4 sept. 1841, aff. Lambrun, V. Jugem., nº 1062) ; — 4º Qu'en matière correctionnelle, la conviction des juges peut se former sur les aveux des complices comme sur les déclarations des témoins (Crim. rej. 9 mars 1820, aff. Laperche, V. Témoins) ; — 5º Que les juges du fond, en matière correctionnelle, ne sont point obligés d'exposer les raisonnements qui les conduisent à poser comme constant un fait qualifié par la loi pénale ; que, dès lors, il n'appartient pas à la cour de cassation d'apprécier ces raisonnements ni de rechercher les éléments qui ont servi, en fait, à former leur conviction (Crim. rej. 12 avril 1834, aff. Corbie, V. Bourse de com., nº 493) ; — 6º Que les cours de justice criminelle, jugeant sans l'assistance de jurés, peuvent, comme ceux-ci, former leur conviction sans être tenues d'en rendre compte (V. Compét. crim., nº 47 ; Instruction crim., nº 2412) ; — 7º Que la preuve testimoniale d'un délit n'est pas subordonnée à la déposition d'un certain nombre de témoins ; en cela, l'art. 154 c. inst. crim. a modifié les art. 1 et 5 de la loi du 30 avril 1790 (Crim. cass. 19 fév. 1836, MM. Bastard, pr., Crouseilhes, rap., aff. min. pub. *C.* Butler, V. Chasse, nº 363. —V. aussi vº Témoins).

90. Toutefois, et quelle que soit la latitude laissée au juge par la loi française quant à l'appréciation de la preuve, cette loi présente encore, dans certains cas, une véritable preuve légale, ce sont les procès-verbaux qui, lorsqu'ils ne sont pas combattus par la preuve contraire ou par l'inscription de faux, selon qu'ils sont attaquables par l'un ou l'autre mode, commandent la conviction du juge (V. Procès-verbaux).— En matière d'adultère, la loi établit encore une sorte de preuve légale à l'égard du complice (c. pén. 338.—V. Adultère, nºs 96 et suiv.).

91. La loi ne demande pas compte aux juges des éléments de leur conviction, néanmoins il faut que cette conviction naisse uniquement des débats qui ont lieu devant eux. C'est, en effet, un principe reconnu qu'elle ne peut se former d'après des notions personnelles qu'ils auraient pu acquérir en dehors d'une instruction régulière. — V. Jugement, nºs 1060 et suiv.; Instr. crim., nºs 879, 897 s., 945.

92. En matière criminelle, de même qu'en matière civile, la charge de la preuve incombe au demandeur, c'est-à-dire à la partie poursuivante, c'est à elle à prouver la culpabilité de l'accusé, et non à celui-ci à faire preuve de son innocence.—V. M. Mittermayer, p. 51, 57, 154.

93. Si l'accusé allègue une circonstance de nature à faire disparaître le délit, la règle *reus in excipiendo fit actor* doit être appliquée ; et, dès lors, c'est à lui à prouver cette circonstance justificative. — Ainsi, le fonctionnaire accusé de forfaiture, qui excipe d'un ordre de l'autorité supérieure, doit en justifier (V. Forfaiture, nº 1699 ; V. encore des applications du même principe vis Impôts indir., nº 499 ; Presse, nº 495). — Ainsi encore un prévenu de contravention ne peut être condamné sans avoir été admis à la preuve contraire des faits à lui imputés, alors que la prévention n'est appuyée que sur des témoignages (Crim. cass. 14 nov. 1840 (1) ; V. Défense, nº 115). — Toutefois, M. Mittermayer, p. 164 et suiv., fait observer qu'en matière criminelle il y a indivisibilité dans les preuves de la culpabilité et de la défense : « Le magistrat instructeur, pendant l'information, dit-il, le président, pendant les débats, ont pour mission de rechercher tout ce qu'ils croient utile pour découvrir la vérité.

94. Quoiqu'il soit de règle générale qu'un délit ne se présume jamais (V. Chasse, nºs 19 et suiv.), et que c'est à celui qui poursuit à faire la preuve, cette règle présente cependant quelques exceptions. Par exemple, en matière de contributions indirectes, il existe certaines présomptions de contravention qui mettent à la charge du prévenu la preuve de son innocence (V. Impôts ind., nºs 378-2º et suiv.). — Ainsi encore c'est au marchand d'or et d'argent poursuivi pour défaut de déclaration à prouver qu'il a rempli les obligations que la loi lui impose, et non au ministère public à prouver l'omission (V. Mat. d'or et d'argent, nº 176). — Il est certain que si une présomption légale de délit peut être créée, c'est la loi seule qui aurait ce pouvoir : un règle-

(1) (Lebellier *C.* min. pub.)—La cour ; —Vu les art. 408 et 415 c. inst. crim., qui prescrivent l'annulation de tous les jugements en dernier ressort, lorsqu'ils ont omis ou refusé de prononcer sur une demande du prévenu, tendant à user d'une faculté ou d'un droit accordé par la loi ; — Ensemble l'art. 154 du même code ;—Attendu que ce dernier article donne au prévenu le droit de débattre par la preuve contraire les faits dont il est inculpé ; —Que, dans l'espèce, le demandeur a formellement voulu en user, afin d'établir que le dépôt qui lui est reproché sur la voie publique n'a pas eu lieu sans nécessité ; — Qu'en ne le mettant pas en demeure de fournir la preuve par lui offerte sur ce point, et en se fondant sur la simple déclaration du garde champêtre entendu à l'appui de la prévention pour le déclarer coupable de la contravention que le nº 15 de l'art. 475 prévoit et punit, le jugement dénoncé a donc expressément violé les droits de la défense ; — Casse et annule, etc.

Du 14 nov. 1840.-C. C.-ch. crim.-MM. Bastard, pr.-Rives, rap.

ment administratif qui établirait de telles présomptions serait illégal (V. Pêche fluv., n° 109).

95. Comme il n'y a pas de délit sans intention, il s'ensuit que c'est à la partie poursuivante à prouver non-seulement le fait accompli par le prévenu, mais aussi l'intention criminelle qui y a présidé (V. Presse, n° 883).—Toutefois, il est des cas où cette intention est présumée de droit, c'est au prévenu à faire la preuve de sa bonne foi. — Ainsi, il a été jugé que celui qui a pris à son service un jeune soldat insoumis doit prouver sa bonne foi; il ne peut être acquitté sur sa seule allégation qu'il ignorait que l'individu pris à gage fût un insoumis (Crim. cass. 14 juill. 1838, aff. Thibault, V. Organ. milit.). — De même, en cas d'évasion, la négligence des préposés est présumée (c. pén. 237); c'est à eux à établir la preuve contraire (V. Évasion, n° 45; V. encore des cas où cette exception est admise, v^{is} Domm.-destruct., n° 104, Poids et mesures, n° 109).—Dans le crime d'infanticide, il y a présomption de préméditation (V. Crimes contre les personnes, n° 83 et suiv.).

96. Lorsque le prévenu d'une infraction à un arrêté administratif prétend que cet arrêté n'a pas été publié, est-ce à lui à prouver ce défaut de publication, ou au ministère public à prouver que la publication a eu lieu? — C'est la dernière de ces deux alternatives qui nous a paru devoir être adoptée, contre l'opinion de la cour suprême (V. Commune, n° 646).—En effet, le ministère public, en qualité de partie poursuivante, est tenu de prouver l'infraction, et comme il n'y aura d'infraction punissable qu'autant que l'existence de l'arrêté qu'il prétend avoir été enfreint est justifiée, c'est à lui à prouver non-seulement le fait matériel de la rédaction écrite de l'arrêté, mais aussi le fait de la publication, sans laquelle l'acte administratif n'a pas d'existence légale pour les citoyens.

97. Les différents moyens de preuve autorisés par la loi criminelle sont : 1° le transport sur les lieux, les visites au domicile du prévenu et au domicile des tiers (V. Inst. crim., n°s 525 et s., 555 et s., 896 et s., 967);—2° L'audition des témoins (V. Témoins); — 3° L'interrogatoire de l'inculpé (V. Instruct. crim., n°s 618 et s., 958, 1250 et s., 2239 et s.); — 4° La vérification par experts (V. Expertise, n°s 396 et s., et M. Bonnier, n°s 89 et s.); — 5° L'examen des titres écrits et pièces de conviction (V. Inst. crim., n°s 562 et s., 2263 et s).

98. On reproche avec raison au code d'instruction criminelle l'insuffisance de ses dispositions quant à certains moyens de preuve.—Il s'y trouve, il est vrai, un ensemble de règles qui s'adressent au juge d'instruction pendant l'information préliminaire; mais, à l'égard du juge du fond, la loi est presque muette et la jurisprudence sur certains points a été obligée de se créer à elle-même la règle de sa conduite. — Ainsi, bien que la loi ne le dise pas, il est reconnu que les juges du fond ont le droit d'opérer des descentes sur les lieux (V. Inst. crim., n°s 896 et s., 967, et M. Bonnier, n° 77). — En matière d'expertise, il y a aussi une insuffisance regrettable (V. M. Mittermayer, p. 238 et suiv., note).

99. L'aveu du prévenu seul suffit-il pour autoriser la condamnation? — M. Mittermayer, chap. 34, considère l'aveu extrajudiciaire comme nul. Cette opinion peut être exacte dans le système que soutient l'éminent professeur, mais chez nous l'aveu, même extrajudiciaire, lorsqu'il est rapporté par des témoins dignes de foi et que sa sincérité n'est pas démentie par les faits de la cause, peut servir de moyen de preuve. C'est au juge à en apprécier consciencieusement la valeur. — Dans l'ancien droit, l'aveu extrajudiciaire n'était considéré que comme un indice; il pouvait seulement justifier l'emploi de la torture (V. Muyart de Vouglans, Inst. au droit crim., p. 6, chap. 4).

100. Quant à l'aveu de l'accusé en justice, il semble que ce soit là une preuve supérieure à tous les indices, à tous les témoignages. Cependant les annales de la jurisprudence nous montrent de nombreux exemples d'aveux dont la fausseté a été matériellement démontrée (V. MM. Duverger, Man. du juge d'inst., n° 330, note 2; Bonnier, n° 299), ce qui explique la maxime : *Nemo auditur perire volens*. Aussi, dans l'ancien droit, la seule confession du coupable ne suffisait pas pour mettre la justice en état de le condamner, il fallait qu'il s'y joignît d'autres preuves (d'Aguesseau, lett. 199; V. aussi M. Mittermayer, p. 145).—Dans la procédure d'accusation privée, où il était interdit au juge d'interroger l'accusé, l'aveu suffisait pour entraîner la condamnation : *Confessus pro judicato est*, dit Paul (L. 1, ff., *De confess.*; V. M. Bonnier, p. 341, n° 320). Mais aujourd'hui que la loi ne demande plus aux juges et aux jurés les motifs de leur conviction, l'aveu seul de l'accusé peut, tout aussi bien qu'un témoin unique, faire naître dans l'esprit des juges la certitude de la culpabilité du prévenu. — Comme le dit fort bien M. Bonnier, n° 300, « l'aveu n'est pas infaillible sans doute, mais on ne saurait le rejeter sans tomber dans un système de scepticisme qui serait excessivement dangereux pour l'intérêt social » (V. aussi M. Mittermayer, p. 240 et suiv.). — Il a été jugé, en effet : 1° Que la circonstance qu'une contravention qui n'est pas soumise par la loi à un genre spécial de preuves, aurait été illégalement constatée par un procès-verbal émané d'une personne sans qualité, ne saurait motiver le relaxe du prévenu, alors que cette contravention est établie par les aveux de ce dernier (Crim. cass. 19 juill. 1838, aff. Grosjean, V. Contravent., n° 177); — 2° Qu'il suffit qu'il soit constant, d'après les dépositions des agents de police, des témoins à décharge, et d'après l'aveu du prévenu lui-même, que ce dernier a contrevenu à un arrêté municipal, pour qu'il n'ait pu être renvoyé de la plainte, sous le prétexte que la culpabilité n'était pas démontrée (Crim. cass. 5 fév. 1835) (1). — 3° Que les tribunaux correctionnels peuvent, sans violer aucune loi, puiser les éléments de leur conviction, soit dans des procès-verbaux, soit dans les aveux des parties, passés par elles ou leurs avoués, quand elles ne les ont pas désavoués, alors surtout que le plaignant offre de prouver les faits ainsi avoués (Crim. rej. 30 janv. 1830) (2); — 4° Que l'aveu du prévenu peut suffire pour entraîner une condamnation, alors même qu'il n'existerait pas une constatation régulière du corps du délit (Crim. cass. 4 sept. 1847, aff. Valenzin, D. P. 48. 5.

(1) (Min. pub. *C.* Pauline Jourdan.) — LA COUR; — Vu les art. 3, n° 1er, tit. 11 de la loi du 16-24 août 1790, et 46, tit. 1er de celle du 19-22 juill. 1791; l'art. 3 de l'arrêté de police émané du maire de Marseille, le 5 nov. 1830, lequel défend de verser, sur le sol des rues et places publiques de cette ville, des matières et substances qui peuvent les salir, et ne permet de les y verser et déposer, pendant les six mois de l'hiver, que depuis huit heures du soir jusqu'à huit heures du matin; ensemble les art. 154 et 161 c. inst. crim.; — Attendu, en fait, que l'instruction et les débats ont établi, dans l'espèce, que Pauline Jourdan a, non pas jeté par la fenêtre de son domicile, ainsi qu'elle en était inculpée par le rapport dressé contre elle, mais déposé sur la voie publique, le 19 oct. dernier, à dix heures du matin, un vase d'ordures; — Que cette contravention manifeste à l'arrêté précité, se trouvait constante, non-seulement d'après les dépositions des agents de police, rédacteurs dudit rapport, mais encore d'après celle des témoins à décharge produits par la prévenue, et l'aveu formel de celle-ci; d'où il résulte qu'en refusant néanmoins de la réprimer, sur le motif de la non-culpabilité de la sus-nommée était complétement démontrée par l'enquête à laquelle il venait de procéder, le tribunal de simple police a commis un excès de pouvoir et une violation expresse des dispositions ci-dessus visées; — En conséquence, casse, etc.

Du 5 fév. 1835.-C. C., ch. crim.-MM. Choppin, pr.-Rives, rap.

(2) *Espèce* :—(Carrère *C.* Larroque, etc.)—Pourvoi contre un jugement du tribunal d'appel de Tarbes, du 16 juill. 1829, pour violation de l'art. 1356 c. civ., et fausse application des art. 352 et suiv. c. pr., sur le désaveu; en ce que les prévenus ont été condamnés sur un aveu qui, en matière criminelle ou correctionnelle, ne suffit point pour motiver une condamnation, et qui ne réunissait pas même les conditions prescrites par la loi, pour lui donner force de preuve en matière civile. — En matière criminelle et correctionnelle, a-t-on dit, il n'y a pas de présomptions; il faut des preuves, et les aveux des parties ne suffisent pas. — Le tribunal s'est, cependant, contenté de présomptions et de prétendus aveux : première nullité. — D'ailleurs, à supposer que l'aveu pût être admis en cette matière, il faudrait qu'il fût formel et fait par la partie. Or, dans la cause, il n'a été fait que par l'avoué, qui, du reste, n'a fait que supposer le fait : deuxième nullité. — Arrêt.

LA COUR; — Attendu que le tribunal de Tarbes n'a point pris, pour base de son jugement, la présomption légale que le code civil fait résulter de l'aveu judiciaire en matière civile; — Attendu que d'après les dispositions du code d'instruction criminelle, les tribunaux correctionnels peuvent, sans que la loi leur demande aucun compte des motifs qui ont déterminé leur conviction, en puiser les éléments soit dans les aveux des délinquants, sur les faits qui se rattachent à la matérialité des délits constatés par les procès-verbaux, soit dans les aveux passés en présence de la justice elle-même, par eux, ou par les avoués qui les représentent; — Et attendu que, dans l'espèce, Larroque offrait, au besoin, la preuve

44; 29 juin 1848, aff. Humblot, D. P. 48. 5. 44; V. aussi, dans le même sens, v^{is} Cassation, n° 1426; Délit, n° 25; Garde nationale, n° 642). Seulement le juge reste maître d'apprécier la force probante de l'aveu que peut faire le prévenu, eu égard aux circonstances dans lesquelles il intervient (même arrêt du 29 juin 1848).—V. aussi v° Adultère, n° 100.

101. Toutefois, il a été jugé qu'aucune condamnation ne peut être prononcée pour des faits dont il n'y a d'autres preuves que l'aveu du prévenu, alors surtout que cet aveu a été fait à l'occasion du sacrement de la pénitence et par l'ordre même du prêtre qui a reçu la confession (Turin, 28 fév. 1810) (1).—Mais cet arrêt trouvera justification dans les faits particuliers de la cause.

102. En matière d'adultère, l'aveu du complice peut-il motiver une condamnation contre lui? Oui, suivant M. Bonnier, n° 301.

103. L'aveu peut être divisé (MM. Bonnier, n° 303; Mittermayer, ch. 36), mais on ne peut rien y ajouter (V. *ibid.*). — Il peut être rétracté (V. MM. Bonnier, n° 302; Mittermayer, ch. 37).

104. La preuve par témoins, en matière criminelle, est nécessairement placée au premier rang des preuves judiciaires, tandis qu'en matière civile, elle n'est admise pour ainsi dire qu'à titre d'exception. On penserait à tort que cette différence tient au caractère des juridictions. Les règles sur la preuve sont les mêmes en matière civile qu'en matière criminelle, cela est universellement admis aujourd'hui. On doit s'attacher seulement à la nature de la question admise en preuve. S'agit-il, devant les juges de répression, de prouver l'existence d'une convention, la preuve ne pourra être reçue que conformément aux règles du droit civil (V. Abus de conf., n°s 184 et suiv.; Dépôt, n°s 126 et suiv.; Domm.-destr., n° 204; Inst. cr., n° 1061); faut-il, au contraire, prouver un fait qui donne naissance à un délit, ou à un quasi-délit, ou à un quasi-contrat, la preuve testimoniale doit être reçue devant l'une et l'autre juridiction : ce n'est que l'application de l'art. 1348 c. nap. (V. comme exemple v^{is} Abus de conf., n°s 184 et s.; Dépôt, n°s 152 et s., 158 et s.; Domm.-destr., n° 205; Faux incid., n° 215). — M. Bonnier, n°s 111 et 177, soutient cette théorie qui est aussi consacrée par la jurisprudence de la cour de cassation (V. *loc. cit.* et v° Serment). — Toutefois elle présente une certaine difficulté d'application en matière de faux serment; la cour suprême a varié plusieurs fois sur ce point. C'est au mot Serment que cette question spéciale sera examinée et que les arrêts seront rapportés.

105. En général, à défaut de procès-verbaux, les contraventions peuvent être constatées par la preuve testimoniale (V. Chasse, n°s 361 et suiv.; Délit, n° 26-2°; Forêts, n°s 400, 538; Inst. crim., n°s 363 et suiv., 890, 892, 934, 955; Jour férié, n° 105; Matières d'or et d'argent, n° 161; Presse, n° 494; Procès-verbal). — Il en est autrement à l'égard des infractions aux lois fiscales lesquelles ne peuvent être prouvées qu'au moyen de procès-verbaux réguliers.—V. Matières d'or et d'argent, n° 161; Procès-verbaux; V. aussi M. Bonnier, n°s 190, 510.

106. Le droit de faire entendre des témoins en matière criminelle, ne peut être enlevé au prévenu (V. Défense, n°s 113, 191; V. toutefois c. inst. crim. 190, v° Témoins).

107. Le serment décisoire et le serment supplétoire sont des modes de preuves inadmissibles en matière criminelle (V. M. Bonnier; V. cependant v° Presse, n° 890, 1485; V. aussi ce qui est dit sur ces diverses espèces de serments, v° Obligation). — Toutefois, il en était autrement dans l'ancien droit, et, dans quelques législations modernes, on admet encore le serment supplétoire, autrement dit serment purgatoire (V. M. Mittermayer, p. 96, 147, 494 et suiv.).—Autrefois l'accusé était obligé, avant son interrogatoire, de prêter serment de dire la vérité; cette odieuse coutume qui allait de pair avec la torture, a été abolie par l'assemblée constituante de 1789.—V. Inst. crim., n° 623.

---

des faits par lui articulés, reconnus par l'avoué des prévenus, non désavoués par eux; et, qu'appuyé sur cet état de choses, le jugement attaqué n'a violé ni appliqué faussement aucune disposition de loi; — Rejette.

Du 30 janv. 1850.-C. C., ch. crim.-MM. Bastard, pr.-Chantereyne, r.

(1) *Espèce :* — (Bonino C. min. pub.) — Bonino était poursuivi pour vol, il n'y avait contre lui d'autres preuves que l'aveu qu'il avait fait lui-même à la partie lésée, par ordre de son confesseur. — 28 avr. 1809, jugement, qui déclare le vol suffisamment prouvé et condamne le coupable aux peines prononcées par la loi. — Appel.

LA COUR; — Considérant que, d'après les maximes d'équité adoptées en matière criminelle, et consacrées par plusieurs auteurs criminalistes, aucun individu ne peut être condamné pour des faits dont il n'y a aucune autre preuve que l'aveu du coupable, d'autant plus que, dans l'espèce, cet aveu a été fait à l'occasion du sacrement de la pénitence, et par ordre du ministre même qui a reçu la confession; — Considérant que, abstraction faite des révélations que la loi exige autant qu'elles importent au salut public, tout dépositaire, par état ou profession, des secrets qu'on lui confie, ne peut ni ne doit les révéler, puisqu'il compromettrait la réputation de la personne dont le secret est trahi; que d'ailleurs cette révélation ne tendrait à rien moins qu'à montrer des traîtres dans ceux dont l'état semble ne devoir offrir que des hommes bienfaisants et de véritables consolateurs; — Qu'on doit donc envisager comme étant d'une importance majeure, sous tous les rapports, le secret de la confession dans le sacrement de la pénitence : en sorte que si, d'une part, le ministre qui abuse d'un secret aussi sacré se rend fort coupable, de l'autre on ne peut ni on ne doit avoir aucun égard ni prêter aucune déférence à tout ce qui est la suite d'une révélation directe ou indirecte du sacrement; — Que c'est la maxime adoptée par les tribunaux du ressort du sénat de Savoie et du sénat de Piémont, d'après la doctrine du président Favre, liv. 4, tit. 15, *de Testibus*, déf. 58, dont il a été donné lecture publiquement et qui est ainsi conçue : « *Sacerdos neque cogi potest à suo superiore ut confessionem sibi factam propalet et revelet; neque, si id faciat, fide ullâ dignus est, sive quòd sit illicitum testimonium contrà leges sacrosque canones datum, sive quòd non sit credendus sacerdos scire tanquàm homo quæ illi tanquàm speciali Christi optimi maximi vicario explicata sunt;* »

Considérant en conséquence que le tribunal de police correctionnelle séant à Ivrée a mal jugé au fond par son jugement du 28 avr. 1809, dont est appel : — Par ces motifs, — Annule, etc.; — Emendant, — Décharge Louis Bonino des condamnations prononcées contre lui, et ordonne qu'il soit définitivement mis en liberté.

Du 28 fév. (et non avr.) 1810.-C. d'app. Turin.

Table sommaire des matières.

Table chronologique des lois, décrets, arrêts, etc.

An 7. 9 vend. 89-2° c.	1821. 15 fév. 26.	1830. 30 janv. 100-3°.	—13 août 61.	—3 juin 52 c.	—12 juin 65 c.	1840. 29 janv. 27-5° c.	—3 août 60 c.
An 10. 18 germ. 88.	1825. 14 fév. 59.	1831. 14 fév. 20-2°.	1834. 13 fév. 27-2° c.	—24 juin 70.	—14 juill. 93 c.	—20 mai 69.	—4 sept. 89-3° c.
1808. 4 janv. 62 c.	1826. 18 avr. 13 c.	1832. 28 mars 67 c.	—12 avr. 89-3° c.	—25 sept. 42-1° c.	—19 juill. 100-1° c.	—15 juill. 52.	184 . 15 fév. 52.
1810. 28 fév. 101.	— 14 nov. 62.	—11 avr. 24.	—13 juin 52 c.	1836. 29 janv. 67 c.	—31 août 23.	—14 nov. 93.	—28 mai 86.
1812. 22 mai 89-2° c.	—21 nov. 20, 48 c.	—29 mai 54 c.	1835. 13 janv. 57 c.	—19 fév. 89-7°.	1839. 15 juin 42-2° c.	—23 nov. 23.	1843. 6 fév. 58.
1813. 4 sept. 89-1° c.	1827. 1er mars 25 c.	1833. 6 fév. 52 c.	—5 fév. 100-2°.	1837. 31 janv. 64 c.	—26 août 27-3°.	1841. 4 janv. 69-2°.	1847. 4 sept. 100.
1820. 9 mars 89-4° c.	1828. 4 août 27-1°.	—5 avr. 52 c.	—1er avr. 20-3°.	—21 juin 70 c.	—20 nov. 58 c.	—13 avr. 58 c.	1848. 29 juin 100.
	1829. 23 nov. 58.			1838. 21 mai 71 c.			—21 juill. 69 c.

PREUVE CERTAINE. — V. Obligation ; V. aussi Droit marit ; n° 1755 ; Exploit, nos 19, 24-2°, 29, 54 et suiv., 42 ; Exprop. pub., nos 212, 253, 261-2°, 462-2°, 505-3° ; Impôt ind., n° 458 ; Faux, n° 172 ; Jugement, nos 323 et suiv. ; Poids et mesures, n° 127 ; Presse, Prises maritimes, Procès-verbal, Registre, Serment, Succession, Vente, Vente pub., Voirie.

PREUVE CONTRAIRE. — V. Obligation ; V. aussi Effets de commerce, nos 100 et suiv. ; Enregistr., nos 2062, 2261 ; Force majeure, n° 46 ; Mariage, n° 858-3° ; Paternité, nos 294, 327.

PREUVE JUDICIAIRE. — V. Preuve, nos 16, 70.

PREUVE LÉGALE. — V. Preuve, nos 10, 79.

PREUVE LITTÉRALE. — V. Obligation ; V. aussi Contrat de mar., nos 1-2°, 909, 3311, 5660, 4117 ; Droit marit., n° 1390 ; Droit rural, n° 43 ; Effets de comm., n° 64 ; Enreg., nos 122, 936 et suiv., 1122, 1127 et suiv., 5600 et suiv., 5660 ; Faux incid., nos 53 et suiv., 183 ; Faillite, nos 611, 813 ; Hospice, n° 377 ; Interdiction, nos 218 et suiv. ; Jugement, nos 852 et suiv. ; Juif, nos 13, 23 ; Lettre missive, nos 12, 15 ; Louage à dom. cong., n° 9 ; Louage d'ouvr., nos 118 et suiv. ; Mines, n° 259 ; Nantissement, nos 28, 75 et suiv., 82 et suiv., 109, 232 ; Normandie, n° 59 ; Notaire, n° 425 ; Organ. jud., Parenté, n° 24 ; Paternité, nos 211 et suiv., 224, 265 ; Peine, n° 728 ; Postes, n° 34 ; Preuve, n° 73 ; Société, Substitut., n° 256 ; Success., n° 1621 ; Vente, Vente pub.

PREUVE PAR COMMUNE RENOMMÉE. — Celle qui résulte d'une espèce d'enquête, dans laquelle des témoins déposent sur la valeur ou l'existence du bien possédé par quelqu'un, suivant ce qu'ils ont vu ou entendu dire. — V. Contrat de mar., nos 940 et suiv., 1392 et suiv., 2627, 2742 ; Obligation, Scellés et inventaire.

PREUVE TESTIMONIALE. — V. Obligation ; V. aussi Contr. de mar., nos 381, 765, 908, 2030, 2045 ; Contrat judiciaire, nos 6, 17 ; Dépôt, nos 157, 203 ; Désaveu, n° 55 ; Droit marit., nos 1245, 1460 ; Duel, n° 16 ; Effets de commerce, nos 73, 132, 329, 440, 624, 640, 703, 714 ; Enreg. nos 79, 5183 ; Expertise, nos 4, 186 ; Faillite, nos 158, 622 ; Faux, n° 498 ; Faux incident, n° 71 ; Frais, n° 527 ; Imp. ind., n° 212 ; Industrie, nos 52 et suiv., 59 ; Instruct. civ., n° 106 ; Instruct. crim. nos 10 et suiv., 1061 ; Interdiction, n° 217 ; Interrog. sur faits et articles, nos 9 et suiv., 22 ; Jeu-pari, n° 55 ; Jour férié, n° 105 ; Jugement, nos 165-21°, 282 et suiv. ; Louage, nos 121, 143 et suiv., 342, 533, 811, 869 ; Louage à cheptel, nos 16, 49 ; Louage à col. part., nos 8, 32, 40 ; Louage d'ouvrage, nos 31 et suiv., 40, 91, 94, 102, 148-2° ; Mariage, nos 90, 410 et suiv. ; Mines, n° 240 ; Ministère pub., n° 251 ; Nantissement, nos 81, 95 et suiv., 110, 232, 319 ; Normandie, nos 59, 76 ; Nullité, n° 53 ; Paternité, nos 13, 239, 250 et suiv., 265 et suiv., 289 et suiv. ; Pêche fluviale, n° 195 ; Postes, nos 88, 102 ; Prescript. civ., n° 380 ; Société, Succession, n° 1621 ; Ventes, Voirie.

PRÉVARICATION. — Mot qui exprime en général tout délit commis par un fonctionnaire dans l'exercice de ses fonctions. — V. Forfaiture, n° 6 ; Droit marit., n° 50 ; Mise en jug., n° 227.

PRÉVENTION—PRÉVENU. — La prévention est le renvoi d'un individu devant le tribunal correctionnel pour être jugé au sujet d'un délit, ou devant la chambre d'accusation chargée de décider si les faits allégués ne constituent pas un crime. — Le prévenu est celui qui est l'objet de cette action, ou même celui à qui tout délit est imputé. — V. Instruction crim., nos 280, 702, 826 ; V. aussi Cassation, nos 354 et suiv., 582 ; Évasion, n° 42.

PRÉVOT. — Mot qui désignait autrefois les juges inférieurs. — V. Org. jud., Compét. crim., n° 28 ; Cour des comptes, n° 3 ; Faillite, n° 14 ; Fonct. pub., n° 21 ; Instruct. crim., n° 16 ; Normandie, n° 18.

PRÉVOT DES MARCHANDS. — A l'égard de ce magistrat qui, avant 1789, existait dans deux villes (à Paris et à Lyon), V. Org. jud.

PRÉVOT DES MARÉCHAUX. — Sur cette magistrature qui existait avant la révolution, V. Org. jud. et Org. milit.

PRÉVOT MILITAIRE. — V. Org. milit.

PRÉVOYANCE. — V. Établissement d'épargnes et de prévoyance.

PRIÈRE. — V. Culte, nos 169, 254, 554 ; Mandat, n° 10 ; Substitution, nos 55, 59 et suiv.

PRIMAT. — V. Culte, nos 194, 344, 346.

PRIME. — Mot qui exprime la somme ou le prix payé, soit pour assurance (V. Assurances terrestres, nos 18, 56, 172, 192 ; Droit maritime) ; soit par l'acheteur d'effets publics à son vendeur (V. Bourse de com., nos 404 et s. — V. aussi Douanes, nos 593, 671, 756 et suiv. ; Économie polit., n° 97 ; Émigré, Expropr. pub., n° 239 ; Forêts, nos 976 et s. ; Grains, nos 9 et suiv., 16 et suiv. ; Impôts ind., nos 16, 358, 595 ; Industrie, nos 124 et suiv. ; Mat. d'or et d'argent, n° 178 ; Pêche marit., nos 11, 31.

PRIMOGÉNITURE. — Se dit du premier né. Ce mot exprimait aussi le droit d'aînesse. — V. Propriété féod. ; Succession, n° 205 et suiv. ; V. aussi Domaine apanager, nos 62 et suiv. ; Majorat ; Normandie, n° 49.

PRINCE. — V. Souveraineté, Mariage, n° 56.

PRINCIPAL. — V. Degré de jurid., nos 73 et suiv., 81 et suiv., 427 ; Enregistrement, nos 564 et suiv.

PRINCIPE DE DROIT. — V. Cassation, nos 1299 et s., 1350 et s. ; Lois, nos 458 et s., 516 et s.

PRIORITÉ. — V. Brevet d'invention, nos 15 et suiv., 137, 156 ; Date, Degré de jurid., n° 546 ; Demande nouvelle, n° 55-4° ; Distrib. par contrib., nos 60 et suiv. ; Faux, nos 459 et suiv. ; Louage, nos 82, 167, 248 ; Mines, n° 228 ; Obligation (Preuve litt. et test.) ; Péremption, n° 152 ; Preuve.

PRISE A PARTIE. — **1.** C'est une voie extraordinaire que la loi accorde, en toute matière, contre le juge qui a abusé de son autorité, pour le rendre responsable du mal-jugé et de tous dommages-intérêts.

Division.

§ 1. — *Historique et législation.*

2. Quelque élevées que soient les attributions confiées au pouvoir judiciaire, ce pouvoir ne pouvait être irresponsable. D'un autre côté, malgré la confiance qu'inspire la magistrature en général et le respect dont elle est entourée, il suffit que quelques exemples rares aient prouvé la possibilité des abus pour que le législateur ait dû en prévenir les effets. — Aussi les lois ont-elles consacré de tout temps la responsabilité du juge dans certaines limites. — De là la voie de la prise à partie. — Cette voie était admise par le droit romain, qui déclarait le juge responsable envers la partie dans tous les cas où ce juge avait prononcé par des motifs de faveur, de haine ou d'intérêt (Instit., liv. 4, tit. 5, *De obl.*; L. 15, Dig., *De judiciis*). On la trouve aussi dans les lois barbares des Allemands et des Bavarois (V. Appel civ., n° 37).

3. En France, dans les premiers temps de la féodalité, la prise à partie qui, en réalité, se confondait avec l'appel, consistait à provoquer le juge au combat, et la victoire, qu'on appelait le jugement de Dieu, décidait de la validité de la sentence (V. vº Appel civil, nºs 39 et suiv.; V. aussi Montesquieu, Espr. des lois, liv. 28, chap. 27). — Plus tard, quand prévalurent devant les tribunaux des formes moins barbares que l'épreuve du combat, le juge ne fut plus obligé de descendre dans l'arène l'épée ou la lance au poing, mais l'appel des jugements n'en continua pas moins d'être dirigé contre le juge lui-même, et celui-ci était encore obligé de débattre vis-à-vis de l'appelant devant le juge supérieur le mérite de ses décisions (Rozier, sur le tit. 25 de l'ord. de 1667, art. 1; Coquille, Cout. du Nivernais. ch. 1, art. 25 (V. Appel civ., nº 56 . — Enfin, le progrès des idées et des mœurs ayant amené d'autres règles dans l'administration de la justice, le recours contre les jugements dut être dirigé, sauf les cas ordinaires, non contre le juge, mais contre la partie qui les avait obtenus. Une ordonnance de François Ier, de décembre 1540, porta que les juges ne pouvaient être pris à partie que dans les cas de dol, fraude ou concussion, et l'action directe contre le juge qui avait été en France une action de droit commun, ne fut plus qu'une voie exceptionnelle admise seulement pour le cas où le juge aurait, par un fait éminemment coupable, engagé sa propre responsabilité. — L'ordonnance de Blois autorise aussi la prise à partie pour *faute manifeste* du juge, et l'ord. de 1667, tit. 1, art. 8 déclara le juge responsable envers les parties à peine de dommages-intérêts en cas de *violation des ordonnances et édits*. Mais ces dispositions interprétées par les commentateurs et par la jurisprudence des parlements ont toujours été restreintes à de sages limites dans leur application (Jousse, Comment. sur l'art. 8, tit. 1 de l'ord.; Louet, lettre O, § 3; Basset, liv. 2, tit. 7, ch. 2, nº 1; Merlin, Rép., vº Prise à partie, § 1).

4. Cependant la loi n'avait rien statué quant à la forme de l'action en responsabilité dirigée contre le juge, et c'était, sous l'ancienne jurisprudence, une question de savoir si les particuliers pouvaient prendre à partie, *de plano*, le juge dont ils prétendaient avoir à se plaindre. L'inconvénient d'une pareille faculté fut néanmoins bientôt reconnu, et on sentit qu'il était contraire à la dignité des tribunaux de laisser leurs membres livrés à la merci des plaideurs, que la passion domine presque toujours; et qu'il fallait accorder aux magistrats d'autant plus de protection et de sûreté qu'ils étaient plus exposés aux outrages de ceux qu'ils étaient dans la nécessité de condamner ou de punir. Aussi fut-il ordonné, par arrêt du parlement de Paris, du 4 juin 1699, qu'aucun juge ne pourrait être pris à partie qu'après en avoir obtenu la permission de la cour supérieure dont il ressortait. — Des arrêts de règlements ont été rendus dans le même sens par plusieurs autres cours souveraines; et il est attesté par Merlin (*loc. cit.*, § 2) que telle était la jurisprudence de tous ou presque tous les parlements de France (Conf. Parlem. de Dijon, 26 juill. 1702; Parlem. de Grenoble, 20 mai 1706; Parlem. de Bordeaux, 29 août 1777).

5. La loi du 27 nov. 1790, art. 2, en instituant la cour de cassation lui conféra le pouvoir de juger les demandes en prise à partie qui seraient dirigées contre un tribunal entier (V. Cassat., p. 22). — Le code des délits et des peines, du 3 brum. an 4, a étendu cette attribution de compétence à presque toutes les demandes en prises à partie (art 566) mais seulement en ce qui touche l'autorisation préalable d'intenter cette action. — Le jugement qui permettait la prise à partie devait renvoyer l'affaire pour être jugée au fond devant un tribunal civil ou criminel, suivant que les faits qui servaient de base à cette action étaient ou non de nature à être poursuivis criminellement. — Enfin, le tit. 3, liv. 4, c. pr. a réglé, dans les art. 505 et suiv. la compétence et les formes de procéder qui régissent aujourd'hui cette matière. Le projet, discuté au conseil d'État et présenté au corps législatif par M. Bigot-Préameneu, orateur du gouvernement, le 7 avril 1806 (1), a été

(1) *Extrait de l'exposé des motifs présenté par M. Bigot Préameneu au corps législatif sur le tit. 3, liv. 4, 1re partie du code de procédure* (séance du 7 avril 1806)

1. Si dans le code on avait pu se décider par les sentiments de respect qu'inspirent en France, plus que dans toute autre partie de l'Europe, l'impartialité, l'exactitude et l'extrême délicatesse des magistrats, on n'y aurait même pas prévu qu'il pût s'en trouver dans le cas d'être pris à partie; mais ne suffit-il pas que des exemples, quelque rares qu'ils soient, puissent se présenter, pour que la magistrature entière doive désirer qu'il y ait une loi sévère, sous l'égide de laquelle les parties lésées obtiendront des dommages-intérêts, ou feront même, suivant les circonstances, prononcer des peines plus graves. — S'il faut que les parties aient l'assurance d'obtenir justice, même contre leurs propres juges, l'intérêt public exige que les ministres de la justice ne soient pas dépouillés de toute dignité, comme ils le seraient, si les plaideurs, au gré de leur ressentiment ou de leurs diverses passions, avaient le droit de les obliger de descendre de leur tribunal pour justifier de leur conduite. Cet abus nous replacerait au temps où, par un reste d'abus encore plus grand de l'ancien régime féodal, les juges étaient eux-mêmes responsables de leurs jugements. — Entre les magistrats et les plaideurs, il n'est qu'une seule autorité qui puisse en même temps convenir à la dignité des uns et à la sûreté des autres; c'est l'autorité de la loi elle-même, qui, en spécifiant les cas dans lesquels un plaideur doit être admis à traduire en justice son propre juge, pose la barrière que le respect dû à la magistrature doit empêcher de franchir.

2. Les causes légitimes de prise à partie énoncées dans le code, sont le dol, la fraude ou la concussion, qu'on prétendrait avoir été commis, soit dans le cours de l'instruction, soit lors du jugement. — Les juges peuvent encore être poursuivis pour le payement de dommages-intérêts, lorsque la loi les déclare responsables sous cette peine. Ces cas sont bornés à ceux où les juges sont inexcusables : ils n'auront point, dans leurs fonctions, à craindre comme un écueil, les rigueurs de la loi. Elle prend une juste confiance dans le respect qu'elle leur inspire.

3. Un fait inexcusable qui a dû fixer l'attention des législateurs, est le déni de justice. — Les règles pour caractériser le déni de justice et pour procéder, en ce cas, contre les juges, resteront à peu près les mêmes que celles prescrites par l'ord. de 1667. — Il y a déni de justice, non-seulement lorsque les juges refusent de juger les affaires en état et en tour d'être jugées, comme le porte cette ordonnance, mais encore lorsque, refusant de répondre sur les requêtes que les parties doivent leur présenter, ils mettent obstacle à ce qu'elles puissent obtenir justice. — Les juges ne sauraient être présumés coupables, ni par les vaines clameurs d'une partie qui les accuserait de négligence, ni par des témoins qu'elle produirait : il faut que le déni de justice soit à la fois prouvé et caractérisé par deux réquisitions faites aux juges dans la personne des greffiers : si les parties sont en souffrance, elle ne sera que très-peu prolongée par ces réquisitions, qui se feront à des intervalles très-courts, et l'huissier qui refuserait de les signifier, serait interdi.

4. Dans l'ancienne législation, les sommations de juger ne pouvaient être faites qu'aux juges dont la juridiction n'était pas en dernier ressort; on n'avait, à l'égard de ceux dont les jugements étaient souverains, d'autre ressource que de porter ses plaintes au chancelier ou au conseil du roi. On arrêtait ainsi le cours de la justice par égard pour la dignité des magistrats. Mais la dignité de la justice elle-même ne serait-elle pas dégradée si, en considération de ses ministres, sa marche était variable ou chancelante? Ne doit-on pas encore observer que des juges souverains, ordinairement placés dans un plus grand tourbillon d'affaires, et moins rapprochés des plaideurs que les autres juges, sont plus exposés à laisser, contre leur intention, des parties en souffrance? — Peut-être aussi avait-on peine à concilier l'idée du respect envers les magistrats avec l'idée qu'emportait l'expression même de sommation. Un acte de réquisition ne pourra blesser la dignité d'aucun juge.

5. Ce serait en vain que, dans la loi, on aurait énoncé comme nécessaires les causes qui autorisent la prise à partie, s'il suffisait de les alléguer, pour qu'un juge fût traduit en justice. Il est donc également indispensable que de pareilles allégations soient soumises d'abord à l'examen du tribunal devant lequel la demande sera intentée; il la rejetera si, dénuée de vraisemblance, elle ne lui paraît avoir d'autre fondement que des passions ou des ressentiments contre la justice, plutôt que contre les juges. « Les parties, disait le célèbre d'Aguesseau dans un réquisitoire du 4 juin 1699, doivent garder un silence respectueux sur la conduite des ministres de la justice, jusqu'à ce que la justice elle-même ouvre la bouche à leur plainte. » — Le caractère du juge devra être respecté dans la requête même qui aura pour objet d'être autorisé à le poursuivre. Il est défendu, sous des peines graves contre la partie, et même contre son avoué, d'y employer aucun terme injurieux.

6. Une autre garantie donnée à la fois aux juges et aux parties, est dans le degré de supériorité des tribunaux chargés de prononcer sur les demandes en prise à partie. — Ces demandes étaient, avant la révolution, considérés comme tenant à la haute police; et les parlements étaient en possession d'exercer cette juridiction sur les juges de tous les tribunaux de leur ressort, sans qu'il y eût, à cet égard, aucune loi générale. — Le recours immédiat au tribunal supérieur a le double avantage d'écarter toute inquiétude de prévention, de partialité, de ménagement, et d'empêcher qu'un juge ne soit traîné d'un tribunal à l'autre. Ces motifs ont fait décider que les cours d'appel prononceront sur les prises à partie contre les juges de paix, contre les tribunaux de commerce ou de première instance, ou contre quelqu'un de leurs membres; contre un juge d'une cour d'appel ou d'une cour criminelle. — Les cours d'appel, les cours criminelles ni même sur leurs sections qui, dans ses fonctions, représente la cour entière, ne peuvent être prises à partie que devant la haute cour impériale. Devant cette puissance suprême, l'autorité d'une cour de justice ne pourra la dispenser de se justifier; et l'éclatante solennité du jugement sera également propre à venger un corps auguste mal à propos inculpé, ou la magistrature entière, en frappant les magistrats coupables.

7. L'ord. de 1667 avait interdit au juge pris à partie, la connaissance du différend qui avait donné occasion à cette attaque, à moins qu'il n'eût été follement intimé, et que l'une et l'autre partie ne consentissent qu'il demeurât juge. — On a peine à concevoir qu'un plaideur fasse descendre un juge de son tribunal pour l'inculper, et qu'en même temps il consente à l'avoir pour juge; mais ce qui semble évident, c'est qu'un juge contre lequel une prise à partie a été admise, compromettrait et sa délicatesse et la dignité de la justice, si, même en supposant ce consentement, il connaissait du différend à l'occasion duquel il a été pris à partie. Il ne serait même pas convenable, qu'avant qu'il eût été statué sur la prise à partie, il pût connaître des autres causes, que son adversaire, les parents de cet adversaire en ligne directe, ou la personne qui lui serait unie par mariage, pourraient avoir dans le même tribunal. — C'est dans cet esprit que la disposition de la loi de 1667 a été modifiée.

8. Ainsi, sous tous les rapports, on a pris les précautions pour que la justice soit à l'abri des abus que pourraient commettre ses ministres et des atteintes que voudrait porter à la dignité des juges l'animosité des plaideurs. — Telles sont, mes-

voté, le 17 du même mois, sur le rapport de M. Albisson, membre de la section de législation du tribunat (1).

§ 2. — *Caractère de la prise à partie. — Causes qui y donnent ouverture.*

6. On ne doit pas confondre la prise à partie avec l'action en forfaiture. Quoique la prise à partie ainsi qu'on le verra ci-après soit ouverte, s'il y a lésion d'un intérêt privé, dans tous les cas où il y a forfaiture, ces deux actions cependant sont essentiellement distinctes. L'action en forfaiture prévue par les art. 121 et 183 c. pén., est l'action criminelle à fin de répression de la prévarication dont le juge s'est rendu coupable, tandis que la prise à partie est une action purement civile, ouverte contre le juge dans les cas prévus par la loi; cette action, bien que les règles en aient été tracées au code de procédure sous le titre des *voies extraordinaires pour attaquer les jugements*, ne tend pas directement à faire prononcer l'annulation d'une sentence judiciaire, mais peut seulement conduire en certains cas à ce résultat. Son but essentiel est de faire déclarer le juge responsable de l'abus de ses fonctions, soit au civil, soit au criminel, et par suite d'obtenir la réparation du dommage privé que sa prévarication a pu occasionner.

7. En autorisant le recours personnel de la partie contre le juge, la loi a dû renfermer l'exercice de ce recours dans de justes bornes. S'il importe à l'ordre social que le justiciable soit protégé contre des abus d'autorité que l'expérience du cœur humain et de ses faiblesses, ordonnait au législateur de prévoir, il importe également que le repos et la dignité du magistrat soient sauvegardés contre la liberté indéfinie qu'aurait le plaideur de lui demander raison de ses jugements. — C'est pourquoi, dans les cas ordinaires, la partie lésée par une décision qu'elle croit injuste doit, suivant la maxime que *le fait du juge est celui de la partie*, diriger contre la partie adverse, le recours qu'elle forme contre cette sentence devant un juge supérieur. Aussi, lorsque, par exception à cette règle, la loi permet l'action directe de la partie contre le juge lui-même, cette action constitue-t-elle une voie *extraordinaire* limitée à certains cas dont la loi a apprécié la gravité, et qu'elle a pris soin de déterminer avec précision dans l'art. 505 c. pr. ainsi conçu : — « Les juges peuvent être pris à partie dans les cas suivants ; 1° s'il y a dol, fraude ou concussion, qu'on prétendrait avoir été commise, soit dans le cours de l'instruction, soit lors des jugements; — 2° Si la prise à partie est expressément prononcée par la loi; — 3° Si la loi déclare les juges responsables, à peine de dommages-intérêts; — 4° S'il y a déni de justice. » — V. les explications données sur cet article par les orateurs du gouvernement ci-dessus, p. 895, nos 2 et suiv., 9 et suiv.

8. Les termes de cet article sont limitatifs : on ne peut les étendre à des cas autres que ceux qui sont expressément prévus et nominativement désignés (Conf. MM. Carré et Chauveau, Quest., n° 1804; Thomine, t. 1, p. 757; Pigeau, Procéd., t. 1, p. 792; Bioche, n° 4). Car « il ne faut pas perdre de vue, dit Merlin, que la prise à partie est, de toutes les actions la plus extraordinaire et par conséquent la plus odieuse » (Rép., v° Prise à partie, § 1). — Décidé en ce sens, que les juges ne peuvent être personnellement poursuivis pour des faits relatifs à leurs fonctions que dans les cas limitativement énumérés dans l'article précité (Req. 24 mai 1842) (2).

---

sieurs, les règles à suivre par ceux qui voudront se pourvoir contre les jugements, soit par appel, soit par tierce opposition, ou requête civile, soit enfin par ceux qui voudront diriger leurs attaques contre les juges mêmes. Vous avez vu que ces règles ont été ou puisées dans les lois antérieures, ou indiquées par l'expérience. L'exposition qui vous sera faite des autres parties de ce code, vous convaincra de plus en plus des efforts faits par le gouvernement pour améliorer cette partie de la législation.

(1) *Extrait du rapport fait au corps législatif par M. Albisson* (séance du 17 avril 1806).

9. La prise à partie est un remède violent mais nécessaire, lorsque le juge a eu le malheur de se mettre dans quelqu'un des cas où la loi permet de l'employer. — Mais ces cas doivent être assez distinctement spécifiés par la loi pour fermer tout accès à l'arbitraire. — Mais l'usage de ce déplorable remède ne doit être permis qu'avec des précautions capables de le légitimer par la preuve acquise de sa nécessité. — Car, s'il est d'une extrême importance pour l'ordre public que les juges ne puissent pas abuser impunément du pouvoir que la loi leur confie; il ne lui importe pas moins de mettre leur réputation et leur dignité à l'abri des atteintes que l'animosité seule pourrait être tentée de leur porter. — Les anciennes ordonnances, ni celle de 1667, n'avaient rien de complet, ni de précis sur les cas de la prise à partie. — Aucune n'exigeait qu'elle ne pût être intentée qu'après une autorisation donnée, en connaissance de cause, par le tribunal auquel elle devait être portée. La jurisprudence seule en avait établi la nécessité. — Le nouveau projet s'explique avec précision sur tous ces points, ainsi que sur la marche et les résultats de la procédure relative à cet objet particulier.

Les juges ne peuvent être pris à partie que dans l'un des quatre cas suivants : 1° S'il y a dol, fraude ou concussion, qu'on prétendrait avoir été commis, soit dans le cours de l'instruction, soit lors des jugements; — 2° Si la prise à partie est expressément prononcée par la loi; — 3° Si la loi déclare les juges responsables à peine de dommages-intérêts; — 4° S'il y a déni de justice, et le projet ajoute dans quels cas il y a déni de justice.

10. Les tribunaux qui doivent connaître de la prise à partie sont spécialement désignés. — L'autorisation préalable de chacun de ces tribunaux est formellement exigée. — Des peines graves sont imposées au plaideur irrespectueux et à son défenseur imprudent, qui se permettraient aucun terme injurieux contre les juges; et en cas de rejection de la requête en autorisation, la partie est condamnée en une amende qui ne pourra être moindre de 300 fr., sans préjudice des dommages-intérêts envers les parties, s'il y a lieu.

11. Rien n'est plus simple que la procédure à suivre, si la requête est admise. — Et en cas de déboutement, amende de 300 fr. au moins, sans préjudice encore des dommages-intérêts envers les parties, s'il y a lieu. — Ainsi, messieurs, dans les troisième et quatrième livres du nouveau projet de code de procédure civile, comme dans les deux précédents, rien d'omis, ni de vague, ni d'incomplet; et il le fallait pour porter au degré de perfection auquel il était aujourd'hui possible d'atteindre, deux parties du code judiciaire qui n'ont d'autre objet que de rectifier, déblayer et applanir les voies diverses par lesquelles les jugements peuvent être attaqués.

12. Grâce à notre nouveau code civil, dont celui de la procédure sera le complément, comme la pratique l'est de la théorie; grâce surtout à l'excellent esprit qui règne dans nos tribunaux, aux lumières et à l'application de nos magistrats, qui veillent, avec une si religieuse jalousie, à l'inviolabilité du dépôt sacré que le chef auguste de l'empire leur a confié pour le bonheur de son peuple et la sécurité de chaque citoyen, les routes qui conduisent à l'attaque des jugements, seront moins battues que jamais. — Ils savent bien, ces dignes magistrats, que, si les lois sont les ancres de l'empire, les jugements sont les ancres des lois (*a*). — La section de législation du tribunat, qui m'a chargé, messieurs, de vous exposer les motifs de son vote d'adoption des troisième et quatrième livres de la première partie du code de procédure civile, vous invite à donner à ce vote l'honorable sanction de vos suffrages.

(*a*) *Judicia anchoræ legum sunt, ut leges reipublicæ.* Bacon.

(2) *Espèce :* — (Héritiers Bordères C. Archidet.) — Des difficultés s'étant élevées entre les héritiers du sieur Michel Bordères, au sujet du partage de la succession de ce dernier, le tribunal de Saint-Gaudens rendit, sous la présidence de M. Archidet, juge audit tribunal, un jugement qui ordonnait la comparution des parties. — Le 25 mai 1840, Me Martin, avoué de l'une des parties, signifia les qualités de ce jugement aux autres avoués en cause qui déclarèrent y former opposition. — On se présenta en règlement de ces qualités devant M. Archidet, qui, après un débat contradictoire, ne crut pas devoir les admettre telles qu'elles étaient adressées; l'original en fut déposé au greffe, avec l'ordonnance qui avait été transcrite sur le même papier. — Me Duprat, avoué, occupant pour d'autres parties, fait alors signifier d'autres qualités qui sont, à leur tour, rejetées par le même magistrat. — Dans ces circonstances, M. Bordères, tant en son nom qu'au nom de ses frères et sœurs, notifia à M. Archidet, en parlant au greffier, une réquisition ayant pour but de constater le déni de justice; cet acte fut suivi d'une assignation tendant, contre M. Archidet, à une condamnation par corps en 20,000 fr. de dommages-intérêts, outre les dépens, et, en outre, à la restitution de l'original des qualités qu'il avait d'abord rejetées d'office, et ensuite retenues malgré l'opposition de l'avoué des parties. — M. Archidet conclut à ce que le tribunal se déclarât incompétent, s'agissant, dans l'espèce, d'une prise à partie qui devait être suivie dans les termes des art. 509 et suiv. c. pr. Il requit, en outre, contre les demandeurs une condamnation aux dépens pour tous dommages-intérêts.

28 juill. 1840. — Jugement du tribunal de Saint-Gaudens ainsi motivé : — « Attendu que M. Archidet a été cité en sa qualité de juge et pour des faits relatifs à ses fonctions; que, quelle que soit la forme que le sieur Bordères ait donnée à sa demande, elle n'en constituait pas moins une demande en prise à partie; qu'il aurait dû, dès lors, se pourvoir en conformité des dispositions du titre 3 du livre 4 c. pr.; — Attendu que, si le tribunal pouvait s'occuper du fond, il n'y trouverait pas moins un motif évident de démettre le sieur Bordères de sa demande et de relaxer M. Archidet; — Qu'en effet, en couchant au bas des qualités notifiées, l'ordonnance qui statue sur leur opposition, M. Archidet n'a fait que se conformer à l'usage de tout temps pratiqué devant le tribunal, admis par presque tous les siéges et permis par la grande majorité des auteurs et les instructions ministérielles; que les qualités formant dès lors, avec l'ordonnance, un tout indivisible, le dépôt en devait être fait au greffe; que le dépôt dans ce lieu était une garantie de plus pour les parties; — Attendu que l'amende établie par l'art. 515 est une peine; que les peines ne peuvent être appliquées que dans les cas mêmes prévus par la loi; qu'il n'y a pas identité absolue entre l'espèce actuelle et celle dont s'occupe l'art. 515; — Attendu, sur la demande en dommages-intérêts, que la réputation d'homme de loyauté de M. Archidet n'a pu souffrir d'une demande aussi mal fondée, etc... »

9. Reprenons séparément les divers cas de prise à partie :— 1° *s'il y a dol, fraude ou concussion.* — Ces causes de prise à partie se trouvaient déjà énoncées textuellement dans l'ordonnance de François Ier, de décembre 1540, art. 2.— Il y a *dol* ou *fraude*, si le juge altère sciemment la réponse d'une partie, la déposition d'un témoin, le sens ou la portée d'un titre dont il est chargé de faire le rapport; s'il concourt à quelque acte ayant pour but de tromper la religion de ses collègues; ou enfin s'il commet sciemment une injustice par des motifs de faveur, de haine ou d'intérêt personnel.—Il y a *concussion* d'après l'art. 174 c. pén., si le juge exige ou reçoit de la partie des droits, taxes ou émoluments qu'il sait n'être pas dus : un pareil abus ne peut se présenter que bien rarement, mais la disposition de l'art. 505 qui met ce cas au nombre des causes de prise à partie, a sa source dans l'usage où étaient autrefois quelques tribunaux de percevoir certains droits sous le nom *d'épices*. Aujourd'hui que les lois modernes ont aboli cet usage non moins contraire à la dignité de la magistrature qu'à l'intérêt des justiciables; depuis surtout que même à l'égard des juges de paix, les taxes dues par les parties à titre de vacations ont été remplacées par un supplément de traitement alloué par l'Etat, il est difficile d'admettre qu'il puisse se trouver un seul juge qui oublie ses devoirs au point d'exiger ou de recevoir des parties un émolument quelconque dans l'exercice de ses fonctions.

10. On a agité la question de savoir si la faute grossière donnait également lieu à cette voie d'après la maxime *lata culpa dolo æquiparatur.* — Pour l'affirmative, on a soutenu qu'en matière de responsabilité civile et de dommages-intérêts, la maxime de droit romain, qui assimile la faute grave au dol, a été admise de tout temps dans notre droit et qu'elle est implicitement sanctionnée par les art. 1382 et 1383 c. nap.; qu'un magistrat qui oserait monter sur son siége dans une ignorance complète du droit ne saurait être plus excusable que le notaire, l'avocat ou l'avoué qui, par de graves erreurs, compromet l'intérêt de ses clients (V. Responsabilité). — On a, de plus, argumenté des termes de l'ordonnance de Blois qui, conformément au principe de droit civil consacré par les art. précités, autorisait la prise à partie, non-seulement pour *fraude* ou *concussion*, mais encore dans tous les cas où il y aurait de la part du juge *faute manifeste*, et de l'art. 8, tit. 1 de l'ord. de 1667 qui rendait le juge responsable envers la partie en cas de *violation des lois* et édits. — C'est ainsi qu'il a été jugé sous le code de brumaire an 4, que le directeur du jury qui instruit contre quelqu'un une procédure correctionnelle pour un fait qui ne peut constituer un délit, et que la partie adverse elle-même ne présente pas comme tel, commet *une faute grave*, au sujet de laquelle il peut être poursuivi par la voie de la prise à partie (Ch. civ. 23 juill. 1806 (1).—Conf. MM. Chauveau sur Carré, quest.

Appel. — 2 mars 1841, arrêt confirmatif de la cour de Toulouse : — « Attendu que, lorsqu'il est introduit une action contre un fait ressortissant du ministère du juge, cette action ne peut être que celle de la prise à partie; qu'à cet égard, si les appelants ont irrégulièrement procédé, les premiers juges ont dû rejeter leur demande; — Attendu, au fond, que l'intimé, en rejetant, par son ordonnance, les qualités qui lui étaient soumises, sur le fondement qu'elles étaient contraires aux faits du procès, a rempli un acte de son ministère, non sujet à recours; que la pièce, infirmée comme élément d'erreurs, ne pouvait plus, à ce titre, faire partie du dossier des appelants; qu'en la déposant au greffe, l'intimé n'a pas commis un excès de pouvoirs, mais bien exercé un acte de prudence et de sagesse qui ne saurait légitimer l'action introduite contre lui; — Que si les premiers juges, appréciant l'esprit d'ordre et de justice de l'intimé, connu dans la localité qu'il habite, n'ont pas cru, par cette considération, devoir lui adjuger des dommages, il doit en être autrement dans une localité étrangère, et par l'effet de l'appel interjeté qui aurait ajouté au préjudice moral déjà causé au sieur Archidet; qu'au surplus, les premiers juges, en statuant ainsi qu'ils l'ont fait, ont bien procédé et jugé au fond; — Attendu, quant à l'appel incident, qu'en supposant qu'il fût irrégulier dans la forme, l'intimé aurait eu le droit de former l'action qui en est l'objet devant la cour.... — Sans avoir égard aux conclusions des appelants, les démet de leur appel, et, statuant sur la demande en dommages-intérêts formée par l'intimé devant la cour, condamne les appelants à 500 fr. de dommages-intérêts;»

Pourvoi :— 1° Fausse application et violation des art. 505 et 506 c. pr. civ. : excès de pouvoir et violation de l'art. 509 du même code. Dans ces textes, la loi énumère avec soin les cas où les juges peuvent être pris à partie; or, l'action du demandeur ne rentrait dans aucune des catégories légales. Il n'y avait de la part du juge ni dol, ni fraude, ni concussion à retenir les qualités par lui rejetées; point de disposition qui autorisât, en cas pareil, la voie rigoureuse de la prise à partie, ou qui déclarât le juge passible de dommages-intérêts pour fait semblable; enfin il ne s'agissait pas d'un déni de justice, qui consiste à refuser de répondre une requête ou de juger une affaire en état. —Mais, en supposant qu'il s'agît d'une prise à partie, les premiers juges, au lieu de rejeter la demande, devaient se déclarer incompétents;

2° Excès de pouvoirs; violation de l'art. 145 c. pr. civ. — Suivant l'arrêt attaqué, le juge aurait agi prudemment, en ordonnant le dépôt des qualités rejetées par lui, et qui, dès lors, ne faisaient plus partie de la procédure; mais c'est précisément en raison de ce motif qu'il aurait dû les restituer; si les qualités eussent été admises, elles devenaient partie de la minute du jugement; mais rien n'autorisait le juge à les retenir, dès qu'il refusait de les admettre; le droit qu'il s'est arrogé constituait une véritable confiscation. — Objecte-t-on que les qualités portaient l'ordonnance de rejet, dont la minute doit être déposée au greffe? il resterait à examiner si le juge pouvait inscrire son ordonnance sur une pièce qu'il devait rendre; or, sur ce point, il est vrai controversé, il faut tenir que la décision du juge sur un règlement de qualités est une véritable sentence rendu après plaidoiries, et dont la minute doit être conservée sur une feuille séparée.

3° Fausse application et violation de l'art. 464 c. pr. civ. — Aucune demande nouvelle ne peut être formée en appel, à moins qu'il ne s'agisse d'un préjudice souffert depuis le jugement; or, l'arrêt considère comme tel le préjudice moral causé par l'appel. Il est facile de répondre qu'interjeter appel, c'est user d'un droit consacré par la loi, et que la seule peine du plaideur téméraire est la condamnation aux dépens. Les dommages-intérêts pourraient se justifier, si l'appel était purement vexatoire (cass. 11 janv. 1837, V. Responsab.) ou le plaideur de mauvaise foi (cass. 3 mai 1836, V. *eod.*), ou s'il se trouvait un préjudice matériel, par exemple, une perte d'intérêts; dans l'espèce, l'arrêt se fonde sur un prétendu préjudice moral, qui ne saurait justifier la condamnation prononcée. — Arrêt.

LA COUR; — Sur la première branche du premier moyen : — Attendu que les actes du juge, quand ils se rattachent à l'exercice de ses fonctions ne peuvent engager sa responsabilité que dans les cas expressément prévus par la loi qui a introduit la voie extraordinaire de la prise à partie; d'où il suit qu'aucun acte du ministère du juge ne peut autoriser une poursuite personnelle contre lui, à moins qu'il ne soit au nombre de ceux que l'art. 505 c. pr. civ. a pris soin de déterminer d'une manière limitative;

Sur la deuxième branche du même moyen : — Attendu que c'est par la voie civile ordinaire que le demandeur en cassation avait introduit sa demande en dommages-intérêts contre le sieur Archidet, à l'occasion des prétendus griefs qu'il imputait à ce dernier; que la cour d'appel légalement saisie par l'appel de cette demande, a dû l'apprécier dans l'état où elle se présentait, et que l'ayant trouvée mal fondée, elle a été légalement conduite à la rejeter;

Sur le deuxième moyen, tiré de la violation de l'art. 145 c. pr.; — Attendu que la question à laquelle se rattache ce moyen, n'a pas été jugée par l'arrêt attaqué, qu'il importe peu que, dans un des considérants de cet arrêt, il était dit un mot justificatif du mode de procéder suivi par le sieur Archidet, puisque ce n'est pas ce point que porte le dispositif qui a entendu seulement statuer sur la recevabilité de l'action;

Sur le troisième moyen, tiré de la violation de l'art. 464 c. pr. civ. : — Attendu qu'il appartient au juge d'appel d'apprécier souverainement les circonstances qui peuvent motiver la demande en dommages-intérêts formée par l'appelant, en vertu des dispositions de l'art. 464 c. pr., et que l'arrêt attaqué a fait une juste interprétation de cet article, en reconnaissant qu'il ne s'applique pas uniquement au cas d'un préjudice matériel; — Rejette.

Du 24 mai 1842.-C. C., ch. req.-MM. Zangiacomi, pr.- Mesnard, r.

(1) *Espèce* : — (Deboileau *C.* Dubellay.) — La veuve Padieu vend une maison à Chabaille, moyennant une rente viagère de 3 liv. par semaine, et à charge d'usufruit; — Huit jours après, cette veuve vend une seconde fois la même maison à Foulon, son neveu et son héritier présomptif, moyennant une rente viagère de 3 liv. 10 s. par semaine, et sous la même réserve d'usufruit; — Le premier acquéreur n'avait point fait transcrire son contrat. — Le second accomplit cette formalité. — Chabaille à qui on oppose le second contrat de vente, rend plainte en escroquerie contre la veuve Padieu et son neveu. Cette plainte est reçue par le sieur Vignon, qui exerçait alors à Abbeville les fonctions de directeur du jury, mais l'information fut continuée par le sieur Dubellay, qui succéda à Vignon. — Le 22 prair. an 11, le sieur Dequeux, magistrat de sûreté, qui poursuivait cette affaire avec chaleur, obtient une ordonnance du sieur Dubellay, portant mandat d'amener contre Me Deboileau, avocat : « attendu, est-il dit, que quelques déclarations des témoins établissent contre ce dernier des préventions de complicité de dol et d'escroquerie. » — En fait, Me Deboileau reconnut et avoua que

1805; Favard, t. 4, n° 532; Poncet, t. 2, nos 390 et suiv.).

11. En se reportant à l'espèce jugée par l'arrêt ci-dessus, on trouve des circonstances de fait qui paraîtraient indiquer une faute volontaire de la part du magistrat pris à partie et qui

---

Foulon et sa tante étant venus pour le consulter sur les moyens de rendre sans effet le contrat de vente *qu'ils disaient leur avoir été surpris par Chabaille*, il leur avait conseillé d'en faire un second, et de le faire transcrire promptement, pour obtenir la priorité. — Me Deboileau soutint d'ailleurs que le fait par lui avoué ne pouvait donner lieu à une poursuite correctionnelle. — Un avocat, disait-il, ne peut être recherché à raison des conseils qu'il donne. Et lors même qu'il pourrait l'être, l'action qui, dans l'espèce, était l'objet du conseil, n'était point un délit correctionnel. En effet, elle pourrait tout au plus être regardée comme un stellionat, et le stellionat ne donne lieu à aucune peine correctionnelle. Le conseil ne peut pas être puni plus que l'action qui en résulte. — Chabaille déclara de son côté, n'avoir pas étendu sa plainte à Me Deboileau.

Le tribunal correctionnel d'Abbeville, renvoya la veuve Padieu et Foulon de la plainte dirigée contre eux; et relativement à Me Deboileau, ordonna son élargissement définitif pour les motifs suivants : « Considérant que le secret du cabinet d'un jurisconsulte doit être respecté toutes les fois qu'il ne conseille pas un délit; qu'en effet, la plus grande liberté, bien différente de la licence, doit toujours être l'apanage d'une profession, qui ne connaissait autrefois de censure que celle qui sortait de son sein, et pour qui l'opinion publique était d'ailleurs un frein suffisant, comme elle en était aussi la plus belle récompense; que, sans doute, les magistrats qui ont procédé à l'instruction de l'affaire se seraient bien gardés d'attenter à cette honorable et précieuse prérogative, s'ils n'avaient, à quelques égards, été fondés à voir, dans cette affaire très-délicate, des traces de mauvaise foi et de dol caractérisé, délit prévu par l'art. 55 de la loi correctionnelle, et que le sieur Deboileau était convenu avoir conseillé la seconde vente, procédé contraire à la délicatesse et l'honneur... »

Appel de ce jugement par Me Deboileau, en tant qu'il contenait des assertions injurieuses contre lui; il demande la suppression du considérant, qui reconnaissait dans sa conduite des traces de mauvaise foi et de dol caractérisé, sous réserve de former toutes demandes en réparation, dommages-intérêts, ou autres quelconques, qu'il lui plairait intenter contre les auteurs des persécutions dont il se plaignait. — Le procureur général appuya ces conclusions qui furent adoptées par arrêt de la cour d'Amiens du 10 moss. an 12, dont voici le texte : « Considérant que, de sa nature, l'affaire était purement civile, s'agissant de l'exécution d'un contrat transcrit, et de sa prévalence sur un autre contrat antérieur, mais non transcrit; qu'il n'a été articulé ni spécifié aucun fait de dol, ni autres, compris en l'art. 35 c. corr., et qu'il n'en est résulté aucun, soit des premières informations, soit des réponses du prévenu; qu'ainsi, il n'y avait lieu ni au mandat d'arrêt ni à l'ordonnance de traduction; — Qu'au surplus, les juges dont est appel, ayant reconnu qu'il n'avait été pratiqué par la veuve Padieu et Foulon, poursuivis comme auteurs de la prétendue escroquerie, aucune manœuvre, aucune espèce de dol, n'ont pu, sans une contradiction évidente, juger, par rapport à Deboileau, poursuivi comme complice, et qui n'aurait fait que rendre et développer, comme jurisconsulte, dans le secret du cabinet, le texte d'une loi existante, et qui ne pouvait être garant de l'abus qu'en auraient fait les consultants, que l'affaire avait présenté, à quelques égards, des traces de mauvaise foi et de dol caractérisé; qu'ils n'ont pas pu davantage, en le déchargeant de l'accusation portée contre lui, déclarer que son procédé était contraire à l'honneur et à la délicatesse : ce qui, d'ailleurs, emporterait une sorte de blâme que les juges n'auraient pu prononcer sans excès de pouvoir; — En ce qui concerne Deboileau, annule l'ordonnance de traduction contenant mandat d'arrêt, et tout ce qui a suivi; renvoie ledit Deboileau de la plainte, ordonne que son écrou sera rayé et biffé, et le réserve en tous ses droits.... »

En vertu de cet arrêt, Me Deboileau a pris à partie M. Dubellay, président du tribunal d'Abbeville, qui avait rempli, dans cette affaire, les fonctions de directeur du jury, et M. Dequeux, magistrat de sûreté.

La cour de cassation, section des requêtes, par arrêt du 25 frim. an 14, admit la requête de Me Deboileau en ce qu'elle concernait le sieur Dubellay et le déclara non recevable, quant à présent, à l'égard de Dequeux, conformément à l'art. 75 de l'acte constitutionnel de l'an 8.— Deboileau s'est appuyé sur une multitude de dispositions consignées dans les ordonnances de 1539, de 1540, de 1560, de 1579, de 1667 et de 1670; — Mais il s'est attaché particulièrement à l'art. 585 c. des dél. et des pein., n° 3, qui autorise la prise à partie contre un juge, lorsqu'il y a eu, de sa part, dol, fraude et prévarication, commis par inimitié personnelle. — Il a prétendu, d'abord, que dans la conduite de Dubellay, comme directeur du jury, il y avait dol et fraude, parce que Chabaille n'ayant point compris, Deboileau, dans sa plainte, Dubellay ne devait pas adhérer à des réquisitions qui lui étaient faites en vertu d'une dénonciation d'office et calomnieuse du magistrat de sûreté; pour démontrer cette proposition, Me Deboileau a invoqué en premier lieu l'autorité de Jousse et de Pussort, d'après lesquels l'abus d'autorité et l'incompétence sont compris sous les mots *dol* et *fraude*, principe consacré par l'ordonnance de Blois, art. 147, qui autorise la prise à partie dans le cas d'incompétence, lorsqu'il y a eu faute manifeste, et par la règle du droit romain : *Culpa lata dolo æquiparatur*. — Il a soutenu ensuite que, de la combinaison de nos lois criminelles, on devait conclure que Dequeux ne pouvait requérir, ni Dubellay décerner un mandat d'arrêt, si le fait qui en était le motif, n'était pas un délit, et un délit de nature à mériter une peine afflictive et infamante, ou du moins correctionnelle : d'où il résultait que les poursuites dirigées contre lui étaient illégales et constituaient un abus d'autorité; — Me Deboileau a ensuite allégué que Dubellay avait prévariqué dans ses fonctions, par inimitié personnelle qu'il faisait résulter de trois causes : 1° de l'acquittement d'un accusé contre lequel Dubellay avait lancé un mandat de dépôt, obtenu par la défense courageuse de Deboileau; 2° des conseils donnés par celui-ci dans la poursuite en divorce exercée contre le premier par sa femme; 3° d'une différence d'opinions dans les temps d'orages révolutionnaires, qui s'était manifestée par des outrages, et l'oppression la plus dure de la part de Dubellay, alors magistrat, contre Deboileaux.

Le sieur Dubellay a opposé à l'action de Me Deboileau, plusieurs fins de non-recevoir tirées : 1° de ce que la requête dirigée contre le magistrat de sûreté, ayant été rejetée, quant à présent, il devait en être de même de celle dirigée contre lui, vu l'indivisibilité qui lui semblait résulter, tant de la marche suivie par Deboileau, qui a solidairement attaqué les deux magistrats, que des lois de la matière, et notamment des art. 15 et 16 de la loi du 7 pluv. an 9, desquels on peut inférer qu'il y a unité de fonctions, d'attributions, de responsabilité, toutes les fois que les magistrats de sûreté et le directeur du jury sont d'accord; — 2° De ce que ce n'était pas lui, mais Vignon, son prédécesseur, qui avait admis la plainte de Chabaille, qui avait reçu les premières informations, et qui avait décidé par là que l'affaire était susceptible d'être poursuivie correctionnellement; — 3° De ce qu'il n'avait décerné le mandat d'amener et d'arrêt, que sur la plainte élevée d'office et sur les réquisitions du magistrat de sûreté. Il prétendait qu'il n'était pas en son pouvoir de rétracter la décision de son prédécesseur, ni de se refuser aux réquisitions de la partie publique; et il faisait découler ce système de l'ensemble des dispositions des art. 70, 98, 217, 218 et 219 de la loi du 3 brum. an 4, et des art. 8 et 15 de la loi du 18 pluv. an 9; — 4° Une dernière fin de non-recevoir était prise de ce que la qualité de juge ne pouvait lui être attribuée dans toute son étendue, parce que le directeur du jury n'est appelé qu'à préparer les preuves sur lesquelles le tribunal, composé d'autres juges, doit statuer; et qu'ainsi il ne pouvait pas être pris à partie.

Au fond, le sieur Dubellay a prétendu que sa conduite ne présentait aucun caractère de dol. Il a même cherché à écarter toute idée de faute grave. — En effet, disait-il, les art. 100 et 111 c. des dél. et des pein., démontrent qu'il n'a point été commis d'actes arbitraires; car il résulte de ces articles, et de plusieurs autres, relatifs à la matière, que le magistrat de sûreté, auquel sont confiées les fonctions de police, attribuées auparavant au juge de paix, a dû rendre plainte d'office contre Mr Deboileau et que le directeur du jury a dû l'accueillir; que le défaut de plainte de la partie civile n'empêche pas celle d'office; que dans l'espèce, la déposition de plusieurs témoins ayant désigné Deboileau comme complice du délit qui avait été l'objet de la plainte de Chabaille, les magistrats étaient dans la nécessité, s'ils ne voulaient manquer aux obligations qui leur étaient imposées par les lois, d'instruire contre ce prévenu de complicité, et de le comprendre dans la poursuite originaire et principale. — Dubellay s'est attaché d'ailleurs à repousser les reproches de haine et de partialité, que Mr Deboileau avait articulés, et a rapporté des certificats nombreux attestant qu'il s'était toujours comporté avec ménagement envers Deboileau, qu'il ne l'avait jamais opprimé, même pendant son arrestation, qu'il ne pouvait lui en vouloir relativement à son divorce, vu qu'il était prouvé, et que madame Dubellay certifiait elle-même que jamais le sieur Deboileau n'avait été consulté dans cette affaire.— Arrêt (après délib. en ch. du cons.).

LA COUR; — Vu, sur les fins de non-recevoir, les art. 15 et 16 de la loi du 7 pluv. an 9; — Et attendu que depuis l'arrêt rendu le 25 frim. an 14, lequel a sursis à l'admission de la requête contre le sieur Dequeux, jusqu'à ce que le conseil d'Etat ait statué, le demandeur a pu, ainsi qu'il l'a fait, se borner, quant à présent, à diriger son action contre le défendeur, dont les fonctions étaient distinctes et séparées de celles du sieur Dequeux; — Que si le sieur Vignon, en qualité de directeur du jury, avait commencé incompétemment des procédures en voie correctionnelle, son successeur, loin d'être astreint à les continuer, devait, au contraire, réparer l'erreur comme le sieur Vignon lui-même l'aurait dû; — Qu'au surplus, la plainte contre le demandeur a été accueillie, et les mandats d'amener et d'arrêt ont été décernés, non par le sieur Vignon, mais bien par le défendeur; — Et qu'aux termes des art. 15 et 16 précités, le défendeur n'était tenu d'adhérer aux réquisitions du magistrat de sûreté, que si elles étaient justes et fondées; — Que le défendeur peut d'autant moins s'étayer de l'arrêt de la cour de justice criminelle d'Amiens, qu'elle a annulé en termes formels le mandat d'arrêt décerné par

peuvent avoir exercé une certaine influence sur la décision. Cependant l'arrêt semble poser en principe que, dans tous les cas où il y aurait *faute grossière* de la part du juge, il y aura nécessairement ouverture à prise à partie.—Nous ne saurions adopter cette opinion, et voici nos motifs. S'il est vrai que la maxime *lata culpa dolo æquiparatur* soit applicable en général dans les cas ordinaires de responsabilité civile, il ne s'ensuit pas qu'elle doive l'être dans une matière où tout est de droit strict et où il ne s'agit pas seulement de réparation pécuniaire et de dommages-intérêts, mais d'une question d'ordre public. — Suivant la loi romaine, la faute n'était comparée au dol à l'égard du magistrat qu'autant qu'il avait agi avec une *intention* dolosive, mû par un sentiment de faveur, de vengeance ou d'inimitié (L. 15, D., *De jud.*; L. 2, C. *De pæn., jud. qui mal. jud.*). Si l'ordonnance de Blois et celle de 1667 rendaient les magistrats responsables de leurs erreurs, leurs dispositions sur ce point, reste de l'usage qui faisait descendre les tribunaux dans l'arène pour y défendre leurs décisions n'étaient pas suivies en jurisprudence. On trouve en effet dans Louet, lettre O, sommaire 3, plusieurs arrêts qui ont refusé d'admettre l'action en prise à partie contre des magistrats qui avaient ouvertement jugé contre la disposition formelle d'un règlement, mais sans qu'il y eût eu de leur part ni dol ni fraude. — C'est aussi en ce sens qu'il a été jugé, par application de la loi romaine, qu'un juge ne peut être pris à partie que lorsqu'il est pleinement convaincu d'avoir jugé par haine, par faveur ou par corruption (Ch. civ. 16 mess. an 3) (1).—Du reste, les dispositions de l'ordonnance de Blois et celles l'ordonnance de 1667 n'ont pas été reproduites par le code de brumaire an 4, et le principe qui leur sert de base nous semble virtuellement condamné par l'art. 505 c. pr.—Cet article, en effet, en n'autorisant cette action que dans les cas qu'il a expressément déterminés, et en l'admettant d'une manière limitative pour dol, fraude ou concussion, la repousse évidemment pour cause d'erreur. Cela résulte clairement d'ailleurs des discours de l'orateur

---

le défendeur, et qu'elle l'a annulé, comme le résultat d'une procédure correctionnelle instruite, sans qu'il y eût de délit;

Et, quant au fond, vu l'art. 565 de la loi du 3 brum. an 4, ainsi conçu : « Il y a lieu à la prise à partie... lorsqu'il y a eu de la part d'un juge, dol, fraude ou prévarication commise par inimitié personnelle ;—Vu la loi 226, *De verbor. signif*, ainsi conçue : *Magna negligentia culpa est : magna culpa dolus est* ;—Vu l'art. 5, tit. 1, intitulé de la contrainte par corps en matière civile, de la loi du 15 germ. an 6, ainsi conçu : « La contrainte par corps aura lieu pour... stellionat. » — Vu l'art. 26 de la loi du 11 brum. an 7, ainsi conçu : « Les actes translatifs de biens et droits susceptibles d'hypothèques doivent être transcrits... Jusque-là, ils ne peuvent être opposés aux tiers, qui auraient contracté avec le vendeur, et qui se seraient conformés à la disposition de la présente. » — Vu le tit. 5 de la loi du 3 brum. an 4, d'après lequel les mandats d'amener et d'arrêt ne peuvent être décernés, que lorsqu'il existe des preuves ou des présomptions de délit, et dans les cas y exprimés ;—Vu enfin les art. 15 et 16 de la loi du 7 pluv. an 9, ci-devant énoncés ; – Et attendu qu'aux termes de l'art. 565 précité, la prise à partie est autorisée, lorsqu'il y a eu dol de la part d'un juge ;—Que lorsqu'il s'agit d'instances civiles en dommages intérêts, les lois assimilent la faute grave au dol ; —Que dans l'espèce, la revente faite par la veuve Padieu, n'a pu donner lieu à des poursuites correctionnelles, quand bien même on voudrait l'envisager comme un stellionat ;—Que le conseil donné par le demandeur, dans les termes allégués par le défendeur, ne renferme pas même l'apparence d'un délit ;—D'où la conséquence, que le mandat d'amener, la traduction à la police correctionnelle, et le mandat d'arrêt, constituent une faute grave de la part du défendeur ;—Attendu que cette faute ne peut être atténuée ni par un prétendu avis verbal du procureur général impérial près la cour de justice criminelle d'Amiens, ni par le certificat des juges et du greffier du tribunal d'Abbeville, délivré au défendeur pendant l'instance en prise à partie ;—Sans avoir égard aux fins de non-recevoir proposées par le défendeur, le déclare bien intimé et pris à partie ; le condamne en conséquence en la somme de 6,000 fr. de dommages-intérêts envers le demandeur, et aux dépens.

Du 25 juill. 1806.–C. C., sect. civ.–MM. Target, pr. d'âge.–Botton, rap.–Thuriot, subst., c. conf.–Parent-Real et Gerardin, av.

(1) (Ruellan C. de Cuillé et cons.) — LE TRIBUNAL ; — Considérant par rapport au fond de la contestation, que dans le droit une prise à partie est une véritable accusation, et une accusation d'autant plus grave qu'elle compromet tout à la fois l'honneur et la fortune du juge contre lequel elle est dirigée ; — Que toute accusation suppose nécessairement un délit, et que, conséquemment, le mal-jugé, même évident, ne peut donner ouverture à la prise à partie, parce qu'il peut être l'effet de l'erreur, de l'inattention et de l'ignorance, au lieu qu'un délit a sa source dans un vice du cœur ; — Que toute accusation doit être prouvée d'une manière claire, précise, évidente ; que ces principes sont puisés dans la loi 15, ff. *De judiciis* qui a servi de modèle et de base à la jurisprudence française sur cette matière et qui est conçue en ces termes : *Judex tunc litem suam facere intelligitur, si dolo malo in fraudem legis sententiam dixerit; dolo autem malo hoc facere videtur si evidens arguatur ejus vel gratia vel inimicitia vel etiam sordes : ut veram estimationem litis prestare cogatur;* — Qu'ainsi et en dernière analyse, un juge ne peut être pris à partie que lorsqu'il est pleinement convaincu d'avoir jugé par faveur, par haine ou par corruption ;

Que ces principes vrais, quand il s'agit d'un seul juge, ne le sont pas moins, quand il s'agit d'un tribunal entier ; que, dans ce dernier cas, les preuves doivent être encore plus convaincantes, parce que la force des preuves doit augmenter en proportion de l'invraisemblance du délit, et qu'il est bien plus invraisemblable qu'un tribunal entier se coalise pour perdre un individu qu'il ne l'est qu'un juge se livre à sa haine et à sa vengeance personnelle ; — Que cette coalition est encore plus difficile et par conséquent moins probable, lorsque le tribunal est très-nombreux et composé de membres qui changent à certaines époques, et à qui leurs relations sociales imposent une plus grande nécessité de ne pas compromettre leur dignité ; qu'alors l'invraisemblance du délit est à son comble, et que conséquemment l'évidence des preuves doit être portée au plus haut degré ;— Qu'on doit s'attacher d'autant plus fortement à ces maximes, que la prise à partie d'un tribunal ne peut être rigoureusement juste qu'autant que le jugement qui y a donné lieu aurait passé à l'unanimité, unanimité impossible à prouver dans l'ancien régime et jamais présumable en fait de prévarication ;

Considérant, dans le fait, que le citoyen Ruellan ne fonde sa prise à partie que sur la haine qu'il suppose au ci-devant parlement de Bretagne contre lui, puisque c'est à cette haine qu'il attribue toutes les contraventions qu'il prétend avoir été commises ;—Que, dans l'espèce, les causes qu'il assigne à cette haine ne sont ni prouvées, ni même probables, puisque d'un côté, l'intérêt que le parlement pouvait prendre aux chicanes de Saint-Brieux ne pouvait pas aller jusqu'à lui faire oublier toutes les règles, et que d'un autre côté, on n'a pas pu citer un seul exemple d'un officier public qui ait été présenté pour avoir reconnu l'autorité du parlement intermédiaire ;— Qu'on ne trouve aucune trace de cette prétendue haine dans les arrêts dont le citoyen Ruellan se plaint ;—Que celui du 7 juill. 1775 a été provoqué par une dénonciation grave dont il était du devoir du ci-devant parlement d'approfondir la vérité ; — Que celui du 7 août suivant, en ordonnant que les citoyens Neuville continueraient l'instruction, a réservé au citoyen Ruellan les moyens de récusation qu'il pouvait avoir contre eux, réserve dont il n'a jamais fait usage ;—Que l'extension donnée à leur commission primitive, paraît avoir été nécessitée par la nature des faits dont les témoins déjà entendus avaient déposé ; mais cette extension a toujours été restreinte à ce qui concernait l'ordre public ;— Que ces deux arrêts ont été rendus sur les conclusions du ci-devant procureur général dont le citoyen Ruellan ne suspecte pas l'impartialité ;—Que les juges de la ci-devant Tournelle avaient pu croire que, quoique les ordonnances ne permissent pas que deux parents au premier degré siégeassent dans le même tribunal, cependant un fils pouvait être juge et un père partie publique sans incompatibilité ;—Que cette opinion avait pour elle des exemples fameux, et que quand elle aurait été fausse ce n'aurait été qu'une erreur en droit, et non une prévarication capable de motiver une prise à partie ; — Que l'arrêt du 29 mars 1776, bien loin d'annoncer aucune animosité, a adouci les condamnations prononcées contre le citoyen Ruellan par les premiers juges ; — Qu'à la vérité, les conclusions du ci-devant procureur général lui étaient encore plus favorables, mais que l'autorité d'un seul magistrat quelque respectable qu'il puisse être, ne peut jamais balancer celle d'un tribunal entier ; — Que la cassation de ces différents arrêts n'emporte aucun préjugé contre leur justice, parce qu'elle a pu être occasionnée par quelque irrégularité dans la forme ; — Que l'arrêt d'absolution obtenu par le citoyen Ruellan aux ci-devant requêtes de l'hôtel mérite plus d'attention ; mais qu'il faut observer à cet égard, 1° que la nouvelle instruction n'a roulé que sur les faits les moins graves ; 2° que l'information faite par les juges de Morlaix, a encore attiré au citoyen Ruellan un décret d'ajournement personnel ; 3° Que l'accusation n'a été déclarée ni fausse ni calomnieuse ; 4° enfin qu'un accusé quoique absous en définitive, ne peut prendre à partie les juges qui l'avaient condamné, à moins qu'il ne prouve leur partialité ;—Que les arrêts des 7 août 1776 et 18 avril 1777 cités dans le cours des plaidoiries par lesquels Ruellan a été décrété deux fois d'ajournement personnel sur deux plaintes particulières et sans information, et dont il a aussi obtenu la cassation, s'écartent par cette considération seule qu'ils ont été rendus par la grande chambre et non par la Tournelle, et que le citoyen Ruellan ne les a point compris dans ses conclusions au nombre de ceux sur lesquels il a appuyé sa prise à partie ;— Donne défaut contre les défaillants, déclare le citoyen Ruellan mal fondé, etc.

Du 16 mess. an 3.–C. C., sect. civ.–MM. Lalonde, pr.–Osmont, rap.

du gouvernement et de l'orateur du tribunat, qui n'ont eu qu'une voix sur la nécessité de circonscrire, dans des limites nettement déterminées, l'action en prise à partie, et de ne rien laisser à l'arbitraire, dans une matière qui intéresse à un si haut degré l'honneur de la magistrature (V. *suprà*, p. 893 et s., n°s 1, 9).— Combien, en effet, ne serait pas périlleuse et cruelle la fonction du juge qui aurait encore à répondre des erreurs de son intelligence! Sans doute, si l'application des lois était toujours simple et facile, le *mal-jugé* pourrait sembler une faute grossière: mais personne n'ignore combien les meilleurs esprits éprouvent parfois d'embarras pour distinguer le juste de l'injuste, et pour démêler la vérité presque toujours obscurcie par les plaideurs; personne n'ignore non plus combien l'étude de la législation est compliquée, et combien les raisonnements d'une habile défense rendent l'application des lois difficiles. Quelle ne serait pas la position du magistrat qui ne trouverait, à la suite de ses travaux, que les attaques d'un plaideur inspiré par la haine et la vengeance, et vis-à-vis duquel il serait responsable des erreurs de son jugement et de sa raison! Nous serions donc portés à penser avec M. Carré, t. 2, p. 307, «que le mal-jugé ne donne pas lieu à la prise à partie, sauf le cas où il est la suite d'une erreur tellement grossière, qu'on ne puisse supposer qu'un juge impartial y soit tombé autrement que par prévention» (Conf. MM. Pigeau, c. pr., t. 1, p. 792; Thomine, t. 1, p. 757; Bioche, v° Prise à partie, n° 24).— Il a été jugé en ce sens, sur notre plaidoyer pour la défense de la cour de la Guadeloupe prise à partie par M. le vicomte de Turpin: 1° que la simple erreur et même la faute grossière qu'auraient commise des juges dans l'exercice de leurs fonctions, mais sans dol ni fraude, ne peut autoriser contre eux l'action en prise à partie; qu'ici ne s'applique pas la maxime *culpa lata dolo æquiparatur* (Rej. 18 juill. 1832) (1); — 2° Que la faute lourde, qui n'est pas accompagnée de dol ou de fraude, ne saurait autoriser la prise à partie; spécialement, qu'il n'y a pas lieu à prise à partie contre le juge qui, par simple négligence, a qualifié de contradictoire un jugement rendu par défaut (Bordeaux, 31 août 1853, aff. Ricard, D. P. 54. 5. 601).

12. Au reste, il ne faut pas perdre de vue que la question de savoir jusqu'à quel point la faute grave peut être réputée volontaire et comme telle assimilée au dol est avant tout une question de fait dont l'appréciation abandonnée à la conscience des magistrats supérieurs, chargés de statuer sur la prise à partie, sera le plus souvent déterminée par les circonstances, la faute grossière pourra sans doute en ce cas être considérée comme cause de prise à partie, mais seulement lorsque indépendamment de sa gravité même il paraîtra avéré que cette faute ne peut avoir été qu'intentionnelle, et c'est en ce sens que nous admet-

(1) *Espèce*: — (De Turpin C. Nogues, etc.) — Des troubles ayant éclaté à Marie-Galante, dépendance de la Guadeloupe, par suite de dissentiment entre M. le vicomte de Turpin, commandant de cette dépendance, et les magistrats de l'île, au sujet de l'exécution des nouvelles ordonnances coloniales portées en 1828, dans la vue de réprimer d'une manière plus efficace la traite des noirs et d'améliorer la condition des hommes de couleur, M. le baron Desrotours, gouverneur de la Guadeloupe, envoya sur les lieux M. de Bougerel, conseiller à la cour royale, pour y concilier les esprits et lui faire connaître les causes réelles de l'agitation qui régnait à Marie-Galante. M. de Bougerel n'ayant pu remplir l'objet de sa mission, adressa au gouverneur un premier rapport intitulé *confidentiel*, puis un second, qui, sans porter ce titre, était une suite du premier, et dans lesquels, après avoir retracé les faits relatifs aux événements de Marie-Galante, il présentait M. de Turpin comme l'auteur des troubles, par suite de la faveur qu'il accordait à la classe blanche, nécessairement hostile aux réformes introduites par la législation nouvelle que les magistrats de la dépendance s'efforçaient de mettre en pratique. Toutefois, dans ces rapports, M. de Bougerel ne s'était pas borné à faire connaître au gouverneur les faits relatifs au commandement de M. de Turpin; il y avait, en outre, consigné, sans aucune réflexion personnelle, le récit d'un propos infamant et odieux, qui aurait été tenu sur le compte de cet officier supérieur, dans un grand dîner donné par M. Auger, procureur du roi à Marie-Galante, deux jours avant l'arrivée de M. de Turpin dans l'île.

A la suite d'un autre rapport, fait par une commission d'enquête, composée de plusieurs fonctionnaires que M. Desrotours avait envoyés à Marie-Galante depuis le retour de M. de Bougerel, M. le vicomte de Turpin fut traduit devant le conseil privé de la colonie, associé d'après la législation coloniale, à l'exercice du pouvoir disciplinaire du gouverneur. Ce conseil, après plusieurs séances, dans lesquelles un grand nombre de témoins furent entendus, après avoir pris connaissance du rapport de la commission d'enquête et de ceux de M. de Bougerel, et exprimé, dans l'un de ses procès-verbaux, le sentiment d'indignation qu'il avait éprouvé à la lecture du passage où M. de Bougerel avait cru devoir recueillir le propos calomnieux dont il vient d'être parlé, rendit les 13-19 nov. 1829, la décision dont voici les termes: « Le conseil déclare à l'unanimité, moins une voix, que les faits graves imputés à M. de Turpin, et dont la preuve eût pu entraîner la suspension provisoire, par application de l'art. 79 de l'ord. royale du 9 fév. 1827, ne sont pas établis;— A l'unanimité, qu'il est résulté des débats la preuve que, dans le commandement de Marie-Galante, M. de Turpin a commis des imprudences;— A la majorité de huit voix, qu'il y a eu, en outre, de sa part, manque de dignité et de fermeté, en ne faisant pas respecter l'autorité dont il était revêtu, et qu'à raison de ces faits, il est uniquement justiciable du pouvoir disciplinaire attribué à M. le gouverneur. » Par suite de cette décision, le gouverneur infligea un mois d'arrêts de rigueur à M. de Turpin.

Peu de temps après, et le 22 du même mois, M. de Turpin déposa une plainte en calomnie, en dénonciation calomnieuse et en faux témoignage contre M. le conseiller Bougerel, contre MM. Auger et Farinole, le premier procureur du roi et le second lieutenant de juge à Marie-Galante, et contre le maréchal-des-logis de gendarmerie Butaud, qui tous quatre avaient été entendus comme témoins devant le conseil privé. Le rapport de cette plainte fut fait par M. Nogues, procureur général, à la chambre d'accusation de la cour d'appel, qui, par arrêt du 15 déc. 1829, décida qu'il n'y avait lieu à suivre, soit parce que les faits relevés dans la plainte s'étant passés au conseil privé, dont les délibérations sont essentiellement secrètes, n'étaient pas susceptibles de preuve, soit parce que ces faits, en les supposant prouvés, ne pouvaient constituer aucun des délits signalés dans la plainte.

C'est à raison de cet arrêt, qu'il prétend être l'œuvre de la collusion, de la fraude et de la servilité à l'égard du gouverneur, ou tout au moins comme le résultat d'une erreur grossière, que M. de Turpin a formé une demande en prise à partie contre MM. Tolosé-de-Jabin, Dubertaut de Fontroide et Barbe, magistrats composant la chambre d'accusation de la cour d'appel de la Guadeloupe, et contre M. le procureur général Nogues, sur le réquisitoire duquel il a été rendu.—M. de Turpin réclame 130,000 fr. de dommages-intérêts.— Arrêt (apr. un long délib. en ch. du cons.).

LA COUR; — Attendu, en droit, qu'il résulte de l'art. 505 c. pr., qui régit aujourd'hui la prise à partie, qu'elle n'a lieu que dans les cas suivants: 1° s'il y a dol, fraude ou concussion commis par les juges; 2° si la loi autorise expressément la prise à partie pour le cas dont il s'agit; 3° si la loi déclare les juges responsables; 4° enfin, s'il y a déni de justice; — Que, dans l'espèce, le demandeur allègue, contre les magistrat dénoncés, le dol et la fraude, et subsidiairement la faute grave qui équivaut, selon lui, à la fraude et au dol; — Que, s'il résulte des diverses dispositions du code civil que celui qui commet une faute dommageable à autrui est tenu de la réparer, et que la faute grave oblige, en certains cas, comme le dol et la fraude, à des dommages-intérêts, il ne s'ensuit pas que des juges puissent être pris à partie, pour avoir commis, dans l'exercice de leurs fonctions, une faute, même grossière, mais sans dol ni fraude prouvés; — Que l'on ne saurait raisonner par analogie en matière de prise à partie; que tout est de rigueur en pareil cas, et qu'on ne saurait y appliquer les maximes ordinaires du droit civil, puisqu'il n'y est pas seulement question d'une réparation pécuniaire et de dommages-intérêts, mais de l'honneur et de l'état des magistrats dénoncés; — Attendu, en fait, qu'il ne résulte point des circonstances de la cause que l'officier du ministère public qui a requis, et les juges qui ont rendu l'arrêt du 15 déc. 1829, aient agi par dol et fraude, et que, d'ailleurs, rien ne justifie dans la cause les reproches allégués par le demandeur à l'appui de sa prise à partie; — Déclare le demandeur mal fondé dans sa demande en prise à partie, l'en déboute et le condamne en 300 fr. d'amende et aux dépens, taxés à..., en ce, non compris le coût du présent arrêt, lequel sera, à titre de dommages-intérêts, imprimé et affiché, dans la colonie de la Guadeloupe et dépendances, au nombre de cinquante exemplaires, aux frais du demandeur; — Et sur le surplus des fins et conclusions des parties: — Attendu que le mémoire du conseiller Tolosé de Jabin n'offre rien de répréhensible; — Que, si ceux publiés et distribués au nom du sieur Turpin contiennent des expressions blâmables par leurs violences, les faits calomnieux imputés audit Turpin, à la vérité par d'autres que les magistrats dénoncés, étaient d'une nature si injurieuse qu'ils ont excité l'indignation du conseil privé, qui en a consigné l'expression dans ses registres, ce qui diminue le tort de cette violence; — En qu'enfin, si le mémoire, publié et distribué par le conseiller auditeur Barbe, n'est pas exempt de reproche sous ce rapport, ce magistrat était atteint par une action qui compromettait la dignité de son caractère, et l'exposait à la perte de son état; — Que, dès lors, il y a des circonstances atténuantes, qui rendent l'un et l'autre excusables; — Les met hors de cour.

Du 18 juill. 1832.-C. C., ch. civ.-MM. Portalis, pr.-Ruperou, rap.-De Gartempe fils, av. gén., c. conf.-A. Chauveau et Dalloz, av.

tons l'opinion exprimée à ce sujet par M. Carré : telle serait, par exemple, la faute grossière sur laquelle le juge aurait été vainement éclairé par les observations de la partie ou de ses défenseurs. — C'est ainsi qu'il a été jugé qu'il y a lieu à prise à partie pour cause de dol contre le juge de paix qui, nonobstant plusieurs récusations à lui notifiées et des conclusions prises devant lui à fin de sursis jusqu'au jugement de ces récusations, prononce, sans statuer sur le sursis requis, des condamnations définitives contre le récusant (Amiens, 23 mars 1825) (1). — Encore nous semble-t-il, même en pareil cas, que le jugement qui admet la prise à partie doit se fonder sur l'intention dolosive qui aurait accompagné la faute grave et même énoncer les circonstances d'où résulterait la preuve de cette intention.

13. Mais il est évident qu'un simple fait de négligence de la part du juge dans l'exercice de ses fonctions ne donnerait pas lieu à prise à partie.—Jugé en ce sens 1° que, sous le code de brum. an 4, le prévenu de vol et de rébellion à l'exécution d'un jugement, qui avait à se plaindre de la négligence du directeur du jury, avait droit de porter plainte contre lui à l'accusateur public, mais n'était pas recevable à demander à la cour de cassation de le prendre à partie (Req. 8 niv. an 7) (2); — 2° Que le fait qu'un tribunal correctionnel n'aurait pas tenu note exacte des dépositions des témoins suivant le prescrit de l'art. 155 c. instr. ne donnera pas ouverture à prise à partie contre ce tribunal (Req. 26 août 1819) (3).

14. Il est pareillement hors de doute qu'une erreur de droit comme serait la violation ou la fausse application d'une loi, ou une erreur de fait qui se glisserait dans les motifs d'un jugement ne pourraient autoriser cette voie de recours.—Jugé en ce sens 1° que sous le code de brum. an 4 la permission donnée par un tribunal de lever les scellés d'une succession hors la présence de tous ceux qui les avaient fait apposer, et des créanciers, bien qu'irrégulière, ne pouvait devenir une cause de prise à partie contre le tribunal (Req. 25 therm. an 12) (4);—2° Que, sous le même code, il n'y avait pas motif de prise à partie dans le compulsoire ordonné par le directeur du jury, de deux dépositions arguées de faux, cette mesure constituant tout au plus une fausse application de l'art. 528 de ce code et ne pouvant être un objet de culpabilité pour le magistrat (Req. 12 nov. 1806) (5); — 3° Que lorsque, sur la demande d'un prévenu de police cor-

(1) (Bonnesœur C. N....) — LA COUR; — Considérant que, d'après l'art. 505 c. pr., les juges peuvent être pris à partie dans les cas qu'il détermine, et notamment s'il y a dol ou fraude ou concussion qu'on prétendrait avoir été commis, soit dans le cours de l'instruction, soit lors des jugements, ou s'il y a eu déni de justice; — Qu'il résulte des pièces produites que le juge de paix de..., nonobstant plusieurs récusations motivées, signifiées par Bonnesœur, dans la forme prescrite par la loi, lesdites récusations portées à la connaissance dudit juge de paix et du procureur du roi près le tribunal de l'arrondissement d'Amiens, et nonobstant les conclusions prises devant ledit juge de paix à fin de sursis, jusqu'à ce qu'il eût été statué sur lesdites récusations, a rendu plusieurs jugements en dernier ressort contre ledit Bonnesœur sans statuer sur les sursis par lui requis, ce qui constitue le dol, suivant la loi 220, *De verborum signif.*, ainsi conçue : *Magna negligentia culpa est, magna culpa dolus est*, et tout à la fois un déni de justice; — Permet à l'exposant de prendre à partie et d'assigner, aux délais de la loi, ledit N..., etc.

Du 23 mars 1825.-C. d'Amiens.-MM. Hanocq, pr.-Laurendeau, rap.

(2) (Marie.) — LE TRIBUNAL; — Attendu que Marie n'articule aucun fait qui puisse donner lieu à la dénonciation ni à la prise à partie, tel que la haine et la corruption; qu'il ne se plaint que de la prétendue négligence du directeur du jury, plainte qu'il a fait entendre par une sommation dès le quatrième jour après la date du mandat d'arrêt, et qu'il a répété de la même manière, à des époques très-rapprochées, tandis que le directeur du jury pouvait être présumé occupé d'affaires plus anciennes; qu'en tout cas, si Marie croyait être fondé à se plaindre de la négligence de cet officier, les art. 287, 288 c. des dél. et des peines l'avertissaient qu'en cas de négligence du directeur du jury, il appartenait à l'accusateur public d'en avertir cet officier ou de provoquer une réprimande fraternelle du tribunal criminel, ou même, en cas de récidive, d'obtenir qu'il fût cité devant ce tribunal; que c'était donc à l'accusateur public que Marie devait porter sa plainte de la prétendue négligence du directeur du jury; — Rejette.

Du 8 niv. an 7.-C. C., sect. req.-MM. Gossin, pr.-Seignette, rap.

(3) *Espèce :* — (Mailhos C. trib. corr. de la Seine.)—Voici en quels termes le ministère public près la cour de cassation repoussait la demande en prise à partie : — « Le sieur Mailhos se plaint de ce que le tribunal correctionnel n'a pas tenu une note exacte des déclarations des témoins; il se plaint en même temps de ce qu'on n'a pas entendu tous les témoins qui auraient pu mettre la vérité dans tout son jour. — Sans doute la loi a voulu que l'on tînt note des déclarations des témoins (art. 155 c. inst. crim.); mais elle a laissé ce soin au greffier, et elle n'a pas même prononcé la peine de nullité pour le cas où la note n'aurait pas été tenue; l'accomplissement de ce devoir n'a rien de bien essentiel, lorsque la même loi (art. 175) permet de faire entendre les mêmes témoins sur l'appel.

» Le sieur Mailhos trouve une infinité de faux dans la procédure et le jugement de première instance; tous les motifs d'après lesquels le tribunal s'est décidé sont autant de faux, suivant lui; il prétend que le tribunal a altéré les faits et les dépositions : il entre à cet égard dans des raisonnements qui se reproduisent sans cesse; et il ne voit pas que quand même il y aurait eu quelques erreurs de la part du tribunal, il faudrait que ces erreurs eussent été commises frauduleusement pour constituer un délit. — Le mot *frauduleusement* est employé par la loi, et avec grande raison sans doute (art. 146 c. pén.).

» Le sieur Mailhos inculpe le tribunal parce qu'il n'a pas voulu faire exposer aux yeux du public, pendant les audiences, toutes les pièces à conviction, c'est-à-dire ses habits ensanglantés. — Il faut savoir sur ce point que les pièces à conviction qui doivent être représentées dans les débats sont celles qui ont été saisies par les officiers de police (art. 35 et 49 c. inst. crim.) — Dans l'espèce, il est certain que c'est le sieur Mailhos lui-même *qui a envoyé* au commissaire de police, le 18 nov. 1818, sa chemise, sa cravate et deux gilets imbibés de sang; c'est ce que prouve une lettre du sieur Mailhos qui est au dossier. — Or les pièces ainsi parvenues à la justice n'étaient pas proprement des pièces à conviction. — Mais, en fait, cette représentation était inutile, les blessures avaient été légalement constatées; il en était sorti plus ou moins de sang : ce n'était point la quantité qui donnait le caractère au délit; il s'agissait de savoir si ces blessures avaient occasionné une maladie ou incapacité de travail pendant plus de vingt jours. Les gens de l'art se sont expliqués négativement sur ce point; le fait ne tombait donc point dans l'art. 309 c. pén. : il était prévu par l'art. 311 du même code, et, dès lors, le tribunal n'avait plus que ce dernier article à appliquer. La représentation des vêtements était donc inutile.... » — Arrêt.

LA COUR; — Attendu que les faits articulés par Mailhos ne présentent pas les caractères de faux prévus par les art. 145 et 146 c. pén.; — Attendu que les faits allégués par Mailhos à l'appui de sa demande en prise à partie ne fournissent aucune preuve ni même de présomption de faveur ou d'inimitié du tribunal pour ou contre les parties; — Attendu que les faits articulés par Mailhos ne sont, dans la réalité, que des griefs contre le jugement du 8 avr., et des moyens pour en obtenir la réformation, et que par arrêt contradictoire du 19 juill. dernier, ce jugement a été confirmé en adoptant les motifs des premiers juges, et que cet arrêt n'a pas été attaqué; — Rejette.

Du 26 août 1819.-C. C., sect. req.-MM. Lasaudade, pr.-Louvot, rap.

(4) (Brancas C. trib. de Pont-l'Évêque.) — LA COUR; — Vu la réponse et les observations des juges composant le tribunal de première instance séant à Pont-l'Évêque, sur la communication à eux faite de la requête et prise à partie de Brancas père; — Vu aussi l'art. 555 du code des délits et des peines concernant les prises à partie; — Considérant que la loi a déterminé avec précision les faits qui peuvent donner lieu à la prise à partie, et que le jugement rendu le 5 mess. an 10, par le tribunal de Pont-l'Évêque, en permission de lever des scellés, bien qu'illégal et irrégulier, n'appartient à aucun des cas prévus par la loi; — Déclare qu'il n'y a pas lieu d'admettre l'intimation et la prise à partie dont il s'agit.

Du 25 therm. an 12.-C. C., sect. req.-MM. Muraire, pr.-Genevois, r.

(5) *Espèce :* — (Bazarne C. Lacan.) — Un jugement du tribunal de Clamecy admet la dame Bazarne à faire la preuve de l'existence d'un testament. M. Lacan, président de ce tribunal, s'était abstenu de juger. L'enquête commence, deux témoins sont entendus; le jour même de leur audition, le sieur Héreau, adversaire de la dame Bazarne, rend plainte contre eux en faux témoignage. Cette plainte avait été portée devant M. Lacan, comme directeur du jury; après le compulsoire des dépositions ordonnées, et l'examen qui en a été fait par le sieur Héreau, le magistrat est pris à partie.

LA COUR; — Attendu qu'à l'époque du 15 avr., le sieur Lacan devait remplir à son tour les fonctions de directeur du jury, et que vu l'empêchement de son collègue, occupé à d'autres fonctions le 15 du même mois, il a pu ce même jour 15, si voisin de celui où son tour l'appelait à cette magistrature, en remplir les devoirs et les fonctions, sans commettre une irrégularité, et surtout sans encourir le reproche d'avoir transgressé la loi; — Attendu que des pièces produites au procès, il ne résulte pas la preuve que la plainte en faux témoignage donnée contre les nommés Allavoine et de Gand ait précédé les dépositions de ces témoins dans l'enquête de la veuve Bazarne; — Attendu que du compulsoire de ces dépositions, ordonné par le sieur Lacan, il n'en saurait résulter contre lui aucun sujet de culpabilité, mais tout au plus une fausse application de l'art. 528 c. des dél. et des peines; — Rejette.

Du 12 nov. 1806.-C. C., sect. req.-MM. Muraire, pr.-Genevois, rap.

rectionnelle d'un sursis de huit jours à fin que, conformément à l'art. 132 c. instr. crim., les pièces soient déposées au greffe, il intervient un jugement qui lui accorde six jours pour préparer sa défense, il n'y a pas lieu à prise à partie contre le tribunal, bien que le jugement ait rejeté la demande en dépôt, sur le fondement (non exact) que les pièces avaient été déposées (Req. 23 avr. 1823) (1).

15. A plus forte raison doit-il en être de même si le juge n'a transgressé aucune loi; aussi a-t-il été décidé 1° que, sous l'empire du code de brumaire, le juge qui s'est abstenu dans une procédure au civil, et qui, sur une plainte incidente en faux témoignage, dans la même affaire, a exercé les fonctions de directeur du jury, ne commettait aucune irrégularité et ne pouvait en conséquence être pris à partie (Req. 12 nov. 1806, aff. Bazarne, V. n° 14-2°); — 2° Que le défaut de représentation aux débats des pièces de conviction dans un procès correctionnel ne peut être un motif de prise à partie contre le tribunal, alors surtout que ces pièces de conviction ne sont pas celles qui ont été saisies par les officiers de police judiciaire (Req. 26 août 1819, aff. Mailhos, V. n° 13); — 3° Que le juge d'instruction, délégué par le président de la cour des pairs sous la charte de 1830, seulement pour procéder à l'interrogatoire d'un prévenu, ne s'est pas rendu coupable de dol en ne faisant pas droit aux demandes de mise en liberté formées par ce prévenu alors que cette délégation ainsi limitée réservait au président de la cour des pairs le droit de statuer ce qu'il appartiendrait sur les mandats décernés et alors surtout que le prévenu, en refusant de répondre aux questions du juge d'instruction, et même de donner ses noms, a mis ce magistrat dans l'impossibilité de recevoir une plainte ou réclamation légale (Paris, 30 janv. 1836) (2); — 4° Qu'il n'y a pas lieu d'admettre la demande en prise à partie formée contre une cour d'appel, si la requête présentée à cet effet ne contient que des énonciations vagues et pleines d'erreurs, et si elle n'énonce aucun fait d'où puisse résulter le plus léger indice, non-seulement de dol, de fraude ou de concussion, mais même d'une faute quelconque (Crim. rej. 15 oct. 1842, M. Brière-Valigny, rapp., aff. Paganel).

16. Au surplus, l'erreur, si grave qu'on veuille la supposer, quand elle est dégagée de tout indice de collusion ou fraude, ne pourrait, sans une injustice révoltante, devenir une cause de prise à partie contre un tribunal ou une cour, et, en général, contre des magistrats qui ont rendu une décision collective. Comment, en effet, rendre la minorité responsable de l'erreur que la majorité a commise? Et le moyen, en présence du secret des délibérations judiciaires, de savoir quels magistrats ont formé la majorité, quels ont été de la minorité?—Ainsi, une distinction doit toujours être admise entre le cas où la prise à partie est dirigée contre un seul magistrat, et celui où c'est un tribunal composé de plusieurs membres qui est inculpé. Dans ce dernier cas, on devra être extrêmement difficile pour admettre le dol ou la fraude, car on ne peut guère supposer que plusieurs magistrats puissent à la fois manquer à leurs devoirs. — « On doit s'attacher d'autant plus fortement à ces maximes que la prise à partie d'un tribunal ne pourrait être rigoureusement juste qu'autant que le jugement qui y donne lieu aurait passé à l'unanimité, unanimité impossible à prouver et jamais présumable en matière de prévarication » (Ch. civ., 16 mess. an 3, aff. Ruellan, V. n° 11).

17. Serait-on fondé à prendre à partie un tribunal à raison d'un jugement qui contiendrait contre l'une des parties des imputations injurieuses ou diffamatoires? — Un particulier frappé dans son honneur et sa considération par les termes d'un jugement qui lui imprimeraient une sorte de flétrissure publique, pourrait avoir d'autant plus d'intérêt à prendre cette voie, qu'il est des cas où tout autre recours lui serait refusé; car on n'est admis à se pourvoir par les voies ordinaires que contre le dispositif d'un jugement, et il se pourrait qu'ayant obtenu gain de cause au fond, ce fut dans les motifs seulement de ce jugement que se trouvassent les imputations injurieuses dont il aurait à se plaindre. — Nous pensons que si ces imputations contenaient un délit, elles pourraient donner ouverture à prise à partie, d'après le n° 1 de l'art. 505; car le mot *dol*, dans le sens légal, exprime, suivant Merlin (Rép. v° Dol, sect. 3), *toute lésion faite avec intention de nuire*. Ainsi toutes les fois qu'il y a crime ou délit il y a intention de nuire, il y a dol et par conséquent lieu à prise à partie, si le crime ou le délit a été commis par un magistrat dans l'exercice de ses fonctions. Cette interprétation est confirmée par l'art. 486 c. inst. cr. qui porte que le crime pourra être dénoncé directement à la cour de cassation par ceux qui se prétendront lésés; *mais seulement lorsqu'ils demanderont à prendre le tribunal ou le juge à partie*. — Il a été jugé en ce sens, implicitement du moins, que l'individu qui prétend que les motifs d'un arrêt sont calomnieux envers lui, est recevable à prendre à partie la cour qui a rendu l'arrêt (Req. 22 fév. 1825, aff. Forbin-Janson, V. n° 18).

18. Toutefois, il importe de bien remarquer que les termes d'un jugement, quoique pouvant être de nature à porter atteinte à

---

(1) *Espèce* : — (Rouen C. trib. de la Seine, 5e ch.) — Traduit devant le tribunal correctionnel de la Seine, par suite d'une ordonnance de renvoi du 21 mars 1823, le sieur Rouen se plaint de ce que les pièces n'avaient pas été déposées au greffe par le ministère public, conformément à l'art. 132 c. inst. crim. Il demande en conséquence un sursis de huit jours, pendant lequel ce dépôt devra être effectué. — Le ministère public répond que l'art. 132 n'est applicable qu'au cas où la chambre du conseil renvoie le prévenu devant un autre tribunal. Il soutient qu'en matière correctionnelle, les prévenus n'ont pas le droit d'exiger la communication des pièces; que cette communication n'a lieu que par une faveur du ministère public, faveur qui n'est *jamais refusée* d'ailleurs. — 27 mars 1823, jugement qui, au dire du sieur Rouen, déclare que les *pièces ont été déposées*; rejette en conséquence la demande à fin de dépôt. Mais accorde un *délai de six jours* au prévenu pour préparer sa défense.

Prise à partie contre le tribunal correctionnel tout entier fondé sur ce que, selon l'art. 146 c. pén., les juges ont constaté comme vrai un fait *reconnu faux* matériellement par toutes les parties, comme par l'aveu du ministère public lui-même, à savoir le dépôt des pièces au greffe. — Arrêt.

LA COUR; — Vu l'art. 146 c. pén., invoqué par Rouen; — Et attendu en fait 1° que le jugement du 27 mars dernier, sur lequel Rouen fonde uniquement sa plainte, déclare « que de son aveu Rouen a pris communication des pièces par un fondé de pouvoirs »; 2° que cette déclaration n'est point contestée par Rouen; 3° qu'à l'audience dudit jour 27 mars il a demandé par des conclusions formelles un délai de *huit jours* pour préparer sa défense; 4° que les juges en y faisant droit par leur jugement du même jour 27 mars, et la loi ne déterminant à ce sujet aucun délai de rigueur, lui en ont accordé un de *six jours*; 5° enfin que Rouen n'a pas même articulé que par ce délai ainsi abrégé de deux jours, sa défense eût souffert d'une manière quelconque; — D'où il suit que ledit jugement du 27 mars, uniquement critiqué par Rouen non-seulement éloigne tout soupçon de fraude, et de dessein de nuire de la part des juges, et ne lui fait aucun grief; mais qu'il est sous tous les rapports irréprochable, qu'il est même presque entièrement conforme à sa demande; — Qu'ainsi s'écarte l'art. 146 c. pén., qui, ne frappant que les actes frauduleux, est évidemment inapplicable à l'espèce; — Rejette.

Du 23 avr. 1823.-C. C., sect. req.-MM. Henrion, pr.-Lasagni, rap.

(2) (Raspail C. Zangiacomi.) — LA COUR; — En ce qui touche le dol : — Considérant que Raspail a été arrêté par suite du mandat d'amener décerné contre lui, le 28 juillet dernier, par M. Gaschon, alors l'un des juges d'instruction du tribunal de la Seine, lequel mandat ordonnait aussi une perquisition au domicile de Raspail; — Considérant que, ledit jour 28 juillet, le mandat a été autant que possible exécuté au domicile de Raspail, absent, et représenté aux personnes trouvées chez lui; — Considérant que M. Zangiacomi, en procédant, le 3 août, à l'interrogatoire de Raspail (arrêté près de Nantes le 29 juillet, par ordre du ministre de l'intérieur et en exécution du mandat susénoncé), n'agissait plus qu'en vertu de la délégation qui lui avait été donnée ledit jour 29 juillet par M. le président de la cour des pairs, que l'ordonnance du 28 avait saisie de l'instruction relative à l'attentat du même jour; — Considérant que la délégation était limitée; qu'elle n'accordait au juge d'instruction délégué que le pouvoir d'interroger, de recueillir tous renseignements et documents relatifs aux interrogatoires, d'entendre les témoins, de décerner tous mandats de comparution et d'amener; mais qu'elle réservait expressément à M. le président de la cour des pairs le droit de statuer ce qu'il appartiendrait sur les mandats décernés; — Que, dans ces circonstances, Raspail ne peut imputer à M. Zangiacomi ni le fait de son arrestation opérée en exécution d'un mandat, ni le refus de faire droit à ses demandes réitérées de mise en liberté, sur lesquelles ce magistrat n'avait pas le pouvoir de statuer; — Considérant d'ailleurs que Raspail, en refusant de répondre à toutes les questions de M. Zangiacomi, et même de donner ses noms, mettait ce magistrat dans l'impossibilité de recevoir aucune plainte ou réclamations légales; qu'ainsi aucun dol ne saurait être reproché à M. Zangiacomi.

Du 30 janv. 1836.-C. de Paris.-M. Séguier, 1er pr.

l'honneur des parties, ne constitueraient de la part du magistrat le délit de diffamation qu'autant qu'ils porteraient sur des faits étrangers à la cause et qui dussent être sans influence sur la solution du procès. Mais il en serait tout autrement s'il s'agissait au contraire des faits que le juge a mission d'apprécier et qui forment les éléments nécessaires de sa décision. Ainsi le juge, qui constate et qualifie en pareil cas plus ou moins sévèrement les actes de fraude ou de mauvaise foi dont, suivant son appréciation, l'une des parties se serait rendue coupable, accomplit un devoir souvent pénible et ne peut évidemment engager que sa responsabilité morale. — C'est ainsi qu'il a été jugé que, lorsque, dans un procès civil, un fait est allégué et qualifié par une partie contre son adversaire, la cour ou le tribunal peut, en appréciant ce fait dans l'un des motifs de son arrêt, le qualifier, sans tomber dans le cas de prise à partie; spécialement, que si, dans un débat sur l'effet de marchés à terme, il est allégué, par la partie qui soutient la validité de ces marchés, que son adversaire, ayant profité des bénéfices résultant de quelques opérations, il y aurait déloyauté de sa part de se soustraire au payement des pertes, la cour à laquelle ce débat est soumis peut, tout en annulant les marchés à terme, qualifier de mauvaise foi la conduite de celui qui obtient gain de cause, sans que celui-ci soit fondé à intenter contre elle l'action en prise à partie pour calomnie (Req. 22 fév. 1825) (1). — On voit que dans cet arrêt la cour d'appel ne s'était pas écarté de l'examen de la cause, car il appartenait sans doute aux magistrats d'apprécier en équité comme en droit, l'exception que le défendeur faisait résulter de l'illégalité des marchés par lui souscrits; ils pouvaient donc, ils devaient même, tout en admettant cette exception comme fondée en droit strict, protester au nom de l'équité et de la morale contre un moyen de défense qui permettait au spéculateur engagé dans des opérations illicites de s'exonérer des pertes après s'être enrichi des bénéfices.

19. Mais des imputations de nature à porter atteinte à la considération d'une partie ou des qualifications blessantes qui ne trouveraient aucune justification dans la solution rendue, pourraient autoriser une action en prise à partie. En pareil cas, il importerait peu que ces imputations ou ces termes injurieux fussent insérés dans un jugement, dans un procès-verbal de délibération ou dans tout autre acte du ministère du juge, elles seraient également répréhensibles, et la personne offensée serait fondée à poursuivre les réparations du dommage par la voie de prise à partie. — C'est ainsi qu'il a été jugé qu'un tribunal de première instance qui, procédant à l'installation d'un magistrat appelé aux fonctions de commissaire du pouvoir exécutif près ce tribunal, s'est permis de consigner dans son procès verbal d'installation, des expressions injurieuses pour ce fonctionnaire, peut être pris à partie par le magistrat offensé et condamné à des dommages-intérêts (Ch. civ., 21 vent. an 2) (2).

20. 2° *Si la prise à partie est expressément prononcée par la loi.* — Les cas de prise à partie prévus dans d'autres dispositions que l'art. 505 précité, sont tous relatifs aux matières criminelles; ce sont ceux que la loi a formellement désignés dans les articles 77, 112, 164, 271, 370 et 593 c. inst. cr., qui attachent la peine de la prise à partie à la violation des formes destinées à sauvegarder la liberté individuelle, à garantir l'exactitude des dispositions des témoins, et à assurer l'authenticité des jugements et arrêts en général.

21. L'inobservation de ces formalités donne ouverture à la prise à partie, indépendamment de toute intention dolosive de la

(1) *Espèce :* (De Forbin-Janson C. la cour de Paris.) — La cour de Paris, tout en annulant, par arrêt du 9 août 1823, sur la demande de M. de Forbin-Janson, un marché à terme de 150,000 fr. de rentes sur l'état, qui avait été fait par l'entremise de M. Perdonnet, agent de change, avait, cependant, dans l'un des motifs de son arrêt, exprimé ainsi son opinion sur la conduite de celui à qui elle donnait gain de cause : «Considérant que la *mauvaise foi* du comte de Forbin-Janson qui, après avoir touché, en décembre, les bénéfices provenus de ses spéculations illicites, refuse de rembourser les pertes résultantes, en janvier, de la continuation des mêmes opérations, ne peut motiver, en faveur de Perdonnet, une action que la loi lui dénie.» — M. de Forbin déféra ce motif à la censure de la cour suprême, comme attentatoire à son honneur, et contenant un excès de pouvoir de la part de la cour royale. Mais son pourvoi fut rejeté par arrêt du 29 janvier 1824 (V. Cassation, n° 69). La cour considéra que les motifs ne constituent pas un jugement; qu'un jugement est tout entier dans le dispositif; et que, puisque c'étaient les motifs seuls que le comte de Forbin-Janson attaquait, son recours n'était pas recevable : «cependant, ajouta-t-elle, si les motifs d'un jugement étaient de nature à constituer un véritable délit, la partie lésée aurait le droit de se pouvoir, mais contre le juge, et non contre le jugement; mais par les voies ordinaires, et non par la voie de cassation.» — M. de Forbin-Janson a pensé que ces voies ordinaires qui lui étaient indiquées étaient la prise à partie. En conséquence, il a demandé à la section des requêtes l'autorisation d'assigner les première et troisième chambres de la cour royale de Paris, en prise à partie, devant la section civile, pour que sa demande y fût débattue et jugée contradictoirement. — Arrêt.

LA COUR; — Attendu que le comte de Forbin-Janson demande à la cour l'autorisation de prendre à partie deux chambres de la cour royale de Paris, sur le fondement d'un droit résultant d'une diffamation et d'une calomnie qu'il voit dans les motifs d'un arrêt de ladite cour, rendu le 9 août 1823, dans un procès civil entre lui et l'agent de change Perdonnet; — Attendu que l'art. 367 c. pén. qui définit la calomnie, après avoir établi la règle, la modifie par cette exception : «La présente disposition n'est pas applicable aux faits dont la loi permet la publication, ni à ceux que l'auteur de l'imputation était, par la nature de ses fonctions et de ses devoirs, obligé de révéler et de réprimer;» — Attendu que cette exception est maintenue par la loi du 17 mai 1819, art. 23, pour tous les discours prononcés, et les écrits produits devant les tribunaux et non étrangers à la cause;

Attendu que ces dispositions autorisaient Perdonnet à se prévaloir du fait que le comte de Forbin-Janson avait refusé de supporter les pertes du mois de janvier, après avoir touché les bénéfices du mois de décembre et à le qualifier; — Attendu que ce fait, constituant un des éléments du procès, la cour royale a pu se croire autorisée à le discuter, l'apprécier, et consigner dans les motifs de son arrêt, l'opinion qu'elle s'en était formée; — Attendu que, qu'elle que soit cette opinion, il faut reconnaître que c'est en remplissant une de ses fonctions que la cour royale l'a émise; que, par conséquent, elle est dans l'exception légale; qu'ainsi la demande du comte de Forbin-Janson est repoussée par la loi même sur laquelle il prétend l'établir. — Rejette la demande en prise à partie du comte de Forbin-Janson, et, conformément à l'art. 513 c. pr. c., le condamne à l'amende de 300 fr.

Du 22 fév. 1825. — C. C., sect. req. — MM. Henrion, pr. — Borel de Brétizel, rap. — Mourre, pr. gén., c. conf. — Odilon-Barrot, av.

(2) (Bonnegens C. Gruel et autres.) — LE TRIBUNAL; — A considéré que si le premier acte de refus des juges de Rochefort pouvait trouver son excuse dans une interprétation erronée de la loi qui les autorisait à vérifier l'éligibilité de Bonnegens d'après laquelle ils auraient donné à leur compétence une étendue qu'elle n'avait pas; cette excuse ne fut plus admissible après l'avis qui leur fut adressé par le ministre de la justice, et qu'il est difficile de ne pas apercevoir le principe d'une passion secrète, dans leur seconde décision; — Que cette passion se montre à découvert dans le départ combiné par lequel les juges éludèrent ensuite l'exécution du premier jugement du tribunal de cassation, acte violent qui n'est jamais permis aux juges, qui, dans l'espèce, présente le caractère d'une révolte contre l'autorité supérieure et décèle l'absence du calme dans lequel les juges sur le tribunal doivent toujours se contenir; — Que l'inimitié ne garde plus de mesures lorsque, cédant à la crainte d'une dénonciation solennelle de forfaiture et consentant à installer Bonnegens, les juges de Rochefort remplissent leur procès-verbal d'une virulente déclamation contre lui, à laquelle ils donnent une publicité qui achève de mettre au jour l'intention qui les a guidés;

Qu'outre que par cela seul qu'un principe dorénavant évident d'animosité a conduit les juges de Rochefort dans toute la suite de leurs procédés à l'égard de Bonnegens, la prise à partie a été suffisamment autorisée contre eux, on peut les regarder comme s'étant mis dans le cas du déni de justice prévu par l'ordonnance de 1667, d'autant que les réquisitions réitérées et infructueuses de Bonnegens peuvent être considérées comme équivalant aux sommations prescrites par l'art. 2, tit. 25 de cette ordonnance, et que leur dernier acte, par lequel Bonnegens est installé, peut, dans son mélange de justice rendue et injures faites, être regardé comme contenant autant qu'il était en eux le déni de justice.

Qu'enfin, le mémoire de Bonnegens sur lequel intervint le jugement du 1er sept. 1791, ne contient que l'exposé nécessaire des actes dénoncés par Bonnegens et rien d'étranger à la plainte légitime, rien par conséquent d'injurieux aux juges de Rochefort, s'ils ne regardent comme tel le reproche de n'avoir pas fait leur devoir, qu'il était fondé et permis à Bonnegens qui demandait le redressement de leurs actes. — Par ces considérations... déclare qu'il y a lieu à la prise à partie... condamne lesdits Gruel, Gabet, Bouthel et Hervé solidairement à payer à Bonnegens la somme de 3,000 fr. pour lui tenir lieu de dommages-intérêts, permet à Bonnegens de faire imprimer et afficher le présent jugement, etc.

Du 21 vent. an 2. — C. C. sect. civ. — MM. Lalonde, pr. — Fradin, rap

part des magistrats. — C'est du moins ce qui semble clairement résulter de la combinaison du § 2 de l'art. 505 avec le paragraphe qui précède, et l'on comprend d'ailleurs qu'ici, par des motifs d'ordre public et en considération des graves conséquences qui peuvent résulter pour les citoyens de l'omission de ces formes protectrices, le législateur ait voulu en assurer l'exécution par une sanction rigoureuse et rendre responsable, même en dehors de toute présomption de fraude, le magistrat qui en néglige l'accomplissement. — Déjà sous l'ancien droit, la violation de certaines formes en matière criminelle suffisait pour autoriser la prise à partie.—Jugé en ce sens que si, en matière civile, la prise à partie contre les juges qui ont pris part au jugement n'a lieu que lorsque les juges ont agi par haine, passion ou crédit, il n'en est pas de même en matière criminelle; qu'elle peut aussi avoir lieu pour nullité de la procédure suivie en présence des juges et pendant que le tribunal était jugeant (Ch. civ. 4 prair. an 2) (1).

22. Il ne s'ensuit pas cependant que l'omission des formalités énoncées aux articles précités doive nécessairement, et dans tous les cas, donner lieu à prise à partie : deux conditions sont encore indispensables pour autoriser cette voie de recours; il faut : 1° que l'infraction à la loi ait occasionné un préjudice privé; car la prise à partie étant une action ouverte aux particuliers pour réparation d'un dommage, ne saurait être admise là où le dommage n'existe pas; 2° qu'il y ait tout au moins un fait de négligence ou un tort quelconque de la part du magistrat dans l'exercice de ses fonctions, car il se pourrait que l'omission d'une formalité essentielle prescrite par la loi à peine de prise à partie provint d'un cas de force majeure indépendant de la volonté du juge ou de son fait personnel, et, en pareil cas, le juge ne saurait être responsable : ainsi, il est bien évident, par exemple, que le juge de police qui n'aurait pas, conformément à l'art. 164 c. inst. crim., signé dans les vingt-quatre heures la minute de son jugement, ne pourrait, malgré les termes absolus de cet article, être pris à partie à raison de cette omission, si elle était le résultat d'un accident ou de toute autre circonstance qui l'aurait mis dans l'impossibilité de signer. Il suit de là que l'infraction matérielle aux formes prescrites ne suffira pas à elle seule dans les cas déterminés par les articles précités pour faire admettre la prise à partie, mais qu'il y aura toujours lieu d'examiner si cette infraction doit ou non, d'après les circonstances, donner lieu à responsabilité. Ce n'est là, au surplus, que l'application des principes sur la responsabilité, et le législateur, loin d'y déroger en pareil cas, semble, au contraire, s'y référer expressément. C'est du moins ce qui nous paraît résulter des art. 77, 112, 271 et 370 c. inst. crim. précités, où la loi, après avoir énoncé comme cause de prise à partie l'omission de certaines formalités, a ajouté ces mots, *s'il y échet* ou *s'il y a lieu*. —Aussi a-t-il été jugé, en ce sens, que l'art. 112 c. inst. crim., n'admettant, en cas d'inobservation des formalités relatives aux mandats, la prise à partie que, s'il y échet, a, par cela même, laissé aux tribunaux le droit de se déterminer, d'après les circonstances, pour autoriser ou refuser la prise à partie (Paris, 30 janv. 1836) (2).

23. Mais, de ce que le code d'instruction criminelle attache en plusieurs cas la peine de la prise à partie au défaut d'accomplissement de certaines formalités prescrites, s'ensuit-il que l'action privée contre le juge criminel n'appartienne au justiciable que dans ces cas seulement; et que si, par impossible, un juge ou un officier du ministère public, ou un officier de police judiciaire ayant la qualité de magistrat, tel que le juge de paix, ou le juge d'instruction, ou le procureur impérial, se rendait coupable, dans l'exercice de ses fonctions, de dol, de fraude ou de concussion, par exemple, il ne pût être pris à partie hors des cas que le code d'instruction criminelle a littéralement exprimés? Assurément cette conséquence serait vicieuse; car si, dans des cas par eux-mêmes moins graves, la loi criminelle ouvre la prise à partie contre le juge, comment croire qu'elle ait voulu l'y soustraire dans le cas d'une prévarication plus honteuse dans son principe et plus funeste par ses résultats? Ainsi, l'action civile extraordinaire en prise à partie est ouverte contre tous juges quelconques et en toutes matières; et il y a lieu à cette voie de recours non-seulement dans les cas où la loi criminelle rend le juge responsable à peine de prise à partie, mais encore dans ceux qui donnent lieu à la même action suivant le code de procédure, qu'on doit regarder comme une loi générale sous ce rapport. A plus forte raison, le juge, ainsi que nous avons eu l'occasion de le faire remarquer, y serait-il soumis, s'il commettait envers son justiciable un crime ou un délit proprement dit, dans l'exercice de ses fonctions. — V. M. Poncet, Tr. des jugements, t. 2, p. 372.

24. 3° *Si la loi déclare les juges responsables, à peine de dommages-intérêts*. — Ainsi, il y a lieu à exercer cette voie : 1° lorsqu'un juge prononce la contrainte par corps, en matière civile, hors des cas prévus par les lois (c. nap. 2063);—2° Lorsqu'il s'est rendu coupable d'un acte arbitraire et attentatoire à la liberté individuelle (c. pén. 117); — 3° Lorsqu'un juge de paix laisse périmer l'instance liée par-devant lui (c. pr. 15); — 4° Lorsqu'il fait la levée des scellés avant le délai prescrit par la loi (c. pr. 928); — 5° Lorsqu'une cour d'appel sursoit à l'exécution d'un jugement des tribunaux de commerce, même attaqué pour cause d'incompétence (c. com. 647; MM. Pigeau, Pr. t. 1, p. 791; Poncet, t. 2, n° 395; Chauveau sur Carré, quest. 1807).

25. Il faut appliquer, dans ces diverses hypothèses, par identité de motifs, les règles que nous avons invoquées comme devant régir les cas de prise à partie désignés au code d'instruction criminelle, savoir : 1° que, dans tous ces cas, l'infraction à la loi ouvrira à la partie un recours contre le juge, même alors qu'il n'y aurait, de la part de celui-ci, aucune intention dolosive : ainsi le juge de paix qui, dans le cas de l'art. 15 c. pr., laisse périmer une instance faute d'y statuer en temps utile, ou qui, dans le cas de l'art. 928, procède à une levée de scellés avant l'expiration des délais prescrits est, par cela seul, aux termes de ces articles, rendu responsable envers la partie de sa négligence ou de son ignorance de la loi, bien que, dans l'un et l'autre cas, la faute commise puisse n'entraîner en elle-même aucune présomption de fraude;—2° Que la faute du juge ne donnera ouverture à la prise à partie qu'autant qu'elle aura occasionné un préjudice ; ainsi,

(1) (Thuilier *C.* Petau-Lasneau.) — LE TRIBUNAL; — Considérant que quoique en matière civile la prise à partie ne puisse avoir lieu contre des juges ou un tribunal entier que lorsqu'ils sont convaincus d'avoir agi par haine, passion et crédit, il n'en est pas de même en matière criminelle, qu'il suffit qu'ils aient violé ou transgressé les formes que la loi leur imposait l'obligation de suivre et d'observer, à peine de dommages et intérêts des parties pour que l'action soit ouverte ou fondée contre eux;

Considérant que les art. 7 et 9 du tit. 2, les art. 4 et 9 du tit. 6 et l'art. 15 du tit. 14 de l'ordonnance de 1670 prononcent tous la peine des dommages-intérêts des parties contre le juge qui n'a pas observé les formes qu'ils prescrivent;—Considérant que les juges qui ont concouru au jugement du 12 sept. 1789 sont tous responsables des nullités de la procédure sur laquelle il est intervenu puisqu'elle a été prise en leur présence et pendant que le tribunal était jugeant; — Faisant droit sur la demande en prise à partie, condamne solidairement les sieurs... en la somme de 12,000 fr., etc.

Du 4 prair. an 2.-C. C., sect. civ.-MM. Lalonde, pr.-Brun, rap.

(2) (Raspail *C.* Zangiacomi.) — LA COUR; — En ce qui touche l'inobservation des formalités prescrites par les art. 93, 95, 96, 97, 112 et 616 c. inst. crim., et 60 de la loi du 28 avr. 1832;— Considérant que le mandat d'amener, par suite duquel Raspail a été arrêté, avait été légalement décerné par M. le juge d'instruction Gaschon;—Que ce mandat a été exécuté le 28 juill. par la perquisition au domicile de Raspail, et par son exhibition aux personnes présentes; — Considérant que le défaut de représentation et de notification du mandat d'amener à Raspail (qui s'explique par le changement de juridiction résultant de l'ordonnance royale du 28) ne détruit pas le fait de son existence prouvée et de l'exécution qu'il avait reçue;—Considérant que, dans tous les cas, ce défaut de représentation et de notification ne peut être reproché à M. Zangiacomi, par qui le mandat n'avait pas été décerné, qui, en sa qualité de juge d'instruction, était étranger à l'exécution du mandat, et qui, dans l'espèce, ne procédait à l'interrogatoire de Raspail qu'aux termes de la délégation de M. le président de la cour des pairs; — Considérant enfin que l'art. 112 c. inst. crim. (n'admettant, en cas d'inobservation des formalités relatives aux mandats, la prise à partie que s'il y échet) donne aux tribunaux le droit d'examiner et d'apprécier les circonstances, et que, dans l'espèce, la conduite de M. Zangiacomi a été complétement irréprochable, etc.

Du 30 janv. 1836. C. de Paris.-M. Séguier, 1er pr.

le juge qui aurait ordonné une arrestation arbitraire ou prononcé la contrainte par corps hors des cas prévus par la loi, ne pourrait, y eût-il même dol de sa part, être tenu à des dommages-intérêts, si de pareils actes n'avaient porté aucun dommage; soit que l'ordre illégal d'arrestation n'ait été suivi d'aucune tentative d'exécution, soit que le jugement prononçant la contrainte par corps fût demeuré sans effet, par suite de la renonciation du créancier au bénéfice de ce jugement; c'est ainsi que l'art. 647 c. com., en prononçant des dommages-intérêts contre les juges d'appel pour avoir illégalement sursis à l'exécution d'un jugement consulaire, n'accorde ces dommages-intérêts que *s'il y a lieu*, c'est-à-dire s'il y a eu un préjudice causé;—3° Qu'il est nécessaire, pour qu'il y ait lieu à prise à partie, qu'on puisse imputer au juge un tort quelconque comme provenant de son fait ou tout au moins de sa négligence : ainsi, dans le cas déjà cité d'une instance en justice de paix, périmée à défaut de jugement dans les délais, il se pourrait que cette péremption fût le résultat d'une force majeure ou même provînt du fait de la partie, auquel cas le juge ne pourrait, sans une injustice révoltante, être déclaré responsable; aussi l'art. 15, exprimant en cela un principe d'équité qu'il faut nécessairement sous-entendre dans toutes les questions de responsabilité, ne rend-il le juge de paix passible de dommages-intérêts que dans le cas où l'instance a été périmée *par sa faute*.

26. Nous ferons remarquer que la disposition qui autorise l'action en dommages-intérêts contre le juge quand la contrainte par corps aura été prononcée en matière civile, hors des cas prévus, est d'une rigueur excessive. Dans le but, sans doute, d'obliger les magistrats à apporter la plus sévère attention dans l'examen de toutes les questions qui intéressent la liberté des citoyens, la loi, dans ce cas particulier, non-seulement rend le juge responsable d'une erreur de droit, mais elle fait peser cette responsabilité sur le tribunal entier, alors même que plusieurs de ses membres auraient été d'un avis contraire à celui qui a prévalu, et auraient même énergiquement combattu cet avis. Mais on comprend que, dans l'obscurité qui couvre le secret des délibérations d'un tribunal, un jugement rendu par plusieurs magistrats est réputé nécessairement l'œuvre commune de tous ceux qui y ont concouru, et qu'il est impossible de diviser la responsabilité, en supposant au hasard dans quel sens auraient opiné tels ou tels juges.

27. Au reste, toutes les dispositions dans lesquelles la loi prononce contre le juge des dommages-intérêts, étant de droit strict, ne peuvent s'étendre d'un cas à un autre; car toute action d'un justiciable envers son juge a quelque chose de grave et d'exorbitant, et ne peut, par conséquent, être admise par voie d'analogie; elle ne peut résulter que d'un texte formel. — Jugé, en ce sens, que la voie de la prise à partie n'est pas ouverte contre le juge des référés qui accorde illégalement un sursis à l'exécution de la contrainte par corps prononcée par un jugement du tribunal de commerce; qu'ici ne s'applique pas l'art. 647 c. com., dont la disposition, relative seulement aux cours saisies de l'appel des jugements des tribunaux de commerce, ne peut être étendue par analogie au juge des référés (Req. 31 juill. 1850, aff. Mouchoux, D. P. 50. 1. 318).

28. 4° *S'il y a déni de justice.*— On trouvera, sous ce mot, la définition du déni de justice, et tout ce qui se rapporte à cette cause de prise à partie.

§ 3. — *Contre qui la prise à partie peut-elle être dirigée?*

29. En général, il y a lieu à prise à partie dans les cas déterminés par la loi, et sauf quelques exceptions, dont il sera parlé ci-après, contre les juges de tous les degrés et de toutes les juridictions. C'est ce qui résulte de l'art. 505 c. pr. qui, pour désigner les personnes contre lesquelles cette voie de recours peut être dirigée, emploie le mot juge, lequel embrasse dans son sens le plus absolu tous ceux dont la fonction est d'administrer la justice. D'un autre côté, les tribunaux, de quelque ordre qu'ils soient, sont également obligés à tous les devoirs d'une exacte justice : ils doivent aux parties la même impartialité, sont tenus d'apporter le même soin au fidèle accomplissement de leurs fonctions; ils doivent donc être soumis aux mêmes conditions de responsabilité. Il est juste aussi qu'ils jouissent des mêmes garanties.

30. Par *juges*, on doit entendre non-seulement les titulaires, c'est-à-dire ceux qui font partie intégrante du tribunal, mais encore ceux qui ne prennent ce titre et n'en exercent le pouvoir qu'accidentellement, tels que les suppléants et même les avocats et les avoués qui sont appelés momentanément pour compléter le tribunal, à défaut de juges titulaires et de suppléants —Ces juges accidentels étant effectivement investis, pour la cause à la décision de laquelle ils prennent part, du même pouvoir que les autres juges, et leurs prévarications devant entraîner les mêmes conséquences, les justiciables ne sauraient être privés d'une voie de recours qu'ils trouvent dans la loi, par cela seul que l'autorité dont ils prétendent qu'il a été fait abus, n'aurait été que momentanée dans son exercice (Conf. MM. Poncet, t. 2, n° 592; Bioche, n° 10).

31. Le mot *juge* comprend également les officiers du ministère public. Les auteurs sont unanimes sur ce point (Merlin, v° Prise à partie, § 3; MM. Carré et Chauveau, Quest., n° 1800; Prat. franç., t. 3, p. 353; Poncet, t. 2, p. 386; Favard, t. 4, p. 532; Thomine, t. 1, p. 755; Bioche, n° 11). Déjà sous l'ancienne jurisprudence, ces officiers pouvaient être pris à partie, et Merlin (*loc. cit.*) cite un arrêt du 21 nov. 1556, qui a condamné à l'amende honorable et aux dommages-intérêts des parties un procureur général du parlement de Grenoble pour avoir intenté une accusation calomnieuse. Du reste, il ne saurait y avoir doute maintenant sur ce point, car les art. 112 et 271 c. inst. crim. désignent nominativement les officiers du ministère public comme pouvant être pris à partie. — Jugé en ce sens que la voie de la prise à partie est ouverte contre les membres du ministère public (Trib. de Caen, 12 juin 1849, aff. Duchemin, D. P. 50. 3. 30).

32. Il a été jugé que, dans le cas où les conclusions du ministère public ont été adoptées par le tribunal et spécialement lorsque, en matière criminelle, ses réquisitoires adoptés par divers jugements ont à plusieurs reprises fait annuler l'acte d'accusation et retardé ainsi l'affaire, on ne peut se pourvoir contre le ministère public par la voie de prise à partie sans attaquer en même temps par la même voie le tribunal qui a rendu ces jugements : « attendu que lesdites réquisitions et lesdits jugements forment un tout indivisible » (Req. 15 fruct. an 6, MM. Bayard, pr., Dameron, rap., aff. Dudoucet *C.* Rigault). Mais nous ne pensons pas que cette solution doive être suivie; il se peut que les conclusions du ministère public aient été dolosives, et que le tribunal, induit en erreur, ait prononcé en conformité de ces conclusions sans qu'on doive pour cela rendre le tribunal responsable d'une décision rendue de bonne foi. On ne saurait donc en pareil cas imposer au justiciable l'obligation d'intenter contre le tribunal lui-même une action en prise à partie mal fondée, dans laquelle il succomberait infailliblement, et qui, en outre de la condamnation de dépens qu'elle entraînerait contre lui, le rendrait passible d'une amende et de dommages-intérêts.

33. On avait d'abord prétendu que les officiers du ministère public, réunissant à leur qualité de magistrats celle d'agents du gouvernement, toute poursuite exercée contre eux à raison de leurs fonctions devait, aux termes de l'art. 75 de la constitution de l'an 8, être préalablement autorisée par le conseil d'État. Il avait été décidé en ce sens sous le code de brumaire an 4 : 1° que le substitut du commissaire du gouvernement, un magistrat de sûreté n'avaient pu être valablement poursuivis sans que cette autorisation eût été obtenue (Crim. cass. 30 frim. an 12, MM. Vieillart, pr., Seignette, rap., Pons, subst. c. conf., aff. Jardel); — 2° Que la requête à fin de prise à partie contre un magistrat de sûreté devait, à défaut d'autorisation du conseil d'État, être déclaré *quant à présent* non recevable (Req. 25 frim. an 14, aff. Deboileau, V. l'espèce de l'arrêt du 23 juill. 1806, *suprà*, n° 10). Cette jurisprudence, admise sous le code de brumaire, qui n'avait établi à l'égard des officiers du ministère public aucun mode particulier de poursuites, et qui pour ce motif ne semblait pas leur offrir une protection suffisante, se trouve aujourd'hui implicitement condamnée par le code d'instruction criminelle, qui a placé ces officiers au niveau des juges proprement dits, en instituant pour les uns et les autres un mode spécial et uniforme de poursuites (inst. crim. 479 et suiv.; Conf. Merlin, v° Prise à partie, § 3; Carnot, sur l'art. 91, inst. crim., p. 389). C'est sur ce fondement qu'un avis du conseil d'État, du 17 mars 1812, a décidé qu'il n'y a pas lieu à autorisation pour poursuivre les fonctionnaires de l'ordre judiciaire.

34. Quant aux greffiers et commis-greffiers qui ne font que tenir la plume pour enregistrer les décisions du juge, prendre note des dépositions des témoins et recevoir les déclarations des parties, ils n'appartiennent pas à l'ordre judiciaire et il n'y a pas lieu à suivre à leur égard les formes de la prise à partie. Il faut pourtant excepter de cette règle les cas prévus par les art. 164 et 370 c. inst. crim., où la loi indique formellement cette voie de recours contre les greffiers si la minute de l'arrêt ou du jugement n'a pas été signée dans les vingt-quatre heures par les juges qui l'ont rendu; mais, en dehors de cette disposition toute exceptionnelle, qui est une dérogation à l'ancienne législation et qu'il convient de ne pas étendre, ces officiers doivent être attaqués par les voies ordinaires pour les fraudes ou délits qu'ils peuvent commettre dans l'exercice de leurs fonctions (MM. Thomine, t. 1, p. 736; Favard, t. 4, p. 533; Poncet, t. 2, p. 385 et suiv.; Chauveau sur Carré; Quest., nº 1801; Bioche, nº 13).

35. L'art. 509 c. pr. désigne nominativement comme pouvant être pris à partie: 1º les juges des tribunaux de première instance et des cours d'appel; — 2º Ceux des cours d'assises; — 3º Les juges de commerce; — 4º Les juges de paix. Mais cet article ne faisant que régler l'application du principe posé dans l'art. 505, on ne saurait considérer ses énonciations comme limitatives en présence des termes généraux dans lesquels ce dernier article est conçu, et surtout des motifs qui lui ont servi de base.

36. Aussi, tient-on pour constant qu'une demande en prise à partie peut être dirigée contre un conseiller à la *cour de cassation* (Conf. M. Bioche, nºs 50 et 51). Le même auteur pense qu'elle ne pourrait l'être contre la cour de cassation elle-même, par le motif qu'il n'existe aucune juridiction qui soit supérieure à cette cour suprême et qui puisse connaître d'une telle demande (*loc. cit.*). — Peut-être pourrait-on décider, si une pareille hypothèse était de nature à se présenter, que la demande en prise à partie contre un des membres de la cour de cassation pourrait être porté en pareil cas devant les deux autres chambres réunies, et cette solution nous semblerait préférable; mais cette question, au reste, est de pure théorie, car ainsi que le fait remarquer le même auteur, il n'est pas à supposer qu'un corps de magistrature aussi élevé puisse se rendre coupable de prévarication.

37. Les membres des conseils de *prud'hommes*, quoique non désignés dans l'art. 509 peuvent aussi être pris à partie, la loi du 18 mars 1806 porte en effet, art. 33: « En cas de plainte en prévarication portée contre les membres du conseil des prud'hommes, il sera procédé contre eux suivant les formes établies à l'égard des juges. » — Jugé en ce sens que des prud'hommes pêcheurs ne pourraient, pour avoir exécuté par voies de fait un jugement par eux rendu, être poursuivis correctionnellement, mais seulement par l'action en forfaiture et la prise à partie (Crim. rej. 19 juin 1847 aff. de Galiffet, D. P. 47. 1. 214). — V. Prud'hommes.

38. Y a-t-il lieu à prise à partie contre des arbitres? — Il faut distinguer si l'arbitrage est volontaire ou forcé. Dans le premier cas on s'accorde assez généralement à reconnaître que les arbitres n'agissent pas à raison de leurs fonctions dans un caractère public (Merlin, Quest., vº Arbitrage; M. Dupin, Réquisit., aff. Parquin, V. Arbitrage, nº 959. — *Contrà*, M. Vatismenil, Encyclopédie, nº 182; V. sur les caractères de l'arbitrage volontaire et forcé, *eod. vº*, nºs 958 et suiv.). — Ne tenant le pouvoir qu'ils exercent que d'un contrat privé, ils ne sont que de simples mandataires dont la responsabilité est réglée d'après les principes ordinaires de droit civil; ils ne peuvent donc être pris à partie. Ainsi jugé pour des arbitres amiables compositeurs (Agen, 27 août 1845, aff. Judicis, D. P. 49. 2. 200; Conf. Merlin, *eod.*; Poncet, Traité des jug., t. 2, nº 593. — *Contrà*, Motifs, Req. 12 fév. 1850, aff. Nabardy, D. P. 50. 1. 311). — Mais les arbitres forcés ont un caractère public (Motifs, ch. réun. 15 mai 1838, aff. Parquin, vº Arbitrage, nº 958; Conf., Prat. franç., t. 5, nº 402; MM. Vastismenil, *eod.*; Poncet, *eod.* — Aussi a-t-il été jugé en ce sens que les arbitres forcés sont de véritables tribunaux de commerce, et qu'ils peuvent comme les juges et comme les membres des tribunaux de commerce être pris à partie (Civ. cass. 7 mai 1817, aff. Bertrand, vº Arbitrage, nº 960; Conf. MM. Poncet, *loc. cit.*; Vatismenil, *eod.* — *Contrà*, Merlin, *eod.*; M. Dupin, *eod.*). — L'arbitrage forcé est aboli par la loi du 17 juill. 1856.

39. La prise à partie, d'après l'art. 509, peut être exercé contre un ou plusieurs membres d'un tribunal, ou contre le tribunal entier, elle doit même, si elle est fondée sur un jugement qui émane du tribunal entier, être nécessairement dirigée contre tous les magistrats qui y ont concouru. — Ce point était tenu comme certain sous l'ancien droit; « car (disait Robin de Mozas, plaidant en 1783 pour trois magistrats), il est impossible de dire que le jugement et le décret ne soient pas l'ouvrage du tribunal entier; et, s'il l'est, nul moyen de diviser les personnes, d'attaquer un juge seulement entre trois, cinq, sept ou dix, de rendre ce juge responsable du fait des autres, et de le punir d'une opinion qu'il peut avoir combattue, mais à laquelle il a été forcé de souscrire par la loi de tous les corps, où l'on ne peut se refuser à se rendre au vœu général et à signer le jugement arrêté par la pluralité. » Nous pensons qu'aujourd'hui on devrait décider dans le même sens, parce que le secret qui couvre les opinions des membres des tribunaux empêche de pouvoir supposer à un juge telle ou telle opinion, et en outre que sa voix a prévalu ou en quelque sorte forcé celles de ses collègues.

40. Cependant il ne faudrait pas conclure de ce qu'un fait de dol serait articulé comme étant commun à plusieurs magistrats, que la poursuite de prise à partie fût tellement indivisible qu'elle ne pût s'exercer séparément à l'égard de l'un d'eux. — Ainsi, sous le code de brumaire an 4, dans une instance en prise à partie formée tout à la fois contre le directeur du jury et le magistrat de sûreté et où il avait été sursis à l'égard de ce dernier, jusqu'après autorisation du conseil d'État, il a été jugé que les poursuites en prise en partie, dirigées concurremment contre deux magistrats, peuvent être continuées contre l'un d'eux, quoiqu'elles soient suspendues à l'égard de l'autre (Civ. rej. 23 juill. 1806, aff. Deboileau, V. nº 10).

41. Malgré la dénomination générale de juges, employée par l'art. 505, qui semblerait devoir s'étendre à tous ceux qui, dans une matière quelconque, ordinaire ou exceptionnelle, exercent une juridiction et rendent des jugements, il faut cependant reconnaître qu'il n'y aurait pas lieu à prise à partie si, par la nature des choses, les formes de cette voie de recours se trouvaient incompatibles avec les règles de compétence qui fixent l'étendue des diverses juridictions et qui déterminent leur indépendance réciproque. — Ainsi les règles sur la prise à partie ne sauraient s'appliquer en *matière administrative*. Supposons, en effet, qu'on veuille prendre à partie un *conseil de préfecture*, où sera le juge de l'action? D'après l'art. 509 c. pr., c'est au tribunal du degré immédiatement supérieur dans la hiérarchie des fonctions, à prononcer d'abord, en vertu d'une sorte de pouvoir disciplinaire, sur la recevabilité de la prise à partie, et de statuer plus tard s'il y a lieu sur le fond de la demande (V. nºs 45 et s.). Or le tribunal hiérarchique et supérieur au conseil de préfecture c'est le conseil d'État, et ce tribunal serait manifestement incompétent pour prononcer sur une action civile en dommages-intérêts. On ne pourrait, d'un autre côté, sans renverser tous les principes sur la séparation des pouvoirs, attribuer à des juges civils, de quelque degré qu'ils fussent, le droit de prononcer sur l'admissibilité d'un pareil recours.

42. On doit décider, par des raisons analogues, qu'il n'y aurait pas lieu à prise à partie contre les juges des *tribunaux militaires*. Les formes de cette voie de recours leur seraient également inapplicables. Il en est de même des *jurés*.

43. Mais de ce qu'il n'y a pas lieu à prise à partie contre les juges appartenant à ces diverses catégories, il ne s'ensuit pas qu'ils soient irresponsables et que la partie lésée ne puisse obtenir contre eux, par aucune autre voie, la réparation des dommages qu'elle aurait éprouvés. Ces actes de fraude et de prévarication dont ces juges se rendraient coupables dans l'exercice de leurs fonctions, pourront toujours être poursuivis dans les formes ordinaires, soit par action civile, soit criminellement, si ces actes constituent des crimes ou délits, sauf à la partie poursuivante, dans le cas où le recours est dirigé contre un juge administratif, à requérir préalablement du conseil d'État l'autorisation exigée (V. Mise en jugement, nos 50 et suiv.).

44. La prise à partie étant une action purement civile tendant à obtenir la réparation d'un dommage privé, peut être valablement intentée contre les *héritiers* ou *ayants cause* du juge décédé, encore bien qu'aucune poursuite n'ait été commencée du vivant de celui-ci. Il paraît cependant que ce point était contesté sous l'ancien droit (Serpillon, Comm. de l'ord. de 1667, p. 477; Duparc-Poullain, Princip. de droit, 10, 925), mais il est hors de doute que celui qui cause un préjudice à autrui par un délit ou par un quasi-délit s'oblige à la réparation de ce préjudice (c. nap. 1382) et que l'action civile née de cette obligation, peut être exercée tant contre celui qui a occasionné le dommage, que contre ses héritiers et représentants (c. inst. crim., art. 2), seulement le tribunal appelé à statuer sur la demande de prise à partie formée contre des héritiers devra avoir égard à la difficulté que pourront éprouver ceux-ci de défendre à une action qui ne leur est pas personnelle (Thomine, t. 1, p. 756; Carré et Chauveau, Quest. no 1803).

§ 4. — *Compétence*. — *Formes de la prise à partie*.

45. La *compétence* en cette matière est clairement indiquée par l'art. 509 c. pr., ainsi conçu : « La prise à partie contre les juges de paix, contre les tribunaux de commerce ou de première instance, ou contre quelqu'un de leurs membres, et la prise à partie contre un conseiller à une cour impériale ou à une cour d'assises, seront portées à la cour impériale du ressort. La prise à partie contre les cours d'assises, contre les cours impériales ou l'une de leurs sections sera portée à la haute cour impériale, conformément à l'art. 101 de l'acte du 18 mai 1804 (28 flor. an 12). »

46. La haute cour mentionnée dans la seconde disposition de cet article n'a jamais existé ni en fait ni en droit, attendu que l'art. 133 du sénatus-consulte du 28 flor an 12, portant institution de cette cour, annonçait qu'il serait pourvu par un *nouveau sénatus-consulte au surplus des dispositions relatives à son organisation et à son action*, et que ce nouveau sénatus-consulte était encore à faire lorsque fut renversé le gouvernement qui devait le proposer (Merlin, Rép., *hoc. vo*, § 2). — Or, la haute cour n'ayant jamais été mise en activité, et son institution étant ainsi demeurée sans objet, on en a conclu que la cour de cassation, qui précédemment et d'après la loi du 27 vent. an 8 (art. 60) devait connaître de toutes les demandes en prise à partie sans distinction, n'a jamais cessé d'être investie, en cette matière, de la part de juridiction non transférée aux cours d'appel par l'art. 509 c. pr. Telle est, au surplus, l'opinion de presque tous les auteurs (Merlin, *loc. cit.*; Tarbé, Cour de cass., no 310; MM. Chauveau sur Carré, sur l'art. 509, p. 309; Souquet, *ib.* tabl. 532, col. 1; Favard, 4, 533). — C'est aussi ce qui résulte implicitement d'un certain nombre d'arrêts, et il a été d'ailleurs expressément jugé que la cour de cassation est seule compétente pour connaître de l'action en prise à partie contre une cour d'appel (Req. 17 fév. 1825, aff. Forbin-Janson, V. ci-dessous. — *Contrà*, Pigeau, 1, 683; M. Poncet, t. 2, p. 399). — D'après ce dernier auteur, les attributions de la haute cour devaient, sous l'empire de la charte de 1814, être exercées par la cour des pairs; mais cette opinion n'a jamais eu la moindre faveur. Nous ferons remarquer que, dans l'espèce jugée par la décision précédente, la compétence de la cour de cassation avait été contestée par le motif que M. le premier président Séguier, l'un des magistrats inculpés, était revêtu de la dignité de pair de France. — Mais il a été décidé que la prise à partie n'étant pas une action criminelle, cette qualité ne devait en rien modifier la compétence (Req. 17 fév. 1825) (1).

47. Quant à la prise à partie dirigée soit contre un tribunal entier de 1re instance, soit individuellement contre des conseillers de cours d'appel, ou de cours d'assises, la connaissance de cette action étant attribuée aux cours d'appel par l'art. 509, il y aurait lieu, suivant un arrêt, à la rejeter, si elle était portée devant la cour de cassation (Req. 11 janv. 1816; MM. Henrion, pr., Favard, rap., aff. Doudon *C.* min. pub.), ce qui est fort exact.

48. On a vu par le texte précité, que dans aucun cas un tribunal de première instance n'est compétent pour connaître d'une demande en prise à partie : l'action ne pourrait être portée devant un tribunal de ce degré encore bien qu'elle serait connexe avec une autre demande dont ce tribunal serait compétemment saisi. — Aussi a-t-il été jugé en ce sens que l'action en prise à partie contre un juge d'un tribunal civil ne peut être portée sous prétexte de connexité devant un tribunal de première instance; elle doit l'être devant la cour d'appel (Req. 25 août 1825, aff. Blain, V. no 65).

49. On ne pourrait même, sous ce prétexte, attribuer la connaissance d'une action en prise à partie contre des juges de première instance à une cour d'appel autre que celle dans le ressort de laquelle ces magistrats exercent leurs fonctions, la demande en prise à partie différant essentiellement d'une action ordinaire et par son objet et par sa forme, et surtout par les règles de compétence auxquelles elle est assujettie. — Jugé en ce sens que de ce que, dans une affaire, il aurait été commis des spoliations donnant lieu à une action en dommages-intérêts contre des avoués, et en prise à partie contre des juges, on ne peut pas dire qu'il y ait connexité entre ces deux actions; de telle sorte que si l'action en dommages-intérêts a été déférée à un certain tribunal (sur renvoi de la cour de cassation) on doive porter la demande en prise à partie devant le même tribunal, ou devant la cour d'appel dans le ressort de laquelle se trouve ce tribunal (Req. 25 avr. 1827, aff. de Preigne, V. Renvoi).

50. *Formes.* — La nécessité d'obliger le demandeur en prise à partie à se pourvoir d'une autorisation préalable, avait été déjà reconnue sous l'ancienne jurisprudence (V. no 4); cette formalité essentielle est exigée par l'art. 510 c. pr., comme le préliminaire indispensable de la demande à former contre le juge. La première chose à faire pour exercer l'action de prise à partie, c'est donc d'obtenir la permission du tribunal devant lequel la prise à partie sera portée.

51. Cette permission devra être demandée par une *requête* que les parties seront tenues de signer par elle-même, ou par un fondé de pouvoir spécial et authentique (c. pr. 511). Dans les cas ordinaires, il suffit que les requêtes présentées au tribunal soient signées par l'avoué de la partie; mais pour former une action aussi grave que celle qui résulte d'un pareil acte, la partie elle-même doit témoigner, par sa propre signature, que cette demande est, de sa part, l'expression d'une volonté réfléchie. — Si la partie ne sait pas signer ou qu'elle en soit empêchée par un motif quelconque, il ne suffirait pas que l'avoué fît mention de l'impossibilité où elle est de signer; elle doit avoir un fondé de pouvoir spécial qui signe pour elle (Conf. Lepage, no 347; Bioche, no 35).

52. Cette requête ne devra contenir aucun terme injurieux à l'égard des magistrats contre lesquels la prise à partie est dirigée, à peine d'amende contre la partie, et d'injonction ou de suspension contre l'avoué (c. pr. 512). Le mot injurieux doit s'entendre ici des termes étrangers aux faits qui servent de base à la prise à partie et non de l'énonciation de ces faits qui doivent toutefois être indiqués avec modération (Conf. M. Bioche, no 38).

53. S'il existe des preuves écrites à l'appui de ces faits, la partie est tenue de les joindre à la requête à peine de nullité (c. pr. 511).

(1) (De Forbin-Janson *C.* la cour de Paris.) — La cour; — Attendu que le réquisitoire contenu aux conclusions de M. le procureur général, tendant au renvoi de la demande en prise à partie du comte de Forbin-Janson, devant la cour des pairs, doit être préliminairement l'objet de la décision de la cour; — Attendu que ce renvoi ne pourrait être fondé que sur l'une des attributions spéciales de la cour des pairs déterminée par l'art. 34 de la charte constitutionnelle qui porte : « Aucun pair ne peut être arrêté que de l'autorité de la chambre et jugé que par elle; » — Attendu qu'une demande en prise en partie n'est rien moins qu'une action criminelle; qu'en effet, formée sans le concours du ministère public, elle ne peut jamais tendre qu'à de simples dommages-intérêts civils; que les conclusions du comte de Forbin-Janson ne tendent elles-mêmes au principal qu'à une radiation de considérant d'arrêt, à des dommages-intérêts et à l'impression de l'arrêt à intervenir, le tout à titre de réparations civiles;

Donne acte à M. le procureur général du roi de son réquisitoire, et, y faisant droit, se déclare compétente.

Du 17 fév. 1825.-Sect. req.-MM. Henrion, pr.-Borel, rap.

54. La requête est communiquée au ministère public qui doit donner ses conclusions avant que le tribunal accorde ou refuse l'autorisation demandée (Pr. 83-5°; MM. Thomine, t. 1er, p. 764; Carré et Chauveau, n° 1815; Bioche, n° 59). — Il n'est pas nécessaire de faire notifier préalablement cette requête au magistrat inculpé (MM. Souquet, tabl. 533; Thomine, t. 1er, p. 764; Chauveau sur Carré, n° 1816 *bis*; Tarbé, n° 311; Bioche, n° 56).—Il en était autrement sous le code de brum. an 4, qui prescrivait, art. 567, de faire cette notification un mois avant la présentation, et d'annexer à la requête la preuve de l'accomplissement de cette formalité, à peine de voir rejeter, sans examen, la demande en prise à partie. — Une demande en prise à partie ayant été intentée sans que ces formalités eussent été remplies, elle a été rejetée : « Attendu, porte l'arrêt, que Louis Soigne et Alexandre Deligny ne représentent pas la preuve qu'ils aient notifié, conformément à la loi, leur requête aux juges et accusateur public contre lesquels il demandait l'autorisation de les prendre à partie; rejette » (Req. 13 vent. an 4, MM. Riolz, pr., Vernier, rap., aff. Faigne *C.* juges du trib. de Bordeaux; Conf., req. 8 therm. an 11, M. Vallée, rap., aff. Sombret).

55. La cour examine si d'après les faits exposés dans la requête et les pièces présentées à l'appui, il y a lieu d'accorder ou de refuser l'autorisation de prise à partie. — La décision est prise en chambre du conseil (arg. *à contr.*, 515, c. pr., M. Bioche, n° 60), et il n'y a lieu d'admettre aucun débat oral : c'est ce qui résulte du mode de procédure indiqué par la loi qui, en décidant que la demande en autorisation sera formée par requête, exclut implicitement toutes plaidoiries ou explications verbales. — Jugé en ce sens qu'il n'y a pas lieu d'accorder au demandeur en prise à partie la permission de développer, oralement et en personne, les moyens à l'appui de sa demande (Paris, 30 janv. 1836) (1).

56. Par le même motif, le magistrat poursuivi n'est pas recevable à intervenir, avant qu'il ait été statué sur l'admission de la demande (Amiens, 20 juill. 1837, aff. Nusse, V. Acquiesc., n° 348). — Si ce magistrat veut obtenir une condamnation de dommages-intérêts fondée sur le préjudice moral que lui cause la demande en prise à partie, il doit attendre que la requête ait été admise ou rejetée. Dans le premier cas, il pourra conclure incidemment à des dommages-intérêts dans l'instance qui s'engagera sur le fond; et dans le second, il formera cette demande par action principale (Pigeau, comm. t. 2, p. 111).

57. Si la requête est admise, elle doit être signifiée dans trois jours au juge pris à partie (c. pr. 514).—Cette disposition donne lieu à plusieurs questions. La première est celle de savoir si la signification de cette requête au juge doit être faite à personne ou domicile, ou au greffier du tribunal comme les réquisitions dont parle l'art. 507? Les auteurs sont assez divisés à cet égard; nous penserions avec M. Demiau Crouzilhac (sur l'art. 514) que la requête doit être signifiée à personne ou domicile. D'une part, en effet, l'art. 514 ne renouvelle pas la disposition exceptionnelle de l'art. 507; et, d'autre part, la requête en prise à partie une fois admise et la prise à partie autorisée, le magistrat se trouve mis en cause et le motif de convenance révérentielle qui a dicté la disposition de l'art. 507 n'existe plus (Conf. Carré, n° 1816; Bioche, n° 69; *contrà*, Lepage, 348).

58. Y aurait-il nullité si la requête n'avait pas été notifiée au magistrat dans les trois jours? Cette nullité n'est pas prononcée par la loi; dès lors, on rentre dans la disposition générale de l'art. 1030 du même code, d'après lequel aucun exploit ou acte de procédure ne peut être déclaré nul si la nullité n'en est pas formellement prononcée (MM. Carré et Chauveau, n° 1817, Demiau, art. 514; Pigeau, t. 1, p. 686; Bioche, n° 70).

59. Le délai mentionné dans l'art. 514, est, au surplus, susceptible d'augmentation à raison des distances (MM. Lepage, n° 349, Chauveau, n° 1816; Bioche, n° 71).

60. La signification de cette requête doit contenir assignation au magistrat pris à partie, à comparaître devant la cour, pour voir statuer sur le fond de la demande (arg. c. pr., 365 et 514; M. Chauveau, Tar. 2. 26), une assignation par exploit séparé ne doit pas passer en taxe même pour les déboursés (MM. Chauveau sur Carré, n° 1816; Bioche, n° 68). — Elle doit être accompagnée, 1° de la copie de l'arrêt qui admet la demande en prise à partie (Tarif., 29; MM. Carré et Chauveau, n° 1818; Demiau, n° 356; Bioche, n° 66); 2° de celle des pièces justificatives (Pigeau, t. 1, p. 687; M. Bioche, n° 67).

61. Le juge pris à partie doit fournir sa défense dans la huitaine (c. pr. 514); il est obligé de constituer avoué de même qu'un simple particulier, car il n'en est dispensé par aucune disposition de la loi.

62. Une autre difficulté qui s'est élevée sur l'art. 514, est celle de savoir si le demandeur en prise à partie peut répondre à la défense du magistrat? Il nous paraît hors de doute, quoique la loi n'en parle pas, que le demandeur en prise à partie a le droit de relever les erreurs qui ont pu échapper au magistrat dans sa défense et, par conséquent, qu'il peut y répondre, seulement il nous semble douteux que cette réponse soit admissible en taxe, car, après tout, cette réponse peut être donnée à l'audience et sans frais.

63. L'affaire est ensuite portée à l'audience pour y être jugée contradictoirement. Les mêmes motifs qui déterminaient le législateur à soustraire le débat aux dangers d'une publicité prématurée n'existent plus alors qu'il a été prononcé sur l'admission de la prise à partie. Aussi le jugement définitif doit-il être rendu en la forme ordinaire sur les conclusions du ministère public.— Ce jugement doit être rendu par une autre chambre ou section que celle qui a admis la requête (c. pr. 515).—D'après la seconde disposition du même article, le jugement de la prise à partie devait être renvoyé à la cour d'appel la plus voisine dans le cas où celle qui aurait admis la requête ne serait composée que d'une seule section, mais cette disposition est devenue sans objet, depuis que, par les changements apportés dans l'organisation des tribunaux par le décret du 6 juill. 1810, les cours d'appel composées d'une seule section forment trois chambres qui sont des sections véritables. Aussi a-t-il été jugé par ce motif que cette disposition n'est plus applicable (Ch. civ. 27 fév. 1812) (2).

64. En conséquence, s'il n'y a qu'une chambre civile et

---

(1) (Raspail *C.* Zangiacomi.) — La cour; — ...Considérant qu'aucun des articles précités du code de procédure n'autorise les tribunaux à admettre des développements oraux de la part de la personne qui forme une demande en prise à partie; — Que la loi décide, au contraire, que la permission préalable de prendre le juge à partie sera demandée par requête à laquelle seront jointes les pièces justificatives, s'il y en a, procédure qui exclut implicitement toutes plaidoiries ou explications verbales de la part du demandeur; — Qu'autrement il ne pourrait être refusé au juge lui-même de répondre par le même moyen aux explications de la partie, et qu'il s'établirait ainsi, contrairement au vœu de la loi, et prématurément, un débat contradictoire qu'elle a eu pour but d'éviter sur la demande à fin de permission préalable de prendre le juge à partie, et de n'autoriser qu'au seul cas d'admission de la requête; — Dit qu'il n'y a lieu d'accorder à Raspail la permission de développer oralement et en personne les moyens à l'appui de sa demande.

Du 30 janv. 1836.-C. de Paris.-M. Séguier, 1er pr.

(2) *Espèce :* — (Coche *C.* N...) — 16 janv. 1812, arrêt de la cour de Metz, qui admet une requête en prise à partie présentée contre plusieurs juges d'un tribunal de première instance, et permet, en conséquence, de les intimer... « Conformément à la loi devant telle cour du royaume, ou telle des chambres de la cour d'appel de Metz, suivant qu'il y sera statué sur le renvoi par la cour de cassation devant laquelle le demandeur devra se pourvoir pour y faire prononcer. » — Par suite de cet arrêt, le demandeur en prise à partie s'adresse à la cour de cassation, et conclut à ce que « la cause soit renvoyée, soit devant la deuxième chambre de la section civile de la cour de Metz, soit devant la cour la plus voisine. » — M. Merlin, procureur général, a fait observer que le doute élevé par la cour de Metz sur la question de savoir si, d'après les changements apportés dans l'organisation des tribunaux par le décret du 6 juill. 1810, elle devait encore se considérer comme composée d'une seule section, n'était nullement fondé. Car, a-t-il dit, les cours qui, dans l'ancienne organisation judiciaire, n'étaient composées que d'une seule section, le sont aujourd'hui de trois, puisque les chambres de ces cours sont des sections véritables. La loi du 20 avril et le décret du 6 juill. 1810 ont donc rendu sans objet la disposition de l'art. 515 c. pr., qui déférait à la cour de cassation le renvoi de prises à parties admises par les cours d'appel composées d'une seule section. — Arrêt (apr. dél. en ch. du cons.).

La cour; — Considérant que la cour d'appel de Metz est composée de vingt-quatre magistrats, qui tous sont également investis du double pouvoir de juger en matière civile, criminelle et de police; que, par conséquent, distraction faite de ceux qui ont prononcé l'admission de la

qu'elle ait admis la requête la prise à partie doit être jugée par des conseillers attachés aux deux autres chambres, mais en nombre égal à celui qui est exigé, pour les affaires civiles (M. Bioche, 74).

65. La question la plus importante que présente cette matière, est celle de savoir si les parties sont toujours obligées de prendre la voie extraordinaire de la prise à partie pour obtenir des dommages-intérêts contre un juge coupable de dol, de fraude, de concussion ou de déni de justice?—Les parties ne pourraient-elles pas prendre la voie civile ordinaire?—Les auteurs sont divisés sur cette question; mais nous pensons avec M. Lepage, p. 342, quest. 1re, que la prise à partie est le seul moyen de poursuivre un juge en dommages-intérêts. Le législateur a eu en vue de garantir les juges des attaques inconsidérées des plaideurs; il n'a pas voulu qu'un magistrat pût être inopinément traduit devant un juge inférieur; il a conséquemment établi des formes protectrices qu'il faut suivre (Conf. MM. Chauveau sur Carré, no 1807 *bis*; Poncet, t. 2, p. 395; Favard, t. 4, p. 534; Bioche, no 5).—Jugé en ce sens: 1o qu'un juge ne peut être personnellement poursuivi et condamné à des dommages-intérêts ou dépens, pour faits relatifs à ses fonctions, que par la voie de la prise à partie (Req. 25 août 1825 (1); 24 mai 1842, aff. Bordères, V. no 8); — 2o Qu'un juge de paix ne peut être attaqué au sujet d'une délibération de famille à laquelle il a concouru, que par la voie de la prise à partie (Req. 29 juill. 1812) (2); — 3o Que

---

prise à partie demandée pour Jean-Dieudonné Coche, il en reste encore un nombre suffisant pour statuer sur le fond de ladite demande; — Sans avoir égard au sursis prononcé par l'arrêt de ladite cour d'appel de Metz, qui pourvoira à ce qu'elle soit jugée par le nombre de juges voulu pour rendre arrêt en matière civile, renvoie, etc.

Du 27 fév. 1812.-C. C., sect. civ.-MM. Minier, rap. Merlin, pr. gén., c. conf.

(1) *Espèce:* — (Blain, etc. *C.* de Preigne.) — A la suite de la condamnation et de la destitution des sieurs Martin, Vidal et autres, avoués de Tarascon, accusés d'avoir multiplié de concert les procédures et les incidents frustratoires dans la saisie des biens des sieurs Gras de Preigne, et après des admonitions adressées par la cour d'Aix, et pour le même fait, aux sieurs Lombard et Rousty, juges au tribunal de Tarascon, les sieurs de Preigne ont demandé la nullité des saisies et des expropriations faites sur eux, et ont formé une demande en dommages-intérêts contre les avoués et leurs complices. Mais, craignant que le tribunal de Tarascon, qu'ils avaient d'abord saisi de cette affaire, n'apportât pas peut-être à sa décision toute l'impartialité nécessaire, et pensant, en outre, que les bienséances judiciaires s'opposaient même à ce que la cour d'Aix, dont l'un des arrêts qu'elle avait rendus dans cette affaire avait été cassé, fût appelée à décider dans une instance qui se rattachait à l'arrêt cassé, les sieurs de Preigne ont demandé à la cour de cassation le renvoi de cette cause au tribunal de Toulouse. — Ce renvoi a été ordonné le 24 sept. 1824, par arrêt de la section criminelle faisant fonctions de chambre des vacations, ainsi conçu: « Statuant sur la demande en renvoi pour cause de suspicion légitime; — Attendu que des circonstances particulières de l'affaire résultent des motifs suffisants d'accueillir la demande en renvoi pour cause de suspicion légitime formée par les exposants; — La cour renvoie la cause, déjà pendante au tribunal civil de Tarascon, sur la citation donnée, par les exposants, le 9 juin 1823, aux nommés Martin, Gauthier, Vidal, Salin et Beaumet, ensemble les demandes énoncées dans la requête des exposants, qu'ils seraient en droit de former et qui seraient connexes à celle du 9 juin 1823, devant le tribunal civil de première instance de Toulouse, pour y être procédé en conformité de la loi. »

Cet arrêt a été signifié à toutes les parties. MM. Blain, ex-président du tribunal civil de Tarascon; Lombard et Rousty, juges au même tribunal, et Germanès, ex-procureur du roi, qualifiés d'être les fauteurs et complices de ces diverses spoliations, formèrent opposition à cet arrêt devant la cour suprême, qui l'admit. Ils disaient qu'à leur égard le tribunal et la cour de Toulouse étaient incompétents pour juger la contestation. Quant au tribunal, cela est évident, d'après le principe que les magistrats, en général, ne peuvent être jugés que par un tribunal supérieur en degré à celui dont ils sont membres. Relativement à la cour, son incompétence est également matérielle, parce que les faits et les actes pour lesquels les demandeurs sont appelés en justice, sont relatifs aux fonctions de juges qu'ils exercent ou qu'ils ont exercées; et la voie ouverte en pareil cas, c'est la prise à partie (art. 505 c. pr.), qui doit être portée à la cour royale (art. 509), c'est-à-dire, dans l'espèce, à la cour d'Aix. — Ils ajoutaient que, d'autre part, étant qualifiés fauteurs et complices des fraudes, dilapidations et vols imputés aux avoués, on devait prendre contre eux la voie de l'action en forfaiture, et cette action ne pouvait elle-même être portée qu'à la cour d'Aix, d'après les art. 479, 480, 483 et 484 c. inst. crim. — Enfin, ils demandaient la suppression des passages injurieux contenus dans la requête des sieurs de Preigne et dans les actes de la procédure. — Les sieurs de Preigne répondaient que les poursuites à exercer contre les juges et avoués étaient connexes; que, dès lors, il était convenable de les faire juger par la même cour, c'est-à-dire la cour de Toulouse. — Arrêt.

La cour; — Attendu que les parties de Delagrange ont reçu la signification de l'arrêt de la section des vacations, du 24 sept. 1824, avec sommation, s'ils voulaient user de la voie d'opposition, de le faire incessamment; qu'il n'est pas méconnu que c'est en leur qualité de magistrats pour des faits qui ont eu lieu dans l'exercice de leurs fonctions que ladite signification a eu lieu; — Attendu qu'il est de principe qu'un juge ne peut être personnellement poursuivi et condamné en des dommages-intérêts ou dépens que par la voie de la prise à partie et à la suite d'une demande de cette nature régulièrement formée; — Attendu qu'aucune demande en prise à partie n'a été formalisée contre les opposants; que, l'eût-elle été, elle ne pouvait être soumise qu'à une cour royale; — Attendu que, quoique l'arrêt de la section des vacations, du 24 sept. 1824, n'ait rien statué sous le rapport de la prise à partie, le renvoi, devant le tribunal civil de Toulouse, qu'il prononce, ayant compris les demandes qui pouvaient être ultérieurement formées et qui étaient énoncées dans la requête des demandeurs en renvoi, il y a lieu de s'expliquer formellement en ce qui concerne les opposants;

Sur les demandes en suppression de termes injurieux: — Attendu qu'elles se rapportent à des pièces étrangères à la demande en renvoi, et que les parties restent à cet égard dans tous leurs droits; — Reçoit les parties de Delagrange opposantes à l'arrêt de la section des vacations de la cour, du 24 septembre dernier, et, y faisant droit, en tant que besoin serait, rapporte ledit arrêt pour tout ce qui pourrait concerner les demandeurs en opposition; sauf aux parties de Guillemin à se pourvoir par les voies de droit, et sauf aux parties de Delagrange toute demande en suppression de termes injurieux.

Du 25 août 1825.-C. C., sect. req.-MM. Botton, f. f. de pr.-Borel, rap.

(2) *Espèce:* — (Pellegrini *C.* Joseph Mora.) — 10 août 1808, délibération du conseil de famille du mineur Mora, présidée par le sieur Pellegrini, juge de paix, par laquelle la tutelle de ce mineur est déférée à sa mère remariée. — Postérieurement l'aïeule paternelle et deux oncles du mineur, traduisent le juge de paix, la tutrice et quelques autres membres du conseil de famille, devant le tribunal de Gênes, pour voir déclarer nulle la délibération qui a déféré la tutelle à la mère du mineur; attendu que le conseil de famille n'a pas été convoqué devant le juge de paix du domicile du mineur. — Le sieur Pellegrini, juge de paix, ne s'étant pas présenté, il fut rendu un jugement, le 28 oct. de la même année, qui a donné défaut contre lui. Ce défaut a été joint en même temps au fond pour y être statué par le jugement à rendre avec les défendeurs comparaissants. — 12 juill. 1809, autre jugement qui admet les demandeurs à la preuve des faits tendant à établir que le domicile du mineur était à Campomarona, et non au quartier de la Magdelaine. — Enfin, 14 août 1810, troisième jugement qui déclare nulle la délibération du 10 août 1808, et condamne les défendeurs, y compris le juge de paix, aux dépens, à l'exception seulement de la mère du mineur. — 27 mai 1811, signification de ce jugement au sieur Pellegrini, qui n'a pas jugé à propos de l'attaquer.

Mais M. le procureur général en a requis d'office la cassation, ainsi que de celui du 28 oct. 1808, dans les dispositions relatives au juge de paix, pour contravention aux art. 509, 510, 511 et 515 c. pr. — En effet, a-t-il dit, ce n'était pas comme particulier, c'était comme juge de paix, que le sieur Pellegrini avait présidé à la délibération du conseil de famille, qui avait conféré à la veuve de Jean Mora la tutelle de son fils. — Dès lors, ce n'était point par une action ordinaire que le sieur Pellegrini pouvait être poursuivi pour avoir présidé à cette délibération; il ne pouvait l'être que par la prise à partie. — Or, d'une part, il n'a été rempli, à l'égard du sieur Pellegrini, aucune des formalités requises, en matière de prise à partie, par les art. 510, 511 et 515 c. pr. — De l'autre, le tribunal de Gênes n'était compétent, ni pour permettre la prise à partie du sieur Pellegrini, ni pour la juger. La prise à partie contre les juges de paix, est-il dit dans l'art. 509 c. proc., sera portée à la cour d'appel du ressort. — Ce serait en vain que l'on prétendrait que le tribunal de Gênes a fait application des dispositions du code civil, qui veulent que le juge de paix entre dans la composition du conseil de famille, et, qui même lui donne voix prépondérante en cas de partage (art. 416); et de celle de l'art. 883 c. proc., qui dispose, en général, que lorsque la délibération du conseil de famille est attaquée, la demande doit être formée contre les membres qui ont été d'avis de cette délibération; — Car quoique ce dernier article n'établisse aucune distinction en faveur des juges de paix, il n'est pas difficile de s'apercevoir que les rédacteurs du code de procédure n'ont pas eu l'intention de déroger aux dispositions précédemment établies, relativement à la prise à partie de ces fonctionnaires. Comment supposer d'ailleurs que le législateur eût exposé les juges de paix à soutenir un procès, toutes les fois qu'ils auraient été obligés d'émettre leur vœu dans la délibération prise par un conseil de famille? — Arrêt.

le juge-commissaire d'une faillite ne peut être actionné en dommages-intérêts, à raison des fautes qu'il a pu commettre dans les opérations de la faillite, que par la voie de la prise à partie, et sous les conditions auxquelles est subordonné ce mode de recours; qu'ainsi le failli est non-recevable dans son action en dommages-intérêts, lorsqu'il l'intente par la voie ordinaire, et surtout s'il déclare que, n'imputant au juge ni dol ni fraude, mais une simple faute dommageable, il ne veut pas le prendre à partie (Req. 13 mars 1850, aff. Armand, D. P. 50. 1. 320); — 4º Que celui qui veut poursuivre un officier du ministère public, à raison d'un fait dommageable, doit agir par voie de prise à partie et non par voie d'action directe en dommages-intérêts (trib. de Caen, 12 juin 1849, aff. Duchemin, D. P. 50. 3. 30).

66. Alors même que le juge poursuivi en dommages-intérêts par action civile ordinaire pour un fait relatif à ses fonctions ne contesterait ni la juridiction ni la forme de la demande, le tribunal saisi ne pourrait connaître d'une telle action, puisque son incompétence serait fondée sur des raisons d'ordre public, et qu'il n'est pas permis à un magistrat de renoncer aux garanties que la loi lui accorde dans un intérêt social. — A plus forte raison est-il hors de doute que l'action en prise à partie, ou des faits qui soient de nature à donner ouverture à cette action, ne peuvent être l'objet d'aucune transaction entre le juge et le justiciable.

67. Bien que la prise à partie soit en général la seule voie légale contre un magistrat, il ne serait cependant pas nécessaire de prendre cette voie si un juge était poursuivi dans l'intérêt de la vindicte publique, aux termes de la loi, par exemple, en vertu de l'art. 185 c. pén.; la partie lésée pourrait alors se porter partie civile et obtenir des dommages-intérêts (Conf. M. Bioche, nº 5, et les auteurs déjà cités).

68. Sous le code de brum. an 4, le décret ou jugement qui permettait la prise à partie devait, aux termes de l'art. 569 de ce code, renvoyer pour le jugement devant un tribunal civil, si par la nature de l'affaire il ne pouvait y avoir lieu qu'à une condamnation à des dommages-intérêts, et devant un tribunal criminel si les faits de prise à partie pouvaient donner lieu à des peines, soit correctionnelles, soit infamantes, soit afflictives. — Aussi jugeait-on sous l'empire de cette disposition que lorsque la prise à partie était demandée pour un cas de forfaiture, par exemple, contre un officier de police qui avait omis de citer dans le mandat d'arrêt la loi qui l'autorisait à le décerner, il devait d'abord être instruit sur la forfaiture avant de statuer sur la prise à partie (Cr. cass. 2 vend. an 6) (1).

Mais cette décision ne devrait pas être suivie sous le code de procédure qui ne contient aucune disposition semblable à celle qu'on vient de citer. Et rien n'empêcherait aujourd'hui la partie lésée de poursuivre civilement par voie de prise à partie les réparations du dommage qu'elle aurait éprouvé alors même que les faits servant de base à cette demande constitueraient des crimes ou délits. C'est ce qui résulte d'ailleurs de l'art. 3 c. instr. crim. d'après lequel l'action civile peut être intentée séparément de l'action publique. Cependant si les faits de prise à partie avaient donné lieu à des poursuites criminelles intentées d'office, il devrait être sursis au jugement de la prise à partie jusqu'à ce qu'il eût été statué sur ces poursuites par la juridiction compétente (art. 3, instr. crim.; Conf. Pigeau, Comm. 2, 114). — V. Quest. préjudicielle.

69. Les règles de l'action en prise à partie ne diffèrent pas moins de celles de l'action civile ordinaire quant aux voies de recours à employer contre les décisions rendues en cette matière qu'en ce qui touche la forme de procéder; cette action, en effet, ne pouvant jamais être portée devant les juges du premier degré, les décisions rendues soit sur l'admissibilité de la demande, soit au fond, sont nécessairement sans appel. Ces décisions ne sont même susceptibles d'aucune espèce de recours dans les cas où, d'après l'art. 509, la cour de cassation a été saisie directement de l'action en prise à partie; elles peuvent seulement être l'objet d'un pourvoi si cette action a été portée devant une cour d'appel. — Toutefois il y a lieu de décider par application des règles ordinaires que le pourvoi formé contre un arrêt qui a statué sur la requête, n'est pas recevable de la part de celui qui aurait ensuite exécuté cet arrêt en concluant sur le fond, et il a été jugé spécialement en ce sens que lorsqu'en admettant une demande en prise à partie, un arrêt a restreint à certains faits la preuve des griefs articulés, le demandeur qui, de son propre mouvement, a conclu et plaidé au fond, sans aucunes réserves, ne peut plus se pourvoir contre l'arrêt qui a rejeté en partie la preuve de ses articulations (Req. 6 mai 1839, aff. Nusse, V. Acquiesc., nº 348).

70. Quant à la durée de l'action en prise à partie, M. Poncet, Traité des jugements, t. 2, p. 397, n'hésite pas à penser qu'elle doit être de trente ans comme les actions ordinaires, parce que la loi ne la limite pas à un moindre délai, et que l'obligation personnelle du juge doit, comme celle de tout autre individu, durer trente ans. Telle est aussi notre opinion, et elle ne nous paraît pas susceptible de controverse.

§ 5. — *Effets de la prise à partie.*

71. Le premier effet de la prise à partie, c'est de dépouiller le magistrat qui en est l'objet, de sa qualité de juge, dans le différend qui a donné lieu à l'action dirigée contre lui et même dans tous les procès que, pendant la durée de cette action, la partie qui l'attaque, ses parents en ligne directe ou son conjoint pourraient avoir devant le tribunal dont ce magistrat fait partie. Cette incapacité ne commence que du jour où la permission d'exercer cette action a été accordée; mais, en ce cas, le juge pourrait-il siéger du consentement des parties? MM. Carré, t. 2, p. 314, Favard, t. 4, p. 134, pensent que non; cette opinion toutefois n'est pas à l'abri de controverse. Mais s'il est vrai, qu'en général, les parties puissent renoncer aux garanties que la loi établit en leur faveur dans un intérêt privé, il n'en saurait être de même lorsque ces garanties touchent à l'ordre public. Or il importe à la société que le juge ne puisse, même avec le consentement des parties, compromettre la dignité de la justice et amoindrir son autorité morale. Nous sommes donc portés à penser que cette prohibition est absolue. — Cette décision nous semble devoir résulter en outre de ce que le magistrat placé dans un des cas ordinaires de récusation doit seulement, d'après l'art. 320 c. pr., consulter le tribunal sur son abstention, tandis que l'art. 514 beaucoup plus impératif lui fait un devoir de s'abstenir *à peine de nullité*; et de ce que le législateur dans cet article n'a pas reproduit la disposition de l'ordonnance de 1667 qui permettait, dans le même cas, au juge poursuivi de siéger avec le consentement des parties; il a été d'ailleurs formellement ex-

---

LA COUR; — Vu les art. 509 et 510 c. pr.; — Attendu que le sieur Pellegrini, n'ayant paru à la délibération de la famille Mora, relative à la tutelle de Joseph, qu'en sa qualité de juge de paix, la citation qui lui a été donnée à ce sujet n'a pu être qu'une véritable prise à partie; — Qu'ainsi il n'aurait pu être cité qu'en la cour, et après permission préalable; que, par conséquent, la citation qui lui a été donnée et la condamnation qui a suivi sont infestées d'une double nullité, en ce que le tribunal de Gênes était incompétent, et qu'en le supposant même compétent, il n'aurait été régulièrement saisi qu'autant qu'il aurait préalablement autorisé cette citation: d'où il suit que la loi a été violée. — Casse, etc.

Du 29 juill. 1812.-C. C., sect. req.-MM. Henrion, pr.-Brillat, rap.

(1) (Min. pub. *C.* Mouret.) — LE TRIBUNAL; — Vu les art. 561 et 562 c. des dél., etc.; art. 262 et 203 de la constitution; — Considérant que dans une affaire compliquée de forfaiture et de prise à partie, les peines dues à la deuxième ne peuvent avoir d'application, qu'après celles dues à la première; qu'ainsi donc l'instruction qui y conduit ne doit avoir lieu que par suite de celle nécessaire à la conviction et à l'application de la forfaiture; — Que, dans la circonstance, la prise à partie demandée au tribunal criminel du département des Bouches du Rhône par Mouret contre Dandaille et saisie par le jugement du 5 fruct. an 4, est dans ce cas, étant évident, malgré les différents motifs de ce jugement, que Dandaille ne s'y trouve sujet, que par suite du § 4 de l'art. 565 c. des dél., lequel n'a pas même prévu encore moins indiqué les autres motifs adoptés, puisque le délit réellement spécifié par la loi, n'est ici que l'omission de la citation de la loi qui autorisait Dandaille à décerner un mandat d'arrêt contre Mouret; — Que dès lors, avant tout, il fallait suivre sur la forfaiture; *à cet effet* le dénoncer au tribunal de cassation qui aurait annulé l'acte d'où elle ressortait, et l'aurait lui-même dénoncé au corps législatif, s'il y avait eu lieu; — Que loin de cela, le tribunal criminel a préalablement accueilli la prise à partie, ce qui est un excès de pouvoir, ainsi que le renvoi qu'il en a fait devant le tribunal criminel des Basses-Alpes; — Casse, etc.

Du 2 vend. an 6.-C. C., sect. crim.-MM. Seignette, pr.-Daya, rap.

primé dans l'exposé des motifs que cette disposition de l'ancienne ordonnance a été omise à dessein dans la loi nouvelle. — V. ci-dessus p. 895, n° 7).

72. Pour faire prononcer la nullité des jugements qui auraient été rendus au mépris de cette disposition, il suffira d'y former opposition dans le cas où cette voie est ouverte, et s'il y a assez de juges pour y statuer sans le concours des juges pris à partie. Sinon il y a lieu de prendre la voie d'appel ou de requête civile selon que le jugement est en premier ou dernier ressort; ou enfin se pourvoir en cassation dans le cas où, le jugement étant susceptible d'opposition, le tribunal n'y peut statuer faute d'un nombre de juges suffisant (Conf. MM. Pigeau, Comm., t. 2, p. 112; Delaporte, t. 2, p. 92; Chauveau sur Carré, 1817 *bis*; Bioche, n° 82). Suivant M. Berriat, p. 471, note 25, n° 2, c'est là un cas de forfaiture qui doit dans tous les cas être déféré à la cour de cassation.

73. Si la prise à partie est reconnue juste et fondée, le juge est condamné à des dommages-intérêts équivalents au préjudice souffert par le demandeur. Si, au contraire, la partie succombe, elle est condamnée à une amende de 300 fr. au moins, et à des dommages envers le juge, s'il en réclame et s'il y a lieu de les allouer (c. pr. 513, 516). — De plus, il a été jugé que le demandeur en prise à partie qui succombe dans son action peut, indépendamment de l'amende et des dépens, être condamné aux frais d'impression et d'affiche de l'arrêt, à titre de dommages-intérêts (Civ. rej. 18 juill. 1832, aff. Turpin, V. n° 11).

74. L'arrêt définitif qui, statuant sur la prise à partie, déclare cette action bien fondée, entraîne-t-il la nullité des décisions que cet arrêt reconnaît avoir été le résultat de la prévarication? Le silence de la loi sur ce point important a fait naître de nombreuses incertitudes. D'un côté, il faut bien reconnaître que cette nullité ne peut résulter de plein droit de l'arrêt qui prononce sur la prise à partie, puisque le juge saisi en cette demande n'a pu ni dû statuer que sur les dommages-intérêts réclamés par les parties contre le juge; et si l'on admet qu'un tel arrêt ouvre à la partie qui l'obtient un recours ultérieur pour faire prononcer la nullité des jugements rendus par les magistrats pris à partie, on a lieu de s'étonner que la loi n'ait réglé ni les formes ni les effets de ce recours; mais, d'un autre côté, l'équité ne serait-elle pas profondément blessée si la loi pouvait couvrir d'une autorité inviolable une sentence qui serait authentiquement reconnue pour l'œuvre de la fraude? Quand nous voyons l'art. 514 frapper de nullité les jugements auxquels a concouru un juge suspect de partialité, comment ne pas regarder comme nul un jugement où, selon l'expression de M. Thomine (t. 2, p. 766), le magistrat serait convaincu d'avoir fait les fonctions non pas de juge, mais de partie? Il faut d'ailleurs remarquer que la prise à partie a été placée par le code de procédure parmi les voies extraordinaires à prendre contre les jugements, et que cette classification serait dépourvue de toute espèce de sens, si l'action de prise à partie uniquement dirigée contre le juge devait rester sans influence sur l'autorité de ses décisions. Aussi les auteurs s'accordent-ils généralement à penser que dans le cas où la partie a été complice du dol, de pareils jugements doivent être annulés, et qu'on peut se pourvoir à cet effet, suivant que ces jugements sont en premier ou dernier ressort, par la voie d'appel ou par celle de requête civile dans les délais de la loi, lesquels ne commencent à courir que du jour où il a été statué sur la prise à partie (Poncet, 2, 402; Pigeau, 1, 799; Carré et Chauveau, quest. 1823-4°; Thomine, 2, 766; Bioche, 87). Remarquons, au surplus, que la question souffre peu de difficulté en ce cas, puisque, d'après l'art. 480-1° c. pr., le dol de la partie est à lui seul une cause de requête civile.

75. Mais, lorsque la partie qui a obtenu un jugement dolosif est elle-même de bonne foi, la question est plus grave et les auteurs hésitent à se prononcer. Cependant Pigeau (*eod.*) admet avec raison, suivant nous, qu'il y a lieu à faire prononcer l'annulation toutes les fois que la prise à partie a été justifiée par des faits de dol de la part du juge, si ces faits ont dû nécessairement exercer une influence sur la décision du litige : peu importe, en effet, que la partie ait été ou non de bonne foi. Le jugement qu'elle a obtenu n'en est pas moins l'œuvre de la fraude, et sa bonne foi ne nous paraît pas devoir l'autoriser à garder le bien d'autrui ni à recueillir le bénéfice d'une sentence injuste. — N'oublions pas d'ailleurs que le recours de la partie lésée contre le juge peut être rendu illusoire par l'insolvabilité de celui-ci; et qu'en outre il est des décisions d'une importance telle, comme en matière de question d'état, par exemple, que le préjudice n'en pourrait être réparé par une indemnité pécuniaire.

76. M. Berriat (n° 471, note 25) pense que si les faits de dol à la charge du juge constituent des cas de forfaiture, il est tout simple de s'adresser à la cour de cassation, qui, en prononçant les peines de la forfaiture, a le pouvoir d'annuler les actes qui en seraient le résultat (Conf. Bioche, *eod.*; V. art. 486 c. inst. crim.; Chauveau sur Carré, n° 1827, et v° Forfaiture).

77. Du reste, la prise à partie étant une voie extraordinaire, cette action dirigée soit contre un juge, soit contre un tribunal, à l'occasion d'un jugement rendu, ne peut en aucun cas en suspendre l'exécution; et la cour, saisie d'une telle action, ne saurait ordonner ce sursis sans excès de pouvoir.

Table sommaire des matières.

Tables des articles du code de procédure.

Table chronologique des lois, arrêts, etc.

PRISE D'ARMES. — V. Garde nat., nos 437 et suiv.

PRISE D'EAU. — V. Concession admise, nos 13-2°, 41 et suiv.; Eau, nos 421 et suiv.

PRISE DE CORPS. — V. Cont. par corps; Inst. crim., no 13, 837; Mise en jugement; no 347, 361.

PRISE DE POSSESSION. — V. Expropr. pub., nos 237 et suiv., 271, 284, 635, 709 et suiv., 756 et suiv.

PRISÉE. — PRISEUR. — V. Commissaire-priseur, nos 6, 20 et suiv., 25, 28; Louage, no 656, Scellés-inventaires, Ventes publiques.

PRISES MARITIMES. — **1.** Par ces mots on entend l'arrestation faite en mer par les forces maritimes d'une nation, ou par les sujets de cette nation avec son autorisation, d'un vaisseau, d'un navire ou de tout autre bâtiment appartenant à un autre État avec lequel elle est en guerre, et même, dans certains cas, à des neutres ou alliés, dans le dessein de se les approprier avec leur cargaison ou avec l'intention de s'emparer des objets qu'ils contiennent, en tout ou en partie. — On appelle, *lettre de marque*, l'acte du gouvernement qui contient l'autorisation donnée à un particulier d'armer et d'équiper en guerre un vaisseau ou bâtiment quelconque pour courir sus aux ennemis de l'État : tout capitaine ou patron d'un navire armé en course doit en être pourvu.

2. Le droit de prise ne s'exerce pas seulement en temps de guerre, il existe aussi en temps de paix, mais à l'égard seulement des navires qui se livrent à certains actes qualifiés crimes par la loi : la *piraterie* et la *traite des noirs*. — Ces deux droits de prise diffèrent par leur origine. Le premier dont on peut, à bon droit, contester la légitimité (V. no 10) dérive du droit de guerre et n'a d'autre excuse que le besoin de faire le plus de mal possible à son ennemi; le second au contraire, parfaitement justifiable en principe, découle du droit pénal, et constitue une véritable peine qui vient s'adjoindre à celles dont la loi frappe tous ceux qui ont participé à l'acte criminel. — Pour ne pas scinder les matières, on se borne dans le présent travail à l'examen des nombreux règlements qui régissent le droit de prise *pendant la guerre*. Quant à la confiscation des bâtiments qui servent à la *piraterie* et à la *traite des noirs*, il en sera parlé vis Organisat. marit. et Organisat. des colonies, où seront commentées les lois spéciales du 10 avril 1825 sur la piraterie, et du 4 mars 1831 sur la traite.

Division.

SECT. 1. — HISTORIQUE ET LÉGISLATION. — CONSIDÉRATIONS GÉNÉRALES.

3. Le droit de prise est consacré au Digeste (L. 51, § 1, lib. 41, tit. 1, et L. 1, § 1, tit. 2). *Et quæ res hostiles apud nos sunt, non publicæ, sed occupantium fiunt*, porte la première de ces lois. *Item bello capta, ejus fiunt, qui primus eorum possessionem nanctus est*, porte la seconde. Ce même droit est également reconnu aux Institutes (lib. 2, tit. 1, § 17), au profit de celui qui s'était emparé individuellement d'un objet mobilier pris sur l'ennemi : *Item ea quæ ex hostibus capimus, jure gentium statim nostra fiunt*. — Quant au butin fait en commun, il devenait public. Les immeubles étaient toujours acquis à l'État et non au capteur : *Publicatur enim ille ager qui ex hostibus captus sit* (L. 20, § 1, ff. lib. 49, tit. 15).

4. Le droit ancien ne fournit aucun document relatif à l'organisation et à la police de la course. Cette absence de dispositions réglementaires ne s'est fait sentir que depuis les découvertes de Vasco de Gama et de Christophe Colomb. Car, auparavant, la marine des différents États, et spécialement la marine commerciale, avaient peu d'importance comparativement à celle qu'elles ont acquise depuis (M. Hautefeuille, *loc. cit.*). — On peut citer, toutefois, quelques ordonnances, déclarations ou édits qui, antérieurement à la belle ordonnance de 1681, ont statué sur les prises maritimes. — Il résulte notamment des ordon. de 1400, 1517, 1543 et 1584, que le jugement des prises maritimes, attribué à l'amiral, était exercé par les officiers de l'amirauté comme représentant l'amiral. L'ord. de 1400 impose aux armateurs l'obligation de se pourvoir d'une autorisation du souverain (V. l'art. 3 de cette ordon. rapporté par M. Hautefeuille, t. 1, p. 332). — Nous mentionnerons encore les déclarations du 22 sept. 1638, et du 1er février 1650, qui avaient pour objet de régler le droit de prise.

5. En Angleterre, un acte du parlement de 1414 (Runnington, t. 1, p. 491), obligea les corsaires à conduire les prises par eux faites dans un port anglais et d'en faire la déclaration aux conservateurs de la paix, sous peine de confiscation de la prise et du navire capteur lui-même. — Dans les Pays-Bas, l'ord. de 1487 soumit les armateurs à la nécessité de prendre la permission du souverain, alors qu'ils voulaient faire la course (Rec. Van Zenzaken, d. 3, p. 1.). — V. M. Hautefeuille, t. 1, p. 332.

6. Ce n'est qu'en 1681, que Louis XIV publia l'ordonnance sur la marine dont le titre 3 (V. p. 914), est entièrement consacré aux prises maritimes. Différents édits ou arrêtés postérieurs furent rendus pour l'exécution de ces sages dispositions. — Telle est l'ord. du 5 sept. 1718. — Un règlement du 26 juill. 1778 (V. p. 915), a apporté à cette ordonnance quelques modifications. Les dispositions de cette ordonnance et de ce règlement, sur les questions de savoir dans quels cas un vaisseau est de bonne prise, ont toujours eu force de loi; elles forment encore sur ce point la base de la législation qui nous régit.

7. Anciennement les prises maritimes étaient jugées par l'amiral, assisté de conseillers ou commissaires nommés par le roi et présidés par l'amiral. C'était au nom de ce dernier que le jugement était rendu. La charge d'amiral ayant vaqué par la mort du duc de Montmorency, Louis XIII en supprima le titre, qu'il remplaça par celui de grand maître de la navigation. C'est le cardinal de Richelieu qui fut le premier grand maître. Ce fut lui qui fut chargé de juger les prises (V. Déclar. du 1er fév. 1650, art. 6 et 9). — Par lettres patentes du 20 déc. 1659, Louis XIV ordonna que les décisions du conseil des prises, présidé par le grand maître de la navigation, pourraient être déférées par appel devant le conseil d'État du roi. — Le titre d'amiral fut rétabli en 1669, et la connaissance des jugements des prises lui fut réservée comme par le passé et sous les mêmes conditions (Règl. du 9 mars 1695), à la charge d'appel devant le conseil royal des finances (même règlement). — Les officiers de l'amirauté étaient chargés de l'instruction de la procédure des prises et de l'exécution des jugements rendus à ce sujet par l'amiral en conseil. (V. Règl. du 21 oct. 1688; Arrêt du conseil d'État, du 20 janv. 1691; Règl. des 9 mars 1695, 12 mai 1702, 12 fév. 1719, 3 nov. 1733 et 23 avr. 1744).

8. Cette juridiction fut aussi abolie; une loi du 14 fév. 1793 attribua le jugement de ces affaires aux tribunaux de commerce, sauf l'appel aux tribunaux de district; mais cette attribution ne fut pas de longue durée, car la loi du 18 brum. an 2 vint la restituer à l'administration, en attribuant le jugement des prises au conseil exécutif provisoire. Ce conseil ayant été supprimé le 12 germ. an 2, le comité de salut public s'empara de ses attributions relativement aux prises maritimes (V. MM. Pistoye et Duverdy, t. 2, p. 149). La juridiction du comité de salut public qui n'offrait aucune espèce de garantie, fut abolie par la loi du 3 brum. an 4, qui investit de nouveau les tribunaux de commerce de la connaissance des prises maritimes.—Le 8 floréal de la même année, loi qui défère l'appel de ces jugements aux tribunaux civils de départements, et qui attribue aux consuls et vice-consuls de la République dans les ports étrangers, le droit de juger de la validité des prises en première instance, et qui, pour l'appel, désigne certains tribunaux de France. — La compétence des consuls et vice-consuls fut fixée par une loi du 27 vent. an 6, et une du 4 prairial suivant régla la forme et le délai des recours en cassation en matière de prise. — Enfin les tribunaux furent, pour la seconde fois, dépouillés de cette attribution par la loi du 26 vent. an 8, et un arrêté du 6 germinal suivant établit à Paris un conseil des prises pour prononcer sur ce genre de contestations qui ont toujours un caractère moins judiciaire que politique.— Appliquer les principes qui règlent les rapports des nations, juger les effets de la guerre entre les peuples, mesurer l'étendue des droits qu'elle peut conférer, interpréter les actes, tantôt publics, tantôt secrets, des gouvernements entre eux, prononcer sur les traités de paix et d'alliance; telles sont les attributions éminentes de l'autorité appelée à connaître des prises maritimes; tels sont les grands intérêts politiques dont cette autorité est nécessairement l'arbitre. — Il est évident que des contestations qui portent sur des points d'un ordre si élevé et qui touchent aux attributions du pouvoir exécutif, ne peuvent appartenir qu'à une juridiction qui puisse s'inspirer des pensées mêmes du gouvernement. — Un décret du 11 juin 1806 (V. cons. d'Ét., p. 180) voulut que les décisions du conseil des prises fussent susceptibles de recours au conseil d'État.

9. Un nombre considérable de règlements, d'arrêtés, de décrets ont statué sur la matière des prises; on en trouvera l'énumération complète dans le tableau de la législation ci-après; il suffit de signaler ici, comme documents les plus importants, l'arrêté du 2 prair. an 11, toujours en vigueur, qui contient un règlement général sur les armements en course ensuite les ordonnances des 9 janv. et 23 août 1815, qui supprimèrent le conseil des prises, puis le décret du 18 juill. 1854 qui le rétablit, et enfin celui du 3 mai 1856 qui fait cesser ses fonctions au 1er juin 1856.

10. Le droit de prise, établi par l'usage des nations, s'il était restreint à la prise des bâtiments de guerre, trouverait peut-être son excuse dans cet axiome qu'un gouvernement, dont l'indépendance est menacée, peut employer tous les moyens propres à assurer le succès de sa défense. Mais, comme le droit de prise s'exerce également sur les vaisseaux marchands, rien ne saurait le justifier, sous ce rapport; car le commerce doit demeurer neutre au milieu des guerres que se font les gouvernements. On ne conçoit pas pourquoi, dans ces guerres, la propriété privée qui flotte sur les mers n'obtient pas la protection qu'on a senti le besoin d'accorder à la propriété fixée sur la terre; pourquoi l'ennemi qui respecte mes foyers et les richesses qui remplissent ma maison, peut-il légitimement me dépouiller de ma fortune qu'un navire porte sur l'Océan (V. à cet égard l'auteur du *Droit public de l'Europe*, t. 2, ch. 12)? — En vain, l'on dirait, avec un auteur récent (M. Ortolan, *Diplom. de la mer*, t. 2, liv. 3, ch. 2, p. 47 et 48) pour justifier cet abus de la force, que la marine marchande peut toujours se transformer, à la première réquisition en instrument de guerre, et que si la marine marchande de l'ennemi était inviolable; un état belligérant pourrait rendre à son égard illusoires les effets de la guerre maritime, en ne mettant sur mer aucun bâtiment de guerre. On peut répondre au premier de ces arguments que l'homme des champs peut aussi à la première réquisition devenir soldat et que néanmoins l'ennemi ne le combat pas tant qu'il reste paisible. Quant au second argument il repose sur une hypothèse chimérique et impossible qui suppose qu'un belligérant supprimera tout à coup dans un but d'espièglerie sa marine de guerre au lieu d'en faire usage contre son adversaire. — V. toutefois MM. Wheaton, *Elem of internat. law*, t. 2, p. 84; Hautefeuille, Droits et devoirs des neutres, t. 1, p. 327 et suiv.; de Pistoye et Duverdy, Traité des prises maritimes, t. 1, p. 2 et suiv.

11. En 1792, un projet de décret fut présenté à l'assemblée législative dans le but de le détruire radicalement. Non-seulement on supprimait les armements en course, mais encore on interdisait aux bâtiments de l'État la capture des bâtiments de commerce appartenant à la nation ennemie.— Ce projet trop généreux, trop avancé pour l'état social de l'Europe, au commencement de notre révolution, a été et devait être repoussé. On se borna à adopter un décret proposé par Vergniaud, par lequel l'assemblée invitait le pouvoir exécutif à négocier avec les puissances étrangères pour établir de consentement avec elles, la liberté du commerce pendant les guerres maritimes. — Les puissances maritimes de premier ordre ont été invitées à plusieurs reprises par le gouvernement français à l'abolition de la course, mais sans succès. On voit par l'arrêté du 31 janvier 1793, qu'il fut obligé de renoncer à l'initiative généreuse qu'il avait prise à ce sujet. La résistance est venue principalement de l'Angleterre. — « Il est à désirer qu'un temps vienne, disait Napoléon Ier (*Mémoires*, t. 3, ch. 6, § 1), où les mêmes idées libérales s'étendent sur la guerre de mer, et que les armées navales des deux puissances puissent se battre sans donner lieu à la confiscation des navires marchands et sans faire constituer prisonniers de guerre de simples matelots du commerce ou les passagers non militaires. Le commerce se ferait alors sur mer, entre les nations belligérantes, comme il se fait sur terre, au milieu des batailles que se livrent les armées. » Ces idées libérales se trouvaient déjà exprimées dans le préambule du décret du 21 nov. 1806 (V. p. 927), et dans un rapport communiqué au sénat le 10 mars 1812 par le ministre des relations intérieures (V. un article de M. Labiche dans le journal la Presse du 28 août 1856).

Déjà un grand pas a été fait vers la réalisation de ce vœu. En 1854, et dès le commencement de la guerre contre la Russie, la France et l'Angleterre déclarèrent spontanément que pour le moment elles ne délivreraient pas de lettres de marque (Décl. 29 mars 1854, D. P. 54, 4. 67; décl. min., aff. étr. d'Angleterre, 23 mars 1854, V. MM. de Pistoye et Duverdy, t. 2, p. 469), exemple qui a été suivi par la Russie (Avis, min. fin. de Russie, V. MM. de Pistoye et Duverdy, t. 2, p. 471). — Bien plus, et ce qui montre au plus haut degré les progrès de l'esprit public moderne en Europe, c'est l'abandon, par l'Angleterre, sinon en principe, au moins en fait, des prétentions qu'elle avait toujours cherché à maintenir malgré les résistances universelles. Ces nouvelles règles adoptées par la France, l'Angleterre et la Russie dans la dernière guerre, et qui, il faut le dire à l'honneur de notre siècle, n'ont reçu aucune atteinte pendant toute la durée de la guerre, ont été solennellement consacrées par les cinq puissances dont les représentants se sont réunis en 1856 à Paris, pour traiter de la paix.— Pour faire cesser à l'avenir les difficultés que l'incertitude des droits et des devoirs des neutres pouvaient faire naître, ils ont arrêté une déclaration portant : « 1° La course est et demeure abolie ; — 2° Le pavillon neutre couvre les marchandises ennemies, à l'exception de la contrebande de guerre ; — 3° La marchandise neutre, à l'exception de la contrebande de guerre, n'est pas saisissable sous pavillon ennemi ; — 4° Les blocus, pour être obligatoires, doivent être effectifs, c'est-à-dire maintenus par une force suffisante pour interdire réellement l'accès du littoral de l'ennemi (Décl. du 16 avr. 1856, promulguée par décret du 28 avr. 1856, D. P. 56. 4. 51).

Les gouvernements signataires de cette déclaration se sont en outre engagés à la porter à la connaissance des États qui n'avaient pas été appelés à participer au congrès, pour les inviter à y accéder.—Les principes inaugurés par la déclaration de 1856, bien qu'ils ne réalisent qu'à moitié les progrès que la civilisation moderne serait en droit d'attendre, sont néanmoins une grande conquête et font espérer que, dans un temps peu éloigné, les propriétés privées seront placées sur mer, comme elles le sont depuis longtemps sur terre, à l'abri des déprédations de l'ennemi. — Aussi, y avait-il lieu de croire que ces nouveaux principes obtiendraient un consentement unanime. Il n'en est pas ainsi. Les États-Unis refusent d'adhérer à la proposition de supprimer la course, ou au moins ne regardent-ils cette suppression comme compatible qu'avec l'abolition absolue du droit de prise en lui-même ; ils ne promettent leur adhésion à la déclaration du 15 avril, qu'autant qu'il serait admis dans le droit public des nations que le commerce maritime serait respecté en temps de guerre par les puissances belligérantes. Ce dernier vœu, que la France a cherché la première à faire prévaloir ainsi qu'on vient de le dire, et que nous-même d'accord avec presque tous les publicistes avons toujours soutenu (V. 1re édit., t. 11, p. 349), est sans contredit conforme aux intérêts de l'humanité et aux progrès de la civilisation. Mais de ce que ce vœu ne serait pas réalisé complétement, en résulte-t-il que l'on doive repousser même la demi-satisfaction que la déclaration du 15 avr. 1856 accorde à l'opinion publique ? — Les États-Unis donnent pour raison de leur refus, que leur marine militaire étant beaucoup inférieure à celle des grandes puissances maritimes européennes, ils n'auraient d'autre ressource en cas de guerre que de faire appel aux armements en course pour compenser l'inégalité de leurs forces maritimes militaires. — Mais ces raisons sont plus spécieuses que solides et ne couvrent pas le reproche que l'on fait aux États-Unis de renier la politique libérale dont ils furent avec nous jusqu'ici les plus énergiques représentants. Ils méconnaissent l'autorité de l'une des plus grandes illustrations de leur pays, Franklin, qui s'est constamment montré l'adversaire de la course maritime, et dont nous ne pouvons mieux faire que de citer les paroles, extraites de sa correspondance avec le commissaire anglais lorsqu'il négociait le traité de paix de 1783. — « L'usage de piller les marchands sur la mer, reste de l'ancienne piraterie, disait-il, quoiqu'il puisse être avantageux à quelques personnes, est loin d'être profitable à tous ceux qui s'y engagent ou à la nation qui l'autorise. Dans le commencement d'une guerre, quelques riches bâtiments ne se tenant pas sur leurs gardes sont surpris et capturés, ce qui encourage les premiers aventuriers venus à équiper d'autres navires armés ; mais l'ennemi, devenant plus attentif, équipe avec plus de soin ses navires marchands ; ils naviguent sous la protection des convois, et tandis que les corsaires se multiplient pour les prendre, le nombre des navires sujets à être pris diminue tellement qu'il y a beaucoup de courses où les dépenses excèdent le gain et que, bien que des aventuriers trouvent un butin profitable, la masse y perd, puisque la dépense faite en équipant des corsaires pendant la guerre excède de beaucoup la valeur des objets capturés. Ajoutez à cela la perte nationale du travail de tant d'hommes qui dépensent en ivrognerie et en excès ce qu'ils pillent ; qui, perdant leurs habitudes d'industrie, sont rarement capables d'une occupation raisonnable après la guerre, et ne servent plus qu'à augmenter le nombre des vauriens et des voleurs. Juste punition que le ciel leur envoie pour avoir, de sang-froid, ruiné tant d'honnêtes marchands qui gagnaient la fortune de leurs familles, en servant les intérêts communs de l'humanité. »

TABLEAU DE LA LÉGISLATION RELATIVE AUX PRISES MARITIMES.

22 sept. 1638. — Déclaration qui défend d'apporter et de vendre en France les biens et marchandises prises en mer sur des Français.

LOUIS, etc. ; — La facilité que les ennemis de notre État ont trouvée de débiter es pays de ceux qui les favorisent, même dans nos États, sous le nom des étrangers, les marchandises qu'ils prennent en mer sur nos sujets, leur a donné la hardiesse de venir dans nos côtes plus librement qu'ils n'auraient fait, s'ils n'avaient trouvé ce secours et des étrangers et des marchands de notre royaume ; lesquels préférant leur profit au bien de l'État et à la compassion qu'ils doivent avoir de la perte faite par ceux de leur pays, achètent librement lesdites marchandises.

A quoi étant nécessaire de pourvoir, pour empêcher la ruine de nos sujets qui trafiquent sur mer, desquels nous voulons avoir un soin particulier ; nous n'avons trouvé meilleur moyen que de défendre d'apporter en notre royaume, et y débiter les marchandises prises en guerre et déprédées sur nos sujets. A ces causes, etc., nous avons par ces présentes, signées de notre main, fait très-expresses inhibitions et défenses à toutes personnes, soit de nos sujets ou autres, de quelque royaume, pays et seigneurie qu'ils puissent être, d'apporter et vendre en notre royaume, pays, terres et seigneuries de notre obéissance, sous quelque prétexte que ce soit, les biens et marchandises prises en mer et déprédées sur nos sujets ; et à tous nos sujets et autres d'en acheter, si elles y étaient apportées, à peine contre ceux qui les y apporteront, de confiscation de leurs vaisseaux et desdites marchandises et autres qu'ils pourraient apporter dans lesdits vaisseaux ; et contre ceux qui en achèteront, de la confiscation desdites marchandises par eux achetées, et de 10,000 liv. d'amende pour la première fois, et de punition corporelle pour la seconde, desquelles confiscations et amendes nous avons attribué le tiers aux dénonciateurs :

Et s'il arrive que ceux sur lesquels lesdites marchandises ont été prises ou déprédées, justifient lesdites marchandises leur appartenir, nous voulons que les deux tiers desdites marchandises leur soient restitués, le tiers d'icelles demeurant au profit du dénonciateur ; n'entendons toutefois comprendre en la présente déclaration, les marchands sur lesquels les marchandises auront été prises, lesquels pourront les racheter ou faire racheter hors le royaume, et les rapporter en icelui. Voulons que les jugements desdites confiscations, amendes et autres, qui interviendront en conséquence de la présente déclaration, soient exécutés, nonobstant et sans préjudice des appellations qui en pourraient être interjetées.

Août 1681. — Ordonnance de la marine (extrait).

LIV. 3, TIT. 9. — *Des prises.*

Art. 1. Aucun ne pourra armer vaisseau en guerre sans commission de l'amiral.

2. Celui qui aura obtenu commission pour équiper un vaisseau en guerre sera tenu de le faire enregistrer au greffe de l'amirauté du lieu où il fera son armement, et de donner caution de la somme de 15,000 liv., qui sera reçu par le lieutenant en présence de notre procureur.

3. Défendons à tous nos sujets de prendre commission d'aucuns rois, princes ou états étrangers, pour armer des vaisseaux en guerre et courir la mer sous leur bannière, si ce n'est par notre permission, à peine d'être traités comme pirates.

4. Seront de bonne prise tous vaisseaux appartenant à nos ennemis, ou commandés par des pirates, forbans et autres gens courant la mer sans commission d'aucun prince ou État souverain.

5. Tout vaisseau combattant sous autre pavillon que celui de l'État dont il a commission, ou ayant commission de deux différents princes ou États, sera aussi de bonne prise ; et, s'il est armé en guerre, les capitaines et officiers seront punis comme pirates.

6. Seront encore de bonne prise les vaisseaux avec leur chargement, dans lesquels il ne sera trouvé chartes-parties, connaissements ni factures ; faisons défenses à tous capitaines, officiers et équipages des vaisseaux preneurs de les soustraire, à peine de punition corporelle.

7. Tous navires qui se trouveront chargés d'effets appartenant à nos ennemis, et les marchandises de nos sujets ou alliés qui se trouveront dans un navire ennemi, seront pareillement de bonne prise.

8. Si aucun navire de nos sujets est repris sur nos ennemis, après qu'il aura demeuré entre leurs mains pendant vingt-quatre heures, la prise en sera bonne ; et si elle est faite avant les vingt-quatre heures, il sera restitué au propriétaire avec tout ce qui était dedans, à la réserve du tiers, qui sera donné au navire qui aura fait la recousse.

9. Si le navire sans être recous, est abandonné par les ennemis, ou si, par tempête ou autre cas fortuit, il revient en la possession de nos sujets avant qu'il ait été conduit dans aucun port ennemi, il sera rendu au propriétaire qui le réclamera dans l'an et jour, quoiqu'il ait été plus de vingt quatre heures entre les mains des ennemis.

10. Les navires et effets de nos sujets ou alliés repris sur les pirates, et réclamés dans l'an et jour de la déclaration qui en aura été faite à l'amirauté, seront rendus aux propriétaires, en payant le tiers de la valeur du vaisseau et des marchandises pour frais de recousse.

11. Les armes, poudres, boulets et autres munitions de guerre, même les chevaux et équipages qui seront transportés pour le service de nos ennemis, seront confisqués, en quelque vaisseau qu'ils soient trouvés et à quelque personne qu'ils appartiennent, soit de nos sujets ou alliés.

12. Tout vaisseau qui refusera d'amener ses voiles après la semonce qui lui en aura été faite par nos vaisseaux, ou ceux de nos sujets armés en guerre, pourra y être contraint par artillerie ou autrement ; et, en cas de résistance et de combat, il sera de bonne prise.

13. Défendons à tous capitaines de vaisseaux armés en guerre d'arrêter ceux de nos sujets, amis ou alliés qui auront amené leurs voiles et représenté leur charte-partie ou police de chargement, et d'y prendre ou souffrir d'être pris aucune chose, à peine de la vie.

14. Aucuns vaisseaux pris par capitaines ayant commission étrangère, ne pourront demeurer plus de vingt-quatre heures dans nos ports et havres, s'ils n'y sont retenus par la tempête, ou si la prise n'a été faite sur nos ennemis.

15. Si, dans les prises amenées dans nos ports par les navires de guerre armés sous commission étrangère, il se trouve des marchandises qui soient à nos sujets ou alliés, celles de nos sujets leur seront rendues, et les autres ne pourront être mises en magasin ni achetées par aucune personne, sous quelque prétexte que ce puisse être.

16. Aussitôt que les capitaines de vaisseaux armés en guerre se seront rendus maîtres de quelque navire, ils se saisiront des congés, passe-ports, lettres de mers

chartes-parties, connaissements, et de tous autres papiers concernant la charge et destination du vaisseau, ensemble des clefs des coffres, armoires et chambres, et feront fermer les écoutilles et autres lieux où il y aura des marchandises.

17. Enjoignons aux capitaines qui auront fait quelque prise de l'amener ou envoyer, avec les prisonniers, au port où ils auront armé, à peine de perte de leur droit et d'amende arbitraire, si ce n'est qu'ils fussent forcés, par la tempête ou par les ennemis, de relâcher en quelque autre port, auquel cas ils seront tenus d'en donner incessamment avis aux intéressés à l'armement.

18. Faisons défenses à peine de la vie à tous chefs, soldats et matelots de couler à fond les vaisseaux pris et de descendre les prisonniers en des îles ou côtes éloignées pour celer la prise.

19. Et où les preneurs, ne pouvant se charger du vaisseau pris ni de l'équipage, enlèveraient seulement les marchandises, ou relâcheraient le tout par composition, ils seront tenus de se saisir des papiers et d'amener au moins les deux principaux officiers du vaisseau pris, à peine d'être privés de ce qui leur pourrait appartenir en la prise, même de punition corporelle s'il y échet.

20. Défendons de faire aucune ouverture des coffres, ballots, sacs, pipes, barriques, tonneaux et armoires, de transporter ni vendre aucune marchandise de la prise, et à toutes personnes d'en acheter ou recéler jusqu'à ce que la prise ait été jugée, ou qu'il ait été ordonné par justice, à peine de restitution du quadruple et de punition corporelle.

21. Aussitôt que la prise aura été amenée en quelques rades ou ports de notre royaume, le capitaine qui l'aura faite, s'il y est en personne, sinon celui qu'il en aura chargé, sera tenu de faire son rapport aux officiers de l'amirauté, de leur représenter et mettre entre les mains les papiers et prisonniers, et de leur déclarer le jour et l'heure que le vaisseau aura été pris, en quel lieu ou à quelle hauteur, si le capitaine a fait refus d'amener les voiles ou de faire voir sa commission ou son congé, s'il a attaqué ou s'il s'est défendu, quel pavillon il portait, et les autres circonstances de la prise et de son voyage.

22. Après la déclaration reçue, les officiers de l'amirauté se transporteront incessamment sur le vaisseau pris, soit qu'il ait mouillé en rade ou qu'il soit entré dans le port, dresseront procès-verbal et qualité des marchandises, et de l'état auquel ils trouveront les chambres, armoires, écoutilles et fond de cale du vaisseau, qu'ils feront ensuite fermer et sceller du sceau de l'amirauté, et ils y établiront des gardes pour veiller à la conservation du scellé et pour empêcher le divertissement des effets.

23. Le procès-verbal des officiers de l'amirauté sera fait en présence du capitaine ou maître de vaisseau pris, et, s'il est absent, en présence de deux principaux officiers ou matelots de son équipage, ensemble du capitaine ou autre officier du vaisseau preneur, et même des réclamateurs s'il s'en présente.

24. Les officiers de l'amirauté entendront, sur le fait de la prise, le maître ou commandant du vaisseau pris et les principaux de son équipage, même quelques officiers et matelots du vaisseau preneur s'il est besoin.

25. Si le vaisseau est amené sans prisonniers, chartes-parties ni connaissements, les officiers, soldats et équipage de celui qui l'aura pris seront séparément examinés sur les circonstances de la prise, et pourquoi le navire a été amené sans prisonniers ; et seront le vaisseau et les marchandises visités par experts pour connaître, s'il se peut, sur qui la prise aura été faite.

26. Si, par la déposition de l'équipage et la visite du vaisseau et des marchandises, on ne peut découvrir sur qui la prise aura été faite, le tout sera inventorié, apprécié et mis sous bonne et sûre garde, pour être restitué à qui il appartiendra, s'il est réclamé dans l'an et jour, sinon partagé comme épave de mer, également entre nous, l'amiral et les armateurs.

27. S'il est nécessaire, avant le jugement de la prise, de tirer les marchandises du vaisseau pour en empêcher le dépérissement, il en sera fait inventaire en présence de notre procureur et des parties intéressées, qui le signeront, si elles peuvent signer, pour ensuite être mises sous la garde d'une personne solvable, ou dans des magasins fermant à trois clefs différentes, dont l'une sera délivrée aux armateurs, l'autre au receveur de l'amiral et la troisième aux réclamateurs, si aucun se présente, sinon à notre procureur.

28. Les marchandises qui ne pourront être conservées seront vendues sur la réquisition des parties intéressées, et adjugées au plus offrant, en présence de notre procureur, à l'issue de l'audience, après trois remises d'enchères de trois jours en trois jours, les proclamations préalablement faites, et affiches mises en la manière accoutumée.

29. Le prix de la vente sera mis entre les mains d'un bourgeois solvable pour être délivré après le jugement de la prise à qui il appartiendra.

30. Enjoignons aux officiers de l'amirauté de procéder incessamment à l'exécution des arrêts et jugements qui interviendront sur le fait des prises, et de faire faire incontinent et sans délai la délivrance des vaisseaux, marchandises et effets dont la mainlevée sera ordonnée, à peine d'interdiction, de 500 liv. d'amende, et de tous dépens, dommages-intérêts.

31. Sera prise avant partage la somme à laquelle se trouveront monter les frais du déchargement et de la garde du vaisseau et des marchandises, suivant l'état qui en sera arrêté par le lieutenant de l'amirauté, en présence de notre procureur et des intéressés.

32. Après les distractions ci-dessus, le dixième de la prise sera délivré à l'amiral, et les frais de justice seront pris sur le restant, qui sera ensuite partagé entre les intéressés conformément aux conditions de leur société.

33. S'il n'y a aucun contrat de société, les deux tiers appartiendront à ceux qui auront fourni le vaisseau avec les munitions, armement et victuailles, et l'autre aux officiers, matelots et soldats.

34. Faisons défenses aux officiers de l'amirauté de se rendre adjudicataires, directement ou indirectement, des vaisseaux, marchandises et autres effets provenant des prises, à peine de confiscation, 1,500 liv. d'amende et d'interdiction de leur charge.

TIT. 10. — *Des lettres de marque ou de représailles.*

Art. 1. Ceux de nos sujets dont les vaisseaux ou autres effets auront été pris ou arrêtés, hors le fait de la guerre, par les sujets des autres Etats, seront tenus, avant que d'avoir recours à nos lettres de représailles, de faire informer de la détention de leurs effets par-devant le plus prochain juge de l'amirauté du lieu de leur descente, et d'en faire faire l'estimation par experts nommés d'office, entre les mains desquels ils mettront les chartes-parties, connaissements et autres pièces justificatives de l'état et qualité du vaisseau et de son chargement.

2. Sur l'information faite, et le procès-verbal justificatif de la valeur des effets pris et retenus, pourront nos sujets se retirer par-devers nous, pour obtenir nos lettres de représailles, qui ne leur seront néanmoins accordées qu'après avoir fait faire, par nos ambassadeurs, les instances, en la forme et dans les temps portés par les traités faits avec les Etats et princes dont les sujets auront fait des déprédations.

3. Les lettres de représailles feront mention de la valeur des effets retenus ou enlevés, porteront permission d'arrêter et saisir ceux des sujets de l'Etat qui auront refusé de restituer les choses retenues, et régleront le temps pendant lequel elles seront valables.

4. Les impétrants de lettres de représailles seront tenus de les faire enregistrer au greffe de l'amirauté du lieu où ils feront leur armement, et de donner caution jusqu'à concurrence de moitié de la valeur des effets déprédés, par-devant les officiers du même siége.

5. Les prises faites en mer en vertu de nos lettres de représailles seront amenées, instruites et jugées en la même forme et manière que celles qui auront été faites sur nos ennemis.

6. Si la prise est déclarée bonne, la vente en sera faite par-devant le juge de l'amirauté, et le prix en sera délivré aux impétrants sur et tant moins, ou jusqu'à concurrence de la somme pour laquelle les lettres auront été accordées ; et le surplus demeurera déposé au greffe pour être restitué à qui il appartiendra.

7. Les impétrants seront tenus en recevant leurs deniers d'endosser les lettres de représailles des sommes qu'ils auront reçues, et d'en donner bonne et valable décharge, qui sera déposée au greffe de l'amirauté, pour demeurer jointe à la procédure.

8. Si l'exposé des lettres ne se trouve pas véritable, les impétrants seront condamnés aux dommages-intérêts des propriétaires des effets saisis et à la restitution du quadruple des sommes qu'ils auront reçues.

12 mai 1696. — Ordonnance sur le jugement des vaisseaux ennemis qui échoueront par tempête ou autrement sur les côtes de France.

Sa Majesté étant informée qu'il est survenu quelques contestations à l'occasion du jugement des vaisseaux échoués, soit à l'égard de ceux qui étant de fabrique ennemie ne se sont trouvés munis d'aucun contrat, soit par rapport aux marchandises sans connaissements, sous prétexte que le règlement du 17 fév. 1694 paraît n'avoir été fait que pour les vaisseaux pris, et que l'article de l'ord. de 1681, qui confisque les marchandises sans connaissements, est inséré dans le titre des prises ; à quoi Sa Majesté désirant pourvoir en sorte que les vaisseaux marqués et les marchandises véritablement ennemies, mais souvent réclamées par des sujets des princes neutres ne puissent être soustraites, en aucun cas, à la juste confiscation établie par les lois de la guerre et par les ordonnances anciennes et nouvelles ; Sa Majesté a ordonné et ordonne que les vaisseaux qui échoueront sur les côtes, et qui seront portés par la tempête ou autrement, seront jugés suivant les articles de l'ord. de 1681 insérés dans le titre des prises et le règlement du 17 fév. 1694 ; ce faisant, que tout vaisseau échoué qui sera de fabrique ennemie ou qui aura eu originairement un propriétaire ennemi, ne pourra être censé neutre, mais sera confisqué en entier au profit de Sa Majesté, s'il n'en a été fait une vente par-devant les officiers publics qui doivent passer ces sortes d'actes, et si cette vente ne se trouve à bord et n'est accompagnée d'un pouvoir authentique donné par le premier propriétaire, lorsqu'il ne vend pas lui-même. Ordonne pareillement Sa Majesté que les marchandises chargées sur les vaisseaux échoués, dont il ne se trouvera à bord aucun connaissement, seront et demeureront entièrement confisquées à son profit. N'entend néanmoins Sa Majesté comprendre dans la présente ordonnance, les vaisseaux échoués dont les papiers se seraient perdus à l'occasion de la tempête et par le malheur du naufrage, en cas que le capitaine ou le commandant en fassent d'abord leur déclaration, et que l'état du vaisseau et les circonstances de l'échouement le puissent faire présumer ainsi : auquel cas Sa Majesté ordonne que les réclamateurs seront seulement tenus de rapporter une nouvelle expédition du contrat d'achat et le double des connaissements.

27 janv. 1706. — Règlement concernant le partage des prises.

Art. 1. Qu'aucun ne pourra être admis au partage d'un vaisseau pris sur les ennemis, s'il n'a contribué à l'arrêter, ou contracté société avec celui qui s'en est rendu maître.

2. Celui qui prétend partager un vaisseau ne sera point censé avoir contribué à l'arrêter, s'il n'a combattu ou s'il n'a fait tel effort qu'en intimidant l'ennemi par sa présence, ou en lui coupant chemin et l'empêchant de s'échapper, il l'ait obligé de se rendre, sans qu'il lui suffise d'avoir été en vue et d'avoir donné chasse, lorsqu'il sera prouvé que cette chasse aura été inutile.

3. Les armateurs qui établiront leur demande en partage sur une convention de partage, les prises faites tant en présence qu'absence, ne pourront justifier cette convention que par un acte qui en contiendra les conditions, et qui sera signé des capitaines ou de leurs écrivains en leur présence, et, s'il ne savait pas signer, dont il sera fait mention dans l'acte ; défendant S. M. d'avoir aucun égard aux sociétés verbales, qu'elle déclare nulles et de nul effet.

4. Les armateurs qui donneront chasse à un vaisseau ennemi, et qui en apercevront plusieurs autres, pourront néanmoins, en se séparant pour les poursuivre tous en même temps, convenir par des signaux de s'admettre réciproquement au partage des différentes prises qu'ils feront ; en sorte que celui qui se séparera en faisant un signal de pavillon rouge sera admis à partager la prise dont il aura abandonné la poursuite, et sera aussi obligé de consentir au partage du vaisseau qu'il aura pris, si les autres armateurs, qui continuent leur chasse, lui répondent par un autre signal semblable ; et au cas que les autres armateurs fassent un autre signal de pavillon blanc, le signal sera une marque de refus, et exclura la société.

5. Lorsque plusieurs corsaires, sans être unis par aucune société, auront donné en même temps dans une flotte, ils partageront entre eux, à proportion du calibre de leurs canons et de la force de leur équipage, le produit de tous les bâtiments qui en auront été pris, de même que s'ils avaient fait société, ayant tous également contribué à la prise.

6. Les prisonniers trouvés sur les vaisseaux ennemis seront exactement interrogés par les officiers des amirautés, tant sur les circonstances de la prise et sur le nombre des vaisseaux qui leur ont donné chasse, et qui ont contribué à les arrêter, que sur les signaux qu'ils auront aperçus.

7. Les mêmes officiers interrogeront aussi les équipages des armateurs, s'ils en sont requis, sur la vérité des signaux. Mande, etc.

26 juill. 1778. — Règlement concernant la navigation des bâtiments neutres en temps de guerre.

Art. 1. Fait défense, Sa Majesté, à tous armateurs d'arrêter et de conduire dans les ports du royaume les navires des puissances neutres, quand même ils sortiraient des ports ennemis ou qu'ils y seraient destinés, à l'exception toutefois de ceux qui porteraient des secours à des places bloquées, investies ou assiégées. A l'égard des navires des Etats neutres qui seraient chargés de marchandises de contrebande destinées à l'ennemi, ils pourront être arrêtés, et lesdites marchandises seront saisies et confisquées; mais les bâtiments et le surplus de leur cargaison seront relâchés, à moins que lesdites marchandises de contrebande ne composent les trois quarts de la valeur du chargement; auquel cas les navires et la cargaison seront confisqués en entier. Se réservant au surplus, Sa Majesté, de révoquer la liberté portée au présent article, si les puissances ennemies n'accordent pas le réciproque dans le délai de six mois à compter du jour de la publication du présent règlement.

2. Les maîtres des bâtiments neutres seront tenus de justifier sur mer de leur propriété neutre, par les passe-ports, connaissements, factures et autres pièces de bord, l'une desquelles, au moins, constatera la propriété neutre, ou en contiendra une énonciation précise; et quant aux chartes-parties et autres pièces qui ne seraient pas signées, veut, Sa Majesté, qu'elles soient regardées comme nulles et de nul effet.

3. Tous vaisseaux pris, de quelque nation qu'ils soient, neutres ou alliés, desquels il sera constaté qu'il y a eu des papiers jetés à la mer, ou autrement supprimés ou distraits, seront déclarés de bonne prise avec leurs cargaisons, sur la seule preuve de papiers jetés à la mer, sans qu'il soit besoin d'examiner quels étaient ces papiers, par qui ils ont été jetés, et s'il en est resté suffisamment à bord pour justifier que le navire et son chargement appartiennent à des amis ou alliés.

4. Un passe-port ou congé ne pourra servir que pour un seul voyage, et sera réputé nul s'il est prouvé que le bâtiment pour lequel il aurait été expédié n'était, au moment de l'expédition, dans aucun des ports du prince qui l'a accordé.

5. On n'aura aucun égard aux passe-ports des puissances neutres, lorsque ceux qui les auront obtenus se trouveront y avoir contrevenu, ou lorsque les passe-ports exprimeront un nom de bâtiment différent de l'énonciation qui en sera faite dans les autres pièces de bord, à moins que les preuves du changement de nom, avec l'identité du bâtiment, ne fassent parties de ces mêmes pièces, et qu'elles n'aient été reçues par des officiers publics du lieu du départ, et enregistrées par-devant le principal officier public du lieu.

6. On n'aura pareillement égard aux passe-ports accordés par les puissances neutres ou alliées, tant aux propriétaires qu'aux maîtres des bâtiments, sujets des Etats ennemis de Sa Majesté, s'ils n'ont été naturalisés ou s'ils n'ont transféré leur domicile dans les Etats desdites puissances, trois mois avant le 1er sept. de la présente année, et ne pourront, lesdits propriétaires et maîtres de bâtiments, sujets des Etats ennemis, qui auront obtenu lesdites lettres de naturalité, jouir de leur effet, si depuis qu'elles ont été obtenues ils sont retournés dans les Etats ennemis de Sa Majesté pour y continuer leur commerce.

7. Les bâtiments de fabrique ennemie, ou qui auront eu un propriétaire ennemi, ne pourront être réputés neutres ou alliés, s'il n'est trouvé à bord quelques pièces authentiques passées devant des officiers publics qui puissent en assurer la date, et qui justifient que la vente ou cession en a été faite à quelqu'un des sujets des puissances alliées ou neutres, avant le commencement des hostilités, et si ledit acte translatif de propriété de l'ennemi ou sujet neutre ou allié n'a été dûment enregistré par-devant le principal officier du lieu du départ, et signé du propriétaire et du porteur de ses pouvoirs.

8. A l'égard des bâtiments de fabrique ennemie qui auront été pris par les vaisseaux de Sa Majesté, ceux de ses alliés ou de ses sujets, pendant la guerre, et qui auront ensuite été vendus aux sujets des Etats alliés ou neutres, ils ne pourront être réputés de bonne prise s'il se trouve à bord des actes en bonne forme, passés par-devant les officiers publics à ce préposés, justificatifs tant de la prise que de la vente ou adjudication qui en aurait été faite ensuite aux sujets desdits Etats alliés ou neutres, soit en France, soit dans les ports des Etats alliés, faute desquelles pièces justificatives, tant de la prise que de la vente, lesdits bâtiments seront de bonne prise.

9. Seront de bonne prise tous bâtiments étrangers sur lesquels il y aura un subrécargue marchand, commis ou officier-major d'un pays ennemi de Sa Majesté, ou dont l'équipage sera composé au delà du tiers des matelots sujets des Etats ennemis de Sa Majesté, ou qui n'auront pas à bord le rôle d'équipage arrêté par les officiers publics des lieux neutres d'où les bâtiments seront partis (V. le règlement du 21 oct. 1744, et le décret du 12 vent. an 5 qui contient la même disposition).

10. N'entend, Sa Majesté, comprendre dans les dispositions du précédent article que les navires dont les capitaines ou les maîtres justifieront par actes trouvés à bord, qu'ils ont été obligés de prendre les officiers majors ou matelots dans les ports où ils auront relâchés, pour remplacer ceux du pays neutre qui seront morts dans le cours du voyage.

11. Veut, Sa Majesté, que, dans aucun cas, les pièces qui pourraient être rapportées après la prise des bâtiments puissent faire aucune foi ni être d'aucune utilité, tant aux propriétaires desdits bâtiments qu'à ceux des marchandises qui pourraient y avoir été chargées, voulant, Sa Majesté, qu'en toutes occasions l'on n'ait égard qu'aux seules pièces trouvées à bord.

12. Tous navires des puissances neutres sortis des ports du royaume, qui n'auront à bord d'autres denrées et marchandises que celles qui y auront été chargées, et qui se trouveront munis de congés de l'amiral de France, ne pourront être arrêtés par les armateurs français ni ramenés par eux dans les ports du royaume sous quelque prétexte que ce puisse être.

13. En cas de contravention de la part des armateurs français aux dispositions du présent règlement, il sera fait mainlevée des bâtiments et des marchandises qui composent leur chargement, autres toutefois que celles sujettes à confiscation, et lesdits armateurs seront condamnés en telles dommages-intérêts qu'il appartiendra.

14. Ordonne, Sa Majesté, que les dispositions du présent règlement auront lieu pour les navires qui auraient échoué sur les côtes dépendantes de ses possessions.

15. Veut au surplus, Sa Majesté, que les dispositions du titre des prises de l'ordonnance de la marine du mois d'août 1681, soient exécutées selon leur forme et teneur, en tout ce à quoi il n'aura pas été dérogé par le présent règlement.

31 janv.-1er fév. 1793. — Décret qui autorise les citoyens français à armer en course, suivi d'un modèle de lettres de marque.

2 fév. 1793. — Décret contenant un modèle de lettre de marque pour l'armement en course.

2-4 fév. 1793. — Décret qui accorde des primes et des récompenses aux corsaires qui ramèneront des bâtiments ennemis chargés de subsistances.

14 fév. 1793. — Décret relatif au jugement des contestations qui pourront s'élever sur les prises faites par les vaisseaux de l'Etat, ou par les corsaires.

Art. 1. Le jugement des contestations qui pourront s'élever, soit sur la validité, soit sur la liquidation et distribution, soit sur tout autre objet relatif aux prises faites par les vaisseaux de l'Etat ou par les corsaires sur les ennemis de la république, est provisoirement attribué aux tribunaux de commerce des lieux où ces prises auront été amenées.

2. Si dans les lieux où ces prises auront été conduites, il n'y avait point de tribunal de commerce, ce jugement sera attribué au tribunal ordinaire du district.

3. L'appel des jugements rendus par les tribunaux de commerce ou de district sur le fait des prises, sera porté au tribunal de district établi dans le port le plus voisin du tribunal qui aura prononcé en premier ressort.

4. Les juges de paix rempliront provisoirement, et à la réquisition de l'officier préposé ou syndic des classes du lieu, les fonctions précédemment attribuées aux amirautés; ils feront la procédure d'instruction nécessaire pour parvenir au jugement de bonne prise, et la feront passer, dans le plus bref délai, au greffe du tribunal de commerce ou de district qui devra en connaître.

5. Les lois anciennes concernant les prises continueront d'être exécutées jusqu'à ce qu'il en ait été autrement ordonné.

6. Les navires ennemis arrêtés dans les ports de la république en suite des ordres du conseil exécutif provisoire, seront vendus dans la forme et conformément aux dispositions de la présente loi; les fonds provenant de la vente seront versés à la caisse du receveur de district, mais ils y demeureront en séquestre jusqu'à ce qu'il en ait été autrement ordonné par la convention nationale.

17-23 fév. 1793. — Décret relatif à la formation des équipages des bâtiments en course, qui interprète l'art. 4 du décret du 31 janvier précédent.

19-21 fév. 1793. — Décret relatif aux conditions exigées pour l'admission des prises dans les ports de France.

21 fév. 1793. — Décret autorisant à prononcer définitivement les tribunaux qui, antérieurement au décret du 14 fév., avaient procédé à l'instruction des prises, comme étant substituées aux amirautés.

29-30 mars 1793. — Décret par lequel la convention, considérant que la ville de Hambourg ainsi que les villes anséatiques, ont déclaré adhérer à la proposition faite par l'assemblée législative à toutes les nations d'abolir la course sur mer, décrète : A compter de ce jour, la course sur mer est et demeure abolie à l'égard des navires de la ville de Hambourg et de ceux des villes anséatiques.

11-16 avril 1793. — Décret relatif à l'embargo mis sur les navires des sujets des puissances alliées.

9-11 mai 1793. — Décret qui sursoit à l'exécution de tous jugements rendus ou à rendre par les tribunaux de commerce ou de district, à raison des prises de navires sur les villes anséatiques.

9-13 mai 1793. — Décret par lequel la convention considérant que le pavillon des puissances neutres n'est pas respecté par les ennemis de la France, décrète que les bâtiments neutres qui seront chargés en tout ou en partie, soit de comestibles appartenant à des neutres et destinés pour des ports ennemis, soit de marchandises appartenant aux ennemis, pourront être arrêtés et conduits dans les ports français; les marchandises appartenant aux ennemis seront déclarées de bonne prise et confisquées au profit des premiers, et les comestibles appartenant aux neutres seront payés sur le pied de leur valeur dans le lieu pour lequel ils étaient destinés; les navires seront relâchés, et le fret sera payé.

23 mai-4 juin 1793. — Décret portant que les bâtiments des Etats-Unis ne sont pas compris dans les dispositions du décret du 9 mai conformément à l'art. 16 du traité passé le 6 fév. 1778.

28-30 mai 1793. — Décret qui rapporte le précédent.

9-11 juin 1793. — Décret qui déclare de bonne prise les navires des villes anséatiques et de celle de Dantzick.

16-16 juin 1793. — Décret qui renvoie les propriétaires ou armateurs de vaisseaux neutres ou appartenant aux villes anséatiques devant les tribunaux, et passe à l'ordre du jour sur leurs réclamations, et qui déclare de bonne prise les navires appartenant aux puissances allemandes qui ont voix délibérative à la diète de Ratisbonne.

1er-2 juill. 1793. — Décret portant que les bâtiments des Etats-Unis ne sont pas compris dans les dispositions du décret du 9 mai, conformément à l'art. 16 du traité passé le 6 fév. 1778.

27-27 juill. 1793. — Décret qui maintient les dispositions du décret du 9 mai 1793, relatives aux navires neutres chargés de comestibles ou de marchandises appartenant aux puissances ennemies.

18 sept. 1793. — Décret relatif aux navires pris par les croiseurs français et conduits dans les ports du Danemark.

Art. 1. Le ministre des affaires étrangères est chargé de négocier avec le gouvernement danois, et d'obtenir de lui, conformément au droit des gens, la faculté de faire vendre dans ses Etats les prises qui ont été et qui seraient conduites dans ses ports par les croiseurs français pendant le temps que la république sera en guerre. Le ministre des affaires étrangères donnera, à cet effet, tous les ordres nécessaires à l'agent de la république près le gouvernement danois. Il rendra compte à la convention du résultat de ses négociations.

2. La convention nationale abroge, au surplus, tous décrets contraires au présent.

1er oct. 1793-15 vend. an 2. — Décret qui détermine le mode de répartition des prises faites par les vaisseaux français sur les ennemis de la France (*Nota.* Ce décret est refondu en entier dans l'arrêté du 9 vent. an 9, V. p. 921).

18 vend. an 2 (9 oct. 1793). — Décret qui déclare les bâtiments ennemis, enlevés par des Français prisonniers, de bonne prise au profit des capteurs.

La convention nationale, ouï le rapport de son comité de marine sur une pétition de trois marins du département du Pas-de-Calais, ci-devant prisonniers en Angleterre, tendant à obtenir mainlevée de l'opposition mise par le sous-chef de l'administration civile de la marine, à Boulogne, à la vente d'un bateau qu'ils ont enlevé aux ennemis pour regagner leur patrie; — Considérant que les marins anglais prisonniers en France sous caution ou sur leur parole, ont les premiers violé leur engagement, en se travestissant pour échapper plus sûrement à la surveillance publique et particulière, et enlever des bâtiments pour s'évader; que les Français prisonniers en Angleterre qui ont suivi leur exemple n'ont fait qu'user du droit de représailles, décrète ce qui suit : — Les bateaux, barques ou autres bâtiments ennemis, enlevés par les Français prisonniers chez les puissances avec lesquelles la nation française est en guerre, sont déclarés de bonne prise au profit des capteurs. — En conséquence, le ministre de la marine donnera incessamment les ordres nécessaires pour faire cesser toute opposition de la part du sous-chef de l'administration civile de la marine à Boulogne, ou de tous autres, à la libre possession et disposition d'un bateau anglais actuellement dans ledit port de Boulogne, lequel appartiendra sans restriction aux marins qui s'en sont emparés. — La convention nationale charge le conseil exécutif de réclamer les bateaux pêcheurs saisis par les Anglais; et, en cas de refus, de faire user de représailles.

18-19 brum. an 2 (8-9. nov. 1793).—Décret relatif aux contestations sur la validité des prises faites par les corsaires.

La convention nationale, après avoir entendu le rapport de son comité de salut public, décrète que toutes les contestations nées et à naître sur la validité ou l'invalidité des prises faites par les corsaires seront décidées, par voie d'administration, par le conseil exécutif provisoire.—Le décret du 14 fév. (vieux style), qui attribue le jugement de ces matières aux tribunaux de commerce, est rapporté.

18 frim.-1er niv. an 2 (21 déc. 1793).—Décret qui accorde aux chirurgiens-majors trois parts dans les prises.

23 mess an. 2 (11 juill. 1794).—Décret relatif à l'instruction des prises faites par les vaisseaux de guerre.

4 brum. an 3 (25 oct. 1794).— Décret portant que les objets pris sur les bâtiments ennemis et propres à enrichir le muséum national, seront adressés par les capteurs à la convention.

23 therm. an 3 (10 août 1795). — Décret qui permet à tout citoyen français d'armer en course et détermine certaines conditions pour la délivrance des lettres de marque.

26 fruct. an 3 (12 sept. 1795). — Décret portant qu'il sera formé dans chacun des ports de Brest, Lorient, Toulon, Rochefort, un jury pour examiner et juger les réclamations des bâtiments de la République, qui, ayant capturé des bâtiments ennemis, prétendront l'avoir fait, soit étant totalement séparés de l'armée navale, soit en étant détachés.

1er jour compl. an 3 (17 sept. 1795). — Décret relatif à la liquidation des prises faites par les vaisseaux de l'État.

27 vend. an 4 (19 oct. 1795). — Décret qui ordonne de traiter comme ennemis les navires appartenant à l'empereur d'Autriche et à l'empereur de Russie.

3 brum. an 4 (25 oct. 1795). — Décret sur l'administration des prises faites sur les ennemis de la France.

La convention nationale, voulant remédier à l'incohérence et à la variation qui se rencontrent dans les lois relatives à l'administration des prises; après avoir entendu le rapport de ses comités de marine et des colonies, et de commerce et d'approvisionnement, décrète :

Captures.

Art. 1. Lorsqu'une déclaration de guerre avec une nation donnera lieu à des armements, le directoire exécutif rédigera des instructions claires et précises, dont les termes ne laisseront aucun doute aux bâtiments visiteurs sur leurs devoirs et leurs droits.

2. Aussitôt après la prise d'un navire, les capitaines capteurs se saisiront des congés, passe-ports, lettres de mer, chartes parties, connaissements et autres papiers trouvés à bord. Le tout sera déposé dans un coffre ou sac, en présence du capitaine du navire pris, lequel sera interpellé de les sceller de son cachet. Ils feront fermer les écoutilles et autres lieux où il y aura des marchandises, et se saisiront des clefs des coffres et armoires.

3. Il est défendu à tous capitaines, officiers et équipages des vaisseaux preneurs de soustraire aucun papier ou effet du navire pris, à peine de deux ans d'emprisonnement, et de peines plus graves dans les cas prévus par la loi.

4. Si le chef-conducteur d'un navire pris fait dans sa route quelques autres prises, elles appartiendront à l'équipage du bâtiment dont il fait partie, ou à la division à laquelle il est attaché.

5. Le chef conducteur d'une prise qui, dans sa course, sera reprise par l'ennemi, sera jugé à son retour comme le sont en pareil cas les commandants des bâtiments de l'État.

6. A l'arrivée d'une prise dans les rades ou ports de la République, le chef conducteur fera son rapport au juge de paix, et lui remettra les papiers et autres pièces trouvés à bord, ainsi que les prisonniers faisant partie du navire pris.

7. Le juge de paix, ou, en cas d'absence, un de ses assesseurs, se transportera aussitôt sur ledit navire, dressera procès-verbal de l'état dans lequel il le trouvera, et posera, en présence du capitaine pris, ou de deux officiers ou matelots de son équipage, les scellés sur tous les fermants. Ces scellés ne pourront être levés qu'en présence d'un préposé des douanes.

8. Il sera établi à bord un surveillant de la marine, nommé par le contrôleur, lequel sera chargé, sous sa responsabilité, de veiller à la conservation des scellés et des autres effets confiés à sa garde.

9. Dans le cas d'avaries ou de détérioration de tout ou partie de la cargaison le juge de paix, en apposant les scellés, en ordonnera le déchargement et la vente dans un délai fixé. L'ordonnance du juge de paix sera envoyée au contrôleur de la marine, qui en surveillera l'exécution. La vente ne pourra cependant avoir lieu qu'après avoir été préalablement affichée dans le port de l'arrivée, et dans les communes et ports voisins.

Procédure des prises.

10. Le juge de paix procédera de suite, et au plus tard dans les vingt-quatre heures de la remise des pièces, à l'instruction de la procédure, pour parvenir au jugement des prises.

11. Cette instruction consiste dans le dépouillement des pièces trouvées à bord, dans la réception de la déclaration du chef-conducteur, et dans l'interrogatoire de trois personnes dans le cas où il s'en trouverait un pareil nombre.

12. Si le bâtiment est amené sans prisonniers, chartes parties ni connaissements, l'équipage et la garnison du navire capteur seront interrogés séparément sur les circonstances de la prise, pour connaître, s'il se peut, sur qui elle aura été faite.

13. Le juge de paix fera dresser inventaire des pièces, états ou manifestes des chargements, qui lui auront été remis ou qu'il aura trouvés à bord; il enverra le tout, dans les deux jours, pour tout délai, de la clôture du procès-verbal d'instruction, au greffe du tribunal de commerce du lieu de l'arrivée de la prise, et dans le cas où il n'y en aurait point d'établi, à celui du port le plus voisin.—Les fonctions des juges de paix, en matière de prises, sont bornées à ces opérations et à la levée des scellés.

14. Dans les ports des pays conquis où il n'y a pas de juges de paix, leurs fonctions seront remplies par un officier municipal ou tout autre officier civil.

15. Les tribunaux de commerce seront tenus de prononcer sur la validité de la prise, dans la décade qui suivra la réception des pièces.

Déchargement, manutention et vente des prises.

16. Les déchargement, emmagasinement, inventaires, ventes et livraisons des objets de prise, se feront sous la surveillance immédiate des contrôleurs de marine, savoir : dans les ports de Brest, Toulon et Rochefort, par un commissaire de marine; et dans les autres ports, par l'officier civil préposé à la répartition des prises, en présence d'un préposé des douanes cité à bord, du surveillant de la marine et du chef conducteur de la prise, ou d'un fondé de pouvoir que ce chef est autorisé à nommer dans le cas où il recevrait l'ordre d'embarquer avant la vente de la cargaison.

17. Ce fondé de pouvoir pourra assister à toutes les opérations, et y faire les observations, et y faire les observations qu'il croira avantageuses aux intérêts de ceux qu'il représente; mais il ne pourra s'immiscer dans la gestion des prises, s'en prétendre le consignataire, ni réclamer en cette qualité aucun droit de commission au delà de l'équivalent du traitement du chef de prise qui l'aura nommé. — Ce traitement cessera au moment que la vente sera terminée, et ne pourra, dans aucun cas, être prolongé au delà de trois mois.

18. Il sera procédé au déchargement et emmagasinement de la cargaison, dans les vingt-quatre heures du jugement définitif qui aura prononcé la confiscation de la prise. — Dans le cas de mainlevée accordée, il en sera donné avis aux intéressés dans le même délai : les indemnités qui pourraient être dues seront arbitrées de suite. — Les contrôleurs de marine seront personnellement responsables des événements résultant d'un retard dans l'exécution du présent article.

19. Le surveillant de la marine et le préposé des douanes tiendront, à bord, des états sur lesquels seront portés et détaillés les balles, ballots, futailles et autres objets qui seront mis à terre ou chargés dans les chalans et chaloupes; ils en feront parvenir un double à terre, qui sera signé par le garde-magasin de la marine, pour valoir réception des objets y portés.

20. Ces doubles, ainsi signés du surveillant de la marine, du préposé des douanes et du garde-magasin, seront déposés au contrôle de la marine, pour y avoir recours au besoin : ils seront communiqués sans frais à tous les citoyens qu'ils pourront intéresser.

21. Les frais de débarquement et de transport, ainsi que tous ceux nécessaires à la conservation des objets formant la cargaison, soit à bord, sur le port, ou dans les magasins, sont à la charge de la cargaison; ils seront avancés par la marine, et retenus lors de la liquidation.

22. Au fur et à mesure du déchargement des objets, et au moment de leur entrée au magasin, il en sera dressé inventaire en présence d'un visiteur des douanes, qui en tiendra état; du chef conducteur de la prise ou de son fondé de pouvoir, et du garde-magasin de la marine; l'inventaire sera signé, à chaque séance, par ceux qui y auront assisté, jusqu'à son entière confection. Les magasins seront fermés à trois clefs, dont une sera remise au commissaire ou employé civil qui aura procédé à l'inventaire, la seconde au visiteur des douanes, et la troisième au garde-magasin.

23. Les agents maritimes désigneront sur cet inventaire les objets utiles au service de la marine, qui leur seront remis sur-le-champ : l'estimation en sera faite au cours du jour; et les fonds versés dans la caisse des invalides de la marine, dans la quinzaine après la livraison.

24. Les monnaies étrangères ou françaises, les matières d'or ou d'argent non ouvrées, et celles ouvrées dont le prix du poids surpasse celui de la main-d'œuvre, seront envoyées à la trésorerie nationale, qui en fera passer la valeur dans la décade de leur réception.

25. L'inventaire de chaque cargaison comprendra non-seulement ce qui se trouvera en magasin, mais même tout ce dont il aurait été disposé pour le service public pendant le déchargement.

26. Les inventaires seront déposés au contrôle de la marine; les contrôleurs enverront aux agents du gouvernement un extrait de chacun d'eux, dans les trois jours de sa confection; ces agents seront tenus d'indiquer, dans les quinze jours suivants, les objets qui devront être réservés pour le service public; ces objets seront aussitôt estimés au cours du jour, et transportés dans les magasins nationaux; le prix en sera payé au plus tard dans la quinzaine qui suivra la livraison. — Les agents maritimes veilleront à ce que ces payements s'effectuent dans les délais ci-dessus.

27. Lorsque les agents du gouvernement auront désigné les objets propres au service de la République, et au plus tard vingt jours après la confection de l'inventaire de chaque cargaison, le contrôleur de marine en fera annoncer la vente détaillée, par affiches qui seront envoyées dans les principales villes de commerce de la République et au ministre de la marine, chargé de leur donner la plus grande publicité. — Il y aura toujours un mois d'intervalle entre la publication et le jour de la vente.

28. Ces ventes seront faites en présence du contrôleur de marine, du receveur ou de tout autre préposé des douanes, du chef conducteur de la prise ou de celui qui le représente, et de l'agent garde-magasin, qui signeront les procès-verbaux. Elles auront lieu au comptant, et se continueront tous les jours, sans interruption, de matin et de relevée. Les sommes en provenant seront versées dans la caisse des trésoriers des invalides de la marine.

29. Aucun citoyen ne pourra disposer d'effets provenant de prises, sous quelque prétexte que ce soit, même avec l'autorisation du chef-conducteur ou de l'équipage, à peine d'être condamné à payer dix fois la valeur de l'objet dont il aurait disposé.

30. Si ces objets avaient été détournés par un des agents auxquels ils sont confiés, ou par des citoyens employés à leur déchargement, transport, manipulation ou garde, les délinquants seront réputés dilapidateurs, et, comme tels, traduits devant les tribunaux pour y être jugés conformément à la loi.

31. Les lois relatives aux fonctions des préposés des douanes, pour ce qui concerne les déchargements des navires de prises et le payement des droits d'entrée dus pour les objets qui composent leurs cargaisons, notamment la loi du 19 fév. 1793, auront leur pleine et entière exécution. — Les directeurs, inspecteurs et receveurs des douanes prendront les mesures nécessaires pour prévenir toutes fraudes ou soustractions, à peine d'en demeurer responsables.

32. Les droits dus sur les objets des prises sont à la charge des acquéreurs, et seront toujours acquittés avant la livraison; ils seront à cet effet fixés, annoncés et perçus par un préposé des douanes, sur le lieu même de la vente.

33. Les livraisons des marchandises vendues se feront immédiatement après l'achèvement de la vente de ce qui appartient à chaque cargaison, et se continueront, sans interruption, en suivant l'ordre de la vente. Le commissaire de la marine ou l'officier civil qui aura procédé, se concertera avec le receveur de la douane pour indiquer l'heure de la livraison.

34. Dans le cas où quelque acquéreur ne se présenterait pas à l'heure indiquée, ou au plus tard dans les trois jours après la livraison faite des derniers articles vendus, il sera procédé à la revente, à la folle enchère, des objets qui lui avaient été adjugés.

35. Les gardes-magasins ne délivreront aucun des objets vendus que sur la représentation de la quittance du payement qui en aura été fait entre les mains des trésoriers des invalides de la marine.

36. Ces trésoriers ouvriront un compte pour chaque cargaison, lequel indiquera le nom du bâtiment pris, celui de sa nation et celui du vaisseau capteur.

37. Ils auront une remise de 1/2 p. 100 sur leurs recettes, qui sera répartie ainsi qu'il suit : — Un tiers de cette remise est attaché à la recette, et appartiendra aux trésoriers des ports où les ventes seront effectuées; les deux autres tiers portent sur les payements directs faits par chaque caissier, et ne sont alloués qu'à ceux qui font les payements aux marins dénommés aux rôles de répartition dans les différents quartiers de leur domicile, encore bien que ces quartiers ne fussent pas dépendants des ports où les ventes auraient eu lieu.

38. Aussitôt après le déchargement du navire, et, au plus tard, dans la décade suivante, il sera dressé, par l'administration de la marine, un inventaire estimatif tant de sa coque que des agrès, apparaux, rechanges, armes et ustensiles. Cet inventaire indiquera si ce navire est propre au service de la République; ou, dans le cas contraire, il présentera, par articles séparés, les objets susceptibles d'y être utilement employés; ces objets seront emmagasinés sans délai, et le prix en sera versé conformément aux articles précédents.

39. Jusqu'à ce moment, le navire sera déposé dans un lieu sûr et commode, où il ne puisse gêner le service du port; les gardiens établis à bord seront responsables des effets qui y demeureront, sur l'état détaillé qui leur en sera remis.

40. La vente de ceux de ces navires qui n'auront point été jugés propres au service de la marine sera faite immédiatement après celle de la cargaison.

Liquidation.

41. Aussitôt après la vente de chaque prise, et au plus tard dans la quinzaine qui la suivra, les administrateurs des ports établiront le montant net de son produit sur le vu des procès-verbaux de vente et de livraison.

42. Les frais de procédure seront liquidés par le juge de paix; les autres seront arrêtés par le contrôleur de marine, et visés par l'ordonnateur.

43. Il sera retenu un sou pour livre sur le produit net de chaque prise, pour former une masse destinée à acquitter les frets et surestaries des navires dont les coques et cargaisons auront été reconnues neutres, et pour fournir aux répartitions supplétives des bâtiments qui, par erreur, n'auraient pas été compris dans celles auxquelles ils avaient droit, ou des individus qui auraient été omis sur les rôles.

44. Aussitôt après la liquidation du produit de la vente de chaque cargaison, il sera procédé au rôle de répartition générale, conformément à la loi du 1er oct. 1793; dès que ce rôle aura été arrêté, les parts des marins présents seront payées, et celles des absents envoyées sans délai dans leurs quartiers respectifs pour leur être distribuées, ou à leurs familles, si leur décès est légalement constaté.

45. S'il s'élève quelques réclamations de la part des bâtiments capteurs, pour raison de la légitimité et de l'étendue de leurs droits sur les prises faites, elles seront jugées par un jury, conformément à la loi du 26 fruct. dernier.

46. Il ne pourra s'écouler plus de trois mois entre l'arrivée d'une prise et sa répartition : dans le cas où des empêchements légitimes éloigneraient cette répartition il sera, autant que possible, délivré des à-compte provisoires à tous les marins qui prouveront qu'ils faisaient partie de la division ou de l'équipage capteur.

47. Le payement des sommes réparties sera fait aux intéressés, par les trésoriers des invalides, sur les mandats du commissaire de marine chargé de cette partie du service.

48. Il est dérogé à toutes lois ou arrêtés contraires au présent décret.

8 flor. an 4 (27 avril 1796). — Loi qui prescrit la forme de procéder sur les appels en matières de prises.

Art. 1. Les appels de tribunaux de commerce, en matière de prises, seront portés aux tribunaux de département.

2. Les affaires de cette nature où des neutres auront un intérêt quelconque seront communiquées au commissaire du directoire exécutif, dans les vingt-quatre heures du dépôt des pièces au greffe du tribunal.

3. Si le commissaire le juge nécessaire, il en référera sur-le-champ au ministre de la justice, qui, après avoir consulté le directoire, répondra dans la décade à la dépêche du commissaire; ce dernier, avant le jugement, sera tenu de donner ses conclusions, et de les laisser par écrit.

4. Les consuls ou vice-consuls de la République, dans les ports étrangers où seront conduites les prises faites par des Français, feront remplir par leurs chanceliers les formalités prescrites par la loi du 3 brum. an 4 aux juges de paix;

5. Les consuls ou vice-consuls prononceront, comme les tribunaux de commerce, sur la validité des prises.

6. Les appels de leurs jugements seront portés, comme ceux des tribunaux de commerce, aux tribunaux de département, savoir : pour ceux établis sur la Méditerranée, au tribunal du département des Bouches-du-Rhône; pour ceux établis sur les mers du Nord, au tribunal du département du Nord; pour ceux établis dans les autres ports de l'Océan ou en Amérique, au tribunal du département de la Loire-Inférieure, et pour ceux établis au delà du cap de Bonne-Espérance, au tribunal du département du Morbihan.

7 vend. an 5 (28 sept. 1796). — Loi portant que tout acquéreur de navires provenant de prises ou autres, dont la vente aura été faite et consommée antérieurement à la loi du 19 therm. an 4, et dans les formes prescrites par les lois relatives à ces sortes de ventes, est autorisé à expédier son navire pour telle destination que bon lui semblera, en remplissant les formalités exigées par les lois sur la navigation.

9 frim. an 5 (29 nov. 1796). — Arrêté du directoire exécutif, qui détermine la manière dont seront acquittés les frets et surestaries résultant de l'arrestation des bâtiments neutres.

Le directoire exécutif, considérant que les arrestations des bâtiments neutres, qui doivent résulter des dispositions des arrêtés des 14 et 28 mess. an 4, donneront lieu à des frets et surestaries qui ne peuvent être imputés sur les fonds décrétés par l'art. 43 de la loi du 3 brum. an 4, arrête : que les frets et surestaries résultant de l'arrestation des neutres, en conformité des arrêtés des 14 et 28 messidor dernier, seront, dans les cas où la cargaison sera capturée en totalité, à la charge des capteurs, et, dans le cas où une partie seulement de cette cargaison sera capturée, à la charge de l'autre partie de cargaison dont les neutres resteront possesseurs.

12 vent. an 5 (2 mars 1797). — Arrêté du directoire exécutif, concernant la navigation des navires neutres chargés de marchandises appartenant aux ennemis de la République, et le jugement des contestations sur la validité des prises maritimes.

Le directoire exécutif, vu la loi du 9 mai 1793; — Vu pareillement la loi du 27 juill. 1793, qui, en maintenant celle du 9 mai précédent, ci-dessus rappelée, ordonne qu'elle aura sa pleine et entière exécution, et qu'en conséquence toutes autres dispositions qui pourraient être contraires sont et demeurent abrogées; abrogation qui comprend évidemment la loi du 1er du même mois de juillet, par laquelle les bâtiments des Etats-Unis de l'Amérique avaient été exceptés de la loi du 9 mai, conformément à l'art. 15 du traité du 6 fév. 1778; — Vu aussi l'art. 7 de la loi du 13 niv. an 3, qui enjoint à tous les agents de la République, tous les commandants de la force armée, aux officiers civils et militaires, de faire respecter et observer, dans toutes leurs dispositions, les traités qui unissent la France aux puissances neutres de l'ancien continent et aux Etats-Unis de l'Amérique, et ajoute qu'aucune atteinte ne sera portée à ces traités, et que toutes dispositions qui pourraient leur être contraires sont annulées;

Considérant que cette dernière loi ne déroge à celle du 9 mai 1793 qu'en faveur des puissances neutres dont les traités actuellement subsistant avec la République française sont contraires à ses dispositions; qu'il importe, par conséquent, à l'instruction, tant des commandants de la force armée de la République et des bâtiments commissionnés par elle, que des tribunaux chargés de prononcer sur la validité des prises, de prendre des mesures pour empêcher ou qu'on ne suppose existants des traités qui n'ont jamais eu lieu, ou qu'on ne regarde comme étant encore en vigueur des traités conclus pour un temps déterminé qui est expiré, ou comme devant être encore exécutés à la lettre des traités qui ont été modifiés depuis leur conclusion; qu'à cette dernière espèce appartient singulièrement le traité d'amitié et de commerce conclu, le 6 fév. 1778, entre la France et les Etats-Unis de l'Amérique; qu'en effet, par l'art. 2 de ce traité, la France et les Etats-Unis de l'Amérique *s'engagent mutuellement à n'accorder aucune faveur particulière à d'autres nations, en fait de commerce et de navigation, qui ne devienne aussitôt commune à l'autre partie*, et qu'il est ajouté par le même article, que celle-ci *jouira de cette faveur gratuitement si la concession est gratuite, ou en accordant la même compensation si la concession est conditionnelle*; qu'ainsi les dispositions stipulées en faveur de l'Angleterre par le traité d'amitié, de commerce et de navigation passé à Londres le 19 nov. 1794 entre cette puissance et les Etats-Unis d'Amérique, sont censées l'avoir été en faveur de la République française elle-même, et par suite modifient, dans les points qui y sont contraires, le traité conclu le 6 fév. 1778; que c'est d'après ces dispositions que le gouvernement français a déclaré par ses arrêtés des 14 et 28 mess. an 4, comme il est encore forcé de le faire aujourd'hui, qu'il usera des justes mesures de réciprocité qu'il était en droit d'exercer à cet égard, en tout ce qui tient aux circonstances de la guerre, ainsi qu'aux intérêts politiques, commerciaux et maritimes de la République française; que conséquemment il est nécessaire de fixer, par le rapprochement des traités du 6 fév. 1678 et du 19 nov. 1794, toute incertitude sur les cas où doit s'exercer ce droit de réciprocité;

Considérant qu'il s'est élevé tout récemment, sur la manière de constater la propriété des navires et des marchandises prétendus appartenir aux neutres, des doutes et des contestations qui n'auraient jamais eu lieu si les dispositions des anciens règlements relatifs à cette matière avaient été mieux connues; qu'il importe, par conséquent, de rappeler ces dispositions, et de faire exécuter l'art. 5 de la loi du 14 fév 1793, qui les a maintenues;

Après avoir entendu les ministres de la justice, de la marine et des colonies, arrête ce qui suit :

Art. 1. Les commissaires du directoire exécutif près les tribunaux civils de département veilleront à ce que, dans les contestations sur la validité des prises maritimes, il ne soit rendu aucun jugement fondé sur l'art. 7 de la loi du 13 niv. an 3, sans qu'au préalable le ministre de la justice ait été consulté, conformément à l'art. 3 de la loi du 8 flor. an 4, relativement aux traités en vertu desquels des neutres prétendraient se soustraire, au moyen de la première de ces lois, à l'exécution de celle du 9 mai 1793.

2. Le ministre de la justice examinera, en conséquence, si les traités invoqués subsistent encore, ou s'ils ont été modifiés depuis leur conclusion : il lui sera fourni, à cet effet, par le ministre des relations extérieures, tous les renseignements dont il aura besoin, et il en référera au directoire exécutif, ainsi qu'il est prescrit par la loi du 8 flor. an 4.

3. Le directoire exécutif rappelle à tous les citoyens français que le traité passé le 6 fév. 1778, entre la France et les Etats-Unis de l'Amérique, a été, aux termes de son deuxième article, modifié de plein droit par celui qui a été passé à Londres le 19 nov. 1794, entre les Etats-Unis de l'Amérique et l'Angleterre. — En conséquence, 1° d'après l'art. 17 du traité de Londres du 19 nov. 1794, transcrit ci-

dessous (1), toute marchandise ennemie ou non-suffisamment neutre, chargée sous pavillon américain, sera confisquée; mais le bâtiment à bord duquel elle aura été trouvée sera relâché et rendu au propriétaire. Il est enjoint aux commissaires du directoire exécutif de faire accélérer, par tous les moyens qui sont en leur pouvoir, le jugement des contestations qui pourront s'élever, soit sur la validité des prises de cargaison, soit sur les frets et surestaries. — 2° D'après l'art. 18 du traité de Londres du 19 nov. 1794, transcrit ci-dessous (2), aux objets déclarés *contrebande* par l'art. 24 du traité du 6 fév. 1778, sont ajoutés les objets suivants : — Les bois de construction; les brais, goudrons et résines; le cuivre en feuilles; les voiles, chanvres et cordages, et tout ce qui sert directement ou indirectement à l'armement et à l'équipement des vaisseaux, excepté le fer brut et le sapin en planches. Ces divers articles seront confisqués toutes les fois qu'ils seront destinés ou qu'on essayera de les porter à l'ennemi. — 3° D'après l'art. 21 du traité de Londres du 19 nov. 1794, transcrit ci-dessous (3), tout individu reconnu américain, porteur d'une commission donnée par les ennemis de la France, ainsi que tout marin de cette nation faisant partie des équipages des navires ou des vaisseaux ennemis, sera, pour ce fait, déclaré pirate et traité comme tel, sans qu'il puisse, dans aucun cas, alléguer qu'il y a été forcé par violences, menaces ou autrement.

4. Conformément à la loi du 14 fév. 1793, les dispositions des règlements du 21 oct. 1744 et du 26 juill. 1778, concernant la manière de constater la propriété des navires et des marchandises neutres, seront exécutées selon leurs forme et teneur. — Sera en conséquence de bonne prise tout navire américain qui n'aura pas à bord un rôle d'équipage en bonne forme, tel qu'il est prescrit par le modèle annexé au traité du 6 fév. 1778, dont l'exécution est ordonnée par les art. 25 et 27 du même traité.

5. Il est enjoint aux commissaires du directoire exécutif d'appeler la sévérité des tribunaux sur les manœuvres frauduleuses de tout armateur se disant neutre, américain ou autre, à bord du bâtiment duquel il sera trouvé, ainsi qu'il a déjà été fait plusieurs fois dans la guerre actuelle, soit des papiers de mer en blanc, quoique signés et scellés, soit des papiers en forme de lettres contenant des signatures de particuliers en blanc, soit de doubles passe-ports ou lettres de mer qui indiquent différentes destinations au bâtiment, soit de doubles factures, connaissements ou papiers de mer quelconques qui assignent à tout ou partie de la même marchandise des propriétaires différents ou différentes destinations.

6. Au moyen des dispositions du présent arrêté, celui du 9 frimaire dernier, concernant les frets et surestaries, est rapporté en ce qui concerne les surestaries seulement.

5 prair. an 5 (24 mai 1797). — Arrêté du directoire exécutif, qui prescrit des mesures pour les prises faites sur les ennemis de l'État.

5 vend. an 6 (26 sept. 1797). — Arrêté du directoire exécutif, qui ordonne l'exécution d'anciennes ordonnances relativement aux cas où les commandants de corsaires pourront relâcher des prisonniers de guerre.

Le directoire exécutif, considérant qu'une des principales causes des pertes que la République française éprouve dans la balance avec l'Angleterre pour l'échange des prisonniers de guerre marins, provient de la négligence des capitaines de corsaires qui, sous de légers prétextes, se permettent de relâcher leurs prisonniers en mer, sans remplir les vœux des ordonnances du 7 nov. 1703 et 4 oct. 1760, non abrogées; — Considérant que la vétusté de ces ordonnances peut servir de prétexte à leur inexécution, et qu'il importe essentiellement d'en faire revivre l'esprit. — Arrête :

Art. 1. Les ordonnances des 7 nov. 1703 et 4 oct. 1760, qui déterminent les cas où les commandants de corsaires pourront relâcher des prisonniers de guerre en mer ou dans des ports étrangers, ainsi que les peines encourues à défaut d'exécution des règles prescrites par lesdites ordonnances, seront exécutées dans toutes leurs dispositions.

2. Afin qu'aucun capitaine de corsaire français ne puisse prétendre cause d'ignorance, il sera délivré extrait en forme desdites ordonnances à tous lesdits capitaines avant leur sortie, lesquels en donneront un reçu à l'officier civil chargé des armements.

(1) Art. 17. « Il est convenu que, dans tous les cas où les vaisseaux seront pris ou détenus sur un juste soupçon d'avoir à bord des propriétés appartenant à l'ennemi ou de lui porter aucun des articles qui, en temps de guerre, passe pour contrebande, ledit vaisseau sera amené au port le plus voisin et le plus convenable; et si l'on trouve en effet sur son bord aucune propriété appartenant à l'ennemi, cette partie seulement de la cargaison sera confisquée, et le vaisseau sera remis en liberté avec le reste de son chargement pour continuer sa route sans aucun empêchement; et il est convenu qu'on prendra toutes les mesures propres à prévenir les retards de décision des cas de navires ou cargaisons ainsi soumis à un jugement, et de payement ou recouvrement de l'indemnité adjugée ou que l'on aura consenti à payer aux capitaines ou propriétaires de ces bâtiments. »

(2) Art. 18. « Dans l'intention de régler ce qui à l'avenir sera regardé comme contrebande de guerre, il est convenu que sous cette dénomination seront comprises toutes les armes, etc., comme aussi le bois pour la construction des vaisseaux, la poix ou résine, le cuivre de doublage en feuilles, les voiles, chanvres et cordages, et généralement tout ce qui peut être d'une utilité directe pour l'équipement des vaisseaux, excepté le fer en barre et le sapin débité en planches. Tous les articles ci-dessus mentionnés sont ici déclarés objets qui pourront être justement confisqués toutes les fois qu'on essayera de les porter à l'ennemi. »

(3) Art. 21. « Il est également convenu que les sujets et citoyens des deux nations ne feront aucun acte d'hostilité les uns contre les autres, et n'accepteront ni lettre de marque ni instruction d'aucun prince ou État étranger, de manière à agir en ennemis contre l'une des deux parties. On ne souffrira pas non plus que les ennemis de l'une des deux parties se permettent d'inviter, d'encourager ou d'enrôler dans leur service militaire, aucun des sujets ou citoyens de l'autre partie, et les lois contre de telles offenses et agressions seront exactement exécutées : et si aucun sujet ou citoyen desdites parties respectives accepte aucune commission ou lettre de marque d'une puissance étrangère, pour armer un vaisseau afin d'agir en qualité de corsaire contre l'une de ces parties, et qu'il soit pris par l'autre, il est ici déclaré que la partie qui le prendra peut légitimement traiter ce sujet ou citoyen ayant de pareilles commissions ou lettres de marque, comme un pirate. »

12 vend. an 6 (3 oct. 1797). — Loi relative aux reprises faites par les troupes de la République sur ses ennemis.

Le conseil... Considérant qu'il importe de consacrer, relativement aux reprises faites par les troupes de la République sur ses ennemis, une disposition conforme aux saines maximes du droit de la guerre et de celui des gens, et qu'il est instant de faire cesser toutes les difficultés qui pourraient s'élever sur les réclamations des premiers propriétaires des objets repris.

Art. 1. Tout immeuble, ainsi que tous droits attachés au fonds de l'immeuble pris sur le territoire français, et repris par la force armée de la République, retournent au propriétaire.

2. Toute propriété mobilière, toutes marchandises ou denrées prises par l'ennemi sur le territoire français, et reprises par les troupes de la République, sont rendues à leurs propriétaires toutes les fois qu'ils peuvent constater la propriété de la chose recouvrée.

3. Tous navires pris par l'ennemi dans les rades et ports français, et repris par les troupes de la République dans le même port ou tout autre port français, avant d'avoir été conduits dans aucun port ennemi, seront rendus aux armateurs ou propriétaires qui pourront en constater la propriété.

4. Si la propriété des effets ou navires repris ne peut être constatée, ils resteront ou seront mis à la disposition du gouvernement, pour en user comme d'objets appartenant à la nation.

5. Il ne pourra être opposé aux réclamants aucune fin de non-recevoir pour cause de laps de temps, qu'après les délais et suivant les règles établies par le droit public pour opérer la prescription; mais jusqu'à la réclamation admise, le gouvernement est autorisé à disposer des objets repris pour les besoins du service public, ou à les faire vendre pour en prévenir le dépérissement, à la charge de tenir compte aux propriétaires réclamants de la valeur desdits objets.

6. Toutes les contestations qui pourront s'élever entre les propriétaires réclamants ou leurs fondés de pouvoirs et l'administration comptable, sont portées en première instance devant les tribunaux de commerce du lieu où réside ladite administration; et, en cas d'appel, devant les tribunaux de département désignés par la loi du 8 flor. an 4, relative à l'attribution du jugement des prises.

7. Quand la réclamation a été admise, et la propriété dûment constatée, si les objets existent en nature, ils sont restitués dans l'état où ils se trouvent. — Si les objets ont été employés par le gouvernement aux besoins du service public, ou vendus pour en prévenir le dépérissement, ils sont remboursés, soit en objets de même nature, soit en denrées, soit en valeurs quelconques, équivalentes ou convenues de gré à gré entre les réclamants et l'administration comptable.

26 vend. an 6 (17 oct. 1797). — Loi qui détermine la manière de se pourvoir contre les décisions du conseil exécutif provisoire en matière de prises maritimes.

Art. 1. Les parties qui auraient à se plaindre des décisions prononcées par le conseil exécutif provisoire, sur le fait de la validité ou de l'invalidité des prises maritimes, pourront se pourvoir, contre lesdites décisions, au tribunal de cassation.

2. Lorsque le tribunal de cassation reconnaîtra que la décision attaquée est en contravention formelle avec les lois provisoirement maintenues par le décret de la convention du 14 fév. 1793, concernant les prises faites en mer, il cassera lesdites décisions, et renverra le fond du procès au tribunal qui doit en connaître.

3. Dans le cas où les parties prétendraient que, devant les tribunaux ordinaires, la voie de l'opposition leur aurait été ouverte, le tribunal de cassation, après avoir reconnu la légitimité de cette demande, les renverra devant le tribunal qui doit en connaître dans l'état actuel de la législation.

4. Le tribunal de cassation pourra prononcer un pareil renvoi, lorsqu'il lui sera justifié que, soit par surprise, soit par suite des événements révolutionnaires, ou autre force majeure, la partie réclamante aura été privée de faire valoir ses moyens de défense.

5. Le délai pour se pourvoir contre lesdites décisions, est le même que celui fixé par la loi pour se pourvoir contre les jugements des tribunaux civils en dernier ressort; il ne commencera à courir que du jour de la publication de la présente loi; et le laps de temps antérieur ne pourra point être opposé aux parties qui seraient dans le cas de se pourvoir, conformément aux articles précédents.

28 brum. an 6 (18 nov. 1797). — Loi qui fixe les délais pour se pourvoir relativement à la validité des prises maritimes.

29 niv. an 6 (18 janv. 1798). — Loi relative aux navires chargés de marchandises anglaises.

Art. 1. L'état des navires, en ce qui concerne leur qualité de neutre ou d'ennemi, sera déterminé par leur cargaison : en conséquence, tout bâtiment trouvé en mer, chargé en tout ou en partie de marchandises provenant de l'Angleterre ou de ses possessions, sera déclaré de bonne prise, quel que soit le propriétaire de ces denrées ou marchandises.

2. Tout navire étranger qui, dans le cours de sa traversée, sera entré dans un port d'Angleterre, ne pourra être admis dans un port de la République française que dans la nécessité de relâche, auquel cas il sera tenu de sortir dudit port aussitôt que les causes de sa relâche seront cessées.

27 vent. an 6 (17 mars 1798). — Loi relative à la manière de procéder en matière de prises maritimes conduites par des Français en pays neutre ou allié.

4 prair. an 6 (23 mai 1798). — Loi relative aux délais pour l'instruction et le pourvoi en cassation contre les jugements en matière de prises maritimes.

7 mess. an 6 (25 juin 1798). — Arrêté du directoire exécutif, concernant les lettres qui seront trouvées sur des navires ennemis.

Le directoire exécutif, vu la loi du 14 fév. 1793, portant, entre autres articles, que « les lois anciennes concernant les prises, continueront d'être exécutées jusqu'à ce qu'il en ait été autrement ordonné; » — Conformément au règlement du 28 août 1778, maintenu par la loi ci-dessus rappelée. — Arrête ce qui suit :

Art. 1. Toutes les lettres qui seront trouvées sur des navires ennemis pris, soit par des corsaires français, soit par des vaisseaux de la République, seront adressées au ministre de la marine; et ce, sans attendre le jugement de la prise, attendu qu'il n'est pas nécessaire, en pareil cas, de recourir au contenu de ces lettres pour faire juger la prise, qui est toujours bonne lorsque le navire est ennemi.

2. Quant aux lettres qui seront trouvées sur des bâtiments neutres, celles qui seront dans le cas de donner des éclaircissements sur la validité de la prise seront jointes à la procédure; toutes les autres seront adressées, sans délai, au ministre de la marine et des colonies.

3. Le ministre de la marine et des colonies, immédiatement après la réception des lettres qui lui seront adressées en exécution des deux articles précédents, en mettra le contenu sous les yeux du directoire exécutif.

25 mess. an 6 (13 juill. 1798).—Arrêté du directoire concernant la répartition aux capteurs du produit des prises faites par les bâtiments de la République.

13 therm. an 6 (31 juill. 1798). — Arrêté du directoire exécutif concernant la déclaration des lettres de marque, et autorisation pour armer en course dans les colonies d'Amérique.

7 brum. an 7 (28 oct. 1798). — Arrêté du directoire portant que les individus natifs des pays alliés ou neutres qui feraient partie des équipages de bâtiments ennemis seront traités comme pirates.

24 brum. an 7 (14 nov. 1798).— Arrêté du directoire, additionnel à celui du 8 brum., relatif aux individus des pays alliés ou neutres embarqués sur des bâtiments ennemis.

27 pluv. an 7 (15 fév. 1799). — Arrêté du directoire exécutif, qui autorise la capture des bâtiments de guerre ou de commerce portant pavillon algérien, tunisien ou tripolitain, et des marchandises appartenant à des sujets de ces pays qui seraient trouvés sur des navires neutres.

16 germ. an 7 (7 avril 1799). — Arrêté du directoire portant : Il ne pourra être délivré, par le ministre de la marine et des colonies, aucune lettre de marque qu'en vertu d'une autorisation formelle du directoire exécutif.

23 frim. an 8 (14 déc. 1799). — Loi qui abroge l'art. 1 de celle du 29 nivôse an 6 relative à la course maritime.

29 frim. an 8 (20 déc. 1799). — Arrêté des consuls, qui remet en vigueur le règlement du 26 juillet 1778, concernant la navigation des bâtiments neutres.

Les consuls de la République, vu la loi du 23 frim. an 8 qui abroge l'art. 1 de la loi du 29 niv. an 6, relative à la course maritime; — Considérant que l'abrogation de cette loi remet nécessairement en vigueur la législation précédemment existante; — Que cette législation, fixée par le règlement du 26 juill. 1778, est celle qui a été reconnue la plus propre à concilier les intérêts de la République et les droits des puissances neutres; — Désirant de prévenir, de la part des armateurs français et neutres, des erreurs ou des interprétations qui contrarieraient les vues d'après lesquelles la loi du 29 niv. an 6 a été rapportée; — Arrêtent: — Les dispositions prescrites par le règlement du 26 juill. 1778, concernant la navigation des bâtiments neutres, seront strictement observées par tous ceux à qui elles sont applicables; sauf, en cas de contravention de leur part, à subir les confiscations et condamnations en dommages-intérêts déterminées par ledit règlement et par les lois.

25 niv. an 8 (15 janv. 1800). — Arrêté qui annule les décisions du Directoire exécutif, concernant les prises du corsaire l'Aventurier.

25 vent. an 8 (16 mars 1800). — Arrêté relatif à l'établissement de bureaux de douane pour la visite et le plombage des marchandises expédiées à l'étranger.

Art. 1. Il sera, dans les villes de commerce qui en seront jugées susceptibles, établi par l'administration des douanes, sous l'approbation du ministre des finances, des bureaux de douane où les citoyens auront la faculté de faire visiter et plomber les marchandises qu'ils expédieront pour l'étranger.

2. Les caisses et ballots dont les plombs auront été vérifiés, et qui seront accompagnés de l'acquit-à-caution, ne pourront être ouverts aux bureaux de la frontière.

3. Les fraudes et altérations de plombs seront poursuivies et punies conformément à la loi des 6-22 août 1791.

4. Les droits ordinaires de sortie, fixés par le tarif des douanes, seront acquittés aux bureaux mentionnés en l'art. 1.

5. Il ne pourra être exigé en sus que les salaires de plombage, fixés à 75 c. par chaque plomb, outre les frais de cordage et d'emballage, qui seront à la charge de l'expéditionnaire.

6. En exécution de l'art. 1 du présent arrêté, il sera établi à Paris un bureau de visite, dans le local et sous la surveillance directe de l'administration générale des douanes.

26 vent. an 8 (17 mars 1800). — Loi relative aux contestations sur la validité des prises maritimes.

Art. 1. A compter de la publication de la présente loi, tous les tribunaux saisis de contestations relatives à la validité des prises maritimes, et antérieures au 4 nivôse, époque de la promulgation de la constitution, cesseront d'en connaître.

2. Le gouvernement pourvoira à ce que ces contestations soient terminées comme celles de la même nature qui sont postérieures à ladite époque du 4 nivôse.

6 germ. an 8 (27 mars 1800). — Arrêté portant création d'un conseil des prises.

Art. 1. Il y aura à Paris un conseil des prises; il siégera dans le local qui lui sera désigné.

2. Ce conseil connaîtra des contestations relatives à la validité et à l'invalidité des prises, et à la qualité des bâtiments échoués ou naufragés.

3. Ce conseil sera présidé par un conseiller d'Etat, et composé en outre de huit membres. — Il aura de plus un commissaire du gouvernement, un secrétaire et deux huissiers.

4. Les membres qui composent le conseil des prises sont à la nomination du premier consul.

5. Les décisions du conseil des prises devront être portées par cinq membres au moins.

6. En cas d'absence, maladie ou empêchement du commissaire du gouvernement, il sera suppléé, par l'un des membres, au choix du président.

7. Le traitement des membres du conseil des prises sera de 10,000 fr. par an, pour chacun d'eux; celui du commissaire du gouvernement, de 15,000 fr.; celui du secrétaire, de 10,000 fr., en y comprenant tous les frais de commis et fournitures; et celui des huissiers, de 1,500 fr.

8. L'officier d'administration de la marine du port dans lequel les prises maritimes seront amenées, ou le plus voisin de la côte où un navire ennemi ou neutre aura péri ou échoué, sera chargé : 1° de l'apposition et de la vérification des scellés à bord des bâtiments capturés, soit par les vaisseaux de l'Etat, soit par les corsaires; 2° de la réception et de l'affirmation des rapports et déclarations, de l'audition des témoins, de l'inventaire des pièces de bord, et de l'instruction; 3° de tout ce qui a rapport au bris, naufrage et échouement des bâtiments ennemis ou neutres. — Il sera assisté, pour tous ces actes, du principal préposé des douanes, et appellera, en outre, à ceux relatifs aux prises, un fondé de pouvoir des équipages capteurs.

9. Lorsqu'il résultera de l'instruction faite en vertu de l'article précédent, que le bâtiment aura été pris sous pavillon ennemi, ou qu'il est évidemment ennemi, et que, dans le délai d'une décade après cette instruction, il n'y aura point eu de réclamation dûment notifiée à l'officier d'administration, qui sera tenu d'en donner un reçu, il sera statué sur la validité de la prise. — Pour cet effet, l'officier d'administration s'adjoindra l'officier chargé, dans le même port, des fonctions de contrôleur de la marine, et le commissaire de l'inscription maritime : leur décision sera portée à la pluralité des voix. L'officier d'administration enverra une expédition de cette décision au secrétariat du conseil des prises.

10. Si la prise est conduite dans un port où l'officier d'administration ne puisse s'adjoindre les deux autres individus, il enverra son instruction et les pièces de bord dans le port le plus voisin où se trouveront les trois personnes désignées par l'article précédent, pour prononcer sur la prise.

11. Lorsqu'il aura été porté une décision qui déclarera le bâtiment de bonne prise, si cette décision ne donne lieu, pendant le délai d'une décade, à aucune réclamation dans la forme prescrite par l'art. 9, il sera procédé à la vente ainsi qu'il est porté en l'art. 14 ci-après.

12. S'il y a une réclamation dans l'un des cas prévus par les art. 9 et 11, ou si la prise n'a pas été faite sous pavillon ennemi, ou n'est pas trouvée évidemment ennemie, ou si enfin le jugement porté en l'art. 10 ne prononce pas la validité de la prise, l'officier d'administration enverra, dans le délai d'une décade, au secrétariat du conseil des prises, tous les actes par lui faits, et toutes les pièces trouvées à bord.

13. L'instruction se fera devant le conseil des prises, sur simples mémoires respectivement communiqués, par la voie du secrétariat, aux parties ou à leurs défenseurs, qui justifieront préalablement de leurs droits et de leurs pouvoirs. — Les délais pour cette instruction ne pourront excéder trois mois pour les prises conduites dans les ports de la Méditerranée, et deux mois seulement pour les autres ports de France; le tout à compter du jour où les pièces auront été remises au secrétariat du conseil des prises.—Les conclusions du commissaire du gouvernement seront toujours données par écrit.

14. Les décisions du conseil des prises seront exécutées à la diligence des parties intéressées, mais avec le concours et la présence : 1° de l'officier d'administration de la marine; 2° du principal préposé des douanes, et 3° d'un fondé de pouvoir des équipages capteurs.

15. Dans le cas où, conformément aux lois existantes, la vente provisoire des marchandises, en tout ou en partie, et même celle du bâtiment, devra avoir lieu, elle sera ordonnée par l'officier d'administration de la marine, après avoir appelé et le principal préposé des douanes, et le fondé de pouvoir des équipages capteurs.— Le produit de ces ventes sera provisoirement déposé dans la caisse des invalides de la marine.

16. Le conseil d'administration des ports sera exclusivement chargé des liquidations, tant générales que particulières, des prises faites par les bâtiments de l'Etat. — Les contestations sur ces liquidations seront portées au ministre de la marine.

17. Les liquidations, tant générales que particulières, des prises amenées par les corsaires seuls, ainsi que les contestations qui pourront s'élever sur ces liquidations, seront jugées dans la forme ordinaire.

18. Les liquidations des prises faites concurremment par des bâtiments de l'Etat et des corsaires, ainsi que les contestations qui pourront s'élever sur la part revenant à chacun, seront jugées comme celles mentionnées en l'art. 16. — Les liquidations et les contestations subsidiaires entre l'armateur du corsaire et les intéressés rentreront dans les dispositions de l'art. 17.

19. Lorsque les prises seront conduites dans les ports des colonies françaises, ou lorsqu'un bâtiment ennemi ou neutre échouera ou fera naufrage sur les côtes desdites colonies, il sera procédé conformément aux art. 8, 9, 10, 11 et 15 du présent règlement.

20. Dans tous les cas prévus par l'art. 12, l'officier d'administration des colonies remettra, dans le plus bref délai, à l'ordonnateur de la marine, chaque instruction, et toutes les pièces relatives aux prises, ainsi que celles concernant les bris, naufrage et échouement : l'ordonnateur adressera le tout au ministre de la marine, pour le faire parvenir au secrétariat du conseil des prises. — Et attendu que les pièces originales pourraient être perdues, l'officier d'administration sera obligé de garder des copies collationnées desdites pièces originales.

21. Pourront néanmoins les agents particuliers et en chef du gouvernement dans les colonies, et, à leur défaut, le commandant en chef et l'ordonnateur ou principal officier d'administration de la marine, dans le cas des réclamations indiquées dans les art. 9 et 11, et même lorsqu'il s'agira des prises faites sous pavillon neutre, ordonner, sur le vu de l'instruction, qu'il sera statué sur la validité de la prise, conformément aux art. 9 et 10, et ordonner ensuite l'exécution provisoire de la décision; mais, à l'égard des prises faites sous pavillon neutre, l'exécution provisoire ne pourra avoir lieu que sur la demande expresse de l'une des parties, et à la charge par elle de donner bonne et suffisante caution, qui sera agréée par l'ordonnateur et reçue par l'officier d'administration de la marine, et, en outre, de demeurer responsable des dommages-intérêts.

22. Chacun des art. 16, 17 et 18 s'appliquera, selon le cas, aux liquidations, tant particulières que générales, qui seront faites dans les colonies.

23. Lorsque des prises seront conduites dans des ports étrangers, les commissaires des relations commerciales se conformeront exactement aux traités conclus entre la France et les puissances chez lesquelles ces commissaires seront établis, et aux instructions du gouvernement. — Et, dans le cas où le présent règlement

pourra y recevoir son exécution, ils rempliront toutes les fonctions dont il charge l'officier d'administration des ports de la République, en se faisant assister de deux assesseurs, choisis, s'il est possible, parmi les citoyens français immatriculés et établis dans le lieu de la résidence de ces commissaires.

24. Ils enverront, comme il est porté en l'art. 20 ci-dessus pour les colonies, l'instruction de la prise, et toutes les pièces devant servir à faire prononcer sur sa validité, au ministre de la marine, pour les transmettre au conseil des prises, et en garderont des copies collationnées.

25. Si la prise est déclarée par le conseil des prises, le concours des commissaires des relations commerciales sera nécessaire pour les actes relatifs à l'exécution de la décision, et ils se feront assister comme il est porté en l'art. 23.

26. Les commissaires des relations commerciales seront tenus de faire passer directement au ministre de la marine toutes les pièces qui devront servir à la liquidation des prises qui auront été faites par les bâtiments de l'Etat seuls, ou concurremment par les bâtiments de l'Etat et par les corsaires, pour que le ministre les envoie au conseil d'administration du port où le bâtiment de l'Etat aura été armé.

27. En conformité de la loi du 26 ventôse dernier, le ministre de la justice, celui de la marine et des colonies, et celui des relations extérieures, donneront, dans le plus bref délai, les ordres nécessaires pour que toutes les procédures prises actuellement pendantes dans les divers tribunaux, ou devant les commissaires aux relations commerciales, leur soient adressées : ils les feront remettre au secrétariat du conseil des prises.

28. Le gouvernement déterminera l'époque à laquelle le conseil des prises devra cesser ses fonctions.

29. Toutes dispositions contraires au présent règlement cesseront d'avoir aucun effet.

7 fruct. an 8 (25 août 1800). — Arrêté portant que l'on continuera de verser dans la caisse des invalides de la marine un décime par franc du produit des prises.

L'arrêté du directoire exécutif du 14 brum. an 8, qui ordonne que, indépendamment des retenues précédemment établies au profit de la caisse des invalides de la marine, il sera prélevé 1 décime par franc sur le produit net de toutes les prises faites, soit par les bâtiments de la République, soit par les bâtiments du commerce, est maintenu ; en conséquence, ladite retenue sera exercée ainsi qu'il est prescrit par les art. 1 et 4 dudit arrêté, pour en être le produit versé dans la caisse des invalides de la marine, et employé au soulagement et à l'entretien des prisonniers de guerre français, provenant des bâtiments de la République et du commerce, conformément à l'art. 2 du même arrêté.

30 niv. an 9 (20 janv. 1801). — Arrêté qui défend la course sur les bâtiments russes.

Art. 1. Il est défendu à tous les bâtiments de la République, et à tous ceux armés en course portant pavillon français, de courir sur les bâtiments de guerre ou de commerce de Sa Majesté l'empereur de toutes les Russies et de ses sujets.

2. Il est, au contraire, ordonné à tous les bâtiments français de prêter secours et assistance à tous les bâtiments russes.

3. Toute prise russe qui serait faite après le 1er ventôse prochain sera déclarée nulle par le conseil des prises.

9 vent. an 9 (28 fév. 1801). — Arrêté relatif aux prises qui seront faites par les vaisseaux et autres bâtiments de l'Etat.

Art. 1. Tous vaisseaux, frégates et autres bâtiments de guerre ennemis qui seront pris par les vaisseaux, frégates et autres bâtiments de l'Etat, ainsi que leur artillerie, agrès, apparaux, vivres et munitions, et les marchandises, pierreries, matières d'or et d'argent, et autres effets chargés sur les bâtiments capturés, appartiendront en totalité aux individus composant les états-majors et équipages des bâtiments preneurs.

2. A l'égard des corsaires, bâtiments armés en guerre et marchandises, et navires marchands, pris également par les vaisseaux ou autres bâtiments de l'Etat, un tiers du produit net de la prise sera prélevé au profit de la caisse des invalides de la marine, et les deux autres tiers seront distribués entre les états-majors et les équipages des bâtiments preneurs, conformément aux dispositions du présent arrêté.

3. Lorsque les besoins de la République exigeront d'acquérir, pour son service, les vaisseaux et frégates de guerre de vingt canons et au-dessus, enlevés aux ennemis, le prix en sera payé aux équipages des bâtiments preneurs, des fonds de la marine, dans trois mois au plus tard de leur acquisition, sur le pied, savoir : — De 5,000 fr. pour chaque canon monté sur affût, des vaisseaux de quatre-vingt-dix canons et au-dessus ; — De 4,000 fr. pour ceux de quatre-vingts jusqu'à soixante canons inclusivement ; — Et de 3,500 fr. pour ceux des vaisseaux et frégates de vingt canons et au-dessus jusqu'à soixante.

4. Lorsque les vaisseaux mentionnés en l'article précédent auront été pris à l'abordage, le prix accordé aux équipages preneurs sera augmenté de 200 fr. par chaque canon.

5. Dans les prix ci-dessus fixés seront compris l'artillerie, les munitions de guerre et de bouche, la coque du vaisseau, les mâtures, agrès, apparaux et toutes les dépendances des vaisseaux de guerre et frégates pris sur les ennemis, à l'exception des pierreries, des matières d'or et d'argent et autres marchandises faisant partie des cargaisons, qui pourront se trouver à bord, lesquelles appartiendront aux équipages des vaisseaux preneurs, indépendamment du prix payé pour la valeur des bâtiments.

6. Pourront pareillement être acquis pour le service de la République tous autres bâtiments de guerre, corsaires et navires marchands ennemis, pris par les vaisseaux de l'Etat, ainsi que les canons, armes, agrès, apparaux, vivres et autres munitions ou marchandises, en tout ou partie, qui se trouveront à bord desdits bâtiments, et qui pourront être employés utilement pour le service des arsenaux : le prix en sera payé dans le terme de trois mois, du jour de leur acquisition, des fonds de la marine, sur l'estimation qui en sera faite par les commissaires nommés à cet effet, pour la République, par l'officier d'administration de la marine du port où les prises seront vendues, de concert avec les experts nommés par les équipages preneurs, ou, à leur défaut, par le syndic des classes.

7. Tout ce qui ne sera pas acquis pour le service de la République sera vendu de la manière et en la forme ci-après prescrites ; et tous les frais de procédure, garde, magasinage et autres, seront prélevés sur le produit brut des évaluations, estimations et ventes.

8. A l'égard des vaisseaux, frégates et autres bâtiments de guerre, ainsi que des corsaires ennemis qui seront coulés bas, brûlés ou autrement détruits par les vaisseaux, frégates et autres bâtiments de la République, il sera payé, des fonds de la marine, aux équipages des vaisseaux et autres bâtiments qui les auront détruits, savoir : 800 fr. pour chaque canon monté sur affût, des vaisseaux de ligne ennemis ; — 600 fr. pour chaque canon de frégate et autres bâtiments de guerre ; — Et 400 fr. pour chaque canon de corsaire particulier.

9. Le produit des prises et gratifications revenant, soit à des armées navales, escadres ou divisions, soit à un vaisseau ou autre bâtiment de la République, ayant une destination particulière, sera partagé, savoir : un tiers entre les officiers généraux, les commandants de vaisseaux, frégates et autres bâtiments, et les officiers et autres personnes composant les états-majors ; — Et les deux tiers restants, entre les équipages.

10. Le tiers attribué aux officiers généraux, commandants et états-majors, ne fera, dans tous les cas, qu'une masse dans laquelle tous les officiers d'une armée navale, escadre ou division, ou ceux d'un vaisseau ou autre bâtiment ayant une destination particulière, auront les parts réglées ci-après pour leur grade, sans avoir égard à la force des bâtiments, savoir : le vice-amiral, commandant avec le titre d'amiral, trente parts ; le vice-amiral commandant en chef, vingt ; s'il ne commande pas en chef, quinze ; le contre-amiral, commandant en chef, quinze ; s'il ne commande pas en chef, dix ; le capitaine de pavillon d'un officier général, cinq ; le capitaine de vaisseau, commandant un vaisseau, cinq ; commandant une frégate, trois et demie ; le capitaine de frégate, commandant une frégate ou un autre bâtiment, trois ; employé en second ou autrement, deux ; le lieutenant de vaisseau, commandant une frégate ou autre bâtiment, deux ; ne commandant pas, une ; enseigne de vaisseau, commandant un bâtiment, une ; ne commandant pas, une demi-part ; l'officier de santé de première classe, un quart ; l'aspirant de la marine, un huitième. — Les officiers d'administration de la marine et les officiers du génie maritime embarqués sur les bâtiments de l'Etat auront des parts de prises réglées d'après la correspondance de leur grade avec les grades militaires.

11. Les officiers promus à un nouveau grade dans le cours d'une campagne, ainsi que les gens de l'équipage qui seront avancés, jouiront du nombre de parts attribué à leur nouveau grade, pour les prises qui auront été faites depuis le jour qu'ils l'auront obtenu.

12. Les deux tiers appartenant aux équipages seront répartis comme il suit, savoir : aux sergents-majors, quand ils feront les fonctions de capitaines d'armes ; aux premiers maîtres de manœuvres, aux premiers maîtres de canonnage, aux premiers maîtres de timonnerie, à chacun quatre parts ; — Aux sergents des troupes de la marine, aux premiers maîtres de charpentage, aux premiers maîtres de calfatage, aux premiers maîtres de voilerie, aux seconds maîtres de manœuvres, aux seconds maîtres de canonnage, aux seconds maîtres de timonnerie, aux pilotes-côtiers, aux officiers de santé de seconde classe, à chacun trois parts ; aux seconds maîtres de charpentage, aux seconds maîtres de calfatage, aux seconds maîtres de voilerie, aux contre-maîtres, à chacun deux parts et demie ; aux caporaux des troupes de la marine, aux quartiers-maîtres, aux aides de canonnage, aux aides de timonnerie, aux aides de charpentage, aux aides de calfatage, aux aides de voilerie, aux officiers de santé de troisième classe, aux maîtres armuriers et forgerons, à chacun deux parts ; aux matelots faisant les fonctions de gabiers, aux préposés des vivres, à chacun une part un vingt-neuvième ; à chaque matelot, soldat, tambour et musicien, une part ; à chaque novice, trois quarts de parts ; à chaque domestique et mousse, une demi-part.

13. Les officiers de l'armée de terre embarqués sur des vaisseaux ou autres bâtiments de l'Etat, ou sur des transports frétés par lui et armés en guerre, auront part aux prises selon leur grade correspondant avec ceux de la marine ; et les sous-officiers et soldats des mêmes troupes seront traités comme ceux des troupes de la marine.

14. Dans toutes les expéditions où les troupes de terre agiront de concert avec les forces navales, soit contre une place, soit contre une colonie, le produit des prises, faites lors de l'attaque ou à vue du lieu qu'on devra attaquer sera partagé en commun par tous les individus de terre et de mer, et par égale portion, à égalité de grades sans que, toutefois, l'officier commandant les forces de terre en chef puisse, à raison de son grade, prétendre à une part plus forte que l'officier commandant les forces navales.

15. Le supplément de part attaché au commandant n'est alloué qu'à l'officier général, l'officier supérieur ou autre commandant en chef les forces de terre. Tout officier général, officier supérieur ou autre ne commandant point en chef, sera traité comme l'officier de mer du même grade non commandant.

16. Lorsqu'une armée navale ou escadre sera à l'ancre dans un port ou une rade, s'il en est détaché, pour établir des croisières, une escadre ou division, et que ce détachement fasse des prises, le tiers de leur produit sera dévolu de droit aux vaisseaux détachés, sans partage avec le reste de l'armée ou escadre ; et les deux autres tiers seront réunis à la masse générale du produit des prises, pour être partagés tant entre les vaisseaux qui auraient été détachés, qu'entre ceux qui seraient restés à l'ancre.

17. Le produit des prises faites par quelques détachements de l'armée navale ou escadre qui sera en pleine mer, appartiendra en commun à l'armée navale ou escadre, sans aucune distraction en faveur des vaisseaux qui auront fait ou amariné lesdites prises.

18. Toutes les fois que des divisions de bâtiments, ayant des instructions séparées, seront expédiées en même temps pour des missions différentes, les prises que chaque bâtiment ou chaque division pourra faire à la mer lui appartiendront en entier, sans partage avec les autres, lorsque les bâtiments preneurs ne seront plus en vue de ceux qui auront une autre destination.

19. Lorsqu'un ou plusieurs bâtiments seront détachés par le commandant d'une armée navale ou escadre, soit à l'ancre, soit à la mer, avec ordre de ne plus se réunir à l'armée ou escadre dont ils seront détachés, les prises qu'ils feront après leur séparation leur appartiendront en entier.

20. Dans le cas où, par des ordres subséquents, des divisions ou des bâtiments pourvus d'instructions séparées, devront se réunir, les prises qu'ils feront de part et d'autre avant la réunion appartiendront, sans partage, à la division ou au bâtiment qui les aura faites.

21. Si un vaisseau ou autre bâtiment, destiné à faire partie d'une division ou escadre, est chargé, par ordre du préfet maritime, d'une mission particulière, les prises qu'il peut faire pendant le cours de cette mission lui appartiennent en entier, sans que la division ou escadre à laquelle il doit être réuni à son retour puisse y rien prétendre.

22. Si une division déjà en mer doit être jointe à une autre non encore expédiée ou ayant à remplir quelque mission avant que la réunion puisse s'effectuer, et qu'il soit fait des prises avant cette réunion, soit par la division déjà en mer, soit par

celle qui doit aller la joindre, elles appartiennent à la division du bâtiment preneur, sans que l'autre division puisse former la prétention d'en partager le produit.

23. Lorsque des bâtiments armés en course par des particuliers auront été requis par les commandants des escadres, vaisseaux ou autres bâtiments de l'Etat, de sortir avec eux des ports ou de les joindre à la mer, dans ces cas seulement lesdits bâtiments armés en course participeront au produit des prises et aux gratifications pendant le temps qu'ils seront attachés aux escadres ou vaisseaux, et leur part sera fixée suivant le nombre de leurs canons montés sur affût, sans avoir égard à leur calibre ni à leur force d'équipage, et proportionnellement au nombre des canons des vaisseaux et autres bâtiments de l'Etat avec lesquels ils auront fait lesdites prises. — De sorte que si, par exemple, le bâtiment armé en course était de vingt canons, et que la division fût composée d'un vaisseau de quatre-vingts, d'un de soixante-quatorze et d'une frégate de trente, il serait fait deux cent quatre parts, desquelles cent quatre-vingt-quatre appartiendraient à la division, et les vingt autres au bâtiment armé en course.

24. Dans le cas où lesdits vaisseaux ou autres bâtiments de l'Etat auraient été détachés d'une armée navale ou escadre mouillée dans le port, la part qui reviendra aux bâtiments armés en course sera réglée comme si les vaisseaux détachés formaient eux seuls une escadre particulière, sans avoir égard aux vaisseaux qui, étant restés à la mer, n'auraient pas contribué à la prise, et la part qui reviendra aux vaisseaux de l'Etat sera répartie de manière qu'ils auront le tiers comme preneurs, et qu'ils partageront les deux autres tiers avec le reste de l'escadre.

25. Dans tous les cas où les bâtiments armés en course, n'ayant pas été requis de se joindre aux vaisseaux de l'Etat, feront des prises à vue desdits vaisseaux, elles appartiendront en totalité aux bâtiments armés en course, qui, de leur côté, ne seront admis à aucun partage dans les prises que les vaisseaux de l'Etat pourraient faire à leur vue.

26. Les équipages des bâtiments de commerce employés pour le compte de l'Etat, et soldés par lui, auront pareillement part aux prises suivant le grade que chaque individu a au service. — Cependant la part de chacun des individus employés sur lesdits bâtiments ne pourra excéder, pour le capitaine du bâtiment de commerce, la part d'un enseigne; pour le second capitaine, la part d'un premier maître; pour les autres officiers, la part d'un aspirant; pour les premiers et seconds maîtres du bâtiment de commerce, la part d'un contre-maître; pour les autres hommes de l'équipage, la part du matelot.

27. Les bâtiments armés en guerre et marchandises, et destinés pour les colonies, auront part aux prises faites par les vaisseaux qui leur serviront d'escorte, lorsqu'ils coopéreront à les faire, ce qui sera constaté par la vérification et comparaison des journaux tant du vaisseau commandant que du bâtiment envoyé.

28. Les équipages des bâtiments dont la présence inopinée aura facilité les prises seront traités dans le partage comme les équipages des bâtiments preneurs.

29. Les prises faites en commun par des armées combinées seront réparties à raison du nombre de vaisseaux de ligne, sans avoir avoir égard aux frégates et autres bâtiments; et, comme cette répartition n'est que de nation à nation, les frégates et autres bâtiments n'auront pas moins la part qui leur revient dans la masse attribuée à chaque armée alliée.

30. Un officier général commandant une armée ou escadre, sous les ordres du commandant d'une armée ou escadre alliée, sera traité, dans la répartition, comme s'il commandait en chef.

31. Les héritiers des marins tués dans les combats, ou morts des suites de leurs blessures, toucheront les parts qui étaient dévolues aux marins dont ils héritent, non-seulement dans les prises faites avant leur mort, mais encore dans celles qui seront faites pendant le mois qui suivra, pourvu que la campagne n'ait pas été interrompue.

32. Les marins débarqués pour cause de maladie ou de blessures auront part à toutes les prises qui seront faites après leur débarquement, s'ils retournent à leurs bords respectifs, ou s'ils réarment sur les bâtiments de l'escadre ou division d'où ils provenaient; mais, s'ils restent à terre ou s'ils passent sur d'autres bâtiments, ils ne participeront qu'aux prises faites dans l'espace d'un mois, à compter du jour de leur débarquement. Le même traitement sera accordé aux héritiers des officiers ou gens de l'équipage qui, étant débarqués pour rétablir leur santé, mourront des suites de leurs blessures.

33. Pour être à portée de pourvoir au sort des blessés, ou veuves et enfants des gens de mer tués dans les combats ou morts des suites de leurs blessures, il sera arrêté, par les conseils d'administration établis dans les ports, un état des gratifications qu'il conviendra de leur accorder sur la caisse des invalides de la marine, indépendamment des demi-soldes ou pensions qui doivent être la récompense des blessés qui, par suite de leurs blessures, seront hors d'état de servir, ou celles qui seront accordées aux veuves dont la situation exigera ce secours.

34. En cas de vente des prises dans les ports étrangers, les commissaires des relations commerciales, chargés, par l'arrêté du 6 germ. an 8, de remplir les fonctions des administrateurs de la marine, ne pourront prétendre qu'à une rétribution d'un demi pour cent, qui sera prélevée sur le produit net de la vente.

35. Les ordonnateurs ou administrateurs de la marine dans les colonies seront autorisés à poursuivre le jugement et à faire procéder à la répartition des prises qui y seront conduites; mais la part du produit des prises revenant aux équipages preneurs ne pourra être employée dans les colonies, pour les besoins du service, que de leur consentement exprès et individuel.

36. Lorsque les prises auront été vendues dans les colonies, et que leur répartition devra se faire en France, les récépissés des trésoriers particuliers sur le payeur général de la marine feront connaître les noms de tous les bâtiments copreneurs, ainsi que l'espèce des prises et les époques où elles auront été faites.

37. Le bordereau de la vente, ainsi que l'état de répartition, seront imprimés, et un exemplaire en sera envoyé à chaque quartier des classes auquel appartiendront les marins intéressés à la répartition, et un autre, dans le cas où des troupes auraient été embarquées, aux conseils d'administration des corps auxquels elles appartiennent.

38. Lorsque la vente des prises faites sur l'ennemi aura eu lieu dans d'autres ports que ceux de la République, la part qui reviendra aux bâtiments preneurs sera versée dans les ports où les bâtiments auront été désarmés; mais, dans le cas où l'équipage aurait été congédié avant de pouvoir toucher la part de prise qui lui revient, chacun des hommes qui le composent touchera sa part sur la caisse de son quartier.

39. Lorsque les bâtiments français auront été repris par les bâtiments de l'Etat après avoir été vingt-quatre heures au pouvoir de l'ennemi, les bâtiments et leur cargaison appartiendront aux équipages preneurs, conformément aux art. 1 et 2; mais, dans le cas où la reprise aura été faite avant les vingt-quatre heures, le droit de recousse ne sera que du tiers de la valeur du navire repris et du tiers de sa cargaison; et, si le bâtiment repris est un bâtiment de guerre, le tiers de sa valeur sera évalué suivant les dispositions de l'art. 3.

40. Les procédures, pour parvenir au jugement des prises faites par les escadres ou vaisseaux de la République, seront commencées, dans les vingt-quatre heures qui suivront l'arrivée desdites prises, par l'officier d'administration de la marine du port de la République dans lequel elles auront été conduites pour y être vendues ou par le commissaire des relations commerciales, si c'est dans un port étranger, conformément à l'arrêté du 6 germ. an 8.

41. Les ventes définitives, les ventes provisoires, s'il y a lieu et les liquidation des prises, seront faites conformément aux dispositions de l'arrêté du 6 germ. an 8.

42. Il est expressément défendu à tous individus composant les états-majors et équipages des vaisseaux, frégates et autres bâtiments de la République, comme à tous officiers, sous-officiers et soldats, soit de terre, soit de marine, embarqués comme garnison, de vendre à l'avance leurs parts éventuelles dans le produit des prises. Toute vente, cession ou transport qui en auraient été faits seront nuls et de nul effet : l'acquéreur perdra toute somme qu'il aurait payée pour ce genre de transaction, et sera, en outre, condamné à une amende de 1,000 fr. au profit de la caisse des invalides de la marine, pour chacune de celles qu'il se serait permises, conformément à la loi du 1er oct. 1793.

17 flor. an 9 (7 mai 1801).—Arrêté relatif au sauvetage des bâtiments naufragés et à la vente de ces bâtiments et des prises.

SECT. 1.

Art. 1. A défaut des armateurs, propriétaires, subrécargues ou correspondants, l'officier en chef d'administration de la marine, et, en son absence, celui qui le remplace dans l'ordre du service, sera chargé du sauvetage et de tout ce qui concerne les naufrages, quelle que soit la qualité du navire; il sera également chargé de la vente des prises, ainsi que l'était le juge de paix, dont il remplit toutes les fonctions à cet égard. — Les dispositions précédentes seront également appliquées aux navires étrangers, à moins que les traités ou conventions ne contiennent des dispositions contraires.

2. Si un navire fait naufrage, à quelque distance que ce soit du port dont il dépend, c'est à l'officier d'administration de ce port que doivent être adressées les premiers avis, et, jusqu'à son arrivée, les syndics des gens de mer donneront les premiers ordres et requerront, en cas de besoin, l'assistance des autorités locales, soit pour pourvoir au sauvetage, soit pour empêcher le pillage.

3. Le produit de toutes les ventes provisoires, soit qu'il s'agisse de prises, soit que les effets proviennent de bâtiments naufragés, sera déposé à la caisse des invalides de la marine, sauf réclamation par qui il appartiendra, en se conformant à l'art. 15 de l'arrêté du 6 germ. an 8, portant création du conseil des prises et à l'art. 5 de l'arrêté du 27 niv., relatif au mode d'exécution de la loi du 30 avr.-13 mai 1791, sur la caisse des prises.

4. L'équipage nommera ses fondés de pouvoir pour le représenter dans les ports où les prises aborderont.

5. L'inspecteur qui a remplacé le contrôleur de la marine surveillera toutes les parties de ce service : il prendra communication de toutes les pièces de bord et d'instruction, et donnera ses conclusions avant que l'administrateur et celui qu'il est autorisé à s'adjoindre rendent leur décision. L'inspecteur surveillera l'exécution et toutes les opérations qui doivent en être la suite.

6. L'administrateur de la marine qui aura ou présidé au jugement des prises faites par les corsaires, dans le cas de l'art. 9 de l'arrêté du 6 germ., ou procédé à l'instruction dans tous les autres cas, l'inspecteur et le fondé de pouvoirs des équipages veilleront de concert à ce que la liquidation en soit promptement terminée.

SECT. 2.

7. Il est accordé aux trésoriers des invalides 15 c. par 100 fr. pour toute indemnité des frais du travail et de la responsabilité que nécessite le dépôt dans leurs caisses des sommes provenant des ventes des prises ou des naufrages ; mais ce droit de dépôt ne sera perçu par eux que lors de la remise des fonds à qui de droit.

8. Les chanceliers et autres dépositaires, en pays étranger, du produit des ventes des prises, bris ou naufrages, jouiront de la même indemnité.

9. Le droit de commission et les gratifications qui seront accordées aux capitaines de corsaires et aux conducteurs de prises, ne pourront, dans aucun cas, excéder les 2 p. 100 fixés par la déclaration du 24 juin 1778, et supporteront la retenue prescrite au profit de la caisse des invalides de la marine, conformément à ladite déclaration.

SECT. 3.

10. Le secrétaire ou l'employé qui, dans les grands ports, fera les fonctions de greffier près l'officier d'administration chargé du dépôt des pièces, délivrera *gratis* les expéditions qui lui seront demandées et qui seront visées par l'administrateur; il ne lui sera accordé d'indemnités ou vacations que dans le cas de déplacement et au taux déterminé par le tarif.

11. L'officier d'administration ne pourra également réclamer de vacations que dans le cas où il serait obligé de sortir du lieu de sa résidence; et alors il lui sera alloué des frais de voyage, conformément audit tarif.

12. Les frais de timbre, d'enregistrement et autres indispensables, seront avancés par le trésorier des invalides, qui en sera remboursé sur le produit des prises.

18 vend. an 10 (10 oct. 1801.) — Arrêté qui, en conséquence du rétablissement de la paix entre la France et l'Angleterre, prohibe les armements en course, et ordonne la restitution des prises faites dans les délais déterminés par les préliminaires du traité de paix.

5 brum. an 10 (27 oct. 1801). — Arrêté qui ordonne la restitution des prises faites sur le Portugal.

13 niv. an 10 (3 janv. 1802). —Arrêté qui accorde une gratification aux armateurs du *Grand Décidé*, pour chaque prisonnier provenant de deux navires anglais pris par ce corsaire.

22 prair. an 10 (11 juin 1802).—Arrêté qui accorde aux armateurs et à l'équipage du corsaire l'Alliance, de Saint-Malo, une indemnité pour la prise du navire anglais l'Ajax, chargé de troupes. —

2 prair. an 11 (22 mai 1803). — Arrêté qui prescrit aux vaisseaux français de courre sus à ceux du roi d'Angleterre, et ordonne de constituer prisonniers de guerre les Anglais enrôlés dans la milice; etc.

2 prair. an 11 (22 mai 1803). — Arrêté contenant règlement sur les armements en course.

TIT. 1. — *Armements en course.*

CHAP. 1. — *Des sociétés pour la course.*

Art. 1. Les sociétés pour la course, s'il n'y a pas de conventions contraires, seront réputées en commandite, soit que les intéressés se soient associés par des quotités fixes ou par actions.

2. L'armateur pourra, par l'acte de société ou par les actions, fixer le capital de l'entreprise à une somme déterminée, pour régler la répartition des profits ou la contribution aux pertes; et si, d'après les comptes qui seront fournis, la construction et la mise hors ne montent pas à la somme déterminée, le surplus sera employé aux dépenses des relâches, ou, en cas de prise du corsaire, sera rendu aux actionnaires proportionnellement à leurs mises. Si, au contraire, les dépenses de la construction et mise hors excèdent la somme fixée, l'armateur prélèvera ses avances sur le produit de ses premières prises, et, en cas d'insuffisance, il en sera également remboursé par les actionnaires, proportionnellement à leurs mises; ce qui aura lieu pareillement pour les dépenses des relâches, lorsque le produit des prises ne sera pas suffisant.

3. Les armateurs seront tenus, dans les actions qu'ils délivreront aux intéressés, de faire une mention sommaire des dimensions du bâtiment qu'ils se proposeront d'armer en course, du nombre et de la force de son équipage et de ses canons, ainsi que du montant présumé de la construction et mise hors.

4. Le compte de la construction et mise hors, qui formera toujours le capital de l'entreprise, hors le cas prévu par l'art. 2 ci-dessus, sera clos, arrêté et déposé, avec les pièces justificatives, au greffe du tribunal connaissant des matières de commerce, dans le quinzième jour après celui auquel le corsaire aura fait voile pour commencer la course; sauf à n'employer que par évaluation les articles de dépense qui, à cette époque, ne pourront pas être liquidés, lesquels seront ensuite alloués, dans le compte de construction et mise hors, pour leur vraie valeur, sur les pièces justificatives qui seront rapportées.

5. Il pourra néanmoins être accordé à l'armateur, sur sa demande, un second délai de dix jours, pour déposer le compte mentionné en l'article précédent; mais, passé ce terme, si l'armateur n'y a pas satisfait, il sera privé de tous droits de commission, pour le seul fait de n'avoir pas déposé son compte. Cette disposition est applicable aux bâtiments armés en guerre et marchandises, comme à ceux armés en course.

6. Lorsque la construction d'un corsaire et sa mise hors ne pourront être achevées, soit par conclusion de la paix, ou par quelque autre événement, la perte sera supportée proportionnellement par les intéressés et par les actionnaires; et, s'il n'y a pas eu de fixation pour le capital de l'entreprise, il sera évalué, par arbitres, à la somme que ladite entreprise aurait dû coûter si elle avait été achevée.

7. Le droit de commission ordinaire sera de 2 p. 100 sur le montant des dépenses de la construction, armement, relâche et désarmement: il sera, en outre, alloué aux armateurs une semblable commission de 2 p. 100, sur les prises rentrées dans le port de l'armement, dont ils auront eu l'administration particulière; et, à l'égard des prises qui auront été conduites dans d'autres ports, et qui auront été administrées par leurs commissionnaires, il sera alloué à ces commissionnaires 2 p. 100, à l'armateur 1 p. 100, et au même 1/2 p. 100 pour la négociation des traites qui lui auront été remises pour la valeur des prises vendues dans un port autre que celui de l'armement.

8. Lorsque la course aura produit des sommes suffisantes pour réarmer, la société sera continuée de droit, s'il n'y a pas de convention contraire; et il sera loisible à l'armateur de s'occuper sur-le-champ d'un réarmement pour le compte des mêmes intéressés, qui ne pourront, dans ce cas, être remboursés du principal de leur mise, ni en demander le remboursement que de gré à gré.—Les armateurs sont dispensés de faire la vente du corps du bâtiment corsaire, pour la fixation des dépenses relatives à la liquidation des droits des invalides de la marine; mais, si l'armateur juge à propos de requérir ladite vente, il sera tenu de se conformer aux formes prescrites pour la vente des vaisseaux, et d'en faire afficher le prospectus imprimé à la bourse de Paris, et dans les principales villes maritimes où il y a des bourses de commerce; et dans le cas où il resterait adjudicataire du bâtiment corsaire, à l'effet de le réarmer en course, les actionnaires seront libres d'y conserver leur intérêt, en le déclarant néanmoins dans un mois du jour de l'adjudication.

CHAP. 2. — *Equipages.*

9. Il ne pourra être embarqué sur les bâtiments armés en course qu'un huitième de matelots inscrits et en état de servir sur les bâtiments de la République. En conséquence, les commissaires préposés à l'inscription maritime ne pourront recevoir d'enrôlement ni délivrer de permissions d'embarquer pour la course, qu'autant que le nombre des matelots employés à ce service n'excédera pas le huitième de ceux inscrits.—Le ministre de la marine pourra néanmoins autoriser l'embarquement d'un plus grand nombre de marins inscrits, lorsque les besoins du service le permettront.

10. Les armateurs de corsaires auront la faculté d'employer des marins étrangers, et ce jusqu'aux deux cinquièmes de la totalité de l'équipage. — Ces marins étrangers, pendant le temps qu'ils seront employés sur les bâtiments armés en course, seront traités comme les marins français; ils participeront aux mêmes avantages, et seront soumis à la même police et discipline.

11. Les capitaines des bâtiments armés pour la course présenteront au bureau de l'inscription maritime les marins qu'ils auront engagés; et, sous peine de 300 fr. d'amende pour chaque homme, ils ne pourront embarquer que les gens de mer qui auront été portés sur le rôle d'équipage. Ils présenteront également au bureau, pour y être inscrits sur le rôle des classes, les Français non classés, et les étrangers qui en font partie.

12. Tout armateur ou capitaine de corsaire qui sera convaincu d'avoir favorisé la désertion d'un marin levé pour le service ou employé sur un bâtiment de l'État, qui recevra à bord des marins inscrits au delà du nombre autorisé pour les armements en course, sera poursuivi comme embaucheur, et sa lettre de marque sera immédiatement révoquée.

13. Les gens de mer engagés sur des bâtiments armés en course, qui auront déserté dans le port de l'armement, et qui seront arrêtés avant le départ, seront remis aux capitaines pour faire le voyage auquel ils s'étaient engagés, et pendant lequel ils n'auront que la moitié des salaires ou parts qu'ils auraient dû gagner.—Si lesdits déserteurs ne sont arrêtés qu'après le départ du bâtiment, ils seront condamnés à huit jours de prison, à la restitution des avances envers le capitaine et les armateurs, et ils feront une campagne extraordinaire de six mois sur les bâtiments de l'État, à deux tiers de solde. — Ceux qui déserteront pendant le voyage ou dans les relâches perdront les salaires, parts et toutes les sommes qui pourront leur être dues; lesquelles seront confisquées au profit de la caisse des invalides.—Lesdits déserteurs seront remis aux capitaines pour achever le voyage à demi-salaire, et feront, après leur retour, une campagne extraordinaire de six mois sur les bâtiments de l'État, à deux tiers de solde.—S'ils n'ont été arrêtés qu'après le départ du bâtiment auquel ils appartenaient, ils seront condamnés à huit jours de prison, à la restitution des avances qui pourraient leur avoir été faites, et à une campagne extraordinaire d'un an, à deux tiers de solde, sur les bâtiments de l'État.—Chacun des marins composant l'équipage d'un bâtiment armé en course sera tenu de se rendre à bord vingt-quatre heures après l'avertissement qui aura été donné au son du tambour ou par le coup de canon de départ, à peine d'être puni comme déserteur.—Les marins qui prendraient un faux nom ou un faux domicile encourront la même peine.

14. Lorsque les équipages des corsaires seront de quinze hommes et au-dessus, les mousses compris, il sera embarqué un chirurgien. — Les coffres à médicaments seront composés comme ceux des bâtiments de la République, à raison du nombre d'hommes de l'équipage.

CHAP. 3. — *Lettres de marque et cautionnements.*

15. Les lettres de marque, soit pour des armements en course, soit pour des armements en guerre et marchandises, ne peuvent être délivrées en Europe que par le ministre de la marine et des colonies. — Chaque lettre de marque sera accompagnée d'un nombre suffisant de commissions de conducteurs de prises. — Ces lettres de marques et commissions seront conformes aux modèles annexés au présent règlement.

16. Nul ne pourra obtenir des lettres de marque pour faire des armements en course, ou en guerre et marchandises, s'il n'est citoyen français, ou s'il n'est, en pays étranger, immatriculé comme citoyen français sur les registres des commissariats des relations commerciales.

17. S'il était reconnu qu'un armement en course a été fait et qu'une lettre de marque a été délivrée sous un nom autre que celui du véritable armateur, la lettre de marque sera déclarée nulle, et retirée. — La peine de 6,000 fr. d'amende prononcée par l'art. 15 de la loi du 27 vend. an 2, relative à l'acte de navigation, sera appliquée à l'armateur et à l'individu qui lui aura prêté son nom. — Le produit de cette amende sera versé dans la caisse des invalides de la marine.

18. Les demandes de lettres de marque seront faites aux administrateurs de la marine ou aux commissaires des relations commerciales, qui les transmettront au ministre de la marine et des colonies; mais lesdites lettres ne pourront être par eux délivrées aux armateurs qu'après qu'il aura été vérifié si le bâtiment est solidement construit, gréé, armé et équipé; s'il est d'une marche supérieure, si son artillerie est en bon état; si le capitaine désigné par l'armateur est suffisamment expérimenté, et si l'armateur et ses cautions sont reconnus pour solvables. — La solvabilité de l'armateur et celle des cautions seront certifiées par les tribunaux connaissant des affaires de commerce. Dans les ports étrangers, cette solvabilité sera attestée par le commissaire des relations commerciales, et, autant que possible, par l'assemblée des négociants français immatriculés dans le lieu. — Les capitaines désignés pour commander des corsaires seront tenus de produire des certificats de leur conduite et leurs talents, de la part des officiers sous les ordres desquels ils auront servi, ou des armateurs qui les auront déjà employés.

19. La durée des lettres de marque commencera à compter du jour où elles seront enregistrées au bureau de l'inscription maritime du port de l'armement. — D'après la nature des croisières, et sur les propositions transmises au ministre par les administrateurs de la marine, ou les commissaires des relations commerciales, la durée des lettres de marque pourra être de six, douze, dix-huit et vingt-quatre mois.

20. Tout armateur de bâtiments armés en course, ou en guerre et marchandises, sera tenu de fournir un cautionnement par écrit de la somme de 37,000 fr. — Et si l'état-major et la mestrance, l'équipage et la garnison comprennent en tout plus de cent cinquante hommes, le cautionnement sera de 74,000 fr.

Dans ce dernier cas, le cautionnement sera fourni solidairement par l'armateur, deux cautions non intéressées dans l'armement, et par le capitaine.

21. La même personne ne pourra servir de caution pour plus de trois armements non liquidés; et, à chaque acte de cautionnement, la personne qui le souscrira sera tenue de déclarer ceux qu'elle aurait pu souscrire précédemment pour la même cause. — Lorsque les cautions ne seront pas domiciliées dans le port de l'armement, l'armateur sera tenu de produire un certificat du tribunal connaissant des affaires de commerce dans le lieu où seront domiciliées les cautions présentées, lequel certificat constatera leur solvabilité; et une copie légalisée du pouvoir donné par la caution absente à celui qui la représentera, restera annexée à l'acte de cautionnement. — Les noms, professions et demeures des personnes qui auront cautionné des armateurs de corsaires, seront désignés sur un tableau qui restera affiché dans le bureau de l'inscription maritime du port où les armements auront eu lieu. — Les actes de cautionnement seront déposés audit bureau, et enregistrés à celui de l'inspection de la marine du chef-lieu de la préfecture maritime.

22. Il est expressément défendu aux préfets, officiers supérieurs et agents civils, militaires et commerciaux, de prolonger la durée d'une lettre de marque, sans y être spécialement autorisés par le ministre de la marine et des colonies; et cette autorisation, lorsqu'elle sera accordée, sera, ainsi que sa date, mentionnée sur la lettre de marque.

23. Les administrateurs de la marine et les commissaires des relations commerciales seront personnellement responsables de l'emploi des lettres de marque qui leur seront envoyées par le ministre de la marine, et qui ne seront, conformément à l'art. 18 ci-dessus, par eux remises aux armateurs et capitaines, qu'après que les vérifications prescrites par cet article auront été remplies, l'acte de cautionnement souscrit, et le rôle d'équipage arrêté.

24. Tout individu convaincu d'avoir falsifié ou altéré une lettre de marque sera jugé comme coupable de faux en écritures publiques; il sera de plus responsable de tous dommages résultant de la falsification ou altération qu'il aura commise.

25. Tant qu'un bâtiment continuera d'être employé à la course, il est défendu de

lui donner un autre nom que celui sous lequel il aura été armé la première fois ; et si un même corsaire était réarmé plusieurs fois, chaque nouvel armement pour lequel il aurait été délivré une lettre de marque devra être indiqué numériquement sur la lettre de marque et sur le rôle d'équipage.

CHAP. 4. — *Encouragements.*

26. Les gratifications suivantes seront payées pour les prises qui seront faites par des corsaires particuliers, savoir : — *Navires de commerce chargés de marchandises.* — 40 fr. pour chaque prisonnier amené dans les ports. — *Bâtiments dits* lettres de marque, *armés en guerre et en marchandises.* — 110 fr. pour chaque canon du qualibre de quatre et au-dessus jusqu'à douze. — 160 fr. pour celui de douze et au-dessus ; — 45 fr. pour chaque prisonnier amené dans les ports. — *Corsaires particuliers armés en guerre seulement et petits bâtiments de l'Etat, tels que brigs, cutters, lougres, etc.* — 160 fr. pour chaque canon du calibre de quatre à douze ; — 240 fr. pour celui de douze et au-dessus ; — 50 fr. par prisonnier amené dans les ports. — *Vaisseaux, frégates de guerre et corvettes à trois mâts.* — 240 fr. pour chaque canon de quatre à douze ; — 360 fr. pour celui de douze et au-dessus ; — 60 fr. pour chaque prisonnier amené dans les ports. — Le nombre et le calibre des canons seront constatés par le procès-verbal d'inventaire de la prise ; et celui des prisonniers, par les certificats des officiers, administrateurs ou agents auxquels ils auront été remis.

27. La totalité desdites gratifications sera répartie entre les capitaines, officiers et équipages, proportionnellement à la quotité des parts revenant à chacun dans le produit des prises.

28. Les gratifications allouées aux officiers et équipages des corsaires seront acquittées sur les fonds de la caisse des invalides de la marine.

29. Les capitaines, officiers et volontaires des corsaires qui se seront distingués, recevront, sur les propositions qui en seront faites par les préfets maritimes, les récompenses et avancements dont ils seront jugés susceptibles.

30. Les officiers et matelots des équipages des corsaires, qui se trouveront hors d'état de continuer leurs services par les blessures qu'ils auront reçues dans les combats, participeront aux demi-soldes accordées aux gens de mer ; les veuves de ceux qui auront été tués ou qui seront morts de leurs blessures recevront des pensions.

CHAP. 5. — *Police de la course et rançons.*

31. Les lois et règlements sur la police et la discipline militaires seront observés à bord des bâtiments armés pour la course, ou en guerre et marchandises. — Les délits commis par les marins employés sur ces bâtiments seront jugés par les tribunaux institués pour l'armée navale.

32. Les armateurs seront civilement et solidairement responsables, avec leurs capitaines, des infractions que ceux-ci commettront contre les ordres du gouvernement, soit sur la navigation des bâtiments neutres, soit sur les pêcheurs ennemis. — Les lettres de marque pourront même être révoquées, selon la nature des délits dont les capitaines se seront rendus coupables.

33. Les capitaines des bâtiments armés en course seront tenus d'arborer pavillon français avant de tirer à boulet sur le bâtiment chassé, sous peine d'être privés, eux et les armateurs, de tout le produit de la prise, qui sera confisquée au profit de la République, si le bâtiment capturé est ennemi ; et si le bâtiment est jugé neutre, les capitaines et armateurs seront condamnés aux dépens, dommages et intérêts envers les propriétaires. — Mais les équipages ne seront point privés de la part qu'ils auraient à la prise suivant leurs conventions avec les armateurs, et ils seront traités de même que si la prise était adjugée auxdits armateurs.

34. Dans le cas où une prise aurait été faite par un bâtiment non muni de lettres de marque, et sans que l'armateur eût fourni le cautionnement exigé, elle sera confisquée au profit de la République, et pourra même donner lieu à punition corporelle contre le capitaine du bâtiment capteur ; le tout sauf le cas où la prise aurait été faite, dans la vue d'une légitime défense, par un bâtiment de commerce d'ailleurs muni de passe-port ou congé de mer. — Tout capitaine convaincu d'avoir fait la course sous plusieurs pavillons sera, ainsi que ses fauteurs et complices, poursuivi et jugé comme pirate.

35. Tout capitaine de navire armé en guerre qui aura fait des prisonniers à la mer sera tenu de les garder jusqu'au lieu de sa première relâche dans un port de France, sous peine de payer, pour chaque prisonnier qu'il aura relâché, 100 fr. d'amende au profit de la caisse des invalides de la marine, laquelle sera retenue sur les parts de prises ou salaires, et prononcée par le conseil des prises.

36. Lorsque le nombre des prisonniers de guerre excédera celui du tiers de l'équipage, il est permis au capitaine preneur d'embarquer le surplus de ce tiers, et, dans le cas où il manquerait de vivres, un plus grand nombre, sur les navires des puissances neutres qu'il rencontrera à la mer, en prenant, au bas d'une liste des prisonniers ainsi débarqués, une soumission signée du capitaine du bâtiment pris et des autres principaux prisonniers, portant qu'ils s'engagent à faire échanger et renvoyer un pareil nombre de prisonniers français du même grade ; laquelle liste originale sera remise, à la première relâche dans les ports de France, à l'administrateur de la marine, et dans les ports étrangers, au commissaire des relations de la République française.

37. Il est permis aux capitaines qui relâcheront dans les ports des puissances neutres d'y débarquer les prisonniers de guerre qu'ils auront faits, pourvu qu'ils en aient justifié la nécessité aux agents de la République, dont ils seront obligés de rapporter une permission par écrit, lesquels remettront lesdits prisonniers au commissaire de la nation ennemie, et en tireront un reçu, avec obligation de faire tenir compte de l'échange desdits prisonniers par un pareil nombre de prisonniers français de même grade.

38. Dans l'un et l'autre cas, les capitaines preneurs seront obligés, sans pouvoir s'en dispenser, sous quelque prétexte que ce puisse être, de garder à leur bord le capitaine avec un des principaux officiers de l'équipage du bâtiment pris, pour les ramener dans les ports de France, où ils seront retenus pour servir d'otages jusqu'à ce que l'échange promis ait été effectué.

39. Il est expressément défendu à tous capitaines de bâtiments armés en course, ou en guerre et marchandises, de rançonner à la mer aucun bâtiment muni d'un passe-port émané d'une puissance neutre, lors même que ce passeport serait suspecté de simulation, ou pourrait être considéré comme illégal ou expiré. — Ils ne pourront même rançonner un bâtiment évidemment ennemi, sans l'autorisation de leurs armateurs et autres formalités préalables ci-après indiquées ; et ne sera, à cet égard, considéré comme évidemment ennemi que le bâtiment naviguant avec un passe-port émané d'une puissance ennemie.

40. Les armateurs qui voudront autoriser les capitaines de leurs corsaires à rançonner les bâtiments ennemis qu'ils auront arrêtés, en feront la déclaration par écrit à l'administrateur de la marine préposé à l'inscription maritime dans le port de l'armement, et demanderont à cet administrateur le nombre de traités de rançon qu'ils voudront remettre auxdits capitaines.

41. Les traités de rançon seront conformes au modèle annexé au présent règlement. — Les administrateurs de la marine tiendront un registre de la délivrance de ces traités, ainsi que des déclarations qu'ils auront reçues des armateurs ; et, tous les mois, lesdits administrateurs adresseront un extrait de ce registre à l'inspecteur de la marine de l'arrondissement dans lequel ils sont employés.

42. Lorsque les armateurs seront représentés par un fondé de pouvoirs, ce dernier devra déposer au bureau de l'inscription maritime une copie légalisée de la procuration qu'il aura reçue.

43. Les capitaines de corsaires qui, après l'accomplissement des formalités ci-dessus, rançonneront à la mer un bâtiment ennemi, seront tenus de prendre pour otages de la rançon, et d'amener dans un des ports de la république, au moins un des principaux officiers du bâtiment rançonné, et, outre cet officier, cinq hommes en sus, lorsque l'équipage du navire rançonné sera composé de trente hommes ou plus ; trois, lorsqu'il ne sera que de vingt hommes jusqu'à vingt-neuf inclusivement, et deux pour les autres cas ; lesquels hommes seront choisis, autant qu'il sera possible, parmi les marins de la plus haute paye. — Lesdits capitaines se feront donner par les commandants des bâtiments rançonnés des vivres en quantité suffisante pour la nourriture des otages jusqu'au port où ils devront être conduits, et se feront délivrer par lesdits commandants copie de leurs passe-ports ; ils remettront à ces derniers un double traité de rançon.

44. Il est défendu à tous capitaines de corsaires ou bâtiments armés en guerre et marchandises de rançonner un nouveau bâtiment ennemi qui a déjà subi une rançon, sous peine de nullité de la seconde rançon, et d'une amende de 500 fr., applicable à la caisse des invalides, et dont les armateurs seront civilement responsables. — Mais le bâtiment rançonné et rencontré par un second corsaire pourra être pris et conduit soit dans les ports de la république, soit dans des ports alliés ou neutres. — Dans ce dernier cas, les obligations souscrites lors de la rançon cesseront d'être exigibles vis-à-vis de ceux qui devraient les remplir ; mais l'armateur du corsaire capteur en deviendra personnellement débiteur envers l'armateur du premier corsaire, si mieux il n'aime ensuite lui abandonner la prise. Les otages seront, audit cas de prise faite postérieurement à la rançon, rédimés des charges attachées au titre d'otages, et ne seront plus considérés que comme simples prisonniers de guerre.

45. Au retour de leurs croisières, les capitaines de corsaires déclareront, par écrit, à l'administrateur de la marine préposé à l'inscription maritime, s'ils ont fait ou non usage des traités de rançon à eux délivrés avant leur départ ; ils remettront les traités qui n'auront pas été employés, et qui seront immédiatement annulés. S'ils ont fait des rançons à la mer, ils remettront les otages aux administrateurs de la marine, qui en adresseront de suite la liste au ministre : ils présenteront aussi les traités souscrits par les commandants des navires rançonnés ; et il en sera pris note par lesdits administrateurs, qui les visiteront, et les remettront aux capitaines.

46. Audit cas de rançon, les administrateurs procéderont immédiatement à l'interrogatoire des otages, ainsi qu'à celui des officiers, maîtres et équipage du corsaire, pour s'assurer si la rançon a été légalement exercée, et si, outre les sommes et effets portés au traité de rançon, le capitaine n'a pas exigé d'autres sommes ou effets particuliers, comme encore s'il n'a rien été pris ni détourné, de quoi il sera dressé procès-verbal. — Les actes, billets et obligations que les capitaines de corsaires auraient fait souscrire en contravention aux dispositions ci-dessus seront parafés par les administrateurs de la marine, et par eux remis aux trésoriers des invalides, qui en resteront dépositaires jusqu'au jugement définitif.

47. Les capitaines qui, sans y être autorisés par les armateurs, et sans avoir reçu, avant leur départ, des traités de rançon, se permettront de rançonner à la mer des bâtiments, même évidemment ennemis, et les capitaines qui, munis de ces autorisations et traités, en auraient abusé en rançonnant des bâtiments naviguant avec des passe-ports de puissances neutres, seront destitués de leur commandement : ils feront une campagne d'un an sur les bâtiments de l'Etat, à la basse paye de matelot, seront privés de leurs salaires et parts de prises, et déclarés incapables de jamais commander aucun navire armé en course ou en guerre et marchandises. — A l'égard des rançons illégalement exigées, elles seront rendues aux rançonnés, s'ils justifient de leur neutralité, même avec dommages-intérêts, auxquels l'armateur pourra être condamné solidairement ; et, dans le cas contraire, elles seront confisquées au profit de la caisse des invalides de la marine.

48. Le capitaine du corsaire qui aurait frauduleusement reçu des effets ou obligations autres que ceux exprimés au traité de rançon pourra être poursuivi en restitution, à la requête des intéressés à l'armement, et, outre la restitution, condamné à 500 fr. d'amende au profit de la caisse des invalides de la marine, et, en outre, déclaré incapable de commander aucun corsaire pendant la guerre durant laquelle cette infidélité aura eu lieu.

49. Dans les cas prévus par les art. 47 et 48 ci-dessus, les pièces de la procédure commencée par les administrateurs de la marine contre les capitaines délinquants seront adressées au ministre de la marine, qui les transmettra au conseil des prises, pour être, par ce conseil, procédé au jugement desdits capitaines. Le jugement qui interviendra sera, aux frais des délinquants, affiché dans telles villes maritimes et en tel nombre d'exemplaires que le jugement désignera ; et il en sera inséré un extrait sur le registre du quartier de l'inscription maritime auquel le capitaine appartiendra.

50. Au surplus, les règles qui seront ci-après établies pour l'instruction, le jugement, la liquidation et la répartition des prises, seront déclarées communes aux rançons.

TIT. 2. — *Prises.*

CHAP. 1. — *Captures.*

51. Seront de bonne prise tous bâtiments appartenant aux ennemis de l'Etat, ou commandés par des pirates, forbans, ou autres gens courant la mer sans commission spéciale d'aucune puissance.

52. Tout bâtiment combattant sous autre pavillon que celui de l'Etat dont il a commission, ou ayant commission de deux puissances différentes, sera aussi de bonne prise ; et, s'il est armé en guerre, les capitaines et officiers seront punis comme pirates.

53. Seront encore de bonne prise, soit les bâtiments, soit leurs chargements en tout ou partie, dont la neutralité ne serait pas justifiée conformément aux règlements ou traités.

54. Si un navire français ou allié est repris par des corsaires sur les ennemis de l'Etat, après qu'il aura été vingt-quatre heures entre les mains de ces derniers, il appartiendra en totalité auxdits corsaires; mais, dans le cas où la reprise aura été faite avant les vingt-quatre heures, le droit de recousse ne sera que du tiers de la valeur du navire recous et de sa cargaison. — Lorsque la reprise sera faite par un bâtiment de l'Etat, elle sera restituée aux propriétaires, mais sous la condition qu'ils payeront aux équipages repreneurs le trentième de la valeur de la reprise, si elle a été faite avant les vingt-quatre heures, et le dixième si la reprise a eu lieu après les vingt-quatre heures : tous les frais relatifs à cette reprise restituée seront à la charge des propriétaires.

55. Si le navire, sans être recous, est abandonné par les ennemis, ou si, par tempête ou autre cas fortuit, il revient en la possession des Français avant qu'il ait été conduit dans un port ennemi, il sera rendu au propriétaire qui le réclamera dans l'an et jour, quoiqu'il ait été plus de vingt-quatre heures entre les mains des ennemis.

56. Les navires et effets des Français ou alliés repris sur les pirates, et réclamés dans l'an et jour de la déclaration qui en aura été faite, seront rendus aux propriétaires, en payant le tiers de la valeur du navire et des marchandises, pour frais de recousse.

57. Tout navire qui refusera d'amener ses voiles, après la semonce qui lui en aura été faite, pourra y être contraint; et, en cas de résistance et de combat, il sera de bonne prise.

58. Il est défendu à tous capitaines de bâtiments armés en guerre d'arrêter ceux des Français, amis ou alliés, qui auront amené leurs voiles et représenté leur charte partie ou police de chargement, et, sous les peines corporelles prononcées par les lois, de prendre ou de souffrir qu'il soit pris aucun effet à bord desdits bâtiments.

59. Aussitôt après la prise d'un navire, les capitaines capteurs se saisiront des congés, passe-ports, lettres de mer, chartes parties, connaissements et autres papiers existant à bord. Le tout sera déposé dans un coffre ou sac, en présence du capitaine pris, lequel sera interpellé de le sceller de son cachet : ils feront fermer les écoutilles et autres lieux où il y aura des marchandises, et se saisiront des clefs des coffres et armoires.

60. Il est défendu à tous capitaines, officiers et équipages de vaisseaux preneurs, de soustraire aucun papier ou effet du navire pris, à peine de deux ans d'emprisonnement, conformément à l'ordonnance de 1681, et de peines plus graves dans les cas prévus par la loi.

61. Les capitaines qui auront fait des prises les amèneront ou enverront, autant qu'il sera possible, au port où ils auront armé; s'ils sont forcés, par des causes majeures, de conduire ou d'envoyer leurs prises dans quelque autre port, ils seront tenus d'en prévenir immédiatement les armateurs.

62. Si le chef conducteur d'un navire pris fait dans sa route quelques autres prises, elles appartiendront à l'armement dont il fait partie ou à la division à laquelle il est attaché.

63. Le chef conducteur d'une prise qui, dans sa course, sera reprise par l'ennemi, sera jugé, à son retour, comme le sont, en pareil cas, les commandants des bâtiments de l'Etat.

64. Il est défendu, conformément à l'ordonnance de 1681, sous peine de la vie, à tous individus faisant partie de l'état-major de l'équipage d'un corsaire, de couler à fond des bâtiments pris, et de débarquer des prisonniers sur îles ou des côtes éloignées, dans le dessein de celer la prise. — Et au cas où les preneurs, ne pouvant se charger du vaisseau pris ni de l'équipage, enlèveraient seulement les marchandises ou relâcheraient le tout par composition, ils seront tenus de se saisir des papiers, et d'amener au moins les deux principaux officiers du vaisseau pris, à peine d'être privés de ce qui pourrait leur appartenir en la prise, même de punition corporelle, s'il y échet.

65. Il est défendu de faire aucune ouverture des coffres, ballots, sacs, caisses, barriques, tonneaux ou armoires, de transporter ni vendre aucune marchandise de la prise, et à toutes personnes d'en acheter ou recéler, jusqu'à ce que la prise ait été jugée ou que la vente ait été légalement autorisée, sous peine de restitution du quadruple de la valeur de l'objet détourné, et de punitions plus graves, suivant la nature des circonstances.

66. Aussitôt que la prise aura été amenée en quelque rade ou port de France, le chef conducteur sera tenu de faire son rapport à l'officier d'administration de la marine, de lui représenter et remettre, sur inventaire et récépissé, les papiers et autres pièces trouvés à bord, ainsi que les prisonniers faisant partie du navire pris, et de lui déclarer le jour et l'heure où le bâtiment aura été pris, en quel lieu ou à quelle hauteur, si le capitaine a fait refus d'amener les voiles, ou de faire voir sa commission ou son congé, s'il a attaqué ou s'il s'est défendu, quel pavillon il portait, et les autres circonstances de la prise et de son voyage.

67. Toutes les prises seront conduites dans les ports, sans pouvoir rester dans les rades ou aux approches de ces ports au delà du temps nécessaire pour leur entrée dans ces mêmes ports. — Lorsque le capitaine d'un navire armé en course aura conduit une prise dans un des ports de France, il sera tenu d'en faire la déclaration au bureau de la douane.

68. Toutes les lettres généralement quelconques trouvées sur les bâtiments ennemis qui seront pris, seront immédiatement remises au fonctionnaire supérieur de la marine ou à l'agent commercial dans le port où la prise abordera : celui-ci les fera passer au ministre de la marine et des colonies. — Les lettres trouvées sur des bâtiments neutres seront ouvertes et lues en présence de l'armateur ou de son représentant; et celles qui seront de nature à donner des éclaircissements sur la validité de la prise seront jointes à la procédure : les autres lettres seront adressées au ministre de la marine et des colonies.

CHAP. 2. — *Procédures des prises.*

69. Après avoir reçu le rapport du conducteur de la prise, l'officier d'administration de la marine se transportera immédiatement sur le bâtiment capturé, dressera procès-verbal de l'état dans lequel il le trouvera, et posera, en présence du capitaine pris, ou de deux officiers ou matelots de son équipage, d'un préposé des douanes, du capitaine ou autre officier du navire capteur, et même des réclamants, s'il s'en présente, les scellés sur tous les fermants. — Ces scellés ne pourront être levés qu'en présence d'un préposé des douanes.

70. Le préposé des douanes prendra à bord un état détaillé des balles, ballots, futailles et autres objets qui seront mis à terre ou chargés dans les chalans et chaloupes : un double de cet état sera envoyé à terre, et signé par le garde-magasin, pour valoir réception des objets y portés. — A mesure du déchargement des objets, et au moment de leur entrée en magasin, il sera dressé inventaire en présence d'un visiteur des douanes, qui en tiendra état, et le signera à chaque séance.

71. Il sera établi à bord un surveillant, lequel sera chargé, sous sa responsabilité, de veiller à la conservation des scellés et des autres effets confiés à sa garde.

72. L'officier d'administration de la marine du port dans lequel les prises seront amenées procédera de suite, et au plus tard dans les vingt-quatre heures de la remise des pièces, à l'instruction de la procédure, pour parvenir au jugement des prises.

73. Cette instruction consiste dans la vérification des scellés, la réception et l'affirmation des rapports et déclarations du chef conducteur, l'interrogatoire de trois prisonniers au moins, dans le cas où il s'en trouverait un pareil nombre, l'inventaire des pièces, états ou manifestes de chargement qui auront été remis ou qui seront trouvés à bord, la traduction des pièces de bord par un interprète juré, lorsqu'il y a lieu.

74. Si le bâtiment est amené sans prisonniers, charte partie ni connaissements, l'équipage du navire capteur sera interrogé séparément sur les circonstances de la prise, pour faire connaître, s'il le peut, sur qui la prise aura été faite.

75. L'officier d'administration de la marine sera assisté, dans tous ces actes, du principal préposé des douanes, et appellera, en outre, le fondé de pouvoirs des équipages capteurs, s'il y en a : à défaut de fondé de pouvoirs, l'équipage sera représenté par le conducteur de la prise, réputé fondé de pouvoirs

76. Dans le cas d'avaries ou de détérioration de tout ou partie de la cargaison, l'officier d'administration de la marine, en apposant les scellés, ordonnera le déchargement et la vente dans un délai fixé. La vente ne pourra cependant avoir lieu qu'après avoir été préalablement affichée dans le port de l'arrivée et dans les communes et ports voisins, et après avoir appelé le principal préposé des douanes et le fondé de pouvoirs des équipages capteurs, ou, à son défaut, le conducteur de la prise. — Le produit de ces ventes sera provisoirement déposé dans la caisse des invalides de la marine.

77. Sont maintenues toutes les dispositions de l'arrêté du 6 germ. an 8, relatif à l'établissement d'un conseil des prises.

CHAP. 3. — *Déchargement, manutention, vente et liquidation particulière des prises.*

78. Aussitôt que la procédure d'instruction sera terminée, il sera procédé sans délai à la levée des scellés, et au déchargement des marchandises, qui seront inventoriées et mises en magasin, lequel sera fermé de trois clefs différentes, dont l'une demeurera entre les mains de l'officier supérieur de l'administration de la marine, une seconde entre celles du receveur des douanes, et la troisième sera remise à l'armateur, ou à celui qui le représentera.

79. Il sera aussi procédé sans délai à la vente provisoire des effets sujets à dépérissement, soit sur la réquisition de l'officier de l'administration, soit à la requête de l'armateur ou de celui qui le représentera.—Pourra même l'officier supérieur de l'administration de la marine, lorsque les prises seront évidemment ennemies, permettre la vente tant du navire que des cargaisons, sans attendre le jugement de bonne prise, laquelle vente se fera dans le délai qui aura été fixé par ledit officier supérieur, et toutefois après que les formalités prescrites par l'art. 36 auront été remplies.

80. Si la prise a été faite sous pavillon neutre, ou n'est pas évidemment ennemie, la vente même provisoire ne pourra avoir lieu sans le consentement du capitaine capturé; et en cas de refus, s'il y a nécessité de vendre, cette nécessité sera constatée par une visite d'experts nommés contradictoirement par l'armateur ou son représentant et ce même capitaine, ou d'office par l'officier supérieur de l'administration de la marine.

81. S'il se présente des réclamants, les effets par eux réclamés pourront leur être délivrés par l'officier d'administration, suivant l'estimation qui en sera faite à dire d'experts, pourvu que lesdites réclamations soient fondées en titre, et à la charge par celui qui les aura faites de donner bonne et suffisante caution, faute de quoi il sera passé outre.

82. Les armateurs seront tenus d'envoyer des états ou inventaires détaillés des effets qui composeront les prises, avec indication du jour de leur vente, qui aura été fixé par l'officier supérieur de l'administration de la marine, dans les principales places de commerce, pour y être affichés à la Bourse, et il en sera délivré, sur les ordres du préfet de police, à Paris, et des préfets de département ou de leurs préposés, dans les places où il y a des bourses de commerce, un certificat dont il sera fait mention dans le procès-verbal de vente.

83. Il sera procédé, par le conseil des prises, au jugement d'icelles, dans les délais et les formes prescrits par l'arrêté du 6 germ. an 8.

84. Dans les huit jours qui suivront le jugement, le secrétaire général dudit conseil sera tenu d'en envoyer l'expédition au ministre de la marine et des colonies, qui la fera passer à l'officier d'administration pour être ensuite procédé à la vente de la prise, si fait n'a été. — Les décisions du conseil des prises ne pourront être exécutées à la diligence des parties intéressées qu'avec le concours du principal préposé des douanes.

85. Les marchandises seront exposées en vente et criées par parties ou par lots, ainsi qu'il sera convenu entre les intéressés à la prise; et, en cas de contestation, l'officier d'administration réglera la forme de la vente, qui ne pourra, dans aucun cas, être faite en bloc. — Le prix en sera payé comptant ou en lettres de change acceptées à la satisfaction de l'armateur, et à deux mois d'échéance au plus tard. — La livraison des effets vendus et adjugés sera commencée le lendemain de la vente, et continuée sans interruption.

86. Dans le cas où quelque adjudicataire ne se présenterait pas à l'heure indiquée, ou au plus tard dans les trois jours après la livraison faite des derniers articles vendus, il sera procédé à la revente, à la folle enchère, des objets qui lui auraient été adjugés.

87. Les dispositions prescrites par les lois pour les déclarations à l'entrée et à la sortie, ainsi que pour les visites et payements de droits, seront observées, relativement aux armements en course et aux navires pris sur les ennemis de l'Etat, dans tous les cas où il n'y est pas dérogé par le présent règlement. — Les directeurs, inspecteurs et receveurs des douanes, prendront les mesures nécessaires pour prévenir toutes fraudes ou soustractions, à peine d'en demeurer personnellement responsables. — Les droits sur les objets de prise sont à la charge des acquéreurs, et seront toujours acquittés avant la livraison, entre les mains du receveur des douanes,

avec lequel l'officier supérieur de l'administration de la marine se concertera pour indiquer l'heure de la livraison. — Les marchandises dont l'entrée est prohibée ne pourront être vendues qu'à charge de réexportation.

88. Dans le mois qui suivra la livraison complète des effets vendus, l'armateur ou son commissionnaire déposera au greffe du tribunal connaissant des matières de commerce, le compte du produit de la prise, avec les pièces justificatives, sous peine de privation de son droit de commission, et même sous plus forte peine, s'il y a lieu, dans le cas où le produit ne serait pas complet. — Ce tribunal pourra accorder à l'armateur, sur sa simple requête et sans frais, quinze autres jours pour rapporter les pièces manquantes.

89. Il devra être procédé à la liquidation particulière dans le mois, du jour du dépôt mentionné en l'article précédent, sans que l'arrêté de ladite liquidation puisse être suspendu sous prétexte d'articles qui ne seraient pas encore en état d'être liquidés, lesquels seront tirés pour mémoire, sauf à les comprendre ensuite dans la liquidation générale.

90. Les armateurs seront tenus de déposer au greffe du tribunal connaissant des matières de commerce du lieu de l'armement une expédition de chaque liquidation particulière, aussitôt qu'elle leur sera parvenue, et au plus tard dans un mois de sa date.

CHAP. 4.—*Liquidations générales.*

91. Le tiers du produit des prises qui auront été faites appartiendra à l'équipage du bâtiment qui les aura faites; mais le montant des avances qui auront été payées sera déduit sur les parts de ceux qui les auront reçues.

92. Les équipages des bâtiments armés en guerre et marchandises n'auront que le cinquième des prises; et il ne leur sera fait aucune déduction pour les avances comptées à l'armement, ou pour les mois payés pendant le cours du voyage.

93. Le coffre du capitaine pris, ni les pacotilles ou marchandises qui pourront lui appartenir dans quelque endroit du bâtiment qu'elles soient chargées, ne pourront, dans aucun cas, être distribués au capitaine du corsaire qui aura fait la prise; mais l'armateur pourra stipuler en faveur du capitaine, et pour lui tenir lieu de dédommagement, une somme proportionnée à la valeur de la prise; laquelle somme ne pourra toutefois excéder 2 p. 100 du montant net de la liquidation particulière de ladite prise.

94. Dans le mois après la course finie, ou lorsque la perte du corsaire sera certaine, ou au moins présumée, l'armateur déposera au greffe du tribunal connaissant des matières de commerce du lieu de l'armement, les comptes de dépenses des relâches et du désarmement, pour être procédé à la liquidation générale du produit de la course, par les juges de ce tribunal, dans un mois après la remise de toutes les pièces, et sauf à laisser pour mémoire les articles qui pourront donner lieu à un trop long retard, lesquels seront ensuite réglés par un supplément sommaire à la liquidation générale : faute par l'armateur de faire ledit dépôt, il sera privé de tout droit de commission.

95. Il ne sera fait d'autre retenue au profit des invalides de la marine, que celle de 5 cent. pour franc, prescrite par la loi du 9 mess. an 3; mais cette retenue aura lieu sur le produit des rançons faites à l'ennemi en mer, comme sur le produit des prises amenées et confisquées.

96. Les liquidations générales seront imprimées, et il en sera envoyé des exemplaires au ministre de la marine et des colonies, au greffe des tribunaux de commerce des villes dans lesquelles il y aura des actionnaires, qui pourront en prendre communication *gratis* : il en sera envoyé en outre aux intéressés et actionnaires d'une somme de 3,000 fr. et au-dessus.

97. En cas de pillage, divertissement d'effets, déprédations ou autres malversations, il en sera informé par l'officier en chef de l'administration de la marine, à la requête de l'inspecteur, pour être lesdites procédures envoyées au ministre de la marine et des colonies, et être par le conseil des prises prononcé telle amende ou peine civile qu'il appartiendra; auquel cas lesdites procédures demeureront comme non avenues; et où il écherrait de prononcer des peines afflictives, lesdites procédures seront renvoyées aux cours martiales maritimes, pour y être le procès continué jusqu'à jugement définitif.

98. Les inspecteurs de la marine adresseront, dans les premiers jours de chaque mois, au ministre de la marine et des colonies, un état dans lequel toutes les prises arrivées dans les ports de leur arrondissement continueront d'être employées, jusqu'à ce qu'elles aient été liquidées, avec des notes et des observations sur l'état des procédures et les motifs qui occasionneront des retards, s'il y en a.

CHAP. 5. — *Répartition.*

99. Il ne sera promis, avant l'embarquement, aucune part dans les prises, aux officiers-majors, officiers-mariniers, volontaires, soldats, matelots ou autres; mais elles seront réglées immédiatement après le retour du corsaire, à proportion du mérite et du travail de chacun, dans un conseil tenu à cet effet dans le lieu des séances du tribunal connaissant des matières de commerce, en présence des juges de ce tribunal et du commissaire à l'inscription maritime. — Ce conseil sera composé du capitaine et des premiers officiers-majors, suivant l'ordre du rôle d'équipage, au nombre de sept, le capitaine compris, s'il se trouve assez de lieutenants pour compléter le nombre. Ces officiers prêteront, devant les juges connaissant des matières de commerce, dans huit jours au plus tard après la course finie, le serment de procéder fidèlement, et en leur âme et conscience, au règlement et à la répartition des parts : ledit règlement, signé par le président du tribunal et par le commissaire à l'inscription maritime, conjointement avec les capitaines et les officiers-majors, sera déposé au greffe dudit tribunal.

100. Si, par l'effet de la perte du corsaire, de son absence sans nouvelles, ou de la prise qui aurait été faite par l'ennemi, les officiers-majors ne pouvaient être rassemblés pour procéder audit règlement des parts, il y sera procédé à la requête du commissaire à l'inscription maritime, par un procès-verbal qui sera signé tant par lesdits juges que par ledit commissaire. — A la suite du procès-verbal, le tribunal rendra son jugement, qui énoncera les noms des officiers et équipage du corsaire, les qualités et le nombre des parts attribués à chaque grade, enfin le nombre d'heures qui aura été employé à cette opération, et qui ne pourra pas excéder celui de six.

101. Il ne pourra être accordé au capitaine plus de douze parts; au capitaine en second, plus de dix parts; aux deux premiers lieutenants, huit parts; au premier maître, à l'écrivain ou commis aux revues, et autres lieutenants, six parts; aux enseignes, au maître chirurgien et au second maître, quatre parts; aux conducteurs de prises, pilotes, contre-maîtres, capitaines d'armes, maîtres canonniers, charpentiers, trois parts; aux seconds canonniers, charpentiers, calfats, maîtres de chaloupes, voiliers, armuriers, quartiers-maîtres, et seconds chirurgiens, deux parts; aux volontaires, une part ou deux au plus; aux matelots, une part ou une part et demie; aux soldats, une demi-part ou une part; aux novices, une demi-part ou trois quarts de part; aux mousses, un quart ou demi-part, suivant leurs services respectifs et leurs forces.

102. Le nombre de parts attribué à chaque grade ne pourra être diminué qu'à la pluralité de deux voix; mais la pluralité d'une seule suffira pour déterminer le plus ou le moins attribué aux volontaires, matelots, soldats, novices et mousses. En cas de partage d'avis, la voix du capitaine sera prépondérante. — L'écrivain n'aura de voix que pour remplacer chacun des officiers-majors, qui sera tenu de se retirer lorsqu'il s'agira de fixer ses parts.

103. Le règlement des parts assignera, sur le produit des prises, une somme aux officiers et autres gens de l'équipage qui auront été blessés et estropiés dans les combats, et aux veuves et enfants de ceux qui auront été tués ou qui seront morts de leurs blessures. Lesdites sommes seront payées à ceux auxquels elles seront accordées, en sus de leurs parts de prises, pourvu que ces gratifications n'excèdent pas le double de la valeur desdites parts.

104. Le règlement des parts ainsi arrêté sera définitivement exécuté. — Il est défendu à tous tribunaux d'admettre aucune action, plainte ni réclamation de la part des officiers ou gens de l'équipage à cet égard.

105. Dans la huitaine du jour où la liquidation générale des prises faites pendant la croisière aura été arrêtée par le tribunal connaissant des matières de commerce, l'armateur sera tenu de procéder au payement des parts de prises revenant à l'équipage : en cas de refus ou de plus long retard, il y sera contraint, à la requête de l'inspecteur ou sous-inspecteur de la marine, poursuites et diligences du commissaire à l'inscription maritime.

106. Le payement des parts de prises ne pourra se faire qu'au bureau de l'inscription maritime, et sur l'état conforme au modèle joint à l'arrêt du 15 déc. 1782, lequel sera émargé par ceux des marins de l'équipage qui sauront signer. A l'égard de ceux qui ne sauraient pas signer, le payement des parts qui leur reviendront sera certifié par le commissaire à l'inscription maritime. — Les à-compte payés pendant la croisière ou avant la répartition générale, ne seront alloués à l'armateur qu'autant qu'ils auront été payés au bureau de l'inscription maritime, et certifiés par le commissaire chargé de ce service.

107. L'armateur est tenu de remettre entre les mains du trésorier des invalides de la marine, dans le port où l'armement a été fait, le montant des parts et portions d'intérêt dans les prises appartenant aux morts ou absents, et faisant partie de l'équipage du corsaire, trois jours après la répartition qui aura été faite au bureau de l'inscription maritime, conformément à l'état qui en sera remis par le commissaire; de laquelle remise il sera donné décharge valable audit armateur par le trésorier des invalides.

108. Les parts de prises appartenant aux officiers-mariniers et matelots non résidant dans le port où la répartition aura été faite, seront envoyées dans les quartiers de leur résidence, ainsi qu'il se pratique pour la remise des parts de prises des gens de mer employés sur les vaisseaux de l'État.

109. Les inspecteurs de la marine sont spécialement chargés de poursuivre les armateurs qui ne se conformeraient pas aux dispositions du présent règlement, à l'effet de les faire condamner tant à faire procéder aux liquidations générales qu'aux répartitions entre les preneurs, et au dépôt entre les mains des trésoriers des invalides, des parts de prises revenant aux marins morts ou absents.

110. Il est expressément défendu aux marins employés sur les corsaires de vendre à l'avance leurs parts de prises, et à qui que ce soit de les acheter, sous peine de perdre les sommes qui pourraient avoir été payées pour cet effet. Les parts de prises ne seront payées qu'aux marins eux-mêmes; et l'on n'aura aucun égard aux procurations qu'ils pourraient avoir données pour en retirer le montant, à des personnes étrangères à leurs familles.

111. Les parts de prises des marins, comme leurs salaires, sont déclarées insaisissables. — On n'aura aucun égard aux réclamations ou oppositions qui pourraient être formées par ceux qui se prétendraient porteurs d'obligations desdits marins, à moins que les sommes réclamées ne soient dues par eux ou par leurs familles, pour loyers de maison, subsistances et vêtements qui leur auront été fournis du consentement du commissaire à l'inscription maritime, et que cette avance n'ait été préalablement apostillée sur les registres et matricules des gens de mer.

TIT. 3. — *Des armements en course et des prises dans les colonies et dans les ports étrangers.*

112. Dans les colonies et établissements français situés au delà des mers, les capitaines généraux, ou ceux qui en remplissent les fonctions, pourront seuls délivrer des lettres de marque, ou proroger la durée de celles qui auraient été délivrées en Europe, toutefois en se conformant aux dispositions ordonnées par le présent règlement, dans le chapitre des lettres de marque et cautionnements.

113. Lorsque des prises seront conduites dans les ports des colonies françaises, le préfet colonial, ou celui qui en remplit les fonctions, chargera un officier d'administration de se transporter sans retard à bord des bâtiments capturés, à l'effet d'y procéder aux formalités ci-dessus prescrites pour les prises conduites dans les ports de France (chap. 2 du tit. 2).

114. Le préfet colonial, ou celui qui le remplace, pourra, soit avant le jugement, en cas d'avarie ou détérioration, soit après le jugement, ordonner le déchargement ou la vente, en se conformant à ce qui est prescrit dans les chap. 2 et 3 du tit. 2 de ce règlement.

115. L'officier d'administration qui aura fait l'instruction la remettra dans le plus bref délai, avec toutes les pièces y relatives, au préfet colonial, qui s'adjoindra le commissaire de justice, ou celui qui le représente, l'officier d'administration chargé de l'instruction, l'inspecteur de la marine et le commissaire à l'inscription maritime, à l'effet de statuer tant sur le mérite de la procédure que sur la validité de la prise.

116. La commission, composée ainsi qu'il est dit ci-dessus, sera présidée par le préfet colonial, et, en son absence, par le commissaire de justice; et les décisions y seront prises à la pluralité des voix. Un secrétaire, nommé par le préfet, fera les fonctions de greffier.

117. Les jugements rendus dans les colonies sur les prises seront sujets à l'appel devant le conseil des prises séant à Paris, et néanmoins seront susceptibles d'exécution provisoire, à la charge par celle des parties qui aura requis ladite exécution, de donner caution, et, en outre, de demeurer responsable des dommages-intérêts.

118. Si, dans la quinzaine qui suivra les jugements, il n'est point intervenu de réclamations de la part de l'une ou de l'autre des parties, ils deviendront définitifs, et, audit cas, il n'y aura lieu à aucun cautionnement. — Les réclamations, pour être valables, seront notifiées au greffier de la commission, qui sera tenu d'en donner un reçu.

119. Dans tous les cas, le préfet colonial adressera sans retard l'instruction, les pièces y relatives et le jugement rendu pour chaque prise, au ministre de la marine et des colonies, qui les fera parvenir au secrétariat du conseil des prises, toutes les fois que l'affaire sera de nature à y être jugée; et, attendu que les pièces originales pourraient être perdues, le préfet colonial sera obligé d'en garder des copies collationnées.

120. Au surplus, les dispositions ordonnées par le présent règlement, pour les armements en course et pour les prises en France, seront exécutoires dans les colonies.

121. Il n'est rien innové, en ce qui concerne les prises conduites dans les ports étrangers, à ce qui est ordonné par l'arrêté du 6 germ. an 8 : néanmoins, en cas de vente de prises dans lesdits ports, les commissaires des relations commerciales ne pourront prétendre qu'à une rétribution de 1/2 pour 100, qui sera prélevé sur le produit net de la vente.

TIT. 4. — *Dispositions générales.*

122. Il est défendu, sous peine de destitution et de plus grande peine, s'il y échet, à tous officiers, administrateurs, agents diplomatiques et commerciaux, et autres fonctionnaires appelés à surveiller l'exécution des lois sur la course et les prises, ou à concourir au jugement de la validité des prises faites par les croiseurs français, d'avoir des intérêts directs et indirects dans les armements en course, ou en guerre et marchandises. Il leur est également défendu de se rendre directement ou indirectement adjudicataires de marchandises provenant des prises, et mises par eux en vente.

123. Un exemplaire du présent règlement sera annexé à chaque lettre de marque.

(Suivent les formules d'actes de cautionnement et de lettres de marque, etc.)

7 vent. an 12 (27 fév. 1804). — Arrêté relatif à l'établissement d'avoués près le conseil des prises.

Art. 1. Il y aura près du *conseil des prises* des avoués qui rempliront les fonctions de leur ministère dans toutes les affaires où les parties jugeront à propos de fournir des mémoires.

2. Ces avoués seront exclusivement ceux attachés au tribunal de cassation.

3. Il n'est, au surplus, rien innové aux dispositions de l'arrêté du 6 germ. an 8, concernant l'établissement du conseil des prises.

10 brum. an 14 (1er nov. 1805). — Décret qui autorise la course sur les bâtiments appartenant au roi de Suède ou à ses sujets.

8 mai 1806. — Décret portant : « Art. 1. Le conseil des prises est placé dans les attributions du grand juge, ministre de la justice. »

11 juin 1806. — Décret qui attribue au conseil d'État la connaissance des décisions du conseil des prises (art. 14-5°). — V. Conseil d'État, p. 180.

9 sept. 1806. — Décret sur le mode de partage des prises faites concurremment par plusieurs corsaires.

NAPOLÉON, etc.; — Considérant qu'il importe de pourvoir au silence du règlement du 27 janv. 1706, relatif au partage des prises faites par les corsaires, qui, en statuant sur celles faites par deux ou plusieurs corsaires réunis qui, sans être liés par la même société, ont néanmoins fait concurremment une ou plusieurs prises, ordonne que leur produit sera partagé en proportion du calibre de leurs canons et du nombre de leur équipage, sans parler des caronades et des obus qui n'étaient pas alors en usage, et sans exprimer qu'il n'y aurait que les bouches à feu montées sur affûts, en batterie et prêtes à tirer, qui pourraient entrer dans la supputation du partage; — Notre conseil d'État entendu, nous avons décrété et décrétons ce qui suit :

Art. 1. Lorsque deux ou plusieurs corsaires, sans être unis par aucune société, auront fait concurremment une prise, son produit sera partagé entre eux en proportion du calibre des canons, caronades et obus montés sur affûts, en batteries, et prêts à tirer, dont chaque corsaire sera armé, et du nombre d'hommes composant l'équipage de chacun d'eux.

2. Les caronades dont chaque corsaire se trouvera armé seront évaluées ainsi qu'il suit : une caronnade de 12 liv. de balle sera considérée comme un canon de six; une caronnade de 24, comme un canon de douze, et ainsi de suite.

3. Trois pierriers de 1 liv. de balle chacun seront évalués comme un canon de trois.

4. Le surplus du règlement du 27 janv. 1706 continuera à avoir sa pleine et entière exécution.

6 oct. 1806. — Décret qui prescrit de courre sus aux bâtiments appartenant au roi de Prusse et à ses sujets.

21 nov. 1806. — Décret qui déclare les îles Britanniques en état de blocus.

NAPOLÉON, etc.; — Considérant, 1° que l'Angleterre n'admet point le droit des gens suivi universellement par tous les peuples policés; — 2° Qu'elle répute ennemi tout individu appartenant à l'État ennemi, et fait, en conséquence, prisonniers de guerre, non-seulement les équipages des vaisseaux armés en guerre, mais encore les équipages des vaisseaux de commerce et des navires marchands, et même les facteurs de commerce et les négociants qui voyagent pour les affaires de leur négoce; — 3° Qu'elle étend aux bâtiments et marchandises du commerce et aux propriétés des particuliers le droit de conquête, qui ne peut s'appliquer qu'à ce qui appartient à l'État ennemi; — 4° Qu'elle étend aux villes et ports de commerce non fortifiés, aux havres et aux embouchures des rivières, le droit de blocus, qui, d'après la raison et l'usage de tous les peuples policés, n'est applicable qu'aux places fortes; — Qu'elle déclare bloquées les places devant lesquelles elle n'a pas même un seul bâtiment de guerre, quoiqu'une place ne soit bloquée que quand elle est tellement investie, qu'on ne puisse tenter de s'en approcher sans un danger imminent; — Qu'elle déclare même en état de blocus des lieux que toutes ses forces réunies seraient incapables de bloquer, des côtes entières et tout un empire; — 5° Que cet abus monstrueux du droit de blocus n'a d'autre but que d'empêcher les communications entre les peuples, et d'élever le commerce et l'industrie de l'Angleterre sur la ruine de l'industrie et du commerce du continent; — 6° Que tel étant le but évident de l'Angleterre, quiconque fait sur le continent le commerce des marchandises anglaises favorise par là ses desseins et s'en rend le complice; — 7° Que cette conduite de l'Angleterre, digne en tout des premiers âges de la barbarie, a profité à cette puissance au détriment de toutes les autres; — 8° Qu'il est de droit naturel d'opposer à l'ennemi les armes dont il se sert, et de le combattre de la même manière qu'il combat, lorsqu'il méconnaît toutes les idées de justice et tous les sentiments libéraux, résultat de la civilisation parmi les hommes; — Nous avons résolu d'appliquer à l'Angleterre les usages qu'elle a consacrés dans sa législation maritime. — Les dispositions du présent décret seront constamment considérées comme principe fondamental de l'empire, jusqu'à ce que l'Angleterre ait reconnu que le droit de la guerre est un, et le même sur terre que sur mer; qu'il ne peut s'étendre ni aux propriétés privées, quelles qu'elles soient, ni à la personne des individus étrangers à la profession des armes, et que le droit de blocus doit être restreint aux places fortes réellement investies par des forces suffisantes; — Nous avons, en conséquence, décrété et décrétons ce qui suit :

Art. 1. Les îles Britanniques sont déclarées en état de blocus.

2. Tout commerce et toute correspondance avec les îles Britanniques sont interdits. — En conséquence, les lettres ou paquets adressés ou en Angleterre, ou à un Anglais, ou écrits en langue anglaise, n'auront pas cours aux postes et seront saisis.

3. Tout individu sujet de l'Angleterre, de quelque état ou condition qu'il soit, qui sera trouvé dans les pays occupés par nos troupes ou par celles de nos alliés, sera fait prisonnier de guerre.

4. Tout magasin, toute marchandise, toute propriété, de quelque nature qu'elle puisse être, appartenant à un sujet de l'Angleterre, sera déclaré de bonne prise.

5. Le commerce des marchandises anglaises est défendu; et toute marchandise appartenant à l'Angleterre, ou provenant de ses fabriques ou de ses colonies, est déclarée de bonne prise.

6. La moitié du produit de la confiscation des marchandises et propriétés déclarées de bonne prise par les articles précédents sera employée à indemniser les négociants des pertes qu'ils ont éprouvées par la prise des bâtiments de commerce qui ont été enlevés par des croisières anglaises.

7. Aucun bâtiment venant directement de l'Angleterre ou des colonies anglaises, ou y ayant été depuis la publication du présent décret, ne sera reçu dans aucun port.

8. Tout bâtiment qui, au moyen d'une fausse déclaration, contreviendrait à la disposition ci-dessus sera saisi; et le navire et la cargaison seront confisqués comme s'ils étaient propriété anglaise.

9. Notre tribunal des prises de Paris est chargé du jugement définitif de toutes contestations qui pourront survenir dans notre empire ou dans les pays occupés par l'armée française, relativement à l'exécution du présent décret. Notre tribunal des prises à Milan sera chargé du jugement définitif desdites contestations qui pourront survenir dans l'étendue de notre royaume d'Italie.

10. Communication du présent décret sera donnée, par notre ministre des relations extérieures, aux rois d'Espagne, de Naples, de Hollande et d'Étrurie, et à nos autres alliés, dont les sujets sont victimes, comme les nôtres, de l'injustice et de la barbarie de la législation maritime anglaise.

25 janv. 1807. — Décret portant création d'un substitut du procureur général impérial près le conseil des prises.

Art. 1. Notre procureur général près le conseil des prises aura un substitut qui jouira d'un traitement de 10,000 fr., à compter du jour de son installation. — Ce traitement sera payé sur les mêmes fonds et de la même manière que celui du procureur général.

23 nov. 1807. — Décret portant saisie et confiscation des bâtiments qui, après avoir touché en Angleterre, entreront dans les ports de France.

Art. 1. Tous les bâtiments qui, après avoir touché en Angleterre, par quelque motif que ce soit, entreront dans les ports de France, seront saisis et confisqués, ainsi que les cargaisons, sans exception ni distinction de denrées et marchandises.

2. Les capitaines des bâtiments qui entreront dans les ports de France devront, dans le jour de leur arrivée, faire au bureau des douanes impériales, une déclaration du lieu de leur départ, de ceux où ils ont relâché, et lui présenter leurs manifestes, connaissements, papiers de mer et livres de bord. — Lorsque le capitaine aura signé et remis sa déclaration et communiqué ses papiers, le chef des douanes interrogera séparément les matelots, en présence des deux principaux préposés. S'il résulte de cet interrogatoire que le bâtiment a touché en Angleterre, indépendamment de la saisie et confiscation dudit bâtiment et de sa cargaison, le capitaine sera, ainsi que ceux des matelots qui, dans leur interrogatoire, auraient fait une fausse déclaration, constitué prisonnier, et ne sera mis en liberté qu'après avoir payé une somme de 6,000 fr. pour son amende personnelle et celle de 500 fr. pour chacun des matelots arrêtés, sans préjudice des peines encourues par ceux qui falsifient leurs papiers de mer et livres de bord.

3. Si des avis et renseignements donnés aux directeurs de nos douanes élèvent des soupçons sur l'origine des cargaisons, elles seront mises provisoirement en entrepôt, jusqu'à ce qu'il ait été reconnu et décidé qu'elles ne proviennent ni d'Angleterre ni de ses colonies.

4. Nos commissaires des relations commerciales qui délivreront des certificats d'origine pour les marchandises qui seront chargées dans les ports de leur résidence, à destination de ceux de France, ne se borneront pas à attester que les marchandises ou denrées ne viennent ni d'Angleterre ni de ses colonies et de son commerce; ils indiqueront le lieu de l'origine, les pièces qui leur ont été représentées à l'appui de la déclaration qui leur a été faite et le nom du bâtiment à bord duquel elles ont été transportées primitivement du lieu de l'origine dans celui de leur résidence. — Ils adresseront un duplicata de leur certificat à notre conseiller d'État directeur général de nos douanes.

17 déc. 1807. — Décret contenant de nouvelles mesures contre le système maritime de l'Angleterre.

Napoléon, vu les dispositions arrêtées par le gouvernement britannique, en date du 11 novembre dernier, qui assujettissent les bâtiments des puissances neutres, amies et même alliées de l'Angleterre, non-seulement à une visite par les croiseurs anglais, mais encore à une station obligée en Angleterre et à une imposition arbitraire de tant pour cent sur leur chargement, qui doit être réglée par la législation anglaise; — Considérant que, par ces actes, le gouvernement anglais a dénationalisé les bâtiments de toutes les nations de l'Europe; qu'il n'est au pouvoir d'aucun gouvernement de transiger sur son indépendance et sur ses droits, tous les souverains de l'Europe étant solidaires de la souveraineté et de l'indépendance de leur pavillon;

que si par une faiblesse inexcusable et qui serait une tache ineffaçable aux yeux de la postérité, on laissait passer en principe et consacrer par l'usage une pareille tyrannie, les Anglais en prendraient acte pour l'établir en droit, comme ils ont profité de la tolérance des gouvernements pour établir l'infâme principe que le pavillon ne couvre pas la marchandise et pour donner à leur droit de *blocus* une extension arbitraire et attentatoire à la souveraineté de tous les États.— Nous avons, etc.

Art. 1. Tout bâtiment, de quelque nation qu'il soit, qui aura souffert la visite d'un vaisseau anglais, ou se sera soumis à un voyage en Angleterre ou aura payé une imposition quelconque au gouvernement anglais, est par cela seul déclaré dénationalisé et a perdu la garantie de son pavillon et est devenu propriété anglaise.

2. Soit que lesdits bâtiments, ainsi dénationalisés par les mesures arbitraires du gouvernement anglais, entrent dans nos ports ou dans ceux de nos alliés, soit qu'ils tombent au pouvoir de nos vaisseaux de guerre ou de nos corsaires, ils seront déclarés de bonne et valable prise.

3. Les îles Britanniques sont déclarées en état de blocus sur mer comme sur terre. —Tout bâtiment de quelque nation qu'il soit, quel que soit son chargement expédié des ports d'Angleterre ou des colonies anglaises, ou de pays occupés par les troupes anglaises ou allant en Angleterre ou dans les colonies anglaises, ou dans des pays occupés par les troupes anglaises, est de bonne prise, comme contrevenant au présent décret; il sera capturé par nos vaisseaux de guerre ou par nos corsaires et adjugé au capteur.

4. Ces mesures, qui ne sont qu'une juste réciprocité pour le système barbare adopté par le gouvernement anglais, qui assimile sa législation à celle d'Alger, cesseront d'avoir leur effet pour toutes les nations qui sauraient obliger le gouvernement anglais à respecter leur pavillon.— Elles continueront d'être en vigueur pendant tout le temps que ce gouvernement ne reviendra pas aux principes du droit des gens, qui règle les relations des Etats civilisés dans l'état de guerre. Les dispositions du présent décret seront abrogées et nulles par le fait, dès que le gouvernement anglais sera revenu aux principes du droit des gens, qui sont aussi ceux de la justice et de l'honneur.

11 janv. 1808. — Décret additionnel aux décrets contenant des mesures contre le système maritime de l'Angleterre.

Art. 1. Lorsqu'un bâtiment entrera dans un port de France ou des pays occupés par nos armées, tout homme de l'équipage ou passager qui déclarera au chef de la douane que ledit bâtiment vient d'Angleterre ou des colonies anglaises, ou des pays occupés par les troupes anglaises, ou qu'il a été visité par des vaisseaux anglais, recevra le tiers du produit net de la vente du navire et de sa cargaison, s'il est reconnu que sa déclaration est exacte.

2. Le chef de la douane qui aura reçu la déclaration indiquée dans l'article précédent fera, conjointement avec le commissaire de police, qui sera requis à cet effet, et les deux principaux préposés des douanes du port, subir séparément, à chacun des hommes de l'équipage et passagers, l'interrogatoire prescrit par l'art. 2 de notre décret du 23 nov. 1807.

3. Tout fonctionnaire ou agent du gouvernement qui sera convaincu d'avoir favorisé des contraventions à nos décrets des 23 nov. et 17 déc. 1807 sera traduit devant la cour criminelle du département de la Seine, qui se formera, à cet effet, en tribunal spécial, et poursuivi et puni comme coupable de haute trahison.

12 janv. 1808. — Avis du cons. d'Et. portant que le recours au conseil d'Etat contre une décision du conseil des prises n'a pas d'effet suspensif.

Le conseil d'Etat, qui, en exécution du renvoi ordonné par Sa Majesté l'empereur et roi, a entendu le rapport des sections réunies de législation et de la marine sur celui du ministre de la marine ayant pour objet la question de savoir si, lorsqu'il a été prononcé au conseil des prises une décision contre laquelle il y a recours au conseil d'Etat, il est nécessaire, pour que cette décision puisse, nonobstant le recours, recevoir son exécution provisoire, qu'il soit fourni caution, — Vu l'art. 3 du décret du 22 juill. 1806, — Est d'avis que la question proposée se trouve résolue par cet article, puisqu'il est formellement déclaré que le recours au conseil d'Etat n'est pas suspensif. Cependant il y aurait une suspension réelle de l'exécution de la décision, si la partie au profit de qui elle a été prononcée ne pouvait procéder à cette exécution sans avoir préalablement donné caution, puisque alors ce ne serait qu'au moyen de la caution que cette suspension serait levée. — On doit même observer que le conseil des prises avait reçu de l'arrêté consulaire qui l'a établi le pouvoir de juger sans qu'il y eût aucun recours ouvert, d'où il résulte que l'on avait dès lors regardé comme juste et convenable qu'en cette matière il n'y eût aucun obstacle à l'exécution des décisions, et que les mêmes motifs ont dû déterminer à déclarer, par le règlement du 22 juill. 1806, que le recours au conseil d'Etat ne serait pas suspensif, à moins qu'il n'en fût autrement ordonné.

30 mars 1808. — Décret sur le costume des officiers du conseil des prises.

24 mars 1808. — Décret qui prescrit des formalités pour l'admission, dans le commerce, de différentes marchandises provenant des prises faites sur l'ennemi.

4 avr. 1809. — Avis du conseil d'Etat sur les droits des garnisons de forts et batteries de terre, et des préposés des douanes, qui auraient contribué à la prise de vaisseaux ennemis.

Le conseil d'Etat, qui, d'après le renvoi ordonné par Sa Majesté, a entendu le rapport de la section de législation, sur celui du grand-juge, ministre de la justice, présentant la question de savoir si les troupes faisant le service des batteries de la côte ont sur les bâtiments ennemis qu'elles forcent par le feu de leur artillerie à s'échouer ou à amener leur pavillon, les mêmes droits qui sont attribués soit aux bâtiments de guerre, soit aux corsaires ou aux navires de commerce; — Considérant que, bien qu'une batterie de terre qui tire sur un bâtiment ennemi ne remplisse à la rigueur que son devoir, cette réflexion n'a point été appliquée aux bâtiments de l'Etat, et qu'il y a de suffisants motifs pour assimiler les uns aux autres, et pour accorder aux militaires qui servent les batteries une prise qui n'eût pas eu lieu sans leur fait; — Qu'en cas de concurrence avec des vaisseaux de l'Etat ou des bâtiments armés en course, le même principe doit conduire à établir le partage entre les uns et les autres, eu égard au nombre respectif des canons et des hommes, et dans les proportions de leur grade, de la manière qui est observée entre plusieurs vaisseaux capteurs, — Est d'avis :

1° Que les garnisons des forts et batteries de la côte, qui, par l'effet seul de leur artillerie, font échouer un bâtiment ennemi, ou l'obligent à amener son pavillon, ont droit à la prise de la même manière qu'un bâtiment de l'Etat qui eût fait ladite prise, et sous la même déduction envers la caisse des invalides de la marine;

2° Que, lorsque les batteries auront contribué à la prise de vaisseaux ennemis, concurremment avec un ou plusieurs vaisseaux de la marine impériale ou des bâtiments armés en course, les garnisons au service desdites batteries doivent concourir au partage de la prise avec les vaisseaux ou bâtiments cocapteurs, en raison du nombre respectif des canons et des hommes, et en proportion des grades, de la manière qui est prescrite par les lois et règlements généraux pour les prises qui auraient été faites concurremment par plusieurs bâtiments de l'Etat ou armés en course, et toujours sous les déductions de droits envers la caisse des invalides de la marine;

3° Que, lorsque le fait de la coopération est contesté par quelques-unes des parties intéressées, notamment lorsqu'il s'agit de savoir si un détachement ou partie d'un détachement de troupe de terre a contribué à la prise, c'est au conseil des prises à y statuer, d'après la nature des armes employées par le détachement, la distance à laquelle il se trouvait de l'ennemi, et d'après toutes les autres circonstances de la capture, et à régler quels sont ceux qui ont droit à la prise;

4° Que les mêmes dispositions, dans les mêmes circonstances, doivent s'appliquer aux préposés des douanes qui ont fait une prise ou y ont concouru.

16 nov. 1809. — Décret qui attribue au conseil des prises le jugement des contraventions relatives aux saisies, faites par la ligne des douanes françaises, établie depuis Reez jusqu'à Travemunde.

23 mars 1810. — Décret qui ordonne la saisie et la vente des bâtiments sous le pavillon des Etats-Unis, entrés dans les ports de France, à compter du 20 mai 1809.

Napoléon;—Considérant que le gouvernement des Etats-Unis, par un acte du 1er mars 1809, qui défend l'entrée des ports, havres et rivières desdits Etats à tous vaisseaux français, ordonne: 1° qu'à compter du 20 mai suivant, les bâtiments sous pavillon français qui aborderont aux Etats-Unis seront saisis et confisqués, ainsi que leurs cargaisons;—2° Qu'après la même époque, aucunes marchandises et productions provenant du sol et des manufactures de France ou de ses colonies ne pourront être importés dans lesdits Etats-Unis, d'aucun port ou lieu étranger quelconque, sous peine de saisie, confiscation et amende de trois fois la valeur des marchandises;—3° Que les navires américains ne pourront se rendre dans aucun port de France, de ses colonies ou dépendances;—Nous avons, etc.

Art. 1. Tous les bâtiments naviguant sous pavillon des Etats-Unis, ou possédés en entier ou en partie par quelque citoyen ou sujet de cette puissance, qui, à compter du 20 mai 1809, seraient entrés ou entreront dans les ports de notre empire, de nos colonies ou des pays occupés par nos armées, seront saisis, et les produits des ventes seront déposés à la caisse d'amortissement.—Sont exceptés de cette disposition les bâtiments qui seraient chargés de dépêches ou de commissions du gouvernement desdits Etats, et qui n'auraient ni chargement ni marchandises à bord.

27 sept. 1810. — Décret qui attribue au conseil des prises, séant à Paris, la connaissance des contestations relatives aux saisies faites en Hollande, soit en exécution du décret du 12 sept. présent mois, soit en exécution des décrets rendus contre le commerce anglais.

8 nov. 1810. — Décret portant que les membres du conseil des prises prendront le titre de conseillers au conseil impérial des prises.

29 mars 1811. — Décret qui règle la manière de procéder relativement aux prises faites en mer et conduites dans les ports d'Espagne.

Art. 1. Les prises faites en mer et conduites dans les ports d'Espagne seront administrées, jugées, liquidées et réparties conformément aux arrêtés des 6 germ. an 8 et 2 prair. an 11.

2. Il ne sera exercé, sur le produit de la vente de ces prises, aucune autre retenue que celles qui sont prescrites par lesdits arrêtés.

3. Nos officiers généraux, commandant nos forces en Espagne, tiendront la main à l'exécution des dispositions ci-dessus.

12 avr. 1811. — Décret concernant les bâtiments armés en course ou lettres de marque, à bord desquels il serait trouvé des déserteurs des bâtiments de guerre.

Art. 1. Tout capitaine de bâtiment armé en course ou lettre de marque à bord duquel il sera trouvé des déserteurs de nos bâtiments de guerre sera condamné à payer la somme de 3,000 fr. d'amende pour chaque déserteur qui sera trouvé à son bord, sans préjudice des poursuites de droit contre le délit d'embauchage, s'il y a lieu.

2. Tout capitaine de bâtiment armé en course ou lettre de marque, à bord duquel il sera embarqué des hommes qui ne lui auraient pas été destinés par le bureau de l'inscription maritime, ou qui aura engagé des hommes sans les avoir présentés au commissaire dudit bureau, et fait inscrire sur les rôles d'équipage, sera condamné à une amende de 1,000 fr. pour chaque homme ainsi embarqué ou engagé.

3. Les armateurs des susdits bâtiments seront responsables solidairement, avec les capitaines, du payement des amendes; et le séquestre sera mis sur le bâtiment jusqu'à parfait payement.

4. Le séquestre prescrit par l'article précédent ne pourra pas excéder la durée de trois mois, au bout duquel temps le bâtiment sera vendu, à la diligence de l'administration de la marine, pour le montant des susdites amendes et les frais être prélevés sur le prix de la vente.

5. Le produit des amendes sera versé dans la caisse des invalides de la marine.

6. Les délinquants seront jugés par le tribunal maritime de l'arrondissement où se trouveront les bâtiments; ledit tribunal composé comme il est prescrit par notre décret du 12 nov. 1806.

7. Le présent décret aura son exécution à dater du 1er mai de la présente année; et, jusqu'à cette époque, il continuera à être procédé contre les délinquants conformément aux dispositions du règlement du 2 prair. an 11.

7 juill. 1811. — Décret qui autorise le secrétaire général du conseil des prises à percevoir un droit d'expédition et un droit de signature sur les expéditions qu'il délivrera aux parties.

Art. 1. Le secrétaire général de notre conseil des prises est autorisé à percevoir, à compter de la publication de notre présent décret, sur les expéditions qu'il délivrera aux parties : 1° un droit d'expédition de 40 cent. par rôle de vingt-huit lignes à la page, et de quatorze ou seize syllabes à la ligne; 2° un droit de signature, qui demeure fixé à 3 fr. pour chacune desdites expéditions.

2. Il donnera, en marge de chaque expédition qu'il délivrera, quittance de la somme qu'il aura reçue en vertu du précédent article.

3. Conformément à l'art. 5 de notre décr. du 24 fév. 1806, le secrétaire général ne délivrera aucune expédition susceptible d'être taxée par rôle, sans l'avoir soumise à notre procureur général près le conseil des prises, qui en fera prendre note sur un registre tenu au parquet. — Notre procureur général visera, en outre, les expéditions.

4. Au moyen des droits ci-dessus et du traitement fixe déjà alloué, le secrétaire général sera tenu, conformément à l'art. 7 de l'arrêté du 6 germ. an 8, de pourvoir à toutes dépenses de commis et fournitures; et, à cet effet, il sera tenu d'avoir un nombre suffisant de commis ou expéditionnaires, pour qu'aucune partie de son service ne demeure en souffrance.

5. Il continuera de faire gratuitement toutes les écritures d'office qu'il doit faire sous la dictée ou l'inspection des magistrats, comme aussi toutes les copies ou expéditions qui lui seront demandées par le ministère public, ou qu'il devra délivrer aux autorités constituées.

6. Défendons au secrétaire général de notre conseil des prises, et à ses commis ou expéditionnaires d'exiger ni recevoir d'autres ou plus forts droits que ceux ci-dessus mentionnés, à peine de destitution, et de plus forte peine, s'il y a lieu.

18 août 1811. — Avis du conseil d'État portant que l'art. 2 du règlement du 26 juill. 1778 n'est point applicable aux bâtiments des puissances alliées à la France.

Le conseil d'État, qui, en exécution du renvoi ordonné par Sa Majesté, a entendu le rapport de la section de législation sur celui du grand juge ministre de la justice, tendant à faire décider si l'art. 2 du règlement du 26 juill. 1778 s'applique aux cargaisons des bâtiments sous pavillon de puissances alliées; — Vu ledit article; — Considérant qu'outre que le texte cité n'indique que les bâtiments neutres comme sujets à la justification prescrite, le motif de cette limitation se fait sentir et se déduit, en thèse générale, de ce que l'allié, non protégé contre l'ennemi par la nature de son pavillon, n'a pas le même intérêt que le neutre à simuler ou à cacher la propriété de la cargaison, et n'est conséquemment point aussi suspect que celui-ci; — Que cependant, et si, dans l'état actuel de la législation maritime, des maîtres de bâtiments français ou alliés ne peuvent, sans devenir coupables, transporter des marchandises du cru anglais qui seraient devenues leurs propriétés, ils ne peuvent pas davantage transporter les marchandises d'origine neutre qui seraient devenues propriétés ennemies; mais que cette dernière présomption ne résulte pas contre les alliés, comme contre les neutres, de la seule absence de mention du pour compte dans les connaissements ou autres pièces de bord; — Qu'ainsi, dans le cas où l'on articulerait contre un allié que sa cargaison est propriété ennemie, les faits justificatifs, de même que les faits contraires, peuvent s'établir par preuves et pièces, même autres que celles trouvées à bord; — Est d'avis; — Que l'art. 2 du règlement du 26 juill. 1778 n'est point applicable aux bâtiments des puissances alliées, et que l'affaire du Jonge Cornelis, qui a donné lieu au rapport, ainsi que toutes celles de la même espèce, doivent se juger, tant par les pièces de bord, que par les autres documents qui se rencontrent dans chacune d'elles.

8 juin 1814. — Ordonnance qui replace le conseil des prises dans les attributions du ministère de la marine.

22 juill. 1814. — Ordonnance du roi qui fixe au 1er nov. prochain le terme des fonctions du conseil des prises.

Louis, etc.; — Sur le rapport, etc.; — Considérant que l'état de paix rend inutile l'existence du conseil des prises, institué par l'arrêté du 6 germ. an 8; mais que, si l'économie nous fait un devoir de le supprimer, le bien du service et l'intérêt des parties exigent que nous lui accordions le délai seulement nécessaire pour terminer les affaires actuellement en instance; — Vu les art. 3 et 7 de l'arrêté du 6 germ. an 8, ensemble l'art. 28 dudit arrêté; — Avons, etc.

Art. 1. Le conseil des prises actuellement existant est réduit, à compter du 1er août prochain, en nombre et en appointements, aux termes de sa première institution, et conformément aux art. 3 et 7 de l'arrêté du 6 germ. an 8.

2. L'existence de ce conseil, dont, par l'art. 28 dudit arrêté, le gouvernement s'est réservé de déterminer l'époque à laquelle devront cesser les fonctions, est prolongée jusqu'au 1er nov. prochain, et, dans cet intervalle, il multipliera ses séances de manière à terminer toutes les affaires actuellement en instance.

3. Les dispositions de l'arrêté du 6 germ. an 8 continueront à être exécutées selon leurs forme et teneur mais tous arrêtés et décisions qui seraient contraires à la présente ordonnance sont abrogés à compter de ce jour.

9-11 janv. 1815. — Ordonnance du roi qui renvoie au comité contentieux du conseil d'Etat le jugement des affaires dont l'instruction n'était pas achevée au moment de la suppression du conseil des prises, et statue sur la conservation des archives de ce conseil.

Louis, etc.; — Par notre ordonn. du 22 juillet dernier, nous avons fixé au 1er du mois de novembre le terme des fonctions du conseil des prises. L'événement a justifié cette disposition, puisque toutes les affaires portées à ce conseil, et qui étaient régulièrement instruites, ont été jugées. Informés cependant qu'il n'a pu prononcer sur un très-petit nombre d'affaires sur lesquelles il a été demandé des renseignements qui ne sont pas encore parvenus, et voulant pourvoir à leur jugement lorsque l'instruction sera complète, et à la conservation des pièces, dossiers, registres et archives du conseil des prises; — Sur le rapport, etc.

Art. 1. Les affaires dont l'instruction n'était pas achevée et qui n'avaient pas encore été jugées au moment de la suppression du conseil des prises, seront portées devant le comité contentieux du conseil d'Etat, pour y être examinées et discutées, et, sur son avis, être par nous définitivement jugées dans notre conseil.

2. Le comité contentieux du conseil d'Etat, pour l'instruction et le jugement de ces affaires, se conformera aux dispositions de l'arrêté du gouvernement du 6 germ. an 8, qui a fixé les attributions du conseil des prises.

3. Les archives du conseil des prises resteront sous la garde du sieur Calmelet, ex-secrétaire du conseil des prises. Le sieur Calmelet délivrera à qui de droit expédition des anciens jugements et autres pièces faisant partie des archives du conseil des prises.

23-27 août 1815. — Ordonnance qui donne au comité du contentieux du conseil d'Etat les attributions précédemment assignées au conseil des prises (art. 15).— V. Cons. d'Et., p. 185.

5-12 sept. 1815. — Ordonnance du roi qui prescrit la remise des archives du conseil des prises au secrétaire du conseil d'Etat, et rapporte l'ordonnance du 9 janv. 1815.

Louis, etc.; — Vu notre ordonn. du 23 août dernier, qui a réuni au conseil d'Etat les attributions du conseil des prises. — Avons, etc.

Art. 1. Les archives du conseil des prises seront remises au secrétaire de notre conseil d'Etat, qui délivrera à qui de droit expédition des anciens jugements et autres pièces faisant partie des archives.

2. En conséquence de la présente, notre ordonn. du 9 janvier est rapportée.

25 janv.-1er fév. 1824. — Ordonnance du roi qui crée une commission pour la liquidation des pertes que le commerce français a éprouvées par suite des captures faites en mer pendant la dernière guerre.

28 fév.-23 mars 1824. — Ordonnance du roi qui prescrit la publication de la convention conclue à Madrid, le 5 janv. 1824, entre la France et l'Espagne, et ratifiée par Sa Majesté le 22 du même mois, concernant les prises maritimes faites dans le courant de l'année 1823.

Louis, etc.; — Nous avons ordonné et ordonnons que la convention suivante, conclue entre nous et Sa Majesté catholique le 5 janv. 1824, et ratifiée à Paris le 22 du même mois, sera insérée au Bulletin des lois pour être exécutée suivant sa forme et teneur. — Dans le but de régler le mode d'après lequel les sujets français et espagnols propriétaires de bâtiments capturés pendant le cours de l'année précédente devaient être indemnisés et remboursés, les soussignés, dûment autorisés à cet effet, sont convenus des articles suivants :

Art. 1. Les navires espagnols capturés par les bâtiments de Sa Majesté très-chrétienne, ainsi que leurs cargaisons, étant estimés à une valeur approximativement égale aux prises faites par les bâtiments et corsaires espagnols sur le commerce français, il est convenu que les prises réciproquement faites et conduites dans les ports de la puissance qui a fait ces prises, demeurent acquises à chacun des deux gouvernements, à charge par eux de régler, comme ils le jugeront convenable, les indemnités dues à leurs sujets respectifs, la France et l'Espagne renonçant mutuellement à toute répétition à cet égard.

2. Toutefois, et attendu qu'il est constant que des navires français capturés antérieurement au 1er octobre dernier, et qui avaient été conduits aux îles Canaries et Baléares et dans les ports de la Péninsule, ont été relâchés, ce qui détruirait l'exactitude de la compensation admise en principe par l'art. 1 de la présente convention, le montant estimatif de ces navires sera tenu en compte au gouvernement espagnol, qui demeurera libre d'assigner aux propriétaires espagnols des navires capturés leur remboursement sur le gouvernement français, jusqu'à concurrence des sommes que celui-ci sera reconnu devoir.

3. Le compte de l'estimation de ces restitutions sera réglé d'ici au 1er mai prochain; et, comme ces navires ont été restitués sans que vraisemblablement il en ait été fait aucun inventaire ni estimation, il sera donné aux agents espagnols toutes facilités auprès des administrations françaises pour qu'ils puissent se convaincre de l'exactitude des évaluations qui seront faites de concert desdits navires, ainsi que de leurs cargaisons.

4. Si le gouvernement français reconnaissait, de son côté, avoir aussi relâché des navires espagnols capturés, le compte en serait immédiatement dressé, et le gouvernement espagnol lui en rembourserait le montant, par compensation, sur les sommes qu'il aurait à répéter, pour le même objet, du gouvernement français, ou de toute autre manière.

5. Les prises faites par les bâtiments de l'une ou de l'autre puissance postérieurement au 1er oct. 1823 seront considérées comme nulles et non avenues, les deux gouvernements s'obligeant à en faire opérer la restitution aux propriétaires ou ayants droit. — En foi de quoi, etc.

10-11 avril 1825. — Loi sur la piraterie. — V. Organ. marit.

9-23 sept. 1831. — Ordonnance sur les formes de jugement au conseil d'Etat à l'égard des prises maritimes. — V. Cons. d'Et., p. 190.

18-25 sept. 1839. — Ordonnance qui charge le comité de législation du conseil d'Etat de faire l'instruction des prises maritimes (art. 17). — V. Cons. d'Et., p. 191.

27 mars 11 avril 1854. — Rapport et déclaration concernant les navires de commerce russe (D. P. 54. 4. 67).

29 mars-11 avril 1854. — Rapport et déclaration concernant les neutres, les lettres de marque, etc. (D. P. 54. 4. 67).

23 mai 1854. — Décret portant promulgation de la convention du 10 mai 1854, relative aux prises, conclue entre la France et la Grande-Bretagne (D. P. 54. 4. 82).

18 juill.-1er août 1854. — Décret qui institue un conseil des prises (D. P. 54. 4. 135).

24 juill.-1er août 1854. — Décret qui nomme les membres du conseil des prises (D. P. 54. 4. 135).

26-29 avril 1856.—Décret portant promulgation de la déclaration du 16 avril 1856 qui règle divers points du droit maritime (D. P. 56. 4. 51).

3-8 mai 1856.—Décret impérial portant que le conseil des prises cessera ses fonctions le 1er juin prochain (D. P. 56. 4. 52).

SECT. 2. — RÈGLES GÉNÉRALES.

ART. 1. — *A quelle époque commence ou finit le droit de prise.*

12. Pour qu'un navire puisse être regardé comme ennemi et valablement capturé, il faut, d'après le règlement de 1778 e, le traité de 1801 entre la France et les États-Unis d'Amériquet dont les dispositions servent de base aux traités sur le même objet conclus avec d'autres nations, il faut, disons-nous, que le gouvernement auquel appartient le capteur soit en état de guerre avec la nation dont le capturé est sujet au moment où la prise a été faite. Il importe peu que la guerre ait existé immédiatement après la capture, et que même il y ait eu des symptômes d'une rupture imminente entre les deux États. — Vattel, liv. 3, ch. 4; Emerigon, d'après Grotius, Traité des assurances, t. 1, p. 440; Valin, Traité des prises, t. 1, ch. 5, sect. 1, n° 4 et ch. 4, sect. 4, *præm.* MM. de Pistoye et Duverdy, t. 1, p. 119 et suiv., enseignent que la prise d'un bâtiment en temps de paix, c'est-à-dire avant que la guerre ait été régulièrement déclarée, et quand il n'y a pas de déclaration de guerre régulière, avant le commencement des hostilités, est un acte de piraterie aux yeux des nations policées. Le navigateur ainsi dépouillé par la violence conserve, dans le droit, la propriété de son bâtiment, aussi bien que le légitime possesseur d'un objet volé conserve la propriété de la chose qui lui a été dérobée (V. toutefois, n° 280). — Il a été jugé, du reste, qu'un navire capturé sur des Hollandais à une époque où il existait un état notoire d'hostilité entre la France et la Hollande, doit être déclaré de bonne prise; qu'en d'autres termes, l'état des relations politiques existant au moment d'une prise sert à résoudre si elle est ou non ennemie : « Considérant, porte l'ordonnance, que lors de la capture il existait un état notoire d'hostilité entre la France et la Hollande, etc. » (cons. d'Ét. 20 nov. 1815, aff. Jongh).

13. L'état de guerre résulte le plus souvent d'une déclaration de guerre expresse. Toutefois, quand cette déclaration n'a pas eu lieu, il appartient aux tribunaux appelés à connaître des prises, de décider si en fait cet état de guerre existait au moment de la prise entre la nation à laquelle appartient le capteur et celle du capturé (V. Droit maritime, n° 1843). — Et il a été jugé que lorsqu'un tribunal a déclaré, en fait, que, lors de la capture d'un navire français par un navire étranger, armé en course, la France était en état de guerre avec la puissance à laquelle appartient le navire capteur, et que cette puissance était reconnue par le gouvernement français, l'assureur qui avait garanti tous les risques de mer, excepté celui de guerre avec une puissance reconnue par la France, ne peut être tenu de payer l'assurance, comme s'il ne s'agissait que d'un fait de piraterie (Req. 6 avr. 1831, aff. Changeur, V. Droit marit., n° 1843).

14. Les prises faites postérieurement à la cessation des hostilités sont également nulles. Cependant, comme, au moment où la paix se conclut, il y a nécessairement ou il peut y avoir des corsaires en mer qui ignorent le traité et qui peuvent encore l'ignorer longtemps, il est d'usage de stipuler un délai, suivant la distance des lieux, après lequel les prises qui seront faites seront, de part et d'autre, déclarées nulles; mais, jusqu'à l'expiration de ce délai, les prises faites sont valables; pourvu, toutefois, que le capteur n'ait pas été instruit auparavant de la conclusion de la paix (V. aussi MM. de Pistoye et Duverdy, t. 1, p. 141 et suiv.). — Ainsi, il a été décidé, 1° que si, à l'époque où la prise a été faite, il y avait hostilité entre la France et la nation à laquelle appartient le navire capturé, elle doit être validée bien que la paix soit intervenue avant le jugement de la prise (cons. d'Etat 20 nov. 1815, aff. Jongh *C.* le Renard); — 2° Que l'on doit décider la validité de la prise, d'après les règles existantes à l'époque où elle a été effectuée sans tenir compte de ce qui existe lors du jugement : « Louis, etc.; considérant que le navire la Cérès, au moment de sa capture, portait le pavillon hollandais; que, d'après les connaissements trouvés à bord, la cargaison dudit navire appartenait à des négociants anglais, avec destination pour l'Angleterre, et a dû ainsi être considérée de bonne prise » (cons. d'Ét. 20 nov. 1815, aff. Connemburg *C.* la Sophie).

15. Quand le capitaine est-il censé avoir eu connaissance de la paix? C'est là une question de fait laissée à l'appréciation des juges. Les décisions que nous allons faire connaître et surtout les discussions qui les ont précédées répandent une grande lumière sur ce point (V. aussi MM. de Pistoye et Duverdy, t. 1, p. 142 qui citent le commentaire de Valin). — Ainsi, il a été jugé, d'une part, que lorsqu'une prise a été faite après un traité de paix, mais avant le temps fixé pour qu'il soit réputé connu, la prise est valide, s'il n'est prouvé que le capteur avait une connaissance positive du traité, et que le capteur n'est pas censé avoir une connaissance suffisante du traité par l'exhibition d'une gazette qui annonce les préliminaires de paix que lui a faite le capitaine du navire capturé et d'autres navires : — « Attendu que ce serait étrangement se méprendre sur l'objet de la course et les principes qui la dirigent, que de penser que de simples avis de l'existence de la paix, donnés vaguement, en mer à un corsaire, par des navigateurs étrangers, ou sur la foi d'une gazette, dussent, en paralysant ses lettres de marque, être pour lui le signal de l'abandon de sa croisière, au risque même de tomber entre les mains de l'ennemi; qu'un semblable effet n'appartient qu'à l'ordre qui lui serait intimé au nom du gouvernement dont il tient l'autorisation formelle de capturer; que si cependant la communication de la paix lui était faite par la voie de l'ennemi, en vertu d'instructions spéciales et officielles dont il serait porteur, la juste déférence pour les actes émanés de l'autorité d'un souverain, déterminerait sans doute le corsaire à respecter cette sauvegarde, pourvu qu'elle fût réciproque; mais que ce serait être par trop libéral à son préjudice, et lui enlever arbitrairement le bénéfice des règlements et des traités, que de restituer une prise qu'il a faite dans les termes précis de son droit, et lorsque les avis qu'il aurait reçus ne portaient point avec eux le cachet de l'authencité et moins encore le gage de sa sûreté particulière » (cons. des prises, 2 flor. an 11, MM. Berlier, prés., Lacoste, rap., aff. Le Porcher *C.* la Bellone). — Mais on a décidé, d'autre part, qu'une prise qui a eu lieu après que les préliminaires de la paix ont été connus par des gazettes seulement, est nulle, si elle a été faite par un corsaire qui a quitté le port où il était cinq jours après que les préliminaires de la paix y étaient connus (cons. des prises, 14 flor. an 11, aff. la Petite-Renommée). — Le commissaire du gouvernement signalait la différence qui existait entre cette espèce et la précédente. « Si la Bellone a pu capturer le Porcher, a-t-il dit, c'est qu'au moment où elle a quitté le port elle n'avait eu aucune connaissance de la paix, elle ne l'a acquise qu'en mer; dès lors, courant les dangers d'être prise jusqu'à l'expiration des délais fixés par les préliminaires de la paix, elle avait le droit incontestable de prendre. — La Petite-Renommée ne se trouvait pas dans les mêmes circonstances, puisqu'elle était partie du port cinq jours après qu'avait été répandue la nouvelle des préliminaires de la paix. »

16. Il a été stipulé quelquefois dans des traités que les prises faites depuis une certaine époque seraient réciproquement restituées. C'est ce qui a eu lieu notamment dans le traité conclu entre la France et les États-Unis, le 8 vend. an 9 (1er nov. 1800). — Il a été jugé à cet égard que les traités internationaux contenant des dispositions rétroactives sont obligatoires avant même qu'ils soient promulgués comme lois de l'État; qu'en conséquence une prise faite avant un traité, et qui eût été déclarée valable si elle avait été vérifiée avant sa conclusion, peut être annulée si elle est jugée après (cons. des prises 9 brum. an 9, aff. l'Ariadne *C.* la Laure). — V. MM. de Pistoye et Duverdy, t. 1, p. 146.

17. Il a encore été décidé, à l'occasion de traités qui ne contenaient aucune stipulation spéciale à l'égard des prises, que la prise faite après la signature du traité de paix et avant la ratification n'est pas valable, alors même que la paix n'aurait été connue du capteur ni du capturé (Cons. des prises 7 vent. an 10, aff. la Thétis *C.* le Serpent, *eod.*, p. 148).

18. Si un navire, après que la paix est parvenue à sa connaissance, se trouve attaqué par un navire de la puissance avec laquelle la guerre vient de cesser et parvient à s'emparer du vaisseau agresseur, la prise sera-t-elle valable? Oui, certainement, c'est le cas d'un vaisseau non muni de lettre de marque qui fait résistance, et même le cas est plus favorable (V. art. 34 du Règl. du 2 prair. an 11 et n° 31).

Art. 2. — *Des lieux où peut s'exercer le droit de prise.*

19. Les lettres de marque autorisent les corsaires à faire usage pour l'attaque des ennemis des mêmes droits qu'exercent les forces navales régulières des États belligérants. Toutefois, ils ne peuvent user de ces droits dans les rivières appartenant à l'ennemi ou dans l'enceinte de son territoire maritime marquée par les balises. Il y a en ce point analogie entre les corsaires et les partisans ou corps francs autorisés dans les guerres continentales (Valin, Traité des prises, t. 1, chap. 4, sect. 3). Martens et Schmalz veulent même qu'on traite comme pirate, et non comme ennemi légitime, tout corsaire qui attaquerait l'ennemi dans la partie de son territoire maritime dont nous venons de parler (Martens, Essai sur les armateurs, chap. 2, § 18; Schmalz, Droit des gens de l'Europe, p. 244). — Toutefois, MM. de Pistoye et Duverdy, t. 1, p. 111 et suiv., pensent que si le droit de la guerre permet aux belligérants d'occuper le territoire continental de leur ennemi, à plus forte raison leur permet-il d'exercer le droit de prise dans les ports, rades, havres et mers closes qui appartiennent à ces ennemis.

20. L'indépendance réciproque des souverainetés ne permet pas non plus qu'une capture puisse être faite dans le port ou la baie d'une puissance neutre, ni même à une certaine distance de ses parages. Quelle est cette distance? Un assez grand nombre d'auteurs ont enseigné qu'on devait considérer comme mer territoriale d'un souverain et, par conséquent, comme inviolable, l'étendue que pouvait protéger le canon. On peut consulter notamment sur ce point Casaregis, *De commercio et mercaturâ, Discurs.* 174, n° 11; Valin, Tr. des prises, sur l'art. 24, tit. 9 du liv. 3 de l'ordon.; Azuni, Dr. marit. de l'Europe, t. 2, p. 286; Hubner, Tr. de la prise des neutres; de Pistoye et Duverdy, Tr. des prises marit., t. 1, p. 93 et suiv. — Mais la difficulté de déterminer d'une manière exacte et précise la portée du canon a fait admettre une règle plus sûre; et, depuis longtemps, il est généralement reçu soit dans l'usage, soit dans les conventions de puissances qu'une prise n'est légitime qu'autant qu'elle a été faite à plus de deux lieues des côtes du pays neutre. C'est ce qu'enseignent aussi Merlin, Rép., v° Prises, § 4; Favard, *eod.* v° § 3, n° 1; MM. Ortolan, Diplom. de la mer, t. 1, p. 180, et Goujet et Merger, n° 2 (V. aussi v^{is} Douanes, n° 168; Droit naturel, n° 75; Eaux, n° 6), et ce que décide une jurisprudence constante. — C'est ainsi qu'il a été jugé : 1° que la prise d'un navire est nulle lorsqu'elle a été faite à moins de deux lieues, et spécialement quand elle a été à une demi-lieue du territoire d'une puissance neutre (Cons. des prises 27 therm. an 8) (1)..., alors même qu'au lieu où la prise a été faite, aucune forteresse ou batterie ne protégeait la côte (cons. des prises 27 fruct. an 8, aff. la Nostra Señora del Carmel); — 2° Que la prise d'un navire est nulle lorsqu'elle a eu lieu dans les eaux d'un port neutre et après que le corsaire avait été signalé au fanal (Cass. 14 vent. an 7, M. Rozier, rap., aff. Christiana Colbiornsen); — 3° Qu'un navire, quoique non muni d'un passe-port et d'un rôle d'équipage en règle, peut être admis à prouver qu'au moment de sa capture il était sous le canon d'un port d'une nation neutre et ne peut être confisqué (Cass. 25 vent. an 7) (2).

21. Ces principes paraissent n'avoir été méconnus que par l'Angleterre dans une circonstance, en 1794, où un vaisseau anglais s'était emparé dans un port neutre, celui de Gênes, de la frégate française la Modeste. Puissent de tels abus de la force ne pas se renouveler, et les nations civilisées comprendre enfin les égards qu'elles se doivent réciproquement!

22. Un vaisseau ennemi attaqué en pleine mer, peut-il être poursuivi et pris jusque sous le canon et sur les côtes d'un pays neutre? L'affirmative a été soutenue par Besoldus, *de jure territoriali*, ch. 3, n° 4, et par Doccenius, *De jure maritimo*, liv. 1, ch. 8, n° 10, par analogie de ce qui se pratique à la chasse des bêtes fauves.—Mais ce sentiment est évidemment inadmissible; 1° parce que l'analogie invoquée ne saurait rien prouver, le droit de suite à l'égard des bêtes fauves n'étant rien moins que constant (V. Chasse, n° 171); — 2° Par ce qu'autoriser la poursuite d'un bâtiment jusque sur les côtes d'un pays neutre c'est violer ouvertement la neutralité. Où s'arrêter, en effet, quand on a une fois admis la poursuite jusque sous le canon d'un pays neutre? Pourquoi ne pas la permettre jusque dans les ports neutres; et alors que devient le principe qui prohibe la prise ailleurs que dans la pleine mer (V. Azuni, Droit maritime de l'Europe, t. 2, p. 286, MM. de Pistoye et Duverdy, t. 1, p. 94 et suiv.). — Il a été jugé cependant qu'il y a présomption que la capture n'a pas été faite en violation du territoire d'une nation alliée ou neutre, lorsque le navire confisqué d'abord par le gouvernement de cette nation, a été ensuite relâché (cons. d'Ét. 27 mai 1816) (3). — Il ne faut pas, du reste, exagérer la portée de cette décision, qui n'est point exclusive de la preuve contraire. Les considérants de l'arrêt reconnaissent formellement le droit du capturé à cet égard, car ils portent : « Considérant que le reproche d'irrégularité de la prise pour cause de violation du territoire de Tunis *n'est pas prouvé.* » On ne saurait admettre en droit que la validité d'une prise pût dépendre du degré de puissance et d'énergie de la nation dont le territoire aurait été violé.

23. Les rades ou baies ouvertes et sans défenses ne mettent à l'abri les navires qui y ont jeté l'ancre, qu'autant que ces navires se sont tenus sous la protection du canon du port ou de la côte. Telle est l'interprétation qui résulte du règlement du grand duc de Toscane du 1er août 1778, art. 1er; de l'édit de la république de Gênes du 1er juill. 1779, art. 1er; de l'édit de la république de Venise du 9 sept. 1779, art. 9; du règlement sur la course, rendu par l'impératrice de Russie le 31 déc. 1787, art. 2.—Les seules rades ou baies d'une puissance neutre qui puissent protéger les navires ennemis contre les capteurs, sont celles qui sont fermées, c'est-à-dire défendues. — Il a été jugé conformément à ces principes qu'est valable la prise d'un navire faite à plus de deux lieues de terre d'un état neutre, quoique à une

---

(1) *Espèce*: — (L'Effronté *C.* la Perle.) — M. Portalis, commissaire du gouvernement, a dit dans son réquisitoire : « La capture du navire la Perle n'ayant été faite qu'à une demi-lieue d'un port d'Espagne, que faut-il penser de la validité ou invalidité de cette capture?... Par le droit conventionnel des puissances maritimes et par la coutume générale, il est reconnu qu'un corsaire ne peut se permettre aucun acte d'hostilité, ni même aucune visite contre un navire ennemi ou prétendu tel, si ce navire n'est à une distance convenable du territoire de toute puissance neutre.

Cette distance a été fixée à deux lieues. Plusieurs auteurs avaient déterminé la distance que tout armateur en course devait respecter, par la portée du canon; mais on a très-judicieusement observé qu'il est plus raisonnable de décider que toute prise faite à moins de deux lieues de distance des côtes du pays neutre est contre le droit des gens, quoiqu'il n'y ait sur la côte ni forteresse ni canons; car le territoire neutre doit être respecté indépendamment de la force, et à cause de lui-même...

LE CONSEIL; — Vu les conclusions du commissaire du gouvernement et y faisant droit, annule la prise, etc.

Du 27 therm. an 8. Conseil des prises.–M. Berlier, pr.

(2) (Le Saint-Michel *C.* le Hardi et la Coquette.)—LE TRIBUNAL;—Vu l'art. 4 du titre des prises de l'ord. de 1681;—Vu aussi l'art. 7 du tit. 10, des rapports et congés de la même ordonnance;—Vu enfin les art. 1 et 2 du tit. 20 de l'ord. de 1667, dont il résulte que la preuve par témoins de faits pertinents et indépendants d'aucun acte peut être admise;—Attendu que, devant le tribunal civil du département des Basses-Pyrénées, les demandeurs en cassation avaient articulé et demandé à faire preuve que le vaisseau le Saint-Michel avait été pris par les corsaires le Hardi et la Coquette, sous le canon de Bilbao, où se rendait ledit navire, et par conséquent sur le territoire espagñol; que le tribunal civil du département des Basses-Pyrénées a rejeté l'admission de cette preuve, sous prétexte que le Saint-Michel n'ayant point ses passe-ports et rôle d'équipage en règle, devait être réputé forban, et par conséquent ne devait pas jouir de la protection du gouvernement espagnol; que, sous ce rapport, ledit tribunal a fait une fausse application de l'art. 4, relatif aux forbans, du tit. 9 de l'ordon. de la marine de 1681, et qu'il est également contrevenu tant à l'art. 7 du tit. 10, des rapports et congés, de la même ordonnance, qu'aux art. 1 et 2 du tit. 20 de l'ordon. de 1667; — Casse.

Du 25 vent. an 7.–C. C., sect. civ.–M. Rozier, rap.

(3) (La Vierge-du-Rosaire.) — Louis, etc.; — Considérant que le reproche d'irrégularité de la prise pour cause de violation du territoire de Tunis n'est pas prouvé, et que même il résulte une présomption contraire de ce que le gouvernement de ce pays, après l'avoir d'abord séquestrée et prise, l'a ensuite relâchée et en a permis la vente; — Qu'il peut être vrai, comme l'attestent des certificats produits depuis la capture, que le susdit bâtiment espagnol avait reçu des expéditions françaises, mais qu'il ne s'y est pas conformé; et que la preuve de sa qualité et de sa destination ennemies résulte de la concordance des papiers trouvés à son bord, du procès-verbal de capture, du rapport du conducteur de la prise devant le consul de France à Livourne, et des interrogatoires subis devant l'administration maritime à Livourne, tant par le capitaine du corsaire que par le capitaine et l'équipage du bâtiment capturé. — Art. 1. La requête du sieur Salvador Palan est rejetée, etc.

Du 27 mai 1816.-Ord. cons. d'Et.

moindre distance d'une rade ouverte appartenant à ce même état (Cons. des prises, 19 oct. 1808, aff. le Daniel-Frédérick).—Merlin, Rép. § 4, n° 3, approuve cette solution.

24. D'anciennes ordonnances, et notamment les lettres patentes d'octobre 1727, défendaient, sous peine de prise et d'amende, à tous capitaines de vaisseaux étrangers de naviguer à une distance moindre d'une lieue des côtes de nos colonies. — Mais il résulte d'une lettre du roi, du 16 déc. 1765, que cette défense n'est plus en vigueur aujourd'hui. — Jugé, en conséquence, que le fait d'avoir navigué près des côtes des Antilles appartenant à la France, sans s'être signalé au large pour se soumettre à la visite, n'autorise plus la capture du navire étranger (Crim. cass. 25 nov. 1824) (1).

25. Le respect dû au malheur a souvent fait décider qu'un navire qui, pour échapper au naufrage, cherche un asile dans un port, même ennemi, doit être relâché. Plusieurs nations civilisées ont reconnu ce droit d'asile, et il a été décidé qu'on doit relâcher tout navire qui, poussé par la tempête sur les côtes de France, a cherché asile dans un de nos ports, alors surtout que la neutralité du navire réfugié paraît établie (cons. des prises, 13 vent. an 9, M. Berlier, pr., aff. La Diana). — Conf. Merlin qui rappelle le trait suivant rapporté par Raynal, Hist. pol. et phil. des établissements européens dans les Indes, liv. 14, ch. 52. — L'Elisabeth, vaisseau de guerre anglais, allait infailliblement périr, lorsqu'il aima mieux entrer dans la Havane : c'était un port ennemi, c'était dans le feu de la guerre. — « Je viens, dit le capitaine Edward au gouverneur de la place, je viens vous livrer mon navire, mes matelots, mes soldats et moi-même; je ne vous demande la vie que pour mon équipage. — Je ne commettrait point, dit le commandant espagnol, une action déshonorante. Si nous vous avions pris dans le combat, en pleine mer ou sur nos côtes, votre vaisseau serait à nous, et vous seriez nos prisonniers. Mais, battus par la tempête et poussés dans ce port par la crainte du naufrage, j'oublie et je dois oublier que ma nation est en guerre avec la vôtre. Vous êtes des hommes, et nous le sommes aussi, vous êtes malheureux, nous vous devons de la pitié. Déchargez donc avec assurance, et radoubez vos vaisseaux. Trafiquez, s'il le faut, dans ce port, pour les frais que vous devez payer. Vous partirez ensuite, et vous aurez un passe-port jusqu'au delà des Bermudes. Si vous êtes pris après ce terme, le droit de la guerre vous aura mis dans nos mains; mais, en ce moment, je ne vois dans les Anglais que des étrangers pour qui l'humanité réclame du secours. »— Cette réponse mérite sans contredit notre admiration; elle est digne des temps antiques. Mais nous doutons fort qu'un tel exemple soit suivi de nos jours. Si un bâtiment de guerre ennemi cherchait un refuge dans nos ports, ce serait, ce semble, une générosité peu sensée que de restituer les armes dirigées contre nous et que les hasards de la guerre ont fait tomber entre nos mains. « Les raisons ne manquent pas pour justifier la saisie en pareille occa-

---

(1) *Espèce* : — (Navires anglais et américains.)—Le procureur général expose qu'il est chargé par M. le garde des sceaux, ministre de la justice, de dénoncer à la cour, en vertu de l'art. 441 c. inst. crim., six arrêts rendus les 4 mai, 5 juin et 20 juillet derniers, par la commission spéciale d'appel de la Guadeloupe, dans les affaires des navires anglais Anna-Sarah, Charlotte, Teazer, Bella et Fox, et du navire américain l'Entreprise, et d'en requérir l'annulation dans l'intérêt de la loi. Les six arrêts présentent les mêmes questions, établissent le même principe, et sont fondés sur la même circonstance, savoir, que les navires confisqués avaient navigué trop près de nos Antilles. Dans l'affaire du schooner américain l'Entreprise, quoique ce navire ait été relâché et qu'il ait dû l'être, puisqu'il ne portait aucune marchandise prohibée, la commission spéciale n'en a pas moins condamné le capitaine à une partie des frais, par le motif qu'il y avait donné lieu par sa manœuvre sous la côte de Marie-Galande. Ainsi partout la même théorie. — L'exposant croit donc pouvoir réunir les six arrêts dans une même discussion. Son but unique, ou plutôt celui du gouvernement français, est d'obtenir la proclamation d'une maxime généreuse, digne des sentiments qui animent les grandes puissances maritimes; maxime de confiance et de loyauté; maxime même de nécessité, quand il s'agit d'un archipel où la navigation est tellement gênée, qu'une mesure de rigueur est presque toujours une injustice.

Voyons maintenant la lettre du 16 déc. 1765 (code de la Martinique, t. 2, p. 452), qui est ainsi conçue : « M. le comte d'Ennery et M. le président de Peinier, j'ai ordonné par l'art. 5, tit. 1, de mes lettres patentes de 1727, que les étrangers ne pourraient aborder avec leurs vaisseaux ou autres bâtiments, dans les ports, anses et rades de mes îles et colonies, ni naviguer à une lieue autour d'elles, à peine de confiscation de leurs vaisseaux et autres bâtiments, ensemble du chargement, et de 1,000 liv. d'amende, qui seraient payées solidairement par le capitaine et les gens de l'équipage. — Ces dispositions étaient d'autant plus nécessaires, qu'il se faisait alors un commerce considérable en fraude par les bâtiments étrangers, au grand préjudice de celui de mes îles; mais les circonstances étant changées aux îles du Vent, par la cession que j'ai faite à mon frère le roi d'Angleterre des îles de Tabago, de la Grenade, de Saint-Vincent et de la Dominique, dont la situation est telle que les Anglais, partant de Tabago et de la Grenade pour aller à la Dominique, sont obligés de ranger très-près mon île de la Martinique; et ceux qui partent de la Barbade sont forcés, pour se rendre à la Dominique, de passer ou entre Saint-Vincent et Sainte-Lucie, ou dans le canal qui sépare Sainte-Lucie de la Martinique; de manière que si la seconde partie de l'art. 5 du tit. 1 de mes lettres patentes de 1727 subsistait, leurs bâtiments seraient presque toujours exposés à la confiscation prononcée par cet article; j'ai considéré, d'un autre côté, que mes sujets de la Martinique sont également obligés de ranger les côtes de la Dominique, pour se rendre à la Guadeloupe; que si les Anglais usaient de réciprocité à notre égard, mes sujets des îles du Vent, ainsi que les Anglais, éprouveraient respectivement, dans leur navigation, par le mélange de possessions, des difficultés, et qu'il pourrait en naître des incidents capables d'altérer l'union qui a été rétablie par le dernier traité de paix. — Pour prévenir tous les inconvénients qui en pourraient résulter, mon intention est de laisser subsister la première partie dudit article 5, et de suspendre l'exécution de la seconde, jusqu'à nouvel ordre. Je vous ordonne, en conséquence, etc. »

Cette lettre fixe la législation et la fixe invariablement, tant qu'elle n'est pas expressément révoquée. — Il est vrai que l'article final de l'arrêt du conseil du 30 août 1784 porte : « Seront, au surplus, exécutées les dispositions des lettres patentes du mois d'oct. 1727, et des ordonnances et règlements subséquents, concernant le commerce étranger dans les îles et colonies françaises, en ce qui n'y est pas dérogé par le présent arrêt. » — Mais cette disposition ne peut s'entendre que des points qui ne sont pas fixés par une législation spéciale.—Il faudrait que cette législation spéciale fût nommément abrogée. — L'arrêt du conseil ne s'occupe pas de la marche et de la direction des bâtiments. Il n'établit pas une pénalité sur la distance. Il fixe des règles sur des points qui n'ont rien de commun avec cette présomption exorbitante qui avait été introduite par les lettres patentes : il pose des principes qu'on trouve dans tous les codes maritimes; et c'est dans le sens de ces principes, qui forment le droit commun des nations, que le législateur dit que les lettres patentes du mois d'oct. 1727 seront exécutées en ce qui n'y est pas dérogé par le présent arrêt. — Pénétrons-nous maintenant de la sagesse de cette lettre royale, écrite le 16 déc. 1765. — Quoi de plus arbitraire, quoi de plus dangereux que ces législations particulières sur la distance? — Bodin (de la République, liv. 1, chap. 10) prétend que, suivant le droit commun de tous les peuples maritimes, la domination du prince s'étend à trente lieues des côtes. — La République de Venise regardait la mer Adriatique comme son domaine. — L'Angleterre s'attribuait l'empire des mers qui l'environnent jusque sur les côtes opposées, et Selden (Traité *mare clausum*) rapporte un acte solennel, duquel il résulte qu'au temps d'Edouard Ier cette prétention avait obtenu l'assentiment de la plus grande partie des peuples maritimes; mais aujourd'hui l'Angleterre se borne à faire intimer dans les eaux de ses îles l'ordre de s'éloigner aux bâtiments étrangers trouvés mouillés ou rôdant sur les côtes, et à les faire capturer s'ils ne s'éloignent dans les quarante-huit heures (Acte de la quatrième année du règne de Georges III). — Les meilleurs publicistes se réunissent à dire que ce point essentiel devrait être réglé par les traités.—La seule chose à considérer, pour les affaires dont il s'agit, est la lettre du roi du 16 déc. 1765. — A-t-elle été révoquée? Si elle ne l'a pas été, comme la chose paraît énergiquement résulter de tous les éléments de la discussion, il y a atteinte à une législation importante, dont le maintien est recommandé par une saine politique, par le droit public des nations, par la justice enfin, qui ne doit pas asseoir une condamnation sur un fait équivoque, isolé, et qui ne peut faire naître qu'une simple présomption. — Il y a, en même temps, et par voie de conséquence, fausse application des lettres patentes du mois d'oct. 1727, et de l'arrêt du conseil du 30 août 1784.— Ce considéré, il plaise à la cour casser et annuler, dans l'intérêt de la loi, les six arrêts dont expéditions sont ci-jointes.— Signé Mourre. — Arrêt.

LA COUR; — Vu le réquisitoire ci-dessus, les pièces y jointes, et la lettre de M. le garde des sceaux, ministre de la justice, en date du 9 de ce mois; — Vu aussi l'art. 441 c. inst. crim.; — Faisant droit sur le réquisitoire du procureur général, et par les motifs qui y sont exprimés, casse et annule, dans l'intérêt de la loi, les six arrêts mentionnés audit réquisitoire.

Du 25 nov. 1824.-C. C., sect. crim.-MM. Portalis, pr.-Rataud, rap.

sion, dit Valin; n'y eût-il que la crainte que l'ennemi ne profitât de l'occasion pour reconnaître le port et ce qui s'y passe, c'en serait assez» (V. MM. de Pistoye et Duverdy, t. 1, p. 114).—Valin déclare plus admirable qu'imitable une loi contraire portée par le Danemark dans une déclaration de guerre contre l'Espagne. —Peut-être l'inflexibilité de cette règle devrait-elle fléchir s'il s'agissait d'un simple bâtiment marchand. Telle était en effet l'espèce dans laquelle a été rendue la décision précitée du 13 vent. an 9, qui se justifierait à ce point de vue. Cependant on ne doit pas se dissimuler que la législation relative aux navires échoués dont il sera parlé au n° 27, présente de forts arguments contre la doctrine généreuse du conseil des prises. — Casageris, disc. 24, n° 31, disait aussi : *Bona et res inimicorum deprædari recte possunt licet navis amica vel inimica, vi ventorum tantum et tempestatis, ad littora vel portus principis inimici accesserit.*

26. Du reste, il a été décidé que le navire admis sans contestation, comme ami, dans un port français, ne peut être saisi plus tard comme ennemi (cons. des prises, 13 frim. an 9, aff. le Camaron, MM. de Pistoye et Duverdy, t. 1, p. 334).

27. Les navires ennemis échoués sur les côtes peuvent-ils être déclarés de bonne prise? — L'affirmative résulte formellement d'une ordon. du 12 mai 1696 (V. p. 915), ainsi que de l'art. 14 du règlement de 1778 (V. p. 915). L'arrêté du 2 germ. an 8 et le décret du 18 juill. 1854, en attribuant compétence au conseil des prises sur les bâtiments échoués ou naufragés, confirment virtuellement les dispositions qui précèdent (V. en ce sens MM. de Pistoye et Duverdy, t. 1, p. 113).—Dans une espèce où un navire neutre avait fait naufrage sur les côtes de France, il a été relâché, non pas à raison de l'échouement, mais par cela seul que la neutralité était constante et que le chargement du navire ne pouvait être l'objet d'aucune suspicion (cons. des prises, 29 fruct. an 8, M. Portalis, c. conf., aff. la Maria-Arendz). — Au surplus, il a été formellement jugé que les navires échoués sur les côtes de France sont obligés de prouver leur neutralité comme ceux qui sont arrêtés en pleine mer (cons. des prises, 3 mess. an 9, aff. l'Anna-Catharina, V. MM. de Pistoye et Duverdy, t. 2, p. 91).

28. Néanmoins, le navire échoué après les préliminaires de la paix connue doit être rendu à son véritable propriétaire (cons. des prises, 3 niv. an 10, aff. la Fortune), ce qui ne peut faire de doute.

Art. 3. — *Des personnes qui peuvent exercer le droit de prise. —Lettres de marque.*

29. L'art. 1 du titre *Des prises*, de l'ordonnance sur la marine, d'août 1681, portait que «nul ne peut armer un vaisseau en guerre sans commission de l'amiral.» L'art. 34 de l'arrêté du 2 prair. an 11 défend également aux navires de commerce, sous peine de confiscation de la prise au profit de l'État et de punition contre le capitaine, de faire aucune capture, à moins qu'ils ne soient porteurs d'une lettre de marque. — Dans l'origine la *lettre de marque* était un acte du gouvernement qui autorisait celui qui en était porteur à se faire justice lui-même aux dépens d'une nation ennemie, à passer la frontière ou les marches pour obtenir réparation du préjudice qu'il avait éprouvé : *Jus concessum in alterius principis marchas seu limites transeundi, sibique jus faciendi.* C'est donc probablement par suite d'une confusion de mots que cette locution a été admise : on eût dû dire *lettres de marches.* Autrefois, du reste, ce droit était généralement reconnu : aux termes d'un édit de 1443, ces sortes de lettres ne devaient plus être accordées qu'à ceux à qui le prince étranger aurait refusé trois fois la justice. Mais il arrivait fréquemment que le porteur de ces lettres était traité comme voleur : de là des représailles, et souvent la guerre. Aussi vit-on promptement l'usage de ces lettres restreint aux courses maritimes. — On appelle *lettres de contre-marque* ou de *contre-prise* celles qui sont délivrées contre ceux qui ont délivré des lettres de marque. — On désigne aussi sous le nom de *commission en guerre* les permissions de faire la course. Autrefois ce nom était réservé à l'armement des corsaires en temps de guerre, la dénomination de *lettres de marque* ou *de représailles* n'impliquant pas nécessairement l'état de guerre (V. Ordon. de 1681, liv. 3, tit. 9 et 10; MM. Ortolan, Diplom. de la mer, t. 2, p. 60; de Pistoye et Duverdy, t. 1, p. 158 et suiv.).—On connaît deux sortes de commissions : 1° la *lettre de marque pure et simple*, délivrée à ceux dont l'unique but est de courir sus à l'ennemi; — 2° La *commission en guerre et en marchandises* accordée aux bâtiments de commerce armés pour leur propre défense et qui leur donne le droit de capturer dans l'occasion un navire ennemi (V. MM. de Pistoye et Duverdy, t. 1, p. 159). — Les navires munis de lettres de marque régulières prennent le nom de *corsaires.*

30. Les particuliers ne peuvent exercer le droit de course que par délégation du gouvernement, qui ne la concède ordinairement que sous des conditions et moyennant l'accomplissement de formalités nécessaires pour empêcher que ces armements ne se multiplient de manière à rendre leur surveillance par trop difficile. —Les prises faites sur les ennemis par les bâtiments dépourvus de commissions n'en sont pas moins valables; seulement le capteur n'y a aucun droit: la confiscation est prononcée au profit du gouvernement. — Cette décision est le corollaire de ce principe que les prises faites par le souverain d'un belligérant appartiennent de droit à ce souverain, et que ce n'est que comme récompense de la coopération volontaire des particuliers à la guerre, qu'il abandonne en leur faveur son droit sur les prises à eux faites (V. MM. de Pistoye et Duverdy, t. 1, p. 163). — Il a été décidé en effet : 1° que la prise faite par un bâtiment non pourvu de lettres de marque et sans que l'armateur eût rempli les obligations qui lui sont imposées, est confisqué au profit de l'État (arrêté 2 prair. an 11, art. 34), pourvu que le bâtiment capturé soit ennemi ou réputé tel (V. n°s 43 et s.); — 2° Que la prise faite par les habitants d'une commune maritime sans lettres de marque appartient à l'État (cons. des prises 7 niv. an 10, aff. hab. de Sanary *C.* l'État, V. MM. de Pistoye et Duverdy, t. 1, p. 168); — 3° Qu'en cas de recousse, lorsque le navire recous est resté plus de vingt-quatre heures en possession de l'ennemi, il doit être adjugé au gouvernement, si les repreneurs n'ont pas de lettres de marque (cons. des prises 17 therm. an 9, aff. l'Anonyme, *eod.*)..., et que si la recousse a lieu avant les vingt-quatre heures, le droit du tiers (V. n° 193) est acquis à l'État (cons. des prises 13 niv. an 10, aff. la Ville du Croisic *C.* la Marie-Louise, *eod.*, p. 167); — 4° Que les employés de la régie des douanes n'ayant pas qualité pour combattre l'ennemi, la prise opérée par eux doit être confisquée au profit de l'Etat (cons. des prises 7 frim. an 9, aff. le Merle *C.* la Fortunée, *eod.*, p. 166). — Aujourd'hui, il en serait autrement; car les préposés des douanes sont assimilés aux troupes de terre et de mer (avis cons. d'Et., 4 avril 1809, V. p. 928).

31. Il est cependant fait exception à cette règle : 1° lorsqu'un bâtiment de commerce, d'ailleurs muni de passe-port ou congé de mer, prend, en se défendant, le navire qui l'avait attaqué (arr. 2 prair. art. 34); —2° Lorsque des Français prisonniers chez des puissances avec lesquelles la nation française est en guerre, enlèvent, en s'évadant, des bâtiments ennemis (décr. 18 vend. an 2, V. p. 916, MM. de Pistoye et Duverdy, t. 1, p. 171, font connaître les circonstances qui ont donné lieu à cette loi); — 3° Quand la capture d'un navire a lieu pour cause de piraterie (L. 10 avr. 1825, art. 10, V. Organ. marit.).—C'est ainsi qu'il a été décidé : 1° que les bâtiments de commerce qui sont attaqués et qui, dans un combat pour leur légitime défense, reprennent des bâtiments capturés par l'ennemi, jouissent des mêmes droits de recousse que les bâtiments porteurs de lettres de marque (cons. d'Ét. 31 mai 1807) (1); — Et que les bâtiments ennemis enlevés en

(1) (La Vierge-du-Rosaire). — Napoléon, etc. — Considérant que l'art. 34 de l'arrêté du gouvernement, daté du 2 prair. an 11, qui accorde à un bâtiment de commerce la valeur de la prise qu'il aura faite dans le cas d'une légitime défense, l'assimile, dans ce cas, à un bâtiment armé en course, et, par conséquent, lui donne les mêmes droits à une récompense de recousse que ceux que pourrait avoir un bâtiment armé en course, etc. :

Art. 1. La décision de notre conseil des prises, en date du 9 avr. 1806, est confirmée.

Du 31 mai 1807.-Décr. du cons. d'Ét.

pleine mer par des Français qui s'y trouvent prisonniers sont de bonne prise pour les capteurs (cons. des prises 26 therm. an 13, aff. Gaullier).

32. Tout armateur en course qui n'est pas autorisé par une commission régulière doit être traité comme pirate (V. Organ. marit.).

33. Quant aux vaisseaux ou bâtiments armés au nom et pour le compte de l'État belligérant, ils sont par cela seul autorisés à courir sur les vaisseaux et bâtiments ennemis et à s'en emparer (V. MM. Goujet et Merger, Dict. de dr. com., v° Prise, n° 1, et Chavot, de la Propriété, t. 2, n° 397). — Les armements en course étant aujourd'hui supprimés (V. n° 11) les bâtiments de l'État seuls peuvent s'emparer des bâtiments de commerce appartenant à l'ennemi.

34. Les lettres de marque sont délivrées en France par le ministre de la marine (décr. 31 janv. 1793 ; arrêté 2 prair. an 11, art. 15), et aux colonies par les gouverneurs (arrêté 2 prair. an 11, art. 112). — Mais les pouvoirs des gouverneurs aux colonies ne vont pas jusqu'à leur permettre d'autoriser la course contrairement aux traités ou aux principes du droit maritime (cons. des prises 29 fruct. an 8, aff. l'Ubrick-Cock).

35. Les lettres de marque délivrées par un gouvernement de fait, mais non reconnu par les puissances étrangères, n'en doivent pas moins protéger celui qui les a obtenues, et mettent obstacle à ce qu'on le considère comme pirate. — La prétention contraire élevée par le gouvernement britannique en 1793 n'eut pas de suite, et l'Angleterre elle-même ne contesta jamais aux Français munis de lettres de marque délivrées par le gouvernement républicain le caractère de corsaires. — V. MM. de Pistoye et Duverdy, t. 1, p. 161.

36. L'art. 3 de l'ord. de 1681 défend aux Français de prendre commission d'aucun prince ou État *étranger* pour armer des vaisseaux en guerre et de courir la mer sous leur bannière, si ce n'est avec la permission du roi. — Mais les règlements anciens ne contenaient aucune disposition sur le point de savoir si les lettres de marque pouvaient être délivrées par le gouvernement français à des *étrangers*. — Aussi avait-il été jugé qu'aucune loi ne défend de donner à des étrangers des lettres de marque (Cass. 26 therm. an 7, aff. Focken et consorts *C.* Dartigaux). — Mais, depuis cet arrêt, l'art. 16 de l'arrêté du 2 prair. an 11 a décidé d'une manière formelle que les citoyens français seuls pouvaient obtenir des lettres de marque. Cet article a tranché une grave question de droit international. On peut voir dans le traité de MM. de Pistoye et Duverdy, p. 173 et suiv. tous les éléments de la controverse. Dans la dernière guerre, presque toutes les puissances ont interdit à leurs nationaux d'accepter des lettres de marque des puissances belligérantes. — V. mêmes auteurs, t. 2, p. 476 et suiv.

37. Les corsaires sont quelquefois accompagnés de bateaux, auxquels on donne le nom de *mouches*, qui les suivent dans leurs croisières, courent la même fortune, partagent les mêmes dangers et sont montés par des hommes de leur équipage. L'autorisation accordée au corsaire s'étend à sa mouche, sous la condition néanmoins que celle-ci ne peut courir pour son propre compte et qu'elle doit agir à la vue du corsaire qui l'expédie. La distance dans laquelle la mouche peut faire des prises n'est pas, on le comprend, légalement déterminée, et par exemple il a été décidé que la prise faite par la mouche d'un corsaire, envoyée à la découverte à deux lieues marines au plus de distance, montée par les gens de l'équipage de ce corsaire et commandée par le second, est valable (ord. cons. d'Ét., 20 nov. 1815, aff. Albertin).

38. Il est évident qu'à l'expiration de la lettre de marque, la mouche ne pourrait continuer la course qu'avec une nouvelle autorisation. Mais si le corsaire désarme avant que sa commission soit expirée pourrait-il faire courir sa mouche seule et sans une autorisation particulière? — La question s'est élevée devant le conseil des prises et n'a pas été résolue : on a attribué, il est vrai, la prise au capteur, mais plutôt comme récompense de son courage que comme un droit qui lui appartenait légitimement (cons. des prises, 17 prair. an 9, MM. Berlier, pr., Niou, rap., aff. le Volney *C.* le Jésus-Maria-Joseph).

39. Un armateur qui a obtenu la permission d'armer en course doit en outre fournir un cautionnement que l'art. 2 du titre des prises de l'ordonnance de 1681, fixait à 15,000 liv. et que l'art. 20 du règlement du 2 prair. an 11 a élevé à une plus forte somme. — La lettre de marque est nulle si elle est délivrée sous un nom autre que celui du véritable armateur (arrêté 2 prair. an 11, art. 17). — Cette disposition a pour objet de prévenir de graves abus qui s'étaient produits autrefois (V. MM. de Pistoye et Duverdy, t. 1, p. 183). — Les formalités à suivre pour obtenir des lettres de marque sont tracées dans les art. 18 et suiv. de l'arrêté de l'an 11.

40. Il a été jugé, sous la législation qui attribuait la connaissance des prises aux tribunaux, que c'était à la partie publique seule qu'appartenait le droit d'examiner ou de contester la régularité des lettres de marque ; qu'en conséquence, le propriétaire du navire capturé ne pouvait demander que la prise fût invalidée sur le motif que la lettre de marque, n'ayant pas été régulièrement renouvelée, était expirée, alors que le corsaire avait fourni caution pour un temps illimité (Req. 28 vent. an 6) (1).

41. Aux termes du règlement du 14 fév. 1675, l'armateur ou son capitaine doit, avant le départ, déposer le rôle d'équipage et s'engager à faire revenir le vaisseau au port de l'armement. — L'art. 61 de l'arrêté de l'an 11 prescrit au capteur d'amener ou d'envoyer, autant que possible, les prises qu'il a faites au port de l'armement. En cas d'empêchement il est tenu d'en avertir immédiatement son armateur.

42. Le plus souvent les armements particuliers se font par des sociétés, qui sont soumises, par l'arrêté du 2 prair. an 11, à des règles spéciales (art. 1 à 8 ; V. sur ces différents articles MM. de Pistoye et Duverdy, t. 1, p. 214 et suiv.). — Il a été jugé 1° que les droits de commission accordés à l'armateur d'un corsaire par l'art. 7 de l'arrêté du 2 prair. an 11 ne sont relatifs qu'aux cas y prévus ; qu'en conséquence, en cas de dépenses extraordinaires, les tribunaux peuvent, lors de la liquidation de l'armement, accorder d'autres indemnités à l'armateur (Req. 22 fév. 1820) (2) ; — 2° Que bien qu'une société pour un temps déterminé ne puisse être dissoute avant le terme fixé, sans la volonté de tous les associés, cependant il suffit, lorsqu'elle avait pour but le partage des bénéfices résultant des captures faites par un navire armé en corsaire, que celui des associés, qui n'a pas pris part à la vente de ce navire faite par ses coassociés, ait demandé le partage du prix et des captures, pour qu'il n'ait aucun droit aux captures faites postérieurement avec un autre navire acheté par les autres associés (Req. 29 janv. 1806) (3) ; —

(1) (Califano *C.* Scassi.) — LE TRIBUNAL ; — Considérant qu'à la partie publique seule appartient le droit d'examiner ou de contester la régularité des lettres de marque et autres pièces dont un armateur doit être pourvu pour faire la course ; que d'ailleurs, dans l'espèce, le corsaire *la Dangereuse* était muni d'une lettre de marque visée et approuvée par arrêté du commissaire du pouvoir exécutif dans l'île de Corse du 25 pluv. an 5, portant en outre autorisation au capitaine dudit corsaire à se faire expédier au bureau de la marine à Bonifacio ; — Que la caution fournie au consulat de la république à Gênes pour l'armement dudit corsaire était pour un temps illimité ; — Rejette.

Du 28 vent. an 6.-C. req.-MM. Gaultier, pr.-Boyer, rap.

(2) (Bendix.) — LA COUR ; — Sur le moyen résultant d'une prétendue contravention aux art. 1 et 7 de l'arrêté du gouvernement du 2 prair. an 11, et à l'art. 1850 du c. civ. ; — Attendu que l'arrêté du gouvernement invoqué, du 2 prair. an 11, a fixé l'objet et la cause des commissions accordées aux armateurs des corsaires, et qu'en décidant que le cas extraordinaire de préhension par les armées de la presque totalité des objets capturés n'était pas au nombre des cas prévus par l'arrêté précité, l'arrêt attaqué a usé du droit qui lui est attribué d'appliquer les règlements et les lois aux faits prévus par eux et les règles de l'équité à ceux qui n'ont pas été prévus ; attendu que l'art. 1850 c. civ. détermine que l'associé gérant est tenu des dommages qu'il a causés par sa faute, et que son application à la cause n'est ni justifiée ni fondée en fait ou en droit ; — Rejette.

Du 22 fév. 1820.-C. C., sect. req.-MM. Lasaudade, pr.-Borel, rap.

(3) (Solette *C.* Gaultier.) — LA COUR ; — Attendu que Solette ayant par exploit du 21 mess. an 12 reconnu que le navire dit la Sorcière avait été vendu et ne s'étant pas opposé de son propre aveu à cette vente proposée par le même, et Gautier ayant borné sa demande introductive d'instance du 26 brum. suivant au compte général et définitif

3° Que lorsqu'une société a été formée pour armer un corsaire, et que l'armateur arme le navire en guerre et en marchandises (V. n° 29 *in fine*), il ne peut obliger les actionnaires à rester en société avec lui, car l'objet de la société n'est plus le même (trib. d'appel de Bordeaux, 12 flor. an 10, aff. Villenenve).

SECT. 3. — DES NAVIRES QUI PEUVENT ÊTRE DÉCLARÉS DE BONNE PRISE.

ART. 1. — *De la prise des vaisseaux ennemis.*

43. « Seront de bonne prise, porte l'art. 4, tit. 9, liv. 3 de l'ord. de 1681, tous vaisseaux appartenant à nos ennemis...» Cette disposition, renouvelée par l'art. 51 de l'arrêté du 2 prair. an 11, embrasse tous les vaisseaux ou bâtiments de guerre ou marchands ennemis, qu'ils soient la propriété du gouvernement ou d'un membre de la nation avec laquelle on est en guerre. — Par application de ce principe, il a été jugé : 1° que lorsqu'il résulte de l'acte d'affrètement d'un navire qu'il appartient à un ennemi, le navire et la cargaison sont de bonne prise : « Attendu, porte l'arrêt, qu'il résulte de l'acte d'affrètement du navire dont il s'agit, du 8 janv. 1797, que Pollert est négociant de Lisbonne, ce qui a dû le faire considérer comme ennemi; d'où il suit que les marchandises chargées par son ordre et pour son compte ont dû être confisquées, et qu'à son égard les juges dont on attaque le jugement ne sont point contrevenus aux règlements ni aux lois de la matière, etc. » (Rej. 4 pluv. an 7, M. Lodève, rap., aff. le Nordel-Falk); — 2° Qu'un navire peut être déclaré de bonne prise, quoiqu'il résulte de son passe-port qu'il est neutre, s'il a été trouvé à bord dans les papiers une lettre portant qu'il est réellement une propriété ennemie (cons. des prises 17 brum. an 9, aff. la Molly; 17 brum. an 10, aff. le Wynyan); —3° Que la qualité ennemie d'un navire est suffisamment établie lorsqu'il est constant qu'il sortait d'un port ennemi, qu'il marchait de conserve avec un autre navire reconnu ennemi, qu'il a pris la fuite pendant plusieurs heures devant le corsaire français, et qu'il a été abandonné par le capitaine et l'équipage, encore bien que l'on aurait trouvé quelque temps après la capture des pièces de bord émanées des autorités françaises (cons. d'Et. 15 janv. 1816, aff. Ribas), ... alors d'ailleurs que le fait que ce navire sortait d'un port ennemi résulte de la déposition du capitaine et de celle de deux hommes de l'équipage, et que le chargement était fait pour compte ennemi (même ordonnance).

44. Toutefois, il a été décidé que bien qu'un navire étranger soit muni d'une licence délivrée par un ennemi, cependant il suffit qu'il ait eu son pouvoir des pièces délivrées par les autorités françaises d'un port et à la destination d'un autre port occupé par la France pour que la capture qui en a été faite ne soit pas valable, si d'ailleurs il n'a pas dérogé par d'autres faits au caractère d'allié (cons. d'Et. 27 mai 1816) (1).

45. Des circonstances particulières peuvent faire fléchir la rigueur des principes. Ainsi un navire qui, dans toute autre circonstance, serait de bonne prise, doit être laissé en liberté quand il apporte des vivres dans un port français où règne la disette (cons. des prises 27 fruct. an 9, aff. l'Active *C.* la Maria, V. MM. de Pistoye et Duverdy, t. 1, p. 31).

46. La règle qui déclare de bonne prise tous les bâtiments ennemis doit souffrir exception en faveur des bâtiments pêcheurs qui, par leur destination, restent étrangers à la fois et à la défense et à la richesse de la nation à laquelle ils appartiennent, et qui sont en même temps le seul moyen de subsistance de ceux qui les emploient. — Cette règle d'humanité est pleinement adoptée par le droit des gens moderne (V. notamment Traité de 1785 entre les États-Unis et la Prusse, art. 23). — Pendant les guerres de l'empire, la liberté de la pêche côtière fut maintenue entre la France et l'Angleterre (V. Merlin, Rép., v° Prises, § 3, art. 1; Favard, *eod.*, § 2, et MM. Goujet et Merger, *eod.*, n° 31; de Pistoye et Duverdy, t. 1, p. 314). — Il a été décidé en ce sens que la pêche doit être considérée comme neutre; qu'ainsi, les bateaux destinés à la pêche sur les côtes ne sont pas de bonne prise (cons. des prises 9 therm. an 9) (2). — Le commissaire du gouvernement cite dans son réquisitoire une lettre du roi

---

de la totalité des produits des prises faites par le corsaire la Sorcière jusqu'au moment où il a été exposé en vente, ainsi que du prix de ladite vente, circonstances et dépendances, les juges de la cour d'appel de Rennes ont pu, sans violer aucune loi, déduire, ainsi qu'ils l'ont fait, de ces circonstances de la cause un acquiescement formel du demandeur à la dissolution de la société, après la vente du navire qui en avait été l'objet;

Attendu que dans cet état de provocation et de dissolution de la société d'une part, d'acceptation de cette dissolution d'autre part, l'une et l'autre déclarées constantes en fait, le contrat judiciaire formé par cette volonté des parties devenait la règle des juges, et qu'ils n'ont pu violer ni le traité du 2 prair. an 11, ni les ordonnances et règlements sur les sociétés d'armement qu'ils n'avaient plus à appliquer; — Rejette.

Du 29 janv. 1806.-C. C., sect. req.-MM. Lasaudade, pr.-Borel, r.

(1) (Castro *C.* Aldecoa.) — Louis, etc,... — Considérant porte l'ordonnance, qu'il résulte du rapport du consul de France à Saint-Ander et des témoignages du commandant français à Castro-Ordiales, et de l'intendant français dans la province de Biscaye, que lorsque le navire le San-Bonaventure a été arrêté, il a justifié par ses papiers de bord, expédiés par les autorités française à Gyon, et dont le corsaire s'est emparé, que ledit navire venait de Gyon, port occupé par les troupes françaises; qu'il y avait pris son chargement, et qu'il allait à Bilbao, autre port occupé par les troupes françaises; que l'effet de ces papiers n'a pas pu être détruit ni par la licence du commandant de la Corogne, si d'ailleurs ledit navire n'a pas dérogé, par le fait, au caractère d'allié, ni par les autres pièces produites par les capteurs qui ne paraissent pas se rapporter au voyage actuel du navire. La requête est rejetée, etc.

Du 27 mai 1816.-Ordon., du cons. d'Et.

(2) *Espèce* :—(Nostra Senhora dela Piedad y Animas *C.* le corsaire français la Carmagnole.)— Un bateau pêcheur portugais la Nostra Senhora de la Piedad y Animas ayant été capturé par un corsaire français, le conseil de prises fut appelé à statuer sur la validité de la capture.—Le commissaire du gouvernement rechercha d'abord l'état de la législation maritime sur la question. Il s'exprimait ainsi : Le monument le plus ancien que nous ait conservé sur ce point le code des prises, est une ordonnance du 1er oct. 1692, rendue sous le règne de Louis XIV. A cette époque la neutralité parfaite de la pêche était reconnue. L'ord. du 1er octobre éloignait, à la vérité, de nos parages les pêcheurs anglais; mais elle accordait à ceux qui y seraient rencontrés, un sauf-conduit de huit jours pour retourner chez eux, et cette mesure que les circonstances justifiaient, n'avait pour but que de se garantir de l'espionnage auquel, sous prétexte de la pêche, se livrait un ennemi qui préparait déjà le bombardement de nos places maritimes. — Dans la guerre que la France soutint contre l'Angleterre en faveur de l'indépendance américaine, elle ne s'écarta point de ses principes. « Le désir que j'ai toujours eu, porte une lettre du roi à l'amiral, en date du 5 juin 1779, d'adoucir les calamités de la guerre, m'a fait jeter les yeux sur cette classe de mes sujets qui se consacre au commerce de la pêche, et qui n'a pour subsistance que les ressources que ce commerce lui présente; j'ai pensé que l'exemple que je donnerais à mes ennemis, et qui ne peut avoir d'autres principes que les sentiments d'humanité qui m'animent, les déterminerait à accorder à la pêche les mêmes facilités auxquelles je consentirais à me prêter. En conséquence, j'ai donné ordre à tous les commandants de mes bâtiments, aux armateurs et capitaines des corsaires, de ne point inquiéter jusqu'à nouvel ordre les pêcheurs anglais, et de ne point arrêter leurs bâtiments, non plus que ceux qui seraient chargés de poisson frais, quand même ce poisson n'aurait pas été pêché à bord de ces bâtiments; pourvu toutefois qu'ils ne soient armés d'aucune arme offensive, et qu'ils ne soient pas convaincus d'avoir donné quelques signaux qui annonceraient une intelligence suspecte avec les bâtiments de guerre ennemis. »

Bientôt on eut occasion de mettre en pratique les principes contenus dans cette lettre; et l'arrêt du conseil du 6 nov. 1780 en offre un exemple remarquable. Cet arrêt, qui renouvela les défenses portées en la lettre du 5 juin, fut rendu sur une opposition formée par la chambre du commerce de Dunkerque, contre une ordonnance du conseil des prises du 10 mai 1780; qui avait déclaré bonne la rançon du bateau pêcheur anglais le Jean et Sara. La chambre du commerce exposait dans sa requête qu'aucune ville du royaume n'était plus intéressée que celle de Dunkerque, au maintien de la liberté de la pêche; elle rappelait une lettre du ministre de la marine, du 31 mai 1778, qui contenait les intentions du roi à cet égard; et l'armateur français lui-même, dès qu'il fut instruit que la prise était celle d'un bateau pêcheur, s'empressa de donner un désistement formel de ses prétentions.

Depuis le commencement de la guerre actuelle, bien loin que le gouvernement français ait rendu, sur la liberté de la pêche, des décisions opposées à celles publiées jusqu'alors, on l'a vu au contraire en étendre et en favoriser constamment les principes. — Au mois de mars 1795, le conseil exécutif autorisa les officiers municipaux de Calais, à ouvrir, avec le commandant des dunes, une négociation tendant à l'affranchissement entier de la pêche, à trois lieues des côtes. — En thermidor an 5,

Louis XVI, du 5 juin 1779, rendue conformément aux mêmes principes.—Des exemptions ont été accordées pareillement dans la dernière guerre aux bateaux qui servaient à l'échange des vivres et du poisson frais entre les paysans de la côte d'Arkhangel et ceux de Finmarken. — V. cons. des prises 18 nov. 1854, aff. la Dwina, MM. de Pistoye et Duverdy, t. 2, p. 501.

47. La même exception doit-elle être admise en faveur des bateaux ennemis faisant le cabotage?—Nous ne le pensons pas. Quelque rigoureux que soient les principes admis en matière de prise, il ne nous paraît pas possible d'en affranchir les bâtiments caboteurs, qui sont en définitive des navires de commerce et dont les patrons n'ont pas à invoquer les motifs qui militent en faveur des bateaux pêcheurs (arg. cons. d'Et. 3 déc. 1828, aff. le Nisus, V. n° 68).

48. L'art. 6 de l'ordonnance répute vaisseau ennemi et déclare de bonne prise celui dans lequel on ne trouve ni charte-partie, ni connaissement, ni factures.—V. n°s 66 et suiv.

49. La prise d'un navire peut, nonobstant l'inobservation des formes prescrites par la loi pour s'assurer de sa nationalité au moment de la capture, être déclarée bonne et valable, si la nationalité ennemie de ce navire est établie devant le conseil des prises (cons. des prises 21 avril 1855, aff. le brick la Tri-Swiatitela, D. P. 55, 3, 73).

50. Suivant l'art. 6 du règlement du 26 juill. 1778, et la loi du 4 fév. 1793, on n'a point égard aux passe-ports accordés par les puissances neutres ou alliées tant aux propriétaires qu'aux maîtres des bâtiments sujets des états ennemis, s'ils n'ont été naturalisés et s'ils n'ont transféré leur domicile dans les États de ces puissances trois mois avant la déclaration de guerre; et même ils ne peuvent profiter de cette naturalisation si, depuis qu'ils l'ont obtenue, ils sont retournés dans les États ennemis pour y continuer leur commerce. — Jugé ainsi qu'un navire appartenant à des sujets d'un État ennemi est valablement capturé, quoique muni d'un passe-port émané d'une puissance neutre, s'il n'a été accordé qu'après la déclaration de guerre et si, en outre, le capitaine n'a été naturalisé et n'a transféré son domicile dans les pays de cette puissance neutre que depuis la déclaration de guerre (Cass. 18 therm. an 6 (1); Req. 6 frim. an 7, MM. Gohier, pr., Seignette, rap., aff. Orange; 12 therm. an 7, aff. la Peggy; cons. des prises, 7 vend. an 10, aff. l'Ams. C. la Mascarade, V. MM. de Pistoye et Duverdy, t. 1, p. 503 et suiv.).

51. Dans une affaire soumise au conseil des prises, M. Portalis avait établi, d'une manière nette et précise, que le capitaine originaire d'un pays ennemi, mais qui depuis longtemps est traité dans un État neutre comme s'il en était citoyen, doit être considéré comme naturalisé neutre; qu'en conséquence, sa présence sur un navire neutre n'autorise pas la confiscation. Néanmoins, le conseil a validé la prise, sans en donner de motif, comme c'était son usage. — Le capteur avait présenté plusieurs moyens pour faire valider la prise, de sorte que l'on ne peut savoir si le conseil donnait ou non son approbation à la doctrine de M. Portalis, qui nous semble conforme à l'équité.—V. cons. des prises, 27 therm. an 8, aff. le Ruby C. le Bougainville, MM. de Pistoye et Duverdy, t. 1, p. 508.

52. Aux termes de l'art. 7 du règlement du 26 juill. 1778, les bâtiments d'origine ennemie ne peuvent être réputés neutres ou alliés qu'autant qu'il est justifié par *actes authentiques* trouvés à bord que la vente ou cession en a été faite avant le commencement des hostilités. — La sévérité de ces dispositions se justifie par la facilité avec laquelle l'ennemi pourrait, à l'aide d'un transport simulé, se couvrir du masque neutre, et par l'expérience qui prouve que dans tous les temps il a multiplié les tentatives pour y réussir et que ce n'a pas toujours été sans succès. — Jugé, par application de cet article : 1° qu'un navire vendu par un gouvernement ennemi est ennemi; qu'en conséquence, celui qui a acheté ce navire du gouvernement ennemi, ne peut réclamer la qualité de neutre (Rej. 5 vend. an 8) (2); — 2° Qu'est valable la capture d'un navire appartenant à un sujet d'une puissance neutre, s'il a été acquis par lui d'un sujet anglais postérieurement à la déclaration de guerre avec l'Angleterre...; qu'on opposerait en vain une lettre d'un amiral de France qui autoriserait les sujets de la puissance neutre à acquérir même pendant

---

le comité de salut public renvoya sans échange tous les pêcheurs anglais qui se trouvaient dans les dépôts de la République, ne les considérant pas comme prisonniers de guerre, disposition qui renferme l'expression implicite des égards que mérite partout cette classe d'hommes, dont le travail pénible et peu lucratif, ordinairement exercé par des mains faibles ou âgées, est si étranger aux opérations de la guerre. — Mais pourquoi chercher des règles de conduite dans des actes qui sont déjà loin de nous? N'avons-nous pas sous les yeux l'exemple récemment donné par le gouvernement français lorsque le ministère britannique rompit brusquement, et sous de vains prétextes, la convention relative à la neutralité réciproque des pêcheurs, et sacrifia quelques malheureuses familles aux alarmes que lui causait la confédération maritime du Nord? Ne l'a-t-on pas vu protester contre cette détermination violente, et manifester, par le rappel de son commissaire à Londres, l'indignation qu'elle lui causait? ne l'a-t-on pas vu dénoncer un tel acte comme contraire à tous les usages des nations civilisées, et au droit commun qui les régit, même en temps de guerre, et comme donnant à la guerre actuelle un caractère d'acharnement et de fureur qui détruisait jusqu'aux rapports d'usage dans une guerre loyale? Enfin, ne l'a-t-on pas vu déclarer en même temps qu'ayant toujours eu pour premier désir de contribuer à la pacification générale, et pour maxime d'adoucir, autant que possible, les maux de la guerre, il ne pouvait songer, pour sa part, à rendre de misérables pêcheurs victimes de la prolongation des hostilités; qu'il s'abstiendrait de toutes représailles, et qu'il ordonnait au contraire que les bâtiments français armés en guerre ou en course continuassent à laisser la pêche libre et sans atteinte?

Il est donc constant que les bateaux pêcheurs doivent jouir d'une franchise entière; le gouvernement français l'a toujours ouvertement favorisée, et le cabinet de Saint-James ne l'a pas toujours méconnue. Dans le cours de la présente guerre, une convention conclue entre les Espagnols et les Anglais, et signée des amiraux Mazzaredo et Saint-Vincent, statua qu'aucune hostilité n'aurait lieu contre les bateaux pêcheurs des deux nations et leurs équipages, soit dans le canal de Gibraltar, soit dans la mer Septentrionale. La règle générale ne paraît susceptible d'aucun doute; elle dérive du droit des gens, qui est naturellement fondé, dit Montesquieu, sur ce principe, que les diverses nations doivent se faire dans la paix le plus grand bien, et dans la guerre le moins de mal qu'il est possible, sans nuire à leurs véritables intérêts.

Le commissaire du gouvernement, recherchant ensuite si quelque exception défavorable ne s'élevait point contre le bateau portugais capturé, ne voit aucune raison pour déroger aux principes qui ont constamment dirigé la conduite de la France pendant les guerres maritimes. — D'après ces considérations, il conclut à la restitution du bateau pêcheur la Nostra Senhora de la Piedad y Animas.

Le conseil, faisant droit sur les conclusions du commissaire du gouvernement, et adoptant les principes d'humanité et les maximes du droit des gens qui y sont développés, ordonne que le bateau pêcheur la Nostra Senhora de la Piedad y Animas, amené à Cartaya par le corsaire français la Carmagnole, ensemble le poisson qu'il renfermait, ou le produit net de la vente qui aurait pu en être faite, seront restitués au maître et patron du bateau pêcheur, ou à son fondé de pouvoirs, pour en disposer ainsi qu'il avisera.

Du 9 therm. an 9.-Déc. cons. pris.-MM. Berlier, pr.-Moreau, rap.

(1) (L'Actéon C. le Friendship.) — LE TRIBUNAL; — Vu l'art. 8 du règl. de 1704; vu aussi la disposition du règlement de 1744; vu enfin l'art. 6 du règl. de 1778; — Et attendu que les règlements de 1704 et 1744, dont l'exécution entière est ordonnée par la loi du 4 fév. 1793, exigent le concours des deux conditions de l'antériorité du domicile et de l'antériorité de la naturalisation avant la déclaration de guerre, pour que les passe-ports accordés par les puissances neutres, tant aux propriétaires qu'aux maîtres des vaisseaux sujets des états ennemis, soient valables et qu'on puisse y avoir égard; qu'il résulte évidemment de l'esprit du règlement de 1778 qu'une seule de ces deux conditions ne peut suffire; que toutes les deux sont nécessaires, les lettres de naturalisation n'étant que le résultat de la translation de domicile; que, dans le fait, le capitaine Orange est né en Angleterre, et que ses lettres de naturalisation dans un pays neutre sont postérieures à la déclaration de guerre entre la France et l'Angleterre : d'où il résulte que le navire le Friendship et sa cargaison étaient de bonne prise, et qu'en ne confisquant qu'une partie de cette cargaison et en donnant mainlevée du surplus ainsi que du navire capturé, les juges du Morbihan ont violé directement les règlements de 1704, 1744 et la loi du 14 fév. 1793; — Casse.

Du 18 therm. an 6.-C. C., sect. civ. M. Pépin, rap.

(2) (Slyboom C. Bonnet.) — LE TRIBUNAL; — Attendu, porte le jugement, qu'en vendant le navire le Jeune-Nicolas, le gouvernement anglais s'est considéré comme propriétaire de ce navire, et qu'en l'achetant de ce gouvernement Simon Deede, négociant à Altona, dernier propriétaire, a reconnu qu'il était devenu propriété anglaise depuis la guerre; que le Jeune-Nicolas ne pouvait donc être réputé neutre, et qu'en le déclarant de bonne prise, le tribunal civil des Bouches-du-Rhône a fait une juste application de l'art. 7 du règl. de 1778; — Rejette.

Du 5 vend. an 8.-C. C., sect. civ.-MM. Bayard, pr.-Target, rap.

la guerre et pendant un temps déterminé des navires provenant de l'Angleterre : « attendu que la présomption légale établie par l'art. 7 du règlement de 1778 écarte tout ce qui pourrait être dit au contraire » (Rej. 19 germ. an 7, MM. Gohier, pr., Seignette, rap., aff. Altensen); — 3° Qu'il suffit qu'un navire ait été acheté en pays ennemi et qu'à l'époque de sa capture par un corsaire les titres constatant sa propriété n'aient pas été trouvés à bord pour qu'elle soit déclarée valable; que peu importe que la vente en eût été faite au profit d'un neutre pour se remplir d'une créance qu'il avait depuis longtemps sur le vendeur (Req. 22 pluv. an 7, MM. Seignette, pr., Lizot, rap., aff. Raboserock); — 4° Qu'il en est de même de la capture d'un navire de construction ennemie si les différents changements de noms et de maîtres qu'il a éprouvés ne sont pas bien établis (Req. 11 therm. an 6, MM. Bayard, pr., Poya, rap., aff. Thompson *C.* la Junon); — 5° Qu'un navire de construction ennemie est de bonne prise, lorsque le neutre qui s'en prétend propriétaire ne peut établir la filiation de la propriété conformément au règlement de 1778, et qu'il produit des actes de vente qui évidemment ne se rapportent pas au navire capturé (cons. des prises 17 flor. an 9, aff. l'Elisabeth *C.* le Furet, MM. de Pistoye et Duverdy, t. 2, p. 11); — 6° Que le navire d'origine ennemie vendu à un neutre postérieurement au commencement des hostilités doit être déclaré de bonne prise, alors surtout que cette vente, qui n'est pas constatée par un acte authentique, n'a eu pour objet que de dissimuler la nationalité du navire capturé (cons. des prises 28 oct. 1854, aff. l'Orione *C.* l'Averne, V. MM. de Pistoye et Duverdy, t. 2, p. 499); — 7° Que l'on doit déclarer de bonne prise le navire d'origine ennemie dont le changement de propriété que l'on prétend antérieur à la déclaration de guerre n'est pas prouvé par des actes authentiques (cons. des prises 30 prair. an 13, aff. le Haabet *C.* l'Heureux; cons. d'Ét. 18 août 1807, aff. Van-Tungeln; 24 avr. 1808, aff. le Carl-Ludwig; cons. des prises 25 nov. 1854, aff. le Christiane, V. MM. de Pistoye et Duverdy, t. 2, p. 502). — V. aussi cons. des prises 29 fruct. an 8, aff. le Caninholm *C.* le Scipion, *eod.* p. 34.

53. Mais on a décidé que l'art. 7 du règlement de 1778 ne s'appliquait pas à un bâtiment de construction ennemie quoique vendu à un neutre après la déclaration de guerre, si le navire, échoué avant la guerre sur les côtes d'un pays neutre, avait été reconstruit depuis (Req. 11 therm. an 7) (1). — On a considéré le navire réédifié comme une chose nouvelle, abstraction faite de sa première forme.

54. Si le navire capturé appartient pour partie à des ennemis et pour partie à des neutres, y a-t-il lieu de restituer aux neutres leur part de propriété? — Non, si l'origine de la copropriété est postérieure à la déclaration de guerre; on doit par analogie appliquer à cette hypothèse l'art. 7 précité du règlement de 1778. — Mais s'il était justifié par des actes authentiques que la société entre le neutre et l'ennemi était formée dès avant la déclaration de guerre, il faut, conformément à ce même article, respecter cette division de la propriété. — Aucune fraude préjudiciable aux intérêts des puissances belligérantes ne peut naître de cette tolérance, laquelle d'ailleurs nous paraît conforme aux principes nouveaux qui ont pris place depuis la dernière guerre dans le droit maritime international (V. n° 11). — Toutefois, tel n'est pas l'avis de MM. de Pistoye et Duverdy, t. 1, p. 314, qui sans aucune distinction déclarent le navire capturé confiscable dans sa totalité : ces auteurs s'appuyent sur une décision de l'amirauté anglaise du 15 août 1854 (aff. l'Industrie *C.* le John) qui l'aurait ainsi décidé (V. *eod.*, p. 336).

55. A l'égard des bâtiments de fabrique ennemie qui ont été pris par les vaisseaux de l'Etat, des alliés ou des particuliers, pendant la guerre, et qui ensuite ont été vendus aux sujets des Etats alliés ou neutres, l'art. 8 du règl. de 1778 porte qu'ils ne peuvent être réputés de bonne prise s'il se trouve, à bord, des actes en bonne forme, passés devant des officiers publics à ce préposés, justificatifs tant de la prise que de la vente ou adjudication qui en aurait été faite ensuite, aux sujets des Etats alliés ou neutres, soit en France, soit dans les ports des Etats alliés; mais faute de pièces justificatives tant de la prise que de la vente, ces bâtiments sont de bonne prise. — C'est la reproduction de l'art. 10 du règl. de 1744 (V. MM. de Pistoye et Duverdy, t. 2, p. 18 et s.). — Par application de cette disposition il a été très-bien jugé qu'est valable : 1° la capture d'un navire qui aurait déjà été antérieurement pris par un autre corsaire et vendu à un sujet d'une puissance neutre, quoique l'acte de cette vente se trouve à bord, alors qu'il est constant qu'il a été revendu à un sujet d'une puissance ennemie *en tout* ou *en partie* (Req. 24 niv. an 7) (2), ... Ou lorsque les pièces de bord ne prouvent pas son identité avec celui précédemment vendu (Req. 2 vent. an 7) (3); — 2° Que le citoyen neutre propriétaire d'un navire de construction ennemie et qui a arboré pavillon neutre, doit, s'il prétend que son navire lui a été vendu après avoir été pris sur l'ennemi par des Français, prouver la vente par une série d'actes non interrompus (cons. des prises, 27 brum. an 9, aff. l'Anna-Maria *C.* l'Italique, MM. de Pistoye et Duverdy, t. 2, p. 20).

56. Mais il a été décidé, d'autre part, 1° que le navire pris sur les ennemis par les alliés de la France et vendu à un neutre n'est pas de bonne prise, si la prise et la vente sont constatées par les pièces trouvées à bord; et il importe peu qu'il ait changé de nom si son identité est constante (cons. des prises, 7 vend. an 9, aff. le Normanden *C.* les Alpes-Maritimes); — 2° Que le navire ennemi vendu à un neutre après la prise qui en a été faite par un corsaire français, doit être relâché, s'il justifie par les pièces qui sont à bord du jugement de confiscation et de la vente qui en a été la suite, alors même que la pièce qui constate la vente aurait été délivrée par un agent du gouvernement français sans l'observation des formalités exigées par les règlements; que cette irrégularité qui n'a d'autre effet que d'obliger l'agent à en rendre compte au gouvernement ne peut préjudicier à un tiers et surtout à un neutre traitant de bonne foi (cons. des prises, 23 niv. an 9, aff. l'Anna-O'Neil *C.* l'Ariége). Cette décision dont les motifs sont en partie reproduits dans la notice qui précède a été rendue contrairement aux conclusions du commissaire du gouvernement. — V. MM. de Pistoye et Duverdy, t. 2, p. 26.

57. Jugé encore que des juges n'ont pu prononcer la confiscation d'un vaisseau capturé et fonder leur décision sur l'art. 8 du règlement du 26 juill. 1778, sans exiger la preuve que le navire était de construction ennemie : ils n'ont donc pu, à plus forte raison, énoncer dans le jugement, qu'il n'était pas nécessaire d'examiner la question relative au fait de la construction du navire (Cass. 28 vent. an 7) (4).

(1) (Le Flibustier *C.* les Deux-Frères.) — LE TRIBUNAL; — Attendu que dans l'espèce et d'après les faits constatés, le bâtiment les Deux-Frères ne pouvait plus être considéré comme ayant conservé le caractère de fabrique ou de propriété ennemie, et qu'ainsi le jugement attaqué ne présente aucune contravention aux dispositions de l'art. 7 du règlement de 1778; — Rejette.

Du 11 therm. an 7.-C. C., sect. req.-MM. Chasle, pr.-Rataud, rap.

(2) (Le Wenskabet *C.* l'Heureux-Hasard.) — LE TRIBUNAL; — Attendu que la circonstance de la neutralisation du Wenskabet par une première capture devient absolument indifférente dès que depuis ce navire a appartenu à un ennemi et a été vendu depuis et pendant la guerre, comme cela résulte et du jugement attaqué et des pièces même produites en ce tribunal; — Rejette.

Du 24 niv. an 7.-C. C., sect. req.-MM. Chasle, pr.-Riolz, rap.

(3) (L'Anne-Sophie *C.* le Serpent.) — LE TRIBUNAL; — Sur le moyen tiré de la contravention à l'art. 7 du règlement de 1778, et de la fausse application de l'art. 5 du même règlement. — Attendu que les juges ont reconnu que le navire la Demoiselle-Anne-Sophie était de construction anglaise; que la propriété neutre n'était pas prouvée par les pièces trouvées à bord, les seules qui peuvent faire foi en justice, d'après l'art. 11 du règlement du 26 juill. 1778 : que les actes de prise et de vente du navire The James, trouvés à bord du navire la Demoiselle-Anne-Sophie, ne prouvaient point l'identité du The James et de la Demoiselle-Anne-Sophie, et que la preuve de cette identité pouvait seule communiquer au navire la Demoiselle-Anne-Sophie le caractère de neutralité acquis au navire The James; — Rejette.

Du 2 vent. an 7.-C. C., sect. req.-MM. Seignette, pr.-Gamon, rap.

(4) (Les propriétaires du navire l'Offnung *C.* Métois et comp.) — LE TRIBUNAL; — Vu l'art. 208 de l'acte constitutionnel, l'art. 10 du tit. 2 de la loi du 24 août 1790, et l'art. 8 du règlement du 26 juill. 1778; — Considérant, 1° que le tribunal civil de la Loire-Inférieure n'a énoncé dans son jugement aucune loi de la république qui pût servir de base à la confiscation qu'il a prononcée du navire l'Offnung. En quoi il a violé

58. On a encore décidé, par application de l'art. 8 du règlem. de 1778 qu'un navire *neutre* capturé pour infraction aux règles de la neutralité et vendu par la France à un neutre, peut être pris une seconde fois s'il est rencontré sans acte de vente régulier (cons. des prises, 17 vent. an 9, aff. l'Offung *C.* l'Anonyme). Telle est du moins la solution qui résulterait de la décision du conseil des prises telle qu'elle est rapportée par MM. de Pistoye et Duverdy, t. 2, p. 12 et s. — Le commissaire du gouvernement avait conclu en sens contraire et avec beaucoup de raison; car l'art. 8 du règlement de 1778 parle de navires *ennemis* vendus après capture et non de navires *neutres;* et l'on conçoit très-bien que la loi soit plus rigoureuse à l'égard de ceux-là qu'à l'égard de ceux-ci : la fraude qui est à craindre lorsqu'il s'agit d'un navire ennemi transformé en navire neutre, disparaît lorsqu'on se trouve en présence d'un bâtiment qui n'a jamais cessé d'être neutre. — Du reste, il y avait dans l'espèce cette circonstance que le navire capturé était porteur de papiers qu'on soutenait ne pas lui appartenir; peut être ce moyen, lequel du reste était également combattu par le commissaire du gouvernement, a-t-il influé sur la décision du conseil des prises : c'est ce que l'on ne peut savoir attendu l'absence de motifs.

59. Le fret acquis fait partie de l'armement et doit être confisqué quand le navire est de bonne prise (cons. des prises, 25 nov. 1854, aff. le Christiane, V. MM. de Pistoye et Duverdy, t. 2, p. 502).

60. Mais les effets formant la propriété personnelle du capitaine capturé doivent lui être restitués (cons. des prises, 28 oct. 1854, aff. l'Orione *C.* l'Averne; 18 nov. 1854, aff. la Dwina *C.* le Beaumanoir; 25 nov. 1854, aff. le Christiane; V. MM. de Pistoye et Duverdy, t. 2, p. 499 et s.).

ART. 2. — *De la prise des bâtiments neutres ou alliés.*

61. En principe, l'état de guerre entre plusieurs nations n'altère en rien l'indépendance naturelle et la liberté des Etats qui veulent rester neutres. — Aussi ces derniers peuvent-ils, en leur qualité d'ami commun des belligérants, continuer leurs relations d'amitié avec chacun d'eux, et notamment le commerce maritime (V. MM. de Pistoye et Duverdy, t. 1, p. 358 et suiv.). —L'art. 1 du règlem. du 26 juill. 1778, reconnaît formellement que les navires des puissances neutres ne peuvent être arrêtés, lors même qu'ils sortiraient des ports ennemis ou qu'ils y seraient destinés.—Il a été jugé par application de cet article : 1° qu'il y a lieu d'annuler toute prise de navires appartenant à une puissance contre laquelle le gouvernement français n'a pas autorisé la course et qui sont neutres (cons. d'Et. 16 mars 1807, aff. Constantini); — 2° Qu'encore bien que le gouvernement aurait donné l'ordre d'arrêter tous les navires chargés de grains dans la Baltique, cet ordre ne peut entraîner la confiscation des bâtiments qui n'ont pas enfreint les règles de la neutralité telles qu'elles étaient alors établies (cons. d'Et. 18 mars 1816, aff. le Sedimon, n° 141); — 3° Que le navire neutre destiné pour un port ennemi n'est pas de bonne prise (cons. des prises, 29 prair. an 8, aff. Philandros *C.* la Cybèle, MM. de Pistoye et Duverdy, t. 1, p. 355; 13 vend. an 9, aff. l'Économie *C.* l'Avantageux, *eod.*, p. 359); — 4° Qu'un navire neutre destiné pour un pays neutre peut légitimement relâcher dans un port ennemi quand il est prouvé qu'il ne renonce pas à sa destination primitive (cons. des prises, 27 fruct. an 8, aff. la Pandore *C.* le Requin, V. MM. de Pistoye et Duverdy, t. 1, p. 125).

62. N'est pas non plus une cause de prise le certificat de neutralité délivré par un consul de la nation ennemie (cons. des prises, 29 prair. an 8, aff. Philandros *C.* la Cybèle).

63. Cette faculté de la part des neutres de continuer le commerce maritime pendant la guerre, n'enlève pas aux belligérants le droit d'empêcher les abus qui tendraient à favoriser l'un d'eux en ce qui a rapport à la guerre. Ils sont donc autorisés à surveiller et à prévenir les fraudes d'une neutralité feinte. « Si l'ennemi connu, disait Portalis, disc. du 14 flor. an 8, est toujours manifeste, le neutre peut cacher un ennemi réel sous la robe d'ami : il est alors frappé par le droit de guerre, et il mérite de l'être. » — En conséquence, afin de prévenir les abus, on a admis certaines restrictions au droit que conservent les neutres de continuer leurs relations pacifiques avec chacun des Etats ennemis.

64. Il sera question sous cet article : 1° de la manière de constater la neutralité;—2° De la semonce;—3° Des objets de contrebande chargés sur bâtiment neutre ou ami;—4° Des marchandises ennemies chargées sur bâtiment neutre ou ami; — 5° Des marchandises appartenant à des neutres, chargées sur bâtiments ennemis;—6° De la prise des bâtiments neutres qui portent des secours à des places assiégées ou bloquées;—7° De la prise des bâtiments ayant un officier major d'un pays ennemi et de ceux dont le tiers de l'équipage est composé de sujets ennemis.

§ 1. — *Constatation de la neutralité. — Pièces de bord; passe-port, rôle d'équipage, connaissements, etc., etc. — Jet à la mer.*

65. Aux termes de l'art. 53 de l'arrêté du 2 prair. an 11, « sont de bonne prise soit les bâtiments, soit leur chargement en tout ou en partie, dont la neutralité n'est pas justifiée conformément aux règlements ou traités. » —Quels sont, d'après les règlements et les traités, les moyens de justification par lesquels on peut établir sa qualité de neutre? — C'est ce que l'on va examiner.

66. Suivant l'art. 2 du règlement précité de 1778, « les maîtres des bâtiments neutres sont tenus de justifier sur mer de leur propriété neutre par les passe-ports, connaissements, factures et autres pièces de bord, l'une desquelles au moins doit constater la propriété neutre ou en contenir une énonciation précise. »

67. Il a été décidé avec raison qu'on doit déclarer valable : 1° la prise d'un navire non muni de papiers de bord, et se rendant sur une côte bloquée par l'armée française (ord. cons. d'Et. 22 août 1844, M. d'Haubersart, rap., aff. le Carmen); — 2° Les prises faites dans les parages d'un pays ennemi, des navires voyageant sans être munis d'aucun papier de bord (ord. cons. d'Et. 18 juill. 1844, M. d'Haubersart, rap., aff. le Carmen).

68. Mais si c'est l'usage du pays auquel appartient le navire de naviguer sans papiers de bord, la confiscation ne doit pas être prononcée.—Ainsi, il a été décidé que n'est pas valable la prise de bateaux qui faisaient le cabotage et qui ont été capturés comme corsaires par un brick français, lorsqu'ils sont reconnus appartenir à un pays ami, qui ne les soumet pas ordinairement à la production de papiers de bord propres à constater leur nationalité : « Considérant, dit l'ordonnance, que les bateaux le Mansoure et le Rouge n'étaient pas algériens, et ne naviguaient pas sous pavillon algérien; qu'ils étaient sortis de l'un des ports de la régence de Tunis, pour faire le cabotage, et que leur navigation n'offrait rien d'irrégulier selon les lois de ce pays » (cons. d'Et. 3 déc. 1828, M. de Rozière, rap., aff. le Nisus).

69. L'art. 2 du règlem. de 1778 n'exige pas que toutes les pièces de bord justifient de la neutralité du navire. Ce n'est qu'à défaut de toutes pièces tendant à l'établir, que le navire est saisissable.—En conséquence, il a été jugé : 1° qu'un capitaine peut justifier sur mer de sa propriété neutre, tant par sa patente régulièrement délivrée que par le manifeste et les connaissements : « Considérant qu'aux termes de l'art. 2 du règlem. de 1778, il suffit de justifier sur mer de sa propriété neutre par quelqu'une des pièces de bord; que, dans l'espèce, Raicevich a prouvé la propriété neutre du navire la Marie, tant par la patente ou passe-port qui lui a ét

---

l'art. 208 de la constitution qui oblige les juges à énoncer dans leurs jugements les lois dont ils font l'application; — Considérant, 2° que le même tribunal s'est fondé uniquement sur un règlement danois du 30 juill. 1756 qui n'a aucun caractère de loi en France; que par là il a pris une part indirecte à l'exercice du pouvoir législatif, et par conséquent violé l'art. 10 du tit. 2 de la loi du 24 août 1790. — Considérant, 3° que les juges de la Loire-Inférieure n'ont pas déclaré qu'il y eût preuve que le navire soit de construction ennemie; qu'ils ont même énoncé qu'il n'était point nécessaire d'examiner cette question de fait d'où il suit que ces juges n'auraient pu fonder la validité de la prise sur les dispositions de l'art. 8 du règlement du 26 juill. 1778 relatif aux navires de fabrique ennemie sans faire une fausse application de cet article. — Casse.

Du 28 vent. an 7.-C. C., sect. civ.-MM. Bayard, pr.-Rozier, rap

délivré le 24 janv. 1797 par les magistrats de Raguse que par le manifeste et les connaissements » (Rej. 5 pluv. an 7, MM. Bayard, pr., Gamon, rap., aff. Raicevich);—2° Que la neutralité d'un navire est suffisamment établie par le passe-port délivré au capitaine par une puissance neutre, et par le passe-port français obtenu par ce capitaine (Cass. 3 flor. an 7, MM. Marraud, pr., Bayard, rap., aff. Archindorff);—3° Qu'elle l'est encore par l'acte de vente et de propriété du navire constatant qu'il appartient à des négociants d'une ville neutre, par le rôle d'équipage, par le manifeste de la cargaison, etc., dressés aussi dans la même ville; qu'ainsi, un navire qui se trouve nanti de telles pièces ne peut pas être confisqué, encore bien que l'équipage ait été renouvelé dans un port neutre, autre que celui du départ, et que le capitaine n'ait pas pris un passe-port en ce dernier lieu pour son retour, ce qu'il ne devait même pas faire (Cass. 11 frim. an 7, M. Lodève, rap., aff. le Phénix);—4° Enfin que la nullité du passe-port n'entraîne pas nécessairement la saisissabilité du navire; elle ne produit cet effet qu'à défaut d'autres pièces de bord suffisantes pour justifier la neutralité (Cass. 17 pluv. an 7, aff. l'Elisabeth, n° 95; 24 therm. an 7, aff. l'Anne-Louise, n° 111; cons. des prises, 3 mess. an 8, aff. la Constance *C.* les Deux-Amis). — V. dans le même sens MM. de Pistoye et Duverdy, t. 1, p. 419 et suiv., qui rapportent l'opinion conforme de Valin.

70. La loi met sur la même ligne l'absence et la nullité des pièces de bord. Dans les deux cas, le navire capturé est de bonne prise (Ordonn. de 1681, tit. 9, art. 4, 6, et art. 2 et 4 du règl. du 26 juill. 1778; arrêté du 2 prair. an 11, art. 53). — Il a été jugé ainsi qu'est valable : 1° la prise d'un navire qui portait des papiers de bord irréguliers (Ord. c. d'Et. 16 janv. 1846, M. d'Haubersaert, rap., aff. le Caïman); — 2° La prise d'un navire saisi par suite de la nullité du passe-port présenté par le capitaine : « Considérant que la nullité du passe-port opère le même effet que le défaut de passe-port, un passe-port reconnu nul n'ayant pas d'existence légale » (Rej. 6 vend. an 8, MM. Target, pr., Bayard, rap., aff. Mathys *C.* Renn; 2 brum. an 8, MM. Target, pr., Beaulaton, rap., aff. Bouwer *C.* Dartigaux); — 3° Celle d'un navire dont le passe-port est nul et dont les papiers de bord ont été soustraits (cons. d'Et. 9 déc. 1810, aff. l'Elisa); — 4° Celle du vaisseau qui navigue sous le commandement d'un individu qui s'en est emparé violemment et qui est porteur de papiers de bord qui ne légitiment pas son commandement (cons. d'Et. 2 juill. 1828, aff. le Cantabre); — 5° Celle du bâtiment armé qui est porteur de pièces de bord qui ne lui sont pas applicables (cons. d'Et. 24 avril 1833, aff. le Ferdinand VII, V. Organisation maritime [piraterie]); — 6° Celle du vaisseau qui navigue sans passe-port proprement dit et avec un rôle d'équipage irrégulier (cons. des prises, 6 therm. an 8, aff. la Carolina).

71. Remarquons, du reste, que quelques irrégularités dans les pièces du bord ne suffisent pas toujours à faire considérer la prise comme valable, si, d'ailleurs, la légitimité de l'expédition est reconnue. — C'est ainsi qu'il a été parfaitement décidé : 1° qu'était nulle la prise d'un navire dont les pièces de bord n'étaient pas simulées, bien qu'elles offrissent certaines irrégularités de formes :— « Considérant, dit l'ord., qu'il est constaté que les pièces de bord de la goëlette la Minerva ne sont pas simulées, bien qu'elles offrent quelques irrégularités de forme; et qu'il ne résulte de l'instruction aucun fait de navigation qui puisse donner lieu à la confiscation du navire, etc. » (cons. d'Et. 31 oct. 1827, M. de Rozière, rap., aff. La Minerva); ... 2° D'un bâtiment dont les pièces et papiers de bord constataient suffisamment l'origine et qui ne se trouvait dans aucun des cas prévus par le règlement du 2 prair. an 11 (cons. d'Et. 13 août 1828, aff. la Diane); — 3° Que lorsque la capacité réelle d'un bâtiment saisi ne diffère pas d'une manière notable de celle qui est indiquée dans le passe-port, on ne doit pas en conclure que le passe-port ne s'applique pas au navire, quand même il ne ferait pas mention des canons dont le navire était muni pour sa défense, ni de la manière dont il était géré, aucune loi n'exigeant ces indications dans un passe-port : — « Attendu, porte le jugement, qu'il n'est pas prouvé qu'il existe entre la capacité réelle du navire et celle qui est indiquée dans le passe-port une différence d'où l'on pût inférer que le passe-port trouvé à bord de ce navire ne lui soit pas applicable, et que cette conséquence ne résulte pas non plus du silence gardé dans le passe-port sur les canons dont le vaisseau était muni pour sa défense, ni sur la manière dont il était gréé, puisque aucune loi n'exige la mention de ces objets dans un passe-port » (Rej. 19 vend. an 8, MM. Bayard, pr., Havin, rap., aff. Dubois).

72. La rédaction des actes exigés par la loi pour constater la neutralité n'est pas soumise à des formes sacramentelles; quelle que soit la dénomination qui leur est attribuée par les parties, elles doivent être réputées valables si elles remplissent les conditions prescrites. — Ainsi, lorsqu'une pièce qualifiée manifeste est un véritable passe-port, le navire ne peut être déclaré de bonne prise, comme dépourvu de passe-port (cons. des prises, 9 vent. an 9, aff. la Minerva, MM. de Pistoye et Duverdy, t. 1, p. 410).—Il en est de même si le manifeste est revêtu de toutes les formalités exigées pour le connaissement; il constitue alors un véritable connaissement général qui embrasse la totalité de la cargaison; en conséquence, si quelques parties de cette cargaison manquent d'un connaissement particulier, le manifeste peut en tenir lieu (cons. des prises, 19 vend. an 9, aff. le Wilhelm *C.* le Juste, *eod.*, p. 458). — De même, une instruction du propriétaire du navire au capitaine qui comprend tout ce que la charte-partie, la facture, le connaissement et le manifeste doivent régulièrement comporter peut remplacer tous ces actes (cons. des prises, 29 niv. an 9, aff. la Fredericka, *eod.* p. 458).

73. L'art. 2 du règlement de 1778 veut qu'on n'ait aucun égard aux pièces de bord qui ne seraient pas signées.—Par application de cette disposition, il a été jugé : 1° qu'un navire dont les pièces nécessaires pour établir la neutralité trouvées à bord ne sont pas signées, est de bonne prise (Cass. 8 brum. an 8) (1);— 2° Qu'un connaissement qui n'est pas signé par le chargeur ne peut pas établir la neutralité de la cargaison (Cass. 29 brum. an 7, aff. l'Epervier, n° 140-1°; 22 flor. an 7, aff. le Thuyskon, n° 81).

74. Mais il a été jugé : 1° que les connaissements qui se trouvent à bord n'ont pas besoin d'être signés par le capitaine, pourvu qu'ils le soient par le chargeur (cons. des prises, 29 germ. an 9, aff. la Louise-Auguste *C.* le Bonaparte; 27 pluv. an 10, aff. l'Anna; 3 mess. an 8, aff. la Constance *C.* les Deux-Amis); — 2° Qu'on ne peut pas déclarer de bonne prise un navire dont la neutralité est reconnue, sous le prétexte que l'*extrait* du rôle d'équipage trouvé parmi les pièces de bord, n'est pas signé par les témoins, il suffit que l'*original* de ce rôle soit signé par les témoins (Cass. 4 pluv. an 7, aff. le Mercure); — 3° Qu'un rôle d'équipage qui n'est pas signé par les témoins n'est pas nul, s'il est confirmé par eux, lorsqu'il est d'ailleurs revêtu de la signature du notaire, dont la qualité est régulièrement attestée, et de celle de l'officier naval (Cass. 2 flor. an 7, aff. la Retrieve, n° 100).

75. La disposition de l'art. 2 du règl. de 1778, relative à la signature des pièces de bord, doit se combiner avec les règles admises dans la pratique de la nation à laquelle appartient le bâti-

---

(1) (L'Anne C. l'Æolus.) — Le tribunal; — Vu l'art. 2, règlement de 1778; — Considérant que la charte-partie trouvée parmi les pièces de bord du navire l'Æolus, se rapportant à une cargaison de grains, n'a pu servir à établir la propriété neutre d'une partie de la cargaison de ce navire, consistant en fer, poix, goudron et cuirs; que les connaissements n'étant signés que par le capitaine, sont dénués d'authenticité, et ne peuvent par conséquent prouver la neutralité de cette partie de la cargaison; que, d'ailleurs ces connaissements ne présentant qu'une énonciation vague pour compte neutre, n'établissent pas d'une manière suffisante cette neutralité; que les déclarations des chargeurs, que la loi n'admet pas comme propres à justifier la neutralité de la cargaison, et le manifeste du chargement, ne sont nullement signés; que dès lors, ces pièces devaient être considérées comme nulles et de nul effet; que d'ailleurs elles n'indiquent que les consignataires et non les propriétaires de la cargaison; qu'elles ne pouvaient donc, sous aucun rapport, prouver la propriété neutre; qu'aucune facture n'indique aussi ces propriétaires; qu'aucune des autres pièces de bord n'étant relative à la cargaison, il en résulte que la neutralité de cette cargaison n'était point légalement établie; d'où il suit qu'en faisant mainlevée d'une partie, le tribunal civil du département de la Loire-Inférieure a violé l'art. 2, règl. de 1778; — Casse.

Du 8 brum. an 8.-C. C., sect. civ.-M. Target, rap.

ment capturé. — Jugé ainsi qu'un navire muni d'un passe-port délivré par le collége de commerce de Suède, sans être signé par le souverain de ce pays, ne peut pas être déclaré de bonne prise, lorsque cette signature n'est pas exigée par les lois de ce pays (cons. des prises, 15 therm. an 8, aff. le Quintus C. l'Epervier).

76. On doit également ne pas perdre de vue les dispositions particulières insérées dans les traités intervenus entre la nation à laquelle appartiennent le capteur et le capturé. — C'est en tenant compte de cette proposition qu'on a jugé : 1° que la production du rôle d'équipage d'un navire appartenant à un sujet américain n'empêche pas que sa capture ne soit valable, si ce rôle n'est signé que par un seul témoin dont le nom est répété autant de fois que le traité du 6 fév. 1778 exige de témoins (Req. 17 frim. an 7) (1); — 2° Qu'est nul un passe-port au bas duquel se trouve la déclaration que le capitaine du navire a prêté avant son départ serment entre les mains d'officiers publics, que le navire appartenait à des citoyens unis, si cette déclaration n'est signée ni par le capitaine ni par les officiers publics qui devaient recevoir le serment, cette formalité étant exigée par le traité du 6 fév. 1778 passé entre la France et les Etats-Unis d'Amérique (cons. des prises, 6 therm. an 8, aff. le Républicain C. le Spartiate.)

77. Le traité de 1778 avec les Etats-Unis veut que le passeport contienne l'affirmation sous serment que le navire appartient à un ou plusieurs sujets des Etats-Unis. — Il a été décidé que le passe-port à la suite duquel il n'existe qu'une déclaration d'affirmation sans aucune signature, n'est pas valable (cons. des prises, 6 therm. an 8, aff. le Républicain C. le Spartiate, MM. de Pistoye et Duverdy, t. 2, p. 4).

78. Venons maintenant aux différents actes au moyen desquels la neutralité peut être constatée. — Le *passe-port* ou *congé* est l'acte émané de l'autorité publique qui autorise un navire à partir de tel port pour aller à telle destination indiquée (V. Droit marit., n° 417). — On appelle *connaissement* l'acte ou la reconnaissance sous signature privée, contenant la déclaration des marchandises chargées sur un vaisseau, le nom de ceux qui les ont chargées, celui des destinataires et le lieu de la destination, avec soumission de les y porter (V. *eod.*, n°s 831 et suiv.). — Parmi les autres pièces du bord se trouvent le *manifeste*, le *rôle d'équipage* et la *charte-partie* (appelée aussi *affrètement* dans l'Océan et *nolissement* dans la Méditerranée). — On entend par *manifeste* l'état du chargement d'un navire de commerce, avec indication de la nature de la cargaison. — Le *rôle d'équipage* est l'acte qui indique la composition du personnel d'un bâtiment. — *Charte-partie* désigne l'acte par lequel on loue un navire (V. Droit maritime, n°s 405 et suiv., 782 et suiv.; V. aussi MM. de Pistoye et Duverdy, t. 1, p. 418 et suiv.). — Le manifeste, disait le commissaire du gouvernement dans une affaire soumise au conseil des prises (V. MM. de Pistoye et Duverdy, t. 1, p. 459), n'est pas proprement une pièce de bord; il n'est pas connu dans les ordonnances ni dans les règlements sur les prises maritimes. C'est communément un tableau général de la cargaison que le capitaine se fait à lui-même, et qui n'intéresse ni le propriétaire, ni le chargeur, ni le consignataire, ni aucune personne ayant droit au navire ou à la cargaison. Mais si le manifeste est revêtu des formalités exigées pour d'autres pièces de bord, il doit en tenir lieu, et l'on doit, dans ce cas, juger l'acte non d'après sa dénomination, mais d'après son contenu (V. n° 72). — Le *certificat de jaugeage* n'a jamais été mis au nombre des pièces de bord; en conséquence, les irrégularités qu'il peut contenir sont indifférentes en ce qui concerne la validité de la prise (cons. des prises, 7 vend. an 9, aff. le Normanden C. les Alpes-Maritimes, V. MM. de Pistoye et Duverdy, t. 2, p. 21).

79. Le *passe-port* est la preuve spécifique que l'on n'est pas ennemi ni l'homme de l'ennemi, et que l'on voyage sous la protection d'une puissance neutre. — C'est une preuve importante pour prouver la neutralité, mais ce n'est pas une preuve indispensable. A défaut de passe-port, le navire peut prouver sa neutralité par d'autres documents (Conf. MM. Hautefeuille, Droits des neutres, t. 4, p. 247; de Pistoye et Duverdy, t. 1, p. 463. — *Contrà*, M. Massé, Droit comm., t. 1, n° 342). — Ce principe est généralement admis par le conseil des prises, V. n° 69.

80. Les formes du passe-port varient suivant les lieux et les temps; il suffit que cet acte soit fait dans la forme usitée chez la nation neutre qui l'a délivré pour qu'il soit valable, en vertu de la maxime *locus regit actum*, pourvu qu'il soit également dressé par l'autorité compétente. En conséquence, toutes les fois qu'un véritable passe-port est produit conforme aux règlements de la nation neutre qui l'a délivré, il suffit pour protéger le navire qui en est le légitime porteur (arrêté du 2 prair. an 11, art. 53). — Il a été jugé ainsi : 1° que le passe-port délivré par le sénat d'une ville au nom de son souverain, est valable, s'il est dans l'usage d'en délivrer à ses marins : « Attendu, porte le jugement, qu'il est constant, en fait, que le sénat de la ville d'Embden est dans l'usage et possession de délivrer aux marins de cette ville les passeports au nom de l'autorité du roi de Prusse, rejette » (Req. 26 pluv. an 7, MM. Seignette, pr., Moreau, rap., aff. Dartigaux); — 2° Que le passe-port délivré par les magistrats de Raguse est valable, quoiqu'il n'y soit pas fait mention de la capacité et des proportions du navire : « Attendu, porte le jugement, que les Ragusains ne sont assujettis, par aucune loi, à faire mention dans le passe-port de la capacité et des proportions du navire » (Rej. 5 pluv. an 7, MM. Bayard, pr., Gamon, rap., aff. Raicevich).

81. Mais l'on ne saurait présenter comme passe-port des pièces qui ne contiendraient que des énonciations étrangères à l'autorisation de naviguer pour une destination désignée. On devrait donc valider la prise d'un bâtiment qui ne justifierait de sa neutralité ni par un congé régulier ni par d'autres pièces de bord. — Jugé ainsi : 1° qu'il y a lieu de maintenir la prise d'un navire sortant de la Baltique sans passe-port, nonobstant l'usage qui permet de remplacer, dans cette mer (mais non au dehors), le passe-port par un certificat de construction et de propriété prussienne (cons. des prises, 16 therm. an 8, MM. Berlier, pr., Portalis, commiss., aff. la Carolina-Wilhelmina); — 2° Des lettres de franchises relatives seulement aux douanes, qui ne contiennent aucune mention du lieu de départ, ni du lieu de la destination du navire, ne peuvent pas remplacer le passe-port; qu'ainsi est de bonne prise un vaisseau se prétendant neutre, qui n'a pas de passe-port, mais seulement des lettres de franchise relatives aux douanes, et n'indiquant pas le lieu du départ ni la destination du vaisseau (Cass. 22 flor. an 7) (2).

82. Mais il a été jugé que, pour les Suédois, les lettres de franchise remplacent valablement le passe-port, alors d'ailleurs qu'elles sont accompagnées d'un acte de construction et d'un rôle d'équipage auquel on peut aussi appliquer les caractères d'un passe-port (cons. des prises 23 germ. an 9, aff. l'Eleonora).

83. Le passe-port délivré pour un voyage de caravane n'a

(1) (Stacey C. Sallanche.) — LE TRIBUNAL; — Attendu que le règlement du 26 juill. 1778 n'a pas dérogé au traité du 6 février de la même année. — Attendu que ce traité exige que le rôle d'équipage soit signé de témoins, que cette indication au pluriel dit qu'il doit être souscrit par plusieurs et non par un seul répété plusieurs fois dans le même rôle. — Rejette.

Du 17 frimaire an 7.-C. C., sect. req.-MM. Seignette, pr.-Jacob, rap.

(2) (Le Thuyskon.) — LE TRIBUNAL; — Vu l'art. 4, titre Des prises, de l'ordonn. de 1681, les art. 2, 4 et 5 du règl. du 26 juill. 1778, et l'art. 5, tit. 9 de l'ordonn. de la marine; — Attendu, 1° que, suivant ces divers articles, aucun navire ne peut naviguer sans un passe-port, et que les lettres de franchise qui ont été trouvées à bord du navire le Thuyskon, et relatives aux douanes seulement, ne peuvent point suppléer au passe-port, puisqu'elles ne contenaient aucune mention du lieu du départ, ni du lieu de la destination du navire; que le capitaine Woitge n'étant point muni d'un passe-port légal, sa navigation n'était point légitime; que par conséquent le Thuyskon, qu'il commandait, devait être déclaré de bonne prise, ainsi que la cargaison de ce navire, et qu'en prononçant la mainlevée, le tribunal civil du département du Nord a, sous ce rapport, violé l'art. 4 du titre Des prises de l'ordonn. de 1681; — Attendu, 2° que, suivant l'art. 2 du règl. du 26 juill. 1778, les juges ne doivent avoir égard qu'aux pièces qui sont signées, et que, dans l'espèce, les connaissements sur lesquels ils se sont fondés pour reconnaître la neutralité de la cargaison du navire le Thuyskon n'étaient point signés des chargeurs, mais seulement du capitaine Woitge, signature insuffisante pour en assurer l'authenticité; que, sous ce second rapport, le tribunal civil du département du Nord a violé l'art. 2 du règl. de 1778; — Par ces motifs, casse.

Du 22 flor. an 7.-C. C., sect. civ.-MM. Liborel, pr.-Sibnet, rap.

pas besoin d'indiquer une destination précise; en conséquence un tel passe-port, délivré pour aller dans la mer occidentale et plus loin est valable (cons. des prises 16 therm an 8, aff. le Quintus *C.* l'Epervier).

84. On ne peut déclarer de bonne prise le navire qui porte deux passe-ports, l'un pour le cabotage, l'autre pour une destination fixe, s'il est établi que le second ne devait servir qu'après l'expiration du premier (cons. des prises 9 mess. an 8, aff. le Reysiger *C.* le Courageux, MM. de Pistoye et Duverdy, t. 1, p. 435).

85. D'après l'art. 4 du règl. de 1778 « un passe-port ou congé ne peut servir que pour un seul voyage. » — Il suit de là, ainsi que cela a été jugé, que le navire qui navigue avec un passe-port ayant déjà servi à un voyage antérieur est de bonne prise, alors surtout que ce passe-port exprime une destination qui n'est pas celle dudit navire (Req. 4 therm. an 7) (1)... Et lorsque la propriété n'en est constatée que par un passe-port ayant deux ans de date, délivré pour un voyage accompli depuis longtemps (Req. 6 vend. an 7) (2).

86. Mais il a été très-bien décidé, d'autre part, qu'on ne doit pas confisquer un navire qui, lors de la prise, était encore dans le terme pour lequel le passe-port lui a été accordé (Rej. 5 pluv. an 7, MM. Bayard, pr., Gamon, rap., aff. Raicewich).

87. Pendant quel délai le passe-port doit-il être déclaré valable? — « Il n'y a aucun principe certain sur la matière, disait le commissaire du gouvernement devant le conseil des prises (V. MM. de Pistoye et Duverdy, t. 1, p. 24), et comme chaque affaire a sa physionomie particulière qui la distingue d'une autre et la caractérise, ce serait une inconséquence d'opiner d'un cas à l'autre, lorsque les rapports des choses ne sont pas les mêmes. » — Ainsi, il a été décidé, d'une part, qu'on doit déclarer nulle la prise d'un navire neutre porteur d'un passe-port ayant plus d'une année de date, si, conformément aux usages du pays auquel il appartient, ce passe-port ne porte point de limites de temps, et si le navire parti pour le cabotage n'est pas encore retourné au lieu primitif du départ (cons. des prises 19 brum. an 9, aff. le Bucking *C.* le Sans-Façon; 5 germ. an 9, aff. le Saint-Jean *C.* le Capricieux, MM. de Pistoye et Duverdy, t. 2, p. 25, t. 1, p. 475). — ... Et qu'un passe-port délivré pour le cabotage est valable tant que le navire n'est pas rentré dans les États du prince de qui il tient le passe-port (cons. des prises, 7 flor. an 8, aff. la Bagatelle *C.* le Basque).

88. Mais, d'autre part, on a déclaré de bonne prise : 1° le navire qui fait le grand cabotage et qui est muni d'un passe-port qui a plus de trois ans de date, la durée des congés pour le grand cabotage étant généralement fixée à deux ans (cons. des prises 7 brum. an 9, aff. la Maria *C.* le Passe-Partout, MM. de Pistoye et Duverdy, t. 1, p. 470); — 2° le navire appartenant à un sujet d'une puissance neutre, alors que son capitaine ne justifie que d'un passe-port délivré pour un an, mais expiré depuis quatre mois, encore bien que depuis cette délivrance de passe-port il ne serait pas encore rentré dans le port d'où il était parti et où il lui avait été délivré (Req. 26 vend. an 7) (3).

89. Le même art. 4 du règl. de 1778 porte : « Un passe-port est réputé nul, s'il est prouvé que le bâtiment pour lequel il aurait été expédié n'était, *au moment de l'expédition*, dans aucun des ports du prince qui l'a accordé. »

90. On a jugé qu'est valable : 1° la prise d'un navire muni d'un passe-port délivré à un sujet d'une puissance neutre pendant que le navire était encore dans un port ennemi... On dirait en vain que ce passe-port n'avait de valeur qu'après l'accomplissement de certaines formalités par le capitaine devant les autorités qui l'ont délivré et qu'il n'avait de date et de valeur que dès cette époque (Req. 28 pluv. an 7) (4); — 2° Celle du navire dont le passe-port délivré par une puissance neutre ne mentionne ni le lieu où il se trouvait au moment du passe-port, ni la nature de son chargement, ni le lieu de sa destination et que l'on trouve sur ses registres son départ d'un port autre que celui du lieu du passe-port sans savoir comment il y est arrivé (Req. 28 niv. an 7) (5).

91. Dans quel sens doit-on entendre ces mots de l'art. 4 précité : *au moment de l'expédition?* — Il a été jugé, d'une part, que le passe-port accordé à un navire par un gouvernement dans l'un des ports duquel ce navire ne se trouvait pas à l'époque de sa date, ne peut le garantir de la saisie, sous prétexte qu'il n'a été délivré qu'à une époque postérieure ; c'est à la *date du passe-port* et non à l'époque de sa délivrance qu'il faut s'arrêter (Cass. 12 vend. an 8) (6).

92. Toutefois, il a été jugé, d'autre part, qu'un passe-port n'est pas nul, parce qu'au moment de sa *confection* le navire n'était pas arrivé dans le port de la puissance qui l'a délivré; qu'il suffit, pour sa validité, que le navire soit arrivé dans le port au moment où la remise du passe-port a été faite au capitaine. — « Le tribunal, considérant que l'art. 4 du règlement du 26 juill. 1778, n'a entendu parler que du moment de la remise du passe-port au capitaine, et non de celui de la confection du passe-

(1) (Le Petit-Quinola.) — LE TRIBUNAL; — Attendu que le passe-port dont Aaron Jefferier était porteur n'exprime pas la destination pour Gothenbourg avec chargement de tabac et merrain, mais annonce un chargement de diverses marchandises pour Madère; — Attendu que Jefferier, après avoir fait son voyage de Madère, n'a pu ni dû partir de nouveau de Norfolk en Virginie pour un second voyage à la destination de Gothenbourg sans un nouveau passe-port; — Rejette.

Du 4 therm. an 7.-C. C., sect. req.-MM. Chasle, pr.-Delaunay, r.

(2) (Sterdensen *C.* Ollivet.) — LE TRIBUNAL; — Attendu que par le jugement du tribunal d'appel du 25 floréal dernier, il est reconnu en fait que le demandeur a navigué depuis deux ans sans avoir d'autre passe-port que celui qui lui avait été expédié depuis deux ans par le roi de Danemark pour partir du port d'Amsterdam; que ce seul motif suffit pour justifier la confiscation de son navire et de sa cargaison; — Rejette.

Du 6 vend. an 7.-C. C., sect. req.-MM. Bayard, pr.-Wicka, rap.

(3) (Noot-Nagel *C.* Sauvignet.) — LE TRIBUNAL; — Attendu que le passe-port donné au capitaine du navire la Fortune lui a été accordé pour naviguer partout où il jugera à propos et pour l'espace d'un an seulement, qu'il a été constaté par les juges que ce navire a été pris quatre mois après l'expiration de l'année pour laquelle le passe-port avait été donné; que par conséquent la prise a dû être déclarée bonne conformément à l'art. 5 du régl. du 26 juill. 1778 qui veut que les juges n'aient aucun égard aux passe-ports des puissances neutres, lorsque ceux qui les auront obtenus y auront contrevenus; — Rejette.

Du 26 vend. an 7.-C. C., sect. req.-MM. Seignette, pr.-Bayard, r.

(4) (La Bienfaisance *C.* le Furet.) — LE TRIBUNAL; — Attendu que le passe-port a été daté et signé à une époque où le navire la Bienfaisance était à Riga, port ennemi; — Attendu qu'il n'est pas prouvé que le passe-port ait été remis au capitaine Rau à Copenhague par autorité publique; — Attendu que ce passe-port est donné pour partir de Riga, port ennemi, pour l'Espagne et non pour partir de Copenhague; — Rejette.

Du 28 pluv. an 7.-C. C., sect. req.-MM. Seignette, pr.-Riolz, rap.

(5) (La Galiote d'Oldenbourg *C.* l'Epervier.) — LE TRIBUNAL; — Attendu que le passe-port dont Arris Cloasse Platte a été trouvé porteur sous la date du 13 juin 1796 est délivré par la chambre des finances du duché d'Oldenbourg pour aller en cabotage et n'indique pas le port dudit duché d'Oldenbourg dans lequel se trouve la galiote dite l'expédition d'Oldenbourg; — Attendu que ce navire est parti le 9 frimaire dernier du port d'Amsterdam appartenant à la république batave pour aller à Bilbao; qu'ainsi la chambre des finances d'Oldenbourg n'a pu donner un passe-port à un bâtiment qui était à Amsterdam; — Rejette.

Du 28 niv. an 7.-C. C. sect. req.-MM. Seignette, pr.-Delaunay, rap.

(6) (Le Zénodore *C.* la Charitas.) — LE TRIBUNAL; — Vu l'art. 4 du règlement de 1778, et l'art. 4 du tit. Des prises, de l'ordonnance de la marine; — Considérant que tout passe-port est déclaré nul, s'il est prouvé qu'au moment de l'expédition le navire n'était dans aucun des ports du prince qui l'a accordé; — Que cette preuve, que la date du passe-port qui se rapporte à l'expédition et non à la délivrance peut seule servir à établir, étant mise à la charge du capteur, il faut nécessairement, pour lui rendre cette preuve possible, ne pas confondre l'expédition du passe-port avec la délivrance, dont le moment n'est point constaté; qu'un passe-port nul ne peut opérer aucun effet; — Que celui qui navigue avec un tel passe-port navigue réellement sans passe-port, ce qui le fait rentrer dans l'application de l'art. 4 du titre des prises, de l'ordonnance du 1681;

Attendu que, dans le fait, il est incontestablement prouvé par le texte du passe-port même, par la déclaration assermentée du 27 août 1796, et par les aveux du capitaine Boisen, ou de son fondé de pouvoir, que le navire la Charitas était au port de Saint-Pétersbourg le 30 du même mois, jour de l'expédition ou de la concession du passe-port; que ce passe-port était donc réputé nul; et qu'en le considérant comme valable, et en relâchant la prise, le tribunal civil du département des Bouches-du-Rhône a violé l'art. 4 du règlement de 1778, et par suite l'art. 4 du titre des prises, de l'ordonnance de 1681. — **Casse.**

Du 12 vend. an 8.-C. C., sect. civ.-M. Beaulaton, rap.

port qui a pu avoir lieu auparavant; que, dans le fait, le navire était dans un port danois lors de la remise du passe-port délivré par le roi de Danemark; que ce passe-port ne peut donc être réputé nul; rejette » (Rej. 28 niv. an 7, MM. Bayard, pr., Marraud, rap., aff. Grimonpré); — 2° Que le passe-port peut être déclaré valable, encore que le navire pour lequel il est délivré soit dans un port étranger *au moment de la délivrance* de ce passe-port; qu'il suffit que le navire se soit rendu plus tard au port où le passe-port le suppose, et qu'il ait été réellement expédié de ce port (conseil des prises, 3 mess. an 8, aff. la Constance *C.* les Deux-Amis; 29 niv. an 9, aff. la Famille; 13 therm. an 9, aff. la Louise; 27 pluv. an 10, aff. la Paix, MM. Pistoye et Duverdy, t. 1, p. 479 et suiv.). — Cette dernière interprétation nous paraît préférable; car, ainsi que le disait fort bien M. Portalis dans l'affaire de la Constance, on sait que les passe-ports sont sollicités d'avance, pour que la route que l'on veut entreprendre ne soit pas retardée; il arrive donc souvent qu'un passe-port est rédigé en l'absence de celui qui le sollicite. — D'ailleurs le règlement ne dit point que l'on doit être dans l'un des ports du prince qui donne le passe-port, dans le moment même où ce passe-port est sollicité ou rédigé, mais seulement lors de l'expédition. — L'objet de la loi est de s'assurer que le passe-port n'est point tombé en main ennemie, et qu'il est véritablement destiné pour un sujet du prince qui l'accorde. Or cet objet est rempli quand l'expédition et la délivrance en sont faites dans les Etats ce prince au sujet même qui en est porteur.

93. Bien plus, il a été décidé: 1° que lorsqu'un navire neutre d'origine a été acheté par un neutre en pays allié, celui-ci est obligé, pour en sortir, de demander un passe-port à son souverain; qu'en conséquence ce passe-port est valable, encore bien qu'au moment, *soit de l'expédition, soit de la délivrance*, le navire ne se soit pas trouvé dans l'un des ports du prince qui le délivrait (cons. des prises, 21 frim. an 10, aff. l'Attention *C.* le Deucalion, MM. Pistoye et Duverdy, p. 489); — 2° Que lorsqu'un navire neutre a été vendu dans un port étranger à la domination du prince dont l'acquéreur est sujet, cet acquéreur peut faire venir un passe-port de son souverain, et ce passe-port est valable quoique le navire, au moment de la délivrance, n'ait pas été dans l'un des ports appartenant au souverain qui le délivrait (cons. des prises, 17 frim. an 9, aff. l'Amitié *C.* le Camus, MM. de Pistoye et Duverdy, p. 460); — 3° Que le passe-port délivré par le roi de Prusse au capitaine d'un navire qui se trouvait dans le port d'Amsterdam, est valable lorsque ce navire, pris par un corsaire français, a été vendu, dans ce port, à un Prussien qui, pour le faire naviguer, avait dû demander un passe-port à son souverain (Cass. 25 frim. an 7 (1). — Conf. cons. des prises, 15 vend. an 10, même affaire); — 4° Que le navire, capturé par un corsaire français et conduit dans un port de la Hollande (puissance alliée de la France) où il a été vendu à un Prussien, doit être assimilé au vaisseau sorti des ports de France, et que l'art. 4 du règl. de 1778 ne lui est pas applicable; qu'en conséquence, si, dans la crainte qu'un passe-port français ou batave l'expose à être pris par les ennemis de la France, le nouveau propriétaire se fait délivrer un passe-port au nom de son souverain le roi de Prusse, la prise qui en est faite postérieurement ne peut être déclarée valable (Req. 2 brum. an 8, MM. Rataud, pr., Chasle, rap., aff. le Mathias *C.* le Liebe); — 5° Qu'il en est de même encore, lorsque le navire pour lequel le passe-port est demandé se trouve dans un port bloqué, et quand la délivrance du nouveau passeport est rendue nécessaire par la mort du capitaine (cons. des prises, 3 fruct. an 8, aff. la Notre-Dame-de-Bon-Conseil *C.* le Coureur). — Ces décisions sont de toute justice, bien qu'elles aient contre elles la lettre de l'art. 4 précité.

94. Au surplus, un navire muni d'un passe-port qui lui a été délivré pour naviguer pendant une année en divers lieux par le souverain d'un pays neutre ou allié, ne peut pas être déclaré de bonne prise, lorsque, obligé de relâcher dans une ville qui n'est pas de la domination du souverain, il en sort avec le même passeport: ce serait à tort que, considérant cette ville comme le dernier lieu de départ, on en conclurait que le passe-port est nul sous le prétexte qu'au moment de son départ le navire n'était pas dans un port dépendant de la puissance qui l'avait accordé (Cass. 19 germ. an 7)(2). — Et les tribunaux ne peuvent pas, d'après de simples présomptions et inductions, réputer nul un passe-port, sous le prétexte que le bâtiment qui le portait n'était pas, au moment de sa délivrance, dans un des ports du souverain qui l'a délivré (Cass. 17 pluv. an 7, aff. l'Elisabeth, V. n° 95).

95. Il a été reconnu, du reste, avec raison, que les propriétaires d'un corsaire ne doivent pas être admis à soutenir qu'un navire a été chargé dans un port ennemi, en ce que le passe-port a été délivré dans un port faisant partie de la confédération germanique avec laquelle la France est en guerre, si le souverain auquel ce port est soumis est en même temps roi d'un pays neutre auquel appartiennent et le capitaine et le navire et les marchandises qui y sont chargées, et s'il a délivré le passe-port en sa seule qualité de souverain de ce dernier pays (Cass. 17 pluv. an 7) (3).

96. Quelles sont les conséquences de la nullité d'un passe-

(1) (L'Engel-Elisabeth *C.* le Bon-Ordre et la Providence.) — LE TRIBUNAL; — Vu les art. 1, 2, 4, 8 et 9 du règlement du 26 juill. 1778; — Attendu, 1° que quand il serait prouvé que le navire l'Engel-Elisabeth était dans le port d'Amsterdam, lorsque le passe-port a été délivré en Prusse au capitaine Augustie, ce passe-port devait nécessairement être considéré comme valable, parce qu'il est constant que ce navire, de fabrique ennemie, pris par un corsaire français aux Anglais, a été vendu à Amsterdam à Louis Sèthe, Prussien; que celui-ci n'a pu le faire sortir de ce port et naviguer librement qu'en vertu d'un passe-port accordé par son souverain; que ces circonstances font disparaître tout prétexte de contravention à l'art. 4 du règlement de 1778; circonstances qui ramènent d'ailleurs à l'exécution des art. 2 et 8 de ce règlement, qui veulent que la propriété neutre des bâtiments puisse être justifiée en mer par une des pièces de bord, et que les bâtiments de fabrique ennemie ne puissent être réputés de bonne prise lorsqu'il y a à bord des actes en bonne forme, justificatifs tant de la prise que de la vente ou adjudication; d'où il suit qu'en déclarant valable la prise de ce navire, par le motif que le passe-port en vertu duquel il naviguait avait été accordé par Sa Majesté prussienne lorsque ce navire était dans le port d'Amsterdam, les juges du tribunal civil du département du Finistère ont fait une fausse application de l'art. 4 du règlement de 1778 et violé les art. 2 et 8 de ce règlement; — Attendu, 2° que le rôle d'équipage a été arrêté à Amsterdam, suivant les lois du pays; qu'il résulte encore des interrogatoires subis par les hommes composant cet équipage, qu'ils ne sont ni natifs ni habitants des pays ennemis; que le défaut de désignation, dans le rôle d'équipage, des noms, du lieu de naissance et du domicile de ces hommes, ne peut donc, dans cette espèce, tirer à aucune conséquence; que d'ailleurs, si cette désignation est commandée par le traité entre la France et les Etats-Unis de l'Amérique septentrionale, du 6 fév. 1778, ce traité ne doit pas s'étendre aux autres neutres; d'où il suit que, dans le cas du procès, il a été fait une fausse application de l'art. 9 du règlement de 1778; — Attendu enfin que les lames de sabre saisies comme marchandises de contrebande sont d'une valeur bien au-dessous des trois quarts de la cargaison; qu'en prononçant la confiscation du navire l'Engel-Elisabeth et du surplus de la cargaison, les juges du tribunal civil du département du Finistère ont donc fait une fausse application de l'art. 1 du règlement de 1778, qui ne prescrit dans ce cas que la confiscation des marchandises de contrebande; — Par ces motifs, casse et annule le jugement du tribunal civil du département du Finistère, du 4 flor. an 6.

Du 25 frim. an 7.-C. C., sect. civ.-M. Abrial, subst.

(2) (Le John-William *C.* le Pourvoyeur.) — LE TRIBUNAL; — Vu les art. 4, 9 et 10 du règlement du 26 juill. 1778; — Attendu, 1° que le passe-port donné à Embden, le 8 mars 1797, au navire le John-William, pour naviguer en divers lieux, a pu servir à ce navire lors de son départ d'Amsterdam, lieu de sa relâche, avant l'expiration de l'année pour laquelle il a été accordé; et que, par conséquent, c'est par une fausse application de l'art. 4 du règlement du mois de juill. 1778, que les juges du tribunal civil du département du Pas-de-Calais ont déclaré ce passe-port nul, sous le prétexte que le navire n'était pas, au moment de son départ, dans un port dépendant de la puissance qui l'avait accordé; — Attendu, 2° que le navire ayant été obligé de prendre un nouveau rôle d'équipage à Amsterdam, lieu de relâche, et s'étant conformé à ce qu'exigent les art. 9 et 10 du même règlement de 1778, c'est par une fausse application de ces articles que les juges du tribunal civil du département du Pas-de-Calais ont déclaré ce rôle d'équipage nul, et par suite la prise valable; — Par ces motifs, casse le jugement rendu par le tribunal civil du département du Pas-de-Calais, du 6 mess. an 6.

Du 19 germ. an 7.-C.-C., sect. civ.-M. Bayard, rap.

(3) (L'Elisabeth *C.* le Furet.) — LE TRIBUNAL; — Vu les art. 2 et 4 du règlement du 26 juill. 1778; — Attendu qu'il n'était pas prouvé que le navire l'Elisabeth fût dans le port de Hambourg le 26 juill. 1797, jour de la délivrance du passe-port; qu'il est même présumable qu'il était dans le port d'Altona ce jour-là, puisque le dernier chargement à Ham-

port résultant de ce qu'il a été expédié à un moment où le navire auquel il était destiné, ne se trouvait dans aucun des ports du prince qui l'a accordé? — Cette nullité entraîne-t-elle nécessairement la confiscation du navire saisi, alors même que sa neutralité serait prouvée par les autres pièces de bord? — Non, évidemment, conformément à ce qui a été dit, nos 69, 79. — Toutefois, il a été jugé que la nullité d'un passe-port ou congé résultant de ce qu'il a été *délivré* dans un port n'appartenant pas au prince de qui il provenait, entraîne la confiscation du navire : « Attendu, porte l'arrêt, que le navire la Dame-Elisabeth était à Hambourg, ville anséatique, lorsque le passe-port lui a été délivré par le gouvernement danois. » (Req. 9 mess. an 7, MM. Chasle, pr., Delaunay, rap., aff. la Dame-Elisabeth), — ... alors surtout que le navire est resté un an depuis la date du passe-port avant d'aborder dons un des ports du prince qui l'a délivré (cons. des prises 27 prair. an 9, aff. le Munster-Doris *C.* le Brave, MM. de Pistoye et Duverdy, t. 1, p. 477). — Il est à supposer que dans ces espèces il n'existait aucune autre pièce constatant la neutralité.

97. On ne doit avoir aucun égard au passe-port s'il y a été contrevenu (règlement de 1778, art. 5). — Ainsi est de bonne prise le navire qui ne voyage pas conformément à son passe-port. — Jugé en conséquence : 1° que le navire muni d'un passe-port pour un port neutre est de bonne prise s'il est rencontré faisant voile pour un port ennemi (cons. des prises 25 fruct. an 8, aff. l'Ami-de-Boston *C.* la Bellone, MM. de Pistoye et Duverdy, t. 1, p. 500); — 2° Que lorsqu'un passe-port est délivré pour aller d'Amérique en Afrique et retour, un voyage d'Afrique en Europe constitue une contradiction formelle à ce passe-port : c'est là un voyage de long cours et non un voyage de grand cabotage; en conséquence si, par suite de cette multiplicité de voyages, le passeport est expiré, le navire est de bonne prise (cons. des prises, 29 fruct. an 8, aff. le Frédéric *C.* l'Ariége, MM. de Pistoye et Duverdy, t. 1, p. 493); — 3° Qu'un passe-port donné pour un port déterminé et au delà, d'après ordre, est un passe-port pour un voyage de caravane; il ne peut servir à faire un voyage de long cours (cons. des prises, 27 therm. an 8, aff. la Maria *C.* l'Ariége, MM. de Pistoye et Duverdy, t. 1, p. 502); — 4° Que l'ordre des lieux indiqués sur le passe-port délivré pour le grand cabotage, lie le capitaine; spécialement, que le passe-port qui porte *ad mare mediterraneum et ulterius ad ordinationem* ne peut, sans contravention, s'appliquer à d'autres voyages, avant que le navire pour lequel il a été délivré ait été dans la Méditerranée (cons. des prises, 7 brum. an 9, aff. la Maria *C.* le Passe-Partout, MM. de Pistoye et Duverdy, t. 1, p. 470). — Dans l'espèce, le commissaire du gouvernement avait donné des conclusions contraires.

98. Par application de l'art. 6, il a été jugé que, bien qu'un navire neutre ait à bord toutes les pièces qui le concernent en règle, cependant la capture qui en est faite par un corsaire est valable, s'il a été trouvé dans des parages autres que ceux indiqués dans ces pièces de bord, d'où l'on a induit que ces pièces étaient simulées (Req. 2 flor. an 7) (1).

99. Mais il a été décidé d'autre part : 1° que le navire qui a un passe-port pour naviguer dans la Méditerranée peut, sans violer son passe-port, aller à Constantinople, puisque la mer Noire fait partie de la mer Méditerranée (cons. d'Ét., 7 oct. 1807, aff. le Libérateur *C.* le Napoléon); — 2° Qu'un navire porteur d'un passe-port indiquant une destination et ajoutant ces mots : *et autres lieux*, peut relâcher dans tous les ports, sans contrevenir à son passe-port (cons. des prises, 3 germ. an 9, aff. le Saint-Jean *C.* le Capricieux).

100. On ne devrait certainement pas appliquer la disposition rigoureuse de l'art. 5 au navire qu'une force majeure aurait empêché de suivre exactement la route indiquée dans son passeport. — Jugé en conséquence qu'un capitaine dont la destination est d'aller dans un port, mais qui est forcé de relâcher momentanément dans un autre, ne contrevient pas à son passe-port; que l'on ne peut dès lors, pour cette raison, déclarer son navire de bonne prise (Cass. 2 flor. an 7) (2).

101. Le passe-port est encore sans valeur, s'il contient un nom de bâtiment différent de l'énonciation exprimée dans les autres pièces de bord, à moins que les preuves du changement de nom soient authentiquement constatées (Règl. de 1778, art. 5). — Il a été jugé que cet article n'est applicable qu'au cas où le navire est de construction ennemie, ou a appartenu à un ennemi; qu'en conséquence la neutralité d'un navire ne peut pas être contestée, sous le prétexte que le passe-port donne au navire un nom différent de celui que lui donnent des pièces de bord, si le capteur n'a pas prouvé ni même allégué que ce navire était de construction ennemie, ou a appartenu à un ennemi (cons. des prises, 14 therm. an 8, aff. l'Anne-Louise).

102. Quant aux passe-ports accordés par les puissances neutres ou alliées à des bâtiments ennemis avant la déclaration de guerre, V. règl. 1778, art. 8, nos 55 et suiv.

103. Le *rôle d'équipage* est exigé avec plus de sévérité que le passe-port, car cette pièce seule peut prouver la nationalité des gens de l'équipage, et par suite leur neutralité (cons. des prises, 16 therm. an 8, aff. la Carolina-Wilhelmina). L'art. 226 c. com. exige que les navires français en soient toujours porteurs (V. Droit marit., no 405). De là, il suit que le défaut d'un rôle d'équipage est toujours un cas de prise (règl. de 1778, art. 9). — Il n'y aurait lieu d'appliquer ici ce principe déjà plusieurs fois rappelé (V. nos 69, 78, 96) qu'il suffit d'une seule pièce de bord pour constater la propriété neutre (règl. de 1778, art. 2), qu'autant qu'il s'agirait d'un navire appartenant à une nation dont les règlements n'exigent pas de rôle d'équipage, ou naviguant dans une mer où l'usage admet aussi l'absence de cette pièce. C'est ainsi qu'il a été décidé que l'usage, autorisant les navires qui ne

---

bourg est à la date du 25 du même mois; d'où il suit que le tribunal civil du département des Bouches-du-Rhône, en réputant nul ce passeport sur de simples inductions ou présomptions que le navire était alors à Hambourg, a violé l'art. 4 du règlement du 26 juill. 1778; — Attendu qu'en supposant que le navire fût à Hambourg lors de la délivrance du passe-port, la confiscation de ce navire et de la cargaison serait contraire à l'art. 2 du même règlement, puisque, dans ce cas, la nullité du passe-port n'opère pas la confiscation, mais seulement le rejet du passeport comme pièce probante de la neutralité, et qu'il y avait à bord une foule d'autres pièces régulières qui constataient la propriété neutre du bâtiment et des marchandises chargées; — Attendu que l'exception proposée par les armateurs du corsaire le Furet, et prise de ce que le duché de Holstein, dont Altona est la capitale, étant compris dans les États du corps germanique, avec lequel l'état de guerre dure encore, doit être considéré comme pays ennemi, ne doit pas être examinée dans l'espèce, puisque le navire, de construction danoise, monté par un capitaine danois, et la cargaison, n'appartiennent pas à des habitants du duché de Holstein, mais à des habitants de Copenhague, sujets du roi de Danemark, qui a accordé le passe-port en sa qualité de roi de Danemark et non de duc de Holstein, et à des habitants de Hambourg, pays neutre; — Par ces motifs, casse.

Du 17 pluv. an 7.-C. C., sect. civ.-M. Lombard, rap.

(1) (Fedder *C.* le Bonaparte.) — LE TRIBUNAL; — Considérant que la destination du navire la Marguerite-Jeanne-Marie était pour Archangel et la Méditerranée; — Que cependant il a été pris sortant de Dordrecht et venant de Guernesey dans des parages autres, dès lors, que ceux indiqués par les pièces de bord; que le tribunal civil du département des Bouches-du-Rhône en a tiré la conséquence d'une simulation suffisante pour confirmer la confiscation ordonnée par le consul français à Carthagène, et par cela n'a commis aucune contravention; — Rejette.

Du 2 flor. an 7.-C. C., sect. req.-M. Poya, rap.

(2) (La Retrieve *C.* l'Impromptu.) — LE TRIBUNAL; — Vu l'art. 4 de l'arrêté du directoire exécutif, du 12 vent. an 5. — Vu en outre le modèle annexé audit traité, d'après lequel le rôle d'équipage doit être signé et confirmé par témoins; — Vu enfin l'art. 5 du règl. du 26 juill. 1778; — Considérant qu'en prononçant la nullité du rôle d'équipage du navire la Retrieve, sous prétexte qu'il n'avait pas été signé par les témoins, le tribunal civil du département des Basses-Pyrénées a fait une fausse application du traité ci-dessus énoncé, et du modèle y annexé; que, d'après ce traité, les témoins doivent confirmer par leur présence la vérité du rôle d'équipage, que leur signature n'est pas nécessaire; que le rôle d'équipage du navire la Retrieve a été revêtu de la signature du notaire, dont la qualité a été attestée, et de celle de Jean Litbumb, officier naval; — Considérant, en outre, qu'en décidant que le capitaine du navire la Retreive était contrevenu à son passe-port en relâchant à Porto, quoique sa destination fût pour Saint-Sébastien, ce tribunal a également fait une fausse application de l'art. 5 du règl. du 26 juill. 1778, ci-dessus énoncé; qu'il n'y a de contravention au passe-port qu'autant que le capitaine prend une destination différente de celle du passe-port, et non lorsque, se rendant à sa destination, des circonstances l'obligent de relâcher momentanément; — Casse.

Du 2 flor. an 7.-C. C., sect. civ.-M. Vergès, rap.

sortent pas de la mer Adriatique à naviguer sans rôle d'équipage, ces navires ne sont pas de bonne prise (cons. des prises 7 pluv. an 10, aff. la Compagnie fidèle).

104. Une difficulté s'était élevée sur ce point avec les Etats-Unis d'Amérique pendant les guerres de la révolution. Les capitaines de navires américains prétendaient n'être pas soumis au règlement de 1778, par le motif que le traité passé dans la même année entre la France et les Etats-Unis n'énonçait point le rôle d'équipage parmi les pièces requises pour constater la neutralité. Ce système a été admis par le conseil des prises, qui a décidé qu'un navire américain peut être tenu pour neutre, encore qu'il n'ait pas le rôle d'équipage exigé par les règlements de 1774 et 1778, s'il justifie, d'ailleurs, de sa neutralité par d'autres pièces de bord (cons. des prises 9 prair. an 8, aff. le Pégou).

105. Mais il a été constamment repoussé par la cour de cassation, alors que les questions de prises maritimes étaient jugées par les tribunaux de commerce.—Ainsi, il a été décidé : 1° que, loin de dispenser formellement les citoyens des Etats-Unis de la nécessité d'avoir à bord un rôle d'équipage, le traité de 1778 oblige, au contraire, les commandants de bâtiments d'observer les lois et règlements maritimes, et de remettre une liste confirmée par témoins des gens qui composent l'équipage et de ceux qui s'y embarquent; qu'en conséquence, à défaut de rôle d'équipage sur le navire capturé, la prise en est valable (Req. 28 vent. an 6, MM. Gaultier, pr., Aressy, rap., aff. la Juliana C. l'Espérance; 11 fruct. an 6, MM. Rataud, pr., Chasle, rap., aff. le Léonard); — 2° Que l'art. 23 du traité de 1778, qui porte que la qualité des navires s'étendra sur les marchandises, quelle que soit leur origine, n'empêche pas que la capture qui est faite par un corsaire du navire ne soit valable, alors qu'il n'y avait pas à bord de rôle d'équipage... On dirait en vain que le rôle d'équipage n'a pour but que de faire prisonniers de guerre les marins ennemis, mais qu'il ne peut nuire au propriétaire des marchandises et du navire (Req. 18 vend. an 6, MM. Gandon, pr., Aressy, rap., aff. Rodgers C. Lavallée); — 3° Que la prise d'un navire américain qui n'avait ni rôle d'équipage ni certificat des marchandises dont il était porteur, conformément au modèle porté dans le traité du 6 fév. 1778 et mentionné dans l'arrêté du 12 vent. an 5, est valable bien qu'il fût muni d'un passe-port et d'une commission délivrés par le président des Etats-Unis, ainsi que de quatre certificats constatant le lieu où il avait fait son chargement... On dirait en vain que le traité de 1778 ne s'appliquait qu'aux puissances neutres à l'égard de la France, et non pas aux puissances alliées ou amies, telles que celle des Etats-Unis (Req. 27 brum. an 7, MM. Bayard, pr., Lizot, rap., aff. Campbell).

106. En tout cas, un navire des Etats-Unis d'Amérique ne peut pas être déclaré de bonne prise par le motif que l'on n'a pas trouvé dans ses papiers la permission des officiers de marine du lieu de départ de recevoir à bord les individus portés dans le rôle d'équipage, et de les embarquer : cette permission n'est exigée par le traité de 1778 que pour les passagers seulement; pour les gens de l'équipage, elle résulte suffisamment de la signature des officiers de marine au bas du rôle, et de celle du président des Etats-Unis mise au bas du passe-port (Cass. 12 pluv. an 7) (1).

107. Le rôle d'équipage est indispensable : il ne peut être suppléé, 1° par un contrat d'engagement, alors surtout que l'officier qui l'a souscrit n'atteste pas la neutralité des gens de l'équipage, ni la demeure des matelots (Cass. 24 vend. an 8 (2); Conf. req. 23 flor. an 7, MM. Seignette, pr., Delaunay, rap., aff. la Providence); — 2° Par une pièce de bord indiquant la désignation de sortie, encore bien qu'elle contienne les noms du capitaine et des matelots : « Le tribunal ; — Attendu que la pièce intitulée désignation de sortie n'est point un rôle d'équipage; que le capitaine, le pilote et le charpentier du navire la Providence l'ont reconnu; que cette pièce est visée par un individu qui ne prend pas de qualité » (Req. 23 flor. an 7, MM. Seignette, pr., Delaunay, rap., aff. la Providence); — 3° Par un certificat constatant la qualité de neutre de chaque homme de l'équipage (Req. 11 fruct. an 6, MM. Rataud, pr., Chasle, rap., aff. le Léonard).

108. Une pièce irrégulière n'a pas d'existence légale : de là il suit que la nullité du rôle d'équipage aussi bien que l'absence de cette pièce entraîne la confiscation du navire. C'est ce qui résulte des nombreuses décisions que l'on va faire connaître. Toutefois, l'équité exige que l'on n'applique pas cette règle avec une trop grande rigueur. On ne doit pas s'arrêter à une irrégularité de peu de conséquence, lorsque la neutralité des gens de l'équipage est constante. « Dans ces matières, disait le commissaire du gouvernement devant le conseil des prises (décis. 9 prair. an 8, aff. le Pegou), comme dans toutes celles qui sont régies, non par des formules sacramentelles ou de rigueur, mais par des principes de bonne foi, il faut dire avec la loi que de simples omissions ou de simples irrégularités de forme ne sauraient nuire à la vérité, si d'ailleurs elle est constatée. *Etsi aliquid ex solemnibus deficiat, cum æquitas poscit, subveniendum est.* » — Par là s'expliquent les quelques divergences que l'on peut remarquer dans les décisions qui suivent.

109. Pour être valable, le rôle d'équipage doit avoir été arrêté par les officiers publics des lieux neutres d'où les bâtiments sont partis (Règl. de 1778, art. 9), et non d'un port de relâche (V. MM. de Pistoye et Duverdy, t. 2, p. 32). — Il a été jugé en effet : 1° Que la saisie d'un navire est valable lorsque le rôle d'équipage quoique régulier pour avoir été arrêté par les officiers publics d'un port, ne l'a pas été cependant par ceux du port d'où il est parti : « Attendu, porte l'arrêt, que le rôle d'équipage n'est pas arrêté par les officiers publics du lieu du départ, puisque le navire la Dame-Elisabeth est parti de Hambourg et que son rôle d'équipage est dit arrêté à Blanckenese » (Req. 9 mess. an 7, MM. Chasle, pr., Delaunay, rap., aff. la Dame-Elisabeth; Conf. cons. des prises, 16 therm. an 8, aff. la Carolina C. le Dragon); — 2° Que le rôle d'équipage doit être arrêté dans le port où est le navire, même si l'équipage est formé dans un autre port (cons. des prises, 7 brum. an 9, aff. la Maria C. le Passe-Partout, MM. de Pistoye et Duverdy, t. 1, p. 470).

110. Tout vice de forme entraîne la nullité du rôle d'équipage. — Jugé en conséquence : 1° Que le navire dont les rôles d'équipage ne sont ni attestés ni signés par témoins, doit être

---

(1) (La Nelly-Kelly C. le Vautour.) — Le tribunal; — Vu l'art. 7 du règl. du 21 oct. 1744, et l'art. 5 de celui du 26 juill. 1778, qui portent qu'on n'aura aucun égard aux passe-ports des puissances neutres auxquels ceux qui les auront obtenus se trouveront avoir contrevenu, et que les vaisseaux qui navigueront sur lesdits passe-ports seront déclarés de bonne prise; — Vu aussi la disposition du traité entre la France et les Etats-Unis d'Amérique, du 6 fév. 1778, qui impose au maître du navire l'obligation de remettre une liste signée et confirmée par témoins, contenant les noms et surnoms, les lieux de naissance et la demeure des personnes composant l'équipage, et de tous ceux qui s'y embarqueront, lesquels il ne recevra pas à bord sans la connaissance et la permission des officiers de marine;

Attendu que la connaissance et permission des officiers de marine exigée par le modèle du passe-port annexé au traité de 1778, ne reçoit son application, d'après la lettre et l'esprit de ce traité, qu'aux seuls passagers; et que quand elle s'appliquerait aux gens de l'équipage, la permission se trouve suffisamment et dans la signature des officiers de marine au bas du rôle, et dans celle du président des Etats-Unis, mise au bas du passe-port; d'où il suit que les juges du département des Basses-Pyrénées ont fait une fausse application dudit traité de 1778, de l'art. 7 du règl. de 1744, et de l'art. 5 de celui de 1778, et, par suite, violé l'art. 1 de ce dernier règlement, qui défend à tous armateurs d'arrêter et de conduire dans les ports de la France les navires des puissances neutres; — Par ces motifs, casse.

Du 12 pluv. an 7.-C. C., sect. civ.-M. Marraud, rap.

(2) (L'Anna C. la Julie.) — Le tribunal; — Vu l'art. 9 du règl. de 1778; — Attendu que la pièce qui s'est trouvée sur le navire l'Anna, et qui a été présentée par le capitaine de ce navire, comme devant tenir lieu d'un rôle d'équipage, n'est qu'un contrat d'engagement; — Que l'officier qui l'a souscrit n'atteste nullement la neutralité des gens de l'équipage, mais seulement leur engagement; — Que d'ailleurs cette pièce n'énonce point la demeure des matelots, énonciation nécessaire pour connaître si l'équipage n'est point composé de plus du tiers de matelots ennemis; — Que le navire l'Anna était donc dépourvu d'un rôle d'équipage légal; — D'où il suit qu'aux termes de l'art. 9 du règl. de 1778, ce navire devait être déclaré de bonne prise, et qu'en refusant d'en prononcer la confiscation, le tribunal civil du département de la Loire-Inférieure a violé cette disposition dudit règlement de 1778; — Par ces motifs, la cour casse et annule, etc.

Du 24 vend. an 8.-C. C., sect. civ.-MM. Gandon, rap.-Jourde, c. conf.

déclaré de bonne prise : « Considérant que le traité du 6 fév. 1778 a assujetti les rôles d'équipage aux attestations et signatures de témoins, et que, dans l'espèce de Samuel Taylor, cette formalité n'a point été remplie; genre d'omission qui entraîne la confiscation du navire et de la cargaison » (Req. 24 brumaire an 7, MM. Rostand, pr., Guigou, rap., aff. la Maria) ; — 2° Qu'il suffit que le rôle d'équipage contienne des lignes blanches pour que la prise du navire puisse être déclarée valable (Req. 21 fruct. an 6, MM. Bayard, pr., Moreau, rap., aff. la Sophie-Catherine); — 3° Que le rôle d'équipage, chargé de ratures non approuvées, est nul (cons. des prises, 16 therm. an 8, aff. la Carolina *C.* le Dragon).

111. Mais un rôle d'équipage n'est pas nul, par cela seul que les officiers publics qui l'ont arrêté n'y auraient pas fait mention de leur qualité, si d'ailleurs cette qualité est suffisamment établie par les termes de cet acte (Cass. 24 therm. an 7) (1). — Il importe peu aussi que la signature de l'officier public qui arrête le rôle d'équipage précède ou suive la liste des hommes qui le composent (cons. des prises, 7 frim. an 9, le Triton *C.* la Pauvre-Didon).

112. Aux termes de l'art. 16 du tit. 1, liv. 2 de l'ord. de 1681, qui forme en ce point le droit commun des puissances maritimes, tout capitaine de navire est tenu, avant de se mettre en mer, de donner au greffe de l'amirauté (aujourd'hui du tribunal de commerce, d'après le tit. 5 de la loi du 9 août 1791) du lieu de son départ, les noms, surnoms et demeures des gens de son équipage. Le capitaine satisfait à cette obligation en déposant un double en forme de son rôle d'équipage (Valin, Comm. sur l'ord. de 1681, art. 16).—Il résulte de la combinaison de cette disposition avec l'art. 9 du règlem. de 1778, que le rôle d'équipage qui a pour objet de constater la nationalité des gens de l'équipage, doit contenir leurs noms, leur lieu de naissance, leur domicile, à peine de nullité.—Il a été jugé, en conséquence, que l'on doit valider la prise : 1° d'un navire à bord duquel on a trouvé un rôle d'équipage qui n'indique pas le lieu de naissance ni le domicile des gens qui le composent (Cass. 16 mess. an 7 (2); Conf. cons. des prises 23 niv. an 10, même affaire, V. MM. de Pistoye et Duverdy, t. 2, p. 43); — 2° De celui dont le rôle d'équipage n'indique ni le lieu de naissance, ni le grade des gens de l'équipage, alors même que ceux-ci seraient porteurs de leurs actes de naissance et d'autres pièces étrangères de ce rôle (Req. 23 mess. an 6) (3); — 3° Du bâtiment dont le rôle d'équipage ne mentionne pas l'origine, la demeure et la qualité de ceux qui le montent (Cass. 1er brum. an 7) (4); —4° De celui dont le rôle d'équipage imprimé n'offre que le nom du capitaine, et dans lequel tous les autres noms sont en blanc, on dirait en vain qu'il appartenait au sujet d'une puissance neutre, et qu'il n'était pas destiné à servir une puissance ennemie de la France (Req. 29 brum. an 7) (5) ;—5° De celui dont le rôle d'équipage ne fait pas mention d'un capitaine en second qui est à son bord, non plus que de la désertion d'un subrécargue et de la nécessité de le remplacer par ce capitaine (Req. 22 fruct. an 6, MM. Bayard, pr., Poya, rap., aff. Wiberg); — 6° Du navire dont l'équipage n'est pas composé des hommes portés au rôle d'équipage (cons. des prises 23 brum. an 9, aff. le Jeune-Guillaume *C.* le Poisson-Volant).

(1) (L'Anne-Louise *C.* l'Entreprenant.)—Le tribunal;—Vu les art. 2, 5, 7 et 9 du règlement de 1778;—Considérant : 1° que l'art. 2 n'exige, pour l'établissement de la neutralité du navire, que l'énonciation de cette neutralité dans une des pièces de bord, et que la disposition de l'art. 7 n'est applicable qu'au cas où le navire est de construction ennemie ou a appartenu à un ennemi, c'est-à-dire, évidemment au cas où l'un ou l'autre est prouvé par celui qui a fait la prise, et que, dans l'espèce, d'une part il n'est pas même allégué que le navire soit de construction ennemie ou qu'il ait appartenu à un ennemi, et d'autre part toutes les pièces de bord énonçant la neutralité du navire; — 2° Que la seule des pièces de bord qui parle du brigantin l'Elisabeth, ne contrarie nullement l'énonciation qui se trouve dans toutes les autres pièces, que le navire pris, l'Anne-Louise, est un navire danois; — Que celles-ci suffisent pour légitimer la navigation de ce navire, que celle-là est parfaitement inutile; en sorte que, s'appliquât-elle réellement à un navire différent de l'Anne-Louise, il n'en serait pas moins vrai que la neutralité de l'Anne-Louise était bien établie; — 3° Enfin, que l'art. 9 du règlement de 1778 n'exige pas que les individus qui arrêtent le rôle d'équipage, fassent mention de leur qualité d'officiers publics, et que, dans l'espèce, il n'est pas possible de douter de la qualité d'officiers publics des deux premiers individus qui ont signé le rôle d'équipage, quand on considère 1° les mots laissez passer, et présenté, qui précèdent leur signature; 2° les mots extra-rôle, n° 674, qu'on trouve sur ce rôle par différents officiers publics des ports danois où le navire l'Anne-Louise a passé avant de quitter le Danemark; — D'où il suit que le jugement attaqué a fait une fausse application des art. 5, 7 et 9 du règlement de 1778, et contrevenu formellement à l'art. 2; — Par ces motifs, casse.

Du 24 therm. an 7.-C. C., sect. civ.-M. Riolz, rap.

(2) (L'Alte-Frendschafft.) — Le tribunal; — Vu l'art. 9 du régl. du 26 juill. 1778. — Attendu 1° que l'art. 16, tit. 1, liv. 2 de l'ordonn. de 1681, qui forme sur ce point le droit commun des puissances maritimes, porte que tout capitaine de navire est tenu, avant de se mettre en mer, de donner au greffe de l'amirauté du lieu de son départ, les noms, surnoms et demeure des gens de son équipage; et qu'aux termes de l'art. 9 du règl. de 1778, sont de bonne prise tous bâtiments chargés qui n'auront pas à bord un rôle d'équipage arrêté par les officiers publics des lieux neutres d'où les bâtiments sont partis; qu'en réunissant ces deux articles, il résulte de leur combinaison, que le rôle d'équipage qui doit être trouvé à bord d'un navire étranger, doit contenir les noms, surnoms et demeure des matelots, qu'en effet, le rôle d'équipage servant à prouver que l'équipage n'est point composé de plus du tiers de matelots ennemis, il faut nécessairement, pour remplir cet objet essentiel, qu'il contienne l'énonciation des noms, surnoms, et la demeure des matelots, que les principes de la raison se joignent donc à l'autorité de la loi, pour prouver la nécessité de cette énonciation; — Et attendu qu'en point de fait le rôle d'équipage qui s'est trouvé à bord du navire l'Alte-Frendschafft ne contient aucune mention des lieux de la demeure des matelots, qu'il ne pouvait par conséquent être considéré comme un véritable rôle d'équipage; — D'où il suit que l'art. 9 du règl. de 1778 rendait le navire l'Alte-Frendschafft de bonne prise, et qu'en refusant d'en prononcer la confiscation avec sa cargaison, les juges du tribunal civil du département des Bouches-du-Rhône ont violé cet article, violation qui dispense d'examiner si, sous d'autres rapports, la prise n'était pas valable. — Par ces motifs, casse, etc.

Du 16 mess. an 7.-C. C., sect. civ.-MM. Liborel, pr.-Beaulaton, r.

(3) (Gérando *C.* la Courageuse.) — Le tribunal; — Vu l'art. 9 du règl. du 26 juill. 1778, et attendu qu'il est constaté au procès et qu'il a été reconnu par l'exposant, tant en jugement que dans son mémoire, que le rôle d'équipage n'indiquait ni le lieu de naissance, ni le grade des gens de l'équipage; — Attendu que cette mention fait une partie essentielle et intégrante du rôle d'équipage; que l'on ne peut regarder comme un rôle d'équipage une liste de noms auxquels cette mention ne serait pas jointe; qu'elle est d'autant plus nécessaire dans la circonstance, qu'elle seule peut faire connaître si l'équipage est composé de la manière que l'exige l'art. 9 ci-dessus, que cette mention ne peut être suppléée ni par les actes de naissance dont peuvent être porteurs les gens de l'équipage, ni par toute autre pièce étrangère à ce rôle; — Que le défaut de rôle d'équipage régulier a été suffisant, indépendamment des autres motifs, pour faire déclarer de bonne prise le navire le Général-Acton; — Rejette.

Du 23 mess. an 6.-C. C., sect. req.-MM. Bayard, pr.-Seignette, r.

(4) (La Gertruida *C.* le Juste.)—Le tribunal;—Vu l'art. 9 du règlement du 26 juill. 1778; — Considérant que tout navire qui n'a point à bord le rôle d'équipage arrêté par les officiers des lieux neutres d'où il est parti, doit être déclaré de bonne prise; que ce rôle devant servir à prouver que l'équipage n'est point composé de plus du tiers de matelots ennemis, il faut nécessairement qu'il fasse mention de l'origine, de la demeure et de la qualité de toutes les personnes qui montent le navire, que la liste que le capitaine du navire la Gertruida a représentée ne contient pas cette énonciation; qu'elle ne peut donc être considérée comme un rôle d'équipage, puisqu'elle ne prouve pas la seule chose essentielle pour laquelle le rôle d'équipage est exigé; d'où il suit que la loi attachant la validité de la prise au défaut du rôle d'équipage, les juges du tribunal civil du département du Morbihan n'ont pu, sans la violer, ne prononcer la confiscation que de la cargaison, et faire main-levée du bâtiment;—Par ces motifs, casse.

Du 1er brum. an 7.-C. C., sect. civ.-M. Pepin, rap.

(5) (Foyn-*C.* Pogne.) — Le tribunal; — Attendu quant au moyen relatif au fond, qu'il est constaté par le jugement, que des deux rôles d'équipage trouvés à bord, l'un imprimé, n'offre que le nom du capitaine, et que tous les autres noms y sont en blanc et que le gouvernement de Tomsberg n'en atteste pas moins au pied, qu'il est en règle, et que tous les gens de l'équipage sont nés en Norwége : et que l'autre rôle d'équipage s'est trouvé revêtu de la signature démontrée fausse de Laurent Foyn; d'où il résulte qu'il n'y avait point à bord du navire de rôle d'équipage régulier, ce qui suffirait pour rendre la prise du navire valable; — Rejette.

Du 29 brum. an 7.-C. C., sect. req.-MM. Seignette, pr.-Bayard, r.

113. Toutefois il a été décidé : 1° que le défaut de mention dans le rôle d'équipage d'un navire, de l'âge et du lieu de naissance des gens qui le composent n'est pas suffisant pour rendre la prise valable (Req. 23 fruct. an 6, MM. Bayard, pr., Riolz, rap., aff. la Friponne *C.* le navire la Ville-d'Embden);—2° Qu'il n'y a pas lieu de déclarer la prise valable, par cela seul que le rôle d'équipage ne mentionnerait pas la nationalité des matelots, s'il est constant que l'équipage est composé de sujets neutres (cons. des prises 9 vent. an 9, aff. la Minerve, MM. de Pistoye et Duverdy, t. 1, p. 410); —3° Qu'on ne peut pas non plus déclarer valable une prise, sous le prétexte que le capitaine du navire et son jeune domestique ne sont point inscrits sur le rôle d'équipage, lorsque la qualité du capitaine est justifiée par les passe-ports et d'autres pièces, et que son domestique est d'un âge où son inscription n'était pas nécessaire (Cass. 4 pluv. an 7) (1);—4° Qu'un rôle d'équipage, duquel on peut induire que deux matelots sont résidants dans des lieux différents, c'est-à-dire ont un double domicile, n'est pas nul, et n'expose pas dès lors à la saisie le navire qui le porte, si ces deux différents lieux sont neutres (Cass. 11 frim. an 7, M. Lodève, rap., aff. le Phénix).

114. Il n'est pas nécessaire non plus que le rôle d'équipage mentionne les passagers lorsque ceux-ci sont munis de passeports réguliers (cons. des prises 27 fruct. an 8, aff. la Pandora *C.* le Requin, MM. de Pistoye et Duverdy, t. 1, p. 125).—Décidé aussi qu'un vaisseau neutre n'est pas de bonne prise par cela seul que quatre étrangers, reçus à bord pendant la traversée, n'ont pas été portés sur le rôle d'équipage (Cass. 4 pluv. an 7, aff. le Mercure, V. n° 113-3°).

115. Le rôle d'équipage est, comme le passe-port, soumis aux formes du pays neutre qui l'a arrêté. — Il a été décidé, en conséquence : 1° que les lois françaises relatives aux rôles d'équipage ne doivent pas être appliquées aux navires étrangers; qu'il suffit que leurs rôles d'équipage soient conformes aux lois de leurs pays (cons. des prises, 15 therm. an 9, aff. la Louise);—2° Qu'un rôle d'équipage peut être régulier, quoiqu'il ne soit revêtu d'aucun sceau (cons. des prises, 5 mess. an 8, aff. la Constance *C.* les Deux-Amis).

116. Il a été jugé, pareillement, que le défaut de désignation dans le rôle d'équipage, des noms, du lieu de naissance, et du domicile des hommes qui le composent, ne peut autoriser la confiscation du navire, lorsque ce rôle d'équipage a été arrêté suivant les lois du pays, et qu'il résulte des interrogatoires de ces hommes qu'ils ne sont ni natifs ni habitants des pays ennemis (Cass. 25 frim. an 7, aff. l'Engel-Elisabeth, n° 93-3°).

117. Si ces usages ont été modifiés par des traités, ce sont les traités qu'il faut suivre et non les usages. C'est ce qui a eu lieu par exemple pour les États-Unis d'Amérique, à l'égard desquels le traité de 1778 détermine la forme des rôles d'équipage. —Il a été jugé ainsi qu'il suffit que le rôle d'équipage d'un navire appartenant aux Etats-Unis d'Amérique ne contienne ni le lieu de la naissance, ni le domicile des marins, mais seulement leurs noms et leurs grades, pour que la capture qui en est faite par un corsaire soit valable, bien qu'il soit d'usage dans ce pays de ne porter sur ce rôle que les noms de ces marins, alors que le traité de 1778 contient la clause que les commandants des bâtiments seront tenus de garder et faire garder par leur équipage, les ordonnances et règlements maritimes, et de remettre une liste confirmée par témoins, des personnes composant l'équipage de leur navire et de ceux qui s'y embarquent :—« Attendu, porte l'arrêt, que le capitaine Biozen ne présente aucun rôle d'équipage conforme au traité fait avec les Etats-Unis de l'Amérique du 6 fév. 1778, ni au règlement du 26 juill. même année ; rejette » (Req. 18 therm. an 7, MM. Chasle, pr., Balmain, rap., aff. Biozen).

118. Mais les règles posées par ce traité ne peuvent être étendues aux autres nations neutres (Cass. 25 frim. an 7, aff. l'Engel-Elisabeth, V. n° 93-3°).

119. Lorsque l'équipage vient à se modifier en route, les changements doivent être constatés sur le rôle (arg. règl. 1778, art. 10). — Ainsi, il a été décidé que le rôle d'équipage qui ne constate pas la substitution d'un capitaine à un autre énoncée dans le passe-port est nul (cons. des prises, 23 fruct. an 8, aff. la Columbia *C.* le Juste, V. MM. de Pistoye et Duverdy, t. 2, p. 62).

120. Les modifications ainsi opérées en cours de voyage doivent être signées par les officiers publics du lieu où ils s'opèrent : on invoquerait à tort l'art. 9 du règl. de 1778, pour prétendre que le renouvellement du rôle d'équipage doit être envoyé aux magistrats du lieu de départ pour être par eux arrêté.—En effet, il a été jugé qu'un rôle d'équipage régulier n'est point altéré par des mutations survenues dans un port neutre et régulièrement constatées par les officiers publics de ce port, qu'il n'est pas nécessaire de les faire constater par l'officier du lieu du départ primitif : — « Considérant, porte l'arrêt, que le rôle d'équipage arrêté le 26 janv. 1797 par les magistrats de Raguse, contient l'énonciation des noms, surnoms, profession et demeure des hommes qui le composent; que les mutations survenues à Livourne et légalement constatées par le consul de la république de Raguse ne présentent point les caractères d'un nouveau rôle d'équipage, et n'altèrent point la validité de celui du 26 janv. 1797 » (Rej. 5 pluv. an 7, MM. Bayard, pr., Gamon, rap., aff. Raicevich ; 19 germ. an 7, aff. le John-William, V. n° 94; cons. des prises, 7 flor. an 8, aff. la Bagatelle *C.* le Basque ; 9 fruct. an 8, aff. le Goede-Verwating *C.* le Surveillant).

121. Mais une difficulté s'est élevée sur le point de savoir quels sont les officiers publics qui sont appelés à faire cette constatation ; est-ce le consul de la nation à laquelle appartient le navire, ou l'un des officiers du souverain qui exerce l'autorité dans le port de relâche? Il nous semble, ainsi qu'à MM. de Pistoye et Duverdy, t. 2, p. 33, que l'un et l'autre sont compétents pour constater les modifications survenues dans le rôle d'équipage.— Du reste, il a été jugé que lorsque des changements ont lieu dans la composition de l'équipage dans un port étranger, le consul de la nation à laquelle appartient le navire, a compétence pour les mentionner sur le rôle d'équipage, et même pour délivrer un nouveau rôle (cons. des prises 19 brum. an 9, aff. le Bucking *C.* le Sansfaçon ; 17 frim. an 9, aff. l'Amitié *C.* le Camus ; 13 niv. an 9, aff. la Juliana *C.* le Téméraire, V. MM. de Pistoye et Duverdy, t. 1, p. 460, t. 2, p. 23, 60).

122. Toutefois, il a été décidé que, lorsqu'un rôle d'équipage est renouvelé dans un port neutre, il doit être signé par les officiers publics de ce port, et non par le consul de la nation à laquelle appartient ce navire (cons. des prises, 29 therm. an 8, aff. le Frédéric *C.* l'Ariège). — Mais cette jurisprudence, que le conseil des prises a abandonnée bientôt (V. les décisions qui

---

(1) (Le Mercure.)—LE TRIBUNAL ;—Vu les art. 25 et 27 du traité du 6 févr. 1778 entre la France et les États-Unis d'Amérique, d'où il résulte que le maître du navire est tenu de remettre au port du départ une liste signée et confirmée par témoins contenant les noms et surnoms, les lieux de naissance et la demeure des personnes composant l'équipage de son navire, et de tous ceux qui s'y embarqueront ; — Attendu que, dans la cause, en déclarant nul l'extrait du rôle d'équipage trouvé parmi les pièces de bord, sur le motif qu'il n'avait pas été signé par les témoins, les juges du tribunal civil du département des Basses-Pyrénées ont fait une fausse application des articles cités, qui réduisent l'obligation du maître du navire à faire signer par les témoins l'original du rôle d'équipage qui doit être remis ; que l'extrait dont s'agit a été revêtu de toutes les formalités nécessaires pour assurer la légitimité de la navigation du brigantin le Mercure ; que le tribunal civil du département des Basses-Pyrénées a lui-même reconnu la neutralité de ce navire et de sa cargaison ; que la fausse application de ces articles résulte en outre de ce que le tribunal a déclaré nul le rôle d'équipage, sur le motif que le capitaine et son jeune domestique n'y étaient point inscrits, quoique le passe-port et d'autres pièces de bord justifiassent à l'évidence que Richard Dixey était réellement le capitaine dudit navire, qualité qui n'a pas même été contestée, quoiqu'en outre la faiblesse de l'âge du jeune domestique ne rendit pas son inscription nécessaire, et qu'il se trouvât inscrit sur une liste particulière trouvée aussi parmi les pièces de bord ; — Attendu en outre que le capitaine Richard Dixey a pu, sans violer aucune loi, relâcher au port de la Corogne pour se procurer des vivres, et recevoir en pleine mer, après avoir été autorisé à sortir dudit port, quatre Prussiens qu'il a été par conséquent impossible de porter sur le rôle d'équipage, puisqu'ils n'en faisaient pas partie au moment de sa formation ; — Casse.

Du 4 pluv. an 7.-C. C., sect. civ.-M. Vergès, rap.

précèdent), ne nous paraît pas exacte. La loi n'est pas assez précise sur ce point pour qu'on puisse en induire une nullité de nature à entraîner la confiscation d'un navire.

123. Si le rôle d'équipage a été surchargé et altéré dans le cours du voyage, et si le visa du consul apposé dans un port de relâche, ne fait pas mention de ces altérations, il y a présomption qu'elles ont été faites en fraude après le visa; en conséquence ce rôle d'équipage est nul et sans valeur (cons. des prises, 15 niv. an 9, aff. la Juliana *C.* le Téméraire, MM. de Pistoye et Duverdy, t. 2, p. 60).

124. Un rôle d'équipage ne peut servir que pour un voyage. — Décidé par suite que le navire à bord duquel on n'a trouvé qu'un rôle d'équipage ayant servi à un précédent voyage est de bonne prise, alors surtout qu'il est chargé de marchandises provenant d'un lieu ennemi et destinées à un port ennemi (cons. des prises, 6 therm. an 8, aff. le Républicain *C.* le Spartiate).

125. A l'égard des *connaissements* et des *chartes-parties*, il a été décidé 1° que l'absence d'un connaissement, lorsqu'il y en a plusieurs, ne peut autoriser que la confiscation des marchandises auxquelles il se rapportait et non pas celle du navire entier (Cass. 28 floréal an 7, MM. Viellard, pr., Vergès, rap., aff. la Méditerranée); — 2° Qu'aucune loi n'exige la représentation d'une charte-partie, concurremment avec le connaissement, lors surtout qu'il s'agit de chargements à cueillette; ainsi ne peut être confisqué un navire pour défaut de représentation de charte-partie, lorsqu'il y a des connaissements (même arrêt); — 3° Que le connaissement tient lieu de charte-partie, encore que le capitaine n'ait signé que l'exemplaire remis au chargeur (cons. des prises, 3 mess. an 8, aff. la Constance *C.* les Deux-Amis); — 4° Que la pacotille du capitaine et des gens de l'équipage n'a pas besoin de connaissement (cons. des prises, 15 vend. an 9, aff. l'Economie *C.* l'Avantageux, MM. de Pistoye et Duverdy, t. 1, p. 359); — 5° Qu'il n'est pas nécessaire que le connaissement énonce en termes sacramentels le pour compte neutre; il faut seulement qu'il prouve la neutralité de la cargaison (cons. des prises, 17 frim. an 9, aff. l'Amitié *C.* le Camus, MM. de Pistoye et Duverdy, t. 1, p. 460); — 6° Que la charte-partie qui n'énonce pas le pour compte de la cargaison, doit être complétée par les connaissements, et tout est en règle, lorsque les connaissements, conformes du reste sur tous les autres points à la charte-partie, énoncent le pour compte des négociants neutres (cons. des prises, 27 pluv. an 10, aff. l'Anna).

126. Les navires neutres munis de *congés* ou de *saufs-conduits* délivrés par l'autorité française, ne peuvent être arrêtés par les bâtiments français sous quelque prétexte que ce soit (règl. de 1778, art. 12).—Le droit de prise accordé aux particuliers est une émanation du droit de guerre; il ne leur vient que d'une commission, d'une délégation expresse du gouvernement, lequel ne peut la délivrer que sous la réserve que son droit de guerre n'en serait ni gêné ni restreint. Il reste donc toujours le maître de soustraire, par des traités patents ou secrets, à l'action des lois publiques de la course, certains pavillons qui y seraient soumis; nul ne peut lui contester le droit d'accorder des licences ou des saufs-conduits.—Il a été jugé, en conséquence, que l'on doit déclarer nulle la prise 1° d'un navire dont le capitaine est muni d'un sauf-conduit lui permettant de se rendre dans un pays neutre avec un chargement de marchandises (Cass., 9 niv. an 7, M. Boileux, rap., aff. la Dame-Jestock *C.* le Neptune). — 2° D'un bâtiment qui sort d'un port français, alors qu'il est arrivé sur la foi d'un sauf-conduit; le sauf-conduit donné pour entrer en France étant implicitement valable pour en sortir (cons. des prises, 17 frim. an 10, aff. le Hasard *C.* l'Elisabeth). — V. cependant n° 167-3°.

127. Il a été décidé pareillement : 1° que la prise faite au mépris d'un sauf-conduit délivré par le gouvernement français, bien que la date en soit ancienne, doit être déclarée nulle (cons. d'Ét. 7 août 1816, aff. le Diablotin *C.* le San-Antonio); — 2° Qu'il en est de même dans le cas où le gouvernement français a accordé à un état neutre des licences secrètes (ord. cons. d'Ét. 17 juill. 1816, aff. Gioseppino *C.* le Brave). — Sous l'empire et pendant la durée du blocus continental, le gouvernement français avait, à l'exemple de l'Angleterre, accordé de nombreuses *licences* à des neutres (V. MM. de Pistoye et Duverdy, t. 2, p. 86).

128. A l'égard des actes qui doivent être trouvés à bord des navires de fabrique ennemie vendus aux sujets des puissances alliées ou neutres, V. les art. 7 et 8 du règlement de 1778, expliqués *suprà*, n°s 52 et suiv.

129. Aux termes de l'art. 52 du règlement du 2 prair. an 11, est de bonne prise tout bâtiment combattant sous un autre pavillon que celui de l'État dont il a commission ou ayant commission de deux puissances différentes. — Cet article est-il applicable aux bâtiments neutres? — V. Organ. marit. (piraterie).

130. La neutralité du navire capturé ne peut être constatée que par les pièces trouvées à bord; celles qui seraient rapportées après coup sont inadmissibles (règ. de 1778, art. 11). — Par application de cette disposition, il a été jugé qu'est valable la prise : 1° d'un navire destiné pour un port ennemi qui ne justifie, lors de sa capture, ni de facture ni de connaissements légaux, ni de charte-partie, et qui a dans sa cale des canons, bien que le capitaine ait plus tard produit les différents titres ci-dessus, et qu'il n'eût d'autres munitions que celles nécessaires à un canon qui était sur son pont, s'il n'a pas, dans son interrogatoire, déclaré ceux qui étaient dans sa cale (Req. 19 frim. an 7) (1). — 2° D'un navire à bord duquel il n'existe au moment de la capture aucune pièce justificative de la propriété neutre; que peu importe que le défaut de présence à bord de ces pièces provienne de ce que ce navire aurait mis à la voile huit heures avant l'heure convenue entre le fréteur et les affréteurs (ord. cons. d'Ét., 11 déc. 1814) (2). — 3° D'un navire dont les connaissements, relatifs à certaines marchandises chargées, ne sont pas signés par le maître du vaisseau ou par le capitaine, bien qu'on offre et qu'on rapporte plus tard des connaissements identiques conformes au règlement (Req. 27 mess. an 6) (3). — Les mêmes principes sont suivis en Angleterre (V. décis. de la cour de l'amirauté, 29 juin 1854, aff. l'Ida, MM. de Pistoye et Duverdy, t. 1, p. 451).

131. A plus forte raison a-t-il été bien décidé que des pièces rapportées après coup, pour justifier la neutralité d'un navire, ne peuvent en empêcher la confiscation, lorsqu'il est établi par les pièces de bord de ce navire et par la déclaration de l'équi-

(1) (La Sophie *C.* la Zélie.) — LE TRIBUNAL; — Considérant qu'il a été reconnu en fait par le tribunal dont le jugement est attaqué que la cargaison de goudron et planches dont était chargé le navire la Sophie-Albertine était destinée pour Plymouth, port et ville anglaise; que les connaissements à bord de ce navire étaient sans signature, même en blanc et au porteur, et ne contenaient pas tous les objets de la cargaison; qu'il était sans passe-port, pour un voyage déterminé; qu'il ne s'est trouvé à bord lors de la capture dudit navire ni facture, ni connaissements légaux, ni charte-partie; qu'il s'est trouvé à bord dudit navire lors de la capture, un officier marinier non porté sur le rôle d'équipage et anglais; qu'il existait trois canons dans sa cale, tandis que Peterheldt avait déclaré dans son interrogatoire, qu'il n'avait d'autres canons à bord que celui qui était sur le pont de son navire; que d'après ces faits les juges ont pu et dû appliquer à l'affaire actuelle les art. 4 et 6 du titre des prises de l'ordonnance de la marine, l'art. 4 du règlement du 26 juill. 1778, les art. 4, 5, 9 et 15 du règl. de 1744, la loi du 9 mai 1795, rappelés dans l'arrêté du directoire exécutif du 12 vent. an 5, art. 5; — Rejette.

Du 19 frim. an 7.-C. C., sect. req.-MM. Calmon, pr.-Seignette, r.

(2) (Compagnie d'assurance de New-York *C.* l'Eléonore). — Louis, etc.; — Considérant qu'il a été régulièrement constaté par l'arrêté du conseil des prises, du 1er av. 1812, et qu'il est d'ailleurs avoué par les réclamants qu'il n'existait à bord du Belisarius, lors de sa capture, aucune pièce justificative de la propriété neutre des marchandises qui y avaient été chargées par les sieurs Caldwell; qu'en conséquence la décision du 22 mai 1812, qui a déclaré valable la capture desdites marchandises, est conforme aux art. 2 et 11 du règlement du 26 juill. 1778; — Rejette la requête.

Du 11 déc. 1814.-Ord. cons. d'Et.

(3) (Orange *C.* l'Actéon.) — LE TRIBUNAL; — Considérant que le règlement de 1778 ne permet d'avoir égard qu'aux pièces de bord, et que l'art. 1, tit. 2, liv. 3, de l'ordon. de la marine de 1681 veut qu'à peine de nullité, les connaissements soient signés des maîtres des vaisseaux. — Que, dans la circonstance, les connaissements relatifs au cacao ne sont pas signés du capitaine Orange, et qu'en vain, il offre d'en rapporter les originaux plus en règle, puisqu'ils n'ont pas été trouvés à bord, lors de la capture du vaisseau. — Rejette.

Du 27 mess. an 6.-C. C., sect. req.-MM. Bayard, pr.-Poya, rap.

page, qu'il est propriété ennemie, ainsi que la cargaison. — «Considérant, porte l'ordonnance, qu'il résulte des papiers trouvés à bord de la Spéculation au moment de sa capture, ainsi que des déclarations faites par son capitaine, que ce navire et sa cargaison étaient propriétés ennemies; que pour détruire ce fait légalement constaté, le suppliant ne produit que des pièces qui ne se trouvaient pas à bord, contredites par celles qui y existaient et par les aveux des hommes de l'équipage, pièces qui par conséquent ne méritent aucune foi » (ord. cons. d'Ét. 20 nov. 1815, aff. l'Heureux-Henry).

132. Par application de la même disposition, il a été jugé encore que le capitaine d'un navire qui, lors de son arrestation en pleine mer par un corsaire, lui a caché ses passe-ports et titres de propriété, ne peut être admis à les faire valoir après son arrivée dans un port; qu'il dirait en vain que l'art. 11 du traité du 6 fév. 1778 entre la France et les États-Unis d'Amérique lui laissait la faculté de les exhiber, *soit en pleine mer, soit dans les ports et havres* à sa volonté. — « Considérant, porte l'arrêt, que l'art. 11 du traité du 6 février 1778, en disant que les navires marchands seront tenus d'exhiber leur passe-port, soit en haute mer, soit dans les ports et havres, n'a pas entendu par là leur laisser le choix de ne les exhiber que dans l'un ou dans l'autre de ces endroits, mais leur a, au contraire, imposé l'obligation de faire cette exhibition tant en pleine mer que dans les ports et havres; rejette » (Req. 27 fruct. an 6, MM. Bayard, pr., Dameron, rap., aff. Hooper).

133. Toutefois, il a été jugé que les pièces admises comme preuves de la neutralité n'ont pas besoin d'être présentées au moment de l'arrestation du navire, s'il est constant qu'elles étaient à bord lors de la capture (cons. des prises 26 mess. an 8, aff. l'Antoinette *C.* le Bordelais; 3 brum. an 9, aff. le Saint-Jean; 3 vend. an 11, aff. le Neptune *C.* la Providence; MM. de Pistoye et Duverdy, t. 1, p. 440 et suiv.).

134. A plus forte raison, le règl. de 1778 ne s'appliquerait-il point au cas où c'est le corsaire lui-même qui aurait frauduleusement jeté à la mer les papiers qui constataient la nationalité française du navire pour ne laisser subsister que les papiers de bord simulés : — « Attendu que l'art. 11 du règl. de 1778, qui veut que les tribunaux ne puissent avoir égard qu'aux papiers de bord pour juger de la validité d'une prise, ne peut pas s'appliquer au cas où il existait à bord du navire pris des papiers de différente nature, les uns devant leur origine à une simulation forcée, même en temps de paix, par des lois étrangères, les autres prouvant la propriété française des marchandises, ainsi que la qualité de Français appartenant au capitaine et aux matelots, et où il est prouvé que ces derniers papiers ont été frauduleusement jetés à la mer par le corsaire, et supprimés pour ne laisser subsister que les papiers simulés; rejette » (Rej. 8 mess. an 7, MM. Bayard, pr., Beaulaton, rap., aff. Basterrèche).

135. D'ailleurs, l'art. 11 précité ne gouverne que les navires neutres, et non les bâtiments appartenant aux sujets des puissances alliées (av. cons. d'Ét. 18 août 1811, V. p. 929). — Jugé ainsi, soit avant, soit depuis l'avis du conseil d'État : 1° que l'on doit déclarer nulle la prise d'un navire arrêté parce que ses papiers étaient simulés, lorsqu'il est reconnu que ce navire était chargé pour le compte du gouvernement français, qui avait fait faire la simulation pour tromper l'ennemi (cons. des prises 13 therm. an 8, aff. le Censeur *C.* l'Entreprise; MM. de Pistoye et Duverdy, t. 1, p. 445); — 2° Que l'art. 11 du règl. de 1778 ne s'applique ni aux Français ni aux alliés; qu'en conséquence un navire français qui prend des expéditions étrangères pour tromper l'ennemi peut prouver sa nationalité par la production des pièces qui n'étaient pas à bord (cons. des prises 23 frim. an 9, les Deux-Charlotte *C.* le Flibustier, *eod.*, p. 448; 27 niv. an 9, aff. le Junge-Boye, V. n° 138). — Mêmes décisions à l'égard des navires alliés (cons. d'Et. 3 juill. 1816, aff. le Junge-Cornelis *C.* l'Actif, etc.).

136. S'il est constaté que des papiers ont été jetés à la mer par les hommes de l'équipage du navire capturé, ou autrement supprimés ou distraits, le bâtiment doit être déclaré de bonne prise avec sa cargaison, sur la seule preuve des papiers jetés à la mer, et sans qu'il soit besoin d'examiner quels étaient ces papiers, par qui ils ont été jetés, et s'il en est resté suffisamment à bord pour justifier que le navire et son chargement appartiennent à des amis ou alliés. — Telle est la disposition formelle de l'art. 3 du règl. de 1778. — Il a été décidé par application de cette disposition : 1° que le navire dont l'équipage a jeté des papiers à la mer est de bonne prise (cons. des prises 13 vent. an 9, aff. l'Endrach *C.* le Clairvoyant; 23 vend. an 10, aff. le Paquet-de-Dublin *C.* l'Abeille); — 2° Qu'un navire américain est de bonne prise, ainsi que sa cargaison, lorsqu'il a été caché des papiers à bord, alors d'ailleurs que ces papiers constatent que la cargaison est une propriété ennemie (Req. 11 fruct. an 6, MM. Rataud, pr., Chasle, rap., aff. le Léonard); — 3° Que le navire dont les pièces de bord ont été soustraites par le capitaine, dans la crainte d'être pris par les Anglais, et dont l'affirmation, mise au bas de son passe-port, ne contient aucune signature, est valablement capturé par un corsaire (décr. cons. d'Et. 9 déc. 1810, qui, sans énoncer de motif, rejette la requête, aff. le nav. l'Elisa *C.* le corsaire Jean-Bart); — 4° Que l'on doit assimiler au jet à la mer le fait par le capitaine du navire capturé d'arracher violemment au conducteur de la prise les papiers de bord et de les remettre aux autorités françaises, dans un état tel qu'on puisse croire que ce ne sont pas identiquement et intégralement les mêmes que ceux qui avaient été saisis par le capteur (cons. des prises 27 vend. an 9, aff. l'Apollo *C.* le Vengeur, sur les conclusions contraires du commissaire du gouvernement; V. MM. de Pistoye et Duverdy, t. 2, p. 81).

137. Mais lorsque, en cas de recousse d'un navire neutre, le chef de prise ennemi a jeté des papiers à la mer, c'est là un fait qui ne peut être imputé au neutre capturé; en conséquence, la prise n'est pas valable (cons. des prises 7 vend. an 10, aff. le Lenox; MM. de Pistoye et Duverdy, t. 2, p. 77). On sait que les navires neutres sont hors des principes de la recousse.

138. L'art. 3 du règl. de 1778 ne peut s'appliquer non plus au jet de papiers à la mer par un capitaine français, dont le navire simule une nationalité neutre, alors surtout que ce capitaine, trompé par le pavillon du corsaire, et croyant tomber entre les mains d'un Anglais, a jeté à la mer les papiers qui constataient sa nationalité française (cons. des prises, 27 niv. an 9) (1).

(1) (Le Junge-Boye *C.* le Sans-Façon.) — LE CONSEIL; — Au moyen de ce qu'il résulte principalement des pièces : 1° que le navire portant pavillon danois, et pris sous le nom de Junge-Boye, appartient à des négociants d'Ostende, ainsi que son chargement; que, portant originairement le nom de la Perle et étant de constrution ennemie, ledit navire, après avoir été pris et confisqué au profit d'un corsaire français, a été francisé sous le nom de Pierre-et-Catherine, par les réclamateurs qui, de l'autorisation du ministre de la marine, ont simulé pendant le voyage pour lequel il a été arrêté, le pavillon danois et la propriété du capitaine de la même nation; que le succès de cette simulation, qui avait pour objet de favoriser le commerce national, dépendait surtout des soins qu'on devait prendre d'en dérober la connaissance aux ennemis qu'on pouvait rencontrer, et que, dès lors, il eût été imprudent d'en laisser des traces parmi les papiers de bord; — 2° Que le corsaire le Sans-Façon ne se détermina à arrêter ledit navire que sur le motif d'un jet de papiers à la mer et le soupçon d'une simulation; mais que le jet de papiers s'est trouvé légitime par la déclaration que fit le capitaine Guedam, aussitôt l'arrivée du navire à Malaga, qu'au moment où il se rendit à bord du corsaire pour faire visiter ses papiers, ayant entendu parler anglais quelques gens du corsaire, qui, peu auparavant, avait arboré pavillon anglais, et le croyant tel qu'il s'annonçait, il s'imagina avoir affaire à un Anglais, et ne balança point à déchirer la seule lettre des négociants français qui constatait simulation du chargement à leur profit, circonstance qui, reconnue vraisemblable par le consul de Malaga, n'a été démentie par le corsaire ni en première instance, ni devant le tribunal d'appel, ni même au conseil; — Qu'à l'égard du soupçon de simulation (avouée d'ailleurs de prime abord par le navire du capitaine capturé), en admettant que le corsaire ne dût pas ajouter une confiance entière à l'allégation faite en mer, que cette simulation était pour compte français, il a dû en être pleinement convaincu par la représentation que fit le capitaine Guedam, le jour du jugement par la chancellerie de Malaga, de la lettre du ministre de la marine française et du certificat de la municipalité de Dordrecht, qui ne laissait aucun doute sur la propriété française et l'autorisation du pavillon danois; et cela sans être retenu par le motif exprimé dans ce jugement, que c'étaient des pièces produites après coup et condamnées par le règlement de 1778, puisqu'il est certain d'une part que les simulations sont licites; et de l'autre que la disposition de nos règlements, qui défend d'avoir égard aux pièces rapportées après la prise, ne s'ap-

139. L'art. 3 du régl. de 1778 est très-absolu dans sa rédaction. Toutefois, il résulte d'une lettre du roi Louis XVI, du 13 sept. 1779, qu'il ne doit pas être appliqué dans toute sa rigueur, s'il est justifié que les papiers jetés à la mer étaient insignifiants. Deux arrêts du conseil, des 29 juin et 27 déc. 1779, ont aussi statué dans le même sens. — Cette modification, apportée par l'autorité souveraine elle-même au règlement qu'elle avait publié l'année précédente, doit être considérée comme légalement rendue et applicable encore aujourd'hui. Tel est aussi l'avis de MM. de Pistoye et Duverdy, t. 2, p. 73, qui donnent le texte de la lettre de Louis XVI. — Il a été décidé, en effet, que le conseil des prises a un pouvoir souverain pour décider si le jet de papiers à la mer doit faire valider la prise (cons. des prises, 7 vent. an 9, aff. la Notre-Dame-de-la-Guadeloupe *C.* l'Amphitrite; MM. de Pistoye et Duverdy, t. 2, p. 78).

140. La preuve contraire doit être admise contre les énonciations contenues dans les pièces de bord régulières, de telle sorte que s'il résulte du passe-port ou de toute autre pièce que le navire arrêté est neutre; on peut cependant établir par d'autres moyens qu'il est réellement ennemi, autrement la fraude deviendrait trop facile (Valin, comm. sur l'ord. de 1681, art. 6, tit. des prises). — V. en ce sens l'arrêt du conseil du 26 oct. 1692, qui nous paraît, ainsi qu'à MM. de Pistoye et Duverdy, t. 1, p. 421, toujours en vigueur, et qui est ainsi conçu : — « Veut sa majesté que pleine et entière foi soit ajoutée aux dépositions des capitaines, matelots et officiers des vaisseaux pris, s'il n'y a contre eux aucun reproche valable proposé par les réclamateurs, ou quelques preuves de subornation et de séduction. » — Et il a été décidé conformément à cet arrêt : 1° que la preuve contraire aux pièces de bord peut être faite par témoins (Cass. 29 brum. an 7) (1); — 2° Que s'il résulte de l'interrogatoire du capitaine et des gens de l'équipage que les pièces de bord du bâtiment capturé étaient simulées et que ce bâtiment était ennemi, la prise doit être déclarée valable (cons. des prises, 27 therm. an 9, aff. la Nancy *C.* l'Enjôleur, V. MM. de Pistoye et Duverdy, t. 2, p. 206); — 3° Que si un navire porte de doubles expéditions, des expéditions ennemies et des expéditions françaises, on doit admettre comme preuve de la nationalité ennemie, les dépositions des équipages capturés, desquels résulte l'aveu de leur caractère ennemi (cons. d'Ét. 13 janv. 1816, aff. le St-Antoine *C.* l'Audacieux); — 4° Que lorsqu'un navire justifie de sa neutralité par des pièces de bord régulières, il peut cependant être déclaré de bonne prise, s'il appert d'autres papiers trouvés à bord, qu'il est ennemi (cons. des prises, 17 brum. an 9, aff. la Molly *C.* l'Eole; du même jour, le Winyan *C.* l'Ariége). — Cependant si les dépositions émanent des gens de l'équipage, elles devront être sévèrement contrôlées, car elles pourraient être le résultat d'une entente frauduleuse entre le capturé et le capteur pour faire déclarer la prise valable et en partager ensuite la valeur (Conf. MM. de Pistoye et Duverdy, t. 1, p. 421).

141. D'un autre côté, il a été décidé : 1° Que des rapports d'experts qui établissent qu'une partie de la cargaison leur *paraît* ennemie, ne peuvent pas prévaloir contre des actes authentiques émanés de magistrats et qui établissent la neutralité (cons. des prises, 9 mess. an 8, aff. le Reysiger *C.* le Courageux; 13 flor. an 9, aff. le Gebruder *C.* l'Oiseau; MM. de Pistoye et Duverdy, t. 1, p. 433 et suiv.); — 2° Que la neutralité d'un navire, établie par les pièces de bord et par d'autres preuves, ne peut pas être détruite par la déposition d'un homme de l'équipage, alors surtout que cette déclaration, faite en état de détention et sous promesse de liberté, est contraire à une précédente déposition du même homme et à celle du capitaine et d'un autre homme de l'équipage : cette neutralité ne peut pas non plus être détruite par des instructions tirées de la destination apparente du navire (cons. d'Ét. 18 mars 1816) (2).

142. Mais, à l'inverse, pourrait-on prouver la neutralité d'un bâtiment par des dépositions contraires aux pièces de bord qui établiraient la qualité ennemie, ou tout au moins contre l'absence ou l'irrégularité des pièces de bord? — La négative ne saurait être douteuse, pour deux raisons qui nous paraissent péremptoires : la première se tire de ce que les gens de l'équipage (les seuls qui le plus souvent sont à même de connaître la qualité du navire) ne sauraient être admis à déposer contre lesdites pièces de bord, car nul ne peut témoigner dans sa propre cause; la seconde tient à ce que la loi autorise la prise par cela seul qu'on navigue sans papiers de bord ou avec des papiers de bord irréguliers, alors même que le bâtiment serait neutre. — Décidé en ce sens que la qualité d'ennemi, prouvée par les pièces de bord, les interrogatoires des capitaines des navires capturés et capteurs, par les procès-verbaux de capture, ne peut pas être détruite par des allégations contraires (arg. ord. cons. d'Ét. 27 mai 1816, aff. la Vierge-du-Rosaire, V. n° 22).

---

plique évidemment qu'aux pièces que l'on pourrait craindre d'avoir été fabriquées à l'étranger, et non à celles émanées du gouvernement français, de ses premiers agents et de ses tribunaux; qu'ainsi, au moment du jugement rendu à Malaga, il ne restait aucun prétexte au corsaire pour prolonger la détention et s'opposer à la continuation du voyage du navire pris, et qu'il est passible des pertes que les propriétaires ont pu éprouver depuis cette époque; déclare la prise nulle et illégale, condamne le corsaire à des dommages-intérêts.

Du 27 niv. an 9.-Conseil des prises.

(1) *Espèce :*—(L'Epervier *C.* la Liberté.)—LE TRIBUNAL; —Vu l'art. 13 de la loi du 10 brum. an 5; — Vu aussi les art. 1 et 3 du tit. 2 de l'ordonnance de la marine; — L'art. 7 du tit. 10, des rapports et congés, de la même ordon. de 1681; — Vu enfin l'art. 2 du tit. 20 de l'ordon. de 1667; — Considérant que le navire la Liberté, naviguant sous pavillon prussien, était chargé de sucres bruts, qui, par leur nature, ne peuvent être introduits en France, s'il n'est constaté par certificats en forme légale qu'ils n'ont point été amenés du pays ennemi; — Considérant que les connaissements doivent être faits triples, dont deux, suivant l'esprit de la loi, doivent être signés du maître du navire ou de l'écrivain pour servir contre le maître, l'un de titre au chargeur, et l'autre à celui pour le compte de qui les marchandises sont expédiées; le troisième enfin doit être signé du chargeur, pour servir de titre et de certificat au maître; que, dans l'espèce, celui dont il s'agit n'est point signé du chargeur, et ne peut être digne de foi en faveur du maître; que néanmoins les juges du tribunal civil du département du Pas-de-Calais ont admis ce connaissement comme revêtu de la forme légale; en quoi ils ont faussement interprété les art. 1 et 3 du tit. 2 de l'ordon. de 1681; — Considérant que, dans le cas où les déclarations des hommes d'équipage ne justifient pas de la sincérité du rapport, la loi permet de suppléer à ce défaut par d'autres preuves; —Considérant que, dans l'espèce, il s'est agi de savoir, devant les premiers juges et devant le tribunal d'appel, si le navire la Liberté avait ou point abusé de la neutralité, sous l'égide de laquelle il naviguait, ce qui est un fait indépendant d'aucun acte ou convention entre les parties, et dont conséquemment la preuve testimoniale offerte par les demandeurs en cassation était admissible; que néanmoins les juges du tribunal civil du département du Pas-de-Calais ont rejeté cette preuve, en quoi ils ont faussement interprété l'art. 7 du tit. 10 des prises de l'ordon. de 1681, et l'art. 11 du tit. 20 de celle de 1667; — Par ces motifs, casse.

Du 29 brum. an 7.-C. C., sect. civ.-MM. Liborel, pr.-Boileux, r.

(2) (Le Sédimon *C.* l'Esnigkeit.) — LOUIS, etc.; — Vu la requête présentée au nom des armateurs et de l'équipage du corsaire français le Sédimon..., tendante à l'annulation d'une décision du conseil des prises du 15 juill. 1814; en conséquence, à ce que la prise du navire l'Esnigkeit, faite par ledit corsaire, soit déclarée bonne et valable, et leur soit adjugée; et subsidiairement, à ce qu'il soit alloué aux armateurs dudit corsaire une indemnité pour raison de l'emploi qui a été fait de leur bâtiment pour courir spécialement sur les bâtiments chargés de grains; — Considérant que ladite décision est fondée sur la preuve résultante des pièces de bord et de l'instruction, que le navire l'Esnigkeit, son chargement, le port d'où il avait été expédié et celui pour lequel il était destiné étaient neutres, et que le conseil des prises n'a pas pu considérer cette preuve comme détruite par la déposition d'un seul homme de l'équipage de l'Esnigkeit, faite en état de détention et sous promesse de liberté, et contraire à une déposition du même homme et à celle du capitaine dudit navire et d'un autre homme de l'équipage; — Considérant que l'ordre que les capteurs prétendent avoir été donné aux corsaires français, par le dernier gouvernement, d'arrêter tous les bâtiments chargés de grains dans la Baltique, ne pouvait pas entraîner la confiscation de ceux desdits bâtiments qui n'avaient pas enfreint les règles de la neutralité, telles qu'elles étaient alors établies; — Considérant que l'indemnité que les capteurs réclament pour raison de l'emploi de leur bâtiment à courir spécialement sur ceux chargés de grains, est étrangère à la présente contestation, et ne pourrait, s'il y a lieu, qu'être l'objet d'une demande particulière devant le ministre compétent... — Art. 1. La requête des armateurs et de l'équipage du corsaire français le Sédimon est rejetée, etc.

Du 18 mars 1816. — Ordonn. cons. d'Ét.

§ 2. — *De la semonce.*

143. *Tout navire* qui refuse d'amener ses voiles, après la semonce qui lui en a été faite, peut y être contraint, et en cas de résistance et de combat, il est de bonne prise (Arr. 2 prair. an 11, art. 57). Cet article n'est que la reproduction de l'art. 12 du titre des prises de l'ordonnance de la marine, qui lui-même était le renouvellement et la confirmation de l'art. 65 de l'ordonnance de 1584.

144. La semonce se fait à la voix ou par un coup de canon tiré à poudre. Dès qu'elle est faite, le capitaine du navire semoncé doit amener ses voiles, sinon il peut y être contraint par le droit de guerre. — Après la vérification, le navire doit être relâché s'il n'est pas dans un cas de prise.

145. *Tout navire*, dit l'article précité : ainsi quelle que soit sa nationalité, *allié* ou *neutre*, et même *français*, il est tenu d'amener ses voiles après la semonce, sous peine de prise. Cette solution ressort d'ailleurs forcément de sa combinaison avec le suivant qui ne défend d'arrêter les navires *français* ou neutres qu'autant qu'ils auront amené leurs voiles (V. Cleirac, art. 23 de la juridiction de la marine, p. 441 ; Valin, sur l'art. 12 de l'ordonn. de 1681 ; MM. de Pistoye et Duverdy, t. 2, p. 95).

146. Rien ne saurait dispenser un navire de l'obligation de se laisser reconnaître. Il s'excuserait vainement sur la nature de la construction de son navire, de même que sur la qualité de son pavillon, car ces signes peuvent être trompeurs, et d'ailleurs il est intéressant de vérifier s'il n'a pas de marchandises de contrebande.

147. Il ne suffit pas, du reste, qu'un bâtiment refuse d'amener ses voiles après la semonce pour qu'il soit de bonne prise ; il faut, en outre, qu'il ait fait résistance et combat, quand le *semonceur* se mettait en devoir de le contraindre. — Cette solution résulte du texte même de l'art. 57 de l'arrêté de prairial (V. à cet égard Valin, sur l'art. 12 de l'ordonnance). — Jugé ainsi que la circonstance qu'un navire neutre, qui n'est d'ailleurs dans aucun cas de prise, a pris la fuite après le premier coup de semonce d'un corsaire, n'autorise pas ce corsaire à l'arrêter et à le conduire dans un port, mais seulement à le contraindre d'amener les voiles et se laisser visiter ; qu'en conséquence, le corsaire qui, dans un tel cas, a arrêté un navire neutre, l'a conduit dans un port et fait vendre la cargaison, doit restituer le prix de cette vente et même la valeur réelle et originaire des marchandises d'après les factures et comptes d'achat : — « Considérant, porte l'ordonnance, que la circonstance alléguée par ce corsaire de la fuite du navire l'Amphion au coup de semonce, lui donnait bien le droit de le contraindre à amener ses voiles, et à se laisser visiter, mais ne l'autorisait pas, après avoir reconnu sa neutralité, à l'arrêter et à le conduire dans un port de la Poméranie, etc. » (cons. d'Et., 3 juill. 1816, aff. l'Amphion).

148. Mais il a été très-bien décidé qu'est valable la capture : 1° d'un navire qui a fait résistance par la force à un corsaire qui l'avait semoncé sous pavillon français, alors surtout que la propriété neutre de ce navire n'est pas prouvée : « Attendu, porte l'arrêt, qu'il résulte des pièces et qu'il est déclaré constant par le jugement que le navire la Dame-Sophie, quoique semoncé sous pavillon français a opposé de la résistance au corsaire français et qu'il s'est engagé un combat entre eux ; que rien ne prouve comment la dame Sophie, achetée dans le principe pour le compte hollandais, est devenue propriété danoise ; rejette (Req. 21 mes. an 7, MM. Chasle, pr., Delanna, rap., aff. la Dame-Sophie) ; — 2° D'un navire qui sortait d'un port dont le souverain était alors ennemi de la France, alors surtout qu'il n'a amené pavillon qu'après résistance et combat (ord. c. d'Et. 20 oct. 1819, M. Maillard, rap., aff. Rougemont *C.* l'Expédition et le Hope) ; — 3° D'un navire neutre qui a fait feu après avoir amené pavillon (cons. des prises, 13 vend. an 10, aff. le Rodolphe-Fréderick *C.* la Laure).

149. Le droit de semoncer appartient à tout capitaine dont le navire est armé en guerre ; ainsi, un capitaine muni d'une lettre de marque peut, quoique son navire soit armé en guerre et en marchandises, faire usage du droit de semonce.

150. Mais ce droit ne peut s'exercer de manière à pouvoir légitimer une prise, en cas de refus d'amener pavillon et de résistance, que sous la condition de le faire sous pavillon français. — Autrefois il était même défendu, principalement par l'art. 4 de la déclaration du 1er fév. 1650 et l'édit du 17 août 1662, d'avoir à bord et d'arborer d'autres pavillons pour faire la guerre ; mais les ennemis de la France et surtout les Anglais s'étant constamment écartés de cette règle, nos vaisseaux ont imité leur exemple. Cependant, si un vaisseau peut avoir à bord tels pavillons qu'il juge à propos, il ne peut, comme nous l'avons dit, tirer le coup de semonce ou d'assurance que sous pavillon français ; c'est une coutume loyale que nous avons toujours conservée malgré l'exemple contraire qui nous est donné par les autres puissances maritimes. — Il a été jugé qu'une saisie ne peut être annulée sur le motif que la capture a été précédée d'un coup de semonce tiré sous pavillon anglais, si ce fait est prouvé par la seule déclaration des gens de l'équipage du capturé (Cass. 19 germ. an 7) (1).

151. Une prise faite après la semonce sous pavillon étranger n'était autrefois nulle que dans une certaine mesure. — L'ordonnance du 18 juin 1704, s'exprimait ainsi : « Les équipages des vaisseaux corsaires qui auront fait quelques prises, après avoir tiré le coup d'assurance et de semonce, sous autre pavillon que celui de France, ne seront pas privés de leur part de prise. » Il en résultait que les parts revenant aux capitaines et armateurs étaient seules confisquées au profit de l'amiral. — Il en devrait encore être de même aujourd'hui, puisqu'il n'y a aucune disposition contraire : seulement les parts confisquées devraient être attribuées aux invalides de la marine.

§ 3. — *Des objets de contrebande et des marchandises ennemies chargées sur vaisseaux neutres ou amis.*

152. 1° *Des objets de contrebande.* — Quoique la neutralité d'un navire soit régulièrement établie, il peut néanmoins être confisqué lorsqu'il est chargé, en totalité ou jusqu'à concurrence des trois quarts de la valeur du chargement, de marchandises de contrebande. Telle est la disposition de l'art. 1 du règlement de 1778. — Suivant M. Ortolan, Diplomatie de la mer, liv. 3, ch. 6, cet article ne serait plus en vigueur et la confiscation ne devrait porter que sur les objets de contrebande, quelle qu'en soit la proportion avec le reste de la cargaison, conformément aux règlements de 1704, de 1744 et à l'ordonn. de 1681. Mais cette opinion ne nous paraît pas exacte en présence de l'arrêté du 29 frim. an 8 (V. p. 920) qui a remis en vigueur le règlement de 1778, sans qu'il ait été dérogé depuis, ni par l'arrêté du 2 prair. an 11 ni par des décisions postérieures, à la disposition relative aux objets de contrebande. — Tel est aussi l'avis de MM. de Pistoye et Duverdy, t. 1, p. 406 qui ne font même pas connaître qu'une controverse se soit élevée sur ce point. — Du reste il serait désirable de voir abroger une peine sévère qui n'est pas en parfaite harmonie avec le crime qu'elle veut réprimer. Plusieurs traités, passés depuis la promulgation du règlement de 1778, sont déjà revenus à la disposition que contenait l'ordonnance de 1681 à cet égard, et il n'est pas douteux qu'ils ne doivent être suivis par la France toutes les fois qu'elle sera l'une des parties contractantes. Citons notamment le traité intervenu en 1800 (30 sept.) entre la France et les Etats-Unis, qui porte, art. 13 : « Le bâ-

(1) (Le John-Wilck *C.* le Pourvoyeur.) — Le tribunal ; — Vu les art. 21 et 24, tit. des prises de l'ordonnance de la marine de 1681 ; l'art. 7, tit. des rapports et congés de la même ordonnance, et l'ordon. du 17 mars 1696 ; — Et attendu que les juges du tribunal civil du département du Pas-de-Calais se sont contentés de la déposition des gens de l'équipage du navire capturé, pour regarder comme prouvé le fait que la capture avait été faite, et le coup de semonce tiré sous pavillon anglais, sans interroger ceux de l'équipage du corsaire capteur, ni prendre aucun des autres renseignements indiqués par la loi ; ce qui paraissait d'autant plus nécessaire que le fait de capture faite sous pavillon anglais n'avait pas même été allégué devant les juges de première instance ; en quoi il y a contravention aux art. 21 et 24, tit. des prises de l'ordon. de la marine de 1681, et à l'art. 7 du tit. des rapports et congés de la même ordon., et par suite fausse application de l'ordon. du 17 mars 1696 ; — Par ces motifs, casse.

Du 19 germ. an 7.-C. C., sect. civ.-M. Bayard, rap.

timent, ainsi que le reste de la cargaison, seront regardés comme libres, et ne pourront en aucune manière être viciés par les marchandises de contrebande, soit qu'ils appartiennent à un ou à différents propriétaires. » — Tout gouvernement prétendu neutre qui ferait opérer le transport d'objets de contrebande de guerre romprait évidemment la neutralité (M. Hautefeuille, Dr. et dev. des neutres, t. 2, p. 300 et s.). Mais si ce sont seulement les sujets de l'État neutre qui, sans appui du gouvernement, se livrent à ces opérations, ils se rendent passibles de l'application de l'art. 1 du règlement de 1778, que nous venons de rappeler, sans que la nation à laquelle ils appartiennent puisse être inquiétée à leur sujet (M. Ortolan, Diplomatie de la mer, t. 2, p. 157).

153. Vattel, Droit des gens, liv. 3, § 111; Klüber, § 288; Azuni, t. 2, p. 88; Lampredi, part. 1, § 5, et Ortolan, p. 158, enseignent qu'un État neutre qui laisse son territoire ouvert à tous les belligérants pour venir s'y approvisionner même d'objets dits de contrebande, n'enfreint pas les règles de la neutralité, pourvu qu'il n'agisse pas, qu'il reste entièrement passif, c'est-à-dire pourvu que le gouvernement ne fournisse pas lui-même lesdits objets à l'un des ennemis, mais laisse seulement le commerce privé s'exercer comme avant l'état de guerre. — MM. de Pistoye et Duverdy, p. 394, contestent, avec raison, l'exactitude de cette doctrine qui, du reste, est contraire aux traités et règlements intérieurs des diverses nations. — V. *eod.*, et M. Hautefeuille, t. 2, p. 191 et suiv., 424.

154. Si les objets de contrebande trouvés sur le navire capturé composent moins des trois quarts du chargement, ils sont seuls de bonne prise, le vaisseau devant être relâché, à moins que pour une autre cause il ne soit valablement capturé (V. ord. de 1681, art. 11 du titre des prises et art. 1 du règlem. du 26 juill. 1778; V. aussi Valin, sur l'art. 11 de l'ord.). — Jugé ainsi que lorsque dans un navire neutre il se trouve des marchandises de contrebande d'une valeur au-dessous des trois quarts de la cargaison, il n'y a lieu qu'à confisquer ces marchandises, et non le navire ni le surplus de la cargaison (Cass. 25 frim. an 7, aff. l'Engel-Élisabeth, V. n° 93; cons. des prises 6 therm. an 8, aff. le Hasard C. la Statira; 7 vent. an 10, aff. la Thétis C. le Serpent, MM. de Pistoye et Duverdy, t. 1, p. 148, t. 2, p. 121).

155. Dans le cas où le navire est de bonne prise, la confiscation porte même sur la portion du chargement qui n'est pas de contrebande (règl. de 1778, art. 1). — Bynkershoek et M. Wheaton, *Elem. of internat. law*, t. 2, p. 217, enseignent que, dans le cas où la marchandise innocente est la propriété de celui auquel appartient la contrebande, elle doit être confisquée, et que si le navire est aussi sa propriété, il doit être saisi, quelle que soit la quantité des objets de contrebande. Mais le texte du règlement n'admet pas une pareille interprétation. D'ailleurs, au point de vue de l'équité, ce système n'est pas soutenable. En effet, si on l'appliquait, le propriétaire des marchandises dont le transport est licite se trouverait éprouver un dommage d'autant plus grand que sa contravention serait plus légère. — Un tel résultat est si choquant qu'on hésite à penser qu'il puisse trouver place dans une législation.

156. Pour qu'un navire, ayant plus des trois quarts de son chargement en contrebande, puisse être valablement capturé, est-il nécessaire qu'il soit pris encore porteur de la contrebande? ou est-il confiscable même après avoir rendu lesdites marchandises dans un port ennemi? — En fait, la constatation d'un tel délit sera presque toujours impossible; mais, supposons qu'elle ne le soit pas, le navire pourra-t-il être saisi à son retour de son voyage illicite? — La raison nous paraît commander la négative; car si l'on adoptait l'opinion contraire, il n'y aurait pas de raison pour ne point exercer de poursuites même après plusieurs voyages effectués par le délinquant depuis le délit, d'où il suit qu'il ne pourrait jamais être purifié de la contagion communiquée par les articles de contrebande, conséquence qui entraînerait les plus graves abus. — Voy. M. Wheaton, *Elem. of internat. law*, t. 2, p. 218 et 219, et note 52. V. aussi n° 187 une décision analogue.

157. Quels sont les objets qu'on doit considérer comme étant de contrebande de guerre? — D'après le droit primitif, comme les peuples neutres conservent le droit de commercer librement, sous la seule condition de rester étrangers à tous actes directs d'hostilité, la contrebande de guerre est expressément limitée aux armes, instruments et munitions de guerre, façonnés et fabriqués exclusivement pour la guerre. Toutes les autres denrées, même les matières premières propres à la fabrication des objets prohibés, restent l'objet d'un commerce libre de la part des neutres avec les belligérants. — C'est ce qu'enseigne également M. Hautefeuille, t. 2, p. 316.

158. Mais les traités internationaux se sont souvent écartés des principes du droit primitif sur ce point. — M. Hautefeuille, t. 2, p. 318, distingue à cet égard trois classes de conventions. — La première classe comprend les traités qui, respectant le droit primitif, ont restreint la prohibition du commerce entre les neutres et les belligérants, aux seules armes et munitions de guerre fabriquées et propres à être immédiatement employées à l'attaque ou à la défense. Parmi ces traités, on peut citer ceux des 18 août 1646 entre la France et les Provinces-Unies (Dumont, t. 6, part. 1, p. 342); — 11 sept. 1647, entre l'Espagne et les villes anséatiques, art. 3 (Dumont, *ib.*, p. 405); — 17 déc. 1650, entre l'Espagne et les provinces-unies des Pays-Bas, art. 6 et 7 (Dumont, *ib.*, p. 570); — 5 avril 1654, entre l'Angleterre et la Hollande; — 7 nov. 1659, art. 7; — 17 fév. 1668, entre l'Angleterre et les Provinces-Unies (Dumont, t. 7, p. 74); — 24 sept. 1678, entre la France et les Provinces-Unies (Dumont, t. 7, p. 32); — 24 fév. 1677, entre la France et l'Angleterre.

Les traités d'Utrecht, du 11 avril 1713 (Dumont, t. 8, part. 1), signés par la France, l'Espagne, l'Angleterre et la Hollande, et auxquels accédèrent la république de Venise et la Prusse, apportèrent une première extension à la prohibition, en comprenant le salpêtre parmi les munitions de guerre. L'art. 19 de la convention commerciale, signée le même jour que ces traités, porte : « On comprendra sous ce nom de marchandises de contrebande ou défendues, les armes, canons, arquebuses, mortiers, pétards, bombes, grenades, saucisses, cercles poissez, affûts, fourchettes, bandoulières, poudre à canon, mèches, salpêtre, balles, piques, épées, morions, casques, cuirasses, hallebardes, javelines, fourreaux de pistolets, baudriers, chevaux avec leurs harnais, et tous autres semblables genres d'armes et d'instruments de guerre, servant à l'usage des troupes. » — Un grand nombre de conventions internationales empruntèrent à ces traités la définition de la contrebande de guerre. On peut citer notamment les traités des 28 sept. 1716 entre la France et les villes anséatiques; de 1720, entre l'Angleterre et la Suède (Rousset, Rec. d'actes, mémoires et traités, t. 2, p. 476); — 1754 et 1766, entre l'Angleterre et la Russie (de Martens, Rec., t. 1, p. 394); — 1er avril 1769, entre la France et les villes anséatiques, *ib.*, p. 640); — 6 fév. 1778, entre la France et les États-Unis d'Amérique (de Martens, t. 2); — 18 sept. 1779, entre la France et le Mecklembourg (t. 2, p. 714).

Presque tous les traités de la fin du dix-huitième siècle et de la première moitié du dix-neuvième ont reproduit la même règle (M. Hautefeuille, t. 2, p. 322). — Tels sont ceux de 8 oct. 1782, entre la Hollande et les États-Unis d'Amérique (de Martens, t. 4, p. 451); — 22 janv. 1787, entre la France et la Russie (*ib.*, p. 210); — 27 oct. 1795, entre l'Espagne et les États-Unis d'Amérique (*ib.*, t. 6, p. 575); — 21 fév. 1797, entre l'Angleterre et la Russie (*ib.*, p. 727); — 30 sept. 1800, entre la France et les États-Unis d'Amérique (*ib.*, t. 7, p. 470), etc. — V. M. Hautefeuille, p. 323, et Annales maritimes, t. 2, 1837, p. 680, et t. 2, 1840, p. 751, partie officielle.

M. Hautefeuille, t. 2, p. 324, énumère neuf traités qui contiennent une extension bien autrement considérable de la contrebande de guerre. — Le traité de 1604 (19 août), entre l'Espagne et l'Angleterre, comprend les vivres parmi les objets de contrebande. Celui du 5 avril 1614, entre la Suède et les provinces-Unies des Pays-Bas, y fait figurer l'argent et les vivres. Il en est de même de celui de 1654, entre l'Angleterre et la Hollande; de ceux de 1661, conclus par l'Angleterre et le Danemark et la Suède. Le traité du 13 août 1742, entre la France et le Danemark, comprend parmi les objets de contrebande les bois de construction, les voiles, goudrons et autres munitions navales. Celui du 29 oct. 1794-1795, entre la Grande-Bretagne et les États-Unis d'Amérique, range aussi les munitions navales au nombre des objets prohibés (art. 18, § 1).

Quant aux traités qui ont aboli toute espèce de prohibition, ils sont au nombre de six : celui de 1642, entre l'Angleterre et le Portugal; celui de 1654 entre les mêmes parties (Dumont, t. 6, part. 1, p. 254, et part. 2, p. 82); — Celui de 1647, entre l'Espagne et les villes anséatiques (*id.*, part. 1); — de 1661 entre le Portugal et les provinces unies des Pays-Bas (*ib.*, t. 6, part. 2); —du 10 sept. 1785 entre la Prusse et les Etats-Unis d'Amérique (de Martens, t. 4, p. 83), et celui du 11 juill. 1799, entre les mêmes parties (*ib.*).

De l'analyse qui précède, il résulte que la grande majorité des traités ne considère comme objets de contrebande de guerre que les armes, instruments et munitions de guerre, excluant ainsi, conformément aux règles du droit primitif, toutes denrées, qui, sans avoir un usage direct dans les hostilités, sont cependant propres à la fabrication des objets prohibés. Telle est aussi l'observation que fait M. Hautefeuille, t. 2, p. 336. — Il est à remarquer, toutefois, que tous les traités, presque sans exception, ont mis sur la liste des objets prohibés le *salpêtre* et les *chevaux*, qui, d'après le droit primitif, ne devraient pas être compris dans la prohibition. — Ajoutons qu'en fait, toutes les nations puissantes, lorsqu'elles se sont trouvées engagées dans des hostilités, ont fait prévaloir sur les traités et appliqué aux peuples étrangers leurs lois intérieures qui, en matière de contrebande de guerre, ont presque toujours pour but d'aggraver la position des peuples neutres, d'entraver leur commerce (V. à cet égard M. Hautefeuille, t. 2, p. 337 et suiv.).

Parmi les publicistes, Bynkershœk, *Quæst. jur. pub.*, *lib.* 1, *cap.* 10, et Kluber, Droit des gens moderne de l'Europe, part. 2, t. 2, sect. 2, chap. 2, § 288, ont adopté le système du droit primitif qui limite la contrebande de guerre aux armes et aux munitions de guerre.—Grotius, *De jure belli et pacis*, *lib.* 3, *cap.* 1, § 5, reconnaît deux espèces de contrebande, l'une absolue, l'autre motivée sur les circonstances. Les choses qui sont utiles dans la guerre, et seulement dans la guerre, les armes et les munitions, sont de la première catégorie. Les denrées qui ont un usage commun, pendant la paix et pendant la guerre, tels que les vivres, l'or et l'argent, les munitions navales, etc., peuvent être considérés par les belligérants comme de contrebande, si, pour assurer le succès, il y a nécessité d'en prononcer la prohibition. — V. aussi, dans ce sens, Hubner, de la Saisie des bâtiments neutres, t. 1, part. 2, ch. 1, § 5; et M. Ortolan, liv. 3, ch. 6, p. 165 et suiv.

159. Doit-on admettre comme fondé le système qui tend à assimiler à la contrebande de guerre certains objets qui servent également dans la paix et dans la guerre, tels que les munitions navales, les comestibles et les provisions de bouche, quand ces objets sont apportés par un neutre dans un port où l'un des belligérants est occupé à équiper et à s'approvisionner? — La Grande-Bretagne professe ce système et le met en pratique : elle va même plus loin, et considère comme marchandises de contrebande le chargement de tout bâtiment neutre qui, en temps de guerre, approvisionne un port de son ennemi, non exclusivement commercial, mais dont le caractère prédominant est celui d'un port d'armement militaire. Si le port est au contraire commercial, les provisions qui y sont portées par un navire neutre doivent être considérées comme destinées à la consommation civile et n'être traitées comme objets de contrebande qu'autant qu'elles sont telles par leur nature. Quand ces sortes d'approvisionnements sont saisis, ils doivent, toujours d'après l'opinion des Anglais, être abandonnés au capteur qui a le droit de les retenir par préemption, c'est-à-dire en en payant la valeur fixée par les mercuriales du lieu de la destination. Quant au navire et au reste de la cargaison, ils doivent être relâchés (V. MM. Wheaton, *Elem. of intern. law*, t. 2, p. 191 à 210; Ortolan, Diplom. de la mer, t. 2, ch. 6). Le traité conclu en 1794 entre les Etats-Unis d'Amérique et le gouvernement anglais a fait prévaloir la théorie que nous venons d'exposer. Telle est du moins l'interprétation que l'Angleterre donne de l'art. 18 de cette convention, ainsi conçu : — « Attendu que la difficulté de préciser les cas où les provisions de bouche et autres articles qui, en général, ne sont pas de contrebande, peuvent être considérés comme tels, fait qu'il est nécessaire de pourvoir aux inconvénients et aux mésintelligences qui pourraient en résulter : il est convenu que toutes les fois que ces articles, devenus de contrebande *suivant les lois existantes des nations*, seront capturés, il ne sera pas permis de les confisquer, mais il sera accordé aux propriétaires une indemnité prompte et complète : les preneurs, ou à leur défaut, le gouvernement sous l'autorité duquel ils agissent, feront payer aux maîtres la valeur entière de ces mêmes articles, en y ajoutant un profit mercantile et raisonnable, et, de plus, ils payeront le fret ainsi que les frais de retard. »

Mais les Etats-Unis contestent cette manière d'entendre l'art. 18 et soutiennent qu'il a laissé la question dans l'état où il l'avait trouvée; que cela ressort de ces termes de l'article « Toutes les fois que ces objets devenus de contrebande *suivant les lois existantes des nations*, seront capturés... » Ajoutons que le gouvernement anglais leur a donné satisfaction complète sur ce point, lorsqu'il s'est agi de régler l'indemnité due aux propriétaires des vaisseaux américains saisis par les capteurs anglais pendant les guerres de la révolution française (M. Wheaton, Hist. des progrès du droit des gens, p. 296 et suiv.). L'art. 2 du traité du 25 juill. 1803 entre la Suède et la Grande-Bretagne a reconnu le droit de préemption. — Heureusement pour la civilisation et pour la sécurité des neutres, de pareils principes n'ont pas prévalu, et nous n'y saurions souscrire en thèse générale, n'en admettant l'application qu'en cas d'absolue nécessité, d'un péril imminent et majeur auquel on ne peut échapper qu'en violant la propriété d'autrui.—En effet, que devient, dans le système anglais, le principe de la liberté des neutres? Quels droits leur sont garantis s'ils ne peuvent commercer avec les belligérantes de choses d'un usage indispensable aux usages privés aussi bien qu'aux besoins de la guerre? Il est évident qu'ils sont complétement sacrifiés. — En résumé, il ne nous paraît raisonnable de traiter comme objets de contrebande, en dehors des munitions de guerre et des armes de toute espèce, que les choses d'une utilité considérable pour la guerre, et alors seulement qu'en fait ils sont l'objet d'une contrebande déguisée, sans y comprendre jamais les provisions de bouche : et, quant à ces dernières, elles ne peuvent, selon nous, être retenues en préemption qu'autant qu'il y a pour le capteur absolue nécessité de s'en emparer (V. MM. Wheaton, *loc. cit.*, Ortolan, liv. 3, ch. 6; Hautefeuille, t. 2, p. 360; de Pistoye et Duverdy, t. 1, p. 403). — Il a été jugé, conformément à notre manière de voir, que des bois de construction, encore bien qu'ils soient destinés pour des ports ennemis, ne sont pas des objets de contrebande, ni par conséquent sujets à confiscation, lorsqu'ils sont chargés sur des bâtiments suédois neutres (cons. des prises 9 sept. 1807) (1); 9 vent. an 9, aff. la Minerve; 3 vend. an 10, aff. la Confiden-

(1) (L'Étoile-de-Bonaparte C. il Volante.) — Le Conseil; — Attendu qu'il est constant par les pièces de bord que le navire et le chargement sont propriétés neutres; que le port de Messine, pour lequel l'expédition était destinée, malgré l'autorité que peuvent y exercer les Anglais, n'est point soumis au blocus, qui, aux termes du décret du 21 nov. 1806, a lieu pour les ports et les îles Britanniques; et que les sucres, suivant le manifeste et le connaissement, proviennent de Lisbonne et ont été raffinés par la compagnie de Trieste et de Fiume; — Attendu que le moyen déduit de la qualité des bois composant la majeure partie de la cargaison et sur lequel les capteurs ont le plus insisté, ne peut être accueilli si l'on considère que, loin qu'il soit démontré que ces bois appartiennent exclusivement à la construction des bâtiments de guerre, comme l'ont pensé les experts qui ont opéré hors de la présence des parties intéressées, le contraire semble résulter, tant de la teneur du procès-verbal de visite qu'ils ont irrégulièrement dressé que de la dimension des planches et de leur nombre, comparé avec la capacité du navire; — Qu'au reste, et en abordant la question de contrebande élevée par le corsaire, il est facile de se convaincre que la solution lui en est contraire; en effet, les bois de construction ne sont déclarés contrebande de guerre par aucun règlement français encore subsistant, ni par aucun traité particulier; c'est faute d'avoir lu le traité de 1742, conclu entre la France et le Danemark, qu'on a dit qu'il comprenait sous cette dénomination les bois de construction; si, par l'arrêté du directoire du 12 vent. de l'an 5, ils ont été rangés parmi les objets prohibés, ce n'a été que relativement aux Américains, qui avaient souffert, par leur traité de 1794 avec les Anglais, que ces objets fussent regardés comme de contrebande; et la disposition de cet arrêté est de droit annulée par la convention du 8 vend. de l'an 9 passée entre la France et les

tia, MM. de Pistoye et Duverdy, t. 1, p. 406, 410). — Tel est, en effet, le système presque constamment suivi par la France (V. MM. de Pistoye et Duverdy, p. 399 et suiv.).

160. Mais il a été décidé, d'un autre côté, que le traité de 1742 avec le Danemark, rendu applicable à la Suède par le traité de 1744, comprend nommément le *goudron* sous le genre de marchandises de contrebande; qu'en conséquence, bien que ce traité n'eût pas été prorogé, le navire suédois chargé en totalité de goudron devait être confisqué en vertu de l'art. 1 du règl. de 1778 : « Attendu que les goudrons qui composaient la totalité de la cargaison étant reconnus marchandises de contrebande, leur destination pour un port ennemi entraîne la confiscation du navire et du chargement, selon l'art. 1 du règl. de 1778 » (cons. des prises, 3 brum. an 9, aff. le Charles-Antoine *C.* le Camus). — Dans l'espèce, le commissaire du gouvernement demandait que la confiscation ne portât que sur la contrebande, attendu la neutralité constatée du navire : il disait que si l'on appliquait la disposition du traité de 1742, qui classe le goudron au nombre des marchandises de contrebande, il fallait également suivre celle du même traité, qui réputait insaisissables le navire et les autres marchandises; mais, comme on vient de le voir, le conseil des prises s'est montré plus rigoureux, et peut-être moins équitable.

161. Dans le traité passé en 1778 entre la France et les Etats-Unis, le goudron et la térébenthine n'étaient point énoncées dans la classe des matières prohibées et de contrebande. Mais ce traité contenait la clause que le gouvernement français et les Etats-Unis s'engageaient mutuellement à n'accorder aucune faveur particulière à d'autres nations, en fait de commerce et de navigation, qui ne devînt commune à l'autre partie. Or les Américains, dans un traité postérieur avec l'Angleterre, ayant considéré le goudron comme matière de contrebande, n'ont pu faire cette concession aux Anglais sans qu'elle fût devenue commune avec la France : sans cela, les Anglais auraient eu un avantage que nous n'aurions pas eu. Ce point, fort bien établi par M. Portalis devant le conseil des prises (V. cons. des prises, 6 therm. an 8, aff. le Hasard *C.* la Statira; 16 therm. an 8, aff. le Portland *C.* le Diable-à-Quatre; 3 vend. an 10, aff. la Confidentia; MM. de Pistoye et Duverdy, t. 1, p. 406; t. 2, p. 66, 121), avait déjà été formellement établi par l'arrêté du 12 vent. an 5 (p. 918).

162. Le transport des gens de guerre, lorsqu'il a lieu pour le compte du gouvernement de l'un des belligérants ou de ses agents, constitue de la part des neutres une violation de leurs devoirs. Mais remarquons, avec MM. Wheaton, *Elem. of intern. law*, t. 2, p. 210 à 214; Ortolan, t. 2, liv. 3, chap. 6, et Hautefeuille, t. 2, p. 460, que ce transport est plus qu'un acte de contrebande, qu'il est un acte d'immixtion directe aux hostilités; d'où il suit que le bâtiment qui l'opère doit être considéré lui-même et traité comme ennemi, c'est-à-dire que s'il est saisi par le belligérant il doit être déclaré de bonne prise et confisqué. — Ceci ne doit s'entendre, toutefois, que du cas où les gens de guerre, objet du transport, sont commissionnés par l'Etat belligérant auquel ils appartiennent, et non de celui où il s'agit d'individus isolés, sans mission de guerre, bien qu'ils soient militaires au service de l'un des belligérants. Dans cette dernière hypothèse, le transport est innocent (M. Hautefeuille, *eod. loc.*).

163. D'après MM. Wheaton, *loc. cit.*, et Ortolan, p. 200, on doit aussi traiter comme ennemi et confisquer un navire neutre qui porte des dépêches pour le compte d'un belligérant, sauf le cas où ces dépêches émanent d'un agent diplomatique de l'un des belligérants, en résidence dans un pays neutre, car elles ne sont alors qu'un instrument obligé des relations pacifiques entre les gouvernements neutres et les Etats ennemis. — M. Hautefeuille, t. 2, p. 466, pense, au contraire, que le transport des dépêches de l'un des belligérants, par un navire neutre, ne revêt un caractère hostile que dans le cas très-rare où un navire neutre a été spécialement affecté par le belligérant lui-même au transport des dépêches; qu'en toute autre hypothèse ce service est innocent. — Les traités et les règlements intérieurs ne contiennent aucune disposition sur ce point. L'opinion de M. Hautefeuille nous paraît plus conforme, que la thèse opposée, au principe d'après lequel on considère les peuples neutres comme restant, malgré l'état de guerre, libres de continuer leurs relations commerciales et pacifiques avec les belligérants.

164. 2° *Marchandises ennemies chargées sur vaisseaux neutres ou amis.* — D'après la compilation connue sous le nom de *consulat de la mer*, rédigée dans le quatorzième siècle (ch. 276), tout navire porteur de marchandises ennemies pouvait être arrêté à l'effet de souffrir la confiscation de ces marchandises, sauf à être relaxé lui-même. Le fret devait en outre être payé à l'armateur en ce qui concernait les marchandises confisquées, tout comme si elles avaient été transportées au lieu de destination. Le capteur pouvait en outre contraindre le navire neutre à conduire dans un lieu désigné les marchandises saisies, moyennant le payement d'un fret convenu à l'amiable et, à défaut de convention à ce sujet, pour un fret égal ou supérieur à celui qui était donné pour le voyage. Le navire pouvait être coulé à fond, à l'exception de son équipage, dans le cas de refus de sa part de transporter, dans le lieu choisi par le capteur, les marchandises ennemies (M. Pardessus, lois maritimes, t. 2, p. 304). — L'art. 42 de l'édit de 1543 frappait également de confiscation les propriétés ennemies trouvées à bord des navires amis. — Un édit de 1584 consacra de nouveau, suivant l'interprétation que Cleirac donne de l'art. 69, la doctrine du consulat de la mer (Cleirac, Traité de la jurid. de la marine, art. 25). — Ces édits étaient même plus rigoureux, car ils déclaraient de bonne prise, non-seulement les marchandises ennemies, mais encore le navire neutre ou ami qui les transportait. — Mais l'édit du 19 déc. 1639 vint adoucir les rigueurs des précédents et se borna à prononcer la confiscation de la propriété ennemie, et déclara libre la partie de la cargaison appartenant aux neutres, et le navire lui-même. Cet édit fut confirmé par ceux des 16 janv. 1645 et 1er fév. 1650).

165. Vint l'ord. de 1681, qui modifia d'une manière notable les règles admises par ces édits. Elle déclare de bonne prise non-seulement les marchandises ennemies, mais aussi le navire qui transporte ces marchandises (V. l'art. 7 du tit. 9, *suprà*, p. 914). — Un arrêt du conseil du 26 oct. 1692 rappela les tribunaux à l'exacte observation de l'art. 7 de l'ord., dont ils s'écartaient en certains cas (Valin, t. 2, Des prises, pièces justificat., p. 35; Schœll, Hist. des Traités, t. 4, p. 20; Luchesi-Palli, Principes du droit publ. marit., p. 60; Ortolan, ch. 5). — L'art. 5 d'un règlement du 23 juill. 1704 confirma de nouveau la disposition de l'ordonnance. Il porte : « S'il se trouvait sur les vaisseaux neutres des effets appartenant aux ennemis de sa majesté, les vaisseaux et tout le chargement seront de bonne prise, conformément à l'art. 7 du tit. des prises de l'ord. du mois d'août 1681. » — Mais un règlement du 21 oct. 1744 revint à la disposition contenue dans le consulat de la mer, ordonnant de relâcher le navire neutre saisi porteur de marchandises ennemies, ces dernières seules étant de bonne prise (V. l'art. 5 de ce règlement). — Du reste, s'il faut en croire Valin, sur l'art. 7 de l'ordonnance, le règlement de 1744 ne devait recevoir d'application qu'en faveur de certaines puissances amies ou neutres avec lesquelles des traités particuliers avaient été conclus, l'ordonnance de 1681 restant pleinement en vigueur pour tous autres cas. — Le règlement du 26 juill. 1778 n'autorisant, à bord des neutres, que la saisie des objets de contrebande de guerre (art. 1), il en résulte implicitement qu'il consacre la règle que le pavillon

Etats-Unis d'Amérique, qui, en spécifiant tous les articles de contrebande, n'y a point compris les bois de construction. Lors même que l'on aurait pu soutenir, avec quelque fondement, que la prohibition contenue dans l'arrêté du 12 vent. de l'an 5 eût été applicable à tous les neutres, elle se trouverait implicitement rapportée par l'arrêté du 29 frim. de l'an 8, qui, à l'égard de la navigation des neutres, a rétabli les dispositions du règlement du 26 juill. 1781, dont l'art. 15 ordonne l'exécution de l'ordonnance de la marine de 1778, laquelle, dans l'énumération des objets de contrebande de guerre, ne place point les objets de construction; d'où il faut conclure que la destination pour un port ennemi, des planches chargées sur le navire il Volante, quel qu'en dût être l'emploi, ne les a point rendues confiscables, et que tout au plus elle serait susceptible, avec les autres circonstances de la prise, d'exempter les capteurs des dommages-intérêts; — Décide que la prise faite par le corsaire français l'Étoile-de-Bonarparte, du navire autrichien il Volante, est invalide; en fait pleine et entière mainlevée au profit des propriétaires.

Du 9 sept. 1807.-Conseil des prises.

neutre couvre la marchandise ennemie, bien plus favorable en cela que les dispositions antérieures à l'ord. de 1681 que nous venons de rappeler. — C'est ce que fait observer aussi M. Hautefeuille, t. 3, p. 270, qui nous paraît cependant faire erreur en disant que le règlement de 1778 reconnaît *positivement* l'immunité du pavillon. Merlin, Rép., v° Prise maritime, § 3, art. 3, et M. Massé, Dr. com., t. 1, p. 237, à la note, de Pistoye et Duverdy, t. 1, p. 344, interprètent aussi le règlement dans le sens favorable aux neutres.

166. Par un décret du 14 fév. 1793, art. 5, la convention nationale consacre implicitement le principe qu'on vient de rappeler. — Mais une loi du 9 mai 1793, confirmée le 27 juill. suivant, déclare de bonne prise les marchandises ennemies, et les comestibles destinés aux ennemis chargés sur des vaisseaux neutres. — Il a été jugé, par application de la loi du 9 mai 1793, 1° que les navires neutres venant d'un port ennemi ne peuvent être arrêtés par cela seul qu'ils portent des marchandises appartenant aux ennemis : ces marchandises seules sont confiscables (Rej. 26 therm. an 7, MM. Bayard, pr., Target, rap., aff. Barben C. Zignano); — 2° Que la prise qui est faite par un corsaire de marchandises anglaises à bord d'un navire danois est valable, alors que les Anglais en usent ainsi à l'égard de ces navires pour les marchandises d'origine française; qu'on dirait en vain que ce fait n'est constaté par aucun acte et que ce ne serait qu'en violant les traités qu'il aurait eu lieu, s'il est généralement reconnu (Req. 3 fruct. an 6, MM. Bayard, pr., Lizot, rap., aff. le Neptune).

167. La loi du 29 niv. an 6 est revenue à la sévérité de l'ord. de 1681, au moins en ce qui touche les marchandises anglaises (V. p. 919). — Il a été jugé, par application de cette loi qu'était valable : 1° la prise d'un navire portant pavillon hollandais, dont la cargaison, qui appartient à des Anglais, d'après les connaissements, était à la destination de l'Angleterre (cons. d'Etat, 20 nov. 1815, aff. Willem Connemburg); — 2° Celle d'un navire appartenant à un sujet d'une puissance neutre, qui avait à son bord un ballot de toiles anglaises, bien que ce ballot fût de minime importance et valeur eu égard à la cargaison (Req. 13 frim. an 7, MM. Lizot, pr., Seignette, rap., aff. John, capitaine du Farmer); — 3° Qu'il importait peu que ces marchandises ne fussent pas reprises dans le connaissement pour être censées faire partie de la cargaison (Req. 2 frim. an 7, MM. Chasle, pr., Riolz, rap., aff. la Marie-Charlotte), ... ou que le ministre de la marine, sur la demande du prince allié auquel la marchandise anglaise était destinée, lui eût, antérieurement à cette loi, délivré un sauf-conduit contre les corsaires, pour ces marchandises (Req. 5 vend. an 7, MM. Bayard, pr., Gamon, rap., aff. Abucaya, chargé d'affaires du dey d'Alger C. le Requin).

168. Mais la loi du 29 niv. an 6 ne parlant que des marchandises anglaises, il en résulte, ainsi que cela a été jugé : 1° que la cargaison d'un navire neutre ne pouvait être saisie par cela seul qu'elle provenait de pays ennemi, à moins qu'elle ne fût composée soit de marchandises de contrebande destinées à l'ennemi, ou de comestibles et munitions pour places bloquées ou assiégées, ou de marchandises anglaises, alors que toutes les pièces de bord sont régulières (Req. 1er flor. an 7, MM. Seignette, pr., Bassand, rap., aff. le Solide C. la Fortune). — 2° Que les marchandises anglaises capturées par des corsaires français, et vendues par eux à des étrangers ayant cessé d'avoir le caractère de marchandises anglaises, de telles marchandises trouvées à bord d'un bâtiment ne légitimaient pas la prise de ce bâtiment, lorsque l'origine de ces marchandises avait été constatée par un consul français (Cass. 29 fruct. an 7, MM. Bayard, pr., Lizot, rap., aff. Scotto).

169. Par application du principe de la non-rétroactivité, on a décidé que la loi du 29 niv. an 6 était inapplicable à un navire chargé de marchandises anglaises, pris à une époque où cette loi n'était pas promulguée sur les côtes où il a été capturé : « Attendu, porte le jugement, que la loi du 29 niv. an 6 n'ayant pas même été publiée dans le département des Basses-Pyrénées, à l'époque de la capture du navire le Ferdinand-Henri, l'art. 1 de cette loi ne pouvait servir de base à la confiscation de ce navire; d'où il suit qu'il y a eu, de la part du tribunal civil du département des Basses-Pyrénées, fausse application de l'art. 2, règlem. 1778, et de l'art. 1, L. 29 niv. an 6; casse » (Cass. 3 flor. an 7, M. Bayard, rap., aff. le Ferdinand-Henri)...; Ou si à l'époque du chargement il ne pouvait connaître cette loi (Cass. 14 vent. an 7, M. Rozier, rap., aff. Christiana Colbiornsen; cons. des prises, 27 fruct. an 8, aff. la Pandora C. le Requin; 17 brum. an 9, aff. la Pomone C. le Solide). — V. aussi n° 171.

170. Mais la loi du 29 niv. an 6 a été abrogée par la loi du 23 brum. an 8 qui a fait revivre en grande partie le règlement de 1778. — Les décrets des 21 nov. 1806 et 17 déc. 1807, qui ont établi le blocus continental, revinrent à la règle posée par la loi de l'an 6 et en augmentèrent encore la rigueur. — Il a été jugé : 1° que ces décrets ne s'étendaient pas au navire et à la partie de la cargaison composée de marchandises neutres, alors surtout que les marchandises ennemies étaient en petite quantité et de peu de valeur (cons. d'Et. 27 mai 1814, aff. Castro); — 2° Que, d'après les décrets des 21 nov. 1806 et 17 déc. 1807, la prise d'un navire venant d'Héligoland chargé de marchandises anglaises était valable (ord. cons. d'Et. 1er déc. 1819, M. Maillard, rap., aff. Philippe); — 3° Qu'un navire chargé de marchandises anglaises, échoué volontairement, doit être saisi par application des lois prohibitives de la fraude; que le produit en doit conséquemment appartenir à l'Etat, et qu'il ne pourrait appartenir à la caisse des Invalides que si l'échouement avait eu lieu par accident (décr. cons. d'Et. 23 nov. 1811, aff. la Jeune-Annette).

171. Il a été décidé aussi que les décrets de 1806 et 1807 ne pouvaient être appliqués à un navire chargé de marchandises anglaises, mais qui était parti d'un port neutre avant l'existence de ces décrets (cons. d'Et. 7 mai 1808, aff. la Princesse-Elisa C. l'Alexander; 8 octobre 1810, aff. le Brutus C. la Dame-Ernouf); ce qui est conforme aux décisions rapportées n° 169. — Toutefois il résulte d'une autre décision que, pour que ces décrets fussent applicables, il suffisait qu'ils aient pu être connus au moment du départ du navire, bien qu'en fait ils ne l'eussent pas été (cons. d'Et. 29 mai 1808, aff. le Napoléon C. le Vermont). — Cette dernière solution se ressent évidemment de la passion qui avait dicté le blocus continental.

172. On a vu, du reste, que les décrets de 1806 et 1807 n'ont eu qu'une existence éphémère et ont dû cesser de produire leurs effets dès que les circonstances dans lesquelles ils avaient été rendus ont changé. — V. aussi diverses applications de ces décrets v° Douanes, n°s 819 et suiv.

173. Comme le décret du 2 prair. an 11 ne contient aucune disposition relative aux marchandises ennemies chargées sur navires neutres ou amis, il en est résulté que la loi intérieure de la France sur cet objet est toujours le règlement du 26 juill. 1778 qui, nous l'avons déjà dit, a adopté le principe que *le pavillon couvre la marchandise* (Conf. MM. Ortolan, t. 2, p. 99, et Hautefeuille, t. 3, p. 280), principe qui, comme on l'a dit dessus n° 11, a définitivement pris place dans le droit public européen depuis la convention du 16 avr. 1856. — Du reste, il avait déjà été solennellement proclamé dans la déclaration de Catherine de Russie, de mars 1780, à laquelle ont adhéré les cours de France, d'Espagne, de Danemark, de Suède, de Hollande, de Prusse, d'Autriche, de Portugal, de Sicile et le gouvernement des Etats-Unis d'Amérique (Schœll, Hist. des traités, t. 4, p. 1 à 58; Martens, Rec., t. 3, p. 157 à 270; Wheaton, Hist. des prog. du dr. des gens, p. 228; MM. Ortolan, *loc. cit.*, et Hautefeuille, t. 3, p. 364). — V. aussi sur les différents traités passés par la France qui contiennent le même principe, MM. de Pistoye et Duverdy, t. 1, p. 348 et suiv.

§ 4. — *Des marchandises appartenant à des neutres chargées sur bâtiments ennemis.*

174. Les marchandises appartenant à des neutres chargées sur bâtiments ennemis peuvent-elles être valablement confisquées avec le bâtiment capturé? — La jurisprudence a résolu cette question par l'affirmative en se fondant sur l'art. 7 de l'ordonnance de 1681, qui déclare de bonne prise les marchandises des *sujets* ou *alliés* qui se trouvent dans un navire ennemi. — Ainsi, il a été jugé que des marchandises appartenant à un gouvernement ami ou neutre, chargées sur des navires appartenant à des sujets rebelles et destinées pour un port en rébellion, doivent être considérées comme propriété ennemie et déclarées de bonne prise : « Considérant, porte l'ordonnance, que la navigation des deux navires l'Amphitrite et la Notre-Dame-des-Carmes, n'était protégée par aucune expédition, que les tabacs déposés sur ces navires par les rebelles de Saint-Ander au moment de leur fuite, et destinés pour un port rebelle, étaient devenus une propriété ennemie, et qu'en conséquence ils ont été justement adjugés au profit des capteurs, etc. » (cons. d'Et. 19 janv. 1811, aff. le roi d'Espagne). — Toutefois, on peut critiquer cette jurisprudence, en ce que : 1° elle est extensive d'une disposition rigoureuse en elle-même, alors qu'il n'y a pas analogie complète, les neutres n'ayant pas des motifs aussi puissants de s'abstenir de faire usage des vaisseaux ennemis que les sujets ou alliés; 2° en ce que, d'après la rigueur absolue des principes, le droit naturel d'un État neutre et pacifique l'autorise à tendre à sa conservation et à sa prospérité par des moyens licites. Aussi, la plupart des auteurs se prononcent-ils pour la non-confiscation des marchandises neutres prises sur un vaisseau ennemi, alors qu'elles y avaient été placées sans intention de fraude (Voët, *Ad Pandectas, de captivis*, n° 5; Grotius, *De jure belli et pacis*, liv. 3, chap. 5, n° 26; Consulat de la mer, chap. 276; Casarégis, *Discurs.* 24, n° 21; Azuni, Droit marit. de l'Europe, t. 2, p. 332; Hautefeuille, t. 3, p. 424 et suiv.). — V. cependant d'Abréu, 1re part., chap. 8, p. 108, et Valin, Tr. des prises, p. 61.

175. On doit reconnaître néanmoins que la plupart des traités internationaux intervenus entre les nations maritimes depuis le seizième siècle, et notamment ceux qui sont les plus récents, ont admis la règle que la marchandise neutre chargée sur vaisseau ennemi est de bonne prise. Il nous suffira de citer les principaux. Ce sont : les traités conclus à Utrecht en 1713; le traité de commerce conclu en 1716 entre la France et les villes anséatiques, art. 24; —celui de 1725, entre l'Autriche et l'Espagne; — de 1739, entre la France et la Hollande; — de 1742, entre la France et le Danemark; — celui d'Aix-la-Chapelle, de 1748, entre la France, l'Angleterre et la Hollande, art. 3; — celui de Paris, de 1763 (art. 2), entre la France, l'Angleterre et l'Espagne, auquel le Portugal a accédé; — celui du 26 sept. 1786, art. 29, intervenu entre la France et la Grande-Bretagne; — celui du 16 mai 1832, ratifié le 29 avr. 1834 entre les États-Unis et le Chili, art. 13; — le traité du 9 déc. 1834, entre la France et la Bolivie, art. 18; — ceux de 1839 avec le Texas; de 1843, avec les républiques de Vénézuéla et de l'Équateur (V. aussi MM. de Pistoye et Duverdy, t. 1, p. 315 et suiv.). — M. Ortolan, *loc. cit.*, ajoute cette considération que la règle « marchandise amie ou neutre suit le sort du navire saisi » a l'avantage de trancher plusieurs difficultés, en ce qu'elle établit bien les droits des neutres à cet égard. — M. Hautefeuille, *loc. cit.*, combat toutefois une telle considération et maintient avec énergie les principes du droit primitif, lesquels, du reste, admis dès le début de la dernière guerre par la déclaration du 29 mars 1854, ont été définitivement consacrés par la déclaration du 16 avr. 1856 (V. n° 11). — Il a été jugé, par application de la déclaration du 29 mars 1854, que les marchandises appartenant à un neutre et trouvées sur un navire russe dont la prise a été déclarée valable, doivent être relâchées, à la charge toutefois de payer le fret des marchandises restituées à raison de l'avancement du voyage (cons. des prises, 28 oct. 1854, aff. l'Orione *C.* l'Averne). — V. MM. de Pistoye et Duverdy, t. 2, p. 499.

176. Au surplus, il a été décidé que, lorsque la prise d'un navire est déclarée nulle, la cargaison doit suivre le même sort, si elle n'a été confisquée que par les mêmes raisons que le navire, lorsque d'ailleurs il est justifié qu'elle est d'origine neutre et qu'elle était accompagnée d'un certificat d'un consul de France constatant cette neutralité (cons. d'Et. 20 nov. 1815, aff. Vaniseghem).

177. Par application du principe de la non-rétroactivité des lois, il a été décidé que la prise de navires chargés de marchandises provenant d'un pays neutre, mais à la destination de différents ports occupés par les Anglais, est valable, bien qu'elle ait eu lieu après la révocation des décrets qui avaient autorisé de semblables prises, si cette révocation, ignorée du reste des capturés, n'a été insérée au Moniteur et rendue officielle que postérieurement à la prise (cons. d'Et. 29 déc. 1819, M. Bellisle, rap., aff. le Dolly et le Télégraphe *C.* Raoul).

178. On doit considérer comme marchandises neutres celles appartenant à un neutre, même dans le cas où il fait le commerce en pays ennemi, cette circonstance ne lui faisant pas perdre sa qualité (cons. des prises, 13 fruct. an 9, aff. le Hardy *C.* la Voltigeante, MM. de Pistoye et Duverdy, t. 1, p. 321)... et cela, alors même qu'il remplirait chez l'ennemi les fonctions de consul de la nation à laquelle il appartient (même décision et cons. des prises, 13 therm. an 9, aff. la Marthe-Magdeleine *C.* le Solide; 27 pluv. an 10, aff. la Paix; V. MM. de Pistoye et Duverdy, t. 1, p. 378, 486).

179. On doit également réputer neutres toutes les marchandises, qui, bien que d'origine ennemie, ont été déjà prises par un corsaire français et vendues à des neutres (Cass. 29 fruct. an 7, M. Lizot, rap., aff. le Saint-Vincent *C.* la Tonnante).

§ 5. — *De la prise des bâtiments neutres qui violent ou tentent de violer un blocus régulièrement établi.*

180. Un navire dont la neutralité est régulièrement justifiée peut être capturé, ainsi que sa cargaison, sans qu'il y ait à distinguer si elle appartient à des neutres, à des alliés ou à des ennemis, par cela seul qu'il viole ou tente de violer un blocus régulièrement établi. — C'est ce qu'enseignent tous les publicistes notamment Bynkershœck, *Quæst. juris publici*, lib. 1, cap. 2; Vattel, Dr. des gens, liv. 3, ch. 7, § 11; Wheaton, *Elem. of internat. law*, t. 2, p. 240 et suiv.; James Reddie, Esq., *Researches historical an critical on maritime international law*, t. 2, p. 16; MM. Ortolan, Diplomatie de la mer, t. 2, ch. 9, et Hautefeuille, t. 3, p. 8 et suiv. — La législation internationale consacre aussi le même principe. Nous citerons notamment les traités constitutifs des neutralités armées de 1780 et de 1800, auxquels accédèrent toutes les puissances du second ordre, et qui furent reconnus par la France, l'Espagne, la Hollande et les États-Unis d'Amérique. — On expose v° Organ. marit., quelles sont les conditions nécessaires à l'établissement d'un blocus régulier. Nous n'avons à nous occuper ici que des règles à observer par le belligérant qui fait le blocus à l'égard des bâtiments qui essayeraient de l'enfreindre, et en second lieu qu'à déterminer dans quels cas il y a violation d'un blocus.

181. Pour qu'un blocus puisse produire son effet à l'égard des neutres, il ne suffit pas que la déclaration en ait été notifiée aux puissances neutres; il faut en outre, qu'en fait, celui qui prétend bloquer une certaine portion du territoire de son ennemi ait des forces suffisantes pour empêcher les communications avec la place bloquée (V. à cet égard ce que nous disons v° Organis. marit., V. aussi MM. Hautefeuille, t. 3, p. 24 et s., de Pistoye et Duverdy, t. 1, p. 365). L'Angleterre, qui avait toujours tenté d'imposer aux neutres la légitimité des blocus fictifs (V. MM. de Pistoye et Duverdy, t. 1, p. 365 et suiv.), a abandonné aujourd'hui cette ancienne prétention. — V. décl. 16 avril 1856, n° 11.

182. L'existence d'un blocus *effectif* ne suffit même pas pour valider la prise des bâtiments neutres qui chercheraient à communiquer avec le port ou la place bloquée; il faut, outre la notification générale dont il vient d'être parlé, qu'un avertissement individuel, si l'on peut s'exprimer ainsi, ait été donné aux navires qui tentent de violer le blocus. Cet avertissement les met dans l'impossibilité de prétexter leur ignorance du blocus. La France, dans ses divers traités, intervenus récemment entre elle et plusieurs puissances, soit d'Europe, soit du Nouveau-Monde, a généralement fait prévaloir la nécessité de la notification individuelle de l'existence ou de la continuation du blocus. — V. Notamment Traité de 1828 avec le Brésil; de 1834 avec la Bolivie; de 1839 avec le Texas; de 1843 avec la rép. de Vénézuéla; de 1843 avec la rép. de l'Equateur. L'art. 20 du traité de 1828 entre le Mexique et les villes anséatiques contient une stipulation semblable. Les États-Unis d'Amérique paraissent aussi adopter le même principe. — V. sur ce point, de Martens, Nouveau rec., t. 15, p. 507; MM. Ortolan, t. 2, liv. 3, ch. 9, et Hautefeuille, t. 3, p. 71 et s.; de Pistoye et Duverdy, t. 1, p. 369 et s.

183. La forme usitée pour la notification spéciale du blocus consiste en ce que l'un des officiers des bâtiments de guerre formant le blocus se rend à bord du navire neutre qui se présente pour entrer, fait connaître l'existence du blocus, et consigne cette déclaration sur les papiers de bord des navires (V. Traités du 31 août 1828, avec le Brésil; de 1835, avec la Bolivie; 1839, avec le Texas, etc.). De cette manière, dit très-bien M. Hautefeuille, t. 3, p. 87, il est impossible, d'un côté, que le belligérant prétende avoir fait la notification, alors qu'il n'aurait pas rempli cette formalité; de l'autre, que le neutre puisse nier son accomplissement et prétexter l'ignorance du fait (V. lett. min. 17 mai 1838, MM. de Pistoye et Duverdy, t. 1, p. 375). — Jugé, par application de ces principes, qu'il ne suffit pas qu'un blocus ait été diplomatiquement notifié, pour que le navire neutre qui se présente pour entrer dans un port bloqué puisse être légitimement capturé; il faut, en outre, que, conformément au droit maritime français, ce navire ait été spécialement averti de l'existence et de l'étendue du blocus, et que la mention de l'avertissement ait été inscrite sur son rôle d'équipage (ord. cons. d'Et. 17 juill. 1843 (1); du même jour aff. la Joséphine, V. ci-après au présent numéro; 24 juill. 1843, M. d'Haubersart, rap., aff. la Flore de l'Uruguay; 21 déc. 1847, aff. la Louisa, D. P. 48. 3. 54);— Et qu'un avertissement oral au capitaine du navire capturé ne supplée pas à sa mention écrite indispensable en cas pareil (ord. cons. d'Et. 17 juill. 1843) (2).

184. Au surplus, il peut intervenir entre les deux puissances belligérantes des conventions qui modifient les principes que l'on vient de poser. — Il a été jugé par application d'un règlement consenti dans un tel but, le 23 avril 1839, entre le commandant des forces navales de la France et la république Argentine, dont les ports étaient alors bloqués : 1° que la nécessité de la mention d'avertissement de l'existence du blocus, écrite sur le rôle d'équipage du navire neutre capturé, cesse lorsque le gouvernement de la puissance à laquelle le neutre appartient a fait avec les agents français et pour la navigation du bâtiment dans les parages du port bloqué, un règlement dont les dispositions excluent implicitement la nécessité de cet avertissement (cons. d'Et. 19 juill. 1843) (3); — 2° Que l'on doit déclarer de bonne prise, les navires qui ont violé le règlement, soit en s'abstenant de faire viser les manifestes de leurs marchandises par le consul français, soit en ne déposant pas la caution exigée, soit enfin en suivant une ligne de navigation qui leur était interdite (ord. c. d'Et. 14 mars 1843, M. d'Haubersart, rap., aff. le Monte-Alegre, etc.);—... Soit en demeurant plus de soixante-douze heures sans faire viser ses papiers de bord par l'une des stations de surveillance de la flotte française (ord. cons. d'Et. 20 août 1847) (4).

185. La Grande-Bretagne est la seule puissance maritime qui refuse d'admettre le principe d'après lequel une notification spéciale est nécessaire pour valider la capture d'un bâtiment neutre dans le cas de blocus. — Elle estime qu'après la notification diplomatique, tout bâtiment neutre assez rapproché du port bloqué pour avoir eu connaissance du blocus et de sa continuation, est réputé le connaître implicitement, sans qu'il soit nécessaire d'un avertissement individuel de la part des forces bloquantes, pourvu néanmoins qu'un temps suffisant se soit écoulé pour que ledit bâtiment ait pu être informé de la notification à son gouvernement (V. MM. Ortolan, Dipl. de la mer, t. 2, liv. 3, ch. 9; de Pistoye et Duverdy, t. 1, p. 378, 392).

186. Tout bâtiment qui, après avoir reçu notification individuelle d'un blocus régulièrement et effectivement établi, veut pénétrer dans la place bloquée, malgré cet avis, ou qui se représente de nouveau, viole le blocus. Il en faut dire autant de celui qui se rapprocherait sans entrer, mais avec intention d'enfreindre la défense de communiquer avec la place bloquée. Un navire viole encore un blocus établi lorsqu'il sort d'un port bloqué, avec un chargement pris sur les lieux après que l'existence du blocus est effective. S'il se trouvait dans le port au moment du blocus, il pourrait sortir sur lest, avec la cargaison qu'il aurait effectuée avant la mise en état de blocus : toute acquisition postérieure au blocus lui est interdite. Les marchandises neutres qui se trouvent dans le port bloqué, au moment du blocus, peuvent être enlevées par le propriétaire sans violation de l'interdiction de communiquer (M. Wheaton, *Elem. of internat. law*, t. 2, p. 245). — Et il a été jugé qu'on doit déclarer valable la prise : 1° d'un navire qui a été pris au moment où il manœuvrait pour entrer dans un port bloqué, lorsque la notification du blocus a été faite régulièrement aux puissances neutres, et qu'en outre le capitaine de navire appréhendé a été averti par le correspondant de l'escadre de l'existence du blocus, alors même que le bâtiment n'aurait pas été chargé de marchandises de contrebande (cons. d'Et. 4 mars 1830) (5);— 2° Celle d'un navire neutre qui tentait de violer la ligne de blocus, après que ce blocus avait été notifié au capitaine par le commandant de l'escadre qui a fait mention

---

(1) 1re *Espèce* :—(L'Aventura.)—LOUIS-PHILIPPE, etc.;—Considérant qu'il ne suffisait pas que le blocus des côtes de la République argentine eût été notifié par nos agents aux agents des puissances étrangères; qu'il fallait en outre, pour qu'un navire neutre pût être légitimement capturé, que, conformément aux principes du droit maritime français, ledit navire eût été spécialement averti de l'existence et de l'étendue du blocus, et que la mention de l'avertissement eût été inscrite sur son rôle d'équipage; — Que les instructions de notre ministre de la marine rappelaient aux commandants de nos vaisseaux la nécessité de cette double formalité; — D'où il suit que, faute de l'avoir accomplie, le commandant de notre brick le Cerf n'avait pas le droit de capturer la goëlette brésilienne l'Aventura.

Du 17 juill. 1843.-Ord. cons. d'Et.-M. d'Haubersart, rap.

2e *Espèce* : — Du même jour, décision identique (le Ligeiro).

(2) (La Joséphine.) — LOUIS-PHILIPPE, etc.; — Considérant qu'il ne suffisait pas (comme dans l'ordonnance qui précède)...; — Considérant dans l'espèce, bien qu'il soit constaté au procès-verbal rédigé par le commandant de notre goëlette l'Eclair, qu'avertissement de l'existence du blocus avait été donné par lui de vive voix, la veille de la capture, au capitaine de la Joséphine, qu'il ne résulte pas de l'instruction, soit que ledit capitaine eût compris cet avertissement, soit qu'il ait été suppléé à la mention dudit avertissement qui aurait dû être inscrite sur le rôle d'équipage; — D'où il suit que le commandant de notre goëlette l'Eclair n'avait point le droit de capturer la goëlette américaine la Joséphine, etc. — Art. 1. Est déclarée non valable la prise de la goëlette américaine la Joséphine. — En conséquence, le produit de la vente dudit navire et de sa cargaison sera remis, avec les papiers de bord, aux propriétaires et chargeurs.

Du 17 juill. 1843.-Ord. cons. d'Et.-M. d'Haubersart, rap.

(3) 1re *Espèce* : —(Goëlette Sanducera.)—LOUIS-PHILIPPE, etc.;—Vu les arrêtés des consuls des 6 germ. an 8 et 2 prair. an 11, les ordonnances royales des 23 août 1815 et 18 sept. 1839; — ...Sur les autres chefs : — Considérant que le règlement ci-dessus visé, du 23 avril 1839, en déterminant les conditions auxquelles seraient soumis les bâtiments de la république Orientale naviguant dans la Plata, pendant la durée du blocus, excluait, par cela même, la nécessité de l'avertissement spécial et de la mention sur le rôle d'équipage prescrits par les instructions de notre ministre de la marine; — Qu'il appartenait au gouvernement de ladite république de convenir, avec le commandant de nos forces navales, de règles spécialement applicables aux bâtiments de la république, expédiés de ses ports pendant le blocus des côtes de la république Argentine; — Considérant que la goëlette la Sanducera était, au moment de son arrestation, dépourvue de papiers de bord; que les chargeurs dudit bâtiment ne peuvent, dès lors, justifier qu'ils aient rempli les obligations à eux imposées par le règlement précité du 23 avril 1839 : d'où il suit que c'est avec raison que le commandant de notre brick l'Alouette a capturé ledit bâtiment;

Art. 1. Est déclarée valable la prise de la goëlette orientale la Sanducera.

Du 19 juill. 1843.-Cons. d'Et.-M. d'Haubersart, rap.

Autres espèces : —Même jour et au rapport du même magistrat, ordonnances identiques ou conformes à l'égard des goëlettes la Dorothée, la Cérès, le Carmen-Ligera, et du navire le Robert.

(4) (La Fortuna.) — LOUIS-PHILIPPE, etc.; — Vu les arrêtés du gouvernement des 6 germ. an 8 et 2 prair. an 11; les ordonnances royales des 23 août 1815 et 18 sept. 1839;—En ce qui touche le navire la Fortuna : —Considérant que ledit navire portait le pavillon de l'Etat Oriental; que le règlement du 23 avril 1839 détermine les règles spécialement applicable aux navires dudit Etat expédiés de ses ports pendant le blocus des côtes de la république Argentine; qu'il appartenait au gouvernement de l'Etat Oriental de stipuler lesdites règles avec le commandant de nos forces navales;—Considérant que le navire la Fortuna a contrevenu aux dispositions des art. 7 et 8 dudit règlement en demeurant plus de soixante-douze heures sans faire viser ses papiers de bord par l'une de nos stations de surveillance, et que ce fait emporte la capture dudit navire et de sa cargaison; — Art. 1. Est déclarée valide la prise du navire la Fortuna et des marchandises trouvées à son bord. »

Du 20 août 1847.-Ord. cons. d'Et.-M. d'Haubersart, rap.

(5) (La Madonna-di-Montenero.) — CHARLES, etc.; — Considérant que le blocus du port d'Alger avait été régulièrement notifié à toutes les puissances neutres, longtemps avant l'époque où notre frégate

de cet avertissement sur les papiers de bord du navire capturé, alors même que la notification du blocus faite au pays dont dépend le capturé, n'indiquerait pas tous les ports bloqués, et qu'il ne serait chargé d'aucun objet de guerre (ord. cons. d'Ét., 4 mars 1830 (1); 22 août 1849, aff. l'Independencia americana; 14 nov. 1849, aff. l'Aurora);—3° La prise d'un navire qui sort avec une cargaison d'un port bloqué, quand il a été averti avec mention sur son livre de bord qu'il ne pouvait sortir que sur lest (cons. d'Ét., 17 juill. 1830, aff. l'Élisa Cornille). — 4° Celle d'un navire qui sort d'un port bloqué sans être muni d'aucuns papiers de bord (ord. cons. d'Et., 27 août 1845, aff. X...) — 5° Celle d'un navire qui, malgré l'avertissement du blocus, pénètre dans un port bloqué, et qui tente de sortir de ce port après le délai accordé aux navires neutres pour sortir (cons. d'Ét. 12 juin 1850, aff. the Fame).

187. Pendant quel temps un navire coupable de violation d'un blocus peut-il être capturé? — Sur ce point, l'Angleterre élevait des prétentions exagérées, lesquelles, du reste, étaient le corollaire de son système de blocus fictif : elle prétendait avoir le droit de saisir tout navire convaincu d'être entré dans un port bloqué, alors même que sorti de ce port sans avoir été arrêté, il aurait fait un ou plusieurs autres voyages. M. Wheaton, t. 2, p. 248, sans aller aussi loin, admet cependant en principe que le navire qui a violé le blocus est réputé pris en flagrant délit, si l'on s'en empare avant la fin de son voyage de retour.—Ni l'une ni l'autre de ces prétentions ne nous paraît compatible avec le blocus effectif, le seul admis aujourd'hui. Nous pensons avec MM. de Pistoye et Duverdy, t. 1, p. 374, 375, que le navire ne peut être capturé qu'au moment où il essaye de franchir la ligne de blocus : c'est aux croiseurs à faire bonne garde, on ne doit pas punir les tiers de leur négligence. Si le navire entre ou sort du port bloqué à un moment où les croiseurs se sont éloignés par suite de l'état de la mer ou par toute autre cause, il n'y a plus de blocus effectif, par suite, pas de cause de saisie.

188. Il s'est présenté un cas où la France a établi un blocus, sans qu'il y eût eu déclaration de guerre : c'était en 1839, lors du blocus de la Plata. « Nous nous sommes trouvés là, disait M. Guizot le 8 février 1841 à la chambre des pairs, dans une situation très-difficile; nous faisions un blocus, ce qui n'était pas la guerre complète, la guerre déclarée... » — Il a été jugé que, dans de telles circonstances, les objets de contrebande de guerre saisis sur des bâtiments neutres qui n'ont pas reçu notification du blocus, ne sont pas de bonne prise (cons. d'Ét. 25 mars 1848, aff. le comte de Thomar, D. P. 48. 3. 54). — MM. de Pistoye et Duverdy, t. 1, p. 390, considèrent cette décision comme un acte de munificence et de libéralité, bien plus que comme un acte juridique; mais nous croyons que le droit international doit aller jusque-là.

§ 6. — *Prise des bâtiments ayant un officier-major d'un pays ennemi ou le tiers de leur équipage sujet d'un pays ennemi.*

189. « Sont de bonne prise, aux termes de l'art. 9 du règlement du 26 juill. 1778, tous bâtiments étrangers sur lesquels il y aura un subrécargue marchand commis ou officier-major d'un pays ennemi de Sa Majesté, ou dont l'équipage sera composé, au delà du tiers, de matelots sujets des états ennemis de sa majesté. »—Il a été jugé que cet article s'applique : 1° au cas où le capitaine du navire capturé sans justifier du lieu de sa naissance produit des lettres de bourgeoisie d'un pays neutre mais postérieures à la déclaration de guerre (Req. 29 flor. an 7) (2);—2° au navire dont le capitaine est né dans un pays avec lequel la France est en guerre, lorsque cet officier ne prouve pas sa naturalisation dans un pays ami, et que le rôle de son équipage ne fait pas mention du lieu de leur naissance conformément au règlement de 1778 (Req. 7 brum. an 7 (3). V. aussi cons. des prises, 29 fruct. an 8, aff. le Caninholm *C.* le Scipion, MM. de Pistoye et Duverdy, t. 2, p. 54);—3° Mais que le capitaine d'un navire neutre ne devient pas ennemi de la France, et que son navire ne peut être capturé, par cela seul qu'une puissance ennemie de la France occupe la province dont il est originaire et qu'il a quittée depuis longtemps pour se fixer en pays neutre (Cons. d'Ét., 7 oct. 1807, aff. Muraour).

190. Des passagers d'origine ennemie ne peuvent être considérés comme sujets ennemis, lorsqu'ils sont établis dans un pays neutre où ils ont le droit de cité, et lorsqu'ils retournent dans ce pays (cons. des prises, 27 fruct. an 8, aff. La Pandora *C.* le Requin, MM. de Pistoye et Duverdy, t. 1, p. 125).

191. L'art. 10 du règlement porte exception à l'art. 9, pour le cas où « les capitaines ou les maîtres justifieront, par actes trouvés à bord, qu'ils ont été obligés de prendre les officiers majors ou matelots dans les ports où ils auront relâché, pour remplacer ceux du pays neutre qui seront morts dans le cours du voyage. » — Cet article ne s'applique qu'au cas où un navire neutre a dû renouveler son équipage en pays ennemi. — Il a été décidé, en conséquence, qu'un capitaine qui est forcé de renouveler son équipage en pays neutre, n'est pas obligé de justifier de la nécessité où il a été de faire ce renouvellement; que la loi n'exige cette justification que lorsque le renouvellement a lieu dans un pays ennemi (Cass. 11 frim. an 7, M. Lodève, rap., aff. le Phénix).

192. Il a même été jugé qu'un navire ne peut être déclaré de bonne prise, sur le motif que son équipage est composé de plus du tiers de matelots ennemis, si le propriétaire et le capitaine ont pu croire, d'après un traité public, que les habitants du pays d'où étaient ces matelots, pouvaient être considérés comme des neutres (Cass. 24 germ. an 7) (4).

---

l'Iphigénie a arrêté le navire sarde la Madonna-di-Montenero; — Considérant qu'il résulte des interrogatoires du capitaine de ce navire, qu'il avait été précédemment averti, par le commandant de notre escadre, de l'existence du blocus d'Alger, et du danger qu'il courait d'être arrêté, s'il se présentait de nouveau pour entrer dans ce port; — Considérant qu'il est constaté, par le procès-verbal dressé par le capitaine de nos vaisseaux Latreyte, le jour même de l'arrestation de la Madonna-di-Montenero, que ce navire, au moment où il a été arrêté, manœuvrait pour entrer dans le port d'Alger; — Art. 1. La prise du navire sarde la Madonna-di-Montenero est déclarée valable.

Du 4 mars 1830.-Ord. cons. d'Et.-M. de Rozière, rap.

(1) 1re *Espèce :* — (La Carolina.) — Charles, etc.; — Considérant que le blocus effectif des ports de la régence d'Alger a été établi en vertu des ordres transmis, à cet effet, par notre ministre de la marine, dès le mois de mai 1827; — Que le capitaine de la Carolina avait été, peu de jours avant son arrestation, prévenu de l'existence de ce blocus par le commandant de notre escadre, lequel avait fait mention de cet avertissement sur les papiers de bord de ce navire, et ordonné qu'il fût arrêté dans le cas où il se présenterait de nouveau devant les côtes de la régence; — Et que c'est après cet avis officiel que le capitaine de la Carolina a tenté de violer la ligne de blocus établie devant le port d'Oran;

Art. 1. La prise du navire toscan la Carolina est déclarée valable.

Du 4 mars 1830.-Ord. cons. d'Et.-M. de Rozière, rap.

2e *Espèce :* — (La Madonna-di-Montenero.) — Du même jour décision semblable.

(2) (L'Annetta *C.* le Huron.) — Le tribunal; — Attendu qu'il n'est pas justifié que le navire l'Annetta fût un navire français simulé et naviguant sous pavillon danois; qu'il n'est représenté, aux termes de l'art. 5 du tit. 9 de l'ordonn. de la marine du 16 août 1681, aucune permission du gouvernement français; — Attendu que Frédéric Kolsau naviguait sous pavillon danois, sans passe-port de la puissance danoise dûment en règle, et que même il a été contrevenu au congé donné par le consul danois à la résidence de Bordeaux; — Attendu que les lettres de bourgeoisie de Frédéric Kolsau, capitaine du navire l'Annetta, ont été par lui obtenues à Altona le 26 sept. 1794, vieux style, depuis la guerre; — Rejette.

Du 29 flor. an 7.-C. C., sect. req.-MM. Seignette, pr.-Arnaud, subst.

(3) (L'Elisabeth *C.* le Décidé.) — Le tribunal; — Attendu, au fond, qu'il a été constaté par le juge et d'après les interrogatoires de Mathieu Briant, capitaine de navire, qu'il était Anglais; que, pour détruire ce fait, il n'a pas rapporté des titres de naturalisation à Embden, avant les hostilités, mais une simple attestation des magistrats qui déclarent qu'il était habitant de cette ville; — Que le rôle d'équipage arrêté par les officials d'Embden ne distingue pas le lieu de naissance des marins trouvés à bord, pour savoir si, conformément à l'art. 9 du règl. de 1778, l'équipage était ou n'était pas composé au delà des deux tiers de sujets ennemis; — Rejette.

Du 7 brum. an 7.-C. C., sect. req.-MM. Boyard, pr.-Jacob, rap.

(4) (Le Hasard *C.* la Jeune-Catherine.) — Le tribunal; — Vu l'art. 9 du règl. du 26 juill. 1778; — Attendu que le terme du traité passé à Bâle, le 28 flor. an 3, entre le roi de Prusse et la République française, a pu induire le propriétaire et le capitaine du navire la Jeune-Catherine, à croire que les habitants de l'électorat de Hanovre, compris dans la ligne de démarcation tracée par le traité, devaient être considérés comme des

ART. 3. — *De la recousse.*

193. On appelle *recousse* la reprise que fait un vaisseau d'un navire capturé par l'ennemi. — Aux termes de l'art. 54 du règlement du 2 prair. an 11, « si un navire français ou allié est repris par des corsaires sur les ennemis de l'État, après qu'il aura été vingt-quatre heures entre les mains de ces derniers, il appartiendra en totalité auxdits corsaires; mais, dans le cas où la reprise aura été faite avant les vingt-quatre heures, le droit de recousse ne sera que du tiers de la valeur du navire recous et de sa cargaison. » — Cet article est la reproduction de l'art. 8, liv. 3, tit. 9, de l'ord. de 1681, avec cette seule différence qu'il place les navires des *alliés* sur la même ligne que les bâtiments français, ce que ne faisait pas l'ordonnance. Malgré cette omission de l'ord. de 1681, on décidait déjà que les principes de la recousse étaient applicables même aux alliés par argument de l'art. 10 de la même ordonnance relatif aux reprises faites sur les pirates (V. Valin, cité par MM. de Pistoye et Duverdy, t. 2, p. 109). — Ainsi, il a été jugé, avant la publication du règlement de l'an 11, que le navire *allié* recous sur l'ennemi après vingt-quatre heures devait être adjugé aux Français qui l'avaient repris (cons. des prises 3 niv. an 9, aff. la Notre-Dame de Miséricorde *C.* les Bouches-du-Rhône; 23 pluv. an 9, MM. Berlier, pr., Montigny, rap., aff. l'Inesperado *C.* l'Eole, MM. de Pistoye et Duverdy, t. 2, p. 112 et suiv.). — Les conclusions du commissaire du gouvernement dans cette affaire donnent à entendre que les principes de la recousse constituent une loi domestique applicable aux seuls Français.

194. Il a été décidé pareillement par application du règlement de l'an 11, qu'est valable la recousse d'un navire appartenant à une nation que l'ennemi regarde comme alliée de la France et traite comme telle (cons. d'Et. 13 août 1808, aff. les Deux-Sœurs *C.* le San-Josepho).

195. Le droit du capteur diffère, comme on vient de le voir, suivant que la reprise a lieu avant ou après les vingt-quatre heures. Lorsque ce délai s'est écoulé sans recousse, on considère que le navire capturé est devenu propriété de l'ennemi. C'est pour cela que le règlement l'adjuge en totalité au repreneur.

196. Loccenius, *De jure maritimo*, lib. 2, cap. 4, nos 4 et 8, fol. 157, 162 et 163, et après lui Grotius, *De jure belli et pacis*, lib. 3, cap. 6, § 3, no 3, et Valin sur l'art. 8 de l'ord. de 1681, attestent que le délai de vingt-quatre heures après lequel le propriétaire de la reprise ne peut former aucune réclamation est généralement suivi en Europe. — V. aussi MM. de Pistoye et Duverdy, t. 2, p. 106.

197. Le droit de recousse n'existe au profit du repreneur qu'autant que la prise eût été déclarée valable par les ennemis. — Il a été jugé en effet que la recousse par un corsaire d'un navire français sur l'ennemi, même après les vingt-quatre heures, ne donne aucun droit au navire qui l'a faite, lorsque le navire repris ne devait pas être déclaré de bonne prise par les tribunaux ennemis, en ce qu'il était muni d'une licence délivrée par les autorités ennemies. « Considérant, porte l'ordonnance, sur le premier chef de la décision relatif au mérite et aux effets de la recousse, que la nationalité et la propriété française du navire l'Asie étaient couvertes par des expéditions suédoises; que ledit navire était protégé par une licence anglaise; qu'il n'y avait point à bord de marchandises dont l'entrée fût prohibée en Angleterre; et que s'il y eût été conduit il aurait été relâché, tant par lesdits motifs qu'en vertu des dispositions de l'ordre britannique du 4 janv. 1814, alors en vigueur; et que, par une conséquence naturelle, la recousse qu'en a faite le corsaire français n'étant pas susceptible de produire plus d'effet en sa faveur, ne lui donne point de droit à la confiscation, etc. » (cons. d'Et. 18 mars 1816, aff. Reyher).

198. Que faudrait-il décider si le navire repris était neutre? — Il y a plusieurs distinctions à faire. Si le navire recous peut être déclaré de bonne prise, conformément à la loi française, pour absence ou irrégularité des papiers de bord, ou pour un autre motif, il appartient au capteur : la circonstance qu'il aurait été repris sur l'ennemi ne change pas les droits de ce dernier. — Si, au contraire, la neutralité est constatée, et que le navire, s'il eût été pris directement par le corsaire, n'eût pu être déclaré de bonne prise, il doit être relâché; la prise indûment faite par l'ennemi ne peut donner au corsaire un droit qu'il n'avait pas auparavant. — Cependant, si la prise eût été déclarée valable selon les lois du pays ennemi, le neutre n'ayant plus rien à réclamer, puisque, par l'effet de cette prise, il a perdu tout le droit qu'il avait dans le navire; on adjuge, en pareil cas, le navire recous au repreneur, à moins cependant que ce navire neutre destiné pour un port français n'eût été arrêté par l'ennemi qu'à raison des effets de contrebande ou autres qu'il nous apportait. Telle est aussi l'opinion de Valin et de MM. de Pistoye et Duverdy, t. 2, p. 120. — Ces principes ont été adoptés par la jurisprudence qui décide : 1° que le navire étranger recous par un corsaire français ou par un bâtiment de l'Etat, doit être relâché si sa neutralité est constatée (cons. des prises, 6 therm. an 8, aff. le Hasard *C.* la Statira; 27 therm. an 8, aff. le Kity *C.* le Brave, MM. de Pistoye et Duverdy, t. 2, p. 121 et suiv.); — 2° Que lorsqu'un navire neutre est repris sur l'ennemi, et qu'il est constant que les tribunaux ennemis l'eussent relâché, il ne doit pas être adjugé au repreneur (cons. des prises 9 mess. an 9, aff. la Johanna-Elisabeth *C.* le Tippoo-Saeb; 29 germ. an 9, aff. l'Anna-Maria *C.* le Tigre; même jour, aff. le Charles; cons. d'Et. 1er sept. 1807, aff. le Coureur *C.* le Salomon; 2 fév. 1808, aff. le Grand-Napoléon *C.* le Zufriedenheit; 18 mai 1816, aff. l'Asie *C.* le Diligent); — 3° Qu'il doit être restitué à son propriétaire sans droit de recousse, alors même qu'il aurait été recous après vingt-quatre heures (cons. des prises, 17 prair. an 9, aff. l'Esther *C.* le Zenodore).

199. D'après le même art. 54 du règl. du 2 prair. an 11, lorsque c'est un vaisseau de l'Etat qui recout un navire, la reprise doit être restituée aux propriétaires, mais sous la condition qu'ils payeront aux équipages repreneurs le trentième de la valeur de la reprise, si elle a été faite avant les vingt-quatre heures et le dixième si la reprise a eu lieu après les vingt-quatre heures : tous les frais relatifs à cette reprise restituée seront à la charge des propriétaires. — Cette différence de rétribution entre les corsaires et les bâtiments de l'Etat est motivée par la protection que l'Etat doit aux citoyens, et parce qu'il ne doit jamais profiter de leur malheur (V. aussi MM. de Pistoye et Duverdy, t. 2, p. 108). — Jugé, en conséquence : 1° que lorsqu'un navire français capturé est repris sur l'ennemi par un bâtiment de l'Etat, il y a lieu de le rendre à son propriétaire, pourvu que ce dernier paye aux équipages repreneurs le dixième de la valeur du navire (cons. d'Et. 26 nov. 1828 (1). — Conf. ord. cons. d'Et. 16 janv. 1846, M. d'Haubersart, rap., aff. le Caïman); — 2° Que les marins de l'Etat qui, au moyen de deux canots, et les soldats français qui, les ayant soutenus par les feux de leurs postes, ont repris sur l'ennemi un navire français, doivent jouir du dixième de la reprise liquidée par l'administration de la marine dans les formes usitées pour la liquidation des prises, et que le surplus doit être

neutres; — D'où il résulte que ce navire n'a pu être déclaré de bonne prise, sous le prétexte que plus des deux tiers des matelots étaient ennemis, sans faire une fausse application de l'art. 9 du régl. du 26 juill. 1778;

Attendu, d'ailleurs, que la neutralité de ce navire paraît résulter tant du passe-port accordé par le consul de France à Hambourg, et trouvé parmi les pièces de bord, que de sa destination pour Anvers et de ses précédents voyages en France; — Par ces motifs, casse.

Du 24 germ. an 7.-C. C., sect. civ.-M. Jacob, rap.

(1) (Furtado.) — CHARLES, etc.; — Vu l'ord. du 23 août 1815, l'arrêté du 6 germ. an 8, l'art. 54 du régl. du 2 prair. an 11; — Considérant qu'il résulte des pièces ci-dessus citées que le brick l'Arlequin a été repris, le 25 mai 1828, sous les murs d'Oran, par les embarcations de nos bricks l'Alerte et l'Adonis; que ce navire, appartenant au port de Bayonne, était la propriété du sieur Furtado jeune, négociant de cette ville, et avait été capturé par les Algériens, depuis le commencement de la guerre; — Considérant, dès lors, qu'il y a lieu de restituer ce navire au sieur Furtado jeune, sous la seule réserve du droit accordé aux équipages repreneurs, par le § 2 de l'art. 54 du régl. du 22 mai 1803 (2 prair. an 11). — Art. 1. Il sera fait remise au sieur Furtado jeune, de Bayonne, du brick repris par les embarcations de nos bricks l'Adonis et l'Alerte, mais à la charge, par ledit sieur Furtado, de payer aux équipages repreneurs le dixième de la valeur du navire.

Du 26 nov. 1828.-Ord. cons. d'Et.-M. de Rozière, rap.

restitué au propriétaire du navire (cons. d'Et. 15 fév. 1815, aff. Leguennec).

200. Mais le droit de recousse ne peut être réclamé par le bâtiment de l'Etat qui reprend sur l'ennemi un navire faisant partie du convoi qu'il était chargé d'escorter (cons. des prises, 17 germ. an 9, aff. le Désiré C. la Tapageuse, MM. de Pitoye et Duverdy, t. 2, p. 110).

201. Les dispositions qui précèdent sont applicables au cas où un navire ennemi est capturé porteur d'un billet de rançon, c'est-à-dire d'une obligation souscrite par un navire pris pour être relâché; en ce cas, le corsaire a droit à la rançon entière, si la prise a eu lieu après les vingt-quatre heures, et au tiers seulement, si elle a eu lieu auparavant; et cela est juste, car la rançon représente le navire (Valin, sur l'art. 8 de l'ordon. de 1681, tit. Des prises, reproduit par MM. de Pistoye et Duverdy, t. 2, p. 107).

202. Les reprises faites sur les pirates soit par les corsaires, soit par les vaisseaux de l'Etat, ne donnent aucun droit aux capteurs. En ce cas, les propriétaires des navires recous peuvent les réclamer pendant l'an et jour, sous la déduction des frais de recousse, évalués au tiers de la valeur du navire et des marchandises (art. 10 de l'ordon. de 1681 et art. 56 du décret du 2 prair. an 11). — Cette disposition se justifie par ce motif que les pirates n'ont pu acquérir la propriété des prises par eux opérées; d'où il suit que le navire passé en leur possession est resté la chose du capturé et ne peut, en conséquence, être attribué au second capteur comme conquête ennemie. Néanmoins, on peut la critiquer comme ne laissant pas aux corsaires une compensation suffisante des dangers auxquels ils se sont exposés (V. d'Abreu, Tr. des prises, part. 2, chap. 6; Valin, sur l'art. 10 de l'ordon.; MM. de Pistoye et Duverdy, t. 1, p. 53). — Il a été décidé qu'on a pu appliquer au profit d'une puissance dont le pavillon n'avait pas été reconnu par la France l'art. 56 du règl. du 2 prair. an 11, portant que les navires des Français ou alliés, repris sur des pirates, doivent être rendus aux propriétaires, sauf le payement des droits de recousse (cons. d'Et. 6 sept. 1826) (1).

203. Suivant l'art. 9 de l'ord. de 1681 et l'art. 55 du règl. du 2 prair. an 11, quand des navires pris par les ennemis sont abandonnés par eux, soit à cause de tempête ou par tout autre accident, et reviennent sur les côtes de France avant d'avoir été conduits dans aucun port ennemi, on doit leur appliquer les règles relatives aux navires naufragés, c'est-à-dire les rendre au propriétaire qui les réclamera dans l'an et jour, quoiqu'ils aient été pendant plus de vingt-quatre heures entre les mains des ennemis.

204. Il est difficile de justifier la distinction que la loi établit entre le cas où le navire a été conduit dans un port ennemi et le cas contraire; ce n'est pas par son entrée dans un port ennemi que ce navire a cessé d'appartenir à son propriétaire, mais bien par l'effet de la prise, et du moment qu'on jugeait raisonnable de le rendre à son maître nonobstant la capture, il eût été logique de vouloir cette restitution soit qu'il eût échappé en pleine mer, soit plus tard. — V. aussi MM. de Pistoye et Duverdy, t. 2, p. 118, qui reproduisent sur ce point le commentaire de l'art. 9 de l'ord. de 1681 par Valin.

205. Les dispositions que nous venons de parcourir ne s'appliquent pas au cas où un navire capturé a été repris par son propre équipage. Il est, au contraire, établi en jurisprudence que lorsqu'un navire français est repris par son propre équipage, il doit être rendu, ainsi que la cargaison, aux propriétaires, quelque temps qu'il soit resté au pouvoir des ennemis, sous la condition de payer aux recapteurs une récompense proportionnée à la valeur des objets et au danger couru. — Cette doctrine est professée par les auteurs, notamment par Valin, dans son traité des prises, chap. 6, sect. 1, et par Emérigon, chap. 12, sect. 15. — Il a été jugé ainsi qu'un navire repris par son propre équipage, aidé par quelques personnes, doit être rendu au propriétaire, sauf à payer au capteur une gratification laissée à l'arbitrage du gouvernement (cons. des prises, 7 vend. an 12, aff. la Française; 13 fruct. an 11, M. Berlier, pr., aff. l'Assomption).

206. Anciennement, on a agité la question de savoir quels sont les droits d'un corsaire qui s'empare d'un navire ennemi capturé une première fois et repris ensuite par l'ennemi? C'est ce que l'on appelle *recousse-recousse*. Le corsaire qui a fait la première prise aura-t-il quelque droit sur elle si la recousse a eu lieu avant les vingt-quatre heures? Après plusieurs décisions divergentes sur ce point, il est intervenu un arrêt de règlement du 5 nov. 1748, portant qu'en ce cas le corsaire qui avait fait la recousse avait droit à la totalité de la prise, à l'exclusion du premier capteur. — V. MM. de Pistoye et Duverdy, t. 2, p. 115.

Art. 4. — *Des prises par représailles.*

207. Le droit de représailles, en général, est le droit qu'a tout souverain de se faire justice lui-même du tort qui lui a été fait par un autre souverain ou par ses sujets, et dont il ne lui a pas été donné satisfaction. C'est encore la faculté qu'a un souverain d'accorder à ses sujets l'autorisation de saisir les biens qu'ils trouveront appartenir aux sujets d'un autre prince pour s'indemniser du tort qu'ils en auront reçu et qu'on aura refusé de réparer. — Ce droit n'est mis en usage qu'en temps de paix, lorsque les sujets d'une puissance étrangère ont déprédé des propriétés ou des navires d'un Français. — En ce cas, le Français demande au souverain des lettres de représailles, c'est-à-dire la permission de se saisir des propriétés de tous les sujets de la puissance à laquelle appartient le déprédateur sans aucune distinction. — Ce droit ne peut être exercé que pour une cause évidemment juste et qu'après qu'on a vainement demandé justice ou tout au moins quand on est certain qu'on la demanderait inutilement (Wattel, Dr. des gens, § 343; Bynkershoeck, *Quæst. jur. publ.*, lib. 1, cap. 24; Ortolan, t. 1, chap. 16).

208. On ne doit pas confondre le droit de représailles avec celui de *rétorsion*. Ce dernier droit consiste dans la déclaration faite par un souverain qu'il usera vis-à-vis des sujets d'une nation des procédés qui sont employés à l'égard de ses propres nationaux. On y a recours quand, par exemple, un État frappe d'une surtaxe de droit d'entrée les produits du cru d'un autre Etat ou qu'il en prohibe l'entrée dans ses ports : en pareille circonstance, la nation qui se trouve ainsi frappée dans son commerce prend des mesures analogues, de manière à maintenir un juste équilibre entre ses sujets et ceux de l'Etat qui les a provoquées. Un tel état de choses est loin d'entraîner les conséquences qui suivent ordinairement la délivrance des lettres de représailles, car il n'est que rarement suivi d'hostilités, et amène souvent de

(1) *Espèce* : — (Le brick le Carony.) — Le 18 juin 1820, le brick le Carony, portant pavillon de Venezuela, et l'Équivalente, goëlette espagnole, précédemment capturée par le Carony, furent saisis par la station des Antilles. — Les deux bâtiments trouvés sans équipage (celui-ci s'étant sauvé sur des chaloupes) furent conduits à la Martinique. L'instruction et le jugement des deux prises fut soumis à une commission nommée conformément à l'art. 21 de l'arrêté du 6 germ. an 8. — Pendant l'instruction le sieur Richard, secrétaire de l'amirauté à la Marguerite, réclama, au nom du gouvernement de Colombia, la remise des deux navires capturés, comme appartenant à la république de Venezuela. La commission rendit, le 21 sept. 1820, son jugement portant : 1° que les deux prises étaient valides et légales; 2° que le brick le Carony serait remis au gouvernement de Colombia, à la charge de payer le tiers de sa valeur pour droit de recousse; 3° que la goëlette l'Équivalente serait tenue, pendant l'an et jour, à la disposition de son propriétaire, sans préjudice des frais de recousse.

Le contre-amiral Duperré, commandant de la station qui avait opéré la prise, déclara se pourvoir, tant en son nom qu'en celui des officiers et marins sous ses ordres, et prétendit que l'état de Colombia n'ayant pas été reconnu par la France, et par conséquent n'étant pas son allié, ce n'était pas le cas d'ordonner la remise du navire par application de l'art. 56 de l'arrêté du 2 prair. an 11; qu'on devait, au contraire, le déclarer purement et simplement de bonne prise et l'adjuger aux équipages en exécution de l'art. 51.

Charles, etc.; — Vu le règl. du 25 mai 1803 (2 prair. an 11); — Considérant qu'il résulte de la lettre ci-dessus visée et de toutes les pièces produites, qu'en restreignant les droits des officiers et équipages capteurs du Carony à une indemnité égale au tiers de la valeur du navire et des marchandises, la commission des prises de la Martinique a fait une exacte appréciation des faits de la cause et une juste application de l'art. 56 du règl. du 25 mai 1803 (2 prair. an 11); — Art. 1. Le pourvoi formé contre le jugement du 28 sept. 1820 est rejeté, et ledit jugement confirmé.

Du 6 sept. 1826.-Ord. cons. d'Etat.-M. Feutrier, rap.

la part de l'Etat provocateur le retrait des dispositions qu'il avait prises (Wattel, § 341).

209. M. Pinheiro-Ferreira (notes sur Martens, Précis du dr. des gens, nº 58) a vivement critiqué l'exercice du droit de représailles, qu'il considère comme inique, les particuliers n'étant pas, suivant cet auteur, responsables des torts de leurs gouvernements. Mais la plupart des publicistes sont, au contraire, favorables à ce droit, qui peut se justifier par cette considération que les sujets d'une nation sont solidaires du gouvernement sous lequel ils vivent et duquel ils peuvent, du reste, réclamer la réparation du préjudice qu'ils ont éprouvé (V. sur ce point Bouchaud, Théor. des tr. de comm., chap. 13, sect. 4; Azuni, Dr. marit., t. 2, chap. 5, art. 2, § 7; Wattel, §§ 344 et suiv.; Marteus, § 258; Klueber, Dr. des gens moderne, § 232; Rayneval, Instit. du dr. de la nature et des gens, liv. 2, chap. 12, §§ 1 à 8; MM. de Pistoye et Duverdy, t. 1, p. 89 et suiv.). — Avant le quinzième siècle, chaque individu qui se prétendait lésé pouvait lui-même, sans permission du prince, exercer en mer le droit de représailles. Ce fut Charles VIII qui, en 1485, sur les représentations des états généraux, réserva pour la première fois au souverain le droit d'accorder des lettres de représailles; l'ordonnance de la marine a maintenu cet état de choses, et aujourd'hui c'est encore au souverain qu'il appartient de délivrer ces lettres, parce qu'elles sont ordinairement le prélude d'une guerre; le prince ne doit les accorder qu'après avoir fait informer sur le fait de déprédation, et après avoir fait demander réparation par ses ambassadeurs (ordon. de 1681, art. 1 et 2). — Les art. 1 à 6 de l'ordon. de 1681 déterminent les formalités à suivre par ceux qui, ayant à se plaindre de la prise ou de l'arrestation de leurs vaisseaux hors le fait de guerre, veulent obtenir des lettres de représailles.

210. Aujourd'hui, l'usage des lettres de représailles est complétement tombé en désuétude parmi les nations civilisées. Les dernières lettres de représailles qui aient été délivrées en France, disent MM. de Pistoye et Duverdy, ont été données par Louis XVI, le 29 juin 1778, à des négociants de Bordeaux dont les Anglais avaient capturé les navires sans motifs légitimes. Les traités récents ne s'en occupent point. On y supplée par l'*embargo*, mesure qui consiste à séquestrer provisoirement, dans les ports de la nation qui croit devoir prendre cette précaution, les bâtiments de l'Etat dont on veut obtenir une réparation (V. MM. Wheaton, *Elem. of internat. law.*, t. 2, p. 4, chap. 1, § 2, p. 7; Ortolan, Dipl. de la mer, t. 1, p. 396; et un exemple d'*embargo*, ordonné le 23 mess. an 6, rapporté dans l'appendice de ce dernier ouvrage). — Toutefois, un décret du 23 mars 1810 semble avoir remis en usage, pour un temps très-court, il est vrai, l'exercice des représailles. Un acte du congrès des Etats-Unis, du 1er mars 1809, ayant interdit, à peine de saisie et de confiscation, l'entrée des ports américains à partir du 20 mars 1809, le décret du 23 mars 1810 autorisa, par représailles, la prise de tout bâtiment américain qui, à partir de la même date, 20 mai 1809, serait entré dans un port français ou de nos colonies, et ordonna le dépôt à la caisse d'amortissement du produit des ventes; mais ce décret doit être considéré plutôt comme une application du droit de rétorsion que comme l'exercice du droit de représailles, et n'est point contraire à ce que nous avons dit de la désuétude de ce dernier droit. — Un autre décret, du 5 août 1810, ordonna le transport au trésor public des fonds ainsi déposés, et la vente de tous les bâtiments américains qui se trouveraient encore sous le séquestre, pour le produit de cette vente être également versé au trésor public. — Il a été jugé que ces décrets étaient applicables à tout navire américain en état d'arrestation au moment où ils ont été rendus (cons. d'Et. 30 déc. 1829, M. de Rozières, rap., aff. la Camilla).

SECT. 4.—Des devoirs et des obligations des capteurs.

211. Le souverain, en accordant aux particuliers le droit de guerre, qui lui appartient exclusivement, peut apposer à cette concession toutes les conditions qu'il juge convenables. — Il en est plusieurs qui sont imposées généralement à tous les corsaires par les lois qui régissent la matière. — D'abord, il est défendu aux corsaires d'embarquer plus d'un certain nombre de marins (arr. 2 prair. an 11, art. 9). —Mais il a été jugé que les armateurs qui embarquent sur leurs corsaires, un nombre de marins supérieur à celui qui est fixé par le règlement sur la course, ne commettent aucune contravention, et n'encourent pas par suite la confiscation de leurs prises au profit de l'État, si ces marins ont été portés sur les rôles supplémentaires d'équipage, arrêtés par le commissaire de la marine: — «Considérant, dit l'ordonnance, que s'il est prouvé que les sieurs Basterrèche frères et compagnie ont embarqué sur leur corsaire un nombre de marins de l'État, supérieur à celui qui est fixé par les règlements sur la course, ces marins se trouvaient portés sur les rôles supplémentaires d'équipage, arrêtés par le commissaire de marine; ce qui empêcherait de leur reprocher cette contravention au règlement du 2 prair. an 11 » (cons. d'Ét. 17 nov. 1819, M. Maillard, rap., aff. caisse des invalides).

212. Les art. 9 à 15 de l'arrêté de prairial tracent les règles à observer pour la formation et la police des équipages des corsaires, et déterminent les peines à appliquer en cas de désertion (V. p. 923).—L'art. 12 de cet arrêté a été modifié par un décret du 12 avr. 1811 (V. p. 928).—Jugé que le ministre de la marine a pu considérer comme déserteur et priver de toute part de prises le marin que le tableau de répartition des parts de prises et le rôle d'équipage s'accordent à signaler comme déserteur, si d'ailleurs le marin a été remplacé par un autre: — «Considérant, porte l'ordonnance, que le tableau de répartition des parts de prises et le rôle d'équipage ci-dessus visés, s'accordent également sur le fait de la désertion du sieur Matard et sur le jour où elle a eu lieu; que le sieur Matard a même été remplacé à la Basse-Terre, île Guadeloupe, par un autre canonnier, et que, dans cet état de choses, le ministre de la marine était fondé à considérer le sieur Matard comme déserteur, etc.» (cons. d'Ét. 12 août 1829, M. de Cormenin, rap., aff. Matard).

213. Mais le capitaine d'un navire armé en corsaire n'est pas fondé à refuser la part de prise d'un matelot qui a concouru à la prise, en se fondant sur ce que ce matelot avait quitté le bord avant que le mois pour lequel il s'était engagé fût expiré, si ce capitaine n'avait pas fait part de l'évasion aux officiers de l'amirauté du port où elle avait eu lieu, bien qu'elle eût été constatée par les notes marginales du commissaire aux revues, et qu'il eût fait chercher le matelot par les gendarmes, après avoir hissé son pavillon de départ (Req. 25 brum, an 11, MM. Fargel, pr., Delacoste, rap., aff. Dupouy C. Breckland).

214. Suivant la disposition finale de l'art. 13 de l'arrêté du 2 prair. an 11, les marins qui s'embarquent sous un faux nom sont punis des mêmes peines que les déserteurs; mais cet article établissant plusieurs classes de déserteurs à chacune desquelles est effectuée une pénalité différente, il y a doute sur ce point de savoir laquelle de ces peines devra être appliquée au marin embarqué sous un faux nom. — Il a été jugé que ce marin ne doit pas être assimilé à un déserteur qui a quitté le bâtiment pendant le voyage ou une relâche; qu'en conséquence, il ne doit pas être privé de toute part de prise; qu'on doit lui attribuer la moitié de la part qu'il aurait eue s'il se fût embarqué sous son vrai nom, par assimilation au déserteur repris avant le départ et embarqué de nouveau (ord. cons. d'Ét. 18 juin 1823 (1); 29 mai 1822, aff. Hamme, décis. ident.).—Mais cette jurisprudence n'est pas suivie par l'administration de la marine; elle est contraire

(1) (Poulard.) — Louis, etc.; — Considérant que l'art. 13 du décret du 2 prair. an 11 assimile aux déserteurs les marins qui s'embarquent sous un faux nom; qu'en conséquence, les dispositions du décret, relatives aux déserteurs, sont applicables aux requérants; — Considérant que ce même article distingue entre les déserteurs qui, ayant été repris avant le départ des corsaires, y ont été de nouveau embarqués, et ont concouru aux prises faites ensuite, et entre les déserteurs qui ont quitté les bâtiments soit pendant le voyage, soit dans une relâche; qu'il prive ces derniers de la totalité de leurs parts dans les prises faites, même avec leur concours, par les bâtiments auxquels ils appartiennent, tandis qu'il accorde aux premiers la moitié des parts qui leur seraient avenues dans les prises auxquelles ils ont concouru; — Considérant que, dans l'espèce, le sieur Poulard a concouru à la prise dont il s'agit, et qu'en vertu de l'art. 13 il a droit à la moitié de la part qu'il aurait eue en entier, s'il n'avait pas été réputé déserteur;

Art. 1. La décision de notre ministre de la marine est annulée en ce

à une décision ministérielle du 7 déc. 1781, à une instruction du ministre de la marine, du 16 nov. 1808, à l'art. 61 du règl. du 17 juill. 1816 sur la caisse des invalides de la marine (imprimé dans le Bulletin des lois, à la suite du règlement du 30 sept. 1829, V. Organ. marit.), et enfin à une dépêche ministérielle du 25 oct. 1830 (V. MM. de Pistoye et Duverdy, t. 1, p. 209 et s.).

215. Lorsque le corsaire est en course, la première condition qui lui est imposée est de ne pouvoir tirer à boulet sur les bâtiments chassés qu'après avoir arboré le pavillon français, sous les peines déterminées par l'art. 33 du règl. du 2 prair. an 11, et par les art. 3 et 6 de la loi de 1825 sur la piraterie. MM. de Pistoye et Duverdy, p. 231 et suiv., rapportent le passage de Valin, qui fait connaître les précédents de l'ancienne législation sur ce point. — Il a été jugé que lorsqu'un corsaire tire à mitraille sur un navire sans l'avoir préalablement semoncé et l'attaque en arborant un faux pavillon, le capitaine et les armateurs sont déchus de toute participation à la prise, laquelle doit être attribuée au gouvernement, sauf la part revenant aux gens de l'équipage (cons. des prises 30 prair. an 13, aff. l'Haabet *C.* l'Heureux, V. MM. de Pistoye et Duverdy, t. 1, p. 239).

216. La seconde est d'amener en France les prisonniers faits sur les bâtiments capturés, sous peine de payer 100 fr. d'amende par chaque prisonnier relâché (art. 35), sauf les cas d'exception déterminés par les art. 36, 37 du règlement.—L'ord. de 1681, art. 17 (tit. des prises) contenait une disposition semblable à celle de l'art. 35 (V. du reste sur ce point MM. de Pistoye et Duverdy, t. 1, p. 259, qui ne font guère que reproduire le commentaire de Valin). — Mais sous aucun prétexte, les capitaines preneurs ne peuvent se dispenser de garder à leur bord le capitaine avec un des principaux officiers de l'équipage du bâtiment pris (règl. de prair. art. 38).—Si, entre les belligérants, il y a une convention portant que les prisonniers seront relâchés de part et d'autre, il est évident qu'on devra la mettre à exécution, sauf à retenir les prisonniers nécessaires pour reconnaître le fait de la prise jusqu'au jugement qui aura statué sur ce point.

217. La troisième obligation imposée aux corsaires, est de ne rançonner les vaisseaux *susceptibles de prise* que dans des cas déterminés et suivant certaines formalités spécifiées dans le règlement du 2 prairial an 11 (art. 39 et s., V. sur ce point le commentaire de Valin sur l'ordonnance de 1681, rapporté par MM. de Pistoye et Duverdy, t. 1, p. 280 et s.).— L'art. 44 qui règle le cas où un navire rançonné est rencontré par un nouveau corsaire est contraire à un règlement du 27 janv. 1706, art. 7 et 8 (V. MM. de Pistoye et Duverdy, p. 300). — Il a été décidé que la rançon imposée par un navire de l'État, est valable, bien qu'il n'ait pas été autorisé à rançonner s'il ne pouvait amariner la prise sans compromettre le succès de la mission qui lui était confiée (cons. des prises, 3 vent. an 10, aff. l'Égyptienne, V. MM. de Pistoye et Duverdy, t. 1, p. 288).—Les règles établies pour l'instruction, le jugement, la liquidation et la répartition des prises sont communes aux rançons (arrêté 2 prair. an 11, art. 50).—Le billet de rançon donne droit au capteur, qui le conserve, d'exiger le payement de la rançon qui y est portée. Les otages sont retenus en garantie de ce payement et peuvent être emprisonnés jusqu'à ce qu'il ait été effectué, sauf le cas où ils fourniraient une caution solvable tant pour le montant de la rançon que pour les dépenses occasionnées pour leur entretien. C'est ce qu'enseigne Valin, Com. sur l'ordonn. de 1681, liv. 3, tit. 9, art. 19. — Après le payement de la rançon les otages doivent être relâchés, sans qu'ils puissent prétendre aucune récompense contre le propriétaire du navire. Ils ont seulement droit au remboursement de leur dépense légitime et à une indemnité pour la perte de leur travail jusqu'au jour de leur retour (Arrêt d'Aix du 27 juin 1714 rapporté par Valin sur le titre des prises de l'ordonn. de la marine).

218. On a élevé la question de savoir si la perte accidentelle du navire en mer annule le billet de rançon? — On a soutenu l'affirmative en disant que la rançon représente le navire et qu'en conséquence, de même que le capteur verrait sa prise anéantie, s'il n'avait pas composé avec le bâtiment capturé, de même il doit perdre le prix de la rançon, le capitaine pris ne s'étant obligé de la payer que dans l'espérance de voir son navire arriver à bon port à sa destination. Mais nous ne saurions nous ranger à cet avis, 1° parce que le contrat de rançon est un forfait par lequel le capteur accepte une valeur toujours inférieure à celle de la prise, et qui loin de représenter le navire n'est que le prix de la renonciation du capteur à le conduire dans l'un de ses ports; 2° parce que décider autrement, ce serait faciliter à l'ennemi le moyen d'éluder le payement de la rançon en faisant perdre son navire après en avoir enlevé la cargaison et sauvé l'équipage (Conf. Valin, *loc. cit.*).

219. Les capitaines des corsaires doivent en outre s'emparer des pièces de bord du navire capturé et les déposer dans un sac ou coffre en présence du capitaine pris qui doit être interpellé d'y apposer son cachet (L. 3 brum. an 4, art. 2; arrêté du 2 prair. an 11, art. 59). — Cette obligation n'est point requise de la part du capteur qui aura relâché la prise moyennant rançon. D'une part, en effet, la saisie des papiers de bord est inutile dans ce cas, puisque le billet de rançon établit la légitimité de la prise; et, d'autre part, il serait injuste de priver le bâtiment rançonné de ses papiers, qui lui sont indispensables à l'effet de naviguer (V. à cet égard l'art. 6 du règlement du 27 janv. 1706, rapporté par Valin, t. 2, p. 268). — L'art. 16 de l'ordonnance de 1681 prescrivait également aux corsaires capteurs de s'emparer des pièces de bord du navire capturé; l'art. 16 du règlement du 23 nov. 1693 leur ordonnait de faire un inventaire des papiers en présence des officiers du vaisseau pris qui devaient être interpellés de le signer; après quoi lesdits papiers devaient être mis dans un sac cacheté (ce qui n'a jamais été rigoureusement pratiqué, fait observer Valin sur cet article; V. MM. de Pistoye et Duverdy, p. 243). Le règlement de 1778, art. 13, avait implicitement adopté la même disposition. — La conduite que le capteur doit tenir au moment de la prise a été réglée, à l'occasion de la dernière guerre, par l'annexe de la convention du 10 mai 1854 (D. P. 54. 4. 82). — Il a été jugé 1° que le procès-verbal de capture d'un bâtiment, le placement des pièces de bord sous le scellé, et l'inventaire de ces pièces, ne sont exigées que pour leur conservation; que le défaut de ces formalités n'entraîne point la nullité de la prise, mais peut seulement faire considérer comme existante, toute pièce que le capturé prétend avoir été soustraite, et qui ne fait point partie des pièces représentées (Rej. 26 thermid. an 7, MM. Bayard, pr., Beaulaton, rap., aff. Focken *C.* Dartigaux); — Et que la reconnaissance et le parafe du capitaine du navire capturé sur ces pièces est suffisante (Req. 8 brum. an 7, MM. Bayard, pr., Rioiz, rap., aff. Hessels *C.* Tack); — 2° Que lorsque les scellés n'ont pas été apposés au moment de la capture, l'existence à bord de marchandises dont le connaissement n'a pas été trouvé, peut être prouvé par un duplicata de ce connaissement reçu par le chargeur au moment du départ de ce navire et par la correspondance du destinataire, alors qu'aucune collusion n'est possible entre le réclamant, le capitaine du navire capturé et le chargeur (décr. c. d'Ét. 2 fév. 1808, M. Pasquier, rap., aff. l'Arabe *C.* le Félix).

220. Il a été jugé encore que les tribunaux ne peuvent pas prononcer la confiscation d'un navire, pour défaut de passe-port, lorsque le capitaine du navire capteur en déposant dans une boîte de fer blanc, les pièces de bord du navire saisi, s'est contenté d'apposer son cachet sur cette boîte, sans y faire apposer celui du capitaine du navire pris, et même sans l'interpeller de l'y apposer, alors surtout que l'on voit par d'autres pièces du bord qu'il y a eu un passe-port délivré par un souverain neutre (Cass. 28 flor. an 7) (1).

221. Si le capteur ne représente pas les papiers de bord de

---

qu'elle refuse au sieur Poulard la moitié de la part des prises à laquelle il a droit, comme marin embarqué sur le corsaire l'Espérance, etc.

Du 18 juin 1825.-Ord. cons. d'Ét.-M. Lebeau, rap.

(1) (La Méditerranée *C.* l'Autour.)—LE TRIBUNAL;—Vu l'art. 2 de la loi du 3 brum. an 4; — Et attendu qu'il est reconnu par l'armateur du corsaire l'Autour, qu'au moment de l'arrestation du navire la Méditerranée, les formalités prescrites par l'art. 2 de la loi précitée n'ont pas été observées; qu'il est, en effet, justifié et même convenu par l'armateur du corsaire, qu'après avoir déposé dans une boîte de fer blanc les pièces trouvées à bord, il s'est contenté d'y apposer son cachet; que le

la prise, il n'y a pas lieu de statuer sur la demande en validité (ord. cons. d'Et. 26 mars 1817, aff. l'Heureux-Tonton *C.* la Bonne-Société, V. MM. de Pistoye et Duverdy, t. 2, p. 195). — Jugé toutefois qu'à défaut de ces papiers, on peut, pour juger la prise, s'appuyer sur d'autres renseignements (ord. cons. d'Et. 27 mai 1816, aff. la Réussite *C.* le San-Bonaventure, *eod.*, t. 1, p. 452).

222. Du reste, il a été très-bien décidé que sont valables les prises faites par un corsaire, quoiqu'il ne représente pas les pièces de bord et les interrogatoires nécessaires dans l'instruction de ces sortes d'affaires, s'il a été empêché de faire cette production par force majeure. « Considérant, dit l'ordonnance, qu'il résulte du procès-verbal dressé le 4 juill. 1810, au consulat d'Alger, par le chancelier gérant des consulats, que le capitaine des Trois-Montrouges a été forcé par le ministre de la marine de la régence d'Alger contre le droit des gens, de consigner au consul d'Amérique, les papiers de la prise et la déposition des gens de l'équipage français et américains, et de restituer aux capturés les bâtiments dont il s'était emparé; que cette violation seule a empêché le capteur de représenter les pièces de bord et interrogatoire nécessaires dans l'instruction des affaires des prises, etc.» (cons. d'Et. 20 oct. 1810, M. Maillard, rap., aff. Rougemont).

223. Si, au mépris de ses devoirs, le capteur énonce, dans son procès-verbal de capture, des faits manifestement controuvés, la prise doit être déclarée illégale, et la conduite du capteur doit être dénoncée au gouvernement pour être pris contre lui telles mesures qui seront jugées convenables (cons. des prises 15 vent. an 10, aff. la Cybèle *C.* l'Achille, V. MM. de Pistoye et Duverdy, t. 2, p. 208).

224. Il est défendu aux corsaires de soustraire des papiers de bord, sous peine de deux ans d'emprisonnement; de débarquer sur des côtes éloignées les équipages pris sous peine de la vie, et de faire sombrer les bâtiments, sous la même peine (ord. 1681, art. 18, règl. du 2 prair. an 11, art. 60 et 64). — Le même art. 64 ajoute que dans le cas où les preneurs, ne pouvant se charger du vaisseau pris ni de l'équipage, enlèvent seulement les marchandises ou relâchent le tout par composition, ils doivent se saisir des papiers et amener au moins les deux principaux officiers du vaisseau pris, à peine d'être privés de ce qui pourrait leur appartenir en la prise, même de punition corporelle s'il y échet. Cette disposition est la reproduction de l'art. 19 de l'ord. de 1681 et d'une ordonnance du 4 oct. 1760, dont le commentaire présenté par Valin a été rapporté par MM. de Pistoye et Duverdy, t. 1, p. 266 et suiv. — Il a été jugé que le capteur qui avait relâché la prise sans emmener avec lui les deux principaux officiers du navire capturé, conformément à l'art. 4 de l'ord. du 4 oct. 1760, devait être privé de toute part de prise, aux termes de l'ord. de 1681, liv. 3, tit. 10, art. 19 (cons. des prises 19 therm. an 8, M. Berlier, pr., aff. la Caroline). — Même décision par application de l'art. 64 de l'arrêté de l'an 11 (cons. d'Ét. 25 déc. 1815, aff. la Représaille). — Mais cette obligation cesse pour le capteur lorsque l'équipage de la prise était tellement faible qu'il lui aurait été impossible de manœuvrer si on lui eût enlevé deux hommes (cons. des prises 7 fruct. an 9, aff. le Chéri *C.* la Résolution).

225. Il est défendu de faire aucune ouverture des coffres, ballots, etc., de vendre ou acheter aucune marchandise de la prise, jusqu'à ce que la prise ait été jugée ou que la vente ait été légalement autorisée (ord. 1681, art. 20; règl. 2 prair. an 11, art. 65). — Ces défenses, qui sont de toute ancienneté, avaient pour objet de réprimer le pillage effréné auxquels se livraient les matelots des corsaires; mais, malgré les règlements, le mal était devenu pour ainsi dire incurable. Pour le pallier et l'empêcher de faire plus de progrès, on fut obligé d'user de condescendance et de l'autoriser dans une certaine limite. C'est ce qui a donné lieu à ce que l'on appelait le *droit de dépouille*, dont l'arrêté de l'an 11 contient encore une trace. — V. n° 324; V. aussi MM. de Pistoye et Duverdy, t. 1, p. 248 et suiv.

226. A son arrivée, le chef conducteur est tenu de faire son rapport à l'officier d'administration de la marine, de lui remettre les pièces trouvées à bord, ainsi que les prisonniers faisant partie du navire pris (art. 66). — Cet article est la reproduction des anciennes ordonnances (V. Valin et MM. de Pistoye et Duverdy, t. 1, p. 306 et suiv.). — Lorsque le capitaine d'un navire armé en course a conduit une prise dans un des ports de France, il est tenu d'en faire la déclaration au bureau de la douane (règl. de prairial, art. 67). — Et il a été jugé que le capitaine d'un navire armé en course qui ne fait pas à son arrivée dans le port déclaration des marchandises trouvées et saisies à son bord encourt les condamnations prononcées par la loi (Crim. rej. 18 janv. 1811) (1). — L'art. 61 porte que les capitaines qui ont fait des prises doivent les amener ou envoyer, autant qu'il est possible, au port où ils ont armé; s'ils sont forcés par des causes majeures, de conduire ou d'envoyer leurs prises dans quelque autre port, ils sont tenus d'en prévenir immédiatement les armateurs.

227. Aux termes de l'art. 51, les lois et règlements sur la police et la discipline militaire doivent être observés à bord des bâtiments armés pour la course. — V. Organ. marit.

228. L'art. 52 rend les armateurs civilement et solidairement responsables, avec leurs capitaines, des infractions que ceux-ci pourraient commettre contre les ordres du gouvernement, soit sur la navigation des bâtiments neutres, soit sur les pêcheurs ennemis. Les lettres de marque peuvent même être révoquées, suivant la nature des délits. — Suivant l'art. 217 c. com., les propriétaires de navire ne sont responsables des faits de l'équipage, que jusqu'à concurrence de la somme qu'ils ont donné pour caution. — V. sur ce point ce qui est dit v° Droit marit., n°s 226 et suiv., et MM. de Pistoye et Duverdy, t. 1, p. 200 et suiv.

229. De ce que les armateurs d'un corsaire sont responsables des infractions commises par leurs mandataires, il n'en faut pas conclure qu'ils soient tenus des faits qu'il n'était pas en leur pouvoir d'empêcher. — Jugé, en conséquence, que les armateurs ne sont pas responsables des faits des consignataires qu'ils ont choisis et du défaut de payement des effets que ceux-ci leur ont remis, lorsqu'au moment où ils ont fait ce choix, les consignataires jouissaient d'un grand crédit dans le commerce et lors surtout que ce choix a été concerté avec les coïntéressés et approuvé par ceux-ci; qu'ainsi, l'administration de la marine ne peut pas exiger que dans la liquidation générale d'une prise, on y comprenne une somme due par des consignataires tombés en faillite depuis la consignation, lors surtout qu'elle a approuvé elle-même le choix de ces consignataires (Rej. 18 oct. 1808) (2).

230. Un arrêté du 18 germ. an 2 prescrit l'envoi au minis-

---

capitaine capturé n'y a pas apposé le sien, et n'a pas même été interpellé de l'y apposer, d'où il résulte qu'il a été possible que le passe-port dont le capitaine du navire la Méditerranée a déclaré être muni, ait été soustrait postérieurement à la capture; ce qui suffit pour que les juges qui ont déclaré le navire de bonne prise, sur le fondement du défaut de passe-port, aient violé l'art. 2 de ladite loi, et fait une fausse application de l'art. 4, tit. 9, de l'ord. de 1681, qui répute forban tout capitaine naviguant sans passe-port valable...; — Casse.

Du 28 flor. an 7.-C. C., sect. civ.-MM. Viellart, pr.-Vergès, rap.

(1) (Chabrier *C.* Goyon.) — LA COUR; — ...Attendu, au fond, qu'il a été établi en fait que le capitaine du corsaire dont il s'agit n'avait pas fait à son arrivée la déclaration ordonnée par l'art. 67 du chap. 1 du tit. 2 de l'arrêté du 2 prair. an 11, pour les marchandises qui ont été trouvées et saisies à son bord, et que les condamnations prononcées à raison de cette contravention, l'ont été conformément à la loi; — Rejette.

Du 18 janv. 1811.-C. C., sect. crim.-MM. Barris, pr.-Rataud, rap.

(2) (La Vénus.) — LA COUR; — Considérant que la responsabilité imposée imposée aux armateurs soit comme mandataires soit comme associés des actionnaires et autres intéressés à l'armement, s'étend bien à tous les actes qu'ils font ou peuvent faire par eux-mêmes; mais qu'étant autorisés par les règlements mêmes sur la course à nommer dans les ports où les prises peuvent être amenées, des consignataires auxquels ces mêmes règlements délèguent le soin des intérêts communs de l'entreprise, l'obligation des armateurs à cet égard porte sur un bon choix de ces mêmes consignataires, mais ne peut s'étendre jusqu'à répondre des faits de ces mêmes consignataires, que les armateurs n'ont pu prévoir ni empêcher; — Considérant qu'il est reconnu en fait par l'arrêt attaqué, et qu'il n'est pas même contesté par l'administration de la marine, qu'à l'époque où le sieur Daguerre a été choisi par les sieurs Bertrand et Feydeau pour consignataire de la prise le Recovery, ce négociant jouissait dans le commerce d'une réputation et d'un crédit qui n'avaient point reçu d'atteinte; que ce choix a d'ailleurs été concerté

tère de la marine de tous les papiers trouvés à bord des prises, autres que ceux nécessaires pour juger la validité des prises (V. aussi art. 68 de l'arrêté du 2 prair. an 11). — Une loi du 4 brum. an 4 porte que les objets propres à faciliter les progrès des sciences et des arts, trouvés sur les vaisseaux ennemis, seront adressés au gouvernement.

231. Si le chef conducteur d'une prise la laisse reprendre par l'ennemi, il doit être, à son retour, jugé comme le sont en pareil cas les commandants des bâtiments de l'État (règl. du 2 prair. an 11, art. 65).

232. L'art. 25 du règlement dispose que, tant qu'un bâtiment continue d'être armé pour la course, il est défendu de lui donner un autre nom que celui sous lequel il a été armé la première fois; et si un même corsaire est réarmé plusieurs fois, chaque nouvel armement pour lequel il est délivré une lettre de marque doit être indiqué numériquement sur la lettre de marque et sur le rôle d'équipage.

SECT. 5. — RESTITUTION DES PRISES DÉCLARÉES NULLES; DOMMAGES-INTÉRÊTS. — INDEMNITÉS DUES PAR L'ÉTAT.

233. 1° *Restitution des prises déclarées nulles; dommages-intérêts dus par le capteur.* — Lorsque la prise est déclarée nulle, la restitution du navire est en même temps ordonnée. Cette restitution s'opère en nature si les choses sont encore entières. Mais si la vente provisionnelle en a été faite avant le jugement sur la validité de la prise, le capteur, s'il n'est pas en faute et si la vente a eu lieu conformément à la loi, n'est tenu qu'à restituer le produit de cette vente. — C'est ainsi qu'il a été décidé d'une part que si, après la vente légalement faite du navire capturé et de sa cargaison, le conseil des prises ordonne la restitution du prix et légitime valeur des marchandises, cette décision doit être entendue en ce sens que le produit de la vente doit toujours être regardé comme le prix et légitime valeur de la restitution à faire; qu'autrement ce serait faire supporter d'une manière indirecte à l'armateur du corsaire des dommages-intérêts dont il a été déchargé (cons. des prises, 29 niv. an 9, aff. le Brave *C.* la Ketty, V. MM. de Pistoye et Duverdy, t. 1, p. 195). — Et, d'autre part, que s'il y a eu infraction aux ordonnances dans la manière dont les marchandises capturées ont été vendues, c'est à prix de facture d'acquisition et non à prix de vente que doit avoir lieu la restitution des marchandises qui ne sont pas déclarées de bonne prise (décr. c. d'Ét., 2 fév. 1808, M. Pasquier, rap., aff. l'Arabe *C.* le Félix).

234. Il a même été décidé que lorsqu'une prise est déclarée nulle, et que la mainlevée en est donnée sans dommages-intérêts, le capteur doit être remboursé des frais de déchargement du navire pris, de son gardiennage, de l'emmagasinement des marchandises et de la nourriture de l'équipage (Paris, 27 germ. an 10) (1).

235. Si le navire ou les marchandises dont la prise est déclarée illicite ont péri entre les mains du capteur, qui doit supporter la perte? — Lorsque la perte a eu lieu sans la faute du capteur, il n'est tenu que de restituer ce qui reste des navires naufragés. C'est ainsi qu'il a été décidé, que lorsque l'échouement de la prise est le résultat des manœuvres du corsaire pour éviter de tomber lui et sa prise entre les mains de l'ennemi, il n'est tenu, dans le cas où la prise est annulée, que de restituer les effets sauvetés; il ne doit pas de dommages-intérêts (cons. des prises, 5 frim. an 9, aff. le Tom *C.* l'Eole, V. MM. de Pistoye et Duverdy, t. 1. p. 199); — 2° Qu'un corsaire qui a capturé un navire ensuite relâché n'est pas responsable des avaries arrivées lors de l'entrée de ce navire dans un port français, si elles proviennent d'un mauvais mouillage et si le corsaire a confié la conduite du navire jusqu'à l'amarrage à un pilote lamaneur: « Considérant, porte l'ord., que d'après le rapport même du capitaine du navire la Betzey, du 20 oct. 1810, l'accident qui a donné lieu aux avaries dont le sieur Diehl conclut à être indemnisé par les corsaires capteurs dudit navire, a eu pour cause le mauvais mouillage de ce navire dans le port de Dieppe; qu'il résulte du même rapport et des dires respectifs que ledit navire a été introduit dans ce port par un pilote lamaneur; qu'en conséquence, et quand même il serait prouvé que les avaries éprouvées par le navire et la cargaison ont été causées par le mauvais mouillage, les corsaires n'en pourraient être responsables, puisqu'ils s'étaient conformés aux règlements, en confiant la conduite du navire jusqu'à l'amarrage dans le port à un pilote lamaneur; la requête est rejetée » (cons. d'Ét., 5 janv. 1815, aff. Diehl *C.* l'Espoir); — 3° Qu'en cas d'échouement du navire repris sur les ennemis, le propriétaire auquel il est restitué ne peut répéter de dommages-intérêts envers le capteur pour avaries arrivées à son navire et à la cargaison qu'autant qu'il prouverait qu'elles ont eu lieu non par force majeure, mais par le fait du conducteur de la prise (cons. d'Ét., 18 mars 1816, aff. l'Asie *C.* le Diligent).

236. Mais d'un autre côté, le capteur est responsable lorsque la perte provient de son dol ou de sa faute. — C'est ainsi qu'il a été décidé que c'est le capteur et non le propriétaire qui doit supporter la perte, arrivée par cas fortuit, d'objets capturés illégalement, quand les objets ont péri dans le port où ils ont été conduits par le capteur; et que les armateurs du corsaire ont à se reprocher l'inexécution du jugement qui ordonnait la restitution du navire indûment capturé (cons. des pris. 22 niv. an 10, aff. Dupuy *C.* Straforello). — Dans une espèce soumise au conseil des prises, M. Portalis établissait que si la prise n'est pas déclarée valable, le capteur répond non-seulement de son dol, mais de sa faute, et, par exemple, que si le navire capturé illégalement échoue par l'impéritie du conducteur, le dommage causé doit être réparé; rappelant les faits, il démontrait que dans l'espèce, la perte du navire capturé devait être attribuée au conducteur de la prise; il concluait donc à la condamnation du corsaire. Mais ces conclusions n'ont pas été admises: le conseil a mis les parties hors de cause relativement aux demandes en dommages-intérêts (cons. des prises, 17 fruct. an 8, aff. la Minerve *C.* le Rusé, V. MM. de Pistoye et Duverdy, t. 1, p. 195). — Cette décision étant, comme presque toutes celles du conseil des prises, dépourvue de tout motif, on ne sait quelle raison a déterminé le rejet des conclusions fort sages de M. Portalis.

237. Au surplus, il a été décidé que le corsaire n'est pas tenu des dommages-intérêts pour avaries, lorsque les propriétaires du navire capturé n'ont fait constater d'aucune manière les détériorations dont ils se plaignent, et lorsque les marchandises ont été remises aussitôt après la capture aux maîtres des ventes (cons. d'Ét. 5 juill. 1816) (2).

238. Outre la restitution du navire dont la prise est inva-

avec l'administration de la marine qui l'a formellement approuvé par plusieurs actes émanés d'elle; que, dans cet état, et en décidant que la perte survenue ultérieurement par la faillite imprévue du sieur Daguerre ne pouvait être imputée aux sieurs Bertrand et Feydeau exclusivement, mais qu'elle doit tomber à la charge commune de tous les intéressés à la prise, la cour d'appel de Rennes n'a violé aucune loi; — Rejette, etc.

Du 18 oct. 1808.-C. C., sect. civ.-MM. Viellart, pr.-Boyer, rap.

(1) (Métois *C.* Bottwingg.) — LE TRIBUNAL; — Considérant que la demande des parties de Fromentin, à fin de payement des 4,458 fr. 40 c., pour les frais du déchargement du navire, de son gardiennage, l'emmagasinement des marchandises, et de la nourriture du capitaine, ainsi que de l'équipage, n'a point été formée par elle devant le conseil des prises, et que d'après cela il n'est pas possible de prétendre que le hors de cause, prononcé par ce jugement, puisse s'appliquer à cette demande; — Et que l'arrêt du 25 déc. 1704 porte qu'en cas de mainlevée du navire, les frais dont il s'agit sont à la charge de la chose et doivent être supportés par elle; — Et que cet arrêt est applicable à la question, quand le capitaine n'a obtenu ni dépens ni dommages-intérêts par le jugement du 29 frim. dernier, et que cette décision a été motivée sur l'irrégularité du premier rôle qui ne se trouvait pas conforme aux règlements danois, sur la rature existante sur le second rôle, la contradiction apparente entre les connaissements et la lettre du 17 oct. 1797, et la rigueur avec laquelle on se prévalut d'abord de la loi du 29 niv. an 6, etc.

Du 27 germ. an 10.-Trib. d'appel de Paris.

(2) *Espèce*: — (Boissaert, etc. *C.* l'Actif.) — Le 11 déc. 1811, décision du conseil des prises qui déclare la prise irrégulière, ordonne la restitution du navire et de son chargement, mais qui refuse d'allouer des dommages-intérêts, — « Attendu que le défaut d'énonciation de la propriété du chargement a été, surtout avant l'avis du conseil d'état, un motif tranchant d'arrestation, et que, d'un autre côté, la résistance opiniâtre du navire qui n'a mis en travers qu'à la sixième semonce, était

lidée, le capteur peut être condamné à des dommages-intérêts envers le capturé : cette obligation des corsaires est commune aux vaisseaux de l'Etat. Quelques auteurs (notamment Valin sur l'art. 30 du tit. des Prises, de l'ordonnance de la marine) enseignent que les dommages-intérêts ne sont encourus qu'autant qu'il y a eu mauvaise foi de la part du capteur; nous n'admettons pas cette dangereuse doctrine, qui est d'ailleurs en opposition formelle avec les dispositions contenues dans les art. 1150 et 1151 c. nap. Le droit de prise s'exerce aux risques et périls du capteur qui n'est pas moins responsable, en principe, de son erreur que de son dol; seulement la bonne foi devient un motif pour le juge de réduire le *quantum* de la condamnation. — Voici, suivant MM. de Pistoye et Duverdy, t. 2, p. 192, quels sont les principes qui ont toujours dirigé le conseil des prises : le capteur est condamné à des dommages-intérêts si la prise a eu lieu sans prétexte; mais les dommages-intérêts ne sont pas dûs si, dans la conduite du capturé ou dans les pièces de bord, il existait des irrégularités qui pouvaient faire naître des doutes sur la neutralité du navire. — Du reste, il n'est pas étonnant qu'en matière de prises maritimes les nécessités de la politique aient fait fléchir les considérations tirées de l'équité naturelle. Des condamnations trop fréquentes à des dommages-intérêts eussent pu, en décourageant les armateurs et en entravant la course, faire perdre au gouvernement le puissant secours que les corsaires ont apporté à notre marine militaire, si peu développée pendant les guerres de la révolution et de l'empire. D'ailleurs, guerre et équité sont deux mots qui concordent rarement ensemble. — Ainsi, il a été jugé d'une part : 1° qu'un corsaire n'est pas tenu à des dommages-intérêts envers les propriétaires d'un navire qu'il a capturé, et dont la prise est déclarée irrégulière, si lors de l'arrestation il existait des soupçons légitimes de nationalité ennemie, bien qu'ensuite la neutralité ait été vérifiée (cons. des prises, 7 therm. an 9, aff. la Marie-Charlotte *C.* le Don-Quichotte, V. MM. de Pistoye et Duverdy, t. 2, p. 337), ...ou lorsqu'il avait des motifs suffisants pour l'arrêter, par exemple si le navire capturé a fait une résistance opiniâtre, et n'a mis en travers qu'à la sixième semonce, et si le capitaine ne présentait aucune indication de la propriété du chargement (ord. cons. d'Et. 3 juill. 1816, aff. Boissaert, V. n° 237); — 2° Que, quoique l'on doive déclarer nulle la prise faite pour contravention à un règlement que le navire capturé n'a pu connaître; néanmoins le capteur ne doit pas de dommages-intérêts, si la prise a été faite à une époque à laquelle le règlement devait naturellement être présumé connu : « Considérant, dit l'ordonnance, que la décision de notre conseil des prises est suffisamment motivée, quant au fond, sur les preuves de neutralité résultant des pièces de bord et du connaissement, et sur l'époque du départ du navire l'Alexander du port d'Yarmouth; que cependant cette décision peut paraître rigoureuse, quant à la condamnation aux dommages-intérêts qu'elle prononce contre les armateurs des corsaires, attendu l'erreur dans laquelle a pu les induire le séjour du navire sur les côtes d'Angleterre, après son départ du port d'Yarmouth : — La décision de notre conseil des prises est maintenue, sauf en ce qui concerne les condamnations prononcées contre les armateurs des corsaires, au payement des dommages-intérêts et des frais occasionnés par le cautionnement, laquelle condamnation est annulée » (cons. d'Et. 7 mai 1808, aff. la Princesse-Elisa); — 3° Que, quoique les corsaires soient indéfiniment soumis, dans leurs expéditions, à l'exécution des traités et conventions passés entre le gouvernement et les puissances étrangères, lors même qu'ils ne les auraient pas connus au moment de leur prise, le corsaire qui ignorait un traité qui exceptait de l'action des corsaires le navire capturé par lui, n'est pas répréhensible, et par suite ne peut être tenu, pour ce fait, à des dommages-intérêts (ord. cons. d'Et. 17 juill. 1816) (1); — 4° Qu'il n'y a pas lieu d'accorder des dommages-intérêts aux propriétaires d'un navire neutre recous, parce qu'il y a toujours motif d'arrêter un navire tombé dans les mains de l'ennemi (cons. des prises, 27 therm. an 8, aff. le Kity *C.* le Brave, V. MM. de Pistoye et Duverdy, t. 2, p. 128. — Conf. cons. d'Et. 18 mars 1816, aff. l'Asie *C.* le Diligent); — 5° Que les capitaine, chargeurs et propriétaires d'un navire capturé, dont la relaxation est prononcée, parce que sa nationalité ennemie ne se trouve pas établie, n'ont droit, néanmoins, à aucuns dommages-intérêts à l'encontre du capteur, si l'arrestation a été motivée par des soupçons reconnus légitimes; — Et qu'il y a même lieu, dans ce cas, de mettre les frais de l'instruction à la charge du capitaine du navire relaxé (cons. des prises, 19 mai 1855, aff. la Fulvie, D. P. 56. 3. 16).

239. D'un autre côté, il a été décidé : 1° que, par cela seul qu'une prise a été déclarée nulle, le corsaire capteur doit être condamné à des dommages-intérêts, et que ces dommages sont réglés par un tribunal de commerce que commet le conseil d'Etat (ord. cons. d'Et. 14 janv. 1818) (2); — 2° Que cette indemnité dont la quotité est laissée à l'arbitrage du juge, est due pour le retard qu'a éprouvé le navire neutre capturé : « Attendu, porte le jugement, que d'après l'art. 3 de la loi du 9 mai 1793, il est

---

propre à faire soupçonner que l'expédition avait été mise, dans un temps quelconque, sous la protection des Anglais; que relativement aux avaries que peuvent avoir éprouvées les potasses, il n'y a rien à imputer aux capteurs, puisque des renseignements positifs transmis par S. Ex. le ministre de la marine attestent que dès leur arrivée en Hollande, et d'après les mesures adoptées par l'ancien gouvernement, c'est le maître des ventes qui s'en est emparé, que les magasins n'ont point été choisis par les corsaires, qu'ils n'en ont eu ni la disposition ni la surveillance, que la vente provoquée par les capteurs comme par les capturés s'est faite en leur présence respective, après une expertise à laquelle ils ont tous concouru, et qu'elle a été précédée de toutes les formalités requises; d'où il suit que les corsaires ne sont tenus d'aucune espèce d'indemnité. » — Recours au conseil d'Etat.

Louis, etc.; — Vu la requête, etc.; — Considérant qu'il résulte de la procédure, et notamment des doutes élevés sur l'application du règlement du 26 juill. 1778, qui n'ont été résolus que par l'avis du conseil d'Etat du 18 août 1811, rendu à l'occasion du Zonge-Cornelis, que les capteurs ont eu des motifs suffisants d'arrêter ledit navire, qu'en conséquence ils ne peuvent être responsables des dommages résultant immédiatement de l'arrestation. — Considérant qu'il n'a été dressé aucun procès-verbal de l'état des potasses, soit lors du déchargement et de leur entrée en magasin, soit lors de la vente qui en a été faite; que les causes de la détérioration desdites potasses et les circonstances y relatives n'ont de même été constatées par aucun acte; qu'en conséquence il n'existe aucun moyen de reconnaître si ladite détérioration provient d'une cause qui donne lieu à responsabilité, et dans ce cas de déterminer le montant de l'indemnité, et que ladite veuve Boissaert et le sieur Louis ont à s'imputer de n'avoir pas fait, dans le temps, les diligences nécessaires, à l'effet de provoquer lesdits procès-verbaux et actes, et d'avoir rendu toutes vérifications impossibles par le retard qu'ils ont apporté à leur pourvoi. — La requête... est rejetée.

Du 3 juill. 1816.-Ord. cons. d'Et.

(1) (Bacri *C.* le Brave.) — Louis, etc.; — Considérant, quant au fond, qu'il résulte des pièces nouvellement produites qu'il avait été fait, entre le gouvernement et la régence d'Alger, un accord qui exceptait le Gioseppino avec plusieurs autres bâtiments algériens de l'action des décrets de Berlin et de Milan, et que les corsaires sont indéfiniment soumis dans leurs expéditions à l'exécution des traités et conventions passés entre le gouvernement et les puissances étrangères; — Considérant, néanmoins, que d'après les lois et règlements existant au moment de la capture, le corsaire le Brave n'est pas répréhensible pour avoir arrêté le Gioseppino; — Art. 1er. La décision du conseil des prises du 25 déc. 1812 est annulée et le prix provenant de la vente du Gioseppino et de son chargement sera restitué aux propriétaires.

Du 17 juill. 1816.-Ord. cons. d'Et.-M. Brévannes, rap.

(2) (Schmidt, etc. *C.* le Sédiman.) — Louis, etc.;... — Considérant que par cette capture, le navire Die-Gute-Offnung a été retardé dans son arrivée à Lubeck, lieu de sa destination, puisqu'il a employé trente-cinq jours à ce trajet, au lieu du terme habituellement nécessaire, et que ce retard a pu occasionner des pertes aux capitaine, propriétaires et affréteurs de ce navire; — Considérant que l'illégalité de la capture du navire français Die-Gute-Offnung, par le corsaire français le Sédiman, est établie par le fait seul de la liberté rendue au Die-Gute-Offnung, par les autorités de Dantzick, liberté qui a été le résultat d'une procédure qui ne peut être représentée, mais dont l'existence est positive. — Art. 1er. La capture du navire licencié Die-Gute-Offnung, par le corsaire le Sédiman, est déclarée nulle et illégale. — Art. 2. Les armateurs, capitaine, équipage et intéressés du corsaire le Sédiman ou leurs représentants, sont condamnés aux dommages-intérêts résultant de ladite prise, envers les sieurs Evers, Schmidt, Plessing, Pauly et fils, capitaine, propriétaires et affréteurs du navire Die-Gute-Offnung. — Art. 3. Pour la liquidation desdits dommages-intérêts, les parties sont renvoyées par-devant le tribunal de commerce de la ville du Havre que nous commettons à cet effet, les droits et moyens desdites parties respectivement réservés à cet égard.

Du 14 janv. 1818.-Ordon. cons. d'Et.

dû au capitaine du navire relâché une indemnité à raison du retard qu'il a éprouvé, et que la quotité seule de cette indemnité est laissée à l'arbitrage des juges, etc. » (Cass. 28 fruct. an 7, M. Havin, rap., aff. la Barkeboude); — 3° Qu'est passible de dommages-intérêts le capteur qui, ayant la conviction de l'invalidité de la prise, en poursuit néanmoins la condamnation (cons. des prises, 9 mess. an 8, aff. le Reysiger *C.* le Courageux; V. aussi cons. des prises, 27 niv. an 9, aff. le Junge-Boye, n° 158), ...ou qui capture un bâtiment au mépris d'un sauf-conduit dont celui-ci était porteur (cons. des prises, 17 brum. an 9, aff. le Wrou-Jelsk *C.* le Neptune); —4° Que l'erreur de droit ne peut servir d'excuse au capteur pour le soustraire au payement des dommages-intérêts réclamés par le propriétaire du navire indûment capturé (cons. des prises, 3 pluv. an 9, aff. l'Elish-Sarah).—V. MM. de Pistoye et Duverdy, t. 1, p. 195.

240. En tout cas, il a été décidé : 1° que le capitaine d'un navire neutre capturé par un Français et recous par l'ennemi, ne peut réclamer du capteur français le montant des sommes qu'il a dû payer comme droit de recousse, lorsque les choses ne sont plus entières et qu'il n'est plus possible de juger si la prise était ou n'était pas valable (cons. des prises, 27 brum. an 9, aff. le Suffolk *C.* l'Aventure); — 2° Que le propriétaire d'un navire n'est pas recevable à réclamer des dommages-intérêts contre le capteur qui a renoncé volontairement à la prise, s'il a reçu les pièces de bord sans inventaire, réserve ou protestation : « Considérant, dit l'ordonnance, que, bien que le bâtiment ait été capturé dans les eaux du Danemark, il ne résulte pas nécessairement de ce fait que les capteurs aient agi de mauvaise foi; que le sieur Lecourtois n'allègue aucune autre circonstance qui établisse cette présomption; considérant, d'ailleurs, que le capturé a reçu ses pièces de bord sans inventaire, sans réserve et sans protestation, etc. » (cons. d'Et. 4 août 1819, M. Maillard, rap., aff. Lecourtois); — 3° Mais que la renonciation à toute réclamation et répétition par l'équipage d'un navire capturé est nulle, lorsqu'il l'a faite pour obtenir sa liberté et dans la crainte d'être conduit prisonnier en France (cons. d'Et. 7 août 1816, aff. le Saint-Antoine).

241. Lorsque des dommages-intérêts ont été accordés à des capturés, les poursuites doivent être dirigées contre les armateurs du corsaire et non contre le capitaine (cons. des prises, 7 niv. an 10, aff. la Notre-Dame de Bon-Conseil *C.* le Coureur).—V. MM. de Pistoye et Duverdy, t. 1, p. 202.

242. 2° *Des indemnités dues par l'État.* — En général, la validité ou l'invalidité de la prise ne peut avoir pour effet de rendre le gouvernement passible d'indemnités vis-à-vis soit du capteur, soit du capturé. — Ainsi, il a été décidé que le conseil d'État, en déclarant valable la prise d'un navire, n'engage pas le gouvernement à en payer la valeur, dans le cas, par exemple, où une puissance neutre, dans les ports de laquelle la prise a été conduite, aurait relâché ce navire, sous prétexte que le corsaire aurait violé les règlements de neutralité : « Louis, etc., considérant qu'en déclarant, par notre ordonnance du 14 oct. 1819, les prises de l'Expectation et du Hope bonnes et valables, nous n'avons point entendu prononcer que le trésor royal serait tenu de rembourser la valeur des bâtiments » (ord. cons. d'Et. 3 sept. 1823, M. Crouseilhes, rap., aff. Rougemont). — Jugé aussi que la convention conclue à Paris le 25 avr. 1818, ayant libéré le gouvernement français de toutes réclamations que pourraient faire des sujets de puissances alliées contre la France, l'étranger propriétaire d'un navire capturé, même pour cause d'utilité publique, encore bien que la capture dût être nulle, n'est pas recevable à demander la valeur de son bâtiment ni une indemnité égale à la perte de son fret (cons. d'Et. 2 fév. 1821) (1).

243. On a vu, n° 126, que la prise d'un navire auquel le gouvernement français a délivré une *licence secrète* n'est pas valable : il doit donc être restitué à son propriétaire. Mais sur qui doit retomber la charge de cette restitution? — Est-ce sur le capteur ou sur le gouvernement?—En faveur du capteur, l'on dit : il ne peut être déclaré responsable de l'invalidité de la prise; car il ignorait l'exemption qui mettait obstacle à son droit. La capture opérée dans les conditions de la loi doit constituer pour lui un droit acquis. Si le gouvernement, à raison de ses relations politiques, se trouve dans le cas d'indemniser des sujets étrangers, par suite d'une capture de ce genre, il est tout simple qu'il le fasse des deniers publics; mais il ne peut faire cette restitution aux dépens d'armateurs qui ont capturé de bonne foi. — D'autre part, et en faveur du gouvernement, on répond que la licence qu'il a accordé n'est que l'exercice légitime de son droit de souveraineté; que le soumettre à indemniser le capteur, c'est restreindre et presque annuler son droit de guerre. Le corsaire n'a pas un droit acquis, comme on le prétend, il n'a qu'un droit éventuel subordonné à la décision à intervenir; son droit s'est ouvert par la capture, mais il n'est consommé que par le jugement de la prise; et si cette prise n'est pas jugée valable, quelle que soit la cause de la nullité, la conséquence ne peut en retomber que sur le capteur. — C'est cette dernière opinion qui a prévalu devant le conseil d'Etat (ord. cons. d'Et. 17 juill. 1816, aff. le Gioseppino *C.* le Brave). — V. MM. de Pistoye et Duverdy, t. 1, p. 154.

244. Le traité de paix conclu le 8 vend. an 9 entre la France et les Etats-Unis, portait que les prises faites par les deux nations et non encore jugées seraient réciproquement restituées. — Il a été décidé que cette clause n'est applicable qu'aux navires dont la nationalité n'est pas contestée; qu'elle ne peut être invoquée par le capitaine d'un navire en apparence américain, mais dont la nationalité est devenue douteuse et suspecte par suite d'un jet de papier à la mer (cons. des prises, 23 vend. an 10, aff. le Paquet de Dublin *C.* l'Abeille, MM. de Pistoye et Duverdy, t. 2, p. 75).

245. A la suite de la guerre de 1823, il fut passé entre la France et l'Espagne, le 5 janv. 1824, un traité ayant pour objet de régler le mode d'après lequel les sujets français et espagnols, propriétaires de bâtiments capturés pendant le cours de l'année précédente, seraient indemnisés et remboursés. L'art. 1 de ce traité est ainsi conçu :— « Les navires espagnols, capturés par les bâtiments de Sa Majesté Très-Chrétienne, ainsi que leurs cargaisons, étant estimés à une valeur approximativement égale aux prises faites par les bâtiments et corsaires espagnols, sur le commerce français, il est convenu que les prises réciproquement faites et conduites dans les ports de la puissance qui a fait ces prises demeurent acquises à chacun des deux gouvernements, à charge par eux de régler, comme ils le jugeront convenable, les indemnités dues à leurs sujets respectifs; la France et l'Espagne renonçant à toute répétition à cet égard. » L'art. 5 prononce la nullité et ordonne la restitution à leurs propriétaires des prises faites par l'une ou l'autre puissance postérieurement au 1er oct. 1823.—Une ord. du 25 janv. 1824 créa une commission de liquidation des pertes éprouvées par le commerce français en vertu des prises validées par le traité.—Il a été jugé par application de ce traité : 1° que les navires capturés antérieurement au 1er oct. 1823 ont seuls droit à l'indemnité, et non un navire capturé en janv. 1824 (ord. cons. d'Et. 2 déc. 1829, M. Sauvaire-Barthélemy, rap., aff. Changeur) ;—2° Que les ayants droit à l'indemnité ne peuvent la réclamer que pour les pertes matérielles par eux éprouvées, et non pour des bénéfices non réalisés; qu'en conséquence, ils ne sont pas fondés à en prétendre pour la partie du fret qui représente les intérêts du capital affecté à l'achat et à l'armement du navire :—«Considérant, porte la décision, que l'ord. du 25 janv. 1824 n'accorde d'indemnité que pour des pertes matérielles et non pour des bénéfices non réalisés; et que, dans l'espèce, les assureurs ont été indemnisés de toutes les pertes matérielles qu'ils ont souffertes, etc. » (cons. d'Et. 8 juill. 1829, M. de Cormenin, rap., aff. Lloyd) ;— 3° Qu'ils ne sont pas fondés à en réclamer pour l'interruption de leur voyage et l'inactivité causée par la capture (cons. d'Et. 29 mars 1827, M. Feutrier, rap., aff. Agostini et Antoni);— 4° ... Ni pour manque de bénéfice sur les reventes (cons. d'Et. 21 sept. 1827, M. Feutrier, rap., aff. Albrechts); —5° Qu'il n'y a pas lieu de réclamer la valeur des agrès dont

(1) (Pinto de Vasconcellos.) — Louis, etc.; — ...Vu les conventions conclues à Paris le 25 avr. 1818, et ratifiées le 25 juin même année entre la France et les puissances alliées; — Considérant que, par suite de ladite convention, le gouvernement français a été libéré de toutes réclamations des sujets des puissances alliées contre la France. — Art. 1er. La requête du sieur Pinto de Vasconcellos est rejetée, etc.

Du 2 fév. 1821.-Ord. cons. d'Et-.M. Maillard, rap.

l'armateur a reçu le prix (cons. d'État, 11 février 1829, aff. Nalis, V. nº 247.)

246. Il a été décidé aussi, en vertu du même traité, 1º que dans le cas où un navire capturé pendant la guerre d'Espagne, et repris ensuite par la marine de l'État, a été rendu à ses propriétaires, et qu'avant d'être remis en mer pour une seconde expédition, il a été dressé entre l'ancien capitaine et celui qui le remplaçait un acte constatant le bon état des marchandises, les armateurs de ce navire ne peuvent réclamer de l'État une indemnité reposant sur l'état de détérioration de ces marchandises à la fin du voyage : les résultats de la seconde expédition postérieurs à la capture et indépendants d'elle ne peuvent tomber à la charge du gage affecté aux indemnités (cons. d'Et. 21 sept. 1827, M. Feutrier, rap., aff. Albrechts); — 2º Que l'indemnité à accorder aux propriétaires d'un navire qui, chargé de piastres fortes pour être converties en marchandises dans l'Inde, a été capturé à son retour, doit être fixée, d'après le cours des piastres, au lieu et au jour de l'expédition, et non d'après l'évaluation, du prix de ces piastres, portée dans les polices d'assurance souscrites par les armateurs (cons. d'Et. 16 fév. 1827, M. de Cormenin, rap., aff. Blaise).

247. Celui qui réclame une indemnité en vertu du traité de 1824 doit établir les pertes qu'il a faites, conformément aux règles générales du droit (V. Obligations). — Il a été très-bien décidé en conséquence, que si l'état du chargement du navire n'a pas été constaté à la sortie du port où il avait abordé avant la capture, et qu'il n'y soit suppléé par aucune pièce, mise en demeure à cet égard, il n'est dû aucune indemnité au capitaine (cons. d'Et. 11 fév. 1829) (1).

248. Le traité du 5 janv. 1824 et l'ord. du 25 du même mois n'ont eu pour objet que de régler les indemnités dues aux bâtiments français et aux bâtiments espagnols. — Il a été jugé, en conséquence, que l'ordonnance précitée n'est applicable qu'aux navires portant pavillon français et aux marchandises françaises sur ces navires; qu'elle ne l'est point aux marchandises chargées sur des navires neutres :— « Considérant, disent les ordonnances, que l'ordon. du 25 janv. 1824, rendue pour l'exécution de la convention du 5 du même mois, n'est applicable qu'aux navires portant pavillon français et aux marchandises françaises chargées sur lesdits navires, etc. » (cons. d'Et. 15 juin 1825, M. Feutrier, rap., aff. Boisot; aff. comp. d'ass. gén. de Paris; aff. Maury Calsada; aff. comp. d'ass. de Marseille; aff. comp. d'ass. de Paris).— C'est pourquoi il n'y a pas lieu à accorder l'indemnité consentie par cette ordonnance, lorsque les pièces produites ne prouvent pas que l'expédition des marchandises capturées ait été faite pour le compte du commerce français : — « Considérant, porte l'ordonnance, que les pièces produites ne prouvent pas que l'expédition des marchandises capturées ait été faite pour le compte du commerce français, etc.» (cons. d'Et. 24 déc. 1828, M. de Cormenin, rap., aff. Argouti).

249. On a vu que l'art. 1 du traité de 1824 déclarait *acquises* à chacun des deux gouvernements les prises réciproquement faites et conduites dans les ports de la puissance du capteur. — Il suit de là, ainsi qu'il a été jugé, que cette convention a enlevé aux propriétaires et chargeurs des navires capturés sous le pavillon espagnol le droit de contester la validité des prises faites à leur préjudice, lors même qu'ils se seraient trouvés alors en instance devant le conseil d'État : — « Considérant, porte l'ordonnance, que depuis l'instance introduite est survenue la convention diplomatique qui a réglé le sort des navires espagnols et français, capturés pendant l'année 1823; qu'ainsi il n'y a pas lieu de prononcer soit sur la compétence de la commission de la marine de Toulon, soit sur la légalité de la capture, etc. » (cons. d'Et. 28 juill. 1824, M. Maillard, rap., aff. le navire le Turc n'a pas d'amis).

250. Mais doit-on considérer comme acquise au gouvernement du capteur une prise qui aurait été faite avant que l'état de guerre existât entre les deux pays, si d'ailleurs elle avait eu lieu dans le cours de l'année 1823? — L'affirmative nous paraît résulter des principes généraux du droit et du traité même de 1824. C'est ce que nous avons essayé de démontrer au conseil d'État, dans l'affaire de la Veloz-Mariana (V. 1re édit., vº Prise maritime, p. 356). — Qu'il nous suffise de rappeler ici, en substance : 1º qu'un navire pris pendant la paix reste la propriété de celui à qui il appartenait avant la prise (V. nº 12); d'où il suit que si les bâtiments appréhendés pendant la guerre peuvent être l'objet des traités que les États belligérants concluent à la paix; si le sort de ces captures est réglé par les stipulations des gouvernements, il n'est pas au pouvoir des gouvernements de porter, par leurs conventions, la plus légère atteinte aux droits des particuliers à l'égard des prises faites avant la guerre, et que dès lors la guerre n'a pu légitimer.— Ils ne pourraient évidemment le faire sans violer le droit sacré de la propriété, car aucun motif d'utilité publique ne peut être invoqué pour justifier l'expropriation des propriétaires de navires ainsi capturés avant l'existence de l'état de guerre;—2º Que la convention du 5 janv. 1824 ne renferme aucune clause textuelle et formelle qui applique ses dispositions aux bâtiments capturés avant la guerre. Le préambule seul parle des bâtiments capturés *pendant le cours de l'année précédente*. Or, l'ordonnance du 25 du même mois, rendue en exécution du traité, a fixé le véritable sens de ces expressions conformément à notre manière de voir. L'art. 1 porte, en effet : « Cette commission sera chargée de la liquidation des pertes que le gouvernement français a éprouvées par suite des captures faites en mer *dans le cours de la dernière guerre*. » —Le conseil d'État a répondu aux réclamations dont nous étions l'organe par une sorte de déni de justice (V. la séance de la chambre des députés, Mon. 15 avril 1829). — Il a décidé que la demande en restitution par l'État d'un navire espagnol capturé à une époque où l'état de paix subsistait encore entre la France et l'Espagne, avait pour objet de contester l'application faite à ce navire du traité de 1824, et qu'une telle contestation ne pouvait être poursuivie par la voie contentieuse : — « Considérant que, depuis l'instance introduite, est intervenue la convention qui a réglé le sort des navires espagnols et français capturés pendant l'année 1823; — Que cette convention a été appliquée au navire la Mariana; — Que les réclamants contestent l'application qui leur est faite de cette convention, et que le jugement de cette contestation ne peut être poursuivi en notre conseil d'État par la voie contentieuse, etc. » (cons. d'Et. 24 mars 1824, M. Maillard, rap., aff. la Nueva Veloz-Mariana).— La prise de la Nueva Veloz-Mariana, opérée sous le ministère de MM. de Villèle et Chateaubriand, fut une violation inouïe et scandaleuse du droit de propriété, au préjudice d'une foule de malheureux espagnols partis de l'Amérique sous le coup des révolutions et des confiscations. Cet acte fut la honte du ministère qui l'exécuta et qui, sur des pétitions adressées aux chambres, n'échappa à l'improbation unanime qu'en alléguant des négociations engagées avec le gouvernement espagnol.

SECT. 6. — DE LA COMPÉTENCE EN MATIÈRE DE PRISES MARITIMES.

ART. 1. — *Compétence territoriale.*

251. Est-ce au juge de la nation dont le capteur est sujet, ou à celui de la nation du capturé qu'il appartient de statuer sur la validité d'une prise maritime? — Lorsque la prise a été conduite dans l'un des ports de la puissance dont le capteur est sujet, la compétence du juge du capteur est unanimement reconnue. —V. notamment Galiani, chap. 9; Lampredi, § 14; Azuni, t. 2, chap. 4.

252. Mais quand la prise a été amenée dans un port neutre,

(1) (Nalis.) — CHARLES, etc.; — Vu l'ord. du 25 janv. 1824; — Considérant, en ce qui touche la cargaison, que le manifeste dressé à la sortie de Malte ne constatait qu'une valeur de 2,605 fr. 50 c., destinée en partie pour Sphax; que les sieurs Nalis et Frosi ont, avant leur capture, relâché à Sphax et n'ont pas fait constater l'état de leur chargement à la sortie de ce port, et qu'ils n'y suppléent par aucune pièce, bien qu'ils aient été, depuis plus d'un an, mis en demeure de justifier dudit état;

Considérant, sur le chef de la demande concernant la valeur des agrès, que, d'après la lettre de notre ministre de la marine ci-dessus visée, l'armateur en a reçu le prix.—Art. 1. La requête est rejetée.

Du 11 fév. 1829.-Ord. cons. d'Ét. M. Jauffret, rap.

la question de compétence est plus délicate, et les publicistes ne sont pas d'accord sur la solution qu'elle doit recevoir. Plusieurs distinctions ont été faites.

1° Si le bâtiment preneur est un pirate, le gouvernement du lieu peut, et doit même s'établir juge de la prise, car les pirates sont justiciables de toutes les puissances. Il faut décider de la même manière lorsque le preneur, quoique régulièrement armé en course, a agi en pirate au lieu de se conformer aux lois de la guerre (Galiani, *Doveri dei principi neutrali...*, chap. 9, § 8; Lampredi, *Del commercio de neutrali*, § 14; Azuni, Droit maritime de l'Europe, t. 2, chap. 4, art. 3, § 11). Et il n'y a pas lieu de s'écarter de cette règle dans le cas où la capture a été faite en pleine mer; car, dans l'espèce, le droit de juridiction du prince neutre dans les États duquel elle est conduite, découle du principe général que les pirates sont les ennemis du genre humain et doivent être combattus partout où faire se peut. Il n'a pas besoin d'invoquer la violation d'un droit particulier à son égard (Azuni, *loc. cit.*).

253. 2° Lorsque le capteur aura violé les droits de la neutralité, en arrêtant un vaisseau neutre sous la portée du canon, ou en faisant frauduleusement disparaître les preuves de la neutralité, le prince neutre dans les ports duquel il est conduit est endroit de le faire juger, et ce, alors même que le délit à lui reproché aurait commencé hors du territoire du prince neutre (L. 1, Cod., *Ubi de crim. agi oport.*; Azuni, t. 1, chap. 2, art. 7, t. 2, chap. 4, art. 3, § 12).

254. 3° Toutes les fois qu'une prise a été opérée dans les eaux d'une puissance neutre par l'un des belligérants, il est de principe que le prince neutre a droit de juridiction sur cette prise, alors même que le capteur était régulièrement armé en guerre et qu'il n'a pas d'ailleurs outrepassé les droits de la guerre, car il a violé le territoire neutre, et il n'appartient qu'au souverain ainsi outragé de connaître des faits qui s'y sont accomplis (Loccenius, *De jure maritimo*, liv. 2, chap. 4, § 6; Galiani, *Doveri dei principi neutrali*, chap. 9, § 8; Azuni, *loc. cit.*; MM. de Pistoye et Duverdy, t. 2, p. 185. V. ce que nous avons dit nos 19 et s., quant aux lieux où peut s'exercer le droit de prise). — MM. de Pistoye et Duverdy, t. 2, p. 185 et 191, citent comme ayant jugé en ce sens l'ordonnance du cons. d'Ét. du 17 juill. 1816 (V. n° 255); mais il suffit de lire les termes de cette décision, ainsi que l'exposé des moyens présentés par les parties, pour se convaincre que, si le conseil d'État a attribué compétence aux tribunaux du pays neutre où la prise avait été conduite, ce n'est pas à raison de la violation du territoire, mais parce que le capturé était sujet de cette nation. — En tout cas il a été jugé que, bien qu'un navire ennemi poursuivi par un corsaire ne puisse devenir la proie que de la puissance à laquelle appartient la forteresse sous la protection de laquelle il s'est réfugié, cependant la prise qui en est faite par ce corsaire sous les batteries de ce fort peut être déclarée valable par les juges du capteur, si la puissance dans les eaux de laquelle la prise a été opérée est ennemie de ce navire et amie de la France, et n'a pas réclamé contre la violation de son territoire : « Attendu, porte l'arrêt, quant au moyen tiré du refus des offres de prouver que le navire a été pris à la portée du canon de Saint-Ander; que la nation espagnole a déclaré la guerre aux Anglais, ainsi que la France; et qu'il n'y a eu aucune réclamation faite de la part de son gouvernement au sujet de la prétendue violation de son territoire, rejette (Req. 1er brum. an 7, MM. Seignette, vice-pr., Bayard, rap., aff. Scholtz).

255. 4° Toutes les fois que le navire capturé appartient à un sujet de la puissance neutre dans les ports de laquelle il a été conduit, c'est encore, suivant les auteurs, au souverain de cette puissance qu'il appartient de prononcer sur la validité ou l'invalidité de la prise. — Jugé ainsi que c'est au gouvernement du port où un navire capturé par un corsaire français a été conduit à statuer sur la validité de la prise, s'il appartient, ainsi que sa cargaison, à l'un de ses sujets (cons. d'Ét. 17 juill. 1816) (1).

256. Toutefois il a été décidé que lorsqu'il s'agit de capture en pleine mer, c'est à la juridiction instituée par la nation du capteur qu'il appartient de connaître de la validité de la prise, et non à la juridiction du pays où la prise a été conduite et dont fait partie le propriétaire du navire (cons. des prises 13 frim. an 10 (2); Conf. Cass. 29 mars 1809, aff. l'Aventurier, V. n° 259). — C'est en ce dernier sens que se prononcent MM. de Pistoye et

---

(1) *Espèce* : — (Le Satanique C. l'Ary et Maria.) — En 1797, le navire hollandais l'Ary et Maria, appartenant aux sieurs Kuypper Vandam et Smeer de Rotterdam, fut pris par le corsaire français le Satanique et conduit à Amsterdam. Le capitaine du navire capturé et les propriétaires protestèrent contre cette prise et soutinrent qu'elle avait été faite en deçà des limites du territoire de la Hollande. Les tribunaux hollandais se saisirent de l'affaire; néanmoins le consul français valida la prise. L'exécution de cette décision fut arrêtée par une opposition des intéressés et des décisions des tribunaux du pays, qui ordonnèrent la remise sous caution aux propriétaires du navire capturé et du produit du chargement dudit navire; puis, par une décision subséquente, la mainlevée du cautionnement. — Une correspondance diplomatique s'engagea entre la France et la Hollande. Les 10 prair. et 5 niv. an 6, le ministre de France, écrivant au gouvernement batave, soutenait que le territoire de la Hollanne n'avait pas été violé, et reconnaissait que la décision du consul avait été prématurée, et qu'il aurait dû attendre que la question de violation de territoire eût été décidée entre les deux gouvernements, mais qu'elle ne devait rien changer à l'état primitif de la contestation. — Plus tard et lorsque la Hollande fut réunie à la France, le sieur Godefroy, armateur du Satanique, s'appuyant de la décision du consul, porta l'affaire devant la cour spéciale de la Haye, instituée par décret du 10 oct. 1811, à l'effet de statuer d'après les lois hollandaises et sauf appel au conseil d'Etat sur les affaires relatives aux saisies faites en Hollande par les troupes de mer et de terre. — La cour spéciale rendit un arrêt en ces termes : — « Ouï le rapport de MM. les commissaires devant lesquels les parties ont comparu, accorde aux suppliants *nihil hic.* » — Recours devant le conseil d'Etat. — Les sieurs Kuypper et consorts conclurent à la non-recevabilité et au mal fondé de la requête, et subsidiairement ils demandèrent que le conseil d'Etat, interprétant en tant que de besoin l'arrêt de la cour spéciale de la Haye, déclarât que, *s'agissant de propriétés hollandaises conduites* dans un port hollandais, il avait été compétemment statué par le ci-devant gouvernement batave; au moyen de quoi le jugement du consul français devait être réputé non avenu, sauf aux capteurs leur recours contre le gouvernement s'ils se croyaient fondés à l'exercer. » — Arrêt.

LOUIS, etc.; — Considérant que le navire l'Ary et Maria et sa cargaison étant propriété hollandaise, et que ledit navire ayant été conduit dans un port de Hollande, il appartenait au gouvernement hollandais de statuer sur la validité de la prise, et qu'en conséquence il ne peut plus y avoir lieu de rien statuer par les autorités françaises : — Art. 1. La requête est rejetée, etc.

Du 17 juill. 1816. — Ord. cons. d'Et.

(2) *Espèce* : — (Le Clairvoyant C. le Die Veranderung.) — Dans son mémoire au conseil des prises, Verguère, armateur du corsaire le Clairvoyant, exposait qu'aussitôt qu'il fut informé de la prise faite par son corsaire, le 24 niv. an 9, et conduite au port du Texel, du navire sous pavillon danois le Die Veranderung, chargé de grains à Amsterdam, en destination apparente pour Lisbonne, il s'empressa, malgré les droits et les circonstances où se trouvait alors le Danemark avec l'Angleterre, d'annoncer l'intention de relâcher la prise, sous la condition, toutefois, qu'on renoncerait à tous dommages et intérêts, faute de quoi il entendait que l'instruction fût faite et les pièces envoyées au conseil des prises; — Que les intéressés, au lieu d'écouter ces propositions, se sont refusés à toute espèce de conciliation, et ont traduit le capitaine du corsaire devant le bureau de justice batave séant à La Haye; — Que ledit citoyen Verguère, fondé sur ce que, suivant le droit commun et les traités particuliers entre la France et la Hollande, c'est aux tribunaux français à juger les prises faites par les corsaires de la République française, a proposé un déclinatoire; mais que le tribunal batave s'est, au contraire, saisi de la connaissance de cette affaire, en permettant de saisir et d'arrêter le produit des prises adjugées au corsaire le Clairvoyant, pour sûreté des dommages-intérêts réclamés par les intéressés au Die Veranderung; — Qu'en cet état, le citoyen Verguère, qui pourrait insister pour la confiscation auprès du conseil, saisi des papiers de bord, croit, au moins, qu'on ne peut valablement répéter contre lui aucuns dommages et intérêts.

LE CONSEIL; — Considérant qu'il s'agit d'une prise faite en pleine mer sous pavillon neutre par un corsaire français; que, d'après le droit commun, la connaissance des prises et de toutes les questions y relatives appartient aux autorités établies pour juger les prises par la puissance du capteur; que c'est d'ailleurs une disposition formelle des traités existant entre la France et la Hollande, lesquels n'ont pu être anéantis par un arrêté particulier du gouvernement batave; — En retenant la connaissance du Die Veranderung et de l'action en dommages-intérêts qui pourrait en être la suite, a permis à l'armateur du corsaire le Clairvoyant de citer les réclamateurs de ladite prise pour proposer leurs moyens

Duverdy, t. 2, p. 185, et tel est aussi notre avis.—Si l'on attribuait compétence à des tribunaux étrangers pour connaître de la validité d'une prise faite par un corsaire français, par cela seul que le navire capturé appartient à la nation dans les ports de laquelle elle a été conduite, on ne voit pas pourquoi on leur refuserait le même droit à l'égard des prises faites par des bâtiments de l'Etat, ce qui nous paraît inadmissible : on ne peut raisonnablement permettre à un souverain étranger de contrôler ainsi les faits de guerre accomplis au nom de la France. —Sans doute la déclaration de 1650 et l'art. 15 de l'ord. de 1681 veulent que l'on restitue à leurs propriétaires le bâtiment français capturé par une puissance avec laquelle la France n'est pas en guerre, et qui est conduite dans un port français (V. n° 351); mais ce serait à tort que l'on prétendrait en conclure que la France s'attribue compétence pour juger la prise, puisque la restitution s'opère indépendamment de la validité ou de l'invalidité de la capture; la France ne fait autre chose que de se faire payer le droit d'asile.—En résumé, suivant nous, le jugement de la prise appartient exclusivement, en vertu du droit de la guerre, à la puissance au nom de laquelle la capture a été faite, ce qui n'empêche pas que la nation à laquelle appartient le capturé et chez laquelle la prise est conduite ne puisse, à l'imitation de la France, la restituer à son propriétaire; dans cette hypothèse, elle fait acte de souveraineté, mais non acte de juge.

257. Mais quand le navire capturé n'appartient pas à un sujet de la puissance neutre dans laquelle il est conduit, il ne peut y avoir difficulté, le droit de juridiction du prince dont le capteur est sujet doit être réservé. Telle est au moins la règle que le gouvernement français a cherché à faire prévaloir en faveur de ses corsaires et qu'il a fait adopter dans plusieurs traités conclus avec les principales puissances maritimes (V. art. 23 du traité des Pyrénées entre la France et l'Espagne du 7 nov. 1659; art. 22 du traité de commerce entre la France et la Hollande du 6 avril 1662; art. 24 du traité du 8 vend. an 9 entre la France et les Etats-Unis d'Amérique. V. aussi traité de Nimègue, entre la Suède et la Hollande, du 12 oct. 1679, art. 9; traité de 1714 entre l'Espagne et la Hollande, art. 21).—Lampredi, du Comm. des neutres, § 14, et Merlin, Rép., v° Prise marit., § 7, art. 1, adoptent cette manière de voir. — Mais voyez en sens contraire art. 23 du traité de commerce, du 31 déc. 1786, entre la France et la Russie; Azuni, Dr. marit., t. 2, chap. 4, art. 3; Hubner, Saisie des bât. neutr., t. 2, chap. 1, § 7.

258. Aux termes de la convention intervenue entre la France et l'Angleterre, le 10 mai 1854, en cas de capture d'un bâtiment de la marine marchande de l'un des deux pays alliés, le jugement en appartiendra toujours à la nation du capturé (art. 3). « C'est là, disent MM. de Pistoye et Duverdy, t. 2, p. 237, une dérogation aux règles générales en matière de prises maritimes, règles d'après lesquelles la juridiction appartient au capteur. » — Cette convention, art. 1 et 2, a également résolu les difficultés qui auraient pu se présenter à l'égard de la juridiction appelée à statuer sur les prises faites en commun par des navires appartenant aux deux nations alliées.

259. Il est de principe en matière de droit privé que les jugements rendus par un tribunal ne peuvent être exécutés dans un pays étranger s'ils n'ont été préalablement rendus exécutoires par un tribunal de ce pays, sauf les cas de traités qui auraient expressément stipulé le contraire (V. Jugement, n° 405).— Nonobstant cette règle, qui est en quelque sorte de droit public et général, on a jugé que les décisions rendues en matière de prises maritimes par les tribunaux de la nation à laquelle appartient le capteur doivent être exécutées sur le territoire et contre les sujets de puissances neutres sans aucune révision préalable et sur la simple vérification de la forme extérieure de ces jugements (Cass. 29 mars 1809) (1).— Mais il nous semble qu'en matière de prises, comme en toute autre, les jugements ne peuvent être mis à exécution dans un pays étranger (sauf les stipulations particulières) qu'autant qu'un tribunal de ce pays les aura revisés de manière à en faire disparaître tout ce qui serait contraire au droit qui lui est particulier.

ART. 2. — *Compétence d'attribution.*

260. Il est peu de matières dans lesquelles la compétence ait autant varié. Le jugement des prises maritimes a été tour à tour attribué tantôt à l'autorité administrative, tantôt à l'autorité judiciaire; c'est à la première de ces autorités qu'il a enfin été rendu par le dernier état de notre législation, mais après bien des vicissitudes, comme on en peut juger par l'historique rapide que nous avons tracé, n°s 7 et suiv. On a vu que le conseil des prises ayant été supprimé en 1815, ses attributions ont été déférées au conseil d'Etat par les ord. des 9 janv. et 23 août 1815. — Il a été jugé : 1° que depuis la suppression du conseil des prises, c'est au conseil d'Etat qu'appartient la connaissance de celles dont la validité lui était soumise; qu'ainsi, il peut connaître de l'application de deux décrets qui ont déclaré valable la capture de marchandises anglaises saisies à bord d'un navire et fait mainlevée du surplus de la cargaison :—« Considérant, dit l'ordonnance, que les affaires précédemment attribuées au conseil des prises ont été, depuis la suppression dudit conseil, dé-

---

dans le délai d'un mois, du jour de la notification des présentes, et cependant arrête que le ministre des relations extérieures est invité à réclamer, auprès du gouvernement batave, pour faire cesser l'entreprise faite sur les attributions du conseil par la cour de justice séante à La Haye, et empêcher qu'il ne soit donné suite aux oppositions et saisies-arrêts incompétemment autorisées par ladite cour de justice.

Du 15 frim. an 10.-Conseil des prises.

(1) (L'Aventurier C. l'Europe.) — LA COUR (ap. dél. en ch. du cons.); — Vu la loi 6 au C. *De except. rei jud.*, et l'art. 121 de l'ordonn. de 1629; — Considérant qu'en droit, et toutes les fois qu'il n'y a pas été dérogé par des stipulations expresses, une sentence rendue dans un état est sans effet par rapport à tous les autres; mais qu'en matière de prises, la base de la législation de la course, et en temps de guerre, une des maximes fondamentales de toute législation maritime, est au contraire que le jugement en appartient exclusivement aux tribunaux du capteur; que c'est en effet le seul moyen non-seulement de détruire le commerce direct de l'ennemi, mais encore de reconnaître les simulations qui déguisent le sens de ses opérations, et les négociants neutres qui, sans égard aux intérêts nationaux et à la foi des transactions politiques, prêtent leur nom aux ennemis de l'indépendance de leur commerce; et que les jugements émanés des tribunaux du capteur doivent être exécutés sur le territoire et contre les sujets des puissances neutres sans aucune révision préalable, et sur la simple vérification de leur forme extérieure, comme s'ils avaient té rendus par les juges mêmes de la puissance neutre;

Considérant que le gouvernement génois, en consentant à l'établissement d'un consul français sur son territoire, était censé avoir pris l'engagement de souffrir l'exercice de sa juridiction et l'exécution des ordonnances de ce consul; que, par suite de ce principe, les négociants génois intéressés au navire l'Europe s'adressèrent eux-mêmes au consul français établi à Gênes, pour obtenir la relâche de ce navire; que le tribunal d'Aix était institué pour statuer sur l'appel des jugements intervenus sur les prises faites dans la Méditerranée; qu'ainsi il avait les mêmes pouvoirs pour statuer sur l'appel du jugement qui avait relâché la prise, que le consul de Gênes pour statuer sur la même matière en première instance; et que, de même que la décision de ce consul, s'il avait déclaré la prise valable, n'aurait pas été sujette à la révision par les tribunaux liguriens; de même aussi le jugement sur l'appel, portant infirmation de cette décision, n'y pouvait pas être assujetti; que ce principe est même reconnu par l'arrêt attaqué, à l'égard du jugement du 19 pluv. an 6, qui a statué immédiatement sur la prise, et qu'il n'y a aucune raison d'en contester l'application à ceux des 29 pluv. et 7 vent. an 7, qui n'en sont que le complément et ne font que déterminer la valeur de la prise que le premier jugement avait déclarée valable, et en répartir le montant sur les quarante-sept intéressés, sans s'occuper d'aucun autre objet étranger à la matière sur laquelle il était intervenu; qu'on n'a pu faire résulter une novation dans la matière de ce que le jugement du consul français du 16 therm. an 4 avait été exécuté sans caution préalablement fournie par les intéressés au navire l'Europe, la caution n'intervenant que pour assurer l'obligation du principal obligé, sans y rien changer, et la condamnation des principaux obligés résultant du jugement même du 19 pluv. an 6, qui les condamnait à représenter la prise ou à en payer la valeur; — D'où il suit que les jugements des 19 pluv. an 6, 29 pluv. et 7 vent. an 7 avaient acquis l'autorité de la chose jugée, et que l'arrêt attaqué, en refusant d'en ordonner l'exécution contre les négociants génois avec qui ils étaient rendus, et sur le territoire génois, a fait une fausse application des lois relatives aux jugements rendus en pays étranger, et contrevenu à l'autorité de la chose jugée et au droit des gens : — Casse, etc.

Du 29 mars 1809.-C. C., sect. civ.-MM. Liborel, pr. d'âge.-Coffinal, rap.-Merlin, pr. gén., c. conf.-Raoul et Chabroud, av.

volues à notre conseil d'Etat par notre ordonnance royale du 23 août 1815; — Art. 1. La cause est retenue devant notre conseil d'Etat, et les parties plaideront au fond (cons. d'Et., 4 juin 1816, aff. Grant Webb).

261. Le conseil des prises a été réinstitué dès les débuts de la guerre par le décret du 18 juill. 1854. — C'est ce conseil seul qui statue : 1° sur la validité de *toutes* les prises maritimes dont le jugement appartient à l'autorité française; — 2° Sur les contestations relatives à la qualité de navires neutres ou ennemis naufragés ou échoués,—et 3° sur les prises maritimes amenées dans les ports de nos colonies (même décret, an 2).—On décidait maintenant comme sous l'arrêté du 6 germ. an 8, art. 2, que le conseil des prises a le droit de déterminer quel est le capteur d'une prise lorsque plusieurs corsaires prétendent y avoir coopéré : — « Louis, etc.; considérant, sur la compétence, que le droit de juger de la validité des prises, conféré au conseil des prises comprend celui de déterminer quel est le capteur, etc. » (cons. d'Et. 1er mai 1816, aff. l'Actif).—En 1856, et aussitôt la paix conclue, le nouveau conseil des prises a été supprimé (décr. 3 mai 1856, D. P. 56. 4. 52).

262. Le conseil des prises n'est pas compétent pour statuer sur les échouements ou naufrages arrivés sur les côtes de France après le rétablissement de la paix (cons. des prises, 2 frim. an 10, aff. min. de la marine, V. MM. de Pistoye et Duverdy, t. 2, p. 238). — ... ou sur la mise en liberté de l'équipage capturé (cons. des prises, 25 nov. 1854, aff. le Christiane, V. MM. de Pistoye et Duverdy, t. 2, p. 502), — ... ou pour connaître soit de la saisie d'un bâtiment faite dans un fleuve au milieu des terres, pour violation des droits de douanes (cons. des prises, 3 vend. an 10, aff. la République batave C. la Flèche), — ... soit de la demande en indemnité contre l'Etat formée dans le cours de l'instance relative à la prise par un corsaire privé de sa capture: c'est là une demande étrangère à la question de validité de la prise et qui doit être portée devant le ministre compétent (cons. d'Et., 18 mars 1816, aff. le Sediman, V. n° 141-2°), — ... soit des actions criminelles, et par exemple des spoliations commises dans un port sur un navire capturé (ord. cons. d'Et. 7 août 1816) (1), — ... soit du faux incident (cons. des prises, 29 mess. an 8, aff. le Phénix C. l'Aigle).

263. La compétence du conseil des prises, ou du conseil d'Etat, lorsque le jugement des prises lui est attribué, ne s'étend pas non plus aux questions d'ordre politique qui ne peuvent être résolues que par le gouvernement.—Ainsi, il a été jugé 1° que la juridiction appelée à statuer sur les prises est incompétente pour connaître de la validité d'une capture opérée pendant qu'on appareillait leur vaisseau, par les gens de l'équipage d'un corsaire français, montés sur une chaloupe espagnole sur laquelle étaient restés les pêcheurs espagnols à qui elle appartenait, et sous le pavillon de cette nation; que la question qui s'élève dans de telles circonstances, étant de savoir à qui du gouvernement espagnol ou du gouvernement français, doit appartenir la prise, ne peut être réglée que d'après les principes du droit des gens dont l'application appartient uniquement au pouvoir exécutif (Cass. 17 frim. an 8) (2);—2° Que ce n'est pas par la voie contentieuse que doit être soumise au souverain une réclamation tendant à obtenir une indemnité pour prise maritime confisquée par la régence d'Alger, en exécution d'une convention portant compensation passée entre cette régence et la France : « Considérant, quant à la question de savoir si les répétitions du sieur Rougemont sont comprises dans la catégorie de celles qui ont été l'objet de la convention diplomatique faite en 1816 avec la régence d'Alger, que cette question n'est pas de nature à être portée devant nous, en notre conseil d'Etat par la voie contentieuse » (cons. d'Et., 3 sept. 1823, M. de Crouseilhes, rap., aff. Rougemont). — 3° Que le conseil d'Etat n'est pas compétent pour statuer sur les questions relatives à l'exécution de conventions diplomatiques; qu'ainsi il ne peut connaître de la décision du ministre des affaires étrangères qui a fait défense au consul de France à Alger de payer aux armateurs d'un corsaire le prix provenant de la capture d'un navire de cette régence, si surtout cette décision est fondée sur ce que ce navire était excepté par un traité particulier de l'action des corsaires; qu'en conséquence, bien qu'une prise ait été déclarée valable, cependant le ministre des affaires étrangères peut faire défense d'en délivrer le prix au capteur, sans que sa décision puisse être critiquée, si elle est fondée sur la violation qui serait faite par cette délivrance d'un traité diplomatique : « Considérant, porte l'ordonnance, que le conseil d'Etat n'est pas compétent pour juger des questions relatives à l'exécution des conventions diplomatiques » (cons. d'Et., 17 juin 1820, M. Villemain, rap., aff. le Chasseur); — 4° Qu'on ne peut déférer au conseil d'Etat par la voie contentieuse une demande tendant à ce que conformément à un traité intervenu entre la France et la puissance à laquelle appartient le navire capturé, il soit fait restitution entière de la valeur réelle dudit navire et de la cargaison, et non pas simplement du prix de vente (cons. d'Et. 24 juil. 1845, M. d'Haubersart, rap., aff. la Flore).

264. Le conseil des prises a seulement droit de statuer sur la validité ou l'invalidité de la prise. Quant aux contestations qui pourraient s'élever entre les prétendants droit à cette prise, lorsque la décision sur la validité est intervenue, elles doivent être jugées dans la forme ordinaire (arrêté du 6 germ. an 8,

(1) (La Supérieure.)—Louis, etc.;—Considérant qu'aux termes de l'art. 2 de l'arrêt du gouvernement du 6 germ. an 8, portant création du conseil des prises, le conseil devait connaître seulement des contestations relatives à la validité et à l'invalidité des prises et à la qualité des bâtiments échoués et naufragés; qu'en conséquence, il a excédé les bornes de sa compétence dans la disposition de sa décision susdite, par laquelle il a cité les individus composant le comité qui a existé à Bastia, et ce dans la personne des sieurs Castellini et Grégori, à comparaître devant lui, aux fins exprimées dans ladite décision; et que les actions, de quelque nature que ce soit, qui peuvent être intentées contre lesdits individus, pour s'être indûment emparé d'une partie de la prise susdite ou de son produit après qu'elle a été conduite dans le port de Bastia, doivent l'être devant les tribunaux ordinaires. — Art. 1. La disposition de la décision susdite du conseil des prises qui ordonne que les individus qui ont composé le comité qui a existé à Bastia, seront cités dans les personnes des sieurs Castellini et Grégori est annulée, sauf à notre ministre secrétaire d'Etat de la marine et des colonies et autres parties intéressées à poursuivre, s'il y a lieu, lesdits individus devant les tribunaux ordinaires, etc.

Du 7 août 1816.-Ord. cons. d'Et.

(2) (L'Adélaïde.)—Le tribunal;—Considérant qu'il est reconnu tant dans le jugement du tribunal civil des Basses-Pyrénées qu'entre les parties, que le navire l'Adélaïde a été arrêté, par les hommes de l'équipage du corsaire le Luron, montés sur une chaloupe espagnole, prise par eux vers la côte espagnole, et sur laquelle étaient les pêcheurs espagnols à qui elle appartenait; qu'il résulte des informations faites en Espagne devant les officiers publics que la chaloupe portait pavillon espagnol, et qu'il n'a pas même été allégué dans aucun acte ni information que l'équipage du corsaire y eût porté le pavillon français; — Considérant que la course sur mer étant une émanation du droit de guerre qui ne peut être exercé sans commission de la puissance publique du pays auquel appartient le bâtiment avec lequel elle est faite, la chaloupe pour laquelle il n'y avait aucune commission du gouvernement espagnol ne dut pas être employée à la prise du navire l'Adélaïde; — Considérant que s'il y avait lieu à la confiscation du navire l'Adélaïde et de sa cargaison, c'était au moins une question de savoir qui devait en profiter, du fisc espagnol à cause de la chaloupe qui avait fait la prise, ou de celui de la République à cause des Français qui avaient employé cette chaloupe; que l'on ne pouvait voir dans l'emploi de cette chaloupe, cette substitution que, suivant l'art. 7 du règl. du 25 nov. 1693, et suivant les déclarations du 27 sept. 1778 et du 4 août 1781, les corsaires sont autorisés à faire d'un autre bâtiment à celui pour lequel la commission leur a été accordée, quand ce dernier bâtiment est mis hors d'état de servir, puisque d'une part, il est constaté par le procès-verbal de capture que la chaloupe fut employée non pas à raison d'un mauvais état prétendu du bâtiment corsaire, mais à raison du temps que l'on aurait perdu à appareiller, et d'autre part que la chaloupe fut si peu substituée au vaisseau le Luron, qu'elle fut, après la prise, rendue aux pêcheurs espagnols à qui elle appartenait. — Considérant que, d'après toutes ces circonstances, l'affaire devait être réglée d'après les principes du droit des gens dont l'application n'appartenait point aux tribunaux, et d'après les rapports politiques d'entre la France et l'Espagne, dont la discussion entrait dans la compétence des magistrats français chargés de l'exercice du pouvoir exécutif à qui l'acte constitutionnel de l'an 3 avait délégué, art. 144, le soin, « de pourvoir à la sûreté extérieure de la République » et art. 329, « d'entretenir des relations politiques au dehors. » — Casse.

Du 17 frim. an 8.-C. C., sect. civ.-MM. Target, pr.-Bayard, rap.

art. 17), c'est-à-dire par les tribunaux de commerce, ainsi qu'il résulte des art. 88, 89, 90 et 94 de l'arrêté du 2 prair. an 11 qui tous s'occupent à cet égard de la compétence des juges consulaires. — Jugé en conséquence : 1° que le conseil des prises n'est pas compétent pour statuer sur la demande formée par les capturés auxquels le conseil a ordonné que la prise serait restituée, et tendant à faire déclarer les capteurs responsables d'avaries, détériorations et dilapidations (cons. des prises, 13 vent. an 9, aff. la Betzy C. l'Amélia, V. MM. de Pistoye et Duverdy, t. 2, p. 245); — 2° Que c'est aux tribunaux ordinaires qu'il appartient de connaître de l'exécution des décisions administratives qui annulent une prise : « Considérant, porte une ordonnance, que la connaissance des contestations à naître sur l'exécution des jugements en matière de prises est de la compétence des tribunaux » (cons. d'Et., 18 avr. 1816, aff. Egge C. Sebastiani; conf. rej., 22 niv. an 10, aff. Dupuis C. Straffarello); — 3° Que le conseil des prises est incompétent pour statuer sur les questions de pure liquidation qui s'élèvent entre le capteur et le capturé après une décision du conseil qui ordonne la restitution de la prise (cons. des prises, 13 vent. an 9, aff. la Betzy; 27 brum. an 10, aff. l'Apollon, V. MM. de Pistoye et Duverdy, t. 2, p. 245, 344); — 4° Que la liquidation des prises maritimes, après avoir été déclarée valable par les autorités compétentes, et les questions d'ordre et de privilége faisant partie de cette liquidation, sont de la compétence des tribunaux de commerce : — « Considérant, porte l'ordonnance, que la liquidation des prises appartient aux tribunaux de commerce, et que les questions d'ordre et de privilége, dont il s'agit dans l'espèce, font partie de cette liquidation » (cons. d'Et., 11 août 1819, M. de Cormenin, rap., aff. préfet des Bouches-du-Rhône); — 5° Que c'est aux tribunaux de commerce, et non à l'administration qu'il appartient de statuer sur une contestation élevée à l'occasion d'une part de prise prétendue payée par une partie, et dont le payement aurait été fait suivant l'autre partie en violation du règlement du 2 prair. an 11 : — « Considérant, dit l'ordonnance, qu'il s'agit, dans l'espèce, de poursuites exercées contre le sieur Boulon, aux fins de payement de part de prise qu'il prétend avoir effectué, et dont l'administration conteste la validité comme ayant été fait en violation de l'art. 106 du règlement du 2 prair. an 11 » (cons. d'Et., 4 déc. 1822, M. Maillard, rap., aff. Boulon; V. aussi cons. d'Et. 14 juill. 1819, aff. Avierino, n° 267; MM. de Pistoye et Duverdy, t. 2, p. 445); — 6° Que la compétence des tribunaux de commerce ne se borne pas à déterminer la part revenant à l'équipage dans la prise, et à en ordonner le versement dans les bureaux de l'administration qui seule aurait le droit d'apprécier le mérite des payements faits individuellement aux marins; qu'en conséquence, lorsque l'administration de la marine a visé et vérifié les quittances justificatives de ces payements, c'est aux tribunaux de commerce qu'il appartient de statuer sur leur validité : « Attendu que cette opération en elle-même est une partie nécessaire de la liquidation générale spécialement attribuée par les lois anciennes aux siéges d'amirauté que remplacent maintenant les tribunaux de commerce; que les lois postérieures n'ont rien changé à ces attributions » (Rennes, 5, ch. 18 déc. 1824, M. Aubrée, pr., aff. Duchesne); — 7° Que le conseil des prises est incompétent pour connaître des contestations qui s'élèvent entre le capteur et le capturé sur une transaction intervenue entre eux après la décision qui a prononcé sur la validité de la prise (cons. des prises, 5 vend. an 13, aff. la Marie-Suzanne C. la Julie); — 8° Que le conseil des prises saisi d'une instance relative à la validité d'une capture est compétent pour statuer sur les dommages-intérêts qui en sont la suite, mais que sa compétence cesse à l'égard d'une demande en dommages-intérêts formée par action principale (cons. des prises, 17 fruct. an 8, aff. le Ruby C. la Vénus, V. MM. de Pistoye et Duverdy, t. 2, p. 240, V. aussi n° 262), et résultant par exemple de l'illégalité d'une prise déclarée avant l'institution du conseil (cons. des prises, 15 brum. an 10, aff. la Fortune C. le Solide, *eod.*); — 9° Que c'est aux tribunaux ordinaires qu'il appartient de statuer entre les propriétaires d'un navire capturé sur les effets de la cession d'un appel faussement allégué (cons. d'Et., 31 janv. 1817, aff. Pouilly, n° 265); — 10° Que le conseil des prises est incompétent pour connaître des contestations qui ont pu s'élever à raison d'une consultation faite après une prise déclarée valable par les premiers juges, mais encore en litige par un pourvoi en cassation (cons. des prises, 5 vend. an 13, aff. la Julie).

265. On a même décidé qu'on ne peut soumettre au conseil d'État (remplissant les fonctions du conseil des prises) la question relative à la validité d'une prise, alors qu'il a été statué par les tribunaux, sur l'action d'avarie et de dommages-intérêts entre les armateurs et le capteur, par jugement passé en force de chose jugée et si le navire a été restitué au capitaine (cons. d'Et. 31 janv. 1817) (1).

266. Mais la question de savoir si un navire peut être revendiqué par un Français dans un port français, lorsqu'il a été capturé et confisqué par voie judiciaire devant les autorités anglaises et vendu ensuite publiquement à un Français après différentes ventes judiciaires successives, ne peut être résolue par les tribunaux, mais par le conseil d'État (ord. cons. d'Ét. 19 mars 1817; 11 fév. 1818) (2).

267. En cas de conflit négatif entre la juridiction ordinaire et le conseil des prises, c'est au conseil d'État à régler de juges (ord. cons. d'Ét. 4 juin 1816, aff. Grant Webb, etc.). — Il a été décidé que la lettre adressée par un commissaire remplissant les fonctions de préfet maritime, au président d'un tribunal saisi par des armateurs de leurs droits respectifs dans une prise, ne peut être considéré comme un arrêté de conflit ni faire obstacle à ce que ce tribunal connaisse de leurs contestations (cons. d'Ét. 14 juill. 1819) (3).

(1) (Pouilly C. Michaud et Bouvet.) — LOUIS, etc...; — Considérant, sur la demande d'assigner les armateurs, intéressés et cautions du corsaire le Duc de Dalmatie, pour faire juger la question de validité de la prise, que le brick la Providence a été remis, depuis trois ans, à la disposition du capitaine; que les armateurs dudit brick ont intenté une action d'avaries et dommages audit corsaire, et qu'il y a été statué le 22 mars 1814, par le tribunal de commerce de Calais, par un jugement qui a acquis, entre le sieur Pouilly et les armateurs du corsaire, l'autorité de la chose jugée; — Quant au chef des conclusions, qui tendent à ce qu'il nous plaise ordonner que le sieur Pollet sera tenu de garantir et faire valoir, en faveur du requérant, l'effet d'un appel dudit jugement du tribunal de commerce de Calais, par-devant la cour d'appel de Douai, appel qui n'a pas été fait; — Considérant qu'il n'appartient qu'aux tribunaux de statuer sur cette demande; — Art. 1. La requête du sieur Pouilly est rejetée.

Du 31 janv. 1817.-Ord. cons. d'Et.

(2) (Perrier C. Lamorinière.) — LOUIS, etc.; — ...Considérant qu'il résulte de la lettre de notre ministre des affaires étrangères du 25 oct. 1816, et des mémoires publiés par les parties que le navire l'Hendrick a été capturé à la Guadeloupe par les forces anglaises en août 1815, qu'il a été condamné comme étant de légitime prise de guerre par la cour de vice-amirauté de la Barbade, vendu à l'encan aux ventes de l'amirauté et acheté par des sujets anglais qui l'ont revendu ensuite à des sujets français, et que les sieurs Perrier, anciens propriétaires dudit navire, ont interjeté appel de la sentence de l'amirauté de la Barbade, devant la cour supérieure de Londres; — Considérant que dans cet état l'instance introduite devant le tribunal de commerce du Havre par les sieurs Perrier frères, sur leur droit de propriété audit navire, tend nécessairement à y mettre en question la légitimité de la prise du susdit navire par les forces anglaises, et qu'une question de cette nature est hors de la compétence du tribunal de commerce du Havre. — Art. 1. L'arrêté susdit du préfet du département de la Seine-Inférieure du 12 fév. 1817 est confirmé. — Art. 2. Tous actes du tribunal de commerce du Havre intervenus dans ladite instance, seront considérés comme nuls et non avenus.

Du 19 mars 1817.-Ord. cons. d'Et.

Nota. Cette décision a été confirmée par ord. du 11 fév. 1818, rendue sur l'opposition des sieurs Périer.

(3) (Averieno C. Thiébaut.) — LOUIS, etc.; — Considérant qu'il s'agit, dans l'espèce, d'une contestation relative à des intérêts privés entre des armateurs, et qu'aux termes des lois et règlements sur les prises maritimes, et spécialement de l'art. 17 de l'arr. du 6 germ. an 8, la connaissance de ces contestations appartient aux tribunaux; — Considérant que la lettre du commissaire du gouvernement, du 28 sept. 1811, ne peut être regardée comme un arrêté de conflit, et par conséquent faire obstacle à ce que les tribunaux ordinaires connaissent de la contestation; — Considérant, sur la demande en suppression de mémoire, que les parties se sont respectivement servies d'expressions peu mesurées; — Art. 1. La lettre écrite le 28 sept. 1811, au président du tribunal de commerce de Corfou, ne fait pas obstacle à ce que les parties se pour-

268. La compétence attribuée aux tribunaux de commerce, en ce qui concerne les contestations nées au sujet de la liquidation des prises déclarées valables, ne doit pas être étendue hors des cas que la loi a spécifiés, et l'on doit soumettre aux tribunaux civils les contestations qui, suivant les principes généraux, appartiennent à cet ordre de juridiction, lorsqu'elles sortent des cas expressément attribués aux tribunaux de commerce par la loi des prises maritimes.—C'est ainsi qu'il a été décidé que le décret du 2 prair. an 11, sur les armements en course, n'attribuant une compétence spéciale au tribunal de commerce du lieu de l'armement du corsaire, que pour le règlement des parts revenant aux intéressés dans des prises maritimes, ce décret ne s'applique pas à une instance en contribution entre les créanciers et associés de l'armateur, laquelle rentre dans le droit commun quant à la compétence : — « Attendu, porte l'arrêt, que la contestation portée devant le tribunal civil de la Seine n'a pas eu pour objet le règlement des parts revenant à des intéressés dans une prise maritime, mais seulement une instance en contribution entre les créanciers et associés de Joseph Pollan, ancien armateur; qu'ainsi les art. 170 et 171 c. pr. civ., de même que le décret du 2 prair. an 11, sont sans application à la cause, etc. » (Req. 23 déc. 1840, MM. Zangiacomi, pr., Duplan, rap., aff. Perret *C.* Pollan).

269. Lorsque la prise déclarée valable a été opérée par un bâtiment de l'État, l'art. 16 veut que le conseil d'administration des parts soit exclusivement chargé des liquidations tant générales que particulières, et que les contestations sur ces liquidations soient portées au ministre de la marine. Enfin, aux termes de l'art. 18, les liquidations des prises faites concurremment par des bâtiments de l'État et des corsaires, ainsi que les contestations qui pourront s'élever sur la part revenant à chacun, seront jugées comme celles mentionnées en l'art. 16.—Les liquidations et les contestations subsidiaires entre l'armateur du corsaire et les intéressés rentreront dans les dispositions de l'art. 17, c'est-à-dire seront jugées, comme il vient d'être dit par les tribunaux de commerce.

270. En ce qui concerne les marins de l'équipage du navire capturé, s'il y a lieu de les mettre en jugement, soit parce qu'ils seraient soupçonnés de piraterie ou de traite des noirs, c'est devant les tribunaux maritimes qu'ils doivent être renvoyés (règl. du 2 prair. an 11, art. 97; décr. 12 nov. 1806; L. 10 avr. 1825, art. 18 et 21). S'ils ne sont point accusés, c'est au pouvoir exécutif qu'il appartient de prendre à leur égard telle mesure qu'il juge convenable et en rapport avec le droit des gens.—V. Organ. marit.

SECT. 7. — DES JUGEMENTS DES PRISES, DE LEUR EXÉCUTION ET DES VOIES DE RÉFORMATION DONT ILS SONT SUSCEPTIBLES. —TRANSACTIONS.

271. Les formes à suivre pour les jugements des prises maritimes sont déterminées par l'arrêté du 6 germ. an 8, portant création du conseil des prises et qui est encore en vigueur dans plusieurs de ses dispositions.

272. L'officier d'administration de la marine du port où la prise a été amenée est chargé de l'instruction (arrêté 6 germ. an 8, art. 8). — Il a été jugé que le sous-commissaire d'un quartier maritime a le droit de procéder à l'instruction préparatoire d'une prise, lorsqu'elle est conduite dans un lieu faisant partie de son quartier : — « Considérant, porte l'ordonnance, que le lieu où la prise dont il s'agit dans l'espèce a été conduite, faisant partie du quartier maritime de Brest, le sous-commissaire de ce quartier a pu valablement procéder à l'instruction (ord. cons. d'Ét. 1er mai 1816, aff. l'Actif *C.* le Théophile).

273. L'officier d'administration est chargé de faire apposer les scellés à bord des bâtiments capturés, et vérifier ceux qui ont pu être mis en mer (arr. 6 germ. an 8, art. 8; règl. 2 prair. an 11, art. 69); de recevoir les rapports et déclarations, d'entendre les témoins, de dresser l'inventaire des pièces de bord et procéder à l'instruction (arr. 6 germ. an 8, art. 8). — Il est assisté d'un fondé de pouvoirs des équipages capteurs (même art.) et d'un préposé des douanes (même art. et règl. de l'an 11, art. 69), lequel doit dresser un état détaillé des objets mis à terre (règl. de l'an 11, art. 70). Il en est en outre dressé inventaire à leur entrée en magasin (même article). — Un surveillant est établi à bord pour la conservation des scellés (art. 71). — Il est procédé ensuite à l'instruction par l'officier d'administration de la marine, conformément aux art. 72, 73, 74 du règlement de prair. an 11 (V. du reste sur ces différents points, MM. de Pistoye et Duverdy, t. 2, p. 198 et suiv.). — Jugé que lorsqu'il a été procédé une première fois aux interrogatoires prescrits par la loi, rien n'empêche que l'on y procède une seconde fois pour procurer de plus grands éclaircissements : — « Considérant, porte l'ordonnance, que les règlements ne s'opposaient pas à ce qu'il fût fait de nouveaux interrogatoires pour procurer de plus grands éclaircissements; que ceux auxquels il a été procédé ne présentent aucun vice de forme » (cons. d'Ét. 1er mai 1816, aff. l'Actif *C.* le Théophile). — S'il n'y a point eu d'instruction dans le port où la prise a été conduite, ou si les pièces de l'instruction ne sont pas produites, il n'y a pas lieu de statuer sur la demande en validité de cette prise (cons. d'Ét. 26 mars 1817, aff. l'Heureux-tonton *C.* la Bonne-Société, V. MM. de Pistoye et Duverdy, t. 2, p. 195).

274. Quant il s'agit d'*échouement*, bris ou naufrage, l'instruction doit être faite comme en matière de prises, sauf les règles tracées par l'arrêté du 17 flor. an 9 (p. 922; V. MM. de Pistoye et Duverdy, t. 2, p. 220 et suiv.).

275. Les art. 9, 10, 11 et 12 de l'arrêté du 6 germ. an 8, instituaient des *commissions des ports* dont ils déterminaient les attributions; ces commissions, qui formaient le premier degré de juridiction en matière de prises, ont été supprimées par le décret du 18 juill. 1854, art. 2 et 11 (V. MM. de Pistoye et Duverdy, t. 2, p. 321). — Le conseil des prises est aujourd'hui le seul juge en premier ressort, sauf recours au conseil d'Etat (décr. 18 juill. 1854, art. 2, 6). — Des *commissions coloniales* avaient été également créées par l'arrêté du 2 prair. an 2, art. 113 et suiv. pour statuer sur la validité des prises conduites dans les colonies. — Il avait été jugé que les décisions rendues par les commissions des prises établies dans les colonies, ne sont que provisoires et doivent être soumises au conseil d'État (sol. impl. cons. d'Ét. 17 avril 1822, aff. le Saint-François).—Mais le décret du 18 juill. 1854, en attribuant spécialement compétence au conseil des prises sur les prises maritimes conduites dans les ports de nos colonies, a supprimé virtuellement ces commissions. — Il en est de même des *commissions consulaires* créées par le règlement de germ. an 8, art. 23 à 26, à l'égard des prises conduites dans des ports étrangers; les consuls aujourd'hui doivent se borner à prendre des mesures conservatoires, et à dresser les actes d'instruction qui doivent être transmis au ministère de la marine, conformément à l'instruction ministérielle du 16 août 1854, rapportée textuellement par MM. de Pistoye et Duverdy, t. 2, p. 226. — Il a été jugé avant la publication de l'arrêté de l'an 8, 1° que la circonstance que l'instruction préparatoire relative à la capture d'un navire par un corsaire, aurait été faite par l'autorité militaire du port où il aurait été conduit au lieu de l'être par le chancelier du consul français, d'après le vœu de l'art. 4 de la loi du 8 flor., n'est pas une cause de nullité de la prise de ce navire, alors qu'il n'existait, dans ce port, aucun consul ou autorité française (Req. 25 niv. an 7, MM. Seignette, pr., Wicka, rap., aff. Diederich *C.* Poque).—2° Que l'art. 6 de la loi du 16 août 1790 qui prohibe l'élection de parents juges au même tribunal, ne s'applique pas aux consuls et chanceliers de consulats dont la nomination appartient au pouvoir exécutif, et que, par suite, le jugement sur la prise d'un navire est valable, bien que l'instruction en ait été faite par le fils du consul qui l'a rendu (Req. 21 mess. an 7, aff. Heller).

276. On suit devant le conseil des prises, les formes déterminées par les art. 13 et suiv. de l'arrêté de l'an 8 (V. sur ce point MM. de Pistoye et Duverdy, t. 2, p. 324 et suiv.). — Les séances du conseil ne sont pas publiques (Arrêté 6 germ. an 8, art. 8; décr. 18 juill. 1854, art. 4). — Ses décisions sont rendues par cinq membres au moins, sur les conclusions du com-

voient devant les tribunaux compétents pour y faire juger leur contestation. — 2. La demande du sieur Thiébaut, en suppression de mémoire, est rejetée.

Du 14 juill. 1819.-Ord. cons. d'Ét.-M. Jauffret, rap.

missaire du gouvernement (décr. 18 juill. 1854, art. 3, 4). — Il a été jugé, que le défaut d'envoi des pièces de bord et d'instructions au conseil des prises, ne l'empêche pas de juger les contestations qui lui sont soumises lorsqu'il s'est écoulé un délai suffisant que ce conseil est maître d'arbitrer : — « Considérant dit l'ordonnance, que le décret du 6 germ. an 8, en ordonnant l'envoi, au conseil des prises, des pièces de bord et d'instruction, n'a pas prescrit ni pu prescrire, que, lorsque ces pièces ne pourraient pas être produites, il ne serait pas prononcé sur le sort des bâtiments capturés, et que, dans l'espèce, ce conseil a laissé s'écouler un délai suffisant pour que les capteurs aient pu faire à cet égard les diligences qui étaient à leur charge, attendu leur intérêt; etc. » (cons. d'Et. 27 mai 1816, aff. la Réussite *C.* le San Bonaventure).

277. Les agents consulaires étrangers peuvent présenter au conseil des prises toutes les observations qu'ils jugent convenables dans l'intérêt de leurs nationaux, mais seulement par l'intermédiaire du commissaire du gouvernement (décr. 18 juill. 1854, art. 9). — Le meilleur commentaire de cet article, dont le principe était déjà suivi par l'ancien conseil des prises, se trouve dans des conclusions de M. Portalis devant ce conseil et admises par décision du 3 prair. an 8 (aff. consul du Danemark *C.* minist. publ.), et textuellement rapportées par MM. de Pistoye et Duverdy, t. 2, p. 317. — Il a été jugé que « les interrogatoires des équipages capturés devant être secrets, l'intervention des agents consulaires étrangers dans l'instruction des prises, doit être renfermée dans le cercle des démarches purement officieuses autorisées par l'art. 9 du décret du 18 juill. 1854 » (cons. des prises, 28 oct. 1854, aff. l'Orione *C.* l'Averne, MM. de Pistoye et Duverdy, t. 2, p. 499).

278. Les décisions du conseil des prises s'exécutent à la diligence des parties intéressées, mais avec le concours 1° de l'officier de l'administration de la marine; 2° du principal préposé des douanes; 3° d'un fondé de pouvoir des équipages capteurs : le tout conformément à l'art. 14 de l'arrêté du 6 germ. an 8.—Elles ne sont exécutoires que huit jours après la communication qui en est faite aux ministres des affaires étrangères et de la marine (décr. 18 juill. 1854, art. 5).

279. Avant la création du conseil des prises, les jugements des tribunaux de commerce auxquels la connaissance de ces matières était déférée, étaient sujets à l'appel (décr. 14 fév. 1793, art. 3; 3 brum. an 4; L. du 8 flor. an 4, art. 1; L. 4 prair. an 6, art. 1).— Sous l'empire de cette législation, et spécialement de la loi du 4 prair. an 6, il a été jugé : 1° qu'en matière de prises maritimes, l'appel d'un jugement de commerce devait être notifié dans les dix jours avec intimation à la décade, à peine de déchéance; mais que la déchéance n'était pas encourue, si l'intimé anticipant sur l'appel, dans le délai accordé à l'appelant, rendait l'intimation inutile, à moins qu'il n'annonçât expressément, dans son exploit d'anticipation, l'intention de demander la déchéance de l'appel, à défaut d'intimation à la décade (Cass. 5 prair. an 7; MM. Bayard, pr.-Marraud, rap., aff. Hausen; — 2° Que ce délai ne courait qu'à dater de la signification du jugement de prise (Cass., 18 frim. an 7, M. Beaulaton, rap., aff. l'Entreprenant).

280. Le recours en cassation contre les jugements ou arrêts rendus sous l'empire de cette législation était admis en matière de prises comme en matière de contestations privées. — On a jugé, à cet égard, qu'il suffisait qu'un tribunal d'appel qui avait validé la prise d'un navire par un corsaire eût déclaré que le capitaine n'était pas muni des pièces de bord voulues par la loi, pour qu'il ne pût pas plus tard, devant la cour de cassation, soutenir qu'il était porteur de toutes les pièces prescrites par la loi (Req. 11 prair. an 6, MM. Bayard, pr., Poya, rap., aff. le Brigantin *C.* l'Amédée). — Il s'agissait, en effet, dans l'espèce de l'appréciation d'un fait, appréciation qui est dans le domaine exclusif des tribunaux ordinaires.—V. Cassation, n° 1643.

281. Les décisions rendues en matière de prises par les gouverneurs et commissaires envoyés dans les îles françaises d'Amérique étaient assimilées aux jugements des tribunaux de ces mêmes îles et régies par les mêmes règles; par suite, l'appel d'une telle décision interjetté, après le délai d'un an, n'était pas recevable, soit que le navire eût été pris par un corsaire, par un bâtiment de l'Etat, ou mis sous le séquestre par les autorités locales (cons. d'Et. 16 mars 1807, aff. Grégorie).

282. L'arrêté du 6 germ. an 8 avait créé le conseil des prises juge souverain et sans appel de toutes les contestations qui lui étaient déférées. — Mais le décret du 11 juin 1806, qui organisa la section du contentieux du conseil d'Etat, lui soumit l'appel des décisions de ce conseil (art. 14-5°). — A partir de 1810, les appels des décisions du conseil des prises cessèrent en fait d'être examinées par le conseil d'Etat, l'empereur s'étant réservé la connaissance personnelle de ce genre d'affaires (MM. de Pistoye et Duverdy, t. 2, p. 177). — Le décret du 18 juill. 1854, en créant un nouveau conseil des prises, soumet aussi ses décisions au recours devant le conseil d'Etat (art. 6). — Il a été décidé que le recours au conseil d'Etat, dont sont susceptibles les décisions du conseil des prises institué par le décret du 18 juill. 1854, doit s'entendre, non du recours ordinaire devant la section du contentieux, mais d'un recours devant l'assemblée générale, laquelle prononce, après examen et rapport de l'affaire par la section de législation (cons. d'Et. 11 janv. 1855, aff. Wilken, D. P. 55. 3. 46). — V. notre observ. *eod.*

283. L'appel doit être formé par les parties elles-mêmes ou par un mandataire ayant reçu pouvoir d'elles. — En conséquence, l'appel interjeté par un consul, au nom d'un capitaine de navire, d'un jugement qui avait déclaré la prise faite par un corsaire valable, n'est pas recevable alors qu'il ne justifie ni d'ordre ni de pouvoirs de ce capitaine, bien que celui-ci ait fait dresser, devant ce consul, acte d'appel, s'il n'a été, en outre, suivi d'aucune citation de sa part : on dirait, en vain, qu'un consul étranger représente ses nationaux pour tout ce qui les intéresse (Req. 21 fruct. an 6, MM. Bayard, pr., Lizot, rap., aff. Scholsberg. — Conf. cons. des prises, 13 flor. an 9, aff. l'Anna-Maria *C.* l'Anne; 1er prair. an 9, aff. le Forsojet *C.* l'Anne; 13 pluv. an 10, aff. Saint-François-Xavier, V. MM. de Pistoye et Duverdy, t. 2, p. 297 et suiv., 308).

284. Mais le capitaine du navire capturé étant le représentant légal des propriétaires du navire, il n'a pas besoin d'une procuration spéciale pour interjeter appel de la décision en premier ressort qui a déclaré le navire de bonne prise (cons. des prises, 29 prair. an 8, aff. N...; 23 fruct. an 11, aff. la Confidentia *C.* le Don-Quichotte, V. MM. de Pistoye et Duverdy, t. 2, p. 287, 292). — Qu'en conséquence, il a qualité pour se désister de l'appel qu'il a formé (cons. des prises, 19 germ. an 9, aff. le Mercure).

285. Si les propriétaires de la cargaison confisquée étaient en cause et ont reçu notification de la décision qui leur fait grief, le recours du capitaine seul ne peut leur profiter (argum. cons. des prises, 27 flor. an 9, aff. le Gerelegtigheit *C.* la Sourde-Oreille, V. MM. de Pistoye et Duverdy, t. 2, p. 296).

286. Lorsqu'il s'agit d'une prise faite conjointement par des bâtiments français et anglais, les équipages anglais sont représentés par le consul de leur nation ou par tout autre agent que désigne le gouvernement britannique (décr. 18 juill. 1854, art. 8). L'appel du consul ou de l'agent désigné serait donc recevable (Conf. MM. de Pistoye et Duverdy, t. 2, p. 286).

287. Le *délai* du recours est de trois mois, qui commence à courir, à l'égard du commissaire du gouvernement, du jour de la décision et à l'égard des parties intéressées, de la notification de cette décision (décr. 18 juill. 1854, art. 6). — Il a été jugé, à l'égard d'une décision de l'ancien conseil des prises, que le recours au conseil d'Etat était recevable, bien qu'il se fût écoulé plus de six mois, si elle n'avait été ni *exécutée* ni *signifiée* (cons. d'Et. 17 juill. 1816, M. Brevannes, rap., aff. Bacri).—MM. de Pistoye et Duverdy, t. 2, p. 177, semblent ne pas approuver cette décision, qui n'est cependant que l'application des principes généraux : l'appel ne court pas tant que la signification de la décision des premiers juges n'a pas été faite (V. Appel civ., n° 912). — Cette décision devrait être encore suivie, puisqu'aux termes du décret de 1854 il faut une notification pour que le délai de l'appel commence à courir.

288. Les art. 8 et 20 du règl. du 19 juill. 1778 exigeaient que le capteur et le capturé fissent élection de domicile là où siégeait l'amirauté du port d'amarinage, faute de quoi l'enregistrement au greffe de l'amirauté tenait lieu de signification régulière. Ces dispositions n'ont pas été reproduites par la nouvelle législation. Seulement un arrêt rendu, par voie de disposition générale et réglementaire, par le conseil des prises, le 29 prair. an 8, ayant déclaré que le capitaine du navire capturé représente légalement ses armateurs, on en a conclu que la signification faite au capitaine fait régulièrement courir les délais de l'appel (cons. des prises, 1er prair. an 9, aff. le Forsorjet *C.* l'Anne, V. MM. de Pistoye et Duverdy, t. 2, p. 297). — Mais si les propriétaires du navire interviennent dans l'instance, c'est à eux et non aux capitaines que la notification doit être faite (cons. des prises, 9 germ. an 9, aff. l'Enfant-de-la-Patrie *C.* le Tuiskon, V. MM. de Pistoye et Duverdy, t. 2, p. 303).

289. Au surplus, la signification faite au consul de la nation du capturé n'est pas valable (cons. des prises, 23 vent. an 10, aff. le Gausle-Venner *C.* le Hasard, V. *eod.*, t. 2, p. 304). — Ce consul n'est pas partie dans l'instance : il lui est seulement permis de présenter des observations officieuses. — V. nº 277.

290. En quelles formes la signification doit-elle être faite?— Il a été jugé qu'on doit considérer comme régulières : 1º la signification d'une décision d'un consul français à l'étranger par le ministère du chancelier du consulat (cons. des prises, 23 niv. an 9, aff. la Sophie *C.* le Cerbère, *eod.*, p. 307); — 2º La signification faite par un agent du consulat français muni d'un diplôme émané du consul, et qui a obtenu l'exéquatur du gouvernement du pays où il exerce ses fonctions, alors surtout qu'il déclare agir par l'ordre du consul (cons. des prises, 15 flor. an 9, aff. l'Anna-Maria *C.* l'Anne, *eod.*, p. 308). — Mais la signification qui n'énonce point le nom de la personne à qui elle est faite est irrégulière et ne peut faire courir les délais de l'appel (cons. des prises, 7 vend. an 10, aff. la Pomone *C.* l'Eole, *eod.*, p. 309).

291. Les mêmes règles doivent être suivies en ce qui touche la signification de l'appel formé par les capteurs contre la décision qui a invalidé la prise (V. cons. des prises, 9 germ. an 9, aff. l'Enfant-de-la-Patrie *C.* le Tuiskon, V. *eod.*, p. 303). — Il a été jugé aussi que lorsque le domicile de l'armateur du corsaire est inconnu, l'appel est signifié régulièrement au commissaire du gouvernement près le tribunal qui doit être saisi de l'appel (cons. des prises, 23 vent. an 10, aff. le Gausle-Venner *C.* le Hasard, *eod.*, t. 2, p. 304).

292. L'exécution volontaire de la part du capturé d'une décision qui déclare la prise valable constitue un acquiescement qui rend irrecevable l'appel interjeté postérieurement par lui (cons. des prises, 9 germ. an 9, aff. la Victoire *C.* le Flibustier, V. MM. de Pistoye et Duverdy, t. 2, p. 285).

293. Les décisions du conseil des prises sont exécutoires, nonobstant le recours devant le conseil d'Etat (av. cons. d'Et. 11 janv. 1808, V. p. 928; décr. 18 juill. 1854, art. 6), si ce n'est pour la répartition du produit des prises (même art. 6).

294. Les propriétaires du navire capturé peuvent *intervenir* devant le conseil des prises et devant le conseil d'Etat tant que l'instance est pendante; mais si le capitaine, après avoir formé un recours contre la décision du conseil des prises, se désiste, l'intervention n'est plus recevable puisqu'il n'existe plus d'instance, sauf aux propriétaires à agir par action principale devant les tribunaux compétents en désaveu de leur mandataire (cons. d'Et. 12 sept. 1811, aff. l'Abigaïl *C.* la Vengeance, V. MM. de Pistoye et Duverdy, t. 2, p. 359).

295. La *tierce opposition* est ouverte contre les décisions du conseil d'Etat, et ce au profit des intéressés qui n'y ont pas été appelés, soit par eux-mêmes, soit par leur représentant (art. 37, règl. du 22 juill. 1806, V. Cons. d'Et., p. 182). — Les armateurs du navire capturé étant valablement représentés dans la procédure par le capitaine de ce navire, ils sont non recevables à se pourvoir par la voie de la *tierce opposition* contre la décision qui a validé la prise (arrêt de règlement rendu par le conseil des prises le 29 prair. an 8; V. aussi cons. des prises, 17 niv. an 9, aff. la Juliana *C.* l'Espérance; MM. de Pistoye et Duverdy, t. 2, p. 287 et suiv.).

296. Lorsque les décisions du conseil ne sont pas fondées sur des pièces fausses et qu'elles n'ont pas été surprises par dol ou par fraude, elles ne peuvent être rétractées sous prétexte d'erreur ou de mal jugé (cons. des prises, 29 prair. an 9, aff. Hamet-Butif, V. MM. de Pistoye et Duverdy, t. 2, p. 276).

297. Les décisions du conseil des prises peuvent-elles être attaquées par la voie de la *requête civile?*—Il a été jugé que ce conseil n'est pas astreint à suivre rigoureusement les formes de la procédure ordinaire; qu'en conséquence ses décisions n'étaient attaquables par cette voie (cons. des prises, 3 pluv. an 9, aff. l'Effronté *C.* la Perle, V. MM. de Pistoye et Duverdy, t. 2, p. 266). — « Le conseil des prises, disait le commissaire du gouvernement pour motiver cette proposition, ne fait pas partie de l'ordre judiciaire; c'est une institution politique, une commission spéciale du gouvernement établie pour décider d'une manière administrative la validité ou l'invalidité des prises maritimes. L'instruction ne s'y fait point comme devant les tribunaux; de simples mémoires suffisent; point de publicité, point de jugment, mais des décisions » (V. MM. de Pistoye et Duverdy, t. 2, p. 269 et suiv.).—Il a été jugé, d'autre part, que si la décision du conseil a été basée sur de fausses pièces, il a le droit de la rapporter sans recourir aux formes juridiques ordinaires (cons. des prises 23 vent. an 9 et 23 vent. an 10, aff. le Wilemsbourg *C.* la Revanche, V. MM. de Pistoye et Duverdy, *eod.*).

298. L'*opposition* fondée sur ce que le conseil n'a pas connu une pièce qu'on prétend importante ne serait pas non plus recevable (cons. des prises 27 frim. an 10, aff. l'Abeille *C.* le Josephus, V. MM. de Pistoye et Duverdy, t. 2, p. 275).

299. Il a encore été jugé que la décision qui a rejeté la demande en validité de la capture d'un navire par suite du défaut de représentation des pièces de bord et des actes de l'instruction (V. nº 221) ne peut être rétractée sur la production de nouvelles pièces de bord, alors d'ailleurs qu'elles renferment des contradictions (cons. d'Ét. 26 août 1818) (1).

300. Les *transactions* en matière de prises ne peuvent être exécutées, non plus que les désistements, sans l'approbation du conseil des prises, le commissaire du gouvernement entendu (cons. des prises 13 prair. an 8, aff. la Paix).—M. Portalis, sur les conclusions duquel cette décision a été rendue, disait : « Comme un jugement ne peut nuire à un tiers qui n'a été ni appelé ni entendu, une transaction ne saurait préjudicier aux droits de ceux qui n'y ont pas été parties. Or il est certain que les équipages, le gouvernement et le public sont essentiellement intéressés dans les affaires de prises. Les équipages ont une portion du butin. Le gouvernement, vrai propriétaire du produit de la course, se réserve, dans la cession qu'il en fait, des bénéfices déterminés. Il est encore dans le cas de veiller sur les profits ou les perceptions à faire par ses douanes. Le public a intérêt que les hommes qui compromettent leur vie pour courir sur les ennemis de l'État, ne soient pas découragés par la liberté arbitraire qu'aurait un armateur de les frustrer de leur juste récompense par des pactes simulés ou obscurs faits à leur préjudice; il a intérêt que les sommes qui peuvent aider à porter le poids des charges de la guerre, ou qui peuvent être destinées, du moins en partie, à quelque ouvrage utile, ne deviennent pas le patrimoine exclusif d'un capteur avide ou de mauvaise foi. Enfin, il a inté-

(1) *Espèce* :—(Leyris.)—Pour demander la révision de l'ordonnance du 26 mars 1817 qui avait rejeté la demande en validité de prise, Leyris offrait de nouvelles pièces de bord émanées du port de Dantzick.

Louis, etc.;— Considérant que les motifs du rejet prononcé par notre ordonnance du 26 mars 1817 étaient fondés, non-seulement sur ce qu'il n'avait été présenté par le sieur Leyris aucun papier de bord du bâtiment capturé, mais encore sur ce qu'il n'existe aucune preuve de l'instruction nécessaire pour constater la validité de la prise et les droits du capteur;

Considérant que, bien que le sieur Leyris ait produit les pièces de bord du bâtiment capturé, ces pièces ne peuvent suppléer au défaut de représentation des actes de la procédure et de l'instruction qui devait avoir lieu lors de l'entrée de la prise dans le port de Dantzick; que les certificats et procès-verbaux de déchargement du navire la Bonne Compagnie, dressés par les agents de l'administration, à Dantzick, présentent des contradictions sur la désignation et la qualité du capteur;

Considérant, enfin, qu'il n'appert des pièces nouvelles produites aucune preuve légale de la légitimité des droits du sieur Leyris, et que leurs contradictions et leur insuffisance ne permettent pas de revenir contre les dispositions de l'ordonnance du 26 mars 1817; — Art. 1. La requête du sieur Leyris est rejetée.

Du 26 août 1818.-Ord. cons. d'Et.

rêt qu'un capteur ne puisse cacher ses procédés injustes et oppressifs par des transactions arrachées à un malheureux capturé, et que des hostilités contraires au droit des gens, et capables de nuire au commerce ou même de provoquer des haines de nation à nation, soient connues et ne demeurent pas impunies. » — Cette doctrine a été suivie par l'administration de la marine. (V. lett. min. mar. 11 sept. 1809, MM. de Pistoye et Duverdy, t. 2, p. 348). — Si, malgré une transaction restée inconnue, le conseil des prises a prononcé la validité de la capture, il n'est plus compétent pour sanctionner cette transaction, si elle est loyale et régulière, c'est au conseil d'État seul que ce droit appartient (ord. cons. d'Ét. 4 juin 1809, aff. le Hope *C.* la Mouche).

801. Les parties peuvent faire, sur les dommages-intérêts résultant d'une capture illégalement faite, toutes les transactions qui leur conviennent (cons. des prises, 13 therm. an 8, aff. la Peggy *C.* le Grand-Décidé). — Et il y a lieu par le conseil d'État d'homologuer une transaction faite sur une prise, lorsque les intérêts des invalides de la marine ont été réservés (ord. cons. d'Ét. 19 déc. 1821) (1).—Conf. cons. des prises 29 therm. an 8, aff. la Bonne union, *eod.*, p. 361; 3 frim. an 9, aff. la Flora *C.* l'Afrique, p. 362.

802. Mais la transaction, faite sans le concours du capitaine du navire capturé, qui comme subrécargue et copropriétaire avait demandé la mainlevée de la prise, est nulle (cons. des prises 2 brum. an 9, aff. la Marie-Suzanne *C.* la Julie). — On doit également annuler la transaction qui est entachée de fraude (cons. des prises 23 vend. an 9, aff. le Colombus *C.* le Redoutable, V. MM. de Pistoye et Duverdy, t. 2, p. 356), ... ou de violence (cons. des prises 27 fruct. an 8, aff. l'Esther *C.* la Légère, *eod.*, p. 357).

803. Le capteur qui a fait une prise sous pavillon étranger ne peut transiger sur cette prise; car si elle est déclarée valable, elle est confisquée au profit de l'État (cons. des prises 2 brum. an 9, aff. la Marie-Suzanne *C.* la Julie).

804. Quant aux équipages des bâtiments de l'État, il leur est interdit de transiger (lett. min. mar. 25 juin 1810, V. MM. de Pistoye et Duverdy, t. 2, p. 349). La transaction ne pourrait être faite qu'avec l'autorisation du ministre de la marine et ne devrait pas être soumise à l'homologation du conseil des prises (mêmes auteurs, *eod.*).

SECT. 8. — DE LA VENTE, DE LA LIQUIDATION ET DU PARTAGE DES PRISES.

805. Nous diviserons cette section en trois articles : dans le premier, nous parlerons de la vente des prises; dans le deuxième, de leur liquidation; et, dans le troisième, de leur partage.

ART. 1. — *De la vente des prises.*

806. Dès que l'instruction est terminée, il doit être procédé sans délai à la levée des scellés et au déchargement des marchandises, qui sont inventoriées et mises en magasin (arrêté du 2 prair. an 11, art. 78). — L'ordonnance de 1681, art. 27, ne permettait le déchargement et l'inventaire des marchandises, avant le jugement de la prise, qu'autant qu'il y avait nécessité pour en empêcher le dépérissement. Toutefois, dans la pratique, on n'observait pas une telle réserve quand la prise paraissait évidemment bonne : dans ce cas la crainte du moindre dépérissement suffisait pour en faire opérer la décharge, même la vente, sans attendre le jugement (Valin, sur l'art. 27 précité, V. MM. de Pistoye et Duverdy, t. 2, p. 214).

807. On doit appeler au déchargement le capitaine du navire pris ainsi que toutes les autres parties intéressées (règlem. du 2 prair. an 11, art. 75). — Si les effets sont sujets à dépérissement, il est procédé à la vente provisoire (arr. 2 prair. an 11, art. 76, 79). La vente peut également être autorisée si les prises sont évidemment ennemies (même article). — L'art. 28 de l'ordonn. ne permettait la vente des marchandises qu'autant qu'elle était demandée par les parties intéressées; mais plusieurs lettres de l'amiral avaient sanctionné l'infraction à cette disposition dans les cas où la prise était évidemment bonne (lettres de l'amiral des 21 mars 1696 et 14 janv. 1703). — Toutes les personnes intéressées doivent être appelées à la vente comme à l'inventaire et au déchargement. On doit en conséquence en donner avis au capturé, à la différence du cas où la prise a été déjà jugée valable, car alors le capteur seul et ceux qu'il représente restent parties intéressées (Valin, *ib.*) — Si la prise a été faite sous pavillon neutre, ou n'est pas évidemment ennemie la vente même provisoire ne peut avoir lieu sans le consentement du capitaine capturé; et en cas de refus, s'il y a nécessité de vendre, cette nécessité doit être constatée par une visite d'experts, nommés contradictoirement par l'armateur ou son représentant et ce même capitaine, ou d'office, par l'officier supérieur de l'administration de la marine (art. 80).

808. Toutes personnes fondées en titre peuvent réclamer les effets qui faisaient partie du chargement, à la charge de fournir une bonne et suffisante caution (art. 81). — Par personnes *fondées en titre* il faut entendre celles qui auraient un droit de propriété reconnu, telles que les neutres à l'égard des marchandises qu'ils auraient chargées sur le vaisseau capturé, suivant les distinctions établies *suprà*, nos 174 et s.

809. L'armateur doit envoyer dans les principales places de commerce des états détaillés des effets composant la prise avec indication du jour de la vente (art. 82). — La vente est faite par l'officier d'administration ou celui qui le remplace, suivant le lieu où la prise a été conduite, et avec le concours du principal préposé des douanes (art. 83, V. aussi arrêté du 17 flor. an 9, art. 1er).

810. Quand il n'y a pas eu nécessité de procéder à la vente avant le jugement, il doit y être procédé dans un bref délai après la décision qui a validé la prise et avec le concours du préposé des douanes, conformément à l'art. 84 du règlement; la présence de ce préposé a pour objet le maintien des droits du fisc et d'assurer la constatation des objets dont l'entrée en France est prohibée, pour qu'il soit facile d'en surveiller la réexportation après la vente, ainsi que le prescrit l'art. 87. — La vente a lieu publiquement et à l'enchère (art. 85). — Il est interdit à certaines personnes de se rendre adjudicataires de marchandises provenant de vente (art. 122).

811. Le sujet d'une puissance neutre pourrait-il, sans violer la neutralité, se rendre acquéreur d'une prise vendue par les

(1) (Caisse des invalides de la marine.)—LOUIS, etc.; — ...Considérant que la capture du navire américain l'Entreprise n'a pu être faite par le corsaire le Courageux qu'en vertu des lettres de marque qu'il avait reçues, et que ces lettres de marque lui imposaient, d'après les lois de la matière, l'obligation de payer à la caisse des invalides de la marine les 15 p. 100 sur le produit net de toutes les prises qui seraient faites par le corsaire; — Considérant que la transaction du 9 vend. an 8 a eu pour effet et pour résultat d'assurer aux capteurs, en ladite qualité, nonobstant le prononcé du jugement à intervenir sur la validité de la prise, une somme réelle de 248,000 fr. qui devait être prélevée sur la vente obligée du navire et des marchandises, pour être ensuite répartie entre les armateurs et intéressés, l'état-major et l'équipage du corsaire le Courageux;

Considérant que non-seulement les droits distribués aux invalides de la marine, sur le produit ci-dessus énoncé de ladite transaction, ont dû être réservés par les parties contractantes, mais qu'ils l'ont été spécialement en effet par l'article 4, puisque les armateurs se sont assigné cette charge pour leur compte particulier, en stipulant que, si l'administration de la marine venait prétendre un droit sur une somme plus forte que celle de 248,000 fr., portée dans la transaction, l'excédant serait à la charge des capturés : d'où il suit que le trésorier général de la marine était fondé à demander l'homologation de ladite transaction;

Art. 1. La transaction passée le 9 vend. an 8, entre les sieurs Duchesne et Pintevin, assistés du sieur Servel, stipulant pour les cointéressés à l'armement, et le sieur Pierre, stipulant pour le capitaine, l'état major et l'équipage, d'une part; et le sieur Louis Blaise, représentant du capitaine et des chargeurs du navire capturé l'Entreprise, d'autre part, est homologuée, tant dans l'intérêt des invalides de la marine, que des parties contractantes, et de l'équipage du corsaire le Courageux. En conséquence, la caisse des invalides de la marine prélèvera, sur la somme de 248,000 fr., montant de ladite transaction les droits et retenues qui lui sont attribués par les lois et règlements de la matière;

Art. 2. Les parties sont renvoyées devant l'autorité compétente, pour y être procédé à la liquidation et répartition de ladite somme, ainsi que pour être statué sur le surplus des conclusions.

Du 19 déc. 1821.-Ord. cons. d'Ét.-M. de Cormenin, rap.

belligérants? Une décision du gouvernement belge, dans la dernière guerre, semble résoudre la question dans le sens de la négative. Ainsi, il a refusé de nationaliser un navire russe condamné comme prise maritime par l'Angleterre et acheté, en vente publique, par une maison d'Ostende. Et nous croyons que, dans cette circonstance, le gouvernement belge a sagement compris les devoirs de la neutralité, en s'abstenant d'un acte que la puissance à laquelle appartenait le bâtiment capturé ne pouvait voir que d'un mauvais œil. Toutefois, MM. de Pistoye et Duverdy, t. 2, p. 371 et s., sont d'une opinion contraire, et ils font observer que « dans toutes les guerres précédentes, il a été admis sans conteste que les sujets neutres pouvaient acheter les prises vendues par les puissances belligérantes. »

312. Il est procédé à la revente à folle enchère toutes les fois que l'adjudicataire ne se présente pas, au plus tard, dans les trois jours après la livraison faite des derniers articles vendus (art. 86).

313. Le produit d'une prise déclarée illégale et dont la propriété est incertaine, doit être versé dans la caisse des invalides de la marine (cons. des prises, 7 niv. an 10, aff. le Hasard, V. MM. de Pistoye et Duverdy, t. 2, p. 219).

314. L'art. 121 de l'arrêté de l'an 11 attribuait au consul, en cas de vente de prises dans les ports étrangers, une rétribution de 1/2 pour 100. Mais, suivant la circulaire du 16 août 1854 (V. MM. de Pistoye et Duverdy, t. 2, p. 226), il n'est plus perçu d'autres droits que celui des 15 cent. par 100 fr. pour les chancelleries, comme en matière d'administration de naufrage. — Il a été jugé que le versement dans les mains du consul du montant de la vente constitue un véritable dépôt, et qu'en conséquence si les fonds périssent par force majeure, les armateurs n'ont aucun recours contre le gouvernement (cons. d'Ét. 21 sept. 1827) (1).

315. Les dispositions des lois sur les douanes, relatives à la sortie et à l'entrée ainsi qu'au payement des droits, sont applicables aux armements en course et aux prises : les marchandises prohibées ne sont vendues qu'à charge de réexportation (art. 87).

316. Dans le mois de la livraison complète des effets vendus, le capteur doit déposer au greffe du tribunal de commerce le compte du produit de la prise, avec les pièces justificatives, sous les peines déterminées par l'art. 88 du règlement. Quant à la vente du navire capturé, les formalités en sont réglées par l'arrêté du 17 flor. an 9 (V. p. 922).

ART. 2. — *De la liquidation des prises.*

317. Il y a deux espèces de liquidations : la liquidation particulière de chaque prise, et la liquidation générale de toutes les prises faites par un corsaire. Dans l'une comme dans l'autre, c'est devant le tribunal de commerce du lieu de l'armement que doivent être portées les difficultés qui peuvent s'élever (règl. du 2 prair. an 11, art. 88 et 94, V. nos 264 s.).—Jugé que les captures faites sur les bâtiments neutres ne peuvent être liquidées que d'après les pièces de bord; qu'aucune exception n'est faite par le règlement du 26 juill. 1778 à l'égard des neutres capturés par des bâtiments de l'État; que du reste, lorsqu'un procès-verbal d'inventaire des pièces de bord trouvées sur le navire capturé a été dressé en présence du capitaine, et signé par lui sans protestation, les capturés ne sont pas reçus à prétendre que des pièces de bord ont été retenues par le capteur (cons. d'Ét. 6 fév. 1822) (2).

318. La liquidation particulière est faite dans le délai fixé par l'art. 89; une expédition de cette liquidation doit être déposée au greffe du tribunal de commerce du lieu de l'armement, conformément aux règles prescrites par l'art. 90 ; on procède ensuite à la liquidation générale, conformément aux art. 91 et suiv.

319. On doit, aux termes de l'art. 95 du règlement de prair. an 11, déduire des sommes provenant de la prise et sur le produit net, les droits attribués aux invalides de la marine. — Ces droits étaient attribués, sous l'empire de l'ordonnance de 1681 (art. 32), à l'amiral et s'élevaient au dixième de la prise. — La loi du 9 mess. an 3 avait fixé la retenue à 5 cent. par franc; portée, par arrêté du 14 brum. an 8, à 1 décime en plus en faveur des prisonniers français tombés au pouvoir de l'ennemi, elle a été fixée de nouveau à 5 cent. par l'art. 95 de l'arrêté de prair. an 11. — Ce dernier article veut qu'elle ait lieu sur le produit des rançons comme sur le produit des prises amenées et confisquées. — L'art. 4 du règl. du 14 brum. an 8 voulait que le prélèvement du décime par franc eût lieu sur les prises déjà faites, mais non encore liquidées au moment de sa promulgation. — Jugé, en conséquence, que le produit des prises dont la liquidation et la répartition n'ont pas encore été consommées avant la publication de cet arrêté, est soumis à la retenue d'un décime par franc (Cass. 14 germ. an 12, M. Coffinhal, rap., aff. sous-inspect. de la marine de Bordeaux). — Il avait été décidé que le décime n'était pas dû lorsque la liquidation particulière d'une prise était faite au moment de la publication de l'arrêté et qu'il y avait des répartitions faites, quoique la liquidation générale de l'armement ne fût pas opérée (Rej. 22 mess. an 12, M. Gandon, rap., aff. Basterrèche). — Mais le contraire résulte d'un avis du conseil d'État des 7 brum. et 16 frim. an 14.

320. Il a été jugé que la liquidation provisoire et la liquidation définitive d'une prise ne présentent qu'une seule opération, sur laquelle le receveur de l'enregistrement ne peut percevoir qu'une seule fois le droit proportionnel; que la liquidation générale est considérée comme un simple partage passible seulement du droit fixe de trois francs, l'équipage d'un navire étant, à vrai dire copropriétaire de la chose commise (Rej. 9 fév. 1814) (3).

(1) (Dienne et Rouzée.) — CHARLES, etc.; — Considérant que notre ministre de la marine déclare dans la décision attaquée qu'il est reconnu que le dépôt fait par le consul Proharam dans la maison Grévigné était la seule mesure qu'il eût à prendre à cause des dangers réels qui menaçaient les fonds dans sa chancellerie, et parce qu'en même temps l'origine américaine de l'associé du sieur Grévigné mettait d'autant mieux le dépôt à l'abri des événements militaires; — Que les sieurs Dienne et Rouzée, dans leur requête du 15 juin 1822, déclarent que les craintes du consul Proharam pour la sûreté du dépôt qui leur était confié étaient fondées; qu'elles déterminèrent le dépôt; que la maison Grévigné fut choisie parce qu'elle avait pour associé le sieur Kilpatrick, citoyen et consul des États-Unis d'Amérique, et parce qu'en cette qualité sa maison était placée sous une immunité qui la mettait à l'abri de toute violence de la part des belligérants; — Qu'il résulte de ces déclarations concordantes que le dépôt a eu lieu dans des circonstances de guerre; que le consul, en l'effectuant, n'a pas commis de faute grave, mais a agi dans l'intérêt des parties; — D'où il suit que les réclamants ne sont pas fondés à exercer un recours contre le ministre de la marine, à raison de la perte desdits fonds; — Art. 1. Les requêtes sont rejetées.

Du 21 sept. 1827.-Ord. cons. d'Ét.-M. Feutrier, rap.

(2) (Mac-Pherson C. Security.) — LOUIS, etc.; — Vu le règlement du 26 juill. 1778; — Considérant que le règlement du 26 juill. 1778 a déterminé le mode de liquider les captures faites sur les bâtiments neutres, et qu'aux termes de l'art. 11, la liquidation ne peut être faite que sur les pièces de bord; — Considérant qu'aucun autre règlement n'a établi d'exception à l'égard des neutres qui auraient été capturés par les bâtiments de l'État; — Considérant que la liquidation du navire l'Océan a été faite sur les pièces de bord décrites au procès-verbal d'inventaire du 18 avr. 1810; — Considérant que dans les réserves faites par le capitaine Mac-Pherson, sur le procès-verbal d'inventaire, il n'en est aucune qui soit relative aux pièces de bord ni à l'état de la boîte dans laquelle lesdites pièces étaient renfermées; — Art. 1. La requête est rejetée.

Du 6 fév. 1822.-Ord. cons. d'Ét.-M. Tarbé, rap.

(3) (Enreg. C. Giron.) — LA COUR; — Attendu que la liquidation provisoire et la liquidation définitive ont le même objet; qu'elles sont faites pour les intérêts des mêmes parties, et sur le produit des mêmes choses; qu'elles ne peuvent dès lors être considérées comme des opérations distinctes quant à la perception du droit d'enregistrement; que cependant si le droit de 50 cent. pour 100 fr. pouvait être perçu d'abord sur le montant de la liquidation provisoire, et qu'il pût l'être de nouveau sur la liquidation définitive, le même droit se trouverait perçu deux fois sur le même capital pour une seule et même liquidation entre les mêmes parties et pour la même cause; ce qui serait aussi contraire au texte qu'à l'esprit de la loi; — Qu'il est indifférent que la liquidation définitive soit la seule qui contienne la liquidation particulière entre les parties intéressées; que cette liquidation ne fait que déclarer ce qui appartient à chacun des associés dans la liquidation provisoire, ce qui établit entre eux un simple partage qui rentre dans les dispositions de l'art. 68 de la loi du 22 frim. an 7; — Rejette.

Du 9 fév. 1814.-C. C., sect. civ.-MM. Muraire, 1er pr.-Carnot, rap.

Nota. La cour a rendu le même jour deux autres arrêts semblables.

ART. 3. — *Du partage des prises.*

321. Cette matière, réglée différemment, suivant que la prise a été faite par des corsaires particuliers, ou par les vaisseaux de l'Etat, sera l'objet des deux paragraphes suivants.

§ 1. — *Partage des prises faites par des corsaires particuliers.*

322. Les prises opérées par des corsaires particuliers se partagent entre les propriétaires ou armateursdu navire capteur et les hommes de l'équipage. — L'art. 91 dispose à cet égard que les propriétaires du navire capteur ont droit aux deux tiers de la prise, quand ce navire était seulement armé en guerre, l'autre tiers revenant à l'équipage, — et l'art. 92 attribue les quatre cinquièmes de la prise aux propriétaires, quand le navire capteur était armé en guerre et marchandises, l'équipage n'ayant droit qu'au dernier cinquième. — Dans le premier cas, le tiers attribué aux hommes de l'équipage ne leur est payé que sauf la déduction, sur les parts de ceux qui les auront reçues, des avances à eux payées (art. 91); tandis que, dans le second, il ne doit leur être fait aucune déduction pour les avances comptées à l'armement, ou pour les mois payés pendant le cours du voyage (art. 92). — Il a été jugé que les répartitions particulières faites aux différents capteurs ne doivent être considérées que comme des avances jusqu'à la liquidation définitive; qu'en conséquence, si, à cette époque et par suite de perte d'une créance provenant de la prise, l'un des capteurs se trouve avoir reçu en trop, il sera tenu au rapport : « Attendu, porte l'arrêt, qu'il est constaté que les sommes reçues par Raybaud-Lange l'ont été avant toute liquidation, et qu'ainsi la cour d'appel a pu juger sans violer la loi, que ces payements ne constituaient que de simples avances sur la chose commune, et conséquemment sujettes à rapport, lors du compte définitif; rejette » (Req. 9 avr. 1822, MM. Henrion, pr., Brillat-Savarin, rap., aff. Raybaud-Lange).

323. Les prises doivent être réglées immédiatement après le retour du corsaire, à proportion du mérite et du travail de chacun, dans un conseil tenu à cet effet, conformément aux règles prescrites par les art. 99, 100 du règlement de prairial (V. aussi l'art. 62 du même règlement). — Afin d'éviter les abus, le législateur a cru devoir fixer le *maximum* des parts auxquelles chaque homme de l'équipage a droit de prétendre. Tel est l'objet des art. 101 et 102 du règlement du 2 prair. an 11.

324. Aux termes de l'art. 93, le coffre du capitaine pris, ni les pacotilles ou marchandises qui peuvent lui appartenir dans quelque endroit du bâtiment qu'elles soient chargées, ne peuvent, dans aucun cas, être distribués au capitaine du corsaire capteur; mais l'armateur peut stipuler en faveur du capitaine, et pour lui tenir lieu de dédommagement, une somme proportionnée à la valeur de la prise; cette somme ne peut toutefois excéder 2 pour 100 du montant net de la liquidation particulière de ladite prise. — Autrefois les marins du navire capteur se livraient à un pillage odieux sur le navire capturé. La législation, impuissante à réprimer un abus invétéré et incurable, ne put que le régulariser. On reconnut au profit de l'équipage du capteur le droit de s'emparer de la dépouille des ennemis (V. MM. de Pistoye et Duverdy, t. 1, p. 249 et suiv.). — Chaque homme du corsaire prenait les effets et les bagages du marin du navire pris dont le grade ou l'emploi correspondait au sien; par suite le capitaine capteur avait droit au coffre du capitaine capturé. L'art. 93 précité qui, du reste, trouve déjà des précédents dans les art. 15 du règlement du 25 nov. 1693, 29 du règlement du 24 juin 1778, et dans un arrêté ministériel de 1781, est encore une trace de ce droit de dépouille : il en est une sorte de rachat, tout pillage de quelque nature qu'il soit se trouvant aujourd'hui virtuellement interdit par l'art. 65 de l'arrêté de prairial (V. MM. de Pistoye et Duverdy, t. 1, p. 251). — Sous l'empire de l'ancienne législation comme sous celui de la nouvelle, la commission du capitaine capteur, pour dédommagement du coffre du capitaine du vaisseau capturé, ne pouvait excéder 2 pour 100, et il a été jugé qu'il y a lieu de la réduire à ce taux par les tribunaux, encore que la fixation arrêtée entre les parties soit supérieure, et, par exemple, soit de 5 pour 100; qu'on dirait en vain que la lettre du ministre de la marine, de 1781, qui avait ainsi fixé le droit du capitaine capteur, par dérogation à la déclaration du 24 juin 1778 (art. 29) n'a pas force de loi (Req. 26 janv. 1825) (1).

325. Il a été décidé que l'armateur qui, dans un procès sur la validité d'une prise, a avancé des frais de procédure autres que ceux de timbre, de traduction de pièces, d'enregistrement, etc., déterminés par l'arrêté du conseil des prises du 6 juin 1808, ne peut pas réclamer ces frais en sus de la commission qu'il a stipulée, comme armateur, avec ses cointéressés à l'armement (même affaire); — 2° Qu'il ne peut réclamer non plus les honoraires d'avocats qu'il a chargés de soutenir la validité de la prise (même affaire), ... non plus que les frais pour voyages et démarches (même affaire), et qu'il en doit être ainsi lorsqu'il est reconnu que ces dépenses n'ont été ni indispensables ni nécessaires (même arrêt).

326. Des gratifications peuvent être accordées en sus de leur part de prises aux gens de l'équipage blessés ou estropiés dans les combats, ou aux veuves de ceux qui sont morts de leurs blessures (règl. 2 prair. an 11, art. 103). — A l'égard des marins débarqués pour cause de maladie, V. n° 342. — Il est aussi accordé certaines gratifications et récompenses à titre d'encouragement par les art. 26 et suiv. du règlement. — Il y a lieu, porte l'art. 104, de procéder à l'exécution du règlement des parts, arrêté comme il vient d'être dit, sans qu'aucune action, plainte, ni réclamation puisse être reçue par les tribunaux à cet égard.

327. Le payement des parts de prises est fait par l'armateur conformément aux règles prescrites par les art. 105 et suiv. et sous la surveillance des inspecteurs de la marine (art. 109) — Les parts des morts et absents sont versées entre les mains du trésorier des invalides de la marine (art. 107). — Une instruction ministérielle du 16 janv. 1808 indique la manière dont la poursuite doit être exercée (V. MM. de Pistoye et Duverdy, t. 2, p. 407). — Il a été décidé 1° que le produit d'une prise maritime, consigné dans la caisse des invalides de la marine, est devenu, par les traités des 30 mars 1814 et 20 nov. 1815, dette du gouvernement, qui par suite s'est trouvée éteinte par le traité du 25 avril 1818; qu'en conséquence les étrangers au profit de qui la consignation du produit de cette prise avait été ordonnée, ne peuvent plus le réclamer (ord. cons. d'Et. 9 juill. 1820 (2); —

(1) (Cossin C. admin. de la marine.) — LA COUR; — Attendu que, par la déclaration du roi du 24 juin 1778, il fut statué que, pour tenir lieu au capitaine du navire capteur, du coffre du capitaine du vaisseau capturé, il lui serait alloué un droit éventuel et proportionnel sur la valeur de la prise (art. 29); — Attendu que, par l'art. 59 de cette déclaration, il fut imposé au ministre de la marine le devoir de régler les formes et le taux des liquidations entre les armateurs, officiers, employés des équipages du navire armé en course, réciproquement; — Attendu que, par un règlement en forme d'instruction aux amirautés de France par ordre du roi, le ministre de la marine leur ordonna de ne passer en liquidation au-dessus de 2 p. 100 de la valeur des prises en total, au capitaine, pour l'indemnité ou prix du coffre du capitaine du vaisseau capturé; — Attendu que, depuis cette époque, comme depuis les décrets des 17 flor. an 9, 2 prair. an 11, c'est toujours sur le pied de 2 p. 100 de la valeur totale de la prise que fut liquidée l'indemnité du capitaine capteur, en remplacement du coffre du capitaine du navire capturé; — Sur les deuxième et troisième moyens : — Attendu que c'est sur le motif que les dépenses et frais dont la répétition était réclamée par les demandeurs n'étaient ni justifiés ni utiles, indispensables et nécessaires, que la cour a réduit les uns et rejeté les autres; — Attendu que cette appréciation ne peut constituer une violation de loi, de même qu'il ne peut en résulter une absence de motifs sur le rejet des conclusions des demandeurs, puisqu'on ne les repousse que parce qu'ils n'ont pas justifié que leur demande fût fondée; — Par ces motifs, rejette le pourvoi contre l'arrêt de la cour de Rennes, du 30 juin 1821.

Du 26 janv. 1825.-C. C., sect. req.-MM. Henrion, pr.-Gartempe, r.

(2) (Schloger). — LOUIS, etc.; — ... Considérant qu'en matière de prise les fonds en provenant et versés dans la caisse des Invalides de la marine, ne sont considérés que comme des dépôts et ne peuvent être restitués qu'en vertu de jugements; — Considérant que sous ce rapport la caisse des Invalides de la marine a le même caractère que la caisse publique des dépôts et consignations, dont les dettes envers les sujets des puissances étrangères avaient été mises à la charge du gouvernement français, par les traités des 30 mars 1814 et 20 nov. 1815; — Consi-

2° Que sont valables les payements faits par des armateurs sur quittance du trésorier de la marine; que ces payements ne peuvent pas être critiqués, sous prétexte que la quittance n'a pas été transcrite sur les registres du contrôleur de la marine, et visée par lui, et qu'il n'est pas indispensable que la quittance soit donnée au bas d'un état de répartition (Rej. 2 niv. an 10) (1).

328. L'art. 110 défend expressément aux marins de vendre à l'avance leurs parts de prises, et à qui que ce soit de les acheter sous peine de perdre les sommes payées à cet effet. Ces parts ne peuvent être payées qu'aux marins eux-mêmes, et l'on ne doit avoir aucun égard aux procurations par eux données, pour en retirer le montant, à des personnes étrangères à leurs familles. — Il a été jugé, avec raison, qu'il résulte de cette disposition, qu'une tierce personne à l'ordre de laquelle des mandats pour prises ont été passés par des marins n'ont pas qualité pour en poursuivre le payement : — « Considérant, porte l'ordonnance, que par l'art. 110 du susdit règlement, il est expressément défendu aux marins employés sur les corsaires, de vendre à l'avance leurs parts de prises, et à qui que ce soit de les acheter, sous peine de perdre les sommes qui pourraient avoir été payées pour cet effet; que les parts de prises doivent être payées aux marins eux-mêmes, et qu'on n'a pas égard aux procurations qu'ils pourraient avoir données pour en retirer le montant, à des personnes étrangères à leur famille, etc. » (cons. d'Ét. 19 mars 1811, aff. Thuré).

329. Toutes les fois que la prise a été effectuée par deux ou plusieurs corsaires réunis et non associés, il y a lieu de partager le produit entre eux conformément à un règlement du 27 janv. 1706, encore en vigueur et au décret du 9 sept. 1806 (V. p. 927). — Il a été jugé sur ce point 1° que lorsque plusieurs corsaires, qui n'ont pas formé entre eux de société, réclament la même prise, elle doit être adjugée en entier à ceux qui ont pris part au combat, ou qui par leurs manœuvres ont déterminé la prise à amener pavillon (cons. des prises, 17 vent. an 9, aff. la Favorite C. les Bouches-du-Rhône); — 2° Que le signal fait par un corsaire attaquant un bâtiment ennemi à un autre corsaire, ne constitue entre eux une société leur donnant droit égal au partage de la prise qu'autant que le second corsaire a répondu au signal et a pris part au combat (cons. des prises, 13 niv. an 9, aff. l'Adolphe C. l'Espérance); — 3° Que la présence d'un ou de plusieurs corsaires lors de la prise d'un navire qui était tout à fait dans l'impossibilité d'opposer de la résistance, ne peut leur donner aucun droit de prendre part à la prise lorsqu'ils ne l'ont pas occupée; qu'elle appartient à celui qui, le premier, en a pris possession (cons. d'Ét. 1er mai 1816, aff. le Marsouin); — 4° Qu'un corsaire, qui, sur les signaux de détresse du bâtiment ennemi, est arrivé après plusieurs canots dont les patrons s'étaient déjà rendus à bord de la prise, ne peut prétendre aucun droit sur ce navire, ni à titre de prise, ni à titre de sauvetage (cons. d'Ét. 10 fév. 1816, aff. l'Aventure).

330. Mais il a été décidé d'un autre côté, que lorsque plusieurs corsaires réclament la prise d'un navire, l'un d'eux peut être admis à y participer d'après la seule considération que sa présence a été utile à la capture, lors même que le capitaine capturé dirait n'avoir pas aperçu ce corsaire, s'il est d'ailleurs établi qu'il y a eu de l'intelligence entre ce capitaine et l'autre corsaire réclamant : — « Considérant, porte l'ordonnance, que les corsaires la Fortune et le Génie ont aperçu en même temps le navire l'Aurora, qu'ils lui ont donné chasse ensemble; que le navire la Fortune, était à une très-petite distance du Génie, quand le navire suédois a amené son pavillon; que dès lors il est à présumer qu'il a concouru par sa présence, à le capturer; qu'on ne peut ajouter une grande confiance aux déclarations du capitaine suédois qui dit qu'il n'a aperçu aucun autre navire que le Génie, parce que la lettre surprise laisse soupçonner quelque intelligence entre le capitaine du corsaire et celui du navire capturé; etc. » (cons. d'Ét., 19 mars 1810, aff. le Génie).

331. L'art. 5 du règlement de 1706 porte que lorsque plusieurs corsaires, sans être unis par aucune société, auront donné en même temps dans une flotte ennemie, ils partageront le produit de tous les bâtiments qui auront été pris. — Il a été décidé que l'on ne peut regarder comme une flotte quatre petits navires de commerce marchands à une grande distance les uns des autres; qu'en conséquence si deux corsaires donnent la chasse à ces bâtiments, celui qui a fait une prise sans le concours de l'autre, n'est pas obligé de la partager avec lui (cons. des prises, 23 frim. an 9, aff. l'Espérance C. la Jeune Abeille).

332. Aux termes de l'art. 111 du règl. de prair. an 11, les parts de prise des marins, comme leurs salaires, sont insaisissables, si ce n'est pour loyers de maisons, subsistances et vêtements à eux fournis, du consentement du commissaire à l'inscription maritime, et autant que cette avance a été préalablement apostillée sur les registres et matricules des gens de mer. — V. l'application de cette disposition v° Droit marit., n° 679.

333. L'art. 111 du règl. de l'an 11 paraît ne s'appliquer qu'aux parts de prise des marins et matelots. Une ordon. du 1er nov. 1745 avait également établi le principe d'insaisissabilité pour la solde des matelots. — Il a été jugé qu'une inscription de rente déléguée par le ministre de la marine à un armateur pour sa part de prise, mais encore comprise dans les états journaliers de la caisse des invalides, peut être frappée de sursis par le ministre dans l'intérêt des gens de mer et de cette caisse (cons. d'Ét. 23 avr. 1823, M. Crouseilhes, rap., aff. Desgraviers, etc. C. caisse des invalides de la marine).

§ 2. — *Partage des prises faites par les bâtiments de l'État.*

334. Aux termes de l'art. 1 du règl. du 9 vent. an 9, dans lequel se trouve le dernier état de la législation sur ce point, toutes les prises faites par les bâtiments de guerre de l'État sont attribuées en totalité aux individus composant les états majors et équipages capteurs, lorsqu'elles ont pour objet des bâtiments de guerre ennemis. — Quand la prise a pour objet des navires autres que des bâtiments de guerre ennemis, le preneur n'a, d'après l'art. 2 du même règlement, droit qu'aux deux tiers, l'autre tiers étant attribué à la caisse des invalides de la marine. Le tiers revenant à ladite caisse n'est que celui du produit *net* de la prise. — Telle est la disposition formelle de cet article. — Jugé que la législation sur les prises, régit les prises faites par les vaisseaux de l'État aussi bien que celles faites par les vaisseaux particuliers; qu'ainsi doivent être exécutées deux décisions du conseil des prises, qui en déclarant bonnes et valables des prises faites par les vaisseaux de l'État, les adjuge aux marins qui composaient l'équipage du vaisseau capteur, sous la déduction du tiers en faveur de la caisse des invalides (cons. d'Ét. 13 mars 1822, M. Maillard, rap., aff. général Sémellé).

335. Les art. 3 à 7 règl. de l'an 9, réservent expressément à l'État le droit d'acquérir, pour son service, les bâtiments de guerre, corsaires et navires marchands ennemis pris par les vaisseaux de l'État, ainsi que les munitions et marchandises chargées sur les navires pris. — Si des navires pris ont été détruits, il doit être payé, sur les fonds de la marine, aux équipages preneurs, les sommes déterminées par l'art. 8 de l'arrêté. — Quand la prise a été vendue et liquidée ainsi qu'il a été dit *suprà*, le produit de tout ce qui n'est pas acquis par l'État par droit de préemption se partage conformément aux règles prescrites par les art. 9 à 13 du règl. du 9 vent. an 9.

336. Quand une armée navale ou une escadre est établie en observation, il arrive souvent qu'une escadre ou une division est détachée pour établir des croisières. Dans le cas où ce détachement fait des prises, le partage en est réglé par l'art. 16 du même rè-

dérant que lesdites caisses ont été libérées envers les étrangers par l'effet de la convention du 25 avril 1818; — La requête est rejetée.
Du 9 juill. 1820.-Ord. cons. d'Ét.-M. de Cormenin, rap.

(1) (Com. de la marine C. armat. de l'Hydre.) — Le tribunal; — Attendu que l'édit de 1709 a été abrogé par ceux d'avr. et d'oct. 1716; — Que celui de 1720 veut, art. 12 et 13 du tit. 6, que les payements faits par les armateurs sur les simples quittances des trésoriers soient valables; — Que l'art. 46 de la loi du 3 brum. an 4 veut, dans le cas où la liquidation serait retardée, qu'il soit délivré des à-compte à l'équipage capteur; que la quittance de ces à-compte ne peut être donnée au bas d'un état de répartition; et qu'ainsi la disposition de l'édit de 1744, qui ne parle que de quittances finales, est inapplicable à l'espèce; — Rejette.

Du 2 niv. an 10.-C. C., sect. civ.-M. Liborel, rap.

glement de l'an 9. — L'ordon. du 28 mars 1778 contenait une disposition semblable à celle de l'art. 16. — Jugé à cet égard que la loi du 9 mai 1793 n'avait point dérogé à l'art. 12 de l'ordon. du 28 mars 1778 qui, dans le cas où des prises avaient été faites par une escadre ou division en croisière, détachée d'une armée navale ou d'une escadre à la mer ou dans un port, attribuait le tiers aux vaisseaux détachés, et les deux autres tiers à la masse générale des prises pour être partagés entre les vaisseaux détachés et ceux restés à l'ancre; si donc un aviso, faisant partie d'une escadre, était sorti de la rade et avait capturé un navire, il n'avait droit à la prise que dans les proportions déterminées par l'art. 12 de l'ord. de 1778, et non à la prise tout entière (Cass. 29 flor. an 2, MM. Lalonde, pr., Brun, rap., aff. Deniau). — Quant aux prises faites par des détachements d'une armée navale ou escadre qui se trouve en pleine mer, le produit en appartient, aux termes de l'art. 17 de l'arrêté de l'an 9, en commun à l'armée navale ou escadre, sans aucune distraction en faveur des vaisseaux capteurs.

337. Toutes les fois, porte l'art. 18, que des divisions de bâtiments, ayant des instructions séparées, sont expédiées en même temps pour des missions différentes, les prises que chaque bâtiment ou chaque division fait à la mer, lui appartiennent en entier, sans partage avec les autres, lorsque les bâtiments preneurs ne sont plus en vue de ceux qui ont une autre destination. — Du reste, quand des bâtiments sont détachés avec ordre de ne plus se réunir à l'escadre ou à l'armée navale, ils ont seuls droit aux prises qu'ils peuvent faire, sans distinguer s'ils ont été détachés d'une escadre ou armée navale à l'ancre ou de celle qui était en pleine mer (art. 19). — Il a été jugé que le maître canonnier d'une frégate qui, se trouvant détaché avec quelques hommes pour garder une côte, capture un navire négrier, est censé avoir agi non pour son compte propre, mais pour le compte du bâtiment de l'Etat, sur lequel il est employé, et qu'en conséquence le produit doit en être distribué à l'équipage selon les droits de chacun, établis par les lois et règlements (cons. d'Et. 23 oct. 1835) (1).

338. Il a été parfaitement décidé aussi que lorsqu'un corsaire, en relâche, demande la permission de sortir, pour courir sus à des bâtiments ennemis qui sont en vue, l'autorité du port peut lui imposer la condition qu'il fera sa sortie concurremment avec des bâtiments de l'Etat, et, qu'en cas de prise, il y aura partage; et qu'au surplus, en cas de dénégation tant de la part des armateurs que de celle des consignataires relativement à l'acceptation de la condition, il n'est pas indispensable que la preuve de l'acceptation soit faite par écrit; il suffit de la déclaration assermentée du préfet maritime et du commissaire principal (cons. des prises, 2 nov. 1808, aff. Duc de Dantzick).

339. Il y a lieu d'attribuer au capteur exclusivement la prise faite par des bâtiments pourvus d'instructions séparées, quoiqu'en vertu d'ordres subséquents ils soient tenus de se réunir. Il n'en est ainsi toutefois, suivant l'art. 20, qu'à l'égard des prises faites avant la réunion. — Il faut décider de la même manière à l'égard des prises faites par une division avant sa réunion à une autre division (art. 22). — L'art. 21 attribue également la prise entière au capteur destiné à faire partie d'une escadre ou division, s'il est chargé, par ordre du préfet maritime, d'une mission particulière.

340. Il peut arriver que des prises soient faites en commun par des bâtiments de l'Etat et par des corsaires particuliers. Dans ce cas, lesdits corsaires participent au produit des prises et aux gratifications. Leur part est alors fixée par les art. 23, 24, 25, 27 de l'arrêté de l'an 9. — On accorde aussi part aux prises aux équipages des bâtiments de commerce employés pour le compte de l'Etat et soldés par lui. Cette part se règle suivant le grade que chaque individu a au service, conformément aux proportions tracées par l'art. 26. — Les équipages des bâtiments, dont la présence inopinée a facilité les prises, sont traités dans le partage comme les équipages des bâtiments preneurs (art. 28).

341. Si des armées combinées font des prises en commun, elles se répartissent, dit l'art. 29, à raison du nombre de vaisseaux de ligne, sans avoir égard aux frégates et autres bâtiments. La part attribuée à chaque armée se subdivise ensuite suivant les distinctions établies *suprà*. — Cet article, comme le disent fort bien MM. de Pistoye et Duverdy, t. 2, p. 439, ne peut jamais être qu'une lettre morte, car les nations étrangères alliées avec la France n'étant pas liées par nos lois, il faudra toujours déterminer par conventions diplomatiques les règles de partage des prises faites en commun. C'est en effet ce qui a eu lieu lors de la dernière guerre (V. l'art. 4 de la convention du 10 mai 1854). — D'après l'art. 30, on doit traiter, dans la répartition, un officier général commandant une armée ou escadre sous les ordres du commandant d'une armée ou escadre alliée, comme s'il commandait en chef.

342. Les parts des marins tués dans les combats ou morts des suites de leurs blessures sont réservées à leurs héritiers (art. 31). Il en est de même des parts des marins débarqués pour cause de maladies ou de blessures (art. 32). — L'art. 32 de l'arrêté de l'an 9 reproduit textuellement les termes de l'art. 30 du décret du 1er oct. 1793 par application duquel il a été décidé que la loi qui accorde aux marins débarqués, pour cause de maladie, une part dans les prises, s'applique aux corsaires comme aux vaisseaux de l'Etat; qu'il n'est pas nécessaire, pour cela, que la maladie ait été contractée à bord; que, descendus à terre, ils soient entrés dans un hôpital, et qu'à leur rétablissement ils se soient rembarqués sur le même bâtiment; qu'il suffit que les marins aient été débarqués pour cause de maladie et que la saisie ait été faite un mois après leur débarquement (Cass. 12 flor. an 8) (2).

343. A l'égard des ventes faites à l'étranger ou aux colonies, V. les art. 34 et suiv. — La rétribution accordée par l'art. 34 aux consuls est aujourd'hui supprimée (circ. min. marit. 21 sept. 1854, V. MM. de Pistoye et Duverdy, t. 2, p. 441).

344. D'après un avis du conseil d'Etat, du 1er avr. 1809, approuvé le 4 du même mois, les garnisons de forts et batteries de terre et les préposés des douanes, qui ont opéré la prise des vaisseaux ennemis, ont les mêmes droits qu'un bâtiment de l'Etat qui eût fait la prise; s'ils ont seulement contribué à la prise, ils concourent au partage de la manière qui est réglée par les lois pour les prises qui auraient été faites concurremment par plusieurs bâtiments de l'Etat ou armés en course.

---

(1) (Lebrasse.) — LOUIS-PHILIPPE, etc.; — Vu l'arrêt du conseil, du 30 août 1784; — Vu le décret du 4 germ. an 2; — Vu l'arrêté du 9 vent. an 9; — Vu l'ord. du 8 janv. 1817; — Considérant que, lors de la saisie du bâtiment négrier le Navarrais, le sieur Lebrasse était maître canonnier à bord de la frégate la Gazelle, en station aux Antilles; — Que ledit sieur Lebrasse, en s'emparant du bâtiment négrier dont il s'agit, à l'aide d'un détachement de cinq hommes, dont le commandement lui avait été confié, n'a agi ni pu agir en son nom privé et pour son propre compte; — Qu'ainsi notre ministre de la marine, en décidant qu'il ne serait accordé au sieur Lebrasse que le nombre de parts qui lui sont dues d'après son grade au service, a fait une juste application des lois et règlements relatifs à la répartition des prises faites par les bâtiments de l'Etat;

Art. 1. La requête du sieur Lebrasse est rejetée.

Du 23 oct. 1835.-Ord. cons. d'Et.-M. Ferri-Pisani, rap.

(2) (Bellas C. Lauruc.) — LE TRIBUNAL; — Vu l'art. 30 de la loi du 1er oct. 1793............ — Considérant que cet article est applicable, non-seulement aux marins servant sur les vaisseaux de la République, mais encore à ceux employés sur les bâtiments armés pour le compte des particuliers; — Qu'aux termes de cet article, les marins débarqués qui restent à terre, ou qui passent sur d'autres bâtiments, ont part aux prises faites depuis leur sortie du navire qu'ils montaient, pourvu qu'elles l'aient été dans le mois qui a suivi leur débarquement, et que ce débarquement ait eu lieu pour cause de maladie ou de blessure; — Considérant qu'il est reconnu au procès que le citoyen Bellas a quitté le corsaire l'Epervier pour cause de maladie et que la prise par ce corsaire du navire l'Expédition a eu lieu huit jours seulement après son débarquement; qu'ainsi les deux seules conditions nécessaires, suivant la loi, pour qu'il eût part au produit de cette prise, se trouvaient remplies; qu'en rejetant sa demande, sous prétexte qu'il n'avait pas prouvé que la maladie qui avait occasionné son débarquement, eût été contractée à bord; que, descendu à terre, il n'était pas entré dans un hôpital, et qu'il n'était pas retourné sur l'Epervier après son rétablissement, le tribunal du département des Basses-Pyrénées a remplacé, par des dispositions qui n'étaient pas dans la loi du 1er oct. 1793, ses véritables dispositions qu'il a méconnues, et a conséquemment contrevenu de la manière la plus formelle à cette loi; — Casse et annule, etc.

Du 12 flor. an 8.-C. C.-MM. Aumont, rap.-Merlin, subst.

SECT. 9. — REVENDICATION DES MARCHANDISES PRISES SUR DES FRANÇAIS.

345. Une déclaration du 22 sept. 1638 défend à toute personne française ou autre, d'introduire en France, sous quelque prétexte que ce soit les *biens* et *marchandises* pris en mer et déprédés sur les Français, à peine de confiscation des marchandises; et si les propriétaires de marchandises peuvent justifier leur propriété, elles doivent leur être restituées (V. p. 914). — Il a été jugé : 1° que cette déclaration est applicable même au cas où celui qui a introduit la marchandise en France est un étranger, bien qu'après sa capture le navire ait fait naufrage sur les côtes d'un pays étranger, et que la vente des marchandises qu'il contenait n'ait eu lieu qu'à la suite du sauvetage, cette circonstance n'excluant pas le tort apporté par le fait antérieur de l'arrêtement du navire... Et, quoique l'étranger introducteur des marchandises ait ignoré qu'elles étaient françaises et qu'elles avaient été déprédées sur des Français (Aix, 26 août 1809) (1); — 2° Que cette déclaration est applicable à des propriétés françaises qui, étant expédiées sur un navire simulé et étant

---

(1) (Ivanich C. assureurs.) — LA COUR; — Considérant 1° qu'il est constant en fait, et d'ailleurs reconnu, que le capitaine Faribault chargea à Constantinople et à Rodosto, aux mois de juillet et d'août 1804, entre autres objets, 679 à 680 balles de laine de diverses qualités, de destination pour Marseille; — Que le 27 novembre, il fut arrêté par deux frégates anglaises, et que les capteurs remplacèrent les matelots à bord par des matelots anglais ayant à leur tête un officier de cette nation; — Qu'en cet état le navire fut détourné de sa route, et dirigé vers Malte; — Que, dans la nuit du 7 décembre, il naufragea; que les papiers de bord furent perdus; qu'on ne sauva que quelques marchandises et une partie des agrès du bâtiment, et que le tout fut transporté à Trapani, et resta à la disposition des personnes employées chez le vice-consul anglais, résidant dans le même port; — Qu'il résulte des pièces produites au procès, que le sauvetage eut lieu sous la direction du capitaine de prise, et néanmoins sous la surveillance de l'administration locale de la santé; — Qu'au mois d'avril, on s'occupa de la vente de tous les objets sauvés, et que le sicilien Campagniolle s'en rendit l'adjudicataire; — Qu'il constate que les 272 balles laines dont il s'agit au procès, font partie de celles achetées en plus grande quantité par ledit Campagniolle; — Que sans discuter au sujet de cette identité, toutes les preuves invoquées par les assureurs, il suffit de s'arrêter sur ce sujet à l'expédition de la douane de Trapani, relative au chargé du capitaine Ivanich, laquelle est ainsi conçue : Vous laisserez transvaser de l'île de Savignana, notre conjointe, à M. Vincent Campagniolle, de Trapani, 228 quintaux 32 rettes net laine surge, sur le bâtiment du capitaine Gaspard-Thomas Ivanich, impérial, pour Marseille, la même, en majeure quantité, recouvrée du navire du capitaine P. Faribault, capturé par le capitaine Ricard Marclay, anglais, échoué endite et au rivage de Calomone, achetée par ledit Campagniolle; — Que cette pièce est tellement concluante, qu'on n'a cherché à la contredire, qu'en supposant qu'elle prouve seulement que les 272 balles chargées par le capitaine Ivanich, proviennent en partie du chargement du capitaine Faribault; mais que tel n'est pas le sens de l'expédition de la douane, mais bien que lesdites balles font partie d'une plus grande quantité de celles recouvrées du naufrage du capitaine Faribault, et que l'interprétation donnée par le capitaine Ivanich est à contre-sens de sa disposition littérale; — Qu'ainsi on ne peut point révoquer en doute que les 272 balles laines dont il s'agit, introduites à Marseille par le capitaine Ivanich, ne fissent en totalité partie de celles chargées en plus grande quantité à Constantinople et à Rodosto par le capitaine Faribault;

Considérant 2° que, pour prouver la propriété française des laines chargées par le capitaine Faribault, les assureurs ont produit le double des connaissements signés par le capitaine avant son départ, au nombre de trois; — Que le premier de ces connaissements se compose de 408 balles. Le sieur Grégoire Keppel charge, y est-il dit, pour son compte, pour conduire à Marseille et consigner au sieur Georges Vemara, sujet de Raguse; il est sous la date du 25 août 1804; à la suite de ce connaissement se trouve la déclaration du chargeur Keppel, que le chargement est pour compte des sieurs Belhomme, Mille et compagnie, d'Andrinople; et qu'en conséquence le consignataire Vemara voudra bien à leur ordre en faire la consignation. Cet endossement est du 26 août : il est suivi de l'ordre des sieurs Belhomme, Mille et compagnie, pour le sieur Vemara, de consigner à Marseille aux sieurs Pierre Sevans et compagnie et aux sieurs Lasalle et Pelet. — Cet ordre est du 20 septembre; — Que le second connaissement se compose de 131 balles : le sieur Keppel les charge pour compte des sieurs Badety frères, sujets ottomans, d'Andrinople, pour conduire à Marseille et consigner au sieur Michel Badety, sujet ottoman. Sa date est pareillement du 25 août : au bas est l'endossement du chargeur Keppel, portant que les effets chargés sont pour le compte des sieurs Belhomme, Mille et compagnie, d'Andrinople; et que le sieur Michel Badety voudra bien, à leur ordre, en faire la consigation. Cet endossement est encore du 26 août; — Enfin que le troisième connaissement se compose de 140 balles : le sieur Dalexandre, sujet russe, les charge à Constantinople pour son propre compte, pour les conduire à Marseille, et les consigner aux sieurs Raimbert frères, et Laurex, négociants russes. Il est daté du 9 juillet. Suit l'endossement du chargeur Dalexandre, portant ordre aux frères Raimbert et Laurex de Marseille, de consigner aux sieurs Thorrès et Lazare Estieu, de ladite ville, lesquelles ne lui ont été adressées que par simulation. Cet endossement est du 10 septembre; — Que la preuve que les assureurs font résulter de ces trois connaissements est en même temps authentique en droit, et concluante en fait;

Qu'en principe de droit maritime, les connaissements prouvent légalement la propriété des marchandises chargées, non-seulement entre le capitaine et les chargeurs, mais même à l'égard des tiers; et que les endossements font à cet égard autant de foi que la pièce à laquelle ils sont apposés, ainsi que l'établit Valin, sur l'ordonnance de la marine, t. 1, liv. 2, tit. 10, art. 3, p. 573; — Que l'authenticité de cette preuve est la même dans le commerce maritime, que celle résultant dans le commerce de terre des lettres de voiture et lettres de change, billets à ordre, et des endossements qui y sont apposés; — Qu'on ne saurait s'arrêter à l'exception du capitaine Ivanich, fondée sur ce que les connaissements produits ne sont pas pièces de bord; — Que la preuve de propriété, par pièces de bord, n'est exigée que par les règlements relatifs à la course, notamment par celui de 1778, en faveur des Français capteurs contre les capturés, pour prévenir la simulation; mais que c'est précisément parce que telle est la règle relative au capteur, qu'elle doit être diamétralement opposée, quand il s'agit de l'intérêt du capturé; et que si le capteur français est fondé à dire qu'on ne doit pas simuler la propriété, et que, par conséquent, la propriété neutre doit être prouvée par pièces de bord, le capturé français doit pouvoir dire, au contraire, qu'il a pu simuler, et, par conséquent, que, s'il réclame sa propriété rentrée en France, il doit pouvoir la prouver par des pièces autres que celles de bord; — Qu'on ne peut soutenir le contraire sans proscrire la simulation de la propriété française, à l'égard des ennemis de la France en temps de guerre; ce qui est insoutenable et tend à rendre la déclaration de 1638 tout à fait inutile, puisqu'elle ne pourrait jamais recevoir aucune application;

Que, dans le fait, la preuve résultant des trois connaissements ci-dessus est concluante; — Que le premier prouve par le dernier endossement que les laines chargées l'étaient pour le compte du sieur Serans et des sieurs Lasalle et Pelet, de Marseille; — Que, quoique ceux-ci aient fourni une déclaration portant que les sieurs Belhomme et Mille, d'Andrinople, et le sieur Escalon, de Smyrne, étaient en participation avec eux, il est toujours vrai que la propriété était entièrement française, soit parce que ces derniers, fussent-ils étrangers, leur intérêt se rapportant à un chargement de compte en participation avec des Français, destiné pour Marseille, et assuré en totalité pour Marseille, la propriété devrait être considérée comme française; soit encore parce que les sieurs Belhomme et Mille, d'Andrinople, et le sieur Escalon, de Smyrne, sont notoirement des négociants français établis à Andrinople et à Smyrne; que leurs maisons y sont accréditées comme le sont tous les établissements français au Levant, d'après les capitulations depuis longtemps en vigueur avec la Porte-Ottomane. Les établissements de commerce faits en pays étrangers, ne peuvent jamais être considérés comme ayant été faits sans esprit de retour; ils n'emportent pas privation de la qualité de Français (code Napoléon, art. 17), et l'esprit de retour est toujours présumé, sans qu'il soit nécessaire de rechercher si les négociants ainsi établis se sont conformés au décret du 4 mess. an 11, qui ne saurait être relatif à la jouissance ou à la privation des droits civils;

Considérant, d'ailleurs, qu'il n'a pas été justifié, en fait, que le sieur Escalon a rempli les fonctions de consul de Prusse à Smyrne; — Que le second connaissement prouve aussi, par l'endossement pour le compte desdits sieurs Belhomme et Mille, d'Andrinople, qu'il faut considérer comme Français, d'après les motifs précités; que le sieur Michel Badety, consignataire à Marseille, quoique Grec-Ottoman d'origine, est domicilié et résidant à Marseille depuis environ douze ans; qu'il y a maison de commerce; qu'il a épousé une Marseillaise; qu'il en est veuf; qu'il en a trois enfants; qu'il est propriétaire foncier; qu'il est reconnu citoyen français depuis le gouvernement directorial; — Que tous ces faits sont très-concluants pour prouver la propriété française de ce deuxième connaissement; — Que, dans l'espèce d'un arrêt du ci-devant parlement de Provence, rapporté dans le Traité des assurances d'Emerigon, t. 1, p. 517, l'action en revendication, fondée sur la déclaration de 1638, fut admise en faveur du consul suédois, résidant à Marseille; — Enfin, que le troisième connaissement porte que les marchandises seront consignées à Marseille aux sieurs Thorres et Lazare Estieu; et quoique le chargeur y déclare charger pour son propre compte, l'énonciation portée par l'endossement, qu'elles ne sont adressées aux sieurs Thorres et Estieu que par simulation, prouve assez la propriété française; — Que les

simulées elles-mêmes, ont été prises en mer par des ennemis des propriétaires apparents, déclarées de bonne prise par les juges du capteur, et par suite vendues publiquement ; en conséquence de telles marchandises introduites en France, peuvent être réclamées par les propriétaires (Req. 19 oct. 1809) (1).

346. Il a été très-bien décidé aussi : 1° que le règlement

---

dates de ces connaissements et des endossements sont toutes antérieures au départ du capitaine Faribault de Rodosto, ou du jour même du départ, qui est le 20 sept. 1804 ; — Qu'il n'est pas nécessaire que les endossement soient signés par le capitaine, pour prouver authentiquement la négociation ; que les usages du commerce repoussent cette obligation ; et qu'au surplus ceux produits par les assureurs l'ont été dès l'origine du procès ; ce qui prouve qu'ils avaient été envoyés directement à Marseille par les chargeurs, conformément à ces usages, au moment du départ du capitaine Faribault, comme étant le double de ceux que le capitaine devait avoir à bord, et qui ont été perdus dans le naufrage ; — Que la preuve de la propriété française, fondée essentiellement sur les connaissements, est confirmée par les polices d'assurances traitées toutes à Marseille, pour le compte des sieurs Lasalle, Pelet, Serans et Badety ; toutes pour le compte de qui il appartiendra, ce qui exclut le pour-compte neutre des chargeurs et le plus grand nombre pour compte simulé ; — Qu'elle résulte encore de la manière dont a été traité le capitaine Faribault après son arrêtement, ainsi qu'il l'expose lui-même dans son consulat ;

Considérant, porte l'ordonnance, qu'il y a, dans le fait, prise et déprédation dans le sens de la déclaration de 1658 ; — Que, s'il y a prise et déprédation, elles ont été exercées sur des Français, puisque la propriété du chargement du capitaine Faribault était française ; — Et que, s'il y a prise et déprédation sur des Français, il y a lieu à appliquer la déclaration de 1658, contre le capitaine Ivanich, introducteur des balles de laine dont il s'agit, que ce soit pour son compte ou pour tout autre qu'il les ait introduites ; — Que ce capitaine, pour se soustraire à l'application de cette loi, cherche inutilement à faire considérer les marchandises comme provenant du sauvetage, à la suite du naufrage du capitaine Faribault ; qu'il est vrai qu'il y a eu naufrage et sauvetage ; mais que cela n'exclut pas le tort apporté par le fait antérieur de l'arrêtement, qui, n'ayant point été suivi de jugement de prise, constitue la déprédation, et rend encore plus juste et indispensable l'application de la déclaration de 1658 ; — Qu'en effet, toutes les pièces du procès constatent une vraie déprédation exercée par les agents anglais de Sicile, sur un chargement arrêté par des frégates anglaises, naufragé et sauvé en partie ; — Que le sauvetage a eu lieu sous la direction du capitaine de prise, et sous la surveillance de l'administration locale de la santé ; — Que la vente aux enchères a été provoquée par le Sicilien Campagniolle, au nom du consul anglais, d'après une offre générale et en bloc sur tous les objets sauvés ; — Que l'offre est faite formellement payable à sir Fough, consul général de la nation britannique ; — Que l'offrant y met pour condition que le consul général britannique la ferait sortir à cet effet, quand même ces objets se trouveraient déjà vendus par lui ou par ses délégués ; — Qu'il entend par cette offre « faire chose agréable et utile à la nation britannique, à qui appartient ladite prise faite par les susdites frégates anglaises, et prévenir tout préjudice que le gouvernement pourrait souffrir par la vente des objets dont il s'agit à vil prix ; » — Que le consul anglais intervient, accepte l'offre et se rend garant des conditions ; — Que tout cela est renouvelé lors des enchères et de la délivrance définitive qui fut faite sans surdite audit Campagniolle ; — Que le simulacre de procédure prouve évidemment et la déprédation de la propriété française et le transport de cette propriété au consul anglais, sous le nom emprunté de Campagniolle ; — Que le capitaine Faribault n'a jamais été appelé à tout ce qui a été fait, et que, depuis son consulat, il n'est plus parlé de lui dans aucune pièce ; que son absence seule constitue la déprédation ; car, soit qu'il s'agisse de sauvetage ou de prise, il aurait toujours dû être présent à tous les actes de procédure ; — Qu'il n'a été fait aucune procédure sur la prise, ce qui constitue toujours plus la déprédation ;

Considérant que, dès qu'il y a eu déprédation sur mer des marchandises de propriété française, suivie de l'introduction des mêmes marchandises en France, il y a lieu nécessairement à l'application littérale de la déclaration de 1658 ; — Que le capitaine Ivanich veut vainement s'y soustraire, soit en prétextant que cette marchandise a été introduite pour son compte, et non pour celui du Sicilien Campagniolle, moins encore pour celui du consul anglais Fough, soit en alléguant que, pour qu'il y ait lieu à l'application de ladite déclaration, l'introducteur doit avoir su que la propriété était française, et l'avoir introduite sciemment comme telle ; — Que le premier prétexte est condamné par le texte de la déclaration de 1658, qui prohibe l'introduction, non-seulement aux Français, mais aux étrangers, quels qu'ils soient, et que de pareilles lois politiques ont toujours été obligatoires pour les étrangers tout comme pour les Français ; — Qu'au surplus le traité de vente passé par Campagniolle à Ivanich, tardivement produit par ce dernier, seulement en cause d'appel, quoiqu'il paraisse à la date du 12 juill. 1806, et qui ne se trouvait point à bord, quoiqu'il fût plus avantageux de faire paraître sur mer les marchandises dont il s'agit, comme étant la propriété du capitaine que comme étant celle de Campagniolle, est évidemment simulé, puisqu'il énonce qu'Ivanich est acheteur pour compte de qui il appartiendra ; que le vendeur impose à l'acheteur l'obligation de se rendre à Marseille, et qu'on y stipule pour lui le fret et un droit de chapeau ; — Que le traité de vente de Campagniolle à Ivanich est du 2 juillet, et le permis de la douane du 6 du même mois, mais qu'il résulte de cette dernière pièce que l'ordre de faire ce transvasement avait été donné à Palerme par le suprême Salvia des douanes royales, dès le 25 juin précédent, et que c'est sur l'exhibition de cet ordre que la douane de Trapani expédia le permis ; d'où il faut conclure qu'avant la prétendue vente faite à Ivanich, le 2 juillet, on avait combiné et arrangé à Palerme l'expédition des deux cents soixante-douze balles de laines ; que cette expédition n'a pas été une suite et une conséquence de la vente faite à Ivanich ; mais, au contraire, que cette vente a été la suite et la conséquence des arrangements pris à Palerme par le véritable propriétaire des laines ; — Que le deuxième prétexte n'est pas moins opposé à la même déclaration de 1658, et qu'on ne l'étaye que de la doctrine isolée d'Emerigon, qui dit que cette déclaration est contraire au droit commun, et que, comme les permis, il ne faut l'appliquer qu'à l'introducteur, qui a su que la marchandise qu'il introduisait était française, et avait été prise ou déprédée sur des Français ; — Qu'il faut distinguer dans cette loi deux dispositions : l'une relative à l'introduction, et qui concerne les Français tout comme l'étranger ; l'autre relative à l'achat, et qui n'est dirigée que contre les Français acheteurs ; — Que la première, au lieu d'être contraire au droit commun, lui est conforme, puisqu'elle ne fait qu'accorder au légitime propriétaire, sous le nom de confiscation à son profit, une action en revendication, et que cette action a toujours pu être exercée en matière de choses mobilières, *contrà quemcumque possessorem*, sans que la bonne foi du possesseur actuel puisse le soustraire à la restitution réclamée par le vrai propriétaire ; telle est la maxime consacrée par la loi *in civilem*, Cod., *De furtis*, et le § 19, instit., *De oblig. quæ ex delict. nasc.*, et constamment observée en France ; — Que cette maxime ne doit pas cesser d'être applicable lorsqu'il s'agit de marchandises capturées sur des Français, lors même qu'il y aurait eu jugement de prise, et, à plus forte raison, lorsqu'il n'y a pas eu de jugement ; que les jugements étrangers en matière de prise, comme en toute autre, ne sont point exécutoires en France contre le légitime propriétaire français ; et qu'au surplus en cette matière, les publicistes reconnaissent que l'impuissance où se trouve le capturé pour l'heure, ne fait que le réduire à la nécessité d'attendre un temps plus favorable, qu'il cherche et qu'il trouve toujours, comme le dit Burlamaqui, et que telle est la maxime consacrée par la loi, *Adversus hostem æterna auctoritas esto ;* — Qu'on ne peut considérer comme pénale, dans la déclaration de 1658, la disposition relative au Français acheteur, mais que ce n'est pas de cette disposition qu'il s'agit, mais seulement de l'autre ; — Que de là il suit qu'on ne saurait objeter aux assureurs le payement du fret fait au capitaine Ivanich, et le relâchement de son navire ; et qu'au surplus ce fait est antérieur à l'époque où ils se sont procuré l'expédition de la douane de Trapani, et le procès-verbal des offres faites par Campagniolle et de la vente passée en sa faveur ; — Considérant, au surplus, que Ivanich eût-il chargé réellement pour son compte, ce qui n'est pas, n'a pas pu ignorer que les marchandises par lui acquises provenaient d'une prise suivie d'un naufrage, et de la vente aux enchères qui en avait été faite à Campagniolle ; ce qui, dans cette supposition, le constituerait de mauvaise foi sur la propriété française, tout de même que Campagniolle ; — Considerant, en quatrième et dernier lieu, que, par suite des décisions précédentes, les deux cent soixante-douze balles dont il s'agit devraient être restituées aux négociants français, pour compte de qui le capitaine Faribault avait chargé, si ces négociants n'avaient fait abandon à leurs assureurs ; — Que cet abandon a été fait, tant pour cause de prise que pour cause de naufrage ; — Que, d'après cela, on ne saurait contester, et il ne l'a pas été, que les assureurs représentent les propriétaires assurés et leur ont été subrogés de plein droit ; — Enfin que, réunissant à la fois la qualité de propriétaires revendicateurs et celle de dénonciateurs de la marchandise introduite contre la disposition de la loi, ils doivent profiter eux seuls de la confiscation ordonnée par la loi ; — Par ces motifs, met l'appellation au néant ; ordonne que ce dont est appel tiendra et sortira son plein et entier effet ; condamne l'appelant à l'amende de 10 fr. et aux dépens.

Du 26 août 1809.-C. d'Aix.

(1) *Espece :* — (Il Carlo Felice.) — Le pourvoi était formé contre un arrêt de la cour d'Aix, du 28 juill. 1808 : 1° pour fausse application de la déclaration du 22 sept. 1638, en ce que la prise, ayant été jugée bonne à Alger, est devenue propriété algérienne ; impossible par conséquent de la réclamer comme propriété française ; — 2° Pour excès de pouvoir. — Quand des nations sont en guerre, disait-on, chacune des parties belligérantes est le juge exclusif des prises faites sous son pavillon. Or, à l'égard du navire il Carlo Felice, il a été décidé à Alger qu'il était sarde et comme tel de bonne prise, ainsi que son chargement. On n'a donc pu affirmer à Aix que la propriété française avait été prouvée à Alger, et déclarer la prise mauvaise, tandis que le contraire avait été déclaré à Alger. — Arrêt.

de 1778, qui exige des pièces de bord pour établir la propriété des marchandises, ne dispose qu'en faveur des Français capteurs contre des Français capturés, de telle sorte, qu'on ne peut l'opposer au Français qui revendique ses marchandises prises par l'ennemi, et depuis introduites en France, alors surtout qu'au moment du naufrage du navire capturé, les pièces de bord ont été perdues (Aix, 26 août 1809, aff. Ivanich, V. n° 345);—2° Que les connaissements et endossements prouvent la propriété des marchandises chargées, non-seulement entre le capitaine et les chargeurs, mais encore à l'égard des tiers; que les endossements à cet égard font autant de foi que la pièce à laquelle ils sont apposés; qu'il n'est pas nécessaire que ces endossements soient signés par le capitaine pour prouver la négociation; qu'il en est des connaissements et endossements dans le commerce maritime, comme des lettres de voiture, des lettres de change, billets à ordre et endossements y apposés dans le commerce de terre (même arrêt);—3° Que, dans ce cas, les assureurs qui ont payé la perte résultant de la déprédation du navire capturé sont pour cela seul subrogés de plein droit à tous les droits de l'ancien propriétaire; si donc l'ancien propriétaire est un Français qui puisse aux termes de la déclaration de 1638 revendiquer les marchandises capturées, lorsque le capteur ou ses ayants cause les introduisent en France, les assureurs ont le même droit à l'exercice de l'action en revendication (même arrêt).

347. La déclaration de 1638 doit-elle s'appliquer aux navires aussi bien qu'aux marchandises? En d'autres termes, le propriétaire d'un navire français capturé et vendu par les ennemis pourrait-il le revendiquer, dans le cas où il serait amené dans un port français? — L'affirmative s'induit des expressions de la déclaration de 1638. *Biens et marchandises*, le mot *biens* est général et doit ce semble comprendre même les navires: d'ailleurs on s'expliquerait difficilement une distinction entre le contenant et le contenu: s'il est permis de revendiquer les marchandises françaises prises par les ennemis et ramenées en France, pour quelle raison le navire français capturé serait-il à l'abri de cette revendication? (Conf. MM. de Pistoye et Duverdy, t. 2, p. 374 et s.). —Toutefois il a été jugé que quand un navire français a été capturé dans une de nos colonies, que la confiscation a été prononcée par la vice-amirauté anglaise, que par suite il y a eu vente aux enchères du navire, au profit de négociants anglais, et que ces négociants anglais ont revendu le navire à des Français, qui l'ont ramené en France, le propriétaire primitif, sur qui a été faite la prise et confiscation du navire, ne peut revendiquer le navire pris et confisqué, ni faire juger de nouveau en France la validité de la prise (ord. c. d'Ét. 22 juill. 1818) (1).— Il est à remarquer que, dans l'espèce, la paix était intervenue entre la France et l'Angleterre, et qu'il avait été convenu que chaque puissance garderait ses prises; le navire capturé se trouvait donc à cette époque propriété anglaise, légalement reconnue par la France. A ce point de vue seulement, la décision du conseil d'Etat se trouve justifiée.

348. D'un autre côté, il a été décidé que la donation qu'un ennemi fait à des Français d'un navire français dont il s'est emparé n'est pas valide; que les marins qui ramènent le navir en France doivent seulement être considérés comme sauveteurs, et qu'à ce titre ils n'ont droit qu'au tiers du produit de la vente (cons. des prises, 18 août 1815) (2).

349. Dans le cas où le propriétaire d'un navire confisqué et vendu à l'étranger par suite d'une prise, le fait saisir en France, si le conseil d'Etat déclare la revendication mal fondée, il doit renvoyer à se pourvoir devant les tribunaux ordinaires pour la suite de l'action reconventionnelle en dommages-intérêts formée devant lui à raison de la saisie (ord. cons. d'Ét. 22 juill. 1818, aff. Perier, V. n° 347).

350. Il a été très-bien reconnu, au surplus, que la revendication ne se lie pas, par son objet, à des rapports de gouvernement à gouvernement, en ce sens qu'elle ne puisse être accueillie immédiatement par les tribunaux (Req. 19 oct. 1809, aff. Carlo Felice, V. n° 345-2°).

351. Aux termes de l'art. 15 du titre Des prises de l'ord. de 1681, qui reproduit l'art. 5 d'une déclaration du 1er fév. 1650, lorsque dans les prises amenées dans un port français, par des navires de guerre armés sous commission étrangère, il se trouve des marchandises appartenant à des Français ou *à des alliés*, celles des Français doivent leur être rendues, et les autres ne peuvent être mises en magasin, ni achetées par aucune personne, sous quelque prétexte que ce puisse être. — Cette disposition est relative au cas où, par tempête ou par quelque autre cas forcé, une prise est introduite dans un port du royaume par un vaisseau armé sous commission étrangère et qu'elle comprend des marchandises appartenant à des Français. La restitution que, dans ce cas, on oblige le capteur, légitime maître de toute la prise, à faire à des sujets français, est en quelque sorte une compensation de l'asile qu'on lui accorde en France. Aussi, Valin (sur ledit art. 15 de l'ord.) pensait-il qu'il n'y avait pas lieu de l'ordonner dans le cas où un capteur allié ou confédéré

LA COUR;—Attendu 1° que de la déclaration du 22 sept. 1638 et autres lois postérieures, il résulte clairement que ses dispositions comprennent généralement toutes marchandises prises en mer et déprédées sur des sujets français, introduites en France, soit qu'elles aient été capturées par des neutres ou par des ennemis de l'Etat, soit qu'elles l'aient été sur des sujets d'une puissance en guerre avec le capteur, sous le nom desquels elles étaient simulées ou directement, nommément et à découvert sur un sujet français; que, par une suite, loin d'avoir violé cette déclaration, l'arrêt attaqué en a fait une juste application à l'espèce;— Attendu, qu'aux termes de cette même déclaration, les tribunaux français sont spécialement investis du pouvoir de faire toutes les vérifications et reconnaissances nécessaires, pour en atteindre l'objet, et en faire l'application, que par conséquent, l'arrêt attaqué ne présente non plus aucun excès de pouvoir;—Rejette.

Du 19 oct. 1809.-C. C., sect. req.-M. Cassaigne, rap.

(1) (Perier C. Vaucresson.) — LOUIS, etc.; — Sur le rapport du comité du contentieux; — Considérant que la vice-amirauté de la Barbade, par jugement du 9 oct. 1815, a déclaré valable la prise de l'Hendrick, comme ayant appartenu, au moment de sa capture et saisie par les forces navales anglaises, aux ennemis de la Grande-Bretagne, a prononcé sa confiscation et ordonné sa vente aux enchères; que des négociants anglais s'en sont rendus adjudicataires, et que ces négociants l'ont revendu aux sieurs Vaucresson et consorts; — Considérant que l'ordonnance de 1638, invoquée par les sieurs Perier, ne peut s'appliquer à des navires; — Considérant que la loi du 12 vend. an 6, également invoquée par les sieurs Perier, et relative aux reprises faites sur l'ennemi par les troupes françaises, ne peut recevoir d'application dans l'espèce;— Qu'il suit de ces différents motifs, que la saisie-revendication exercée par les sieurs Porier devant le tribunal de commerce du Havre est nulle et de nul effet, etc. — Considérant, sur la question des dommages-intérêts, qu'il y a lieu de renvoyer les parties devant les tribunaux;

Art. 1. Les sieurs Vaucresson et consorts sont réintégrés et maintenus dans la propriété et possession du navire l'Hendrick, ses agrès, ustensiles et apparaux. — Art. 2. Les sieurs Vaucresson et consorts sont renvoyés devant les tribunaux, pour y faire statuer sur la question des dommages-intérêts.

Du 22 juill. 1818.-Ord. cons. d'Et.

(2) *Espèce:* — (Joyau C. Denouel.) — Une barque française appelée la Marie-Jeanne avait été prise par la frégate anglaise la Dryade. Le capitaine anglais, ayant un grand nombre de prisonniers, rendit la liberté à seize d'entre eux moyennant une rançon de 2,400 fr., fit donation de la Marie-Jeanne à deux d'entre eux Denouel et Vandendresche. — A son arrivée en France Joyau, l'un des propriétaires de la barque, la revendiqua.

LE CONSEIL; — Attendu qu'il y a lieu de rendre aux propriétaires le produit de la vente du bâtiment; mais qu'aux termes de l'art. 27, tit. 9, liv. 4, ord. de 1681, le tiers appartient à tous les marins qui l'ont ramené en France, par la raison qu'ils peuvent être considérés comme sauveteurs en pleine mer du bâtiment, puisque, sans eux et sans la rançon qu'ils ont consentie, le bâtiment brûlé par l'ennemi, n'eût jamais été recouvré par les propriétaires;— Sans avoir égard au don fait par le capitaine de la frégate anglaise la Dryade, aux sieurs Vandendresche et Denouel, non plus qu'à l'acte souscrit par eux et le sieur Joyau, le 2 janvier dernier, si ce n'est en ce qui concerne l'intérêt que ledit Joyau a dans le navire la Marie-Jeanne, fait pleine et entière mainlevée au profit des propriétaires de la saisie faite dudit navire par les préposés des douanes de l'île de Ré; en conséquence, ordonne que le produit net de la vente dudit navire sera restitué auxdits propriétaires, à la charge par eux de payer aux marins qui ont ramené ledit navire en France le tiers de sa valeur, sans déduction des frais; sauf aux parties, en cas de contestation relativement à la rançon, à la porter devant les juges qui devront en connaître.

Du 18 août 1815.-Cons. des prises.

avait amené volontairement dans un port français une prise qu'il aurait faite sur l'ennemi commun. Azuni, Droit maritime, t. 2, ch. 5, § 18, 19 et 20, et Merlin, vº Prises, § 7, art. 1, combattent toutefois cette interprétation.

352. Quoique la première partie de l'art. 15 de l'ordonnance paraisse mettre, en ce qui concerne la revendication, sur la même ligne que les Français, les alliés propriétaires de marchandises trouvées sur des vaisseaux de bonne prise jetés en France par cas fortuit, ce droit n'appartient qu'aux Français et ne pourrait être invoqué par lesdits alliés. En effet, d'une part, la seconde partie de l'article ne l'accorde textuellement qu'aux nationaux; et d'un autre côté, comme c'est par compensation du droit d'asile qu'il reçoit en France, que le capteur est tenu de restituer certaines marchandises, il s'ensuit que cette obligation ne saurait lui être imposée en faveur de ceux qui ne sont pas membres de la nation hospitalière (Valin sur l'art. 15, tit. 9 de l'ord. de 1681; MM. de Pistoye et Duverdy, t. 2, p. 456). On invoquerait en vain, dans le sens contraire, la disposition qui, d'après l'arrêté du 2 prair. an 11, comme d'après l'ordonnance, permet à tout propriétaire d'objets repris sur des pirates de les réclamer, sans distinguer s'il est Français, allié ou neutre, car dans ce cas la prise opérée par les pirates n'avait pas dépouillé légalement le propriétaire, tandis qu'il en est autrement dans l'espèce prévue par l'art. 15 de l'ordonnance.

353. Bien que le déchargement des objets autres que ceux qui doivent être restitués à des Français soit prohibé dans notre hypothèse, il y aurait cependant lieu de l'opérer si le mauvais état de la prise ne permettait pas de les laisser sur le bâtiment capturé, sauf à les y replacer après le radoub du vaisseau. Si le radoub ne pouvait se faire à cause du mauvais état du navire pris, et si, d'un autre côté, le capteur ne pouvait se charger des marchandises sans en être trop embarrassé, alors l'emmagasinage en serait permis, et même la vente en cas d'urgence; s'il n'y a pas péril en la demeure, elles devront être conservées jusqu'à ce que le capteur vienne les réclamer (Valin, *ib.*).

354. La défense de décharger et de vendre en France les marchandises provenant d'une prise faite par un neutre, qu'un cas fortuit a amené en France, a été portée dans le but de maintenir les règles de la neutralité vis-à-vis de la nation à laquelle appartient le vaisseau pris par un autre neutre; c'est pourquoi, si la prise avait été opérée sur un ennemi commun par un neutre, elle pourrait très-bien être vendue en France (Valin, *loc. cit.*).

Table sommaire des matières.

Table des articles des décrets et règlements commentés dans le traité des Prises maritimes.

Table chronologique des lois, arrêts, etc.

PRISONNIER. — V. Prisons, v. aussi Complice, n°s 2, 188, 190; Droit civil, n° 260; Droit marit., n° 760; Droit naturel, n°s 122 et suiv.; Evasion, Hospice, n°s 301 et s., Huissier, n° 29.

PRISONS ET BAGNES. — **1**. Le mot *prison*, dérivé de *pris*, *prendre*, *prehendere*, exprime le lieu destiné par l'autorité à la garde des prévenus et à l'incarcération des condamnés. — Les prisons se divisent en prisons préventives, qui comprennent les maisons d'arrêt et de justice, et en prisons pour peines.— Quant au mot *bagne*, il vient de l'italien *bagno*, dérivé lui-même du latin *balneum* (bain). Il paraît que l'emploi du mot bagne pour signifier le lieu où sont retenus des condamnés, vient de ce qu'à Constantinople on appelait ainsi la prison où étaient renfermés les esclaves du grand-seigneur parce qu'elle contenait des bains. — On désigne maintenant sous ce nom les établissements formés par l'administration de la marine dans différents ports militaires, et où sont détenus pour subir leur peine les individus condamnés aux travaux forcés. — Dans l'ancien régime, on donnait le nom de *galériens* aux individus condamnés à remplir l'office de rameurs sur les bâtiments de la marine royale, et qui étaient renfermés dans les bagnes. On nommait *chiourme* la réunion de tous les rameurs d'une même galère. — Aujourd'hui, les condamnés renfermés dans les bagnes portent le nom de *forçats*, et l'on appelle *gardes-chiourmes* les gardes qui ont une surveillance immédiate sur les forçats.

2. On distingue les établissements pénitentiaires de la France en établissements civils et en établissements militaires. Les premiers se composent : 1° des *prisons municipales*, — 2° des *chambres de dépôt*,—3° des *prisons départementales*,—4° des *établissements de jeunes détenus*, — 5° des *colonies pénitentiaires de jeunes détenus*, — 6° des *maisons centrales*,— 7° des *maisons de détention*, — 8° des *bagnes*,— 9° des *colonies pénitentiaires de transportés et de déportés*. — Les établissements militaires comprennent les *maisons d'arrêt de la marine*, les *prisons militaires*, les *pénitenciers*, les *ateliers de boulet*, les *ateliers de travaux publics*.

Division.

SECT. 1. — HISTORIQUE ET LÉGISLATION.

3. Les prisons qui servent à renfermer et à punir, par la privation de la liberté, les individus que la société rejette de son sein momentanément ou pour toujours, comme coupables d'infraction aux règles sur lesquelles elles s'est constituée, sont, dans le point de vue social et politique, des institutions fondamentales. — Ces établissements de répression sont en quelque sorte la sanction des lois. Suivant que le système répressif est bien ou mal organisé, l'efficacité des lois pénales s'affermit ou s'altère; il est donc certain que l'organisation pénitentiaire a la plus grande influence sur l'ordre, la moralité et la sécurité de la société. — V. Peines, n°s 874 et s.

4. L'antiquité ne nous a laissé aucun document sur le régime intérieur des prisons. Tout ce que nous savons des Grecs, c'est que chez eux les prisonniers avaient la faculté de voir leurs parents et leurs amis et que les prisons servaient le plus souvent à l'exécution des condamnés. Ainsi Socrate, condamné à mort, prit son breuvage et expira dans sa prison. — A Rome, il existait deux espèces de prisons, l'une connue sous le nom de *latumiæ*, et l'autre sous celui de *lapidicinæ*. Dans la première, le prisonnier n'était pas attaché, il pouvait se mouvoir et marcher; dans la seconde, il était enchaîné et chargé de fers. — Il y avait encore des sortes de prisons qu'on appelait *libres*, parce que les prisonniers n'étaient point enfermés, mais seulement commis à la garde d'un magistrat, ou arrêtés dans une maison particulière, ou laissés, à leur propre garde, dans leurs maisons avec défense expresse d'en sortir. — Les lois romaines défendaient les *prisons domestiques* ou chartres privées; cependant un père pouvait tenir enfermé chez lui un fils incorrigible, et le même pouvoir était laissé, dans certains cas, au mari sur sa femme, au maître sur ses esclaves. — Des officiers étaient commis soit à l'inspection soit à la garde des prisons. Ceux qu'on appelait *commentarii* étaient spécialement chargés de la dépense; ils tenaient registre du nom, de l'âge, du nombre des prisonniers et des crimes ou délit dont ils étaient accusés.—Mais quel était le régime de ces prisons? Les renseignements sur ce point essentiel nous manquent absolument; ce que nous pouvons affirmer d'après le témoignage de Cicéron et de Salluste, c'est que ces prisons étaient affreuses.

5. Sous notre ancienne législation française, nous trouvons trois espèces de prisons : 1° les prisons royales, 2° les prisons seigneuriales, 3° les prisons de l'officialité. — Il est à remarquer que, dans l'ancien droit, l'emprisonnement ne figurait pas dans la nomenclature des peines : il n'était employé que pour s'assurer de la personne du coupable (V. M. Bérenger, De la répression pénale, 2e partie, p. 7). Les prisons, disait Boutaric sur l'art. 1, tit. 13, ord. de 1670, sont établies *ad continendos, non ad puniendos homines*. Organisé dans un but d'intimidation ou plutôt de suppression du coupable, le régime de ces prisons était impitoyable. Cependant nous trouvons dans les ordonnances de nos rois quelques dispositions qui témoignent d'un retour à des sentiments plus humains.—V. notamment l'ord. de Charles VI sur les prisons, l'ord. de François Ier, art. 55, enfin l'ord. de 1670 qui constitua l'état de la législation criminelle de la France jusqu'à la révolution de 1789 et dont les art. 1, 20, 25, 35 contenaient des prescriptions fort sages.

Mais ces règlements n'étaient pas observés, et les prisons de la France n'en offraient pas moins le spectacle le plus hideux et le plus déplorable. — Innocents et coupables, accusés et condamnés, simples débiteurs et grands criminels, tous étaient confondus pêle-mêle dans les mêmes cachots. Renfermés dans des espaces étroits et humides, privés d'air et de lumière, soumis aux plus rudes privations, exposés à la brutalité barbare des geôliers, les prisonniers étaient non pas *enfermés*, mais *torturés*; leurs prisons, comme les plombs de Venise, ne faisaient qu'accroître et prolonger leurs tourments.

6. Ce qu'on n'a pas assez flétri, à notre gré, c'est l'épouvantable régime pénitentiaire des monastères au moyen âge. Dans ce temps de fanatisme où la passion égarait les âmes, et endurcissait les cœurs, on voyait des abbés jeter dans des gouffres infects de malheureux religieux, les mutiler et les faire expirer dans de lentes et horribles tortures. Privés de tout commerce avec leurs semblables et de toute consolation humaine, ces infortunés mouraient presque tous dans les convulsions du désespoir et de la rage. — Ces châtiments inouïs soulevaient l'indignation publique et les souverains eux-mêmes s'interposèrent souvent entre la puissance ecclésiastique pour la faire rentrer dans les bornes d'une sévérité prudente. Le roi Jean, ému de tels excès, ordonna que les supérieurs des monastères visiteraient leurs prisonniers deux fois par mois; qu'ils donneraient, en outre, permission à deux religieux, à leur choix, de les aller voir, et fit expédier, à cet effet, des lettres patentes. Les abbés se plaignirent, en appelèrent au pape; mais le roi les ayant menacés de les chasser du royaume, ils affectèrent le parti de la soumission, sans se départir au fond de la sévérité de leurs principes.—En conservant leurs prisons dont les murs étouffaient le cri des victimes, ils pouvaient, en effet, être cruels avec impunité.

7. Comme les évêques avaient une juridiction contentieuse, ils avaient aussi une cour de justice et des prisons pour renfermer les ecclésiastiques coupables ou prévenus de crimes. Ce sont ces prisons qui étaient désignées sous le nom de *prisons de l'officialité*. — Les *prisons seigneuriales* ne pouvaient être établies dans l'intérieur des châteaux. L'ordonnance d'Orléans les voulait sûres et au niveau du sol, et enjoignait aux seigneurs justiciers d'y entretenir un geôlier. — Enfin, quant aux *prisons royales*, elles étaient de plusieurs sortes : celles qui étaient destinées, comme le For-l'évêque, à Paris, à renfermer les gens arrêtés pour dettes; — celles où l'on tenait les malfaiteurs, comme la Conciergerie, la Tournelle le Grand et Petit Châtelet; — les *prisons d'Etat*, comme la Bastille, Vincennes et Pierre-Encise; — Les *prisons perpétuelles*, comme les îles de Sainte-Marguerite, et les *maisons de force*, comme Bicêtre, Charenton et Saint-Lazare. — V. aussi à l'égard des anciennes prisons l'exposé des motifs rapporté ci-après, p. 988.

8. Quant au régime intérieur de ces prisons, il était à peu près partout le même, c'est-à-dire totalement étranger à toute pensée d'humanité, à toute amélioration du coupable. Ainsi que le disait en 1829 M. Martignac, *les prisons punissaient sans corriger*. L'ancien système pénitentiaire frappait durement, cruellement le corps; il ne faisait rien pour améliorer l'âme, et même en réunissant les criminels dans une vie commune, sans distinction de culpabilité, il l'exposait au contact de la plus dangereuse corruption. — La philanthropie a commencé la première la réforme de ce système en abolissant les tortures physiques, en comblant les cachots infects, en améliorant la condition matérielle des condamnés. — Mais c'est à l'assemblée constituante de 1789, inspirée par les écrits des philosophes et des publicistes du siècle dernier qu'appartient l'honneur d'avoir su triompher des vieux préjugés en matière de répression ; elle fit une véritable révolution dans notre système de pénalité. L'emprisonnement, qui jusqu'alors n'avait, comme on l'a dit ci-dessus, pour objet que de s'assurer de la personne du coupable, devint une des peines principales du code de 1791 (V. Peines, n° 15, et M. Bérenger, p. 9). — Ce code institua quatre lieux de répression distincts : 1° les *prisons préventives*, qui comprenaient les *maisons d'arrêt* et de *justice* ; — 2° Les prisons *pénales criminelles*, qui comprenaient les *bagnes*, les *maisons de force*, les *maisons de gêne*, pour les condamnés à cette peine; ce dernier mode d'incarcération n'a jamais, en réalité, reçu son application ; — 3° Les prisons *pénales correctionnelles*, où étaient enfermés les individus jugés en police correctionnelle; — 4° Enfin, les prisons de *jeunes délinquants*, destinées à renfermer les enfants au-dessous de seize ans, ainsi que ceux au-dessous de vingt-un ans détenus par voie de correction paternelle. Mais il ne paraît pas que sous l'empire du code de 1791, cette affectation exclusive ait été affectée à aucune prison (V. M. Bérenger, *eod.*, p. 13).—A l'égard du régime de ces divers lieux de répression, V. *eod.*, p. 14.

9. Le code de brumaire an 4 ne changea pas le système d'emprisonnement établi par le code de 1791. La nomenclature des maisons de détention resta donc la même jusqu'au code de 1810, qui divisa les prisons en cinq espèces différentes : 1° les *maisons de police municipale*; — 2° Les *maisons d'arrêt*; — 3° Les *maisons de justice*;—4° Les *maisons de correction* (départementales); — 5° Les *maisons de détention* (centrales), et enfin les *bagnes* (V. M. Bérenger, p. 23).—Outre ces lieux de répression, il y avait encore les *prisons d'Etat*, dans lesquelles étaient renfermées, par mesure de haute police, et sans jugement, les personnes que le gouvernement considérait comme dangereuses, et qu'il trouvait de l'inconvénient à traduire devant les tribunaux. Elles étaient fixées à huit par le décret du 3 mars 1810, qui en régularisa le régime (V. *eod.*, p. 25).—A ces prisons furent ajoutées plus tard celles qui, à défaut de lieu de déportation, étaient destinées à renfermer les condamnés à cette peine. La prison de Saint-Michel d'abord, et plus tard celle de Doullens, reçurent cette destination. — V. M. Bérenger, p. 27, et ord. 2 avr. 1817, 22 janv. 1835, v° Peine, n° 610.

10. Au milieu de ces transformations de notre système pénitentiaire, le régime intérieur des prisons ne reçut pas tout d'abord les améliorations qu'avaient fait pressentir les grands principes de regénération sociale dont l'assemblée constituante était imbue. Bien plus, et chose triste à dire, c'est lorsque la constitution donnait à la liberté individuelle les garanties les plus larges et les plus libérales, lorsque les droits de l'humanité étaient proclamés sacrés, que cette liberté et ces droits ont été le plus criminellement violés dans les prisons où la loi des suspects entassait chaque jour des milliers de citoyens, de femmes et d'enfants, et d'où l'on ne sortait que pour inonder de son sang les échafauds. — Mais l'orage une fois dissipé, nous voyons le législateur se préoccuper principalement de la situation des prisons par l'organisation des ateliers de travail (arr. min. 8 pluv. an 9); par la suppression des cachots et de tous les logements malsains (arr. 20 oct. 1810 et 25 déc. 1819).—Malgré tout, on avait encore fait bien peu de choses, à en juger par le tableau déplorable que M. Bérenger, p. 420, trace de la situation des prisons sous la restauration. Le gouvernement dut nécessairement s'en préoccuper : afin d'agir en connaissance de cause, il institua une société royale des prisons, chargée d'indiquer les changements qu'il lui paraîtrait utile d'introduire dans le régime des maisons de détention (ord. 9 avr. 1819. V. p. 991). — Ces sociétés rendirent de grands services; elles cessèrent d'exister en 1829. — V. M. Bérenger, *loc. cit.*

11. Il est certain que, depuis 1817, les bagnes, et surtout les maisons centrales, suivant l'exemple qui était donné par l'Angleterre, avaient reçu beaucoup d'améliorations matérielles (ord. 2 avr. 1817 et 20 août 1828). Mais le régime moral n'était point amélioré; et ainsi que l'a dit M. de Tocqueville dans son rapport sur le projet de réforme pénitentiaire, présenté dans la session de 1840, par suite de ces innovations incomplètes, nos prisons avaient cessé d'être *intimidantes, sans devenir réformatrices* (rapp. du 24 juill. 1840, Mon. 1840, p. 1747).—En effet, à dater de l'époque que nous signalons (1817), le nombre des *récidives* a constamment augmenté (V. M. Bérenger, p. 403 et s., et le rapport du min. de l'intér. avr. 1834).—Cependant une croyance populaire en Amérique, c'est qu'il est au pouvoir des gouvernements de régénérer les condamnés et de les rendre corrigés à la société. Cette généreuse pensée, qui d'abord avait trouvé des contradicteurs, est enfin passée aussi en France de la théorie dans le domaine législatif : le gouvernement a proposé aux chambres, en 1840, un projet de loi relatif à la réforme des prisons, basé sur cette idée. Avant de faire connaître les bases et les dispositions fondamentales sur lesquelles reposait ce projet, nous croyons utile, afin d'en faciliter l'intelligence, d'indiquer les idées principales émises par les réformateurs pénitentiaires.

On a, en général, considéré comme base de la réforme pénitentiaire ces trois moyens réunis : 1° le travail, principe des idées d'ordre; 2° la religion, base de la moralisation; 3° la séparation des prisonniers, soit absolue, soit en catégories, moyen de paralyser la contagion de la démoralisation ; 4° l'isolement, qui n'est qu'un des modes de la séparation, mais qui devient, surtout en raison de la manière dont il est appliqué, le plus puissant moyen d'intimidation par la peine qu'il constitue.—Ces idées ont donné lieu, soit en Amérique, soit ailleurs, à l'application de trois systèmes pénitentiaires principaux qui ont été : 1° l'*emprisonnement cellulaire et solitaire de jour et de nuit, mais sans travail* (c'est le plus pénible des châtiments, et on a dit de cette méthode qu'elle ne réforme pas, mais qu'elle tue); — 2° L'emprisonnement solitaire de jour et de nuit *avec travail* (ce qui nous paraît, jusqu'à l'expérience contraire, le meilleur système);

—3° L'emprisonnement solitaire de nuit, réunion et travail pendant le jour, mais avec l'obligation d'un silence absolu, et l'impossibilité de communication par la surveillance des gardiens.—Le système de l'isolement a été adopté en principe par le gouvernement dans le projet de loi de 1840, et par la commission dont M. de Tocqueville a été le rapporteur. Voici les dispositions principales de ce système; le projet était divisé en cinq titres : 1° du régime des prisons en général; 2° prisons affectées aux prévenus et accusés; 3° des prisons affectées aux condamnés; 4° des dépenses des prisons; 5° dispositions générales (V. Mon. 24 juill. 1840, p. 1741). — Quant aux prévenus et accusés, le projet de loi posait le principe de l'emprisonnement individuel, c'est-à-dire l'interdiction de toute communication quelconque de prévenu à prévenu, soit le jour, soit la nuit. Il leur était permis de travailler dans leurs cellules à tous les ouvrages compatibles avec la sûreté et l'ordre de la maison, et le produit de leur travail devait leur appartenir. — Dans son tit. 3, relatif aux prisons affectées aux condamnés, le projet supprimait implicitement les bagnes. Il divisait les prisons en *maisons de travaux forcés, maisons de reclusion, maisons d'emprisonnement*. Le projet posait pour les condamnés le principe de l'isolement pendant le jour et la nuit, et du travail. — Il n'y avait qu'une exception à l'isolement, relativement aux condamnés à plus de douze ans de travaux forcés, ou aux travaux forcés à perpétuité. Ces deux espèces de condamnés, après avoir subi pendant douze ans leur peine d'après le système de l'isolement, devaient continuer ensuite à être séparés pendant la nuit, mais ils devaient être employés en commun pendant le jour aux travaux les plus pénibles.—Toutefois, afin de tempérer pour tous les condamnés la rigueur d'un isolement aussi absolu et de puiser dans un adoucissement à cette rigueur un moyen d'amélioration, le projet disposait que les condamnés seraient visités aussi souvent que possible par le directeur de la prison, l'aumônier, le médecin, l'instituteur, les membres de la commission de surveillance. Il ouvrait aussi pour les visites de grandes facilités aux membres des associations charitables, à la famille du condamné et autres personnes qui présentaient les garanties suffisantes et étaient autorisées. Enfin, il déclarait que le travail et la lecture ne pourraient être refusés aux condamnés, si ce n'est à titre de punition temporaire. — Des maisons spéciales étaient affectées aux femmes condamnées aux travaux forcés, à la reclusion et à l'emprisonnement (art. 18, *id.*). — Les enfants condamnés en vertu de l'art. 67 et 69 c. pén., et les enfants détenus, soit en vertu de l'art. 66 du même code, soit par voie de correction paternelle, étaient renfermés dans des maisons particulières (art. 19, *id.*).

Ce projet fut retiré, puis, après modification, représenté en 1843. Discuté en 1844 par la chambre des députés, il fut adopté. La chambre des pairs, qui en fut saisie à son tour, exprima le vœu que la cour de cassation et les cours d'appel fussent consultées. Les observations faites par les tribunaux amenèrent de nouvelles modifications dans le projet. Enfin, la rédaction définitive en fut présentée de nouveau à la chambre des pairs. — M. Bérenger fit un rapport sur ce projet de loi dans la séance du 24 août 1847; mais la discussion ne put avoir lieu, et la révolution de 1848 fit avorter cette heureuse tentative.

12. Les troubles politiques qui suivirent ne permirent guère de s'occuper des réformes à introduire dans notre régime pénitentiaire. Néanmoins un grand pas avait été fait : des expériences nombreuses avaient démontré la supériorité du système de l'emprisonnement individuel, lequel non-seulement était reconnu par tous les hommes compétents comme le plus propre à exercer une heureuse influence sur le moral des détenus, mais encore avait été adopté en principe par l'administration. On avait reconnu notamment que le système de l'emprisonnement individuel est le seul qui convienne pour les maisons d'arrêt et de justice (circ. min. int. 20 août 1849, D. P. 50. 3. 26, V. M. Bérenger, p. 486 et s.). — Déjà, un certain nombre de prisons cellulaires avaient été construites, et il ne s'agissait plus que de marcher résolûment dans cette voie, lorsqu'une circulaire du 27 août 1853, faisant un pas en arrière, annonça que le gouvernement renonçait à la séparation individuelle, et qu'on se bornerait dorénavant à introduire dans les prisons l'ancien système de la division des détenus par classes ou catégories (V. nos 39, 40). Ce retour de volonté qui n'est fondé que sur des motifs d'économie, fut accueilli avec un étonnement général et avec une grande défaveur. — V. M. Bérenger, p. 480 et s.

13. Mais si, sur ce point, le gouvernement de Napoléon III semblait répudier les enseignements du passé, il a su d'un autre côté accomplir une réforme appelée par les vœux de tous les amis de l'humanité. Nous voulons parler de la suppression des bagnes. Déjà en 1850, un message de Louis-Napoléon, alors président, avait fait pressentir cette suppression. « Six mille condamnés, disait-il alors, renfermés dans nos bagnes de Toulon, de Brest et de Rochefort, grèvent notre budget d'une charge énorme, se dépravent de plus en plus et menacent incessamment la société. Il me semble possible de rendre la peine des travaux forcés plus efficace, plus moralisatrice, moins dispendieuse et en même temps plus humaine, en l'utilisant aux progrès de la colonisation française. » — Dans cette pensée, et conformément à l'avis d'une commission instituée en 1851, la Guyane, malgré les souvenirs funestes que rappelait cette colonie, fut choisie pour y recevoir un établissement susceptible d'être substitué aux bagnes actuels. On reconnut que le climat de la Guyane n'est pas malsain comme on le croit généralement et que les désastres dont elle a été le théâtre doivent être attribués à de tout autres causes (V. le rapport du min. de l'int. 20 fév. 1852, Mon. du 21 et M. Bérenger, p. 195 et s.). — En conséquence, un décret du 27 mars 1852 ordonna le transport à la Guyane, pour y finir leur peine, des condamnés aux travaux forcés détenus dans les bagnes.—Quelques temps après, une loi du 30 mai 1854 décida en principe que la peine des travaux forcés serait subie à l'avenir sur le territoire d'une ou plusieurs possessions françaises autres que l'Algérie (V. l'analyse de cette loi v° Peine nos 593 et s.). — Par suite de cette mesure, les bagnes furent réduits à deux et doivent dans un temps rapproché, disparaître complétement de notre sol. — On trouvera dans l'important travail de M. Bérenger, p. 186 et s., d'intéressants détails sur le territoire de la Guyane, sur le nouvel établissement qui vient d'y être fondé et sur les résultats qui y ont déjà été obtenus.

14. Du reste, depuis longtemps déjà l'Angleterre nous avait devancé dans cette voie. Chez elle la déportation des condamnés dans des terres lointaines a subi une longue expérimentation, et il faut le dire, cette épreuve n'a pas toujours eu des chances heureuses. — V. au surplus à cet égard et en ce qui concerne les établissements pénitentiaires de l'Angleterre, le rapport de M. Bérenger, 1re partie. — Ce travail, riche de faits recueillis par l'auteur sur les lieux mêmes, d'investigations minutieuses, de considérations de l'ordre le plus élevé, offre une lecture des plus attachantes et des plus instructives.

TABLEAU DE LA LÉGISLATION RELATIVE AUX PRISONS ET AUX BAGNES.

22 déc. 1789-janv. 1790. — Décret qui attribue aux administrations de département l'inspection et l'amélioration du régime des prisons, maisons d'arrêt et de correction (sect. 3, art. 2, V. Organ. admin.).

20-27 mai 1790. — Décret qui défend de recevoir dans les geôles de France toute personne condamnée par jugement étranger.

12-20 août 1790. — Instruction qui détermine les attribution du directoire de département relativement au compte à rendre de l'état des prisons, de leur grandeur, de leur solidité, de leur salubrité, etc. (chap 7, V. Organ. admin.).

4 sept. 1790-25 mars 1791. — Décret portant que l'entretien des prisons sera désormais aux frais des justiciables. — Disposition semblable dans l'art. 3 du décret du 16 oct. 1790.-30 janv. 1791.

7-9 sept. 1790. — Décret relatif aux délits des forçats et à la police et sûreté des ports et arsenaux.

L'assemblée nationale, ouï le rapport de son comité de marine, sur l'attentat projeté contre le port de Brest par les forçats détenus dans l'arsenal, a décrété ce qui suit :

Art. 1. La police des arsenaux et l'exercice de la justice dans leur enceinte ayant été maintenus par l'art. 60 du tit. 2 c. pén. de la marine, et par l'art. 11 du tit. 4 de l'organisation de l'ordre judiciaire, les procès des accusés, complices et adhérents doivent être faits et parfaits par le tribunal de la prévôté de la marine, conformément aux ordonnances actuellement subsistantes pour la punition des délits commis par les forçats, l'asssemblée déclarant que la forme de procédure énoncée dans la nouvelle loi pénale n'est point applicable aux forçats.

2. S'il résulte des informations la complicité d'aucun particulier français ou étranger non détenu parmi les forçats, et jouissant des droits de citoyen, il sera formé un jury pour le jugement dudit accusé. Le jury sera composé en nombre double de citoyens nommés par le procureur de la commune, si l'accusé n'est point au service de la marine; et par l'officier supérieur dont il dépend, s'il est au service

militaire ou civil de la marine. Le prononcé du jury sera rapporté au tribunal de la prévôté, qui appliquera la peine et prononcera le jugement.

3. Le roi sera prié d'enjoindre aux commandants et intendants de la marine de veiller sévèrement à la sûreté des arsenaux et bâtiments de guerre; de n'en permettre l'entrée qu'aux personnes connues, et avec les précautions convenables; de faire arrêter tous les hommes suspects qui, sans mission ni permission, se seraient introduits dans l'enceinte des arsenaux, des magasins, ou sur les bâtiments de guerre et tous ceux qui tenteraient d'y pratiquer les ouvriers ou gens de mer. Le roi sera également prié d'enjoindre aux officiers municipaux des places maritimes de veiller sur tous les étrangers et hommes inconnus qui y aborderaient, et d'en donner le signalement aux commandants et intendants des ports.

4. L'assemblée nationale charge son président de se retirer devers le roi, et de remercier Sa Majesté des mesures déjà prises, et des ordres donnés par elle pour la sûreté du port de Brest.

15-17 avril 1791. — Décret relatif au serment des chapelains desservant les prisons.

8-10 juil. 1791. — Décret portant que les prisons militaires doivent être séparées des prisons civiles (tit. 5, art. 55). — V. Place de guerre, p. 928.

19-22 juill. 1791. — Décret qui contient des dispositions relatives aux maisons de correction, aux personnes qui doivent y être détenues, à la séparation par quartier des condamnés, à la nourriture de ceux-ci, etc. (tit. 2, art. 2 à 6). — V. Lois codifiées, p. 229.

16-29 sept. 1791. — Décret dont le titre 14, 2e partie est relatif au régime et à la police des prisons. — V. Inst. crim., p. 25.

20 sept.-12 oct. 1791. — Décret qui attribue aux cours martiales, et sans l'assistance de jurés, les crimes et délits commis par les forçats (tit. 1, art. 12), et qui, pour les peines, renvoie aux règlements rendus pour la police et la justice des chiourmes (tit. 3, art. 16). — V. Organ. marit.

25 sept.-6 oct. 1791. —Décret qui détermine les travaux auxquels sont employés dans les ports et arsenaux les condamnés à la peine des fers (1re part., tit. 1, art. 6). — V. Lois codifiées, p. 233.

29 sept. 1791. — Décret en forme d'instruction qui détermine le régime et la police des maisons d'arrêt et de justice et les prisons. — V. Instruct. crim., p. 32.

17-17 sept. 1792. — Décret portant que tous les membres de la commune de Paris répondent sur leur tête de la sûreté des prisonniers.

31 janv.-1er fév. 1793. — Décret relatif à la réparation des prisons de l'abbaye et à l'injonction adressée aux corps administratifs et municipaux de veiller à l'exécution des lois concernant les maisons de justice, d'arrêt et de correction, et à les faire disposer de manière à les rendres sûres et saines et que la santé des prisonniers n'y soit point altérée. — Ce décret ordonne en outre aux comités de législation, de la guerre, des finances et des domaines réunis de présenter un rapport sur les maisons de justice, d'arrêt et autres prisons, ainsi que sur les moyens d'adoucir le sort de ceux qui y sont détenus et d'établir entre eux un traitement égal.

16 juill. 1793. — Décret concernant la tenue intérieure des prisons.

2 niv. an 2 (22 déc. 1793). — Décret qui attribue aux administrations de district le droit de désigner les lieux qui doivent servir de maison d'arrêt, de maison de justice ou de prison, et celui de nommer et de destituer les gardiens de ces maisons (art. 43, 45), et qui donne aux agents de district la surveillance sur la propreté, la salubrité et la sûreté de ces maisons (art. 44).

11 pluv. an 2 (30 janv. 1794). — Décret qui ordonne un rapport sur le régime des maisons de détention.

17 pluv. an 2 (5 fév. 1794). — Décret portant que les communes ou districts qui nommeront des commissaires pour la translation des prisonniers, au lieu de les faire arriver de brigade en brigade, seront tenus de payer les frais de route.

13 prair. an 3 (1er juin 1795). — Décret qui renvoie au comité de sûreté générale pour faire arrêter tous les signataires d'une circulaire adressée aux citoyens des départements, portant provocation au massacre des prisonniers.

10 vend. an 4 (2 oct. 1795). — Décret qui place dans les attributions du ministre de l'intérieur les prisons, maisons d'arrêt, de justice et de reclusion (art. 4, V. Organ. admin.).

2 brum. an 4 (24 oct. 1795). — Décret portant que l'administration des ports et arsenaux de marine comprend la police et l'administration des bagnes (art. 7, V. Organ. marit.).

7 fruct. an 6 (24 août 1798). — Arrêté du directoire exécutif qui, considérant que les soldats et marins condamnés aux fers pour crime de désertion sont enchaînés et confondus dans les bagnes avec des individus qui ont attenté à la propriété, quelquefois même à l'existence des citoyens;—Que les déserteurs sont bientôt dépravés par les exemples des malfaiteurs avec lesquels ils vivent; et qu'à l'expiration du temps fixé pour leur détention, ils rapportent les vices et les habitudes de ceux-ci dans la société, dans les armées, sur les vaisseaux; — Que, sans user de clémence vis-à-vis d'hommes qui ont lâchement abandonné le poste de l'honneur, il est néanmoins juste de ne pas aggraver la punition qu'ils ont encourue; — Qu'enfin le gouvernement doit employer tous les moyens qui sont à sa disposition pour diminuer la somme des maux qu'entantent l'immoralité, la dépravation et l'audace criminelle des hommes qui ont mérité d'être frappés par les lois; — Ordonne qu'il sera formé, au port du Havre, un bagne ou établissement susceptible de recevoir tous les condamnés aux fers pour désertion (art. 2), dont la police et la discipline seront les mêmes que celle des bagnes existants (art. 5).

9 brum. an 7 (30 oct. 1798). — Arrêté concernant l'emploi des bagnes de Nice et du Havre.

11 frim. an 7 (1er déc. 1798). —Loi qui met au nombre, 1° des dépenses générales les grosses réparations et frais de premier établissement des prisons (art. 2); 2° des dépenses départementales, l'entretien et réparation des prisons (art. 13-4°). — V. Trésor public.

12 therm. an 7 (30 juill. 1799). — Arrêté portant que les soldats et marins condamnés aux fers pour insubordination seulement ne seront pas envoyés dans les bagnes de Brest, Rochefort, Toulon et Lorient, mais dans les bagnes établis au Havre et à Nice par les arrêtés des 7 fruct. an 6 et 9 brum. an 7.

22 frim. an 8 (13 déc. 1799). — Constitution dont les art. 77 à 82 déterminent les formes suivant lesquelles une arrestation peut être opérée.—V. Droit const., p. 312.

22 niv. an 9 (12 janv. 1801). — Arrêté relatif à la nourriture des détenus.

Art. 1. A compter du 1er germ. prochain, les détenus dans les maisons d'arrêt, de justice, ou dans les prisons, ne recevront plus par jour, de la part de la nation, qu'une ration de pain et la soupe, ou la valeur en argent. — Les détenus dans les dépôts de mendicité n'auront droit qu'à la ration de pain.

2. Les administrations locales procureront aux détenus les moyens convenables, pour que, par le travail, ils puissent améliorer leur sort.

3. Le gouvernement reste chargé des frais de garde, réparations, etc.

4. Tous les marchés passés avec des fournisseurs pour nourriture des détenus, seront annulés à cette époque.

13 flor. an 9 (3 mai 1801). — Arrêté qui détermine les maisons de détention dans lesquelles seront renfermés les condamnés à la reclusion, à la gêne et à la détention, par les tribunaux criminels et de première instance des départements du Nord, etc.

25 vend. an 10 (17 oct. 1801). — Arrêté portant que les dépenses relatives aux prisons seront payées sur les mandats des préfets (art. 5).

5 niv. an 10 (26 déc. 1801). —Loi relative à la maison d'arrêt des Madelonnettes, sise à Paris.

26 flor. an 10 (16 mai 1802). — Arrêté relatif à la détention des militaires dans les chambres de police et les prisons de discipline, etc.

29 therm. an 11 (17 août 1803). — Arrêté contenant règlement sur les prisons militaires.

17 therm. an 13 (5 août 1805). — Décret sur la peine de récidive contre les forçats.

NAPOLÉON, etc.; — Sur le rapport du ministre de la justice; — Vu les art. 16, 17 et 18 du tit. 3 de la loi des 20 sept.-12 oct. 1791; — Vu l'art. 1 de la loi du 25 flor. an 10; — Notre conseil d'État entendu, — Nous avons, etc.

Art. 1. Les cours martiales maritimes prononceront la peine de la récidive contre les forçats convaincus de crimes pour lesquels tous autres prévenus y seraient condamnés.

2. Cette peine ne sera point prononcée dans les cas où les lois maritimes punissent les forçats de peines afflictives pour les délits contre la discipline, et que les lois générales ne qualifient point crimes, ou contre lesquels elles ne prononcent pas de peines afflictives.

12 nov. 1806. — Décret dont le titre 8 est relatif aux chiourmes et bagnes, en ce qui touche les infractions aux règlements, la composition des tribunaux chargés de les juger, les peines, etc. — V. Organ. marit.

16 fév. 1807. — Avis du conseil d'État sur le payement des dépenses de prisonniers ou accusés transférés.

Le conseil d'État, qui en exécution du renvoi ordonné par Sa Majesté, a entendu le rapport de la section de l'intérieur sur celui du ministre de ce département, contenant diverses questions relatives au payement des dépenses de certains prisonniers ou accusés transférés, — Est d'avis, 1° que les dépenses de prison et conduite, relatives aux marins ou militaires condamnés aux travaux publics ou au boulet, sont à la charge des ministres respectifs de la marine et de la guerre; — 2° Que les dépenses des condamnés aux fers, pour leur séjour ou conduite, par les tribunaux militaires, maritimes ou civils, et même des militaires ou marins, sont à la charge du ministre de l'intérieur; — 3° Enfin que les dépenses de route ou séjour momentané, pendant la translation des prisonniers transférés par ordre des tribunaux ou cours, procureurs généraux impériaux ou procureurs impériaux, doivent être acquittées, comme frais généraux de justice, par le domaine, et allouées sur les ordonnances du grand-juge, ministre de la justice, et non sur les centimes variables des départements, affectés aux dépenses des prisons, lesquelles n'ont été fixées que comme dépenses locales et particulières à chaque département.

16 mars 1807. — Décret qui rend applicables aux militaires détenus dans les bagnes de Cherbourg et de Nice, pour cause de désertion et d'insubordination, les dispositions contenues dans les art. 49 et 53 de l'arrêté du 19 vend. an 12, concernant les déserteurs de l'armée de terre.

30 sept. 1807. — Décret qui autorise l'association religieuse des dames charitables dites du Refuge de Saint-Michel, laquelle a pour objet de recevoir les personnes soumises à l'autorité de la police et qui y sont envoyées par son ordre, ou qui y seront envoyées par les pères ou conseils de famille.

16 juin 1808. — Décret qui ordonne l'établissement de plusieurs maisons de détention.

Art. 1. Les départements désignés en l'état annexé au présent décret seront divisés en neuf arrondissements, dans chacun desquels il sera formé une maison centrale de détention, pour la réunion des condamnés par les tribunaux criminels de ces départements.

2. Les condamnés par voie de police correctionnelle, lorsque la peine à subir ne sera pas moindre d'une année, seront également transférés dans ces maisons, pour y être reclus dans des emplacements distincts et séparés des autres.

3. Les édifices nationaux dont l'aliénation n'a point encore eu lieu, et qui pourront convenir pour former les établissements prescrits par les articles qui précèdent, seront mis à la disposition de notre ministre de l'intérieur par notre ministre des finances.

4. Ceux dont les propriétaires offriraient de faire la rétrocession pour les arrondissements où il n'existerait plus d'édifices nationaux disponibles seront rachetés par notre ministre de l'intérieur, sur et d'après les autorisations spéciales qui lui en seront par nous données.

5. Les frais de premier établissement de ces maisons seront supportés par les départements pour lesquels elles seront formées, dans la proportion de leur population respective, et par une addition au rôle des contributions de chacun d'eux.

6. Les dépenses annuelles de consommation, d'entretien et d'administration, seront également supportées par chacun de ces départements, d'après le tarif du prix de journée qui sera fait par notre ministre de l'intérieur, et compris à cet effet, et par distinction, dans leurs budgets de chaque exercice.

7. Dans le cas où les fonds alloués par les budgets, pour les dépenses mentionnées en l'article qui précède, ne suffiraient pas aux besoins, le déficit sera reporté sur l'exercice suivant.

8. Les ministres de l'intérieur, des finances, de la justice et de la police générale, sont chargés de l'exécution du présent décret.

(Suit l'état des maisons centrales de détention qui restent à établir pour compléter l'organisation de ces établissements dans tout l'empire.)

16-26 déc. 1808. — Extrait du code pénal.

TIT. 7. — DE QUELQUES OBJETS D'INTÉRÊT PUBLIC ET DE SURETÉ GÉNÉRALE.

CHAP. 2. — *Des prisons, maisons d'arrêt et de justice* (1).

603. Indépendamment des prisons établies pour peines, il y aura dans chaque arrondissement, près du tribunal de première instance, une maison d'arrêt pour y retenir les prévenus; et, près de chaque cour d'assises, une maison de justice pour

---

(1) *Extrait de l'exposé des motifs de la loi contenant le tit. 7 du liv. 2 du code d'instruction criminelle, par M. le conseiller d'État Réal* (séance du 6 déc. 1808).

1. ...Le chapitre qui suit traite *des Prisons, maisons d'arrêt et de justice.* — Cette partie du code est peut-être celle dont la sévère exécution exercera sur la morale publique une influence plus directe, plus prompte et plus marquée. — Ce n'est guère que depuis trente ans, ce n'est même que depuis la constituante, que l'on a bien connu, bien établi les principes qui doivent diriger le législateur sur cette importante matière. — Les établissements de l'ancien régime, à quelques exceptions près, ne se prêtaient à aucunes des améliorations et des changements qu'exigeaient le progrès des lumières et le triomphe des idées libérales. Les dispositions les plus sages, les vues les plus humaines se trouvaient cependant dans les ordonnances de nos rois, et surtout dans les arrêts de règlements des cours; la surveillance continuelle et sévère du ministère public, les visites et descentes fréquentes des premiers magistrats des cours, les visites moins solennelles, mais plus utiles encore aux détenus, faites par des personnes charitables et pieuses, empêchaient beaucoup de vexations et portaient quelques consolations dans les prisons; mais la construction de ces vieux bâtiments, l'impossibilité de diviser ces emplacements trop resserrés, la difficulté d'y renouveler et d'y purifier l'air, l'impossibilité d'y construire des ateliers; d'un autre côté, les priviléges et les droits des hautes, moyennes et basses justices seigneuriales, et d'autres abus, ont rendu impuissantes les plus sages dispositions et paralysé les plus philanthropiques institutions. Croirait-on qu'il fût un temps, et que ce temps est très-voisin de nous, où le seigneur haut justicier donnait à bail les produits de la geôle? Les baux des prisons royales avaient aussi fait partie du domaine de nos rois? Ce n'est que dans le dernier siècle que, par la déclaration du 11 juin 1726, Louis XV supprima cette redevance dans ses domaines; mais son exemple ne fut point imité, et au moment de la révolution beaucoup de hauts justiciers affermaient encore leurs geôles. Pouvait-on, législateurs, espérer sur cette matière des améliorations prononcées; et surtout un système régénérateur sous un régime qui tolérait ou qui se sentait dans l'impuissance de supprimer de pareils abus? — Débarrassée de toute espèce d'entraves, la constituante put poser franchement les principes, et son code les a développés.

2. Il est évident que le citoyen simplement prévenu de crime ne peut être traité avec la même sévérité que l'accusé décrété d'accusation. Comme aussi le prévenu, devenu accusé, ne peut pas être soumis au même régime, placé sous les mêmes verroux que le condamné. — D'un autre côté, la loi, infligeant des peines plus graves les unes que les autres, ne peut pas permettre que l'individu condamné à des peines légères, se trouve enfermé dans le même local que le criminel condamné à des peines plus graves. — La morale publique exige quelquefois une distinction motivée sur la différence d'âge, et la pudeur commande toujours la séparation des sexes. — Enfin si la peine infligée par la loi a pour but principal la réparation du crime, elle veut aussi l'amendement du coupable, et ce double but se trouvera rempli, si le malfaiteur est arraché à cette oisiveté funeste qui, l'ayant jeté dans la prison, viendrait l'y retrouver encore et s'en saisir pour le conduire au dernier degré de la dépravation. — Frappée de ces grandes considérations, la constituante avait donc inséré dans le code pénal de 1791, qu'il y aurait des maisons d'arrêt pour y déposer le prévenu qui n'est point *décrété*; — Des maisons de justice pour recevoir le prévenu devenu accusé; — Enfin des prisons pour renfermer les condamnés. — Elle décréta que dans toutes, les hommes et les femmes seraient enfermés dans des maisons séparées. — Elle ordonna que les différentes peines seraient subies dans des prisons différentes. — Enfin elle ordonna que tous seraient condamnés à un travail quelconque, dont le produit procurerait le triple résultat : 1° de régénérer le condamné par l'habitude de l'occupation, et souvent par l'apprentissage d'un métier; — 2° De lui procurer quelques épargnes pour le moment de sa sortie, et pour adoucir les peines de sa captivité; — 3° De diminuer les frais de prison, que la société vengée par la condamnation du crime dont elle a souffert, ne devrait jamais supporter. — Toutes ces dispositions se trouvent dans le code de 1791; mais pour qu'elles pussent recevoir leur exécution, il fallait créer de grands établissements.

Par les art. 12, 18 et 27 du tit. 1 de la première partie du code pénal, la constituante décida que, par des décrets ultérieurs, il serait statué dans quel nombre et dans quels lieux seraient formés les établissements des maisons de force, pour recevoir les condamnés *aux fers, à la gêne et à la détention.* — Elle légua ces travaux importants à l'assemblée législative qui lui succédait. Des bâtiments immenses, des couvents en grand nombre pouvaient alors, au moyen de quelques constructions nouvelles, remplir le but proposé; des circonstances terribles enlevèrent cette assemblée à ces travaux de détail, et à la veille de l'époque où la France fut couverte de prisons *révolutionnaires*, l'établissement des prisons légales que le code demandait fut oublié. — A chaque instant, cependant, l'état affreux des prisons anciennes, le besoin sans cesse senti des établissements que la loi demandait, provoquaient les plaintes des tribunaux et des administrations. — A peine le directoire fut-il installé, que, par un message, il appela sur les prisons l'attention des conseils, et qu'il les conjura, 1° de fixer par une loi le nombre des maisons de détention et leur emplacement; 2° de donner enfin une législation complète sur cette partie de l'administration publique.

De temps en temps, à des intervalles assez éloignés les uns des autres, divers membres de ces assemblées, par des discours qui respirent la philanthropie la plus éclairée, imploraient la pitié des divers législateurs qui se sont succédé. — Les plaintes des tribunaux et des administrations, les messages du directoire, les diverses motions des membres des conseils ne produisirent d'autre résultat que la création de quelques commissions et des rapports où l'excès du mal et la nécessité du remède sont peints avec autant d'humanité que d'éloquence; mais rien dans l'exécution. Et si l'on en excepte quelques établissements particuliers que le besoin local a créés ou conservés, le système général de cette partie de l'administration publique n'avait, à l'époque du 18 brum., reçu aucune amélioration.

3. Depuis, et par suite de la régénération totale du système social, par suite de cette guerre à outrance déclarée à tous les abus, par suite de cette impulsion donnée à l'esprit public et de cet élan de la nation vers toutes les idées saines, justes et grandes, le nombre des ateliers de charité s'est augmenté; l'industrie et le travail sont entrés dans un plus grand nombre de prisons, et des modèles de perfection ont du moins été présentés à l'imitation, à l'émulation; mais la grande majorité des prisons était restée et se trouve encore hors d'état de remplir le vœu de la loi; et dans plusieurs parties de l'empire, l'administration et les tribunaux se trouvent encore dans l'impossibilité de séparer non-seulement les uns des autres, les condamnés à des peines différentes, mais même ceux qui sont simplement *accusés* de ceux qui sont *condamnés.* — A plus forte raison n'a-t-on pas pu, dans ces circonstances, établir des ateliers. — Et de ce mélange et de l'oisiveté résultent encore les plus graves inconvénients. — L'oisiveté qui a conseillé le crime en est devenu la récompense; les détenus, pour se distraire de ces longs jours, de ces longs ennuis qui les accablent, se racontent mutuellement leurs aventures, leurs fautes, leurs succès; ils inventent des initiations, ils perfectionnent leur langage. Ils se font des doctrines. — Ces horribles entretiens fortifient les forts, soutiennent les faibles, et font évanouir ce qui pourrait rester de crainte, de repentir, de pudeur dans l'âme des moins coupables. — Ainsi, l'individu qu'une faute légère fait condamner à une année de détention, se corrompt rapidement à cette affreuse école, et il rentre dans la société scélérat consommé, avec des théories toutes apprises et des projets tout formés.

4. Respirons, législateurs, en pensant que ce désordre va cesser. Le génie bienfaisant qui nous gouverne, dans ce voyage de plus de *mille lieues fait dans l'intérieur de son empire*, a vu le mal; et le décret impérial, rendu à Bayonne le 16 juin, a sur-le-champ réalisé les vœux si inutilement formés pendant vingt ans. — Ce décret, en réunissant les divers départements qui doivent, par arrondissement, concourir à l'établissement des prisons centrales, ce décret, en fixant les lieux de quelques-uns de ces établissements, vous tranquillise, législateurs, sur le succès de la loi que nous présentons à votre sanction; enfin, en l'adoptant, vous aurez l'intime conviction que cette loi n'aura pas le sort des théories de la constituante, et que cette belle conception, en partie son ouvrage, améliorée par vous, sanctionnée par vous, recevra prochainement sa bienfaisante organisation. — Vous considérerez alors avec plus d'intérêt chacune de ces dispositions, qui ne se présenteront plus comme des théories brillantes qui n'étaient susceptibles d'aucune application. — Vous reconnaîtrez dans les articles que nous vous présentons tous les principes qui garantissent les distinctions, les séparations dont la nécessité vous a été démontrée; vous verrez dans les registres que doivent tenir les gardiens de ces divers établissements, dans les devoirs qui leur sont imposés, dans la responsabilité que la loi fait peser sur eux, l'absolue impossibilité qu'un citoyen puisse être victime d'une détention illégale; vous reconnaîtrez dans les visites multipliées que le projet commande; dans le nombre et la qualité des hauts fonctionnaires qu'il charge de ce triste, mais sacré ministère, avec quel intérêt, avec quelle tendre sollicitude le gouvernement veille à ce que le détenu qui, malgré son crime, ne cesse point d'être un homme, jouisse d'un air salubre et d'une nourriture saine. — Cette fois, le mode d'exécution de la loi ancienne, mis sous les yeux du législateur, détermine son opinion en faveur de la loi nouvelle qui consacre les principes anciens, et lui permet d'espérer, dans les règlements que ce mode d'exécution suppose, ce système complet de législation si instamment et si vainement sollicité depuis vingt ans.

5. Le chap. 3 présente *les moyens d'assurer la liberté individuelle contre les détentions illégales ou d'autres actes arbitraires.* — Dans le chapitre qui précède, l'établissement des registres que doit tenir le gardien, les formalités exigées pour l'*écrou* du prisonnier, l'énumération des pièces qui doivent justifier l'emprisonnement aux yeux du gardien; enfin la responsabilité qui pèse sur celui-ci, toutes ces précautions semblent être autant de garanties même contre la possibilité du crime *de détention illégale.* Les visites ordonnées par le même chapitre permettent de penser que, si ce crime pouvait se commettre, le gardien et ses complices ne resteraient pas longtemps impunis, et les dispositions que contient le chap. 3 pourraient en conséquence paraître inutiles ou surabondantes; mais, d'une part, lorsqu'il s'agit de fournir aux citoyens les moyens d'empêcher qu'on ne puisse illégalement attenter à leur liberté, le législateur ne peut se montrer trop libéral, et il vaut mieux, dans ce cas, pécher par la surabondance que par l'économie. D'un autre côté, les moyens consignés dans le chap. 2 ne sont pas dans la main des particuliers, et la loi qui, après avoir chargé les magistrats, les administrateurs de s'opposer d'office à cet attentat, comme à tous les autres, s'en reposerait uniquement sur eux du soin de les réprimer, commettrait une injustice et priverait chaque citoyen du plus beau de

à retenir ceux contre lesquels il aura été rendu une ordonnance de prise de corps. — V. exposé et rapport, nos 1, 6.

604. Les maisons d'arrêt et de justice seront entièrement distinctes des prisons établies pour peines. — V. nos 2 et s., 6.

605. Les préfets veilleront à ce que ces différentes maisons soient non-seulement sûres, mais propres, et telles que la santé des prisonniers ne puisse être aucunement altérée. — V. nos 4, 6.

606. Les gardiens de ces maisons seront nommés par les préfets.

607. Les gardiens des maisons d'arrêt, des maisons de justice et des prisons seront tenus d'avoir un registre. — Ce registre sera signé et parafé à toutes les pages, par le juge d'instruction, pour les maisons d'arrêt; par le président de la cour d'assises, ou, en son absence, par le président du tribunal de première instance, pour les maisons de justice; et par le préfet, pour les prisons pour peines. — V. nos 4, 6.

608. Tout exécuteur de mandat d'arrêt, d'ordonnance de prise de corps, d'arrêt ou de jugement de condamnation, est tenu, avant de remettre au gardien la personne qu'il conduira, de faire inscrire sur le registre l'acte dont il sera porteur; l'acte de remise sera écrit devant lui. — Le tout sera signé tant par lui que par le gardien. — Le gardien lui en remettra une copie signée de lui, pour sa décharge. — V. no 4.

609. Nul gardien ne pourra, à peine d'être poursuivi et puni comme coupable de détention arbitraire, recevoir ni retenir aucune personne qu'en vertu soit d'un mandat de dépôt, soit d'un mandat d'arrêt décerné selon les formes prescrites par la loi, soit d'un arrêt de renvoi devant une cour d'assises ou une cour spéciale, d'un décret d'accusation ou d'un arrêt ou jugement de condamnation à peine afflictive ou à un emprisonnement, et sans que la transcription en ait été faite sur son registre. — V. nos 4, 6.

610. Le registre ci-dessus mentionné contiendra également, en marge de l'acte de remise, la date de la sortie du prisonnier, ainsi que l'ordonnance, l'arrêt ou le jugement en vertu duquel elle aura lieu. — V. no 4.

611. Le juge d'instruction est tenu de visiter, au moins une fois par mois, les personnes retenues dans la maison d'arrêt de l'arrondissement. — Une fois au moins dans le cours de chaque session de la cour d'assises, le président de cette cour est tenu de visiter les personnes retenues dans la maison de justice. — Le préfet est tenu de visiter, au moins une fois par an, toutes les maisons de justice et prisons, et tous les prisonniers du département. — V. nos 4, 6 s.

612. Indépendamment des visites ordonnées par l'article précédent, le maire de chaque commune où il y aura soit une maison d'arrêt, soit une maison de justice, soit une prison, et, dans les communes où il y aura plusieurs maires, le préfet de police ou le commissaire général de police, est tenu de faire, au moins une fois par mois, la visite de ces maisons. — V. no 4.

613. Le maire, le préfet de police ou le commissaire général de police, veillera à ce que la nourriture des prisonniers soit suffisante et saine : la police de ces maisons lui appartiendra. — Le juge d'instruction et le président des assises pourront néanmoins donner respectivement tous les ordres qui devront être exécutés dans les maisons d'arrêt et de justice, et qu'ils croiront nécessaires, soit pour l'instruction, soit pour le jugement. — V. no 4.

---

ses droits; affranchirait les enfants, les parents, les amis du détenu du devoir le plus doux, le plus sacré. Il a donc fallu, par quelques articles, mettre entre les mains des particuliers les moyens d'exécuter les articles constitutionnels sur cette matière, et de les garantir contre toute espèce de déni de justice. — Les quatre articles du chap. 3 suffisent pour procurer ce résultat. Ils ne contiennent aucune théorie nouvelle; ce sont les principes et les droits consacrés par nos vieilles ordonnances, reproduits par la constituante; et l'expérience a démontré que, s'ils étaient nécessaires, ils suffisaient et n'étaient susceptibles d'aucun abus.

Extrait du rapport fait au Corps législatif, au nom de sa commission de législation, sur la loi contenant le tit. 7 du liv. 2 c. inst. crim., par M. Louvet (séance du 16 déc. 1808).

6. Le chap. 2 est relatif aux prisons, maisons d'arrêt et de justice. — Vous aurez encore trouvé que les dispositions de ce chapitre, dont la plupart ne sont pas nouvelles, se justifient d'elles-mêmes. Vous approuverez que les simples prévenus ne soient pas confondus avec les individus déjà condamnés; que les préfets soient chargés de veiller à ce que les lieux de détention soient sûrs, propres et salubres; que les gardiens de ces établissements soient tenus d'avoir un registre en règle pour l'inscription exacte de tous les individus qui entreront dans ces maisons ou qui en sortiront. — Vous approuverez aussi, messieurs, la prohibition fortement imposée à ces gardiens, sous peine d'être poursuivis et punis comme coupables de détention arbitraire, de recevoir ni retenir aucune personne, si ce n'est en vertu d'un mandat d'arrêt ou jugement : et la satisfaction que vous aurez éprouvée en trouvant ici cette importante disposition, augmentera bientôt à la vue d'autres dispositions plus énergiques encore contre le danger de détentions arbitraires. — Enfin, messieurs, au milieu des soins pris, répétés par la loi, et poussés plus loin qu'ils ne l'avaient été jusqu'ici, pour assurer le bon état de ces maisons, et une nourriture saine et suffisante aux détenus; parmi les visites imposées à cet effet aux maires; aux commissaires de police, aux préfets, aux juges instructeurs, vous remarquerez avec plaisir qu'au nombre des magistrats auxquels ces visites sont recommandées, le président de la cour d'assises lui-même n'est pas oublié; et vous le remarquerez avec d'autant plus de satisfaction, que c'est ici une disposition nouvelle; car si jusqu'à présent les présidents entraient dans les prisons, c'était uniquement pour y donner des ordres relatifs à l'instruction.

7. Les soins multipliés pris ainsi, au nom de la loi, par les magistrats publics, pour que les détenus souffrent le moins possible dans ces asiles, présentent en général un grand intérêt. Mais c'est surtout quand ils seront remplis par le président criminel lui-même qu'ils deviendront touchants et augustes. Un homme grave se présente sans être attendu, dans une maison de justice : aux marques de sa dignité, au cortége qui l'accompagne, on le reconnaît promptement. Voilà, se disent aussitôt les prisonniers, voilà l'homme qui présidera à notre jugement. A son abord, des sentiments divers agitent le cœur des prévenus. Cependant sa physionomie n'a rien de sévère; et bientôt aux questions qu'il fait, on s'assure que sa venue n'aura rien de funeste à personne, pas même aux coupables, s'il s'en trouve dans la maison. On le voit, on le suit avec intérêt, s'enquérant avec soin de tout ce qui concerne la situation des prévenus, se faisant conduire dans les endroits où se préparent leurs aliments, dans ceux consacrés à leur repos, et où ils essayent de trouver un sommeil qu'interrompent souvent les tristes réflexions inspirées par leur position. On le voit examinant tout avec une scrupuleuse attention; entrant dans les plus petits détails; faisant des observations, quelquefois des réprimandes; prenant des notes; donnant des conseils, même des ordres, pour l'amélioration actuelle et future de leur sort : et au lieu de faire couler des larmes, il semble qu'il n'est venu que pour les essuyer, ou plutôt il en fait couler, mais c'est d'attendrissement et de reconnaissance. Le crime, la férocité elle-même éprouvent des émotions qui les étonnent; ils sentent intérieurement le besoin de se reprocher, et même, quelquefois peut-être, de ne plus taire leurs attentats contre une société dont le gouvernement, tout en poursuivant leur punition, ne cesse pas néanmoins d'en faire l'objet de ses soins attentifs.

Mais l'innocent!... Oh! messieurs, combien la présence du chef de ses juges porte d'adoucissements à ses maux, à ses ennuis! avec quelle expression d'inquiétude et de sentiment il le considère, et s'attache à démêler tous ses traits! quels heureux augures il en tire pour sa justification prochaine! et combien durant les longs jours, durant les nuits plus longues encore de sa captivité, il est désormais plus tranquille! Je ne sais, messieurs, et peut-être aurais-je eu le bonheur de me rencontrer avec vous dans cette pensée, mais il me semble que ces apparitions des magistrats, et particulièrement des présidents criminels dans les prisons, sont non-seulement des devoirs remplis envers l'infortune, si bien nommée *res sacra*, mais encore des actes de haute morale publique.

8. Le chap. 3 renferme ces mesures énergiques que j'avais, il y a quelques moments, l'honneur de vous annoncer, dont le but est de prévenir les détentions arbitraires. — Ce chapitre est intitulé : *Des moyens d'assurer la liberté individuelle contre les détentions illégales et d'autres actes arbitraires;* et vous allez voir que les dispositions qu'il contient répondent parfaitement à ce beau titre. — Le projet commence, en cet endroit, par rappeler six articles de l'acte des constitutions de l'empire, du 22 frim. an 8 : ce sont tous ceux qui, dans cet acte, posent les principes sur la garantie de la liberté individuelle. — Ensuite le projet, allant beaucoup plus loin que cet acte des constitutions, prévoit d'abord le cas où, par l'effet, soit d'une violence privée, soit d'une violence exercée par un homme public ou une autorité quelconque, un individu serait retenu dans un lieu autre que ceux de détention établis par la loi et soumis à l'inspection des magistrats : une première disposition veut que quiconque aura connaissance d'une telle détention, soit tenu d'en donner aussitôt avis, ou au juge de paix, ou au procureur impérial, ou à son substitut, ou au juge instructeur, ou au procureur général près la cour impériale; et un second article porte que, dans ce cas, tout juge de paix, tout officier chargé du ministère public, tout juge d'instruction, sera tenu, soit d'office, soit sur l'avis qu'il en aura reçu, et sous peine d'être poursuivi comme complice de détention arbitraire, de se transporter au lieu de la détention, de mettre le détenu en liberté; ou, s'il est allégué quelque cause de détention, de le faire conduire sur-le-champ devant le magistrat compétent; en cas de résistance, il est même autorisé à appeler une force suffisante.

9. Ensuite le projet suppose un autre cas; c'est celui d'une détention dans un lieu avoué par la loi, mais sans avoir été précédée, accompagnée ni suivie des formes prescrites pour ces sortes d'actes; c'est-à-dire sans mandat, sans inscription sur les registres, sans interrogatoire, etc., ce qui de cette détention, quoique dans un lieu public, fait une véritable détention privée. — Le projet, messieurs, ne se contente pas des précautions prises dans l'article du précédent chapitre dont j'ai eu l'honneur de vous entretenir, qui, sous les peines attachées aux détentions arbitraires, enjoint aux gardiens de ces maisons de ne recevoir personne sans se faire représenter le mandat, et sans inscrire aussitôt le détenu sur leurs registres. Il dispose de plus, en cet endroit, que tout gardien qui aura refusé, ou de montrer au porteur de l'ordre de l'officier civil, soit la personne du détenu, soit l'ordre qui le lui défend, ou de faire au juge de paix l'exhibition de ses registres, ou de lui en laisser prendre telle copie que celui-ci jugera nécessaire, sera poursuivi comme coupable ou complice de détention arbitraire.

Concevez-vous, messieurs, qu'après de telles dispositions, plus fortement combinées que celles établies jusqu'ici par nos lois; qu'après de telles dispositions, dis-je, de véritables dangers puissent jamais menacer la liberté individuelle : quand d'un côté les peines les plus graves sont prononcées contre le concierge ou le geôlier qui ouvrirait sa prison à toute autre qu'à des personnes légalement amenées, ou qui refuserait de représenter soit un détenu, soit l'ordre qui le lui défendrait; et que, d'un autre côté, dans le cas de charte privée, quels qu'en soient la cause et le lieu, un appel est solennellement adressé à tous les citoyens et à chacun d'eux en particulier, de faire connaître cet attentat aussitôt qu'ils en auront connaissance, aux magistrats qui, sous les peines les plus graves, sont chargés de le faire cesser à l'instant. Non-seulement l'œil pénétrant des fonctionnaires des divers ordres, mais l'œil plus pénétrant encore peut-être du public, sont sans cesse tenus ouverts au nom de la loi elle-même, contre les violences publiques aussi bien que contre les violences privées; et la sûreté, la tranquillité, la liberté de chacun, sont ici efficacement placées sous la surveillance et la garantie de tous.

Quelquefois, messieurs, en réfléchissant sur un grand nombre de points de la législation criminelle, soumise à votre sanction durant cette session, il m'est arrivé de vous suivre de la pensée jusque dans vos domiciles; de vous y voir reprenant souvent cette législation pour vous en occuper dans le recueillement, et d'une manière digne d'elle et de vous; méditant avec attention sur ses diverses parties; approuvant en général ses dispositions principales; trouvant peut-être sur quelques détails, des difficultés que souvent un examen plus attentif faisait disparaître; mais quand vous arriviez aux dispositions qu'elle renferme en faveur de la liberté civile et de l'innocence, à celles qui maintiennent et améliorent la belle institution des jurés, à celles encore qui stipulent fortement pour la liberté individuelle, ce premier besoin de l'homme en société; à celles surtout qui, dans la partie du projet que j'examine, prennent tant de soins pour la garantir de toute atteinte publique ou privée, il me semblait, messieurs, qu'il me soit permis d'être ici l'interprète de vos sentiments, il me semblait voir vos âmes se remplir d'une émotion douce et prolongée, et entendre les purs et sincères hommages que vous rendiez au grand prince que tant de gloire environne, et qui s'élève des autels à jamais durables dans le cœur de ses peuples, par cette même législation criminelle, monument éternel de la touchante sollicitude avec laquelle, s'il ne peut pas mettre l'innocence à l'abri d'une accusation, il fait du moins que sa condamnation soit impossible; avec laquelle encore il forme autour de la liberté du citoyen une barrière inviolable contre les efforts des passions, les violences privées et les coups d'autorité, même de ses propres agents.

614. Si quelque prisonnier use de menaces, injures ou violences, soit à l'égard du gardien ou de ses préposés, soit à l'égard des autres prisonniers, il sera, sur les ordres de qui il appartiendra, resserré plus étroitement, enfermé seul, même mis aux fers en cas de fureur ou de violence grave, sans préjudice des poursuites auxquelles il pourrait avoir donné lieu.

CHAP. 3. — *Des moyens d'assurer la liberté individuelle contre les détentions illégales au d'autres actes arbitraires.*

615. En exécution des art. 77, 78, 79, 80, 81 et 82 de l'acte du 13 déc. 1799, quiconque aura connaissance qu'un individu est détenu dans un lieu qui n'a pas été destiné à servir de maison d'arrêt, de justice ou de prison, est tenu d'en donner avis au juge de paix, au procureur du roi ou à son substitut, ou au juge d'instruction, ou au procureur général près la cour royale. — V. nos 5, 8.

616. Tout juge de paix, tout officier chargé du ministère public, tout juge d'instruction, est tenu d'office, ou sur l'avis qu'il en aura reçu, sous peine d'être poursuivi comme complice de détention arbitraire, de s'y transporter aussitôt, et de faire mettre en liberté la personne détenue, ou s'il est allégué quelque cause légale de détention, de la faire conduire sur-le-champ devant le magistrat compétent. — Il dressera du tout son procès-verbal. — V. nos 5, 8.

617. Il rendra, au besoin, une ordonnance, dans la forme prescrite par l'art. 95 du présent code. — En cas de résistance, il pourra se faire assister de la force nécessaire; et toute personne requise est tenue de prêter main-forte. — V. no 5.

618. Tout gardien qui aura refusé, ou de montrer au porteur de l'ordre de l'officier civil ayant la police de la maison d'arrêt, de justice, ou de la prison, la personne du détenu, sur la réquisition qui en sera faite, ou de montrer l'ordre qui le lui défend, ou de faire au juge de paix l'exhibition de ses registres, ou de lui laisser prendre telle copie que celui-ci croira nécessaire de partie de ses registres, sera poursuivi comme coupable ou complice de détention arbitraire. — V. nos 5, 9.

16 juin 1808. — Décret qui ordonne l'établissement d'une maison de détention dans la ci-devant abbaye de Clairvaux.

7 oct. 1809 — Décret qui dispose que les conseils généraux émettront leur opinion sur le contingent de dépenses des maisons centrales de détention à la charge des départements, et que le conseil d'Etat statuera sur les dépenses de construction, réparations, etc. (art. 6, 7).

3 mars 1810. — Décret concernant les prisons d'Etat.

NAPOLÉON, etc.; — Sur le rapport de notre ministre de la police générale; — Considérant qu'il est un certain nombre de nos sujets détenus dans les prisons de l'Etat, sans qu'il soit convenable ni de les faire traduire devant les tribunaux, ni de les faire mettre en liberté; — Que plusieurs ont, à différentes époques, attenté à la sûreté de l'Etat; qu'ils seraient condamnés par les tribunaux à des peines capitales, mais que des considérations supérieures s'opposent à ce qu'ils soient mis en jugement; — Que d'autres, après avoir figuré comme chefs de bandes dans les guerres civiles, ont été repris de nouveau en flagrant délit, et que des motifs d'intérêt général défendent également de les traduire devant les tribunaux; — Que plusieurs sont, ou des voleurs de diligences, ou des hommes habitués au crime, que nos cours n'ont pu condamner, quoiqu'elles eussent la certitude de leur culpabilité, et dont elles ont reconnu que l'élargissement serait contraire à l'intérêt et à la sûreté de la société; qu'un certain nombre ayant été employé par la police en pays étranger, et lui ayant manqué de fidélité, ne peut être ni élargi ni traduit devant les tribunaux sans compromettre le salut de l'Etat; — Enfin que quelques-uns appartenant aux différents pays réunis sont des hommes dangereux qui ne peuvent être mis en jugement, parce que leurs délits sont ou politiques ou antérieurs à la réunion, et qu'ils ne pourraient être mis en liberté sans compromettre les intérêts de l'Etat; — Considérant cependant qu'il est de notre justice de nous assurer que ceux de nos sujets qui sont détenus dans les prisons de l'État le sont pour causes légitimes, en vue d'intérêt public, et non par des considérations et passions privées; — Qu'il convient d'établir, pour l'examen de chaque affaire, des formes légales et solennelles; — Et qu'en faisant procéder à cet examen, rendre les premières décisions dans un conseil privé et revoir de nouveau chaque année les causes de la détention pour reconnaître si elle doit être prolongée, nous pourvoirons également à la sûreté de l'Etat et à celle des citoyens; — Notre conseil d'État entendu; — Nous avons, etc. :

TIT. 1. — DES FORMALITÉS A OBSERVER POUR LA DÉTENTION DANS DES PRISONS DE L'ÉTAT.

Art. 1. Aucun individu ne pourra être détenu dans une prison de l'Etat qu'en vertu d'une décision rendue sur le rapport de notre grand-juge, ministre de la justice, ou de notre ministre de la police, dans un conseil privé, composé comme il est établi dans les dispositions de l'acte des constitutions du 16 therm. an 10, tit. 10, art. 86.

2. La détention autorisée par le conseil privé ne pourra se prolonger au delà d'une année qu'autant qu'elle aura été autorisée dans un nouveau conseil privé ainsi qu'il va être expliqué.

3. A cet effet, dans le cours du mois de décembre de chaque année, le tableau de tous les prisonniers d'Etat sera mis sous nos yeux, dans un conseil privé spécial.

4. Le tableau contiendra les noms des prisonniers d'État, leurs prénoms, âge, domicile, profession, le lieu de leur détention, son époque, ses causes, la date de la décision du conseil ou des conseils privés qui l'auront autorisée.

5. Une colonne d'observations contiendra l'analyse des motifs pour faire cesser ou prolonger la détention de chaque prisonnier.

6. Chaque année, avant le 1er janvier, la décision du conseil privé sur chaque prisonnier expédiée par le ministre secrétaire d'Etat, et certifiée par notre grand-juge, ministre de la justice, sera envoyée par lui au ministre de la police, et au procureur général de la cour d'appel du ressort.

7. Le ministre de la police enverra au commandant de chaque prison d'Etat une expédition en forme, de lui certifiée, des décisions concernant ceux qui y sont détenus.

8. Chacune de ces décisions sera transcrite sur un registre tenu à cet effet dans les formes voulues par la loi, et notifiée à chaque détenu.

TIT. 2. — DE L'INSPECTION DES PRISONS D'ÉTAT.

9. Chaque prison d'Etat sera inspectée au moins une fois par an, avant le rapport au conseil privé dont il est parlé à l'art. 3, par un ou plusieurs conseillers d'Etat par nous désignés, sur le rapport de notre grand-juge, ministre de la justice, avant le 1er septembre de chaque année.

10. Nos commissaires visiteront toutes les parties de la prison, pour s'assurer si nul n'est détenu sans les formalités prescrites, si la sûreté, l'ordre, la propreté, la salubrité, sont maintenus dans la prison.

11. Ils entendront séparément les réclamations de chaque détenu, leurs observations sur le changement des circonstances qui ont pu les motiver, et leurs demandes, à fin d'être mis en jugement ou en liberté.

12. Ils feront mettre en liberté tout individu détenu sans les autorisations exigées par les dispositions du tit. 1.

13. Ils feront un rapport de leur mission, et donneront leur avis sur chaque prisonnier.

14. Cet avis sera toujours mis sous les yeux du conseil privé dont il est parlé au tit. 1, art. 3 ci-dessus.

15. Avant le 15 février de chaque année, le procureur général de la cour impériale du ressort vérifiera ou fera vérifier par un de ses substituts ou des procureurs impériaux sous ses ordres, si nul n'est détenu dans les prisons d'Etat situées dans son ressort, sans les formalités ci-dessus prescrites, si les registres sont tenus régulièrement. Il sera dressé, de cette visite, un rapport, lequel sera envoyé à notre grand-juge, ministre de la justice; et, en cas de contravention ou de détentions faites ou prolongées illégalement, le commissaire chargé de la visite fera mettre les prisonniers ainsi détenus en liberté.

TIT. 3. — DES INDIVIDUS MIS EN SURVEILLANCE.

16. Le tableau de tous les individus mis en surveillance sera mis sous nos yeux par notre ministre de la police, dans le conseil privé spécial et annuel dont il est parlé à l'art. 3.

17. Ce tableau sera dressé dans la forme prescrite pour les prisonniers d'Etat, à l'art. 4; et, au lieu de la décision du conseil privé exigée pour ces prisonniers, la décision qui aura ordonné la surveillance sera mentionnée.

18. Il sera statué, dans le conseil privé, sur la prolongation ou la cessation de la surveillance.

TIT. 4. — DU RÉGIME ET ADMINISTRATION DES PRISONS D'ÉTAT.

§ 1. — *De la surveillance des prisons.*

19. La garde et l'administration de chaque prison d'Etat seront confiées à un officier de la gendarmerie, qui aura sous ses ordres la troupe affectée à la garde de la prison, et déterminera les mesures de précaution et de sûreté pour empêcher l'évasion.

20. Il y aura un concierge pour la surveillance intérieure et la tenue des registres. — Le concierge aura sous ses ordres un nombre suffisant de gardiens.

21. Le commandant militaire sera choisi par nous, sur la présentation de notre ministre de la police générale, lequel sera chargé exclusivement de tout ce qui est relatif à l'administration des prisons d'Etat, à l'entretien des bâtiments y affectés, à la nourriture, habillement et garde des prisonniers.

22. Le concierge sera nommé et révocable par notre ministre de la police générale.

23. Les commandant, concierge et gardiens seront responsables, chacun en ce qui le concerne, de la garde des détenus.

24. Si, par négligence ou par quelque autre cause que ce soit, ils favorisent l'évasion d'un détenu, ils seront destitués, et poursuivis conformément aux lois.

§ 2. — *Des relations des préposés avec l'autorité.*

25. Le concierge sera subordonné au commandant; il recevra ses ordres.

26. Le commandant correspondra avec notre ministre de la police générale et le conseiller d'Etat de l'arrondissement : il sera sous la surveillance du préfet.

27. Le concierge pourra être provisoirement suspendu et remplacé par le préfet.

§ 3. — *Du régime intérieur.*

28. Le concierge tiendra un registre exact des détenus entrants et sortants, et y transcrira les ordres en vertu desquels ils sont détenus.

29. Aucun ordre de sortie ne pourra être exécuté, sans notification au commandant de la décision du conseil privé qui l'aura ordonnée.

30. Tout concierge ou gardien qui favoriserait la correspondance clandestine d'un détenu mis au secret sera destitué, et puni de six mois de prison.

31. Le commandant ne pourra, sous peine de destitution, se permettre, sous quelque prétexte que ce soit, de faire sortir avec lui, avec le concierge ou avec des surveillants, les détenus confiés à sa garde.

32. En cas de maladie d'un détenu, le commandant désignera l'officier de santé qui le visitera et le traitera.

33. Il sera accordé à chaque détenu qui le requerra une somme de 2 fr. par jour, outre la nourriture ordinaire, à titre de secours pour son entretien.

34. Les détenus conserveront la disposition de leurs biens, s'il n'en est autrement ordonné.

35. A cet effet, ils donneront, sous la surveillance du commandant, tous pouvoirs et quittances nécessaires. — Les sommes qu'ils recevront ne pourront leur être remises qu'en sa présence et avec son autorisation.

TIT. 5. — DU NOMBRE DES PRISONS D'ÉTAT.

36. Il n'y aura de prisons d'Etat que dans les lieux ci-après désignés.

37. Nul prisonnier d'Etat ne pourra être détenu, si ce n'est en dépôt ou pour passage, dans d'autres lieux que les prisons d'Etat désignées par nous.

38. Les prisons d'Etat sont établies dans les châteaux de Saumur, Ham, If, Landskronn, Pierre-Châtel, Fenestrelle, Campiano, Vincennes.

11 juin 1810. — Décret relatif à la fixation des dépenses mises à la charge des départements en ce qui touche les prisons (art. 16 à 19).

18 juin 1811. — Décret portant tarif des frais en matière criminelle qui met à la charge du ministère de l'intérieur les frais de translation des condamnés dans les bagnes, les maisons centrales de correction (art. 3).

13 août-6 sept. 1814. — Ordonnance portant que cent jeunes gens condamnés criminellement ou correctionnellement, et n'ayant pas atteint leur vingt-cinquième année, seront extraits des prisons de la ville de Paris et réunis dans une maison de travail soumise à un régime particulier (cette ordonnance a été annulée par celle du 9 sept 1814).

9 sept.-7 oct. 1814. — Ordonnance qui porte que les jeunes gens âgés de moins de vingt ans condamnés pour crimes seront extraits des prisons de Paris ou des départements environnants, et réunis dans une prison d'essai, et annule l'ordonnance du 18 août dernier.

Louis, etc ; — Voulant établir dans les prisons de notre royaume un régime qui, propre à corriger les habitudes vicieuses des criminels condamnés aux fers par sentences des tribunaux, les prépare, par l'ordre, le travail et les instructions religieuses et morales, à devenir des citoyens paisibles et utiles à la société quand ils devront recouvrer leur liberté; et voulant assurer le succès de cet établissement général que nous nous proposons, par un essai qui ne laisse à l'avenir aucune incertitude sur l'ensemble et les détails de l'administration de ces maisons; — Avons, etc. :

Art. 1. Tous les prisonniers condamnés pour crimes par sentences des tribunaux, et d'âge au-dessous de vingt ans, pris sans choix dans les prisons de la capitale ou dans celles des départements environnants, seront réunis dans une prison que désignera notre ministre de l'intérieur.

2. Le directeur général de cette prison d'essai sera nommé par nous : il sera chargé de la surveillance et de la direction générale de la police, travaux, instruction et administration de la prison. Il présentera à la nomination de notre ministre de l'intérieur un adjoint, s'il croit devoir en choisir un, et six inspecteurs chargés avec lui, et sous sa direction, de la surveillance et administration de cette prison.

3. Ces différentes places, dont l'humanité et la libéralité des sentiments peuvent seules faire consentir à accepter les fonctions, seront gratuites.

4. Le directeur général nommera le gardien de la prison et les employés subalternes chargés de la garde des prisonniers : il pourra les révoquer à volonté.

5. Il soumettra à l'approbation de notre ministre de l'intérieur les règlements à établir dans la prison.

6. Indépendamment du compte qui nous sera rendu tous les mois de l'état de cette prison, sous tous les rapports, par notre ministre de l'intérieur, une commission composée d'un conseiller d'État et de deux maîtres des requêtes, et une composée de trois membres de notre cour de cassation, visiteront, chacune deux fois l'année, cette prison dans tous ses détails, et nous feront connaître le résultat de leurs observations qu'elles mettront par écrit sur le registre de la prison. Le directeur général et les inspecteurs seront prévenus des visites de ces commissaires, pour pouvoir leur donner tous les renseignements généraux et particuliers qu'ils pourront désirer.

7. Le directeur général rendra, à la fin de chaque année, à notre ministre de l'intérieur, un compte moral et détaillé de l'état de la prison, et un compte des recettes et dépenses; ce compte, vérifié et approuvé par notre ministre de l'intérieur, sera mis sous nos yeux et rendu public.

8. Nous nous réservons, de l'avis de notre chancelier, d'accorder des grâces, avant l'expiration du temps de détention ordonné par les jugements, à ceux des prisonniers dont l'exactitude de la conduite pourrait faire croire à leur amendement, et qui seraient jugés pouvoir être rendus à la société sans inconvénient pour elle et à son avantage.

9. M. le duc de La Rochefoucauld, pair de France, est nommé directeur général de la prison d'essai.

10. M. le baron Delessert, l'un des administrateurs généraux de notre bonne ville de Paris, est nommé adjoint de M. le directeur général. — A raison de la présente ordonnance, celle du 18 août dernier, relative à l'établissement d'une maison de correction pour les jeunes condamnés du département de la Seine, se trouve annulée.

2-18 janv. 1817.—Ordonnance relative à l'évasion des forçats et qui déclare que les forçats sont seuls justiciables des tribunaux maritimes spéciaux. — V. Evasion, p. 50.

2-11 avril 1817. — Ordonnance portant règlement sur les maisons centrales de détention.

Art. 1. Les maisons centrales de détention de Beaulieu (Calvados), Clairvaux (Aube), Embrun (Hautes-Alpes), Ensisheim (Haut-Rhin), Eysses (Lot-et-Garonne), Fontevrault (Maine-et-Loire), Gaillon (Eure), Limoges (Haute-Vienne), Melun (Seine-et-Marne), Montpellier (Hérault), Mont-Saint-Michel (Manche), Bicêtre et Saint-Lazare, Paris (Seine), Rennes (Ille-et-Vilaine), Riom (Puy-de-Dôme), sont constituées : 1° maisons de force pour renfermer, conformément aux dispositions du code pénal, art. 16 et 21, les individus des deux sexes condamnés à la peine de la réclusion, et les femmes et les filles condamnées à la peine des travaux forcés; 2° maisons de correction pour les condamnés par voie de police correctionnelle (c. pén. 40), lorsque la peine à subir ne sera pas moindre d'une année.

2. Les individus condamnés par les cours d'assises et par les cours prévôtales, et ceux condamnés par les tribunaux correctionnels, seront tenus dans des locaux distincts et séparés.

3. La maison centrale du Mont-Saint-Michel (Manche) est, en outre, affectée aux condamnés à la déportation, jusqu'à leur départ pour le lieu de leur destination définitive, qui sera ultérieurement déterminé (c. pén. 17).

4. Les individus condamnés au bannissement (c. pén. 32) seront transférés à la maison de Pierre-Châtel, et y resteront pendant la durée de leur ban, à moins qu'ils n'obtiennent la faculté d'être reçus en pays étranger; dans ce cas, ils seront transportés à la frontière. Ceux qui auront la faculté de s'embarquer, et qui le demanderont, seront conduits au port d'embarquement, sur l'ordre de notre ministre de l'intérieur.

5. Les dépenses des maisons centrales de détention, de la maison de déportation et de la maison de bannissement, seront ordonnancées par notre ministre secrétaire d'État au département de l'intérieur, sur les centimes centralisés.

6. Seront également acquittées sur les mêmes centimes les dépenses d'entretien des individus destinés à subir leur peine dans les mêmes maisons, et qui, jusqu'à ce que les constructions soient terminées, ne pourront y être admis.

7. Lorsqu'une maison centrale renfermera toute la population dont elle est susceptible, le ministre secrétaire d'État de l'intérieur pourra diriger les condamnés sur la maison centrale d'une autre circonscription.

8. Les condamnés destinés à subir leur peine dans les maisons centrales ou dans les maisons de déportation et de bannissement y seront transférés aux frais des départements; leur entretien, jusqu'au jour de leur entrée dans ces mêmes maisons, sera également imputé sur les centimes variables affectés au service des prisons.

9. Les gendarmes chargés de l'escorte des condamnés seront porteurs des extraits de leurs jugements, et les remettront aux directeurs.

10. La surveillance de chaque maison centrale est confiée au préfet du département où elle est située, sous l'autorité du ministre secrétaire d'État de l'intérieur, qui fera les règlements nécessaires.

11. Il y aura, dans toutes ces maisons, des ateliers de travail. Afin d'en faciliter l'établissement, le ministre secrétaire d'État de l'intérieur est autorisé à faire transférer d'une maison à une autre les condamnés qui seraient jugés propres à instruire les autres détenus.

12. Le produit du travail sera divisé en trois parties : un tiers appartiendra à la maison (c. pén. 21); un tiers sera remis au détenu, le dernier tiers lui appartiendra également, mais sera tenu en réserve pour lui être remis à sa sortie, à moins qu'il n'en soit autrement disposé à son profit, avec l'autorisation de notre ministre secrétaire d'État de l'intérieur.

13. La comptabilité des maisons centrales de détention sera arrêtée et liquidée au 31 déc. 1816. Les départements verseront les sommes dues par eux, pour compléter les allocations comprises aux budgets de 1816.

14. Les sommes en caisse dans chaque maison leur appartiendront, et seront les premières employées aux besoins courants.

15. Les comptabilités des maisons centrales de détention, de la maison de déportation et de la maison de bannissement, seront revisées et définitivement arrêtées en conseil de préfecture, présidé par le préfet : en cas de contestation sur les arrêtés qui interviendront, les comptabilités contestées seront renvoyées par devant notre cour des comptes, qui les réglera et revisera définitivement, sauf décision préalable du ministre secrétaire d'État de l'intérieur sur les questions qui seraient de sa compétence.

16. Les inspecteurs généraux et sous-inspecteurs du trésor royal, sur la réquisition qui leur en sera faite par les préfets et par les ordres du ministre secrétaire d'État des finances, vérifieront la tenue des registres de comptabilité de ces maisons, et constateront l'état des fonds en caisse, ainsi qu'il a été prescrit pour les communes, le 27 fév. 1811.

17. Les excédants en caisse qui ne seraient pas nécessaires au service courant, et notamment le montant des retenues qui seront opérées sur les salaires des détenus, pour leur être remises à l'expiration de leur peine, seront versés, par ordre du préfet, dans la caisse des dépôts et consignations, et retirés selon les besoins de la maison, en tout ou en partie, à la demande du préfet, et sur l'autorisation de notre ministre secrétaire d'État de l'intérieur; tout autre emploi de ces fonds sera réglé par notredit ministre.

18. Un inspecteur à la nomination de notre ministre secrétaire d'État de l'intérieur se transportera dans les maisons centrales de détention pour remplir les instructions qui lui seront données par lui, et aux époques qu'il désignera.

9 avril 1819. — Ordonnance du roi portant autorisation d'une société pour l'amélioration des prisons.

Tit. 1. — *De la société royale pour l'amélioration des prisons.*

Art. 1. — La société royale pour l'amélioration des prisons est et demeure approuvée. Nous autorisons ladite société à inscrire notre nom en qualité de protecteur, en tête de la liste de ses membres, et nous consentons que notre bien-aimé neveu, le duc d'Angoulême, agrée le titre et les fonctions de président.

2. Les statuts et les règlements de ladite société, ainsi que la liste de ses fondateurs, seront soumis à notre approbation.

3. A l'avenir, quiconque désirera être reçu dans la société royale pour l'amélioration des prisons devra être présenté par quatre de ses membres, être admis par la société et agréé par nous.

4. Les fonds et revenus provenant des dons de la société et de ses membres seront exclusivement affectés à l'amélioration des prisons du royaume.

Tit. 2. — *Du conseil général des prisons.*

5. Il sera formé, près de notre ministre de l'intérieur, un conseil général des prisons, composé de vingt-quatre membres, lesquels seront choisis par notre ministre parmi les membres de la société royale des prisons et agréés par nous.

6. Les membres du conseil général des prisons seront renouvelés par tiers tous les cinq ans. — Les nominations nouvelles auront lieu sur une liste triple de candidats présentée par ledit conseil à notre ministre de l'intérieur. — Les membres sortants seront désignés par la voie du sort; ils pourront être réélus.

7. Le conseil général des prisons est chargé de présenter à notre ministre de l'intérieur ses vues sur toutes les parties de l'administration et du régime intérieur des prisons du royaume, et notamment en ce qui concerne le classement des détenus selon l'âge, le sexe et la nature des délits; les divers systèmes de travail à introduire dans les prisons, la distribution des profits du travail, la discipline intérieure des prisons, la salubrité, la sûreté, l'instruction religieuse et la réforme morale des détenus, la nourriture, le vêtement; enfin les agrandissements, constructions et changements de distribution qui pourraient être reconnus nécessaires ou utiles dans les enceintes des bâtiments des prisons.

8. Indépendamment des vues générales ci-dessus énoncées, et qui, après avoir été soumises à notre ministre de l'intérieur, devront servir de base à l'établissement du système général d'administration et de régime intérieur des prisons, le conseil général des prisons sera chargé de reconnaître et de constater l'état actuel de toutes les prisons du royaume, et d'indiquer à notre ministre de l'intérieur les moyens d'appliquer successivement aux diverses prisons les principes généraux dont il aura reconnu la convenance et l'utilité.

9. A cet effet, notre ministre de l'intérieur fournira au conseil général des prisons, tous les renseignements et documents qui seront recueillis sur l'état des prisons du royaume, tant ceux qui existent actuellement que ceux qui seront ultérieurement transmis par les commissions des prisons départementales dont la formation est ordonnée par les art. 13 et suiv.

10. Les membres du conseil général des prisons seront chargés, en outre, toutes les fois qu'il en sera besoin, et sous l'autorité de notre ministre de l'intérieur, de l'inspection des prisons du royaume. — En ce cas, il leur sera remis, par notredit ministre, des instructions et des pouvoirs spéciaux.

11. Le conseil général des prisons sera présidé par notre ministre de l'intérieur, et en son absence par un vice-président choisi parmi les membres dudit conseil, et nommé tous les trois mois par le ministre.

12. Un des membres du conseil, désigné par notre ministre de l'intérieur, fera les fonctions de secrétaire général, et sera chargé, en cette qualité, de la correspondance et de la garde des papiers.

Tit. 3. — *Des commissions des prisons départementales.*

13. Dans chacune des villes du royaume où se trouvent une ou plusieurs pri-

sons, maisons d'arrêt ou détention, il sera formé une commission composée de trois à sept membres, sous le nom de commission pour la prison de...

14. Les membres de ces commissions seront nommés par notre ministre de l'intérieur, pour la première fois, sur la présentation des préfets, et dans la suite, selon le mode prescrit par l'art. 6, pour le renouvellement du conseil général des prisons.

15. Le procureur général, dans les villes où siége une cour royale, et dans les autres villes le procureur du roi, seront de droit membres supplémentaires de ces commissions, qui seront présidées par le préfet dans le chef-lieu du département, et par le sous-préfet dans le chef-lieu d'arrondissement.

16. Les commissions pour les prisons dans les départements seront chargées : 1° de la surveillance intérieur des prisons, et de tout ce qui concerne la salubrité, la discipline, la tenue régulière des registres d'écrou; le travail, la distribution des profits du travail, l'instruction religieuse et la réforme morale des détenus, et la conduite envers ceux-ci des concierges ou gardiens. — 2° Elles dresseront les cahiers des charges pour les marchés des fournitures relatives aux différents services de la prison, et passeront lesdits marchés, lesquels, faits par soumission cachetée et sur échantillons, ne seront valables qu'autant qu'ils auront reçu l'approbation du préfet. — 3° Elles dresseront chaque année, à l'époque déterminée par les instructions, l'état des détenus qui, par leur bonne conduite et leur assiduité au travail, seront reconnus avoir acquis des titres à notre clémence. Elles transmettront ces états au préfet, qui les enverra, avec son avis, au ministre de l'intérieur, pour être par lui transmis à notre garde des sceaux, ministre de la justice. — 4° Elles transmettront, en outre, au préfet pour être par lui envoyés au ministre de l'intérieur, et mis sous les yeux du conseil général des prisons, tous les renseignements et documents relatifs à l'état et au régime de chaque prison, ainsi que leurs vues, propositions et demandes sur les améliorations dont cet état serait susceptible. — Les époques et les formes de la correspondance sur toutes ces matières seront déterminées par des instructions particulières de notre ministre de l'intérieur.

17. Les membres des commissions des prisons départementales qui se rendraient à Paris seront, sur leur demande, admis aux séances du conseil général, s'ils ont quelque proposition à soumettre ou quelques renseignements à donner dans l'intérêt de leurs prisons.

TIT. 4. — *De l'administration des prisons de Paris.*

18. Le préfet de police de notre bonne ville de Paris, auquel la police des prisons, maisons de dépôt, d'arrêt, de justice, de force, de correction, ainsi que de la maison de Bicêtre, a été attribuée par l'arrêté du gouvernement du 12 mess. an 8 (1er juill. 1800), est, en outre, et demeure seul chargé, sous l'autorisation de notre ministre de l'intérieur, de tout ce qui est relatif au régime administratif et économique, tant de ces établissements que de la maison de répression établie à Saint-Denis, et du dépôt de mendicité du département de la Seine. — Il exercera, en cette partie, la totalité des attributions qui avaient été dévolues au préfet de ce département, sous les modifications suivantes.

19. Il sera formé, dans le conseil général des prisons, un conseil spécial d'administration pour les prisons de Paris. — Ce conseil sera composé de douze membres choisis par nous, sur la proposition de notre ministre de l'intérieur, parmi les membres du conseil général des prisons, dont ils ne cesseront pas de faire partie. — Le premier président et le procureur général près la cour royale de Paris, le président et le procureur du roi près le tribunal de première instance, et le préfet du département de la Seine seront, ainsi que le préfet de police, membres dudit conseil spécial d'administration, lequel sera présidé par notre ministre de l'intérieur, et en son absence, par notre préfet de police.

20. Le conseil spécial dressera, chaque année, le projet de budget pour le service des prisons de Paris, lequel devra être soumis, comme le budget des hospices, à la délibération du conseil général du département, à l'examen de notre ministre de l'intérieur et à notre approbation. — Il désignera les dépenses et l'emploi des fonds dans les limites, et conformément aux allocations dudit budget. — Il surveillera, sous tous les rapports, matériels et moraux, le régime intérieur des prisons de Paris, et délibérera sur ce qui peut intéresser l'état des prisons et le sort des détenus. — Il rendra compte, chaque mois, à notre ministre de l'intérieur et au conseil général des prisons de l'état des divers établissements confiés à ses soins, des améliorations exécutées, et de celles qu'il pourrait être utile d'entreprendre. — Il dressera, chaque année, ainsi qu'il est dit art. 16, tit. 3, l'état motivé des détenus qui lui paraîtront avoir acquis des titres à notre clémence. — Les arrêts dudit conseil, pris à la majorité des voix et revêtus, s'il y a lieu, de l'approbation de notre ministre de l'intérieur, seront exécutés par les soins du préfet de police et des agents ordinaires de l'administration.

21. La surveillance directe et habituelle de chacune des prisons de Paris, et de chacun des services généraux des prisons, sera répartie par notre ministre de l'intérieur entre les membres du conseil spécial d'administration. — Dans chaque prison tous les détenus, même les détenus au secret, devront être représentés au membre du conseil spécial chargé de l'inspection des prisons, lequel recevra leurs réclamations, et en rendra compte au ministre.

22. Chaque année, une députation composée du bureau de la société royale pour l'administration des prisons, et de vingt membres pris dans le sein de la société et du conseil général, nous présentera le compte des travaux de la société et du conseil, et de l'emploi des fonds mis à leur disposition.

23. Il sera pourvu, par des instructions de notre ministre de l'intérieur, aux mesures de détail nécessaires pour assurer l'exécution de la présente ordonnance.

25 mai 1819. — Statuts de la société royale pour l'amélioration des prisons, approuvés par le roi

7 août 1819 — Règlement du ministre de l'intérieur approuvé par le roi sur les fonctions des membres du conseil général des prisons (Recueil officiel de l'intérieur, p 420).

31-31 juill. 1821. — Loi de finances qui attribue aux départements une indemnité pour les dépenses des maisons centrales de détention à l'égard des condamnés à un an et plus d'emprisonnement qui restent dans les prisons départementales faute de place dans les maisons de détention, et pour l'entretien des bâtiments et du mobilier de ces maisons (art. 28-1°), ainsi que pour les dépenses ordinaires des prisons départementales (art. 28-2°).

3-31 oct. 1821. — Ordonnance qui convertit la prison établie dans les bâtiments de l'ancien dépôt de mendicité à Poissy, en maison centrale pour la détention des hommes condamnés à un an et plus d'emprisonnement dans les départements de la Seine et de Seine-et-Oise.

Art. 1. La prison établie dans les bâtiments de l'ancien dépôt de mendicité à Poissy (Seine-et-Oise) est constituée maison centrale pour la détention des hommes condamnés à un an et plus d'emprisonnement, dans les départements de Seine et de Seine-et-Oise; elle sera régie suivant ce qui est prescrit par l'art. 10 de notre ordonnance du 2 avr. 1817.

2. Le département de la Seine continuera à recevoir, pour l'entretien, dans les prisons de Paris, des individus des deux sexes condamnés à la reclusion, et des femmes condamnées aux travaux forcés ou à un an et plus d'emprisonnement, l'indemnité qui est accordée par l'art. 28 de la loi du 31 juill. 1821.

6-9 juin 1830. — Ordonnance portant qu'à l'avenir les individus des deux sexes condamnés correctionnellement à plus d'un an de prison seront seuls envoyés dans les maisons centrales de détention.

CHARLES, etc.; — Vu l'ordon. royale du 2 avr. 1817; — Vu le dernier paragraphe de l'art. 1 de cette ordonnance; — Vu l'art. 58 c. pén.; — Vu l'avis du conseil général des prisons du royaume; — Considérant que la loi n'autorise l'application des peines de la récidive, en matière correctionnelle, que lorsque les coupables ont précédemment été condamnés à un emprisonnement de plus d'une année; d'où il suit que le législateur a établi une différence essentielle entre les condamnations à un an d'emprisonnement seulement et les condamnations correctionnelles *à plus d'un an*; — Voulant mettre en harmonie le mode de classement des condamnés à une année d'emprisonnement avec les dispositions ci-dessus rappelées du code pénal; — Sur le rapport de notre ministre de l'intérieur; — Nous avons, etc. :

Art. 1. A l'avenir, les individus des deux sexes condamnés correctionnellement à plus d'un an de prison seront seuls envoyés dans les maisons centrales de détention pour y subir la peine qui leur aura été infligée.

20 sept.-1er oct. 1830. — Ordonnance qui fixe le traitement et les indemnités de l'inspecteur général des maisons centrales de détention.

3-18 déc. 1832. — Ordonnance du roi sur le service des maisons militaires centrales de détention dites Pénitenciers militaires.

TIT. 1. — PERSONNEL.

SECT. 1. — *Composition.*

CHAP. 1. — *Personnel de l'administration et de la police.*

Art. 1. Chaque maison militaire centrale de détention, dite *pénitencier militaire*, est placée sous la direction d'un conseil d'administration. — Un officier supérieur est chargé de l'inspection et de la surveillance de toutes les parties du service. — Le personnel de l'administration d'un pénitencier militaire se compose : 1° d'un agent comptable, 2° d'un surveillant principal d'ateliers, 3° de surveillants d'ateliers. — Le personnel de la police se compose : 1° d'un concierge, 2° d'un greffier vaguemestre garde-magasin et d'un commis greffier, 3° de guichetiers-gardiens. — Un chirurgien aide major réside dans l'établissement.

2. Un aumônier, un médecin ordinaire, un chirurgien-major et un garde du génie militaire sont attachés au pénitencier militaire en qualité de fonctionnaires externes.

3. Les membres du conseil d'administration, l'inspecteur, l'aumônier, le médecin ordinaire, les chirurgiens-major et aide-major, l'agent comptable, le surveillant principal, le concierge et le greffier, sont commissionnés par le ministre de la guerre.

4. Les surveillants particuliers et les guichetiers-gardiens sont nommés par le lieutenant général commandant la division, sur la proposition de l'inspecteur et la présentation du conseil d'administration.

5. L'emploi de commis greffier est rempli par un détenu désigné par le conseil d'administration sur la proposition de l'inspecteur.

6. Le service d'infirmier et de garçon de pharmacie est fait aussi par des détenus, qui sont, à cet effet, désignés par l'inspecteur, sur la proposition du chirurgien aide-major.

7. Le conseil d'administration peut indistinctement être formé, en totalité ou en partie, d'officiers en retraite ou en activité de service sur les lieux.

8. Le service de la chapelle et de l'infirmerie est confié à un ecclésiastique et à des officiers de santé, attachés, soit à un autre établissement public, soit à des corps de la garnison.

9. Les emplois de surveillants et de guichetiers-gardiens sont donnés de préférence à d'anciens militaires retirés du service et âgés de vingt-cinq ans au moins et de cinquante ans au plus. — Les surveillants et guichetiers-gardiens ne peuvent être commissionnés définitivement qu'après avoir fait dans le pénitencier un surnumérariat de deux mois, pendant lesquels il ne leur est alloué que la moitié du traitement affecté à l'emploi.

10. Les fonctions de membre du conseil d'administration, d'aumônier, de médecin ordinaire et de chirurgien-major, sont gratuites. — Le traitement de l'inspecteur, du chirurgien aide-major résidant, du concierge, du greffier et des guichetiers-gardiens, est à la charge du département de la guerre. — L'agent comptable, le surveillant principal et les surveillants d'ateliers, ainsi que les infirmiers et le garçon de pharmacie, et généralement tous les détenus employés en qualité d'auxiliaire par l'administration, sont rétribués sur les fonds de l'établissement.

CHAP. 2. — *Composition du conseil d'administration.*

11. Le conseil d'administration est composé d'un colonel, président; d'un sous-intendant militaire, d'un lieutenant-colonel, de deux chefs de bataillon, d'escadron, ou capitaines, de l'inspecteur rapporteur.

12. L'inspecteur assiste à toutes les délibérations du conseil et a voix consultative. — L'agent comptable est secrétaire du conseil; en cette qualité, il assiste et signe aux délibérations. Néanmoins, il est tenu de se retirer sur la demande d'un membre ou du rapporteur, et par suite de l'invitation du président, qui préalablement prend l'avis du conseil.

13. Tout employé de l'établissement, ainsi que les fonctionnaires externes, peuvent être appelés aux séances du conseil par le président pour y donner des renseignements

14. Les réunions du conseil ont lieu sur la convocation de son président et toutes les fois que celui-ci le juge nécessaire. — Néanmoins, le président est tenu de le réunir au moins deux fois par mois.

15. Le lieutenant général commandant la division peut ordonner la convocation extraordinaire du conseil, quand il juge convenable de l'appeler à délibérer sur un objet spécial.

16. Les membres du conseil sont solidairement responsables, envers le ministre de la guerre, des actes de leur administration. En conséquence, toutes les délibérations, quand elles ont pour objet des stipulations de quelque nature qu'elles soient, des questions contentieuses ou d'intérêt général d'administration, sont soumises préalablement à la sanction du ministre de la guerre, par l'intermédiaire du lieutenant général commandant la division, qui émet son avis sur leur objet.

SECT. 2. — *Fonctions et attributions.*

CHAP. 1. — *Du conseil d'administration.*

17. Le conseil d'administration a dans ses attributions l'établissement du budget annuel des recettes et dépenses; l'établissement des cahiers des charges et l'adjudication des fournitures de tout genre à faire pour le service de la maison; l'adjudication des travaux à effectuer par les détenus; la vérification et l'arrêté de la comptabilité générale; la direction intérieure de l'établissement, sous les rapports du régime administratif, du travail et de l'enseignement des détenus; l'allocation, à titre de récompense, des indemnités ou gratifications auxquelles pourront avoir droit les employés et les détenus; la punition, par voie de suspension de fonctions, des employés du service intérieur; la présentation des demandes et recommandations en grâce et réduction de peine en faveur des détenus; enfin la proposition de toutes les mesures qui seront jugées nécessaires à l'amélioration de toutes les parties du service.

18. Lorsqu'il se présente sur l'exécution d'un marché ou d'une convention quelconque, des contestations de nature à être déférées à la juridiction des tribunaux ordinaires, le conseil d'administration est tenu, avant d'ouvrir action, de prendre l'avis préalable d'un comité consultatif de trois jurisconsultes et de se pourvoir d'une autorisation spéciale du ministre de la guerre. — Cette autorisation n'est pas nécessaire lorsqu'il s'agit d'actes purement conservatoires, ou quand le conseil d'administration est appelé à défendre sur les demandes qui seront intentées.

19. Le conseil d'administration ne peut délibérer si la moitié plus un au moins de ses membres ne sont présents.

CHAP. 2. — *De l'inspecteur.*

20. L'inspecteur, comme investi de la surveillance de toutes les parties du service, est responsable envers l'autorité militaire commandant supérieur sur les lieux, du maintien de l'ordre, de la police et de la sûreté de l'établissement; et, envers le conseil d'administration, de l'exécution de ses délibérations et de la partie active de l'administration.

21. Tous les fonctionnaires et employés de l'établissement sont subordonnés à l'inspecteur.

22. Il a seul le droit d'infliger définitivement des punitions aux employés du service intérieur et aux détenus.

23. Toutes les dispositions administratives ou de police intérieure qui doivent être portées à la connaissance des détenus par le moyen des affiches, sont certifiées par l'inspecteur.

24. Lorsque le conseil d'administration est appelé à soutenir ou à défendre en justice les intérêts de l'administration, il est représenté par l'inspecteur, qui ne peut agir néanmoins qu'en vertu d'une délibération, laquelle établit l'objet de la contestation et les fins de la poursuite.

CHAP. 3. — *De l'agent comptable.*

25. L'agent comptable est exclusivement chargé, sous les ordres du conseil et la surveillance de l'inspecteur, du maniement des deniers et de la tenue des registres de comptabilité. — Il est aussi chargé de la garde, de la classification et de la conservation des archives.

26. L'agent comptable est responsable, envers le conseil d'administration, de tous les actes de sa gestion. Il est assujetti à un cautionnement dont le ministre de la guerre détermine la quotité.

CHAP. 4. — *Du surveillant principal d'ateliers.*

27. Le surveillant principal d'ateliers doit avoir, autant que possible, une connaissance générale de tous les travaux d'industrie.

28. Les surveillants particuliers sont sous les ordres directs et immédiats du surveillant principal, dont ils reçoivent les instructions pour tout ce qui concerne leur service.

29. C'est sur la proposition du surveillant principal que l'inspecteur assigne à chaque surveillant les ateliers qu'ils doivent diriger particulièrement.

30. Le surveillant principal suit les travaux de tous les ateliers, et préside, en général, à la livraison des matières premières et à la réception des ouvrages confectionnés. — A cet effet, il lui est remis, par les soins de l'inspecteur et avant l'établissement des ateliers, une copie certifiée des marchés au moyen desquels les différents travaux sont introduits dans l'établissement.

31. Le surveillant principal est appelé à connaître, sur le rapport des surveillants particuliers, de toutes les contestations qui s'élèvent entre les détenus et les fabricants à l'occasion des travaux. — Dans le cas où il ne pourrait les vider à l'amiable, ces contestations sont examinées par l'inspecteur, qui prend, en définitive, les ordres du conseil, s'il y a lieu.

32. Le surveillant principal est particulièrement responsable de l'exécution de toutes les dispositions réglementaires et autres concernant la police et la direction des travaux.

CHAP. 5. — *Des surveillants particuliers d'ateliers.*

33. Les surveillants sont établis pour la direction et la surveillance des travaux dans les ateliers qui leur sont particulièrement confiés. — En conséquence, pendant les heures de travail, ils se tiennent à poste fixe dans lesdits ateliers.

34. Les surveillants particuliers connaissent en premier lieu des contestations qui surviennent à l'occasion des travaux, soit entre les détenus, soit entre ceux-ci et les contre-maîtres et fabricants. Ils en réfèrent toujours au surveillant principal.

35. Les surveillants particuliers sont responsables du bon ordre et de la propreté de leurs ateliers respectifs.

36. Il peut y avoir un ou plusieurs surveillants surnuméraires, auxquels les vacances d'emploi de surveillant appartiennent de droit et par ancienneté d'admission. — Les surveillants surnuméraires sont à la disposition du surveillant principal, qui les utilise selon les besoins du service.

CHAP. 6. — *Du concierge.*

37. Le concierge est chargé de tous les détails intérieurs de police, de surveillance et de propreté. — Le surveillant principal et les surveillants d'ateliers sont soumis aux ordres qu'il donne à cet effet. — Le greffier et les guichetiers-gardiens lui sont subordonnés en tout ce qui concerne le service.

38. Le concierge a seul autorité pour prononcer provisoirement des punitions contre les détenus; mais elles peuvent être provoquées par tous les employés de l'établissement, ainsi que par les détenus revêtus de marques distinctives. — Le concierge rend compte immédiatement à l'inspecteur, qui statue définitivement.

39. Le concierge se tient à poste fixe dans l'intérieur de la maison; il ne peut découcher sans une autorisation spéciale du commandant supérieur militaire sur les lieux, auquel la demande motivée en est faite par l'inspecteur. — Il tient strictement la main à ce que le greffier, les surveillants et guichetiers-gardiens se soumettent à cette prohibition.

40. Le concierge accompagne, dans l'intérieur de l'établissement, tout membre du conseil qui s'y présente, ainsi que les officiers de visite et de santé, afin de leur donner les renseignements qu'ils peuvent exiger, chacun en ce qui concerne son service.

CHAP. 7. — *Du greffier et du commis greffier.*

41. Le greffier supplée le concierge dans tous les détails de service intérieur.

42. Il est chargé, sous la surveillance et la responsabilité du concierge, de la tenue de toutes les écritures du greffe.

43. Le greffier est en outre chargé de la garde des magasins d'ameublement d'habillement et de linge et chaussure.

44. Les fonctions de vaguemestre sont également attribuées au greffier.

45. Le détenu chargé des fonctions de commis greffier porte les galons de sergent-major. Il a le droit de commandement sur tous les autres détenus de l'établissement.

46. Le commis greffier peut être employé à la tenue des écritures du greffe; il est spécialement chargé de toutes celles de l'infirmerie.

CHAP. 8. — *Des guichetiers-gardiens.*

47. Les guichetiers-gardiens sont chargés, sous les ordres directs du concierge, de la garde de la geôle et des condamnés hors le temps des travaux. Ils font ce double service à tour de rôle.

48. Chaque guichetier-gardien est en outre chargé de la surveillance spéciale d'un quartier.

SECT. 3. — *Dispositions particulières aux employés, aux fabricants et entrepreneurs.*

CHAP. 1. — *Police particulière aux employés.*

49. Le concierge, le surveillant principal, le greffier, les surveillants particuliers et les guichetiers-gardiens, portent, dans l'intérieur du pénitencier, l'uniforme qui sera ultérieurement déterminé par le ministre de la guerre.

50. Les surveillants sont consignés à la porte principale de sortie de l'établissement pendant les heures d'activité des ateliers; ceux qui, ayant reçu du surveillant principal la permission de s'absenter pendant le temps de la fermeture des ateliers, ne seraient pas rentrés avant la réouverture, sont, pour la première fois, punis de la consigne. Cette peine ne peut leur être infligée pour moins de quatre jours, ni pour plus de huit. En cas de récidive, il en est rendu compte au conseil d'administration, qui statue. — Les surveillants surnuméraires, quand ils ne remplissent pas un intérim, sont exceptés de ces dispositions.

51. Les surveillants d'ateliers peuvent néanmoins, pour des motifs justifiés, obtenir de l'inspecteur des permissions d'absence pour un jour entier, qui compte de sept heures du matin à neuf heures du soir. — Ces permissionnaires sont alors suppléés dans leurs ateliers par un surveillant surnuméraire.

52. Il ne peut être donné de permission pour la journée qu'à un seul surveillant à la fois, et le même surveillant ne peut obtenir ces mêmes permissions plus de trois fois par mois.

53. Les guichetiers-gardiens ne peuvent obtenir la permission de s'absenter que pendant les travaux dans les ateliers et pendant trois quarts d'heure seulement. Ces sorties, qui sont accordées par le concierge, sont calculées de manière à ce que le service ne puisse en éprouver aucun préjudice. — Les guichetiers gardiens ont droit au bénéfice établi en l'art. 51.

54. Les employés de l'établissement sont tenus de rendre compte immédiatement au concierge de tout ce qu'ils entendent parmi les détenus, et de tout ce qui peut parvenir à leur connaissance de contraire au bon ordre et à la sûreté de l'établissement.

55. Tout préposé qui, étant de service, sera trouvé en état d'ivresse, est suspendu de ses fonctions pendant un mois. La moitié de son traitement est donnée à son suppléant, ou partagée entre ses camarades. — En cas de récidive, il encourt la destitution.

56. Dans aucun cas et sous aucun prétexte, les employés ne peuvent, à peine d'être suspendus de leurs fonctions pendant au moins huit jours, recevoir de détenus dans leur logement particulier.

57. La femme et les enfants des employés, s'ils en ont, ne peuvent, pour quelque motif que ce soit, pénétrer dans l'intérieur du pénitencier.

58. Il est défendu aux employés de faire, à quelque titre que ce puisse être, aucun commerce de comestibles ou de boissons avec les détenus. — Il leur est pareillement défendu de boire ou de manger avec eux, de les tutoyer, de les injurier ou de les battre.

59. Il est défendu d'avoir, dans l'intérieur de la maison, des poules, lapins, pigeons, cochons, etc.

60. Il est interdit aux employés, sous peine de destitution et de poursuites judiciaires, s'il y a lieu, de rien exiger ni recevoir des détenus sous quelque prétexte que ce soit, de brocanter avec eux, de leur prêter ou emprunter de l'argent, de leur

escompter des billets ou reconnaissances, et enfin de se permettre aucune espèce de transaction ou trafic quelconque avec eux.

61. Tout préposé qui fait, de l'intérieur à l'extérieur ou de l'extérieur à l'intérieur, des commissions pour les détenus, sans l'autorisation spéciale du concierge, ou qui se charge de porter les lettres des détenus ou de leur en remettre, encourt la destitution.

62. Aucun employé ne peut être détourné de ses fonctions, même momentanément, pour un service particulier quelconque.

63. Il est interdit aux plantons et sentinelles placées dans l'intérieur de l'établissement de s'entretenir avec les détenus et de se charger d'aucune commission à leur égard. — Les contrevenants sont signalés au chef de poste, qui en fait son rapport à la place, ainsi qu'à l'inspecteur, qui en rend compte à qui de droit.

64. Aucun livre, journal, imprimé, manuscrit, etc., aucune gravure, dessin et lithographie, ne peuvent être introduits dans la partie de l'établissement occupée par les détenus sans une autorisation spéciale de l'inspecteur. — Les contrevenants à cette disposition encourent la destitution, s'ils sont employés de l'établissement; et s'ils font partie du poste, ils sont signalés immédiatement à l'officier qui le commande, lequel en fait son rapport au commandant de la place. — Les écrits, imprimés, gravures, lithographies, etc., sont, dans tous les cas, saisis et remis à l'inspecteur, qui, de son côté, rend compte à l'autorité militaire commandant sur les lieux.

65. A la fin de chaque période de cinq années, les surveillants particuliers et guichetiers-gardiens qui, pendant ce temps, ont fait dans le pénitencier un service utile et n'ont pas été punis pour des fautes graves, ont droit à une augmentation de traitement de 25 fr. par année. — Cette augmentation peut être retirée à ceux qui, après l'avoir obtenue, se rendent coupables de fautes graves.

66. Les surveillants particuliers et guichetiers-gardiens peuvent obtenir annuellement des gratifications quand, par leur zèle et leur bonne conduite, ils ont rendu des services signalés à l'établissement.

67. Le conseil d'administration peut, sur le rapport de l'inspecteur et pour des fautes graves qui nécessiteraient une répression prompte et exemplaire, telles qu'un fait de concussion, de prévarication, etc., suspendre provisoirement de ses fonctions tout employé du service intérieur.

68. L'employé suspendu de ses fonctions n'a plus droit, pendant la durée de cette punition, qu'à la moitié de son traitement. — Si le fait qui a donné lieu à la suspension est accompagné de circonstances aggravantes, l'employé peut être privé de la totalité de son traitement; mais, dans ce cas, l'ordre de suspension doit l'énoncer formellement. — La moitié du traitement retenu est allouée au surnuméraire qui remplace l'employé suspendu; l'autre moitié (quand la retenue atteint la totalité du traitement) est versée à la masse générale d'administration.

69. Toutes les fois qu'une suspension de fonctions est prononcée contre un employé, les motifs en sont consignés dans une délibération. — Cette délibération est transmise immédiatement au lieutenant général commandant la division, qui prononce définitivement, si l'employé suspendu occupe un emploi à sa nomination; dans le cas contraire, il prend les ordres du ministre de la guerre.

70. L'inspecteur peut infliger les arrêts ou la consigne à tout fonctionnaire interne ou employé pour des fautes contre le devoir, l'ordre et la police.

CHAP. 2. — *Police particulière aux fabricants, entrepreneurs et contre-maîtres de ville.*

71. Les fabricants, entrepreneurs et contre-maîtres de ville, sont soumis, en ce qui les concerne, aux dispositions du présent règlement. Il en sera fait mention expresse dans les marchés.

72. Les fabricants et entrepreneurs peuvent être autorisés par le conseil d'administration à faire choix de détenus pour la tenue de leurs écritures. — Ces détenus sont payés à la journée, au prix fixé par le conseil et consenti par les fabricants et entrepreneurs.

73. Dans le cas où un fabricant obtiendrait l'autorisation d'occuper un nombre de détenus supérieur à celui déterminé par son marché, il est tenu de continuer à les occuper jusqu'au jour de leur sortie du pénitencier.

74. Lesdits fabricants, entrepreneurs ou contre-maîtres de ville, ne peuvent, sous aucun prétexte, pénétrer dans d'autres ateliers que ceux qu'ils dirigent ou auxquels ils sont attachés.

75. Défense leur est faite d'enlever, de surcharger ou altérer en aucune manière les tarifs affichés dans les ateliers, à peine d'être tenus aux frais de leur rétablissement et de subir telle mesure administrative que de droit.

76. Il leur est expressément interdit de remettre aux détenus de l'argent de la main à la main, sous peine d'une amende de 100 fr. La violation de cette disposition peut même donner lieu à la résiliation des marchés, avec dommages-intérêts. — Si un fabricant ou entrepreneur croit devoir une gratification à un ou plusieurs détenus de son atelier, le conseil d'administration règle l'emploi du montant de cette gratification, qui préalablement est déposée, sur récépissé, entre les mains de l'agent comptable.

TIT. 2. — POLICE.

SECT. 1. — *Police générale.*

CHAP. 1. — *Conditions d'admission des détenus dans le pénitencier militaire.*

77. Tout condamné ayant moins de six mois d'emprisonnement à subir ne peut être admis dans un pénitencier militaire. — Néanmoins, le condamné ayant encore à subir au moins trois mois de la même peine peut être reçu dans ces établissements, s'il est reconnu posséder une des professions qui y sont en activité, ou si sa présence peut y être d'une utilité quelconque.

78. Les détenus qui, de quelque manière que ce soit, ont contracté dans l'établissement des infirmités qui rendent pour un long temps inhabile au travail, n'y sont pas conservés. Le ministre de la guerre assigne une destination sur le compte qui lui est rendu de l'état de ces détenus; un certificat des officiers de santé, indiquant l'origine et la nature des infirmités, accompagne le rapport fait à ce sujet.

CHAP. 2. — *Des entrées et des sorties du pénitencier.*

79. Un registre, coté et parafé par le chef de l'état-major de la division, est destiné à l'écrou des militaires condamnés qui sont conduits au pénitencier pour y subir leur peine.

80. Ce registre est tenu par le greffier sous la surveillance et la responsabilité du concierge. — Les condamnés y sont inscrits et signalés avec soin dès le moment de leur arrivée et sans aucun blanc ni surcharge.

81. Aucun militaire condamné ne peut être écroué s'il n'est accompagné d'un extrait certifié du jugement qui le condamne, lequel extrait doit être joint à un ordre de conduite et d'écrou.

82. Le chef de l'escorte qui fait l'écrou est tenu de le signer; il reçoit du concierge une attestation qui constate la remise du condamné.

83. L'écrou d'un condamné ne peut être levé que sur un ordre du lieutenant général commandant la division, ou du chef de son état-major. — Cet ordre indique le motif de la sortie et la destination que doit recevoir l'individu qui en est l'objet.

84. Les certificats de présence réclamés par les détenus sont délivrés par le conseil d'administration.

CHAP. 3. — *Division du logement.*

85. Chaque pénitencier militaire est divisé de la manière suivante, savoir : — 1° Bâtiments de l'administration; — 2° Bâtiments communs; — 3° Bâtiments de correction; — 4° Bâtiment de santé.

86. L'inspecteur, le chirurgien aide-major, l'agent comptable, le concierge, le surveillant principal, les surveillants d'ateliers et les guichetiers-gardiens, sont tenus de loger dans l'établissement. — L'inspecteur, le chirurgien aide-major, l'agent comptable, le concierge et le surveillant principal, occupent le bâtiment de l'administration. Les surveillants d'ateliers et les guichetiers-gardiens occupent, avec les détenus, le bâtiment commun et le bâtiment de correction.

87. Les militaires condamnés pour vol, escroquerie, faux en écriture, et autres délits ordinaires, sont séparés, dans les bâtiments communs, de ceux condamnés pour délits purement militaires. — Dans chacune de ces deux divisions, les détenus appartenant au même atelier sont, autant que possible, logés dans des cellules contiguës.

88. Le bâtiment de correction est exclusivement destiné aux détenus en état permanent de punition.

CHAP. 4. — *Placement des détenus dans les ateliers.*

89. Les condamnés nouvellement arrivés et reconnus en état d'être mis au travail sont classés dans les ateliers selon leur capacité, leur force et le besoin d'ouvriers. — Il est tenu compte de la durée des marchés, afin de ne placer dans les ateliers que des hommes dont la détention ne doit pas se prolonger au delà de la même époque. — Le classement est fait par le surveillant principal, qui préalablement prend l'avis et reçoit les observations des fabricants.

90. Chaque nouveau détenu subit huit jours d'épreuve dans l'atelier qui lui a été désigné. Si, avant l'expiration de ce terme, il a été reconnu par le surveillant principal et le fabricant que le détenu ne réunit pas les conditions nécessaires pour le genre de travail auquel il a été destiné, il est placé immédiatement dans un autre atelier. — Après ces huit jours d'épreuve, le détenu ne peut plus être rayé des contrôles de l'atelier sans des motifs particuliers que l'inspecteur est seul appelé à apprécier.

91. Dans aucun cas et sous aucun prétexte, le détenu qui a été rayé des contrôles d'un atelier, pour quelque motif que ce soit, ne peut y être réadmis.

CHAP. 5. — *Nourriture des détenus en santé et des détenus malades.*

92. La nourriture complète d'un détenu en santé se compose pour vingt-quatre heures : — 1° D'une ration de pain de munition; — 2° Les dimanche, mardi et jeudi, d'une portion de soupe grasse avec portion de viande le matin, et d'une portion de soupe aux légumes le soir; — 3° Les lundi, mercredi, vendredi et samedi, de deux portions de soupe aux légumes, dont une portion le matin et une le soir.

93. La ration de pain de munition pour chaque détenu est du poids de 75 décagrammes (une livre et demie) après vingt-quatre heures de cuisson.

94. La composition du pain est déterminée par le cahier des charges, selon les localités, et ainsi qu'il est dit ci-après art. 347.

95. La portion de soupe du matin se compose pour chaque individu : — 1° De 5 décilitres de bouillon gras, provenant de la cuisson de 15 kilogrammes de viande pour cent individus; — 2° D'une portion de viande qui est la centième partie des 15 kilogrammes qui ont servi à faire le bouillon; — 3° De 78 grammes (deux onces et demie) de pain blanc pur froment et bien rassis; — 4° Des légumes frais ou secs, selon la saison, et de l'assaisonnement nécessaire.

96. La portion de soupe aux légumes du soir est d'un litre par individu. — Le cahier des charges détermine la composition de cette soupe, qui varie selon les localités et les saisons, mais dans laquelle il doit toujours entrer 8 kilogrammes de pain blanc de pur froment et bien rassis pour cent hommes.

97. La ration de vinaigre est déterminée par le conseil d'administration, qui fixe annuellement l'époque et la durée de sa distribution.

98. Les détenus affectés de maladies cutanées, telles que dartres, gale, teigne, etc., ne reçoivent que la nourriture des détenus en santé, à moins qu'il n'en soit autrement ordonné par les officiers de santé, dans quelques circonstances particulières.

99. L'entrepreneur fournit la subsistance des détenus malades, selon l'ordonnance des médecins et du chirurgien-major. Elle est fixée pour les vingt-quatre heures, ainsi qu'il suit, savoir :

Malades au régime gras. — *Portion entière.* — *Nota.* La portion entière étant celle des détenus en santé, sans exception aucune, elle cesse d'être à la charge de l'infirmerie. — *Trois quarts de portion.* — Deux soupes de 2 décilitres de bouillon chacune, avec 31 grammes (une once) de pain matin et soir. — Pain 468 grammes (15 onces métriques); viande cuite et désossée, 125 grammes (4 onces métriques); vin, 3 décilitres. — *Demi-portion.* — Même soupe que pour les malades aux trois quarts. — Pain, 375 grammes (12 onces métriques); viande cuite et désossée, 94 grammes (3 onces métriques); vin, 2 décilitres. — *Quart de portion.* — Même soupe que les trois quarts et la demie. — Pain, 219 grammes (7 onces métriques); viande cuite et désossée, 62 grammes (2 onces métriques); vin, 2 décilitres.

Malades au bouillon. — Le nombre des bouillons prescrits par l'officier de santé

Malades au régime maigre. — *Soupe.* — Dans les mêmes proportions que la soupe grasse. Cette soupe est préparée avec du beurre frais, des herbes et légumes frais. — *Légumes.* — Il n'est distribué chaque jour qu'une seule espèce de légumes. Ces légumes sont variés, autant que possible, suivant les saisons. — *Portion entière de légumes.* — 4 décilitres le matin, autant le soir. Pour les autres portions, les légumes sont distribués dans la même proportion que la soupe. — *Œufs.* — Les légumes sont remplacés par les œufs dans les proportions suivantes : — Portion entière, néant; trois quarts de portion, néant; demi-portion, trois œufs; quart de portion, deux œufs. — *Pruneaux.* — Les légumes et les œufs sont remplacées par des pruneaux dans les proportions suivantes : — Portion entière et trois quarts, néant; demi-portion, 250 grammes (demi-livre) de pruneaux pesés secs, moitié matin, moitié soir; quart de portion, 125 grammes (quart de livre). — La ration de pain et de vin pour les malades au maigre est la même que pour les malades au gras. — *Laitage.* — Dans la même proportion que les autres soupes, point de vin.

Malades uniquement au lait. — La quantité de lait prescrite par les médecins.

100. La composition du bouillon, pour la ration journalière de chaque malade au gras est de 25 décagrammes de viande crue et de 6 décagrammes de légumes frais. — La quantité d'eau est déterminée par les officiers de santé proportionnellement au nombre de rations à fournir.

101. La viande est saignée et de bonne qualité, sans qu'il puisse y être admis de têtes, cœurs, fressures ni pieds; elle est toujours examinée par le concierge, et, si elle est trouvée défectueuse, elle est présentée à l'examen de l'officier de santé interne, qui la rejette s'il y a lieu. — Dans ce cas, il en est fourni d'autre aux frais de l'entrepreneur, et l'officier de santé et le concierge dressent un procès-verbal qui est remis à l'inspecteur.

102. La composition du bouillon pour les malades au maigre est, pour un litre de bouillon, de 25 grammes ou 6 gros de beurre frais, 60 grammes ou 2 onces de légumes, et le sel nécessaire.

103. Le pain des malades est blanc, de pur froment et de bonne qualité; il a toujours vingt-quatre heures de cuisson avant la distribution. — Le pain trop peu cuit, lourd ou brûlé, de mauvaise qualité ou mêlé de seigle ou de tout autre grain, est rejeté avec les formalités prescrites en l'art. 101.

104. Les vins sont vieux, c'est-à-dire de l'avant-dernière récolte et de bonne qualité.

CHAP. 6. — *Habillement des détenus valides et des détenus malades.*

105. L'habillement de chaque détenu valide est composé ainsi qu'il suit, savoir : — 1° D'une veste en drap gris beige, doublée en toile écrue, avec collet et parements couleur garance; cette veste est garnie de deux rangs de boutons, croisant sur la poitrine; elle a une poche extérieure. — Les boutons sont de métal blanc; il portent ces mots : *Pénitencier militaire de...*; 2° Un gilet en drap gris beige; 3° Un pantalon en drap gris beige, doublé en toile jusqu'au défaut du mollet; 4° Une chemise en flanelle, descendant à mi-cuisse; 5° Trois chemises de toile écrue; 6° Deux bonnets de toile ou serre-tête; 7° Une casquette en feutre; 8° Deux tabliers de travail en toile ou en treillis; 9° Deux cols en serge; 10° Deux paires de chaussons en droguet avec double semelle; 11° Une paire de sabots; 12° Une brosse à habit; 13° Un peigne.

106. Il est fourni à chaque détenu, pendant son traitement à l'infirmerie, savoir : — *En été*, un bonnet de coton, un pantalon large et une grande robe en toile écrue. —*En hiver*, un bonnet en laine, un pantalon et une capote en droguet, laine et coton.

107. Un nombre nécessaire de vêtements, pris parmi les effets laissés par les hommes sortis de la maison, est destiné aux détenus traités de la gale et autres maladies cutanées. — Ces vêtements sont fréquemment purifiés, et ne peuvent jamais servir à un autre usage que celui indiqué ci-dessus.

CHAP. 7. — *Police ordinaire.*

108. Au moment de son arrivée au pénitencier militaire, et avant sa sortie du greffe, chaque détenu est soigneusement fouillé, afin de s'assurer qu'il n'est porteur d'aucune arme ou instrument propre à favoriser son évasion. — Il est ensuite rasé, ses cheveux sont coupés ras, et il est conduit au bain. — Il est accordé aux détenus nouvellement arrivés trois jours de repos avant d'être mis au travail.

109. Les effets dont le détenu arrivant est porteur lui sont ôtés immédiatement; il reçoit en remplacement les vêtements neufs de la maison, si sa masse individuelle le permet; dans le cas contraire, il lui est délivré des effets de première nécessité provenant de ceux laissés par les hommes sortis et dont est mention en l'art. 387.

110. Le costume de la maison est seul permis aux détenus. Ils ne portent ni favoris ni moustaches.

111. Aucun détenu, quel que soit le grade dont il était titulaire dans l'armée au jour de sa condamnation, ne peut porter de marques distinctives que celles qui lui auront été accordées depuis son entrée dans le pénitencier.

112. Il y a toujours, à poste fixe dans l'intérieur de l'établissement, des surveillants et guichetiers-gardiens de semaine; le nombre en est déterminé par l'inspecteur, selon les besoins du service.

113. Les heures de réveil, de balayage, d'ablution des détenus, d'ouverture des travaux, de repos, de récréation et de la retraite, sont et demeurent fixées ainsi qu'il suit :

Dans les mois de mai, juin, juillet et août. — Heure de la diane : quatre heures et demie du matin. — Heure du balayage et de l'ablution des détenus ; de quatre heures et demie à cinq heures et demie du matin. — Heures de travail ; de cinq heures et demie à huit heures du matin; de huit heures et demie à dix heures du matin; de midi et demi à quatre heures du soir; de cinq heures et demie à sept heures et demie du soir. — Heures des distributions et repas : de huit heures à huit heures et demie du matin; de onze heures à onze heures et demie du matin; de quatre heures à quatre heures et demie du soir. — Heures des récréations : de onze heures et demie à midi et demi ; de quatre heures et demie à cinq heures du soir; de sept heures et demie à huit heures du soir. — Heure de la retraite : huit heures du soir. — Heure du couvre-feu : huit heures un quart du soir. — *Observations.* — Durant l'heure d'intervalle qui sépare la diane de l'ouverture des travaux, les détenus doivent être appropriés, les cellules balayées ou lavées, ainsi que les salles, et l'appel général fait. — Le balayage a lieu dans l'ordre suivant : — Les cellules et chambrées, — Les corridors, — Les ateliers, — Les cours. — Ablution des détenus, dans les cours.

Dans les mois de mars, avril, septembre et octobre. — Heure de la diane : cinq heures et demie du matin. — Heure du balayage et de l'ablution des détenus ; de cinq heures et demie à six heures du matin. — Heures de travail : de six à huit heures du matin; de huit heures et demie à onze heures du matin; de midi à quatre heures du soir; de quatre heures et demie à six heures du soir. — Heures des distributions des repas : de huit à huit heures et demie du matin; de onze à onze heures et demie du matin; de quatre à quatre heures et demie du soir. — Heures des récréations : de onze heures et demie à midi; de quatre à quatre heures et demie du soir; de six à six heures un quart du soir. — Heure de la retraite : six heures un quart du soir. — Heure du couvre-feu : six heures et demie du soir. — *Observation.* — Pendant les mois de mars, avril, septembre et octobre, les cellules et salles ne sont pas lavées, mais seulement balayées; les ablutions des détenus ont toujours lieu dans les cours.

Dans les mois de novembre, décembre, janvier et février. — Heure de la diane : sept heures et demie du matin. — Heure du balayage et de l'ablution des détenus : de sept heures et demie à huit heures du matin. — Heures de travail : de huit à onze heures du matin; de onze heures et demie du matin à quatre heures du soir; de quatre heures et demie à sept heures du soir. — Heures des distributions et repas : de sept et demie à huit heures du matin; de onze à onze heures et demie du matin; de quatre à quatre heures et demie du soir. — Heures des récréations : de onze un quart à onze heures et demie du matin; de quatre heures un quart à quatre heures et demie du soir. — Heure de la retraite; cinq heures du soir. — Heure du couvre feu : sept heures et demie du soir. — *Observations.* — Pendant cette période de la saison, les cellules et salles ne sont pas lavées, mais seulement balayées. — Les ablutions des détenus ont lieu dans une salle du rez-de-chaussée. — Les détenus devant travailler à la lumière pour compléter les dix heures de travail, aucun d'eux ne pourra descendre dans les cours ni circuler dans la maison après la retraite. — L'appel général se fera à sept heures un quart du soir, c'est-à-dire un quart d'heure avant le couvre-feu.

118. Avant de se rendre aux ateliers de travail, les détenus doivent, chaque matin, battre, brosser et secouer avec soin leurs vêtements.

119. Chaque dimanche matin, les détenus changent de chemise et de chaussettes. Le concierge tient strictement la main à l'exécution de cette mesure de propreté. La plus grande surveillance est recommandée, à cet égard, à l'inspecteur. — Le même jour, le linge que les détenus ont à donner au blanchissage est recueilli par les guichetiers-gardiens, chacun dans leur quartier respectif, et remis au greffier, dont ils retirent un reçu.

120. La chemise de flanelle est portée par les détenus depuis le 15 nov. jusqu'au 15 mai inclusivement.

121. La distribution de la ration de pain se fait, chaque jour, par les guichetiers-gardiens aux détenus de leurs quartiers respectifs, aux heures déterminées en l'art. 113.

122. Le sous-officier de planton au pénitencier demeure dépositaire des clefs des marmites pendant tout le temps que dure la cuisson des aliments. — Il est présent à la pesée de la viande destinée à la soupe des détenus, assiste à sa distribution, et en fait, chaque jour, son rapport, par écrit, au commandant du poste de la prison, qui le transmet au commandant de la place.

123. Le concierge s'assure journellement de la quantité et de la qualité des aliments fournis par les entrepreneurs aux détenus valides ou malades.

124. Le concierge fait deux appels par jour; le premier a lieu le matin, à l'ouverture des cellules; et le second, le soir, avant leur clôture. — En cas d'empêchement, il est suppléé par le greffier; mais il n'en demeure pas moins responsable.

125. Il visite, chaque jour, les hommes enfermés dans les cellules de correction.

126. Le concierge fait, chaque nuit, une ronde dans l'intérieur de la prison. — Les guichetiers-gardiens font également, chacun dans leur quartier, et à l'heure indiquée par le concierge, une ronde toutes les nuits. En cas d'événement, ils rendent compte immédiatement au concierge.

127. Les dortoirs communs, corridors et escaliers, sont éclairés pendant la nuit. — Le concierge est responsable de l'exécution de cette disposition.

128. Chaque matin, le concierge vérifie par lui-même, ou à l'aide des guichetiers-gardiens, l'état des cellules, salles et dortoirs. — Les barreaux des croisées et grilles sont également sondés chaque jour. — Si des dégâts sont reconnus, il en est fait rapport sur-le-champ à l'inspecteur. — Le surveillant principal et les surveillants sont tenus à la même obligation à l'égard des ateliers.

129. Chaque détenu est responsable des détériorations ou dégâts commis dans sa cellule. — Tous les détenus de la salle, du dortoir ou de l'atelier, dans lesquels les dégâts ou détériorations auront été commis, sont responsables solidairement et jusqu'à ce que l'auteur en soit connu.

130. Les dégâts, dégradations ou détériorations sont constatés par un procès-verbal d'expertise. Ce procès-verbal est signé par le concierge et l'adjudant du génie, quand les dégâts, dégradations ou détériorations ont eu lieu aux bâtiments. Quand ils ont été faits à des machines, métiers, mécaniques, outils, etc., il est signé par le surveillant principal, le fabricant et l'expert, s'il a été appelé pour vider le partage entre les premiers.

131. Il y a lieu au remboursement de la valeur ou au payement des frais de réparation, quand des objets de couchage, ameublement, etc., ont été brisés ou détruits.

132. Si les détenus responsables ou le détenu auteur des dégâts sont travailleurs, le prix des réparations est payé au moyen de la retenue de leur denier de poche, et au besoin, par un prélèvement sur leur masse d'épargne. — Dans le cas d'insuffisance de ces deux moyens, comme dans le cas où les détenus dont il s'agit ne seraient pas travailleurs, le remboursement a lieu au moyen d'une retenue sur les centimes affectés à l'ordinaire. — Le mode et la quotité journalière de cette retenue, de quelque manière qu'elle doive s'effectuer, sont toujours déterminés par le conseil d'administration.

133. Une boîte à lettres est établie dans chaque corps de bâtiment pour recevoir la correspondance des détenus avec l'extérieur : les lettres qui y sont déposées ne doivent pas être cachetées. — Une autre boîte est également établie dans chaque corps de bâtiment pour recevoir les réclamations que les détenus peuvent avoir à soumettre aux autorités : les lettres contenant ces réclamations peuvent être cachetées. — L'inspecteur, qui seul a la clef de cette dernière boîte, est tenu, sous sa responsabilité personnelle, de faire parvenir immédiatement, et chaque jour, les lettres qu'elle contient à qui de droit. Il tient de ces envois un registre sur lequel est apposé le reçu de l'autorité à qui la réclamation est faite.

134. L'inspecteur, et, en son absence, le concierge, doivent prendre connaissance des lettres adressées aux détenus. — La distribution de ces lettres est faite ensuite par le vaguemestre, mais seulement aux heures de récréation.

135. Il est tenu par le vaguemestre un registre destiné à l'enregistrement successif des sommes et lettres chargées à retirer des bureaux de la poste, ainsi que des chargements à faire par ledit vaguemestre : ce registre est coté et parafé par le président du conseil.

136. Le détenu porteur d'une reconnaissance peut exiger que son inscription au registre du vaguemestre ait lieu en sa présence.

137. Les sommes adressées aux détenus, de quelque manière que ce soit, ne leur

sont jamais remises que par fraction de 5 fr. chaque dimanche. L'inspecteur peut autoriser une plus forte remise, quand il y a motif suffisant.

138 Aucun détenu ne peut se présenter à la visite de l'officier de santé sans en avoir reçu l'autorisation, par écrit, du surveillant de son atelier. — Les détenus qui demandent cette autorisation sans motifs légitimes sont immédiatement punis.

139. Défense expresse est faite à tout détenu de vendre, changer, dénaturer ou détruire, sous quelque prétexte que ce soit, aucun des effets d'habillement et de linge et chaussure dont il est possesseur. — Le vendeur, l'acheteur ou l'entremetteur, outre la punition encourue, sont tenus solidairement, par l'un des moyens déterminés en l'art. 132, au payement de la valeur des effets vendus, dénaturés ou distraits.

140. Toute réclamation collective, quel qu'en soit l'objet, le motif ou le prétexte, est interdite.

141. Le détenu qui adresse la parole à un des fonctionnaires ou employés de la maison doit se découvrir et prendre une attitude respectueuse. — La même obligation lui est imposée à l'égard des fonctionnaires publics qui visitent l'établissement. — Les détenus doivent également se découvrir en parlant aux détenus gradés.

142. Les jeux de cartes et de dés sont défendus, ainsi que tous les autres jeux de hasard; les instruments de ces jeux sont immédiatement saisis, et les contrevenants punis selon la gravité des cas.

143. Les anciens détenus ne peuvent rien recevoir ni exiger des nouveaux arrivés, sous le prétexte de *bienvenue;* il leur est également interdit, sous des peines sévères, de leur faire éprouver aucun mauvais traitement.

144. Tout prêt d'argent entre les détenus est prohibé, et les engagements contractés entre eux ne sont pas reconnus. — Le prêt sur gages est également défendu.

145. Tous cris, clameurs ou chants bruyants, sont sévèrement interdits aux détenus; tout langage par signes leur est également défendu.

146. En cas de mutinerie, révolte, bris de prison, évasion, tentative d'évasion, incendie et autres cas de force majeure, le concierge est tenu de sonner la cloche d'alarme. — Au son de cette cloche, le poste de sûreté prend les armes, l'officier de garde pénètre dans la prison à la tête des hommes de son poste disponibles, et tous les employés de la maison se rendent à la geôle pour y prendre des ordres.

147. Le concierge fait prévenir en hâte l'inspecteur. Si celui-ci est absent, il rend compte de suite et directement au commandant de la place, et au lieutenant général commandant la division, s'il réside sur les lieux.

148. Lorsque le concierge est appelé, conformément aux dispositions de la loi du 4 vend. an 6, à verbaliser sur un fait d'évasion, il lui est enjoint de réclamer l'intervention de l'officier commandant le poste et du gendarme de planton, s'il est présent, lesquels signent le procès-verbal avec le concierge et le greffier. — Ce procès-verbal, établi en double expédition, est remis à l'inspecteur, pour être transmis, savoir, une expédition au lieutenant général commandant sur les lieux, et l'autre expédition (à laquelle sera annexée la feuille de signalement des détenus évadés), à Paris, au préfet de police, et, dans les autres lieux, au commandant de la gendarmerie.

149. Aucun détenu ne peut être attaché au service d'un employé ou fonctionnaire, comme domestique, ou autrement.

150. Les mesures réglementaires de police, les tarifs de fournitures de toute espèce, et généralement toutes les dispositions qui sont obligatoires pour les détenus, sont affichées dans l'intérieur de l'établissement.

151. Chaque dimanche, le concierge passe une revue générale de propreté. Aucun motif, autre que ceux de maladie ou de captivité dans une cellule de punition, ne peut dispenser les détenus d'y assister. — Après cette revue, qui a lieu avant l'heure de la soupe du matin, les contre-maîtres détenus font, en présence des surveillants, la distribution des deniers de poche aux hommes de leurs ateliers.

CHAP. 8. — *Permis de communiquer.*

152. Aucune personne du dehors, autre que les fabricants et contre-maîtres d'ateliers, ne peut communiquer avec les détenus, sans une permission nominative signée de l'inspecteur.

153. Ces permissions, quel qu'en soit l'objet, ne sont valables que pour une fois, et ne sont délivrées que pour les dimanches et fêtes seulement, depuis neuf jusqu'à onze heures du matin, et depuis une jusqu'à quatre heures de relevée.

154. Ces permissions ne sont accordées qu'aux parents et amis des détenus et aux personnes qui justifient du besoin de communiquer avec eux.

155. Les visites ont lieu dans un parloir commun, en présence d'un ou de plusieurs gardiens, qui sont chargés de veiller attentivement à ce qu'aucun écrit ou papier quelconque, aucune espèce d'outils ou instruments, ne soient remis aux détenus. — Les papiers, instruments ou objets qu'on tenterait d'introduire en contravention aux dispositions ci-dessus, sont saisis immédiatement et remis au concierge, qui, assisté de son greffier et du préposé capteur, dressent un procès-verbal destiné à établir un moyen de poursuites judiciaires contre le délinquant, s'il y a lieu.

156. Dans aucun cas et sous aucun prétexte, les visiteurs ne peuvent demeurer au parloir plus d'une demi-heure avec les détenus.

157. Il ne peut être reçu dans le parloir plus de douze personnes à la fois.

158. Les fabricants, entrepreneurs et contre-maîtres, qui, à ce titre, ont accès dans l'intérieur du pénitencier, sont porteurs d'une carte qu'ils sont tenus d'exhiber toutes les fois qu'ils veulent y pénétrer ou en sortir. — Cette carte porte, *au recto :* 1° un numéro d'ordre; 2° les noms et prénoms du titulaire; 3° sa profession et son domicile; 4° la date de l'enregistrement; *au verso,* le signalement du porteur. — Cette carte est signée de l'inspecteur et du titulaire, lequel, en la recevant, est tenu de signer également au registre, en présence de l'inspecteur.

159. Les permis de communiquer sont successivement recueillis par le concierge et adressés à l'inspecteur tous les premiers de chaque mois.

CHAP. 9. — *Instruction religieuse. — Police de la chapelle.*

160. Les dimanches et jours de fête, les détenus catholiques entendent la messe et reçoivent une instruction pastorale. — L'aumônier règle, de concert avec l'inspecteur, l'heure et la durée des offices et des sermons.

161. Pendant la durée de la messe et des offices, deux sentinelles, commandées par un caporal et fournies par le poste de sûreté, sont placées à l'autel. — Le concierge ou le greffier, un surveillant et un guichetier-gardien de semaine, sont tenus d'assister à ces exercices religieux pour maintenir le bon ordre.

162. Le silence le plus absolu est commandé aux détenus et à tous les assistants pendant le service divin.

163. Les détenus qui ne professent pas la religion catholique peuvent, sur leur demande, communiquer avec un ministre de leur culte, dans une pièce destinée à cet usage. — Néanmoins, cette conférence, à laquelle est toujours présent un préposé de l'établissement, ne peut avoir lieu que les dimanches et fêtes de sept à neuf heures du matin, à moins d'un cas extrême.

CHAP. 10. — *Instruction primaire.*

164. L'instruction primaire est donnée aux détenus sous la direction du surveillant principal, soit par un moniteur général étranger à l'établissement, que le conseil d'administration est autorisé à appeler au besoin, soit par un ou plusieurs détenus, s'il s'en trouve qui soient capables de remplir ces fonctions.

165. Les classes sont établies conformément aux méthodes de l'enseignement mutuel; elles ont pour objet la lecture, l'écriture, le calcul, le dessin linéaire et le tracé.

166. Les classes se tiennent les dimanches et fêtes : — 1° Pendant les mois de juin, juillet et août, le matin de huit à dix heures, et le soir de deux à quatre heures; — 2° Pendant les mois de mars, avril, septembre et octobre, le matin de neuf à onze heures, et le soir de deux à quatre heures; — 3° Pendant les mois de novembre, décembre, janvier et février, de midi à trois heures.

167. Pendant la durée des classes, toute conversation particulière ou langage par signes est sévèrement interdit.

168. Tout détenu qui a été puni trois fois pendant la tenue des classes est rayé des contrôles de l'enseignement, dont il est privé pendant un temps dont la durée est déterminée par l'inspecteur.

169. Le surveillant principal tient, sous la surveillance de l'inspecteur, un registre destiné à constater les progrès de chaque détenu.

170. Les détenus employés à donner l'enseignement reçoivent chaque mois une gratification dont la quotité est fixée par le conseil d'administration : cette gratification n'est assujettie à aucune retenue.

CHAP. 11. — *Police de la geôle.*

171. Le guichetier de service à la geôle ne peut, sous aucun prétexte, s'en absenter un seul instant. — Les clefs doivent être attachées à sa ceinture et ne jamais rester dans les serrures.

172. A l'exception des fonctionnaires ou employés de l'établissement, aucun individu, fournisseur, fabricant, contre-maître de ville, visiteur ou autre, ne peut stationner ni même s'arrêter dans la geôle.

173. Aucune espèce de marchandise ouvragée ou non ouvragée, aucun meuble, outil ou instrument quelconque, ne peuvent être déposés dans la geôle.

174. Le gardien de service à la geôle visite tous les paquets qui entrent et qui sortent de l'établissement, même ceux dont seraient porteurs les gardiens, surveillants, fabricants, contre-maîtres et autres.

175. Il ne permet la sortie à un surveillant ou à un gardien que lorsque ceux-ci lui présentent une permission signée du concierge ou du surveillant principal, conformément aux art. 50 et 53.

176. Les jours désignés pour les visites au parloir, le guichetier de service est chargé de recevoir et d'examiner chaque permis de communiquer. — Il lui est enjoint d'exécuter les instructions particulières qui pourront lui être données à cet égard, et de faire appeler le concierge toutes les fois qu'il doutera de la validité des permissions.

CHAP. 12. — *Police de la salle d'attente.*

177. La salle d'attente est destinée à recevoir les détenus nouvellement arrivés qui n'ont pas encore été visités par les officiers de santé chefs de service; ils ne peuvent, avant cette visite, communiquer avec aucune autre partie de l'établissement ni avec les détenus.

178. Pendant sa visite à la salle d'attente, le médecin ou le chirurgien-major est accompagné du concierge, du surveillant et du guichetier-gardien de semaine.

179. Aussitôt qu'un détenu de la salle d'attente a été reconnu en état de communiquer, il est conduit par le surveillant de semaine en présence du surveillant principal, qui lui assigne un atelier dans lequel il est admis, après néanmoins qu'il a été satisfait à son égard aux dispositions de l'art. 89. — Le détenu qui n'est pas reconnu en état de communiquer et qui a besoin d'un traitement préalable, est immédiatement conduit à l'infirmerie par le guichetier-gardien de semaine. — Le détenu qui n'est que faible ou fatigué reçoit de l'officier de santé une exemption de service limitée, si le temps de repos déterminé par l'art. 108 n'est pas jugé suffisant.

CHAP. 13. — *Police dans les cellules.*

180. Chaque cellule est marquée au-dessus de la porte d'entrée d'un numéro d'ordre.

181. Les nom et prénoms du détenu qui habite la cellule sont inscrits sur une carte fixée à la porte au-dessus du numéro d'ordre. Cette carte indique en outre le numéro de l'immatriculation du détenu, la date, le motif et la durée de sa condamnation; enfin son grade dans la maison, et l'atelier dont il fait partie.

182. Les portes des cellules ne peuvent être ouvertes que de l'extérieur.

183. Chaque cellule ordinaire est garnie : — 1° D'un hamac, — 2° D'une couverture en laine, — 3° D'un banc à caisse, — 4° D'une planche à pain, — 5° D'une cruche à eau, — 6° D'un vase de nuit en fer, — 7° D'un balai en bouleau. — Ces objets sont marqués du numéro d'ordre de la cellule à laquelle ils appartiennent.

184. Tous les deux ans, à l'époque du mois de mai, les cellules qui ont été habitées sont grattées et blanchies au lait de chaux.

185. Chaque matin, les hamacs sont secoués et suspendus perpendiculairement dans chaque cellule. — Chaque dimanche, ils sont descendus dans les cours ou corridors extérieurs pour être battus et exposés au grand air pendant au moins six heures. — Ils sont lessivés une fois l'an, à l'époque du mois de mai.

186. Il est expressément interdit aux détenus de rayer, crayonner, charbonner, ou tracer de quelque manière que ce soit sur les murs de leurs cellules. Il leur est également interdit d'y ficher des chevilles, clous, gonds et autres ferrements.

187. Les cellules sont interdites aux détenus depuis l'heure de la diane jusqu'à celle de la retraite.

188. Aucun outil ou instrument ne peut être introduit dans les cellules; il n'est permis aux détenus d'y avoir qu'un peigne, des aiguilles et épingles, du fil, du papier, des plumes et de l'encre.

189. Dans aucune circonstance et sous aucun prétexte, un détenu ne peut pénétrer dans une autre cellule que la sienne. — Les détenus ne peuvent non plus se parler d'une cellule à l'autre, ni frapper sur les murs pour se mettre en communication avec leurs voisins.

190. Les guichetiers-gardiens sont tenus de faire de fréquentes perquisitions dans les cellules de leurs quartiers respectifs, afin de s'assurer que les détenus n'y ont introduit aucun objet prohibé par le règlement ou propre à favoriser leur évasion.

CHAP. 14. — *Police des réfectoires.*

191. Les détenus prennent leur repas en commun dans des salles préparées pour servir de réfectoires. — Ils mangent à la gamelle ; chaque gamelle contient cinq portions au moins et huit au plus.

192. Aux heures de repas, les guichetiers-gardiens font, par réfectoire et sur une feuille nominative établie et signée du greffier, l'appel des détenus qui doivent y prendre part. — Le repas ne peut commencer que lorsque cet appel est terminé dans tous les réfectoires, et que le roulement du tambour prescrit par l'art. 115 a été fait d'après l'ordre du concierge.

193. Au moment de l'appel, pendant et après le repas, et jusqu'à la sortie des réfectoires, le silence est ordonné. Tout détenu qui l'aura troublé est privé de sa portion et puni selon la gravité des circonstances qui ont accompagné sa désobéissance.

CHAP. 15. — *Police de la cantine.*

194. Il ne peut être débité à la cantine d'autres boissons spiritueuses que du vin, de la bière ou du cidre, selon les localités. — Ces boissons doivent être de bonne qualité et pures de tout mélange.

195. Le conseil détermine par une délibération les autres objets dont il est indispensable de permettre l'usage. — Les aliments substantiels, tels que viande de boucherie, charcuterie et autres, sont absolument interdits. — Le prix et la qualité de chaque article dont le débit est autorisé est affiché à la cantine.

196. Il ne peut jamais être distribué à chaque détenu, par séance, plus d'un décilitre de vin et d'un double décilitre de bière ou cidre. — La tisane de réglisse et autres boissons rafraîchissantes sont débitées à discrétion dans les fortes chaleurs. Le cantinier, suivi d'un surveillant, peut être autorisé à en porter dans les ateliers aux heures des travaux, seulement deux fois par jour.

197. Il est expressément défendu au cantinier de donner à crédit aux détenus, à peine de perdre la valeur de sa fourniture.

198. Le sergent de planton, un guichetier-gardien ou un surveillant de semaine, sont présents pendant tout le temps des distributions qui se font à la cantine. — Ils se tiennent dans l'intérieur du guichet, surveillent le mesurage, la pesée et la distribution.

199. Les détenus ne peuvent se présenter à la cantine que deux fois par jour, c'est-à-dire aux heures de repas du matin et du soir : hors ce temps, la cantine demeure fermée.

200. Les boissons débitées à la cantine sont consommées sur place : sous aucun prétexte il ne peut être permis de les emporter dans un autre lieu quelconque de la maison.

CHAP. 16. — *Police dans les ateliers.*

201. La police dans les ateliers est confiée aux surveillants, qui sont chargés d'y maintenir l'activité, l'ordre et le silence.

202. Pendant les heures d'activité des ateliers, les détenus ne peuvent être occupés à d'autres travaux que ceux qui leur sont donnés au compte du fabricant.

203. Les surveillants tiennent strictement la main à ce qu'il ne soit introduit dans les ateliers, par les fabricants ou contre-maîtres, aucun article ou objet à ouvrager autre que ceux indiqués aux tarifs et marchés. — En cas de contravention, le surveillant, s'il y a négligence de sa part, est suspendu de ses fonctions pendant quinze jours au moins ; il est destitué s'il y a connivence. — La violation de cette prohibition pouvant donner lieu à la résiliation du marché, elle est toujours constatée par un procès-verbal signé par le surveillant principal, le surveillant de l'atelier et le détenu contrevenant. Le fabricant ou le contre-maître sont également invités à y apposer leur signature ; en cas de refus de leur part, il en est fait mention.

204. L'entrée de chaque atelier est expressément interdite aux détenus qui n'en font pas partie.

205. Les surveillants font eux-mêmes l'ouverture et la fermeture des ateliers aux heures indiquées ; ils en gardent toujours les clefs.

206. Dans toutes les saisons, les fenêtres des ateliers doivent rester ouvertes pendant au moins une heure avant l'introduction des ouvriers et le commencement des travaux.

207. Aucun métier, outil ou objet quelconque, confiés aux détenus pour leurs travaux, ne peuvent, sous aucun prétexte, être sortis de l'atelier. — Les surveillants, chacun pour les ateliers soumis particulièrement à leur surveillance, demeurent responsables de cette mesure.

208. Les détenus sont conduits en ordre aux ateliers et en sortent de même. — Aux deux époques de la journée où commencent les travaux, les contre-maîtres font l'appel dans leurs ateliers respectifs ; ils en rendent compte aux surveillants, et ceux-ci au surveillant principal.

209. Les surveillants procèdent, dans leurs ateliers, aux mêmes vérifications que celles prescrites au concierge par l'art. 128.

210. Chaque soir, avant la fermeture des ateliers, le surveillant qui en a la direction est tenu, sous sa responsabilité personnelle et sous telle peine que de droit, de s'assurer de l'extinction entière de tous les feux.

211. Les contre-maîtres détenus, outre l'ouvrage qu'ils confectionnent par eux-mêmes, sont chargés de former les apprentis, de surveiller directement et de parfaire leur ouvrage.

212. Le surveillant principal, de concert avec le fabricant, désigne les apprentis qui doivent être classés comme ouvriers. En cas de contestations et de partager entre le surveillant principal et le fabricant, sur le degré de capacité des apprentis, l'inspecteur décide par lui-même, ou par la voie d'arbitres nommés concurremment, si besoin est.

213. Les tarifs du prix de la main-d'œuvre des objets à confectionner en vertu des marchés sont et demeurent affichés dans chaque atelier.

214. La désignation de l'atelier, les noms de l'entrepreneur, des contre-maîtres et du surveillant, sont affichés en gros caractères sur la partie extérieure de la porte de chaque atelier.

CHAP. 17. — *Police dans les cours, préaux et corridors.*

215. Il est interdit aux détenus de pratiquer dans les cours, préaux et corridors, aucune espèce de trous, soit pour jeux, soit pour tout autre objet.

216. Il leur est défendu de crayonner sur les murs, de les rayer, ni d'y rien placarder, à peine d'être tenus aux frais de nettoyage ou de réparation, sans préjudice de la punition encourue. — Il leur est encore interdit de déposer ni faire aucune ordure contre les murailles.

217. Il ne doit rien être jeté dans les cours et préaux par les fenêtres, ni de tout autre endroit.

218. Quand il est contrevenu aux dispositions des trois articles précédents, si l'auteur de la contravention n'est pas connu, tous les détenus de la même cour ou du même préau demeurent solidairement responsables.

219. Pendant les fortes chaleurs, les cours et préaux sont arrosés deux fois par jour, un moment avant les heures de récréation ; ils sont balayés régulièrement chaque matin avant l'heure de la première récréation.

CHAP. 18. — *Police des magasins.*

220. Les étoffes, effets d'habillement et de linge et chaussure appartenant à l'administration, ceux apportés par les détenus arrivants, ceux appartenant aux détenus à l'infirmerie, ainsi que les objets de couchage et d'ameublement qui ne sont pas en service, sont déposés séparément dans des magasins, sous la garde et la responsabilité du commis greffier.

221. Les effets d'habillement sont classés par nature, et suivant leur qualité, d'effets neufs ou d'effets ayant servi. — Chaque effet neuf est frappé, avant son entrée en magasin, d'une griffe portant ces mots : *Pénitencier militaire de...*

222. Les effets d'habillement apportés par les détenus arrivants, après avoir été fumigés avec soin, sont empaquetés séparément : il y est appliqué une étiquette portant : 1° le numéro de l'écrou du détenu ; — 2° Ses noms et prénoms ; — 3° Son grade dans l'armée et le corps auquel il appartient ; — 4° Le nombre et la nature des effets.

223. Des détenus, ouvriers tailleurs, sont employés à l'entretien et à la réparation des effets emmagasinés appartenant à l'administration : leur nombre et le salaire de chacun de ces détenus sont déterminés par le conseil ; ils sont payés à la journée.

224. A l'expiration de chaque mois, le concierge met à la disposition du garde-magasin le nombre d'hommes de corvée nécessaire pour l'appropriage des magasins et des effets.

225. Dans les premiers jours de chaque mois, et avant d'arrêter les registres d'habillement, l'inspecteur est tenu de passer une revue détaillée des magasins.

CHAP. 19. — *États et rapports de police.*

226. L'inspecteur adresse chaque matin au lieutenant général commandant la division un rapport sommaire sur la situation des différents services.

227. A la fin de chaque trimestre, il établit un rapport général sur la situation morale, statistique et financière de l'établissement. — Ce rapport, visé par le président du conseil d'administration, est transmis au lieutenant général commandant la division, qui l'adresse au ministre de la guerre avec ses observations.

228. Le surveillant principal d'ateliers fournit chaque dimanche à l'inspecteur un rapport hebdomadaire sur l'ensemble des travaux et sur les causes de leur décroissance ou de leur prospérité.

229. Chaque matin, le concierge adresse au chef de l'état-major de la division et à l'inspecteur une feuille des entrées et des sorties de détenus qui auront eu lieu pendant les vingt-quatre heures précédentes. — Ces feuilles sont terminées par un rapport de tout ce qui est survenu dans l'intérieur de la prison pendant les vingt-quatre heures écoulées.

230. Le premier de chaque mois, le concierge établit, en double expédition, l'état nominatif des détenus dont la peine expire dans le courant du mois. — Ceux de ces détenus qui sont porteurs d'un congé de libération de service sont soigneusement indiqués.

231. Le concierge établit également, le premier de chaque mois, un état numérique de situation des détenus, indiquant les pertes et les gains qui ont eu lieu dans le courant du mois précédent. — Cet état récapitule présente l'effectif restant.

232. Les états prescrits par les deux articles précédents sont adressés à l'inspecteur, visés par lui et transmis au lieutenant général commandant la division.

CHAP. 20. — *Service de santé. — Personnel et attributions. — Police de l'infirmerie.*

233. Le médecin et le chirurgien-major, indépendamment de leur service régulier à l'infirmerie, visitent les détenus renfermés dans les cellules de correction.

234. Ils visitent également les hommes retenus à la salle d'attente. C'est d'après leur avis que ces détenus sont admis à l'infirmerie ou aux travaux, selon qu'ils sont malades ou en bonne santé.

235. Le médecin et le chirurgien-major délivrent des attestations de nécessité de dispenses limitées de travail, pour cause de faiblesse et d'indisposition : il leur est recommandé de n'user de cette faculté qu'avec mesure.

236. Ils préparent, après leur visite, les potions et pilules à grandes propriétés, avec les médicaments simples qui sont enfermés dans une armoire à trois clefs, afin que le chirurgien résidant puisse satisfaire à une indication pressante, en l'absence de ses chefs.

237. Dans les cas graves qui exigent la réunion des connaissances du médecin et du chirurgien, ils sont tenus de s'appeler réciproquement en consultation pour déterminer l'opération à faire. — Le résultat de cette consultation est alors porté à la colonne d'observation du cahier des visites, qui est signé par les consultants.

238. Ils font journellement la dégustation des aliments fournis aux détenus, et consignent leur opinion sur un registre à ce destiné.

239. Ils font un rapport trimestriel au conseil d'administration sur l'état sanitaire des détenus, pour signaler les maladies qui ont le plus généralement régné et indiquer les causes.

240. Le chirurgien aide-major résidant est sous les ordres directs du médecin et du chirurgien-major.

241. Il tient exactement les cahiers de visite selon la forme usitée dans les hô-

pitaux militaires, écrit la visite sous la dictée de ses chefs, en fournit immédiatement le relevé à l'administration ; il assiste à l'infirmerie, aux distributions d'aliments, comme surveillant l'exécution des prescriptions.

242. Il est essentiellement dépositaire des médicaments ; il en fait la distribution ; il s'assure de leur application ou de leur ingestion : il est tenu d'en justifier l'emploi par des relevés mensuels, conformes aux prescriptions.

243. En l'absence de ses chefs, il les représente : il donne, en conséquence, des dispenses provisoires de travail, et fait admettre d'urgence les détenus à l'infirmerie.

244. Il fait appeler à toute heure celui de ses chefs dans le service duquel il serait arrivé un accident grave.

245. Il doit veiller à la propreté de l'établissement, et à ce qu'on ne dépose nulle part des matières putrescibles capables d'altérer l'atmosphère.

246. Il déguste les aliments au moment des distributions, et consigne au registre son opinion sur leur qualité et quantité.

247. Pour tout ce qui concerne le service personnel des malades, l'infirmier-major, le garçon de pharmacie, et les infirmiers ordinaires, ne peuvent recevoir d'ordres que des officiers de santé.

248. L'infirmerie et ses accessoires sont disposés pour recevoir un dixième de la population que peut contenir le reste de l'établissement.

249. Les lits de chaque salle sont simples, en fer, garnis d'une paillasse, d'un matelas, d'un traversin et d'une couverture. — Les malades ont deux couvertures.

250. Dans chaque salle, les lits sont à 65 centimètres (2 pieds) de distance latérale.

251. Les malades sont seuls dans un lit, à moins de circonstances extraordinaires et impérieuses : chaque lit est numéroté.

252. Les ustensiles pour les malades consistent, pour chacun d'eux, en une cuiller, une assiette, deux pots à boire, un gobelet ; le tout en étain, au titre légal ; une paire de sandales et une chaise percée.

253. Il est fourni des biberons, des crachoirs et des bassins, pour les malades auxquels l'usage en est nécessaire.

254. Le médecin ordinaire et le chirurgien-major peuvent, selon les besoins, être chargés simultanément chacun de son service, ou alternativement de deux services à la fois.

255. Les visites du matin se font régulièrement à six heures du 1er octobre au 1er avril, de manière à ce que la distribution des remèdes se fasse toujours au moins une heure avant celle des aliments, et que celle-ci n'éprouve aucun retard. — Les visites du soir sont faites à l'heure jugée la plus convenable par les officiers de santé.

256. Indépendamment des visites du matin et du soir, le chirurgien aide-major interne est tenu d'en faire d'autres dans la journée, et de visiter les malades autant de fois que la gravité des maladies l'exigera.

257. Il est expressément défendu à toutes personnes quels que soient leur grade et leurs pouvoirs, de s'opposer aux ordonnances desdits officiers de santé, ni de rien prescrire de leur propre mouvement sur cette partie du service.

258. La portion d'aliments pour chaque malade est fournie et distribuée conformément aux prescriptions des médecins. — Le cahier des charges pour l'adjudication de cette fourniture en fait mention expresse.

259. Les tisanes sont préparées à l'infirmerie ou à la pharmacie par les soins et sous la surveillance du chirurgien aide-major, et aux frais de l'entrepreneur.

260. Les vêtements dont sont porteurs les détenus au moment de leur entrée à l'infirmerie sont réunis, empaquetés et étiquetés par les soins du commis greffier. — Ils sont ensuite remis au greffier pour être déposés dans un des magasins confiés à sa garde.

261. Toutes les fois qu'un détenu doit sortir de l'infirmerie, les vêtements dont il était porteur au moment de son entrée lui sont remis la veille au soir par les soins du commis greffier.

262. La police de l'infirmerie est exercée par le concierge et l'infirmier-major.

263. Les infirmiers balayent les salles trois fois par jour, savoir : celles des fiévreux et galeux, avant la visite du matin ; celles des blessés et vénériens, immédiatement après la visite du matin : toutes indistinctement après le repas du matin et celui du soir.

264. Les pots, les écuelles et tous les ustensiles à l'usage des malades, sont rincés soir et matin avant la distribution.

265. Les salles des malades sont aérées avant et après les visites et pansements, ainsi qu'après les repas.

266. Chaque salle est éclairée pendant la nuit ; les lampes sont couvertes d'un chapiteau, auquel est adapté un tuyau pour donner issue à la fumée.

267. Les baignoires sont rincées et lavées chaque jour, immédiatement après qu'elles ont servi aux malades.

268. Les couvertures sont lavées et foulées tous les six mois, et les matelas sont rebattus aux mêmes époques et plus souvent s'il est nécessaire.

269. La paille des paillasses est renouvelée lorsqu'elle est brisée, et lorsque les officiers de santé, de concert avec l'inspecteur, le jugent nécessaire ; la paillasse des morts est toujours renouvelée.

270. Les draps de lit sont renouvelés tous les quinze jours, et les chemises et coiffes tous les cinq jours. — Ce renouvellement habituel n'exclut pas celui que les officiers de santé peuvent indiquer autant de fois qu'ils le jugent convenable.

271. Il est recommandé aux infirmiers d'user envers les malades de tous les soins et de toute la douceur que réclame leur position.

272. Les hommes à l'infirmerie ne peuvent, sous aucun prétexte, communiquer avec les autres détenus de l'établissement.

273. Il est expressément défendu de fumer dans les salles de l'infirmerie.

274. Les détenus admis à l'infirmerie qui auront à se plaindre d'un défaut de soin ou de mauvais traitements de la part des infirmiers portent leurs plaintes au concierge, et ensuite à l'inspecteur, s'il ne leur a pas été fait justice par le premier ; mais il leur est expressément défendu de jamais injurier les infirmiers, quand même ceux-ci auraient donné lieu à leurs plaintes.

275. Pendant que les malades ou convalescents se promèneront dans le jardin de l'infirmerie, ils seront toujours accompagnés par un infirmier.

276. Lorsqu'un détenu traité à l'infirmerie exprime la volonté de faire des dispositions testamentaires, le concierge, sur l'avis qui lui en est donné, est tenu de lui procurer les moyens d'établir d'une manière régulière les actes spécifiés au chap. 2, tit. 2, liv. 3 c. civ.

277. Immédiatement après le décès d'un détenu, l'infirmier-major en avertit le chirurgien interne, qui, après s'être assuré du fait de la mort, fait transporter le corps par les infirmiers dans une salle à ce destinée.

278. Le concierge adresse dans les vingt quatre heures à l'officier de l'état civil du lieu une déclaration dont toutes les indications sont remplies soigneusement : la date de l'entrée du détenu au pénitencier et celle de sa mort y sont inscrites soigneusement. — Cette déclaration est signée par l'officier de santé qui a suivi le traitement du décédé et par l'inspecteur.

279. Dans le cas d'indice de mort violente, le concierge en rend compte à l'autorité sur les lieux, qui fait procéder ainsi qu'il est prescrit par l'art. 81 c. civ.

280. Conformément à l'art. 85 c. civ., il n'est fait aucune mention, sur la déclaration de décès, de la condamnation du décédé.

281. Aussitôt après la déclaration faite à l'officier de l'état civil, le concierge inscrit le décès sur un registre destiné à cet usage, lequel est coté et parafé par le sous-intendant militaire.

282. Les actes de décès sont extraits littéralement du registre prescrit par l'article ci-dessus. — Ils sont établis en triple expédition, dont une, après avoir été légalisée, est immédiatement adressée par le concierge au maire de la commune du décédé. — Les deux autres expéditions sont adressées, l'une au ministre secrétaire d'État de la guerre, l'autre au conseil d'administration du corps dont faisait partie le décédé.

283. Les actes de décès n'étant pas valables auprès des autorités civiles et des tribunaux, chacune des expéditions mentionnées ci-dessus doit contenir en marge l'annotation expresse qu'ils sont délivrés à titre de simple renseignement.

284. Les corps des décédés ne sont inhumés que vingt-quatre heures après la mort, à moins que les officiers de santé n'en décident autrement. — Il est formé une bière particulière pour chaque décédé, qui est aussi enveloppé d'un suaire. Les inhumations sont faites à la naissance du jour ou après le coucher du soleil.

285. Le détenu décédé est porté à la chapelle funéraire, où les prières prescrites par le rituel sont récitées par l'aumônier. Après cette cérémonie, et après le délai fixé par l'article précédent, si les officiers de santé ne jugent pas devoir procéder à l'autopsie, le corps est transporté au cimetière ; dans le cas où l'autopsie aurait lieu, la translation du corps ne se fait qu'après cette opération.

286. La pompe religieuse des inhumations consiste en deux chandeliers, dont les cierges sont allumés pendant les prières ; la croix et l'eau bénite sont placées près du cercueil.

287. Les frais des obsèques sont alloués de la manière suivante, savoir : Pour l'aumônier, 1 fr. 50 cent. ; le sacristain dont il se fait assister, 50 cent. ; la cire, 1 fr. Total, 3 fr. — Ces dépenses sont acquittées successivement.

Chap. 21. — *Assainissement, désinfection.*

288. L'inspecteur doit donner le plus grand soin au maintien et à la conservation de la salubrité de l'établissement par les moyens naturels de l'air et de l'eau. — En conséquence, il lui est recommandé de tenir la main à ce que l'air soit chaque jour renouvelé plusieurs fois dans toutes les parties intérieures des bâtiments, et il prescrit de fréquents lavages ou lessivages partout où ils sont jugés nécessaires.

289. Dans les temps ordinaires, les ateliers et salles de l'infirmerie et autres sont assainis chaque dimanche au moyen d'un dégagement gazeux provenant de l'exposition d'une solution aqueuse de chlorure de chaux.

290. Dans les cas d'épidémies ou de maladies sporadiques, les ateliers doivent être fumigés de la manière suivante et aussi souvent que cela sera jugé nécessaire : 1° Les croisées sont tenues ouvertes pendant toute la nuit du samedi au dimanche, si le temps le permet ; dans le cas contraire, elles sont ouvertes le dimanche matin, pendant au moins deux heures après le balayage. — 2° Au bout de ce temps, toutes les portes et fenêtres sont refermées soigneusement, à l'exception de la porte de sortie. On dégage ensuite dans la pièce l'acide hydrochlorique provenant du mélange suivant : 1° Cinq parties, en poids, de muriate de soude (sel commun décrépité) ; — 2° Une partie d'oxyde noir de manganèse en poudre ; — 3° Acide sulfurique concentré en suffisante quantité pour former une pâte molle. — Ce mélange, contenu dans un vase placé sur un réchaud allumé, est porté et agité avec une spatule en bois dans toutes les parties de la pièce, qui est ensuite fermée jusqu'à l'heure de la reprise des travaux. — Avant de pratiquer cette opération, toutes les serrures, plaques en métal, pênes, gonds et autres ferrements non transportables, sont huilés, afin de les préserver de l'oxydation. — Chaque dimanche, de semblables fumigations sont faites dans les salles de l'infirmerie et dans les cellules de correction qui auront été occupées pendant la huitaine, en apportant néanmoins dans les dispositions préparatoires les modifications indiquées par la différence des localités.

291. Dans les cas extraordinaires, le conseil d'administration, sur les rapports des chefs du service de santé et de l'inspecteur, peut ordonner les fumigations aussi souvent qu'elles seront reconnues nécessaires, et même, si besoin en est, autoriser l'emploi de moyens d'assainissement ou de désinfection permanents ou plus énergiques.

292. Le chirurgien aide-major interne est tenu d'assister chaque fois à ces fumigations, qui sont faites par les infirmiers et garçons de pharmacie. — Les officiers de santé en chef y assistent également de temps à autre pour s'assurer du soin qui y est apporté.

Sect. 2. — *Récompenses.*

Chap. 1. — *Primes et gratifications.*

293. Quand un ouvrier s'est distingué dans les travaux ou a coopéré efficacement à l'instruction des autres détenus de son atelier, ou quand, par sa bonne conduite, un détenu a donné des preuves de sa moralité et d'un sincère retour au bien, il peut lui être accordé par le conseil d'administration une prime ou gratification pécuniaire. — Les sommes ainsi accordées ne sont assujetties à aucune retenue ; elles sont, selon l'ordre du conseil d'administration, remises aux détenus en partie ou en totalité, ou versées à leur masse d'épargne.

294. Dans aucune circonstance et sous aucun prétexte, les détenus placés au bâtiment de correction ne peuvent être appelés à prendre part à ces récompenses.

Chap. 2. — *Marques distinctives.*

295. Les détenus qui se sont fait remarquer par une constante assiduité au travail et une conduite exempte de reproches, peuvent obtenir les marques distinctives de caporal, de sergent et de sergent-major. — Ils deviennent alors sous-contre-maîtres, contre-maîtres d'atelier, et commis greffier, et les autres détenus non gradés leur doivent obéissance et subordination.

296. Ces marques distinctives sont accordées par le conseil d'administration sur la désignation et la proposition de l'inspecteur.

297. Les grades accordés aux détenus dans les pénitenciers militaires, n'étant qu'une marque de distinction tout à fait en dehors de la hiérarchie militaire, ne sont reconnus que dans ces établissements.

298. Les détenus gradés peuvent seuls obtenir la permission de se promener dans les cours et préaux durant une demi-heure après la retraite, pendant la belle saison; l'hiver, ils peuvent obtenir la permission de conserver de la lumière dans leur cellule une demi-heure après le roulement pour le couvre-feu.

CHAP. 3. — *Grâce entière. — Réduction de la peine.*

299. Les recommandations à la clémence royale ne doivent avoir lieu qu'en faveur de détenus dont le retour au bien est garanti par une conduite irréprochable depuis leur entrée dans l'établissement. — Les condamnés par récidive ne peuvent être l'objet de recommandation à la clémence royale.

300. Aucun détenu ne peut être présenté pour l'obtention de la remise du restant de sa peine, s'il n'en a subi au moins la moitié; et pour la réduction de la durée de sa peine, s'il n'en a subi au moins un tiers.

301. Les demandes de grâce et de réduction de peine ne peuvent être faites que par le conseil d'administration. Elles sont soumises au lieutenant général commandant la division, qui les transmet au ministre de la guerre avec ses observations.

302. Ces demandes ont lieu deux fois l'an, à des époques qui seront déterminées par le ministre secrétaire d'État de la guerre. — Néanmoins, quand un détenu se trouve dans un cas particulier de nature à motiver une demande spéciale, le conseil d'administration est autorisé à la présenter en tout temps.

303. Pour l'exécution des dispositions des articles ci-dessus, il est tenu par l'inspecteur un registre de moralité, sur lequel il inscrit de trois en trois mois ses observations sur la conduite et la moralité de chaque détenu, après néanmoins avoir entendu le concierge et le surveillant principal d'ateliers.

304. A leur sortie du pénitencier militaire, les détenus graciés et ceux qui, ayant subi leur peine, auront eu une conduite satisfaisante pendant leur détention, peuvent obtenir du conseil d'administration un certificat destiné à rendre témoignage de leurs titres à la protection de l'autorité civile ou à leur assurer un favorable accueil dans les rangs de l'armée.

SECT. 3. — *Régime disciplinaire.*

CHAP. 1. — *Des punitions.*

305. Les condamnés détenus dans les bâtiments communs sont appelés *détenus de première classe.* — Les condamnés détenus aux bâtiments de correction sont appelés *détenus de seconde classe.* — Ces deux classes de détenus sont soumises à un régime et à un genre de travail différents.

306. Les détenus de seconde classe sont en état permanent de punition; en conséquence, indépendamment des peines qui peuvent leur être infligées en vertu des articles ci-après pour contraventions: 1° Ils font à tour de rôle la corvée au bâtiment de correction; — 2° Ils ne peuvent, dans aucun cas, communiquer avec les personnes de l'extérieur ni recevoir de visites; — 3° Aucune espèce de fourniture de comestibles, tels que vin, tabac, etc., ne leur est faite à la cantine; — 4° Aucune somme d'argent ne peut leur être remise de l'extérieur. Celles qui leur sont adressées sont déposées dans la caisse de l'administration pour leur être remises lors de leur sortie du bâtiment de correction. Néanmoins, après un délai de trois mois, elles servent à compléter la masse d'habillement du détenu, et le restant est versé à sa masse d'épargne; — 5° Enfin, en sus de la ration ordinaire de pain de munition, ils ne reçoivent qu'une portion de soupe aux jours indiqués ci-après, savoir: *le dimanche,* la portion de soupe grasse et de viande; *les mardi, jeudi* et *vendredi,* une portion de soupe aux légumes; *les lundi, mercredi* et *samedi,* ils sont nourris au pain et à l'eau.

307. Les contre-maîtres détenus, attachés au bâtiment de correction, sont traités, sous tous les rapports, comme les contre-maîtres détenus des bâtiments communs.

308. Les peines applicables aux détenus de première classe gradés sont, la suspension de fonctions, la cassation du grade. — Les peines applicables aux détenus de première classe sont: la corvée, la cellule solitaire, la cellule ténébreuse, l'envoi au bâtiment de correction. — La cellule solitaire et la cellule ténébreuse peuvent être infligées avec réduction au pain et à l'eau de deux jours l'un, pendant quatre jours au moins et un mois au plus.

309. Les peines applicables aux détenus de la seconde classe sont: la cellule solitaire, la cellule ténébreuse, la cellule ténébreuse avec fers, la cellule de réclusion. — Ces punitions sont toujours prononcées avec réduction au pain et à l'eau pendant deux jours sur trois.

310. La suspension ou la cassation de grade a lieu quand il y a récidive dans les manquements au service ou faute grave. — La suspension est ordonnée par l'inspecteur; la cassation ne peut l'être que par le conseil d'administration sur le rapport de l'inspecteur.

311. Les contraventions dont les détenus peuvent se rendre coupables se divisent en cinq classes: les châtiments auxquels elles donnent lieu sont prononcés par l'inspecteur, après examen fait de toutes les circonstances.

312. Sont punis comme contraventions de première classe: le défaut de propreté, la négligence dans la tenue, l'interruption du silence, le retard aux appels, la négligence et la mauvaise volonté dans le service, le refus de salut et de déférence envers les préposés de l'administration et les administrateurs supérieurs. — Elles sont réprimées, selon les circonstances, par la corvée pour un jour au moins et huit jours au plus, la cellule solitaire, la cellule ténébreuse (pour un jour au moins et quatre au plus, pour les détenus de la première classe); et par la cellule solitaire, la cellule ténébreuse (pour deux jours au moins et huit au plus, pour les détenus de la seconde classe).

313. Sont punis comme contraventions de seconde classe: — L'absence non motivée des ateliers, de l'école et des offices religieux; le dépôt d'ordures dans les cours, ateliers, dortoirs, cellules, etc.; les réponses malhonnêtes. — Elles sont réprimées, selon les circonstances, par la corvée pour cinq jours au moins et dix au plus, la cellule solitaire, la cellule ténébreuse (pour deux jours au moins et huit au plus, pour les détenus de la première classe); — Et par la cellule solitaire, la cellule ténébreuse (pour trois jours au moins et dix au plus, pour les détenus de la seconde classe).

314. Sont punis comme contraventions de troisième classe: — Les cris inoffensifs, les lectures prohibées, les gestes et les paroles contraires à l'ordre et à la morale. — Elles sont réprimées selon les circonstances, par la cellule solitaire, la cellule ténébreuse (pour quatre jours au moins et quinze au plus, pour les détenus de première classe); — Et par la cellule solitaire pour cinq jours au moins et quinze au plus, la cellule ténébreuse pour quatre jours au moins et quinze au plus, la cellule de réclusion pour deux jours au moins et quatre au plus, pour les détenus de la seconde classe.

315. Sont punis comme contraventions de quatrième classe: — La négligence dans le travail ou le service, les dégâts et dégradations, le prêt d'argent ou le prêt sur gages, la présence dans les cellules et dortoirs pendant les heures de travaux, ou la présence dans un autre atelier, les affiches et écrits contraires à l'ordre et à la morale. — Elles sont réprimées, selon les circonstances, par la cellule solitaire, la cellule ténébreuse (pour huit jours au moins et quinze au plus), l'envoi au bâtiment de correction pour un mois au moins, pour les détenus de la première classe; — Et par la cellule ténébreuse pour dix jours au moins et vingt au plus, la cellule ténébreuse avec fers pour huit jours au moins et quinze au plus, la cellule de réclusion pour quatre jours au moins et huit au plus, pour les détenus de la seconde classe.

316. Sont punis, comme contravention de cinquième classe: — Les violences envers d'autres détenus, les désobéissances graves, le refus de travail, les insultes et menaces, les voies de fait, les accusations calomnieuses, les tentatives d'évasion, les cris séditieux, les coalitions, les mutineries, émeutes et rébellions, les complots, les vols. — Elles sont réprimées, selon les circonstances, par la cellule solitaire pour huit jours au moins et quinze jours au plus, la cellule ténébreuse pour quatre jours au moins et dix jours au plus, l'envoi au bâtiment de correction pour un mois au moins, pour les détenus de la première classe; — Et par la cellule ténébreuse pour quinze jours au moins et vingt au plus, la cellule ténébreuse avec fers pour huit jours au moins et quinze au plus, la cellule de réclusion pour quinze jours au moins et un mois au plus, pour les détenus de la seconde classe.

317. Si un détenu de l'une ou de l'autre classe commettait une contravention non prévue dans l'énumération qui précède, l'inspecteur peut provisoirement appliquer l'une des peines ci-dessus énoncées; mais il doit, dans le délai de deux jours au plus, faire déterminer par le conseil d'administration celle des cinq classes à laquelle doit appartenir la contravention reprochée au détenu. Il peut également, après avoir consulté le conseil, changer la classification des peines, en cas de récidive.

318. Tout condamné qui, au jour de l'expiration de sa peine, se trouvera au bâtiment de correction, pourra, sur la demande du conseil d'administration, être dirigé sur une compagnie de punition pour y être incorporé, quel que soit d'ailleurs le corps auquel il a précédemment appartenu.

319. Toutes ces punitions, ne devant être considérées que comme des moyens d'ordre et de police intérieure, doivent être appliquées sans préjudice des poursuites judiciaires qui peuvent être exercées envers les détenus, lorsque les faits qui leur sont reprochés constituent des délits prévus par les lois pénales.

320. Les détenus de première classe gradés et non gradés, condamnés à une peine disciplinaire quelconque, ne peuvent, sous aucun prétexte, recevoir des visites ni être admis au parloir et reçus à la cantine.

321. Les punitions doivent être prononcées par l'inspecteur avec calme, sang-froid et sans expression de colère.

322. L'inspecteur tient un registre où sont inscrites successivement toutes les punitions qui seront prononcées.

TIT. 3. — ADMINISTRATION.

SECT. 1. — *Adjudications.*

CHAP. 1. — *Dispositions générales. — Marchés par défaut.*

323. Toute adjudication, tout marché ou soumission, quel qu'en soit l'objet, consentis par le conseil d'administration, ne sont définitifs qu'après avoir été approuvés par le ministre secrétaire d'État de la guerre.

324. Les adjudications pour fournitures en tout genre ne peuvent avoir lieu pour un terme moindre d'une année et plus long de neuf années. — Les soumissions pour l'établissement des travaux éventuels ne peuvent être acceptées pour un terme moindre d'un mois et plus long d'une année.

325. Aucun genre d'industrie ne peut être admis dans la maison centrale pour plus d'une année de durée, s'il n'occupe au moins douze détenus à la fois.

326. Aucun genre de travail ne peut être admis dans l'établissement par suite de conventions verbales, ou de gré à gré. — La violation de cette disposition est considérée comme une prévarication.

327. Le conseil d'administration est tenu de se conformer scrupuleusement, en ce qui le concerne, aux dispositions des lois, ordonnances et règlements relatifs aux manufactures, établissements et ateliers dont la formation ne peut avoir lieu sans la permission préalable de l'autorité administrative.

328. Les prohibitions portées par l'art. 1596 c. civ. sont applicables aux adjudications en tout genre faites pour le service de la maison. — En conséquence, aucune personne attachée à l'établissement ne peut se rendre adjudicataire, ni par elle, ni par personne interposée, à peine d'être déchue de son adjudication et d'encourir la folle enchère et sa destitution.

329. Il est interdit à tout fonctionnaire ou employé de l'établissement de prendre ou accepter aucun bénéfice ou intérêt dans les fournitures qui sont faites aux détenus, et d'exiger ou recevoir aucune rétribution, gratifications ou remise, de la part des entrepreneurs ou fournisseurs, sous les peines portées par les art. 177 et 178 c. pén.

330. La durée de l'apprentissage pour un genre de travail quelconque ne peut jamais être portée au delà de trois mois.

331. Chaque détenu est obligé à dix heures de travail par jour.

332. Le ministre secrétaire d'État de la guerre détermine pour chaque pénitencier militaire le *minimum* du produit de la journée de travail d'un détenu ouvrier.

333. Le système décimal, ainsi que les poids et mesures métriques, sont seuls en usage dans les pénitenciers militaires.

334. Sont donnés par la voie de l'adjudication publique: — 1° La fourniture, manutention et cuisson de vivres, pour les détenus valides et à l'infirmerie; — 2° La fourniture du vinaigre; — 3° La fourniture des liquides et objets à débiter à la cantine; — 4° La fourniture de l'habillement, des effets de linge et chaussure, de couchage et d'ameublement; — 5° Le blanchissage des chemises et effets des détenus; — 6° La fourniture des médicaments, linge à pansements et autres objets d'infir-

merie; — 7° Le chauffage et l'éclairage; — 8° L'établissement d'ateliers de travaux.

335. Toute adjudication est précédée de la formation d'un cahier des charges spécifiant d'une manière précise les conditions du marché.

336. Tout marché, quel qu'en soit l'objet, doit stipuler et énoncer les conditions générales suivantes : — 1° La désignation des objets à livrer, leur quantité, le lieu et les époques de leurs livraisons; — 2° L'obligation de ne livrer que des matières ou autres objets de qualité reconnue bonne, loyale et marchande, dans l'acception exacte que le commerce donne à ces termes; — 3° L'obligation de fournir conformément aux échantillons et modèles adoptés, quand il s'agit d'objets confectionnés ou autres susceptibles d'une comparaison; — 4° Le prix convenu de chaque objet, au nombre, au poids ou à la mesure, suivant les cas; — 5° Les termes et époques de payement, soit pour les à-compte, soit pour solde de la fourniture; — 6° Le mode de justification des fournitures, et le délai accordé, sous peine de déchéance, pour la production des titres; — 7° La nature et le montant du cautionnement à fournir et l'époque où il devra être réalisé; — 8° La condition que, dans le cas où le traitant ne remplirait pas ses engagements selon les délais, qualités et dimensions ou poids convenus, il sera pourvu au service aux frais, risques et périls de ce traitant; — 9° L'obligation explicite de la part du traitant de se soumettre à toutes les dispositions du présent règlement, tant pour l'exécution du service entrepris que pour la justification et l'observation des mesures de police intérieure.

337. Les adjudications sont annoncées un mois à l'avance par des affiches et publications dans les journaux. Elles ont lieu en présence des membres du conseil d'administration, dans la salle ordinaire des séances.

338. Les fournitures en tout genre et les travaux des ateliers sont donnés après deux adjudications, dont l'une est préparatoire et l'autre définitive.

339. Ces deux adjudications sont annoncées au moins un mois à l'avance par des affiches et publications dans les journaux. Il y aura au moins quinze jours d'intervalle entre chacune d'elles.

340. Les règles prescrites par les art. 700 et suiv. c. pr. sont applicables tant aux adjudications préparatoires qu'aux adjudications définitives. Le cahier des charges devra les relater avec soin.

341. Le conseil d'administration pourvoit, soit au moyen d'un marché par défaut, soit par tout autre moyen qu'il juge convenable, aux fournitures, livraisons et distributions ou services auxquels un entrepreneur ou livrancier s'est engagé, et qu'il n'exécute pas selon les conditions de son marché.

342. Les marchés par défaut sont passés par le président du conseil d'administration, assisté d'un membre et de l'inspecteur, soit par adjudication publique, soit de gré à gré, dans les formes prescrites.

343. Tout marché par défaut est précédé d'une notification faite extrajudiciairement à l'entrepreneur par l'inspecteur, dûment autorisé par délibération du conseil. Cette notification relate le fait et les circonstances de l'abandon du service ou de la non-exécution des conditions du traité. — Cette notification est rappelée dans le marché par défaut.

344. L'importance ou la durée d'un marché par défaut est limitée par les besoins actuels et les prévisions du service.

345. Tout marché par défaut est immédiatement notifié à l'entrepreneur par l'inspecteur.

346. Lorsque l'administration juge convenable de pourvoir au service manquant par tout autre mode que celui d'un marché par défaut, la notification préalable de l'abandon ou de la non-exécution du service doit contenir l'indication du moyen adopté, dont les conséquences sont les mêmes pour l'entrepreneur que celles d'un marché passé à son défaut.

CHAP. 2. — *Dispositions particulières à quelques adjudications.*

347. La ration du pain de munition est la même pour la composition et le poids que celle déterminée pour la troupe.

348. La fourniture de la subsistance journalière des détenus traités à l'infirmerie, autres que ceux atteints de maladies cutanées, est donnée par abonnement fixe; elle a lieu, pour chaque individu y ayant droit, selon la prescription du médecin ou du chirurgien.

349. Le linge de corps des détenus est lessivé selon l'usage ordinaire; il ne peut être fait emploi d'aucun autre moyen qui, quoique plus actif ou plus économique, serait de nature à altérer les tissus.

350. Les médicaments seront de premier choix, sans altération ni sophistication.

351. Le bois de chauffage ne pourra être d'une qualité supérieure à la moyenne. — Le bois de luxe est absolument interdit.

352. Outre les clauses générales portées en l'art. 336, tout marché ou soumission pour l'établissement d'ateliers de travaux doit renfermer les conditions spéciales suivantes : 1° les locaux assignés aux différents ateliers sont rendus par les fabricants, à l'expiration des marchés, en même et semblable état qu'ils les auront reçus; — 2° Aucune construction ou disposition nouvelle ne peut être faite par le fabricant qu'à ses frais, et après que l'autorisation écrite lui en est donnée par le conseil d'administration, qui prend préalablement l'avis du garde du génie chargé du service; — 3° L'établissement des métiers et machines, le chauffage et l'éclairage de l'atelier, sont au compte du fabricant; — 4° Les cas fortuits et de force majeure s'interpréteront également, selon les circonstances, en faveur de l'administration comme en faveur des fabricants; — 5° Tous les frais auxquels donnent lieu l'impression des livrets de travail et des feuilles de solde, le timbre et l'enregistrement des marchés, sont à la charge du fabricant.

SECT. 2. — *Comptabilité.*

CHAP. 1. — *Salaire des détenus travailleurs, journées de non-occupation, époques des payements, tarif de la main-d'œuvre.*

353. Les détenus travailleurs, quand ils sont contre-maîtres d'atelier, sont payés à la journée par les fabricants, au taux déterminé par les marchés.

354. Les détenus ouvriers peuvent être payés à la journée, ou être mis à la pièce, selon qu'il est stipulé au marché.

355. Il est payé aux détenus apprentis pour leur confection, savoir : — Pendant le premier quart de l'apprentissage, un cinquième du prix porté au tarif; — Pendant le deuxième quart, un quart; — Pendant le troisième quart, un tiers; — Pendant le dernier quart, la moitié.

356. Si par un motif quelconque le fabricant n'occupe pas la totalité des hommes admis à son atelier, il est tenu de payer à l'administration une indemnité de 50 cent. par détenu ouvrier, et 25 par détenu apprenti, pour chaque journée de non-occupation. — Et réciproquement, le détenu ouvrier qui refuse de travailler sous quelque prétexte que ce soit, sauf le cas de maladie, est passible d'une retenue journalière de 50 cent. au profit du fabricant. — Les journées que le détenu apprenti refuse de consacrer au travail sont ajoutées au temps de son apprentissage.

357. Soit que, selon la nature des travaux, la réception des ouvrages ait lieu de huit en huit jours, ou à l'expiration de la quinzaine, le prix du travail est toujours versé entre les mains de l'agent comptable au plus tard dans les huit jours qui suivent l'expiration de la quinzaine; à défaut de quoi l'atelier peut être fermé, et les matières brutes et ouvragées retenues comme nantissements jusqu'à ce que ledit payement soit effectué.

358. Le prix de la main-d'œuvre pour chaque objet à confectionner est réglé par un tarif consenti contradictoirement par le conseil d'administration et le fabricant. Ces prix ne peuvent jamais être cotés à moins de 25 p. 100 au-dessous de ceux de la ville.

CHAP. 2. — *Comptabilité en deniers.*

359. La recette ordinaire se forme : — 1° Du produit du travail des détenus; — 2° Du recouvrement des arrérages de la rente inscrite 5 p. 100 consolidés; — 3° Des versements faits par les conseils d'administration des corps, du montant de la masse individuelle des nouveaux condamnés; — 4° Du produit de la vente des vieux effets. — La recette extraordinaire se compose : — 1° Des donations faites par les détenus ou autres personnes; — 2° Du produit des amendes et condamnations prononcées contre les fabricants en faveur de l'administration; — 3° Du produit des masses d'épargne des détenus décédés et évadés.

360. La comptabilité en deniers de chaque atelier de travail est arrêtée par quinzaine, c'est-à-dire le 1er et le 16 de chaque mois.

361. Le produit du travail qui, aux termes de l'art. 41 c. pén., doit être appliqué aux dépenses communes de la maison, à donner à chaque détenu quelques adoucissements et à former pour lui au temps de la sortie un fonds de réserve, se divise en trois parties principales : — La première forme la masse d'administration; — La deuxième est affectée à la masse d'habillement et au payement des deniers de poche; — Et la troisième compose la masse d'épargne.

362. Les masses d'habillement et d'épargne sont individuelles. — La masse d'administration est collective.

363. La masse d'administration s'alimente : — 1° Par une retenue fixe par homme et par jour sur le produit du travail; la quotité de cette retenue est déterminée pour chaque localité par le ministre de la guerre, en raison composée du prix de la main-d'œuvre et de celui des aliments; — 2° Du recouvrement des arrérages de la rente inscrite 5 p. 100 consolidés; — 3° Du produit des journées de non-occupation acquitté par les fabricants; — 4° Du produit de la vente des effets de toute nature (autres que ceux d'habillement) reconnus hors de service; — 5° Du versement intégral des sommes provenant des amendes et des dommages-intérêts prononcés contre les fabricants; — 6° Du versement de la masse d'épargne des détenus décédés ou évadés.

364. Les dépenses à la charge de la masse d'administration sont : — 1° Le traitement des employés; — 2° La nourriture journalière des détenus valides et malades; — 3° Les frais de couchage, d'ameublement, de casernement, de chauffage et d'éclairage; — 4° Les frais de blanchissage; — 5° Les dépenses de l'infirmerie, y compris la fourniture des effets d'habillement destinés aux malades; — 6° Les frais de culte et d'enseignement; — 7° Les frais de bureau, de poursuites judiciaires, etc.; — 8° Les primes, gratifications et frais imprévus.

365. Il est fait journellement, sur le produit de la retenue prescrite par le n° 1 de l'art. 363, un prélèvement fixe destiné au payement des frais de nourriture des détenus.

366. Le complet de chaque masse individuelle d'habillement est fixé à 25 fr. — Le restant de la somme totale du produit du travail de chaque détenu, prélèvement fait de la retenue déterminée en vertu du n° 1 de l'art. 363, est versé intégralement à la masse d'habillement jusqu'à son complément.

L'avoir de chaque homme à la masse individuelle des corps, au moment de la condamnation, est adressé par le conseil d'administration desdits corps au conseil d'administration du pénitencier militaire, pour être versé intégralement à la masse individuelle d'habillement du condamné. S'il existe un excédant, il est versé à sa masse d'épargne.

367. Tout détenu dont la masse d'habillement présente un avoir de 25 fr. n'éprouve plus de retenue pour l'alimentation de cette masse.

368. Il n'y a lieu à la distribution d'un denier de poche et à un versement à la masse d'épargne que lorsqu'il a été pourvu aux besoins de la masse d'administration, et que la masse d'habillement présente un avoir de 25 fr. — Le restant du produit du travail est alors divisé en deux parties égales, dont l'une forme la masse d'épargne et l'autre est remise au détenu à titre de deniers de poche.

369. Néanmoins, et pour des cas particuliers, le conseil d'administration est autorisé à déroger aux dispositions du dernier paragraphe de l'article précédent, en divisant par portions inégales le restant du produit du travail destiné à la masse d'économie et au payement du denier de poche.

370. Les deniers de poche, quoique décomptés par quinzaine, sont payés aux détenus de huit jours en huit jours, chaque dimanche matin.

371. Dans aucune circonstance et sous aucun prétexte, les sommes provenant du produit du travail des détenus ne peuvent recevoir d'autres destinations que celles qui leur sont assignées par les articles précédents.

372. Le salaire des détenus employés au service de l'établissement, et dont la quotité journalière est fixée par le conseil d'administration, est soumis à la même répartition que le produit des travaux, sauf les cas d'exception spécifiés au présent règlement.

373. Les détenus sont autorisés à faire des versements volontaires qui servent d'abord à compléter leur masse d'habillement; s'il existe un excédant, il est mis en réserve au compte du détenu, ou versé à sa masse d'épargne.

374. Nul prélèvement sur la masse d'épargne d'un détenu ne peut être fait, même sur sa demande, ou pour quelque cause que ce soit autre que celles mentionnées en l'art. 132, à moins que ce prélèvement n'ait été spécialement autorisé par le conseil d'administration après un scrupuleux examen des motifs.

375. Les sommes provenant des retenues faites sur le salaire des détenus travailleurs, et mises en réserve pour former leur masse d'épargne, sont employées en acquisition de rentes 5 p. 100 consolidés.

376. Les recettes sont inscrites au grand-livre de la dette publique au nom de chacun des pénitenciers militaires. — Les arrérages sont payés dans les départements

où sont situés ces établissements, sur la quittance de l'agent comptable, autorisé par le conseil d'administration.

377. Au fur et à mesure qu'il se forme dans la caisse d'un pénitencier militaire une somme disponible, soit que cette somme appartienne à l'établissement par suite de décès ou d'évasion des détenus sur le salaire desquels elle avait été prélevée, ou autrement, elle est employée en acquisition de rentes, conformément à l'art. 375.

378. Lorsque, pour subvenir à des dépenses urgentes, ou pour le payement des masses en réserve aux détenus à l'expiration de leur peine, il est nécessaire de vendre tout ou partie de la rente inscrite au profit d'un pénitencier militaire, le transport en est autorisé par le conseil d'administration, qui détermine la somme à transférer. Le transport est signé par l'agent comptable autorisé par délibération spéciale du conseil d'administration. — Un double de la délibération est joint au transfert, pour lequel il est assimilé à une procuration.

379. Les détenus libérés du service militaire reçoivent intégralement, au moment de leur sortie de prison, le montant de leur masse d'épargne et leur avoir à la masse d'habillement.

380. Si, à l'expiration de sa peine, le détenu doit rejoindre un corps, il est prélevé sur sa masse d'épargne la somme nécessaire pour élever sa masse d'habillement au complet de la masse individuelle de l'arme à laquelle il appartient. — L'excédant de sa masse d'épargne est adressé au conseil d'administration du corps sur lequel il est dirigé pour lui être compté à son arrivée sous les drapeaux.

381. Néanmoins, le conseil d'administration est autorisé à faire compter au détenu partant pour rejoindre un corps une somme suffisante à l'achat des effets reconnus lui être nécessaires, et à ses menus besoins pendant la route.

382. Si le détenu destiné à rejoindre les drapeaux justifie avoir une femme, des enfants, parents ou autres personnes auxquelles il déclare vouloir faire remettre le restant de sa masse d'épargne, prélèvement fait de la somme nécessaire pour compléter sa masse individuelle régimentaire, le conseil d'administration en fait l'envoi au maire de la commune de leur domicile.

383. Dans tous les cas ci-dessus indiqués, le livret de solde prescrit par l'art. 407 ci-après, et dont le détenu demeure toujours porteur, indique avec soin l'emploi ou la destination donné aux sommes dont s'agit, ainsi que la date du payement ou des envois. — Ce livret est certifié par l'agent comptable, visé et arrêté par l'inspecteur.

384. L'excédant des recettes résultant du registre journal des recettes et dépenses est versé successivement dans la caisse de l'administration.

385. Cette caisse, qui est déposée et scellée dans la salle des séances du conseil d'administration, est fermée à trois clefs. — Une de ces clefs reste entre les mains du président; la seconde est remise au sous-intendant militaire, membre du conseil d'administration; et la troisième est donnée à un autre membre désigné par une délibération.

CHAP. 3. — *Comptabilité en nature.*

386. Les effets d'habillement dont chaque détenu arrivant est porteur sont conservés pour lui être remis à sa sortie de prison. — L'administration ne peut en disposer à son profit que dans le cas d'extrême vétusté constaté par un procès-verbal signé du concierge et du greffier, ou de décès du détenu avant sa sortie de l'établissement.

387. Les détenus qui, pour quelque destination que ce soit, sortent de l'établissement, sont tenus d'y laisser les vestes, pantalons et le bonnet d'uniforme dont ils sont porteurs; ils reçoivent en échange les effets d'habillement dont ils étaient revêtus à leur arrivée. Dans le cas où ces effets auraient été vendus pour cause de vétusté, le sous-intendant militaire sur les lieux pourvoit à l'habillement du détenu.

388. Les effets d'habillement laissés par les détenus sortants deviennent la propriété de l'établissement et sont distribués successivement aux condamnés arrivants qui ne possèdent rien à leur masse individuelle régimentaire.

389. Les distributions d'effets d'habillement et de linge et chaussure se justifient par des états nominatifs établis par le concierge, visés et approuvés par l'inspecteur.

390. Les effets mobiliers sont délivrés également sur des états nominatifs établis par le concierge, visés et approuvés par l'inspecteur.

391. Il est alloué, pour chauffage et éclairage, pendant l'année, des localités ci-après désignées, les quantités suffisantes de bois et de chandelle.—Salle des séances du conseil d'administration et bureaux de l'administration (6 stères), (16 chandelles); bureaux de l'inspecteur (8 st.), (20 chand.); greffe (6 st.), (16 chand.); geôle (8 st.), (une applique); bureau des surveillants (4 st.), (10 chand.); salle de l'enseignement (2 st.), (5 chand.). Total (34 st.), (67 chand.).

CHAP. 4. — *Vente des effets de toute nature hors de service.*

392. A la fin de chaque exercice, le conseil d'administration délègue un de ses membres pour procéder, de concert avec l'inspecteur, l'agent comptable et le greffier garde-magasin, à la reconnaissance des effets d'habillement qui se trouvent hors de service. Il est dressé procès-verbal de cette reconnaissance. — Une semblable opération a lieu à l'égard de tous les autres effets ou objets dont la fourniture est à la charge de la masse d'administration.

393. Le conseil d'administration fait annoncer par des affiches la vente de tous ces effets aux enchères publiques.

394. Cette vente a lieu en présence d'un membre délégué du conseil d'administration, de l'inspecteur et de l'agent comptable, qui remplit les fonctions de commissaire-priseur. — Il est dressé de cette vente un procès-verbal, auquel signent les acquéreurs.

395. La première mise à prix a lieu au moyen d'une détermination faite préalablement, lorsqu'il s'agit d'objets dont la valeur n'est pas notoire.

CHAP. 5. — *Des registres de comptabilité.*

396. Il est tenu, par l'agent comptable: 1° Un registre des délibérations du conseil; 2° Quatre registres de comptabilité, qui sont : un registre-journal des recettes et dépenses, un registre de caisse, un grand-livre, un registre de comptes de gestion; 3° Deux registres auxiliaires de comptabilité, qui sont : un registre de recettes et dépenses de la masse d'administration, un registre de recettes et dépenses de la masse d'habillement. — Tous ces registres sont cotés et parafés par le président du conseil d'administration.

397. Les registres de comptabilité générale sont tenus en partie double.

398. Le registre des délibérations relate, avec détail, toutes les séances du conseil. Il présente l'historique de l'administration. — Chaque délibération est datée et signée de tous les membres qui y ont pris part et de l'agent comptable secrétaire du conseil.

399. Le registre-journal contient, jour par jour, l'inscription successive des recettes et dépenses de toute nature.

400. Le registre de caisse est destiné à l'inscription des entrées et sorties de caisse en valeur monétaire. — Il ne peut présenter aucune écriture d'ordre ou fictive.

401. Le grand-livre est divisé en deux parties :— La première présente la série des comptes des fabricants, fournisseurs, caisses publiques, etc., avec lesquels l'administration est en rapport; — La seconde présente le compte courant de chaque détenu, sur lequel est inscrit par quinzaine le total de la recette du travail répartie, et successivement les dépenses imputables sur les différents produits de cette répartition. — Ce compte présente également le produit de la masse individuelle provenant des corps et le montant des versements volontaires qui sont faits par le détenu à sa masse d'habillement et d'épargne, ou à titre de réserve.

402. Le registre de compte de gestion présente par trimestre, d'une part, le résumé des recettes, composées du produit net du travail net des détenus, du versement des masses individuelles et des versements volontaires et produits divers; et, d'autre part, le résumé des dépenses faites pendant le trimestre. — Il est arrêté contradictoirement, chaque trimestre, par le conseil et l'agent comptable pour la décharge de ce dernier.

403. Le registre des recettes et dépenses de la masse d'administration a pour objet de constater, jour par jour, les recettes faites au profit de cette masse et les dépenses à sa charge.

404. Le registre des recettes et dépenses de la masse d'habillement est destiné à l'inscription, par quinzaine, de la portion du produit du travail affectée à cette masse, et, par jour, des dépenses à la charge de ladite masse.

405. Le registre-journal des recettes et dépenses, le grand-livre, le registre des comptes généraux des recettes et dépenses, le registre des recettes et dépenses de la masse d'administration, et le registre des recettes et dépenses de la masse d'habillement, sont, après vérification, arrêtés le 1er de chaque mois par l'inspecteur.

406. L'agent comptable tient en outre un registre de correspondance, destiné à la transcription de toutes les lettres écrites par le conseil d'administration ou par l'inspecteur au nom dudit conseil.

407. Chaque détenu est porteur d'un livret coté et parafé par un des membres délégués du conseil. — Ce livret contient : 1° le signalement du détenu; 2° son grade et le corps auquel il appartient; 3° la date, le motif et la durée de sa condamnation; 4° la désignation des effets dont il était porteur au moment de son entrée. — Il est en outre divisé en deux parties : — La première contient l'inscription des effets d'habillement qui successivement sont délivrés au détenu par l'établissement; la seconde, l'inscription, par quinzaine, de la répartition du produit de son travail. — Ce livret est la représentation fidèle du compte courant de l'homme au grand-livre.

408. Il est tenu par le garde-magasin trois registres, savoir : — 1° Un registre d'entrée et de sortie des matières et effets d'habillement et de linge et chaussure; 2° Un registre d'entrée et de sortie des effets d'habillement déposés par les détenus au moment de leur arrivée; 3° Un registre des effets de couchage, d'ameublement, etc., présentant la quantité d'objets en service et ceux restant en magasin.

409. Chacun de ces registres est coté et parafé par le président du conseil d'administration et visé chaque mois par l'inspecteur.

CHAP. 6. — *Justification des recettes.*

410. La présence et l'activité des détenus dans les ateliers sont constatées par des rapports journaliers, signés du surveillant, du fabricant ou de son contre-maître et visés par le surveillant principal qui les transmet chaque jour à l'agent comptable. — Le surveillant principal adresse aussi, chaque matin, à l'inspecteur un rapport récapitulatif des rapports particuliers de chaque atelier.

411. Il est tenu par le surveillant de chaque atelier un livret de travail destiné à l'enregistrement successif, au nom de chaque détenu : 1° De la nature et de la quantité de matière première donnée au détenu; 2° de l'ouvrage confectionné rendu par le détenu; 3° du prix de la main-d'œuvre d'après le tarif; 4° des réductions à opérer sur le produit du travail pour les malfaçons; 5° des journées de non-occupation imputables soit au détenu, soit au fabricant; 6° enfin, du total net du produit du travail. — Ce livret est signé, chaque quinzaine, par le surveillant et le fabricant et visé par le surveillant principal.

412. Le produit des journées de non-occupation acquitté par le fabricant est soumis à la même répartition que le produit du travail.

413. Le surveillant de l'atelier établit encore, chaque quinzaine, en double expédition, un état nominatif ou feuille de solde présentant les produits nets tels qu'ils sont constatés sur le livret de travail de chaque détenu. — Cet état, vérifié par le surveillant principal et signé du fabricant, constitue la dette de ce dernier et la créance du travailleur et de l'administration; le montant en est porté immédiatement au débit du compte du fabricant.

414. Les deux expéditions de ces états, arrêtées définitivement par l'inspecteur, sont remises à l'agent comptable, qui, dans la huitaine, fait opérer le versement des fonds, et remet au fabricant une de ces expéditions quittancée.

415. Si ces versements éprouvent un plus long retard que celui déterminé en l'article ci-dessus, l'agent comptable est tenu, sous sa responsabilité, d'en rendre compte à l'inspecteur, lequel, après avoir pris les mesures provisoires que peuvent nécessiter les circonstances, rend compte de tout au conseil d'administration.

416. Ces versements se font en deniers ou en valeurs de la banque de France. Le conseil d'administration n'est autorisé à accepter des effets de commerce négociables que dans le cas où la sûreté de sa créance serait compromise, et qu'il n'aurait pas d'autres moyens d'en garantir le recouvrement. Dans ce dernier cas, il est rendu compte au ministre de la guerre.

417. Tout effet de commerce reçu en payement par l'agent comptable est laissé à sa charge, quand il n'a pas été dûment autorisé par une délibération du conseil d'administration à le recevoir.

418. Le montant de chaque feuille de solde est porté au débit du compte individuel du fabricant; et au fur et à mesure des versements, ils sont inscrits également au registre général des recettes et dépenses.

419. La recette ainsi établie et constatée, l'agent comptable procède à la répartition des produits du travail de chaque détenu, conformément aux art. 365 et suiv.

— Il est dressé de cette répartition un état nominatif par atelier, lequel n'est définitif qu'après la vérification et le visa de l'inspecteur.

420. Les détenus employés comme auxiliaires par l'administration, ou rétribués pour un service spécial par les fabricants, chefs d'ateliers ou entrepreneurs, sont portés sur un état de répartition particulier soumis au visa de l'inspecteur.

421. La répartition des produits est portée collectivement, de quinzaine en quinzaine, au registre des comptes généraux des recettes et dépenses, individuellement au livret de solde et au registre des comptes individuels.

CHAP. 7. — *Justification des dépenses.*

422. Il existe des dépenses ordinaires et des dépenses extraordinaires. — Les dépenses ordinaires sont acquittées directement par l'agent comptable sur mandat du président du conseil d'administration, et jusqu'à concurrence des sommes allouées au budget. — Les dépenses extraordinaires n'ont lieu qu'en vertu d'une délibération du conseil d'administration, et ne sont acquittées que sur son mandat spécial.

423. Les dépenses ordinaires sont : — 1° Les frais de nourriture des détenus valides et malades ; — 2° Les frais de blanchissage ; — 3° Les frais d'infirmerie (médicaments et linges à pansements ; — 4° Le payement des deniers de poche ; — 5° Les frais de culte et d'inhumation ; — 6° Le traitement des employés — 7° Le salaire des détenus employés par l'administration ; — 8° Les frais de bureau ; — 9° Les frais d'enseignement ; — 10° Enfin les prix d'abonnement de toute nature.

Les dépenses extraordinaires sont : — 1° Toutes celles à la charge de la masse générale d'habillement ; — 2° Les frais de justice ; — 3° Les frais d'ameublement ; — 4° Les primes et gratifications ; — 5° Les frais imprévus.

424. Pour la justification des dépenses auxquelles donnent lieu la nourriture et le blanchissage des détenus, ainsi que leur traitement à l'infirmerie, il est tenu par le concierge : — 1° Un registre récapitulatif des mutations journalières ; — 2° Un feuille mensuelle nominative des mouvements.

425. Le registre récapitulatif des mutations journalières est destiné à déterminer les quantités de vivre dont la distribution doit être faite chaque jour. — Cette distribution a lieu sur un bon remis chaque matin à l'entrepreneur. — Ce bon, signé du concierge et visé par l'inspecteur, énonce en toutes lettres les quantités à distribuer.

426. La feuille de mouvement est tenue en double expédition ; elle présente pour chaque mois, avec les mutations éprouvées par chaque détenu, l'indication des journées selon les allocations auxquelles elles donnent lieu. — Ces deux expéditions sont arrêtées par le concierge, le 1er du mois qui suit celui auquel elles se rapportent, et remises ensuite à l'inspecteur, qui procède à leur vérification.

427. Quand les feuilles de mouvement ont été vérifiées par l'inspecteur, une expédition revêtue de son visa est rendue au concierge pour être déposée au greffe ; la seconde est décomptée et ordonnancée par le président du conseil, et remise à l'agent comptable, qui en fait le solde aux parties prenantes sur leur récépissé.

428. A la fin de chaque mois, le fournisseur des vivres remet à l'agent comptable un bordereau récapitulatif des bons journaliers de distribution, afin que le résultat puisse en être confronté avec la feuille d'appel mensuelle prescrite par l'article ci-dessus.

429. Le payement des deniers de poche est justifié par la feuille de répartition émargée par le contre-maître détenu de chaque atelier.

430. Les retenues qui sont opérées sur les deniers de poche pour cause de dégâts, dégradations, etc., sont justifiées par les procès-verbaux d'expertise prescrits par l'art. 130 et par les quittances des parties prenantes.

431. Les dépenses du culte, auxquelles le conseil d'administration pourvoit au fur et à mesure des besoins, sont justifiées par les quittances des parties prenantes. — Les frais d'inhumation sont justifiés de la même manière.

432. Les journées de non-occupation payées aux fabricants sont justifiées par des quittances où sont désignés nominativement les détenus qui y ont donné lieu, afin que le prélèvement puisse leur en être fait ultérieurement, soit sur leurs deniers de poche, soit, si besoin est, sur le produit de leur masse d'épargne, ou par une retenue sur les deniers destinés à leur nourriture journalière.

433. Le payement du traitement des employés se justifie par un état nominatif émargé des parties prenantes. Cet état, indicatif des mutations survenues chaque mois, est arrêté par l'inspecteur et ordonnancé par le président du conseil d'administration.

434. Les dépenses résultant du payement fait aux détenus et qui sont à la charge de la masse d'habillement et de la masse d'économie se justifient, savoir : — 1° Pour les détenus libérés du service militaire, par les quittances de la partie prenante, données en présence de deux détenus contre-maîtres d'atelier qui signent également ; — 2° Pour les détenus dirigés sur le corps, par un récépissé du conseil d'administration, et des maires des communes, quand les masses d'épargnes leur sont adressées en vertu de l'art. 382.

435. Les dépenses résultant d'abonnements sont ou fixes ou variables. — Les dépenses fixes par abonnement sont celles auxquelles donnent lieu les journées de blanchissage et d'infirmerie, de chauffage, d'éclairage et de couchage (paille). Elles sont déterminées par la feuille mensuelle nominative des mouvements et se justifient par les quittances des entrepreneurs. — Les dépenses variables par abonnement, telles que celles relatives à la fourniture des effets de couchage et d'ameublement, des médicaments, linge à pansements, etc., sont justifiées par des états et bordereaux mensuels établis par le fournisseur, visés par l'inspecteur et ordonnancés par le président du conseil d'administration. Chaque bordereau est appuyé des récépissés, délivrés par le chirurgien interne et le concierge, de toutes les fournitures faites dans le courant du mois.

CHAP. 8. — *De l'arrêté des comptes généraux.*

436. A la fin de chaque trimestre, le conseil d'administration procède à la vérification et à l'arrêté des comptes généraux de l'établissement.

437. Il se fait représenter chaque pièce justificative des recettes et dépenses. — S'il en reconnaît la régularité, elles sont frappées d'une griffe portant ce mot : *annulé*.

438. Les dépenses illégales et non autorisées sont rejetées et mises à la charge de qui de droit.

439. Les pièces irrégulières donnent également lieu au rejet des dépenses qu'elles ont pour objet. — Dans tous les cas, la régularisation ne peut avoir lieu que le trimestre suivant.

440. Après vérification, tous les registres généraux et auxiliaires de comptabilité sont arrêtés par le conseil d'administration.

441. Le conseil d'administration établit avec détail, dans une délibération, les résultats de son arrêté des comptes généraux. — Copie de cette délibération est adressée au lieutenant général commandant la division, pour être transmise au ministre de la guerre.

442. A la fin de chaque exercice, le conseil d'administration établit le compte général récapitulatif des recettes et dépenses de l'année, ainsi que le budget des recettes et dépenses de l'exercice suivant. — Ce compte et ce budget sont soumis à l'arrêté du ministre de la guerre.

22 janv.-1er fév. 1835. — Ordonnance qui affecte la citadelle de Doullens aux individus condamnés à la déportation et à la détention. — V. Peine, n° 610.

19-29 déc. 1835. — Ordonnance portant règlement de police pour la maison de détention de Doullens.

LOUIS-PHILIPPE, etc. ; — Vu notre ord. du 22 janv. dernier portant que des individus condamnés à la déportation et à la détention seront renfermés dans la citadelle de Doullens, département de la Somme ; — Vu le § 2 de l'art. 20 c. pén. ; — Voulant pourvoir à cette disposition du code pénal ; — Sur le rapport, etc. :

Art. 1. Les relations des condamnés renfermés dans la maison de détention de Doullens avec les personnes placées dans l'intérieur du lieu de la détention se borneront à celles que rend indispensables le service des employés. — Les condamnés ne pourront s'adresser aux gardiens que pour leurs différents besoins. Le directeur seul les entendra dans leurs réclamations et observations.

2. Il est défendu aux gardiens, sous peine de révocation, d'adresser la parole aux condamnés, si ce n'est pour l'exécution des ordres du directeur et des règlements, ni de répondre à toute demande ou question étrangère à leur service.

3. Les communications des condamnés avec les personnes du dehors auront toujours lieu dans un parloir disposé de telle manière qu'il ne puisse rien s'y passer de contraire aux mœurs, à l'ordre et à la sûreté de la prison.

4. Les condamnés ne pourront être visités, sans l'autorisation du directeur, que par leurs femmes, leurs pères, mères et autres ascendants, leurs enfants et autres descendants ; leurs frères et sœurs ; enfin par les tuteurs et les subrogés tuteurs qui leur auraient été nommés, en exécution de l'art. 29 c. pén. Toute autre personne ne pourra communiquer avec eux que sur une autorisation de notre ministre secrétaire d'État de l'intérieur.

5. Les permissions de communiquer pourront être refusées par le directeur aux condamnés qui tiendraient une conduite répréhensible, ainsi qu'aux parents qui en auraient abusé d'une manière quelconque et violé les règlements de la prison.

6. La correspondance des condamnés, à l'arrivée et au départ, sera examinée par le directeur. Toute lettre renfermant des nouvelles ou des discussions politiques pourra être arrêtée pour être transmise à notre ministre secrétaire d'État de l'intérieur.

10 mai 1839. — Arrêté du ministre de l'intérieur, portant règlement disciplinaire pour les maisons centrales de force et de correction.

Art. 1. Le silence est prescrit aux condamnés. En conséquence, il leur est défendu de s'entretenir entre eux, même à voix basse ou par signes, dans quelque partie que ce soit de la maison. — Sont exceptées de la règle du silence, les communications indispensables entre les ouvriers et leurs contre-maîtres ou surveillants détenus, à l'occasion de leurs travaux, sous la condition que ces communications auront toujours lieu à voix basse.

2. Les condamnés ne pourront plus adresser la parole, soit aux gardiens, soit aux contre-maîtres libres, soit aux agents de l'entreprise générale du service, que dans les cas de nécessité absolue. — Ces communications auront lieu également à voix basse.

3. Il est défendu aux condamnés d'avoir de l'argent sur eux. Les fonds provenant du tiers du produit de leur travail mis à leur disposition par l'ordonnance royale du 2 avril 1817, pour leur procurer quelques adoucissements, s'ils les méritent, seront déposés au greffe ; ils ne pourront en être retirés qu'en vertu de bons ou de mandats délivrés par le directeur. — La même disposition est applicable aux fonds déposés au greffe pour être distribués aux condamnés à titre de secours individuels.

4. Pour l'exécution des dispositions de l'article précédent, il sera ouvert au greffe, pour chaque ouvrier, un compte du tiers du produit de son travail. Ces fonds pourront être employés par les condamnés, sous la réserve de l'autorisation de l'administration, savoir : En achats d'effets d'habillement dont l'usage, dans la maison, aura été permis par le directeur ; en achats d'aliments à la cantine ; en achats de papier, plumes et encre, affranchissements et ports de lettres ; en secours destinés par le condamné à sa famille ; en restitutions ou réparations civiles. — Les autorisations pour les dépenses personnelles des condamnés seront données par le directeur, qui jugera s'ils le méritent. Le préfet statuera sur les demandes ayant pour objet l'envoi de secours à la famille, ou les réparations civiles. — Les dégâts commis par les condamnés au préjudice de l'administration ou de l'entreprise seront payés sur les mêmes fonds, en vertu de décisions du préfet.

5. L'usage du vin, de la bière, du cidre ou de toute autre boisson fermentée, est expressément interdit aux condamnés.

6. Les aliments suivants pourront seuls leur être vendus à la cantine, ou leur être remis par leurs parents et amis : Du pain de ration, des pommes de terre cuites à l'eau, du fromage, du beurre. — La ration supplémentaire de pain n'excédera pas 75 décagrammes par jour (1 liv. 1/2). Les rations journalières des pommes de terre, de beurre et de fromage seront réglées par le directeur, et aucun condamné ne pourra se procurer, le même jour, au delà d'une de ces rations, indépendamment du pain.

7. L'usage du tabac est interdit aux condamnés.

8. Tout condamné est tenu de faire le travail journalier ou hebdomadaire qui lui a été imposé par l'administration de la maison.

9. Les infractions au présent règlement et aux autres règlements de la maison seront punies, suivant leur gravité et pendant tout le temps déterminé par le directeur, de l'interdiction de la promenade dans le préau, de la privation de toute dépense à la cantine ; de l'interdiction, au condamné, de communiquer ou de correspondre avec ses parents ou amis ; de la reclusion solitaire avec ou sans travail ; de la mise aux fers dans les cas prévus par l'art. 614 c. inst. crim.

10. Les préfets et les directeurs sont chargés de l'exécution du présent règlement, lequel sera lu aux condamnés, et affiché dans les maisons centrales de force et de correction. — Il sera exécutoire huit jours après sa publication dans la maison.

30 oct. 1841. — Règlement général pour les prisons départementales.

CHAP. 1. — *Employés.*

Art. 1. Le personnel des maisons d'arrêt, des maisons de justice et des maisons départementales de correction se compose, suivant l'importance des établissements, d'un directeur, d'un commis greffier, d'un gardien-chef, d'un ou de plusieurs gardiens, de sœurs religieuses ou surveillantes; d'un médecin, d'un aumônier, d'un instituteur, et de tous autres employés ou agents que l'autorité administrative juge utile de préposer au service des prisons.

2. Le nombre des employés, gardiens et autres agents, et le traitement attribué à chaque emploi, sont réglés par le ministre, pour chaque prison, sur la proposition du préfet. — A la fin de chaque période de cinq années, les gardiens qui pendant ce temps auront fait, dans la même prison, un service exact, et sans avoir encouru de punition grave, auront droit à une augmentation de traitement de 25 fr. — Cette augmentation pourra être retirée aux gardiens qui, après l'avoir obtenue, se rendront coupables d'insubordination ou de toute autre faute grave.

3. Les dénominations de geôlier, guichetier et autres, cesseront d'être employées.

4. Le directeur est nommé par le ministre, sur la présentation du préfet, l'avis du maire et celui de la commission de surveillance. — Son traitement ne peut être au-dessous de 2,000 fr.

5. Les autres employés du service administratif et les gardiens sont nommés et révoqués par le préfet. Néanmoins, tout arrêté de révocation n'est définitif que par l'approbation du ministre.

6. Toute admission à la retraite d'un employé ou gardien doit être préalablement autorisée par le ministre, sur un rapport motivé du préfet.

§ 1. — *Du directeur et du commis greffier.*

7. Le directeur donne son avis dans tous les cas où la commission de surveillance est appelée, par le présent règlement, à donner le sien.

8. L'action du directeur s'étend à toutes les parties du service. Tous les employés lui sont subordonnés et doivent lui obéir.

9. Le directeur est chargé, sous l'autorité du maire et la surveillance de la commission : — 1° De l'exécution des règlements généraux et particuliers, et de la police de la prison; — 2° De veiller à l'exécution des marchés pour les diverses fournitures; — 3° De désigner les détenus qui peuvent être employés au service de la prison et de l'entreprise; — 4° D'ordonner le classement des prisonniers, conformément aux lois et règlements; — 5° De l'examen de la correspondance des détenus, à l'arrivée et au départ.

10. Le directeur est spécialement chargé de tout ce qui concerne les travaux industriels des prisonniers, du classement des ouvriers dans les ateliers, de l'exécution et de l'application des tarifs de main-d'œuvre arrêtés par le préfet. Il assiste à toutes les réceptions d'ouvrages, reçoit les réclamations relatives aux travaux industriels, et statue, sauf l'approbation du préfet ou du sous-préfet, sur les réductions du prix de main-d'œuvre demandées pour mal-façons, soustraction ou dégradation de matières premières, métiers, outils ou ouvrages confectionnés.

11. Le directeur tient un registre de tous les effets d'habillement et de literie à l'usage des détenus, et un état de tous les meubles et autres objets appartenant à l'administration. — Il tient un registre, par compte ouvert, de l'argent de dépôt et des bijoux de chaque détenu. — Il tient également la comptabilité des ateliers, et un registre par compte ouvert à chaque ouvrier. — Il peut être chargé, par arrêté du préfet, de la tenue des caisses.

12. Dans les maisons où il sera nécessaire de nommer un commis greffier, le préfet déterminera les écritures dont cet employé sera spécialement chargé.

§ 2. — *Du gardien-chef.*

13. Nul ne pourra être appelé aux fonctions de gardien-chef, 1° s'il ne sait lire, écrire et compter; 2° s'il n'est âgé au moins de trente ans; et s'il en a plus de quarante, à moins d'autorisation spéciale accordée par arrêté du ministre. — Le minimum de son traitement est de 600 fr. — Le gardien-chef est toujours logé dans la prison.

14. Le gardien-chef tient les registres d'écrou prescrits par le code d'instruction criminelle, savoir : un registre pour la maison d'arrêt; un pour la maison de justice; un pour la maison de correction. — Tous ces registres sont tenus séparément et conformément aux instructions ministérielles des 26 août 1831 et 4 janv. 1832. — Les gardiens-chefs tiennent en outre, suivant la prison dont la garde leur est commise, des registres d'écrou séparés, savoir : pour les détenus pour dettes envers les particuliers; pour les passagers civils; pour les passagers militaires; pour les condamnés en matière de simple police.

15. Indépendamment de la garde des prisonniers et du maintien du bon ordre et de la décence dont il est plus particulièrement chargé, le gardien-chef veille à ce que le service de propreté se fasse exactement dans toutes les parties de la maison.

16. Il veille à ce que les effets des prisonniers qui sont mis en magasin soient préalablement lavés, nettoyés, raccommodés, mis en paquets et étiquetés.

17. Dans les prisons où il n'y a pas de directeur, le gardien-chef prend communication des lettres écrites ou reçues par les détenus, à l'exception de celles qu'ils ont à adresser à l'autorité administrative ou à l'autorité judiciaire, aux avocats et avoués chargés de leur défense.

18. Les enfants du gardien-chef ne doivent jamais entrer dans les cours, préaux, ateliers, infirmeries, dortoirs et autres lieux occupés par les détenus. — Il en est de même de sa femme, hors le cas prévu par l'art. 27 du présent règlement.

19. Dans aucun cas et sous aucun prétexte, le gardien-chef ne peut recevoir les détenus dans son logement.

20. Le gardien-chef est tenu, à quelque heure de la nuit ou du jour que ce soit, de remettre, sans le moindre retard, au fondé de pouvoirs de l'entrepreneur du transport cellulaire, les condamnés désignés pour partir les premiers, ainsi que les extraits des jugements et arrêts de condamnation qui les concernent.

21. Il est interdit au gardien-chef de remettre à l'entreprise du service des voitures cellulaires aucun condamné malade ou en état d'ivresse. Il ne pourra non plus lui remettre aucune femme allaitant son enfant, ou se trouvant dans un état de grossesse apparente, à moins que, dans ce dernier cas, le médecin de la prison n'ait certifié que le transfèrement peut avoir lieu sans danger pour la santé de la femme enceinte.

22. Le gardien-chef remet aux chefs d'escorte ou aux fondés de pouvoirs de l'entrepreneurs du transport cellulaire un état des vêtements appartenant à chaque prisonnier transféré.

23. En cas de décès d'un détenu, le gardien-chef en fait mention en marge de l'acte d'écrou, conformément à l'art. 84 c. civ. Il en donne avis au maire qui, de son côté, fait constater les effets, papiers, argent, etc., laissés par le défunt. — Il informe, en outre, l'autorité judiciaire du décès de tout prévenu ou accusé.

24. Dans les prisons où il n'y a pas de directeur, le gardien-chef est responsable des meubles et effets mentionnés dans l'art. 11. — Il peut être chargé, par arrêté du préfet, de la comptabilité des ateliers et de celle de la caisse des dépôts.

§ 3. — *Gardiens ordinaires et portiers.*

25. Les gardiens ordinaires et portiers ne peuvent être nommés avant vingt-cinq ans et après quarante, à moins d'autorisation spéciale du ministre : ils devront savoir lire et écrire. — Leur traitement ne peut être au-dessous de 400 fr.

26. Les gardiens sont placés immédiatement sous les ordres du gardien-chef, et doivent se conformer exactement à tout ce qu'il leur prescrit. — Ils sont responsables des dégradations aux bâtiments et autres dégâts de toute sorte commis par les détenus, lorsqu'ils ont eu connaissance de ces faits et qu'ils ne les ont point signalés sur-le-champ au gardien chef.

§ 4. — *Surveillantes.*

27. Les quartiers habités par les femmes ne peuvent être surveillés que par des personnes de leur sexe, lesquelles y sont chargées des fonctions que les gardiens remplissent dans les quartiers des hommes. — Dans les prisons où, en raison du petit nombre habituel des femmes détenues, il ne serait pas nécessaire d'établir des surveillantes spéciales, la femme ou toute autre parente du gardien-chef, dûment autorisée à cet effet par le préfet, pourra être chargée d'exercer la surveillance dans le quartier des femmes. — Le traitement des surveillantes ne peut être au-dessous de 250 fr.

28. Les surveillantes reçoivent, comme les gardiens, les ordres du gardien-chef qui, seul de tous les préposés du service de sûreté, pourra entrer dans le quartier des femmes, à moins de circonstances extraordinaires dont il sera rendu compte au maire.

29. Dans les prisons où il n'y a pas de sœurs religieuses, les surveillantes sont chargées, en totalité ou en partie, des fonctions attribuées aux sœurs.

30. Les attributions des sœurs religieuses sont déterminées par un arrêté du préfet, approuvé par le ministre.

§ 5. — *Du commissionnaire et du barbier.*

31. Dans les prisons où il n'y a pas de fournisseur chargé de procurer aux détenus les aliments supplémentaires ou autres articles accessoires autorisés par le présent règlement, les commissions des détenus sont faites par un commissionnaire désigné par le préfet. — Tous les jours, à l'heure fixée par le règlement particulier de la prison, le commissionnaire reçoit du gardien-chef la note des commissions à faire. — Au retour du commissionnaire, le gardien-chef remet ou fait remettre aux détenus, par les gardiens sous ses ordres, les objets qu'il aura reconnus conformes à l'autorisation accordée.

32. Il est défendu au commissionnaire d'entrer dans l'intérieur de la prison et de communiquer directement avec les détenus. — Il lui est également défendu, sous peine de destitution, de faire aucun bénéfice sur le prix de vente des objets qu'il aura achetés pour les détenus.

33. Un ou plusieurs barbiers, salariés par l'administration, sont attachés à chaque prison, où ils se rendent aux jours et heures fixés par le règlement.

§ 6. — *Dispositions communes aux paragraphes précédents.*

34. Le directeur, le gardien-chef et les gardiens auront un uniforme, qu'ils seront tenus de porter constamment dans l'exercice de leurs fonctions. — Il y aura, dans l'uniforme, une marque distinctive : 1° pour les gardiens des chefs-lieux de département, et pour les gardiens des chefs-lieux d'arrondissement qui seront le siége d'une maison de justice ou d'une maison centrale de correction pour le département; — 2° Pour les gardiens des chefs-lieux d'arrondissement. — Les dispositions ci-dessus sont applicables aux surveillantes. — L'uniforme déterminé par le ministre sera le même dans tout le royaume.

35. Le gardien-chef et les gardiens étant exclusivement préposés à la surveillance et au service intérieur de la prison, ils n'en peuvent jamais être détournés, sous aucun prétexte et à aucun titre, pour quelque service extérieur que ce soit. — Ils ne pourront non plus exercer aucune autre fonction.

36. Lorsqu'il n'y a pas de directeur, les absences momentanées du gardien-chef et des gardiens sont autorisées par le maire. Les congés sont accordés par le préfet. — Les gardiens ne peuvent sortir de la prison sans la permission du gardien chef, et celui-ci ne peut découcher sans y être autorisé par le maire ou par le directeur.

37. Si la prison a un directeur, les punitions sont prononcées par lui, sur le rapport du gardien-chef et après avoir entendu le détenu. — Lorsqu'il n'y a pas de directeur, le gardien-chef qui inflige une punition à un détenu, doit en référer au maire dans les vingt-quatre heures au plus tard.

38. Le gardien-chef tient un registre des punitions. Les motifs de chacune y sont énoncés et visés par le maire, en regard du nom du détenu puni.

39. Hors les cas de permissions délivrées par le préfet ou par le sous-préfet, et dont le maire sera toujours informé, aucune personne étrangère à l'administration de la prison ou à la surveillance légale des détenus ne pourra visiter la prison ou les prisonniers, sans une permission écrite du maire. — Cette permission sera un ordre obligatoire pour le gardien, à moins que le détenu désigné dans le permis ne soit en punition, et sans préjudice des ordres qui auraient pu être donnés par le juge d'instruction ou par le président des assises, en vertu de l'art. 613 c. inst. crim.

40. Aucun objet, de quelque nature qu'il soit, ne peut être introduit dans la prison ou en sortir, qu'après avoir été visité par le gardien. — Le gardien prend la même précaution pour tout ce que les détenus reçoivent du dehors.

41. Il est expressément défendu à tout employé, gardien ou préposé : d'occuper des détenus pour son service particulier; de recevoir aucun présent d'eux ou de leurs parents; de leur vendre quoi que ce soit, ni faire pour eux aucune commission; de faciliter leur correspondance ou l'introduction de vivres, boissons ou tous autres objets prohibés; d'influencer directement ou indirectement les prévenus et les accusés sur le choix de leurs défenseurs; de boire ou de manger avec les dé-

tenus ou avec leurs parents, sans en excepter les détenus pour dettes, qui ne pourront prendre leurs repas ni avec le gardien, ni dans son logement; de retarder, par faveur, le départ de condamnés désignés par l'autorité administrative pour être transférés les premiers aux bagnes ou aux maisons centrales de détention; enfin, de tutoyer les prisonniers et d'avoir avec eux aucune sorte de conversation familière.

42. Tout gardien qui contreviendra aux prohibitions de l'article précédent, ou à celles du règlement particulier de chaque prison, sera puni de la mise aux arrêts ou de la suspension de ses fonctions, avec ou sans privation de traitement, ou bien encore de la révocation, selon la gravité des circonstances, ou en cas de récidive.

43. Tout gardien qui se sera mis en état d'ivresse sera destitué.

§ 7. — *Médecins et pharmaciens.*

44. Le service de santé est fait par un médecin nommé par le préfet. Ce médecin ne peut faire partie de la commission de surveillance de la prison. — En cas d'absence ou d'empêchement, il sera remplacé par le médecin qui aura été désigné par le préfet ou par le sous-préfet.

45. Le médecin est tenu de faire, chaque jour, une visite dans la prison.

46. Les prescriptions du médecin sont toujours faites par écrit. — Elles sont remises, par les soins du directeur ou du gardien chef, après avoir été revêtues de son visa, au pharmacien chargé de la fourniture des médicaments, lequel doit toujours et nécessairement les reproduire à l'appui de ses mémoires.

47. Le médecin visite la prison, les ateliers, les dortoirs, les lieux de punition, etc., etc., au moins tous les quinze jours. — Il propose des fumigations et autres moyens de salubrité, toutes les fois qu'il le juge nécessaire. — Il est tenu de consigner ses observations sur un registre *ad hoc.*

48. A l'expiration de chaque année, le médecin fait un rapport sur les maladies qui ont régné dans la prison et sur leurs causes. Le rapport est adressé au sous-préfet qui le transmet au préfet.

§ 8. — *Aumônier et instituteur.*

49. Un aumônier, nommé par le préfet, sur la proposition de l'évêque, est attaché à chaque prison.

50. L'aumônier célébrera la messe les dimanches et fêtes dans l'établissement. Les heures des offices, des instructions et autres services religieux seront fixées par le règlement particulier. — Il fera aux détenus une instruction religieuse, une fois par semaine au moins, et le catéchisme aux jeunes détenus qui n'auront pas fait leur première communion.

51. L'aumônier peut choisir parmi les détenus, et d'accord avec le chef de la prison, les servants de la chapelle.

52. L'aumônier visite les infirmeries, et se rend auprès des malades qui le font demander. — Ses visites périodiques dans la prison ont lieu au moins deux fois par semaine.

53. L'aumônier est informé de chaque décès.

54. Les dispositions ci-dessus sont communes aux ministres des autres cultes.

55. Un instituteur, réunissant les conditions d'aptitude et de capacité voulues par la loi du 28 juin 1833, pourra être nommé, par le préfet, dans les prisons dont la population le comportera.

CHAP. 2. — *Régime économique.*

§ 1. — *Nourriture des valides.*

56. La nourriture accordée par l'Etat aux prisonniers, dans les maisons d'arrêt, de justice et de correction se compose, savoir : — 1° Pour les hommes, d'une ration de pain du poids de 75 décag., et, pour les femmes, d'une ration de 70 décag. —Le pain sera de pur froment avec extraction de 10 kilog. de son sur 100 kilog. de grain mis sous la meule. — Il ne sera distribué qu'après vingt-quatre heures de cuisson. — 2° D'un litre de bouillon au beurre ou à la graisse, avec des légumes verts ou secs, suivant la saison, le sel et le poivre nécessaire à l'assaisonnement. — La quantité de beurre ou de graisse et celle des légumes, pour chaque litre de bouillon, sera déterminée par le règlement particulier de la prison. — La soupe sera partagée en deux rations : l'une sera donnée le matin, l'autre le soir. — Les femmes enceintes et les nourrices pourront, sur l'avis du médecin, recevoir une ration supplémentaire.

57. Le jeudi ou le dimanche de chaque semaine, il sera servi aux prisonniers, une soupe grasse, dans la composition de laquelle on aura fait entrer, pour chaque prisonnier, 200 gr. de viande de bonne qualité, les légumes, le sel et le poivre nécessaires. La viande provenant de cette soupe sera partagée par portions égales entre tous les détenus. Il entrera dans chaque ration de soupe grasse ou maigre 70 gr. de pain blanc bien rassis.

58. Les prévenus et les accusés peuvent, dans les limites fixées par le règlement de la prison, faire venir du dehors, et à leurs frais, les vivres dont ils auront besoin. — S'ils pourvoient eux-mêmes à leur nourriture, ils cessent d'avoir droit aux vivres de la maison.

59. L'usage de l'eau-de-vie et des liqueurs spiritueuses est interdit aux prévenus et aux accusés. Quant au vin et autres boissons fermentées, le règlement particulier de chaque prison déterminera dans quel cas et en quelle quantité ils pourront en faire usage.

60. Les détenus pour dettes envers les particuliers peuvent, dans les limites fixées par le règlement de la prison, recevoir leur nourriture du dehors, et en traiter de gré à gré. — Ils peuvent aussi prendre les vivres de la prison, au prix du marché dans le cas d'entreprise, ou au prix fixé par le préfet, dans le cas de régie.

61. Toute vente connue sous le nom de *cantine* est prohibée.

62. Les condamnés peuvent être autorisés individuellement, par le préfet ou par le sous-préfet, sur l'avis de la commission de surveillance, à recevoir de leurs familles ou à faire venir du dehors, les aliments dont l'usage aura été autorisé par le règlement de la prison.

63. L'usage de l'eau-de-vie, du vin, du cidre, de la bière et de toute autre boisson spiritueuse ou fermentée, est expressément interdit aux condamnés. Il en est de même du tabac.

§ 2. — *Vêtement.*

64. Les prévenus et les accusés conserveront leurs vêtements personnels, à moins qu'il n'en soit autrement ordonné par l'autorité administrative dans un intérêt de police et de propreté, ou par l'autorité judiciaire, dans l'intérêt de l'instruction. — Ils pourront également faire venir du dehors, et à leurs frais, les vêtements dont ils auront besoin.

65. Les condamnés correctionnels qui subissent leurs peines dans les prisons départementales seront tenus de porter le vêtement de la maison, excepté ceux qui en seraient expressément dispensés par décision du préfet, sur l'avis de la commission de surveillance.

66. Le vêtement de chaque prisonnier se composera : 1° d'un pantalon, d'un gilet et d'une veste d'étoffe de laine, fil ou coton, suivant la saison; 2° d'une chemise qui sera régulièrement changée tous les huit jours; 3° d'une paire de sabots.

67. Le vêtement des femmes se composera d'une camisole à manches, en laine ou en coton, suivant la saison; d'une jupon de même étoffe; d'un jupon de dessous en tissu commun; d'un fichu pour le col; d'un autre fichu pour la coiffure de jour; d'une paire de chaussettes ou de chausons, d'un tablier pour le travail, de sabots, d'une cornette pour la nuit, et d'une chemise.

68. L'administration pourra permettre aux condamnés, pour raison de santé, l'emploi de vêtements supplémentaires qui ne changeront rien au costume pénal.

69. Les effets des condamnés entrants seront lavés, désinfectés, étiquetés et mis en magasin pour leur être rendus à leur sortie. Des vêtements appartenant à la prison leur seront donnés immédiatement après que les mesures de propreté auront été exécutées à leur égard. — Les effets des prévenus et des accusés seront, en cas de besoin, lavés et désinfectés de la même manière. Des vêtements appartenant à la prison leur seront également donnés, s'il y a lieu.

§ 3. — *Coucher.*

70. Le coucher des prisonniers se composera, pour chacun : 1° d'un hamac ou d'une couchette en bois ou en fer, de 70 centimèt. de largeur sur 1 mèt. 95 cent. de longueur, pouvant, au besoin, s'enlever ou se relever pendant le jour; 2° d'une paillasse; 3° d'un traversin en paille; 4° d'un drap plié en deux, ou de deux draps cousus ensemble dans une longueur de 1 mèt. 60 cent., et non cousus pour le reste; ces draps seront changés tous les mois; 5° d'une couverture en été et de deux couvertures en hiver. — La paille des paillasses et des traversins sera renouvelée aussi souvent qu'il sera jugé nécessaire par la commission de surveillance, et suivant ce qui sera déterminé par le règlement particulier de la maison.

71. Les prévenus et les accusés spécialement autorisés par le préfet ou par le sous-préfet, sur l'avis de la commission de surveillance, pourront, dans les limites fixées par le règlement particulier de la maison, faire venir du dehors les effets de coucher dont ils désireront faire usage.

72. Dans les prisons où il ne pourra y avoir de fournisseur chargé de la location des effets dits de *pistole*, le gardien pourra être autorisé à louer pour son propre compte, aux prévenus et aux accusés qui le demanderont, les meubles, linges et effets de literie à lui appartenant, moyennant une rétribution quotidienne, hebdomadaire ou mensuelle, fixée, pour chaque objet, dans un tarif arrêté par le préfet ou par le sous-préfet, sur l'avis de la commission de surveillance. — En tous cas, le gardien ne pourra accorder aux prévenus et aux accusés, comme chambres de pistole, que celles qui auront été spécialement affectées à cet usage par le préfet ou le sous-préfet, également sur l'avis de la commission.

73. Les détenus pour dettes envers les particuliers peuvent faire apporter dans la prison des meubles et effets de coucher pour leur usage. Mais ils doivent préalablement adresser une demande à cet effet au préfet ou au sous-préfet, qui, sur l'avis de la commission de surveillance, détermineront les objets dont l'introduction sera permise. — Le prix de location des meubles et effets de coucher, que le fournisseur ou le gardien pourra louer aux détenus pour dettes, sera réglé, pour chaque objet, ainsi qu'il est prescrit par l'article précédent.

74. La location connue sous le nom de *pistole* est prohibée dans toutes les prisons pour peines.

§ 4. — *Infirmerie. — Coucher et nourriture des malades.*

75. Il y aura dans chaque prison deux chambres ou salles d'infirmerie entièrement séparées, l'une pour les hommes, l'autre pour les femmes.

76. S'il y a impossibilité absolue d'établir, dans la prison, des salles d'infirmerie, les prisonniers atteints de maladies graves seront traités dans une salle spéciale de l'hôpital du lieu où est située la prison, conformément à la loi du 4 vend. an 6 et au décret du 8 janv. 1810. — Le prix de journée du traitement sera arrêté d'avance, entre la commission administrative de l'hospice et le préfet. — L'ordre de transfèrement à l'hôpital sera délivré par le maire, et d'après le consentement, savoir : du juge d'instruction, s'il s'agit d'un prévenu; du président des assises ou du président du tribunal civil, s'il s'agit d'un accusé; et du préfet ou du sous-préfet, s'il s'agit d'un condamné ou d'un détenu pour dettes.

77. Le coucher des malades se compose d'une couchette, d'une paillasse, d'un matelas, d'un traversin, d'une paire de draps de lit, et de deux couvertures. — La paille des paillasses sera renouvelée aussi souvent que le médecin le jugera nécessaire, mais régulièrement après chaque décès. — Le matelas sur lequel un détenu sera décédé sera rebattu, ainsi que le traversin. — Les toiles seront lavées ainsi que les couvertures.

78. La nourriture des détenus soignés à l'infirmerie sera fournie sur les prescriptions du médecin, conformément aux règles suivies dans l'hôpital du lieu.

79. Les prisonniers uniquement affectés de maladies cutanées, telles que dartres, gale, teigne, ne recevront que la nourriture des détenus valides.

80. En cas de maladie, si les frais de médicaments et de nourriture des détenus pour dettes excèdent le taux de la consignation, la différence sera payée sur le fonds des dépenses ordinaires de la prison.

§ 5. — *Chauffage et éclairage.*

81. Les moyens de chauffage et d'éclairage sont déterminés par le préfet, suivant les localités, sur la proposition du sous-préfet, l'avis du maire et celui de la commission de surveillance. — Les dortoirs communs seront éclairés toute la nuit.

§ 6. — *Dispositions diverses.*

82. Les marchés généraux ou partiels pour toutes les fournitures de nourriture, vêtements, literie, blanchissage, raccommodage, chauffage, etc., seront passés dans les formes réglées par l'ord. royale du 4 déc. 1826, sur les marchés au compte de l'Etat. — Tout marché de gré à gré devra être autorisé par le ministre.

83. Un tarif, arrêté tous les quinze jours par le maire, contiendra le prix du pain et autres aliments et objets dont la vente aux détenus aura été autorisée.

84. Les détenus débiteurs de l'Etat par suite de condamnations pour crimes, délits ou contraventions, sont, aux termes du décret du 4 mars 1808 et de la loi du 17 avril 1832, soumis, pour ce qui concerne le régime alimentaire, à la règle commune de la maison.

CHAP. 3. — *Du travail des détenus.*

85. Des travaux seront organisés dans chaque prison, de manière à ne laisser aucun condamné oisif. — Un arrêté du préfet, pris sur l'avis du sous-préfet, du maire et de la commission de surveillance, déterminera le mode d'organisation et de comptabilité du travail.

86. Tout condamné qui, sans excuse valable, refusera de travailler, sera mis au pain et à l'eau, sans préjudice des autres punitions, s'il y a lieu.

87. Il sera disposé du produit du travail des condamnés de la manière déterminée par l'art. 12 de l'ord. royale du 2 avril 1817 (1).

88. Les prévenus et les accusés pourront être employés, sur leur demande, aux travaux admis dans la prison. Dans ce cas, ils seront assujettis à la règle commune prescrite pour l'organisation et la discipline du travail. — Le produit de leur travail leur appartiendra. Toutefois une portion de ce produit pourra être mise en réserve, suivant la position du prévenu, pour ne lui profiter qu'après jugement. Il sera statué à cet égard par le préfet ou par le sous-préfet, sur la proposition de la commission de surveillance.

CHAP. 4. — *Régime disciplinaire et de police.*

§ 1. — *Règles communes aux diverses classes de détenus.*

89. A défaut de maisons distinctes d'arrêt, de justice et de correction, les préfets, les sous-préfets et les maires veilleront à ce que les prévenus, les accusés et les condamnés renfermés dans la même maison y occupent des locaux séparés. — Les prisonniers de passage seront placés dans des chambres séparées. En aucun cas, ils ne pourront communiquer avec les autres détenus. — Les condamnés correctionnels ou criminels resteront, jusqu'à leur transfèrement au bagne ou à la maison correctionnelle, dans la maison d'arrêt ou de justice où ils étaient lors de leur condamnation. Ils y seront séparés des prévenus et des accusés. — Dans chacune des catégories ci-dessus, les détenus des deux sexes seront complétement et constamment séparés.

90. Chaque détenu occupera un lit séparé. Il sera tenu de se déshabiller pour se coucher.

91. Les prisonniers d'une même catégorie pourront seuls se promener ensemble dans le même préau, et être réunis dans le même chauffoir ou atelier, ou toute autre chambre qui en tiendra lieu.

92. Sauf le cas d'autorisation spéciale accordée par le préfet ou par le sous-préfet, les visiteurs ne pourront communiquer avec les prisonniers qu'au parloir ou dans le local qui en tiendra lieu, et en présence des gardiens. — Les détenus de classes et de sexe différents ne pourront boire ni manger avec les prisonniers. — La durée des visites sera déterminée par le règlement particulier de la prison, qui déterminera également si elles auront lieu tous les jours, ou seulement certains jours de la semaine.

93. Toute communication avec les détenus est interdite aux repris de justice. Il n'y a d'exception que pour les père, mère, femme, mari, frères, sœurs, oncles, tantes, ou le tuteur du détenu.

94. Il est expressément défendu d'exiger ou de recevoir quoi que ce soit d'aucun prisonnier entrant ou sortant, à titre de bien-venue, étrennes, droit de prévôt, ou à tout autre titre.

95. Les détenus doivent obéir au directeur ou aux gardiens, en tout ce qu'ils leur prescrivent pour le maintien du bon ordre et l'exécution des règlements.

96. Chaque prisonnier est obligé de faire son lit, et d'entretenir sa chambre ou la place qu'il occupe au dortoir, dans un état constant de propreté. — Les dortoirs et corridors seront balayés et lavés par les prisonniers, à tour de rôle. — Les condamnés seront, en outre, obligés de faire, à tour de rôle, tout ce qui leur sera prescrit pour la propreté et la salubrité de la prison.

97. Dans les maisons où il y aura des locaux susceptibles d'être affectés spécialement à la réunion des prisonniers pendant le jour, l'entrée des dortoirs leur sera interdite entre le lever et le coucher.

98. Les jeux de toute sorte sont interdits.

99. Aucun détenu ne pourra avoir de rasoirs à sa disposition, non plus qu'aucun autre instrument, sans une autorisation spéciale délivrée par le maire, sur l'avis de la commission de surveillance.

100. Les chants et les cris sont défendus. Il en est de même de toute conversation à voix haute, de toute réunion bruyante, et de toute demande ou pétition collective. — Le silence est obligatoire pendant les repas, le travail et dans les dortoirs.

101. Toute infraction aux règles de la prison sera punie, suivant les cas, de une des peines disciplinaires suivantes : — La privation de la promenade, de école, de visites, de correspondance, de secours du dehors, et de tout ou partie du produit du travail ; — La mise au pain et à l'eau ; — La mise au cachot ; — La mise aux fers dans les cas prévus par l'art. 614 c. inst. crim. ; — Le tout sans préjudice de la réparation pécuniaire des dégâts et dommages causés, s'il y a lieu.

§ 2. — *Règles particulières aux prévenus et accusés.*

102. Toutes les communications et autres facilités compatibles avec le bon ordre d'une prison seront accordées aux prévenus et aux accusés. — Comme ils doivent avoir le libre choix de leurs défenseurs, le tableau des avocats et des avoués de la localité demeurera affiché dans la maison d'arrêt et dans la maison de justice, ou dans les quartiers de la prison commune qui en tiendront lieu.

103. Aucun prévenu ou accusé ne pourra avoir en sa possession au delà d'une somme de 5 fr. Le surplus devra être remis au gardien qui en passera immédiatement écriture au compte du déposant.

§ 3. — *Règles particulières aux condamnés.*

104. Les condamnés pourront recevoir des lettres et des secours du dehors, dans les limites du règlement de la maison. — Ils pourront, outre les aliments, recevoir du dehors tous autres objets autorisés, en se conformant aux prescriptions de l'art. 62 du présent règlement.

105. Ils pourront aussi, dans les mêmes limites, se procurer quelques adoucissements avec le produit de leur travail, ou à l'aide des secours de leurs parents ou amis. — En tout cas, l'art. 5 de l'arrêté du 10 mai 1839, qui interdit aux condamnés des maisons centrales d'avoir de l'argent sur eux, sera appliqué aux condamnés détenus dans les prisons départementales.

106. Hors les cas d'autorisations spéciales accordées par les préfets et sous-préfets, les condamnés ne pourront recevoir de visites. Sont exceptés toutefois les père, mère, femme, mari, frères, sœurs, oncles, tantes et tuteur, pour lesquels l'autorisation écrite du maire suffira.

107. Hors les cas prévus par le présent règlement, aucune dérogation quelconque ne pourra être apportée à l'uniformité de la règle à laquelle les condamnés doivent être généralement et indistinctement soumis.

§ 4. — *Règles particulières aux jeunes détenus.*

108. Tout enfant âgé de moins de seize ans, arrêté et incarcéré, doit être entièrement séparé, le jour comme la nuit, de tous autres détenus adultes.

109. Les enfants mentionnés dans les art. 66, 67 et 69 c. pén., qui ne sont détenus que pour un an et au-dessous, ou qui, quoique détenus pour plus d'un an, n'auraient pas encore été transférés dans des maisons centrales d'éducation correctionnelle, seront enfermés dans des chambres ou quartiers séparés des maisons départementales d'arrêt, de justice ou de correction.

110. Le placement en apprentissage des enfants jugés en vertu de l'art. 66, et remis à la tutelle de l'administration départementale pour un an seulement, ne devra avoir lieu que lorsque l'enfant aura déjà été détenu pendant un certain temps. — Le préfet prendra, en tous cas, l'avis de la commission de surveillance.

111. Les jeunes filles acquittées, mais retenues pour un an, en vertu de l'art. 66 c. pén., pourront être placées par le préfet dans des maisons de refuge ou de charité autorisées à les recevoir.

§ 5. — *Règles particulières aux enfants détenus par voie de correction paternelle.*

112. Les enfants détenus par voie de correction paternelle, conformément aux art. 375 et suivants c. civ., seront renfermés dans des quartiers séparés des maisons d'arrêt, de justice ou de correction, où ils devront être soumis au régime cellulaire de jour et de nuit. — Les familles pourvoiront aux frais de nourriture et d'entretien de ces enfants, à moins que, pour cause d'indigence, le ministre n'en ait autorisé le payement sur les fonds des dépenses ordinaires de la prison, sur la proposition du préfet.

113. Il ne sera fait aucune mention, sur les registres de la prison, des noms des enfants détenus par voie de correction paternelle, ni des motifs de leur incarcération (378 c. civ.). — Il suffira au gardien, pour justifier au besoin de la légalité de la détention de l'enfant, d'exhiber à qui de droit l'ordre même d'arrestation délivré par le président du tribunal civil.

114. A défaut de local spécial et convenable, les jeunes filles détenues par voie de correction paternelle pourront être renfermées dans des maisons de refuge et de charité autorisées à les recevoir.

§ 6. — *Règles particulières aux détenus pour dettes.*

115. Dans les maisons qui ne leur sont pas exclusivement affectées, les détenus pour dettes occuperont des locaux séparés. Aucune communication ne leur sera permise avec les autres prisonniers.

116. Le règlement particulier de chaque prison déterminera les autres règles disciplinaires auxquelles seront soumis les débiteurs envers les particuliers ou envers l'Etat.

CHAP. 5. — *Régime moral et religieux.*

117. Tous les condamnés catholiques assisteront à la messe, aux autres exercices de leur culte et à l'instruction religieuse. — Les jeunes détenus iront au catéchisme.

118. Les détenus seront placés dans la chapelle, suivant les classifications voulues par l'art. 89 du présent règlement.

119. Les détenus qui appartiendront à des autres cultes reconnus par l'Etat recevront les secours religieux du ministre de leur communion.

120. Il sera établi dans chaque prison un dépôt de livres à l'usage des détenus. Le choix de ces livres sera approuvé par le préfet, sur l'avis du maire et celui de la commission de surveillance. — Aucun autre ouvrage ou imprimé quelconque ne pourra être introduit dans la prison, soit pour les condamnés, soit pour les prévenus, sans une autorisation spéciale du préfet.

121. L'enseignement primaire élémentaire pourra être donné à ceux des détenus que la commission de surveillance jugera dignes et capables de profiter de cet enseignement.

122. Chaque condamné aura un compte moral ouvert au moyen d'un bulletin individuel, sur lequel le directeur ou le gardien chef, l'aumônier, l'instituteur et les membres de la commission de surveillance inscriront leurs observations et avis. — Ce bulletin sera tenu d'une manière uniforme dans toutes les prisons de France, et conformément au modèle donné par le ministre de l'intérieur.

CHAP. 6. — *Dispositions générales.*

123. Le maire ne pourra déléguer l'exercice de son autorité dans la prison qu'à un de ses adjoints.

124. Indépendamment des visites que les commissions de surveillance devront faire, conformément au règlement de leur institution, et de celles que doivent faire les préfets et les maires, aux termes des art. 611 et 612 c. inst. crim., les sous-préfets feront, au moins tous les mois, une visite spéciale dans les prisons du chef-lieu de leur arrondissement. Ils rendront compte de leurs observations au préfet.

125. Les préfets et les sous-préfets s'assureront, lors de leurs tournées annuelles pour le recrutement, et autres tournées, de l'état des chambres de sûreté annexées aux casernes de gendarmerie, maisons de dépôt et de police municipale.

126. Il sera fait un règlement spécial pour les prisons qui seront construites d'après le système de l'emprisonnement individuel.

127. Des hommes appartenant à une corporation religieuse ne pourront être introduits dans les prisons départementales pour y exercer des fonctions quelconques sans une autorisation préalable du ministre.

128. En outre des prescriptions contenues dans le présent règlement général, un

(1) Aujourd'hui c'est l'ord. du 27 déc. 1843 qui règle la répartition du produit du travail des condamnés.

règlement particulier déterminera, pour chaque prison départementale, toutes les autres mesures d'ordre, de discipline, de propreté et de salubrité; ainsi que toutes les mesures de police locale et de détail, qui pourront y recevoir leur exécution. — Ce règlement, proposé par la commission de surveillance et arrêté par le préfet, sur l'avis du maire et celui du sous-préfet, sera, avant son exécution, soumis à l'approbation du ministre de l'intérieur.—Il sera, après cette approbation, imprimé et distribué à chacun des membres de la commission de surveillance et à tous les gardiens.

129. Un extrait du présent règlement général et du règlement particulier restera constamment affiché dans les divers quartiers de la prison. Cet extrait, certifié conforme par le préfet, renfermera les dispositions relatives aux devoirs des détenus.

8 juin 1842.—Arrêté du ministre de l'intérieur sur les prétoires de justice disciplinaires dans les maisons centrales.

Nous ministre de l'intérieur, — Vu l'arrêté ministériel du 5 oct. 1831, portant règlement des attributions des employés du service administratif des maisons centrales de force et de correction; — Vu le règlement disciplinaire du 10 mai 1839; — Vu notre arrêté du 22 mai 1841, concernant le service des communautés religieuses dans les maisons de femmes; —Sur la proposition du sous-secrétaire d'État, — Arrêtons ce qui suit :

Art. 1. Il sera établi un prétoire de justice disciplinaire dans chaque maison centrale de force et de correction. — Si la maison renferme les deux sexes, il y aura un prétoire particulier pour chaque sexe.

2. La justice disciplinaire est rendue par le directeur : il ne peut infliger que les punitions autorisées par les règlements.

3. Dans les maisons d'hommes, le directeur a pour assesseurs le sous-directeur, l'inspecteur et l'instituteur. — Les aumôniers des divers cultes, lorsqu'ils assistent aux audiences, prennent également place au bureau. — Le gardien-chef remplit les fonctions de greffier.

4. Les médecins et le pharmacien peuvent assister aux audiences. Aucun employé du greffe ne peut s'y présenter qu'avec la permission du directeur.

5. L'entrepreneur général du service est toujours appelé aux audiences disciplinaires. Il peut s'y faire représenter par son fondé de pouvoirs ou par tout autre agent préalablement agréé à cet effet par le directeur. — Les sous-traitants de l'entrepreneur, pour l'exploitation des travaux industriels, peuvent demander au directeur la permission de se présenter aux audiences, lorsqu'ils y auront intérêt.

6. Le directeur, suivant les cas, fera prévenir les sous-traitants et les contre-maîtres libres, et donnera l'ordre aux contre-maîtres détenus et aux prévôts, ainsi qu'à tous les agents de l'entreprise, de se rendre aux audiences pour y donner des renseignements sur les faits.

7. Les assesseurs du directeur prennent rang au bureau, dans l'ordre suivant : — Le sous-directeur; — L'inspecteur; — L'instituteur. — Lorsque les aumôniers sont présents, ils prennent place après l'inspecteur. — Le gardien-chef est assis à l'une des extrémités du bureau et en retour; l'entrepreneur du service ou son représentant, à l'autre extrémité. — Les employés du greffe et ceux du service de santé, les fabricants ou sous-traitants et les contre-maîtres libres, se placent derrière le bureau; ils sont assis.— Les contre-maîtres et autres employés détenus se tiennent debout à la place qui leur est assignée. — Les gardiens préposés à la police de l'audience sont en grande tenue.

8. Lorsque le préfet ou un inspecteur général des prisons dans l'exercice de ses fonctions assiste aux audiences, il occupe une place d'honneur à côté du directeur.

9. En cas d'absence ou d'empêchement du directeur, la justice disciplinaire est rendue par le sous-directeur, et s'il n'y a pas de sous-directeur dans la maison, par l'inspecteur. Dans ce dernier cas, le greffier-comptable ou le greffier est appelé au bureau avec l'instituteur. — Le gardien-chef absent est suppléé par le premier gardien.

10. Chaque jour, les dimanches et les autres jours de fête exceptés, le directeur, assisté ainsi qu'il vient d'être dit, fait comparaître devant lui, aux heures qu'il a fixées, les détenus signalés par les rapports de la veille, comme ayant enfreint les règlements. — Le condamné, appelé par le gardien-chef, se présente à la barre. Après lui avoir fait connaître la dénonciation ou la plainte dont il est l'objet, et après l'avoir entendu dans ses explications, le directeur statue immédiatement et à haute voie.— Il sursoit jusqu'à plus ample information, lorsque les faits ne sont pas entièrement constatés. — Le gardien-chef inscrit à l'instant même sur son registre les décisions du directeur.

11. L'infliction de toute punition disciplinaire sera précédée ou suivie d'une admonestation du directeur.

12. Si la punition prononcée est la mise en cellule ou au cachot, le directeur pourra s'abstenir d'en déterminer la durée en présence du condamné puni, et se borner à l'avertir qu'il ne pourra obtenir d'indulgence que par son entière soumission et par son repentir.

13. Les punitions infligées à tout condamné, comme les distinctions qu'il a obtenues, sont inscrites sur son bulletin de statistique morale, par les soins de l'instituteur.

14. Il est dressé procès-verbal de chaque audience. — Sont inscrits sur le procès-verbal les noms des fonctionnaires et employés du service administratif qui y ont assisté. Il y est fait mention des incidents intéressant l'ordre et la police de l'audience. — Un registre particulier est affecté à l'inscription de ces procès-verbaux, lesquels sont certifiés par le directeur.

15. Après l'audience disciplinaire, le directeur, assisté de la même manière, entend les détenus présents, dans leurs demandes et leurs réclamations. — Autant que possible, il statue séance tenante. — Il est pris note de ses décisions par l'inspecteur, qui veille à leur exécution et en justifie au directeur dans ses rapports quotidiens.

16. Dans les maisons et quartiers de femmes, le directeur a pour assesseurs le sous-directeur ou l'inspecteur et la sœur supérieure : une sœur remplit les fonctions de greffier. — Les aumôniers, lorsqu'ils sont présents, prennent également place au bureau. — Le directeur est seul juge des cas où il peut être nécessaire ou utile d'appeler aux audiences les employés du service de santé et ceux du greffe, ainsi que les sous-traitants et autres agents libres du sexe masculin.

17. Les prescriptions du présent arrêté sont applicables aux quartiers d'éducation correctionnelle pour les jeunes détenus.

27 déc. 1843.-12 mars 1844. — Ordonnance concernant la portion accordée, sur le produit de leur travail, aux condamnés détenus dans les maisons centrales de force et de correction.

Louis-Philippe, etc. ; — Sur le rapport de notre ministre de l'intérieur : — Vu les art. 16, 21, 41 et 72 c. pén.; — Vu l'ordonnance royale du 2 avr. 1817; — Notre conseil d'État entendu, — Nous avons, etc. :

Art. 1. A partir du 1er avr. 1844, la portion accordée, sur le produit de leur travail, aux condamnés détenus dans les maisons centrales de force et de correction sera, savoir : — De trois dixièmes pour les condamnés aux travaux forcés détenus conformément aux art. 16 et 72 c. pén. ; — De quatre dixièmes pour les condamnés à la réclusion ; — De cinq dixièmes pour les condamnés à l'emprisonnement de plus d'un an.

2. Les détenus qui auront subi une première condamnation profiteront seulement, savoir : — Les condamnés aux travaux forcés, s'ils ont été condamnés précédemment à la même peine, du dixième du produit de leur travail, et de deux dixièmes, si la première peine était la réclusion ou l'emprisonnement à plus d'un an; — Les condamnés à la réclusion, s'ils ont été précédemment condamnés aux travaux forcés, de deux dixièmes, et de trois dixièmes, si la première peine était la réclusion ou l'emprisonnement de plus d'un an; — Les condamnés à l'emprisonnement de plus d'un an, s'ils ont été précédemment condamnés aux travaux forcés ou à la réclusion, de trois dixièmes, et de quatre dixièmes si la première peine était l'emprisonnement de plus d'un an.

3. La portion du produit du travail attribuée conformément à l'article qui précède sera diminuée d'un dixième pour chaque condamnation qui aura suivi la première. Dans aucun cas cette portion ne pourra être inférieure au dixième du produit du travail.

4. Des retenues totales ou partielles sur le pécule pourront être prononcées par arrêté du préfet, soit à titre de punition individuelle, soit pour assurer la réparation du dommage causé : — 1° Contre les condamnés qui se seront rendus coupables d'infraction à la discipline; — 2° Contre ceux qui auront commis des dégâts au préjudice du trésor, de l'entreprise générale du service, des fabricants ou toute autre personne, ou qui n'auront pas accompli leur tâche de travail.

5. Le pécule des condamnés sera divisé en deux parties égales : l'une sera employée à leur profit, pendant leur captivité, par les soins de l'administration, l'autre sera mise en réserve pour l'époque de leur sortie. — Les objets auxquels pourra être employée la portion du pécule dont il peut être disposé dans la prison seront déterminés par notre ministre secrétaire d'État de l'intérieur.

2-6 mars 1845.—Ordonnance sur la translation des prévenus et accusés dans les maisons d'arrêt et de justice (D. P. 45. 3. 80).

19-25 juill. 1845. — Loi du budget des recettes dont l'art. 13 est relatif aux rentes 5 pour 100 inscrites au nom des maisons centrales de force et de correction, et au produit du travail des détenus (D. P. 45. 3. 142).

5-14 nov. 1847. — Ordonnance portant qu'une commission de surveillance sera établie près de chaque maison centrale de force et de correction (D. P. 47. 3. 196).

24-26 mars 1848.—Décret qui suspend le travail dans les prisons (D. P. 48. 4. 56).

9-13 janv. 1849.—Loi qui abroge le décret du 24 mars 1848 (D. P. 49. 4. 28).

7-16 fév. 1849.—Arrêté concernant les agents préposés à l'administration, à la garde et aux services spéciaux des maisons centrales de force et de correction (D. P. 49. 4. 45).

23-30 juill. 1850. — Décret qui affecte la citadelle de Belle-Isle-en-Mer aux condamnés à la peine de la détention, aux individus condamnés à la déportation pour crimes commis antérieurement à la promulgation de la loi du 8 juin 1850 (D. P. 50. 4. 178).

5-12 août 1850.—Loi sur l'éducation et le patronage des jeunes détenus (D. P. 50. 4. 181).

15 janv.-6 avr. 1852. — Décret sur l'organisation du corps des inspecteurs généraux des prisons (D. P. 52. 4. 98).

15 janv.-6 avr. 1852.—Décret concernant les inspecteurs généraux adjoints des prisons (D. P. 52. 4. 99).

25 fév.-20 mars 1852.—Décret relatif au travail dans les prisons (D. P. 52. 4. 75).

1er-20 mars 1852.—Décret qui fixe le costume des fonctionnaires de l'administration des prisons (D. P. 52. 4. 76).

27 mars-16 avr. 1852. — Décret concernant les condamnés aux travaux forcés, actuellement détenus dans les bagnes, et qui seront envoyés à la Guyane française pour y subir leur peine (P. P. 52. 4. 115).

21 juill.-26 sept. 1853. — Décret qui reconnaît comme établissement d'utilité publique la colonie pénitentiaire de Mettray (D. P. 53. 4. 224).

1er mars-11 avr. 1854.—Décret dont les art. 566 et suiv. sont relatifs au transfèrement des prisonniers civils et militaires (D. P. 4. 56).

25 mars 1854.—Arrêté du ministère de l'intérieur, relatif aux salaires des condamnés dans les maisons centrales.

Le ministre de l'intérieur, — Vu les art. 15, 21 et 40 c. pén.; — Vu l'ord. 27 déc. 1843, l'instr. min. et l'arr. du 28 mars 1844, et les circ. des 8 et 20 av suivant, arrête :

Art. 1. Les condamnés auxquels l'ord. du 27 déc. 1843 attribue, sur les produits de leurs travaux, un, deux, trois et quatre dixièmes, peuvent, s'ils le méritent par leur travail et leur bonne conduite soutenus pendant six mois, obtenir, à titre de gratification, un dixième en sus, qui sera réparti par moitié entre le pécule réserve et le pécule disponible.

2. Les condamnés à un dixième peuvent, en outre, obtenir, après une seconde épreuve de six mois, un nouveau dixième.

3. Les dixièmes supplémentaires accordés aux détenus condamnés à plus de dix ans peuvent, au bout de ce terme, être affectés en tout ou partie au pécule disponible.

4. Les condamnés qui jouissent de cinq dixièmes peuvent obtenir, dans les mêmes conditions, au bout de six mois, une gratification qui ne pourra dépasser le dixième du produit de leur travail. — Cette gratification sera soumise à la répartition par moitié entre le pécule disponible et le pécule réserve.

5. L'infliction de deux punitions pour faute grave, dans l'espace de six mois, fait cesser le bénéfice de ces gratifications.

6. Les détenus auxquels l'ord. de 1843 attribue cinq et quatre dixièmes, et qui, par des habitudes de paresse ou d'inconduite, cessent de les mériter, peuvent encourir successivement la retenue temporaire, au profit de l'Etat, d'un et deux dixièmes, à titre de punition. — Pour les détenus auxquels il n'est accordé que trois et deux dixièmes, cette retenue portera exclusivement sur le pécule disponible.

7. Ces gratifications et retenues sont arrêtées par le ministre de l'intérieur sur les propositions motivées du directeur. Ces décisions sont annoncées au prétoire et inscrites au tableau dans les ateliers.

8. L'exécution des dispositions qui précèdent est indépendante des retenues et peines pécuniaires infligées à titres divers, et des gratifications données par les entrepreneurs, conformément aux règlements.

30 mai-1er juin 1854.—Loi portant qu'à l'avenir, la peine des travaux forcés sera subie sur le territoire d'une ou plusieurs possessions françaises autres que l'Algérie (D. P. 54. 4. 90).

5-15 mai 1855.—Loi qui met à la charge de l'Etat les dépenses ordinaires des prisons départementales et les frais de translation des détenus, des vagabonds et des forçats libérés (art. 15, D. P. 55. 4. 70).

12 août-20 sept. 1856. — Décret portant organisation de l'inspection générale des prisons et du personnel des maisons d'arrêt, de justice et de correction (D. P. 56. 4, 8e et 9e cah.).

1er-20 sept. 1856.—Décret relatif à l'établissement pénitentiaire de Chiavari et à la colonie correctionnelle de Saint-Antoine (Corse) (D. P. 56, *eod.*).

SECT. 2. — DES DIVERSES ESPÈCES DE PRISONS.

15. Un arrêté du ministre de l'intérieur, en date du 20 oct. 1810, a divisé les prisons, en général, en cinq espèces, sous les dénominations suivantes : maisons de police municipale, maisons d'arrêt, maisons de justice, maisons de correction et maisons de détention (M. Bost, 2, 558). — Mais, sous le rapport administratif, les prisons civiles se divisent principalement en trois classes, savoir : les maisons centrales, les prisons départementales, les prisons cantonnales ou municipales.—C'est cette dernière division que l'on va suivre. — On y ajoutera ce qui concerne les établissements ou colonies pénitentiaires de jeunes détenus.

§ 1. — *Maisons centrales.*

16. Les quatre-vingt-six départements de la France ont été divisés par circonscriptions dans et pour chacune desquelles a été établie une maison centrale.—Ces maisons, pour toute la France, sont aujourd'hui, au nombre de vingt et une : Aniane (Hérault), Beaulieu (Calvados), Cadillac (Gironde), Clairvaux (Aube), Clermont (Oise), Embrun (Hautes-Alpes), Ensisheim (Haut-Rhin), Eysses (Lot-et-Garonne), Fontevrault (Maine-et-Loire), Gaillon (Eure), Haguenau (Bas-Rhin), Limoges (Haute-Vienne), Loos (Nord), Melun (Seine-et-Marne), Montpellier (Hérault), Mont-Saint-Michel (Manche), Nîmes (Gard), Poissy (Seine-et-Oise), Rennes (Ille-et-Vilaine), Riom (Puy-de-Dôme), Vannes (Morbihan). — Il y a encore la maison de Pierre-Châtel où sont transférés les condamnés au bannissement qui n'ont pas reçu d'une puissance étrangère la faculté d'être reçus en pays étrangers (circ. 2 août 1816, ord. 2 avril 1817, art. 4). — Et enfin l'établissement de Belle-Isle affecté aux condamnés pour causes politiques. La citadelle de Doullens vient d'être constituée en maison centrale de force et de correction par le décret du 1er sept. 1856.

17. Les maisons centrales ont été établies par suite des dispositions des art. 20 à 25 c. pén. du 6 oct. 1791 sous le titre de *maisons de détention*, et organisées ainsi qu'il est prescrit par le décret du 16 juin 1808 et autres actes subséquents (arr. 20 oct. 1810, art. 7). — Elles se subdivisent en maisons de force et maisons de correction (ord. 2 avril 1817, art. 1er). — *Maisons de force* pour renfermer : 1° les femmes condamnées aux travaux forcés (c. pén. art. 16) ; — 2° Les hommes même militaires condamnés à la même peine, soit à perpétuité, soit à temps dès qu'ils ont atteint l'âge de soixante-dix ans (instr. min. 15 avril 1833) ; — 3° Les individus de l'un et de l'autre sexe condamnés à la reclusion (c. p., art. 21). — *Maisons de correction* : 1° pour les individus des deux sexes (excepté les militaires) condamnés à un emprisonnement correctionnel de plus d'une année (ord. 6 juin 1830) ; — 2° Pour les individus âgés de moins de seize ans accomplis ayant agi avec discernement et qui sans la circonstance de leur âge auraient encouru une peine plus forte (arg. art. 67 c. pén., ord. 6 juin 1830).

18. L'individu que frappent deux condamnations qui, réunies, excèdent un an de prison, doit-il être transféré dans une maison centrale ? (V. Peine, n° 631.) — Il résulte d'une circulaire récente que les condamnés détenus dans les maisons centrales et frappés de plusieurs peines, les unes supérieures, les autres inférieures à une année d'emprisonnement, devront à l'avenir, à l'expiration de la peine excédant la durée d'une année être transférés dans les prisons départementales pour y subir les secondes (circ. 7 oct. 1853), pourvu toutefois que ces condamnés aient à subir une peine de six mois au moins (circ. 19 déc. 1853). — Cette mesure a été prise pour éviter l'encombrement dans les maisons centrales. — V. rap. min. int., avril 1854, bull. off. du min. de l'int., p. 188.

19. Les femmes sont réparties dans six maisons spéciales, Cadillac, Clermont, Haguenau, Montpellier, Rennes et Vannes. Il n'existe plus que deux établissements, Clairvaux et Limoges, où des quartiers séparés pour les femmes se trouvent annexés à ceux de la détention des hommes. — V. rap. min. int. avril 1854, p. 138.

20. Il doit y avoir dans les maisons centrales un quartier spécial pour les jeunes gens condamnés à plus d'un an pour crime ou délit commis avant l'âge de seize ans (circ. min. 22 mars 1816, 15 avril 1833). — Quant aux jeunes filles âgées de moins de seize ans et ayant agi même avec discernement, elles sont, dans quelques localités, et notamment à Paris, envoyées chez les dames de charité dites du Refuge de Saint-Michel, autorisées à cet effet par le décret du 30 déc. 1807. — Le mode d'admission chez les dames de charité dites du Refuge de Saint-Michel, et le régime intérieur de leur maison, sont réglés par les arrêtés des 30 sept. 1807 et 26 déc. 1810.— La maison du Refuge de Saint-Michel est placée sous la surveillance des préfets, maires et procureurs impériaux (*id.*).

21. Lorsqu'une condamnation à la reclusion ou à l'emprisonnement dans une maison centrale est devenue définitive, le ministère public en adresse extrait sommaire au préfet en l'invitant à faire tranférer le condamné au lieu de sa destination (arg. art. 376 c. inst. crim.). — Les préfets doivent envoyer exactement les condamnés des maisons centrales à mesure que les jugements et arrêts deviennent définitifs (circ. précitées). — Cependant si des motifs graves s'opposaient à la translation immédiate dans les maisons centrales des condamnés (politiques ou autres), le préfet peut proposer au ministre, en lui rendant compte des motifs, de surseoir provisoirement à leur translation (circ. 15 juin 1839). — Du reste, les préfets ne peuvent ordonner aucun tranfèrement de condamnés pour faits politiques à la reclusion, détention, déportation ou bannissement, sans avoir pris au préalable les ordres du ministre (circ. min. 26 mars 1833, 7 août 1834, 4 mars 1835). — Au moment où la translation des condamnés a lieu, le préfet doit en donner avis au ministère public (circ. min. 26 juill. 1817, 17 juill. 1822). — V. aussi v° Peines, n°s 632 et suiv.

22. Les maisons centrales ne doivent en général recevoir que les individus condamnés par les tribunaux dépendant de leur circonscription.—V. Peine, n°s 633 et suiv.

23. Le *personnel* des maisons centrales se compose d'un directeur, d'un inspecteur, d'un greffier, d'un ou plusieurs commis aux écritures, d'un gardien chef, d'un ou deux premiers gardiens et de gardiens ordinaires (règl. 30 avr. 1822, art. 1). Un aumônier, un ou plusieurs docteurs en médecine, un pharmacien et un instituteur pourvu d'un brevet de capacité sont également attachés aux maisons centrales (ord. 17 déc. 1844). Il peut y avoir encore un instituteur spécial dans les maisons où les jeunes détenus sont appliqués aux travaux agricoles (*id.*). Enfin, un architecte peut être attaché au service de chaque maison centrale non située au chef-lieu du département (*id.*). — Le règlement du 30 avril a désigné les personnes parmi lesquelles doivent être choisis les gardiens-chefs et les autres gardiens, a assimilé ces gardiens à la troupe de ligne, a déterminé leurs grades et a indiqué l'uniforme qu'ils doivent constamment porter dans l'exercice de leurs fonctions. — Un règlement ministériel du 5 oct. 1831 a réglé les attributions de tous les employés de ces maisons.—Enfin, un arrêté du 7 fév. 1849 règle le traitement et les conditions d'avancement de ces agents.

24. Les directeurs, inspecteurs, greffiers ou autres agents comptables, les commis aux écritures sont nommés par le ministre (arr. min. 19 déc. 1835).—Les gardiens-chefs sont aussi nommés par le ministre, qui les choisit entre les premiers gardiens et les gardiens ordinaires de toutes les maisons centrales (règl. min. 30 avr. 1822, art. 44). — Les arrêtés pris par les préfets pour la nomination définitive des gardiens ordinaires et portier sont soumis à l'approbation du ministre (règl. 30 avr. 1822, art. 44). — Les dénominations de geôlier, guichetier et autres ont cessé d'être employées (règl. 30 oct. 1841, art. 3), elles sont remplacées par celle de gardiens. — La garde des prisons des femmes est confiée pour l'intérieur de la prison à des personnes de leur sexe (arr. 25 déc. 1819, art. 6; règl. 30 oct. 1841, art. 27).—Les devoirs et obligations des préposés des prisons sont déterminés avec précision par les règlements.

25. On a essayé de substituer aux gardiens laïcs les frères de la doctrine chrétienne. Cet essai a réussi dans la maison centrale de Nîmes; mais ailleurs il a pu difficilement s'introduire (V. M. Bérenger, p. 116 et suiv.).—Un ordre religieux spécial a été créé pour les maisons de femmes sous le nom de *sœurs des prisons de la congrégation de Marie-Joseph*, et rend les plus grands services à l'administration. D'autres congrégations se sont formées à l'instar de la précédente, mais elles n'ont pas comme elle le service des prisons pour objet principal et exclusif. — V. sur ces congrégations les intéressants détails donnés par M. Bérenger, p. 119 et suiv.

26. Une ordonnance du 8 sept. 1831 sur les *pensions* des employés des prisons a déterminé le fonds dont se composeront ces pensions, les conditions d'admission à la retraite, les services admissibles, la liquidation des pensions, les droits des veuves et des orphelins d'employés.—V. Pension, p. 768.

27. Les greffiers *comptables* sont tenus de fournir un *cautionnement* en espèces, en rentes 5 pour 100, ou en immeubles. Le montant de ce cautionnement varie suivant l'importance des maisons (arr. 5 oct. 1841).

28. Les *dépenses* ordinaires des maisons centrales, y compris les maisons de déportation, de détention et de bannissement sont à la charge des fonds de l'État (L. 20 juill. 1837; 14 juill. 1838; budget de 1839, chap. 31 et suiv., et état annexé). — L'entretien des bâtiments des maisons centrales reste dans les attributions du ministère de l'intérieur (arr. 27 mai 1839, art. 2).

29. Il est pourvu aux dépenses des maisons centrales par *entreprise* et par voie de *régie*. Dans le premier système, l'État passe avec un entrepreneur un traité par lequel celui-ci s'engage à pourvoir à toutes les dépenses d'entretien, de nourriture, etc., et à procurer du travail aux détenus, moyennant un prix fixé par journée de détenu et l'abandon des 3 dixièmes du produit éventuel des travaux. — Dans le système de régie, l'État se substitue à l'entrepreneur, pourvoit à toutes les dépenses et profite des bénéfices que faisait l'entrepreneur. Ce dernier système, qui a été mis en pratique en 1842, a complétement réussi et a produit de grands avantages pour les détenus et de notables économies pour le trésor (V. M. Bérenger, p. 131 et suiv.). — Treize maisons sont aujourd'hui soumises au système de régie (V. rap. min. int. avr. 1854; bull. min. int., p. 187). — Les arrêtés des 27 janv. 1846, 8 avr. 1850, 15 janv. 1852, réglementent ce service.—Aucun genre de travail ne peut être mis en activité avant qu'il ait été autorisé et que le prix de la main-d'œuvre ait été fixé (cah. des charges de 1839, art. 60, 61). —Lorsque le service a lieu par voie d'entreprise, les marchés ne sont exécutoires qu'après l'aprobation du ministre (ord. 4 déc. 1836, art. 11, V. Marché de fourn., n° 6-7°).

30. La population des prisons étant essentiellement variable, il en résulte que l'administration ne doit pas répondre, vis-à-vis de l'entrepreneur, des variations qui peuvent survenir dans le nombre des détenus. — En effet, il a été décidé : 1° que la soumission présentée par un entrepreneur, et acceptée par le conseil spécial des prisons, d'établir dans une maison de détention des ateliers d'industrie, à la charge par le gouvernement de lui fournir constamment *quarante-huit* prisonniers, pendant l'espace de trois années, ne peut pas déroger aux lois et règlements sur le régime et la police des prisons ni lier le gouvernement de telle sorte que si les prisonniers de cette maison de détention viennent à être transportés dans une autre, par ordre de police, il soit dû une indemnité à l'entrepreneur pour non-exécution des conventions (ord. cons. d'Et. 16 nov. 1825) (1); — 2° Que la clause d'un marché de fournitures d'une prison, par laquelle l'entrepreneur est astreint, comme supplément de cautionnement, à se tenir constamment approvisionné en grains pour six cents détenus pendant trois mois, ne donne pas à cet entrepreneur le droit de réclamer une indemnité, en ce que le nombre des détenus serait réduit à plus de moitié (ord. cons. d'Et. 29 juin 1832) (2); — 3° Que comme la population des prisons varie nécessairement suivant l'influence des lois et règlements qui les régissent et des modifications que les unes et les autres peuvent recevoir, un fournisseur ne peut prétendre à aucune indemnité en raison de la diminution du nombre des détenus, surtout lorsque ce nombre n'a pas été déterminé dans le marché d'une manière fixe et précise (ord. cons. d'Et. 24 oct. 1834) (3).

31. En 1848, le travail dans les prisons ayant été supprimé

(1) (Min. de l'int. C. Saugé.) — Charles, etc.; — Considérant que le conseil spécial des prisons n'a fait qu'accepter la soumission présentée par le sieur Saugé, sans déroger aux lois et règlements sur le régime et la police générale des prisons; — Qu'il ne résulte pas, des termes dans lesquels cette soumission a été faite et acceptée, que la commission se soit engagée à conserver, à la disposition du sieur Saugé, et pendant la durée de sa soumission, les mêmes détenus dont il avait fait choix d'abord; — Considérant que le sieur Saugé n'a constitué, ni la commission spéciale des prisons, ni le préfet de police, en demeure de compléter le nombre des détenus qu'il était autorisé à faire travailler, et que, dès lors, le conseil de préfecture ne pouvait pas lui allouer d'indemnité;

Art. 1er. L'arrêté du conseil de préfecture du département de la Seine est annulé.

Du 16 nov. 1825.-Ord. cons. d'Et.-M. de Rozières, rap.

(2) (Murjas.) — Louis-Philippe, etc.; — Considérant que le nombre de six cents détenus n'a été énoncé, dans l'art. 75 du traité, que pour servir à déterminer la quotité de l'approvisionnement de trois mois en grains, farines et légumes, que l'entrepreneur devait tenir en magasin comme supplément de cautionnement; — Qu'aucun article du traité n'a réglé la consommation journalière d'après un nombre fixe de détenus, ni stipulé d'indemnités pour l'entrepreneur, au sujet des variations dans le nombre des détenus; — D'où il suit qu'en rejetant à cet égard les prétentions de l'entrepreneur, le conseil de préfecture a fait une juste application des clauses du marché;

Art. 1. La requête du sieur Murjas est rejetée.

Du 29 juin 1832.-Ord. cons. d'Et.-M. Brière, rap.

(3) (Guillot.) — Louis-Philippe, etc.; — Vu l'adjudication passée, le 10 sept. 1825, au sieur Pierre Guillot, du service de la maison centrale de détention de Melun; — Le cahier des charges de ladite entreprise, et spécialement les art. 23 et 77; — Vu les lois des 11 sept. 1790 et 28 pluv. an 8; — En ce qui concerne les deux lettres ministérielles des 17 nov. 1832 et 14 janv. 1833 : — Considérant que ces lettres, contenant un refus d'allocation de l'indemnité sollicitée, n'étaient qu'un acte administratif, lequel ne faisait point obstacle à ce que la réclamation de l'entrepreneur fût déférée au conseil de préfecture;

En ce qui concerne l'arrêté du conseil de préfecture de Seine-et-Marne, du 8 mars 1833 : — Considérant que les maisons centrales de détention étant instituées pour recevoir les condamnés, par l'application des lois pénales et des règlements d'administration publique rendus pour leur exécution, leur population est naturellement soumise à l'influence de ces lois et de ces règlements, comme aussi des modifications que les unes et les autres peuvent subir; — Que les entrepreneurs, en se chargeant du service des maisons de détention, acceptent les conditions de leur existence, et par conséquent la population des détenus telle qu'elle doit résulter de ces conditions; — Que, dès lors, à moins de stipulation expresse et contraire, ils ne peuvent prétendre de droit à une indemnité pour les variations que la population subit par l'influence desdites lois et desdits règlements; — Que l'ordonnance du 5 juin 1830 est un règlement d'administration publique rendu dans l'esprit des art. 57 et 58 c. pén.; — Considérant que, dans l'espèce, l'administration ne s'est engagée par aucune clause du cahier des charges à entretenir pendant la durée du marché aucun nombre fixe de détenus dans la maison centrale

(V. nº 86), il en est résulté la résiliation des marchés passés avec les entrepreneurs. — Il a été décidé, sur ce point, que l'autorité administrative est exclusivement compétente pour régler les indemnités qui peuvent être dues par l'Etat aux entrepreneurs concessionnaires du travail dans les prisons à raison de la résiliation de leurs marchés par le décret du 24 mars 1848 (décr. c. d'Et. 27 fév. 1849, aff. Pauwels, D. P. 49. 3. 34).

32. Du reste, les lettres ministérielles qui refusent l'indemnité réclamée par le fournisseur d'une maison centrale sont des actes administratifs qui ne font pas obstacle à ce que cet entrepreneur porte sa demande devant le conseil de préfecture (ord. cons. d'Et. 24 oct. 1834, aff. Guillot, V. nº 30-3º).

33. Si l'entrepreneur des fournitures d'une maison de détention est chargé de l'entretien et des grosses réparations des fours à plâtre, et qu'il y ait lieu à une reconstruction complète, cette reconstruction ne saurait être mise à sa charge, qu'autant qu'elle serait le résultat de sa négligence, peu importe que, par une autre clause, il se soit engagé à remettre les fours en bon état à fin de bail (ord. cons. d'Et. 19 juill. 1833, aff. Testart, V. Louage admin., nº 20-5º).

34. La clause du marché relatif à l'entreprise générale du travail dans les ateliers d'une maison de détention, portant qu'à la fin de l'entreprise il sera procédé, par des experts contradictoirement nommés, à l'inventaire et à l'estimation du mobilier alors en service, afin que l'entrepreneur sortant reçoive le montant de la plus-value, ou tienne compte de la moins-value, laisse aux parties le droit de contester les résultats de l'expertise et d'en requérir une nouvelle : on objecterait vainement que l'expertise a, en cas pareil, le caractère d'un arbitrage, et que l'estimation des experts lie dès lors les parties (cons. d'Et. 20 janv. 1853, aff. synd. Chastellux, D. P. 53. 3. 38).

35. Les contestations élevées entre l'Etat et l'entrepreneur du service d'une maison de détention et de l'exploitation du travail des détenus, sont de la compétence de l'autorité administrative, de tels marchés devant être considérés comme des marchés de travaux publics (même décision).

36. Les sommes provenant du travail des condamnés sont versées au trésor (L. 19 juill. 1845, budg. des rec., art. 10). — Un crédit est ouvert au budget pour les payements et remboursements à effectuer sur ces sommes (L. 19 juill. 1845, bud. des dép., état A, 3ᵉ part., min. de l'int., ch. 32).—L'arrêté du 9 fév. 1846, les instructions des 11 fév. 1846, 14 déc. 1854, les circ. des 2 mars, 7 juin 1855 et 19 fév. 1856 ont facilité l'exécution de ces prescriptions.

37. Les *comptabilités* des maisons centrales sont revisées et définitivement arrêtées en conseil de préfecture, sauf contrôle du ministre compétent, et décision des contestations par la cour des comptes (ord. 2 avril 1817, art. 15; arr. min. 5 oct. 1831, V. aussi ord. 31 mai 1838, art. 331 et suiv., vº Trésor public). — Le règlement du 27 janv. 1846, complété par l'arrêté du 17 déc. 1853, et les circulaires des 20 déc. 1853 et 16 nov. 1855, ont posé les bases de la comptabilité des maisons en régie. — Un arrêté du 26 déc. 1853, expliqué par une instruction du 7 mars 1854, s'est occupé de la comptabilité-matières des maisons centrales.

38. Le préfet du département où est située chaque maison centrale en dresse le budget particulier en ce qui concerne les dépenses ordinaires d'entretien et de matériel (ord. 2 avril 1817, art. 10). — Il est fait article de l'ensemble au projet de budget de l'Etat (lois des finances depuis 1838). — Une instruction du 23 nov. 1853 a tracé le cadre des budgets des maisons centrales.

§ 2. — *Des prisons départementales.*

39. 1º *Maisons d'arrêt et de justice.* — Il doit y avoir dans chaque département, près de chaque cour d'assises, une maison de justice, et dans chaque arrondissement, près de chaque tribunal de première instance, une maison d'arrêt (arr. min. 20 oct. 1810, art. 3, 5; c. inst. crim., art. 570). — Les maisons de justice et d'arrêt devraient être entièrement distinctes des prisons établies pour peine (c. inst. 604).—Mais il en est peu qui satisfassent à la loi sur ce point: presque toutes les maisons de correction départementales sont établies dans le même local que les maisons d'arrêt et de justice. Seulement les art. 89 et 115 du règlement du 30 oct. 1841 prescrivent la séparation des quartiers qui constituent chaque prison différente. — Dans le fait, cette séparation est loin d'être accomplie. «Sur 387 maisons d'arrêt, de justice et de correction, disait le ministre de l'intérieur dans son rapport d'avril 1854 (V. bull. min. int. 1854, p. 194), 60 seulement réalisent le vœu de la loi en ce qui concerne la division des catégories. Dans 166, cette séparation est incomplète, et dans le reste, 161, la confusion existe, excepté parmi les sexes (V. vº Peine, nº 629 et M. Bérenger, p. 98 et s.). —On peut voir dans le rapport de 1854 précité les efforts tentés par l'administration pour parvenir à une meilleure organisation, et le peu de résultat qui jusqu'alors avait été obtenu. — Il est vrai qu'on s'était proposé pour but la séparation individuelle, ce qui nécessitait des dépenses considérables. — Depuis, ce système ayant été abandonné (V. nº 12), des travaux importants ont été ordonnés et votés par les conseils généraux (V. circ. 13 mai 1854).

40. Si l'administration a renoncé au système cellulaire, elle n'a pas proscrit les prisons construites d'après ce mode d'emprisonnement : elle a adopté un système mixte qui permet d'établir entre les diverses catégories de détenus les séparations prescrites par la loi et réclamées par la morale. — Ce système mixte consiste dans trois modes d'emprisonnement : celui des *quartiers* destiné aux détenus qu'aucune circonstance particulière ne commande d'isoler; celui des *chambres communes* pour les catégories peu nombreuses, et enfin celui des *chambres individuelles*, destinées à assurer le secret de l'instruction, à protéger contre des contacts pénibles ou dangereux, et au besoin à servir à la répression (circ. 10 août 1854).

41. Les *maisons d'arrêt* sont destinées, 1º à retenir les prévenus de délits ou crimes (c. inst. crim., art. 603), témoins ou autres individus contre lesquels, dans les cas prévus par la loi, a été décerné un mandat de dépôt par le magistrat compétent (c. inst. crim., art. 107, 110, 111);—2º Les prévenus de délits ou crimes contre lesquels il a été décerné un mandat d'arrêt;—3º Les prévenus dont la chambre du conseil a ordonné la mise en liberté, détenus pendant le délai de vingt-quatre heures accordé au procureur impérial et à la partie civile pour former opposition à leur élargissement (c. inst. crim., art. 135), et jusqu'au jugement de cette opposition, si elle a eu lieu (*id.*, arg. art. 229); — 4º Les prévenus renvoyés par la chambre du conseil pour fait entraînant la peine d'emprisonnement au tribunal correctionnel (*id.*, art. 130), lorsqu'ils étaient déjà frappés de mandat d'arrestation (*ib.*); — 5º Les prévenus de crimes contre lesquels il a été rendu une ordonnance de prise de corps (c. inst. crim. 133), tant que cette ordonnance n'a pas été suivie d'un arrêt de renvoi à la cour d'assises, signifié depuis vingt-quatre heures (*id.*, 233, 242, 243); — 6º Les condamnés par un tribunal correctionnel, même à un an et plus d'emprisonnement, pendant le délai et durant l'instance, s'ils étaient détenus avant le jugement (*id.* art. 203; circ. 5 av. 1817); — 7º Les prévenus acquittés par un tribunal correctionnel pendant les trois jours au delà desquels leur mise en liberté ne peut être supendue, si aucun appel n'a été déclaré ou notifié dans ce délai de la part du ministère public (*id.* art. 206), et durant l'instance d'appel, s'il y a eu déclaration et notification d'appel dans le même délai

ni stipulé d'indemnité en faveur de l'entrepreneur, dans le cas où ce nombre éprouverait une diminution; — Que si le nombre de 1,100 détenus environ a été énoncé dans l'art. 25 du cahier des charges, pour déterminer le nombre des lits-galiotes à l'établissement desquels l'entrepreneur devait pourvoir, et si le nombre douze cents est pareillement énoncé dans l'art. 77, pour déterminer la quantité d'approvisionnement pour trois mois, que l'entrepreneur devait tenir en magasin, comme supplément de cautionnement, cette énonciation n'était qu'une simple indication des prévisions de l'administration sur le maximum possible du nombre des détenus, et n'avait pour objet que d'assurer le service en fixant les obligations de l'entrepreneur; — Qu'ainsi le conseil de préfecture, en rejetant la demande en indemnité formée par l'entrepreneur, à raison de la diminution qu'a subie la population de la maison centrale, a fait une juste application des clauses du contrat; — Art. 1. Les requêtes... sont rejetées.

Du 24 oct. 1834.-Ord. cons. d'Et.-M. de Gérando, rap.

(*id.* art. 20); — 8° Les individus (déjà détenus) condamnés définitivement même à un an et plus d'emprisonnement, et les individus âgés de moins de seize ans acquittés, mais non remis à leurs parents jusqu'à leur transfèrement dans les maisons centrales ou de correction (circ. 5 av. 1817; arr. min. 20 oct. 1810, art. 11); — 9° Ceux qui ont été condamnés pour délit commis dans une audience (c. inst. crim. art. 504, 509; c. pr. civ., art. 88, 89; c. pén. art. 222 et suiv.); — 10° Les condamnés de passage ou repris après évasion; les jeunes soldats de la réserve condamnés disciplinairement; — 11° Les prisonniers contraints par corps pour dette, soit en matière civile ou commerciale, soit même en matière criminelle, correctionnelle ou de simple police pour amendes, restitutions, dommages-intérêts et frais (L. 17 av. 1832, art. 33 à 41). — Mais les contraints par corps ne peuvent pas être soumis aux mêmes rigueurs que les condamnés; car la contrainte par corps n'est pas une peine (V. Contr. par corps, n° 33). Ils doivent occuper des locaux séparés, et aucune communication ne doit leur être permise avec les autres prisonniers (règl. 30 oct. 1841, art. 115). — Le règlement particulier de chaque prison détermine les règles disciplinaires auxquelles sont soumis les détenus pour dettes envers les particuliers et l'État (*id.* art. 116). — V. à l'égard des détenus pour dettes, règl. 30 oct. 1841, art. 60, 73, 80, 84, V. aussi décr. 8 janv. 1810, art. 76, règl. 25 déc. 1819, art. 4; circ. 7 août 1832, art. 1.

42. Chaque *maison de justice* est destinée à retenir: 1° les accusés contre lesquels il a été rendu une ordonnance de prise de corps, ou plutôt un arrêt de renvoi devant la cour d'assises à eux signifié (c. inst. crim. 134, 231 à 233, 242, 243, 292, 605, 609; arr. min. 20 oct. 1810, art. 10); la translation de l'accusé dans la maison de justice doit avoir lieu vingt-quatre heures après la signification de cet arrêt (c. inst. crim. 242, 243, V. Inst. crim., n° 1232); — 2° Les condamnés à quelque peine que ce soit, en attendant leur translation au bagne ou à la maison centrale ou correctionnelle (circ. 15 av. 1833, 7 août 1834). — Mais ces condamnés doivent être mis dans des quartiers séparés (circ. 19 juill. 1839). — Il a été jugé qu'en matière criminelle, lorsque le demandeur en cassation est actuellement détenu en vertu d'une condamnation, et que son recours n'est pas fondé sur l'incompétence, aucune loi n'autorise la cour de cassation à ordonner, sur sa demande, qu'il soit transféré dans la maison de justice du lieu où elle siége, afin d'être entendu personnellement dans ses moyens de défense (Crim. rej. 10 mai 1839) (1).

43. 2° *Maisons de correction départementales.*—Les maisons de correction départementales sont établies en général à raison d'une par département, ou plus s'il est nécessaire (L. 22 juill. 1791; arr. min. 20 oct. 1810, art. 6). — Deux départements peuvent s'entendre pour en établir une seule en commun (circ. 5 avr. 1817).

Sont reçus dans les maisons de correction départementales : 1° les condamnés à un emprisonnement correctionnel n'excédant pas une année (arr. min. 20 oct. 1810, art. 6; arg. ord. 6 juin 1830; circ. 19 juill. 1830). — Les condamnations n'excédant pas un an d'emprisonnement doivent être subies dans la maison de correction du département où elles ont été prononcées en première instance (circ. 17 mai 1806, 17 juill. 1822, 17 janv. 1839), et non dans celle du département où réside le condamné, ni dans celle du département où le jugement a été confirmé sur appel (*id.*). — Cependant le condamné peut obtenir la permission de subir sa peine dans une autre maison de détention, mais alors les frais d'entretien sont à sa charge (circ. 5 avr. 1815, 15 avr. 1833, 7 août 1834 et 10 fév. 1841; V. aussi v° Peine, n° 238). — Lorsque la peine d'emprisonnement n'excède pas un mois, le procureur général peut obtenir du ministre de la justice l'ordre d'exécuter la condamnation sans déplacer le condamné de la ville où il réside (circ. 17 mai 1806, 17 juill. 1822, 17 janv. 1839).

44. ...2° Les condamnés à plus d'une année d'emprisonnement qu'il n'est pas possible, faute d'emplacement, d'admettre dans la maison centrale de la circonscription (ord. 2 avr. 1817, art. 6; circ. 15 avr. 1833),... ou qui ont obtenu, du consentement du ministère public et des parents intéressés, et pour des motifs légitimes, l'autorisation de subir (à leurs frais) la peine dans une maison de correction (ord. 2 avr. 1817, art. 6; circ. min. 5 avr. 1817, 15 avr. 1833; 20 août 1849). — La même faveur peut être accordée par le ministre, suivant les cas, aux individus condamnés pour faits politiques ou pour délits de la presse à un simple emprisonnement de plus d'une année (circ. 7 août 1834).

45. ...3° Les individus âgés de moins de seize ans, ayant agi avec discernement, lorsqu'ils n'ont pas été condamnés à être enfermés pendant plus d'un an dans une maison de correction; mais ils doivent être entièrement séparés le jour comme la nuit de tous les autres détenus adultes (circ. 26 nov. 1826; règl. 30 oct. 1841, art. 108),... et les individus âgés de moins de seize ans, acquittés comme ayant agi sans discernement, mais que la cour ou le tribunal a ordonné de conduire dans une maison de correction; ils doivent être placés dans un quartier séparé (c. pén. art. 66; circ. 20 juin 1815; 22 mars 1816; règl. 30 oct. 1841, art. 109, V. plus loin, n°s 51s.).—Les jeunes filles acquittées, mais retenues pour un an en vertu de l'art. 66 c. pén., peuvent être placées par le préfet dans des maisons de refuge ou de charité autorisées à les recevoir (règl. 30 oct. 1841, art. 3).

46. ...4° Les jeunes gens au-dessous de vingt et un ans, enfermés par suite des mesures prises dans l'exercice de la puissance paternelle (arr. min. 20 oct. 1810, art. 11; c. civ., art. 375 à 383, 468; L. 22 juill. 1791; règl. 30 oct. 1841, V. v° Puissance paternelle). — Les familles doivent pourvoir aux frais de nourriture et d'entretien de ces enfants, à moins que, pour cause d'indigence, le ministre n'en ait autorisé le payement sur le fonds des dépenses ordinaires de la prison, d'après la proposition du préfet (règl. 30 oct. 1841, art. 112).—A défaut de local spécial et convenable, les jeunes filles détenues par voie de correction paternelle peuvent être renfermées dans des maisons de refuge et de charité (règl. 30 oct. 1841, art. 114).—V. n° 20.

47. ...5° Les filles publiques que la police peut y faire conduire pour y être traitées, dans des quartiers séparés, des maladies dont elles seraient atteintes (arr. min. 20 oct. 1810, art. 11).

48. Avant la loi du 30 juin 1838 sur les *aliénés*, ces malheureux, particulièrement dans les départements, étaient renfermés dans les prisons des localités, et subissaient le régime des condamnés. La loi nouvelle a créé des établissements spéciaux pour les aliénés.—V. v° Aliénés.

49. Le *personnel* des maisons départementales varie suivant l'importance des établissements. — V. sur ce point le règlement du 30 oct. 1841, art. 1 et suiv., qui détermine les conditions des nominations, les devoirs et obligations de divers employés, etc., et le décret du 12 août 1856 portant organisation du personnel des maisons d'arrêt, de justice et de correction.

50. Les *dépenses* ordinaires des prisons départementales sont à la charge de l'État (L. 5 mai 1855, art. 13) : c'est là une mesure dont M. Bérenger, p. 99, faisait sentir la nécessité; mais les grosses réparations et l'entretien des bâtiments restent à la charge du département (même article).—Les cadres du budget des prisons départementales sont fixés par la circulaire du 29 nov. 1855, et l'instruction du 31 janv. 1856 règle la comptabilité des matières de ces établissements. — L'entretien de ces prisons a lieu par entreprise générale, par des marchés partiels ou par régie (V. ce qui est dit plus haut, n°s 29 s.); toutefois l'administration conseille de renoncer à ce dernier mode (circ. 17 mai 1855). — Un modèle de cahier des charges pour les fournitures des

(1) (Lemeneur C. Min. pub.)—La cour; — Sur la demande en translation dans la maison de justice du lieu où siége la cour: — Attendu qu'il s'agit, dans l'espèce, d'un prévenu contre lequel est intervenue une condamnation, et non d'un recours fondé sur la compétence; et attendu, de plus, que le demandeur est détenu; que, dès lors, la demande ne rentre pas dans le cas prévu par le deuxième alinéa de l'art. 421 c. inst. crim.; — Attendu qu'aucune disposition de la loi n'autorise la cour à ordonner la translation d'un condamné, de la maison où il est détenu dans la maison de justice du lieu où siége la cour, afin qu'il soit personnellement entendu dans ses moyens de défense; — Rejette le pourvoi formé contre l'arrêt de la cour de Caen.

Du 10 mai 1839.-C. C., ch. crim.-MM. Bastard, pr.-Crouseilhes, rap.

prisons départementales a été dressé et envoyé aux préfets par une circulaire du 14 déc. 1855.

§ 3. — *Établissements d'éducation correctionnelle de jeunes détenus.*

51. La situation des jeunes détenus envoyés en correction en vertu de l'art. 66 c. pén. ou condamnés par application des art. 67 et 69, appelait au plus haut degré la sollicitude de l'administration. Déjà, sous la restauration, on avait senti le besoin d'isoler les enfants des prisonniers adultes, dans la société desquels ils ne pouvaient que se corrompre. Dans ce but, en 1817, un établissement spécial fut ouvert rue des Grès, sous la direction de quatre frères de la doctrine chrétienne; cet établissement fut supprimé en 1831, et les jeunes détenus, réunis d'abord à la prison des Madelonnettes, furent enfin installés définitivement en 1836 dans la maison de la Roquette, dans laquelle ils sont assujettis au régime de l'isolement individuel (V. M. Bérenger, p. 234). — Ailleurs, des quartiers spéciaux, des colonies agricoles ont été annexés aux prisons départementales et aux maisons centrales. — En 1832, l'administration reçut le droit de placer ces enfants en apprentissage soit chez des cultivateurs, des artisans ou fabricants, soit dans des établissements spéciaux, moyennant une subvention particulière. — Ce droit a donné naissance à de nombreux établissements privés, dont le premier et le plus important, fondé par MM. de Metz et de Courteilles, près de Tours, et qui est devenu la célèbre colonie agricole pénitentiaire de Mettray, a servi de modèle à tous ceux que des hommes bienfaisants, mus par une louable émulation, ont établis soit en France, soit dans les pays étrangers. — Les résultats obtenus ainsi par la charité privée ont été si remarquables qu'une loi du 5 août 1850, relative à l'éducation et au patronage des jeunes détenus, donnant la préférence aux établissements particuliers, n'a attribué qu'en seconde ligne à l'État le soin d'établir des colonies pénitentiaires de jeunes détenus (L. 5 août 1850, art. 6).

52. Les établissements dirigés par l'État sont au nombre de quatorze; ils comprennent sept colonies, trois quartiers industriels annexés aux maisons centrales et sept institutions départementales. — Les seconds, au nombre de trente-cinq, comptent seize colonies pour les jeunes garçons, dont les plus notables sont celles de Bordeaux, de Marseille, de Toulouse, de Citeaux, du Petit-Quévilly, de Petit-Bourg, et dix-sept maisons couventuelles, dont huit sont spéciales pour les jeunes filles détenues (V. rapp. min. int., avril 1854, p. 193). — Il existe en outre des établissements d'un caractère tout spécial auxquels le gouvernement confie des enfants, mais en état de liberté provisoire. Ce sont, à Paris, la Société de patronage pour les jeunes détenus et les jeunes libérés, et la Société de patronage pour les jeunes filles. D'autres sociétés semblables se sont élevées dans les départements à l'instar de celle de Paris. Mais celle-ci est la seule à laquelle l'administration confie les jeunes détenus en état de liberté provisoire. C'est aussi la seule qui soit reconnue comme établissement d'utilité publique (V. M. Bérenger, p. 245). — Le nombre des jeunes détenus tend toujours à s'accroître. Dans la période quinquennale de 1826 à 1830, la moyenne était de 215, et au 31 déc. 1852, l'effectif était de 6,443.

53. Les colonies pénitentiaires reçoivent : 1° les jeunes détenus acquittés comme ayant agi sans discernement en vertu de l'art. 66 c. pén. ; — 2° les jeunes condamnés à un emprisonnement de plus de six mois et qui n'excède pas deux ans ; — 3° Les mineurs détenus par voie de correction paternelle (L. 5 août 1850, art. 1, 3, 4). — Les jeunes détenus condamnés à plus de deux ans d'emprisonnement et les jeunes détenus des colonies pénitentiaires déclarés insubordonnés doivent être conduits et élevés dans des colonies correctionnelles établies en Algérie ou sur le continent (même loi, art. 10 et suiv.). — Pendant quelque temps les colonies et quartiers annexés aux maisons centrales ont remplacé ces institutions spéciales (V. rapp. min. int. 1854, p. 194). Mais un décret du 1er sept. 1856 a affecté la colonie correctionnelle de Saint-Antoine (Corse) aux jeunes détenus mentionnés en l'art. 10 de la loi du 5 août 1850.

54. Les établissements destinés aux *jeunes filles* portent le nom de *maisons pénitentiaires* (L. 5 août 1850, art. 15). — Ces maisons reçoivent : 1° les mineures détenues par voie de correction paternelle ; 2° les jeunes filles de moins de seize ans condamnées à l'emprisonnement pour une durée quelconque ; 3° les jeunes filles acquittées comme ayant agi sans discernement, et non remises à leurs parents (art. 16).

55. La détention des enfants a pour but principal l'éducation morale, religieuse et professionnelle (L. 5 août 1850, art. 1); ils sont élevés en commun, sous une discipline sévère et appliqués aux travaux de l'agriculture, ainsi qu'aux principales industries qui s'y rattachent (art. 2), et dans de certaines conditions disciplinaires, à des travaux sédentaires (art. 4; V. aussi sur ce point le rapport de 1854, p. 194 et suiv.). — Les jeunes détenus ne peuvent disposer d'aucune portion des produits de leur travail (arrêté 28 mars 1844; circ. 13 août 1845). — Ils peuvent à titre d'épreuve être placés provisoirement hors de la colonie ou être remis à leur famille (L. 5 août 1850, art. 9, V. circ. 3 déc. 1832; 5 juill. 1853).

56. Les frais de création et d'entretien des établissements publics sont à la charge de l'État (L. 5 août 1850, art. 21). — Les établissements privés reçoivent de l'État une subvention (même article), fixée à 70 cent., moyennant laquelle ils doivent pourvoir à toutes les dépenses de garde, d'éducation et d'entretien des jeunes détenus qui leur sont confiés (arrêté 12 oct. 1848). — Une instruction du 20 déc. 1855 a statué sur le transfèrement des jeunes détenus dans les établissements qui leur sont destinés et le règlement des dépenses.

57. Les jeunes détenus sont encore après leur libération l'objet de la sollicitude de l'administration. Aux termes de l'art. 19 de la loi de 1850, ils sont placés sous le patronage de l'assistance publique pendant trois années au moins. Mais, sur ce point, il reste encore beaucoup à faire. Il existe, il est vrai, huit sociétés de patronage des jeunes libérés. Mais, pour montrer combien l'influence de ces sociétés est encore restreinte, il suffit de dire que sur 1,162 libérés sortis en 1852, 95 seulement ont été recommandés à ces sociétés (V. rapp. du min. de l'int., p. 198). Pour suppléer à leur insuffisance, le gouvernement a eu la pensée d'organiser une sorte de patronage administratif par l'entremise des maires des communes où se retiraient les libérés (circ. 10 fév. 1847, inst. 5 mai 1848). — La loi de 1850 laisse au gouvernement le soin de déterminer, par un règlement d'administration publique, le mode de patronage des jeunes libérés. Le rapport du ministre de l'intérieur, p. 198, annonce que ce règlement est en voie de préparation et en espère d'heureux résultats. — V. du reste, pour plus de détails sur les colonies pénitentiaires des jeunes détenus, les sociétés de patronage, etc., M. Bérenger, p. 253 et suiv., et le rapport du ministre de l'intérieur d'avril 1854, p. 191 et suiv.

§ 4. — *Prisons cantonales et municipales.*

58. Les maisons de police municipale sont établies par chaque arrondissement de justice de paix au chef-lieu du canton. Leurs dépenses et leur entretien sont à la charge de tous les habitants de ce canton (inst. 8 niv. an 10; arr. min. 20 oct. 1810, art. 4). — Chaque commune est tenue d'avoir une prison qu'on nomme, selon les usages des lieux, maison de police municipale, maison de dépôt, salle de police, dépôt de sûreté, violon, prison cantonale, dépôt près des justices de paix (*id.*). — Dans les villes où il y a une maison d'arrêt, la maison de police municipale peut être placée dans un quartier distinct et séparé (arr. précité, art. 4). — On doit considérer comme prison, dans le sens de l'art. 245 c. pén., le lieu destiné par l'autorité municipale à la détention provisoire de malfaiteurs (Nîmes, 22 fév. 1838, aff. Guibal, V. Évasion, n° 16).

59. On nomme *dépôt de sûreté* : 1° les lieux établis près des justices de paix pour y emprisonner momentanément les individus arrêtés pour délits de police; 2° les lieux destinés à recevoir passagèrement les condamnés que l'on transfère d'un département dans l'autre.

60. Les prisons cantonales et municipales sont destinées à l'emprisonnement : 1° des condamnés par voie de police municipale (L. 18-22 juill. 1791, tit. 1, art. 15, 23; c. pén., art.

464 à 484); 2° des condamnés à la prison par mesure de discipline en matière de garde nationale (L. 22 mars 1831; L. 14 juill. 1837, art. 20, 22); 3° des délinquants arrêtés en flagrant délit et qui ne peuvent être immédiatement interrogés. — Ces maisons servent aussi de dépôt de sûreté pour les prévenus accusés et condamnés qu'on transfère, ou pour ceux qui ne sont pas encore frappés d'un mandat de dépôt ou d'arrêt (arr. 20 oct. 1810, art. 8).

61. Lorsqu'une prison sert exclusivement à une commune comme maison de police municipale, les frais d'entretien d'une telle prison, ceux de nourriture et de couchage des détenus, doivent être imputés sur les fonds communaux. La nomination du gardien qui est payé par la commune appartient au maire (M. Bost, t. 2, p. 560). — Lorsque la prison, se trouvant sur un lieu de passage, sert à la fois de maison de police et de maison de dépôt, où séjournent pendant leur transfèrement des accusés ou des condamnés étrangers à la juridiction des tribunaux de police, cette prison intéresse à la fois la commune et le département. Celui-ci doit supporter, proportionnellement à l'usage qu'il en fait, les frais d'entretien de la prison et ceux de nourriture et de couchage des détenus. La commune ou les communes qui profitent de la même prison doivent payer la partie de la dépense qui excède la part proportionnelle du département. — La prison étant de nature mixte, le préfet nomme le gardien qui doit être payé en partie par la commune ou les communes du ressort et par le département (*id.*).

62. Quant aux prisons servant de dépôt de sûreté qui sont placées sur les grandes routes, et spécialement destinées à servir de gîte aux prisonniers transférés, les communes n'en faisant aucun usage, les dépenses de ces dépôts de sûreté sont à la charge exclusive du département qui en paye le gardien nommé par le préfet (décis. du gouvern. 12 juin 1811; circ. 11 juill. 1811). — Lorsque les condamnés séjournent dans les simples dépôts de sûreté proprement dits, près des justices de paix, les frais qu'ils y occasionnent doivent être considérés comme frais de translation de prisonniers, et payés sur les crédits spéciaux à ce destinés dans les budgets des départements (*id.*). — Mais tous autres frais occasionnés par le séjour et la nourriture des détenus pour de légers délits, par mesure de police municipale, les loyers, l'entretien des locaux et autres menues dépenses, sont à la charge des communes où les dépôts sont situés (*id.*). — Les maires des communes doivent donc toujours tenir un relevé exact des espèces de délit qui ont donné lieu à l'entrée de tout individu dans les dépôts, afin de pouvoir constater ce qu'ils ont droit à réclamer sur les fonds départementaux (*id.*).

63. Dans les lieux de résidence de brigades de gendarmerie où il ne se trouve ni maison de justice ou d'arrêt, ni prison, il est établi dans la caserne de la brigade de gendarmerie une chambre sûre, particulièrement destinée à recevoir momentanément les prisonniers (hommes) prévenus, accusés ou condamnés conduits de brigade en brigade (L. 28 germ. an 6, art. 8; ord. 29 oct. 1820, art. 203, 211; décr. 1er mars 1854, art. 372, 388). — Les préfets et sous-préfets doivent s'assurer, lors de leurs tournées annuelles pour le recrutement et autres tournées, de l'état des chambres de sûreté annexées aux casernes de gendarmerie, maisons de dépôt et de police municipale (règl. 31 oct. 1841, art. 125).

SECT. 3. — Surveillance des prisons, inspections, transfèrement des condamnés.

64. Sous l'ancienne législation, l'administration des prisons appartenait au pouvoir judiciaire (V. M. Hélie, inst. crim., t. 5, p. 207). — Aujourd'hui, les prisons ressortissent à la fois de l'autorité judiciaire et de l'autorité administrative. Toutes deux concourent à la surveillance des prisons (c. inst. crim., art. 611, 613). — La police des prisons, qui appartenait autrefois aux cours et aux tribunaux, est confiée spécialement aujourd'hui à l'autorité administrative. — L'administration pourvoit au régime intérieur des prisons, subvient à leur dépense; elle est chargée de leur inspection, de l'amélioration de leur régime, de leur police et salubrité (LL. 22 déc. 1789, janv. 1790; 12-20 août 1790, art. 7; 16-19 sept. 1791; 31 janv. et 16 juill. 1793; 2 niv. an 2; 3 brum. an 4, tit. 18; c. d'inst. crim., art. 605, 606, 613). — L'autorité administrative est appelée en outre à exercer dans les prisons une sorte de justice en ne confondant pas le prévenu avec le coupable, et à y remplir une haute mission morale en cherchant dans la détention du coupable ce que la société doit y vouloir trouver, un moyen de réforme pour le vice (M. de Gérando, t. 2, p. 476). — L'administration générale et supérieure des prisons civiles sont dans les attributions du ministre de l'intérieur. — V. Organ. adm.

65. La *surveillance* des prisons s'exerce par le préfet, le sous-préfet, le commissaire général ou spécial de police dans les villes où il en existe, le maire dans celles qui n'ont ni préfet, ni commissaire général ou spécial de police (c. inst. crim., 613). — Le préfet, tous les ans, les maires, le préfet de police, les commissaires de police, tous les mois, sont tenus de visiter les prisons (art. 611, 612, 613 c. d'inst. crim.). — Cette dernière obligation existe également pour le sous-préfet (règl. 30 oct. 1841, art. 124).

66. Les maires sont appelés à concourir à l'exécution de l'ordonn. du roi du 6 fév. 1818 (V. Grâce, p. 514), contenant des dispositions d'indulgence et de clémence en faveur des condamnés qui se sont fait remarquer par leur bonne conduite; l'art. 1 les chargeant de rendre tous les trois mois un compte détaillé de la conduite des détenus, leur impose une surveillance active pour remplir convenablement cette mission (M. Bost, t. 2, p. 559).

67. Il existe des inspecteurs généraux des prisons nommés par le ministre de l'intérieur (ord. 2 avr. 1817, art. 18; arrêté min. 10 nov. 1837, 23 mai 1838, 25 janv., 5 mars 1839). — L'inspection générale des prisons de l'empire se compose d'inspecteurs généraux de première, deuxième et troisième classe, de quatre inspecteurs généraux adjoints et d'une dame inspectrice (décr. 12 août 1856, art. 1). — Le décr. du 15 janv. 1852 fixe les attributions des inspecteurs généraux des prisons, et leurs traitements; celui du 1er mars 1852, leur costume, enfin celui du 12 août 1856 organise d'une manière générale le service de l'inspection.

68. Une ordonn. du 9 avr. 1819 a autorisé l'existence d'une société pour l'amélioration des prisons dont les statuts ont été approuvés par ordonn. du 15 mai 1819. — Mais cette société a cessé d'exister depuis 1829. — Cette même ordonnance établit des commissions de surveillance auprès des prisons départementales (art. 13 et suiv.), dont les attributions ont été réduites par une ord. du 25 juin 1823 qui ne leur laissa que la mission de conseiller et de surveiller, mais non d'administrer. — Des commissions de surveillance ont été établies près des maisons centrales par l'ord. du 5 nov. 1847, et près les établissements de jeunes détenus par la loi du 5 août 1850, art. 8, 12, 18. — Les membres des commissions de surveillance sont nommés par le ministre sur la proposition du préfet (circ. 4 fév. 1856).

69. La surveillance exercée par l'administration est principale, mais non pas exclusive. Ainsi, chaque juge d'instruction est tenu de visiter au moins une fois par mois les personnes retenues dans les maisons d'arrêt de son arrondissement, et le président de la cour d'assises doit, dans le cours de la session qu'il préside, visiter au moins une fois les prisonniers de la maison de justice (c. inst. crim., 611, 612, 613). — « Le but de cette inspection, dit M. Hélie (inst. crim., t. 5, p. 210), est de vérifier la cause de toutes les détentions, de s'assurer que nul n'est détenu qu'en vertu d'un mandat ou d'une ordonnance de justice et de prévenir les emprisonnements arbitraires. » — Mais, ces visites ne doivent pas porter sur ce point unique. Les moindres détails doivent être l'objet de leurs observations, et, s'ils aperçoivent des abus, ils doivent les signaler immédiatement au ministre de la justice (V. aussi exposé des motifs et rapport, *suprà*, p. 988 et s., nos 4 et 6). Celui-ci communique ces observations au ministre de l'intérieur (V. aussi M. Hélie, *loc. cit.*, et M. Duverger, Man. des jug. d'inst., t. 3, p. 96). — Sur les limites des pouvoirs des juges d'instruction et de l'autorité administrative quant aux visites qui peuvent être faites aux prisonniers, V. M. Duverger, *eod.*, p. 98, note. — Au reste, c'est à ces magistrats seuls qu'il appartient de donner les ordres qui doivent être exécutés dans les maisons de justice et qu'ils croient nécessaires soit pour l'instruction, soit pour le jugement (c. inst. crim.,

313); ils peuvent notamment ordonner la *mise au secret* du prévenu (V. Inst. crim., nos 692 et s.).

70. Enfin, les procureurs généraux et impériaux, ainsi que les préfets, doivent se faire rendre tous les trois mois des comptes détaillés de la conduite des détenus en vertu d'arrêts et de jugements par les directeurs et surveillants des prisons, et, d'après ce rapport, une liste des condamnés qui se sont fait remarquer par leur bonne conduite est envoyée chaque année au ministre de l'intérieur pour être mise sous les yeux du roi et participer à sa clémence (ord. 6 fév. 1818, V. Grâce, p. 514, circ. min. 4 mars, 16 oct. 1818). — Le procureur général est en outre chargé d'une surveillance particulière sur les colonies pénitentiaires et correctionnelles (L. 5 août 1850, art. 14).

71. Le sous-préfet ou le préfet, dans les villes où il n'y a pas de sous-préfet, ou à son défaut, le maire d'une part et le procureur impérial ou son substitut de l'autre, sont tenus de faire chacun tous les trois mois une visite dans les maisons des dames du refuge (dites de Saint-Michel), de se faire représenter les registres, d'entendre même en particulier si elles le demandent toutes les personnes qui y sont, de recevoir les réclamations et de veiller à ce qu'il y soit fait droit conformément aux lois, sans préjudice des visites que peuvent faire les procureurs généraux toutes les fois qu'ils le jugent convenable (déc. 30 sept. 1807, art. 4).

72. Le *ministère public* est aussi chargé de constater, par un état descriptif, le matériel de chaque prison, quant aux choses les moins sujettes à changer, et il doit informer le ministre de la justice de toutes les modifications qui pourraient survenir, et des améliorations qui pourraient être faites (circ. min. 15 sept. 1829). — Mais il doit éviter avec le plus grand soin de s'immiscer dans les attributions qui appartiennent exclusivement à l'autorité administrative (Massabiau, Manuel du min. pub., no 2876). — Aussi il convient que cette mission soit remplie par le procureur impérial lui-même plutôt que par ses substituts (circ. min. 14 mars 1818).

73. La loi du 28 pluv. an 8 ayant divisé le département de la Seine en deux préfectures, l'une chargée de l'administration, et l'autre de la police, la police des prisons de ce département fut dévolue au préfet de police par l'arrêté du 12 mess. suivant, et l'administration de ces établissements conservée au préfet de la Seine. — Cette double attribution des deux préfets fut maintenue par le code d'instruction criminelle de 1808. Il en résulta des conflits d'attributions, des rivalités, des froissements que fit cesser l'ord. du 9 avr. 1819 en reportant au préfet de police déjà chargé de la police des prisons, la totalité des attributions qui avaient été dévolues au préfet de la Seine, et en créant un conseil spécial d'administration, qui fut supprimé plus tard par l'ord. du 25 juin 1823; de telle sorte que le préfet de police demeure seul investi des attributions administratives confiées à ce conseil. — Une ordonnance de M. Pasquier, préfet de police sous l'empire, contient un règlement général pour les prisons du ressort de la préfecture de la police et embrasse tout ce qui est relatif au régime, à la police, à la sûreté de ces prisons.

74. *Transfèrement des condamnés.* — Le transport des condamnés au bagne et aux maisons centrales est dans les attributions du ministère de l'intérieur (L. 10 vend. an 4; déc. 18 juin 1811, art. 3; avis cons. d'Et. 10 janv., 16 fév. 1807; c. inst. crim., 615). — Mais le transport des prévenus et accusés justiciables des tribunaux civils est dans les attributions du ministre de la justice (déc. 18 juin 1811). — Le mode de transfèrement des condamnés a été réglé par l'instr. min. du 15 juill. 1839 qui a appliqué aux condamnés destinés à subir leurs peines dans les maisons centrales de force et de correction le mode de transport adopté pour les forçats; — par l'instr. min. du 5 août 1844 qui a affecté à chaque département une voiture spéciale; — par l'ordonnance du 2 mars 1845 qui prescrit que la translation des prévenus et accusés aura lieu en voitures cellulaires toutes les fois que les circonstances le permettront; — et par la cir. min. du 28 juill. 1845 qui exprime le désir que chaque maison d'arrêt ait sa voiture cellulaire. — La conduite des condamnés aux maisons de correction départementale a lieu (sauf le cas d'infirmité) à pied, par la gendarmerie, de brigade en brigade (L. 28 germ. an 6, art. 125 et s.; ord. 29 oct. 1820, art. 179 et suiv.; circ. min. int. 15 avr. 1833; déc. 1er mars 1854, art. 366 et s.). —Mais les prévenus ou accusés peuvent toujours se faire transporter en voiture (à leurs frais), en se soumettant aux mesures de précaution que prescrit dans ce cas le magistrat qui a ordonné la translation ou le chef d'escorte chargé de l'exécuter (déc. 18 juin 1811, art. 7).

75. A quelle autorité appartient l'exécution des condamnations à l'emprisonnement? (V. Peines, nos 240 et suiv.).—Quand ces condamnations sont-elles réputées exécutées? — V. *eod.*, nos 238 et suiv.

76. *Ecrou.* — Nul ne peut être détenu que dans les cas prévus par la loi, selon les formes qu'elle a prescrites (V. const. 22 frim. an 8, art. 77, vo Droit constit., p. 314; L. 28 germ. an 6, art. 165 et suiv., vo Gendarme, p. 462; V. aussi vis Instruction crim., nos 296 et suiv., 599; Liberté individ.). — Nul gardien ne peut, à peine d'être poursuivi et puni comme coupable de détention arbitraire, recevoir ni retenir aucune personne qu'en vertu soit d'un mandat de dépôt ou d'arrêt décerné selon les formes prescrites par la loi, soit d'une ordonnance de prise de corps, ou d'un arrêt de renvoi devant une cour d'assises ou d'un arrêt ou jugement de condamnation à peine afflictive et infamante, ou à l'emprisonnement (const. 22 frim. an 8, art. 78; c. inst. crim., art. 609, 615); soit d'un acte de la puissance paternelle (c. nap., art. 375, 383, 468); soit d'un jugement ou arrêt portant contrainte par corps (L. 17 avr. 1832, arg.), et sans que la transcription en ait été faite sur son registre (c. inst. crim., art. 609, 605; c. proc. civ., 790, etc.; c. pén., art. 119, 120), excepté à l'égard des mineurs détenus par voie de correction paternelle (c. nap. 378; règl. 30 oct. 1841, art. 115).

77. Tout gardien ou geôlier est tenu, sans qu'aucun ordre puisse l'en dispenser, de représenter, toutes les fois qu'il en est requis, la personne détenue à l'officier civil ayant la police de la maison, ou aux parents et amis porteurs de ses ordres (const. 22 frim. an 8, art. 79, 80; c. inst. crim., art. 618). — Les gardiens ou directeurs des maisons d'arrêt, maisons de justice et prisons sont tenus d'avoir un ou plusieurs registres signés et parafés à toutes les pages par le juge d'instruction pour les maisons d'arrêt, par le président de la cour d'assises ou en son absence par le président du tribunal de première instance pour les maisons de justice, et par le préfet pour les prisons pour peines (c. inst. crim., art. 607; circ. min. 24 sept. 1831). — Ces registres sont tenus séparément (inst. 26 août 1831; 4 janv. 1832). Ils sont destinés à recevoir l'acte de remise ou écrou de chaque prisonnier, et, en marge dudit acte, la date de sa sortie, ainsi que copie de l'ordonnance, arrêt ou jugement, etc., en vertu duquel elle a lieu (*ibid.*, art. 576, 608, 610; circ. min. 26 août 1831). — Quant à la tenue de ces registres pour les prisons départementales, V. Règl. 30 oct. 1841, art. 11, 14, 122.

78. Le gardien qui négligerait de transcrire sur son registre l'acte en vertu duquel un prisonnier est écroué pourrait être poursuivi comme coupable de détention arbitraire (c. inst. crim. art. 609; arg. c. pén. art. 120). — Du reste, il n'est pas exigé à peine de nullité que l'acte en vertu duquel a lieu l'arrestation ou la détention d'un individu soit transcrit en entier sur le registre d'écrou; l'inscription par extrait de cet acte est suffisante pour la validité de l'exécution de l'arrestation ou de la détention (Crim. rej. 5 fév. 1835) (1).

79. Tout exécuteur de mandat de dépôt ou d'arrêt, d'ordon-

(1) (Haymann C. Min. pub.) — LA COUR; — Sur le moyen tiré de ce qu'au moment où A. Haymann s'est évadé, il n'était pas écroué en vertu de l'arrêt de condamnation prononcé contre lui par la cour d'appel de Paris, chambre des appels de police correctionnelle, le 28 mars 1829, puisque cet arrêt n'a pas été transcrit, conformément aux art. 608 et 609 c. inst. crim., sur le registre de la maison de détention où ledit Haymann a été transféré après sa condamnation; d'où il résulterait que ledit arrêt n'ayant jamais reçu son exécution, la prescription de la peine, au profit de Haymann, n'aurait jamais été interrompue, et serait acquise à ce condamné par le laps de cinq années écoulées sans interruption, par exécution de l'arrêt, à partir du 28 mars 1829, date dudit arrêt, conformément à l'art. 636 c. inst. crim.; d'où résulterait la con-

rance de prise de corps ou d'arrêt de mise en accusation ou de renvoi, de jugement ou d'arrêt de condamnation est tenu, avant de remettre au gardien la personne qu'il conduit, de faire transcrire devant lui sur le registre l'acte ou au moins le dispositif de l'acte dont il est porteur (c. inst. crim. art. 608, 609; ord. 2 avril 1817, art. 9; c. pr. civ. art. 700, 793). — Il doit faire transcrire aussi l'acte de remise du prisonnier (*id.*). — Le tout est signé tant par lui que par le gardien qui lui en remet, pour sa décharge, une copie aussi signée et portant reconnaissance de la remise du prévenu (c. inst. crim. art. 107, 111, 610; ord. 29 oct. 1820, art. 202, etc.).

80. L'accusé à son entrée à la prison doit être visité, et tous les objets trouvés sur lui doivent être inventoriés. S'il en est qui méritent quelque attention et qui puissent servir de pièces de conviction, ils doivent être remis au greffe, suivant les ordres qui seront donnés par le juge d'instruction. — V. M. Duverger, Man. du jug. d'instr., p. 100 et s.

SECT. 4. — DU RÉGIME INTÉRIEUR DES PRISONS. — NOURRITURE, TRAVAIL, POLICE, DISCIPLINE, ETC.

81. La séparation des sexes, des âges, celle des coupables suivant la nature et la gravité des délits et des peines, sont le fondement de toute bonne administration pénitentiaire; aussi sont-elles ordonnées par les lois et les règlements (V. L. 19-22 juill. 1791, tit. 2, art. 5; décr. 16 juin 1808; arr. min. 20 oct. 1810, arr. 7 et 13; ord. 20 août 1828; circ. 25 nov. 1836; règl. 30 oct. 1841, art. 89 et suiv.). — Mais on a vu plus haut, n° 39, que cette séparation n'est pas encore complétement atteinte dans les prisons départementales.

82. Le régime intérieur des prisons comprend essentiellement le régime économique, le travail, la police, la discipline, etc.— Sur tous ces points le règlement de 1841 entre dans les détails les plus minutieux, aussi nous bornerons-nous la plupart du temps à y renvoyer.

83. Relativement au régime économique de la prison, le règlement contient des dispositions qui se réfèrent à la nourriture des valides (art. 56 à 63), au vêtement (art. 64 à 69), au coucher (art 70 à 74), à l'infirmerie, au coucher et à la nourriture des malades (art. 75 à 80), au chauffage et à l'éclairage (art. 81), au tarif des aliments vendus aux détenus (art. 83). — V. aussi, à l'égard des maisons centrales, l'arrêté du 10 mai 1839, p. 1002, et sur le régime alimentaire des maisons départementales, depuis que les dépenses de ces établissements ont été mises à la charge de l'Etat, V. circ. 14 déc. 1855.

84. Les condamnés aux travaux forcés à temps, à la réclusion ou à la détention, étant, pendant la durée de leur peine, en état d'interdiction légale, il ne peut par suite leur être remis aucune somme, aucune provision, aucune portion de leurs revenus (c. pén. art. 31). — Il semblerait, par argument de cet article et de l'art. 6, tit. 2 de la loi des 19-22 juill. 1791, que les autres condamnés pourraient se procurer sur leur fortune particulière, une nourriture meilleure et plus abondante que celle de la prison. Mais s'il en eût été ainsi, la peine aurait en grande partie perdu de son caractère répressif; aussi, les règlements ne permettent pas aux condamnés d'avoir de l'argent à leur disposition (arrêté min. 10 mai 1839, art. 3; règl. 30 oct. 1841, art. 105), et déterminent les aliments qui peuvent leur être procurés en supplément ainsi que les prix auxquels ils leur sont concédés (V. arrêté 10 mai 1839, art. 6; instr. 8 juin 1842; arrêté 28 mars 1844; circ. et arrêté 25 mars 1854; V. aussi M. Bérenger, p. 103 et suiv.). Par suite, la charité privée ne peut venir en aide aux condamnés que dans les limites tracés par l'administration (circ. 7 août 1858). — Quant aux prévenus et accusés, la règle est moins sévère (V. règl. 30 oct. 1841, art. 58, 59). — Le maire, le préfet de police ou le commissaire général de police doit veiller à ce que la nourriture des prisonniers soit suffisante et saine (c. inst. crim. 613).

85. Aux termes d'une circulaire ministérielle du 25 août 1849, les détenus malades ne peuvent jamais être transportés dans une maison de santé, et il n'y a lieu de les transférer dans un hospice, que lorsque la prison n'a pas d'infirmerie, ou qu'il n'est pas possible de donner dans l'infirmerie les soins nécessaires. — La translation des prévenus dans les hospices ou maisons de santé ne peut avoir lieu que du consentement de l'autorité judiciaire (L. 4 vend. an 6, art. 15, V. Évasion, p. 48; Hospices, n° 301). — Il a été jugé en ce sens que le transfèrement d'un accusé dans une maison de santé ne peut être ordonné même par le ministre; que c'est au président de la cour d'assises devant laquelle doit comparaître l'accusé qu'il appartient de donner cette autorisation (c. d'ass. de la Seine 27 sept. 1852) (1).

86. Le *travail* des détenus dans les établissements pé-

---

séquence, suivant le demandeur, que l'arrêt attaqué, en repoussant la prescription invoquée par ledit demandeur, aurait méconnu et violé les dispositions de l'article précité;

Vu l'art. 636 c. inst. crim., et les art. 608 et 609 dudit code; — Attendu que, si les art. 608 et 609 c. inst. crim. ordonnent que l'acte en vertu duquel une arrestation ou une détention s'exercent, soit inscrit ou transcrit sur le registre d'écrou, les dispositions de ces articles ont eu pour objet de prévenir les arrestations et les détentions arbitraires, mais qu'elles n'ont pas attaché la peine de nullité à la circonstance que l'acte, en vertu duquel l'arrestation ou la détention ont eu lieu, n'aurait pas été transcrit en entier sur le registre d'écrou; que par conséquent, une inscription sur ledit registre, quoique faite par extrait, de l'acte qui a motivé l'arrestation ou la détention, remplit suffisamment le vœu des articles précités pour la validité de l'exécution de l'arrestation ou de la détention; — Attendu que l'arrêt attaqué constate, en fait, que A. Haymann a été condamné, le 28 mars 1829, par la cour d'appel de Paris, chambre des appels de police correctionnelle, à dix années d'emprisonnement, pour délit d'escroquerie; que, par suite, et en exécution dudit arrêt de condamnation, il a été transféré, le 25 avril 1829, de la maison de la Force, où il était écroué, à la prison de Sainte-Pélagie, où il a été pareillement écroué, le 25 avril 1829; — Attendu que l'écrou, dressé ledit jour, sous le n° 1997 du registre de ladite maison de Sainte-Pélagie, mentionne par extrait l'arrêt de condamnation du 28 mars 1829; que, par conséquent, ledit arrêt de condamnation recevait, dès lors, son exécution contre A. Haymann; — Attendu que, dans les premiers jours de décembre 1829, Haymann s'est évadé pendant la translation de la maison de détention de Melun à la maison centrale de Lille; qu'il a été arrêté en octobre 1834, et qu'il a été écroué à la maison de la Force, le 16 oct. 1834, c'est-à-dire cinq ans six mois environ après la date de l'arrêt de condamnation du 28 mars 1829, mais quatre ans dix mois environ seulement après l'évasion de Haymann; — Attendu que c'est dans cet état des faits que ledit Haymann a proposé l'exception tirée de la prescription, se fondant sur ce que plus de cinq années s'étant écoulées depuis la date de la condamnation, l'arrêt qui l'avait prononcée ne pouvait plus être mis à exécution, aux termes de l'art. 636 c. inst. crim.; — Attendu qu'il est de principe que lorsqu'un arrêt de condamnation a commencé à recevoir son exécution, la prescription n'a pu courir pendant tout le temps qu'a duré cette exécution; que, subir une peine et la prescrire, sont deux choses qui impliquent contradiction et ne peuvent jamais concourir; que, par conséquent, on ne peut, pour accomplir le temps de la prescription, joindre au temps qui s'est écoulé depuis l'évasion du condamné, celui qui s'est passé pendant qu'il subissait sa peine; d'où il suit que la prescription en faveur d'un condamné qui s'est évadé ne court qu'à partir de son évasion; que cinq années ne s'étant pas écoulées depuis l'évasion d'A. Haymann, l'arrêt attaqué, en déclarant ledit Haymann mal fondé dans sa demande en prescription de peine, et en le renvoyant à l'exécution de l'arrêt de condamnation contre lui rendu le 28 mars 1829, a fait une juste application des dispositions de l'art. 636 c. inst. crim.; — Rejette.

Du 5 fév. 1835.-C. C., ch. crim.-MM. de Bastard, pr.-Dehaussy, r.

(1) *Espèce*: — (Bascans.) — Bascans, gérant du journal la Tribune, qui avait été transféré de la Conciergerie à la maison de santé de Chaillot, sur l'ordre du ministre de l'intérieur écrivit le jour de l'ouverture des débats au président de la cour d'assises que l'état de sa santé ne lui permettait pas de comparaître à cette session. Le ministère public établissant une distinction entre les accusés et les condamnés, soutint que les premiers devaient toujours être présents dans la maison de justice pour pouvoir y être interrogés par les magistrats, et que le président seul pouvait autoriser leur translation dans une maison de santé. En conséquence, il requit la réintégration de Bascans à la conciergerie. — Arrêt.

La cour; — Vu la lettre, en date de ce jour, écrite par Bascans lui-même, et adressée à M. le président de la cour d'assises; — Considérant qu'en vertu de l'ordonnance de prise de corps, l'accusé Bascans aurait dû être transféré à la conciergerie pour être être mis sous la main de la justice et soumis aux débats; — Que c'est à tort qu'il a été transféré à la maison de santé de Chaillot, dans la journée d'hier, sans l'autorisation du président ou de la cour; — Que cette translation récente,

nitentiaires est considéré, avec raison, comme un des éléments les plus essentiels, non-seulement de la police intérieure de la prison, mais aussi de l'amélioration future du condamné. Le code pénal de 1791 avait déjà établi cette obligation. Il n'accordait aux condamnés que le pain et l'eau aux dépens de la maison; le surplus devait leur être fourni sur le produit de leur travail : c'était rigoureux, aussi le code pénal de 1810, sans s'occuper comme le code de 1791, de l'alimentation du prisonnier, décide-t-il seulement que les condamnés à la réclusion et à l'emprisonnement correctionnel seraient employés à des travaux dont le produit peut être appliqué en partie à leur profit (c. pén. 21, 40). L'organisation d'ateliers de travail dans les prisons a été prescrite d'abord par un arrêté du ministre de l'intérieur du 8 pluv. an 9, puis par un arrêté du 20 oct. 1810. — De nombreuses circulaires et arrêtés ministériels ont ensuite régularisé et réglementé cette partie du régime des prisons (V. notamment règlem. 30 oct. 1841, art. 85 et suiv.). — Mais en 1848, le gouvernement provisoire, cédant à la pensée que le travail des prisonniers suscitait une concurrence fâcheuse aux ouvriers libres, crut devoir le supprimer complétement (décr. 24 mars 1848). — Rétabli d'abord sous certaines restrictions, par la loi du 9 janv. 1849, puis définitivement par le décret du 25 fév. 1852, il est aujourd'hui en pleine activité et ses produits sont en pleine voie d'accroissement (V. Peine, nº 639, et circ. 8 mars 1852, D. P. 52. 3. 14; 25 mars 1854; rapp. min. int. avril 1854, p. 190).

87. La concurrence que le décret de 1848 avait pour but de détruire n'est réellement pas à craindre; car il résulte d'un calcul fait par l'administration que l'activité quotidienne des prisons, en tenant compte des infirmités, des maladies, des punitions, du chômage et de l'inhabileté des condamnés aux industries dont ils font l'apprentissage dans les prisons, représente à peine six mille journées de travail dans la masse de la production générale (circ. min. 8 mars 1852, § 8, D. P. 52. 3. 14; rapp. min. int. avr. 1854). — D'ailleurs, en rétablissant le travail dans les prisons, le gouvernement a eu la volonté d'appliquer le plus grand nombre possible de ces ouvriers à des travaux extérieurs, et notamment à certains travaux d'agriculture auxquels des entreprises particulières pourraient difficilement se livrer (circ. min. int. 8 mars 1852, § 8, D. P. 52. 3. 14).

88. Le décret du 25 fév. 1852, tout en maintenant le principe posé par la loi du 9 janv. 1849, de la consommation par l'État du produit du travail des condamnés, permet cependant d'occuper à des travaux d'industrie privée, et sous les conditions déterminées par des règlements spéciaux, ceux des condamnés qui ne pourraient être employés dans l'intérêt des administrations publiques (circ. min. int. 8 mars 1852, § 1, D. P. 52. 3. 14).—Les points principaux du règlement pris pour prévenir l'abaissement du salaire par l'effet du travail dans les prisons sont : la mise en adjudication publique de l'exploitation des industries autorisées par le ministre, la fixation du minimum et du maximum des condamnés qui pourront être employés à chacune d'elles, la formation du tarif de main-d'œuvre, et l'obligation imposée aux fabricants de remettre à l'administration des types ou échantillons des objets qu'ils voudront faire fabriquer ou confectionner (même circ., § 2). — Ce règlement n'est applicable qu'aux maisons centrales où le travail n'a pas été réorganisé en totalité ou en partie : pour les autres maisons, il n'a dû recevoir son exécution qu'à l'expiration des traités existants. — V. même circulaire, § 3.

89. L'exploitation, dans chaque maison centrale, des diverses industries, par divers entrepreneurs de travaux, est préférable à l'exploitation par un seul entrepreneur, cette division des industries permettant à l'administration de traiter directement avec plusieurs fabricants, et de profiter des avantages qu'un entrepreneur unique trouverait dans ses sous-traités (même circ., § 4). — Il doit être donné avis sur les industries qui peuvent être exploitées dans chaque maison centrale, du nombre des ouvriers qui doivent y être employés, et des bases de l'adjudication (même circ., § 5).

90. Dans la préparation du tarif de main-d'œuvre, le directeur et l'inspecteur doivent veiller rigoureusement à l'exécution des prescriptions relatives aux types ou échantillons, et ne permettre la fabrication d'aucun objet qui ne serait pas conforme au type, avant l'accomplissement des formalités prescrites (même circ., § 6). — Les tarifs de main-d'œuvre sont la reproduction exacte du tarif de l'industrie libre, sauf la déduction du cinquième accordé à raison des dépenses particulières que les fabricants du dehors n'ont pas à supporter (même circ., § 7).

91. L'ord. du 2 avr. 1817 avait divisé le produit du travail des détenus en trois parties : un tiers était attribué à l'entrepreneur, un tiers était mis à la disposition des condamnés, et le dernier tiers était mis en réserve pour leur être remis à leur sortie. — Cette répartition a été changée par l'ord. du 27 déc. 1843, qui a fixé de un dixième à cinq dixièmes la part accordée aux détenus suivant la gravité des peines et le nombre des condamnations antérieures. — Le pécule ainsi formé est divisé en deux parties : l'une est employée à leur profit pendant la détention, et reçoit le nom de *denier de poche*; l'autre est mise en réserve pour l'époque de leur sortie. — En prenant pour base unique la proportion entre le salaire et les peines graduées par la loi, l'ord. de 1843 avait omis l'élément moral et disciplinaire des rémunérations ou des punitions méritées pendant la détention. Des arrêtés et instructions ministérielles ont comblé cette lacune en permettant d'augmenter ou de diminuer la part attribuée au détenu suivant sa bonne ou sa mauvaise conduite (circ. et arr. min. 25 mars 1854, V. p. 1006; rapp. min. int. avr. 1854, p. 191). — Pour éviter le déplorable usage que les condamnés faisaient autrefois du denier de poche, il est maintenant déposé au greffe et n'en peut être retiré qu'en vertu de bons délivrés par le directeur ni employé qu'en achats ou dépenses déterminés (arr. 10 mai 1839, art. 3 et 4; arr. 28 mars 1844).—A la sortie du détenu, la part mise en réserve lui est remise. Mais on avait remarqué que la plupart des condamnés libérés dissipaient en peu de jours cette somme sans profit pour eux et au préjudice de la morale; pour prévenir ces inconvénients, il a été décidé que toutes les fois que la masse de réserve d'un condamné libéré, prélèvement fait des frais de route et des dépenses d'habillement, s'élèverait au-dessus de 20 fr., elle leur serait remise sans frais à domicile (circ. min. 8 juill. 1829).

92. *Police, discipline.*—La police des prisons appartient aux maires (c. inst. crim. 613; V. quant au régime disciplinaire et de police des maisons départementales le règl. du 30 oct. 1841, art. 89 et suiv.). — Le silence est obligatoire d'une manière absolue dans les maisons centrales (arr. 10 mai 1839, art. 1). — Dans les maisons départementales, la règle est moins sévère (règl. 30 oct. 1841, art. 100). — Sur les effets produits par ce régime, V. M. Bérenger, p. 101, 424.—A l'égard des visites dont les détenus peuvent être l'objet, V. règl. 30 oct. 1841, art. 92 et suiv. — Quand un individu a été condamné, c'est à l'administration qu'il appartient d'accorder l'autorisation de communiquer avec lui. Lorsqu'il est détenu préventivement, c'est au contraire le juge d'instruction qui donne ces permissions (règl. 11 déc. 1833, art. 23). — L'appréciation des griefs articulés par un accusé contre le régime intérieur de la maison de justice où il est renfermé appartient exclusivement au pouvoir discrétionnaire du président de la cour d'assises (haute cour de justice, 19 mars 1849, aff. Raspail, D. P. 49. 1. 76).

93. Les infractions aux règles de la prison sont punies, suivant les cas, de l'une des *peines disciplinaires* déterminées par l'art. 101 du règlement de 1841 pour les maisons départementales, et par l'art. 9 de l'arrêté du 10 mai 1839 pour les maisons centrales (V. aussi arr. 8 pluv. an 9; circ. 24 juin 1839, et M. Bérenger, p. 106 et suiv.). — Toutes rigueurs employées dans les détentions autres que celles autorisées par les lois sont des crimes (L. 28 germ. an 6, art. 170; const. 22 frim. an 8, art. 82

---

opérée sur la demande de Bascans, établit d'une manière suffisante qu'il peut sans inconvénient être transféré à la conciergerie, sauf à examiner ensuite s'il est en état de supporter les débats; — Ordonne que, ar les huissiers de la cour, Bascans sera immédiatement transféré à la maison de justice dite la Conciergerie; — Autorise les huissiers, si le besoin est, à requérir la force publique pour l'exécution du présent arrêt, etc.

Du 27 sept. 1832.-C. d'ass. de la Seine.-M. Naudin, pr.

c. inst. crim. 615). — En conséquence, il est expressément défendu de faire aux personnes arrêtées aucun mauvais traitement ni outrages, et d'employer contre elles aucunes violences, à moins qu'il n'y ait résistance ou rébellion (L. 28 germ. an 6, art. 170, V. Gendarme, p. 462). — C'est en vertu de ce même principe que les cachots et tous les logements insalubres ont été interdits (arr. 25 déc. 1819, art. 15); tous les instruments de coercition violente supprimés (*ibid.* 14). — Mais si quelque détenu dans une prison quelconque usait de menaces, injures ou violences, soit à l'égard du gardien ou de ses préposés, soit à l'égard des autres prisonniers, il peut être, sur les ordres de qui il appartient (le maire, le directeur, ou, à Paris, le commissaire général de police), resserré plus étroitement, renfermé seul, même mis aux fers en cas de fureur ou violence grave, sans préjudice de la poursuite criminelle, s'il y a lieu (arr. min. 10 mai 1839; c. inst. crim., art. 614; règl. 30 oct. 1841).

94. Les employés ne peuvent infliger de leur chef aux détenus aucune punition (circ. 22 mars 1816; règl. min. 30 avr. 1822, art. 24, 7). — C'est au directeur seul que ce pouvoir appartient (règl. 30 oct. 1841, art. 37). — A défaut de directeur, c'est le gardien-chef qui exerce le pouvoir disciplinaire; mais lorsqu'il inflige une punition, il doit en référer au maire dans les vingt-quatre heures au plus tard (même article).

95. Une séquestration disciplinaire infligée vers l'année 1840 à des condamnés politiques renfermés au Mont-Saint-Michel, a donné lieu aux questions suivantes : — 1° Est-il permis à l'administration, dans l'état présent de nos lois, de soumettre les détenus au système cellulaire? 2° est-il permis au directeur d'une prison d'infliger de sa seule autorité aux détenus, par mesure disciplinaire pour un temps illimité, la peine de la séquestration?

Plusieurs avocats du barreau de Paris, dans une consultation, en date du 9 oct. 1841, approuvée par MM. Odilon-Barrot et Marie, ont soutenu la négative sur les deux questions. — Pour démontrer leur opinion sur la première question, ils ont dit que la loi du 10 oct. 1791 et le code de 1810 (art. 20), revisé en 1832, combinés avec l'art. 614 c. inst. crim., établissent en règle générale le principe de la détention en commun; que telle a été l'intention du législateur, manifestée en 1832 sur l'art. 20; que l'art. 614 c. inst. crim., en permettant la séquestration dans les cas particuliers qu'il définit, a, par cette exception même, confirmé le principe général de l'art. 20 c. pén.; qu'il est vrai que le régime intérieur des prisons est soumis au pouvoir de l'administration, mais que ce pouvoir ne s'étend pas jusqu'à prescrire ou réformer ce que la loi seule peut ordonner ou changer; que ces principes ont été admis par M. Moreau Christophe, auteur d'un ouvrage sur les prisons, et par M. Faustin Hélie dans la Théorie du code pénal. — Enfin ils ont argumenté de l'opinion exprimée par M. de Tocqueville dans son rapport sur le projet de loi relatif au régime pénitentiaire.

L'avis émis dans la consultation sur la première question nous semble restreindre peut-être trop sévèrement le pouvoir de l'autorité administrative, surtout lorsqu'il s'exerce dans la vue de rendre le prévenu meilleur, et d'être utile à la société.

La seconde question, dans son sens général, nous paraît plus délicate. La poser dans les termes acceptés par la consultation, c'est évidemment la résoudre, car il est évident qu'un directeur de prison ne peut infliger aux détenus, selon son bon plaisir et pour un temps illimité, la peine de la séquestration, en vertu de l'art. 614 c. inst. crim. Autrement, il faudrait reconnaître, contrairement à tous les principes et au bon sens, que cet agent peut changer arbitrairement la nature de la condamnation prononcée par les tribunaux et rendre illusoire le principe posé dans l'art. 20 c. pén. La difficulté ne peut donc s'élever, en droit, que sur le point de savoir là où sera la limite du pouvoir donné au directeur de prison, et jusqu'où il pourra étendre la durée de la peine disciplinaire de la séquestration. — Il est certain que cette durée ne peut être illimitée et qu'elle doit cesser dès qu'elle prendrait le caractère d'une peine afflictive; que, toutefois, le directeur peut la maintenir tant que l'état de fureur et de violence du détenu continue, sauf l'obligation de déférer le coupable aux tribunaux compétents après que l'application de la peine disciplinaire renfermée dans les limites que prescrivent l'humanité et le respect des garanties légales sera devenue notoirement impuissante.

96. Dans les maisons centrales, à la suite des réformes opérées par l'arrêté du 10 mai 1839, les directeurs avaient établi une sorte de tribunal domestique auquel les condamnés pouvaient recourir, pour éviter les actes d'oppression dont la sévérité du nouveau règlement pouvait être l'occasion. — Cette institution à laquelle le ministre de l'intérieur a donné le nom de *prétoire de justice disciplinaire* (V. Instr. 8 juin 1842), a été organisée par l'arrêté ministériel du 8 juin 1842 (V. ci-dessus, p. 1006). L'instruction de la même date a développé et appliqué les différentes dispositions de l'arrêté. — On trouve d'intéressants détails sur cette justice intérieure des prisons dans l'ouvrage de M. Bérenger, p. 108 et suiv.

97. L'instruction précitée du 8 juin 1842 portait que la peine du cachot pouvait être infligée par le directeur pour les attentats aux mœurs, les vols, les actes de dévastation, de violence et de rébellion. — Cette disposition a donné lieu à des réclamations; en effet, elle est en opposition avec l'art. 29 c. inst. crim. qui oblige tout fonctionnaire à donner avis sur-le-champ au procureur impérial de tout crime ou délit dont il aura acquis la connaissance dans l'exercice de ses fonctions. — Une instruction du 7 août 1854, rendue par le ministre de l'intérieur après une correspondance entre lui et le garde des sceaux, a cherché à déterminer sur ce point les limites des pouvoirs des directeurs (1).

98. Une ordonnance du 6 fév. 1818 (V. Grâce, p. 514) a

(1) Cette instruction est ainsi conçue : — Monsieur le préfet, l'instruction du 8 juin 1842, sur la justice disciplinaire dans les maisons centrales, porte que : « la peine du cachot doit surtout être réservée pour les attentats aux mœurs, les actes de dévastation, de violence et de rébellion, sans préjudice de la dénonciation aux tribunaux, s'il y a lieu. Seulement il est indispensable, dans l'intérêt de l'ordre, de la discipline et de la sûreté personnelle des condamnés, que l'administration prenne l'initiative des actions judiciaires à intenter, et cette initiative doit être prise par le préfet sur un rapport circonstancié du directeur. » — Cette disposition a donné lieu, dans son application, à des difficultés et à des réclamations qui, dernièrement encore, ont fait l'objet d'une correspondance entre mon collègue M. le ministre de la justice et moi. En effet, l'art. 29 c. inst. crim. oblige tout fonctionnaire à donner avis sur-le-champ au procureur impérial de tout crime et délit dont il aura acquis la connaissance dans l'exercice de ses fonctions, et l'on a pu craindre que le mode de procéder indiqué par la circulaire précitée n'apportât des complications et des retards préjudiciables aux intérêts de la justice. — En conséquence, j'ai pensé, monsieur le préfet, que la marche indiquée par la circulaire de 1842 pouvait être modifiée, et qu'il convenait que les directeurs dénonçassent directement au ministère public les crimes ou délits commis dans les maisons centrales, tout en continuant à vous en rendre compte.

Mais, dans l'accomplissement de ce devoir, des doutes peuvent naître sur le caractère véritable des faits qui doivent être dénoncés. Cette difficulté est prévue par M. le ministre de la justice lui-même, qui, dans une dépêche du 1er avr. dernier, exprime cette pensée que, « s'il convient d'obliger les directeurs des prisons à donner immédiatement avis au procureur impérial de tous les actes qui leur paraîtraient pouvoir constituer des crimes et délits, c'est néanmoins sous la réserve d'en référer à l'autorité supérieure, en cas de doute, de difficultés et de conflits. » — En effet, les dispositions du code d'instruction criminelle sont applicables, sans doute, aux crimes et délits qui se commettent dans les prisons comme dans la vie libre ; mais il faut néanmoins reconnaître des différences notables entre les uns et les autres. Dans la société, la répression des crimes et délits est d'ordre public. Il importe essentiellement qu'aucun, s'il est possible, n'échappe à la vindicte des lois ; la liberté et la sûreté des citoyens ne peuvent exister qu'à cette condition. Sous le régime de la détention, les peines disciplinaires peuvent quelquefois atteindre plus sûrement le but que ne le ferait la loi pénale elle-même. S'il fallait nécessairement déférer aux tribunaux les vols de minime importance, les actes de violence, d'immoralité et de rébellion qui se commettent dans les maisons centrales, et qui souvent peuvent n'avoir d'autre cause que l'espoir d'un changement de prison, d'un scandale d'audience, d'une chance d'évasion, il en résulterait une grande perturbation dans l'ordre et la discipline de ces établissements. Mon collègue M. le garde des sceaux a reconnu que l'état de détention comportait des exceptions nécessaires au principe. Dans une dépêche du 25 mars dernier, il admet que « pour les nécessités de la discipline, tous les faits

établi diverses dispositions relatives aux condamnés qui se font remarquer par leur bonne conduite.

99. En cas de *décès* d'un détenu, le gardien-chef en fait mention en marge de l'acte d'écrou, conformément à l'art. 84 c. nap.; il en donne avis au maire qui, de son côté, fait constater les effets, papiers, argent, laissés par le défunt. — Il informe en outre l'autorité judiciaire du décès de tout prévenu ou accusé (Règlem. 30 oct. 1841, art. 23). — Les vêtements et effets appartenant aux décédés ou le produit de la vente ou estimation qui en est faite, ainsi que l'argent laissé à la caisse des dépôts par les condamnés, sont remis aux héritiers ou ayants droit (Inst., 26 déc. 1831). — Mais la somme provenant de la portion du salaire du détenu *décédé non libéré*, tenue en réserve pour lui être remise à sa sortie, appartient à l'établissement (ordonn. 8 sep. 1819, art. 3). Ces fonds, *en cas de décès après libération*, appartiennent aux héritiers, ou au domaine à leur défaut.

100. *Libération.* — Lorsque des condamnés libérés quelconques ont des fonds à la caisse des dépôts, ces fonds sont appliqués de préférence à leurs frais de route et d'habillement (Circ. 8 juill. 1829). A défaut de fonds à la caisse des dépôts, les frais sont prélevés sur leur masse de réserve. — La somme affectée aux frais de route est dans ce cas de 25 cent. par lieue (même circ.), à moins que des infirmités graves n'exigent des moyens de transport que le préfet fixe d'après d'autres bases (*id.*). —Les sommes supérieures à 150 fr., que les condamnés libérés illettrés ont à recevoir pour solde de leur pécule doivent leur être délivrées sans les soumettre à faire les frais d'une quittance notariée (circ. min. 29 déc. 1846). Si les condamnés ne possèdent aucune ressource, soit à la caisse des dépôts, soit sur la masse de réserve, le préfet ou le sous-préfet leur délivre un passe-port avec secours de route.

101. Quant à l'*évasion* des détenus, V. vº Évasion.

102. Des *écoles* élémentaires existent au moins dans les maisons centrales (circ. 10 mars 1834).— Il peut aussi en être établi dans les maisons départementales (V. Règl. 30 oct. 1841, art. 55, 121, 122). — Un dépôt de livres à l'usage des détenus est aussi formé dans ces prisons (*eod.*, art. 120). — A l'égard du *service religieux*, V. Règl. art. 49 et suiv. — Un aumônier nommé par le préfet sur la proposition de l'évêque est attaché à chaque prison (art. 25 déc. 1819, art. 45; Règl. 30 oct. 1841, art. 49).

SECT. 5. — DES BAGNES. — COLONIE PÉNITENTIAIRE DE LA GUYANE, LIEUX DE DÉPORTATION.

103. Le code pénal du 25 sept.-6 oct. 1791 a substitué la peine des fers à celle des galères en usage sous l'ancienne législation. Il détermine, dans son art. 6, la nature des travaux auxquels les condamnés devaient être employés, soit dans l'intérieur des maisons de force, soit dans les ports et arsenaux, soit pour l'extraction des mines ou le desséchement des marais. —Un décret du 5 oct. 1792 ordonna que les condamnés aux fers seraient transférés dans les ports pour y subir leur peine; et un autre décret du 2 brum. an 4 attribua la police et la direction des bagnes à l'administration des ports et arsenaux de la marine. — Enfin, le code pénal de 1810 remplaça la peine des fers par celle des *travaux forcés*, sans indiquer le lieu où cette peine serait subie (art. 15). On continua donc à employer les condamnés aux travaux forcés au service de la marine et à les renfermer dans les bagnes.

104. Les seuls bagnes qui existent aujourd'hui sont ceux de Brest et Toulon. Le bagne de Lorient qui avait été destiné aux condamnés militaires a été supprimé en 1830, et le mont Saint-Michel a été affecté à cette classe de condamnés. — Le bagne de Rochefort vient aussi d'être supprimé, par suite de la récente mesure prise relativement à la transportation des forçats à la Guyane française (V. nº 13). — D'ici à quelques années probablement, les bagnes auront disparu; aussi nous bornerons-nous ici aux renseignements les plus succincts.

105. Une ordonnance du 20 août 1828, voulant éviter les inconvénients qui résultaient du mélange des forçats dans les différents bagnes, sans égard à leur degré de perversité, avait décidé que les condamnés à moins de dix ans devaient être envoyés à Toulon; les condamnés à plus de dix ans devaient être dirigés sur Brest et Rochefort. — Cette ordonnance ne produisit pas le bien qu'on en attendait : on s'aperçut que la durée de la peine, prise pour base de la répartition, n'est presque jamais une preuve certaine de la perversité des condamnés. — Une autre ordonnance du 9 déc. 1836 a rapporté celle du 20 août 1828, et a disposé qu'à l'avenir les condamnés seraient, sans distinction de la durée de la peine, transférés dans les ports de Toulon, Brest et Rochefort.

106. Il y a une vingtaine d'années le transport des forçats aux bagnes s'opérait à la chaîne; mais ce mode cruel et des plus affligeants pour l'humanité fut supprimé par l'ordonnance du 9 déc. 1836, qui y substitua le transport dans des voitures cellulaires. — Une circulaire du 15 juill. 1839 et un règlement annexé du même jour ont réglé les dispositions de police relatives à ce transport. — Les frais de transport, nourriture en route, etc., des condamnés aux bagnes, jadis au nombre des dépenses communes à plusieurs départements, et les mêmes frais pour le transport des condamnés aux maisons centrales, sont aujourd'hui directement à la charge de l'Etat (LL. 20 juillet 1837; 14 juillet 1838; budget pour 1840, ch. 34, rap.).

107. Divers agents placés sous l'autorité du commissaire du bagne sont chargés de la surveillance des forçats. Ces divers agents sont divisés en agents de police et de surveillance et les gardes (V. M. Maurice Alhoy, le Bagne de Rochefort, p. 151). — La compagnie des gardes-chiourmes, créée vers 1803, est affectée à la garde et à la surveillance des prisonniers et compose la brigade de sûreté du bagne. Les gardes-chiourmes portent un espèce d'uniforme militaire. — Indépendamment de ces employés, il existe des maîtres et des contre-maîtres chargés spécialement de la direction des travaux dans les ateliers et dans le port.— Il existe encore dans les bagnes une *cambuse* ou *cantine* destinée à la vente du tabac et des boissons. Les cambusiers ou cantiniers sont soumis aux mêmes obligations que les autres débitants de boissons.—V. Impôt ind., nº 177 et M. Dagand, man. des contr. ind., vº Cantiniers.

108. La compagnie des gardes-chiourmes organisée militairement par l'ordonnance du 16 juin 1820, est soumise aux lois pénales militaires. Mais cette ordonnance n'ayant pas été insérée au Bulletin des lois, on s'est demandé si les peines qu'elle prononce pouvaient être légalement appliquées par les tribunaux (V. M. Christophe, de l'Etat des prisons, p. 429). — L'affirmative a été décidée (Crim. cass. 21 juin 1833, aff. Salomon, V. Organ. milit.).

109. Les employés au service des bagnes et à la garde des forçats étaient également soumis à la juridiction des tribunaux maritimes spéciaux, ainsi que les fauteurs ou complices d'évasion de forçats (art. 70, 71, déc. du 12 nov. 1806). — Une ordonnance en date du 2-18 janv. 1817 a dérogé en ce point au décret de 1806 en portant, dans son art. 2, que les crimes et délits commis dans les bagnes par d'autres individus que les forçats seront jugés par les tribunaux maritimes ordinaires. — V. Organ. marit.

110. Les forçats peuvent se rendre coupables soit d'infractions à la discipline intérieure du bagne, soit de délits et de crimes. Dans le premier cas, l'autorité administrative leur in-

même prévus par la loi pénale ne doivent pas être l'objet d'une poursuite judiciaire. Il peut être laissé beaucoup à la répression disciplinaire du chef de l'établissement. » — Il est donc indispensable que les directeurs mettent tous leurs soins à bien discerner ces actes, qui, dans la vie libre, tomberaient sous le coup de la répression légale, et qui, ns une maison centrale, peuvent être efficacement réprimés par la dis-'ine intérieure. Il est difficile, à cet égard, de poser des principes ab-. C'est dans les circonstances des faits, dans le caractère et les intentions de leurs auteurs, dans l'effet que peut produire tel ou tel genre de répression, que le directeur doit chercher sa règle de conduite. Et dans le cas où il éprouvera des doutes sur le parti qu'il doit prendre, il devra vous en référer, afin d'éviter également de favoriser l'impunité légale des coupables et de provoquer des poursuites intempestives qu'il ne serait pas au pouvoir de l'autorité judiciaire elle-même de suspendre quand les faits sont constatés.

Du 7 août 1854.-Circ. min. de l'int.

flige des châtiments disciplinaires; dans le second cas, ils sont jugés par les tribunaux maritimes spéciaux créés par le décret du 12 nov. 1806. — Ces tribunaux ont remplacé les cours martiales supprimées par la loi du 12 mai 1793 (V. sur ce point v° Organ. marit., V. aussi v° Cassation, n° 257).

111. La discipline des bagnes est encore régie par d'anciens règlements qui contiennent des pénalités terribles que les tribunaux maritimes se refusent même à appliquer. Ce sont les règlements des 6 avr. 1562, 15 mars 1648, 30 nov. 1684, 11 mai 1686, 24 août 1718, 4 avr. 1749 (M. Moreau Christophe, de l'Etat des prisons, p. 429). — Cependant quoique les règlements soient en harmonie avec notre législation générale et nos mœurs actuelles, ils n'ont pas cessé d'être en vigueur. — V. Crim. cass. 9 déc. 1842, aff. Puteaux, v° Crimes contre les personnes, n° 138.

112. Quant aux mesures prises à l'occasion de l'évasion des forçats et à la peine dont elle est frappée, V. Évasion. — V. du reste pour plus de détails sur le régime des bagnes, M. Bérenger, p. 152 et suiv.

113. Pour compléter la série de nos établissements pénitentiaires civils, on doit citer encore, outre la colonie pénitentiaire de la Guyane, destinée comme on l'a vu n° 12 à remplacer nos bagnes actuels, et pour laquelle, à raison de sa création si récente, il nous suffit de renvoyer au rapport du ministre de l'intérieur du 20 fév. 1852 (Mon. du 21), au décret du 27 mars 1852 (D. P. 52. 4. 115), à la loi du 30 mai 1854 (D. P. 54. 4. 90), et à l'ouvrage de M. Bérenger, p. 182 et suiv., on doit citer, disons-nous, les *lieux de déportation* établis par la loi du 8 juin 1850 aux îles Marquises. — Deux degrés ont été établis dans la peine de la déportation. La vallée de Vaïthau dans l'île de Tahuata a été destinée aux condamnés du premier degré, lesquels doivent subir leur peine dans une enceinte fortifiée (L. 8 juin 1850, art. 1); jusqu'ici aucun condamné n'y a encore été conduit. — Les condamnés du second degré, qui doivent jouir d'un régime plus doux et de plus de liberté, sont déportés dans l'île de Noukahiva. Trois condamnés y ont déjà été transportés; mais ils y sont restés peu de temps : leur peine a été commuée en un bannissement. Il paraît que le transport et l'établissement à Noukahiva de ces trois condamnés a coûté à l'État bien au delà de 150,000 fr. (V. sur tous ces points, M. Bérenger, p. 225 et s.).

SECT. 6. — Prisons militaires. — Prisonniers de guerre.

114. On distingue trois sortes de prisons militaires : 1° Les *pénitenciers*, dans lesquels sont enfermés les condamnés à plus d'une année d'emprisonnement; — 2° Les *prisons placées près des conseils de guerre*, qui sont divisées en trois sections : *maison d'arrêt* recevant les militaires de tout grade, punis disciplinairement, et les militaires désignés pour les compagnies de discipline; *maison de justice*, recevant les militaires traduits devant les conseils de guerre, ceux arrêtés en absence illégale, et les condamnés attendant soit l'exécution d'un jugement, soit une commutation de peine; *maison de correction* recevant les officiers condamnés à la peine d'emprisonnement, et les militaires condamnés à moins d'un an de prison; — 3° Enfin les *ateliers de boulet* et de *travaux publics* établis en Afrique. — Il existe, en outre, les maisons d'arrêt et prisons des ports et arsenaux qui reçoivent 1° les marins militaires ou ouvriers de la marine; 2° les prévenus de crimes ou délits de la compétence des divers tribunaux de la marine; 3° les hommes condamnés par ces tribunaux à un emprisonnement correctionnel d'un an et au-dessous. — Les prisons militaires doivent, autant que possible, être séparées des prisons civiles (L. 8-10 juill. 1791, tit. 3, art. 53).

115. Les militaires ou marins qui, par suite de condamnations ou par suite de commutations de la peine de mort ou de celle des fers, ont à subir des peines afflictives et infamantes sont dégradés, mis ensuite à la disposition de l'autorité civile et transférés dans les prisons civiles comme les autres condamnés (circ. min. des 23 janv. et 15 avr. 1833). — Les militaires qui ont à subir l'emprisonnement simple, soit en vertu de jugement, soit en vertu de commutation accordée, ne cessent pas d'appartenir à l'armée et doivent être conduits et détenus dans les pénitenciers (ou autres prisons) militaires (circ. min. 15 avr. 1833; régl. milit. 28 janv. 1839, et ord. 3 déc. 1832). — D'un autre côté, les jeunes soldats de la réserve, lorsque la prison militaire est trop éloignée, sont reçus dans les prisons civiles pour y subir les peines de discipline qu'ils ont pu encourir (circ. min. 19 août 1836, 10 nov. 1835). Ils doivent être autant que possible placés dans des quartiers distincts de ceux des autres détenus.

116. Une ordonnance du 3 déc. 1832 organise le service des maisons militaires centrales de détention dites *pénitenciers militaires* (V. ci-dessus, p. 992). — Les pénitenciers sont dans les attributions du ministre de la guerre (*id.*). — C'est par les soins et aux frais de cette administration qu'a lieu la translation des militaires dans ces maisons, et c'est aussi cette administration qui supporte les frais d'entretien et de nourriture des militaires lorsqu'ils subissent leurs peines dans une prison ordinaire (décr. 18 juin 1811, art. 3; ord. 2-18 déc. 1832; circ. 19 août 1836; 16 et 17 avr. 1847). — V. sur les prisons militaires, M. Bérenger, p. 262 et suiv.

117. A l'égard des *prisonniers de guerre* soit étrangers en France, soit français à l'étranger, V. Organ. milit.

Table sommaire des matières.

Table des articles des codes.

Table chronologique des lois, arrêts, etc.

FIN DU TRENTE-SIXIÈME VOLUME.

www.ingramcontent.com/pod-product-compliance
Lightning Source LLC
LaVergne TN
LVHW020952300926
849160LV00007B/123